CÓDIGO DE PROCESSO CIVIL

E LEGISLAÇÃO PROCESSUAL EM VIGOR

CÓDIGO DE PROCESSO CIVIL e legislação processual em vigor

Theotonio Negrão

Foi advogado militante, Juiz do Tribunal Regional Eleitoral de São Paulo (categoria de jurista) e Presidente da Associação dos Advogados de São Paulo.

Em 1961, através do Ministério da Educação (MEC), publicou um Dicionário da Legislação Federal, contendo o texto (ou o ementário, conforme o caso) de toda a legislação federal vigente àquela época.

José Roberto Ferreira Gouvêa

Graduado pela Faculdade de Direito da Universidade de São Paulo — Largo São Francisco (1973), e aluno, em Paris, da École Nationale de la Magistrature. Foi advogado em São Paulo, Procurador de Justiça do Ministério Público do Estado de São Paulo, professor de Direito Civil da Faculdade de Direito da Fundação Instituto de Ensino para Osasco e Presidente do Conselho Nacional da Defesa do Consumidor.

Desde abril de 2000 é Serventuário da Justiça, tendo obtido os 1º e 3º lugares no 1º Concurso de Outorga de Delegações de Registro de Imóveis e de Protesto de Letras e Títulos promovido pelo Tribunal de Justiça do Estado de São Paulo.

Luis Guilherme Aidar Bondioli

Advogado graduado pela Faculdade de Direito da Universidade de São Paulo — Largo São Francisco (1998), onde também obteve os títulos de mestre (2004) e doutor (2008) em Direito Processual. Publicou por esta Editora as obras *Embargos de declaração* (2007, 2ª tir.), *O novo CPC: a terceira etapa da reforma* (2006), *Reconvenção no processo civil* (2009) e *Comentários ao Código de Processo Civil — v. XX (arts. 994 a 1.044)* (2017, 2ª ed.). Tem diversos artigos publicados em revistas jurídicas e em obras coletivas.

João Francisco Naves da Fonseca

Advogado graduado pela Faculdade de Direito da Universidade de São Paulo — Largo São Francisco (2006), onde também obteve os títulos de mestre (2010) e doutor (2014) em Direito Processual. Membro do Comitê Brasileiro de Arbitragem (CBAr) e do Instituto Brasileiro de Direito Processual (IBDP). Publicou por esta Editora as obras *Exame dos fatos nos recursos extraordinário e especial* (2012), *O processo do mandado de injunção* (2016) e *Comentários ao Código de Processo Civil — v. IX (arts. 485 a 508)* (2017, 2ª tir.). Tem diversos artigos publicados em revistas jurídicas e em obras coletivas.

Dos mesmos autores, esta Editora publica as obras *Código Civil e legislação civil em vigor, Novo Código de Processo Civil, Edição especial* — versão compacta e *Código Civil, Edição especial* — versão compacta.

▪ **1ª ed.**, 04.1974 ▪ **2ª ed.**, 12.1974 ▪ **3ª ed.**, 09.1975 ▪ **4ª ed.**, 03.1976 ▪ **5ª ed.**, 10.1976 ▪ **6ª ed.**, 06.1977 ▪ **7ª ed.**, 1ª tir., 04.1978; 2ª tir., 04.1979 ▪ **8ª ed.**, 08.1979 ▪ **9ª ed.**, 11.1980 ▪ **10ª ed.**, 01.1982 ▪ **11ª ed.**, 08.1982 ▪ **12ª ed.**, 04.1983 ▪ **13ª ed.**, 04.1984 ▪ **14ª ed.**, 01.1985 ▪ **15ª ed.**, 09.1985 ▪ **16ª ed.**, 02.1986 ▪ **17ª ed.**, 1ª tir., 01.1987; 2ª tir., 08.1987 ▪ **18ª ed.**, 02.1988 ▪ **19ª ed.**, 04.1989 ▪ **20ª ed.**, 03.1990 ▪ **21ª ed.**, 1ª tir., 03.1991; 2ª tir., 06.1991 ▪ **22ª ed.**, 03.1992 ▪ **23ª ed.**, 08.1992 ▪ **24ª ed.**, 1ª tir., 01.1993; 2ª tir., 06.1993 ▪ **25ª ed.**, 1994 ▪ **26ª ed.**, 1ª tir., 03.1995; 2ª tir., 04.1995; 3ª tir., 05.1995; 4ª tir., 09.1995; 5ª tir., 10.1995 ▪ **27ª ed.**, 1ª tir., 02.1996; 2ª tir., 10.1996 ▪ **28ª ed.**, 02.1997 ▪ **29ª ed.**, 1ª tir., 02.1998; 2ª tir., 04.1998 ▪ **30ª ed.**, 1ª tir., 02.1999; 2ª tir., 05.1999; 3ª tir., 09.1999 ▪ **31ª ed.**, 1ª tir., 02.2000; 2ª tir., 10.2000 ▪ **32ª ed.**, 1ª tir., 02.2001; 2ª tir., 04.2001; 3ª tir., 07.2001 ▪ **33ª ed.**, 02.2002 ▪ **34ª ed.**, 07.2002 ▪ **35ª ed.**, 1ª tir., 02.2003; 2ª tir., 06.2003; 3ª tir., 09.2003 ▪ **36ª ed.**, 02.2004 ▪ **37ª ed.**, 03.2005 ▪ **38ª ed.**, 1ª tir., 03.2006; 2ª tir., 04.2006; 3ª tir., 10.2006 ▪ **39ª ed.**, 1ª tir., 03.2007; 2ª tir., 04.2007 ▪ **40ª ed.**, 1ª tir., 02.2008; 2ª tir., 04.2008 ▪ **41ª ed.**, 02.2009 ▪ **42ª ed.**, 02.2010 ▪ **43ª ed.**, 02.2011 ▪ **44ª ed.**, 02.2012 ▪ **45ª ed.**, 02.2013 ▪ **46ª ed.**, 1ª tir., 02.2014; 2ª tir., 08.2014 ▪ **47ª ed.**, 1ª tir., 03.2016; 2ª tir., 04.2016 ▪ **48ª ed.**, 02.2017 ▪ **49ª ed.**, 02.2018 ▪ **50ª ed.**, 02.2019 ▪ **51ª ed.**, 02.2020 ▪ **52ª ed.**, 02.2021.

THEOTONIO NEGRÃO

CÓDIGO DE PROCESSO CIVIL

E LEGISLAÇÃO PROCESSUAL EM VIGOR

2021 | 52ª edição

THEOTONIO NEGRÃO

JOSÉ ROBERTO F. GOUVÊA

LUIS GUILHERME A. BONDIOLI

JOÃO FRANCISCO N. DA FONSECA

De acordo com as Leis 14.112, de 24.12.2020 (atualização da Lei de Recuperação e Falência), e 13.994, de 24.4.2020 (conciliação não presencial).

saraiva jur

saraiva EDUCAÇÃO | saraiva jur

Av. Paulista, 901, Edifício CYK, 3º andar
Bela Vista – SP – CEP 01310-100

SAC sac.sets@saraivaeducacao.com.br

Direção executiva	Flávia Alves Bravin
Direção editorial	Renata Pascual Müller
Gerência de projetos e produção editorial	Fernando Penteado
Planejamento	Josiane de Araujo Rodrigues
Novos projetos	Sérgio Lopes de Carvalho Dalila Costa de Oliveira
Gerência editorial	Isabella Sánchez de Souza
Edição	Deborah Caetano de Freitas Viadana
Produção editorial	Daniele Debora de Souza (coord.) Rosana Peroni Fazolari
Arte e digital	Mônica Landi (coord.) Camilla Felix Cianelli Chaves Claudirene de Moura Santos Silva Deborah Mattos Guilherme H. M. Salvador Tiago Dela Rosa
Projetos e serviços editoriais	Daniela Maria Chaves Carvalho Kelli Priscila Pinto Marília Cordeiro Nicoly Wasconcelos Razuk
Diagramação e revisão	Know-How Editorial
Capa	Tiago Dela Rosa
Produção gráfica	Marli Rampim Sergio Luiz Pereira Lopes
Impressão e acabamento	Geográfica editora

DADOS INTERNACIONAIS DE CATALOGAÇÃO NA PUBLICAÇÃO (CIP)
ELABORADO POR VAGNER RODOLFO DA SILVA - CRB-8/9410

[Código de Processo Civil]
Código de Processo Civil e legislação processual em vigor / Theotonio Negrão, José Roberto Ferreira Gouvêa, Luis Guilherme Aidar Bondioli, João Francisco Naves da Fonseca. – 52. ed. – São Paulo : Saraiva Educação, 2021.
2.440 p.

ISBN: 978-65-5559-550-5

1. Direito. 2. Direito Processual Civil. 3. Código de Processo Civil. 4. Legislação Processual. I. Negrão, Theotonio. II. Título.

2021-247 CDD 341.46
CDU 347.9

Índices para catálogo sistemático:

1. Direito Processual Civil 341.46
2. Direito Processual Civil 347.9

Data de fechamento da edição: 1-2-2021

Dúvidas? Acesse www.editorasaraiva.com.br/direito

CL 607025 CAE 759420

Sumário

Nota da 52ª Edição

Foram incorporadas à obra relevantes normas editadas no ano passado, quais sejam: **(I)** Lei 14.112, de 24.12.20, que altera a Lei de Recuperação e Falência, a fim de tornar mais rápidos e eficientes os processos judiciais ali disciplinados e de criar incentivos para a recuperação extrajudicial; **(II)** Lei 13.994, de 24.4.20, que altera a Lei dos Juizados Especiais, para possibilitar a conciliação não presencial nos seus processos; e **(III)** Lei 14.039, de 17.8.20, que acrescenta o art. 3º-A ao Estatuto da Advocacia.

Ainda nesta edição, atualizamos o Regimento Interno do Superior Tribunal de Justiça, com as emendas 36 a 38, e o Regimento Interno do Supremo Tribunal Federal, com as emendas 53 a 55.

* * *

O Código de Processo Civil revogado está impresso, ao fim do volume, em páginas de cor cinza, para se diferenciarem das que compõem os textos do Código de Processo Civil em vigor e da legislação extravagante.

* * *

Mais uma vez contamos com o valioso auxílio da nossa assistente, Ruth Kieco Suzuki, a quem somos muito gratos. Prestamos nossas homenagens também a todas as pessoas da Editora Saraiva, em especial a Deborah Caetano de Freitas Viadana, e da Know-how Editorial que contribuíram para mais uma importante edição deste livro. Muito obrigado a todos vocês!

* * *

Críticas e sugestões ao livro podem ser encaminhadas ao endereço eletrônico theotonio@platoseducom.br, pelo que muito agradecemos.

J. R. F. G.
L. G. A. B.
J. F. N. F.

Prefácio

O diálogo do Dr. Theotonio com a jurisprudência ainda continua vivo!

Instado, por força de pesquisa acadêmica, a examinar a doutrina de Francesco Galgano, renomado privatista da Universidade de Bolonha e autor da mais completa obra que já foi escrita sobre negócio jurídico, deparei-me com o título de um artigo que me chamou a atenção: *Il contraddittorio processuale è ora nella Costituzione* (*Contratto e impresa*, v. 3, Padova, Cedam, 2000, p. 1.081/1.085).

Galgano, em princípio, preocupara-se com a nova redação do art. 111 da Constituição italiana, introduzida em 1999, que passou a contemplar, de modo expresso e incisivo, a garantia do contraditório efetivo em toda espécie de processo contencioso.

Imaginei que se tratava, até mesmo pelas dimensões do escrito (apenas 5 páginas), de um simples comentário, de um jurista teórico, sobre tema de direito processual constitucional.

No entanto, atraído pela curiosidade, fiquei realmente surpreso com a indagação preambular formulada pelo referido autor, qual seja, *onde é que se encontra a legitimação do juiz para proferir o julgamento*?

Respondendo que a investidura do juiz provém da lei, mas a legitimação da sentença decorre da efetiva participação e defesa dos litigantes, Galgano destaca ser inviolável a atuação profissional do advogado.

Costuma-se indicar os sujeitos da argumentação jurídica com a fórmula "doutrina e jurisprudência". Mas a literatura que o juiz utiliza ao proferir a sentença é, no mais das vezes, a doutrina individuada, selecionada e ilustrada pelo advogado, cuja obra passa despercebida. Mais: costuma-se afirmar que são a doutrina e a jurisprudência as fontes responsáveis pelas inovações no campo do direito.

Contudo, quantas vezes estas inovações, cuja paternidade é atribuída aos tribunais, foram sugeridas nos arrazoados dos advogados. Assim, sob esse aspecto, que não é de secundária importância — aduz o jurista peninsular —, a contribuição criativa do advogado à administração da justiça merece ser certificada e valorizada...

E, assim, nesse contexto, vem sobrelevado o fundamental papel do advogado na construção da jurisprudência. Longe de constituir obra exclusiva do órgão jurisdicional, assevera Galgano, à luz da experiência prática do direito, que a produção e constante evolução dos precedentes judiciais é fruto do esforço conjunto dos juízes e dos advogados.

A estes, de um modo geral, cabe a criação e o aprimoramento das teses jurídicas que são diuturnamente submetidas à apreciação daqueles. Ato contínuo, a orientação adotada pelas cortes de justiça presta-se, a seu turno, a subsidiar os arrazoados dos defensores dos interesses em jogo, que passam a invocar os posicionamentos pretorianos já consolidados, e assim por diante...

Desse modo, sobretudo nos países de direito codificado, estabelece-se um diálogo perene entre os operadores do direito, na consecução de um fim perseguido por todos, vale dizer, a interpretação e aplicação do direito ao caso concreto.

Não é preciso salientar que a leitura do enxuto, mas significativo, ensaio de Galgano, provocou-me a lembrança da relevância indubitável da contribuição de Theotonio Negrão, falecido há exatos 10 anos e a quem volto a render homenagem reproduzindo o presente escrito.

Importa observar, a propósito, que o Dr. Theotonio, em 5 de abril 1955, foi nomeado pelo então Presidente da Associação dos Advogados de São Paulo — AASP, Américo Marco Antonio, membro de uma comissão, integrada também pelos advogados Carlos Afonso do Amaral e Sérgio Marques da Cruz, visando a "imprimir nova orientação ao boletim da Associação, de modo a torná-lo de maior utilidade prática aos associados" (o primeiro número do boletim é datado de maio de 1945, editado sob a responsabilidade do Dr. José Maria D'Avila, então diretor-secretário da AASP. Para mais detalhes, v. meu escrito *Uma página da história da AASP: as origens do "boletim"*, Revista do Advogado da AASP em homenagem a Luiz Geraldo C. Ferrari, n. 55, julho/99, p. 57 ss).

Estando a AASP instalada em nova sede, na Praça da Sé, n. 385, 6º andar, a "nova orientação" que se pretendia imprimir foi concretizada apenas em outubro de 1958.

Sob forma de *comunicado* semanal, Theotonio Negrão ficou responsável pela elaboração do periódico da AASP. Com estrutura sóbria, simples e impessoal, predicados que emergiam, aliás, da personalidade de seu ilustre idealizador, aquela "ferramenta" de trabalho trazia o essencial para tornar menos árdua a missão do advogado.

A partir do n. 19, publicado em 28 de fevereiro de 1959, época em que Theotonio Negrão fora eleito Presidente da AASP, o *comunicado* volta a receber a antiga denominação de boletim.

Como a pesquisa semanal de Theotonio Negrão era alentada, muito material recolhido dos repertórios de jurisprudência, a despeito do interesse para o advogado, não tinha espaço para ser publicado no boletim.

Não obstante — como certa vez me confidenciou o Dr. Theotonio —, passou ele a ter o hábito de arquivar em fichas as respectivas ementas e pequenos trechos de acórdãos, inclusive com algumas anotações pessoais.

Estava aí instituído o método "theotoniano", que nada tem a ver com a mera recolha de julgados, mas, sim, com a seleção criteriosa e paciente da jurisprudência. É evidente que o êxito dessa hercúlea tarefa conta em muito com o talento de seu factor...

Com o fluir do tempo, revelando invulgar desprendimento, Theotonio Negrão imaginou que seu arquivo pudesse ser útil aos operadores do direito, em especial, aos advogados.

Foi assim que a metodologia, toda particular, desenvolvida pelo Dr. Theotonio, veio a ser compartilhada pelos seus pares, com a primeira edição, tirada em abril de 1974, do *Código de Processo Civil e legislação processual em vigor*.

Fadada a estrondoso sucesso, a obra, como é curial, hoje em sua 46ª edição, estampada pela prestigiosa Editora Saraiva, descortina-se extremamente útil àqueles que se dedicam à prática do direito.

O *Código de Processo Civil* do Dr. Theotonio constitui — nas palavras veementes de Luís Camargo Pinto de Carvalho — verdadeira bússola para o desempenho das múltiplas atividades ligadas ao direito (*Theotonio Negrão: evocando...*, Informativo IASP, n. 61, março/abril de 2003, p. 9).

É importante frisar que a precisa percepção de Galgano, antes aludida, delineia-se integralmente confirmada pelas vicissitudes que marcam o referido trabalho de Theotonio Negrão.

Realmente, verifica-se que dificilmente os arrazoados forenses, em matéria civil, deixam de invocar um precedente judicial catalogado pelo Dr. Theotonio. O mesmo ocorre com os acórdãos. Ademais, a opinião crítica do grande advogado, procurando iluminar a coletividade jurídica menos experiente acerca da melhor tese, continua auxiliando em muito o exercício profissional.

Raríssimas são as obras na literatura jurídica que estabelecem essa integração com a jurisprudência.

A *master piece* do Dr. Theotonio, que tem recebido prestimosa atualização dos estimados Drs. José Roberto F. Gouvêa, Luis Guilherme A. Bondioli e João Francisco N. da Fonseca, ensejou e continua ensejando, 10 anos depois de seu passamento, fecundo "diálogo" com a jurisprudência, em permanente tensão dialética, interagindo e formando um arcabouço de soluções, colocadas à disposição, indistintamente, de todos os operadores do direito...

A renovação metodológica que me parece mais significativa, considerados os propósitos de Theotonio Negrão, reside nas erupções da tópica, diante da necessidade, pressentida pelo experiente advogado, de colmatação de frequentes lacunas que irrompem na *praxis* forense.

José Rogério Cruz e Tucci

Advogado. Ex-Presidente da Associação dos Advogados de São Paulo.

Professor Titular da Faculdade de Direito da USP.

Abreviaturas

✎	indica resumo bibliográfico de doutrina
AC	Ato Complementar, Apelação Cível ou Ação Cautelar
ac.	acórdão
ACOr	Ação Cível Originária
ACr	Apelação Criminal
ADC	Ação Declaratória de Constitucionalidade
ADCT	Ato das Disposições Constitucionais Transitórias
ADI	Ação Direta de Inconstitucionalidade
ADPF	Arguição de Descumprimento de Preceito Fundamental
Ag	Agravo
AgInt	Agravo Interno
AgRg	Agravo Regimental
AI	Agravo de Instrumento; Ato Institucional
AIA	Ação de Improbidade Administrativa
AIT	Agravo de Instrumento Trabalhista
Ajuris	Revista da Associação dos Juízes do Rio Grande do Sul
Amagis	Revista da Associação dos Magistrados Mineiros
AMS	Apelação em Mandado de Segurança
AO	Ação Originária
AP	Apelação
ap.	apenso, apêndice
APn	Ação Penal
AR	Ação Rescisória
art.	artigo
Bol. AASP	Boletim da Associação dos Advogados de São Paulo
Bol. do TFR	Boletim do Tribunal Federal de Recursos (extinto)
Bol. do TRF	Boletim do Tribunal Regional Federal
CA	Conflito de Atribuições
cap.	capítulo
c/c	combinado com
CC	Código Civil (Lei 10.406, de 10.1.02) ou Conflito de Competência
CC rev.	Código Civil revogado (Lei 3.071, de 1.1.16)
CCLCV	Código Civil e legislação civil em vigor, do autor
CCo	Código Comercial (Lei 556, de 25.6.1850)
CDC	Código de Defesa do Consumidor (Lei 8.078, de 11.9.90)
CED	Enunciados do Centro de Estudos e Debates do 2º TASP (Bol. AASP 1.854/supl. e 1.910/supl., p. 1)
CEJ	Enunciados aprovados pelo Centro de Estudos Judiciários do Conselho da Justiça Federal
CETARS	Centro de Estudos do Tribunal de Alçada do Rio Grande do Sul — conclusões publicadas em Ajuris 67/165, JTAERGS 98/419 e Bol. AASP 1.973/4
CF	Constituição Federal de 1988

cf.	confronte com, conforme
cit.	citado
CJ	Conflito de Jurisdição
CJF	Conselho da Justiça Federal
CLT	Consolidação das Leis do Trabalho (Dec. lei 5.452, de 1.5.43)
CNJ	Conselho Nacional de Justiça
CNMP	Conselho Nacional do Ministério Público
concl.	conclusão
CP	Código Penal (Dec. lei 2.848, de 7.12.40, com os arts. 1º a 120 modificados pela Lei 7.209, de 11.7.84); Correição Parcial
CPC	Código de Processo Civil (Lei 13.105, de 16.3.15)
CPC rev. ou CPC/73	Código de Processo Civil de 1973 (Lei 5.869, de 11.1.73)
CPCLPV	Código de Processo Civil e legislação processual em vigor, dos autores
CPC/39	Código de Processo Civil de 1939 (Dec. lei 1.608, de 18.9.39)
CPP	Código de Processo Penal (Dec. lei 3.689, de 3.10.41)
CR	Carta Rogatória
CSM	Conselho Superior da Magistratura
CTN	Código Tributário Nacional (Lei 5.172, de 25.10.66)
Dec.	Decreto
Dec. leg.	Decreto Legislativo
Dec. lei	Decreto-lei
dec. mon.	decisão monocrática
Des.	Desembargador, Desembargadora
desp.	despacho
disp. trans.	disposição transitória
DJE	Diário da Justiça do Estado de São Paulo
DJU	Diário da Justiça da União
DOU	Diário Oficial da União
EA	Estatuto da Advocacia (Lei 8.906, de 4.7.94)
EAC	Embargos na Apelação Cível
EAR	Embargos em Ação Rescisória
ECA	Estatuto da Criança e do Adolescente (Lei 8.069, de 13.7.90)
ED	Embargos de Divergência
ed.	edição
EDcl	Embargos de Declaração
EI	Embargos Infringentes
EId	Estatuto do Idoso (Lei 10.741, de 1.10.03)
em.	ementa
Em. Const.	Emenda Constitucional
Em. da Jur.	Ementário da Jurisprudência (do TFR)
Em. Reg.	Emenda Regimental
EmbExe	Embargos à Execução
embs.	embargos
EPD	Estatuto da Pessoa com Deficiência
ERE	Embargos em Recurso Extraordinário
EREO	Embargos em Remessa *ex officio*
est.	estadual
ET	Estatuto da Terra (Lei 4.504, de 30.11.64)

ETAB	Encontro dos Tribunais de Alçada do Brasil
Exe	Execução
ExImp	Exceção de Impedimento
ExSusp	Exceção de Suspeição
FPJC	Fórum Permanente dos Juízes Coordenadores dos Juizados Especiais Cíveis e Criminais do Brasil
HC	*Habeas corpus*
HD	*Habeas data*
HDE	Homologação de Decisão Estrangeira
i. e.	isto é
IAC	Incidente de Assunção de Competência
IF	Intervenção Federal
IINC	Incidente de Inconstitucionalidade
inc.	inciso
Inf. STF	Informativo STF
Inf. STJ	Informativo STJ
ínt.	íntegra
IP	Interesse Público (Revista Bimestral de Direito Público)
IRDR	Incidente de Resolução de Demandas Repetitivas
IUJur	Incidente de Uniformização de Jurisprudência
IVC	Impugnação ao Valor da Causa
IX ENTA	v. IX ETAB
IX ETAB	IX Encontro dos Tribunais de Alçada do Brasil, realizado em São Paulo, nos dias 29 e 30.8.97 (conclusões publicadas no Bol. AASP 2.027/supl., p. 10)
j.	julgado em
JECSP	Juizado Especial Cível de São Paulo
JECRJ	Juizado Especial Cível do Rio de Janeiro
JTA	Julgados dos Tribunais de Alçada Civil de São Paulo (ed. Lex, até vol. 70; ed. Saraiva, vols. 71 a 82; ed. RT, vols. 83 até 130, quando cessou a publicação; v. Lex-JTA)
JTAERGS	Julgados do Tribunal de Alçada do Estado do Rio Grande do Sul
JTJ	Jurisprudência do Tribunal de Justiça (do Estado de São Paulo, ed. Lex, a partir do vol. 140) (ex-RJTJESP)
Just.	Justitia, revista da Procuradoria-Geral de Justiça de São Paulo
LA	Lei de Alimentos (Lei 5.478, de 25.7.68)
LACP	Lei da Ação Civil Pública (Lei 7.347, de 24.7.85)
LADIN	Lei da Ação Direta de Inconstitucionalidade (Lei 9.868, de 10.11.99)
LADPF	Lei da Arguição de Descumprimento de Preceito Fundamental (Lei 9.882, de 3.12.99)
LAF	Lei das Alienações Fiduciárias (Dec. lei 911, de 1.10.69)
LAJ	Lei de Assistência Judiciária (Lei 1.060, de 5.2.50)
LAP	Lei da Ação Popular (Lei 4.717, de 29.6.65)
LArb	Lei de Arbitragem
LBF	Lei do Bem de Família (Lei 8.009, de 29.3.90)
LC	Lei Complementar
LCE	Lei dos Condomínios Edilícios (Lei 4.591, de 16.12.64)
LCM	Lei da Correção Monetária (Lei 6.899, de 8.4.81)
LCP	Lei das Contravenções Penais (Dec. lei 3.688, de 3.10.41)
LD	Lei das Desapropriações (Dec. lei 3.365, de 21.6.41)

LDA	Lei de Direitos Autorais (Lei 9.610, de 19.2.98)
LDi	Lei do Divórcio (Lei 6.515, de 26.12.77)
LEF	Lei das Execuções Fiscais (Lei 6.830, de 22.9.80)
Lex	Lex, seção de legislação federal
Lex est.	Lex, seção de legislação estadual paulista
Lex-JTA	Lex-Jurisprudência dos Tribunais de Alçada Civil de São Paulo (a partir do vol. 71); v. tb. JTA
Lex-Marg.	Lex, seção de legislação federal, Marginália
LHD	Lei do *Habeas Data* (Lei 9.507, de 12.11.97)
LI	Lei do Inquilinato (Lei 8.245, de 18.10.91)
LIA	Lei de Improbidade Administrativa (Lei 8.429, de 2.6.92)
LICC	Lei de Introdução ao Código Civil (antiga denominação do Dec. lei 4.657, de 4.9.42)
LINDB	Lei de Introdução às normas do Direito Brasileiro (Dec. lei 4.657, de 4.9.42)
LIP	Lei de Investigação de Paternidade (Lei 8.560, de 29.12.92)
LJE	Lei dos Juizados Especiais (Lei 9.099, de 26.9.95)
LJEF	Lei dos Juizados Especiais Federais (Lei 10.259, de 12.7.01)
LJEFP	Lei dos Juizados Especiais da Fazenda Pública (Lei 12.153, de 22.12.09)
LMed	Lei de Mediação (Lei 13.140, de 26.6.15)
LMI	Lei do Mandado de Injunção (Lei 13.300, de 23.6.16)
LMS	Lei do Mandado de Segurança (Lei 12.016, de 7.8.09)
LOJF	Lei de Organização da Justiça Federal (Lei 5.010, de 30.5.66)
LOM	Lei Orgânica da Magistratura Nacional (Lei Compl. 35, de 14.3.79)
LOMP	Lei Orgânica Nacional do Ministério Público (Lei 8.625, de 12.2.93)
LPB	Lei dos Planos de Benefícios da Previdência Social (Lei 8.213, de 24.7.91)
LR	Lei dos Recursos Extraordinário e Especial (Lei 8.038, de 28.5.90)
LRF	Lei de Recuperação e Falência (Lei 11.101, de 9.2.05)
LRI	Lei da Representação Interventiva (Lei 12.562, de 23.12.11)
LRP	Lei dos Registros Públicos (Lei 6.015, de 31.12.73)
LSA	Lei das Sociedades por Ações (Lei 6.404, de 15.12.76)
MC	Medida Cautelar
MCI	Marco Civil da Internet (Lei 12.965, de 23.4.14)
MCF	Lei da Medida Cautelar Fiscal (Lei 8.397, de 6.1.92)
Med. Prov.	Medida Provisória
MI	Mandado de Injunção
Min.	Ministro, Ministra
MP	Ministério Público
MS	Mandado de Segurança
n.	número
NSC	Normas de Serviço da Corregedoria-Geral da Justiça de São Paulo (Prov. 50/89: Caps. I a XII; Prov. 58/89: Caps. XIII a XX)
OAB	Ordem dos Advogados do Brasil
obs.	observação
p/	para
p.	página, páginas
p. ex.	por exemplo
p. vets.	partes vetadas, com rejeição do veto pelo Congresso Nacional
Pet	Petição
Port.	Portaria

PRC	Precatório
pres.	presidente
ProAf	Proposta de Afetação
Prov.	Provimento
PUIL	Pedido de Uniformização de Interpretação de Lei
QO	Questão de Ordem
RAM	Revista de Arbitragem e Mediação
RAMPR	Revista da Associação dos Magistrados do Paraná
RBDF	Revista Brasileira de Direito de Família
RBDFS	Revista Brasileira de Direito das Famílias e Sucessões
RBDP	Revista Brasileira de Direito Processual
RCD	Reconsideração
RcDesp	Reconsideração de Despacho
RCDUFU	Revista do Curso de Direito da Universidade Federal de Uberlândia (v. tb. RFDUU)
RCJ	Revista de Crítica Judiciária
RCJF	Regimento de Custas da Justiça Federal (Lei 9.289, de 4.7.96)
Rcl	Reclamação
RCSTJ	Regimento de Custas do Superior Tribunal de Justiça (Lei 11.636, de 28.12.07)
RDA	Revista de Direito Administrativo
RDDP	Revista Dialética de Direito Processual
RDP	Revista de Direito Público
RDPr	Revista de Direito Privado
RE	Recurso Extraordinário
Reg.	Região, Regimental
rel.	relator
rel. p. o ac.	relator para o acórdão
REO	Remessa *ex officio*
rep.	republicação, republicado
Res.	Resolução
REsp	Recurso Especial
ret.	retificação, retificado em
Rev. AASP	Revista do Advogado (da Associação dos Advogados de São Paulo)
RF	Revista Forense
RFDUU	Revista da Faculdade de Direito da Universidade de Uberlândia (v. tb. RCDUFU)
RG	Repercussão Geral
RHC	Recurso em *Habeas Corpus*
RIAPR	Revista do Instituto dos Advogados do Paraná
RIASP	Revista do Instituto dos Advogados de São Paulo
RIDA	Revista IOB de Direito Administrativo
RIDCPC	Revista IOB de Direito Civil e Processual Civil
RIDF	Revista IOB de Direito de Família
RISTF	Regimento Interno do STF
RISTJ	Regimento Interno do STJ
RJ	Revista Jurídica (Ed. Notadez)
RJ-Lex	Revista Jurídica LEX
RJM	Revista Jurisprudência Mineira (editada pelo TJMG)
RJTAMG	Revista de Julgados do Tribunal de Alçada do Estado de Minas Gerais

RJTJERGS Revista de Jurisprudência do Tribunal de Justiça do Estado do Rio Grande do Sul
RJTJESP Revista de Jurisprudência do Tribunal de Justiça do Estado de São Paulo (até vol. 139; a partir do vol. 140: JTJ)
RMDAU Revista Magister de Direito Ambiental e Urbanístico
RMDCPC Revista Magister de Direito Civil e Processual Civil
RMDECC Revista Magister de Direito Empresarial, Concorrencial e do Consumidor
RMS Recurso em Mandado de Segurança
RO Recurso Ordinário
ROHD Recurso Ordinário em *Habeas Data*
RP Revista de Processo
Rp Representação
RSDA Revista Síntese de Direito Administrativo
RSDCPC Revista Síntese de Direito Civil e Processo Civil
RSTJ Revista do Superior Tribunal de Justiça
RT Revista dos Tribunais
RTDC Revista Trimestral de Direito Civil
RT Inf. RT Informa
RTFR Revista do Tribunal Federal de Recursos
RTJ Revista Trimestral de Jurisprudência (do STF)
RTJE Revista Trimestral de Jurisprudência dos Estados (Editora Jurid Vellenich Ltda.)
RTRF-1ª Região Revista do Tribunal Regional Federal da 1ª Região (sede: Brasília)
RTRF-3ª Região Revista do Tribunal Regional Federal da 3ª Região (sede: São Paulo)
RTRF-4ª Região Revista do Tribunal Regional Federal da 4ª Região (sede: Porto Alegre)
s/ sobre
SD Sindicância
SE Sentença Estrangeira
seç. seção
segs. seguintes
SIMP Simpósio de Curitiba, realizado em outubro de 1975 (conclusões em RT 482/270, Ajuris 6/148 e RF 252/24)
SL Suspensão de Liminar
s/n sem número
SS Suspensão de Segurança
STA Suspensão de Tutela Antecipada
STF Supremo Tribunal Federal
STF- ou STJ- seguido da indicação de uma revista de jurisprudência, significa um acórdão do STF ou do STJ publicado na referida revista (p. ex.: STJ-RJ = acórdão do STJ publicado na Revista Jurídica)
STJ Superior Tribunal de Justiça
subseç. subseção
supl. suplemento
TA Tribunal de Alçada (Civil)
tb. também
TFR Tribunal Federal de Recursos (extinto)
tít. título
TJ Tribunal de Justiça
TP Tutela Provisória
TRF Tribunal Regional Federal

TUJEF	Turma de Uniformização das Turmas Recursais dos Juizados Especiais Federais
UF	União Federal
últ.	último
ún.	único
Un. da Jur.	Uniformização da Jurisprudência
v.	veja
v. g.	*verbi gratia*
vol. ou v.	volume
v.u.	votação unânime
VII ENCJE	7º Encontro Nacional de Coordenadores de Juizados Especiais, realizado em Vitória, de 24 a 27.5.00 (conclusões no DJE 13.6.00, p. 1)
V ENTA	5º Encontro Nacional dos Tribunais de Alçada, realizado no Rio de Janeiro, em novembro de 1981 (conclusões publicadas em JTA 72/9)
VI ENTA	6º Encontro Nacional dos Tribunais de Alçada, realizado em Belo Horizonte, em junho de 1983 (conclusões em RT 580/297 e 463, Ajuris 28/127 a 136, RBDP 42/211, RF 289/408 e 411)

Ementário

Constituição Federal*

Constituição da República Federativa do Brasil — Publicada no DOU 191-A, de 5.10.88, em Lex 1988/709, em RF 304/357 e em Just. 144/211.

Emenda Constitucional 3, de 17.3.93 — (Lex 1993/183, RDA 191/332, RF 321/419, Just. 161/155, Bol. AASP 1.788/2). Alterou os arts. 40 (acrescido § 6º), 42 § 10, 102-I-*a* e § ún. (que passou a § 1º, com acréscimo de § 2º), 103 (acrescido § 4º), 150 (alterado o § 6º, acrescido § 7º), 155 (alterados o *caput*, bem como os incisos I, II e III, os cabeços dos §§ 1º e 2º, o § 3º), 156 (alterou o inciso III e o § 3º; revogou o inciso IV e o § 4º), 160 § ún., 167 (alterado o inciso IV, acrescido § 4º), além de conter disposições de natureza transitória (arts. 2º, 3º e 4º). O STF julgou inconstitucional, no § 2º do art. 2º dessa Emenda, as expressões "o art. 150, III, *b* e VI, nem" (RTJ 151/755, maioria). Revogado o § 4º do seu art. 2º pela Em. Const. de Revisão n. 1, de 1.3.94.

Emenda Constitucional 19, de 4.6.98 — Modifica o regime e dispõe sobre princípios e normas da administração pública, servidores e agentes políticos, controle de despesas e finanças públicas e custeio de atividades a cargo do Distrito Federal, e dá outras providências (Lex 1998/2.027, RT 752/759, RDA 212/355, RF 342/581, Bol. AASP 2.061/supl.). Alterou os arts. 21-XIV e XXII, 22-XXVII, 27 § 2º, 28 §§ 1º e 2º (este, acrescentado), 29-V e VI, 37-I, II, V, VII, X, XI, XIII a XVII, XIX, § 3º e §§ 7º a 9º (estes três, acrescentados), 38-*caput*, 39 (totalmente), 41 (totalmente), 48 (acrescido inciso XV), 49-VII e VIII, 51-IV, 52-XIII, 57 § 7º, 70 § ún., 93-V, 95-III, 96-II-*b*, 127 § 2º, 128 § 5º-I-*c*, 132 (totalmente), 135, 144 §§ 1º a 3º, 9º (acrescido) e § 1º-III, 167 (acrescido inciso X), 169 (totalmente), 173 § 1º, 206-V e 241 da CF. Foi acrescentado o art. 247.

Emenda Constitucional 20, de 15.12.98 — Modifica o sistema de previdência social, estabelece normas de transição e dá outras providências (Lex 1998/5.215, RT 758/743, RF 344/513, Bol. AASP 2.089/supl., p. 1). Alterou, entre outros, os arts. 93-VI e 100 § 3º da CF.

Emenda Constitucional 22, de 18.3.99 — Acrescenta parágrafo único ao art. 98 e altera as alíneas *i* do inciso I do art. 102, e *c* do inciso I do art. 105 da Constituição Federal (Lex 1999/1.467, RT 761/771, RF 345/508, Bol. AASP 2.101/7).

Emenda Constitucional 23, de 2.9.99 — Altera os arts. 12, 52, 84, 91, 102 e 105 da Constituição Federal (Lex 1999/5.230, Bol. AASP 2.141/10, supl.). Alterou, entre outros, o art. 102-I-*c* e o art. 105-I-*b* e *c*.

Emenda Constitucional 24, de 9.12.99 — Altera dispositivos da Constituição Federal pertinentes à representação classista na Justiça do Trabalho (Lex 1999/6.829, RDA 218/361, Bol. AASP 2.141/10). Alterou os arts. 111, 112, 113, 115 e 116 da Constituição Federal e revogou o art. 117.

Emenda Constitucional 30, de 13.9.00 — Altera a redação do art. 100 da Constituição Federal e acrescenta o art. 78 no Ato das Disposições Constitucionais Transitórias, referente ao pagamento de precatórios judiciários. **Nota:** o STF deferiu medida liminar em ação declaratória de inconstitucionalidade **suspendendo a eficácia do ADCT 78** (STF-Pleno, ADI 2.356-MC, Min. Ayres Britto, j. 25.11.10, maioria, DJ 19.5.11).

Emenda Constitucional 37, de 12.6.02 — Altera os arts. 100 e 156 da Constituição Federal e acrescenta os arts. 84, 85, 86, 87 e 88 ao Ato das Disposições Constitucionais Transitórias (DOU 13.6.02, Lex 2002/1.096, RF 361/342, Bol. AASP 2.270/supl., p. 11). Acrescentou § 4º ao art. 100, renumerando-se os §§ posteriores; alterou o § 3º do art. 156 da CF. Introduziu no ADCT os arts. 84 a 88.

* Promulgada em 5.10.88. As notas somente se referem ao processo civil.

Emenda Constitucional 41, de 19.12.03 — Modifica os arts. 37, 40, 42, 48, 96, 149 e 201 da Constituição Federal, revoga o inciso IX do § 3º do art. 142 da Constituição Federal e dispositivos da Emenda Constitucional n. 20, de 15 de dezembro de 1998, e dá outras providências.

Emenda Constitucional 45, de 8.12.04 — Altera dispositivos dos arts. 5º, 36, 52, 92, 93, 95, 98, 99, 102, 103, 104, 105, 107, 109, 111, 112, 114, 115, 125, 126, 127, 128, 129, 134 e 168 da Constituição Federal, e acrescenta os arts. 103-A, 103-B, 111-A e 130-A, e dá outras providências (DOU 31.12.04).

Emenda Constitucional 61, de 11.11.09 — Altera o art. 103-B da Constituição Federal, para modificar a composição do Conselho Nacional de Justiça (DOU 12.11.09).

Emenda Constitucional 62, de 9.12.09 — Altera o art. 100 da Constituição Federal e acrescenta o art. 97 ao Ato das Disposições Constitucionais Transitórias, instituindo regime especial de pagamento de precatórios pelos Estados, Distrito Federal e Municípios (DOU 10.12.09).

Emenda Constitucional 69, de 29.3.12 — Altera os arts. 21, 22 e 48 da Constituição Federal, para transferir da União para o Distrito Federal as atribuições de organizar e manter a Defensoria Pública do Distrito Federal.

Emenda Constitucional 73, de 6.6.13 — Cria os Tribunais Regionais Federais da 6ª, 7ª, 8ª e 9ª Regiões.

Emenda Constitucional 74, de 6.8.13 — Altera o art. 134 da Constituição Federal.

Emenda Constitucional 80, de 4.6.14 — Altera o Capítulo IV — Das Funções Essenciais à Justiça, do Título IV — Da Organização dos Poderes, e acrescenta artigo ao Ato das Disposições Constitucionais Transitórias da Constituição Federal.

Emenda Constitucional 92, de 12.7.16 — Altera os arts. 92 e 111-A da Constituição Federal, para explicitar o Tribunal Superior do Trabalho como órgão do Poder Judiciário, alterar os requisitos para o provimento dos cargos de Ministros daquele Tribunal e modificar-lhe a competência.

Emenda Constitucional 94, 15.12.16 — Altera o art. 100 da Constituição Federal, para dispor sobre o regime de pagamento de débitos públicos decorrentes de condenações judiciais; e acrescenta dispositivos ao Ato das Disposições Constitucionais Transitórias, para instituir regime especial de pagamento para os casos em mora.

Emenda Constitucional 99, de 14.12.17 — Altera o art. 101 do Ato das Disposições Constitucionais Transitórias, para instituir novo regime especial de pagamento de precatórios, e os arts. 102, 103 e 105 do Ato das Disposições Constitucionais Transitórias.

Emenda Constitucional 103, de 12.11.19 — Altera o sistema de previdência social e estabelece regras de transição e disposições transitórias. Modificou, entre outros dispositivos, os arts. 93, 103-B, 109 e 130-A da CF.

Constituição da República Federativa do Brasil

Título IV | DA ORGANIZAÇÃO DOS PODERES

Capítulo III | DO PODER JUDICIÁRIO[1 a 3]

Seção I | DISPOSIÇÕES GERAIS

✎ **CAP. III: 1.** "Estrutura do Poder Judiciário e competência dos Tribunais superiores (ações originárias e recursos)", pelo Min. Cláudio Santos (RP 57/74, RJTAMG 34/35); "Soberania do Poder Judiciário", pelo Min. Pádua Ribeiro (RTJE 82/55, RJTAMG 40/43); "Poder Judiciário na Constituição de 1988", por Manoel Gonçalves Ferreira Filho (RDA 198/1); "Do Poder Judiciário: organização e competência", pelo Min. Carlos Mário Velloso (RDA 200/1); "A função política do Judiciário", pelo Min. Aliomar Baleeiro (RT 756/731); "O Poder Judiciário como poder político no Brasil do século XXI", pelo Min. Carlos Mário da Silva Velloso (RJ 283/5); "Reforma do Judiciário", por José Maria Tesheiner (RJ 286/45); "O princípio da autonomia administrativa e financeira do Poder Judiciário e a Lei de Responsabilidade Fiscal", por Romano José Enzweiler (RF 368/165); "O Poder Judiciário e os direitos humanos no Brasil", por Rogério Leal (Ajuris 90/259); "Reforma do Poder Judiciário", por Rogério Medeiros Garcia de Lima (RDA 235/37); "Judiciário. Controle externo. Aspectos constitucionais. Mecanismo admissível nos países que adotam a bipartição do poder. Inconstitucionalidade no Brasil. Experiência francesa. Origem. Evolução. Desmantelamento do Judiciário. Infiltração política. Esforço de recuperação. Brasil na contramão da história", por Luiz Roberto Sabbato (RT 820/91); "O controle do Judiciário: desconstrução e reconstrução", por Jessé Torres Pereira Junior (IP 25/21); "Gestão administrativa e reforma do Poder Judiciário", por Carlos Roberto Faleiros Diniz (RSDCPC 23/24); "Reforma do Poder Judiciário: sequência inadiável", por José Renato Nalini (RSDCPC 34/17); "A reforma do Poder Judiciário e do direito processual brasileiro", por William Lopes da Fonseca (RT 829/62); "Do vínculo do Poder Judiciário aos direitos fundamentais e suas implicações práticas", por Leonardo Martins (Ajuris 98/161); "Organização política do Brasil. O Poder Judiciário. Instrumentos da política. Identificação do Poder Judiciário na democracia representativa. A organização e o funcionamento do Poder Judiciário em todas as instâncias", por José Augusto Delgado (RJ 333/9); "Aspectos da Emenda Constitucional n. 45, de 8 de dezembro de 2004 (reforma do Judiciário)", por Pedro Gordilho (RDA 240/265); "Pontos e contrapontos da Reforma do Judiciário", por Roberto Rosas (RT 840/79); "Os equívocos da Reforma do Judiciário", por Adroaldo Furtado Fabrício (RF 378/3); "Poder Judiciário: reforma. A Emenda Constitucional n. 45, de 8.12.04", pelo Min. Carlos Mário da Silva Velloso (RF 378/11); "Algumas notas sobre a Emenda Constitucional n. 45", por Célio Borja (RF 378/27); "A redação da Emenda Constitucional n. 45 (Reforma da Justiça)", por José Carlos Barbosa Moreira (RF 378/39); "'Reforma do Judiciário', celeridade do processo e as 'súmulas vinculantes': considerações para uma análise crítica da Emenda Constitucional n. 45/2004", por Daniel Favaretto Barbosa (RF 381/463 e RP 138/92); "Informatização e prestação jurisdicional: desafios e perspectivas", por Sérgio Renato Tejada Garcia (RJ 340/41); "Administração judiciária e organização judiciária", por Nagib Slaibi Filho (RF 383/231); "Aspectos processuais da Emenda Constitucional n. 45", por Daniel Roberto Hertel (RF 385/73); "Nova sistemática do processo à luz da 'Reforma do Poder Judiciário' (EC n. 45/2004)", por Juvêncio Vasconcelos Viana (RDDP 42/69); "Planejando a estrutura do Judiciário para o futuro: a difícil busca por indicadores confiáveis", por Silvia Generali da Costa, Cláudio Luís Martinewski e Luciano José Martins Vieira (Ajuris 103/305); "Da falta de efetividade à judicialização excessiva: direito à saúde, fornecimento gratuito de medicamentos e parâmetros para a atuação judicial", por Luís Roberto Barroso (IP 46/31, RJM 188/35); "A americanização do direito constitucional e seus paradoxos: teoria e jurisprudência constitucional no mundo contemporâneo", por Luís Roberto Barroso (IP 59/13); "Controle jurisdicional das políticas públicas", por Kazuo Watanabe (RP 193/13); "Políticas públicas em juízo: meios de controle jurisdicional", por Lilian Patrus Marques (RDDP 104/62); "As relações entre os Poderes da República no Estado brasileiro contemporâneo: transformações autorizadas e não autorizadas", por Romeu Felipe Bacellar Filho e Daniel Wunder Hachem (IP 70/37); "Controle de políticas públicas: a justiciabilidade imediata do direito fundamental social à segurança pública", por Fabiano Lepre Marques (RSDA 80/120).

CAP. III: 2. v. arts. 5º-XXV e XXVII, 68 § 1º-I; v. tít. MAGISTRATURA (que contém a LOM).

CAP. III: 3. "Razões de Estado não podem ser invocadas para justificar o descumprimento da Constituição" (STF-RDA 218/222).

Art. 92. São órgãos do Poder Judiciário:

I — o Supremo Tribunal Federal;[1]

I-A — o Conselho Nacional de Justiça;[1a-1b]

II — o Superior Tribunal de Justiça;[2]

II-A — o Tribunal Superior do Trabalho;[2a]

III — os Tribunais Regionais Federais[3] e Juízes Federais;[4]

IV — os Tribunais e Juízes do Trabalho;

V — os Tribunais e Juízes Eleitorais;

VI — os Tribunais e Juízes Militares;

VII — os Tribunais e Juízes dos Estados[5] e do Distrito Federal e Territórios.

§ 1º O Supremo Tribunal Federal, o Conselho Nacional de Justiça e os Tribunais Superiores têm sede na Capital Federal.[6]

§ 2º O Supremo Tribunal Federal e os Tribunais Superiores têm jurisdição em todo o território nacional.[7]

Art. 92: 1. v. arts. 101 a 103.

Art. 92: 1a. Inciso I-A acrescido pela Em. Const. 45, de 8.12.04.

Art. 92: 1b. v. art. 103-B.

Art. 92: 2. v. arts. 104 e 105.

Art. 92: 2a. Inciso II-A acrescido pela Em. Const. 92, de 12.7.16.

Art. 92: 3. v. arts. 107 a 108; v. tít. JUSTIÇA FEDERAL.

Art. 92: 4. v. art. 109.

Art. 92: 5. v. arts. 125 e 126.

Art. 92: 6. Redação do § 1º de acordo com a Em. Const. 45, de 8.12.04.

Art. 92: 7. Redação do § 2º de acordo com a Em. Const. 45, de 8.12.04.

Art. 93. Lei complementar, de iniciativa do Supremo Tribunal Federal, disporá sobre o Estatuto da Magistratura,[1-1a] observados os seguintes princípios:

I — ingresso na carreira,[2] cujo cargo inicial será o de juiz substituto, mediante concurso público de provas e títulos, com a participação da Ordem dos Advogados do Brasil em todas as fases, exigindo-se do bacharel em direito, no mínimo, três anos de atividade jurídica[2a a 2c] e obedecendo-se, nas nomeações, à ordem de classificação;[2d]

II — promoção de entrância para entrância, alternadamente, por antiguidade e merecimento,[2e a 3c] atendidas as seguintes normas:

a) é obrigatória a promoção do juiz que figure por três vezes consecutivas ou cinco alternadas em lista de merecimento;[4]

b) a promoção por merecimento pressupõe dois anos de exercício na respectiva entrância e integrar o juiz a primeira quinta parte da lista de antiguidade desta,[4a] salvo se não houver com tais requisitos quem aceite o lugar vago;[5]

c) aferição do merecimento conforme o desempenho e pelos critérios objetivos de produtividade e presteza no exercício da jurisdição e pela frequência e aproveitamento em cursos oficiais ou reconhecidos de aperfeiçoamento;[5a-6]

d) na apuração de antiguidade, o tribunal somente poderá recusar o juiz mais antigo pelo voto fundamentado de dois terços de seus membros,[6a] conforme procedimento próprio, e assegurada ampla defesa, repetindo-se a votação até fixar-se a indicação;[7]

e) não será promovido o juiz que, injustificadamente, retiver autos em seu poder além do prazo legal, não podendo devolvê-los ao cartório sem o devido despacho ou decisão;[7a]

III — o acesso aos tribunais de segundo grau far-se-á por antiguidade e merecimento, alternadamente, apurados na última ou única entrância;[8 a 8b]

IV — previsão de cursos oficiais de preparação, aperfeiçoamento e promoção de magistrados, constituindo etapa obrigatória do processo de vitaliciamento a participação em curso oficial ou reconhecido por escola nacional de formação e aperfeiçoamento de magistrados;[9]

V — o subsídio dos Ministros dos Tribunais Superiores corresponderá a noventa e cinco por cento do subsídio mensal fixado para os Ministros do Supremo Tribunal Federal e os subsídios dos demais magistrados serão fixados em lei e escalonados, em nível federal e estadual, conforme as respectivas categorias da estrutura judiciária nacional, não podendo a diferença entre uma e outra ser superior a dez por cento ou inferior a cinco por cento, nem exceder a noventa e cinco por cento do subsídio mensal dos Ministros dos Tribunais Superiores, obedecido, em qualquer caso, o disposto nos arts. 37, XI, e 39, § 4º;[10]

VI — a aposentadoria dos magistrados e a pensão dos seus dependentes observarão o disposto no art. 40;[11]

VII — o juiz titular residirá na respectiva comarca, salvo autorização do tribunal;[11a-12]

VIII — o ato de remoção ou de disponibilidade do magistrado, por interesse público, fundar-se-á em decisão por voto da maioria absoluta do respectivo tribunal ou do Conselho Nacional de Justiça, assegurada ampla defesa;[13]

VIII-A — a remoção a pedido ou a permuta de magistrados de comarca de igual entrância atenderá, no que couber, ao disposto nas alíneas *a*, *b*, *c* e *e* do inciso II;[13a]

IX — todos os julgamentos dos órgãos do Poder Judiciário serão públicos,[14] e fundamentadas todas as decisões,[15] sob pena de nulidade, podendo a lei limitar a presença, em determinados atos, às próprias partes e a seus advogados,[15a] ou somente a estes, em casos nos quais a preservação do direito à intimidade do interessado no sigilo não prejudique o interesse público à informação;[15b]

X — as decisões administrativas dos tribunais serão motivadas,[16] e em sessão pública,[16a] sendo as disciplinares tomadas pelo voto da maioria absoluta de seus membros;[16b]

XI — nos tribunais com número superior a vinte e cinco julgadores, poderá ser constituído órgão especial,[17 a 18a] com o mínimo de onze e o máximo de vinte e cinco membros, para o exercício das atribuições administrativas e jurisdicionais delegadas da competência do tribunal pleno, provendo-se metade das vagas por antiguidade e a outra metade por eleição pelo tribunal pleno;[19-19a]

XII — a atividade jurisdicional será ininterrupta, sendo vedado férias coletivas nos juízos e tribunais de 2º grau, funcionando, nos dias em que não houver expediente forense normal, juízes em plantão permanente;[20-20a]

XIII — o número de juízes na unidade jurisdicional será proporcional à efetiva demanda judicial e à respectiva população;[21]

XIV — os servidores receberão delegação para a prática de atos de administração e atos de mero expediente sem caráter decisório;[22]

XV — a distribuição de processos será imediata, em todos os graus de jurisdição.[23]

Art. 93: 1. v., no tít. MAGISTRATURA, a LOM, cujos dispositivos nem sempre subsistem, em face da atual Constituição.

Art. 93: 1a. "A eficácia e a aplicabilidade das normas consubstanciadas no art. 93 da CF não dependem, em princípio, para que possam operar e atuar concretamente, da promulgação e edição do Estatuto da Magistratura" (STF-Pleno: RTJ 132/66).

Art. 93: 2. v. LOM 78.

✎ **Art. 93: 2a.** "Concurso público. A prática de 'atividade jurídica' nos concursos", por Hugo Nigro Mazzilli (RSDCPC 33/61); "Concurso público. Ingresso na Magistratura e no Ministério Público: a exigência de três anos de atividade jurídica garante profissionais experientes?", por Luiz Flávio Gomes (RSDCPC 33/64); "Emenda Constitucional n. 45/04 e o conceito de 'atividade jurídica' como requisito de ingresso nas carreiras da magistratura e do Ministério Público", por Rafael da Cás Maffini (Ajuris 98/251); "Momento da comprovação do requisito da atividade jurídica para os concursos da Magistratura e do Ministério Público", por Elisson Pereira da Costa (RSDA 84/9).

Art. 93: 2b. v. art. 129 § 3º e notas.

Art. 93: 2c. A comprovação do triênio de atividade jurídica exigida como condição de ingresso nas carreiras da magistratura e do Ministério Público (arts. 93-I e 129 § 3º) deve ocorrer **no momento da inscrição definitiva no concurso público,** e não no da posse (STF-Pleno, RE 655.265, Min. Edson Fachin, j. 13.4.16, maioria, DJ 5.8.16). No mesmo sentido: RSDA 84/32 (TRF-2ª Reg., AMS 64.148).

"O art. 59 da Resolução 75/2009/CNJ não exige como termo inicial para a contagem da atividade jurídica a inscrição na OAB, como entendeu o acórdão recorrido, mas sim a data da obtenção do grau de bacharel em direito" (STJ-1ª T., RMS 55.677, Min. Napoleão Maia Filho, j. 12.6.18, DJ 19.6.18).

Art. 93: 2d. Redação do inc. I de acordo com a Em. Const. 45, de 8.12.04.

Art. 93: 2e. v. LOM 80-*caput*.

Res. 6, de 13.9.05, do Pres. do Conselho Nacional de Justiça — Dispõe sobre a aferição do merecimento para a promoção de magistrado e acesso aos Tribunais de 2º grau (DJU 16.9.05, p. 148).

Art. 93: 3. "Lista de merecimento: verificando-se empate na sua formação, é inconstitucional a norma regimental que dispõe que a escolha se determine pela antiguidade dentre os mais votados" (STF-Pleno: RTJ 138/371 e RDA 188/99, maioria).

Art. 93: 3a. "A prestação de serviço de natureza privada, ainda que executado no âmbito de contrato administrativo celebrado com a Administração Pública, não poderá ser considerada como tempo de serviço público, para fins de definição do critério de antiguidade no âmbito do Poder Judiciário" (STF-Pleno, MS 30.647-MC-AgRg, Min. Celso de Mello, j. 22.6.11, DJ 6.8.13).

Art. 93: 3b. "Promoção por antiguidade na magistratura tocantinense. Inobservância dos critérios estabelecidos na Lei Orgânica da Magistratura Nacional — LOMAN. Impossibilidade de reconhecimento de tempo de serviço público no estado ou de tempo de serviço público. Contrariedade ao art. 93 da Constituição da República" (STF-Pleno, ADI 4.462, Min. Cármen Lúcia, j. 18.8.16, maioria, DJ 14.9.16).

Art. 93: 3c. O integrante de uma lista de candidatos a promoção tem legitimidade para impugnar a nomeação do outro concorrente (v. Súmula 628 do STF, em nota 8a).

Art. 93: 4. s/ aplicação desta alínea *a* em matéria de promoção de: juiz federal para TRF, v. art. 107, nota 1a; juiz do trabalho para TRT, v. art. 115, nota 2.

Art. 93: 4a. "A aferição do merecimento deve ser feita segundo os critérios fixados na alínea *c* do inc. II do art. 93 da Constituição. A obrigatoriedade da promoção do juiz somente ocorre na hipótese inscrita na alínea *a* do inc. II do art. 93 da Constituição. Não pode o ato normativo primário ou secundário privilegiar a antiguidade, na promoção por merecimento do magistrado, mais do que faz a Constituição" (STF-Pleno: RTJ 152/769).

Art. 93: 5. s/ aplicação desta alínea *b* em matéria de promoção de juiz federal para TRF, v. art. 107, nota 1b.

Art. 93: 5a. Redação da alínea *c* de acordo com a Em. Const. 45, de 8.12.04.

Art. 93: 6. v. inciso IV; LOM 87 § 1º.

Art. 93: 6a. O poder conferido aos tribunais pelo art. 93, II, *d*, da CF não os desobriga de motivar tais decisões, sob pena de ofensa ao art. 93, X, da CF. Assim: "Tribunal de Justiça. Magistrado. Promoção por antiguidade. Recusa. Indispensabilidade de fundamentação. Art. 93, X, da CF. Nulidade irremediável do ato, por não haver sido indicada, nem mesmo na ata do julgamento, a razão pela qual o recorrente teve o seu nome preterido no concurso para promoção por antiguidade" (STF-Pleno: RTJ 181/1.141).

Contra: "Trata-se de decisão discricionária, não havendo necessidade de fundamentação, uma vez que o mecanismo é o da votação secreta" (STJ-6ª T., RMS 7.655, Min. Anselmo Santiago, j. 28.4.97, DJU 4.8.97).

Art. 93: 7. Redação da alínea *d* de acordo com a Em. Const. 45, de 8.12.04.

Art. 93: 7a. Alínea *e* acrescida pela Em. Const. 45, de 8.12.04.

Art. 93: 8. Redação do inc. III de acordo com a Em. Const. 45, de 8.12.04.

Art. 93: 8a. **Súmula 628 do STF:** "Integrante de lista de candidatos a determinada vaga da composição de tribunal é parte legítima para impugnar a validade da nomeação de concorrente".

Art. 93: 8b. Considerando válido julgamento realizado em sede de tribunal por órgão composto majoritariamente por juízes de primeira instância convocados: STF-Pleno, HC 96.821, Min. Ricardo Lewandowski, j. 8.4.10, um voto vencido, DJ 25.6.10 (em matéria criminal); STJ-3ª Seção, HC 109.456, Min. Jane Silva, j. 25.3.09, maioria, DJ 20.10.09 (em matéria criminal); STJ-2ª T., REsp 1.216.972, Min. Mauro Campbell, j. 3.2.11, DJ 14.2.11; STJ-3ª T., REsp 1.193.278, Min. Nancy Andrighi, j. 15.2.11, DJ 24.2.11. **Contra:** "Nulos são os julgamentos de recursos proferidos por Câmara composta, majoritariamente, por juízes de primeiro grau, por violação ao princípio do juiz natural e aos arts. 93, III, 94 e 98, I, da CF" (STJ-6ª T., HC 138.518, Min. Maria Thereza, j. 22.9.09, DJ 13.10.09; em matéria criminal). No mesmo sentido: STJ-5ª T., HC 98.796, Min. Laurita Vaz, j. 8.5.08, DJ 2.6.08 (em matéria criminal).

Art. 93: 9. Redação do inc. IV de acordo com a Em. Const. 45, de 8.12.04.

Art. 93: 10. Redação do inciso V de acordo com a Em. Const. 19, de 4.6.98.

Art. 93: 11. Redação do inciso VI de acordo com a Em. Const. 20, de 15.12.98.

Art. 93: 11a. Redação do inc. VII de acordo com a Em. Const. 45, de 8.12.04.

Art. 93: 12. v. LOM 35-V.

Art. 93: 13. Redação do inc. VIII de acordo com a Em. Const. 103, de 12.11.19.

Art. 93: 13a. Inciso VIII-A acrescido pela Em. Const. 45, de 8.12.04.

Art. 93: 14. v. CPC 11 e 189.

Art. 93: 15. v. inciso X; CPC 11 e 489.

"O que a Constituição exige, no art. 93, IX, é que a **decisão** judicial seja **fundamentada;** não que a fundamentação seja correta, na solução das questões de fato ou de direito da lide: declinadas no julgado as premissas, corretamente assentadas ou não, mas coerentes com o dispositivo do acórdão, está satisfeita a exigência constitucional" (RTJ 150/269).

"Não há afronta ao art. 93, incs. IX e X, da Constituição da República quando a decisão for motivada, sendo desnecessária a análise de todos os argumentos apresentados e certo que a contrariedade ao interesse da parte não configura negativa de prestação jurisdicional" (STF-Pleno, MS 26.163, Min. Cármen Lúcia, j. 24.4.08, DJ 5.9.08).

Art. 93: 15a. v. CPC 189 § 1º, EA 7º § 1º, item 1.

"O fato da decisão (do STJ) haver-se reportado às razões expostas no julgado de segundo grau, para refutar os argumentos apresentados pelo recorrente, não autoriza a afirmativa no sentido de que teria sido afrontado o disposto no art. 93, inc. IX, da Lei Fundamental. O que a Constituição exige é que a decisão esteja suficientemente fundamentada, e isso, sem dúvida, ocorre na hipótese" (STF-1ª T., AI 167.580-3-Ag, Min. Ilmar Galvão, j. 12.9.95, DJU 20.10.95).

Art. 93: 15b. Redação do inc. IX de acordo com a Em. Const. 45, de 8.12.04.

Art. 93: 16. v. inciso IX.

Art. 93: 16a. "Necessidade de motivação expressa, pública e fundamentada das **decisões administrativas** dos tribunais. Regra geral, que também vincula a votação de atos de remoção de magistrados, por força da aplicação imediata do art. 93, X, da Constituição" (STF-Pleno, MS 25.747, Min. Gilmar Mendes, j. 17.5.12, RT 924/493).

Art. 93: 16b. Redação do inc. X de acordo com a Em. Const. 45, de 8.12.04.

Art. 93: 17. v. LOM 16 § ún.; RISTJ 2º-I e § 2º.

Art. 93: 18. "A instituição do Órgão Especial a que se refere o art. 93, XI, da Carta Política, formalizada em ato regimental editado pelo Tribunal de Justiça, revela-se compatível com o postulado do autogoverno da Magistratura, encontrando fundamento jurídico no art. 96, I, *a*, da Constituição" (STF-Pleno: RTJ 153/437, maioria; os votos vencidos entenderam que essa instituição somente poderia ser feita por lei estadual).

Art. 93: 18a. "Incumbindo ao Plenário, de modo facultativo, a criação do Órgão Especial, compete somente a ele definir quais são as atribuições que delega ao referido Órgão, que, por expressa disciplina do art. 93, XI, da Constituição, exerce as atribuições administrativas e jurisdicionais da competência do Pleno que lhes sejam por esse delegadas" (STF-Pleno, MS 26.411-QO, Min. Teori Zavascki, j. 26.11.15, DJ 16.5.16).

Art. 93: 19. Redação do inc. XI de acordo com a Em. Const. 45, de 8.12.04.

Art. 93: 19a. "A norma do inciso XI do art. 93 da CF, com a alteração introduzida pelo art. 1º da EC 45/2004, no tocante à composição do órgão especial (metade por antiguidade e a outra metade por eleição) não se aplica ao STJ, mas, apenas, aos tribunais de segundo grau, a teor do disposto no parágrafo único do art. 16 da Lei Complementar 35, de 14 de março de 1979" (STJ-Corte Especial, SD 150-AgRg, Min. Fernando Gonçalves, j. 16.4.08, DJU 5.5.08).

Art. 93: 20. Inciso XII acrescido pela Em. Const. 45, de 8.12.04.

Art. 93: 20a. "Reforma do Poder Judiciário: férias e prazos", por José Rogério Cruz e Tucci e Flávio Luiz Yarshell (RSDCPC 34/28).

Art. 93: 21. Inciso XIII acrescido pela Em. Const. 45, de 8.12.04.

Art. 93: 22. Inciso XIV acrescido pela Em. Const. 45, de 8.12.04.

Art. 93: 23. Inciso XV acrescido pela Em. Const. 45, de 8.12.04.

Art. 94. Um quinto[1 a 3a] dos lugares dos Tribunais Regionais Federais, dos Tribunais dos Estados, e do Distrito Federal e Territórios será composto de membros, do Ministério Público, com mais de dez anos de carreira, e de advogados de notório saber jurídico e de reputação ilibada,[4] com mais de dez anos de efetiva atividade profissional, indicados em lista sêxtupla pelos órgãos de representação das respectivas classes.

Parágrafo único. Recebidas as indicações, o tribunal formará lista tríplice, enviando-a ao Poder Executivo, que, nos vinte dias subsequentes, escolherá um de seus integrantes para nomeação.[5]

Art. 94: 1. v. LOM 100.

S/ o quinto constitucional nos Tribunais Regionais Federais, v. art. 107-I; s/ a indicação dos advogados, v. EA 54-XIII e 58-XIV; dos membros do MP Federal, v. LC 75, de 20.5.93, art. 53-II; dos membros do MP dos Estados, v. Lei 8.625, de 12.2.93, arts. 15-I e 74.

Art. 94: 2. Se o número total de membros do tribunal não for **divisível por cinco**, "arredonda-se a fração — superior ou inferior a meio — para cima, obtendo-se, então, o número inteiro seguinte" (RTJ 178/220). No mesmo sentido: RTJ 176/10; STJ-6ª T., RMS 31.448, Min. Haroldo Rodrigues, j. 22.2.11, DJ 13.6.11.

Assim: "Não é correto dizer que, se o total de juízes do Tribunal não for divisível por cinco, devem os juízes de carreira ficar com a sobra. E não é correto porque nenhuma garantia lhes deu a Constituição quanto ao seu número no Tribunal, ao passo que, com relação a advogados e membros do Ministério Público, foi bem clara: em dois dispositivos, os arts. 107, *caput*, e 94, *caput*, reservou-lhes um quinto dos lugares" (Bol. AASP 2.369/3.084, acórdão do Órgão Especial do TJSP, v.u.; a citação é de parecer de Theotonio Negrão, referida em voto vencedor).

Art. 94: 3. A disposição não se aplica aos **Tribunais Regionais Eleitorais** (STF-Pleno: RTJ 137/189 e RDA 184/198). "A nomeação de seus juízes é feita na forma do art. 120 da CF e dois de seus membros são nomeados pelo Senhor Presidente da República, dentre seis advogados indicados pelo Tribunal de Justiça e não pela OAB" (RSTJ 34/193).

Art. 94: 3a. "O quinto constitucional previsto para o provimento de lugares em Tribunal, quando eventualmente não observado, não gera nulidade do julgado, máxime em razão da ilegitimidade da parte para questionar os critérios de preenchimento das vagas nos órgãos do Judiciário" (STF-Pleno, RE 484.388, Min. Luiz Fux, j. 13.10.11, maioria, RP 210/485).

Art. 94: 4. É inconstitucional o preceito de lei estadual que estabelece **limite** máximo ou mínimo **de idade** para provimento de advogado pelo quinto constitucional (RTJ 120/30, RT 617/205 e RDA 167/155, v.u.).

Art. 94: 5. "Conflita com a Constituição Federal norma da Carta do Estado que junge à aprovação da **Assembleia Legislativa** a escolha de candidato à vaga do quinto em Tribunal" (STF-Pleno, ADI 4.150, Min. Marco Aurélio, j. 25.2.15, DJ 19.3.15).

Art. 95. Os juízes gozam das seguintes garantias:

I — vitaliciedade, que, no primeiro grau, só será adquirida após dois anos de exercício, dependendo a perda do cargo, nesse período, de deliberação do tribunal a que o juiz estiver vinculado,[1] e, nos demais casos, de sentença judicial transitada em julgado;[2]

II — inamovibilidade, salvo por motivo de interesse público, na forma do art. 93, VIII;[2a-3]

III — irredutibilidade de subsídio,[3a] ressalvado o disposto nos arts. 37, X e XI, 39, § 4º, 150, II, 153, III, e 153, § 2º, I.[3b-4]

Parágrafo único. Aos juízes é vedado:

I — exercer, ainda que em disponibilidade, outro cargo ou função, salvo uma de magistério;[5-6]

II — receber, a qualquer título ou pretexto, custas ou participação em processo;[7]

III — dedicar-se à atividade político-partidária;[8]

IV — receber, a qualquer título ou pretexto, auxílios ou contribuições de pessoas físicas, entidades públicas ou privadas, ressalvadas as exceções previstas em lei;[9]

V — exercer a advocacia no juízo ou tribunal do qual se afastou, antes de decorridos três anos do afastamento do cargo por aposentadoria ou exoneração.[10-11]

Art. 95: 1. assegurando-se ao juiz o prévio conhecimento dos fatos e a apresentação de defesa (RTJ 122/234 e STF-RT 605/201).

Art. 95: 2. v. LOM 25 a 29.

Art. 95: 2a. v. LOM 30 e 31.

Art. 95: 3. "A inamovibilidade é, nos termos do art. 95, II, da Constituição Federal, garantia de toda a magistratura, alcançando não apenas o juiz titular, como também o substituto. O magistrado só poderá ser removido por designação, para responder por determinada vara ou comarca ou para prestar auxílio, com o seu consentimento, ou, ainda, se o interesse público o exigir, nos termos do inciso VIII do art. 93 do Texto Constitucional" (STF-Pleno, MS 27.958, Min. Ricardo Lewandowski, j. 17.5.12, maioria, DJ 28.8.12).

Art. 95: 3a. "É tranquila a jurisprudência desta Corte no sentido de que, em face da Emenda Constitucional n. 1/69, a garantia constitucional da irredutibilidade de vencimentos dos magistrados não implica que se proceda à revisão automática desses vencimentos em virtude da desvalorização da moeda, sendo que esse reajustamento só poderá decorrer de lei de iniciativa do Chefe do Poder Executivo" (RTJ 134/429).

Art. 95: 3b. Redação do inciso III de acordo com a Em. Const. 19, de 4.6.98.

Art. 95: 4. v. LOM 32.

Art. 95: 5. v. LOM 26-II-*a* e §§ 1º e 2º.

Art. 95: 6. "Não padece de inconstitucionalidade o dispositivo de lei estadual que autoriza permaneçam à disposição do Corregedor-Geral da Justiça juízes de direito, para o desempenho de funções de presidir inquéritos, sindicâncias e correições no âmbito dos serviços forenses, que inerem ao desempenho do Poder Judiciário, não exaurido apenas em sua típica função jurisdicional" (RTJ 110/1.235).

Art. 95: 7. v. LOM 26-II-*b*.

Art. 95: 8. v. LOM 26-II-*c*.

Art. 95: 9. Inciso IV acrescido pela Em. Const. 45, de 8.12.04.

Art. 95: 10. Inciso V acrescido pela Em. Const. 45, de 8.12.04.

Art. 95: 11. "A expansão da incidência da quarentena para contemplar, sob sua força impositiva, Tribunais sem qualquer vínculo funcional com ex-magistrados, bem como advogados a eles associados formal ou informalmente, materializa uma radical quebra da mensagem normativa do art. 95, V, da CF" (STF-Pleno, ADPF 310, Min. Alexandre de Moraes, j. 18.10.19, DJ 27.2.20; a citação é do voto do relator).

Art. 96. Compete privativamente:

I — aos tribunais:

a) eleger seus órgãos diretivos[1-1a] e elaborar seus regimentos internos,[2] com observância das normas de processo e das garantias processuais das partes, dispondo sobre a competência e o funcionamento dos respectivos órgãos jurisdicionais e administrativos;

b) organizar suas secretarias e serviços auxiliares e os dos juízos que lhes forem vinculados, velando pelo exercício da atividade correicional[2a] respectiva;

c) prover, na forma prevista nesta Constituição, os cargos de juiz de carreira da respectiva jurisdição;[3-3a]

d) propor a criação de novas varas judiciárias;[4]

e) prover, por concurso público de provas, ou de provas e títulos, obedecido o disposto no art. 169, parágrafo único,[4a] os cargos necessários à administração da Justiça,[5] exceto os de confiança assim definidos em lei;

f) conceder licença, férias e outros afastamentos a seus membros e aos juízes e servidores que lhes forem imediatamente vinculados;[6]

II — ao Supremo Tribunal Federal, aos Tribunais Superiores e aos Tribunais de Justiça propor ao Poder Legislativo respectivo, observado o disposto no art. 169:

a) a alteração do número de membros dos tribunais inferiores;[7]

b) a criação[7a] e a extinção de cargos e a remuneração dos seus serviços auxiliares e dos juízos que lhes forem vinculados, bem como a fixação do subsídio de seus membros e dos juízes, inclusive dos tribunais inferiores, onde houver;[8-8a]

c) a criação ou extinção dos tribunais inferiores;[9]

d) a alteração da organização e da divisão judiciárias;[10]

III — aos Tribunais de Justiça[11] julgar os juízes estaduais e do Distrito Federal e Territórios, bem como os membros do Ministério Público, nos crimes comuns e de responsabilidade, ressalvada a competência da Justiça Eleitoral.

Art. 96: 1. v. LOM 21-I.

Art. 96: 1a. "A escolha dos órgãos diretivos compete privativamente ao próprio tribunal, nos termos do art. 96, I, *a*, da Carta Magna. Tribunal, na dicção constitucional, é o órgão colegiado, sendo inconstitucional, portanto, a norma estadual possibilitar que juízes vitalícios, que não apenas os desembargadores, participem da escolha da direção do tribunal" (STF-Pleno, ADI 2.012, Min. Ricardo Lewandowski, j. 27.10.11, maioria, DJ 28.11.11).

Art. 96: 2. v. LOM 21-III.

Art. 96: 2a. "O art. 78, I, da Res. n. 2/76, do Egrégio TJSP, ao estabelecer que as sindicâncias e correição nos processos administrativos serão realizadas pelo Juiz Corregedor, não padece do vício de inconstitucionalidade" (RSTJ 30/160, maioria).

Art. 96: 3. Não se refere aos juízes do chamado "quinto constitucional" (quanto a estes, v. art. 94 § ún.).

Art. 96: 3a. "O provimento dos cargos de desembargador, nos Tribunais de Justiça, em vagas reservadas à magistratura de carreira, é do próprio Tribunal, atribuição conferida pela CF, art. 96, I, *c* (STF-Pleno: MS 21.118-1, Min. Carlos Velloso, j. 26.5.97, DJU 1.8.97). No mesmo sentido: STF-RTJ 177/1.019, cinco votos vencidos.

Art. 96: 4. v. LOM 21-II.

Art. 96: 4a. O parágrafo único do art. 169 foi alterado para § 1º do mesmo dispositivo, cf. Em. Const. 19, de 4.6.98.

Art. 96: 5. Quanto a serviços notariais e de registro, v. art. 236.

Art. 96: 6. v. LOM 21-IV.

Art. 96: 7. v. LOM 106.

Art. 96: 7a. "É inconstitucional o aumento do número de desembargadores sem proposta do Tribunal de Justiça. A regra, que decorre do princípio da independência e harmonia entre os poderes e é tradicional no direito republicano, aplica-se tanto à legislatura ordinária como à Constituinte estadual, em razão do que prescreve a Constituição Federal, art. 96, II, *b* e *d*" (STF-RDA 206/208, 4 votos vencidos).

Art. 96: 8. Redação da alínea *b* cf. Em. Const. 41, de 19.12.03, que já havia sido alterada pela Em. Const. 19, de 4.6.98.

Art. 96: 8a. v. LOM 21-II.

Art. 96: 9. v. LOM 108.

Art. 96: 10. v. art. 125 § 1º; LOM 95 a 98.

Art. 96: 11. cf. art. 108-I-*a*.

Art. 97. Somente pelo voto da maioria absoluta[1 a 2] de seus membros ou dos membros do respectivo órgão especial poderão os tribunais[2a-2b] declarar a inconstitucionalidade[2c] de lei ou ato normativo[3-3a] do Poder Público.[3b a 7]

Art. 97: 1. "Norma constitucional inconstitucional?", por Flávio Bauer Novelli (RDA 199/21); "A declaração de inconstitucionalidade no Supremo Tribunal Federal", por Sérgio Ferraz (Ajuris 61/231); "Da declaração de inconstitucionalidade e seus efeitos", por Carlos Roberto de Siqueira Castro (RF 335/17); "Declaração de inconstitucionalidade de dispositivo normativo em sede de juízo abstrato e efeitos sobre os atos singulares praticados sob sua égide", por Clèmerson Merlin Clève (RF 337/163-parecer); "A inconstitucionalidade", por Nelson Oscar de Souza (Ajuris 70/125); "Eficácia temporal do controle de constitucionalidade das leis", por Daniel Sarmento (RDA 212/27); "O sistema de controle de constitucionalidade das normas da Constituição de 1988 e reforma do Poder Judiciário", por Gilmar Ferreira Mendes (Ajuris 75/234); "Controle de constitucionalidade: modelos brasileiro e italiano", por Edilson Ferreira Nobre Jr. (RDA 222/143); "Quinze anos de Constituição. Análise crítica da jurisdição constitucional e das possibilidades hermenêuticas de concretização dos direitos fundamentais-sociais", por Lenio Luiz Streck (Ajuris 92/205); "A possibilidade do controle judicial de constitucionalidade. Incidental, concreto e difuso. Direito brasileiro anterior à Constituição Federal de 1988. Em conexão com os direitos fundamentais", por Airton José Sott (Ajuris 93/9); "Os efeitos do controle judicial de constitucionalidade nos Estados Unidos, Canadá e América Latina numa perspectiva comparada", por Keith S. Rosenn (RDA 235/159); "O controle da constitucionalidade de leis e atos normativos municipais em face da Constituição Federal", por Fernando Luiz Ximenes Rocha (RTJE 146/73 e 153/71, RDA 203/107); "Poder constituinte originário e poder constituinte derivado", por Ricardo Arnaldo Malheiros Fiuza (RCDUFU 22, n. 1/2, p. 239); "O controle da constitucionalidade no Brasil. Desenvolvimentos recentes", por Keith S. Rosenn (RDA 227/1); "Controle difuso e concentrado de constitucionalidade", por José Rubens Costa (RT 799/135); "Função do Senado no controle de constitucionalidade", por Sérgio Resende de Barros (Ajuris 90/261); "O modelo brasileiro de controle difuso-concreto da constitucionalidade das leis e a função do Senado Federal", por André Ramos Tavares (RT 819/45); "Controle de constitucionalidade: variações sobre o mesmo tema", por José Afonso da Silva (IP 25/13); "A jurisdição constitucional e a Emenda Constitucional 45/04", por Edilson Pereira Nobre Junior (Ajuris 98/41); "O problema da fiscalização da constitucionalidade dos atos políticos em geral", por Jairo Gilberto Schäfer (IP 35/79); "Constitucionalidade: presunção ou controle?", por André Parmo Folloni (RDDP 42/7); "Considerações sobre a Súmula Vinculante n. 10: transformação definitiva da interpretação conforme à Constituição em técnica decisória?", por Anderson Vichinkeski Teixeira (IP 57/99).

Art. 97: 1a. s/ *quorum*: "Uma teoria do *quorum*", por José Wilson Ferreira Sobrinho (RTJE 124/29).

Art. 97: 1b. Súmula Vinculante 10 do STF: "Viola a cláusula de reserva de plenário (CF, art. 97) a decisão de órgão fracionário de Tribunal que, embora não declare expressamente a inconstitucionalidade de lei ou ato normativo do poder público, afasta sua incidência, no todo ou em parte".

Art. 97: 1c. "O princípio da reserva de plenário deve ser observado não apenas quando o órgão fracionário reconhece expressamente a inconstitucionalidade da norma. Segundo reiterado entendimento do STF, 'reputa-se declaratório de inconstitucionalidade o acórdão que — embora sem o explicitar — afasta a incidência da norma ordinária pertencente à lide para decidi-la sob critérios diversos extraídos da Constituição'" (STJ-1ª T., REsp 1.019.774, Min. Teori Zavascki, j. 17.4.08, DJU 12.5.08).

Todavia: "A interpretação sistemática de norma infraconstitucional, pelo órgão fracionário do Tribunal, não implica em inobservância da cláusula de reserva de plenário, máxime quando a decisão impugnada limita-se a explicitar a ausência, no caso concreto, do pressuposto lógico necessário à aplicação da norma jurídica" (STJ-1ª T., REsp 944.744, Min. Luiz Fux, j. 23.11.10, DJ 3.12.10).

"A mera interpretação, pelo órgão fracionário do Tribunal, de legislação federal à luz de princípios da Constituição Federal não ofende o princípio da reserva de plenário" (STJ-2ª T., REsp 893.326-AgRg, Min. Herman Benjamin, j. 6.10.09, DJ 4.11.09).

"Decisão que, conquanto afastando a preliminar de inconstitucionalidade da lei, considerou esta inaplicável em determinadas circunstâncias e em relação a certas pessoas, em face do princípio do direito adquirido. Hipótese que não deixa espaço para processamento do incidente de arguição de inconstitucionalidade, previsto nos arts. 480 e 481 do CPC" (STJ-2ª T., REsp 8.184, Min. Ilmar Galvão, j. 20.5.91, DJU 10.6.91).

Art. 97: 1d. "Decidir pela constitucionalidade de lei é da competência de Turma. O contrário é que demanda decisão do Plenário, pelo voto da maioria absoluta de seus membros (CF, art. 97)" (RTJ 156/661). No mesmo sentido: RTJ 147/1.079, 148/923, 151/302, 154/674.

Art. 97: 1e. "Decisão proferida em sede cautelar: desnecessidade de aplicação da cláusula de reserva de plenário estabelecida no art. 97 da Constituição da República" (STF-Pleno, Rcl 8.848 AgRg, Min. Cármen Lúcia, j. 17.11.11, DJ 1.12.11).

Art. 97: 1f. "Para que seja observada a cláusula de reserva de plenário, é necessário que o Plenário ou o Órgão Especial do Tribunal reúna-se com o fim específico de julgar a inconstitucionalidade de uma lei ou ato normativo.

Embora tenha a atual redação do item IV do Enunciado 331 do TST resultado de votação unânime do pleno daquele Tribunal, o julgamento ocorreu em incidente de uniformização de jurisprudência. Dessa forma, afastada a incidência do art. 71, § 1º, da Lei 8.666/93, sem o procedimento próprio, restou violada a Súmula Vinculante 10" (STF-Pleno, Rcl 7.517-AgRg, Min. Ricardo Lewandowski, j. 24.11.10, DJ 14.4.11).

Art. 97: 2. Os tribunais estaduais, para declararem a **inconstitucionalidade de lei local,** em face da Constituição estadual, também estão sujeitos ao *quorum* do art. 97 (RTJ 89/944, 135/297, ambos na vigência da CF de 1969).

Art. 97: 2a. Se o **Pleno do Tribunal (ou do STF) já se manifestou anteriormente pela inconstitucionalidade** de determinada lei ou ato normativo, não há necessidade de remessa dos autos a ele pela Turma, para que novamente aprecie a questão (CPC 949 § ún.). No mesmo sentido: RTJ 173/944, STF-RDA 202/232.

Art. 97: 2b. "A declaração pelo Plenário do STF da inconstitucionalidade de norma permite que os órgãos parciais de outros tribunais acolham essa decisão na fundamentação de casos concretos ulteriores, prescindindo de submeter a questão da constitucionalidade ao seu próprio plenário" (STF-RT 746/162). No mesmo sentido: RTJ 164/1.093, RF 348/269.

Art. 97: 2c. "A reserva de plenário e do *quorum* de maioria absoluta cogitados tanto se aplicam à declaração *principaliter* quanto à declaração *incidenter* de inconstitucionalidade de leis" (STF-RF 349/230: 1ª T., RE 240.096; a citação é do voto do relator).

S/ controle de constitucionalidade em caráter principal e concentrado, v. tít. CONTROLE DE CONSTITUCIONALIDADE.

Art. 97: 3. "Inconstitucionalidade ou ilegalidade de ato administrativo normativo?", por Belizário Antônio de Lacerda (RF 349/425).

Art. 97: 3a. **"Decreto regulamentar** conflitante com a norma legal. Configuração apenas de ilegalidade, não se alçando a nível de violação a normas da Constituição Federal. Incidente rejeitado" (RT 637/127: 2º TASP, AP 206.658-0; maioria).

V. tb. LADIN 1º, nota 12a.

Art. 97: 3b. v. CPC 948 a 950.

S/ ação direta de inconstitucionalidade, v. arts. 102-I-*a* e 103, bem como LADIN (no tít. CONTROLE DE CONSTITUCIONALIDADE).

S/ recurso especial com fundamento em violação do princípio da reserva de plenário, v. RISTJ 255, nota 4-Reserva de plenário.

Art. 97: 4. Dec. 2.346, de 10.10.97: "Art. 1º As decisões do Supremo Tribunal Federal que fixem, de forma inequívoca e definitiva, interpretação do texto constitucional deverão ser uniformemente observadas pela Administração Pública Federal direta e indireta, obedecidos os procedimentos estabelecidos neste Decreto.

"§ 1º Transitada em julgado decisão do Supremo Tribunal Federal que declare a inconstitucionalidade de lei ou ato normativo, em ação direta, a decisão, dotada de eficácia *ex tunc*, produzirá efeitos desde a entrada em vigor da norma declarada inconstitucional, salvo se o ato praticado com base na lei ou ato normativo inconstitucional não mais for suscetível de revisão administrativa ou judicial.

"§ 2º O disposto no parágrafo anterior aplica-se, igualmente, à lei ou ao ato normativo que tenha sua inconstitucionalidade proferida, incidentalmente, pelo Supremo Tribunal Federal, após a suspensão de sua execução pelo Senado Federal".

Cf. LADIN 28 § ún.

Art. 97: 5. A declaração de inconstitucionalidade da lei tem **eficácia retroativa,** produzindo efeitos *ex tunc* (RTJ 82/791, 97/1.369, 157/1.063, RSTJ 10/164, RTFR 129/75), e, por isso, "os atos praticados com apoio na mesma lei são nulos" (RT 657/176).

Todavia, o TJRJ entendeu que, antes de suspensa a execução da lei pelo Senado Federal (CF 52-X), a declaração incidental de inconstitucionalidade (não a proferida em ação direta de inconstitucionalidade) só tem efeito entre as partes. O STF não conheceu do recurso extraordinário interposto contra esse acórdão, não tendo, por isso, adotado ou rejeitado dita tese, embora a ementa de sua decisão a mencione (cf. RTJ 123/243).

Art. 97: 6. Em se tratando de **lei ou ato normativo anterior à Constituição** Federal vigente, não há que se cogitar de inconstitucionalidade, mas sim, se for o caso, de revogação ou não recepção (STF-RDA 188/215: Pleno, ADI 337; STF-RMDECC 33/106: 2ª T., RE 278.710-AgRg; RSTJ 47/120: Corte Especial, REsp 12.005, maioria; STJ-RT 884/177: 1ª T., REsp 886.230-EDcl; STJ-5ª T., REsp 439.606, Min. Felix Fischer, j. 25.2.03, DJU 14.4.03). V. LADIN 1º, nota 8.

"A cláusula de reserva de plenário (*full bench*) é aplicável somente aos textos normativos erigidos sob a égide da atual Constituição. As normas editadas quando da vigência das Constituições anteriores se submetem somente ao juízo de recepção ou não pela atual ordem constitucional, o que pode ser realizado por órgão fracionário dos Tribunais sem que se tenha por violado o art. 97 da CF" (STF-1ª T., AI 851.849-AgRg, Min. Luiz Fux, j. 23.4.13, maioria, RT 935/379).

Art. 97: 6a. "O incidente de inconstitucionalidade é cabível quando a declaração de ilegitimidade de uma norma seja indispensável ao julgamento da causa. No caso concreto, isso não ocorre. Segundo ficou relatado, havia um dispositivo legal assegurando a menor sob guarda certo benefício previdenciário, equiparando-o, para esse efeito, à condição de filho. Tal norma foi revogada por outra, que não reproduziu essa equiparação. O que se sustenta, assim, é a inconstitucionalidade dessa falta de equiparação, uma vez que se trata de um direito constitucional. Na verdade, não há inconstitucionalidade a ser declarada. A lei superveniente não negou o direito a equiparação. Apenas omitiu-se em prevê-lo. Ora, se a Constituição assegura, como se alega, a mencionada equiparação, o **eventual vazio normativo da lei ordinária** é suscetível de ser colmatado, se for o caso, pela aplicação direta do próprio preceito constitucional. Seria insólito, assim, declarar a inconstitucionalidade, no caso, declaração essa que, além de não incidir sobre nenhum específico dispositivo legal, é desnecessária para julgar a causa" (STJ-Corte Especial, ED no REsp 727.716, Min. Teori Zavascki, j. 16.2.11, maioria, DJ 23.5.11; a citação é o voto do relator).

Art. 97: 7. A decretação de inconstitucionalidade, sempre que necessária para o julgamento de causa, deve ser feita **de ofício** pelo juiz ou pelo tribunal (RTJ 95/202, RTFR 148/273).

Art. 98. A União, no Distrito Federal e nos Territórios, e os Estados criarão:

I — juizados especiais, providos por juízes togados, ou togados e leigos, competentes para a conciliação, o julgamento e a execução de causas cíveis de menor complexidade[1] e infrações penais de menor potencial ofensivo, mediante os procedimentos oral e sumariíssimo, permitidos, nas hipóteses previstas em lei, a transação e o julgamento de recursos por turmas de juízes de primeiro grau;[1a]

II — justiça de paz,[2] remunerada, composta de cidadãos eleitos pelo voto direto, universal e secreto, com mandato de quatro anos e competência para, na forma da lei, celebrar casamentos, verificar, de ofício ou em face de impugnação apresentada, o processo de habilitação e exercer atribuições conciliatórias, sem caráter jurisdicional, além de outras previstas na legislação.

§ 1º Lei federal disporá sobre a criação de juizados especiais no âmbito da Justiça Federal.[3-4]

§ 2º As custas e emolumentos serão destinados exclusivamente ao custeio dos serviços afetos às atividades específicas da Justiça.[5]

Art. 98: 1. v. tít. JUIZADOS ESPECIAIS.

Art. 98: 1a. s/ julgamento por órgão composto por juízes de primeiro grau fora do âmbito dos Juizados Especiais, v. art. 93, nota 8b.

Art. 98: 2. v. ADCT 30.

Art. 98: 3. Parágrafo único acrescido pela Em. Const. 22, de 18.3.99, e renumerado em razão do acréscimo do § 2º pela Em. Const. 45, de 8.12.04.

Art. 98: 4. v. Lei 10.259, de 12.7.01, no tít. JUIZADOS ESPECIAIS, ínt.

Art. 98: 5. § 2º acrescido pela Em. Const. 45, de 8.12.04.

Art. 99. Ao Poder Judiciário é assegurada autonomia administrativa[1] e financeira.[1a]

§ 1º Os tribunais elaborarão suas propostas orçamentárias dentro dos limites estipulados conjuntamente com os demais Poderes na lei de diretrizes orçamentárias.

§ 2º O encaminhamento da proposta, ouvidos os outros tribunais interessados, compete:

I — no âmbito da União, aos Presidentes do Supremo Tribunal Federal e dos Tribunais Superiores, com a aprovação dos respectivos tribunais;

II — no âmbito dos Estados e no do Distrito Federal e Territórios, aos Presidentes dos Tribunais de Justiça, com a aprovação dos respectivos tribunais.

§ 3º Se os órgãos referidos no § 2º não encaminharem as respectivas propostas orçamentárias dentro do prazo estabelecido na lei de diretrizes orçamentárias, o Poder Executivo considerará, para fins de consolidação da proposta orçamentária anual, os valores aprovados na lei orçamentária vigente, ajustados de acordo com os limites estipulados na forma do § 1º deste artigo.[2]

§ 4º Se as propostas orçamentárias de que trata este artigo forem encaminhadas em desacordo com os limites estipulados na forma do § 1º, o Poder Executivo procederá aos ajustes necessários para fins de consolidação da proposta orçamentária anual.[3]

§ 5º Durante a execução orçamentária do exercício, não poderá haver a realização de despesas ou a assunção de obrigações que extrapolem os limites estabelecidos na lei de diretrizes orçamentárias, exceto se previamente autorizadas, mediante a abertura de créditos suplementares ou especiais.[4]

Art. 99: 1. **Súmula 649 do STF:** "É inconstitucional a criação, por Constituição estadual, de órgão de controle administrativo do Poder Judiciário do qual participem representantes de outros Poderes ou entidades".

Art. 99: 1a. **CF 168:** "Os recursos correspondentes às dotações orçamentárias, compreendidos os créditos suplementares e especiais, destinados aos órgãos dos Poderes Legislativo e Judiciário, do Ministério Público e da Defensoria Pública, ser-lhes-ão entregues até o dia 20 de cada mês, em duodécimos, na forma da lei complementar a que se refere o art. 165, § 9º".

Art. 99: 2. § 3º acrescido pela Em. Const. 45, de 8.12.04.

Art. 99: 3. § 4º acrescido pela Em. Const. 45, de 8.12.04.

Art. 99: 4. § 5º acrescido pela Em. Const. 45, de 8.12.04.

Art. 100. Os pagamentos devidos pelas Fazendas Públicas Federal, Estaduais, Distrital e Municipais, em virtude de sentença judiciária,[1] far-se-ão exclusivamente na ordem cronológica de apresentação dos precatórios[1a a 2] e à conta dos créditos respectivos, proibida a designação de casos ou de pessoas nas dotações orçamentárias e nos créditos adicionais abertos para este fim.[2a-2b]

§ 1º Os débitos de natureza alimentícia[2c a 3a] compreendem aqueles decorrentes de salários, vencimentos, proventos, pensões e suas complementações, benefícios previdenciários e indenizações por morte ou por invalidez, fundadas em responsabilidade civil, em virtude de sentença judicial transitada em julgado, e serão pagos com preferência sobre todos os demais débitos, exceto sobre aqueles referidos no § 2º deste artigo.

§ 2º Os débitos de natureza alimentícia cujos titulares, originários ou por sucessão hereditária, tenham 60 (sessenta) anos de idade, ou sejam portadores de doença grave, ou pessoas com deficiência, assim definidos na forma da lei,[3b] serão pagos com preferência sobre todos os demais débitos, até o valor equivalente ao triplo fixado em lei[3c-3d] para os fins do disposto no § 3º deste artigo, admitido o fracionamento para essa finalidade, sendo que o restante será pago na ordem cronológica de apresentação do precatório.

§ 3º O disposto no *caput* deste artigo relativamente à expedição de precatórios não se aplica aos pagamentos de obrigações definidas em leis como de pequeno valor que as Fazendas referidas devam fazer em virtude de sentença judicial transitada em julgado.[4 a 4b]

§ 4º Para os fins do disposto no § 3º, poderão ser fixados, por leis próprias, valores distintos às entidades de direito público, segundo as diferentes capacidades econômicas, sendo o mínimo igual ao valor do maior benefício do regime geral de previdência social.[4c-4d]

§ 5º É obrigatória a inclusão, no orçamento das entidades de direito público, de verba necessária ao pagamento de seus débitos, oriundos de sentenças transitadas em julgado,[5-5a] constantes de precatórios judiciários apresentados até 1º de julho, fazendo-se o pagamento até o final do exercício seguinte, quando terão seus valores atualizados monetariamente.[5b-6]

§ 6º As dotações orçamentárias e os créditos abertos serão consignados diretamente ao Poder Judiciário, cabendo ao Presidente do Tribunal[6a-7] que proferir a decisão exequenda determinar o pagamento integral e autorizar, a requerimento do credor e exclusivamente para os casos de preterimento de seu direito de precedência ou de não alocação orçamentária do valor necessário à satisfação do seu débito, o sequestro da quantia respectiva.[7a a 8a]

§ 7º O Presidente do Tribunal competente que, por ato comissivo ou omissivo, retardar ou tentar frustrar a liquidação regular de precatórios incorrerá em crime de responsabilidade e responderá, também, perante o Conselho Nacional de Justiça.

§ 8º É vedada a expedição de precatórios complementares ou suplementares de valor pago, bem como o fracionamento,[8b a 10a] repartição ou quebra do valor da execução para fins de enquadramento de parcela do total ao que dispõe o § 3º deste artigo.

§ 9º No momento da expedição dos precatórios, independentemente de regulamentação, deles deverá ser abatido, a título de compensação, valor correspondente aos débitos líquidos e certos, inscritos ou não em dívida ativa e constituídos contra o credor original pela Fazenda Pública devedora, incluídas parcelas vincendas de parcelamentos, ressalvados aqueles cuja execução esteja suspensa em virtude de contestação administrativa ou judicial.[10b]

§ 10. Antes da expedição dos precatórios, o Tribunal solicitará à Fazenda Pública devedora, para resposta em até 30 (trinta) dias, sob pena de perda do direito de abatimento, informação sobre os débitos que preencham as condições estabelecidas no § 9º, para os fins nele previstos.[10c]

§ 11. É facultada ao credor, conforme estabelecido em lei da entidade federativa devedora, a entrega de créditos em precatórios para compra de imóveis públicos do respectivo ente federado.

§ 12. A partir da promulgação desta Emenda Constitucional,[10d] a atualização de valores de requisitórios,[11] após sua expedição, até o efetivo pagamento, independentemente de sua natureza,[11a] será feita pelo índice oficial de remuneração básica da caderneta de poupança,[11b] e, para fins de compensação da mora, incidirão juros simples no mesmo percentual de juros incidentes sobre a caderneta de poupança, ficando excluída a incidência de juros compensatórios.[11c]

§ 13. O credor poderá ceder, total ou parcialmente, seus créditos em precatórios a terceiros, independentemente da concordância do devedor, não se aplicando ao cessionário o disposto nos §§ 2º e 3º.[11d-12]

§ 14. A cessão de precatórios somente produzirá efeitos após comunicação, por meio de petição protocolizada, ao tribunal de origem e à entidade devedora.

§ 15. Sem prejuízo do disposto neste artigo, lei complementar a esta Constituição Federal poderá estabelecer regime especial para pagamento de crédito de precatórios de Estados, Distrito Federal e Municípios, dispondo sobre vinculações à receita corrente líquida e forma e prazo de liquidação.[12a-12b]

§ 16. A seu critério exclusivo e na forma de lei, a União poderá assumir débitos, oriundos de precatórios, de Estados, Distrito Federal e Municípios, refinanciando-os diretamente.

§ 17. A União, os Estados, o Distrito Federal e os Municípios aferirão mensalmente, em base anual, o comprometimento de suas respectivas receitas correntes líquidas com o pagamento de precatórios e obrigações de pequeno valor.[13]

§ 18. Entende-se como receita corrente líquida, para os fins de que trata o § 17, o somatório das receitas tributárias, patrimoniais, industriais, agropecuárias, de contribuições e de serviços, de transferências correntes e outras receitas correntes, incluindo as oriundas do § 1º do art. 20 da Constituição Federal, verificado no período compreendido pelo segundo mês imediatamente anterior ao de referência e os 11 (onze) meses precedentes, excluídas as duplicidades, e deduzidas:[14]

I — na União, as parcelas entregues aos Estados, ao Distrito Federal e aos Municípios por determinação constitucional;

II — nos Estados, as parcelas entregues aos Municípios por determinação constitucional;

III — na União, nos Estados, no Distrito Federal e nos Municípios, a contribuição dos servidores para custeio de seu sistema de previdência e assistência social e as receitas provenientes da compensação financeira referida no § 9º do art. 201 da Constituição Federal.

§ 19. Caso o montante total de débitos decorrentes de condenações judiciais em precatórios e obrigações de pequeno valor, em período de 12 (doze) meses, ultrapasse a média do comprometimento percentual da receita corrente líquida nos 5 (cinco) anos imediatamente anteriores, a parcela que exceder esse percentual poderá ser financiada, excetuada dos limites de endividamento de que tratam os incisos VI e VII do art. 52 da Constituição Federal e de quaisquer outros limites de endividamento previstos, não se aplicando a esse financiamento a vedação de vinculação de receita prevista no inciso IV do art. 167 da Constituição Federal.[15]

§ 20. Caso haja precatório com valor superior a 15% (quinze por cento) do montante dos precatórios apresentados nos termos do § 5º deste artigo, 15% (quinze por cento) do valor deste precatório serão pagos até o final do exercício seguinte e o restante em parcelas iguais nos cinco exercícios subsequentes, acrescidas de juros de mora e correção monetária, ou mediante acordos diretos, perante Juízos Auxiliares de Conciliação de Precatórios, com redução máxima de 40% (quarenta por cento) do valor do crédito atualizado, desde que em relação ao crédito não penda recurso ou defesa judicial e que sejam observados os requisitos definidos na regulamentação editada pelo ente federado.[16-17]

Art. 100: 1. A referência a "sentença judiciária" denota "o propósito de disciplinar o pagamento de obrigações da Fazenda, reconhecidas judicialmente, e não restringir a possibilidade de expedição de precatório nos casos de condenação em processo de conhecimento, devendo a expressão 'sentença judicial' nele contida ser interpretada, por isso, como abrangente da decisão do juiz que, em execução por título extrajudicial contra a Fazenda, após reconhecer a idoneidade do pedido, proclama o decurso *in albis* do prazo para embargar e autoriza a expedição do requisitório" (TFR-4ª T., Ag 52.108, Min. Ilmar Galvão, j. 9.9.87, DJU 24.9.87).

✎ **Art. 100: 1a.** "Acordo para recebimento de crédito perante a Fazenda Pública", por Adilson Abreu Dallari (RDA 239/177).

Art. 100: 1b. s/ não cabimento de recurso extraordinário em precatório, v. RISTF 321, nota 2-Súmula 733 do STF; s/ pagamento pelo Poder Público de **créditos de pequeno valor,** fixados em sentença judicial, v. § 3º; s/ submissão ao regime de precatórios, v. CPC 534, notas 4 e segs.

Art. 100: 1c. Ato das Disposições Constitucionais Transitórias: "Art. 101 (*redação da Em. Const. 99, de 14.12.17*). Os Estados, o Distrito Federal e os Municípios que, em 25 de março de 2015, se encontravam em mora no pagamento de seus precatórios quitarão, até 31 de dezembro de 2024, seus débitos vencidos e os que vencerão dentro desse período, atualizados pelo Índice Nacional de Preços ao Consumidor Amplo Especial (IPCA-E), ou por outro índice que venha a substituí-lo, depositando mensalmente em conta especial do Tribunal de Justiça local, sob única e exclusiva administração deste, 1/12 (um doze avos) do valor calculado percentualmente sobre suas receitas correntes líquidas apuradas no segundo mês anterior ao mês de pagamento, em percentual suficiente para a quitação de seus débitos e, ainda que variável, nunca inferior, em cada exercício, ao percentual praticado na data da entrada em vigor do regime especial a que se refere este artigo, em conformidade com plano de pagamento a ser anualmente apresentado ao Tribunal de Justiça local. **§ 1º** Entende-se como receita corrente líquida, para os fins de que trata este artigo, o somatório das receitas tributárias, patrimoniais, industriais, agropecuárias, de contribuições e de serviços, de transferências correntes e outras receitas correntes, incluindo as oriundas do § 1º do art. 20 da Constituição Federal, verificado no período compreendido pelo segundo mês imediatamente anterior ao de referência e os 11 (onze) meses precedentes, excluídas as duplicidades, e deduzidas: **I** — nos Estados, as parcelas entregues aos Municípios por determinação constitucional; **II** — nos Estados, no Distrito Federal e nos Municípios, a contribuição dos servidores para custeio de seu sistema de previdência e assistência social e as receitas provenientes da compensação financeira referida no § 9º do art. 201 da Constituição Federal. **§ 2º** O débito de precatórios será pago com recursos orçamentários próprios provenientes das fontes de receita corrente líquida referidas no § 1º deste artigo e, adicionalmente, poderão ser utilizados recursos dos seguintes instrumentos: **I** — até 75% (setenta e cinco por cento) dos depósitos judiciais e dos depósitos administrativos em dinheiro referentes a processos judiciais ou administrativos, tributários ou não tributários, nos quais sejam parte os Estados, o Distrito Federal ou os Municípios, e as respectivas autarquias, fundações e empresas estatais dependentes, mediante a instituição de fundo garantidor em montante equivalente a 1/3 (um terço) dos recursos levantados, constituído pela parcela restante dos depósitos judiciais e remunerado pela taxa referencial do Sistema Especial de Liquidação e de Custódia (Selic) para títulos federais, nunca inferior aos índices e critérios aplicados aos depósitos levantados; **II** — até 30% (trinta por cento) dos demais depósitos judiciais da localidade sob jurisdição do respectivo Tribunal de Justiça, mediante a instituição de fundo garantidor em montante equivalente aos recursos levantados, constituído pela parcela restante dos depósitos judiciais e remunerado pela taxa referencial do Sistema Especial de Liquidação e de Custódia (Selic) para títulos federais, nunca inferior aos índices e critérios aplicados aos depósitos levantados, destinando-se: **a)** no caso do Distrito Federal, 100% (cem por cento) desses recursos ao próprio Distrito Federal; **b)** no caso dos Estados, 50% (cinquenta por cento) desses recursos ao próprio Estado e 50% (cinquenta por cento) aos respectivos Municípios, conforme a circunscrição judiciária onde estão depositados os recursos, e, se houver mais de um Município na mesma circunscrição judiciária, os recursos serão rateados entre os Municípios concorrentes, proporcionalmente às respectivas populações, utilizado como referência o último levantamento censitário ou a mais recente estimativa populacional da Fundação Instituto Brasileiro de Geografia e Estatística (IBGE); **III** — empréstimos, excetuados para esse fim os limites de endividamento de que tratam os incisos VI e VII do *caput* do art. 52 da Constituição Federal e quaisquer outros limites de endividamento previstos em lei, não se aplicando a esses empréstimos a vedação de vinculação de receita prevista no inciso IV do *caput* do art. 167 da Constituição Federal; **IV** — a totalidade dos depósitos em precatórios e requisições diretas de pagamento de obrigações de pequeno valor efetuados até 31 de dezembro de 2009 e ainda não levantados, com o cancelamento dos respectivos requisitórios e a baixa das obrigações, assegurada a revalidação dos requisitórios pelos juízos dos processos perante os Tribunais, a requerimento dos credores e após a oitiva da entidade devedora, mantidas a posição de ordem cronológica original e a remuneração de todo o período. **§ 3º** Os recursos adicionais previstos nos incisos I, II e IV do § 2º deste artigo serão transferidos diretamente pela instituição financeira depositária para a conta especial referida no *caput* deste artigo, sob única e exclusiva administração do Tribunal de Justiça local, e essa transferência deverá ser realizada em até sessenta dias contados a partir da entrada em vigor deste parágrafo, sob pena de responsabilização pessoal do dirigente da instituição financeira por improbidade. **§ 4º** No prazo de até seis meses contados da entrada em vigor do regime especial a que se refere este artigo, a União, diretamente, ou por intermédio das instituições financeiras oficiais sob seu controle, disponibilizará aos Estados, ao Distrito Federal e aos Municípios, bem como às respectivas autarquias, fundações e empresas estatais dependentes, linha de crédito especial para pagamento dos precatórios submetidos ao regime especial de pagamento de que trata este artigo, observadas as seguintes condições: **I** — no financiamento dos saldos remanescentes de precatórios a pagar a que se refere este parágrafo serão adotados os índices e critérios de atualização que incidem sobre o pagamento de precatórios, nos termos do § 12 do art. 100 da Constituição Federal; **II** — o financiamento dos saldos remanescentes de precatórios a pagar a que se refere este parágrafo será feito em parcelas mensais suficientes à satisfação da dívida assim constituída; **III** — o valor de cada parcela a que se refere o inciso II deste parágrafo será calculado percentualmente sobre a receita corrente líquida, respectivamente, do Estado, do Distrito Federal e do Município, no segundo mês anterior ao pagamento, em percentual equivalente à média do comprometimento percentual mensal de 2012 até o final do período referido no *caput* deste artigo, considerados para esse fim somente os recursos próprios de cada ente da Federação aplicados no pagamento de precatórios; **IV** — nos empréstimos a que se refere este parágrafo não se aplicam os limites de endividamento de que tratam os incisos VI e VII do *caput* do art. 52 da Constituição Federal e quaisquer outros limites de endividamento previstos em lei.

"**Art. 102** (*redação da Em. Const. 99, de 14.12.17*). Enquanto viger o regime especial previsto nesta Emenda Constitucional, pelo menos 50% (cinquenta por cento) dos recursos que, nos termos do art. 101 deste Ato das Disposições Constitucionais Transitórias, forem destinados ao pagamento dos precatórios em mora serão utilizados no pagamento segundo a ordem cronológica de apresentação, respeitadas as preferências dos créditos alimentares, e, nessas, as relativas à idade, ao estado de saúde e à deficiência, nos termos do § 2º do art. 100 da Constituição Federal, sobre todos os demais créditos de todos os anos. **§ 1º** A aplicação dos recursos remanescentes, por opção a ser exercida por Estados, Distrito Federal e Municípios, por ato do respectivo Poder Executivo, observada a ordem de preferência dos credores, poderá ser destinada ao pagamento mediante acordos diretos, perante Juízos Auxiliares de Conciliação de Precatórios, com redução máxima de 40% (quarenta por cento) do valor do crédito atualizado, desde que em relação ao crédito não penda recurso ou defesa judicial e que sejam observados os requisitos definidos na regulamentação editada pelo ente federado. **§ 2º** Na vigência do regime especial previsto no art. 101 deste Ato das Disposições Constitucionais Transitórias, as preferências relativas à idade, ao estado de saúde e à deficiência serão atendidas até o valor equivalente ao quíntuplo fixado em lei para os fins do disposto no § 3º do art. 100 da Constituição Federal, admitido o fracionamento para essa finalidade, e o restante será pago em ordem cronológica de apresentação do precatório.

"**Art. 103** (*redação da Em. Const. 99, de 14.12.17*). Enquanto os Estados, o Distrito Federal e os Municípios estiverem efetuando o pagamento da parcela mensal devida como previsto no *caput* do art. 101 deste Ato das Disposições Constitucionais Transitórias, nem eles, nem as respectivas autarquias, fundações e empresas estatais dependentes poderão sofrer sequestro de valores, exceto no caso de não liberação tempestiva dos recursos. **Parágrafo único.** Na vigência do regime especial previsto no art. 101 deste Ato das Disposições Constitucionais Transitórias, ficam vedadas desapropriações pelos Estados, pelo Distrito Federal e pelos Municípios, cujos estoques de precatórios ainda pendentes de pagamento, incluídos os precatórios a pagar de suas entidades da administração indireta, sejam superiores a 70% (setenta por cento) das respectivas receitas correntes líquidas, excetuadas as desapropriações para fins de necessidade pública nas áreas de saúde, educação, segurança pública, transporte público, saneamento básico e habitação de interesse social.

"**Art. 104.** Se os recursos referidos no art. 101 deste Ato das Disposições Constitucionais Transitórias para o pagamento de precatórios não forem tempestivamente liberados, no todo ou em parte: **I** — o Presidente do Tribunal de Justiça local determinará o sequestro, até o limite do valor não liberado, das contas do ente federado inadimplente; **II** — o chefe do Poder Executivo do ente federado inadimplente responderá, na forma da legislação de responsabilidade fiscal e de improbidade administrativa; **III** — a União reterá os recursos referentes aos repasses ao Fundo de Participação dos Estados e do Distrito Federal e ao Fundo de Participação dos Municípios e os depositará na conta especial referida no art. 101 deste Ato das Disposições Constitucionais Transitórias, para utilização como nele previsto; **IV** — os Estados reterão os repasses previstos no parágrafo único do art. 158 da Constituição Federal e os depositarão na conta especial referida no art. 101 deste Ato das Disposições Constitucionais Transitórias, para utilização como nele previsto. **Parágrafo único.** Enquanto perdurar a omissão, o ente federado não poderá contrair empréstimo externo ou interno, exceto para os fins previstos no § 2º do art. 101 deste Ato das Disposições Constitucionais Transitórias, e ficará impedido de receber transferências voluntárias.

"**Art. 105** (*redação da Em. Const. 99, de 14.12.17*). Enquanto viger o regime de pagamento de precatórios previsto no art. 101 deste Ato das Disposições Constitucionais Transitórias, é facultada aos credores de precatórios, próprios ou de terceiros, a compensação com débitos de natureza tributária ou de outra natureza que até 25 de março de 2015 tenham sido inscritos na dívida ativa dos Estados, do Distrito Federal ou dos Municípios, observados os requisitos definidos em lei própria do ente federado. **§ 1º** Não se aplica às compensações referidas no *caput* deste artigo qualquer tipo de vinculação, como as transferências a outros entes e as destinadas à educação, à saúde e a outras finalidades. **§ 2º** Os Estados, o Distrito Federal e os Municípios regulamentarão nas respectivas leis o disposto no *caput* deste artigo em até cento e vinte dias a partir de 1º de janeiro de 2018. **§ 3º** Decorrido o prazo estabelecido no § 2º deste artigo sem a regulamentação nele prevista, ficam os credores de precatórios autorizados a exercer a faculdade a que se refere o *caput* deste artigo."

Art. 100: 2. A Em. Const. 30, de 13.9.00, acrescentou o seguinte artigo ao **Ato das Disposições Constitucionais Transitórias: "Art. 78.** Ressalvados os créditos definidos em lei como de pequeno valor, os de natureza alimentícia, os de que trata o art. 33 deste Ato das Disposições Constitucionais Transitórias e suas complementações e os que já tiverem os seus respectivos recursos liberados ou depositados em juízo, os precatórios pendentes na data de promulgação desta Emenda e os que decorram de ações iniciais ajuizadas até 31 de dezembro de 1999 serão liquidados pelo seu valor real, em moeda corrente, acrescido de juros legais, em prestações anuais, iguais e sucessivas, no prazo máximo de dez anos, permitida a cessão dos créditos. **§ 1º** É permitida a decomposição de parcelas, a critério do credor. **§ 2º** As prestações anuais a que se refere o *caput* deste artigo terão, se não liquidadas até o final do exercício a que se referem, poder liberatório do pagamento de tributos da entidade devedora. **§ 3º** O prazo referido no *caput* deste artigo fica reduzido para dois anos, nos casos de precatórios judiciais originários de desapropriação de imóvel residencial do credor, desde que comprovadamente único à época da imissão na posse. **§ 4º** O presidente do Tribunal competente deverá, vencido o prazo ou em caso de omissão no orçamento, ou preterição ao direito de precedência, a requerimento do credor, requisitar ou determinar o sequestro de recursos financeiros da entidade executada, suficientes à satisfação da prestação".

O STF deferiu medida liminar em ação declaratória de inconstitucionalidade suspendendo a eficácia do ADCT 78 (STF-Pleno, ADI 2.356-MC, Min. Ayres Britto, j. 25.11.10, maioria, DJ 19.5.11).

"O art. 97 do ADCT, ao regular, por inteiro, a matéria antes disciplinada no art. 78, § 2º, do ADCT, revogou, tacitamente, esse último dispositivo constitucional" (STJ-1ª T., RMS 34.177-AgRg, Min. Benedito Gonçalves, j. 2.8.11, DJ 5.8.11). No mesmo sentido: STJ-2ª T., RMS 34.816-EDcl, Min. Humberto Martins, j. 27.9.11, DJ 4.10.11.

✎ "Parcelamento de precatórios judiciais (artigo 78 do ADCT): abuso do poder constituinte derivado?", por Teori Albino Zavascki (IP 31/39); "Os precatórios judiciais, a Emenda Constitucional 30/2000 e o poder liberatório do pagamento de tributos da entidade devedora", por Sandro Gilbert Martins e Sandro Vicentini (RP 129/92).

Em. Const. 62, de 9.12.09: "Art. 6º Ficam também convalidadas todas as compensações de precatórios com tributos vencidos até 31 de outubro de 2009 da entidade devedora, efetuadas na forma do disposto no § 2º do art. 78 do ADCT, realizadas antes da promulgação desta Emenda Constitucional". **Nota:** O STF declarou **inconstitucional,** por arrastamento, esse dispositivo (STF-Pleno, ADI 4.425, Min. Luiz Fux, j. 14.3.13, maioria, RT 944/251). Em relação à **eficácia** dessa declaração de inconstitucionalidade: "2. *In casu*, modulam-se os efeitos das decisões declaratórias de inconstitucionalidade proferidas nas ADIs 4.357 e 4.425 para manter a vigência do regime especial de pagamento de precatórios instituído pela Emenda Constitucional 62/09 por 5 (cinco) exercícios financeiros a contar de primeiro de janeiro de 2016. Confere-se eficácia prospectiva à declaração de inconstitucionalidade dos seguintes aspectos da ADI, fixando como marco inicial a data de conclusão do julgamento da presente questão de ordem (25.3.15) e mantendo-se válidos os precatórios expedidos ou pagos até esta data, a saber: (i) fica mantida a aplicação do índice oficial de remuneração básica da caderneta de poupança (TR), nos termos da Emenda Constitucional 62/09, até 25.3.15, data após a qual (a) os créditos em precatórios deverão ser corrigidos pelo Índice de Preços ao Consumidor Amplo Especial (IPCA-E) e (b) os precatórios tributários deverão observar os mesmos critérios pelos quais a Fazenda Pública corrige seus créditos tributários; e (ii) ficam resguardados os precatórios expedidos, no âmbito da administração pública federal, com base nos arts. 27 das Leis 12.919/13 e 13.080/15, que fixam o IPCA-E como índice de correção monetária. Quanto às formas alternativas de pagamento previstas no regime especial: (i) consideram-se válidas as compensações, os leilões e os pagamentos à vista por ordem crescente de crédito previstos na Emenda Constitucional 62/09, desde que realizados até 25.3.15, data a partir da qual não será possível a quitação de precatórios por tais modalidades; (ii) fica mantida a possibilidade de realização de acordos diretos, observada a ordem de preferência dos credores e de acordo com lei própria da entidade devedora, com redução máxima de 40% do valor do crédito atualizado. Durante o período fixado no item 2 acima, ficam mantidas (i) a vinculação de percentuais mínimos da receita corrente líquida ao pagamento dos precatórios (art. 97, § 10, do ADCT) e (ii) as sanções para o caso de não liberação tempestiva dos recursos destinados ao pagamento de precatórios (art. 97, § 10, do ADCT)" (STF-Pleno, ADI 4.425-QO, Min. Luiz Fux, j. 25.3.15, maioria, DJ 4.8.15).

Art. 100: 2a. Redação do art. 100, *caput* e parágrafos, de acordo com a Em. Const. 62, de 9.12.09 (DOU 10.12.09).

✎ **Art. 100: 2b.** "A execução contra a Fazenda Pública e as alterações impostas pela Emenda Constitucional n. 62/2009", por Leonardo José Carneiro da Cunha (RDDP 85/18); "O regime especial dos precatórios à luz da Emenda Constitucional n. 62", por Flávio C. de Toledo Jr. (RIDA 53/82); "Considerações a respeito da EC n. 62/09 e a questão dos precatórios", por Lair da Silva Loureiro Filho (RF 408/255); "A Emenda Constitucional do precatório — o retrato de uma democracia de interesse", por Manoel Hermes de Lima (RSDA 60/63).

Art. 100: 2c. s/ precatório para pagamento de **crédito alimentar,** v. CPC 535, notas 23 e segs. (especialmente Lei 9.469, de 10.7.97, Súmula 655 do STF e Súmula 144 do STJ).

Art. 100: 3. Súmula Vinculante 47 do STF: "Os **honorários advocatícios** incluídos na condenação ou destacados do montante principal devido ao credor consubstanciam verba de natureza alimentar cuja satisfação ocorrerá com a expedição de precatório ou requisição de pequeno valor, observada ordem especial restrita aos créditos dessa natureza".

Art. 100: 3a. "A **indenização por danos morais** apresenta cunho extrapatrimonial e, portanto, não pode ser caracterizada como crédito de natureza alimentar. Isso porque a referida verba remunera a dor subjetiva da vítima. Logo, não se destina primordialmente à subsistência do credor. A ampliação indevida pelos beneficiários da regra contida no § 1º do art. 100 da Constituição Federal pode comprometer a própria eficácia do mencionado normativo, conferindo caráter ordinário a um regramento constitucional que tem por escopo, justamente, atender situações de urgência ou de premente necessidade" (STJ-2ª T., RMS 52.676, Min. Og Fernandes, j. 15.3.18, DJ 21.3.18).

Art. 100: 3b. v. CPC 1.048 e notas.

Art. 100: 3c. v., a seguir, notas 4 a 4b. V. tb. CPC 535, nota 28b.

Art. 100: 3d. "O limite previsto pelo art. 100, § 2º, da CF/88 deve incidir em **cada precatório isoladamente,** sendo incogitável extensão a todos os títulos do mesmo credor. Dessarte, ainda que o mesmo credor preferencial tenha vários precatórios contra o mesmo ente público, terá direito à preferência em todos eles, respeitado o limite referido em cada um isoladamente. Tanto é assim que o dispositivo constitucional fala em 'fracionamento', e tal termo só pode ser empregado em referência a um único precatório" (STJ-2ª T., RMS 46.197, Min. Herman Benjamin, j. 20.8.15, DJ 10.9.15). No mesmo sentido: STJ-1ª T., RMS 45.943-AgInt, Min. Sérgio Kukina, j. 15.12.16, DJ 2.2.17.

"Precatório. Direito de preferência (art. 100, § 2º, da CF/1988). Reconhecimento, mais de uma de vez, em um mesmo precatório. Impossibilidade" (STJ-1ª T., RMS 60.276-AgInt, Min. Benedito Gonçalves, j. 2.6.20, maioria, DJ 26.6.20).

Art. 100: 4. A Em. Const. 37, de 12.6.02, acrescentou o seguinte artigo ao **Ato das Disposições Constitucionais Transitórias: "Art. 87.** Para efeito do que dispõem o § 3º do art. 100 da Constituição Federal e o art. 78 deste Ato das Disposições Constitucionais Transitórias serão considerados de pequeno valor, até que se dê a publicação oficial das respectivas leis definidoras pelos entes da Federação, observado o disposto no § 4º do art. 100 da Constituição Federal, os débitos ou obrigações consignados em precatório judiciário, que tenham valor igual ou inferior a:

"I — quarenta salários mínimos, perante a Fazenda dos Estados e do Distrito Federal;

"II — trinta salários mínimos, perante a Fazenda dos Municípios.

"Parágrafo único. Se o valor da execução ultrapassar o estabelecido neste artigo, o pagamento far-se-á, sempre, por meio de precatório, sendo facultada à parte exequente a renúncia ao crédito do valor excedente, para que possa optar pelo pagamento do saldo sem o precatório, da forma prevista no § 3º do art. 100".

Nota: O primitivo § 4º corresponde ao atual § 8º.

Art. 100: 4a. Lei 10.099, de 19.12.00 — Altera a Lei 8.213, de 24 de julho de 1991, regulamentando o disposto no § 3º do art. 100 da Constituição Federal, definindo obrigações de pequeno valor para a Previdência Social. Alterou o art. 128 da Lei 8.213, de 24.7.91.

Art. 100: 4b. São obrigações de pequeno valor, segundo o disposto na LJEF 17 § 1º c/c 3º-*caput* (no tít. JUIZADOS ESPECIAIS, ínt.), as que não excedam o limite de 60 salários mínimos.

S/ noção de obrigação de pequeno valor, v. tb. CPC 535, notas 28 e segs.

✎ **Art. 100: 4c.** "O montante mínimo para as requisições de pequeno valor: breve observação quanto às implicações do novo parágrafo 4º do art. 100 da Constituição Federal", por Leonardo José Carneiro da Cunha (RDDP 88/51).

Art. 100: 4d. v., na nota 12a, ADCT 97 § 12.

Art. 100: 5. A referência às "sentenças transitadas em julgado" para o pagamento de débitos constantes de precatórios vedou a possibilidade de execução provisória contra a Fazenda Pública? v. CPC 534, nota 2.

Art. 100: 5a. "Possível é a execução parcial do título judicial no que revela parte autônoma transitada em julgado na via da recorribilidade" (STF-Pleno, RE 1.205.530, Min. Marco Aurélio, j. 8.6.20, DJ 1.7.20; no caso, definiu-se que deve ser "observada a importância total executada para efeitos de dimensionamento como obrigação de pequeno valor").

Art. 100: 5b. Súmula Vinculante 17 do STF: "Durante o período previsto no § 1º do art. 100 da Constituição, não incidem juros de mora sobre os precatórios que nele sejam pagos". **Nota:** o primitivo § 1º corresponde ao atual § 5º.

"Em caso de inadimplemento do prazo constitucional, os juros moratórios passam a incidir a partir do primeiro dia do exercício financeiro seguinte ao que deveria ter sido pago o precatório" (STF-1ª T., RE 940.236-AgRg, Min. Roberto Barroso, j. 25.10.16, maioria, DJ 10.8.17).

V. CPC 535, notas 20a e 20b.

Art. 100: 6. "É devida correção monetária no período compreendido entre a data de elaboração do cálculo da requisição de pequeno valor — RPV e sua expedição para pagamento" (STF-Pleno, Ag em RE 638.195, Min. Joaquim Barbosa, j. 29.5.13, maioria, DJ 13.12.13).

S/ correção monetária, v. tb. § 12 e notas.

S/ requisição de pequeno valor e correção monetária, v. tb. LJEF 17, nota 3.

Art. 100: 6a. "As decisões proferidas pelo presidente dos tribunais no exercício da competência prevista no art. 100, § 2º, CF, possuem natureza meramente administrativa, não dando margem por isso — mesmo depois de confirmadas por órgão colegiado do tribunal respectivo — ao cabimento de recurso extraordinário" (STF-1ª T., AI 165.747-AgRg, Min. Sepúlveda Pertence, j. 10.11.98, DJU 5.2.99). Também por isso, não podem ser objeto de conflito de competência (STJ-RT 864/201: 1ª Seção, CC 30.079-EDcl). **Nota:** o primitivo § 2º corresponde ao atual § 6º.

V. tb. nota 7a, RISTJ 255, nota 4-Precatório, e RISTF 321, nota 3-Precatório.

Art. 100: 7. "A expressão 'Presidente do Tribunal que proferiu a decisão exequenda', constante do § 2º do art. 100 da Constituição, só pode ser entendida, em face do *caput* do citado artigo e dos princípios federativos, para significar 'Presidente do Tribunal que determinar o pagamento da quantia requisitada via precatório', e não o Presidente do Tribunal que conheceu do recurso à sentença condenatória" (RSTJ 26/52 e STJ-RT 681/214). **Nota:** o primitivo § 2º corresponde ao atual § 6º.

Art. 100: 7a. "O julgamento de pedido de sequestro do montante correspondente para satisfação do precatório, formulado perante Presidente do Tribunal de Justiça, possui natureza administrativa, pois se refere a processamento de precatórios, do qual não cabe eventual recurso extraordinário" (STF-1ª T., RE 281.208-AgRg, Min. Ellen Gracie, j. 26.3.02, DJU 26.4.02).

Também afirmando o caráter administrativo da decisão que delibera sobre o pedido de sequestro, para reconhecer o cabimento de mandado de segurança contra ela: STJ-RP 177/241 (1ª T., RMS 24.510, um voto vencido); STJ-2ª T., RMS 28.748, Min. Herman Benjamin, j. 9.6.09, DJ 21.8.09.

Contra: "O sequestro de receitas públicas para assegurar a observância da ordem cronológica dos precatórios tem natureza judicial e não administrativa. Sendo cabível agravo regimental contra decisão última do Presidente do Tribunal de Justiça, aplica-se o disposto no art. 5º, II, da Lei n. 1.533/51" (STJ-2ª T., RMS 14.678, Min. Castro Meira, j. 6.11.03, DJU 1.12.03). No mesmo sentido: STJ-1ª T., RMS 21.565, Min. José Delgado, j. 3.5.07, DJU 28.5.07.

V. tb. nota 6a.

Art. 100: 8. "O pagamento de crédito comum antes do alimentar importa quebra de precedência, autorizando a expedição de ordem de sequestro de recursos públicos" (STJ-1ª T., RMS 24.510, Min. Teori Zavascki, j. 21.5.09, um voto vencido, DJ 22.6.09).

Todavia: "A ordem cronológica deve ser averiguada dentro de cada uma das classes de precatórios: comum ou alimentar. O pagamento de precatório comum antes do de natureza alimentar não representa quebra da ordem de preferência constitucionalmente estabelecida, quando têm vencimentos distintos. Hipótese em que o precatório comum está datado de 2003 e o alimentar de 2005. Se não houve preterição no pagamento não se pode falar de sequestro de recursos públicos para pagamento coercitivo" (STJ-2ª T., RMS 35.089, Min. Eliana Calmon, j. 9.4.13, DJ 17.4.13).

Art. 100: 8a. "Sequestro de verba pública para satisfação de precatório. O acordo judicial firmado pela municipalidade com credor para pagamento de precatório com verba obtida por meio de financiamento no Banco Interamericano de Desenvolvimento caracteriza a mutação da ordem cronológica prevista no art. 100, § 2º, da Constituição Federal e viola a regra constitucional da precedência" (STJ-2ª T., RMS 26.282, Min. Humberto Martins, j. 26.10.10, DJ 9.11.10).

✎ **Art. 100: 8b.** "Requisição de pequeno valor e a impossibilidade de fracionamento do valor da execução", por Cristiano Xavier Bayne (RT 844/41).

Art. 100: 9. s/ impugnação parcial e cumprimento imediato do julgado, v. CPC 535 § 4º.

Art. 100: 9a. "Não viola o art. 100, § 8º, da Constituição Federal a **execução individual de sentença condenatória genérica** proferida contra a Fazenda Pública em ação coletiva visando à tutela de direitos individuais homogêneos" (STF-Pleno, Ag em RE 925.754, Min. Teori Zavascki, j. 17.12.15, maioria, DJ 3.2.16).

Art. 100: 9b. Havendo **litisconsórcio facultativo,** é possível o fracionamento do valor da execução para que cada litisconsorte receba separadamente o valor a que tem direito, inclusive por meio de requisição de pequeno valor (STF-Pleno, RE 568.645, Min. Cármen Lúcia, j. 24.9.14, DJ 13.11.14).

Mas: "Nas causas em que a Fazenda Pública for condenada ao pagamento da verba honorária de forma global, é vedado o fracionamento de crédito único, consistente no valor total dos **honorários advocatícios** devidos, proporcionalmente à fração de cada litisconsorte, sob pena de afronta ao art. 100, § 8º, da Constituição. Embargos de divergência providos para determinar que a execução dos honorários advocatícios se dê de forma una e indivisa" (STF-Pleno, ED no RE 919.793-AgRg-EDcl, Min. Dias Toffoli, j. 7.2.19, maioria, DJ 26.6.19).

Art. 100: 9c. "**Honorários advocatícios.** Verba de natureza alimentar, a qual não se confunde com o débito principal. Ausência de caráter acessório. Titulares diversos. Possibilidade de pagamento autônomo. Requerimento desvinculado da expedição do ofício requisitório principal. Vedação constitucional de repartição de execução para fraudar o pagamento por precatório. Interpretação do art. 100, § 8º (originariamente § 4º), da Constituição da República" (STF-Pleno, RE 564.132, Min. Cármen Lúcia, j. 30.10.14, maioria, DJ 10.2.15).

"Não há impedimento constitucional, ou mesmo legal, para que os honorários advocatícios, quando não excederem ao valor limite, possam ser executados mediante RPV, ainda que o crédito dito 'principal' observe o regime dos precatórios. Esta é, sem dúvida, a melhor exegese para o art. 100, § 8º, da CF, e por tabela para os arts. 17, § 3º, da Lei 10.259/2001 e 128, § 1º, da Lei 8.213/1991" (STJ-1ª Seção, REsp 1.347.736, Min. Herman Benjamin, j. 9.10.13, maioria, RP 234/420). No mesmo sentido: RT 863/309, maioria.

"Execução. **Honorários contratuais.** Óbito da constituinte. Ofício requisitório autônomo. Possibilidade. Resolução CJF 405, de 9/6/2016" (STJ-2ª T., REsp 1.686.591, Min. Herman Benjamin, j. 5.9.17, DJ 13.9.17).

Contra: "A verba honorária, para fins de pagamento, segue a sorte da obrigação principal, sendo vedado o seu fracionamento para fins de configuração de execução de pequena monta, em que se figura desnecessária a expedição de precatório" (STJ-6ª T., REsp 720.744-AgRg, Min. Quaglia Barbosa, j. 31.5.05, DJU 20.6.05). Ainda contra: STJ-1ª T., REsp 1.016.970, Min. José Delgado, j. 20.5.08, DJU 23.6.08; STJ-2ª T., REsp 1.212.467, Min. Mauro Campbell, j. 2.12.10, DJ 14.12.10; STJ-5ª T., REsp 1.118.577-AgRg, Min. Laurita Vaz, j. 22.9.09, DJ 13.10.09.

S/ honorários devidos pela Fazenda Pública em caso de litisconsórcio facultativo, v. nota 9b.

Art. 100: 10. "Execução de sentença. **Renúncia** pelo autor da parte que excede o teto para pagamento mediante RPV. Honorários advocatícios. Não inclusão. Verba autônoma. Art. 23 da Lei 8.906/94. Dispensa de pagamento. Necessidade de manifestação expressa do advogado. A renúncia ou acordo realizado entre as partes litigantes somente atinge a verba honorária se o causídico anuir com tal deliberação" (STJ-1ª T., REsp 1.178.558-AgRg, Min. Benedito Gonçalves, j. 6.3.12, DJ 9.3.12). **Todavia:** "A opção pela via da RPV implica limitar-se o pedido executório ao teto máximo previsto na Constituição Federal e na Lei 10.259/01. Tais normas apontam que o limite refere-se ao 'valor da execução', o que inclui tanto o principal quanto os honorários advocatícios. Conclui-se que o valor a ser executado pela opção da RPV engloba o principal e os honorários advocatícios, sempre limitados ao teto máximo. No caso, se o valor integralmente pago pela Fazenda, em anterior RPV nos autos, já atingiu o teto máximo para essa via e se houve renúncia antecipada aos créditos excedentes ao limite, não é viável a expedição de nova RPV para o pagamento dos honorários fixados na execução" (STJ-2ª T., REsp 1.291.573, Min. Castro Meira, j. 16.2.12, DJ 5.3.12).

Art. 100: 10a. Não é possível o "fracionamento do valor de precatório em execução de sentença, com o objetivo de efetuar o pagamento das **custas processuais** por meio de requisição de pequeno valor (RPV)" (STF-Pleno, RE 592.619, Min. Gilmar Mendes, j. 8.9.10, DJ 16.11.10).

Art. 100: 10b. **Declaração de inconstitucionalidade.** O STF declarou inconstitucional este § 9º: "O regime de compensação dos débitos da Fazenda Pública inscritos em precatórios, previsto nos §§ 9º e 10 do art. 100 da Constituição Federal, incluídos pela EC n. 62/09, embaraça a efetividade da jurisdição (CF, art. 5º, XXXV), desrespeita a coisa julgada material (CF, art. 5º, XXXVI), vulnera a Separação dos Poderes (CF, art. 2º) e ofende a isonomia entre o Poder Público e o particular (CF, art. 5º, *caput*), cânone essencial do Estado Democrático de Direito (CF, art. 1º, *caput*)" (STF-Pleno, ADI 4.425, Min. Luiz Fux, j. 14.3.13, maioria, RT 944/251). **Nota:** em relação à **eficácia** dessa declaração de inconstitucionalidade, v. nota 2, *in fine*.

Art. 100: 10c. **Declaração de inconstitucionalidade.** O STF declarou inconstitucional este § 10 (STF-Pleno, ADI 4.425, Min. Luiz Fux, j. 14.3.13, maioria, RT 944/251). V. nota 10b, acima. **Nota:** em relação à eficácia dessa declaração de inconstitucionalidade, v. nota 2, *in fine*.

Art. 100: 10d. v. nota 2a.

Art. 100: 11. s/ correção monetária, v. tb. § 5º e notas.

Art. 100: 11a. **Declaração de inconstitucionalidade.** O STF declarou inconstitucional a expressão **"independentemente de sua natureza"**: "A quantificação dos juros moratórios relativos a débitos fazendários inscritos em precatórios segundo o índice de remuneração da caderneta de poupança vulnera o princípio constitucional da isonomia (CF, art. 5º, *caput*) ao incidir sobre débitos estatais de natureza tributária, pela discriminação em detrimento da parte processual privada que, salvo expressa determinação em contrário, responde pelos juros da mora tributária à taxa de 1% ao mês em favor do Estado (*ex vi* do art. 161, § 1º, CTN). Declaração de inconstitucionalidade parcial sem redução da expressão 'independentemente de sua natureza', contida no art. 100, § 12, da CF, incluído pela EC n. 62/09, para determinar que, quanto aos precatórios de natureza tributária, sejam aplicados os mesmos juros de mora incidentes sobre todo e qualquer crédito tributário" (STF-Pleno, ADI 4.425, Min. Luiz Fux, j. 14.3.13, maioria, RT 944/251). **Nota:** em relação à **eficácia** dessa declaração de inconstitucionalidade, v. nota 2, *in fine*.

Art. 100: 11b. **Declaração de inconstitucionalidade.** O STF declarou inconstitucional a expressão **"índice oficial de remuneração básica da caderneta de poupança"**: "A atualização monetária dos débitos fazendários inscritos em precatórios segundo o índice oficial de remuneração da caderneta de poupança viola o direito fundamental de propriedade (CF, art. 5º, XXII), na medida em que é manifestamente incapaz de preservar o valor real do crédito de que é titular o cidadão. A inflação, fenômeno tipicamente econômico-monetário, mostra-se insuscetível de captação apriorística (*ex ante*), de modo que o meio escolhido pelo legislador constituinte (remuneração da caderneta de poupança) é inidôneo a promover o fim a que se destina (traduzir a inflação do período)" (STF-Pleno, ADI 4.425, Min. Luiz Fux, j. 14.3.13, maioria, RT 944/251). **Nota:** em relação à **eficácia** dessa declaração de inconstitucionalidade, v. nota 2, *in fine*.

Art. 100: 11c. s/ juros de mora, v. CPC 535, notas 20a e 20b.

Art. 100: 11d. **Em. Const. 62, de 9.12.09: "Art. 5º** Ficam convalidadas todas as cessões de precatórios efetuadas antes da promulgação desta Emenda Constitucional, independentemente da concordância da entidade devedora".

Art. 100: 12. "A cessão de crédito alimentício não implica a alteração da **natureza**" (STF-Pleno, RE 631.537, Min. Marco Aurélio, j. 22.5.20, DJ 3.6.20).

Art. 100: 12a. A Em. Const. 62, de 9.12.09 (DOU 10.12.09), acrescentou o seguinte artigo ao **Ato das Disposições Constitucionais Transitórias: "Art. 97.** Até que seja editada a lei complementar de que trata o § 15 do art. 100 da Constituição Federal, os Estados, o Distrito Federal e os Municípios que, na data de publicação desta Emenda Constitucional, estejam em mora na quitação de precatórios vencidos, relativos às suas administrações direta e indireta, inclusive os emitidos durante o período de vigência do **regime especial** instituído por este artigo, farão esses pagamentos de acordo com as normas a seguir estabelecidas, sendo inaplicável o disposto no art. 100 desta Constituição Federal, exceto em seus §§ 2º, 3º, 9º, 10, 11, 12, 13 e 14, e sem prejuízo dos acordos de juízos conciliatórios já formalizados na data de promulgação desta Emenda Constitucional.

"§ 1º Os Estados, o Distrito Federal e os Municípios sujeitos ao regime especial de que trata este artigo optarão, por meio de ato do Poder Executivo:

"I — pelo depósito em conta especial do valor referido pelo § 2º deste artigo; ou

"II — pela adoção do regime especial pelo prazo de até 15 (quinze) anos, caso em que o percentual a ser depositado na conta especial a que se refere o § 2º deste artigo corresponderá, anualmente, ao saldo total dos precatórios devidos, acrescido do índice oficial de remuneração básica da caderneta de poupança e de juros simples no mesmo percentual de juros incidentes sobre a caderneta de poupança para fins de compensação da mora, excluída a incidência de juros compensatórios, diminuído das amortizações e dividido pelo número de anos restantes no regime especial de pagamento.

"§ 2º Para saldar os precatórios, vencidos e a vencer, pelo regime especial, os Estados, o Distrito Federal e os Municípios devedores depositarão mensalmente, em conta especial criada para tal fim, 1/12 (um doze avos) do valor calculado percentualmente sobre as respectivas receitas correntes líquidas, apuradas no segundo mês anterior ao mês de pagamento, sendo que esse percentual, calculado no momento de opção pelo regime e mantido fixo até o final do prazo a que se refere o § 14 deste artigo, será:

"I — para os Estados e para o Distrito Federal:

"a) de, no mínimo, 1,5% (um inteiro e cinco décimos por cento), para os Estados das regiões Norte, Nordeste e Centro-Oeste, além do Distrito Federal, ou cujo estoque de precatórios pendentes das suas administrações direta e indireta corresponder a até 35% (trinta e cinco por cento) do total da receita corrente líquida;

"b) de, no mínimo, 2% (dois por cento), para os Estados das regiões Sul e Sudeste, cujo estoque de precatórios pendentes das suas administrações direta e indireta corresponder a mais de 35% (trinta e cinco por cento) da receita corrente líquida;

"II — para Municípios:

"a) de, no mínimo, 1% (um por cento), para Municípios das regiões Norte, Nordeste e Centro-Oeste, ou cujo estoque de precatórios pendentes das suas administrações direta e indireta corresponder a até 35% (trinta e cinco por cento) da receita corrente líquida;

"b) de, no mínimo, 1,5% (um inteiro e cinco décimos por cento), para Municípios das regiões Sul e Sudeste, cujo estoque de precatórios pendentes das suas administrações direta e indireta corresponder a mais de 35% (trinta e cinco por cento) da receita corrente líquida.

"§ 3º Entende-se como receita corrente líquida, para os fins de que trata este artigo, o somatório das receitas tributárias, patrimoniais, industriais, agropecuárias, de contribuições e de serviços, transferências correntes e outras receitas correntes, incluindo as oriundas do § 1º do art. 20 da Constituição Federal, verificado no período compreendido pelo mês de referência e os 11 (onze) meses anteriores, excluídas as duplicidades, e deduzidas:

"I — nos Estados, as parcelas entregues aos Municípios por determinação constitucional;

"II — nos Estados, no Distrito Federal e nos Municípios, a contribuição dos servidores para custeio do seu sistema de previdência e assistência social e as receitas provenientes da compensação financeira referida no § 9º do art. 201 da Constituição Federal.

"§ 4º As contas especiais de que tratam os §§ 1º e 2º serão administradas pelo Tribunal de Justiça local, para pagamento de precatórios expedidos pelos tribunais.

"§ 5º Os recursos depositados nas contas especiais de que tratam os §§ 1º e 2º deste artigo não poderão retornar para Estados, Distrito Federal e Municípios devedores.

"§ 6º Pelo menos 50% (cinquenta por cento) dos recursos de que tratam os §§ 1º e 2º deste artigo serão utilizados para pagamento de precatórios em ordem cronológica de apresentação, respeitadas as preferências definidas no § 1º, para os requisitórios do mesmo ano e no § 2º do art. 100, para requisitórios de todos os anos.

"§ 7º Nos casos em que não se possa estabelecer a precedência cronológica entre 2 (dois) precatórios, pagar-se-á primeiramente o precatório de menor valor.

"§ 8º A aplicação dos recursos restantes dependerá de opção a ser exercida por Estados, Distrito Federal e Municípios devedores, por ato do Poder Executivo, obedecendo à seguinte forma, que poderá ser aplicada isoladamente ou simultaneamente:

"I — destinados ao pagamento dos precatórios por meio do leilão;

"II — destinados a pagamento a vista de precatórios não quitados na forma do § 6º e do inciso I, em ordem única e crescente de valor por precatório;

"III — destinados a pagamento por acordo direto com os credores, na forma estabelecida por lei própria da entidade devedora, que poderá prever criação e forma de funcionamento de câmara de conciliação.

"§ 9º Os leilões de que trata o inciso I do § 8º deste artigo:

"I — serão realizados por meio de sistema eletrônico administrado por entidade autorizada pela Comissão de Valores Mobiliários ou pelo Banco Central do Brasil;

"II — admitirão a habilitação de precatórios, ou parcela de cada precatório indicada pelo seu detentor, em relação aos quais não esteja pendente, no âmbito do Poder Judiciário, recurso ou impugnação de qualquer natureza, permitida por iniciativa do Poder Executivo a compensação com débitos líquidos e certos, inscritos ou não em dívida ativa e constituídos contra devedor originário pela Fazenda Pública devedora até a data da expedição do precatório, ressalvados aqueles cuja exigibilidade esteja suspensa nos termos da legislação, ou que já tenham sido objeto de abatimento nos termos do § 9º do art. 100 da Constituição Federal;

"III — ocorrerão por meio de oferta pública a todos os credores habilitados pelo respectivo ente federativo devedor;

"IV — considerarão automaticamente habilitado o credor que satisfaça o que consta no inciso II;

"V — serão realizados tantas vezes quanto necessário em função do valor disponível;

"VI — a competição por parcela do valor total ocorrerá a critério do credor, com deságio sobre o valor desta;

"VII — ocorrerão na modalidade deságio, associado ao maior volume ofertado cumulado ou não com o maior percentual de deságio, pelo maior percentual de deságio, podendo ser fixado valor máximo por credor, ou por outro critério a ser definido em edital;

"VIII — o mecanismo de formação de preço constará nos editais publicados para cada leilão;

"IX — a quitação parcial dos precatórios será homologada pelo respectivo Tribunal que o expediu.

"§ 10. No caso de não liberação tempestiva dos recursos de que tratam o inciso II do § 1º e os §§ 2º e 6º deste artigo:

"I — haverá o sequestro de quantia nas contas de Estados, Distrito Federal e Municípios devedores, por ordem do Presidente do Tribunal referido no § 4º, até o limite do valor não liberado;

"II — constituir-se-á, alternativamente, por ordem do Presidente do Tribunal requerido, em favor dos credores de precatórios, contra Estados, Distrito Federal e Municípios devedores, direito líquido e certo, autoaplicável e independentemente de regulamentação, à compensação automática com débitos líquidos lançados por esta contra aqueles, e, havendo saldo em favor do credor, o valor terá automaticamente poder liberatório do pagamento de tributos de Estados, Distrito Federal e Municípios devedores, até onde se compensarem;

"III — o chefe do Poder Executivo responderá na forma da legislação de responsabilidade fiscal e de improbidade administrativa;

"IV — enquanto perdurar a omissão, a entidade devedora:

"a) não poderá contrair empréstimo externo ou interno;

"b) ficará impedida de receber transferências voluntárias;

"V — a União reterá os repasses relativos ao Fundo de Participação dos Estados e do Distrito Federal e ao Fundo de Participação dos Municípios, e os depositará nas contas especiais referidas no § 1º, devendo sua utilização obedecer ao que prescreve o § 5º, ambos deste artigo.

"§ 11. No caso de precatórios relativos a diversos credores, em litisconsórcio, admite-se o desmembramento do valor, realizado pelo Tribunal de origem do precatório, por credor, e, por este, a habilitação do valor total a que tem direito, não se aplicando, neste caso, a regra do § 3º do art. 100 da Constituição Federal.

"§ 12. Se a lei a que se refere o § 4º do art. 100 não estiver publicada em até 180 (cento e oitenta) dias, contados da data de publicação desta Emenda Constitucional, será considerado, para os fins referidos, em relação a Estados, Distrito Federal e Municípios devedores, omissos na regulamentação, o valor de:

"I — 40 (quarenta) salários mínimos para Estados e para o Distrito Federal;

"II — 30 (trinta) salários mínimos para Municípios.

"§ 13. Enquanto Estados, Distrito Federal e Municípios devedores estiverem realizando pagamentos de precatórios pelo regime especial, não poderão sofrer sequestro de valores, exceto no caso de não liberação tempestiva dos recursos de que tratam o inciso II do § 1º e o § 2º deste artigo.

"§ 14. O regime especial de pagamento de precatório previsto no inciso I do § 1º vigorará enquanto o valor dos precatórios devidos for superior ao valor dos recursos vinculados, nos termos do § 2º, ambos deste artigo, ou pelo prazo fixo de até 15 (quinze) anos, no caso da opção prevista no inciso II do § 1º.

"§ 15. Os precatórios parcelados na forma do art. 33 ou do art. 78 deste Ato das Disposições Constitucionais Transitórias e ainda pendentes de pagamento ingressarão no regime especial com o valor atualizado das parcelas não pagas relativas a cada precatório, bem como o saldo dos acordos judiciais e extrajudiciais.

"§ 16. A partir da promulgação desta Emenda Constitucional, a atualização de valores de requisitórios, até o efetivo pagamento, independentemente de sua natureza, será feita pelo índice oficial de remuneração básica da caderneta de poupança, e, para fins de compensação da mora, incidirão juros simples no mesmo percentual de juros incidentes sobre a caderneta de poupança, ficando excluída a incidência de juros compensatórios.

"§ 17. O valor que exceder o limite previsto no § 2º do art. 100 da Constituição Federal será pago, durante a vigência do regime especial, na forma prevista nos §§ 6º e 7º ou nos incisos I, II e III do § 8º deste artigo, devendo os valores despendidos para o atendimento do disposto no § 2º do art. 100 da Constituição Federal serem computados para efeito do § 6º deste artigo.

"§ 18. Durante a vigência do regime especial a que se refere este artigo, gozarão também da preferência a que se refere o § 6º os titulares originais de precatórios que tenham completado 60 (sessenta) anos de idade até a data da promulgação desta Emenda Constitucional".

O STF declarou inconstitucional o ADCT 97 (STF-Pleno, ADI 4.425, Min. Luiz Fux, j. 14.3.13, maioria, RT 944/251). **Nota:** em relação à **eficácia** dessa declaração de inconstitucionalidade, v. nota 2, *in fine*.

V. nota 1c (ADCT 101 a 105).

V. tb. nota 12b.

V. ainda nota 2 **(ADCT 78).**

Art. 100: 12b. Declaração de inconstitucionalidade. O STF declarou inconstitucional este § 15: "O regime 'especial' de pagamento de precatórios para Estados e Municípios criado pela EC n. 62/09, ao veicular nova moratória na quitação dos débitos judiciais da Fazenda Pública e ao impor o contingenciamento de recursos para esse fim, viola a cláusula constitucional do Estado de Direito (CF, art. 1º, *caput*), o princípio da Separação de Poderes (CF, art. 2º), o postulado da isonomia (CF, art. 5º), a garantia do acesso à justiça e a efetividade da tutela jurisdicional (CF, art. 5º, XXXV), o direito adquirido e a coisa julgada (CF, art. 5º, XXXVI)" (STF-Pleno, ADI 4.425, Min. Luiz Fux, j. 14.3.13, maioria, RT 944/251). **Nota:** em relação à **eficácia** dessa declaração de inconstitucionalidade, v. nota 2, *in fine*.

Art. 100: 13 a 16. Os §§ 17 a 20 foram acrescidos pela Em. Const. 94, de 15.12.16.

Art. 100: 17. Lei 14.057, de 11.9.20 — Disciplina o acordo com credores para pagamento com desconto de precatórios federais e o acordo terminativo de litígio contra a Fazenda Pública, e dá outras providências.

Seção II | DO SUPREMO TRIBUNAL FEDERAL[1]

SEÇ. II: 1. v. arts. 36-I a III, 61-*caput*, 81-XIV, 92 § ún.; v. tít. SUPREMO TRIBUNAL FEDERAL.

Art. 101. O Supremo Tribunal Federal compõe-se de onze Ministros, escolhidos dentre cidadãos com mais de trinta e cinco e menos de sessenta e cinco anos de idade, de notável saber jurídico e reputação ilibada.[1]

Parágrafo único. Os Ministros do Supremo Tribunal Federal serão nomeados pelo Presidente da República, depois de aprovada a escolha pela maioria absoluta do Senado Federal.[2]

Art. 101: 1. "A renovação do Supremo Tribunal Federal", pelo Min. Carlos Mário da Silva Velloso (RDA 231/297); "A reforma do Poder Judiciário: a composição do Supremo Tribunal Federal e a forma de nomeação de seus ministros", por Luciano André Losekann (Ajuris 90/199); "A história da Corte Suprema no Brasil: da Casa da Suplicação até a criação do Supremo Tribunal Federal", por Germano Schwartz e Diego Dezorzi (Ajuris 112/101); "Controle de constitucionalidade. Evolução brasileira determinada pela falta do *stare decisis*", por José Levi Mello do Amaral Júnior (RT 920/133).

Art. 101: 2. v. art. 52-III-*a*.

Art. 102. Compete ao Supremo Tribunal Federal, precipuamente, a guarda da Constituição, cabendo-lhe:[1]

I — processar e julgar, originariamente:

a) a ação direta de inconstitucionalidade[2-2a] de lei ou ato normativo federal ou estadual[3] e a ação declaratória de constitucionalidade[4-4a] de lei ou ato normativo federal;[5]

b) nas infrações penais comuns, o Presidente da República, o Vice-Presidente, os membros do Congresso Nacional, seus próprios Ministros e o Procurador-Geral da República;

c) nas infrações penais comuns e nos crimes de responsabilidade, os Ministros de Estado e os Comandantes da Marinha, do Exército e da Aeronáutica, ressalvado o disposto no art. 52, I, os membros dos Tribunais Superiores, os do Tribunal de Contas da União e os chefes de missão diplomática de caráter permanente;[6a-6b]

d) o *habeas corpus*, sendo paciente qualquer das pessoas referidas nas alíneas anteriores; o mandado de segurança[7 a 9] e o *habeas data*[10] contra atos do Presidente da República,[11] das Mesas da Câmara dos Deputados[12] e do Senado Federal, do Tribunal de Contas da União, do Procurador-Geral da República e do próprio Supremo Tribunal Federal;

e) o litígio entre Estado estrangeiro[13] ou organismo internacional e a União, o Estado, o Distrito Federal ou o Território;[14-14a]

f) as causas e os conflitos entre a União e os Estados, a União e o Distrito Federal, ou entre uns e outros, inclusive as respectivas entidades da administração indireta;[14b a 20a]

g) a extradição solicitada por Estado estrangeiro;[21]

h) ....[22]

i) o *habeas corpus*, quando o coator for Tribunal Superior ou quando o coator ou o paciente for autoridade ou funcionário cujos atos estejam sujeitos diretamente à jurisdição do Supremo Tribunal Federal, ou se trate de crime sujeito à mesma jurisdição em uma única instância;[23]

j) a revisão criminal e a ação rescisória[24] de seus julgados;

l) a reclamação[25] para a preservação de sua competência e garantia da autoridade de suas decisões;

m) a execução de sentença nas causas de sua competência originária,[26] facultada a delegação de atribuições para a prática de atos processuais;

n) a ação[27 a 28a] em que todos os membros da magistratura sejam direta ou indiretamente interessados,[28b a 29] e aquela em que mais da metade dos membros[30-31] do tribunal de origem estejam impedidos[31a] ou sejam direta ou indiretamente interessados;[32 a 35]

o) os conflitos de competência[36-37] entre o Superior Tribunal de Justiça[38] e quaisquer tribunais, entre Tribunais Superiores, ou entre estes e qualquer outro tribunal;[39-40]

p) o pedido de medida cautelar das ações diretas de inconstitucionalidade;[41-42]

q) o mandado de injunção,[43-44] quando a elaboração da norma regulamentadora for atribuição do Presidente da República, do Congresso Nacional, da Câmara dos Deputados, do Senado Federal, das Mesas de uma dessas Casas Legislativas, do Tribunal de Contas da União, de um dos Tribunais Superiores, ou do próprio Supremo Tribunal Federal;[45 a 45b]

r) as ações contra o Conselho Nacional de Justiça e contra o Conselho Nacional do Ministério Público;[46 a 48]

II — julgar, em recurso ordinário:[49 a 50]

a) o *habeas corpus*, o mandado de segurança,[51-52] o *habeas data*[53] e o mandado de injunção[53a] decididos em única instância pelos Tribunais Superiores, se denegatória a decisão;

b) o crime político;

III — julgar, mediante recurso extraordinário,[54] as causas decididas em única ou última instância,[55 a 59] quando a decisão recorrida:[60]

a) contrariar dispositivo desta Constituição;[61-62]

b) declarar a inconstitucionalidade de tratado ou lei federal;[63]

c) julgar válida lei ou ato de governo local contestado em face desta Constituição;[64]

d) julgar válida lei local contestada em face de lei federal.[65]

§ 1º A arguição de descumprimento de preceito fundamental, decorrente desta Constituição, será apreciada pelo Supremo Tribunal Federal, na forma da lei.[66-67]

§ 2º As decisões definitivas de mérito, proferidas pelo Supremo Tribunal Federal, nas ações diretas de inconstitucionalidade e nas ações declaratórias de constitucionalidade produzirão eficácia contra todos e efeito vinculante,[68] relativamente aos demais órgãos do Poder Judiciário e à administração pública direta e indireta, nas esferas federal, estadual e municipal.[69]

§ 3º No recurso extraordinário o recorrente deverá demonstrar a repercussão geral das questões constitucionais discutidas no caso, nos termos da lei,[70] a fim de que o Tribunal examine a admissão do recurso, somente podendo recusá-lo pela manifestação de dois terços de seus membros.[71-72]

✎ **Art. 102: 1.** "Emenda Constitucional n. 45/04: a competência do STF e do STJ", por Ricardo de Barros Leonel (RMDCPC 10/53).

Art. 102: 2. v. tít. CONTROLE DE CONSTITUCIONALIDADE; v. arts. 102-I-*p* e 103; s/ declaração de inconstitucionalidade, v. art. 97 e notas; s/ inconstitucionalidade de lei estadual, em face de Constituição estadual, v. art. 125 § 2º; v. tb. CPC 948 a 950.

Art. 102: 2a. e a ação direta de inconstitucionalidade por omissão (v. art. 103 § 2º e LADIN 12-A a 12-H).

Art. 102: 3. v. LADIN 1º, nota 21.

✎ **Art. 102: 4.** "Dos efeitos da declaração de constitucionalidade", por Maria Lúcia Luz Leiria (Ajuris 82/180).

Art. 102: 4a. v. § 2º (efeito vinculante); LADIN 13 a 28.

Art. 102: 5. Redação da alínea *a* de acordo com a Em. Const. 3, de 17.3.93. O STF julgou constitucional esta alteração (STF-RTJ 157/371 e RDA 201/123, um voto vencido).

Art. 102: 6. Redação da alínea *c* de acordo com a Em. Const. 23, de 2.9.99.

Art. 102: 6a. s/ agentes políticos e improbidade administrativa, v. LIA 1º, nota 1c.

Art. 102: 6b. "O foro por prerrogativa de função aplica-se apenas aos crimes cometidos durante o exercício do cargo e relacionados às funções desempenhadas" (STF-Pleno, APn 937-QO, Min. Roberto Barroso, j. 3.5.18, maioria, DJ 11.5.18).

Art. 102: 7. v. RISTF 200 a 205 (processamento do mandado de segurança no STF).

S/ mandado de segurança contra eleição de presidente de tribunal, v. nota 33; s/ mandado de segurança contra ato jurisdicional do STF, v. RISTF 200, notas 3 e 3a.

S/ mandado de segurança da competência originária do STF, v. RISTF 200, nota 4:

— **Súmula 248 do STF** (ato do Tribunal de Contas da União);

— **Súmula 330 do STF** (ato de Tribunal de Justiça);

— **Súmula 623 do STF** (deliberação administrativa de tribunal, da qual haja participado a maioria ou a totalidade de seus membros);

— **Súmula 624 do STF** (atos de outros tribunais);

— **Súmula 627 do STF** (nomeação de magistrado, por ato do Presidente da República).

Art. 102: 8. O STF é "incompetente para julgar, em mandado de segurança, omissões, tidas como ilegais, de autoridade que não está arrolada no art. 102, I, *d*, da CF" (RTJ 160/178).

Art. 102: 9. É inconstitucional o art. 22-I-*e* da Lei 4.737, de 15.7.65 (Cód. Eleitoral), que atribui competência ao Tribunal Superior Eleitoral para conhecer de mandado de segurança contra ato do Presidente da República, em matéria eleitoral (RTJ 109/909 e STF-RDA 157/276).

Art. 102: 10. v. LHD 20-I-*a*.

Art. 102: 11. "A competência do STF é de direito estrito e decorre da Constituição, que a restringe aos casos enumerados no art. 102 e incisos. A circunstância de o Presidente da República estar sujeito à jurisdição da Corte, para os feitos criminais e mandados de segurança, não desloca para esta o exercício da competência originária em relação às demais ações propostas contra ato da referida autoridade" (STF-Pleno: RTJ 159/28).

"O Supremo Tribunal Federal não tem competência para processar notificação civil ao Presidente da República" (STF-Pleno, Pet 4.223-AgRg, Min. Cezar Peluso, j. 25.11.10, DJ 2.2.11).

S/ competência para processar ação popular em que é réu o Presidente da República, v. LAP 5º, nota 1.

Art. 102: 12. "Não compete ao Supremo, mas à Justiça Federal, conhecer de mandado de segurança impetrado contra ato, omissivo ou comissivo, praticado, não pela Mesa, mas pelo presidente da Câmara dos Deputados" (STF-Pleno, MS 23.977, Min. Cezar Peluso, j. 12.5.10, DJ 27.8.10).

Todavia: "Se o ato do Primeiro Secretário da Câmara dos Deputados decorre de sua função na Mesa Diretora da Casa Legislativa, deve ser analisado pelo Supremo Tribunal Federal" (STF-Pleno, MS 24.099-AgRg, Min. Maurício Corrêa, j. 7.3.02, maioria, DJ 2.8.02).

Art. 102: 13. v., no índice, Estado estrangeiro.

Art. 102: 14. v. CF 114, nota 4b (reclamação trabalhista contra Estado estrangeiro), CPC 21, nota 1c (imunidade de jurisdição), 1.027 e 1.028 (recurso ordinário), LEF 4º, nota 1b (execução fiscal contra Estado estrangeiro), RISTF 247 a 251 (processamento da ação cível originária no STF).

Constituição Federal

V. art. 109-II e III (competência dos juízes federais para as causas entre Estado estrangeiro ou organismo internacional e Município ou pessoa domiciliada ou residente no País e para as causas fundadas em tratado ou contrato da União com Estado estrangeiro ou organismo internacional).

Art. 102: 14a. "Ante o disposto na alínea *e* do inciso I do art. 102 da Constituição Federal, cabe ao Supremo processar e julgar originariamente ação civil pública proposta pelo Ministério Público Federal contra a Itaipu Binacional" (STF-Pleno, Rcl 2.937, Min. Marco Aurélio, j. 15.12.11, RT 922/689).

✎ **Art. 102: 14b.** "Conflito federativo e dúvida sobre competência (constitucional) legislativa existente num litígio: uma distinção necessária — Breves apontamentos para a interpretação do art. 102, inc. I, *f*, da Constituição Federal", por Arruda Alvim (RF 392/11).

Art. 102: 15. v. RISTF 247 a 251 (processamento da ação cível originária no STF).

Art. 102: 15a. **Súmula 503 do STF:** "A **dúvida,** suscitada por particular, **sobre o direito de tributar,** manifestado por dois Estados, não configura litígio da competência originária do Supremo Tribunal Federal".

Art. 102: 15b. O art. 102-I-*f* não compreende "relação jurídica subjetiva processual a revelar como parte **Município**" (STF-RP 203/369: Pleno, ACOr 1.342-AgRg).

Art. 102: 16. Na causa em que se tem de um lado a União e um Estado, ambos na condição de **assistentes simples** de uma empresa, e do outro lado um Estado, "descabe cogitar da incidência do disposto na alínea *f* do inciso I do art. 102 da Constituição Federal" (STF-Pleno, ACOr 487-QO, Min. Marco Aurélio, j. 18.10.01, maioria, DJ 1.3.02).

"Ação ordinária de indenização por desapropriação indireta proposta por particulares contra a União e a FUNAI perante a Justiça Federal de 1ª instância. Ingresso do Estado do Mato Grosso como **litisdenunciado** dos autores. O denunciado não mantém relação processual com o adversário do denunciante, não integrando a relação processual principal. Art. 102, inc. I, *f*, da Constituição Federal. Conflito federativo não configurado" (STF-RT 914/394: Pleno, ACOr 578-QO).

Art. 102: 17. "Incompetência originária do Supremo Tribunal Federal para conhecer e dirimir **conflito de atribuições entre membros de ramos diversos do Ministério Público.** Inaplicabilidade do art. 102, I, *f*, da CF, por ausência de risco ao equilíbrio federativo. Impossibilidade de encaminhamento do conflito de atribuição para o Procurador-Geral da República, enquanto autoridade competente, pois é parte interessada na solução da demanda administrativa, uma vez que acumula a Chefia do Ministério Público da União com a chefia de um de seus ramos, o Ministério Público Federal, nos termos da LC 75/1993. A solução de conflitos de atribuições entre ramos diversos dos Ministérios Públicos pelo CNMP, nos termos do artigo 130-A, § 2º, e incisos I e II, da Constituição Federal e no exercício do controle da atuação administrativa do *Parquet*, é a mais adequada, pois reforça o mandamento constitucional que lhe atribuiu o controle da legalidade das ações administrativas dos membros e órgãos dos diversos ramos ministeriais, sem ingressar ou ferir a independência funcional" (STF-Pleno, Pet 4.891, Min. Alexandre de Moraes, j. 16.6.20, maioria, DJ 6.8.20).

V. CPC 959, nota 2a. V. tb. CPC 66, nota 5.

S/ atribuições do MP Federal e do MP Estadual, v. LACP 2º, nota 2.

Art. 102: 18. "Hipótese excepcional de competência originária do STF, relativa a causas que envolvam **possíveis violações ao princípio federativo,** o que não ocorre no caso dos autos, em que Assembleia Legislativa estadual contende com autarquia federal. Questão de ordem que se resolve com a remessa dos autos à Justiça Federal" (RTJ 181/1.002: Pleno, MS 23.482-QO).

Art. 102: 19. Não é da competência originária do STF causa proposta por autarquia federal contra Estado-membro, onde ela tenha representação (RTJ 81/329, 81/330, 95/485, 133/1.059, 164/414).

"Tratando-se de ação ordinária de cobrança, movida por sociedade de economia mista, integrante da administração indireta federal, contra sociedade de economia mista da administração indireta estadual, enquanto não houver intervenção da União, a qualquer título (Súmula 517), compete o respectivo processo e julgamento à Justiça estadual de 1º grau (do Rio de Janeiro, no caso, face ao foro de eleição), e não, originariamente, ao STF, por não haver risco de conflito federativo" (STF-Pleno: RTJ 132/109, RT 672/230, RTJE 76/100 e 114). No mesmo sentido: RTJ 132/120.

"Não compete ao STF julgar o mandado de segurança impetrado por entidade privada, que atua em defesa de interesses de membros do MP contra decisão do Tribunal de Justiça, pela qual se reservou vaga criada naquele Tribunal a representante da classe dos advogados. No caso a OAB figura como litisconsorte passivo, atuando ao lado da autoridade coatora e não contra ela — única hipótese em que se poderia considerar a aplicação da alínea *f* do inciso I do art. 102" (STF-RT 863/137: Pleno, MS 26.179-AgRg).

"Descabe vislumbrar, em descompasso entre seccional da Ordem dos Advogados do Brasil e Presidente de Tribunal de Justiça, conflito federativo. Impugnado ato administrativo do Presidente do Tribunal, surge a competência deste último para julgar a impetração" (STF-1ª T., MS 31.396-AgRg, Min. Marco Aurélio, j. 26.2.13, DJ 14.5.13).

Art. 102: 20. Se, em ação de usucapião proposta por particular, colidem as defesas da União e do Estado-membro, nem por isso se torna o STF competente para conhecer originariamente da causa (RTJ 85/730, 87/1, 92/78).

Mas: "Admitida a litisdenunciação pelo Juiz Federal, e tendo o Estado-membro, depois de citado, ingressado no feito para pedir sua exclusão, a competência para decidir essa controvérsia passou a ser desta Corte, pois a simples negativa da qualidade que lhe foi atribuída de litisdenunciado não o faz deixar, se ele a tem, de ser parte no processo, para subtrair-se dos efeitos daí decorrentes" (STF-Pleno: RTJ 132/125).

Art. 102: 20a. "Considerando a potencialidade do conflito federativo estabelecido entre a União e Estado-membro, emerge a competência do Supremo Tribunal Federal para processar e julgar a ação popular, a teor do que dispõe o art. 102, I, *f*, da Constituição" (STF-Pleno, ACOr 622-QO, Min. Ricardo Lewandowski, j. 7.11.07, DJU 15.2.08).

Art. 102: 21. "Tratado bilateral, no Brasil, tem hierarquia de lei ordinária e natureza de lei especial, que afasta a incidência da lei geral de extradição" (RTJ 177/43).

Art. 102: 22. Alínea *h* revogada pela Em. Const. 45, de 8.12.04.

Art. 102: 23. Redação da alínea *i* de acordo com a Em. Const. 22, de 18.3.99.

Art. 102: 24. v. tb. arts. 105-I-*e*, 108-I-*b*; CPC 966 a 975; RISTF 259 a 262 (especialmente Súmulas 249 e 515 do STF).

Art. 102: 25. cf. art. 105-I-*f*; v. CPC 988 a 993; RISTF 156 a 162.

Art. 102: 26. v. RISTF 340 a 349.

Art. 102: 27. "Competência originária do Supremo em face do interesse peculiar da magistratura ou do impedimento da maioria dos membros do tribunal de origem", por Antonio Vital Ramos de Vasconcelos (RT 716/7, Ajuris 64/363).

Art. 102: 27a. s/ mandado de segurança contra deliberação administrativa de tribunal, da qual haja participado a maioria ou a totalidade de seus membros, v. RISTF 200, nota 4: **Súmula 623 do STF.**

Art. 102: 28. A regra de competência inscrita no art. 102-I-*n* da CF diz respeito apenas aos processos de natureza jurisdicional (RTJ 152/3, STF-RDA 203/259); ou seja, não incide sobre procedimentos de caráter meramente administrativo (STF-Pleno: RTJ 179/84).

Art. 102: 28a. "A norma especial inscrita no art. 102-I-*n* da Constituição da República — embora faça referência a ação — estende-se, por igual, aos **recursos em geral,** desde que ocorrentes, no Tribunal de origem, as hipóteses a que alude essa regra constitucional de competência" (STF-Pleno: RTJ 185/499).

Art. 102: 28b. Súmula 731 do STF: "Para fim da competência originária do Supremo Tribunal Federal, é de interesse geral da magistratura a questão de saber se, em face da LOMAN, os juízes têm direito à licença-prêmio".

Art. 102: 28c. "Cuidando a demanda, proposta por Juízes Federais, do adicional por tempo de serviço destes, resta caracterizado o interesse geral da Magistratura, impondo-se a competência superveniente do Supremo Tribunal Federal para, a partir da promulgação da atual Constituição Federal, por força do seu art. 102, inciso I, alínea 'n', prosseguir com o feito" (STF-Pleno, ACOr 150, Min. Menezes Direito, j. 23.10.08, DJ 27.2.09).

Art. 102: 29. "Já se firmou a jurisprudência do STF no sentido de que a letra *n* do inciso I do art. 102 da CF só se aplica quando a matéria versada na causa diz respeito a privativo interesse da magistratura como tal, e não quando também interessa a outros servidores" (RTJ 144/349, maioria). Cf. RTJ 128/475, 129/477, 132/620, 132/709, 135/968, 138/3, STF-RT 827/165, STF-RJTJERGS 150/18.

"O deslocamento da competência para o Supremo, considerada certa controvérsia envolvendo magistrados, pressupõe o interesse de toda a magistratura local" (STF-Pleno, AO 81, Min. Marco Aurélio, j. 10.3.08, três votos vencidos, DJ 1.8.08; no caso, estavam em disputa as condições especiais de aposentadoria de um juiz).

A competência do STF prevista neste dispositivo "é insuscetível de prorrogação para atrair ações conexas, dado o seu caráter absoluto e excepcional" (STF-Pleno, AO 586-Med. Caut., Min. Ilmar Galvão, j. 24.6.99, maioria, DJU 27.4.01).

Art. 102: 30. Só se contam os efetivos (STF-Pleno: RT 716/320).

Art. 102: 31. "Para afastar a competência conferida, ao Supremo Tribunal, pelo art. 102, I, *n*, da Constituição, basta a disponibilidade de desembargadores efetivos desimpedidos, capazes de formar a maioria da Câmara competente para o julgamento, podendo ser, para tanto, convocados titulares pertencentes a outros órgãos do mesmo Tribunal" (STF-Pleno, ACO 331-8-QO, Min. Octavio Gallotti, j. 5.12.97, DJU 13.2.98).

Mas só se admite a convocação de **membros do próprio tribunal,** "embora com assento em outros órgãos fracionários da mesma Corte" (STF-Pleno, AO 813-AgRg, Min. Sepúlveda Pertence, j. 15.8.01, DJU 31.8.01). Assim, não é possível a substituição dos suspeitos ou impedidos por juízes de primeira instância (RTJ 172/364).

Art. 102: 31a. O fato de o mandado de segurança estar sujeito a julgamento pelos próprios prolatores da decisão objeto da impetração não dá azo ao deslocamento da ação mandamental para o STF, malgrado a coincidência entre o objeto das causas (STF-RF 377/284: Pleno, ACOr 1.045-4-QO).

V. tb. CPC 144, nota 6a.

Art. 102: 32. É competente o STF para apreciar e julgar, originariamente, ação relativa a vencimentos de desembargador (STF-RDA 179/133).

Art. 102: 32a. "Os numerosos conflitos entre o servidor reclamante e o Tribunal de origem atrai a incidência do art. 102, I, *n*" (STF-Pleno, Rcl 1.725, Min. Sepúlveda Pertence, j. 21.3.07, DJU 11.5.07).

Art. 102: 33. É competente originariamente o STF para processar e julgar mandado de segurança contra eleição de presidente de TJ, por haver, no caso, interesse geral e direto dos membros do tribunal estadual (STF-Pleno: RTJ 128/1.141 e RT 648/226).

Art. 102: 34. Só se verifica a hipótese da segunda parte deste artigo se o órgão do tribunal a que compete julgar a ação ou o recurso estiver "impossibilitado de ver constituído o *quorum* necessário, por impedimento ou suspeição da maioria de seus membros, ainda que se recorra à convocação de outros magistrados, na forma regimental" (STF-Pleno: RTJ 131/949).

"É firme a jurisprudência desta Corte quanto a que, para o deslocamento dessa competência para o STF com base na letra *n* do inciso I do art. 102 da Carta Magna, não basta a alegação do impetrante de que mais da metade do Tribunal local ou de seu Órgão Especial é impedida ou suspeita, mas é necessário que a esse respeito se manifestem seus membros" (RTJ 173/3); ou seja, "é preciso que o impedimento ou a suspeição tenham sido reconhecidos expressamente nos autos, ou na exceção correspondente, pelos magistrados com relação aos quais são eles invocados" (RTJ 176/523).

Art. 102: 34a. "O Supremo Tribunal Federal não tem competência para conhecer, originariamente, de mandado de segurança impetrado contra **eleição** para **cargos** de direção de outro **tribunal,** na qual não há interesse direto nem indireto da magistratura. O fato de os membros do tribunal terem participado da votação da eleição, impugnada em mandado de segurança, não os torna *a priori* impedidos ou suspeitos, nem interessados diretos ou indiretos na solução da causa jurisdicional" (STF-RT 845/161: AO 1.160-AgRg, Pleno, dois votos vencidos).

Art. 102: 35. Compete a cada tribunal julgar exceção de suspeição contra qualquer dos seus juízes; se acolhida, em relação à maioria dos membros de seu Órgão Especial, passa a ser competente para julgamento da ação o STF; se rejeitada, o STF julgará originariamente apenas a exceção de suspeição (RTJ 140/361, 145/525, 153/395, 158/858, STF-RT 682/223).

Art. 102: 36. cf. arts. 105-I-*d* e 108-I-*e*; RISTF 163 a 168.

Art. 102: 37. "Não há, nem pode haver, conflito de competência entre tribunais organizados hierarquicamente, como acontece entre o STJ e os TRFs, entre o TST e os TRTs, entre o TSE e os TREs" (STF-Pleno, CC 6.963-4, Min. Maurício Corrêa, j. 26.2.98, DJU 17.4.98). V. art. 105, nota 6a.

Art. 102: 38. "Embora manifestado entre Tribunais, o dissídio, em matéria de competência, entre o STJ e um Tribunal de segundo grau da Justiça ordinária — não importando se federal ou estadual — é um problema de hierarquia de jurisdição e não de conflito: a regra que incumbe o STF de julgar conflitos de competência entre Tribunal Superior e qualquer outro tribunal não desmente a verdade curial de que, onde haja hierarquia jurisdicional, não há conflito de jurisdição" (RTJ 177/740). No mesmo sentido: RTJ 143/550.

Art. 102: 39. O STF tem se considerado competente para conhecer de conflito entre tribunal superior e juiz a este não vinculado (RTJ 135/523), como, p. ex., o TST e Juiz de Vara Federal (RTJ 131/1.097, 159/779, 178/710) ou Estadual (RTJ 145/509).

Art. 102: 40. É competente o STF para dirimir conflito entre o **TCU** e TRT (STF-Pleno, CA 40, Min. Marco Aurélio, j. 3.6.93, DJU 20.8.93; RSTJ 19/127: 1ª Seção, CA 13).

Art. 102: 41. v. LADIN 10 a 12 e respectivas notas.

Art. 102: 42. assim como o pedido de medida de urgência em: ação direta de inconstitucionalidade por omissão (v. LADIN 12-F); ação declaratória de constitucionalidade (v. LADIN 21); arguição de descumprimento de preceito fundamental (v. LADPF 5º); representação interventiva (v. LRI 5º).

Art. 102: 43. v. Lei 13.300, de 23.6.16 (LMI), no tít. MANDADO DE INJUNÇÃO, ínt., e notas.

Art. 102: 44. **CF 5º: "LXXI** — conceder-se-á mandado de injunção sempre que a falta de norma regulamentadora torne inviável o exercício dos direitos e liberdades constitucionais e das prerrogativas inerentes à nacionalidade, à soberania e à cidadania".

Art. 102: 45. s/ competência para julgar mandado de injunção, originariamente ou em recurso, v. tb. arts. 102-II-*a*, 105-I-*h*, 121 § 4º-V.

Art. 102: 45a. "Não compete ao STF processar e julgar, originariamente, mandado de injunção contra atos do Tribunal de Justiça e **Governador do Estado"** (RTJ 159/3). V. CF 125 § 1º.

Art. 102: 45b. "Em se tratando da matéria relativa à **aposentadoria especial,** enquanto não editada a lei reguladora nacional pelo Presidente da República, os Governadores de Estado não estão legitimados para figurar no polo passivo de mandado de injunção em Tribunal estadual" (STF-2ª T., Ag em RE 678.410-AgRg, Min. Teori Zavascki, j. 19.11.13, maioria, DJ 13.2.14).

Art. 102: 46. Alínea *r* acrescida pela Em. Const. 45, de 8.12.04.

Art. 102: 47. "A competência originária do Supremo Tribunal Federal, cuidando-se de impugnação a deliberações emanadas do Conselho Nacional de Justiça, tem sido reconhecida apenas na hipótese de impetração, contra referido órgão do Poder Judiciário (CNJ), de **mandado de segurança,** de **'habeas data',** de **'habeas corpus'** (quando for o caso) ou de **mandado de injunção.** Tratando-se, porém, de demanda diversa (uma ação ordinária, p. ex.), não se configura a competência originária da Suprema Corte, considerado o entendimento prevalecente na jurisprudência do Supremo Tribunal Federal, manifestado, inclusive, em julgamentos colegiados, eis que, nas hipóteses não compreendidas no art. 102, I, alíneas 'd' e 'q', da Constituição, a legitimação passiva 'ad causam' referir-se-á, exclusivamente, à União Federal" (STF-Pleno, AO 1.706-AgRg, Min. Celso de Mello, j. 18.12.13, DJ 18.2.14).

Todavia: "A Constituição Federal, quando pretendeu restringir a competência originária do STF a ações de natureza constitucional, o fez taxativa e especificamente nas alíneas 'd', 'i' e 'q' do inciso I do artigo 102, sendo certo que em outros dispositivos do artigo 102, I, *v.g.* nas alíneas 'n' e 'r', a Carta Maior não impôs expressa restrição quanto ao instrumento processual a ser utilizado. A exegese do artigo 102, I, 'r', da Constituição Federal, reclama a valoração (i) do caráter genérico da expressão 'ações' acolhida no dispositivo; (ii) das competências e da posição institucional do CNJ no sistema constitucional pátrio; (iii) da natureza das atribuições constitucionais do STF e (iv) da hierarquia ínsita à estrutura do Poder Judiciário. A hermenêutica sistemático-teleológica do artigo 102, I, 'r', da Constituição conduz a que somente sejam submetidas a processo e julgamento no STF as **ações ordinárias** que impugnam atos do CNJ de cunho finalístico, concernentes aos objetivos precípuos de sua criação, a fim de que a posição e proteção institucionais conferidas ao Conselho não sejam indevidamente desfiguradas. As ações ordinárias contra atos do CNJ devem ser, em regra, processadas e julgadas na Justiça Federal e, somente excepcionalmente, para preservar a posição hierárquica e atuação finalística do Conselho, é que deve ser inaugurada a competência do STF. Deveras, revela-se fundamental resguardar a capacidade decisória do STF, evitando a banalização da jurisdição extraordinária e preservando a própria funcionalidade da Corte. A competência primária desta Corte alcança as ações ordinárias que impugnam atos do Conselho Nacional de Justiça (i) de caráter normativo ou regulamentar que traçam modelos de políticas nacionais no âmbito do Judiciário, (ii) que desconstituam ato normativo de tribunal local, (iii) que envolvam interesse direto e exclusivo de todos os membros do Poder Judiciário, consubstanciado em seus direitos, garantias e deveres, e (iv) que versam sobre serventias judiciais e extrajudiciais. *In casu*, a ação originária questiona a Resolução 151, de 5/7/2012, do Conselho Nacional de Justiça e foi ajuizada com o objetivo de impedir a divulgação dos nomes e das remunerações individualizadas de servidores da Justiça Federal do Paraná e do Tribunal Regional Eleitoral do Paraná. À luz do ato do CNJ impugnado, verifica-se que a pretensão deduzida pela demanda consubstancia resolução de alcance nacional, fundamentada na Lei de Acesso à Informação (Lei 12.527/11), impondo reconhecer a competência desta Suprema Corte para processar e julgar a ação originária" (STF-1ª T., Rcl 15.564-AgRg, Min. Luiz Fux, j. 10.9.19, maioria, DJ 6.11.19).

Art. 102: 48. "Torna-se necessária a **interpretação restritiva** da alínea *r* do inciso I do art. 102 da Constituição Federal, incluída pela EC 45/04, a fim de que o Supremo Tribunal Federal não atue, por meio de mandado de segurança originário na Corte, como instância ordinária revisora de toda e qualquer decisão do Conselho Nacional de Justiça" (STF-Pleno, MS 30.844-AgRg, Min. Dias Toffoli, j. 19.12.12, maioria, DJ 4.3.13). Assim: "Como regra geral, o controle dos atos do CNJ pelo STF somente se justifica nas hipóteses de (i) inobservância do devido processo legal; (ii) exorbitância das competências do Conselho; e (iii) injuridicidade ou manifesta irrazoabilidade do ato impugnado" (STF-1ª T., MS 35.100, Min. Roberto Barroso, maioria, j. 8.5.18, DJ 15.6.18). Ainda: "As deliberações negativas do Conselho Nacional de Justiça não estão sujeitas a revisão por meio de mandado de segurança impetrado diretamente no Supremo Tribunal Federal" (STF-Pleno, MS 27.764-AgRg, Min. Ricardo Lewandowski, j. 19.12.12, maioria, DJ 21.2.13).

Art. 102: 49. v. CPC 1.027 e 1.028.

Art. 102: 49a. Pode ser conhecido como recurso extraordinário o recurso ordinário interposto? v. RISTF 321, nota 3-Recurso ordinário interposto em lugar do extraordinário cabível.

Art. 102: 50. Cabe recurso ordinário para o STF da decisão do relator que no STJ indefere liminarmente mandado de segurança originário ou lhe nega seguimento; não se conhece, por isso, de agravo regimental interposto no STJ (RSTJ 63/27, dois votos vencidos).

Art. 102: 51. v. CF 5º-LXIX e LXX.

Art. 102: 52. Não compete ao STF julgar recurso ordinário interposto contra decisão proferida em mandado de segurança por Turma Recursal, que não se encaixa no conceito de "Tribunais Superiores" (STF-1ª T., RMS 26.058-AgRg, Min. Sepúlveda Pertence, j. 2.3.07, DJU 16.3.07).

Art. 102: 53. v. LHD 20-II-*a*.

Art. 102: 53a. v. notas 43 e segs.; s/ competência, v. tb. arts. 102-I-*q* e 105-I-*h*.

Art. 102: 54. v. CPC 1.029 a 1.041 e RISTF 321 a 329.

V. notas ao RISTF 321.

Art. 102: 55. Cabe recurso extraordinário diretamente ao STF, nas causas de alçada, em matéria constitucional? v. RISTF 321, nota 3-Causas de alçada.

Art. 102: 56. s/ recurso extraordinário contra acórdão em recurso especial, v. RISTJ 268, nota 3.

Art. 102: 57. "Pedido de intervenção estadual em município é ato de caráter político-administrativo contra o qual não cabe recurso extraordinário" (STF-RDA 219/320).

Art. 102: 58. Não cabe recurso extraordinário de decisão de TJ que, em única instância, não conhece de mandado de segurança, visto não ser final e comportar recurso ordinário (RTJ 158/222).

Art. 102: 59. A decisão do relator, porque não configura decisão de Tribunal, não é impugnável mediante recurso extraordinário (RTJ 158/272).

Art. 102: 60. Não cabe recurso extraordinário por dissídio jurisprudencial (RTJ 161/616).

Art. 102: 61. v. § 1º e tít. CONTROLE DE CONSTITUCIONALIDADE; v., especialmente, RISTF 321, nota 3-Ofensa a preceito constitucional.

Art. 102: 62. Acerca do recurso extraordinário interposto com fundamento na alínea *a* do art. 102-III da CF, o STF alterou o seu entendimento no sentido de que o conhecimento do recurso importava necessariamente o seu provimento; passou-se a distinguir o **juízo de admissibilidade** do recurso "— para o qual é suficiente que o recorrente alegue adequadamente a contrariedade pelo acórdão recorrido de dispositivos da Constituição nele prequestionados — e o **juízo de mérito,** que envolve a verificação da compatibilidade ou não entre a decisão recorrida e a Constituição, ainda que sob o prisma diverso daquele em que se hajam baseado o Tribunal *a quo* e o recurso extraordinário" (STF-Pleno: RTJ 187/359 e RF 370/280, um voto vencido).

Art. 102: 63. v. RISTF 321, nota 3-Recurso extraordinário pela letra *b*.

Art. 102: 64. v. RISTF 321, nota 3-Recurso extraordinário pela letra *c*.

Art. 102: 65. Alínea *d* acrescida pela Em. Const. 45, de 8.12.04.

Art. 102: 66. v. Lei 9.882, de 3.12.99, s/ arguição de descumprimento de preceito fundamental da Constituição, no tít. CONTROLE DE CONSTITUCIONALIDADE, ínt.

Art. 102: 67. Redação do § 1º de acordo com a Em. Const. 3, de 17.3.93.

Art. 102: 68. v. LADIN 28 § ún., mais amplo.

Art. 102: 69. O § 2º foi acrescido pela Em. Const. 3, de 17.3.93, e sua redação foi alterada pela Em. Const. 45, de 8.12.04.

Art. 102: 70. v. CPC 1.035.

Art. 102: 71. § 3º acrescido pela Em. Const. 45, de 8.12.04.

Art. 102: 72. Ou seja, oito de seus onze ministros.

Art. 103. Podem propor a ação direta de inconstitucionalidade e a ação declaratória de constitucionalidade:[1-1a]

I — o Presidente da República;

II — a Mesa do Senado Federal;

III — a Mesa da Câmara dos Deputados;

IV — a Mesa de Assembleia Legislativa ou da Câmara Legislativa do Distrito Federal;[1b]

V — o Governador de Estado ou do Distrito Federal;[1c]

VI — o Procurador-Geral da República;

VII — o Conselho Federal da Ordem dos Advogados do Brasil;

VIII — partido político com representação no Congresso Nacional;

IX — confederação sindical ou entidade de classe de âmbito nacional.

§ 1º O Procurador-Geral da República deverá ser previamente ouvido nas ações de inconstitucionalidade[2] e em todos os processos de competência do Supremo Tribunal Federal.

§ 2º Declarada a inconstitucionalidade por omissão[3] de medida para tornar efetiva norma constitucional, será dada ciência ao Poder competente para a adoção das providências necessárias e, em se tratando de órgão administrativo, para fazê-lo em trinta dias.

§ 3º Quando o Supremo Tribunal Federal apreciar a inconstitucionalidade, em tese, de norma legal ou ato normativo, citará, previamente, o Advogado-Geral da União,[4] que defenderá[4a] o ato ou texto impugnado.

§ 4º ....[5]

Art. 103: 1. Redação do *caput* de acordo com a Em. Const. 45, de 8.12.04.

Art. 103: 1a. v. LADIN 2º e notas.

Art. 103: 1b. Redação do inc. IV de acordo com a Em. Const. 45, de 8.12.04.

Art. 103: 1c. Redação do inc. V de acordo com a Em. Const. 45, de 8.12.04.

Art. 103: 2. v. LADIN 8º, nota 5.

Art. 103: 3. s/ inconstitucionalidade por omissão, v. LADIN 12-A a 12-H e notas.

Art. 103: 4. v. LADIN 8º, notas 2 a 4.

Art. 103: 4a. "Consoante dispõe o § 3º do art. 103 da Constituição Federal, cumpre ao Advogado-Geral da União o papel de curador da lei atacada, não lhe sendo dado, sob pena de inobservância do múnus público, adotar posição diametralmente oposta, como se atuasse como fiscal da lei, qualidade reservada, no controle concentrado de constitucionalidade perante o Supremo, ao Procurador-Geral da República" (STF-RT 911/412: Pleno, ADI 2.906).

"Incumbe ao Advogado-Geral da União a defesa do ato ou texto impugnado na ação direta de inconstitucionalidade, não lhe cabendo emissão de simples parecer, a ponto de vir a concluir pela pecha de inconstitucionalidade" (STF-Pleno, ADI 3.674, Min. Marco Aurélio, j. 1.6.11, DJ 29.6.11).

Todavia: "O Advogado-Geral da União não está obrigado a defender tese jurídica se sobre ela esta Corte já fixou entendimento pela sua inconstitucionalidade" (STF-Pleno: RTJ 181/864).

Art. 103: 5. O § 4º foi acrescido pela Em. Const. 3, de 17.3.93, e revogado pela Em. Const. 45, de 8.12.04.

Art. 103-A. O Supremo Tribunal Federal poderá, de ofício ou por provocação, mediante decisão de dois terços dos seus membros,[1] após reiteradas decisões sobre matéria constitucional, aprovar súmula[2] que, a partir de sua publicação na imprensa oficial, terá efeito vinculante em relação aos demais órgãos do Poder Judiciário e à administração pública direta e indireta, nas esferas federal, estadual e municipal, bem como proceder à sua revisão ou cancelamento, na forma estabelecida em lei.[3-4]

§ 1º A súmula terá por objetivo a validade, a interpretação e a eficácia de normas determinadas, acerca das quais haja controvérsia atual entre órgãos judiciários ou entre esses e a administração pública que acarrete grave insegurança jurídica e relevante multiplicação de processos sobre questão idêntica.

§ 2º Sem prejuízo do que vier a ser estabelecido em lei,[5] a aprovação, revisão ou cancelamento de súmula poderá ser provocada por aqueles que podem propor a ação direta de inconstitucionalidade.[6]

§ 3º Do ato administrativo ou decisão judicial que contrariar a súmula aplicável ou que indevidamente a aplicar, caberá reclamação[7] ao Supremo Tribunal Federal que, julgando-a procedente, anulará o ato administrativo ou cassará a decisão judicial reclamada, e determinará que outra seja proferida com ou sem a aplicação da súmula, conforme o caso.

Art. 103-A: 1. Ou seja, oito de seus onze ministros.

Art. 103-A: 2. **Em. Const. 45, de 8.12.04: "Art. 8º** As atuais súmulas do Supremo Tribunal Federal somente produzirão efeito vinculante após sua confirmação por dois terços de seus integrantes e publicação na imprensa oficial".

Art. 103-A: 3. O art. 103-A, *caput* e parágrafos, foi acrescido pela Em. Const. 45, de 8.12.04.

Art. 103-A: 4. s/ súmula vinculante, v. Lei 11.417/06, no tít. SUPREMO TRIBUNAL FEDERAL.

Art. 103-A: 5. v. art. 3º da Lei 11.417/06.

Art. 103-A: 6. v. LADIN 2º.

Art. 103-A: 7. v. CPC 988 a 993 e respectivas notas. Em especial, s/ reclamação contra decisão transitada em julgado, v. CPC 988, nota 9.

Art. 103-B. O Conselho Nacional de Justiça[1 a 2] compõe-se de 15 (quinze) membros com mandato de 2 (dois) anos, admitida 1 (uma) recondução, sendo:[2a]

I — o Presidente do Supremo Tribunal Federal;[2b-2c]

II — um Ministro do Superior Tribunal de Justiça, indicado pelo respectivo tribunal;

III — um Ministro do Tribunal Superior do Trabalho, indicado pelo respectivo tribunal;

IV — um desembargador de Tribunal de Justiça, indicado pelo Supremo Tribunal Federal;

V — um juiz estadual, indicado pelo Supremo Tribunal Federal;

VI — um juiz de Tribunal Regional Federal, indicado pelo Superior Tribunal de Justiça;

VII — um juiz federal, indicado pelo Superior Tribunal de Justiça;

VIII — um juiz de Tribunal Regional do Trabalho, indicado pelo Tribunal Superior do Trabalho;

IX — um juiz do trabalho, indicado pelo Tribunal Superior do Trabalho;

X — um membro do Ministério Público da União, indicado pelo Procurador-Geral da República;

XI — um membro do Ministério Público estadual, escolhido pelo Procurador-Geral da República dentre os nomes indicados pelo órgão competente de cada instituição estadual;

XII — dois advogados,[3] indicados pelo Conselho Federal da Ordem dos Advogados do Brasil;

XIII — dois cidadãos,[4] de notável saber jurídico e reputação ilibada, indicados um pela Câmara dos Deputados e outro pelo Senado Federal.

§ 1º O Conselho será presidido pelo Presidente do Supremo Tribunal Federal e, nas suas ausências e impedimentos, pelo Vice-Presidente do Supremo Tribunal Federal.[5]

§ 2º Os demais membros do Conselho serão nomeados pelo Presidente da República, depois de aprovada a escolha pela maioria absoluta do Senado Federal.[6]

§ 3º Não efetuadas, no prazo legal, as indicações previstas neste artigo, caberá a escolha ao Supremo Tribunal Federal.

§ 4º Compete ao Conselho o controle da atuação administrativa e financeira do Poder Judiciário e do cumprimento dos deveres funcionais dos juízes, cabendo-lhe, além de outras atribuições que lhe forem conferidas pelo Estatuto da Magistratura:[7]

I — zelar pela autonomia do Poder Judiciário e pelo cumprimento do Estatuto da Magistratura, podendo expedir atos regulamentares, no âmbito de sua competência, ou recomendar providências;[7a]

II — zelar pela observância do art. 37 e apreciar, de ofício ou mediante provocação,[7b] a legalidade dos atos administrativos praticados por membros ou órgãos do Poder Judiciário, podendo desconstituí-los, revê-los ou fixar prazo para que se adotem as providências necessárias ao exato cumprimento da lei, sem prejuízo da competência do Tribunal de Contas da União;[8]

III — receber e conhecer das reclamações contra membros ou órgãos do Poder Judiciário, inclusive contra seus serviços auxiliares, serventias e órgãos prestadores de serviços notariais e de registro que atuem por delegação do poder público ou oficializados, sem prejuízo da competência disciplinar e correicional dos tribunais, podendo avocar processos disciplinares em curso, determinar a remoção ou a disponibilidade e aplicar outras sanções administrativas, assegurada ampla defesa;[8a-8b]

IV — representar ao Ministério Público, no caso de crime contra a administração pública ou de abuso de autoridade;

V — rever, de ofício ou mediante provocação, os processos disciplinares de juízes e membros de tribunais julgados há menos de um ano;

VI — elaborar semestralmente relatório estatístico sobre processos e sentenças prolatadas, por unidade da Federação, nos diferentes órgãos do Poder Judiciário;

VII — elaborar relatório anual, propondo as providências que julgar necessárias, sobre a situação do Poder Judiciário no País e as atividades do Conselho, o qual deve integrar mensagem do Presidente do Supremo Tribunal Federal a ser remetida ao Congresso Nacional, por ocasião da abertura da sessão legislativa.

§ 5º O Ministro do Superior Tribunal de Justiça exercerá a função de Ministro-Corregedor e ficará excluído da distribuição de processos no Tribunal, competindo-lhe, além das atribuições que lhe forem conferidas pelo Estatuto da Magistratura, as seguintes:

I — receber as reclamações e denúncias, de qualquer interessado, relativas aos magistrados e aos serviços judiciários;

II — exercer funções executivas do Conselho, de inspeção e de correição geral;

III — requisitar e designar magistrados, delegando-lhes atribuições, e requisitar servidores de juízos ou tribunais, inclusive nos Estados, Distrito Federal e Territórios.

§ 6º Junto ao Conselho oficiarão o Procurador-Geral da República e o Presidente do Conselho Federal da Ordem dos Advogados do Brasil.

§ 7º A União, inclusive no Distrito Federal e nos Territórios, criará ouvidorias de justiça, competentes para receber reclamações e denúncias de qualquer interessado contra membros ou órgãos do Poder Judiciário, ou contra seus serviços auxiliares, representando diretamente ao Conselho Nacional de Justiça.

✎ **Art. 103-B: 1.** "Constitucionalidade e legitimidade da criação do Conselho Nacional de Justiça", por Luís Roberto Barroso (IP 30/13); "O Conselho Nacional de Justiça. Enfoque de direito comparado", por Humberto Theodoro Jr. (RMDCPC 56/57).

Art. 103-B: 1a. v. art. 102-I-*r* e notas.

Art. 103-B: 2. "O Conselho Nacional de Justiça não tem nenhuma competência sobre o Supremo Tribunal Federal e seus ministros, sendo esse o órgão máximo do Poder Judiciário nacional, a que aquele está sujeito" (STF-Pleno, ADI 3.367-1, Min. Cezar Peluso, j. 13.4.05, maioria, DJU 17.3.06).

Art. 103-B: 2a. O art. 103-B, *caput* e parágrafos, foi acrescido pela Em. Const. 45, de 8.12.04. A redação do *caput* está de acordo com a Em. Const. 61, de 11.11.09.

Art. 103-B: 2b. A redação do inc. I está de acordo com a Em. Const. 61, de 11.11.09.

Art. 103-B: 2c. s/ impedimento para participar de julgamento no STF, v. RISTF 277, nota 1a.

Art. 103-B: 3. "Nenhum dos advogados ou cidadãos membros do Conselho Nacional de Justiça pode, durante o exercício do mandato, exercer atividades incompatíveis com essa condição, tais como exercer outro cargo ou função, salvo uma de magistério, dedicar-se a atividade político-partidária e exercer a advocacia no território nacional" (STF-Pleno, ADI 3.367-1, Min. Cezar Peluso, j. 13.4.05, maioria, DJU 17.3.06).

Art. 103-B: 4. v. nota 3.

Art. 103-B: 5. Redação do § 1º de acordo com a Em. Const. 61, de 11.11.09.

Art. 103-B: 6. Redação do § 2º de acordo com a Em. Const. 61, de 11.11.09.

Art. 103-B: 7. "Detendo o Conselho Nacional de Justiça atribuições simplesmente administrativas, revela-se imprópria declaração a alcançar acordo judicial" (STF-Pleno, MS 27.708, Min. Marco Aurélio, j. 29.10.09, maioria, DJ 21.5.10).

Art. 103-B: 7a. "O Conselho Nacional de Justiça pode, no lídimo exercício de suas funções, regulamentar condutas e impor a toda magistratura nacional o cumprimento de obrigações de essência puramente administrativa. A determinação aos magistrados de inscrição em cadastros ou sítios eletrônicos, com finalidades estatística, fiscalizatória ou, então, de viabilizar a materialização de ato processual insere-se perfeitamente nessa competência regulamentar. Inexistência de violação à convicção dos magistrados, que remanescem absolutamente livres para determinar ou não a penhora de bens, decidir se essa penhora recairá sobre este ou aquele bem e, até mesmo, deliberar se a penhora de numerário se dará ou não por meio da ferramenta denominada 'BACEN JUD'. A necessidade de prévio cadastramento é medida puramente administrativa que tem, justamente, o intuito de permitir ao Poder Judiciário as necessárias agilidade e efetividade na prática de ato processual, evitando, com isso, possível frustração dos objetivos pretendidos, dado que o tempo, no processo executivo, corre em desfavor do credor" (STF-Pleno, MS 27.621, Min. Ricardo Lewandowski, j. 7.12.11, maioria, DJ 11.5.12).

Art. 103-B: 7b. "Qualquer pessoa é parte legítima para representar ilegalidades perante o Conselho Nacional de Justiça. Apuração que é de interesse público" (STF-1ª T., MS 28.620, Min. Dias Toffoli, j. 23.9.14, DJ 8.10.14).

Art. 103-B: 8. "Sempre que antevista a existência razoável de interessado na manutenção do ato atacado, com legítimo interesse jurídico direto, o CNJ está obrigado a dar-lhe ciência do procedimento de controle administrativo" (STF-RT 907/383: Pleno, MS 27.154).

Art. 103-B: 8a. Redação do inc. III de acordo com a Em. Const. 103, de 12.11.19.

Art. 103-B: 8b. "A instauração de um processo administrativo disciplinar (PAD) prescinde de prévia sindicância, quando o objeto da apuração encontra-se elucidado à luz de outros elementos lícitos de convicção. A competência originária do Conselho Nacional de Justiça resulta do texto constitucional e independe de motivação do referido órgão, bem como da satisfação de requisitos específicos. A competência do CNJ não se revela subsidiária" (STF-Pleno, MS 28.003, Min. Luiz Fux, j. 8.2.12, maioria, DJ 31.5.12).

Seção III | DO SUPERIOR TRIBUNAL DE JUSTIÇA[1-2]

✎ **SEÇ. III: 1.** "O STJ na Constituição de 1988", pelo Min. Carlos Velloso (RT 638/15, RDP 90/79, RDA 175/9, RJTJESP 122/8, RTJE 66/19, RJTAMG 34/13); "O Superior Tribunal e a questão constitucional", pelo Min. Nilson Naves (RT 797/27); "Jurisdição constitucional do Superior Tribunal de Justiça", por Teori Albino Zavascki (RP 212/13).

SEÇ. III: 2. v. tít. Superior Tribunal de Justiça; v. tb. no Índice, ao final do livro, Superior Tribunal de Justiça.

Art. 104. O Superior Tribunal de Justiça compõe-se de, no mínimo, trinta e três Ministros.

Parágrafo único. Os Ministros do Superior Tribunal de Justiça serão nomeados pelo Presidente da República, dentre brasileiros com mais de trinta e cinco e menos de sessenta e cinco anos, de notável saber jurídico e reputação ilibada, depois de aprovada a escolha pela maioria absoluta do Senado Federal, sendo:[1]

I — um terço dentre juízes dos Tribunais Regionais Federais e um terço dentre desembargadores dos Tribunais de Justiça, indicados em lista tríplice elaborada pelo próprio Tribunal;[1a]

II — um terço, em partes iguais, dentre advogados e membros do Ministério Público Federal, Estadual, do Distrito Federal e Territórios, alternadamente, indicados na forma do art. 94.[2]

Art. 104: 1. Redação do § ún.-*caput* de acordo com a Em. Const. 45, de 8.12.04.

Art. 104: 1a. "Para o provimento dos cargos a que se refere o art. 104, parágrafo único, inciso I, primeira parte, não cabe distinguir entre juiz de TRF, originário da carreira da magistratura federal, ou proveniente do Ministério Público Federal ou da advocacia (CF, art. 107, I e II)" (STF-Pleno, MS 23.445-8, Min. Néri da Silveira, j. 18.11.99, DJU 18.8.00). Em sentido semelhante: STF-Pleno, ADI 4.078, Min. Cármen Lúcia, j. 10.11.11, um voto vencido, DJ 13.4.12.

Art. 104: 2. v. LOM 100.

S/ a indicação dos advogados, v. EA 54-XIII; dos membros do MP Federal, v. LC 75, de 20.5.93, art. 53-II; dos membros do MP dos Estados, v. Lei 8.625, de 12.2.93, arts. 15-I e 74.

Art. 105. Compete ao Superior Tribunal de Justiça:[1-1a]

I — processar e julgar, originariamente:

a) nos crimes comuns, os Governadores dos Estados e do Distrito Federal, e, nestes e nos de responsabilidade,[1b] os desembargadores dos Tribunais de Justiça dos Estados e do Distrito Federal,[2 a 2b] os membros dos Tribunais de Contas dos Estados e do Distrito Federal, os dos Tribunais Regionais Federais, dos Tribunais Regionais Eleitorais e do Trabalho, os membros dos Conselhos ou Tribunais de Contas dos Municípios e os do Ministério Público da União que oficiem perante tribunais;[2c]

b) os mandados de segurança[3] e os *habeas data*[4] contra ato de Ministro de Estado,[4a-4b] dos Comandantes da Marinha, do Exército e da Aeronáutica ou do próprio Tribunal;[4c-4d]

c) os *habeas corpus*, quando o coator ou paciente for qualquer das pessoas mencionadas na alínea *a*, ou quando o coator for tribunal sujeito à sua jurisdição, Ministro de Estado ou Comandante da Marinha, do Exército ou da Aeronáutica, ressalvada a competência da Justiça Eleitoral;[4e]

d) os conflitos de competência entre quaisquer tribunais,[5 a 7] ressalvado o disposto no art. 102, I, *o*, bem como entre tribunal e juízes a ele não vinculados[7a-7b] e entre juízes vinculados a tribunais diversos;[7c a 10]

e) as revisões criminais e as ações rescisórias[10a] de seus julgados;

f) a reclamação[10b] para a preservação de sua competência e garantia da autoridade de suas decisões;

g) os conflitos de atribuições[11] entre autoridades administrativas e judiciárias da União, ou entre autoridades judiciárias de um Estado e administrativas de outro ou do Distrito Federal, ou entre as deste e da União;

h) o mandado de injunção,[11a a 12a] quando a elaboração da norma regulamentadora for atribuição de órgão, entidade ou autoridade federal, da administração direta ou indireta, excetuados os casos de competência do Supremo Tribunal Federal e dos órgãos da Justiça Militar, da Justiça Eleitoral, da Justiça do Trabalho e da Justiça Federal;[12b]

i) a homologação de sentenças estrangeiras e a concessão de *exequatur* às cartas rogatórias;[12c-12d]

II — julgar, em recurso ordinário:[13-13a]

a) os *habeas corpus* decididos em única ou última instância pelos Tribunais Regionais Federais ou pelos tribunais dos Estados, do Distrito Federal e Territórios, quando a decisão for denegatória;

b) os mandados de segurança decididos em única instância pelos Tribunais Regionais Federais ou pelos tribunais dos Estados, do Distrito Federal e Territórios,[14] quando denegatória[14a] a decisão;

c) as causas em que forem partes Estado estrangeiro ou organismo internacional, de um lado, e, de outro, Município ou pessoa residente ou domiciliada no País;[15]

III — julgar, em recurso especial,[16] as causas[16a] decididas, em única ou última instância,[16b] pelos Tribunais Regionais Federais ou pelos tribunais dos Estados, do Distrito Federal e Territórios, quando a decisão recorrida:

a) contrariar tratado ou lei federal, ou negar-lhes vigência;

b) julgar válido ato de governo local contestado em face de lei federal;[17]

c) der a lei federal interpretação divergente da que lhe haja atribuído outro tribunal.[17a]

Parágrafo único. Funcionarão junto ao Superior Tribunal de Justiça:[17b]
I — a Escola Nacional de Formação e Aperfeiçoamento de Magistrados, cabendo-lhe, dentre outras funções, regulamentar os cursos oficiais para o ingresso e promoção na carreira;
II — o Conselho da Justiça Federal, cabendo-lhe exercer, na forma da lei, a supervisão administrativa e orçamentária da Justiça Federal de primeiro e segundo graus, como órgão central do sistema e com poderes correicionais, cujas decisões terão caráter vinculante.[18-19]

Art. 105: 1. "A Constituição, ao delimitar a competência do STJ, no art. 105, não discriminou a forma pela qual essa competência deveria ser exercida, se por órgãos fracionários ou individualmente por seus integrantes. Essa tarefa foi implementada pela Lei 8.038/90 e pelo Regimento Interno desta Corte, sobre os quais não pesa juízo de inconstitucionalidade" (STJ-4ª T., Ag 22.210-4-AgRg, Min. Sálvio de Figueiredo, j. 31.5.94, DJU 27.6.94).

Art. 105: 1a. "Emenda Constitucional n. 45/04: a competência do STF e do STJ", por Ricardo de Barros Leonel (RMDCPC 10/53).

Art. 105: 1b. "Embora a CF preveja, no seu art. 105, *a*, a competência do STJ para processar e julgar desembargadores por crime de responsabilidade, não há na legislação brasileira a previsão desse crime quanto aos mesmos" (STJ-RDA 179/131).

Art. 105: 2. "O crime que é imputado ao réu não tem relação com o exercício do cargo de Desembargador, de modo que, a princípio, aplicando-se o precedente produzido pelo Supremo Tribunal Federal no julgamento da QO na AP 937, não teria o réu foro no Superior Tribunal de Justiça. A interpretação do alcance das hipóteses de prerrogativa de foro previstas na Constituição da República, não obstante, responde não apenas à necessidade de que aquele que goza da prerrogativa tenha condições de exercer com liberdade e independência as funções inerentes ao cargo público que lhe confere a prerrogativa. Para além disso, nos casos em que são membros da magistratura nacional tanto o acusado quanto o julgador, a prerrogativa de foro não se justifica apenas para que o acusado pudesse exercer suas atividades funcionais de forma livre e independente, pois é preciso também que o julgador possa reunir as condições necessárias ao desempenho de suas atividades judicantes de forma imparcial. A necessidade de que o julgador possa reunir as condições para o desempenho de suas atividades judicantes de forma imparcial não se revela como um privilégio do julgador ou do acusado, mas como uma condição para que se realize justiça criminal de forma isonômica e republicana. Questão de ordem resolvida no sentido de se reconhecer a competência do Superior Tribunal de Justiça nas hipóteses em que, não fosse a prerrogativa de foro, o Desembargador acusado houvesse de responder à ação penal perante juiz de primeiro grau vinculado ao mesmo tribunal" (STJ-Corte Especial, APn 878-QO, Min. Benedito Gonçalves, j. 21.11.18, maioria, DJ 19.12.18).

Art. 105: 2a. "Os juízes de 1º grau em substituição nos Tribunais de Justiça não possuem a prerrogativa de foro assegurada pelo art. 105-I" (STJ-Corte Especial, Rp 368-AgRg, Min. Arnaldo Esteves, j. 5.3.08, DJU 15.5.08).

Art. 105: 2b. "A aposentadoria do magistrado, ainda que voluntária, transfere a competência para processamento e julgamento de eventual ilícito penal para o primeiro grau de jurisdição" (STF-Pleno, RE 549.560, Min. Ricardo Lewandowski, j. 22.3.12, DJ 30.5.14).

Art. 105: 2c. v. art. 102, nota 6b.

Art. 105: 3. v. RISTJ 211 a 215 (processamento do mandado de segurança no STJ). S/ competência originária do STJ nos mandados de segurança, v. RISTJ 211 e notas. V. tb. art. 114, nota 5f (prevalência sobre competência da Justiça do Trabalho).

Art. 105: 4. v. LHD 20-I-*b*; RISTJ 11-IV e 12-I.

Art. 105: 4a. A ratificação, por ato posterior do Presidente da República, não altera a competência do STJ para conhecer de mandado de segurança contra ato de Ministro (RTJ 134/1.085 e STF-RT 677/253).

Por igual, a revogação, posterior à impetração de mandado de segurança, de delegação concedida por Ministro não atrai para o STJ a competência para seu julgamento (RSTJ 55/88).

S/ ato praticado por delegação de Ministro de Estado, v. LMS 1º, nota 31; s/ ato de colegiado presidido por Ministro de Estado, v. RISTJ 211, nota 4.

Art. 105: 4b. É competente o STF para julgar mandado de segurança contra o Advogado-Geral da União, nos termos do art. 1º, § ún., da Lei 8.682/93 (RSTJ 141/506).

Art. 105: 4c. Redação da alínea *b* de acordo com a Em. Const. 23, de 2.9.99.

Art. 105: 4d. v. RISTJ 211 a 215.

Art. 105: 4e. Redação da alínea *c* de acordo com a Em. Const. 23, de 2.9.99.

Art. 105: 5. cf. arts. 102-I-*o* e 108-I-*e*, CPC 951 a 958, RISTJ 193 a 198.

Art. 105: 5a. "O STJ é competente para dirimir conflito entre Tribunal de Justiça Estadual e Tribunal Regional Federal (art. 105, I, *d*, Constituição/88)" (RSTJ 30/57).

Art. 105: 6. Compete ao STJ julgar conflito de competência entre TJ e TRT (RTJ 159/452).

Art. 105: 6a. "O dissídio sobre competência entre um Tribunal Superior — ainda que mediante decisão singular — e Tribunal Regional Federal é problema de hierarquia jurisdicional e não de conflito: o acerto ou não da decisão superior é tema para o recurso dos interessados e nunca para conflito de competência suscitado pelo tribunal adstrito ao seu cumprimento" (STF-Pleno: RTJ 143/543). No mesmo sentido: RTJ 143/547, 143/550, 147/929.

Por isso, não há conflito de competência entre o TST e TRT, porque "onde há hierarquia jurisdicional, não há conflito" (STF-Pleno: RTJ 136/583 e RT 676/229).

Art. 105: 7. "Cabe ao TST dirimir os conflitos de competência entre Tribunais Regionais a ele vinculados. Precedentes do STJ" (STJ-2ª Seção, CC 3.571-4, Min. Athos Carneiro, j. 9.12.92, DJU 1.2.93).

Art. 105: 7a. s/ conflito entre tribunal superior e juiz a ele não vinculado, v. art. 102, nota 39.

Art. 105: 7b. "Compete ao STJ julgar conflito de competência entre Tribunal de Justiça e juiz federal" (RSTJ 18/183).

Art. 105: 7c. s/ conflito entre Juiz Federal e Juiz de Direito Estadual investido da jurisdição federal, v. art. 108, nota 5-Súmula 3 do STJ.

Art. 105: 7d. **Súmula 236 do STJ:** "Não compete ao Superior Tribunal de Justiça dirimir **conflitos de competência entre juízos trabalhistas** vinculados a Tribunais Regionais do Trabalho diversos" (v. jurisprudência s/ esta Súmula em RSTJ 131/385 a 404).

Compete ao TST, e não ao STJ, julgar os conflitos de competência entre Varas do Trabalho vinculadas a TRTs diversos, ainda que situados no mesmo Estado (STJ-2ª Seção, CC 1.513, Min. Sálvio de Figueiredo, j. 12.6.91, DJU 12.8.91).

Art. 105: 8. **Súmula 180 do STJ:** "Na lide **trabalhista,** compete ao Tribunal Regional do Trabalho dirimir **conflito de competência** verificado, na respectiva região, entre juiz estadual e Junta de Conciliação e Julgamento" (v. jurisprudência s/ esta Súmula em RSTJ 91/353). A JCJ passou a ser denominada Vara do Trabalho.

No mesmo sentido, talvez mais claro: "O conflito entre Junta de Conciliação e Julgamento e Juiz de Direito investido de competência trabalhista, sujeitos à jurisdição do mesmo Tribunal Regional Trabalhista, deve ser por este solucionado" (RSTJ 66/55).

Art. 105: 9. Compete ao respectivo Tribunal Regional Federal dirimir conflito de competência entre juizado especial federal e juízo federal: "A competência do STJ para julgar conflitos dessa natureza circunscreve-se àqueles em que estão envolvidos tribunais distintos ou juízes vinculados a tribunais diversos. Os juízes de primeira instância, tal como aqueles que integram os Juizados Especiais, estão vinculados ao respectivo Tribunal Regional Federal, ao qual cabe dirimir os conflitos de competência que surjam entre eles" (STF-Pleno, RE 590.409, Min. Ricardo Lewandowski, j. 26.8.09, DJ 29.10.09).

Súmula 428 do STJ: "Compete ao Tribunal Regional Federal decidir os conflitos de competência entre juizado especial federal e juízo federal da mesma seção judiciária".

O STJ **cancelou a Súmula 348** (STJ-Corte Especial, CC 107.635, Min. Luiz Fux, j. 17.3.10, DJ 21.6.10), a qual dispunha que "compete ao Superior Tribunal de Justiça decidir os conflitos de competência entre juizado especial federal e juízo federal, ainda que da mesma seção judiciária".

Afirmando que nem o STF nem o STJ têm competência para julgar conflito entre Juiz de Juizado Especial e Juiz de Direito Estadual: RTJ 175/548 (Pleno, CC 7.096).

"Cabe ao respectivo Tribunal de Justiça processar e julgar conflitos de competência entre os Juízos de Direito dos Juizados Especiais, bem como as correspondentes Turmas Recursais, e os Juízos de Direito da Justiça Comum Estadual, uma vez que integram a mesma esfera judiciária e são constituídos por juízes de primeiro grau (Lei 9.099/95), com submissão a idênticas regras organizacionais e administrativas" (STJ-2ª Seção, CC 109.534-EDcl, Min. João Otávio, j. 8.9.10, DJ 16.9.10). No mesmo sentido: STJ-3ª Seção, CC 104.770-AgRg, Min. Napoleão Maia Filho, j. 10.3.10, DJ 6.4.10.

Com isso, tende a ficar superado o entendimento no sentido de que competiria ao STJ julgar esses conflitos (p/ esse entendimento, v. RTJ 183/157-Pleno; STJ-Corte Especial, CC 40.199).

Art. 105: 9a. **Súmula 19 do TFR:** "Compete ao Tribunal Federal de Recursos julgar conflito de jurisdição entre auditor militar e juiz de direito dos Estados em que haja tribunal militar estadual (CF, art. 192)" (v. jurisprudência s/ esta Súmula em RTFR 77/44 a 57). No mesmo sentido: STF-Pleno, RTJ 91/428 e 91/430.

Art. 105: 9b. "Em se tratando da interpretação de cláusula de compromisso arbitral constante de contrato de compra e venda, o conflito de competência supostamente ocorrido entre **câmaras de arbitragem** deve ser dirimido no juízo de primeiro grau, por envolver incidente que não se insere na competência do Superior Tribunal de

Justiça, conforme os pressupostos e alcance do art. 105, I, alínea *d*, da Constituição Federal" (STJ-2ª Seção, CC 113.260, Min. João Otávio, j. 8.9.10, dois votos vencidos, DJ 7.4.11).

Todavia: "Arbitragem. Natureza jurisdicional. Conflito de competência frente a juízo estatal. Possibilidade. Medida cautelar de arrolamento. Competência. Juízo arbitral. A atividade desenvolvida no âmbito da arbitragem tem natureza jurisdicional, sendo possível a existência de conflito de competência entre juízo estatal e câmara arbitral" (STJ-2ª Seção, CC 111.230, Min. Nancy Andrighi, j. 8.5.13, maioria, DJ 3.4.14). No mesmo sentido: STJ-1ª Seção, CC 156.133-AgInt, Min. Gurgel de Faria, j. 22.8.18, DJ 21.9.18.

Art. 105: 10. "O Superior Tribunal de Justiça exerce jurisdição sobre as Justiças Estadual, Federal e Trabalhista, nos termos do art. 105, I, *d*, da Carta Magna. Desse modo, invocando os princípios da celeridade processual e economia processual, esta Corte Superior pode definir a competência e determinar a remessa dos autos ao juízo competente para a causa, **mesmo que não faça parte do conflito"** (STJ-1ª Seção, CC 48.806, Min. Denise Arruda, j. 9.8.06, DJU 4.9.06).

V. tb. CPC 957, nota 2.

Art. 105: 10a. v. art. 108, nota 1a (acórdão do extinto TFR).

S/ ação rescisória, v. CPC 966 a 975 e RISTJ 233 a 238.

Art. 105: 10b. v. CPC 988 a 993, RISTJ 187 a 192.

Art. 105: 11. v. CPC 959, RISTJ 193 a 198.

Art. 105: 11a. v. Lei 13.300, de 23.6.16 (LMI), no tít. MANDADO DE INJUNÇÃO, ínt., e notas.

Art. 105: 11b. "Compete ao STJ processar e julgar mandado de injunção no caso de a omissão normativa ser atribuída a **Ministro de Estado** (Constituição, arts. 105, I, *h*, e 102, I, *q*)" (RSTJ 10/143). No mesmo sentido: RTJ 129/965 (Pleno, MI 110-QO). Ainda: RTJ 131/991 (mandado de injunção contra o Ministério da Previdência e Assistência Social).

Art. 105: 12. "Sendo o mandado de injunção requerido contra o DNOCS, e não contra qualquer das pessoas ou entidades constantes da letra *q* do item I, do art. 102 da CF, a competência para processá-lo e julgá-lo não é do STF. Encaminhamento dos autos ao STJ, em face do disposto no art. 105, I, *h*, também da CF, para apreciá-lo, como couber, tendo em vista não haver qualquer norma regulamentadora para definir a competência, quanto a mandados de injunção, da Justiça Militar, da Justiça Eleitoral, da Justiça do Trabalho e da Justiça Federal" (RTJ 130/13: Pleno, MI 158-QO; no caso, o impetrado foi o Departamento Nacional de Obras Contra as Secas).

Art. 105: 12a. "Não compete ao STJ julgar mandado de injunção contra ato atribuído a Governador de Estado" (RSTJ 56/63). V. art. 125 § 1º.

Art. 105: 12b. "Mandado de injunção: é da competência da Justiça Federal conhecer e julgar os mandados de injunção impetrados contra autarquia federal" (STF-Pleno, MI 571-8, Min. Sepúlveda Pertence, j. 8.10.98, DJU 20.11.98). No mesmo sentido: STJ-Corte Especial, MI 185-AgRg, Min. Franciulli Netto, j. 20.10.04, DJU 21.3.05.

Contra, entendendo que "só podem julgar mandado de injunção o STF e o STJ. Nada obsta, porém, que, futuramente, a lei venha permitir que também possam fazê-lo a Justiça Federal e a Justiça Militar, em razão da exceção contida na parte final da alínea *h*, inciso I, do art. 105 da Constituição" (RSTJ 4/1.393, citação da p. 1.398).

Art. 105: 12c. Alínea *i* acrescida pela Em. Const. 45, de 8.12.04.

✎ **Art. 105: 12d.** "Cooperação jurídica internacional e a concessão de *exequatur*", por Teori Albino Zavascki (RP 183/9, IP 61/13).

Art. 105: 13. "Incabível o recurso ordinário interposto contra decisão denegatória de mandado de injunção, proferida por Tribunal de Justiça Estadual. A irresignação poderia ser manifestada através de recurso extraordinário ou especial, conforme previsto na Constituição" (RSTJ 65/149).

Art. 105: 13a. "O art. 105, II, da CF não prevê a competência do STJ para o julgamento de recurso ordinário constitucional interposto contra decisão de última instância oriunda de Tribunal de Justiça do Estado denegatória de *habeas data*" (STJ-2ª T., Pet 5.428-AgRg, Min. Castro Meira, j. 5.2.09, DJ 2.3.09). V. tb. LHD 20, nota 2a.

Art. 105: 14. v. CPC 1.027 e 1.028, RISTJ 247 e 248.

Art. 105: 14a. s/ o alcance da expressão "quando denegatória a decisão", v. CPC 1.027, nota 5.

Art. 105: 15. v. CPC 1.027 e 1.028, RISTJ 249 a 251.

Art. 105: 16. v. CPC 1.029 a 1.041 e RISTJ 255 e segs.

V. notas ao RISTJ 255.

Art. 105: 16a. v. RISTJ 255, nota 4-Causa.

Art. 105: 16b. v. RISTJ 255, nota 4-Decisão de única ou última instância.

Art. 105: 17. Redação da alínea *b* de acordo com a Em. Const. 45, de 8.12.04.

Art. 105: 17a. Se o dissídio jurisprudencial for em matéria constitucional, cabe, ainda assim, recurso especial? v. RISTJ 255, nota 8b.

Art. 105: 17b. Redação do § ún. de acordo com a Em. Const. 45, de 8.12.04.

Art. 105: 18. v. Lei 11.798, de 29.10.08.

Art. 105: 19. "Os atos, com efeitos concretos, praticados pelo Conselho da Justiça Federal só podem ser atacados por meio de mandado de segurança impetrado no Superior Tribunal de Justiça (art. 11, IV, RISTJ); usurpa a competência deste a decisão de juiz de 1º grau que determina a suspensão de processo administrativo em tramitação naquele Conselho" (STJ-Corte Especial, Rcl 4.089, Min. Ari Pargendler, j. 15.12.10, maioria, DJ 25.3.11).

"O CJF é órgão que funciona junto ao STJ, de modo que seus atos devem ser aqui impugnados originariamente pela via do mandado de segurança, sendo cabível reclamação, perante o STJ, na hipótese de descumprimento de decisões daquele órgão. Os atos praticados pelo CJF no exercício de sua competência não podem ser suspensos por antecipação de tutela deferida em ação ordinária ajuizada em 1º grau de jurisdição, sob pena de subverter o sistema de controle administrativo, que passaria a ser supervisionado pelos próprios destinatários" (STJ-Corte Especial, Rcl 3.495, Min. Nancy Andrighi, j. 17.12.12, um voto vencido, DJ 28.2.13).

Seção IV | DOS TRIBUNAIS REGIONAIS FEDERAIS E DOS JUÍZES FEDERAIS

Art. 106. São órgãos da Justiça Federal:[1]

I — os Tribunais Regionais Federais;[1a-1b]

II — os Juízes Federais.[2]

Art. 106: 1. "A competência da Justiça Federal no cível", por Amir José Finocchiaro Sarti (RJ 264/5).

Art. 106: 1a. v. arts. 107 a 108.

Art. 106: 1b. Em. Const. 73, de 6.6.13: "Art. 1º O art. 27 do Ato das Disposições Constitucionais Transitórias passa a vigorar acrescido do seguinte § 11: 'Art. 27 (...) § 11. São criados, ainda, os seguintes Tribunais Regionais Federais: o da 6ª Região, com sede em Curitiba, Estado do Paraná, e jurisdição nos Estados do Paraná, Santa Catarina e Mato Grosso do Sul; o da 7ª Região, com sede em Belo Horizonte, Estado de Minas Gerais, e jurisdição no Estado de Minas Gerais; o da 8ª Região, com sede em Salvador, Estado da Bahia, e jurisdição nos Estados da Bahia e Sergipe; e o da 9ª Região, com sede em Manaus, Estado do Amazonas, e jurisdição nos Estados do Amazonas, Acre, Rondônia e Roraima'.

"Art. 2º Os Tribunais Regionais Federais da 6ª, 7ª, 8ª e 9ª Regiões deverão ser instalados no prazo de 6 (seis) meses, a contar da promulgação desta Emenda Constitucional".

Art. 106: 2. v. arts. 109 a 110.

Art. 107. Os Tribunais Regionais Federais compõem-se de, no mínimo, sete juízes, recrutados, quando possível, na respectiva região e nomeados pelo Presidente da República dentre brasileiros com mais de trinta e menos de sessenta e cinco anos, sendo:

I — um quinto[1] dentre advogados com mais de dez anos de efetiva atividade profissional e membros do Ministério Público Federal com mais de dez anos de carreira;

II — os demais, mediante promoção de juízes federais com mais de cinco anos de exercício, por antiguidade e merecimento, alternadamente.[1a-1b]

§ 1º A lei disciplinará a remoção ou a permuta de juízes dos Tribunais Regionais Federais e determinará sua jurisdição e sede.[2]

§ 2º Os Tribunais Regionais Federais instalarão a justiça itinerante, com a realização de audiências e demais funções da atividade jurisdicional, nos limites territoriais da respectiva jurisdição, servindo-se de equipamentos públicos e comunitários.[3]

§ 3º Os Tribunais Regionais Federais poderão funcionar descentralizadamente, constituindo Câmaras regionais, a fim de assegurar o pleno acesso do jurisdicionado à justiça em todas as fases do processo.[4]

Art. 107: 1. v. art. 94, nota 1.

Art. 107: 1a. "Mandado de segurança. Promoção de juiz federal pelo critério de merecimento para o Tribunal Regional Federal. Ampla discricionariedade do Presidente da República fundada em interpretação literal do art. 107 da CF. Inadmissibilidade. Vinculação da escolha presidencial ao nome que figure em lista tríplice por três vezes consecutivas ou cinco alternadas. Exigibilidade. Necessidade de exegese sistemática das normas gerais aplicáveis à magistratura nacional. Incidência do art. 93, II, *a*, na espécie" (STF-Pleno, MS 30.585, Min. Ricardo Lewandowski, j. 12.9.12, DJ 28.11.12).

Art. 107: 1b. "É inaplicável a norma do art. 93, II, *b*, da Constituição Federal à promoção dos juízes federais, por estar sujeita apenas ao requisito do implemento de cinco anos de exercício do art. 107, II, da Carta Magna, incluído o tempo de exercício no cargo de juiz federal substituto" (STF-Pleno, MS 23.789, Min. Ellen Gracie, j. 30.6.05, DJ 23.9.05).

Art. 107: 2. Antigo § ún., renumerado para § 1º, tendo em vista o acréscimo de dois novos parágrafos ao artigo 107 pela Em. Const. 45, de 8.12.04.

Art. 107: 3. § 2º acrescido pela Em. Const. 45, de 8.12.04.

Art. 107: 4. § 3º acrescido pela Em. Const. 45, de 8.12.04.

Art. 108. Compete aos Tribunais Regionais Federais:

I — processar e julgar, originariamente:

a) os juízes federais da área de sua jurisdição, incluídos os da Justiça Militar e da Justiça do Trabalho, nos crimes comuns e de responsabilidade, e os membros do Ministério Público da União, ressalvada a competência da Justiça Eleitoral;

b) as revisões criminais e as ações rescisórias[1] **de julgados seus**[1a-1b] **ou dos juízes federais da região;**

c) os mandados de segurança[2-3] **e os *habeas data* contra ato do próprio Tribunal ou de juiz federal;**

d) os *habeas corpus*, quando a autoridade coatora for juiz federal;

e) os conflitos de competência[4] **entre juízes federais vinculados ao Tribunal;**[5]

II — julgar, em grau de recurso,[5a a 8] **as causas decididas pelos juízes federais e pelos juízes estaduais no exercício da competência federal da área de sua jurisdição.**

Art. 108: 1. cf. arts. 102-I-*g*, 105-I-*e*; CPC 966 a 975 (especialmente CPC 968, nota 15, s/ competência para julgar rescisória proposta pela União contra acórdão da Justiça estadual).

Art. 108: 1a. ou do extinto Tribunal Federal de Recursos, nos feitos em que este funcionou como tribunal de segundo grau da Justiça Federal (RTJ 148/703; STJ-2ª Seção, AR 317-7-EI, Min. Cláudio Santos, j. 26.5.93, DJU 28.6.93, STJ-Corte Especial, AR 243-QO, Min. Cláudio Santos, j. 24.9.92, maioria, DJU 23.11.92; STJ-2ª Seção, AR 245-0, Min. Eduardo Ribeiro, j. 28.10.92, maioria, DJU 17.12.92).

Por outras palavras, o STJ "só tem competência para julgar ação rescisória de acórdãos do Tribunal Federal de Recursos relativos a matérias da competência originária deste que passaram para a sua competência" (STJ-1ª Seção, AR 313-0, Min. José de Jesus Filho, j. 23.3.93, DJU 25.10.93).

Art. 108: 1b. "A habilitação no feito de empresa pública federal como assistente litisconsorte acarreta a transferência para o Tribunal Regional da competência a fim de julgar a ação rescisória de acórdão da Corte Estadual. Justifica-se essa competência excepcional porque, de regra, a ação rescisória envolve o *judicium rescindens* e o *judicium rescissorium*" (RSTJ 76/23).

Art. 108: 2. s/ competência e mandado de segurança, v. arts. 102-I-*d* (STF), 105-I-*b* (STJ) e 109-VIII (juízes federais); LMS 16 e notas, especialmente nota 7 (mandado de segurança impetrado contra o Presidente do Conselho da Justiça Federal).

Art. 108: 3. "Compete ao TFR processar e julgar mandado de segurança contra ato praticado por juiz estadual, mesmo que não esteja no exercício de jurisdição federal, se versar sobre interesse de empresa pública federal" (RTFR 134/331; o voto do relator cita RTJ 78/398, 105/209, RTFR 113/290). No mesmo sentido: RTFR 139/337.

À vista da nova Constituição, a competência, no caso, passou a ser de um dos Tribunais Regionais Federais.

"A expressão 'juiz federal', no que interessa aqui, deve ser interpretada de forma abrangente, alcançando, assim, o juiz estadual no exercício da competência federal" (JTJ 314/497: MS 574.033-5/0-00; a citação é do voto do relator).

V. tb. nota 6a.

Art. 108: 4. cf. arts. 102-I-*o* e 105-I-*d*, especialmente nota 9 (Súmula 428 do STJ); CPC 951 a 958.

Art. 108: 5. **Súmula 3 do STJ:** "Compete ao Tribunal Regional Federal dirimir **conflito de competência** verificado, na respectiva Região, **entre Juiz Federal e Juiz Estadual** investido de jurisdição federal" (v. jurisprudência s/ esta Súmula em RSTJ 16/57 a 69).

A Súmula 3 do STJ tem aplicação mesmo em casos de conflito negativo de competência, em que o juiz estadual tenha se considerado incompetente para o julgamento da causa (STJ-3ª Seção, CC 104.296, Min. Maria Thereza, j. 27.5.09, maioria, DJ 18.8.09; STJ-1ª Seção, CC 61.947, Min. Denise Arruda, j. 14.2.07, DJ 19.3.07). **Contra,** com o argumento de que, nesse caso, o juiz estadual "rejeita a delegação de competência", fato que tornaria o STJ competente para a solução do conflito, na medida em que os juízes estariam vinculados a diferentes tribunais: STJ-1ª Seção, CC 39.921, Min. Denise Arruda, j. 28.4.04, DJU 17.5.04.

Mas: "Tratando-se do **cumprimento de carta precatória,** não há delegação da competência jurisdicional para o julgamento da causa, como ocorre nos casos previstos no art. 109, § 3º, da CF. Existe simples pedido de cooperação realizado por determinado juízo a outro, o qual atua nos estreitos limites do ato processual deprecado, no exercício de competência própria relacionada ao cumprimento da respectiva carta. Em tais hipóteses, não há ascendência jurisdicional do respectivo Tribunal Regional Federal sobre o juízo estadual deprecado, cumprindo ao Superior Tribunal de Justiça dirimir o conflito de competência em questão" (STJ-1ª Seção, CC 158.953, Min. Og Fernandes, j. 22.8.18, DJ 29.8.18). V. tb. nota 5a.

Art. 108: 5a. **Súmula 55 do STJ:** "Tribunal Regional Federal não é **competente** para julgar **recurso** de decisão proferida por **juiz estadual não investido de jurisdição federal"** (v. jurisprudência s/ esta Súmula em RSTJ 38/413 a 430).

Inversamente, os TRFs são competentes para conhecer de recurso contra decisão proferida por juiz estadual no exercício de jurisdição federal (v. art. 109 § 4º).

"Execução fiscal proposta pela União na Justiça Federal. **Carta precatória** à Justiça Estadual. Delegação de jurisdição federal. Atos executivos praticados pelo juízo deprecado. Agravo de instrumento. Competência do Tribunal Regional Federal. Trata-se de hipótese de delegação enquadrável no § 3º do art. 109 da Constituição Federal. Entendimento em sentido contrário, de que o juiz de direito não estaria investido de delegação federal, levaria à conclusão de que o eventual recurso contra seus atos deveria ser julgado pelo Tribunal de Justiça do respectivo Estado. Isso importaria atribuir a tribunal estadual uma delegação de competência não prevista, nem como exceção, pela Carta Constitucional. Importaria também afirmar que, para a mesma execução fiscal, dois tribunais seriam competentes: um para os recursos contra atos do juiz deprecante e outro para os do juiz deprecado. No presente caso, o juízo estadual, deprecado que foi nos termos do art. 1.213 do CPC, atua como delegado da Justiça Federal. É, portanto, para esse efeito, juiz federal, cabendo ao TRF respectivo julgar os recursos interpostos" (STJ-1ª Seção, CC 60.660, Min. Teori Zavascki, j. 27.9.06, DJU 16.10.06). Em sentido semelhante: Bol. AASP 1.329/135. V. tb. nota 5.

Art. 108: 6. v. art. 109 § 4º. O art. 108-II da CF "não é norma instituidora de recurso, mas de competência para o julgamento dos criados pela lei processual" (STF-1ª T., RE 140.301-2, Min. Octavio Gallotti, j. 22.10.96, DJU 28.2.97).

Art. 108: 6a. "Se a sentença ou decisão é proferida por juiz estadual, no exercício de jurisdição como juiz estadual, a competência para apreciar o recurso é sempre do tribunal estadual, ainda que, se for o caso, deva anular o processo por incompetência absoluta do julgador" (RSTJ 31/93). No mesmo sentido: RSTJ 84/42.

"A jurisprudência do STJ é firme no sentido da impossibilidade da Justiça Federal de segundo grau rever decisão da Justiça Estadual de primeira instância" (STJ-4ª T., Pet 298-2, Min. Sálvio de Figueiredo, j. 30.6.92, maioria, DJU 31.8.92).

V. art. 109 § 4º (competência do TRF para julgar o recurso contra decisão de juiz estadual, proferida no exercício da jurisdição federal, nas causas em que forem parte instituição de previdência social e segurado).

V. ainda nota 3.

Art. 108: 6b. "Ao órgão recursal competente da Justiça Federal incumbe processar e julgar o recurso interposto de sentença de juiz federal, ainda que seja para declarar a nulidade por vício de jurisdição ou competência" (STJ-2ª Seção, CC 1.133, Min. Sálvio de Figueiredo, j. 11.3.92, DJU 13.4.92). V. art. 109, nota 2.

Art. 108: 6c. "No caso, ao examinar a causa, em grau de apelação, o Tribunal de Justiça, por entender ser o feito da competência da Justiça Federal, remeteu os autos ao TRF. Recebendo os autos, este suscitou conflito negativo de competência, argumentando que só o Tribunal de Justiça pode anular sentença de Juiz Estadual. Todavia, o STJ exerce jurisdição sobre as Justiças Federal e Estadual e, por isso, ao examinar conflito de competência, pode, também, anular sentença proferida por magistrado de qualquer das citadas Justiças. Conflito de que se conhece, a fim de declarar-se a competência do Juízo Federal de primeiro grau, anulada a sentença do Juiz Estadual" (STJ-1ª Seção, CC 4.408-9, Min. Pádua Ribeiro, j. 20.4.93, DJU 17.5.93).

Art. 108: 7. **Súmula 518 do STF:** "A **intervenção da União, em feito já julgado pela segunda instância** e pendente de embargos, não desloca o processo para o Tribunal Federal de Recursos".

A solução é outra se o ingresso do ente federal acontece antes do julgamento em segunda instância: "Ingressando a União Federal ou suas autarquias, como recorrentes, após o julgamento do primeiro grau da Justiça Comum, compete ao Tribunal Federal de Recursos o julgamento em segundo grau da causa" (RTJ 85/262: 2ª T., RE 86.278).

Esse entendimento permanece atual. Assim, se a intervenção do ente federal ocorre **após o julgamento de primeiro grau** da justiça comum estadual, compete ao Tribunal Regional Federal o julgamento da apelação (RSTJ 158/210: 2ª Seção, CC 27.007; STJ-RP 134/191: 1ª Seção, CC 38.790, cinco votos a quatro). Desse modo, feito o pedido de intervenção pela União, "compete ao Tribunal Regional Federal a apreciação do respectivo pedido, bem assim, se aceito, o julgamento das apelações interpostas", sem anular a sentença pelo simples fato de ter sido proferida pelo juiz estadual (STJ-1ª T., REsp 1.041.279, Min. Teori Zavascki, j. 12.8.08, DJ 27.8.08). "Compete ao Tribunal Regional Federal julgar apelação cível, ainda que interposta contra sentença prolatada na justiça estadual, nas hipóteses de ingresso da União, como sucessora de uma das partes, em momento posterior ao julgamento de primeiro grau de jurisdição" (STJ-2ª Seção, CC 103.661-AgRg, Min. Marco Buzzi, j. 29.2.12, DJ 13.3.12). **Contra,** entendendo que a apelação deve ser julgada pelo tribunal estadual, o qual decidirá sobre o interesse federal; reconhecido este, a sentença do juiz estadual deverá ser anulada e remetidos os autos à Justiça Federal: RSTJ 77/29 (1ª Seção).

Art. 108: 7a. O TRF é competente para julgar, em grau de recurso, *habeas data* decidido por juiz federal (LHD 20-II-*c*).

Art. 108: 8. "O art. 108, II, da CF encerra disciplina sobre a competência dos Tribunais Regionais Federais, não a previsão de hipótese de cabimento de recurso para esses tribunais" (STF-1ª T., RE 140.301, Min. Octavio Gallotti, j. 22.10.96, DJU 28.2.97).

Art. 109. Aos juízes federais compete[1 a 3] processar e julgar:

I — as causas em que a União,[4] entidade autárquica[5 a 8] ou empresa pública federal[9 a 11] forem interessadas[12 a 14] na condição de autoras, rés, assistentes[15] ou oponentes,[16] exceto as de falência, as de acidentes de trabalho[17] e as sujeitas à Justiça Eleitoral e à Justiça do Trabalho;[18]

II — as causas entre Estado estrangeiro ou organismo internacional[18a] e Município ou pessoa domiciliada ou residente no País;[19]

III — as causas fundadas em tratado ou contrato da União com Estado estrangeiro ou organismo internacional;[19a]

IV — os crimes políticos e as infrações penais praticadas em detrimento de bens, serviços ou interesse da União ou de suas entidades autárquicas ou empresas públicas, excluídas as contravenções e ressalvada a competência da Justiça Militar e da Justiça Eleitoral;

V — os crimes previstos em tratado ou convenção internacional quando, iniciada a execução no País, o resultado tenha ou devesse ter ocorrido no estrangeiro, ou reciprocamente;

V-A — as causas relativas a direitos humanos a que se refere o § 5º deste artigo;[19b]

VI — os crimes contra a organização do trabalho e, nos casos determinados por lei, contra o sistema financeiro e a ordem econômico-financeira;

VII — os *habeas corpus*, em matéria criminal de sua competência ou quando o constrangimento provier de autoridade cujos atos não estejam diretamente sujeitos a outra jurisdição;

VIII — os mandados de segurança[20 a 21] e os *habeas data*[22] contra ato de autoridade federal, excetuados os casos de competência dos tribunais federais;

IX — os crimes cometidos a bordo de navios ou aeronaves, ressalvada a competência da Justiça Militar;

X — os crimes de ingresso ou permanência irregular de estrangeiro, a execução de carta rogatória, após o *exequatur*, e de sentença estrangeira, após a homologação,[23] as causas referentes à nacionalidade, inclusive a respectiva opção, e à naturalização;[23a a 23e]

XI — a disputa sobre direitos indígenas.[23f]

§ 1º As causas em que a União for autora serão aforadas na seção judiciária onde tiver domicílio a outra parte.

§ 2º As causas intentadas contra a União poderão ser aforadas na seção judiciária em que for domiciliado o autor,[23g] naquela onde houver ocorrido o ato ou fato que deu origem à demanda ou onde esteja situada a coisa, ou, ainda, no Distrito Federal.[24 a 25]

§ 3º Lei[25a] poderá autorizar que as causas de competência da Justiça Federal em que forem parte instituição de previdência social e segurado possam ser processadas e julgadas na justiça estadual quando a comarca do domicílio do segurado não for sede de vara federal.[26 a 31]

§ 4º Na hipótese do parágrafo anterior, o recurso cabível será sempre para o Tribunal Regional Federal na área de jurisdição do juiz de primeiro grau.

§ 5º Nas hipóteses de grave violação de direitos humanos, o Procurador-Geral da República, com a finalidade de assegurar o cumprimento de obrigações decorrentes de tratados internacionais de direitos humanos dos quais o Brasil seja parte, poderá suscitar, perante o Superior Tribunal de Justiça, em qualquer fase do inquérito ou processo, incidente de deslocamento de competência para a Justiça Federal.[32]

Art. 109: 1. v. nota 3. V. tb. CPC 45 e notas.

Art. 109: 1a. "A competência da Justiça Federal, fixada na Constituição, somente pode ser ampliada ou reduzida por **emenda constitucional,** contra ela não prevalecendo dispositivo legal hierarquicamente inferior" (RSTJ 92/157).

Art. 109: 1b. **Súmula Vinculante 27 do STF:** "Compete à Justiça estadual julgar causas entre consumidor e concessionária de serviço público de telefonia, quando a ANATEL não seja litisconsorte passiva necessária, assistente, nem opoente".

Súmula 150 do STJ: "Compete à Justiça Federal decidir sobre a existência de interesse jurídico que justifique a presença, no processo, da União, suas autarquias ou empresas públicas".

Súmula 224 do STJ: "Excluído do feito o ente federal, cuja presença levara o juiz estadual a declinar da competência, deve o juiz federal restituir os autos e não suscitar conflito".

Súmula 254 do STJ: "A decisão do Juízo Federal que exclui da relação processual ente federal não pode ser reexaminada no Juízo Estadual".

Súmula 553 do STJ: "Nos casos de empréstimo compulsório sobre o consumo de energia elétrica, é competente a Justiça estadual para o julgamento de demanda proposta exclusivamente contra a Eletrobrás. Requerida a intervenção da União no feito após a prolação de sentença pelo juízo estadual, os autos devem ser remetidos ao Tribunal Regional Federal competente para o julgamento da apelação se deferida a intervenção".

Art. 109: 2. **Decisão de juiz estadual:** "A competência para processar e julgar qualquer recurso interposto de decisão ou sentença de juiz estadual, no exercício de jurisdição estadual, é sempre do tribunal estadual, ainda que eventualmente para decretar nulidade por incompetência absoluta do julgador" (STJ-2ª Seção, CC 2.287, Min. Athos Carneiro, j. 11.12.91, DJU 24.2.92). No mesmo sentido: RSTJ 38/419. V. art. 108, nota 6a.

Igualmente, **Súmula 225 do STJ:** "Compete ao **Tribunal Regional do Trabalho** apreciar recurso contra sentença proferida por órgão de primeiro grau da Justiça Trabalhista, ainda que para declarar-lhe a nulidade em virtude de incompetência".

Art. 109: 3. **LEGISLAÇÃO E JURISPRUDÊNCIA SOBRE COMPETÊNCIA DA JUSTIÇA FEDERAL OU DA JUSTIÇA ESTADUAL:**

— **Ação civil pública.** S/ competência da Justiça Federal ou da Justiça Estadual, para a ação civil pública, v. LACP 2º, notas 2 a 3.

— **Acidente do trabalho:** v. nota 17.

— **Ações conexas:** v. CPC 55, nota 3c.

— **Alvará de pesquisa mineral. Súmula 238 do STJ:** "A avaliação da indenização devida ao proprietário do solo, em razão de alvará de pesquisa mineral, é processada no juízo estadual da situação do imóvel" (v. jurisprudência s/ esta Súmula em RSTJ 131/431 a 449).

No sentido da Súmula 24 do TFR, em tudo igual à de n. 238 do STJ: RSTJ 131/434.

— **Áreas de interesse social. Lei 7.595, de 8.4.87** — Dispõe sobre a reestruturação da Justiça Federal de 1ª Instância e dá outras providências (Lex 1987/194, RF 298/465): **"Art. 8º** Consideram-se de interesse da União os litígios referentes ao domínio, posse, uso, exploração e conservação das terras públicas ou particulares, situadas nas áreas declaradas de interesse social, por ato do Poder Executivo Federal, para fins de desapropriação".

Cf. nesta nota, Imóvel que está sendo expropriado pela União.

— **Ato delegado:** v. LMS 16, nota 10: **Súmula 60 do TFR (Competência em ato delegado).**

— **Autarquia:** v. notas 3 (Ordem dos Advogados do Brasil), 5 (Lei 9.649, de 27.5.98, art. 58), 24a e 31; CPC 53, notas 12, 14a e 19.

— **Autarquias federais contra entidades públicas locais. Súmula 511 do STF:** "Compete à Justiça Federal, em ambas as instâncias, processar e julgar as causas entre autarquias federais e entidades públicas locais, inclusive mandados de segurança, ressalvada a ação fiscal, nos termos da Constituição Federal de 1967, art. 119, § 3º".

V. s/ esta Súmula, mais extensamente, LMS 16, nota 9.

— **Banco do Brasil. Súmula 508 do STF:** "Compete à Justiça Estadual, em ambas as instâncias, processar e julgar as causas em que for parte o Banco do Brasil S.A.".

No mesmo sentido: STJ-2ª Seção, CC 1.361, Min. Athos Carneiro, j. 10.4.91, DJU 6.5.91.

— **CADE.** A execução das decisões do CADE (Conselho Administrativo de Defesa Econômica) "será promovida na Justiça Federal do Distrito Federal ou da sede do domicílio do executado, à escolha do Cade" (**Lei 12.529, de 30.11.11,** art. 97).

— **Caderneta de poupança.** "A União e o BACEN são, em princípio, estranhos à relação de direito material que ressai do contrato entre o depositante poupador e o estabelecimento de crédito, pelo que a causa em que figuram como partes os contratantes é da competência da Justiça Estadual" (RSTJ 48/47).

— **Caixa de Assistência dos Advogados:** v. EA 62, nota 1.

— **Caixa Econômica Federal.** "A Justiça Federal é competente para apreciar o pedido de assistência formulado pela entidade federal e, caso admita a intervenção, poderá julgar o mérito do recurso. Do contrário, inadmitida a Caixa Econômica como assistente, será competente, para o julgamento daquele recurso, a Justiça Estadual" (RSTJ 181/215, 2ª Seção).

"A mera intimação da CEF, porque credora hipotecária do imóvel a ser alienado em hasta pública (CPC, arts. 615, II, e 698), é insuficiente para deslocar a competência para a Justiça Federal" (STJ-2ª Seção, CC 1.723, Min. Athos Carneiro, j. 24.4.91, DJU 10.6.91).

— **Cobal e Cibrazem. Súmula 557 do STF:** "É competente a Justiça Federal para julgar as causas em que são partes a COBAL e a CIBRAZEM". Por meio de fusão, a COBAL, a CIBRAZEM e a CFP deram origem à CONAB (Companhia Nacional de Abastecimento).

— **Combate à poluição.** "Com a edição do Dec. lei 1.413, de 1975, fixada foi a competência da União para definir as medidas necessárias à prevenção e ao combate da poluição", sendo, por isso, incompetente a Justiça Estadual para a apreciação dessas questões (RTFR 144/281).

— **Concurso de credores. Súmula 270 do STJ:** "O protesto pela preferência de crédito, apresentado por ente federal em execução que tramita na Justiça Estadual, não desloca a competência para a Justiça Federal". No mesmo sentido: **Súmula 244 do TFR.**

V., nesta nota, Insolvência civil.

— **Conselho de Fiscalização Profissional:** v. nota 5.

— **Contribuição sindical:** v. art. 114, notas 3a e 3b.

— **Dano causado por servidor federal.** É competente a Justiça Estadual para conhecer de ação movida por particular contra funcionário de autarquia federal, para ressarcimento de dano por ele causado no exercício da função (RTJ 120/559).

— **Danos materiais e morais.** Ação fundada em fato decorrente da relação de trabalho. V. art. 114, nota 6.

— **Danos nucleares. Lei 6.453, de 17.10.77** — Dispõe sobre a responsabilidade civil por danos nucleares e a responsabilidade criminal por atos relacionados com atividades nucleares e dá outras providências (Lex 1977/786, RF 260/447, RDA 131/353): **"Art. 11.** As ações em que se pleiteiem indenizações por danos causados por determinado acidente nuclear deverão ser processadas e julgadas pelo mesmo Juízo Federal, fixando-se a prevenção jurisdicional segundo as disposições do Código de Processo Civil. Também competirá ao juízo prevento a instauração, *ex officio*, do procedimento do rateio previsto no artigo anterior".

— **Departamento Nacional de Estradas de Rodagem. Dec. lei 512, de 21.3.69: "Art. 24.** As causas judiciais em que for parte o Departamento Nacional de Estradas de Rodagem serão processadas perante a Justiça Federal". A Lei 10.233, de 5 de junho de 2001, extinguiu o DNER e criou o Departamento Nacional de Infraestrutura de Transportes (DNIT).

— **Desapropriação:** "Desapropriação indireta. Ainda que a União Federal figure como parte, o foro competente para processar e julgar ação fundada em direito real sobre imóvel deve ser o da situação da coisa" (STJ-1ª T., REsp 464.392-AgRg, Min. Denise Arruda, j. 18.3.04, DJU 3.5.04).

V. tb. LD 19, nota 8, e, nesta nota, Alvará de pesquisa mineral e Departamento Nacional das Estradas de Rodagem.

Competência, em ação proposta por concessionária de serviço público federal: LD 19, nota 3a.

✎ "A competência nas ações de desapropriação indireta", por Jean Carlos Dias (RIDA 11/96).

— **Desapropriação por empresa de energia elétrica. Súmula 62 do TFR:** "Compete à Justiça Federal processar e julgar ação de desapropriação promovida por concessionária de energia elétrica, se a União intervém como assistente" (v. jurisprudência s/ esta Súmula em RTFR 80/10). **Todavia,** se a União não intervém no feito, a competência é da Justiça Estadual (STF-1ª T., RE 210.148-6, Min. Octavio Gallotti, j. 5.5.98, DJU 18.9.98).

— **Discriminatória. Lei 6.383, de 7.12.76** — Dispõe sobre o processo discriminatório de terras devolutas da União, e dá outras providências (Lex 1976/846, ret. 1.021, RDA 127/643), **art. 19: "Parágrafo único.** Compete à Justiça Federal processar e julgar o processo discriminatório judicial regulado nesta lei".

— **Dúvida no registro público:** v. LRP 198, nota 3.

— **ECAD. Súmula 148 do TFR:** "É competente a Justiça Comum Estadual para processar e julgar ação cível proposta contra o Escritório Central de Arrecadação e Distribuição — ECAD" (v. jurisprudência s/ esta Súmula em RTFR 109/309).

V. CPC 75, nota 6.

— **Embargos à execução:** v. LEF 16, nota 7.

— **Embargos de terceiro:** v. CPC 676, nota 1.

— **Empreitada.** "Se, na Justiça especializada, restou definido que o contrato de empreitada não se enquadra na norma exceptiva do art. 652, III, da CLT, firma-se a competência da Justiça Comum Estadual, de natureza residual. Conflito conhecido, declarando-se a competência do Juízo de Direito" (RSTJ 52/23, maioria).

— **Empresas sob intervenção.** Ocorrendo interesse da União, nos feitos em andamento em que são partes empresas sob intervenção que explorem bens confiscados, "o Procurador da República designado intervirá neles, caso em que passarão a ser da competência da Justiça Federal" (**Ato Compl. 99, de 4.10.73, art. 2º,** em Lex 1973/1.540, RT 456/489, RF 245/467, RDA 115/355, RJTJESP 26/525).

— **Ensino de 1º e 2º graus:** v. LMS 16, nota 10d.

— **Ensino superior. Súmula 570 do STJ:** "Compete à Justiça Federal o processo e julgamento de demanda em que se discute a ausência de ou o obstáculo ao **credenciamento de instituição particular** de ensino superior **no Ministério da Educação** como condição de expedição de diploma de ensino a distância aos estudantes".

"Compete à Justiça Estadual, e não à Federal, processar e julgar **ações cautelar e de conhecimento** (declaratória), propostas por alunos contra **estabelecimento particular de ensino superior,** mesmo quando se discuta interpretação de normas federais a este relativas, quando não ocorre qualquer das hipóteses previstas no art. 125, inciso I, nem se impugna ato de seu diretor mediante mandado de segurança (inciso VIII)" (STF-Pleno: RTJ 136/85 e RT 632/222). No mesmo sentido: RSTJ 7/49, 21/51. Os textos citados no acórdão do STF correspondem aos incisos I e VIII do art. 109 da atual CF. Assim: "A jurisprudência desta Corte vem declarando a competência da justiça comum estadual para julgar as ações de rito ordinário ou cautelares relativas a ensino superior, quando as entidades estatais elencadas no art. 109 não demonstrarem interesse de figurar como assistente da entidade" (STJ-1ª Seção, CC 40.519, Min. Peçanha Martins, j. 13.12.04, DJU 21.3.05).

"Nos processos em que se discute matrícula no ensino superior, são possíveis as seguintes conclusões: a) mandado de segurança — a competência será federal quando a impetração voltar-se contra ato de dirigente de universidade pública federal ou de universidade particular; ao revés, a competência será estadual quando o *mandamus* for impetrado contra dirigentes de universidades públicas estaduais e municipais, componentes do sistema estadual de ensino; b) ações de conhecimento, cautelares ou quaisquer outras de rito especial que não o mandado de segurança — a competência será federal quando a ação indicar no polo passivo a União Federal ou quaisquer de suas autarquias (art. 109, I, da CF); será de competência estadual, entretanto, quando o ajuizamento voltar-se contra entidade estadual, municipal ou contra instituição particular de ensino" (STJ-1ª Seção, CC 45.660, Min. Castro Meira, j. 18.10.04, DJU 11.4.05). V. LMS 16, nota 10c.

"Ação civil pública. Se a ação é proposta contra estabelecimento particular de ensino superior, ainda que envolvendo discussão sobre o pagamento de taxas e anuidades para a renovação de matrícula de alunos beneficiários do crédito educativo, compete à justiça estadual processar e julgar a demanda" (STJ-1ª Seção, CC 3.342-0, Min. Demócrito Reinaldo, j. 17.11.92, DJU 14.12.92).

— **Entidade de previdência privada.** "Não se inclui na competência dos juízes federais o julgamento de causas em que figure como parte entidade fechada de previdência social, instituída como fundação" (STJ-2ª Seção, CC 3.276-2, Min. Eduardo Ribeiro, j. 14.10.92, DJU 9.11.92). V. tb. art. 114, nota 3d.

— **Execução fiscal:** v. LEF 5º e notas, especialmente **Súmula 58 do STJ** e **Súmula 40 do TFR.**

S/ execução fiscal para a cobrança de contribuição: a Conselho de Fiscalização Profissional, v. nota 31 **(Súmula 66 do STJ);** à OAB, v. LEF 1º, nota 4a.

— **Execução de título judicial.** No sentido de que a intervenção da União em execução de título judicial oriundo da Justiça Estadual desloca a competência para a Justiça Federal, não se aplicando, no caso, o art. 475-P-II: "A regra geral do art. 109, I, da CF não distingue a natureza do processo para fins de deslocamento da competência, salvo as execuções dos processos falimentar, de acidentes do trabalho, eleitoral e trabalhista *tout court*. Deveras, em face do aparente conflito entre a competência funcional estabelecida pelo art. 575, II, do CPC, e a competência *ratione personae* do art. 109, I, da CF, prevalece esta última, norma hierarquicamente superior, devendo a execução correr no Juízo Federal, não obstante o título judicial seja oriundo da Justiça Estadual" (STJ-1ª Seção, CC 41.705, Min. Luiz Fux, j. 25.8.04, DJU 4.10.04). Em sentido semelhante: STJ-3ª Seção, CC 83.326-EDcl, Min. Maria Thereza, j. 26.5.10, DJ 4.6.10.

Em matéria de honorários advocatícios fixados em habilitação de crédito, v. LRF 17, nota 1a.

— **Fundações públicas federais:** v. nota 9.

— **Fundo de Garantia do Tempo de Serviço (FGTS). Lei 8.036, de 11.5.90** — Dispõe sobre o Fundo de Garantia do Tempo de Serviço e dá outras providências (Lex 1990/682), **art. 26-*caput*:** "É competente a Justiça do Trabalho para julgar os dissídios entre os trabalhadores e os empregadores decorrentes da aplicação desta lei, mesmo quando a Caixa Econômica Federal e o Ministério do Trabalho e da Previdência Social figurarem como litisconsortes".

Súmula 82 do STJ: "Compete à Justiça Federal, excluídas as reclamações trabalhistas, processar e julgar os feitos relativos à movimentação do FGTS".

Súmula 161 do STJ: "É da **competência** da Justiça Estadual autorizar o levantamento dos valores relativos ao **PIS-PASEP e FGTS,** em decorrência do falecimento do titular da conta".

Súmula 249 do STJ: "A Caixa Econômica Federal tem **legitimidade passiva** para integrar processo em que se discute correção monetária do FGTS" (v. jurisprudência s/ esta Súmula em RSTJ 144/317).

Súmula 349 do STJ: "Compete à Justiça Federal ou aos juízes com competência delegada o julgamento das **execuções fiscais de contribuições** devidas pelo empregador **ao FGTS".**

"É parte legítima para representar o FGTS, nas ações sobre ele, a Caixa Econômica Federal, e não a União" (RSTJ 103/44), e isso porque: "A CEF tem legitimidade exclusiva para figurar no polo passivo das ações propostas por titulares de contas vinculadas ao FGTS (Incidente de Uniformização de Jurisprudência n. 77.791-SC, DJU 30.6.97)" (RSTJ 129/194); no mesmo sentido: RSTJ 144/319, Corte Especial. Em contrapartida, "a União Federal e os bancos depositários são partes ilegítimas pela condição de meros arrecadadores" (RSTJ 128/85).

"FGTS. Levantamento. Se o levantamento encontra resistência por parte do Conselho Curador ou da gestora, a Caixa Econômica Federal, é da Justiça Federal a competência para processar e julgar a ação, a teor da Súmula 82/STJ. Diferentemente, se não há litigiosidade na esfera federal, e o levantamento só encontra óbice em decorrência de questões não afetas ao Conselho Curador e à CEF, é competente para decidir sobre o litígio a Justiça Estadual (Súmula 161/STJ)" (STJ-1ª Seção, CC 39.532, Min. Eliana Calmon, j. 27.8.03, DJU 29.9.03).

Também: "É da competência da Justiça Estadual expedir alvará de levantamento de valores relativos ao FGTS, devidos pelo titular da conta em decorrência de **pensão alimentícia** estipulada por decisão judicial" (STJ-1ª Seção, CC 19.283, Min. Pádua Ribeiro, j. 28.5.97, DJU 23.6.97).

A **Súmula 17 do TFR,** sobre opção de servidor pelo FGTS, já estava **revogada** antes da Lei 8.036, porque: "Em face do disposto no art. 114 da nova Constituição, compete à Justiça do Trabalho homologar as opções pelo FGTS" (STJ-2ª Seção, CC 826, Min. Sálvio de Figueiredo, j. 14.3.90, DJU 9.4.90).

— **IBGE.** "Sendo o IBGE autarquia federal, goza de privilégio de foro" (STJ-1ª T., RMS 576, Min. Pedro Acioli, j. 17.12.90, maioria, DJU 18.3.91).

— **Imóvel que está sendo expropriado pela União.** É competente a Justiça Estadual para processar e julgar reivindicatória entre particulares, ainda que o imóvel constitua objeto de expropriação movida na Justiça Federal (TFR-1ª Seção, CJ 4.190, j. 3.12.80, DJU 9.4.81).

Cf. nesta nota, Áreas de interesse social.

— **Insolvência civil.** "Ainda que se trate de insolvência requerida pela União, entidade autárquica ou empresa pública federal, subsiste a competência do juízo universal, sobretudo em razão das peculiaridades existentes no processo de insolvência civil (processo concursal — aspecto em que se assemelha ao processo de falência), ou seja, compete à Justiça Comum Estadual promover a execução concursal, excluída a competência da Justiça Federal" (STJ-1ª Seção, CC 117.210, Min. Mauro Campbell, j. 9.11.11, DJ 18.11.11).

V., nesta nota, Concurso de credores.

— **Instituição financeira em liquidação. Súmula 49 do TFR:** "Compete à Justiça Estadual processar e julgar as causas em que são partes instituições financeiras em regime de liquidação extrajudicial, salvo se a União, suas entidades autárquicas e empresas públicas forem interessadas na condição de autoras, rés, assistentes ou opoentes" (v. jurisprudência s/ esta Súmula em RTFR 79/81).

No mesmo sentido: RSTJ 2/268, 68/101, 114/1.180; RTFR 125/8. V., nesta nota, Interventor ou liquidante de instituição financeira privada.

O Dec. lei 685, de 17.7.69, que dispunha sobre o assunto, foi revogado pela CF de 1969, art. 122-II c/c 125-I, e pela Lei 6.024, de 13.3.74, art. 57 (STF-Pleno: RTJ 78/67, 86/773; RT 483/212).

— **Instituto de Resseguros do Brasil.** Em princípio, o Instituto de Resseguros do Brasil responde na Justiça Estadual (Dec. lei 73/68, art. 41).

— **Interdição:** v. CPC 747, nota 2b.

— **Interventor ou liquidante de instituição financeira privada.** "Diferentemente das ações contra as instituições financeiras privadas, em liquidação extrajudicial, em relação às quais é competente a Justiça Comum Estadual, nas ações contra o interventor e liquidante, tendo por objeto os atos por ele praticados na condição de órgão executor do Banco Central, a quem cabe decretar e supervisionar a execução, competente é a Justiça Federal" (RTJ 114/1.180).

No mesmo sentido: RSTJ 52/19; STJ-1ª Seção, CC 3.257-9, Min. Gomes de Barros, j. 23.11.93, DJU 7.2.94.

V. tb., nesta nota, Instituição financeira em liquidação.

— **Inventário.** "O inventário e partilha não se incluem na competência dos juízes federais, mesmo dele participando ente público como legatário. Conflito conhecido e declarado competente o juiz estadual" (STJ-1ª Seção, CC 8.355, Min. Nilson Naves, j. 30.11.88, maioria, DJU 13.3.89).

"Compete à Justiça Estadual processar inventário, ainda que figure como requerente, na qualidade de credor do autor da herança, a Caixa Econômica Federal" (RSTJ 160/239: 2ª Seção, CC 34.641). Isso porque "a simples qualidade de credora do *de cujus*, embora autorize a União a habilitar seu crédito contra o espólio, não tem o condão de transferir a competência para o processamento do inventário para a Justiça Federal" (STJ-2ª Seção, CC 62.082, Min. Sidnei Beneti, j. 23.6.10, DJ 2.8.10).

— **Junta Comercial.** "As juntas comerciais estão, administrativamente, subordinadas aos Estados, mas as funções por elas exercidas são de natureza federal" (STJ-2ª Seção, CC 43.225, Min. Ari Pargendler, j. 26.10.05, DJU 1.2.06). Por isso, compete à Justiça Federal julgar as causas "em que se discute a lisura do ato praticado pelo órgão, bem como os mandados de segurança impetrados contra seu presidente" (STJ-3ª T., REsp 678.405, Min. Castro Filho, j. 16.3.06, DJU 10.4.06). No mesmo sentido: STF-1ª T., RE 199.793, Min. Octavio Gallotti, j. 4.4.00, DJU 18.8.00; RTJ 175/778. **Contra:** RJTJESP 103/54.

Todavia, a competência é da Justiça Estadual no caso de ato que não diga respeito ao registro do comércio, como, p. ex.: "Compete à Justiça estadual processar e julgar mandado de segurança impetrado por servidor estadual aposentado que teve excluído de seus proventos o auxílio-alimentação por ato do presidente de Junta Comercial do Estado" (STJ-3ª Seção, CC 31.857-EDcl, Min. Nilson Naves, j. 22.9.04, DJU 22.11.04). Também o é "em casos em que particulares litigam acerca de registros de alterações societárias perante a Junta Comercial" (STJ-3ª T., REsp 678.405, Min. Castro Filho, j. 16.3.06, DJU 10.4.06).

— **Justificação:** v. tb., nesta nota, Morte presumida, Vistorias e justificações.

Súmula 32 do STJ: "Compete à Justiça Federal processar justificações judiciais destinadas a instruir pedidos perante autoridades que nela têm exclusividade de foro, ressalvada a aplicação do art. 15, II, da Lei 5.010/66" (v. jurisprudência s/ esta Súmula em RSTJ 33/329).

V. tb. CPC 381, nota 7a, 744, nota 2, e 747, nota 2b.

"Havendo Vara Federal no domicílio do justificante, será a competente para as justificações tendentes a produzir prova junto a órgão da União — Súmula 32 do STJ" (STJ-2ª Seção, CC 3.016, Min. Eduardo Ribeiro, j. 10.6.92, DJU 3.8.92).

"Quando a justificação tem por objetivo provar dependência econômica, e não relação de família, aplica-se a Súmula 32 do STJ, e não a Súmula 53 do TFR" (STJ-3ª Seção, CC 3.695-0, Min. Costa Lima, j. 3.12.92, DJU 17.12.92).

Súmula 53 do TFR: "Compete à **Justiça Estadual** processar e julgar questões pertinentes ao **direito de família**, ainda que estas objetivem reivindicação de **benefícios previdenciários**". Aplicando essa súmula: "A competência estadual não é afetada pela eventual utilização da sentença proferida nos autos da ação de justificação perante empresa pública federal" (STJ-2ª Seção, CC 48.127, Min. Jorge Scartezzini, j. 8.6.05, DJU 22.6.05). Também: "Reconhecimento de união estável, para fins de obtenção de pensão por morte. Competência da Justiça Comum Estadual" (STJ-3ª Seção, CC 104.529, Min. Maria Thereza, j. 26.8.09, maioria, DJ 8.10.09).

"A expedição de alvará para levantamento de cotas do PIS e do FGTS (Lei 6.858/80) é atividade de jurisdição graciosa. Seu exercício compete à Justiça Estadual, inda que a Caixa Econômica Federal seja destinatária da ordem" (STJ-1ª Seção, RSTJ 66/56).

Também é da Justiça Estadual a competência para expedir alvará de levantamento de valores a cargo do INSS em razão de falecimento do segurado (STJ-3ª Seção, CC 19.820, Min. William Patterson, j. 11.6.97, DJU 18.8.97). No mesmo sentido: STJ-RT 730/179.

Todavia: "A pretensão deduzida na inicial não diz respeito ao reconhecimento da união estável, mas somente à concessão de benefício previdenciário, o que atrai a competência da Justiça Federal para o seu processamento e julgamento. Ainda que o referido Juízo tenha de enfrentar a questão referente à caracterização ou não de união estável numa ação em que pleiteia exclusivamente benefício previdenciário, como é o caso dos autos, não restará usurpada a competência da Justiça Estadual, na medida em que inexiste pedido de reconhecimento de união estável, questão que deverá ser enfrentada como uma prejudicial, de forma lateral" (STJ-1ª Seção, CC 126.489, Min. Humberto Martins, j. 10.4.13, DJ 7.6.13).

— **Mandado de injunção.** "A competência para processar e julgar mandado de injunção firma-se não em razão da matéria, mas, sim, da autoridade coatora" (STJ-3ª Seção, CC 39.437, Min. Paulo Medina, j. 11.5.05, DJU 13.6.05).

— **Mandado de segurança:** v. notas 20 (em que a matéria vem sumariada) a 21.

— **Mensalidade sindical:** v. art. 114, notas 3a e 3b.

— **Mensalidades escolares. Súmula 34 do STJ:** "Compete à Justiça Estadual processar e julgar causa relativa a mensalidade escolar, cobrada por estabelecimento particular de ensino" (v. jurisprudência s/ esta Súmula em RSTJ 33/399).

— **Mesa de Câmara do Congresso ou Presidência de Tribunal Federal. Lei 2.664, de 3.12.55** — Dispõe sobre ações judiciais decorrentes de atos das Mesas das Câmaras do Congresso Nacional e da Presidência dos Tribunais Federais (em Lex 1955/424, RT 245/643, RF 163/476, RDA 44/559):

"Art. 1º As ações decorrentes de atos administrativos das Mesas das Câmaras do Congresso Nacional e da Presidência dos Tribunais Federais serão pleiteadas no Juízo da Fazenda Pública do Distrito Federal, nelas oficiando representante do Ministério Público.

"§ 1º O representante do Ministério Público solicitará ao Presidente da Câmara Legislativa ou do Tribunal, contra cuja Mesa, ou Presidência a ação for proposta, as informações necessárias à defesa do ato *sub judice*.

"§ 2º Em se tratando de ação em que pleiteiem (*sic*) direitos dos funcionários dos serviços administrativos das Câmaras Legislativas ou dos Tribunais Federais, ou em que seja controvertida qualquer matéria constitucional ou regimental, sempre que a sentença for condenatória, será de obrigatória apelação de ofício, pelo prolator da sentença".
(Nota: a Lei 2.664 não se aplica em mandados de segurança; cf. CF 102-I-*d* e II-*a*, 105-I-*b* e II-*b*, 108-I-*c* e 109-VIII; LOM 21-VI, 89 § 1º-*b* e § 5º-*d*, 101 § 3º-*d*.)

— **Morte presumida.** "Cingindo-se o requerimento a que se reconheça a chamada morte presumida do segurado da Previdência Social, para que possa seu dependente perceber pensão, a competência será da Justiça Federal, ressalvando-se a incidência do disposto no art. 15, II, da Lei 5.010/66. Hipótese que não se confunde com a declaração de ausência de que cuida o Cap. VI, Tít. II, Livro IV, do CPC" (STJ-2ª Seção, CC 8.182-3, Min. Eduardo Ribeiro, j. 31.8.94, DJU 19.9.94).

— **Nome de brasileira naturalizada. Súmula 51 do TFR:** "Compete à Justiça Estadual decidir pedido de brasileira naturalizada para adicionar patronímico de companheiro brasileiro nato" (v. jurisprudência s/ esta Súmula em RTFR 79/153).

— **Nulidade de patente. Lei 9.279, de 14.5.96** (em Lex 1996/1.269, RT 727/661, RF 334/544), **art. 57-*caput*:** "A ação de nulidade de patente será ajuizada no foro da Justiça Federal e o INPI, quando não for autor, intervirá no feito".

Também a ação de nulidade de registro de desenho industrial (art. 118 da Lei 9.279).

"A alegação de que é inválido o registro, obtido pela titular de marca perante o INPI, deve ser formulada em ação própria, para a qual é competente a Justiça Federal. Ao Juiz estadual não é possível, incidentalmente, considerar inválido um registro vigente perante o INPI" (STJ-3ª T., REsp 1.322.718, Min. Nancy Andrighi, j. 19.6.12, DJ 11.12.12).

V., nesta nota, Propriedade industrial.

— **Opção de nacionalidade:** v. inciso X e notas 23a e segs.

— **Ordem dos Advogados do Brasil.** "Ante a natureza jurídica de autarquia corporativista, cumpre à Justiça Federal, a teor do disposto no artigo 109, inciso I, da Carta da República, processar e julgar ações em que figure na relação processual quer o Conselho Federal da Ordem dos Advogados do Brasil, quer seccional" (STF-Pleno, RE 595.332, Min. Marco Aurélio, j. 31.08.16, DJ 23.6.17). No mesmo sentido: STJ-4ª T., REsp 1.423.825, Min. Luis Felipe, j. 7.11.17, DJ 18.12.17.

— **PASEP.** "A ação ajuizada contra o Banco do Brasil S.A., objetivando o cálculo da correção monetária do saldo da conta vinculada ao PASEP e a incidência de juros, impõe a aplicação das regras de fixação de competência concernentes às sociedades de economia, uma vez que o conflito de competência não é instrumento processual servil à discussão versando sobre a legitimidade *ad causam.* Destarte, sendo o Banco do Brasil uma sociedade de economia mista, não se inclui na relação prevista no art. 109, I, da CF, de modo a excluir a competência da Justiça Federal, a teor do que preceitua a Súmula 42 desta Corte" (STJ-1ª Seção, CC 43.891, Min. Luiz Fux, j. 13.12.04, dois votos vencidos, DJU 6.6.05). V., a seguir, Sociedade de economia mista.

— **Pensão:** v. nota 17.

— **PIS.** "A expedição de alvará, para levantamento de cotas do PIS e do FGTS (Lei 6.858/80), é atividade de jurisdição graciosa. Seu exercício compete à Justiça Estadual, inda que a Caixa Econômica Federal seja destinatária da ordem" (RSTJ 66/56).

— **Possessória. Súmula 14 do TFR (Possessória sobre imóvel da União):** "O processo e julgamento de ação possessória relativa a terreno do domínio da União, autarquias e empresas públicas federais, somente são da competência da Justiça Federal quando dela participar qualquer dessas entidades, como autora, ré, assistente ou opoente" (v. jurisprudência s/ esta Súmula em RTFR 75/302).

V. anotações s/ esta Súmula em CPC 562, nota 1.

— **Propriedade industrial.** Compete à Justiça Estadual o julgamento de ação tendente a coibir o uso de marca de fantasia (STF-RTJ 81/353 e RF 262/144; RSTJ 162/374).

V., nesta nota, Nulidade de patente.

— **Protesto contra alienação judicial de bens.** "A ausência de caráter contencioso na ação de protesto não afasta a competência da Justiça Federal para apreciar a demanda, pois o art. 109, I, da Carta Magna, ao dispor sobre a competência dos juízes federais, refere-se às causas em que a União, entidade autárquica ou empresa pública federal forem interessadas na condição de autoras, rés, assistentes ou oponentes. Registre-se que o vocábulo 'causas' engloba tanto as ações que seguem procedimentos de jurisdição contenciosa quanto de jurisdição voluntária" (RT 840/222: 1ª Seção, CC 41.790).

— **Rede Ferroviária Federal. Súmula 251 do STF:** "Responde a Rede Ferroviária Federal S.A. perante o foro comum e não perante o juízo especial da Fazenda Nacional, a menos que a União intervenha na causa".

No mesmo sentido: STJ-2ª Seção, CC 1.282, Min. Eduardo Ribeiro, j. 14.12.90, DJU 11.3.91.

Súmula 365 do STJ: "A intervenção da União como sucessora da Rede Ferroviária Federal S/A (RFFSA) desloca a competência para a Justiça Federal ainda que a sentença tenha sido proferida por Juízo estadual".

Súmula 505 do STJ: "A competência para processar e julgar as demandas que têm por objeto obrigações decorrentes dos contratos de planos de previdência privada firmados com a Fundação Rede Ferroviária de Seguridade Social — REFER é da Justiça estadual".

— **Representante comercial autônomo.** É competente a Justiça Comum para julgamento das controvérsias entre representante comercial autônomo e representado (Lei 4.886, de 9.12.65, art. 39, na redação da Lei 8.420, de 8.5.92).

✎ "Foro competente para julgamento de causas versadas sobre representação comercial", por Hugo Leonardo Teixeira, Lúcio Delfino e Fernando Rossi (RBDP 63/105).

V. art. 114, nota 3d.

— **Retificação de registro imobiliário:** v. LRP 212, nota 2.

— **Réu domiciliado no exterior.** "O simples fato de ter o réu domicílio no exterior não atrai a demanda para a competência da Justiça Federal" (STJ-2ª Seção, CC 4.360-7, Min. Bueno de Souza, j. 16.6.93, DJU 4.10.93).

— **Segurança, higiene e saúde dos trabalhadores:** v. art. 114, nota 5b **(Súmula 736 do STF),** e LACP 2º, nota 1b.

— **Seguro marítimo.** A **Súmula 504 do STF,** que dispunha sobre a competência da Justiça Federal para as causas fundadas em contrato de seguro marítimo, foi **revogada** pela Emenda Constitucional 7, de 1977 (Lex 1977/221, RT 498/413, RF 259/355, RDA 128/709), que deu nova redação ao art. 125-IX da CF de 1967.

— **SESI. Súmula 516 do STF:** "O Serviço Social da Indústria — SESI — está sujeito à jurisdição da Justiça Estadual".

Aplicando a Súmula 516 ao SEBRAE: STF-1ª T., RE 366.168, Min. Sepúlveda Pertence, j. 3.2.04, DJU 14.5.04; no mesmo sentido, quanto ao SEBRAE, o SESI, o SESC e o SENAI: STJ-2ª T., REsp 413.860, Min. Franciulli Netto, j. 16.10.03, DJU 19.12.03.

V. LAP 20, nota 1.

— Sistema Financeiro da Habitação: v. CPC 114, nota 4.

— Sociedade de economia mista: v. nota 20d (mandado de segurança).

Súmula 517 do STF: "As sociedades de economia mista só têm foro na Justiça Federal quando a União intervém como assistente ou opoente".

Súmula 556 do STF: "É competente a Justiça Comum para julgar as causas em que é parte sociedade de economia mista".

Súmula 42 do STJ: "Compete à Justiça Comum Estadual processar e julgar as causas cíveis em que é parte sociedade de economia mista e os crimes praticados em seu detrimento" (v. jurisprudência s/ esta Súmula em RSTJ 38/41).

"É da competência da Justiça Estadual a causa em que demandada sociedade de economia mista, ainda que a União detenha a maior parte de seu capital social" (STJ-2ª Seção, CC 15.780, Min. Fontes de Alencar, j. 24.4.96, DJU 24.6.96). No mesmo sentido: RSTJ 95/41, 148/172. Isto porque: "As sociedades de economia mista só terão foro na Justiça Federal quando a União intervier como assistente litisconsorcial ou opoente" (STJ-1ª Seção, CC 32.508, Min. Peçanha Martins, j. 18.2.02, DJU 24.3.03).

— Sociedade de seguro ou de capitalização. É competente para julgar as causas das sociedades de seguro ou de capitalização em liquidação extrajudicial a Justiça Estadual, sendo inconstitucional o art. 4º da Lei 5.627, de 1.12.70 (STF-Pleno: RT 483/212).

— Terras devolutas da União. Lei 6.383, de 7.12.76 — Dispõe sobre o processo discriminatório de terras devolutas da União, e dá outras providências (Lex 1976/846, ret. 1.021, RDA 127/643), **art. 19: "Parágrafo único.** Compete à Justiça Federal processar e julgar o processo discriminatório judicial regulado nesta lei".

— Transcrição do termo de nascimento feito no exterior, referente a filho de pai brasileiro ou de mãe brasileira: v. nota 23d.

— Transporte aéreo. Súmula 21 do TFR: "Após a Emenda Constitucional n. 7, de 1977, a competência para o processo e julgamento das ações de indenização, por danos ocorridos em mercadorias, no transporte aéreo, é da Justiça Comum Estadual, ainda quando se discuta a aplicação da convenção de Varsóvia relativamente ao limite da responsabilidade do transportador" (v. jurisprudência s/ esta Súmula em RTFR 77/74).

O mesmo, quanto à ação de indenização proposta, por proprietário de bagagem extraviada, contra empresa de transporte aéreo internacional (RTJ 121/932).

— União contra Município. "É competente o juiz federal para processar e julgar, em primeira instância, ação ordinária proposta pela União contra Município" (RTJ 64/293).

— Usucapião. Súmula 13 do TFR: "A Justiça Federal é competente para o processo e julgamento da ação de usucapião, desde que o bem usucapiendo confronte com imóvel da União, autarquias ou empresas públicas federais" (v. jurisprudência s/ esta Súmula em RTFR 75/296).

Súmula 11 do STJ: "A presença da União ou de qualquer dos seus entes, na ação de **usucapião especial,** não afasta a competência do foro da situação do imóvel" (v. jurisprudência s/ esta Súmula em RSTJ 16/295 e na Lei 6.969/81, no tít. USUCAPIÃO ESPECIAL, art. 4º, nota 1).

— Verba da União repassada a Estados ou Municípios. A **Justiça Federal** é competente para o julgamento de processos referentes a verba da União, transferida a Estado e Município, mediante convênio ou não, para a realização de tarefa de interesse privativo da União ou comum a esta e ao ente federado destinatário. Todavia, tratando-se de verba da União, transferida a Estado ou Município para o cumprimento de tarefa destes privativa, caso em que a subvenção se incorpora definitivamente ao patrimônio do destinatário, a competência é da **Justiça Estadual.** Nesse sentido: STF-Pleno, RE 232.093, Min. Sepúlveda Pertence, j. 28.3.00, DJU 28.4.00.

Súmula 209 do STJ: "Compete à **Justiça Estadual** processar e julgar **prefeito** por desvio de verba transferida e incorporada ao patrimônio municipal" (v. jurisprudência s/ esta Súmula em RSTJ 108/271).

Não se aplica esta Súmula às ações referentes aos recursos do FUNDEF — Fundo de Manutenção e Desenvolvimento do Ensino Fundamental e Valorização do Magistério, instituído e disciplinado pela Lei 9.424, de 24.12.96, em que haja intervenção da União (STJ-1ª Seção, CC 36.305, Min. Franciulli Netto, j. 9.4.03, DJU 28.4.03).

— Vistorias e justificações. Os juízes estaduais, nas comarcas do interior, onde não funciona Vara da Justiça Federal, são competentes para processar e julgar vistorias e justificações destinadas a fazer prova perante a administração federal, quando o requerente for domiciliado na comarca (RTJ 79/359, RT 470/127).

V. tb., nesta nota, Justificação.

Art. 109: 4. LC 123, de 14.12.06 — Institui o Estatuto Nacional da Microempresa e da Empresa de Pequeno Porte, e dá outras providências: **"Art. 41.** Os processos relativos a impostos e contribuições abrangidos pelo Simples Nacional serão ajuizados em face da União, que será representada em juízo pela Procuradoria-Geral da Fazenda Nacional, observado o disposto no § 5º deste artigo.

....

"§ 2º (*redação da LC 139, de 10.11.11, em vigor a partir de 1.1.12*) Os créditos tributários oriundos da aplicação desta Lei Complementar serão apurados, inscritos em Dívida Ativa da União e cobrados judicialmente pela Procuradoria-Geral da Fazenda Nacional, observado o disposto no inciso V do § 5º deste artigo.

"§ 3º Mediante convênio, a Procuradoria-Geral da Fazenda Nacional poderá delegar aos Estados e Municípios a inscrição em dívida ativa estadual e municipal e a cobrança judicial dos tributos estaduais e municipais a que se refere esta Lei Complementar.

...

"§ 5º Excetuam-se do disposto no *caput* deste artigo: I — os mandados de segurança nos quais se impugnem atos de autoridade coatora pertencente a Estado, Distrito Federal ou Município; II — as ações que tratem exclusivamente de tributos de competência dos Estados, do Distrito Federal ou dos Municípios, as quais serão propostas em face desses entes federativos, representados em juízo por suas respectivas procuradorias; III — as ações promovidas na hipótese de celebração do convênio de que trata o § 3º deste artigo"; IV (*redação da LC 139, de 10.11.11, em vigor a partir de 1.1.12*) — o crédito tributário decorrente de auto de infração lavrado exclusivamente em face de descumprimento de obrigação acessória, observado o disposto no § 1º-D do art. 33; V (*redação da LC 147, de 7.8.14*) — o crédito tributário relativo ao ICMS e ao ISS de que tratam as alíneas *b* e *c* do inciso V do § 3º do art. 18-A desta Lei Complementar.

Art. 109: 5. O art. 58 da Lei 9.649, de 27.5.98, que disciplinava os serviços de fiscalização de profissões regulamentadas, teve seu *caput* e §§ 1º, 2º, 4º, 5º, 6º, 7º e 8º **declarados inconstitucionais** (RTJ 186/76: Pleno, ADI 1.717).

A Súmula 66 do STJ continua em vigor (v. nota 31).

Art. 109: 6. As Caixas de Assistência dos Advogados, criadas por deliberação da OAB, são autarquias? v. EA 45 § 4º e 62, especialmente nota 1.

Art. 109: 7. O Banco Central do Brasil é autarquia federal, sujeito à jurisdição da Justiça Federal (STJ-1ª Seção, CC 3.783-8, Min. José de Jesus Filho, j. 15.12.92, DJU 1.3.93).

Art. 109: 8. "A fundação pública federal, que atende à previsão do art. 5º, IV, do Dec. lei 200/67, equipara-se às autarquias federais para efeito da competência da Justiça Federal (CF, art. 109, I)" (STJ-1ª Seção, CC 113.079, Min. Castro Meira, j. 13.4.11, DJ 11.5.11).

V. tb. nota seguinte.

Art. 109: 9. "As fundações públicas federais, como entidades de direito privado, são equiparadas às empresas públicas, para os efeitos do art. 109, I, da Constituição da República" (RSTJ 4/1.245). Nesse sentido: STJ-2ª Seção, CC 78, Min. Nilson Naves, j. 9.8.89, DJU 4.9.89.

Aplica-se, portanto, o art. 109-I, entre outras entidades:

— à Fundação Habitacional do Exército. **Súmula 324 do STJ:** "Compete à Justiça Federal processar e julgar ações de que participa a Fundação Habitacional do Exército, equiparada à entidade autárquica federal, supervisionada pelo Ministério do Exército" (v. jurisprudência s/ esta Súmula em RSTJ 201/659);

— à Fundação IBGE (RSTJ 2/289);

— à Fundação Universidade de Brasília (RTJ 131/1.096; RSTJ 3/720, 4/1.285);

— à Fundação Universidade Federal de Mato Grosso (STF-CJ 6.724-1-MT);

— à Fundação Nacional do Índio — FUNAI (RTJ 134/88, 136/92, 139/131, 139/478);

— ao Conselho Nacional de Desenvolvimento Científico e Tecnológico — CNPq (RTJ 127/823, 127/827, 136/88, 139/132, 139/477).

V. tb. nota anterior.

Art. 109: 10. "Compete à Justiça Federal processar e julgar as ações propostas por empresa pública federal contra particular, nos termos do art. 109, I, da Constituição, não se aplicando no caso o § 3º desse artigo" (RSTJ 55/1). No mesmo sentido: STJ-2ª Seção, CC 122.253, Min. Nancy Andrighi, j. 25.9.13, DJ 1.10.13.

Art. 109: 11. s/ foro das autarquias e empresas públicas federais, v. CPC 53, notas 12, 14a e 19.

Art. 109: 12. "Se há o interesse, mas a União não é chamada, nem intervém, espontaneamente, no processo, a competência é da Justiça Estadual" (TFR-2ª T., AC 41.568, Min. Paulo Távora, j. 11.12.78, DJU 21.5.79).

V. tb CPC 45, nota 2.

Art. 109: 13. "Se a ré, em exceção de incompetência, alega que há o interesse federal na causa, não se desloca, desde logo, o feito, da Justiça Estadual para a Justiça Federal. É necessário citar, por primeiro, a União, ou a autarquia federal, que a ré tenha por interessada na demanda, o que se fará no Juízo Estadual. Citada a entidade federal, se esta manifestar seu interesse e pedir a intervenção no feito, só então os autos devem ser remetidos ao Juízo

Federal, competente para reconhecer, ou não, a legitimidade do interesse da União ou autarquia federal na causa" (RSTJ 123/1.094).

Art. 109: 14. "Não admitida, pelo Juiz Federal, a pretendida intervenção do ente federal, volta a competência ao Juiz Estadual, a quem não cabe discutir o acerto daquela decisão" (STJ-2ª Seção, CC 9.868-8, Min. Eduardo Ribeiro, j. 8.3.95, DJU 3.4.95). No mesmo sentido: STJ-2ª Seção, CC 4.904-0, Min. Barros Monteiro, j. 25.8.93, DJU 4.10.93.

Art. 109: 15. "Requerida a assistência, as partes devem ser ouvidas a respeito, e a petição que, eventualmente, venha a impugná-la, será desentranhada e autuada em apenso, para o processamento do incidente; até que o pedido de assistência de uma das pessoas enumeradas no artigo 109, inciso I, da CF seja decidido, a competência é da Justiça Federal, sem que se caracterize o conflito de competência, porque só o juiz federal pode encarar o interesse da União, suas autarquias e empresas públicas" (STJ-2ª Seção, CC 25.967, Min. Ari Pargendler, j. 12.12.01, DJU 18.3.02).

"Figurando como assistente, não importa que assistência, simples ou qualificada, a União, suas autarquias ou empresas públicas, a competência será da Justiça Federal. Não se dá o deslocamento para o foro federal apenas naqueles casos em que a União intervém no processo, ainda sem demonstrar interesse jurídico, tal como se verifica na hipótese prevista no art. 7º da Lei 6.825/80" (RSTJ 25/44).

Art. 109: 16. "A existência, conexa à ação possessória, de ação de oposição ajuizada por autarquia federal, torna o Juízo Estadual absolutamente incompetente para decidir toda questão" (STJ-2ª Seção, CC 85.115, Min. Nancy Andrighi, j. 25.6.08, DJU 1.8.08).

Art. 109: 17. **Súmula 501 do STF:** "Compete à Justiça ordinária estadual o processo e o julgamento, em ambas as instâncias, das causas de acidente do trabalho, ainda que promovidas contra a União, suas autarquias, empresas públicas ou sociedades de economia mista".

Súmula 15 do STJ: "Compete à Justiça Estadual processar e julgar os litígios decorrentes de acidente do trabalho" (v. jurisprudência s/ esta Súmula em RSTJ 16/391).

É da Justiça Estadual a competência para julgar as **ações revisionais de benefício** decorrente de acidente do trabalho: "A competência para julgar causa relativa a reajuste de benefício oriundo de acidente de trabalho é da Justiça comum, porquanto, se essa Justiça é competente para julgar as causas de acidente de trabalho por força do disposto na parte final do inciso I do art. 109 da Constituição, será ela igualmente competente para julgar o pedido de reajuste desse benefício, que é objeto de causa que não deixa de ser relativa a acidente dessa natureza, até porque o acessório segue a sorte do principal" (STF-1ª T., RE 205.886-6, Min. Moreira Alves, j. 24.3.98, DJU 17.4.98). No mesmo sentido: RTJ 154/208, um voto vencido, 158/248, 161/356; STJ-5ª T., REsp 337.790, Min. Jorge Scartezzini, j. 24.9.02, DJU 28.10.02; STJ-6ª T., REsp 337.795, Min. Vicente Leal, j. 27.8.02, DJU 16.9.02.

"Compete à Justiça Estadual processar e julgar os litígios decorrentes de acidente do trabalho, **ainda que uma das partes seja ente federal"** (STJ-2ª Seção, CC 33.572, Min. Fernando Gonçalves, j. 11.6.03, DJU 30.6.03). Isso porque estão excepcionadas pelo inciso I do art. 109 "não só as causas em que se pede benefício acidentário contra o INSS, mas também as demais que tenham como origem um acidente do trabalho, mesmo quando movidas contra outras entidades federais que não a previdenciária" (STJ-1ª Seção, CC 95.181, Min. Teori Zavascki, j. 24.9.08, DJ 6.10.08). No mesmo sentido: STJ-Corte Especial, CC 96.608, Min. Castro Meira, j. 18.12.09, DJ 18.2.10.

"Ação visando a obter **pensão por morte** decorrente de acidente de trabalho. Alcance da expressão 'causas decorrentes de acidente do trabalho'. Nos termos do art. 109, I, da CF/88, estão excluídas da competência da Justiça Federal as causas decorrentes de acidente do trabalho. Segundo a jurisprudência firmada pelo Supremo Tribunal Federal e adotada pela Corte Especial do STJ, são causas dessa natureza não apenas aquelas em que figuram como partes o empregado acidentado e o órgão da Previdência Social, mas também as que são promovidas pelo cônjuge, ou por herdeiros ou dependentes do acidentado, para haver indenização por dano moral (da competência da Justiça do Trabalho — CF, art. 114, VI), ou para haver benefício previdenciário pensão por morte, ou sua revisão (da competência da Justiça Estadual)" (STJ-1ª Seção, CC 120.435, Min. Teori Zavascki, j. 11.4.12, DJ 16.4.12).

Todavia: "A concessão e a revisão de **pensão por morte,** independentemente das circunstâncias do falecimento do segurado, é de **natureza previdenciária,** e não acidentária típica, o que torna competente a Justiça Federal para o processamento e julgamento do feito, afastando-se a aplicação da Súmula 15/STJ" (STJ-3ª Seção, CC 108.477, Min. Maria Thereza, j. 24.11.10, DJ 10.12.10).

V. tb. art. 114, nota 5b (competência da Justiça do Trabalho para a ação sobre descumprimento de normas relativas à segurança, higiene e saúde dos trabalhadores). V. ainda art. 114-VI, especialmente nota 6 (competência para a ação de indenização por danos materiais e morais, conexos com relação trabalhista ou acidente do trabalho).

Art. 109: 18. "Partido político. Compete à Justiça Estadual o processamento e julgamento das causas em que membros de agremiação partidária discutem a respeito da validade de atos deliberativos, de natureza política, *interna corporis*" (STJ-2ª Seção, CC 32.119, Min. Pádua Ribeiro, j. 12.12.01, DJU 18.2.02).

Art. 109: 18a. Empresa estrangeira. "Não incide a regra de competência do art. 109, III, da Constituição pelo fato de uma das partes ser empresa estrangeira, o que não se confunde com organismo internacional" (STJ-2ª Seção, CC 1.616, Min. Eduardo Ribeiro, j. 24.4.91, DJU 20.5.91).

Art. 109: 19. v. art. 102-I-*e* (competência originária do STF para o litígio entre Estado estrangeiro ou organismo internacional e a União, o Estado, o Distrito Federal ou o Território); art. 105-II-*c* (recurso ordinário ao STJ).

Art. 109: 19a. "A competência da Justiça Federal para processar e julgar as causas fundadas em tratado: breve análise do inciso III do art. 109 da Constituição", por Rodrigo Gaspar de Mello (RDDP 78/131).

Art. 109: 19b. Inciso V-A acrescido pela Em. Const. 45, de 8.12.04.

Art. 109: 20. s/ competência e mandado de segurança, v. arts. 102-I-*d* (STF), 105-I-*b* (STJ) e 108-I-*c* (TRF); LMS 2º e 16 e notas, especialmente notas 9 e segs.

Art. 109: 20a. Ato de autoridade estadual, versando sobre matéria tributária federal. A competência da Justiça Federal para o julgamento de mandado de segurança define-se em relação à condição de autoridade federal do impetrado, independentemente da matéria versada. Assim: "O fato de a matéria discutida versar sobre IOF, tema da competência da Justiça Federal, não tem o condão, por si só, de deslocar para aquela justiça a competência para apreciá-lo" (STJ-1ª Seção, CC 4.029-1, Min. Pádua Ribeiro, j. 20.4.93, DJU 10.5.93).

Art. 109: 20b. Mandado de segurança impetrado por ente público federal, contra ato de juiz estadual. "Em princípio, qualquer ação proposta pelos entes relacionados no inc. I do art. 109 da Constituição é de competência da Justiça Federal. Tratando-se, entretanto, de mandado de segurança, que, em nosso sistema jurídico-processual, se rege também pelo princípio da hierarquia, prevê o inc. VIII do mesmo dispositivo a competência dos tribunais federais, obviamente, em razão do respectivo grau hierárquico. Em relação aos juízes federais, a competência é dos tribunais regionais federais (art. 108, I, *c*, da Carta da República), regra que, por simetria, é de aplicar-se aos juízes de direito" (STF-Pleno, RE 176.881-9, Min. Ilmar Galvão, j. 13.3.97, 4 votos vencidos, DJU 6.3.98).

"A competência para julgamento de mandado de segurança impetrado por empresa pública federal é da Justiça Federal (art. 109, I, da CF), mesmo que a autoridade coatora seja autoridade estadual. Aplicação do princípio federativo da prevalência do órgão judiciário da União sobre o do Estado-membro (Súmula 511/STF). Todavia, se o ato atacado foi praticado por juiz de direito, deve-se conjugar aquele princípio com o da hierarquia, atribuindo-se competência originária, simetricamente com o disposto no art. 108, I, *c*, da CF, a órgão jurisdicional superior, ou seja, ao Tribunal Regional Federal" (STJ-1ª Seção, CC 95.499, Min. Teori Zavascki, j. 27.8.08, DJ 8.9.08). **Contra,** dando pela competência do Tribunal de Justiça local nesses casos: STJ-2ª Seção, CC 31.210, Min. Castro Filho, j. 14.4.04, DJU 26.4.04.

Art. 109: 20c. Ato de particular praticado na condição de delegado de autoridade federal: "No mandado de segurança, a competência é estabelecida pela natureza da autoridade impetrada. Conforme o art. 109, VIII, da CF, compete à Justiça Federal processar e julgar mandados de segurança contra ato de autoridade federal, considerando-se como tal também o agente de entidade particular quanto a atos praticados no exercício de função federal delegada" (STJ-1ª Seção, CC 37.912, Min. Teori Zavascki, j. 27.8.03, DJU 15.9.03).

Art. 109: 20d. "Concurso público. Mandado de segurança. Sociedade de economia mista. Autoridade federal. Competência. Justiça Federal" (STF-Pleno, RE 726.035-RG, Min. Luiz Fux, j. 24.4.14, maioria, RP 232/471).

Art. 109: 20e. "Com a vigência da Constituição Federal de 1988 (arts. 109, VIII, e 27, § 7º, das Disposições Transitórias), passou à competência da Justiça Federal de primeira instância o julgamento dos mandados de segurança contra **ato do Diretor-Geral da Polícia Federal**" (TFR-Pleno, MS 148.554, Min. Assis Toledo, j. 1.12.88, *apud* Bol. do TFR 161/5).

Art. 109: 20f. O julgamento de mandado de segurança impetrado contra atos de **Delegados Regionais do Trabalho,** consistentes na fiscalização e aplicação de sanções administrativas, não é da competência da Justiça Trabalhista, pois não se relaciona à demanda entre empregado e empregador. Portanto, compete à Justiça Federal apreciá-lo e julgá-lo" (STJ-1ª Seção, CC 40.612, Min. Teori Zavascki, j. 23.6.04, DJU 2.8.04).

Art. 109: 21. "Em princípio, compete ao Tribunal de Justiça do Distrito Federal processar e julgar, originariamente, mandado de segurança contra **ato do Procurador-Geral da Justiça do Distrito Federal**" (STJ-1ª Seção, AR 338-1, Min. José de Jesus Filho, j. 12.6.96, 4 votos vencidos, DJU 12.5.97).

Art. 109: 22. s/ competência dos juízes federais no *habeas data*, v. LHD 20-I-*d*.

Art. 109: 23. v. RISTJ 216-V.

Art. 109: 23a. "A competência para o julgamento de pedido de opção de nacionalidade", por Oscar Valente Cardoso (RDDP 109/81).

Art. 109: 23b. s/ opção de nacionalidade, v. CF 12-I-*c*. V. tb., no CCLCV, LRP 32 e notas.

Art. 109: 23c. "A opção de nacionalidade, embora potestativa, não é de forma livre: há de fazer-se em juízo, em processo de **jurisdição voluntária,** que finda com a sentença que homologa a opção e lhe determina a transcrição, uma vez acertados os requisitos objetivos e subjetivos dela" (STF-Pleno, AC 70-0-QO, Min. Sepúlveda Pertence, j. 25.9.03, DJU 12.3.04).

Art. 109: 23d. A Justiça Federal é competente para apreciar pedido de **transcrição do termo de nascimento** feito no exterior, referente a filho de pai brasileiro ou de mãe brasileira, "por consubstanciar opção provisória de nacionalidade a ser ratificada após alcançada a maioridade" (STJ-3ª T., REsp 235.492, Min. Menezes Direito, j. 11.11.03, DJU 16.2.04).

Art. 109: 23e. "Não havendo nos autos relatos de crimes de ingresso ou permanência irregular de estrangeiros ou de questões referentes à naturalização ou opção por nacionalidade, mas, ao revés, tratando a ação originária de aplicação de medidas protetivas, consistente, principalmente, no pedido de **registro civil de criança estrangeira refugiada, não há falar em competência da Justiça Federal,** ditada pelo art. 109, III ou X da CF/1988." (STJ-4ª T., REsp 1.475.580, Min. Luis Felipe, j. 4.5.17, maioria, DJ 19.5.17).

Art. 109: 23f. "Apenas as ações que envolvem os direitos indígenas elencados no referido art. 231 da Constituição Federal devem ser processadas e julgadas no âmbito da Justiça Federal, de maneira que nos feitos que envolvem interesses particulares de silvícola, sem nenhuma repercussão na comunidade indígena, não é devida a aplicação da competência prevista no art. 109, XI, da CF/88" (STJ-1ª Seção, CC 105.045, Min. Denise Arruda, j. 10.6.09, DJ 1.7.09). No mesmo sentido: STJ-2ª Seção, CC 100.695, Min. Luis Felipe, j. 26.8.09, DJ 18.9.09.

"A simples presença de indígena em algum dos polos da demanda não é suficiente para atração da competência da Justiça Federal. Contudo, na presente hipótese, o objeto da ação é a tutela de direitos da coletividade indígena, pois a sua pretensão é a condenação dos réus ao pagamento de indenização por danos morais coletivos sofridos pelas comunidades indígenas de São Gabriel da Cachoeira/AM, no Alto Rio Negro, o que atrai a competência absoluta da Justiça Federal" (STJ-3ª T., REsp 1.835.867, Min. Marco Bellizze, j. 10.12.19, DJ 17.12.19).

"Pedido de guarda envolvendo criança indígena. Competência da Justiça Comum Estadual. Intervenção da FUNAI, no feito, que não se constitui em causa de deslocamento da competência originária" (JTJ 179/100).

Art. 109: 23g. "A parte autora pode optar pelo ajuizamento da ação contra a União na capital do Estado-membro, mesmo quando instalada Vara da Justiça Federal no município do mesmo Estado em que domiciliada" (STF-1ª T., RE 641.449-AgRg, Min. Dias Toffoli, j. 8.5.12, DJ 31.5.12).

Art. 109: 24. A regra do § 2º é dada como opção aos autores, "e não para preservar interesse da União" (RSTJ 9/76).

A Constituição, "tratando-se de ação contra a União Federal, deixa ao autor quatro alternativas: a) pode a ação ser aforada na Capital do Estado ou Território em que for domiciliado o autor; b) ou na Capital do Estado onde houver ocorrido o ato ou fato que deu origem à demanda; c) ou onde esteja situada a coisa; d) ou no Distrito Federal. Essa regra de competência, estabelecida em favor do jurisdicionado, aplica-se à ação de desapropriação indireta, assim à ação real, ou a qualquer ação" (TFR-6ª T., Ag 49.114, Min. Carlos Velloso, j. 26.8.87, *apud* Bol. do TFR 134/8, em.).

"Mandado de segurança. Foro de domicílio do impetrante. Da interpretação do artigo 109, § 2º, da Constituição Federal extrai-se a ausência de qualquer tipo de restrição no que concerne à opção conferida ao autor, que, por isso, é o juiz de sua conveniência para exercê-la, limitadas, apenas, às opções estabelecidas pelo próprio texto constitucional" (STJ-1ª Seção, CC 144.407-AgInt, Min. Mauro Campbell, j. 13.9.17, DJ 19.9.17).

Obviamente, se o autor é domiciliado no estrangeiro, só as três últimas hipóteses têm aplicação (RTFR 124/3).

Art. 109: 24a. Afirmando a aplicabilidade do § 2º às **autarquias federais:** STF-RJ 397/133 (1ª T., RE 499.093-AgRg); STJ-Corte Especial, CC 148.082-AgInt-RE-AgInt, Min. Maria Thereza, j. 12.2.19, DJ 14.2.19. **Contra:** STJ-2ª Seção, CC 27.570, Min. Eduardo Ribeiro, j. 13.12.99, DJU 27.3.00; RT 813/440 (TRF-5ª Reg., AI 2002.05.00.004729-5).

Art. 109: 25. "Nas causas intentadas contra a União Federal, os **litisconsortes ativos,** quando domiciliados em unidades diversas da Federação, poderão, sempre a seu exclusivo critério, ajuizar a concernente ação no **foro do domicílio de qualquer deles,** sem prejuízo de sua opção por qualquer dos outros critérios definidores da competência da Justiça Federal comum estabelecidos no art. 109, § 2º, da Constituição da República" (STF-Pleno, ED no RE 451.907-AgRg, Min. Celso de Mello, j. 20.3.13, DJ 15.4.13). No mesmo sentido: STJ-2ª T., REsp 591.074-AgRg, Min. Humberto Martins, j. 6.10.09, DJ 19.10.09; STJ-5ª T., AI 864.214-AgRg, Min. Jorge Mussi, j. 18.9.08, DJ 10.11.08; RTFR 153/39.

Contra, no sentido de não permitir a tramitação da demanda no foro de qualquer dos litisconsortes ativos, nos casos em que a União excepciona o juízo: STJ-2ª T., REsp 903.956, Min. Herman Benjamin, j. 18.12.08, DJ 27.4.09.

Ainda contra, no sentido de que o litisconsórcio ativo facultativo deve ser dissolvido quando não for possível reunir os autores no local do ato ou fato que deu origem à demanda ou onde está situada a coisa ou no Distrito Federal, com o desmembramento do feito e sua sequência no local do domicílio de cada autor: STF-1ª T., RE 451.907, Min. Marco Aurélio, j. 20.9.05, DJU 28.4.06. Nota: esse acórdão foi cassado no julgamento dos subsequentes embargos de divergência.

Art. 109: 25a. v. Lei 5.010/1966 (LOJF), art. 15-III e § 2º.

Art. 109: 26. Redação do § 3º de acordo com a Em. Const. 103, de 12.11.19.

✎ **Art. 109: 26a.** "Dívida ativa da União. Cobrança judicial nas comarcas do interior", por Cid Heráclito de Queiroz (RT 529/43); "Cobrança da dívida ativa da União nas comarcas do interior", por Leon Frejda Szklarowsky (RP 19/189); "Juizados Especiais e competência federal delegada", por Sílvio Nazareno Costa (RF 399/517).

Art. 109: 27. Em matéria de: empresa pública federal, v. nota 10; carta precatória, v. art. 108, notas 5 e 5a; execução fiscal, v. CPC 46 § 5º e LEF 5º e notas.

Quanto à ação de acidente do trabalho, v. nota 17 (**Súmula 15 do STJ** e jurisprudência s/ revisional); s/ competência do Juizado Especial Estadual para as causas em que forem partes instituição de previdência social e segurado, utilizando-se do rito do Juizado Especial Federal, v. LJEF 20, nota 2.

Art. 109: 27a. O inciso VIII, relativo a mandado de segurança, prevalece sobre a regra geral do § 3º, em matéria previdenciária (v. LMS 16, nota 11a).

Art. 109: 28. Aplicando por analogia as disposições do art. 109 § 3º em favor do beneficiário de entidade de previdência privada, de modo a permitir o ajuizamento da demanda no foro do seu domicílio: JTJ 259/360.

"À luz da legislação de regência do contrato previdenciário, é possível ao participante e/ou assistido de plano de benefícios patrocinado ajuizar ação em face da entidade de previdência privada no foro de domicílio da ré, no eventual foro de eleição ou mesmo no foro onde labora(ou) para a patrocinadora" (STJ-2ª Seção, REsp 1.536.786, Min. Luis Felipe, j. 26.8.15, DJ 20.10.15).

Todavia: "Autarquia estadual. Instituto previdenciário. Ação contra este. Aplicação analógica do § 3º do art. 109 da Constituição da República. Inadmissibilidade. Dispositivo restrito à previdência federal. Competência, para o processamento e julgamento, do domicílio do réu" (JTJ 157/207).

Art. 109: 28a. **Súmula 15 do TRF-2ª Região (Causa de natureza previdenciária):** "O § 3º do art. 109 da Constituição Federal de 1988 institui, quanto às causas de natureza previdenciária, hipótese de competência relativa, pelo que não elide a competência concorrente da Justiça Federal".

Art. 109: 29. "Beneficiário da previdência social. Propositura da ação contra o INSS tanto no domicílio do segurado como no da Capital do Estado-membro" (STF-Pleno, RE 287.351-90-AgRg, Min. Maurício Corrêa, j. 2.8.01, dois votos vencidos, DJU 22.3.02). No mesmo sentido: RTJ 114/1.201, 171/1.062, STF-RF 292/228. Ainda: Súmula 252 do TFR e Súmula 8 do TRF-4ª Região.

"Consoante entendimento preconizado pelo egrégio STF, ainda que o segurado resida em outra unidade da Federação, as ações contra o INSS podem ser ajuizadas na Seção Judiciária do Distrito Federal, em face da faculdade de opção conferida pelo constituinte entre o foro especial (CF, art. 109, § 3º) e aquele previsto na norma genérica (CF, art. 109, I)" (STJ-Corte Especial, ED no REsp 223.796, Min. Fernando Gonçalves, j. 4.6.03, três votos vencidos, DJU 15.12.03).

"As ações contra o INSS podem ser ajuizadas na Seção Judiciária do Distrito Federal, ainda que o segurado resida em outra unidade da Federação. É que o legislador constituinte conferiu ao segurado faculdade de opção entre o foro especial (CF, art. 109, § 3º) e o previsto na norma genérica (CF, art. 109, I)" (RSTJ 145/492, embs. de divergência, v.u.).

V. o § 2º.

Art. 109: 29a. "O art. 109, § 3º, CF, trata da competência territorial, não podendo o juiz dela declinar de ofício, ainda que o devedor mude de domicílio (art. 15, Lei 5.010/66; Súmulas 33 e 58 do STJ)" (STJ-1ª Seção, CC 20.250, Min. Milton Luiz Pereira, j. 10.12.97, DJU 25.2.98).

Art. 109: 30. "Não deve ser considerado como domicílio somente o lugar onde o demandante estabelece a sua residência com ânimo definitivo, mas qualquer uma das hipóteses de domicílio definidas pelo Código Civil de 2002, incluindo-se aí o(s) lugar(es) onde exerce a sua profissão" (STJ-3ª Seção, CC 78.875, Min. Felix Fischer, j. 24.10.07, DJU 26.11.07).

Art. 109: 30a. "Nos casos do § 3º do art. 109 da Constituição, a União é demandada na Justiça Estadual como se estivesse na Justiça Federal. Tanto assim que o recurso, nesse caso, é endereçado ao Tribunal Regional Federal com jurisdição sobre a área do Juízo Estadual, e não para o Tribunal de Justiça (art. 109, § 4º)" (STJ-1ª Seção: RSTJ 28/40).

Art. 109: 31. **Súmula 66 do STJ:** "Compete à Justiça Federal processar e julgar **execução fiscal promovida por Conselho de fiscalização profissional**". No mesmo sentido: Lei 6.206, de 7.5.75, art. 2º, em Lex 1975/286, RT 475/407, RF 251/489, RJTJESP 34/354, Bol. AASP 857/2. A Súmula 66 continua em vigor: "A Suprema Corte, em 7.11.02, analisando o mérito da ADI 1.717-DF, declarou a inconstitucionalidade do art. 58 e seus parágrafos da Lei 9.649/98. Mantida a natureza de autarquias federais dos Conselhos de Fiscalização Profissional, é de se preservar o entendimento sufragado na Súmula n. 66/STJ" (STJ-1ª Seção, CC 39.311, Min. Castro Meira, j. 10.9.03, DJU 20.10.03).

S/ execução fiscal para a cobrança das contribuições compulsórias devidas à OAB, v. LEF 1º, nota 4a.

Art. 109: 31. O § 5º foi acrescido pela Em. Const. 45, de 8.12.04.

Art. 110. Cada Estado, bem como o Distrito Federal, constituirá uma seção judiciária que terá por sede a respectiva Capital, e varas localizadas segundo o estabelecido em lei.

Parágrafo único. Nos Territórios Federais, a jurisdição e as atribuições cometidas aos juízes federais caberão aos juízes da justiça local, na forma da lei.

Seção V | DO TRIBUNAL SUPERIOR DO TRABALHO, DOS TRIBUNAIS REGIONAIS DO TRABALHO E DOS JUÍZES DO TRABALHO[1]

SEÇ. V: 1. Seção renomeada pela Em. Const. 92, de 12.7.16.

Art. 111. São órgãos da Justiça do Trabalho:

I — o Tribunal Superior do Trabalho;

II — os Tribunais Regionais do Trabalho;

III — Juízes do Trabalho.[1]

§ 1º ....[2]

§ 2º ....[3]

§ 3º ....[4]

Art. 111: 1. Redação do inc. III de acordo com a Em. Const. 24, de 9.12.99.

Art. 111: 2. § 1º revogado pela Em. Const. 45, de 8.12.04.

Art. 111: 3. § 2º revogado pela Em. Const. 45, de 8.12.04.

Art. 111: 4. § 3º revogado pela Em. Const. 45, de 8.12.04.

Art. 111-A. O Tribunal Superior do Trabalho compor-se-á de vinte e sete Ministros, escolhidos dentre brasileiros com mais de trinta e cinco anos e menos de sessenta e cinco anos, de notável saber jurídico e reputação ilibada, nomeados pelo Presidente da República após aprovação pela maioria absoluta do Senado Federal, sendo:[1]

I — um quinto dentre advogados com mais de dez anos de efetiva atividade profissional e membros do Ministério Público do Trabalho com mais de dez anos de efetivo exercício, observado o disposto no art. 94;

II — os demais dentre juízes dos Tribunais Regionais do Trabalho, oriundos da magistratura da carreira, indicados pelo próprio Tribunal Superior.

§ 1º A lei disporá sobre a competência do Tribunal Superior do Trabalho.

§ 2º Funcionarão junto ao Tribunal Superior do Trabalho:

I — a Escola Nacional de Formação e Aperfeiçoamento de Magistrados do Trabalho, cabendo-lhe, dentre outras funções, regulamentar os cursos oficiais para o ingresso e promoção na carreira;

II — o Conselho Superior da Justiça do Trabalho, cabendo-lhe exercer, na forma da lei, a supervisão administrativa, orçamentária, financeira e patrimonial da Justiça do Trabalho de primeiro e segundo graus, como órgão central do sistema, cujas decisões terão efeito vinculante.

§ 3º Compete ao Tribunal Superior do Trabalho processar e julgar, originariamente, a reclamação para a preservação de sua competência e garantia da autoridade de suas decisões.[2]

Art. 111-A: 1. O art. 111-A foi acrescido pela Em. Const. 45, de 8.12.04. Seu *caput* está com a redação dada pela Em. Const. 92, de 12.7.16.

Art. 111-A: 2. O § 3º foi acrescido pela Em. Const. 92, de 12.7.16.

Art. 112. A lei criará varas da Justiça do Trabalho, podendo, nas comarcas não abrangidas por sua jurisdição, atribuí-la aos juízes de direito, com recurso para o respectivo Tribunal Regional do Trabalho.[1]

Art. 112: 1. Redação do art. 112 de acordo com a Em. Const. 45, de 8.12.04.

Art. 113. A lei disporá sobre a constituição, investidura, jurisdição, competência, garantias e condições de exercício dos órgãos da Justiça do Trabalho.[1]

Art. 113: 1. Redação do art. 113 de acordo com a Em. Const. 24, de 9.12.99.

Art. 114. Compete à Justiça do Trabalho processar e julgar:[1 a 3d]

I — as ações oriundas da relação de trabalho,[4-4a] abrangidos os entes de direito público externo[4b-4c] e da administração pública direta e indireta da União, dos Estados, do Distrito Federal e dos Municípios;[4d a 4f]

II — as ações que envolvam exercício do direito de greve;[5]

III — as ações sobre representação sindical,[5a] entre sindicatos, entre sindicatos e trabalhadores, e entre sindicatos e empregadores;[5b a 5e]

IV — os mandados de segurança, *habeas corpus* e *habeas data*, quando o ato questionado envolver matéria sujeita à sua jurisdição;[5f]

V — os conflitos de competência entre órgãos com jurisdição trabalhista, ressalvado o disposto no art. 102, I, *o*;

VI — as ações de indenização por dano moral ou patrimonial, decorrentes da relação de trabalho;[6 a 6c]

VII — as ações relativas às penalidades administrativas impostas aos empregadores pelos órgãos de fiscalização das relações de trabalho;[6d a 6f]

VIII — a execução, de ofício, das contribuições sociais previstas no art. 195, I, *a*, e II, e seus acréscimos legais, decorrentes das sentenças que proferir;[7 a 7b]

IX — outras controvérsias decorrentes da relação de trabalho, na forma da lei.

§ 1º Frustrada a negociação coletiva, as partes poderão eleger árbitros.

§ 2º Recusando-se qualquer das partes à negociação coletiva ou à arbitragem, é facultado às mesmas, de comum acordo, ajuizar dissídio coletivo[8] de natureza econômica, podendo a Justiça do Trabalho decidir o conflito, respeitadas as disposições mínimas legais de proteção ao trabalho, bem como as convencionadas anteriormente.

§ 3º Em caso de greve em atividade essencial, com possibilidade de lesão do interesse público, o Ministério Público do Trabalho poderá ajuizar dissídio coletivo, competindo à Justiça do Trabalho decidir o conflito.[9]

✎ **Art. 114: 1.** "Apontamentos sobre a competência da Justiça do Trabalho após a Emenda Constitucional 45/2004", por Estêvão Mallet (RP 126/40); "Emenda Constitucional n. 45/2004. Alterações na competência da Justiça do Trabalho. Breve esboço", por Doris Castro Neves (RF 378/31); "Novas competências trabalhistas na Emenda Constitucional n. 45 e direito intertemporal", por Guilherme Rizzo Amaral (Ajuris 102/159, RMDCPC 7/38 e RP 138/112); "Da Justiça do Trabalho e outras questões sobre competência", por Athos Gusmão Carneiro (RF 382/29).

Art. 114: 1a. Redação do art. 114 de acordo com a Em. Const. 45, de 8.12.04.

Art. 114: 2. Súmula 367 do STJ: "A competência estabelecida pela EC n. 45/2004 não alcança os processos já sentenciados".

Art. 114: 2a. s/ acidente do trabalho, v. art. 109, nota 17; s/ embargos de terceiro opostos em processo trabalhista: v. CPC 676, nota 2; s/ competência da Justiça do Trabalho para a ação civil pública, v. LACP 2º, notas 1b e 1c.

Art. 114: 2b. Causa derivada de questão trabalhista. "Sendo da Justiça do Trabalho a competência para declarar o vínculo empregatício, razoável que lá se ajuíze **ação cautelar de exibição dos documentos** que o corroborariam" (STJ-2ª Seção, CC 121.512, Min. Paulo Sanseverino, j. 12.9.12, DJ 17.9.12).

"Compete à Justiça do Trabalho processar e julgar ação cautelar de exibição de documentos, na hipótese em que a parte autora, pessoa jurídica, pretende obter da parte ré, empresa provedora de internet, dados cadastrais dos usuários do correio eletrônico corporativo disponibilizado aos seus empregados. O e-mail corporativo é uma ferramenta de trabalho disponibilizada pelo empregador ao empregado, destinado, em essência, ao uso nas atividades de interesse da empresa. Qualquer dúvida acerca de eventual uso indevido do correio eletrônico corporativo por parte do empregado decorre da interpretação das regras estabelecidas no contrato de trabalho para o uso da referida ferramenta. Caberá à Justiça do Trabalho, na análise da pretensão, decidir acerca de questões de fundamental importância, tais como a possibilidade ou não de violação do possível sigilo de correspondência eletrônica dos empregados da parte autora e seus consequentes desdobramentos" (STJ-2ª Seção, CC 130.701, Min. Raul Araújo, j. 12.2.14, DJ 10.3.14).

"Compete à Justiça do Trabalho processar e julgar ação de cumprimento de sentença proposta por entidade social contra empregador, a fim de compeli-lo ao cumprimento de cláusula estabelecida em **contrato coletivo de trabalho**" (RSTJ 4/1.280).

"Originando-se o título executivo extrajudicial de **acordo realizado por intermédio de Comissão de Conciliação Prévia,** cuja atribuição é tentar conciliar os conflitos individuais do trabalho (art. 625-A da CLT), o que evidencia o fato de a relação jurídica de direito material existente entre as partes ser de natureza trabalhista, a competência é da Justiça Laboral para o processamento e julgamento da ação executiva" (STJ-2ª Seção, CC 40.015, Min. Jorge Scartezzini, j. 11.5.05, DJU 23.5.05). V. CPC 784, nota 37.

Art. 114: 2c. "Compete à Justiça obreira a apreciação de lides originárias de suas próprias decisões" (RSTJ 12/101). No mesmo sentido: RTJ 140/813 (Pleno).

Art. 114: 3. Comarca onde não há Vara do Trabalho. Súmula 169 do TFR: "Na comarca em que não foi criada Junta de Conciliação e Julgamento, é competente o Juiz de Direito para processar e julgar litígios de natureza trabalhista" (v. jurisprudência s/ esta Súmula em RTFR 118/236).

Súmula 10 do STJ: "Instalada a Junta de Conciliação e Julgamento, cessa a competência do Juiz de Direito em matéria trabalhista, inclusive para a execução das sentenças por ele proferidas" (v. jurisprudência s/ esta Súmula em RSTJ 16/281). Por Junta de Conciliação e Julgamento, entenda-se, atualmente, Vara do Trabalho.

Art. 114: 3a. Cumprimento de convenção ou acordo coletivo de trabalho. Competência da Justiça do Trabalho.

Lei 8.984, de 7.2.95 — Estende a competência da Justiça do Trabalho (art. 114 da Constituição Federal) (em Lex 1995/262, RT 712/512, Just. 169/178, Bol. AASP 1.887/3): **"Art. 1º** Compete à Justiça do Trabalho conciliar e julgar os dissídios que tenham origem no cumprimento de convenções coletivas de trabalho, mesmo quando ocorram entre sindicatos ou entre sindicato de trabalhadores e empregador".

"A competência para o processo e julgamento das ações de cumprimento de sentenças normativas havidas em dissídios coletivos, ou em convenções ou acordos coletivos de trabalho, é da Justiça do Trabalho, tendo em vista a inovação, em termos de competência, inscrita no art. 114 da Constituição, presente, também, a Lei 8.984, de 7.2.95, art. 1º" (RTJ 164/314). Ainda: RTJ 175/762.

"Tem entendido a 2ª Seção ser competente a Justiça laboral, por interpretação abrangente do art. 1º da Lei n. 8.984/95, para processar e julgar as ações consignatórias propostas por empregador, em face de dúvida concernente a que sindicato recolher a respectiva contribuição" (STJ-2ª Seção, CC 18.809, Min. Sálvio de Figueiredo, j. 14.5.97, DJU 30.6.97; tratava-se de ação com origem no cumprimento de acordo coletivo).

"Compete à Justiça do Trabalho processar e julgar ação judicial proposta por sindicato patronal contra empregador, na qual se discute sobre a exigibilidade, ou não, de contribuição destinada ao custeio das atividades daquele, prevista em convenção coletiva" (STJ-2ª Seção, CC 20.497, Min. Menezes Direito, j. 26.11.97, DJU 2.2.98). No mesmo sentido: STF-RT 890/169 (2ª T., AI 404.656).

"Sob a égide do art. 1º da Lei 8.984/95, cumpre à Justiça do Trabalho processar e julgar as causas em que se discutem contribuições sindicais estatuídas em convenções coletivas do trabalho" (RSTJ 109/121; a hipótese era de ação declaratória "visando o não pagamento de contribuições assistenciais e confederativas estipuladas em cláusula de Convenção Coletiva de Trabalho").

"A Justiça do Trabalho é competente para apreciar ação de nulidade de cláusula inserta em convenção coletiva do trabalho" (RSTJ 110/173).

"A Súmula n. 57 desta Corte está revogada" pela Lei 8.984/95 (STJ-2ª Seção, CC 17.816, Min. Cesar Rocha, j. 13.11.96, um voto vencido, DJU 9.6.97).

Art. 114: 3b. A competência para apreciação das demandas movidas por entidades sindicais visando à cobrança de **contribuição sindical** é da Justiça do Trabalho, em face do que dispõe o art. 114-III da CF, com a redação dada pela EC

45/04 (STJ-1ª Seção, REsp 727.196-QO, Min. José Delgado, j. 25.5.05, DJU 12.9.05; STJ-2ª Seção, CC 62.036, Min. Nancy Andrighi, j. 12.9.07, DJU 20.9.07). Logo, está **superada** a **Súmula 222 do STJ:** "Compete à Justiça Comum processar e julgar as ações relativas à contribuição sindical prevista no art. 578 da CLT". A inovação constitucional tem eficácia imediata, alcançando os processos em curso, exceto aqueles nos quais já tenha sido proferida sentença, que devem permanecer na Justiça Comum (STJ-1ª Seção, CC 57.402, Min. José Delgado, j. 26.4.06, DJU 19.6.06). V. tb. CPC 43, nota 7.

"Nas ações de cobrança de contribuição sindical movidas contra o poder público, revela-se desinfluente, para fins de definição do juízo competente, aferir a natureza do vínculo jurídico existente entre a entidade pública e os seus servidores" (STJ-1ª Seção, CC 135.694-AgRg, Min. Sérgio Kukina, j. 12.11.14, DJ 17.11.14).

Contribuição confederativa e contribuição assistencial. "São no mínimo três as espécies de contribuições hoje existentes no nosso ordenamento: (a) 'Contribuição Sindical', prevista em lei (arts. 578 e seguintes da CLT), de natureza parafiscal, antigo imposto sindical, obrigatória para todos os que participam da categoria; (b) 'Contribuição Assistencial', estabelecida em dissídio, convenção ou acordos coletivos, cobrada para custear a participação do sindicato nas negociações coletivas para obter novas condições de trabalho para a categoria e também da prestação de assistência, jurídica, médica e dentária. A sua fonte é a convenção ou acordo, não a lei, embora prevista no art. 513, *e*, da CLT; (c) 'Contribuição Confederativa', mencionada no art. 8º, inc. IV, da CF, que é a prestação pecuniária, espontânea, fixada pela assembleia geral do sindicato, tendo por finalidade custear o sistema confederativo, isto é, destinada a custear as despesas gerais do sindicato, da federação e da confederação, sendo paga tanto pelos empregados como pelos empregadores, para o respectivo sistema" (RSTJ 110/177, voto vencedor do Min. Ruy Rosado). É da Justiça do Trabalho a competência para julgar demandas apresentadas por entidades sindicais para a cobrança de contribuições confederativas e assistenciais, bem como das respectivas multas (STJ-2ª Seção, CC 62.036, Min. Nancy Andrighi, j. 12.9.07, DJU 20.9.07).

"Ante o disposto no art. 1º da Lei n. 8.984/95, à Justiça do Trabalho já competia julgar ação de sindicato de categoria econômica contra empregador, visando à contribuição assistencial estabelecida em contrato coletivo" (STF-Bol. AASP 2.529/477: Pleno, CC 7.221-1).

Art. 114: 3c. Alienação judicial de bem perante a Justiça do Trabalho. "Carta de arrematação expedida em execução trabalhista. Competência da justiça especializada para execução e modificação de seus próprios julgados. Compete com exclusividade à Justiça do Trabalho a revisão de seus próprios julgados, não havendo possibilidade de cancelamento pela Justiça comum de registro imobiliário devido a carta de arrematação expedida em execução trabalhista, independente de qual seja a alegação de irregularidade. Eventual desconstituição dessa decisão só pode ser obtida mediante processo próprio, perante aquela especializada" (STJ-2ª Seção, CC 45.308, Min. Aldir Passarinho Jr., j. 24.11.04, DJU 6.6.05).

"É competente a Justiça Trabalhista para a ação de manutenção de posse na qual se discute localização, demarcação e confrontações de imóvel alienado judicialmente no âmbito da Justiça Especializada. A discussão está intimamente relacionada ao processo executório, porquanto se questiona, na ação possessória, aspectos relativos à validade da constrição judicial sobre o imóvel" (STJ-2ª Seção, CC 109.146, Min. Luis Felipe, j. 23.2.11, DJ 31.3.11).

"A questão possessória e o direito de preempção estão vinculados ao ato judicial de arrematação promovido nos autos da execução trabalhista, devendo ser julgados na Justiça Especializada todos os incidentes a ele relacionados" (STJ-2ª Seção, CC 164.110-AgInt, Min. Moura Ribeiro, j. 25.9.19, maioria, DJ 3.10.19).

Art. 114: 3d. De acordo com a jurisprudência, as seguintes causas não são da competência da Justiça do Trabalho:

— **Súmula 363 do STJ:** "Compete à Justiça estadual processar e julgar a ação de cobrança ajuizada por **profissional liberal** contra cliente".

Aliás, "tratando-se de relação em que o contratado é prestador de serviços ao público em geral, isto é, o tomador do serviço é um número indeterminado de pessoas (mercado consumidor), tal relação não é de trabalho, mas 'relação de consumo'" (STJ-2ª Seção, CC 67.330, Min. Nancy Andrighi, j. 13.12.06, DJU 1.2.07).

P. ex., compete à Justiça Estadual julgar a ação de cobrança de honorários advocatícios (STJ-1ª Seção, CC 65.575, Min. Castro Meira, j. 8.8.07, DJU 27.8.07); a "ação em que corretor cobra remuneração pela aproximação que possibilitou a venda de determinados imóveis" (STJ-2ª Seção, CC 70.349, Min. Gomes de Barros, j. 27.6.07, DJU 6.8.07).

Por identidade de razões, também não é da competência da Justiça do Trabalho a demanda ajuizada pelo cliente em face do profissional liberal. P. ex., compete à Justiça Estadual julgar ação de indenização fundada na imperícia na prestação de serviços advocatícios (STJ-2ª Seção, CC 70.077, Min. Fernando Gonçalves, j. 12.9.07, DJU 24.9.07).

Todavia, no sentido de que, em matéria de honorários contratuais para atuação na Justiça do Trabalho, "a análise dos pedidos de retenção de valores na execução trabalhista, com base no art. 22, § 4º, da Lei 8.906/94, deve ficar a cargo do Juízo do Trabalho": STJ-2ª Seção, CC 112.748, Min. Raul Araújo, j. 23.5.12, DJ 7.11.12;

— "ação de cobrança de **honorários de sucumbência** ajuizada por ex-empregado em detrimento de ex-empregador" (STJ-3ª T., REsp 1.139.753-AgRg, Min. Sidnei Beneti, j. 15.9.11, DJ 3.10.11);

— "ação de cobrança de honorários advocatícios. Verbas arbitradas em favor da recorrida em razão de sua atuação como **defensora dativa.** Inexistência de relação de trabalho" (STF-RP 198/465: Pleno, RE 607.520, maioria);

— "ação de obrigação de fazer c.c. reparação de danos materiais e morais ajuizada por **motorista de aplicativo Uber.** Relação de trabalho não caracterizada. *Sharing economy.* Natureza cível. Competência do juízo estadual" (STJ-2ª Seção, CC 164.544, Min. Moura Ribeiro, j. 28.8.19, DJ 4.9.19);

— "O termo 'relação de trabalho', previsto no art. 114, I, da CF/88, com redação conferida pela EC 45/04, não alcança a prestação de serviços realizada por **pessoa jurídica,** mas apenas as prestações marcadas pela pessoalidade, somente possível quando a atividade é exercida por pessoa física ou natural. A nova regra de competência abarca, pois, a pequena empreitada, mas não a empreitada realizada por pessoa jurídica. Nesse caso, a relação deixa de ser de trabalho e passa a ser essencialmente mercantil" (STJ-1ª Seção, CC 68.268, Min. Castro Meira, j. 13.12.06, DJU 5.2.07);

— "O empreiteiro, pessoa física, que **contrata ajudantes** para executar o serviço, transforma-se em tomador de serviços ou empregador, o que afasta a competência da Justiça do Trabalho para julgar demanda envolvendo ele, empreiteiro, e quem o contratou" (STJ-2ª Seção, CC 89.171, Min. Gomes de Barros, j. 24.10.07, DJU 26.11.07);

— "Não configurada, na hipótese, a existência de vínculo laboral, mas de relação civil de prestação de serviços de disponibilização de vaga de **estágio** obrigatório acadêmico, exigido por instituição de ensino superior para colação de grau, competindo à Justiça Comum processar e julgar a ação de indenização" (STJ-2ª Seção, CC 131.195, Min. Raul Araújo, j. 26.2.14, maioria, DJ 4.4.14);

— "ação de **reconhecimento e dissolução de sociedade de fato,** cumulada com pedido de indenização, na hipótese em que a causa de pedir e o pedido deduzidos na exordial não referem à existência de relação de trabalho entre as partes" (STJ-2ª Seção, CC 121.702, Min. Raul Araújo, j. 27.2.13, DJ 4.3.13);

— "Os serviços prestados por um **companheiro** a outro não têm natureza trabalhista ou contratual, de sorte que a competência para processar e julgar a ação indenizatória é da Justiça comum estadual" (STJ-4ª T., REsp 482.402, Min. Aldir Passarinho Jr., j. 9.12.03, DJU 15.3.04);

— "O pedido de **alvará** para autorização de trabalho a **menor de idade** é de conteúdo nitidamente civil e se enquadra no procedimento de jurisdição voluntária" (STJ-RT 881/164: 1ª Seção, CC 98.033);

— "A competência para o processamento de ações ajuizadas contra **entidades privadas de previdência** complementar é da Justiça comum, dada a autonomia do Direito Previdenciário em relação ao Direito do Trabalho. Inteligência do art. 202, § 2º, da Constituição Federal a excepcionar, na análise desse tipo de matéria, a norma do art. 114, inciso IX, da Magna Carta. Modulação dos efeitos da decisão para reconhecer a competência da Justiça Federal do Trabalho para processar e julgar, até o trânsito em julgado e a correspondente execução, todas as causas da espécie em que houver sido proferida sentença de mérito até a data da conclusão, pelo Plenário do Supremo Tribunal Federal, do julgamento do presente recurso (20.2.13)" (STF-Pleno, RE 586.453, Min. Dias Toffoli, j. 20.2.13, maioria, DJ 6.6.13). Também afirmando a competência da Justiça comum no caso: STJ-2ª Seção, ED no AI 1.240.154, Min. Raul Araújo, j. 12.12.12, DJ 27.6.13. V. tb. art. 109, nota 3-Entidade de previdência privada;

— "Compete à Justiça comum julgar as demandas relativas a **plano de saúde de autogestão empresarial,** exceto quando o benefício for regulado em contrato de trabalho, convenção ou acordo coletivo, hipótese em que a competência será da Justiça do Trabalho, ainda que figure como parte trabalhador aposentado ou dependente do trabalhador" (STJ-2ª Seção, REsp 1.799.343-EDcl, Min. Nancy Andrighi, j. 24.6.20, DJ 1.7.20);

— "Se a pretensão do autor é cobrar, de ambos os réus, **indenização securitária,** em razão de acidente de trabalho ou doença profissional cobertos em contrato de seguro, a competência é da Justiça Comum, ainda que um dos réus seja ex-empregador do autor. Nesta situação, a relação jurídica que une as partes é exclusivamente contratual, de natureza civil" (STJ-2ª Seção, CC 73.517, Min. Gomes de Barros, j. 8.8.07, DJU 23.8.07);

— **"ação cautelar de exibição de documento. Contrato** e apólice **de seguro.** Demanda proposta por filho, beneficiário do seguro, contra ex-empregador do pai falecido. Competência da Justiça Estadual" (STJ-2ª Seção, CC 121.161, Min. Ricardo Cueva, j. 22.5.13, DJ 4.6.13);

— "ação na qual se pugna pela anulação de ato praticado em **fraude contra credores,** por se tratar de ação de natureza civil, ainda que o ato impugnado tenha o objetivo de frustrar a futura execução de uma dívida trabalhista" (STJ-2ª Seção, CC 74.528, Min. Sidnei Beneti, j. 14.5.08, DJ 4.8.08);

— "ação em que se postula unicamente a **anulação de ato jurídico, contrato social** ou aditivo, que resultou na inclusão indevida do nome da autora como sócia de sua ex-empregadora. Consoante se depreende da causa de pedir e do pedido, a lide persegue tão somente a anulação de ato jurídico que propiciou a alteração do contrato social da sociedade empresária da qual a autora foi empregada, não havendo nenhum pleito de natureza trabalhista, decorrente da relação de trabalho havida entre as partes" (STJ-2ª Seção, CC 141.037, Min. Raul Araújo, j. 8.6.16, DJ 25.8.16).

— "Compete à Justiça comum processar e julgar controvérsias relacionadas à **fase pré-contratual** de seleção e de admissão de pessoal e eventual nulidade do certame em face da Administração Pública, direta e indireta, nas hipóteses em que adotado o regime celetista de contratação de pessoal" (STF-Pleno, RE 960.429, Min. Gilmar Mendes, j. 5.3.20, maioria, DJ 24.6.20).

— **"Contrato de representação comercial.** Preenchidos os requisitos dispostos na Lei 4.886/65, compete à Justiça Comum o julgamento de processos envolvendo relação jurídica entre representante e representada comerciais, uma vez que não há relação de trabalho entre as partes" (STF-Pleno, RE 606.003, Min. Roberto Barroso, j. 13.10.20, maioria, DJ 14.10.20).

V. tb. notas 4d, 4f, 5d, 5e, 5f, 6, 7a e 7b.

Art. 114: 4. Contrato de trabalho. "Qualquer contrato individual de trabalho, mesmo nominado de 'contrato de prestação de serviços', sujeita-se, obrigatoriamente, ao regime jurídico da CLT, que contém as regras de proteção do trabalho assalariado, sendo da competência da Justiça do Trabalho a ação em que se discutem os direitos decorrentes da ruptura do pacto" (STJ-3ª Seção, CC 20.763, Min. Vicente Leal, j. 13.5.98, DJU 22.6.98).

Art. 114: 4a. "Transferência de atleta profissional de futebol. Cobrança do 'passe'. Considerando a natureza acessória do 'passe' ao contrato de trabalho, conforme se verifica do inciso V do artigo 3º da Lei 6.354/1976 (Lei do Passe) e da regra do § 2º do artigo 28 da Lei 9.615/98 (Lei Pelé), a competência para processar e julgar a ação que exige o seu pagamento é da Justiça do Trabalho, nos termos do art. 114, I, da Constituição Federal" (STJ-3ª T., REsp 1.229.485-AgRg, Min. Paulo Sanseverino, j. 17.12.13, DJ 3.2.14).

"Conflito estabelecido entre clube de futebol e pessoa jurídica. **Direito de imagem** de jogador. O trabalhador pleiteou o recebimento dos valores pertinentes ao direito de imagem frente a justiça especializada, alegando tratar-se de via oblíqua para pagamento de salário, sendo oportuno ressaltar que a relação de emprego e seus contornos devem ser apreciados pela Justiça do Trabalho, à luz do princípio da primazia da realidade" (STJ-3ª T., Ag em REsp 903.425-AgInt, Min. Ricardo Cueva, j. 18.8.16, DJ 1.9.16).

"Compete à Justiça do Trabalho processar e julgar ação indenizatória movida contra editora, por suposto uso indevido de imagem de atleta de futebol, caracterizado por publicação, sem autorização, do autor de sua fotografia em álbum de figurinhas, na hipótese de denunciação da lide pela ré ao clube empregador. Nesse contexto, a pretensão indenizatória remete a subjacentes relações de trabalho do autor da demanda" (STJ-2ª Seção, CC 128.610, Min. Raul Araújo, j. 22.6.16, DJ 3.8.16).

Art. 114: 4b. Reclamação trabalhista contra Estado estrangeiro. "Não há imunidade de jurisdição para o Estado estrangeiro, em causa de natureza trabalhista. Em princípio, esta deve ser processada e julgada pela **Justiça do Trabalho**" (RTJ 133/159).

"A imunidade de jurisdição do Estado estrangeiro, quando se tratar de litígios trabalhistas, revestir-se-á de caráter meramente relativo e, em consequência, não impedirá que os juízes e Tribunais brasileiros conheçam de tais controvérsias e sobre elas exerçam o poder jurisdicional que lhes é inerente" (RTJ 161/643).

S/ demanda da qual seja parte Estado estrangeiro, v. tb. CF 102-I-e, 105-II-c e 109-II, CPC 21, nota 1c, e 1.027-II-*b*, LEF 4º, nota 1b.

Art. 114: 4c. "Segundo estabelece a 'Convenção sobre Privilégios e Imunidades das Nações Unidas', promulgada no Brasil pelo Decreto 27.784, de 16 de fevereiro de 1950, 'a **Organização das Nações Unidas,** seus bens e haveres, qualquer que seja seu detentor, gozarão de imunidade de jurisdição, salvo na medida em que a Organização a ela tiver renunciado em determinado caso. Fica, todavia, entendido que a renúncia não pode compreender medidas executivas'. Esse preceito normativo, que no direito interno tem natureza equivalente a das leis ordinárias, aplica-se também às demandas de natureza trabalhista" (STF-Pleno, RE 578.543, Min. Teori Zavascki, j. 15.5.13, DJ 27.5.14).

Art. 114: 4d. Servidor público. "A interpretação adequadamente constitucional da expressão 'relação do trabalho' deve excluir os vínculos de natureza jurídico-estatutária, em razão do que a competência da Justiça do Trabalho não alcança as ações judiciais entre o Poder Público e seus servidores" (STF-Pleno, ADI 3.395, Min. Alexandre de Moraes, j. 15.4.20, maioria, DJ 1.7.20). Ainda: "Mesmo diante da mudança ocorrida na Constituição Federal, com o advento da Em. Const. n. 45, em seu art. 114, I, continuou sendo da Justiça comum estadual a competência para processar e julgar feitos relativos a servidores civis da administração direta e indireta, dos municípios e dos estados, decorrentes da relação de trabalho" (STJ-3ª Seção, CC 34.483, Min. Arnaldo Esteves, j. 22.3.06, DJU 24.4.06). Também: STJ-1ª Seção, CC 60.035, Min. Eliana Calmon, j. 24.5.06, DJU 19.6.06. Com isso, permanecem atuais as seguintes súmulas do STJ:

Súmula 97 do STJ: "Compete à Justiça do Trabalho processar e julgar reclamação de servidor público relativamente a vantagens trabalhistas anteriores à instituição do regime jurídico único".

Súmula 137 do STJ: "Compete à Justiça Comum Estadual processar e julgar ação de servidor público municipal, pleiteando direitos relativos ao vínculo estatutário".

Súmula 218 do STJ: "Compete à Justiça dos Estados processar e julgar ação de servidor estadual decorrente de direitos e vantagens estatutárias no exercício de cargo em comissão".

"Compete à Justiça Comum processar e julgar causas instauradas entre o Poder Público e seus servidores submetidos a regime especial" (STF-Pleno, RE 573.202, Min. Ricardo Lewandowski, j. 21.8.08, DJ 5.12.08).

"O eventual desvirtuamento da designação temporária para o exercício de função pública, ou seja, da relação jurídico-administrativa estabelecida entre as partes, não pode ser apreciado pela Justiça do Trabalho" (STF-Pleno, Rcl 4.464, Min. Cármen Lúcia, j. 20.5.09, maioria, DJ 21.8.09).

"Compete à Justiça comum pronunciar-se sobre a existência, a validade e a eficácia das relações entre servidores e o poder público fundadas em vínculo jurídico-administrativo temporário. Não descaracteriza a competência da Justiça comum o fato de se requererem verbas rescisórias, FGTS e outros encargos de natureza símile, dada a prevalência da questão de fundo, a qual diz respeito à própria natureza da relação jurídico-administrativa, ainda que desvirtuada ou submetida a vícios de origem" (STF-Pleno, Rcl 4.351-MC-AgRg, Min. Dias Toffoli, j. 11.11.15, maioria, DJ 13.4.16). Em sentido semelhante: "O servidor temporário, contratado à luz do disposto no artigo 37, inciso IX, da Constituição da República, não assume vínculo trabalhista, o que determina a competência da Justiça Comum" (STJ-Corte Especial, CC 96.608, Min. Castro Meira, j. 18.12.09, DJ 18.2.10).

"A prorrogação indevida do contrato de trabalho do servidor temporário não tem o condão de alterar o vínculo original, de natureza tipicamente administrativa, para trabalhista" (STJ-RT 901/150: 3ª Seção, CC 106.643, maioria; a citação é do voto do relator).

"A Justiça Comum Federal ou Estadual é competente para julgar a abusividade de **greve** de servidores públicos celetistas da administração direta, autarquias e fundações de direito público" (STF-Pleno, RE 846.854, Min. Alexandre de Moraes, j. 1.8.17, maioria, DJ 7.2.18). Em sentido semelhante: "O movimento grevista que envolve o Poder Público e seus servidores, estatutários ou não, é julgado pela Justiça Comum" (STJ-1ª Seção, CC 116.994, Min. Humberto Martins, j. 22.6.11, DJ 30.6.11).

Art. 114: 4e. "Ação de execução de termo de ajustamento de conduta firmado perante o Ministério Público do Trabalho e o Ministério Público Estadual. Competência da Justiça do Trabalho. No caso, tratando-se de demanda movida por órgãos do Ministério Público contra Município, visando ao cumprimento de obrigações inerentes a relações do trabalho, a competência é da Justiça do Trabalho, nos termos do art. 114, incisos I, VII e IX, da CF/88" (STJ-1ª Seção, CC 120.175, Min. Teori Zavascki, j. 28.3.12, maioria, DJ 27.4.12).

V. tb. nota 6e.

Art. 114: 4f. "A **atividade fiscalizatória** exercida pelos **conselhos profissionais,** decorrente da delegação do poder de polícia, está inserida no âmbito do direito administrativo, não podendo ser considerada relação de trabalho e, por consequência, não está incluída na esfera de competência da Justiça Trabalhista" (STJ-1ª Seção, CC 127.761, Min. Mauro Campbell, j. 28.8.13, DJ 3.9.13).

Art. 114: 5. Súmula Vinculante 23 do STF: "A Justiça do Trabalho é competente para processar e julgar **ação possessória** ajuizada em decorrência do exercício do direito de greve pelos trabalhadores da iniciativa privada". No mesmo sentido: STJ-2ª Seção, CC 101.574-AgRg, Min. Fernando Gonçalves, j. 25.3.09, DJ 1.4.09; RT 873/279 (TJMG, AI 1.0702.05.245984-0/002, maioria).

Assim, tende a ficar superado o entendimento contrário, no sentido de que seria competente nesse caso a Justiça Comum Estadual (p/ esse entendimento, v. STJ-2ª Seção, CC 57.866-AgRg-EDcl; JTJ 315/374: AI 7.097.367-2).

S/ greve de servidor público, v. nota 4d; s/ greve em atividade essencial, v. § 3º.

Art. 114: 5a. "Com a promulgação da EC 45/2004, ampliou-se, de modo expressivo, a competência da Justiça do Trabalho, em cujas atribuições jurisdicionais inclui-se, agora, o poder para processar e julgar a controvérsia pertinente à **representação interna de entidades sindicais** (sindicatos, federações e confederações). Em decorrência dessa reforma constitucional, cessou a competência da Justiça Comum do Estado-membro para processar e julgar as causas referentes aos litígios envolvendo dirigente sindical e a própria entidade que ele representa em matérias referentes a questões estatutárias" (STF-2ª T., Ag em RE 681.641-AgRg, Min. Celso de Mello, j. 5.3.13, DJ 20.3.13).

"Após a edição da EC 45/2004, as questões relacionadas ao **processo eleitoral sindical,** ainda que esbarrem na esfera do direito civil, estão afetas à competência da Justiça do Trabalho" (STJ-1ª Seção, CC 62.736, Min. Eliana Calmon, j. 14.2.07, DJU 5.3.07).

"Conflito positivo de competência. Ações relacionadas à escolha de dirigentes sindicais. Competência do Juízo do trabalho" (STJ-2ª Seção, CC 113.723, Min. Nancy Andrighi, j. 13.8.14, DJ 19.8.14).

Assim, está **superada** a **Súmula 4 do STJ:** "Compete à Justiça Estadual julgar causa decorrente do processo eleitoral sindical" (v. jurisprudência s/ esta Súmula em RSTJ 16/71).

Art. 114: 5b. Súmula 736 do STF: "Compete à Justiça do Trabalho julgar as ações que tenham como causa de pedir o descumprimento de normas trabalhistas relativas à segurança, higiene e saúde dos trabalhadores" (v. LACP 2º, nota 1b).

Art. 114: 5c. "A competência para processar e julgar as ações em que são discutidas **contribuições** sindicais, assistenciais e confederativas passou para a Justiça Trabalhista" (STJ-1ª Seção, CC 61.623, Min. Denise Arruda, j. 28.2.07, DJU 2.4.07). No mesmo sentido: STF-Bol. AASP 2.529/477: Pleno, CC 7.221.

"A discussão relativa à legitimidade do sindicato para receber a contribuição sindical representa matéria funcional à atuação sindical, enquadrando-se, diante da nova redação dada pela Emenda Constitucional 45/04 ao art. 114, III, da Constituição Federal, na competência da Justiça do Trabalho" (STF-RT 876/114: Pleno, CC 7.456).

Art. 114: 5d. Esta "norma de competência **não se aplica** a demandas entre sindicato e seus **sindicalizados,** quando estes são regidos por **normas estatutárias** de direito administrativo" (STJ-1ª Seção, CC 86.387, Min. Teori Zavascki, j. 22.8.07, DJU 10.9.07).

"Compete à **Justiça Comum** e não à Trabalhista processar e julgar demanda movida por entidade sindical contra Município, visando à cobrança de valores retidos em folha de pagamento, inclusive de **contribuição sindical,** em relação a servidores públicos regidos pelo **regime estatutário**" (STJ-1ª Seção, CC 86.876, Min. Teori Zavascki, j. 22.8.07, DJU 10.9.07).

Art. 114: 5e. "O núcleo da norma inscrita no art. 114, III, da Constituição Federal, diz respeito às 'ações sobre representação sindical', não abrangendo aquela proposta por empregador contra sindicato de trabalhadores visando a indenização de dano moral" (STJ-2ª Seção, CC 87.730, Min. Ari Pargendler, j. 14.11.07, DJU 10.12.07). O mesmo entendimento vale para a ação de indenização por dano moral ajuizada por trabalhador em face de sindicato (STJ-2ª Seção, CC 93.357, Min. Sidnei Beneti, j. 28.5.08, DJU 5.6.08). Também afastando do art. 114-III demanda que, embora tenha como parte um sindicato, não tenha que ver com a atuação deste como entidade representativa: STJ-1ª Seção, CC 77.759, Min. Denise Arruda, j. 11.6.08, DJU 30.6.08. Ainda na mesma linha, no caso de ação cautelar de "exibição de documentos que estariam em poder das dirigentes eleitas para a gestão 2007/2010, não havendo qualquer discussão acerca da representatividade da categoria profissional, o que evidencia a competência da Justiça Comum para o processamento e julgamento da demanda": STJ-1ª Seção, CC 126.437, Min. Mauro Campbell, j. 28.8.13, DJ 3.9.13.

Todavia: "Ação de indenização proposta por trabalhador contra sindicato. Danos morais e materiais. Vício na representação em anterior ação trabalhista. Competência da Justiça laboral (CF, art. 114, VI e IX)" (STJ-2ª Seção, CC 124.930, Min. Raul Araújo, j. 10.4.13, DJ 2.5.13).

Afirmando a competência da Justiça do Trabalho para o julgamento de demanda ajuizada por ex-dirigente sindical contra o sindicato visando a "receber o pagamento de verbas decorrentes do exercício do cargo sindical (ajuda de custo), bem como indenização a título de danos morais decorrente de tratamento diferenciado em relação aos demais diretores do sindicato": STJ-2ª Seção, CC 124.534, Min. Luis Felipe, j. 26.6.13, DJ 1.7.13 (a citação é do voto do relator).

Art. 114: 5f. O inciso IV "não compromete a incidência da norma especial do art. 105, I, *b*, que atribui ao STJ competência originária para mandados de segurança impetrados contra ato omissivo ou comissivo de Ministro de Estado. Considera-se que a competência geral *ratione materiae* da Justiça do Trabalho não se sobrepõe à competência especial *ratione personae* atribuída aos Tribunais Superiores" (STJ-1ª Seção, MS 8.909-AgRg, Min. Castro Meira, j. 27.2.08, um voto vencido, DJ 29.9.08; a citação é do voto do Min. Teori Zavascki).

Art. 114: 6. Súmula Vinculante 22 do STF: "A Justiça do Trabalho é competente para processar e julgar as **ações de indenização por danos morais e patrimoniais** decorrentes de acidente de trabalho propostas por empregado contra empregador, inclusive aquelas que ainda não possuíam sentença de mérito em primeiro grau quando da promulgação da Emenda Constitucional n. 45/04". No mesmo sentido: STJ-2ª Seção, CC 51.712, Min. Barros Monteiro, j. 10.8.05, maioria, DJU 14.9.05.

Devem permanecer na **Justiça Comum Estadual** os processos nos quais já existia **sentença de mérito** quando do advento da Em. Const. 45, não sendo suficiente a existência de sentença terminativa (STJ-RP 150/212: 2ª Seção, CC 69.143).

A ação de indenização fundada em fato decorrente da relação de trabalho (CF, art. 114-VI) é sempre de competência da Justiça do Trabalho, nada importando que o dissídio venha a ser resolvido com base nas normas de Direito Civil (STF-1ª T., RE 238.737, Min. Sepúlveda Pertence, j. 17.11.98, DJU 5.2.99).

"A ação de indenização ajuizada pelo trabalhador em face do ex-empregador, com vistas ao ressarcimento dos honorários advocatícios contratuais despendidos em reclamatória trabalhista outrora manejada, deve ser apreciada pela Justiça do Trabalho, porquanto se subsume ao que dispõe o art. 114, VI, CF/88" (STJ-2ª Seção, REsp 1.087.153, Min. Luis Felipe, j. 9.5.12, um voto vencido, DJ 22.6.12).

"Ação de indenização proposta por trabalhador contra ex-empregador. Danos morais. Ofensas irrogadas no âmbito de reclamatória trabalhista. Competência da Justiça laboral (CF, art. 114, VI e IX)" (STJ-2ª Seção, CC 127.909, Min. Raul Araújo, j. 14.5.14, DJ 5.6.14).

"Embargos à execução. Nota promissória. Vinculação a dívida oriunda da relação laboral. Colisão de veículo funcional. Relevância. Competência da Justiça do Trabalho. A dívida representada por título executivo extrajudicial deve ser cobrada perante a Justiça comum, exceto quando vinculada sua origem a obrigação de natureza trabalhista. Exceção presente na espécie, em que o devedor, na inicial dos embargos à execução, alega que o débito decorre da colisão do veículo funcional, quando dirigido a trabalho, mas que foi obrigado, pelo ex-empregador, exequente, a assumir" (STJ-2ª Seção, CC 149.268-AgInt, Min. Isabel Gallotti, j. 13.12.17, DJ 18.12.17).

"Se a ação de indenização decorre de acidente de trânsito ocorrido com o empregado em transporte fornecido pelo empregador, a competência para processar e julgar a causa é da Justiça Trabalhista, pois o pleito advém da relação de trabalho e de emprego" (STJ-RT 877/143: 2ª Seção, CC 94.350).

"Se o furto ocorre no local indicado pelo empregador para o estacionamento de veículos de seus empregados, a indenização do dano patrimonial resultante deve ser perseguida na Justiça do Trabalho" (STJ-2ª Seção, CC 82.729, Min. Ari Pargendler, j. 27.11.07, dois votos vencidos, DJU 4.8.08).

"Compete à Justiça Trabalhista processar e julgar ações de compensação por danos morais decorrentes de assédio sexual praticado contra empregado doméstico em seu ambiente de trabalho, ainda que por parte de familiar que nesse não residia, mas que praticou o dano somente porque a ele livre acesso possuía" (STJ-2ª Seção, CC 110.924, Min. Nancy Andrighi, j. 14.3.11, DJ 28.3.11).

"Compete à Justiça do Trabalho processar e julgar ação de indenização por danos morais promovida pelo empregador, por suposto ato ilícito perpetrado por empregada de sociedade empresária da qual aquele é sócio, consubstanciado no registro de boletim de ocorrência relatando a suposta prática do crime de ameaça por parte do autor no curso da relação de trabalho. A causa de pedir remonta à relação de trabalho estabelecida entre as partes, ainda que o pedido de indenização por danos morais decorra de informações supostamente falsas registradas em boletim de ocorrência feito pela ré, imputando conduta desabonadora e criminosa ao autor, sócio da sociedade empresária da qual a promovida era empregada, no curso da relação empregatícia" (STJ-2ª Seção, CC 130.122, Min. Raul Araújo, j. 10.9.14, DJ 1.10.14).

"A ação por meio da qual o ex-empregador objetiva o ressarcimento de valores dos quais o ex-empregado alegadamente teria se apropriado, mediante depósitos não autorizados na própria conta corrente, a pretexto de pagamento de salário, compreende-se na competência da Justiça do Trabalho (CF, art. 114, I e VI)" (STJ-2ª Seção, CC 122.556, Min. Isabel Gallotti, j. 24.10.12, DJ 29.10.12).

"Ação de indenização por danos materiais, ajuizada por sócios de sociedade de fato, em face de ex-empregado, visando receber valores referentes a cheques supostamente furtados pelo ex-empregado e sua enteada. Competência da Justiça do Trabalho" (STJ-2ª Seção, CC 118.842, Min. Nancy Andrighi, j. 12.6.13, DJ 19.6.13).

No sentido de que o art. 114-VI da CF "não restringe a competência da Justiça do Trabalho às ações ajuizadas pelo empregado contra o empregador, e vice-versa. Se o acidente ocorreu no âmbito de uma relação de trabalho, só a Justiça do Trabalho pode decidir se o tomador dos serviços responde pelos danos sofridos pelo **prestador terceirizado"**: STJ-2ª Seção, CC 82.432-AgRg, Min. Ari Pargendler, j. 26.9.07, um voto vencido, DJU 8.11.07.

V. tb. art. 109, nota 17, e CPC 43, nota 7.

Todavia, no sentido de que **compete à Justiça Comum Estadual** julgar a causa, "se o ilícito em que fundamentada a responsabilidade por danos morais ocorre entre meros colegas de trabalho — ainda que praticado no ambiente de trabalho": STJ-2ª Seção, CC 110.974, Min. Paulo Sanseverino, j. 10.11.10, DJ 23.11.10.

No sentido de que é da **competência da Justiça Federal** "ação de reparação por dano moral que tem como fundamento ato administrativo, supostamente indevido, praticado pelo INSS, por não se tratar na hipótese de demanda relativa a benefício previdenciário ou dano material ou moral decorrente de acidente de trabalho": STJ-RT 850/209 (1ª Seção, CC 54.773).

Art. 114: 6a. "O ajuizamento da **ação de indenização pelos sucessores** não altera a competência da Justiça especializada. A transferência do direito patrimonial em decorrência do óbito do empregado é irrelevante" (STF-Pleno, CC 7.545, Min. Eros Grau, j. 3.6.09, DJ 14.8.09). À luz desse julgado, o STJ decidiu **cancelar** a **Súmula 366** (STJ-Corte Especial, CC 101.977, Min. Teori Zavascki, j. 16.9.09, DJ 5.10.09), a qual dispunha que "compete à Justiça estadual processar e julgar ação indenizatória proposta por viúva e filhos de empregado falecido em acidente de trabalho".

Art. 114: 6b. "Não havendo distinção na Constituição Federal entre as ações ajuizadas visando **prevenir acidentes de trabalho,** daquelas que visam reparar o dano daí decorrente, todas devem ser processadas na Justiça do Trabalho" (STJ-2ª Seção, CC 118.763, Min. Luis Felipe, j. 27.11.13, DJ 10.12.13).

Art. 114: 6c. "Compete à Justiça do Trabalho apreciar e julgar controvérsia relativa à posse do imóvel cedido em comodato para moradia durante o contrato de trabalho, entendimento firmado em virtude das alterações introduzidas pela EC n. 45/04, art. 114, VI, da CF" (STJ-2ª Seção, CC 57.524, Min. Menezes Direito, j. 27.9.06, DJU 23.10.06).

Art. 114: 6d. "A Justiça do Trabalho passou a deter a competência para processar e julgar as execuções fiscais propostas pela União para a cobrança de multa por infração à legislação trabalhista" (STJ-1ª Seção, CC 89.551, Min. Carlos Mathias, j. 9.4.08, DJU 25.4.08).

S/ direito intertemporal, v. CPC 43, nota 7.

Art. 114: 6e. "Compete à Justiça do Trabalho processar execução ajuizada pelo Ministério Público Estadual visando à cobrança de multa decorrente do descumprimento, pela empregadora, de termo de ajustamento de conduta celebrado entre as partes, tendo por objeto a segurança e saúde de trabalhadores" (STJ-1ª Seção, CC 88.883, Min. Teori Zavascki, j. 14.11.07, DJU 10.12.07).

V. tb. nota 4e.

Art. 114: 6f. "A norma de competência não se restringe às ações constitutivas negativas, como a princípio poderia parecer, mas abrange as ações declaratórias que visam obstar a atuação administrativa dos órgãos de fiscalização da relação de trabalho" (STJ-1ª Seção, CC 108.351, Min. Castro Meira, j. 9.2.11, DJ 22.2.11).

Art. 114: 7. s/ habilitação do correlato crédito, v. LRF 9º, nota 2.

Art. 114: 7a. **Súmula Vinculante 53 do STF:** "A competência da Justiça do Trabalho prevista no art. 114, VIII, da Constituição Federal alcança a execução de ofício das contribuições previdenciárias relativas ao objeto da condenação constante das sentenças que proferir e acordos por ela homologados".

"A competência da Justiça do Trabalho prevista no art. 114, VIII, da Constituição Federal alcança apenas a execução das contribuições previdenciárias relativas ao objeto da condenação constante das sentenças que proferir" (STF-Pleno, RE 569.056, Min. Menezes Direito, j. 11.9.08, DJ 12.12.08). Assim: "Compete à Justiça comum o julgamento de conflito a envolver a incidência de contribuição previdenciária sobre complementação de proventos de aposentadoria" (STF-Pleno, RE 594.435, Min. Marco Aurélio, j. 24.5.18, maioria, DJ 3.9.18). No mesmo sentido, ponderando que "ação de execução movida pelo INSS para cobrança de contribuições previdenciárias é da competência da Justiça Comum (federal ou estadual, por delegação), e não da Justiça do Trabalho": STJ-1ª Seção, CC 91.855, Min. Teori Zavascki, j. 13.2.08, DJU 3.3.08.

"Compete à Justiça do Trabalho o processamento e o julgamento de ação de conhecimento em que ex-empregado pretende que o antigo empregador recolha as contribuições previdenciárias relativas ao período em que esteve vigente o vínculo empregatício" (STJ-2ª Seção, CC 103.297-AgRg, Min. Aldir Passarinho Jr., j. 23.9.09, DJ 6.10.09).

Art. 114: 7b. "Não se inclui na competência da Justiça Trabalhista processar e julgar ação de repetição de indébito tributário movida contra o INSS, ainda que o pagamento alegadamente indevido tenha sido efetuado como decorrência de sentença trabalhista" (STJ-1ª Seção, CC 53.793, Min. Teori Zavascki, j. 22.3.06, DJU 10.4.06).

✎ **Art. 114: 8.** "A Emenda Constitucional n. 45/04 e os dissídios coletivos", por Arnaldo Sussekind (RF 383/25).

Art. 114: 9. "Cabe à Justiça do Trabalho fixar o percentual mínimo de atendimento à população durante greve em serviço essencial, caso do transporte coletivo de passageiros" (STJ-2ª Seção, CC 95.878, Min. Aldir Passarinho Jr., j. 13.8.08, DJ 11.9.08).

S/ greve de servidor público, v. nota 4d.

Art. 115. Os Tribunais Regionais do Trabalho compõem-se de, no mínimo, sete juízes, recrutados, quando possível, na respectiva região, e nomeados pelo Presidente da República dentre brasileiros com mais de trinta e menos de sessenta e cinco anos, sendo:[1]

I — um quinto dentre advogados com mais de dez anos de efetiva atividade profissional e membros do Ministério Público do Trabalho com mais de dez anos de efetivo exercício, observado o disposto no art. 94;

II — os demais, mediante promoção de juízes do trabalho por antiguidade e merecimento, alternadamente.[2]

§ 1º Os Tribunais Regionais do Trabalho instalarão a justiça itinerante, com a realização de audiências e demais funções de atividade jurisdicional, nos limites territoriais da respectiva jurisdição, servindo-se de equipamentos públicos e comunitários.

§ 2º Os Tribunais Regionais do Trabalho poderão funcionar descentralizadamente, constituindo Câmaras regionais, a fim de assegurar o pleno acesso do jurisdicionado à justiça em todas as fases do processo.

Art. 115: 1. Redação do art. 115 de acordo com a Em. Const. 45, de 8.12.04.

Art. 115: 2. "Impetrante em três listas tríplices consecutivas para promoção por merecimento para Desembargador do Tribunal Regional do Trabalho da 2ª Região (art. 115-II da Constituição da República). Observância obrigatória do art. 93-II-*a* da Constituição da República. Regra aplicável à magistratura" (STF-Pleno, MS 31.375, Min. Cármen Lúcia, j. 26.6.13, DJ 8.8.13).

Art. 116. Nas Varas do Trabalho, a jurisdição será exercida por um juiz singular.[1]

Parágrafo único. .... [2]

Art. 116: 1. Redação do *caput* de acordo com a Em. Const. 24, de 9.12.99.

Art. 116: 2. Parágrafo único revogado pela Em. Const. 24, de 9.12.99.

Art. 117. ....[1]

Art. 117: 1. Revogado pela Em. Const. 24, de 9.12.99.

Seção VI | DOS TRIBUNAIS E JUÍZES ELEITORAIS

Art. 118. São órgãos da Justiça Eleitoral:

I — o Tribunal Superior Eleitoral;

II — os Tribunais Regionais Eleitorais;

III — os Juízes Eleitorais;

IV — as Juntas Eleitorais.

Art. 119. O Tribunal Superior Eleitoral compor-se-á, no mínimo, de sete membros, escolhidos:

I — mediante eleição, pelo voto secreto:

a) três juízes dentre os Ministros do Supremo Tribunal Federal;

b) dois juízes dentre os Ministros do Superior Tribunal de Justiça;

II — por nomeação do Presidente da República, dois juízes dentre seis advogados de notável saber jurídico e idoneidade moral, indicados pelo Supremo Tribunal Federal.

Parágrafo único. O Tribunal Superior Eleitoral elegerá seu Presidente e o Vice-Presidente dentre os Ministros do Supremo Tribunal Federal, e o Corregedor Eleitoral dentre os Ministros do Superior Tribunal de Justiça.

Art. 120. Haverá um Tribunal Regional Eleitoral na Capital de cada Estado e no Distrito Federal.

§ 1º Os Tribunais Regionais Eleitorais compor-se-ão:

I — mediante eleição, pelo voto secreto:

a) de dois juízes dentre os desembargadores do Tribunal de Justiça;

b) de dois juízes, dentre juízes de direito, escolhidos pelo Tribunal de Justiça;

II — de um juiz do Tribunal Regional Federal com sede na Capital do Estado ou no Distrito Federal, ou, não havendo, de juiz federal, escolhido, em qualquer caso, pelo Tribunal Regional Federal respectivo;

III — por nomeação, pelo Presidente da República, de dois juízes dentre seis advogados de notável saber jurídico e idoneidade moral, indicados pelo Tribunal de Justiça.

§ 2º O Tribunal Regional Eleitoral elegerá seu Presidente e o Vice-Presidente dentre os desembargadores.

Art. 121. Lei complementar disporá sobre a organização e competência[1] dos tribunais, dos juízes de direito e das juntas eleitorais.

§ 1º Os membros dos tribunais, os juízes de direito e os integrantes das juntas eleitorais, no exercício de suas funções, e no que lhes for aplicável, gozarão de plenas garantias e serão inamovíveis.

§ 2º Os juízes dos tribunais eleitorais, salvo motivo justificado, servirão por dois anos, no mínimo, e nunca por mais de dois biênios consecutivos, sendo os substitutos escolhidos na mesma ocasião e pelo mesmo processo, em número igual para cada categoria.

§ 3º São irrecorríveis as decisões do Tribunal Superior Eleitoral, salvo as que contrariarem esta Constituição e as denegatórias de *habeas corpus* ou mandado de segurança.

§ 4º Das decisões dos Tribunais Regionais Eleitorais somente caberá recurso quando:

I — forem proferidas contra disposição expressa desta Constituição ou de lei;

II — ocorrer divergência na interpretação de lei entre dois ou mais tribunais eleitorais;

III — versarem sobre inelegibilidade ou expedição de diplomas nas eleições federais ou estaduais;

IV — anularem diplomas ou decretarem a perda de mandatos eletivos federais ou estaduais;

V — denegarem *habeas corpus*, mandado de segurança, *habeas data* ou mandado de injunção.[2]

Art. 121: 1. Súmula 368 do STJ: "Compete à Justiça comum estadual processar e julgar os pedidos de retificação de dados cadastrais da Justiça Eleitoral".

Súmula 374 do STJ: "Compete à Justiça Eleitoral processar e julgar a ação para anular débito decorrente de multa eleitoral".

Dúvidas de competência entre a Justiça Comum e a Justiça Eleitoral.

Competem à Justiça Comum:

— as questões relativas aos atos *interna corporis* dos partidos políticos, como a dissolução de diretório municipal, determinada por comissão executiva regional (STJ-2ª Seção, CC 39.258, Min. Menezes Direito, j. 10.12.03, DJU 8.3.04); a validade de ato deliberativo sobre eleição de diretório (STJ-2ª Seção, CC 40.929, Min. Cesar Rocha, j. 24.3.04, DJU 7.6.04); ou a "controvérsia sobre a **validade de registro de candidatura de filiado** em determinado partido político" (RSTJ 188/139: 1ª Seção);

— as demandas ajuizadas após a diplomação do candidato eleito, p. ex., a voltada para a cassação do mandato eletivo (STJ-1ª Seção, CC 67.914, Min. Denise Arruda, j. 25.6.08, DJ 4.8.08) ou para discutir a ordem de convocação de suplente para a Câmara de Vereadores (STJ-1ª Seção, CC 96.265, Min. Teori Zavascki, j. 13.8.08, DJ 1.9.08);

— a ação civil pública que tenha por objeto ato praticado no decorrer do mandato eletivo, como a utilização de símbolos pessoais na publicidade de serviços e obras realizados (STJ-1ª Seção, CC 36.533, Min. Luiz Fux, j. 24.3.04, DJU 10.5.04; no mesmo sentido: RSTJ 56/20);

— a ação de cobrança movida por partido político contra filiado visando ao recebimento de contribuição prevista no Estatuto (RSTJ 151/219);

— a ação com o propósito de apreender panfletos político-partidários, por violação de direito autoral (STJ-2ª Seção, CC 27.516, Min. Menezes Direito, j. 9.2.00, DJU 17.4.00);

— a ação civil pública, a respeito da eficácia e validade de dispositivo de Lei Orgânica Municipal que fixa o número a vereadores para determinada legislatura (STJ-1ª Seção, CC 23.183, Min. José Delgado, j. 27.10.99, DJU 28.2.00);

— a ação civil pública que discute a "garantia de acesso a pessoas portadoras de necessidade especiais aos prédios onde colhidos os votos" (STJ-2ª T., REsp 1.563.459-AgInt, Min. Francisco Falcão, j. 3.8.17, DJ 14.8.17).

Compete à Justiça Eleitoral:

— a ação de indenização de danos morais decorrentes de atos praticados durante o período de propaganda eleitoral, tidos como depreciativos da imagem de candidato a cargo eletivo (STJ-1ª Seção, CC 46.616, Min. José Delgado, j. 13.4.05, DJU 23.5.05; no caso, tratava-se de impressão e circulação de panfletos considerados ofensivos);

— mandado de segurança contra ato administrativo do Presidente do TRE (RSTJ 139/17: 1ª Seção, CC 27.078). **Todavia:** "A competência dos Tribunais Regionais Eleitorais não vai além da matéria eleitoral; excepcionalmente, julgam os atos de seus Presidentes, inclusive os de natureza administrativa, quando atacados por mandado de segurança, não se lhes assimilando a decisão de Presidente de Comissão de Licitação, ainda que do próprio Tribunal" (STJ-1ª Seção, CC 23.976, Min. Ari Pargendler, j. 8.9.99, DJU 11.10.99);

— a execução fiscal de multa eleitoral (RSTJ 126/17).

Art. 121: 2. s/ mandado de injunção, v. Lei 13.300, de 23.6.16 (LMI), no tít. MANDADO DE INJUNÇÃO, ínt., e notas.

Seção VII | DOS TRIBUNAIS E JUÍZES MILITARES

Art. 122. São órgãos da Justiça Militar:

I — o Superior Tribunal Militar;

II — os Tribunais e Juízes Militares instituídos por lei.

Art. 123. O Superior Tribunal Militar compor-se-á de quinze Ministros vitalícios, nomeados pelo Presidente da República, depois de aprovada a indicação pelo Senado Federal, sendo três dentre oficiais-generais da Marinha, quatro dentre oficiais-generais do Exército, três dentre oficiais-generais da Aeronáutica, todos da ativa e do posto mais elevado da carreira, e cinco dentre civis.

Parágrafo único. Os Ministros civis serão escolhidos pelo Presidente da República dentre brasileiros maiores de trinta e cinco anos, sendo:

I — três dentre advogados de notório saber jurídico e conduta ilibada, com mais de dez anos de efetiva atividade profissional;

II — dois, por escolha paritária, dentre juízes auditores e membros do Ministério Público da Justiça Militar.

Art. 124. À Justiça Militar compete processar e julgar os crimes militares definidos em lei.

Parágrafo único. A lei disporá sobre a organização, o funcionamento e a competência da Justiça Militar.

Seção VIII | DOS TRIBUNAIS[1] E JUÍZES DOS ESTADOS

SEÇ. VIII: 1. Em. Const. 45, de 8.12.04: "Art. 4º Ficam extintos os Tribunais de Alçada, onde houver, passando os seus membros a integrar os Tribunais de Justiça dos respectivos Estados, respeitadas a antiguidade e classe de origem.

"Parágrafo único. No prazo de cento e oitenta dias, contado da promulgação desta Emenda, os Tribunais de Justiça, por ato administrativo, promoverão a integração dos membros dos tribunais extintos em seus quadros, fixando-lhes a competência e remetendo, em igual prazo, ao Poder Legislativo, proposta de alteração da organização e da divisão judiciária correspondentes, assegurados os direitos dos inativos e pensionistas e o aproveitamento dos servidores no Poder Judiciário estadual".

Art. 125. Os Estados organizarão sua Justiça, observados os princípios estabelecidos nesta Constituição.

§ 1º A competência dos tribunais[1 a 1b] será definida na Constituição do Estado, sendo a lei de organização judiciária[1c] de iniciativa do Tribunal de Justiça.[1d]

§ 2º Cabe aos Estados a instituição de representação de inconstitucionalidade[2 a 3a] de leis ou atos normativos estaduais ou municipais[4] em face da Constituição Estadual, vedada a atribuição da legitimação para agir a um único órgão.

§ 3º A lei estadual poderá criar, mediante proposta do Tribunal de Justiça, a Justiça Militar estadual, constituída, em primeiro grau, pelos juízes de direito e pelos Conselhos de Justiça e, em segundo grau, pelo próprio Tribunal de Justiça, ou por Tribunal de Justiça Militar nos Estados em que o efetivo militar seja superior a vinte mil integrantes.[4a]

§ 4º Compete à Justiça Militar estadual processar e julgar os militares dos Estados, nos crimes militares definidos em lei e as ações judiciais contra atos disciplinares militares, ressalvada a competência do júri quando a vítima for civil, cabendo ao tribunal competente decidir sobre a perda do posto e da patente dos oficiais e da graduação das praças.[5-5a]

§ 5º Compete aos juízes de direito do juízo militar processar e julgar, singularmente, os crimes militares cometidos contra civis e as ações judiciais contra atos disciplinares militares, cabendo ao Conselho de Justiça, sob a presidência de juiz de direito, processar e julgar os demais crimes militares.[5b]

§ 6º O Tribunal de Justiça poderá funcionar descentralizadamente, constituindo Câmaras regionais, a fim de assegurar o pleno acesso do jurisdicionado à justiça em todas as fases do processo.[6]

§ 7º O Tribunal de Justiça instalará a justiça itinerante, com a realização de audiências e demais funções da atividade jurisdicional, nos limites territoriais da respectiva jurisdição, servindo-se de equipamentos públicos e comunitários.[7]

Art. 125: 1. Só o Tribunal estadual é competente para anular decisão ou sentença de juiz no exercício de jurisdição estadual, mesmo que a nulidade resulte de competência absoluta da Justiça Federal (v. art. 108, nota 6a, e art. 109, nota 2).

Art. 125: 1a. s/ competência dos tribunais estaduais em *habeas data*, v. LHD 20-I e II-*d*.

Art. 125: 1b. Compete às Constituições Estaduais estabelecer a competência para julgar os conflitos de competência entre os juízes estaduais (STF-Pleno: RTJ 175/548).

Art. 125: 1c. v. Lei 5.621, de 4.11.70, que, no seu art. 6º, define o que seja organização judiciária.

Art. 125: 1d. "A matéria relativa à ordenação das serventias extrajudiciais e dos serviços por elas desempenhados está inserida na seara da organização judiciária, para a qual se exige, nos termos dos arts. 96, II, *d*, e 125, § 1º, da Constituição Federal, a edição de lei formal de iniciativa privativa dos Tribunais de Justiça" (STF-Pleno, ADI 4.140, Min. Ellen Gracie, j. 29.6.11, DJ 20.9.11).

✎ **Art. 125: 2.** "Controle abstrato de constitucionalidade estadual", por Léo Ferreira Leoncy (RP 206/191).

Art. 125: 2a. A antiga "representação de inconstitucionalidade" corresponde atualmente à "ação direta de inconstitucionalidade".

Art. 125: 2b. Os tribunais estaduais, para declararem a inconstitucionalidade de lei local, em face da Constituição estadual, também estão sujeitos ao *quorum* do art. 95 (RTJ 89/944, 135/297, ambos na vigência da CF de 1969; atualmente, art. 97 da CF de 1988).

Art. 125: 2c. De acordo com o art. 125 § 2º, verifica-se que o mesmo dispositivo de lei estadual pode ser impugnado em ação direta de inconstitucionalidade em face da Constituição Estadual (sendo competente para julgá-la o Tribunal de Justiça) ou da Constituição Federal (hipótese em que a competência é do STF, art. 102-I-*a*). Quando o preceito da primeira não passa de reprodução da Constituição Federal, pode ocorrer a possibilidade de conflito entre as decisões dos dois Tribunais. S/ a solução desse impasse, v. LADIN 1º, notas 21 e 21a.

Art. 125: 3. "Em se tratando de acórdão proferido em ação direta de inconstitucionalidade de ato normativo municipal e decidido em face de dispositivo da Constituição do Estado-membro, só é cabível, em princípio, recurso extraordinário para a anulação do acórdão recorrido por vício formal ou de competência constitucionais, como, quanto ao primeiro, a falta de fundamentação, ou, excepcionalmente, por vício material, quando a ação foi julgada em face de princípio cuja reprodução se tenha de fazer exatamente no teor do existente na Constituição Federal, e se sustenta que a interpretação dada ao dispositivo constitucional estadual que o contém é diversa da que esta Corte deu ou dará ao correspondente na Carta Magna federal. E essa limitação se explica porque, no primeiro caso, se fiscaliza o respeito à Constituição da República, sem que esta Corte venha a julgar o mérito da ação direta que se situa no âmbito da competência estadual; e, no segundo, em face da ampla fundamentação em que se baseia a jurisprudência que se firmou nesta Corte, a partir do julgamento da Reclamação 383, e que permite que este Tribunal mantenha a decisão de mérito recorrida ou a reforme" (RTJ 172/997).

Art. 125: 3a. "Declarada a inconstitucionalidade de norma estadual, em face da Constituição do Estado, por Tribunal de Justiça Estadual, órgão do Poder Judiciário constitucionalmente competente para julgar ação direta de inconstitucionalidade, quando tal declaração se torna irrecorrível gera eficácia *erga omnes*, vinculando, por isso, necessariamente, o Tribunal local de onde emanou" (STF-RT 783/218).

V. art. 97, nota 2a.

Art. 125: 4. v. LADIN 1º, nota 21 (ADI contra preceito da Constituição estadual que reproduz princípio da CF) e notas 17 a 20a (ADI contra leis ou atos normativos municipais, especialmente **Súmula 642 do STF**).

Art. 125: 4a. Redação do § 3º de acordo com a Em. Const. 45, de 8.12.04.

Art. 125: 5. Redação do § 4º de acordo com a Em. Const. 45, de 8.12.04.

Art. 125: 5a. "A nova jurisdição civil da Justiça Militar Estadual abrange, tão somente, as ações judiciais propostas contra atos disciplinares militares, vale dizer, ações propostas para examinar a validade de determinado ato disciplinar ou as consequências desses atos. Não há dúvida, portanto, de que a perda do posto, da patente ou da graduação dos militares pode ser aplicada na Justiça Estadual comum, nos processos sob sua jurisdição, sem afronta ao que dispõe o art. 125, § 4º, da CF/88" (STJ-1ª Seção, CC 100.682, Min. Castro Meira, j. 10.6.09, DJ 18.6.09).

Não compete à Justiça Militar julgar mandado de segurança contra o ato de exoneração *ex officio*, no caso, em razão do descumprimento de requisito previsto no edital de concurso público, dada a falta de caráter disciplinar militar desse ato (STJ-3ª Seção, CC 99.210, Min. Celso Limongi, j. 25.3.09, DJ 7.4.09).

Compete à Justiça Militar julgar mandado de segurança impetrado por policial militar para a invalidação de procedimento administrativo disciplinar (RT 843/240).

Art. 125: 5b. § 5º acrescido pela Em. Const. 45, de 8.12.04.

Art. 125: 6. § 6º acrescido pela Em. Const. 45, de 8.12.04.

Art. 125: 7. § 7º acrescido pela Em. Const. 45, de 8.12.04.

Art. 126. Para dirimir conflitos fundiários, o Tribunal de Justiça proporá a criação de varas especializadas, com competência exclusiva para questões agrárias.[1]

Parágrafo único. Sempre que necessário à eficiente prestação jurisdicional, o juiz far-se-á presente no local do litígio.

Art. 126: 1. Redação do *caput* de acordo com a Em. Const. 45, de 8.12.04.

Capítulo IV | DAS FUNÇÕES ESSENCIAIS À JUSTIÇA

Seção I | DO MINISTÉRIO PÚBLICO[1-2]

SEÇ. I: 1. "O Ministério Público na Emenda Constitucional n. 45/2004", por Sérgio de Andréa Ferreira (RF 378/69).

SEÇ. I: 2. v. art. 128, nota 2, e arts. 48-IX e 68 § 1º-I.

Art. 127. O Ministério Público é instituição permanente, essencial à função jurisdicional do Estado, incumbindo-lhe a defesa da ordem jurídica, do regime democrático e dos interesses sociais e individuais indisponíveis.[1 a 1b]

§ 1º São princípios institucionais do Ministério Público a unidade,[1c] a indivisibilidade e a independência funcional.[1d]

§ 2º Ao Ministério Público é assegurada autonomia funcional e administrativa, podendo, observado o disposto no art. 169, propor ao Poder Legislativo a criação e extinção de seus cargos e serviços auxiliares, provendo-os por concurso público de provas ou de provas e títulos, a política remuneratória e os planos de carreira; a lei disporá sobre sua organização e funcionamento.[1e]

§ 3º O Ministério Público elaborará sua proposta orçamentária dentro dos limites estabelecidos na lei de diretrizes orçamentárias.[2]

§ 4º Se o Ministério Público não encaminhar a respectiva proposta orçamentária dentro do prazo estabelecido na lei de diretrizes orçamentárias, o Poder Executivo considerará, para fins de consolidação da proposta orçamentária anual, os valores aprovados na lei orçamentária vigente, ajustados de acordo com os limites estipulados na forma do § 3º.[2a]

§ 5º Se a proposta orçamentária de que trata este artigo for encaminhada em desacordo com os limites estipulados na forma do § 3º, o Poder Executivo procederá aos ajustes necessários para fins de consolidação da proposta orçamentária anual.[3]

§ 6º Durante a execução orçamentária do exercício, não poderá haver a realização de despesas ou a assunção de obrigações que extrapolem os limites estabelecidos na lei de diretrizes orçamentárias, exceto se previamente autorizadas, mediante a abertura de créditos suplementares ou especiais.[4]

Art. 127: 1. "A atuação do Ministério Público no processo civil brasileiro", por Hugo Nigro Mazzili (RT 910/223).

Art. 127: 1a. v. CPC 176.

Art. 127: 1b. "O Ministério Público não tem legitimidade ativa *ad causam* para requerer a internação compulsória, para tratamento de saúde, de pessoa vítima de alcoolismo. Existindo Defensoria Pública organizada, tem ela competência para atuar nesses casos" (STF-RT 880/112: 1ª T., RE 496.718 um voto vencido).

Art. 127: 1c. s/ legitimidade de Ministério Público estadual para postular perante o STF e o STJ, v. CPC 177, nota 3a.

Art. 127: 1d. "Goza o órgão do MP da prerrogativa de independência funcional (art. 127, § 1º, CF/88), caracterizada pelo direito de atuar de acordo com a sua consciência e a lei, não havendo subordinação hierárquica no desempenho de suas funções. Incabível, pois, a punição de promotor de Justiça que requer, fundamentadamente, o arquivamento de inquérito policial por entender se tratar de fato atípico" (STJ-6ª T., RMS 12.479, Min. Maria Thereza, j. 21.8.07, DJU 19.11.07).

Art. 127: 1e. Redação do § 2º de acordo com a Em. Const. 19, de 4.6.98.

Art. 127: 2. **CF 168:** "Os recursos correspondentes às dotações orçamentárias, compreendidos os créditos suplementares e especiais, destinados aos órgãos dos Poderes Legislativo e Judiciário, do Ministério Público e da Defensoria Pública, ser-lhes-ão entregues até o dia 20 de cada mês, em duodécimos, na forma da lei complementar a que se refere o art. 165, § 9º".

Art. 127: 2a. § 4º acrescido pela Em. Const. 45, de 8.12.04.

Art. 127: 3. § 5º acrescido pela Em. Const. 45, de 8.12.04.

Art. 127: 4. § 6º acrescido pela Em. Const. 45, de 8.12.04.

Art. 128. O Ministério Público abrange:

I — o Ministério Público da União, que compreende:

a) o Ministério Público Federal;

b) o Ministério Público do Trabalho;

c) o Ministério Público Militar;

d) o Ministério Público do Distrito Federal e Territórios;

II — os Ministérios Públicos dos Estados.

§ 1º O Ministério Público da União tem por chefe o Procurador-Geral da República,[1] nomeado pelo Presidente da República dentre integrantes da carreira, maiores de trinta e cinco anos, após a aprovação de seu nome pela maioria absoluta dos membros do Senado Federal, para mandato de dois anos, permitida a recondução.

§ 2º A destituição do Procurador-Geral da República, por iniciativa do Presidente da República, deverá ser precedida de autorização da maioria absoluta do Senado Federal.

§ 3º Os Ministérios Públicos dos Estados e o do Distrito Federal e Territórios formarão lista tríplice dentre integrantes da carreira, na forma da lei respectiva, para escolha de seu Procurador-Geral, que será nomeado pelo Chefe do Poder Executivo, para mandato de dois anos, permitida uma recondução.

§ 4º Os Procuradores-Gerais nos Estados e no Distrito Federal e Territórios poderão ser destituídos por deliberação da maioria absoluta do Poder Legislativo, na forma da lei complementar respectiva.

§ 5º Leis complementares da União e dos Estados, cuja iniciativa é facultada aos respectivos Procuradores-Gerais, estabelecerão a organiza-

ção, as atribuições e o estatuto de cada Ministério Público,[2] observadas, relativamente a seus membros:

I — as seguintes garantias:

a) vitaliciedade, após dois anos de exercício, não podendo perder o cargo senão por sentença judicial transitada em julgado;

b) inamovibilidade, salvo por motivo de interesse público, mediante decisão do órgão colegiado competente do Ministério Público, pelo voto da maioria absoluta de seus membros, assegurada ampla defesa;[2a]

c) irredutibilidade de subsídio, fixado na forma do art. 39, § 4º, e ressalvado o disposto nos arts. 37, X e XI, 150, II, 153, III, 153, § 2º, I;[3]

II — as seguintes vedações:

a) receber, a qualquer título e sob qualquer pretexto, honorários, percentagens ou custas processuais;

b) exercer a advocacia;

c) participar de sociedade comercial, na forma da lei;

d) exercer, ainda que em disponibilidade, qualquer outra função pública, salvo uma de magistério;[3a a 3c]

e) exercer atividade político-partidária;[4]

f) receber, a qualquer título ou pretexto, auxílios ou contribuições de pessoas físicas, entidades públicas ou privadas, ressalvadas as exceções previstas em lei.[5]

§ 6º Aplica-se aos membros do Ministério Público o disposto no art. 95, parágrafo único, V.[6]

Art. 128: 1. v. arts. 84-XIV e 103-VI e § 1º.

Art. 128: 2. **Lei 8.625, de 12.2.93** — Institui a Lei Orgânica Nacional do Ministério Público, dispõe sobre normas gerais para a organização do Ministério Público dos Estados e dá outras providências (Lex 1993/100, RF 321/429, RDA 191/351, Just. 161/158).

Art. 128: 2a. Redação da alínea *b* de acordo com a Em. Const. 45, de 8.12.04.

Art. 128: 3. Redação da alínea *c* de acordo com a Em. Const. 19, de 4.6.98.

Art. 128: 3a. "Vedação a promotores de Justiça e procuradores da República do exercício de 'qualquer outra função pública, salvo uma de magistério' (art. 128, § 5º, II, *d*). Regra com uma única exceção, expressamente enunciada — 'salvo uma de magistério'. Os ocupantes de cargos na Administração Pública Federal, estadual, municipal e distrital, aí incluídos os ministros de estado e os secretários, exercem funções públicas. Os titulares de cargos públicos exercem funções públicas. Doutrina: 'Todo cargo tem função'. Como não há cargo sem função, promotores de Justiça e procuradores da República não podem exercer **cargos na Administração Pública,** fora da Instituição. Licença para exercício de cargo. A vedação ao exercício de outra função pública vige 'ainda que em disponibilidade'. Ou seja, enquanto não rompido o vínculo com a Instituição, a vedação persiste. Comparação com as vedações aplicáveis a juízes. Ao menos do ponto de vista das funções públicas, a extensão das vedações é idêntica" (STF-Pleno, ADPF 388, Min. Gilmar Mendes, j. 9.3.16, DJ 1.8.16).

Art. 128: 3b. "Exercício de cargo de diretor de planejamento, administração e logística do Ibama por promotor de justiça. Impossibilidade de membro do Ministério Público que ingressou na instituição após a promulgação da Constituição de 1988 exercer cargo ou função pública em órgão diverso da organização do Ministério Público. Vedação do art. 128, § 5º, inc. II, alínea *d*, da Constituição da República" (STF-RT 900/153: Pleno, MS 26.595).

Art. 128: 3c. "Mostra-se harmônico com a Constituição Federal pronunciamento no sentido de estar vedada a membro do Ministério Público a participação em conselho superior de polícia" (STF-1ª T., AI 768.852-AgRg, Min. Marco Aurélio, j. 14.6.11, DJ 19.8.11). Em sentido semelhante: STJ-1ª T., RMS 34.454-AgInt, Min. Regina Costa, j. 16.5.17, DJ 22.5.17.

Art. 128: 4. Redação da alínea *e* de acordo com a Em. Const. 45, de 8.12.04.

Art. 128: 5. Alínea *f* acrescida pela Em. Const. 45, de 8.12.04.

Art. 128: 6. § 6º acrescido pela Em. Const. 45, de 8.12.04.

Art. 129. São funções institucionais do Ministério Público:

I — promover, privativamente, a ação penal pública, na forma da lei;

II — zelar pelo efetivo respeito dos Poderes Públicos e dos serviços de relevância pública aos direitos assegurados nesta Constituição, promovendo as medidas necessárias a sua garantia;

III — promover o inquérito civil e a ação civil pública,[1] para a proteção do patrimônio público e social, do meio ambiente e de outros interesses difusos e coletivos;

IV — promover a ação de inconstitucionalidade ou representação para fins de intervenção da União e dos Estados, nos casos previstos nesta Constituição;[2]

V — defender judicialmente os direitos e interesses das populações indígenas;

VI — expedir notificações nos procedimentos administrativos de sua competência, requisitando informações e documentos para instruí-los, na forma da lei complementar respectiva;

VII — exercer o controle externo da atividade policial, na forma da lei complementar mencionada no artigo anterior;

VIII — requisitar diligências investigatórias e a instauração de inquérito policial, indicados os fundamentos jurídicos de suas manifestações processuais;

IX — exercer outras funções que lhe forem conferidas, desde que compatíveis com sua finalidade, sendo-lhe vedada a representação judicial e a consultoria jurídica de entidades públicas.[2a]

§ 1º A legitimação do Ministério Público para as ações civis previstas neste artigo não impede a de terceiros, nas mesmas hipóteses, segundo o disposto nesta Constituição e na lei.

§ 2º As funções do Ministério Público só podem ser exercidas por integrantes da carreira, que deverão residir na comarca da respectiva lotação, salvo autorização do chefe da instituição.[3]

§ 3º O ingresso na carreira do Ministério Público far-se-á mediante concurso público de provas e títulos, assegurada a participação da Ordem dos Advogados do Brasil em sua realização, exigindo-se do bacharel em direito, no mínimo, três anos de atividade jurídica[3a a 4] e observando-se, nas nomeações, a ordem de classificação.[4a]

§ 4º Aplica-se ao Ministério Público, no que couber, o disposto no art. 93.[5]

§ 5º A distribuição de processos no Ministério Público será imediata.[6]

Art. 129: 1. v. tít. AÇÃO CIVIL PÚBLICA.

Art. 129: 2. v. arts. 36-III e IV e 103-VI.

Art. 129: 2a. v. CPC 178.

Art. 129: 3. Redação do § 2º de acordo com a Em. Const. 45, de 8.12.04.

✎ **Art. 129: 3a.** "Concurso público. A prática de 'atividade jurídica' nos concursos", por Hugo Nigro Mazzilli (RSDCPC 33/61); "Concurso público. Ingresso na Magistratura e no Ministério Público: a exigência de três anos de atividade jurídica garante profissionais experientes?", por Luiz Flávio Gomes (RSDCPC 33/64); "Emenda Constitucional n. 45/04 e o conceito de 'atividade jurídica' como requisito de ingresso nas carreiras da magistratura e do Ministério Público", por Rafael da Cás Maffini (Ajuris 98/251); "Momento da comprovação do requisito da atividade jurídica para os concursos da Magistratura e do Ministério Público", por Elisson Pereira da Costa (RSDA 84/9).

Art. 129: 3b. v. art. 93-I e notas.

Art. 129: 3c. "Os três anos de atividade jurídica contam-se da data da conclusão do curso de Direito e o fraseado 'atividade jurídica' é significante de atividade para cujo desempenho se faz imprescindível a **conclusão de curso de bacharelado em Direito**" (STF-Pleno, ADI 3.460, Min. Carlos Britto, j. 31.8.06, maioria, DJ 15.6.07).

Art. 129: 4. A comprovação do triênio de atividade jurídica exigida como condição de ingresso nas carreiras da magistratura e do Ministério Público (arts. 93-I e 129 § 3º) deve ocorrer **no momento da inscrição definitiva no concurso público,** e não no da posse (STF-Pleno, RE 655.265, Min. Edson Fachin, j. 13.4.16, maioria, DJ 5.8.16). No mesmo sentido: RSDA 84/32 (TRF-2ª Reg., AMS 64.148).

Art. 129: 4a. Redação do § 3º de acordo com a Em. Const. 45, de 8.12.04.

Art. 129: 5. Redação do § 4º de acordo com a Em. Const. 45, de 8.12.04.

Art. 129: 6. § 5º acrescido pela Em. Const. 45, de 8.12.04.

Art. 130. Aos membros do Ministério Público junto aos Tribunais de Contas aplicam-se as disposições desta seção pertinentes a direitos, vedações e forma de investidura.[1]

✎ **Art. 130: 1.** "A natureza jurídica do *parquet* especial", por Ubergue Ribeiro Junior (RDA 236/129 e RF 375/471); "O Ministério Público junto aos Tribunais de Contas", por José Afonso da Silva (IP 26/255).

Art. 130-A. O Conselho Nacional do Ministério Público[1] compõe-se de quatorze membros nomeados pelo Presidente da República, depois de aprovada a escolha pela maioria absoluta do Senado Federal, para um mandato de dois anos, admitida uma recondução, sendo:[1a]

I — o Procurador-Geral da República, que o preside;

II — quatro membros do Ministério Público da União, assegurada a representação de cada uma de suas carreiras;

III — três membros do Ministério Público dos Estados;

IV — dois juízes, indicados um pelo Supremo Tribunal Federal e outro pelo Superior Tribunal de Justiça;

V — dois advogados, indicados pelo Conselho Federal da Ordem dos Advogados do Brasil;

VI — dois cidadãos de notável saber jurídico e reputação ilibada, indicados um pela Câmara dos Deputados e outro pelo Senado Federal.

§ 1º Os membros do Conselho oriundos do Ministério Público serão indicados pelos respectivos Ministérios Públicos, na forma da lei.[1b]

§ 2º Compete ao Conselho Nacional do Ministério Público o controle da atuação administrativa e financeira do Ministério Público e do cumprimento dos deveres funcionais de seus membros, cabendo-lhe:[2]

I — zelar pela autonomia funcional e administrativa do Ministério Público, podendo expedir atos regulamentares, no âmbito de sua competência, ou recomendar providências;

II — zelar pela observância do art. 37 e apreciar, de ofício ou mediante provocação, a legalidade dos atos administrativos praticados por membros ou órgãos do Ministério Público da União e dos Estados, podendo desconstituí-los, revê-los ou fixar prazo para que se adotem as providências necessárias ao exato cumprimento da lei, sem prejuízo da competência dos Tribunais de Contas;[2a]

III — receber e conhecer das reclamações contra membros ou órgãos do Ministério Público da União ou dos Estados, inclusive contra seus serviços auxiliares, sem prejuízo da competência disciplinar e correicional da instituição, podendo avocar processos disciplinares em curso, determinar a remoção ou a disponibilidade e aplicar outras sanções administrativas, assegurada ampla defesa;[2b]

IV — rever, de ofício ou mediante provocação, os processos disciplinares de membros do Ministério Público da União ou dos Estados julgados há menos de um ano;[2c]

V — elaborar relatório anual, propondo as providências que julgar necessárias sobre a situação do Ministério Público no País e as atividades do Conselho, o qual deve integrar a mensagem prevista no art. 84, XI.[3]

§ 3º O Conselho escolherá, em votação secreta, um Corregedor nacional, dentre os membros do Ministério Público que o integram, vedada a recondução, competindo-lhe, além das atribuições que lhe forem conferidas pela lei, as seguintes:

I — receber reclamações e denúncias, de qualquer interessado, relativas aos membros do Ministério Público e dos seus serviços auxiliares;

II — exercer funções executivas do Conselho, de inspeção e correição geral;

III — requisitar e designar membros do Ministério Público, delegando-lhes atribuições, e requisitar servidores de órgãos do Ministério Público.

§ 4º O Presidente do Conselho Federal da Ordem dos Advogados do Brasil oficiará junto ao Conselho.

§ 5º Leis da União e dos Estados criarão ouvidorias do Ministério Público, competentes para receber reclamações e denúncias de qualquer interessado contra membros ou órgãos do Ministério Público, inclusive contra seus serviços auxiliares, representando diretamente ao Conselho Nacional do Ministério Público.

✎ **Art. 130-A: 1.** "Conselho Nacional do Ministério Público: primeiras impressões", por Emerson Garcia (RT 836/34); "Integração de eficácia da Emenda Constitucional n. 45/2004. A iniciativa legislativa na regulamentação do Conselho Nacional do Ministério Público", por Emerson Garcia (RDA 240/217).

Art. 130-A: 1a. O art. 130-A, *caput* e parágrafos, foi acrescido pela Em. Const. 45, de 8.12.04.

Art. 130-A: 1b. **Lei 11.372, de 28.11.06** — Regulamenta o § 1º do art. 130-A da CF, para dispor sobre a forma de indicação dos membros do Conselho Nacional do Ministério Público oriundos do Ministério Público e criar sua estrutura organizacional e funcional, e dá outras providências.

Art. 130-A: 2. s/ competência do CNMP para solucionar conflitos de atribuições entre ramos diversos dos Ministérios Públicos, v. art. 102, nota 17.

Art. 130-A: 2a. "Mandado de segurança. Conselho Nacional do Ministério Público. Anulação de ato do Conselho Superior do Ministério Público do Estado do Espírito Santo em termo de ajustamento de conduta. Atividade-fim do Ministério Público Estadual. Interferência na autonomia administrativa e na independência funcional do Conselho Superior do Ministério Público no Espírito Santo. Mandado de segurança concedido" (STF-2ª T., MS 28.028, Min. Cármen Lúcia, j. 30.10.12, DJ 7.6.13).

Art. 130-A: 2b. Redação do inc. III de acordo com a Em. Const. 103, de 12.11.19.

Art. 130-A: 2c. "A competência revisora conferida ao Conselho Nacional do Ministério Público limita-se aos processos disciplinares instaurados contra os membros do Ministério Público da União ou dos Estados (inc. IV do § 2º do art. 130-A da Constituição da República), não sendo possível a revisão de processo disciplinar contra servidores. Somente com o esgotamento da atuação correicional do Ministério Público paulista o ex-servidor apresentou, no Conselho Nacional do Ministério Público, reclamação contra a pena de demissão aplicada. A Constituição da República resguardou o Conselho Nacional do Ministério Público da possibilidade de se tornar instância revisora dos processos administrativos disciplinares instaurados nos órgãos correicionais competentes contra servidores auxiliares do Ministério Público em situações que não digam respeito à atividade-fim da própria instituição" (STF-1ª T., MS 28.827, Min. Cármen Lúcia, j. 28.8.12, maioria, DJ 9.10.12).

Art. 130-A: 3. **CF: "Art. 84.** Compete privativamente ao Presidente da República: (...) **XI** — remeter mensagem e plano de governo ao Congresso Nacional por ocasião da abertura da sessão legislativa, expondo a situação do País e solicitando as providências que julgar necessárias".

Seção II | DA ADVOCACIA PÚBLICA[1 a 4]

SEÇ. II: 1. Título da Seção II alterado pela Em. Const. 19, de 4.6.98.

SEÇ. II: 2. **LC 73, de 10.2.93** — Institui a Lei Orgânica da Advocacia-Geral da União e dá outras providências.

SEÇ. II: 3. **Lei 9.028, de 12.4.95** — Dispõe sobre o exercício das atribuições institucionais da Advocacia-Geral da União, em caráter emergencial e provisório, e dá outras providências.

SEÇ. II: 4. **Lei 10.480, de 2.7.02** — Dispõe sobre o Quadro de Pessoal da Advocacia-Geral da União, a criação da Gratificação de Desempenho de Atividade de Apoio Técnico-Administrativo na AGU — GDAA, cria a Procuradoria-Geral Federal, e dá outras providências (Lex 2002/1.265): **"Art. 9º** É criada a Procuradoria-Geral Federal, à qual fica assegurada autonomia administrativa e financeira, vinculada à Advocacia-Geral da União.

"Parágrafo único. Incumbe à Advocacia-Geral da União a supervisão da Procuradoria-Geral Federal.

"Art. 10. À Procuradoria-Geral Federal compete a representação judicial e extrajudicial das autarquias e fundações públicas federais, as respectivas atividades de consultoria e assessoramento jurídicos, a apuração da liquidez e certeza dos créditos, de qualquer natureza, inerentes às suas atividades, inscrevendo-os em dívida ativa, para fins de cobrança amigável ou judicial".

A **Med. Prov. 71, de 3.10.02** (Lex 2002/1.853), deu nova redação ao § ún. do art. 9º da Lei 10.480, de 2.7.02, mas foi rejeitada pela Câmara dos Deputados em sessão de 11.12.02 (DOU 12.12.02, seç. I, p. 7).

Art. 131. A Advocacia-Geral da União é a instituição que, diretamente ou através de órgão vinculado, representa a União, judicial e extrajudicialmente, cabendo-lhe, nos termos da lei complementar que dispuser sobre sua organização e funcionamento, as atividades de consultoria e assessoramento jurídico do Poder Executivo.

§ 1º A Advocacia-Geral da União tem por chefe o Advogado-Geral da União,[1 a 2] de livre nomeação pelo Presidente da República dentre cidadãos maiores de trinta e cinco anos, de notável saber jurídico e reputação ilibada.

§ 2º O ingresso nas classes iniciais das carreiras da instituição de que trata este artigo far-se-á mediante concurso público de provas e títulos.

§ 3º Na execução da dívida ativa de natureza tributária, a representação da União cabe à Procuradoria-Geral da Fazenda Nacional, observado o disposto em lei.

✎ Art. 131: 1. "A relevância da Advocacia-Geral da União como instrumento para a satisfação do interesse público", por João Conrado Blum Júnior (RDA 234/289).

Art. 131: 1a. v. arts. 84-XVI e 103 § 3º.

Art. 131: 2. "Advogado-Geral da União não se equipara a Ministro de Estado para efeito de competência perante o Supremo Tribunal Federal" (STF-RDA 222/239, despacho do Min. Sepúlveda Pertence).

Art. 132. Os Procuradores dos Estados e do Distrito Federal, organizados em carreira, na qual o ingresso dependerá de concurso público de provas e títulos, com a participação da Ordem dos Advogados do Brasil em todas as suas fases, exercerão a representação judicial e a consultoria jurídica das respectivas unidades federadas.[1-1a]

Parágrafo único. Aos procuradores referidos neste artigo é assegurada estabilidade após três anos de efetivo exercício, mediante avaliação de desempenho perante os órgãos próprios, após relatório circunstanciado das corregedorias.[2]

Art. 132: 1. Redação do *caput* de acordo com a Em. Const. 19, de 4.6.98.

Art. 132: 1a. "Os Procuradores de Estado não gozam da prerrogativa da autonomia funcional. Por outro lado, como os advogados em geral, gozam da isenção técnica necessária ao exercício livre da sua função. A exigência da autorização do Procurador-Geral do Estado para o ajuizamento de ação de improbidade não ofende a Constituição Federal. Por outro lado, a **exigência de autorização** do Governador do Estado afronta o princípio da impessoalidade, previsto no art. 37, *caput*, da Constituição" (STF-1ª T., Ag em RE 1.165.456-AgInt, Min. Roberto Barroso, j. 1.9.20, maioria, DJ 5.11.20).

Art. 132: 2. Redação do parágrafo único de acordo com a Em. Const. 19, de 4.6.98.

Seção III | DA ADVOCACIA

Art. 133. O advogado é indispensável à administração da justiça,[1] sendo inviolável[1a-2] por seus atos e manifestações no exercício da profissão, nos limites da lei.

Art. 133: 1. Súmula Vinculante 5 do STF: "A falta de defesa técnica por advogado no processo administrativo disciplinar não ofende a Constituição". Aplicando a Súmula Vinculante 5 no STJ: STJ-3ª Seção, MS 13.529-AgRg, Min. Jane Silva, j. 28.5.08, DJU 3.6.08.

Súmula 343 do STJ: "É obrigatória a presença de advogado em todas as fases do processo administrativo disciplinar".

Art. 133: 1a. v. EA 7º-II, IV, XVII e XIX e §§ 2º, 3º, 5º, 6º e 7º.

Art. 133: 2. Pacificou-se a jurisprudência no sentido de que não é absoluta a inviolabilidade do advogado, por seus atos e manifestações, o que não infirma a abrangência que a Carta de Outubro conferiu ao instituto, de cujo manto protetor somente se excluem atos, gestos ou palavras que manifestamente desbordem do exercício da profissão, como a agressão (física ou moral), o insulto pessoal e a humilhação pública" (RTJ 189/24: Pleno). No mesmo sentido: RTJ 144/513.

"A imunidade judiciária contemplada no art. 133 da CF e no art. 142, inc. I, do Código Penal, não alcança o crime de calúnia, mas tão somente a injúria e a difamação. Quanto a estes, tal imunidade não se reveste de caráter absoluto, sendo imprescindível perquirir se as ofensas irrogadas guardam correlação direta com o direito defendido em juízo, providência essa que demanda exame aprofundado de provas, incabível, pois, na via estreita do *habeas corpus*" (RSTJ 138/444). No mesmo sentido: STJ-RT 798/559.

Seção IV | DA DEFENSORIA PÚBLICA[1]

SEÇ. IV: 1. Seção incluída pela Em. Const. 80, de 4.6.14.

Art. 134. A Defensoria Pública é instituição permanente, essencial à função jurisdicional do Estado, incumbindo-lhe, como expressão e instrumento do regime democrático, fundamentalmente, a orientação jurídica, a promoção dos direitos humanos e a defesa, em todos os graus, judicial e extrajudicial, dos direitos individuais e coletivos, de forma integral e gratuita, aos necessitados, na forma do inciso LXXIV do art. 5º desta Constituição Federal.[1 a 2]

§ 1º Lei complementar organizará a Defensoria Pública da União e do Distrito Federal e dos Territórios e prescreverá normas gerais para sua organização nos Estados, em cargos de carreira, providos, na classe inicial, mediante concurso público de provas e títulos, assegurada a seus integrantes a garantia da inamovibilidade e vedado o exercício da advocacia fora das atribuições institucionais.[2a-3]

§ 2º Às Defensorias Públicas Estaduais são asseguradas autonomia funcional e administrativa e a iniciativa de sua proposta orçamentária dentro dos limites estabelecidos na lei de diretrizes orçamentárias e subordinação ao disposto no art. 99, § 2º.[4 a 7]

§ 3º Aplica-se o disposto no § 2º às Defensorias Públicas da União e do Distrito Federal.[8]

§ 4º São princípios institucionais da Defensoria Pública a unidade, a indivisibilidade e a independência funcional, aplicando-se também, no que couber, o disposto no art. 93 e no inciso II do art. 96 desta Constituição Federal.[9]

Art. 134: 1. Redação do *caput* de acordo com a Em. Const. 80, de 4.6.14.

✎ **Art. 134: 1a.** "Considerações sobre aspectos da evolução da Defensoria Pública", por Peter Andreas Ferenczy (RT 722/75); "A legitimidade da Defensoria Pública para a tutela dos interesses difusos: uma abordagem positiva", por José Augusto Garcia de Sousa (RP 175/192).

Art. 134: 1b. CF: "Art. 24. Compete à União, aos Estados e ao Distrito Federal legislar concorrentemente sobre: (...) **XIII** — assistência jurídica e Defensoria pública".

Em. Const. 69, de 29.3.12 — Altera os arts. 21, 22 e 48 da Constituição Federal, para transferir da União para o Distrito Federal as atribuições de organizar e manter a Defensoria Pública do Distrito Federal.

ADCT: "Art. 98 (*incluído pela Em. Const. 80, de 4.6.14*) O número de defensores públicos na unidade jurisdicional será proporcional à efetiva demanda pelo serviço da Defensoria Pública e à respectiva população. **§ 1º** No prazo de 8 (oito) anos, a União, os Estados e o Distrito Federal deverão contar com defensores públicos em todas as unidades jurisdicionais, observado o disposto no *caput* deste artigo. **§ 2º** Durante o decurso do prazo previsto no § 1º deste artigo, a lotação dos defensores públicos ocorrerá, prioritariamente, atendendo as regiões com maiores índices de exclusão social e adensamento populacional".

Art. 134: 1c. "Convênio com a seccional da Ordem dos Advogados do Brasil (OAB/SC) para prestação de serviço de 'defensoria pública dativa'. Inexistência, no Estado de Santa Catarina, de órgão estatal destinado à orientação jurídica e à defesa dos necessitados. Situação institucional que configura severo ataque à dignidade do ser humano. Violação do inc. LXXIV do art. 5º e do art. 134, *caput*, da redação originária da Constituição de 1988. Ações diretas julgadas procedentes para declarar a inconstitucionalidade do art. 104 da Constituição do Estado de Santa Catarina e da Lei Complementar estadual 155/97 e admitir a continuidade dos serviços atualmente prestados pelo Estado de Santa Catarina mediante convênio com a OAB/SC pelo prazo máximo de 1 (um) ano da data do julgamento da presente ação, ao fim do qual deverá estar em funcionamento órgão estadual de defensoria pública estruturado de acordo com a Constituição de 1988 e em estrita observância à legislação complementar nacional (LC 80/94)" (STF-Pleno, ADI 4.270, Min. Joaquim Barbosa, j. 14.3.12, maioria, DJ 25.9.12).

V. tb. nota 7.

Art. 134: 2. "Se a Constituição outorga ao defensor público poderes para defender os necessitados, implicitamente lhe atribui todos os meios legítimos para tornar efetiva a sua atuação, inclusive legitimidade para propor ações, visando à obtenção de documentos com aquele objetivo" (RSTJ 43/149).

Art. 134: 2a. § 1º renumerado pela Em. Const. 45, de 8.12.04.

Art. 134: 3. LC 80, de 12.1.94 — Organiza a Defensoria Pública da União, do Distrito Federal e dos Territórios e prescreve normas gerais para sua organização nos Estados, e dá outras providências.

Art. 134: 4. § 2º acrescido pela Em. Const. 45, de 8.12.04.

Art. 134: 5. CF 168: "Os recursos correspondentes às dotações orçamentárias, compreendidos os créditos suplementares e especiais, destinados aos órgãos dos Poderes Legislativo e Judiciário, do Ministério Público e da Defensoria Pública, ser-lhes-ão entregues até o dia 20 de cada mês, em duodécimos, na forma da lei complementar a que se refere o art. 165, § 9º".

Art. 134: 6. "O art. 134, § 2º, da Constituição da República é norma de eficácia plena e aplicabilidade imediata. Defensoria Pública dos Estados tem autonomia funcional e administrativa, incabível relação de subordinação a qualquer Secretaria de Estado" (STF-RT 920/449: Pleno, ADI 3.965).

Art. 134: 7. "É inconstitucional toda norma que, impondo a Defensoria Pública Estadual, para prestação de serviço jurídico integral e gratuito aos necessitados, a obrigatoriedade de assinatura de convênio exclusivo com a Ordem dos Advogados do Brasil, ou com qualquer outra entidade, viola, por conseguinte, a autonomia funcional, administrativa e financeira daquele órgão público" (STF-Pleno, ADI 4.163, Min. Cezar Peluso, j. 29.2.12, DJ 1.3.13).

V. tb. nota 1c.

Art. 134: 8. § 3º acrescido pela Em. Const. 74, de 6.8.13.

Art. 134: 9. § 4º acrescido pela Em. Const. 80, de 4.6.14.

Art. 135. Os servidores integrantes das carreiras disciplinadas nas Seções II e III deste Capítulo serão remunerados na forma do art. 39, § 4º.[1]

Art. 135: 1. Redação de acordo com a Em. Const. 19, de 4.6.98.

Título IX | DAS DISPOSIÇÕES CONSTITUCIONAIS GERAIS

Art. 236. Os serviços notariais e de registro são exercidos em caráter privado, por delegação do Poder Público.[1-2]

§ 1º Lei[3] regulará as atividades, disciplinará a responsabilidade civil e criminal dos notários, dos oficiais de registro e de seus prepostos, e definirá a fiscalização de seus atos pelo Poder Judiciário.

§ 2º Lei federal estabelecerá normas gerais para fixação de emolumentos relativos aos atos praticados pelos serviços notariais e de registro.

§ 3º O ingresso na atividade notarial e de registro depende de concurso público de provas e títulos, não se permitindo que qualquer serventia fique vaga, sem abertura de concurso de provimento ou de remoção, por mais de seis meses.[4]

Art. 236: 1. v. ADCT 31 e 32.

Art. 236: 2. "A ausência da lei nacional reclamada pelo art. 236 da CF não impede o Estado-membro, sob pena da paralisação dos seus serviços notariais e registrais, de dispor sobre a execução dessas atividades, que se inserem, por sua natureza mesma, na esfera de competência autônoma dessa unidade federada. A criação, o provimento e a instalação das serventias extrajudiciais pelos Estados-membros não implicam usurpação da matéria reservada à lei nacional pelo art. 236 da Carta Federal" (RTJ 157/465).

Art. 236: 3. **Lei 8.935, de 18.11.94** — Regulamenta o art. 236 da Constituição Federal, dispondo sobre serviços notariais e de registro (Lex 1994/1.482, RT 709/442).

Lei 10.169, de 29.12.00 — Regula o § 2º do art. 236 da Constituição Federal, mediante o estabelecimento de normas gerais para a fixação de emolumentos relativos aos atos praticados pelos serviços notariais e de registro (Lex 2000/5.695, RF 352/609, RDA 223/362, Bol. AASP 2.195/supl., p. 5).

Art. 236: 4. "O art. 236, § 3º, da Constituição Federal é norma autoaplicável. Nos termos da Constituição Federal, sempre se fez necessária a submissão a concurso público para o devido provimento de serventias extrajudiciais eventualmente vagas ou para fins de remoção" (STF-RT 908/421: Pleno, MS 28.279, maioria).

Ementário

Código de Processo Civil

Lei 13.105, de 16.3.15 — Código de Processo Civil (DOU 17.3.15). Em vigor após decorrido um ano da data de sua publicação (art. 1.045).

Lei 13.256, de 4.2.16 — Altera a Lei n. 13.105, de 16 de março de 2015 (Código de Processo Civil), para disciplinar o processo e o julgamento do recurso extraordinário e do recurso especial, e dá outras providências.

Lei 13.363, de 25.11.16 — Altera a Lei n. 8.906, de 4 de julho de 1994, e o Código de Processo Civil, para estipular direitos e garantias para a advogada gestante, lactante, adotante ou que der à luz e para o advogado que se tornar pai.

Lei 13.465, de 11.7.17 — Dispõe sobre a regularização fundiária rural e urbana, sobre a liquidação de créditos concedidos aos assentados da reforma agrária e sobre a regularização fundiária no âmbito da Amazônia Legal; institui mecanismos para aprimorar a eficiência dos procedimentos de alienação de imóveis da União. No CPC: altera o art. 799.

Lei 13.793, de 3.1.19 — Altera as Leis n. 8.906, de 4 de julho de 1994, 11.419, de 19 de dezembro de 2006, e 13.105, de 16 de março de 2015 (Código de Processo Civil), para assegurar a advogados o exame e a obtenção de cópias de atos e documentos de processos e de procedimentos eletrônicos. No CPC: altera o art. 107.

Lei 13.894, de 29.10.19 — Altera a Lei n. 11.340, de 7 de agosto de 2006 (Lei Maria da Penha), para prever a competência dos Juizados de Violência Doméstica e Familiar contra a Mulher para a ação de divórcio, separação, anulação de casamento ou dissolução de união estável nos casos de violência e para tornar obrigatória a informação às vítimas acerca da possibilidade de os serviços de assistência judiciária ajuizarem as ações mencionadas; e altera a Lei n. 13.105, de 16 de março de 2015 (Código de Processo Civil), para prever a competência do foro do domicílio da vítima de violência doméstica e familiar para a ação de divórcio, separação judicial, anulação de casamento e reconhecimento da união estável a ser dissolvida, para determinar a intervenção obrigatória do Ministério Público nas ações de família em que figure como parte vítima de violência doméstica e familiar, e para estabelecer a prioridade de tramitação dos procedimentos judiciais em que figure como parte vítima de violência doméstica e familiar. No CPC: altera os arts. 53, 698 e 1.048.

CPC

Índice por Artigos

PARTE GERAL | (arts. 1º a 317)

Livro I | DAS NORMAS PROCESSUAIS CIVIS (arts. 1º a 15)

Artigos

Livro II | DA FUNÇÃO JURISDICIONAL (arts. 16 a 69)

Artigos

Livro III | DOS SUJEITOS DO PROCESSO (arts. 70 a 187)

Artigos

Livro VI | DA FORMAÇÃO, DA SUSPENSÃO E DA EXTINÇÃO DO PROCESSO (arts. 312 a 317)

PARTE ESPECIAL | (arts. 318 a 1.072)

Livro I | DO PROCESSO DE CONHECIMENTO E DO CUMPRIMENTO DE SENTENÇA (arts. 318 a 770)

Artigos

Artigos

Livro II | DO PROCESSO DE EXECUÇÃO (arts. 771 a 925)

Artigos

Artigos

Livro III | DOS PROCESSOS NOS TRIBUNAIS E DOS MEIOS DE IMPUGNAÇÃO DAS DECISÕES JUDICIAIS (arts. 926 a 1.044)

Livro Complementar | DISPOSIÇÕES FINAIS E TRANSITÓRIAS (arts. 1.045 a 1.072)

Lei n. 13.105, de 16 de março de 2015 (*)

Código de Processo Civil.

A Presidenta da República
Faço saber que o Congresso Nacional decreta e eu sanciono a seguinte Lei:

Parte Geral

Livro I | DAS NORMAS PROCESSUAIS CIVIS

Título Único | DAS NORMAS FUNDAMENTAIS E DA APLICAÇÃO DAS NORMAS PROCESSUAIS

Capítulo I | DAS NORMAS FUNDAMENTAIS DO PROCESSO CIVIL

Art. 1º O processo civil será ordenado, disciplinado e interpretado conforme os valores e as normas fundamentais estabelecidos na Constituição da República Federativa do Brasil,[1] observando-se as disposições deste Código. [Sem dispositivo correspondente no CPC/1973]

Art. 1º: 1. v. CF 5º-XXXV, XXXVII, LIII a LVI, LX, LXVII, LXXIV e LXXVIII e 93 a 126.

Art. 2º O processo começa por iniciativa da parte e se desenvolve por impulso oficial, salvo as exceções previstas em lei.[1] [Dispositivos correspondentes no CPC/1973: arts. 2º e 262]

Art. 2º: 1. Exceções: arrecadação de bens de herança jacente (art. 738); arrecadação de bens de ausente (art. 744).

Art. 3º Não se excluirá da apreciação jurisdicional ameaça ou lesão a direito.[1] [Sem dispositivo correspondente no CPC/1973]

§ 1º É permitida a arbitragem, na forma da lei.[2]

* Publicada no *Diário Oficial da União*, de 17-3-2015.

§ 2º O Estado promoverá, sempre que possível, a solução consensual dos conflitos.

§ 3º A conciliação, a mediação e outros métodos de solução consensual de conflitos deverão ser estimulados por juízes, advogados, defensores públicos e membros do Ministério Público, inclusive no curso do processo judicial.[3]

Art. 3º: 1. v. CF 5º-XXXV.

Art. 3º: 2. v. Lei 9.307, de 23.9.96, no tít. ARBITRAGEM E MEDIAÇÃO.

Art. 3º: 3. v. arts. 165 a 175, 319-VII, 334 e 359.

S/ mediação, v. tb. Lei 13.140, de 26.6.15 (no tít. ARBITRAGEM E MEDIAÇÃO).

Art. 4º As partes têm o direito de obter em prazo razoável a solução integral do mérito, incluída a atividade satisfativa.[1] [Sem dispositivo correspondente no CPC/1973]

Art. 4º: 1. v. CF 5º-LXXVIII.

Art. 5º Aquele que de qualquer forma participa do processo deve comportar-se de acordo com a boa-fé.[1-2] [Dispositivo correspondente no CPC/1973: art. 14-II]

Art. 5º: 1. s/ boa-fé e: interpretação do pedido, v. art. 322 § 2º; interpretação da decisão judicial, v. art. 489 § 3º.

Art. 5º: 2. "O dever das partes de conduzir seus atos no processo pelos princípios da boa-fé e da lealdade, conforme determina o art. 14, II, do CPC, induz a desnecessidade de intimação da parte para dar cumprimento a prazo dilatório por ela própria requerido" (STJ-3ª T., REsp 1.062.994, Min. Nancy Andrighi, j. 19.8.10, DJ 26.8.10).

Art. 6º Todos os sujeitos do processo devem cooperar entre si para que se obtenha, em tempo razoável,[1] decisão de mérito justa e efetiva. [Sem dispositivo correspondente no CPC/1973]

Art. 6º: 1. v. CF 5º-LXXVIII.

Art. 7º É assegurada às partes paridade de tratamento[1] em relação ao exercício de direitos e faculdades processuais, aos meios de defesa, aos ônus, aos deveres e à aplicação de sanções processuais, competindo ao juiz zelar pelo efetivo contraditório.[2] [Sem dispositivo correspondente no CPC/1973]

Art. 7º: 1. v. art. 139-I.

Art. 7º: 2. v. CF 5º-LV.

Art. 8º Ao aplicar o ordenamento jurídico, o juiz atenderá aos fins sociais e às exigências do bem comum,[1] resguardando e promovendo a dignidade da pessoa humana[2] e observando a proporcionalidade, a razoabilidade, a legalidade, a publicidade e a eficiência.[3] [Sem dispositivo correspondente no CPC/1973]

Art. 8º: 1. v. LINDB 5º.

Art. 8º: 2. v. CF 1º-III.

Art. 8º: 3. v. CF 37-*caput*.

Art. 9º Não se proferirá decisão contra uma das partes sem que ela seja previamente ouvida.[1] [Sem dispositivo correspondente no CPC/1973]

Parágrafo único. O disposto no *caput* não se aplica:

I — à tutela provisória de urgência;[2]

II — às hipóteses de tutela da evidência previstas no art. 311, incisos II e III;

III — à decisão prevista no art. 701.[3]

Art. 9º: 1. v. CF 5º-LV.

Art. 9º: 2. v. arts. 300 e segs.

Art. 9º: 3. i. e., a decisão que defere a expedição do mandado monitório.

Art. 10. O juiz não pode decidir, em grau algum de jurisdição, com base em fundamento a respeito do qual não se tenha dado às partes oportunidade de se manifestar, ainda que se trate de matéria sobre a qual deva decidir de ofício.[1-2] [Sem dispositivo correspondente no CPC/1973]

Art. 10: 1. v. CF 5º-LV. Em matéria de: prescrição e decadência, v. art. 487 § ún.; recursos em geral, v. art. 933, inclusive notas 4 e segs.; agravo de instrumento, v. art. 1.020, nota 3; embargos de declaração, v. art. 1.023 § 2º.

Art. 10: 2. "O 'fundamento' ao qual se refere o art. 10 do CPC/2015 é o **fundamento jurídico** — circunstância de fato qualificada pelo direito, em que se baseia a pretensão ou a defesa, ou que possa ter influência no julgamento, mesmo que superveniente ao ajuizamento da ação — não se confundindo com o fundamento legal (dispositivo de lei regente da matéria). A aplicação do princípio da não surpresa não impõe, portanto, ao julgador que informe previamente às partes quais os dispositivos legais passíveis de aplicação para o exame da causa. O conhecimento geral da lei é presunção *jure et de jure*" (STJ-4ª T., REsp 1.280.825-EDcl, Min. Isabel Gallotti, j. 27.6.17, DJ 1.8.17).

Art. 11. Todos os julgamentos dos órgãos do Poder Judiciário serão públicos, e fundamentadas todas as decisões, sob pena de nulidade.[1] [Dispositivo correspondente no CPC/1973: art. 165]

Parágrafo único. Nos casos de segredo de justiça,[2] pode ser autorizada a presença somente das partes, de seus advogados, de defensores públicos ou do Ministério Público. [Sem dispositivo correspondente no CPC/1973]

Art. 11: 1. v. CF 93-IX.

S/ fundamentação, v. art. 489 § 1º.

Art. 11: 2. v. arts. 26-III e 189. V. tb. CF 5º-LX.

Art. 12. Os juízes e os tribunais atenderão, preferencialmente, à ordem cronológica de conclusão para proferir sentença ou acórdão.[1 a 1b] [Sem dispositivo correspondente no CPC/1973]

§ 1º A lista de processos aptos a julgamento deverá estar permanentemente à disposição para consulta pública em cartório e na rede mundial de computadores.

§ 2º Estão excluídos da regra do *caput*:

I — as sentenças proferidas em audiência,[2] homologatórias de acordo[2a] ou de improcedência liminar do pedido;[3]

II — o julgamento de processos em bloco para aplicação de tese jurídica firmada em julgamento de casos repetitivos;[4]

III — o julgamento de recursos repetitivos[5] ou de incidente de resolução de demandas repetitivas;[6]

IV — as decisões proferidas com base nos arts. 485 e 932;[7]

V — o julgamento de embargos de declaração;[8]

VI — o julgamento de agravo interno;[9]

VII — as preferências legais e as metas estabelecidas pelo Conselho Nacional de Justiça;

VIII — os processos criminais, nos órgãos jurisdicionais que tenham competência penal;

IX — a causa que exija urgência no julgamento, assim reconhecida por decisão fundamentada.

§ 3º Após elaboração de lista própria, respeitar-se-á a ordem cronológica das conclusões entre as preferências legais.

§ 4º Após a inclusão do processo na lista de que trata o § 1º, o requerimento formulado pela parte não altera a ordem cronológica para a decisão, exceto quando implicar a reabertura da instrução ou a conversão do julgamento em diligência.

§ 5º Decidido o requerimento previsto no § 4º, o processo retornará à mesma posição em que anteriormente se encontrava na lista.

§ 6º Ocupará o primeiro lugar na lista prevista no § 1º ou, conforme o caso, no § 3º, o processo que:

I — tiver sua sentença ou acórdão anulado, salvo quando houver necessidade de realização de diligência ou de complementação da instrução;

II — se enquadrar na hipótese do art. 1.040, inciso II.[10]

Art. 12: 1. Redação do *caput* de acordo com a Lei 13.256, de 4.2.16.

Art. 12: 1a. s/ ordem cronológica para publicação e efetivação dos pronunciamentos judiciais, v. art. 153; direito intertemporal, v. art. 1.046 § 5º.

Art. 12: 1b. Inércia, violação desarrazoada à ordem cronológica ou falhas na elaboração da correlata lista são impugnáveis por **mandado de segurança.**

Art. 12: 2. v. art. 366.

Art. 12: 2a. v. art. 334 § 11.

Art. 12: 3. v. art. 332.

Art. 12: 4. v. art. 928.

Art. 12: 5. v. arts. 1.036 e segs.

Art. 12: 6. v. arts. 976 e segs.

Art. 12: 7. i. e., respectivamente, sentenças terminativas e decisões monocráticas de relator.

Art. 12: 8. v. arts. 1.022 e segs.

Art. 12: 9. v. art. 1.021.

Art. 12: 10. i. e., na hipótese de reexame da causa julgada em desconformidade com orientação de tribunal superior firmada em julgamento de recurso repetitivo.

Capítulo II | DA APLICAÇÃO DAS NORMAS PROCESSUAIS

Art. 13. A jurisdição civil será regida pelas normas processuais brasileiras, ressalvadas as disposições específicas previstas em tratados, convenções ou acordos internacionais de que o Brasil seja parte. [Sem dispositivo correspondente no CPC/1973]

Art. 14. A norma processual não retroagirá e será aplicável imediatamente aos processos em curso, respeitados os atos processuais praticados e as situações jurídicas consolidadas sob a vigência da norma revogada.[1] [Sem dispositivo correspondente no CPC/1973]

Art. 14: 1. v. arts. 1.045 e segs. V. tb. CF-5º-XXXVI.

Art. 15. Na ausência de normas que regulem processos eleitorais, trabalhistas ou administrativos, as disposições deste Código lhes serão aplicadas supletiva e subsidiariamente. [Sem dispositivo correspondente no CPC/1973]

Livro II | DA FUNÇÃO JURISDICIONAL

Título I | DA JURISDIÇÃO E DA AÇÃO

Art. 16. **A jurisdição civil é exercida pelos juízes e pelos tribunais em todo o território nacional, conforme as disposições deste Código.** [Dispositivo correspondente no CPC/1973: art. 1º]

Art. 17. Para postular em juízo é necessário ter **interesse**[1 a 4] **e legitimidade.**[5 a 17] [Dispositivo correspondente no CPC/1973: art. 3º]

Art. 17: 1. s/ interesse e: ação declaratória, v. arts. 19 e 20; indeferimento da petição inicial, v. art. 330-III; sentença terminativa, v. art. 485-I e VI.

Art. 17: 2. O **conceito de interesse processual** é composto pelo binômio necessidade-adequação, refletindo aquela a indispensabilidade do ingresso em juízo para a obtenção do bem da vida pretendido e se consubstanciando esta na relação de pertinência entre a situação material que se tenciona alcançar e o meio processual utilizado para tanto.

A falta de interesse processual determina o indeferimento da petição inicial (art. 330-III), com a consequente prolação de sentença terminativa (art. 485-I e VI).

Assim, não se julga o mérito em processo voltado à obtenção de benefício previdenciário que **nunca** fora **solicitado** pelas **vias administrativas** e poderia ser obtido extrajudicialmente, pois não havia pretensão resistida (STJ-6ª T., REsp 151.818, Min. Fernando Gonçalves, j. 10.3.98, DJU 30.3.98; STJ-2ª T., REsp 1.310.042, Min. Herman Benjamin, j. 15.5.12, DJ 28.5.12; RT 837/191).

"A concessão de benefícios previdenciários depende de requerimento do interessado, não se caracterizando ameaça ou lesão a direito antes de sua apreciação e indeferimento pelo INSS, ou se excedido o prazo legal para sua análise. É bem de ver, **no entanto,** que a exigência de prévio requerimento não se confunde com o exaurimento das vias administrativas. A exigência de prévio requerimento administrativo não deve prevalecer quando o entendimento da Administração for notória e reiteradamente contrário à postulação do segurado. Na hipótese de pretensão de revisão, restabelecimento ou manutenção de benefício anteriormente concedido, considerando que o INSS tem o dever legal de conceder a prestação mais vantajosa possível, o pedido poderá ser formulado diretamente em juízo — salvo se depender da análise de matéria de fato ainda não levada ao conhecimento da Administração —, uma vez que, nesses casos, a conduta do INSS já configura o não acolhimento ao menos tácito da pretensão" (STF-Pleno, RE 631.240, Min. Roberto Barroso, j. 3.9.14, maioria, DJ 10.11.14). Em sentido semelhante: STJ-2ª T., REsp 1.479.024-AgRg, Min. Herman Benjamin, j. 18.11.14, DJ 26.11.14; STJ-1ª T., Ag em REsp 299.351-AgRg, Min. Napoleão Maia Filho, j. 18.11.14, DJ 1.12.14. Ainda, em matéria securitária: "Ainda que não haja prévio comunicado à seguradora acerca da ocorrência do sinistro, eventual oposição desta ao pedido de indenização deixa clara sua resistência frente à pretensão do segurado, demonstrando a presença do interesse" (STJ-3ª T., REsp 1.137.113, Min. Nancy Andrighi, j. 13.3.12, DJ 22.3.12).

Contra: "Não há necessidade de prévio requerimento administrativo para que se pleiteie, na seara judicial, a percepção de benefício previdenciário" (STJ-1ª T., REsp 1.339.350-AgRg, Min. Sérgio Kukina, j. 2.4.13, DJ 5.4.13).

Art. 17: 3. "Não se exercita a jurisdição para responder questões abstratas ou puramente teóricas, ainda quando a ação tenha sido denominada como declaratória negativa na inicial" (TFR-4ª T., AC 42.250, Min. Bueno de Souza, j. 5.6.85, DJU 30.5.89).

Art. 17: 4. O interesse do autor deve existir **no momento** em que a **sentença** é proferida. Se desapareceu antes, o processo será extinto sem julgamento do mérito (RT 489/143, JTJ 163/9, 173/126, JTA 106/391), de ofício e a qualquer tempo (STJ-3ª T., REsp 23.563-AgRg, Min. Eduardo Ribeiro, j. 19.8.97, DJU 15.9.97). No mesmo sentido: RP 33/239, com comentário de Gelson Amaro de Souza, e parecer de Nelson Nery Jr., em RP 42/200.

V. tb. art. 493, especialmente nota 8. S/ honorários advocatícios, v. art. 85 § 10, especialmente nota 50.

Art. 17: 5. s/ legitimidade e: direito alheio, v. art. 18; ações propostas pelo espólio ou por herdeiro do falecido, v. art. 75, notas 16b e 16c; indeferimento da petição inicial, v. art. 330-II; sentença terminativa, v. art. 485-I e VI; desapropriação indireta, v. LD 1º, notas 7b a 7d e 9; ação de investigação de paternidade, v. LIP 2º §§ 4º e 6º e notas; mandado de segurança coletivo, v. LMS 21.

S/ legitimidade passiva da CEF: para as ações sobre FGTS, v. CF 109, nota 3-FGTS; para as ações envolvendo o Banco Nacional de Habitação, v. art. 114, nota 4; s/ legitimidade da seguradora para ação movida diretamente pela vítima do segurado, v. art. 125, nota 12; s/ legitimidade do herdeiro para propor ação de indenização por dano moral sofrido pelo *de cujus*, v. art. 485, nota 30; s/ legitimidade da administradora predial ou de condomínio para, em seu próprio nome, acionar ou ser demandada, em lugar do locador ou do condomínio, v. art. 542, nota 2, e LI 58, nota 2b, 59, nota 6, e 67, nota 3.

Alguns casos de legitimidade passiva no nosso CCLCV: na ação de cobrança de despesas de condomínio, v. CC 1.336, notas 1c e 1d; em regime de construção por administração, v. LCE 58 e notas; na ação indenizatória por inscrição em cadastro de inadimplentes, v. CDC 43, nota 4; em ação de indenização movida contra cartório extrajudicial, v. LRP 28 e notas.

Alguns casos de legitimidade ativa no nosso CCLCV: em demanda que envolve direitos da personalidade, v. CC 20, nota 3a; em ação de indenização por danos morais, v. CC 186, notas 3b (morte de parente próximo), 7a e 8.

Art. 17: 6. A legitimidade *ad causam* consiste em uma **relação de pertinência** entre as partes no processo e a situação de direito material trazida a juízo.

Art. 17: 7. "A teor do disposto no art. 37, § 6º, da Constituição Federal, a **ação por danos causados por agente público** deve ser ajuizada contra o Estado ou a pessoa jurídica de direito privado prestadora de serviço público, sendo **parte ilegítima** para a ação o autor do ato, assegurado o direito de regresso contra o responsável nos casos de dolo ou culpa" (STF-Pleno, RE 1.027.633, Min. Marco Aurélio, j. 14.8.19, DJ 6.12.19).

Contra: "O particular que alega ofensa a seu direito individual por ato praticado por agente público pode acionar o Estado, ou o funcionário ou ambos" (STJ-4ª T., REsp 731.746, Min. Aldir Passarinho Jr., j. 5.8.08, um voto vencido, DJ 4.5.09; a citação é do voto do relator).

"A avaliação quanto ao ajuizamento da ação contra o servidor público ou contra o Estado deve ser decisão do suposto lesado. Se, por um lado, o particular abre mão do sistema de responsabilidade objetiva do Estado, por outro também não se sujeita ao regime de precatórios" (STJ-4ª T., REsp 1.325.862, Min. Luis Felipe, j. 5.9.13, DJ 10.12.13).

"A propositura de ação de responsabilidade civil aforada pelo particular contra o autor do fato causador do dano não afasta o direito à ação para demandar contra o ente público, que responde objetivamente pelos danos causados a terceiros. A responsabilidade civil do Estado objetiva nos termos do art. 37, § 6º, da Constituição Federal, não se confunde com a responsabilidade subjetiva dos seus agentes, perquirida em ação regressiva ou em ação autônoma" (STJ-1ª T., REsp 976.730, Min. Luiz Fux, j. 24.6.08, um voto vencido, DJ 4.9.08).

V. tb., no CCLCV, CC 43 e notas.

S/ denunciação da lide ao servidor público, pela Fazenda Pública, demandada por ato daquele, v. art. 125, nota 5; responsabilidade do Estado por atos judiciais, v. art. 143 e notas.

Art. 17: 8. "Os sócios de uma **associação** esportiva, embora não pertençam ao seu Conselho Deliberativo, têm legitimidade ativa para sustar os efeitos de reunião organizada por tal órgão, tendo em vista que por meio do ato impugnado lhes foi tolhido o direito de votar e ser votados, salientando que eventual procedência da pretensão deduzida na causa principal ensejaria o seu retorno à condição de participantes do processo eleitoral para os cargos de direção do clube" (RSTJ 134/380).

O sócio de clube tem legitimidade para ajuizar demanda para a tutela do interesse geral dos associados, "mormente em se tratando de causa com repercussão patrimonial" (RT 843/233).

Art. 17: 9. "A **sociedade** também tem legitimidade passiva para a causa em que se busca o cumprimento de acordo de acionistas, porque terá que suportar os efeitos da decisão" (STJ-3ª T., REsp 784.267, Min. Nancy Andrighi, j. 21.8.07, DJU 17.9.07).

Art. 17: 9a. "Os danos diretamente causados à sociedade, em regra, trazem reflexos indiretos a todos os seus **acionistas.** Com o ressarcimento dos prejuízos à companhia, é de se esperar que as perdas dos acionistas sejam revertidas. Por isso, se os danos narrados na inicial não foram diretamente causados aos acionistas minoritários, não detêm eles legitimidade ativa para a propositura de ação individual com base no art. 159, § 7º, da LSA" (STJ-3ª T., REsp 1.014.496, Min. Nancy Andrighi, j. 4.3.08, DJU 1.4.08). No mesmo sentido: STJ-4ª T., REsp 1.002.055, Min. Aldir Passarinho Jr., j. 9.12.08, DJ 23.3.09.

Art. 17: 9b. "Ainda que, como regra, a legitimidade para contestar operações internas da sociedade seja dos sócios, hão de ser excepcionadas situações nas quais terceiros estejam sendo diretamente afetados, exatamente como ocorre na espécie, em que a administração da sócia majoritária, uma *holding* familiar, é exercida por usufrutuário, fazendo com que os nu-proprietários das quotas tenham interesse jurídico e econômico em contestar a prática de atos que estejam modificando a substância da coisa dada em usufruto, no caso pela diluição da participação da própria *holding* familiar em empresa por ela controlada" (STJ-3ª T., REsp 1.424.617, Min. Nancy Andrighi, j. 6.5.14, DJ 16.6.14).

Art. 17: 10. "Se empresa brasileira aufere diversos benefícios quando se apresenta ao mercado de forma tão semelhante a sua controladora americana, deve, também, responder pelos riscos de tal conduta" (STJ-RDPr 39/351:4ª

T., REsp 1.021.987). No mesmo sentido, ponderando que a empresa brasileira "tem o dever jurídico de cumprir as obrigações relacionadas à prestação dos serviços ligados a empresa internacional aos brasileiros": RJM 182/194 (AI 1.0024.07.448859-4/001).

Art. 17: 11. "O compromissário-comprador, com o contrato registrado no Registro de Imóveis, preço pago e cláusula de irretratabilidade, tem legitimidade para propor **ação reivindicatória**" (RSTJ 156/319, maioria).

Art. 17: 12. "Qualquer dos **condôminos** tem legitimidade para reivindicar de terceiro a coisa em comum" (RSTJ 75/380).

Em matéria de **condomínio edilício:** "Em se tratando de assenhoreamento de área comum de condomínio edilício por terceiro, a competente ação reivindicatória só poderá ser ajuizada pelo próprio condomínio, salvo se o uso desse espaço comum for: (1) exclusivo de um ou mais condôminos ou (2) essencial ao exercício do direito de usar, fruir ou dispor de uma ou mais unidades autônomas. Nesses dois casos excepcionais, haverá legitimação concorrente e interesse de agir tanto do condomínio como dos condôminos diretamente prejudicados" (STJ-RF 405/433: 3ª T., REsp 1.015.652). V. tb. art. 506, nota 1d.

"Os condôminos têm legitimidade e interesse para pleitear a anulação de assembleia geral do condomínio, se irregularmente foram iniciados os trabalhos da reunião, sendo parte passiva legítima o condomínio, por ser ele o que vai sofrer os efeitos da sentença de procedência" (STJ-RT 759/177).

V. tb. art. 75, nota 26.

Art. 17: 13. "Legitimação. A ação **negatória de paternidade,** destinada a elidir a presunção quanto aos filhos nascidos de sua mulher, na constância do casamento, é própria e privativa do marido. Mas a ação tendente a desconstituir reconhecimento voluntário de paternidade não presumida pertence, enquanto impugnatória, a todo aquele que tenha justo interesse em contestar a ação investigatória. Tem-no, pois, quem, arguindo falsidade ideológica ao reconhecimento, se apresente como pai verdadeiro, para que do registro conste tal relação biológica" (RJTJESP 124/201).

"O filho nascido na constância do casamento, tem legitimidade para propor ação para identificar seu verdadeiro ancestral. A ação negatória de paternidade atribuída privativamente ao marido, não exclui a ação de investigação de paternidade proposta pelo filho contra o suposto pai ou seus sucessores" (STJ-3ª T., REsp 765.479, Min. Gomes de Barros, j. 7.3.06, DJU 24.4.06).

S/ legitimidade ativa para ação declaratória de inexistência de filiação legítima, por falsidade ideológica, v., no CCLCV, CC 1.604, nota 1b.

S/ morte do autor de ação de nulidade de registro civil e legitimidade de sua viúva para prosseguir na ação, v. art. 485, nota 41a.

Art. 17: 14. "Os **herdeiros** do falecido companheiro têm legitimidade para propor ação de **reconhecimento da união estável**" (RJTJERGS 250-251/247).

"A ação declaratória de união estável e sua dissolução, em que pese tratar-se de direito personalíssimo, admite plenamente, após a morte da parte originária, sua substituição, no caso, pelos herdeiros do *de cujus*" (RT 900/292: TJGO, AP 249588-54).

Todavia: "Discussão relativa à legitimidade ativa de **credor** para propositura de ação declaratória de união estável entre o devedor e terceiro. Compete exclusivamente aos titulares da relação que se pretende ver declarada a demonstração do *animus*, ou seja, do elemento subjetivo consubstanciado no desejo anímico de constituir família. Ainda que possa haver algum interesse econômico ou financeiro de terceiro credor no reconhecimento da união estável, ele terá caráter reflexo e indireto, o que não justifica a sua intervenção na relação processual que tem por objetivo declarar a existência de relacionamento afetivo entre as partes" (STJ-3ª T., REsp 1.353.039, Min. Nancy Andrighi, j. 7.11.13, DJ 18.11.13).

Art. 17: 15. À vista do disposto na CF 226 § 3º, a companheira tem legitimidade para haver indenização por **morte do companheiro,** "ainda que no caso haja notícia da existência de filhos do casal" (RT 707/135, maioria).

"Pode a concubina pleitear indenização, a título de pensionamento, em decorrência de acidente de trânsito que resultou na morte do companheiro, se comprovada sua dependência econômica" (RJTAMG 53/156).

Art. 17: 15a. "Uma vez extinta a obrigação alimentar pela exoneração do alimentante — no caso pela alteração da guarda do **menor** em favor do executado —, a **genitora não possui legitimidade para prosseguir na execução dos alimentos** vencidos, em nome próprio, pois não há que se falar em sub-rogação na espécie, diante do caráter personalíssimo do direito discutido. Para o propósito perseguido, isto é, de evitar que o alimentante, a despeito de inadimplente, se beneficie com a extinção da obrigação alimentar, o que poderia acarretar enriquecimento sem causa, a genitora poderá, por meio de ação própria, obter o ressarcimento dos gastos despendidos no cuidado do alimentando, durante o período de inadimplência do obrigado, nos termos do que preconiza o art. 871 do Código Civil" (STJ-3ª T., REsp 1.771.258, Min. Marco Bellizze, j. 6.8.19, DJ 14.8.19). "Ilegitimidade da genitora para prosseguir, em seu próprio nome, com a execução de alimentos anteriormente ajuizada em nome da filha, e na qual atuou exclusivamente na condição de assistente da menor, cuja incapacidade ficou superada no curso do processo, em face da maioridade civil. A ação de execução de alimentos não é apta à pretensão da genitora de ressarcir-se das despesas realizadas no período em que deteve a guarda da filha, que poderá ser buscada em ação própria. Com efeito, não há que se falar em sub-rogação nos direitos vindicados na demanda executiva, tendo em vista o caráter personalíssimo dos alimentos" (STJ-4ª T., Ag em REsp 1.182.089-AgInt, Min. Raul Araújo, j. 28.9.20, DJ 20.10.20).

Contra: "A **genitora** possui legitimidade para prosseguir na **execução de débitos alimentares** proposta à época em que era guardiã das menores, visando a satisfação de prestações pretéritas, até o momento da **transferência da guarda.** A mudança da guarda das alimentandas em favor do genitor no curso da execução de alimentos, não tem o condão de extinguir a ação de execução envolvendo débito alimentar referente ao período em que a guarda judicial era da genitora, vez que tal débito permanece inalterado. Não há falar em ilegitimidade ativa para prosseguimento da execução, quando à época em que proposta, e do débito correspondente, era a genitora a representante legal das menores. Ação de execução que deve prosseguir até satisfação do débito pelo devedor, ora recorrido" (STJ-4ª T., REsp 1.410.815, Min. Marco Buzzi, j. 9.8.16, maioria, DJ 23.9.16).

Art. 17: 16. "Tem legítimo interesse para pleitear indenização a pessoa que detinha a posse do **veículo** sinistrado, independentemente de título de propriedade" (STJ-3ª T., REsp 5.130, Min. Dias Trindade, j. 8.4.91, DJU 6.5.91).

"Para a ação de ressarcimento por danos decorrentes de acidente de veículo, é legitimado aquele que sofre o prejuízo, irrelevante que o veículo sinistrado ainda não esteja registrado em seu nome no DETRAN" (STJ-3ª T., REsp 7.656, Min. Dias Trindade, j. 20.3.91, DJU 20.5.91).

"O adquirente de veículo tem legitimidade ativa para defender judicialmente o bem, inclusive em relação à aplicação de multas pelo Poder Público antes da aquisição da propriedade" (STJ-1ª T., REsp 799.970, Min. Teori Zavascki, j. 3.9.09, DJ 21.9.09).

Art. 17: 16a. "O **direito à indenização** pelos danos causados a um prédio subsiste, ainda que o proprietário transmita o respectivo domínio a terceiro — conclusão que se justifica, tenham os danos sido reparados ou não" (RSTJ 132/300). Em consequência, o Tribunal entendeu que o **antigo proprietário** tinha legitimidade para mover ação de indenização.

Art. 17: 17. "Tem legitimidade ativa para a lide indenizatória a **proprietária de imóvel segurado** que, mesmo não tendo participado do contrato de seguro, tem interesse no deslinde da demanda" (STJ-3ª T., REsp 1.241.648, Min. João Otávio, j. 5.11.13, DJ 14.11.13).

Art. 18. Ninguém poderá pleitear direito alheio em nome próprio, salvo quando autorizado pelo ordenamento jurídico.[1 a 5] [Dispositivo correspondente no CPC/1973: art. 6º]

Parágrafo único. Havendo substituição processual, o substituído poderá intervir como assistente litisconsorcial.[6] [Sem dispositivo correspondente no CPC/1973]

Art. 18: 1. s/ execução de alimentos pretéritos pelo genitor que perdeu a guarda dos filhos, v. art. 17, nota 15a; s/ execução pelo genitor do valor devido pelo ex-cônjuge para criação e educação dos filhos no contexto de separação, v. art. 731, nota 12a.

Art. 18: 2. Lei 8.073, de 30.7.90 — Estabelece a Política Nacional de Salários, e dá outras providências: **"Art. 3º** As entidades sindicais poderão atuar como substitutos processuais dos integrantes da categoria".

Art. 18: 3. A autorização legal para pleitear, em nome próprio, direito alheio está vinculada aos fenômenos da **legitimidade extraordinária** e da **substituição processual.** Não se confunde com a representação em juízo regulada pelo art. 75, situação em que é o próprio titular do direito que está a postulá-lo, por meio da pessoa capacitada para tanto.

"Dá-se a figura da substituição processual quando alguém está legitimado para agir em juízo, em nome próprio, como autor ou réu, na defesa de direito alheio. Quem litiga, como autor ou réu, é o substituto processual; fá-lo em nome próprio, na defesa de direito de outrem, que é o substituído" (Amaral Santos, citado em RTFR 121/18).

Casos em que a lei autoriza o pleito em nome próprio de direito alheio: ação popular (CF 5º-LXXIII e LAP 1º); ação civil pública (LACP 5º); mandado de segurança a favor do direito de terceiro (LMS 3º); mandado de segurança coletivo (CF 5º-LXX e LMS 21).

Na falta de autorização legal, deve ser proferida sentença terminativa, fundada na ilegitimidade de parte (arts. 328-II e 483-I e VI).

Art. 18: 4. "O art. 8º, III, da CF estabelece a legitimidade extraordinária dos **sindicatos** para defender em juízo os direitos e interesses coletivos ou individuais dos integrantes da categoria que representam. Essa legitimidade extraordinária é ampla, abrangendo a liquidação e a execução dos créditos reconhecidos aos trabalhadores" (STF-Pleno, RE 210.029, Min. Joaquim Barbosa, j. 12.6.06, maioria, DJU 17.8.07).

"Os sindicatos agem na qualidade de substitutos processuais na fase de conhecimento e na de liquidação e execução das ações em que se discutem direitos coletivos e individuais homogêneos de seus filiados" (STJ-Corte Especial, ED no REsp 1.079.671, Min. Fernando Gonçalves, j. 3.6.09, DJ 18.6.09).

"As **entidades de classe** têm legitimidade ativa para defender, em juízo, os interesses e direitos coletivos de seus associados" (RSTJ 140/535).

S/ desnecessidade de autorização dos associados, v. art. 75, nota 2a; s/ limitação do número de litigantes, v. art. 113, nota 9b.

Art. 18: 4a. "A empresa que no país representa outra, ainda que do mesmo grupo econômico, não pode postular em nome próprio direito que é da representada" (STJ-3ª T., REsp 1.002.811, Min. Ari Pargendler, j. 7.8.08, DJ 8.10.08). Do voto do Min. Gomes de Barros: "O agente marítimo não tem legitimidade para pleitear, em nome próprio, crédito pertencente ao transportador estrangeiro".

Art. 18: 4b. "A teor do que estatui o art. 6º do CPC, a **pessoa jurídica** recorrente não é parte legítima para, em nome próprio, defender em juízo direito alheio (do sócio)" (STJ-1ª T., REsp 793.772, Min. Teori Zavascki, j. 3.2.09, DJ 11.2.09).

"O **sócio** não tem legitimidade para figurar no polo ativo de demanda em que se busca indenização por prejuízos eventualmente causados à sociedade de que participa. Hipótese em que o sócio tem interesse meramente econômico, faltando-lhe interesse jurídico a defender" (STJ-4ª T., REsp 1.188.151, Min. João Otávio, j. 14.6.11, DJ 12.4.12). No mesmo sentido: STJ-3ª T., REsp 1.317.111, Min. Paulo Sanseverino, j. 9.12.14, DJ 17.12.14.

Art. 18: 5. "O chefe de equipe cirúrgica, que contrata diretamente os serviços com o paciente ou seus familiares, e assume as atribuições de fixar honorários e distribuí-los entre assistentes livremente por ele escolhidos, tem legitimidade para cobrar os honorários correspondentes aos serviços prestados pela equipe. Praxe profissional reconhecida no v. acórdão" (STJ-4ª T., REsp 73.049, Min. Ruy Rosado, j. 13.11.95, DJU 18.12.95).

Art. 18: 6. v. art. 124.

Art. 19. O interesse do autor pode limitar-se à declaração: [Dispositivo correspondente no CPC/1973: art. 4º-*caput*]

I — da existência, da inexistência ou do modo de ser de uma relação jurídica; [Dispositivo correspondente no CPC/1973: art. 4º-I]

II — da autenticidade ou da falsidade[1] de documento. [Dispositivo correspondente no CPC/1973: art. 4º-II]

Art. 19: 1. Não cabe ação declaratória para decretação de **falsidade ideológica** de documento (RT 616/62).

Todavia: "Arguição de falsidade ideológica. Aplicação do art. 4º, inciso II, do CPC, ainda que a hipótese não se enquadre no conceito estrito de declaração incidente, constante dos arts. 5º e 325 do CPC. Possibilidade" (JTJ 298/111).

Art. 20. É admissível a ação meramente declaratória, ainda que tenha ocorrido a violação do direito.[1 a 16] [Dispositivo correspondente no CPC/1973: art. 4º § ún.]

Art. 20: 1. s/ ação declaratória e: valor da causa, v. art. 292, nota 14.

Art. 20: 2. Súmula 258 do STF: "É admissível **reconvenção** em ação declaratória".

V. tb. art. 343, nota 1b.

Súmula 181 do STJ: "É admissível ação declaratória, visando a obter certeza quanto à exata **interpretação de cláusula contratual**" (v. jurisprudência s/ esta Súmula em RSTJ 91/375).

Súmula 242 do STJ: "Cabe ação declaratória para reconhecimento de **tempo de serviço** para fins previdenciários" (v. jurisprudência s/ esta Súmula em RSTJ 144/119).

Súmula 7 do TJSC: "A ação declaratória é meio processual hábil para se obter a declaração de **nulidade do processo** que tiver corrido à revelia do réu por ausência de citação ou por citação nulamente feita" (RT 629/206). Em sentido semelhante: JTA 106/248.

Art. 20: 3. Admite-se **litisdenunciação,** com pedido condenatório, em ação declaratória (RTJ 125/655 e STF-Amagis 8/388).

Art. 20: 4. Tutela de urgência. "Conquanto para alguns se possa afastar, em tese, o cabimento da tutela antecipada nas ações declaratórias, dados o seu caráter exauriente e a inexistência de um efeito prático imediato a deferir-se, a doutrina e a jurisprudência vêm admitindo a antecipação nos casos de providência preventiva, necessária a assegurar o exame do mérito da demanda" (RSTJ 166/366 e RT 816/172: 4ª T.). Em sentido semelhante, deferindo tutela antecipada em ação declaratória: STJ-5ª T., MC 4.205-AgRg, Min. José Arnaldo, j. 18.12.01, DJU 4.3.02.

"Defere-se antecipação de tutela jurisdicional, quando, na ação declaratória, cumulada com anulatória e desconstitutiva, por si ou jungidas àquelas, visa-se alcançar eficácia concreta de decisão em que se não antecipada pode causar a perda de eficácia daquela declaratória" (STJ-3ª T., REsp 195.224, Min. Waldemar Zveiter, j. 15.12.00, DJU 5.3.01).

"Não se pode afastar, em princípio, o cabimento da cautela em ação declaratória para obter a antecipação provisória da prestação jurisdicional. Ela é admissível, embora excepcionalmente, sempre que houver fundado receio de dano irreparável ou de difícil reparação" (RTFR 134/15). No mesmo sentido: RTFR 157/233, 158/97, RJTJESP 106/319, JTA 99/33.

"O processo cautelar não visa, necessariamente, a assegurar a execução de sentença a ser prolatada em outro processo, mas sim garantir-lhe a eficácia, resguardar-lhe a utilidade. Se a mudança da situação de fato for apta a perturbar seriamente a utilidade prática de demanda de conteúdo simplesmente declaratório, pode justificar-se o deferimento de medida cautelar" (RSTJ 34/417).

Contra: "A antecipação de tutela com efeitos patrimoniais, em sede de ação declaratória, não se coaduna com os princípios reguladores de tal entidade processual" (RSTJ 105/63). No mesmo sentido: "A tutela antecipada, que tem como característica a provisoriedade e é admitida nos casos em que ocorra a verossimilhança da alegação do autor, não pode ser concedida em ação declaratória, que objetiva a eliminação da incerteza do direito ou da relação jurídica" (RT 742/350).

"A ação declaratória visa à obtenção de certeza jurídica. Nesse sentido, impossível obter liminar cautelar e, portanto, provisória, do futuro comando declaratório, porque não há certeza provisória ou antecipável" (RT 719/233). Em sentido semelhante, não admitindo medida cautelar em ação declaratória: RTFR 131/7, RT 597/90, RJTJESP 94/287, 95/273, 113/233.

Art. 20: 5. "O **interesse de agir** por meio de ação declaratória envolve a necessidade, concretamente demonstrada, de eliminar ou resolver a **incerteza** do direito ou relação jurídica. A declaratória tem por conteúdo o acertamento, pelo juiz, de uma relação jurídica" (RTJ 83/934). Logo, se não há dúvida ou incerteza quanto à relação jurídica, descabe a ação declaratória (RJTJESP 107/325, 4 votos a 1).

"O exercício da ação declaratória pressupõe incerteza a ser obviada pela sentença. A incerteza não deve residir, necessariamente, no espírito do autor. Ela deve resultar do próprio conflito de interesses. Quem está convicto de que determinado ato administrativo é nulo tem interesse processual para o exercício da ação declaratória da nulidade" (RSTJ 54/354).

"Sempre que se manifeste estado de incerteza, ou que se suscite controvérsia em torno da existência (ação declaratória positiva) ou da inexistência de relação jurídica (ação declaratória negativa), há legítimo interesse no exercício do remédio preventivo" (RJTJESP 107/83; citação da p. 84).

"A declaração de existência ou de inexistência de relação jurídica deve versar sobre uma **situação atual,** já verificada, **e não** sobre situação **futura e hipotética.** No caso dos autos, desponta cristalina a desnecessidade do provimento judicial para responder a indagações hipotéticas da parte autora, fundadas no exercício do direito de retirada de patrocínio não efetivado e sequer cogitado. O Poder Judiciário não pode ser utilizado como órgão de consulta para responder a questionamentos das partes acerca de situações futuras hipotéticas e abstratas" (STJ-3ª T., REsp 1.750.925, Min. Ricardo Cueva, j. 24.9.19, maioria, DJ 10.10.19).

Art. 20: 6. "A ação declaratória tem por finalidade a declaração da existência ou inexistência de uma relação jurídica, **não** sendo meio idôneo **para anular ato jurídico** de alienação de bens, pois nesta somente se declara a existência ou eficácia da relação jurídica, e não sua validade ou invalidade" (STJ-RT 750/212).

"A pretensão de reconhecimento de vício no negócio jurídico e de sua anulabilidade delira da abrangência da ação declaratória" (STJ-4ª T., REsp 6.227, Min. Fontes de Alencar, j. 13.8.91, DJU 1.6.92).

Art. 20: 7. "Não havendo divergência das partes quanto à existência da relação jurídica, mas sim quanto à possibilidade de o contrato produzir os efeitos pretendidos pelo recorrente, tal discussão foge ao alcance da ação meramente declaratória" (STJ-3ª T., REsp 363.691, Min. Nancy Andrighi, j. 25.11.08, maioria, DJ 17.12.08).

Art. 20: 8. "Ação declaratória pura é imprescritível, mas quando também há pretensão condenatória, restituição do indevido, sujeita-se ao fenômeno da **prescrição"** (STJ-1ª Seção, ED no REsp 96.560, Min. Eliana Calmon, j. 23.4.03, um voto vencido, DJU 25.2.04).

"A tutela declaratória pleiteada pela recorrente se justifica e se lhe mostra útil porque a violação do seu direito trouxe em si, a par da pretensão ressarcitória, a pretensão de obter a certeza jurídica quanto à inexistência de relação comercial com a recorrida. O interesse-utilidade dessa declaração, em caráter principal, não é fulminado pela prescrição da pretensão ressarcitória, sobretudo diante de outros possíveis reflexos apontados pela recorrente, além dos patrimoniais, como os contábeis e os tributários" (STJ-3ª T., REsp 1.460.474, Min. Nancy Andrighi, j. 28.8.18, DJ 3.9.18).

Art. 20: 9. A ação declaratória não tem caráter condenatório nem constitutivo. Ocorre, porém, que muitas vezes o autor **cumula pedidos** ou, mesmo, erra a **denominação da ação.** Desde que tenha deduzido de maneira clara e inequívoca sua pretensão, não há razão para negar-lhe a prestação jurisdicional, só porque rotulou erradamente a ação (RSTJ 23/244, especialmente p. 248).

"Nada veda que a declaratória seja ajuizada em conexão com pedido constitutivo ou condenatório. O nome com o qual se rotula a causa é sem relevância para a ciência processual" (RSTJ 37/368 e Just. 166/196). Em sentido semelhante: RSTJ 78/160, RT 646/98, 810/226.

"Embora o autor tenha denominado a ação de 'declaratória', pela análise do pedido, deduz-se, de forma clara e inequívoca, que a demanda objetiva obter não só a declaração de uma situação jurídica, como também modificar, com o provimento jurisdicional, determinada situação jurídica em que ela se encontra. A errônea denominação da ação não retira do autor o direito à prestação jurisdicional postulada" (STJ-1ª T., REsp 402.390, Min. Teori Zavascki, j. 4.11.03, DJU 24.11.03). No mesmo sentido: STJ-4ª T., REsp 436.813, Min. Fernando Gonçalves, j. 6.4.04, DJU 10.5.04. Portanto, não cabe ao juiz "encerrar o feito sem o julgamento do mérito sob o fundamento de que, rotulada a ação como declaratória, não teria o autor o necessário interesse processual, em razão do pedido de natureza constitutiva agregado na inicial" (RSTJ 126/294).

Art. 20: 10. A declaração de existência ou inexistência de relação jurídica deve versar sobre **situação atual,** já verificada, e não sobre a existência de futura relação jurídica (RTFR 147/55). No mesmo sentido: RT 710/119, Lex-JTA 146/354.

Art. 20: 11. Não cabe ação declaratória para **afirmar ou negar** a existência de determinado **fato** (RT 797/256, RJTJERGS 133/251), "salvo no que se refere à falsidade ou autenticidade de documento" (RT 654/78).

"Ação declaratória, onde se pleiteou a declaração de ineficácia de testamento, com o efeito de acertar fatos. Não cabimento da ação, por imprópria para o fim declinado" (STJ-3ª T., REsp 9.397, Min. Nilson Naves, j. 18.2.92, DJU 30.3.92).

Art. 20: 12. Não cabe ação declaratória para mera **interpretação do direito em tese** (RTJ 113/1.322). No mesmo sentido: RJTJESP 94/81, JTJ 174/18, 336/425 (AP 594.053-5/8-00).

"Ação declaratória. Objeto. Trata-se de ação que não se presta para atender a mera pretensão à interpretação da lei em tese, mas a afastar estado de incerteza objetiva acerca da existência, ou não, de relação jurídica. Caso em que essa circunstância não foi demonstrada pela recorrente, a quem incumbia a prova de que a dúvida não reside puramente em sua consciência, traduzindo-se, ao revés, em atos exteriores que acarretam, ou podem vir a acarretar, prejuízo ao seu direito" (STJ-RT 672/228).

"Para que possa obter pronunciamento jurisdicional sobre a existência ou inexistência de uma relação jurídica, o autor haverá de explicitá-la, deduzindo todos os seus termos. Impossibilidade de a sentença emitir comandos genéricos, não referidos a uma situação concreta, perfeitamente identificável" (RTFR 164/119).

Art. 20: 13. "Discussão em torno do cabimento da ação declaratória, relativamente ao **direito de propriedade.** Não se justifica a interpretação restritiva do art. 4º, I, do CPC, que não estabelece qualquer distinção entre direitos pessoais e reais" (RTJ 125/655 e STF-Amagis 8/388).

"Não se exclui, do âmbito de ação declaratória, o direito de propriedade, quando os autores detêm a posse e o registro do imóvel, mas seu domínio é frequentemente contestado" (RTJ 122/833).

É possível pedir a declaração de inexistência de direito real sem que se demande também o cancelamento do registro correspondente, "visto que o simples fato da desconstituição do título em que se fundou o registro é suficiente para invalidá-lo" (RTJ 115/232, em que a ementa não corresponde ao que foi julgado pelo tribunal de origem).

Art. 20: 14. "Não serve a ação declaratória para fixar os **alcances e os limites da sentença;** não é sucedâneo de embargos declaratórios, nem pode ser usada à guisa de embargos do devedor" (RF 294/241).

Art. 20: 15. Admite-se ação declaratória:

— de Município contra Município, para dirimir dúvida quanto à titularidade de região limítrofe (STF-RDA 177/84; STJ-1ª T., REsp 5.715-0, Min. Gomes de Barros, j. 21.6.93, maioria, DJU 16.8.93);

— para declaração de certeza da existência ou inexistência de uma obrigação tributária, principal ou acessória (RTJ 94/882, RT 482/132, 624/109, JTA 32/94, Bol. AASP 894/14). V. tb. LEF 38;

— para reconhecimento de direito subjetivo a crédito fiscal pelo respectivo valor corrigido (STJ-1ª Seção, REsp 1.472-ED, Min. Ilmar Galvão, j. 21.8.90, maioria, DJU 29.10.90);

— para que se declare a inexigibilidade de obrigação, no caso, com fundamento na exceção de contrato não cumprido (STJ-3ª T., REsp 1.331.115, Min. Nancy Andrighi, j. 19.11.13, maioria, DJ 22.4.14);

— para dizer se é válido ou não um contrato: RJTJESP 84/76;

— "para que seja declarada a invalidade de cláusula contratual contrária à Constituição ou às leis" (STJ-4ª T., REsp 191.041, Min. Ruy Rosado, j. 15.12.98, DJU 15.3.99);

— para que seja declarada a ilegalidade de cláusulas contratuais (STJ-3ª T., REsp 36.533-3, Min. Eduardo Ribeiro, j. 9.8.93, DJU 23.8.93);

— para a interpretação de cláusula contratual (v. Súmula 181 do STJ, em nota 2);

— para ser declarada "nula duplicata e, pois, inexistente a obrigação que nela se consubstanciaria" (STJ-3ª T., REsp 43.821-7, Min. Eduardo Ribeiro, j. 9.5.94, DJU 6.6.94);

— para a interpretação de testamento (RJTJESP 44/34);

— para "declarar o dever da parte em levar à colação bens em inventário, independentemente da mesma vir ou não a fazê-lo como consequência do provimento judicial" (RSTJ 37/368 e Just. 166/76);

— para a declaração de invalidade de alteração estatutária (STF-JTA 59/173);

— para reconhecimento de sociedade de fato (RT 724/297, RJTJESP 91/249). V. tb. nota 15a;

— para declaração do estado de solteiro (RT 474/79);

— para declaração da inexistência de parentesco (RTJ 95/1.304). Em sentido semelhante: STJ-3ª T., REsp 603.885, Min. Menezes Direito, j. 3.3.05, DJU 11.4.05;

— para o autor ver declarada a sua exoneração da obrigação de prestar alimentos à ré (RAMPR 44/192);

— para reaver sonegados (RSTJ 3/1.067);

— para declaração de ineficácia de sentença em relação a litisconsorte passivo necessário, se proferida sem a presença deste na ação (RSTJ 89/247, Bol. AASP 1.593/155, maioria). V. tb. art. 115, nota 1.

Art. 20: 15a. Cabe ação declaratória para reconhecimento de **união estável.** Assim: "O companheiro tem legítimo interesse de promover ação declaratória da existência e da extinção da relação jurídica resultante da convivência durante quase dois anos, ainda que inexistam bens a partilhar" (RSTJ 147/357).

Também cabe ação declaratória de inexistência de união estável e o cônjuge supérstite tem legitimidade para movê-la, a fim de negar que tenha havido tal união entre o cônjuge falecido e terceiro (STJ-4ª T., REsp 328.297, Min. Ruy Rosado, j. 16.10.01, DJU 18.2.02).

A 3ª Turma do STJ já entendeu incabível ação declaratória em que se pretendia tão só a declaração da existência de união estável. Conforme o voto do relator: "Se da afirmada união houver derivado algum direito para a recorrente, ser-lhe-á dado demandar seu reconhecimento. Não, entretanto, postular simplesmente a declaração do fato que lhe deu origem" (STJ-3ª T., REsp 63.524-1, Min. Eduardo Ribeiro, j. 11.6.96, DJU 19.8.96).

Art. 20: 16. "A sentença proferida em ação declaratória não tem efeitos gerais e *erga omnes*. Limita-se a afastar a incerteza jurídica das relações existentes à época do ajuizamento da ação" (RSTJ 129/170).

Título II | DOS LIMITES DA JURISDIÇÃO NACIONAL E DA COOPERAÇÃO INTERNACIONAL

Capítulo I | DOS LIMITES DA JURISDIÇÃO NACIONAL

Art. 21. Compete à autoridade judiciária brasileira processar e julgar as ações em que:[1 a 1e] [Dispositivo correspondente no CPC/1973: art. 88-*caput*]

I — o réu, qualquer que seja a sua nacionalidade, estiver domiciliado no Brasil;[2 a 3] [Dispositivo correspondente no CPC/1973: art. 88-I]

II — no Brasil tiver de ser cumprida a obrigação;[3a a 4a] [Dispositivo correspondente no CPC/1973: art. 88-II]

III — o fundamento seja fato ocorrido ou ato praticado no Brasil.[5 a 5b] [Dispositivo correspondente no CPC/1973: art. 88-III]

Parágrafo único. Para o fim do disposto no inciso I, considera-se domiciliada no Brasil a pessoa jurídica estrangeira que nele tiver agência, filial ou sucursal.[6] [Dispositivo correspondente no CPC/1973: art. 88 § ún.]

Art. 21: 1. O art. 21 trata de causas que tanto o juiz brasileiro quanto o juiz estrangeiro podem julgar.

Art. 21: 1a. "O direito brasileiro não elegeu a conexão como critério de fixação da competência internacional" (RSTJ 12/361).

Art. 21: 1b. "A **imunidade de jurisdição** não representa uma regra que automaticamente deva ser aplicada aos processos judiciais movidos contra um Estado estrangeiro. Trata-se de um direito que pode, ou não, ser exercido por esse Estado, que deve ser comunicado para, querendo, alegar sua intenção de não se submeter à jurisdição brasileira, suscitando a existência, na espécie, de atos de império a justificar a invocação do referido princípio" (STJ-3ª T., RO 99, Min. Nancy Andrighi, j. 4.12.12, RSDCPC 81/156).

"Uma vez que foi reconhecida a imunidade de jurisdição ao Estado Estrangeiro, deve-se oportunizar-lhe a manifestação de sua opção pelo direito à imunidade jurisdicional ou pela renúncia a essa prerrogativa. Essa comunicação não é a citação prevista no art. 213 do CPC, e nem mesmo de intimação se trata, porquanto nenhum ônus decorre ao ente estrangeiro. Assim, as nulidades previstas para estes atos processuais não se aplicam à comunicação em questão. O silêncio do representante diplomático, ou do próprio Estado Estrangeiro, deixando de vir compor a relação jurídico-processual, não importa em renúncia à imunidade de jurisdição" (STJ-4ª T., RO 85, Min. João Otávio, j. 4.8.09, DJ 17.8.09).

"A comunicação ao Estado estrangeiro para que manifeste a sua intenção de se submeter ou não à jurisdição brasileira não possui a natureza jurídica da citação prevista no art. 213 do CPC. Primeiro se oportuniza, via comunicação encaminhada por intermédio do Ministério das Relações Exteriores, ao Estado estrangeiro que aceite ou não a jurisdição nacional. Só aí, então, se ele concordar, é que se promove a citação para os efeitos da lei processual. A nota verbal, por meio da qual o Estado estrangeiro informa não aceitar a jurisdição nacional, direcionada ao Ministério das Relações Exteriores e trazida por esse aos autos, deve ser aceita como manifestação legítima daquele Estado no processo" (STJ-3ª T., RO 99, Min. Nancy Andrighi, j. 4.12.12, RSDCPC 81/156).

V. tb. notas 2b e 5.

Art. 21: 1c. "A moderna orientação do direito internacional é no sentido de retirar o caráter absoluto da imunidade de jurisdição. Havendo questionamento de honorários de advogado por serviços prestados ao Consulado-Geral, com alegação de que o foram apartados de eventual contrato verbal de trabalho, a matéria fica subordinada à jurisdição brasileira" (STJ-RT 863/160: 3ª T., RO 42).

Todavia: "Ato de império de Estado estrangeiro é imune à Justiça brasileira" (STJ-3ª T., REsp 436.711, Min. Gomes de Barros, j. 25.4.06, DJU 22.5.06). No mesmo sentido: STJ-4ª T., RO 66, Min. Fernando Gonçalves, j. 15.4.08, DJU 19.5.08; STJ-RT 897/167 (2ª T., RO 100).

S/ processo em que é parte Estado estrangeiro, v. art. 1.027-II-*b*. V. tb. CF 102-I-*e*, 105-II-*c*, 109-II e 114, nota 4b, e LEF 4º, nota 1b.

Art. 21: 1d. "Ainda que a nacionalidade da consumidora seja brasileira e para cá tenha transferido novamente seu domicílio, não há que se cogitar sequer de uma relação de consumo internacional propriamente dita — aliás, nem sequer se constata a distinção de domicílios entre as partes então contratantes. Verifica-se que o serviço foi ofertado e aceito nos estritos limites territoriais estrangeiros, sem qualquer intenção, por parte de qualquer dos envolvidos, de criar uma relação para além de fronteiras nacionais. Também se deu em território português o integral cumprimento do contrato, ainda que de forma eventualmente viciada. O fato de o vício somente ter se tornado conhecido após o retorno da recorrida ao território nacional é elemento absolutamente estranho à definição do foro internacional competente. Assim, tratando-se de **fato ocorrido no exterior** e não previsto nas hipóteses excepcionais de alargamento da jurisdição nacional, concorrente ou exclusiva (art. 88 e 89 do CPC/73), **não é competente o foro brasileiro** para o conhecimento e processamento da demanda" (STJ-3ª T., REsp 1.571.616, Min. Marco Bellizze, j. 5.4.16, DJ 11.4.16; a citação é do voto do relator).

Art. 21: 1e. "Ainda que o princípio da soberania impeça qualquer ingerência do Poder Judiciário brasileiro na efetivação de direitos relativos a bens localizados no exterior, nada impede que, em processo de **dissolução de casamento** em curso no País, se disponha sobre direitos patrimoniais decorrentes do regime de bens da sociedade conjugal aqui estabelecida, ainda que a decisão tenha reflexos **sobre bens situados no exterior** para efeitos da referida partilha" (STJ-4ª T., REsp 1.552.913, Min. Isabel Gallotti, j. 8.11.16, DJ 2.2.17).

Art. 21: 2. Inversamente, não compete à Justiça brasileira conhecer de ação contra **pessoa domiciliada fora do país** (RT 615/48 e RJTJESP 105/61, o mesmo acórdão, em matéria de divórcio; RJTJESP 91/66; RJM 178/117), ressalvado o disposto nos incisos II e III.

Art. 21: 2a. "A circunstância de a ação proposta no Brasil, com supedâneo no art. 88, I, do CPC, obstar o chamamento ao processo de outros devedores solidários domiciliados no exterior não torna incompetente a Justiça brasileira. Hipótese em que deve prevalecer o direito à jurisdição invocado pelo autor da ação" (STJ-RT 678/211).

Art. 21: 2b. Entendendo que se enquadra nas disposições do inc. I c/c § ún. o Estado estrangeiro que tem representação oficial no Brasil (embaixada e consulados): STJ-4ª T., RO 13, Min. Aldir Passarinho Jr., j. 9.6.07, DJU 17.9.07; STJ-3ª T., RO 64, Min. Nancy Andrighi, j. 13.5.08, DJU 23.6.08.

V. tb. notas 1b e 5.

Art. 21: 3. "É incompetente internacionalmente o Judiciário brasileiro para dissolução de sociedade conjugal estabelecida no estrangeiro, onde domiciliado o réu e ocorridos os fatos alegados na inicial, conforme dispõem os arts. 7º e 12 da LICC e 88 do CPC, ainda que posteriormente a autora tenha fixado domicílio no Brasil" (RT 673/66).

V. tb. nota 5a.

Art. 21: 3a. **LINDB 9º: "§ 1º** Destinando-se a obrigação a ser executada no Brasil e dependendo de forma essencial, será esta observada, admitidas as peculiaridades da lei estrangeira quanto aos requisitos extrínsecos do ato".

Art. 21: 4. "O preceito básico, em se tratando de contrato epistolar, em que domiciliados os contraentes em países distintos, é o art. 9º, § 2º, da LICC, para o qual 'a obrigação resultante do contrato reputa-se constituída no lugar em que residir o proponente'" (JTJ 160/213).

Art. 21: 4a. "Justiça brasileira é competente para o julgamento de ação movida pelo passageiro contra a transportadora, por extravio de bagagem durante a viagem de Cochabamba (Bolívia) a São Paulo, pois o cumprimento do contrato somente ocorreria em São Paulo, ponto final da viagem e local onde o passageiro esperava pegar de volta a sua mala" (JTJ 342/147: AI 7.293.267-5).

V. tb. art. 22-II.

Art. 21: 5. mesmo quando o ato ou fato estiverem atrelados a obrigação a ser cumprida no exterior por Estado estrangeiro, caso de jurisdição concorrente (STJ-4ª T., RO 39, Min. Jorge Scartezzini, j. 6.10.05, DJU 6.3.06).

V. tb. notas 1b e 2b.

Art. 21: 5a. "Embora atualmente os cônjuges residam no exterior, a autoridade judiciária brasileira possui competência para a decretação do divórcio se o casamento foi celebrado em território nacional. Inteligência do art. 88, III, do CPC" (STJ-4ª T., REsp 978.655, Min. João Otávio, j. 23.2.10, DJ 8.3.10).

V. tb. nota 3 e art. 24, nota 2.

Art. 21: 5b. "Quando a alegada atividade ilícita tiver sido praticada pela internet, independentemente de foro previsto no contrato de prestação de serviço, ainda que no exterior, é competente a autoridade judiciária brasileira caso acionada para dirimir o conflito, pois aqui tem domicílio a autora e é o local onde houve acesso ao sítio eletrônico onde a informação foi veiculada, interpretando-se como ato praticado no Brasil, aplicando-se à hipótese o disposto no art. 88, III, do CPC" (STJ-4ª T., REsp 1.168.547, Min. Luis Felipe, j. 11.5.10, DJ 7.2.11). No mesmo sentido: STJ-3ª T., REsp 1.745.657, Min. Nancy Andrighi, j. 3.11.20, DJ 19.11.20.

V. tb. art. 53, nota 20b.

Art. 21: 6. s/ representação em juízo da pessoa jurídica estrangeira, v. art. 75-X e § 3º.

Art. 22. Compete, ainda, à autoridade judiciária brasileira processar e julgar as ações:[1] [Sem dispositivo correspondente no CPC/1973]

I — de alimentos,[1a] quando:

a) o credor tiver domicílio ou residência no Brasil;

b) o réu mantiver vínculos no Brasil, tais como posse ou propriedade de bens, recebimento de renda ou obtenção de benefícios econômicos;

II — decorrentes de relações de consumo, quando o consumidor tiver domicílio ou residência no Brasil;[2]

III — em que as partes, expressa ou tacitamente, se submeterem à jurisdição nacional.

Art. 22: 1. O art. 22 trata de causas que tanto o juiz brasileiro quanto o juiz estrangeiro podem julgar.

Art. 22: 1a. v. Lei 5.478, de 25.7.68, no tít. ALIMENTOS.

Art. 22: 2. v. art. 21, nota 4a.

Art. 23. Compete à autoridade judiciária brasileira, com exclusão de qualquer outra:[1-1a] [Dispositivo correspondente no CPC/1973: art. 89-*caput*]

I — conhecer de ações relativas a imóveis situados no Brasil;[1b a 2a] [Dispositivo correspondente no CPC/1973: art. 89-I]

II — em matéria de sucessão hereditária, proceder à confirmação de testamento particular e ao inventário e à partilha de bens situados no

Brasil, ainda que o autor da herança seja de nacionalidade estrangeira ou tenha domicílio fora do território nacional;[3 a 6] [Dispositivo correspondente no CPC/1973: art. 89-II]

III — em divórcio, separação judicial ou dissolução de união estável, proceder à partilha de bens situados no Brasil, ainda que o titular seja de nacionalidade estrangeira ou tenha domicílio fora do território nacional.[7] [Sem dispositivo correspondente no CPC/1973]

Art. 23: 1. O art. 23 trata de causas que apenas o juiz brasileiro pode julgar.

Art. 23: 1a. "Não ocorrendo as hipóteses do art. 89 do CPC, a circunstância de a requerida ter domicílio no Brasil não a impede de submeter-se, como se submeteu, a juízo arbitral no exterior, e, consequentemente, à homologação de sua decisão pelo Tribunal competente do país em que ocorreu a arbitragem" (RTJ 138/466).

Art. 23: 1b. "Toda e qualquer ação, inclusive de falência, relativa a imóvel situado no Brasil, é da competência exclusiva de autoridade brasileira, com exclusão de qualquer outra (CPC 89-I)" (STF-Pleno: RTJ 101/69 e RF 284/176, dois votos vencidos; a transcrição é de RTJ 101/72, *in fine*).

"Tendo como objeto imóvel situado em território brasileiro, a competência para o processamento e julgamento da ação cautelar de sequestro é da justiça brasileira, conforme expressamente previsto no art. 89, I, do CPC" (RT 891/336: AI 3700-4/2009).

Art. 23: 2. "Não é homologável sentença estrangeira que decide sobre situação jurídica de imóveis no Brasil, em contrariedade ao disposto no art. 89, I, do CPC" (RTJ 124/905). No mesmo sentido: RTJ 125/80.

Art. 23 2a. "**Marca** é bem móvel imaterial protegido mediante registro, que integra o estabelecimento empresarial e não se confunde com bens imóveis, razão pela qual não se aplica o art. 23, I, do novo Código de Processo Civil" (STJ-Corte Especial, CR 9.874-EDcl-AgRg, Min. Francisco Falcão, j. 15.6.16, DJ 28.6.16).

Art. 23: 3. s/ foro competente, v. art. 48. V. tb. art. 963, nota 9.

Art. 23: 4. A jurisdição é exclusiva e, portanto, absoluta (RTJ 76/41, 78/48, 78/675; STF-RF 257/189). Por isso: "Não se pode homologar sentença estrangeira que, em processo relativo a sucessão *mortis causa*, dispõe sobre bem imóvel situado no Brasil" (RTJ 121/924).

Art. 23: 4a. "A situação estampada nos autos não se confunde com a mera transmissão de bens em virtude de desejo manifestado em testamento, já que, recusada a herança pela pessoa indicada pelo falecido, a autoridade judiciária estrangeira transferiu de forma onerosa a propriedade de bem localizado no Brasil a terceiro totalmente estranho à última vontade do *de cujus*, isto é, dispôs sobre bem situado em território nacional em processo relativo à sucessão *mortis causa*, o que vai de encontro ao art. 89, II, do CPC" (STJ-Corte Especial, SE 3.532, Min. Castro Meira, j. 15.6.11, DJ 1.8.11).

Art. 23: 5. "Partilhados os bens deixados em herança no estrangeiro, segundo a lei sucessória da situação, descabe à Justiça brasileira computá-los na cota hereditária a ser partilhada no País, em detrimento do princípio da pluralidade dos juízos sucessórios, consagrada pelo art. 89-II do CPC" (RTJ 110/750).

Art. 23: 6. Na sucessão *causa mortis*, "o juízo do inventário e partilha não deve, no Brasil, cogitar de imóveis sitos no estrangeiro" (RSTJ 103/243).

Art. 23: 7. s/ foro competente, v. art. 53-I. V. tb. art. 963, nota 9.

Art. 24. A ação proposta perante tribunal estrangeiro não induz litispendência[1] e não obsta a que a autoridade judiciária brasileira conheça da mesma causa[1a-2] e das que lhe são conexas,[3] ressalvadas as disposições em contrário de tratados internacionais e acordos bilaterais em vigor no Brasil. [Dispositivo correspondente no CPC/1973: art. 90]

Parágrafo único. A pendência de causa perante a jurisdição brasileira não impede a homologação de sentença judicial estrangeira quando exigida para produzir efeitos no Brasil.[3a-4] [Sem dispositivo correspondente no CPC/1973]

Art. 24: 1. v. art. 337 §§ 1º a 3º.

Art. 24: 1a. mas, **homologada a correlata sentença estrangeira** pela Justiça brasileira e transitada em julgado a decisão homologatória, o conhecimento da mesma causa fica obstado.

Art. 24: 2. "É condição para a **eficácia de uma sentença estrangeira** a sua homologação pelo STJ. Assim, não se pode declinar da competência internacional para o julgamento de uma causa com fundamento na mera existência de trânsito em julgado da mesma ação, no estrangeiro" (STJ-3ª T., MC 15.398, Min. Nancy Andrighi, j. 2.4.09, DJ 23.4.09).

Todavia, a sentença estrangeira de divórcio consensual produz efeitos no Brasil, independentemente de homologação (v. art. 961 §§ 5º e 6º).

Art. 24: 3. v. art. 55.

Art. 24: 3a. s/ homologação de decisão estrangeira, v. arts. 960 a 965 e respectivas notas.

Art. 24: 4. Não obsta à homologação de sentença estrangeira "a pendência, perante juiz brasileiro, de ação entre **as mesmas partes e sobre a mesma matéria**" (RTJ 97/1.005). Assim: "A identidade de objeto entre a sentença estrangeira trânsita em julgado e a ação em curso no Brasil não é de molde a obstaculizar a homologação" (STF-Pleno: RT 757/105).

Somente a **sentença nacional transitada em julgado** é apta a barrar o pedido de homologação da sentença estrangeira (v. art. 963-IV).

Em matéria de guarda e alimentos, v. art. 963, nota 9.

Art. 25. Não compete à autoridade judiciária brasileira o processamento e o julgamento da ação quando houver cláusula de eleição de foro exclusivo estrangeiro em contrato internacional, arguida pelo réu na contestação.[1] [Sem dispositivo correspondente no CPC/1973]

§ 1º Não se aplica o disposto no *caput* às hipóteses de competência internacional exclusiva previstas neste Capítulo.[2]

§ 2º Aplica-se à hipótese do *caput* o art. 63, §§ 1º a 4º.

Art. 25: 1. v. art. 337-II.

Art. 25: 2. v. art. 23.

Capítulo II | DA COOPERAÇÃO INTERNACIONAL

Seção I | DISPOSIÇÕES GERAIS

Art. 26. A cooperação jurídica internacional será regida por tratado de que o Brasil faz parte e observará: [Sem dispositivo correspondente no CPC/1973]

I — o respeito às garantias do devido processo legal no Estado requerente;

II — a igualdade de tratamento entre nacionais e estrangeiros, residentes ou não no Brasil, em relação ao acesso à justiça[1] e à tramitação dos processos, assegurando-se assistência judiciária aos necessitados;[1a]

III — a publicidade processual, exceto nas hipóteses de sigilo previstas na legislação brasileira[2] ou na do Estado requerente;

IV — a existência de autoridade central para recepção e transmissão dos pedidos de cooperação;

V — a espontaneidade na transmissão de informações a autoridades estrangeiras.

§ 1º Na ausência de tratado, a cooperação jurídica internacional poderá realizar-se com base em reciprocidade, manifestada por via diplomática.

§ 2º Não se exigirá a reciprocidade referida no § 1º para homologação de sentença estrangeira.

§ 3º Na cooperação jurídica internacional não será admitida a prática de atos que contrariem ou que produzam resultados incompatíveis com as normas fundamentais que regem o Estado brasileiro.

§ 4º O Ministério da Justiça exercerá as funções de autoridade central na ausência de designação específica.

Art. 26: 1. v. CF 5º-XXXV.

Art. 26: 1a. v. CF 5º-LXXIV e Lei 1.060, de 5.2.50, no tít. ASSISTÊNCIA JUDICIÁRIA.

Art. 26: 2. v. arts. 11 e 18m9. V. tb. CF 5º-LX.

Art. 27. A cooperação jurídica internacional terá por objeto: [Sem dispositivo correspondente no CPC/1973]

I — citação, intimação e notificação judicial e extrajudicial;

II — colheita de provas e obtenção de informações;

III — homologação e cumprimento de decisão;

IV — concessão de medida judicial de urgência;

V — assistência jurídica internacional;

VI — qualquer outra medida judicial ou extrajudicial não proibida pela lei brasileira.

Seção II | DO AUXÍLIO DIRETO

Art. 28. Cabe auxílio direto quando a medida não decorrer diretamente de decisão de autoridade jurisdicional estrangeira a ser submetida a juízo de delibação no Brasil.[1] [Sem dispositivo correspondente no CPC/1973]

Art. 28: 1. v. RISTJ 216-O § 2º.

Art. 29. A solicitação de auxílio direto será encaminhada pelo órgão estrangeiro interessado à autoridade central,[1] cabendo ao Estado requerente assegurar a autenticidade e a clareza do pedido. [Sem dispositivo correspondente no CPC/1973]

Art. 29: 1. v. art. 26 § 4º.

Art. 30. Além dos casos previstos em tratados de que o Brasil faz parte, o auxílio direto terá os seguintes objetos: [Sem dispositivo correspondente no CPC/1973]

I — obtenção e prestação de informações sobre o ordenamento jurídico e sobre processos administrativos ou jurisdicionais findos ou em curso;

II — colheita de provas, salvo se a medida for adotada em processo, em curso no estrangeiro, de competência exclusiva de autoridade judiciária brasileira;

III — qualquer outra medida judicial ou extrajudicial não proibida pela lei brasileira.

Art. 31. A autoridade central brasileira comunicar-se-á diretamente com suas congêneres e, se necessário, com outros órgãos estrangeiros responsáveis pela tramitação e pela execução de pedidos de cooperação enviados e recebidos pelo Estado brasileiro, respeitadas disposições específicas constantes de tratado. [Sem dispositivo correspondente no CPC/1973]

Art. 32. No caso de auxílio direto para a prática de atos que, segundo a lei brasileira, não necessitem de prestação jurisdicional, a autoridade central adotará as providências necessárias para seu cumprimento. [Sem dispositivo correspondente no CPC/1973]

Art. 33. Recebido o pedido de auxílio direto passivo, a autoridade central o encaminhará à Advocacia-Geral da União, que requererá em juízo a medida solicitada. [Sem dispositivo correspondente no CPC/1973]

Parágrafo único. O Ministério Público requererá em juízo a medida solicitada quando for autoridade central.

Art. 34. Compete ao juízo federal do lugar em que deva ser executada a medida apreciar pedido de auxílio direto passivo que demande prestação de atividade jurisdicional. [Sem dispositivo correspondente no CPC/1973]

Seção III | DA CARTA ROGATÓRIA

Art. 35. (VETADO)

Art. 36. O procedimento da carta rogatória perante o Superior Tribunal de Justiça é de jurisdição contenciosa e deve assegurar às partes as garantias do devido processo legal.[1] [Dispositivo correspondente no CPC/1973: art. 211]

§ 1º A defesa restringir-se-á à discussão quanto ao atendimento dos requisitos para que o pronunciamento judicial estrangeiro produza efeitos no Brasil.[2 a 5] [Sem dispositivo correspondente no CPC/1973]

§ 2º Em qualquer hipótese, é vedada a revisão do mérito do pronunciamento judicial estrangeiro pela autoridade judiciária brasileira. [Sem dispositivo correspondente no CPC/1973]

Art. 36: 1. v. CF 5º-LIV, 105-I-*i* e 109-X e RISTJ 216-O e segs.

Art. 36: 2. v. arts. 963 e 964. RISTJ 216-P e 216-Q § 2º.

Art. 36: 2a. "A alegação de **litispendência** desborda dos limites previstos no art. 216-Q do Regimento Interno do Superior Tribunal de Justiça" e não se comporta no âmbito da defesa (STJ-Corte Especial, CR 9.874-EDcl-AgRg, Min. Francisco Falcão, j. 15.6.16, DJ 28.6.16).

Art. 36: 3. "**Não compete** a esta Corte **analisar o mérito** de causa a ser decidida no exterior. Deve verificar, apenas, se a diligência solicitada não ofende a soberania nacional ou a ordem pública e se foram observados os requisitos da Resolução n. 9/2005 deste Tribunal. Tratando-se de matéria subsumida na previsão do art. 88 do CPC, a **competência** da autoridade judiciária brasileira é **relativa,** e o conhecimento das ações é concorrente entre as jurisdições nacional e estrangeira. A prática de ato de comunicação processual é plenamente admissível em carta rogatória. A simples citação não afronta a ordem pública ou a soberania nacional, pois objetiva dar conhecimento da ação ajuizada no exterior e permitir a apresentação de defesa" (STJ-Corte Especial, CR 2.497-AgRg, Min. Barros Monteiro, j. 7.11.07, DJU 10.12.07).

"É pacífica a jurisprudência do STF no sentido de que, não se tratando de qualquer das hipóteses de competência absoluta da Justiça brasileira (art. 89 e seus incisos do CPC), mas, sim, de competência relativa, como a que decorre do disposto no art. 88 e seus incisos (ação investigatória de paternidade proposta no estrangeiro, com réu domiciliado no Brasil), a possibilidade de o interessado não aceitar a jurisdição estrangeira não impede a concessão do *exequatur* para sua citação" (RTJ 144/168). No mesmo sentido: RTJ 176/210.

Art. 36: 4. Matérias que não são discutidas nos autos da carta rogatória, mas perante a autoridade judiciária estrangeira:

— "razoabilidade, ou não, de prazos previstos em legislação estrangeira, cuja fixação se encontra acobertada pela soberania do Estado requerente" (STJ-Corte Especial, CR 9.952-AgRg, Min. Francisco Falcão, j. 3.8.16, DJ 15.8.16);

— "a existência de convenção arbitral que elege a jurisdição brasileira para dirimir controvérsias, caso em que a exceção de arbitragem deve ser submetida ao juiz estrangeiro para apreciação" (STJ-Corte Especial, CR 14.886-EDcl-AgInt, Min. João Otávio, j. 9.6.20, DJ 16.6.20);

— foro de eleição, que é tema de defesa (STJ-Corte Especial, CR 1.461-AgRg, Min. Barros Monteiro, j. 16.5.07, DJU 6.8.07);

— "questões relativas à aplicação de determinado tratado internacional" (STJ-Corte Especial, CR 2.390-AgRg, Min. Barros Monteiro, j. 7.11.07, DJU 10.12.07);

— "a regularidade da relação processual instaurada na ação original, ou mesmo a incompetência absoluta da Justiça estrangeira para o deslinde da causa" (STJ-Corte Especial, CR 1.589-AgRg, Min. Barros Monteiro, j. 16.5.07, DJU 6.8.07);

— "questões relativas à prescrição e fraude à lei" (STJ-Corte Especial, CR 2.449-AgRg, Min. Barros Monteiro, j. 15.8.07, DJU 17.9.07).

Art. 36: 5. **"Não se exige,** tanto na legislação brasileira quanto na americana, que o **ato citatório** venha acompanhado de todos os **documentos** mencionados na petição inicial. Não há falar, desse modo, em violação dos princípios constitucionais do devido processo legal, do contraditório e da ampla defesa" (STJ-Corte Especial, CR 535-AgRg, Min. Barros Monteiro, j. 23.11.06, DJU 11.12.06).

Seção IV | DISPOSIÇÕES COMUNS ÀS SEÇÕES ANTERIORES

Art. 37. O pedido de cooperação jurídica internacional oriundo de autoridade brasileira competente será encaminhado à autoridade central[1] para posterior envio ao Estado requerido para lhe dar andamento. [Sem dispositivo correspondente no CPC/1973]

Art. 37: 1. v. art. 26 § 4º.

Art. 38. O pedido de cooperação oriundo de autoridade brasileira competente e os documentos anexos que o instruem serão encaminhados à autoridade central,[1] acompanhados de tradução para a língua oficial do Estado requerido. [Sem dispositivo correspondente no CPC/1973]

Art. 38: 1. v. art. 26 § 4º.

Art. 39. O pedido passivo de cooperação jurídica internacional será recusado se configurar manifesta ofensa à ordem pública.[1] [Sem dispositivo correspondente no CPC/1973]

Art. 39: 1. v. arts. 963 e 964 e RISTJ 216-F e 216-P.

Art. 40. A cooperação jurídica internacional para execução de decisão estrangeira dar-se-á por meio de carta rogatória[1] ou de ação de homologação de sentença estrangeira, de acordo com o art. 960. [Sem dispositivo correspondente no CPC/1973]

Art. 40: 1. v. art. 36.

Art. 41. Considera-se autêntico o documento que instruir pedido de cooperação jurídica internacional, inclusive tradução para a língua portuguesa, quando encaminhado ao Estado brasileiro por meio de autoridade central ou por via diplomática, dispensando-se ajuramentação, autenticação ou qualquer procedimento de legalização.[1] [Sem dispositivo correspondente no CPC/1973]

Parágrafo único. O disposto no *caput* não impede, quando necessária, a aplicação pelo Estado brasileiro do princípio da reciprocidade de tratamento.

Art. 41: 1. "A chancela consular na origem confere autenticidade aos documentos que instruem a rogatória, apesar de a versão para o vernáculo ter sido feita no país estrangeiro" (RTJ 114/500). No mesmo sentido: RTJ 118/871, STF-RT 608/220.

"Encaminhado o pedido rogatório via autoridade central, estão satisfeitos os requisitos da legalidade e autenticidade, nos termos dos arts. 5º e 6º da Convenção Interamericana sobre Cartas Rogatórias — Decreto n. 1.899/1996" (STJ-Corte Especial, CR 1.589-AgRg, Min. Barros Monteiro, j. 16.5.07, DJU 6.8.07).

V. art. 192, nota 1a.

Título III | DA COMPETÊNCIA INTERNA

Capítulo I | DA COMPETÊNCIA

Seção I | DISPOSIÇÕES GERAIS

Art. 42. As causas cíveis serão processadas e decididas pelo juiz nos limites de sua competência, ressalvado às partes o direito de instituir juízo arbitral, na forma da lei.[1] [Dispositivo correspondente no CPC/1973: art. 86]

Art. 42: 1. v. Lei 9.307, de 23.9.96, no tít. ARBITRAGEM E MEDIAÇÃO.

Art. 43. Determina-se a competência no momento do registro ou da distribuição da petição inicial,[1-1a] sendo irrelevantes as modificações do estado de fato ou de direito ocorridas posteriormente, salvo quando suprimirem órgão judiciário ou alterarem a competência absoluta.[2 a 7] [Dispositivo correspondente no CPC/1973: art. 87]

Art. 43: 1. "A competência para a causa é fixada levando em consideração a situação da **demanda, tal como objetivamente proposta.** Em se tratando de competência em razão da pessoa, o que se considera são os entes que efetivamente figuram na relação processual, e não os que dela poderiam ou deveriam figurar, cuja participação é fato futuro e incerto, dependente do que vier a ser decidido no curso do processo" (STJ-1ª Seção, CC 47.497-AgRg, Min. Teori Zavascki, j. 27.4.05, DJU 9.5.05). "A competência deve ser definida à vista da petição inicial" (STJ-2ª Seção, CC 57.685, Min. Ari Pargendler, j. 22.2.06, DJU 8.3.06). No mesmo sentido: STJ-3ª Seção, CC 97.808, Min. Laurita Vaz, j. 10.12.08, DJ 2.2.09.

"A definição da competência para a causa se estabelece levando em consideração os termos da demanda (e não a sua procedência ou improcedência, ou a legitimidade ou não das partes, ou qualquer outro juízo a respeito da própria demanda). O juízo sobre competência é, portanto, lógica e necessariamente, anterior a qualquer outro juízo sobre a causa. Sobre ela quem vai decidir é o juiz considerado competente (e não o Tribunal que aprecia o conflito). No caso dos autos, o autor ajuizou uma reclamatória trabalhista, tendo como causa de pedir a existência (expressamente afirmada na inicial) de um vínculo trabalhista, fazendo pedidos decorrentes desse vínculo. Nos termos como proposta, a causa é da competência da Justiça do Trabalho. Todavia, após processá-la regularmente, o juiz do trabalho, no momento de sentenciar, declinou da competência para a Justiça Estadual, por entender ausente o vínculo trabalhista. Ora, fixada a competência, ao juiz trabalhista cabia julgar a demanda, levando em consideração a causa de pedir e o pedido. Entendendo que não há o vínculo trabalhista afirmado na inicial, cumprir-lhe-ia julgar improcedente o pedido, e não, como fez, declinar da competência para a Justiça Estadual" (STJ-1ª Seção, CC 92.502-AgRg, Min. Teori Zavascki, j. 14.5.08, DJU 2.6.08).

Art. 43: 1a. "Tem-se por **perpetuada a jurisdição,** em caso de competência relativa, pela distribuição, quando não oposta exceção de incompetência" (TFR-1ª Seção, CC 8.437, Min. Dias Trindade, j. 15.2.89, DJU 3.4.89).

S/ *perpetuatio iurisdictionis* na execução fiscal, v. LEF 5º, nota 2 (Súmula 58 do STJ).

Art. 43: 2. s/ competência absoluta, v. arts. 62 e 64 § 1º; s/ instalação de Junta de Conciliação e Julgamento e competência em matéria trabalhista, v. Súmula 10 do STJ na CF 114, nota 3.

Art. 43: 2a. Nos casos em que o **domicílio** de uma das partes é usado como parâmetro para a fixação da competência, a sua **mudança** de endereço no curso do processo não repercute no órgão competente para o julgamento da causa, que permanece o mesmo, em razão da *perpetuatio iurisdictionis* (STJ-2ª Seção, CC 80.210, Min. Gomes de Barros, j. 12.9.07, DJU 24.9.07; RT 595/69).

Assim: "Alteração do domicílio do réu após o ajuizamento da ação. Verificado o novo endereço do réu, tal alteração fática é irrelevante para os fins de modificar a competência" (RT 726/210).

Em matéria de guarda de filho, v. art. 53, nota 7; de alimentos, v. art. 53, nota 9b.

Art. 43: 2b. "No **desmembramento** de um **processo** em vários, o juiz que determinou a medida é competente para o julgamento de todos eles, segundo o disposto no art. 87 do CPC" (TFR-1ª Seção, CC 8.137, Min. Garcia Vieira, j. 19.10.88, DJU 28.11.88).

Art. 43: 3. "O juiz da **comarca desmembrada** onde se situa o **imóvel** é o competente para processar e julgar causa pendente que verse sobre 'direito de propriedade, vizinhança, servidão, posse, divisão e demarcação de terras e nunciação de obra nova', pois nestas matérias a competência do *forum rei sitae* é absoluta e inderrogável, tornando inaplicável o princípio da *perpetuatio jurisdictionis*" (RF 319/191).

"Competência. Ação reivindicatória. Execução. Desmembramento de comarca. Remessa dos autos à novel comarca. Tratando-se de competência funcional, absoluta, abre-se exceção ao princípio da *perpetuatio jurisdictionis*" (STJ-4ªT., REsp 150.902, Min. Barros Monteiro, j. 21.5.98, DJU 28.9.98).

"A competência para as ações fundadas em direito real sobre bem imóvel (CPC, art. 95, *in fine*) é absoluta e, portanto, inderrogável, de modo a incindir o princípio do *forum rei sitae*, tornando-se inaplicável o princípio da *perpetuatio jurisdictionis*. A superveniente criação de Vara Federal, situada no local do imóvel, desloca a competência para esse Juízo, na forma do art. 87, do CPC" (STJ-1ª T., REsp 888.452, Min. Luiz Fux, j. 4.3.08, DJU 5.5.08).

Todavia: "A superveniente instalação de Vara Federal no Município de Petrópolis, onde situado o imóvel objeto da desapropriatória, respaldaria a redistribuição do feito nos moldes da decisão agravada. Contudo, encontrando-se o feito no estágio final da execução do julgado, a remessa ao Juízo daquele Município tão somente oneraria as partes e o Judiciário. Ademais, aplicável à hipótese os preceitos dos arts. 475-P, II, e 575, II, do CPC, que atribuem a competência para o processamento da execução ao Juízo que decidiu a causa no 1º grau de jurisdição, também normas definidoras de competência absoluta" (RT 920/858: TRF-2ª Reg., AI 0001643-15.2011.4.02.0000).

Art. 43: 4. A divisão da circunscrição judiciária, pela criação de **nova comarca, não afeta a competência territorial** já fixada (TFR-1ª Seção, CC 8.203, Min. Assis Toledo, j. 14.12.88, DJU 3.4.89; TFR-2ª Seção, CC 8.297, Min. Eduardo Ribeiro, j. 7.3.89, DJU 24.4.89). "A criação de nova vara, em virtude de modificação da Lei de Organização Judiciária, não autoriza a redistribuição dos processos, com fundamento no domicílio do réu. As exceções ao princípio da *perpetuatio jurisdictionis*, elencadas no art. 87 do CPC, são taxativas, vedado qualquer acréscimo judicial" (STJ-3ª T., REsp 969.767, Min. Nancy Andrighi, j. 10.11.09, DJ 17.11.09). Em sentido semelhante: STJ-2ª T., REsp 1.373.132, Min. Mauro Campbell, j. 7.5.13, DJ 13.5.13.

Nesta ordem de ideias, o TJSP, por votação unânime, uniformizou jurisprudência e decidiu que, distribuído um inventário, perpetua-se a jurisdição, não podendo o processo ser remetido, de ofício, a outro juízo, em virtude de lei superveniente que tenha alterado a competência (RJTJESP 60/297). No mesmo sentido: RJTJESP 91/365, Bol. AASP 999/17.

Art. 43: 5. A **transferência de Município** de uma para outra comarca não altera a competência, desde que relativa, para as causas anteriormente ajuizadas (RJTJESP 118/454, com citação, pelo relator, de grande número de acórdãos nesse sentido).

Art. 43: 5a. "Não contraria o disposto no art. 87 do CPC a **disposição regimental** que estabelece não subsistir a prevenção do órgão fracionário do tribunal se ocorrer mudança de todos os seus integrantes" (STJ-3ª T., REsp 48.405-7, Min. Eduardo Ribeiro, j. 12.12.95, DJU 8.4.96).

Art. 43: 6. A alteração de competência *ratione materiae* tem **aplicação imediata,** se não ressalvada na lei que trouxe a modificação, e se aplica independentemente da fase em que se encontre o processo (STJ-2ª Seção, CC 948, Min. Sálvio de Figueiredo, j. 14.3.90, DJU 9.4.90).

A ulterior alteração de competência absoluta por norma constitucional possibilita que se rediscuta o órgão competente para o julgamento da causa (STJ-2ª Seção, CC 59.009, Min. Nancy Andrighi, j. 14.6.06, DJU 26.6.06).

Art. 43: 7. "A alteração superveniente de competência, ainda que ditada por norma constitucional, não afeta a **validade da sentença anteriormente proferida.** Válida a sentença anterior à eliminação da competência do juiz que a prolatou, subsiste a competência recursal do tribunal respectivo" (STF-Pleno, CC 6.967-7, Min. Sepúlveda Pertence, j. 1.8.97, um voto vencido, DJU 26.9.97).

Ulteriormente, o STF estabeleceu a existência de **"sentença de mérito"** como marco para balizar a incidência das novas regras de competência (v. Súmula Vinculante 22 do STF, em CF 114, nota 6).

Súmula 367 do STJ: "A competência estabelecida pela EC n. 45/2004 não alcança os processos já sentenciados".

A 1ª Seção do STJ decidiu que a prévia **sentença terminativa não é suficiente** para a fixação da causa na Justiça anteriormente competente para o seu julgamento e aplicou ao caso as novas regras de competência (STJ-1ª Seção, CC 88.883, Min. Teori Zavascki, j. 14.11.07, DJU 10.12.07).

Em sentido semelhante, a 2ª Seção do STJ cassou sentença terminativa anteriormente proferida nos autos e determinou a remessa dos autos à Justiça que passou a ter competência para a apreciação da matéria, a fim de que esta, em vez de julgar o recurso, prejudicado, simplesmente determine a distribuição do processo a um dos seus órgãos de primeira instância (STJ-RP 150/212: 2ª Seção, CC 69.143).

Anulada a sentença de mérito no julgamento de recurso para que o feito retorne à fase instrutória, o processo deve ser deslocado para a Justiça que passou a ser competente para a apreciação da causa, "como se fora uma ação recém-ajuizada" (STJ-1ª Seção, CC 109.045, Min. Castro Meira, j. 14.4.10, DJ 10.5.10).

Prévia decisão de **rejeição da prescrição** também não é suficiente para manter a causa na Justiça anteriormente competente, por não se tratar de sentença de mérito (STJ-2ª Seção, CC 88.954, Min. Nancy Andrighi, j. 26.3.08, DJU 2.4.08). Porém, o mesmo não acontece quando há prévio pronunciamento que tenha **acolhido a prescrição,** pois, aqui, está-se diante de sentença de mérito, suficiente para a fixação da causa (STJ-1ª Seção, CC 57.313, Min. Denise Arruda, j. 8.11.06, DJU 27.11.06).

Anterior concessão de **medida liminar** é igualmente insuficiente para a fixação da causa, pois se trata de pronunciamento provisório (STJ-1ª Seção, CC 77.856, Min. Teori Zavascki, j. 14.5.08, DJU 2.6.08). No mesmo sentido, para o caso de sentença proferida em processo cautelar: STJ-1ª Seção, CC 94.225-EDcl-EDcl-AgRg, Min. Eliana Calmon, j. 16.2.09, DJ 20.4.09.

Todavia: "Embora sem ter decidido definitivamente o pedido formulado na inicial, a Justiça Estadual já fez juízo, em primeiro e em segundo grau, sobre a **legitimidade** passiva, matéria que, pelo menos em relação à parte autora, restou preclusa, não podendo ser modificada pela Justiça do Trabalho. Ora, essa peculiar situação deve ser considerada para efeito de manter a competência da Justiça Estadual, sob pena de comprometer a unidade de jurisdição que a jurisprudência do STF buscou preservar" (STJ-1ª Seção, CC 90.778, Min. Teori Zavascki, j. 12.3.08, DJU 31.3.08).

"Decorrido o prazo de embargos ou julgados estes em definitivo, já não dispõe o executado de meio processual idôneo a alterar ou extinguir o **título executivo,** não havendo razão que justifique o deslocamento do feito à Justiça do Trabalho" (STJ-1ª Seção, CC 89.442-AgRg, Min. Castro Meira, j. 9.4.08, DJU 5.5.08).

Ainda, há acórdão que, diante de sentença terminativa, não cogitou sobre a cassação desta e simplesmente manteve o recurso e o processo na Justiça em que tramitavam (STJ-1ª Seção, CC 56.877, Min. Denise Arruda, j. 11.10.06, DJU 30.10.06). V. tb. art. 1.008, nota 1a.

S/ alterações em matéria de competência e: cumprimento de sentença, v. art. 516, nota 1a; ação rescisória, v. art. 968, nota 14.

Art. 44. Obedecidos os limites estabelecidos pela Constituição Federal,[1] a competência é determinada pelas normas previstas neste Código ou em legislação especial, pelas normas de organização judiciária e, ainda, no que couber, pelas constituições dos Estados. [Dispositivos correspondentes no CPC/1973: arts. 91 e 93]

Art. 44: 1. v. CF 92 a 126.

Art. 45. Tramitando o processo perante outro juízo, os autos serão remetidos ao juízo federal competente se nele intervier a União, suas empresas públicas, entidades autárquicas e fundações, ou conselho de fiscalização de atividade profissional, na qualidade de parte ou de terceiro interveniente, exceto as ações:[1 a 2] [Sem dispositivo correspondente no CPC/1973]

I — de recuperação judicial,[3] falência,[4] insolvência civil[5] e acidente de trabalho;

II — sujeitas à justiça eleitoral[6] e à justiça do trabalho.[7]

§ 1º Os autos não serão remetidos se houver pedido cuja apreciação seja de competência do juízo perante o qual foi proposta a ação.

§ 2º Na hipótese do § 1º, o juiz, ao não admitir a cumulação de pedidos em razão da incompetência para apreciar qualquer deles, não examinará o mérito daquele em que exista interesse da União, de suas entidades autárquicas ou de suas empresas públicas.

§ 3º O juízo federal restituirá os autos ao juízo estadual sem suscitar conflito se o ente federal cuja presença ensejou a remessa for excluído do processo.[8]

Art. 45: 1. s/ competência e União, v. CF 109-I e III e §§ 1º e 2º, bem como respectivas notas.

Art. 45: 1a. **Súmula 150 do STJ: "Compete à Justiça Federal decidir** sobre a existência de interesse jurídico que justifique a presença, no processo, da União, suas autarquias ou empresas públicas" (v. jurisprudência s/ esta Súmula em RSTJ 80/439). No mesmo sentido: RTJ 164/359, 177/415, JTJ 171/177.

"A orientação é aplicável qualquer que seja a forma de intervenção de ente federal na relação processual, inclusive por 'chamamento ao processo', 'nomeação à autoria' e 'denunciação da lide'" (STJ-1ª Seção, CC 89.271, Min. Teori Zavascki, j. 14.11.07, DJU 10.12.07).

Todavia: "A Súmula 150/STJ não impede que o juiz estadual afaste a alegação de interesse da União, quando sem fundamentação razoável, do ponto de vista jurídico, ou por absoluta impossibilidade física" (RSTJ 103/285: 4ª T., REsp 114.359). No mesmo sentido: JTJ 314/377 (AI 440.794-4/6-00), 322/2.255 (AI 530.084-4/7-00), 330/70 (AI 510.750.4/0-00).

Súmula 254 do STJ: "A decisão do Juízo Federal que exclui da relação processual ente federal **não pode ser reexaminada no Juízo Estadual"** (v. jurisprudência s/ esta Súmula em RSTJ 155/19 a 34).

"Não cabe ao juiz estadual examinar o acerto ou desacerto do juiz federal que da causa excluiu a participação de entes federais contemplados no art. 109-I da Constituição. Se entender sem legitimidade passiva *ad causam* o réu remanescente, que declare a carência da ação, ensejando o recurso da parte interessada" (RSTJ 76/31).

Súmula 553 do STJ: "Nos casos de empréstimo compulsório sobre o consumo de energia elétrica, é competente a Justiça estadual para o julgamento de demanda proposta exclusivamente contra a Eletrobrás. Requerida a intervenção da União no feito após a prolação de sentença pelo juízo estadual, os autos devem ser remetidos ao Tribunal Regional Federal competente para o julgamento da apelação se deferida a intervenção".

Art. 45: 2. **Súmula Vinculante 27 do STF:** "Compete à Justiça estadual julgar **causas entre consumidor e concessionária de serviço público de telefonia,** quando a ANATEL não seja litisconsorte passiva necessária, assistente, nem opoente".

"A competência fixada no art. 109 da CF não se dá em razão da matéria discutida na demanda, mas se firma ***ratione personae,*** de modo que o deslocamento do feito para a Justiça Federal somente se justifica ante a presença na lide de alguma das pessoas elencadas naquele dispositivo constitucional" (STJ-Corte Especial, ED no REsp 936.205, Min. Castro Meira, j. 4.2.09, DJ 12.3.09).

"A competência cível da Justiça Federal, estabelecida na Constituição, define-se, como regra, pela natureza das pessoas envolvidas no processo: será da sua competência a causa em que figurar a União, suas autarquias ou empresa pública federal na condição de autora, ré, assistente ou opoente (art. 109-I-*a*), mesmo que a controvérsia diga respeito a matéria que não seja de seu interesse. Nesse último caso, somente cessará a competência federal quando a entidade federal for excluída da relação processual. Não é da competência federal, e sim da estadual, por isso, a causa em que não figuram tais entidades, ainda que a controvérsia diga respeito a matéria que possa lhes interessar. Nesse último caso, a competência passará à Justiça Federal se e quando uma das entidades federais postular seu ingresso na relação processual" (STJ-1ª Seção, CC 35.972, Min. Teori Zavascki, j. 10.12.03, dois votos vencidos, DJU 7.6.04). V. tb. art. 43, nota 1.

Com a intervenção da União, de autarquia federal ou de empresa pública federal, desloca-se desde logo a competência para a Justiça Federal de primeiro grau, à qual caberá aceitá-la ou recusá-la (RTJ 95/1.037, 103/97, 103/204, 108/391, 121/286, 134/843, 163/1.114; TFR-RTFR 105/8, TFR-RF 290/224; RT 541/278, 542/250; RJTJESP 67/189).

A intervenção de ente federal, como **assistente litisconsorcial ou simples,** desloca para a Justiça Federal a competência para a causa (RSTJ 22/58; STJ-2ª Seção, CC 1.765, Min. Cláudio Santos, j. 29.5.91, DJU 24.6.91); RSDCPC 84/169: TRF-2ª Reg., AI 0003852-83.2013.4.02.0000. Mas: "Sendo de mera assistência a hipótese, não é possível ao juízo estadual declinar de sua competência para julgar a causa sem que a União tenha, em algum momento, manifestado interesse de participar do processo. Sem tal manifestação, o processo deve tramitar normalmente perante a Justiça Comum" (STJ-3ª T., REsp 1.124.506, Min. Nancy Andrighi, j. 19.6.12, DJ 14.11.12).

"Requerida, perante a Justiça Estadual, a **denunciação da lide** de ente federal, os autos devem ser remetidos à Justiça Federal, competente para apreciar o pedido" (STJ-1ª Seção, CC 46.801, Min. Teori Zavascki, j. 10.11.04, DJU 4.4.05).

"O mero requerimento do Ministério Público Federal para ingressar como litisconsorte ativo na ação, por entender estar configurado ato de improbidade administrativa, desloca a competência para a Justiça Federal" (STJ-1ª Seção, CC 100.300, Min. Castro Meira, j. 13.5.09, DJ 25.5.09). V. tb. LACP 2º, nota 2, e LIA 17, nota 1f.

Todavia, a intervenção da União no processo, nos termos do art. 5º da Lei 9.469, de 10.7.97, que não se confunde com a assistência, não implica, de plano, a competência da Justiça Federal para a causa. Eis o teor do dispositivo legal: **"Art. 5º** A União poderá intervir nas causas em que figurarem, como autoras ou rés, autarquias, fundações públicas, sociedades de economia mista e empresas públicas federais.

"Parágrafo único. As pessoas jurídicas de direito público poderão, nas causas cuja decisão possa ter reflexos, ainda que indiretos, de natureza econômica, intervir, independentemente da demonstração de interesse jurídico, para esclarecer questões de fato e de direito, podendo juntar documentos e memoriais reputados úteis ao exame da matéria e, se for o caso, recorrer, hipótese em que, para fins de deslocamento de competência, serão consideradas partes".

"Embora permitida essa peculiar modalidade de intervenção da União e de outras pessoas jurídicas de direito público, quando constatada a potencialidade de eventual lesão econômica, a admissão do ente público não traz comando suficiente a modificar a competência originária para julgamento da demanda" (STJ-1ª Seção, CC 89.783-AgRg-EDcl, Min. Mauro Campbell, j. 9.6.10, DJ 18.6.10).

De modo geral, a recusa da causa pela Justiça Federal, apoiada no fundamento de que a entidade federal interveniente não tem interesse jurídico no processo, implica simples remessa dos autos à Justiça Estadual, não sendo caso de conflito de competência. V. nota 8.

"Da decisão do juiz federal que exclui ou inadmite a participação do ente federal na causa, incumbe à parte interessada interpor o recurso próprio, pena de preclusão" (RSTJ 76/31).

S/ intervenção do ente federal, após a sentença proferida pelo Juiz Estadual do primeiro grau, v. CF 108, nota 7, inclusive Súmula 518 do STF.

Art. 45: 3. v. LRF 47 e segs.

Art. 45: 4. v. LRF 75 e segs.

Art. 45: 5. v. art. 1.052.

Art. 45: 6. v. CF 121.

Art. 45: 7. v. CF 114.

Art. 45: 8. **Súmula 224 do STJ:** "Excluído do feito o ente federal, cuja presença levara o juiz estadual a declinar da competência, deve o juiz federal **restituir os autos e não suscitar conflito".**

"Processo em que se questiona sobre a necessidade de intervenção de órgão federal. Competência da Justiça Federal para decidir essa matéria. Concluindo pela exclusão, firmar-se-á a competência da Justiça Estadual, a quem os autos deverão ser simplesmente remetidos, não sendo o caso de conflito. Necessidade, entretanto, de prévia decisão quanto ao ponto" (RSTJ 45/28, maioria).

Art. 46. A ação fundada em direito pessoal ou em direito real sobre bens móveis[1] será proposta, em regra, no foro de domicílio do réu.[1a-1b] [Dispositivo correspondente no CPC/1973: art. 94-*caput*]

§ 1º Tendo mais de um domicílio, o réu será demandado no foro de qualquer deles. [Dispositivo correspondente no CPC/1973: art. 94 § 1º]

§ 2º Sendo incerto ou desconhecido o domicílio do réu, ele poderá ser demandado onde for encontrado ou no foro de domicílio do autor. [Dispositivo correspondente no CPC/1973: art. 94 § 2º]

§ 3º Quando o réu não tiver domicílio ou residência no Brasil, a ação será proposta no foro de domicílio do autor, e, se este também residir fora do Brasil, a ação será proposta em qualquer foro. [Dispositivo correspondente no CPC/1973: art. 94 § 3º]

§ 4º Havendo 2 (dois) ou mais réus com diferentes domicílios, serão demandados no foro de qualquer deles, à escolha do autor.[2-3] [Dispositivo correspondente no CPC/1973: art. 94 § 4º]

§ 5º A execução fiscal será proposta no foro de domicílio do réu, no de sua residência ou no do lugar onde for encontrado.[4] [Dispositivo correspondente no CPC/1973: art. 578-*caput*]

Art. 46: 1. "Usucapião de **coisa móvel.** Incidência do art. 94 do CPC. Competência firmada tendo em vista o domicílio do réu" (STJ-3ª T., REsp 31.204-1, Min. Eduardo Ribeiro, j. 21.9.93, maioria, DJU 25.10.93).

Também envolve direito real sobre bem móvel (no caso, direito à marca) e deve ser ajuizada no foro do domicílio do réu a demanda fundada em contrafação (STJ-4ª T., REsp 715.356, Min. Cesar Rocha, j. 20.10.05, DJU 6.3.06; RT 866/234).

Art. 46: 1a. s/ foro do domicílio do réu, v. tb. arts. 47 § 1º (causas imobiliárias), 49 (réu ausente), 50 (réu incapaz), 51-*caput* (ação proposta pela União) e 52-*caput* (ação proposta por Estado ou pelo Distrito Federal). V. tb. CF 109, nota 30 (local de exercício da profissão); LJE 4º-I e III § ún. (Juizados Especiais); LRP 109, nota 3a (retificação de registro civil).

S/ conceito de domicílio, v. CC 70 a 78.

Art. 46: 1b. **Lei 4.886, de 9.12.65** — Regula as atividades dos representantes comerciais autônomos: **"Art. 39** (*na redação da Lei 8.420, de 8.5.92*). Para julgamento das controvérsias que surgirem entre representante e representado é competente a Justiça Comum e o foro do domicílio do representante, aplicando-se o procedimento sumaríssimo previsto no art. 275 do Código de Processo Civil, ressalvada a competência do Juizado de Pequenas Causas".

O procedimento sumaríssimo não mais existe; e o Juizado de Pequenas Causas foi substituído pelos Juizados Especiais.

"A competência prevista no art. 39 da Lei 4.886/65 é relativa, podendo ser livremente alterada pelas partes, mesmo via contrato de adesão, desde que não haja hipossuficiência entre elas e que a mudança de foro não obstaculize o acesso à justiça do representante comercial. Em tais circunstâncias, ainda que a relação entre as partes continue a ser regulada pela Lei 4.886/65, esta deve ser interpretada e aplicada como temperança e mitigação, sob pena da norma se transformar em instrumento de beneficiamento indevido do representante em detrimento do representado" (STJ-2ª Seção, ED no REsp 579.324, Min. Nancy Andrighi, j. 12.3.08, DJU 2.4.08). No caso, o foro contratual prevaleceu sobre o foro legal.

Também ponderando ser tal competência de caráter relativo, mas fazendo-a prevalecer no caso concreto sobre a cláusula de eleição de foro, a fim de tutelar a parte hipossuficiente no contrato: STJ-4ª T., REsp 533.230, Min. Cesar Rocha, j. 2.9.03, DJU 3.11.03; JTJ 341/154 (AI 7.360.306-8).

"Cláusula de eleição de foro. Validade. Contrato de representação comercial. A mera desigualdade de porte econômico entre as partes não caracteriza hipossuficiência econômica ensejadora do afastamento do dispositivo contratual de eleição de foro" (STJ-4ª T., Ag em REsp 201.904-AgRg, Min. Isabel Gallotti, j. 20.5.14, DJ 30.5.14).

Contra, no sentido de que "a competência do domicílio do representante, fixada no art. 39 da Lei 4.886/65, é absoluta e não pode ser alterada por disposição contratual": STJ-2ª Seção, CC 73.415-AgRg, Min. Gomes de Barros, j. 12.9.07, DJU 24.9.07. No mesmo sentido: JTJ 354/76 (AI 990.10.147839-0).

Art. 46: 2. Aplica-se esta disposição **mesmo se um dos réus é pessoa jurídica** (STJ-2ª Seção: RSTJ 7/92, RF 307/100 e Bol. AASP 1.649/177; RT 565/79; JTJ 338/178: AI 7.343.391-3) ou a Fazenda Pública (TFR-4ª T., Ag 43.318, Min. Carlos Velloso, j. 25.10.82, DJU 25.11.82) ou o Instituto Nacional da Propriedade Industrial (TFR-4ª T., Ag 55.695, Min. Armando Rollemberg, j. 11.4.88, DJU 5.12.88; Bol. AASP 1.420, em. 16). Aplica-se também no caso de serem municípios os réus (Lex-JTA 142/17).

Art. 46: 3. "A **cláusula de eleição de foro** não prevalece quando uma das partes demandadas não participou do pacto, aplicando-se a regra contida no artigo 94, § 4º, do CPC" (STJ-4ª T., AI 1.133.872-AgRg, Min. Aldir Passarinho Jr., j. 10.8.10, DJ 9.9.10).

"Sendo dois os réus, o autor poderá ajuizar a ação no domicílio de um deles, ainda que, em contrato firmado com o outro, haja cláusula elegendo foro diverso" (RTFR 153/283).

Art. 46: 4. v. LEF 5º e notas.

Art. 47. **Para as ações fundadas em direito real sobre imóveis é competente o foro de situação da coisa.**[1 a 5] [Dispositivo correspondente no CPC/1973: art. 95]

§ 1º O autor pode optar pelo foro de domicílio do réu ou pelo foro de eleição[6] **se o litígio não recair sobre direito de propriedade,**[7] **vizinhança,**[8] **servidão,**[9] **divisão e demarcação de terras**[10] **e de nunciação de obra nova.**[11 a 13] [Dispositivo correspondente no CPC/1973: art. 95]

§ 2º A ação possessória imobiliária será proposta no foro de situação da coisa, cujo juízo tem competência absoluta.[14] [Sem dispositivo correspondente no CPC/1973]

Art. 47: 1. s/ alteração superveniente de competência e foro competente em matéria de ação fundada em direito real, v. art. 43, nota 3; s/ prevenção em causa imobiliária, v. art. 60; s/ foro competente para ação fundada em direito real imobiliário relacionada com falência, v. LRF 76, nota 2.

Art. 47: 1a. **Lei 6.766, de 19.12.79** — Dispõe sobre o parcelamento do solo urbano e dá outras providências (no CCLCV, tít. PROMESSA DE COMPRA E VENDA E LOTEAMENTO, ínt.): **"Art. 48.** O foro competente para os procedimentos judiciais previstos nesta lei será sempre o da comarca da situação do lote".

Art. 47: 2. "A competência absoluta — nas ações fundadas em direito real sobre imóveis (art. 95) — **não é modificável pela conexão ou continência"** (STF-1ª T., RE 108.596-7, Min. Oscar Corrêa, j. 9.5.86, DJU 30.5.86). No mesmo sentido: STJ-RT 868/192 e RF 398/367 (3ª T., REsp 660.094).

Art. 47: 3. **Ainda que seja réu o Estado,** prevalece o foro da situação da coisa (RTJ 95/347). Se for parte a União ou assemelhado, porém, é competente a Justiça Federal, e não a Estadual do foro da situação (RTJ 95/278).

Art. 47: 4. **Considera-se competente o foro da situação do imóvel para as ações:**

— de usucapião (RT 894/197: TJSP, CC 183.146-0/2-00);

— de desapropriação indireta (RSTJ 46/314, 63/209, RJTJESP 97/282, 102/217, 104/271, 105/274, 113/327, JTJ 168/19, RF 312/131, Bol. AASP 1.539/139). **Contra,** considerando competente o foro do domicílio do réu: RT 615/155. Entendendo que, na desapropriação indireta, "a competência firmada pela situação da coisa litigiosa é relativa e pode ser prorrogada, se não oposta exceção de incompetência": RAMPR 44/235, maioria. V. tb. CF 109, nota 3-Desapropriação;

— "em que se busca a posse com base no domínio (*ius possidendi*)" (STJ-2ª Seção, CC 100.610, Min. Sidnei Beneti, j. 9.9.09, DJ 25.9.09);

— "de resolução de contrato, cumulada com modificação do registro imobiliário" (STJ-2ª Seção, CC 121.390, Min. Raul Araújo, j. 22.5.13, DJ 27.5.13);

— "em que se pretende a decretação de nulidade de procuração e, também, de registro imobiliário de escritura de compra e venda" (STJ-2ª Seção, CC 26.293, Min. Nancy Andrighi, j. 18.2.02, DJU 11.3.02);

— relativas a pedido de autorização para venda de imóvel pertencente a menores, ainda que o bem integre inventário em tramitação em comarca distinta do lugar onde o mesmo se situa (RSTJ 11/66);

— relativas a pedido de sub-rogação de cláusulas restritivas da propriedade imobiliária, formulado "por quem é proprietário e assim se tornou em virtude de inventário já encerrado" (STJ-2ª Seção, CC 34.167, Min. Pádua Ribeiro, j. 11.9.02, DJU 11.11.02). No mesmo sentido: RJTJESP 37/145, JTJ 189/276. **Contra,** considerando competente o foro do lugar onde se impuseram as cláusulas: RJTJESP 42/211.

Art. 47: 5. **Consideram-se de natureza pessoal, ainda que digam respeito a imóvel:**

— a ação de consignação em pagamento;

— a ação pauliana (RT 511/61, RJTJESP 122/431);

— a ação *ex empto* (RTFR 143/265, RJTJESP 110/252, 111/286). Assim: "A lide tem como questão inicial a natureza jurídica da venda, se foi *ad mensuram* ou *ad corpus*. Considerando que tal discussão depende tão somente de interpretação das cláusulas do contrato de compra e venda de imóvel, a prevalência do foro de eleição não representa afronta aos arts. 95 e 100, IV, 'd', do CPC" (STJ-4ª T., REsp 1.084.674, Min. Raul Araújo, j. 1.10.13, DJ 31.3.14);

— a ação *quanti minoris* (RP 6/301, em. 14);

— a ação com pedido de "cumprimento do contrato de compromisso de compra e venda firmado entre as partes" (STJ-3ª T., Ag em REsp 1.039.752-AgInt, Min. Marco Bellizze, j. 5.6.18, DJ 14.6.18);

— "a ação proposta com o objetivo de obter a anulação de escritura pública de compra e venda de imóvel" (STJ-3ª T., REsp 392.653, Min. Nancy Andrighi, j. 16.4.02, DJU 10.6.02);

— a ação de rescisão de promessa de compra e venda (STJ-3ª T., REsp 1.433.066, Min. Nancy Andrighi, j. 20.5.14, DJ 2.6.14);

— "a ação de dissolução de união estável, ainda que apresente consequências relativas a bens imóveis, possui cunho eminentemente de direito pessoal, devendo o foro competente ser fixado de acordo com o domicílio do réu, consoante a regra insculpida no art. 94 do CPC" (STJ-4ª T., REsp 453.825, Min. Fernando Gonçalves, j. 1.3.05, DJU 21.3.05). V. tb. art. 53-I;

— a ação para discutir o direito de administração e percepção dos frutos relacionados com o usufruto vitalício do imóvel (STJ-2ª Seção, CC 139.581, Min. Ricardo Cueva, j. 22.6.16, DJ 27.6.16).

Art. 47: 6. s/ foro de eleição, v. art. 63 e notas.

Art. 47: 7. v. CC 1.228 e segs.

Art. 47: 8. v. CC 1.277 e segs.

Art. 47: 9. v. CC 1.378 e segs.

Art. 47: 10. v. arts. 569 e segs.

Art. 47: 11. A ação de nunciação de obra nova, prevista no CPC rev. 934 e segs., não existe mais. O objeto dessa ação está compreendido pelo direito de vizinhança.

Art. 47: 12. "Nos termos do art. 95 do CPC, é possível identificar que o critério de competência adotado para as ações fundadas em direito real é territorial, porém, com características híbridas, porquanto, ora com viés relativo (em regra), ora com viés absoluto (nas hipóteses expressamente delineadas). Para que a ação seja necessariamente ajuizada na comarca em que situado o bem imóvel, esta deve ser fundada em direito real (naqueles expressamente delineados pelo art. 95 do CPC), não sendo suficiente, para tanto, a mera repercussão indireta sobre tais direitos" (STJ-3ª T., REsp 1.048.937, Min. Massami Uyeda, j. 22.2.11, DJ 3.3.11). Assim, como no caso, a **ação de extinção de hipoteca** pode ser processada em foro outro que o da situação do imóvel.

Art. 47: 13. Não se admite o foro de eleição na **ação de adjudicação compulsória,** para a qual prevalece o foro da situação da coisa (STF-Pleno: RT 514/243; RT 547/121, 631/90, RJTJESP 112/427, Lex-JTA 140/26).

Art. 47: 14. s/ competência absoluta, v. arts. 62 e 64 § 1º.

Art. 48. O foro de domicílio do autor da herança, no Brasil, é o competente para o inventário,[1 a 2d] a partilha, a arrecadação,[3] o cumprimento de disposições de última vontade,[3a-4] a impugnação ou anulação de partilha extrajudicial e para todas[5] as ações em que o espólio for réu, ainda que o óbito tenha ocorrido no estrangeiro. [Dispositivo correspondente no CPC/1973: art. 96-*caput*]

Parágrafo único. Se o autor da herança não possuía domicílio certo, é competente: [Dispositivo correspondente no CPC/1973: art. 96 § ún.]

I — o foro de situação dos bens imóveis; [Dispositivo correspondente no CPC/1973: art. 96 § ún.-I]

II — havendo bens imóveis em foros diferentes, qualquer destes; [Dispositivo correspondente no CPC/1973: art. 96 § ún.-II]

III — não havendo bens imóveis, o foro do local de qualquer dos bens do espólio. [Sem dispositivo correspondente no CPC/1973]

Art. 48: 1. v. arts. 23-II e 610 e segs.

Art. 48: 2. **Súmula 58 do TFR: "Não é absoluta a competência** definida no art. 96, do Código de Processo Civil, relativamente à abertura de inventário, ainda que existente interesse de menor, podendo a ação ser ajuizada em foro diverso do domicílio do inventariado" (v. jurisprudência s/ esta Súmula em RTFR 79/222 a 234). Também entendendo que, nessa hipótese, a competência é relativa e não pode, por isso, ser declinada de ofício pelo juiz: STJ-1ª Seção, CC 52.781, Min. Eliana Calmon, j. 23.11.05, DJU 12.12.05; RT 766/242, 797/324, 861/206, RJTJESP 103/267, JTJ 167/186, RJ 212/66.

Contra, considerando absoluta a competência: RJTJESP 100/278, maioria, 110/260.

Art. 48: 2a. "Determina-se a competência, por **prevenção,** do juiz que primeiro conheceu do inventário, quando, ante a existência de duplo domicílio do autor da herança, com bens em vários municípios de diferentes Estados, com óbito verificado em comarca diversa das dos domicílios e de situação dos bens, se conflitam positivamente os juízes dos dois domicílios do falecido" (STJ-2ª Seção, CC 6.539-9, Min. Dias Trindade, j. 9.3.94, DJU 11.4.94).

"Havendo duplo domicílio, com bens em lugares diferentes, exceto na cidade onde ocorreu o óbito, determina-se a competência com base na prevenção" (STJ-2ª Seção, CC 23.773, Min. Menezes Direito, j. 10.2.99, DJU 5.4.99).

Se os juízes em conflito tomaram conhecimento da inicial no mesmo dia, prevalece a competência do juízo onde primeiro foi prestado o compromisso de inventariante (TFR-1ª Seção, CC 7.487, Min. Milton Luiz Pereira, j. 27.3.89, v.u., DJU 3.5.89).

Art. 48: 2b. "Em sendo **interdito o autor da herança,** o foro competente para o inventário é o do seu curador, *ex vi* dos arts. 36 do CC e 96 do CPC, não admitida prova em contrário, sendo irrelevante o lugar da situação dos bens ou da sua residência ou do óbito" (RSTJ 75/309 e STJ-RT 713/224). Este acórdão reforma decisão do TJSP, publicada em JTJ 141/216. O art. 36 do CC rev. corresponde ao CC 76 § ún.

Art. 48: 2c. "Sendo o **autor da herança servidor público,** seu domicílio, por força de lei, é o do local onde presta serviços ao Estado" (STJ-2ª Seção, CC 40.717, Min. Nancy Andrighi, j. 12.5.04, DJU 31.5.04). V. CC 76.

Art. 48: 2d. No sentido de que o juízo competente para a **ação de exclusão de herança** é aquele perante o qual tramita o inventário, pouco importando que a **ré** esteja provisoriamente **presa** (CC 76): RT 826/211.

Art. 48: 3. v. arts. 738 e segs.

Art. 48: 3a. v. arts. 735 e segs.

Art. 48: 4. "O fato de a ação de abertura, registro e cumprimento de testamento ter se processado na comarca de Uberaba-MG não implica a prevenção do juízo para a **ação anulatória de testamento.** Afinal, trata-se de um processo de jurisdição voluntária, em que não se discute o conteúdo do testamento, limitando-se ao exame das formalidades necessárias à sua validade. Nem sempre coincide a competência para conhecer do pedido de abertura, registro e cumprimento de testamento e para decidir as questões relativas à sua eficácia, tais como a ação declaratória, constitutiva negativa de nulidade ou de anulação. Não há conexão entre o inventário e a ação anulatória porque ausente a identidade entre os elementos objetivos das demandas. Todavia, a prejudicialidade é evidente. Com efeito, a conclusão do processo de inventário, ao final, dependerá do resultado da ação anulatória. Ainda que a ação anulatória não tenha sido proposta em face do espólio, a declaração de nulidade do testamento interessa à herança e, por isso, deve ser apreciada pelo juízo do inventário. A denominada *vis atrativa* do inventário (art. 96 do CPC) é abrangente, sendo conveniente que todas as demais ações que digam respeito à sucessão, dentre elas o cumprimento das suas disposições de última vontade (art. 96 do CPC), também sejam apreciadas pelo juízo do inventário" (STJ-3ª T., REsp 1.153.194, Min. Nancy Andrighi, j. 13.11.12, RBDFS 32/168 e RP 216/478).

Art. 48: 5. Nem todas. A ação de **usucapião** contra espólio deve ser proposta no foro da situação do imóvel (RTJ 79/304). O mesmo vale para a ação de **desapropriação** (STJ-1ª Seção, CC 5.579-2, Min. Peçanha Martins, j. 23.11.93, DJU 13.12.93).

O próprio **foro de eleição** prevalece sobre o do inventário (STJ-RJ 301/89, JTA 44/206, 104/134).

Art. 49. **A ação em que o ausente for réu será proposta no foro de seu último domicílio, também competente para a arrecadação,[1] o inventário, a partilha e o cumprimento de disposições testamentárias.** [Dispositivo correspondente no CPC/1973: art. 97]

Art. 49: 1. v. arts. 744 e segs.

Art. 50. **A ação em que o incapaz for réu será proposta no foro de domicílio de seu representante ou assistente.[1 a 3]** [Dispositivo correspondente no CPC/1973: art. 98]

Art. 50: 1. v. CC 76 § ún.

Art. 50: 2. "Em ação para a qual esteja previsto foro comum (arts. 94 a 100), mas o réu for incapaz, preponderará o disposto no art. 98, que não incidirá, porém, em ação para a qual esteja previsto foro especial" (SIMP-concl. II, em RT 482/270).

Art. 50: 2a. "O foro privilegiado do incapaz, nos termos do art. 98 do CPC/1973, é de **competência relativa**" (STJ-3ª T., Ag em REsp 332.957-AgRg, Min. Ricardo Cueva, j. 2.8.16, DJ 8.8.16).

V. tb. art. 62, nota 3.

Art. 50: 3. "A regra processual do art. 98 protege pessoa absoluta ou relativamente incapaz, por considerá-la mais frágil na relação jurídica processual, quando litiga em qualquer ação. Assim, na melhor compreensão a ser extraída dessa norma, não há razão para diferenciar-se a posição processual do incapaz. **Figure o incapaz como autor ou réu** em qualquer ação, deve-se possibilitar ao seu representante litigar no foro de seu domicílio, pois, normalmente, sempre necessitará de proteção, de amparo, de facilitação da defesa dos seus interesses, mormente em ações de estado. No confronto entre as normas protetivas invocadas pelas partes, entre o foro da residência da mulher e o do domicílio do representante do incapaz, deve preponderar a regra que privilegia o incapaz, pela maior fragilidade de quem atua representado, necessitando de facilitação de meios, especialmente numa relação processual formada em ação de divórcio, em que o delicado direito material a ser discutido pode envolver íntimos sentimentos e relevantes aspectos patrimoniais" (STJ-4ª T., REsp 875.612, Min. Raul Araújo, j. 4.9.14, DJ 17.11.14).

Art. 51. **É competente o foro de domicílio do réu para as causas em que seja autora a União.[1 a 4]** [Dispositivo correspondente no CPC/1973: art. 99-I]

Parágrafo único. Se a União for a demandada, a ação poderá ser proposta no foro de domicílio do autor, no de ocorrência do ato ou fato que originou a demanda, no de situação da coisa ou no Distrito Federal.[5-6] [Sem dispositivo correspondente no CPC/1973]

Art. 51: 1. s/ competência e União, v. art. 45 e notas e CF 109-I e III e notas; s/ execução fiscal ajuizada pela União, v. LEF 5º e notas; s/ embargos de terceiro opostos por entidade federal, na Justiça Estadual, v. art. 676, nota 1.

Art. 51: 2. **CF 109 § 1º:** "As causas em que a União for autora serão aforadas na seção judiciária onde tiver domicílio a outra parte".

Código de Processo Civil

Art. 51: 3. **Lei 9.469, de 10.7.97: "Art. 5º** A União poderá intervir nas causas em que figurarem, como autoras ou rés, autarquias, fundações públicas, sociedades de economia mista e empresas públicas federais. **Parágrafo único.** As pessoas jurídicas de direito público poderão, nas causas cuja decisão possa ter reflexos, ainda que indiretos, de natureza econômica, intervir, independentemente da demonstração de interesse jurídico, para esclarecer questões de fato e de direito, podendo juntar documentos e memoriais reputados úteis ao exame da matéria e, se for o caso, recorrer, hipótese em que, para fins de deslocamento de competência, serão consideradas partes".

Art. 51: 4. "Nas causas envolvendo **sociedade de economia mista** é competente para o seu julgamento o foro das empresas privadas, isto é, a Justiça Comum e não o foro da Fazenda Pública, uma vez que a Constituição Federal não lhes outorgou nenhum privilégio de ordem processual, como se deflui do art. 173, § 1º, II, da CF" (STF-RT 803/154, ementa da redação). No mesmo sentido: STJ-2ª Seção, CC 18.279, Min. Menezes Direito, j. 26.11.97, DJU 2.2.98; RT 736/261, Lex-JTA 163/35. S/ intervenção da União, nas ações em que sociedade de economia mista federal seja parte, v. CF 109, nota 3-Sociedade de economia mista.

Art. 51: 5. **CF 109 § 2º:** "As causas intentadas contra a União poderão ser aforadas na seção judiciária em que for domiciliado o autor, naquela onde houver ocorrido o ato ou fato que deu origem à demanda ou onde esteja situada a coisa, ou, ainda, no Distrito Federal".

Art. 51: 6. A **competência** instituída para as ações em que a União figura como ré é **concorrente** e o autor pode optar por qualquer dos foros ao ingressar em juízo. V. CF 109, nota 24.

Art. 52. **É competente o foro de domicílio do réu para as causas em que seja autor Estado ou o Distrito Federal.**[1] [Sem dispositivo correspondente no CPC/1973]

Parágrafo único. **Se Estado ou o Distrito Federal for o demandado, a ação poderá ser proposta no foro de domicílio do autor,**[2] **no de ocorrência do ato ou fato que originou a demanda, no de situação da coisa ou na capital do respectivo ente federado.**[3]

Art. 52: 1. **Súmula 206 do STJ:** "A existência de vara privativa instituída por lei estadual não altera a competência territorial resultante das leis de processo" (v. jurisprudência s/ esta Súmula em RSTJ 108/203).

Art. 52: 2. "A ação contra o Estado para anular lançamento fiscal pode ser ajuizada no foro do domicílio do contribuinte" (STJ-2ª T., Ag 132.871-EDcl, Min. Ari Pargendler, j. 26.6.97, DJU 18.8.97).

Art. 52: 3. A **competência** aqui instituída é **concorrente** e o autor pode optar por qualquer dos foros ao ingressar em juízo.

"Os Estados federados podem ser demandados tanto no foro da Capital, quanto no local em que ocorreu o fato em torno do qual se desenvolve a lide (CPC, art. 100)" (RSTJ 67/356). No mesmo sentido: JTA 108/188 (execução fiscal proposta pelo Município contra o Estado, no foro do lugar em que "ocorreu o fato que deu origem à dívida").

Art. 53. **É competente o foro:**[1 a 2] [Dispositivo correspondente no CPC/1973: art. 100-*caput*]

I — para a ação de divórcio, separação,[3] **anulação de casamento e reconhecimento ou dissolução de união estável:**[4-5] [Dispositivo correspondente no CPC/1973: art. 100-I]

a) de domicílio do guardião de filho incapaz;[6-7] [Sem dispositivo correspondente no CPC/1973]

b) do último domicílio do casal, caso não haja filho incapaz; [Sem dispositivo correspondente no CPC/1973]

c) de domicílio do réu, se nenhuma das partes residir no antigo domicílio do casal; [Sem dispositivo correspondente no CPC/1973]

d) de domicílio da vítima de violência doméstica e familiar, nos termos da Lei n. 11.340, de 7 de agosto de 2006 (Lei Maria da Penha);[7a-7b] [Sem dispositivo correspondente no CPC/1973]

II — de domicílio ou residência do alimentando, para a ação em que se pedem alimentos;[8 a 9b] [Dispositivo correspondente no CPC/1973: art. 100-II]

III — do lugar:[10] [Dispositivo correspondente no CPC/1973: art. 100-IV]

a) onde está a sede, para a ação em que for ré pessoa jurídica;[11 a 13] [Dispositivo correspondente no CPC/1973: art. 100-IV-*a*]

b) onde se acha agência ou sucursal, quanto às obrigações[13a] **que a pessoa jurídica contraiu;**[13b a 14d] [Dispositivo correspondente no CPC/1973: art. 100-IV-*b*]

c) onde exerce suas atividades, para a ação em que for ré sociedade ou associação sem personalidade jurídica;[15] [Dispositivo correspondente no CPC/1973: art. 100-IV-*c*]

d) onde a obrigação deve ser satisfeita, para a ação em que se lhe exigir o cumprimento;[15a a 18a] [Dispositivo correspondente no CPC/1973: art. 100-IV-*d*]

e) de residência do idoso, para a causa que verse sobre direito previsto no respectivo estatuto;[18b] [Sem dispositivo correspondente no CPC/1973]

f) da sede da serventia notarial ou de registro, para a ação de reparação de dano por ato praticado em razão do ofício;[18c] [Sem dispositivo correspondente no CPC/1973]

IV — do lugar do ato ou fato para a ação: [Dispositivo correspondente no CPC/1973: art. 100-V]

a) de reparação de dano;[19 a 20b] [Dispositivo correspondente no CPC/1973: art. 100-V-*a*]

b) em que for réu administrador ou gestor de negócios alheios; [Dispositivo correspondente no CPC/1973: art. 100-V-*b*]

V — de domicílio do autor ou do local do fato, para a ação de reparação de dano sofrido em razão de delito[20c] **ou acidente de veículos,**[20d] **inclusive aeronaves.**[21 a 23] [Dispositivo correspondente no CPC/1973: art. 100 § ún.]

Art. 53: 1. s/ competência do foro do domicílio do representante comercial autônomo, v. art. 46, nota 1b.

Art. 53: 2. Em regra, os casos previstos no art. 53 são de **competência relativa,** salvo exceções expressamente previstas em lei (p. ex., EId 80).

Daí: "Ao autor é dado renunciar ao foro especial" (VI ENTA-concl. 7, aprovada por unanimidade).

"Havendo foros concorrentes, geral e especial, o autor ao ajuizar a ação pode optar por qualquer deles" (RF 297/197).

"A norma do art. 100, CPC, se subordina às regras da prevenção, com prorrogação da competência em ocorrendo a conexão" (STJ-2ª Seção, CC 1.395, Min. Sálvio de Figueiredo, j. 14.12.90, DJU 4.3.91).

Art. 53: 3. v. LDi 2º, nota 2b **(Em. Const. 66, de 13.7.10).**

Art. 53: 4. s/ dissolução de união estável, v. art. 47, nota 5, *in fine.*

Art. 53: 5. A competência prevista no inciso I é relativa; por isso, não arguida a incompetência do juízo em tempo hábil, a competência territorial estará prorrogada (RSTJ 3/741, 5/102, 33/381, 95/195, RT 492/107, RJM 169/61).

Art. 53: 6. ECA 147: "A competência será determinada: **I** — pelo domicílio dos pais ou responsável; **II** — pelo lugar onde se encontre a criança ou adolescente, à falta dos pais ou responsável".

Art. 53: 7. Súmula 383 do STJ: "A competência para processar e julgar as **ações conexas de interesse de menor** é, em princípio, do foro do domicílio do detentor de sua guarda".

Prevalência dos interesses do menor. "A fixação da competência, nas ações que versem sobre guarda de menor, deve atender de maneira ótima aos interesses deste" (STJ-2ª Seção, CC 36.933, Min. Nancy Andrighi, j. 26.2.03, DJU 19.5.03).

"O juízo do domicílio do menor é competente para apreciar ação de guarda proposta por um dos pais contra o outro. A regra de **competência** definida pela necessidade de proteger o interesse da criança é **absoluta.** Não se prorroga por falta de exceção e autoriza declinação de ofício" (STJ-2ª Seção, CC 72.971, Min. Gomes de Barros, j. 27.6.07, DJU 1.8.07).

Alteração de domicílio. "Prevalece o art. 87 do CPC sobre a norma do art. 147, I, do ECA quando, em curso a ação originária, proposta regularmente no foro de residência do menor, o detentor da guarda altera seu domicílio" (STJ-2ª Seção, CC 94.723, Min. Aldir Passarinho Jr., j. 24.9.08, DJ 29.10.08). **Todavia:** "Princípio da *perpetuatio jurisdictionis* x juiz imediato. Prevalência deste último na hipótese concreta. A jurisprudência do STJ, ao ser chamada a graduar a aplicação subsidiária do art. 87 do CPC frente à incidência do art. 147, I e II, do ECA, manifestou-se no sentido de que deve prevalecer a regra especial em face da geral, sempre guardadas as peculiaridades de cada processo" (STJ-2ª Seção, CC 119.318, Min. Nancy Andrighi, j. 25.4.12, DJ 2.5.12). **Em síntese:** "Não havendo, na espécie, nada que indique objetivos escusos por qualquer uma das partes, mas apenas alterações de domicílios dos responsáveis pelo menor, deve a regra da *perpetuatio jurisdictionis* ceder lugar à solução que se afigure mais condizente com os interesses do infante e facilite o seu pleno acesso à Justiça" (STJ-2ª Seção, CC 114.782, Min. Nancy Andrighi, j. 12.12.12, DJ 19.12.12).

"Ação de modificação de guarda de filhos menores. Instrução processual concluída perante o juízo inicialmente competente, do foro de quem exercia regularmente a guarda das crianças. Processo pronto para sentença. Posterior mudança provisória de domicílio da genitora que exercia a guarda. Levando-se em consideração os interesses dos menores envolvidos na questão, não resta dúvida de que o juízo que presidiu toda a instrução processual possui melhores condições de avaliar e decidir a controvérsia, pois interagiu diretamente com as crianças, seus pais e testemunhas que conviviam com os menores. Esta conclusão atende melhor o primado da preservação dos interesses dos infantes" (STJ-2ª Seção, CC 126.555, Min. Raul Araújo, j. 13.8.14, DJ 4.9.14).

"A **guarda,** ainda que **compartilhada,** não induz à existência de mais de um domicílio acaso os pais residam em localidades diferentes, devendo ser observada a prevenção do Juízo que homologou a separação do casal, mediante acordo" (STJ-2ª Seção, CC 40.719, Min. Aldir Passarinho Jr., j. 25.8.04, DJU 6.6.05). "Debate relativo à competência para o julgamento de ações de guarda, em face da alteração na residência da menor, promovida pelo pai, sem a anuência materna. Nos processos que envolvem menores, de regra, o foro competente para dirimir conflitos envolvendo o interesse de menores é aquele do domicílio do detentor da guarda. Não havendo, na espécie, excepcionalidades que ditem o afastamento dessa regra, deve ser fixado como foro competente para o julgamento das ações de guarda, o domicílio de quem, previamente, detinha **legalmente a guarda,** *in casu*, a mãe da criança" (STJ-2ª Seção, CC 124.112, Min. Nancy Andrighi, j. 23.4.14, DJ 29.4.14).

Guarda exercida por terceiro. "Prevalece o foro do domicílio de quem já exerce a guarda do menor, tratando-se de pretensão de alterá-la. Prevalece esse foro ainda que se trate de responsável, e não de guarda exercida pelos pais" (RSTJ 117/311). **Todavia,** adotando outra solução no seguinte caso: "O reconhecimento da competência do juízo do foro do domicílio de quem exerce a guarda provisória dificultaria a defesa dos avós da criança e poderia levar à perpetuação de situação de possível irregularidade na concessão da guarda provisória à suscitante, terceiro sem relação de parentesco com o menor. Isso poderá prejudicar sobremaneira o interesse da criança, que permaneceria alijada da convivência com seus avós maternos, pessoas de poucos recursos financeiros, que também pleiteiam judicialmente a guarda do infante" (STJ-2ª Seção, CC 128.698, Min. Raul Araújo, j. 12.11.14, DJ 19.12.14).

"Ação de modificação de guarda consensual. Foro de competência. Art. 147, I do ECA. Melhor interesse do menor. A hipótese de **acordo extrajudicial de mudança consensual de guarda** sem controvérsia que demande o estabelecimento de processo litigioso possibilita a flexibilização da norma cogente, em atenção ao melhor interesse do menor" (STJ-3ª T., REsp 1.597.194, Min. Nancy Andrighi, j. 15.8.17, DJ 22.8.17).

V. tb. art. 61, nota 2 (ação acessória).

S/ guarda dos filhos e regime de visita, v. arts. 189-II (segredo de justiça), e 731-III (acordo na separação judicial).

Art. 53: 7a. A alínea *d* foi acrescida pela Lei 13.894, de 29.10.19.

Art. 53: 7b. Lei 11.340, de 7.8.06 — Cria mecanismos para coibir a violência doméstica e familiar contra a mulher e dá outras providências: "**Art. 14-A.** A ofendida tem a opção de propor ação de divórcio ou de dissolução de união estável no Juizado de Violência Doméstica e Familiar contra a Mulher. **§ 1º** Exclui-se da competência dos Juizados de Violência Doméstica e Familiar contra a Mulher a pretensão relacionada à partilha de bens. **§ 2º** Iniciada a situação de violência doméstica e familiar após o ajuizamento da ação de divórcio ou de dissolução de união estável, a ação terá preferência no juízo onde estiver. **Art. 15.** É competente, por opção da ofendida, para os processos cíveis regidos por esta Lei, o Juizado: **I** — do seu domicílio ou de sua residência; **II** — do lugar do fato em que se baseou a demanda; **III** — do domicílio do agressor".

Art. 53: 8. s/ cumprimento da sentença que acolhe o pedido de alimentos, v. art. 528 § 9º.

Art. 53: 8a. Súmula 1 do STJ: "O foro do domicílio ou da residência do alimentando é o competente para a **ação de investigação de paternidade,** quando **cumulada** com a de alimentos" (v. jurisprudência s/ esta Súmula em RSTJ 16/15 a 23). No mesmo sentido: RT 656/206, RJTJESP 96/278, 101/253, 107/270, 114/303, 124/287, Bol. AASP 1.659/238. Ainda no mesmo sentido, em caso no qual a cumulação de demandas envolvia também petição de herança: RJTJERGS 165/213.

"Inventário já encerrado. Ação de investigação de paternidade, cumulada com petição de herança e de alimentos. Domicílio do alimentando. Encerrado o inventário, com trânsito em julgado da sentença homologatória respectiva, deixa de existir o espólio, e as ações propostas contra as pessoas que detêm os bens inventariados não seguem a norma do art. 96 do CPC, prevalecendo, no caso concreto, a regra especial do art. 100, inc. II, do mesmo diploma, segundo a qual a demanda em que se postulam alimentos deve correr no foro do domicílio ou da residência do alimentando" (STJ-RJM 174/381: 2ª Seção, CC 51.061).

Mas a ação de investigação de paternidade, não cumulada com ação de alimentos, segue a regra geral, devendo ser proposta no foro do domicílio do réu (STJ-4ª T., REsp 108.683, Min. Ruy Rosado, j. 4.10.01, DJU 4.2.02; JTJ 235/95).

S/ foro competente para a investigação de paternidade oficiosa, v. LIP 2º, nota 1.

Art. 53: 8b. "É competente o foro do domicílio do alimentando para ação em que se pedem alimentos. No entanto, por se tratar de regra de **competência relativa,** não há óbice que impeça a propositura da ação de alimentos em foro diverso do domicílio do alimentando. Nesta hipótese, o alimentando estaria renunciando à prerrogativa legal, estabelecida no art. 100, II, do CPC, e não poderia, posteriormente, invocar a mencionada norma na tentativa de remeter o processo ao juízo do foro de seu domicílio, pois implicaria violação ao princípio do juiz natural" (STJ-2ª Seção, CC 57.622, Min. Nancy Andrighi, j. 10.5.06, DJU 29.5.06).

Art. 53: 9. "A ação de alimentos proposta no Brasil, **residindo o devedor em outro país,** é da competência da Justiça Estadual" (RSTJ 62/37).

Art. 53: 9a. "Competência. Alimentos. **Revisão** dos fixados para os filhos em procedimento de separação consensual. Não incide, na espécie, o disposto no art. 108 do CPC, fixando-se a competência em função da residência ou domicílio do alimentando (CPC, art. 100, II)" (STJ-2ª Seção: RSTJ 2/306, v.u.).

V. tb. art. 61, nota 2.

Art. 53: 9b. "Alimentos. Determinando-se a competência no momento em que a ação é proposta, **irrelevante** afigura-se o fato de haverem os alimentandos, após a citação do réu, se **mudado para outro município**" (STJ-2ª Seção, CC 97.457, Min. Fernando Gonçalves, j. 26.11.08, DJ 9.12.08).

Art. 53: 10. "As regras do art. 100, IV, *b* e *d*, do CPC são especiais em relação à alínea *a* do citado artigo" (RSTJ 136/179).

V. tb. nota 16b.

Art. 53: 11. Lei 6.439, de 1.9.77 — Institui o Sistema Nacional de Previdência e Assistência Social, e dá outras providências: **"Art. 4º § 2º** As entidades do SINPAS têm sede e foro no Distrito Federal, podendo, entretanto, manter provisoriamente sede e foro na cidade do Rio de Janeiro, Estado do Rio de Janeiro, até que, a critério do Poder Executivo, possam ser transferidas para o Distrito Federal".

Pode ser ajuizada no Distrito Federal ação contra as entidades do SINPAS (TFR-3ª T., Ag 48.023, Min. Flaquer Scartezzini, j. 11.4.86, DJU 28.8.86). No mesmo sentido, em ação contra o INSS: STJ-2ª T., REsp 75.301, Min. Ari Pargendler, j. 4.8.97, DJU 1.9.97.

S/ opção do segurado ou beneficiário da previdência social, para mover ação contra o INSS na Justiça Estadual, em sua comarca, ou na Justiça Federal da Capital de seu Estado, ou, ainda, na Justiça Federal do Distrito Federal, v. CF 109, nota 29.

Art. 53: 11a. "O Conselho Administrativo de Defesa Econômica — CADE não possui filiais nem agências regionais, mas tão somente sua sede no Distrito Federal; logo, a demanda deverá ser processada e julgada em uma das varas federais da Seção Judiciária do Distrito Federal" (STJ-1ª T., REsp 1.321.642-AgRg, Min. Arnaldo Esteves, j. 7.8.12, DJ 17.8.12).

O INPI deve ser demandado no Rio de Janeiro, onde tem sede (TFR-5ª T., Ag 50.678, Min. Pedro Acioli, j. 29.10.86, DJU 4.12.86).

Art. 53: 12. "A regra basilar quanto à competência territorial, nas demandas contra a **União e suas autarquias,** é a de que compete ao foro da sede da pessoa jurídica ou de sua sucursal ou agência o julgamento das ações em que figurar como ré, desde que a lide não envolva obrigação contratual. Por força do mesmo princípio, cabe ao demandante a escolha do foro competente" (STJ-1ª T., REsp 495.838, Min. Luiz Fux, j. 28.10.03, DJU 1.12.03). No mesmo sentido: STJ-2ª T., REsp 884.572-AgRg, Min. Herman Benjamin, j. 2.9.08, DJ 13.3.09.

"O CPC, no art. 100, IV, *a* e *b*, permite que os autores, ao demandarem contra autarquia federal, o façam no foro de sua sede ou naquele em que se acha a agência ou sucursal em cujo âmbito de competência ocorreram os fatos que geraram a lide. Não significa isso que ela possa ser demandada em qualquer unidade da federação. A competência deve ser determinada com base em critérios razoáveis" (STJ-3ª Seção, CC 21.652, Min. Fernando Gonçalves, j. 16.12.98, DJU 17.2.99).

"Se a irresignação é dirigida contra posicionamento central da autarquia (ANS) e não especificamente em relação a obrigações contraídas junto à subsidiária, a competência para o julgamento da ação é a do foro do local da sede da pessoa jurídica" (STJ-1ª Seção, ED no REsp 901.933, Min. José Delgado, j. 14.11.07, um voto vencido, DJU 7.2.08).

S/ competência de foro nas ações contra as autarquias federais, v. CF 109, nota 24a; em mandado de segurança em geral, v. LMS 16, nota 5; s/ mandado de segurança contra ato de autoridade previdenciária, v. LMS 16, nota 11a (Súmula 216 do TFR).

Art. 53: 13. "O autor tornou-se, sem o seu conhecimento e consentimento, sócio de sociedade empresária com sede em outro Estado e fins obscuros, o que resultou em inscrição indevida de seu nome em cadastro de inadimplentes e em irregularidades com a Receita Federal. Ante essa situação excepcional, mostra-se sensato manter o acórdão *a quo* que determinou o processamento e julgamento da ação no domicílio do autor" (STJ-4ª T., REsp 1.176.579-AgRg, Min. Aldir Passarinho Jr., j. 12.4.11, DJ 15.4.11).

Art. 53: 13a. "O termo 'obrigações' não comporta significado estrito, abrangendo tanto as contratuais como as extracontratuais" (JTJ 158/172).

Art. 53: 13b. Em matéria de: execução de cédula hipotecária, v. Dec. lei 70/66, art. 31, nota 1b, no tít. EXECUÇÕES ESPECIAIS; Juizado Especial, v. LJE 4º-I.

Art. 53: 14. **Súmula 363 do STF:** "A **pessoa jurídica de direito privado** pode ser demandada no domicílio da agência, ou estabelecimento, em que se praticou o ato".

"A regra do art. 94/CPC não se aplica às **empresas públicas** com agências em todo o território nacional, podendo a ré ser demandada na agência onde se realizou o negócio jurídico. Aplicação analógica da Súmula STF-363" (RSTJ 90/41).

"A Súmula n. 363 não é peremptória, mas indica apenas a possibilidade de foros, sem impedir outros também viáveis" (RSTJ 9/37).

Art. 53: 14a. "Nos termos das alíneas *b* e *d* do inciso IV do art. 100 do CPC, é competente o foro do lugar onde se situa a agência do Banco do Brasil S/A no tocante às obrigações nela assumidas e onde deverão ser satisfeitas, nos termos do contrato celebrado pelas partes" (STJ-3ª T., Ag 27.734-8-AgRg, Min. Nilson Naves, j. 20.4.93, DJU 24.5.93). No mesmo sentido: RSTJ 151/397.

"A autarquia federal Banco Central do Brasil possui delegacias regionais nos Estados e nelas pode ser demandada quando a *causa debendi* envolve a atuação dos agentes das delegacias estaduais" (RTJE 120/127).

Art. 53: 14b. "Competência. Execução fiscal. Devedora com sede e filial sob jurisdições diversas. Competente para processar e julgar o feito é o juiz do lugar onde se acha a agência ou sucursal, quanto às obrigações que ela contraiu" (STJ-RT 654/194).

Art. 53: 14c. "A pessoa jurídica será demandada no domicílio em que situada a agência ou sucursal somente nas situações em que as obrigações discutidas tenham sido assumidas pela filial. Para determinação da competência prevista no art. 100, IV, 'b', **não basta a simples existência de agência ou sucursal** na comarca em que as partes pretendam litigar. A autora é empresa multinacional devidamente estruturada em território nacional e sob o enfoque financeiro, jurídico e técnico, é suficientemente capaz de demandar na comarca da sede da ré sem que isso implique prejuízo para a sua defesa" (STJ-3ª T., REsp 1.528.596, Min. João Otávio, j. 10.5.16, DJ 23.5.16).

Art. 53: 14d. "Na ação de indenização por falta de mercadoria transportada por via marítima, a competência é do juízo onde a ré tem filial e funcionam as respectivas diretorias e administração, se a ré não tiver agência onde se deu o prejuízo" (RSTJ 6/71).

Art. 53: 15. v. art. 75-IX e § 2º.

Art. 53: 15a. s/ protesto de título e repercussão no foro de eleição, v. art. 63, nota 3e; no Juizado Especial, v. LJE 4º-II.

Art. 53: 16. "A existência de **contrato verbal** não afasta a incidência da norma contida no art. 100, IV, 'd', do Código de Processo Civil de 1973. Na hipótese de indefinição quanto ao local de cumprimento da obrigação, deve incidir a **presunção legal** do art. 327 do Código Civil, isto é, o domicílio do devedor" (STJ-3ª T., REsp 1.648.397-AgInt, Min. Ricardo Cueva, j. 21.9.17, DJ 10.10.17).

Art. 53: 16a. É competente o foro onde a obrigação devia ser satisfeita, para a ação de **reparação dos danos** causados em razão do **inadimplemento** (STJ-3ª T., REsp 1.760, Min. Eduardo Ribeiro, j. 13.3.90, DJU 28.5.90; STJ-4ª T., AI 1.431.051, Min. Raul Araújo, j. 12.6.12, DJ 21.8.12; RT 796/290, JTJ 158/195, Bol. AASP 1.024/142).

"A ação de reparação de danos decorrentes de cumprimento imperfeito de contrato de construção do prédio pode ser ajuizada no foro do lugar onde está situado o imóvel, pois ali foi avençado o cumprimento da obrigação" (STJ-4ª T., REsp 102.020, Min. Ruy Rosado, j. 25.11.96, DJU 3.2.97).

V. tb. nota 19b.

Art. 53: 16b. A regra da alínea *d*, por ser norma especial, prevalece sobre a da alínea *a*, de caráter geral (STJ-4ª T., REsp 778.958, Min. Massami Uyeda, j. 20.9.07, DJU 15.10.07; RT 677/197).

V. tb. nota 10.

Art. 53: 16c. "**Pretensões desconstitutivas ou executórias** de cláusulas de contratos, bem como quaisquer outras que versem sobre estes, devem ser ajuizadas no foro do local onde se dará o cumprimento das obrigações pactuadas. Inteligência da regra do art. 100, IV, *b* e *d*, do CPC" (RSTJ 66/417). No mesmo sentido: STJ-RT 707/182 (afretamento de transporte marítimo).

Todavia: "No caso, a 'energia preponderante' da ação é o pleito de **rescisão contratual,** com os consectários daí decorrentes. Assim, não se tratando propriamente de ação de indenização por dano extracontratual, tampouco havendo cláusula de eleição de foro ou pedido de cumprimento da obrigação, a competência é do foro onde está sediada a pessoa jurídica, nos termos do art. 100, inc. IV, alínea *a*, do CPC" (STJ-4ª T., REsp 1.119.437, Min. Luis Felipe, j. 16.11.10, maioria, DJ 20.6.11).

Art. 53: 16d. "Em conformidade com o art. 100, IV, 'd' do CPC, o juízo competente para processar e julgar **ação de execução de título extrajudicial** é o do lugar do pagamento do título. O exequente pode, todavia, optar pelo foro de eleição ou pelo foro de domicílio do réu, como ocorreu na hipótese em exame" (STJ-4ª T., Ag em REsp 1.022.462-AgInt, Min. Luis Felipe, j. 13.6.17, DJ 20.6.17).

V. ainda art. 781, nota 2.

Art. 53: 16e. "Os arts. 17 da Lei 5.474/1968 e 100, IV, *d*, do CPC/1973 indicam que o foro competente para processar e julgar **ação de execução fundada em duplicata** é o lugar onde a obrigação deve ser satisfeita, ou seja, a praça de pagamento. A existência de protesto em comarca diversa não altera o foro para a propositura de ação decorrente do título protestado, não evidenciando nulidade desse, que continua tendo por foro para a ação o local da praça de pagamento" (STJ-3ª T., Ag em REsp 960.900-AgInt, Min. Marco Bellizze, j. 12.9.17, DJ 15.9.17).

V. tb. art. 63, notas 3e e 3f.

Art. 53: 17. "A norma do art. 100, IV, *d*, deve entender-se como abrangendo também as ações em que se litigue sobre a **validade de cláusulas contratuais.** Possibilidade de optar-se pelo domicílio do réu. Necessidade do exame de haver ou não prejuízo, circunstância que não se pode cogitar por falta de prequestionamento" (RSTJ 37/553). No mesmo sentido: RSTJ 50/522, maioria.

Art. 53: 18. Para a **cobrança de taxa de condomínio,** é competente o foro do lugar onde a obrigação deve ser cumprida, e não o foro do domicílio do réu (STJ-3ª T., REsp 1.335.376-AgRg, Min. Massami Uyeda, j. 20.9.12, DJ 5.10.12; RT 501/192; JTJ 365/157: AI 100014-12.2011.8.26.0000).

Art. 53: 18a. "É competente para processar e julgar a ação de arbitramento de **honorários,** em processo de conhecimento, o foro do lugar em que a obrigação deve, ou devesse, ser satisfeita" (STJ-RP 204/434: 3ª T., REsp 1.072.318). No mesmo sentido: STJ-4ª T., REsp 659.651-AgRg, Min. João Otávio, j. 20.8.09, DJ 31.8.09.

Todavia: "Não tendo as partes convencionado nada a respeito do local do pagamento e não sendo possível extrair, a partir da natureza da obrigação ou das circunstâncias, que os honorários devidos ao advogado devem ser pagos no local onde sediado o seu escritório, deve-se concluir pela aplicação da regra geral segundo a qual a obrigação deve ser exigida no domicílio do devedor" (STJ-2ª Seção, ED no AI 1.186.386, Min. Sidnei Beneti, j. 8.2.12, DJ 16.2.12; a citação é do voto do relator).

Art. 53: 18b. v. EId 80.

Art. 53: 18c. É competente para a **execução de custas e emolumentos** devidos ao oficial do registro de imóveis o foro da comarca onde está estabelecida a serventia (Bol. AASP 1.395/224).

Art. 53: 19. "A regra do art. 100, V, *a*, do CPC, é norma específica em relação às dos arts. 94 e 100, inc. IV, *a*, do mesmo diploma, e sobre estas deve prevalecer. Enquanto as duas últimas definem o foro em razão da pessoa do réu, determinando que a ação seja em regra proposta no seu domicílio, ou, sendo pessoa jurídica, no lugar onde está a sua sede, já o disposto no art. 100, V, *a*, considera a natureza do direito que origina a ação, e estabelece que a ação de reparação de dano — não importa contra quem venha a ser promovida (pessoa física ou pessoa jurídica com domicílio ou sede em outro lugar) — tem por foro o lugar onde ocorreu o fato" (STJ-4ª T., REsp 89.642, Min. Ruy Rosado, j. 25.6.96, DJU 26.8.96). No mesmo sentido: STJ-3ª T., REsp 782.725-AgRg-EDcl-AgRg, Min. Nancy Andrighi, j. 3.2.09, DJ 17.2.09; RT 927/830 (TJSP, AI 0144597-48.2012.8.26.0000). Assim, p. ex.: "A ação indenizatória por danos morais e materiais tem por foro o local onde ocorreu o ato ou o fato, ainda que a demandada seja pessoa jurídica, com sede em outro lugar" (STJ-4ª T., REsp 533.556, Min. Jorge Scartezzini, j. 2.12.04, DJU 17.12.04).

Art. 53: 19a. "Tratando-se de pretensão derivada de dano causado por **autarquia federal,** em que se busca indenização por responsabilidade civil, aplica-se o inciso V, *a*, do art. 100 do CPC. A norma indicada não é preterida pelo que dispõe o art. 100, IV, *b*, da lei adjetiva civil" (STJ-2ª T., REsp 591.268, Min. Eliana Calmon, j. 16.11.04, DJU 7.3.05).

Art. 53: 19b. "A norma do art. 100, V, *a*, **não se aplica** aos pedidos de **indenização por inadimplemento ou mau adimplemento contratual"** (STJ-RT 670/190).

Todavia: "Competente para o julgamento da ação de reparação de danos o foro do lugar onde ocorrido o fato, regra especial prevista no art. 100, V, *a*, do Código de Processo Civil, que prevalece sobre a geral do art. 94 do mesmo diploma, não havendo distinguir, na hipótese, o ilícito contratual do extracontratual" (STJ-2ª Seção, CC 55.826, Min. Menezes Direito, j. 11.10.06, DJ 9.11.06).

"O foro competente para apreciar ação de reparação de danos por protesto indevido e inscrição em cadastros de inadimplentes é o do local do protesto, nos termos do art. 100, V, 'a', do CPC" (STJ-4ª T., Ag em REsp 292.126-AgRg, Min. Antonio Ferreira, j. 16.10.14, DJ 21.10.14; a citação é do voto do relator).

V. tb. notas 16a e segs.

Art. 53: 19c. cf. CDC 93-I e 101-I.

"O CDC permite que a ação de responsabilidade civil do **fornecedor de produtos ou serviços** seja proposta na comarca de domicílio da autora. Tal disposição é de ordem pública e incide mesmo nos contratos celebrados antes da lei, não podendo as partes dispor de forma diversa" (RT 719/165).

"Não ofende o art. 101, I, do Cód. de Defesa do Consumidor o autor que ajuiza a ação de responsabilidade civil contra fornecedor de produtos ou serviços, com base em referido Código, em comarca próxima à que reside, sobretudo quando nesta é que foi contraída a obrigação veiculada no feito, sendo essa escolha até mais favorável à ré, por ser essa comarca de maior porte e nela dispondo a ré de corpo técnico para onde foram dirigidas as anteriores reclamações decorrentes dos vícios apontados" (RSTJ 112/222).

"O consumidor pode promover a ação de indenização contra o **banco** comercial no foro do seu domicílio" (STJ-4ª T., REsp 155.168, Min. Ruy Rosado, j. 7.4.98, DJU 1.6.98).

"O art. 101, inciso I, da Lei n. 8.078, de 1990, faculta ao autor a escolha do foro de seu domicílio para propositura de ação de responsabilidade pessoal dos **profissionais liberais,** sem se cogitar se esta advém da culpa ou se reveste de caráter objetivo. Trata-se de regra especial de competência que deve prevalecer em relação às normas estabelecidas no Cód. de Proc. Civil" (JTJ 172/176). "A ação de responsabilidade por dano decorrente da prestação de serviço médico pode ser proposta no foro do domicílio do autor (art. 101, I, do CDC), ainda que a responsabilização do profissional liberal dependa da prova de sua culpa (art. 14, § 4º, do CDC)" (STJ-4ª T., REsp 80.276, Min. Ruy Rosado, j. 12.2.96, DJU 25.3.96). No mesmo sentido: JTJ 285/271, 299/313, 330/64 (AI 577.699-4/7-00).

"Em se tratando de relação de consumo e tendo em vista o princípio da facilitação da defesa do hipossuficiente, não prevalece o **foro contratual de eleição** quando estiver distante daquele em que reside o consumidor em razão da dificuldade que este terá para acompanhar o processo" (STJ-2ª Seção, CC 41.728, Min. Fernando Gonçalves, j. 11.5.05, DJU 18.5.05). **Mas:** "A condição de consumidor, considerada isoladamente, não gera presunção de hipossuficiência a fim de repelir a aplicação da cláusula de derrogação da competência territorial quando convencionada, ainda que em contrato de adesão" (STJ-3ª T., REsp 1.675.012, Min. Nancy Andrighi, j. 8.8.17, DJ 14.8.17).

"A norma protetiva, erigida em benefício do consumidor, não o obriga a demandar em seu domicílio, sendo-lhe possível renunciar ao direito que possui de ali demandar e ser demandado, optando por ajuizar a ação no **foro do domicílio do réu,** com observância da regra geral de fixação de competência do art. 94 do CPC" (STJ-2ª Seção, CC 129.294-AgRg, Min. Ricardo Cueva, j. 24.9.14, DJ 1.10.14).

Todavia, a facilitação da defesa dos direitos do consumidor em juízo não autoriza "que o consumidor escolha, aleatoriamente, um local diverso de seu domicílio ou do domicílio do réu para o ajuizamento do processo" (STJ-3ª T., REsp 1.084.036, Min. Nancy Andrighi, j. 3.3.09, DJ 17.3.09). Em sentido semelhante: STJ-2ª Seção, CC 106.990, Min. Fernando Gonçalves, j. 11.11.09, DJ 23.11.09. Ainda, a prerrogativa de litigar no próprio domicílio não autoriza a associação que representa o consumidor em juízo a ajuizar demanda no domicílio dela (STJ-4ª T., REsp 1.049.639, Min. João Otávio, j. 16.12.08, DJ 2.2.09).

"Ação de adimplemento contratual objetivando a subscrição de ações por cessão de direito. Cessionário de milhares de contratos de participação financeira. Desmembramento dos direitos dos cedentes. Condições personalíssimas do cedente que não se transferem ao cessionário. Qualidade de consumidor. Hipossuficiência. Inaplicabilidade das regras do CDC para a definição de competência" (STJ-4ª T., REsp 1.266.388, Min. Luis Felipe, j. 17.12.13, DJ 17.2.14). No mesmo sentido: STJ-3ª T., REsp 1.608.700, Min. Ricardo Cueva, j. 9.3.17, DJ 31.3.17.

S/ cognoscibilidade de ofício da incompetência nesses casos, v. CDC 101, nota 3.

Art. 53: 20. A ação de reparação do dano por **acidente ferroviário** pode ser proposta, no domicílio do autor, no local do fato, no domicílio da ré, isto é, onde esta tem sede, ou no "da agência ou sucursal em que esteja situada a administração da via férrea atinente ao sítio do evento" **(Súmula 32 do 1º TASP;** o acórdão da un. de jur. está em JTA 124/22).

Art. 53: 20a. No caso de **dano causado em diversos lugares,** o autor pode, à sua escolha, propor a ação em qualquer dos foros correspondentes (RF 295/291).

Art. 53: 20b. Nas hipóteses de **danos causados por notícias publicadas na imprensa jornalística,** "considera-se como lugar do ato ou fato o local em que residem e trabalham as pessoas prejudicadas" (STJ-2ª T., REsp 400.988-AgRg, Min. Eliana Calmon, j. 10.6.03, DJU 4.8.03). No mesmo sentido: STJ-3ª T., AI 1.273.184-AgRg, Min. Sidnei Beneti, j. 20.4.10, DJ 7.5.10; RT 796/324.

"Na hipótese de ação de indenização por **danos morais** ocasionados pela veiculação de matéria jornalística pela **Internet,** tal como nas hipóteses de publicação por jornal ou revista de circulação nacional, considera-se 'lugar do ato ou fato', para efeito de aplicação da regra do art. 100, V, *a*, do CPC, a localidade em que residem e trabalham as pessoas prejudicadas, pois é na comunidade onde vivem que o evento negativo terá maior repercussão para si e suas famílias" (STJ-4ª T., AI 808.075-AgRg, Min. Fernando Gonçalves, j. 4.12.07, DJU 17.12.07). No mesmo sentido: STJ-3ª T., REsp 1.347.097, Min. Paulo Sanseverino, j. 3.4.14, DJ 10.4.14. V. tb. art. 21, nota 5b.

Todavia: "A competência para julgamento da ação de reparação de danos é do foro do lugar do fato, de acordo com a regra do art. 100, V, 'a', do Código de Processo Civil de 1973 (correspondente ao art. 53, inciso IV, alínea 'a', do CPC/2015). O fato alegado como causador do dano moral, no caso, é a **representação perante o Conselho Nacional de Justiça,** ou seja, ato praticado no Distrito Federal" (STJ-4ª T., Ag em REsp 1.106.545-AgInt, Min. Isabel Gallotti, j. 22.5.18, maioria, DJ 15.6.18).

Art. 53: 20c. "Nos termos do art. 100 § ún. do CPC, pode o autor escolher o foro do seu domicílio para a ação de reparação de dano sofrido em razão de delito, abrangendo este tanto os de **natureza penal como cível"** (RSTJ 176/336: 3ª T., REsp 604.553). No mesmo sentido: STJ-2ª T., REsp 1.033.651-AgRg, Min. Mauro Campbell, j. 14.10.08, DJ 24.11.08; RT 749/336, 857/268, JTJ 260/285, 285/260.

"Ação de abstenção de uso de marca cumulada com pedido de indenização. Aplicação da regra específica do art. 100, V, *a*, § ún., do CPC, que faculta ao autor a opção de ajuizar a ação no foro de seu domicílio ou no foro do local em que ocorreu o ato ilícito. A norma do art. 100, V, *a*, § ún., do CPC (*forum commissi delicti*) refere-se aos delitos de modo geral, tanto civis quanto penais" (STJ-2ª Seção, ED no AI 783.280, Min. Nancy Andrighi, j. 23.2.11, maioria, DJ 19.4.12).

Art. 53: 20d. "Na ação por danos decorrentes de **acidente de trânsito,** o autor tem a faculdade de propor a ação no foro do seu próprio domicílio, no foro do local do acidente ou, ainda, no foro do **domicílio do réu"** (STJ-2ª Seção, CC 42.120, Min. Fernando Gonçalves, j. 18.10.04, DJU 3.11.04).

"A norma do parágrafo único do art. 100 do CPC, ao referir-se a delitos, não se restringe aos que se verifiquem com a utilização de automóveis. Pode o autor ajuizar a ação no domicílio do réu e não no foro do local do fato. Este só poderá recusá-lo, demonstrando que lhe interessa o outro, por exemplo, em virtude de maior facilidade para produção de provas. Em regra, não se justifica a recusa do foro do próprio domicílio, se isso em nada o beneficia e apenas prejudica o autor" (STJ-3ª T., REsp 14.731, Min. Eduardo Ribeiro, j. 9.12.91, DJU 4.5.92).

Art. 53: 21. Em matéria de: reparação de dano causado por tutela provisória, v. art. 302, nota 6; Juizado Especial, v. LJE 4º-III.

Art. 53: 21a. Trata-se de **competência relativa** (RJTJESP 49/189): o autor pode optar pelo domicílio do réu (STJ-Bol. AASP 1.683/78; RT 857/268, RJTJESP 40/194-dois casos, JTA 105/118, bem fundamentado, RP 4/379, em. 32). Mas, inversamente, o réu não pode pretender que a ação seja proposta no foro de seu domicílio, porque a norma especial acima prevalece sobre a geral, constante do art. 94 (STJ-2ª Seção, CC 34.681, Min. Castro Filho, j. 8.10.03, DJU 10.11.03; RJTJESP 114/302).

Art. 53: 21b. Sendo vários os autores, a ação pode ser proposta no domicílio de qualquer deles, por aplicação analógica do art. 46 § 4º.

Art. 53: 21c. Súmula 540 do STJ: "Na **ação de cobrança do seguro DPVAT,** constitui faculdade do autor escolher entre os foros do seu domicílio, do local do acidente ou ainda do domicílio do réu".

Art. 53: 22. Para a **ação regressiva movida pela seguradora,** desaparece a regra especial de competência, e prevalece a do domicílio do réu (STJ-3ª T., JTAERGS 87/406; STJ-4ª T., REsp 19.767-0, Min. Barros Monteiro, j. 23.11.93, DJU 7.2.94; RT 493/91, 594/114, 739/350, RJTJESP 47/233, 52/286, 111/300, 124/419, JTA 100/183, JTAERGS 70/220). **Contra,** admitindo a aplicação do preceito à ação regressiva: RT 504/127, RJTJESP 111/299.

V. art. 63, nota 4.

Art. 53: 22a. "As **pessoas jurídicas locadoras de frotas de veículos não estão abrangidas pela prerrogativa legal de escolha do foro.** Assim, não incide a regra do art. 100, V, parágrafo único, do Código de Processo Civil de 1973 — nem a do art. 53, V, do atual CPC — no caso de ação judicial movida pela locadora para reparação dos danos sofridos em acidente de trânsito no qual envolvido o locatário, ainda que o veículo seja de propriedade da locadora. A escolha dada ao autor de ajuizar a ação de reparação de dano decorrente de acidente de veículos é exceção à regra geral de competência, definida pelo foro do domicílio do réu. Não se pode dar à exceção interpretação tão extensiva a ponto de subverter o escopo da regra legal, mormente quando importar em privilégio à pessoa jurídica cujo negócio é alugar veículos em todo território nacional em detrimento da defesa do réu pessoa física. Hipótese em que ambos os envolvidos no acidente, possíveis vítimas — o locatário do veículo e o réu — têm domicílio no local onde ocorreu o acidente, comarca de Porto Alegre, não atendendo à finalidade da lei a tramitação da causa em Minas Gerais, sede da autora, empresa proprietária e locadora do veículo" (STJ-4ª T., Ag 1.366.967-AgRg-EDcl, Min. Isabel Gallotti, j. 27.4.17, maioria, DJ 26.5.17).

Art. 53: 23. "Nas ações de reparação de danos em que o ECAD figura como substituto processual dos titulares de direitos autorais violados, afasta-se a regra do art. 100, § ún., do CPC" (STJ-3ª T., REsp 1.177.369, Min. Ricardo Cueva, j. 7.2.12, DJ 13.2.12).

Seção II | DA MODIFICAÇÃO DA COMPETÊNCIA

Art. 54. A competência relativa[1-2] poderá modificar-se pela conexão[3] ou pela continência,[4] observado o disposto nesta Seção.[4a a 6] [Dispositivo correspondente no CPC/1973: art. 102]

Art. 54: 1. não a absoluta (v. art. 62).

A competência absoluta não se modifica pela conexão ou continência (RTJ 108/522, 110/901; STJ-1ª Seção, CC 43.922-AgRg, Min. Teori Zavascki, j. 25.8.04, DJU 13.9.04; RSTJ 60/67, 92/157; RT 471/208, RF 246/377, 247/214, RJTJESP 84/264, 99/248, 99/252, JTJ 173/288, JTA 94/175).

"A conexão não implica a reunião de processos, quando não se tratar de competência relativa" (STJ-2ª Seção, CC 832-MS, Min. Athos Carneiro, j. 26.9.90, DJU 29.10.90).

V. tb. art. 55, nota 3c. V. ainda arts. 47, nota 2 (ações fundadas em direito real), e 676, nota 1 (embargos de terceiro).

Art. 54: 2. v. art. 63.

Art. 54: 3. v. art. 55.

Art. 54: 4. v. art. 56.

Art. 54: 4a. A competência relativa também se modifica, por prorrogação, se não for arguida preliminarmente a incompetência (v. art. 65).

Art. 54: 4b. "Se o autor, em causa com foro de eleição, não se opõe à decisão que deu por competente o foro do domicílio do réu, prorrogada fica a competência deste. Nessa hipótese, também nesse juízo deverá correr, por força de conexão, a outra demanda existente entre as partes" (STJ-2ª Seção, CC 2.823-0, Min. Sálvio de Figueiredo, j. 10.2.93, DJU 8.3.93).

V. tb. art. 65, nota 1.

Art. 54: 5. "Somente os juízos determinados pelos critérios territorial ou objetivo em razão do valor da causa, chamada competência relativa, estão sujeitos à modificação de competência por conexão (art. 102, CPC). A reunião dos processos por conexão, como forma excepcional de modificação de competência, só tem lugar quando as causas supostamente conexas estejam submetidas a juízos, em tese, competentes para o julgamento das duas demandas" (STJ-2ª Seção, CC 35.129-AgRg, Min. Cesar Rocha, j. 26.6.02, um voto vencido, DJU 24.3.03).

Art. 54: 6. Não sendo possível a modificação dos órgãos competentes para o julgamento das causas conexas, em razão de se tratar de competência absoluta, cabe o sobrestamento de uma delas, a fim de que se aguarde o desfecho da outra, quando há o risco de decisões contraditórias, nos termos do art. 313-V (STJ-2ª Seção, CC 94.051, Min. Fernando Gonçalves, j. 13.8.08, DJ 21.8.08; RP 151/219).

Art. 55. **Reputam-se conexas 2 (duas) ou mais ações quando lhes for comum o pedido ou a causa de pedir.**[1 a 2b] [Dispositivo correspondente no CPC/1973: art. 103]

§ 1º Os processos de ações conexas serão reunidos para decisão conjunta, salvo se um deles já houver sido sentenciado.[2c a 3h] [Dispositivo correspondente no CPC/1973: art. 105]

§ 2º Aplica-se o disposto no *caput*: [Sem dispositivo correspondente no CPC/1973]

I — à execução de título extrajudicial e à ação de conhecimento relativa ao mesmo ato jurídico;[4] [Sem dispositivo correspondente no CPC/1973]

II — às execuções fundadas no mesmo título executivo. [Sem dispositivo correspondente no CPC/1973]

§ 3º Serão reunidos para julgamento conjunto os processos que possam gerar risco de prolação de decisões conflitantes ou contraditórias caso decididos separadamente, mesmo sem conexão entre eles.[5 a 8] [Sem dispositivo correspondente no CPC/1973]

Art. 55: 1. s/ conexão e: competência internacional, v. art. 21, nota 1a; ação proposta perante tribunal estrangeiro, v. art. 24-*caput*; inventário e ação anulatória de testamento, v. art. 48, nota 4; litisconsórcio, v. art. 113-II; valor da causa, em caso de reunião de processos, v. art. 292, nota 25; distribuição por dependência, v. art. 286-I; cumulação de pedidos, v. art. 327-*caput*; alegação preliminar em contestação, v. art. 337-VIII; reconvenção, v. art. 343-*caput*; distribuição dos processos no tribunal, v. art. 930 § ún.; apelação única contra sentença de julgamento conjunto, v. art. 1.009, nota 2a; efeitos da apelação contra sentença que decidiu ações conexas, v. art. 1.012, nota 5; reunião de execuções fiscais contra o mesmo executado, v. LEF 28; inalterabilidade da competência dos Juizados Especiais Federais, v. LJEF 3º, nota 8.

Art. 55: 2. "O objetivo da norma inserta no art. 103, bem como no disposto no art. 106, ambos do CPC, é evitar decisões contraditórias; por isso, a indagação sobre o objeto ou a causa de pedir, que o artigo por primeiro quer que seja comum, deve ser entendida em termos, não se exigindo a perfeita identidade, senão que **haja um liame** que os faça passíveis de decisão unificada" (voto do Min. Waldemar Zveiter, transcrito em RSTJ 98/191, à p. 207). No mesmo sentido: JTJ 142/185.

"A conexão pressupõe a existência de causas que, embora não sejam iguais, guardam entre si algum vínculo, uma **relação de afinidade,** o que denota que o alcance da regra de conexão tem sido alargado, de modo a se interpretar o vocábulo 'comum', contido no texto legal, como uma indicação do legislador de que, para caracterizar a conexão, seria desnecessária a identidade total dos elementos da ação, bastando tão somente uma identidade parcial" (STJ-3ª T., REsp 1.226.016, Min. Nancy Andrighi, j. 15.3.11, DJ 25.3.11).

"Deve ser reconhecida a existência de conexão entre ações mesmo quando verificada a comunhão somente entre a causa de pedir remota" (STJ-2ª Seção, CC 49.434, Min. Nancy Andrighi, j. 8.2.06, DJU 20.2.06).

"Para que se configure a conexão, é bastante que ocorra a identidade do pedido ou da *causa petendi*, não sendo necessária a identidade das partes" (Bol. TRF-3ª Reg. 9/74). No mesmo sentido: RJTJESP 126/231, RJTJERGS 185/263; RP 2/346, em. 40.

Reconhecendo a existência de conexão entre demandas que têm por objeto um mesmo bem da vida, qual seja, o mesmo automóvel: STJ-2ª Seção, CC 89.681, Min. Sidnei Beneti, j. 28.5.08, DJU 5.6.08.

"São conexas as ações com idêntica causa de pedir, no caso o alegado homicídio, imputado pelos autores, parentes da vítima em grau diverso, ao mesmo réu" (STJ-4ª T., Ag em REsp 1.064.201-AgInt, Min. Isabel Gallotti, j. 25.9.18, maioria, DJ 26.10.18).

"Há conexão entre duas causas quando uma é prejudicial em relação à outra" (RT 660/140).

"Reputam-se conexas duas ações propostas contra réus diversos, se a decisão de mérito, em relação a um deles, influir na esfera patrimonial do outro" (TFR-1ª Seção, CJ 6.509, Min. Otto Rocha, j. 12.3.86, DJU 2.5.86).

Todavia, afirmando não haver conexão entre "ações indenizatórias movidas por diferentes vítimas de um mesmo acidente rodoviário": STJ-RJ 392/149 (4ª T., REsp 605.120).

Art. 55: 2a. **Afirmando haver conexão entre:**

— ação para cumprimento e ação para anulação de cláusula do mesmo contrato (RT 789/271, JTA 39/256);

— ações oriundas de um mesmo contrato de honorários de advogado, para cobrança de parcelas diferentes (STJ-3ª T., REsp 3.511, Min. Waldemar Zveiter, j. 10.12.90, maioria, DJU 11.3.91);

— "ação de rescisão contratual e cautelar de sustação de protesto, antecipatória de ação anulatória, na hipótese de as questões veiculadas nas demandas terem origem nos mesmos títulos cambiais" (STJ-3ª T., AI 458.080-AgRg, Min. Castro Filho, j. 20.5.04, DJU 7.6.04);

— ação de rescisão contratual e cautelar de sustação de protesto, referente a títulos derivados do mesmo contrato (STJ-3ª T., AI 458.281-AgRg, Min. Castro Filho, j. 20.5.04, DJU 7.6.04);

— ação de rescisão de promessa de compra e venda e consignatória das prestações correspondentes a ele (RJTJESP 126/231);

— ação de consignação em pagamento e ação ordinária em que se discute cláusula contratual no que concerne ao valor das prestações consignadas (STJ-1ª Seção: RSTJ 13/89; RSTJ 12/416, 19/394);

— prestação de contas, mais ampla, e consignatória, com objeto mais restrito que aquela (RT 601/50);

— "ação declaratória revisional de cláusulas contratuais de contrato de arrendamento mercantil" e "ação de reintegração de posse" (STJ-4ª T., REsp 276.195, Min. Aldir Passarinho Jr., j. 4.5.06, DJU 5.6.06);

— reintegração de posse e ação de usucapião (STJ-4ª T., REsp 967.815, Min. João Otávio, j. 4.8.11, DJ 5.9.11). **Todavia:** "As ações de manutenção de posse e de usucapião não são conexas, pois diversos o pedido e a causa de pedir" (STJ-4ª T., Ag em REsp 857.532-AgRg, Min. Luis Felipe, j. 24.5.16, DJ 1.6.16);

— manutenção de posse e interdito proibitório (RJTAMG 30/161);

— "ação de imissão de posse e ação de revisão de cláusulas contratuais, fundadas ambas em um mesmo contrato" (RP 151/219);

— demarcatória, cumulada com queixa de esbulho, e possessória (RP 6/306, em. 45);

— ação de usucapião e reivindicatória (RJTJESP 114/293, Bol. AASP 1.535/115);

— ação de usucapião e demarcatória (RJTJESP 44/195);

— ação civil pública e ação popular com a mesma finalidade (RSTJ 180/281);

— ação civil pública e ação individual com o mesmo objeto (STJ-2ª T., REsp 399.900, Min. Franciulli Netto, j. 27.4.04, DJU 6.9.04);

— ação de divórcio e ação de separação judicial (STJ-2ª Seção, CC 1.180, Min. Sálvio de Figueiredo, j. 29.8.90, maioria, DJU 15.10.90). V. tb. art. 56, nota 3;

— ação de investigação de paternidade e ação de petição de herança (STJ-2ª Seção, CC 124.274, Min. Raul Araújo, j. 8.5.13, DJ 20.5.13);

— ação de alimentos e ação de investigação de paternidade (STJ-2ª Seção, CC 1.139, Min. Sálvio de Figueiredo, j. 8.5.91, DJU 17.6.91). A propósito, v. Súmula 1 do STJ, no art. 53, nota 8a;

— ação de alimentos e ação de modificação de guarda do alimentando (STJ-RT 762/197);

— "ação em que se discute a regulamentação do regime de visitas a menor" e "ação, anteriormente ajuizada, em que se disputa a sua guarda" (STJ-2ª Seção, CC 80.266, Min. Nancy Andrighi, j. 24.10.07, DJU 12.2.08). **Todavia:** "Inexiste conexão entre a ação de regulamentação de visitas e a ação de destituição de poder" (RT 886/225: TJBA, AI 36584-6/2008);

— a regulamentação de visita proposta pelo pai e aquela proposta pela avó paterna (STJ-3ª T., REsp 1.413.016, Min. Nancy Andrighi, j. 4.2.14, DJ 17.2.14);

— ação de desapropriação direta e desapropriação indireta, versando sobre partes do mesmo imóvel (TFR-2ª Seção, EI na AC 68.640, Min. Pádua Ribeiro, j. 28.2.89, maioria, DJU 8.5.89).

Art. 55: 2b. Quanto às ações locatícias, reconhece-se conexão entre:

— ação de despejo por falta de pagamento e ação de consignação em pagamento do aluguel que fundamenta o pedido de despejo (RT 665/133). **Contra:** RT 659/134;

— ação de despejo por falta de pagamento e ação de usucapião proposta pelo réu, sobre o mesmo imóvel (RT 471/172, JTA 34/280 e Bol. AASP 843/171). **Contra:** STJ-5ª T., REsp 844.438, Min. Arnaldo Esteves, j. 6.9.07, DJ 22.10.07; Bol. AASP 2.242/2.070;

— ação de despejo fundada em descumprimento de cláusula contratual e ação fundada na abusividade da mesma cláusula (RT 834/292).

Todavia, não se reconhece conexão entre:

— ação de consignação em pagamento de aluguéis e ação de despejo por denúncia vazia (JTA 107/449, Lex-JTA 161/423) ou para uso próprio (RJTAMG 21/285, 30/103);

— ação renovatória de locação e ação de despejo por denúncia vazia (STJ-RT 725/154; JTA 100/289), ou por falta de pagamento (JTA 92/392, RP 1/199, em. 32). **Contra:** RT 918/1.136 (TJPR, AI 784.363-6);

— ação renovatória de locação e ação de consignação em pagamento de aluguéis (RP 2/346, em. 39);

— ação renovatória de locação e ação revisional de aluguel (STJ-RT 748/195, 811/196, RT 711/159, Lex-JTA 141/228). **Contra:** RT 690/126, RJTJESP 112/429. V. tb. art. 56, nota 2;

— ação revisional e ação de despejo (STJ-RT 725/154; JTA 117/242). **Contra:** RT 704/157;

— duas ações de despejo por falta de pagamento, entre as mesmas partes, se referentes a aluguéis de meses diversos (JTA 39/307, 117/408);

— ação de despejo e ação de adjudicação proposta pelo locatário com fundamento no direito de preferência (RT 603/222, caso de parceria);

— ação de despejo e ação de anulação de venda do imóvel locado, proposta por terceiro (STJ-RT 797/208).

Art. 55: 2c. s/ reunião de processos, v. tb. § 3º. V. ainda arts. 57 (continência) e 66-III (conflito de competência).

Art. 55: 3. Súmula 235 do STJ: "A conexão não determina a reunião dos processos, **se um deles já foi julgado"** (v. jurisprudência s/ esta Súmula em RSTJ 131/355 a 384).

Afinal, deixa de existir suporte para a reunião de causas quando elas estão em instâncias distintas (RSTJ 131/379, RT 490/209, 499/197, 505/77, 506/220, 591/64, 597/47, 604/45, 609/40, 766/211, RJTJESP 92/372, JTA 33/256, 43/77, RP 3/330, em. 49, 5/270).

"A Súmula 235/STJ pode ser aplicada em casos de continência" (STJ-2ª Seção, CC 115.232-AgRg, Min. Ricardo Cueva, j. 14.3.12, DJ 16.3.12).

Todavia, relativizando a Súmula 235 do STJ em matéria de ações coletivas: "Se o conflito decorre de regra de competência absoluta (art. 93, inciso II, do CDC), como no presente caso, não há restrição a seu conhecimento após prolatada a sentença, desde que não haja trânsito em julgado" (STJ-1ª Seção, CC 126.601, Min. Mauro Campbell, j. 27.11.13, DJ 5.12.13).

Art. 55: 3a. Caracterizada a afinidade entre as demandas, mostrando-se conveniente a reunião dos processos e estando eles em trâmite perante a mesma instância, a sua **reunião é impositiva,** a fim de que haja coerência na solução das causas e se atenda à economia processual.

"Tratando-se de pretensões conexas e estando apensados os processos, não pode o magistrado apreciar apenas uma das pretensões isoladamente, pois assim agindo possibilita a existência de decisões conflitantes, sendo nula, portanto, a sentença prolatada" (JTA 106/310).

"Tratando-se de ações conexas e tendo uma das partes requerido, oportuna e fundamentadamente, o julgamento conjunto, a desconsideração do pleito pelo órgão julgador conduz à nulidade da decisão proferida. Prejuízo advindo a uma das partes em face do julgamento realizado separadamente" (RSTJ 188/417: 4ª T., REsp 131.862).

Todavia: "O art. 105 deixa ao juiz certa margem de **discricionariedade** na avaliação da intensidade da conexão, na da gravidade resultante da contradição de julgados e, até, na determinação da oportunidade da reunião dos processos" (V ENTA-concl. aprovada por 10 votos a 8). Nesse sentido: STJ-6ª T., REsp 703.429, Min. Nilson Naves, j. 3.5.07, DJU 25.6.07; STJ-4ª T., REsp 5.270, Min. Sálvio de Figueiredo, j. 11.2.92, DJU 16.3.92; Ajuris 87/569.

"Havendo conexão, pode o juiz ordenar a reunião de processos que correm em separado. Tratando-se de competência relativa, deixa a lei ao juiz discrição de apreciação" (RTJ 104/700 e STF-RT 569/216).

"A reunião dos processos por conexão configura faculdade atribuída ao julgador, sendo que o art. 105 do Código de Processo Civil concede ao magistrado certa margem de discricionariedade para avaliar a intensidade da conexão e o grau de risco da ocorrência de decisões contraditórias. Justamente por traduzir faculdade do julgador, a decisão que reconhece a conexão não impõe ao magistrado a obrigatoriedade de julgamento conjunto. A avaliação da conveniência do julgamento simultâneo será feita caso a caso, à luz da matéria controvertida nas ações conexas, sempre em atenção aos objetivos almejados pela norma de regência (evitar decisões conflitantes e privilegiar a economia processual). Assim, ainda que visualizada, em um primeiro momento, hipótese de conexão entre as ações com a reunião dos feitos para decisão conjunta, sua posterior apreciação em separado não induz, automaticamente, à ocorrência de nulidade da decisão. O sistema das nulidades processuais é informado pela máxima *pas de nullité sans grief*, segundo a qual não se decreta nulidade sem prejuízo, aplicável inclusive aos casos em que processos conexos são julgados separadamente" (STJ-3ª T., REsp 1.255.498, Min. Ricardo Cueva, j. 19.6.12, um voto vencido, DJ 29.8.12).

V. tb. nota 6.

Art. 55: 3b. "Não se afigura razoável a reunião de duas ações indenizatórias decorrentes de uma mesma relação jurídica de direito material (acidente de trânsito) se os autores estão em comarcas que distam quase 3 mil quilômetros entre si e se as pretensões de cada um são diferentes. O art. 103 do CPC se limita a instituir requisitos mínimos de conexão, cabendo ao Juiz, conforme os **elementos presentes em cada caso,** aquilatar se a adoção da medida se mostra aconselhável e consentânea com a finalidade do instituto, que, em última análise, se presta a colaborar com a efetividade da justiça e a pacificação social. O critério fundamental a ser sopesado pelo julgador nessa avaliação situa-se em torno da verificação da **conveniência da reunião dos processos.** A mera possibilidade de juízos divergentes sobre uma mesma questão jurídica não configura, por si só, conexão entre as demandas em que foi suscitada. A despeito da inexistência de previsão no art. 103 do CPC, a identidade de partes constitui elemento de extrema importância, a ser levado em consideração pelo julgador ao decidir se a conexão é de fato oportuna. O reconhecimento de conexão entre ações que, apesar de possuírem uma mesma relação jurídica de direito material, tenham apenas identidade parcial de partes, pode, conforme o caso, impor sérios entraves ao regular desenvolvimento dessas ações, inclusive em detrimento dos próprios interessados. Por outro lado, é possível imaginar situações em que a conexão de ações com identidade apenas parcial de partes será benéfica, por agilizar e baratear a instrução, bem como por possibilitar a prolação de uma única decisão, válida para todos. Dessa forma, o juízo quanto à conveniência da conexão deve ser feito de forma casuística, a partir das circunstâncias presentes em cada caso, contemplando inclusive a identidade de partes" (STJ-2ª Seção, CC 113.130, Min. Nancy Andrighi, j. 24.11.10, DJ 3.12.10).

V. tb. nota 8.

Art. 55: 3c. Se um dos juízes é **absolutamente incompetente** para julgar um dos processos, não pode haver a sua reunião a outro (RT 610/54, 711/139).

"A competência da Justiça Federal é de direito estrito. Prevê o inc. I do art. 109 da Carta de 1988 o envolvimento, na causa, da União ou de entidade autárquica ou empresa pública federais na condição de autoras, rés, assistentes ou opoentes. A simples possibilidade de ação em curso no Juízo Federal repercutir no resultado de certa lide em que figuram pessoas naturais e pessoa jurídica de direito privado não incluída no rol exaustivo do preceito constitucional não é suficiente à modificação da competência" (STF-1ª T., RE 385.274, Min. Marco Aurélio, j. 10.5.11, DJ 8.6.11).

"A competência da Justiça Federal é absoluta, razão pela qual não se admite sua prorrogação, por conexão, para abranger causa em que ente federal não seja parte na condição de autor, réu, assistente ou opoente" (STJ-2ª Seção, CC 53.435, Min. Castro Filho, j. 8.11.06, DJU 29.6.07). No mesmo sentido: STJ-1ª Seção, CC 117.259-AgRg, Min. Cesar Rocha, j. 27.6.12, DJ 6.8.12.

V. tb. art. 54, nota 1. V. ainda arts. 47, nota 2 (ações fundadas em direito real), e 676, nota 1 (embargos de terceiro).

Art. 55: 3d. "Ações civis públicas. Irresignação contra a supressão da franquia mínima de bagagem, no transporte aéreo. Causa de pedir comum. Conexão entre os quatro feitos. Tema de grande repercussão social. Necessidade de julgamento uniforme para a questão. Princípio da segurança jurídica. Prevenção. Art. 2º, parágrafo único, da Lei 7.347/85. Art. 55, § 3º, do CPC/2015. Impõe-se o julgamento conjunto das ações civis públicas em tela, uma vez que a norma incidente sobre o transporte aéreo de bagagens é única, para todos os consumidores do país, revelando a abrangência nacional da controvérsia e sua grande repercussão social, recomendando-se o julgamento uniforme da questão, a fim de se evitar instabilidade nas decisões judiciais e afronta ao princípio da segurança jurídica" (STJ-1ª Seção, CC 151.550, Min. Assusete Magalhães, j. 24.4.19, maioria, DJ 20.5.19).

Também determinando a reunião de ações coletivas conexas em razão da abrangência nacional do litígio: "Pela leitura do art. 2º, parágrafo único, da Lei 7.347/85 deve ser fixado como foro competente para processar e julgar todas as ações o juízo a quem foi distribuída a primeira ação" (STJ-1ª Seção, CC 126.601, Min. Mauro Campbell, j. 27.11.13, DJ 5.12.13).

Todavia, no sentido de que, pendentes ações coletivas para a tutela de direitos individuais homogêneos, com idênticos pedido e causa de pedir (ações conexas), mas voltadas à proteção de pessoas domiciliadas em diferentes unidades da Federação, os processos não devem ser reunidos: "Eficácia subjetiva das sentenças que incidirá sobre os substituídos domiciliados no âmbito da competência territorial do órgão prolator. Inteligência do art. 2º-A da Lei 9.494/97" (STJ-1ª Seção, CC 56.228, Min. Eliana Calmon, j. 14.11.07, DJU 3.12.07).

V. tb. art. 66, nota 1b, LAP 5º, nota 1b, e LACP 2º, nota 3.

Art. 55: 3e. A reunião das demandas para julgamento conjunto é medida que o juiz deve tomar **de ofício,** independentemente de pedido de qualquer das partes.

Art. 55: 3f. "Esse provimento judicial, que atestou *in limine* a existência de conexão, **não tem conteúdo decisório** — uma vez que sua única consequência é a redistribuição do feito ao juízo apontado como competente pelo magistrado que primeiro aventou a possibilidade de existir conexão (arts. 103 e 105 do CPC) —, não cabendo contra ele expediente recursal. Se a parte não se conforma com o reconhecimento peremptório da conexão, evidente que a discussão acerca de sua (des)caracterização deve ser promovida em sede de contestação, junto ao juízo dito por prevento, com avaliação pela instância ordinária no momento adequado e com cognição exauriente, sendo passível, pois, de apelação ou do recurso cabível" (STJ-2ª T., REsp 982.979, Min. Mauro Campbell, j. 26.5.09, DJ 12.6.09).

Art. 55: 3g. "A existência de conexão autoriza tão somente a reunião dos feitos para julgamento simultâneo e decisão uniforme, **nunca a suspensão** de uma ação, supostamente conexa" (STJ-1ª T., REsp 7.256, Min. Pedro Acioli, j. 17.4.91, DJU 20.5.91).

Em matéria de execução, v. nota 4 e arts. 313, notas 11b e 11c, e 914, nota 2.

Art. 55: 3h. "Conexas as ações, a **instrução** pode se concentrar numa delas" (STJ-3ª T., AI 627.895-AgRg, Min. Ari Pargendler, j. 6.4.06, DJU 8.5.06).

Art. 55: 4. "Entre **ação de execução** e outra ação que se oponha ou possa comprometer os atos executivos, há evidente laço de conexão (CPC, art. 103), a determinar, em nome da segurança jurídica e da economia processual, a reunião dos processos" (STJ-1ª Seção, CC 38.045, Min. Teori Zavascki, j. 12.11.03, um voto vencido, DJU 9.12.03). No mesmo sentido: STJ-3ª T., REsp 800.880, Min. Menezes Direito, j. 5.10.06, DJ 5.3.09; RF 383/360, maioria.

Entendendo "conexas as ações de execução fiscal, com ou sem embargos, e a ação anulatória de débito fiscal, recomendando o julgamento simultâneo de ambas": STJ-2ª T., REsp 510.470, Min. Eliana Calmon, j. 23.8.05, DJU 19.9.05. **Todavia:** "O não oferecimento de embargos do devedor é obstáculo à reunião do processo de execução ao de ação ordinária que persegue a nulidade do título exequendo" (STJ-4ª T., REsp 11.620-0, Min. Fontes de Alencar, j. 16.3.93, DJU 17.5.93).

Afirmando a conexão entre execução e ação de consignação em pagamento fundadas no mesmo contrato: STJ-1ª Seção, CC 17.423, Min. Ari Pargendler, j. 14.8.96, DJU 2.9.96; STJ-RT 748/193. No mesmo sentido, ainda quando a consignatória esteja cumulada com pleito de revisão das cláusulas contratuais: RT 842/316.

Dando pela conexão entre embargos do devedor e ação em que o devedor pretende a "revisão judicial das cláusulas constantes do título executivo extrajudicial, ou do contrato que o originou": STJ-3ª T., REsp 514.454, Min. Nancy Andrighi, j. 9.9.03, DJU 20.10.03.

Não reconhecendo a existência da conexão entre a execução fiscal e a ação anulatória, porém admitindo entre elas caráter de prejudicialidade: RSTJ 149/205.

Súmula 13 do TJSC: "As ações anulatórias de lançamento e declaratórias de inexistência de relação jurídico-tributária devem ser propostas no juízo do foro competente para conhecimento da execução fiscal pertinente, por força de conexão por prejudicialidade".

Negando a reunião entre ação anulatória e execução fiscal em situação na qual esta tramitava perante vara especializada, ante o obstáculo da incompetência absoluta: STJ-1ª Seção, CC 105.358, Min. Mauro Campbell, j. 13.10.10, DJ 22.10.10.

Em caso no qual pendia demanda colocando em discussão o contrato que ulteriormente deu suporte ao ajuizamento de execução, foi dado àquela tratamento próprio de embargos, mas sem determinar a reunião dos processos, que permaneceram em juízos distintos (STJ-RF 396/383: 4ª T., REsp 466.129).

V. tb. nota 3g e arts. 313, notas 11b e 11c, 337, nota 24b, 914, nota 2, e 921, nota 2.

Art. 55: 5. s/ reunião de processos, v. tb. § 1º. V. ainda arts. 57 (continência) e 66-III (conflito de competência). S/ risco de decisões conflitantes ou contraditórias e distribuição por dependência, v. art. 286-III.

Art. 55: 6. "Desde que seja oportuna a reunião e haja possibilidade de grave incoerência de julgados, ao magistrado **não sobra margem de arbítrio** para deixar de reunir as ações" (RT 491/133 e JTA 43/195).

É obrigatória a reunião de processos se o autor intentou duas ações diferentes contra litisconsortes unitários, pois somente assim poderá ser evitado o risco de decisões contraditórias (RT 608/108).

V. tb. nota 3a.

Art. 55: 7. "Havendo **identidade no objeto mediato** — no caso, o mesmo contrato de mútuo —, prudente a reunião das ações, a fim de que sejam decididas simultaneamente, evitando decisões contraditórias" (STJ-2ª Seção, CC 110.996, Min. Isabel Gallotti, j. 23.3.11, DJ 29.3.11).

Art. 55: 8. "A reunião de processos em razão de conexão se justifica não somente quando houver risco de decisões conflitantes, mas também em razão de **conveniência para instrução processual** e, ainda, para a própria **prestação jurisdicional**" (STJ-4ª T., Ag em REsp 1.064.201-AgInt, Min. Isabel Gallotti, j. 25.9.18, maioria, DJ 26.10.18).

V. tb. nota 3b.

Art. 56. Dá-se a continência entre 2 (duas) ou mais ações quando houver identidade quanto às partes e à causa de pedir, mas o pedido de uma, por ser mais amplo, abrange o das demais.[1 a 3] [Dispositivo correspondente no CPC/1973: art. 104]

Art. 56: 1. "Configurada a continência entre as duas ações, pela identidade quanto às partes e à causa de pedir, o **objeto de uma,** por ser mais amplo, **abrange o da outra,** recomendando-se a reunião dos processos, ante a possibilidade de decisões contraditórias" (RSTJ 66/49).

"Quando há identidade apenas parcial dos pedidos, porquanto um deles é mais abrangente que o outro, configura-se a continência, e não a litispendência. Esta, como na conexão, importa a reunião dos processos, e não a sua extinção, que visa evitar o risco de decisões inconciliáveis. Havendo continência e prejudicialidade entre as ações, e não reunidos os feitos oportunamente para julgamento conjunto, cabível é a suspensão de um deles, conforme os termos do art. 265, IV, 'a', do CPC" (STJ-2ª T., Ag em REsp 301.377-AgRg, Min. Humberto Martins, j. 16.4.13, DJ 25.4.13).

Todavia, se a ação ulterior está contida na primeira, o caso é, sim, de litispendência e de consequente extinção do processo sem julgamento do mérito (v. arts. 57, 337-VI e §§ 1º a 3º e 485-V).

Art. 56: 2. Continência entre ações renovatória e revisional. "Não se discute, na via processual da renovatória, apenas o *quantum*, como na revisional, mas sim o *iuris locato*. Desta forma, inaplicável, à espécie, a ocorrência de continência entre as ações renovatória e revisional. Certo é que as partes são as mesmas e a causa de pedir remota, também (contrato de locação). Contudo, isto leva à hipótese de conexão e não continência. Isto porque os objetos são distintos e não há elementos da causa menor que se fazem, da mesma forma, presentes na maior. Evidencia-se, claramente, uma diversidade no fim almejado no pedido (objeto) de cada ação" (STJ-RT 811/196).

S/ conexão, nessa hipótese, v. art. 55, nota 2b.

Art. 56: 3. "Não ocorre litispendência do **divórcio** com a **ação de separação judicial** em curso, eis que o pedido é diverso, pois aqui se pleiteia a extinção do vínculo matrimonial, enquanto no feito anterior é pedida a extinção da sociedade conjugal. Caso em que ocorre continência, o que impõe a reunião das ações" (Ajuris 87/522).

V. tb. art. 55, nota 2a.

Art. 57. Quando houver continência e a ação continente tiver sido proposta anteriormente, no processo relativo à ação contida será proferida sentença sem resolução de mérito,[1] caso contrário, as ações serão necessariamente reunidas.[2-3] [Dispositivo correspondente no CPC/1973: art. 105]

Art. 57: 1. v. arts. 56, nota 1, 337-VI e §§ 1º a 3º e 485-V.

Art. 57: 2. desde que estejam na mesma instância. V. art. 55 § 1º, especialmente nota 3.

Art. 57: 3. s/ reunião de processos e: conexão, v. art. 55 §§ 1º e 3º; conflito de competência, v. art. 66-III. S/ continência e distribuição por dependência, v. art. 286-I.

Art. 58. A reunião das ações propostas em separado far-se-á no juízo prevento, onde serão decididas simultaneamente.[1-2] [Sem dispositivo correspondente no CPC/1973]

Art. 58: 1. s/ juízo prevento, v. art. 59.

Art. 58: 2. Súmula 489 do STJ: "Reconhecida a continência, devem ser reunidas na Justiça Federal as ações civis públicas propostas nesta e na Justiça estadual".

"Estabelecendo-se relação de continência entre ação civil pública de competência da Justiça Federal, com outra, em curso na Justiça do Estado, a reunião de ambas deve ocorrer, por força do princípio federativo, perante o Juízo Federal" (STJ-1ª Seção, CC 90.106, Min. Teori Zavascki, j. 27.2.08, DJU 10.3.08). No mesmo sentido: RT 874/304 (TJPA, AI 2007.3.006111-2).

Art. 59. O registro ou a distribuição[1] da petição inicial torna prevento o juízo.[2 a 5] [Dispositivos correspondentes no CPC/1973: arts. 106 e 219-*caput*]

Art. 59: 1. s/ registro e distribuição, v. arts. 284 e segs.

Art. 59: 2. s/ reunião de ações no juízo prevento, v. art. 58. S/ prevenção e: causa imobiliária, v. art. 60; tutela antecipada antecedente, v. art. 304 § 4º; contestação protocolada no foro do domicílio do réu, v. art. 340 § 2º; ação popular, v. LAP 5º § 3º; ação de improbidade administrativa, v. LIA 17 § 5º.

Art. 59: 3. Lei 6.024, de 13.3.74 — Dispõe sobre a intervenção e a liquidação extrajudicial de instituições financeiras, e dá outras providências: **"Art. 45 § 1º** Em caso de intervenção ou liquidação extrajudicial, a distribuição do inquérito ao juízo competente, na forma deste artigo, previne a jurisdição do mesmo juízo, na hipótese de vir a ser decretada a falência".

Art. 59: 3a. A prevenção independe de pronunciamento do juiz; basta o aperfeiçoamento do registro ou da distribuição.

Art. 59: 3b. "Para a caracterização da prevenção, cujo escopo maior é evitar decisões contraditórias, reclama-se, em linha de princípio, que as ações sejam conexas e que estejam em curso. Pode o órgão jurisdicional ficar prevento também por força de normas de organização judiciária local ou de natureza regimental, que, como cediço, não ensejam controle na via extraordinária do recurso especial" (STJ-4ª T., REsp 9.490, Min. Sálvio de Figueiredo, j. 6.8.91, DJU 9.9.91).

Art. 59: 4. "A competência por prevenção é relativa e sujeita, por isso, a preclusão, se não arguida oportunamente" (RTJ 178/263).

Art. 59: 5. "A data da nomeação do inventariante não pode ser elemento temporal definidor acerca de qual ação litispendente deve seguir em tramitação, seja porque inexiste previsão legal nesse sentido, seja porque se trata de marco temporal inseguro, porque vinculado a movimentações e atos processuais que independem exclusivamente das partes, devendo ser fixado, como marco definidor acerca de qual das ações idênticas deve prosseguir, a data de seu registro ou distribuição, nos termos dos arts. 59 e 312, ambos do CPC/15" (STJ-3ª T., REsp 1.739.872, Min. Nancy Andrighi, j. 13.11.18, DJ 22.11.18).

Art. 60. Se o imóvel se achar situado em mais de um Estado, comarca, seção ou subseção judiciária, a competência territorial do juízo prevento estender-se-á sobre a totalidade do imóvel.[1-2] [Dispositivo correspondente no CPC/1973: art. 107]

Art. 60: 1. s/ competência do foro de situação do imóvel, v. art. 47; s/ prevenção, v. art. 59.

Art. 60: 2. "Indefinidos os limites territoriais das comarcas de São Domingos-GO e Correntina-BA, a competência para processar e julgar as ações possessórias versando sobre um mesmo imóvel localizado na área litigiosa determina-se pela prevenção" (RSTJ 78/173).

Art. 61. A ação acessória será proposta no juízo competente para a ação principal.[1-2] [Dispositivo correspondente no CPC/1973: art. 108]

Art. 61: 1. v. arts. 55 (conexão) e 286 (distribuição por dependência), EA 22, nota 8d (arbitramento de honorários de advogado), LD 19, nota 5a (ações acessórias da desapropriação).

Art. 61: 2. "Ação anulatória (art. 486 do CPC). Acordo homologado judicialmente. A acessoriedade prevista no artigo 108 do Código de Processo Civil abrange a relação entre as duas demandas supramencionadas e legitima a prevenção do juízo homologante para apreciação da ação anulatória, tendo em vista as melhores condições do juízo de direito originário para apreciá-la" (STJ-4ª T., REsp 1.150.745, Min. Marco Buzzi, j. 11.2.14, DJ 19.2.14). Em sentido semelhante: TFR-1ª Seção, CC 5.478, Min. Gueiros Leite, j. 23.11.83, DJU 1.3.84 (ação de anulação de partilha feita em separação judicial); RJTJESP 99/250 (ação pauliana visando à anulação de partilha amigável). **Todavia,** afirmando a autonomia entre a ação de anulação de acordo de separação homologado judicialmente e a anterior ação de separação: STJ-3ª T., REsp 530.614, Min. Menezes Direito, j. 14.12.04, DJU 25.4.05.

Reconhecendo a competência do juízo da curatela para a venda de bens do curatelado: Bol. AASP 1.035/198.

Dando pela competência do juízo do inventário para a ação de sonegados: RJTJESP 42/211.

"A ação de modificação do sistema de visitas, quando da separação consensual, não está vinculada ao juízo da ação anterior na qual foram estabelecidas as cláusulas cuja alteração se pretende" (RJTJESP 68/325, un. de jur., 6 votos vencidos). **Todavia,** afirmando a competência do juízo da separação judicial para a regulamentação do direito de visita nele reconhecido: RT 634/45.

No sentido de que a ação de modificação de cláusula de separação consensual (guarda de filho) é autônoma em relação à ação de separação: RSTJ 59/197. **Contra,** considerando competente para apreciar ação de modificação de guarda do menor o juízo em que esta foi fixada: RJTJESP 114/437.

No sentido de que a ação de alimentos não é acessória do pedido de separação consensual já encerrado: RJTJESP 44/289. Desvinculando a ação de exoneração de alimentos do juízo que homologou a correlata separação amigável: RT 630/70. **Todavia:** "É sabido que a ação de cancelamento de pensão alimentícia deve ser intentada perante o mesmo juiz onde foi protocolizada a de alimentos, dado o seu caráter acessório, nos termos do art. 108 do CPC" (RT 924/986: TJGO, AI 496656-45.2011.8.09.0000).

Afirmando que a ação revisional de alimentos não se vincula ao juízo da ação de alimentos anterior: RJTJESP 109/351, maioria. **Contra,** afirmando a vinculação no caso: RTJ 89/952 e STF-RJTJESP 69/87; RT 614/48, 636/61, maioria, RJTJESP 90/419, 104/369, 112/293, JTJ 160/276, RJTJERGS 168/170.

Consignando que busca e apreensão não é processo acessório de ação de alimentos: RJTJESP 44/290.

Em matéria de alimentos, v. tb. art. 53, nota 9a.

Art. 62. **A competência determinada em razão da matéria, da pessoa ou da função é inderrogável por convenção das partes.**[1 a 3] [Dispositivo correspondente no CPC/1973: art. 111-*caput*]

Art. 62: 1. Em matéria: de intervenção de ente federal no processo, v. art. 45 e notas; imobiliária, v. art. 47 e notas; de ação de guarda de filho, v. art. 53, nota 7.

Art. 62: 2. A competência inderrogável por convenção das partes é apenas a **absoluta** (v. art. 64 § 1º); a relativa é modificável (v. arts. 63 e 65).

Art. 62: 3. **"Ação de partilha posterior ao divórcio.** Incapacidade superveniente de uma das partes. Prevenção oriunda de conexão substancial com a ação do divórcio. **Competência funcional de natureza absoluta.** Foro de domicílio do incapaz. Competência territorial especial de natureza relativa. Há entre as duas demandas (ação de divórcio e ação de partilha posterior) uma relação de conexão substancial, a qual, inevitavelmente, gera a prevenção do juízo que julgou a ação de divórcio. A prevenção decorrente da conexão substancial se reveste de natureza absoluta por constituir uma competência funcional. A competência prevista no art. 50 do CPC/15 constitui regra especial de competência territorial, a qual protege o incapaz, por considerá-lo parte mais frágil na relação jurídica, e possui natureza relativa. A ulterior incapacidade de uma das partes (regra especial de competência relativa) não altera o juízo prevento, sobretudo quando o próprio incapaz opta por não utilizar a prerrogativa do art. 50 do CPC/15" (STJ-2ª Seção, CC 160.329, Min. Nancy Andrighi, j. 27.2.19, DJ 6.3.19).

Em matéria de incapaz, v. tb. art. 50, nota 2a.

Art. 63. **As partes podem modificar a competência em razão do valor e do território, elegendo foro onde será proposta ação oriunda de direitos e obrigações.**[1 a 3g] [Dispositivo correspondente no CPC/1973: art. 111-*caput*]

§ 1º A eleição de foro só produz efeito quando constar de instrumento escrito e aludir expressamente a determinado negócio jurídico. [Dispositivo correspondente no CPC/1973: art. 111 § 1º]

§ 2º O foro contratual obriga[4] os herdeiros e sucessores das partes. [Dispositivo correspondente no CPC/1973: art. 111 § 2º]

§ 3º Antes da citação,[4a] a cláusula de eleição de foro, se abusiva, pode ser reputada ineficaz de ofício pelo juiz, que determinará a remessa dos

autos ao juízo do foro de domicílio do réu. [5 a 7] [Dispositivo correspondente no CPC/1973: art. 112 § ún.]

§ 4º Citado, incumbe ao réu alegar a abusividade da cláusula de eleição de foro na contestação, sob pena de preclusão. [8] [Dispositivo correspondente no CPC/1973: art. 114]

Art. 63: 1. s/ eleição de foro, v. arts. 25 (foro estrangeiro), 46, notas 1b (contrato de representação comercial) e 3 (litisconsórcio), 47 e notas (ação fundada em direito real), 540, nota 1a (ação de consignação de pagamento) e 781-I (título executivo extrajudicial).

Em matéria de relação de consumo, v. art. 53, nota 19c, e CDC 6º-V e VIII, e 54 § 4º.

Art. 63: 2. Súmula 335 do STF: "É válida a cláusula de eleição do foro para os **processos oriundos do contrato**".

Todavia: "Não se cogitando de 'processos oriundos do contrato', mas de sua **anulação,** não é de aplicar-se a cláusula de foro de eleição, mas sim as regras gerais sobre o foro competente" (RSTJ 31/323). No mesmo sentido: RSTJ 82/157.

Art. 63: 2a. Súmula 23 do TRF-3ª Reg.: "É territorial e não funcional a divisão da Seção Judiciária de São Paulo em Subseções. Sendo territorial, a competência é relativa, não podendo ser declinada de ofício, conforme dispõe o art. 112 do CPC e Súmula n. 33 do STJ".

"Na capital do Estado de São Paulo, é relativa a competência dos Foros Regionais" (Bol. AASP 1.594/159: 1º TASP-Pleno, un. de jur., 19 votos vencidos).

Todavia: "Invalidade de cláusula de eleição de foro, particularizada em um dos fóruns da Comarca da Capital. Circunstância que faria instituir eleição de juízo, contrariando o princípio do juiz natural (CF, art. 5º, LIII)" (JTJ 329/67: AI 1.182.583-0/3).

Art. 63: 2b. A competência que comporta modificação é apenas a **relativa** (v. art. 65); a absoluta não é modificável (v. arts. 62 e 64 § 1º).

Art. 63: 3. É admissível a **pluralidade de foros de eleição** (TFR-Pleno, CC 2.862, j. 9.2.78, DJU 26.5.78).

Art. 63: 3a. A eleição de foro, na sua essência e sem distorções, convém a todas as partes contratantes. Assim, o autor de uma demanda não pode desconstituí-la por ato unilateral seu. Se ele ajuíza uma demanda em foro diferente do eleito, o réu pode excepcionar o juízo, ainda que a demanda esteja em curso no foro do seu domicílio, mas, nesse caso, deve demonstrar a ocorrência de prejuízo.

"Mesmo havendo eleição de foro, não fica a parte inibida de propor a ação no domicílio da outra, desde que não demonstrado o prejuízo" (VI ENTA-concl. 8, aprovada por maioria). "Na eleição de foro, tal circunstância não impede seja a ação intentada no **domicílio do réu,** inexistente alegação comprovada de prejuízo" (STJ-3ª T., REsp 1.433.066, Min. Nancy Andrighi, j. 20.5.14, DJ 2.6.14). Ainda: JTJ 341/175 (AI 7.366.687-2).

No sentido de que o réu não pode excepcionar o juízo, tencionando o deslocamento do processo para o foro eleito, nos casos em que a demanda foi ajuizada no foro do seu domicílio: RT 508/151, 665/134, JTA 51/66, 57/95, 58/51, 62/215, 76/69, 92/365, RP 3/337, em. 95.

Art. 63: 3b. Validade da cláusula de eleição de foro. "A circunstância de tratar-se de contrato de adesão, só por si, não basta para ter-se como inadmissível a cláusula de eleição de foro" (STJ-3ª T., REsp 13.451, Min. Eduardo Ribeiro, j. 23.6.92, maioria, DJU 21.9.92).

"Para que se declare a invalidade de cláusula de eleição de foro, é necessária a presença conjunta de, ao menos, três requisitos: a) que a cláusula seja aposta em contrato de adesão; b) que o aderente seja reconhecido como pessoa hipossuficiente (de forma técnica, econômica ou jurídica); e c) que isso acarrete ao aderente dificuldade de acesso à Justiça. A mera desigualdade de porte econômico entre as partes proponente e aderente não caracteriza automática hipossuficiência econômica ensejadora do afastamento do dispositivo contratual de eleição de foro" (STJ-2ª Seção, ED no REsp 1.707.526, Min. Raul Araújo, j. 27.5.20, DJ 1.6.20).

"A cláusula de eleição de foro inserida em contrato de adesão somente não prevalece se 'abusiva', o que se verifica quando constatado: a) que, no momento da celebração, a parte aderente não dispunha de intelecção suficiente para compreender o sentido e os efeitos da estipulação contratual; b) que da prevalência de tal estipulação resulta inviabilidade ou especial dificuldade de acesso ao Judiciário; c) que se trata de contrato de obrigatória adesão, assim considerado o que tenha por objeto produto ou serviço fornecido com exclusividade por determinada empresa. Entendimento que se considera aplicável mesmo quando em causa relação de consumo regida pela Lei 8.078/90" (RSTJ 62/446: 4ª T., REsp 47.081). No mesmo sentido: RMDECC 22/133.

"Nas relações entre empresas de porte, capazes financeiramente de sustentar uma causa em qualquer foro, prevalece o de eleição" (STJ-3ª T., REsp 279.687, Min. Castro Filho, j. 12.3.02, DJU 5.8.02). "O elevado porte dos negócios realizados entre as partes, no exercício de sua atividade mercantil típica, o conteúdo econômico da demanda e a ausência de exclusividade para a prestação dos serviços contratados não tornam razoável supor a falta de intelecção da cláusula de eleição do foro, ou mesmo a dificuldade de acesso ao Judiciário, sendo de admitir-se como válido o foro eleito contratualmente" (STJ-4ª T., REsp 379.949, Min. Sálvio de Figueiredo, j. 26.2.02, DJU 15.4.02). No mesmo sentido: RJM 179/65.

"A desigualdade de natureza econômica ou financeira entre os litigantes não caracteriza hipossuficiência hábil a afastar, por si só, a cláusula de eleição de foro. O obstáculo de acesso ao Poder Judiciário, apto a afastar a cláusula de eleição de foro, não pode ser presumido, devendo resultar de um quadro de vulnerabilidade que imponha flagrantes dificuldades de acesso à Justiça" (STJ-3ª T., REsp 1.685.294, Min. Ricardo Cueva, j. 28.8.18, DJ 3.9.18).

"Eventual assimetria na capacidade econômica entre as partes não é causa suficiente para o afastamento da cláusula de eleição de foro. Ausência de prejuízo efetivo na manutenção da competência do juízo da Capital Federal para acompanhar o processamento da demanda. Em tempos de processo digital, permitindo o acesso à integralidade dos autos eletrônicos de qualquer parte do país, raras são as hipóteses de efetivo prejuízo por dificuldade de acesso à Justiça" (STJ-3ª T., REsp 1.761.045, Min. Paulo Sanseverino, j. 5.11.19, DJ 11.11.19).

No sentido de que não é causa de invalidade da cláusula a mera distância entre o foro eleito (São Paulo) e a comarca para a qual se tenciona ver deslocado o processo (Porto Alegre): RT 861/204.

Mas: "Não prevalece o foro contratual de eleição se configurado que tal indicação, longe de constituir-se uma livre escolha, mas mera adesão a cláusula preestabelecida pela instituição mutuante, implica em dificultar a defesa da parte mais fraca, em face dos ônus que terá para acompanhar o processo em local distante daquele em que reside e, também, onde foi celebrado o mútuo" (RSTJ 129/212). Também deixando de lado a cláusula de eleição de foro, "quando constitui um obstáculo à parte aderente, dificultando-lhe o comparecimento em juízo": STJ-3ª T., REsp 41.540, Min. Costa Leite, j. 12.4.94, DJU 9.5.94. No mesmo sentido: STJ-4ª T., REsp 29.602, Min. Barros Monteiro, j. 14.12.92, DJU 8.3.93; RSTJ 134/346, 151/223, 153/351, JTJ 167/187, RJM 174/166, JTJ 336/208 (AI 7.313.151-0).

Considerando ineficaz cláusula de eleição de foro se o outro contratante "presumivelmente não pôde discutir cláusula microscopicamente impressa de eleição de foro": STJ-4ª T., REsp 34.186, Min. Athos Carneiro, j. 29.6.93, DJU 2.8.93.

"A condição de empresa em regime de concordata, por significar uma maior fragilidade econômica, dificulta o acesso à Justiça e ao exercício do direito de defesa perante o foro livremente eleito, quando esse não seja o da sede da concordatária" (STJ-3ª T., REsp 1.073.962, Min. Nancy Andrighi, j. 20.3.12, DJ 13.6.12).

S/ cláusula de eleição de foro abusiva, v. §§ 3º e 4º.

Art. 63: 3c. "Devem ser processadas perante o foro de eleição as ações decorrentes de contrato de **mútuo** de vultoso valor, eis que a natureza da operação afasta a hipossuficiência dos devedores" (STJ-2ª Seção, CC 101.275-AgRg, Min. Aldir Passarinho Jr., j. 13.5.09, DJ 10.6.09).

"Tratando-se de aquisição de sofisticado **equipamento médico-hospitalar** para uso em hospital, não se aplica o CDC, de modo que válida a eleição de foro" (STJ-3ª T., REsp 777.188, Min. Sidnei Beneti, j. 15.12.09, DJ 18.12.09).

"É válida cláusula de eleição de foro consensualmente estipulada pelas partes em relação tipicamente empresarial, mormente quando se trata de **produtores rurais** que desenvolvem atividades de grande porte e contratam em igualdades de condições" (STJ-2ª Seção, CC 68.062-AgRg, Min. Sidnei Beneti, j. 13.10.10, DJ 27.10.10).

"É ineficaz a cláusula estipuladora do foro de eleição em contrato de adesão, a benefício da **seguradora**" (STJ-2ª Seção: RT 666/187, v.u.).

"Alienação fiduciária. Busca e apreensão. Foro de eleição. Hipótese em que a eleição de foro diverso daquele em que domiciliado o devedor acarreta-lhe notáveis dificuldades para o exercício de sua defesa. Ação que se inicia com a apreensão do bem e em que exíguo o prazo de defesa. Nulidade da cláusula de eleição" (RSTJ 115/299: 3ª T., REsp 156.628, dois votos vencidos). No mesmo sentido: RT 732/224, maioria, JTJ 307/351. **Contra,** considerando-a válida porque, no caso, o devedor não teve "nenhuma dificuldade para exercer seu direito de defesa": Bol. AASP 2.060/625j. **Ainda contra,** por se tratar de contrato firmado entre empresas, que não estariam sujeitas ao CDC: JTJ 303/351.

"É abusiva a cláusula de eleição de foro (incluída em contrato de adesão sobre ***leasing***) que dificulta a defesa da arrendatária aderente" (STJ-4ª T., REsp 242.732, Min. Ruy Rosado, j. 21.3.00, DJU 22.5.00).

"O foro de eleição não afasta o princípio geral do foro do domicílio, nos contratos de interesse dos mutuários do **Sistema Financeiro da Habitação"** (STJ-1ª Seção, CC 9.136, Min. Hélio Mosimann, j. 9.8.94, dois votos vencidos, DJU 6.3.95).

"Em contrato de adesão, unilateralmente elaborado pela **franqueadora,** que impõe todas as cláusulas que regem a relação com o franqueado, sopesadas as circunstâncias peculiares do presente caso, deve ser reconhecida a abusividade da cláusula de eleição de foro, pois afirmada nos autos a impossibilidade de o franqueado efetuar regular defesa no juízo contratualmente eleito, face a sua difícil situação econômica, decorrente do próprio contrato de franquia. Ressaltado, ainda, o alto poder econômico da franqueadora em contraste com a situação do franqueado" (STJ-RJ 308/106). No mesmo sentido: JTJ 331/100 (AI 7.258.323-6).

"**Contrato de distribuição de bebidas.** Nulidade da cláusula de eleição de foro pactuada em contrato de adesão, mesmo sem natureza consumerista, na hipótese em que se verifica grave desequilíbrio entre as partes no que tange ao poder de negociação" (STJ-3ª T., REsp 1.230.286-AgRg, Min. Paulo Sanseverino, j. 13.5.14, DJ 29.5.14).

"Os ajustes firmados entre **montadora e concessionária de veículos** constituem contratos empresariais pactuados entre empresas de porte, financeiramente capazes de demandar no foro de eleição contratual. A mera circunstância de a montadora de veículos ser empresa de maior porte do que a concessionária não é suficiente, por si só, a afastar o foro eleito" (STJ-3ª T., REsp 471.921, Min. Nancy Andrighi, j. 3.6.03, DJU 4.8.03). No mesmo sentido: STJ-4ª T., REsp 827.318, Min. Jorge Scartezzini, j. 12.9.06, DJU 9.10.06; JTJ 303/358.

"A mera desigualdade de porte econômico entre as partes — o **advogado** e seu ex-constituinte, réu em ação de cobrança de honorários advocatícios — não caracteriza hipossuficiência econômica ensejadora do afastamento do dispositivo contratual de eleição de foro. Não se tratando de contrato de adesão e nem de contrato regido pelo Código de Defesa do Consumidor, não havendo circunstância alguma de fato da qual se pudesse inferir a hipossuficiência intelectual ou econômica das recorridas, deve ser observado o foro de eleição estabelecido no contrato, na forma do art. 111 do CPC e da Súmula 335 do STF" (STJ-4ª T., REsp 1.263.387, Min. Isabel Gallotti, j. 4.6.13, DJ 18.6.13).

É válida a cláusula de eleição de foro inserta em contrato de **refinanciamento de dívida pública** firmado entre União e município (STJ-RF 390/408: 1ª T., REsp 355.099).

Art. 63: 3d. "Não obstante a eleição de foro pelas partes no contrato, o **ajuizamento anterior de demanda** relativa ao mesmo contrato em foro diverso determina a prevenção deste juízo para a apreciação, em *simultaneus processus*, da ação conexa proposta posteriormente" (RT 672/134).

"No que pertine com a competência relativa decorrente do foro de eleição, as causas em que litigam as mesmas partes e referentes ao mesmo negócio jurídico devem ser propostas no foro onde já ajuizada a ação anterior às demais, posto que, sob o efeito da conexão, a competência (*vis attractiva*) da causa antecedente se impõe para julgamento de todas em *simultaneus processus*" (STJ-3ª T., REsp 19.658-0, Min. Waldemar Zveiter, j. 11.5.92, DJU 22.6.92).

Art. 63: 3e. "A circunstância de o credor levar o título a **protesto** no local onde o devedor tem domicílio não traduz renúncia ao foro de eleição para a ação de cobrança. O protesto cambial — simples ato administrativo — nada tem com a execução" (STJ-3ª T., REsp 782.384, Min. Gomes de Barros, j. 14.12.06, DJU 19.3.07). No mesmo sentido: RJTJESP 103/267.

Contra: "A despeito de cláusula de eleição do foro, se o credor leva a protesto, em comarca diversa, o título oriundo do contrato, é porque pretende que ali seja feito o pagamento. Competência, para a medida cautelar, que assim se define a favor do local onde apresentado a protesto o título" (STJ-RT 697/204). No mesmo sentido: JTJ 300/315.

"Foro de eleição. Renúncia tácita. A circunstância de haver o arrendador levado a protesto os títulos relacionados com o contrato de *leasing* no domicílio do arrendatário importa em renúncia tácita ao foro de eleição e do local de pagamento" (STJ-4ª T., REsp 39.280-2, Min. Dias Trindade, j. 9.11.93, DJU 13.12.93).

V. tb. art. 53, nota 16e.

Art. 63: 3f. Duplicata. "Ante seu caráter territorial, é de natureza relativa a norma de competência do art. 17 da Lei 5.474/68, não afastando a cláusula contratual de eleição de foro" (STJ-4ª T., Ag 1.365.905-AgRg, Min. Paulo Sanseverino, j. 28.6.11, DJ 1.8.11). No mesmo sentido: STJ-4ª T., REsp 1.168.712-AgRg, Min. Luis Felipe, j. 28.5.13, DJ 3.6.13.

Art. 63: 3g. "A cláusula de eleição de foro **não é incompatível com o juízo arbitral,** pois o âmbito de abrangência pode ser distinto, havendo necessidade de atuação do Poder Judiciário, por exemplo, para a concessão de medidas de urgência; execução da sentença arbitral; instituição da arbitragem quando uma das partes não a aceita de forma amigável" (STJ-3ª T., REsp 904.813, Min. Nancy Andrighi, j. 16.10.12, RAM 33/361 e RSDA 94/40). No mesmo sentido: RT 927/983 (TJPR, AI 892.851-8).

"Na hipótese dos autos, para a execução da sentença arbitral, as partes estabeleceram, no respectivo termo de compromisso, alternativamente, o foro da Comarca de São Paulo/SP ou de Salvador/BA, tendo o credor optado por protocolar o petitório no foro paulista. Nítida é a competência territorial ou de foro, considerada caso típico de competência relativa, autorizando a disponibilidade das partes, ante a não compulsoriedade das regras gerais de competência" (STJ-4ª T., REsp 1.312.651, Min. Marco Buzzi, j. 18.2.14, DJ 25.2.14).

"Definida por decisão transitada em julgado a competência para execução de sentença arbitral, a ação de anulação dessa sentença, por força do instituto da conexão e do respeito à coisa julgada, deve ser proposta no mesmo local, não prevalecendo eventual cláusula de eleição de foro" (STJ-3ª T., REsp 1.130.870, Min. João Otávio, j. 17.12.13, maioria, DJ 26.5.14).

Art. 63: 4. "O foro de eleição, constante de contratos de financiamento e de constituição de garantia, em que foram afetados os títulos representativos do depósito, firmado entre a depositante e terceira, **não obriga** a depositária que dele **não participou**" (STJ-4ª T., REsp 28.264-4, Min. Sálvio de Figueiredo, j. 28.6.93, DJU 2.8.93).

"O instituto da **sub-rogação** transfere o crédito apenas com suas características de direito material. A cláusula de eleição do foro estabelecida no contrato entre segurado e transportador não opera efeitos com relação ao agente segurador sub-rogado" (STJ-3ª T., REsp 1.038.607, Min. Massami Uyeda, j. 20.5.08, DJ 5.8.08).

Súmula 14 do 1º TASP: "A cláusula de eleição de foro constante do contrato de transporte ou do conhecimento de embarque é ineficaz em relação à seguradora sub-rogada" (RT 624/101, reportando-se a RT 623/90 e JTA 107/163, un. de jur., 29 votos a 8).

V. tb. art. 53, nota 22.

Art. 63: 4a. Ofertada a contestação sem questionamento quanto à cláusula de eleição de foro, não mais pode o juiz, de ofício, dar pela ineficácia de algo que o réu reputou eficaz.

Art. 63: 5. O juízo acerca da eficácia da cláusula eletiva não é automático e deve ser feito à luz das **circunstâncias do caso concreto** (RT 882/201: TJSP, AI 7.286.380-2; JTJ 341/162: AI 7.360.795-5).

"Em tema de nulidade de cláusula de eleição de foro e seu reconhecimento de ofício pelo magistrado, a abusividade deve ser examinada no caso concreto, consideradas suas peculiaridades. Apenas situações excepcionais poderão comportar declaração *ex officio*, quando evidente o desequilíbrio na posição das partes" (RT 838/247).

"O fato isoladamente considerado de que a relação entabulada entre as partes é de consumo não conduz à imediata conclusão de que a cláusula de eleição de foro inserida em contrato de adesão é abusiva, sendo necessário para tanto, nos termos propostos, perscrutar, no caso concreto, se o foro eleito pelas partes inviabiliza ou mesmo dificulta, de alguma forma, o acesso ao Poder Judiciário" (STJ-3ª T., REsp 1.089.993, Min. Massami Uyeda, j. 18.2.10, DJ 8.3.10). Assim: "Indispensável demonstração de prejuízo ao exercício do direito de defesa do consumidor para restar configurada a nulidade da cláusula de eleição de foro" (STJ-3ª T., REsp 1.707.855, Min. Nancy Andrighi, j. 20.2.18, DJ 23.2.18).

"É vedado ao juiz, antes da manifestação do réu, presumir a abusividade da cláusula de eleição de foro em contrato firmado entre distribuidora de combustível e revendedora — posto de gasolina, posto que não se trata de contrato de consumo. O parágrafo único do art. 112 do CPC tem sua aplicação restrita às hipóteses de manifesta abusividade, mormente quando se trata de contrato de consumo" (STJ-3ª T., REsp 1.306.073, Min. Nancy Andrighi, j. 20.6.13, DJ 20.8.13).

"Não se configura a abusividade da cláusula de foro de eleição quando a aderente é empresa de considerável porte, dispondo presumivelmente de condições para exercer sua defesa no foro indicado no contrato. Nesse caso, não cabe ao juiz suscitar de ofício a sua incompetência (Súmula 33)" (STJ-2ª Seção, CC 13.632-6, Min. Ruy Rosado, j. 9.8.95, DJU 25.9.95). No mesmo sentido: STJ-RT 805/193, JTJ 356/134 (AI 990.10.296520-1).

"Inexistência de abusividade na cláusula ou de obstáculo intransponível para o exercício do direito de defesa, por residir o réu em município relativamente próximo e de fácil acesso, havendo protocolo integrado no Estado" (JTJ 291/466). No mesmo sentido: RT 882/201 (TJSP, AI 7.286.380-2), JTJ 327/116 (AI 1.169.988-0/3), 330/121 (AI 7.234.903-2).

"Se eleição é a livre opção entre duas ou mais possibilidades, não pode ser tido como livremente eleito o foro imposto pela parte economicamente forte, que obriga a outra a deslocar-se de uma unidade da Federação para outra, impossibilitando-lhe o direito de defesa. Cláusula potestativa" (JTJ 291/417). **Todavia,** no sentido de que o simples fato de o réu ter endereço em outra unidade da Federação não infirma o foro eleito: JTJ 341/162 (AI 7.360.795-5).

V. tb. notas 3b e 3c.

Art. 63: 6. "Entre as faculdades concedidas ao juiz, em sua atuação de ofício, **não** se inclui a de **infirmar as afirmações** de fato feitas pelo autor em sua inicial. Assim, se o autor indica aquele que acredita ser o domicílio do réu, este local deve ser levado em consideração para fins de fixação da competência. Resguardam-se, assim, os princípios de imparcialidade e inércia processual. Se, em momento posterior, for demonstrado que o réu reside em outra comarca, aí surge novo problema de competência a ser solucionado pelos meios processuais adequados" (STJ-2ª Seção, CC 82.493, Min. Nancy Andrighi, j. 8.8.07, DJU 16.8.07).

Art. 63: 7. "Conflito de competência. Contrato bancário. Financiamento com garantia de alienação fiduciária. Ação revisional. **Ação proposta pelo consumidor** no foro onde o réu possui filial. Possibilidade. Nos casos em que o consumidor, autor da ação, elege, dentro das limitações impostas pela lei, a comarca que melhor atende seus interesses, a competência é relativa, somente podendo ser alterada caso o réu apresente exceção de incompetência (CPC, art. 112), não sendo possível sua declinação de ofício nos moldes da Súmula 33/STJ" (STJ-2ª Seção, CC 124.351-AgRg, Min. Raul Araújo, j. 8.5.13, DJ 17.5.13).

"Se a autoria do feito pertence ao consumidor, contudo, permite-se a escolha do foro de eleição contratual, considerando que a norma protetiva, erigida em seu benefício, não o obriga quando puder deduzir sem prejuízo a defesa dos seus interesses fora do seu domicílio" (STJ-2ª Seção, CC 107.441, Min. Isabel Gallotti, j. 22.6.11, DJ 1.8.11).

Art. 63: 8. V. arts. 64, 65 e 337-II.

Seção III | DA INCOMPETÊNCIA

Art. 64. A incompetência, absoluta[1] ou relativa,[2] será alegada[2a] como questão preliminar de contestação.[3] [Dispositivo correspondente no CPC/1973: art. 112-*caput*]

§ 1º A incompetência absoluta[4] pode ser alegada em qualquer tempo[5] e grau de jurisdição[6 a 8] e deve ser declarada de ofício.[9-10] [Dispositivo correspondente no CPC/1973: art. 113-*caput*]

§ 2º Após manifestação da parte contrária,[10a-10b] o juiz decidirá imediatamente a alegação de incompetência.[10c a 10e] [Dispositivo correspondente no CPC/1973: art. 308]

§ 3º Caso a alegação de incompetência seja acolhida, os autos serão remetidos ao juízo competente.[11 a 12a] [Dispositivos correspondentes no CPC/1973: arts. 113 § 2º e 311]

§ 4º Salvo decisão judicial em sentido contrário, conservar-se-ão os efeitos de decisão proferida pelo juízo incompetente[13] até que outra seja proferida, se for o caso, pelo juízo competente.[14] [Dispositivo correspondente no CPC/1973: art. 113 § 2º]

Art. 64: 1. v. art. 62.

Art. 64: 2. v. art. 63.

Art. 64: 2a. A alegação de incompetência **não suspende o processo** (art. 313), mas não convém que o juiz deixe o feito avançar sem antes decidir "imediatamente" acerca do assunto, após abrir oportunidade para a parte contrária se manifestar a respeito (v. § 2º).

Naturalmente, enquanto se discute sobre competência, podem ser praticados atos urgentes, que podem ter lugar até mesmo no período de suspensão do processo (v. art. 314).

A alegação de incompetência em contestação protocolada no foro do domicílio do réu suspende a realização da audiência de conciliação ou mediação (v. art. 340 § 3º).

Art. 64: 3. v. art. 337-II. S/ alegação de incompetência e protocolo da contestação no foro do domicílio do réu, v. art. 340.

Art. 64: 4. não a relativa.

Súmula 33 do STJ: "A **incompetência relativa** não pode ser declarada de ofício" (v. jurisprudência s/ esta Súmula em RSTJ 33/379 a 398). No mesmo sentido: VI ENTA-concl. 4, aprovada por unanimidade; RJTJESP 128/419, 131/419, JTJ 157/271, 159/279.

"O juiz não pode declarar de ofício a incompetência relativa, nem mesmo se o fizer em sua primeira intervenção no feito" (STJ-2ª Seção, CC 2.138, Min. Athos Carneiro, j. 30.10.91, DJU 25.11.91).

Além de não poder ser declarada de ofício, a incompetência relativa não pode ser alegada a qualquer tempo, pois fica superada pelo silêncio na contestação (v. art. 65, especialmente nota 4a).

Art. 64: 5. "Pode ser alegada em qualquer tempo"; mas o momento oportuno para alegá-la é a contestação (art. 337-II).

Art. 64: 6. A incompetência absoluta pode ser ventilada **ineditamente na instância recursal.**

"Embora esteja posto à análise desta Corte apenas os autos do agravo de instrumento interposto em face da decisão concessiva de liminar, não há óbice a que a preliminar de incompetência seja acolhida, mesmo porque seria desarrazoado permitir-se que continue o feito tramitando no juízo incompetente" (RP 144/223).

A incompetência absoluta pode ser suscitada em recurso especial, independentemente de prequestionamento? v. RISTJ 255, nota 3-Súmula 282 do STF (Prequestionamento. Matéria de ordem pública ou questão cognoscível de ofício).

Art. 64: 7. Mesmo tendo sido rejeitada a arguição de incompetência absoluta por decisão irrecorrida, a matéria pode ser reavivada em **recurso subsequente.**

V. tb. arts. 507, nota 4c, e 957, nota 1.

Art. 64: 8. A alegação de incompetência absoluta do juiz no próprio processo **não pode ser feita após o trânsito em julgado** da sentença por ele proferida (RSTJ 63/303). No mesmo sentido: STJ-3ª T., REsp 6.176-AgRg, Min.

Dias Trindade, j. 12.3.91, DJU 8.4.91. Assim, o tema não pode ser suscitado na fase de execução da sentença (STJ-1ª T., REsp 114.568, Min. Gomes de Barros, j. 23.6.98, DJU 24.8.98; JTJ 290/515). V. tb. art. 516, nota 4.

Todavia, é **rescindível** a decisão de mérito proferida por juiz absolutamente incompetente (art. 966-II).

Art. 64: 9. v. art. 10.

S/ declaração *ex officio* de incompetência em: inventário, v. art. 48, nota 2; ação de guarda de filho, v. art. 53, nota 7; matéria de foro regional ou subseção, v. art. 63, nota 2a; demanda fundada em contrato de adesão, v. art. 63 § 3º; em processo regido pelo CDC, v. CDC 101, nota 3; em processo instaurado perante os Juizados Especiais, v. LJE 51, nota 5.

Art. 64: 10. Ao contrário da incompetência relativa (v. art. 65, nota 4), a incompetência absoluta pode ser **arguida pelo autor,** em qualquer tempo e grau de jurisdição, independentemente de a demanda já ter sido ou não julgada e do resultado desse julgamento.

Art. 64: 10a. no **prazo de 15 dias** e com possibilidade de produção de prova (v. art. 351).

Art. 64: 10b. ou após transcorrido *in albis* o prazo para a sua manifestação.

Art. 64: 10c. Em matéria de **incompetência absoluta,** o juiz é livre para apontar o juízo que considera competente, inclusive porque pode deliberar de ofício acerca da matéria.

Art. 64: 10d. A decisão sobre a **incompetência relativa** pode resultar na permanência do processo onde está ou na sua remessa para o juízo alegadamente competente, "sendo **defesa a determinação de foro neutro"** (STJ-3ª T., REsp 2.004, Min. Gueiros Leite, j. 17.4.90, DJU 28.5.90). **Contra,** no sentido de que o juiz pode, em matéria de incompetência relativa, remeter os autos para juízo diverso do apontado como competente pelo réu: RT 674/140.

V. tb. art. 65, nota 5a.

Art. 64: 10e. A decisão sobre competência não é agravável (art. 1.015); pode ser colocada em discussão ulteriormente por ocasião da apelação (art. 1.009 § 1º).

Quando o juiz decide pela sua incompetência, uma forma de precipitar a discussão a respeito é forçar o juízo apontado como competente a suscitar conflito (v. art. 66 § ún.).

Art. 64: 11. Em matéria de mandado de segurança, v. LMS 16, nota 6.

Art. 64: 12. "O § 2º do art. 113 do CPC, ao determinar que o juízo remeta os autos ao juízo tido por competente, após o reconhecimento de sua incompetência absoluta, tem por objetivo precípuo afastar o risco de perecimento do direito do demandante. Vale dizer, tendo a parte exercido seu direito de ação, ainda que perante juízo incompetente, é certo que a interrupção do prazo prescricional, que se dá com a citação válida, retroagirá à data da propositura da ação (*ut* § 1º do art. 219 do CPC). Outro aspecto relevante que o mencionado preceito legal busca preservar é o financeiro, uma vez que sua observância enseja o aproveitamento das custas processuais até então suportadas pelo demandante, o que, aliás, não se daria, em regra, com a extinção do processo sem julgamento do mérito. Não se admite, assim, imputar à parte autora o ônus de promover nova ação, com todos os empecilhos financeiros e processuais" (STJ-3ª T., REsp 1.098.333, Min. Massami Uyeda, j. 8.9.09, DJ 22.9.09).

Art. 64: 12a. Ao outorgar poderes para que o relator não conheça de pedido ou recurso "em caso de incompetência manifesta", o RISTF 21 § 1º reforça a diretriz do art. 64 § 3º, dispondo que, nesse caso, encaminhem-se "os autos ao órgão que repute competente". Dando amplitude a essa disposição, para que, sempre que reconhecida a incompetência do STF, indique-se o órgão competente: STF-Pleno, Pet 3.986-AgRg, Min. Ricardo Lewandowski, j. 25.6.08, DJ 5.9.08.

"Ao não conhecer de recurso, sob o argumento de incompetência do órgão julgador, deve este remeter os autos ao órgão que entender competente, fundamentando a sua decisão" (STJ-2ª T., REsp 7.863, Min. José de Jesus Filho, j. 11.9.91, DJU 30.9.91).

Art. 64: 13. Seja a incompetência absoluta, seja a incompetência relativa, no **silêncio do juiz incompetente,** os atos decisórios têm seus efeitos preservados até que o juiz considerado competente delibere a respeito.

Em matéria de tutela provisória, v. art. 299, nota 2.

Art. 64: 14. Em regra, apenas **os atos decisórios** devem ser reapreciados pelo juiz competente.

Assim, é procedente recurso especial contra acórdão que, reconhecida a incompetência absoluta do juiz prolator da sentença, anulou o processo *ab initio*, ao invés de anular apenas os atos decisórios (STJ-2ª T., REsp 6.421, Min. Ilmar Galvão, j. 17.12.90, DJU 18.2.91).

"Não se deve realizar nova perícia no juízo competente, se a que foi procedida em juízo incompetente, com laudo incontestado pelas partes, não apresenta nenhum vício" (RSTJ 60/311). No mesmo sentido: STJ-RT 673/177. **Todavia,** naturalmente, o juiz não está vinculado à perícia feita em juízo incompetente, podendo determinar a realização de outra, inclusive com apoio no art. 480 (TFR-5ª T., Ag 43.689, Min. Pedro Acioli, j. 21.11.83, DJU 10.5.84).

Art. 65. Prorrogar-se-á a competência relativa[1] se o réu não alegar a incompetência em preliminar de contestação.[2 a 5a] [Dispositivo correspondente no CPC/1973: art. 114]

Parágrafo único. A incompetência relativa pode ser alegada pelo Ministério Público nas causas em que atuar.[6] [Sem dispositivo correspondente no CPC/1973]

Art. 65: 1. também para as subsequentes **ações conexas** (arts. 54, 55 e 58), não podendo o réu, nestas, discutir incompetência relativa anteriormente não suscitada (RT 605/35, RJTJESP 92/253, 105/406).

V. tb. arts. 54, nota 4b, 286-I, e 306, nota 5.

Art. 65: 2. e se o **juiz** não der pela abusividade da cláusula eletiva de foro (art. 63 § 3º).

Art. 65: 3. v. art. 337-II. Em matéria de tutela cautelar antecedente, v. art. 306, nota 5.

Art. 65: 4. "Incabível ao **autor** pretender deslocar o foro para comarca outra, afastando aquela onde ele próprio demandante propôs a causa" (STJ-4ª T., Ag 48-AgRg, Min. Athos Carneiro, j. 22.8.89, DJU 11.9.89).

Art. 65: 4a. "Em se tratando de incompetência relativa — e é o caso dos autos — não ocorrendo a sua arguição em tempo e modo próprios, opera-se a **preclusão**" (RSTJ 27/17). No mesmo sentido: STJ-4ª T., Ag em REsp 1.459.148-AgInt, Min. Raul Araújo, j. 10.9.19, DJ 2.10.19.

Art. 65: 5. No sentido de que, em **inventário,** a incompetência relativa deve ser arguida nos 15 dias seguintes à intervenção do interessado no feito: RJTJESP 95/259.

Art. 65: 5a. A arguição da incompetência relativa deve vir acompanhada da **indicação do juízo considerado competente,** sob pena de rejeição liminar.

V. tb. art. 64, nota 10d.

Art. 65: 6. inclusive como **fiscal da ordem jurídica** (art. 178), desde que isso não colida com o interesse justificador da sua intervenção no processo. P. ex., sendo autor o incapaz (art. 178-II), não pode o MP invocar a incompetência relativa em desfavor deste.

"O Ministério Público, mesmo quando atua no processo como *custos legis*, tem legitimidade para intervir, inclusive para arguir a incompetência relativa do juízo" (STJ-4ª T., REsp 100.690, Min. Sálvio de Figueiredo, j. 29.10.98, maioria, DJU 8.3.99). No mesmo sentido: STJ-3ª T., REsp 630.968, Min. Gomes de Barros, j. 20.3.07, DJU 14.5.07.

A incompetência relativa deve ser alegada pelo MP no prazo assinado para sua intervenção (art. 178-*caput*), sob pena de prorrogação da competência.

Art. 66. Há conflito de competência quando:[1 a 3b] [Dispositivo correspondente no CPC/1973: art. 115-*caput*]

I — 2 (dois) ou mais juízes se declaram competentes;[4-4a] [Dispositivo correspondente no CPC/1973: art. 115-I]

II — 2 (dois) ou mais juízes se consideram incompetentes, atribuindo um ao outro a competência;[4b a 5b] [Dispositivo correspondente no CPC/1973: art. 115-II]

III — entre 2 (dois) ou mais juízes surge controvérsia acerca da reunião ou separação de processos.[6-7] [Dispositivo correspondente no CPC/1973: art. 115-III]

Parágrafo único. O juiz que não acolher a competência declinada deverá suscitar o conflito, salvo se a atribuir a outro juízo.[8] [Sem dispositivo correspondente no CPC/1973]

Art. 66: 1. s/ conflito de competência, v. arts. 951 e segs. Em matéria de ente federal, v. art. 45 § 3º. S/ deliberação sobre competência e preclusão, v. art. 507, nota 4c.

V. tb. CF 102-I-*o*, 105-I-*d*, e 108-I-*e*, LOM 89 §§ 1º-*c* e 5º-*b*, e 101 § 3º-*b*, RISTF 163 a 168, RISTJ 193 a 198, bem como respectivas notas.

Em matéria de Juizado Especial, v. LJE 41, nota 6a.

Art. 66: 1a. **Súmula 59 do STJ:** "Não há conflito de competência se já existe **sentença com trânsito em julgado,** proferida por um dos juízos conflitantes" (v. jurisprudência s/ esta Súmula em RSTJ 38/491 a 521).

Todavia, há conflito a ser dirimido se os juízos envolvidos declararam-se incompetentes, ainda que por decisões já cobertas pela preclusão (STJ-2ª Seção, CC 36.349, Min. Fernando Gonçalves, j. 22.10.03, DJU 10.11.03).

Ainda, a mera prolação de sentença não impede a caracterização do conflito, desde que a decisão não esteja coberta pela coisa julgada (STJ-2ª Seção, CC 117.987, Min. Nancy Andrighi, j. 12.12.12, RT 931/525).

Art. 66: 1b. "Não se pode confundir conexão de causas ou incompetência de juízo com conflito de competência. A simples **possibilidade de sentenças divergentes** sobre a mesma questão jurídica não configura, por si só, conflito de competência. Não existe, em nosso sistema, um instrumento de controle, com eficácia *erga omnes*, da legitimidade (ou da interpretação), em face da lei, de atos normativos secundários (v. g., resoluções) ou de cláusulas padronizadas de contratos de adesão. Também não existe, nem mesmo em matéria constitucional, o instrumento da avocação, que permita concentrar o julgamento de múltiplos processos a respeito da mesma questão jurídica perante um mesmo tribunal e, muito menos, perante juiz de primeiro grau. Assim, a possibilidade de decisões divergentes a respeito da interpretação de atos normativos, primários ou secundários, ou a respeito de cláusulas de contrato de adesão, embora indesejável, é evento previsível. Considera-se existente, porém, conflito positivo de competência ante a possibilidade de decisões antagônicas nos casos em que há processos correndo em separado, envolvendo as mesmas partes e tratando da mesma causa. É o que ocorre, frequentemente, com a propositura de ações populares e ações civis públicas relacionadas a idênticos direitos transindividuais (= indivisíveis e sem titular determinado), fenômeno que é resolvido pela aplicação do art. 5º, § 3º, da Lei da Ação Popular e do art. 2º, § ún., da Lei da Ação Civil Pública. Ao contrário do que ocorre com os direitos transindividuais — invariavelmente tutelados por regime de substituição processual (em ação civil pública ou ação popular) —, os direitos individuais homogêneos podem ser tutelados tanto por ação coletiva (proposta por substituto processual) quanto por ação individual (proposta pelo próprio titular do direito, a quem é facultado vincular-se ou não à ação coletiva). Se a própria lei admite a convivência autônoma e harmônica de duas formas de tutela, fica afastada a possibilidade de decisões antagônicas e, portanto, o conflito. A existência de várias ações coletivas a respeito da mesma questão jurídica não representa, por si só, a possibilidade de ocorrer decisões antagônicas envolvendo as mesmas pessoas" (STJ-1ª Seção, CC 47.731, Min. Teori Zavascki, j. 14.9.05, quatro votos vencidos, DJU 5.6.06).

"Suposta conexão entre centenas, ou milhares, de ações idênticas não é suficiente para permitir que, em conflito de competência, o Superior Tribunal de Justiça determine a reunião de todas elas em um só juízo" (STJ-2ª Seção, CC 79.772-AgRg, Min. Gomes de Barros, j. 13.6.07, DJU 29.6.07).

Todavia, nos casos em que as demandas idênticas se voltam à proteção de pessoas indeterminadas (direitos transindividuais e não direitos individuais homogêneos), tuteladas pela via da substituição processual, é de se reconhecer o conflito de competência entre os diferentes juízes que estão à frente delas (STJ-1ª Seção, CC 57.558, Min. Luiz Fux, j. 12.9.07, DJU 3.3.08). Aqui, em todas as demandas, os substituídos são os mesmos, ainda quando protegidos por diferentes substitutos. Isso, somado à identidade entre as demandas, põe em evidência o conflito.

"Ações civis públicas na Justiça Federal e Estadual de Governador Valadares/MG. Existentes decisões conflitantes relativas à mesma causa de pedir e mesmo pedido, já proferidas na Justiça Estadual e na Justiça Federal de Governador Valadares/MG, mostra-se imperioso o julgamento conjunto das ações, para que se obtenha uniformidade e coerência na prestação jurisdicional, corolário da segurança jurídica" (STJ-1ª Seção, CC 144.922, Min. Diva Malerbi, j. 22.6.16, maioria, DJ 9.8.16).

V. ainda CDC 103-III e §§ 2º e 3º e 104.

V. tb. art. 55, nota 3d, LAP 5º, nota 1b, e LACP 2º, nota 3.

Art. 66: 1c. "O só fato de existir perante a Justiça comum estadual demanda, entre a reclamada e cedente, relacionada com o mesmo contrato que instrumentaliza a reclamatória, não induz, apesar da afinidade, a vinculação das causas a um mesmo juízo" (STJ-2ª Seção, CC 1.602, Min. Sálvio de Figueiredo, j. 26.6.91, DJU 12.8.91).

Art. 66: 1d. "Sem que dois ou mais juízos disputem — ou recusem — o julgamento de um mesmo processo, não existe conflito de competência a ser solucionado, ainda que decisões proferidas por um e outro juízo sejam materialmente conflitantes" (STJ-2ª Seção, CC 76.219, Min. Gomes de Barros, j. 12.9.07, DJU 24.9.07).

Todavia: "Tramitando em juízos diversos demandas que, tratando de idênticas questões fáticas e objetos assemelhados, apresentam-se suscetíveis de decisões conflitantes, sem que tenha qualquer dos juízos se declarado competente para apreciar a causa em curso perante o outro, mas exsurge a manifesta prática de atos que denotem implicitamente tal declaração, é de se pressupor a configuração do conflito positivo de competência na forma prevista no art. 115, I, do CPC" (STJ-1ª Seção, CC 58.229-AgRg, Min. João Otávio, j. 26.4.06, dois votos vencidos, DJU 5.6.06). No mesmo sentido: STJ-3ª Seção, CC 49.814, Min. Hamilton Carvalhido, j. 27.9.06, DJU 26.2.07; STJ-2ª Seção, CC 72.661, Min. Ari Pargendler, j. 12.3.08, DJ 16.10.08.

V. tb. nota 1b.

Art. 66: 2. "**Inexiste conflito** de competência **entre juiz** de primeiro grau de jurisdição **e o tribunal ao qual se encontra vinculado,** cumprindo ao juiz de primeiro grau, tão somente, acatar a deliberação do órgão *ad quem* acerca da determinação da competência" (STJ-3ª Seção, CC 31.862, Min. Paulo Medina, j. 13.10.04, DJU 3.11.04).

Art. 66: 2a. Se o juiz se declara **suspeito** por motivo íntimo e encaminha o processo ao seu **substituto,** não cabe a este, nem à parte, suscitar conflito de competência (TFR-1ª Seção, CC 7.689, Min. William Patterson, j. 8.3.89, DJU 10.4.89).

Art. 66: 3. "Conflito de competência. **Penhora e sequestro recaindo sobre um mesmo imóvel.** Inexistência do alegado conflito", "pois como tal não se caracteriza o fato de o mesmo imóvel ser objeto de mais de um ato de constrição judicial" (RSTJ 100/142). No mesmo sentido: "Inexistência de conflito de competência nos moldes legais, devendo a controvérsia ser solucionada com observância das regras estabelecidas pelo CPC a respeito da preferência sobre bens penhorados" (STJ-1ª Seção, CC 123.879-AgRg, Min. Arnaldo Esteves, j. 28.11.12, DJ 14.12.12).

"Determinação de sequestro e indisponibilidade dos bens pelo juízo criminal. Penhora sobre tais bens no bojo de execução trabalhista, no rosto dos autos da ação penal. Atuação dos juízos nas respectivas esferas de jurisdição. Decisões que não são excludentes entre si. Embora válida, a penhora não produz efeitos, enquanto remanescer o estado de indisponibilidade determinado pelo juízo criminal. Conflito de competência. Inexistência" (STJ-2ª Seção, CC 119.915, Min. Massami Uyeda, j. 23.5.12, DJ 30.5.12).

Art. 66: 3a. "Conflito de competência suscitado pelo **juízo deprecante** que aponta a usurpação de sua competência pelo **juízo deprecado,** quando este determinou que o decreto prisional fosse cumprido em domicílio, ante a falta de condições físicas do sistema prisional local, para abrigar o devedor de alimentos. Se o juízo deprecado não examinou o mérito da diligência determinada pelo juízo deprecante, apenas forma diversa do cumprimento, pela impossibilidade física de se recolher o devedor de alimentos ao sistema carcerário local, inexiste situação hábil à configuração de conflito de competência, nos termos do art. 115 do CPC. Eventual cumprimento equivocado da carta precatória, pelo juízo deprecado, não dá ensejo a conflito de competência. Nessas hipóteses, será cabível reclamação perante a corregedoria competente ou até mesmo correção parcial, se houver previsão nesse sentido no respectivo código judiciário" (STJ-2ª Seção, CC 112.654, Min. Nancy Andrighi, j. 14.11.12, DJ 21.11.12).

Art. 66: 3b. "Conflito de competência. **Juízo arbitral e juízo estatal.** Prolação de sentença parcial arbitral, em que se delimita a extensão objetiva e subjetiva da arbitragem. Posterior ajuizamento de ação anulatória da sentença parcial arbitral, em que o juízo estatal, também no exercício de sua competência, sobresta os efeitos da decisão arbitral. Inexistência de relação de sobreposição de competências dos juízos suscitados. Não configuração de conflito de competência" (STJ-2ª Seção, CC 166.681, Min. Marco Bellizze, j. 11.3.20, DJ 13.3.20).

Art. 66: 4. "Conflito de competência. Registro público. Registro de carta de arrematação. Cancelamento pelo **juiz corregedor.** Impossibilidade. Não deve o juiz correicional, em atividade administrativa, recusar cumprimento de ordem expedida por **juiz no exercício de sua jurisdição,** sob pena de usurpar-lhe a competência" (STJ-2ª Seção, CC 92.173, Min. Fernando Gonçalves, j. 26.3.08, DJU 1.4.08).

"A penhora ordenada e formalizada pelo juiz da causa não pode ter recusado o seu registro por juiz corregedor. Decisão administrativa do corregedor não pode contrariar decisão judicial" (STJ-1ª Seção, CC 32.641, Min. Eliana Calmon, j. 12.12.01, DJU 4.3.02).

Contra: "Inexiste conflito entre o juízo da execução e o juízo correcional, quando o primeiro se encontra no exercício pleno de sua função jurisdicional e o segundo exercendo atividade administrativa" (STJ-4ª T., CC 2.870, Min. Sálvio de Figueiredo, j. 25.8.93, DJU 4.10.93).

V. art. 844, nota 5.

Art. 66: 4a. "Havendo **dois inventários sobre os mesmos bens,** caracteriza-se, em princípio, o conflito positivo de competência, que, entretanto, deixa de existir se sobrevém sentença terminativa por um dos juízes, ainda que pendente de recurso" (STJ-2ª Seção, CC 18.476, Min. Sálvio de Figueiredo, j. 12.11.97, DJU 2.2.98).

Art. 66: 4b. "Ausente a necessária manifestação do juízo suscitado, em que **recusa a competência** para o exame da lide, inviável o conhecimento do conflito negativo em análise, nos termos do art. 115, II, do CPC" (STJ-3ª Seção, CC 77.818, Min. Maria Thereza, j. 25.4.07, DJU 14.5.07). "Não havendo manifestação de mais de um juízo, não há falar em existência de conflito" (STJ-1ª Seção, CC 89.203, Min. Denise Arruda, j. 11.6.08, DJU 30.6.08).

Art. 66: 5. "Havendo os juízes de comarcas situadas em Estados membros diversos acolhido os pronunciamentos dos órgãos dos Ministérios Públicos respectivos, no sentido da incompetência de seus juízos, o conflito que se estabelece é de jurisdição e não de atribuições entre os órgãos do Ministério Público de Estados diferentes" (RTJ 124/857).

Art. 66: 5a. "Até que todos os órgãos jurisdicionais cogitados como competentes se manifestem conclusivamente a respeito, não há cogitar de conflito negativo de competência" (RTJ 128/84).

Art. 66: 5b. Desaparece o conflito negativo se um dos juízes, **supervenientemente, aceita sua competência** (STJ-2ª Seção, CC 157, Min. Sálvio de Figueiredo, j. 9.8.89, DJU 2.10.89).

Art. 66: 6. s/ reunião de processos e: conexão, v. art. 55 §§ 1º e 3º; continência, v. art. 57.

Art. 66: 7. "Entendendo a parte devam os processos ser reunidos, haverá de provocar os juízos envolvidos, manifestando, se o caso, os recursos cabíveis. Conflito só existe 'quando entre dois ou mais juízes surge controvérsia acerca da reunião ou separação de processos' (CPC 115-III)" (STJ-2ª Seção, CC 27.924, Min. Eduardo Ribeiro, j. 13.12.99, DJU 26.6.00).

"Para a configuração do conflito de competência, previsto no inciso III do art. 115 do CPC, é necessária a manifestação dos juízos envolvidos acerca da reunião dos processos" (STJ-1ª Seção, CC 59.955-AgRg, Min. Eliana Calmon, j. 9.8.06, DJU 4.9.06).

Art. 66: 8. v. art. 64, nota 10e.

Capítulo II | DA COOPERAÇÃO NACIONAL

Art. 67. Aos órgãos do Poder Judiciário, estadual ou federal, especializado ou comum, em todas as instâncias e graus de jurisdição, inclusive aos tribunais superiores, incumbe o dever de recíproca cooperação, por meio de seus magistrados e servidores. [Sem dispositivo correspondente no CPC/1973]

Art. 68. Os juízos poderão formular entre si pedido de cooperação para prática de qualquer ato processual. [Sem dispositivo correspondente no CPC/1973]

Art. 69. O pedido de cooperação jurisdicional deve ser prontamente atendido, prescinde de forma específica e pode ser executado como: [Sem dispositivo correspondente no CPC/1973]

I — auxílio direto;

II — reunião ou apensamento de processos;

III — prestação de informações;

IV — atos concertados entre os juízes cooperantes.

§ 1º As cartas de ordem, precatória e arbitral seguirão o regime previsto neste Código.[1]

§ 2º Os atos concertados entre os juízes cooperantes poderão consistir, além de outros, no estabelecimento de procedimento para:

I — a prática de citação,[2] intimação[3] ou notificação de ato;

II — a obtenção e apresentação de provas e a coleta de depoimentos;[4]

III — a efetivação de tutela provisória;[5]

IV — a efetivação de medidas e providências para recuperação e preservação de empresas;

V — a facilitação de habilitação de créditos na falência e na recuperação judicial;[6]

VI — a centralização de processos repetitivos;[7]

VII — a execução de decisão jurisdicional.

§ 3º O pedido de cooperação judiciária pode ser realizado entre órgãos jurisdicionais de diferentes ramos do Poder Judiciário.

Art. 69: 1. v. arts. 260 e segs.

Art. 69: 2. v. arts. 238 e segs.

Art. 69: 3. v. arts. 269 e segs.

Art. 69: 4. v. arts. 369 e segs.

Art. 69: 5. v. arts. 294 e segs.

Art. 69: 6. v. LRF 7º e segs.

Art. 69: 7. v. art. 928.

Livro III | DOS SUJEITOS DO PROCESSO

Título I | DAS PARTES E DOS PROCURADORES

Capítulo I | DA CAPACIDADE PROCESSUAL

Art. 70. Toda pessoa que se encontre no exercício de seus direitos tem capacidade para estar em juízo.[1] [Dispositivo correspondente no CPC/1973: art. 7º]

Art. 70: 1. "A capacidade processual ou capacidade de estar em juízo está intimamente ligada ao conceito de capacidade civil. 'As pessoas físicas têm essa capacidade quando se acham no pleno exercício de seus direitos (CPC, art. 7º). Trata-se dos maiores de dezoito anos que não se encontram em nenhuma das situações nas quais a lei civil os dá por incapazes para os atos da vida civil (CC, arts. 3º e 4º)'" (STJ-1ª T., REsp 266.219-AgRg, Min. Luiz Fux, j. 27.4.04, DJU 31.5.04; citando Cândido Rangel Dinamarco, *Instituições de Direito Processual Civil*, v. II, p. 284).

Art. 71. O incapaz[1] será representado ou assistido por seus pais, por tutor ou por curador, na forma da lei.[2-3] [Dispositivo correspondente no CPC/1973: art. 8º]

Art. 71: 1. v., no CCLCV, CC 3º a 5º, bem como respectivas notas.

Art. 71: 2. v. CC 1.747-I, 1.774 e 1.781.

Em matéria de investigação de paternidade, v. LIP 2º, nota 2d.

Art. 71: 3. "Outorgado mandato por menor devidamente representado, o instrumento permanece válido mesmo que o mandante atinja a maioridade" (RT 731/375).

Art. 72. O juiz nomeará curador especial ao:[1 a 5] [Dispositivo correspondente no CPC/1973: art. 9º-*caput*]

I — incapaz, se não tiver representante legal ou se os interesses deste colidirem com os daquele, enquanto durar a incapacidade;[6-6a] [Dispositivo correspondente no CPC/1973: art. 9º-I]

II — réu preso revel,[6b-6c] bem como ao réu revel citado por edital[7] ou com hora certa,[7a] enquanto não for constituído advogado.[8 a 9a] [Dispositivo correspondente no CPC/1973: art. 9º-II]

Parágrafo único. A curatela especial será exercida pela Defensoria Pública, nos termos da lei.[10 a 12] [Dispositivo correspondente no CPC/1973: art. 9º § ún.]

Art. 72: 1. s/ curador especial, v. arts. 341 § ún. (ônus da impugnação especificada dos fatos), 671 (inventário e partilha com ausente ou incapaz), 700, notas 25 e 26 (em monitória), 752 § 2º (interditando sem advogado), 915, nota 4 (em execução), 1.007, nota 10a (dispensa de preparo de recurso), LEF 16, nota 16b (segurança do juízo em execução fiscal), e 26, nota 5a (honorários em execução fiscal); EId 74-II (ao idoso). V. tb., no nosso CCLCV, ECA 142, nota 4, e 155, nota 2. V., ainda, no índice: Curador especial.

Art. 72: 2. "O curador *ad litem*, **representa com plenitude** a parte (quer demandante, quer demandada), considerada merecedora de especial tutela jurídica, cabendo-lhe impugnar as decisões judiciais tanto mediante recursos, como utilizando **ações autônomas de impugnação,** tais como o **mandado de segurança** contra ato judicial" (RSTJ 46/521).

Art. 72: 3. **No sentido de que o curador especial pode:**

— arguir prescrição (STJ-1ª T., REsp 494.987-AgRg, Min. Teori Zavascki, j. 2.3.04, DJU 22.3.04; RSTJ 101/381, RT 808/430, 811/427); inclusive intercorrente (STJ-2ª T., REsp 685.093, Min. Eliana Calmon, j. 15.2.05, DJU 14.3.05);

— reconvir (STJ-4ª T., REsp 1.088.068, Min. Antonio Ferreira, j. 29.8.17, DJ 9.10.17; RT 701/81, JTJ 146/237). **Contra:** RT 447/91, 468/60;

— embargar a execução (Súmula 196 do STJ, em nota 4 ao art. 915);

— recorrer (RSTJ 47/272).

No sentido de que o curador especial não pode:

— denunciar a lide a terceiro (JTJ 101/100);

Art. 72: 4. "O curador especial, excetuando o **dever de contestar,** atua, no mais, segundo sua convicção profissional, **não sendo,** portanto, **obrigado a interpor recurso"** (JTJ 170/64).

Afirmando o dever de contestar: RT 663/84, RF 322/249.

Contra, no sentido de que "não há nulidade na ausência de expressa contestação do curador à lide, nomeado ao réu, pois não se trata de atividade estreitamente demarcada e sim de atividade livre, atuando o nomeado como entender em sua consciência": RT 419/160.

Art. 72: 5. "A remuneração dos membros integrantes da Defensoria Pública ocorre mediante subsídio em parcela única mensal, com expressa vedação a qualquer outra espécie remuneratória, nos termos dos arts. 135 e 39, § 4º, da CF/88 combinado com o art. 130 da LC 80/94. Destarte, **o defensor público não faz jus ao recebimento de honorários pelo exercício da curatela especial,** por estar no exercício das suas funções institucionais, para o que já é remunerado mediante o subsídio em parcela única. **Todavia, caberá à Defensoria Pública, se for o caso, os honorários sucumbenciais** fixados ao final da demanda (art. 20 do CPC), ressalvada a hipótese em que ela venha a atuar contra pessoa jurídica de direito público, à qual pertença (Súmula 421 do STJ)" (STJ-Corte Especial, REsp 1.201.674, Min. Luis Felipe, j. 6.6.12, RP 213/463). Do voto do relator: "Convém acentuar, porém, que é diversa a situação quando a curadoria especial é atribuída a advogado dativo, hipótese em que se faz devida a verba honorária, nos termos do art. 22, do EOAB. Isso porque, obviamente, o causídico não integra carreira jurídica custeada pelos cofres públicos, sendo profissional autônomo, ao qual assiste o direito à percepção da retribuição pelo trabalho desempenhado excepcionalmente em prol dos menos favorecidos. Outrossim, apenas para tornar estreme de dúvidas o tema em debate, impende salientar também que não há equiparar os honorários pleiteados — que nem sequer são devidos — a despesas processuais".

"Os honorários advocatícios não são despesas processuais, previstas no art. 19 do CPC, e assim não cabe ser adiantados pelo autor, ainda quando se trate de réu citado por edital, representado por defensor público, na atuação como curador especial. A uma, porque se trata de verba sucumbencial a ser fixada ao final da demanda, nos termos do art. 20 do CPC, e que deverá ser suportada pelo vencido. Antecipar os honorários do curador especial, ainda que este *munus* seja exercido por defensor público, significaria a inversão do critério de fixação de tal verba. A duas, porque o contraditório efetivo, garantia constitucional, apenas estará assegurado àquele citado fictamente, se o Estado, por seus órgãos constitucionalmente destinados a este nobre fim, cumprir a sua função institucional de atuar eficientemente na sua defesa. Nessa atividade, pois, é dever do Estado assumir os encargos financeiros de desempenhar esta relevante função no processo, sendo de todo descabido pretender-se transmitir mais um encargo extralegal para os ombros de quem demanda" (JTJ 341/95: AI 1.268.063-0/9). No mesmo sentido: STJ-2ª T., REsp 1.225.453, Min. Mauro Campbell, j. 2.6.11, DJ 23.9.11; STJ-4ª T., REsp 1.258.560-AgRg, Min. Isabel Gallotti, j. 15.5.12, DJ 24.5.12; Lex-JTA 171/44, 171/47, JTJ 333/174 (AI 7.277.090-4), 341/109 (AI 1.281.986-0/8).

Contra: "Os honorários do curador à lide seguem o regime dos honorários do perito; o autor antecipa-os, e cobra do réu, posteriormente, se procedente a ação" (RSTJ 147/244). No mesmo sentido, considerando que o autor deve adiantar o pagamento dos honorários, nos termos do art. 19 § 2º: STJ-4ª T., REsp 899.273, Min. Aldir Passarinho Jr., j. 2.4.09, DJ 11.5.09; STJ-3ª T., REsp 1.194.795-AgRg, Min. Sidnei Beneti, j. 26.4.11, DJ 4.5.11; STJ-RT 872/203 (5ª T., REsp 957.422), JTJ 343/211 (AI 7.376.957-2), Lex-JTA 149/250.

V. tb. art. 85, nota 17.

Art. 72: 6. "A nomeação de curador especial supõe a existência de **conflito de interesses** entre o incapaz e seu representante. Isto não resulta do simples fato de este último ter se descuidado do bom andamento do processo. As falhas deste podem ser supridas pela atuação do MP, a quem cabem os mesmos poderes e ônus das partes" (STJ-3ª T., REsp 886.124, Min. Gomes de Barros, j. 20.9.07, DJU 19.11.07).

Art. 72: 6a. "Já atuando o Ministério Público no processo como *custos legis* não ocorre necessidade da intervenção obrigatória do defensor público para a mesma função. O art. 9º, I, do CPC, dirige-se especificamente à capacidade processual das partes e dos procuradores. Dessa forma, a nomeação de curador especial ao incapaz só ocorre, de forma obrigatória, quando este figurar como parte, não na generalidade de casos que lidem com crianças ou adolescentes, sem ser na posição processual de partes, ainda que se aleguem fatos graves relativamente a eles" (STJ-3ª T., REsp 1.177.636, Min. Sidnei Beneti, j. 18.10.11, um voto vencido, DJ 27.9.12).

Art. 72: 6b. Não há razão para nomear curador especial ao réu preso, se este **contestou a ação,** através de **advogado constituído** (JTJ 198/51).

Art. 72: 6c. "Ofensa aos princípios constitucionais do contraditório e ampla defesa. Violação, ademais, ao art. 9º, II, do CPC. Réu que, não obstante citado pessoalmente, tem sua liberdade privada quatro dias após o ato citatório,

Código de Processo Civil

ainda durante o transcurso do lapso destinado à apresentação da defesa. Caso fortuito que impossibilitou a apresentação de resposta perante o juízo cível. Omissão do juízo em nomear curador especial que culmina na nulidade do processo desde a citação, exclusive, devendo ser restituído o prazo destinado à defesa" (STJ-4ª T., REsp 1.032.722, Min. Marco Buzzi, j. 28.8.12, DJ 15.10.12).

V. tb. art. 525, nota 10.

Art. 72: 7. v. arts. 256 e segs.

Art. 72: 7a. v. arts. 252 e segs.

Art. 72: 8. Não se nomeia curador especial ao réu, citado por edital ou com hora certa, que apresenta **contestação intempestiva** (STJ-3ª T., REsp 1.229.361, Min. Vasco Della Giustina, j. 12.4.11, DJ 25.4.11; RT 742/265).

Art. 72: 9. Assim que **constituído advogado** pelo réu no processo, **termina a função** do curador especial (JTA 105/377).

Art. 72: 9a. Na Un. da Jur. 29.761-1 (RJTJESP 88/333), o Órgão Especial do TJSP, com sete votos vencidos, respondeu negativamente à indagação: "Há necessidade de nomeação de curador especial, em **ação de usucapião,** aos réus incertos e desconhecidos (pessoas indeterminadas), citados por editais?".

No mesmo sentido: RT 477/82, 477/114, 482/106, 485/85, 506/54, 527/84, RJTJESP 63/74, RF 293/259.

Contra: RT 498/108, 532/73, 542/55, 547/84, RJTJESP 32/132, 39/77, 40/203, 59/174, 67/174, 68/224, 71/172, 80/211, 84/205.

Art. 72: 10. s/ Defensoria Pública, v. arts. 185 e segs.

Art. 72: 11. LC 80, de 12.1.94 — Organiza a Defensoria Pública da União, do Distrito Federal e dos Territórios e prescreve normas gerais para sua organização nos Estados, e dá outras providências: **"Art. 4º** São funções institucionais da Defensoria Pública, dentre outras: ... **XVI** (*redação da LC 132, de 7.10.09*) — exercer a curadoria especial nos casos previstos em lei".

Art. 72: 12. "Réu revel. Curadora especial. Defensoria Pública. Impossibilidade de presunção acerca da assistência judiciária gratuita. **Condenação aos ônus sucumbenciais** mantida" (STJ-3ª T., REsp 1.186.284-AgRg, Min. Sidnei Beneti, j. 23.11.10, DJ 3.12.10). No mesmo sentido: "A necessidade de litigar sob o pálio da justiça gratuita não se presume quando a Defensoria Pública atua como mera curadora especial, face à revelia do devedor" (STJ-4ª T., REsp 846.478-AgRg, Min. Aldir Passarinho Jr., j. 28.11.06, DJU 26.2.07).

Art. 73. O cônjuge necessitará do consentimento do outro para propor ação que verse sobre direito real imobiliário, salvo quando casados sob o regime de separação absoluta de bens.[1 a 2c] [Dispositivo correspondente no CPC/1973: art. 10-*caput*]

§ 1º Ambos os cônjuges serão necessariamente citados para a ação:[2d] [Dispositivo correspondente no CPC/1973: art. 10 § 1º]

I — que verse sobre direito real imobiliário, salvo quando casados sob o regime de separação absoluta de bens;[3 a 7a] [Dispositivo correspondente no CPC/1973: art. 10 § 1º-I]

II — resultante de fato que diga respeito a ambos os cônjuges ou de ato praticado por eles;[8-8a] [Dispositivo correspondente no CPC/1973: art. 10 § 1º-II]

III — fundada em dívida contraída por um dos cônjuges a bem da família;[8b] [Dispositivo correspondente no CPC/1973: art. 10 § 1º-III]

IV — que tenha por objeto o reconhecimento, a constituição ou a extinção de ônus sobre imóvel de um ou de ambos os cônjuges. [Dispositivo correspondente no CPC/1973: art. 10 § 1º-IV]

§ 2º Nas ações possessórias, a participação do cônjuge do autor ou do réu somente é indispensável nas hipóteses de composse[9] ou de ato por ambos praticado.[10] [Dispositivo correspondente no CPC/1973: art. 10 § 2º]

§ 3º Aplica-se o disposto neste artigo à união estável[11] comprovada nos autos. [Sem dispositivo correspondente no CPC/1973]

Art. 73: 1. v. arts. 47 (que, de certa forma, enumera diversas ações imobiliárias) e 391 § ún. (s/ confissão); LI 59, nota 10 (nas ações de despejo).

V. tb. CC 1.647-II.

Art. 73: 2. Não há forma prescrita em lei para o consentimento conjugal, que pode, assim, ser dado em **documento particular.**

Art. 73: 2a. "Para propor ação de **desapropriação indireta,** a mulher tem que ter autorização do marido" (STJ-1ª T., REsp 46.899-0, Min. Cesar Rocha, j. 16.5.94, DJU 2.5.94). Em sentido semelhante: RJTJESP 137/339.

Art. 73: 2b. Exigindo a intervenção do cônjuge em **ação de usucapião:** RJTJESP 130/204.

Contra, entendendo que o outro cônjuge não necessita figurar como autor nem mesmo dar autorização para a propositura da ação: JTJ 152/168.

Art. 73: 2c. "O objeto da ação declaratória de nulidade, também denominada ***querela nullitatis,*** é declarar a inexistência de uma sentença proferida em processo no qual não estejam presentes os pressupostos processuais de existência. Sob esse aspecto não se pode falar em lide que versa sobre direitos reais imobiliários para fins de formação do litisconsórcio ativo necessário a que alude o artigo 10 do CPC/1973, ainda que o processo em que proferida a sentença tida por inexistente tenha essa natureza" (STJ-3ª T., REsp 1.677.930, Min. Ricardo Cueva, j. 10.10.17, DJ 24.10.17).

Art. 73: 2d. "O **cônjuge** que **apenas autorizou** seu consorte a prestar **aval,** nos termos do art. 1.647 do Código Civil (outorga uxória), não é avalista. Dessa forma, não havendo sido prestada garantia real, não é necessária sua citação como litisconsorte, bastando a **mera intimação,** como de fato postulado pelo exequente (art. 10, § 1º, incisos I e II, do CPC de 1973)" (STJ-4ª T., REsp 1.475.257, Min. Isabel Gallotti, j. 10.12.19, DJ 13.12.19).

Art. 73: 3. v. arts. 47 (que, de certa forma, enumera diversas ações imobiliárias), 391 § ún. (s/ confissão), 589, nota 1 (divisão), e 725, nota 10 (alienação de coisa comum), LD 16, nota 2 (desapropriação), e LI 33, nota 8 (ação de preferência movida pelo locatário contra o locador).

V. tb. CC 1.647-II.

Art. 73: 4. "Nas ações reais imobiliárias, os cônjuges, **como réus, são litisconsortes necessários,** pois a lei exige a citação de ambos. **No caso de legitimação ativa, o que se exige é a outorga** marital ou uxória, e não o litisconsórcio" (JTJ 159/17).

Art. 73: 5. "Sendo a **ação reivindicatória** uma ação real, tem-se por necessária a citação de ambos os cônjuges--réus" (STJ-4ª T., REsp 73.975, Min. Sálvio de Figueiredo, j. 24.11.97, DJU 2.2.98). No mesmo sentido: RT 836/260.

Art. 73: 6. "Ação em que o arrematante do imóvel pretende **imitir-se na posse.** Natureza real imobiliária. Citação de ambos os cônjuges. Irrelevância da circunstância de estarem separados de fato, apenas um deles ocupando o imóvel. A necessidade da citação de ambos decorre da natureza da ação e não de a ofensa ao direito ser imputável aos dois" (RSTJ 39/585).

Art. 73: 7. "No caso de **entrega de dinheiro** pelo *de cujus* para a aquisição de bens imóveis, a **sonegação** é dos valores entregues, e não dos próprios imóveis, o que afasta o acionamento dos cônjuges em litisconsórcio necessário (CPC, arts. 10, § 1º, I, e 47)" (STJ-3ª T., REsp 1.196.946, Min. João Otávio, j. 19.8.14, maioria, DJ 5.9.14).

Art. 73: 7a. "É prescindível a citação de cônjuge do comprador em ação que vise à **rescisão de contrato de promessa de compra e venda de imóvel,** pois a discussão trata apenas de direitos obrigacionais, não existindo litisconsórcio passivo necessário" (STJ-4ª T., REsp 1.180.179, Min. Isabel Gallotti, j. 7.3.17, DJ 15.3.17).

Art. 73: 8. "A **ação pauliana tem natureza pessoal,** e não real, razão pela qual não é necessária a citação dos cônjuges do devedor-doador e dos donatários. Necessidade, contudo, de **citação do cônjuge do devedor que participou do contrato** de doação por força do inciso II do art. 10 do Código de Processo Civil" (STJ-3ª T., REsp 750.135, Min. Paulo Sanseverino, j. 12.4.11, DJ 28.4.11).

Art. 73: 8a. **"Execução de contrato de promessa de compra e venda de imóveis rurais** sem registro em cartório. **Dívida solidária contraída por ambos os cônjuges** na constância do casamento. Execução ajuizada em face de ambos. Pedido de desistência em relação a um deles, antes da citação. Impossibilidade. A genericidade da expressão 'ação resultante de fatos que digam respeito a ambos os cônjuges ou de atos praticados por eles' deve ser objeto de conformação casuística, a fim de encontrar, sempre na hipótese concreta que se examina, o necessário ponto de equilíbrio entre as conflitantes regras relacionadas à solidariedade passiva e a obrigatoriedade de formação do litisconsórcio entre os cônjuges. Amolda-se ao conceito de ação decorrente de atos praticados pelos cônjuges aquela que se funda em relação obrigacional contraída por ambos os cônjuges na constância do casamento, de modo que a regra aplicável na espécie é o art. 10, § 1º, II, do CPC/73 e não o art. 275, *caput,* do CC/2002. A necessariedade da formação de litisconsórcio passivo entre os cônjuges nas ações que se fundem em responsabilidade contratual decorrente de negócios jurídicos por eles celebrados não é afastada pela superveniência do divórcio, especialmente na hipótese em que o negócio jurídico foi celebrado na constância do casamento, a execução foi ajuizada antes da dissolução do vínculo conjugal, a dívida não foi objeto de partilha e a defesa da cônjuge excluída se funda em adimplemento integral do contrato por ambos os executados, circunstância que, se porventura comprovada, acarretará a extinção da execução em relação a ambos os ex-cônjuges" (STJ-3ª T., REsp 1.776.001, Min. Nancy Andrighi, j. 11.2.20, DJ 13.2.20).

Art. 73: 8b. "No âmbito do poder familiar estão contidos poderes jurídicos de direção da criação e da educação, envolvendo pretensões e faculdades dos pais em relação a seus filhos, correspondentes a um encargo privado imposto pelo Estado, com previsão em nível constitucional e infraconstitucional. As **obrigações derivadas do poder familiar,** contraídas nessa condição, quando casados os titulares, classificam-se como necessárias à economia doméstica, sendo, portanto, solidárias por força de lei e inafastáveis pela vontade das partes (art. 1.644, do CC/2002). Nos casos de execução de obrigações contraídas para manutenção da economia doméstica, para que haja responsabilização de ambos os cônjuges, o processo judicial de conhecimento ou execução deve ser instaurado em face dos dois, com a devida citação e formação de litisconsórcio necessário. Nos termos do art. 10, § 1º, III, CPC/1973 (art. 73, § 1º, CPC/2015), se não houver a citação de um dos cônjuges, o processo será válido e eficaz para aquele que foi citado, e a execução não poderá recair sobre os bens que componham a meação ou os bens particulares do cônjuge não citado" (STJ-4ª T., REsp 1.444.511, Min. Luis Felipe, j. 11.2.20, DJ 19.5.20).

Todavia, v. art. 790, nota 2.

Art. 73: 9. "Composse é modalidade de posse em que há simultaneidade do exercício da posse por mais de um titular, praticando atos de domínio sobre a coisa" (STJ-4ª T., REsp 978.939, Min. Raul Araújo, j. 15.12.11, DJ 18.12.14).

Art. 73: 10. Se o réu tem posse derivada de contrato celebrado com o autor (locação, comodato, depósito), não cabe intervenção de seu cônjuge na ação, possessória ou não, a menos que o contrato confira **direito real** (promessa de compra e venda registrada, usufruto). Neste sentido: RT 615/73, RJTJESP 105/281. Mas,

— se marido e mulher figuraram no contrato, devem ambos ser partes na ação (v. § 1º-II);

— se a posse for disputada com base em títulos de domínio, há necessidade de intervenção de ambos os cônjuges (RT 611/122).

Assim, dispensa-se a intervenção do cônjuge do autor ou do réu: na ação de restituição da coisa dada em comodato (RT 754/364, JTA 100/279) ou em locação (v., p. ex., na ação de despejo, LI 59, nota 10).

Art. 73: 11. v. CC 1.723 e segs.

Art. 74. O consentimento previsto no art. 73 pode ser suprido judicialmente quando for negado por um dos cônjuges sem justo motivo, ou quando lhe seja impossível concedê-lo. [Dispositivo correspondente no CPC/1973: art. 11-*caput*]

Parágrafo único. A falta de consentimento, quando necessário e não suprido pelo juiz, invalida o processo. [Dispositivo correspondente no CPC/1973: art. 11 § ún.]

Art. 75. Serão representados em juízo, ativa e passivamente:[1 a 6b] [Dispositivo correspondente no CPC/1973: art. 12-*caput*]

I — a União, pela Advocacia-Geral da União, diretamente ou mediante órgão vinculado;[7-7a] [Dispositivo correspondente no CPC/1973: art. 12-I]

II — o Estado e o Distrito Federal, por seus procuradores;[8 a 10] [Dispositivo correspondente no CPC/1973: art. 12-I]

III — o Município, por seu prefeito ou procurador;[11-12] [Dispositivo correspondente no CPC/1973: art. 12-II]

IV — a autarquia e a fundação de direito público, por quem a lei do ente federado designar;[13] [Sem dispositivo correspondente no CPC/1973]

V — a massa falida, pelo administrador judicial;[14-15] [Dispositivo correspondente no CPC/1973: art. 12-III]

VI — a herança jacente ou vacante, por seu curador;[15a] [Dispositivo correspondente no CPC/1973: art. 12-IV]

VII — o espólio,[16 a 17] pelo inventariante;[18 a 19a] [Dispositivo correspondente no CPC/1973: art. 12-V]

VIII — a pessoa jurídica, por quem os respectivos atos constitutivos designarem ou, não havendo essa designação, por seus diretores;[20 a 21a] [Dispositivo correspondente no CPC/1973: art. 12-VI]

IX — a sociedade e a associação irregulares e outros entes organizados sem personalidade jurídica,[22 a 22b] pela pessoa a quem couber a administração de seus bens;[23] [Dispositivo correspondente no CPC/1973: art. 12-VII]

X — a pessoa jurídica estrangeira,[23a a 24] pelo gerente, representante ou administrador de sua filial, agência ou sucursal aberta ou instalada no Brasil;[25 a 25b] [Dispositivo correspondente no CPC/1973: art. 12-VIII]

XI — o condomínio,[26-26a] pelo administrador ou síndico.[27 a 27b] [Dispositivo correspondente no CPC/1973: art. 12-IX]

§ 1º Quando o inventariante for dativo,[28] os sucessores do falecido serão intimados no processo no qual o espólio seja parte.[29] [Dispositivo correspondente no CPC/1973: art. 12 § 1º]

§ 2º A sociedade ou associação sem personalidade jurídica não poderá opor a irregularidade de sua constituição quando demandada. [Dispositivo correspondente no CPC/1973: art. 12 § 2º]

§ 3º O gerente de filial ou agência presume-se autorizado pela pessoa jurídica estrangeira a receber citação para qualquer processo.[30] [Dispositivo correspondente no CPC/1973: art. 12 § 3º]

§ 4º Os Estados e o Distrito Federal poderão ajustar compromisso recíproco para prática de ato processual por seus procuradores em favor de outro ente federado, mediante convênio firmado pelas respectivas procuradorias. [Sem dispositivo correspondente no CPC/1973]

Art. 75: 1. s/ distinção entre representação processual e substituição processual, v. art. 18, nota 3.

Art. 75: 2. **CF 5º: "XXI** — as entidades associativas, quando expressamente autorizadas, têm legitimidade para representar seus filiados judicial ou extrajudicialmente".

CF 8º: "III — ao sindicato cabe a defesa dos direitos e interesses coletivos ou individuais da categoria, inclusive em questões judiciais ou administrativas".

Lei 1.134, de 14.6.50 — Faculta representação perante as autoridades administrativas e a justiça ordinária aos associados de classe que especifica: **"Art. 1º** Às associações de classe existentes na data da publicação desta lei, sem nenhum caráter político, fundadas nos termos do Código Civil e enquadradas nos dispositivos constitucionais, que congreguem funcionários ou empregados de empresas industriais da União, administradas ou não por ela, dos Estados, dos Municípios e de entidades autárquicas, de modo geral, é facultada a representação coletiva ou individual de seus associados, perante as autoridades administrativas e a justiça ordinária".

"A Lei n. 1.134/50, que conferiu às associações de classe nela mencionadas legitimidade *ad causam* para representar em juízo seus associados, encontra-se em pleno vigor, tendo sido recepcionada pela nova Carta Magna" (STJ-6ª T., REsp 91.755, Min. Vicente Leal, j. 1.4.97, DJU 23.6.97).

Lei 4.069, de 11.6.62 — Fixa novos valores para os vencimentos dos servidores da União: **"Art. 29.** Ficam extensivos às entidades representativas de servidores públicos, de âmbito nacional, que tenham seus estatutos devidamente registrados, até a data da presente lei, os benefícios de que trata a Lei n. 1.134, de 14 de junho de 1950".

LSA 68-*caput*: "O agente fiduciário representa, nos termos desta Lei e da escritura de emissão, a comunhão dos debenturistas perante a companhia emissora".

LDA 98-*caput*: "Com o ato de filiação, as associações de que trata o art. 97 tornam-se mandatárias de seus associados para a prática de todos os atos necessários à defesa judicial ou extrajudicial de seus direitos autorais, bem como para o exercício da atividade de cobrança desses direitos".

LDA 99: "§ 2º O ente arrecadador e as associações a que se refere este Título atuarão em juízo e fora dele em seus próprios nomes como substitutos processuais dos titulares a eles vinculados".

Art. 75: 2a. **Autorização e identificação dos associados.** "Ação ordinária coletiva promovida por entidade de classe: CF, art. 5º, XXI: inexigência de autorização expressa dos filiados" (STF-Pleno, ACOr 152, Min. Carlos Velloso, j. 15.9.99, DJU 3.3.00).

Afirmando a desnecessidade de autorização em caso de demanda movida por sindicato em prol dos integrantes da categoria: "Por se tratar de típica hipótese de substituição processual, é desnecessária qualquer autorização dos substituídos" (STF-Pleno, RE 210.029, Min. Joaquim Barbosa, j. 12.6.06, maioria, DJU 17.8.07).

"As entidades associativas — aí incluídos os sindicatos — têm legitimidade para propor ação ordinária em favor de seus filiados, sem a necessidade de expressa autorização de cada um deles" (STJ-Corte Especial, ED no REsp 497.600-AgRg, Min. Gomes de Barros, j. 1.2.07, DJU 16.4.07).

Dispensando a autorização dos filiados também para as fases de liquidação e execução da sentença: STJ-Corte Especial, ED no REsp 901.627-EDcl, Min. Luiz Fux, j. 4.8.10, DJ 2.9.10.

"A formação da coisa julgada nos autos de ação coletiva ajuizada por sindicato ou associação não se limita apenas àqueles que na ação de conhecimento demonstrem a condição de filiado do sindicato autor e o autorizem expressamente a ingressar com a respectiva ação" (STJ-6ª T., REsp 1.180.851-AgRg, Min. Maria Thereza, j. 19.6.12, DJ 29.6.12). "A formação da coisa julgada nos autos de ação coletiva deve beneficiar todos os servidores da categoria, e não apenas aqueles que constaram do rol de substituídos" (STJ-2ª T., Ag em REsp 110.325-AgRg, Min. Castro Meira, j. 23.10.12, DJ 6.11.12). No mesmo sentido: STJ-1ª T., REsp 1.347.547, Min. Napoleão Maia Filho, j. 13.11.12, DJ 17.12.12. V. tb. LACP 5º, nota 5b, CDC 97, nota 4, e 98, nota 1b, e Lei 9.494, de 10.9.97, art. 2º-A, nota 2, no tít. FAZENDA PÚBLICA.

Todavia: "Legitimação ativa. Entidade associativa. Interpretação do art. 5º, XXI, da CF. Tratando-se como se trata de representação que não se limita sequer ao âmbito judicial pois alcança também a esfera extrajudicial, essa autorização tem de ser dada expressamente pelos associados para o caso concreto, e a norma se justifica porque, por ela, basta uma autorização expressa individual ou coletiva, inclusive, quanto a esta, por meio de assembleia geral, sem necessidade, portanto, de instrumento de procuração outorgada individual ou coletivamente, nem que se trate de interesse ou direito ligados a seus fins associativos" (STF-1ª T., RE 223.151-9, Min. Moreira Alves, j. 15.6.99, DJU 6.8.99).

"Nas ações civis públicas pode o sindicato funcionar como substituto processual ou como representante de seus sindicalizados. Como substituto processual não precisa de autorização, mas o interesse defendido deve ser não só do sindicalizado, mas também da própria entidade, se conectado for o interesse dela com o daquele. Na hipótese de representação, há necessidade de autorização do sindicalizado, porque o interesse defendido é unicamente seu, sem conexão alguma com o interesse da entidade. A autorização, seguindo posição jurisprudencial majoritária, pode ser considerada como formalizada pela juntada da ata de reunião do sindicato, onde constem os nomes dos presentes" (STJ-2ª T., REsp 228.507, Min. Eliana Calmon, j. 16.10.01, um voto vencido, DJU 5.5.04). No mesmo sentido: STJ-6ª T., REsp 281.434, Min. Fernando Gonçalves, j. 2.4.02, DJU 29.4.02.

"Da associação que atua em juízo na defesa de seus filiados como representante processual, exige-se, para a propositura de ação ordinária na defesa de seus interesses, além da autorização genérica do estatuto da entidade, a autorização expressa dos filiados, conferida por assembleia geral" (STJ-3ª T., REsp 980.716, Min. Ricardo Cueva, j. 3.9.13, DJ 18.3.14).

"Na execução de ação coletiva exige-se, do sindicato, autorização de seus filiados, não podendo fazê-la em nome próprio, já que apenas os representa processualmente nesta fase" (STJ-Corte Especial, ED no REsp 757.270, Min. Aldir Passarinho Jr., j. 5.12.07, maioria, DJ 10.5.10).

Exigindo que o sindicato indique na execução "os nomes dos titulares e os correspondentes valores dos créditos a serem executados": STJ-1ª T., REsp 924.959, Min. Teori Zavascki, j. 14.6.11, DJ 22.6.11. Do voto do relator: "A identificação do titular do direito material, bem como a exata quantificação da prestação a ele devida, constituem, indubitavelmente, elementos indispensáveis do título executivo. Aliás, há outras implicações nessa questão. Não se pode negar ao devedor executado o direito de saber a quem está pagando e quanto está pagando, e de obter de quem recebeu a correspondente quitação dos valores pagos. É imposição indispensável até mesmo para fins contábeis e fiscais".

Em matéria de mandado de segurança coletivo, v. LMS 21, nota 5.

Art. 75: 3. "A legitimidade de **sindicato** para atuar como substituto processual no mandado de segurança coletivo pressupõe tão somente a existência jurídica, ou seja, o **registro** no cartório próprio, sendo indiferente estarem ou não os estatutos arquivados e registrados no Ministério do Trabalho" (STF-1ª T., RE 370.834, Min. Marco Aurélio, j. 30.8.11, DJ 26.9.11).

Contra: "É indispensável o registro do sindicato no Ministério do Trabalho e Emprego (MTE) para ingresso em juízo na defesa de seus filiados" (STJ-Corte Especial, ED no REsp 510.323, Min. Felix Fischer, j. 19.12.05, DJU 20.3.06).

Art. 75: 4. "A **associação dos magistrados** detém legitimidade para defesa de interesses coletivos de seus associados" (RSTJ 103/79).

Art. 75: 5. A **OAB** representa, em juízo e fora dele, os interesses gerais da classe dos advogados e os individuais, relacionados com o exercício da profissão (EA 44-II). Assim, "não se pode recusar à OAB legitimidade para requerer mandado de segurança contra ato administrativo que considera lesivo à coletividade dos advogados" (STF-Pleno: RTJ 89/396, 111/969, 111/990, 112/589, 123/39, STF-RDA 164/284). Contra: JTA 96/177.

Todavia, não tem legitimidade para impetrar segurança em nome de advogado, visando à proteção de direito individual deste (TJPR-RT 490/177). Também não pode intervir como assistente, em ação na qual se discute sobre obrigação de assinar ponto, por parte de advogados que são servidores públicos (RJTJESP 51/109). Igualmente, não pode pleitear majoração de honorários de advogado (RT 614/153).

Art. 75: 6. "O **ECAD** é parte legítima para ajuizar ação de cobrança de direito autoral, independentemente da prova de filiação dos compositores" (STJ-3ª T., REsp 255.387, Min. Menezes Direito, j. 19.10.00, DJU 4.12.00). No mesmo sentido: STJ-4ª T., REsp 328.963, Min. Aldir Passarinho Jr., j. 21.3.02, DJU 29.4.02.

Todavia: "A situação dos músicos estrangeiros é distinta, sendo, para tanto, necessária a demonstração de outorga de mandato específico para uma associação brasileira ou de que esta representa a correlata alienígena à qual é filiado o artista estrangeiro" (STJ-4ª T., REsp 219.098, Min. Aldir Passarinho Jr., j. 22.4.03, DJU 12.8.03).

S/ competência para ações do ECAD, v. CF 109, nota 3-ECAD (Súmula 148 do TFR).

Art. 75: 6a. **"Clube desportivo.** Demanda envolvendo sócios e **conselho deliberativo.** Legitimidade passiva do órgão sem personalidade jurídica. Em se tratando de discussão envolvendo órgão de pessoa jurídica, somente esta, dotada de personalidade, poderia, em princípio, figurar em um dos polos da demanda. Havendo, entretanto, conflitos *interna corporis* entre seus órgãos ou entre seus associados e os mencionados órgãos, nos quais se atacam atos individualizados emanados desses órgãos, não se justifica reconhecê-los desprovidos de personalidade judiciária e, assim, partes ilegítimas nas causas. Merece prestígio, então, a teoria administrativista do órgão independente, salientando-se, ademais, não ser taxativo o rol constante do art. 12 do CPC, como ensina a boa doutrina" (STJ-4ª T., REsp 164.909, Min. Sálvio de Figueiredo, j. 24.8.99, DJU 29.11.99).

Art. 75: 6b. "Os **Tribunais de Contas** são partes ilegítimas para figurar no polo passivo de ação ordinária visando desconstituir ato de sua competência. Não deve ser confundida a capacidade judiciária excepcional, que lhe é concedida para estar em juízo na defesa de suas prerrogativas, bem como de figurar como autoridade coatora em mandado de segurança, com a legitimação *ad causam* necessária para a formação da relação jurídica formal. Os Tribunais de Contas não são pessoas naturais ou jurídicas, pelo que, consequentemente, não são titulares de direitos. Integram a estrutura da União ou dos Estados e, excepcionalmente, dos Municípios" (RSTJ 175/204). No mesmo sentido: RSTJ 104/156.

Art. 75: 7. v. CF 131.

Art. 75: 7a. **Lei 9.028, de 12.4.95: "Art. 21** (*na redação da Med. Prov. 2.180-35, de 24.8.01*). Aos titulares dos cargos de Advogado da União, de Procurador da Fazenda Nacional e de Assistente Jurídico das respectivas carreiras da Advocacia-Geral da União incumbe representá-la judicial e extrajudicialmente, bem como executar as atividades de assessoramento jurídico do Poder Executivo, conforme dispuser ato normativo do Advogado-Geral da União".

Art. 75: 8. v. § 4º e CF 132.

Art. 75: 9. As **Assembleias Legislativas dos Estados** têm capacidade para ser parte na defesa de seus "interesses institucionais próprios e vinculados ao exercício de sua independência e funcionamento" (STJ-1ª T., RMS 8.967, Min. José Delgado, j. 19.11.98, maioria, DJU 22.3.99).

"A Assembleia Legislativa, por não possuir personalidade jurídica, tem sua capacidade processual limitada à defesa de interesses institucionais próprios e vinculados à sua independência e funcionamento, restando ao Estado, por ser a pessoa jurídica de direito público, nos termos do que dispõe o art. 12, I, do CPC, a legitimidade para ocupar o polo passivo da relação processual" (STJ-6ª T., REsp 94.397, Min. Anselmo Santiago, j. 24.11.98, DJU 17.2.99).

Art. 75: 10. "Não se conhece de recurso manejado em nome de Estado federado por advogado não integrante do respectivo quadro de procuradores" (STJ-1ª T., MC 3.939-AgRg, Min. Gomes de Barros, j. 25.9.01, DJU 4.3.02).

Art. 75: 11. **Súmula 525 do STJ:** "A **Câmara de Vereadores** não possui personalidade jurídica, apenas personalidade judiciária, somente podendo demandar em juízo para defender os seus direitos institucionais".

Considerando como direitos institucionais "os relacionados ao funcionamento, autonomia e independência do órgão": STJ-RT 897/204 (1ª Seção, REsp 1.164.017). No mesmo sentido, afirmando que não se enquadra, "nesse rol, o interesse patrimonial do ente municipal": STJ-2ª T., REsp 1.429.322, Min. Mauro Campbell, j. 20.2.14, DJ 28.2.14.

Afirmando a capacidade da Câmara de Vereadores "para ser parte na defesa de interesses próprios": RP 46/268 (TJRS, AP 585046980). No mesmo sentido: STJ-1ª T., REsp 241.637, Min. Garcia Vieira, j. 17.2.00, DJU 20.3.00. "Afetados os direitos do Município e inerte o Poder Executivo, no caso concreto (municipalização de escolas estaduais), influindo os denominados direitos-função (impondo deveres), não há negar a manifestação de direito subjetivo público, legitimando-se a Câmara Municipal para impetrar mandado de segurança" (STJ-2ª T., RMS 12.068, Min. Peçanha Martins, j. 17.9.02, RSTJ 164/184).

"A Câmara de Vereadores, embora tenha personalidade judiciária, ou seja, capacidade processual para a defesa de suas prerrogativas funcionais, não possui, contudo, personalidade jurídica, pois pessoa jurídica é o Município. Os seus funcionários, embora subordinados ao Presidente da Mesa, na realidade são servidores públicos municipais. As ações por eles aforadas deverão ter o Município no polo passivo da relação processual" (RJTJERGS 168/379).

Em sentido semelhante: RTJ 188/109; STJ-1ª T., REsp 292.080, Min. Gomes de Barros, j. 10.12.02, DJU 19.12.02; RSTJ 56/211, 93/149; JTJ 153/204 e RF 326/220, maioria; RJTJERGS 269/244 (AP 70014948970).

Art. 75: 12. "**Associação de municípios.** Ilegitimidade ativa para tutelar, em nome próprio, direitos e interesses de pessoas jurídicas de direito público. Extinção do processo sem resolução do mérito. Nos moldes do art. 12, II, do CPC, a representação judicial dos Municípios, ativa e passivamente, deve ser exercida por seu Prefeito ou Procurador. A representação do ente municipal não pode ser exercida por associação de direito privado, haja vista que se submete às normas de direito público" (STJ-2ª T., REsp 1.446.813, Min. Mauro Campbell, j. 20.11.14, DJ 26.11.14).

V. tb. LMS 21, nota 9a.

Art. 75: 13. s/ apresentação do instrumento de mandato pelos seus procuradores, v. art. 104, nota 1a.

Art. 75: 14. v. LRF 22-III-*c* e *n*, 103, especialmente nota 1, e 120.

S/ representação judicial da massa de bens de devedor insolvente, v. CPC/73 art. 766-II.

Art. 75: 15. "Se a **massa falida** figura como parte em processo diverso daquele em que se processa a falência, é dever do síndico juntar cópia do ato de nomeação e do termo de compromisso que o habilitou. Se não o fizer, tem-se por irregular a representação processual" (STJ-4ª T., Ag em REsp 81.640-AgRg, Min. Antonio Ferreira, j. 5.2.13, DJ 14.2.13). No mesmo sentido: STJ-3ª T., Ag em REsp 1.010.928-AgInt, Min. Marco Bellizze, j. 6.4.17, DJ 18.4.17.

Art. 75: 15a. v. art. 739 § 1º.

Art. 75: 16. s/ sucessão processual, v. art. 110.

Art. 75: 16a. "O **espólio** tem capacidade de ser parte, sendo representado em juízo pelo inventariante ou, se ainda não prestado o compromisso, pelo administrador provisório, como resulta da interpretação conjugada dos arts. 12, V, e 986 do CPC, operando-se, em caso de falecimento da parte no curso da demanda, a substituição na forma do art. 43 do mesmo Código" (RSTJ 90/195).

S/ administrador provisório, v. tb. notas 17 e 19.

Art. 75: 16b. "A **legitimidade ativa,** nas ações de reconhecimento e dissolução de sociedade de fato, diferentemente da passiva, é, em regra, do espólio. Havendo conflito de interesses de um dos herdeiros e do inventariante, possível é o ajuizamento da ação pelo próprio herdeiro, em razão de sua qualidade de defensor da herança" (RSTJ 93/285 e STJ-RT 740/237).

O espólio do possuidor tem legitimidade para propor ação de usucapião (STJ-4ª T., REsp 28.817, Min. Barros Monteiro, j. 29.8.95, DJU 23.10.95; JTJ 200/243, maioria).

V. tb. notas seguintes.

Art. 75: 16c. Os herdeiros têm legitimidade para ajuizar demanda que seria ajuizada pelo autor da herança, caso vivo fosse, para a defesa de seus direitos e interesses. V. art. 485, nota 30. V. ainda, no CCLCV, CC 1.784, notas 3 e segs.

"Os herdeiros são legitimados ativos para promover a ação de indenização em face de mandatário do falecido, visando ao ressarcimento dos valores indevidamente sacados em conta-corrente do mandante, após o falecimento deste" (STJ-4ª T., REsp 1.297.611, Min. Luis Felipe, j. 6.6.17, DJ 1.8.17).

"Um dos herdeiros, ainda que sem a interveniência dos demais, pode ajuizar demanda visando à defesa da herança, seja o seu todo, que vai assim permanecer até a efetiva partilha, seja o quinhão que lhe couber posteriormente" (RSTJ 90/242). Por isso: "Os descendentes coerdeiros que, com base no disposto no parágrafo único do art. 1.580, CC, demandam em prol da herança, agem como mandatários tácitos dos demais coerdeiros aos quais aproveita o eventual reingresso do bem na *universitas rerum*, em defesa também dos direitos destes" (*ibidem*). O art. 1.580 do CC rev. corresponde ao CC 1.791. No mesmo sentido: JTJ 352/369 (AP 991.09.058537-3). V. CC 1.791 c/c 1.314.

"Enquanto não realizada a partilha, o coerdeiro possui legitimidade ativa para a propositura de ação que visa à defesa do patrimônio comum deixado pelo *de cujus*. Direito indivisível regulado pelas normas relativas ao condomínio, nos termos do art. 1.791 do Código Civil, c/c o art. 1.314 do mesmo diploma legal" (STJ-3ª T., REsp 1.505.428, Min. Ricardo Cueva, j. 21.6.16, DJ 27.6.16).

"O disposto no art. 12, V, do CPC não exclui, nas hipóteses em que ainda não se verificou a partilha, a legitimidade de cada herdeiro vindicar em juízo os bens recebidos a título de herança, porquanto, *in casu*, trata-se de legitimação concorrente" (STJ-3ª T., REsp 1.192.027, Min. Massami Uyeda, j. 19.8.10, DJ 6.9.10).

Todavia: "É legitimado para propor ação de dissolução parcial de sociedade, para fins de apuração da quota social de sócio falecido, o espólio. A legitimidade ativa, em decorrência do direito de *saisine* e do estado de indivisibilidade da herança, pode ser estendida aos coerdeiros, antes de efetivada a partilha. Essa ampliação excepcional da legitimidade, contudo, é ressalvada tão somente para a proteção do interesse do espólio. No caso dos autos, a ação foi proposta com intuito declarado de pretender para si, exclusivamente, as quotas pertencentes ao autor da herança, independentemente da propositura da correspondente ação de inventário ou de sua partilha. Desse modo, não detém o coerdeiro necessário a legitimidade ativa para propor a presente ação" (STJ-3ª T., REsp 1.645.672, Min. Marco Bellizze, j. 22.8.17, DJ 29.8.17).

V. tb. nota anterior.

Art. 75: 17. O credor tem legitimidade para requerer a abertura de inventário do devedor, com a finalidade de posteriormente mover ação contra o espólio; mas é carecedor de ação contra os herdeiros do devedor (JTA 123/149). Assim, no curso do inventário e enquanto não realizada a partilha, a ação que teria de ser movida contra o autor da herança, em vida deste, deve ser proposta contra o seu espólio, e não contra os herdeiros (STJ-3ª T., REsp 1.080.614, Min. Nancy Andrighi, j. 1.9.09, DJ 21.9.09; RT 597/55, 711/105, JTJ 158/174, 206/19, 235/101).

Mesmo o fato de não haver "inventário aberto (e, portanto, inventariante nomeado) não faz dos herdeiros, individualmente considerados, partes legítimas para responder pela obrigação, objeto da ação de cobrança, pois, como assinalado, **enquanto não há partilha,** é a herança que responde por eventual obrigação deixada pelo *de cujus* e **é o espólio,** como parte formal, **que detém legitimidade passiva *ad causam*** para integrar a lide. Na espécie, revela-se absolutamente correta a promoção da ação de cobrança em face do espólio, representado pela cônjuge supérstite, que, nessa qualidade, detém, preferencialmente, a administração, de fato, dos bens do *de cujus*, conforme dispõe o art. 1.797 do Código Civil" (STJ-RP 203/398: 3ª T., REsp 1.125.510). Em sentido semelhante: STJ-4ª T., Ag em REsp 1.039.064-AgInt, Min. Raul Araújo, j. 27.11.18, DJ 4.12.18.

"O espólio tem legitimidade para figurar no polo passivo de ação de execução, que poderia ser ajuizada em face do autor da herança, acaso estivesse vivo, e será representado pelo administrador provisório da herança, na hipótese de não haver inventariante compromissado" (STJ-3ª T., REsp 1.386.220, Min. Nancy Andrighi, j. 3.9.13, DJ 12.9.13).

"A propositura de ação em face de réu preteritamente falecido não se submete à habilitação, sucessão ou substituição processual, nem tampouco deve ser suspensa até o processamento de ação de habilitação de sucessores, na medida em que tais institutos apenas são aplicáveis às hipóteses em que há o falecimento da parte no curso do processo judicial. Inteligência dos arts. 43, 265, I, e 1.055, todos do CPC/73. O correto enquadramento jurídico da situação em que uma ação judicial é ajuizada em face de réu falecido previamente à propositura da demanda é a de ilegitimidade passiva do *de cujus*, devendo ser facultado ao autor, diante da ausência de ato citatório válido, emendar a petição inicial para regularizar o polo passivo, dirigindo a sua pretensão ao espólio. Na ausência de ação de inventário ou de inventariante compromissado, o espólio será representado judicialmente pelo administrador provisório, responsável legal pela administração da herança até a assunção do encargo pelo inventariante" (STJ-3ª T., REsp 1.559.791, Min. Nancy Andrighi, j. 28.8.18, DJ 31.8.18).

Mas: "Transitada em julgado a sentença que homologou a partilha, cessa o condomínio hereditário e os sucessores passam a exercer, exclusiva e plenamente, a propriedade dos bens e direitos que compõem o seu quinhão, nos termos do art. 2.023 do CC/02. Não há mais falar em espólio, sequer em representação em juízo pelo inventariante, de tal forma que a ação anulatória deve ser proposta em face daqueles que participaram da partilha; na espécie, a filha (recorrente) e a ex-mulher do falecido" (STJ-3ª T., REsp 1.238.684, Min. Nancy Andrighi, j. 3.12.13, DJ 21.2.14).

Todavia: "Ação de reconhecimento de união estável *post mortem*. Os herdeiros possuem legitimidade para figurarem no polo passivo de ação de reconhecimento e dissolução de sociedade de fato" (STJ-3ª T., Ag em REsp 1.078.591-AgInt, Min. Marco Bellizze, j. 20.2.18, DJ 1.3.18). V. tb. nota 16b.

"Servidor público distrital. Quantia disponibilizada pelo ente público após o falecimento da servidora. Enriquecimento sem causa das herdeiras. Ação de ressarcimento. Legitimidade do espólio. Não ocorrência. A restituição de quantia recebida indevidamente é um dever de quem se enriqueceu sem causa (art. 884 do CC/2002). De acordo com as alegações do ente público, a vantagem econômica foi auferida pelas herdeiras da ex-servidora. Logo, se o espólio não pode ser vinculado, nem mesmo abstratamente, ao dever de restituir, ele não pode ser considerado parte legítima nesta ação nos termos do art. 17 do CPC/2015" (STJ-2ª T., REsp 1.805.473, Min. Mauro Campbell, j. 3.3.20, DJ 9.3.20).

V. ainda arts. 110, nota 2c, 613, nota 1a, 655, nota 1, e 669, nota 1.

S/ administrador provisório, v. igualmente notas 16a e 19.

Em matéria de investigação de paternidade, v. LIP 2º § 6º e notas.

Art. 75: 18. s/ administrador provisório, v. arts. 613 e 614; s/ cessação da representação do espólio, pelo inventariante, quando ultimada a partilha, v. art. 618, nota 1.

Art. 75: 19. Também o **administrador provisório** representa o espólio (v. art. 614).

V. tb. notas 16a e 17.

Art. 75: 19a. O **inventariante dativo** não representa o espólio (RJTJESP 46/107). **Contra:** RJTJESP 44/264.

V. § 1º e notas e art. 618, nota 2b.

Art. 75: 20. s/ regularidade da representação da pessoa jurídica em juízo, v. art. 76, notas 4 e segs.; s/ extinção, incorporação ou fusão de sociedade, v. art. 110, notas 2 e segs., e LSA 138-*caput* e 144-*caput*; s/ citação de pessoa jurídica, v. arts. 242 e notas e 248, nota 5; s/ sócio-gerente de sociedade em comandita por ações, v. LSA 282; s/

poderes de liquidante de sociedade por ações, v. LSA 211; s/ ação de sociedade cooperativa contra seu administrador, v. Lei 5.764, de 16.12.71, art. 54 (no CCLCV, tít. SOCIEDADES CIVIS, ínt.).

Art. 75: 21. O **ato** praticado em nome da sociedade por um só de seus representantes, quando os estatutos exigem a presença de dois, não é apenas nulo, porém **inexistente,** podendo tal fato ser reconhecido de ofício (STJ-RT 781/179).

V. tb. art. 76, nota 5.

Art. 75: 21a. "A representação partidária nas ações judiciais constitui prerrogativa jurídico-processual do diretório nacional do **partido político,** que é — ressalvada disposição em contrário dos estatutos partidários — o órgão de direção e de ação dessas entidades no plano nacional" (STJ-4ª T., REsp 1.484.422, Min. Luis Felipe, j. 28.5.19, DJ 5.8.19).

Art. 75: 22. v. § 2º.

Art. 75: 22a. "Podem litigar em juízo as **'pessoas formais',** as sociedades de fato, as sociedades ainda sem personalidade jurídica, ou já sem personalidade jurídica" (STJ-4ª T., REsp 1.551, Min. Athos Carneiro, j. 20.3.90, DJU 9.4.90).

Art. 75: 22b. "O legislador de 1973, ao atribuir, no art. 12-VII, CPC, capacidade para ser parte às sociedades sem personalidade jurídica, colimou, embora com desapego ao rigor científico, tornar menos gravosa a situação processual dos que com tais sociedades irregulares litigam, sem, com isso, subverter a ordem legal até então vigente, em particular no que diz com o disposto no art. 18, CC. Enquanto não arquivado no Registro próprio o contrato de incorporação, incorporadora e incorporada continuam a ser, em relação a terceiros, pessoas jurídicas distintas, cada qual legitimada para figurar em juízo na defesa de seus interesses" (STJ-4ª T., REsp 14.180-0, Min. Sálvio de Figueiredo, j. 25.5.93, DJU 28.6.93). O art. 18 do CC rev. corresponde ao CC 45.

Art. 75: 23. O **representante de consórcio de automóveis** sem personalidade jurídica tem qualidade para estar em juízo em nome do consórcio (RT 476/153, JTA 34/120).

Art. 75: 23a. v. § 3º.

Art. 75: 23b. "O estatuído no art. 12, VIII, do CPC não configura um ônus processual, ao contrário, equivale a uma facilitação quanto à regularização da capacidade de estar em juízo que a lei ordinária concebeu em proveito da **pessoa jurídica estrangeira.** Diante da ausência, no país, das entidades elencadas pelo art. 12, VIII, do CPC, deve-se aplicar o contido no art. 12, VI" (RMDECC 21/113: TJMG, AP 1.0024.04.512525-9/002). No mesmo sentido: STJ-3ª T., REsp 1.682.665, Min. Paulo Sanseverino, j. 3.11.20, DJ 17.11.20; JTJ 333/176 (AI 7.277.374-5).

Art. 75: 23c. "Nulidade de citação. Pessoa jurídica estrangeira citada no endereço de **pessoa jurídica brasileira do mesmo grupo econômico.** Inexistência de relação de filial, agência ou sucursal. Funcionário que ressalva não ter poderes para receber citação. Ato judicial inválido. No particular, conquanto se evidencie uma comunhão de interesses entre as duas pessoas jurídicas — a sociedade americana (ré) e a sociedade brasileira (recorrente) — para eventual atuação conjunta no exercício da atividade empresarial, isso não induz, por si só, à conclusão de que a primeira possa ser representada em juízo pela segunda ou mesmo que esta esteja autorizada a receber a citação dirigida àquela. Embora integrem o mesmo grupo econômico, a recorrente não constitui filial, agência ou sucursal da ré. Ademais, o funcionário que recebeu o mandado é representante legal da recorrente e não da ré, tendo feito constar expressamente na certidão que não possuía poderes para receber a citação em nome desta. Hipótese em que se mostra indispensável a expedição de carta rogatória, como via adequada para a citação válida da ré, pessoa jurídica com sede nos Estados Unidos" (STJ-3ª T., REsp 1.708.309, Min. Nancy Andrighi, j. 4.12.18, DJ 7.12.18).

Art. 75: 24. Representação de Estado estrangeiro. "Apenas os Chefes de Missão Diplomática possuem legitimidade para as causas que os interesses do país a que pertencem e representam estejam em discussão perante a Justiça do Estado onde servem, limitando-se os representantes consulares a atividades de cunho eminentemente comercial e administrativo" (RSTJ 176/339). "Não pode o cônsul, pois, outorgar mandato judicial em representação do Estado estrangeiro, visando ajuizar demanda perante a Justiça brasileira" (RSTJ 48/17 e STJ-RF 323/204, maioria).

Art. 75: 25. "O agente de proprietária de navio de bandeira estrangeira pode constituir procurador para promover as medidas judiciais cabíveis a fim de garantir o livre movimento do barco" (STJ-4ª T., RMS 1.298-0, Min. Ruy Rosado, j. 2.8.94, DJU 29.8.94).

Art. 75: 25a. "O art. 75, X, do CPC/2015 confere poderes à pessoa jurídica brasileira para representar em juízo a pessoa jurídica estrangeira, mas **não** conduz à conclusão de que a primeira esteja autorizada a **receber intimações ou cumprir ordens** em nome daquela, exceto se houver procuração com poderes específicos (CPC/2015, art. 105). No caso, a procuração conferida não outorgou poderes específicos ao representante brasileiro para receber intimações, acessar contas ou gerir aplicações mantidas pela instituição financeira estrangeira, mas apenas poderes para realizar registro e assinar documentos necessários para o estabelecimento da administração do escritório de representação no Brasil. Embora se trate de empresas pertencentes ao mesmo grupo econômico, a falta de poderes específicos ao representante brasileiro para receber intimações e gerir aplicações mantidas no exterior impossibilita a efetivação da penhora e, por essa razão, mostra-se indispensável a expedição de carta rogatória como via adequada para cumprimento da ordem de penhora sobre ativos financeiros localizados no exterior" (STJ-4ª T., REsp 1.798.007-AgInt, Min. Raul Araújo, j. 20.8.19, DJ 9.9.19).

Art. 75: 25b. "As expressões 'filial, agência ou sucursal' não devem ser interpretadas de forma restritiva, de modo que o fato de a pessoa jurídica estrangeira atuar no Brasil por meio de empresa que **não** tenha sido **formalmente constituída** como sua filial ou agência não impede que por meio dela seja regularmente efetuada sua citação" (STJ-Corte Especial, HDE 410, Min. Benedito Gonçalves, j. 20.11.19, DJ 26.11.19).

Art. 75: 26. O condomínio tem legitimidade para:

— "pleitear reparação de danos por defeitos de construção ocorridos na área comum do edifício, bem como na área individual de cada unidade habitacional, podendo defender tanto os interesses coletivos quanto os individuais homogêneos dos moradores" (STJ-3ª T., REsp 66.565, Min. Sálvio de Figueiredo, j. 21.10.97, RSTJ 104/334). No mesmo sentido: STJ-3ª T., REsp 63.941-7, Min. Eduardo Ribeiro, j. 26.6.96, DJU 26.8.96. **Todavia:** "O condomínio é parte ilegítima para pleitear pedido de compensação por danos morais em nome dos condôminos" (STJ-3ª T., REsp 1.177.862, Min. Nancy Andrighi, j. 3.5.11, DJ 1.8.11);

— "propor ação de indenização por danos ao prédio que afetem a todos os condôminos" (RSTJ 101/335);

— ação de desapropriação indireta de parte de sua área comum (v. LD 1º, nota 9);

— pedir o adimplemento de servidão de água (STJ-3ª T., REsp 1.124.506, Min. Nancy Andrighi, j. 19.6.12, DJ 14.11.12).

V. no CCLCV, CC 1.348, nota 1b, e LCE 22, nota 1a.

Na fase de edificação, a **Comissão de Representantes** dos adquirentes das unidades (v. Lei 4.591, de 16.12.64, art. 50, no CCLCV, tít. CONDOMÍNIO E INCORPORAÇÃO) tem representação jurídica, inclusive processual, para a defesa de direitos individuais homogêneos, decorrentes do vínculo entre adquirentes das unidades e incorporador (RSTJ 69/284, dois votos vencidos; RJTJESP 137/71). No mesmo sentido, considerando a Comissão de Representantes parte legítima para mover ação para exigir do incorporador a outorga das escrituras definitivas aos adquirentes: RSTJ 69/284. **Todavia:**

— admite-se a ação de exigir contas proposta diretamente pelos adquirentes das unidades em face do construtor ou incorporador (v. art. 550, nota 5a);

— entendendo não caber à Comissão de Representantes promover a constituição em mora dos compromissários compradores: RSTJ 105/308.

Art. 75: 26a. "Em demanda na qual condômino questione deliberação de assembleia geral condominial, será **parte legítima passiva o condomínio,** representado pelo síndico. Os condôminos não são litisconsortes necessários, não havendo obrigatoriedade de sua citação para a validade do processo" (RT 630/111).

Art. 75: 27. Em matéria de condomínio voluntário, v. CC 1.323 e segs.; edilício, v. CC 1.348-II e LCE 22 § 1º-*a*.

Art. 75: 27a. O condomínio edilício regularmente instituído, registrado no Registro de Imóveis (CC 1.332), é representado pelo síndico; o condomínio edilício irregular, sem registro, é representado pelo condômino que administrar sem oposição dos outros (CC 1.324).

Art. 75: 27b. "Na falta de convenção, a ata de posse do síndico supre perfeitamente a inexistência da primeira" (RT 622/164).

Art. 75: 28. v. art. 617-VII e VIII.

Art. 75: 29. "O art. 12, § 1º, do CPC refere-se a **litisconsórcio necessário.** No caso de inventariante dativo, o legislador entendeu que não haveria legitimidade para representação plena do espólio, razão pela qual todos os **herdeiros e sucessores** são chamados a compor a lide" (STJ-2ª T., REsp 1.053.806, Min. Herman Benjamin, j. 14.4.09, DJ 6.5.09).

"Execução hipotecária. Destituído o inventariante e nomeado inventariante dativo, os herdeiros devem ser citados para intervir no feito, (bem) como intimados do dia, hora e local da alienação judicial" (RSTJ 105/170).

Falecendo o inventariante legítimo e nomeado, em seu lugar, inventariante dativo, os herdeiros devem ser citados para intervir no feito como autores ou réus (RTJE 134/151).

"Com isso, fica o espólio excluído do processo, nele figurando apenas os herdeiros, daí por que não existe razão para cogitar da citação do inventariante dativo, que se mostraria de todo inócua" (JTJ 328/58: AI 1.187.353-0/0).

Art. 75: 30. v. inc. X.

Art. 76. Verificada a incapacidade processual ou a irregularidade da representação da parte,[1 a 6] o juiz suspenderá o processo[7] e designará prazo razoável[8] para que seja sanado o vício.[9 a 9b] [Dispositivo correspondente no CPC/1973: art. 13-*caput*]

§ 1º Descumprida a determinação, caso o processo esteja na instância originária: [Dispositivo correspondente no CPC/1973: art. 13-*caput*]

I — o processo será extinto,[10] se a providência couber ao autor; [Dispositivo correspondente no CPC/1973: art. 13-I]

II — o réu será considerado revel,[11-12] se a providência lhe couber; [Dispositivo correspondente no CPC/1973: art. 13-II]

III — o terceiro será considerado revel ou excluído do processo, dependendo do polo em que se encontre. [Dispositivo correspondente no CPC/1973: art. 13-III]

§ 2º Descumprida a determinação em fase recursal perante tribunal de justiça, tribunal regional federal ou tribunal superior,[13] o relator:[14] [Sem dispositivo correspondente no CPC/1973]

I — não conhecerá do recurso, se a providência couber ao recorrente; [Sem dispositivo correspondente no CPC/1973]

II — determinará o desentranhamento das contrarrazões, se a providência couber ao recorrido. [Sem dispositivo correspondente no CPC/1973]

Art. 76: 1. s/ capacidade postulatória v. arts. 103 e segs.; s/ ato privativo de advogado praticado por pessoa não inscrita regularmente na OAB ou por qualquer forma impedida de advogar v. art. 103 e notas e EA 4º e notas; s/ falta de procuração *ad judicia*, v. art. 104 e notas.

Art. 76: 2. O art. 76 trata de vícios relacionados com a **capacidade de estar em juízo.** A exigência da representação por advogado regularmente inscrito na OAB, munido de procuração, relaciona-se com a **capacidade postulatória** (v. arts. 103 e 104).

Todavia, aplicam-se para os vícios da capacidade postulatória as disposições relacionadas com a sanação e as consequências das imperfeições da capacidade de estar em juízo. Nesse sentido, inclusive, v. art. 111 § ún.

"A regra do art. 13 do CPC não cuida apenas de representação legal e da verificação de incapacidade processual, mas também da possibilidade de suprir omissões relativas à incapacidade postulatória. Conquanto a lei especial rotule como nulos os atos praticados no processo por advogados impedidos de advogar, a exegese dessa norma deve ser feita no contexto do sistema de nulidades disciplinadas pelo CPC, que se orienta no sentido de aproveitar ao máximo os atos processuais, sendo necessário, portanto, ensejar oportunidade para sanar-se eventual irregularidade" (STJ-4ª T., REsp 102.423, Min. Sálvio de Figueiredo, j. 26.5.98, DJU 21.9.98).

Art. 76: 3. A incapacidade processual ou a irregularidade da representação do **autor** são matérias próprias para a contestação (v. art. 337-IX). De todo modo, trata-se aqui de pressuposto de constituição e desenvolvimento do processo, apreciável, inclusive **de ofício, em qualquer tempo e grau de jurisdição** (v. art. 485-IV e § 3º). A falta desse pressuposto leva à extinção do processo sem julgamento do mérito (v. § 1º-I).

A incapacidade processual ou a irregularidade da representação do **réu,** por sua vez, não levam à extinção do processo (v. § 1º-II). Todavia, podem ser examinadas de ofício, em qualquer tempo e grau de jurisdição.

Art. 76: 4. A lei não exige que se prove desde logo a regularidade da representação da pessoa jurídica. Assim: "Orientou-se a jurisprudência do STJ no sentido de que desnecessária a juntada dos atos constitutivos da pessoa jurídica que é parte no processo, salvo a hipótese de fundada dúvida sobre a validade da sua representação em juízo, o que não é o caso dos autos, não bastando a mera alegação, de caráter formal, sobre tal ausência documental" (STJ-2ª Seção, AR 334, Min. Aldir Passarinho Jr., j. 27.4.05, DJU 18.5.05). No mesmo sentido: STJ-1ª T., REsp 219.688, Min. Gomes de Barros, j. 5.10.99, um voto vencido, DJU 3.4.00; RSTJ 51/533, 74/169, STJ-RJ 260/64, RT 568/193, 576/229, 582/199, 583/241, 587/220, 588/213, 602/220, JTJ 143/143, JTA 111/201, Lex-JTA 149/64. Havendo tal fundada dúvida, deverá o juiz determinar que seja feita a prova da regularidade da representação (RT 601/66, JTJ 180/127).

Contra, exigindo, desde logo, a apresentação dos estatutos da pessoa jurídica: RTRF-3ª Região 33/121.

Art. 76: 5. "Dispondo o **ato constitutivo da pessoa jurídica** que será presentada em juízo por três diretores, a procuração *ad judicia* passada por um só deles acarreta a ilegitimidade *ad processum* e a aplicação de uma das sanções do art. 13 do CPC" (JTAERGS 78/179).

V. tb. art. 75, nota 21.

Art. 76: 6. "Se a **incorporadora** assume expressamente, na qualidade de sucessora, todos os direitos e obrigações da sociedade incorporada, o mandato validamente outorgado continua vigendo até que haja revogação expressa" (STJ-3ª T., REsp 1.641.446, Min. Ricardo Cueva, j. 14.3.17, DJ 21.3.17).

Contra: "A incorporação de uma empresa por outra extingue a incorporada, nos termos do art. 227, § 3º, da LSA, tornando irregular a representação processual" (STJ-4ª T., REsp 394.379, Min. Sálvio de Figueiredo, j. 18.9.03, um voto vencido, DJU 19.12.03).

"Ocorrendo a extinção da pessoa jurídica pela incorporação, cumpre à sociedade incorporadora, no momento da interposição do recurso dirigido à instância especial, fazer prova da ocorrência deste fato e requerer seu ingresso na demanda no lugar da incorporada (sucessão processual), regularizando a representação processual" (STJ-2ª T., Ag em REsp 206.301-AgRg, Min. Mauro Campbell, j. 23.10.12, DJ 6.11.12).

V. art. 110, notas 2 e 2a.

Art. 76: 7. v. art. 313-I.

Art. 76: 8. Recomenda-se que esse prazo não exceda 30 dias (v. art. 352).

De todo modo, trata-se aqui de **prazo não peremptório,** passível de flexibilização. Assim, admite-se a regularização da representação processual mesmo depois de decorrido o prazo fixado pelo juiz (RT 499/135, 808/434).

"Ainda que intempestiva, se a regularização da representação ocorreu antes da sentença, afasta-se a revelia cominada pelo art. 13, II, do CPC" (STJ-3ª T., REsp 758.136, Min. Gomes de Barros, j. 16.10.07, DJU 5.11.07).

V. tb. art. 104, nota 7.

Art. 76: 9. Diante da incapacidade processual ou da irregularidade da representação da parte, o juiz deve conceder **oportunidade para a sanação do vício;** não pode tomar as medidas previstas nos §§ 1º e 2º, antes de esgotado o prazo assinado para tal sanação.

"Representação processual. O juiz deve assinar prazo no despacho que ordena ao autor a regularização da representação processual (CPC, art. 13); sem a marcação do prazo, não pode extinguir o processo, ainda que o despacho judicial seja desatendido" (STJ-2ª T., REsp 47.657, Min. Ari Pargendler, j. 5.12.96, DJU 3.2.97).

"Associação que atua em juízo como representante processual de seus filiados. Necessidade de autorização em estatuto e em assembleia geral. Representação processual. Defeito sanável nas instâncias ordinárias. Em observância ao princípio da instrumentalidade das formas, a regularização na representação processual é vício sanável nas instâncias ordinárias, mesmo em segundo grau de jurisdição, não devendo o julgador extinguir o processo sem antes conferir oportunidade à parte de suprir a irregularidade" (STJ-3ª T., REsp 980.716, Min. Ricardo Cueva, j. 3.9.13, DJ 18.3.14).

Art. 76: 9a. "Presente irregularidade na representação processual, deve o juiz determinar a suspensão do processo e marcar prazo razoável para ser sanado o defeito (art. 13 do CPC), cuja **intimação** deve se operar nos termos do art. 238 do CPC. A intimação publicada na imprensa oficial para que a pessoa jurídica proceda à juntada do contrato social do qual se depreenda a capacidade do advogado para atuar em sua defesa não se coaduna com os mecanismos processualmente estabelecidos para ciência da parte sobre ato que deva praticar, vale dizer, a regularização da representação processual" (STJ-RT 844/198: 3ª T., REsp 606.347).

"Constatada a deficiência na representação processual, é necessária a intimação pessoal da parte para que supra tal vício, não sendo suficiente a intimação do advogado subscritor da peça" (STJ-1ª T., REsp 1.632.805-AgInt, Min. Benedito Gonçalves, j. 28.9.17, DJ 13.10.17).

Art. 76: 9b. "A **renúncia de mandato** regularmente **comunicada** pelo patrono à parte, na forma do art. 112 do CPC, **dispensa** a determinação judicial para **intimação** da parte com vista à regularizar a representação processual" (STJ-3ª T., REsp 1.848.010-AgInt, Min. Nancy Andrighi, j. 1.6.20, DJ 4.6.20).

Art. 76: 10. sem julgamento do mérito (v. art. 485-IV e § 3º).

Art. 76: 11. s/ revelia, v. arts. 344 e segs.

Art. 76: 12. O **réu** somente será considerado **revel** se a incapacidade processual ou a irregularidade de representação existir desde sempre. Se o vício passar a existir depois da oferta da contestação, não restará caracterizada a revelia.

Art. 76: 13. ou seja, a incapacidade processual ou a irregularidade da representação da parte são sanáveis também em sede de **recursos extraordinário e especial.**

V. tb. arts. 103, nota 11, e 104, nota 4b.

Art. 76: 14. Dependendo do momento em que o vício passou a existir, não fica descartada a tomada pelo **relator** das medidas previstas no § 1º, conforme a parte atingida.

Capítulo II | DOS DEVERES DAS PARTES E DE SEUS PROCURADORES

Seção I | DOS DEVERES

Art. 77. Além de outros previstos neste Código, são deveres das partes,[1] de seus procuradores[2] e de todos aqueles que de qualquer forma participem do processo: [Dispositivo correspondente no CPC/1973: art. 14-*caput*]

I — expor os fatos em juízo conforme a verdade;[3] [Dispositivo correspondente no CPC/1973: art. 14-I]

II — não formular pretensão ou de apresentar defesa quando cientes de que são destituídas de fundamento;[4] [Dispositivo correspondente no CPC/1973: art. 14-III]

III — não produzir provas e não praticar atos inúteis ou desnecessários à declaração ou à defesa do direito;[5] [Dispositivo correspondente no CPC/1973: art. 14-IV]

IV — cumprir com exatidão as decisões jurisdicionais, de natureza provisória ou final, e não criar embaraços à sua efetivação;[6] [Dispositivo correspondente no CPC/1973: art. 14-V]

V — declinar, no primeiro momento que lhes couber falar nos autos, o endereço residencial ou profissional onde receberão intimações, atualizando essa informação sempre que ocorrer qualquer modificação temporária ou definitiva;[7] [Sem dispositivo correspondente no CPC/1973]

VI — não praticar inovação ilegal no estado de fato de bem ou direito litigioso.[7a a 8] [Dispositivo correspondente no CPC/1973: art. 879-III]

§ 1º Nas hipóteses dos incisos IV e VI, o juiz advertirá qualquer das pessoas mencionadas no *caput* de que sua conduta poderá ser punida como ato atentatório à dignidade da justiça. [Sem dispositivo correspondente no CPC/1973]

§ 2º A violação ao disposto nos incisos IV e VI constitui ato atentatório à dignidade da justiça,[8a-9] devendo o juiz, sem prejuízo das sanções criminais,[10] civis[11] e processuais cabíveis, aplicar ao responsável[12] multa[13] de até vinte por cento do valor[14] da causa, de acordo com a gravidade da conduta. [Dispositivo correspondente no CPC/1973: art. 14 § ún.]

§ 3º Não sendo paga no prazo a ser fixado pelo juiz, a multa prevista no § 2º será inscrita como dívida ativa da União ou do Estado após o trânsito em julgado da decisão que a fixou, e sua execução observará o procedimento da execução fiscal, revertendo-se aos fundos previstos no art. 97. [Sem dispositivo correspondente no CPC/1973]

§ 4º A multa estabelecida no § 2º poderá ser fixada independentemente da incidência das previstas nos arts. 523, § 1º, e 536, § 1º.[15] [Sem dispositivo correspondente no CPC/1973]

§ 5º Quando o valor da causa for irrisório ou inestimável, a multa prevista no § 2º poderá ser fixada em até 10 (dez) vezes o valor do salário mínimo. [Sem dispositivo correspondente no CPC/1973]

§ 6º Aos advogados públicos ou privados e aos membros da Defensoria Pública e do Ministério Público não se aplica o disposto nos §§ 2º a 5º, devendo eventual responsabilidade disciplinar ser apurada pelo respectivo órgão de classe ou corregedoria, ao qual o juiz oficiará.[16] [Sem dispositivo correspondente no CPC/1973]

§ 7º Reconhecida violação ao disposto no inciso VI, o juiz determinará o restabelecimento do estado anterior, podendo, ainda, proibir a parte de falar nos autos até a purgação do atentado, sem prejuízo da aplicação do § 2º. [Dispositivo correspondente no CPC/1973: art. 881-*caput*]

§ 8º O representante judicial da parte não pode ser compelido a cumprir decisão em seu lugar. [Sem dispositivo correspondente no CPC/1973]

Art. 77: 1. **Outros deveres da parte:** comportar-se convenientemente em audiência (art. 360-II), colaborar para a produção de provas (art. 379), tratar as testemunhas com urbanidade (art. 459 § 2º), não atentar contra a dignidade da justiça no curso da execução (art. 774).

Art. 77: 2. **Outros deveres dos procuradores:** não criar impedimento a juiz (art. 144 §§ 1º e 2º), não intervir indevidamente durante depoimento em audiência (art. 361 § ún.).

Art. 77: 3. v. art. 80-I e II (litigância de má-fé). V. tb. EA 34-XIV (infração disciplinar).

Art. 77: 4. v. art. 80-I (litigância de má-fé). V. tb. EA 34-VI (infração disciplinar).

Art. 77: 5. v. art. 80-IV e VI (litigância de má-fé).

Art. 77: 6. v. §§ 1º e 2º. (ato atentatório à dignidade da justiça). V. tb. art. 80-IV, VI e VII (litigância de má-fé).

Art. 77: 7. v. arts. 106-II e § 2º e 274 § ún.

Art. 77: 7a. v. §§ 1º e 2º. (ato atentatório à dignidade da justiça). V. tb. CP 347. S/ coisa litigiosa, v. art. 240-*caput*.

Art. 77: 7b. "A **alienação da coisa litigiosa** não constitui atentado, uma vez que não se trata de ato ilegal, mas ineficaz no plano processual (CPC, art. 42)" (RSTJ 19/429, 154/254, STJ-RT 672/204, STJ-RJ 294/93, JTJ 300/399).

Art. 77: 7c. "É inovação contrária a direito a **realização de benfeitorias de vulto** no curso de ação de despejo" (JTAERGS 79/285).

Art. 77: 8. Constitui inovação ilegal a prática de **novo esbulho possessório,** em afronta a ordem judicial liminar confirmada por sentença (RT 825/249).

Art. 77: 8a. s/ ato atentatório à dignidade da justiça, v. arts. 334 § 8º (ausência em audiência de conciliação), 774 (conduta do executado), 903 § 6º (suscitação infundada de vício na arrematação) e 918 § ún. (embargos à execução manifestamente protelatórios).

Art. 77: 9. "O **atraso do precatório,** para ser considerado atentatório à dignidade da jurisdição (CPC, art. 14, V, § ún.), exige conduta subjetiva maliciosa, ardil ou vil" (STJ-1ª T., REsp 980.134, Min. Luiz Fux, j. 25.8.09, DJ 21.9.09).

V. tb. art. 774, nota 1a.

Art. 77: 10. Ressalvada a hipótese de devedor de alimentos, o juiz **não pode decretar a prisão civil** de quem desobedece ordem judicial (v. CAP. I, nota 1, que antecede o art. 139).

Art. 77: 11. "O cumprimento parcial de ordem judicial para bloqueio de conta corrente em processo falimentar não autoriza a penhora na 'boca do caixa' da agência da instituição financeira responsável. Ofensa ao devido processo legal e às garantias a ele inerentes. A apuração de **responsabilidade civil de terceiro** à lide pelo descumprimento de ordem judicial requer o ajuizamento de **ação autônoma** (CPC, art. 14-V e § ún.)" (STJ-4ª T., RMS 29.213, Min. João Otávio, j. 18.11.10, DJ 25.11.10).

Art. 77: 12. **Mesmo pessoas que não são parte** no processo podem ser condenadas ao pagamento da multa; basta que de alguma forma embaracem a efetivação de provimento judicial (STJ-1ª T., REsp 757.895, Min. Denise Arruda, j. 2.4.09, DJ 4.5.09).

"A multa por desacato à atividade jurisdicional prevista pelo parágrafo único deste artigo é aplicável não somente às partes e testemunhas, mas também aos peritos e especialistas que, por qualquer motivo, deixam de apresentar nos autos parecer ou avaliação" (STJ-RT 901/176: 3ª T., REsp 1.013.777).

Art. 77: 13. "A **multa processual** prevista no *caput* do art. 14 do CPC **difere da multa cominatória** prevista no art. 461, §§ 4º e 5º, vez que a primeira tem natureza punitiva, enquanto a segunda tem natureza coercitiva a fim de compelir o devedor a realizar a prestação determinada pela ordem judicial" (STJ-1ª T., REsp 770.753, Min. Luiz Fux, j. 27.2.07, DJU 15.3.07).

A multa prevista neste art. 77 **não pode ser cumulada** com outras sanções igualmente punitivas, caso da multa prevista no art. 81-*caput*.

A multa do art. 77 **pode ser cumulada** com multas coercitivas (v. § 4º, especialmente nota 15) e com as sanções reparatórias previstas no art. 81-*caput*. No caso do inc. VI, pode ser cumulada com proibição de falar nos autos (v. § 7º).

S/ requisitos para a cumulação de sanções, v. art. 81, nota 9; s/ cumulação da multa do art. 77 com a do art. 1.021 § 4º, v. art. 1.021, nota 13.

Art. 77: 14. atualizado (v., p. ex., art. 81-*caput*).

Art. 77: 15. A **cumulação entre as multas** do art. 77 e dos arts. 523 § 1º e 536 § 1º é possível em razão da sua distinta finalidade: aquela é punitiva e estas são coercitivas.

Também são coercitivas e cumuláveis com a multa do art. 77 as multas previstas nos arts. 806 § 1º e 814.

S/ cumulação de sanções, v. tb. nota 13.

Art. 77: 16. "Aos **juízes** impõe-se que sejam suas ações conduzidas pelos princípios da probidade, da boa-fé e lealdade, mas a eles **não** se destina a **multa** prevista no parágrafo único do art. 14 do CPC/1973, devendo os atos atentatórios por eles praticados ser investigados nos termos da Lei Orgânica da Magistratura" (STJ-4ª T., REsp 1.548.783, Min. Luis Felipe, j. 11.6.19, DJ 5.8.19).

Art. 78. É vedado às partes, a seus procuradores, aos juízes, aos membros do Ministério Público e da Defensoria Pública e a qualquer pessoa que participe do processo empregar expressões ofensivas nos escritos apresentados.[1-2] [Dispositivo correspondente no CPC/1973: art. 15-*caput*]

§ 1º Quando expressões ou condutas ofensivas forem manifestadas oral ou presencialmente, o juiz advertirá o ofensor de que não as deve usar ou repetir, sob pena de lhe ser cassada a palavra. [Dispositivo correspondente no CPC/1973: art. 15 § ún.]

§ 2º De ofício ou a requerimento do ofendido, o juiz determinará que as expressões ofensivas sejam riscadas[3] e, a requerimento do ofendido, determinará a expedição de certidão com inteiro teor das expressões ofensivas e a colocará à disposição da parte interessada. [Dispositivo correspondente no CPC/1973: art. 15-*caput*]

Art. 78: 1. v. CP 142-I; a exclusão de criminalidade não abrange a calúnia.

S/ vedação a cotas marginais ou interlineares, v. art. 202.

Art. 78: 2. "O **advogado,** assim como qualquer outro profissional, **é responsável pelos danos que causar no exercício de sua profissão.** Caso contrário, jamais seria ele punido por seus excessos, ficando a responsabilidade sempre para a parte que representa, o que não tem respaldo em nosso ordenamento jurídico, inclusive no próprio Estatuto da Ordem" (STJ-4ª T., REsp 163.221, Min. Sálvio de Figueiredo, j. 28.6.01, DJU 5.8.02). No mesmo sentido: "Incumbe ao advogado, e não à parte que lhe outorgou mandato, responder por supostos danos morais acarretados à parte contrária por eventuais excessos de linguagem" (RDDP 57/119 e RF 394/408, o mesmo acórdão). Ainda: RT 902/240 (TJSP, AP 992.05.140761-1). **Todavia:** "Quando o advogado não excede os limites do mandato, o cliente (mandante) pode responder pelos atos do mandatário, figurando no polo passivo da ação de reparação de danos morais, sendo-lhe, todavia, resguardado o direito de regresso" (RT 781/355: TJPR, AP 84.551-2).

V. tb. EA 32, nota 6.

Art. 78: 3. "Poder de polícia processual. Riscadura. A providência prevista no art. 15 do CPC **prescinde do contraditório,** ainda que ocorra mediante provocação de uma das partes" (STF-Pleno, ADI 1.231-AgRg, Min. Marco Aurélio, j. 28.3.96, maioria, DJU 22.8.97).

Seção II — DA RESPONSABILIDADE DAS PARTES POR DANO PROCESSUAL

Art. 79. Responde por perdas e danos aquele que litigar de má-fé como autor, réu ou interveniente.[1-2] [Dispositivo correspondente no CPC/1973: art. 16]

Art. 79: 1. s/ indenização dos prejuízos pelo litigante de má-fé, v. art. 81-*caput*.

S/ responsabilidade da parte, independentemente de má-fé, v. arts. 302 (tutela de urgência), 520-I (cumprimento provisório de sentença) e 776 (execução).

S/ perdas e danos, v. CC 402 a 405.

Art. 79: 2. "As perdas e danos decorrentes de litigância de má-fé **não se confundem com a sanção** do art. 1.531 do Cód. Civil" (JTA 118/82). O art. 1.531 do CC rev. corresponde ao CC 940.

V. tb. art. 81, nota 9.

Art. 80. Considera-se litigante de má-fé aquele que:[1 a 2d] [Dispositivo correspondente no CPC/1973: art. 17-*caput*]

I — deduzir pretensão ou defesa contra texto expresso de lei ou fato incontroverso;[3 a 8] [Dispositivo correspondente no CPC/1973: art. 17-I]

II — alterar a verdade dos fatos;[8a a 12a] [Dispositivo correspondente no CPC/1973: art. 17-II]

III — usar do processo para conseguir objetivo ilegal; [Dispositivo correspondente no CPC/1973: art. 17-III]

IV — opuser resistência injustificada ao andamento do processo;[13 a 15a] [Dispositivo correspondente no CPC/1973: art. 17-IV]

V — proceder de modo temerário em qualquer incidente ou ato do processo;[16 a 21] [Dispositivo correspondente no CPC/1973: art. 17-V]

VI — provocar incidente manifestamente infundado;[22-23] [Dispositivo correspondente no CPC/1973: art. 17-VI]

VII — interpuser recurso com intuito manifestamente protelatório.[24 a 26] [Dispositivo correspondente no CPC/1973: art. 17-VII]

Art. 80: 1. s/ litigância de má-fé e ato praticado por meio de fax, v. Lei 9.800, de 26.5.99, arts. 2º, nota 1d, e 4º, § ún. (no tít. FAX).

Art. 80: 1a. "Para a condenação em **litigância de má-fé,** faz-se necessário o preenchimento de três **requisitos,** quais sejam: que a conduta da parte se subsuma a uma das hipóteses taxativamente elencadas no art. 17 do CPC; que à parte tenha sido oferecida oportunidade de defesa (CF, art. 5º, LV); e que da sua conduta resulte prejuízo processual à parte adversa" (RSTJ 135/187, 146/136).

"Entende o STJ que o art. 17 do CPC, ao definir os contornos dos atos que justificam a aplicação de pena pecuniária por litigância de má-fé, pressupõe o dolo da parte no entravamento do trâmite processual, manifestado por conduta intencionalmente maliciosa e temerária, inobservado o dever de proceder com lealdade" (STJ-3ª T., REsp 418.342, Min. Castro Filho, j. 11.6.02, DJU 5.8.02).

"A aplicação de penalidades por litigância de má-fé exige dolo específico, perfeitamente identificável a olhos desarmados, sem o qual se pune indevidamente a parte que se vale de direitos constitucionalmente protegidos (ação e defesa)" (STJ-3ª T., REsp 906.269, Min. Gomes de Barros, j. 16.10.07, DJU 29.10.07).

Todavia, no tocante ao dano processual: "O dano processual não é pressuposto para a aplicação da multa por litigância de má-fé a que alude o art. 18 do CPC/73, que configura mera sanção processual, aplicável inclusive de ofício, e que não tem por finalidade indenizar a parte adversa" (STJ-3ª T., REsp 1.628.065, Min. Paulo Sanseverino, j. 21.2.17, maioria, DJ 4.4.17).

V. tb. nota 17 e art. 81, nota 12.

Art. 80: 1b. A **boa-fé se presume** (JTA 36/104). "Agir displicentemente, com culpa, porque requereu providência já realizada, não conduz, por si só, à má-fé e ao dolo. A boa-fé é que se presume" (STJ-1ª T., RMS 773, Min. Garcia Vieira, j. 13.3.91, DJU 15.4.91).

Art. 80: 2. "A imposição de pena pela litigância de má-fé não dispensa a **indicação precisa** dos fatos concretos que a motivaram, não sendo suficiente a simples afirmação genérica de que houve resistência injustificada" (RSTJ 134/325).

"É dever do magistrado, ao aplicar a sanção por litigância de má-fé, proceder à correta capitulação e enquadramento da conduta da parte às hipóteses do art. 17 do CPC. Não atende o **dever de motivação** das decisões judiciais a menção genérica de que 'a conduta da recorrente recai no que dispõe o art. 17 e seus incisos', por não permitir à parte o exercício da ampla defesa e do contraditório" (STJ-2ª T., REsp 1.035.604, Min. Eliana Calmon, j. 5.2.09, DJ 26.2.09).

Art. 80: 2a. O art. 80 se refere à conduta processual da parte; **não abrange os casos de má-fé extraprocessual** (JTJ 144/37).

Art. 80: 2b. "A litigância de má-fé **deve ser distinguida da estratégia processual** adotada pela parte que, não estando obrigada a produzir prova contra si, opta, conforme o caso, por não apresentar em juízo determinados documentos, contrários às suas teses, assumindo, em contrapartida, os riscos dessa postura. O dever das partes de colaborarem com a Justiça, previsto no art. 339 do CPC, deve ser confrontado com o direito do réu à ampla defesa, o qual inclui, também, a escolha da melhor tática de resistência à pretensão veiculada na inicial. Por isso, o comportamento da parte deve sempre ser analisado à luz das peculiaridades de cada caso" (STJ-3ª T., REsp 1.286.704, Min. Nancy Andrighi, j. 22.10.13, DJ 28.10.13).

Art. 80: 2c. "Se a parte utiliza os meios disponíveis no direito positivo para a defesa dos seus direitos, não se pode pretender, pelo **vigor com que litigam,** que exista fundamento para a condenação por litigância de má-fé" (RSTJ 132/338).

Art. 80: 2d. "A parte que intencionalmente **ajuíza várias cautelares,** com o mesmo objetivo, até lograr êxito no provimento liminar, configurando a litispendência, litiga de má-fé, devendo ser condenada na multa específica" (STJ-4ª T., REsp 108.973, Min. Sálvio de Figueiredo, j. 29.10.97, DJU 9.12.97). No mesmo sentido: RP 118/275.

"Caracteriza-se a litigância de má-fé quando a parte impetra **mais de um mandado de segurança,** com o mesmo pedido e causa de pedir, perseguindo a concessão de liminar. O pedido de desistência de um deles, formulado após a decisão que examinou o pedido liminar, não tem o condão de afastar a má-fé" (STJ-2ª T., REsp 705.201, Min. Eliana Calmon, j. 7.3.06, DJU 4.5.06).

Art. 80: 3. v. art. 77-I e II (dever da parte).

Art. 80: 3a. **EA 34:** "Constitui infração disciplinar: (...) **VI** — advogar contra literal disposição de lei, presumindo-se a boa-fé quando fundamentado na inconstitucionalidade, na injustiça da lei ou em pronunciamento judicial anterior; (...) **XIV** — deturpar o teor de dispositivo de lei, de citação doutrinária ou de julgado, bem como de depoimentos, documentos e alegações da parte contrária, para confundir o adversário ou iludir o juiz da causa".

Art. 80: 4. "Não caracteriza má-fé a litigância só porque a parte emprestou a determinado dispositivo de lei ou a certo julgado uma **interpretação diversa** da que neles efetivamente contida ou desafeiçoada ao entendimento que lhe dá o juízo" (STJ-1ª T., REsp 21.185-6, Min. Cesar Rocha, j. 27.10.93, DJU 22.11.93).

"A defesa de tese jurídica contrária a texto de lei (art. 17, I, do CPC), apta a caracterizar a litigância de má-fé, se refere ao pedido manifestamente impossível, o que não está caracterizado na hipótese dos autos" (STJ-3ª T., REsp 1.358.705, Min. Nancy Andrighi, j. 11.3.14, DJ 19.3.14).

Art. 80: 5. "Não incorre em pena por litigância de má-fé, nos termos do art. 17, I, do CPC, quem deduz defesa **reconhecida pela sentença"** (STJ-3ª T., REsp 17.089, Min. Dias Trindade, j. 9.3.92, DJU 13.4.92).

"Pesando decisivamente em prol da pretensão da parte a sentença de 1º grau e **voto vencido** em 2º, e não ultrapassando na discussão processual os limites razoáveis do reconhecido direito de defesa, inadmissível a imposição de pena por litigância de má-fé" (RT 636/106, maioria).

"Não se caracteriza a litigância de má-fé se a parte argui teses de direito que, embora não prevalentes na jurisprudência, encontram **respaldo em doutrina** ou em votos minoritários" (RF 328/208).

Art. 80: 6. "Baseando-se a defesa em **documento** juntado pela própria ré, que mostra **conteúdo totalmente diverso do alegado,** é de ser reconhecida a litigância de má-fé" (Lex-JTA 159/389). No mesmo sentido: RJTJERGS 148/278.

Art. 80: 7. "É litigante de má-fé a parte que deduz pretensão contra **fato incontroverso** e altera a sua verdade, postergando o princípio da lealdade processual" (RSTJ 88/83 e STJ-RTJE 157/225).

Art. 80: 8. "A impetração de mandado de segurança contra ato judicial que visa impedir pagamento de débito cujo **valor foi admitido pelo devedor** constituiu ato que justifica a aplicação da multa prevista no art. 17, incisos I, IV, VI e VII, do CPC" (STJ-2ª T., RMS 25.521, Min. Castro Meira, j. 11.3.08, DJU 28.3.08).

Art. 80: 8a. v. art. 77-I (dever da parte).

Art. 80: 9. "A conduta de qualificar na exordial homônimo da pessoa que se pretendia indicar como ré na ação de improbidade, embora reprovável, não denota deslealdade processual apta a ensejar condenação por litigância de má-fé. O termo 'alteração da verdade dos fatos' pressupõe a **intenção de faltar com a verdade para tentar induzir o julgador em erro e assim obter vantagem,** o que não ocorreu na espécie. Não se revela razoável inferir que a própria autora da ação civil pública, com o propósito de 'alterar a verdade dos fatos', tenha deliberadamente fornecido a identificação de homônimo, em situação objetivamente incapaz de lhe gerar qualquer vantagem processual. O quadro fático narrado é incontroverso e até poderia suscitar, mas em ação autônoma, a discussão acerca do cabimento de eventual reparação civil, em favor do réu equivocadamente listado no polo passivo" (STJ-1ª T., REsp 1.200.098, Min. Sérgio Kukina, j. 27.5.14, DJ 19.8.14).

Art. 80: 10. "A **falsa alegação** de que os autos do processo físico estão corretamente formados e de que houve falha na digitalização constitui má-fé processual e ofensa aos deveres plasmados no art. 14 do CPC" (STJ-3ª T., AI 1.211.125-AgRg, Min. Sidnei Beneti, j. 17.6.10, DJ 29.6.10).

Art. 80: 11. Considerando que altera a verdade dos fatos o litigante que diz ter a causa um **valor maior do que o real** para o fim de majoração dos honorários advocatícios fixados em seu favor: STJ-2ª T., REsp 1.260.851-AgRg-EDcl, Min. Herman Benjamin, j. 16.8.12, DJ 26.6.13.

Art. 80: 12. Considera-se litigante de má-fé a parte que **induz testemunha a mentir** em juízo (Lex-JTA 142/284).

Art. 80: 12a. "Litigância de má-fé. CPC, art. 17, II. Caracterização. Impetração de *writ* tendo a **inventariante, já falecida** à época da impetração, como representante do espólio impetrante. Patronos cientes da impossibilidade do aproveitamento de mandato a eles outorgados pela inventariante morta" (JTJ 349/1.136: EDcl 994.08.003660-0/50001).

Art. 80: 13. v. art. 77-III e IV (dever da parte).

S/ ato atentatório à dignidade da justiça, v. arts. 77 § 2º (embaraço a efetivação de decisão), 334 § 8º (ausência em audiência de conciliação ou mediação), 774 (conduta ilícita do executado), 903 § 6º (suscitação infundada de vício na arrematação) e 918 § ún. (embargos à execução manifestamente protelatórios).

Art. 80: 14. como, **por exemplo:**

— discutir matéria coberta pela coisa julgada ou pela preclusão (JTJ 174/204; 337/217: AI 7.320.880-7; JTA 172/69);

— repetir, em novo mandado de segurança, questão já repelida em outro (RJTJERGS 152/451);

— apresentar sucessivos pedidos de reconsideração em face de acórdão (STJ-6ª T., AI 1.269.673-RcDesp, Min. Maria Thereza, j. 21.9.10, DJ 11.10.10). V. tb. nota 23.

Art. 80: 15. "O advogado **não tem o direito de procrastinar o andamento** do feito. Não tem o direito de criar incidentes, de sonegar provas, de dificultar a apreciação, a distribuição da justiça. O advogado é um auxiliar da justiça, não um inimigo dela. Ele está para servir a algo mais alto do que o cliente: a Justiça. Pode até perder uma causa, mas não pode perder a sua ética profissional. Ganhar tempo indevidamente é contra a ética profissional.

"E por que usei o advérbio 'indevidamente'?

"Porque, às vezes, o advogado o faz licitamente. Primeiro, o advogado tem certos prazos que a lei lhe concede e, neste caso, está ganhando tempo de acordo com a lei. Está absolutamente de acordo com a ética profissional. O advogado que espera um fato superveniente que poderá modificar a situação processual em que se encontra o seu cliente tem o direito de protelar o andamento da causa" (Theotonio Negrão, citado em acórdão no Bol. AASP 12.229, p. 1.064j).

Art. 80: 15a. "Ainda que se compreenda que o agravante deva responder por eventuais dívidas da sociedade originariamente executada, não se pode interpretar a defesa do seu patrimônio pessoal, mediante o **ajuizamento de embargos de terceiro,** como litigância de má-fé ou ato atentatório à dignidade da Justiça, pois o referido meio de impugnação era o único remédio processual legalmente previsto para discutir a constrição sobre seus bens em relação a processo do qual não fazia parte" (STJ-4ª T., Ag em REsp 1.550.744-AgInt, Min. Raul Araújo, j. 24.8.20, DJ 15.9.20).

Art. 80: 16. EA 32 § ún.: "Em caso de lide temerária, o advogado será solidariamente responsável com seu cliente, desde que coligado com este para lesar a parte contrária, o que será apurado em ação própria".

Art. 80: 17. "Na litigância temerária, **a má-fé não se presume,** mas exige prova satisfatória, não só de sua existência, mas da caracterização do **dano processual** a que a condenação cominada na lei visa a compensar" (STJ-1ª T., REsp 76.234, Min. Demócrito Reinaldo, j. 24.4.97, DJU 30.6.97).

"A conduta temerária em incidente ou ato processual, a par do elemento subjetivo, verificado no dolo e na culpa grave, pressupõe elemento objetivo, consubstanciado no prejuízo causado à parte adversa" (STJ-1ª T., REsp 21.549-7, Min. Gomes de Barros, j. 6.10.93, DJU 8.11.93).

V. tb. nota 1a e art. 81, nota 12.

Art. 80: 18. "A lide temerária alegada somente se consubstancia quando o autor, **sabendo que não tem razão,** ajuíza ação cuja vitória tem consciência de que jamais poderá alcançar. Fica, portanto, descaracterizada a má-fé, quando, de modo imprudente ou imperito, o demandante ajuíza ação cujo resultado positivo, embora acredite, não é alcançado em razão da fragilidade de seus argumentos" (RT 825/352).

Art. 80: 19. "Reputa-se litigância de má-fé a **omissão de fato relevante** para o julgamento da causa (art. 17, V, do CPC)" (STJ-2ª Seção, CC 108.503, Min. Paulo Sanseverino, j. 22.9.10, DJ 13.10.10).

Art. 80: 20. "Litiga de má-fé a parte que, **dolosamente, manipula trechos de acórdão** citado como paradigma, objetivando criar incoerência não existente entre decisões de Ministros de mesma Turma na tentativa de desacreditar a decisão anteriormente proferida" (STJ-3ª T., REsp 947.927-AgRg, Min. Nancy Andrighi, j. 15.4.08, DJU 29.4.08).

Art. 80: 21. "Caracteriza litigância de má-fé a conduta do réu de ação investigatória de paternidade que, negando-se, injustificadamente, a realizar **exame pericial,** pugna pela improcedência exclusivamente por insuficiência probatória" (RT 830/357). Também litiga de má-fé quem postula a anulação da sentença para a reabertura da instrução e a realização do exame de DNA e ulteriormente se recusa a se submeter ao exame (JTJ 294/208). V. art. 464, nota 4.

Art. 80: 22. V. art. 77-III e IV (dever da parte).

Art. 80: 23. A **reiteração de pedido de reconsideração** diante de acórdão configura litigância de má-fé: "Se o anterior era descabido, com mais razão o presente. A reiteração do pedido não se justifica sob qualquer aspecto, configurando a infração prevista no art. 17, VI, do CPC" (STJ-1ª T., AI 795.560-AgRg-RcDesp-RcDesp, Min. Teori Zavascki, j. 21.2.08, DJ 12.3.08). V. tb. nota 14.

Art. 80: 24. V. art. 77-IV (dever da parte).

Art. 80: 25. "A utilização dos recursos previstos em lei não caracteriza, por si só, a litigância de má-fé, sendo necessária a **demonstração do dolo** em obstar o trâmite regular do processo" (STJ-1ª T., REsp 615.699, Min. Luiz Fux, j. 4.11.04, DJU 29.11.04). No mesmo sentido: STJ-3ª T., REsp 334.259, Min. Castro Filho, j. 6.2.03, DJU 10.3.03; STJ-5ª T., REsp 749.629, Min. Arnaldo Esteves, j. 16.5.06, DJU 19.6.06.

"O simples manejo de apelação cabível, ainda que com argumentos frágeis ou improcedentes, sem evidente intuito protelatório não traduz má-fé nem justifica a aplicação de multa" (STJ-3ª T., REsp 842.688, Min. Gomes de Barros, j. 27.3.07, DJU 21.5.07). No mesmo sentido: STJ-4ª T., REsp 556.929, Min. Aldir Passarinho Jr., j. 4.9.08, DJ 29.9.08.

Todavia: "A reiterada utilização de recursos incabíveis revela-se verdadeira litigância de má-fé pela procrastinação injustificada do processo" (STJ-5ª T., AI 985.603-AgRg-AgRg-AgRg, Min. Arnaldo Esteves, j. 10.2.09, DJ 9.3.09).

"Manutenção da multa aplicada pelo Tribunal de origem por litigância de má-fé à Fazenda Nacional, que interpôs recurso para discutir cabimento do depósito, apesar de entendimento contrário firmado pelo plenário do Supremo Tribunal Federal sobre a questão" (STJ-2ª T., REsp 1.192.037, Min. Eliana Calmon, j. 17.6.10, DJ 28.6.10).

Caracteriza-se como "evidentemente protelatório recorrer, por meio de petição padronizada, de decisão rigorosamente pacífica" (STJ-1ª T., REsp 163.883-AgRg, Min. José Delgado, j. 5.5.98, maioria, DJU 15.6.98).

No sentido de que litiga de má-fé o recorrente que reproduz a peça da contestação, "despreocupando-se de impugnar articuladamente os fundamentos da sentença": Bol. AASP 2.578.

"Se, a despeito da existência de amplas e claras condições do recurso especial ser decidido monocraticamente, a parte interpõe agravo interno apenas para requerer o julgamento pelo órgão colegiado, tal conduta caracteriza litigância de má-fé, nos termos do art. 17, VII, do CPC" (STJ-3ª T., REsp 923.399-AgRg, Min. Nancy Andrighi, j. 13.5.08, DJU 2.6.08).

É protelatório o agravo interno que genericamente sustenta não ser uniforme a jurisprudência do tribunal sobre certo tema, mas não faz menção a nenhum julgado que comprove tal falta de uniformidade e desmonte as bases da decisão monocrática do relator (STJ-4ª T., AI 961.275-AgRg, Min. João Otávio, j. 6.3.08, DJU 31.3.08).

"Se há deficiência na formação do instrumento, entendo que a parte recorrente agiu com manifesto intuito protelatório ao aviar o presente recurso sem apontar nenhum fundamento no mínimo razoável que pudesse afastar tal pressuposto" (STJ-4ª T., AI 954.449-EDcl-AgRg, Min. João Otávio, j. 6.3.08, DJU 31.3.08; a citação é do voto do relator).

A discussão de matéria preclusa configura manifesta protelação (JTJ 162/79; 337/217: AI 7.320.880-7).

Art. 80: 26. Em matéria de embargos declaratórios, a conduta descrita no inciso VII coincide com aquela prevista no art. 1.026 §§ 2º a 4º. V. art. 1.026, nota 11b.

Art. 81. **De ofício ou a requerimento, o juiz condenará o litigante de má-fé[1-1a] a pagar multa, que deverá ser superior a um por cento e inferior a dez por cento do valor corrigido da causa,[2-3] a indenizar[4] a parte contrária pelos prejuízos que esta sofreu e a arcar com os honorários advocatícios e com todas as despesas que efetuou.[5 a 9]** [Dispositivo correspondente no CPC/1973: art. 18-*caput*]

§ 1º Quando forem 2 (dois) ou mais os litigantes de má-fé, o juiz condenará cada um na proporção de seu respectivo interesse na causa ou solidariamente[10] aqueles que se coligaram para lesar a parte contrária. [Dispositivo correspondente no CPC/1973: art. 18 § 1º]

§ 2º Quando o valor da causa for irrisório ou inestimável, a multa poderá ser fixada em até 10 (dez) vezes o valor do salário mínimo. [Sem dispositivo correspondente no CPC/1973]

§ 3º O valor da indenização será fixado pelo juiz[10a] ou, caso não seja possível mensurá-lo, liquidado por arbitramento ou pelo procedimento comum,[11] nos próprios autos.[12-13] [Dispositivo correspondente no CPC/1973: art. 18 § 2º]

Art. 81: 1. "A sanção à litigância de má-fé, prevista nos arts. 16 e seguintes do CPC, deve ser **fundamentada**" (RSTJ 139/292).

Art. 81: 1a. "Responde o **avalista,** do mesmo modo que o avalizado, pelo que emerja do título. Não pode ser responsabilizado, entretanto, pela conduta processual do avalizado. Assim, não é possível exigir-lhe o pagamento, devido em decorrência da litigância de má-fé daquele" (STJ-3ª T., REsp 4.685, Min. Eduardo Ribeiro, j. 18.12.90, maioria, DJU 25.2.91).

Art. 81: 2. "O teor do artigo citado é claro: a multa incidirá sobre o **valor da causa,** não da condenação. No entanto, a mesma há de ser devidamente atualizada monetariamente até o seu efetivo pagamento, devendo as partes aguardar a fase de execução para que se proceda aos cálculos do que for devido" (STJ-1ª T., AI 455.825-AgRg-EDcl-EDcl, Min. José Delgado, j. 6.3.03, DJU 31.3.03). Também afirmando que é o valor da causa e não o da condenação o parâmetro para a fixação da multa: STJ-3ª T., AI 639.308-AgRg-EDcl, rel. Min. Menezes Direito, j. 16.3.06, DJU 10.4.06.

"A inexistência de valor dado à causa, na inicial do mandado de segurança, e a ausência de determinação pelas instâncias ordinárias de correção de tal vício, não pode ilidir a aplicação da penalidade. Toma-se, nessas hipóteses, o conteúdo econômico da ação para aplicar-se a pena e a indenização fixadas no art. 18 do CPC" (STJ-3ª T., RMS 27.570, Min. Nancy Andrighi, j. 25.11.08, DJ 3.12.08).

V. ainda § 2º.

Art. 81: 3. "Considerando-se que o rendimento referente à multa por litigância de má-fé acarreta acréscimo patrimonial, visto que se trata de ingresso financeiro que não tem natureza jurídica de indenização por dano ao patrimônio material do contribuinte, levando-se em consideração, ainda, que tal rendimento não está contemplado por isenção, impõe-se o reconhecimento da exigibilidade do **imposto de renda** sobre a multa por litigância de má-fé" (STJ-2ª T., REsp 1.317.272-EDcl, Min. Mauro Campbell, j. 4.4.13, DJ 10.4.13).

Art. 81: 4. v. § 3º.

S/ abuso do direito de ação ou de defesa, v., no nosso CCLCV, CC 187, notas 8 e 9.

Art. 81: 5. "O simples fato de a autora ter sido penalizada como litigante de má-fé não é indicativo de necessária condenação nas **despesas processuais** e nos **honorários advocatícios,** tendo em vista que, na hipótese vertente, a má-fé foi reconhecida tão somente em razão de a empresa ter faltado com a verdade em relação a fato incontroverso, e não porque sua pretensão não merecia ser acolhida" (STJ-1ª T., REsp 614.254, Min. José Delgado, j. 1.6.04, DJU 13.9.04).

Todavia, há notícia de acórdão em que se determinou o pagamento de honorários advocatícios pelo vencedor ao vencido, em virtude de ter aquele mentido no processo (JTAERGS 83/239).

Art. 81: 6. v. art. 96. S/ condenação em litigância de má-fé e: sentença que não se pronuncia a respeito de pedido nesse sentido, v. art. 489, nota 11; mandado de segurança, v. LMS 25, especialmente nota 4.

Art. 81: 7. "A concessão do **benefício da assistência judiciária** não tem o condão de tornar o assistido infenso às penalidades processuais legais por atos de litigância de má-fé por ele praticados no curso da lide" (STJ-4ª T., RMS 15.600, Min. Aldir Passarinho Jr., j. 20.5.08, DJU 23.6.08). No mesmo sentido: JTJ 348/50 (AI 7.400.200-5).

V. art. 98 § 4º.

Art. 81: 8. "O disposto nos arts. 16 a 18 do CPC **não se aplica ao advogado,** mas, somente, à parte (opinião do relator, de acordo com o pensamento de Arruda Alvim)" (STJ-3ª T., REsp 22.027-4, Min. Nilson Naves, j. 10.8.92, DJU 14.9.92). "Somente os litigantes, estes entendidos tal como o fez Pontes de Miranda, estarão sujeitos à multa e indenização a que se refere o art. 18, do CPC. Os danos causados pela conduta do advogado deverão ser aferidos em ação própria para esta finalidade" (STJ-RIDCPC 57/121: 4ª T., REsp 140.578). No mesmo sentido: STJ-2ª T., REsp 1.194.683, Min. Eliana Calmon, j. 17.8.10, DJ 26.8.10. "A condenação pessoal do Procurador do Instituto Nacional do Seguro Social ao pagamento de multa processual é inadequada porque, no caso vertente, ele não figura como parte ou interveniente na ação" (STF-Pleno, Rcl 5.133, Min. Cármen Lúcia, j. 20.5.09, maioria, DJ 21.8.09).

Assim: "Em caso de litigância de má-fé (CPC, arts. 17 e 18), descabe a condenação solidária da parte faltosa e de seus procuradores" (STJ-4ª T., REsp 1.331.660, Min. Raul Araújo, j. 17.12.13, DJ 11.4.14).

Contra, aplicando a multa ao advogado: "Aplicação de multa de 1% (um por cento) do valor atualizado da causa, a ser suportada pelo advogado subscritor do recurso, nos termos do art. 14, II, c/c 17, VII e 18, *caput*, do CPC, pois é dever das partes e dos seus procuradores proceder com lealdade e boa-fé" (STJ-RJTJERGS 237/39, 2ª T.).

Art. 81: 8a. "A multa por litigância de má-fé deve ser imposta por aquele que detém o **juízo definitivo de admissibilidade do recurso.** O exame da admissibilidade levado a efeito pelos tribunais inferiores tem natureza provisória e deve cingir-se à análise dos pressupostos genéricos e específicos de recorribilidade do extraordinário" (STF-RDDP 51/148: 2ª T., AI 414.648-AgRg-EDcl).

Contra: "Embora de cognição incompleta, o ato do juízo primeiro de admissibilidade do recurso possui natureza jurisdicional, podendo alcançar o enquadramento do recorrente como litigante de má-fé e a consequente imposição de multa" (STF-1ª T., AI 417.602-AgRg-EDcl, Min. Marco Aurélio, j. 24.11.04, dois votos vencidos, DJU 26.8.05).

Art. 81: 9. Cumulação de sanções. A multa prevista neste artigo é uma sanção punitiva. Para que ela possa ser aplicada conjuntamente com outras sanções é necessário que elas exerçam funções distintas (p. ex., coercitiva ou reparatória). Um mesmo comportamento não pode ser sancionado mais de uma vez com a mesma finalidade. São também punitivas as sanções previstas nos arts. 77 § 2º, 202, 258, 334 § 8º, 701 §§ 10 e 11, 774 § ún., 903 § 6º, 1.021 § 4º e 1.026 §§ 2º e 3º; logo, não podem ser impostas cumulativamente. Em cada caso concreto, deve ser aplicada a multa mais específica. Dado o caráter genérico da multa prevista no art. 81, sua efetiva incidência fica prejudicada nas situações em que também exista suporte material para a aplicação de punição prevista nos artigos arrolados anteriormente. Todavia, isso não impede que, conjuntamente com as sanções dos arts. 77 § 2º, 202, 258, 334 § 8º, 701 §§ 10 e 11, 774 § ún., 903 § 6º, 1.021 § 4º e 1.026 §§ 2º e 3º, seja imposta a condenação a indenizar, a pagar honorários advocatícios e a ressarcir despesas previstas neste art. 81, na medida em que se trata de sanção reparatória, ou seja, distinta da punitiva. Tanto a multa como as demais verbas previstas neste art. 81 são cumuláveis com a multa prevista nos arts. 523 § 1º, 536 § 1º, 806 § 1º e 814, que tem distinta finalidade coercitiva.

"Aplicação simultânea dos institutos de direito material e processual. Possibilidade. As penalidades decorrentes da violação das normas contidas nos arts. 17, 18 do Estatuto Processual Civil e 940 do Código Civil são distintas, pois destinam-se à proteção e à eficácia de objetos jurídicos diversos. A primeira tutela a prestação jurisdicional, o processo e as suas finalidades. Já a segunda visa a defesa das relações jurídicas materiais, com o escopo de conformá-las com os vetores morais vigentes" (STJ-4ª T., REsp 1.339.625, Min. Marco Buzzi, j. 17.12.13, DJ 14.2.14). V. tb. art. 79, nota 2.

Não existem óbices para que uma outra conduta do litigante de má-fé no mesmo processo venha a ser objeto de nova punição, fazendo incidir mais uma vez as respectivas sanções (RT 623/113) ou dando azo à incidência de outra sanção mais específica, sem prejuízo da pena imposta pelo comportamento anterior.

S/ cumulação de sanções e: agravo interno, v. art. 1.021, nota 13; embargos de declaração, v. art. 1.026, nota 11b.

Art. 81: 10. v. CC 275 a 285.

Art. 81: 10a. de acordo com a extensão do dano (CC 944-*caput*) e sem limitação a percentual sobre o valor da causa.

Art. 81: 11. v. arts. 509 e segs.

Art. 81: 12. "É **desnecessária a comprovação do prejuízo** para que haja condenação ao pagamento da indenização prevista no art. 18, *caput* e § 2º, do Código de Processo Civil, decorrente da litigância de má-fé" (STJ-Corte Especial, ED no REsp 1.133.262, Min. Luis Felipe, j. 3.6.15, DJ 4.8.15).

Contra, a nosso ver com razão: "Na fixação da indenização, considerada sua natureza reparatória, é necessária a demonstração do prejuízo efetivamente causado à parte adversa, em razão da conduta lesiva praticada no âmbito do processo, diferentemente do que ocorre com a multa, para a qual basta a caracterização da conduta dolosa" (STJ-4ª T., REsp 1.331.660, Min. Raul Araújo, j. 17.12.13, DJ 11.4.14). No mesmo sentido: STJ-3ª T., REsp 756.885, Min. Gomes de Barros, j. 14.8.07, DJU 17.9.07; RJTJERGS 255/276.

V. tb. art. 80, notas 1a e 17.

Art. 81: 13. "A liquidação por arbitramento, na espécie, destina-se a quantificar os **prejuízos processuais, e não materiais,** que o liquidante suportou decorrentes da conduta processual dos autores da ação. Para tanto, revela-se necessário evidenciar o fato processual praticado pelos autores da ação que ensejou a condenação destes à indenização pelas perdas e danos (processuais, portanto), e aferir, de acordo com a moldura fática delineada pelas instâncias ordinárias, se o mencionado fato processual repercute nos danos alegados pelo liquidante. Na hipótese dos autos, o reconhecimento da litigância de má-fé dos autores da ação decorreu da utilização da tese inverídica, consistente na impossibilidade de continuidade do vínculo obrigacional, por perda de objeto pelo desaparecimento da legítima do réu, decorrente de sua deserdação (fato que não se verificou). As instâncias ordinárias, ao contrário do que sustenta o ora recorrente, não excluíram a condenação por perdas e danos processuais, reconhecida definitivamente na sentença, mas sim, quando de seu arbitramento, chegaram à conclusão de que o *quantum debeatur* é zero, o que, de forma alguma, significa inobservância da coisa julgada. É o que autorizada doutrina denomina 'liquidação zero', situação que, ainda que não desejada, tem o condão de adequar à realidade uma sentença condenatória que, por ocasião de sua liquidação, mostra-se vazia, porquanto não demonstrada sua quantificação mínima e, por conseguinte, sua própria existência" (STJ-3ª T., REsp 1.011.733, Min. Massami Uyeda, j. 1.9.11, DJ 26.10.11).

"A penalidade imposta ao litigante de má-fé, nos moldes do art. 17, I, do CPC, impõe a apuração dos prejuízos causados à parte adversa com a conduta lesiva do autor, porém no âmbito do processo, não se confundindo com danos morais pela eventual repercussão negativa da lide no universo social e profissional dos réus, o que extrapola o sentido da aludida cominação" (STJ-4ª T., REsp 217.442, Min. Aldir Passarinho Jr., j. 26.6.01, DJ 5.11.01).

Seção III — DAS DESPESAS, DOS HONORÁRIOS ADVOCATÍCIOS E DAS MULTAS

Art. 82. Salvo as disposições concernentes à gratuidade da justiça,[1] incumbe às partes prover as despesas[2] dos atos que realizarem ou requererem no processo, antecipando-lhes o pagamento,[3 a 3b] desde o início até a sentença final ou, na execução, até a plena satisfação do direito reconhecido no título. [Dispositivo correspondente no CPC/1973: art. 19-*caput*]

§ 1º Incumbe ao autor adiantar as despesas relativas a ato cuja realização o juiz determinar de ofício[4] ou a requerimento do Ministério Público, quando sua intervenção ocorrer como fiscal da ordem jurídica. [Dispositivo correspondente no CPC/1973: art. 19 § 2º]

§ 2º A sentença condenará[5] o vencido[6 a 8] a pagar ao vencedor as despesas que antecipou.[9-10] [Dispositivo correspondente no CPC/1973: art. 20-*caput*]

Art. 82: 1. v. arts. 98 e segs. e Lei 1.060, de 5.2.50, (no tít. ASSISTÊNCIA JUDICIÁRIA).

Art. 82: 2. s/ despesas, v. art. 84; isenção de custas na Justiça Federal, v. RCJF 4º.

Art. 82: 3. s/ adiantamento ou reembolso de despesas, v. arts. 72, nota 5 (honorários do curador especial), 88 (procedimentos de jurisdição voluntária), 91 (ato efetuado a requerimento do Ministério Público, Fazenda Pública ou Defensoria Pública), 93 (adiamento ou repetição de atos), 95 (remuneração do assistente técnico e do perito), 266 e 268 (cumprimento de carta), 373, nota 9 (antecipação de despesas da perícia, no caso de inversão do ônus da prova), 462 (comparecimento de testemunha), 524, nota 2 (despesas com a elaboração do cálculo de liquidação), RCJF 14 (Justiça Federal) e LEF 39 (execução fiscal).

Cancelamento da distribuição, por falta de preparo: art. 290.

Art. 82: 3a. "A disposição contida no art. 19 do CPC, determinando que as partes antecipem as despesas relativas aos atos processuais, não impede que os Estados estabeleçam que a taxa judiciária, tributo que lhes é devido, seja **exigível a final**" (RSTJ 50/328).

Art. 82: 3b. "As **custas finais** devem ser apuradas somente após a existência de julgamento definitivo do processo, com ou sem resolução de mérito, antes do arquivamento do feito" (STJ-4ª T., REsp 1.018.641, Min. Marco Buzzi, j. 6.10.11, DJ 9.2.12).

Art. 82: 4. a menos que, na realidade, a prova, embora determinada pelo juiz, somente interesse ao réu, hipótese em que este é que deve adiantar as despesas correspondentes (JTJ 166/193).

Art. 82: 5. de ofício.

A condenação ao pagamento das verbas de sucumbência, no que se incluem as despesas, é uma **imposição ao juiz,** ou seja, é mais do que algo compreendido no pedido (art. 322 § 1º).

V. art. 85, nota 1a.

Art. 82: 6. A regra da sucumbência não comporta aplicação indiscriminada na determinação da parte responsável pelo reembolso de despesas. Aqui, fala mais alto o **princípio da causalidade,** ou seja, responde pelas despesas a parte que deu causa à instauração do processo. É certo que, na maioria das vezes, causalidade e sucumbência levam a soluções coincidentes; esta é o mais eloquente sinal daquela. Todavia, quando as soluções forem destoantes, prevalece aquela atrelada ao princípio da causalidade.

V. art. 85, nota 6.

Art. 82: 7. **Independe de má-fé** a condenação do vencido nas despesas.

V. art. 85, nota 7.

Art. 82: 8. Havendo **mais de uma pessoa vencida** no processo, todas elas devem ser condenadas ao pagamento das despesas, na proporção da sua derrota.

V. art. 87.

Art. 82: 9. s/ despesas, v. art. 84.

Art. 82: 10. "O ônus financeiro da prova fixado no despacho saneador, ainda que decorrente da **hipossuficiência de uma das partes,** subsiste a título precário até a sentença, momento em que, nos termos do art. 20, *caput*, do

CPC, se condenará o vencido a pagar ao vencedor as despesas por este incorridas" (STJ-3ª T., REsp 1.377.633, Min. Nancy Andrighi, j. 18.3.14, DJ 26.3.14).

V. tb. arts. 95 § 3º e 98 §§ 2º e 3º.

Art. 83. O autor, brasileiro ou estrangeiro, que residir fora do Brasil ou deixar de residir no país ao longo da tramitação de processo prestará caução suficiente ao pagamento das custas e dos honorários de advogado da parte contrária nas ações que propuser, se não tiver no Brasil bens imóveis que lhes assegurem o pagamento. [1 a 3a] [Dispositivo correspondente no CPC/1973: art. 835]

§ 1º Não se exigirá a caução de que trata o *caput*: [Dispositivo correspondente no CPC/1973: art. 836-*caput*]

I — quando houver dispensa prevista em acordo ou tratado internacional de que o Brasil faz parte; [Sem dispositivo correspondente no CPC/1973]

II — na execução fundada em título extrajudicial [4] e no cumprimento de sentença; [5-5a] [Dispositivo correspondente no CPC/1973: art. 836-I]

III — na reconvenção. [6] [Dispositivo correspondente no CPC/1973: art. 836-II]

§ 2º Verificando-se no trâmite do processo que se desfalcou a garantia, poderá o interessado exigir reforço da caução, justificando seu pedido com a indicação da depreciação do bem dado em garantia e a importância do reforço que pretende obter. [Dispositivo correspondente no CPC/1973: art. 837]

Art. 83: 1. sob pena de **extinção do processo** sem julgamento do mérito (RJTJESP 62/132).

A caução consiste em "**pressuposto processual** que, por isso, deve ser satisfeito ao início da relação jurídico-processual. Nada impede, porém, que seja ela suprida no decorrer da demanda, não havendo falar em nulidade processual sem que haja prejuízo, especialmente em caso no qual a pessoa jurídica estrangeira já veio pagando adequadamente todas as despesas processuais incorridas e possui filial no país. No caso concreto, ademais, considerando-se o resultado da demanda, não faz sentido exigir a caução em referência. Não há por que exigir da recorrida o depósito de caução cuja finalidade é garantir o pagamento de despesas que, com o resultado do julgamento, ficarão por conta da parte contrária" (STJ-3ª T., REsp 1.027.165, Min. Sidnei Beneti, j. 7.6.11, DJ 14.6.11). No mesmo sentido: STJ-4ª T., REsp 999.799, Min. Luis Felipe, j. 25.9.12, DJ 19.10.12.

Art. 83: 2. A caução é **exigível de ofício** (v. art. 337-XII c/c § 5º).

Art. 83: 3. Dispensando a caução se houver **litisconsorte** ativo domiciliado no Brasil, responsável solidário por eventuais ônus da sucumbência: JTJ 213/20, 291/396. **Contra** a dispensa no caso, sob o fundamento de que não se presume a solidariedade entre os litisconsortes ativos: JTJ 259/243.

Art. 83: 3a. "Prestação de caução por **sociedade** empresarial **estrangeira** devidamente **representada no Brasil.** Desnecessidade. Art. 88, I, § único do CPC/73 (art. 21, I, § único, do NCPC)" (STJ-3ª T., REsp 1.584.441, Min. Moura Ribeiro, j. 21.8.18, DJ 31.8.18).

Art. 83: 4. v. art. 784.

Art. 83: 5. v. arts. 513 e segs.

Art. 83: 5a. Dispensa-se a caução em matéria de **cumprimento da sentença arbitral** (STJ-4ª T., REsp 1.286.878, Min. Luis Felipe, j. 21.6.16, DJ 1.8.16).

Art. 83: 6. v. art. 343.

Art. 84. As despesas abrangem [1 a 2a] as custas dos atos do processo, [3 a 5a] a indenização de viagem, a remuneração do assistente técnico [6] e a diária de testemunha. [7] [Dispositivo correspondente no CPC/1973: art. 20 § 2º]

Art. 84: 1. "O art. 20, *caput* e § 2º, do Código de Processo Civil enumera apenas as consequências da sucumbência, devendo o vencido pagar ao vencedor as 'despesas' que este antecipou, não alcançando indistintamente todos os gastos realizados pelo vencedor, mas somente aqueles **'endoprocessuais'** ou em razão do processo, quais sejam, 'custas dos atos do processo', 'a indenização de viagem, diária de testemunha e remuneração do assistente técnico'. Assim, descabe o ressarcimento, a título de sucumbência, de valores despendidos pelo vencedor com a confecção de laudo extrajudicial, mediante a contratação de perito de sua confiança" (STJ-4ª T., REsp 955.134, Min. Luis Felipe, j. 16.8.12, DJ 29.8.12).

Todavia, em sentido mais amplo: "Por despesas processuais hão de ser entendidos todos os gastos necessariamente feitos para se levar um processo às suas finalidades", diz acórdão que mandou incluir, em ação de despejo julgada procedente, as despesas efetuadas pelo locador com a remoção de bens do locatário, em cumprimento ao mandado de despejo (RT 621/168).

Art. 84: 2. Não são reembolsáveis os **honorários de advogado** pagos para cumprimento de precatória (RT 611/129).

Art. 84: 2a. "As despesas do processo previstas no art. 20 do CPC incluem as custas de notificação premonitória, quando indispensável" (STJ-3ª T., REsp 19.933-0, Min. Cláudio Santos, j. 6.10.92, DJU 16.11.92).

Art. 84: 3. s/ custas na Justiça Federal, v. Lei 9.289, de 4.7.96 (tít. JUSTIÇA FEDERAL).

Art. 84: 4. Cabe à União, aos Estados e ao Distrito Federal, concorrentemente, editar normas sobre custas (CF 24-IV).

Art. 84: 5. **"Custas são o preço decorrente da prestação da atividade jurisdicional,** desenvolvida pelo Estado-juiz através de suas serventias e cartórios. Emolumentos são o preço dos serviços praticados pelos serventuários de cartório ou serventias não oficializados, remunerados pelo valor dos serviços desenvolvidos e não pelos cofres públicos. Despesas, em sentido restrito, são a remuneração de terceiras pessoas acionadas pelo aparelho jurisprudencial, no desenvolvimento da atividade do Estado-juiz" (STJ-2ª T., REsp 449.123, Min. Eliana Calmon, j. 17.12.02, DJU 10.3.03).

"Custas não se confundem com despesas processuais, pois estas se referem ao custeio de atos não abrangidos pela atividade cartorial" (STJ-1ª T., REsp 736.211, Min. Teori Zavascki, j. 17.11.05, DJU 28.11.05).

Art. 84: 5a. "É adequada a inclusão dos **honorários periciais** em conta de liquidação quando o dispositivo da sentença com trânsito em julgado condena o vencido, genericamente, ao pagamento de custas processuais. Quem tem razão não deve sofrer prejuízo pelo processo. Surpreender o vencedor da demanda com a obrigação de arcar com os honorários periciais apenas e tão somente porque a sentença condenava o vencido genericamente ao pagamento de 'custas' e não 'despesas' representa medida contrária ao princípio da sucumbência e até mesmo à própria noção da máxima eficiência da tutela jurisdicional justa" (STJ-Corte Especial, ED no REsp 1.519.445, Min. Nancy Andrighi, j. 19.9.18, maioria, DJ 10.10.18). No mesmo sentido, quanto aos **honorários do assistente técnico** da parte vencedora: STJ-4ª T., REsp 1.568.825-AgInt, Min. Luis Felipe, j. 18.2.20, DJ 3.3.20.

Art. 84: 6. A parte deve adiantar a **remuneração do assistente técnico** (art. 95-*caput*); daí a inserção dessa remuneração nas despesas reembolsáveis, nos termos do art. 82 § 2º.

Em matéria de desapropriação, v. LD 30, nota 3.

Art. 84: 7. v. art. 462.

Art. 85. A sentença[1] condenará[1a a 5] o vencido[6 a 8] a pagar honorários[9 a 15] ao advogado[16 a 18] do vencedor.[19] [Dispositivo correspondente no CPC/1973: art. 20-*caput*]

§ 1º São devidos honorários advocatícios na reconvenção,[20] no cumprimento de sentença, provisório[21] ou definitivo,[22 a 23a] na execução, resistida ou não,[24 a 25a] e nos recursos interpostos,[26] cumulativamente. [Dispositivos correspondentes no CPC/1973: arts. 20 § 4º e 34]

§ 2º Os honorários serão fixados[27 a 29] entre o mínimo de dez[30] e o máximo de vinte por cento sobre o valor da condenação,[31 a 33a] do proveito econômico obtido[34 a 34b] ou, não sendo possível mensurá-lo, sobre o valor atualizado da causa,[35 a 35b] atendidos: [Dispositivo correspondente no CPC/1973: art. 20 § 3º]

I — o grau de zelo do profissional; [Dispositivo correspondente no CPC/1973: art. 20 § 3º-*a*]

II — o lugar de prestação do serviço; [Dispositivo correspondente no CPC/1973: art. 20 § 3º-*b*]

III — a natureza e a importância da causa; [Dispositivo correspondente no CPC/1973: art. 20 § 3º-*c*]

IV — o trabalho realizado pelo advogado e o tempo exigido para o seu serviço. [Dispositivo correspondente no CPC/1973: art. 20 § 3º-*c*]

§ 3º Nas causas em que a Fazenda Pública for parte,[36-37] a fixação dos honorários observará os critérios estabelecidos nos incisos I a IV do § 2º e os seguintes percentuais:[38] [Dispositivo correspondente no CPC/1973: art. 20 § 4º]

I — mínimo de dez e máximo de vinte por cento sobre o valor da condenação ou do proveito econômico obtido até 200 (duzentos) salários mínimos; [Sem dispositivo correspondente no CPC/1973]

II — mínimo de oito e máximo de dez por cento sobre o valor da condenação ou do proveito econômico obtido acima de 200 (duzentos) salários mínimos até 2.000 (dois mil) salários mínimos; [Sem dispositivo correspondente no CPC/1973]

III — mínimo de cinco e máximo de oito por cento sobre o valor da condenação ou do proveito econômico obtido acima de 2.000 (dois mil) salários mínimos até 20.000 (vinte mil) salários mínimos; [Sem dispositivo correspondente no CPC/1973]

IV — mínimo de três e máximo de cinco por cento sobre o valor da condenação ou do proveito econômico obtido acima de 20.000 (vinte mil) salários mínimos até 100.000 (cem mil) salários mínimos; [Sem dispositivo correspondente no CPC/1973]

V — mínimo de um e máximo de três por cento sobre o valor da condenação ou do proveito econômico obtido acima de 100.000 (cem mil) salários mínimos. [Sem dispositivo correspondente no CPC/1973]

§ 4º Em qualquer das hipóteses do § 3º: [Sem dispositivo correspondente no CPC/1973]

I — os percentuais previstos nos incisos I a V devem ser aplicados desde logo, quando for líquida a sentença; [Sem dispositivo correspondente no CPC/1973]

II — não sendo líquida a sentença, a definição do percentual, nos termos previstos nos incisos I a V, somente ocorrerá quando liquidado o julgado;[39] [Sem dispositivo correspondente no CPC/1973]

III — não havendo condenação principal ou não sendo possível mensurar o proveito econômico obtido, a condenação em honorários dar-se-á sobre o valor atualizado da causa;[40] [Sem dispositivo correspondente no CPC/1973]

IV — será considerado o salário mínimo vigente quando prolatada sentença líquida ou o que estiver em vigor na data da decisão de liquidação. [Sem dispositivo correspondente no CPC/1973]

§ 5º Quando, conforme o caso, a condenação contra a Fazenda Pública ou o benefício econômico obtido pelo vencedor ou o valor da causa for superior ao valor previsto no inciso I do § 3º, a fixação do percentual de honorários deve observar a faixa inicial e, naquilo que a exceder, a faixa subsequente, e assim sucessivamente.[41] [Sem dispositivo correspondente no CPC/1973]

§ 6º Os limites e critérios previstos nos §§ 2º e 3º aplicam-se independentemente de qual seja o conteúdo da decisão, inclusive aos casos de improcedência ou de sentença sem resolução de mérito.[42 a 43] [Sem dispositivo correspondente no CPC/1973]

§ 7º Não serão devidos honorários no cumprimento de sentença contra a Fazenda Pública que enseje expedição de precatório, desde que não tenha sido impugnada.[44-44a] [Sem dispositivo correspondente no CPC/1973]

§ 8º Nas causas em que for inestimável ou irrisório o proveito econômico ou, ainda, quando o valor da causa for muito baixo, o juiz fixará o valor dos honorários por apreciação equitativa, observando o disposto nos incisos do § 2º.[44b a 46] [Dispositivo correspondente no CPC/1973: art. 20 § 4º]

§ 9º Na ação de indenização por ato ilícito contra pessoa, o percentual de honorários incidirá sobre a soma das prestações vencidas acrescida de 12 (doze) prestações vincendas.[46a a 49] [Dispositivo correspondente no CPC/1973: art. 20 § 5º]

§ 10. Nos casos de perda do objeto, os honorários serão devidos por quem deu causa ao processo.[50] [Sem dispositivo correspondente no CPC/1973]

§ 11. O tribunal, ao julgar recurso, majorará os honorários fixados anteriormente levando em conta o trabalho adicional realizado em grau recursal,[51 a 52] observando, conforme o caso, o disposto nos §§ 2º a 6º, sendo vedado ao tribunal, no cômputo geral da fixação de honorários devidos ao advogado do vencedor, ultrapassar os respectivos limites estabelecidos nos §§ 2º e 3º para a fase de conhecimento. [Sem dispositivo correspondente no CPC/1973]

§ 12. Os honorários referidos no § 11 são cumuláveis com multas[52a] e outras sanções processuais, inclusive as previstas no art. 77.[53] [Sem dispositivo correspondente no CPC/1973]

§ 13. As verbas de sucumbência arbitradas em embargos à execução rejeitados ou julgados improcedentes e em fase de cumprimento de sentença serão acrescidas no valor do débito principal, para todos os efeitos legais. [Sem dispositivo correspondente no CPC/1973]

§ 14. Os honorários constituem direito do advogado e têm natureza alimentar,[53a] com os mesmos privilégios dos créditos oriundos da legislação do trabalho,[54] sendo vedada a compensação em caso de sucumbência parcial.[54a-55] [Sem dispositivo correspondente no CPC/1973]

§ 15. O advogado pode requerer que o pagamento dos honorários que lhe caibam seja efetuado em favor da sociedade de advogados que integra na qualidade de sócio, aplicando-se à hipótese o disposto no § 14.[55a] [Sem dispositivo correspondente no CPC/1973]

§ 16. Quando os honorários forem fixados em quantia certa, os juros moratórios incidirão a partir da data do trânsito em julgado da decisão.[55b] [Sem dispositivo correspondente no CPC/1973]

§ 17. Os honorários serão devidos quando o advogado atuar em causa própria. [Sem dispositivo correspondente no CPC/1973]

§ 18. Caso a decisão transitada em julgado seja omissa quanto ao direito aos honorários ou ao seu valor, é cabível ação autônoma para sua definição e cobrança.[55c a 57] [Sem dispositivo correspondente no CPC/1973]

§ 19. Os advogados públicos perceberão honorários de sucumbência, nos termos da lei.[58-59] [Sem dispositivo correspondente no CPC/1973]

Art. 85: 1. **terminativa** (v. § 6º e arts. 92, 485 § 2º e 486 § 2º) **ou de mérito** (STJ-1ª T., REsp 856.789-AgRg, Min. Denise Arruda, j. 19.6.08, DJU 1.8.08; STJ-4ª T., REsp 26.799-0, Min. Sálvio de Figueiredo, j. 25.11.92, DJU 1.2.93).

Art. 85: 1a. de ofício.

A condenação ao pagamento das verbas de sucumbência, no que se incluem os honorários, é uma **imposição ao juiz,** ou seja, é mais do que algo compreendido no pedido (art. 322 § 1º). V. tb. art. 82, nota 5.

Súmula 256 do STF: "É **dispensável pedido** expresso para condenação do réu em honorários, com fundamento nos arts. 63 ou 64 do Cód. Proc. Civil".

Esta Súmula continua válida e beneficia tanto o autor quanto o réu (STJ-3ª T., REsp 3.052, Min. Eduardo Ribeiro, j. 11.9.90, DJU 9.10.90; STJ-1ª T., REsp 665.128, Min. Denise Arruda, j. 10.4.07, DJU 3.5.07; RJTJESP 51/172, RF 261/270).

Em contrapartida, está **revogada, implicitamente, a Súmula 472 do STF.**

"A condenação nas verbas de sucumbência decorre do fato objetivo da derrota no processo, cabendo ao juiz condenar, de ofício, a parte vencida, independentemente de provocação expressa do autor, pois se trata de pedido implícito, cujo exame decorre da lei processual civil. Não há preclusão no pedido de arbitramento de verba honorária, no curso da execução, mesmo que a referida verba não tenha sido pleiteada no início do processo executivo, tendo em vista a inexistência de dispositivo legal que determine o momento processual para esse pleito" (STJ-2ª T., Ag em REsp 983-AgRg, Min. Castro Meira, j. 14.4.11, DJ 27.4.11). No mesmo sentido: STJ-1ª T., Ag em REsp 128.582-AgRg, Min. Napoleão Maia Filho, j. 1.10.13, DJ 24.10.13. V. art. 827, nota 2.

Art. 85: 2. Malgrado desnecessário pedido expresso para condenação do réu em honorários, **se houve pedido,** esta não pode ser superior a ele (STJ-3ª T., REsp 12.585, Min. Dias Trindade, j. 9.9.91, DJU 30.9.91).

Art. 85: 3. Condenação ao pagamento de honorários fora da sentença. "A necessidade de pagamento das verbas honorárias não decorre da natureza da decisão que excluiu da lide a parte ilegítima. Não importa, para tanto, se a ilegitimidade dos sócios foi reconhecida em despacho saneador ou em sentença" (STJ-2ª T., REsp 279.731, Min. João Otávio, j. 6.12.05, DJU 6.3.06).

"Em ação proposta contra uma empresa e seus sócios, todos representados pelo mesmo advogado, o fato de apenas os sócios terem sido excluídos do polo passivo da ação não autoriza o arbitramento dos honorários advocatícios, pela defesa desses sócios, em valor reduzido, sob o argumento de que o montante poderá ser complementado em virtude do prosseguimento da ação contra a empresa. Os direitos e obrigações da pessoa jurídica não se confundem com os das pessoas físicas dos seus sócios. Ademais, o êxito da empresa na ação é incerto, de modo que sequer há certeza quanto à condenação da parte adversa ao pagamento de honorários sucumbenciais" (STJ-3ª T., REsp 1.176.495, Min. Nancy Andrighi, j. 28.8.12, DJ 5.9.12).

Art. 85: 4. Diferimento na fixação dos honorários. "Se o acórdão tem fundamento constitucional e infraconstitucional, o provimento do recurso especial não implica condenação em honorários de advogado; esse efeito só resultará do julgamento do recurso extraordinário se também for removido o fundamento constitucional do julgado" (STJ-3ª T., AI 664.903-AgRg, Min. Ari Pargendler, j. 16.3.06, DJU 10.4.06). Ainda: "pendente de exame recurso extraordinário, descabe a esta Corte fixar desde logo os encargos sucumbenciais" (STJ-4ª T., REsp 747.255-EDcl, Min. Barros Monteiro, j. 14.2.06, DJU 10.4.06).

"Ocorrendo julgamento simultâneo de ação de busca e apreensão e ação de revisão de contrato bancário, cassado o acórdão recorrido para determinar que o Tribunal de origem prossiga, quanto a busca e apreensão, na esteira do devido processo legal, fica diferida a fixação dos honorários advocatícios para o julgamento da ação de busca e apreensão" (STJ-3ª T., REsp 973.935-AgRg, Min. Nancy Andrighi, j. 26.6.08, DJ 5.8.08).

Art. 85: 5. "O **capítulo da sentença** relativo aos honorários advocatícios se encontra sujeito à imutabilidade decorrente da **coisa julgada.** Diante disso é forçoso concluir pela impossibilidade de se revisar, em sede de execução, o valor de verba honorária fixada na sentença, transitada em julgado, proferida na fase de conhecimento" (STJ-3ª T., REsp 1.148.643, Min. Nancy Andrighi, j. 6.9.11, DJ 14.9.11). No mesmo sentido: STJ-2ª T., REsp 605.066, Min. Castro Meira, j. 8.5.07, DJU 18.5.07.

"Fixados os honorários de advogado, no processo de conhecimento, em percentual sobre o valor da causa, e advindo o trânsito em julgado, não poderá o juiz, na fase de execução, a pretexto de correção de erro material, transmudar essa base de cálculo para o valor da condenação, sob pena de violação da coisa julgada" (STJ-3ª T., REsp 769.189-AgRg, Min. Sidnei Beneti, j. 14.10.08, DJ 3.11.08).

"Fixados com trânsito em julgado os honorários, não pode o magistrado, na execução da sentença, valer-se de outros critérios, a título de interpretação do julgamento anterior, sob pena de violação aos artigos 467, 468 e 471" (STJ-3ª T., REsp 631.321, Min. Castro Filho, j. 26.8.04, DJU 20.9.04).

"Considerando que a sentença transitou em julgado, determinando explicitamente que cada um dos sucumbentes deveria arcar com honorários no percentual de 10% (dez por cento) sobre o valor da causa, está acobertada pelo manto da coisa julgada, não podendo ser modificada em embargos à execução" (STJ-2ª T., REsp 1.339.412-AgRg, Min. Humberto Martins, j. 6.11.12, DJ 14.11.12).

Porém: "No caso, a sentença que fixou honorários advocatícios explicitou, como seria de rigor, o percentual devido a título de tal verba (15%). O que faltava, porém, era a base de cálculo sobre a qual incidiria o percentual arbitrado (valor da causa), uma vez que o autor da ação de embargos de terceiro não se desincumbiu de tal providência. Todavia, não há iliquidez no título executivo a ponto de autorizar a extinção da execução dos honorários, como determinou o juízo sentenciante, uma vez que os valores são alcançados por simples cálculos aritméticos consistentes na aplicação do percentual arbitrado na sentença ao valor que legalmente deveria ter sido atribuído aos embargos de terceiro" (STJ-4ª T., REsp 957.760, Min. Luis Felipe, j. 12.4.12, DJ 2.5.12).

Indo além: "Ação civil pública. Honorários de sucumbência. Ausência de ofensa à coisa julgada. Verba honorária sobre base incerta e aleatória. Valores astronômicos. Modificação. Art. 20, § 4º, do CPC. Aplicação. Redução da verba honorária. Não há que se falar em ofensa à coisa julgada quando o julgador, diante da imprecisão do comando sentencial, confere nova interpretação da sentença exequenda, de forma a viabilizar a condenação imposta. Não evidenciado na condenação conteúdo econômico imediato, incide a norma prevista no art. 20, § 4º, do CPC" (STJ-4ª T., Ag em REsp 94.186-AgRg, Min. Isabel Gallotti, j. 7.8.12, DJ 14.8.12).

V. tb. nota 56 e art. 489, nota 19c.

Art. 85: 6. A regra da sucumbência não comporta aplicação indiscriminada na determinação da parte responsável pelo pagamento de honorários advocatícios. Aqui, fala mais alto o **princípio da causalidade,** ou seja, responde pelos honorários a parte que deu causa à instauração do processo. É certo que, na maioria das vezes, causalidade e sucumbência levam a soluções coincidentes; esta é o mais eloquente sinal daquela. Todavia, quando as soluções forem destoantes, prevalece aquela atrelada ao princípio da causalidade.

"Sem embargo do princípio da sucumbência, adotado pelo Código de Processo Civil vigente, é de atentar-se para outro princípio, o da causalidade, segundo o qual aquele que deu causa à instauração do processo, ou ao incidente processual, deve arcar com os encargos daí decorrentes" (STJ-4ª T., REsp 264.930, Min. Sálvio de Figueiredo, j. 13.9.00, DJU 16.10.00).

"O princípio da sucumbência cede lugar quando, embora vencedora, a parte deu causa à instauração da lide" (STJ-3ª T., AI 615.423-AgRg, Min. Nancy Andrighi, j. 17.3.05, DJU 11.4.05).

"Os ônus sucumbenciais subordinam-se ao princípio da causalidade: devem ser suportados por quem deu causa à instauração do processo" (STJ-1ª T., REsp 664.475, Min. Teori Zavascki, j. 3.5.05, DJU 16.5.05).

"Exibição de documentos. Indispensável que os autores demonstrassem a recusa dos réus em fornecer a documentação. Documentos que desde logo vieram aos autos. Demanda procedente. Isenção da sucumbência quanto aos réus. Aplicação do princípio da causalidade" (JTJ 353/354: AP 991.03.084675-8).

"Se, apesar de o réu ter dado causa ao ajuizamento da ação, o autor foi o responsável pelo prolongamento desnecessário do processo, as verbas de sucumbência devem ser distribuídas equitativamente entre as partes" (STJ-3ª T., REsp 1.015.128, Min. Gomes de Barros, j. 24.3.08, DJU 13.5.08).

"Execução. Prescrição intercorrente. Honorários em favor do executado. Descabimento. Causalidade. Ausência de sucumbência do exequente" (STJ-4ª T., REsp 1.769.201, Min. Isabel Gallotti, j. 12.3.19, DJ 20.3.19). No mesmo sentido: STJ-2ª T., REsp 1.834.500, Min. Og Fernandes, j. 17.9.19, DJ 20.9.19; STJ-3ª T., REsp 1.835.174, Min. Paulo Sanseverino, j. 5.11.19, DJ 11.11.19; STJ-1ª T., REsp 1.849.437-AgInt, Min. Gurgel de Faria, j. 6.10.20, maioria, DJ 28.10.20. Também afirmando essa tese: STJ-2ª Seção, ED no Ag em REsp 957.460-EDcl-AgInt, Min. Nancy Andrighi, j. 18.2.20, DJ 20.2.20. **Todavia:** "O processo ficou parado e só foi retomado porque a parte devedora protocolou petição de exceção de pré-executividade, na qual veiculou a tese da prescrição intercorrente, a qual foi objeto de resposta da Fazenda Nacional, impugnando o conteúdo da objeção processual. No contexto acima, havendo resistência da parte credora, os honorários advocatícios são devidos em função do princípio da sucumbência" (STJ-2ª T., REsp 1.812.198, Min. Herman Benjamin, j. 15.8.19, DJ 10.9.19).

Negando, com acerto, honorários sucumbenciais em favor do advogado do executado em caso de execução extinta por falta de bens do devedor: "Extinção da execução por desistência do exequente. Honorários advocatícios em favor do executado. Descabimento. Princípio da causalidade. Ausência de sucumbência do exequente" (STJ-4ª T., REsp 1.744.492-AgInt, Min. Isabel Gallotti, j. 11.6.19, DJ 14.6.19).

V. § 10. V. art. 82, nota 6.

S/ honorários e princípio da causalidade especificamente em embargos de terceiro, v. art. 681, nota 2, em especial Súmula 303 do STJ.

Art. 85: 6a. "Para a existência de verba honorária, é necessário existir sucumbência da parte contrária. Inexistente esta, inexiste aquela" (STJ-3ª T., REsp 26.120-3, Min. Cláudio Santos, j. 25.10.93, DJU 22.11.93). Por outras palavras: é preciso que haja vencedor e vencido, ou seja, que tenha havido litígio (RJTJESP 93/96) e consequente sucumbência, pois o fundamento da condenação em honorários é o fato objetivo da derrota (RT 591/140). Ou melhor, trazendo essas ideias para o campo da causalidade, **é preciso que haja um responsável** pela instauração e pelo desenvolvimento do processo. E, naturalmente, que a parte inocente se tenha feito representar nos autos por **advogado.**

Se o processo é declarado extinto antes da citação do réu, e o autor não recorre, também não cabem honorários (RT 702/113, JTJ 300/364).

Também não é devida, por enquanto, a verba honorária, se o tribunal anula a sentença e determina o retorno dos autos ao primeiro grau, para a prolação de outra (RSTJ 182/178).

"Não são devidos honorários advocatícios nas situações em que o juiz decreta a nulidade da citação e de todos os atos posteriores, determinando a repetição do ato citatório e o prosseguimento do feito" (STJ-4ª T., REsp 1.019.953, Min. João Otávio, j. 5.4.11, DJ 12.4.11).

Art. 85: 7. Independe de má-fé a condenação do vencido a pagar honorários (STJ-3ª T., REsp 6.271, Min. Cláudio Santos, j. 10.12.90, DJU 18.2.91).

"Ônus da sucumbência. Aplicação independente da boa-fé com que tenha agido o vencido. Os encargos da sucumbência decorrem exclusivamente da derrota experimentada pela parte" (STJ-JTAERGS 77/332, maioria).

"Os honorários de advogado são devidos quando a atuação do litigante exigir, para a parte adversa, providência em defesa de seus interesses. A ausência de culpa do sucumbente causador do processo não interfere na sua responsabilidade pelo pagamento dos honorários advocatícios" (RSTJ 109/223). No mesmo sentido: Bol. AASP 2.592 (TJSP, AI 657.585-5/5-01-EDcl).

V. tb. art. 82, nota 7.

Art. 85: 7a. A **alteração de jurisprudência,** inclusive quanto à edição de súmula por tribunal superior, "não pode ser considerada como fato superveniente para o fim de isentar o recorrente da condenação nos ônus sucumbenciais" (STJ-3ª T., REsp 459.353, Min. Castro Filho, j. 8.5.03, DJU 16.6.03). Em sentido semelhante: STJ-2ª T., REsp 1.824.644-AgInt, Min. Herman Benjamin, j. 3.10.19, DJ 18.10.19.

"Para o arbitramento dos honorários advocatícios, mostra-se irrelevante o fato de a ação ter sido ajuizada antes da edição de súmula contrária à pretensão deduzida, pois essa apenas consolida a jurisprudência dominante no âmbito do Tribunal, fato que não gera efeitos na causalidade da lide" (STJ-4ª T., REsp 848.734, Min. Luis Felipe, j. 6.10.11, DJ 22.11.11).

Art. 85: 8. "Se **alguns dos litisconsortes** foram **derrotados,** somente estes devem pagar honorários por sucumbência" (RSTJ 42/276).

"Os pedidos dos litisconsortes, individualmente examinados, foram julgados totalmente procedentes para uns, e improcedentes para outros, o que descaracteriza a sucumbência recíproca" (STJ-2ª T., REsp 1.205.740-EDcl-AgRg, Min. Herman Benjamin, j. 1.3.11, DJ 15.3.11).

"Se um dos litisconsortes, aquele que podia fazê-lo, reconheceu o pedido, e deu-lhe efeitos práticos atendendo a pretensão dos autores, o outro litisconsorte não responde pelos honorários de advogado" (STJ-3ª T., REsp 947.230, Min. Ari Pargendler, j. 8.4.08, DJ 5.8.08).

V. art. 87.

Art. 85: 9. s/ honorários de advogado, v. EA 22 a 26, no tít. ADVOGADO. V. tb. arts. 72, nota 12 (réu revel com curador especial), 81-*caput* (litigância de má-fé), 86 § ún. (sucumbência mínima), 87 (litisconsórcio), 88, nota 2 (procedimento de jurisdição voluntária), 89, nota 3 (ação de divisão), 90 (desistência, renúncia ou reconhecimento do pedido), 98-*caput*, § 1º-VI e § 2º e 99 § 5º (gratuidade da justiça), 128, nota 3b, e 129 § ún. e notas 5 e 5a (denunciação da lide), 136, nota 1b (desconsideração da personalidade jurídica), 322 § 1º (inclusão no pedido), 331, notas 1 e 4a (indeferimento da petição inicial), 332, notas 5 e 11 (improcedência liminar), 338 § ún. (substituição do réu), 383, nota 1a (produção antecipada de prova), 496, nota 3b (honorários, no reexame necessário, em favor de quem não recorreu), 510, nota 4 (liquidação por arbitramento), 511, nota 3 (liquidação pelo procedimento comum), 545, notas 4 e 5a, 546, e 548, nota 3 (ação de consignação em pagamento), 550, nota 11 (ação de exigir contas), 603 § 1º (ação de dissolução parcial de sociedade), 619, notas 4a e 4b (inventário), 643, nota 1 (habilitação de crédito em inventário), 681, nota 2 (embargos de terceiro), 701-*caput* e notas 3 e 3a, 702, nota 8 (ação monitória), 718 (restauração de autos), 730, nota 3 (venda de coisa comum indivisível), 909, nota 2 (concurso de credores), 960, nota 11 (honorários na homologação da sentença estrangeira), 966, nota 3a (rescisória contra o capítulo da sentença que tratou dos honorários), 974, nota 1 (honorários em rescisória), 992, nota 4 (reclamação), 997, nota 17 (majoração de honorários de advogado pleiteada em recurso adesivo), 1.008, nota 6 (verba advocatícia não impugnada expressamente em apelação e alteração *ex officio* de honorários, não pleiteada pelo recorrente), 1.043, nota 7c (embargos de divergência), e 1.046, nota 5 (direito intertemporal).

V. ainda LACP 18 (ação civil pública), LAP 12 e 13, nota 2 (ação popular), LAF 3º, nota 4g (ação de busca e apreensão de bem alienado fiduciariamente), LA 11, nota 7 (ação de alimentos), CPC/73 art. 772, nota 1a (impugnação de crédito em insolvência civil), CDC 87 e 94, nota 4 (ações coletivas), LD 27 § 1º e notas 4 a 7 e 11 (desapropriação), LDi 37, nota 2 (ação de divórcio), LEF 2º, notas 7a e segs., e 26 (execução fiscal), LHD 12, nota 2 (*habeas data*), LIA 18, nota 2 (ação de improbidade administrativa), LIP 2º, nota 3 (ação de investigação de paternidade movida pelo MP), LJE 55 (processo nos Juizados Especiais), LI 61 e 62, notas 19a e segs. (ações de despejo), 69, nota 2 (ação revisional de aluguel), e 72, nota 11 (ação renovatória), LMS 25, notas 2 e 2a (mandado de segurança), LRF 17, nota 1 (habilitação), 88 § ún. (pedido de restituição) e 98 § ún. (pedido de falência), LRP 207, nota 1 (processo de dúvida), e 213, nota 4 (pedido de retificação do registro imobiliário), e RISTJ 255, nota 3 (recurso especial).

S/ correção monetária da verba honorária, v. LCM 1º, nota 3 (Súmula 14 do STJ).

Art. 85: 10. O art. 29-C da Lei 8.036, de 11.5.90, com a redação dada pela Med. Prov. 2.164-41, de 24.8.01, **foi declarado inconstitucional:** "É inconstitucional a medida provisória que, alterando lei, suprime condenação em honorários advocatícios, por sucumbência, nas ações entre o Fundo de Garantia por Tempo de Serviço (FGTS) e titulares de contas vinculadas, bem como naquelas em que figurem os respectivos representantes ou substitutos processuais" (STF-RDDP 99/132: Pleno, ADI 2.736).

S/ honorários advocatícios, na cobrança judicial das contribuições devidas ao FGTS, v. nota 15.

Art. 85: 11. Súmula 234 do STF: "São devidos honorários de advogado em **ação de acidente do trabalho** julgada procedente".

Súmula 257 do STF: "São cabíveis honorários de advogado na **ação regressiva do segurador** contra o causador do dano".

Súmula 616 do STF: "É permitida a **cumulação da multa contratual** com os honorários de advogado, após o advento do Código de Processo Civil vigente". Aplicando essa Súmula no STJ: RSTJ 17/427, 52/147.

"É possível a cumulação de multa e honorários advocatícios, sendo inexigível que a soma das duas parcelas não ultrapasse o valor correspondente a 20% da condenação" (STJ-3ª T., REsp 174.885, Min. Eduardo Ribeiro, j. 16.5.00, DJU 21.8.00). No mesmo sentido: RSTJ 76/273; STJ-4ª T., REsp 165.546, Min. Sálvio de Figueiredo, j. 16.6.98, DJU 21.9.98.

Não vale a cláusula contratual que fixa honorários, em caso de inadimplemento pelo consumidor, sem dar-lhe igual direito contra o fornecedor (CDC 51-XII).

S/ outros casos de cumulação da multa com os honorários, v., no tít. EXECUÇÕES ESPECIAIS, Dec. lei 167, de 14.2.67, art. 71, nota 2; Dec. lei 413, de 9.1.69, art. 58, nota 2; Lei 5.741, de 1.12.71, art. 2º, notas 4 (especialmente Súmula 119 do TFR) e 4a.

Súmula 111 do STJ: "Os honorários advocatícios, nas **ações previdenciárias,** não incidem sobre as prestações vencidas após a sentença".

Súmula 76 do TRF-4ª Reg.: "Os honorários advocatícios, nas ações previdenciárias, devem incidir somente sobre as parcelas vencidas até a data da sentença de procedência ou do acórdão que reforme a sentença de improcedência".

Art. 85: 12. Esses honorários, também conhecidos como honorários sucumbenciais, **não se confundem com os honorários contratuais,** que são aqueles que a parte acerta diretamente com o seu patrono.

S/ ressarcimento de honorários contratuais, v., no nosso CCLCV, CC 389, especialmente nota 6.

Art. 85: 13. **Salvo convenção em contrário** (v. EA 24 § 3º, inclusive nota 2a), os honorários fixados judicialmente **são do advogado,** e não da parte (v. EA 23).

Para os casos em que há mais de um advogado atuando no processo, v. EA 22, notas 9a e 10, 23, nota 3a, e 26 e notas.

Art. 85: 14. Em matéria de honorários de advogado, **"havendo lei especial,** não tem aplicação preceito do CPC" (RTJ 80/981, confirmado em RTJ 87/572).

Art. 85: 15. "Na **cobrança judicial de créditos do FGTS,** o encargo previsto no art. 2º, § 4º, da Lei 8.844/94 (com redação dada pela Lei 9.964/2000), substitui os honorários advocatícios, à luz da *ratio essendi* do § 2º do mesmo dispositivo" (STJ-1ª T., REsp 396.889, Min. Luiz Fux, j. 6.6.02, DJU 5.8.02).

S/ honorários advocatícios, nas ações entre o FGTS e os titulares de contas vinculadas, v. nota 10.

Art. 85: 16. Se o réu é **revel** e não constituiu advogado nos autos, não tem direito a honorários, ainda quando vencedor no processo (STJ-2ª T., REsp 155.137, Min. Adhemar Maciel, j. 17.2.98, DJU 23.3.98; STJ-4ª T., REsp 281.435, Min. Aldir Passarinho Jr., j. 28.11.00, DJU 19.2.01; STJ-5ª T., REsp 609.200, Min. Felix Fischer, j. 1.8.04, DJU 30.8.04; RT 520/178).

Mas: "A **despeito de revel,** faz jus à verba honorária o réu que **comparece ao feito,** faz-se presente à audiência designada, produz alegações finais e, por fim, oferece contrarrazões ao recurso de apelação. Sucumbência inequívoca do autor em face da extinção do processo, o qual, além do mais, deu causa a que o réu se visse obrigado a contratar patrono a fim de exercitar o seu direito de defesa" (STJ-4ª T., REsp 164.491, Min. Barros Monteiro, j. 28.9.99, DJU 13.12.99).

Mesmo nos casos em que o réu ingressa voluntariamente no processo já em fase recursal, p. ex., para responder a um recurso contra o indeferimento da petição inicial, ele tem direito ao recebimento de honorários, na medida dos serviços desenvolvidos, e ao ressarcimento de despesas.

Art. 85: 17. São devidos honorários advocatícios à **Defensoria Pública,** e "por força do disposto no art. 130-III da Lei Complementar 80/94, os honorários fixados em favor da Defensoria Pública reverterão, não aos Defensores, mas ao ente público ao qual pertencem" (STJ-3ª T., REsp 1.012.393, Min. Nancy Andrighi, j. 4.3.10, DJ 4.3.10). No mesmo sentido: RJM 192/166 (AP 1.0016.08.087103-7/001).

"Defensoria Pública Estadual. Curador especial. Honorários sucumbenciais. Condenação do Município. O art. 130, III, da LC 80/94 proíbe o recebimento pessoal dos honorários pelos defensores públicos, mas não o auferimento da verba com a destinação aos fundos geridos pela Defensoria Pública, consoante previsto no inciso XXI, do art. 4º, da LC 80/94, o qual consigna expressamente competir àquela instituição executar e receber as verbas sucumbenciais decorrentes de sua atuação. Concluir-se diversamente implicaria ofensa ao princípio da causalidade e da isonomia. Com efeito, aquele que deu causa à instauração do processo deve responder pelas despesas dele decorrentes" (STJ-Corte Especial, ED no REsp 1.060.459, Min. Castro Meira, j. 24.11.11, DJ 1.2.12).

Mas: Súmula 421 do STJ: "Os honorários advocatícios **não são devidos** à Defensoria Pública quando ela atua contra a **pessoa jurídica de direito público à qual pertença".**

"Também não são devidos honorários advocatícios à Defensoria Pública quando ela atua contra pessoa jurídica de direito público que integra a mesma Fazenda Pública" (STJ-Corte Especial, REsp 1.199.715, Min. Arnaldo Esteves, j. 16.2.11, maioria, DJ 12.4.11; no caso, isentou-se autarquia estadual do pagamento de honorários à Defensoria Pública do mesmo Estado). Do voto do relator: "entendo aplicável à espécie a Súmula 421/STJ, cuja redação, inclusive, parece-me necessário ser alterada a fim de afastar possíveis equívocos interpretativos. Para tanto, seu enunciado poderia, por exemplo, ser o seguinte: 'Os honorários advocatícios não são devidos à Defensoria Pública quando ela atua contra pessoa jurídica de direito público integrante da mesma Fazenda Pública à qual pertença'".

Em síntese: "Não são devidos honorários advocatícios à Defensoria Pública quando atua contra a pessoa jurídica de direito público da qual é parte integrante. *A contrario sensu*, reconhece-se o direito ao recebimento dos honorários advocatícios se a atuação se dá em face de ente federativo diverso, como, por exemplo, quando a Defensoria Pública Estadual atua contra Município" (STJ-RF 405/443: Corte Especial, REsp 1.108.013).

V. tb. art. 72, nota 5.

Art. 85: 18. "Em caso de procedência da pretensão ajuizada em **ação civil *ex delicto*** pelo **Ministério Público,** ilegítima a condenação do vencido ao pagamento dos honorários advocatícios, tendo em vista que, por definição legal (art. 23 da Lei 8.906/94), os honorários são destinados tão somente ao advogado" (STJ-4ª T., REsp 34.386, Min. Sálvio de Figueiredo, j. 24.2.97, DJU 24.3.97). No mesmo sentido: Bol. AASP 2.365/3.052.

Art. 85: 19. "Havendo **pluralidade de vencedores** na ação, os honorários da sucumbência serão partilhados entre eles na proporção das respectivas pretensões" (JTJ 140/91), "não sendo admissível atribuir-se 20% para cada um deles" (STJ-4ª T., REsp 58.740-9, Min. Barros Monteiro, j. 24.4.95, DJU 5.6.95). No mesmo sentido: STJ-1ª T., REsp 874.115, Min. Francisco Falcão, j. 28.11.06, DJU 18.12.06; STJ-3ª T., REsp 1.848.517, Min. Nancy Andrighi, j. 18.2.20, DJ 20.2.20.

"Os honorários devem ser repartidos na proporção do interesse de cada um na causa e da gravidade da lesão ocasionada ao vencedor, podendo, portanto, ser desigual a cota de cada vencido" (RSTJ 48/395).

Art. 85: 20. "Os **honorários advocatícios, na reconvenção, são independentes** daqueles fixados na ação principal, razão pela qual pode ser estabelecido percentual distinto para seu cálculo" (STJ-RDDP 57/154: 3ª T., REsp 753.095-AgRg).

"É perfeitamente consentânea com o sistema do Código de Processo Civil a dupla condenação em honorários nos casos de reconvenção, na medida em que se referem ao labor do procurador em demandas diferentes" (STJ-2ª T., REsp 726.446, Min. Mauro Campbell, j. 17.8.10, maioria, DJ 29.4.11).

"O vencido na reconvenção deverá suportar os ônus decorrentes da sucumbência na demanda secundária, independentemente do resultado e da sucumbência na ação principal. Ao juiz, no seu prudente arbítrio, levando em consideração que os atos processuais das duas ações são em regra praticados de forma una, não demandando trabalhos diferentes, cabe fixar a verba honorária com razoabilidade. Havendo condenação na reconvenção, os honorários devem ser fixados sobre o respectivo quanto e não sobre o valor dado à causa" (STJ-4ª T., REsp 145.904, Min. Sálvio de Figueiredo, j. 5.8.99, DJU 13.9.99). No caso, houve condenação ao pagamento de 15% sobre o valor dado à causa na demanda inicial e 15% sobre o valor da condenação decorrente da procedência da reconvenção, com ponderação no sentido da possibilidade de que "a soma da verba honorária fixada nas duas demandas supere o percentual de 20%".

"No caso concreto, ante o julgamento de improcedência dos pedidos deduzidos em reconvenção, não se tratando de demanda de valor inestimável ou irrisório, faz-se impositiva a majoração da verba honorária" (STJ-4ª T., REsp 1.731.617, Min. Antonio Ferreira, j. 17.4.18, DJ 15.5.18; no caso, deu-se provimento ao recurso especial para majorar os honorários de R$ 1.000,00 para 10% sobre o valor da causa reconvencional). V. tb. nota 30.

Art. 85: 21. v. § 13 e art. 520 § 2º.

Art. 85: 22. v. § 13 e arts. 523 §§ 1º e 2º, especialmente notas 9a e segs., 525, nota 2, e 526 § 2º. Em matéria de Fazenda Pública, v. § 7º.

Art. 85: 23. "Dada a peculiaridade do **cumprimento da sentença arbitral,** cabível a fixação de honorários advocatícios para pronto pagamento, tendo em vista a necessidade de ajuizamento de demanda para instar o devedor ao adimplemento da obrigação transitada em julgado" (RAM 27/328: TJRS, AI 70035911486).

Art. 85: 23a. "Não se pode equiparar a **oposição ao pedido de levantamento** de depósito a uma etapa da fase processual denominada cumprimento de sentença, apta a condenar o ente fazendário ao pagamento de honorários de advogado. O pronunciamento judicial relativo ao pleito de levantamento do depósito efetivado nos autos, sendo uma decisão interlocutória, só pode ser impugnado por meio de agravo de instrumento, recurso previsto na nossa legislação processual, do que, como se sabe, **não há** condenação em **honorários advocatícios.** Sendo a impugnação ao levantamento de depósito judicial um **incidente processual,** inaplicável à hipótese o disposto no art. 85, §§ 1º e 7º, do CPC/2015" (STJ-1ª T., REsp 1.834.630, Min. Gurgel de Faria, j. 19.5.20, maioria, DJ 12.6.20).

V. tb. nota 25a.

Art. 85: 24. v. arts. 775 § ún.-I, inclusive nota 4 (desistência da execução), 826 (remição da execução), 827 (execução por quantia certa), 831 e 868 (objeto da penhora), 907 (satisfação do crédito exequendo), 916 (parcelamento do valor da execução).

Art. 85: 25. São devidos honorários na execução mesmo quando o **executado efetua o pagamento ou não embarga** a execução (RTJ 106/880, RT 471/124, 475/127, 479/113, 517/163, RF 251/267, 295/268, JTA 32/238, 34/52, 41/82, 42/20, Bol. AASP 1.037/205).

Art. 85: 25a. "A **cautelar prévia de caução** configura-se como mera antecipação de fase de penhora na execução fiscal e, via de regra, é promovida no exclusivo interesse do devedor. A questão decidida nesta ação cautelar tem natureza jurídica de **incidente processual** inerente à execução fiscal, **não** guardando autonomia a ensejar condenação em **honorários advocatícios** em desfavor de qualquer das partes" (STJ-1ª T., Ag em REsp 1.521.312, Min. Gurgel de Faria, j. 9.6.20, maioria, DJ 1.7.20).

V. tb. nota 23a.

Art. 85: 26. v. §§ 11 e 12.

Art. 85: 27. Havendo **convenção das partes e de seus advogados** em matéria de honorários advocatícios, ela deve ser respeitada por ocasião da fixação da verba honorária pelo juiz, à luz do disposto no art. 190.

Em matéria de locação, v. LI 62-II-*d*, especialmente nota 19a.

Art. 85: 28. "Os honorários advocatícios **não devem ser excessivamente fixados** com o escopo de punir o litigante em decorrência de atos protelatórios que porventura tenha praticado no decorrer do processo. O sistema processual civil brasileiro estabelece mecanismos próprios para desestimular práticas que atentam contra o postulado constitucional da celeridade processual, como, v. g., a aplicação de multas por litigância de má-fé" (STJ-1ª T., REsp 1.164.543, Min. Luiz Fux, j. 2.3.10, DJ 15.3.10). No mesmo sentido: STJ-2ª T., AI 1.220.284-AgRg-EDcl, Min. Cesar Rocha, j. 21.6.12, DJ 1.8.12.

Art. 85: 29. Súmula 201 do STJ: "Os honorários advocatícios **não podem ser fixados em salários mínimos".** No mesmo sentido, ainda que haja pedido para tanto: RSTJ 108/19.

Art. 85: 30. "Ressalvadas as exceções previstas nos §§ 3º e 8º do art. 85 do CPC/2015, na vigência da nova legislação processual o valor da verba honorária sucumbencial não pode ser arbitrado por apreciação equitativa ou fora dos **limites percentuais fixados pelo § 2º** do referido dispositivo legal" (STJ-4ª T., REsp 1.731.617, Min. Antonio Ferreira, j. 17.4.18, DJ 15.5.18). No mesmo sentido: STJ-1ª T., REsp 1.754.743-EDcl-AgInt, Min. Sergio Kukina, j. 10.12.19, DJ 12.12.19; STJ-2ª T., REsp 1.787.662, Min. Herman Benjamin, j. 19.3.19, DJ 2.8.19.

Rechaçando a apreciação equitativa em sede de impugnação ao cumprimento de sentença e fixando os honorários advocatícios em 10% do proveito econômico: "O recorrente, em sua impugnação, logrou êxito em reduzir o valor a ser executado, do montante de R$ 2.886.551,03 para R$ 345.340,97. Nesse caso, o proveito econômico obtido foi de R$ 2.541.210,06. Não havendo condenação, essa é a base de cálculo dos honorários no caso em comento, nos expressos termos do art. 85, § 2º, do Código de Processo Civil" (STJ-2ª Seção, REsp 1.746.072, Min. Raul Araújo, j. 13.2.19, maioria, DJ 29.3.19; a citação é do voto do relator). V. tb. nota 34a.

Dando provimento a recurso especial contra acórdão que fixou os honorários em valor inferior a 10% sobre a condenação: STJ-1ª T., REsp 19.882, Min. Demócrito Reinaldo, j. 30.11.92, DJU 1.2.93.

V. tb. nota 20 *in fine*.

Art. 85: 31. s/ valor da condenação e prestações vincendas, v. § 9º.

Art. 85: 32. O valor da condenação é expressão do proveito econômico obtido, em uma específica situação da vida.

V. nota 34.

Art. 85: 32a. "Não é possível defender que os honorários sucumbenciais reflitam percentual incidente sobre o valor da causa, tendo em vista que a natureza jurídica da presente demanda é constitutiva-condenatória. Isso porque houve a constituição de novo valor do aluguel locatício (efeito constitutivo), com a consequente determinação de pagamento (efeito condenatório). O CPC de 2015 estabeleceu, no art. 85, uma gradação ao referenciar os honorários advocatícios, ao asseverar, no § 2º, que serão fixados entre o mínimo de dez e o máximo de vinte por cento sobre o valor da condenação, do proveito econômico ou do valor atualizado da causa. Importa dizer que, **diante** da existência **da natureza condenatória** do comando eficacial da sentença, deve ser verificado, em primeiro lugar, o valor da condenação; em segundo lugar, o proveito econômico; e, por fim, o valor da causa, isto é, quando não for possível aferir o valor da condenação ou do proveito econômico, para efeito de verificação da base de cálculo dos honorários sucumbenciais. Como, no caso concreto, houve específica condenação, **não há que se falar no valor da causa** para observar a incidência dos honorários de sucumbência" (STJ-4ª T., Ag em REsp 1.386.677-AgInt, Min. Luis Felipe, j. 24.9.19, DJ 30.9.19).

Art. 85: 32b. A condenação compreende o **valor principal, corrigido monetariamente, e os juros legais** (STJ-3ª T., REsp 10.650, Min. Nilson Naves, j. 21.6.91, DJU 12.8.91; RT 609/106, RJTJESP 92/227, JTA 53/21); não alcança as custas e outras despesas processuais (JTA 89/407).

Art. 85: 33. "Ação de obrigação de fazer c/c compensação por danos morais. Fase de conhecimento encerrada com a procedência dos pedidos de **obrigação de fazer e de pagar quantia.** Honorários advocatícios arbitrados em 15% sobre o **valor da condenação. Base de cálculo.** Valor dos danos morais mais o montante econômico do procedimento médico-hospitalar realizado. Nos conflitos de direito material entre operadora de plano de saúde e seus beneficiários, acerca do alcance da cobertura de procedimentos médico-hospitalares, é inegável que a obrigação de fazer determinada em sentença não só ostenta natureza condenatória como também possui um montante econômico aferível. O título judicial que transita em julgado com a procedência dos pedidos de natureza cominatória (fornecer a cobertura pleiteada) e de pagar quantia certa (valor arbitrado na compensação dos danos morais) deve ter a sucumbência calculada sobre ambas condenações. Nessas hipóteses, o montante econômico da obrigação de fazer se expressa pelo valor da cobertura indevidamente negada" (STJ-3ª T., REsp 1.738.737, Min. Nancy Andrighi, j. 8.10.19, DJ 11.10.19).

V. tb. nota 35a.

Art. 85: 33a. "As ***astreintes,*** por serem um meio de coerção indireta ao cumprimento do julgado, **não** ostentam caráter condenatório, tampouco transitam em julgado, o que as afastam, na vigência do CPC/1973, da base de cálculo dos honorários advocatícios" (STJ-3ª T., REsp 1.367.212, Min. Ricardo Cueva, j. 20.6.17, DJ 1.8.17).

Art. 85: 34. O **proveito econômico** obtido é a verdadeira base de cálculo em matéria de honorários, quer seja a sentença condenatória (v. nota 32), mesmo que a condenação seja diferente do pagamento de quantia, quer seja declaratória ou constitutiva (v. § 6º); apenas quando impossível sua mensuração é que se recorre ao valor da causa para tanto (art. 291).

Quando a sentença é de improcedência ou terminativa, também é o proveito econômico, agora obtido pelo réu, que orienta a fixação dos honorários (v. mais uma vez § 6º).

Art. 85: 34a. "Havendo **sucumbência recíproca,** os honorários advocatícios em benefício do autor devem ser calculados sobre o valor da condenação, e os honorários em benefício do **réu** devem ser fixados sobre o proveito econômico obtido, ou seja, a **condenação que conseguiu afastar"** (STJ-4ª T., Ag em REsp 1.176.442-EDcl-AgInt, Min. Antonio Ferreira, j. 16.11.20, DJ 20.11.20).

V. tb. nota 30.

Art. 85: 34b. "Ação de obrigação de fazer. Plano de saúde. Prestação do serviço de *home care.* Honorários advocatícios. Fixação. No caso, é possível mensurar o proveito econômico obtido com a procedência da demanda, o qual corresponde ao **valor** total **do tratamento** médico custeado pela ré" (STJ-4ª T., Ag em REsp 1.584.035-EDcl-AgInt, Min. Raul Araújo, j. 26.10.20, DJ 24.11.20).

"Ação anulatória. Débito fiscal. Redução da multa. Honorários advocatícios. Fixação. Hipótese em que o estabelecimento da verba honorária deve observar a tarifação estabelecida pelo legislador, visto que cuida de ação ordinária julgada parcialmente procedente para reconhecer, em caráter definitivo, a nulidade do percentual aplicado para a constituição da multa punitiva impugnada (590%), limitando a sua exigência ao valor correspondente a 100% do tributo devido, sendo perfeitamente identificável e quantificável o proveito econômico obtido, concernente a esse **excesso de crédito anulado"** (STJ-1ª T., REsp 1.827.841-AgInt, Min. Gurgel de Faria, j. 7.12.20, DJ 17.12.20). No mesmo sentido, em caso de "ação ordinária julgada procedente para anular os créditos referentes aos juros de mora constituídos em patamar superior à taxa SELIC": STJ-1ª T., REsp 1.838.469-AgInt, Min. Gurgel de Faria, j. 7.12.20, DJ 17.12.20.

Art. 85: 35. Súmula 11 do TJSC: "Arbitrados os honorários advocatícios em **percentual sobre o valor da causa,** a **correção monetária** incide a partir do ajuizamento da ação".

Súmula 2 do TJMS: "Quando a verba honorária for fixada em percentual sobre o valor dado à causa no início da ação, este já sofreu o efeito corrosivo da inflação, de maneira que aquela verba deve ser aplicada sobre o valor da ação, devidamente corrigido a partir do seu ajuizamento, sob pena de aviltamento dos honorários e distanciamento do real valor do litígio".

V. tb. nota 40 e LD 27, nota 6.

Art. 85: 35a. "Não sendo possível mensurar o proveito econômico obtido com a **extinção da execução sem resolução do mérito,** os honorários advocatícios devem observar a regra geral do art. 85, § 2º, do CPC/2015, sendo fixados sobre o valor atualizado da causa" (STJ-3ª T., REsp 1.819.671-AgInt, Min. Ricardo Cueva, j. 16.12.19, DJ 19.12.19). V. tb. nota 44c.

"O pedido principal da ação consiste no **cumprimento de obrigação de fazer** (determinar que a ré mantenha o plano de saúde e proceda à correção do valor devido, excluindo os reajustes etários), com reflexo econômico secundário e pouco expressivo (restituição dos valores pagos a maior no total de, aproximadamente, R$ 5.000,00). Os honorários advocatícios devem ser fixados com base no valor atualizado da causa (R$ 30.000,00), porque a parcela condenatória da sentença tem proveito econômico ínfimo e pouco expressivo para a demanda" (STJ-4ª T., Ag em REsp 1.657.954-AgInt, Min. Raul Araújo, j. 16.11.20, DJ 14.12.20). V. tb. nota 33.

Art. 85: 35b. Todavia: "Nas ações em que se pleiteiam **danos morais,** o valor da causa é meramente estimativo, assim, nos casos em que o pedido de indenização por danos morais é julgado improcedente, o órgão julgador deve atuar com prudência e moderação no arbitramento da verba honorária, porquanto o valor dado à causa não encontra lastro objetivo, sendo mera estimativa da parte autora" (STJ-4ª T., REsp 1.803.435-AgInt, Min. Raul Araújo, j. 10.10.19, DJ 24.10.19).

V. tb. art. 292-V, inclusive nota 23c.

Art. 85: 36. Aplica-se o § 3º:

— às autarquias, federais ou estaduais (STJ-1ª T., REsp 222.463, Min. Garcia Vieira, j. 7.10.99, DJU 29.11.99; RSTJ 145/61, RTFR 126/143).

Art. 85: 37. Não se aplica o § 3º:

— às empresas públicas (RSTJ 53/211, maioria, STJ-RF 324/186 e STJ-Bol. AASP 1.804/294; STJ-1ª T., REsp 23.213-6, Min. Gomes de Barros, j. 23.9.92, maioria, DJU 23.11.92; RTFR 102/203);

— às sociedades de economia mista (STF-1ª T., RE 82.215, Min. Cunha Peixoto, j. 31.10.75, DJU 5.12.75; STJ-2ª T., Ag em REsp 34.933-AgRg, Min. Humberto Martins, j. 6.12.11, DJ 14.12.11; STJ-RT 737/210, maioria, à p. 212; RT 605/143, à p. 144);

— às Caixas Econômicas Federal (STJ-1ª T., REsp 394.078-AgRg, Min. Francisco Falcão, j. 2.5.02, DJU 9.9.02) e estaduais (STF-RTJ 78/902, RF 251/175, JTA 36/124).

Art. 85: 38. p/ a aplicação dos percentuais, v. §§ 4º e 5º.

Art. 85: 39. s/ liquidação de sentença, v. arts. 509 e segs.

Art. 85: 40. i. e., corrigido desde o ajuizamento da demanda.

V. nota 35.

Art. 85: 41. p. ex., sendo a condenação contra a Fazenda Pública equivalente a 3.000 salários mínimos, o juiz elegerá um percentual entre 10 e 20% para a primeira faixa condenatória (200 salários mínimos — inc. I do § 3º), um outro percentual entre 8 e 10% para a segunda faixa condenatória (1.800 salários mínimos — inc. II do § 3º) e um terceiro percentual entre 5 e 8% para a derradeira faixa condenatória incidente no caso (1.000 salários mínimos — inc. III do § 3º).

A eleição do percentual em cada faixa deve ser afinada com os incisos do § 2º e coerente entre si. Assim, não é possível eleger na primeira faixa condenatória o patamar máximo (20%) e na segunda o patamar mínimo (8%).

Ainda dentro do exemplo, supondo que as diretrizes estabelecidas nos incisos do § 2º apontem para um percentual médio, teremos no caso o seguinte valor para os honorários: 15% de 200 salários mínimos + 9% de 1.800 salários mínimos + 6,5% de 1.000 salários mínimos = 30 salários mínimos + 162 salários mínimos + 65 salários mínimos = 257 salários mínimos.

Art. 85: 42. e de sentença homologatória (art. 487-III).

V. tb. art. 90, nota 4.

Art. 85: 42a. v. nota 34. S/ sentença terminativa e honorários, v. arts. 92, 485 § 2º e 486 § 2º.

Art. 85: 43. Os honorários em favor do patrono do réu orientam-se pelas mesmas diretrizes estabelecidas para o advogado do autor.

Art. 85: 44. Lei 9.494, de 10.9.97: "Art. 1º-D (acrescido pela Med. Prov. 2.180-35, de 24.8.01). Não serão devidos honorários advocatícios pela Fazenda Pública nas execuções não embargadas".

"**Fazenda Pública. Execução não embargada.** Honorários de advogado. **Constitucionalidade** declarada pelo Supremo Tribunal, com interpretação conforme ao art. 1º-D da Lei 9.494/97, na redação que lhe foi dada pela Med. Prov. 2.180-35/2001, de modo a reduzir-lhe a aplicação à hipótese de execução por quantia certa contra a Fazenda Pública (CPC, art. 730), **excluídos os casos** de pagamento de obrigações definidos em lei como **de pequeno valor** (CF/88, art. 100, § 3º)" (STF-Pleno, RE 420.816, Min. Sepúlveda Pertence, j. 29.9.04, 3 votos vencidos, DJU 10.11.06).

"São devidos honorários em execução, mesmo que não embargada, cujo crédito seja de pequeno valor" (STJ-1ª Seção, ED no REsp 676.719, Min. José Delgado, j. 28.9.05, DJU 24.10.05).

"Em se tratando de execução por quantia certa de título judicial contra a Fazenda Pública, a regra geral é a de que somente são devidos honorários advocatícios se houver embargos. É o que decorre do art. 1º-D da Lei 9.494/97, introduzido pela Med. Prov. 2.180-35, de 24.8.01. A regra, todavia, é aplicável apenas às hipóteses em que a Fazenda Pública está submetida a regime de precatório, o que impede o cumprimento espontâneo da prestação devida por força da sentença. Excetuam-se da regra, portanto, as execuções de pequeno valor, de que trata o art. 100, § 3º, da Constituição, não sujeitas a precatório, em relação às quais a Fazenda fica sujeita a honorários nos termos do art. 20, § 4º, do CPC. Interpretação conforme à Constituição do art. 1º-D da Lei 9.494/97" (STJ-RT 841/222: 1ª T., REsp 648.477-AgRg-EDcl).

"A Fazenda Pública foi condenada ao pagamento de quantia superior àquela definida em lei como de pequeno valor, sendo imprescindível, portanto, a instauração da execução prevista no art. 730 do CPC. A renúncia ao valor excedente àquele previsto no art. 87 do ADCT para a expedição da requisição de pequeno valor ocorreu após o ajuizamento da execução. O Poder Público não deu causa ao ajuizamento da execução, não podendo, por conseguinte, ser condenado ao pagamento de honorários advocatícios" (STF-1ª T., RE 649.274-AgRg-AgRg, Min. Luiz Fux, j. 4.12.12, DJ 1.2.13). No mesmo sentido: "A renúncia ao valor excedente ao previsto no art. 87 do ADCT, manifestada após a propositura da demanda executiva, não autoriza o arbitramento dos honorários, uma vez que, em tal situação, a Fazenda Pública não deu causa à instauração do processo" (STJ-1ª Seção, REsp 1.298.986, Min. Herman Benjamin, j. 13.11.13, DJ 5.12.13). **Todavia:** "Nas execuções não embargadas de título judicial em que a parte exequente renunciou aos valores excedentes a 40 (quarenta) salários mínimos, possibilitando, assim, o pagamento por meio de requisição de pequeno valor — RPV, é possível a condenação da Fazenda Pública ao pagamento de honorários advocatícios" (STJ-2ª T., REsp 1.229.562-AgRg, Min. Cesar Rocha, j. 2.2.12, DJ 10.2.12).

S/ noção de obrigação de pequeno valor para o fim de não sujeição à sistemática dos precatórios, v. art. 535, nota 28b. V. tb. CF 100, notas 4 a 4b.

S/ honorários de advogado na execução individual que se segue à ação coletiva, v. LACP 18, nota 2b, com destaque para a Súmula 345 do STJ.

Art. 85: 44a. Quando forem devidos honorários advocatícios pela **Fazenda Pública** na fase de **cumprimento de sentença** (execução de pequeno valor e execução impugnada), serão observadas as diretrizes estabelecidas nos §§ 3º a 5º.

Art. 85: 44b. v. nota 30.

Art. 85: 44c. "Nos casos em que o acolhimento da pretensão não tenha correlação com o valor da causa ou não permita estimar eventual proveito econômico, os honorários de sucumbência devem ser arbitrados, por apreciação equitativa, com observância dos critérios do § 2º do art. 85 do CPC/2015, conforme disposto no § 8º desse mesmo dispositivo. Hipótese em que os **embargos à execução fiscal** foram opostos e julgados procedentes tão somente para **anular atos de penhora** sobre bens imóveis, de modo que a verba honorária deve ser arbitrada por apreciação equitativa, pois, ao mesmo tempo em que não há como se estimar o proveito econômico decorrente da postergação da garantia do crédito tributário, o desfazimento da constrição também não tem qualquer correlação com o valor do crédito tributário nem com o valor dos bens penhorados" (STJ-1ª T., REsp 1.826.794, Min. Gurgel de Faria, j. 17.9.19, DJ 11.10.19). V. tb. nota 35a.

"Da **sentença fundada no art. 26 da LEF,** não é possível identificar objetiva e direta relação de causa e efeito entre a atuação do advogado e o proveito econômico obtido pelo seu cliente, a justificar que a verba honorária seja necessariamente deferida com essa base de cálculo, de modo que ela deve ser arbitrada por juízo de equidade do magistrado, critério que, mesmo sendo residual, na específica hipótese dos autos, encontra respaldo nos princípios da razoabilidade e da proporcionalidade preconizados no art. 8º do CPC/2015" (STJ-1ª T., REsp 1.795.760, Min. Gurgel de Faria, j. 21.11.19, maioria, DJ 3.12.19).

"Hipótese em que a parte requerente pediu a concessão de **cautelar** para o fim de obter a **certidão de regularidade fiscal,** não dando ensejo à fixação da verba honorária de sucumbência sobre eventual e futuro proveito econômico que a executada poderá vir a ter, nem sobre o valor do crédito tributário. *In casu,* autoriza-se o arbitramento por apreciação equitativa, pois, ao mesmo tempo em que não se pode estimar o proveito econômico obtido com a emissão da certidão de regularidade fiscal, não há como vincular o sucesso dessa pretensão ao valor do crédito tributário" (STJ-1ª T., REsp 1.822.840, Min. Gurgel de Faria, j. 12.11.19, maioria, DJ 11.12.19).

Art. 85: 45. Nas **causas de pequeno valor,** os honorários podem ser fixados acima do valor atribuído a elas (STJ-1ª T., Pet. 604-1, Min. Gomes de Barros, j. 15.8.94, DJU 12.9.94; JTJ 260/241), especialmente quando este não corresponder à realidade (RJTJESP 48/147).

"Se, em causa de pequeno valor, o réu foi obrigado a contratar advogados em mais de um Estado, manda a equidade que os honorários por sucumbência sejam fixados em montante superior àquele atribuído pelo autor à demanda" (RSTJ 94/33).

"Pequeno que seja o valor da causa, os tribunais não podem aviltar os honorários de advogado, que devem corresponder à justa remuneração do trabalho profissional; nada importa que o vulto da demanda não justifique a despesa, máxime se o processo foi trabalhoso, obrigando o advogado a acompanhá-lo até no STJ" (STJ-3ª T., AI 325.270-AgRg, Min. Nancy Andrighi, j. 20.3.01, DJU 28.5.01).

Caso em que foram fixados no dobro do valor da causa: JTA 91/278.

Art. 85: 46. "O art. 20, § 4º, do CPC, ao determinar se decida por equidade, **não autoriza** se fixem em **valor aviltante** os honorários por sucumbência" (STJ-1ª T., REsp 18.647, Min. Gomes de Barros, j. 11.11.92, DJU 17.12.92). No mesmo sentido: RSTJ 29/548.

"O arbitramento de honorários de sucumbência em R$ 50,00 ofende a equidade e o art. 20, § 4º, do CPC" (STJ-3ª T., REsp 892.369, Min. Gomes de Barros, j. 20.9.07, DJU 8.10.07).

"Fixados os honorários advocatícios em valor irrisório (R$ 1.500,00), devem eles ser revistos, levando-se em consideração a responsabilidade profissional do patrocínio, lidando com eventual perda de imóvel, duração do processo, e não deslembrando da qualificação do antagonismo, sustentado por parte adversa de grandes forças organizacionais e econômicas. A reduzida complexidade do caso, lidando com questão pacificada, sem necessidade de dilação probatória, não desmerece a duração e a responsabilidade do patrocínio advocatício, anotando-se, ainda, que exatamente por se tratar de questão pacificada, agrava-se a responsabilidade da parte adversa que, contra a pacificidade, manteve a judicialização da matéria. Honorários arbitrados em valor fixo, mas correspondente a 10% do valor dado à causa, que não aparentou, no caso, caráter de estimativa fictícia" (STJ-3ª T., REsp 1.343.904, Min. Sidnei Beneti, j. 24.9.13, DJ 2.10.13).

Para outros acórdãos que deliberaram acerca do valor dos honorários nas instâncias superiores, v. RISTJ 255, nota 3 (Súmula 389 do STF).

Art. 85: 46a. Em matéria de cumprimento de sentença, v. art. 523, nota 9d.

Art. 85: 47. "O cálculo dos honorários advocatícios deve compreender as prestações **vencidas até o proferimento da sentença**" (RSTJ 147/515).

Art. 85: 48. e ainda, se for o caso, sobre "os valores correspondentes aos **danos emergentes** (despesas funerárias) e aos **danos morais**" (STJ-4ª T., REsp 254.922, Min. Ruy Rosado, j. 3.8.00, DJU 11.9.00).

Art. 85: 49. Se o ato ilícito for de responsabilidade da **Fazenda Pública,** é preciso observar os critérios próprios para o dimensionamento da sucumbência desta (RTJ 99/906, RSTJ 12/350).

Para esses critérios, v. §§ 3º a 5º.

Art. 85: 50. "Extinto o processo, sem julgamento do mérito, por **causa ulterior à propositura da ação,** por óbvio que aquele que deu causa à demanda deve responder pelas despesas daí decorrentes, pela aplicação do princípio da **causalidade.** Referido princípio tem por fundamento o fato de que o processo não pode reverter em dano de quem tinha razão para instaurá-lo" (STJ-1ª T., REsp 614.254, Min. José Delgado, j. 1.6.04, DJU 13.9.04). Em sentido semelhante: STJ-2ª T., REsp 80.028, Min. Peçanha Martins, j. 4.12.95, DJU 6.5.96; RT 857/252, 866/249, RJTJESP 92/111, JTA 98/275, 116/294, maioria, RSDCPC 77/148 (TRF-3ª Reg., AP 2010.61.00.017670-4).

"Configura-se, na hipótese, a perda superveniente de interesse processual, pois os autores não tinham mais necessidade de prosseguir com a ação para obter o resultado útil que pretendiam quando a propuseram. Não houve reconhecimento da procedência do pedido feito pelos autores (art. 269, II, do CPC), razão pela qual a extinção do processo deverá ocorrer sem resolução do mérito. Aquele que deu causa à propositura de ação frustrada responde pelos consectários da sucumbência, inclusive honorários advocatícios" (STJ-3ª T., REsp 1.183.061, Min. Nancy Andrighi, j. 20.8.13, DJ 30.8.13).

"As custas e honorários advocatícios devem ser suportados pela parte que deu causa à extinção do processo sem julgamento do mérito ou a que seria perdedora se o magistrado chegasse a julgar o mérito da causa" (STJ-2ª T., REsp 188.743, Min. Peçanha Martins, j. 15.8.02, DJU 7.10.02).

Condenando ao pagamento de honorários o litigante que perderia a ação se o fato superveniente não tivesse ocorrido: RSTJ 21/498; RT 706/77 e JTJ 158/158, bem fundamentado; RJTJESP 109/315, 116/294, maioria, 124/192, JTJ 147/160, 160/301, Lex-JTA 118/184, RF 291/293, RTJE 126/200.

"Ação proposta para cancelar registro em cadastro de proteção ao crédito antes dos cinco anos previstos em lei. Implemento do prazo no curso do processo, prejudicando-lhe o objeto. Se ao tempo em que a demanda foi ajuizada, o pedido era improcedente, o autor responde pela verba honorária, porque a duração do processo não pode exonerá-lo da despesa que o réu teve contratando advogado" (STJ-Corte Especial, ED no REsp 672.396, Min. Ari Pargendler, j. 15.2.06, maioria, DJU 13.3.08).

Todavia: "Não haverá condenação de honorários quando extinta a ação por perda de objeto por fato superveniente causado por terceiro" (STJ-2ª T., REsp 94.696, Min. Castro Meira, j. 7.1.04, DJU 21.3.05). "Se a ocorrência de fato novo, não atribuível a qualquer litigante, esvazia completamente o objeto da ação, não havendo vencido nem desistente, não pode recair sobre nenhum deles a responsabilidade pelo pagamento do advogado do outro" (STJ-4ª T., REsp 510.277, Min. Cesar Rocha, j. 23.9.03, DJU 17.11.03). No mesmo sentido: RSTJ 62/303, 67/510, RT 524/196, 524/225, JTJ 158/137, JTA 33/264, 40/73, 117/280, RJTAMG 26/256, Bol. AASP 1.587/120.

"Ação de cobrança. Pagamento do débito por terceiro. Extinção do processo, sem resolução do mérito, por perda superveniente de interesse processual. Sendo o processo julgado extinto, sem resolução de mérito, cabe ao julgador perscrutar, ainda sob a égide do princípio da causalidade, qual parte deu origem à extinção do processo sem julgamento de mérito, ou qual dos litigantes seria sucumbente se o mérito da ação fosse, de fato, julgado. A situação versada nos autos demonstra que é inviável imputar a uma ou a outra parte a responsabilidade pelos ônus sucumbenciais, mostrando-se adequado que cada uma das partes suporte os encargos relativos aos honorários advocatícios e às custas processuais, rateando o *quantum* estabelecido pela sentença" (STJ-3ª T., REsp 1.641.160, Min. Nancy Andrighi, j. 16.3.17, DJ 21.3.17).

Isentando as partes do pagamento de honorários nas seguintes circunstâncias: "Não se pode aferir do acórdão que o autor teria razão ao final ou, pelo menos, uma justa razão inicial para litigar; da mesma forma que ao réu não foi imputada a responsabilidade inicial de evitar a lide ou mesmo que dele decorreu algum comportamento voluntário que resultou na perda superveniente do interesse pela finalização do processo, com julgamento do mérito. A declaração da perda superveniente do interesse processual ou do objeto da ação pelo acórdão desacompanhada de um critério empírico que avalie quem deu injusta causa à demanda não deixa margem à aplicação do princípio da causalidade porque a hipótese se afasta da observância do critério da evitabilidade da lide e do princípio da justiça distributiva" (STJ-1ª T., REsp 1.134.249, Min. Benedito Gonçalves, j. 1.12.11, DJ 2.2.12; a citação é do voto do relator);

S/ causalidade, v. tb. nota 6 e art. 90.

V. ainda LEF 26, nota 3a (parcelamento do débito fiscal ulterior à propositura da execução).

Art. 85: 51. **A deliberação do tribunal sobre honorários advocatícios** em sede de recurso deve ter lugar quando há um pronunciamento fundado nos arts. 485 ou 487 (STJ-2ª Seção, ED no REsp 1.539.725-AgInt, Min. Antonio Ferreira, j. 9.8.17, DJ 19.10.17). Isso ordinariamente acontece na apelação e nos recursos que lhe seguem (p. ex., recursos extraordinário e especial), mas excepcionalmente pode se dar em sede de agravo de instrumento (p. ex., art. 356) e nos recursos subsequentes. Em agravo de instrumento que não envolva pronunciamento fundado nos arts. 485 ou 487 (p. ex., redistribuição do ônus da prova) e nos recursos sucessivos, não se delibera sobre honorários (STJ-3ª T., Ag em REsp 364.851-AgRg-EDcl, Min. João Otávio, j. 19.5.16, DJ 24.5.16; STJ-4ª T., Ag em REsp 303.406-AgRg-EDcl, Min. Luis Felipe, j. 28.6.16, DJ 1.8.16; STJ-2ª T., Ag em REsp 1.183.583, Min. Mauro Campbell, j. 21.11.17, DJ 27.11.17).

A majoração dos honorários advocatícios previamente fixados acontece nos casos em que se **inadmite ou nega provimento ao recurso,** desde que o advogado do recorrido tenha desempenhado **algum trabalho ulterior** à decisão recorrida (p. ex., oferta de resposta ao recurso). Se o advogado do recorrido nada fez após a decisão que fixou seus honorários, não há razão para o aumento da verba honorária (STJ-2ª T., Ag em REsp 1.060.338-AgInt-EDcl, Min. Og Fernandes, j. 15.3.18, DJ 21.3.18). **Contra,** majorando honorários advocatícios "mesmo quando não apresentadas contrarrazões": STF-Pleno, AO 2.063-AgRg, Min. Luiz Fux, j. 18.5.17, maioria, DJ 14.9.17. Ainda, com a ponderação de que se trata de "medida de desestímulo à litigância procrastinatória": STF-1ª T., AI 864.689-AgRg, Min. Edson Fachin, j. 27.9.16, maioria, DJ 14.11.16. Também: "É dispensada a configuração do trabalho adicional do advogado para a majoração dos honorários na instância recursal, que será considerado, no entanto, para quantificação de tal verba" (STJ-Corte Especial, ED no Ag em REsp 762.075-AgInt, Min. Herman Benjamin, j. 19.12.18, maioria, DJ 7.3.19).

"Recurso interposto pelo vencedor para **ampliar a condenação,** que não seja conhecido, rejeitado ou não provido, não implica honorários recursais para a parte contrária" (STJ-2ª Seção, ED no REsp 1.625.812-EDcl-AgInt-EDcl, Min. Ricardo Cueva, j. 30.6.20, DJ 4.8.20).

Quando se **dá provimento ao recurso para a reforma** da decisão recorrida, há em regra uma nova fixação dos honorários pelo tribunal, em favor de pessoa diversa, que levará em conta o trabalho do advogado do recorrente na primeira instância e na instância recursal. Não há majoração propriamente dita nessas circunstâncias. **Todavia,** limitando-se a inverter os ônus sucumbenciais com as dimensões estabelecidas em primeira instância, em caso de provimento do recurso especial para restabelecimento da sentença: STJ-2ª T., Ag em REsp 1.339.560-AgInt, Min. Francisco Falcão, j. 14.5.19, DJ 21.5.19.

Em matéria de provimento parcial do recurso, também não ocorre majoração de verba honorária propriamente dita (STJ-3ª T., REsp 1.848.081-EDcl-AgInt, Min. Marco Bellizze, j. 1.6.20, DJ 4.6.20); é preciso proceder a um novo dimensionamento dos honorários.

No caso de o **recurso ser provido para a simples cassação** da decisão recorrida, sem a substituição desta por outro pronunciamento do tribunal, não há deliberação acerca de honorários advocatícios nessa oportunidade. "Assim, não são cabíveis honorários recursais na hipótese de recurso que reconhece 'error in procedendo' e que anula a sentença, uma vez que essa providência torna sem efeito também o capítulo decisório referente aos honorários sucumbenciais e estes, por seu turno, constituem pressuposto para a fixação ('majoração') do ônus em grau recursal" (STJ-2ª T., Ag em REsp 1.050.334, Min. Mauro Campbell, j. 28.3.17, DJ 3.4.17). No mesmo sentido: STJ-3ª T., Ag em REsp 1.418.198-AgInt, Min. Ricardo Cueva, j. 1.7.19, DJ 2.8.19; STJ-4ª T., REsp 1.710.077-AgInt, Min. Isabel Gallotti, j. 3.12.19, DJ 9.12.19.

Art. 85: 51a. **"Descabe** a fixação de **honorários recursais,** preconizados no artigo 85, § 11, do Código de Processo Civil de 2015, quando tratar-se de extraordinário formalizado no curso de **processo** cujo rito os **exclua"** (STF-1ª T., Ag em RE 951.589-AgRg, Min. Marco Aurélio, j. 21.6.16, DJ 4.8.16; no caso, tratava-se de mandado de segurança). No mesmo sentido: STJ-2ª T., RMS 52.024, Min. Mauro Campbell, j. 6.10.16, DJ 14.10.16; STJ-1ª T., Ag em REsp 1.132.464-AgInt, Min. Sergio Kukina, j. 7.12.17, DJ 14.12.17.

Art. 85: 51b. Majorando honorários advocatícios em sede de **embargos de declaração:** STF-1ª T., RE 919.048-AgRg-EDcl, j. 31.5.16, maioria, DJ 29.6.16; STJ-3ª T., Ag em REsp 652.378-AgRg-EDcl, Min. João Otávio, j. 10.5.16, DJ 19.5.16.

Majorando honorários advocatícios em sede de **agravo interno:** STF-1ª T., Ag em RE 951.839-AgInt, Min. Roberto Barroso, j. 26.8.16, DJ 10.10.16; STJ-2ª T., Ag em REsp 913.151-AgInt-EDcl, Min. Og Fernandes, j. 6.6.17, DJ 12.6.17; STJ-4ª T., Ag em REsp 1.036.215-AgInt-EDcl, Min. Isabel Gallotti, j. 15.3.18, DJ 23.3.18.

Majorando honorários advocatícios em sede de **embargos de divergência:** STJ-Corte Especial, ED no Ag em REsp 823.222-AgInt, Min. Maria Thereza, j. 3.5.17, DJ 11.5.17. No mesmo sentido: "Com a interposição de embargos de divergência em recurso especial tem início novo grau recursal, sujeitando-se o embargante, ao questionar decisão publicada na vigência do CPC/2015, à majoração dos honorários sucumbenciais, na forma do § 11 do art. 85, quando indeferidos liminarmente pelo relator ou se o colegiado deles não conhecer ou negar-lhes provimento" (STJ-2ª Seção, ED no REsp 1.539.725-AgInt, Min. Antonio Ferreira, j. 9.8.17, DJ 19.10.17).

Todavia: "Deixa-se de aplicar honorários sucumbenciais recursais nos termos do enunciado 16 da ENFAM: 'Não é possível majorar os honorários na hipótese de interposição de **recurso no mesmo grau** de jurisdição (art. 85, § 11, do CPC/2015)'" (STJ-4ª T., REsp 1.423.841-AgInt, Min. Marco Buzzi, j. 5.5.16, DJ 13.5.16). No mesmo sentido: STJ-2ª T., REsp 1.619.366-AgInt, Min. Assusete Magalhães, j. 20.4.17, DJ 2.5.17; STJ-1ª T., Ag em REsp 223.721-AgRg-AgInt-EDcl, Min. Napoleão Maia Filho, j. 25.4.17, DJ 8.5.17; STJ-3ª T., Ag em REsp 1.295.012-AgInt, Min. Marco Bellizze, j. 11.9.18, DJ 18.9.18.

"Não haverá honorários recursais no julgamento de agravo interno e de embargos de declaração apresentados pela parte que, na decisão que não conheceu integralmente de seu recurso ou negou-lhe provimento, teve imposta contra si a majoração prevista no § 11 do art. 85 do CPC/2015" (STJ-2ª Seção, ED no REsp 1.539.725-AgInt, Min. Antonio Ferreira, j. 9.8.17, DJ 19.10.17). No caso, porém, os honorários foram majorados com a seguinte ponderação: "Quando devida a verba honorária recursal, mas, por omissão, o relator deixar de aplicá-la em decisão monocrática, poderá o colegiado, ao não conhecer ou desprover o respectivo agravo interno, arbitrá-la *ex officio*, por se tratar de matéria de ordem pública, que independe de provocação da parte, não se verificando *reformatio in pejus*". Também majorando os honorários advocatícios com esses mesmos argumentos: STJ-Corte Especial, Ag em REsp 686.286-AgInt-EDcl-RE-AgInt-EDcl, Min. Humberto Martins, j. 18.10.17, DJ 27.10.17. **Contra:** "Honorários advocatícios recursais. Omissão na decisão que negou provimento ao agravo em recurso especial. Manifestação em contrarrazões ao agravo interno que não supre a ausência de insurgência na via recursal própria. À míngua de questionamento sobre o tema pela via recursal apropriada e no momento processual oportuno — isto é, embargos de declaração opostos contra a decisão que negou provimento ao agravo em recurso especial —, o exame da questão encontra-se atingido pela preclusão" (STJ-4ª T., Ag em REsp 1.397.123-AgInt, Min. Luis Felipe, j. 2.4.19, DJ 8.4.19).

"No presente caso, o agravo interposto impugna decisão proferida no julgamento dos embargos de divergência, cuja discussão se mantém no mesmo grau de jurisdição do acórdão recorrido, sendo, portanto, descabida a majoração dos honorários prevista no artigo 85, § 11 do CPC/2015" (STJ-Corte Especial, ED no REsp 1.606.212-AgInt, Min. Jorge Mussi, j. 20.9.17, DJ 3.10.17).

"A interposição de embargos de divergência não instaura nova instância recursal, visto tratar-se de mecanismo voltado à uniformização da jurisprudência interna do próprio Superior Tribunal de Justiça" (STJ-Corte Especial, ED no Ag em REsp 802.877-AgInt, Min. João Otávio, j. 5.4.17, DJ 9.5.17).

Art. 85: 51c. Deve haver deliberação do tribunal sobre honorários advocatícios no **reexame necessário,** na medida em que implicar novo trabalho do advogado.

Art. 85: 51d. "A majoração da verba honorária, prevista no art. 85, § 11, do CPC/15 **não demanda que o recurso seja** interposto com intuito **protelatório"** (STJ-4ª T., Ag em REsp 1.294.550-AgInt, Min. Marco Buzzi, j. 18.9.18, DJ 26.9.18).

"A majoração da verba honorária sucumbencial independe da existência de má-fé na interposição do recurso" (STJ-3ª T., Ag em REsp 1.533.297-AgInt, Min. Marco Bellizze, j. 16.12.19, DJ 19.12.19).

Art. 85: 51e. "Sendo os honorários de sucumbência fixados na origem com base em percentual sobre o valor da condenação, do proveito econômico ou do valor atualizado da causa, na forma do § 2º, é conveniente que o tribunal mantenha a coerência na majoração, de forma a utilizar o **mesmo parâmetro"** (STJ-3ª T., Ag em REsp 1.274.001-AgInt, Min. Nancy Andrighi, j. 2.8.18, DJ 9.8.18). No caso, os honorários de sucumbência haviam sido fixados em 10% do valor da causa e a majoração, num primeiro momento, havia sido estabelecida em R$ 500,00; depois, foi fixada em 1% do valor da causa, com os honorários montando a 11% no total.

"O trabalho adicional realizado pelo advogado da parte recorrida — apresentação de contrarrazões ao recurso especial e contraminuta ao agravo em recurso especial — justifica o percentual da majoração dos honorários advocatícios de 10% para 15% do valor da condenação" (STJ-3ª T., Ag em REsp 1.271.042-AgInt, Min. Ricardo Cueva, j. 3.12.18, DJ 6.12.18).

Art. 85: 52. Havendo **mais de um litisconsorte sucumbente** no processo e tendo apenas um deles interposto recurso contra a decisão desfavorável, na hipótese de negativa de provimento, apenas o recorrente pode ter aumentada a condenação ao pagamento de honorários advocatícios.

Art. 85: 52a. p. ex., em razão da interposição de recurso manifestamente protelatório (arts. 80-VII e 81-*caput*).

Art. 85: 53. v. em especial art. 77 §§ 2º e 7º.

Art. 85: 53a. **Súmula Vinculante 47 do STF:** "Os honorários advocatícios incluídos na condenação ou destacados do montante principal devido ao credor consubstanciam **verba de natureza alimentar** cuja satisfação ocorrerá com a expedição de precatório ou requisição de pequeno valor, observada ordem especial restrita aos créditos dessa natureza".

Art. 85: 54. v. EA 23 e 24, especialmente notas 1d e segs. (privilégio no concurso de credores). V. tb. arts. 535, nota 24a (preferência no pagamento de precatório), e 833, nota 25c (impenhorabilidade).

Art. 85: 54a. s/ sucumbência parcial, v. art. 86, especialmente nota 11. Em matéria de execução e embargos à execução, v. art. 827, nota 4a.

Art. 85: 55. Está **superada a Súmula 306 do STJ no trecho** em que assenta que "os honorários advocatícios devem ser compensados quando houver sucumbência recíproca". Não mais se autoriza compensação em matéria de honorários advocatícios. Sendo parcial a sucumbência, tanto o advogado do autor quanto o advogado do réu receberão honorários advocatícios, proporcionalmente ao proveito econômico obtido por seu cliente.

Art. 85: 55a. "Se a procuração deixar de indicar o nome da **sociedade de que o profissional faz parte,** presume-se que a causa tenha sido aceita em nome próprio, e nesse caso o precatório deve ser extraído em benefício do advogado, individualmente" (STJ-Corte Especial, PRC 769-AgRg, Min. Ari Pargendler, j. 27.11.08, maioria, DJ 23.3.09). Em sentido semelhante: RT 825/400, JTJ 213/226, maioria.

Contra: "A sociedade de advogados pode requerer a expedição de alvará de levantamento da verba honorária, ainda que o instrumento de procuração outorgado aos seus integrantes não a mencione" (STJ-Corte Especial, REsp 654.543, Min. João Otávio, j. 29.6.06, cinco votos vencidos, DJU 9.10.06). Ainda: JTJ 321/1.205 (AI 685.539-5/4-00), Lex-JTA 173/32.

Art. 85: 55b. v., no CCLCV, CC 405, nota 1b.

Art. 85: 55c. Está **parcialmente superada a Súmula 453 do STJ,** no sentido de que "os honorários sucumbenciais, quando omitidos em decisão transitada em julgado, não podem ser cobrados em execução ou em ação própria". Subsiste a vedação à cobrança em execução (v. nota seguinte), mas caiu por terra a proibição da ação própria nessas circunstâncias.

Art. 85: 56. **Sentença omissa quanto a honorários.** Após a prolação da sentença, não pode o juiz conceder honorários de advogado nela não previstos (STJ-1ª T., REsp 425.749, Min. José Delgado, j. 17.9.02, DJU 25.11.02; JTA 116/128).

Nesse caso, pode o interessado opor embargos de declaração com o objetivo de suprir a omissão ou interpor diretamente recurso de apelação (v. art. 1.022, nota 1a).

Todavia, se o interessado não apela, não pode o tribunal sanar a omissão no julgamento da apelação da parte contrária (v. art. 1.013, nota 4c). Ainda, essa omissão não pode ser suprida na fase de execução da sentença: "A determinação constante do art. 20 do CPC, para que o órgão judicial fixe a sucumbência devida pela parte vencida, importa em que deve fazê-la de ofício, sem necessidade de provocação. Mas isso não significa que, em caso de omissão, a falta possa ser suprida em fase de execução, incumbindo ao vitorioso exigi-la do Juízo ou Tribunal, antes do trânsito em julgado, sob pena de preclusão do tema, nos termos do art. 463 da mesma lei adjetiva civil" (STJ-4ª T., REsp 237.449, Min. Aldir Passarinho Jr., j. 11.6.02, DJU 19.8.02). No mesmo sentido: STF-RT 765/132; STJ-1ª T., REsp 886.559-AgRg, Min. Francisco Falcão, j. 24.4.07, DJU 24.5.07; STJ-5ª T., REsp 747.014, Min. Arnaldo da Fonseca, j. 4.8.05, DJU 5.9.05; RSTJ 13/334, RJTJESP 31/210, 128/252, JTA 111/142. V. tb. nota 5.

Art. 85: 57. **Acórdão que dá provimento a recurso, omisso quanto aos honorários.** "Se o acórdão, em dando provimento integral à apelação, reverteu o dispositivo da sentença reformada, sem fazer referência aos ônus da sucumbência, é de se entender tenha, por igual, invertido a condenação imposta na decisão reformada" (RSTJ 132/17, acórdão da Corte Especial, v.u.). No mesmo sentido: RTJ 79/636, STF-RT 661/174, maioria, JTAERGS 84/390.

Isso faz com que alguns acórdãos entendam despicienda a oposição de embargos de declaração nessa situação, "uma vez que é inarredável a conclusão de restar invertido o percentual fixado na origem" (STJ-3ª Seção, ED no REsp 189.099-EDcl, Min. Gilson Dipp, j. 9.4.03, DJU 28.4.03). No mesmo sentido: STJ-1ª T., REsp 499.664-EDcl-EDcl, Min. Francisco Falcão, j. 4.9.03, DJU 20.10.03. Noutro sentido, a nosso ver mais correto, acolhendo os embargos nessas circunstâncias para determinar expressamente a inversão da responsabilidade pelos honorários advocatícios e pelas despesas processuais: STJ-1ª T., REsp 744.389-EDcl, Min. Luiz Fux, j. 14.3.06, DJU 27.3.06; STJ-2ª T., REsp 816.877-EDcl, Min. Herman Benjamin, j. 26.9.06, DJU 20.8.07. Por fim, há ainda um acórdão no sentido de que a omissão na disciplina dos honorários nesse caso consiste em erro material, sanável de ofício (STJ-2ª T., REsp 850.606-EDcl, Min. Eliana Calmon, j. 12.12.06, DJU 5.2.07).

Contra, no sentido de que, "ao reformar a sentença, cabe ao tribunal pronunciar-se sobre a inversão dos ônus sucumbenciais; entretanto, não havendo manifestação explícita sobre o ponto, há ausência de título executivo para a sua cobrança. A omissão da Corte de origem, acerca da inversão da verba honorária, deveria ter sido sanada pela via recursal adequada, no momento oportuno" (STJ-1ª T., REsp 1.151.060-AgRg, Min. Benedito Gonçalves, j. 3.5.11, DJ 10.5.11).

"A inversão automática dos ônus da sucumbência, na hipótese de o Tribunal sobre o assunto não se manifestar, somente pode ocorrer se for decidido o mérito da contenda, pois, nesse caso, o colegiado estará acolhendo ou rejeitando o pedido inicial, decorrendo, disso, as despesas processuais e os honorários advocatícios. Se, como na espécie vertente, o Tribunal, acolhendo preliminar da apelação, resolve decretar a extinção do processo, sem julgamento de mérito, em face da inépcia da inicial, desconstituída está a relação jurídica processual e, por conseguinte, todos os atos que lhe eram afetos, inclusive, e primordialmente, a sentença que julgara procedente o pedido e fixara os ônus da sucumbência, não havendo lugar para inversão de nada e, muitos menos, das despesas processuais e dos honorários. Não mais existente a sentença, tampouco a sucumbência nela fixada e omisso o acórdão sobre aquela verba, com trânsito em julgado, descabe intentar execução, ante a absoluta falta de título executivo" (STJ-4ª T., REsp 207.177, Min. Fernando Gonçalves, j. 16.9.04, DJU 11.10.04).

Art. 85: 58. Em matéria de União e respectivas autarquias e fundações, v. Lei 13.327, de 29.7.16, arts. 27 e segs.

Art. 85: 59. "Nada obstante compatível com o regime de subsídio, sobretudo quando estruturado como um modelo de remuneração por performance, com vistas à eficiência do serviço público, a possibilidade de advogados públicos perceberem verbas honorárias sucumbenciais não afasta a incidência do **teto remuneratório** estabelecido pelo art. 37, XI, da Constituição Federal" (STF-Pleno, ADI 6.053, Min. Alexandre de Moraes, j. 22.6.20, maioria, DJ 30.7.20).

Art. 86. Se cada litigante for, em parte, vencedor e vencido,[1 a 10] serão proporcionalmente distribuídas entre eles as despesas.[11] [Dispositivo correspondente no CPC/1973: art. 21-*caput*]

Parágrafo único. Se um litigante sucumbir em parte mínima do pedido,[12] o outro responderá, por inteiro, pelas despesas e pelos honorários. [Dispositivo correspondente no CPC/1973: art. 21 § ún.]

Art. 86: 1. s/ sucumbência recíproca, v. art. 85, nota 34a (base de cálculo dos honorários), LA 11, nota 7 (ação de alimentos), LI 69, nota 2 (revisional de aluguel), e 72, nota 11 (renovatória de locação).

Art. 86: 2. **Súmula 326 do STJ:** "Na ação de indenização por **dano moral,** a condenação em **montante inferior ao postulado** na inicial não implica sucumbência recíproca". No mesmo sentido: RT 491/66, 796/333, 799/289, 807/286.

Art. 86: 3. "Cada parte deve suportar a verba advocatícia **na proporção da sua derrota,** bem como recebê-la na medida de sua vitória" (STJ-2ª T., REsp 13.526, Min. Pádua Ribeiro, j. 4.11.91, DJU 18.11.91).

"Afirmando o julgado que um dos litigantes foi vencido em parcela menor que a outra, mas não que houvesse decaído em parte mínima, a ele também deve ser imposta condenação em honorários, proporcionalmente à sua sucumbência" (RSTJ 11/437).

"O devedor inadimplente, que força o credor a vir a juízo, é quem deve substancialmente responder pelas despesas, compensadas com aquelas que decorreram dos excessos da postulação do autor. A regra do art. 21, ao tratar do equilíbrio que deve existir entre as partes quanto à distribuição das despesas judiciais, não afasta a ponderação destes fatores" (STJ-Bol. AASP 1.906/213j).

"Nos processos em que houver sucumbência recíproca, a distribuição dos ônus sucumbenciais deve ser pautada pelo exame da proporção de ganho e de perda sobre a parte controvertida do pedido, excluindo-se, portanto, aquilo que o réu eventualmente reconhecer como devido" (STJ-3ª T., REsp 1.197.177, Min. Nancy Andrighi, j. 3.9.13, DJ 12.9.13).

Art. 86: 4. "Na distribuição dos ônus sucumbenciais considera-se o **número de pedidos** formulados e o número de pedidos julgados procedentes ao final da demanda" (STJ-3ª T., REsp 967.769-AgRg, Min. Nancy Andrighi, j. 26.6.08, DJ 5.8.08). Do voto da relatora: "O agravado colocou quatro questões a desate pelo Poder Judiciário, a saber: (1) o expurgo da comissão de permanência; (2) a vedação da incidência da capitalização mensal de juros; (3) a repetição do indébito; (4) a redução dos juros moratórios. Ao final da demanda, verificou-se que houve sucumbência do agravado quanto aos itens (1) e (4) de forma que a distribuição dos ônus de sucumbência foi imposta, corretamente, no percentual de 50% pelo agravante e de 50% pelo agravado". No mesmo sentido: STJ-4ª T., REsp 1.037.126-AgRg, Min. João Otávio, j. 18.9.08, DJ 13.10.08.

"Para efeito de apuração de sucumbência, em demanda que tem por objeto a atualização monetária de valores depositados em contas vinculadas do FGTS, deve-se levar em conta o quantitativo de pedidos (isoladamente considerados) que foram deferidos em contraposição aos indeferidos, sendo irrelevante o somatório dos índices" (STJ-1ª Seção, REsp 1.112.747, Min. Denise Arruda, j. 24.6.09, DJ 3.8.09).

Todavia: "A divisão dos encargos de sucumbência não pode levar em conta apenas a proporção entre o número de pedidos deduzidos e atendidos, mas, de igual forma, a repercussão econômica de cada um para a demanda" (STJ-4ª T., REsp 615.060-AgRg, Min. Honildo Castro, j. 17.12.09, DJ 11.2.10).

"A análise da ocorrência de sucumbência recíproca não leva em conta apenas o número de pedidos que foram ou não acolhidos, mas sim a proporcionalidade do decaimento, ou seja, no quanto autor e réu foram vencidos e vencedores" (STJ-4ª T., Ag em REsp 586.453-AgRg, Min. Raul Araújo, j. 16.6.16, DJ 3.8.16).

Art. 86: 5. No caso de **pedido alternativo,** não há sucumbência do autor se um deles é acolhido (RTJ 85/247; STJ-5ª T., AI 572.303-AgRg, Min. Arnaldo Esteves, j. 6.12.05, DJU 5.6.06).

"Na cumulação alternativa não há hierarquia entre os pedidos, que são excludentes entre si. O acolhimento de qualquer um deles satisfaz por completo a pretensão do autor, que não terá interesse em recorrer da decisão que escolheu uma dentre outras alternativas igualmente possíveis e satisfativas. Se não há interesse recursal, conclui-se que os ônus da sucumbência devem ser integralmente suportados pelo réu" (STJ-Corte Especial, ED no REsp 616.918, Min. Castro Meira, j. 2.8.10, DJ 23.8.10).

Art. 86: 5a. "Na **cumulação subsidiária,** como é o caso dos autos, os pedidos são formulados em grau de hierarquia, denotando a existência de um pedido principal e outro (ou outros) subsidiário(s). Assim, se o pedido principal foi rejeitado, embora acolhido outro de menor importância, surge para o autor o interesse em recorrer da decisão. Se há a possibilidade de recurso, é evidente que o autor sucumbiu de parte de sua pretensão, devendo os ônus sucumbenciais ser suportados por ambas as partes, na proporção do sucumbimento de cada um" (STJ-Corte Especial, ED no REsp 616.918, Min. Castro Meira, j. 2.8.10, DJ 23.8.10).

Art. 86: 6. **"Reduzido o valor** inicialmente pedido a título **de danos materiais,** há sucumbência recíproca, devendo os honorários pertinentes ser proporcionalmente distribuídos entre as partes" (STJ-4ª T., REsp 435.371, Min. Fernando Gonçalves, j. 7.4.05, DJ 2.5.05).

Todavia: "A fixação da verba honorária considerando o valor em que reduzida a pretensão inicial é critério que causa distorções, podendo provocar sucumbência superior à própria quantia devida" (STJ-4ª T., REsp 351.382-AgRg-AgRg, Min. Isabel Gallotti, j. 20.11.12, DJ 4.12.12).

"A indenização por danos materiais fixada em montante inferior ao pedido na inicial não configura sucumbência recíproca" (STJ-4ª T., REsp 1.414.565-EDcl-AgInt, Min. Raul Araújo, j. 8.11.18, DJ 14.11.18).

Art. 86: 7. Sucumbência parcial em ação de indenização por danos materiais e morais. "Havendo pedido de indenização por danos morais e por danos materiais, o acolhimento de um deles, com a rejeição do outro, configura sucumbência recíproca" (STJ-2ª Seção, ED no REsp 319.124, Min. Pádua Ribeiro, j. 18.10.04, DJU 17.12.04). No mesmo sentido: RT 874/317 (TJPR, AP 442.795-2).

Art. 86: 8. "Se a demandante pede **participação** meeira, e lhe são deferidos trinta por cento, ocorreu sucumbência recíproca" (RSTJ 8/424).

Art. 86: 9. Não há sucumbência parcial se o autor pede que os honorários advocatícios sejam fixados em 20% e somente obtém 10% (RTJ 92/665).

Art. 86: 10. "Havendo sucumbência recíproca e **não sendo possível apurar a proporção** do êxito de cada parte, os honorários advocatícios deverão ser distribuídos conforme a proporção apurada no juízo de origem, por ocasião da liquidação de sentença" (STJ-3ª T., REsp 921.087, Min. Sidnei Beneti, j. 16.3.10, DJ 29.3.10). No mesmo sentido: STJ-1ª T., REsp 385.817-AgRg, Min. Gomes de Barros, j. 15.10.02, DJU 26.5.03; STJ-2ª T., REsp 379.995-AgRg, Min. Eliana Calmon, j. 16.8.01, DJU 8.10.01.

Art. 86: 11. Os **honorários advocatícios não entram na distribuição proporcional,** "sendo vedada a compensação em caso de sucumbência parcial" (art. 85 § 14). Apenas as despesas (v. art. 84) são consideradas para tal distribuição. Assim, em caso de sucumbência recíproca, tanto o advogado do autor quanto o advogado do réu receberão honorários.

V. art. 85, nota 55.

Art. 86: 12. s/ sucumbência em parte mínima do pedido e recurso especial, v. RISTJ 255, nota 3-Súmula 389 do STF.

Art. 87. Concorrendo diversos autores ou diversos réus, os vencidos respondem proporcionalmente pelas despesas e pelos honorários.[1-2] [Dispositivo correspondente no CPC/1973: art. 23]

§ 1º A sentença deverá distribuir entre os litisconsortes, de forma expressa, a responsabilidade proporcional pelo pagamento das verbas previstas no *caput*.[3-3a] [Sem dispositivo correspondente no CPC/1973]

§ 2º Se a distribuição de que trata o § 1º não for feita, os vencidos responderão solidariamente pelas despesas e pelos honorários.[4 a 6] [Sem dispositivo correspondente no CPC/1973]

Art. 87: 1. s/ litisconsortes sucumbentes e honorários recursais, v. art. 85, nota 52. Em matéria de denunciação da lide, v. arts. 128, nota 3b, e 129 § ún. e notas 5 e 5a.

Art. 87: 2. O preceito é extensivo aos **assistentes simples e litisconsorcial,** tanto no que diz respeito às despesas quanto no que diz respeito aos honorários, proporcionalmente à sua participação no processo, quer no caso de vitória do assistido, quer no caso de derrota deste (v. arts. 94, 121 e 124).

"Os recorrentes, embora admitidos na condição de assistentes litisconsorciais ativos, limitaram-se a alegar a nulidade do contrato de locação e a requerer a extinção do feito, assistindo o réu-locatário, e não os demais coproprietários que integraram o polo ativo da ação. Assim, nos termos dos arts. 85, *caput*, e 121 do CPC/2015, não há como afastar a sujeição deles aos mesmo ônus de sucumbência do seu assistido, o locatário-réu" (STJ-3ª T., REsp 1.861.062, Min. Ricardo Cueva, j. 15.12.20, DJ 18.12.20).

Todavia, no sentido de que "é descabida a condenação em honorários advocatícios de assistente simples, com interesse remoto na vitória do assistido": RT 623/50.

Art. 87: 3. Os vencidos respondem pelos honorários "na proporção do interesse de cada um na causa, ou do direito nela decidido", de modo que **pode ser desigual a cota** de cada um (STJ-4ª T., REsp 281.331, Min. Sálvio de Figueiredo, j. 14.8.01, DJU 24.9.01).

A mesma regra aplica-se aos vencedores, admitindo-se, ainda, que a desproporção seja decorrência da atuação dos advogados dos litisconsortes ganhadores, especialmente quando a de um deles foi muito superior, em qualidade, a dos outros, tendo sido a principal responsável pelo desfecho favorável do processo (RT 668/109).

Art. 87: 3a. "Honorários legais máximos de 20%, em havendo pluralidade de autores ou réus, devem ser **divididos em proporção.** Não é admissível a condenação do autor no máximo de 20% para cada réu vencedor. Recurso extraordinário conhecido e provido, em parte, para aplicação do art. 23 do CPC" (RTJ 79/667).

Art. 87: 4. Caracterizada a **litigância de má-fé** e a coligação para lesar a parte contrária, a responsabilidade deve ser solidária (art. 81 § 1º).

Art. 87: 5. "Expressamente imposta na sentença, com trânsito em julgado, a solidariedade na condenação da verba honorária sucumbencial, aplica-se a norma do art. 275 do Código Civil, permitindo-se ao vencedor da demanda **escolher contra quem executará** referidos honorários, em valor total ou parcial" (STJ-2ª T., REsp 1.343.143, Min. Castro Meira, j. 27.11.12, DJ 6.12.12).

Art. 87: 6. "A **solidariedade relativa a um dos pedidos** — no caso, ao fornecimento de um dos medicamentos pleiteados — não implica solidariedade na sucumbência" (STJ-2ª T., REsp 1.214.824, Min. Castro Meira, j. 18.11.10, DJ 1.12.10). Em sentido semelhante: STJ-3ª T., Ag em REsp 202.458-EDcl-EDcl, Min. João Otávio, j. 24.9.13, DJ 2.10.13.

Art. 88. Nos procedimentos de jurisdição voluntária,[1] as despesas serão adiantadas pelo requerente e rateadas entre os interessados.[1a-2] [Dispositivo correspondente no CPC/1973: art. 24]

Art. 88: 1. v. arts. 719 e segs.

Art. 88: 1a. v. art. 730, nota 3 (alienação judicial).

Art. 88: 2. Em regra, não são fixados **honorários de advogado** nos procedimentos de jurisdição voluntária (STJ-RT 710/173; JTJ 339/352: AP 314.484-4/7-00).

Todavia, se esses procedimentos assumirem caráter litigioso, a verba honorária deve ser concedida (STJ-4ª T., AI 1.362.095-AgRg, Min. Isabel Gallotti, j. 10.4.12, DJ 18.4.12; RJTJESP 108/152, 120/120, JTJ 157/171), sempre orientada pelo princípio da causalidade.

Art. 89. Nos juízos divisórios,[1] não havendo litígio, os interessados pagarão as despesas proporcionalmente a seus quinhões.[2-3] [Dispositivo correspondente no CPC/1973: art. 25]

Art. 89: 1. v. arts. 569 a 598 (ação de divisão e demarcação de terras particulares) e 610 a 673 (inventário e partilha).

Art. 89: 2. "Sendo a segunda fase da ação divisória a execução de atos materiais para situar o quinhão de cada condômino na terra e mudar a realidade fática do bem, todos os condôminos são interessados na realização desses atos, devendo, a teor do art. 25 do CPC, **contribuir ou antecipar as despesas decorrentes,** na proporção de seu respectivo quinhão" (RT 796/408).

Art. 89: 3. "Ação de divisão. **Honorários de advogado.** Fase contenciosa/fase técnica. Não fere o art. 20 do Cod. de Pr. Civil a sentença que (confirmada pelo acordão), julgando procedente a ação, deixa a fixação dos honorários para a segunda fase" (STJ-3ª T., REsp 119.826, Min. Nilson Naves, j. 24.11.97, DJU 2.3.98).

Art. 90. Proferida sentença com fundamento em desistência,[1 a 1d] em renúncia[2-2a] ou em reconhecimento do pedido,[3 a 3b] as despesas e os honorários[4] serão pagos pela parte que desistiu, renunciou ou reconheceu.[5] [Dispositivo correspondente no CPC/1973: art. 26-*caput*]

§ 1º Sendo parcial a desistência, a renúncia ou o reconhecimento, a responsabilidade pelas despesas e pelos honorários será proporcional à parcela reconhecida, à qual se renunciou ou da qual se desistiu. [Dispositivo correspondente no CPC/1973: art. 26 § 1º]

§ 2º Havendo transação[5a a 8] e nada tendo as partes disposto quanto às despesas, estas serão divididas igualmente. [Dispositivo correspondente no CPC/1973: art. 26 § 2º]

§ 3º Se a transação ocorrer antes da sentença, as partes ficam dispensadas do pagamento das custas processuais remanescentes, se houver. [Sem dispositivo correspondente no CPC/1973]

§ 4º Se o réu reconhecer a procedência do pedido e, simultaneamente, cumprir integralmente a prestação reconhecida, os honorários serão reduzidos pela metade.[9] [Sem dispositivo correspondente no CPC/1973]

Art. 90: 1. s/ desistência, v. art. 485-VIII e §§ 4º e 5º. V. tb. art. 775 § ún.-I, inclusive nota 2 (execução), 1.040 §§ 1º e 2º (ação fundada em questão resolvida no julgamento de recurso extraordinário ou especial repetitivo), LEF 26, nota 5 (execução fiscal).

Art. 90: 1a. Para que haja condenação ao pagamento de honorários no caso de **desistência,** faz-se mister que o **advogado do demandado** já tenha ingressado nos autos (RT 666/110, RJTJESP 93/199, 113/137, JTA 45/177, maioria) ou, ao menos, que este já tenha sido contratado e desempenhado algum trabalho.

A desistência manifestada antes da citação ou do fim do prazo para a resposta tende a provocar o encerramento do processo sem que o réu tenha constituído advogado ou sem que este tenha desenvolvido alguma atividade, fato que conduz à extinção do feito sem condenação ao pagamento de honorários. Todavia, é possível que, nesse momento, o demandado já esteja representado nos autos por advogado ou que este já esteja trabalhando na defesa dos interesses do seu cliente, por se ter ciência da existência do processo. Nesses casos, **o autor deve ser condenado ao pagamento de honorários:**

— "Em função do princípio da causalidade são devidos honorários advocatícios nos casos em que se efetivou a citação da parte ré e esta apresentou contestação, mesmo que o pedido de desistência da ação tenha sido protocolado em data prévia à citação" (STJ-1ª T., REsp 548.559, Min. Teori Zavascki, j. 18.3.04, DJU 3.5.04; no caso, o pedido de desistência não foi juntado aos autos "por um equívoco do cartório", o que causou a citação da ré e a apresentação de sua contestação);

— se o réu, ignorando a desistência, contestou a ação (STJ-4ª T., REsp 111.966, Min. Cesar Rocha, j. 15.2.00, DJU 10.4.00; RT 496/143);

— se a desistência foi simultânea com a apresentação da contestação (JTA 46/62);

— se desistiu da ação antes do término do prazo para resposta, porém com esta já apresentada (RJTJESP 43/76);

— se o réu já se manifestara nos autos acerca do pedido de tutela antecipada (RT 927/1.000: TJPI, AP 2008.0001.003062-3).

Contra, no sentido de que, nessas situações, **o autor não deve ser condenado ao pagamento de honorários:**

— "Não tendo sequer iniciado o prazo para a resposta do réu, era permitido ao juiz de direito homologar a desistência manifestada pelo autor sem colher o consentimento do demandado e sem impor a condenação em honorários advocatícios, uma vez que o réu se antecipara com o seu ingresso nos autos, fazendo-o por sua conta e risco" (STJ-4ª T., REsp 64.410, Min. Barros Monteiro, j. 27.2.96, DJU 15.4.96). No mesmo sentido: JTJ 343/320 (AP 7.169.425-0);

— "se a petição de desistência foi protocolada antes de oferecida a contestação, embora juntada aos autos dias depois" (STJ-2ª T., MC 698-AgRg, Min. Hélio Mosimann, j. 7.4.97, DJU 12.5.97);

— "O pedido de desistência do feito foi formulado em data anterior à citação da parte contrária, sendo descabida a condenação da autora em honorários advocatícios, ainda que tenha sido apresentada contestação" (STJ-RF 387/288: 1ª T., REsp 824.774);

— "Não obstante a intervenção voluntária dos demandados na presente ação rescisória, o pedido de desistência foi requerido antes do decurso do prazo para a resposta, circunstância que afasta a necessidade de condenação da parte autora no pagamento de honorários advocatícios" (STJ-2ª Seção, AR 5.102-EDcl-AgRg, Min. Luis Felipe, j. 22.5.13, DJ 24.5.13);

— "O pedido de desistência da ação articulado antes da citação inibe a sucumbência e, consequentemente, o direito do réu aos honorários de advogado, ainda que posteriormente, por descuido do cartório, a citação se consume" (STJ-3ª T., REsp 875.416, Min. Ari Pargendler, j. 25.9.07, DJU 29.10.07). No mesmo sentido: STJ-4ª T., REsp 94.871, Min. Aldir Passarinho Jr., j. 14.12.00, DJU 5.3.01.

S/ honorários sucumbenciais e desistência da execução por falta de bens do devedor, v. art. 85, nota 6.

Art. 90: 1b. "Não cabe afastar a aplicação do art. 26 do CPC quando a **desistência ocorreu por interesse do autor,** que optou por utilizar o crédito sob cobrança como dação em pagamento" (STJ-3ª T., REsp 619.345, Min. Menezes Direito, j. 15.12.05, DJU 24.4.06).

Art. 90: 1c. "O autor que peticiona simplesmente requerendo a 'desistência da ação', sem aludir à transação ou ao reconhecimento do pedido por parte do demandado, sujeita-se, homologada tal desistência, ao pagamento da verba honorária em favor da parte adversa" (STJ-4ª T., REsp 13.021, Min. Athos Carneiro, j. 1.9.92, DJU 21.9.92).

Mas: "Extinção sem o julgamento do mérito de ação de busca e apreensão em razão de desistência formulada pela instituição financeira autora após o pagamento, pelo réu, das prestações em atraso do contrato de financiamento. Se, em que pese a desistência da parte autora, ficar evidenciado que a instauração do processo decorreu do comportamento do réu (inadimplemento da obrigação), é inviável a condenação da autora ao pagamento das custas e dos honorários de sucumbência. Inteligência da regra do art. 26 do CPC a ser interpretada em conformidade com o **princípio da causalidade"** (STJ-3ª T., REsp 1.347.368, Min. Paulo Sanseverino, j. 27.11.12, DJ 5.12.12).

"No caso, verifica-se que não ocorreu nem a transação nem a desistência da demanda, tendo em vista que o Município, no curso do processo, efetivamente reconheceu o direito da concessionária embargante, tanto que veio a anular 99,9% dos lançamentos tributários impugnados neste feito, atraindo, portanto, a incidência da norma prevista no art. 26 do CPC (e art. 90 do novo CPC). Assim, considerando as peculiariedades da situação em exame, e tendo a Municipalidade dado causa ao ajuizamento da ação anulatória, reconhecendo posteriormente a procedência do pedido, ressoa inequívoca a inexistência do direito dos advogados embargados ao arbitramento da verba honorária de sucumbência" (STJ-Corte Especial, ED no REsp 1.322.337, Min. Luis Felipe, j. 19.4.17, maioria, DJ 7.6.17).

V. tb. nota 6.

Art. 90: 1d. "A desistência da ação, homologada por sentença judicial, obriga, em princípio, a parte autora ao pagamento das **custas processuais,** nos termos do art. 90 do CPC/2015. Essa regra, todavia, **não se aplica** às hipóteses em que o não pagamento do encargo é exteriorizado por meio de desistência, **antes da citação do réu,** motivada pela impossibilidade de o autor arcar com as custas iniciais do processo, situação para a qual a lei processual prevê consequência jurídica própria, relativa ao **cancelamento da distribuição,** estabelecida no art. 290 do CPC. O fato de o autor colaborar com a Justiça, adiantando que não pagará as custas processuais iniciais, de modo a dispensar a intimação para essa finalidade, não faz subsistir a distribuição do feito, não havendo falar em desistência de processo que tecnicamente nem sequer existiu, o que dispensa o recolhimento da taxa" (STJ-1ª T., Ag em REsp 1.442.134, Min. Gurgel de Faria, j. 17.11.20, DJ 17.12.20).

Art. 90: 2. s/ renúncia à pretensão formulada em juízo, v. art. 487-III-*c*.

Art. 90: 2a. "A **renúncia** a que alude o art. 269, V, CPC, mesmo que levada a efeito quando pendente de julgamento apelação interposta pelo réu em ataque à procedência do pedido reconhecida em primeiro grau, conduz, uma vez ainda não constituída coisa julgada, a julgamento de mérito favorável ao réu apelante, cumprindo ao colegiado *ad quem*, ao extinguir o processo, carrear a responsabilidade pelo pagamento dos **ônus da sucumbência** à **autora renunciante"** (STJ-4ª T., REsp 19.758-0, Min. Sálvio de Figueiredo, j. 3.5.94, DJU 30.5.94). No mesmo sentido: STJ-RF 404/397 (3ª T., REsp 1.104.392).

Homologando o STF a renúncia ao direito sobre que se funda a ação, deve desde logo condenar o autor ao pagamento de honorários advocatícios, sem postergar a deliberação a respeito da matéria para instância inferior (STF-1ª T., RE 306.188-AgRg, Min. Marco Aurélio, j. 7.6.11, dois votos vencidos, DJ 4.8.11).

Art. 90: 3. v. § 4º. S/ reconhecimento do pedido, v. art. 487-III-*a*.

Art. 90: 3a. "Se no curso da lide o réu **atende à pretensão deduzida em juízo,** ocorre a situação prevista no art. 269, II, do CPC. Tendo a requerida dado causa à propositura do feito, deve responder pelos **encargos da sucumbência"** (STJ-4ª T., REsp 242.414, Min. Barros Monteiro, j. 1.3.05, DJU 2.5.05).

São devidos honorários de advogado na ação ordinária de cobrança, ainda que o devedor efetue o pagamento no prazo da contestação (RT 458/126).

A condenação ao pagamento de honorários tem lugar mesmo quando o devedor pague o credor antes da citação, desde que caracterizada a mora (RT 854/169).

V. tb. LEF 26, nota 2a, e LI 66, nota 1a, 69, nota 2, e 72, nota 11.

Art. 90: 3b. "Foi o Município que deu causa ao ajuizamento da ação, porquanto o ato administrativo que reconheceu a existência da obrigação de restituir, já em fase de cobrança na esfera da Administração, gozava do atri-

Código de Processo Civil

buto da exigibilidade, de modo que se fazia presente, em princípio, o interesse de agir. A mudança de entendimento do agravado, no curso do presente processo, quando decidiu que não mais prosseguiria com a cobrança, equivale, por via oblíqua, ao reconhecimento da procedência do pedido da autora. Agravo Regimental parcialmente provido para reconhecer o direito à inversão dos ônus sucumbenciais" (STJ-2ª T., Ag em REsp 157.078-AgRg, Min. Herman Benjamin, j. 23.10.12, DJ 18.12.12).

V. tb. art. 487, nota 10b.

Art. 90: 4. A sentença que homologa a desistência, a renúncia da pretensão ou o reconhecimento do pedido deve fixar **honorários advocatícios** orientada pelos limites e critérios dos §§ 2º e 3º do art. 85.

V. art. 85 § 6º e notas.

Art. 90: 5. v. art. 85 § 10, especialmente nota 50.

V. tb. RCJF 14 § 1º (Justiça Federal).

Art. 90: 5a. "A regra do § 2º do art. 26 do CPC, que prevê **repartição igualitária** quando houver transação entre as partes, destina-se exclusivamente às despesas. **Não se aplica aos honorários advocatícios,** que delas difere, tendo um tratamento específico na legislação infraconstitucional" (STJ-5ª T., REsp 832.146-AgRg, Min. Arnaldo Esteves, j. 7.12.06, DJU 5.2.07). No mesmo sentido: STJ-3ª Seção, ED no REsp 812.801, Min. Hamilton Carvalhido, j. 23.4.08, DJ 7.8.08.

V. EA 24 § 4º e notas.

Art. 90: 5b. "Não fere o direito autônomo do advogado aos honorários de sucumbência o acordo celebrado entre as partes, após a réplica, **sem que haja pronunciamento** judicial **fixando verba honorária**" (STJ-3ª T., REsp 1.133.638, Min. Ricardo Cueva, j. 6.8.13, DJ 20.8.13). Do voto do relator: "Aqui, não há infringência ao direito do advogado a honorários de sucumbência simplesmente porque não há nenhum pronunciamento judicial que os tivesse assegurado, antes da transação. Tampouco há falar em descumprimento de cláusula inserta no contrato de honorários que estipulou, além de honorários pró-labore (incontroversamente pagos), o direito a 'eventuais' honorários de sucumbência sem prever nenhuma contraprestação em caso de transação entre as partes. Nesse contexto, tais honorários — da forma como contratados — representavam simples expectativa, cuja concretização dependia, além de futuro e incerto êxito na demanda, também de pronunciamento judicial fixando a respectiva verba".

Art. 90: 6. "O acordo bilateral entre as partes, envolvido na renegociação da dívida, demanda reciprocidade das concessões, não caracteriza sucumbência e é resultado da conduta de ambas as partes. Nessa situação, os honorários devem ser arcados por cada parte, em relação a seu procurador (arts. 90, § 2º, do CPC/15 e 12 da Lei 13.340/16)" (STJ-3ª T., REsp 1.836.703, Min. Nancy Andrighi, j. 6.10.20, DJ 15.10.20).

Todavia: "A disposição do art. 26, § 2º, do CPC não se aplica quando se cuida de pedido de desistência, devidamente homologado como tal, ainda que decorrente de **acordo extrajudicial,** firmado, apenas, pelas partes, e que contenha disposição sobre honorários" (STJ-3ª T., REsp 73.994, Min. Menezes Direito, j. 11.3.97, DJU 28.4.97). V. tb. nota 1c.

Art. 90: 7. A **transação entre o autor e o devedor principal,** pondo termo ao feito, não atribui ao **avalista,** automaticamente, direito à verba honorária (RT 666/166).

Art. 90: 8. A parte que **apela de sentença que homologa transação** por ela subscrita sujeita-se ao pagamento de honorários de advogado, se o seu recurso não for provido (RJTJESP 91/305).

Art. 90: 9. Em matéria de execução individual de sentença coletiva contra Fazenda Pública, v. LACP 18, nota 2b.

Art. 91. As despesas dos atos processuais praticados a requerimento da Fazenda Pública, do Ministério Público ou da Defensoria Pública serão pagas ao final pelo vencido.[1 a 2b] [Dispositivo correspondente no CPC/1973: art. 27]

§ 1º As perícias requeridas pela Fazenda Pública, pelo Ministério Público ou pela Defensoria Pública poderão ser realizadas por entidade pública ou, havendo previsão orçamentária, ter os valores adiantados por aquele que requerer a prova.[3-4] [Sem dispositivo correspondente no CPC/1973]

§ 2º Não havendo previsão orçamentária no exercício financeiro para adiantamento dos honorários periciais, eles serão pagos no exercício seguinte ou ao final, pelo vencido, caso o processo se encerre antes do adiantamento a ser feito pelo ente público. [Sem dispositivo correspondente no CPC/1973]

Art. 91: 1. v. LEF 39, LOJF 46 e RCJF 4º-I, bem como respectivas notas. V. ainda LACP 18, nota 4.

Art. 91: 2. **Lei 9.028, de 12.4.95: "Art. 24-A** (*na redação da Med. Prov. 2.180-35, de 24.8.01*). A União, suas autarquias e fundações, são isentas de custas e emolumentos e demais taxas judiciárias, bem como de depósito prévio e multa em ação rescisória, em quaisquer foros e instâncias".

Todavia, essa isenção não desobriga o ente público "de, quando sucumbente, **reembolsar as custas** adiantadas pela parte vencedora" (STJ-1ª Seção, REsp 1.151.364, Min. Teori Zavascki, j. 24.2.10, DJ 10.3.10).

Súmula 462 do STJ: "Nas ações em que representa o FGTS, a CEF, quando sucumbente, não está isenta de reembolsar as custas antecipadas pela parte vencedora".

Art. 91: 2a. Esse benefício abrange também as **autarquias** (TFR-5ª T., Ag 44.912, Min. Sebastião Reis, j. 22.2.84, DJU 22.3.84; TFR-1ª T., Ag 52.633, Min. Dias Trindade, j. 5.5.87, DJU 18.6.87; TFR-3ª T., Ag 53.329, Min. Assis Toledo, j. 26.6.87, DJU 27.8.87; RJTJERGS 155/115).

Súmula 483 do STJ: "O INSS não está obrigado a efetuar depósito prévio do preparo por gozar das prerrogativas e privilégios da Fazenda Pública". V. tb. nota seguinte.

"Sendo o INSS autarquia federal equiparada em prerrogativas e privilégios à Fazenda Pública, nos termos do art. 8º da Lei 8.620/93, não lhe é exigível o depósito prévio do preparo para fins de interposição de recurso, podendo efetuá-lo ao final da demanda, se vencido (CPC, art. 27)" (STJ-Corte Especial, REsp 1.101.727, Min. Hamilton Carvalhido, j. 2.8.10, DJ 23.8.10).

Dispensando o INSS do prévio recolhimento do valor relativo ao porte de remessa e retorno: STF-Pleno, RE 594.116, Min. Edson Fachin, j. 3.12.15, maioria, DJ 5.4.16; STJ-Corte Especial, REsp 1.761.119, Min. Sérgio Kukina, j. 7.8.19, DJ 14.8.19.

V. tb. RCJF 1º, nota 2 (Súmula 178 do STJ, s/ INSS).

Art. 91: 2b. São isentos de preparo os recursos do MP, da Fazenda Pública e das autarquias (art. 1.007 § 1º).

V. tb. nota anterior. Em matéria de Defensoria Pública, v. art. 1.007, nota 10a.

Art. 91: 3. v. art. 95.

S/ adiantamento dos honorários periciais em ação civil pública, v. LACP 18, nota 1c.

Art. 91: 4. Está **superada, em termos, a Súmula 232 do STJ,** no sentido de que "a Fazenda Pública, quando parte no processo, fica sujeita à exigência do depósito prévio dos honorários do perito". Todavia, se não houver entidade pública apta a capitanear a prova técnica e se não houver perito disposto a receber ulteriormente a verba honorária, o depósito prévio dos honorários continuará sendo necessário para a viabilização da perícia.

Art. 92. Quando, a requerimento do réu,[1] o juiz proferir sentença sem resolver o mérito, o autor não poderá propor novamente a ação sem pagar ou depositar em cartório as despesas e os honorários a que foi condenado. [Dispositivo correspondente no CPC/1973: art. 28]

Art. 92: 1. Mesmo quando o juiz profere **de ofício** sentença terminativa, é condição para a renovação da ação o prévio pagamento das despesas e dos honorários a que foi condenado o autor.

A expressão "a requerimento do réu" foi descuidadamente importada do CPC rev. 28.

V. tb. art. 486 § 2º, que não faz qualquer menção a "requerimento do réu" nessas circunstâncias.

Art. 93. As despesas de atos adiados ou cuja repetição for necessária ficarão a cargo da parte, do auxiliar da justiça, do órgão do Ministério Público ou da Defensoria Pública ou do juiz que, sem justo motivo, houver dado causa ao adiamento ou à repetição. [Dispositivo correspondente no CPC/1973: art. 29]

Art. 94. Se o assistido for vencido, o assistente será condenado ao pagamento das custas em proporção à atividade que houver exercido no processo.[1 a 3] [Dispositivo correspondente no CPC/1973: art. 32]

Art. 94: 1. s/ condenação ao pagamento de honorários, v. art. 87, nota 2.

Art. 94: 2. Este dispositivo cuida apenas do assistente simples. O assistente litisconsorcial é considerado "litisconsorte da parte principal" (art. 124) e como tal deve ser tratado, para todos os efeitos, inclusive para o pagamento das custas. De todo modo, quer se trate do assistente simples, quer se trate do assistente litisconsorcial, a conclusão deve ser a mesma: os **efeitos da sucumbência** devem ser proporcionalmente dimensionados (art. 87).

Art. 94: 3. Se o **assistido** for **vencedor**, o assistente tem direito ao reembolso das despesas antecipadas.

Art. 95. Cada parte adiantará[1] a remuneração do assistente técnico que houver indicado, sendo a do perito[2] adiantada pela parte que houver requerido a perícia[3] ou rateada quando a perícia for determinada de ofício ou requerida por ambas as partes.[4-5] [Dispositivo correspondente no CPC/1973: art. 33-*caput*]

§ 1º O juiz poderá determinar que a parte responsável pelo pagamento dos honorários do perito deposite em juízo o valor correspondente.[6 a 8] [Dispositivo correspondente no CPC/1973: art. 33 § ún.]

§ 2º A quantia recolhida em depósito bancário à ordem do juízo será corrigida monetariamente e paga de acordo com o art. 465, § 4º. [Dispositivo correspondente no CPC/1973: art. 33 § ún.]

§ 3º Quando o pagamento da perícia for de responsabilidade de beneficiário de gratuidade da justiça,[9] ela poderá ser: [Sem dispositivo correspondente no CPC/1973]

I — custeada com recursos alocados no orçamento do ente público e realizada por servidor do Poder Judiciário ou por órgão público conveniado; [Sem dispositivo correspondente no CPC/1973]

II — paga com recursos alocados no orçamento da União, do Estado ou do Distrito Federal, no caso de ser realizada por particular, hipótese em que o valor será fixado conforme tabela do tribunal respectivo ou, em caso de sua omissão, do Conselho Nacional de Justiça.[10] [Sem dispositivo correspondente no CPC/1973]

§ 4º Na hipótese do § 3º, o juiz, após o trânsito em julgado da decisão final, oficiará a Fazenda Pública para que promova, contra quem tiver sido condenado ao pagamento das despesas processuais, a execução dos valores gastos com a perícia particular ou com a utilização de servidor público ou da estrutura de órgão público, observando-se, caso o responsável pelo pagamento das despesas seja beneficiário de gratuidade da justiça, o disposto no art. 98, § 2º. [Sem dispositivo correspondente no CPC/1973]

§ 5º Para fins de aplicação do § 3º, é vedada a utilização de recursos do fundo de custeio da Defensoria Pública. [Sem dispositivo correspondente no CPC/1973]

Art. 95: 1. O caso é de mero adiantamento num primeiro momento, na medida em que há a **possibilidade de reembolso** pelo sucumbente no processo (arts. 82 § 2º e 84).

Para as perícias requeridas pela Fazenda Pública, pelo MP ou pela Defensoria Pública, v. art. 91.

Art. 95: 2. s/ honorários periciais e: definição do seu valor, v. art. 465 §§ 2º e 3º; liquidação por arbitramento, v. art. 510, nota 3; ação de prestação de contas, v. art. 550, nota 17; ação de dissolução parcial de sociedade, v. art. 604, nota 5; recurso do perito quanto à sua fixação, v. art. 996, nota 13; desapropriação indireta, v. LD 23, nota 3b; execução fiscal, v. LEF 13, nota 7b; Justiça Federal, v. RCJF 10.

Art. 95: 3. "Se a **nova perícia** é requerida por uma das partes, a ela incumbe adiantar o pagamento correspondente às despesas e à remuneração provisória do 'expert' (arts. 19 e 33 do CPC)" (STJ-4ª T., REsp 16.826-0, Min. Barros Monteiro, j. 3.11.92, DJU 30.11.92). No mesmo sentido, mais recentemente: STJ-4ª T., AI 1.343.148-AgRg, Min. Isabel Gallotti, j. 4.10.12, DJ 10.10.12.

"Os honorários periciais relativos a **quesitos suplementares** que, como no caso dos autos, configuram em realidade uma nova perícia, devem ser adiantados pela parte que os formula" (STJ-3ª T., REsp 842.316, Min. Sidnei Beneti, j. 25.5.10, DJ 18.6.10).

Art. 95: 4. "A decisão que determina a **partição, entre o autor e o reconvinte,** do encargo relativo a honorários do perito não viola o art. 33 do CPC, se a prova por ambos foi requerida" (STJ-4ª T., REsp 90.046, Min. Fontes de Alencar, j. 3.9.96, DJU 4.11.96). No mesmo sentido: RT 829/230.

Art. 95: 5. "As regras do **ônus da prova** não se confundem com as regras do seu custeio, cabendo a antecipação da remuneração do perito àquele que requereu a produção da prova pericial, na forma do artigo 19 do CPC" (STJ-4ª T., REsp 908.728, Min. João Otávio, j. 6.4.10, DJ 26.4.10). V. tb. art. 373, nota 9.

Todavia, determinando que a parte que produziu o documento custeie a perícia voltada à investigação da veracidade de assinatura nele aposta, com apoio no argumento de que a ela incumbe o ônus dessa prova, malgrado a perícia tenha sido requerida por seu adversário: JTJ 341/198 (AI 7.384.004-1).

Art. 95: 6. Se **não** for **efetuado o depósito,** deve ser determinado o **prosseguimento do feito,** sem a produção da prova pretendida (RT 637/123, JTJ 179/120, Lex-JTA 146/101). Afinal, "não é possível condicionar a prolação da sentença ao depósito da remuneração definitiva do perito" (STJ-3ª T., REsp 149.819, Min. Pádua Ribeiro, j. 29.3.05, DJU 23.5.05). No mesmo sentido: RT 645/125, maioria; JTA 118/114, maioria.

Mas: "A declaração de preclusão do direito à produção de prova pericial não é razoável unicamente porque a parte depositou os honorários periciais com quatro dias de atraso. Trata-se de excessivo rigor formal, que não se coaduna com o princípio da ampla defesa, sobretudo considerando a inexistência de qualquer prejuízo para a parte contrária, tampouco para o perito judicial" (STJ-3ª T., REsp 1.109.357, Min. Nancy Andrighi, j. 20.10.09, DJ 1.7.10).

Art. 95: 7. "Se o autor deixa de produzir determinada prova requerida, como, v. g., a perícia, não implementando o pagamento das custas, o juiz não deve extinguir o processo mas, antes, **apreciar o pedido sem a prova,** inflingindo ao suplicante o ônus pela não produção daquele elemento de convicção" (STJ-1ª T., REsp 636.151, Min. Luiz Fux, j. 14.12.04, DJU 28.2.05). "A extinção do processo sem julgamento do mérito em razão de abandono, pelo autor, somente é possível quando o ato ou diligência que lhe competia cumprir inviabilizar o julgamento da lide, o que não ocorre na omissão da realização de prova pericial destinada a comprovar o fato constitutivo do seu direito" (RT 671/132). No mesmo sentido: STJ-RT 869/209 (3ª T., AI 912.871-AgRg), RT 851/364, JTJ 142/149, 164/190, JTA 97/195, 109/160.

Contra: "A extinção do processo nos termos do art. 267, § 1º, do CPC, não está atingida pela Súmula 240 da Corte, podendo o magistrado extinguir o processo quando a parte deixa de cumprir determinação para que seja efetuado o depósito dos honorários do perito, após regular intimação e prorrogação do prazo inicialmente deferido" (STJ-3ª T., REsp 549.295, Min. Menezes Direito, j. 14.6.04, DJU 20.9.04). No mesmo sentido, mas exigindo a prévia intimação pessoal: Bol. AASP 1.645/253, maioria. V. art. 485, nota 11 (Súmula 240 do STJ).

Art. 95: 7a. O juiz pode condicionar a realização dos exames periciais ao depósito prévio das despesas e dos honorários do perito. Todavia, **feita a perícia, não se admite o desentranhamento** do laudo como modo de constranger a parte a proceder ao pagamento devido. Nesse sentido: RSTJ 27/409, Bol. AASP 1.793/175, 2.251/2.137.

Art. 95: 8. "Não há, na lei, qualquer determinação no sentido de que a intimação para pagamento de honorários periciais deva ser realizada pessoalmente à parte, sendo, pois, válido o ato de **intimação** procedido à pessoa de seu **advogado,** regularmente constituído nos autos e detentor dos poderes da cláusula *ad judicia*" (STJ-3ª T., REsp 312.573, Min. Nancy Andrighi, j. 6.5.02, DJU 24.6.02).

Art. 95: 9. v. art. 98-VI, especialmente, notas 8 e 9, e § 7º.

Art. 95: 10. "A **responsabilidade do Estado** pelo custeio dos honorários de perito nos casos de assistência judiciária gratuita está **limitada** pelo art. 95, § 3º, do Código de Processo Civil, bem como pela Resolução do Conselho Nacional de Justiça — CNJ nº 232/2016, que estabelecem a aplicação da tabela de honorários do respectivo Tribunal ou, na ausência, da tabela do Conselho Nacional de Justiça. A limitação diz respeito unicamente à responsabilidade financeira do Estado, que não retira a responsabilidade do sucumbente quanto a eventual verba honorária remanescente, sendo aplicada a suspensão legal do crédito nos termos da lei (art. 98, §§ 2º e 3º, do Código de Processo Civil)" (STJ-4ª T., RMS 61.105, Min. Isabel Gallotti, j. 10.12.19, DJ 13.12.19).

Art. 96. O valor das sanções impostas ao litigante de má-fé[1] reverterá em benefício da parte contrária, e o valor das sanções impostas aos serventuários pertencerá ao Estado ou à União.[2] [Dispositivo correspondente no CPC/1973: art. 35]

Art. 96: 1. v. art. 81.

Art. 96: 2. v. art. 97.

Art. 97. A União e os Estados podem criar fundos de modernização do Poder Judiciário, aos quais serão revertidos os valores das sanções pecuniárias processuais destinadas à União e aos Estados,[1] e outras verbas previstas em lei.[2] [Sem dispositivo correspondente no CPC/1973]

Art. 97: 1. v. arts. 77 § 3º e 96.

Art. 97: 2. "Cinge-se a controvérsia à destinação do valor da multa aplicada com amparo no art. 1.021, § 4º, do CPC/2015. A regra insculpida no art. 97 do CPC/2015, segundo a qual os valores das sanções devidas à União ou aos Estados poderão ser revertidos aos fundos de modernização do Poder Judiciário, tem aplicação restrita aos casos de ato atentatório à dignidade da justiça, conforme dispõe o art. 77, § 3º, do CPC/2015, e aos casos de sanções impostas aos serventuários, consoante o art. 96 do CPC/2015. Portanto, quando ocorre a circunstância de ser aplicada multa processual cujo destinatário seja a parte contrária, a esta deverá ser direcionado o montante da sanção, ainda que corresponda justamente ao ente público ao qual pertence o órgão do poder judiciário no qual tramita a ação" (STJ-2ª T., REsp 1.846.734, Min. Og Fernandes, j. 11.2.20, DJ 14.2.20).

Seção IV | DA GRATUIDADE DA JUSTIÇA[1]

SEÇ. IV: 1. v. Lei 1.060, de 5.2.50, no tít. ASSISTÊNCIA JUDICIÁRIA.

V. tb. art. 1.072-III.

Art. 98. A pessoa natural ou jurídica,[1] brasileira ou estrangeira,[1a] com insuficiência de recursos para pagar as custas, as despesas processuais e os honorários advocatícios tem direito à gratuidade da justiça,[1b] na forma da lei.[2] [Sem dispositivo correspondente no CPC/1973]

§ 1º A gratuidade da justiça compreende:[3 a 5]

I — as taxas ou as custas judiciais;

II — os selos postais;

III — as despesas com publicação na imprensa oficial, dispensando-se a publicação em outros meios;

IV — a indenização devida à testemunha[6] que, quando empregada, receberá do empregador salário integral, como se em serviço estivesse;

V — as despesas com a realização de exame de código genético — DNA e de outros exames considerados essenciais;

VI — os honorários do advogado[7-7a] e do perito[7b a 9] e a remuneração do intérprete ou do tradutor nomeado para apresentação de versão em português de documento redigido em língua estrangeira;[9a]

VII — o custo com a elaboração de memória de cálculo, quando exigida para instauração da execução;[9b]

VIII — os depósitos previstos em lei para interposição de recurso, para propositura de ação e para a prática de outros atos processuais inerentes ao exercício da ampla defesa e do contraditório;

IX — os emolumentos devidos a notários ou registradores em decorrência da prática de registro, averbação ou qualquer outro ato notarial necessário à efetivação de decisão judicial ou à continuidade de processo judicial no qual o benefício tenha sido concedido.[10]

§ 2º A concessão de gratuidade não afasta a responsabilidade do beneficiário pelas despesas processuais e pelos honorários advocatícios decorrentes de sua sucumbência.[10a]

§ 3º Vencido o beneficiário, as obrigações decorrentes de sua sucumbência ficarão sob condição suspensiva de exigibilidade e somente poderão ser executadas se, nos 5 (cinco) anos subsequentes ao trânsito em julgado da decisão que as certificou, o credor demonstrar que deixou de existir a situação de insuficiência de recursos que justificou a concessão de gratuidade, extinguindo-se, passado esse prazo, tais obrigações do beneficiário.[11-11a]

§ 4º A concessão de gratuidade não afasta o dever de o beneficiário pagar, ao final, as multas processuais que lhe sejam impostas.[12-12a]

§ 5º A gratuidade poderá ser concedida em relação a algum ou a todos os atos processuais,[13] ou consistir na redução percentual de despesas processuais que o beneficiário tiver de adiantar no curso do procedimento.[14]

§ 6º Conforme o caso, o juiz poderá conceder direito ao parcelamento de despesas processuais que o beneficiário tiver de adiantar no curso do procedimento.

§ 7º Aplica-se o disposto no art. 95, §§ 3º a 5º, ao custeio dos emolumentos previstos no § 1º, inciso IX, do presente artigo, observada a tabela e as condições da lei estadual ou distrital respectiva.

§ 8º Na hipótese do § 1º, inciso IX, havendo dúvida fundada quanto ao preenchimento atual dos pressupostos para a concessão de gratuidade, o notário ou registrador, após praticar o ato, pode requerer, ao juízo competente para decidir questões notariais ou registrais, a revogação total ou parcial do benefício ou a sua substituição pelo parcelamento de que trata o § 6º deste artigo, caso em que o beneficiário será citado para, em 15 (quinze) dias, manifestar-se sobre esse requerimento.

Art. 98: 1. **Súmula 481 do STJ:** "Faz jus ao benefício da justiça gratuita a **pessoa jurídica** com ou sem fins lucrativos que **demonstrar** sua **impossibilidade** de arcar com os encargos processuais".

V. tb. art. 99 § 3º, bem como respectivas notas.

Art. 98: 1a. "Não há qualquer impeditivo legal à **pessoa estrangeira residente no exterior** de postular a assistência judiciária gratuita e ter seu pedido apreciado pelo juízo" (STJ-4ª T., REsp 1.225.854, Min. Marco Buzzi, j. 25.10.16, DJ 4.11.16). No mesmo sentido: RJTJERGS 252/239.

Art. 98: 1b. v. CF 5º-LXXIV.

Art. 98: 2. v. Lei 1.060, de 5.2.50 (LAJ), no tít. ASSISTÊNCIA JUDICIÁRIA. S/ revogação do benefício, v. LAJ 8º e notas.

Art. 98: 3. v. LAJ 9º.

S/ sanção por litigância de má-fé, v. art. 81, nota 7; s/ despesas processuais, v. arts. 82 e segs.; s/ responsabilidade pelas despesas judiciais, no caso de extinção do processo, sem apreciação do mérito, v. art. 486, nota 6; s/ elaboração de memória de cálculo em liquidação, v. art. 524, nota 2; s/ isenção de pagamento de imposto de transmissão *causa mortis*, v. art. 654, nota 1b; s/ dispensa de depósito em ação rescisória, v. art. 968 § 1º; s/ garantia do juízo em execução fiscal, v. LEF 16, nota 17; s/ isenção na Justiça Federal, v. RCJF 4º-II; s/ custas e honorários devidos pelo réu, na purgação da mora em ação de despejo por falta de pagamento, v. LI 62, nota 19c.

Art. 98: 4. "O rol do art. 3º da Lei 1.060/50 é meramente **exemplificativo,** pois deve ser interpretado de acordo com o art. 9º da mesma Lei e com o art. 5º, XXXV e LXXIV, da CF" (STJ-3ª T., REsp 1.052.679, Min. Nancy Andrighi, j. 8.6.10, DJ 18.6.10). O CPC 98 § 1º guarda correspondência parcial com o revogado LAJ 3º.

Art. 98: 5. O beneficiário de assistência judiciária está dispensado de adiantar as despesas de condução do **oficial de justiça** (RJTJESP 90/368).

Art. 98: 6. v. art. 463 § ún.

Art. 98: 7. "A suspensão do pagamento dos honorários em razão da gratuidade judiciária, concedida em caráter individual e personalíssimo, não aproveita aos demais **litisconsortes** que não obtiveram o favor" (STJ-2ª T., REsp 1.193.795, Min. Herman Benjamin, j. 3.8.10, DJ 14.9.10).

Art. 98: 7a. "A assistência judiciária compreende, também, despesas e **honorários do advogado da parte contrária.** Lei n. 1.060/50, arts. 3º-V e 11 e seu § 2º. A isenção é ampla e não restrita a despesas e honorários do advogado do próprio beneficiário, ressalvada a hipótese do art. 12" (RSTJ 36/401). No mesmo sentido: RSTJ 110/243.

Todavia: "A concessão de assistência judiciária gratuita refere-se, exclusivamente, às custas e verba honorária fixada em juízo, não importando dispensa de pagamento dos **honorários contratualmente estabelecidos pelas partes"** (STJ-4ª T., REsp 598.877, Min. Aldir Passarinho Jr., j. 16.11.10, DJ 1.12.10).

"Nada impede a parte de obter os benefícios da assistência judiciária e ser representada por advogado particular que indique, hipótese em que, havendo a celebração de contrato com previsão de pagamento de honorários *ad exito*, estes serão devidos, independentemente da sua situação econômica ser modificada pelo resultado final da ação, não se aplicando a isenção prevista no art. 3º, V, da Lei 1.060/50, presumindo-se que a esta renunciou" (STJ-3ª T., REsp 1.153.163, Min. Nancy Andrighi, j. 26.6.12, maioria, RP 213/436).

S/ honorários combinados com o próprio advogado, v. tb. EA 22, nota 7a.

Art. 98: 7b. v. art. 95 §§ 3º a 5º.

Art. 98: 8. Despesas com a realização da perícia. "As despesas pessoais e materiais necessárias para a realização da perícia e confecção do respectivo laudo estão **abrangidas pela isenção legal** de que goza o beneficiário da justiça gratuita", pois, "não fosse assim, a garantia democrática de acesso à Justiça restaria prejudicada, frustrando a expectativa daqueles privados da sorte de poderem custear, com seus próprios meios, a defesa de seus direitos" (STJ-4ª T., REsp 131.815, Min. Cesar Rocha, j. 16.6.98, DJU 28.9.98). No mesmo sentido: "A isenção legal dos honorários há de compreender a das despesas, pessoais ou materiais, com a realização da perícia. Caso contrário, a assistência não será integral" (RSTJ 96/257: 3ª T., REsp 85.829). Ainda: RT 849/265, RJTJESP 114/332, bem fundamentado, RJM 191/140 (AI 1.0024.07.508312-1/002, maioria).

"Estando comprovada a insuficiência de recursos para a realização de exame de DNA, o necessitado tem direito à assistência judiciária integral e gratuita, devendo o **Estado** custear a perícia, por força da autoaplicabilidade do disposto no art. 5º, LXXIV, da CF" (STF-RT 800/201). A imposição desse custo ao Estado não viola a Constituição (STF-1ª T.: RTJ 183/727 e RF 369/265; STF-2ª T., RE 224.775-6, Min. Néri da Silveira, j. 8.4.02, DJU 24.5.02).

Afirmando a responsabilidade do Estado nesses casos: STJ-2ª T., REsp 1.164.174, Min. Castro Meira, j. 17.2.11, DJ 28.2.11; JTJ 161/49, 285/307, 299/417, 302/213, 321/1.252 (AI 1.133.480-0/7).

Art. 98: 9. Nos casos em que a prova é requerida pelo beneficiário da justiça gratuita, não pode ser transferido para a parte contrária o ônus do seu custeio (STJ-1ª T., REsp 1.116.139, Min. Luiz Fux, j. 3.9.09, DJ 14.10.09; RJTJESP 114/340, JTJ 239/280, Lex-JTA 169/339). Idem, se a prova foi requerida por ambos (Lex-JTA 167/315).

Art. 98: 9a. Resolução 440, de 30.5.05, do Presidente do Conselho da Justiça Federal — Dispõe sobre o pagamento de honorários de advogados dativos, peritos, tradutores e intérpretes, em casos de assistência judiciária gratuita e disciplina os procedimentos relativos ao cadastramento de advogados voluntários no âmbito da Justiça Federal de 1º grau e dos Juizados Especiais Federais (DOU 10.6.05, seç. 1, p. 366).

Art. 98: 9b. "O beneficiário da assistência judiciária gratuita tem direito à elaboração de **cálculos** pela contadoria judicial, **independentemente da complexidade** deles" (STJ-2ª T., REsp 1.672.542, Min. Herman Benjamin, j. 15/08/2017, DJ 12.9.17).

V. tb. art. 524, nota 2.

Art. 98: 10. v. § 8º.

Art. 98: 10a. A sentença contrária ao beneficiário da justiça gratuita deve **condená-lo** no pagamento das despesas e honorários; o que fica suspensa temporariamente é a sua exigibilidade (v. § 3º).

Art. 98: 11. A suspensão dos encargos sucumbenciais não impede, naturalmente, a imediata execução dos demais capítulos da sentença: "A Lei de Assistência Judiciária não permite a suspensão do **cumprimento da sentença,** quanto aos valores relativos à condenação principal, tão somente pelo fato de o devedor ser hipossuficiente" (STJ-2ª T., REsp 1.110.476, Min. Herman Benjamin, j. 28.4.09, DJ 31.8.09).

Art. 98: 11a. "Cumprimento de sentença. Verba sucumbencial. Devedor beneficiário da gratuidade da justiça. Comprovação pelo credor da modificação da situação financeira do devedor. **Desnecessidade de procedimento próprio.** Rejeição da exceção de pré-executividade. Configurada a hipótese de execução de título judicial sujeito a condição suspensiva, basta que o credor, na inicial do pedido de cumprimento de sentença, faça a devida comprovação do implemento da condição, conforme preceituam os arts. 572 e 614, III, do CPC" (STJ-3ª T., REsp 1.341.144, Min. João Otávio, j. 3.5.16, DJ 9.5.16). "A execução das verbas de sucumbência não pressupõe prévia revogação do benefício concedido. Pelo contrário, a norma do art. 98, § 3º, do CPC, combinada com o art. 514 do mesmo *Códex*, viabiliza o requerimento de cumprimento de sentença pelo credor, desde que este comprove o implemento da condição suspensiva, consistente na modificação da situação financeira do beneficiário da gratuidade de justiça. Entendimento que não implica limitação da ampla defesa e do contraditório, haja vista a expressa previsão legal quanto à possibilidade de arguição da inexigibilidade da obrigação em sede de impugnação (art. 525, § 1º, do CPC/15), aliada à possibilidade de instrução probatória, se entender necessário o julgador" (STJ-3ª T., REsp 1.733.505, Min. Nancy Andrighi, j. 17.9.19, DJ 20.9.19).

Art. 98: 12. s/ multa e: ação rescisória inadmissível ou improcedente, v. art. 974, nota 13; recursos manifestamente inadmissíveis, improcedentes ou protelatórios, v. arts. 1.021 § 5º e 1.026 § 3º e nota 11a.

Art. 98: 12a. mas "as sanções aplicáveis ao litigante de má-fé são aquelas taxativamente previstas pelo legislador, não comportando interpretação extensiva. Assim, apesar de reprovável, a conduta desleal, ímproba, de uma parte beneficiária da assistência judiciária gratuita não acarreta, por si só, a **revogação do benefício,** atraindo, tão somente, a incidência das penas expressamente cominadas no texto legal" (STJ-3ª T., REsp 1.663.193, Min. Nancy Andrighi, j. 20.2.18, DJ 23.2.18).

Art. 98: 13. Caso em que foi concedida "a assistência jurídica gratuita tão somente com relação às despesas para a publicação do edital de citação dos litisconsortes passivos necessários": STJ-5ª T., RMS 22.416, Min. Felix Fischer, j. 23.10.07, DJU 3.12.07.

Art. 98: 14. Caso em que foi concedida a isenção para 50% das custas e despesas do processo: STJ-1ª T., REsp 790.807, Min. Denise Arruda, j. 9.10.07, DJU 5.11.07.

Art. 99. O pedido de gratuidade da justiça pode ser formulado na petição inicial, na contestação, na petição para ingresso de terceiro no processo ou em recurso.[1 a 1c] [Sem dispositivo correspondente no CPC/1973]

§ 1º Se superveniente à primeira manifestação da parte na instância, o pedido poderá ser formulado por petição simples, nos autos do próprio processo, e não suspenderá seu curso.

§ 2º O juiz somente poderá indeferir o pedido se houver nos autos elementos que evidenciem a falta dos pressupostos legais para a concessão de gratuidade, devendo, antes de indeferir o pedido, determinar à parte a comprovação do preenchimento dos referidos pressupostos.[2 a 6a]

§ 3º Presume-se verdadeira a alegação de insuficiência deduzida exclusivamente por pessoa natural.[7 a 15]

§ 4º A assistência do requerente por advogado particular não impede a concessão de gratuidade da justiça.[16]

§ 5º Na hipótese do § 4º, o recurso que verse exclusivamente sobre valor de honorários de sucumbência fixados em favor do advogado de beneficiário estará sujeito a preparo,[16a-16b] salvo se o próprio advogado demonstrar que tem direito à gratuidade.

§ 6º O direito à gratuidade da justiça é pessoal, não se estendendo a litisconsorte[17] ou a sucessor do beneficiário, salvo requerimento e deferimento expressos.

§ 7º Requerida a concessão de gratuidade da justiça em recurso, o recorrente estará dispensado de comprovar o recolhimento do preparo, incumbindo ao relator, neste caso, apreciar o requerimento e, se indeferi-lo, fixar prazo para realização do recolhimento.[18-19]

Art. 99: 1. O benefício da assistência judiciária pode ser pleiteado **a qualquer tempo,** até mesmo por ocasião da execução do julgado. V. tb. nota 1c.

Mas: "Possível às instâncias ordinárias **exigir a prova do estado de pobreza** se a parte, que vinha regularmente custeando as despesas do processo, somente fez o pedido incidentalmente, após ter a ação por ela proposta sido julgada improcedente em 1º grau" (STJ-4ª T., REsp 636.353, Min. Aldir Passarinho Jr., j. 17.11.05, DJU 12.12.05). Em sentido semelhante, exigindo que o requerimento do benefício **no transcorrer do feito** venha "instruído com algum documento que, ainda que indiciariamente, convença da ocorrência de evento superveniente que acarretou a redução do estado de fortuna": RT 838/231. No mesmo sentido: RT 868/222, 870/304, JTJ 285/290, 287/323, 314/244 (AP 762.287-0/7), 346/137 (AI 991.09.025253-6).

Impondo a produção de prova de alteração nas condições econômicas contra quem está renovando na instância recursal o pleito de gratuidade da justiça anteriormente negado: STJ-4ª T., Ag em REsp 1.151.223-AgInt-EDcl, Min. Isabel Gallotti, j. 18.9.18, DJ 25.9.18. V. tb. nota 2a.

A concessão da assistência judiciária no curso do processo **não retroage.** Assim: "Embora a parte interessada possa, a qualquer tempo, formular pedido de concessão dos benefícios da assistência judiciária gratuita, eventual deferimento pelo juiz ou tribunal somente produzirá efeitos quanto aos atos processuais relacionados ao momento do pedido ou os posteriores a ele, não sendo admitida, portanto, sua retroatividade" (STJ-Corte Especial, ED no REsp 1.502.212-AgRg, Min. Raul Araújo, j. 11.6.19, DJ 14.6.19).

Por isso, a ulterior concessão da gratuidade de justiça não levanta a deserção já consolidada (STJ-Corte Especial, ED no REsp 1.502.212-AgRg, Min. Raul Araújo, j. 11.6.19, DJ 14.6.19; JTJ 260/406, JTAERGS 83/188).

V. tb. notas seguintes.

No âmbito do STJ, v. RCSTJ 13.

Art. 99: 1a. "Justiça gratuita. Concessão. Eficácia em todas as instâncias e para todos os atos do processo. **Renovação do pedido na interposição do recurso. Desnecessidade.** Não se faz necessário para o processamento do recurso que o beneficiário refira e faça expressa remissão na petição recursal acerca do anterior deferimento da assistência judiciária gratuita, embora seja evidente a utilidade dessa providência facilitadora. Basta que constem dos autos os comprovantes de que já litiga na condição de beneficiário da justiça gratuita, pois, desse modo, caso ocorra equívoco perceptivo, por parte do julgador, poderá o interessado facilmente agravar fazendo a indicação corretiva, desde que tempestiva" (STJ-Corte Especial, ED no Ag em REsp 86.915-AgRg, Min. Raul Araújo, j. 26.2.15, DJ 4.3.15).

Art. 99: 1b. "A assistência judiciária gratuita pode ser pleiteada a qualquer tempo, mas a parte não está exonerada do recolhimento dos valores devidos caso o pedido seja realizado após a interposição do recurso" (STJ-Corte Especial, ED no AI 1.292.981-EDcl-EDcl-AgRg, Min. João Otávio, j. 7.5.12, DJ 18.5.12).

"O pedido de justiça gratuita deve ser formulado no momento da interposição do respectivo recurso" (STJ-Corte Especial, ED no AI 1.014.514-RcDesp, Min. Eliana Calmon, j. 1.4.09, DJ 4.5.09).

"O pedido ou a comprovação do direito a gratuidade de justiça deve ser feito no ato da interposição dos embargos de divergência, e não posteriormente" (STJ-Corte Especial, ED no REsp 1.140.406-AgRg, Min. Humberto Martins, j. 2.5.12, DJ 18.5.12).

V. tb. § 7º, especialmente nota 18.

S/ recurso interposto contra a própria decisão denegatória da gratuidade, situação diferente da analisada nesta nota, v. art. 101, bem como respectivas notas.

Art. 99: 1c. A ulterior concessão da assistência judiciária gratuita não atinge **pretérita condenação** ao pagamento de **despesas e honorários advocatícios.**

"É admissível a concessão dos benefícios da assistência gratuita na fase de execução, entretanto, os seus efeitos não podem retroagir para alcançar a condenação nas custas e honorários fixados na sentença do processo de conhecimento transitado em julgado" (RSTJ 179/34: Corte Especial, ED no REsp 255.057). No mesmo sentido: RSTJ 150/271, RT 872/409 (TRF-2ª Reg., AI 2007.02.01.011370-0), RP 117/314, JTJ 350/71 (AI 990.10.034446-3).

Também neste sentido, sob o fundamento de que, se o réu não tem como satisfazer a condenação, suspende-se a execução: RJTJESP 108/325. V. art. 921-III.

Todavia, liberando o beneficiário da assistência judiciária tardia do pagamento de honorários no seguinte caso: "Honorários advocatícios fixados na sentença. Efeito substitutivo da apelação. O deferimento da assistência judiciária gratuita se deu anteriormente à prolação do acórdão que julgou a apelação, que, dado o efeito substitutivo do recurso, é o título executivo da condenação em honorários de advogado" (STJ-2ª T., Ag em REsp 138.285-AgRg, Min. Herman Benjamin, j. 22.5.12, DJ 26.6.12).

Contra, entendendo que a assistência judiciária deferida em execução retroage, de modo a isentar o interessado das despesas a que foi condenado na fase cognitiva: "O pedido de assistência judiciária gratuita pode ser apresentado a qualquer tempo, independentemente da fase processual em que se encontra a ação" e "gera efeitos retroativos ao início do processo" (STJ-5ª T., REsp 182.521, Min. Gilson Dipp, j. 3.11.98, DJU 30.11.98). No mesmo sentido: RSTJ 127/222.

Art. 99: 2. Quanto ao recurso cabível, v. art. 101.

Art. 99: 2a. "A ausência de manifestação contra decisão denegatória do benefício não impede a renovação do pleito, cabendo à parte demonstrar mudança na situação fática" (STJ-5ª T., AI 1.011.867, Min. Jorge Mussi, j. 4.12.08, DJ 2.2.09).

V. tb. nota 1.

Art. 99: 3. Estipulando "critério objetivo de renda inferior a **dez salários mínimos** como índice de necessidade a justificar a concessão de assistência judiciária gratuita": RT 871/394 (TRF-2ª Reg., AP 2006.50.01.002514-3). No mesmo sentido: RMDCPC 26/120 (TRF-1ª Reg., AgRg 2008.01.00.006375-5).

Todavia, entendendo que a renda mensal inferior a dez salários mínimos, isoladamente considerada, não é suficiente para a concessão do benefício: "Não pode o juiz se balizar apenas na remuneração auferida, no patrimônio imobiliário, na contratação de advogado particular pelo requerente (gratuidade de justiça difere de assistência judiciária), ou seja, apenas nas suas receitas. É imprescindível que se faça o cotejo das condições econômico-financeiras com as despesas correntes utilizadas para preservar o sustento próprio e o da família" (STJ-2ª T., REsp 1.251.505, Min. Herman Benjamin, j. 14.6.11, DJ 31.8.11; a citação é do voto do relator). No mesmo sentido: STJ-1ª T., Ag em REsp 238.707-AgRg, Min. Benedito Gonçalves, j. 7.3.13, DJ 12.3.13.

Art. 99: 4. "Se o órgão judiciário competente deixar de apreciar o pedido de concessão do benefício da gratuidade, reputar-se-á **tacitamente deferida** tal postulação, eis que incumbe, à parte contrária, o ônus de provar, mediante impugnação fundamentada, que não se configura, concretamente, o estado de incapacidade financeira afirmado pela pessoa que invoca situação de necessidade" (STF-RT 883/156: 2ª T., RE 245.646-AgRg).

"Presume-se o deferimento do pedido de assistência judiciária gratuita não expressamente indeferido por decisão fundamentada, inclusive na instância especial. A ausência de manifestação do Judiciário quanto ao pedido de assistência judiciária gratuita leva à conclusão de seu deferimento tácito, a autorizar a interposição do recurso cabível sem o correspondente preparo. A omissão do julgador atua em favor da garantia constitucional de acesso à jurisdição e de assistência judiciária gratuita, favorecendo-se a parte que requereu o benefício, presumindo-se o deferimento do pedido de justiça gratuita, mesmo em se tratando de pedido apresentado ou considerado somente no curso do processo, inclusive nesta instância extraordinária" (STJ-Corte Especial, ED no Ag em REsp 440.971-AgRg, Min. Raul Araújo, j. 3.2.16, DJ 17.3.16).

"Feito pela recorrente pedido de assistência judiciária gratuita na petição inicial, e não tendo havido nenhum pronunciamento judicial a respeito da gratuidade, é defeso ao Tribunal estadual julgar deserta a apelação da parte sem antes analisar o seu pleito e, sendo o caso de indeferimento do benefício, deve ser aberto prazo para o recolhimento do preparo" (STJ-4ª T., REsp 1.043.631, Min. Aldir Passarinho Jr., j. 26.5.09, DJ 29.6.09).

Contra: "A falta de apreciação do pedido de assistência judiciária pelas instâncias ordinárias não acarreta seu deferimento tácito" (STJ-Corte Especial, ED no Ag em REsp 429.799-EDcl-AgRg, Min. Laurita Vaz, j. 16.12.15, DJ 24.2.16).

Art. 99: 5. Se o juiz, ao despachar a inicial, não apreciou de plano o pedido de assistência judiciária, pode fazê-lo por ocasião da sentença; mas, se a negar, deverá, em vez de anular o processo, determinar que as custas sejam recolhidas ao final, de acordo com o que for estabelecido acerca da sucumbência (RSTJ 76/277).

Art. 99: 6. "Se o julgador tem elementos de convicção que destroem a declaração apresentada pelo requerente, deve negar o benefício, independentemente de impugnação da outra parte" (JTJ 259/334).

"Somente em situações em que salte aos olhos inexistir a necessidade alegada é que cabe o **indeferimento de ofício** da assistência judiciária" (RT 824/278).

"O benefício da assistência judiciária pode ser indeferido quando o magistrado se convencer, com base nos elementos acostados aos autos, de que não se trata de hipótese de miserabilidade jurídica. No caso concreto, todavia, o Tribunal de origem, ao indeferir os benefícios da assistência jurídica gratuita, o fez não porque verificou nos autos elementos que afastavam a condição de miserabilidade jurídica, mas sim porque os autores não teriam comprovado a necessidade do benefício, o que, como visto, não pode subsistir" (STJ-4ª T., Ag em REsp 1.019.017-EDcl-AgInt, Min. Raul Araújo, j. 17.8.17, DJ 11.9.17).

S/ impugnação ao pedido de assistência judiciária gratuita, v. art. 100.

Art. 99: 6a. **Não se admite o indeferimento de plano** do benefício da gratuidade; é preciso conceder oportunidade para a comprovação da presença dos requisitos para a outorga da benesse (STJ-3ª T., REsp 1.787.491, Min. Ricardo Cueva, j. 9.4.19, DJ 12.4.19).

Art. 99: 7. s/ poderes especiais do advogado para a alegação de insuficiência econômica, v. art. 105-*caput*.

Art. 99: 8. **Lei 7.115, de 29.8.83** — Dispõe sobre prova documental nos casos que indica, e dá outras providências: **"Art. 1º** A declaração destinada a fazer prova de vida, residência, pobreza, dependência econômica, homonímia ou bons antecedentes, quando firmada pelo próprio interessado ou por procurador bastante, e sob as penas da lei, presume-se verdadeira".

Art. 99: 9. **Súmula 481 do STJ:** "Faz jus ao benefício da justiça gratuita a **pessoa jurídica** com ou sem fins lucrativos que **demonstrar** sua **impossibilidade** de arcar com os encargos processuais".

"Ao contrário do que ocorre relativamente às pessoas naturais, não basta à pessoa jurídica asseverar a insuficiência de recursos, devendo comprovar, isto sim, o fato de se encontrar em situação inviabilizadora da assunção dos ônus decorrentes do ingresso em juízo" (STF-Pleno: RTJ 186/106). No mesmo sentido: RT 833/264, Bol. AASP 2.326/2.744.

"É ônus da pessoa jurídica comprovar os requisitos para a obtenção do benefício da assistência judiciária gratuita, sendo irrelevante a **finalidade lucrativa** ou não da entidade requerente. Não se justifica realizar a distinção entre pessoas jurídicas com ou sem finalidade lucrativa, pois, quanto ao aspecto econômico-financeiro, a diferença primordial entre essas entidades não reside na suficiência ou não de recursos para o custeio das despesas processuais, mas na possibilidade de haver distribuição de lucros aos respectivos sócios ou associados. Outrossim, muitas entidades sem fins lucrativos exploram atividade econômica em regime de concorrência com as sociedades empresárias, não havendo parâmetro razoável para se conferir tratamento desigual entre essas pessoas jurídicas" (STJ-Corte Especial, ED no REsp 603.137, Min. Castro Meira, j. 2.8.10; DJ 23.8.10). No mesmo sentido: STF-2ª T., RE 192.715-AgRg, Min. Celso de Mello, j. 21.11.06, DJU 9.2.07; RT 870/228, JTJ 329/55 (AI 7.272.234-6).

Art. 99: 10. **Prova do estado de pobreza por pessoa jurídica:** "A comprovação da miserabilidade jurídica pode ser feita por documentos públicos ou particulares, desde que os mesmos retratem a precária saúde financeira da entidade, de maneira contextualizada. Exemplificativamente: a) declaração de imposto de renda; b) livros contábeis registrados na junta comercial; c) balanços aprovados pela Assembleia, ou subscritos pelos Diretores etc." (STJ-Corte Especial, ED no REsp 388.045, Min. Gilson Dipp, j. 1.8.03, DJU 22.9.03).

Art. 99: 11. "É admissível a concessão do benefício de assistência judiciária ao **espólio** que demonstre a impossibilidade de atender às despesas do processo" (STJ-3ª T., REsp 257.303, Min. Pádua Ribeiro, j. 12.11.01, DJU 18.2.02).

"O espólio não goza da presunção de hipossuficiência econômico-financeira para a concessão do benefício da assistência judiciária gratuita, cabendo-lhe demonstrar que não possui condições de arcar com as despesas inerentes à demanda judicial" (STJ-2ª T., REsp 1.138.072, Min. Castro Meira, j. 1.3.11, DJ 17.3.11; a citação é do voto do relator). No mesmo sentido: RSTJ 178/359 (4ª T., REsp 556.600), JTJ 297/420 (AI 7.042.899-4).

"O espólio está em juízo pela comunidade dos herdeiros. Ocorrendo a substituição processual (art. 43 do CPC), cabe-lhe formular o pleito de manutenção do benefício da assistência judiciária" (RSTJ 130/340).

Art. 99: 12. Admite-se a concessão do benefício da assistência judiciária a **sindicato,** desde que demonstrada a falta de condições para arcar com as despesas do processo (STJ-5ª T., REsp 445.601, Min. Felix Fischer, j. 24.9.02, DJU 28.10.02; STJ-1ª T., REsp 529.026-AgRg, Min. Francisco Falcão, j. 18.9.03, DJU 20.10.03; STJ-2ª T., REsp 642.288, Min. Eliana Calmon, j. 15.9.05, DJU 3.10.05). **Contra:** JTJ 160/260.

Art. 99: 13. "Em tese, é possível ao **condomínio** residencial beneficiar-se da assistência gratuita prevista na Lei n. 1.060/50, à míngua de norma expressa restritiva, cabendo, no entanto, ao requerente, a **demonstração efetiva do seu estado de penúria,** que o impossibilita de arcar com as custas processuais, o que deverá ser aferido pelas instâncias ordinárias" (STJ-4ª T., REsp 550.843, Min. Aldir Passarinho Jr., j. 24.8.04, DJU 18.10.04).

"Possível o deferimento da assistência judiciária a condomínio que se declara incapaz de arcar com as despesas judiciais diante da alta inadimplência dos condôminos" (STJ-3ª T., REsp 654.778, Min. Menezes Direito, j. 15.12.05, DJU 8.5.06).

Afirmando o direito em tese, mas negando-o no caso concreto, por falta de prova da impossibilidade de custear o processo: "A juntada de algumas faturas (de água e energia elétrica) em atraso não é suficiente para comprovar a impossibilidade do requerente de arcar com os encargos processuais" (STJ-2ª T., MC 20.248-AgRg, Min. Mauro Campbell, j. 6.12.12, DJ 12.12.12).

V. tb. JTJ 293/353.

Contra, no sentido de negar ao condomínio o benefício da gratuidade: JTJ 302/438.

Art. 99: 14. "**Instituição financeira em liquidação extrajudicial.** Impossibilidade de se enquadrá-la como pessoa pobre na acepção jurídica do termo. Presunção da existência de patrimônio. Aplicação subsidiária do art. 84, IV, da nova Lei de Falências, nos termos do art. 34 da Lei 6.024/74. Custas judiciais que constituem crédito contra a massa ou crédito extra-concursal, o que impossibilita sua exigência antecipadamente. Recolhimento das custas e despesas processuais que deve ser diferido para depois de realizado o ativo, como encargo da massa, caso ficar vencida" (JTJ 327/94: AI 7.220.966-0). No mesmo sentido: JTJ 329/51 (AI 7.271.833-5).

Também indeferindo o benefício da assistência judiciária nessas circunstâncias: "O fato de a pessoa jurídica estar em regime de liquidação, por si só, não é suficiente para comprovar a hipossuficiência, a qual deve ser cabalmente demonstrada" (STJ-4ª T., Ag em REsp 300.765-AgRg, Min. Luis Felipe, j. 28.5.13, DJ 3.6.13). Em sentido semelhante: STJ-3ª T., REsp 1.756.557, Min. Nancy Andrighi, j. 19.3.19, DJ 22.3.19.

Art. 99: 14a. "O processamento da **recuperação judicial,** por si só, não importa reconhecimento da necessária hipossuficiência para fins de concessão da assistência judiciária gratuita à pessoa jurídica" (STJ-3ª T., Ag em REsp 941.860-AgInt, Min. Ricardo Cueva, j. 21.11.17, DJ 30.11.17).

Art. 99: 15. "Tratando-se de **massa falida,** não se pode presumir pela simples quebra o estado de miserabilidade jurídica" (STJ-1ª T., REsp 833.353, Min. Luiz Fux, j. 17.5.07, um voto vencido, DJU 21.6.07). No mesmo sentido: STJ-2ª T., REsp 1.075.767, Min. Castro Meira, j. 25.11.08, DJ 18.12.08; STJ-3ª T., REsp 1.648.861, Min. Nancy Andrighi, j. 6.4.17, DJ 10.4.17; JTJ 324/157 (AI 7.184.722-0).

Art. 99: 16. v. nota 3.

Art. 99: 16a. "Embargos de terceiros movidos sob o benefício da gratuidade da justiça. Sentença procedente, **sem fixação de honorários.** Recurso objetivando a fixação da verba. **Custas processuais inexigíveis.** Deve ser afastada a aplicação do teor do § 5º do art. 99 do CPC/2015, que dispõe sobre a hipótese de uma vez fixados os honorários, havendo irresignação somente em relação à verba, torna-se exigível o pagamento de custas processuais para a interposição do recurso. É que, na hipótese dos autos, não houve a fixação de honorários advocatícios no juízo de primeiro grau, sendo assim impositiva a condenação na referida verba em virtude do princípio da causalidade" (STJ-2ª T., Ag em REsp 1.183.942, Min. Francisco Falcão, j. 16.8.18, DJ 27.8.18).

Art. 99: 16b. "Honorários advocatícios sucumbenciais. **Defensor dativo.** Fixação dos honorários alegadamente irrisória. Recurso interposto pela parte exclusivamente para majoração dos honorários. **Preparo. Desnecessidade** na hipótese. Inaplicabilidade do art. 99, § 5º, do CPC/15, ao defensor dativo. Tratamento diferenciado entre advogado particular e defensor dativo justificável" (STJ-3ª T., REsp 1.820.982, Min. Nancy Andrighi, j. 15.12.20, DJ 18.12.20).

Art. 99: 17. "A suspensão do pagamento dos honorários em razão da gratuidade judiciária, concedida em caráter individual e personalíssimo, não aproveita aos demais litisconsortes que não obtiveram o favor" (STJ-2ª T., REsp 1.193.795, Min. Herman Benjamin, j. 3.8.10, DJ 14.9.10).

Art. 99: 18. No sentido de que o pedido de gratuidade no momento da interposição do recurso **não dispensa** o prévio **recolhimento da multa** imposta no julgamento recursal imediatamente anterior: "A natureza jurídica da multa é distinta da natureza do preparo. Enquanto aquela se mostra como sanção em virtude de atos atentatórios à boa-fé processual, este é pressuposto extrínseco de admissibilidade recursal" (STJ-4ª T., Ag em REsp 1.173.029-AgInt, Min. Luis Felipe, j. 24.6.19, DJ 27.6.19).

V. tb. nota 1b.

Art. 99: 19. que se dá de forma **simples, e não dobrada,** i. e., sem a incidência do disposto no art. 1.007 § 4º (STJ-3ª T., REsp 1.787.491, Min. Ricardo Cueva, j. 9.4.19, DJ 12.4.19).

Art. 100. Deferido o pedido, a parte contrária poderá oferecer impugnação na contestação, na réplica, nas contrarrazões de recurso ou, nos casos de pedido superveniente ou formulado por terceiro, por meio de petição simples, a ser apresentada no prazo de 15 (quinze) dias, nos autos do próprio processo, sem suspensão de seu curso. [Sem dispositivo correspondente no CPC/1973]

Parágrafo único. Revogado o benefício, a parte arcará com as despesas processuais que tiver deixado de adiantar[1] e pagará, em caso de má-fé, até o décuplo de seu valor a título de multa, que será revertida em benefício da Fazenda Pública estadual ou federal e poderá ser inscrita em dívida ativa.[1a-2]

Art. 100: 1. v. art. 102.

Art. 100: 1a. "Por ter natureza punitiva, decorrente da violação dos princípios da lealdade e boa-fé processual, a multa prevista no art. 4º, § 1º, da Lei 1.060/50 independe da iniciativa da parte contrária, podendo ser imposta de ofício e a qualquer tempo pelo próprio Juiz. O cabimento da multa do art. 4º, § 1º, da Lei 1.060/50 deve ser apurado no próprio incidente processual instaurado para impugnação do pedido de concessão da assistência judiciária. A simples negativa na concessão da assistência não conduz automaticamente à incidência da multa do art. 4º, § 1º, da Lei 1.060/50, devendo ser cabalmente demonstrada a intenção da parte de induzir o Poder Judiciário a erro, se aproveitando indevidamente do benefício" (STJ-3ª T., REsp 1.125.169, Min. Nancy Andrighi, j. 17.5.11, DJ 23.5.11).

Art. 100: 2. "A declaração de pobreza com o intuito de obter os benefícios da justiça gratuita goza de presunção relativa, passível, portanto, de prova em contrário, não se enquadrando no conceito de documento previsto nos arts. 299 e 304", ambos do Código Penal (STJ-5ª T., REsp 1.096.682, Min. Jorge Mussi, j. 24.3.09, DJ 1.6.09). No mesmo sentido: STF-2ª T., HC 85.976, Min. Ellen Gracie, j. 13.12.05, DJ 24.2.06.

Art. 101. Contra a decisão que indeferir a gratuidade ou a que acolher pedido de sua revogação caberá agravo de instrumento, exceto quando a questão for resolvida na sentença, contra a qual caberá apelação.[1-1a] [Sem dispositivo correspondente no CPC/1973]

§ 1º O recorrente estará dispensado do recolhimento de custas até decisão do relator sobre a questão, preliminarmente ao julgamento do recurso.[2]

§ 2º Confirmada a denegação ou a revogação da gratuidade, o relator ou o órgão colegiado determinará ao recorrente o recolhimento das custas processuais, no prazo de 5 (cinco) dias, sob pena de não conhecimento do recurso.

Art. 101: 1. s/ apelação, v. arts. 1.009 e segs.; agravo de instrumento, v. arts. 1.015 e segs.

Art. 101: 1a. A decisão interlocutória que **concede a gratuidade da justiça** não é agravável; deve ser ulteriormente impugnada, nos moldes do art. 1.009 § 1º.

V. art. 1.015-V, inclusive nota 12a. Todavia, em matéria de execução, v. art. 1.015, nota 22.

Art. 101: 2. Dispensando o recolhimento de custas em caso no qual a apelação teve por objeto também o julgamento da causa: RT 829/268, JTJ 301/442.

Art. 102. Sobrevindo o trânsito em julgado de decisão que revoga a gratuidade, a parte deverá efetuar o recolhimento de todas as despesas de cujo adiantamento foi dispensada, inclusive as relativas ao recurso interposto, se houver, no prazo fixado pelo juiz, sem prejuízo de aplicação das sanções previstas em lei.[1] [Sem dispositivo correspondente no CPC/1973]

Parágrafo único. Não efetuado o recolhimento, o processo será extinto sem resolução de mérito, tratando-se do autor,[2] e, nos demais casos, não poderá ser deferida a realização de nenhum ato ou diligência requerida pela parte enquanto não efetuado o depósito.

Art. 102: 1. v. art. 100 § ún.

Art. 102: 2. v. arts. 485 e 486.

Capítulo III | DOS PROCURADORES

Art. 103. A parte será representada em juízo por advogado[1 a 11] regularmente inscrito na Ordem dos Advogados do Brasil. [Dispositivo correspondente no CPC/1973: art. 36]

Parágrafo único. É lícito à parte postular em causa própria quando tiver habilitação legal. [Dispositivo correspondente no CPC/1973: art. 36]

Art. 103: 1. v. tít. ADVOGADO.

S/ representação por advogado: na arbitragem, v. LArb 21 § 3º; no Juizado Especial, LJE 9º e 41 § 2º; em processo no qual seja parte entidade do Sistema Nacional de Previdência Social, v. Lei 6.539, de 28.6.78.

S/ advogado e: exibição da procuração, v. art. 104 e EA 5º-*caput* e § 1º; poderes especiais, v. art. 105 e EA 5º § 2º; revogação do mandato, v. art. 111; renúncia do mandato, v. art. 112 e EA 5º § 3º; intimação dos atos do processo, v. arts. 269, 270 e 272; morte, v. arts. 313-I e § 3º e 1.004; impedimento para depor como testemunha, v. art. 447 § 2º-III.

Art. 103: 1a. **EA 1º**: "São atividades privativas de advocacia: **I** — a postulação a qualquer órgão do Poder Judiciário e aos juizados especiais;

(...)

"**Art. 4º** São nulos os atos privativos de advogado praticados por pessoa não inscrita na OAB, sem prejuízo das sanções civis, penais e administrativas. **Parágrafo único.** São também nulos os atos praticados por advogado impedido, no âmbito do impedimento, suspenso, licenciado ou que passar a exercer atividade incompatível com a advocacia".

A expressão "qualquer" no EA 1º-I foi declarada inconstitucional (v. EA 1º, nota 2).

Art. 103: 2. "O direito de petição e o acesso à justiça não eximem a agravante de postular em juízo com a presença de advogado (art. 133 da CF e art. 36 do CPC)" (STF-Pleno, ACOr 1.531-AgRg, Min. Cármen Lúcia, j. 3.6.09, DJ 1.7.09).

"Ninguém, ordinariamente, pode postular em juízo sem a assistência de advogado, a quem compete, nos termos da lei, o exercício do *jus postulandi*. A exigência de capacidade postulatória constitui indeclinável **pressuposto processual** de natureza subjetiva, essencial à válida formação da relação jurídico-processual" (RTJ 176/99).

S/ extinção do processo sem julgamento do mérito por falta de pressuposto de constituição e desenvolvimento, v. arts. 354 e 485-IV e § 3º.

Art. 103: 3. "É válida a **transação** realizada entre as partes **extrajudicialmente** sem a presença dos respectivos procuradores, cuja intervenção somente se torna imprescindível no momento da homologação judicial" (STJ-2ª T., REsp 999.287, Min. Eliana Calmon, j. 4.3.08, DJU 14.3.08).

"A assistência de advogado não constitui requisito formal de validade de transação celebrada extrajudicialmente, mesmo versando sobre direitos litigiosos" (STJ-1ª T., REsp 666.328, Min. Teori Zavascki, j. 3.3.05, DJU 21.3.05). No mesmo sentido: STJ-4ª T., REsp 222.936, Min. Ruy Rosado, j. 16.9.99, DJU 18.10.99; STJ-5ª T., REsp 972.612, Min. Arnaldo Esteves, j. 5.2.09, DJ 9.3.09; STJ-3ª T., REsp 1.582.935-AgInt, Min. Marco Bellizze, j. 2.8.16, DJ 16.8.16.

"Petição de acordo assinada pelo advogado do autor e pelo réu diretamente, sem a intervenção do advogado do último. Transação válida, em tese, que só poderá ser anulada em ação própria, provando-se a existência de vício que a torne nula ou anulável" (STJ-5ª T., REsp 50.669, Min. Assis Toledo, j. 8.3.95, DJU 27.3.95). No mesmo sentido: STJ-3ª T., REsp 1.798.423, Min. Nancy Andrighi, j. 22.9.20, DJ 25.9.20.

"Exigir que os advogados de ambas as partes requeiram e concordem com essa homologação, é o mesmo que exigir que concordem com a própria transação. Se a lei dispensa a presença do advogado para o mais (que é a própria transação, com todos os efeitos dela decorrentes no âmbito da relação de direito material), não faz sentido algum exigi-la para o menos (que é o requerimento de homologação do ato, no âmbito da relação processual)" (STJ-1ª T., REsp 1.135.955, Min. Teori Zavascki, j. 12.4.11, DJ 19.4.11).

"Acordo de alimentos celebrado na presença do magistrado e do Ministério Público, mas sem a participação do advogado do alimentante. Regularidade da transação judicial, haja vista ser a parte capaz, a transação versar sobre direitos patrimoniais e a inexistência de provas de que houve vício de vontade" (STJ-3ª T., REsp 1.584.503, Min. Ricardo Cueva, j. 19.4.16, DJ 26.4.16).

Também dispensando a intervenção de advogado para a validade de transação realizada com a intenção de pôr fim a processo: RT 724/382, JTJ 165/204, 173/205, 341/107 (AI 1.280.372-0/0), Lex-JTA 142/326, JTA 120/312.

Todavia: "Requerimento conjunto das partes no sentido da extinção do feito nos termos dos arts. 269, III, e 794, I, do CPC. Tratando-se de ato privativo de profissional legalmente habilitado (art. 36 do CPC), é ineficaz a decisão que acolhe a postulação formulada de modo incompleto, sem a assinatura do advogado de uma das partes" (STJ-4ª T., REsp 351.656, Min. Barros Monteiro, j. 6.2.03, DJU 14.4.03). "Precedente assentou não ser válida a homologação de transação celebrada pela desistência da ação sem a participação do procurador de uma das partes" (STJ-3ª T., REsp 694.147, Min. Menezes Direito, j. 27.3.07, DJU 18.6.07).

S/ homologação da transação, v. art. 200, nota 3.

Art. 103: 4. "No processo civil, a parte não pode participar diretamente, sendo **inaceitável o pedido de desistência** por ela feito sem o patrocínio do advogado" (Amagis 11/204). No mesmo sentido: RT 643/63, JTJ 236/134.

Art. 103: 5. Desacompanhada de advogado, a parte **não pode renunciar ao direito de recorrer** (Lex-JTA 139/66).

Art. 103: 6. Não é nulo o ato praticado por **estagiário** já bacharel e ratificado por advogado inscrito na OAB (RTJ 77/992, RT 494/241). Nesse sentido: RTJ 60/196, JTA 42/85.

Não se conhece de recurso subscrito unicamente por estagiário (RTJ 106/746; RSTJ 58/39; Bol. AASP 1.544/171), ainda que posteriormente ratificado por advogado (JTA 105/165).

"Instrumento procuratório conferido a advogado e a acadêmico de direito. Utilização, pelo último, somente após credenciar-se ao exercício pleno da advocacia. Validade. O instrumento procuratório outorgado a advogado e a acadêmico de direito pode ser validamente por este utilizado se implementadas todas as condições para o exercício da advocacia" (STJ-1ª T., REsp 38.246-7, Min. Cesar Rocha, j. 4.10.93, DJU 25.10.93).

"A posterior graduação do estagiário e consequente registro na Ordem dos Advogados habilita-o a praticar todos os atos inerentes à profissão, independentemente de novo mandato" (STJ-4ª T., REsp 114.534, Min. Ruy Rosado, j. 28.4.97, DJU 19.5.97).

V. tb. EA 3º § 2º (funções do estagiário) e 4º-*caput* (nulidade de ato praticado por quem não é advogado).

Art. 103: 7. Quem não é advogado ou, sendo, esteja impedido de advogar, pode receber mandato com a cláusula *ad judicia* e também validamente **substabelecê-lo** (STJ-5ª T., REsp 304.389, Min. Gilson Dipp, j. 34.5.01, DJU 4.6.01; RT 486/145, 600/117, 626/170, 781/328, JTA 42/183, 44/185, RJTAMG 28/214, 34/94, RAMPR 45/277; **contra:** JTA-ERGS 80/235), mesmo que a permissão para substabelecer não conste expressamente da procuração (RTFR 157/81).

No sentido de que o mandatário com poderes *ad negotia* pode, no uso desses poderes, substabelecer a advogado, conferindo-lhe poderes *ad judicia*: STJ-5ª T., REsp 494.205, Min. José Arnaldo, j. 10.2.04, DJU 15.3.04.

S/ substabelecimento, v. tb. art. 104, nota 1e.

Art. 103: 7a. "Capacidade postulatória de advogado substabelecido. **Renúncia do advogado substabelecente.** Havendo expressa outorga de poderes a advogado para substabelecer, o advogado substabelecido deterá capacidade postulatória mesmo diante da renúncia do advogado substabelecente. Não existindo outorga expressa desses poderes, remanescerá, na mesma circunstância, capacidade postulatória ao advogado substabelecido se existir, por parte do mandante, ato inequívoco de ratificação" (STJ-Bol. AASP 2.429/3.562).

Art. 103: 8. "O advogado que, **sem autorização, substabelece** os poderes que lhe foram conferidos, responde, perante o outorgante, pela atuação do procurador substabelecido" (STJ-3ª T., REsp 259.832, Min. Ari Pargendler, j. 21.8.01, maioria, DJU 15.10.01). Em sentido semelhante: RSTJ 153/260, STJ-RJ 292/88.

"A **vedação ao substabelecimento** não invalida a transmissão de poderes, mas apenas torna o substabelecente responsável pelos atos praticados pelo substabelecido" (STJ-3ª T., AI 624.704-AgRg-EDcl, Min. Castro Filho, j. 28.6.07, DJ 5.8.08).

S/ cobrança de honorários, pelo advogado substabelecido, v. EA 26.

Art. 103: 9. "Se não consta do substabelecimento, expressamente, a **cláusula 'sem reserva de poderes'**, presume-se que a representação da parte ficará a cargo dos advogados substabelecente e substabelecido, em conjunto" (STJ-Corte Especial, AI 651.598-AgRg, Min. Gomes de Barros, j. 6.3.06, seis votos vencidos, DJU 28.8.06). No mesmo sentido, com a seguinte ponderação: "substabelecimento sem reservas equivalente à renúncia, gesto que o direito positivo disciplina ser expresso, não o admitindo como tácito" (RP 138/227).

Art. 103: 10. Aplicam-se para os **vícios da capacidade postulatória** as disposições relacionadas com a sanação e as consequências das imperfeições da capacidade de estar em juízo.

V. tb. notas seguintes e arts. 76, nota 2, e 104, notas 4 e segs.

Art. 103: 10a. **Advogado excluído dos quadros da OAB.** "Estando o advogado excluído dos quadros da OAB, ficam sanados os atos por ele praticados, desde que ratificados atempadamente, a teor do disposto no art. 13, I, CPC" (STJ-4ª T., REsp 93.566, Min. Sálvio de Figueiredo, j. 26.5.98, DJU 3.8.98). **Contra:** "Se o procurador da parte, ao tempo do ajuizamento da execução, já não se apresentava legalmente habilitado, cancelada que fora sua inscrição nos quadros da OAB, nulos são os atos por ele praticados nessa qualidade, de nada valendo o substabelecimento posterior da procuração a profissional habilitado, posto que sua intervenção, em fase ulterior do processo, não importa, por si só, no saneamento dos atos anteriores" (RF 299/224). Nesse sentido, considerando revel o réu defendido, em todo o processo, por advogado eliminado do quadro da OAB: Lex-JTA 137/302.

Art. 103: 10b. **Advogado suspenso do exercício profissional.** "Não se decreta a nulidade dos atos praticados por advogado afastado do exercício profissional, se foram ratificados por novo procurador constituído nos autos e da irregularidade da representação processual não adveio prejuízo a qualquer das partes" (STJ-2ª T., REsp 449.627, Min. Eliana Calmon, j. 18.5.04, DJU 6.9.04). No mesmo sentido: RJM 181/311.

"Aplicação da revelia em razão de contestação subscrita por causídico suspenso da OAB. Inadmissibilidade. Não pode o cliente de boa-fé ser prejudicado pelo advogado que não declarou o seu impedimento profissional. O juízo, tomando conhecimento da irregularidade, nos termos do art. 13 do CPC, deve determinar a regularização da representação processual" (JTJ 292/548).

Contra: "Os atos praticados por advogado suspenso do exercício profissional são nulos e não podem ser ratificados. Assim, a inicial ajuizada por subscritor nessa condição impele o processo para a extinção, sem julgamento do mérito, nos termos do art. 267, IV, do CPC" (Lex-JTA 154/184). No mesmo sentido, não conhecendo de recurso subscrito por advogado suspenso: JTJ 234/255.

Art. 103: 10c. **Advogado impedido de advogar.** "Estando o advogado impedido de advogar contra a parte adversa, ficam sanados os atos por ele praticados, desde que ratificados atempadamente, a teor do disposto no art. 13, I, do CPC, sobretudo quando o patrocinado não sabia do impedimento — até porque sem registro na carteira profissional de seu patrono — e o defeito não foi alegado desde quando deveria" (RSTJ 87/83, STJ-RT 725/172, STJ-Bol. AASP 1.930/405j).

"Estando o advogado com **impedimento ou incompatibilidade,** deve ser aberto, nas instâncias ordinárias, prazo razoável para que seja sanado o vício da representação processual a teor do que dispõe o art. 13 do CPC" (STJ-3ª T., REsp 675.462, Min. Menezes Direito, j. 20.3.07, DJU 18.6.07). No mesmo sentido: RTJ 95/1.349 (1ª T., RE 92.237); STJ-RF 407/427 (6ª T., RMS 19.311).

Embora nulos os atos praticados por advogado que exerce atividade incompatível com a advocacia, se tal incompatibilidade não está registrada na OAB, admite-se que os atos sejam ratificados, para que o cliente de boa-fé não seja prejudicado (JTJ 169/189).

Art. 103: 10d. **Advogado licenciado da OAB.** "Tratando-se de advogado licenciado, como informa a OAB, que apesar disso vinha atuando no processo, em conjunto com colega legalmente habilitada, a interposição do recurso de apelação com sua assinatura exclusiva constitui irregularidade da representação alcançada pela sanabilidade, nos termos do art. 13 do CPC" (RSTJ 79/279).

Art. 103: 11. "Os pressupostos processuais devem estar presentes ao longo de toda a marcha processual, inclusive na **fase recursal.** Desatendido o pressuposto da representação processual após a interposição do recurso, em virtude de renúncia ao mandato, cabe ao recorrente nomear outro advogado, sob pena de não conhecimento do recurso" (STJ-3ª T., AI 891.027-AgRg, Min. Paulo Sanseverino, j. 2.9.10, DJ 15.9.10).

V. tb. arts. 76 § 2º e notas, e 104, nota 4b.

Art. 104. O advogado não será admitido a postular em juízo sem procuração,[1 a 5a] salvo para evitar preclusão, decadência ou prescrição, ou para praticar ato considerado urgente.[5b-6] [Dispositivo correspondente no CPC/1973: art. 37-*caput*]

§ 1º Nas hipóteses previstas no *caput*, o advogado deverá, independentemente de caução, exibir a procuração no prazo de 15 (quinze) dias,[6a a 7] prorrogável por igual período por despacho do juiz. [Dispositivo correspondente no CPC/1973: art. 37-*caput*]

§ 2º O ato não ratificado[8-9] será considerado ineficaz[10] relativamente àquele em cujo nome foi praticado, respondendo o advogado pelas despesas e por perdas e danos.[11] [Dispositivo correspondente no CPC/1973: art. 37 § ún.]

Art. 104: 1. s/ exibição da procuração e: sua dispensa, v. art. 287 § ún.; assistência judiciária, v. LAJ 16.

Art. 104: 1a. **EA 5º:** "O advogado postula, em juízo ou fora dele, fazendo prova do mandato".

Lei 9.469, de 10.7.97: "Art. 9º A representação judicial das autarquias e fundações públicas por seus procuradores ou advogados, ocupantes de cargos efetivos dos respectivos quadros, independe da apresentação do instrumento de mandato".

Súmula 644 do STF: "Ao titular do cargo de Procurador de autarquia não se exige a apresentação de instrumento de mandato para representá-la em juízo" (*redação cf. republicação no DJU 9.12.03*).

Art. 104: 1b. Os **procuradores de órgão público** estão dispensados de exibir procuração (RTJ 172/247, RSTJ 171/88; STJ-2ª T., AI 555.880-AgRg, Min. Eliana Calmon, j. 1.4.04, DJU 7.6.04; RT 491/162, 493/156, 495/86), mesmo para receber e dar quitação em juízo (RJTJESP 109/262, maioria).

"Em caso de dúvida, o juiz poderá requerer a juntada do termo de posse do procurador, bem como a indicação da respectiva matrícula. Mas nunca poderá deixar de conhecer de recurso da Fazenda pelo simples argumento de que a petição recursal não está acompanhada da designação do seu subscritor. A ausência da indicação da matrícula do procurador da Fazenda que assinou a peça recursal também não acarreta o não conhecimento do recurso" (RSTJ 111/147).

Todavia: "Somente estão dispensados de apresentar instrumento de mandato os procuradores autárquicos investidos na condição de servidores públicos, o que não é aplicável a advogado contratado para o caso concreto, ainda que se trate de fundação instituída e mantida pelo Poder Público" (STJ-2ª T., REsp 1.168.003-AgRg-AgRg, Min. Castro Meira, j. 13.4.10, DJ 23.4.10). Em sentido semelhante: RTJ 155/1.000, 156/344, 157/1.058, 160/350. Ainda, inclusive no caso de advogados do INSS: RTJ 160/1.069, RSTJ 134/159).

S/ formação do instrumento do agravo, v. art. 1.017, nota 3.

Art. 104: 1c. Confere **mandato verbal** ao advogado a parte que comparece acompanhada dele em audiência (RJTJESP 82/205, JTJ 162/201).

No Juizado Especial, v. LJE 9º § 3º.

Art. 104: 1d. "A **prática de atos** por advogado sem procuração não configura mandato tácito, já que este decorre de previsão legal e não da reiteração da irregularidade" (STF-Pleno: RTJ 139/269).

"O fato de constarem do processo peças subscritas pelo advogado não consubstancia a existência de procuração *apud acta*. Esta revela-se mediante lavratura de instrumento nos próprios autos, onde fique consignado que a parte se fez presente acompanhada do causídico, credenciando-o" (RTJ 137/461).

Art. 104: 1e. "A **juntada do substabelecimento** de poderes não subsiste por si só, sendo necessária e indispensável a apresentação da procuração outorgada ao advogado substabelecente, a fim de se comprovar a legítima outorga de poderes" (STJ-1ª T., AI 408.458-AgRg, Min. Francisco Falcão, j. 2.4.02, DJU 29.4.02). No mesmo sentido: RSTJ 93/22.

"Os atos recursais exercidos por advogado substabelecido pressupõem, para sua validade, a apresentação da procuração originária passada ao substabelecente, sob pena de comprometer-se o seu trânsito" (STF-RT 780/182).

"O substabelecimento não tem vida própria, exceto quando formalizado por instrumento público e o notário porta, por fé, a existência de instrumento de mandato relativo à outorga dos poderes substabelecidos. A valia da peça está jungida ao mandato que, por isso mesmo, deve acompanhá-la" (STF-Pleno: RTJ 139/269).

"O substabelecimento só comprova a regularidade da representação processual se acompanhado da procuração originária, nada importando que tenha sido lavrado por instrumento público e que se reporte a procuração também outorgada por esse meio; o substabelecimento por instrumento público, isoladamente, só tem aptidão para comprovar a regularidade da representação processual, se o tabelião certificar quais os poderes contidos na procuração originária" (STJ-3ª T., AI 734.427-AgRg, Min. Ari Pargendler, j. 10.10.06, DJU 5.3.07).

"O simples fato de não constar o nome de todos os litisconsortes no substabelecimento — outorgado pelo escritório de advocacia na origem a causídicos com atuação perante o STJ — não significa por si só defeito na representação processual, mas mero erro material. Havendo outros elementos a evidenciar comunhão de interesses ao longo da instrução, bem como a atuação conjunta dos representados em todos os atos do processo, a regularidade da representação é manifesta" (STJ-RT 914/507: 2ª Seção, ED no REsp 964.780).

S/ substabelecimento, v. tb. art. 103, notas 7 e segs. V. ainda art. 1.017, nota 3a.

Art. 104: 2. "*Mandato ad judicia.* O **outorgado no exterior** vale, desde que submetido ao controle notarial no país de origem, submetido à autenticação consular e devidamente traduzido, inclusive quanto a esses atos acessórios" (RJTJERGS 143/117).

Art. 104: 2a. **Mandato com prazo certo.** "A circunstância de, no curso do processo, a procuração haver atingido seu termo final não implica a revogação do mandato que credencia o advogado. Entende-se que a procuração *ad* *judicia* é outorgada para que o advogado represente o constituinte, até o desfecho do processo" (STJ-3ª T., Ag 1.348.536-AgRg-AgRg, Min. Nancy Andrighi, j. 9.8.11, DJ 17.8.11).

"Verificando-se que decorreu o prazo do mandato outorgado por tempo certo, supre-se a omissão com o recebimento parcial dos embargos declaratórios, não para considerar o recurso inexistente, mas para determinar que a representação seja regularizada" (STJ-1ª Seção, REsp 24.466-8-ED-EDcl, Min. Hélio Mosimann, j. 29.3.94, maioria, DJU 9.5.94).

Cassando acórdão que não conheceu de recurso por ter cessado, pelo término do prazo de duração, a procuração outorgada ao advogado do recorrente: RTJ 86/853 (1ª T., RE 82.288), RTJ 95/263 (2ª T., RE 89.109).

Ainda, a extinção do mandato *ad negotia* com prazo certo não prejudica o mandato *ad judicia* outorgado por mandatário naquele, dentro de tal prazo; este subsiste e permanece eficaz (STJ-3ª T., REsp 798.901, Min. Sidnei Beneti, j. 1.12.09, DJ 10.12.09; STJ-4ª T., REsp 812.283, Min. Raul Araújo, j. 18.9.14, DJ 26.11.14).

Contra, no sentido de que, "extinto o mandato, que fora conferido com prazo certo, tem-se por inexistente recurso interposto por advogado sem procuração": STJ-3ª T., REsp 29.801-9, Min. Dias Trindade, j. 16.12.92, DJU 22.3.93.

V. tb. art. 105 § 4º.

Art. 104: 2b. "A procuração que outorga poderes ao advogado para atuar perante os Tribunais da unidade da Federação em que ajuizada ação o **habilita a subscrever o recurso especial,** o qual, por força de lei, deve ser interposto e submetido a juízo prévio de admissibilidade no Tribunal de origem" (STJ-4ª T., REsp 612.481, Min. Isabel Gallotti, j. 6.12.11, DJ 16.12.11).

V. tb. art. 105 § 4º.

Art. 104: 2c. "A procuração, com poderes gerais outorgada ao advogado na ação ordinária, **não autoriza a propositura de ação rescisória** de sentença proferida no processo em que o procurador atuou, tendo em vista a autonomia das ações" (STJ-1ª Seção, AR 2.947, Min. Herman Benjamin, j. 13.2.08, DJ 5.3.09). No mesmo sentido: STF-Pleno, AR 2.196-AgRg, Min. Dias Toffoli, j. 23.6.10, um voto vencido, DJ 3.9.10.

"Não obstante os instrumentos de mandato da ação principal confiram poderes ao causídico para também propor rescisória, é imprescindível novo mandato para esta, tendo em vista ter transcorrido mais de uma década entre a data da outorga das procurações e o ajuizamento desta ação rescisória" (STJ-3ª Seção, AR 3.285, Min. Felix Fischer, j. 22.8.07, dois votos vencidos, DJU 5.3.08).

Art. 104: 3. "O simples fato de o subscritor do recurso **integrar sociedade civil de advocacia** composta, também, pelos advogados credenciados nos autos não revela a regularidade da representação processual" (RTJ 151/1.005). No mesmo sentido: STF-RT 884/142 (2ª T., RE 543.289-AgRg).

"A personalidade jurídica da sociedade de advogados não se confunde com a dos sócios que a integram, revelando-se, portanto, necessária a representação em juízo por meio de advogado devidamente constituído" (STJ-1ª T., Ag em REsp 1.181.256-AgInt, Min. Regina Costa, j. 5.6.18, DJ 14.6.18).

V. tb. art. 105 §§ 2º e 3º e EA 15 § 3º.

Art. 104: 3a. "Sem instrumento de mandato, o advogado não será admitido a procurar em juízo, **ainda que figure ele, no contrato social,** como sócio majoritário da empresa" (RSTJ 36/45 e RT 689/266) ou que seja diretor-presidente da pessoa jurídica, "investido, pelos estatutos, com poderes para representá-la em juízo" (STF-1ª T., AI 166.886-6-Ag, Min. Ilmar Galvão, j. 26.9.95, DJU 17.11.95). No mesmo sentido: STJ-4ª T., Ag 1.350.918-AgRg, Min. Raul Araújo, j. 1.9.11, DJ 23.9.11.

Contra: RT 493/100, RJTJESP 44/78.

Art. 104: 4. Aplicam-se para os **vícios da capacidade postulatória** as disposições relacionadas com a sanação e as consequências das imperfeições da capacidade de estar em juízo.

V. tb. notas seguintes e arts. 76, nota 2, e 103, notas 10 e segs.

Art. 104: 4a. "A **falta de instrumento de mandato constitui defeito sanável** nas instâncias ordinárias, aplicando-se, para o fim de regularização da representação postulatória, o disposto no art. 13 do CPC" (STJ-Corte Especial: RSTJ 68/383). Mais recentemente: STJ-Corte Especial, ED no REsp 789.978, Min. João Otávio, j. 18.11.09, DJ 30.11.09.

"Em face da sistemática vigente (CPC, art. 13), o juiz não deve extinguir o processo por defeito de representação antes de ensejar à parte suprir a irregularidade" (STJ-RT 659/183: 4ª T., REsp 1.561). No mesmo sentido: RSTJ 111/188 (3ª T., REsp 123.676).

Art. 104: 4b. A aplicação do art. 76 § 2º para os casos de falta de instrumento de mandato torna **superada a Súmula 115 do STJ,** no sentido de que: "Na instância especial é inexistente recurso interposto por advogado sem procuração nos autos".

Aliás, o art. 76 § 2º torna amplamente sanável o vício da falta de mandato nas **instâncias recursais.**

"Verifica-se, na espécie, violação do art. 13 do CPC, pois somente quando da análise do recurso de apelação é que se verificou a ausência de procuração nos autos, ou seja, após diversos atos processuais; ora, se o vício era preexistente, deveria o magistrado ter suspendido o processo e mandado sanar a irregularidade existente, qual a ausência de procuração nos autos" (STJ-4ª T., REsp 734.998, Min. Quaglia Barbosa, j. 17.5.07, DJU 4.6.07). No mesmo sentido: STJ-3ª T., REsp 120.341, Min. Ari Pargendler, j. 5.6.07, DJU 25.6.07.

"Se a apelação é assinada por advogado sem procuração, deve a parte ser intimada pessoalmente para sanar a falha, não sendo suficiente a mera intimação do advogado que, sem procuração, subscreve o recurso" (STJ-3ª T., REsp 887.656, Min. Sidnei Beneti, j. 9.6.09, DJ 18.6.09).

V. tb. notas ao § 2º do art. 76 e art. 103, nota 11.

Art. 104: 4c. Não há necessidade de juntar nova procuração aos **incidentes do processo autuados em apartado,** se esta já consta dos autos principais (JTA 72/180, 114/127, 114/167), e vice-versa (JTA 112/329).

"De início, vulnera o devido processo legal a ótica segundo a qual descabe considerar instrumento de mandato contido em autos em apenso aos principais" (STF-2ª T., AI 133.757-6-Ag, Min. Maurício Corrêa, j. 16.5.95, maioria, DJU 22.9.95).

Art. 104: 4d. Embargos de terceiro. O advogado que já tem procuração do exequente nos autos principais não precisa juntá-la ao contestar embargos de terceiro (RJ 184/74, Lex-JTA 149/122).

Contra: "Nulo é o processo de embargos de terceiro se o advogado, embora já dispondo da procuração, não a apresenta aos autos em tempo hábil, somente requerendo sua juntada no prazo para resposta ao recurso especial, interposto pela embargada com arguição de contrariedade exatamente aos arts. 36 e 37 do CPC, e 70 da Lei 4.215/63" (STJ-4ª T., REsp 22.733-5, Min. Athos Carneiro, j. 8.9.92, DJU 28.9.92). Nota: A Lei 4.215/63 foi substituída pelo atual Estatuto da Advocacia.

Art. 104: 5. Embargos à execução. "A ausência de cópia da procuração nos autos dos embargos do devedor não gera nulidade, por caracterizar simples irregularidade procedimental, se verificada a existência de mandato nos autos da execução em apenso" (STJ-3ª T., REsp 402.489, Min. Castro Filho, j. 26.10.04, DJU 12.12.05). Ponderou o relator em seu voto: "Conquanto na hipótese em exame fosse recomendável a juntada da cópia da procuração constante da execução, para o caso de os dois processos tramitarem separadamente, tenho que a omissão não deve acarretar a consequência pretendida pela recorrente, sob pena de se prestigiar a formalismo inútil. É de se ressaltar que a própria ação que a devedora propõe, pelos embargos, tem por pressuposto indeclinável, por óbvio, a instauração de anterior processo executivo, a demonstrar a íntima relação de dependência existente por parte dos primeiros em relação a esse último". No mesmo sentido: RT 815/360, JTA 72/180.

Contra, no sentido de que, "se a procuração outorgada pela parte que interpõe o recurso especial não consta dos autos dos embargos do devedor, mas apenas dos autos da execução que se encontram desapensados, compete ao recorrente, quando da interposição do recurso, providenciar o traslado daquele instrumento ou juntar nova procuração": STJ-3ª T., AI 981.635-AgRg, Min. Ari Pargendler, j. 27.5.08, DJ 5.8.08. No mesmo sentido: STJ-4ª T., AI 590.480-AgRg-EDcl, Min. Aldir Passarinho Jr., j. 17.2.05, DJU 11.4.05; STJ-1ª T., Ag em REsp 118.896-EDcl-AgRg, Min. Teori Zavascki, j. 24.4.12, DJ 2.5.12.

Art. 104: 5a. Cópia xerográfica do mandato. "A documentação juntada por cópia, mesmo não autenticada, goza de presunção *juris tantum* de autenticidade, cabendo à parte contrária impugná-la se for o caso" (STJ-Corte Especial, ED no REsp 898.510, Min. Teori Zavascki, j. 19.11.08, DJ 5.2.09). "O documento juntado aos autos por cópia não autenticada é válido. Incumbe à parte contrária arguir-lhe a falsidade" (STJ-3ª T., REsp 633.105-EDcl, Min. Gomes de Barros, j. 14.11.07, DJU 30.11.07). "Admissível a utilização de cópia xerox do instrumento de procuração pois, nos precisos termos do art. 365 do CPC, tal documento não pode ser tido como imprestável" (RT 691/133). Em sentido semelhante: STF-1ª T., AI 741.616-AgRg, Min. Dias Toffoli, j. 25.6.13, maioria, DJ 4.12.13.

V. tb. RT 674/164 e JTA 123/89, em que a declaração de voto esclarece, corretamente, que se admite "a inserção de tais xerocópias de procuração quando se cuide de ações ligadas pela conexão ou pela continência" (p. 91 dos JTA).

Todavia, em sentido mais rigoroso, exigindo autenticação da fotocópia do mandato: STF-2ª T., AI 170.720-9-AgRg, Min. Marco Aurélio, j. 26.9.95, DJU 17.11.95; STJ-3ª T., AI 679.710-AgRg, Min. Menezes Direito, j. 19.8.05, DJU 14.11.05; STJ-4ª T., REsp 902.525-AgRg, Min. Aldir Passarinho Jr., j. 27.3.07, DJU 14.5.07; RSTJ 111/111, 173/144 (1ª T.), STJ-RT 726/183, 765/172 (2ª T.), RT 681/140, maioria, 715/205, 724/344, 726/286, JTJ 171/211, 178/158, Lex-JTA 137/387, maioria, 142/316, maioria, 162/61.

"A cópia xerográfica de mandato judicial outorgado a advogado, da qual conste certidão do escrivão do juízo por onde corre o processo em cujos autos se encontra o instrumento procuratório original, atestando a conformidade entre aquela e este, mostra-se idônea, se não houver limitação para patrocínio de causa específica, a demonstrar a regularidade da representação processual do constituinte no feito no qual figura como parte, especialmente quando outras circunstâncias da causa corroboram tal representação. Ao órgão julgador de segundo grau que, de ofício, venha a reconhecer a irregularidade de representação de uma das partes em processo que, até então, tenha tido normal desenvolvimento, cumpre ensejar oportunidade para a juntada do instrumento que reputar necessário" (STJ-RT 705/214).

"É válida a apresentação de instrumento de mandato, em reprodução fotográfica, devidamente formalizada por escrivão" (RSTJ 81/400).

Indo além, para exigir que a procuração seja juntada em original, e não em cópia reprográfica, pois o mandato "só tem serventia válida para certo e determinado processo": RT 655/140, maioria (o acórdão acrescenta que a irregularidade pode ser sanada a qualquer tempo), Bol. AASP 1.887/65j.

S/ dispensa de autenticação de cópias reprográficas apresentadas em juízo por pessoa jurídica de direito público, v. art. 423, nota 4 (Lei 10.522, de 19.7.02, art. 24).

Art. 104: 5b. **EA 5º:** "§ 1º O advogado, afirmando urgência, pode atuar sem procuração, obrigando-se a apresentá-la no prazo de quinze dias, prorrogável por igual período".

Logo: "O protesto pela juntada de procuração pressupõe a necessidade de praticar-se ato urgente" (STF-RT 717/300).

Art. 104: 6. A **interposição de recurso** está compreendida nos atos que o advogado pode praticar nessas circunstâncias (v. art. 1.017, nota 4a).

Art. 104: 6a. Este prazo de 15 dias "para que o advogado exiba o instrumento de mandato outorgado pelo interessado é automático, dispensando qualquer ato da autoridade judicial, previsto apenas para a hipótese de prorrogação (RTJ 116/700)" (JTA 123/89). No mesmo sentido: RTJ 172/981, RT 709/87, JTJ 148/174, 302/451.

Ao praticar atos reputados urgentes, sem instrumento de mandato, deve o advogado protestar pela juntada da procuração no prazo de 15 dias (JTA 103/98).

Art. 104: 6b. O escoamento *in albis* do prazo automático de 15 dias autoriza o juiz a abrir novo prazo, independentemente de requerimento do advogado, dentro da perspectiva de que o juiz deve se orientar pelo art. 76 nessas circunstâncias (v. nota 4).

Art. 104: 7. A apresentação da procuração **a destempo,** por si, não impede o aproveitamento dos atos já praticados no processo. Assim, a juntada do mandato antes de qualquer outra decisão do juiz convalida os atos (JTA 39/252).

"O prazo assinalado pelo juízo para correção de defeito na representação do advogado tem natureza dilatória, podendo a diligência ser cumprida mesmo após seu termo final, desde que o juízo não tenha ainda reconhecido os efeitos da preclusão" (STJ-4ª T., REsp 264.101, Min. Luis Felipe, j. 10.3.09, DJ 6.4.09).

V. tb. art. 76, nota 8.

Art. 104: 8. A **ratificação não precisa ser expressa** (RTJ 95/349, v. p. 1.354, JTA 49/113, RT 508/161, em., 547/139).

Art. 104: 9. A notificação feita por advogado sem procuração fica ratificada pela outorga posterior, que tem efeito retroativo (RJTJESP 109/55).

Na notificação premonitória de despejo, v. LI 46, nota 8.

Art. 104: 10. **Extingue-se o processo sem julgamento do mérito** se não for juntada a procuração do autor ao advogado que subscreve a petição inicial (RT 495/165, 503/175, 503/218; **contra,** apenas anulando o processo: RT 502/165); e declara-se a revelia do réu, se não for juntada procuração ao advogado que apresentou a contestação (JTA 41/40). Num caso e noutro, não se conhece do recurso da parte (STF-RT 494/238).

"Não atendido o chamamento para regularizar a representação processual do signatário dos embargos à ação monitória (CPC, art. 13), tais embargos consideram-se inexistentes (CPC, art. 37)" (STJ-3ª T., REsp 806.143, Min. Gomes de Barros, j. 8.2.08, DJ 23.6.09).

Art. 104: 11. a serem pleiteadas "em **ação própria,** garantindo-se o consectário da ampla defesa ao profissional, nos termos do art. 32, § ún., da Lei 8.906/94" (RT 744/248).

Todavia, em caso no qual houve condenação do advogado no próprio processo em que ausente o mandato, autorizou-se a **interposição de recurso** pelo advogado para discuti-la: "O advogado condenado a responder na forma do art. 37 do CPC, por 'despesas e perdas e danos', tem legitimidade para interpor recurso, pois a sentença o atinge diretamente" (RT 728/282).

Art. 105. A procuração geral para o foro, outorgada por instrumento público[1] ou particular assinado pela parte,[2-2a] habilita o advogado a praticar todos os atos do processo,[3 a 5b] exceto receber citação,[6-6a] confessar,[7] reconhecer a procedência do pedido,[8] transigir,[9-10] desistir,[10a] renunciar ao direito sobre o qual se funda a ação,[11] receber, dar quitação,[11a-11b] firmar compromisso e assinar declaração de hipossuficiência econômica, que devem constar de cláusula específica. [Dispositivo correspondente no CPC/1973: art. 38-*caput*]

§ 1º A procuração pode ser assinada digitalmente, na forma da lei. [Dispositivo correspondente no CPC/1973: art. 38 § ún.]

§ 2º A procuração deverá conter o nome do advogado, seu número de inscrição na Ordem dos Advogados do Brasil e endereço completo.[12] [Sem dispositivo correspondente no CPC/1973]

§ 3º Se o outorgado integrar sociedade de advogados, a procuração também deverá conter o nome dessa, seu número de registro na Ordem dos Advogados do Brasil e endereço completo.[13] [Sem dispositivo correspondente no CPC/1973]

§ 4º Salvo disposição expressa em sentido contrário constante do próprio instrumento, a procuração outorgada na fase de conhecimento é eficaz para todas as fases do processo, inclusive para o cumprimento de sentença.[14] [Sem dispositivo correspondente no CPC/1973]

Art. 105: 1. v. nota 11.

Art. 105: 2. É válida a procuração *ad judicia*, outorgada por instrumento particular pelo **representante de menor** impúbere, em nome deste (STF-1ª T., RE 86.168-8-SP, j. 27.5.80, v.u., DJU 13.6.80, p. 4.461; RJTJESP 56/132, JTJ 188/225, Lex-JTA 162/424, RJTAMG 33/81, JTAERGS 91/67, 91/151, Bol. AASP 955/40).

Idem, quanto ao menor púbere, assistido por seu representante legal (STJ-RT 698/225; RT 696/170, JTJ 157/175, RBDP 43/187, rel. Des. Barbosa Moreira).

Art. 105: 2a. "O art. 38, CPC, com a redação dada pela Lei 8.952/94, **dispensa o reconhecimento de firma** nas procurações empregadas nos autos do processo, tanto em relação aos poderes gerais para o foro (cláusula *ad judicia*), quanto em relação aos poderes especiais (*et extra*) previstos nesse dispositivo. Em outras palavras, a dispensa do reconhecimento de firma está autorizada por lei quando a procuração *ad judicia et extra* é utilizada em autos do processo judicial" (RF 359/252 e Bol. AASP 2.219/1.881, acórdão unânime da Corte Especial do STJ).

Súmula 64 do TRF-4ª Reg.: "É dispensável o reconhecimento de firma nas procurações *ad judicia*, mesmo para o exercício em juízo dos poderes especiais previstos no art. 38 do CPC".

Súmula 45 do TRF-2ª Reg.: "É dispensável a exigência de reconhecimento de firma em procuração com cláusula *ad judicia*, outorgada a advogado para postulação em juízo apenas com poderes gerais para o foro".

Art. 105: 3. s/ poderes especiais para: prestar primeiras e últimas declarações em inventário, v. arts. 618-III e 620 § 2º; assinar requerimento de reconciliação do casal, v. LDi 46, nota 1a.

Art. 105: 4. **EA 5º § 2º:** "A procuração para o foro em geral habilita o advogado a praticar todos os atos judiciais, em qualquer juízo ou instância, salvo os que exijam poderes especiais".

LJE 9º § 3º: "O mandato ao advogado poderá ser verbal, salvo quanto aos poderes especiais".

Art. 105: 4a. No sentido de que a procuração com poderes *ad judicia*, embora mencione que eles são concedidos para **determinada ação,** habilita o advogado a praticar todos os atos de **outra ação,** salvo os que exigem poderes especiais: RTJ 119/506, especialmente p. 509, JTJ 191/283. "A circunstância de constar no instrumento de mandato a cláusula *ad judicia* é suficiente para permitir ao outorgado estar em juízo, ainda que tenha o outorgante também concedido poderes especiais para promover ação diversa daquela na qual foi juntada a procuração" (STJ-4ª T., REsp 110.289, Min. Sálvio de Figueiredo, j. 26.2.97, DJU 24.3.97). Ainda: JTJ 349/1.289 (MS 994.09.228999-8).

"Não há na lei exigência no sentido de que no instrumento de mandato conste a ação a ser ajuizada" (JTJ 213/20).

Art. 105: 4b. Não é necessário que da procuração "conste o **nome daquele contra quem** deve ser proposta a ação" (RT 720/139). No mesmo sentido: RT 519/252.

Art. 105: 5. **inclusive:**

— substabelecer (STJ-3ª T., AI 1.247.013-EDcl, Min. Vasco Della Giustina, j. 20.5.10, DJ 9.6.10; STJ-RF 362/236). V. tb. art. 103, nota 8;

— arguir suspeição do juiz (STJ-3ª T., REsp 114.491, Min. Eduardo Ribeiro, j. 17.9.98, DJ 1.3.99; STJ-4ª T., REsp 225.181, Min. Barros Monteiro, j. 1.6.00, DJU 21.8.00; STJ-2ª T., REsp 595.522, Min. Castro Meira, j. 18.10.05, DJU 7.11.05; RJTJESP 97/396, JTJ 157/277). **Contra: Súmula 7 do TJDFT** ("Para o advogado postular em juízo exceção de suspeição de magistrado, mister se faz procuração com poderes especiais"), RT 609/41, 612/86, 620/43, 648/61, JTJ 170/281, JTA 57/212, RJTAMG 51/251;

— prestar compromisso de inventariante (v. art. 620, nota 1);

— formular pedido de quinhão em inventário (RT 544/268);

— requerer sobrepartilha (RJTJESP 53/224, Bol. AASP 1.036/204, em.);

— requerer falência (RT 485/51, 511/211);

— concordar, em nome dos demais condôminos locadores, com a utilização do prédio pelo condômino retomante (STJ-4ª T., REsp 4.466, Min. Athos Carneiro, j. 11.6.91, DJU 5.8.91).

Art. 105: 5a. "A procuração para o foro em geral não confere ao advogado poder para, em nome do constituinte, **oferecer lanços e arrematar bens** em hasta pública" (RSTJ 72/262). **Contra:** RT 590/152.

Art. 105: 5b. "É de exigir-se, em **ação direta de inconstitucionalidade,** a apresentação, pelo proponente, de instrumento de procuração ao advogado subscritor da inicial, com poderes específicos para atacar a norma impugnada" (STF-Pleno, ADI 2.187-QO, Min. Octavio Gallotti, j. 24.5.00, maioria, DJ 12.12.03). No caso, tratava-se de ação direta de inconstitucionalidade ajuizada por partido político. Para hipótese envolvendo outros legitimados, v. LADIN 2º, nota 2.

Art. 105: 6. v. arts. 239, nota 5c (advogado do réu que ingressa nos autos antes da citação deste ou de iniciado o prazo para contestação), e 677, nota 3 (desnecessidade de poderes especiais para citação do procurador nos embargos de terceiro).

Art. 105: 6a. Se a procuração mencionou os "poderes especiais referidos na parte final do art. 38 do CPC", o mandatário pode **receber citação** (RTJ 92/399, maioria).

Art. 105: 7. v. art. 390 § 1º.

Art. 105: 8. "Desde que não outorgados poderes especiais ao procurador para confessar ou reconhecer o pedido, deve o juiz examinar livremente o conjunto probatório, irrelevante o fato de o advogado do réu ter adotado, para todos os fins de direito, o laudo favorável à pretensão do autor" (RT 625/128 e JTA 108/365, maioria).

Art. 105: 9. s/ transação envolvendo a União ou empresa pública federal, v. LMed 35 e segs. (no tít. ARBITRAGEM E MEDIAÇÃO) e Lei 9.469, de 10.7.97, arts. 1º e 2º.

Art. 105: 10. O advogado com poderes expressos para **transigir** pode representar a parte na conciliação ou mediação em audiência (v. art. 334 § 10).

Art. 105: 10a. "A procuração que não contém o **poder de desistir,** mas é expressa quanto ao de renunciar, permite que o outorgado requeira a desistência de recurso interposto" (Bol. AASP 1.532/100).

Art. 105: 11. "O ato de **renúncia à herança** deve constar expressamente de instrumento público ou de termo nos autos, sob pena de invalidade. Daí se segue que a constituição de mandatário para a renúncia à herança deve obedecer à mesma forma, não tendo validade a outorga por instrumento particular" (STJ-3ª T., REsp 1.236.671, Min. Sidnei Beneti, j. 9.10.12, um voto vencido, DJ 4.3.13). No mesmo sentido: STJ-4ª T., REsp 1.551.430, Min. Luis Felipe, j. 21.9.17, maioria, DJ 16.11.17.

Art. 105: 11a. "Tanto faz, para que o advogado possa receber importância em nome de seu cliente, este lhe outorgar específicos poderes de **'receber e dar quitação'** ou de 'dar e receber quitação', até porque o de esta dar pressupõe o de receber quantia como o só de recebê-la já implicaria o de quitá-la" (JTJ 330/201: AI 1.202.592-0/4). **Contra,** a nosso ver sem razão: "A cláusula de 'dar e receber quitação', evidentemente, não é a mesma que 'receber e dar quitação'. Somente esta última é que confere ao advogado poder de receber importância em nome de seu cliente" (TFR-1ª Seção, MS 124.706, Min. Carlos Thibau, j. 30.11.88, DJU 20.3.89).

Art. 105: 11b. "O advogado legalmente constituído, com poderes na procuração para receber e dar quitação, tem direito inviolável à **expedição de alvará** em seu nome, a fim de levantar depósitos judiciais e extrajudiciais" (RSTJ 53/413 e STJ-RJ 195/55, Bol. AASP 1.942/81j). No mesmo sentido: STJ-Bol. AASP 2.049/524j, maioria, RT 704/139, 722/220, 824/281.

É ilegal a portaria judicial determinando que o pagamento seja feito à parte e não ao seu advogado, se a procuração deste expressamente lhe conferir poderes para receber e dar quitação (RTRF-3ª Reg. 5/219).

Art. 105: 12. incluindo **endereço eletrônico** (v. art. 287-*caput*).

Art. 105: 13. v. art. 104, nota 3, e EA 15.

Art. 105: 14. É ilegal a exigência, feita pelo juiz, de que a procuração ao advogado seja **renovada periodicamente,** além de não aceitar que ela contenha poderes para receber e dar quitação (RSTJ 99/331).

Todavia: "É perfeitamente cabível ao magistrado, diante das peculiaridades de cada caso concreto, solicitar a apresentação de instrumento de mandato atualizado com a finalidade precípua de proteger os interesses das partes e zelar pela regularidade dos pressupostos processuais" (STJ-2ª T., REsp 902.010, Min. Castro Meira, j. 18.11.08, DJ 15.12.08).

"O magistrado, na condução do processo e em observância ao poder geral de cautela, pode determinar às partes que apresentem instrumento de procuração mais recentes do aquele que consta dos autos, mormente considerado o fato de que, no caso dos autos, a procuração foi outorgada há mais de 25 anos" (STJ-1ª T., REsp 1.189.411-AgRg, Min. Benedito Gonçalves, j. 9.11.10, DJ 17.11.10). Em sentido semelhante: STJ-6ª T., RMS 20.819-AgRg, Min. Vasco Della Giustina, j. 24.4.12, DJ 10.5.12.

Art. 106. Quando postular em causa própria, incumbe ao advogado: [Dispositivo correspondente no CPC/1973: art. 39-*caput*]

I — declarar, na petição inicial ou na contestação, o endereço,[1] seu número de inscrição na Ordem dos Advogados do Brasil e o nome da sociedade de advogados da qual participa, para o recebimento de intimações;[1a] [Dispositivo correspondente no CPC/1973: art. 39-I]

II — comunicar ao juízo qualquer mudança de endereço.[2-2a] [Dispositivo correspondente no CPC/1973: art. 39-II]

§ 1º Se o advogado descumprir o disposto no inciso I, o juiz ordenará que se supra a omissão, no prazo de 5 (cinco) dias,[2b] antes de determinar a citação do réu, sob pena de indeferimento da petição.[3-3a] [Dispositivo correspondente no CPC/1973: art. 39 § ún.]

§ 2º Se o advogado infringir o previsto no inciso II, serão consideradas válidas as intimações enviadas por carta registrada ou meio eletrônico ao endereço constante dos autos.[4] [Dispositivo correspondente no CPC/1973: art. 39 § ún.]

Art. 106: 1. incluindo o **endereço eletrônico** (v. art. 287-*caput*).

Art. 106: 1a. v. § 1º.

Art. 106: 2. v. § 2º e art. 77-V.

Art. 106: 2a. É desnecessária a comunicação do novo endereço, se ele **já constar de** papel impresso de **petição** apresentada pelo advogado (RT 567/127).

Art. 106: 2b. Esse prazo **não é peremptório** e, por paralelismo, deveria ser de 15 dias (v. art. 321-*caput*).

Art. 106: 3. v. art. 330-IV.

Art. 106: 3a. Sendo o advogado em causa própria réu no processo, o indeferimento da sua petição, no caso, da sua contestação, virá também acompanhado do decreto de revelia (v. arts. 76 § 1º-II e 344).

Art. 106: 4. v. art. 274 § ún.

Art. 107. O advogado tem direito a:[1] [Dispositivo correspondente no CPC/1973: art. 40-*caput*]

I — examinar,[1a] em cartório de fórum e secretaria de tribunal, mesmo sem procuração, autos de qualquer processo,[1b] independentemente da fase de tramitação, assegurados a obtenção de cópias e o registro de anotações,[2] salvo na hipótese de segredo de justiça,[3] nas quais apenas o advogado constituído terá acesso aos autos; [Dispositivo correspondente no CPC/1973: art. 40-I]

II — requerer, como procurador, vista dos autos de qualquer processo, pelo prazo de 5 (cinco) dias;[4] [Dispositivo correspondente no CPC/1973: art. 40-II]

III — retirar os autos do cartório ou da secretaria, pelo prazo legal, sempre que neles lhe couber falar por determinação do juiz, nos casos previstos em lei.[5 a 7a] [Dispositivo correspondente no CPC/1973: art. 40-III]

§ 1º Ao receber os autos, o advogado assinará carga em livro ou documento próprio. [Dispositivo correspondente no CPC/1973: art. 40 § 1º]

§ 2º Sendo o prazo comum às partes,[8-9] os procuradores poderão retirar os autos somente em conjunto ou mediante prévio ajuste, por petição nos autos. [Dispositivo correspondente no CPC/1973: art. 40 § 2º]

§ 3º Na hipótese do § 2º, é lícito ao procurador retirar os autos para obtenção de cópias, pelo prazo de 2 (duas) a 6 (seis) horas, independentemente de ajuste e sem prejuízo da continuidade do prazo. [Dispositivo correspondente no CPC/1973: art. 40 § 2º]

§ 4º O procurador perderá no mesmo processo o direito a que se refere o § 3º se não devolver os autos tempestivamente, salvo se o prazo for prorrogado pelo juiz. [Sem dispositivo correspondente no CPC/1973]

§ 5º O disposto no inciso I do *caput* deste artigo aplica-se integralmente a processos eletrônicos.[10] [Sem dispositivo correspondente no CPC/1973]

Art. 107: 1. Outros direitos do advogado: direito de rubricar folhas do processo (art. 207 § ún.), direito de fiscalizar a distribuição (art. 289).

Para direitos do advogado, mais amplamente, v. EA 7º.

Art. 107: 1a. O advogado não está obrigado a preencher **fichas de controle** para examinar autos em cartório (STJ-2ª T., RMS 12.926, Min. Peçanha Martins, j. 14.6.05, DJU 22.8.05).

Contra: STJ-6ª T., RMS 9.581-EDcl, Min. Hamilton Carvalhido, j. 11.6.02, DJU 19.12.02.

Art. 107: 1b. v. § 5º.

Art. 107: 2. v. EA 7º-XIII a XVI.

Art. 107: 3. v. art. 189, especialmente § 1º.

Art. 107: 4. "Encontrando-se os autos já em mesa para julgamento, não pode ser atendido pedido de vista para redação de memorial" (RJTJESP 107/195; citação da p. 196).

Art. 107: 5. v. art. 234, EA 7º-XV, RISTF 86 e RISTJ 94.

Art. 107: 6. Constitui **infração disciplinar do advogado:** "reter, abusivamente, ou extraviar autos recebidos com vista ou em confiança" (EA 34-XXII). Pena: art. 234 § 2º e EA 37-I.

Art. 107: 7. Resolução 441 do STF, de 29.9.10 — Institui o serviço "Carga Programada" e dá outras providências (DJ 4.10.10).

Instrução Normativa 2 do Pres. do STJ, de 10.2.10: "Art. 5º Durante o transcurso do prazo recursal, somente poderão retirar processos da coordenadoria do órgão julgador advogado com procuração nos autos e estagiário devidamente habilitado. **§ 1º** Sendo o prazo comum às partes, apenas em conjunto ou mediante prévio ajuste por petição, poderão seus procuradores retirar os autos, ressalvada a obtenção de cópias, para a qual cada procurador poderá retirá-los pelo prazo de uma hora, independentemente de ajuste. **§ 2º** O prazo dos embargos de declaração é considerado comum. **§ 3º** O advogado poderá dar-se por intimado quando se fizer presente às coordenadorias dos órgãos julgadores e tomar ciência de decisões do interesse de seus constituintes".

Art. 107: 7a. "Não pode ficar ao nuto do escrivão ter o advogado **vista dos autos fora do cartório.** Tal direito do advogado lhe está assegurado no inciso XVII do art. 89 da Lei n. 4.215/63. Se fatos concretos contra o advogado forem apurados, aí então providências deverão ser tomadas, mas fora isso não há como negar-lhe o direito aludido" (RTJ 107/192). O EA manteve, em seu art. 7º-XV, o disposto no art. 89-XVII da revogada Lei 4.215.

"Insubsistente a determinação judicial condicionando a retirada dos autos de cartório, pelo advogado constituído, à apresentação de requerimento, cumprindo-lhe somente recomendar a exigência de carga no livro próprio, se inexiste fluência de prazo de interesse comum, sob pena de violação a prerrogativa profissional" (Lex-JTA 145/228).

Viola direito líquido e certo a proibição de retirada dos autos pelo advogado constituído, sob fundamento de que tem seu escritório fora da sede da comarca (Bol. AASP 1.018/113, em.). Concedendo a segurança, nessa hipótese: Bol. AASP 2.416/3.459, dois votos a um.

Art. 107: 8. s/ suspensão do curso do prazo para recorrer, pela retirada dos autos do cartório por uma das partes, na fluência do prazo comum, v. art. 221, nota 4.

Art. 107: 9. Em matéria de recurso contra sentença, o prazo comum que impede a retirada dos autos de cartório pelo advogado faz-se presente nos casos de **procedência parcial da demanda,** em que autor e réu são simultaneamente vencedores e vencidos. Assim, "não se considera existente a sucumbência recíproca, para efeitos de caracterizar-se o prazo recursal como comum, quando a parte não obteve o máximo da verba honorária" (RSTJ 171/160, RJM 165/433). "Ainda que subsista à parte vitoriosa interesse em impugnar o *quantum* fixado a título de honorários advocatícios, é de se considerar particular o prazo para a interposição de recurso" (RSTJ 140/582). No mesmo sentido: STJ-RT 789/177, JTJ 172/169, Bol. AASP 2.316/2.659, 2.334/2.803 (acórdão concedendo mandado de segurança contra despacho judicial que indeferira a vista após o decurso do prazo para embargos de declaração).

Art. 107: 10. Redação do § 5º de acordo com a Lei 13.793, de 3.1.19.

Capítulo IV | DA SUCESSÃO DAS PARTES E DOS PROCURADORES

Art. 108. No curso do processo, somente é lícita a sucessão voluntária das partes nos casos expressos em lei.[1] [Dispositivo correspondente no CPC/1973: art. 41]

Art. 108: 1. Em matéria de execução, v. arts. 778 §§ 1º e 2º e 779-II e III.

Art. 109. A alienação da coisa ou do direito litigioso por ato entre vivos, a título particular, não altera a legitimidade das partes.[1-2] [Dispositivo correspondente no CPC/1973: art. 42-*caput*]

§ 1º O adquirente ou cessionário não poderá ingressar em juízo, sucedendo o alienante ou cedente, sem que o consinta a parte contrária.[3 a 7] [Dispositivo correspondente no CPC/1973: art. 42 § 1º]

§ 2º O adquirente ou cessionário poderá intervir no processo como assistente litisconsorcial[8] do alienante ou cedente. [Dispositivo correspondente no CPC/1973: art. 42 § 2º]

§ 3º Estendem-se os efeitos da sentença proferida entre as partes originárias ao adquirente ou cessionário.[9 a 14] [Dispositivo correspondente no CPC/1973: art. 42 § 3º]

Art. 109: 1. v. nota 10a. S/ coisa ou direito litigioso e: atentado, v. art. 77, nota 7b; citação, v. art. 240; sobrepartilha, v. art. 669-III; embargos de terceiro, v. art. 674, nota 1; direito ou obrigação expresso em título executivo, v. arts. 778 § 1º-III e § 2º e 779-III; fraude de execução, v art. 792; execução para entrega de coisa, v. art. 808.

V. tb., no índice, Coisa litigiosa.

Art. 109: 2. Se a coisa se tornar litigiosa, **não há necessidade de citar** quem vier a adquiri-la posteriormente; o adquirente já é naturalmente alcançado pela sentença (§ 3º). Nesse sentido: RTJ 104/844.

Contra, exigindo a citação do adquirente de coisa litigiosa: STJ-RF 380/302 (Corte Especial, REsp 476.665, maioria). No caso, tratava-se de demanda voltada para a invalidação da venda de imóvel ajuizada pelo proprietário original em face apenas do adquirente imediato, sem a inserção dos ulteriores adquirentes da coisa no polo passivo.

Art. 109: 3. Logicamente, esta disposição vale apenas para os **processos já instaurados.** Se ainda não existe processo em curso, é o cessionário que tem qualidade para ingressar em juízo, porque com a cessão lhe foram transferidos todos os direitos, ações e pretensões que ao cedente cabiam (JTJ 237/219).

Ou seja: "O art. 42 do CPC restringe somente a cessão de direitos ocorrida no curso do processo. Tal restrição não alcança aquelas cessões efetivadas antes de instaurada a relação processual. Estas últimas são plenamente eficazes" (STJ-1ª T., REsp 331.369-EDcl, Min. Garcia Vieira, j. 11.12.01, maioria, DJU 4.3.02).

Art. 109: 4. "Não cabe ao julgador **apreciar a razoabilidade dos argumentos** da parte contrária, que não concorda com o pleito de substituição", devendo, por isso, prevalecer a referida discordância (STF-1ª T., RE 270.794-AgRg, Min. Ellen Gracie, j. 17.4.01, DJU 18.5.01).

Art. 109: 5. À falta de impugnação direta, entende-se que a parte contrária **consentiu** na substituição. Não se alteram, porém, as partes originárias se houver impugnação e for aceita (RJTJESP 131/354).

Art. 109: 6. Com o consentimento da parte contrária, o adquirente ou o cessionário substitui o **antecessor,** que **é excluído** do processo (RT 625/120).

Art. 109: 7. "Substituição processual da autora sem anuência do réu. Alienação da coisa a título público. Argumento de ofensa ao art. 42, § 1º, do CPC, improcedente. **Se a pessoa jurídica desapareceu em virtude de fusão ou incorporação,** o sucessor a substituirá. Os casos previstos no art. 42 do CPC são aqueles em que a alienação é feita a título particular" (RTJ 124/1.187: 2ª T., RE 108.746, maioria).

V. tb. art. 110, notas 2 e 2a.

Art. 109: 8. v. arts. 119, 120 e 124.

Em caso de alienação do bem expropriado, antes de ser levantado o preço, v. LD 19, nota 8a.

Art. 109: 9. v. art. 506, especialmente nota 2a, e LMS 5º, nota 8. S/ retomada por adquirente de imóvel, no curso de ação renovatória, v. LI 8º, nota 1a.

Art. 109: 10. "Os adquirentes ou cessionários de bem litigioso, ao ingressarem na relação processual, como substitutos (sucessores) ou como intervenientes, assumem a mesma posição do alienante ou cedente (sucedido), em caráter de continuidade, submetendo-se aos efeitos dos atos praticados por esse no curso da causa (art. 42, § 3º, CPC)" (STJ-RJ 186/56).

Art. 109: 10a. "A lide é considerada pendente, para o autor, com a propositura da ação e, para o réu, com a citação válida. Para o adquirente, o momento em que o bem ou direito é considerado litigioso varia de acordo com a posição ocupada pela parte na relação jurídica processual que sucederia. **Não** há falar em **extensão** dos efeitos da coisa julgada ao adquirente se o **bem** é **adquirido** por terceiro de boa-fé **antes de** configurada a **litigiosidade**" (STJ-3ª T., Ag em REsp 1.293.353-AgInt, Min. Ricardo Cueva, j. 3.12.18, DJ 6.12.18).

Art. 109: 11. "A regra do art. 42, § 3º, do CPC, que estende ao terceiro adquirente os efeitos da coisa julgada, somente deve ser mitigada quando for evidenciado que a conduta daquele tendeu à efetiva apuração da eventual litigiosidade da coisa adquirida. Há uma presunção relativa de ciência do terceiro adquirente acerca da litispendência, cumprindo a ele demonstrar que adotou todos os cuidados que dele se esperavam para a concretização do negócio, notadamente a verificação de que, sobre a coisa, não pendiam ônus judiciais ou extrajudiciais capazes de invalidar a alienação" (STJ-RDDP 95/135: 3ª T., RMS 27.358).

Art. 109: 12. "O art. 42, § 3º, do CPC visa a resguardar os direitos daqueles envolvidos em alienação de bem ou direito litigioso. Todavia, essa proteção encontra limites na efetiva sujeição do negócio jurídico ao resultado da ação em trâmite. O dever de pagar ou não contribuições a associação que administra e mantém determinado loteamento, sem a efetiva constituição de condomínio nos termos da Lei n. 4.591/64, constitui obrigação autônoma, que não acompanha a transferência da propriedade sobre terreno participante de tal loteamento, tornando inaplicável o art. 42, § 3º, do CPC" (STJ-3ª T., REsp 636.358, Min. Nancy Andrighi, j. 25.3.08, DJU 11.4.08).

Art. 109: 13. "A sentença genérica reconheceu o direito dos mutuários ao estorno dos valores cobrados a maior no financiamento, e a recorrente, embora tenha adquirido a propriedade do bem, não foi cessionária de posição contratual no mútuo celebrado com a recorrida, tendo a alienação do bem em questão sido realizada após a quitação do financiamento e ao levantamento da hipoteca. Assim, como o título aquisitivo da propriedade tem fonte jurídica distinta daquela relação examinada nos autos da ação coletiva de consumo, não há incidência da norma extensiva prevista no art. 109, § 3º, do CPC/15 (art. 42, § 3º, do CPC/73), razão pela qual a recorrente não tem legitimidade para requerer o cumprimento da sentença coletiva" (STJ-3ª T., REsp 1.742.669, Min. Nancy Andrighi, j. 23.10.18, DJ 26.10.18).

Art. 109: 14. "O banco cedente, no curso da execução por ele promovida (e dos embargos à execução), cedeu o suposto crédito objeto da execução, procedendo-se as partes integrantes da cessão à sucessão processual, sendo apurado, em cumprimento de sentença dos embargos à execução procedentes, um débito em desfavor da parte cessionária, ao invés de um crédito. Favorecendo-se a parte cessionária da sentença relativa ao negócio jurídico sobre direito que sabidamente era litigioso, independentemente da sua participação na causa *sub judice*, igualmente deve sujeitar-se aos encargos provenientes desse negócio, visto que assumiu o risco, sobretudo quando procederam as partes à sucessão no processo do cedente pelo cessionário, como na hipótese. Desse modo, não mais integrando o banco a relação jurídica de direito material e processual constante dos feitos executivos, em que se reconheceu serem credores os primitivos executados, e não devedores, ostenta a casa bancária, de fato, condição de terceiro, revelando-se indevida a constrição efetivada sobre os valores constantes de sua conta bancária, a ensejar a procedência dos embargos de terceiro" (STJ-3ª T., REsp 1.837.413, Min. Marco Bellizze, j. 10.3.20, DJ 13.3.20).

Art. 110. Ocorrendo a morte de qualquer das partes,[1 a 2b] dar-se-á a sucessão pelo seu espólio ou pelos seus sucessores,[2c a 4] observado o disposto no art. 313, §§ 1º e 2º. [Dispositivo correspondente no CPC/1973: art. 43]

Art. 110: 1. s/ ação personalíssima, v. art. 485-IX.

S/ morte do advogado da parte, v. arts. 221, 313-I e § 3º e 1.004; habilitação dos herdeiros, no processo em que o espólio era parte, após o julgamento da partilha, v. art. 655, nota 1; morte de uma das partes, na ação de investigação de paternidade, v. LIP 2º, nota 4; s/ morte do impetrante do mandado de segurança, v. LMS 1º, nota 18.

V. tb. arts. 687 a 692 (habilitação).

Art. 110: 2. a que se equiparam a **extinção da pessoa jurídica** (RT 630/102; v. art. 313, nota 3a) e a **fusão de empresas** (RT 671/125, JTA 126/198, RDA 137/250).

"Em sendo transmissível a obrigação cuja prestação se postula na demanda, a extinção da pessoa jurídica autora, mesmo mediante distrato, equipara-se à morte da pessoa natural prevista no art. 43 do CPC/73, decorrendo daí a sucessão dos seus sócios. Os sócios, titulares da sociedade empresária e, assim, sucessores dos créditos por ela titularizados, podem, querendo, sucedê-la e, assim, regularizar o polo ativo da ação" (STJ-3ª T., REsp 1.652.592, Min. Paulo Sanseverino, j. 5.6.18, DJ 12.6.18).

Todavia: "Não era cabível o deferimento da sucessão processual da parte, porquanto, nos termos do art. 1.052 do CC/2002, nas sociedades limitadas, após a integralização do capital social, os sócios não respondem pelos prejuízos da entidade societária. Desse modo, dissolvida a sociedade e extinta a personalidade jurídica litigante, sem a distribuição de patrimônio ativo remanescente, não há viabilidade para o pleito de redirecionamento do cumprimento de título executivo contra os antigos sócios da pessoa jurídica devedora" (STJ-3ª T., REsp 1.784.032, Min. Marco Bellizze, j. 2.4.19, DJ 4.4.19; a citação é do voto do relator).

V. tb. art. 109, nota 7.

Art. 110: 2a. "A **empresa incorporadora sucede a incorporada** em todos os seus direitos e obrigações, de modo que a indenização por esta devida em processo já em fase de execução constitui obrigação a ser satisfeita pela incorporadora" (RSTJ 75/159).

"Ajuizada a causa pela incorporada, opera-se automática e naturalmente, a partir do posterior registro do contrato de incorporação, sua sucessão pela incorporadora, independentemente da anuência da parte contrária" (STJ-4ª T., REsp 14.180-0, Min. Sálvio de Figueiredo, j. 25.5.93, DJU 28.6.93).

S/ representação processual da empresa incorporada, v. art. 76, nota 6.

Art. 110: 2b. A **sociedade extinta** deve ser representada em juízo pelos seus sócios (RJTJESP 114/129).

Art. 110: 2c. "Ocorrendo a **morte** de qualquer uma das partes, dar-se-á a **substituição pelo seu espólio,** salvo se motivo devidamente justificado determine a habilitação dos herdeiros" (STJ-4ª T., Ag 8.545-0-AgRg, Min. Torreão Braz, j. 18.10.93, DJU 29.11.93). Esse acórdão foi mantido no julgamento da subsequente ação rescisória: "A ausência de suspensão do processo e de instauração de procedimento de habilitação não gera nulidade do processo se o inventariante, representante do espólio, intervém no feito, operando a sucessão processual, nos termos do art. 43 do CPC" (STJ-2ª Seção, AR 495, Min. Ricardo Cueva, j. 8.2.12, maioria, DJ 31.5.12). No mesmo sentido: JTJ 202/211.

"Não há falar em nulidade processual ou em suspensão do feito por morte de uma das partes se a substituição processual do falecido se fez devidamente pelo respectivo espólio (art. 43 do CPC), o qual foi representado pela viúva meeira na condição de administradora provisória, sendo ela intimada pessoalmente das praças do imóvel" (STJ-3ª T., REsp 777.566, Min. Vasco Della Giustina, j. 27.4.10, DJ 13.5.10).

"Nos termos do art. 43 do CPC, havendo falecimento da parte, dar-se-á a substituição pelo seu espólio. No caso, tendo ocorrido a habilitação do espólio, não há falar em ingresso concomitante do herdeiro, pois o espólio representa, em juízo, a comunidade de herdeiros" (STJ-4ª T., REsp 1.179.851-AgRg-EDcl-EDcl, Min. Antonio Ferreira, j. 23.4.13, DJ 29.4.13).

"Servidor. Habilitação de sucessores. Substituição processual pelo espólio. Art. 110 do CPC. Apesar de o dispositivo referir que a substituição pode ocorrer alternativamente 'pelo espólio ou pelos seus sucessores', entende-se que será dada preferência à substituição pelo espólio, havendo a habilitação dos herdeiros em caso de inexistência de patrimônio sujeito à abertura de inventário" (STJ-2ª T., REsp 1.803.787, Min. Herman Benjamin, j. 16.5.19, DJ 1.7.19).

"Embora no caso de morte do autor da ação seja efetuada a substituição processual pelo seu espólio, é admissível a simples habilitação dos seus herdeiros na hipótese de inexistência de patrimônio suscetível de abertura de inventário" (STJ-6ª T., REsp 254.180, Min. Vicente Leal, j. 11.9.01, DJU 15.10.01).

V. tb. arts. 75, notas 16 e segs., 613, nota 1a, e 655, nota 1.

Art. 110: 3. Súmula 642 do STJ: "O direito à indenização por **danos morais** transmite-se com o falecimento do titular, possuindo os **herdeiros** da vítima **legitimidade** ativa para ajuizar ou prosseguir a ação indenizatória".

Art. 110: 4. "A **ação declaratória de união estável e sua dissolução,** em que pese tratar-se de direito personalíssimo, admite plenamente, após a morte da parte originária, sua substituição, no caso, pelos herdeiros do *de cujus*" (RT 900/292: TJGO, AP 249588-54). No mesmo sentido: STJ-4ª T., REsp 1.628.269-EDcl-AgInt, Min. Lázaro Guimarães, j. 25.9.18, DJ 28.9.18.

Art. 111. A parte que revogar[1 a 3] o mandato outorgado a seu advogado constituirá, no mesmo ato, outro que assuma o patrocínio da causa. [Dispositivo correspondente no CPC/1973: art. 44]

Parágrafo único. Não sendo constituído novo procurador no prazo de 15 (quinze) dias, observar-se-á o disposto no art. 76. [Sem dispositivo correspondente no CPC/1973]

Art. 111: 1. A juntada de **nova procuração** aos autos, sem ressalva da anterior, implica revogação desta (CC 687). Nesse sentido: STJ-Corte Especial, ED no REsp 222.215-AgRg, Min. Vicente Leal, j. 1.2.02, DJU 4.3.02; RSTJ 14/421, 32/336, STJ-RT 683/190, 151/20, RT 516/138, 613/137, 624/160, RJ 190/87, JTA 56/48, Bol. AASP 1.063/88.

Todavia, no sentido de que mandato com poderes para atuação num específico processo não fica automaticamente revogado pela ulterior juntada aos autos de procuração genérica outorgada com a finalidade de ampla representação do outorgante: RT 830/410.

Art. 111: 1a. "O **ulterior substabelecimento,** efetuado pelo primeiro mandatário, não revoga automaticamente aquele que antes já se fizera" (STJ-3ª T., REsp 85.896, Min. Eduardo Ribeiro, j. 20.5.97, DJU 16.6.97).

Art. 111: 1b. "A **revogação tácita** de mandato judicial ocorre quando o mandante pratica atos incompatíveis com sua manutenção, tornando impossível a execução" (RT 633/88 e RJTJESP 114/184).

Art. 111: 2. A revogação de procuração do advogado pela parte **não acarreta suspensão de prazo** para recurso (RJTJESP 107/309).

Art. 111: 3. "Se o mandante comparece em cartório e, à viva voz, **manifesta sua vontade** de não mais praticar o ato outorgado, cassando verbalmente o mandato, deve a última vontade prevalecer sobre aquela anteriormente manifestada no instrumento de procuração, não havendo necessidade de se aguardar a revogação expressa do mesmo" (RJ 212/64).

Art. 112. O advogado poderá renunciar[1] ao mandato a qualquer tempo, provando, na forma prevista neste Código, que comunicou[1a a 1c] a renúncia ao mandante, a fim de que este nomeie sucessor. [Dispositivo correspondente no CPC/1973: art. 45]

§ 1º Durante os 10 (dez) dias seguintes, o advogado continuará a representar o mandante, desde que necessário para lhe evitar prejuízo.[2 a 3] [Dispositivo correspondente no CPC/1973: art. 45]

§ 2º Dispensa-se a comunicação referida no *caput* quando a procuração tiver sido outorgada a vários advogados e a parte continuar representada por outro, apesar da renúncia. [Sem dispositivo correspondente no CPC/1973]

Art. 112: 1. "Não se conhece de recurso interposto por advogado que **substabelecera todos os poderes** recebidos, sem reservas, o que importa em renúncia do poder de representação judicial do recorrente" (STJ-Corte Especial, ED no REsp 36.319-0-AgRg, Min. Dias Trindade, j. 10.11.94, maioria, DJU 8.5.95).

Art. 112: 1a. v. art. 76, nota 9b.

Art. 112: 1b. A notificação pode ser feita por **via judicial, extrajudicial ou por qualquer meio de ciência inequívoca** do cliente. Só produz efeitos processuais depois que, cumprida, conste dos autos ou que o cliente ingresse em juízo com novo procurador.

Nesse sentido: "Não pode a agravante pretender a intimação exclusiva dos novos patronos, se não fez constar, formalmente, dos autos a revogação do instrumento de mandato anterior" (RTJE 148/204).

Art. 112: 1c. "O **ônus de notificar** (texto primitivo), provar que cientificou (texto atual) o mandante **é do advogado-renunciante** e não do juízo. A não localização da parte impõe ao renunciante o acompanhamento do processo até que, pela notificação e fluência do decêndio, se aperfeiçoe a renúncia" (JTAERGS 101/207). No mesmo sentido: JTJ 325/143 (AI 7.165.604-5).

"A declaração do advogado nos autos sobre renúncia do mandato é inoperante se não constar do processo a notificação ao seu constituinte" (Lex-JTA 144/330). No mesmo sentido: STJ-3ª T., REsp 48.376-0-AgRg, Min. Costa Leite, j. 28.4.97, DJU 26.5.97.

"A liberdade do exercício da representação sofre temperamentos com a questão da defesa do mandante, que, alheio a esse desinteresse do advogado, deve ser comunicado para agir em prol da substituição ou assumir o risco de permanecer sem representação. Portanto, existem dois direitos fundamentais que se colidem quando o advogado renunciante não consegue cientificar a parte sobre a renúncia, sendo que, pelo critério da proporcionalidade, é muito mais razoável exigir que o advogado continue com a representação do que optar pela sua saída, porque a liberação, sem que a parte saiba, poderá violar múltiplos interesses" (RMDCPC 31/139: TJSP, AI 642.926-4/2; a citação é do voto do relator Des. Ênio Zuliani).

Art. 112: 2. **EA 5º § 3º:** "O advogado que renunciar ao mandato continuará, durante os dez dias seguintes à notificação da renúncia, a representar o mandante, salvo se for substituído antes do término desse prazo".

Art. 112: 2a. "Enquanto o mandante **não for notificado e durante o prazo de dez dias** após a sua notificação, incumbe ao advogado representá-lo em juízo, com todas as responsabilidades inerentes à profissão" (STJ-4ª T., REsp 320.345, Min. Fernando Gonçalves, j. 5.8.03, DJU 18.8.03).

"O prazo de dez dias, durante o qual continuará o advogado renunciante a representar o mandante, não começa a fluir antes que seja este notificado da renúncia" (RSTJ 93/193).

Enquanto correm os dez dias para que se consume a renúncia, o advogado renunciante deve ser intimado de todos os atos do processo, sob pena de nulidade (RJTJERGS 161/413).

Conhece-se do recurso interposto pelo advogado dentro do prazo de 10 dias da notificação da renúncia (RJTJESP 47/134).

Art. 112: 3. Caso não seja constituído novo advogado após o prazo de 10 dias, aplica-se o disposto no art. 76. Nesse sentido, v. art. 111 § ún.

Título II | DO LITISCONSÓRCIO[1]

TÍT. II: 1. v. arts. 85, nota 8, e 87 (responsabilidade por despesas e honorários), 99 § 6º (gratuidade da justiça), 114 (litisconsórcio necessário), 116 (litisconsórcio unitário), 127 e 128-I (denunciação da lide), 131 (chamamento ao processo), 334 § 6º (audiência de conciliação ou mediação), 339 § 2º (litisconsorte indicado pelo réu), 343 §§ 3º e 4º (reconvenção), 345-I (revelia), 391-*caput* (confissão), 998 (desistência do recurso), 1.005 (extensão do recurso), 1.015-VII (agravo de instrumento contra exclusão de litisconsorte) e VIII (agravo de instrumento contra rejeição do pedido de limitação do litisconsórcio), LACP 1º, nota 3, e 5º §§ 2º e 5º (ação civil pública), LAP 6º § 5º e 7º § 2º-III (ação popular), LD 1º, nota 9 (desapropriação indireta), LIA 17, notas 1d e 3c (ação de improbidade administrativa), LJE 10 (Juizado Especial), LI 2º, notas 2 e 2a, 40, nota 5, e 71 § ún. (ações locatícias), LMS 24 e notas (mandado de segurança) e RCSTJ 6º §§ 1º e 2º (preparo de recurso no STJ).

S/ depoimento pessoal de litisconsorte, v. art. 385, nota 3a; extinção da execução com relação a um dos litisconsortes, v. art. 924, nota 2; recurso de um litisconsorte, contra decisão que exclui outro, v. art. 996, nota 5a.

Prazos, no caso de litisconsórcio: arts. 229 (dobra em caso de procuradores diferentes), 231 § 1º e 335 §§ 1º e 2º (prazo de contestação), 364 § 1º (alegações finais em audiência), RISTF 132 § 2º (sustentação oral no STF).

Art. 113. Duas ou mais pessoas podem litigar, no mesmo processo, em conjunto, ativa[1-1a] ou passivamente,[1b a 2b] quando: [Dispositivo correspondente no CPC/1973: art. 46-*caput*]

I — entre elas houver comunhão de direitos ou de obrigações relativamente à lide;[3] [Dispositivo correspondente no CPC/1973: art. 46-I]

II — entre as causas houver conexão pelo pedido ou pela causa de pedir;[4-5] [Dispositivo correspondente no CPC/1973: art. 46-III]

III — ocorrer afinidade de questões por ponto comum de fato ou de direito.[6 a 9] [Dispositivo correspondente no CPC/1973: art. 46-IV]

§ 1º O juiz poderá limitar o litisconsórcio facultativo quanto ao número de litigantes na fase de conhecimento, na liquidação de sentença ou na execução, quando este comprometer a rápida solução do litígio ou dificultar a defesa ou o cumprimento da sentença.[9a a 9c] [Dispositivo correspondente no CPC/1973: art. 46 § ún.]

§ 2º O requerimento de limitação[9d-10] interrompe o prazo para manifestação ou resposta, que recomeçará da intimação da decisão que o solucionar. [Dispositivo correspondente no CPC/1973: art. 46 § ún.]

Art. 113: 1. No sentido de que a formação do **litisconsórcio ativo facultativo** deve acontecer necessariamente no momento do ajuizamento da demanda, de modo a não permitir que o litigante escolha o órgão julgador e viole o princípio do juiz natural: STJ-1ª T., REsp 796.064, Min. Luiz Fux, j. 22.10.08, DJ 10.11.08; RT 834/393, RP 131/234. S/ essa questão em sede de: ação popular, v. LAP 6º § 5º, nota 3a; mandado de segurança, v. LMS 10 § 2º.

Art. 113: 1a. "Legitimidade do **condômino** para promover ação indenizatória, independentemente da formação de litisconsórcio com os demais comunheiros. Em ação indenizatória, o litisconsórcio é sempre facultativo, seja ativo ou passivo, podendo cada um dos prejudicados, isoladamente (ou em conjunto) pleitear, em juízo, o direito ao ressarcimento" (STJ-1ª T., REsp 35.496-0, Min. Demócrito Reinaldo, j. 1.12.93, DJU 21.2.94).

V. LD 1º, nota 9.

Art. 113: 1b. "É perfeitamente admissível o **litisconsórcio alternativo,** formado entre a seguradora e o intermediário do seguro, pois, não podendo saber o autor a quem será imputada a responsabilidade, move ação contra os que entende responsáveis, para que, na eventualidade de um ser exonerado, seja o outro considerado obrigado à reparação" (RT 589/132).

Art. 113: 1c. "Desde que atendidos os requisitos genéricos previstos no art. 46 do CPC e não haja incompatibilidade absoluta de competência e procedimento, é viável o ajuizamento conjunto de ações conexas pela causa de pedir com pedidos sucessivos contra réus diversos, hipótese cognominada **litisconsórcio eventual**" (STJ-2ª T., REsp 727.233, Min. Castro Meira, j. 19.3.09, DJ 23.4.09).

Art. 113: 2. "O credor não está impedido de ajuizar a ação apenas contra um dos **coobrigados.** Não se propondo à instauração do litisconsórcio facultativo impróprio entre devedores eventuais, sujeita-se ele às consequências de sua omissão" (RSTJ 71/360).

V. tb. art. 114, nota 8b.

Art. 113: 2a. Em caso de litisconsórcio passivo voluntário, a **anulação da citação** de um dos réus não acarreta a nulidade do processo, quanto aos demais (RT 597/86).

Art. 113: 2b. "Descaracterizado o litisconsórcio passivo, por não enquadrável em qualquer das hipóteses dos arts. 46 e 47 do CPC, em atenção ao princípio da economia processual impõe-se o **desdobramento dos litígios** em feitos distintos, e não a extinção do processo por ilegitimidade de parte" (RT 629/189). No mesmo sentido: RT 759/409, JTA 110/280.

V. tb. art. 327, nota 4.

Art. 113: 3. Havendo a **condenação conjunta dos réus a indenizar** o autor, aquele que pagar a integralidade do valor devido pode, nos próprios autos, pedir que o corréu que ainda nada desembolsou o reembolse da parcela que lhe cabe suportar da dívida (RP 148/229).

Art. 113: 4. v. art. 55.

Art. 113: 5. "A facultatividade do litisconsórcio dá liberdade ao autor para instituí-lo, independentemente da vontade dos réus, se preenchidos os requisitos e pressupostos legais respectivos. É válida a aplicação do art. 46 do CPC no pedido de **retomada de dois prédios** distintos, visando à sua transformação em um só edifício. A **conexão,** na espécie, é evidente" (RT 589/155 e RP 47/283, com comentário de Gisele Heloísa Cunha). Nesse sentido: JTA 93/270.

V. tb. nota 8.

Art. 113: 6. "É descabida a recusa do litisconsórcio ativo previsto no art. 46-IV do CPC, salvo quando fundada na impossibilidade legal de cumulação. O dispositivo, ademais, estabelece como requisito do litisconsórcio a **afinidade de questões** e não os rigores próprios e necessários à caracterização da conexidade" (RTJ 120/403 e STF-RT 608/263). No mesmo sentido: STF-RT 628/256; RT 620/144, JTJ 320/132 (AI 7.165.488-1).

Adotando postura flexível diante da afinidade de questões, de modo a viabilizar o litisconsórcio: STJ-3ª T., REsp 802.497, Min. Nancy Andrighi, j. 15.5.08, DJ 24.11.08.

V. tb. art. 327, nota 3.

Art. 113: 7. Irmãos podem mover ação de investigação de paternidade, em litisconsórcio ativo, contra o mesmo suposto pai (RJTJERGS 168/213).

Art. 113: 8. "Contra **locatários diferentes** que ocupam prédios distintos, com suporte em relações locatícias diversas, não pode o locador cumular, num único procedimento, ações de despejo sob o fundamento de haver comunhão de interesses" (JTA 110/421).

V. nota 5.

Art. 113: 8a. Indeferindo **ação de usucapião** ajuizada por autores com "situação individual própria, distinta e definida", o que "afasta qualquer afinidade entre eles a justificar o litisconsórcio": JTJ 314/250 (AP 408.214-4/6-00).

Art. 113: 9. Se os direitos pleiteados pelo autor não derivam do mesmo fundamento de fato, como, por exemplo, se decorrem de **contratos distintos** celebrados com cada réu, o juiz pode, ao despachar a inicial, indeferir o litisconsórcio passivo (RT 796/321, JTJ 166/196).

Art. 113: 9a. s/ recurso especial para reexame do desmembramento do feito proposto em litisconsórcio facultativo, v. RISTJ 255, nota 4-Litisconsórcio facultativo.

Art. 113: 9b. "As **associações civis** quando postulam direitos individuais de seus associados atuam como **substitutas processuais.** A limitação de litigantes prevista no art. 46, § ún., restringe-se ao caso de litisconsórcio facultativo, não podendo ser aplicada quando a ação é proposta por associação de classe na defesa dos interesses dos seus associados" (STJ-5ª T., REsp 552.907, Min. Felix Fischer, j. 23.9.03, DJU 28.10.03).

Art. 113: 9c. Levando em conta a circunstância de a causa envolver **matéria unicamente de direito** para a manutenção do litisconsórcio: RT 864/405.

Art. 113: 9d. "O exame e a eventual aplicação do disposto no art. 46, § ún., do CPC (limitação de litisconsórcio facultativo), **não possui a natureza de matéria de ordem pública,** que é própria das questões referentes às condições da ação e aos pressupostos de constituição e de desenvolvimento válido do processo. Após o transcurso do lapso temporal para a contestação, não há possibilidade de se acolher a irresignação do réu quanto à restrição do número de litisconsortes no polo ativo da demanda, em razão do estabelecido no § ún. do art. 46 do CPC" (STJ-2ª T., REsp 600.261, Min. Eliana Calmon, j. 28.6.05, DJU 15.8.05). No mesmo sentido: STJ-RT 828/196, 1ª T.

Art. 113: 10. "Se o réu pede a limitação do litisconsórcio facultativo e, em seguida, **apresenta sua contestação,** não há falar em dificuldade da defesa, pois à evidência esta restou validamente exercida" (STJ-2ª T., REsp 624.836, Min. Franciulli Netto, j. 21.6.05, DJU 8.8.05).

Art. 114. O litisconsórcio será necessário por disposição de lei ou quando, pela natureza da relação jurídica controvertida, a eficácia da sentença depender da citação de todos que devam ser litisconsortes.[1 a 10] [Dispositivo correspondente no CPC/1973: art. 47-*caput*]

Art. 114: 1. s/ litisconsórcio necessário e: exibição de documento, v. art. 397, nota 1; questões societárias, v. notas 8c e segs. e art. 601; processo no qual é parte pessoa casada ou em união estável, v. art. 73 §§ 1º a 3º; sucessores do falecido, em caso de inventariante dativo, v. art. 75 § 1º, especialmente nota 29; desistência da ação, v. art. 485, nota 52; ação demarcatória, v. art. 576, nota 2; embargos de terceiro, v. art. 677 § 4º; ação autônoma para a invalidação da arrematação, v. art. 903 § 4º; ação de cobrança de honorários pelo advogado substabelecido, v. EA 26, nota 3; ação revisional de alimentos, v. LA 15, nota 2a; ações locatícias, v. LI 2º, notas 2 e 2a, e 62, nota 8b; mandado de segurança, v. LMS 24, notas 3 e segs.

S/ dispensa de prequestionamento em recurso especial interposto por litisconsorte necessário que não foi citado, v. RISTJ 255, nota 4-Litisconsorte necessário; preparo de recurso no STJ, RCSTJ 6º § 1º.

S/ eficácia da sentença da sentença, v. art. 115.

Art. 114: 2. **Lei 9.279, de 14.5.96** — Regula direitos e obrigações relativos à propriedade industrial: **"Art. 57-*caput*.** A ação de nulidade de patente será ajuizada no foro da Justiça Federal e o INPI, quando não for autor, intervirá no feito". No mesmo sentido, quanto à ação de nulidade do registro, o art. 118.

Lei 9.808, de 20.7.99 — Define diretrizes e incentivos fiscais para o desenvolvimento regional, e dá outras providências: **"Art. 8º** Nas ações judiciais em que se discuta matéria relativa aos Fundos de Investimentos Regionais, tendo como réu o banco operador, a respectiva Superintendência Regional figurará como litisconsorte passivo necessário".

Art. 114: 2a. O litisconsórcio necessário "tem lugar se a decisão da causa propende a **acarretar obrigação direta para o terceiro, a prejudicá-lo ou a afetar seu direito subjetivo"** (STF-RT 594/248). No mesmo sentido: STJ-3ª T., REsp 1.055.310, Min. Nancy Andrighi, j. 18.10.11, DJ 26.10.11; RJM 189/229 (AP 1.0024.07.476037-2/001). Do contrário, ele não ocorre (RTJ 84/267).

"É indispensável a presença no polo passivo da ação do terceiro eventualmente atingido em sua esfera jurídica pelo provimento jurisdicional" (STJ-4ª T., REsp 965.933, Min. João Otávio, j. 25.3.08, DJU 5.5.08).

"Há litisconsórcio passivo necessário quando existe comunhão de interesse do réu e do terceiro chamado à lide" (STF-2ª T., Ag 107.489-2-AgRg, Min. Carlos Madeira, j. 28.2.86, DJU 21.3.86).

Art. 114: 3. "Ninguém pode ser obrigado a litigar" (RF 336/261). No mesmo sentido: JTJ 196/115.

"No âmbito do processo civil, não é possível constranger alguém a demandar, quando não quer" (Bol. AASP 1.470/39).

"Não cabe cogitar de **litisconsórcio ativo necessário,** na falta de evidência da sua inevitabilidade" (RTJ 112/20). No mesmo sentido: RF 298/195.

Todavia: "Reconhecida a existência de litisconsórcio ativo necessário, deve o juiz, com arrimo no art. 47, parágrafo único, do CPC, determinar ao autor que possibilite o chamamento dos demais litisconsortes, com a devida intimação, a fim de tomarem ciência da existência da ação, para, querendo, virem integrar o polo ativo da demanda" (STJ-4ª T., REsp 1.107.977, Min. Raul Araújo, j. 19.11.13, DJ 4.8.14).

"Revisão de cláusulas contratuais. Litisconsórcio ativo necessário com ex-cônjuge. Ocorrência. Regularização do polo ativo. Intimação dos demais litisconsortes. Reconhecido o litisconsórcio ativo necessário, o juiz deve determinar a intimação daqueles que, como autores, são titulares da mesma relação jurídica deduzida em juízo" (STJ-3ª T., REsp 1.222.822, Min. Ricardo Cueva, j. 23.9.14, DJ 30.9.14).

V. tb. art. 116, nota 2.

Art. 114: 3a. "Cada um dos **cônjuges** casados sob o regime da comunhão universal de bens tem **legitimação ativa concorrente** para propor ação a respeito de dívidas comuns, não dependendo de litisconsórcio necessário, pois, apesar de unitário, a sentença, independentemente daquela cumulação subjetiva, produzirá os efeitos que lhe são próprios. Já para figurarem no **polo passivo** da relação jurídica a situação é diversa, vigorando a regra geral do **litisconsórcio necessário** (art. 47 do CPC). Isto porque a eficácia da sentença, então, dependerá da citação de todos os litisconsortes no processo" (RT 626/72, bem fundamentado).

Código de Processo Civil

"Litisconsórcio. Necessário. Cônjuges cocontratantes. Localização no polo ativo. Ação proposta por um deles isoladamente. Admissibilidade. Obrigação de pagamento em dinheiro, divisível por natureza. Interpretação do artigo 10, inciso I, do Código de Processo Civil. Autor, ademais, que não pode forçar o cotitular a demandar, em face do princípio da disponibilidade da ação e do artigo 153, § 2º, da Constituição da República. Prosseguimento do feito determinado. Recurso provido para esse fim" (RJTJESP 112/203).

Art. 114: 3b. **Súmula 506 do STJ:** "A Anatel não é parte legítima nas demandas entre a concessionária e o usuário de telefonia decorrentes de relação contratual".

"O exercício do poder normativo ou controlador ou de polícia ou de concedente de serviços públicos, pelos entes estatais, não transforma tais entes em partes nas relações de direito material estabelecidas pelos destinatários das normas por eles editadas, ou pelas entidades por eles fiscalizadas ou pelas empresas titulares de concessões ou autorizações por eles expedidas. No caso, a relação de direito material objeto da demanda é, exclusivamente, a que se estabeleceu, por força de um vínculo contratual, entre a concessionária e o usuário do serviço de telefonia. A ANATEL, concedente do serviço público, não faz parte desse contrato e nem, portanto, da relação jurídica dele decorrente. Assim, porque não ostenta sequer a condição para se legitimar como parte, não pode a ANATEL ser litisconsorte, nem facultativo e muito menos necessário" (STJ-1ª T., REsp 967.363, Min. Teori Zavascki, j. 13.11.07, DJU 29.11.07).

"A discussão de cláusulas de plano de saúde e do alcance das suas coberturas não justifica a intervenção da ANS no processo, porque não há interesse jurídico da agência reguladora em controvérsias contratuais" (STJ-3ª T., REsp 1.832.004, Min. Nancy Andrighi, j. 3.12.19, DJ 5.12.19).

"Conquanto a água seja, por disposição de lei, considerada bem público, não há litisconsórcio necessário passivo entre o proprietário do terreno serviente e a União em uma ação que pleiteie o adimplemento de uma servidão de água, por vários motivos: (i) primeiro, porque a União pode delegar a Estados e Municípios a competência para outorga de direito à exploração da água; (ii) segundo, porque não é necessária tal outorga em todas as situações, sendo possível explorar a água para a satisfação de pequenos núcleos populacionais independentemente dela. Assim, numa ação que discuta a utilização da água, a União não é litisconsorte passivo necessário, podendo, quando muito, ostentar interesse jurídico na solução da lide, nela ingressando na qualidade de assistente" (STJ-3ª T., REsp 1.124.506, Min. Nancy Andrighi, j. 19.6.12, DJ 14.11.12).

Todavia: "A ação coletiva tem como causa de pedir a invocação de que a Resolução 13/1998 do Conselho de Saúde Suplementar — Consu, reproduzida em cláusulas de contratos de planos e seguros de saúde das rés, alegadamente extrapolou os lindes estabelecidos pela Lei 9.656/1998, ao impor o limite, no período de carência contratual, de 12 horas para atendimento aos beneficiários dos planos ambulatoriais e hospitalares. Com efeito, o exame da higidez do ato administrativo é questão prejudicial ao acolhimento do pedido, que implica tacitamente obstar seus efeitos, ao fundamento de violação de direito de terceiros (beneficiários de planos e seguros de saúde). Há litisconsórcio passivo necessário quando o pedido formulado na inicial da ação afetar a esfera do poder regulador de entidade da administração pública. Nessa linha de intelecção, não se trata de ação coletiva visando dar cumprimento à regulamentação legal e/ou infralegal — hipótese mais frequente, em que é inquestionável a competência da Justiça estadual e a ausência de interesse institucional da União e da ANS —, mas de tentativa, por via transversa, sem a participação das entidades institucionalmente interessadas, de afastar os efeitos de disposição cogente infralegal, ocasionando embaraço às atividades fiscalizatórias e sancionatórias da ANS, sem propiciar às entidades da administração pública federal o exercício da ampla defesa e do contraditório, até mesmo para eventualmente demonstrarem o interesse público na manutenção dos efeitos da norma. Recurso especial parcialmente provido para, em reconhecimento da necessidade de litisconsórcio passivo necessário a envolver a União e a ANS, cassar a sentença e o acórdão recorrido, determinando-se o encaminhamento dos autos para a Justiça Federal" (STJ-4ª T., REsp 1.188.443, Min. Luis Felipe, j. 27.10.20, maioria, DJ 18.12.20).

Art. 114: 3c. "Ação civil pública. Cheque de baixo valor. Emissão. Tarifa. Cobrança. O **Banco Central do Brasil** e o **Conselho Monetário Nacional não têm legitimidade** para figurar no polo passivo de demanda coletiva que não visa questionar a constitucionalidade ou a legalidade das normas por eles editadas, tampouco imputar a eles conduta omissiva por inobservância do dever de fiscalizar o cumprimento de seus próprios atos normativos. Nas demandas coletivas de consumo, **não há litisconsórcio passivo necessário entre todos os fornecedores** de um mesmo produto ou serviço submetidos aos mesmos regramentos que dão suporte à pretensão deduzida em juízo, mas nada impede que o autor, em litisconsórcio facultativo, direcione a demanda contra um ou mais réus, desde que se faça presente alguma das hipóteses em que se admite a formação do litisconsórcio e que todos os demandados tenham legitimidade para figurar no polo passivo da ação" (STJ-3ª T., REsp 1.573.723, Min. Ricardo Cueva, j. 10.12.19, maioria, DJ 13.12.19).

Art. 114: 3d. O **endossatário** que levou o título a protesto é litisconsorte passivo necessário na **ação de anulação de título de crédito,** movida pelo sacado contra o sacador porque, se o título for anulado, perderá o direito de regresso contra o sacado (Bol. AASP 1.870/344j).

Art. 114: 3e. "Tratando-se de discussão acerca da **existência do crédito,** é possível a responsabilização do **cedente** nos termos do art. 295 do CC/02, razão pela qual deverá o cedente compor o polo passivo da demanda, nos termos do art. 47 do CPC" (STJ-3ª T., REsp 1.167.120, Min. Nancy Andrighi, j. 5.11.13, DJ 18.11.13).

Art. 114: 3f. A **ação de investigação de paternidade** deve ser movida pelo filho contra o suposto pai e também contra aquele que figura como pai do autor no registro civil. Do mesmo modo, na ação do pai para ser reconhecida a sua paternidade, há litisconsórcio necessário entre o suposto filho e aquele que consta como pai deste no registro.

Assim: "Em investigatória de paternidade, a ausência de citação do pai registral ou, na hipótese de seu falecimento, de seus demais herdeiros, para a consequente formação de litisconsórcio passivo necessário, implica nulidade processual, nos termos do art. 47, § ún., do CPC" (STJ-3ª T., REsp 987.987, Min. Nancy Andrighi, j. 21.8.08, DJ 5.9.08). "Conquanto desnecessária a prévia propositura de ação anulatória de registro civil, sendo bastante o ajuizamento direto da ação investigatória de paternidade, é essencial, sob pena de nulidade, a integração à lide, como litisconsorte necessário, do pai registral, que deve ser obrigatoriamente citado para a demanda onde é interessado direto, pois nela concomitantemente postulada a desconstituição da sua condição de genitor" (STJ-4ª T., REsp 512.278, Min. Aldir Passarinho Jr., j. 14.10.08, DJ 3.11.08). A citação do pai registral pode (*rectius:* deve) ser determinada de ofício (STJ-4ª T., REsp 275.374, Min. Fernando Gonçalves, j. 21.9.04, DJU 13.12.04).

"A ação de reconhecimento de paternidade *post mortem* deve necessariamente ser proposta contra todos os herdeiros do falecido" (STJ-RDDP 94/128: 3ª T., REsp 1.028.503). V. LIP 2º, nota 2d.

S/ cancelamento do registro civil anterior como pedido implícito na investigação de paternidade, v. art. 322, nota 16.

S/ cumulação de pedido de investigação de paternidade contra o suposto pai com pedido negatório de paternidade contra quem figura como pai no assento de nascimento, v. art. 327, nota 6b.

Art. 114: 3g. "Em ação de **dissolução de sociedade de fato cumulada com partilha** de bens imóveis ajuizada em face de homem casado sob o regime da comunhão universal, deve a esposa figurar no polo passivo da demanda, ante o litisconsórcio passivo necessário" (STJ-RBDFS 10/151: 4ª T., REsp 885.951).

Todavia: "Ação de reconhecimento e dissolução **de união estável *post mortem*. Desnecessidade** de inclusão, no polo passivo da demanda de reconhecimento e dissolução de união estável, **dos parentes colaterais** da falecida, pois não possuem relação jurídica de direito material com o convivente sobrevivente e somente serão reflexamente atingidos pela decisão proferida nessa demanda" (STJ-3ª T., REsp 1.759.652, Min. Paulo Sanseverino, j. 22.9.20, DJ 25.9.20).

Art. 114: 4. Súmula 327 do STJ: "Nas ações referentes ao **Sistema Financeiro da Habitação,** a Caixa Econômica Federal tem legitimidade como sucessora do Banco Nacional da Habitação".

"Nos feitos em que se discute a respeito de contrato de seguro adjeto a contrato de mútuo, por envolver discussão entre seguradora e mutuário, e não afetar o FCVS (Fundo de Compensação de Variações Salariais), inexiste interesse da Caixa Econômica Federal a justificar a formação de litisconsórcio passivo necessário, sendo, portanto, da Justiça Estadual a competência para o seu julgamento" (STJ-2ª Seção, REsp 1.091.363, Min. Carlos Mathias, j. 11.3.09, DJ 25.5.09).

Art. 114: 5. Súmula 77 do STJ: "A Caixa Econômica Federal é parte ilegítima para figurar no polo passivo das ações relativas às contribuições para o **Fundo PIS/PASEP"**.

Art. 114: 6. "Não havendo entre o recorrente e os demais **candidatos inscritos no certame** comunhão de interesses, mostra-se desnecessária a citação destes para integrarem a lide como litisconsortes passivos" (STJ-5ª T., REsp 556.864, Min. Arnaldo Esteves, j. 7.11.06, DJU 27.11.06).

"A jurisprudência desta Corte é firme no sentido de ser desnecessária a citação dos demais concursandos como litisconsortes necessários, eis que os candidatos, mesmo aprovados, não titularizariam direito líquido e certo à nomeação, mas tão somente expectativa de direito" (STJ-6ª T., AI 474.838-AgRg, Min. Hamilton Carvalhido, j. 17.3.05, DJU 1.7.05). No mesmo sentido: STJ-1ª T., REsp 968.400, Min. Luiz Fux, j. 13.4.10, DJ 3.5.10.

V. tb. LMS 24, nota 4.

Art. 114: 7. "Ação demolitória. Legitimação passiva dos proprietários e do inquilino, este último na condição de litisconsorte necessário" (RMDCPC 12/127).

Art. 114: 7a. "Em princípio, a **ação reivindicatória** deve ser dirigida contra aquele que injustamente detém a coisa. Envolvendo, porém, a demanda questão relativa à prevalência dos títulos de domínio, hão de ser citados, como litisconsortes passivos necessários, os condôminos da área objeto do litígio, não bastando o chamamento de um deles, tido como único possuidor" (RSTJ 56/214).

Art. 114: 8. "Ação pauliana. É inafastável a condição de litisconsorte necessário do terceiro em cujo nome se acha transcrito o imóvel objeto da revocatória, eis que a ação põe em risco direto seus interesses. Impõe-se, desse modo, sua citação, pena de nulidade" (RF 311/176). No mesmo sentido: STJ-3ª T., REsp 1.113.776-EDcl-AgRg, Min. Sidnei Beneti, j. 15.9.11, DJ 22.9.11.

Art. 114: 8a. Não há litisconsórcio necessário entre os filhos da vítima, para a **ação de indenização** por dano moral movida contra o causador da morte do pai (Bol. AASP 2.255/2.172).

Art. 114: 8b. A **responsabilidade solidária não é causa de litisconsórcio necessário,** cabendo ao autor optar pelo ajuizamento da demanda contra um, alguns ou todos os responsáveis (RT 825/145 e RF 379/338).

É o que acontece, p. ex., quando o advogado ingressa em juízo para receber os honorários devidos pelos serviços contratados conjuntamente por seus clientes (STJ-4ª T., REsp 267.221, Min. Aldir Passarinho Jr., j. 17.10.06, DJU 27.11.06).

"Os cônjuges, coproprietários de imóvel, respondem solidariamente pelas despesas de condomínio, mas esta responsabilidade não implica litisconsórcio necessário em razão da natureza pessoal da ação de cobrança de cotas condominiais" (STJ-3ª T., REsp 838.526, Min. Sidnei Beneti, j. 26.2.08, DJU 13.3.08). No mesmo sentido: RT 899/282 (TJRJ, AP 0005634-54.2009.8.19.0002).

"Nos danos ambientais, a regra geral é o litisconsórcio facultativo, por ser solidária a responsabilidade dos poluidores. O autor pode demandar qualquer um dos poluidores, isoladamente, ou em conjunto pelo todo, de modo que não há obrigatoriedade de se formar o litisconsórcio passivo necessário com os adquirentes e possuidores dos lotes" (STJ-2ª T., REsp 1.708.271, Min. Herman Benjamin, j. 11.9.18, DJ 16.11.18).

V. tb. art. 113, nota 2, e CC 275.

Art. 114: 8c. "O **quotista interessado na expulsão de outro** deverá instaurar o contencioso em face deste, dos sócios remanescentes e da pessoa jurídica à qual se ligavam" (STJ-4ª T., REsp 813.430, Min. Massami Uyeda, j. 19.6.07, DJU 20.8.07).

Art. 114: 9. Na **ação de nulidade de deliberação tomada em assembleia** de sociedade anônima, é ré somente a sociedade; não são litisconsortes passivos necessários nem os acionistas, nem os favorecidos pela deliberação (RT 624/76 e RJTJESP 109/142).

Art. 114: 10. Na ação em que o fiador pretende se **exonerar da fiança,** são litisconsortes passivos necessários o afiançado e aquele para cuja garantia é dada a fiança (JTAERGS 71/152).

Art. 115. A sentença de mérito, quando proferida sem a integração do contraditório, será:[1 a 2] [Sem dispositivo correspondente no CPC/1973]

I — nula, se a decisão deveria ser uniforme em relação a todos que deveriam ter integrado o processo;[2a] [Sem dispositivo correspondente no CPC/1973]

II — ineficaz, nos outros casos,[2b] apenas para os que não foram citados. [Sem dispositivo correspondente no CPC/1973]

Parágrafo único. Nos casos de litisconsórcio passivo necessário, o juiz determinará[3 a 5] ao autor[6] que requeira a citação[7] de todos que devam ser litisconsortes, dentro do prazo que assinar, sob pena de extinção do processo.[8 a 10] [Dispositivo correspondente no CPC/1973: art. 47 § ún.]

Art. 115: 1. Cabe **ação de nulidade da sentença** se não foi citado litisconsorte necessário (RT 619/110 e JTA 107/241).

"A *querela nullitatis* é instrumento hábil para debater a falta de citação de litisconsorte necessário em demanda transitada em julgado" (STJ-3ª T., REsp 1.677.930, Min. Ricardo Cueva, j. 10.10.17, DJ 24.10.17).

V. tb. art. 20, nota 15 (ação declaratória de ineficácia de sentença), e art. 967, nota 5 (ação rescisória).

Art. 115: 1a. A ineficácia da sentença proferida no processo sem a presença dos litisconsortes pode ser **reconhecida a qualquer tempo e por qualquer meio,** p. ex., em sede de liquidação de sentença (STJ-3ª T., REsp 947.545, Min. Sidnei Beneti, j. 8.2.11, DJ 22.2.11).

Art. 115: 2. "Caracterizado o litisconsórcio necessário, impõe-se ao Tribunal **anular o processo** *ab initio* e ordenar a citação dos litisconsortes, mesmo de ofício" (RSTJ 89/132).

"Verificando o tribunal do segundo grau de jurisdição a falta de citação dos litisconsortes passivos necessários, deve anular o feito e determinar que o juiz singular cumpra o disposto no art. 47, § ún., do CPC" (STJ-4ª T., REsp 28.559-1, Min. Torreão Braz, j. 13.12.94, DJU 20.3.95).

Art. 115: 2a. i. e., se o litisconsórcio, além de necessário, for **unitário** (v. art. 116).

Art. 115: 2b. i. e., nos casos em que o litisconsórcio for necessário e **comum.**

Art. 115: 3. de ofício, independentemente de requerimento de qualquer das partes. Nesse sentido: "Determinação, *ex officio*, de que o autor promova a citação do litisconsorte passivo necessário. Possibilidade. Art. 47 do CPC. Norma de caráter de ordem pública" (STJ-1ª Seção, AR 4.429, Min. Benedito Gonçalves, j. 14.12.11, DJ 1.2.12). No mesmo sentido: STJ-3ª T., REsp 1.655.715-AgInt, Min. Ricardo Cueva, j. 21.8.18, DJ 30.8.18.

Art. 115: 4. "Antes de determinar que o autor promova a citação dos litisconsortes necessários, **não pode** o juiz declarar a **extinção do processo,** fundado na falta dessa citação (CPC, arts. 47, § ún., e 267-IV)" (RSTJ 57/312).

Art. 115: 5. "Compete ao autor eleger com quem pretende litigar judicialmente, sob o arnês das consequências processuais advindas de erro na escolha. Mesmo no litisconsórcio necessário, limitar-se-á o juiz, assinando prazo, a ordenar a citação. **Descumprida a determinação, extinguirá o processo** (§ ún., art. 47, CPC). Forçar o autor a demandar com quem não deseja não se afeiçoa à ordem processual, uma vez que, de ofício, não pode vincular subjetivamente, obrigando a integração na lide. Ordenar a citação não significa que o juiz, sem a participação do autor, determinará a sua efetivação" (RSTJ 99/70). No mesmo sentido: JTJ 259/311.

Art. 115: 6. A **intimação é ao advogado do autor,** e não a este pessoalmente, sendo inaplicável à hipótese o disposto no art. 485 § 1º (STF-Plenário: RTJ 154/487, um voto vencido; STJ-5ª T., RMS 1.980, Min. Flaquer Scartezzini, j. 3.3.93, DJU 22.3.93).

V. tb. nota 10.

Art. 115: 7. "Requerida pelo réu a providência de que trata o parágrafo do art. 47 do CPC, com vista à citação de **entes federais,** para integrarem a relação processual como litisconsortes necessários, a competência desloca-se para a Justiça Federal, a quem cabe pronunciar-se conclusivamente sobre a existência ou não do aventado litisconsórcio necessário" (STJ-2ª Seção, CC 14.483, Min. Costa Leite, j. 13.9.95, DJU 9.10.95).

V. art. 45, especialmente nota 1a (Súmula 150 do STJ).

Art. 115: 8. v. art. 485-VI e X.

Art. 115: 9. inclusive nos mandados de segurança (v. LMS 24, nota 3).

Art. 115: 10. "A extinção do processo com apoio no art. 47, § ún., do Código de Processo Civil **não exige a intimação pessoal** a que se refere o art. 267, § 1º" (RSTJ 92/182: 3ª T., REsp 54.114). No mesmo sentido: RF 319/187, maioria. **Contra:** RT 606/210.

V. tb. nota 6.

Art. 116. O litisconsórcio será unitário quando, pela natureza da relação jurídica, o juiz tiver de decidir o mérito de modo uniforme para todos os litisconsortes.[1-2] [Dispositivo correspondente no CPC/1973: art. 47-*caput*]

Art. 116: 1. s/ litisconsórcio unitário e: reunião de processos, v. art. 55, nota 6; atos e omissões dos litisconsortes, v. art. 117; prazo em dobro no caso de recurso de apenas um litisconsorte, v. art. 229, nota 4a, *in fine*; interrupção da prescrição e decadência em relação aos litisconsortes não citados, v. art. 240, nota 10; pena de confissão pelo não comparecimento em juízo, v. art. 385, nota 6c; extinção da execução, v. art. 924, nota 2; interposição de recurso por um dos litisconsortes, v. art. 1.005, especialmente nota 3.

Art. 116: 2. "Qualquer dos titulares de **direito indivisível** está legitimado a pleitear, em juízo, o respectivo adimplemento. Não há, nessas hipóteses, litisconsórcio ativo necessário. Há, em lugar disso, **litisconsórcio ativo facultativo unitário,** consoante defende renomada doutrina" (STJ-3ª T., REsp 1.124.506, Min. Nancy Andrighi, j. 19.6.12, DJ 14.11.12).

"Qualquer dos colaboradores da obra indivisível tem autonomia para defender seus direitos, ainda que visando à resilição do contrato de edição, sendo dispensável, portanto, a formação de litisconsórcio necessário ativo" (RSTJ 105/324).

V. tb. art. 114, nota 3.

Art. 117. Os litisconsortes serão considerados, em suas relações com a parte adversa, como litigantes distintos,[1 a 2a] exceto no litisconsórcio unitário,[3] caso em que os atos e as omissões de um não prejudicarão os outros, mas os poderão beneficiar.[4] [Dispositivo correspondente no CPC/1973: art. 48]

Art. 117: 1. "O **reconhecimento da decadência** em relação a um litisconsorte não impõe, necessariamente, a mesma solução quanto ao outro" (RSTJ 63/352).

Todavia: "A **prescrição decretada** em favor de um dos sócios favorece aos demais. Se o pagamento da dívida por um dos sócios favorece aos demais, por igual razão a prescrição da dívida arguida por um dos sócios e reconhecida pelo juízo competente aproveita aos demais devedores solidários, nos termos do art. 125 do Código Tributário Nacional e arts. 274 e 275 do Código Civil" (STJ-1ª T., REsp 1.361.125-EDcl-AgInt, Min. Napoleão Maia Filho, j. 17.12.19, DJ 19.12.19).

Art. 117: 2. Se nem todos os litisconsortes contestaram a ação e se a defesa de todos não for idêntica, é cabível a **decretação de revelia** dos que se omitiram (RT 631/122).

Art. 117: 2a. "Ação de destituição do poder familiar cumulada com guarda em favor de terceiro. Ação proposta pelo Ministério Público Estadual contra ambos os genitores. Improcedência do pedido em relação ao pai e procedência em relação à mãe. **Violação do contraditório e ampla defesa** da genitora. Nulidade absoluta reconhecida pelo tribunal estadual. Anulação integral da sentença. Desnecessidade. Litisconsórcio passivo simples (CPC/1973, art. 48). **Manutenção da sentença** em relação ao genitor" (STJ-4ª T., REsp 1.675.394, Min. Raul Araújo, j. 29.8.17, DJ 6.9.17).

Art. 117: 3. "Em litisconsórcio necessário unitário, a **contestação de um dos corréus supre a omissão dos demais,** não conduzindo à presunção de veracidade dos fatos alegados pelo autor, em fidelidade ao princípio de que os atos benéficos, ao contrário dos atos e omissões prejudiciais, estendem seus efeitos a todos os litisconsortes" (RJTAMG 58/141).

V. art. 345-I.

Art. 117: 4. S/ litisconsortes em geral e: honorários advocatícios, v. arts. 85, nota 8, e 87; recurso, v. art. 1.005.

Art. 118. Cada litisconsorte tem o direito de promover o andamento do processo, e todos devem ser intimados dos respectivos atos. [Dispositivo correspondente no CPC/1973: art. 49]

Título III | DA INTERVENÇÃO DE TERCEIROS

Capítulo I | DA ASSISTÊNCIA[1]

CAP. I: 1. v. arts. 87, nota 2, e 94 (despesas e honorários sucumbenciais); v. art. 109 § 2º (cessionário do alienante ou do cedente); v. art. 229, nota 7 (dobra de prazo); em embargos de terceiro, v. art. 677, nota 4; em homologação de sentença estrangeira, v. art. 960, nota 4; em ação de controle concentrado de constitucionalidade, v. LADIN 7º e 18; em ação popular, v. LAP 6º § 5º; em desapropriação, v. LD 19, notas 8a e 9; em ação de improbidade administrativa, v. LIA 17, nota 1e; no Juizado Especial, v. LJE 10; na Justiça Federal, v. RCJF 14 § 2º; em mandado de segurança, v. LMS 24, nota 7; em suspensão de liminar, v. Lei 8.437, de 30.6.92, art. 4º, nota 3c, no tít. MEDIDA CAUTELAR; em processo no qual é parte massa falida, v. LRF 76, nota 6; em processo de dúvida, v. LRP 198, nota 6.

Seção I | DISPOSIÇÕES COMUNS

Art. 119. Pendendo causa entre 2 (duas) ou mais pessoas, o terceiro juridicamente interessado[1] em que a sentença seja favorável a uma delas poderá[1a] intervir no processo para assisti-la.[2 a 4] [Dispositivo correspondente no CPC/1973: art. 50-*caput*]

Parágrafo único. A assistência será admitida em qualquer procedimento e em todos os graus de jurisdição,[5-5a] recebendo o assistente o processo no estado em que se encontre. [Dispositivo correspondente no CPC/1973: art. 50 § ún.]

Art. 119: 1. Não basta o simples **interesse econômico** para justificar a assistência (STJ-2ª T., MC 3.997-AgRg-EDcl-EDcl, Min. Eliana Calmon, j. 6.6.02, DJU 5.8.02; STJ-4ª T., REsp 9.548-0, Min. Fontes de Alencar, j. 1.12.92, DJU 26.4.93; RT 469/170, 732/218, RJTJESP 96/258, RF 251/192, JTA 34/332, 111/404, RP 33/245, 47/287, com comentário de Luiz Orione Neto).

Também **não basta o interesse corporativo ou institucional** (STJ-Corte Especial, ED no REsp 1.146.066-AgRg, Min. Hamilton Carvalhido, j. 4.5.11, DJ 13.4.12). Todavia, v. nota 3a.

"Constata-se o **interesse jurídico** que viabiliza o deferimento do pedido de assistência quando os resultados do processo podem afetar a existência ou inexistência de algum direito ou obrigação daquele que pretende intervir como assistente. O deferimento do pedido de assistência prescinde da existência de efetiva relação jurídica entre o assistente e o assistido, sendo suficiente a possibilidade de que alguns direitos daquele sejam atingidos pela decisão judicial a ser proferida no curso do processo. Em determinadas situações, o interesse jurídico poderá vir acompanhado de alguma repercussão econômica, mas essa circunstância não terá necessariamente o condão de desnaturá-lo" (STJ-3ª T., REsp 1.128.789, Min. Nancy Andrighi, j. 2.2.10, DJ 1.7.10). No mesmo sentido: STJ-1ª T., REsp 1.560.772-AgInt, Min. Sérgio Kukina, j. 26.10.20, DJ 12.11.20.

"Para verificar a existência de interesse jurídico de terceiro, para intervir no processo como assistente de uma das partes, há de partir-se da hipótese de vitória da parte contrária para indagar se dela lhe adviria prejuízo juridicamente relevante" (STF-Pleno: RT 669/215 e RF 317/213). No mesmo sentido: STJ-Bol. AASP 2.551/4.541 (3ª T., REsp 660.833); JTJ 156/214, 352/197 (AI 994.09.238602-7).

"É inviável admitir como assistente litisconsorcial o escritório de advocacia que mantém interesse meramente econômico na demanda, relacionado ao direito de receber as verbas de sucumbência" (STJ-2ª T., REsp 735.698-EDcl-EDcl, Min. Eliana Calmon, j. 2.9.10, DJ 20.9.10).

"Na espécie, eventual sentença de procedência do pedido indenizatório não irá repercutir na esfera jurídica da Ordem dos Advogados do Brasil, porque o deslinde da causa concerne a apenas um de seus associados, afastando-se, portanto, o interesse jurídico apto a justificar a assistência simples" (STJ-RP 202/503: 3ª T., REsp 1.172.634).

"Discutindo-se nos autos direito individual disponível pertencente, exclusivamente, aos advogados que trabalharam no feito expropriatório e que interpuseram os embargos de divergência, não se pode admitir a intervenção do Conselho Federal da Ordem dos Advogados do Brasil como assistente, com base no art. 50 do Código de Processo Civil, porque ausente o indispensável 'interesse jurídico'. O mero interesse *lato sensu* de que a jurisprudência desta Corte se modifique não viabiliza a intervenção" (STJ-1ª Seção, ED no REsp 650.246-EDcl, Min. Cesar Rocha, j. 27.6.12, DJ 6.8.12).

Indeferindo o ingresso do Conselho Federal da OAB como assistente de Conselho Seccional: STJ-2ª T., REsp 1.710.155-Pet-AgInt, Min. Herman Benjamin, j. 6.6.19, DJ 18.6.19.

"As pretensões de integrar o polo passivo são motivadas pela concorrência supostamente desleal ocasionada pela atuação da empresa autora em sobreposição às linhas por elas operadas, acarretando suposto desrespeito às permissões que detêm e ao equilíbrio econômico-financeiro dos seus contratos, o que denota a existência de interesse meramente econômico na demanda" (STJ-2ª T., Ag em REsp 392.006-AgRg, Min. Mauro Campbell, j. 5.11.13, DJ 12.11.13).

"Propriedade industrial. Ação de nulidade de ato administrativo. A concessão ou não dos registros marcários pleiteados nesta ação não irradia efeitos sobre qualquer relação ou vínculo jurídico existente entre as recorrentes (terceiros) e o pretenso assistido (INPI), sobretudo porque, nas ações de infração por violação de *trade dress* (movidas pela recorrida em face das recorrentes), não se discute registro sujeito ao exame da autarquia federal, mas, tão somente, atos de concorrência desleal praticados por imitação de produto ou embalagem dotados de características distintivas. A pretensão de utilização de uma embalagem em um formato específico, como ocorre no particular, demonstra, apenas, haver interesse econômico-comercial por parte das recorrentes, na medida em que estas deverão arcar, caso saiam derrotadas na ação, com os custos concernentes à alteração do *design* de suas embalagens ou ao requerimento de licença de uso face à titular do direito" (STJ-3ª T., REsp 1.854.492, Min. Nancy Andrighi, j. 24.11.20, maioria, DJ 18.12.20).

Todavia, afirmando ser "jurídico o interesse do advogado que foi destituído após patrocinar os interesses do vencedor na fase de conhecimento e que foi admitido no processo ao fundamento de que o resultado da fase de liquidação influenciará a sua relação jurídica com o assistido, pois com ele possui contrato de honorários com cláusula de êxito": STJ-3ª T., REsp 1.798.937, Min. Nancy Andrighi, j. 13.8.19, DJ 15.8.19.

Art. 119: 1a. "Poderá"; logo: "Não é necessário citar terceiro para intervir como assistente, diligência esta que não se confunde com chamamento ao processo" (RTFR 161/23).

Art. 119: 2. Não cabe assistência no processo de execução (STJ-6ª T., REsp 329.059, Min. Vicente Leal, j. 7.2.02, DJU 4.3.02; STJ-3ª T., REsp 911.557-AgRg, Min. Paulo Sanseverino, j. 21.6.11, DJ 29.6.11; RT 728/269; JTJ 341/134: AI 7.343.707-1), "a não ser que haja embargos do devedor" (TFR-5ª T., Ag 55.037, Min. Torreão Braz, j. 13.6.88, DJU 22.8.88).

Não se admite a assistência na fase de cumprimento de sentença (STJ-4ª T., REsp 1.552.014-AgInt, Min. Isabel Gallotti, j. 25.4.17, DJ 4.5.17).

Contra, admitindo a assistência no processo de execução: STJ-4ª T., REsp 397.598, Min. Raul Araújo, j. 18.8.11, DJ 19.9.11.

Art. 119: 2a. Não cabe assistência em *habeas corpus* (STJ-4ª T., HC 88.413-EDcl, Min. Aldir Passarinho Jr., j. 11.3.08, DJU 28.4.08).

Art. 119: 3. Admitindo a assistência:

— "Se o prédio retomando é ocupado por empresa comercial, o **adquirente de suas cotas sociais** pode intervir na ação de despejo movida contra o antigo sócio da mesma na qualidade de assistente" (RT 634/129, maioria);

— "Se aquele que postula ingressar no processo como assistente assinou conjuntamente com a arrendatária o contrato de arrendamento mercantil e, por conseguinte, obrigou-se como **avalista** e depositário dos bens arrendados, de eventual condenação da avalizada advir-lhe-á prejuízo juridicamente relevante" (STJ-3ª T., REsp 660.833, Min. Nancy Andrighi, j. 26.9.06, DJU 16.10.06);

— "Nos casos de **cessão de crédito** relativo a contrato bilateral sinalagmático, como o de permuta, em que não há cessão da posição contratual, mas somente de crédito, tem o cedido direito potestativo de rescindir o contrato original na hipótese de inadimplemento pelo cedente. Como a rescisão do contrato de compromisso de permuta firmado entre autor e réu gera efeitos sobre a esfera jurídica dos cessionários recorrentes, esses podem integrar a lide na qualidade de assistentes" (STJ-4ª T., REsp 735.034, Min. Raul Araújo, j. 15.5.14, DJ 22.5.14);

— "Ação de reconhecimento e **dissolução de união estável *post mortem*.** Possibilidade de habilitação voluntária no processo dos parentes colaterais da falecida como assistentes simples do espólio" (STJ-3ª T., REsp 1.759.652, Min. Paulo Sanseverino, j. 22.9.20, DJ 25.9.20);

— da Fundação Nacional do Índio (FUNAI) em favor do MP, em demanda por este ajuizada para a demarcação de terras indígenas: STJ-1ª T., Pet 5.572-AgRg, Min. Denise Arruda, j. 25.9.07, DJU 5.11.07.

Art. 119: 3a. "O **Ministério Público,** no exercício das suas funções institucionais, não é titular de interesse jurídico assim qualificado. Cumpre-lhe, por força da Constituição (art. 127), tutelar a ordem jurídica, o sistema democrático e os interesses sociais, ou seja, o interesse público genericamente considerado, razão pela qual a sua intervenção em processo de que não é parte se dá, não como assistente de um dos litigantes, mas pela forma própria e peculiar de *custos legis* (art. 82 do CPC)" (STJ-1ª T., REsp 724.507, Min. Teori Zavascki, j. 21.9.06, DJU 5.10.06).

Todavia, a nosso ver sem razão: "Ação de indenização por danos morais e materiais proposta por juiz federal contra procurador da República. Entrevista a jornal local. Divulgação de atuação funcional. Interesse jurídico do MPF na defesa das prerrogativas institucionais. Intervenção como assistente simples. No caso dos autos, há o interesse jurídico do Ministério Público Federal apto à sua inclusão como assistente simples na lide, porquanto possui nítido contorno de defesa da prerrogativa institucional do integrante da instituição para emitir opiniões quanto a fatos relacionados ao exercício profissional, de modo que transcende os interesses particulares das pessoas físicas envolvidas no litígio" (STJ-2ª T., REsp 1.760.108, Min. Herman Benjamin, j. 20.8.19, DJ 13.9.19).

V. tb. nota 1.

Art. 119: 4. É inconstitucional o art. 4º da Lei 5.627, de 1.12.70, determinando que a União seja citada como assistente, nas ações judiciais em que sejam autoras, rés, assistentes ou opoentes as sociedades de seguros ou de capitalização em regime de liquidação (STF-Pleno: RT 483/222).

Art. 119: 5. "Estando o processo em grau de apelação, o pedido de assistência deve ser apreciado e decidido pelo Tribunal *ad quem*" (TFR-1ª T., Ag 55.714, Min. Carlos Thibau, DJU 12.5.88).

Art. 119: 5a. "Admissível a assistência em todos os graus de jurisdição, inclusive no STJ, caso a lide nele se encontre para apreciação de recurso especial" (RSTJ 145/416).

Admitindo a assistência em sede de recurso extraordinário: STF-Pleno, RE 550.769-QO, Min. Joaquim Barbosa, j. 28.2.08, DJ 27.2.13.

Art. 120. Não havendo impugnação no prazo de 15 (quinze) dias, o pedido do assistente será deferido,[1] salvo se for caso de rejeição liminar.[1a] [Dispositivo correspondente no CPC/1973: art. 51-*caput*]

Parágrafo único. Se qualquer parte alegar que falta ao requerente interesse jurídico para intervir, o juiz decidirá o incidente,[2] sem suspensão do processo. [Dispositivos correspondentes no CPC/1973: art. 51-I a III]

Art. 120: 1. Em se tratando de assistente litisconsorcial, admite-se sua intervenção no processo **ainda que discorde a parte contrária** (JTA 116/273), ao revés do que ocorre na sucessão processual (art. 109 § 1º).

"A **anuência dos assistidos não é condição** obrigatória para o deferimento do pedido de assistência simples, uma vez que, havendo divergência entre eles, caberá ao juízo decidir a questão" (STJ-1ª T., REsp 1.560.772-AgInt, Min. Sérgio Kukina, j. 26.10.20, DJ 12.11.20).

Art. 120: 1a. A ausência de impugnação não inibe o **controle de ofício** do pedido de assistência, que pode ser indeferido por iniciativa do juiz, p. ex., se ausente o interesse jurídico exigido pelo art. 119-*caput* (STJ-1ª T., REsp 821.586, Min. Luiz Fux, j. 7.10.08, DJ 3.11.08).

Art. 120: 2. Contra a decisão do juiz que delibera sobre a intervenção de assistente, cabe **agravo de instrumento** (art. 1.015-IX).

Se tiver lugar no tribunal, a deliberação deverá ser impugnada pelo recurso cabível contra a decisão em que ela se inserir.

Seção II | DA ASSISTÊNCIA SIMPLES

Art. 121. O assistente simples atuará como auxiliar da parte principal,[1] exercerá os mesmos poderes e sujeitar-se-á aos mesmos ônus processuais que o assistido.[1a-2] [Dispositivo correspondente no CPC/1973: art. 52-*caput*]

Parágrafo único. Sendo revel[3] ou, de qualquer outro modo, omisso o assistido, o assistente será considerado seu substituto processual.[4] [Dispositivo correspondente no CPC/1973: art. 52 § ún.]

Art. 121: 1. s/ custas e honorários sucumbenciais, v. arts. 87, nota 2, e 94.

Art. 121: 1a. A ação não pode ser julgada procedente contra o assistente simples (JTA 123/219).

Art. 121: 2. De modo geral, o assistente simples **não pode tomar providência contrária** aos interesses do assistido. Assim, o assistente simples não pode, contra a vontade do assistido, invocar **incompetência relativa** (TFR-6ª T., Ag 51.391, Min. Miguel Ferrante, j. 25.3.87, DJU 23.4.87).

No que diz respeito à impugnação das decisões proferidas no processo, admite-se o **recurso** do assistente simples ainda que o assistido não recorra (RSTJ 128/295) ou seja revel (JTA 112/234), "desde que não haja expressa manifestação do assistido em sentido contrário" (STJ-5ª T., REsp 146.482, Min. Felix Fischer, j. 20.4.99, DJU 31.5.99).

Assim: "A legitimidade para recorrer do assistente não esbarra na inexistência de proposição recursal da parte assistida, mas na vontade contrária e expressa dessa no tocante ao direito de permitir a continuidade da relação processual. Assim, *in casu*, em atendimento à melhor interpretação do dispositivo da norma processual, uma vez constatada a ausência da vontade contrária do assistido, afigura-se cabível o recurso da parte assistente, a qual detém legitimidade para a continuidade da relação processual" (STJ-Corte Especial, ED no REsp 1.068.391, Min. Maria Thereza, j. 29.8.12, maioria, DJ 7.8.13).

Indo além, para admitir o recurso do assistente simples ainda que em suas contrarrazões o assistido se oponha: RJTJESP 111/43 e Bol. AASP 1.592/147.

Contra, entendendo que, se o assistido deixa de recorrer, não se admite o recurso do assistente simples: "Assistência simples. Ausência de recurso especial da assistida. Recurso interposto exclusivamente pela assistente. Clarifica-se a circunstância de que o direito em litígio pertence ao assistido, e não ao interveniente. É nítido o caráter secundário do assistente, que não propõe nova demanda, tampouco modifica o objeto do litígio. Como precisamente definiu Hélio Tornaghi, 'a lei permite a assistência para ajudar o assistido a obter uma sentença favorável'" (STJ-2ª T., REsp 535.159, Min. Franciulli Netto, j. 14.12.04, DJU 25.4.05). No mesmo sentido: STJ-4ª T., REsp 1.217.004-AgRg, Min. Antonio Ferreira, j. 28.8.12, DJ 4.9.12.

S/ desistência da ação, v. art. 122.

S/ recurso interposto por assistente, v. tb. art. 996, nota 2.

Art. 121: 3. v. art. 344.

Art. 121: 4. v. art. 18.

Art. 122. A assistência simples não obsta a que a parte principal reconheça a procedência do pedido, desista da ação, renuncie ao direito sobre o que se funda a ação ou transija sobre direitos controvertidos.[1] [Dispositivo correspondente no CPC/1973: art. 53]

Art. 122: 1. Nenhuma modalidade de assistência obsta o reconhecimento de procedência do pedido, a desistência da ação ou a transação.
Nas situações de assistência simples, tais eventos necessariamente conduzem à extinção do processo.

Já nos casos de assistência litisconsorcial, por estar em jogo direito do próprio assistente, a extinção do processo nem sempre acontece nessas circunstâncias. O assistente pode isoladamente levar o processo adiante, ainda que o assistido não mais queira litigar (TJSP, EI 43.765-2, 4 votos a 1). **Contra:** RT 592/80.

Art. 123. Transitada em julgado a sentença no processo em que interveio o assistente, este não poderá, em processo posterior, discutir a justiça da decisão, salvo se alegar e provar que: [Dispositivo correspondente no CPC/1973: art. 55-*caput*]

I — pelo estado em que recebeu o processo ou pelas declarações e pelos atos do assistido, foi impedido de produzir provas suscetíveis de influir na sentença; [Dispositivo correspondente no CPC/1973: art. 55-I]

II — desconhecia a existência de alegações ou de provas das quais o assistido, por dolo ou culpa, não se valeu. [Dispositivo correspondente no CPC/1973: art. 55-II]

Seção III | DA ASSISTÊNCIA LITISCONSORCIAL

Art. 124. Considera-se litisconsorte da parte principal o assistente sempre que a sentença influir na relação jurídica entre ele e o adversário do assistido.[1 a 6] [Dispositivo correspondente no CPC/1973: art. 54-*caput*]

Art. 124: 1. s/ assistência litisconsorcial e: substituição processual, v. art. 18 § ún.; custas e honorários sucumbenciais, v. art. 87, nota 2; alienação da coisa litigiosa, v. art. 109 § 2º.

Art. 124: 2. "Na assistência litisconsorcial, também denominada qualificada, é imprescindível que o direito em litígio, sendo também do assistente, confira a este legitimidade para discuti-lo individualmente ou em litisconsórcio com o assistido. Insatisfeito esse requisito, não há como deferir-se o pedido de admissão no feito dos requerentes" (RSTJ 145/223).

Art. 124: 3. Admitindo o **promissário comprador** como assistente litisconsorcial do promitente vendedor em demanda contra este ajuizada pelo condomínio para a cobrança de despesas condominiais: JTJ 341/76 (AI 1.253.872-0/4).

Art. 124: 4. O **herdeiro** tem qualidade para intervir, como assistente litisconsorcial, na ação em que o espólio é parte, representado pelo inventariante (STJ-2ª T., REsp 1.019.337, Min. Humberto Martins, j. 21.2.08, DJU 7.3.08; RSTJ 93/77, STJ-RT 737/203, 739/222, STJ-RTJE 156/115, RT 493/178, 593/130, Lex-JTA 146/207).

Art. 124: 4a. "A jurisprudência desta Corte encontra-se pacificada com relação à **condenação solidária** da seguradora interveniente por meio da assistência litisconsorcial (art. 54 do CPC)" (STJ-3ª T., REsp 1.157.799-EDcl, Min. Paulo Sanseverino, j. 21.6.11, DJ 27.6.11). Em sentido semelhante: STJ-4ª T., Ag em REsp 278.198-AgInt, Min. Raul Araújo, j. 18.6.19, DJ 28.6.19.

Art. 124: 5. "O assistente litisconsorcial detém relação de direito material com o adversário do assistido, de modo que a sentença que vier a ser proferida, em relação a ele, constituirá **coisa julgada material**" (STJ-2ª T., REsp 557.106, Min. Castro Meira, j. 6.5.08, DJU 16.5.08).

Art. 124: 6. "Nas hipóteses de assistência litisconsorcial, o assistente atua, no processo, com poderes equivalentes aos do litisconsorte. Assim, a interposição de **recurso** pelo assistente, no silêncio do assistido, é plenamente possível" (STJ-RT 884/160: 3ª T., REsp 585.385).

S/ recurso interposto por assistente, v. tb. art. 996, nota 2.

Capítulo II | DA DENUNCIAÇÃO DA LIDE

Art. 125. É admissível[1 a 6] a denunciação da lide, promovida por qualquer das partes: [Dispositivo correspondente no CPC/1973: art. 70-*caput*]

I — ao alienante imediato,[7] no processo relativo à coisa cujo domínio foi transferido ao denunciante, a fim de que possa exercer os direitos que da evicção[8-9] lhe resultam; [Dispositivo correspondente no CPC/1973: art. 70-I]

II — àquele que estiver obrigado,[10] por lei[10a] ou pelo contrato,[11-12] a indenizar, em ação regressiva,[13 a 15] o prejuízo de quem for vencido no processo.[16] [Dispositivo correspondente no CPC/1973: art. 70-III]

§ 1º O direito regressivo será exercido por ação autônoma quando a denunciação da lide for indeferida, deixar de ser promovida ou não for permitida.[17-18] [Sem dispositivo correspondente no CPC/1973]

§ 2º Admite-se uma única denunciação sucessiva, promovida pelo denunciado, contra seu antecessor imediato na cadeia dominial ou quem seja responsável por indenizá-lo, não podendo o denunciado sucessivo promover nova denunciação, hipótese em que eventual direito de regresso será exercido por ação autônoma. [Dispositivo correspondente no CPC/1973: art. 73]

Art. 125: 1. s/ denunciação da lide: em ação declaratória, v. art. 20, nota 3; a entidade federal, v. art. 45, nota 1a; no incidente de falsidade, v. art. 430, nota 3c; na rescisória, v. art. 970, nota 4; em ação civil pública, v. LACP 19, nota 1; em ações decorrentes de relação de consumo, v. CDC 88 e 101, nota 4; em execução fiscal, v. LEF 16, nota 4, e 17, nota 3; no Juizado Especial, v. LJE 10; na ação de despejo, v. LI 59, nota 12.

S/ dobra de prazo em matéria de denunciação da lide, v. art. 229, nota 8; admissão tardia da denunciação da lide, v. art. 282, nota 3c; impugnação ao valor da causa pelo denunciado, v. art. 293, nota 1a; indeferimento da denunciação da lide e preclusão, v. art. 507, nota 4a; s/ recurso adesivo e denunciação da lide, v. art. 997, nota 14; representação em juízo do denunciante e do denunciado por um mesmo advogado, v. EA 15, nota 3.

Art. 125: 2. e não mais obrigatória, como previa o CPC rev. 70.

V. o § 1º (ação autônoma de regresso). V. tb. art. 1.072-I, que revogou o CC 456.

Art. 125: 3. "Fixa o entendimento pretoriano não comportar denunciação da lide nos casos em que o denunciante intenta eximir-se da responsabilidade pelo evento danoso atribuindo-a, com exclusividade, a terceiro. Neste caso não há direito de regresso" (STJ-4ª T., REsp 630.919-AgRg, Min. Fernando Gonçalves, j. 15.2.05, DJU 14.3.05). No mesmo sentido: STJ-3ª T., Ag em REsp 1.248.477-AgInt, Min. Ricardo Cueva, j. 1.10.18, DJ 4.10.18.

"Denunciação da lide. Não será admissível quando o reconhecimento da responsabilidade do denunciado suponha seja negada a que é atribuída ao denunciante. Em tal caso, se acolhidas as alegações do denunciante, a ação haverá de ser julgada improcedente e não haverá lugar para regresso. Desacolhidas, estará afastada a responsabilidade do denunciado" (RSTJ 84/202).

Em suma: "A denunciação da lide **não é forma de correção da ilegitimidade passiva**" (STJ-4ª T., REsp 526.524, Min. Cesar Rocha, j. 21.8.03, DJU 13.10.03). No mesmo sentido: RJTAMG 24/217, JTJ 297/437.

S/ correção da legitimidade passiva, v. arts. 338 e 339.

Art. 125: 4. Não se considera admissível a denunciação da lide:

— em fase de liquidação de sentença (Lex-JTA 137/267);

— nos embargos à execução de título extrajudicial (RSTJ 24/280, maioria; RT 717/164, JTA 60/129, 87/344, JTAERGS 95/245, RJTAMG 20/262, RJM 172/253, Bol. AASP 1.153/15);

— "Não cabe denunciação da lide em medida cautelar de produção antecipada de prova" (STJ-4ª T., REsp 934.582-EDcl-AgRg, Min. Luis Felipe, j. 27.3.12, DJ 10.4.12);

— na ação de exigir contas (RJTJERGS 169/241);

— na ação civil pública (LACP 19, nota 1);

— nos casos dos arts. 13 § ún. e 101-II, *in fine*, do CDC (v. seu art. 88);

— nas execuções fiscais (LEF 16, nota 4, e 17, nota 3);

— no Juizado Especial (LJE 10);

— nas ações de despejo (v. LI 59, nota 12).

Casos em que não tem sido admitida a denunciação da lide:

— ao Estado, pelo arrematante, na ação de anulação da arrematação (RT 620/134);

— por empresa de vigilância, "para a eventual apuração de responsabilidade decorrente de ato delituoso de empregado seu, em ação de indenização, por roubo de valores, proposta contra o banco locador do cofre onde se encontravam aqueles bens" (STJ-3ª T., REsp 8.972, Min. Cláudio Santos, j. 29.4.91, DJU 27.5.91);

— em ação do cliente contra o banco, que buscava integrar à lide a empresa transportadora contratada para a entrega dos talões de cheque roubados, "por pretender o réu inserir discussão jurídica alheia ao direito da autora, cuja relação contratual é direta e exclusiva com a instituição financeira" (STJ-4ª T., REsp 1.024.791, Min. Aldir Passarinho Jr., j. 5.2.09, DJ 9.3.09);

— pelo hospital aos profissionais que atenderam a paciente, "se não se acha plenamente configurado que houve escolha pessoal da autora na contratação dos médicos" (STJ-4ª T., REsp 125.669, Min. Aldir Passarinho Jr., j. 20.9.01, DJU 4.2.02). Ainda: "Médica plantonista que atendeu menor que faleceu no dia seguinte. Ação de indenização contra o hospital. Denunciação da médica à lide. Impossibilidade. Serviço de emergência. Relação de preposição do médico com o hospital. Responsabilidade objetiva do hospital. Produção de provas que não interessam ao paciente" (STJ-3ª T., REsp 801.691, Min. Ricardo Cueva, j. 6.12.11, DJ 15.12.11);

— pelo fabricante ao comerciante, em demanda movida contra aquele pelo consumidor de produto estragado (JTJ 329/443: AP 477.550-4/9-00);

— pelo prestador de serviço ao fabricante, em demanda movida em face daquele pelo consumidor em razão da qualidade do serviço prestado (STJ-3ª T., REsp 1.123.195, Min. Massami Uyeda, j. 16.12.10, DJ 3.2.11);

— do autor ao seu antecessor, no caso de ação de indenização por desapropriação indireta (STF-RT 636/188);

— pelo réu ao vendedor, em ação de instituição de servidão (RJTJESP 56/191);

— do fiador ao afiançado (RT 730/290, JTA 100/344).

Art. 125: 5. Considera-se admissível a denunciação da lide:

— ao litisconsorte passivo (v. art. 126, nota 2);

— nas consignações em pagamento (v. art. 544, nota 2);

— em ação de depósito (RT 505/166). **Contra:** JTA 93/101;

— nas ações possessórias (RT 510/110, 607/109, RJTJESP 29/161, 49/195, RF 246/346, JTAERGS 72/94, RP 39/285);

— na ação de usucapião (RT 510/110);

— na ação de divisão (RJTJERGS 148/241);

— nas discriminatórias (RT 671/121, JTA 126/177);

— em embargos de terceiro: "Os embargos de terceiro, por constituírem ação autônoma que visa eliminar a eficácia de ato jurídico emanado de outra ação, comportam denunciação à lide para resguardo de possível risco de evicção" (STJ-3ª T., REsp 161.759, Min. Pádua Ribeiro, j. 3.5.05, DJU 13.6.05). Também admitindo a denunciação em embargos de terceiro: TFR-4ª T., AC 55.577, Min. Bueno de Souza, j. 30.11.80, DJU 26.2.81; RJ 255/64. **Contra:** RT 726/425, JTA 112/86, JTJ 292/407;

— no contexto da ação monitória: "Com a oposição dos embargos pelo réu em ação monitória, cessa a fase de cognição sumária, ordinarizando-se o rito procedimental. Faz-se possível a denunciação da lide em sede de embargos à monitória ante eventual direito regressivo por obrigação legal ou contratual" (STJ-4ª T., REsp 751.450, Min. João Otávio, j. 10.11.09, DJ 22.2.10). **Contra:** "Qualquer que seja a solução dada aos embargos, não haverá lugar para a hipótese prevista no art. 76 do CPC, eis que em nenhuma delas ocorrerá a condenação do embargante em pagar a dívida, mas tão somente a constituição ou não do título executivo judicial" (JTJ 293/371);

— na ação *ex empto* (RT 484/94, Bol. AASP 887/304).

Casos em que se tem admitido a denunciação da lide:

— ao empregado, pelo empregador, acionado por ato daquele (RT 493/82, JTA 86/154, 100/166), desde que o empregado tenha agido dolosamente (Bol. AASP 1.479/40, maioria). Considerando, inclusive, obrigatória a denunciação, neste caso: RSTJ 37/496. **Contra,** não admitindo em caso algum a denunciação: RT 475/97, 503/88, 504/231, RF 298/186, RJTJESP 45/234, JTA 99/153, Bol. AASP 967/77;

— ao servidor público, pela Fazenda Pública, demandada por ato daquele (RSTJ 40/285, 58/260, maioria, 66/216, 132/58, dois votos vencidos, STJ-RT 667/172, RT 611/128, JTA 104/30, Bol. AASP 1.022/130, RP 21/310, RBDP 43/118). **Contra:** RT 657/115, 743/257, 834/190, RJTJESP 101/333, maioria, JTA 90/161, 94/99, RJ 246/97. S/ responsabilidade objetiva do Estado, v. art. 17, nota 7.

"É de todo recomendável que o agente público, responsável pelos danos causados a terceiros, integre, desde logo, a lide, apresente sua resposta, produza prova e acompanhe toda a tramitação do processo" (STJ-RT 667/172).

"Na ação reparatória, pode a entidade pública promover a denunciação da lide ao seu preposto, sem necessidade de atribuir-lhe, desde logo, a culpa pela ocorrência" (RSTJ 106/167);

— à Fazenda Pública, pelo funcionário demandado por ato praticado no exercício da função (RJTJESP 36/175). V. art. 17, nota 7;

— ao construtor, pelo proprietário, demandado por dano decorrente da construção (Bol. AASP 989/148, em. 02);

— ao terceiro causador do dano, pela transportadora (RT 709/142);

— à seguradora, pelo segurado (RSTJ 40/373; STJ-3ª T., REsp 28.611-0, Min. Nilson Naves, j. 1.12.92, DJU 8.2.93; STJ-4ª T., REsp 4.785, Min. Cesar Rocha, j. 2.4.96, DJU 6.5.96; STF-RAMPR 44/148, RT 468/72, 470/99, 477/112, 497/101, RJTJESP 40/72, RF 251/205, Bol. AASP 1.038/210). **Contra:** TFR-RF 256/219;

Cabe a denunciação da lide à seguradora pelo segurado, seja o seguro obrigatório, seja facultativo (RT 477/172);

— ao emitente de nota promissória, na ação movida pelo proprietário do título contra o portador encarregado de sua cobrança e que o deixou extraviar-se, pois o réu, se condenado, ficará sub-rogado nos direitos do credor, podendo voltar-se regressivamente contra o emitente (STJ-3ª T., REsp 3.795, Min. Eduardo Ribeiro, j. 26.11.90, DJU 4.2.91).

Art. 125: 6. CDC 101: "Na ação de responsabilidade civil do fornecedor de produtos e serviços, sem prejuízo do disposto nos Capítulos I e II deste Título, serão observadas as seguintes normas: ... **II** — o réu que houver contratado seguro de responsabilidade poderá chamar ao processo o segurador, vedada a integração do contraditório pelo Instituto de Resseguros do Brasil".

"Não há incoerência no sistema normativo, quando se confronta o disposto no artigo 101, inciso II, do Código de Defesa do Consumidor e o artigo 70, inciso III, do CPC, porquanto inexistente regra de direito material que condicione a operação de resseguro à denunciação da lide ao IRB" (STJ-4ª T., REsp 1.107.613, Min. Marco Buzzi, j. 25.6.13, DJ 6.8.13).

Também afirmando o descabimento da denunciação da lide ao IRB por seguradora integrada a processo lastreado em relação de consumo: RT 828/283.

Todavia, em se tratando de processo no qual não se discute relação de consumo, admite-se a denunciação da lide ao IRB pela seguradora: JTJ 312/423 (no caso, o processo tinha na sua origem um acidente de trânsito).

Em matéria de resseguro, v. tb. LC 126/2007.

Art. 125: 7. i. e., não se admite mais a denunciação "coletiva" (não sucessiva) dos antecessores na cadeia de alienantes.

S/ possibilidade de denunciação sucessiva, v. § 2º.

Art. 125: 8. "A caracterização da **evicção** se dá pela perda definitiva da propriedade; essa perda se pode dar também em decorrência de apreensão por autoridade policial, e não apenas por sentença judicial" (STJ-4ª T., REsp 51.875, Min. Sálvio de Figueiredo, j. 12.5.97, DJU 23.6.97).

"Para o exercício do direito que da evicção resulta ao adquirente, não é exigível prévia sentença judicial, bastando que fique ele privado do bem por ato de autoridade administrativa" (RSTJ 74/219). No mesmo sentido: STJ-3ª T., AI 1.165.931-AgRg, Min. Sidnei Beneti, j. 20.10.09, DJ 29.10.09.

"O direito de demandar pela evicção não supõe, necessariamente, a perda da coisa por sentença judicial. Hipótese em que, tratando-se de veículo roubado, o adquirente de boa-fé não estava obrigado a resistir à autoridade policial; diante da evidência do ato criminoso, tinha o dever legal de colaborar com as autoridades, devolvendo o produto do crime" (RSTJ 130/233).

Art. 125: 9. "O evicto há de ser indenizado amplamente, inclusive por construções que tenha erigido no imóvel. A expressão 'benfeitorias' contida no art. 1.112 do Código Civil há de ser entendida como compreendendo acessões" (RSTJ 116/225). O art. 1.112 do CC rev. corresponde ao CC 453.

Art. 125: 10. "A denunciação da lide só deve ser admitida quando o denunciado esteja obrigado, por força de lei ou do contrato, a garantir o resultado da demanda, caso o denunciante resulte vencido, vedada a intromissão de **fundamento novo** não constante da ação originária" (RSTJ 142/346). No mesmo sentido: STJ-4ª T., REsp 701.868, Min. Raul Araújo, j. 11.2.14, RP 231/419; RSTJ 14/440, 58/319, 133/277, 154/393, STJ-RT 780/207, RT 492/159, 799/395, RJTJERGS 167/273, 168/216, JTA 98/122, JTJ 336/74 (AI 615.862-4/7-00).

"Essa responsabilidade do denunciado de compor o prejuízo, seja legal ou contratual, deve ser comprovada pelo denunciante de plano por provas necessárias à própria instrução da ação principal; se assim não for, evidencia-se a introdução de fundamento novo a afastar o instituto" (STJ-5ª T., REsp 351.808, Min. Edson Vidigal, j. 27.11.01, DJU 4.2.02).

"A denunciação à lide, fora das hipóteses dos incisos I e II do art. 70 do Código de Processo Civil, somente é cabível quando há efetivo direito de garantia decorrente de lei ou de contrato, sub-rogando-se o denunciado no lugar do demandado, não bastando a mera vinculação lógica e formal entre os contratos firmados entre demandante e demandado e entre demandado e denunciado" (STJ-Corte Especial, ED no REsp 681.881, Min. Hamilton Carvalhido, j. 4.5.11, maioria, DJ 7.11.11).

"Não havendo relação jurídica entre litisdenunciante e litisdenunciado, não há como se admitir o pedido de denunciação da lide" (RSTJ 67/441).

"Se o denunciante intenta eximir-se da responsabilidade pelo evento danoso, atribuindo-a com exclusividade a terceiro, não há como dizer-se situada a espécie na esfera da influência do art. 70, III, do CPC, de modo a admitir-se a denunciação da lide, por isso que, em tal hipótese, não se divisa o direito de regresso, decorrente de lei ou do contrato" (RSTJ 53/301).

Art. 125: 10a. por lei: v., no índice, Direito regressivo.

Art. 125: 11. pelo contrato: v., p. ex., RJTJESP 98/161 (indenização decorrente de cláusula contratual).

Art. 125: 12. **Súmula 529 do STJ:** "No **seguro de responsabilidade civil facultativo,** não cabe o ajuizamento de ação pelo terceiro prejudicado direta e exclusivamente em face da seguradora do apontado causador do dano".

"No seguro de responsabilidade civil facultativo a obrigação da seguradora de ressarcir danos sofridos por terceiros pressupõe a responsabilidade civil do segurado, a qual, de regra, não poderá ser reconhecida em demanda na qual este não interveio, sob pena de vulneração do devido processo legal e da ampla defesa" (STJ-2ª Seção, REsp 962.230, Min. Luis Felipe, j. 8.2.12, DJ 20.4.12).

"Impõe-se demandar quem se apresenta como responsável direto para suportar possível condenação, cabendo a este, se for o caso, denunciar da lide aquele que, por contrato, se obrigou a indenizar os prejuízos advindos de eventual sucumbência (art. 70, III, CPC)" (STJ-RT 693/264: 4ª T.).

Todavia: "Em ação de reparação de danos, a seguradora possui legitimidade para figurar no polo passivo da demanda em litisconsórcio com o segurado, apontado causador do dano" (STJ-4ª T., REsp 1.076.138, Min. Luis Felipe, j. 22.5.12, DJ 5.6.12). No mesmo sentido: JTJ 318/156 (AP 1.009.622-0/6).

Contra, dando pela **ilegitimidade *ad causam* da seguradora,** ainda quando **em litisconsórcio** passivo com o segurado: STJ-3ª T., REsp 1.422.873, Min. Ricardo Cueva, j. 13.3.18, DJ 20.3.18.

Contra, noutro sentido, para autorizar a **demanda unicamente contra a seguradora** do causador do dano: "A interpretação do contrato de seguro dentro de uma perspectiva social autoriza e recomenda que a indenização prevista para reparar os danos causados pelo segurado a terceiro seja por este diretamente reclamada da seguradora. Não obstante o contrato de seguro ter sido celebrado apenas entre o segurado e a seguradora, dele não fazendo parte o recorrido, ele contém uma estipulação em favor de terceiro. E é em favor desse terceiro — na hipótese, o recorrido — que a importância segurada será paga. Daí a possibilidade de ele requerer diretamente da seguradora o referido pagamento. O fato de o segurado não integrar o polo passivo da ação não retira da seguradora a possibilidade de demonstrar a inexistência do dever de indenizar" (STJ-RT 918/799: 3ª T., REsp 1.245.618). No mesmo sentido: RSTJ 168/377 (4ª T., REsp 257.880, maioria).

S/ seguro obrigatório de danos pessoais causados por veículos automotores de via terrestre (DPVAT), v., no CCLCV, tít. SEGUROS, Lei 6.194, de 19.12.74.

V. art. 128, notas 5 e segs. V. tb. CDC 101-II.

Art. 125: 13. Lei 4.619, de 28.4.65 — Dispõe sobre a ação regressiva da União contra seus agentes.

Art. 125: 14. Súmula 188 do STF: "O segurador tem **ação regressiva** contra o causador do dano, pelo que efetivamente pagou, até ao limite previsto no contrato de **seguro**".

Art. 125: 15. Se não há direito de regresso, é incabível a denunciação (STF-RT 605/241). No mesmo sentido: RTJ 126/404 e STF-RT 631/255.

Assim, a ré acusada de poluição de águas não pode denunciar a lide a outras companhias, também supostamente responsáveis por essa poluição (RJTJESP 50/227, maioria).

V. tb. nota 3.

Art. 125: 16. s/ situações em que a denunciação da lide tem sido ou não admitida, v. notas 4 e 5.

Art. 125: 17. Se, embora denunciada a lide, a sentença deixou de julgar a denunciação, o adquirente poderá, em ação direta, demandar o alienante pelas perdas e danos resultantes da evicção (RJTJERGS 148/241).

Art. 125: 18. Porém, a parte que não denuncia a lide fica sem título executivo que a habilite a exercer desde logo o direito de regresso (v. art. 129-*caput* c/c art. 515-I).

Art. 126. A citação[1 a 1b] do denunciado[2] será requerida[3 a 5] na petição inicial, se o denunciante for autor,[5a] ou na contestação,[5b a 7] se o denunciante for réu,[8] devendo ser realizada na forma e nos prazos previstos no art. 131.[9 a 13] [Dispositivo correspondente no CPC/1973: art. 71]

Art. 126: 1. "A denunciação da lide é ação, pelo que a peça na qual for formulado o requerimento de denúncia deve satisfazer as exigências dos arts. 282 e 283 do CPC" (STJ-2ª T., REsp 19.074, Min. Adhemar Maciel, j. 2.10.97, DJU 20.10.97).

Art. 126: 1a. "Não processada regularmente a denunciação da lide requerida **informalmente** na contrariedade, inadmissível é reconhecer-se a final, na sentença, o pretendido direito de regresso contra os corréus na causa" (RSTJ 17/267, maioria). No caso, os denunciados, que eram corréus na ação principal, não foram intimados para responder à denunciação formulada por um dos corréus. O STJ reputou obrigatória tal intimação, a fim de que pudessem exercitar seu direito de defesa; por isso, não conhecendo do recurso especial, manteve o acórdão que deixara de julgar a denunciação pelo merecimento; todavia, ressalvou ao denunciante a possibilidade de pleitear o direito de regresso em ação autônoma.

Art. 126: 1b. A citação do denunciado é desnecessária, se ele já integra a lide (RT 473/102, RP 3/331, em.). Nesse caso, seu advogado deverá ser intimado (argumento do art. 343 § 1º) para responder à denunciação.

Art. 126: 2. Pode ser denunciado à lide o **litisconsorte passivo** (STJ-3ª T., REsp 8.185, Min. Cláudio Santos, j. 28.5.91, DJU 24.6.91; RT 506/142, RJTJESP 112/342, 128/319, Lex-JTA 147/28).

"Nada obsta a denunciação da lide requerida por um réu contra outro, porque somente assim se instaura entre eles a lide simultânea assecuratória do direito regressivamente postulado" (STJ-3ª T., REsp 1.670.232, Min. Nancy Andrighi, j. 16.10.18, DJ 18.10.18).

V. nota anterior.

Art. 126: 3. "Se a denunciação da lide constitui exercício antecipado e condicional do direito de regresso, o ato de requerê-la equipara-se à propositura de uma ação, do denunciante em face do denunciado. Basta essa consideração para evidenciar que ao órgão judicial jamais é lícito ordenar a denunciação da lide sem que a parte a tenha requerido, pois, com ressalva de exceções expressas na lei, a iniciativa da parte é indispensável para o exercício de qualquer ação: *ne procedat judex ex officio*" (RP 35/297, acórdão relatado pelo Des. Barbosa Moreira). No mesmo sentido: RT 611/126, RJTJESP 126/297.

Art. 126: 3a. O juiz tem o poder-dever de **rejeitar liminarmente** a denunciação, se o denunciante não faz desde logo a prova do fato alegado (RJTJESP 95/269) ou se esta se afigura meramente protelatória (TFR-4ª T., Ag 40.313, Min. Carlos Madeira, j. 27.6.79, DJU 10.10.79).

Mas, se cabível a denunciação da lide, não pode ser indeferida pelo magistrado, que não tem o arbítrio de determinar que ela se efetive ou não (RJTAMG 18/274). Por outras palavras: "Se a denunciação for manifestamente infundada, poderá ou deverá ser liminarmente indeferida; o fato dela não estar desde o seu início provada 'com segurança', hipótese diversa da anterior, não autoriza esse indeferimento liminar" (RJTJESP 124/331; citação da p. 332).

"O requerimento de denunciação da lide nem sempre deve merecer deferimento, cumprindo ao Judiciário examinar criteriosamente seu cabimento no caso concreto" (STJ-4ª T., REsp 2.545, Min. Sálvio de Figueiredo, j. 19.6.90, DJU 6.8.90).

Art. 126: 3b. "Processada a causa sem a denunciação da lide, a **anulação do feito** contraria as finalidades do instituto, inspirado pelo princípio da economia processual. Por isso que, mesmo nas hipóteses em que o juiz a indefere quando deveria deferi-la, a jurisprudência vem se orientando no sentido de não anular o processo" (STJ-2ª T., REsp 109.208, Min. Ari Pargendler, j. 4.8.98, DJU 24.8.98). "Conquanto possível a denunciação da lide, indeferido ou omitido o pedido, é injustificável a anulação do processo, conflitando-se com o princípio da economia processual. Demais, fica resguardado o direito de regresso em ação autônoma" (STJ-1ª T., REsp 128.051, Min. Milton Luiz Pereira, j. 1.3.01, DJU 17.9.01). No mesmo sentido: STJ-3ª T., REsp 1.341.949-AgRg, Min. Sidnei Beneti, j. 21.3.13, DJ 3.4.13; RSTJ 37/496, 48/213, maioria, 63/212, 85/171, 102/183, 154/172, 180/49, STJ-RT 775/213, RT 657/118, JTA 65/83, 67/61, 77/99, 82/75, 91/49, 95/171, 102/148.

V. tb. art. 129, nota 1.

Art. 126: 3c. É requisito para a admissão da denunciação da lide que o juízo da ação principal tenha **competência absoluta** para julgar a ação regressiva (v., por analogia, art. 327 § 1º).

Art. 126: 4. Contra a decisão que delibera sobre pedido de denunciação da lide cabe **agravo de instrumento,** cf. art. 1.015-IX.

S/ indeferimento da denunciação da lide e preclusão, v. art. 507, nota 4a.

Art. 126: 5. Não basta fazer a denunciação da lide: é preciso "expor os fatos e fundamentos jurídicos" dela, para que o denunciado possa se defender (JTA 107/273).

Art. 126: 5a. "Uma vez citado o réu, fecha-se para o autor o caminho de pleitear, **aditando a inicial,** a denunciação da lide" (RT 839/251).

Art. 126: 5b. s/ prazo para contestar, v. art. 335 e respectiva nota 3.

Art. 126: 6. Sendo a denunciação aceita pelo denunciado, não pode o juiz rejeitá-la, sob alegação de extemporaneidade (RT 669/174).

"Embora a denunciação da lide tenha sido formulada intempestivamente, a recorrida reconheceu, ainda que parcialmente, sua condição de garantidora. Portanto, ao reconhecer esse vício do oferecimento da denunciação da lide e anular todos os atos processuais praticados, o Tribunal de origem agiu em descompasso com os princípios da primazia do julgamento de mérito e da instrumentalidade das formas" (STJ-3ª T., REsp 1.637.108, Min. Nancy Andrighi, j. 6.6.17, DJ 12.6.17).

V. tb. notas 12 e 13.

Art. 126: 7. "A denunciação da lide deve ser requerida na contestação, quando solicitada pelo réu, sendo incabível em grau de recurso" (RT 889/357: TJRN, AP 2009.004516-6).

Art. 126: 8. Se o réu foi declarado **parte ilegítima,** a denunciação por ele feita fica prejudicada (STJ-2ª T., REsp 72.604, Min. Ari Pargendler, j. 18.8.97, DJU 15.9.97).

A esse propósito, há um acórdão entendendo que, se o réu se defende, na ação principal, alegando ilegitimidade passiva, não pode denunciar a lide a terceiro (Lex-JTA 149/92). *Data venia*, não é assim, porque a sentença pode rejeitar a alegação de ilegitimidade (foi, aliás, o que aconteceu nesse caso) e julgar procedente a ação, de sorte que, pelo princípio da eventualidade, a denunciação não podia ser rejeitada liminarmente.

Art. 126: 9. v. art. 131 e notas.

Art. 126: 10. "**O despacho que ordena a citação do litisdenunciado** é de mero expediente, o que implica sua irrecorribilidade" (STJ-4ª T., REsp 8.272, Min. Fontes de Alencar, j. 1.4.97, DJU 20.10.97). Nesse caso, o denunciado contestou a denunciação e agravou contra a decisão que deferira a sua citação. Como bem acentuou o Min. Ruy Rosado, "diferente seria se quem estivesse recorrendo fosse o autor da ação", hipótese em que, segundo entendemos, seria cabível agravo **(contra,** entendendo que, por falta de lesividade, o autor não tem recurso contra a **decisão que defere denunciação da lide requerida pelo réu:** RT 612/96).

Art. 126: 11. "Não promovendo o litisdenunciante a citação da litisdenunciada, não contraria o art. 70, III, do CPC o acórdão que confirma decisão do juiz da causa que determina o prosseguimento da ação" (STJ-3ª T., REsp 26.999-8, Min. Dias Trindade, j. 14.12.92, DJU 1.3.93).

Art. 126: 12. "Havendo o **comparecimento espontâneo** do denunciado, não incide o ônus processual de realização da citação nos termos do art. 72, § 2º, do CPC" (RT 687/106).

"A denunciação da lide, a rigor, torna-se insubsistente se a citação do denunciado não se perfaz no prazo legal. Entretanto, não se havendo extraído tal consequência na oportunidade própria, tendo o denunciado oferecido defesa inclusive quanto ao mérito, e chegando o feito ao momento da sentença, a melhor solução, para evitar inútil desperdício de atividade processual, consiste em reputar preclusa a apreciação do defeito" (RF 311/138).

Art. 126: 13. "A consequência prevista no art. 72, § 2º, do CPC, somente há de impor-se em caso de culpa ou dolo imputável ao denunciante. Ausência, ademais, de prejuízo para a denunciada" (RSTJ 15/435).

Art. 127. Feita a denunciação pelo autor, o denunciado poderá assumir a posição de litisconsorte[1] do denunciante e acrescentar novos argumentos à petição inicial,[2] procedendo-se em seguida à citação do réu. [Dispositivo correspondente no CPC/1973: art. 74]

Art. 127: 1. v. arts. 113 a 118. Todavia, v. tb. CF 102, nota 16.

Cabe ao denunciado coadjuvar o denunciante. Não pode, por isso, arguir fato novo, contrariando os interesses deste (RT 570/99).

Art. 127: 2. O prazo para o denunciado aditar a petição inicial é de 15 dias (art. 335 c/c art. 231); e, se intervier no processo, passará, daí em diante, a ser considerado como litisconsorte do autor.

Art. 128. Feita a denunciação pelo réu:[1-2] [Dispositivo correspondente no CPC/1973: art. 75-*caput*]

I — se o denunciado contestar o pedido formulado pelo autor, o processo prosseguirá tendo, na ação principal, em litisconsórcio, denunciante e denunciado;[3 a 3b] [Dispositivo correspondente no CPC/1973: art. 75-I]

II — se o denunciado for revel,[4] o denunciante pode deixar de prosseguir com sua defesa, eventualmente oferecida, e abster-se de recorrer, restringindo sua atuação à ação regressiva; [Dispositivo correspondente no CPC/1973: art. 75-II]

III — se o denunciado confessar os fatos alegados pelo autor na ação principal, o denunciante poderá prosseguir com sua defesa ou, aderindo a tal reconhecimento, pedir apenas a procedência da ação de regresso. [Dispositivo correspondente no CPC/1973: art. 75-III]

Parágrafo único. Procedente o pedido da ação principal, pode o autor, se for o caso, requerer o cumprimento da sentença também contra o denunciado, nos limites da condenação deste na ação regressiva.[5 a 7] [Sem dispositivo correspondente no CPC/1973]

Art. 128: 1. s/ denunciação da lide por curador especial, v. art. 72, nota 3.

Art. 128: 2. "Não é lícito ao réu denunciar à lide terceiro, para figurar como denunciado do autor" (RTJ 108/459).

Art. 128: 3. "Passando ao largo da discussão acerca da natureza jurídica que o denunciado assume no processo, isto é, se assistente simples, assistente litisconsorcial ou litisconsorte, tal qual enuncia o art. 75, I, do CPC, em qualquer caso, tem-se-lhe reconhecido, e não poderia ser diferente, o interesse em oferecer resistência, de forma ampla, à pretensão deduzida pelo adversário do denunciante, tendo em vista que o desfecho da demanda principal poderá repercutir na demanda secundária" (STJ-3ª T., REsp 900.762, Min. Sidnei Beneti, j. 12.2.08, DJU 25.4.08).

"Diante do que dispõe o art. 75, I, do CPC, o denunciado à lide que apenas contesta a ação principal, aceitando, por consequência, a denunciação, transforma-se em litisconsorte passivo. Passa, portanto, a responder pela ação juntamente e em igualdade de condições com o réu originário, denunciante, podendo deduzir todas as alegações pertinentes à demanda, incluindo-se, como no presente caso, a arguição de usucapião como meio de defesa" (STJ-4ª T., REsp 586.107, Min. Antonio Ferreira, j. 1.4.14, DJ 2.6.14).

V. tb. art. 129.

Art. 128: 3a. Se o denunciado apenas negar sua legitimidade, cabe ao juiz decidir a controvérsia daí decorrente (RP 6/307, em. 59), pois é óbvio que com o simples fato de negar a qualidade de litisdenunciado, se esta ocorre, não poderá deixar de ser parte no processo e forrar-se aos seus efeitos (RSTJ 2/323, do voto do Min. Eduardo Ribeiro à p. 326; JTA 55/202, 56/92). **Contra,** entendendo, a nosso ver sem razão, que, recusando o denunciado essa qualidade, não cabe decidir no feito se a recusa é legítima ou não: RJTJESP 128/154.

Art. 128: 3b. A decisão que, após a intervenção do denunciado, indefere a denunciação, deve condenar o denunciante nas custas relativas ao incidente e nos honorários devidos ao advogado do denunciado (STJ-1ª T., REsp 473.825, Min. Luiz Fux, j. 20.11.03, DJU 19.12.03).

Art. 128: 4. v. art. 344.

Art. 128: 5. "Uma vez aceita a denunciação da lide e apresentada contestação quanto ao mérito da causa principal, como no caso dos autos, o **denunciado** integra o polo passivo na qualidade de litisconsorte do réu, podendo, até mesmo, ser **condenado direta e solidariamente**" (STJ-4ª T., REsp 704.983, Min. Luis Felipe, j. 1.12.09, DJ 14.12.09). No mesmo sentido: STJ-3ª T., REsp 1.172.835-AgRg, Min. Paulo Sanseverino, j. 22.2.11, DJ 28.2.11.

Súmula 537 do STJ: "Em ação de reparação de danos, a **seguradora denunciada,** se aceitar a denunciação ou contestar o pedido do autor, pode ser condenada, direta e solidariamente junto com o segurado, ao pagamento da indenização devida à vítima, nos limites contratados na apólice". Em sentido semelhante: RT 879/291 (TJAL, AP 2006.002442-4), RJM 173/85.

"A seguradora é responsável pelo pagamento dos juros de mora, em virtude da denunciação à lide, adotando-se como termo inicial dos juros a data da citação da seguradora como litisdenunciada na ação proposta pela vítima em desfavor do segurado" (STJ-4ª T., REsp 1.628.089-AgInt, Min. Raul Araújo, j. 16.2.17, DJ 6.3.17). No mesmo sentido: STJ-3ª T., REsp 1.219.910-EDcl-AgRg, Min. João Otávio, j. 15.8.13, DJ 26.8.13.

S/ execução da sentença nessas circunstâncias, v. notas 6 e 7; ação de responsabilidade civil movida diretamente contra quem estiver obrigado, em ação regressiva, a indenizar o prejuízo, v. art. 125, nota 12; s/ recurso do autor contra decisão favorável ao denunciado pelo réu, v. art. 996, nota 6a.

Art. 128: 6. "A sentença que julga procedente a denunciação da lide vale como **título executivo** (CPC, art. 76); o aparelhamento deste independe do andamento da execução da sentença proferida na ação principal, podendo o denunciado à lide ser obrigado a cumprir sua obrigação, antes que o réu o faça" (STJ-3ª T., Ag 247.761-AgRg, Min. Ari Pargendler, j. 8.2.00, DJU 20.3.00).

"Em princípio, para haver a indenização da denunciada, deve o denunciante comprovar o pagamento feito ao primitivo credor, o autor da ação. Possibilidade de que o denunciante venha aparelhar a execução contra a denunciada. Caso não comprovado o desembolso a que está obrigado o denunciante, cabe ao denunciado, na execução, colocar o numerário à disposição do Juízo, a fim de que este oportunamente proceda ao ressarcimento a que faz jus a vítima" (RSTJ 116/270).

Art. 128: 7. "Se a seguradora poderia ter sido demandada diretamente, não resta dúvida de que, ao ingressar no feito por denunciação, assumiu a condição de litisconsorte. Nessa situação, submete-se à coisa julgada e, no caso de condenação, é legitimada para figurar no polo passivo da execução, cabendo-lhe o adimplemento do débito nos limites da sua responsabilidade" (STJ-3ª T., REsp 713.115, Min. Castro Filho, j. 21.11.06, DJU 4.12.06).

S/ condenação direta do denunciante, v. nota 5; demanda condenatória ajuizada pela vítima diretamente contra a seguradora do causador do dano, v. art. 125, nota 12.

Art. 129. Se o denunciante for vencido na ação principal, o juiz passará ao julgamento da denunciação da lide.[1 a 6a] [Dispositivo correspondente no CPC/1973: art. 76]

Parágrafo único. Se o denunciante for vencedor, a ação de denunciação não terá o seu pedido examinado,[7] sem prejuízo da condenação do denunciante ao pagamento das verbas de sucumbência em favor do denunciado. [Dispositivo correspondente no CPC/1973: art. 76]

Art. 129: 1. "Havendo denunciação da lide pelo réu, o juiz deverá decidir, na mesma sentença, a relação entre o autor e o réu denunciante e a demanda derivada entre o denunciante e o denunciado" (VI ENTA-concl. 27, aprovada por unanimidade). No mesmo sentido: RSTJ 5/363, maioria, 77/243.

"A sentença que decide apenas a ação principal, omitindo-se quanto à ação secundária de denunciação da lide, é nula" (STJ-3ª T., REsp 843.392, Min. Ari Pargendler, j. 25.9.06, DJU 23.10.06). No mesmo sentido: STJ-2ª T., REsp 52.157-2, Min. Hélio Mosimann, j. 18.9.95, maioria, DJU 4.12.95; RT 498/89, 578/215, RF 291/340, RJTJESP 62/217, JTA 49/64, RJTAMG 19/231.

Todavia: "Se, a despeito de ter sido articulada, a denunciação da lide deixou de ser processada, a sentença não pode reconhecer o direito de regresso; mal formada a relação processual na ação secundária, o defeito não contamina aquela resultante da ação principal, subsistindo, neste ponto, a sentença que julgou procedente a ação" (RSTJ 145/296). V. tb. art. 126, nota 3b.

Art. 129: 2. Pode ser rescindida a sentença que deixa de julgar a lide secundária objeto da denunciação (RT 724/408, maioria).

Art. 129: 3. Sendo a denunciação da lide julgada pelo mesmo pronunciamento que examina a ação principal, está-se diante de sentença, impugnável por **apelação** (v. art. 1.009).

Todavia, se a denunciação da lide é examinada de maneira antecipada, p. ex., para a exclusão do litisdenunciado do processo, a respectiva decisão deve ser atacada por **agravo de instrumento** (v. art. 1.015-VII).

Art. 129: 3a. "Quando o **tribunal** reforma sentença de improcedência do pedido principal, compete-lhe apreciar também a denunciação à lide" (STJ-3ª T., AI 305.835-AgRg, Min. Pádua Ribeiro, j. 16.5.02, DJU 17.6.02). No mesmo sentido: RSTJ 173/329 (4ª T., REsp 439.826).

"No caso de improcedência, falta interesse processual ao réu para apelar. Isto é, rejeitado o pedido principal, tal impede o exame da denunciação. Se o acórdão, porém, inverte o resultado do julgamento, tornando procedente o pedido principal, compete-lhe pronunciar-se sobre a denunciação. Isto é, compete-lhe, então, julgar ambas as ações, a principal e a secundária" (RSTJ 71/260: 3ª T., REsp 38.370). No mesmo sentido: STJ-4ª T., REsp 94.227, Min. Ruy Rosado, j. 20.8.96, DJU 7.10.96.

Art. 129: 4. Legitimidade recursal e amplitude do recurso. "A denunciada/recorrente que aceita parcialmente a denunciação e contesta a inicial da ação instaurada entre o autor/recorrido e a ré/denunciante, torna-se litisconsorte desta e, como decorrência, legitimada para recorrer da sentença que julgou a lide primária de que lhe resultou uma condenação" (RSTJ 115/333: 4ª T., REsp 99.453). Assim, mesmo que o denunciante não recorra ou que seu recurso não seja conhecido, o recurso do denunciado que impugna o desfavorável julgamento da demanda inicial deve ser julgado (STJ-3ª T., REsp 900.762, Min. Sidnei Beneti, j. 12.2.08, DJU 25.4.08). V. tb. art. 128, nota 3.

"A autora da ação de indenização tem interesse em ver julgada procedente a denunciação da lide feita pela ré à sua seguradora; daí a legitimidade dela, autora, para recorrer da sentença que julga improcedente a ação secundária" (STJ-4ª T., REsp 197.741, Min. Ruy Rosado, j. 4.2.03, um voto vencido, DJU 19.5.03).

Art. 129: 5. Procedência da ação principal e da denunciação. "Não havendo resistência da denunciada, ou seja, vindo ela a aceitar a sua condição e se colocando como litisconsorte do réu denunciante, descabe a sua condenação em honorários pela denunciação da lide, em relação à ré-denunciante" (STJ-4ª T., REsp 530.744, Min. Sálvio de Figueiredo, j. 19.8.03, DJU 29.9.03). No mesmo sentido: STJ-2ª T., REsp 1.065.437, Min. Eliana Calmon, j. 5.3.09, DJ 2.4.09; RSTJ 88/126, RJTJMG 58/193, maioria. Mas, "condenados denunciante e denunciada, esta irá ressarcir as despesas com honorários que recairão sobre o réu na lide principal" (STJ-4ª T., REsp 120.719, Min. Ruy Rosado, j. 22.10.97, DJU 12.4.99).

Todavia: "A denunciada à lide que resiste ao requerimento de denunciação pode ser condenada ao pagamento dos ônus da sucumbência, ao ficar vencida no julgamento de procedência da denunciação" (STJ-4ª T., REsp 86.486, Min. Ruy Rosado, j. 9.4.96, DJU 6.5.96).

Em suma: "Se não há resistência da denunciada, ou seja, vindo ela a aceitar a sua condição e se colocando como litisconsorte do réu denunciante, descabe a sua condenação em honorários pela denunciação. Caso contrário, se a denunciada enfrenta a própria denunciação e é vencida, responde pela verba advocatícia" (STJ-3ª T., REsp 142.796, Min. Pádua Ribeiro, j. 4.5.04, DJU 7.6.04).

Aliás, essa solução quanto aos honorários entre o denunciante e o denunciado independe do resultado do julgamento da ação principal. Assim: "Julgada procedente a lide secundária, a litisdenunciada, vencida, pagará as despesas judiciais e os honorários do advogado do denunciante. Desinfluente tenha a decisão concluído pela procedência da ação principal, já que esta demanda é entre o denunciante e o autor" (STJ-4ª T., REsp 120.719, Min. Ruy Rosado, j. 22.10.97, DJU 12.4.99). No mesmo sentido: RT 813/394.

S/ honorários no caso de indeferimento da denunciação, v. art. 128, nota 3b.

Art. 129: 5a. Denunciação da lide feita pelo autor. Julgada improcedente a ação principal, "responde também pelos ônus da sucumbência o litisdenunciado que comparece aos autos e adita a petição inicial, assumindo a posição de litisconsorte do denunciante (art. 74 do CPC)" (RSTJ 165/359).

Art. 129: 6. "A **transação** ocorrida na lide principal entre o autor e o réu-denunciante não aproveita e nem prejudica os terceiros, especialmente quando existe denunciação da lide, não extinguindo-se, automaticamente, portanto, a demanda secundária. Não há qualquer óbice para que, na segunda demanda, entre denunciante e denunciado, o réu invoque a ausência de responsabilidade do segurado para se eximir quanto ao ressarcimento" (STJ-4ª T., REsp 316.046, Min. Luis Felipe, j. 17.2.09, DJ 23.3.09).

Art. 129: 6a. "Decisão de saneamento, confirmada pelo tribunal, considerando 'extintas' as denunciações da lide, com a exclusão dos denunciados da relação processual. Reforma do aresto em grau de recurso especial, com a admissão da postulada intervenção de terceiros. Em consequência, declara-se a **anulação** do processado a partir da decisão saneadora, renovando-se a instrução e a fase decisória" (STJ-4ª T., REsp 4.589-EDcl, Min. Athos Carneiro, j. 25.2.92, DJU 30.3.92).

Art. 129: 7. Se o litisdenunciante saiu-se vencedor no julgamento da ação, a denunciação da lide fica **prejudicada;** ou seja, não se examina o mérito da ação regressiva (RSTJ 5/363, maioria, RF 298/198, RJTAMG 30/153, RT 597/128, RJTJESP 101/332, JTA 94/142).

Capítulo III | DO CHAMAMENTO AO PROCESSO

Art. 130. É admissível o chamamento ao processo, requerido pelo réu:[1 a 4] [Dispositivo correspondente no CPC/1973: art. 77-*caput*]

I — do afiançado, na ação em que o fiador for réu; [Dispositivo correspondente no CPC/1973: art. 77-I]

II — dos demais fiadores, na ação proposta contra um ou alguns deles; [Dispositivo correspondente no CPC/1973: art. 77-II]

III — dos demais devedores solidários, quando o credor exigir de um ou de alguns o pagamento da dívida comum.[5 a 7] [Dispositivo correspondente no CPC/1973: art. 77-III]

Art. 130: 1. s/ chamamento ao processo nas ações decorrentes de relação de consumo, v. CDC 101, nota 4; no Juizado Especial, v. LJE 10.

Art. 130: 2. "Não há nulidade na condenação adequada como chamados ao processo de quem foi trazido aos autos na condição de litisdenunciados, dada a incidência da regra *narra mihi factum dabo tibi ius* no caso de figuras de intervenção de terceiros, impondo-se a admissão da **fungibilidade** no caso ante a necessidade de adequada, célere e definitiva composição da lide em todos os seus aspectos, sem remessa a outros processos, quando não há nulidade, por ausência de prejuízo às partes" (STJ-3ª T., REsp 874.372, Min. Sidnei Beneti, j. 17.11.09, DJ 30.11.09).

Art. 130: 3. "Não cabe o chamamento ao processo na **ação monitória,** a requerimento do réu que não embargou" (STJ-4ª T., REsp 337.683, Min. Ruy Rosado, j. 2.5.02, DJU 10.3.03).

Art. 130: 4. "Não se admite chamamento ao processo em **execução**" (JTA 103/354, bem fundamentado). No mesmo sentido: RTRF-3ª Reg. 17/55.

O STF firmou jurisprudência no sentido de não caber o chamamento ao processo nas execuções cambiais (RTJ 90/287, 90/565, 90/1.028-Pleno, 91/283, 91/752, 91/1.168, 93/327, 93/923). No mesmo sentido: VI ENTA-concl. 10, aprovada com dois votos contrários, RT 513/291, 525/253, 591/221, 604/108, JTA 59/183, 60/186, 91/342, Amagis 8/180.

Art. 130: 5. "A hipótese de chamamento ao processo prevista no art. 77, III, do CPC é típica de obrigações solidárias de pagar quantia. Tratando-se de hipótese excepcional de formação de litisconsórcio passivo facultativo, promovida pelo demandado, não comporta interpretação extensiva para alcançar prestação de **entrega de coisa certa,** cuja satisfação efetiva não comporta divisão" (STJ-1ª T., REsp 1.125.537, Min. Teori Zavascki, j. 16.3.10, DJ 24.3.10). No mesmo sentido: STJ-2ª T., REsp 1.009.622-AgRg, Min. Herman Benjamin, j. 3.8.10, DJ 14.9.10.

Art. 130: 6. "O chamamento ao processo da União com base no art. 77, III, do CPC, nas demandas propostas contra os demais entes federativos responsáveis para o **fornecimento de medicamentos** ou prestação de serviços de saúde, não é impositivo, mostrando-se inadequado opor obstáculo inútil à garantia fundamental do cidadão à saúde" (STJ-1ª Seção, REsp 1.203.244, Min. Herman Benjamin, j. 9.4.14, DJ 17.6.14).

Art. 130: 7. "Não há solidariedade legal da entidade de **previdência privada** com o patrocinador do fundo, a justificar o chamamento deste ao processo em que o beneficiário pleiteia a complementação de seu benefício" (STJ-3ª T., REsp 960.763, Min. Gomes de Barros, j. 18.10.07, DJU 31.10.07).

Art. 131. A citação daqueles que devam figurar em litisconsórcio passivo será requerida pelo réu na contestação[1-2] e deve ser promovida no prazo de 30 (trinta) dias, sob pena de ficar sem efeito o chamamento.[3] [Dispositivo correspondente no CPC/1973: art. 78]

Parágrafo único. Se o chamado residir em outra comarca, seção ou subseção judiciárias, ou em lugar incerto, o prazo será de 2 (dois) meses. [Sem dispositivo correspondente no CPC/1973]

Art. 131: 1. v. art. 126, nota 7.

Art. 131: 2. É intempestivo o pedido de chamamento ao processo formulado somente em apelação (JTA 31/57). Mas o prazo supra é estabelecido em benefício do autor, de modo que, se este concorda, nada impede que o chamamento se dê após a contestação (JTA 45/63), porém antes da sentença.

Art. 131: 3. v. art. 126, nota 12.

Art. 132. A sentença de procedência valerá como título executivo[1-1a] em favor do réu que satisfizer a dívida, a fim de que possa exigi-la, por inteiro, do devedor principal, ou, de cada um dos codevedores, a sua quota, na proporção que lhes tocar.[2] [Dispositivo correspondente no CPC/1973: art. 80]

Art. 132: 1. v. art. 515-I; CC 283 e 831.

Art. 132: 1a. v. CDC 101-II.

Art. 132: 2. v. CC 283 a 285.

Capítulo IV | DO INCIDENTE DE DESCONSIDERAÇÃO DA PERSONALIDADE JURÍDICA

Art. 133. O incidente de desconsideração da personalidade jurídica[1] será instaurado a pedido da parte ou do Ministério Público, quando lhe couber intervir no processo.[2] [Sem dispositivo correspondente no CPC/1973]

§ 1º O pedido de desconsideração da personalidade jurídica observará os pressupostos previstos em lei.[3]

§ 2º Aplica-se o disposto neste Capítulo à hipótese de desconsideração inversa da personalidade jurídica.[4]

Art. 133: 1. s/ desconsideração da personalidade jurídica e: embargos de terceiro, v. art. 674 § 2º-III; responsabilidade patrimonial, v. arts. 790-II e VII, 792 § 3º e 795, inclusive notas; fraude à execução, v. art. 792, nota 4; arbitragem, v. LArb 4º, nota 2a; bem de família, v. LBF 1º, notas 5 e 22a; Juizados Especiais, v. art. 1.062 e LJE 52, nota 1d; falência e recuperação judicial, v. LRF 6º, nota 1e, e 52, nota 1b.

S/ possibilidade de inclusão dos sócios no polo passivo de produção antecipada de provas ante a possibilidade de eventual desconsideração da personalidade jurídica na ação principal, v. art. 382, nota 4.

Art. 133: 2. Para a desconsideração da personalidade jurídica é obrigatória a instauração do incidente, salvo se requerida na petição inicial (cf. art. 134 § 2º). V. tb. art. 795 § 4º.

S/ ajuizamento de execução contra os sócios não devedores sem observância dos requisitos da desconsideração da personalidade jurídica, v. art. 776, nota 2.

S/ dispensabilidade do incidente de desconsideração da personalidade jurídica em matéria de execução fiscal, v. LEF 4º, nota 8.

Art. 133: 3. V., no nosso CCLCV, CC 50 e CDC 28, bem como respectivas notas.

V. tb. art. 795 e notas.

Art. 133: 4. s/ desconsideração inversa da personalidade jurídica, v. CC 50, nota 6, no nosso CCLCV.

Art. 134. O incidente de desconsideração é cabível em todas as fases do processo de conhecimento, no cumprimento de sentença e na execução fundada em título executivo extrajudicial.[1] [Sem dispositivo correspondente no CPC/1973]

§ 1º A instauração do incidente será imediatamente comunicada ao distribuidor para as anotações devidas.

§ 2º Dispensa-se a instauração do incidente se a desconsideração da personalidade jurídica for requerida na petição inicial, hipótese em que será citado o sócio ou a pessoa jurídica.

§ 3º A instauração do incidente suspenderá o processo,[1a] salvo na hipótese do § 2º.

§ 4º O requerimento deve demonstrar o preenchimento dos pressupostos legais específicos para desconsideração da personalidade jurídica.[2]

Art. 134: 1. "Descabe, por ampliação ou analogia, sem qualquer previsão legal, trazer para a desconsideração da personalidade jurídica os **prazos** decadenciais para o ajuizamento das ações revocatória falencial e pauliana. Relativamente aos direitos potestativos para cujo exercício a lei não vislumbrou necessidade de prazo especial, prevalece a regra geral da inesgotabilidade ou da **perpetuidade,** segundo a qual os direitos não se extinguem pelo não uso. Assim, à míngua de previsão legal, o pedido de desconsideração da personalidade jurídica, quando preenchidos os requisitos da medida, poderá ser realizado a **qualquer momento**" (STJ-4ª T., REsp 1.180.714, Min. Luis Felipe, j. 5.4.11, DJ 6.5.11). No mesmo sentido: "Descabe, por ampliação ou analogia, sem qualquer previsão legal, trazer para a desconsideração da personalidade jurídica os prazos prescricionais previstos para os casos de retirada de sócio da sociedade (arts. 1.003, 1.032 e 1.057 do Código Civil), uma vez que institutos diversos" (STJ-4ª T., REsp 1.348.449, Min. Luis Felipe, j. 11.4.13, DJ 4.6.13).

Art. 134: 1a. s/ suspensão do processo, v. arts. 313 e segs.

Art. 134: 2. v., no nosso CCLCV, CC 50 e CDC 28, com respectivas notas.

V. tb. art. 795 e notas.

Art. 135. Instaurado o incidente, o sócio ou a pessoa jurídica será citado para manifestar-se e requerer as provas cabíveis no prazo de 15 (quinze) dias. [Sem dispositivo correspondente no CPC/1973]

Art. 136. Concluída a instrução, se necessária, o incidente será resolvido por decisão interlocutória.[1 a 1b] [Sem dispositivo correspondente no CPC/1973]

Parágrafo único. Se a decisão for proferida pelo relator, cabe agravo interno.[2]

Art. 136: 1. v. art. 507, nota 5a (preclusão).

Art. 136: 1a. Contra essa decisão cabe agravo de instrumento (cf. art. 1.015-IV).

Art. 136: 1b. "Desconsideração da personalidade jurídica. Incidente. **Honorários advocatícios.** Descabimento" (STJ-4ª T., Ag em REsp 1.561.339-AgInt, Min. Isabel Gallotti, j. 20.4.20, DJ 24.4.20). Em sentido semelhante: STJ-3ª T., REsp 1.845.536, Min. Marco Bellizze, j. 26.5.20, maioria, DJ 9.6.20.

Art. 136: 2. v. arts. 932-VI e 1.021.

Art. 137. Acolhido o pedido de desconsideração,[1] a alienação ou a oneração de bens, havida em fraude de execução, será ineficaz em relação ao requerente.[2] [Sem dispositivo correspondente no CPC/1973]

Art. 137: 1. "Desconsideração da personalidade jurídica. Decisão que atinge a esfera jurídica dos sócios. Interesse e legitimidade recursais da pessoa jurídica. Ausência. Não há como reconhecer **interesse** à **pessoa jurídica** para **impugnar** decisão que atinge a esfera jurídica de terceiros, o que, em tese, pode preservar o patrimônio da sociedade ou minorar sua diminuição; afinal, mais pessoas estariam respondendo pela dívida contra ela cobrada originalmente" (STJ-2ª T., REsp 1.307.639-AgRg, Min. Herman Benjamin, j. 17.5.12, DJ 23.5.12).

Contra: "Desconsiderada a personalidade jurídica da sociedade, tem ela, assim como os respectivos sócios, interesse de recorrer do correspondente decisório" (STJ-4ª T., REsp 715.231, Min. João Otávio, j. 9.2.10, DJ 18.2.10).

"O interesse na desconsideração ou, como na espécie, na manutenção do véu protetor, pode partir da própria pessoa jurídica, desde que, à luz dos requisitos autorizadores da medida excepcional, esta seja capaz de demonstrar a pertinência de seu intuito, o qual deve sempre estar relacionado à afirmação de sua autonomia, vale dizer, à proteção de sua personalidade. Assim, é possível, pelo menos em tese, que a pessoa jurídica se valha dos meios próprios de impugnação existentes para defender sua autonomia e regular administração, desde que o faça sem se imiscuir indevidamente na esfera de direitos dos sócios/administradores incluídos no polo passivo por força da desconsideração" (STJ-3ª T., REsp 1.421.464, Min. Nancy Andrighi, j. 24.4.14, DJ 12.5.14).

V. tb. LEF 4º, nota 8b, e LRF 103, nota 2.

Art. 137: 2. v. arts. 790-VII e 792 § 3º.

Capítulo V | DO *AMICUS CURIAE*[1]

CAP. V: 1. s/ *amicus curiae* em: incidente de arguição de inconstitucionalidade, v. art. 950 § 3º; incidente de resolução de demandas repetitivas, v. art. 983; recursos extraordinário e especial repetitivos, v. art. 1.038-I; ação direta de inconstitucionalidade, v. LADIN 7º, notas 2 a 4 (no tít. CONTROLE DE CONSTITUCIONALIDADE); mandado de segurança, v. LMS 24, nota 7a (no tít. MANDADO DE SEGURANÇA); edição, revisão ou cancelamento de súmula vinculante, v. Lei 11.417, de 19.12.06, art. 3º § 2º (no tít. SUPREMO TRIBUNAL FEDERAL).

Art. 138. O juiz ou o relator, considerando a relevância da matéria, a especificidade do tema objeto da demanda ou a repercussão social da controvérsia, poderá, por decisão irrecorrível, de ofício ou a requerimento das partes ou de quem pretenda manifestar-se, solicitar ou admitir a participação de pessoa natural ou jurídica, órgão ou entidade especializada, com representatividade adequada, no prazo de 15 (quinze) dias de sua intimação.[1 a 1c] [Sem dispositivo correspondente no CPC/1973]

§ 1º A intervenção de que trata o *caput* não implica alteração de competência nem autoriza a interposição de recursos, ressalvadas a oposição de embargos de declaração e a hipótese do § 3º.

§ 2º Caberá ao juiz ou ao relator, na decisão que solicitar ou admitir a intervenção, definir os poderes do *amicus curiae*.

§ 3º O *amicus curiae* pode recorrer da decisão que julgar o incidente de resolução de demandas repetitivas.[2]

Art. 138: 1. Indeferindo o **pleito de ingresso** como *amicus curiae* **apresentado após o julgamento** para o qual se tencionava colaborar: STJ-1ª Seção, REsp 1.336.026-EDcl, Min. Og Fernandes, j. 13.6.18, DJ 22.6.18; STJ-3ª T., REsp 1.367.212-Pet-AgInt, Min. Ricardo Cueva, j. 6.2.18, DJ 14.2.18.

V. tb. LADIN 7º, nota 2.

Art. 138: 1a. "A intervenção de *amicus curiae* nas ações de natureza subjetiva é excepcional, justificando-se em hipóteses nas quais seja identificada uma multiplicidade de demandas similares, a indicar a generalidade do tema discutido, devendo ficar demonstrado que a intervenção tem como finalidade colaborar com a Corte e defender interesse público relevante, objetivos que não restam demonstrados no caso. A **fixação dos honorários advocatícios** depende das características próprias de cada demanda" (STJ-3ª T., REsp 1.645.719-EDcl, Min. Ricardo Cueva, j. 22.5.18, DJ 30.5.18).

"O valor da verba honorária arbitrado na origem, ainda que os agravantes o considerem irrisório, não caracteriza, por si só, hipótese de admissão da OAB Federal como *amicus curiae*" (STJ-4ª T., REsp 1.71.1104-AgInt, Min. Luis Felipe, j. 18.10.18, DJ 26.10.18; a citação é do voto do relator).

Indeferindo o ingresso do Conselho Federal da OAB como *amicus curiae* em processo no qual se discutia o cabimento da fixação de honorários advocatícios: "O interesse da peticionária tem relação apenas com o sucesso da causa em favor de uma das partes — no caso, a parte que interpôs os embargos de divergência —, circunstância que afasta a aplicação do instituto, posto que o mero interesse subjetivo no desate da lide não admite a habilitação de terceiro, como *amicus curiae*" (STJ-1ª Seção, ED no REsp 1.537.366-AgInt, Min. Assusete Magalhães, j. 24.4.19, DJ 27.5.19).

Art. 138: 1b. Indeferindo o ingresso como *amicus curiae* do Conselho Federal da OAB em processo no qual se discutia a exigibilidade de **licitação para a contratação de serviços advocatícios:** STJ-1ª Seção, ED no REsp 448.442-RCD, Min. Benedito Gonçalves, j. 13.6.18, DJ 22.6.18.

Art. 138: 1c. "A leitura do art. 138 do CPC/15 não deixa dúvida de que a **decisão** unipessoal **que verse sobre a admissibilidade do *amicus curiae*** não é impugnável por agravo interno, seja porque o *caput* expressamente a coloca como uma decisão **irrecorrível,** seja porque o § 1º expressamente diz que a intervenção não autoriza a interposição de recursos, ressalvada a oposição de embargos de declaração ou a interposição de recurso contra a decisão que julgar o IRDR" (STJ-Corte Especial, REsp 1.696.396, Min. Nancy Andrighi, j. 5.12.18, DJ 19.12.18; a citação é do voto da relatora).

Art. 138: 2. v. art. 987 e notas.

Título IV | DO JUIZ E DOS AUXILIARES DA JUSTIÇA

Capítulo I | DOS PODERES,[1] DOS DEVERES E DA RESPONSABILIDADE DO JUIZ

CAP. I: 1. "Não é o Juízo Cível competente para, no curso de processo por ele conduzido, decretar a prisão de quem descumpre ordem judicial" (STJ-5ª T., HC 37.093, Min. Laurita Vaz, j. 4.11.04, DJU 29.11.04). No mesmo sentido: STJ-3ª T., RHC 35.253, Min. Paulo Sanseverino, j. 5.3.13, DJ 26.3.13.

Art. 139. O juiz[1] dirigirá o processo[2] conforme as disposições deste Código, incumbindo-lhe: [Dispositivo correspondente no CPC/1973: art. 125-*caput*]

I — assegurar às partes igualdade de tratamento;[3] [Dispositivo correspondente no CPC/1973: art. 125-I]

II — velar pela duração razoável do processo;[4] [Dispositivo correspondente no CPC/1973: art. 125-II]

III — prevenir ou reprimir qualquer ato contrário à dignidade da justiça[5-5a] e indeferir postulações meramente protelatórias;[6] [Dispositivo correspondente no CPC/1973: art. 125-III]

IV — determinar todas as medidas indutivas, coercitivas, mandamentais ou sub-rogatórias necessárias para assegurar o cumprimento de ordem judicial,[7-7a] inclusive nas ações que tenham por objeto prestação pecuniária; [Sem dispositivo correspondente no CPC/1973]

V — promover, a qualquer tempo, a autocomposição, preferencialmente com auxílio de conciliadores e mediadores judiciais;[8] [Dispositivo correspondente no CPC/1973: art. 125-IV]

VI — dilatar os prazos processuais[9] e alterar a ordem de produção dos meios de prova, adequando-os às necessidades do conflito de modo a conferir maior efetividade à tutela do direito; [Sem dispositivo correspondente no CPC/1973]

VII — exercer o poder de polícia,[10] requisitando, quando necessário, força policial, além da segurança interna dos fóruns e tribunais; [Sem dispositivo correspondente no CPC/1973]

VIII — determinar, a qualquer tempo, o comparecimento pessoal das partes, para inquiri-las sobre os fatos da causa, hipótese em que não incidirá a pena de confesso;[11] [Dispositivo correspondente no CPC/1973: art. 342]

IX — determinar o suprimento de pressupostos processuais e o saneamento de outros vícios processuais;[12] [Sem dispositivo correspondente no CPC/1973]

X — quando se deparar com diversas demandas individuais repetitivas, oficiar o Ministério Público, a Defensoria Pública e, na medida do possível, outros legitimados a que se referem o art. 5º da Lei n. 7.347, de 24 de julho de 1985, e o art. 82 da Lei n. 8.078, de 11 de setembro de 1990, para, se for o caso, promover a propositura da ação coletiva respectiva. [Sem dispositivo correspondente no CPC/1973]

Parágrafo único. A dilação de prazos prevista no inciso VI somente pode ser determinada antes de encerrado o prazo regular. [Sem dispositivo correspondente no CPC/1973]

Art. 139: 1. v. arts. 203 a 205 (pronunciamentos do juiz); 227 e 235 (prazos para o juiz).

Deveres do juiz: LOM 35, LOJF 55.

Art. 139: 2. Alguns poderes de direção do processo: arts. 55 § 3º (reunião de processos), 190 § ún. (negócio jurídico processual), 292 § 3º (valor da causa), 315 (suspensão do processo), 357 § 7º (limitação do número de testemunhas), 456 § ún. (alteração da ordem de inquirição de testemunhas), 461 (inquirição ou acareação de testemunhas), 480 (nova perícia), 481 (inspeção judicial). No Juizado Especial, v. LJE 5º.

Art. 139: 3. v. art. 7º.

V. tb. CF 5º-*caput* e I.

S/ tratamento isonômico e iniciativa probatória do juiz, v. art. 370, nota 2.

Art. 139: 4. v. arts. 2º (impulso oficial do processo) e 370 § ún. (prova protelatória). V. tb. CF 5º-LXXVIII.

Art. 139: 5. v. arts. 77 §§ 1º e 2º, 161 § ún., 334 § 8º, 772-II e 774, 903 § 6º e 918 § ún.

Art. 139: 5a. "Honorários. Suspensão de levantamento por denúncias de apropriação do valor devido às partes por seus procuradores. Ato de gestão da execução. Cabimento. A suspensão no levantamento das referidas verbas honorárias, até que seja apurada divergência de valores, é medida administrativa de cautela que se impõe pela gestão da execução. Assim, não parece fora de razão que seja invocado o art. 125, III, do Código de Processo Civil para demonstrar a juridicidade do ato reputado coator, revestido da prudência que seria recomendável" (STJ-2ª T., RMS 46.121, Min. Humberto Martins, j. 18.9.14, DJ 29.9.14).

Art. 139: 6. s/ protelação e: inventariante, v. art. 622-II; embargos à execução, v. art. 918-III; embargos declaratórios, v. art. 1.026 §§ 2º a 4º.

Art. 139: 7. v. arts. 497 e segs. S/ cumulação de medidas para o cumprimento de sentença, v. art. 529, nota 2.

Art. 139: 7a. "Execução de título extrajudicial. Cheques. A adoção de **meios executivos atípicos** é cabível desde que, verificando-se a existência de indícios de que o devedor possua patrimônio expropriável, tais medidas sejam adotadas de modo **subsidiário,** por meio de decisão que contenha fundamentação adequada às especificidades da hipótese concreta, com observância do **contraditório** substancial e do postulado da **proporcionalidade.** Situação concreta em que o Tribunal *a quo* indeferiu o pedido do recorrente de adoção de medidas executivas atípicas sob o fundamento de que não há sinais de que o devedor esteja ocultando patrimônio, mas sim de que não possui, de fato, bens aptos a serem expropriados" (STJ-3ª T., REsp 1.788.950, Min. Nancy Andrighi, j. 23.4.19, DJ 26.4.19).

"O **acautelamento de passaporte** é medida que limita a liberdade de locomoção, que pode, no caso concreto, significar constrangimento ilegal e arbitrário, sendo o *habeas corpus* via processual adequada para essa análise. Revela-se ilegal e arbitrária a medida coercitiva de suspensão do passaporte proferida no bojo de execução por título extrajudicial (duplicata de prestação de serviço), por restringir direito fundamental de ir e vir de forma desproporcional e não razoável. Não tendo sido demonstrado o esgotamento dos meios tradicionais de satisfação, a medida não se comprova necessária. O reconhecimento da ilegalidade da medida consistente na apreensão do passaporte do paciente, na hipótese em apreço, não tem qualquer pretensão em afirmar a impossibilidade dessa providência coercitiva em outros casos e de maneira genérica. A medida poderá eventualmente ser utilizada, desde que obedecido o contraditório e fundamentada e adequada a decisão, verificada também a proporcionalidade da providência. A jurisprudência desta Corte Superior é no sentido de que a suspensão da **Carteira Nacional de Habilitação** não configura ameaça ao direito de ir e vir do titular, sendo, assim, inadequada a utilização do *habeas corpus*, impedindo seu conhecimento. É fato que a retenção desse documento tem potencial para causar embaraços consideráveis a qualquer pessoa e, a alguns determinados grupos, ainda de forma mais drástica, caso de profissionais, que têm na condução de veículos a fonte de sustento. É fato também que, se detectada esta condição particular, no entanto, a possibilidade de impugnação da decisão é certa, todavia por via diversa do *habeas corpus*, porque sua razão não será a coação ilegal ou arbitrária ao direito de locomoção, mas inadequação de outra natureza" (STJ-4ª T., RHC 97.876, Min. Luis Felipe, j. 5.6.18, DJ 9.8.18).

Ainda em matéria de passaporte: "A despeito de se poder questionar a validade do ato que impôs a medida constritiva indireta, como o impetrante ou mesmo o paciente, ao arguirem violação ao princípio da menor onerosidade da execução para o executado, não propuseram meio menos gravoso e mais eficaz ao cumprimento da obrigação exigida, a única solução aplicável ao caso concreto é a manutenção da medida restritiva impugnada (anotação de restrição à saída do país sem prévia garantia da execução), ressalvada a possibilidade de sua modificação superveniente pelo juízo competente na hipótese de ser apresentada sugestão de meio alternativo. Com efeito, sob a égide do CPC/15, não pode mais o executado se limitar a alegar a invalidade dos atos executivos, sobretudo na hipótese de adoção de meios que lhe sejam gravosos, sem apresentar proposta de cumprimento da obrigação exigida de forma que lhe seja menos onerosa, mas, ao mesmo tempo, mais eficaz à satisfação do crédito reconhecido do exequente" (STJ-3ª T., RHC 99.606, Min. Nancy Andrighi, j. 13.11.18, DJ 20.11.18; a citação é do voto da relatora). "Cumprimento de sentença. Indenização por dano ambiental. Medida coercitiva atípica em execução por quantia certa. Restrição ao uso de passaporte. Os elementos do caso descortinam que os pacientes, pessoas públicas, adotaram, ao longo da fase de conhecimento do processo e também na fase executiva, comportamento desleal e evasivo, embaraçando a tramitação processual e deixando de cumprir provimentos jurisdicionais, em conduta sintomática da ineficiência dos meios ordinários de penhora e expropriação de bens. A decisão que aplicou a restrição aos pacientes contou com fundamentação adequada e analítica. Ademais, observou o contraditório. Ao final do processo ponderativo, demonstrou a necessidade de restrição ao direito de ir e vir dos pacientes em favor da tutela do meio ambiente" (STJ-2ª T., HC 478.963, Min. Francisco Falcão, j. 14.5.19, DJ 21.5.19). Autorizando a apreensão do passaporte do executado: STJ-3ª T., HC 597.069, Min. Paulo Sanseverino, j. 22.9.20, DJ 25.9.20. **Todavia,** devolvendo o passaporte ao executado em sede de execução fiscal, na qual já fora autorizada penhora de parte dos seus vencimentos: STJ-1ª T., HC 453.870, Min. Napoleão Maia Filho, j. 25.6.19, maioria, DJ 15.8.19.

Ainda em matéria de carteira de habilitação, para negar a admissibilidade do *habeas corpus*, em razão da ausência de violação da liberdade de locomoção: STJ-3ª T., RHC 99.606, Min. Nancy Andrighi, j. 13.11.18, DJ 20.11.18. **Contra,** concedendo o *habeas corpus* nessas circunstâncias: STJ-1ª T., HC 453.870, Min. Napoleão Maia Filho, j. 25.6.19, maioria, DJ 15.8.19.

Admitindo a suspensão da carteira de habilitação do devedor recalcitrante: STJ-3ª T., HC 597.069, Min. Paulo Sanseverino, j. 22.9.20, DJ 25.9.20.

"*Habeas corpus*. Dívida proveniente de execução contra devedor insolvente. *Writ* impetrado como substitutivo de recurso ordinário. Artigo 139, IV, do CPC. **Pacientes impedidos de deixar o Município** do Rio de Janeiro em virtude da tramitação de processo de insolvência civil. Constrangimento ilegal evidenciado" (STJ-4ª T., HC 525.378, Min. Luis Felipe, j. 17.9.19, DJ 11.10.19).

Art. 139: 8. v. art. 3º § 3º.

S/ conciliadores e mediadores judiciais, v. arts. 165 a 175; audiência de conciliação e mediação, v. art. 334; tentativa de conciliação na audiência de instrução e julgamento, v. art. 359; autocomposição nas ações de família, v. art. 694.

Art. 139: 9. v. § ún.

S/ dilatação do prazo para manifestação sobre prova documental, v. art. 437 § 2º.

Art. 139: 10. v. art. 360.

Art. 139: 11. s/ depoimento pessoal, v. arts. 385 a 388.

Art. 139: 12. s/ saneamento: e representação, v. art. 76; e alegações do réu, v. arts. 338 e 352; em grau recursal, v. arts. 932 § ún., 938 § 1º e 1.007 § 7º.

Art. 140. O juiz não se exime de decidir sob a alegação de lacuna ou obscuridade do ordenamento jurídico.[1] [Dispositivo correspondente no CPC/1973: art. 126]

Parágrafo único. O juiz só decidirá por equidade[1a a 2b] nos casos previstos em lei. [Dispositivo correspondente no CPC/1973: art. 127]

Art. 140: 1. **LINDB 4º:** "Quando a lei for omissa, o juiz decidirá o caso de acordo com a analogia, os costumes e os princípios gerais de direito".

Art. 140: 1a. v. art. 723 § ún. (procedimento de jurisdição voluntária). V. tb. LJE 6º.

Art. 140: 1b. **LINDB 5º:** "Na aplicação da lei, o juiz atenderá aos fins sociais a que ela se dirige e às exigências do bem comum".

Art. 140: 1c. "A proibição de que o juiz decida por equidade, salvo quando autorizado por lei, significa que não haverá de substituir a aplicação do direito objetivo por seus critérios pessoais de justiça. Não há de ser entendida, entretanto, como vedando se busque alcançar a justiça no caso concreto, com atenção ao disposto no art. 5º da Lei de Introdução" (RSTJ 83/168).

Art. 140: 2. "Não pode o juiz, sob alegação de que a aplicação do texto da lei à hipótese não se harmoniza com o seu sentimento de justiça ou equidade, substituir-se ao legislador para formular ele próprio a regra de direito aplicável. Mitigue o juiz o rigor da lei, aplique-a com equidade e equanimidade, mas não a substitua pelo seu critério" (STF-RBDP 50/159 e Amagis 8/363).

"A figura do *judge made law* é incompatível com a tripartição do Poder, pois gera o arbítrio do Judiciário, a par de invadir a esfera legiferante, atribuição de outro Poder (...) Onde irá a certeza do direito se cada juiz se arvorar em legislador?" (RT 604/43).

Art. 140: 2a. "A interpretação meramente literal deve ceder passo quando colidente com outros métodos exegéticos de maior robustez e cientificidade" (RSTJ 56/152).

Art. 140: 2b. "A melhor interpretação da lei é a que se preocupa com a solução justa, não podendo o seu aplicador esquecer que o rigorismo na exegese dos textos legais pode levar a injustiças" (RSTJ 4/1.554 e STJ-RT 656/188). No mesmo sentido: RSTJ 28/312.

"A interpretação das leis não deve ser formal, mas sim, antes de tudo, real, humana, socialmente útil. (...) Se o juiz não pode tomar liberdades inadmissíveis com a lei, julgando *contra legem*, pode e deve, por outro lado, optar pela interpretação que mais atenda às aspirações da Justiça e do bem comum" (Min. Sálvio de Figueiredo, em RSTJ 26/378; a citação é da p. 384).

Art. 141. O juiz decidirá o mérito nos limites propostos pelas partes, sendo-lhe vedado conhecer de questões não suscitadas a cujo respeito a lei exige iniciativa da parte.[1 a 3] [Dispositivo correspondente no CPC/1973: art. 128]

Art. 141: 1. v. arts. 2º, 322 e 492, inclusive notas.

Art. 141: 2. "Viola o art. 128 do CPC o acórdão que tem em conta, para dar pela procedência dos embargos, fatos que não apenas se distanciam da causa de pedir, como são com ela incompatíveis" (RSTJ 34/266, maioria).

V. tb. arts. 319, nota 8c, e 492, nota 16b.

Art. 141: 3. "Recurso especial. 'Sugestão' do juiz para que terceiro integre a relação processual. Nulidade. Princípios processuais da demanda, inércia e imparcialidade. Recurso provido" (STJ-RDDP 100/136: 3ª T., REsp 1.133.706, um voto vencido).

"É nulo o acórdão que, apreciando controvérsia não suscitada, a cujo respeito a lei exige a iniciativa da parte, extravasa os limites da postulação recursal. Vulneração dos arts. 128 e 515 do CPC" (STJ-4ª T., REsp 12.093, Min. Barros Monteiro, j. 28.9.92, DJU 16.11.92).

V. RISTJ 255, nota 3-Prequestionamento. Questão surgida no próprio acórdão recorrido.

Art. 142. Convencendo-se, pelas circunstâncias, de que autor e réu se serviram do processo para praticar ato simulado ou conseguir fim vedado por lei, o juiz proferirá decisão que impeça os objetivos das partes, aplicando, de ofício, as penalidades da litigância de má-fé.[1] [Dispositivo correspondente no CPC/1973: art. 129]

Art. 142: 1. v. art. 81.

Art. 143. O juiz[1 a 2a] responderá, civil e regressivamente, por perdas e danos quando:[3] [Dispositivo correspondente no CPC/1973: art. 133-*caput*]

I — no exercício de suas funções, proceder com dolo ou fraude;[3a] [Dispositivo correspondente no CPC/1973: art. 133-I]

II — recusar, omitir ou retardar, sem justo motivo, providência que deva ordenar de ofício ou a requerimento da parte.[4] [Dispositivo correspondente no CPC/1973: art. 133-II]

Parágrafo único. As hipóteses previstas no inciso II somente serão verificadas depois que a parte requerer ao juiz que determine a providência e o requerimento não for apreciado no prazo de 10 (dez) dias. [Dispositivo correspondente no CPC/1973: art. 133 § ún.]

Art. 143: 1. s/ responsabilidade do juiz em matéria de tutela, v. CC 1.744-I.

Art. 143: 2. No curso das Constituições anteriores, o STF entendia inaplicável a responsabilidade objetiva do Estado aos atos judiciais (RTJ 39/190, 56/273, 64/689, 145/268, RDA 105/217). Diversamente das anteriores (CF/69, art. 107), a CF de 1988 não limitou a responsabilidade do Estado pelos danos causados apenas por seus **funcionários** a terceiros; atualmente, o Estado responde pelos danos de seus **agentes,** conceito que abrange todos aqueles que exercem função estatal, em caráter permanente ou não, e em que se incluem os membros do Poder Judiciário. Nesse sentido: "Responsabilidade objetiva. Ação reparatória de dano por ato ilícito. Responsabilidade exclusiva do Estado. Os magistrados enquadram-se na espécie agente político, investidos para o exercício de atribuições constitucionais, sendo dotados de plena liberdade funcional no desempenho de suas funções, com prerrogativas próprias e legislação específica. Ação que deveria ter sido ajuizada contra a Fazenda Estadual — responsável eventual pelos alegados danos causados pela autoridade judicial, ao exercer suas atribuições —, a qual, posteriormente, terá assegurado o direito de regresso contra o magistrado responsável, nas hipóteses de dolo ou culpa. Legitimidade passiva reservada ao Estado. Ausência de responsabilidade concorrente em face dos eventuais prejuízos causados a terceiros pela autoridade julgadora no exercício de suas funções, a teor do art. 37, § 6º, da CF/88" (STF-2ª T., RE 228.977-2-SP, Min. Néri da Silveira, j. 5.3.02, DJU 12.4.02). Também admitindo a ação contra o Estado: RJ 179/81, maioria.

S/ responsabilidade do Estado por ato do juiz, v., no CCLCV, CC 43, nota 3.

Art. 143: 2a. "Atos ofensivos praticados por Juiz do Trabalho durante o exercício da função jurisdicional. Comportamento pessoal do magistrado que extrapolou o dever-função do julgador. Art. 35, IV, da LOMAN. Possibilidade da responsabilização pessoal e direta. Inexistência de ofensa ao art. 37 § 6º da CF. Legitimidade passiva caracterizada" (JTJ 331/206: AI 576.505-4/6-00).

Art. 143: 3. A LOM 49 reproduz, com pequena alteração de redação, o texto do dispositivo.

Art. 143: 3a. "Arrimando-se a decisão judicial que se imputa de lesiva no arcabouço legal vigente no país, não havendo qualquer ato culposo ou doloso do magistrado que a proferiu, não se cogita de indenização por erro judiciário" (RT 880/246: TJMG, AP 1.0672.06.203104-8/001).

Art. 143: 4. v. CP 319.

Capítulo II | DOS IMPEDIMENTOS E DA SUSPEIÇÃO[1-2]

CAP. II: 1. em execução, v. art. 917 § 7º; no Juizado Especial, LJE 30; RISTJ 272 a 282; RISTF 277 a 287.

CAP. II: 2. "Não há impedimento, nem suspeição de Ministro, nos julgamentos de **ações de controle concentrado,** exceto se o próprio Ministro firmar, por razões de foro íntimo, a sua não participação" (STF-Pleno, ADI 6.362, Min. Ricardo Lewandowski, j. 2.9.20, um voto vencido, DJ 9.12.20).

Art. 144. Há impedimento do juiz, sendo-lhe vedado exercer suas funções no processo:[1 a 2] [Dispositivo correspondente no CPC/1973: art. 134-*caput*]

I — em que interveio como mandatário da parte, oficiou como perito, funcionou como membro do Ministério Público ou prestou depoimento como testemunha;[3] [Dispositivo correspondente no CPC/1973: art. 134-II]

II — de que conheceu em outro grau de jurisdição, tendo proferido decisão;[4 a 7a] [Dispositivo correspondente no CPC/1973: art. 134-III]

III — quando nele estiver postulando, como defensor público, advogado ou membro do Ministério Público, seu cônjuge ou companheiro, ou qualquer parente, consanguíneo ou afim, em linha reta ou colateral, até o terceiro grau, inclusive;[7b-8] [Dispositivo correspondente no CPC/1973: art. 134-IV]

IV — quando for parte[8a] no processo ele próprio, seu cônjuge ou companheiro, ou parente, consanguíneo ou afim, em linha reta ou colateral, até o terceiro grau, inclusive; [Dispositivos correspondentes no CPC/1973: art. 134-I e V]

V — quando for sócio ou membro de direção ou de administração de pessoa jurídica parte no processo;[8b] [Dispositivo correspondente no CPC/1973: art. 134-VI]

VI — quando for herdeiro presuntivo, donatário ou empregador de qualquer das partes; [Dispositivo correspondente no CPC/1973: art. 135-III]

VII — em que figure como parte instituição de ensino com a qual tenha relação de emprego ou decorrente de contrato de prestação de serviços;[8c] [Sem dispositivo correspondente no CPC/1973]

VIII — em que figure como parte cliente do escritório de advocacia de seu cônjuge, companheiro ou parente, consanguíneo ou afim, em linha reta ou colateral, até o terceiro grau, inclusive, mesmo que patrocinado por advogado de outro escritório; [Sem dispositivo correspondente no CPC/1973]

IX — quando promover ação contra a parte ou seu advogado. [Sem dispositivo correspondente no CPC/1973]

§ 1º Na hipótese do inciso III, o impedimento só se verifica quando o defensor público, o advogado ou o membro do Ministério Público já integrava o processo antes do início da atividade judicante do juiz.[9] [Dispositivo correspondente no CPC/1973: art. 134 § ún.]

§ 2º É vedada a criação de fato superveniente a fim de caracterizar impedimento do juiz.[10] [Dispositivo correspondente no CPC/1973: art. 134 § ún.]

§ 3º O impedimento previsto no inciso III também se verifica no caso de mandato conferido a membro de escritório de advocacia que tenha em seus quadros advogado que individualmente ostente a condição nele prevista, mesmo que não intervenha diretamente no processo. [Sem dispositivo correspondente no CPC/1973]

Art. 144: 1. Outro caso de impedimento: art. 147.

Art. 144: 1a. "A revisão por magistrado impedido equivale à ausência de revisão. Acórdão anulado" (STJ-4ª T., REsp 5.714, Min. Athos Carneiro, j. 13.11.90, DJU 10.12.90).

Art. 144: 2. "O impedimento da **relatora** causa a nulidade do acórdão embargado" (STJ-4ª T., REsp 982.264-AgRg-EDcl, Min. Isabel Gallotti, j. 19.5.11, DJ 25.5.11).

"Como o julgamento do agravo regimental ocorreu com o ***quorum* mínimo,** presença de três Ministros (art. 179 do RISTJ), o voto proferido por julgador impedido enseja, no caso, a anulação do julgamento" (STJ-3ª T., AI 603.448-AgRg-EDcl, Min. Menezes Direito, j. 25.10.05, DJU 18.12.06).

Todavia: "Não há nenhuma utilidade na anulação de julgamento que teve como resultado **votação unânime** pela rejeição dos embargos, pois a subtração dos votos dos Ministros impedidos não teria o condão de modificar o resultado antes verificado" (STF-1ª T., HC 92.235, Min. Menezes Direito, j. 6.11.07, maioria, DJU 15.2.08; matéria criminal). No mesmo sentido: STJ-2ª Seção, ED no REsp 862.448-AgRg-EDcl, Min. Luis Felipe, j. 25.8.10, DJ 31.8.10; STJ-2ª T., REsp 78.272-EDcl, Min. Castro Meira, j. 23.11.04, DJU 14.2.05.

"Ainda que constatado o impedimento do Ministro, a circunstância não é, tendo em vista o posicionamento pacificado por este Tribunal, suficiente para ensejar a nulidade do aresto, mas tão somente do voto do magistrado impedido, o qual, frise-se, em nada interferirá no resultado do julgamento, posto se tratar de acórdão proferido por unanimidade de votos, com relatoria atribuída a Ministro diverso do impedido" (STJ-3ª Seção, CA 224-AgRg-EDcl, Min. Og Fernandes, j. 14.10.09, DJ 22.10.09). No mesmo sentido: STJ-1ª T., REsp 696.302, Min. Luiz Fux, j. 14.2.06, DJU 13.3.06.

V. tb. art. 145, nota 2.

Art. 144: 3. v. art. 452-I; v. tb. art. 371, nota 4.

Art. 144: 4. v. RISTF 277, § ún. e notas.

Art. 144: 4a. "A regra de impedimento prevista no art. 134, III, do CPC, somente se aplica nos casos em que o magistrado tenha participado em outro grau de jurisdição em um mesmo processo judicial, e não quando a sua participação anterior tenha ocorrido na **esfera administrativa**" (STJ-5ª T., RMS 18.099, Min. Arnaldo Esteves, j. 2.5.06, DJU 12.6.06). No mesmo sentido: STJ-6ª T., RMS 8.966-EDcl-EDcl, Min. Maria Thereza, j. 5.12.06, DJU 18.12.06; STJ-1ª T., RMS 20.776, Min. Teori Zavascki, j. 11.9.07, DJU, 4.10.07.

Art. 144: 5. "O Desembargador que participou da formação do acórdão recorrido não está impedido de fazer o **juízo de admissibilidade** do recurso especial" (STJ-3ª T., AI 840.313-AgRg, Min. Gomes de Barros, j. 18.10.07, DJU 31.10.07). No mesmo sentido: STJ-4ª T., Ag em REsp 1.476.865-AgInt, Min. Raul Araújo, j. 20.2.20, DJ 18.3.20. Ainda, para o recurso extraordinário: STF-1ª T., AI 111.642-AgRg, Min. Néri da Silveira, j. 5.8.86, DJU 19.8.88.

Art. 144: 6. Súmula 252 do STF: "Na ação rescisória, **não estão impedidos** juízes que participaram do **julgamento rescindendo**".

Art. 144: 6a. Não estão impedidos de julgar **mandado de segurança** os prolatores da decisão objeto da impetração, malgrado a coincidência entre o objeto das causas (STF-RF 377/284: Pleno, ACOr 1.045-4-QO).

V. tb. nota 8a e CF 102, nota 31a.

Art. 144: 6b. "A participação no julgamento em segundo grau do magistrado que atuou na instância inicial só gera impedimento se o julgador proferiu atos com natureza decisória. **Despachos meramente ordinatórios,** em que o juiz não se vincula a qualquer tese minimamente influenciadora do resultado da causa, não possuem esse condão" (STJ-2ª T., REsp 1.378.952, Min. Og Fernandes, j. 8.5.18, DJ 14.5.18).

"O juiz que se limitou a determinar a **citação** para a causa, em primeiro grau, não fica impedido (CPC, art. 134-III) para participar do julgamento da apelação, por não caracterizar-se aquele ato como decisão (CPC, art. 162)" (RSTJ 37/390).

"Em se tratando de julgamento de apelação, inexiste impedimento do magistrado que, na origem, proferira decisão no processo **(juízo de admissibilidade)** apenas para determinar a subida do recurso de apelação à instância revisora. A 'decisão' a que se refere o art. 134-III do CPC há de ser entendida como aquela com potencial jurídico para, de algum modo, influenciar o juízo do julgador, vinculando-o, em maior ou menor grau, à tese eventualmente submetida à sua apreciação" (STJ-4ª T., REsp 782.558, Min. Aldir Passarinho Jr., j. 6.8.09, DJ 17.8.09).

Art. 144: 7. "O juiz que proferiu o **despacho saneador** está impedido de participar do julgamento da apelação" (STJ-4ª T., REsp 51.106-2, Min. Ruy Rosado, j. 14.2.95, DJU 20.3.95).

Art. 144: 7a. "Recurso conhecido e provido para declarar a nulidade do julgamento da apelação, do qual, embora inadvertidamente, participou o próprio juiz da sentença" (STJ-5ª T., REsp 28.609-1, Min. José Dantas, j. 16.11.92, DJU 7.12.92).

Art. 144: 7b. v. §§ 1º a 3º, bem como respectivas notas.

Art. 144: 8. Neste caso, o julgamento é nulo (RTJ 76/871).

Há um acórdão entendendo, entre outros motivos, que o julgamento, no caso, não é nulo, se a parte interessada, sabendo do impedimento, deixou de alegá-lo antes do julgamento (RJTJESP 118/443).

Art. 144: 8a. "Em **mandado de segurança** de competência originária dos Tribunais, não ocorre o impedimento dos julgadores que tenham composto o órgão fracionário prolator da decisão objurgada pelo *mandamus*" (RSTJ 62/129).

"É válido o julgamento proferido pelo Pleno presidido pelo Desembargador Presidente do Tribunal de Justiça integrante da relação processual, como autoridade coatora praticante do ato impugnado" (STJ-1ª T., RMS 1.206-0, Min. Cesar Rocha, j. 17.11.93, DJU 13.12.93).

"Inexistência de impedimento legal ou constitucional com relação aos membros de um tribunal de julgarem, no exercício de sua jurisdição, os **atos administrativos** praticados pelo tribunal a que pertencem" (RTJ 160/826).

Contra: "O art. 134 do CPC impede que o juiz funcione, no mesmo processo, contencioso ou voluntário, decidindo-lhe as questões de fundo e de forma, em graus diversos da jurisdição. A natureza administrativa do denominado processo voluntário determina que a interpretação da regra do impedimento alcance a instância administrativa, de modo a excluir do julgamento jurisdicional o juiz que haja participado da decisão administrativa. É impedido de julgar o mandado de segurança o Desembargador que decidiu, na instância administrativa, a questão que serve de objeto à ação mandamental" (RSTJ 194/622: 6ª T., RMS 16.904).

V. tb. nota 4a.

Art. 144: 8b. v. LOM 36, I e II.

Art. 144: 8c. v. CF 95 § ún.-I; LOM 26-II-*a* e §§ 1º e 2º.

Art. 144: 9. A outorga de procuração por uma das partes a advogado que é parente do juiz, quando já fixada a competência para o julgamento da causa, não implica o impedimento deste, mas, sim, daquele, que deve ser excluído do processo (STJ-5ª T., RMS 24.531, Min. Felix Fischer, j. 7.8.08, DJ 22.9.08; RT 858/236, JTJ 315/519: ExImp 140.977-0/0-00). Em sentido semelhante: STF-RT 845/158 (Pleno, AO 1.158).

Art. 144: 10. v. tb. art. 145 § 2º-I.

Art. 145. Há suspeição do juiz:[1 a 3a] [Dispositivo correspondente no CPC/1973: art. 135-*caput*]

I — amigo íntimo ou inimigo de qualquer das partes ou de seus advogados;[4 a 4b] [Dispositivo correspondente no CPC/1973: art. 135-I]

II — que receber presentes[4c] de pessoas que tiverem interesse na causa antes ou depois de iniciado o processo, que aconselhar alguma das partes[4d-5] acerca do objeto da causa ou que subministrar meios para atender às despesas do litígio; [Dispositivo correspondente no CPC/1973: art. 135-IV]

III — quando qualquer das partes for sua credora ou devedora, de seu cônjuge ou companheiro ou de parentes destes, em linha reta até o terceiro grau, inclusive; [Dispositivo correspondente no CPC/1973: art. 135-II]

IV — interessado no julgamento do processo em favor de qualquer das partes.[5a a 5d] [Dispositivo correspondente no CPC/1973: art. 135-V]

§ 1º Poderá o juiz declarar-se suspeito por motivo de foro íntimo, sem necessidade de declarar suas razões.[6-7] [Dispositivo correspondente no CPC/1973: art. 135 § ún.]

§ 2º Será ilegítima a alegação de suspeição quando: [Sem dispositivo correspondente no CPC/1973]

I — houver sido provocada por quem a alega;[8] [Sem dispositivo correspondente no CPC/1973]

II — a parte que a alega houver praticado ato que signifique manifesta aceitação do arguido. [Sem dispositivo correspondente no CPC/1973]

Art. 145: 1. s/ manifestação do juiz na imprensa e suspeição, v. LOM 36-III e respectiva nota 2.

V. tb. nota 5.

Art. 145: 2. "É nulo o julgamento em que participa magistrado que declarou a própria suspeição" (STJ-3ª T., AI 686.916-AgRg-EDcl, Min. Gomes de Barros, j. 22.3.07, DJU 16.4.07). Registre-se que no julgamento anulado a votação foi unânime e houve três outros votos acompanhando o do relator.

No mesmo sentido, anulando acórdão de embargos de declaração que contou com a participação de magistrado que se declarara anteriormente suspeito: STJ-3ª T., REsp 824.002, Min. Sidnei Beneti, j. 11.3.08, DJU 9.4.08. Do voto do relator: "Não importa que o julgamento tenha sido tomado por unanimidade no Colegiado (de modo a se poder argumentar com o fato de ausência de influência direta no resultado do julgamento), pois, de qualquer forma, a participação de Desembargador diverso poderia ter interferido na formação da vontade do órgão colegiado, eventualmente até levando à mudança do entendimento sustentado pelos outros dois Desembargadores integrantes do aludido órgão colegiado".

Caso em que se anulou o julgamento com participação do juiz suspeito, com ênfase na questão do *quorum* mínimo: STJ-1ª T., RMS 23.994, Min. Denise Arruda, j. 19.5.09, DJ 18.6.09.

Todavia: "A suspeição de magistrado não provoca a anulação do julgamento quando seu voto, como vogal, não foi decisivo para o resultado, que, no caso, se deu por folgada maioria" (STJ-1ª T., RMS 20.776, Min. Teori Zavascki, j. 11.9.07, DJU 4.10.07). No mesmo sentido: STJ-5ª T., RMS 24.798, Min. Felix Fischer, j. 17.2.09, DJ 16.3.09.

V. tb. art. 144, nota 2.

Art. 145: 2a. "O nosso CPC, no art. 135, qualifica de fundada a suspeição de parcialidade do juiz com a simples constatação de uma das situações de fatos arrolados nos seus incisos, independentemente de investigação subjetiva" (RSTJ 109/354).

Art. 145: 2b. "A exceção de suspeição não pode ser arguida por quem não é **parte** no processo, sendo esse direito restrito às partes litigantes" (RT 659/66).

V. nota 4a, abaixo, e art. 146, nota 2.

Art. 145: 2c. "Não há fundamento para a suspeição do juiz quando cessa a causa da arguição" (RSTJ 64/56 e RT 719/264, maioria). No mesmo sentido: RSTJ 56/452.

Art. 145: 2d. Com a prolação da sentença, fica prejudicada a arguição de suspeição do magistrado, cabendo ao excipiente, na apelação, questionar a validade dessa decisão, no pressuposto de ter sido proferida por juiz suspeito (JTJ 168/283).

Art. 145: 3. "O julgamento anterior de **matéria semelhante** não importa na suspeição do juiz" (RJ 176/104).

Por isso, "para que se caracterize a parcialidade do juiz, não basta que este decida, ainda que reiteradamente, contra a pretensão da parte, até porque, como já se disse, dispõe o requerente do recurso próprio previsto na lei processual, mas é indispensável que as determinações judiciais sejam movidas por interesses outros" (RT 832/209).

Art. 145: 3a. "Exceção de suspeição. **Rol taxativo.** Revela-se desprovida de fundamento a suspeição quando a situação não se subsume em qualquer das hipóteses do art. 135 do CPC" (STJ-4ª T., AI 520.160-AgRg, Min. Fernando Gonçalves, j. 21.10.04, DJU 16.11.04). No mesmo sentido, não admitindo a ampliação das hipóteses de suspeição previstas no art. 135 do CPC: STJ-RP 130/204 e RF 382/351 (REsp 730.811, 1ª T.); STJ-3ª T., AI 444.085-AgRg, Min. Gomes de Barros, j. 28.6.05, DJU 22.8.05; RT 833/201.

Art. 145: 4. "Conquanto a relação da magistrada dita suspeita e da parte ré em ação popular não seja legalmente definida como parentesco por afinidade (a excepta é cônjuge do tio da parte ré) — em razão do que dispõe o art. 1.595, § 1º, do novo Código Civil —, existe uma presunção inegável de que, em razão dessa condição, haja um relacionamento de amizade entre elas que é suficiente para atrair a aplicação do art. 135, I, do CPC. É despicienda a prova da amizade e permitido a esta Corte Superior valer-se de presunção, animada pelo conhecimento extraído da vida cotidiana, segundo a qual a relação familiar faz pressupor um vínculo de amizade — eis a regra, motivo pelo qual a exceção é que deve ser provada. Obviamente, trata-se de presunção relativa, pois é sabido que, em alguns casos, a relação familiar chega a fomentar a inimizade. Entretanto, esta presunção tem o condão de transferir para o magistrado que é por ela desfavorecido o ônus de provar que, no caso, o vínculo de amizade não compromete sua devida imparcialidade" (STJ-2ª T., REsp 916.476, Min. Mauro Campbell, j. 11.10.11, DJ 18.10.11).

Art. 145: 4a. "O representante do **Ministério Público,** intervindo como *custos legis*, não possui legitimidade para opor exceção de suspeição por inimizade existente entre ele e o magistrado" (STJ-2ª T., REsp 516.487, Min. João Otávio, j. 15.2.07, DJU 11.5.07).

No sentido de não ser possível dar pela amizade ou inimizade entre o juiz e o Ministério Público, institucionalmente considerado: STJ-1ª T., REsp 973.369, Min. Denise Arruda, j. 5.8.08, DJ 20.8.08; STJ-2ª T., REsp 1.185.056, Min. Castro Meira, j. 17.8.10, DJ 26.8.10.

Todavia: "O representante do *Parquet* possui legitimidade para opor exceção de suspeição por inimizade existente entre uma das partes litigantes e juiz da causa, ainda que interveniente como *custos legis*, porquanto visa tutelar o interesse indisponível consistente na imparcialidade do julgador. Deveras, pela mesma razão, ainda que atue nos autos de ação de desapropriação como fiscal da lei, pode invocar a inimizade do juiz da causa em relação à sua pessoa, porquanto a demanda é conexa à ação civil pública. Destarte, a suspeição arguida em ação conexa contamina todo o processo por força do julgamento simultâneo que se impõe" (STJ-1ª T., REsp 498.280, Min. Luiz Fux, j. 9.9.03, DJ 29.9.03).

V. tb. art. 146, nota 2.

Art. 145: 4b. "Não se mostra suficiente para comprovar a existência de amizade íntima entre o juiz e o advogado de uma das partes o fato de o causídico ter prestado em momento anterior serviços de advocacia para o magistrado" (STJ-3ª T., REsp 1.783.015, Min. Ricardo Cueva, j. 12.5.20, DJ 18.5.20).

Art. 145: 4c. "Se o juiz da causa, ao tempo em que exercia a função de Diretor do Foro, recebeu de uma das partes valores pecuniários para a realização de obras de manutenção do prédio onde funciona a Justiça local, fez nascer vínculo contratual a título gratuito, o que enseja, de modo objetivo, que sua imparcialidade seja posta em questão, impondo-se o reconhecimento da suspeição" (RSTJ 109/355).

Art. 145: 4d. Não é suspeito o juiz que, em audiência de conciliação, esclarece a parte sobre a demora, incidentes e despesas da causa (RT 589/65 e RJTJESP 90/433).

Art. 145: 5. Há um acórdão rejeitando exceção de suspeição contra juiz que, através de entrevista à imprensa, noticiou decisões suas e aconselhou pessoas a ingressar com ações semelhantes (RTRF-4ª Reg. 13/360).

Art. 145: 5a. "Não se torna suspeito o magistrado pelo só fato de já ter defendido anteriormente, como parte, posição sobre o assunto que lhe é levado a decidir" (STJ-1ª T., REsp 23.004-8, Min. Cesar Rocha, j. 22.9.93, maioria, DJU 25.10.93). No mesmo sentido: RJTAMG 69/203.

"O simples fato de figurar como réu em ação civil pública por improbidade administrativa não impõe ao magistrado sua suspeição para julgamento de toda e qualquer demanda dessa natureza. É necessário um vínculo objetivo com objeto, interesses e sujeitos da causa, afetando concretamente a sua imparcialidade" (STJ-2ª T., REsp 1.340.343-AgRg, Min. Mauro Campbell, j. 18.12.12, DJ 8.2.13).

Contra: "É suspeito o juiz que, em ação análoga, tem interesse em ver acolhida tese idêntica à deduzida na demanda submetida a seu julgamento. A desistência ou extinção do processo do interesse do magistrado não tem o condão de ilidir a sua suspeição" (STJ-2ª T., REsp 22.956, Min. Pádua Ribeiro, j. 5.8.92, DJ 17.8.92). No mesmo sentido: STJ-2ª Seção, REsp 1.165.623, Min. Vasco Della Giustina, j. 14.4.10, DJ 17.8.10.

Art. 145: 5b. "O interesse que embasa a *exceptio suspicionis* é aquele diretamente vinculado à relação jurídica litigiosa e não ao interesse geral da comunidade na qual se insere o magistrado, por isso que raciocínio inverso inviabilizaria o julgamento pelo Judiciário de interesse difuso nacional" (STJ-1ª T., REsp 734.892, Min. Luiz Fux, j. 14.2.06, DJU 13.3.06).

Art. 145: 5c. "Se o magistrado se beneficiará com a decisão a ser proferida em processo de natureza coletiva, ajuizado por entidade de classe, na qual não foi nomeado como parte, não se caracteriza a suspeição ou o impedimento" (RIDCPC 41/138: TRF-3ª Reg., Ag 2001.03.00.025807-8; no caso, a demanda foi ajuizada pela AJUFESP).

Art. 145: 5d. **"Indeferimento liminar de arguição de suspeição** (art. 135, inciso V, do CPC) pelo próprio magistrado de primeiro grau. Manutenção do andamento do processo. Inadmissibilidade (art. 306 do CPC). Deslinde processual que indica ausência da desejável imparcialidade do juiz. Verifica-se a suspeição do Magistrado que, ao receber exceção de suspeição contra si (art. 304 do CPC), indefere, ele próprio, a petição liminarmente e promove o andamento do feito, em clara inobservância às normas processuais, que exigem a imediata suspensão do processo e a autuação da exceção em apenso aos autos principais" (STJ-1ª T., REsp 1.440.848, Min. Napoleão Maia Filho, j. 6.5.14, maioria, DJ 4.8.14).

V. tb. art. 146, nota 3.

Código de Processo Civil

Art. 145: 6. "O juiz não é obrigado a declinar os motivos da suspeição por foro íntimo, porque estão no seu âmago" (RTRF-1ª Reg. 10/267). No mesmo sentido: RT 754/432.

Art. 145: 7. "Recurso ordinário em mandado de segurança. Suspeição, por motivo de foro íntimo (CPC, art. 135, parágrafo único), declarada pelo juiz da causa. Decisão do Conselho da Magistratura do Tribunal de Justiça que revoga tal declaração. Recondução do juiz ao processo de ação de indenização por dano moral. Não incidência da Súmula 266/STF. Efeitos concretos da resolução do Conselho. Predicamentos da magistratura (CF, art. 95). Violação ao devido processo legal (CF, art. 5º, LIV). Direito líquido e certo do impetrante. Recurso ordinário provido. Segurança concedida" (STJ-4ª T., RMS 33.531, Min. Raul Araújo, j. 5.6.12, DJ 18.6.13).

Art. 145: 8. v. tb. art. 144 § 2º.

Art. 146. No prazo de 15 (quinze) dias, a contar do conhecimento do fato, a parte[1-2] alegará o impedimento ou a suspeição, em petição específica dirigida ao juiz do processo,[2a] na qual indicará o fundamento da recusa,[2b-2c] podendo instruí-la com documentos em que se fundar a alegação e com rol de testemunhas.[2d] [Dispositivos correspondentes no CPC/1973: arts. 305-*caput* e 312]

§ 1º Se reconhecer o impedimento ou a suspeição ao receber a petição, o juiz ordenará imediatamente a remessa dos autos a seu substituto legal,[3] caso contrário, determinará a autuação em apartado da petição e, no prazo de 15 (quinze) dias, apresentará suas razões, acompanhadas de documentos e de rol de testemunhas, se houver, ordenando a remessa do incidente ao tribunal.[3a] [Dispositivo correspondente no CPC/1973: art. 313]

§ 2º Distribuído o incidente, o relator deverá declarar os seus efeitos, sendo que, se o incidente for recebido: [Sem dispositivo correspondente no CPC/1973]

I — sem efeito suspensivo, o processo voltará a correr;[4] [Sem dispositivo correspondente no CPC/1973]

II — com efeito suspensivo, o processo permanecerá suspenso até o julgamento do incidente.[4a] [Dispositivo correspondente no CPC/1973: art. 306]

§ 3º Enquanto não for declarado o efeito em que é recebido o incidente ou quando este for recebido com efeito suspensivo, a tutela de urgência será requerida ao substituto legal.[5] [Sem dispositivo correspondente no CPC/1973]

§ 4º Verificando que a alegação de impedimento ou de suspeição é improcedente, o tribunal rejeitá-la-á. [Dispositivo correspondente no CPC/1973: art. 314]

§ 5º Acolhida a alegação, tratando-se de impedimento ou de manifesta suspeição, o tribunal condenará o juiz nas custas e remeterá os autos ao seu substituto legal, podendo o juiz recorrer da decisão. [Dispositivo correspondente no CPC/1973: art. 314]

§ 6º Reconhecido o impedimento ou a suspeição, o tribunal fixará o momento a partir do qual o juiz não poderia ter atuado. [Sem dispositivo correspondente no CPC/1973]

§ 7º O tribunal decretará a nulidade dos atos do juiz, se praticados quando já presente o motivo de impedimento ou de suspeição.[6] [Sem dispositivo correspondente no CPC/1973]

Art. 146: 1. s/ poderes para suspeitar, v. art. 105, nota 5.

Art. 146: 2. "Nas demandas em que o Ministério Público não atua como parte ou na condição de *custos legis*, falta-lhe legitimidade para arguir exceção de suspeição" (STJ-RP 182/393: 2ª T., REsp 1.002.780).

V. tb. art. 145, nota 4b.

Art. 146: 2a. A suspeição de juiz não pode ser arguida por meio de **correição parcial;** não se admite, no caso, a fungibilidade das formas processuais (RT 620/43).

Art. 146: 2b. ao julgador, e não **ao colegiado.** Nesse sentido: STJ-2ª T., RMS 278-0, Min. José de Jesus Filho, j. 2.12.92, DJU 1.2.93.

"A exceção de suspeição, quando arguida contra colegiado, deve ser posta discriminadamente contra cada um dos seus integrantes" (STJ-4ª T., RMS 865-0, Min. Sálvio de Figueiredo, j. 17.3.92, DJU 13.4.92).

Art. 146: 2c. "Ao arguir a exceção de suspeição, a parte deve especificar o motivo da recusa, indicando os fatos que provará desde logo, ou no correr da instrução; não é suficiente formular mera hipótese de fato possível, a ser demonstrado; menos ainda poderá variar de motivo, na medida em que a prova afastar o que serviu de fundamento para a exceção" (STJ-4ª T., REsp 94.396, Min. Ruy Rosado, j. 3.9.96, DJU 7.10.96).

Art. 146: 2d. As arguições de impedimento e suspeição suspendem o processo (cf. art. 313-III) até que o relator delibere sobre seus efeitos (v. § 2º).

V. tb. nota 4.

Art. 146: 3. "O fato de o juízo que presidiu a instrução do processo ter se declarado suspeito antes de proferir sentença não gera, de modo automático, a nulidade de todos os atos de instrução. Se o juiz que posteriormente assumiu a condução do processo não verifica a necessidade de repetição das provas, é possível corroborar os atos praticados por seu antecessor" (STJ-3ª T., REsp 1.330.289, Min. Nancy Andrighi, j. 14.8.12, DJ 30.8.12).

"Arguição de suspeição do relator. Afirmação de suspeição, pelo relator, por motivo superveniente. Irretroatividade. Indeferimento do pedido de anulação de todos os atos anteriormente praticados" (STJ-1ª Seção, REsp 1.339.313-Pet, Min. Assusete Magalhães, j. 13.4.16, maioria, DJ 9.8.16).

Art. 146: 3a. "O juiz a quem se atribui suspeição não pode julgar a exceção, princípio que se aplica também aos magistrados que atuam no segundo grau de jurisdição" (STJ-3ª T., REsp 704.600, Min. Ari Pargendler, j. 2.5.06, DJU 12.6.06).

As arguições de impedimento ou suspeição não podem ser julgadas pelo próprio juiz, ainda quando manifestamente improcedentes. Nessas circunstâncias, cabe ao juiz que vislumbre a manifesta improcedência da arguição simplesmente dar as suas razões e ordenar a remessa dos autos ao tribunal.

Se o juiz cuja suspeição ou impedimento foram arguidos, em vez de encaminhar os autos ao órgão competente para o julgamento da arguição de suspeição, resolve **indeferi-la** liminarmente e dá sequência ao feito, cabe **mandado de segurança** para a cassação tanto daquele indeferimento liminar como dos atos praticados no período de suspensão desencadeado pela oposição da exceção, inclusive dos atos de julgamento, cuja superveniência não torna prejudicada a pretensão do impetrante (STJ-4ª T., RMS 13.739, Min. Aldir Passarinho Jr., j. 5.6.07, DJU 27.8.07).

V. tb. art. 145, nota 5d.

Art. 146: 4. i. e., o processo ficará automaticamente suspenso desde a arguição de suspeição ou impedimento até a deliberação do relator. V. tb. art. 313-III.

Todavia: "O oferecimento de quarta exceção de suspeição, liminarmente rejeitada pelo Tribunal *a quo* com imposição de multa pelo reconhecimento da prática de ato atentatório ao exercício da jurisdição, não tem o condão de suspender o processo, pois implicaria permitir a utilização da exceção de suspeição como mecanismo para paralisar o normal andamento do feito, impondo retardamento despropositado à solução do litígio e resultando em afronta aos princípios da duração razoável do processo e da efetividade" (STJ-3ª T., REsp 1.236.276, Min. João Otávio, j. 11.3.14, DJ 20.3.14).

Art. 146: 4a. A suspensão gerada pela arguição de impedimento ou suspeição atinge o processo como um todo, estendendo-se para os **recursos** dele originários. Aliás, é até recomendável que assim seja, pois a fixação do juiz responsável pela condução do feito pode ter interferência direta no destino do agravo, na medida em que existe a possibilidade de reconsideração da decisão agravada.

Todavia, tendo em vista que ficam fora da suspensão os atos urgentes, os recursos relacionados com esses atos não ficam suspensos. É o caso, p. ex., do agravo tirado contra a decisão que delibera sobre tutela provisória.

Art. 146: 5. s/ tutela de urgência, v. arts. 300 e segs.

V. tb. art. 314.

Art. 146: 6. v. nota 3.

Art. 147. Quando 2 (dois) ou mais juízes forem parentes, consanguíneos ou afins, em linha reta ou colateral, até o terceiro grau, inclusive, o primeiro que conhecer do processo impede que o outro nele atue, caso em que o segundo se escusará, remetendo os autos ao seu substituto legal.[1 a 3] [Dispositivo correspondente no CPC/1973: art. 136]

Art. 147: 1. v. LOM 128.

Art. 147: 2. "Apesar da inafastável incidência do art. 136 do CPC e do art. 128 da LOM, a participação do magistrado impedido no julgamento **não trouxe**, *in casu*, **prejuízo** para o resultado da votação dos embargos infringentes, parcialmente acolhidos por unanimidade. Mesmo se desconsiderado o voto do juiz impedido, o resultado do julgamento seria mantido, diante da composição de oito membros do Colegiado. Aplicação do princípio *pas de nullité sans grief*" (STJ-2ª T., REsp 473.838, Min. Herman Benjamin, j. 18.12.07, DJ 22.9.09).

Art. 147: 3. "A vedação à atuação concomitante de juízes, consubstanciada nos arts. 136 do CPC/73 e 128 da LOMAN, tem o nítido escopo de evitar que magistrados que atuem perante órgãos colegiados, por força de vínculos afetivos e familiares, acabem se influenciando reciprocamente, prejudicando, desta forma, a autonomia funcional e interpretativa, essencial ao exercício da judicatura. Na hipótese, a Corte local reconheceu a ausência de impedimento do desembargador, que atuou como revisor no julgamento da apelação, tendo em vista a **ausência** da prática **de atos anteriores,** por parte de seu cônjuge, **que pudessem influenciar no julgamento** do recurso. Com efeito, a atuação da desembargadora nos autos da ação declaratória ajuizada pelo recorrente, cingiu-se à extinção do agravo de instrumento interposto contra decisão que indeferiu o pleito de antecipação dos efeitos da tutela, tendo em vista a sua superveniente perda de objeto, uma vez que já prolatada sentença nos autos. Não houve qualquer pronunciamento sobre o mérito da questão, ou qualquer manifestação que pudesse influenciar no julgamento do mérito da causa, apreciado quando do julgamento da apelação, motivo pelo qual há de se manter a rejeição à exceção de impedimento oposta" (STJ-3ª T., REsp 1.673.327, Min. Nancy Andrighi, j. 12.9.17, DJ 15.9.17).

Art. 148. Aplicam-se os motivos de impedimento e de suspeição:[1] [Dispositivo correspondente no CPC/1973: art. 138-*caput*]

I — ao membro do Ministério Público; [Dispositivo correspondente no CPC/1973: art. 138-I]

II — aos auxiliares da justiça;[2 a 6c] [Dispositivo correspondente no CPC/1973: art. 138-II]

III — aos demais sujeitos imparciais do processo.

§ 1º A parte interessada deverá arguir o impedimento ou a suspeição, em petição fundamentada e devidamente instruída, na primeira oportunidade em que lhe couber falar nos autos. [Dispositivo correspondente no CPC/1973: art. 138 § 1º]

§ 2º O juiz mandará processar o incidente em separado e sem suspensão do processo, ouvindo o arguido no prazo de 15 (quinze) dias e facultando a produção de prova, quando necessária.[7-8] [Dispositivo correspondente no CPC/1973: art. 138 § 1º]

§ 3º Nos tribunais, a arguição a que se refere o § 1º será disciplinada pelo regimento interno. [Dispositivo correspondente no CPC/1973: art. 138 § 2º]

§ 4º O disposto nos §§ 1º e 2º não se aplica à arguição de impedimento ou de suspeição de testemunha.[9] [Sem dispositivo correspondente no CPC/1973]

Art. 148: 1. s/ impedimento ou suspeição de árbitro, v. LArb 14 (no tít. ARBITRAGEM E MEDIAÇÃO).

Art. 148: 2. v. art. 149.

S/ impedimento do escrivão ou chefe de secretaria, v. art. 152 § 2º.

Art. 148: 3. Não há suspeição nem impedimento de assistente técnico (art. 466 § 1º), mas há do perito (art. 467).

Art. 148: 4. Sob pena de preclusão, a suspeição do **perito** deve ser arguida na primeira oportunidade em que a parte falar nos autos, após ter ciência da nomeação (STJ-2ª T., REsp 1.708.814-AgInt, Min. Francisco Falcão, j. 4.12.18, DJ 11.12.18; STJ-4ª T., Ag em REsp 428.933-AgRg, Min. Isabel Gallotti, j. 27.3.14, DJ 3.4.14; RSTJ 196/247: 3ª T., AI 500.602-AgRg; RT 497/104, 601/148, RJTJESP 44/242, 89/296, JTA 88/131, 88/251, bem fundamentado), ou após haver tomado conhecimento do fato que autoriza a alegação de suspeição. A parte não pode recorrer desde logo da nomeação; há de primeiro suscitar o impedimento ou a suspeição (RT 579/152, 735/327, JTA 39/313, 39/370, 89/301, RF 256/245).

"Exceção de suspeição do perito julgada improcedente. Nova arguição de suspeição do perito, calcada em certidão lavrada à época do primeiro incidente de suspeição, atestando que o *expert*, em anterior ação judicial, foi patrocinado pelo réu da ação de reintegração de posse. Conclusão do tribunal de origem de que o excepto arguiu a questão na primeira oportunidade. Ausência de preclusão" (STJ-4ª T., REsp 1.352.591, Min. Luis Felipe, j. 13.8.13, um voto vencido, DJ 25.10.13).

S/ prazo para arguição de impedimento e suspeição do perito, v. art. 465 § 1º-I e notas.

Art. 148: 5. "A suspeição, na sistemática do CPC em vigor, é matéria de direito estrito, só se configurando nas hipóteses expressamente definidas em lei. Não se pode acoimar de suspeito o perito que, em obediência à determinação do juiz, quantifica, no processo, os honorários a serem auferidos, se, porventura, lhe fossem devidos, a depender do desfecho da causa, inexistindo, no caso, interesse presumido *de jure*, que o torne, como interessado, suspeito para a execução do seu *munus*" (STJ-1ª T., REsp 28.464-1-AgRg, Min. Demócrito Reinaldo, j. 15.2.93, DJU 15.3.93).

"Inocorrendo as causas de suspeição ou impedimento sobre o profissional nomeado pelo juízo para realização de prova pericial, torna-se irrelevante o fato de ter sido ele indicado por uma das partes, mormente quando não evidenciada, tampouco alegada, de modo concreto, eventual mácula nos trabalhos do *expert*" (STJ-4ª T., REsp 1.281.742, Min. Marco Buzzi, j. 13.11.12, DJ 5.12.12).

"Não colhe a suspeição do perito com base na alegação de que no exercício de suas atividades acadêmicas tenha esposado teses favoráveis aos mutuários do Sistema Financeiro da Habitação, se não comprovado nas instâncias ordinárias que tenha interesse no caso concreto em favor de uma das partes" (STJ-3ª T., REsp 709.495-AgRg, Min. Menezes Direito, j. 24.8.06, DJU 5.2.07).

Art. 148: 5a. "Suspeição do perito. Nela incide o experto que, tendo já sua remuneração arbitrada pelo juiz, entra em negociação particular com uma das partes e com esta acerta retribuição em bases diversas e para ele mais vantajosas, chegando a embolsar uma parcela do valor assim avençado" (RJTJERGS 165/204).

Art. 148: 5b. É suspeito o perito que extrapola a análise das questões técnicas que lhe são submetidas e opina sobre o próprio mérito da causa (RP 113/326).

Art. 148: 5c. No sentido de que é suspeito para a realização de perícia tendo por objeto encargos contratuais exigidos por banco o perito que, além de contador, é advogado e patrocina causas contra instituições financeiras: JTJ 314/429 (AI 7.096.113-0).

Art. 148: 6. É suspeito o perito que adianta às partes o resultado de seu trabalho (RT 731/334).

Art. 148: 6a. "É suspeito o perito que se empenha em que as partes façam acordo" (Bol. AASP 1.611/265).

Art. 148: 6b. "Como os motivos legais de suspeição e impedimento do juiz aplicam-se também ao perito, está este impedido de funcionar no processo em que o juiz seja seu parente em segundo grau na linha colateral (irmão), considerando-se que o impedimento não funciona apenas entre o perito e as partes ou entre as partes e o juiz, senão também entre o juiz e o perito. Interpretação sistemática dos arts. 136 e 138, III, do CPC" (RT 826/372).

Todavia: "O legislador, ao definir as hipóteses de suspeição e impedimento, atentou apenas para as possíveis relações existentes entre o juiz e as partes do processo, ou, conforme o art. 138, III, do CPC, entre as partes e o perito, nada dispondo acerca de eventuais vínculos, seja de que natureza for, entre o juiz e os seus auxiliares (peritos, serventuários, intérpretes etc.). Conquanto não constitua exemplo de ética profissional, não há na lei processual civil nada que impeça o juiz de nomear o seu próprio irmão para oficiar nos autos como seu assistente, não sendo causa suficiente, portanto, para se declarar, de ofício, a nulidade do julgamento" (STJ-1ª T., REsp 906.598, Min. Denise Arruda, j. 19.6.07, DJU 2.8.07).

"Amizade do *expert* com o juiz não se enquadra nas hipóteses do art. 135 do CPC como causa de suspeição" (JTJ 309/372).

V. tb. art. 465, nota 3.

Art. 148: 6c. "O *expert* não tem legitimidade para recorrer da decisão que o considera suspeito" (STJ-1ª T., REsp 625.402, Min. Luiz Fux, j. 3.5.05, DJU 30.5.05).

Art. 148: 7. "A parte que integra um dos polos da lide em que suscitada a exceção de suspeição do perito não pode pretender valer-se das regras dos arts. 46, 50 e 54 do CPC, para atuar, no incidente, como litisconsorte, assistente litisconsorcial ou assistente simples do excepto. Por consectário lógico, somente aquele de quem se poderia exigir isenção e imparcialidade pode ser apontado como suspeito e, assim, ter legitimidade para reconhecer ou refutar as alegações" (STJ-4ª T., REsp 909.940, Min. Raul Araújo, j. 17.9.13, DJ 4.8.14).

Art. 148: 8. A arguição de suspeição do perito é apenas um incidente da causa. Não é apelável, portanto, a decisão que vier a ser proferida a final, porque não é sentença, uma vez que não põe fim à fase cognitiva do procedimento comum (v. art. 203 § 1º). O inconformismo, no caso, deve ser manifestado na forma do art. 1.009 § 1º.

Art. 148: 9. v. art. 457 § 1º.

Capítulo III | DOS AUXILIARES DA JUSTIÇA

Art. 149. São auxiliares da Justiça, além de outros [1] cujas atribuições sejam determinadas pelas normas de organização judiciária, o escrivão, o chefe de secretaria, o oficial de justiça, o perito, o depositário, o administrador, o intérprete, o tradutor, o mediador, o conciliador judicial, o partidor, o distribuidor, o contabilista e o regulador de avarias. [Dispositivo correspondente no CPC/1973: art. 139]

Art. 149: 1. O Código também menciona o corretor e o leiloeiro público (v. arts. 880 e segs.).

Seção I | DO ESCRIVÃO, DO CHEFE DE SECRETARIA[1] E DO OFICIAL DE JUSTIÇA

SEÇ. I: 1. O chefe de secretaria na Justiça Federal (LOJF 36-I) equivale ao escrivão na Justiça Estadual.

Art. 150. Em cada juízo haverá um ou mais ofícios de justiça, cujas atribuições serão determinadas pelas normas de organização judiciária. [Dispositivo correspondente no CPC/1973: art. 140]

Art. 151. Em cada comarca, seção ou subseção judiciária haverá, no mínimo, tantos oficiais de justiça quantos sejam os juízos. [Sem dispositivo correspondente no CPC/1973]

Art. 152. Incumbe ao escrivão ou ao chefe de secretaria:[1] [Dispositivo correspondente no CPC/1973: art. 141-*caput*]

I — redigir, na forma legal, os ofícios, os mandados, as cartas precatórias e os demais atos que pertençam ao seu ofício; [Dispositivo correspondente no CPC/1973: art. 141-I]

II — efetivar as ordens judiciais, realizar citações[1a] e intimações, bem como praticar todos os demais atos que lhe forem atribuídos pelas normas de organização judiciária; [Dispositivo correspondente no CPC/1973: art. 141-II]

III — comparecer às audiências ou, não podendo fazê-lo, designar servidor para substituí-lo; [Dispositivo correspondente no CPC/1973: art. 141-III]

IV — manter sob sua guarda e responsabilidade os autos, não permitindo que saiam do cartório, exceto: [Dispositivo correspondente no CPC/1973: art. 141-IV]

a) quando tenham de seguir à conclusão do juiz; [Dispositivo correspondente no CPC/1973: art. 141-IV-*a*]

b) com vista a procurador,[2] à Defensoria Pública,[3] ao Ministério Público[4] ou à Fazenda Pública;[5-5a] [Dispositivo correspondente no CPC/1973: art. 141-IV-*b*]

c) quando devam ser remetidos ao contabilista ou ao partidor; [Dispositivo correspondente no CPC/1973: art. 141-IV-*c*]

d) quando forem remetidos a outro juízo em razão da modificação da competência;[6] [Dispositivo correspondente no CPC/1973: art. 141-IV-*d*]

V — fornecer certidão de qualquer ato ou termo do processo, independentemente de despacho, observadas as disposições referentes ao segredo de justiça;[6a] [Dispositivo correspondente no CPC/1973: art. 141-V]

VI — praticar, de ofício, os atos meramente ordinatórios.[7] [Sem dispositivo correspondente no CPC/1973]

§ 1º O juiz titular editará ato a fim de regulamentar a atribuição prevista no inciso VI. [Sem dispositivo correspondente no CPC/1973]

§ 2º No impedimento do escrivão ou chefe de secretaria, o juiz convocará substituto e, não o havendo, nomeará pessoa idônea para o ato. [Dispositivo correspondente no CPC/1973: art. 142-*caput*]

Art. 152: 1. s/ atos do escrivão ou do chefe de secretaria, v. arts. 206 e segs.

Art. 152: 1a. A citação por mandado é feita pelo oficial de justiça (art. 154-I).

Art. 152: 2. v. art. 107-II e III.

Art. 152: 3. v. art. 186 § 1º.

Art. 152: 4. v art. 179-I.

Art. 152: 5. v. art. 183 § 1º.

Art. 152: 5a. s/ dever de restituir os autos no prazo e respectivas sanções, v. art. 234.

Art. 152: 6. v. art. 64 § 3º.

Art. 152: 6a. s/ certidão de escrivão e restituição de prazo para recurso, v. art. 1.004, nota 6.

Art. 152: 7. v. § 1º. S/ atos ordinatórios, v. art. 203 § 4º.

Art. 153. O escrivão ou o chefe de secretaria atenderá, preferencialmente, à ordem cronológica de recebimento para publicação e efetivação dos pronunciamentos judiciais.[1-2] [Sem dispositivo correspondente no CPC/1973]

§ 1º A lista de processos recebidos deverá ser disponibilizada, de forma permanente, para consulta pública.

§ 2º Estão excluídos da regra do *caput*:

I — os atos urgentes, assim reconhecidos pelo juiz no pronunciamento judicial a ser efetivado;

II — as preferências legais.

§ 3º Após elaboração de lista própria, respeitar-se-ão a ordem cronológica de recebimento entre os atos urgentes e as preferências legais.

§ 4º A parte que se considerar preterida na ordem cronológica poderá reclamar, nos próprios autos, ao juiz do processo, que requisitará informações ao servidor, a serem prestadas no prazo de 2 (dois) dias.

§ 5º Constatada a preterição, o juiz determinará o imediato cumprimento do ato e a instauração de processo administrativo disciplinar contra o servidor.

Art. 153: 1. Redação do *caput* de acordo com a Lei 13.256, de 4.2.16.

Art. 153: 2. s/ ordem cronológica para sentença ou acórdão, v. art. 12.

Art. 154. Incumbe ao oficial de justiça: [Dispositivo correspondente no CPC/1973: art. 143-*caput*]

I — fazer pessoalmente citações, prisões, penhoras, arrestos e demais diligências próprias do seu ofício, sempre que possível[1] na presença de 2 (duas) testemunhas, certificando[1a] no mandado o ocorrido, com menção ao lugar, ao dia e à hora; [Dispositivo correspondente no CPC/1973: art. 143-I]

II — executar as ordens do juiz a que estiver subordinado;[2] [Dispositivo correspondente no CPC/1973: art. 143-II]

III — entregar o mandado em cartório após seu cumprimento; [Dispositivo correspondente no CPC/1973: art. 143-III]

IV — auxiliar o juiz na manutenção da ordem; [Dispositivo correspondente no CPC/1973: art. 143-IV]

V — efetuar avaliações,[3] quando for o caso; [Dispositivo correspondente no CPC/1973: art. 143-V]

VI — certificar, em mandado, proposta de autocomposição apresentada por qualquer das partes, na ocasião de realização de ato de comunicação que lhe couber. [Sem dispositivo correspondente no CPC/1973]

Parágrafo único. Certificada a proposta de autocomposição prevista no inciso VI, o juiz ordenará a intimação da parte contrária para manifestar-se, no prazo de 5 (cinco) dias, sem prejuízo do andamento regular do processo, entendendo-se o silêncio como recusa. [Sem dispositivo correspondente no CPC/1973]

Art. 154: 1. v. art. 838, nota 1b.

Art. 154: 1a. A certidão do oficial de justiça tem fé pública (STF-RT 500/260 e RF 261/219; RJTJESP 99/245; JTJ 350/139: AI 991.09.097401-9). Prevalece até prova em contrário (Bol. AASP 1.367/50, RJTAMG 20/248; TFR-6ª T., AC

94.640, Min. Torreão Braz, j. 31.10.84, DJU 13.12.84), desde que esta seja robusta (RJTJESP 98/316) ou inequívoca (TFR-4ª T., AC 97.356, Min. José de Jesus Filho, j. 17.12.86, DJU 26.2.87). Não prevalece, obviamente, contra a lei (JTA 93/808). Caso em que não foi aceita: RJTJESP 96/260.

Art. 154: 2. cf. art. 782.

Art. 154: 3. v. arts. 870 e segs.

Art. 155. O escrivão, o chefe de secretaria e o oficial de justiça são responsáveis, civil e regressivamente, quando:[1] [Dispositivo correspondente no CPC/1973: art. 144-*caput*]

I — sem justo motivo, se recusarem a cumprir no prazo[2-3] os atos impostos pela lei ou pelo juiz a que estão subordinados; [Dispositivo correspondente no CPC/1973: art. 144-I]

II — praticarem ato nulo com dolo ou culpa. [Dispositivo correspondente no CPC/1973: art. 144-II]

Art. 155: 1. s/ responsabilidade objetiva do Estado, v. CF 37 § 6º.

Art. 155: 2. v. art. 233.

Art. 155: 3. v., no índice, Prazo para o escrivão e Prazo para o oficial de justiça.

Seção II | DO PERITO

Art. 156. O juiz será assistido por perito[1] quando a prova do fato depender de conhecimento técnico ou científico.[2] [Dispositivo correspondente no CPC/1973: art. 145-*caput*]

§ 1º Os peritos serão nomeados entre os profissionais legalmente habilitados e os órgãos técnicos ou científicos[2a] devidamente inscritos em cadastro mantido pelo tribunal ao qual o juiz está vinculado.[3 a 8] [Dispositivo correspondente no CPC/1973: art. 145 § 1º]

§ 2º Para formação do cadastro, os tribunais devem realizar consulta pública, por meio de divulgação na rede mundial de computadores ou em jornais de grande circulação, além de consulta direta a universidades, a conselhos de classe, ao Ministério Público, à Defensoria Pública e à Ordem dos Advogados do Brasil, para a indicação de profissionais ou de órgãos técnicos interessados. [Sem dispositivo correspondente no CPC/1973]

§ 3º Os tribunais realizarão avaliações e reavaliações periódicas para manutenção do cadastro, considerando a formação profissional, a atualização do conhecimento e a experiência dos peritos interessados. [Sem dispositivo correspondente no CPC/1973]

§ 4º Para verificação de eventual impedimento ou motivo de suspeição, nos termos dos arts. 148 e 467, o órgão técnico ou científico nomeado para realização da perícia informará ao juiz os nomes e os dados de qualificação dos profissionais que participarão da atividade. [Sem dispositivo correspondente no CPC/1973]

§ 5º Na localidade onde não houver inscrito no cadastro disponibilizado pelo tribunal, a nomeação do perito é de livre escolha pelo juiz e deverá recair sobre profissional ou órgão técnico ou científico comprovadamente detentor do conhecimento necessário à realização da perícia. [Dispositivo correspondente no CPC/1973: art. 145 § 3º]

Art. 156: 1. O perito não pode ser intérprete ou tradutor (art. 163-II).

Art. 156: 2. s/ prova pericial, v. arts. 464 a 480.

S/ honorários periciais, v. art. 95; impedimento e suspeição do perito, v. arts. 148-II e 467; substituição do perito por falta de conhecimento técnico, v. art. 468-I; nomeação de mais de um perito quando complexa a perícia, v. art. 475 e notas; legitimidade para recorrer, quanto à fixação da remuneração do perito, v. art. 996, nota 13.

Art. 156: 2a. v. § 4º.

Art. 156: 3. v. art. 157 § 2º (lista de peritos).

Art. 156: 3a. "A nomeação de **estabelecimento oficial** para a realização de perícia médico-oficial, sem individuação do perito, não viola o art. 421 do CPC, e encontra suporte legal no art. 434 da lei processual, supondo a confiança do juiz em todos os integrantes do quadro, bem como no critério de seu diretor" (STJ-4ª T., Ag 38.839-5-AgRg, Min. Sálvio de Figueiredo, j. 7.2.95, DJU 20.3.95). No mesmo sentido: JTJ 196/237 (nomeação do IMESC para perícia em investigação de paternidade).

Não é ilegal a nomeação de perito que trabalha na FUNDACENTRO (RT 579/153), pois não é suspeito (RT 571/155, 572/162, JTA 75/205, 75/276, 75/292, 78/276, 89/364).

Não constitui delegação de poderes, vedada constitucionalmente, a permissão, concedida pelo juiz, de que o diretor da FUNDACENTRO distribua pelos peritos dos quadros daquela entidade as solicitações de perícia que o magistrado lhe dirige (RTJ 105/1.235). Mais amplamente, considerando não só constitucional como legal essa permissão: JTA 95/394, maioria.

Também se admite a indicação de pessoa jurídica para servir como **assistente técnico** da parte (STJ-RF 325/155).

Art. 156: 4. "Arguição pelos autores da demanda da incapacidade técnica do perito sete meses depois de sua nomeação, após a publicação do laudo pericial que lhes foi desfavorável. Manifesta a ocorrência de preclusão lógica e temporal" (STJ-3ª T., REsp 234.371-AgRg, Min. Paulo Sanseverino, j. 21.10.10, DJ 28.10.10).

"Inviável, em sede de apelação, e somente após experimentar o recorrente prestação jurisdicional contrária ao seus interesses, a discussão acerca da qualificação técnica do perito judicial. Carecendo este de habilitação exigida para o exercício do mister que lhe cabia, deve a parte interessada insurgir-se tão logo seja intimada da nomeação pelo juízo, sob pena de restar preclusa a discussão da matéria" (STJ-4ª T., REsp 257.700, Min. Luis Felipe, j. 20.8.09, DJ 2.9.09).

Todavia: "A ausência de impugnação tempestiva da nomeação do perito pelo autor deve ser relativizada em determinadas circunstâncias. Não é possível exigir das partes que sempre saibam, de antemão, quais são exatamente as qualificações técnicas e o alcance dos conhecimentos do perito nomeado. É dever do próprio perito escusar-se, de ofício, do encargo que lhe foi atribuído, na hipótese em que seu conhecimento técnico não seja suficiente para realizar o trabalho pericial de forma completa e confiável" (STJ-3ª T., REsp 957.347, Min. Nancy Andrighi, j. 23.3.10, DJ 28.4.10).

Art. 156: 4a. "Reconhecido no acórdão que à época os técnicos que assinaram o laudo não dispunham de habilitação para tanto, o exame não pode subsistir, outro devendo ser realizado, pouco relevando que o órgão público seja idôneo e conceituado. Como se sabe, menos pelo método do que pelos defeitos da ação humana, também o exame pelo método DNA está sujeito a resultados controvertidos, com o que se recomenda seja feito por pessoa habilitada" (STJ-RF 388/294: 3ª T., REsp 647.286).

Art. 156: 5. Lei 5.194, de 24.12.66 — Regula o exercício das profissões de **engenheiro,** arquiteto e **engenheiro agrônomo,** e dá outras providências: **"Art. 13.** Os estudos, plantas, projetos, laudos e qualquer outro trabalho de engenharia, de arquitetura e de agronomia, quer público, quer particular, somente poderão ser submetidos ao julgamento das autoridades competentes e só terão valor jurídico quando seus autores forem profissionais habilitados de acordo com esta lei".

Lei 12.378, de 31.12.10 — Regula o exercício da profissão de **arquiteto e urbanista,** e dá outras providências.

"A avaliação de imóvel não é atribuição privativa de engenheiro, não conduzindo à nulidade do laudo o só fato de ter sido realizada por **corretor de imóveis"** (RT 635/264).

"Avaliação de imóvel. Nomeação de perito. Violação ao art. 7º da Lei 5.194/66. Inocorrência. Atividade não afeta com exclusividade a engenheiros, arquitetos ou agrônomos. Corretor de imóveis. Possibilidade. Art. 3º da Lei 6.530/78" (STJ-1ª T., REsp 779.196, Min. Teori Zavascki, j. 25.8.09, DJ 9.9.09). No mesmo sentido: RT 902/359 (TRF-1ª Reg., AP 2007.34.00.010591-0, maioria).

Todavia: "É nula perícia realizada por profissional inabilitado, exigindo-se nas ações de **desapropriação** a atuação de prova pericial realizada por engenheiro habilitado. Perícia realizada por técnico de nível médio, sem habilitação adequada, servindo o laudo por ele fornecido de base para a estipulação das indenizações constantes da sentença. Nulidade absoluta da prova e do processo por ela contaminado, sendo insanável por decurso de tempo, por assentimento das partes ou pela indução do Juízo a erro" (STJ-2ª T., REsp 1.127.949, Min. Eliana Calmon, j. 3.11.09, DJ 17.11.09).

"Ilegalidade *prima facie* da designação de corretor de imóveis para proceder a perícia judicial em ação de desapropriação, na forma do art. 145, §§ 1º a 3º, do CPC, e do art. 12, § 3º, da Lei 8.629/1993, à míngua de qualificação em ensino superior" (STJ-1ª Seção, Rcl 7.277, Min. Mauro Campbell, j. 27.11.13, DJ 5.12.13).

V. tb. art. 870, nota 3.

Art. 156: 6. Dec. lei 9.295, de 27.5.46 — Cria o Conselho Federal de **Contabilidade,** define as atribuições do contador e do guarda-livros, e dá outras providências: **"Art. 26.** Salvo direitos adquiridos *ex vi* do disposto no Dec. n. 21.033, de 8 de fevereiro de 1932, as atribuições definidas na alínea *c* do artigo anterior são privativas dos contadores diplomados".

O art. 25-*c* faz expressa referência a "perícias judiciais ou extrajudiciais".

De onde: "A perícia contábil deverá ser feita por profissional de nível superior, qualidade que não tem o técnico em contabilidade. Igualmente não está legalmente habilitado para essa tarefa o administrador" (STJ-3ª T., REsp 5.302, Min. Eduardo Ribeiro, j. 19.12.90, DJU 25.2.91). No mesmo sentido, em ambos os casos: STJ-RT 747/242.

O distribuidor e o contabilista podem ser nomeados avaliador em processo de inventário, não incidindo a legislação sobre as atribuições privativas de engenheiro, definidas na Lei 5.194/66 (RT 579/179).

Art. 156: 7. **"Propriedade industrial.** Alegada **contrafação.** Prova pericial determinada. Perito nomeado. Conhecimento técnico correlato. Ausência. Substituição de perito nomeado. Necessidade. O conhecimento jurídico, ainda que especializado e aprofundado no âmbito do direito autoral e de propriedade industrial, não assegura à perita nomeada o conhecimento necessário para apurar a similitude ou dessemelhança entre equipamentos eletrônicos, que envolve a composição física e o funcionamento e a programação dos dispositivos, fatos essenciais para configurar a contrafação alegada" (STJ-3ª T., REsp 1.726.227, Min. Marco Bellizze, j. 5.6.18, DJ 8.6.18).

Art. 156: 8. "A pertinência da especialidade médica, em regra, não consubstancia pressuposto de validade da prova pericial. A **escolha do perito médico** deve ser de livre nomeação do juiz. Se o perito médico nomeado não se julgar apto à realização do laudo pericial, deverá escusar-se do encargo, pois comprometido com a ciência e a ética médica. No presente caso, em que o autor alega incapacidades decorrentes de diversas patologias, o juiz nomeou médico radiologista, ato que se mostra razoável, considerando que foi garantido ao periciando nova prova pericial, caso indicada a necessidade de complementação" (STJ-2ª T., REsp 1.514.268, Min. Mauro Campbell, j. 19.11.15, DJ 27.11.15).

Art. 157. O perito tem o dever de cumprir o ofício no prazo[1] que lhe designar o juiz, empregando toda sua diligência, podendo escusar-se[2] do encargo alegando motivo legítimo. [Dispositivo correspondente no CPC/1973: art. 146-*caput*]

§ 1º A escusa será apresentada no prazo de 15 (quinze) dias, contado da intimação, da suspeição ou do impedimento supervenientes, sob pena de renúncia ao direito a alegá-la. [Dispositivo correspondente no CPC/1973: art. 146 § ún.]

§ 2º Será organizada lista de peritos na vara ou na secretaria, com disponibilização dos documentos exigidos para habilitação à consulta de interessados, para que a nomeação seja distribuída de modo equitativo, observadas a capacidade técnica e a área de conhecimento.[3] [Sem dispositivo correspondente no CPC/1973]

Art. 157: 1. v. arts. 465, 468-II, 476 e 477.

Art. 157: 2. v. art. 467.

Art. 157: 3. v. art. 156.

Art. 158. O perito que, por dolo ou culpa, prestar informações inverídicas responderá pelos prejuízos que causar à parte e ficará inabilitado para atuar em outras perícias no prazo de 2 (dois) a 5 (cinco) anos,[1] independentemente das demais sanções previstas em lei,[2] devendo o juiz comunicar o fato ao respectivo órgão de classe para adoção das medidas que entender cabíveis. [Dispositivo correspondente no CPC/1973: art. 147]

Art. 158: 1. "A sanção de inabilitação do perito pelo prazo de 2 (dois) anos prevista no art. 147, do CPC, refere-se à sua habilitação técnica e não à sua reputação" (STJ-3ª T., REsp 1.121.718, Min. Nancy Andrighi, j. 5.8.10, DJ 20.8.10). Do voto da relatora: "Pelo acolhimento da suspeição, apenas, não é possível a aplicação de sanção prevista no dispositivo legal em comento, porquanto afastado o perito pelo tratamento desigual às partes, não havendo caracterização de distorção do laudo apresentado. Diferente seria a situação se o fato ensejador da suspeição fosse exatamente a apresentação de laudo pericial, com informações manipuladas ou prestadas sem a devida observância das normas técnicas pertinentes. Nessa hipótese, haveria o comprometimento da verdade dos fatos".

Art. 158: 2. v. CP 342.

Seção III | DO DEPOSITÁRIO E DO ADMINISTRADOR

Art. 159. A guarda e a conservação de bens penhorados, arrestados, sequestrados ou arrecadados serão confiadas a depositário[1 a 2] ou a administrador, não dispondo a lei de outro modo. [Dispositivo correspondente no CPC/1973: art. 148]

Art. 159: 1. s/ depositário, v. arts. 161, nota 9 (Súmula Vinculante 25 do STF), 553 (ação de exigir contas e destituição), 840 (depositário judicial, com destaque para a nota 1, com Súmula 319 do STJ), 996, nota 13 (falta de legitimidade para recorrer).

Art. 159: 1a. Tratando-se de depósito judicial, não se aplica a regra pela qual o depósito de coisas fungíveis, em que o depositário se obrigue a restituir objetos do mesmo gênero, qualidade e quantidade, regula-se pelo disposto acerca do mútuo (CC 645). Nesse sentido: STJ-4ª T., RHC 11.655, Min. Barros Monteiro, j. 11.9.01, DJU 4.3.02.

Art. 159: 2. Súmula 271 do STJ: "A correção monetária dos **depósitos judiciais** independe de ação específica contra o banco depositário".

"Devem os bancos depositários aplicar a correção monetária segundo os critérios definidos em decisão judicial, eis que são auxiliares da justiça" (RSTJ 134/172). "Discordando, o depositário poderá impugnar o ato judicial em ação direta" (RSTJ 134/233).

No caso de depósito de dinheiro em estabelecimento bancário, a devolução deve realizar-se com juros e correção monetária (RT 719/155, bem fundamentado).

Art. 160. Por seu trabalho o depositário[1] ou o administrador perceberá remuneração que o juiz fixará levando em conta a situação dos bens, ao tempo do serviço e às dificuldades de sua execução.[2] [Dispositivo correspondente no CPC/1973: art. 149-*caput*]

Parágrafo único. O juiz poderá nomear um ou mais prepostos por indicação do depositário ou do administrador. [Dispositivo correspondente no CPC/1973: art. 149 § ún.]

Art. 160: 1. s/ **correção monetária** de depósito judicial, v., no tít. CORREÇÃ O MONETÁRIA, LCM 1º, nota 3 **(Súmulas 179 e 271 do STJ).**

V. tb. arts. 838-IV e 840.

Art. 160: 2. A redação deste dispositivo ficou confusa. A rigor, o juiz fixará a remuneração do depositário ou do administrador "atendendo à situação dos bens, ao tempo do serviço e às dificuldades de sua execução" (CPC rev. 149).

Art. 161. O depositário ou o administrador responde pelos prejuízos que, por dolo ou culpa, causar à parte, perdendo a remuneração que lhe foi arbitrada, mas tem o direito a haver o que legitimamente despendeu no exercício do encargo.[1 a 6a] [Dispositivo correspondente no CPC/1973: art. 150]

Parágrafo único. O depositário infiel responde civilmente pelos prejuízos causados, sem prejuízo de sua responsabilidade penal[7 a 9] e da imposição de sanção por ato atentatório à dignidade da justiça.[10] [Sem dispositivo correspondente no CPC/1973]

Art. 161: 1. A responsabilidade do depositário judicial nomeado no **processo cautelar** subsiste no principal (STF-JTA 102/187).

Art. 161: 2. "A utilização da **via editalícia,** como meio de promover a intimação do depositário judicial para apresentar os bens depositados, somente há de ser admitida em situações excepcionais, como por exemplo nos casos em que restar inequivocamente evidenciada a má-fé da parte ou se esgotados todos os meios empreendidos na sua localização" (STJ-2ª T., RHC 19.906, Min. João Otávio, j. 15.3.07, DJU 17.4.07).

Art. 161: 3. "A venda do piano penhorado, sem que tenha havido a sua tradição ao depositário, não torna o executado depositário infiel; incorre ele em **fraude à execução** (CP, artigo 179)" (STF-2ª T., HC 79.840, Min. Maurício Corrêa, j. 23.5.00, DJU 30.6.00).

Art. 161: 4. Havendo muitas penhoras sobre os mesmos bens e tendo o devedor sido nomeado depositário em todas elas, deverá, na hipótese de não serem encontrados ditos bens, exibir o seu valor multiplicado pelo número de penhoras que incidiram sobre eles?

Não: RJTJESP 124/350.

Sim: RJTJESP 124/351.

Art. 161: 5. "Omisso o auto de penhora quanto à abrangência da constrição, não se pode entender alcançados os frutos obtidos com os aluguéres. Apesar de restringir o poder de disposição sobre o bem constrito, a **penhora** não paralisa o direito de propriedade do executado, permanecendo intactos os demais poderes inerentes ao domínio, não havendo, *in casu*, gravame algum no **ato de locar** o imóvel. A penhora deve constranger patrimonialmente o devedor na medida necessária da satisfação do crédito, razão pela qual, se o valor do bem já é suficiente, a sua eventual locação não transgride os condicionamentos legais impostos pelo gravame" (STF-RP 126/167: 1ª T., HC 84.382). **Contra,** no sentido de que só mediante autorização do juiz pode o depositário judicial dar em locação o bem depositado: RT 709/125.

Art. 161: 6. "O sócio-gerente que, na execução fiscal endereçada contra a sociedade, assume a condição de depositário do bem penhorado e, depois, transfere a respectiva posse por efeito de cessão das cotas sociais, permanece responsável pela sua apresentação ao juízo da causa, salvo se previamente desonerado do encargo" (RSTJ 79/116: 2ª T., REsp 11.860). No mesmo sentido: STJ-3ª T., HC 31.505, Min. Pádua Ribeiro, j. 6.5.04, DJU 7.6.04; STJ-1ª T., RHC 19.975, Min. Teori Zavascki, j. 21.9.06, DJU 5.10.06.

"O encargo de depositário fiel de bens penhorados para garantia da execução não é transferível, por ato de livre disposição das partes, ao adquirente das cotas da sociedade comercial pertencentes ao paciente. A omissão do juiz em decidir sobre o pedido de exoneração, fundado na dita transferência, não desonera o paciente" (STF-RT 846/198: 1ª T., HC 86.160).

Art. 161: 6a. "Como **mero detentor dos bens,** cabe ao depositário judicial **restituí-los** a quem tenha o direito de levantá-los, quando assim ordenado pelo juízo; do contrário, altera-se o título dessa detenção, podendo se sujeitar o depositário, além da indenização na esfera cível, à pena do crime de apropriação indébita, majorada pela circunstância de cometê-lo no exercício da respectiva função (art. 168, § 1º, II, do Código Penal). No particular, a penhora dos bens apreendidos foi frustrada porque desconhecido o paradeiro do depositário e, portanto, dos próprios bens que ele guardava, e não por qualquer ato diretamente imputado às partes. Diante desse cenário, justifica-se, de um lado, a substituição da penhora por dinheiro, porque não podem os recorridos suportar o prejuízo a que não deram causa, ficando impedidos de prosseguir no cumprimento de sentença ou obrigados a fazê-lo a menor. De outro lado, impondo-se, em consequência, a devolução dos bens ao recorrente, cabe ao depositário — e não aos recorridos — responder pelos prejuízos a ele causados, até que se opere a devida restituição" (STJ-3ª T., REsp 1.758.774, Min. Nancy Andrighi, j. 2.10.18, DJ 4.10.18).

Art. 161: 7. v. CP 168 (crime de apropriação indébita).

Art. 161: 8. **CF 5º: "LXVII** — não haverá prisão civil por dívida, salvo a do responsável pelo inadimplemento voluntário e inescusável de obrigação alimentícia e a do depositário infiel".

Art. 161: 9. **Súmula Vinculante 25 do STF:** "É ilícita a **prisão civil de depositário infiel,** qualquer que seja a modalidade do depósito".

Assim, o **depositário judicial** infiel não está sujeito a prisão (STF-Pleno, HC 94.307-QO, Min. Cezar Peluso, j. 14.4.08, DJU 23.5.08).

Súmula 304 do STJ: "É ilegal a decretação da prisão civil daquele que não assume expressamente o encargo de depositário judicial".

Súmula 305 do STJ: "É descabida a prisão civil do depositário quando, decretada a falência da empresa, sobrevém a arrecadação do bem pelo síndico".

Súmula 419 do STJ: "Descabe a prisão civil do depositário judicial infiel".

Art. 161: 10. s/ ato atentatório à dignidade da justiça, v. art. 77 § 2º.

Seção IV | DO INTÉRPRETE E DO TRADUTOR

Art. 162. O juiz nomeará intérprete[1] ou tradutor[1a-1b] quando necessário para: [Dispositivo correspondente no CPC/1973: art. 151-*caput*]

I — traduzir documento redigido em língua estrangeira;[2] [Dispositivo correspondente no CPC/1973: art. 151-I]

II — verter para o português as declarações das partes e das testemunhas que não conhecerem o idioma nacional; [Dispositivo correspondente no CPC/1973: art. 151-II]

III — realizar a interpretação simultânea dos depoimentos das partes e testemunhas com deficiência auditiva que se comuniquem por meio da Língua Brasileira de Sinais, ou equivalente, quando assim for solicitado. [Dispositivo correspondente no CPC/1973: art. 151-III]

Art. 162: 1. s/ remuneração do intérprete na Justiça Federal, v. RCJF 10.

Art. 162: 1a. s/ tradutor no procedimento de ratificação dos protestos marítimos e dos processos testemunháveis formados a bordo, v. art. 768 §§ 1º e 2º.

Art. 162: 1b. Há um acórdão afirmando não ser possível pedir esclarecimentos a tradutor, "já que em nenhum momento o tradutor efetua qualquer espécie de perícia" (JTJ 195/240).

Art. 162: 2. v. art. 192 § ún.

Art. 163. Não pode ser intérprete ou tradutor quem: [Dispositivo correspondente no CPC/1973: art. 152-*caput*]

I — não tiver a livre administração de seus bens; [Dispositivo correspondente no CPC/1973: art. 152-I]

II — for arrolado como testemunha ou atuar como perito no processo; [Dispositivo correspondente no CPC/1973: art. 152-II]

III — estiver inabilitado para o exercício da profissão por sentença penal condenatória, enquanto durarem seus efeitos. [Dispositivo correspondente no CPC/1973: art. 152-III]

Art. 164. O intérprete ou tradutor, oficial ou não, é obrigado a desempenhar seu ofício,[1] aplicando-se-lhe o disposto nos arts. 157 e 158. [Dispositivo correspondente no CPC/1973: art. 153]

Art. 164: 1. Impedimento e suspeição do intérprete: v. art. 148-II.

Seção V | DOS CONCILIADORES E MEDIADORES JUDICIAIS[1-2]

SEÇ. V: 1. s/ mediação, v. tb. **Lei 13.140, de 26.6.15** (no tít. ARBITRAGEM E MEDIAÇÃO).

SEÇ. V: 2. **Res. 125 do CNJ, de 29.11.10** — Dispõe sobre a Política Judiciária Nacional de tratamento adequado dos conflitos de interesses no âmbito do Poder Judiciário.

Art. 165. Os tribunais criarão centros judiciários de solução consensual de conflitos, responsáveis pela realização de sessões e audiências de conciliação e mediação[1] e pelo desenvolvimento de programas destinados a auxiliar, orientar e estimular a autocomposição.[2] [Sem dispositivo correspondente no CPC/1973]

§ 1º A composição e a organização dos centros serão definidas pelo respectivo tribunal, observadas as normas do Conselho Nacional de Justiça.[3]

§ 2º O conciliador, que atuará preferencialmente nos casos em que não houver vínculo anterior entre as partes, poderá sugerir soluções para o litígio, sendo vedada a utilização de qualquer tipo de constrangimento ou intimidação para que as partes conciliem.

§ 3º O mediador, que atuará preferencialmente nos casos em que houver vínculo anterior entre as partes, auxiliará aos interessados a compreender as questões e os interesses em conflito, de modo que eles possam, pelo restabelecimento da comunicação, identificar, por si próprios, soluções consensuais que gerem benefícios mútuos.

Art. 165: 1. v. art. 334.

Art. 165: 2. v. art. 3º §§ 2º e 3º.

Cf. **art. 139-V:** "o juiz pode promover, a qualquer tempo, a autocomposição, preferencialmente com auxílio de conciliadores e mediadores judiciais".

S/ conciliação e mediação nas ações de família, v. art. 694.

Art. 165: 3. v. Res. 125 do CNJ, de 29.11.10, especialmente arts. 8º a 11.

Art. 166. A conciliação e a mediação são informadas pelos princípios da independência, da imparcialidade, da autonomia da vontade, da confidencialidade, da oralidade, da informalidade e da decisão informada.[1]
[Sem dispositivo correspondente no CPC/1973]

§ 1º A confidencialidade estende-se a todas as informações produzidas no curso do procedimento, cujo teor não poderá ser utilizado para fim diverso daquele previsto por expressa deliberação das partes.[1a]

§ 2º Em razão do dever de sigilo, inerente às suas funções, o conciliador e o mediador, assim como os membros de suas equipes, não poderão divulgar ou depor acerca de fatos ou elementos oriundos da conciliação ou da mediação.[2-3]

§ 3º Admite-se a aplicação de técnicas negociais, com o objetivo de proporcionar ambiente favorável à autocomposição.

§ 4º A mediação e a conciliação serão regidas conforme a livre autonomia dos interessados, inclusive no que diz respeito à definição das regras procedimentais.[4]

Art. 166: 1. Res. 125 do CNJ, de 29.11.10 (Anexo III): "Art. 1º São princípios fundamentais que regem a atuação de conciliadores e mediadores judiciais: confidencialidade, decisão informada, competência, imparcialidade, independência e autonomia, respeito à ordem pública e às leis vigentes, empoderamento e validação: **I** — Confidencialidade — dever de manter sigilo sobre todas as informações obtidas na sessão, salvo autorização expressa das partes, violação à ordem pública ou às leis vigentes, não podendo ser testemunha do caso, nem atuar como advogado dos envolvidos, em qualquer hipótese; **II** — Decisão informada — dever de manter o jurisdicionado plenamente informado quanto aos seus direitos e ao contexto fático no qual está inserido; **III** — Competência — dever de possuir qualificação que o habilite à atuação judicial, com capacitação na forma desta Resolução, observada a reciclagem periódica obrigatória para formação continuada; **IV** — Imparcialidade — dever de agir com ausência de favoritismo, preferência ou preconceito, assegurando que valores e conceitos pessoais não interfiram no resultado do trabalho, compreendendo a realidade dos envolvidos no conflito e jamais aceitando qualquer espécie de favor ou presente; **V** — Independência e autonomia — dever de atuar com liberdade, sem sofrer qualquer pressão interna ou externa, sendo permitido recusar, suspender ou interromper a sessão se ausentes as condições necessárias para seu bom desenvolvimento, tampouco havendo dever de redigir acordo ilegal ou inexequível; **VI** — Respeito à ordem pública e às leis vigentes — dever de velar para que eventual acordo entre os envolvidos não viole a ordem pública, nem contrarie as leis vigentes; **VII** — Empoderamento — dever de estimular os interessados a aprenderem a melhor resolverem seus conflitos futuros em função da experiência de justiça vivenciada na autocomposição; **VIII** — Validação — dever de estimular os interessados perceberem-se reciprocamente como serem humanos merecedores de atenção e respeito".

Art. 166: 1a. sob pena de, p. ex., ser excluído do cadastro de conciliadores e mediadores (cf. art. 173-I).

Art. 166: 2. v. art. 448-II.

Art. 166: 3. sob pena de, p. ex., ser excluído do cadastro de conciliadores e mediadores (cf. art. 173-I).

Art. 166: 4. v. art. 190 (negócio jurídico processual).

Art. 167. Os conciliadores, os mediadores e as câmaras privadas de conciliação e mediação serão inscritos em cadastro nacional e em cadastro de tribunal de justiça ou de tribunal regional federal, que manterá registro de profissionais habilitados, com indicação de sua área profissional. [Sem dispositivo correspondente no CPC/1973]

§ 1º Preenchendo o requisito da capacitação mínima, por meio de curso realizado por entidade credenciada, conforme parâmetro curricular definido pelo Conselho Nacional de Justiça[1] em conjunto com o Ministério da Justiça, o conciliador ou o mediador, com o respectivo certificado, poderá requerer sua inscrição no cadastro nacional e no cadastro de tribunal de justiça ou de tribunal regional federal.

§ 2º Efetivado o registro, que poderá ser precedido de concurso público, o tribunal remeterá ao diretor do foro da comarca, seção ou subseção judiciária onde atuará o conciliador ou o mediador os dados necessários para que seu nome passe a constar da respectiva lista, a ser observada na distribuição alternada e aleatória, respeitado o princípio da igualdade dentro da mesma área de atuação profissional.

§ 3º Do credenciamento das câmaras e do cadastro de conciliadores e mediadores constarão todos os dados relevantes para a sua atuação, tais como o número de processos de que participou, o sucesso ou insucesso da atividade, a matéria sobre a qual versou a controvérsia, bem como outros dados que o tribunal julgar relevantes.

§ 4º Os dados colhidos na forma do § 3º serão classificados sistematicamente pelo tribunal, que os publicará, ao menos anualmente, para conhecimento da população e para fins estatísticos e de avaliação da conciliação, da mediação, das câmaras privadas de conciliação e de mediação, dos conciliadores e dos mediadores.

§ 5º Os conciliadores e mediadores judiciais cadastrados na forma do *caput*, se advogados, estarão impedidos de exercer a advocacia nos juízos em que desempenhem suas funções.[2]

§ 6º O tribunal poderá optar pela criação de quadro próprio de conciliadores e mediadores, a ser preenchido por concurso público de provas e títulos, observadas as disposições deste Capítulo.

Art. 167: 1. s/ cursos de capacitação e aperfeiçoamento de conciliadores e mediadores, v. Res. 125 do CNJ, de 29.11.10 (Anexo I).

Art. 167: 2. v. art. 172.

S/ exercício da advocacia por conciliador, v. tb. LJE 7º § ún., especialmente nota 3.

Art. 168. As partes podem escolher, de comum acordo, o conciliador, o mediador ou a câmara privada de conciliação e de mediação. [Sem dispositivo correspondente no CPC/1973]

§ 1º O conciliador ou mediador escolhido pelas partes poderá ou não estar cadastrado no tribunal.

§ 2º Inexistindo acordo quanto à escolha do mediador ou conciliador, haverá distribuição entre aqueles cadastrados no registro do tribunal,[1] observada a respectiva formação.

§ 3º Sempre que recomendável, haverá a designação de mais de um mediador ou conciliador.

Art. 168: 1. v. art. 167.

Art. 169. Ressalvada a hipótese do art. 167, § 6º, o conciliador e o mediador receberão pelo seu trabalho remuneração prevista em tabela fixada pelo tribunal, conforme parâmetros estabelecidos pelo Conselho Nacional de Justiça. [Sem dispositivo correspondente no CPC/1973]

§ 1º A mediação e a conciliação podem ser realizadas como trabalho voluntário, observada a legislação pertinente e a regulamentação do tribunal.

§ 2º Os tribunais determinarão o percentual de audiências não remuneradas que deverão ser suportadas pelas câmaras privadas de conciliação e mediação, com o fim de atender aos processos em que deferida gratuidade da justiça,[1] como contrapartida de seu credenciamento.

Art. 169: 1. s/ gratuidade da justiça, v. arts. 98 e segs.

Art. 170. No caso de impedimento,[1] o conciliador ou mediador o comunicará imediatamente, de preferência por meio eletrônico, e devolverá os autos ao juiz do processo ou ao coordenador do centro judiciário de solução de conflitos, devendo este realizar nova distribuição. [Sem dispositivo correspondente no CPC/1973]

Parágrafo único. Se a causa de impedimento for apurada quando já iniciado o procedimento, a atividade será interrompida, lavrando-se ata com relatório do ocorrido e solicitação de distribuição para novo conciliador ou mediador.

Art. 170: 1. v. art. 148-II.

Art. 171. No caso de impossibilidade temporária do exercício da função, o conciliador ou mediador informará o fato ao centro,[1] preferencialmente por meio eletrônico, para que, durante o período em que perdurar a impossibilidade, não haja novas distribuições. [Sem dispositivo correspondente no CPC/1973]

Art. 171: 1. i. e., centro judiciário de solução consensual de conflitos (cf. art. 165-*caput*).

Art. 172. O conciliador e o mediador ficam impedidos, pelo prazo de 1 (um) ano, contado do término da última audiência em que atuaram, de assessorar, representar ou patrocinar qualquer das partes.[1-2] [Sem dispositivo correspondente no CPC/1973]

Art. 172: 1. v. art. 167 § 5º.

Art. 172: 2. Esse impedimento independe do resultado da conciliação ou mediação e se estende para outros processos e assessorias extrajudiciais.

Art. 173. Será excluído do cadastro de conciliadores e mediadores aquele que: [Sem dispositivo correspondente no CPC/1973]

I — agir com dolo ou culpa na condução da conciliação ou da mediação sob sua responsabilidade ou violar qualquer dos deveres decorrentes do art. 166, §§ 1º e 2º;

II — atuar em procedimento de mediação ou conciliação, apesar de impedido ou suspeito.[1]

§ 1º Os casos previstos neste artigo serão apurados em processo administrativo.

§ 2º O juiz do processo ou o juiz coordenador do centro de conciliação e mediação, se houver, verificando atuação inadequada do mediador ou conciliador, poderá afastá-lo de suas atividades por até 180 (cento e oitenta) dias, por decisão fundamentada, informando o fato imediatamente ao tribunal para instauração do respectivo processo administrativo.

Art. 173: 1. v. arts. 144 e segs. c/c art. 148-II.

Art. 174. A União, os Estados, o Distrito Federal e os Municípios criarão câmaras de mediação e conciliação, com atribuições relacionadas à solução consensual de conflitos no âmbito administrativo, tais como: [Sem dispositivo correspondente no CPC/1973]

I — dirimir conflitos envolvendo órgãos e entidades da administração pública;

II — avaliar a admissibilidade dos pedidos de resolução de conflitos, por meio de conciliação, no âmbito da administração pública;

III — promover, quando couber, a celebração de termo de ajustamento de conduta.[1]

Art. 174: 1. v. LACP 5º § 6º e notas.

Art. 175. As disposições desta Seção não excluem outras formas de conciliação e mediação extrajudiciais vinculadas a órgãos institucionais ou realizadas por intermédio de profissionais independentes, que poderão ser regulamentadas por lei específica.[1] [Sem dispositivo correspondente no CPC/1973]

Parágrafo único. Os dispositivos desta Seção aplicam-se, no que couber, às câmaras privadas de conciliação e mediação.

Art. 175: 1. v. art. 3º §§ 2º e 3º.

Título V | DO MINISTÉRIO PÚBLICO[1]

TÍT. V: 1. Lei 8.625, de 12.2.93 (LOMP) — Institui a Lei Orgânica Nacional do Ministério Público, dispõe sobre normas gerais para a organização do Ministério Público dos Estados e dá outras providências.

LC 75, de 20.5.93 — Dispõe sobre a organização, as atribuições e o estatuto do Ministério Público da União.

Art. 176. O Ministério Público atuará na defesa da ordem jurídica, do regime democrático e dos interesses e direitos sociais e individuais indisponíveis.[1] [Sem dispositivo correspondente no CPC/1973]

Art. 176: 1. CF 127-*caput*: "O Ministério Público é instituição permanente, essencial à função jurisdicional do Estado, incumbindo-lhe a defesa da ordem jurídica, do regime democrático e dos interesses sociais e individuais indisponíveis".

Art. 177. O Ministério Público exercerá o direito de ação em conformidade com suas atribuições constitucionais.[1 a 5] [Dispositivo correspondente no CPC/1973: art. 81]

Art. 177: 1. s/ exercício do direto de ação, v. CF 102, nota 17 (conflito de atribuições), CPC 616-VII (abertura de inventário e partilha), 712-*caput* (restauração de autos), 720 (procedimentos de jurisdição voluntária), 747-IV e 748 (interdição), 756 § 1º (levantamento da curatela), 761 § ún. (remoção do tutor ou curador), 765 (extinção de fundação — v. tb. CC 69), 778 § 1º-I (execução), 967-III (ação rescisória), LACP 5º-I e § 3º e 18, notas 2 e 2a (ação civil pública), LAP 9º (ação popular), LA 2º, nota 2a (ação de alimentos), CDC 82-I (defesa do consumidor), LIA 17-*caput* (ação de improbidade administrativa), LIP 2º §§ 4º e 5º (ação de investigação de paternidade), Eid 81-I (defesa do idoso).

No CCLCV, v. CC 22 (declaração de ausência), 28 § 1º (abertura de sucessão provisória), 1.033-V e 1.037 (liquidação de sociedade), 1.549 (decretação de nulidade de casamento), 1.637 (suspensão do poder familiar), ECA 201-III, IV, V e IX (defesa da criança e do adolescente), Eid 74-I a III (defesa do idoso).

S/ atribuições constitucionais, v. CF 129.

Art. 177: 2. **LOMP 25:** "Além das funções previstas nas Constituições Federal e Estadual, na Lei Orgânica e em outras leis, incumbe, ainda, ao Ministério Público: ... **IV** — promover o inquérito civil e a ação civil pública, na forma da lei: **a)** para a proteção, prevenção e reparação dos danos causados ao meio ambiente, ao consumidor, aos bens e direitos de valor artístico, estético, histórico, turístico e paisagístico, e a outros interesses difusos, coletivos e individuais indisponíveis e homogêneos".

Lei 6.024, de 13.3.74 — Dispõe sobre a intervenção e a liquidação extrajudicial de instituições financeiras, e dá outras providências: **"Art. 45.** Concluindo o inquérito pela existência de prejuízos será ele, com o respectivo relatório, remetido pelo Banco Central do Brasil ao Juiz da falência, ou ao que for competente para decretá-la, o qual o fará com vista ao órgão do Ministério Público, que, em oito dias, sob pena de responsabilidade, requererá o sequestro dos bens dos ex-administradores, que não tinham sido atingidos pela indisponibilidade prevista no art. 36, quantos bastem para a efetivação da responsabilidade. (...)

"Art. 46. A responsabilidade dos ex-administradores, definida nesta Lei, será apurada em ação própria, proposta no juízo da falência ou no que for para ela competente. **Parágrafo único.** O órgão do Ministério Público, nos casos de intervenção e liquidação extrajudicial, proporá a ação obrigatoriamente dentro em trinta dias, a contar da realização do arresto, sob pena de responsabilidade e preclusão da sua iniciativa. Findo esse prazo, ficarão os autos em cartório, à disposição de qualquer credor, que poderá iniciar a ação, nos quinze dias seguintes. Se neste último prazo ninguém o fizer, levantar-se-ão o arresto e a indisponibilidade, apensando-se os autos aos da falência, se for o caso".

Lei 9.447, de 14.3.97 — Dispõe sobre a responsabilidade solidária de controladores de instituições submetidas aos regimes de que tratam a Lei n. 6.024, de 13.3.74, e o Dec. lei n. 2.321, de 25.2.87, e dá outras providências: **"Art. 6º** No resguardo da economia pública e dos interesses dos depositantes e investidores, o interventor, o liquidante ou o conselho diretor da instituição submetida aos regimes de intervenção, liquidação extrajudicial ou administração especial temporária, quando prévia e expressamente autorizado pelo Banco Central do Brasil, poderá: **I** — transferir para outra ou outras sociedades, isoladamente ou em conjunto, bens, direitos e obrigações da empresa ou de seus estabelecimentos; **II** — alienar ou ceder bens e direitos a terceiros e acordar a assunção de obrigações por outra sociedade; **III** — proceder à constituição ou reorganização de sociedade ou sociedades para as quais sejam transferidos, no todo ou em parte, bens, direitos e obrigações da instituição sob intervenção, liquidação extrajudicial ou administração especial temporária, objetivando a continuação geral ou parcial de seu negócio ou atividade.

"Art. 7º A implementação das medidas previstas no artigo anterior e o encerramento, por qualquer forma, dos regimes de intervenção, liquidação extrajudicial ou administração especial temporária não prejudicarão: **I**— o andamento do inquérito para apuração das responsabilidades dos controladores, administradores, membros dos conselhos da instituição e das pessoas naturais ou jurídicas prestadoras de serviços de auditoria independente às instituições submetidas aos regimes de que tratam a Lei n. 6.024, de 1974, e o Dec.-lei n. 2.321, de 1987; **II** — a legitimidade do Ministério Público para prosseguir ou propor as ações previstas nos arts. 45 e 46 da Lei n. 6.024, de 1974".

"O Ministério Público não perde a legitimidade para prosseguir na **ação de responsabilidade de administradoras de instituições financeiras** após o levantamento do regime de administração especial e temporária" (STJ-2ª Seção, REsp 444.948, Min. Ruy Rosado, j. 11.12.02, DJU 3.2.03).

Há um acórdão entendendo que, quando o MP move ação, como substituto processual da sociedade em liquidação extrajudicial, não há lugar para condenação do réu ao pagamento de honorários de advogado (RJTJERGS 167/378).

Art. 177: 2a. **CPP 68:** "Quando o titular do direito à reparação do dano for pobre (art. 32, §§ 1º e 2º), a execução da sentença condenatória (art. 63) ou a ação civil (art. 64) será promovida, a seu requerimento, pelo Ministério Público".

Segundo o STF, onde ainda não instituída a Defensoria Pública subsiste, excepcionalmente, a legitimidade do MP para, nos termos do art. 68 do CPP, propor **ação civil *ex delicto*** (RTJ 175/309, 178/423, STF-RT 755/169, 804/178).

Esse também é o entendimento do STJ: RSTJ 89/154, 105/348, STJ-RF 170/40 (Corte Especial, v.u.).

No mesmo sentido: RT 738/315, 784/271, 787/273, 808/268, JTJ 193/147, 197/85.

No sentido de que a ação civil *ex delicto* pode, ainda, ser movida pelo MP "quando, embora existentes no Estado, os serviços da Defensoria Pública não se mostrem suficientes para a efetiva defesa da vítima carente": STJ-4ª T., AI 509.967-AgRg, Min. Barros Monteiro, j. 12.12.05, DJU 20.3.06.

Contra: "O art. 68 do CPP não foi recepcionado pela vigente Constituição, desde que o que nele se contém revela-se incompatível com a finalidade do MP, que se acha expressa no art. 129" (RSTJ 103/201, maioria).

S/ honorários advocatícios na ação civil *ex delicto*, v. art. 85, nota 18.

Art. 177: 3. **LOMP 31:** "Cabe aos Procuradores de Justiça exercer as atribuições junto aos Tribunais, desde que não cometidas ao Procurador-Geral de Justiça, e inclusive por delegação deste".

"Da simples leitura do citado dispositivo tem-se que o **Promotor de Justiça** não tem capacidade postulatória para recorrer de acórdão proferido pelo Tribunal de Justiça. *In casu*, não restou sequer comprovado que tenha sido delegada tal atribuição ao Promotor de Justiça, assim, ausente tal delegação permanece a norma do artigo 31 retrocitado" (STJ-2ª T., RMS 13.029, Min. Castro Meira, j. 18.9.03, DJU 28.10.03). No mesmo sentido: STJ-3ª T., AI 744.920-AgRg, Min. Paulo Sanseverino, j. 14.9.10, DJ 28.9.10.

"Registra-se a possibilidade de manejo do presente recurso especial pelo eminente **Procurador de Justiça,** ainda que o recurso de apelação tenha sido interposto pelo próprio Ministério Público, que atuou no primeiro grau de jurisdição. Isso ocorre por força do princípio da autonomia funcional dos membros do *parquet*, preconizado no art. 127, § 1º, da Constituição Federal" (STJ-3ª T., REsp 1.256.074, Min. Massami Uyeda, j. 14.8.12, DJ 28.8.12; a citação é do voto do relator).

LOMP 32: "Além de outras funções cometidas nas Constituições Federal e Estadual, na Lei Orgânica e demais leis, compete aos Promotores de Justiça, dentro de suas esferas de atribuições: **I** — impetrar *habeas corpus* e mandado de segurança e requerer correição parcial, inclusive perante os Tribunais locais competentes".

"O art. 32, inc. I, da Lei n. 8.625, de 12.2.93 (Lei Orgânica Nacional do Ministério Público), admite às expressas que o Promotor de Justiça impetre **mandado de segurança** perante os tribunais locais" (RSTJ 78/256, 4ª T.). Ou seja, o promotor de justiça com funções no primeiro grau de jurisdição tem legitimidade para impetrar mandado de segurança no segundo grau, contra ato de juiz, nos processos em que funciona. Nesse sentido: STJ-3ª T., RMS 8.026, Min. Bueno de Souza, j. 6.4.99, DJU 12.2.01; STJ-RT 734/253 (6ª T., RMS 5.753). **Contra:** RSTJ 83/289 (5ª T., RMS 1.424).

Já no caso de mandado de segurança "contra ato praticado por órgão colegiado de Tribunal ou ainda contra decisão monocrática proferida por membro de órgão de segundo grau de jurisdição", a solução é diversa, pois, nos termos do art. 31 da LOMP, a legitimidade "pertence ao Procurador-Geral de Justiça (ou aos seus delegados) que oficiar perante o Tribunal" (STJ-3ª T., RMS 13.568, Min. Nancy Andrighi, j. 3.12.01, DJU 18.2.02; a citação é do voto da relatora).

Art. 177: 3a. "O **Ministério Público de estado-membro** não está vinculado, nem subordinado, no plano processual, administrativo e/ou institucional, à chefia do Ministério Público da União, o que lhe confere ampla **possibilidade de postular,** autonomamente, **perante o Supremo Tribunal Federal,** em recursos e processos nos quais o próprio Ministério Público estadual seja um dos sujeitos da relação processual. Questão de ordem resolvida no sentido de assegurar ao Ministério Público estadual a prerrogativa de sustentar suas razões da tribuna" (STF-Pleno, RE 593.727-QO, Min. Gilmar Mendes, j. 14.5.15, maioria, DJ 8.9.15; em matéria criminal).

Reconhecendo a legitimidade do MP dos Estados para ajuizar reclamação perante o STF: STF-Pleno, Rcl 7.358, Min. Ellen Gracie, j. 24.2.11, maioria, DJ 3.6.11.

"O Ministério Público estadual tem legitimidade ativa autônoma para atuar originariamente neste Supremo Tribunal, no desempenho de suas prerrogativas institucionais relativamente a processos em que seja parte" (STF-1ª T., MS 28.827, Min. Cármen Lúcia, j. 28.8.12, DJ 9.10.12).

"O Ministério Público do Rio Grande do Norte possui legitimidade para o ajuizamento de ação rescisória perante o Superior Tribunal de Justiça que tem por objeto decisão daquela Corte em processo no qual o *parquet* estadual era parte" (STF-1ª T., ACOr 2.351-AgRg, Min. Luiz Fux, j. 10.2.15, DJ 5.3.15).

"O Ministério Público Estadual, nos processos em que figurar como parte e que tramitam no **Superior Tribunal de Justiça,** possui legitimidade para exercer todos os meios inerentes à defesa de sua pretensão. A função de fiscal da lei no âmbito deste Tribunal Superior será exercida exclusivamente pelo Ministério Público Federal, por meio dos Subprocuradores-Gerais da República designados pelo Procurador-Geral da República" (STJ-Corte Especial, ED no REsp 1.236.822, Min. Mauro Campbell, j. 16.12.15, DJ 5.2.16).

Em síntese: "É legítimo concluir que impetrar mandado de segurança, ajuizar reclamação constitucional, pedido de suspensão de segurança, ou de tutela antecipada, ou ainda interpor outros recursos subsequentes nos feitos que tramitem tanto no STF como no STJ nos casos em que o MP Estadual é o autor da ação (agravos regimentais, embargos de declaração, ou embargos de divergência), não são atribuições exclusivas do Ministério Público da União. Nesses casos, o MP Estadual oficia como autor, enquanto o Procurador-Geral da República oficia como fiscal da lei. Exercem, portanto, papéis diferentes, que não se confundem e não se excluem reciprocamente" (STJ-1ª Seção, Ag em REsp 194.892-AgRg-AgRg, Min. Mauro Campbell, j. 24.10.12, DJ 26.10.12; a citação é do voto do relator).

Todavia: "O **Ministério Público do Trabalho** não dispõe de legitimidade para atuar, em sede processual, perante o Supremo Tribunal Federal, eis que a representação institucional do Ministério Público da União, nas causas instauradas na Suprema Corte, inclui-se na esfera de atribuições do Procurador-Geral da República, que é, por definição constitucional (CF, art. 128, § 1º), o Chefe do Ministério Público da União, em cujo âmbito se acha estruturado o Ministério Público do Trabalho" (STF-RT 892/105: Pleno, Rcl 4.931-AgRg, maioria).

Art. 177: 3b. "O reconhecimento da **incompetência do juízo** não significa, por via de consequência e necessariamente, a ilegitimidade do Ministério Público. As atribuições da instituição estão previstas no art. 129 da CF/88 e, a partir delas, é que se reconhece a legitimidade de agir do MP. Na presente hipótese, a atuação do MP/RJ, que ratificou os atos praticados pelo MP/MG, nada mais foi que uma adequação organizacional da instituição para seguir a condução do processo" (STJ-3ª T., REsp 914.407, Min. Nancy Andrighi, j. 10.11.09, DJ 1.12.09).

"Verificada a incompetência do juízo mineiro para o julgamento da demanda, esta foi atribuída à Justiça Estadual do Rio de Janeiro, tendo o *Parquet* do Estado assumido o polo ativo da ação ajuizada pelo MP de Minas Gerais.

Nos termos dos princípios da unidade e da indivisibilidade do Ministério Público, abraçados pelo art. 127, *caput*, da Constituição, nada impede — ao contrário, tudo recomenda, também à luz do princípio da economia processual — que atos praticados por membro do *Parquet* sem atribuição na espécie sejam posteriormente aproveitados, de maneira total ou parcial, desde que referendados por quem se encontre legalmente legitimado, assegurados o contraditório e a ampla defesa" (STJ-2ª T., REsp 996.807, Min. Herman Benjamin, j. 1.9.09, DJ 4.5.11).

"Não há falar em impossibilidade de **substituição do Ministério Público Federal pelo Ministério Público do Distrito Federal e dos Territórios,** uma vez que, como instituição una e indivisível, a distribuição interna de atribuições permite melhor atuação, mas não impede que um órgão substitua outro para cumprimento de seus fins existenciais" (STJ-1ª T., AI 1.170.369-AgRg-AgRg, Min. Arnaldo Esteves, j. 8.5.12, DJ 15.5.12).

V. tb. LACP 2º, nota 2.

Art. 177: 4. s/ legitimidade passiva do MP, v. art. 745 § 4º (regresso de ausente).

Art. 177: 5. "Os Ministérios Públicos Estaduais não possuem personalidade jurídica própria, sendo sua capacidade processual adstrita à defesa de prerrogativas institucionais, concernentes à sua estrutura orgânica e funcionamento. São, portanto, **partes ilegítimas para figurar no polo passivo** de ação indenizatória" (STJ-2ª T., REsp 928.550, Min. Herman Benjamin, j. 25.8.09, DJ 31.8.09).

Todavia, em matéria de ação rescisória, v. art. 967, nota 1b.

Art. 178. O Ministério Público será intimado para, no prazo de 30 (trinta) dias,[1 a 3] intervir como fiscal da ordem jurídica[4-5] nas hipóteses previstas em lei ou na Constituição Federal[6] e nos processos que envolvam:[7 a 8b] [Dispositivo correspondente no CPC/1973: art. 82-*caput*]

I — interesse público ou social;[9-9a] [Dispositivo correspondente no CPC/1973: art. 82-III]

II — interesse de incapaz;[10 a 14] [Dispositivo correspondente no CPC/1973: art. 82-I]

III — litígios coletivos pela posse de terra rural ou urbana.[15] [Dispositivo correspondente no CPC/1973: art. 82-III]

Parágrafo único. A participação da Fazenda Pública não configura, por si só, hipótese de intervenção do Ministério Público.[16 a 18] [Sem dispositivo correspondente no CPC/1973]

Art. 178: 1. Este prazo **não se dobra** (v. art. 180 § 2º).

Art. 178: 2. O **descumprimento desse prazo** não impede ulterior intervenção do MP no processo. Todavia, nessa hipótese, ele assumirá o feito no estado em que se encontrar (v. art. 180 § 1º).

Art. 178: 3. Cabe **agravo de instrumento** contra a decisão que delibera sobre a intervenção do MP no processo (interpretação do art. 1.015-IX).

Art. 178: 4. v. arts. 179 (prerrogativas), 180-*caput* (prazo em dobro), 180 § 1º (inércia) e 279 (nulidade do processo pela falta de intimação).

Art. 178: 5. Nos **processos em que é parte,** deve o MP intervir também como *custos legis*?

"Feito em que o MP atua como parte. Parecer desnecessário. Não faz sentido tomar parecer do MP nos processos em que este atua como parte" (STJ-RT 796/207).

V. tb. arts. 179, nota 2c, e 937, nota 2b.

Art. 178: 6. Hipóteses previstas em lei ou na Constituição Federal:

— processos instaurados para a defesa dos direitos e interesses dos índios, suas comunidades e organizações (CF 232);

— inventário e partilha em que houver herdeiro incapaz ou ausente (art. 626-*caput*);

— ações de família em que haja interesse de incapaz ou em que seja realizado acordo (art. 698);

— requerimento de alteração do regime de bens do casamento (art. 734 § 1º);

— abertura do testamento cerrado (art. 735 § 2º);

— publicação do testamento particular, marítimo, aeronáutico, militar ou nuncupativo e de codicilo (art. 737);

— causas envolvendo a herança jacente (art. 739 § 1º-I);

— arrecadação dos bens da herança jacente (art. 740 § 6º);

— interdição (art. 752 § 1º);

— arguição da inconstitucionalidade de lei ou ato normativo (art. 948);

— ação rescisória que contemple hipótese do art. 178 (art. 967 § ún.);

— incidente de resolução de demandas repetitivas (art. 976 § 2º);

— reclamação (art. 991);

— recurso extraordinário ou especial repetitivo (art. 1.038-III);

— ação civil pública (LACP 5º § 1º);

— ação popular (LAP 6º § 4º);

— ação de alimentos (LA 9º);

— ação coletiva para a defesa do consumidor (CDC 92);

— processos de insolvência (CPC/73 art. 748, nota 2);

— desapropriação para reforma agrária (LC 76, de 6.7.93, art. 18 § 2º, no tít. DESAPROPRIAÇÃO). Quanto às demais espécies de desapropriação, v. LD 19, nota 5;

— *habeas data* (LHD 12);

— feito em que se discutam os direitos de idosos em condições de risco (EId 74-II);

— ação de improbidade administrativa (LIA 17 § 4º);

— processo no Juizado Especial (LJE 11);

— mandado de segurança (LMS 12);

— recuperação judicial e falência (LRF 52-V e 99-XIII);

— procedimentos relativos a registros públicos (LRP 57, 67 § 1º, 76 § 3º, 109, 200, 213 § 3º);

— ação de usucapião especial rural ou urbano (Lei 6.969, de 10.12.81, art. 5º § 5º, e Lei 10.257, de 10.7.01, art. 12 § 1º).

V. tb., no índice, Ministério Público — Intervenção.

V., ainda, no CCLCV CC 1.719 (extinção ou sub-rogação do bem de família) e 1.783-A §§ 3º e 6º (tomada de decisão apoiada) e ECA 201-III (procedimentos da competência da Justiça da Infância e da Juventude).

Art. 178: 7. "Nas causas em que se discute interesse de **pessoa portadora de deficiência ou pessoa com dificuldade de locomoção,** e também interesse de idoso, é obrigatória a intervenção do Ministério Público" (STJ-3ª T., REsp 583.464, Min. Nancy Andrighi, j. 1.10.05, DJU 24.10.05).

Art. 178: 8. "O só fato de ser **pessoa idosa** não denota parâmetro suficiente para caracterizar a relevância social a exigir a intervenção do Ministério Público. Deve haver comprovação da situação de risco, conforme os termos do art. 43 da Lei 10.741/03, sob pena de obrigatória intervenção do Ministério Público, de forma indiscriminada, como *custos legis* em toda em qualquer demanda judicial que envolva idoso" (STJ-5ª T., REsp 1.235.375, Min. Gilson Dipp, j. 12.4.11, DJ 11.5.11). No mesmo sentido: STJ-4ª T., Ag em REsp 557.517-AgRg, Min. Luis Felipe, j. 2.9.14, DJ 5.9.14; STJ-3ª T., Ag em REsp 755.993-AgRg, Min. João Otávio, j. 15.3.16, DJ 28.3.16.

Art. 178: 8a. "O art. 26 do Código Civil atribui ao MP o dever de velar pelas **fundações,** o que lhe confere legitimidade para intervir nas ações em que seja parte pessoa jurídica dessa natureza" (JTJ 238/22). O art. 26 do CC rev. corresponde ao CC 66.

Art. 178: 8b. "A Lei de Falência e Recuperação de Empresas não exige a atuação obrigatória do Ministério Público em todas as ações em que **empresas em recuperação judicial** figurem como parte" (STJ-3ª T., REsp 1.536.550, Min. Nancy Andrighi, j. 8.5.18, DJ 11.5.18). Em sentido semelhante, no caso de **empresa falida:** STJ-4ª T., Ag em REsp 1.691.175-AgInt, Min. Marco Buzzi, j. 26.10.20, DJ 29.10.20.

Art. 178: 9. "A aferição da **existência do interesse público** que imponha a intervenção do MP pode ser objeto de **controle pelo Judiciário"** (RSTJ 57/195). No mesmo sentido: JTJ 338/23 (AR 7.190.876-0).

"A intervenção do Ministério Público, na hipótese prevista pelo art. 82-III, não é obrigatória. Compete ao juiz, porém, julgar da existência do interesse que a justifica" (SIMP-concl. I, em RT 482/270). No mesmo sentido: RT 626/180; RJTJESP 98/305 (mantendo decisão do juiz que determinou a intervenção do MP, por tratar-se de ação reivindicatória que envolvia grande número de pessoas, com larga repercussão social); JTA 102/369.

Admitindo a intervenção do MP por haver interesse social: RT 757/209 (reintegração de posse contra inúmeras famílias que moravam na área em litígio).

Art. 178: 9a. "O MP tem legitimidade para intervir como *custos legis* em ação que visa à **responsabilização de administradores de sociedade de economia mista,** por gerenciamento lesivo, com ofensa ao princípio da moralidade administrativa, mormente quando omissos aqueles que deveriam zelar pelo interesse público" (STJ-RT 755/214).

Art. 178: 10. v. arts. 626-*caput* (inventário e partilha) e 698 (ações de família).

S/ incapaz, v., no CCLCV, CC 3º a 5º, bem como respectivas notas.

Art. 178: 11. **relativa ou absolutamente incapazes,** pouco importa (RT 503/87).

Art. 178: 12. É indiferente que o incapaz seja **autor ou réu:** sendo parte no processo, deve o MP ser intimado para intervir neste (RSTJ 18/507).

Art. 178: 12a. "É nula a sentença, por falta de intervenção do Ministério Público, em processo movido contra **espólio** em que há **interesse de incapazes"** (RTJ 93/1.151).

"Justifica-se a obrigatória intimação do Ministério Público na qualidade de fiscal da ordem jurídica quando há interesse jurídico direto do incapaz na causa, como na hipótese em que os **herdeiros menores** possuem expectativa de direito sobre bens e direitos que poderiam vir a ser recebidos se procedentes as pretensões deduzidas pelo **genitor** que **faleceu no curso da ação"** (STJ-3ª T., REsp 1.714.163, Min. Nancy Andrighi, j. 24.9.19, DJ 26.9.19).

"Surgindo no curso da ação reivindicatória o superveniente interesse de incapazes em face do óbito de seu pai, herdando-lhe direitos sucessórios provenientes de imóvel deixado por seu extinto avô, objeto de disputa judicial, torna-se necessária a intervenção do Ministério Público, ao teor do art. 82, I, da lei adjetiva civil" (STJ-4ª T., REsp 35.083, Min. Aldir Passarinho Jr., j. 28.6.01, maioria, DJ 5.11.01).

V. tb. art. 279, nota 4b.

Art. 178: 13. "Quaisquer questões relativas aos **direitos de ordem patrimonial** dos filhos, assim como aqueles que concernem ao usufruto e administração pelos pais sobre seus bens, transcendem a órbita do direito privado e justificam a atuação do Ministério Público na causa concernente, com arrimo no art. 82, inc. II, do CPC. Com vistas a impedir atos fraudulentos ou o propiciar de perdas desvantajosas para o menor, competirá ao Ministério Público, nestes casos, coadjuvar seu representante na defesa dos interesses que estão afetos ao incapaz, bem como fiscalizar os negócios por ele praticados que impliquem vedada disposição de bens. Tal participação é obrigatória, sob pena de nulidade" (RSTJ 146/306).

"Se na ação indenizatória há interesse de incapaz, menor impúbere, é indispensável a anuência do Ministério Público no **acordo extrajudicial** firmado no curso da demanda, pois este, conforme dispõe o art. 82, I, do CPC, tem intervenção obrigatória na causa" (STJ-RT 761/213, ementa da redação da revista). No mesmo sentido: STJ-RF 365/222.

Ainda no mesmo sentido, considerando necessária a intervenção do MP para a homologação judicial de acordo envolvendo direitos de incapaz: STJ-3ª T., REsp 3.242, Min. Waldemar Zveiter, j. 18.12.90, DJU 11.3.91.

Todavia: "O art. 82, I, do CPC se refere às 'causas em que há interesse de incapazes', rol de que não faz parte a **mera interpelação judicial** destinada à constituição da mora" (RSTJ 139/222). **Contra,** exigindo a intimação do MP para intervir na interpelação judicial de menor fundada no Dec. lei 745/69: RTJ 115/243.

Art. 178: 14. O MP **não pode passar a litigar contra o incapaz** nem defender cegamente este, em afronta à ordem jurídica que veio fiscalizar. Deve cuidar, sobretudo, para que não haja violação da ordem jurídica prejudicial ao incapaz. Não deve incentivar pleitos antijurídicos do incapaz, mas também não pode se voltar contra este, ainda que para tanto tenha que silenciar, em vez de tomar qualquer outra medida.

Todavia: "Não está obrigado o representante do Ministério Público a manifestar-se, sempre, em favor do litigante incapaz. Estando convencido de que a postulação do menor não apresenta nenhum fomento de juridicidade, é-lhe **possível opinar pela sua improcedência"** (RSTJ 180/415: 4ª T., REsp 135.744). No mesmo sentido: RT 705/108, 748/229, 807/266, JTJ 196/115.

V. tb. art. 996, nota 17.

Art. 178: 15. v. arts. 554 § 1º e 565 § 2º.

Art. 178: 16. **CF 129:** "São funções institucionais do Ministério Público: (...) **IX** — exercer outras funções que lhe forem conferidas, desde que compatíveis com sua finalidade, sendo-lhe vedada a representação judicial e a consultoria jurídica de entidades públicas".

Art. 178: 17. Cabe ao MP a **tutela do interesse público primário,** ou seja, do interesse geral da sociedade, **e não do interesse público secundário,** isto é, do interesse da Fazenda Pública.

"A interpretação do art. 82, III, do CPC, à luz do art. 129, incisos III e IX, da Constituição da República, revela que o 'interesse público' que justifica a intervenção do Ministério Público não está relacionado à simples presença de ente público na demanda nem ao seu interesse patrimonial (interesse público secundário ou interesse da Administração). Exige-se que o bem jurídico tutelado corresponda a um interesse mais amplo, com espectro coletivo (interesse público primário). A causa de pedir ressarcimento pelo ente público lesionado, considerando os limites subjetivos e objetivos da lide, prescinde da análise da ocorrência de ato de improbidade, razão pela qual não há falar em intervenção obrigatória do Ministério Público" (STJ-Corte Especial, ED no REsp 1.151.639, Min. Benedito Gonçalves, j. 10.9.14, DJ 15.9.14).

"Não cabe ao MP, como fiscal da lei, velar pelos interesses das pessoas jurídicas de Direito Público, mas pela correta aplicação da lei, e muito menos suprir as omissões dos procuradores de tais entidades. A CF, em seu art. 129,

IX, parte final, veio expressamente proibir a defesa e a consultoria de entes públicos por parte de membro do *parquet*" (STJ-RT 671/210).

O interesse público não se identifica com o da Fazenda Pública (RTJ 93/226, 94/395, 94/899, 133/345; STF-RP 25/324; RSTJ 100/106; STJ-RT 761/210; RT 797/356; RJTJESP 113/237; JTJ 174/262).

Art. 178: 18. Súmula 189 do STJ: "**É desnecessária** a intervenção do Ministério Público nas **execuções fiscais**" (v. jurisprudência s/ esta Súmula em RSTJ 101/193).

Também é desnecessária:

— na execução de título judicial movida contra a Fazenda Pública (STJ-5ª T., REsp 710.742, Min. Arnaldo Esteves, j. 14.6.07, DJU 6.8.07);

— na ação ajuizada pela Fazenda Pública para constituição de servidão (JTA 39/310);

— nas desapropriações (v. LD 19, nota 5), ressalvada aquela para reforma agrária (v., no tít. DESAPROPRIAÇÃO, LC 76, de 6.7.93, art. 18 § 2º);

Contra, em termos: "É obrigatória a intervenção do Ministério Público, em processo de execução fiscal contra Município revel (CPC, art. 82, III)" (RSTJ 63/267).

Art. 179. Nos casos de intervenção como fiscal da ordem jurídica, o Ministério Público:[1] [Dispositivo correspondente no CPC/1973: art. 83-*caput*]

I — terá vista dos autos depois das partes,[2] sendo intimado[2a a 2c] de todos os atos do processo;[2d] [Dispositivo correspondente no CPC/1973: art. 83-I]

II — poderá produzir provas,[3] requerer as medidas processuais pertinentes[4-5] e recorrer.[6] [Dispositivo correspondente no CPC/1973: art. 83-II]

Art. 179: 1. v. art. 93 (despesas de atos repetidos ou adiados).

Art. 179: 2. v. art. 234.

Art. 179: 2a. v. art. 180. Em matéria de julgamento liminar, v. art. 332, nota 5a.

Art. 179: 2b. A comunicação dos demais atos do processo deve ocorrer **mesmo que o MP tenha quedado inerte** após a sua intimação para intervir no processo.

Art. 179: 2c. "A presença do membro do **Ministério Público** na sessão de julgamento ou a sua posição **como parte** na relação processual não afastam a necessidade de sua intimação pessoal para proferir parecer em segunda instância, principalmente quando está em risco direito ao meio ambiente preservado" (STJ-2ª T., REsp 1.637.990, Min. Herman Benjamin, j. 16.2.17, DJ 18.4.17).

V. tb. arts. 178, nota 5, e 937, nota 2b.

Art. 179: 2d. A intervenção do MP se estende para a **liquidação de sentença** (RT 571/127) e a **execução do julgado** (RT 566/218, em.).

Art. 179: 3. v. arts. 362 § 2º (audiência de instrução e julgamento), 455 § 4º-IV (prova testemunhal) e 473-IV (perícia).

S/ custeio da prova requerida pelo MP, v. arts. 82 § 1º e 91.

Art. 179: 4. v. arts. 65 § ún. (arguição de incompetência relativa), 133-*caput* (desconsideração da personalidade jurídica — v. tb. CC 50), 145, nota 4a, e 146, nota 2 (arguição de suspeição), 235-*caput* (representação contra juiz), 364-*caput* e § 2º (alegações finais), 664 e 665 (inventário), 740 § 6º (herança jacente), 937-*caput* (sustentação oral), 947 § 1º (assunção de competência), 951-*caput* (conflito de competência), 976 § 2º e 977-III (incidente de resolução de demandas repetitivas), e 988-*caput* (reclamação).

V. tb., no CCLCV, CC 168 e notas (nulidade do negócio jurídico).

Art. 179: 5. "A legitimidade do MP na defesa dos interesses de menores **não chega ao ponto de se lhe permitir o aditamento, à inicial,** de outros pedidos além daqueles formulados pela parte autora, devidamente representada por advogado constituído nos autos, à qual coube a iniciativa da ação e a fixação do alcance da prestação jurisdicional desejada" (STJ-4ª T., REsp 197.573, Min. Aldir Passarinho Jr., j. 25.4.02, maioria, DJU 23.9.02). No mesmo sentido: RJTJESP 99/264, 127/179. **Todavia,** no sentido de que o MP pode apresentar sugestão de aditamento à petição inicial, diante da qual cabe o autor se manifestar: STJ-2ª T., REsp 1.820.166, Min. Herman Benjamin, j. 12.11.19, DJ 19.12.19. **Contra,** no sentido de permitir o aditamento pelo *Parquet*: Lex-JTA 142/26.

Art. 179: 6. v. art. 996-*caput*, inclusive notas 15 e segs.

Art. 180. O Ministério Público gozará de prazo em dobro para manifestar-se nos autos,[1 a 4] que terá início a partir de sua intimação pessoal, nos termos do art. 183, § 1º.[5-5a] [Dispositivo correspondente no CPC/1973: art. 188]

§ 1º Findo o prazo para manifestação do Ministério Público sem o oferecimento de parecer, o juiz requisitará os autos e dará andamento ao processo.[6] [Sem dispositivo correspondente no CPC/1973]

§ 2º Não se aplica o benefício da contagem em dobro quando a lei estabelecer, de forma expressa, prazo próprio para o Ministério Público.[7] [Sem dispositivo correspondente no CPC/1973]

Art. 180: 1. **Súmula 116 do STJ:** "A Fazenda Pública e o Ministério Público têm prazo em dobro para interpor **agravo regimental** no Superior Tribunal de Justiça". Nesse sentido: RSTJ 27/39, bem fundamentado.

Art. 180: 2. O benefício do prazo em dobro do MP **não** se aplica **cumulativamente** com aquele conferido aos **litisconsortes com procuradores diferentes** (art. 229). Por exemplo, na hipótese de ser litisconsorte de outro litigante, o MP não tem o prazo quadruplicado.

Art. 180: 3. A dobra do prazo aplica-se ao MP tanto no caso em que ele é **parte** quanto na situação em que funciona como **fiscal da lei** (STF-RTJ 106/217 e RJTJESP 82/196, 4 votos a 1; STF-RTJ 106/1.036 e RT 578/253; STJ-3ª T., REsp 2.065, Min. Waldemar Zveiter, j. 8.5.90, DJU 28.5.90; STJ-4ª T., REsp 281.359, Min. Sálvio de Figueiredo, j. 20.2.03, DJU 17.3.03; RT 474/87, RJTJESP 36/59, 40/37, Bol. AASP 858/216).

Contra, entendendo que, quando o MP é fiscal da lei, não tem prazo em dobro para recorrer: RT 489/86, 497/198, 547/83, RJTJESP 39/109, RP 5/298, Amagis 6/171, Bol. AASP 918/86.

Art. 180: 4. O privilégio do prazo dobrado conferido ao MP aplica-se aos **recursos do ECA.** Nesse sentido: STJ-4ª T., REsp 281.359, Min. Sálvio de Figueiredo, j. 20.2.03, DJU 17.3.03; STJ-1ª T., REsp 821.980-AgRg, Min. Francisco Falcão, j. 25.4.06, DJU 25.5.06; STJ-5ª T., REsp 741.649, Min. Felix Fischer, j. 3.11.05, DJU 20.2.06; STJ-2ª T., REsp 727.044, Min. Carlos Mathias, j. 1.4.08, DJU 17.4.08.

Art. 180: 5. s/ intimação do MP, v. arts. 179-I, 246 § 1º c/c 270 § ún., 272 § 6º e 1.050. V. tb. LOMP 41-IV.

Art. 180: 5a. **"A entrega de processo em setor administrativo do MP,** formalizada a carga pelo servidor, configura intimação direta, pessoal, cabendo tomar a data em que ocorrida como a da ciência da decisão judicial. Imprópria é a prática da colocação do processo em prateleira e a retirada à livre discrição do membro do MP, oportunidade na qual, de forma juridicamente irrelevante, apõe o 'ciente', com a finalidade de, somente então, considerar-se intimado e em curso o prazo recursal. Nova leitura do arcabouço normativo, revisando-se a jurisprudência predominante e observando-se princípios consagradores da paridade de armas" (STF-RJ 325/150: Pleno).

"O prazo para recorrer começa da data em que o processo deu entrada no protocolo administrativo do MP" (STJ-RJ 324/129 e RF 377/294: Corte Especial, REsp 628.621). "Entendimento em sentido diverso, subordinando o início da fluência do prazo à aposição de 'ciente' pelo procurador, importaria deixar ao arbítrio de uma das partes a determinação do termo *a quo* do prazo" (STJ-1ª T., REsp 868.881, Min. Teori Zavascki, j. 10.10.06, DJU 30.10.06).

"A intimação do representante do Ministério Público, em qualquer processo e grau de jurisdição, deve ser feita pessoalmente, pela entrega dos autos com vista, pouco relevando que tenha ele estado presente à sessão de julgamento. A lei processual e a de regramento do Ministério Público não faz distinção para fim de intimação, entre a atuação como autor ou como *custos legis*. Evidente que impressiona o fato de os embargos de declaração só terem sido apresentados mais de dez anos depois da decisão embargada. Ora, é precisamente por não ter sido intimado que o Ministério Público quedou-se inerte" (STJ-2ª T., REsp 1.347.935, Min. Herman Benjamin, j. 18.12.12, DJ 8.3.13).

"A intimação de 'todos os presentes' em audiência não supre a necessidade de intimação pessoal do membro do órgão ministerial, até porque não equivale a tal prerrogativa legalmente prevista" (STJ-2ª T., REsp 1.824.082, Min. Herman Benjamin, j. 20.8.19, DJ 11.10.19).

Todavia: "O termo inicial do prazo para o Ministério Público interpor recurso, na qualidade de fiscal da lei, prescinde da intimação pessoal quando, em face de seu assento na Corte de Julgamento, **encontrava-se presente na prolação do *decisum*"** (STJ-1ª T., REsp 554.816-EDcl, Min. José Delgado, j. 21.6.05, DJU 15.8.05).

V. tb. art. 186, nota 8.

Art. 180: 6. v. arts. 178, nota 2, e 279, nota 3a.

Art. 180: 7. p. ex., não se dobra o prazo de 30 dias para o MP intervir no processo (art. 178-*caput*).

Art. 181. O membro do Ministério Público será civil e regressivamente responsável quando agir[1] com dolo ou fraude no exercício de suas funções.[2 a 4] [Dispositivo correspondente no CPC/1973: art. 85]

Art. 181: 1. ou se omitir.

Art. 181: 2. v. art. 234 §§ 2º e 4º.

Art. 181: 3. "Ofensas de membro do Ministério Público (promotor de justiça) dirigidas a membro do Poder Judiciário (desembargador). Ato doloso. Responsabilidade pessoal do órgão do Ministério Público. Legitimidade passiva. Ocorrência de ato ilícito. Dano moral. Os membros do Ministério Público, por serem agentes políticos e gozarem de um regime especial de responsabilidade civil — que se destina à não interferência no livre e independente exercício de seu mister —, não são, quando agirem com culpa, responsáveis diretos pelos danos que causarem a terceiros atuando em suas atividades funcionais. Para haver responsabilidade direta e pessoal do Promotor de Justiça, segundo o art. 85 do CPC, é preciso que o agente tenha agido com dolo ou fraude, excedendo, portanto, sobremaneira os limites de sua atuação funcional" (STJ-3ª T., REsp 1.435.582, Min. Nancy Andrighi, j. 10.6.14, DJ 11.9.14).

V. tb., no CCLCV, CC 927, nota 5b.

Art. 181: 4. "Não responde civilmente a Fazenda Pública por ato opinativo do MP no procedimento judicial que não vincula o Poder Judiciário (art. 107 da CF)" (RTJ 115/806). V. CF 37 § 6º.

"O art. 85 do CPC refere-se à responsabilidade pessoal do representante do MP por dolo ou fraude, e não à responsabilidade do Poder Público por atos daquele" (STF-RF 294/189).

Título VI | DA ADVOCACIA PÚBLICA[1]

TÍT. VI: 1. v. CF 131 e 132.

Art. 182. Incumbe à Advocacia Pública, na forma da lei, defender e promover os interesses públicos da União, dos Estados, do Distrito Federal e dos Municípios, por meio da representação judicial, em todos os âmbitos federativos, das pessoas jurídicas de direito público que integram a administração direta e indireta.[1 a 3] [Sem dispositivo correspondente no CPC/1973]

Art. 182: 1. s/ honorários de sucumbência percebidos por advogados públicos, v. art. 85 § 19.

Art. 182: 2. s/ representação em juízo das pessoas jurídicas de direito público, v. art. 75.

Art. 182: 3. Os advogados públicos estão dispensados de exibir procuração (v. art. 104, notas 1a e 1b).

Art. 183. A União, os Estados, o Distrito Federal, os Municípios e suas respectivas autarquias e fundações de direito público gozarão de prazo em dobro para todas as suas manifestações processuais, cuja contagem terá início a partir da intimação pessoal.[1 a 7] [Dispositivo correspondente no CPC/1973: art. 188]

§ 1º A intimação pessoal far-se-á por carga, remessa ou meio eletrônico.[8 a 9] [Sem dispositivo correspondente no CPC/1973]

§ 2º Não se aplica o benefício da contagem em dobro quando a lei estabelecer, de forma expressa, prazo próprio para o ente público.[10] [Sem dispositivo correspondente no CPC/1973]

Art. 183: 1. s/ prazo em dobro e entes públicos em: ação rescisória, v. art. 970, nota 7; ação civil pública, v. LACP 12, nota 4; controle concentrado de constitucionalidade, v. LADIN 1º, nota 4; execução fiscal, v. LEF 1º, nota 7, e 34, nota 14; mandado de segurança, v. LMS 14, nota 2d, e 15, nota 7; agravo contra decisão que delibera sobre suspensão de medida liminar, v. Lei 8.437/92, art. 4º, nota 4 (no tít. MEDIDA CAUTELAR).

Art. 183: 1a. Lei 6.001, de 19.12.73: "Art. 61. São extensivos aos interesses do Patrimônio Indígena os privilégios da Fazenda Pública, quanto à impenhorabilidade de bens, rendas e serviços, ações especiais, prazos processuais, juros e custas".

Comunidade indígena dispõe de **prazo em dobro** para recorrer (STJ-1ª T., REsp 990.085-AgRg-AgRg, Min. Francisco Falcão, j. 19.2.08, DJU 16.4.08).

Art. 183: 2. Súmula 116 do STJ: "A Fazenda Pública e o Ministério Público têm prazo em dobro para interpor **agravo regimental** no Superior Tribunal de Justiça". Nesse sentido: RSTJ 27/39, bem fundamentado.

Art. 183: 3. O benefício do prazo em dobro da Fazenda Pública não se aplica **cumulativamente** com aquele conferido aos **litisconsortes com procuradores diferentes** (art. 229). Por exemplo, na hipótese de ser litisconsorte de outro litigante, a Fazenda não tem prazo em quádruplo para recorrer (arts. 183 e 229, cumulados), mas apenas em dobro (art. 183). Nesse sentido: STJ-1ª T., Ag em REsp 8.510-AgRg, Min. Benedito Gonçalves, j. 27.9.11, DJ 30.9.11.

V. tb. art. 229, nota 2.

Art. 183: 4. Não se dobra prazo para **empresas públicas** (STJ-2ª T., REsp 429.087, Min. Peçanha Martins, j. 16.9.04, DJU 25.10.04; JTJ 162/247).

Nas execuções fiscais de débitos para com o FGTS ajuizadas sem a participação direta da Fazenda Nacional e "unicamente sob a representação da Caixa Econômica Federal, empresa pública, dotada de personalidade jurídica de direito privado, são inaplicáveis, justamente por essas particularidades, os privilégios processuais dos arts. 25 da Lei 6.830/80 e 188 do CPC, concedidos pela legislação tão somente à Fazenda Pública" (STJ-1ª T., AI 543.895-AgRg, Min. Denise Arruda, j. 15.3.05, dois votos vencidos, DJU 5.12.05).

Todavia: "Permanecem os privilégios concedidos à **Empresa Brasileira de Correios e Telégrafos** como pessoa jurídica equiparada à Fazenda Pública; portanto, é tempestivo o recurso interposto dentro do prazo em dobro para recorrer previsto no art. 188 do CPC" (STJ-2ª T., AI 418.318-AgRg, Min. João Otávio, j. 2.3.04, DJU 29.3.04).

Art. 183: 5. Não se dobra o prazo para o **Estado estrangeiro** (STJ-3ª T., Ag 297.723, Min. Pádua Ribeiro, j. 8.6.00, DJU 14.8.00).

Art. 183: 6. O prazo em dobro também se aplica, p. ex., à **Câmara Municipal** (RJTJESP 118/227, maioria), aos Institutos de Previdência estaduais (RT 472/184) e à Câmara dos Deputados (RT 638/94).

Art. 183: 7. O **sub-rogado** nos direitos da Fazenda Pública não tem prazo em dobro para recorrer (JTA 116/117).

Art. 183: 8. s/ citação e intimação da Fazenda Pública, v. arts. 242 § 3º, 246 §§ 1º e 2º, 269 § 3º, 270 § ún., 272 § 6º e 1.050.

V. tb. LEF 25 (execução fiscal) e LMS 14, nota 1 (mandado de segurança).

No âmbito da União, v. tb. LC 73, de 10.2.93, art. 38; Lei 9.028, de 12.4.95, art. 6º; Lei 11.033, de 21.12.04, art. 20; Lei 10.910, de 15.7.04, art. 17.

Art. 183: 8a. "A **'intimação pessoal' não pode ser confundida com a 'intimação por oficial de justiça'**, referida no art. 241, II, do CPC. Esta última, que se efetiva por mandado, ocorre somente em casos excepcionais, como o previsto no art. 239. Já a intimação pessoal não depende de mandado, nem de intervenção do oficial de justiça. Ela se perfectibiliza por modos variados, previstos no Código ou na praxe forense, mediante a cientificação do intimado pelo próprio escrivão, ou pelo chefe de secretaria (arts. 237, I, e 238, parte final, do CPC), ou mediante encaminhamento da ata da publicação dos acórdãos, ou, o que é mais comum, com a entrega dos autos ao intimado ou a sua remessa à repartição a que pertence. Assim, mesmo quando, eventualmente, o executor dessa espécie de providência seja um oficial de justiça, nem assim se poderá considerar alterada a natureza da intimação, que, para os efeitos legais, continua sendo 'pessoal' e não 'por oficial de justiça'" (STJ-1ª T., REsp 490.881, Min. Teori Zavascki, j. 14.10.03, DJU 3.11.03).

Afirmando que a intimação pessoal independe da entrega dos autos para o seu aperfeiçoamento: STJ-6ª T., REsp 761.811-QO, Min. Maria Thereza, j. 4.5.10, DJ 14.6.10; em matéria criminal.

Art. 183: 9. "Quando a **intimação** da Fazenda Pública for por **oficial de justiça,** o prazo começa a correr da data da juntada aos autos do mandado cumprido (CPC, art. 241, II)" (STJ-Corte Especial, ED no REsp 506.017, Min. Ari Pargendler, j. 29.6.05, DJU 8.8.05). "A contagem do prazo para resposta, quando a intimação é feita por Oficial de Justiça, inicia-se a partir da data da juntada aos autos do mandado de citação" (STJ-Corte Especial, ED no REsp 601.682, Min. José Delgado, j. 2.2.05, um voto vencido, DJU 15.8.05).

"O prazo para a Fazenda Pública interpor recurso começa a fluir da data da juntada aos autos do mandado de intimação cumprido" (STJ-1ª T., REsp 872.853, Min. Teori Zavascki, j. 21.9.06, DJU 5.10.06).

Art. 183: 10. Casos de fixação de prazos especiais para o ente público: arts. 629 (inventário e partilha), 910 (execução contra a Fazenda Pública), LEF 17-*caput* (impugnação aos embargos à execução fiscal) e 24-II-*b* e § ún. (adjudicação de bens em execução fiscal).

Art. 184. O membro da Advocacia Pública será civil e regressivamente responsável quando agir[1] com dolo ou fraude no exercício de suas funções.[2] [Sem dispositivo correspondente no CPC/1973]

Art. 184: 1. ou se omitir.

Art. 184: 2. s/ responsabilidade objetiva do Estado, v. CF 37 § 6º. S/ advogado público e: ato atentatório à dignidade da justiça, v. art. 77 § 6º; sanção por não restituição dos autos no prazo, v. art. 234 § 4º.

Título VII | DA DEFENSORIA PÚBLICA[1-2]

TÍT. VII: 1. v. CF 134 e notas.

TÍT. VII: 2. CF 5º: "LXXXIX — O Estado prestará assistência jurídica integral e gratuita aos que comprovarem insuficiência de recursos".

LC 80, de 12.1.94 — Organiza a Defensoria Pública da União, do Distrito Federal e dos Territórios e prescreve normas gerais para sua organização nos Estados, e dá outras providências.

Art. 185. A Defensoria Pública exercerá a orientação jurídica, a promoção dos direitos humanos e a defesa dos direitos individuais e coletivos dos necessitados, em todos os graus, de forma integral e gratuita.[1] [Sem dispositivo correspondente no CPC/1973]

Art. 185: 1. s/ Defensoria Pública e: curatela especial, v. art. 72 § ún.; despesas dos atos processuais, v. art. 91; dispensa da juntada de procuração, v. art. 287 § ún.-II; ônus da impugnação especificada dos fatos, v. art. 341 § ún.; intimação de testemunhas, v. art. 455 § 4º-IV; atuação em ações possessórias, v. arts. 554 § 1º e 565 § 2º; depósito prévio da ação rescisória, v. art. 968 § 1º.

Art. 186. A Defensoria Pública gozará de prazo em dobro para todas as suas manifestações processuais.[1 a 6] [Sem dispositivo correspondente no CPC/1973]

§ 1º O prazo tem início com a intimação pessoal do defensor público, nos termos do art. 183, § 1º.[7 a 10]

§ 2º A requerimento da Defensoria Pública, o juiz determinará a intimação pessoal da parte patrocinada quando o ato processual depender de providência ou informação que somente por ela possa ser realizada ou prestada.[11]

§ 3º O disposto no *caput* aplica-se aos escritórios de prática jurídica das faculdades de Direito[12] reconhecidas na forma da lei e às entidades que prestam assistência jurídica gratuita em razão de convênios firmados com a Defensoria Pública.

§ 4º Não se aplica o benefício da contagem em dobro quando a lei estabelecer, de forma expressa, prazo próprio para a Defensoria Pública.

Art. 186: 1. s/ prazo em dobro em Juizados Especiais Federais, v. LJEF 9º, especialmente nota 2.

V. tb. § 3º e LAJ 5º § 5º.

Art. 186: 1a. LC 80, de 12.1.94 — Organiza a Defensoria Pública da União, do Distrito Federal e dos Territórios e prescreve normas gerais para sua organização nos Estados, e dá outras providências: **"Art. 44.** São prerrogativas dos membros da Defensoria Pública da União: **I** (*redação da LC 132, de 7.10.09*) — receber, inclusive quando necessário, mediante entrega dos autos com vista, intimação pessoal em qualquer processo e grau de jurisdição ou instância administrativa, contando-se-lhes em dobro todos os prazos".

Para idênticas disposições em favor dos membros da Defensoria Pública do Distrito Federal e dos Territórios e dos Estados, v., na mesma LC 80, respectivamente, arts. 89-I e 128-I. V. tb. LAJ 5º § 5º.

Art. 186: 2. "Somente contam-se em dobro os prazos processuais nos feitos sob patrocínio do defensor público ou quem exerça cargo equivalente ou nos casos em que o advogado se vincule legitimamente a serviços organizados de assistência judiciária" (STJ-3ª Seção, ED no REsp 90.972, Min. José Arnaldo, j. 10.12.97, três votos vencidos, DJU 6.4.98). Em sentido semelhante: STJ-4ª T., REsp 245.051, Min. Barros Monteiro, j. 21.9.00, DJ 30.10.00. Logo, **advogado constituído** pelo beneficiário da assistência judiciária não tem direito à dobra do prazo.

Também não tem direito ao prazo em dobro:

— o advogado em causa própria, ainda que beneficiário da justiça gratuita (STF-RT 794/202);

— o advogado do sindicato ao qual a parte é vinculada (STJ-5ª T., REsp 237.450, Min. Felix Fischer, j. 6.9.01, maioria, DJU 8.10.01).

V. nota 12.

Art. 186: 3. A dobra do prazo aplica-se para todos os atos processuais, inclusive a **contestação** (STJ-RT 700/207, STJ-RJ 190/69 e STJ-Bol. AASP 1.792/162).

Art. 186: 4. "O pedido de justiça gratuita não interrompe nem suspende o prazo já iniciado" (STJ-3ª T., REsp 157.357, Min. Ari Pargendler, j. 2.4.02, DJ 10.6.02).

"O prazo em dobro para contestar é contado na forma do disposto no art. 241 do CPC, e não da intimação pessoal do Defensor Público" (STJ-3ª T., REsp 1.121.151-AgRg, Min. Sidnei Beneti, j. 9.10.12, DJ 29.10.12).

Art. 186: 5. "Os prazos processuais, nas causas patrocinadas por serviços organizados de assistência judiciária, se contam em dobro, daí por que têm-se por tempestivos os **embargos de declaração** opostos em dez dias da publicação do acórdão embargado (Lei 1.060/50, art. 5º § 5º)" (STJ-3ª T., REsp 15.639, Min. Dias Trindade, j. 11.2.92, maioria, DJU 6.4.92).

"A parte que tem deferido o pedido de assistência judiciária pode dispor do privilégio do prazo em dobro de que cogita o art. 5º, § 5º, da Lei 1.060/50, para opor **embargos à execução**" (RSTJ 194/381: 3ª T., REsp 578.823). No mesmo sentido: STJ-2ª T., REsp 1.100.811, Min. Castro Meira, j. 12.5.09, DJ 27.5.09; STJ-4ª T., REsp 119.814, Min. Cesar Rocha, j. 6.4.00, DJU 29.5.00, RT 717/203, 745/271. **Contra:** Lex-JTA 143/122.

Art. 186: 6. O prazo em dobro somente se aplica aos prazos que fluem nos processos; não se aplica aos prazos de **decadência** (RJTJERGS 161/256).

S/ prazo para propositura da ação principal, após a concessão de medida cautelar em processo preparatório, v. art. 308, nota 4a.

Art. 186: 7. s/ intimação da Defensoria Pública, v. arts. 246 § 1º c/c 270 § ún., 272 § 6º e 1.050.

Art. 186: 8. "A contagem dos prazos para a interposição de recursos pelo Ministério Público ou pela Defensoria Pública começa a fluir da data do **recebimento dos autos com vista** no respectivo órgão, e não da ciência de seu membro no processo" (STJ-3ª T., REsp 1.278.239, Min. Nancy Andrighi, j. 23.10.12, DJ 29.10.12).

"A despeito da presença do Defensor Público, na audiência de instrução e julgamento, a intimação pessoal da Defensoria Pública somente se concretiza com a respectiva entrega dos autos com vista, em homenagem ao princípio constitucional da ampla defesa" (STJ-RP 208/461: 3ª T., REsp 1.190.865).

"Tratando-se de processo conduzido pela Defensoria Pública da União, o prazo em dobro para recorrer é contado a partir do arquivamento do mandado de intimação" (STJ-3ª T., AI 1.340.729-AgRg, Min. Ricardo Cueva, j. 21.6.12, DJ 28.6.12).

V. tb. art. 180, nota 5a.

Art. 186: 9. Como se deve fazer **a intimação da sessão de julgamento ao Defensor Público, nos tribunais regionais e estaduais?**

— Deve ser pessoal: "O Defensor Público, no exercício da assistência judiciária, deve ser intimado pessoalmente da sessão de julgamento da apelação, sendo para isso insuficiente a inclusão do nome do advogado no edital publicado no Diário Oficial" (STJ-4ª T., REsp 116.830, Min. Ruy Rosado, j. 15.4.97, DJU 19.5.97). No mesmo sentido: STJ-6ª T., HC 103.256, Min. Og Fernandes, j. 24.6.08, DJ 4.8.08 (em matéria criminal). "Diante do princípio da unidade e impessoalidade que rege a Defensoria Pública, e tratando-se da Defensoria Pública dos Estados, mostra-se suficiente que o órgão que atua em segundo grau de jurisdição seja intimado dos atos praticados em grau recursal, dispensando a intimação do Defensor Público que tenha atuado no feito em primeiro grau" (STJ-4ª T., AI 141.347-AgRg, Min. Sálvio de Figueiredo, j. 18.6.02, DJU 12.8.02).

— É suficiente a publicação da pauta de julgamento no Diário Oficial: "Incluído o feito em pauta, publicada segundo as exigências do art. 552 do CPC, tem-se por atendida a exigência de intimação pessoal do representante do órgão de assistência judiciária, contida no art. 5º § 5º da Lei 1.060/50" (STJ-3ª T., REsp 30.352-0, Min. Dias Trindade, j. 2.2.93, DJU 22.3.93). No mesmo sentido: STJ-6ª T., REsp 61.674-3, Min. Anselmo Santiago, j. 15.10.98, DJU 15.3.99.

Quanto aos julgamentos no STJ: "A Defensoria Pública da União deve acompanhar, perante o STJ, o julgamento dos recursos interpostos por Defensores Públicos Estaduais, bem como deve ser intimada das decisões e acórdãos proferidos" (STJ-Corte Especial: RSTJ 164/39). Não é exigível a intimação pessoal do defensor público que assinou a petição de recurso (STJ-4ª T., AI 376.841-AgRg, Min. Ruy Rosado, j. 7.5.02, DJU 1.7.02).

"Exceção à regra só se verificará na hipótese em que a Defensoria Pública Estadual, mediante lei própria, mantenha representação em Brasília-DF com estrutura adequada para receber intimações das decisões proferidas pelo STJ" (STJ-Corte Especial, AI 378.377-QO-EDcl, Min. Nancy Andrighi, j. 5.11.03, DJU 19.12.03).

Art. 186: 10. "A **ausência de intimação pessoal** da Defensoria Pública acarreta a nulidade do processo" (STJ-RJTJERGS 275/59: 2ª Seção, AR 3.502; a citação é do voto do relator).

"Não houve a intimação pessoal do respectivo membro da defensoria pública para manifestação sobre o recurso de apelação interposto pela Municipalidade, o que configura **nulidade absoluta,** nos termos do art. 247 do CPC" (STJ-1ª T., REsp 1.035.716, Min. Luiz Fux, j. 20.5.08, DJU 19.6.08).

Art. 186: 11. s/ intimação pessoal da parte e: cumprimento de sentença, v. art. 513 § 2º-II; requerimento de adjudicação de bem penhorado, v. art. 876, § 1º-II.

Art. 186: 12. "Para ter direito ao prazo em dobro, o advogado da parte deve integrar serviço de assistência judiciária organizado e mantido pelo Estado, o que é a hipótese dos autos, tendo em vista que os recorrentes estão representados por membro de **núcleo de prática jurídica de entidade pública de ensino superior**" (STJ-3ª T., REsp 1.106.213, Min. Nancy Andrighi, j. 25.10.11, DJ 7.11.11). No caso, tratava-se do Centro Acadêmico XI de Agosto.

"Aos advogados do Centro Acadêmico XI de Agosto, da Faculdade de Direito da USP, entidade conveniada com o Estado de São Paulo 'visando a prestação de assistência judiciária gratuita', enquanto prestantes da referida assistência as pessoas carentes, contam-se em dobro todos os prazos" (RSTJ 54/174: 4ª T., REsp 23.952).

V. nota 2.

Art. 187. O membro da Defensoria Pública será civil e regressivamente responsável quando agir [1] com dolo ou fraude no exercício de suas funções. [2] [Sem dispositivo correspondente no CPC/1973]

Art. 187: 1. ou se omitir.

Art. 187: 2. s/ responsabilidade objetiva do Estado, v. CF 37 § 6º.

S/ sanção ao membro da Defensoria Pública que não restitui os autos no prazo, v. art. 234 § 4º.

Livro IV | DOS ATOS PROCESSUAIS

Título I | DA FORMA, DO TEMPO E DO LUGAR DOS ATOS PROCESSUAIS

Capítulo I | DA FORMA DOS ATOS PROCESSUAIS

Seção I | DOS ATOS EM GERAL

Art. 188. Os atos e os termos processuais[1] independem de forma determinada, salvo quando a lei expressamente a exigir, considerando-se válidos os que, realizados de outro modo, lhe preencham a finalidade essencial.[2] [Dispositivo correspondente no CPC/1973: art. 154-*caput*]

Art. 188: 1. s/ chancela mecânica ou eletrônica, na petição inicial de execução fiscal, v. Lei 10.522, de 19.7.02, art. 25, em LEF 6º, nota 3b.

Art. 188: 2. s/ instrumentalidade das formas, v. arts. 277 e 282 § 1º.

Art. 189. Os atos processuais são públicos,[1-1a] todavia tramitam em segredo de justiça[2 a 3a] os processos: [Dispositivo correspondente no CPC/1973: art. 155-*caput*]

I — em que o exija o interesse público ou social;[3b] [Dispositivo correspondente no CPC/1973: art. 155-I]

II — que versem sobre casamento, separação de corpos, divórcio, separação, união estável,[4] filiação,[4a] alimentos e guarda de crianças e adolescentes; [Dispositivo correspondente no CPC/1973: art. 155-II]

III — em que constem dados protegidos pelo direito constitucional à intimidade; [Sem dispositivo correspondente no CPC/1973]

IV — que versem sobre arbitragem,[4b] inclusive sobre cumprimento de carta arbitral,[4c] desde que a confidencialidade estipulada na arbitragem seja comprovada perante o juízo. [Sem dispositivo correspondente no CPC/1973]

§ 1º O direito de consultar os autos de processo que tramite em segredo de justiça e de pedir certidões de seus atos é restrito às partes e aos seus procuradores.[5] [Dispositivo correspondente no CPC/1973: art. 155 § ún.]

§ 2º O terceiro que demonstrar interesse jurídico pode requerer ao juiz certidão[5a a 6a] do dispositivo da sentença, bem como de inventário e de partilha resultantes de divórcio ou separação.[7] [Dispositivo correspondente no CPC/1973: art. 155 § ún.]

Art. 189: 1. **CF 5º: "LX** — a lei só poderá restringir a publicidade dos atos processuais quando a defesa da intimidade ou o interesse social o exigirem".

CF 93: "IX — todos os julgamentos dos órgãos do Poder Judiciário serão públicos, e fundamentadas todas as decisões, sob pena de nulidade, podendo a lei limitar a presença, em determinados atos, às próprias partes e a seus advogados, ou somente a estes, em casos nos quais a preservação do direito à intimidade do interessado no sigilo não prejudique o interesse público à informação".

V. art. 11 § ún.

Art. 189: 1a. "De acordo com o princípio da publicidade dos atos processuais, é permitida a vista dos autos do processo em cartório por **qualquer pessoa,** desde que não tramite em segredo de justiça" (STJ-3ª T., REsp 660.284,

Min. Nancy Andrighi, j. 10.11.05, DJU 19.12.05). Ou seja, não é preciso ser advogado para ter acesso ao processo; mesmo a imprensa tem assegurado o direito de consultar os autos. Nesse sentido: Bol. AASP 2.244/2.084.

Art. 189: 2. s/ publicidade processual na cooperação internacional, v. art. 26-III; gravação de audiência, v. art. 367, nota 5 e art. 460; restrições à publicidade da audiência, v. art. 368; vista ao advogado, v. EA 7º, nota 17; segredo de justiça na ação civil pública por improbidade administrativa, v. Lei 8.429, de 2.6.92, art. 17, nota 1b (no tít. IMPROBIDADE ADMINISTRATIVA).

V. tb. ECA 206, no nosso CCLCV.

Art. 189: 2a. "Não há no Código de Processo Civil nenhuma previsão para que se crie 'pasta própria' fora dos autos da execução fiscal para o arquivamento de **documentos submetidos a sigilo.** Antes, nos casos em que o interesse público justificar, cabe ao magistrado limitar às partes o acesso aos autos passando o feito a tramitar em segredo de justiça, na forma do art. 155, I, do CPC. As informações sigilosas das partes devem ser juntadas aos autos do processo que correrá em segredo de justiça, não sendo admitido o arquivamento em apartado" (STJ-1ª Seção, REsp 1.349.363, Min. Mauro Campbell, j. 22.5.13, DJ 31.5.13).

Art. 189: 2b. Deferindo o segredo de justiça em caso de ação civil pública ajuizada sob a alegação da prática de preço abusivo de combustível: "Em **inquérito civil sob sigilo,** o Ministério Público solicitou dados de natureza fiscal destinados à apuração da margem bruta de lucro da recorrente. A qualificação desses dados pode contribuir para que se revele o modelo ou estratégias de negócio ou diferenciais de atuação. É evidente que, num mercado regulado, a assimetria informacional é reduzida, mas não se pode afastar de plano e prematuramente sua existência. Não deve a parte ser prejudicada com a transposição desse material para processo jurisdicional de natureza pública, frustrando sua legítima expectativa de sigilo" (STJ-2ª T., REsp 1.296.281, Min. Herman Benjamin, j. 14.5.13, DJ 22.5.13).

Art. 189: 2c. "Admite-se o processamento em segredo de justiça de ações cuja discussão envolva **informações comerciais de caráter confidencial e estratégico**" (STJ-4ª T., REsp 1.217.171, Min. Luis Felipe, j. 10.3.20, maioria, DJ 4.8.20).

Art. 189: 3. O procurador da parte, **não inscrito na OAB,** não tem direito de vista dos autos, nos casos de segredo de justiça (STJ-2ª T., RMS 14.697, Min. Paulo Medina, j. 7.11.02, DJU 16.12.02).

Art. 189: 3a. "Liberdade de imprensa. Segredo de justiça. Simples **notícia** de julgamento da causa não lhe transgride o segredo de justiça" (RSTJ 45/456 e STJ-RT 691/182). Tratava-se de mera divulgação, pela imprensa, sem maiores detalhes, de resultado de julgamento numa ação de investigação de paternidade.

"Não fere o segredo de justiça a notícia da existência de processo contra determinada pessoa, somente se configurando apontado vício se houver análise dos fatos, argumentos e provas contidos nos autos da demanda protegida" (STJ-4ª T., REsp 253.058, Min. Fernando Gonçalves, j. 4.2.10, DJ 8.3.10).

Art. 189: 3b. Não configura interesse público, para fins de restrição à publicidade dos autos, a demanda de cobrança de subsídios ajuizada por **vereador** contra a Câmara Municipal, ainda que a notícia possa atrapalhar a sua eventual **candidatura** (RMDCPC 23/125).

Art. 189: 4. **Lei 9.278, de 10.5.96** — Regula o § 3º do art. 226 da Constituição Federal: **"Art. 9º** Toda a matéria relativa à união estável é de competência do juízo da Vara de Família, assegurado o segredo de justiça".

Art. 189: 4a. inclusive na investigação preliminar de paternidade instituída pela LIP 2º § 2º.

Art. 189: 4b. v. Lei 9.307, de 23.9.96 (no tít. ARBITRAGEM E MEDIAÇÃO).

Art. 189: 4c. v. art. 237-IV e LArb 22-C, especialmente seu § ún.

Art. 189: 5. v. 107.

Art. 189: 5a. v. art. 152-V.

Art. 189: 6. Este § 2º refere-se aos processos que correm em segredo de justiça; quanto aos demais, é livre a consulta aos autos por advogado (cf. art. 107-I) e irrestrito o direito de pedir certidões, que deverão ser fornecidas pelo escrivão, independentemente de despacho (cf. art. 152-V).

No mesmo sentido: "O direito de obter certidão é um direito constitucional garantido a todos os cidadãos. Se se tratar de certidão requerida pelo representante, de peça contida em processo disciplinar contra magistrado, procedimento sigiloso por força de disposição da Lei Orgânica da Magistratura, a certidão deve ser expedida com a ressalva de observar sua finalidade e o sigilo da Lei Complementar n. 35/79, sob pena de responsabilidade civil e criminal pela quebra do sigilo" (RSTJ 19/290, maioria).

Art. 189: 6a. O terceiro pode, desde que demonstre o seu interesse, requerer a expedição de cópia de peças dos autos visando ao registro da partilha em separação judicial (JTJ 192/258).

Art. 189: 7. v. LDi 2º, nota 2b **(Em. Const. 66, de 13.7.10).**

Art. 190. Versando o processo sobre direitos que admitam autocomposição, é lícito às partes plenamente capazes [1] estipular mudanças no procedimento para ajustá-lo às especificidades da causa e convencionar sobre os seus ônus, [2] poderes, faculdades e deveres processuais, antes ou durante o processo. [2a-3] [Sem dispositivo correspondente no CPC/1973]

Parágrafo único. De ofício [3a] ou a requerimento, o juiz controlará a validade das convenções previstas neste artigo, recusando-lhes aplicação somente nos casos de nulidade [4] ou de inserção abusiva em contrato de adesão [5] ou em que alguma parte se encontre em manifesta situação de vulnerabilidade.

Art. 190: 1. v., no nosso CCLCV, CC 3º a 5º, bem como respectivas notas.

Art. 190: 2. s/ alteração do ônus da prova por convenção das partes, v. art. 373 § 3º. Em matéria de consumidor, v. CDC 51-VI.

Art. 190: 2a. s/ eleição de foro, v. art. 63 e notas; honorários advocatícios, v. art. 85, nota 27; fixação de calendário para a prática dos atos processuais, v. art. 191; suspensão do processo, v. art. 313-II e § 4º; delimitação consensual das questões de fato e de direito, v. art. 357 § 2º; adiamento da audiência, v. art. 362-I; divisão de prazo em audiência, v. art. 364 § 1º; liquidação de sentença por arbitramento, v. art. 509-I; administração de bem penhorado, v. art. 862 § 2º; suspensão da execução, v. art. 922.

S/ escolha pelas partes do: conciliador ou mediador, v. art. 168; perito, v. art. 471.

Art. 190: 3. A **participação de advogado** não é requisito de validade dos negócios processuais, salvo quando envolver direito próprio dele, tal como ocorre na convenção sobre honorários advocatícios.

Art. 190: 3a. v. art. 10.

Art. 190: 4. s/ invalidade do negócio jurídico, v., no nosso CCLCV, CC 166 a 184, bem como respectivas notas. S/ nulidades processuais, v. arts. 276 a 283.

Art. 190: 5. v., no nosso CCLCV, CDC 51 (abusividade de cláusula contratual) e 54 (contratos de adesão), bem como respectivas notas.

Art. 191. De comum acordo, o juiz e as partes podem fixar calendário para a prática dos atos processuais, [1] quando for o caso. [Sem dispositivo correspondente no CPC/1973]

§ 1º O calendário vincula as partes e o juiz, e os prazos nele previstos somente serão modificados em casos excepcionais, devidamente justificados. [2]

§ 2º Dispensa-se a intimação das partes para a prática de ato processual ou a realização de audiência cujas datas tiverem sido designadas no calendário.

Art. 191: 1. Logo, o calendário não pode ser imposto pelas partes ao juiz nem por este àquelas.

Art. 191: 2. s/ justa causa impeditiva de prática de ato processual, v. art. 223 e notas.

Art. 192. Em todos os atos e termos do processo é obrigatório o uso da língua portuguesa. [Dispositivo correspondente no CPC/1973: art. 156]

Parágrafo único. O documento redigido em língua estrangeira [1-1a] somente poderá ser juntado aos autos quando acompanhado de versão para a língua portuguesa [2 a 2d] tramitada por via diplomática ou pela autoridade central, ou firmada por tradutor juramentado. [3-4] [Dispositivo correspondente no CPC/1973: art. 157]

Art. 192: 1. Para produzirem efeito "em qualquer instância, juízo ou Tribunal", estão sujeitos a registro, no registro de títulos e documentos, "todos os documentos de procedência estrangeira, acompanhados das respectivas traduções" (LRP 129-6º; v. tb. LRP 148).

V. nota seguinte e art. 41, nota 1.

Art. 192: 1a. **Súmula 259 do STF:** "Para produzir efeito em juízo **não é necessária a inscrição, no registro público,** de documentos de procedência estrangeira, **autenticados por via consular".**

A Súmula apenas se refere aos documentos autenticados por via consular. Quanto aos demais, só produzem efeito em juízo se, acompanhados das respectivas traduções, tiverem sido registrados no registro de títulos e documentos (LRP 129-6º; cf. tb. LRP 148-*caput*).

O disposto na LRP 129-6º não revoga a Súmula 259, porque era no mesmo sentido o Dec. 4.857, de 9.11.39 (art. 136-*caput* e § 1º, com a redação do Dec. 5.318, de 29.2.40), ao tempo em que tal Súmula foi editada.

Assim: "A necessidade do registro de documento se justifica quando se trata de produzir prova em face de terceiros, salvo se já autenticado por autoridade consular" (RTJ 113/845, STF-RT 597/244 e STF-JTA 96/185).

Art. 192: 2. s/ falta da versão em vernáculo e emenda da petição inicial, v. art. 321, nota 3, *in fine*.

Art. 192: 2a. "Documento em língua estrangeira. Juntado desacompanhado de tradução à inicial, e mesmo assim citada a parte ré, não pode considerar-se em curso o prazo para resposta enquanto não traduzido nos autos e regularmente comunicado ao demandado o texto em vernáculo. Desatendida essa diretriz, que se infere do art. 157 do CPC, impõe-se a anulação de todo o processado a partir de então" (RJTJERGS 143/117).

Art. 192: 2b. "Em se tratando de documento redigido em língua estrangeira, cuja validade não se contesta e cuja tradução não é indispensável para a sua compreensão, não é razoável negar-lhe eficácia de prova. O art. 157 do CPC, como toda regra instrumental, deve ser **interpretado sistematicamente,** levando em consideração, inclusive, os princípios que regem as nulidades, nomeadamente o de que nenhum ato será declarado nulo, se da nulidade não resultar prejuízo para acusação ou para a defesa (*pas de nullité sans grief*). Não havendo prejuízo, não se pode dizer que a falta de tradução, no caso, tenha importado violação ao art. 157 do CPC" (STJ-RP 127/222: 1ª T., REsp 616.103). No mesmo sentido: STJ-3ª T., RO 26, Min. Vasco Della Giustina, j. 20.5.10, DJ 7.6.10; JTJ 345/251 (AP 7.100.767-9).

Dispensa-se a tradução, se o documento for em língua espanhola (STJ-RJ 404/147: 3ª T., REsp 924.992; STJ-RT 756/125, JTJ 213/239, JTA 112/176). **Contra,** exigindo a tradução juramentada também para o documento escrito em espanhol: STJ-3ª T., REsp 606.393, Min. Gomes de Barros, j. 19.5.05, DJU 1.8.05.

Art. 192: 2c. "Ineficácia probante da **tradução parcial** de contrato celebrado em idioma estrangeiro. Inviabilidade de se dispensar a tradução na hipótese em que o documento estrangeiro apresenta-se como fato constitutivo do direito do autor" (STJ-3ª T., REsp 1.227.053, Min. Paulo Sanseverino, j. 22.5.12, DJ 29.5.12).

Art. 192: 2d. Cópia de obra jurídica em língua estrangeira não está sujeita a tradução (JTA 117/163). O máximo que pode acontecer é o juiz não saber essa língua e, portanto, ficar *in albis*...

Art. 192: 3. v. art. 162-I e CC 224.

S/ tradutor, v. tb. arts. 163 e 164.

Art. 192: 4. **Dec. 8.742, de 4.5.16: "Art. 4º** Ficam dispensados de legalização consular, para terem efeito no Brasil, os documentos expedidos por autoridades estrangeiras encaminhados por via diplomática ao Governo brasileiro.

"Art. 5º Ficam igualmente dispensados de legalização consular os documentos expedidos por países com os quais a República Federativa do Brasil tenha firmado acordos bilaterais ou multilaterais de simplificação ou dispensa do processo de legalização de documentos".

Seção II | DA PRÁTICA ELETRÔNICA DE ATOS PROCESSUAIS[1-2]

SEÇ. II: 1. v. **Lei 11.419, de 19.12.06** (no tít. PROCESSO ELETRÔNICO).

SEÇ. II: 2. s/ intimação pessoal do membro da advocacia pública por meio eletrônico, v. art. 183 § 1º; publicação das decisões no Diário de Justiça Eletrônico, v. art. 205 § 3º; produção e armazenamento digital de atos processuais praticados na presença do juiz, v. art. 209 §§ 1º e 2º; horário p/ prática eletrônica de atos processuais, v. art. 213; Diário da Justiça eletrônico e contagem de prazo, v. art. 224 § 2º; juntada de petição no processo eletrônico, v. 228 § 2º; processo eletrônico e prazo em dobro p/ litisconsortes com procuradores diferentes, v. art. 229 § 2º; citação por meio eletrônico, v. art. 246-V e §§ 1º e 2º; expedição de cartas por meio eletrônico, v. art. 263; intimação por meio eletrônico, v. art. 270; exigência de menção, na petição inicial, do endereço eletrônico do advogado e da parte, v. arts. 287 e 319-II; audiência de conciliação ou mediação por meio eletrônico, v. art. 334 § 7º; autenticidade do documento assinado por meio eletrônico, v. art. 411-II; documentos eletrônicos, v. arts. 439 a 441; penhora por meio eletrônico, v. art. 837; alienação judicial por meio eletrônico, v. art. 882 §§ 1º e 2º; processo eletrônico e recolhimento de porte de remessa e de retorno, v. art. 1.007 § 3º; processo eletrônico e peças obrigatórias de agravo de instrumento, v. art. 1.017 § 5º; convalidação dos atos praticados por meio eletrônico até a transição definitiva para certificação digital, v. art. 1.053.

Art. 193. Os atos processuais podem ser total ou parcialmente digitais, de forma a permitir que sejam produzidos, comunicados, armazenados e validados por meio eletrônico, na forma da lei.[1] [Dispositivo correspondente no CPC/1973: art. 154 § 2º]

Parágrafo único. O disposto nesta Seção aplica-se, no que for cabível, à prática de atos notariais e de registro. [Sem dispositivo correspondente no CPC/1973]

Art. 193: 1. v. Lei 11.419, de 19.12.06 (no tít. PROCESSO ELETRÔNICO).

Art. 194. Os sistemas de automação processual respeitarão a publicidade dos atos,[1] o acesso e a participação das partes e de seus procuradores, inclusive nas audiências e sessões de julgamento, observadas as garantias da disponibilidade, independência da plataforma computacional, acessibilidade[2] e interoperabilidade dos sistemas, serviços, dados e informações que o Poder Judiciário administre no exercício de suas funções. [Sem dispositivo correspondente no CPC/1973]

Art. 194: 1. v. CF 93-IX.

V. tb. arts. 11 e 189.

Art. 194: 2. v. art. 199 (pessoas com deficiência).

Art. 195. O registro de ato processual eletrônico deverá ser feito em padrões abertos,[1] que atenderão aos requisitos de autenticidade, integridade, temporalidade, não repúdio, conservação e, nos casos que tramitem em segredo de justiça,[2] confidencialidade, observada a infraestrutura de chaves públicas unificada nacionalmente, nos termos da lei.[3] [Dispositivo correspondente no CPC/1973: art. 154 § ún.]

Art. 195: 1. v. Lei 11.419, de 19.12.06, art. 14 (no tít. PROCESSO ELETRÔNICO).

Art. 195: 2. v. art. 189 e notas.

Art. 195: 3. v. **Med. Prov. 2.200-2, de 24.8.01,** que institui a Infraestrutura de Chaves Públicas Brasileira — ICP-Brasil.

Art. 196. Compete ao Conselho Nacional de Justiça e, supletivamente, aos tribunais,[1] regulamentar a prática e a comunicação oficial de atos processuais por meio eletrônico e velar pela compatibilidade dos sistemas, disciplinando a incorporação progressiva de novos avanços tecnológicos e editando, para esse fim, os atos que forem necessários, respeitadas as normas fundamentais deste Código. [Dispositivo correspondente no CPC/1973: art. 154 § ún.]

Art. 196: 1. v. Lei 11.419, de 19.12.06, art. 14 (no tít. PROCESSO ELETRÔNICO).

Art. 197. Os tribunais divulgarão as informações constantes de seu sistema de automação em página própria na rede mundial de computadores, gozando a divulgação de presunção de veracidade e confiabilidade. [Sem dispositivo correspondente no CPC/1973]

Parágrafo único. Nos casos de problema técnico do sistema e de erro ou omissão do auxiliar da justiça responsável pelo registro dos andamentos, poderá ser configurada a justa causa prevista no art. 223, *caput* e § 1º.[1]

Art. 197: 1. v. art. 223, nota 4.

Art. 198. As unidades do Poder Judiciário deverão manter gratuitamente, à disposição dos interessados, equipamentos necessários à prática de atos processuais e à consulta e ao acesso ao sistema e aos documentos dele constantes. [Sem dispositivo correspondente no CPC/1973]

Parágrafo único. Será admitida a prática de atos por meio não eletrônico no local onde não estiverem disponibilizados os equipamentos previstos no *caput*.

Art. 199. As unidades do Poder Judiciário assegurarão às pessoas com deficiência[1] acessibilidade aos seus sítios na rede mundial de computadores, ao meio eletrônico de prática de atos judiciais, à comunicação eletrônica dos atos processuais e à assinatura eletrônica. [Sem dispositivo correspondente no CPC/1973]

Art. 199: 1. Dec. 6.949, de 25.8.09 — Promulga a Convenção internacional sobre os Direitos das Pessoas com Deficiência e seu Protocolo Facultativo, assinados em Nova York, em 30 de março de 2007.

Seção III | DOS ATOS DAS PARTES

Art. 200. Os atos das partes consistentes em declarações unilaterais ou bilaterais de vontade produzem imediatamente a constituição, modificação ou extinção de direitos processuais. [Dispositivo correspondente no CPC/1973: art. 158-*caput*]

Parágrafo único. A desistência[1] da ação[2] só produzirá efeitos após homologação judicial.[2a a 4] [Dispositivo correspondente no CPC/1973: art. 158 § ún.]

Art. 200: 1. s/ necessidade de homologação da desistência de recurso, v. art. 998, nota 4.

Art. 200: 2. s/ desistência e: despesas e honorários, v. art. 90; procuração com cláusula específica, v. art. 105; assistência simples, v. art. 122; reconvenção, v. art. 343 § 2º; resolução do mérito, v. art. 485-VIII; consentimento do réu, v. art. 485 § 4º; momento para sua apresentação, v. art. 485 § 5º; incidente de resolução de demandas repetitivas, v. art. 976 § 1º; recursos repetitivos, v. art. 1.040 §§ 1º a 3º; execução, v. art. 775.

V. tb. art. 335 § 2º.

Art. 200: 2a. "**Acordo celebrado extrajudicialmente** em data posterior à propositura da demanda somente repercute na causa se homologado pelo juiz" (STJ-5ª T., REsp 27.556-1, Min. Jesus Costa Lima, j. 23.11.94, DJU 12.12.94).

Não basta a declaração de extinção do processo, feita pelo juiz; é essencial que homologue a transação (JTJ 169/181).

Art. 200: 3. A conciliação, a mediação e a transação judiciais (formas de autocomposição judicial, cf. arts. 334 § 11 e 515-II, LJE 22 § ún., CC 842) devem ser homologadas por sentença (dispensando o termo, na transação feita por instrumento público ou particular: LJE 57-*caput*; RT 541/181, 550/110).

Dispensa-se a homologação da transação, se não versar sobre direitos contestados em juízo (RT 702/120, RJTJESP 113/301), uma vez que sua eficácia, entre as partes, independe de homologação judicial (RT 669/103, Lex-JTA 142/328); apenas para os efeitos processuais é que esta se torna indispensável (RT 497/122, 511/139, RJTJESP 99/235, JTA 42/14, 77/103, 88/431, 100/360, 100/384, 105/408).

"Se o negócio jurídico da transação já se acha concluído entre as partes, impossível é a qualquer delas o arrependimento unilateral, ainda que não tenha sido homologado o acordo em juízo" (RSTJ 134/333, STJ-RJTJERGS 208/35). "Assinada e concluída a transação por uma das partes, não pode um dos transigentes, unilateralmente, desfazer o negócio jurídico, a pretexto de que, enquanto não homologada, ela não produz efeitos no campo do direito. Pelo contrário, mesmo antes de homologada, a transação não é um 'nada' jurídico, sujeito à retratação unilateral de uma das partes, a seu exclusivo arbítrio" (RT 864/409). **Contra:** "Não formalizada a transação, que poria fim à demanda, uma vez que não reduzida a termo nos autos, com assinatura dos transigentes, não há mais lugar para sua homologação posterior, se uma das partes vem a juízo dizer que não aceita o acordo" (STJ-3ª T., REsp 10.854, Min. Dias

Trindade, j. 21.6.91, DJU 16.10.91). No mesmo sentido: JTJ 166/213. Também no sentido de que a transação pode ser retratada antes da homologação judicial, mas sujeitando o inadimplente a perdas e danos: JTA 88/98, maioria.

S/ participação do advogado na transação extrajudicial ou judicial, v. art. 103, nota 3; efeito da transação comunicada ao tribunal após o julgamento do recurso, v. art. 998, nota 2a.

Art. 200: 3a. "Não se exige, para sua validade, que a transação celebrada por petição assinada por advogados, com poderes para transigir, seja reduzida a 'termo nos autos'" (RT 511/139). No mesmo sentido: RJTJESP 131/126.

Art. 200: 3b. "O depósito em juízo, no prazo de vencimento da dívida, decorrente de transação homologada, quita a obrigação, independentemente de intimação à credora" (STJ-3ª T., Ag 23.728-4-AgRg, Min. Dias Trindade, j. 10.8.92, DJU 14.9.92).

Art. 200: 4. Segue-se daí que: "Inexistente a homologação da desistência, esta não produz efeitos jurídicos" (STJ-1ª T., REsp 1.026.028, Min. José Delgado, j. 1.4.08, DJU 17.4.08).

S/ desistência de recurso, v. art. 998, nota 4.

Art. 201. **As partes poderão exigir recibo de petições, arrazoados, papéis e documentos que entregarem em cartório.**[1] [Dispositivo correspondente no CPC/1973: art. 160]

Art. 201: 1. s/ uso de fax para apresentação de petições, v. Lei 9.800/99 (no tít. FAX); utilização de meio eletrônico para a prática de atos processuais, v. arts. 193 e segs., bem como Lei 11.419, de 19.12.06 (no tít. PROCESSO ELETRÔNICO).

Art. 202. **É vedado lançar nos autos cotas marginais ou interlineares,**[1 a 3] **as quais o juiz mandará riscar, impondo a quem as escrever multa**[4-5] **correspondente à metade do salário mínimo.** [Dispositivo correspondente no CPC/1973: art. 161]

Art. 202: 1. s/ vedação a expressões ofensivas, v. art. 78.

Art. 202: 1a. Embora não seja recomendável a prática de **sublinhar trechos de depoimentos** de testemunhas, ela não se inclui nas sanções previstas no dispositivo (RT 546/88).

Em sentido contrário: RT 578/158, onde, aliás, surpreendentemente, partindo da mera presunção de que "a prática só se pode imputar ao advogado que consultou os autos, para embargar", foi imposta a penalidade à parte.

Em JTA 86/325 e RF 291/238, partiu-se da presunção de que só o advogado é que podia ter sublinhado à tinta uma expressão do acórdão, e se lhe impôs multa...

Art. 202: 1b. "Cota aposta no verso de mandado de intimação. Manifestação irregular. Caso em que, porém, não se vislumbrando má-fé ou falta de lealdade processual, deve ser excluída a multa prevista no CPC 161" (JTJ 375/53: AI 216295-51.2011.8.26.0000).

Art. 202: 2. "O art. 161 do CPC veda o lançamento de cotas marginais ou interlineares. Daí não se segue seja defeso aos advogados pronunciarem-se diretamente nos autos quando lhes for aberta vista" (TFR-6ª T., Ag 56.627, Min. Eduardo Ribeiro, j. 3.8.88, *apud* Bol. do TFR 156/14; também: Lex-JTA 159/249), mesmo antes de ser lançado nos autos o termo respectivo (RT 706/126). No mesmo sentido, chancelando o ato de advogado que, ao mesmo tempo em que se dá por ciente de uma decisão diretamente nos autos, formula **pedido manuscrito** para que as intimações sejam dirigidas especificamente a um dos patronos da parte: STJ-1ª T., REsp 793.964, Min. Luiz Fux, j. 3.4.08, DJU 24.4.08.

Art. 202: 3. "Não são abrangidas na proibição expressões impressas em papel timbrado do advogado" (RT 631/128 e RJTJESP 115/131, bem fundamentado).

Art. 202: 4. v. art. 96.

Art. 202: 5. A multa prevista neste artigo não pode ser **cumulada** com outras sanções igualmente punitivas, caso da multa prevista no art. 81-*caput*. Tendo em vista o escopo reparatório das demais verbas previstas no art. 81-*caput*, aí sim é possível a cumulação com a multa do art. 202.

S/ requisitos para a cumulação de sanções, v. art. 81, nota 9.

Seção IV | DOS PRONUNCIAMENTOS DO JUIZ

Art. 203. Os pronunciamentos do juiz consistirão em sentenças, decisões interlocutórias e despachos.[1] [Dispositivo correspondente no CPC/1973: art. 162-*caput*]

§ 1º Ressalvadas as disposições expressas dos procedimentos especiais, sentença é o pronunciamento por meio do qual o juiz, com fundamento nos arts. 485 e 487, põe fim à fase cognitiva do procedimento comum, bem como extingue a execução.[2-3] [Dispositivo correspondente no CPC/1973: art. 162 § 1º]

§ 2º Decisão interlocutória é todo pronunciamento judicial de natureza decisória que não se enquadre no § 1º.[4] [Dispositivo correspondente no CPC/1973: art. 162 § 2º]

§ 3º São despachos todos os demais pronunciamentos do juiz praticados no processo, de ofício ou a requerimento da parte. [Dispositivo correspondente no CPC/1973: art. 162 § 3º]

§ 4º Os atos meramente ordinatórios, como a juntada e a vista obrigatória, independem de despacho, devendo ser praticados de ofício pelo servidor e revistos pelo juiz quando necessário.[5-6] [Dispositivo correspondente no CPC/1973: art. 162 § 4º]

Art. 203: 1. A **sentença é apelável** (art. 1.009); a **decisão interlocutória,** em regra, deve ser impugnada na forma do art. 1.009 § 1º, mas, **nas hipóteses taxativas do art. 1.015,** por meio de **agravo de instrumento;** o **despacho** é **irrecorrível** (art. 1.001).

V. tb. arts. 485, nota 2, 487, nota 1, 1.009, nota 2, e 1.015, nota 1.

Art. 203: 2. Ainda que o pronunciamento possa ser enquadrado num inciso do art. 485 ou do art. 487, **se** ele **não puser fim** a uma fase do processo ou ao próprio processo, **não será sentença.** Assim, não é sentença o ato que exclui um litisconsorte do processo fundado na ausência de legitimidade (art. 354) ou que julga antecipadamente apenas parte do mérito (art. 356).

V. tb. art. 485, nota 2.

Art. 203: 3. O CPC usa frequentemente a expressão **"sentença" em sentido lato,** significando decisão definitiva proferida em qualquer grau de jurisdição (isto é, "sentença" ou "acórdão" ou até mesmo "decisão proferida pelo relator", segundo a terminologia que perfilhou). V., p. ex., arts. 82 § 2º, 85-*caput*, 109 § 3º, 114, 115-*caput*, 119, 124, 132, 501, 581, 658 e 776.

Art. 203: 4. "O que caracteriza a decisão interlocutória é haver ela **resolvido,** no curso da causa, uma **questão** que surgiu entre os litigantes" (RTJ 79/291; a transcrição é da p. 293, que cita Celso Agrícola Barbi).

"Enquanto os despachos são pronunciamentos meramente ordinatórios, que visam impulsionar o andamento do processo, sem solucionar controvérsia, a decisão interlocutória, por sua vez, ao contrário dos despachos, possui conteúdo decisório e causa prejuízo às partes" (STJ-4ª T., REsp 195.848, Min. Sálvio de Figueiredo, j. 20.11.01, DJU 18.2.02).

"Quando juiz indefere pedido de citação por edital e determina o recolhimento de custas para cumprimento de carta rogatória num determinado prazo, sob pena de indeferimento da petição inicial, ele não profere um despacho de mero expediente, mas, sim, uma decisão interlocutória, em razão de seu conteúdo decisório (define a forma que entende correta para citação) e da sua força de causar lesão a eventuais direitos da parte (impõe pena de indeferimento da petição inicial para o seu descumprimento)" (STJ-3ª T., RMS 22.675, Min. Nancy Andrighi, j. 29.11.06, DJU 11.12.06).

Art. 203: 5. v. art. 152-VI.

Art. 203: 6. "É inexistente ato do serventuário da justiça, com caráter decisório, que gera prejuízo à parte, porquanto proferido por autoridade incompetente" (STJ-1ª T., REsp 905.681, Min. Luiz Fux, j. 16.9.10, DJ 26.9.10).

S/ prazo para recorrer nessas circunstâncias, v. art. 1.003, nota 3a.

Art. 204. Acórdão é o julgamento colegiado proferido pelos tribunais.[1] [Dispositivo correspondente no CPC/1973: art. 163]

Art. 204: 1. A **decisão proferida pelo relator** não enseja a lavratura de acórdão (STJ-4ª T., Ag 19.156-0-AgRg, Min. Sálvio de Figueiredo, j. 4.8.92, DJU 14.9.92).

Art. 205. Os despachos, as decisões, as sentenças e os acórdãos serão redigidos, datados e assinados[1] pelos juízes. [Dispositivo correspondente no CPC/1973: art. 164-*caput*]

§ 1º Quando os pronunciamentos previstos no *caput* forem proferidos oralmente, o servidor os documentará,[2] submetendo-os aos juízes para revisão e assinatura. [Dispositivo correspondente no CPC/1973: art. 164-*caput*]

§ 2º A assinatura dos juízes, em todos os graus de jurisdição, pode ser feita eletronicamente, na forma da lei.[3] [Dispositivo correspondente no CPC/1973: art. 164 § ún.]

§ 3º Os despachos, as decisões interlocutórias, o dispositivo das sentenças e a ementa dos acórdãos serão publicados no Diário de Justiça Eletrônico.[4] [Sem dispositivo correspondente no CPC/1973]

Art. 205: 1. s/ falta de assinatura do juiz, v. art. 489, nota 4.

Art. 205: 2. O prazo para recurso, tratando-se de **sentença estenotipada,** começa a correr da intimação da sua transcrição (RT 607/112, 619/151, 632/102, RJTJESP 110/221, 115/169, JTA 91/320, 93/380, 98/274, 102/36, 117/164, Bol. AASP 1.509/276, 1.587/118, 1.596/174).

Art. 205: 3. v. art. 1º § 2º-III da Lei 11.419/06, no tít. PROCESSO ELETRÔNICO.

V. tb. arts. 193 e 195.

Art. 205: 4. v. arts. 224 § 2º e 231-VII.

Seção V | DOS ATOS DO ESCRIVÃO OU DO CHEFE DE SECRETARIA

Art. 206. Ao receber a petição inicial de processo, o escrivão ou o chefe de secretaria a autuará, mencionando o juízo, a natureza do processo, o número de seu registro, os nomes das partes e a data de seu início, e procederá do mesmo modo em relação aos volumes em formação. [Dispositivo correspondente no CPC/1973: art. 166]

Art. 207. O escrivão ou o chefe de secretaria numerará e rubricará todas as folhas dos autos. [Dispositivo correspondente no CPC/1973: art. 167-*caput*]

Parágrafo único. À parte, ao procurador, ao membro do Ministério Público, ao defensor público e aos auxiliares da justiça é facultado rubricar as folhas correspondentes aos atos em que intervierem. [Dispositivo correspondente no CPC/1973: art. 167 § ún.]

Art. 208. Os termos de juntada, vista, conclusão e outros semelhantes constarão de notas datadas e rubricadas pelo escrivão ou pelo chefe de secretaria.[1] [Dispositivo correspondente no CPC/1973: art. 168]

Art. 208: 1. "A juntada de mandado citatório efetuada por estagiária, em violação ao art. 168 do CPC, é tida como inexistente, e não gera o efeito de deflagrar o início do prazo para contestar" (STJ-4ª T., REsp 1.020.729, Min. Aldir Passarinho Jr., j. 18.3.08, DJU 19.5.08).

Art. 209. Os atos e os termos do processo serão assinados pelas pessoas que neles intervierem, todavia, quando essas não puderem ou não quiserem firmá-los, o escrivão ou o chefe de secretaria certificará a ocorrência. [Dispositivo correspondente no CPC/1973: art. 169-*caput*]

§ 1º Quando se tratar de processo total ou parcialmente documentado em autos eletrônicos,[1] os atos processuais[2] praticados na presença do juiz poderão ser produzidos e armazenados de modo integralmente digital em arquivo eletrônico inviolável, na forma da lei, mediante registro em termo, que será assinado digitalmente[3] pelo juiz e pelo escrivão ou chefe de secretaria, bem como pelos advogados das partes. [Dispositivo correspondente no CPC/1973: art. 169 § 2º]

§ 2º Na hipótese do § 1º, eventuais contradições na transcrição deverão ser suscitadas oralmente no momento de realização do ato, sob pena de preclusão, devendo o juiz decidir de plano e ordenar o registro, no termo, da alegação e da decisão. [Dispositivo correspondente no CPC/1973: art. 169 § 3º]

Art. 209: 1. v. arts. 193 a 199.

V. tb. arts. 8º e segs. da Lei 11.419/06, no tít. PROCESSO ELETRÔNICO.

Art. 209: 2. p. ex., lavratura de termo de audiência (art. 367 § 4º).

Art. 209: 3. v. arts. 193 e 195.

V. tb. art. 1º § 2º-III-*a* da Lei 11.419/06.

Art. 210. É lícito o uso da taquigrafia, da estenotipia ou de outro método idôneo em qualquer juízo ou tribunal.[1-2] [Dispositivo correspondente no CPC/1973: art. 170]

Art. 210: 1. s/ contagem de prazo, no caso de estenotipia dos atos em audiência, v. art. 205, nota 2.

S/ estenotipia no Juizado Especial: LJE 13 § 3º.

Art. 210: 2. "Havendo a previsão legal para o uso de estenografia, a conveniência de seu emprego fica a critério exclusivo do juiz, independentemente de consulta às partes" (RT 596/163).

Art. 211. Não se admitem nos atos e termos processuais espaços em branco, salvo os que forem inutilizados, assim como entrelinhas, emendas ou rasuras,[1] exceto quando expressamente ressalvadas. [Dispositivo correspondente no CPC/1973: art. 171]

Art. 211: 1. v. art. 426.

Capítulo II | DO TEMPO E DO LUGAR DOS ATOS PROCESSUAIS

Seção I | DO TEMPO[1]

SEÇ. I: 1. **CF 5º: "LXXVIII** — a todos, no âmbito judicial e administrativo, são assegurados a razoável duração do processo e os meios que garantam a celeridade de sua tramitação".

Art. 212. Os atos processuais serão realizados em dias úteis,[1] das 6 (seis) às 20 (vinte) horas.[2-3] [Dispositivo correspondente no CPC/1973: art. 172]

§ 1º Serão concluídos após as 20 (vinte) horas os atos iniciados antes, quando o adiamento prejudicar a diligência ou causar grave dano.[4] [Dispositivo correspondente no CPC/1973: art. 172 § 1º]

§ 2º Independentemente de autorização judicial, as citações,[5] intimações[5a] e penhoras[6] poderão realizar-se no período de férias forenses, onde as houver,[6a] e nos feriados[7] ou dias úteis[8] fora do horário estabelecido neste artigo, observado o disposto no art. 5º, inciso XI, da Constituição Federal. [Dispositivo correspondente no CPC/1973: art. 172 § 2º]

§ 3º Quando o ato tiver de ser praticado por meio de petição em autos não eletrônicos, essa deverá ser protocolada no horário de funcionamento do fórum ou tribunal, conforme o disposto na lei de organização judiciária local.[9] [Dispositivo correspondente no CPC/1973: art. 172 § 3º]

Art. 212: 1. São dias úteis os que **não são feriados,** para efeito forense.

S/ feriados, v. art. 216 e notas.

Art. 212: 2. s/ ato processual praticado eletronicamente, v. art. 213; s/ encerramento antecipado do protocolo ou do cartório, no último dia do prazo, v. art. 224, nota 9; s/ uso do fax para realização de ato processual, v. Lei 9.800, de 26.5.99, art. 2º, especialmente nota 1, no tít. FAX; s/ prática de atos, no Juizado Especial, durante o período noturno, v. LJE 12.

Art. 212: 3. mas, em se tratando de autos não eletrônicos, as petições devem ser apresentadas no protocolo não até vinte horas, porém **dentro do horário de expediente,** nos termos da lei de organização judiciária local (§ 3º). Nesse sentido: STJ-Corte Especial, ED no REsp 1.307.036-AgRg, Min. João Otávio, j. 15.5.13, DJ 29.5.13.

"Os atos processuais, segundo o *caput* do art. 172 do CPC, realizar-se-ão nos dias úteis das seis às vinte horas. O horário estabelecido no *caput* não se confunde com o horário do expediente forense. O horário de funcionamento das serventias judiciais é estabelecido pela Lei de Organização Judiciária, observado o lapso temporal constante do *caput*, segundo norma do § 3º. A introdução do § 3º ao art. 172 objetivou afastar interpretação errônea quanto ao horário de funcionamento do expediente forense" (STJ-2ª T., RMS 8.449-AgRg, Min. Eliana Calmon, j. 14.9.99, DJU 14.8.00).

"O art. 172, § 3º, do CPC, prevê a possibilidade de que lei de organização judiciária local adote diretrizes quanto ao horário de protocolo, que poderá não coincidir com as 20h previsto no *caput* do referido dispositivo legal. Tendo o protocolo local, no caso dos autos, encerrado seu expediente às 19h, conforme determinado pela Resolução 04/2004 do Tribunal de Justiça do Estado da Paraíba, a entrega da petição da contestação nos Correios às 19h47min do último dia do prazo deu-se intempestivamente" (STJ-1ª T., REsp 1.206.707-AgRg, Min. Napoleão Maia Filho, j. 22.4.14, DJ 6.5.14).

"Tempo dos atos processuais. Autos físicos. Peticionamento. Protocolo. Expediente forense. Flexibilização. Impossibilidade. Intempestividade da contestação. Flexibilizar o horário previsto na lei de organização judiciária local ante o 'recebimento sem ressalvas pelo setor responsável' ou por uma suposta 'presunção de tempestividade' acaba por deslocar a lógica de igualdade formal dispensada indistintamente a todas as partes por uma política de balcão ao alvitre de cada unidade judiciária. Aceitar o argumento de que o protocolo foi realizado 'só poucos minutos após o horário previsto' abre margem a uma zona de penumbra e indeterminação passível de ser solucionada apenas por compreensões subjetivas e arbitrárias sobre qual tempo viria a ser razoável para admitir o ato processual praticado" (STJ-3ª T., REsp 1.628.506, Min. Nancy Andrighi, j. 24.9.19, DJ 26.9.19).

"A protocolização de petições e recursos deve ser efetuada dentro do horário de expediente regulado pela lei local, ao teor do art. 172, § 3º, do CPC. Na hipótese, protocolada a apelação após o encerramento do expediente, no último dia do prazo recursal, no regime do plantão judiciário, é intempestivo o recurso interposto" (STJ-3ª T., Ag em REsp 96.048-AgRg, Min. Nancy Andrighi, j. 16.8.12, DJ 22.8.12).

"O prazo recursal é peremptório, insuscetível de dilação. O fato de o recurso ter sido protocolado um minuto após o encerramento do expediente forense não descaracteriza a sua perda" (STJ-3ª T., AI 375.573-AgRg, Min. Pádua Ribeiro, j. 11.12.01, DJU 25.3.02).

Todavia: "Não havendo regulamentação pela lei de organização judiciária local, os atos processuais devem realizar-se de acordo com o previsto no *caput* do art. 172 do Código de Processo Civil, isto é, em dias úteis, das 6 às 20 horas" (STJ-Corte Especial, ED no REsp 645.563, Min. Maria Thereza, j. 4.6.14, maioria, DJ 24.9.14).

"Recurso interposto no último dia do prazo após o encerramento do horário do expediente forense em comarca do interior. Inexistência de regulamentação pela lei de organização judiciária local (CPC/73, art. 172, § 3º; CPC/2015, art. 212, § 3º). Intempestividade do apelo afastada" (STJ-4ª T., REsp 1.727.186-AgInt, Min. Raul Araújo, j. 20.8.19, DJ 30.9.19). Do voto do relator: "O horário do expediente forense nas comarcas do interior do Estado de Alagoas não foi definido pela lei de organização judiciária local, no caso, o Código de Organização Judiciária do Estado de Alagoas, mas por meras resoluções do próprio Tribunal, não atendendo, portanto, à estrita legalidade exigida pela norma geral, que, no caso, é o Código de Processo Civil".

Art. 212: 4. v. art. 900 (leilão).

Art. 212: 5. v. arts. 238 e segs.

Art. 212: 5a. v. arts. 269 e segs.

Art. 212: 6. v. arts. 831 e segs.

Art. 212: 6a. v. art. 214, especialmente notas 1 e segs.

Art. 212: 7. v. art. 216 e notas.

Art. 212: 8. v. nota 1.

Art. 212: 9. v. nota 3.

Art. 213. A prática eletrônica de ato processual pode ocorrer em qualquer horário até as 24 (vinte e quatro) horas do último dia do prazo.[1] [Sem dispositivo correspondente no CPC/1973]

Parágrafo único. O horário vigente no juízo perante o qual o ato deve ser praticado será considerado para fins de atendimento do prazo.[2]

Art. 213: 1. v. arts. 3º § ún. e 10 § 1º da Lei 11.419/06, no tít. PROCESSO ELETRÔNICO.

Art. 213: 2. pouco importando, no caso de ato praticado à distância, o horário vigente nessa outra localidade.

Art. 214. Durante as férias forenses[1 a 3] e nos feriados,[4] não se praticarão atos processuais,[5] excetuando-se: [Dispositivo correspondente no CPC/1973: art. 173]

I — os atos previstos no art. 212, § 2º; [Dispositivo correspondente no CPC/1973: art. 173-II]

II — a tutela de urgência.[6] [Sem dispositivo correspondente no CPC/1973]

Art. 214: 1. v. LOM 66. No STJ, v. RISTJ 81-*caput*; no STF, v. RISTF 78-*caput*.

Art. 214: 2. **CF 93: "XII** — a atividade jurisdicional será ininterrupta, sendo vedado férias coletivas nos juízos e tribunais de 2º grau, funcionando, nos dias em que não houver expediente forense normal, juízes em plantão permanente".

Art. 214: 3. "As férias dos Ministros do STJ somente acarretam a suspensão dos prazos relativos aos recursos interpostos diretamente nesta Corte, situação não aplicável ao recurso especial" (STJ-4ª T., AI 798.181-AgRg, Min. Massami Uyeda, j. 26.6.07, DJU 6.8.07). No mesmo sentido: STJ-3ª T., AI 947.249-EDcl-AgRg, Min. Ari Pargendler, j. 2.9.08, DJ 5.11.08.

Art. 214: 4. s/ feriados, v. art. 216 e notas.

Art. 214: 5. s/ prática de ato durante o período de suspensão do processo, v. art. 314.

Art. 214: 6. v. arts. 300 a 310.

Art. 215. Processam-se durante as férias forenses,[1] onde as houver, e não se suspendem pela superveniência delas:[1a] [Dispositivo correspondente no CPC/1973: art. 174-*caput*]

I — os procedimentos de jurisdição voluntária[2] e os necessários à conservação de direitos, quando puderem ser prejudicados pelo adiamento; [Dispositivo correspondente no CPC/1973: art. 174-I]

II — a ação de alimentos[3] e os processos de nomeação ou remoção de tutor e curador;[4] [Dispositivo correspondente no CPC/1973: art. 174-II]

III — os processos que a lei determinar. [Dispositivo correspondente no CPC/1973: art. 174-III]

Art. 215: 1. v. art. 214, especialmente notas 1 e segs.

Art. 215: 1a. "Durante o período de recesso forense só é permitida a prática de atos que independem da atividade dos advogados. Em consequência, no período de 20 de dezembro a 20 de janeiro, todos os **prazos processuais serão suspensos,** inclusive os que estiverem em curso nos processos mencionados nos incisos I a III do art. 215 do Código de Processo Civil de 2015" (STJ-3ª T., REsp 1.824.214, Min. Ricardo Cueva, j. 10.9.19, DJ 13.9.19).

V. art. 220.

Art. 215: 2. v. art. 719 e segs.

Art. 215: 3. v. Lei 5.478, 25.7.68, e Lei 11.804, de 5.11.08, ambas no tít. ALIMENTOS.

Art. 215: 4. v. art. 761.

Art. 216. Além dos declarados em lei,[1] são feriados, para efeito forense, os sábados, os domingos e os dias em que não haja expediente forense.[2-3] [Dispositivo correspondente no CPC/1973: art. 175]

Art. 216: 1. **Lei 662, de 6.4.49: "Art. 1º** São feriados nacionais os dias 1º de janeiro, 21 de abril, 1º de maio, 7 de setembro, 2 de novembro, 15 de novembro e 25 de dezembro".

Lei 1.408, 9.8.51: "Art. 5º Não haverá expediente no Fôro e nos ofícios de justiça, no 'Dia da Justiça', nos feriados nacionais, na têrça-feira de Carnaval, na Sexta-feira Santa, e nos dias que a Lei estadual designar".

O Dia da Justiça é o dia 8 de dezembro (art. 1º do Dec. lei 8.292, de 5.12.45).

Lei 4.737, de 15.7.65: "Art. 380. Será feriado nacional o dia em que se realizarem eleições de data fixada pela Constituição Federal (...)".

Lei 6.802, de 30.6.80: "Art. 1º É declarado feriado nacional o dia 12 de outubro, para culto público e oficial a Nossa Senhora Aparecida, Padroeira do Brasil".

Lei 9.093, de 12.9.95: "Art. 1º São feriados civis: **I** — os declarados em lei federal; **II** — a data magna do Estado fixada em lei estadual; **III** — os dias do início e do término do ano do centenário de fundação do Município, fixados em lei municipal.

"Art. 2º São feriados religiosos os dias de guarda, declarados em lei municipal e em número não superior a quatro, neste incluída a Sexta-Feira da Paixão".

S/ feriados na Justiça Federal, inclusive nos Tribunais Superiores, v. LOJF 62; no STJ, v. RISTJ 81 § 2º; no STF, v. RISTF 78 § 1º.

Art. 216: 2. s/ comprovação de feriado local em matéria de recurso, v. art. 1.003 § 6º.

Art. 216: 3. "Para a **comprovação de feriado estadual ou municipal** é imprescindível a juntada de uma certidão do cartório local ou documento idôneo atestando não ter havido expediente forense" (STJ-5ª T., AI 505.860-AgRg, Min. Laurita Vaz, j. 9.9.03, DJU 6.10.03). Em sentido semelhante: STJ-4ª T., Ag 16.485-0-AgRg, Min. Sálvio de Figueiredo, j. 22.9.92, DJU 26.10.92.

V. tb. art. 1.003, nota 18.

Seção II | DO LUGAR

Art. 217. Os atos processuais realizar-se-ão ordinariamente na sede do juízo, ou, excepcionalmente, em outro lugar em razão de deferência,[1] de interesse da justiça,[2] da natureza do ato ou de obstáculo[3] arguido pelo interessado e acolhido pelo juiz. [Dispositivo correspondente no CPC/1973: art. 176]

Art. 217: 1. v. art. 454.

Art. 217: 2. v. arts. 481 a 484.

Art. 217: 3. v. art. 449 § ún.

Capítulo III | DOS PRAZOS

Seção I | DISPOSIÇÕES GERAIS

Art. 218. Os atos processuais serão realizados nos prazos[1-2] prescritos em lei.[3] [Dispositivo correspondente no CPC/1973: art. 177]

§ 1º Quando a lei for omissa,[4] o juiz determinará os prazos em consideração à complexidade do ato. [Dispositivo correspondente no CPC/1973: art. 177]

§ 2º Quando a lei ou o juiz não determinar prazo, as intimações somente obrigarão a comparecimento após decorridas 48 (quarenta e oito) horas. [Dispositivo correspondente no CPC/1973: art. 192]

§ 3º Inexistindo preceito legal ou prazo determinado pelo juiz, será de 5 (cinco) dias o prazo para a prática de ato processual a cargo da parte. [Dispositivo correspondente no CPC/1973: art. 185]

§ 4º Será considerado tempestivo o ato praticado antes do termo inicial do prazo.[5] [Sem dispositivo correspondente no CPC/1973]

Art. 218: 1. v., no índice, Prazo, e, no fim deste volume, Principais prazos para o advogado.

V. tb. arts. 230, 231, 272 e 1.003.

Em matéria de atos ou processos eletrônicos, v. art. 213 e Lei 11.419/06, em especial seus arts. 3º § ún., 4º §§ 2º a 4º, 5º e 10 §§ 1º e 2º, no tít. PROCESSO ELETRÔNICO.

Art. 218: 2. "Em se tratando de prazos, o intérprete, sempre que possível, deve orientar-se pela **exegese mais liberal,** atento às tendências do processo civil contemporâneo — calcado nos princípios da efetividade e da instrumentalidade — e à advertência da doutrina de que as sutilezas da lei nunca devem servir para impedir o exercício de um direito" (RSTJ 34/362 e STJ-RT 686/199).

Art. 218: 3. ou objeto de convenção (v. art. 190) ou ainda fixados em calendário (v. art. 191).

Art. 218: 4. v. §§ 2º e 3º.

Art. 218: 5. v. arts. 335, nota 2 (contestação), e 997, nota 18a (recurso adesivo).

Art. 219. Na contagem de prazo em dias,[1 a 1b] estabelecido por lei ou pelo juiz, computar-se-ão somente os dias úteis.[2] [Dispositivo correspondente no CPC/1973: art. 178]

Parágrafo único. O disposto neste artigo aplica-se somente aos prazos processuais.[3] [Sem dispositivo correspondente no CPC/1973]

Art. 219: 1. s/ contagem de prazo, v. arts. 220 e 224.

Art. 219: 1a. Na contagem de **prazo em meses ou anos,** são computados dias úteis e não úteis. Porém, os prazos em meses ou anos somente terminam em dia útil.

Art. 219: 1b. "Os **prazos fixados por hora** contar-se-ão de minuto a minuto" (CC 132 § 4º).

Todavia, essa regra tem sido flexibilizada:

— no caso de intimação pela imprensa, pois, como a intimação não indica a hora em que foi efetuada, "o mais razoável é observar a regra geral do art. 184 do CPC, isto é, excluir o dia do começo e incluir o do vencimento por inteiro" (RT 628/183). No mesmo sentido: RT 600/145, RJTJESP 87/192, JTA 96/109, 109/377, 204/191;

— no caso de intimação pessoal, com a contagem se iniciando à zero hora do dia seguinte à intimação e terminando à meia-noite desse mesmo dia (RJTJESP 106/105). Ainda: "A indicação de bens à penhora está dentro do prazo quando, citada (a devedora) num dia, faz-se no dia seguinte" (STJ-1ª T., REsp 24.062-5, Min. Garcia Vieira, j. 16.9.92, DJU 30.11.92);

No sentido de que, sendo desconhecida a hora precisa da citação ou intimação, o prazo deve ser contado como se o ato tivesse se aperfeiçoado no último minuto do expediente do dia da juntada: JTJ 191/191.

Art. 219: 2. O que são dias úteis? v. art. 212, nota 1.

S/ cômputo de dias úteis e: cumprimento de sentença, v. art. 523, nota 4; ação de busca e apreensão de bem alienado fiduciariamente, v. LAF 3º, nota 4e; petição apresentada por fax, v. Lei 9.800/99, art. 2º, nota 4 (no tít. FAX); recuperação e falência, v. LRF 6º, nota 5b.

Art. 219: 3. O cômputo somente de dias úteis **não se aplica** para a contagem de **prazos decadenciais,** caso, p. ex., do prazo para impetrar mandado de segurança (v. LMS 23, nota 16).

Art. 220. Suspende-se o curso do prazo processual nos dias compreendidos entre 20 de dezembro e 20 de janeiro, inclusive.[1-1a] [Dispositivo correspondente no CPC/1973: art. 179]

§ 1º Ressalvadas as férias[1b] individuais e os feriados instituídos por lei,[2] os juízes, os membros do Ministério Público, da Defensoria Pública e da Advocacia Pública e os auxiliares da Justiça exercerão suas atribuições durante o período previsto no *caput*. [Sem dispositivo correspondente no CPC/1973]

§ 2º Durante a suspensão do prazo, não se realizarão audiências nem sessões de julgamento. [Sem dispositivo correspondente no CPC/1973]

Art. 220: 1. v. art. 215, nota 1a.

Art. 220: 1a. "Para as intimações eletrônicas durante o lapso previsto no art. 220, do CPC/2015, o primeiro dia da contagem do prazo recursal de 15 dias úteis é o primeiro dia útil após o dia 20 de janeiro (no caso, o dia 21 de janeiro)" (STJ-2ª T., REsp 1.813.299-AgInt, Min. Mauro Campbell, j. 16.12.20, DJ 18.12.20).

Art. 220: 1b. s/ férias forenses, v. art. 214, especialmente notas 1 e segs.

Art. 220: 2. s/ feriados, v. art. 216 e notas.

Art. 221. Suspende-se o curso do prazo por obstáculo criado em detrimento da parte[1 a 9] ou ocorrendo qualquer das hipóteses do art. 313,[10] devendo o prazo ser restituído por tempo igual ao que faltava para sua complementação.[11-12] [Dispositivo correspondente no CPC/1973: art. 180]

Parágrafo único. Suspendem-se os prazos durante a execução de programa instituído pelo Poder Judiciário para promover a autocomposição, incumbindo aos tribunais especificar, com antecedência, a duração dos trabalhos.[13] [Sem dispositivo correspondente no CPC/1973]

Art. 221: 1. s/ justa causa para a não prática do ato e assinatura de novo prazo, v. art. 223 e notas.

S/ autos não disponíveis no cartório e devolução de prazo, v. art. 1.004, nota 6.

Art. 221: 2. **Súmula 173 do STF:** "Em caso de obstáculo judicial admite-se a purga da mora, pelo locatário, além do prazo legal".

V. LI 62, nota 12b, com anotações s/ esta Súmula.

Art. 221: 3. O **aviso do Poder Judiciário** sobre a suspensão dos prazos processuais vincula os seus integrantes, inclusive em respeito ao princípio da boa-fé.

"É tempestiva a apelação interposta dentro de período em que, por provimento emanado do Conselho Superior da Magistratura, se achavam suspensos os prazos recursais, dentro do princípio da boa-fé da parte, que, em assim agindo, não pode ser surpreendida por contradições oriundas dos próprios órgãos do Poder Judiciário" (STJ-4ª T., REsp 432.603, Min. Aldir Passarinho Jr., j. 7.8.03, DJU 15.9.03).

Art. 221: 4. Devolve-se o prazo se tiver ocorrido **obstáculo** a que o advogado tivesse **acesso aos autos** (STJ-3ª T., REsp 46.429-3, Min. Eduardo Ribeiro, j. 26.4.94, DJU 23.5.94; Lex-JTA 159/284).

"A **conclusão dos autos ao juiz,** durante o transcurso do prazo hábil à interposição do apelo, constitui obstáculo judicial, que impede o exercício do direito de recorrer. Desnecessidade, nessa hipótese, de a parte interessada protocolizar petição avulsa, postulando a restituição de prazo" (STJ-4ª T., REsp 1.119.410-AgRg, Min. Marco Buzzi, j. 28.2.12, DJ 7.3.12).

"A conclusão dos autos ao juiz, estando em curso o prazo para contestação, pode caracterizar o obstáculo judicial. O reconhecimento disso, todavia, exige que o fato seja denunciado oportunamente, mediante petição" (STJ-3ª T.: RSTJ 162/245).

"A **retirada dos autos do cartório pela parte adversa,** na fluência do prazo comum, suspende a sua contagem" (STJ-4ª T., REsp 427.768, Min. Ruy Rosado, j. 21.11.02, DJU 19.12.02). No mesmo sentido: STJ-2ª T., REsp 642.464, Min. João Otávio, j. 24.8.04, DJU 11.10.04.

"A simples retirada dos autos do processo durante a fluência de prazo recursal comum, fora de uma das exceções previstas no art. 40, § 2º, do CPC, caracteriza o obstáculo criado pela parte, descrito no art. 180 do CPC, apto a suspender o curso do prazo em favor da parte prejudicada. A devolução do prazo recursal prescinde de petição prévia, podendo ser deduzida nas próprias razões recursais" (STJ-3ª T., REsp 1.191.059, Min. Nancy Andrighi, j. 1.9.11, DJ 9.9.11).

"Havendo obstáculo criado pela parte contrária, considera-se suspenso o prazo a partir da data em que ocorre o impedimento, e não daquela em que a parte comunica o fato ao juiz" (STJ-4ª T., REsp 23.893-0, Min. Ruy Rosado, j. 17.5.94, DJU 13.6.94).

Ponderando ser "desnecessária a exigência de que a parte peticione separadamente ao juízo, durante o impedimento, para requerer a devolução do prazo recursal": STJ-1ª T., REsp 1.060.706-AgRg, Min. Teori Zavascki, j. 2.6.11, DJ 8.6.11. **Todavia,** condicionando a suspensão do prazo à manifestação do impedimento antes do seu encerramento: STJ-4ª T., REsp 592.944, Min. Aldir Passarinho Jr., j. 24.8.10, DJ 14.9.10.

V. tb. notas 11 e 12.

V. tb. art. 223, nota 3.

Art. 221: 5. Ainda no caso de obstáculo para acesso aos autos, determinado a suspensão do prazo:

— pela impossibilidade de retirar os autos de cartório, já que estes ainda não estavam regularizados (RJTJESP 64/208);

— porque o cartório não conseguiu localizar os autos (RT 589/159);

— em razão da remessa dos autos ao contador, na fluência do prazo para recurso (RJTJESP 125/228);

— por causa da correição geral feita em cartório, impeditiva do normal andamento dos processos (RTFR 114/182, RT 547/71, maioria, 636/136, 641/169, RJTJESP 107/301, JTA 36/367, 59/129, 117/41). **Todavia,** há acórdãos no sentido de que, em caso de correição geral no cartório, não há suspensão do prazo, porém mera prorrogação de seu vencimento para o primeiro dia útil (STF-RT 620/228; STJ-2ª T., REsp 1.037.369, Min. Herman Benjamin, j. 22.4.08, DJ 4.3.09). A solução, em alguns casos, parece injusta, porque, se o advogado ficou impossibilitado de consultar os autos durante o período de correição, não é razoável que tenha seu prazo reduzido.

Art. 221: 5a. "O **impedimento de retirada dos autos,** quando cuidar-se de prazo comum, **não justifica** o pedido de devolução do prazo recursal" (JTJ 291/616).

V. art. 107 § 2º.

Art. 221: 6. Suspendem-se os prazos por **greve nos serviços judiciários** (RSTJ 57/280, 57/344, 85/212, RT 666/139, 702/130, 707/100, RJTJESP 116/200, Bol. AASP 1.610/257).

"Suspenso o curso do processo por motivo de força maior, greve dos servidores judiciários, os prazos recomeçam a fluir na data em que é publicado o ato pelo qual o tribunal comunica às partes e aos procuradores a cessação da situação de anormalidade e a retomada no andamento dos processos" (STJ-4ª T., REsp 17.649, Min. Athos Carneiro, j. 16.3.92, DJU 13.4.92). No mesmo sentido: RJTJESP 112/115, maioria.

"Prazo. Suspensão, por ato do órgão competente do Tribunal *a quo*, em razão de greve do funcionalismo da Justiça: tempestividade do recurso interposto antes de finda a suspensão" (STF-1ª T., Ag 125.605-2-AgRg, Min. Sepúlveda Pertence, j. 23.5.89, DJU 16.6.89).

"Estando demonstrado nos autos que a greve, ainda que parcial, tumultuou sobremaneira a rotina do foro, com alteração de locais e procedimentos, não se podia exigir que as partes, ao se manifestarem nos processos, diligenciassem mais do que lhes incumbia fazer em uma situação de normalidade dos serviços" (STJ-RT 839/194: 3ª T., REsp 706.419).

No sentido de que a greve nos serviços judiciários acarreta tão somente a suspensão dos prazos, mas não a dos atos judiciais, de modo que vale a audiência realizada nesse período, embora uma das partes não haja comparecido ao ato: JTA 129/408.

Realizada audiência durante a suspensão dos prazos processuais desencadeada por greve, mesmo que a parte dela tenha saído intimada, não é de se exigir para a tempestividade do recurso contra a decisão proferida nessa audiência que a parte recorra desde logo; "é de se considerar que o lapso recursal passou a correr a partir de quando oficialmente revogada a suspensão" (STJ-4ª T., REsp 504.952, Min. Aldir Passarinho Jr., j. 8.4.08, DJU 5.5.08).

"A interposição de recurso no protocolo integrado não revoga a vantagem oriunda da suspensão de prazo, ocorrente no fórum de origem, em virtude de greve, facultando-se à parte utilizar-se da prorrogação do prazo também no protocolo integrado" (RSTJ 45/378). Do voto do relator: "O recorrente usou da faculdade de utilização do protocolo integrado. Tal fato não elide o direito a usufruir da dilatação do prazo, ocorrente no fórum por onde corre o feito... Caso contrário, a parte estaria sendo punida por estar utilizando de uma faculdade destinada a facilitar-lhe o acesso à Justiça" (p. 380).

Todavia, em sentido mais restritivo: "Se a greve dos servidores do Poder Judiciário não era fato imprevisível para o recorrente — já que se iniciou antes mesmo de publicada a sentença impugnada — nem o impediu de praticar o ato judicial — tanto que o recurso foi protocolizado ainda no curso do movimento — não se caracteriza como justa causa apta a ensejar o recebimento do apelo interposto extemporaneamente, sobretudo sem apresentação, no ato, de qualquer justificativa do atraso" (STJ-3ª T., REsp 1.353.888, Min. Nancy Andrighi, j. 25.3.14, DJ 22.5.14).

"A devolução de prazos processuais em razão de greve dos funcionários do Judiciário só é possível se a paralisação dos trabalhos foi total. Havendo apenas anormalidade nos serviços, cumpre à parte comprovar a justa causa impeditiva da observância do lapso legal" (RT 672/131).

V. tb. art. 224, nota 11.

Art. 221: 7. "Suposta **greve dos correios não constitui força maior** ou justa causa capaz de relevar a inobservância do prazo legal. A opção por qualquer outro meio que não o protocolo direito na Secretaria do Tribunal acarreta a assunção pelo recorrente dos riscos por eventual deficiência na prestação desse serviço, como seu protocolo intempestivo ou eventual deficiência na formação da peça" (STJ-1ª T., REsp 767.056-EDcl-EDcl, Min. Teori Zavascki, j. 8.11.05, DJU 21.11.05). No mesmo sentido: STJ-2ª T., REsp 962.766-EDcl-EDcl, Min. Castro Meira, j. 6.12.07, DJU 17.12.07; STJ-4ª T., AI 714.804-EDcl-AgRg, Min. Fernando Gonçalves, j. 4.12.07, DJU 17.12.07; STJ-3ª T., AI 693.133-AgRg, Min. Gomes de Barros, j. 23.5.06, DJU 12.6.06.

Contra, no sentido de que a greve dos correios suspende os prazos judiciais: STF-RT 625/365 (em matéria criminal), RJTJESP 118/363. **Ainda contra,** mas exigindo, para a suspensão do prazo, que a greve tenha interferido na normal circulação do órgão da imprensa oficial: RT 608/121.

Art. 221: 8. "O movimento grevista **não representa força maior** capaz de ampliar ou devolver o prazo recursal da parte representada por **membros das carreiras em greve**" (STJ-Corte Especial, AI 786.657-AgRg-EDcl-RE-AgRg, Min. Cesar Rocha, j. 30.6.08, DJ 18.8.08).

V. tb. art. 313, nota 16.

Art. 221: 9. "Não constitui motivo relevante para impedir o início da fluência do prazo recursal o **atraso no envio do recorte ao advogado,** porquanto a justiça nada tem a ver com as organizações que se encarregam desse mister, até porque o conhecimento do ato judicial se dá pela simples publicação no órgão oficial (art. 236 do CPC)" (STJ-RT 713/235).

Assim, a paralisação, por greve, dos serviços de entrega de recortes do Diário da Justiça, feita por entidade de classe, não constitui justa causa para suspensão de prazo processual (RSTJ 50/198, Lex-JTA 138/205).

Contra, considerando justa causa para a interposição de recurso fora de prazo a greve no serviço de recortes da AASP: Bol. AASP 1.693/43.

V. tb. arts. 272, nota 5, e 1.004, nota 5.

Art. 221: 10. "Antes mesmo de publicada a sentença contra a qual foi interposta a apelação, o juízo de 1º grau já havia homologado requerimento de **suspensão do processo pelo prazo de 90 dias,** situação em que se encontrava o feito naquele momento, conforme autorizado pelo art. 265, II, § 3º, do CPC. Não se trata, portanto, de indevida alteração de prazo peremptório (art. 182 do CPC). A convenção não teve como objeto o prazo para a interposição da apelação, tampouco este já se encontrava em curso quando requerida e homologada a suspensão do processo. Nessa situação, o art. 266 do CPC veda a prática de qualquer ato processual, com a ressalva dos urgentes a fim de evitar dano irreparável. A lei processual não permite, desse modo, que seja publicada decisão durante a suspensão do feito, não se podendo cogitar, por conseguinte, do início da contagem do prazo recursal enquanto paralisada a marcha do processo. É imperiosa a proteção da boa-fé objetiva das partes da relação jurídico-processual, em atenção aos princípios da segurança jurídica, do devido processo legal e seus corolários — princípios da confiança e da não surpresa —, valores muito caros ao nosso ordenamento jurídico. Ao homologar a convenção pela suspensão do processo, o Poder Judiciário criou nos jurisdicionados a legítima expectativa de que o processo só voltaria a tramitar após o termo final do prazo convencionado. Por óbvio, não se pode admitir que, logo em seguida, seja praticado ato processual de ofício — publicação de decisão — e, ademais, considerá-lo como termo inicial do prazo recursal. Está caracterizada a prática de atos contraditórios justamente pelo sujeito da relação processual responsável por conduzir o procedimento com vistas à concretização do princípio do devido processo legal. Assim agindo, o Poder Judiciário feriu a máxima *nemo potest venire contra factum proprium*, reconhecidamente aplicável no âmbito processual" (STJ-RMDCPC 50/105: 2ª T., REsp 1.306.463).

Art. 221: 11. "O prazo para interposição de recurso de apelação, quando suspenso face a obstáculo criado pela parte contrária, **retoma seu curso normal a partir da intimação** do litigante prejudicado **do despacho que devolve o prazo**" (STJ-3ª T., REsp 32.053-0, Min. Cláudio Santos, j. 25.5.93, DJU 21.6.93).

"Se o juiz, ante a arguição de nulidade, defere a restituição do prazo recursal, conta-se este prazo da intimação da interlocutória proferida, e não da data em que a parte compareceu aos autos para denunciar o fato" (RSTJ 99/291). No mesmo sentido: RTJ 86/362, 96/946, Bol. AASP 1.256/1, RP 27/306.

Embora menos liberal, parece mais razoável a tese de que o prazo recomeça a correr desde o momento em que a parte tem **ciência inequívoca de que cessou o impedimento judicial ou o obstáculo** criado pela parte (neste sentido, implicitamente, RTJ 119/243, especialmente p. 246).

Se a parte procurou os autos em cartório e não os encontrou, na fluência de prazo para recurso, por terem sido retirados pelo adversário, seu prazo só recomeçará a correr depois de cientificada de que o processo foi restituído a cartório (RJTJESP 98/324). Assim: "Conta-se o prazo da publicação da notícia sobre a devolução dos autos em cartório, não da simples devolução do processo" (STJ-2ª T., REsp 5.429, Min. Hélio Mosimann, j. 20.11.91, DJU 16.12.91).

"A restituição do prazo deve limitar-se àquela porção que resultou, de fato, atingida pelo obstáculo criado pela parte contrária" (RSTJ 45/147).

V. tb. nota 4.

Art. 221: 12. "Na hipótese de suspensão do processo, para fins de restituição de prazo restante, **não se conta o dia da prática do ato acarretante da suspensão**" (STJ-3ª T., REsp 15.038-0, Min. Cláudio Santos, j. 31.8.92, DJU 9.11.92).

V. tb. nota 4.

Art. 221: 13. v. arts. 3º §§ 2º e 3º e 165.

Art. 222. Na comarca, seção ou subseção judiciária onde for difícil o transporte, o juiz poderá prorrogar os prazos por até 2 (dois) meses. [Dispositivo correspondente no CPC/1973: art. 182-*caput*]

§ 1º Ao juiz é vedado reduzir prazos peremptórios sem anuência das partes.[1] [Sem dispositivo correspondente no CPC/1973]

§ 2º Havendo calamidade pública, o limite previsto no *caput* para prorrogação de prazos poderá ser excedido. [Dispositivo correspondente no CPC/1973: art. 182 § ún.]

Art. 222: 1. As partes podem convencionar a suspensão e a ampliação de prazos peremptórios (v. arts. 190 e 191).

Art. 223. Decorrido o prazo, extingue-se o direito de praticar ou de emendar o ato processual,[1] independentemente de declaração judicial, ficando assegurado, porém, à parte provar que não o realizou por justa causa.[1a] [Dispositivo correspondente no CPC/1973: art. 183-*caput*]

§ 1º Considera-se justa causa o evento alheio à vontade da parte e que a impediu de praticar o ato[2 a 4] por si ou por mandatário. [Dispositivo correspondente no CPC/1973: art. 183 § 1º]

§ 2º Verificada a justa causa, o juiz permitirá à parte a prática do ato no prazo que lhe assinar.[5] [Dispositivo correspondente no CPC/1973: art. 183 § 2º]

Art. 223: 1. Antes de decorrido o prazo, pode a parte emendar o ato processual, ou seja, **não mais se cogita de preclusão consumativa.**

A emenda só fica prejudicada pelo decurso do prazo (preclusão temporal) ou pela prática de ato incompatível (preclusão lógica).

Todavia, existe resquício de preclusão consumativa no art. 1.024 § 4º.

Art. 223: 1a. "A justa causa prevista no art. 183 e §§ do CPC deve ser devidamente **comprovada no prazo de cinco dias** após o encerramento do impedimento (art. 185 CPC)" (STJ-1ª T., AI 438.144-AgRg, Min. Denise Arruda, j. 23.3.04, DJU 19.4.04). No mesmo sentido: STJ-3ª T., REsp 533.852, Min. Nancy Andrighi, j. 21.6.05, DJU 5.9.05; STJ-6ª T., Ag 48.117-4-AgRg, Min. Pedro Acioli, j. 24.5.94, DJU 13.6.94.

"A justa causa impeditiva de prática de ato pela parte deve ser alegada no devido tempo, ou em interstício razoável, não podendo valer-se de requerimento de prorrogação ou de nova publicação da decisão após dois anos da certidão do trânsito em julgado" (STJ-1ª Seção, AI 468.043-AgRg, Min. Castro Filho, j. 6.4.06, DJU 8.5.06).

"Não é possível deferir a dilação de prazo prevista no art. 183, § 2º, do CPC, quando o recorrente, além de não comprovar a justa causa, apenas alega a existência do impedimento após o reconhecimento da intempestividade do recurso manejado, descumprindo o prazo de cinco dias previsto no art. 185 do CPC" (STJ-Corte Especial, ED no Ag em REsp 56.713-EDcl-EDcl, Min. Castro Meira, j. 21.11.12, DJ 4.12.12).

Art. 223: 2. s/ greve em geral, v. art. 221, notas 6 e segs.; encerramento do expediente forense antes da hora normal, v. art. 224, nota 9; motivo de força maior e prazo para interposição de recurso, v. art. 1.004; justo impedimento e prazo para preparo, v. art. 1.007 § 6º; suspensão do prazo para a interposição de agravo de instrumento, em razão de impedimento para a obtenção de cópias à instrução do recurso, v. art. 1.017, nota 1a.

Art. 223: 2a. "A **doença do advogado** pode constituir justa causa, para os efeitos do art. 183, § 1º, do CPC. Para tanto, a moléstia deve ser imprevisível e capaz de impedir a prática de determinado ato processual. Advogado não é instrumento fungível. Pelo contrário, é um técnico, um artesão, normalmente insubstituível na confiança do cliente e no escopo de conseguir-se um trabalho eficaz. Exigir que o advogado, vítima de mal súbito e transitório, substabeleça a qualquer um o seu mandato, para que se elabore às pressas e precariamente um ato processual, é forçá-lo a trair a confiança de seu constituinte" (RSTJ 42/145, 99/87). Em sentido semelhante: STJ-RT 829/170 (advogado internado e submetido a angioplastia coronariana), RT 613/128 (advogado que se submeteu a cirurgia de urgência), 811/457 e JTJ 310/297 (enfermidade grave do advogado), RT 738/324 e Bol. AASP 1.989/45j (falecimento da mãe do advogado), Lex-JTA 148/173 (falecimento de parente próximo do advogado), JTJ 376/95 (AI 299398-53.2011.8.26.0000; enfermidade imprevisível da irmã de advogada que trabalha sozinha).

S/ doença do advogado, v. arts. 1.003, nota 4 (intimação em audiência), 1.004, nota 3 (prazo para recorrer), e 1.007, nota 15a (preparo).

Art. 223: 3. Também considera-se justa causa:

— "a obstrução judicial provocada pela carga dos autos ao juiz" (JTAERGS 91/76);

— "a paralisação da cidade, em face de inundação, impossibilitando a locomoção do advogado da parte" (RT 738/324);

— "a retirada dos autos por terceiro (Ministério Público), no último dia do prazo para apresentação dos embargos à arrematação" (STJ-1ª T., REsp 539.153, Min. Teori Zavascki, j. 14.3.06, DJU 3.4.06).

Há um acórdão entendendo que, se o advogado é levado a erro, por julgar que houve devolução de prazo, quando esta fora ordenada por autoridade incompetente, ocorre justa causa impeditiva da prática de ato processual (RT 601/165).

V. tb. art. 221, nota 4.

Art. 223: 3a. "A conclusão do processo ao juiz da execução, no curso do prazo de impugnação, quando já oferecida exceção de pré-executividade, não constitui obstáculo judicial à prática do ato de defesa. Por conseguinte, não enseja justa causa a obstar a oposição de embargos do devedor em tempo hábil, notadamente quando a própria parte deu azo ao empeço que sustenta justificar a devolução do prazo pretendida" (STJ-3ª T., REsp 991.193, Min. Nancy Andrighi, j. 27.5.08, DJU 20.6.08).

Art. 223: 4. "Ainda que os **dados disponibilizados pela internet** sejam 'meramente informativos' e não substituam a publicação oficial (fundamento dos precedentes em contrário), isso não impede que se reconheça ter havido justa causa no descumprimento do prazo recursal pelo litigante (art. 183, *caput*, do CPC), induzido por erro cometido pelo próprio Tribunal" (STJ-Corte Especial, REsp 1.324.432, Min. Herman Benjamin, j. 17.12.12, DJ 10.5.13).

"Deve-se levar em conta que as informações divulgadas pelos sistemas de automação dos tribunais gozam de presunção de veracidade e confiabilidade, haja vista a legítima expectativa criada no advogado, devendo-se preservar a sua boa-fé e confiança na informação que foi divulgada. No caso ora em apreço, verifica-se que a parte recorrida, lastreada em errônea informação emitida pelo próprio Sodalício estadual, interpôs a apelação um dia após o prazo legal, o que não configura erro grosseiro a ponto de afastar a regra do art. 197 do CPC/2015" (STJ-4ª T., Ag em REsp 1.510.350-AgInt, Min. Luis Felipe, j. 29.10.19, DJ 8.11.19).

Contra, dando pela intempestividade de recurso especial interposto com observância do termo *ad quem* equivocadamente informado pelo *site* do tribunal recorrido: "Apesar do prazo final estar realmente equivocado pelo *site* do Tribunal de origem, não é crível que o advogado, *in casu*, não soubesse do termo *ad quem* para interposição de seu recurso, inclusive porque espera-se que o advogado tenha um mínimo de diligência no seu mister" (STJ-4ª T., REsp 1.694.174-AgInt, Min. Luis Felipe, j. 4.9.18, DJ 11.9.18). Em sentido semelhante: STJ-1ª T., Ag em REsp 1.346.330-AgInt, Min. Sérgio Kukina, j. 19.3.19, DJ 22.3.19.

V. art. 197. § ún.

Art. 223: 5. O prazo deve ser fixado à luz das circunstâncias do caso concreto e não precisa coincidir com o prazo assinado para a prática do ato. **No silêncio do juiz** quanto à sua extensão, ele será de **5 dias** (v. art. 218 § 3º).

Art. 224. Salvo disposição em contrário, os prazos serão contados[1] excluindo o dia do começo[2] e incluindo o dia do vencimento.[3-4] [Dispositivo correspondente no CPC/1973: art. 184-*caput*]

§ 1º Os dias do começo e do vencimento do prazo serão protraídos para o primeiro dia útil seguinte,[5] se coincidirem com dia em que o expediente forense[6-7] for encerrado antes ou iniciado depois da hora normal[8-9] ou houver indisponibilidade da comunicação eletrônica.[10 a 13a] [Dispositivo correspondente no CPC/1973: art. 184 § 1º]

§ 2º Considera-se como data de publicação o primeiro dia útil seguinte ao da disponibilização da informação no Diário da Justiça eletrônico.[14] [Sem dispositivo correspondente no CPC/1973]

§ 3º A contagem do prazo terá início no primeiro dia útil[15] **que seguir ao da publicação.**[16-17] [Dispositivo correspondente no CPC/1973: art. 184 § 2º]

Art. 224: 1. s/ contagem de prazo, v. arts. 219 e 220. Em matéria de mandado de segurança, v. LMS 23, notas 15a e 16a.

Art. 224: 2. "Mesmo nos casos de intimação mediante **ciência pessoal,** a contagem do prazo está sujeita à regra do art. 184 do CPC, a saber: seu início se dá a partir do dia seguinte ao da ciência" (STJ-RF 394/386 e RBDP 60/197: 1ª T., REsp 950.056). No caso, tendo em vista que o advogado tomou ciência da decisão numa sexta-feira, computou-se o prazo a partir da segunda-feira seguinte. No mesmo sentido: JTJ 333/680 (AI 585.273-4/7-00).

V. tb. art. 1.003, nota 5a.

Art. 224: 3. s/ contagem regressiva de prazo, v. LI 51, nota 9.

Art. 224: 4. **Contagem regressiva.** "A regra do art. 184 do CPC aplica-se à hipótese em que o prazo corre para a frente, como normalmente acontece. Se, diversamente, o prazo é de antecedência, a **solução é diferente,** não obstante consentânea com o espírito da regra. Nesse caso, o prazo é contado da frente para trás, excluído o dia do começo e incluído o do vencimento. Se este recai em domingo ou em dia feriado, a prorrogação de que fala a lei dá-se para trás, quer dizer, até que o termo final recaia no primeiro dia útil imediatamente antecedente" (JTJ 299/398).

Art. 224: 5. Prorroga-se para o primeiro dia útil seguinte o vencimento do **prazo prescricional** (STJ-3ª T., REsp 1.446.608, Min. Paulo Sanseverino, j. 21.10.14, DJ 29.10.14; RJTJESP 42/151, maioria).

Embora o prazo de **decadência,** a rigor, não se prorrogue, tende-se a considerar tempestiva a petição apresentada no primeiro dia útil subsequente ao término do prazo, se neste o fórum esteve fechado, inclusive durante férias (RSTJ 68/395, 112/87).

Nesse sentido, em matéria de ação rescisória, v. art. 975 § 1º.

Ainda, em matéria de ação renovatória de locação: STF-RTJ 85/1.019, maioria (confirmado em embargos: RTJ 108/1.085 e STF-RT 584/244, 5 votos a 4); STJ-6ª T., REsp 57.367-0, Min. Vicente Leal, j. 22.4.96, DJU 17.6.96; 2º TASP-JTA 86/336. **Contra:** STJ-5ª T., REsp 28.950-0, Min. Costa Lima, j. 6.2.95, DJU 6.3.95; RT 474/157, 569/155, JTA 34/324, RJTAMG 26/352, 63/158.

V. tb. art. 308, nota 4 (prazo para formular pedido principal subsequente ao pedido cautelar); LMS 23, nota 16a (prazo para impetrar mandado de segurança).

Art. 224: 6. No caso de protocolo integrado, prorroga-se o prazo em razão de feriado na comarca onde corre o processo ou naquela em que se protocolou a petição? v. art. 1.003, nota 9.

Art. 224: 7. **Sem expediente forense,** o prazo processual contado em dia não começa nem termina (art. 219).

Art. 224: 8. s/ hora normal, v. art. 212-*caput* e § 3º.

Art. 224: 9. "Se, por efeito de ato do Tribunal encerrou-se o expediente antes da 'hora normal', o prazo é prorrogado para o 'primeiro dia útil seguinte'. Nada importa a circunstância de que a antecipação do encerramento tenha resultado de **Portaria do Tribunal,** previamente publicada, informando da alteração ocasional do horário de funcionamento normal do protocolo" (STJ-RDDP 62/146: 3ª T., REsp 802.561).

Art. 224: 10. A indisponibilidade da comunicação eletrônica aplica-se, apenas, na hipótese de atos ou processos eletrônicos.

V. tb. art. 10 § 2º da Lei 11.419/06 (no tít. PROCESSO ELETRÔNICO).

Art. 224: 11. Postergando o vencimento do prazo se, no último dia, surgir algum obstáculo judicial, como, p. ex., a **greve dos servidores da Justiça:** RSTJ 15/311, 15/450.

Em matéria de greve, v. tb. art. 221, nota 6.

Art. 224: 12. O encerramento antecipado, o início depois da hora normal e a indisponibilidade da comunicação eletrônica **não suspendem o curso do prazo.** Somente se esses eventos ocorrerem no dia do início ou do vencimento do prazo é que haverá influência neste, com a prorrogação do começo ou do fim para o primeiro dia útil seguinte.

Assim: "O encerramento antecipado do expediente forense que não coincide com o início ou o término do prazo para a interposição do recurso cabível não tem o condão de ensejar a sua prorrogação e, por conseguinte, afastar a intempestividade recursal" (STJ-4ª T., Ag em REsp 1.445.162-AgInt, Min. Isabel Gallotti, j. 18.11.19, DJ 26.11.19). Do voto da relatora: "Se o encerramento antecipado ocorrer durante o transcurso do prazo recursal, trata-se de dia útil que se soma à contagem do prazo processual, não havendo exclusão dos referidos dias". No mesmo sentido: STJ-3ª T., Ag em REsp 1.412.406-EDcl-AgInt, Min. Ricardo Cueva, j. 16.12.19, DJ 19.12.19.

"A indisponibilidade do sistema ocorreu durante o transcurso do prazo recursal, de modo que não é apta a ensejar sua prorrogação e, por consequência, afastar a intempestividade do apelo nobre" (STJ-1ª T., Ag em REsp 1.530.269-AgInt, Min. Gurgel de Faria, j. 20.4.20, DJ 24.4.20). No mesmo sentido: STJ-2ª T., Ag em REsp 1.597.173-AgInt, Min. Mauro Campbell, j. 6.5.20, DJ 8.5.20.

Art. 224: 13. "Se o impedimento é provocado pelo próprio serviço judiciário, não se pode exigir da parte, que já sofre com a falta de sua prestação, o **dever de juntar certidões** sobre o fechamento do foro, sob pena de deserção" (RSTJ 68/375).

Todavia: "A não ocorrência de expediente forense, em dia comum, há de ser **provada**" (STJ-RF 311/111).

"A existência de feriado local, a suspensão do prazo processual e o encerramento antecipado do expediente forense devem ser comprovados por documento idôneo (p.ex., cópia do ato normativo ou certidão emitida pelo Tribunal de origem), não sendo assim considerada a impressão ('print') de tela da 'internet'" (STJ-4ª T., Ag em REsp 1.523.701-AgInt, Min. Antonio Ferreira, j. 20.2.20, DJ 28.2.20).

"A comprovação de eventual indisponibilidade do sistema local de peticionamento eletrônico deve ser realizada por meio de documentação idônea, sendo insuficiente, para tanto, cópia de notícia divulgada no sítio eletrônico do Poder Judiciário estadual" (STJ-3ª T., Ag em REsp 1.371.775-AgInt, Min. Marco Bellizze, j. 25.2.19, DJ 13.3.19).

V. tb. Lei 11.419/06, art. 10, nota 2, no tít. PROCESSO ELETRÔNICO.

Art. 224: 13a. "**Indisponibilidade do sistema de peticionamento eletrônico. Comprovação posterior.** Cabimento. Exegese do art. 224, § 1º, do CPC/2015. Hipótese de intempestividade sanável. Prorrogação automática do prazo, não se exigindo comprovação da indisponibilidade no ato de interposição do recurso" (STJ-3ª T., Ag em REsp 730.114-AgInt-EDcl, Min. Paulo Sanseverino, j. 13.6.17, DJ 26.6.17).

Art. 224: 14. v. art. 4º § 3º da Lei 11.419/06, no tít. PROCESSO ELETRÔNICO.

Art. 224: 15. O que é dia útil? V. art. 212, nota 1.

Art. 224: 16. Em matéria de publicação eletrônica, v. art. 4º § 4º da Lei 11.419/06, no tít. PROCESSO ELETRÔNICO.

Art. 224: 17. **Súmula 310 do STF:** "Quando a **intimação** tiver lugar **na sexta-feira,** ou a publicação com efeito de intimação for feita neste dia, o prazo judicial terá início na segunda-feira imediata, salvo se não houver expediente, caso em que começará no primeiro dia útil que se seguir".

Quanto à intimação em véspera de feriado, o primeiro dia útil subsequente é que é o primeiro do prazo (RTJ 95/1.310).

Art. 225. A parte poderá renunciar ao prazo estabelecido exclusivamente em seu favor,[1] desde que o faça de maneira expressa. [Dispositivo correspondente no CPC/1973: art. 186]

Art. 225: 1. A parte poderá renunciar ao prazo para recorrer, desde que o faça, porém, por intermédio de seu advogado (RSTJ 92/208, dois votos vencidos).

Art. 226. O juiz[1] proferirá: [Dispositivo correspondente no CPC/1973: art. 189-*caput*]

I — os despachos no prazo de 5 (cinco) dias; [Dispositivo correspondente no CPC/1973: art. 189-I]

II — as decisões interlocutórias no prazo de 10 (dez) dias;[1a] [Dispositivo correspondente no CPC/1973: art. 189-II]

III — as sentenças no prazo de 30 (trinta) dias.[2] [Sem dispositivo correspondente no CPC/1973]

Art. 226: 1. v. LOM 35-II.

Art. 226: 1a. "Ainda que o art. 189 do CPC/1973 estabeleça lapso de 10 dias para que o julgador profira a decisão, a jurisprudência e a doutrina definem que, para magistrados e seus auxiliares, são **impróprios os prazos,** porquanto inexiste qualquer sanção processual para a hipótese de descumprimento" (STJ-2ª T., RMS 32.639, Min. Og Fernandes, j. 6.4.17, DJ 17.4.17).

Art. 226: 2. respeitada a ordem cronológica de conclusão, cf. art. 12.

Art. 227. Em qualquer grau de jurisdição, havendo motivo justificado, pode o juiz exceder, por igual tempo, os prazos a que está submetido.[1] [Dispositivo correspondente no CPC/1973: art. 187]

Art. 227: 1. v. arts. 226 e 235. V. tb. CF 93-II-*e* e LOM 35-II e 39. V. ainda, no índice, Prazo para o juiz.

Art. 228. Incumbirá ao serventuário remeter os autos conclusos no prazo de 1 (um) dia e executar os atos processuais no prazo de 5 (cinco) dias,[1-2] contado da data em que: [Dispositivo correspondente no CPC/1973: art. 190-*caput*]

I — houver concluído o ato processual anterior, se lhe foi imposto pela lei; [Dispositivo correspondente no CPC/1973: art. 190-I]

II — tiver ciência da ordem, quando determinada pelo juiz. [Dispositivo correspondente no CPC/1973: art. 190-II]

§ 1º Ao receber os autos, o serventuário certificará o dia e a hora em que teve ciência da ordem referida no inciso II. [Dispositivo correspondente no CPC/1973: art. 190 § ún.]

§ 2º Nos processos em autos eletrônicos, a juntada de petições ou de manifestações em geral ocorrerá de forma automática, independentemente de ato de serventuário da justiça. [Sem dispositivo correspondente no CPC/1973]

Art. 228: 1. v. arts. 155-I e 233.

Art. 228: 2. O art. 228 apenas fixa uma regra geral; há muitas disposições especiais (v., no índice, Prazo para o escrivão).

Art. 229. Os litisconsortes que tiverem diferentes procuradores, de escritórios de advocacia distintos, terão prazos contados em dobro[1 a 14] para todas as suas manifestações, em qualquer juízo ou tribunal, independentemente de requerimento. [Dispositivo correspondente no CPC/1973: art. 191]

§ 1º Cessa a contagem do prazo em dobro se, havendo apenas 2 (dois) réus, é oferecida defesa por apenas um deles.[15] [Sem dispositivo correspondente no CPC/1973]

§ 2º Não se aplica o disposto no *caput* aos processos em autos eletrônicos.[16] [Sem dispositivo correspondente no CPC/1973]

Art. 229: 1. s/ prazo em dobro e: cumprimento de sentença, v. art. 523, nota 4a; impugnação ao cumprimento de sentença, v. art. 525 § 3º; concurso de credores, v. art. 908, nota 2; embargos à execução, v. art. 915 § 3º; ação rescisória, v. art. 970, nota 8; embargos de declaração, v. art. 1.023 § 1º; embargos ao pedido de insolvência, v. CPC/73 art. 755, nota 1; ação de improbidade administrativa, v. LIA 17, nota 5b; suspensão de segurança, v. LMS 15, nota 6; recuperação judicial e falência, v. LRF 59, nota 4, e 189, nota 2.

Art. 229: 1a. A duplicação do prazo beneficia tanto os **litisconsortes ativos** como os **litisconsortes passivos.**

Mas: "O prazo em dobro para o litisconsórcio, previsto no artigo 191 do CPC, é aplicado apenas para as partes do mesmo polo, e não para o polo contrário" (STJ-6ª T., AI 914.111-AgRg, Min. Maria Thereza, j. 12.11.07, DJU 3.12.07).

Art. 229: 2. Se a parte for **litisconsorte do MP, da Fazenda Pública ou de pessoa assistida pela Defensoria Pública,** aplica-se a ela o art. 229 e a estes os arts. 180, 183 e 186, respectivamente.

O MP, a Fazenda Pública e a Defensoria Pública não contam com prazo quadruplicado nessas circunstâncias; não se duplica a dobra do prazo em seu favor.

V. tb. art. 183, nota 3.

Art. 229: 2a. A dobra do prazo aplica-se **somente aos prazos legais,** não aos judiciais (i. e., fixados pelo juiz). V., p. ex., RTJ 131/1.380.

Art. 229: 3. Para essa dobra do prazo, a **jurisprudência dominante dispensa:**

— que a apresentação das procurações seja feita na primeira metade do prazo (STJ-3ª T., REsp 6.141, Min. Nilson Naves, j. 4.12.90, DJU 17.12.90; RT 500/153, maioria, 514/143, RJTJESP 98/323, 111/349, JTA 53/64, 56/76, 93/31);

— a declaração, dos litisconsortes, de que terão advogados diferentes (STJ-4ª T., REsp 28.226-7, Min. Dias Trindade, j. 14.12.93, DJU 28.3.94).

Enfim, trata-se de "benefício que depende apenas da certeza da diversidade de procuradores dos litisconsortes" (STJ-4ª T., REsp 683.956, Min. Aldir Passarinho Jr., j. 27.2.07, DJU 2.4.07). Do voto do relator: "Não me parece razoável que a parte, já sabedora de que atuará com advogado próprio, tenha de aguardar a defesa da outra — se existirá ou não — para que possa fruir do prazo em dobro, correndo o risco de, se o litisconsorte for revel, ter sua peça de defesa inadmitida por intempestiva".

"A regra benéfica do prazo em dobro independe do comparecimento aos autos do outro litisconsorte para apresentar contestação ou recorrer (no caso de liminar *inaudita altera parte*), bastando que apresente sua peça separadamente com advogado exclusivo. O direito da parte que já integra o processo de ver contado o prazo em dobro — em demanda na qual há litisconsórcio no polo passivo — não pode depender da conduta futura do outro litisconsorte" (STJ-3ª T., REsp 1.593.161, Min. Ricardo Cueva, j. 26.6.18, maioria, DJ 6.9.18).

Todavia, há acórdãos sustentando que, como o prazo para a resposta é peremptório, ele não poderia ser dilatado depois de vencido (RT 557/170, RJTJESP 64/202, 134/327); por isso, é prudente que a juntada das procurações a advogados diferentes seja feita no prazo simples, para assegurar sua contagem em dobro. Nesse sentido, entendendo "necessário que o ato de constituição de novo procurador por qualquer dos litisconsortes seja comunicado ao juízo processante dentro do lapso temporal ordinário para a interposição do recurso, em ordem a impedir que a tardia notificação passe a revestir-se de inaceitável eficácia restauradora de prazos, que, por serem essencialmente de caráter preclusivo e de natureza peremptória, não podem sofrer prorrogação indevida": RTJ 164/1.065.

S/ prazo em dobro e réu revel, v. tb. nota 15.

Art. 229: 4. Não há necessidade, no caso de litisconsórcio, **de ser um dos recursos manifestado no prazo singelo;** todos os litisconsortes têm prazo em dobro, se representados por procuradores diversos (RTJ 114/625).

Art. 229: 4a. Súmula 641 do STF: "Não se conta em dobro o prazo para recorrer, quando **só um dos litisconsortes haja sucumbido".**

"Se apenas um dos litisconsortes sucumbiu, cessa a aplicação do art. 191 do CPC" (STJ-Corte Especial, ED no REsp 222.405, Min. Ari Pargendler, j. 15.12.04, um voto vencido, DJU 21.3.05). "Se a decisão judicial não causa gravame a um dos litisconsortes, o outro, que sucumbiu isoladamente, não poderá invocar o art. 191 do CPC quando da interposição do recurso" (RSTJ 112/127). No mesmo sentido: STF-RT 775/184. P. ex., não é dobrado o prazo para a interposição de recurso com o único escopo de cassar multa imposta a um só dos litisconsortes (STJ-3ª T., REsp 754.704, Min. Nancy Andrighi, j. 2.10.08, DJ 15.10.08). Ainda: "Não se conta em dobro o prazo para interposição da apelação quando a sentença exclui da lide um dos litisconsortes" (STJ-4ª T., REsp 1.234.941-AgRg, Min. Antonio Ferreira, j. 2.10.12, DJ 8.10.12).

Se a decisão recorrida é prejudicial aos litisconsortes, mas **apenas um recorre, o privilégio existe em relação ao prazo desse recurso:** "Havendo litisconsórcio passivo, representadas as partes por procuradores distintos, aplica-se a regra do art. 191 do CPC, mesmo quando somente um dos corréus tenha recorrido" (STJ-3ª T.: RSTJ 148/172). No mesmo sentido: RTJ 95/1.338, 107/374, 114/923, 121/182, STF-RAMPR 44/142, RSTJ 148/172, STJ-RF 347/305, RT 568/73, RJTJESP 55/182.

Todavia, quanto aos **recursos posteriores,** o prazo passa a ser simples. P. ex., "não se aplica o benefício previsto no art. 191 do CPC ao agravo de instrumento e ao regimental interpostos para dar seguimento a recurso especial, tendo em vista que a decisão agravada — proferida pelo Tribunal *a quo* — atinge apenas o litisconsorte recorrente" (STJ-5ª T., Ag 399.675-AgRg-EDcl, Min. Gilson Dipp, j. 21.3.02, DJU 22.4.02).

Ainda, se apenas um dos litisconsortes apelou da sentença, é simples o prazo para que ele interponha o ulterior recurso extraordinário (STF-RT 837/149: 1ª T., Ag 498.419-AgRg) ou especial (STJ-4ª T., Ag 661.149-AgRg, Min. Isabel Gallotti, j. 11.10.11, DJ 21.10.11).

Entendendo, a nosso ver sem razão, que a oposição de embargos de declaração por um único litisconsorte já faz cessar a prerrogativa do prazo dobrado para o recurso contra a decisão embargada: "Embargos de declaração contra acórdão local opostos por apenas um dos litisconsortes. Desfazimento do litisconsórcio. Inaplicabilidade da regra do art. 191 do CPC/73. No caso, apenas um dos corréus opôs embargos de declaração ao acórdão da apelação, quedando-se inertes os demais. Desse modo, inviável a aplicação do prazo em dobro previsto no art. 191 do CPC/1973, devendo ser reconhecida a intempestividade do recurso especial" (STJ-3ª T., Ag em REsp 828.332-AgInt, Min. Marco Bellizze, j. 18.11.19, DJ 21.11.19).

"Ainda que o litisconsórcio seja unitário, a contagem do prazo em dobro prevista no art. 191 do Código de Processo Civil deixa de incidir quando apenas um dos litisconsortes recorre e segue movimentando o processo, pois a benesse não decorre da unidade do litisconsórcio, e sim da existência de litisconsortes assistidos por procuradores diferentes movimentando o processo simultaneamente" (STJ-3ª T., Ag em REsp 12.471-EDcl, Min. João Otávio, j. 1.10.13, DJ 7.10.13).

"Apesar de dois dos litisconsortes terem tido suas apelações providas, as quais se limitavam a requerer a majoração da verba honorária, ainda lhes remanescia interesse de recorrer para elevar mais uma vez os honorários de advogado. Aplica-se o prazo em dobro do artigo 191 do CPC/1973 quando os litisconsortes com procuradores diferentes tiverem interesse para recorrer da decisão impugnada" (STJ-3ª T., REsp 1.660.201, Min. Ricardo Cueva, j. 23.5.17, DJ 31.5.17).

V. tb. art. 1.042, nota 1b.

Art. 229: 4b. "O art. 191 do Código de Processo Civil supõe prazo comum aos litisconsortes; **não se aplica** quando, sendo diferentes as datas de intimação da decisão ou sentença, o prazo para a interposição do recurso de um dos litisconsortes inicia **após o término do prazo assinado ao outro**" (STJ-3ª T., REsp 693.226, Min. Ari Pargendler, j. 17.4.08, DJ 16.5.08). No mesmo sentido: STJ-4ª T., Ag em REsp 1.150.684-AgInt, Min. Lázaro Guimarães, j. 15.3.18, DJ 23.3.18.

Art. 229: 4c. O privilégio do prazo em dobro existe enquanto durar o litisconsórcio. **Desfeito o litisconsórcio, no curso do processo, o litisconsorte remanescente não tem prazo em dobro para recorrer** (STF-1ª T., Ag 87.708-8-AgRg, Min. Oscar Corrêa, j. 5.11.82, DJU 10.12.82).

"Julgada extinta sem julgamento de mérito a lide com relação a um dos litisconsortes passivos, em razão de sua ilegitimidade no feito, no momento da publicação da decisão está desfeito o litisconsórcio, por não lhe assistir potencial interesse recursal. Os litisconsortes que permaneceram na demanda são representados pelos mesmos advogados; assim sendo, a contagem dos prazos processuais será feita de forma singela, sem a aplicação do disposto no art. 191 do CPC" (STJ-1ª T., REsp 677.586-AgRg, Min. Francisco Falcão, j. 21.2.06, DJ 13.3.06). **Todavia,** contando o prazo em dobro para recorrer nessas circunstâncias, sob o argumento de que, "somente depois do trânsito em julgado da sentença que afastou o litisconsorte é que o litisconsórcio restará desfeito": STJ-3ª T., REsp 120.535, Min. Menezes Direito, j. 28.4.98, DJ 8.6.98. V. tb. nota 4a.

Art. 229: 5. O benefício do prazo em dobro desaparece se os **litisconsortes passam a litigar um contra o outro** (RTJ 117/1.141, STF-Amagis 9/353).

Art. 229: 6. Quando o **casal demandar ou for demandado** e os cônjuges tiverem advogados diferentes, dobra-se o prazo (RTJ 86/727 e STF-JTA 52/200; STJ-4ª T., REsp 973.465, Min. Luis Felipe, j. 4.10.12, DJ 23.10.12; RT 565/86, 573/112, RJTJESP 80/252, 126/182, JTA 98/117; RJTJERGS 259/119: AR 70004428421).

Mas, excepcionalmente: "Citado o marido da autora na qualidade de litisconsorte passivo necessário, não é dado à demandante computar os prazos em dobro (art. 191 do CPC), ainda que o mesmo tenha aderido à sua postulação quando do comparecimento aos autos" (STJ-4ª T., REsp 62.759-1, Min. Barros Monteiro, j. 5.11.96, DJU 10.3.97).

Art. 229: 7. No caso de **assistência litisconsorcial** (art. 124), o assistente tem prazo em dobro para recorrer (RJTJESP 108/226).

Todavia, no sentido de que em matéria de **assistência simples** o prazo não se dobraria: STJ-5ª T., Ag 39.843-9-AgRg, Min. Jesus Costa Lima, j. 20.9.93, DJU 18.10.93; STJ-2ª T., REsp 1.654.968, Min. Herman Benjamin, j. 16.5.17, DJ 16.6.17; JTJ 172/173.

Art. 229: 8. "Feita a **denunciação** pelo réu, o denunciado pode aceitar a denunciação e contestar o pedido do autor, situação que o caracterizará como litisconsorte do denunciante, com a aplicação em dobro dos prazos recursais" (STJ-3ª T., REsp 1.637.108, Min. Nancy Andrighi, j. 6.6.17, DJ 12.6.17). "A recorrente, na condição de denunciada, comparecendo ao feito, não nega a qualidade que lhe é atribuída, mas impugna o nexo causal entre os danos experimentados pelo recorrido-autor e a obra edificada no terreno da denunciante, que teria executado cuidadosamente. Assim, decidindo-se pela sua qualidade de denunciada, é ela considerada litisconsorte passiva, beneficiando-se, por conseguinte, do cômputo em dobro do prazo recursal (CPC — art. 191)" (STJ-4ª T., REsp 145.356, Min. Fernando Gonçalves, j. 2.3.04, DJ 15.3.04).

"Prazo. Contestação. Denunciação da lide. Hipótese em que, estando denunciante e denunciado representados por advogados distintos, o prazo para defesa há de ser contado em dobro, independentemente de requerimento das partes. Reconhecida a tempestividade da contestação da seguradora denunciada" (RT 832/244).

Também reconhecendo a dobra do prazo em matéria de denunciação da lide: RT 707/56, RJTJESP 113/383, JTJ 153/135, JTA 67/13, 118/187, 161/414.

Todavia: "Não há litisconsórcio e não se aplica o disposto no art. 191 do CPC quando a denunciada comparece em juízo para negar o direito da denunciante" (STJ-4ª T., REsp 137.982, Min. Ruy Rosado, j. 25.3.98, DJ 22.6.98). "Não ocorre o litisconsórcio quando o denunciado se limita a negar a qualidade que lhe é atribuída e não mais se manifesta no processo. Nesse caso, não há que se falar em prazo em dobro para recorrer" (STJ-3ª T., Ag 499.632-AgRg, Min. Pádua Ribeiro, j. 16.3.04, RSTJ 181/229).

Ainda, é singelo o prazo para o litisdenunciante recorrer contra a decisão que julga improcedente a denunciação da lide (STJ-3ª T., AI 514.794-AgRg, Min. Nancy Andrighi, j. 19.2.04, DJU 22.3.04).

Contra, no sentido de negar a dobra de prazo em matéria de denunciação da lide, com fundamento na existência de interesses distintos entre o denunciante e o denunciado, não obstante o tratamento litisconsorcial dispensado a eles pela lei (v. arts. 127 e 128-I): RTFR 121/28, RF 330/318, RT 709/159, JTA 105/51, 124/30, Lex-JTA 146/41, 152/41, 153/46, Bol. AASP 1.974/342j.

Art. 229: 8a. O **opoente** não é litisconsorte, razão pela qual não tem direito ao prazo em dobro (RT 502/78, RJTJESP 42/144, Lex-JTA 153/48).

"O autor da ação de oposição não goza do prazo em dobro para recorrer, sendo desinfluente a existência de litisconsórcio passivo entre o autor e o réu da ação principal, nos termos do art. 191 do CPC" (STJ-3ª T., Ag em REsp 262.404-AgRg-EDcl, Min. Sidnei Beneti, j. 23.4.13, DJ 3.5.13).

Art. 229: 9. "Inocorrendo, no procedimento do **inventário,** a aplicação dos princípios atinentes ao litisconsórcio, mormente em se tratando, como no caso, de patronos dos mesmos herdeiros, não incide o art. 191 do CPC" (RTJ 100/439). No mesmo sentido: RJTJESP 112/349.

Art. 229: 10. "Se há diferentes advogados, o prazo é em dobro, **mesmo se todos os advogados se pronunciam conjuntamente**" (RTJ 117/875 e STF-RT 609/246). No mesmo sentido: STJ-2ª T., REsp 1.438.111-AgRg-EDcl, Min. Mauro Campbell, j. 19.3.19, DJ 22.3.19; RSTJ 32/336, STJ-RT 683/190, RT 634/135.

"A existência de procuradores diversos confere aos litisconsortes o direito a prazo dobrado para suas manifestações nos autos, prerrogativa que não é afastada pelo fato de as peças processuais serem subscritas em conjunto" (STJ-4ª T., Ag em REsp 614.390-AgRg-EDcl-EDcl, Min. Luis Felipe, j. 10.5.16, DJ 7.6.16).

Todavia: "Em respeito ao princípio da isonomia, que deve permear toda a relação jurídico-processual, os litisconsortes que, tendo advogados distintos, se manifestarem por petição conjunta devem escolher entre: (i) se beneficiar do prazo em dobro do art. 191 do CPC, hipótese em que suas manifestações serão consideradas separadamente, exigindo, pois, o recolhimento de tantos preparos quantos forem os litisconsortes autônomos; ou (ii) recolher um único preparo, circunstância em que considerar-se-á apresentada uma única manifestação, presumindo-se que todos os litisconsortes passaram a ser representados pelos mesmos patronos, portanto sem o benefício do prazo dobrado" (STJ-3ª T., REsp 1.120.504-EDcl-EDcl, Min. Nancy Andrighi, j. 3.5.11, DJ 12.5.11). V. tb. art. 1.007, nota 4.

"A atuação dos litisconsortes por meio de advogados do mesmo escritório, peticionando de forma conjunta, tendo inclusive apresentado agravo retido assinado por um único profissional em nome de todos os litisconsortes, faz presumir a representação única e a ausência do benefício do prazo em dobro para manifestações" (STJ-4ª T., Ag em REsp 1.304.193-AgInt, Min. Isabel Gallotti, j. 28.9.20, DJ 1.10.20).

Art. 229: 11. "**Perfeita a preclusão** ao tempo em que um só procurador a todos os litisconsortes representava, não há aplicar o art. 191 do CPC se só então, com procuradores diversos, manifestam eles recursos" (STJ-4ª T., Ag 53.674-2-AgRg, Min. Fontes de Alencar, j. 13.3.95, DJU 24.4.95). No mesmo sentido: JTJ 323/622 (AP 1.031.952-0/7).

Art. 229: 12. Se, de início, os litisconsortes tiveram um só advogado, mas **passaram mais tarde a ter procuradores judiciais diversos,** daí por diante farão jus à dobra do prazo (RTJ 84/288), mas somente a partir do momento em que o fato se torna conhecido em juízo (STJ-3ª T., AI 957.830-AgRg, Min. Nancy Andrighi, j. 4.11.08, DJ 18.11.08; RJTJESP 138/240, JTA 96/61, Bol. AASP 1.610/259).

Se a constituição do outro advogado ocorreu no curso do prazo para recorrer, "a duplicação será apenas do tempo faltante" (STJ-6ª T., REsp 493.396, Min. Paulo Medina, j. 10.2.04, DJU 8.3.04). No mesmo sentido: STJ-4ª T., REsp 336.915, Min. Ruy Rosado, j. 26.3.02, DJU 6.5.02; STJ-2ª T., REsp 691.863, Min. Castro Meira, j. 13.11.07, DJU 27.11.07.

Art. 229: 13. Sendo **um dos procuradores comum a todos os litisconsortes,** não se aplica o prazo em dobro (RSTJ 32/336 e STJ-RT 683/190). No mesmo sentido: STJ-3ª T., REsp 1.233, Min. Cláudio Santos, j. 28.11.89, DJU 18.12.89.

"Ocorrendo o **substabelecimento de procuração com cláusula de reserva de poderes** e persistindo um advogado comum aos litisconsortes, não cabe o benefício do prazo em dobro para recorrer (art. 191 do CPC)" (STF-Pleno: RTJ 133/1.286), "mesmo que, até certa fase do processo, as partes tenham sido representadas por advogados distintos" (STF-Pleno: RTJ 145/609). No mesmo sentido: RTJ 123/573.

Mas, se apenas para cumprimento de precatória, um dos advogados de litisconsorte substabelece temporariamente seus poderes no mandatário judicial do outro, o prazo volta a ser em dobro tão logo devolvida a precatória (RJTJESP 77/201).

Art. 229: 14. A **indevida concessão de prazo em dobro** pelo juiz pode ser impugnada pela parte contrária, na primeira oportunidade em que falar nos autos e, se procedente, deve ser acolhida (RTJ 103/1.294, especialmente p. 1.295).

Art. 229: 15. Litisconsórcio entre dois corréus, um dos quais revel. O prazo para contestar é em dobro, ainda que só um dos corréus compareça ao processo, porque não é admissível a existência de um prazo condicional, que somente se sabe se é de 15 ou de 30 dias depois de decorrido este último. "Defesa apresentada por um dos réus, com a utilização do prazo em dobro. Litisconsorte revel. É permitida a utilização da regra benévola do art. 191 do CPC desde logo, pois nem sempre é possível saber se a outra parte irá ou não apresentar defesa" (STJ-4ª T., REsp 453.826, Min. Barros Monteiro, j. 18.2.03, DJU 14.4.03). No mesmo sentido: STJ-3ª T., REsp 443.772, Min.

Menezes Direito, j. 27.5.03, DJU 4.8.03; STJ-5ª T., REsp 599.005, Min. Felix Fischer, j. 18.11.04, DJU 6.12.04; RT 483/100, 500/153, 508/150, 516/159, 544/104, RJTJESP 123/292, JTJ 201/51, JTA 47/66, 50/120, Bol. AASP 894/13, 2.089/847, 2.626 (TJSP, AI 1.187.395-0/6).

"Aplica-se a regra benévola do art. 191 do CPC desde que o procurador de um dos litisconsortes não haja sido constituído também pelo(s) outro(s), pois sendo impossível saber de antemão se ocorrerá a hipótese incomum de revelia não é exigível da parte que, na dúvida, renuncie à vantagem que o aludido dispositivo de lei lhe concede" (STJ-4ª T., REsp 5.460, Min. Athos Carneiro, j. 9.4.91, DJU 13.5.91).

Todavia, a partir da resposta, **os demais prazos não se dobram,** enquanto outro réu não comparecer ao processo representado por procurador distinto. Se o revel se faz presente apenas no momento em que interpõe apelação, o prazo para esta não é dobrado; é condição para a dobra a prévia presença no processo (STJ-3ª T., REsp 1.039.921, Min. Massami Uyeda, j. 26.6.08, DJ 5.8.08; STJ-4ª T., Ag em REsp 344.016-AgRg, Min. Marco Buzzi, j. 11.11.14, DJ 17.11.14). "Havendo dois litisconsortes passivos, sendo um deles revel, sem advogado constituído nos autos, e não apresentando este apelação contra a sentença que julgou procedente pedido, não será contado em dobro o prazo para o outro litisconsorte recorrer" (STJ-3ª T., REsp 567.894, Min. Nancy Andrighi, j. 3.6.04, DJU 21.6.04).

V. tb. nota 3.

Art. 229: 16. v. arts. 8º e segs. da Lei 11.419/06, no tít. PROCESSO ELETRÔNICO.

Art. 230. O prazo para a parte, o procurador, a Advocacia Pública, a Defensoria Pública e o Ministério Público será contado da citação, da intimação ou da notificação.[1-2] [Dispositivo correspondente no CPC/1973: art. 240-*caput*]

Art. 230: 1. s/ intimação do MP, da Advocacia Pública ou da Defensoria Pública, v. arts. 180-*caput*, 183-*caput* e § 1º, 186 § 1º, 246 § 1º c/c 270 § ún., 272 § 6º e 1.050; s/ dia do começo do prazo, v. art. 231; s/ citação em geral, v. arts. 238 e segs.; s/ intimação em geral, v. arts. 269 e segs.

Art. 230: 2. A citação e a intimação são realizadas **preferencialmente por meio eletrônico** (v. arts. 246 §§ 1º e 2º e 270).

No caso de intimação por meio eletrônico, v. tb. art. 224 § 1º e Lei 11.419/06, art. 5º, no tít. PROCESSO ELETRÔNICO.

No caso de intimação por Diário da Justiça eletrônico, v. art. 224 §§ 1º a 3º e Lei 11.419/06, art. 4º §§ 2º a 4º, no tít. PROCESSO ELETRÔNICO.

Art. 231. Salvo disposição em sentido diverso, considera-se dia do começo do prazo:[1 a 7] [Dispositivo correspondente no CPC/1973: art. 241-*caput*]

I — a data de juntada aos autos do aviso de recebimento, quando a citação ou a intimação for pelo correio;[8 a 10] [Dispositivo correspondente no CPC/1973: art. 241-I]

II — a data de juntada[11] aos autos do mandado cumprido, quando a citação ou a intimação for por oficial de justiça;[11a a 16] [Dispositivo correspondente no CPC/1973: art. 241-II]

III — a data de ocorrência da citação ou da intimação, quando ela se der por ato do escrivão ou do chefe de secretaria; [Sem dispositivo correspondente no CPC/1973]

IV — o dia útil seguinte ao fim da dilação assinada pelo juiz, quando a citação ou a intimação for por edital; [Dispositivo correspondente no CPC/1973: art. 241-V]

V — o dia útil seguinte à consulta ao teor da citação ou da intimação ou ao término do prazo para que a consulta se dê, quando a citação ou a intimação for eletrônica;[17] [Sem dispositivo correspondente no CPC/1973]

VI — a data de juntada do comunicado de que trata o art. 232 ou, não havendo esse, a data de juntada da carta aos autos de origem devidamente cumprida, quando a citação ou a intimação se realizar em cumprimento de carta;[18] [Dispositivo correspondente no CPC/1973: art. 241-IV]

VII — a data de publicação, quando a intimação se der pelo Diário da Justiça impresso ou eletrônico;[19] [Sem dispositivo correspondente no CPC/1973]

VIII — o dia da carga, quando a intimação se der por meio da retirada dos autos, em carga, do cartório ou da secretaria.[20] [Sem dispositivo correspondente no CPC/1973]

§ 1º Quando houver mais de um réu, o dia do começo do prazo para contestar corresponderá à última das datas a que se referem os incisos I a VI do *caput*.[21 a 24] [Dispositivo correspondente no CPC/1973: art. 241-III]

§ 2º Havendo mais de um intimado, o prazo para cada um é contado individualmente.[25-26] [Sem dispositivo correspondente no CPC/1973]

§ 3º Quando o ato tiver de ser praticado diretamente pela parte ou por quem, de qualquer forma, participe do processo, sem a intermediação de representante judicial, o dia do começo do prazo para cumprimento da determinação judicial corresponderá à data em que se der a comunicação. [Sem dispositivo correspondente no CPC/1973]

§ 4º Aplica-se o disposto no inciso II do *caput* à citação com hora certa.[27-28] [Sem dispositivo correspondente no CPC/1973]

Art. 231: 1. v. arts. 208, nota 1 (juntada do mandado aos autos por estagiário), 218 a 229, especialmente art. 224 (contagem de prazo), 239, notas 5b e segs. (prazo para contestação no caso de comparecimento espontâneo do réu, por seu procurador), 272, nota 9 (duas intimações válidas conflitantes), 306 (prazo para contestar pedido de tutela cautelar requerida em caráter antecedente), 335 (prazo para contestação), 306, nota 3 (início do prazo para agravar contra decisão concessiva de medida liminar), 915 (prazo para oposição de embargos à execução), 1.003 (prazo para recurso).

Art. 231: 2. O ato praticado **antes do termo inicial do prazo** é tempestivo, cf. art. 218 § 4º.

Art. 231: 3. O prazo para **contestação** somente se orienta pelo art. 231 quando não designada a audiência de conciliação ou de mediação (v. art. 335-III). Se tal audiência chegou a ser designada, o prazo para contestação se conta da sua realização ou do seu cancelamento (v. art. 335-I e II).

Art. 231: 4. Começa a correr o prazo, também, da **ciência inequívoca** que o advogado tenha do ato, decisão ou sentença (RSTJ 24/317, 73/387, STJ-RT 661/192; 805/205, RF 294/340, JTA 94/205, 94/376, JTJ 212/156; 339/49: AI 622.553-4/3-00). "Tem-se por cumprida a intimação quando evidenciado nos autos ter a parte efetivo conhecimento do inteiro teor da decisão judicial, ainda que não intimada formalmente. Por outro lado, a apreciação dos modos como se pode dar a 'ciência inequívoca' dependerá de cada caso concreto, merecendo prestígio a objetividade dos critérios, a fim de conceder-se maior segurança às partes e atender-se aos princípios do processo. Ou seja, o termo 'inequívoca' não admite dúvida" (STJ-4ª T., REsp 536.527, Min. Sálvio de Figueiredo, j. 4.9.03, DJU 29.9.03).

Art. 231: 5. Há a ciência inequívoca:

— mediante extração de cópia da decisão (STJ-4ª T., REsp 503.636, Min. Fernando Gonçalves, j. 9.3.04, um voto vencido, DJU 19.4.04);

— com o pedido de reconsideração da decisão (Lex-JTA 165/89);

— com a oferta de petição fazendo referência à decisão (RP 26/279: TJRJ, EI na AP 13.636).

Todavia: "A ciência inequívoca do ato impugnado não se presume em razão de simples protocolo de petição nos autos, iniciando-se o prazo recursal com a regular publicação do ato no órgão oficial" (STJ-Corte Especial, ED no REsp 647.839, Min. Hamilton Carvalhido, j. 3.12.08, DJ 5.12.09; no caso, tratava-se de petição arguindo a própria nulidade de anterior intimação). No mesmo sentido: "A necessidade de regular intimação da parte acerca das decisões constitui princípio basilar do processo civil, em nada enfraquecido ou mitigado pela Lei 11.419/2006. Havendo intimação formal, a possibilidade de acesso do advogado implica sua ciência pessoal presumida de todo o conteúdo do processo, nos termos do art. 9º, § 1º, da Lei 11.419/2006. Trata-se de presunção legal aplicável apenas em caso de intimação formal. Não tendo havido intimação formal, o que é incontroverso no caso em exame, não houve acesso e conhecimento presumidos, nos termos da lei de regência. O peticionamento espontâneo, sem comprovado acesso aos autos, não precedido de intimação formal, somente poderia ensejar a conclusão de ciência inequívoca da parte se o conteúdo da petição deixasse claro, indene de dúvidas, o conhecimento a propósito do ato judicial não publicado" (STJ-4ª T., REsp 1.739.201, Min. Isabel Gallotti, j. 4.12.18, DJ 10.12.18). Ainda: "O conteúdo da petição juntada pelo autor, na qual requer a aplicação de multa em razão do descumprimento da tutela antecipada, não permite concluir por seu conhecimento inequívoco da determinação de aditar a inicial" (STJ-3ª T., REsp 1.766.376, Min. Nancy Andrighi, j. 25.8.20, DJ 28.8.20).

"Não publicada a sentença e tendo o juiz determinado, a requerimento da parte, que se fizesse a publicação, conta-se daí o prazo e não da data do requerimento" (STJ-3ª T.: RSTJ 116/179). No mesmo sentido: RSTJ 97/191.

"Não se pode considerar que o advogado teve ciência da sentença apenas por haver requerido vista dos autos. Aquela só se verificou quando foi efetivamente aberta a vista e retirados os autos de cartório" (STJ-3ª T., REsp 8.131, Min. Eduardo Ribeiro, j. 7.5.91, DJU 27.5.91). No mesmo sentido: JTJ 333/680 (AI 585.273-4/7-00).

A simples habilitação de advogado, mediante obtenção no cartório de uma senha para ter acesso aos autos eletrônicos, não configura ciência inequívoca: "A lógica da presunção de ciência inequívoca do conteúdo de decisão constante de autos físicos, quando da habilitação de advogado com a carga do processo, não se aplica nos processos eletrônicos" (STJ-3ª T., REsp 1.592.443-AgInt, Min. Paulo Sanseverino, j. 17.12.18, DJ 1.2.19).

"No caso, o advogado havia se dado por intimado da sentença mediante cota nos autos. Ato contínuo, foi lançada certidão com a expressão 'sem efeito' sobre a referida cota. Não há certidão de retirada dos autos em carga. O advogado tinha legítima expectativa de que o ato do serventuário ocorreu de forma válida, devendo o prazo da apelação ser contado a partir da publicação na imprensa oficial" (STJ-4ª T., Ag em REsp 91.311-AgRg, Min. Antonio Ferreira, j. 6.12.12, DJ 1.8.13).

"A outorga de procuração a advogado para defender a parte no processo não pode ser interpretada como ato de ciência inequívoca da decisão. O estabelecimento da data constante no instrumento como marco para o início da contagem do prazo para recorrer contra decisão, portanto, é ilegal" (STJ-3ª T., REsp 655.799, Min. Nancy Andrighi, j. 25.4.06, DJU 8.5.06).

Em suma, a respeito da intimação pela ciência inequívoca da decisão, **"nos casos em que remanesce alguma dúvida,** cumpre afastar a presunção e aplicar a lei" (STJ-3ª T., REsp 532.985, Min. Menezes Direito, j. 25.11.03, DJU 1.3.04; a citação é do voto do relator).

S/ ciência inequívoca do prazo para embargar execução fiscal, v. LEF 16, nota 12c.

Art. 231: 6. Como se computa o prazo nos casos de ciência inequívoca? v. art. 224, nota 2.

Art. 231: 7. "Havendo **nulidade na publicação** da decisão, o prazo recursal começa a fluir na data em que a parte demonstra **ciência inequívoca** do julgado, *in casu*, a primeira ocasião em que suscitou o vício processual, tornando-se desnecessária nova comunicação do ato" (STJ-RT 805/215: 5ª T., AI 406.233-AgRg).

"Comparecendo a parte aos autos para arguir a ausência de intimação da sentença, demonstrando inequívoco conhecimento do ato decisório, começa a fluir deste momento o termo inicial do prazo recursal" (STJ-2ª T., REsp 249.895, Min. Peçanha Martins, j. 8.4.03, DJU 26.5.03). "Se a parte comparece aos autos para arguir a irregularidade da intimação do acórdão, demonstrando, via de consequência, conhecimento do ato, correto o entendimento que fixa neste momento o termo inicial do prazo recursal" (STJ-3ª T., REsp 245.647, Min. Waldemar Zveiter, j. 19.2.01, DJU 2.4.01). No mesmo sentido, acrescentando que não é necessária outra intimação, mas, se o juiz determina que se faça, dela se contará o prazo: RSTJ 21/455 e STJ-RJTJERGS 150/35.

Para o Ministério Público, também se conta o prazo a partir da ciência inequívoca (RT 600/46).

Contra, no sentido de que "não se pode presumir a ciência inequívoca de intimação em razão de o advogado da parte ter comparecido espontaneamente em cartório e peticionado nos autos com o objetivo de, constatada a deficiência da publicação/intimação realizada anteriormente, ver republicado o teor do ato judicial proferido": STJ-4ª T., REsp 770.751-AgRg, Min. João Otávio, j. 15.10.09, DJ 26.10.09.

V. tb. arts. 272, §§ 2º, 8º e 9º, especialmente notas 16 e 26, 278, 280 e 281, nota 2.

Art. 231: 8. Não vale a intimação postal, **se** dos autos **não constar o AR** (RJTJESP 62/261, 74/233, Lex-JTA 72/230), considerando-se feita, por isso, na data em que o advogado retirou os autos de cartório (RJTJESP 70/182).

Art. 231: 9. "Na intimação por carta postal, o prazo tem início na **data da juntada** do aviso de recebimento aos autos (CPC, art. 241, V). Somente nas execuções fiscais é que a citação pelo correio é considerada feita na data da entrega da carta (Lei 6.830/80, art. 8º, II)" (STJ-1ª T., REsp 13.295, Min. Garcia Vieira, j. 2.10.91, DJU 11.11.91).

"Expedição de carta intimatória e entrega dos autos ao advogado do vencido. O prazo começou a correr dessa entrega, e não da devolução do aviso, que não pôde ser juntado ao processo por encontrar-se este em **carga** com o mencionado procurador" (RTJ 87/341). V. tb. nota 14.

Art. 231: 10. "Domiciliado o patrono da parte fora da sede do juízo e intimado por carta registrada, o **prazo recursal** começa a fluir a contar da juntada aos autos do aviso de recebimento" (STJ-4ª T., REsp 6.175, Min. Barros Monteiro, j. 21.5.91, DJU 24.6.91).

Art. 231: 11. efetiva, e não da que erroneamente consta da certidão do cartório (JTA 58/86), como às vezes acontece.

Art. 231: 11a. v. § 4º (citação com hora certa).

Art. 231: 12. "O arquivamento do mandado de intimação na Secretaria do Tribunal, desde que devidamente certificado nos autos, supre a necessidade da sua juntada, dando início, a partir de então, à contagem do prazo recursal" (STJ-1ª T., REsp 724.092-AgRg-EDcl, Min. Denise Arruda, j. 13.12.05, DJU 1.2.06).

V. tb. nota 16.

Art. 231: 13. "A **juntada do cumprimento do mandado** é ato que **independe de intimação,** sendo desimportante para o início do prazo da contestação a ciência da parte quanto a esse ato em particular e, por conseguinte, não constituindo justa causa eventual informação equivocada" (STJ-4ª T., REsp 538.642, Min. Cesar Rocha, j. 9.9.03, DJU 28.10.03).

V. tb. notas 18 e 23.

Art. 231: 14. "**Retirando** a parte ré os **autos** do cartório e, por conseguinte, tendo ciência inequívoca da ação a ser contestada, mostra-se irrelevante a formalização da providência processual prevista no art. 241, II, do CPC para fins de início do prazo para defesa, qual seja, a juntada aos autos do mandado de citação" (STJ-2ª T., REsp 235.823, Min. João Otávio, j. 12.5.05, DJU 1.7.05).

V. tb. nota 9.

Art. 231: 15. A disposição também se aplica às **intimações feitas por oficial de justiça a advogado** (STJ-4ª T., REsp 71.016, Min. Cesar Rocha, j. 26.8.97, DJU 13.10.97; RJTJERGS 167/260).

Art. 231: 16. "Nos casos de intimação/citação realizadas por correio, oficial de justiça, ou por carta de ordem, precatória ou rogatória, **o prazo recursal** inicia-se com a juntada aos autos do aviso de recebimento, do mandado cumprido, ou da juntada da carta" (STJ-Corte Especial, REsp 1.632.497, Min. Napoleão Maia Filho, j. 17.5.17, DJ 26.5.17). No mesmo sentido: STJ-Corte Especial, ED no REsp 908.045, Min. Ari Pargendler, j. 5.2.14, DJ 24.2.14. Do voto do Min. João Otávio: "No caso dos autos, o acórdão embargado julgou intempestivo o agravo regimental por considerar como *dies a quo* para a contagem do prazo recursal a data do arquivamento do mandado de intimação em secretaria. Entendo, todavia, que o prazo recursal inicia-se com a juntada do mandado cumprido aos autos. Se, por questões de prática cartorária, optar-se pelo arquivamento do mandado em secretaria, essa providência deverá ser certificada nos autos, e o prazo terá curso a partir da data da certidão. No caso em exame, o mandado foi cumprido em 23.5.2008, mas foi arquivado em secretaria, e a informação só veio aos autos em 16.6.2008. Esta última data, portanto, deve ser considerada como termo inicial do prazo recursal. O recurso julgado intempestivo foi interposto em 6.6.2008. É, portanto, tempestivo, já que foi protocolizado antes do termo final do prazo". V. tb. nota 12.

V. art. 1.003 § 2º. V. tb. nota 26 e arts. 303, nota 3a, e 306, nota 3.

Art. 231: 17. v. art. 224 § 1º e Lei 11.419/06, art. 5º, no tít. PROCESSO ELETRÔNICO.

Art. 231: 18. Para fluir o prazo, **não é necessária intimação de que a carta, precatória ou rogatória, foi juntada** aos autos (STF-RJTJESP 44/226, RTFR 159/73, JTA 88/264, RJTAMG 20/151).

Há um acórdão entendendo, com seis votos vencidos, que o prazo para contestação, no caso de citação por precatória ou carta de ordem, se conta da abertura de vista ao réu, que a requereu, se ele não foi cientificado da juntada da carta aos autos (RT 627/193). Com a devida vênia, a razão está com os votos vencidos, segundo os quais o prazo, por ser legal e não judicial, flui independentemente de intimação.

V. tb. notas 13 e 23. V. ainda art. 303, nota 3a.

Art. 231: 19. v. art. 224 §§ 1º a 3º e Lei 11.419/06, art. 4º §§ 2º a 4º, no tít. PROCESSO ELETRÔNICO.

Art. 231: 20. v. notas 9 e 14 e art. 272 § 6º. Em matéria de estagiário, v. EA 3º, nota 4a.

Art. 231: 21. v. nota 3. S/ litisconsórcio passivo e prazo para contestar, v. tb. art. 335 §§ 1º e 2º.

Art. 231: 21a. A regra vale para **todas as modalidades de litisconsórcio** (facultativo, necessário, comum, unitário).

Art. 231: 22. Apenas o **prazo para contestar** — e também para reconvir — tem termo inicial comum. Quando não designada audiência de conciliação ou de mediação (v. nota 3), esse termo inicial coincide com o aperfeiçoamento da última citação. Para os demais prazos, a contagem é individual, a partir da intimação de cada parte (v. § 2º). Todavia, ressalva deve ser feita para o prazo dos embargos à execução movida em face de cônjuges ou companheiros, que se inicia somente depois da juntada do último comprovante de citação (v. art. 915 § 1º).

Art. 231: 22a. **Quando os réus forem citados, uns pessoalmente e outros, por edital,** o prazo para contestar somente se inicia, para todos eles, no momento em que se formalizar a última das citações (JTA 33/15, 98/93, Bol. AASP 879/279, RP 16/278, em. 130). Por outras palavras: o prazo para contestar é comum e sempre tem como termo inicial o marco mais favorável aos réus.

Art. 231: 23. A deflagração do prazo para contestar **independe de intimação** acerca **da juntada do último comprovante** de citação.

V. tb. notas 13 e 18.

Art. 231: 24. Em caso no qual um dos réus era também representante legal de outro réu, foram expedidos, dentre outros, dois mandados de citação, um endereçado à pessoa física, devidamente cumprido, e outro à pessoa jurídica, não cumprido. Malgrado se pudesse extrair da citação efetivada que a pessoa jurídica também tomou ciência do processo (nas palavras do acórdão: "é impossível cindir a consciência do sujeito"), fato que poderia até dispensar o cumprimento do mandado que lhe era dirigido, a 3ª Turma do STJ entendeu que isso não poderia ser considerado para efeito do início do prazo para contestação, pois significaria fixar o termo *a quo* em momento no qual os demais réus não tinham condições de aferir a efetiva deflagração do prazo (aguardavam legitimamente a juntada do mandado ainda não cumprido), o que traria a revelia de todos eles (STJ-3ª T., REsp 784.185, Min. Nancy Andrighi, j. 26.10.06, DJU 20.11.06).

V. tb. art. 242, nota 3b.

Art. 231: 25. v. nota 22.

Art. 231: 26. "**Agravo de instrumento** contra decisão que deferiu tutela antecipada. Alegação de que, havendo litisconsórcio passivo, o prazo para recorrer da decisão que concedeu a antecipação de tutela também é contado da juntada aos autos do último mandado de citação e intimação cumprido. Impropriedade. Início de prazo na intimação que é contado a partir da **juntada do respectivo mandado** aos autos. Transcurso de mais de sessenta dias entre o início do prazo e a interposição do agravo. Intempestividade" (JTJ 358/200: AgRg 990.10.019708-8/50000). Em sentido semelhante: STJ-3ª T., REsp 1.295.386-AgRg, Min. Marco Bellizze, j. 13.12.16, DJ 2.2.17.

Art. 231: 27. s/ intimação com hora certa, v. art. 275 § 2º.

Art. 231: 28. i. e., o prazo para contestar, em matéria de citação com hora certa, conta-se da juntada aos autos do próprio mandado de citação (STJ-3ª T., REsp 1.084.030, Min. Nancy Andrighi, j. 18.10.11, DJ 28.10.11; RT 469/140, 479/171, 636/146, RF 151/249, JTA 70/26) e não da ulterior comunicação acerca desta (STJ-3ª T., REsp 180.917, Min. Ari Pargendler, j. 6.2.03, DJU 16.6.03), agora prevista no art. 254.

Todavia: "Na hipótese em que, por equívoco do escrivão, fica consignado de maneira expressa na correspondência do art. 229/CPC, que o prazo para a contestação será contado a partir da juntada do respectivo AR, a parte foi induzida a erro por ato emanado do próprio Poder Judiciário. Essa peculiaridade justifica que se excepcione a regra geral, admitindo a contestação e afastando a revelia" (STJ-RT 884/170: 3ª T., REsp 746.524).

Art. 232. Nos atos de comunicação por carta precatória, rogatória ou de ordem, a realização da citação ou da intimação será imediatamente informada, por meio eletrônico, pelo juiz deprecado ao juiz deprecante.[1] [Sem dispositivo correspondente no CPC/1973]

Art. 232: 1. v. art. 231-VI (dia do começo do prazo).

Seção II | DA VERIFICAÇÃO DOS PRAZOS E DAS PENALIDADES

Art. 233. Incumbe ao juiz verificar se o serventuário excedeu, sem motivo legítimo, os prazos estabelecidos em lei.[1] [Dispositivo correspondente no CPC/1973: art. 193]

§ 1º Constatada a falta, o juiz ordenará a instauração de processo administrativo, na forma da lei. [Dispositivo correspondente no CPC/1973: art. 194]

§ 2º Qualquer das partes, o Ministério Público ou a Defensoria Pública poderá representar ao juiz contra o serventuário que injustificadamente exceder os prazos previstos em lei. [Sem dispositivo correspondente no CPC/1973]

Art. 233: 1. v. LOM 35-III.

S/ prazo para o serventuário, v. art. 228.

Art. 234. Os advogados públicos ou privados, o defensor público e o membro do Ministério Público devem restituir os autos no prazo do ato a ser praticado.[1-2] [Dispositivo correspondente no CPC/1973: art. 195]

§ 1º É lícito a qualquer interessado exigir os autos do advogado que exceder prazo legal. [Dispositivo correspondente no CPC/1973: art. 196-*caput*]

§ 2º Se, intimado,[3] o advogado não devolver os autos no prazo de 3 (três) dias, perderá o direito à vista fora de cartório[3a a 4b] e incorrerá em multa correspondente à metade do salário mínimo. [Dispositivo correspondente no CPC/1973: art. 196-*caput*]

§ 3º Verificada a falta, o juiz comunicará o fato à seção local da Ordem dos Advogados do Brasil[4c] para procedimento disciplinar[5] e imposição de multa.[6-6a] [Dispositivo correspondente no CPC/1973: art. 196 § ún.]

§ 4º Se a situação envolver membro do Ministério Público,[7] da Defensoria Pública ou da Advocacia Pública, a multa, se for o caso, será aplicada ao agente público responsável pelo ato.[8] [Dispositivo correspondente no CPC/1973: art. 197]

§ 5º Verificada a falta, o juiz comunicará o fato ao órgão competente responsável pela instauração de procedimento disciplinar contra o membro que atuou no feito. [Sem dispositivo correspondente no CPC/1973]

Art. 234: 1. Constitui infração disciplinar do advogado: "reter, abusivamente, ou extraviar autos recebidos com vista ou em confiança" **(EA 34-XXII;** pena: EA 37-I).

Art. 234: 2. A não devolução dos autos, pelo advogado, no prazo para interposição do recurso **não acarreta, como pena, o não conhecimento** deste (RTJ 93/699; STF-RT 486/229; STJ-2ª T., REsp 852.701, Min. Humberto Martins, j. 28.11.06, DJU 11.12.06; RSTJ 4/1.613, 13/372; STJ-RT 671/184, 711/202; STJ-Bol. AASP 1.702/199; RT 556/162, 574/92, 579/140, com farta jurisprudência, 593/158, 619/109, 720/166; RJTJESP 89/316, 102/268; JTJ 165/130, 168/146; JTA 26/112, 66/63, 66/78, 72/231, 77/50, 94/291, 106/398; Lex-JTA 162/69). **Contra,** não conhecendo do recurso: RT 601/133, maioria, 616/106, 641/121, 659/130, JTJ 142/223 (embora admitindo que os autos possam ser devolvidos, sem prejuízo, até cinco dias após o último do prazo para recorrer), 196/150, JTA 95/109, maioria, 98/146, 108/400, 116/262, 116/362, 123/139, RJTAMG 50/252, maioria.

Também não se considera intempestiva a contestação, se o advogado do réu devolve os autos fora do prazo desta (STJ-4ª T., REsp 45.884-6, Min. Barros Monteiro, j. 12.4.94, DJU 23.5.94; RT 549/161 e JTA 67/233). **Contra:** JTJ 172/139, 196/32.

Art. 234: 3. "A intimação deve ser efetuada por mandado, **na pessoa do advogado** que retirou os autos e cujo nome consta do livro de carga" (STJ-4ª T., REsp 1.089.181, Min. Luis Felipe, j. 4.6.13, DJ 17.6.13).

"A intimação para a devolução dos autos, na forma do art. 196 do CPC, deve ser engendrada *in faciem* para caracterizar a retenção indevida e intencional, por isso que insubstituível pela publicação oficial" (STJ-RT 850/206: 1ª T., RMS 18.508).

"Na hipótese, a intimação do advogado ocorreu por meio do diário de justiça, motivo pelo qual devem ser afastadas as sanções previstas no art. 234, § 2º, do CPC/2015" (STJ-3ª T., REsp 1.712.172, Min. Ricardo Cueva, j. 21.8.18, DJ 24.8.18).

Art. 234: 3a. v. tb. EA 7º-XV e XVI e § 1º-3.

Art. 234: 4. Somente se não devolver os autos **após a intimação** é que perderá esse direito (RSTJ 53/200, RT 471/56, 481/73, 490/48, 579/47, RF 246/351, 256/259, RJTJESP 30/280, JTJ 284/210, Bol. AASP 882/106, 941/156).

Art. 234: 4a. "A **configuração da tipicidade infracional** decorre não do tempo que o causídico reteve os autos, mas do descumprimento da intimação para restituí-los no prazo legal" (STJ-4ª T., REsp 1.089.181, Min. Luis Felipe, j. 4.6.13, DJ 17.6.13; a citação é do voto do relator).

Art. 234: 4b. "A penalidade pela infração deve ser imposta específica e pessoalmente ao causídico que manteve indevidamente os autos em seu poder, **não se podendo estender aos demais advogados da parte,** haja vista que, em se tratando de norma de ordem pública de natureza punitiva, sua interpretação não pode ser ampliativa, sob pena de subversão dos princípios básicos de hermenêutica jurídica" (STJ-4ª T., REsp 1.089.181, Min. Luis Felipe, j. 4.6.13, DJ 17.6.13; a citação é do voto do relator).

Contra, no sentido de que a proibição do art. 196 estende-se a todos os advogados integrantes da mesma procuração: RT 670/88, RJTJESP 133/227.

Art. 234: 4c. "Impostos no acórdão recorrido, como efeitos da retenção dos autos por prazo superior ao legalmente estabelecido, o desentranhamento da manifestação tardiamente apresentada e a expedição de ofício à OAB, disso deriva **dupla legitimidade recursal:** da parte, para impugnar o desentranhamento ordenado, e do advogado, para, na qualidade de terceiro prejudicado, insurgir-se contra a determinação de remessa de comunicação à sua entidade de classe" (STJ-4ª T., REsp 12.031-0, Min. Sálvio de Figueiredo, j. 28.3.94, DJU 25.4.94).

Art. 234: 5. v. EA 34-XXII c/c 37-I.

Art. 234: 6. v. tb. CP 356.

Art. 234: 6a. Afirmando que a multa somente pode ser **imposta pela OAB,** e não pelo juiz: STJ-1ª T., REsp 1.063.330, Min. Denise Arruda, j. 5.11.09, DJ 4.12.09; RT 677/170, JTJ 144/148.

Art. 234: 7. LOMP 43: "São deveres dos membros do Ministério Público, além de outros previstos em lei: (...) **IV** — obedecer aos prazos processuais".

Art. 234: 8. s/ responsabilidade pessoal do membro do MP, da Advocacia Pública ou da Defensoria Pública, v. arts. 181, 184 e 187.

Art. 235. Qualquer parte, o Ministério Público ou a Defensoria Pública poderá representar ao corregedor do tribunal ou ao Conselho Nacional de Justiça contra juiz ou relator que injustificadamente exceder os prazos previstos em lei, regulamento ou regimento interno.[1-2] [Dispositivos correspondentes no CPC/1973: arts. 198 e 199]

§ 1º Distribuída a representação ao órgão competente e ouvido previamente o juiz, não sendo caso de arquivamento liminar, será instaurado procedimento para apuração da responsabilidade, com intimação do representado por meio eletrônico para, querendo, apresentar justificativa no prazo de 15 (quinze) dias. [Sem dispositivo correspondente no CPC/1973]

§ 2º Sem prejuízo das sanções administrativas cabíveis, em até 48 (quarenta e oito) horas após a apresentação ou não da justificativa de que trata o § 1º, se for o caso, o corregedor do tribunal ou o relator no Conselho Nacional de Justiça determinará a intimação do representado por meio eletrônico para que, em 10 (dez) dias, pratique o ato. [Sem dispositivo correspondente no CPC/1973]

§ 3º Mantida a inércia, os autos serão remetidos ao substituto legal do juiz ou do relator contra o qual se representou para decisão em 10 (dez) dias. [Sem dispositivo correspondente no CPC/1973]

Art. 235: 1. v. LOM 35-II.

S/ prazos para o juiz, v. arts. 226, 307-*caput*, 366, 723, 931 e 940.

Art. 235: 2. CF 93-II-*e*: "Não será promovido o juiz que, injustificadamente, retiver autos em seu poder além do prazo legal, não podendo devolvê-los ao cartório sem o devido despacho ou decisão".

Título II | DA COMUNICAÇÃO DOS ATOS PROCESSUAIS

Capítulo I | DISPOSIÇÕES GERAIS

Art. 236. Os atos processuais serão cumpridos por ordem judicial. [Dispositivo correspondente no CPC/1973: art. 200]

§ 1º Será expedida carta para a prática de atos fora dos limites territoriais do tribunal, da comarca, da seção ou da subseção judiciárias, ressalvadas as hipóteses previstas em lei. [Dispositivo correspondente no CPC/1973: art. 200]

§ 2º O tribunal poderá expedir carta para juízo a ele vinculado, se o ato houver de se realizar fora dos limites territoriais do local de sua sede. [Dispositivo correspondente no CPC/1973: art. 201]

§ 3º Admite-se a prática de atos processuais por meio de videoconferência ou outro recurso tecnológico de transmissão de sons e imagens em tempo real.[1] [Sem dispositivo correspondente no CPC/1973]

Art. 236: 1. s/ videoconferência e: carta precatória, v. art. 267, nota 2; depoimento pessoal, v. art. 385 § 3º; oitiva de testemunha, v. art. 453, § 1º; acareação, v. art. 461 § 2º; sustentação oral, v. art. 937 § 4º.

Art. 237. Será expedida carta:[1] [Dispositivo correspondente no CPC/1973: art. 201]

I — de ordem, pelo tribunal, na hipótese do § 2º do art. 236; [Dispositivo correspondente no CPC/1973: art. 201]

II — rogatória, para que órgão jurisdicional estrangeiro pratique ato de cooperação jurídica internacional, relativo a processo em curso perante órgão jurisdicional brasileiro;[1a] [Dispositivo correspondente no CPC/1973: art. 201]

III — precatória, para que órgão jurisdicional brasileiro pratique ou determine o cumprimento, na área de sua competência territorial, de ato relativo a pedido de cooperação judiciária formulado por órgão jurisdicional de competência territorial diversa;[2] [Dispositivo correspondente no CPC/1973: art. 201]

IV — arbitral, para que órgão do Poder Judiciário pratique ou determine o cumprimento, na área de sua competência territorial, de ato objeto de pedido de cooperação judiciária formulado por juízo arbitral, inclusive os que importem efetivação de tutela provisória.[3] [Sem dispositivo correspondente no CPC/1973]

Parágrafo único. Se o ato relativo a processo em curso na justiça federal ou em tribunal superior houver de ser praticado em local onde não haja vara federal, a carta poderá ser dirigida ao juízo estadual da respectiva comarca.[4 a 7] [Dispositivo correspondente no CPC/1973: art. 1.213]

Art. 237: 1. v. arts. 260 e segs.

Art. 237: 1a. s/ carta rogatória: para o estrangeiro, v. arts. 256 § 1º, 260 a 263, 377; estrangeira (para *exequatur*), v. arts. 36 e 960 e segs., CF 105-I-*i* e 109-X, RISTJ 216-O e segs.

Art. 237: 2. s/ carta precatória, v. arts. 260 a 268, 377. V. tb. arts. 632 (inventário), 740 § 5º (arrecadação de bens), LOJF 42 § 1º (Justiça Federal).

Art. 237: 3. v. arts. 189-IV, 260 § 3º, 261 a 263 e 267 e LArb 22 § 2º e 22-C.

Art. 237: 4. v. LOJF 42 § 1º. S/ carta precatória e: delegação de competência, v. CF 108, notas 5 e 5a; competência para embargos de terceiro, v. CPC 676, nota 3.

Art. 237: 4a. "A penhora em execução fiscal que tramita na Justiça Federal, promovida contra réu domiciliado em comarca da Justiça Estadual: a) regra geral, é efetivada mediante expedição de carta precatória; b) na hipótese específica de o domicílio estar localizado em **comarca contígua,** poderá ser realizada pelo próprio oficial de justiça do juízo federal. Reitere-se que o **caráter facultativo,** e não impositivo, do art. 255 do CPC decorre da utilização da expressão 'poderá efetuar', e não 'efetuará', relacionada ao ato do oficial de justiça" (STJ-2ª T., REsp 1.765.764, Min. Herman Benjamin, j. 4.10.18, DJ 8.2.19).

Art. 237: 5. "Espécie em que a carta precatória foi expedida por um Juiz de Direito e endereçada a outro Juiz de Direito (Juiz de Direito da 3ª Vara Cível de Itapetininga-SP ao Juiz de Direito do Foro Distrital de Buri-SP), tendo o destinatário dela a encaminhado ao Juiz Federal da 1ª Vara de Itapeva, ao fundamento de que o deprecante exerce jurisdição federal delegada. Tratando-se de **inquirição de testemunhas,** competente será o foro mais próximo à residência destas, onde o ato será rápida e facilmente realizado; no caso a sede do Juízo Federal (Município de Itapeva) é distante do local em que as testemunhas residem (Município de Buri)" (STJ-1ª Seção, CC 124.645, Min. Ari Pargendler, j. 14.8.13, DJ 21.8.13).

Art. 237: 6. "Não poderia o Juiz estadual recusar o cumprimento da carta precatória sob o fundamento da instalação de **Juizado Especial Federal** na respectiva comarca" (STJ-1ª Seção, CC 63.940, Min. Castro Meira, j. 12.9.07, DJU 8.10.07). Ponderação do voto-vista do Min. Teori Zavascki: "A delegação de competência conferida com base no art. 109, § 3º, da CF, somente deixa de existir quando houver, na comarca, juízo federal investido de competência geral e integral".

Art. 237: 7. "Figurando como parte na lide **empresa pública federal,** ao juiz deprecado, quando não seja órgão da Justiça Federal, é defeso praticar atos que consistam em julgamento" (RSTJ 50/17).

Capítulo II | DA CITAÇÃO

Art. 238. Citação é o ato pelo qual são convocados[1] o réu, o executado ou o interessado[2] para integrar a relação processual.[3] [Dispositivo correspondente no CPC/1973: art. 213]

Art. 238: 1. "Requerida a citação de terceiro, a pedido da ré e contra a vontade do autor, a exclusão daquele permite a condenação da ré ao pagamento dos honorários do patrono do terceiro excluído, pois apenas ela deu causa à despesa" (RSTJ 132/444).

Art. 238: 2. Lei 12.529, de 30.11.11 — Estrutura o Sistema Brasileiro de Defesa da Concorrência; dispõe sobre a prevenção e repressão às infrações contra a ordem econômica; e dá outras providências: **"Art. 118.** Nos processos judiciais em que se discuta a aplicação desta Lei, o Cade deverá ser intimado para, querendo, intervir no feito na qualidade de assistente".

Art. 238: 3. É nula a citação feita sem obediência às formalidades legais (art. 280).

Art. 239. Para a validade do processo é indispensável a citação do réu ou do executado,[1 a 4] ressalvadas as hipóteses de indeferimento da petição inicial ou de improcedência liminar do pedido. [Dispositivo correspondente no CPC/1973: art. 214-*caput*]

§ 1º O comparecimento espontâneo do réu ou do executado[5 a 5e] supre a falta ou a nulidade da citação, fluindo a partir desta data o prazo[6-6a] para apresentação de contestação[6b-6c] ou de embargos à execução.[7-8] [Dispositivos correspondentes no CPC/1973: art. 214 §§ 1º e 2º]

§ 2º Rejeitada a alegação de nulidade,[9-10] tratando-se de processo de: [Sem dispositivo correspondente no CPC/1973]

I — conhecimento, o réu será considerado revel; [Sem dispositivo correspondente no CPC/1973]

II — execução, o feito terá seguimento. [Sem dispositivo correspondente no CPC/1973]

Art. 239: 1. v. arts. 114 (citação do litisconsorte necessário), 126 (citação do denunciado), 131 (citação do chamado ao processo), 135 (citação no incidente de desconsideração da personalidade jurídica), 269, nota 1a (intimação no lugar de citação), 303 § 1º-II (no procedimento da tutela antecipada antecedente), 306 (no procedimento da tutela cautelar antecedente), 525 § 1º-I (impugnação ao cumprimento de sentença por falta ou nulidade de citação), 683 § ún. (citação do oposto), 721 (nos procedimentos de jurisdição voluntária), 802 (na execução), LD 16 (na desapropriação), LJE 18 (no Juizado Especial), LI 59 § 2º (comunicação da ação de despejo ao sublocatário), LMS 5º, nota 13 (mandado de segurança contra sentença prolatada em processo sem a citação do réu).

Art. 239: 2. O juiz pode, de ofício, reconhecer a falta ou nulidade da citação: "O exame de anomalia na citação independe de provocação da parte, uma vez que ao Judiciário incumbe apreciar de ofício os pressupostos processuais e as condições da ação (CPC, arts. 267, § 3º, e 301, § 4º)" (STJ-4ª T., REsp 22.487-5, Min. Sálvio de Figueiredo, j. 2.6.92, DJU 29.6.92). No mesmo sentido: RT 723/335.

"Nula a citação, não se constitui a relação processual e a sentença não transita em julgado, podendo, a qualquer tempo, ser declarada nula, em ação com esse objetivo, ou em embargos à execução, se o caso (CPC, art. 741, I)" (RSTJ 25/439).

"Na ação declaratória de nulidade, por falta ou vício de citação, o juiz decidirá se ocorreu ou não a correta citação do réu na ação anterior; se foi citado validamente, será improcedente a ação declaratória de inexistência da relação jurídica resultante da sentença na ação anterior; se nula a citação, será renovado o processo da demanda anterior, a partir da *in jus vocatio*" (RSTJ 8/231; v. p. 251, voto do Min. Athos Carneiro).

"A nulidade da citação constitui matéria passível de ser examinada **em qualquer tempo e grau de jurisdição,** independentemente de provocação da parte; em regra, pode, também, ser objeto de ação específica ou, ainda, suscitada como matéria de defesa em face de processo executivo. Trata-se de **vício transrescisório"** (STJ-3ª T., REsp 1.138.281, Min. Nancy Andrighi, j. 16.10.12, DJ 22.10.12).

"A exigência de citação constitui pressuposto do contraditório, que é garantia constitucional. A citação não se confunde com a intimação da penhora e sua falta é causa de nulidade do processo, que se projeta além da sentença, podendo a invalidade ser proclamada independentemente de ação rescisória (CPC, art. 741, I). Acontece que a exceção de pré-executividade supõe execução ainda não aparelhada, e na espécie ela foi oposta após a arrematação, já decorrido o prazo dos respectivos embargos" (STJ-1ª T., REsp 1.415.108, Min. Ari Pargendler, j. 4.2.14, DJ 13.2.14).

Art. 239: 3. "A falta ou nulidade de citação torna **imprescritível** a faculdade de se desfazer a viciada relação processual" (RT 648/71).

Art. 239: 3a. "Mesmo tendo convicção formada acerca da procedência do pedido, cabe ao Tribunal confirmar a regularidade das citações e da nomeação de curador especial, requisitos indispensáveis ao desenvolvimento válido e regular do processo, sobretudo quando formulada por réu revel, mesmo que em sede de embargos de declaração, tendo em vista que, sendo hipótese **de nulidade absoluta,** não se encontra sujeita a preclusão, podendo ser ar-

Código de Processo Civil

guida a qualquer tempo, nos termos do art. 267, IV e § 3º, do CPC. O fato de, na visão do Tribunal, existir fundamento suficiente para a procedência do pedido não lhe autoriza a dispensar a oportunidade de apresentação da contestação ou a nomeação de curador especial, corolários dos princípios constitucionais do contraditório, da ampla defesa e do devido processo legal, garantias inerentes a um Estado democrático de direito" (STJ-3ª T., REsp 1.280.855, Min. Nancy Andrighi, j. 6.3.12, DJ 9.10.12).

Art. 239: 3b. A jurisprudência controverte acerca da via adequada para a impugnação da decisão proferida em processo no qual **não houve ou foi nula a citação do réu:**

— Julgando cabível a **ação de nulidade:** "A falta de citação compromete a sentença, que por isso não transita em julgado, devendo o vício ser atacado por ação ordinária" (STJ-3ª T., REsp 649.618, Min. Menezes Direito, j. 16.11.06, DJU 19.3.07). No mesmo sentido: STF-Pleno: RTJ 107/778, STF-RT 588/245 e STF-RAMPR 44/131, sempre o mesmo acórdão; RTJ 110/210; STJ-4ª T., REsp 1.333.887, Min. Isabel Gallotti, j. 25.11.14, DJ 12.12.14; RSTJ 8/231, 89/247, 169/352; STJ-RT 819/178; STJ-Bol. AASP 2.076/737j; RT 636/69; JTJ 172/266; JTA 106/87, três votos a dois; JTAERGS 78/106, citação da p. 108; Lex-JTA 142/364.

No sentido de que a ação civil pública é adequada para postular a declaração de nulidade da sentença nessas circunstâncias: STJ-2ª T., REsp 1.015.133, Min. Castro Meira, j. 2.3.10, um voto vencido, DJ 23.4.10.

A nulidade de sentença, para ser reconhecida através da *querela nullitatis*, pressupõe não só a nulidade de citação, mas também a revelia (STF-Pleno: RTJ 107/778, RT 588/245 e RAMPR 44/131).

— Entendendo admissível a **rescisória:** "Tem sido admitida a ação rescisória para reconhecimento da nulidade de pleno direito do processo por falta de citação inicial" (STJ-4ª T., REsp 330.293, Min. Ruy Rosado, j. 7.3.02, DJU 6.5.02). No mesmo sentido: STJ-1ª Seção, AR 5.233, Min. Francisco Falcão, j. 28.10.20, DJ 17.12.20; RBDP 49/160. Julgando-a procedente: RT 661/148, RF 308/142, RJTJESP 114/434, RJTJERGS 134/240.

"Se a parte comparece ao processo, ainda que para arguir a nulidade da citação, tendo sido julgada improcedente sua arguição e declarado válido o ato citatório, o remédio jurídico adequado é a rescisória. Apenas a sentença *nulla ipso iure*, que alguns preferem chamar de sentença 'inexistente', proferida à revelia do réu não sofre o efeito da coisa julgada" (RSTJ 169/352, RT 819/178 e RF 374/288: 3ª T.; os três são o mesmo acórdão).

— Aceitando **tanto a ação de nulidade como a rescisória:** STJ-3ª T., REsp 113.091, Min. Ari Pargendler, j. 10.4.00, DJU 22.5.00; STJ-4ª T., REsp 54.132-8, Min. Ruy Rosado, j. 6.6.95, DJU 16.10.95; RSTJ 25/439, 96/318, RJTJERGS 249/138.

Com a devida vênia, a razão está com os acórdãos que admitem tanto a ação de nulidade como a ação rescisória para a desconstituição do julgado proferido em processo sem a citação válida do réu. Na verdade, qualquer via é adequada para a insurgência contra vício dessa ordem, com destaque ainda para a oposição à execução (arts. 525 § 1º-I e 535-I) e até para o mandado de segurança (LMS 5º, nota 13). A única ponderação a ser feita é a seguinte: escolhida uma dessas vias e enfrentada a questão, as demais se fecham.

S/ ação de nulidade do processo, por falta ou vício de citação, v. arts. 115, nota 1 (litisconsorte necessário), e 506, nota 1c (usucapião); s/ ação rescisória, v. art. 966, nota 6a; s/ ação rescisória e litisconsorte necessário não citado, v. art. 967, nota 5. V. ainda arts. 525 § 1º-I e 741-I (nulidade de citação arguida em oposição à execução).

Art. 239: 4. "A citação promovida durante a greve do judiciário é válida. Compete ao advogado constituído pela parte acompanhar o movimento grevista, cientificando-se do início da contagem dos prazos processuais" (STJ-3ª T., REsp 1.153.218, Min. Nancy Andrighi, j. 24.8.10, DJ 3.9.10).

Art. 239: 5. s/ comparecimento espontâneo do executado, v. art. 802, nota 1b.

Art. 239: 5a. Há um acórdão considerando que a interposição, antes da citação, de agravo contra decisão concessiva de tutela antecipada não se considera comparecimento espontâneo do réu (RT 788/284).

Art. 239: 5b. A juntada aos autos de **procuração com poderes para receber citação** equivale ao comparecimento espontâneo do réu.

Assim: "A juntada de procuração, pela ré, onde consta poder expresso a seu advogado para receber citação, implica em comparecimento espontâneo, como previsto no art. 214, parágrafo 1º, da lei adjetiva civil, computando-se a partir de então o prazo para o oferecimento da contestação" (STJ-4ª T., REsp 173.299, Min. Aldir Passarinho Jr., j. 29.6.00, DJU 25.9.00).

"A juntada aos autos de procuração com poderes específicos para receber citação configura o instituto do comparecimento espontâneo (art. 214, § 1º, do CPC), inobstante a ausência de imediata carga dos autos. Juntada a procuração, completa-se a formação do processo, abrindo-se ao advogado a possibilidade de acesso aos autos, independente de pedido ou deferimento do juiz. A petição de vistas é, portanto, inócua, não servindo à protelação do curso do prazo e da regular marcha processual, salvo comprovada a existência de óbice concreto ao acesso efetivo dos autos" (STJ-3ª T., REsp 1.454.841, Min. Nancy Andrighi, j. 7.8.14, DJ 15.8.14).

Todavia: "O pedido de juntada de procuração aos autos por advogado com poderes especiais para receber citação pode constituir comparecimento espontâneo do réu (art. 214, § 1º, do CPC) e deflagrar o início da contagem do prazo de defesa, acaso tenha o advogado a potencial possibilidade de ter acesso aos autos do processo. Imprescindível, para o atendimento aos princípios orientadores do processo civil, que se reconheça deflagrado o início do prazo da contestação quando poderia o advogado, ao menos potencialmente, tomar contato direto com as peças que instruem os autos, resguardando-se uma real e segura oportunidade do exercício ao princípio do contraditório à luz do que nos autos está. Realizado o pedido de juntada da procuração no curso das férias forenses, sem que se tenha verificado a exceção constante no inciso II do art. 173 do CPC, faz-se ineficaz o ato citatório até o primeiro dia útil seguinte ao fim das mencionadas férias. O início do prazo para a contestação, assim, iniciará no dia subsequente àquele em que se considerou realizada a citação. Tempestividade da defesa. Revelia inocorrente" (STJ-3ª T., REsp 1.249.720-AgRg, Min. Paulo Sanseverino, j. 13.8.13, DJ 22.8.13).

Art. 239: 5c. "O comparecimento espontâneo do réu, na forma do disposto no § 1º do art. 214 do Código de Processo Civil, supre a falta de citação, **ainda que o advogado que comparece e apresenta contestação tenha procuração com poderes apenas para o foro em geral,** desde que de tal ato não resulte nenhum prejuízo à parte ré" (STJ-2ª T., REsp 772.648, Min. João Otávio, j. 6.12.05, DJU 13.3.06). No mesmo sentido: STJ-3ª T., REsp 1.193.777, Min. Nancy Andrighi, j. 11.6.13, DJ 20.6.13; STJ-4ª T., Ag em REsp 529.416-AgRg, Min. Antonio Ferreira, j. 22.9.15, DJ 29.9.15.

Art. 239: 5d. No sentido de que **não implica comparecimento** espontâneo do réu:

— "Comunicação nos autos de agravo de instrumento interposto. Ausência de poderes para receber citação no instrumento procuratório. Comparecimento espontâneo. Não configuração" (STJ-Corte Especial, ED no REsp 1.709.915, Min. Og Fernandes, j. 1.8.18, DJ 9.8.18);

— "a petição em que o advogado, sem poderes para receber citação, requer, simplesmente, a juntada de procuração aos autos" (STJ-3ª T., REsp 193.106, Min. Ari Pargendler, j. 15.10.01, DJU 19.11.01). No mesmo sentido: STJ-2ª T., REsp 1.468.906-AgRg, Min. Mauro Campbell, j. 26.8.14, DJ 1.9.14;

— "o simples pedido de vista, subscrito por advogado sem poderes especiais para receber citação" (STJ-4ª T., REsp 92.373, Min. Barros Monteiro, j. 12.11.96, DJU 26.5.97);

— a retirada dos autos de cartório, por advogado munido de procuração sem poderes para receber a citação (RSTJ 185/441: 4ª T., REsp 407.199; RT 809/230);

— "A retirada dos autos de cartório por advogado sem procuração não autoriza presumir que houve ciência inequívoca da demanda pelo réu, devendo o prazo da contestação ser contado da juntada do mandado de citação devidamente cumprido" (STJ-3ª T., REsp 1.449.889, Min. João Otávio, j. 21.8.14, DJ 4.9.14);

— o envio dos autos ao xerox, a requerimento de advogado que não havia juntado procuração com poderes para receber citação (JTJ 311/165).

No mesmo sentido: RTJ 119/859, STF-RT 613/259, RSTJ 56/200, RT 579/166, RJTJESP 83/175, Lex-JTA 169/294.

Contra: "Se, embora não formalizada a citação da mulher do réu de ação de usucapião, esta outorga mandato a advogado para defendê-la em referido feito, é de ser considerada, a partir da juntada do instrumento procuratório aos autos, suprida a providência citatória, a teor do disposto no art. 214, § 1º, CPC" (RSTJ 43/227 e STJ-Bol. AASP 1.785/100). No mesmo sentido: RT 508/147 (não se esclarece se a procuração outorgava ou não poderes para receber citação), 612/158 (a vista foi pedida "para contestar a ação"), 630/138 (vista pedida "com o fim específico de defender o réu"), RJTJESP 129/323, JTA 107/468. Ainda: "A juntada de instrumento procuratório, inclusive com a manifestação expressa do desejo de contestar, antes de expedido o mandado de citação, importa em comparecimento espontâneo, devendo fluir desta data o prazo para o oferecimento da contestação" (STJ-4ª T., REsp 120.002, Min. Fernando Gonçalves, j. 22.6.04, DJU 2.8.04; no acórdão não há referência a poderes para receber citação). "Resta configurado o instituto do comparecimento espontâneo (art. 214, § 1º, do CPC) na hipótese em que o réu, antecipando-se ao retorno do mandado ou 'a.r.' de citação, colaciona aos autos procuração dotada de poderes específicos para contestar a demanda, mormente quando segue a pronta retirada dos autos em carga por iniciativa do advogado constituído. Conjuntamente considerados, tais atos denotam a indiscutível ciência do réu acerca da existência da ação contra si proposta, bem como o empreendimento de efetivos e concretos atos de defesa. Flui regularmente, a partir daí, o prazo para apresentação de resposta. Irrelevante, diante dessas condições, que o instrumento de mandato não contenha poderes para recebimento de citação diretamente pelo advogado, sob pena de privilegiar-se a manobra e a má-fé processual" (STJ-4ª T., REsp 1.026.821, Min. Marco Buzzi, j. 16.8.12, DJ 28.8.12). No mesmo sentido: STJ-1ª T., REsp 1.181.915, Min. Napoleão Maia Filho, j. 2.10.14, DJ 31.10.14.

Art. 239: 5e. O **comparecimento do réu à audiência,** embora desacompanhado de advogado, supre a falta de citação (Lex-JTA 147/56).

Art. 239: 6. s/ contagem do prazo no caso de ciência pessoal, v. art. 224, nota 2.

Art. 239: 6a. "Suprida a citação pelo comparecimento espontâneo do réu, o **prazo para contestar começa a partir daí,** e não desde quando o advogado, em nome próprio, peticionou pedindo vista dos autos" (RSTJ 88/32), ou quando tal vista lhe foi aberta (Lex-JTA 159/306).

Art. 239: 6b. A inexistência ou nulidade da citação é **matéria preliminar** de contestação (art. 337-I), mas qualquer meio é válido para sua arguição.

Art. 239: 6c. **Nem sempre o prazo para contestação será deflagrado** pelo comparecimento espontâneo. Se estiver pendente de realização audiência liminar de conciliação ou de mediação (v. art. 334) ou se ainda houver outro réu por citar (v. art. 231 § 1º), o prazo para contestar não tem início desde logo.

Quando o réu argui em fase mais avançada do processo o vício na citação e nessa mesma oportunidade pede que o juiz designe a audiência de conciliação ou de mediação, pensamos que o prazo para contestação também não deve ser considerado iniciado desde logo. Afinal, o direito à conciliação ou à mediação é de todos e não pode ficar prejudicado por falha na citação. Ademais, é do espírito da lei que as atividades para a autocomposição tenham lugar antes da contestação (v. arts. 334 e 335). Nessas circunstâncias, o prazo para contestar deve se iniciar ou da realização da audiência solicitada ou da intimação do réu acerca da decisão que indefere o pedido de designação de audiência (p. ex., por não haver espaço para autocomposição — art. 334 § 4º-II).

Art. 239: 7. s/ arguição da nulidade de citação em embargos à execução e princípio da eventualidade, v. art. 914, nota 4.

Art. 239: 8. "Tem-se por suprida a citação pela intervenção do citando no processo, tanto mais quando vem a oferecer **embargos de devedor** em execução" (STJ-3ª T., Ag 13.129-AgRg, Min. Dias Trindade, j. 23.8.91, DJU 16.9.91). V. tb. art. 915, nota 7.

Art. 239: 9. **Não é agravável** a decisão que delibera sobre a nulidade da citação (v. art. 1.015). O inconformismo diante dela deve ser manifestado na forma do art. 1.009 § 1º.

Art. 239: 10. "Se a arguição for rejeitada, **não se reabre o prazo para resposta**" (RSTJ 95/243). No mesmo sentido: STJ-2ª T., Ag em REsp 88.065-AgRg, Min. Castro Meira, j. 9.10.12, RP 215/471.

Art. 240. A citação válida,[1-2] ainda quando ordenada por juízo incompetente,[3] induz litispendência,[4] torna litigiosa a coisa[5 a 7] e constitui em mora[8 a 9] o devedor, ressalvado o disposto nos arts. 397 e 398 da Lei n. 10.406, de 10 de janeiro de 2002 (Código Civil). [Dispositivo correspondente no CPC/1973: art. 219-*caput*]

§ 1º A interrupção[9a a 11] da prescrição,[12] operada pelo despacho que ordena a citação, ainda que proferido por juízo incompetente, retroagirá à data de propositura da ação.[13 a 15] [Dispositivo correspondente no CPC/1973: art. 219 § 1º]

§ 2º Incumbe ao autor adotar, no prazo de 10 (dez) dias, as providências necessárias para viabilizar a citação, sob pena de não se aplicar o disposto no § 1º.[16] [Dispositivos correspondentes no CPC/1973: art. 219 §§ 2º e 4º]

§ 3º A parte não será prejudicada pela demora imputável exclusivamente ao serviço judiciário.[16a a 18] [Dispositivo correspondente no CPC/1973: art. 219 § 2º]

§ 4º O efeito retroativo a que se refere o § 1º aplica-se à decadência e aos demais prazos extintivos previstos em lei. [Dispositivo correspondente no CPC/1973: art. 220]

Art. 240: 1. "Válida"; logo, **se anulada, não produz os efeitos** legais (RT 503/216, em.).

"Prescrição da pretensão. Réus que faleceram antes do ajuizamento da ação. Trânsito em julgado de decisão que anulou o processo e a citação por edital. Citação decretada nula não pode interromper o prazo prescricional" (STJ-3ª T., REsp 1.777.632, Min. Moura Ribeiro, j. 25.6.19, DJ 1.7.19).

Art. 240: 2. O **comparecimento espontâneo** do réu produz os mesmos efeitos da citação válida (v. art. 239 § 1º).

Art. 240: 3. s/ incompetência, v. arts. 64 a 66.

Art. 240: 4. v. arts. 312, nota 2, e 337 §§ 1º a 3º.

Art. 240: 5. v. arts. 77-VI (inovação no estado de coisa litigiosa), 109 (alienação de coisa litigiosa), 790-V c/c 792 (fraude à execução), 808 (execução contra o terceiro adquirente).

Art. 240: 6. A citação em ação real ou reipersecutória pode ser averbada no registro de imóveis (LRP 167-I-21).

Art. 240: 7. "A venda do bem litigioso é válida e eficaz tanto no plano do direito material como do direito processual, ressalvada a eficácia da sentença perante o adquirente do dito bem" (STJ-4ª T., REsp 3.017, Min. Athos Carneiro, j. 16.10.90, DJU 10.12.90).

V., porém, art. 792, notas 18 e 19.

Art. 240: 8. s/ mora, v. CC 394 a 401.

S/ juros de mora, v. art. 322, notas 2 e segs. V. tb. art. 128, nota 5, *in fine* (denunciação da lide), CDC 97, nota 1a (ação coletiva) e LIA 12, nota 5c (multa civil por improbidade administrativa). V. ainda CC 406 e 407.

Art. 240: 8a. "Obrigação sem prazo determinado. **Constituição do devedor em mora.** Art. 960, CC. Citação. Validade como interpelação nos casos em que a lei não exija a interpelação premonitória como condição especial da ação" (STJ-4ª T., REsp 130.012, Min. Sálvio de Figueiredo, j. 23.9.98, DJ 1.2.99).

"Nos termos do artigo 397, parágrafo único, do Código Civil, em se tratando de dívida não sujeita a termo, tal como ocorre na espécie, o devedor é constituído em mora por meio de interpelação judicial ou extrajudicial. Assim, encontrar-se-á em mora (inadimplente, portanto) o devedor que, embora instado, judicial ou extrajudicialmente, para a pagar, não providenciar, a tempo, o correlato adimplemento. No ponto, é de suma importância deixar assente que a citação operada no bojo da ação de execução não se destina a instar o devedor a se defender, mas sim a cumprir a obrigação contida no título executivo judicial, especialmente porque a relação jurídica material estabelecida entre as partes encontra-se, por força de lei, devidamente definida. E, justamente por se efetivar perante o Poder Judiciário, dúvidas não pairam sobre a idoneidade desta 'interpelação', e, principalmente, sobre o atendimento de sua finalidade, que é, ressalta-se, de instar o devedor a pagar. Deste modo, a citação operada no bojo da ação de execução tem o condão de constituir o devedor em mora e, verificada a inércia do devedor, confirmar em juízo o alegado inadimplemento" (STJ-3ª T., REsp 1.489.913, Min. Marco Bellizze, j. 11.11.14, DJ 20.11.14).

Todavia: "A citação inicial somente se presta a constituir mora nos casos em que a ação não se funda na mora do réu, hipótese em que esta deve preceder ao ajuizamento" (RSTJ 132/413: 4ª T., REsp 159/661).

Art. 240: 9. "**Pluralidade de réus** afastada. Juros de mora. Cômputo. Data da citação. Na espécie, o termo inicial para a fluência dos juros de mora se deu, com relação à recorrida, na data em que a mesma foi propriamente citada (13/09/2004), pois foi neste momento em que a mesma foi constituída em mora. Os efeitos da citação não podem ser confundidos com o início do prazo para a defesa dos litisconsortes. Não se aplica, para a constituição em mora, regra processual disciplinadora do termo inicial do prazo para contestar (CPC/2015, art. 231, § 1º), em detrimento da regra geral de direito material pertinente (Código Civil, art. 280). Especificamente na hipótese dos autos, há ainda o relevante fato de os demais corréus terem tido sua ilegitimidade passiva reconhecida por sentença, o que reforça a ideia de impossibilidade da contagem dos juros de mora dar-se somente a partir da data da citação do último daqueles que, naquela fase, ainda era considerado réu no processo, mas que, posteriormente, deixou de sê-lo" (STJ-3ª T., REsp 1.868.855, Min. Nancy Andrighi, j. 22.9.20, DJ 28.9.20).

Art. 240: 9a. s/ interrupção da prescrição, v. CC 202-I, 203 e 204.

Art. 240: 9b. "A **ação civil pública** ajuizada pelo Ministério Público objetivando a nulidade dos atos normativos expedidos no sentido de não admitir prova de tempo de serviço rural em nome de terceiros interrompeu a prescrição quinquenal das ações individuais propostas com a mesma finalidade (art. 219, *caput* e § 1º, do CPC e art. 203 do CCB)" (STJ-2ª T., REsp 1.449.964, Min. Herman Benjamin, j. 5.8.14, DJ 13.10.14).

"Liquidação de ação coletiva. Prescrição. Liquidação apresentada por legitimado extraordinário. Interrupção do prazo. Ocorrência" (STJ-3ª T., REsp 1.680.451-AgInt, Min. Marco Bellizze, j. 6.2.18, DJ 22.2.18).

Todavia, no caso de ação individual não suspensa em razão do ajuizamento da ação coletiva (CDC 104), a prescrição é orientada por aquela, e não por esta (STJ-2ª T., REsp 1.647.686, Min. Herman Benjamin, j. 25.4.17, DJ 5.5.17).

"A propositura de ação coletiva interrompe a prescrição apenas para a propositura da ação individual. Em relação ao pagamento de parcelas vencidas, a prescrição quinquenal tem como marco inicial o ajuizamento da ação individual" (STJ-2ª T., Ag em REsp 1.197.282-AgRg, Min. Francisco Falcão, j. 8.5.18, DJ 15.5.18).

"Conquanto interrompido pela ação coletiva o prazo prescricional relativo à discussão do fundo de direito, a opção da parte em iniciar e dar sequência à ação ordinária individual, posteriormente ao ajuizamento da ação coletiva e antes de seu trânsito em julgado, torna o feito individual processualmente autônomo e independente do litígio coletivo, fato esse que desloca o termo inicial da prescrição das prestações vencidas para o momento do ajuizamento da ação individual. Na situação em que o potencial beneficiário da sentença coletiva opta por ajuizar e dar prosseguimento à ação ordinária individual — em vez de aguardar o fim da ação coletiva para então executá-la —, o termo inicial prescricional de eventuais prestações vencidas é o momento do ajuizamento da ação ordinária individual, sendo forçoso interpretar sistematicamente os dispositivos do Código de Defesa do Consumidor (art. 104) e do Código Civil (art. 203). No caso dos autos, o potencial beneficiário da sentença coletiva, antes do desfecho do litígio de massa, deu início a uma ação individual, pretendendo, contudo, fazer retroagir a prescrição das prestações devidas à data do ajuizamento da ação coletiva. A opção do referido beneficiário em não aguardar o desfecho do feito coletivo, todavia, tornou a ação individual autônoma e independente do litígio coletivo, razão pela qual, *in casu*, a prescrição atinge as prestações vencidas antes do quinquênio anterior à propositura da ação individual, e não da ação coletiva" (STJ-2ª T., REsp 1.753.994, Min. Herman Benjamin, j. 2.10.18, DJ 16.11.18).

Art. 240: 9c. "**Litisconsórcio ativo multitudinário. Desmembramento.** Ausência de citação. Demanda individual subsequente. Prescrição. Interrupção. Marco inicial. Data do ajuizamento da ação originária. A prescrição acarreta a perda da exigibilidade de um direito (ou a perda de uma pretensão deduzível em juízo), de modo que somente pode ser prejudicado pela passagem do tempo aquele a quem se puder atribuir inércia injustificada na busca de seus interesses. No particular, deve-se considerar que a recorrida exerceu sua pretensão dentro do prazo, em litisconsórcio facultativo, quando ajuizou a demanda originária, não podendo, portanto, vir a sofrer qualquer prejuízo de índole processual ou material em decorrência de providência adotada pelo julgador, à qual não deu causa. Assim, na hipótese dos autos, a data que deve prevalecer para fins do marco inicial da interrupção da prescrição é a da propositura da ação originária, como forma de não lesar os litisconsortes que litigavam conjuntamente e que foram elididos da relação processual primeva" (STJ-3ª T., REsp 1.868.419, Min. Nancy Andrighi, j. 22.9.20, DJ 28.9.20).

Art. 240: 10. Afirmando que a interrupção da prescrição em relação a um dos **litisconsortes passivos necessários** é suficiente para arredá-la: RT 597/157, JTAERGS 85/130.

"Se o **direito** em discussão é **indivisível,** a interrupção da prescrição por um dos credores a todos aproveita" (RSTJ 43/298).

"A citação extemporânea de litisconsorte necessário unitário, após decorrido o prazo de quatro anos para a propositura da ação que visa à desconstituição de negócio jurídico realizado com fraude a credores, não enseja a decadência do direito do credor. O direito potestativo, por sua própria natureza, considera-se exercido no momento do ajuizamento da ação, quando então cessa o curso do prazo de decadência em relação a todos os partícipes do ato fraudulento" (STJ-3ª T., REsp 750.135, Min. Paulo Sanseverino, j. 12.4.11, DJ 28.4.11).

Em matéria de ação popular, v. LAP 21, nota 4.

Em matéria de ação rescisória, v. art. 975, nota 3.

Art. 240: 10a. "A citação válida em **ação declaratória** interrompe a prescrição na respectiva ação condenatória" (STJ-5ª T., REsp 606.138, Min. Gilson Dipp, j. 17.6.04, DJU 2.8.04). No mesmo sentido: STJ-1ª T., REsp 810.145, Min. Teori Zavascki, j. 6.3.07, DJU 29.3.07.

Assim: "A autora pretende ser indenizada pelos danos sofridos em decorrência da rescisão contratual declarada por sentença e que foi provocada pela prática de atos ilícitos pela ré, também reconhecidos na sentença declaratória. Na hipótese, o pedido da ação declaratória caracteriza a causa de pedir para a ação indenizatória, restando, portanto, clara a relação entre elas e, por isso, justifica-se a interrupção da prescrição" (STJ-3ª T., REsp 1.354.361, Min. Nancy Andrighi, j. 9.4.13, DJ 15.4.13).

Art. 240: 10b. Os requerimentos de **tutela antecipada e cautelar antecedentes** (arts. 303 a 310) também são aptos para a interrupção da prescrição.

"O despacho do juiz que determina a citação na ação cautelar preparatória tem o condão de interromper o prazo prescricional referente à pretensão principal a ser futuramente exercida (art. 202, I, do novo CC)" (STJ-3ª T., REsp 822.914, Min. Gomes de Barros, j. 1.6.06, DJU 19.6.06). No mesmo sentido: STJ-5ª T., REsp 949.204-EDcl, Min. Arnaldo Esteves, j. 17.3.09, DJ 6.4.09; STJ-2ª T., REsp 1.067.911, Min. Eliana Calmon, j. 18.8.09, DJ 3.9.09.

"A propositura de demanda judicial pelo devedor, seja anulatória, seja de sustação de protesto, que importe em impugnação do débito contratual ou de cártula representativa do direito do credor, é causa interruptiva da prescrição" (STJ-3ª T., REsp 216.382, Min. Nancy Andrighi, j. 3.8.04, DJU 13.12.04).

S/ interrupção da prescrição em cautelar de sustação de protesto ou anulatória de título, v. art. 297, nota 5b.

Art. 240: 10c. "Para reputar-se interrompida a prescrição aquisitiva com a citação, é de rigor que a ação proposta, de modo direto ou virtual, vise à **defesa do direito material** sujeito à prescrição" (RSTJ 157/237).

Art. 240: 10d. "A citação interrompe a prescrição, dela não se podendo cogitar enquanto a ação pende de julgamento; esse efeito, todavia, só se produz em relação ao que foi objeto do pedido" (RSTJ 98/23).

"O prazo prescricional, interrompido pela citação válida, somente **reinicia o seu curso após o trânsito em julgado** do processo extinto sem julgamento do mérito. Tanto que, se assim não o fosse, a segunda ação também seria extinta por força da litispendência" (STJ-1ª T., REsp 1.165.458, Min. Luiz Fux, j. 15.6.10, DJ 29.6.10).

Art. 240: 10e. "A citação válida interrompe a prescrição, ainda que o **processo** seja **extinto sem julgamento de mérito**" (RSTJ 93/156, "salvante as hipóteses do art. 267, incisos II e III, do CPC"). No mesmo sentido: STJ-3ª T., REsp 947.264, Min. Nancy Andrighi, j. 25.5.10, DJ 22.6.10; STJ-4ª T., Ag em REsp 316.215-AgRg, Min. Luis Felipe, j. 11.6.13, DJ 18.6.13. V. nota seguinte.

"A citação válida ocorrida no processo movido pelo sindicato, com o mesmo objeto da ação individual, ainda que tenha sido julgado extinto sem resolução do mérito em face da ilegitimidade ativa *ad causam*, configurou causa interruptiva do prazo prescricional para propositura da ação individual" (STJ-1ª T., Ag em REsp 54.953-AgRg, Min. Arnaldo Esteves, j. 2.10.12, DJ 15.10.12).

"Quanto ao tema da interrupção da prescrição, a lei não faz distinção entre o pedido julgado procedente e o pedido julgado improcedente. Evidenciado o inequívoco exercício do direito e a boa-fé do autor, ainda que com a propositura de ação incabível, interrompe-se o prazo prescricional" (STJ-2ª Seção, ED no REsp 54.788, Min. Cesar

Rocha, j. 28.2.07, um voto vencido, DJU 11.10.07). Esse acórdão retifica o acórdão anteriormente proferido, com igual entendimento (STJ-2ª Seção, ED no REsp 54.788, Min. Gomes de Barros, j. 27.9.06, DJU 6.11.06). No mesmo sentido: RTJ 98/213, RSTJ 51/140, RT 869/327.

Contra: "Uma vez julgada improcedente a ação possessória, a citação não tem efeito interruptivo da prescrição aquisitiva. Notificação judicial ou protesto para interromper a prescrição aquisitiva deve ter fim específico e declarado" (STJ-4ª T., REsp 149.186, Min. Fernando Gonçalves, j. 4.11.03, maioria, DJU 19.12.03). Ainda contra: RTJ 108/1.105; STJ-3ª T., REsp 944.661-AgRg, Min. Ricardo Cueva, j. 13.8.13, DJ 20.8.13; RT 737/432.

Art. 240: 11. "A citação realizada em ação ajuizada anteriormente, **extinta sem julgamento do mérito, por inércia do autor** (art. 267, II e III, do CPC), não tem o condão de interromper a prescrição" (STJ-4ª T., REsp 523.264, Min. Jorge Scartezzini, j. 12.12.06, DJU 26.2.07). Em sentido semelhante: STF-Pleno, MS 20.984-4-QO, Min. Moreira Alves, j. 18.10.89, DJU 30.10.92. **Contra:** "A absolvição da instância por não promover o autor os atos e diligências a seu cargo (Cód. Proc. Civil de 1939, art. 201, V) não retira à citação precedente seus efeitos interruptivos da prescrição" (STF-Pleno: RTJ 142/898, maioria).

Se a citação é de quem **não é parte legítima *ad causam*,** não se interrompe a prescrição nem se impede a consumação da decadência (STJ-Corte Especial, ED no Ag em REsp 1.294.919, Min. Laurita Vaz, j. 5.12.18, DJ 13.12.18; RT 649/131, RF 303/182). **Contra:** "Mesmo extinto o processo por ilegitimidade passiva, a citação válida possui o condão de interromper o curso do prazo prescricional ante a aparência de correta propositura da ação" (STJ-2ª T., REsp 1.618.257-AgInt, Min. Og Fernandes, j. 21.3.17, DJ 28.3.17). "Na hipótese, uma primeira demanda de cobrança foi ajuizada contra a administradora, que denunciou a lide a bandeira do cartão de crédito. Porém, o processo foi extinto sem resolução de mérito, por ilegitimidade passiva, e a denunciação da lide julgada prejudicada. Em caso de aparente legitimidade passiva, a citação da primeira demandada é válida para interromper o prazo prescricional relativamente à litisdenunciada, retroativamente à data da propositura da ação principal" (STJ-3ª T., REsp 1.679.199, Min. Ricardo Cueva, j. 14.5.19, DJ 24.5.19).

Art. 240: 12. s/ prescrição, v. art. 487-II e notas. S/ prescrição e: embargos de terceiro, v. art. 674, nota 6; execução fiscal, v. LEF 8º, nota 17; mandado de segurança, v. LMS 7º, nota 8.

S/ interrupção da decadência, v. § 4º.

Art. 240: 13. v. art. 312, especialmente nota 2.

Na execução, v. art. 802; na execução fiscal, v. LEF 8º § 2º; na ação renovatória, v. LI 51, nota 8.

Art. 240: 14. Se o despacho ordenando a citação é proferido no prazo, mas sobrevém **aditamento da inicial,** já fora desse prazo, para **inclusão do verdadeiro réu,** consuma-se a prescrição ou a decadência (RT 493/165, JTA 43/156).

Todavia: "Ação de reparação de danos. Intervenção de terceiro. **Extromissão de parte.** Nomeação à autoria. Aproveitamento dos atos processuais. Promovidos os atos de citação pela autora na oportunidade processualmente assegurada, a interrupção da prescrição retroage à data da propositura da ação" (STJ-3ª T., REsp 1.705.703, Min. Marco Bellizze, j. 2.10.18, DJ 8.10.18).

Em matéria de ação renovatória, v. LI 51, nota 8c.

Art. 240: 15. "Para que o direito tenha-se como exercido no prazo, necessário que, antes de findar, seja determinada a citação (CPC, art. 219, § 1º, combinado com 220). Admite-se como oportuno o ajuizamento da ação caso tenha feito o autor tudo o que lhe cabia, antes de exausto o prazo. Hipótese em que isso não ocorreu, uma vez que a **inicial** teve de ser **emendada, após o término do prazo"** (STJ-3ª T., REsp 15.354, Min. Eduardo Ribeiro, j. 4.2.92, DJU 9.3.92).

Todavia: "A emenda à inicial é posterior ao prazo trienal previsto no art. 206, inciso V, do Código Civil. Ocorre que a petição inicial foi distribuída antes deste prazo, sendo certo que, malgrado os pedidos não tenham sido deduzidos de forma clara naquela oportunidade, a pretensão indenizatória já havia sido deflagrada, não havendo que se falar em prescrição do pleito indenizatório" (STJ-3ª T., Ag em REsp 1.053.871-AgInt, Min. Marco Bellizze, j. 22.3.18, DJ 4.4.18).

Art. 240: 16. Nesse mesmo prazo de dez dias, sob pena de prescrição ou decadência, deve a parte efetuar o **preparo prévio do feito,** nos casos em que é devido (RTJ 142/469).

Art. 240: 16a. Súmula 106 do STJ: "Proposta a ação no prazo fixado para o seu exercício, a **demora na citação,** por motivos inerentes ao mecanismo da Justiça, não justifica o acolhimento da arguição de prescrição ou decadência" (v. jurisprudência s/ esta Súmula em RSTJ 70/129). A Súmula 106 confirma e **substitui a Súmula 78** do TFR.

"Tendo o autor atendido a todas as exigências da lei (promoveu a citação em 10 dias e pediu a prorrogação por mais 90), o **obstáculo judicial independente da sua vontade** não pode militar contra ele" (RJTAMG 24/353).

"O fato de a ação rescisória ter sido proposta no último dia do prazo de dois anos estabelecido no art. 495 do CPC não afasta a aplicabilidade da Súmula 106/STJ" (STJ-2ª Seção, AR 3.688, Min. Luis Felipe, j. 29.2.12, DJ 24.4.12).

"A pretensão rescisória foi exercida no biênio de que dispunha o autor para provocar a jurisdição. Embora a citação tenha sido efetivada após o prazo, não se consumou o prazo decadencial, já que em nenhum momento o autor ficou inerte. Pelo contrário, a todo momento municiou os autos com informações necessárias à citação por carta. Assim, a citação deve retroagir à data do despacho que a ordenou, consoante o disposto no art. 219, § 1º, do CPC. Nesses termos, incide a Súmula 106 do STJ" (STJ-1ª Seção, AR 3.157, Min. Castro Meira, j. 26.6.13, DJ 30.8.13).

Consuma-se, **porém,** a prescrição ou a decadência se, por **culpa do autor,** a citação não é determinada ou não ocorre no prazo, como, p. ex., se deixa de juntar com a petição inicial documento indispensável (RJTJESP 113/445), ou não junta procuração, nem indica o endereço do réu (RTJ 121/32 e STF-RT 609/207), ou ainda se demora injustificadamente para efetuar o depósito inicial na ação rescisória (STF-RT 636/234, JTA 93/381).

"Hipótese em que não se pode falar em demora na citação por motivos inerentes ao mecanismo da justiça (Súmula 106/STJ), pois, em mais de uma oportunidade, a recorrente deixou de efetuar o pagamento da postagem da carta citatória, mesmo intimada para tanto, induzindo o arquivamento dos autos, retificando sua desídia apenas quando o lapso entre a emissão do cheque e a citação do réu já transpusera o prazo prescricional de 5 anos" (STJ-4ª T., REsp 1.774.597-AgInt, Min. Luis Felipe, j. 28.3.19, DJ 8.4.19).

"Conquanto intentada a ação no prazo de lei, a demora na citação justifica o acolhimento da arguição de decadência, quando por motivo atribuível ao autor. Caso em que, tendo proposto a ação no último dia do prazo, o autor não providenciou a citação do réu, no prazo que requerera e lhe fora deferido pelo relator. Decadência pronunciada pela Seção, com extinção do processo" (RSTJ 39/17).

Art. 240: 17. "Citação determinada por meio de carta de ordem que, conquanto expedida dentro do prazo legal, deixou de ser cumprida por **inexatidão do endereço da ré,** indicado na inicial. Segunda carta que, em face da incorreção do novo endereço, teve seu cumprimento retardado por vários meses. Incidência da norma do § 4º do art. 219 do CPC" (RTJ 157/880, maioria).

"Execução fiscal. Despacho citatório proferido dentro do quinquênio, com expedição de mandado que, todavia, não pôde ser cumprido, por inexatidão do endereço, apesar de repetidamente retificado. Hipótese em que tem incidência a norma do art. 219, § 4º, do CPC, já que a frustração da citação não pode ser atribuída a embaraços cartorários" (RSTJ 21/394).

Todavia: "Se o oficial de Justiça retém consigo o mandado de citação e, em prazo razoável, consegue efetivar o ato processual, inexiste inércia imputável à parte credora. **As diligências em novos endereços,** como é da praxe forense, amoldam-se de forma plena ao conceito de 'motivos inerentes aos mecanismos da Justiça', razão pela qual, no caso, a Súmula 106/STJ não pode ser utilizada em prejuízo da parte credora" (STJ-2ª T., REsp 1.318.170, Min. Herman Benjamin, j. 6.9.12, DJ 24.9.12).

Art. 240: 18. Justifica-se o excesso de prazo se o **réu reside no exterior** e o autor em momento algum deixou de diligenciar a citação (RT 637/53, maioria).

Art. 241. Transitada em julgado a sentença de mérito proferida em favor do réu antes da citação,[1] incumbe ao escrivão ou ao chefe de secretaria comunicar-lhe o resultado do julgamento.[2-3] [Dispositivo correspondente no CPC/1973: art. 219 § 6º]

Art. 241: 1. s/ sentença liminar de improcedência da demanda, v. art. 332.

Art. 241: 2. v. tb. art. 332 § 2º. S/ comunicação da sentença que indefere a petição inicial, v. art. 331 § 3º.

Art. 241: 3. Essa comunicação, naturalmente, **não tem caráter de citação,** até porque não há como integrar alguém a uma relação processual já terminada. Tal comunicação tem por finalidade simplesmente dar conhecimento da sentença, a fim de que o réu possa utilizá-la em seu favor.

Art. 242. A citação será pessoal,[1 a 2] podendo, no entanto, ser feita na pessoa do representante legal[3 a 3b] ou do procurador do réu, do executado ou do interessado.[3c a 3g] [Dispositivo correspondente no CPC/1973: art. 215-*caput*]

§ 1º Na ausência do citando,[4] a citação será feita na pessoa de seu mandatário,[5-6] administrador, preposto ou gerente,[7] quando a ação se originar de atos por eles praticados.[8] [Dispositivo correspondente no CPC/1973: art. 215 § 1º]

§ 2º O locador que se ausentar do Brasil[9] sem cientificar o locatário de que deixou, na localidade onde estiver situado o imóvel, procurador com poderes para receber citação será citado na pessoa do administrador do imóvel encarregado do recebimento dos aluguéis, que será considerado habilitado para representar o locador em juízo.[10-11] [Dispositivo correspondente no CPC/1973: art. 215 § 2º]

§ 3º A citação da União, dos Estados, do Distrito Federal, dos Municípios e de suas respectivas autarquias e fundações de direito público será realizada perante o órgão de Advocacia Pública responsável por sua representação judicial.[12-13] [Sem dispositivo correspondente no CPC/1973]

Art. 242: 1. v. arts. 71 e 75, especialmente notas.

S/ citação na pessoa do advogado, v. arts. 677 § 3º (nos embargos de terceiro), 683 § ún. (na oposição), 690 § ún. (na habilitação). V. tb. art. 248, nota 6 (citação, pelo correio, recebida por advogado de banco).

S/ citação por meio eletrônico ou em processo eletrônico, v. art. 246-V e §§ 1º e 2º e Lei 11.419/06, arts. 6º e 9º (no tít. PROCESSO ELETRÔNICO).

Art. 242: 1a. **Teoria da aparência.** "Uma coisa é a aplicação da aludida teoria, que visa coibir dificuldades excepcionais na citação — ato de essencial importância pois que diretamente vinculado à plenitude do direito de defesa assegurado pela Carta Política —, e outra coisa é a adoção de tal teoria de modo liberal, sem o exame de elementos fáticos importantes, da competência das instâncias ordinárias" (STJ-4ª T., REsp 323.873, Min. Aldir Passarinho Jr., j. 4.10.01, DJU 25.2.02).

A teoria da aparência não justifica a citação do réu na pessoa de seu filho (RSTJ 172/296: 2ª T.).

Art. 242: 2. "Requerida a citação editalícia de **pessoas** que, ao tempo do ajuizamento da ação, já se encontravam **falecidas,** impõe-se reconhecer a nulidade do processo a partir de então, à falta de comparecimento dos eventuais sucessores" (STJ-4ª T.: RF 323/179).

Art. 242: 3. s/ representação da pessoa jurídica em juízo, v. art. 75-VIII e notas.

Art. 242: 3a. "A **indicação do procurador ou do representante legal da ré** constitui ônus do autor. Nada importa a circunstância de a pessoa que recebeu a citação ter afirmado ser o representante da ré. Na dúvida e à míngua de indicação específica do autor, incumbe ao oficial de justiça exigir de quem está a receber citação a prova de sua habilitação como representante legal ou procurador" (STJ-1ª T.: RSTJ 143/114). No mesmo sentido, quanto à necessidade de o autor indicar o representante legal da ré: STJ-RT 715/278, dois votos vencidos; STJ-3ª T.: RF 340/247.

"O autor tem o dever de indicar corretamente a pessoa que deverá receber a citação, sendo inaplicável a teoria da aparência com a justificação de ter sido a citação, no caso, efetivada no Departamento Jurídico da empresa" (RSTJ 96/246).

"Constitui ônus do autor indicar a pessoa que representa a pessoa jurídica, podendo receber a citação. Feita esta em quem para isso não se acha autorizada, é nulo o ato, sendo irrelevante por completo a boa-fé do oficial de justiça, nada importando que as circunstâncias de fato o tenham conduzido a equívoco" (STJ-JTAERGS 74/148 e Ajuris 52/228, acompanhado de comentário, não de todo no mesmo sentido, de Antônio Janyr Dall'Agnol Jr.).

"É dever de ofício do oficial de justiça exigir de quem se disponha a receber a citação a prova de que representa legalmente a empresa citada" (STJ-2ª T., REsp 94.973, Min. João Otávio, j. 19.10.04, DJU 6.12.04).

Art. 242: 3b. A **citação de pessoa física não importa a citação da pessoa jurídica** de que aquela seja representante legal. Nesse sentido: STJ-3ª T., REsp 49.550, Min. Menezes Direito, j. 3.9.96, DJU 30.9.96.

Há um acórdão entendendo que "a presença na demanda de todos os sócios de uma sociedade por cota de responsabilidade limitada torna desnecessária a citação da pessoa jurídica, uma vez a empresa se encontrar amplamente defendida nos autos do processo" (RT 848/325).

Na ação de dissolução parcial de sociedade, a citação de todos os sócios implica desnecessidade de citação da sociedade, cf. art. 601 § ún.

V. tb. art. 231, nota 24.

Art. 242: 3c. Em princípio, **não é válida a citação de pessoa jurídica, efetuada na pessoa de preposto, sem poderes de representação** (s/ recebimento da carta citatória, na sede da pessoa jurídica, v. art. 248, notas 5 e 6).

"O *due process of law* tem como um de seus principais fundamentos a regularidade da citação. Efetuada esta na pessoa do empregado, sem poderes para representar a empresa citanda, que não compareceu ao processo, e não comprovada outrossim de modo inequívoco a ciência da demanda pela ora embargante e recorrente, impõe-se decretar a procedência dos embargos à execução e a nulidade do processo de conhecimento" (STJ-4ª T.: RT 696/222). No mesmo sentido, considerando nula a citação feita na pessoa de gerente sem poderes de representação e admitindo mandado de segurança contra a respectiva sentença: STJ-4ª T., RMS 6.487, Min. Sálvio de Figueiredo, j. 24.9.96, DJU 4.11.96.

"Para que haja citação válida de pessoa jurídica, é preciso que ela seja feita a quem a represente legitimamente em juízo, de acordo com a designação do estatuto ou contrato social" (RSTJ 19/546). Todavia, há decisões entendendo que, para a validade de citação da pessoa jurídica, basta a de um só dos seus diretores, ainda que o estatuto social declare que a sociedade é representada, em juízo ou fora dele, por dois: RT 610/106, Lex-JTA 137/311.

Considerando **inválida** a citação de pessoa jurídica:

— ainda que a pessoa que recebeu a citação tivesse a aparência de ser representante da pessoa jurídica e houvesse admitido, sem protesto, a prática do ato: RSTJ 97/219, STJ-RT 715/278, dois votos vencidos;

— feita na pessoa de sócio sem poder de representação e quando já encerrada a empresa: RT 824/257;

— feita "na pessoa de servidor de escritório regional, o qual deixou claro ao Oficial e ao Juiz deprecado que não possuía poderes para recebê-la": STJ-4ª T., REsp 556.980, Min. Aldir Passarinho Jr., j. 17.11.09, DJ 23.11.09;

— feita na pessoa de advogado, que também era empregado da ré: STJ-Just. 153/181, STJ-Bol. AASP 1.658/236, em. 10.

Art. 242: 3d. Em casos especiais, com fundamento na **teoria da aparência,** os tribunais admitem a citação de **pessoa jurídica** em pessoa sem representação legal para isso, como ocorre na citação:

— "recebida por quem se apresenta como representante legal da empresa e recebe a citação sem ressalva quanto a inexistência de poderes de representação em juízo" (STJ-Corte Especial, ED no REsp 205.275-AgRg, Min. Eliana Calmon, j. 18.9.02, DJU 28.10.02). No mesmo sentido, mais recentemente: STJ-Corte Especial, ED no REsp 864.947, Min. Laurita Vaz, j. 6.6.12, DJ 31.8.12;

— "na pessoa que se apresenta ostensivamente com poderes de gerência-geral ou de representação da firma" (STJ-4ª T., REsp 26.610, Min. Athos Carneiro, j. 6.10.92, DJU 26.10.92). No mesmo sentido: STJ-3ª T., REsp 6.631, Min. Cláudio Santos, j. 28.5.91, DJU 24.6.91, *apud* Bol. AASP 1.714/12, em. 14; RT 595/132, 595/181, 733/273;

— feita na pessoa da mulher do sócio-gerente, "encontrada e identificada à frente dos negócios da empresa" (RSTJ 71/373). No mesmo sentido: JTA 116/284, maioria;

— efetuada na "mesma pessoa que recebera a notificação prévia em ação de despejo por denúncia vazia, exarando ciente e utilizando o carimbo da firma ré, tudo levando a crer tratar-se de seu gerente e/ou administrador geral" (STJ-4ª T., REsp 14.515, Min. Athos Carneiro, j. 14.9.92, DJU 5.10.92);

— na pessoa de "advogado da empresa", que "assinou o mandado de citação sem ressalvas. Além disso, em várias outras ações ajuizadas contra a mesma pessoa jurídica, a citação foi feita na pessoa do referido causídico e os processos transcorreram normalmente, tendo a ré exercido seu direito de defesa" (STJ-RP 133/175: 3ª T., REsp 418.021);

— na pessoa do superintendente da empresa, "ocupante de cargo elevado e de responsabilidade, que aparentava possuir poderes de representação" (RT 807/284);

— no caso de mandado recebido sem ressalva por funcionário presumivelmente graduado da empresa (RT 659/126).

Se a citação da pessoa jurídica, apesar de efetuada em quem não tinha poderes para representá-la, atinge o seu objetivo, aplica-se o aforismo ***pas de nullité sans grief*** (RSTJ 71/373, JTA 116/284, maioria; Bol. AASP 1.683/supl., p. 4, com farta jurisprudência).

Art. 242: 3e. Em geral, a jurisprudência considera válida a citação de pessoa jurídica feita na pessoa de **gerente sem poderes de representação, quando a ação se refira a negócios da respectiva agência ou sucursal** em que o mesmo exerce suas funções (STJ-1ª T., REsp 874.988, Min. Denise Arruda, j. 18.3.08, DJU 10.4.08; RSTJ 97/219, STJ-RT 705/226, RJTJESP 125/301), "independentemente de sua recusa em assinar a contrafé do mandado" (STJ-3ª T.: RSTJ 173/276).

Considerando para a validade da citação nessas circunstâncias:

— ser indiferente o fato de a sede da empresa citanda estar em outra comarca (STJ-3ª T., REsp 427.183, Min. Menezes Direito, j. 6.12.02, DJU 24.2.03; RSTJ 102/362: 4ª T., REsp 96.229, maioria);

— que o gerente tinha a "aparência de ostentar poderes de representação" da pessoa jurídica e que a citação se deu sem "objeção por parte do empregado" e com "suficiência de tempo para dar ciência da demanda ao empregador" (JTJ 175/11);

— que o gerente recebeu a contrafé "sem nada arguir a respeito da falta de poderes de representação" e tratava-se de ação decorrente de "operações normais da sua atividade" (STJ-4ª T.: RSTJ 121/376). No mesmo sentido: RSTJ 98/308.

Contra: "É inválida a citação feita na pessoa de gerente de banco, sem poderes para exercer a representação judicial" (RSTJ 81/304: 4ª T., REsp 56.110).

Art. 242: 3f. Pessoa jurídica integrante de grupo econômico. "Dadas as características dos grandes conglomerados financeiros, integrando formalmente ou não grupo de sociedades (Lei n. 6.404/76, arts. 265 e segs.), apresentam-se eles ao público e à clientela como instituição única, sob denominação abreviada uniforme e frequentemente operando em um só espaço físico, o da agência do Banco comercial, servindo-se as diversas pessoas jurídicas do mesmo quadro funcional. Em tais condições, a diferenciação entre as pessoas jurídicas, conquanto inegável do ponto de vista técnico-jurídico, tem de ser desconsiderada nas relações com pessoas às quais tal diversidade não se dá a conhecer. Aplicável é a teoria da aparência e, em nova e peculiar configuração, a doutrina dos *disregard*, de modo a reconhecer-se legitimação passiva do Banco comercial mesmo que figurante da relação jurídico-material seja a companhia de crédito imobiliário. Essa solução faz parte do elenco de medidas indispensáveis à asseguração de tutela jurisdicional efetiva ao litigante eventual em face do poderoso, onipresente e multímodo litigante habitual" (RJTJERGS 140/127). **Contra:** Lex-JTA 145/42.

Art. 242: 3g. Tratando-se de ação contra **sociedade em liquidação,** deve ser citado o liquidante, e não os sócios (RT 467/95).

Se a sociedade se dissolver, devem ser chamados ao processo os seus sócios (art. 115 § ún.). No mesmo sentido: RT 505/146, 762/285, JTA 46/63.

Art. 242: 4. "CPC, art. 215, § 1º. **Ausente,** no sentido desse dispositivo da lei processual, **é aquele que não se encontra no local** em que normalmente deveria ser procurado para a citação. Tendo domicílio certo e conhecido, aí deverá ser essa diligenciada. Não se justifica a citação na pessoa do gerente apenas por ter sido a ação ajuizada em comarca diversa daquela em que domiciliado o réu" (RSTJ 26/466).

Art. 242: 5. LSA 119: "O acionista residente e domiciliado no exterior deverá manter, no país, representante com poderes para receber citação em ações contra ele, propostas com fundamento nos preceitos desta lei. **Parágrafo único.** O exercício, no Brasil, de qualquer dos direitos de acionista, confere ao mandatário ou representante legal qualidade para receber citação judicial".

Art. 242: 6. "Tratando-se de **ação de indenização por avaria na carga transportada,** é válida a citação feita através do agente marítimo, segundo o § 1º do art. 215 do CPC, uma vez que o mandato existente, no caso, é legal e não negocial" (RT 699/90).

Art. 242: 7. v. nota 3e.

Art. 242: 8. "Não estando presentes as circunstâncias previstas no art. 215, § 1º, do CPC, a citação da ré — pessoa jurídica — deve operar-se através de seu representante legal" (STJ-JTAERGS 78/375).

Art. 242: 9. Há um acórdão que admite a citação na pessoa do administrador do imóvel no caso de **locador que omite seu endereço** no contrato de locação (RT 693/185). V. tb. LI 67, nota 3.

Art. 242: 10. Não é caso, portanto, **de citação por edital** do locador (RT 721/172).

Art. 242: 11. "Não pode ser citado aquele que afirma **não mais** estar **autorizado a receber os aluguéis e a administrar** o imóvel locado" (STJ-4ª T., REsp 1.265, Min. Athos Carneiro, j. 21.11.89, DJU 18.12.89).

Art. 242: 12. v. tb. arts. 246 §§ 1º e 2º e 1.050.

Art. 242: 13. LC 73, de 10.2.93 — Institui a Lei Orgânica da Advocacia-Geral da União e dá outras providências: **"Art. 35.** A União é citada nas causas em que seja interessada, na condição de autora, ré, assistente, oponente, recorrente ou recorrida, na pessoa: **I** — do Advogado-Geral da União, privativamente, nas hipóteses de competência do Supremo Tribunal Federal; **II** — do Procurador-Geral da União, nas hipóteses de competência dos tribunais superiores; **III** — do Procurador-Regional da União, nas hipóteses de competência dos demais tribunais; **IV** — do Procurador-Chefe ou do Procurador-Seccional da União, nas hipóteses de competência dos juízos de primeiro grau.

"Art. 36. Nas causas de que trata o art. 12, a União será citada na pessoa: **I** — (VETADO); **II** — do Procurador-Regional da Fazenda Nacional, nas hipóteses de competência dos demais tribunais; **III** — do Procurador-Chefe ou do Procurador-Seccional da Fazenda Nacional nas hipóteses de competência dos juízos de primeiro grau.

"Art. 37. Em caso de ausência das autoridades referidas nos arts. 35 e 36, a citação se dará na pessoa do substituto eventual".

O **art. 12 da LC 73, de 10.2.93,** refere-se às causas de natureza fiscal, que são as seguintes, conforme seu **parágrafo único: "I** — tributos de competência da União, inclusive infrações à legislação tributária; **II** — empréstimos compulsórios; **III** — apreensão de mercadorias, nacionais ou estrangeiras; **IV** — decisões de órgãos do contencioso administrativo fiscal; **V** — benefícios e isenções fiscais; **VI** — créditos e estímulos fiscais à exportação; **VII** — responsabilidade tributária de transportadores e agentes marítimos; **VIII** — incidentes processuais suscitados em ações de natureza fiscal".

Art. 243. A citação poderá ser feita em qualquer lugar em que se encontre o réu, o executado ou o interessado. [Dispositivo correspondente no CPC/1973: art. 216-*caput*]

Parágrafo único. O militar em serviço ativo será citado na unidade em que estiver servindo, se não for conhecida sua residência ou nela não for encontrado. [Dispositivo correspondente no CPC/1973: art. 216 § ún.]

Art. 244. Não se fará a citação, salvo para evitar o perecimento do direito: [Dispositivo correspondente no CPC/1973: art. 217-*caput*]

I — de quem estiver participando de ato de culto religioso; [Dispositivo correspondente no CPC/1973: art. 217-I]

II — de cônjuge, de companheiro ou de qualquer parente do morto, consanguíneo ou afim, em linha reta ou na linha colateral em segundo grau, no dia do falecimento e nos 7 (sete) dias seguintes; [Dispositivo correspondente no CPC/1973: art. 217-II]

III — de noivos, nos 3 (três) primeiros dias seguintes ao casamento; [Dispositivo correspondente no CPC/1973: art. 217-III]

IV — de doente, enquanto grave o seu estado. [Dispositivo correspondente no CPC/1973: art. 217-IV]

Art. 245. Não se fará citação quando se verificar que o citando é mentalmente incapaz ou está impossibilitado de recebê-la.[1-1a] [Dispositivo correspondente no CPC/1973: art. 218-*caput*]

§ 1º O oficial de justiça descreverá e certificará minuciosamente a ocorrência. [Dispositivo correspondente no CPC/1973: art. 218 § 1º]

§ 2º Para examinar o citando, o juiz nomeará médico,[2] que apresentará laudo no prazo de 5 (cinco) dias. [Dispositivo correspondente no CPC/1973: art. 218 § 1º]

§ 3º Dispensa-se a nomeação de que trata o § 2º se pessoa da família apresentar declaração do médico do citando que ateste a incapacidade deste. [Sem dispositivo correspondente no CPC/1973]

§ 4º Reconhecida a impossibilidade, o juiz nomeará curador[3-4] ao citando, observando, quanto à sua escolha, a preferência estabelecida em lei[5] e restringindo a nomeação à causa. [Dispositivo correspondente no CPC/1973: art. 218 § 2º]

§ 5º A citação será feita na pessoa do curador, a quem incumbirá a defesa dos interesses do citando. [Dispositivo correspondente no CPC/1973: art. 218 § 3º]

Art. 245: 1. v. art. 247-II. S/ citação de interditando, v. art. 751.

Art. 245: 1a. "**Citado o réu interdito** diretamente, e não na figura do seu curador, não há formação da relação jurídica processual" (RT 838/236).

Art. 245: 2. "Se por qualquer meio verificar-se ser o réu demente ou estar impossibilitado de receber a citação, deve o juiz **nomear médico,** a fim de examinar o citando (art. 218, § 1º, do CPC). Reconhecida a impossibilidade de o réu receber citação, o juiz dará ao mesmo curador, cabendo intervenção do MP, sob pena de nulidade do processo" (STJ-3ª T., REsp 9.996, Min. Cláudio Santos, j. 25.11.91, DJU 16.12.91).

Art. 245: 3. "Havendo **fundada suspeita** de incapacidade da parte, declara-se a nulidade do processo, desde a citação, se, observado o art. 218, § 1º, segunda parte, do CPC, ou por outro meio, se confirmar a incapacidade" (VI ENTA-concl. 3, aprovada por maioria de votos, conforme retificação). No mesmo sentido: STF-RTJ 88/285, RT 521/281, JTJ 165/123, 347/95 (AI 7.394.317-6).

Art. 245: 4. Não há prejuízo na **nomeação de curador,** restrito à causa, para pessoa que parece não estar no gozo de seu juízo perfeito (RJTJESP 88/37; JTJ 344/179: AI 7.394.316-9).

Art. 245: 5. v. CC 1.775. V. tb. art. 72-I.

Art. 246. A citação será feita:[1-1a] [Dispositivo correspondente no CPC/1973: art. 221-*caput*]

I — pelo correio;[2-2a] [Dispositivo correspondente no CPC/1973: art. 221-I]

II — por oficial de justiça;[3] [Dispositivo correspondente no CPC/1973: art. 221-II]

III — pelo escrivão ou chefe de secretaria, se o citando comparecer em cartório;[3a] [Sem dispositivo correspondente no CPC/1973]

IV — por edital;[4] [Dispositivo correspondente no CPC/1973: art. 221-III]

V — por meio eletrônico, conforme regulado em lei.[5] [Dispositivo correspondente no CPC/1973: art. 221-IV]

§ 1º Com exceção das microempresas e das empresas de pequeno porte, as empresas públicas e privadas são obrigadas a manter cadastro nos sistemas de processo em autos eletrônicos,[6] para efeito de recebimento de citações e intimações, as quais serão efetuadas preferencialmente por esse meio.[6a] [Sem dispositivo correspondente no CPC/1973]

§ 2º O disposto no § 1º aplica-se à União, aos Estados, ao Distrito Federal, aos Municípios e às entidades da administração indireta.[7] [Sem dispositivo correspondente no CPC/1973]

§ 3º Na ação de usucapião de imóvel,[8] os confinantes[9-10] serão citados pessoalmente, exceto quando tiver por objeto unidade autônoma de prédio em condomínio, caso em que tal citação é dispensada. [Dispositivo correspondente no CPC/1973: art. 942]

Art. 246: 1. s/ citação nas execuções fiscais, v. LEF 8º; no Juizado Especial, LJE 18.

Art. 246: 1a. "A citação via fax praticamente equivale à feita por telefone, que não é admitida, de uma ou de outra forma, por ausência de previsão legal" (RT 718/159).

S/ intimação por telefone, v. art. 274, nota 10.

Art. 246: 2. v. arts. 247, 248 e 231-I; na execução fiscal, LEF 8º-I a III.

Art. 246: 2a. Vale a citação por **mandado, em lugar da postal** (JTA 61/225).

V. art. 247-V.

Art. 246: 3. v. arts. 249 a 255 e 231-II.

Art. 246: 3a. v. art. 152-II.

Art. 246: 4. v. arts. 256 a 258 e 231-IV; na execução fiscal, LEF 8º-III, IV e § 1º.

Art. 246: 5. v. §§ 1º e 2º. V. tb. Lei 11.419/06, em especial arts. 6º e 9º, no tít. PROCESSO ELETRÔNICO.

Art. 246: 6. s/ processo eletrônico, v. arts. 8º e segs. da Lei 11.419/06, no tít. PROCESSO ELETRÔNICO.

Art. 246: 6a. v. art. 1.051.

Art. 246: 7. v. art. 1.050.

Art. 246: 8. s/ ação de usucapião de imóvel, v. arts. 72, nota 9a (curador especial), 73, nota 2b (intervenção do cônjuge), 75, notas 16b e 16c (legitimidade do espólio e dos herdeiros), 259-I (publicação de edital), 292, nota 5 (valor da causa), 506, nota 1c (coisa julgada), art. 557, nota 2 (ação possessória pendente).

Art. 246: 9. **Súmula 391 do STF:** "O **confinante certo deve ser citado,** pessoalmente, para a ação de usucapião".

A citação dos confinantes é necessária, sob pena de nulidade (RF 255/313).

Todavia: "No tocante ao confrontante, apesar de amplamente recomendável, a falta de citação não acarretará, por si, causa de irremediável nulidade da sentença que declara a usucapião, notadamente pela finalidade de seu chamamento — delimitar a área usucapienda, evitando, assim, eventual invasão indevida dos terrenos vizinhos — e pelo fato de seu liame no processo ser bem diverso daquele relacionado ao dos titulares do domínio, formando pluralidade subjetiva da ação especial, denominada de litisconsórcio *sui generis*. Em verdade, na espécie, tem-se uma cumulação de ações: a usucapião em face do proprietário e a delimitação contra os vizinhos, e, por conseguinte, a falta de citação de algum confinante acabará afetando a pretensão delimitatória, sem contaminar, no entanto, a de usucapião, cuja sentença subsistirá, malgrado o defeito atinente à primeira. A sentença que declarar a propriedade do imóvel usucapiendo não trará prejuízo ao confinante (e ao seu cônjuge) não citado, não havendo efetivo reflexo sobre a área de seus terrenos, haja vista que a ausência de participação no feito acarretará, com relação a eles, a ineficácia da sentença no que concerne à demarcação da área usucapienda. Apesar da relevância da participação dos confinantes (e respectivos cônjuges) na ação de usucapião, inclusive com ampla recomendação de o juízo determinar eventual emenda à inicial para a efetiva interveniência — com citação pessoal — destes no feito, não se pode olvidar que a sua ausência, por si só, apenas incorrerá em nulidade relativa, caso se constate o efetivo prejuízo" (STJ-4ª T., REsp 1.432.579, Min. Luis Felipe, j. 24.10.17, maioria, DJ 23.11.17).

Art. 246: 10. **Não é exigível** do autor da ação de usucapião que traga com a petição inicial **"certidões imobiliárias** atinentes aos confrontantes" (STJ-3ª T., REsp 952.125, Min. Sidnei Beneti, j. 7.6.11, DJ 14.6.11).

Art. 247. A citação será feita pelo correio para qualquer comarca do país,[1] exceto: [Dispositivo correspondente no CPC/1973: art. 222-*caput*]

I — nas ações de estado,[2] observado o disposto no art. 695, § 3º; [Dispositivo correspondente no CPC/1973: art. 222-*a*]

II — quando o citando for incapaz;[3] [Dispositivo correspondente no CPC/1973: art. 222-*b*]

III — quando o citando for pessoa de direito público;[4] [Dispositivo correspondente no CPC/1973: art. 222-*c*]

IV — quando o citando residir em local não atendido pela entrega domiciliar de correspondência; [Dispositivo correspondente no CPC/1973: art. 222-*e*]

V — quando o autor, justificadamente, a requerer de outra forma. [Dispositivo correspondente no CPC/1973: art. 222-*f*]

Art. 247: 1. Dispensa-se, portanto, a precatória.

Art. 247: 2. p. ex., ações relativas a casamento, tutela, curatela, interdição, declaração de ausência etc.

Art. 247: 3. v. art. 245.

Art. 247: 4. v. arts. 242 § 3º e 246 §§ 1º e 2º.

Art. 248. Deferida a citação pelo correio, o escrivão ou o chefe de secretaria remeterá ao citando cópias da petição inicial e do despacho do juiz e comunicará o prazo para resposta,[1] o endereço do juízo e o respectivo cartório. [Dispositivo correspondente no CPC/1973: art. 223-*caput*]

§ 1º A carta será registrada para entrega ao citando, exigindo-lhe o carteiro, ao fazer a entrega, que assine o recibo.[2 a 4] [Dispositivo correspondente no CPC/1973: art. 223 § ún.]

§ 2º Sendo o citando pessoa jurídica,[5 a 6a] será válida a entrega do mandado[7] a pessoa com poderes de gerência geral ou de administração ou, ainda, a funcionário responsável pelo recebimento de correspondências. [Dispositivo correspondente no CPC/1973: art. 223 § ún.]

§ 3º Da carta de citação no processo de conhecimento constarão os requisitos do art. 250. [Sem dispositivo correspondente no CPC/1973]

§ 4º Nos condomínios edilícios ou nos loteamentos com controle de acesso, será válida a entrega do mandado[8] a funcionário da portaria responsável pelo recebimento de correspondência,[9] que, entretanto, poderá recusar o recebimento, se declarar, por escrito, sob as penas da lei, que o destinatário da correspondência está ausente. [Sem dispositivo correspondente no CPC/1973]

Art. 248: 1. V. tb. art. 231-I (contagem do prazo) e art. 250, nota 4.

Art. 248: 2. **Súmula 429 do STJ:** "A citação postal, quando autorizada por lei, **exige o aviso de recebimento**".

Art. 248: 3. "A **citação de pessoa física** pelo correio deve obedecer ao disposto no art. 223, parágrafo único, do Código de Processo Civil, necessária a **entrega direta ao destinatário,** de quem o carteiro deve colher o ciente. Subscrito o aviso por outra pessoa que não o réu, o autor tem o ônus de provar que o réu, embora sem assinar o aviso, teve conhecimento da demanda que lhe foi ajuizada" (STJ-Corte Especial, ED no REsp 117.949, Min. Menezes Direito, j. 3.8.05, DJU 26.9.05). No mesmo sentido: RSTJ 88/187, maioria, 95/391, STJ-RF 351/384, STJ-RJTJERGS 172/28 (1ª T., REsp 57.370), JTJ 350/363 (AP 992.06.034619-0).

"Citação postal. Mandado citatório recebido por terceiro. Impossibilidade. Réu pessoa física. O fato de a citação postal ter sido enviada ao estabelecimento comercial onde o recorrente exerce suas atividades como sócio administrador não é suficiente para afastar norma processual expressa, sobretudo porque não há como se ter certeza de que o réu tenha efetivamente tomado ciência da ação monitória contra si ajuizada, não se podendo olvidar que o feito correu à sua revelia" (STJ-3ª T., REsp 1.840.466, Min. Marco Bellizze, j. 16.6.20, DJ 22.6.20).

"Citação pelo correio. Pessoa física. Para a validade da citação, não basta a entrega da correspondência no endereço do citando; o carteiro fará a entrega da carta ao destinatário, colhendo a sua assinatura no recibo" (RSTJ 88/187, maioria). No mesmo sentido: RSTJ 95/391, STJ-RF 351/384, RT 827/322, RMDCPC 12/117, JTJ 346/122 (AI 990.09.319623-9).

Reconhecendo a nulidade da citação, em caso de recebimento da carta por menor absolutamente incapaz: RT 882/184 (TJSP, AP 1071137-0/1).

V. tb. § 4º.

S/ citação de pessoa jurídica, pelo correio, v. nota 5.

Art. 248: 4. "Citação pelo correio. **Comerciante individual.** Possibilidade de fazer-se a entrega da carta a quem tenha poderes gerais de gerência ou de administração, malgrado não seja o citando pessoa jurídica. Inviável, entretanto, que aquela se faça em um empregado qualquer, sem aqueles poderes" (STJ-3ª T., REsp 77.813, Min. Eduardo Ribeiro, j. 7.11.95, DJU 18.12.95).

Art. 248: 5. "A citação postal é válida se recebida por **funcionário da pessoa jurídica, não se exigindo que este tenha poderes** para representá-la" (STJ-3ª T., REsp 321.128-AgRg, Min. Ari Pargendler, j. 19.2.01, DJU 23.4.01). No mesmo sentido: RT 811/269, 862/340, RF 367/308, RJTJERGS 249/301.

"É válida a citação de pessoa jurídica por via postal, quando implementada no endereço onde se encontra o estabelecimento do réu, sendo desnecessário que a carta citatória seja recebida e o aviso de recebimento assinado por representante legal da empresa" (STJ-4ª T., REsp 582.005, Min. Fernando Gonçalves, j. 18.3.04, DJU 5.4.04).

"Esta Corte firmou entendimento de ser válida a citação de pessoa jurídica, pela via postal, quando recebido o aviso registrado por simples empregado da empresa, presumidamente autorizado para tanto" (STJ-5ª T., REsp 259.283, Min. Edson Vidigal, j. 15.8.00, DJU 11.9.00).

"A citação ou intimação por via postal, na pessoa de preposto identificado, equivale à de pessoa com poderes de gerenciamento ou administração" (CED do 2º TASP, enunciado 34, maioria). Neste sentido: Lex-JTA 155/87.

"Não se pode exigir que o funcionário do Correio examine o contrato social de pessoa jurídica, antes de entregar carta de citação, bastando, pela teoria da aparência, que a entregue a quem demonstre estar gerindo o estabelecimento" (JTJ 207/24).

"Só e só porque a carta citatória foi entregue na filial da ré e recebida por empregado seu, não se pode ter por inexistente ou nula a sua citação. Da alta credibilidade reconhecida à empresa estatal que presta o serviço de correio e o estimulante exemplo recolhido da Justiça do Trabalho, desde que a entrega seja efetuada nas condições acima milita a presunção de que foi atendida a regra do § ún. do art. 223 do CPC, sendo do destinatário o encargo de elidi-la" (RSTJ 90/266 e RF 341/373, maioria).

"Citação pelo correio. Validade da citação de pessoa jurídica, recebida por empregado da empresa que se identifica assinando o AR. Desimportância para a ordem jurídica das dificuldades operacionais no âmbito da empresa citada" (STJ-2ª T., REsp 42.391, Min. Eliana Calmon, j. 4.4.00, DJU 22.5.00).

"Citação postal. Adotando a citação por carta, o legislador acomodou-se às características desse serviço, no desempenho do qual o carteiro não é ordinariamente recebido pelos representantes legais das empresas, bastando que a correspondência seja entregue a preposto" (STJ-3ª T., REsp 262.979-AgRg, Min. Ari Pargendler, j. 7.8.01, DJU 10.9.01).

"É válida a citação pelo correio de pessoa jurídica cujo recibo foi assinado por quem, no local de destino, está incumbido de receber a correspondência" (STJ-1ª T., AI 312.788-AgRg, Min. Garcia Vieira, j. 25.9.00, DJU 30.10.00). Isso, mesmo no caso de "recebimento por funcionário de empresa terceirizada" (Ajuris 88/504).

Todavia: "Inaplicabilidade da teoria da aparência no caso concreto em que a comunicação foi encaminhada a endereço desatualizado e no qual há muito não mais funcionava a pessoa jurídica e recebida por quem não mantinha relação com a ré, nem de subordinação nem de representação" (STJ-3ª T., REsp 1.449.208, Min. Ricardo Cueva, j. 18.11.14, maioria, DJ 27.11.14).

"Hipótese em que não consta do aviso de recebimento carimbo ou registro legível com indicação do nome e documento de identidade da pessoa que recebeu a citação, sendo ilegível sua própria assinatura, de modo a inviabilizar sua identificação. Havendo dúvida quanto à validade da citação, merece ser mantida a solução dada pelas instâncias ordinárias, impondo-se o recebimento da contestação, ainda que intempestiva, em prol da garantia do direito de defesa" (STJ-4ª T., REsp 1.639.726-AgInt-AgInt, Min. Lázaro Guimarães, j. 19.10.17, DJ 26.10.17).

V. tb. § 4º e art. 242 e notas.

S/ citação de pessoa física, pelo correio, v. nota 3.

Art. 248: 6. Considerando válida a **citação pelo correio, recebida por advogado** de instituição bancária: STJ-4ª T., REsp 161.167, Min. Barros Monteiro, j. 19.3.98, DJU 18.5.98.

Art. 248: 6a. "Citação postal. Pessoa jurídica. Necessidade de realização na sede da empresa. Envio para **caixa postal. Impossibilidade**" (STJ-2ª T., REsp 489.791, Min. Herman Benjamin, j. 23.3.10, DJ 1.7.10). No mesmo sentido: JTJ 345/170 (AI 991.09.046928-4).

Todavia: "Em hipóteses nas quais a empresa só fornece, nos documentos e correspondências enviados aos seus consumidores, o endereço de uma caixa postal, dificultando-lhes a sua localização, é válida a citação judicial enviada, por correio, para o endereço dessa caixa postal, notadamente tendo em vista a afirmação, contida no acórdão recorrido, de que esse expediente é utilizado para que a empresa se furte do ato processual" (STJ-RT 900/199:3ª T., REsp 981.887).

Art. 248: 7. Leia-se: carta.

Art. 248: 8. Leia-se: carta.

Art. 248: 9. "Citação feita no endereço indicado no contrato social da **empresa ré.** Recebimento por **porteiro do prédio** em que ela se encontra estabelecida. Validade sob pena de inviabilizar a própria citação postal. Carteiros não têm acesso às salas do edifício, devendo entregar a correspondência aos porteiros onde se situam aquelas unidades autônomas" (JTJ 337/323: AP 7.018.943-2).

Art. 249. A citação será feita por meio de oficial de justiça nas hipóteses previstas neste Código ou em lei, ou quando frustrada a citação pelo correio. [Dispositivo correspondente no CPC/1973: art. 224]

Art. 250. O mandado que o oficial de justiça tiver de cumprir conterá:[1] [Dispositivo correspondente no CPC/1973: art. 225-*caput*]

I — os nomes do autor e do citando e seus respectivos domicílios ou residências; [Dispositivo correspondente no CPC/1973: art. 225-I]

II — a finalidade da citação, com todas as especificações constantes da petição inicial, bem como a menção do prazo para contestar,[1a-2] sob pena de revelia, ou para embargar a execução;[3 a 4a] [Dispositivos correspondentes no CPC/1973: arts. 225-II e VI]

III — a aplicação de sanção para o caso de descumprimento da ordem, se houver;[5] [Dispositivo correspondente no CPC/1973: art. 225-III]

IV — se for o caso, a intimação do citando para comparecer, acompanhado de advogado ou de defensor público, à audiência de conciliação ou de mediação, com a menção do dia, da hora e do lugar do comparecimento;[6] [Dispositivo correspondente no CPC/1973: art. 225-IV]

V — a cópia da petição inicial, do despacho[7] ou da decisão que deferir tutela provisória; [Dispositivo correspondente no CPC/1973: art. 225-V]

VI — a assinatura do escrivão ou do chefe de secretaria e a declaração de que o subscreve por ordem do juiz. [Dispositivo correspondente no CPC/1973: art. 225-VII]

Art. 250: 1. s/ requisitos do mandado de citação nas ações de família, v. art. 695 § 1º.

Art. 250: 1a. ou melhor, para responder.

Art. 250: 2. A **menção do prazo para contestar** requer cuidado se o juiz houver designado audiência liminar de conciliação ou de mediação. É preciso deixar claro, nessas circunstâncias, que a deflagração de tal prazo está relacionada com a realização ou o cancelamento da referida audiência (v. art. 335-I e II).

Para todos os casos, a melhor solução parece ser a reprodução do art. 335 no mandado.

Art. 250: 3. "Por esse prazo se deve entender a **designação quantitativa do número de dias** que tem o citando para apresentar contestação. E a menção expressa ao prazo se justifica exatamente para que o destinatário da citação fique ciente do período de tempo de que dispõe para tomar as providências que lhe incumbem" (STJ-4ª T., REsp 175.546, Min. Sálvio de Figueiredo, j. 5.8.99, DJU 13.9.99). No mesmo sentido: STJ-1ª T., REsp 328.805-EDcl, Min. Francisco Falcão, j. 6.8.02, DJU 30.9.02.

Esse prazo é, em geral, de 15 dias (v. arts. 335 e 915 e, no índice, Prazo para contestar, Prazo para defesa).

Art. 250: 4. **"Não constando** no mandado o **prazo de defesa** (CPC, art. 225, VI) e a advertência prevista no art. 285 do CPC, é nula a citação" (VI ENTA-concl. 2, aprovada com 1 voto contrário). No mesmo sentido: STJ-2ª T., REsp 1.355.001, Min. Eliana Calmon, j. 16.4.13, DJ 22.4.13; STJ-3ª T., REsp 1.470.216-AgRg, Min. Ricardo Cueva, j. 23.10.14, DJ 30.10.14; STJ-4ª T., REsp 1.675.209-EDcl-AgInt, Min. Raul Araújo, j. 21.9.20, DJ 8.10.20; STJ-RTJE 105/95; STJ-Bol. AASP 1.770/451, RT 592/157, 596/275, JTA 39/335, 60/82, 96/355.

No sentido de que a nulidade atrelada à falta de referência ao prazo para contestar deve ser alegada na primeira oportunidade, sob pena de preclusão: JTA 51/121. **Contra,** entendendo que a nulidade, nesse caso, pode ser arguida a qualquer tempo: STJ-4ª T., REsp 58.699, Min. Sálvio de Figueiredo, j. 16.6.98, maioria, DJU 29.3.99.

Afirmando que "a exigência da consignação do prazo para apresentação da defesa, no mandado citatório, é indispensável quando se trata de leigos nas lides forenses", mas pode ser dispensada quando o citando é advogado: RSTJ 96/285 (citação da p. 286).

Se não consta do mandado o prazo especial para a contestação, menor que o comum, considera-se tempestiva a que é apresentada dentro de 15 dias (RJTJESP 94/296).

Se o mandado consigna **prazo maior** que o concedido por lei, o réu não pode ser prejudicado (RTJ 97/1.291, STJ-RT 686/216, 690/161, RT 495/90, 509/200, 525/142, 541/119, 592/107, 604/65, RJTJESP 100/316, JTJ 204/172, JTA 25/102, 86/83, 90/131, 96/355) e tem justa causa para contar em seu favor dito excesso de prazo (cf. RP 4/401, em. 164).

V. tb., em matéria de: embargos à execução, art. 915, nota 13, e Dec. lei 413/69, art. 41, nota 6, no tít. EXECUÇÕES ESPECIAIS; ação popular, LAP 7º, nota 2c.

Art. 250: 4a. **Advertência quanto à revelia.** "A omissão, no mandado citatório, da advertência prevista no art. 225, II, do CPC, não torna nula a própria citação" (STJ-4ª T., REsp 10.137, Min. Athos Carneiro, j. 27.6.91, DJU 12.8.91).

"A ausência, no mandado citatório, da advertência prevista no art. 285 do CPC, quanto às consequências da ausência de contestação, afasta a revelia" (STJ-4ª T., REsp 410.814, Min. Aldir Passarinho Jr., j. 6.11.07, DJU 9.6.08).

Em síntese: "A omissão, no mandado de citação, acerca dos efeitos da revelia, não gera nulidade processual nem induz cerceamento de defesa; apenas impede a presunção ficta consequente da revelia (CPC, art. 285)" (STJ-1ª T., REsp 643.316-AgRg, Min. Denise Arruda, j. 5.6.07, DJU 29.6.07). No mesmo sentido: STJ-5ª T., REsp 30.222-9, Min. José Dantas, j. 16.12.92, DJU 15.2.93.

Contra: "Não constando no mandado o prazo de defesa (CPC, art. 225, VI) e a advertência prevista no art. 285 do CPC, é nula a citação" (VI ENTA-concl. 2, aprovada com 1 voto contrário). No mesmo sentido: RT 473/191, 481/133, 482/168, 486/108, 497/120, 503/163, 505/88, 510/217, JTA 36/230, 39/335, 43/81, 102/59, RP 4/379, em. 30.

Art. 250: 5. v. p. ex. arts. 537-*caput* e 814.

Art. 250: 6. v. art. 334. V. tb. nota 2.

Art. 250: 7. determinando a citação.

Art. 251. Incumbe ao oficial de justiça procurar o citando e, onde o encontrar, citá-lo:[1] [Dispositivo correspondente no CPC/1973: art. 226-*caput*]

I — lendo-lhe o mandado e entregando-lhe a contrafé;[2] [Dispositivo correspondente no CPC/1973: art. 226-I]

II — portando por fé se recebeu ou recusou a contrafé; [Dispositivo correspondente no CPC/1973: art. 226-II]

III — obtendo a nota de ciente ou certificando[3-4] que o citando não a apôs no mandado.[5] [Dispositivo correspondente no CPC/1973: art. 226-III]

Art. 251: 1. Se o **citando, homônimo do réu,** contribuiu para o equívoco do oficial de justiça que efetivou a diligência, não pode pretender o reembolso dos honorários do advogado que pagou para ser excluído da relação processual (RT 608/199, RAMPR 45/251).

Art. 251: 2. "Citação por mandado. **Nula a que não observa os requisitos** essenciais para sua validade, inclusive a **leitura do mandado** ao citando. Não pode prevalecer para os efeitos do art. 7º do Dec. n. 24.150/34 a citação viciada, máxime em se tratando de locadores idosos, sendo o cabeça do casal cego" (RTJ 76/957).

Todavia: "As omissões referentes à falta da leitura do mandado bem como da certidão de entrega de contrafé não são suficientes para ensejar a decretação de nulidade do ato citatório, **se não houver prejuízo** para as partes no processo" (JTA 119/346).

Art. 251: 3. s/ fé pública do oficial de justiça, v. art. 154, nota 1a.

Art. 251: 4. "Processo de execução. Citação e intimação da penhora. A certidão do oficial de justiça de que citou o devedor e o intimou da penhora em processo de execução não cede à simples alegação de **omissão de testemunhas** da recusa do devedor em apor ciência" (STJ-3ª T., REsp 9.444, Min. Dias Trindade, j. 14.5.91, DJU 10.6.91). No mesmo sentido: RSTJ 160/364 (4ª T., REsp 345.658).

Art. 251: 5. "Não há nulidade na citação que não tiver **nota de ciência, ou** a certidão de **recusa** em apô-la, pois são estas **solenidades secundárias,** para fins de reforço de certeza" (JTA 119/329).

"A só inobservância do disposto no art. 226, III, do CPC não sugere inexistência, nem produz nulidade da citação" (RT 520/164). No mesmo sentido: RF 254/331.

Contra, considerando nula a citação, por falta de certidão consignando que o réu não após o ciente: RT 628/172, maioria, RJTJESP 64/191, JTA 110/235, maioria.

Art. 252. Quando, por 2 (duas) vezes,[1 a 2] o oficial de justiça houver procurado o citando em seu domicílio ou residência[2a] sem o encontrar, deverá, havendo suspeita de ocultação,[3] intimar[3a] qualquer pessoa da família[4] ou, em sua falta, qualquer vizinho de que, no dia útil imediato,[4a-5] voltará a fim de efetuar a citação, na hora[5a] que designar.[6] [Dispositivo correspondente no CPC/1973: art. 227]

Parágrafo único. Nos condomínios edilícios ou nos loteamentos com controle de acesso, será válida a intimação a que se refere o *caput* feita a funcionário da portaria responsável pelo recebimento de correspondência.[7] [Sem dispositivo correspondente no CPC/1973]

Art. 252: 1. s/ intimação com hora certa, v. art. 275 § 2º.

Art. 252: 1a. não, porém, necessariamente no mesmo dia (RT 657/107).

Art. 252: 2. "É nula a citação feita por hora certa se o oficial de justiça deixa de consignar na certidão os **horários em que realizou as diligências**" (STJ-RT 819/182: 3ª T.). Assim: "Se as diligências foram praticadas nas horas em que este se encontrava trabalhando, seria injustificável a suspeita de ocultação" (JTA 89/351). No mesmo sentido: RT 679/131, RJTJESP 108/287, JTA 97/238, 117/95, Bol. AASP 1.602/209, RP 47/297.

Contra, com o argumento de que a lei não exige "que se consigne na certidão do oficial de justiça as horas em que procurado o intimando em seu endereço": RSTJ 20/415.

Art. 252: 2a. Em acórdão com mais de um fundamento, a 3ª Turma do STJ entendeu que a citação com hora certa também pode ser feita se o oficial de justiça procurar o citando várias vezes, em seu **endereço comercial,** e não o encontrar (STJ-3ª T., REsp 6.865, Min. Nilson Naves, j. 25.3.91, DJU 6.5.91). Afinal, a citação pode ser feita "em qualquer lugar em que se encontre o réu" (art. 243). No mesmo sentido: RT 661/115.

Art. 252: 3. A certidão do oficial de justiça deve mencionar as **razões da suspeita de ocultação** do citando (JTAERGS 83/162), sob pena de nulidade (STJ-3ª T., REsp 473.080, Min. Ari Pargendler, j. 21.11.02, DJU 24.3.03).

Todavia: "A falta de indicação, na certidão, dos fatos que levaram o oficial de justiça a suspeitar da ocultação do réu e, assim, realizar a citação com hora certa, constitui mera irregularidade, diante de particulares circunstâncias confirmatórias dessa ocultação" (RT 718/192).

Art. 252: 3a. v. § ún.

Art. 252: 4. Não vale a citação se a contrafé foi entregue a **pessoa interdita** (RF 256/248).

Art. 252: 4a. ou seja, para essa terceira diligência, não se aplica o art. 212 § 2º.

Art. 252: 5. É nula a citação se o oficial de justiça a efetua **no mesmo dia** em que procurou o réu pela última vez (JTA 113/220).

Art. 252: 5a. É **nula** a citação, **se** o oficial **não designar a hora** em que deverá fazê-la (RJTAMG 34/263).

Art. 252: 6. s/ citação com hora certa em ação monitória, v. art. 700, nota 26; em execução, v. art. 830 § 1º.

S/ intimação com hora certa em execução, v. art. 275, nota 8.

Art. 252: 7. "Não invalida a citação com hora certa a só e só intimação realizada na pessoa do **porteiro do edifício** onde mora o citando" (RSTJ 187/417: REsp 647.201). No mesmo sentido: RT 718/192, 730/268.

Art. 253. No dia e na hora designados, o oficial de justiça, independentemente de novo despacho, comparecerá ao domicílio[1] ou à residência do citando a fim de realizar a diligência. [Dispositivo correspondente no CPC/1973: art. 228-*caput*]

§ 1º Se o citando não estiver presente, o oficial de justiça procurará informar-se das razões da ausência, dando por feita a citação, ainda que o citando se tenha ocultado em outra comarca, seção ou subseção judiciárias. [Dispositivo correspondente no CPC/1973: art. 228 § 1º]

§ 2º A citação com hora certa será efetivada mesmo que a pessoa da família ou o vizinho que houver sido intimado esteja ausente, ou se, embora presente, a pessoa da família ou o vizinho se recusar a receber o mandado. [Sem dispositivo correspondente no CPC/1973]

§ 3º Da certidão da ocorrência, o oficial de justiça deixará contrafé com qualquer pessoa da família ou vizinho, conforme o caso, declarando-lhe o nome. [Dispositivo correspondente no CPC/1973: art. 228 § 2º]

§ 4º O oficial de justiça fará constar do mandado a advertência de que será nomeado curador especial se houver revelia.[2] [Sem dispositivo correspondente no CPC/1973]

Art. 253: 1. v. CC 70 a 78.

Art. 253: 2. v. art. 72-II.

Art. 254. Feita a citação com hora certa, o escrivão ou chefe de secretaria enviará ao réu, executado ou interessado, no prazo de 10 (dez) dias, contado da data da juntada do mandado aos autos, carta, telegrama ou correspondência eletrônica, dando-lhe de tudo ciência.[1-2] [Dispositivo correspondente no CPC/1973: art. 229]

Art. 254: 1. s/ prazo para contestar, v. art. 231 § 4º, especialmente nota 28.

Art. 254: 2. "Citação por hora certa. A remessa de comunicação, pelo escrivão ao citando, dando-lhe ciência da ação, é **obrigatória**" (STJ-5ª T., REsp 280.215, Min. José Arnaldo, j. 17.5.01, DJU 13.8.01). Também considerando obrigatória a expedição de carta complementar: STJ-RT 819/182, RT 488/121, JTA 38/53. À sua falta, é **nula a citação** (STJ-5ª T., REsp 280.215, Min. José Arnaldo, j. 17.5.01, DJU 13.8.01; STJ-RT 710/192, RT 629/163, RJTJESP 91/62), ou a intimação (RT 626/177, RJTJESP 102/230).

Julgando válida a citação, embora não tenha sido a carta entregue diretamente ao réu, sob o argumento de que a expedição da carta é mera formalidade complementar: JTJ 156/30, JTA 105/349.

Afirmando ser irrelevante o recebimento da carta por quem não é representante legal da pessoa jurídica: RT 807/318.

Segundo acórdão em RJTJESP 108/58, a obrigação do escrivão se limita a remeter a carta para o endereço certo; se esta, por qualquer motivo, foi devolvida, sem ter sido entregue, nem por isso é nula a citação.

Art. 255. Nas comarcas contíguas de fácil comunicação e nas que se situem na mesma região metropolitana, o oficial de justiça poderá efetuar, em qualquer delas, citações, intimações, notificações, penhoras e quaisquer outros atos executivos.[1-2] [Dispositivo correspondente no CPC/1973: art. 230]

Art. 255: 1. v. art. 237, nota 4a.

Art. 255: 2. A regra do art. 255 aplica-se também no caso de comarcas contíguas de Estados diferentes (SIMP-concl. VIII, em RT 482/270).

Art. 256. A citação por edital será feita:[1 a 3a] [Dispositivo correspondente no CPC/1973: art. 231-*caput*]

I — quando desconhecido ou incerto o citando;[4] [Dispositivo correspondente no CPC/1973: art. 231-I]

II — quando ignorado, incerto ou inacessível o lugar em que se encontrar o citando;[5 a 7] [Dispositivo correspondente no CPC/1973: art. 231-II]

III — nos casos expressos em lei. [Dispositivo correspondente no CPC/1973: art. 231-III]

§ 1º Considera-se inacessível, para efeito de citação por edital, o país que recusar o cumprimento de carta rogatória. [Dispositivo correspondente no CPC/1973: art. 231 § 1º]

§ 2º No caso de ser inacessível o lugar em que se encontrar o réu, a notícia de sua citação será divulgada também pelo rádio, se na comarca houver emissora de radiodifusão. [Dispositivo correspondente no CPC/1973: art. 231 § 2º]

§ 3º O réu será considerado em local ignorado ou incerto se infrutíferas as tentativas de sua localização, inclusive mediante requisição pelo juízo de informações sobre seu endereço nos cadastros de órgãos públicos ou de concessionárias de serviços públicos.[8-9] [Sem dispositivo correspondente no CPC/1973]

Art. 256: 1. s/ citação por edital e: nomeação de curador especial, v. art. 72-II; natureza do ato que a indefere, v. art. 203, nota 4; ação monitória, v. art. 700, nota 25; execução, v. art. 830, nota 5; ação popular, v. LAP 7º § 2º-II.

Art. 256: 1a. "A utilização da via editalícia, espécie de citação presumida, só cabe em **hipóteses excepcionais,** expressamente enumeradas no art. 231 do CPC e, ainda assim, após criteriosa análise, pelo julgador, dos fatos que levam à convicção do desconhecimento do paradeiro dos réus e da impossibilidade de serem encontrados por outras diligências" (STJ-3ª T., REsp 1.280.855, Min. Nancy Andrighi, j. 6.3.12, DJ 9.10.12).

V. tb. § 3º.

Art. 256: 2. O **segredo de justiça** não impede a citação por edital (RT 483/83).

Art. 256: 3. "Citado o réu, editalmente, por lhe ser desconhecido o paradeiro, a **providência guardará o seu valor** integral, embora ocorrendo revelia e não obstante venha a ser descoberto, no tramitar do processo, o endereço certo" (RF 251/199). No mesmo sentido: RT 643/99, RJTJESP 96/54, 119/312.

Art. 256: 3a. "Quando o réu não for localizado no juízo deprecado e estiver em lugar incerto e não sabido, a citação por edital deve ser providenciada perante o **juízo deprecante**" (STJ-2ª Seção, CC 36.213, Min. Ari Pargendler, j. 26.10.05, DJU 1.2.06).

Art. 256: 4. O STF já admitiu a **citação por edital de 400 litisconsortes,** a maioria de endereço ignorado e outros espalhados por todo o país, sob fundamento de que "as normas processuais não podem ser interpretadas no sentido de impossibilitar o andamento da causa" (RTJ 84/1.042).

"Em caso de ocupação de terreno urbano por milhares de pessoas, é inviável exigir-se a qualificação e a citação de cada uma delas" (STJ-4ª T., REsp 154.906, Min. Barros Monteiro, j. 4.5.04, DJU 2.8.04), "eis que essa exigência tornaria impossível qualquer medida judicial" (STJ-RT 744/172, maioria). Em sentido semelhante: Lex-JTA 146/96, JTAERGS 78/79, maioria, RJTAMG 60/273, maioria.

"Ação civil pública. Floresta amazônica. Domínio público. Turbação ou esbulho. Desmatamento. Demandado desconhecido ou incerto. Possibilidade de citação por edital. Art. 256, I, do CPC/2015" (STJ-2ª T., REsp 1.905.367, Min. Herman Benjamin, j. 24.11.20, DJ 14.12.20). Do voto do relator: "Forçar — tanto mais como condicionante para propositura de ação civil — diligências *in loco* em alguns dos lugares mais remotos e inacessíveis do Planeta, providências altamente onerosas e ineficazes, representa, em analogia com as eras da História, insistir na pedra lascada, quando se vive na idade do aço e titânio. Nos autos, imagens obtidas por satélite, de burla incogitável, comprovam tanto a materialidade e a quantificação da degradação como o polígono geográfico de desmatamento, com coordenadas categóricas".

Deferindo a citação por edital em demanda voltada à invalidação de concurso público: "Face ao elevado número de litisconsortes, a citação pessoal impossibilitaria a prestação jurisdicional" (acórdão do TRF-5ª Reg., confirmado por decisão do STJ em RSTJ 127/448).

V. tb. arts. 319, nota 7, e 554 §§ 1º a 3º.

Art. 256: 5. s/ lugar ignorado ou incerto, v. tb. § 3º.

Art. 256: 6. "Se o réu, apesar de possuir duas residências, não é encontrado em nenhuma delas em várias tentativas, informando seu empregado que desconhece seu paradeiro, correta é a caracterização de encontrar-se em **lugar incerto e não sabido,** convalidada a citação por edital" (RT 625/79, maioria).

Art. 256: 7. "**Nula** é a citação edital, **se dos autos consta o local da residência** onde o executado provou estar residindo no curso do procedimento e onde foi intimado pelo próprio oficial da diligência" (TFR-4ª T., AC 97.356, Min. José de Jesus Filho, j. 17.12.86, DJU 26.2.87).

Art. 256: 8. Considerando **nula** a citação edital **se previamente não foram esgotados** todos os meios possíveis para a localização do réu: JTA 121/354.

Art. 256: 9. Deve ser deferida a **expedição de ofícios** ao TRE, à Secretaria da Receita Federal e a outros órgãos públicos, para que informem o endereço do citando, se o autor não conseguiu localizá-lo (RJTJESP 124/46, Bol. AASP 1.387/176).

"O juízo de primeiro grau, conquanto tenha recebido a informação, pelo BACEN e pela Secretaria da Receita Federal, da existência de outros endereços dos executados, em resposta ao seu próprio ofício, determinou a citação por edital, sem proceder à tentativa de localização dos executados nos respectivos endereços, impondo-se, assim, o reconhecimento da nulidade da citação editalícia realizada" (STJ-3ª T., REsp 1.725.788, Min. Marco Bellizze, j. 26.6.18, DJ 29.6.18).

Art. 257. São requisitos[1] da citação por edital:[2] [Dispositivo correspondente no CPC/1973: art. 232-*caput*]

I — a afirmação do autor[3-3a] ou a certidão do oficial[3b] informando a presença das circunstâncias autorizadoras;[4] [Dispositivo correspondente no CPC/1973: art. 232-I]

II — a publicação do edital na rede mundial de computadores, no sítio do respectivo tribunal e na plataforma de editais do Conselho Nacional de Justiça, que deve ser certificada nos autos;[5] [Dispositivo correspondente no CPC/1973: art. 232-III]

III — a determinação, pelo juiz, do prazo,[5a-6] que variará entre 20 (vinte) e 60 (sessenta) dias, fluindo da data da publicação única ou, havendo mais de uma, da primeira; [Dispositivo correspondente no CPC/1973: art. 232-IV]

IV — a advertência de que será nomeado curador especial em caso de revelia.[7] [Dispositivo correspondente no CPC/1973: art. 232-V]

Parágrafo único. O juiz poderá determinar que a publicação do edital seja feita também em jornal local de ampla circulação ou por outros meios, considerando as peculiaridades da comarca, da seção ou da subseção judiciárias. [Sem dispositivo correspondente no CPC/1973]

Art. 257: 1. s/ intimação por edital, v. art. 275 § 2º.

Art. 257: 2. "Do edital de citação deve constar, em respeito ao princípio da ampla defesa, além dos requisitos inerentes ao próprio ato citatório (art. 232, CPC) e do **prazo para contestar** (art. 225-II, CPC), a **finalidade** para a qual está sendo o réu convocado a juízo, com referência sucinta da ação e seu pedido" (RSTJ 102/281).

V. tb. nota 5.

Art. 257: 3. **"Cabe ao juiz averiguar** a afirmação do autor, de se encontrar o réu em local incerto e não sabido, se existem elementos nos autos demonstrando o contrário" (STJ-3ª T., REsp 55.535-6-AgRg, Min. Eduardo Ribeiro, j. 26.9.94, DJU 17.10.94). No mesmo sentido: JTA 92/10.

Art. 257: 3a. "Deve ser rescindida a sentença que julgou procedente a ação de separação judicial, se ficar evidenciado que, **não obstante conhecer o autor o endereço** de sua ex-mulher, tenha o mesmo preferido afirmar achar-se ela em incerto ou ignorado paradeiro, fazendo uso da citação por edital, acarretando a ausência de contestação e, consequentemente, decisão desfavorável à ré" (RF 308/142).

Art. 257: 3b. É nula a citação por edital, embora o oficial de justiça certifique que o réu não foi encontrado no domicílio estipulado no contrato, **se existem nos autos outros endereços** onde este poderia ser encontrado ou é conhecido o seu lugar de trabalho e aí não foi procurado (JTA 119/449).

Art. 257: 4. s/ circunstâncias autorizadoras, v. art. 256.

Art. 257: 5. O edital pode ser **resumido,** desde que contenha os **dados essenciais** à resposta (RISTF 84-*caput*; RISTJ 92-*caput*), "de forma a dar ciência ao réu daquilo que contra ele se pede e de que deve defender-se" (RT 624/187).

De modo geral, devem constar do edital os dados do processo e as informações constantes do art. 250-I a IV e deste art. 257-III e IV.

V. tb. nota 2 e art. 250, nota 4.

Art. 257: 5a. O prazo do inc. III é para que se considere **realizada a citação.** Depois do seu esgotamento é que se inicia o prazo para resposta ou embargos à execução ou tomada de outra providência (v. arts. 231-IV, 335 e 915).

Art. 257: 6. A **falta de menção ao prazo** para que seja considerada perfeita a citação por edital torna-a ineficaz (JTA 48/198).

Art. 257: 7. v. art. 72-II.

Art. 258. A parte que requerer a citação por edital, alegando dolosamente a ocorrência das circunstâncias autorizadoras para sua realização, incorrerá em multa de 5 (cinco) vezes o salário mínimo.[1-1a] [Dispositivo correspondente no CPC/1973: art. 233-*caput*]

Parágrafo único. A multa reverterá em benefício do citando.[2] [Dispositivo correspondente no CPC/1973: art. 233 § ún.]

Art. 258: 1. e, se acaso a sentença lhe for favorável, ficará sujeita tanto a ação declaratória de nulidade quanto à rescisória.

V. tb. arts. 239, nota 3b, e 257, nota 3a.

Art. 258: 1a. A multa prevista neste artigo não pode ser cumulada com outras sanções igualmente punitivas, caso da multa prevista no art. 81-*caput*. Tendo em vista o escopo reparatório das demais verbas previstas no art. 81-*caput*, aqui é possível a cumulação com a multa do art. 258.

S/ requisitos para a cumulação de sanções, v. art. 81, nota 9.

Art. 258: 2. cf. art. 96.

Art. 259. Serão publicados editais: [Sem dispositivo correspondente no CPC/1973]

I — na ação de usucapião de imóvel;[1] [Dispositivo correspondente no CPC/1973: art. 942]

II — na ação de recuperação ou substituição de título ao portador;[2] [Dispositivo correspondente no CPC/1973: art. 908-I]

III — em qualquer ação em que seja necessária, por determinação legal, a provocação, para participação no processo, de interessados incertos ou desconhecidos. [Sem dispositivo correspondente no CPC/1973]

Art. 259: 1. s/ ação de usucapião de imóvel, v. art. 246 § 3º.

Art. 259: 2. Serão citados por edital os terceiros interessados e, se desconhecido, o detentor do título. No caso de ser conhecido o detentor do título, ele será citado pessoalmente.

Capítulo III | DAS CARTAS

Art. 260. São requisitos[1-1a] das cartas de ordem, precatória e rogatória: [Dispositivo correspondente no CPC/1973: art. 202-*caput*]

I — a indicação dos juízes de origem e de cumprimento do ato;[2-2a] [Dispositivo correspondente no CPC/1973: art. 202-I]

II — o inteiro teor da petição, do despacho judicial e do instrumento do mandato conferido ao advogado;[3] [Dispositivo correspondente no CPC/1973: art. 202-II]

III — a menção do ato processual que lhe constitui o objeto;[3a a 4] [Dispositivo correspondente no CPC/1973: art. 202-III]

IV — o encerramento com a assinatura do juiz. [Dispositivo correspondente no CPC/1973: art. 202-IV]

§ 1º O juiz mandará trasladar para a carta quaisquer outras peças, bem como instruí-la com mapa, desenho ou gráfico, sempre que esses documentos devam ser examinados, na diligência, pelas partes, pelos peritos ou pelas testemunhas. [Dispositivo correspondente no CPC/1973: art. 202 § 1º]

§ 2º Quando o objeto da carta for exame pericial[5] sobre documento, este será remetido em original, ficando nos autos reprodução fotográfica. [Dispositivo correspondente no CPC/1973: art. 202 § 2º]

§ 3º A carta arbitral atenderá, no que couber, aos requisitos a que se refere o *caput* e será instruída com a convenção de arbitragem e com as provas da nomeação do árbitro e de sua aceitação da função.[6] [Sem dispositivo correspondente no CPC/1973]

Art. 260: 1. v. art. 267-I.

Art. 260: 1a. Estes requisitos estabelecidos para as cartas são válidos apenas para as **cartas rogatórias ativas,** isto é, as cartas rogatórias expedidas pela Justiça brasileira para a prática de atos em outros países (STJ-Corte Especial, CR 6-AgRg, Min. Edson Vidigal, j. 19.10.05, DJU 21.11.05). Assim: "A procuração conferida ao advogado da parte autora, requisito referido no art. 202 do CPC, é aplicável apenas às cartas rogatórias ativas" (STJ-Corte Especial, CR 2.116-AgRg, Min. Barros Monteiro, j. 16.5.07, DJU 6.8.07).

Art. 260: 2. v. art. 262.

Art. 260: 2a. "Consoante dispõe o inciso I do art. 202 do CPC, a carta rogatória é **instrumento próprio à cooperação entre Judiciários,** devendo o subscritor estar integrado a esse Poder. Não há possibilidade de Procuradoria da República de Estado estrangeiro requerer à autoridade judiciária brasileira o cumprimento de carta rogatória por si expedida" (STF-1ª T., HC 87.759, Min. Marco Aurélio, j. 26.2.08, DJU 18.4.08; matéria criminal).

Art. 260: 3. i. e., todos os **instrumentos de mandato em vigor,** para que possam ser feitas as **intimações** dos atos atrelados à carta.

É nulo o depoimento tomado sem prévia intimação aos advogados das partes (RT 571/211, Bol. AASP 1.485/129).

A quem deve ser feita a intimação, no caso de advogado substabelecido para acompanhar cumprimento de precatória? v. art. 272, nota 25a.

Art. 260: 3a. s/ conflito de competência entre juízos deprecante e deprecado, v. art. 66, nota 3a.

Art. 260: 3b. "É competência do juízo da execução a tarefa de **ampliar a penhora,** quando existente carta precatória condicionando-a a determinados bens que se apresentaram insuficientes, não se admitindo ao juízo deprecado tal atribuição" (RJTAMG 40/245).

Art. 260: 3c. "Compete ao juízo deprecado apreciar **incidentes** relacionados com laudos e peritos, em carta precatória destinada à **avaliação de bem imóvel"** (Bol. 12/90 do TRF-3ª Reg., p. 82).

Art. 260: 3d. "Carta precatória cível. **Inquirição de testemunha** por meio audiovisual no juízo deprecado. **Degravação do respectivo depoimento.** Responsabilidade do juízo deprecante. Inteligência do art. 2º § ún. da Resolução 105/2010 do CNJ" (STJ-1ª Seção, CC 126.770, Min. Sérgio Kukina, j. 8.5.13, DJ 14.5.13). No mesmo sentido: STJ-2ª Seção, CC 150.252, Min. Ricardo Cueva, j. 10.6.20, DJ 16.6.20.

Contra: "Em caso de precatória para oitiva de testemunhas, a degravação dos depoimentos colhidos em audiência é de observância obrigatória para o juízo deprecado, pois é procedimento que integra o cumprimento da carta precatória. O juízo deprecado, pois, quando receber a precatória para tomada de depoimento(s) e desejar implementar método não convencional (como taquigrafia, estenotipia ou outro método idôneo de documentação), deverá ter condições também para a transcrição, devolvendo a carta adequadamente cumprida" (STJ-2ª Seção, CC 126.747, Min. Luis Felipe, j. 25.9.13, DJ 6.12.13).

Art. 260: 4. "Se a finalidade da carta precatória, isto é, a intimação, foi cumprida, o incidente resultante do descumprimento da ordem judicial deve ser resolvido pelo Juízo deprecante, que a ditou" (STJ-2ª Seção, CC 39.564, Min. Ari Pargendler, j. 9.11.05, DJU 30.11.05).

Art. 260: 5. v. art. 465 § 6º.

Art. 260: 6. v. arts. 189-IV e 237-IV e LArb 3º, 13, 19 e 22-C.

Art. 261. Em todas as cartas[1] o juiz fixará o prazo[2] para cumprimento, atendendo à facilidade das comunicações e à natureza da diligência. [Dispositivo correspondente no CPC/1973: art. 203]

§ 1º As partes deverão ser intimadas pelo juiz do ato de expedição da carta. [Sem dispositivo correspondente no CPC/1973]

§ 2º Expedida a carta, as partes acompanharão o cumprimento da diligência perante o juízo destinatário, ao qual compete a prática dos atos de comunicação.[3-4] [Sem dispositivo correspondente no CPC/1973]

§ 3º A parte a quem interessar o cumprimento da diligência cooperará para que o prazo a que se refere o *caput* seja cumprido. [Sem dispositivo correspondente no CPC/1973]

Art. 261: 1. inclusive nas rogatórias (RT 488/109), porque este prazo é fixado para a parte, e não para o juiz rogado (RJTJESP 41/205). Mais cortês será, portanto, que não conste da rogatória.

Art. 261: 2. v. arts. 268 (prazo para devolução) e 377 (carta com efeito suspensivo).

Art. 261: 3. v. arts. 260, nota 3, 262 § ún., e 272, nota 25a.

Art. 261: 4. Declarando nula audiência realizada por meio de carta precatória nas seguintes circunstâncias: "Ação civil pública. Audiência de inquirição de testemunha. Ausência de **intimação do Ministério Público Federal do juízo em que se realizou o ato** processual. Territorialidade. Princípio do contraditório" (STJ-2ª T., REsp 1.213.318, Min. Mauro Campbell, j. 14.12.10, DJ 8.2.11).

Art. 262. A carta tem caráter itinerante, podendo, antes ou depois de lhe ser ordenado o cumprimento, ser encaminhada a juízo diverso do que dela consta, a fim de se praticar o ato. [Dispositivo correspondente no CPC/1973: art. 204]

Parágrafo único. O encaminhamento da carta a outro juízo será imediatamente comunicado ao órgão expedidor, que intimará as partes. [Sem dispositivo correspondente no CPC/1973]

Art. 263. As cartas deverão, preferencialmente, ser expedidas por meio eletrônico,[1] caso em que a assinatura do juiz deverá ser eletrônica,[2] na forma da lei. [Dispositivo correspondente no CPC/1973: art. 202 § 3º]

Art. 263: 1. v. tb. art. 7º da Lei 11.419/06, no tít. PROCESSO ELETRÔNICO.

S/ prática eletrônica de atos processuais, v. arts. 193 a 199.

Art. 263: 2. v. art. 1º § 2º-III da Lei 11.419/06, no tít. PROCESSO ELETRÔNICO.

Art. 264. A carta de ordem e a carta precatória por meio eletrônico, por telefone ou por telegrama conterão, em resumo substancial, os requisitos mencionados no art. 250, especialmente no que se refere à aferição da autenticidade. [Dispositivo correspondente no CPC/1973: art. 206]

Art. 265. O secretário do tribunal, o escrivão ou o chefe de secretaria do juízo deprecante transmitirá, por telefone, a carta de ordem ou a carta precatória ao juízo em que houver de se cumprir o ato, por intermédio do escrivão do primeiro ofício da primeira vara, se houver na comarca mais de um ofício ou de uma vara, observando-se, quanto aos requisitos, o disposto no art. 264. [Dispositivo correspondente no CPC/1973: art. 207-*caput*]

§ 1º O escrivão ou o chefe de secretaria, no mesmo dia ou no dia útil[1] imediato, telefonará ou enviará mensagem eletrônica ao secretário do tribunal, ao escrivão ou ao chefe de secretaria do juízo deprecante, lendo-lhe os termos da carta e solicitando-lhe que os confirme. [Dispositivo correspondente no CPC/1973: art. 207 § 1º]

§ 2º Sendo confirmada, o escrivão ou o chefe de secretaria submeterá a carta a despacho. [Dispositivo correspondente no CPC/1973: art. 207 § 2º]

Art. 265: 1. v. art. 212, nota 1.

Art. 266. Serão praticados de ofício os atos requisitados por meio eletrônico e de telegrama, devendo a parte depositar, contudo, na secretaria do tribunal ou no cartório do juízo deprecante, a importância correspondente às despesas que serão feitas no juízo em que houver de praticar-se o ato. [Dispositivo correspondente no CPC/1973: art. 208]

Art. 267. O juiz[1] recusará cumprimento a carta precatória[2] ou arbitral, devolvendo-a com decisão motivada quando: [Dispositivo correspondente no CPC/1973: art. 209-*caput*]

I — a carta não estiver revestida dos requisitos legais;[3-3a] [Dispositivo correspondente no CPC/1973: art. 209-I]

II — faltar ao juiz[4] competência[5] em razão da matéria ou da hierarquia; [Dispositivo correspondente no CPC/1973: art. 209-II]

III — o juiz tiver dúvida acerca de sua autenticidade. [Dispositivo correspondente no CPC/1973: art. 209-III]

Parágrafo único. No caso de incompetência em razão da matéria ou da hierarquia, o juiz deprecado, conforme o ato a ser praticado, poderá remeter a carta ao juiz ou ao tribunal competente. [Sem dispositivo correspondente no CPC/1973]

Art. 267: 1. "Competente, para a apreciação de mandados de segurança e eventuais recursos, a propósito de atos judiciais constritivos praticados no juízo deprecado, situado em outra unidade da Federação, é o **respectivo Tribunal** dessa unidade" (STJ-2ª Seção, CC 1.492, Min. Sálvio de Figueiredo, j. 10.4.91, DJU 13.5.91).

Art. 267: 2. O juiz deprecado é mero executor dos atos deprecados; **somente pode recusar o cumprimento** de carta precatória **nas hipóteses previstas no art. 267 do CPC.** Assim, não pode invocar a material ilegalidade ou inconstitucionalidade do ato deprecado para deixar de cumpri-lo (STJ-RF 347/298), ou, p. ex.:

— negar-se a tomar o depoimento de testemunha que considere impedida (STJ-2ª Seção, CC 41.390, Min. Fernando Gonçalves, j. 12.5.04, DJU 24.5.04);

— recusar-se a determinar a penhora de um bem, alegando que não mais pertence ao executado (STJ-2ª Seção, CC 30.524, Min. Barros Monteiro, j. 12.9.01, DJU 4.2.02).

Ainda: "Oitiva de testemunha. Carta precatória. Videoconferência. Não obrigatoriedade. Recusa infundada. Competência do juízo deprecado. O art. 267 do CPC/2015 possui rol taxativo de recusa para o cumprimento de carta precatória. A prática de atos processuais por videoconferência é uma faculdade do juízo deprecante, não competindo ao juízo deprecado a determinação de forma diversa da realização de audiência" (STJ-1ª Seção, CC 165.381, Min. Francisco Falcão, j. 12.6.19, DJ 14.6.19).

V. tb. § ún.

Art. 267: 3. v. art. 260.

Art. 267: 3a. Não pode ser cumprida precatória a que **falte requisito essencial,** como é a transcrição da procuração (RT 470/126, RF 251/233, JTA 32/81).

Art. 267: 4. deprecado.

Art. 267: 5. "Não é lícito ao juiz deprecado recusar cumprimento à precatória, à consideração de **incompetência do juiz deprecante.** Cabe ao juiz deprecante apreciar a exceção de incompetência. Conflito conhecido e declarado competente o juiz deprecado, para determinar o cumprimento da carta, simplesmente" (STJ-2ª Seção, CC 1.452, Min. Nilson Naves, j. 13.3.91, DJU 1.4.91).

"Cada juiz decide, em princípio, de sua própria competência. Assim, não lhe é dado recusar cumprimento a precatória, a fundamento de que incompetente o deprecante. Como, entretanto, cumpre-lhe defender a própria competência, se esta for absoluta e competente o deprecado deverá suscitar conflito. Tratando-se, entretanto, de competência relativa, a exceção há de ser decidida no juízo deprecante" (RF 302/113).

S/ conflito de competência entre juízos deprecante e deprecado, v. art. 66, nota 3a.

Art. 268. Cumprida a carta, será devolvida ao juízo de origem no prazo de 10 (dez) dias,[1] independentemente de traslado, pagas as custas pela parte. [Dispositivo correspondente no CPC/1973: art. 212]

Art. 268: 1. "O destinatário do prazo de dez dias de que cuida o artigo 212 do CPC é a autoridade deprecada e, não, a parte no pleito homologatório" (STJ-Corte Especial, SE 946, Min. Hamilton Carvalhido, j. 19.11.08, DJ 5.2.09).

Capítulo IV | DAS INTIMAÇÕES

Art. 269. Intimação[1 a 1c] é o ato pelo qual se dá ciência a alguém dos atos e dos termos do processo.[2] [Dispositivo correspondente no CPC/1973: art. 234]

§ 1º É facultado aos advogados promover a intimação do advogado da outra parte por meio do correio, juntando aos autos, a seguir, cópia do ofício de intimação e do aviso de recebimento.[3] [Sem dispositivo correspondente no CPC/1973]

§ 2º O ofício de intimação deverá ser instruído com cópia do despacho, da decisão ou da sentença. [Sem dispositivo correspondente no CPC/1973]

§ 3º A intimação da União, dos Estados, do Distrito Federal, dos Municípios e de suas respectivas autarquias e fundações de direito público será realizada perante o órgão de Advocacia Pública responsável por sua representação judicial.[4] [Sem dispositivo correspondente no CPC/1973]

Art. 269: 1. s/ intimação e: litisconsórcio, v. art. 118; dispensa, no caso de calendário para prática de atos processuais, v. art. 191 § 2º; prazo mínimo para comparecimento, v. art. 218 § 2º; ciência inequívoca, v. art. 231, notas 4 e segs.; em comarca contígua, v. art. 255; cartas, v. art. 260, nota 3; meio eletrônico, v. art. 270 e Lei 11.419/06, arts. 5º e 9º, no tít. PROCESSO ELETRÔNICO; intimação por telefone, v. art. 274, nota 10; nulidade, v. art. 280; Juizado Especial, v. LJE 19; STF, v. Res. 404 do STF, de 7.8.09, no tít. SUPREMO TRIBUNAL FEDERAL.

Art. 269: 1a. "A **intimação** (ciência, para faça ou não faça alguma coisa, artigo 234 do Código de Processo Civil) **não supre nem substitui citação;** notadamente quando esta deva atender a requisitos especiais, como no processo de inventário" (JTJ 171/200).

Art. 269: 1b. "A intimação é ao **advogado** e não à parte, salvo disposição de lei em contrário. É nula a intimação quando feita com inobservância das prescrições legais" (RSTJ 79/130).

V. tb. arts. 272, nota 1a, e 274, nota 1.

Art. 269: 1c. No **conflito** entre a data de intimação pelo Diário da Justiça e a certificada nos autos pelo escrivão, prevalece aquela, por ser anterior (RT 683/156).

Art. 269: 2. As intimações abrangem **todos os atos** do processo (art. 273-*caput*).

Art. 269: 3. s/ dia do começo do prazo no caso, v. art. 231-I.

Art. 269: 4. v. art. 75-I a IV.

Art. 270. As intimações realizam-se, sempre que possível, por meio eletrônico, na forma da lei.[1] [Dispositivo correspondente no CPC/1973: art. 237 § ún.]

Parágrafo único. Aplica-se ao Ministério Público, à Defensoria Pública e à Advocacia Pública o disposto no § 1º do art. 246. [Sem dispositivo correspondente no CPC/1973]

Art. 270: 1. v. arts. 246 §§ 1º e 2º, 272, nota 10a, 1.050 e 1.051. V. tb. Lei 11.419/06, arts. 5º e 9º, no tít. PROCESSO ELETRÔNICO.

S/ prática eletrônica de atos processuais, v. arts. 193 a 199.

Art. 271. O juiz determinará de ofício as intimações em processos pendentes, salvo disposição em contrário. [Dispositivo correspondente no CPC/1973: art. 235]

Art. 272. Quando não realizadas por meio eletrônico, consideram-se feitas as intimações pela publicação dos atos no órgão oficial.[1 a 10a] [Dispositivo correspondente no CPC/1973: art. 236-*caput*]

§ 1º Os advogados poderão requerer que, na intimação a eles dirigida, figure apenas o nome da sociedade a que pertençam, desde que devidamente registrada na Ordem dos Advogados do Brasil. [Sem dispositivo correspondente no CPC/1973]

§ 2º Sob pena de nulidade,[11 a 12] é indispensável que da publicação constem[12a] os nomes das partes[12b a 14a] e de seus advogados,[15 a 21] com o respectivo número de inscrição na Ordem dos Advogados do Brasil,[21a] ou, se assim requerido, da sociedade de advogados. [Dispositivo correspondente no CPC/1973: art. 236 § 1º]

§ 3º A grafia dos nomes das partes não deve conter abreviaturas.[22] [Sem dispositivo correspondente no CPC/1973]

§ 4º A grafia dos nomes dos advogados deve corresponder ao nome completo e ser a mesma que constar da procuração ou que estiver registrada na Ordem dos Advogados do Brasil.[23] [Sem dispositivo correspondente no CPC/1973]

§ 5º Constando dos autos pedido expresso para que as comunicações dos atos processuais sejam feitas em nome dos advogados indicados, o seu desatendimento implicará nulidade.[24 a 25a] [Sem dispositivo correspondente no CPC/1973]

§ 6º A retirada dos autos do cartório ou da secretaria em carga pelo advogado, por pessoa credenciada a pedido do advogado ou da sociedade de advogados, pela Advocacia Pública, pela Defensoria Pública ou pelo Ministério Público implicará intimação de qualquer decisão contida no processo retirado, ainda que pendente de publicação.[25b] [Sem dispositivo correspondente no CPC/1973]

§ 7º O advogado e a sociedade de advogados deverão requerer o respectivo credenciamento para a retirada de autos por preposto. [Sem dispositivo correspondente no CPC/1973]

§ 8º A parte arguirá a nulidade da intimação em capítulo preliminar do próprio ato que lhe caiba praticar, o qual será tido por tempestivo se o vício for reconhecido.[26] [Sem dispositivo correspondente no CPC/1973]

§ 9º Não sendo possível a prática imediata do ato diante da necessidade de acesso prévio aos autos, a parte limitar-se-á a arguir a nulidade da intimação, caso em que o prazo será contado da intimação da decisão que a reconheça. [Sem dispositivo correspondente no CPC/1973]

Art. 272: 1. s/ publicação em órgão oficial e: Diário de Justiça Eletrônico, v. arts. 205 § 3º e 224 §§ 2º e 3º e Lei 11.419/06, art. 4º, no tít. PROCESSO ELETRÔNICO; pauta de julgamento no tribunal, v. art. 934, nota 1a; Justiça Federal, v. LOJF 57; STJ, v. RISTJ 88 e segs.; STF, v. RISTF 82 e segs.

Art. 272: 1a. O *caput* do art. 272 refere-se à **intimação ao advogado,** que é a regra geral (v. arts. 269, nota 1b, e 274, nota 1), e não à intimação à parte.

Mesmo nas comarcas onde as intimações se fazem pela imprensa, não é nula a intimação realizada ao advogado pelo escrivão (RTJ 97/1.162).

Nos casos em que o advogado atua em causa própria, v. nota 12a e art. 274, nota 9.

Art. 272: 2. A **União,** os **Estados,** o **Distrito Federal,** os **Municípios,** suas **autarquias e fundações** de direito público têm direito à **intimação pessoal,** cf. art. 183. Também têm direito à intimação pessoal o **MP** e a **Defensoria Pública,** cf. arts. 180 e 186 § 1º.

No caso desses entes, "a intimação pessoal far-se-á por carga, remessa ou meio eletrônico" (art. 183 § 1º).

Art. 272: 3. Data do Diário Oficial e início do prazo. Conta-se o prazo da data em que circula o jornal, e não daquela em que chega à comarca onde reside o advogado intimado (RSTJ 11/311, 62/41, RTJ 73/915, 90/503, JTA 87/343). Assim: "A circulação do Diário da Justiça da União no Distrito Federal constitui termo *a quo* para interposição do recurso e não da circulação no domicílio da parte ou de seu advogado" (STJ-1ª T., AI 426.604-AgRg, Min. Garcia Vieira, j. 4.6.02, DJU 5.8.02). No mesmo sentido: "Na contagem de prazos para recursos interpostos no STJ, é irrelevante que o Diário da Justiça tenha circulado na comarca de origem em dia posterior ao da efetiva circulação no Distrito Federal" (STJ-4ª T., AI 405.870-AgRg-AgRg, Min. Sálvio de Figueiredo, j. 18.6.02, DJU 12.8.02).

"O termo inicial do prazo para a interposição de recurso recai na data em que publicada a decisão impugnada no Diário da Justiça. Descabe, na hipótese, observar projeção quer decorrente da data em que serviço especial enca-

Código de Processo Civil

minha o recorte pertinente do Diário ao profissional da advocacia, quer da relativa à entrega, pela Empresa Brasileira de Correios e Telégrafos, em Estado diverso, do exemplar correspondente à assinatura do Diário" (RTJ 146/316 e Lex-JTA 144/524).

"Prazo: intimação de decisão de Tribunal Federal sediado em outras unidades da Federação; termo *a quo* é a circulação do DJU no Distrito Federal e, não, na sede do Tribunal respectivo ou no domicílio da parte ou de seu advogado. Consequente intempestividade, não elidida por eventual atraso no transporte aéreo dos jornais remetidos a outras cidades" (RTJ 160/1.014).

Conta-se o prazo a partir da publicação pela imprensa, e não da juntada aos autos de cópia do jornal que a publicou (STJ-1ª T., REsp 156.369, Min. Milton Luiz Pereira, j. 15.2.01, DJU 28.5.01).

Art. 272: 4. "A **deficiência na distribuição postal do 'Diário Oficial'** não pode ser equiparada à falta de circulação do periódico — que só se caracteriza se ele ficar retido na origem pela própria Imprensa Oficial — para impedir a fluência do prazo judicial, mesmo porque a contagem deste perderia toda a segurança e eficácia se ficasse sujeita à prova da efetiva e concreta distribuição do 'Diário Oficial' em cada uma das comarcas do Estado" (RT 639/227).

Art. 272: 5. **Serviço de recortes do Diário Oficial.** É notório que os advogados costumam credenciar agências ou associações de classe, para que façam por eles a tediosa leitura das publicações na imprensa oficial. Eventual falha de tais serviços não invalida, porém, a intimação (RSTJ 67/87, STJ-Bol. AASP 1.921/333j, RT 710/61, 796/257, JTA 125/226, Bol. TRF-3ª Reg. 11/42), se a publicação permitir a identificação do feito e se correto o nome do procurador constituído (Bol. AASP 1.528/76).

V. tb. arts. 221, nota 9, e 1.004, nota 5.

Art. 272: 6. O órgão oficial **não precisa trazer a íntegra da decisão,** "bastando a publicação de suas conclusões, os nomes das partes e de seus advogados" (STF-RT 541/281). "Embora resumida a publicação, dela constaram todos os elementos necessários à comunicação do ato judicial — sentença —, e da abertura de prazo para impugná-la, inclusive quanto às suas folhas, cabendo, evidentemente, ao advogado, buscar o conhecimento sobre o seu integral conteúdo" (STJ-4ª T., REsp 876.042, Min. João Otávio, j. 16.11.10, DJ 1.12.10; a citação é do voto do relator).

Em sentido semelhante: RTFR 157/23, RT 616/182, RJTAMG 26/319, RP 5/375, em. 187.

Em matéria de execução fiscal, v. LEF 27.

Art. 272: 7. **Considerando inválida a intimação no caso de publicação:**

— em seção diversa da em que deveria ocorrer: RT 783/441, RTJE 109/177;

— em expediente de outro juízo: STF-RT 537/230;

— com o texto truncado: STJ-3ª T., REsp 3.719, Min. Dias Trindade, j. 19.2.91, DJU 11.3.91;

— com graves omissões: RT 498/131, JTA 43/117;

— com erros fundamentais: STF-JTA 59/194, RP 3/341.

Nessas hipóteses, a intimação deve ser republicada, com restituição total do prazo.

V. tb. §§ 2º a 5º.

Art. 272: 8. A publicação com **falha essencial** não é válida e deve ser feita novamente (v. notas seguintes); todavia, vale a publicação que, apesar de **deficiências não substanciais,** atinge a sua finalidade (STF-JTA 55/145). "Atingida a finalidade do ato que não atendeu à forma legal com a ciência da publicação, não há que se decretar a sua nulidade, se não houve prejuízo para a parte" (STJ-2ª T., REsp 288.738, Min. Eliana Calmon, j. 2.8.01, DJU 29.10.01).

Há acórdãos entendendo que a republicação, no curso do prazo, feita em razão de defeito na primeira publicação relativo a uma das partes provoca a restituição do prazo também para a outra (STJ-3ª T., REsp 208.675, Min. Menezes Direito, j. 4.11.99, DJU 17.12.99; STJ-4ª T., REsp 471.907, Min. Sálvio de Figueiredo, j. 20.2.03, DJU 7.4.03). Nos dois casos, a primeira publicação não havia consignado os nomes dos advogados de uma das partes, e o prazo, em razão da republicação, foi restituído também à outra, cujos advogados haviam sido regularmente intimados.

"Não há irregularidade na republicação da sentença, na hipótese em que o nome dos advogados dos assistentes que foram admitidos no processo não constou da primeira publicação. A certificação de trânsito em julgado da sentença, nessa hipótese, decorre de erro material e pode ser revista pelo Tribunal" (STJ-3ª T., REsp 585.385, Min. Nancy Andrighi, j. 3.3.09, DJ 13.3.09).

Art. 272: 9. "O prazo para interposição do recurso flui a partir da última publicação da decisão a ser impugnada, de modo que a **republicação do julgado** — ainda que tenha ocorrido por equívoco, seja desnecessária ou tenha sido realizada por defeito quanto à outra parte — tem o condão de **reabrir** o **prazo** recursal para ambas as partes" (STJ-Corte Especial, ED no REsp 1.106.102-AgRg, Min. Raul Araújo, j. 19.2.20, DJ 28.2.20). No mesmo sentido: JTJ 316/448 (AI 480.424-4/1-00), Lex-JTA 162/354.

Contra: "Na duplicidade de intimação válida da sentença, o prazo de apelação deve fluir da primeira" (STJ-1ª T., REsp 294.209, Min. Francisco Falcão, j. 17.4.01, DJU 22.10.01). No mesmo sentido: RTJ 55/181, 77/315, 124/680, 141/259, STF-RJTJESP 50/167; STJ-2ª T., REsp 1.296.420-EDcl, Min. Humberto Martins, j. 22.4.14, DJ 5.5.14; STJ-4ª T.: Bol. AASP 1.793/183; RJTJESP 50/165, 99/294, 107/214, JTJ 159/154, 303/434, JTA 93/106, 105/352, Lex-JTA 146/342, 151/42, Bol. AASP 1.384/156, RTJE 181/194.

No STF, v. art. 6º da Port. 104 do Pres. do STF, de 18.5.78, em nota 8 ao art. 82 do RISTF.

Art. 272: 10. Intimação válida pela imprensa seguida de intimação desnecessária pelo correio. "Sendo regularmente efetuada a intimação pelo órgão oficial, dessa é que o prazo recursal começa a correr, de nada importando se uma outra foi feita, posteriormente, pelo correio" (RSTJ 106/287).

Se foram feitas duas intimações, uma pela imprensa, no órgão oficial, **outra, posterior, pessoalmente ao advogado,** conta-se o prazo da primeira (TFR-3ª T., AC 84.365, Min. Hélio Pinheiro, j. 28.2.86, DJU 3.4.86).

Art. 272: 10a. "A **publicação da decisão no Diário de Justiça eletrônico,** nos termos dos §§ 3º e 4º do artigo 4º da Lei 11.419/2006, **prevalece** sobre a intimação eletrônica de que trata o art. 5º do mesmo diploma legal, para fins de contagem do prazo processual, exceto nos casos em que a lei exige a intimação pessoal, hipótese diversa do caso sob análise" (STJ-2ª T., Ag em REsp 1.058.578-AgInt, Min. Francisco Falcão, j. 3.10.17, DJ 11.10.17). Em sentido semelhante: STJ-3ª T., Ag em REsp 999.485-AgInt, Min. Moura Ribeiro, j. 8.8.17, DJ 25.8.17; STJ-1ª T., RMS 57.608-AgInt, Min. Benedito Gonçalves, j. 23.10.18, DJ 31.10.18; STJ-4ª T., Ag em REsp 1.343.230-AgInt, Min. Luis Felipe, j. 12.2.19, DJ 18.2.19.

Todavia, a nosso ver com razão: "Intimação eletrônica precedida de intimação no DJE. Contagem de prazo. Prevalência da intimação eletrônica. Exegese do art. 5º da Lei 11.419/2006. Entendimento em sintonia com o CPC/2015. Contagem do prazo recursal a partir da data em que se considera realizada a intimação eletrônica. Tempestividade do recurso" (STJ-3ª T., Ag em REsp 903.091-AgInt, Min. Paulo Sanseverino, j. 16.3.17, DJ 27.3.17). No mesmo sentido: STJ-4ª T., Ag em REsp 1.330.052-AgInt, Min. Luis Felipe, j. 26.3.19, DJ 29.4.19.

Art. 272: 11. s/ arguição desta nulidade, v. §§ 8º e 9º.

Art. 272: 11a. "A arguição de nulidade da intimação só interessa à **parte prejudicada**" (STJ-2ª T., REsp 33.153-9, Min. Peçanha Martins, j. 31.3.93, DJU 11.10.93). No mesmo sentido: RJTJESP 95/206, JTJ 173/172. Mais liberal: RJTJESP 94/215.

Art. 272: 12. "Erro na publicação pela imprensa quanto ao **número correto do processo** torna ineficaz a intimação" (STJ-1ª T., REsp 324.134, Min. Gomes de Barros, j. 18.11.03, DJU 9.12.03). No mesmo sentido: STJ-2ª T., REsp 13.472-0, Min. Pádua Ribeiro, j. 15.2.95, DJU 6.3.95.

Contra, no sentido de que são suficientes para a validade da intimação pela imprensa os nomes das partes e os de seus advogados, não sendo requisito essencial o número exato do processo: RJTJESP 111/154.

Art. 272: 12a. Se o **advogado** é autor ou réu, **atuando em causa própria,** seu nome deve constar duas vezes da intimação: como parte e como advogado, sob pena de nulidade (RT 709/160, maioria, RJTAMG 52/250, maioria).

V. tb. nota 1a e art. 274, nota 9.

Art. 272: 12b. Se **não figura o nome da parte,** é nula a intimação quanto a ela (STJ-3ª T., REsp 474.157, Min. Menezes Direito, j. 11.4.03, DJU 2.6.03; RT 815/253, JTA 43/65). **Todavia:** "O simples fato de não constar o nome de um dos réus não invalida a intimação em relação ao autor suficientemente identificado" (STJ-1ª T., REsp 382.888, Min. Gomes de Barros, j. 2.12.03, DJU 19.12.03). No mesmo sentido: JTA 43/65.

"Ainda que dela falte o nome de uma das partes, a intimação não é nula se recaiu na pessoa do litisconsorte, se ambos estão representados no processo pelo mesmo procurador" (STJ-3ª T., REsp 828.033, Min. Ari Pargendler, j. 20.6.06, DJU 14.8.06).

Se consta o nome da parte principal, seguido da expressão "e outros", a intimação vale (STF-RTJ 87/910 e STF-RJTJESP 59/270, confirmado em embargos: RTJ 89/891), desde que constem os nomes dos advogados dos litigantes mencionados como "e outros" (STJ-Corte Especial, ED no REsp 38.827-3, Min. Hélio Mosimann, j. 13.10.94, dois votos vencidos, DJU 21.11.94).

Inversamente, considerando inválida a intimação em que, embora constando "e outros", não contém o nome do litisconsorte representado por outro advogado: RSTJ 57/388.

"Sentença. Intimação pela imprensa. Requisitos de validade. É nula a intimação feita por nota de expediente em que não constou o nome de litisconsorte passivo necessário — CPC, arts. 236, § 1º, e 247 — que sucumbiu na demanda" (STJ-4ª T., REsp 12.807, Min. Athos Carneiro, j. 17.12.91, DJU 24.2.92).

"Faltando o nome do réu na publicação feita pelo órgão oficial, ainda que constando o de sua advogada, tem-se por nula a intimação" (STJ-4ª T., REsp 40.099-6, Min. Dias Trindade, j. 30.11.93, DJU 21.2.94).

Art. 272: 13. "Caso em que da publicação da pauta não constou o nome do **síndico** da falência. Nulidade do julgamento" (RSTJ 87/197).

Art. 272: 14. Afirmando que, se não denunciada nos autos a **sucessão processual,** é correta a publicação com o nome das partes primitivas: RTJ 75/193.

Art. 272: 14a. "Não há se falar em nulidade do julgamento por falta de intimação regular, tão só porque houve **inversão dos nomes das partes** quanto à qualidade de recorrente e recorrido" (JTJ 140/186).

Art. 272: 15. s/ intimação por publicação apenas em nome do estagiário, v. EA 3º, nota 4.

Art. 272: 16. Afirmando que a nulidade por ausência de publicação do nome do advogado é **decretável de ofício:** STJ-1ª T., REsp 615.696, Min. Luiz Fux, j. 9.11.04, DJU 29.11.04; RSTJ 105/283.

V. tb. nota 26 e arts. 231, nota 7, 278, 280 e 281, nota 2.

Art. 272: 16a. "Intimação. Ausência do nome do advogado da parte na publicação. Nulidade absoluta. O **comparecimento** da parte **somente supre a ausência de** citação ou **intimação** quando ainda é possível exercer plenamente o **direito de defesa.** Tal não ocorre, certamente, quando comparece aos autos após exaurida qualquer possibilidade de participação no procedimento já findo, com trânsito em julgado, de liquidação de sentença. A circunstância de ter, por meio de exceção, de pronto, alegado prescrição — mais facilmente perceptível a um primeiro exame, decorrida uma década do trânsito em julgado, sem andamento processual regularmente comunicado aos advogados — não sana o vício de intimação antecedente, nulidade absoluta, insusceptível de preclusão. O vício de intimação somente pode ser tido como sanado quando a intimação levada a efeito, embora viciada, atinge o seu objetivo, permitindo o conhecimento da parte sobre o ato a ser praticado, a tempo de fazê-lo" (STJ-4ª T., Ag em REsp 1.065.681-AgInt-EDcl-AgInt, Min. Isabel Gallotti, j. 3.9.19, maioria, DJ 24.9.19).

Art. 272: 17. "É nula a intimação — e, por consequência, os atos processuais posteriores —, quando não constar da publicação o **nome** de nenhum **dos advogados** da parte à qual o ato judicial é dirigido" (RSTJ 104/179). No mesmo sentido: RT 897/213 (TJSP, AP 991.09.055246-7).

"A omissão do nome do patrono de um dos litigantes compromete a identificação do processo, acarretando evidente prejuízo à parte, ensejando a nulidade da intimação" (STJ-3ª T., REsp 36.265-2, Min. Cláudio Santos, j. 29.3.94, DJU 16.5.94).

"É imprescindível, sob pena de nulidade, que a intimação consigne o nome do advogado de cada litigante, de modo suficiente a permitir a necessária identificação (art. 236, § 1º, do CPC)" (RSTJ 14/421).

"É obrigatória a intimação de todas as partes por meio dos respectivos advogados. A circunstância de os causídicos assinarem em conjunto as petições formuladas por litisconsortes não dispensa a intimação individual dos respectivos patronos" (STJ-3ª T., REsp 468.130, Min. Gomes de Barros, j. 1.4.04, DJU 26.4.04).

Se os litisconsortes estão representados por procuradores diferentes, devem ser intimados tantos advogados quantos sejam suficientes para abranger todos os litisconsortes (v. art. 118). Assim: "A publicação do nome do advogado de um dos réus não supre a omissão relativa ao nome do advogado de outro" (STF-2ª T., RE 94.617-9, Min. Aldir Passarinho, j. 26.10.82, vencidos os Mins. Décio Miranda e Cordeiro Guerra, DJU 6.4.84).

Art. 272: 18. Não há necessidade de serem intimados todos os advogados da mesma parte; basta que seja intimado um só. Assim: "Não havendo designação prévia e expressa do nome do advogado que receberia as publicações e sendo vários os advogados constituídos, será válida a intimação quando constar da publicação o nome de apenas um deles" (STJ-3ª T., AI 406.130-AgRg, Min. Menezes Direito, j. 26.3.02, DJU 6.5.02). No mesmo sentido: RSTJ 56/242, 67/445, 89/141, 151/20, RT 618/89 e RJTJESP 105/296, maioria (com extensa citação de julgados), JTJ 160/230, JTA 97/364, Bol. AASP 858/216, 1.332/154.

"Se os recorrentes estão representados nos autos por diversos advogados e inexiste especificação quanto ao responsável pelas intimações, para a validade dessas basta que da publicação conste o nome de qualquer deles, indistintamente" (RTJ 163/971). Neste sentido: RTJ 160/627.

Art. 272: 18a. "Se os litisconsortes outorgaram **procuração a novos mandatários,** inválida a intimação ao procurador anterior" (RSTJ 32/336 e STJ-RT 683/190). No caso, a procuração foi outorgada sem ressalva expressa quanto à manutenção da anterior. V. art. 111, nota 1.

Todavia: "Se a nova procuração ressalva os poderes concedidos anteriormente a outros advogados, a intimação destes, para o julgamento, é plenamente eficaz" (RSTJ 137/108).

Art. 272: 19. Em matéria de **substabelecimento feito sem reserva** de poderes: "É indispensável, para efeito de intimação, que da publicação conste o nome do advogado substabelecido. Caso de aplicação do art. 236, § 1º, do CPC" (STJ-3ª T., REsp 33.138-2, Min. Nilson Naves, j. 18.5.93, DJU 28.6.93). Ou seja, é nula a intimação dirigida apenas ao advogado substabelecente nessas circunstâncias (RT 866/252; JTJ 339/647: AI 7.277.521-4/0-EDcl).

"Tratando-se de substabelecimento amplo, sem reservas, em nome de advogado que presumivelmente deveria atuar perante o Tribunal, indispensável é a inclusão do nome do substabelecido na publicação da pauta de julgamento do recurso, sob pena de nulidade desse julgamento (art. 236, § 1º, do CPC)" (STJ-5ª T., REsp 32.743-3, Min. Assis Toledo, j. 17.3.93, DJU 5.4.93).

Todavia, dando pela validade da intimação feita a advogado que substabeleceu sem reserva, se o substabelecimento deu entrada no protocolo do tribunal no mesmo dia em que foi realizada a intimação: RTJ 84/327.

S/ substabelecimento, v. ainda notas 24 e segs.

Art. 272: 20. Acórdão em RJTJESP 81/145, com um voto vencido, decidiu, muito bem, que **se apenas um advogado,** dos três mencionados na procuração, **funcionou** durante todo o tempo no processo, somente ele poderia ser intimado da sentença. No mesmo sentido: RJTJESP 93/260, JTJ 155/187, maioria, RT 635/237, Lex-JTA 146/105.

Todavia: "Intimação por nota de expediente a advogado constituído, mas que não subscreveu qualquer petição. Validade da intimação feita ao procurador cujo nome inclusive identifica o escritório de advocacia e está impresso no cabeço dos respectivos papéis e petições" (STJ-4ª T., Ag 20.339-0-AgRg, Min. Athos Carneiro, j. 10.8.92, DJU 31.8.92).

"É válida a intimação da sentença feita na pessoa do advogado que subscreveu a inicial. Prosseguindo o mesmo como procurador da parte, irrelevante tenha ele atuado no feito ou não" (Bol. do TRF-3ª Reg. 10/64).

Art. 272: 21. Vale a intimação a **advogado impedido** de exercer a advocacia, se nenhuma comunicação do fato foi feita ao juízo (RTJ 115/205).

Da mesma forma, vale a intimação feita ao advogado, enquanto dos autos **não consta a revogação** da sua procuração (RT 604/66), ainda que tenha deixado de ser empregado da parte que representava (RTJE 154/216).

Ainda: é válida a intimação feita a **advogado que já não pertença ao escritório** que representa a parte, desde que no processo ainda figure como advogado desta (RTJ 82/416, RT 516/225, RJTJESP 99/278).

S/ intimação de advogado falecido, v. art. 313, nota 18.

Art. 272: 21a. "A ausência ou o equívoco quanto ao **número da inscrição do advogado** na Ordem dos Advogados do Brasil — OAB não gera nulidade da intimação da sentença, máxime quando corretamente publicados os nomes das partes e respectivos patronos, informações suficientes para a identificação da demanda" (STJ-3ª T., Ag em REsp 1.695.846-AgInt, Min. Nancy Andrighi, j. 15.12.20, DJ 18.12.20).

Art. 272: 22. Admitindo, nos casos de **segredo de justiça,** que conste da publicação apenas as iniciais das partes: RJTJESP 105/301.

Art. 272: 23. Para valer a intimação, o **nome do advogado deve estar correto** (STF-RT 591/283).

"A necessidade de correta publicação do nome faz-se hoje ainda mais imperiosa, quando se sabe que não poucos profissionais, com numerosas causas, valem-se dos serviços de empresas especializadas na leitura de órgãos oficiais, para informar seus clientes sobre publicações do seu interesse" (RTJ 113/1.400). No mesmo sentido: "Não podemos desconhecer que a informatização das comunicações, de que hoje depende o desempenho da atividade forense, pressupõe a repetição de certos dados para a correta identificação e localização de partes, processos e atos. Uma falha na composição do nome pode levar a erro no endereçamento de avisos e na localização do texto no Diário Oficial" (STJ-4ª T., REsp 78.766, Min. Ruy Rosado, j. 13.2.96, DJU 8.4.96; a citação é do voto do relator). Ainda: "No caso, evidente a nulidade, pois, na intimação, embora corretamente publicados o nome das partes e o n. do processo, houve erro na própria identificação do nome do advogado do recorrente, publicado como Mário Cesar Feitosa Soares, em vez de Mário Cezar Pedrosa Soares, erro esse que, realmente, é apto a determinar o não aparecimento do nome correto, sobretudo quando em busca informatizada, modalidade essa que no geral ocorre" (STJ-3ª T., REsp 1.335.625, Min. Sidnei Beneti, j. 27.11.12, DJ 19.12.12).

Também considerando nula a intimação: RSTJ 68/372 ("Vanderlei", em vez de "Wanderlei"); STJ-2ª T., RMS 15.298, Min. João Otávio, j. 22.4.03, dois votos vencidos, DJU 26.4.04, ("Ênio", em vez de "Enil"); RSTJ 13/421, maioria; STJ-4ª T., REsp 89.773, Min. Sálvio de Figueiredo, j. 7.5.98, DJU 3.8.98 (nos dois últimos casos, por omissão de "Júnior" no sobrenome).

Todavia, considerando válida a intimação quando "o erro na grafia do nome da advogada ocorria desde outras publicações sem que houvesse, por parte dela, qualquer impugnação e, tampouco, impedia a prática de atos processuais, dentro dos prazos legais": STJ-3ª T., RMS 31.408, Min. Massami Uyeda, j. 13.11.12, DJ 26.11.12. Em sentido semelhante: STJ-2ª T., REsp 1.356.168-AgRg, Min. Castro Meira, j. 7.3.13, DJ 14.3.13.

"Não há nulidade na publicação do ato processual em razão do acréscimo de uma letra no sobrenome do causídico, porquanto o seu prenome, o nome das partes e o número do processo foram cadastrados corretamente, dados esses suficientes para a identificação do feito, além de terem sido observados os prazos processuais referentes às intimações anteriores" (STJ-Corte Especial, ED no REsp 1.356.168, Min. Jorge Mussi, j. 13.3.14, maioria, DJ 12.12.14).

"Não invalida a publicação da sentença, para fins de intimação da parte, haver constado apenas o primeiro nome e o último sobrenome da advogada da ré, se além de corretos os demais dados dos litigantes e o número do processo, em atas anteriores das audiências de instrução e julgamento realizadas, igualmente assim fora escrito, sem objeção, naquelas ocasiões, pela causídica, que as assinou" (STJ-4ª T., RMS 10.206, Min. Aldir Passarinho Jr., j. 7.3.06, DJU 24.4.06).

Art. 272: 24. "Caso concreto em que, na primeira publicação, constou apenas o nome de um dos advogados indicados, tendo-se realizado uma segunda publicação, com o nome dos **dois advogados indicados.** Contagem do prazo recursal a partir da segunda publicação, tendo em vista a invalidade da primeira, 'ex vi' do art. 272, § 5º, do CPC/2015. Tempestividade do agravo em recurso especial" (STJ-3ª T., REsp 1.757.948-AgInt, Min. Paulo Sanseverino, j. 23.10.18, DJ 29.10.18).

Se o advogado, ao juntar **substabelecimento** com reserva de poderes, **pede que as intimações sejam realizadas também em seu nome,** não vale a intimação dirigida unicamente a outro advogado: "Nada impediria que na publicação constasse, além do nome daquele patrono substabelecido, o de qualquer dos outros. O que não poderia acontecer era deixar de fora, justamente, o daquele que peticionou com solicitação expressa no sentido da providência não atendida" (STJ-Corte Especial, ED no REsp 900.818, Min. Laurita Vaz, j. 13.3.08, DJU 12.6.08). Ou seja, não é preciso que o requerimento para intimação designe com exclusividade um advogado para que seja exigível a presença de seu nome na publicação.

"Havendo designação prévia e expressa do advogado que receberá as intimações, o nome desse deverá constar das publicações, sob pena de nulidade e cerceamento do direito de defesa, ainda que existam outros patronos constituídos" (RSTJ 132/230). No mesmo sentido: RTJ 112/707, RSTJ 96/335, STJ-RT 702/207, 779/182, RT 798/323, 826/287, RJTJESP 126/231.

"Havendo requerimento expresso de intimação exclusiva de advogado indicado pela parte, restará configurado cerceamento de defesa com a publicação da comunicação processual em nome de qualquer outro causídico, ainda que também constituído nos autos. Caracterização da causa de nulidade prevista no artigo 236, § 1º, do CPC" (STJ-4ª T., REsp 1.416.618-AgRg, Min. Marco Buzzi, j. 6.5.14, DJ 13.5.14).

"No caso concreto, a despeito de ter sido realizada carga dos autos antes da publicação da sentença, tal ato processual foi implementado por procurador diverso daqueles constantes no pedido de intimação exclusiva, fazendo pressupor que a disponibilização posterior do *decisum* — dessa feita, em nome dos causídicos signatários da petição inicial — constituiria o termo *a quo* do prazo recursal" (STJ-Corte Especial, ED no REsp 1.316.051-AgInt, Min. Luis Felipe, j. 7.11.18, maioria, DJ 22.2.19).

"Tendo sido requerido, pelo advogado substabelecido domiciliado na Capital do Estado, que as intimações lhe fossem dirigidas, será nula a intimação para a sessão de julgamento se da pauta publicada na imprensa oficial constou apenas o nome do advogado substabelecente, residente em comarca do interior. Irrelevância, no caso, de o substabelecimento ter sido efetuado com reserva de poderes. Necessidade de garantir, em sua plenitude, o princípio constitucional do contraditório" (STJ-4ª T., REsp 11.856, Min. Athos Carneiro, j. 31.8.92, DJU 21.9.92).

Todos esses acórdãos devem ser endossados. A publicação que não continha o nome do advogado designado causou surpresa e, portanto, prejuízo. Os advogados têm suas razões para pedir que as intimações sejam dirigidas a um deles: pode ocorrer que viajem, que estejam momentaneamente impossibilitados de cuidar da causa ou, mais frequentemente, que combinem entre si que, em determinada fase do processo, o patrocínio da causa fique confiado sobretudo a um deles. Tais combinações não visam a dificultar o andamento do feito, mas sim a facilitar a vida dos advogados. Nada têm de ilegais. Não há, portanto, razão para que não sejam respeitadas.

V. tb. art. 934, nota 1a.

Art. 272: 25. É válida a publicação sem o nome do **advogado substabelecido,** se o **requerimento** para que as intimações passassem a ser feitas em seu nome tenha sido protocolado **após a remessa à imprensa,** mas antes da respectiva publicação?

— **Sim:** "Não procede a impugnação calçada pelo art. 236, § 1º, do CPC, quando a petição pedindo que as intimações fossem feitas em nome de determinado advogado, protocolada no dia anterior, chega ao cartório, sem mais delongas, no dia seguinte ao pedido, mas depois de já remetido o expediente para publicação da pauta contendo o nome dos demais advogados" (STJ-3ª T., REsp 509.677, Min. Menezes Direito, j. 4.12.03, um voto vencido, DJU 15.3.04).

— **Não:** "A intimação dos atos judiciais deve recair na pessoa do procurador substabelecido sempre que houver requerimento expresso nesse sentido, nada importando que a nota de expediente já tenha sido encaminhada à Imprensa Oficial; comunicada, depois disso, mas antes da publicação da nota de expediente, a constituição de novo procurador, a intimação é nula se feita na pessoa do anterior" (RSTJ 168/343 e RT 817/215: 3ª T.).

Art. 272: 25a. "**Substabelecidos** os poderes, com ou sem reservas, a advogado que reside em **comarca onde tramita o feito,** deve este ser intimado dos atos processuais, sob pena de nulidade, **ainda que não tenha** formulado, expressamente, **pedido** para que da intimação constasse o seu nome" (STJ-3ª T., REsp 346.029, Min. Nancy Andrighi, j. 4.4.02, DJU 6.5.02). Em sentido semelhante: STJ-2ª T., AI 523.284-EDcl, Min. João Otávio, j. 6.11.03, DJ 1.12.03; RSTJ 66/430, 95/62, 103/419, STJ-Bol. AASP 1.862/273j, JTA 119/384, 120/72.

"Revela-se desnecessário, na esteira do entendimento consolidado no âmbito do Superior Tribunal de Justiça, o requerimento expresso para que as intimações sejam feitas no nome do advogado substabelecido, notadamente nos casos em que o substabelecente tem atuação profissional distante da comarca em que tramita o feito, e os substabelecidos atuação próxima" (STJ-1ª T., REsp 531.311, Min. Luiz Fux, j. 14.10.03, DJU 10.11.03).

"É nula a intimação de sentença da qual constou somente o nome do procurador substabelecente, domiciliado em outra comarca, sem consignar o nome do advogado substabelecido para acompanhar o feito, a teor do disposto no art. 236, § 1º, do CPC" (RSTJ 129/185).

V., como argumento, em nota 8 ao art. 82 do RISTF, o art. 6º-I-*b* da Port. 104 do Pres. do STF, de 18.5.78.

V. tb. art. 934 nota 1a.

S/ substabelecimento, v. ainda nota 19.

Art. 272: 25b. v. art. 231-VIII. Em matéria de estagiário, v. EA 3º, nota 4a.

Art. 272: 26. Oportunidade para alegar irregularidade na intimação. "Nos casos de intimação pela imprensa é indispensável, sob pena de nulidade, que da publicação constem os nomes das partes e de seus advogados, suficientes para sua identificação. Não se tratando de nulidade absoluta, é necessário que a parte interessada a denuncie na primeira oportunidade ao juiz da causa, a fim de que seja sanada sem maiores prejuízos para o andamento do processo" (STJ-4ª T., REsp 65.906, Min. Sálvio de Figueiredo, j. 25.11.97, DJU 2.3.98).

"O vício relativo à ausência de intimação constitui nulidade relativa, devendo ser alegada na primeira oportunidade em que couber à parte se manifestar nos autos, sob pena de preclusão" (STJ-3ª T., REsp 1.838.279, Min. Paulo Sanseverino, j. 22.10.19, DJ 28.10.19).

"Caso em que o executado/recorrente tomou ciência do trânsito em julgado do aresto apenas quando os autos foram baixados à primeira instância e foi determinada a execução do *decisum*, momento em que o banco peticionou ao juízo de primeiro grau arguindo o vício relativo à intimação. Providência compatível com a regra do art. 245 do CPC, segundo a qual a nulidade dos atos deve ser alegada na primeira oportunidade em que couber à parte falar nos autos" (STJ-4ª T., REsp 1.213.920, Min. Raul Araújo, j. 16.6.11, DJ 5.8.11).

"Para que incida a orientação desta Corte segundo a qual o vício existente na regularidade da intimação deverá ser arguido pela parte interessada na primeira oportunidade para se manifestar nos autos, sob pena de preclusão, é indispensável que a parte efetivamente tenha acesso ao processo e tome ciência inequívoca dos vícios na intimação, o que não se verifica na hipótese em que a primeira manifestação da parte somente noticia fatos novos e não se relaciona, nem mesmo indiretamente, com as decisões judiciais e os atos processuais dos quais não fora intimada" (STJ-3ª T., REsp 1.778.384, Min. Nancy Andrighi, j. 3.9.19, DJ 5.9.19).

V. tb. nota 16 e arts. 231, nota 7, 278, 280 e 281, nota 2.

Art. 273. Se inviável a intimação por meio eletrônico e não houver na localidade publicação em órgão oficial, incumbirá ao escrivão ou chefe de secretaria intimar de todos os atos do processo os advogados das partes:[1-2] [Dispositivo correspondente no CPC/1973: art. 237-*caput*]

I — pessoalmente, se tiverem domicílio na sede do juízo;[3] [Dispositivo correspondente no CPC/1973: art. 237-I]

II — por carta registrada, com aviso de recebimento, quando forem domiciliados fora do juízo. [Dispositivo correspondente no CPC/1973: art. 237-II]

Art. 273: 1. s/ intimação do representante judicial da Fazenda Pública que tem escritório fora da comarca onde corre a execução fiscal, v. LEF 25, nota 4.

Art. 273: 2. "Em comarcas nas quais as publicações se fazem por órgão específico, dispensa-se a intimação pela via postal, **mesmo que o advogado resida em comarca de outro Estado**" (VI ENTA-concl. 28, aprovada por unanimidade). No mesmo sentido: RJTJESP 98/302, 125/185.

Assim, considera-se válida a intimação pela imprensa mesmo para os advogados residentes:

— em outra comarca (RSTJ 98/260, 138/328; STJ-4ª T., REsp 23.992-2, Min. Sálvio de Figueiredo, j. 25.11.92, DJU 17.12.92; TFR-5ª T., Ag 57.986, Min. Pedro Acioli, j. 15.2.89, DJU 24.4.89; RT 491/68, 525/96, 622/131, RJTJESP 55/168, JTJ 169/242, RJTJERGS 154/283, Bol. AASP 1.060/75, 1.069/117, 1.513/300);

— ou mesmo em outro Estado (TFR-6ª T., Ag 57.165, Min. Carlos Velloso, j. 14.12.88, DJU 10.4.89; JTA 100/148; **contra:** RJTJESP 112/345).

Todavia: "O advogado residente fora do juízo, que vinha sendo intimado por carta registrada com AR, não pode ser surpreendido com a modificação do sistema, mediante a implantação da modalidade de intimação por publicação de nota de expediente em jornal local, autorizada por portaria que de nenhum modo foi levada ao seu conhecimento" (RSTJ 71/256, maioria). Nesse sentido: RSTJ 69/434, RJTJESP 55/163, RJTJERGS 156/291, 157/231, RJTAMG 29/251, quatro votos a um. **Contra,** considerando válida a intimação: RT 513/166, Bol. AASP 1.065/99.

Art. 273: 3. "Sendo o **advogado domiciliado na sede do juízo,** é nula a sua intimação, por carta registrada, para a audiência de instrução e julgamento" (STJ-4ª T., REsp 48.044-2, Min. Torreão Braz, j. 27.6.94, DJU 22.8.94).

Art. 274. Não dispondo a lei de outro modo, as intimações serão feitas às partes,[1-2] aos seus representantes legais,[3] aos advogados[4 a 9] e aos demais sujeitos do processo pelo correio[10] ou, se presentes em cartório, diretamente pelo escrivão[11-12] ou chefe de secretaria. [Dispositivo correspondente no CPC/1973: art. 238-*caput*]

Parágrafo único. Presumem-se válidas as intimações dirigidas ao endereço constante dos autos, ainda que não recebidas pessoalmente pelo interessado,[13] se a modificação temporária ou definitiva não tiver sido devidamente comunicada ao juízo, fluindo os prazos a partir da juntada aos autos do comprovante de entrega da correspondência no primitivo endereço.[14] [Dispositivo correspondente no CPC/1973: art. 238 § ún.]

Art. 274: 1. **"A intimação é ao advogado e não à parte,** salvo quando a lei determinar o contrário" (VI ENTA-concl. 29, aprovada por unanimidade).

"Diz, expressamente, o art. 242 do CPC que o prazo para a interposição de recurso conta-se da data em que os advogados são intimados da decisão, da sentença ou do acórdão. Consoante a doutrina, a intimação feita diretamente à parte ou, no caso de ser essa incapaz, a seu representante legal é irrelevante" (STJ-3ª T., REsp 22.714-1, Min. Waldemar Zveiter, j. 30.6.92, DJU 24.8.92). "A irregular intimação do advogado não é suprida pela existência de intimação pessoal da parte" (STJ-3ª T., REsp 1.314.955, Min. João Otávio, j. 14.6.16, DJ 22.6.16).

Assim:

— a designação de audiência só pode ser intimada ao advogado (RT 518/151, JTA 51/28, 98/270; RJTJERGS 265/219: AP 70018205005). **Contra:** JTA 106/15;

— a intimação do réu para manifestar-se sobre a desistência da ação, requerida pelo autor, deve ser feita ao advogado (RT 811/399);

— o prazo para recorrer só flui a partir da intimação do advogado (art. 1.003-*caput*), embora a parte esteja ciente da decisão ou sentença recorríveis (RT 599/193, RJTJESP 49/115, 84/179, 101/296);

— se a intimação é para que o advogado pratique determinado ato, não vale quando feita à parte (RTJ 98/702).

V. tb. arts. 269, nota 1b, e 272, nota 1a.

Art. 274: 2. **Se o ato é pessoal da parte,** a esta deve ser feita a intimação para praticá-lo (RSTJ 13/413, RT 494/157, 655/158, JTA 76/229). Não cabe, nesse caso, a intimação pelo Diário da Justiça (STJ-Bol. AASP 1.660/247, RT 494/157, 655/158, 756/267, JTA 76/229).

"Em regra, a intimação será encaminhada à pessoa a quem cabe desempenhar o ato comunicado. Tratando-se da prática de atos postulatórios, a intimação deve ser dirigida ao advogado; tratando-se da prática de ato personalíssimo da parte, ela deve ser intimada pessoalmente. Deve-se distinguir a intimação meramente comunicativa, que cria ônus ou faz fluir prazos, da intimação que ordena condutas e gera deveres para o intimado, como é o caso daquela para a parte se submeter a perícia médica, cujo não comparecimento 'supre a prova que se pretendia obter com o exame' (CC, art. 232). Recaindo a perícia sobre a própria parte, é necessária a intimação pessoal, não por meio do seu advogado, uma vez que se trata de ato personalíssimo. Tratando-se de controvérsia acerca da inexistência de ruptura de próteses que já foram retiradas do corpo da parte, seria necessário informá-la de eventual inspeção corporal a ser realizada na perícia e da consequente necessidade de comparecimento pessoal ao ato" (STJ-3ª T., REsp 1.309.276, Min. João Otávio, j. 26.4.16, DJ 29.4.16). "A intimação pessoal da parte que será submetida ao exame pericial revela-se indispensável na hipótese, por se tratar de ato personalíssimo, cuja intimação não pode ser suprida por intermédio do advogado" (STJ-4ª T., REsp 1.364.911, Min. Marco Buzzi, j. 1.9.16, DJ 6.9.16; a citação é do voto do relator).

V. tb. art. 186 § 2º (intimação pessoal da parte patrocinada pela Defensoria Pública).

Art. 274: 3. Nos casos em que a intimação é feita diretamente à parte, tem aplicação a **teoria da aparência,** de modo que é válido o ato de comunicação que se aperfeiçoa na sede da empresa e recai em pessoa que se apresenta como representante legal desta, ainda que ela efetivamente não ostente tal qualidade.

S/ teoria da aparência, v. art. 242, notas 1a e 3d.

Art. 274: 4. O **advogado** é intimado:

— por meio eletrônico (art. 270 e arts. 5º e 9º da Lei 11.419/06, no tít. PROCESSO ELETRÔNICO);

— pela publicação no órgão oficial (art. 272), de modo impresso ou eletrônico (art. 231-VII e art. 4º da Lei 11.419/06, no tít. PROCESSO ELETRÔNICO);

— em audiência (art. 1.003 § 1º);

— pelo correio (arts. 273-II e 274);

— pelo escrivão (art. 274);

— pelo oficial de justiça (art. 275);

— por edital (art. 275 § 2º).

S/ intimação por telefone, v. nota 10.

Quando se considera feita a intimação? v. art. 231.

Art. 274: 5. A **intimação feita por carta** ao advogado considera-se realizada na data da juntada do AR aos autos (cf. art. 231-I). Nesse sentido: RJTJESP 82/191.

Art. 274: 6. Não há necessidade de **entrega pessoal da correspondência** ao advogado; basta que seja remetida para o endereço deste e entregue (RT 524/208), ainda que o advogado se negue a assinar o recibo, hipótese em que o carteiro consignará a circunstância (Bol. AASP 1.168/93). Pode ser assinado o recibo por funcionário do advogado (RT 561/136, em., RJTJESP 65/232, JTA 93/126).

Art. 274: 7. Não vale a intimação ao advogado, feita por oficial de justiça na pessoa de um **funcionário de seu escritório** (RSTJ 11/354).

Art. 274: 8. Nada impede que o advogado seja **intimado por precatória** (Bol. AASP 1.036/204, em. 09).

Art. 274: 9. Se o **advogado litiga em causa própria,** é preciso distinguir quando as intimações são feitas à parte ou ao mandatário judicial, situações que não se confundem: a parte não pode ser intimada por publicação na imprensa oficial (RJTJERGS 134/269).

V. tb. art. 272, notas 1a e 12a.

Art. 274: 10. Afirmando não ser válida a **intimação por telefone:** RT 648/176, Bol. AASP 1.422/69, Lex-JTA 141/397, RJTJERGS 156/397, 175/274, RJ 220/59.

"Não se tratando de lei especial que acolha qualquer meio de intimação, como no caso da Lei n. 9.099/95, no processo ordinário não é possível substituir a via usual da intimação prescrita no CPC. Assim, a intimação por telefone não preenche tais requisitos, sendo, portanto, nula" (STJ-3ª T., REsp 655.437. Min. Menezes Direito, j. 10.11.05, DJU 3.4.06).

Considerando inválida a intimação por telefone realizada em processo administrativo disciplinar: STJ-1ª T., RMS 21.719, Min. José Delgado, j. 4.12.07, dois votos vencidos, DJU 30.6.08.

Todavia, parece que há excesso de formalismo nessas decisões. O telefone é um meio prático, rápido e seguro de comunicação. Desde que o escrevente habilitado leia ao telefone, inteiramente, a decisão ou o despacho e fale com o próprio advogado, certificando, depois, nos autos, todas estas circunstâncias, não vemos razão para anular a intimação, uma vez que alcançou, por este modo, a finalidade prevista em lei (cf. art. 277). Argumento de reforço para tanto é a autorização para a expedição de carta por telefone (v. arts. 264 e 265).

"Certidão emitida por escrevente confirma a ciência inequívoca do agravante a respeito da realização desta prova. Intimação por telefone. Admissibilidade" (RT 856/204). Também admitindo a intimação por telefone: JTJ 328/88 (AI 7.240.387-5).

Em termos semelhantes: "Intimação. É válida, se, embora criticável o modo de sua realização, o ato alcançou a sua finalidade" (STJ-3ª T., Ag 20.557-0-AgRg, Min. Nilson Naves, j. 30.6.92, DJU 10.8.92).

V. tb. art. 889, nota 6.

Art. 274: 11. A **data da intimação** certificada pelo escrivão prepondera sobre a lançada nos autos pelo advogado, ao apor seu ciente (RF 251/330, RJTAMG 18/181). **Contra:** RT 510/219.

Art. 274: 12. "A **certidão do escrivão** de que intimou o advogado deve ser aceita como verdadeira, ainda que não conste seu ciente, desde que não infirmada pelos elementos constantes dos autos" (STJ-4ª T., REsp 114.534, Min. Ruy Rosado, j. 28.4.97, DJU 19.5.97).

Contra, no sentido de que, quando a intimação é do escrivão ao advogado, aquele deve, sob pena de nulidade, colher o ciente deste ou, no caso de recusa, certificar as razões desta (RT 567/212, Bol. AASP 1.397/236, 1.534/110).

Art. 274: 13. v. nota 6.

Art. 274: 14. v. arts. 77-V e 106-II e § 2º. Em sede de Juizados Especiais, v. LJE 19 § 2º.

Art. 275. A intimação será feita por oficial de justiça[1] quando frustrada a realização por meio eletrônico ou pelo correio. [Dispositivo correspondente no CPC/1973: art. 239-*caput*]

§ 1º A certidão de intimação deve conter:[2-3] [Dispositivo correspondente no CPC/1973: art. 239 § ún.]

I — a indicação do lugar e a descrição da pessoa intimada,[4] mencionando, quando possível, o número de seu documento de identidade e o órgão que o expediu; [Dispositivo correspondente no CPC/1973: art. 239-I]

II — a declaração de entrega da contrafé; [Dispositivo correspondente no CPC/1973: art. 239-II]

III — a nota de ciente[4a-5] ou a certidão de que o interessado não a após no mandado.[6] [Dispositivo correspondente no CPC/1973: art. 239-III]

§ 2º Caso necessário, a intimação poderá ser efetuada com hora certa[7-8] ou por edital.[9] [Sem dispositivo correspondente no CPC/1973]

Art. 275: 1. s/ fé pública do oficial de justiça, v. art. 154, nota 1a.

Art. 275: 2. É irrelevante a **data errada** aposta na certidão de intimação, se deste fato não resultou prejuízo (RJTJESP 90/364).

Art. 275: 3. Há acórdão entendendo ser nula a intimação que não obedece aos requisitos do § 1º (RT 579/100). Assim é, desde, porém, que não tenha atingido o seu fim (cf. art. 277).

Art. 275: 4. s/ citação ou intimação em nome de pessoa errada, v. art. 251, nota 1.

Art. 275: 4a. s/ ciência do devedor, na execução, v. art. 889, nota 4.

Art. 275: 5. "Tendo o oficial de justiça atestado que o interpelando se recusou a apor nota de 'ciente' no mandado, a ausência de indicação de testemunhas que hajam presenciado a intimação não importa, por si só, em nulidade do ato" (RSTJ 46/348).

Art. 275: 6. "Negando-se o destinatário a apor seu ciente no mandado, o oficial de justiça deve, necessariamente, relatar esse fato na certidão, sem o que a intimação é defeituosa. Recurso especial conhecido e provido" (STJ-3ª T., REsp 200.854, Min. Ari Pargendler, j. 10.9.02, DJU 2.12.02).

Art. 275: 7. Vale a **intimação com hora certa,** desde que satisfeitas as exigências para a citação com hora certa (arts. 252 a 254). Nessas circunstâncias, o prazo começa a correr da data da juntada aos autos do mandado cumprido (v. art. 231, II).

Art. 275: 8. Admitindo a intimação com hora certa em **execução:** RT 626/177, 738/323, 745/272, JTA 97/127.

Autorizando a intimação da penhora com hora certa: RSTJ 20/415, STJ-RJ 199/60, RT 878/223 (TJSP, AI 1.167.733-0/9).

S/ citação com hora certa em execução, v. art. 252, nota 6.

Art. 275: 9. A intimação por edital deve obedecer aos mesmos requisitos da citação por edital (arts. 256 a 258).

Todavia: "Na intimação por edital, não há necessidade de fixação de prazo pelo Juiz, tal como ocorre com a citação-edital (art. 232, IV, do CPC). O prazo para manifestação da parte começa a fluir da simples publicação do edital pela imprensa" (STJ-4ª T., REsp 578.364, Min. Barros Monteiro, j. 11.10.05, DJU 19.12.05).

S/ intimação da parte por edital: para promover os atos e diligências que lhe competir, sob pena de extinção do processo, v. art. 485, nota 45a; do dia, hora e local da alienação judicial, v. art. 889, nota 5a.

Título III | DAS NULIDADES[1-2]

TÍT. III: 1. Nulidades expressamente cominadas: arts. 11, 74 § ún., 115-I, 146 § 7º, 239, 272 §§ 2º e 5º, 279, 280, 803, 1.013 § 3º-II e IV.

TÍT. III: 2. EA 4º: "São nulos os atos privativos de advogado praticados por pessoa não inscrita na OAB, sem prejuízo das sanções civis, penais e administrativas. **Parágrafo único.** São também nulos os atos praticados por advogado impedido, no âmbito do impedimento, suspenso, licenciado ou que passar a exercer atividade incompatível com a advocacia".

Art. 276. Quando a lei prescrever determinada forma sob pena de nulidade,[1-1a] a decretação desta não pode ser requerida pela parte que lhe deu causa.[2] [Dispositivo correspondente no CPC/1973: art. 243]

Art. 276: 1. "Em se tratando de nulidade absoluta, a exemplo do que se dá com os bens absolutamente impenhoráveis (CPC, art. 649), prevalece o **interesse de ordem pública,** podendo ser ela **arguida em qualquer fase** ou momento, devendo inclusive ser apreciada de ofício" (STJ-RTJE 175/254).

Art. 276: 1a. "Em tema de nulidade no processo civil, o princípio fundamental que norteia o sistema preconiza que **para o reconhecimento da nulidade** do ato processual é necessário que se demonstrem, de modo objetivo, os **prejuízos** consequentes, com influência no direito material e reflexo na decisão da causa" (STJ-6ª T.: RSTJ 119/621).

"Não se deve nulificar o processo por deficiência sanável sem antes ensejar **oportunidade** à parte **de suprir a irregularidade"** (STJ-4ª T., REsp 6.458, Min. Sálvio de Figueiredo, j. 11.6.91, DJU 5.8.91).

"A concepção moderna do processo, como instrumento de realização da justiça, repudia o excesso de formalismo, que culmina por inviabilizá-la" (STJ-4ª T., REsp 15.713-MG, rel. Min. Sálvio de Figueiredo, j. 4.12.91, DJU 24.2.92).

Art. 276: 2. "Não deve ser declarada nulidade quando a **parte a quem possa favorecer** para ela contribuiu, e se absteve de qualquer impugnação, no curso da demanda, relativamente ao devido processo legal" (RSTJ 12/366). No mesmo sentido: JTJ 165/206.

Art. 277. Quando a lei prescrever determinada forma, o juiz considerará válido o ato se, realizado de outro modo, lhe alcançar a finalidade.[1-2] [Dispositivo correspondente no CPC/1973: art. 244]

Art. 277: 1. v. arts. 188 e 282 § 1º. Nos Juizados Especiais, v. LJE 13-*caput* e § 1º.

Art. 277: 2. "O atual CPC prestigia o sistema que se orienta no sentido de aproveitar ao máximo os atos processuais, regularizando sempre que possível as nulidades sanáveis" (STJ-RT 659/183).

"Segundo proclamou o recente IX Congresso Mundial de Direito Processual, é em dispositivo do nosso CPC que se encontra a mais bela regra do atual Direito Processual, a saber, a insculpida no art. 244, onde se proclama que 'quando a lei prescrever determinada forma, sem cominação de nulidade, o juiz considerará válido o ato se, realizado de outro modo, lhe alcançar a finalidade'" (STJ-RT 683/183).

Art. 278. A nulidade dos atos deve ser alegada na primeira oportunidade em que couber à parte falar nos autos, sob pena de preclusão.[1] [Dispositivo correspondente no CPC/1973: art. 245-*caput*]

Parágrafo único. Não se aplica o disposto no *caput* às nulidades que o juiz deva decretar de ofício,[2-2a] nem prevalece a preclusão provando a parte legítimo impedimento.[3] [Dispositivo correspondente no CPC/1973: art. 245 § ún.]

Art. 278: 1. s/ julgamento de apelação sem abertura de vista ao recorrido, v. art. 1.010, nota 14; s/ exame de nulidade absoluta, no recurso especial, v. RISTJ 255, nota 3-Súmula 282 do STF (Prequestionamento. Matéria de ordem pública ou questão cognoscível de ofício); s/ preclusão e recurso extraordinário, v. RISTF 321, nota 3-Preclusão.

Art. 278: 2. s/ cognoscibilidade de ofício: da nulidade de intimação do advogado, v. art. 272, nota 16; da falta de intimação do MP, v. art. 279, nota 3.

Art. 278: 2a. "Se **não se conhece da apelação** (intempestividade, falta de preparo, etc.), não é lícito conhecer-se de ofício de matéria relativa à nulidade do processo" (RSTJ 146/216).

Art. 278: 3. v. art. 223 § 1º.

Art. 279. É nulo o processo quando o membro do Ministério Público não for intimado a acompanhar o feito em que deva intervir.[1 a 2c] [Dispositivo correspondente no CPC/1973: art. 246-*caput*]

§ 1º Se o processo tiver tramitado sem conhecimento do membro do Ministério Público, o juiz invalidará os atos praticados a partir do momento em que ele deveria ter sido intimado.[3 a 4b] [Dispositivo correspondente no CPC/1973: art. 246 § ún.]

§ 2º A nulidade só pode ser decretada após a intimação do Ministério Público, que se manifestará sobre a existência ou a inexistência de prejuízo.[5] [Sem dispositivo correspondente no CPC/1973]

Art. 279: 1. s/ intervenção do MP, v. art. 178 e notas; s/ intimação do MP, v. arts. 180-*caput* e 246 § 1º c/c 270.

Art. 279: 2. **LOMP 25 § ún.:** "É vedado o exercício das funções do Ministério Público a pessoas a ele estranhas, sob pena de nulidade do ato praticado".

Art. 279: 2a. "A simples **falta de assinatura no parecer** do MP não constitui motivo para que se declare nulo o processo" (RSTJ 100/85).

V. art. 1.010, nota 5 (falta de assinatura do advogado).

Art. 279: 2b. Afirmando que, no caso de **litisconsórcio** facultativo com a presença de incapaz, em que o representante do MP não oficiou, é inviável cindir a sentença, para considerá-la válida unicamente em relação aos litisconsortes capazes: RJTJESP 99/324.

Art. 279: 2c. "Funcionando no inventário o Curador de Resíduos, inexiste a alegada nulidade pela falta de atuação do Curador de Família, até porque a **instituição do Ministério Público é una e indivisível"** (STJ-3ª T., REsp 8.780, Min. Cláudio Santos, j. 9.3.92, DJU 13.4.92).

Art. 279: 3. A nulidade é **cognoscível de ofício** (JTA 98/260), mas somente pode ser pronunciada **após a intimação do MP** (v. § 2º).

Art. 279: 3a. "O que enseja nulidade, nas ações em que há obrigatoriedade de intervenção do MP, é a **falta de intimação** do seu representante, **não a falta de efetiva manifestação** deste" (RSTJ 43/227, Bol. AASP 1.785/100). No mesmo sentido: RT 797/242, JTJ 202/157, 302/119, Amagis 12/180.

Assim: "Não se configura nulidade na ação de divórcio litigioso, convertido em consensual, se o Ministério Público, intimado a comparecer à audiência em que se deu o acordo, deixa de comparecer e se manifestar a respeito" (STJ-4ª T., REsp 85.276, Min. Aldir Passarinho Jr., j. 18.5.00, DJU 21.8.00). Em sentido semelhante: STJ-3ª T., REsp 1.831.660, Min. Ricardo Cueva, j. 10.12.19, DJ 13.12.19.

Não se exige que a intervenção do MP seja real, eficaz ou proveitosa. Eventual omissão, engano ou displicência do representante do MP não são causa de nulidade (RT 572/73 e RJTJESP 78/166).

V. tb. art. 180 § 1º.

Em matéria de mandado de segurança, v. LMS 12, notas 2 e 2a.

Art. 279: 4. **"Não se declara nulidade,** por falta de audiência do MP, **se o interesse dos menores se acha preservado,** posto que vitoriosos na demanda" (STJ-3ª T., REsp 26.898-2-EDcl, Min. Dias Trindade, j. 10.11.92, DJU 30.11.92). "Inexistindo prejuízo ao incapaz, torna-se dispensável a intervenção do MP" (STJ-4ª T., AI 423.153-AgRg, Min. Aldir Passarinho Jr., j. 6.8.02, DJ 16.9.02). No mesmo sentido: STJ-2ª T., REsp 449.407-EDcl, Min. Mauro Campbell, j. 28.10.08, DJ 25.11.08; STJ-6ª T., REsp 915.539-AgRg, Min. Maria Thereza, j. 11.9.07, DJ 1.10.07; RT 826/368, 876/313 (TJMG, AP 1.0024.06.060003-8/001).

Art. 279: 4a. "A **intervenção da Procuradoria da Justiça em segundo grau** evita a anulação de processo no qual o MP não tenha sido intimado em primeiro grau, desde que não demonstrado o prejuízo ao interesse do tutelado" (VI ENTA-concl. 42, aprovada por maioria; já retificada). No mesmo sentido: RSTJ 148/185.

"A intervenção do Ministério Público em segundo grau de jurisdição, sem arguir nulidade nem prejuízo, supre a falta de intervenção do *Parquet* na primeira instância, não acarretando a nulidade do processo" (STJ-1ª T., REsp 175.181, Min. Peçanha Martins, j. 5.8.03, DJU 28.10.03; STJ-4ª T., REsp 257.544, Min. Sálvio de Figueiredo, j. 19.9.00, DJU 16.10.00). No mesmo sentido: STJ-5ª T., REsp 599.514, Min. Arnaldo Esteves, j. 7.11.06, DJU 27.11.06; STJ-6ª T., REsp 259.739, Min. Fernando Gonçalves, j. 18.4.02, DJU 6.5.02; RT 622/157, RF 293/267, JTJ 206/119, maioria, Lex-JTA 151/141, 157/427, RJTAMG 21/88, RAMPR 45/188.

Admitindo a convalidação, pela **intervenção antes da sentença:** RTJ 105/271, RT 505/220, JTA 87/288.

"Rejeita-se a preliminar de nulidade, por alegada ausência do Ministério Público, se este, quando intervém no processo, não a argui, demonstrando inexistir prejuízo" (RSTJ 9/409).

Contra: "Exsurgindo evidente o interesse público na solução da demanda, necessária é a intervenção do MP, em todas as fases da demanda, sob pena de nulidade do processo, não a suprindo a manifestação subsequente do Procurador-Geral, já o feito em julgamento no segundo grau de jurisdição" (STJ-1ª T., REsp 12.240-0-EDcl, Min. Demócrito Reinaldo, j. 5.10.92, DJU 16.11.92). No mesmo sentido: STF-2ª T., RE 76.868-8, Min. Aldir Passarinho, j. 23.8.83, DJU 27.10.83; RT 492/92, 762/292, JTA 40/102.

Art. 279: 4b. "Se inexistente a intimação do Ministério Público quando havia interesse de incapaz, apenas se deve decretar a nulidade do processo quando houver a demonstração de que a ausência de intimação do *Parquet* resultou em efetivo prejuízo aos interesses dos incapazes. A **suscitação tardia** da nulidade, somente após a ciência de resultado de mérito desfavorável e quando óbvia a ciência do referido vício muito anteriormente à arguição, configura a chamada **nulidade de algibeira,** manobra processual que não se coaduna com a boa-fé processual e que é rechaçada pelo Superior Tribunal de Justiça inclusive nas hipóteses de nulidade absoluta" (STJ-3ª T., REsp 1.714.163, Min. Nancy Andrighi, j. 24.9.19, DJ 26.9.19).

"Resta evidenciada a nulidade do acórdão que julgou os primeiros embargos de declaração opostos pelas embargantes, haja vista que, apesar de terem comunicado nos autos sua interdição definitiva, não houve a intimação do Ministério Público para intervenção no processo. Declaração de nulidade que se limita ao acórdão dos embargos de declaração, pois houve comunicação tardia da interdição, apenas quando encerrado o julgamento que foi desfavorável às embargantes. O ordenamento jurídico brasileiro, fundado no princípio da boa-fé, não tolera o uso do processo como instrumento difusor de estratégias, vedando, assim, a utilização da chamada 'nulidade de algibeira'" (STJ-3ª T., REsp 1.549.836-EDcl-EDcl, Min. Nancy Andrighi, j. 23.4.19, DJ 30.4.19).

Art. 279: 5. v. nota 3.

Art. 280. As citações[1-2] e as intimações[3-4] serão nulas quando feitas sem observância das prescrições legais. [Dispositivo correspondente no CPC/1973: art. 247]

Art. 280: 1. v. arts. 238 e segs.; s/ citação em dia não útil, v. art. 212 § 2º e art. 252-*caput*, especialmente nota 4a.

Art. 280: 2. A **nulidade da citação** é matéria preliminar de contestação (art. 337-I), mas pode ser alegada por qualquer via.

V. art. 239 e notas.

Art. 280: 3. v. arts. 231, nota 7, e 269 e segs.

Art. 280: 4. "**Embora não intimada** de despachos lançados nos autos, não poderá a parte beneficiar-se com a sanção de nulidade, quando tais despachos visem cientificar outros litisconsortes passivos, ou ordenem providências (especificação de provas) superadas pelo julgamento antecipado da lide, julgamento contra o qual, em apelação, nada arguiram os recorrentes" (STJ-4ª T., REsp 11.925, Min. Athos Carneiro, j. 18.2.92, DJU 9.3.92).

Art. 281. Anulado o ato, consideram-se de nenhum efeito todos os subsequentes que dele dependam,[1 a 3] todavia, a nulidade de uma parte do ato não prejudicará as outras que dela sejam independentes.[4] [Dispositivo correspondente no CPC/1973: art. 248]

Art. 281: 1. "**Anulada** que foi a **sentença** proferida através de carimbo, da nova decisão prolatada é permitido à parte recorrer, ainda que da primeira não o tivesse feito" (RSTJ 32/324).

Art. 281: 2. "Não constando o **nome do advogado da parte,** tal como exige o art. 236, par. 1º, do CPC, da publicação com efeito de **intimação,** impende reconhecer a **nulidade,** que alcança os atos subsequentes, na forma do art. 248 do mesmo Código. Cuidando-se de nulidade decretável de ofício, não há cogitar de preclusão (art. 249, par. único, do CPC)" (STJ-3ª T., REsp 100.790, rel. Min. Costa Leite, j. 10.2.98, deram provimento, v.u., DJU 30.3.98, p. 41).

V. tb. arts. 231, nota 7, 272 §§ 2º, 8º e 9º, especialmente notas 16 e 26, 278 e 280.

Art. 281: 2a. "Nos termos do art. 248 do CPC, o reconhecimento da nulidade alcança os atos subsequentes que forem **incompatíveis** com essa" (STJ-5ª T., REsp 233.100, Min. Felix Fischer, j. 14.12.99, DJU 21.2.00).

Art. 281: 2b. "A **repetição do ato nulo** é remédio que a lei prevê para evitar que a nulidade contamine atos subsequentes do processo" (STJ-4ª T., REsp 216.195, Min. Sálvio de Figueiredo, j. 2.12.99, DJU 2.5.00).

Art. 281: 3. "A **não intimação** de uma das partes para **apresentar memorial** acarreta a nulidade da sentença subsequente" (STJ-3ª T., REsp 125.316, Min. Eduardo Ribeiro, j. 22.6.99, DJU 23.8.99).

Art. 281: 4. cf. CC 184.

Art. 282. Ao pronunciar a nulidade,[1] o juiz declarará que atos são atingidos[2] e ordenará as providências necessárias a fim de que sejam repetidos ou retificados. [Dispositivo correspondente no CPC/1973: art. 249-*caput*]

§ 1º O ato não será repetido nem sua falta será suprida quando não prejudicar a parte.[3 a 4] [Dispositivo correspondente no CPC/1973: art. 249 § 1º]

§ 2º Quando puder decidir o mérito a favor da parte a quem aproveite a decretação da nulidade, o juiz não a pronunciará nem mandará repetir o ato ou suprir-lhe a falta. [Dispositivo correspondente no CPC/1973: art. 249 § 2º]

Art. 282: 1. O pronunciamento da nulidade não é agravável (v. art. 1.015). O inconformismo contra esse pronunciamento deve ser feito nos moldes do art. 1.009 § 1º.

Art. 282: 2. v. art. 281.

Art. 282: 3. v. arts. 188 e 277. V. tb. art. 357, nota 1b (ausência de saneamento do processo).

Art. 282: 3a. "Não deve o Tribunal substituir-se à parte na afirmação de **prejuízos** não invocados em tempo hábil" (RSTJ 12/366).

"Para que se declare a nulidade, é necessário que a parte alegue oportunamente e demonstre o prejuízo que ela lhe causa" (RSTJ 106/313).

Todavia: "O ônus de provar que o vício formal do processo não trouxe prejuízos não é da parte a quem aproveita a declaração de nulidade, mas de seu adversário. A realização de ato processual em desatendimento à forma prescrita em lei traz, em si, presunção de prejuízo" (STJ-3ª T., REsp 806.266, Min. Gomes de Barros, j. 18.10.07, DJU 31.10.07).

Art. 282: 3b. "A outorga de **mandato** procuratório por pessoa supostamente **incapaz,** sendo-lhe favorável o resultado da demanda, afasta o vício na representação" (RSTJ 84/342).

Art. 282: 3c. "A necessidade de ampliação do polo passivo, com a **inclusão de litisdenunciados,** torna obrigatoriamente nulos os atos decisórios proferidos, como a sentença e outras decisões interlocutórias. As **provas** anteriormente produzidas não são nulas, mas sujeitam-se à repetição, para que os litisdenunciantes possam, de fato, contribuir para a convicção jurisdicional. Não há violação à ampla defesa se a prova anterior à intervenção de terceiros apenas desfavorece o litisdenunciante, que acompanhou e contribuiu para sua produção. A declaração da nulidade dos atos processuais depende da demonstração da existência de prejuízo à parte interessada" (STJ-3ª T., REsp 879.567, Min. Nancy Andrighi, j. 12.5.09, DJ 29.5.09).

Art. 282: 4. "Conforme assentado pelo Tribunal de origem, a **irregularidade da ausência de intimação do acusado não lhe trouxe prejuízo,** seja porque a prova produzida sem o contraditório não foi determinante na fundamentação da sentença, seja porque o fato sobre o qual a testemunha foi interrogada era incontroverso ante a ausência de impugnação da defesa. Tais circunstâncias elevam o peso dos princípios da instrumentalidade das formas e da economia processual, já que, em que pese a ausência de intimação do acusado para exercer o contraditório na oitiva da testemunha, tal vício não lhe acarretou prejuízo. Aplica-se, *in casu*, o princípio do *pas de nulitté sans grief*, segundo o qual não há nulidade sem prejuízo" (STJ-2ª T., REsp 1.201.317, Min. Humberto Martins, j. 16.6.11, um voto vencido, DJ 14.12.11). Esse acórdão foi ulteriormente confirmado pela Corte Especial: STJ-Corte Especial, ED no REsp 1.201.317, Min. Maria Thereza, j. 7.8.13, DJ 19.8.13.

Art. 283. **O erro de forma[1] do processo acarreta unicamente a anulação dos atos que não possam ser aproveitados,[2] devendo ser praticados os que forem necessários a fim de se observarem as prescrições legais.[3 a 7]** [Dispositivo correspondente no CPC/1973: art. 250-*caput*]

Parágrafo único. Dar-se-á o aproveitamento dos atos praticados desde que não resulte prejuízo à defesa de qualquer parte. [Dispositivo correspondente no CPC/1973: art. 250 § ún.]

Art. 283: 1. "O erro de forma a que se refere o art. 250 do CPC é apenas o erro de procedimento, jamais cuidando de erro do *petitum* ou da causa de pedir" (RJTJERGS 162/270).

Art. 283: 2. Se o autor ingressa no Juizado Especial com demanda para a qual este é incompetente, o processo deve ser extinto sem julgamento de mérito (LJE 51-II).

Art. 283: 3. v. arts. 554 (ações possessórias), 674, nota 7 (embargos de terceiro, em vez de embargos à execução), 700 § 5º (conversão de monitória em ação pelo procedimento comum), 785 (processo de conhecimento, em vez de execução), 914, nota 7 (embargos à execução, em vez de embargos de terceiro).

Art. 283: 4. **"Depois da citação,** estabilizada a relação processual, já **não é possível converter a ação de execução em ação monitória"** (STJ-RDDP 48/168: 2ª Seção, ED no REsp 575.855, dois votos vencidos). Mais recentemente, com votação unânime: STJ-2ª Seção, REsp 1.129.938, Min. Massami Uyeda, j. 28.9.11, DJ 28.3.12. No mesmo sentido: RT 785/275, maioria.

"O ingresso espontâneo de um dos executados, para opor exceção de pré-executividade, impede a modificação do pedido pelo exequente (conversão da execução em ação monitória), mesmo quando não haja a integração processual dos demais executados no processo" (STJ-3ª T., REsp 1.170.459, Min. Nancy Andrighi, j. 12.8.10, DJ 20.8.10).

Contra: "Se a parte autora procede à emenda da inicial em atendimento a determinação judicial e se a parte ré adianta-se à citação e oferece exceção de pré-executividade, deve-se decidir com razoabilidade, evitando-se ou minimizando-se eventuais prejuízos. Mantém-se o acórdão que confirmou decisão que determinou a emenda da inicial para conversão da execução em ação monitória, se ainda não ocorreu a citação de todos os executados" (STJ-3ª T., REsp 1.161.961-AgRg, Min. João Otávio, j. 13.8.13, DJ 22.8.13).

V. tb. art. 329-II, especialmente nota 6.

Admitindo a conversão, no caso de o devedor ainda **não ter sido citado:** RSTJ 148/452, RT 878/344 (TRF-4ª Reg., AP 2003.70.00.030428-4), RJ 271/102.

Art. 283: 5. "Efetivada a **citação** do executado, é **inadmissível a conversão de ação executiva para ordinária** de cobrança" (RT 829/309).

Art. 283: 6. Admitindo que a demanda sujeita a procedimento especial seja processada pelo procedimento comum, ante o **ajuste das partes** nesse sentido: JTA 47/65.

V. tb. art. 190.

Art. 283: 7. "O **nome** com o qual se **rotula a causa** é sem relevância para a ciência processual" (RSTJ 37/368 e Just. 166/196).

"A natureza da pretensão deduzida não se há de encontrar no rótulo eleito pelo autor. Relevam pedido e causa de pedir. Se se pede a posse com base no domínio, o pleito se qualifica como petitório" (RSTJ 73/280).

"Sendo os fatos expostos aptos a conduzir, em tese, à consequência jurídica traduzida no pedido, não importa o rótulo que se tenha dado à causa" (STJ-3ª T., REsp 14.944, Min. Eduardo Ribeiro, j. 17.12.91, DJU 17.2.92).

Por isso, o que importa é aquilo que melhor se ajuste aos termos da inicial e ao pedido (RTJ 74/823, 85/247, 86/351, 107/643, STF-RT 570/258, STF-Amagis 3/335, RTFR 115/12, RT 599/169, 604/72, 617/135, 621/97, RJTJESP 37/125, 89/277, 90/312, declaratória com pedido condenatório, 97/41, 98/277, 101/214, 103/183, 108/197, interdito proibitório julgado como ação cominatória, JTJ 189/195, declaratória de reconhecimento de sociedade de fato julgada como condenatória, 201/11, JTA 90/355, 108/225, imissão de posse convertida em reintegração).

Igualmente, para a fixação da competência, leva-se em conta a ação realmente proposta, e não a denominação que lhe deu o autor (RJTJESP 95/351).

V. art. 319, nota 11.

Título IV | DA DISTRIBUIÇÃO[1] E DO REGISTRO

TÍT. IV: 1. V., no índice, Distribuição.

Dispensa da distribuição: nas ações de alimentos, v. LA 1º-*caput*; no Juizado Especial, v. LJE 16.

Art. 284. Todos os processos[1-1a] estão sujeitos a registro, devendo ser distribuídos[2-4] onde houver mais de um juiz. [Dispositivo correspondente no CPC/1973: art. 251]

Art. 284: 1. s/ registro e distribuição e: determinação da competência, v. art. 43; prevenção do juízo, v. art. 59.

Art. 284: 1a. A rigor, mais do que todo processo, **toda demanda** está sujeita a registro.

Estão sujeitos a registro ou distribuição: intervenção de terceiro e reconvenção (art. 286 § ún.), pedido de pagamento de dívida em inventário (art. 642 § 1º), embargos de terceiro (art. 676), oposição (art. 683 § ún.).

Art. 284: 2. s/ distribuição e: tribunais, v. art. 930; processo eletrônico, v. art. 10 da Lei 11.419/06, no tít. PROCESSO ELETRÔNICO; STJ, v. RISTJ 68 e segs.; STF, v. RISTF 66 e segs.

Art. 284: 3. Na **Justiça Federal,** metade das custas é paga por ocasião da distribuição (RCJF 14-I). No caso de redistribuição, por incompetência do juízo, não há restituição, nem novo pagamento de custas (RCJF 9º).

Art. 284: 4. **"Não pode** o Tribunal de Justiça do Estado do Rio de Janeiro pretender **condicionar o registro e a distribuição** de uma ação ao seu enquadramento em uma das classes previstas em seu Regimento Interno, sob pena não apenas de afrontar direito líquido e certo, mas, também, de violar diretamente a Constituição Federal.

As classes de processos previstas no Regimento Interno servem apenas de medida administrativa para melhor organizar a distribuição das ações dentre os órgãos jurisdicionais competentes, não podendo servir de empecilho ao direito de ação das partes. Consoante bem apontado pela ilustre Subprocuradora-Geral da República em seu parecer, se a ação a ser distribuída não se enquadrar em nenhuma das classes, então deve o Tribunal, no lugar de rejeitar a distribuição, prever uma classe genérica, na qual sejam cadastrados os feitos que não puderam ser classificados de nenhuma outra forma. Note-se que, ainda que a ação proposta na origem se revele manifestamente inadmissível por ausência de condição da ação, não cabe a negativa de distribuição, porquanto o jurisdicionado tem a garantia constitucional de que sua demanda seja julgada por um juiz ou pelo órgão jurisdicional competente. Se o impetrante não é parte legítima para o ajuizamento da ação, somente ao juiz cabe assim decidir" (STJ-3ª T., RMS 47.407, Min. Paulo Sanseverino, j. 6.6.17, DJ 12.6.17; a citação é do voto do relator).

Art. 285. A distribuição, que poderá ser eletrônica, será alternada e aleatória, obedecendo-se rigorosa igualdade. [Dispositivo correspondente no CPC/1973: art. 252]

Parágrafo único. A lista de distribuição deverá ser publicada no Diário de Justiça. [Sem dispositivo correspondente no CPC/1973]

Art. 286. Serão distribuídas por dependência[1] as causas de qualquer natureza: [Dispositivo correspondente no CPC/1973: art. 253-*caput*]

I — quando se relacionarem, por conexão ou continência,[1a] com outra já ajuizada;[2] [Dispositivo correspondente no CPC/1973: art. 253-I]

II — quando, tendo sido extinto o processo sem resolução de mérito,[2a] for reiterado o pedido, ainda que em litisconsórcio com outros autores ou que sejam parcialmente alterados os réus da demanda;[2b a 3a] [Dispositivo correspondente no CPC/1973: art. 253-II]

III — quando houver ajuizamento de ações nos termos do art. 55, § 3º, ao juízo prevento. [Dispositivo correspondente no CPC/1973: art. 253-III]

Parágrafo único. Havendo intervenção de terceiro,[3b] reconvenção[4] ou outra hipótese de ampliação objetiva do processo, o juiz, de ofício, mandará proceder à respectiva anotação pelo distribuidor. [Dispositivo correspondente no CPC/1973: art. 253 § ún.]

Art. 286: 1. s/ distribuição por dependência e: processo de falência, v. LRF 78 § ún.

Art. 286: 1a. s/ conexão e continência, v. arts. 54 e segs.

Art. 286: 2. Distribuída por dependência ação supostamente conexa, a competência se prorroga, se não for arguida incompetência relativa (STJ-3ª T., REsp 254.390, Min. Pádua Ribeiro, j. 18.6.02, DJ 16.9.02).

V. art. 65-*caput*.

Art. 286: 2a. s/ extinção do processo sem resolução do mérito, v. art. 485.

Art. 286: 2b. "O ajuizamento de nova ação em **comarca distinta** e igualmente competente não excepciona a regra de distribuição por dependência. A comprovação de má-fé é irrelevante, para fins de distribuição por dependência prevista no art. 253, II, do CPC, quando há pedido de desistência da ação anteriormente proposta e o pedido for reiterado" (STJ-3ª T., REsp 944.214, Min. Nancy Andrighi, j. 8.9.09, DJ 20.10.09).

"Consoante disposto no art. 253, II, do CPC, mesmo que haja a extinção do feito sem resolução do mérito, como na hipótese de desistência, o ajuizamento de idêntica demanda deve ser realizado perante o juízo onde ocorreu a propositura da primeira" (STJ-2ª T., Ag em REsp 51.513-AgRg, Min. Castro Meira, j. 20.3.12, DJ 28.3.12).

V. tb. art. 312, nota 2.

Art. 286: 3. Ainda que o **objeto da segunda demanda** seja **mais amplo** que o da primeira, incide a regra da distribuição por dependência (STJ-2ª T., REsp 1.130.973, Min. Castro Meira, j. 9.3.10, DJ 22.3.10).

Art. 286: 3a. O caso é de **competência absoluta,** de modo que o juiz pode enfrentar a matéria de ofício e determinar a remessa dos autos do novo processo ao juízo vinculado à demanda anterior (STJ-1ª T., REsp 819.862, Min. Teori Zavascki, j. 8.8.06, DJ 31.8.06; STJ-2ª T., REsp 1.130.973, Min. Castro Meira, j. 9.3.10, DJ 22.3.10).

Mas: "Conquanto a doutrina defenda que a regra do art. 253, II, do CPC, disciplina uma hipótese de competência funcional absoluta, havendo inclusive precedentes do STJ nesse sentido, é importante notar que tal regra apenas regula a necessidade de distribuição do segundo processo ao mesmo juízo que havia conhecido da primeira ação, extinta sem resolução de mérito. Essa distribuição, contudo, não implica a competência absoluta do juízo para processar e julgar toda a causa. Implica, em vez disso, que o juízo primitivo é absolutamente competente apenas para decidir acerca de sua própria competência, podendo aplicar, em tal decisão, as regras da competência relativa territorial. Assim, é possível ao réu, mesmo diante da prevenção estabelecida pelo art. 253, II, do CPC, opor exceção de incompetência por cláusula de eleição de foro" (STJ-3ª T., REsp 1.027.158, Min. Nancy Andrighi, j. 15.4.10, DJ 4.5.10). No mesmo sentido: STJ-4ª T., REsp 1.278.217, Min. Luis Felipe, j. 16.2.12, DJ 13.3.12.

Art. 286: 3b. v. arts. 119 e segs.

Art. 286: 4. v. art. 343.

Art. 287. A petição inicial deve vir acompanhada de procuração,[1] que conterá os endereços do advogado, eletrônico[1a] e não eletrônico.[2] [Dispositivo correspondente no CPC/1973: art. 254-*caput*]

Parágrafo único. Dispensa-se a juntada da procuração: [Sem dispositivo correspondente no CPC/1973]

I — no caso previsto no art. 104; [Dispositivo correspondente no CPC/1973: art. 254-III]

II — se a parte estiver representada pela Defensoria Pública;[3] [Sem dispositivo correspondente no CPC/1973]

III — se a representação decorrer diretamente de norma prevista na Constituição Federal ou em lei.[4] [Sem dispositivo correspondente no CPC/1973]

Art. 287: 1. v. art. 104.

Art. 287: 1a. i. e., ***e-mail***. Todavia, não existe previsão legal de intimação do advogado por *e-mail*. Assim, este serve apenas como um canal alternativo e informal de comunicação dos atos processuais.

V. tb. arts. 319, nota 4c, e 620, nota 3a.

Art. 287: 2. v. art. 105 §§ 2º e 3º.

Art. 287: 3. v. LC 80, de 12.1.94, arts. 44-XI, 89-XI e 128-XI.

Art. 287: 4. v. LADIN 2º, nota 2.

Art. 288. O juiz, de ofício ou a requerimento do interessado, corrigirá o erro[1] ou compensará a falta de distribuição. [Dispositivo correspondente no CPC/1973: art. 255]

Art. 288: 1. "A distribuição da causa por dependência somente se dá nos casos autorizados por lei, sob pena de agressão ao princípio do juiz natural, um dos pilares do *due process of law*, devendo ser coibida com rigor qualquer praxe viciosa em contrário. Eventual anomalia na distribuição deve ser impugnada pelas vias hábeis, pena de preclusão, salvo em se tratando de competência absoluta" (STJ-4ª T., REsp 8.449, Min. Sálvio de Figueiredo, j. 19.11.91, DJU 9.12.91).

Art. 289. A distribuição poderá ser fiscalizada pela parte, por seu procurador,[1] pelo Ministério Público e pela Defensoria Pública. [Dispositivo correspondente no CPC/1973: art. 256]

Art. 289: 1. que, em processo eletrônico, pode se encarregar diretamente da distribuição (v. art. 10-*caput* da Lei 11.419/06 no tít. PROCESSO ELETRÔNICO).

Art. 290. Será cancelada a distribuição[1 a 2] do feito se a parte, intimada na pessoa de seu advogado, não realizar o pagamento das custas e despesas de ingresso em 15 (quinze) dias.[3 a 6] [Dispositivo correspondente no CPC/1973: art. 257]

Art. 290: 1. v. art. 90, nota 1d.

Art. 290: 1a. "A aplicação do art. 257 do CPC está restrita à hipótese em que o processo, à míngua do pagamento das custas, **não foi além da distribuição,** caracterizando o seu abandono. A respectiva norma incide na espécie, em que a reconvenção não chegou a ser processada, de modo que o cancelamento de sua distribuição era possível" (STJ-Corte Especial, ED no REsp 959.304, Min. Ari Pargendler, j. 1.9.10, DJ 25.10.10).

Todavia: "É inadmissível o cancelamento da distribuição, nos termos do art. 257 do CPC, quando a relação jurídica processual já esteja estabelecida em decorrência da citação válida do réu" (STJ-1ª T., REsp 838.216, Min. Luiz Fux, j. 27.11.07, DJU 27.2.08). No mesmo sentido: RSTJ 54/342.

Assim, não cabe o cancelamento da distribuição se o processo "já se achava em etapa avançada de andamento" (STJ-4ª T., REsp 72.376, Min. Aldir Passarinho Jr., j. 17.8.00, DJU 8.10.00).

Dando por válido o recolhimento das custas ainda quando realizado apenas em sede de contrarrazões de apelação: JTJ 290/234, 308/105.

Art. 290: 1b. "O pronunciamento judicial que, devido à ausência de pagamento das custas judiciais, determina o **cancelamento da distribuição do processo,** implicando na sua extinção, tem caráter terminativo. Assim sendo, desafia tal pronunciamento a **apelação,** conforme artigo 513, do CPC. Se inexiste dúvida objetiva acerca do recurso cabível, não se admite a aplicação do princípio da fungibilidade recursal" (STJ-1ª T., AI 570.850-AgRg, Min. Francisco Falcão, j. 5.8.04, DJU 27.9.04).

Art. 290: 1c. **Não cabe o puro e simples cancelamento** da distribuição, ainda que de acordo ambas as partes (JTA 120/59).

Art. 290: 2. A quitação do débito, no **pedido de falência,** não acarreta o cancelamento da distribuição deste, admitindo-se, porém, que, à margem da distribuição, seja anotada a ocorrência do pagamento (RJTJESP 99/263).

Art. 290: 3. **Súmula 667 do STF:** "Viola a garantia constitucional de acesso à jurisdição a taxa judiciária **calculada sem limite** sobre o valor da causa".

"A jurisprudência desta Corte vem admitindo o cálculo das custas judiciais com base no valor da causa, desde que mantida razoável correlação com o custo da atividade prestada" (STF-Pleno, ADIn 2.655-1, Min. Ellen Gracie, j. 9.10.03, DJU 26.3.04).

Art. 290: 3a. "Tratando-se de **custas complementares,** em decorrência de incidente de **impugnação ao valor da causa,** não tem aplicação a norma do art. 257 do CPC, que diz com cancelamento de distribuição" (STJ-3ª T., REsp 156.246, Min. Costa Leite, j. 6.10.98, DJU 1.3.99).

"Instaurada a relação processual e não facultado pelo juízo prazo para recolhimento complementar das custas processuais em face de acolhimento de impugnação ao valor da causa, não há que se falar em cancelamento da distribuição com amparo no art. 257 do CPC" (STJ-4ª T., REsp 1.042.097-AgRg, Min. Marco Buzzi, j. 23.10.12, DJ 14.11.12).

No sentido de que o prazo para recolhimento complementar é de 5 dias, por se tratar de hipótese diversa e não haver preceito legal que o dimensione: STJ-2ª T., REsp 531.293, Min. Eliana Calmon, j. 14.12.04, DJU 28.2.05. V. art. 218 § 3º.

V. tb. nota 5.

Art. 290: 3b. "Tratando-se de processo ajuizado perante a Justiça Estadual e depois **redistribuído a esta Justiça** e estando a lide instaurada, é inaplicável a regra do art. 257 do CPC, que só diz respeito às demandas recém-distribuídas sem o respectivo preparo" (RTRF-3ª Reg. 6/96).

Art. 290: 4. "A regra geral do art. 257 do CPC comporta **exceção,** como na hipótese de depender da **contadoria do juízo** o cálculo das custas" (STJ-2ª T., REsp 1.132.771, Min. Eliana Calmon, j. 1.10.09, DJ 14.10.09). Em sentido semelhante: STJ-3ª T., REsp 1.169.567-EDcl-AgRg, Min. Paulo Sanseverino, j. 5.5.11, DJ 11.5.11.

Art. 290: 4a. Também estão **sujeitos ao cancelamento da distribuição** nos casos em que não forem preparados a impugnação ao cumprimento de sentença (v. art. 525, nota 2a) e os embargos à execução (v. art. 914, nota 5).

Art. 290: 5. "Não ocorre negativa de vigência do art. 257 do CPC quando tenha havido, no curso do respectivo prazo, citação do réu e **impugnação ao valor da causa,** caso em que o **prazo** se deve contar da **intimação do novo valor** dado à demanda" (STJ-3ª T., REsp 6.873, Min. Dias Trindade, j. 8.4.91, DJU 6.5.91).

V. tb. nota 3a.

Art. 290: 6. **Ainda que ultrapassado o prazo,** "não se justifica o cancelamento da distribuição, se a parte, extraídas as guias, promove o imediato recolhimento das custas, antes de qualquer providência judicial, revelando ademais inequívoco interesse no prosseguimento da causa" (STJ-4ª T., REsp 63.488-1, Min. Barros Monteiro, j. 6.6.95, DJU 2.10.95). No mesmo sentido: STJ-2ª T., REsp 166.808, Min. Castro Filho, j. 13.3.01, DJU 4.6.01.

Em matéria de embargos à execução, v. art. 914, nota 5.

Título V | DO VALOR DA CAUSA

Art. 291. A toda causa será atribuído valor certo, ainda que não tenha conteúdo econômico imediatamente aferível.[1-2] [Dispositivo correspondente no CPC/1973: art. 258]

Art. 291: 1. O valor da causa fixa a competência do Juizado Especial (LJE 3º-I) e limita os recursos em execução fiscal (LEF 34 e notas). Pode influir também na fixação de honorários (art. 85 § 2º, LJE 55-*caput, in fine*). Determina ainda a possibilidade de arrolamento de bens (art. 664-*caput*), em lugar de inventário.

Art. 291: 2. A **competência em razão do valor** é derrogável mediante convenção das partes (art. 63).

Art. 292. O valor da causa[1 a 11] constará da petição inicial[12] ou da reconvenção[12a] e será: [Dispositivo correspondente no CPC/1973: art. 259]

I — na ação de cobrança de dívida,[12b] a soma monetariamente corrigida do principal,[12c] dos juros de mora vencidos e de outras penalidades, se houver, até a data de propositura da ação;[13-13a] [Dispositivo correspondente no CPC/1973: art. 259-I]

II — na ação que tiver por objeto a existência, a validade, o cumprimento, a modificação, a resolução, a resilição ou a rescisão de ato jurídico, o valor do ato ou o de sua parte controvertida;[14 a 18b] [Dispositivo correspondente no CPC/1973: art. 259-V]

III — na ação de alimentos,[19] a soma de 12 (doze) prestações mensais pedidas pelo autor; [Dispositivo correspondente no CPC/1973: art. 259-VI]

IV — na ação de divisão, de demarcação[20-21] e de reivindicação, o valor de avaliação da área ou do bem objeto do pedido;[22] [Dispositivo correspondente no CPC/1973: art. 259-VII]

V — na ação indenizatória, inclusive a fundada em dano moral, o valor pretendido;[23 a 23c] [Sem dispositivo correspondente no CPC/1973]

VI — na ação em que há cumulação de pedidos, a quantia correspondente à soma dos valores de todos eles;[24 a 25] [Dispositivo correspondente no CPC/1973: art. 259-II]

VII — na ação em que os pedidos são alternativos,[26] o de maior valor; [Dispositivo correspondente no CPC/1973: art. 259-III]

VIII — na ação em que houver pedido subsidiário,[27] o valor do pedido principal. [Dispositivo correspondente no CPC/1973: art. 259-IV]

§ 1º Quando se pedirem prestações vencidas e vincendas, considerar-se-á o valor de umas e outras.[28 a 29] [Dispositivo correspondente no CPC/1973: art. 260]

§ 2º O valor das prestações vincendas será igual a uma prestação anual, se a obrigação for por tempo indeterminado ou por tempo superior a 1 (um) ano, e, se por tempo inferior, será igual à soma das prestações. [Dispositivo correspondente no CPC/1973: art. 260]

§ 3º O juiz corrigirá, de ofício[30] e por arbitramento, o valor da causa quando verificar que não corresponde ao conteúdo patrimonial em discussão ou ao proveito econômico perseguido pelo autor, caso em que se procederá ao recolhimento das custas correspondentes. [Sem dispositivo correspondente no CPC/1973]

Art. 292: 1. s/ valor da causa e: pedido de tutela antecipada antecedente, v. art. 303 § 4º; inventário, v. art. 610, nota 2a; ação monitória, v. art. 700 § 3º; ação civil pública, v. LACP 19, nota 4; ação de busca e apreensão, v. Dec. lei 911/69, art. 3º, nota 3a (no tít. ALIENAÇÃO FIDUCIÁRIA); desapropriação, v. LD 19, nota 4; execução fiscal, v. LEF 6º § 4º; execução hipotecária, v. Lei 5.741/71, art. 2º, nota 1 (no tít. EXECUÇÕES ESPECIAIS); ação de improbidade administrativa, v. LIA 17, nota 2; ações derivadas de locação, v. LI 58-III; mandado de segurança, v. LMS 6º, nota 1a.

Art. 292: 2. **Súmula 261 do TFR:** "No **litisconsórcio ativo voluntário,** determina-se o valor da causa, para efeito de alçada recursal, dividindo-se o valor global pelo número de litisconsortes" (cf. correção no DJU 6.12.88, p. 32.333). No mesmo sentido: RTJ 111/1.185 e STF-RT 592/243, RTJ 122/815, 126/1.230, 128/810, RTFR 96/169, 105/19, 125/160, TFR-Bol. AASP 1.349/256. **Contra,** entendendo que o valor da causa, para efeito de recurso, é a importância total cobrada, e não a demandada pelos autores individualmente: RTFR 147/31.

Art. 292: 3. "No **litisconsórcio facultativo** ou cumulação subjetiva de lides, em que vigora o princípio da autonomia dos litisconsortes, não se somam os valores dos pedidos" (JTJ 195/257). No mesmo sentido, considerando para o valor da causa o valor do maior pedido formulado individualmente por um dos litisconsortes: JTJ 156/219.

Art. 292: 4. No sentido de que, em matéria de **produção antecipada de provas,** o valor da causa deve corresponder ao das "despesas para o colhimento da prova requerida": RT 826/220.

Art. 292: 5. Na **ação de usucapião,** o valor da causa é o valor venal do bem usucapiendo (RJTJESP 114/363), conforme consta do respectivo lançamento fiscal (Bol. AASP 1.602/210; RT 935/586: TJCE, AI 0072524-07.2010.8.06.0000/0).

"Na ação de usucapião de natureza extraordinária, tendo por objeto terreno adquirido sem edificações, o conteúdo econômico corresponde à nua-propriedade e o valor da causa será de acordo com 'a estimativa oficial para lançamento do imposto' (art. 259, VII, do CPC)" (STJ-3ª T., REsp 1.133.495, Min. Massami Uyeda, j. 6.11.12, DJ 13.11.12).

Todavia: "Não nega vigência ao art. 259, VII, do CPC o acórdão que fixar o valor da causa na ação de usucapião em obediência ao critério do acréscimo patrimonial e não ao da estimativa oficial para efeito de lançamento de tributos, critério este previsto naquele texto apenas para as ações nele referidas" (STJ-RJTJERGS 150/29).

Art. 292: 6. "O arbitramento do valor da causa nas **ações possessórias,** ainda que a pretensão formulada na demanda não tenha imediato proveito econômico, deve corresponder ao benefício patrimonial pretendido pelo autor" (STJ-4ª T., REsp 612.033-AgRg, Min. João Otávio, j. 3.9.09, DJ 14.9.09). No mesmo sentido: RJTJESP 64/205, JTA 97/11.

No sentido de que o valor da causa na ação possessória deve ser menor que o valor fiscal do imóvel: RT 479/95, JTA 40/194, 89/172 (um terço da estimativa fiscal), JTJ 330/229 (AI 7.174.057-5; um terço do valor venal). **Contra,** entendendo que deve ser igual: RT 666/108, RF 269/211, JTA 116/155, Bol. AASP 1.043/238 (em interdito proibitório).

Ponderando que o valor da causa na ação possessória "é sempre estimativo, em razão da inexistência de critério legal a estabelecer valor determinado, e porque a posse compreende apenas um aspecto da propriedade": JTAERGS 91/212.

No sentido de que, se a ação possessória é cumulada com o pedido de rescisão do contrato, o valor da causa é o do contrato: RT 500/94.

"Por ausência de expressa disposição do CPC acerca da fixação do valor da causa nas ações possessórias, a jurisprudência desta Corte tem entendido que ele deve corresponder ao benefício patrimonial pretendido pelo autor. Embora o contrato de comodato não tenha conteúdo econômico imediato, o benefício patrimonial pretendido na ação de reintegração consubstancia-se no valor do aluguel que a autora estaria deixando de receber enquanto o réu permanece na posse do bem. É razoável a aplicação analógica do disposto no art. 58, III, da Lei de Locações, para estabelecer o valor da causa na possessória que busca a posse por rompimento do contrato de comodato" (STJ-3ª T., REsp 1.230.839, Min. Nancy Andrighi, j. 19.3.13, DJ 26.3.13).

Art. 292: 7. "Nos **embargos de terceiro,** o valor da causa corresponderá ao valor do bem penhorado, não podendo, contudo, superar o valor do débito" (STJ-1ª T., AI 1.052.363-AgRg, Min. Denise Arruda, j. 6.11.08, DJ 4.12.08). No mesmo sentido: RSTJ 92/221; STJ-4ª T., REsp 214.974, Min. Ruy Rosado, j. 31.8.99, DJU 18.10.99; STJ-3ª T., AI 1.348.799-AgRg, Min. Ricardo Cueva, j. 20.6.13, DJ 26.6.13; RT 515/157, JTA 53/32, Lex-JTA 74/261, 171/74, Bol. AASP 1.006/52.

No sentido de que, se os embargos versarem sobre a meação do cônjuge, seu valor corresponderá à metade do bem por eles objetivado: RT 562/138, JTA 75/31, Bol. AASP 1.345/229; TFR-6ª T., Ag 45.638, Min. Américo Luz, j. 29.8.84, DJU 27.9.84).

Art. 292: 8. A **oposição** tem valor independente do atribuído à ação principal (RT 474/200).

Art. 292: 9. "Em **separação** consensual, havendo bens a partilhar, o valor da causa a ser fixado será o da soma do valor de todos eles" (JTJ 193/258).

"Ações de estado, por outro lado, em que se requer a **partilha dos bens,** devem realmente os bens a serem partilhados integrar o valor dado à causa" (JTJ 262/384).

Porém: "Em se tratando de ação de separação judicial, o seu valor é inestimável. Se existentes bens a partilhar, as custas que incidirão sobre valor desses bens serão recolhidas a final" (JTJ 279/524).

Art. 292: 10. "Nos **embargos à execução,** o valor da causa é igual ao *quantum* impugnado: se toda a execução, o valor da causa é o da execução; se parte da execução, é o da diferença entre o valor cobrado e o reconhecido" (STJ-1ª

T., REsp 426.972-AgRg, Min. Teori Zavascki, j. 29.6.04, DJU 23.8.04; no caso, estando os embargos fundados na nulidade da execução, por falta de título executivo, fixou-se como valor da causa o valor da execução). No mesmo sentido: STJ-2ª T., AI 694.369-AgRg, Min. Peçanha Martins, j. 6.12.05, DJU 13.2.06; JTJ 345/93 (AI 7.293.018-2).

"Nos embargos à execução e nos de terceiro, o valor da causa não é obrigatoriamente o mesmo atribuído à causa principal" (VI ENTA-concl. 67, aprovada por unanimidade).

Se os embargos veiculam excesso de execução, é o preciso montante desse excesso que deve ser indicado como valor da causa (RT 861/361). Ainda: "Sendo os embargos do devedor parciais, o valor da causa deve corresponder à diferença entre o total executado e o reconhecido como devido" (RT 865/224). No mesmo sentido: STJ-6ª T., REsp 753.147, Min. Hamilton Carvalhido, j. 3.10.06, DJU 5.2.07; STJ-4ª T., REsp 1.001.725, Min. Aldir Passarinho Jr., j. 11.3.08, DJU 5.5.08.

"Em ação de embargos à execução, não tendo o autor indicado o valor da causa, considera-se aquele constante da ação de execução" (STJ-2ª T., REsp 489.010, Min. Eliana Calmon, j. 17.6.03, DJU 4.8.03). No mesmo sentido: RSTJ 77/172; STJ-3ª T., REsp 138.425, Min. Menezes Direito, j. 30.6.98, DJU 30.11.98; STJ-6ª T., REsp 147.522, Min. Vicente Leal, j. 14.8.01, DJU 10.9.01. V. tb. art. 319, nota 14.

S/ valor da causa em demanda voltada para a invalidação de atos do processo de execução, v. abaixo nota 14a.

Art. 292: 11. "O valor da causa, em **homologação de sentença estrangeira** condenatória, é o da condenação por esta imposta" (STJ-RT 857/192: Corte Especial, SE 879-QO). **Contra,** a nosso ver sem razão, em caso no qual a condenação imposta pela sentença já fora cumprida: STJ-Corte Especial, Pet 5.363-AgRg, Min. Francisco Falcão, j. 4.6.08, DJ 14.8.08.

Art. 292: 12. v. art. 319-V.

Art. 292: 12a. O valor da **reconvenção** é o do bem pretendido nesta, de sorte que, em regra, não guarda relação com o da ação principal (RJTJESP 90/367).

Caso em que se deu por superada a falta de atribuição de valor à reconvenção, diagnosticada tardiamente: "Seria atentar contra o princípio da instrumentalidade e da razoável duração do processo anular todo o procedimento que já se desenvolveu por diversos anos, com dispêndio de recursos públicos e de material humano, meramente por apego a uma formalidade, notadamente na hipótese em que não se possibilitou, ao autor reconvinte, que emendasse sua petição inicial, na origem" (STJ-3ª T., REsp 761.262, Min. Nancy Andrighi, j. 17.4.08, DJU 30.4.08).

Art. 292: 12b. e também na **execução** (RF 291/292).

Art. 292: 12c. **Súmula 5 do TRF-4ª Reg. (Correção monetária):** "A **correção monetária** incidente até a data do ajuizamento deve integrar o valor da causa na ação de **repetição de indébito**".

"O valor da causa, na repetição de indébito fiscal, vem a ser o *quantum* cuja restituição é pedida, mais correção monetária, até a data da propositura da ação, por isso que a correção monetária, além de ter sido pedida na inicial, é devida a partir do pagamento indevido (Súmula 46-TFR)" (TFR-6ª T., Ag 52.145, Min. Carlos Velloso, j. 27.4.87, *apud* Bol. do TFR 126/21).

Art. 292: 13. s/ data da propositura da ação, v. art. 312.

Art. 292: 13a. Não entra no cômputo do valor da causa a quantia reputada como devida a título de **honorários advocatícios** (JTJ 294/496).

Art. 292: 14. Valor da causa em ação declaratória. Em geral, prevalece o valor estimativo apontado pelo autor na petição inicial (RT 594/115, RT 595/70). Mas isso não significa que "possa o valor ser arbitrariamente eleito pela parte, quando são significativas as consequências que dele derivam, notadamente para o cabimento de recursos" (RTFR 147/29).

Assim: "Existindo conteúdo econômico delimitado, não é possível atribuir-se valor da causa, por estimativa, à ação declaratória" (STJ-1ª T., REsp 164.753, Min. Francisco Falcão, j. 21.6.01, DJU 15.10.01).

"A circunstância de tratar-se de ação declaratória não significa, por si, não tenha conteúdo econômico. Pretendendo-se declaração de inexistência de responsabilidade, relativamente a determinado negócio, a significação econômica desse corresponderá ao valor da causa" (STJ-3ª T., REsp 4.242, Min. Eduardo Ribeiro, j. 18.9.90, maioria, DJU 22.10.90). Nesse sentido: RJTJESP 114/365.

"Na ação declaratória, ainda que sem conteúdo econômico imediato, o valor da causa deve corresponder à relação jurídica cuja existência ou inexistência pretende-se ver declarada" (STJ-2ª T., REsp 190.008, Min. Peçanha Martins, j. 16.11.00, DJU 5.2.01).

"O valor da causa, inclusive em ações declaratórias, deve corresponder, em princípio, ao do seu conteúdo econômico, considerado como tal o valor do benefício econômico que o autor pretende obter com a demanda. A impossibilidade de avaliar a dimensão integral desse benefício não justifica a fixação do valor da causa em quantia meramente simbólica, muito inferior ao de um valor mínimo desde logo estimável" (STJ-1ª T., REsp 730.581, Min. Teori Zavascki, j. 19.4.05, DJU 9.5.05). No mesmo sentido: JTJ 325/222 (AI 1.165.196-0/1).

"O valor da causa, na ação declaratória, será, em regra, o do negócio a que corresponde a relação jurídica cuja existência se quer afirmar ou negar. Se, porém, o autor do pedido de declaração não é parte nessa relação jurídica, o referido valor será fixado pela medida do interesse do autor no reconhecimento ou negação daquela relação" (STF-RT 539/228).

"Se o contribuinte pleiteia, por meio de ação declaratória, o reconhecimento do direito à compensação, o valor pretendido com a demanda é que deve servir como referência para atribuição do valor da causa" (STJ-2ª T., REsp 504.229, Min. João Otávio, j. 12.12.06, DJU 8.2.07).

"O valor da causa deve corresponder ao proveito econômico pretendido na demanda; no caso corresponde ao valor da nota promissória de cuja inexistência se busca a declaração" (STJ-4ª T., Ag em REsp 155.055-AgRg, Min. Luis Felipe, j. 15.5.12, DJ 22.5.12).

V. art. 19-I.

Art. 292: 14a. "Nas causas em que se visa a **anular atos referentes ao processo de execução** extrajudicial, correta é a fixação do valor da causa tendo em conta o valor do bem adjudicado" (STJ-4ª T., REsp 832.111-AgRg, Min. Aldir Passarinho Jr., j. 27.2.07, DJU 2.4.07).

"Não se tratando de ação para anular negócio jurídico, mas sim de atos referentes ao processo de execução extrajudicial e de adjudicação do bem, correta é a fixação do valor da causa considerando o valor do bem adjudicado e não o do saldo devedor" (STJ-3ª T., REsp 573.949, Min. Menezes Direito, j. 29.6.04, DJU 11.10.04).

Art. 292: 14b. Na demanda ajuizada para a **revisão** do valor do **contrato,** "o valor da causa deve ser a diferença entre o valor originalmente fixado e o pretendido" (STJ-1ª T., REsp 742.163, Min. Teori Zavascki, j. 15.12.09, DJ 2.2.10).

Art. 292: 15. Afirmando que, em ação de **anulação de duplicata,** o valor da causa é inferior ao consignado nos títulos: JTA 34/55. **Contra,** entendendo que o valor é igual ao do título: RT 501/122, JTA 45/60, maioria.

Art. 292: 16. "Em ação de **dissolução total de sociedade comercial,** o valor da causa corresponde ao valor do contrato, conforme o inciso V do art. 259 do Estatuto Processual" (STJ-4ª T., REsp 605.325, Min. Cesar Rocha, j. 12.9.06, DJU 2.10.06).

Art. 292: 17. "Na **ação rescisória** de sentença ou acórdão condenatório, o valor da causa deve corresponder à vantagem patrimonial que seria acrescida ou deixaria de ser subtraída no caso de desconstituição do provimento judicial rescindendo" (RSTJ 143/221). No mesmo sentido: JTJ 348/648 (IVC 991.08.085744-3/50001).

"Na ação rescisória, o valor dado à causa corresponde à importância a ser obtida pela procedência total dos pedidos formulados. Considera-se, para tanto, que a ação rescisória é autônoma, e pode ter por objeto a desconstituição do acórdão na sua integralidade ou apenas em parte. Demais disso, diante das circunstâncias jurídicas e econômicas da época da propositura da ação rescisória, aquele valor atribuído na ação originária pode não mais corresponder ao benefício patrimonial a ser aferido" (STJ-1ª Seção, ED no REsp 383.817, Min. Teori Zavascki, j. 24.8.05, DJU 12.9.05).

Assim, o valor da causa na ação rescisória não guarda necessária correspondência com o valor da causa na ação julgada pela decisão rescindenda. Por exemplo, a ação rescisória pode não visar à desconstituição integral do pronunciamento rescindendo, hipótese em que tende a ter valor menor que o da ação anterior. Ainda, a ação rescisória pode veicular pretensão voltada à obtenção de benefício econômico superior ao valor atribuído à causa anterior, caso em que terá valor maior. Nesse sentido: "Havendo manifesta incompatibilidade entre o valor atribuído à ação originária e o benefício econômico pretendido na rescisória, deve prevalecer este último" (STJ-2ª Seção, Pet 4.543, Min. Gomes de Barros, j. 22.11.06, DJU 3.5.07). Também: STJ-RP 174/288 (3ª Seção, Pet 5.541, um voto vencido).

No sentido de que o valor da causa na ação rescisória é, em regra, o mesmo da ação julgada pela decisão rescindenda: RT 758/293. Ainda, com a ponderação de que tal valor seja atualizado monetariamente: RTJ 144/157 e STF-RJ 189/45; STJ-1ª Seção, AR 818, Min. José Delgado, j. 28.3.01, DJU 24.9.01; RT 568/146, 630/78, RJTJESP 90/342, 102/376, JTJ 235/147, JTA 100/60, 125/357, Lex-JTA 149/23. Também: "O valor da causa da ação rescisória deve guardar correspondência com o da ação principal, corrigido monetariamente, salvo se existente proveito econômico diverso, desde que devidamente comprovado" (STJ-2ª Seção, Pet 7.104, Min. Paulo Sanseverino, j. 22.8.12, DJ 10.9.12). Do voto do relator: "A impugnação ao valor da causa deve vir calcada em elementos concretos e provas materiais, e não meras especulações acerca de possíveis valores a serem atingidos quando da apuração de lucros cessantes". Igualmente: "No caso vertente, não ficou demonstrado que o proveito econômico almejado seja certo e quantificável; ao contrário, a própria agravante demonstra que esse valor pode variar muito, conforme os critérios adotados para a incidência de correção monetária, juros compensatórios e juros moratórios, e, ainda, o índice de desvalorização a ser utilizado sobre a área atingida. Não sendo possível mensurar objetivamente o proveito econômico que a autora pretende obter, o valor da causa deve ser fixado com base no valor da causa original, corrigido monetariamente" (STJ-1ª Seção, AR 4.419-IVC-AgRg, Min. Humberto Martins, j. 26.9.12, DJ 3.10.12).

No sentido de que o valor da causa, na ação rescisória, pode ser fixado de acordo com o valor da condenação na ação principal: RTFR 117/380.

No sentido de que, sendo de improcedência a decisão rescindenda, o valor da causa na ação anterior deve ser adotado como parâmetro na ação rescisória: STJ-RDDP 97/158 (1ª Seção, AR 3.735-AgRg-AgRg).

No sentido de que, se o autor visa a desconstituir sentença condenatória já liquidada, o valor da rescisória vem a ser o do montante da condenação: RT 571/86, maioria, RJTJESP 99/341.

"Na ação rescisória de feito que está sendo executado, o valor da causa é o da execução, corrigido até a data do ajuizamento" (JTAERGS 99/174).

"Impugnação ao valor da causa. Ação rescisória. Na hipótese de discrepância entre o valor da causa originária e o benefício econômico obtido, deve prevalecer este último. No caso, o feito principal já se encontra na fase de cumprimento de sentença, tendo sido realizado cálculo pela contadoria judicial atendendo determinação do juízo de origem. Fixação do valor da causa no montante apurado pela contadoria judicial" (STJ-2ª Seção, Pet 8.707, Min. Paulo Sanseverino, j. 13.8.14, DJ 29.8.14).

Nos casos em que se estabelecer uma relação entre o valor da causa na ação originária ou o valor expresso em decisão proferida nesta e o valor da causa na ação rescisória, aqueles devem ser sempre atualizados, a partir do ajuizamento da demanda ou da prolação da decisão, conforme o caso.

Ponderando que a fixação do valor da causa na ação rescisória deve se orientar por parâmetros que não inviabilizem sua propositura: STJ-1ª T., REsp 744.286, Min. Luiz Fux, j. 9.3.06, DJU 3.4.06; STJ-2ª Seção, Pet 5.144-AgRg, Min. Quaglia Barbosa, j. 25.4.07, DJU 24.5.07.

Art. 292: 17a. Atribuindo para a **ação de anulação de sentença arbitral** o valor da condenação expressa no julgado cuja invalidação se pede: STJ-3ª T., REsp 1.704.551, Min. Nancy Andrighi, j. 2.4.19, DJ 4.4.19.

Art. 292: 18. "O valor da causa em ação de anulação de deliberação assemblear deve ser dado por estimativa" (RT 624/87).

Art. 292: 18a. **Valor do contrato.** Para a aferição do valor da causa, o valor do contrato em moeda corrente, mas com indicação do seu correspondente em indexador, deve ser convertido em valores da data do ajuizamento da ação (STJ-3ª T., REsp 11.039, Min. Dias Trindade, j. 28.6.91, DJU 2.9.91). No mesmo sentido: JTJ 158/175.

"O valor da causa deve ser proporcional à **cláusula contratual** envolvida na controvérsia, e não de todo o contrato" (STJ-3ª T., REsp 208.871-AgRg-EDcl, Min. Nancy Andrighi, j. 19.3.01, DJU 13.8.01). No mesmo sentido: STJ-4ª T., REsp 162.516, Min. Cesar Rocha, j. 21.2.02, DJU 20.5.02; RSTJ 153/365, RT 702/88, 797/317, RF 315/155, JTJ 143/146, 157/233, 367/181 (AI 246502-33.2011.8.26.0000).

"Tratando-se de **pré-contrato,** a soma envolvida é aquela objeto do depósito judicial feito pela autora alcançando as arras e a multa contratual, não havendo falar no valor integral, considerando que não foi assinado o contrato definitivo" (STJ-3ª T., REsp 700.176, Min. Menezes Direito, j. 21.9.06, DJU 27.11.06).

Art. 292: 18b. Nas ações relativas ao **reajustamento das prestações da casa própria,** "o valor da causa não é o contrato de mútuo, mas a diferença entre os valores pretendidos por ambas as partes, multiplicada por doze" (STJ-RT 711/233). No mesmo sentido: STJ-2ª T., REsp 11.705-0, Min. Peçanha Martins, j. 17.3.93, DJU 17.5.93; STJ-2ª T., REsp 37.816-8, Min. José de Jesus Filho, j. 6.10.93, DJU 25.10.93; STJ-1ª T., REsp 37.533-9, Min. Gomes de Barros, j. 25.5.94, DJU 27.6.94.

"Sistema Financeiro da Habitação. Sem o fito de modificar substancialmente a relação contratual, objetivando a ação exame dos critérios do reajuste das prestações do mútuo habitacional, para a fixação do valor da causa não se aplicam as disposições do art. 259, V, mas as do art. 260, CPC" (STJ-1ª T., REsp 67.765, Min. Milton Luiz Pereira, j. 22.11.95, DJU 18.12.95).

"Na ação de **consignação em pagamento** ajuizada por mutuário do SFH, o valor da causa corresponde ao total das prestações vencidas, somado ao montante de doze prestações vincendas" (STJ-1ª T., REsp 94.631, Min. Gomes de Barros, j. 15.4.97, DJU 12.5.97).

"Em ação promovida pelo mutuário para **rescindir o contrato** de financiamento pelo SFH, o valor da causa deve corresponder ao do contrato atualizado até a data da propositura da ação, deduzidas as prestações pagas devidamente corrigidas" (RSTJ 90/139).

Art. 292: 19. Também na ação para **exoneração de alimentos** (JTJ 162/166).

Quanto à ação **revisional,** o valor da causa deve ser igual a doze vezes a diferença entre o *quantum* pleiteado e o que vem sendo pago (RT 722/150). **Contra,** entendendo que o valor deve corresponder a doze prestações mensais pedidas pelo autor, como na ação de alimentos: RJTJESP 108/363.

Art. 292: 20. v. arts. 569 e segs.

Art. 292: 21. **"Divisória e demarcatória.** Referindo-se ao mesmo imóvel, o valor da causa terá em conta a estimativa oficial para lançamento de imposto, não se justificando sua duplicação. Dizendo respeito o pedido apenas a parte do imóvel, essa circunstância será considerada na fixação daquele valor" (STJ-3ª T., REsp 85.143, Min. Eduardo Ribeiro, j. 24.3.98, DJU 1.6.98).

Art. 292: 22. "O rol previsto no art. 259, VII, do CPC, é taxativo, descabendo a sua aplicação analógica para com base nele se alterar, de ofício, o valor da causa em **ação de imissão de posse,** de natureza e conteúdo econômico distintos" (STJ-4ª T., REsp 650.032, Min. Aldir Passarinho Jr., j. 23.11.04, DJU 7.3.05).

Art. 292: 23. Na ação de **desapropriação indireta,** o valor da causa é o "montante da indenização que o autor pretende receber, isto é, o preço do bem, que, em regra, é o da aquisição, atualizado monetariamente" (TFR-4ª T., Ag 47.801, Min. Armando Rollemberg, j. 9.12.85, DJU 3.4.86).

"Na ação de desapropriação indireta, o valor da causa deve corresponder ao preço da aquisição do bem expropriado, atualizado monetariamente. À falta deste elemento, prevalece a estimativa feita pelo autor, caso o impugnante não forneça dados concretos e reais possibilitadores de uma outra fixação" (RTJE 153/109).

Art. 292: 23a. Tratando-se de ação de perdas e danos, **se o pedido for inestimável,** "há de se considerar como válido o valor da causa atribuído na inicial, completando-se-o, posteriormente, em execução, quando apurado, se for a maior" (STJ-3ª T., REsp 8.323, Min. Waldemar Zveiter, j. 29.4.91, DJU 3.6.91). No mesmo sentido: RSTJ 109/87.

"Diante da impossibilidade de mensuração da expressão econômica, o valor da causa pode ser estimado pelo autor em quantia provisória, passível de posterior adequação ao valor apurado na sentença ou na fase liquidatória" (STJ-4ª T., REsp 1.220.272, Min. Luis Felipe, j. 14.12.10, DJ 7.2.11).

Todavia: "Mensurável na petição inicial o valor da indenização que o autor pretende receber, deve esse *quantum* ser utilizado para fixar-se o valor da causa" (STJ-4ª T., AI 1.097.729-AgRg, Min. Aldir Passarinho Jr., j. 6.10.09, DJ 16.11.09).

Art. 292: 23b. "Cuidando-se de **danos materiais,** a serem ressarcidos na forma de pagamentos mensais, o valor atribuído à demanda deve ser o equivalente ao valor das prestações vencidas, acrescido de uma prestação anual — isto é, a soma das prestações mensais ao longo de um ano —, na medida em que se pretende vitalícia a pensão" (STJ-RDDP 58/96: 4ª T., REsp 545.251).

Art. 292: 23c. "Nas **ações de indenização por danos morais e materiais,** o montante estimado pelo autor a título de indenização na exordial serve como parâmetro para a fixação do valor da causa, nos termos do art. 258 do CPC" (STJ-RJTAMG 85/384). Assim, se o autor pede "um valor mínimo como indenização por danos morais, não pode atribuir à causa valor menor" (STJ-RT 780/198).

"Se, na ação de indenização por danos morais e materiais, o autor sugere o respectivo montante, este deve ser o valor da causa" (STJ-3ª T., AI 652.093-AgRg, Min. Ari Pargendler, j. 15.9.05, DJU 24.10.05). No mesmo sentido: RSTJ 109/227 (4ª T.); STJ-1ª T., REsp 807.120, Min. José Delgado, j. 6.6.06, DJU 22.6.06.

"Objetivando-se a reparação por danos morais, só fixado o *quantum* se procedente a ação, ao final, lícita a estimativa feita pelo autor, posto que de caráter provisório, podendo ser modificada quando da prolação da decisão de mérito" (JTJ 203/241; a citação é da p. 243). No mesmo sentido: STJ-4ª T., REsp 714.242, Min. João Otávio, j. 26.2.08, DJU 10.3.08.

"Ação de indenização. Impugnação ao valor da causa. O valor da causa tem como norte o conteúdo econômico do pedido. Em sua aferição, não cabe exercer juízo sobre a plausibilidade da pretensão deduzida na inicial" (STJ-4ª T., Ag em REsp 81.932-AgRg, Min. Isabel Gallotti, j. 7.5.13, DJ 14.5.13).

Todavia: "Se o autor pede quantia excessiva a título de compensação por danos morais, mas ao mesmo tempo requer a gratuidade da justiça, para não arcar com as custas e demais despesas processuais, pode e é até recomendável que o juiz acolha impugnação ao valor da causa e ajuste-a à realidade da demanda e à natureza dos pedidos. O autor que pede quantias elevadas a título de compensação por danos morais, mas ao mesmo tempo requer a gratuidade da justiça, para não arcar com as custas e demais despesas processuais, passa a impressão de que está se utilizando do Poder Judiciário para tentar a sorte, porque não sendo procedentes seus pedidos, não arcará com quaisquer ônus" (STJ-3ª T., REsp 784.986, Min. Nancy Andrighi, j. 29.11.05, DJU 1.2.06). No mesmo sentido: STJ-4ª T., REsp 565.880, Min. Fernando Gonçalves, j. 6.9.05, DJU 3.10.05; RT 851/301.

Nesses casos, "para a fixação do valor da causa, é razoável utilizar como base valores de condenações fixados ou mantidos pelo STJ em julgados com situações fáticas semelhantes" (STJ-3ª T., REsp 819.116, Min. Nancy Andrighi, j. 17.8.06, DJU 4.9.06). No mesmo sentido: RT 824/253.

Ponderando que "cabe ao magistrado, na fixação do valor atribuído à causa nas ações de indenização por dano moral, agir com a máxima prudência e parcimônia, de modo a se evitar exageros e possível desequilíbrio e/ou embaraçamento ao exercício do direito de defesa": RF 364/377. No mesmo sentido: Bol. AASP 2.002/146j.

Art. 292: 24. v. art. 327.

Art. 292: 24a. "Havendo **cumulação de pedidos autônomos** entre si, economicamente identificados segundo os elementos constantes da inicial, o valor da causa é fixado pelo somatório de todos, ao teor do art. 259, II, do CPC" (STJ-4ª T., REsp 1.067.374-AgRg, Min. Aldir Passarinho Jr., j. 21.5.09, DJ 15.6.09).

Art. 292: 25. "Determinando, o juiz, a reunião de ações, em face da **conexão,** para julgamento uno, o valor da causa deve ser a quantia correspondente à soma do valor de todas elas (arts. 105 e 259, II, do CPC)" (STJ-1ª T., REsp 28.141, Min. Demócrito Reinaldo, j. 11.11.92, maioria, DJU 22.3.93).

Art. 292: 26. v. art. 326 § ún.

Art. 292: 27. v. art. 326-*caput*.

Art. 292: 28. v. art. 323.

Art. 292: 28a. i. e., o valor da causa corresponderá à soma das prestações vencidas e vincendas, observando-se para estas a limitação anual prevista no § 2º.

V. nota 23b.

Art. 292: 29. Nas ações de **consignação em pagamento,** o valor da causa, quando se trata de depositar unicamente prestações vencidas, corresponde "à quantia que o autor entende devida" (RTFR 138/33; TFR-5ª T., Ag 59.837, Min. José Delgado, j. 13.3.89, DJU 26.6.89), isto é, a importância que ele consigna (RJTJESP 107/322).

Art. 292: 30. v. art. 337-III e § 5º. V. ainda art. 10.

Art. 293. O réu[1-1a] poderá impugnar,[2-3] em preliminar da contestação,[4] o valor atribuído à causa pelo autor, sob pena de preclusão,[5] e o juiz decidirá a respeito,[6 a 8] impondo, se for o caso, a complementação das custas. [Dispositivo correspondente no CPC/1973: art. 261]

Art. 293: 1. "O **fisco** não pode intervir em processo alheio, para impugnar o valor dado à causa" (SIMP-concl. XII, em RT 482/271). Nesse sentido: RTJ 76/329.

Art. 293: 1a. No sentido de que o **denunciado à lide** não pode impugnar o valor da causa: JTJ 192/253, 237/214.

Art. 293: 2. s/ impugnação ao valor da causa, na execução fiscal, v. LEF 16, nota 20.

Art. 293: 3. "Não cabe discutir se determinadas parcelas, incluídas no pedido, são devidas. O conteúdo econômico da demanda vincula-se ao que foi **postulado**" (STJ-3ª T., REsp 45.228-7, Min. Eduardo Ribeiro, j. 30.5.94, DJU 20.6.94).

Art. 293: 4. v. art. 337-III.

Art. 293: 5. O valor da causa **não se torna indiscutível** no processo, ainda que o réu não diga nada a respeito na contestação. Ele pode ulteriormente provocar o juiz para corrigi-lo, considerando que o magistrado pode fazer correções a esse respeito até mesmo de ofício (v. arts. 292 § 3º e 337-III e § 5º).

Art. 293: 6. não sem antes abrir **vista para o autor** e permitir a **produção de prova** (v. art. 351). Na sequência, o juiz deve então deliberar sobre o valor da causa, quer na **sentença que já puder proferir** para o julgamento da causa (arts. 354 e 355), quer no **saneamento do processo** (art. 357-I).

"Cabe ao magistrado, **quando do acolhimento da impugnação** ao valor da causa, **determinar o valor** certo correspondente ao benefício econômico buscado com a demanda. Inteligência do disposto no art. 261 do CPC/73, vigente à época dos fatos" (STJ-3ª T., REsp 1.558.755, Min. Moura Ribeiro, j. 6.11.18, DJ 9.11.18).

Todavia: "Não sendo possível estabelecer desde logo o valor da indenização, não é ilegal a decisão de manter provisoriamente o valor atribuído na inicial, a ser retificado a final" (STJ-4ª T., REsp 132.261, Min. Ruy Rosado, j. 19.8.97, DJU 22.9.97). Em sentido semelhante: STJ-6ª T., REsp 134.801, Min. William Patterson, j. 1.7.97, DJU 18.8.97; RT 629/167.

Art. 293: 7. A deliberação do juiz sobre o valor da causa pode ter lugar em **decisão interlocutória ou** em **sentença.**

Quando objeto da decisão de saneamento ou de decisão isolada a seu respeito, não cabe agravo de instrumento (v. art. 1.015). O inconformismo, no caso, deve ser ulteriormente manifestado na forma do art. 1.009 § 1º.

Já se o valor da causa for enfrentado em sentença, a insurgência a respeito deve ser manifestada diretamente na subsequente apelação (v. art. 1.009-*caput*).

Art. 293: 8. "Caso ocorra omissão na decisão e só **depois da sentença** de mérito seja descoberto o incidente, **cabe o seu julgamento"** (RSTJ 140/206: 2ª T., REsp 153.329). "Se, por descuido, prolatar-se sentença sem que o incidente seja decidido, imperioso o retorno dos autos à origem para o seu julgamento, promovendo-se, assim, a devida prestação jurisdicional" (STJ-1ª T., REsp 890.136, Min. Francisco Falcão, j. 27.3.07, DJU 19.4.07). No mesmo sentido: STJ-3ª T., REsp 1.238.424, Min. Nancy Andrighi, j. 18.3.14, DJ 26.3.14.

Todavia: "O trânsito em julgado da decisão que julga o mérito da demanda, desde que os honorários advocatícios tenham sido arbitrados em valor fixo, e não em percentual sobre o valor dado à causa, torna prejudicado o incidente de impugnação ao valor da causa e, consequentemente, do próprio recurso especial" (STJ-4ª T., REsp 1.154.330-AgRg, Min. Marco Buzzi, j. 21.10.14, DJ 29.10.14).

Livro V | DA TUTELA PROVISÓRIA[1]

LIV. V: 1. s/ tutela provisória e: regulamentação legal, v. art. 519; multa coercitiva, v. art. 537-*caput*; inventário e partilha, v. art. 668; apreciação pelo relator, v. art. 932-II; ação rescisória, v. art. 969; Fazenda Pública, v. art. 1.059.

Título I | DISPOSIÇÕES GERAIS

Art. 294. A tutela provisória pode fundamentar-se em urgência[1] ou evidência.[1a a 2a] [Dispositivos correspondentes no CPC/1973: arts. 273-*caput* e 796]

Parágrafo único. A tutela provisória de urgência, cautelar[2b] ou antecipada,[2c] pode ser concedida em caráter antecedente[3] ou incidental.[4-5] [Sem dispositivo correspondente no CPC/1973]

Art. 294: 1. v. arts. 300 e segs.

Art. 294: 1a. v. art. 311.

Art. 294: 1b. Contra a **decisão interlocutória** que delibera sobre tutela provisória, cabe **agravo de instrumento** (v. art. 1.015-I). Se tal deliberação está inserta em **sentença,** sua impugnação deve se dar por meio de apelação (v. arts. 994, nota 2, 1.009, especialmente § 3º, e 1.013 § 5º).

S/ prazo para o réu agravar contra a decisão que concede a tutela provisória antes da citação, v. arts. 231, notas 16 e 26, 303, nota 3a, 306, nota 3.

Art. 294: 2. Efeito da superveniência da sentença em relação à tutela provisória. "As medidas liminares, editadas em juízo de mera verossimilhança, têm por finalidade ajustar provisoriamente a situação das partes envolvidas na relação jurídica litigiosa e, por isso mesmo, desempenham no processo uma função por natureza temporária. **Sua eficácia se encerra com a superveniência da sentença,** provimento tomado à base de cognição exauriente, apto a dar tratamento definitivo à controvérsia, atendendo ou não ao pedido ou simplesmente extinguindo o processo. O julgamento da causa esgota, portanto, a finalidade da medida liminar, fazendo cessar a sua eficácia. Daí em diante, prevalece o comando da sentença, e as eventuais medidas de urgência devem ser postuladas no âmbito do sistema de recursos, seja a título de efeito suspensivo, seja a título de antecipação da tutela recursal, providências cabíveis não apenas em agravo de instrumento (CPC, arts. 527, III, e 558), mas também em apelação (CPC, art. 558, § ún.) e em recursos especiais e extraordinários (RISTF, art. 21, IV; RISTJ, art. 34, V). Consequentemente, a superveniência de sentença acarreta a inutilidade da discussão a respeito do cabimento ou não da medida liminar, ficando prejudicado eventual recurso, inclusive o especial, relativo à matéria. A execução provisória da sentença não constitui quebra de hierarquia ou ato de desobediência a anterior decisão do Tribunal que indeferira a liminar. Liminar e sentença são provimentos com natureza, pressupostos e finalidades distintas e com eficácia temporal em momentos diferentes. Por isso mesmo, a decisão que defere ou indefere liminar, mesmo quando proferida por tribunal, não inibe a prolação e nem condiciona o resultado da sentença definitiva, como também não retira dela a eficácia executiva conferida em lei" (STJ-1ª T., REsp 667.281, Min. Teori Zavascki, j. 16.5.06, um voto vencido, DJU 8.6.06). No mesmo sentido: STJ-1ª Seção, Rcl 1.444, Min. Eliana Calmon, j. 23.11.05, DJU 19.12.05; STJ-4ª T., REsp 1.199.135-AgRg, Min. Antonio Ferreira, j. 20.11.14, DJ 28.11.14; JTJ 365/598 (AP 345-67.2009.8.26.0416).

Assim: "Perde objeto o recurso relativo à antecipação da tutela quando a sentença superveniente (a) revoga, expressa ou implicitamente, a liminar antecipatória (o que pode ocorrer com juízo de improcedência ou de extinção do processo sem julgamento de mérito), ou, (b) sendo de procedência (integral ou parcial), tem aptidão para, por si só, irradiar os mesmos efeitos da medida antecipatória" (STJ-1ª T., REsp 506.887-AgRg, Min. Teori Zavascki, j. 15.2.05, DJU 7.3.05). Esse acórdão foi mantido no julgamento dos subsequentes embargos de divergência (STJ-1ª Seção, ED no REsp 506.887, Min. Castro Meira, j. 22.3.06, DJ 3.4.06). No mesmo sentido: "A prolatação de sentença meritória implica a perda de objeto do agravo de instrumento por ausência superveniente de interesse recursal, uma vez que: a) a sentença de procedência do pedido — que substitui a decisão deferitória da tutela de urgência — torna-se plenamente eficaz ante o recebimento da apelação tão somente no efeito devolutivo, permitindo desde logo a execução provisória do julgado (art. 520, VII, do Código de Processo Civil); b) a sentença de improcedência do pedido tem o condão de revogar a decisão concessiva da antecipação, ante a existência de evidente antinomia entre elas" (STJ-Corte Especial, ED no Ag em REsp 488.188, Min. Luis Felipe, j. 7.10.15, RP 252/473).

Contra: "A superveniência da sentença de procedência do pedido não prejudica o recurso interposto contra a decisão que deferiu o pedido de antecipação de tutela" (STJ-Corte Especial, ED no REsp 765.105, Min. Hamilton Carvalhido, j. 17.3.10, 6 votos a 5, DJ 25.8.10; nota: esse acórdão foi trazido como paradigma no ED no Ag em REsp 488.188 e a sua tese restou rechaçada). No mesmo sentido: RT 834/264.

V. tb. arts. 296, nota 1, 309, nota 7, e 1.015, nota 3.

Art. 294: 2a. "Superveniência da sentença. A **sentença de improcedência** na demanda acarreta, **por si só,** independentemente de menção expressa a respeito, a **revogação da medida** antecipatória com eficácia imediata e *ex tunc*. Aplicação analógica da Súmula 405/STF (denegado o mandado de segurança pela sentença, ou no julgamento do agravo, dela interposto, fica sem efeito a liminar concedida, retroagindo os efeitos da decisão contrária)" (STJ-1ª T., AI 586.202-AgRg, Min. Teori Zavascki, j. 2.8.05, DJU 22.8.05).

A **revogação da tutela provisória na sentença** produz **efeitos desde logo,** sendo irrelevante, quanto a isso, o duplo efeito atribuído à apelação (STJ-4ª T., REsp 145.676, Min. Barros Monteiro, j. 21.6.05, DJU 19.9.05; STJ-RP 161/257: 3ª T., REsp 768.363; JTJ 260/416, 293/395). **Contra,** a nosso ver sem razão: JTJ 324/115 (AI 722.868-5/3-00).

V. arts. 309-III e 1.012 § 1º-V.

V. tb. art. 520, nota 4.

Art. 294: 2b. s/ tutela cautelar, v. arts. 300, nota 2, 301 e 305 a 310.

Art. 294: 2c. s/ tutela antecipada, v. arts. 300 § 3º e notas 2 e 6, 303 e 304.

Art. 294: 3. v. arts. 303 e segs.

Art. 294: 4. v. arts. 295 e 297, nota 1a. S/ tutela provisória depois da sentença, v. art. 299 § ún., inclusive nota 5.

Art. 294: 5. A tutela provisória pode ser **concedida na sentença** (STJ-3ª T., REsp 473.069, Min. Menezes Direito, j. 21.8.03, um voto vencido, DJU 19.12.03; RSTJ 156/369, JTJ 302/493, Bol. AASP 2.376/3.138), ou, se omitida a questão anteriormente proposta, nos embargos de declaração (STJ-RJ 283/128: 4ª T.). **Contra:** JTJ 251/385.

S/ recurso cabível no caso, v. arts. 1.009 § 3º e 1.013 § 5º; s/ efeitos do recurso, v. art. 1.012 §§ 1º-V, 3º e 4º.

Art. 295. A tutela provisória requerida em caráter incidental independe do pagamento de custas.[1] [Sem dispositivo correspondente no CPC/1973]

Art. 295: 1. mas a tutela provisória requerida em **caráter antecedente** depende do pagamento de custas, que devem contemplar o conteúdo econômico do pedido de tutela final (v. art. 303 § 4º) ou do pedido principal (v. art. 308-*caput*).

Art. 296. A tutela provisória conserva sua eficácia na pendência do processo,[1] mas pode, a qualquer tempo, ser revogada ou modificada.[2] [Dispositivos correspondentes no CPC/1973: art. 273 § 4º e art. 807-*caput*]

Parágrafo único. Salvo decisão judicial em contrário, a tutela provisória conservará a eficácia durante o período de suspensão do processo.[3] [Dispositivo correspondente no CPC/1973: art. 807 § ún.]

Art. 296: 1. Em regra, é a prolação de sentença que delimita a eficácia da tutela provisória.

V. tb. arts. 294, notas 2 e 2a, e 309, nota 7.

Art. 296: 2. A **revogação** da medida liminar pode se dar **de ofício** (STJ-3ª T., REsp 1.020.785, Min. Nancy Andrighi, j. 20.4.10, DJ 6.5.10).

"O juiz pode revogar a antecipação da tutela, até de ofício, sempre que, ampliada a cognição, se convencer da inverossimilhança do pedido" (RSTJ 152/311, dois votos vencidos).

No sentido de que, interposto agravo de instrumento contra decisão interlocutória relativa a outro tema, pode o tribunal, de ofício, deliberar acerca da tutela antecipada anteriormente concedida em primeira instância, ainda que esta não tenha sido objeto de recurso: "Inadmissibilidade de se cogitar de preclusão para manter decisão manifestamente inconstitucional" (RP 160/273: TJSP, AI 525.900.4/0-00, maioria).

Art. 296: 3. v. art. 314.

Art. 297. O juiz poderá determinar as medidas que considerar adequadas para efetivação da tutela provisória.[1 a 6] [Dispositivos correspondentes no CPC/1973: arts. 798 e 799]

Parágrafo único. A efetivação da tutela provisória observará as normas referentes ao cumprimento provisório da sentença, no que couber.[7] [Dispositivo correspondente no CPC/1973: art. 273 § 3º]

Art. 297: 1. v., p. ex., art. 301.

Código de Processo Civil

Art. 297: 1a. "O juiz pode determinar **de ofício** medidas provisórias **no curso do processo**" (SIMP-concl. LXIV, em RT 482/273), i. e., em **caráter incidental.**

"O art. 798 do CPC confere ao juiz ampla liberdade no exercício do poder geral de cautela, não ficando ele adstrito, quando examina pedido cautelar, ao princípio dispositivo traçado pelas partes. Nada impede o juiz de, com base no poder geral de cautela, determinar de ofício a adoção de medida tendente a garantir a utilidade do provimento jurisdicional buscado na ação principal, ainda que não requerida pela parte" (STJ-3ª T., REsp 1.255.398, Min. Nancy Andrighi, j. 20.5.14, DJ 30.5.14).

"O poder geral de cautela, positivado no art. 798 do CPC, autoriza que o magistrado defira medidas cautelares *ex officio*, no escopo de preservar a utilidade de provimento jurisdicional futuro. Não contraria o princípio da adstrição o deferimento de medida cautelar que ultrapassa os limites do pedido formulado pela parte, se entender o magistrado que essa providência milita em favor da eficácia da tutela jurisdicional" (STJ-4ª T., Ag em REsp 429.451-AgRg, Min. Antonio Ferreira, j. 9.9.14, DJ 18.9.14).

"Tutela antecipada de ofício concedida no acórdão. Admissibilidade em hipóteses excepcionais. As tutelas de urgência são identificadas como reação ao sistema clássico pelo qual primeiro se julga e depois se implementa o comando, diante da demora do processo e da implementação de todos os atos processuais inerentes ao cumprimento da garantia do devido processo legal. Elas regulam situação que demanda exegese que estabeleça um equilíbrio de garantias e princípios (v. g., contraditório, devido processo legal, duplo grau de jurisdição, direito à vida, resolução do processo em prazo razoável). A doutrina admite, em hipóteses extremas, a concessão da tutela antecipada de ofício, nas 'situações excepcionais em que o juiz verifique a necessidade de antecipação, diante do risco iminente de perecimento do direito cuja tutela é pleiteada e do qual existam provas suficientes de verossimilhança' (José Roberto dos Santos Bedaque, *Tutela cautelar e tutela antecipada*: tutelas sumárias e de urgência, 4ª ed., São Paulo, Malheiros, 2006, pp. 384-385)" (STJ-2ª T., REsp 1.309.137, Min. Herman Benjamin, j. 8.5.12, DJ 22.5.12).

S/ arresto de ofício, v. art. 301, nota 2.

Art. 297: 1b. Tutelas provisórias antecedentes não podem ser concedidas sem requerimento, pois o **juiz não pode agir de ofício.**

Art. 297: 2. Não é cabível tutela provisória para **impedir** que a parte contrária **ingresse em juízo** com a ação ou a execução que tiver contra o requerente (RSTJ 10/474, 12/418, 19/394, 56/317, 58/200, STJ-RT 661/186, 663/190, 665/183, RT 732/272, JTA 105/156, 108/154, RF 304/257). Se o juiz a conceder, sua decisão poderá ser cassada através de mandado de segurança (RSTJ 27/218 e STJ-RT 693/224, bem fundamentado, 74/145).

"O poder geral de cautela não tem o condão de impedir ao credor a execução do seu título até o trânsito em julgado de ação de conhecimento" (STJ-4ª T., REsp 341.084, Min. Sálvio de Figueiredo, j. 13.11.01, DJU 18.2.02). No mesmo sentido: STJ-3ª T., REsp 204.231, Min. Menezes Direito, j. 17.2.00, DJU 2.5.00.

"Merece reforma, por fraude ao art. 737 e ofensa direta ao art. 585 do CPC, a decisão que, a título de antecipação de tutela em ação ordinária, suspende o curso de processo executivo" (STJ-1ª T.: RSTJ 135/136).

"A suspensão do vencimento do título de crédito, em ação revisional de contrato, não é de ser concedida, em tutela antecipatória, porque despoja o credor de prerrogativas até mesmo constitucionais" (RT 733/367).

"Tutela antecipada. Pedido formulado em ação declaratória de inexistência de obrigação cambial. A tutela antecipatória não pode ir ao extremo de impedir o credor de cobrar o que entende lhe ser devido, porque isto implicaria em cercear-lhe o direito de ação, garantido pelo art. 5º, inc. XXXV, da Constituição Federal" (Lex-JTA 168/49).

Todavia: "Medida cautelar visando **suspender execução.** Possibilidade. Suspende-se o processo quando a sentença de mérito depender do julgamento de outra causa, que constitua o objeto principal daquele (processo). O credor não pode cobrar extrajudicialmente o que, em juízo, está sendo discutido. A suspensão do processo, nos casos previstos em lei, pode ser determinada pela via da ação cautelar inominada" (RSTJ 57/391).

"Suspensão da execução, com base no poder geral de cautela. Situação excepcionalíssima. Possibilidade. A providência cautelar, ainda que de maneira incidental, pode ser deferida em qualquer processo, não procedendo a assertiva de que a verdadeira cláusula geral consubstanciada no art. 798 do Código de Processo Civil, mesmo em casos excepcionais, tem limites impostos pelo art. 739-A do Código de Processo Civil. Ademais, boa parte das matérias suscitadas pelo executado são passíveis de conhecimento, de ofício, pelas instâncias ordinárias, por serem questões de ordem pública" (STJ-4ª T., REsp 1.241.509, Min. Luis Felipe, j. 9.8.11, maioria, DJ 1.2.12).

S/ impedimento para ajuizamento da execução ou suspensão desta em razão da propositura de outra demanda, v. arts. 313, notas 11b e 11c, 784 § 1º e 921, nota 2.

Art. 297: 3. "Não cabe medida cautelar objetivando a decretação de nulidade de ato processual, porquanto não pode ser confundida com recurso" (JTA 118/358).

Art. 297: 4. "É cabível ação cautelar para **impedir registro em cadastros de proteção ao crédito,** pois constitui medida provisória de caráter instrumental que visa a assegurar a utilidade do provimento judicial definitivo, evitando possível abalo creditício capaz de dificultar ou inviabilizar as atividades da empresa requerente" (STJ-4ª T., REsp 1.187.595-AgRg, Min. Isabel Gallotti, j. 1.3.16, DJ 4.3.16). No mesmo sentido: RT 643/124.

Art. 297: 5. "É admissível cautelar inominada, de **indisponibilidade de bens,** para garantir a eficácia de ação monitória lastreada em cheque prescrito" (STJ-3ª T., REsp 714.675, Min. Gomes de Barros, j. 25.9.06, DJU 9.10.06).

Tornando indisponíveis bens, para prevenir futura indenização por ato ilícito, inclusive mediante averbação da medida no registro de imóveis: RSTJ 59/339.

S/ adjudicação de bem indisponível, v. art. 876, nota 2a.

Art. 297: 5a. A **sustação de protesto** de título insere-se no poder de cautela do juiz (RT 490/128, 491/203), podendo, inclusive, ser ordenado o sequestro do título (RF 254/303).

"Se no curso da ação que buscava impedir o apontamento dos títulos ocorreu o protesto converte-se o pedido de sustação em cancelamento, para assegurar o provimento jurisdicional" (STJ-3ª T., REsp 985.084, Min. Gomes de Barros, j. 18.10.07, DJU 19.12.07).

S/ sustação de protesto, v. art. 300, notas 15 e 19. V., ainda, s/ execução de duplicata sem aceite, cujo protesto foi sustado judicialmente, art. 784, nota 10a.

Art. 297: 5b. "O ajuizamento de **ação cautelar de sustação de protesto** e de anulatória do título não é interruptor do prazo prescricional da ação executiva" (RSTJ 51/286).

"No entanto, em se tratando de duplicata não aceita, a sustação do protesto impede a formação do título executivo. Por isso a proibição, em lugar de suspender o prazo impede que ele se inicie. Se assim acontece, o prazo prescricional inicia-se com a cassação da ordem de sustação" (STJ-3ª T., REsp 829.215, Min. Gomes de Barros, j. 13.11.07, DJU 27.11.07).

Art. 297: 5c. "A doutrina e a jurisprudência consolidaram o entendimento de que o **endosso-mandato,** não transferindo a propriedade do título, desqualifica o endossatário-mandatário como parte passiva em ação cautelar para **sustação do protesto** de título de crédito" (RSTJ 94/177).

"O endossatário, tratando-se de endosso-mandato, age em nome do endossante. Não deve figurar, em nome próprio, em ação de sustação de protesto ou de anulação de título" (STJ-3ª T., REsp 149.364, Min. Eduardo Ribeiro, j. 16.3.00, DJU 28.8.00). Todavia, o banco que, na condição de endossatário, leva duplicata a protesto, é responsável por honorários advocatícios devidos ao sacado, em razão da procedência da medida cautelar de sustação. Assim: "O entendimento da Turma, em face do risco que representa a atividade bancária, tem evoluído para atribuir ao banco endossatário, mesmo quando sem má-fé, a responsabilidade pelos ônus da sucumbência em relação ao terceiro em nome de quem o título foi indevidamente sacado e que vem a juízo requerer a sustação do protesto e a anulação da duplicata sem causa" (STJ-4ª T., REsp 188.413, Min. Sálvio de Figueiredo, j. 23.11.99, DJU 14.2.00).

Art. 297: 6. "Pode ser **sustado o protesto de contrato de câmbio"** (STJ-4ª T., REsp 216.996, Min. Ruy Rosado, j. 4.11.99, DJU 14.2.00).

"Contrato de câmbio. Justifica-se a sustação de protesto, quando as circunstâncias recomendam a proteção do direito do devedor, diante de possível dano de difícil reparação e da presença do *fumus boni iuris,* mormente quando prestada caução para garantia do credor" (STJ-3ª T., MC 6.379, Min. Castro Filho, j. 15.5.03, DJU 30.6.03).

Contra: "Inadmissível a concessão de liminar, em cautela, para sustar o protesto de contrato de câmbio, porque tal protesto constitui condição indispensável ao exercício da ação de execução (Lei 4.728/65, art. 75)" (RSTJ 56/317).

Art. 297: 7. v. arts. 520 e segs. V. tb. art. 302.

Art. 298. Na decisão que conceder, negar, modificar ou revogar a tutela provisória, o juiz motivará seu convencimento de modo claro e preciso.[1]
[Dispositivo correspondente no CPC/1973: art. 273 § 1º]

Art. 298: 1. v. arts. 11 e 489 § 1º. V. tb. CF 93-IX.

Art. 299. A tutela provisória será requerida ao juízo da causa e, quando antecedente, ao juízo competente para conhecer do pedido principal.[1 a 4]
[Dispositivo correspondente no CPC/1973: art. 800-*caput*]

Parágrafo único. Ressalvada disposição especial, na ação de competência originária de tribunal e nos recursos a tutela provisória será requerida ao órgão jurisdicional competente para apreciar o mérito.[5-6] [Dispositivo correspondente no CPC/1973: art. 800 § ún.]

Art. 299: 1. v. arts. 42 a 66 (competência), 286 (distribuição por dependência).

Art. 299: 2. Em caso de **urgência,** a medida liminar pode ser concedida por **juiz incompetente,** que "determinará, em seguida, a remessa dos autos ao juízo competente, que, inclusive, nos termos do art. 807 do CPC, poderá manter, ou não, a medida liminar" (RJTJESP 131/299).

V. art. 64 § 4º.

Art. 299: 3. "A **competência,** nas medidas preventivas, não é matéria cujo conhecimento e decisão devam ser relegados para a ação principal. É tema que deve ser decidido desde logo, embora tendo em vista a competência para a ação principal" (RJTJESP 110/281).

V. tb. art. 306, nota 5.

Art. 299: 4. O poder cautelar do juiz, na **reconvenção,** é o mesmo da ação (STJ-4ª T., REsp 2.685, Min. Fontes de Alencar, j. 11.12.95, DJU 2.9.96).

Art. 299: 5. "Cessando a jurisdição do juiz singular com a **prolação de sentença** e tendo a parte irresignada interposto recurso de apelação, eventual medida cautelar deverá ser ajuizada diretamente no Tribunal *ad quem*, com caráter incidental ao recurso interposto" (STJ-4ª T., REsp 1.013.759, Min. João Otávio, j. 22.3.11, DJ 1.4.11). "Antecipação da tutela. Concessão pelo juízo *a quo* após a sentença. Inadmissibilidade" (JTJ 290/534: AI 361.259-4/0-00). Do voto do relator: "Nessa hipótese, a competência para a concessão da tutela passa a ser do Tribunal ao qual foi devolvido o conhecimento da matéria impugnada, incidindo, por extensão, o artigo 800, parágrafo único, do citado estatuto de ritos". Em sentido semelhante: JTJ 292/550 (AI 370.490-4/4-00).

V. tb. art. 1.012 § 3º (apelação).

Art. 299: 6. "O pedido de antecipação dos efeitos da tutela poderia ser formulado ao relator, e o art. 273 do CPC/1973 deixa nítido que novas circunstâncias podem autorizar o pedido, não havendo razoabilidade na tese de que o requerimento não pode ser feito, em sede de **sustentação oral,** ao colegiado que apreciará o recurso" (STJ-4ª T., REsp 1.332.766, Min. Luis Felipe, j. 1.6.17, DJ 1.8.17).

Título II | DA TUTELA DE URGÊNCIA

Capítulo I | DISPOSIÇÕES GERAIS

Art. 300. A tutela de urgência será concedida quando houver elementos que evidenciem a probabilidade do direito e o perigo de dano ou o risco ao resultado útil do processo.[1 a 12] [Dispositivos correspondentes no CPC/1973: arts. 273-*caput*-I e 798]

§ 1º Para a concessão da tutela de urgência, o juiz pode, conforme o caso, exigir caução real ou fidejussória idônea para ressarcir os danos que a outra parte possa vir a sofrer, podendo a caução ser dispensada se a parte economicamente hipossuficiente não puder oferecê-la.[13 a 15a] [Dispositivo correspondente no CPC/1973: art. 804]

§ 2º A tutela de urgência pode ser concedida liminarmente ou após justificação prévia.[16 a 20] [Dispositivos correspondentes no CPC/1973: arts. 797 e 804]

§ 3º A tutela de urgência de natureza antecipada não será concedida quando houver perigo de irreversibilidade dos efeitos da decisão.[21 a 22] [Dispositivo correspondente no CPC/1973: art. 273 § 2º]

Art. 300: 1. s/ tutela de urgência e: juiz impedido ou suspeito, v. art. 146 § 3º; férias forenses e feriados, v. art. 214-II; recurso contra decisão a seu respeito, v. art. 294, nota 1b; ação possessória, v. art. 562, nota 3; inventário, v. art. 647, nota 5; interdição, v. art. 749 § ún.; execução, v. art. 799-VIII; incidente de resolução de demandas repetitivas, v. art. 982 § 2º; recursos extraordinário e especial repetitivos, v. art. 1.037, nota 1b; proteção judicial do idoso, v. EId 83 §§ 1º e 3º; alimentos em investigação de paternidade, v. LA 1º, nota 10; Juizado Especial, v. LJE 3º, nota 3b; ações de despejo, v. LI 59, notas 1a e 1b; recurso especial, v. RISTJ 255, nota 4-Tutela antecipada.

Art. 300: 2. A tutela provisória de urgência pode ser de **natureza antecipatória** (v. arts. 300 § 3º, 303 e 304) **ou cautelar** (v. arts. 301 e 305 a 310).

"A antecipação da tutela serve para adiantar, no todo ou em parte, os efeitos pretendidos com a sentença de mérito a ser proferida ao final. Já a cautelar visa a garantir o resultado útil do processo principal" (RSTJ 106/169).

Tanto a tutela antecipada quanto a tutela cautelar podem ser requeridas em caráter antecedente ou incidental (v. art. 294 § ún.). Quando incidental, pode ser requerida a qualquer tempo, mesmo na instância recursal (v. art. 299 § ún.).

A tutela provisória de urgência pode ser concedida durante o período de suspensão do processo (JTJ 196/231). V. art. 314.

S/ concessão de ofício da tutela provisória, v. art. 297, notas 1a e 1b.

Art. 300: 3. Também o **réu** pode pleitear a tutela de urgência.

Art. 300: 4. **Súmula 212 do STJ:** "A **compensação de créditos tributários** não pode ser deferida em ação cautelar ou por medida liminar cautelar ou antecipatória" (redação cf. DJU 25.5.05, p. 183).

Súmula 45 do TRF-4ª Reg. (Compensação de tributos): "Descabe a concessão de liminar ou de antecipação de tutela para a compensação de tributos".

S/ compensação de créditos tributários, v. LEF 16, notas 24 a 25a.

Art. 300: 5. É possível a **tutela de urgência contra a Fazenda Pública.**

"Cabe a tutela antecipada contra o Poder Público, exceto quando tenha como objeto pagamento ou incorporação de vencimentos ou vantagens a servidor público" (STF-RDA 222/244).

"Afora a exceção restritiva prevista na Lei n. 9.494, de 10.9.97, é admissível a antecipação de tutela contra a Fazenda Pública. Medida cautelar procedente, com imediato processamento do recurso especial interposto" (STJ-2ª T., MC 1.794, Min. Franciulli Netto, j. 22.2.00, DJU 27.3.00). No mesmo sentido: STJ-6ª T., REsp 171.258, Min. Anselmo Santiago, j. 10.11.98, maioria, DJU 18.12.98; STJ-5ª T., REsp 231.550, Min. Edson Vidigal, j. 14.12.99, DJU 21.2.00; STJ-1ª T., REsp 311.659, Min. José Delgado, j. 7.6.01, DJU 27.8.01; Bol. AASP 2.364/3.041.

"A obrigatoriedade do reexame necessário das sentenças proferidas contra a Fazenda Pública (art. 475 do CPC) não é óbice à antecipação dos efeitos da tutela pleiteada" (STJ-1ª T., REsp 913.072, Min. Teori Zavascki, j. 12.6.07, DJ 21.6.07).

O deferimento de tutela antecipada contra a Fazenda Pública não se sujeita ao duplo grau de jurisdição necessário (JTJ 239/220).

Contra: "Não cabe antecipação de tutela contra a Fazenda Nacional porque a execução contra ela é feita de forma especial e com obediência ao disposto nos arts. 730 do CPC e 100 da CF, máxime quando ausentes os requisitos de sua concessão" (STJ-1ª T., REsp 231.993, Min. Garcia Vieira, j. 16.12.99, DJU 21.2.00).

V. tb. Lei 9.494, de 10.9.97, art. 1º e notas, em especial, notas 3 e 4 (no tít. FAZENDA PÚBLICA).

Art. 300: 6. A **tutela antecipada** deve **corresponder à tutela definitiva,** que será prestada se a ação for julgada procedente. Assim: "Medida antecipatória, consequentemente, é a que contém providência apta a assumir contornos de definitividade pela simples superveniência da sentença que julgar procedente o pedido" (STF-Pleno: RTJ 180/453; a citação é da decisão do relator, confirmada pelo Plenário).

"A decisão que antecipa a tutela não pode ir além da sentença possível, que, por sua vez, está limitada ao pedido inicial" (STJ-3ª T., REsp 194.156, Min. Ari Pargendler, j. 2.5.03, DJU 23.6.03). No mesmo sentido: STJ-4ª T., REsp 694.251, Min. Fernando Gonçalves, j. 16.12.04, DJU 14.3.05; RSTJ 180/391, RT 737/365.

Art. 300: 7. "Os **pressupostos** da tutela antecipada são **concorrentes,** a ausência de um deles inviabiliza a pretensão do autor" (STJ-2ª T., REsp 265.528, Min. Peçanha Martins, j. 17.6.03, DJU 25.8.03).

Art. 300: 8. **Probabilidade do direito.** "Não existe a verossimilhança necessária para a concessão de tutela antecipada se a tese que dá suporte ao pedido diverge da **orientação jurisprudencial dominante"** (STJ-3ª T., REsp 613.818, Min. Nancy Andrighi, j. 10.8.04, DJU 23.8.04).

"A tutela antecipada pressupõe direito evidente (líquido e certo) ou direito em estado de periclitação. É líquido e certo o direito quando em consonância com a jurisprudência predominante do STJ" (STJ-1ª T., REsp 635.949-AgRg, Min. Luiz Fux, j. 21.10.04, DJU 29.11.04).

Art. 300: 9. "A **simples demora na solução da demanda** não pode, de modo genérico, ser considerada como caracterização da existência de fundado receio de dano irreparável ou de difícil reparação, salvo em situações excepcionalíssimas" (STJ-1ª T., REsp 113.368, Min. José Delgado, j. 7.4.97, DJU 19.5.97).

Art. 300: 9a. "A **demora no ajuizamento** da ação é incompatível com as alegações de *periculum in mora*" (RJ 411/155 e RSDCPC 75/164: TRF-4ª Reg., AI 5015356-15.2011.404.0000).

Art. 300: 9b. "A configuração do *periculum in mora* resulta da **comprovada probabilidade do dano,** e não de mera conjectura" (STJ-3ª T., MC 11.074-AgRg, Min. Castro Filho, j. 19.10.06, DJU 13.11.06).

Art. 300: 10. A tutela de urgência de natureza antecipada "pode ser concedida em causas envolvendo **direitos patrimoniais ou não patrimoniais"** (STJ-2ª T., REsp 144.656, Min. Adhemar Maciel, j. 6.10.97, DJU 27.10.97).

Art. 300: 11. "A tutela antecipada é cabível em **toda ação de conhecimento,** seja a ação declaratória, seja constitutiva (negativa ou positiva), condenatória, mandamental" (STJ-5ª T., MC 4.205-AgRg, Min. José Arnaldo, j. 18.12.01, DJU 4.3.02). No mesmo sentido: RP 132/250.

S/ ação declaratória, v. tb. art. 20, nota 4.

Art. 300: 12. "É incabível a concessão de liminar em **mandado de segurança** para substituir a decisão que defere ou indefere a tutela antecipada" (TRF-5ª Reg., Pleno, AgRg no MS 52.900, Juiz Ridalvo Costa, j. 10.4.96, Boletim Informativo 16, p. 9).

Art. 300: 13. "A **exigência de caução** como contracautela é ato da discrição do juiz, se recomendável, podendo ocorrer após a concessão da liminar" (STJ-RT 666/177 e RF 312/97).

Art. 300: 13a. Nos termos da LRP 167-II-8, pode ser **averbada, no registro de imóveis,** a caução dada em juízo, desde que a garantia tenha por objeto "o direito mesmo de propriedade, ou o domínio de bem imóvel" (JTA 119/191).

Art. 300: 14. "A regra processual de prestação de caução real ou fidejussória (art. 804 do CPC) não implica em renúncia à proteção legal da **impenhorabilidade do bem de família**" (STJ-3ª T., REsp 660.868, Min. Nancy Andrighi, j. 28.6.05, DJU 1.8.05). No mesmo sentido, entendendo que o bem de família não pode ser aceito em caução processual: RSTJ 31/27, maioria; Lex-JTA 140/37.

Art. 300: 15. "A legislação de regência estabelece que o documento hábil a protesto extrajudicial é aquele que caracteriza prova escrita de obrigação pecuniária líquida, certa e exigível. Portanto, a **sustação de protesto** de título, por representar restrição a direito do credor, exige prévio oferecimento de **contracautela,** a ser fixada conforme o prudente arbítrio do magistrado" (STJ-2ª Seção, REsp 1.340.236, Min. Luis Felipe, j. 14.10.15, DJ 26.10.15). "Não resulta em ofensa aos arts. 804 e 827 do Código de Processo Civil a exigência de caução em dinheiro ou carta de fiança bancária como condição para a concessão da medida cautelar de sustação de protesto" (STJ-4ª T., Ag 1.238.302-AgRg, Min. João Otávio, j. 16.12.10, DJ 1.2.11). Em sentido semelhante: RT 503/131, 729/314.

Liberando a parte de caucionar dinheiro e aceitando que a caução se consubstancie em bem móvel: RT 838/248, JTJ 290/496; em bem imóvel: JTJ 298/433.

S/ sustação de protesto, v. tb. nota 19 e art. 297, notas 5a e segs.

Art. 300: 15a. Se o juiz não marcar outro prazo, a caução deve ser prestada em **cinco dias** (art. 218 § 3º). Conta-se o prazo a partir da intimação do advogado do autor, sendo desnecessária a intimação pessoal deste (RT 787/272).

Art. 300: 16. v. art. 9º § ún.-I.

S/ outras medidas liminares, v. tb., LMS 7º e, no tít. MEDIDA CAUTELAR, Lei 8.397/92 e Lei 8.437/92.

Art. 300: 17. Lei 2.770, de 4.5.56 — Suprime a concessão de medidas liminares nas ações e procedimentos judiciais de qualquer natureza que visem a liberação de bens, mercadorias ou coisas de procedência estrangeira, e dá outras providências: **"Art. 1º** Nas ações e procedimentos judiciais de qualquer natureza, que visem obter a liberação de mercadorias, bens ou coisas de qualquer espécie procedentes do estrangeiro, não se concederá, em caso algum, medida preventiva ou liminar que, direta ou indiretamente, importe na entrega da mercadoria, bem ou coisa".

Esta disposição continua sendo aplicada (STJ-RT 731/208). **Contra:** "Não tendo sido recepcionado pela atual Constituição o dispositivo da Lei n. 2.770/56, que proíbe a concessão de liminares, não há, na espécie, carência de ação" (Bol. do TRF-3ª Reg. 11/49, MS 86.623, Juiz Márcio Moraes, j. 17.8.93).

Art. 300: 18. "A antecipação da tutela **sem audiência da parte contrária é providência excepcional,** autorizada apenas quando a convocação do réu contribuir para a consumação do dano que se busca evitar" (RT 764/221). No mesmo sentido: JTJ 335/136 (AI 1.236.013-0/1).

"A prudência orienta o juiz a evitar a concessão de medida liminar sem ouvir a parte contrária. Na interpretação do art. 804 do CPC, não fica o juiz autorizado, de forma ampla e indiscriminada, a conceder a liminar, pois não raro o requerente é parcial na exposição dos fatos alegados, de modo que somente se apresentando a extrema necessidade, quando presentes, sem dúvida, os pressupostos de *fumus boni juris* e *periculum in mora,* será lícita a concessão da liminar sem ouvir a parte contrária" (RT 787/329). No mesmo sentido: JTJ 339/238 (AI 7.361.369-9).

Art. 300: 18a. "Justifica-se a concessão de medida liminar *inaudita altera parte,* ainda quando ausente a possibilidade de o promovido frustrar a sua eficácia, desde que a **demora de sua concessão possa importar em prejuízo,** mesmo que parcial, para o promovente" (RSTJ 47/517).

Art. 300: 19. O juiz pode determinar **liminarmente a sustação de protesto** de título (RT 468/106, JTA 31/250).

S/ sustação de protesto, v. tb. nota 15 e art. 297, notas 5a e segs.

Art. 300: 20. "O **indeferimento da medida liminar,** porque a necessidade da tutela cautelar é irreconhecível no estado dos autos, não implica a extinção do processo cautelar; nesse caso, a ação deve ser processada, não podendo ser liminarmente extinta por razões de mérito, este restrito, na ação cautelar, exclusivamente ao exame da necessidade, ou não, da tutela cautelar" (RSTJ 81/153).

V. tb. art. 310.

Art. 300: 21. como, p. ex., no caso de **cancelamento de registro imobiliário** (JTJ 206/212).

Art. 300: 21a. "A exigência da **irreversibilidade** inserta no § 2º do art. 273 do CPC **não pode ser levada ao extremo,** sob pena de o novel instituto da tutela antecipatória não cumprir a excelsa missão a que se destina" (STJ-2ª T., REsp 144.656, Min. Adhemar Maciel, j. 6.10.97, DJU 27.10.97).

Assim, a exigência legal da reversibilidade da medida de urgência deve ser tomada *cum grano salis*, comportando mitigações quando estiver em jogo um valor igualmente caro ao ordenamento. Por isso, "a regra do § 2º do art. 273 do CPC não impede o deferimento da antecipação da tutela quando a falta do imediato atendimento médico causará ao lesado dano também irreparável, ainda que exista o perigo da irreversibilidade do provimento antecipado" (STJ-4ª T., REsp 408.828, Min. Barros Monteiro, j. 1.3.05, DJU 2.5.05). No mesmo sentido: RT 809/345, 833/243, 847/268.

"É possível a antecipação da tutela, ainda que haja perigo de irreversibilidade do provimento, quando o mal irreversível for maior, como ocorre no caso de não pagamento de pensão mensal destinada a custear tratamento médico da vítima de infecção hospitalar, visto que a falta de imediato atendimento médico causar-lhe-ia danos irreparáveis de maior monta do que o patrimonial" (STJ-3ª T., REsp 801.600, Min. Sidnei Beneti, j. 15.12.09, DJ 18.12.09).

"Acidente aéreo. Vítima fatal. Pensão mensal. Alegação de impossibilidade de concessão antecipada dos efeitos da tutela ante o perigo de irreversibilidade da medida (art. 273, § 2º, do CPC). Regra processual relativa que comporta exceções mediante aplicação do princípio da proporcionalidade. Proteção da dignidade da entidade familiar, que invocou direito verossímil. Inadmissível privação do cônjuge supérstite e seus filhos daquilo que lhes proporcionava a vítima, especialmente no que concerne ao vestuário, alimentação e saúde" (JTJ 343/172: AI 7.357.470-8).

Art. 300: 22. Tutela antecipada para o fornecimento de medicamentos, improcedência da demanda e restituição do valor daqueles medicamentos. "A natureza do bem jurídico, tutelado por antecipação, ou sua **irreversibilidade** não impedem, por si sós, que a parte lesada em seu patrimônio possa pleitear a **restituição.** Aplicação da regra *neminem laedere* (a ninguém prejudicar) e da vedação ao enriquecimento sem causa" (STJ-2ª T., REsp 1.078.011, Min. Herman Benjamin, j. 2.9.10, DJ 24.9.10).

Art. 301. A tutela de urgência de natureza cautelar pode ser efetivada mediante arresto,[1 a 2] sequestro,[3 a 7] arrolamento de bens,[8 a 9] registro de protesto contra alienação de bem[9a a 11] e qualquer outra medida idônea para asseguração do direito.[12] [Dispositivos correspondentes no CPC/1973: arts. 813, 822, 855 e 867]

Art. 301: 1. v., no índice, Arresto. V. tb. arts. 495 § 1º-II, 799-VIII, 830, LEF 7º-III; Dec. lei 167/67, art. 69, no tít. EXECUÇÕES ESPECIAIS; Lei 6.024, de 13.3.74, arts. 45 a 49.

Art. 301: 1a. "A exigibilidade da dívida não é requisito indispensável à concessão do arresto" (SIMP-concl. LXXI, em RT 482/273).

V. tb. art. 308, nota 3.

Art. 301: 1b. "A existência de **título** capaz de alicerçar **ação executiva** não constitui óbice a que o seu titular venha a utilizar-se da ação cautelar de arresto" (RJ 220/51, maioria).

Art. 301: 2. "**Arresto** decretado pelo juiz da execução, **de ofício,** no exercício de seu poder cautelar e para garantia do processo e eficácia da decisão, é cabível e pode ser efetivado sem audiência da parte adversa" (STJ-3ª T., REsp 122.583, Min. Waldemar Zveiter, j. 17.2.98, DJU 4.5.98). **Contra:** RT 608/204.

S/ tutela provisória de ofício, v. art. 297, nota 1a.

Art. 301: 3. v., no índice, Sequestro. V. tb. Dec. lei 167/67, art. 69, e Dec. lei 413, de 9.1.69, art. 41, item 2º, no tít. EXECUÇÕES ESPECIAIS; Lei 6.024, de 13.3.74, arts. 45 a 49; Lei 7.565, de 19.12.86 — Cód. Bras. de Aeronáutica, arts. 153 e 154; Lei 8.929, de 22.8.94, art. 18.

Art. 301: 3a. "A **caução real pode substituir o sequestro,** sempre que aquela seja suficiente para evitar a lesão ou repará-la integralmente" (RP 56/249, com comentário de Cloter Migliorini).

Art. 301: 4. Admite-se o **sequestro parcial** de propriedade imóvel (RT 601/173).

Art. 301: 4a. Não cabe sequestro de bem não litigioso (RT 674/134).

"O acolhimento de pedido cautelar de sequestro de bens pressupõe a existência de disputa, na ação principal, acerca de sua posse ou propriedade. Inteligência do art. 822, I, do CPC. O fato de a demanda principal visar à satisfação de obrigação de crédito impede o deferimento da medida de sequestro, pois não há disputa específica sobre os bens que constituem seu objeto" (STJ-3ª T., REsp 1.128.033, Min. Nancy Andrighi, j. 5.2.13, DJ 18.2.13).

Art. 301: 4b. "O sequestro pode incidir sobre bens que constituam **proveito do ato ilícito praticado** pelos autores, dando-se interpretação extensiva ao conceito de coisa litigiosa" (STJ-4ª T., REsp 60.288-2, Min. Ruy Rosado, j. 21.6.95, DJU 2.10.95).

Art. 301: 5. Admitindo o **sequestro da posse:** RF 254/255.

Art. 301: 6. "Sobrevindo no **inventário** controvérsia efetiva sobre a permanência dos herdeiros nos quadros societários como sucessores do autor da herança, admissível a medida cautelar do sequestro, uma vez afirmado pelas instâncias ordinárias o risco de dilapidação do patrimônio pertencente às empresas questionadas" (RSTJ 93/300).

Art. 301: 7. O depositário pode requisitar **força policial** para despejo de terceiros que invadiram o imóvel posteriormente à concessão do sequestro, sem que tenha necessidade de mover possessória contra estes (RJTJESP 64/200).

Art. 301: 8. A **viúva meeira** é parte legítima na ação cautelar incidental de arrolamento de bens, preparatória de ação de nulidade da partilha (RSTJ 32/381).

Art. 301: 8a. A **concubina** tem qualidade para requerer o arrolamento dos bens da pretendida sociedade de fato (RJTJESP 135/55).

Art. 301: 9. "O **filho** reconhecido não pode impedir que o pai disponha de seus bens. Logo, contra ele não pode propor ação cautelar de arrolamento de bens" (RJM 170/205).

Art. 301: 9a. s/ contraditório prévio e averbação do protesto em registro público, v. art. 728-II.

Art. 301: 10. "A **averbação, no Cartório de Registro de Imóveis, de protesto contra alienação de bens,** está dentro do poder geral de cautela do juiz (art. 798, CPC) e se justifica pela necessidade de dar conhecimento do protesto a terceiros, prevenindo litígios e prejuízos para eventuais adquirentes" (STJ-Corte Especial, ED no REsp 440.837, Min. Barros Monteiro, j. 16.8.06, quatro votos vencidos, DJU 28.5.07). No mesmo sentido: RT 605/63, RJTJESP 100/206, JTJ 153/180, 154/184, 193/251, 197/227, maioria.

Art. 301: 10a. "O protesto contra a alienação de bens visa resguardar direitos e prevenir responsabilidade, mas **não impede a realização de negócios jurídicos**" (STJ-4ª T., RMS 24.066, Min. João Otávio, j. 12.2.08, DJU 25.2.08).

"O protesto contra alienação de bens não tem o condão de obstar o respectivo negócio, tampouco de anulá-lo; apenas tornará inequívocas as ressalvas do protestante em relação ao negócio, bem como a alegação desse — simplesmente alegação — em ter direitos sobre o bem e/ou motivos para anular a alienação. O art. 869 do CPC subordina o protesto à presença de dois requisitos: legítimo interesse e não prejudicialidade efetiva da medida. O primeiro requisito — legítimo interesse — se traduz na necessidade ou utilidade da medida para assegurar ao promovente o fim colimado. Assim, devem ser sumariamente indeferidos por falta de legítimo interesse os protestos formulados por quem não demonstra vínculo com a relação jurídica invocada ou que se mostrem desnecessários frente aos próprios fatos descritos na petição inicial. O segundo requisito — não nocividade da medida — exige que o protesto não atente contra a liberdade de contratar ou de agir juridicamente, ou seja, o seu deferimento não deve dar causa a dúvidas e incertezas que possam impedir a formação de contrato ou a realização de negócio lícito. Esse impedimento, porém, é de natureza psicológica, porque o protesto não tem a força de direito de impedir qualquer negócio jurídico. Na prática, portanto, o juiz deve tolher o uso abusivo da medida, como meio de suscitar suspeitas infundadas ou exageradas sobre o bem ou direito objeto do protesto, a ponto de afastar indevidamente o possível interesse de terceiros em firmar negócio jurídico envolvendo o mencionado bem ou direito" (STJ-3ª T., REsp 1.229.449, Min. Nancy Andrighi, j. 7.6.11, DJ 15.9.11).

Art. 301: 11. "É **nula a decisão** que, **sem fundamentação,** defere protesto judicial contra alienação de bens" (STJ-4ª T., REsp 36.235-0, Min. Ruy Rosado, j. 8.11.94, DJU 12.12.94).

Art. 301: 12. s/ poder geral de cautela, v. tb. art. 297 e notas.

Art. 302. Independentemente da reparação por dano processual, a parte responde pelo prejuízo que a efetivação da tutela de urgência causar à parte adversa, se:[1 a 2] [Dispositivo correspondente no CPC/1973: art. 811-*caput*]

I — a sentença lhe for desfavorável;[3 a 4] [Dispositivo correspondente no CPC/1973: art. 811-I]

II — obtida liminarmente a tutela em caráter antecedente, não fornecer os meios necessários para a citação do requerido no prazo de 5 (cinco) dias; [Dispositivo correspondente no CPC/1973: art. 811-II]

III — ocorrer a cessação da eficácia da medida em qualquer hipótese legal;[4a] [Dispositivo correspondente no CPC/1973: art. 811-III]

IV — o juiz acolher a alegação de decadência ou prescrição da pretensão do autor. [Dispositivo correspondente no CPC/1973: art. 811-IV]

Parágrafo único. A indenização será liquidada nos autos em que a medida tiver sido concedida, sempre que possível.[5-6] [Dispositivo correspondente no CPC/1973: art. 811 § ún.]

Art. 302: 1. v. tb. arts. 297 § ún. e 520 e segs. Em matéria de ação de busca e apreensão do bem alienado fiduciariamente, v. LAF 3º, nota 8.

Art. 302: 1a. "O Código estabelece, expressamente, que responda pelos prejuízos que causar a parte que, de má-fé ou não, promove medida cautelar. Basta o prejuízo, se ocorrente qualquer das espécies do art. 811, I a IV, do CPC e, nesse tipo de **responsabilidade objetiva processual,** o pedido de liquidação é formulado nos próprios autos, com simples invocação de qualquer dos fundamentos do art. 811 do CPC" (RSTJ 104/288). No mesmo sentido: STJ-3ª T., REsp 1.236.874, Min. Nancy Andrighi, j. 11.12.12, DJ 19.12.12; JTJ 344/290 (AP 991.03.062716-6).

"Os danos causados a partir da execução de tutela antecipada (assim também a tutela cautelar e a execução provisória) são disciplinados pelo sistema processual vigente à revelia da indagação acerca da culpa da parte, ou se esta agiu de má-fé ou não. Com efeito, à luz da legislação, cuida-se de responsabilidade processual objetiva, bastando a existência do dano decorrente da pretensão deduzida em juízo para que sejam aplicados os arts. 273, § 3º, 475-O, incisos I e II, e 811 do CPC/1973 (correspondentes aos arts. 297, parágrafo único, 520, I e II, e 302 do novo CPC). Em linha de princípio, a obrigação de indenizar o dano causado pela execução de tutela antecipada posteriormente revogada é consequência natural da improcedência do pedido, decorrência *ex lege* da sentença, e, por isso, independe de pronunciamento judicial, dispensando também, por lógica, pedido da parte interessada. A sentença de improcedência, quando revoga tutela antecipadamente concedida, constitui, como efeito secundário, título de certeza da obrigação de o autor indenizar o réu pelos danos eventualmente experimentados, cujo valor exato será posteriormente apurado em liquidação nos próprios autos" (STJ-2ª Seção, REsp 1.548.749, Min. Luis Felipe, j. 13.4.16, DJ 6.6.16).

"A complexidade da causa, que certamente exigia ampla dilação probatória, não exime a responsabilidade do autor pelo dano processual. Ao contrário, neste caso a antecipação de tutela se evidenciava como providência ainda mais arriscada, circunstância que aconselhava conduta de redobrada cautela por parte do autor, com a exata ponderação entre os riscos e a comodidade da obtenção antecipada do pedido deduzido" (STJ-4ª T., REsp 1.191.262, Min. Luis Felipe, j. 25.9.12, DJ 16.10.12).

"A responsabilidade, no caso de medida cautelar, funda-se no fato da execução da medida. Independe da prova de má-fé do requerente" (RTJ 87/665). **Contra,** exigindo má-fé: RT 494/161, RF 258/279.

Não há necessidade de condenação expressa; a responsabilidade do requerente, no caso, é automática (JTA 92/186).

Art. 302: 1b. "Os **efeitos da revogação** da tutela antecipada devem ser **suportados pela parte que a requereu,** produzindo efeitos *ex tunc*, isto é, impondo à parte beneficiada pela liminar o ônus de **recompor o *status quo*** anterior ao deferimento da medida. No caso concreto, a reconstituição do *status quo* se efetiva pela subsistência das autuações decorrentes da infringência das normas cabíveis em razão da ilegalidade do serviço de transporte interestadual prestado" (STJ-2ª T., REsp 1.266.520, Min. Mauro Campbell, j. 5.11.13, DJ 12.11.13).

Art. 302: 1c. "A **posterior revogação da medida liminar** em antecipação de tutela opera efeitos *ex tunc* apenas em relação às partes litigantes no processo (segurada e seguradora), jamais **quanto a terceiros,** no caso o hospital conveniado recorrente, que, realizando o tratamento, contraiu despesas em valor elevado, durante o período em que vigeu a antecipação de tutela. A jurisprudência desta Corte Superior, em casos especiais, deixa de aplicar efeito *ex tunc* decorrente de revogação de liminar, mesmo entre as partes litigantes, como em casos de tutela relativa a direitos fundamentais, como a vida e a saúde, diante da comprovação da urgência alegada. Aspecto que poderá ser debatido oportunamente, fora do âmbito deste recurso. Recurso especial parcialmente conhecido e, nessa parte, provido, reconhecendo-se o direito do recorrente (terceiro prejudicado) de ser ressarcido pela seguradora-recorrida das despesas que efetuou com o tratamento médico-hospitalar da segurada-promovente, durante o período em que vigeu a antecipação da tutela deferida, cujo montante deverá ser apurado em liquidação" (STJ-4ª T., REsp 274.602, Min. Raul Araújo, j. 4.9.12, DJ 29.10.12).

Art. 302: 1d. "A parte que **despendeu valores para o cumprimento de liminar** em ação cautelar, posteriormente julgada improcedente, pode executar a parte adversa, para restituir os valores pagos. Responsabilidade objetiva do sucumbente em indenizar os prejuízos havidos com o cumprimento da liminar" (JTJ 304/146).

"A reforma da decisão que antecipa a tutela obriga o autor da ação a devolver os benefícios previdenciários indevidamente recebidos" (STJ-1ª Seção, REsp 1.401.560, Min. Ari Pargendler, j. 12.2.14, DJ 13.10.15).

"Previdência privada. Devolução de valores recebidos por meio de tutela antecipada posteriormente revogada. É **incabível a incidência de juros moratórios** sobre valores a serem devolvidos em virtude de revogação de decisão que antecipou os efeitos da tutela, por não haver, no caso, fato ou omissão imputável ao autor da ação de revisão de benefício" (STJ-4ª T., REsp 1.600.942-AgInt-AgInt-EDcl, Min. Raul Araújo, j. 7.3.17, DJ 20.3.17).

Art. 302: 2. "Para que a **execução da medida cautelar de busca e apreensão** seja capaz de causar **dano moral** indenizável à pessoa jurídica é preciso que existam comprovadas ofensas à sua reputação, seu bom nome, no meio comercial e social em que atua, ou seja, à sua honra objetiva, o que foi verificado pelo Tribunal de origem, na espécie" (STJ-3ª T., REsp 1.428.493, Min. Nancy Andrighi, j. 14.2.17, DJ 23.2.17).

Art. 302: 3. v. art. 303 § 2º.

Art. 302: 3a. "Cautelar ajuizada como preparatória de ação declaratória. Concessão liminar. Julgamento simultâneo da referida ação principal e de uma ação indenizatória correlata. Carência reconhecida em relação à primeira (ausência de interesse de agir), ao entendimento de que a questão nela versada estava contida na indenizatória anteriormente proposta. **Decisão de mérito** proferida nessa última, **favorável ao requerente da providência acautelatória.** Insubsistência da medida apenas sob o prisma formal (art. 808, III, CPC). Conservação dos seus efeitos, contudo, no plano da realidade. Liquidação postulada com base no disposto CPC 811, I, III, e § ún. Inviabilidade" (RSTJ 69/321).

Art. 302: 4. "A pretensão ao ressarcimento dos danos originados pela execução de medida de natureza cautelar nasce da sentença que julga improcedente o pedido deduzido no processo principal. Conquanto já causado o dano, o poder de exigir coercitivamente o cumprimento do dever jurídico de indenizar surge, por força de disposição legal expressa (art. 811, I, do CPC), tão somente com a prolação da sentença desfavorável na ação matriz. O **marco inicial da prescrição** dessa pretensão, portanto, é **o trânsito em julgado da sentença proferida no processo principal,** e não a data em que foi efetivada a medida causadora do prejuízo" (STJ-3ª T., REsp 1.236.874, Min. Nancy Andrighi, j. 11.12.12, DJ 19.12.12).

Art. 302: 4a. v. arts. 296 e 309.

Art. 302: 5. v. arts. 509 a 512.

Art. 302: 6. "A competência para o julgamento de ação de reparação de danos decorrentes de execução de medida cautelar (CPC, art. 811) é do **juízo pelo qual tramitou a ação** em que deferida a liminar considerada danosa. Trata-se de responsabilidade objetiva da parte, que, embora no livre exercício do direito de ação, garantido constitucionalmente, pode acarretar danos à parte adversa ao requerer medida baseada em juízo de cognição superficial, posteriormente reformada após juízo de cognição exaustiva. Por se cuidar do direito de ação e da correspondente prestação jurisdicional, não tem incidência o parágrafo único do art. 100 do CPC, já que não se trata de delito. Em ação autônoma de reparação por danos decorrentes de medida cautelar, portanto, não cabe ao autor escolher o foro para propor a demanda" (STJ-4ª T., REsp 1.322.979, Min. Isabel Gallotti, j. 9.5.17, DJ 16.5.17).

Capítulo II | DO PROCEDIMENTO DA TUTELA ANTECIPADA REQUERIDA EM CARÁTER ANTECEDENTE

Art. 303. Nos casos em que a urgência for contemporânea à propositura da ação, a petição inicial pode limitar-se ao requerimento da tutela antecipada[1] e à indicação do pedido de tutela final, com a exposição da lide, do direito que se busca realizar[2] e do perigo de dano ou do risco ao resultado útil do processo.[2a-2b] [Sem dispositivo correspondente no CPC/1973]

§ 1º Concedida a tutela antecipada[3-3a] a que se refere o *caput* deste artigo:[3b]

I — o autor deverá aditar a petição inicial, com a complementação de sua argumentação, a juntada de novos documentos e a confirmação do pedido de tutela final,[3c] em 15 (quinze) dias ou em outro prazo maior que o juiz fixar;

II — o réu será citado e intimado para a audiência de conciliação ou de mediação na forma do art. 334;[4 a 4b]

III — não havendo autocomposição, o prazo para contestação será contado na forma do art. 335.

§ 2º Não realizado o aditamento a que se refere o inciso I do § 1º deste artigo, o processo será extinto sem resolução do mérito.[4c-4d]

§ 3º O aditamento a que se refere o inciso I do § 1º deste artigo dar-se-á nos mesmos autos, sem incidência de novas custas processuais.[5]

§ 4º Na petição inicial a que se refere o *caput* deste artigo, o autor terá de indicar o valor da causa, que deve levar em consideração o pedido de tutela final.

§ 5º O autor indicará na petição inicial, ainda, que pretende valer-se do benefício previsto no *caput* deste artigo.[5a]

§ 6º Caso entenda que não há elementos para a concessão de tutela antecipada, o órgão jurisdicional determinará a emenda da petição inicial em até 5 (cinco) dias,[5b a 7a] sob pena de ser indeferida e de o processo ser extinto sem resolução de mérito.[8-9]

Art. 303: 1. s/ diferença entre tutela antecipada e cautelar, v. art. 300, nota 2; fungibilidade entre tutela cautelar e antecipada, v. art. 305 § ún., especialmente nota 5.

Art. 303: 2. bem como da **probabilidade desse direito,** cf. art. 300-*caput*.

Art. 303: 2a. Esta petição inicial deve **obedecer aos requisitos** estabelecidos nos arts. 319 e 320, considerando os elementos desde logo trazidos para o processo.

Art. 303: 2b. Caso não se contente com a mera estabilização da tutela antecipada (v. art. 304-*caput* e § 1º), cabe ao autor registrar, na petição inicial, sua **intenção de que o processo siga adiante** para uma decisão de mérito acerca do pedido de tutela final, na hipótese de o réu não recorrer contra a decisão antecipatória.

V. tb. art. 304, nota 1a.

Art. 303: 3. Cabe **agravo de instrumento** contra a decisão concessiva da tutela antecipada (art. 1.015-I).

Art. 303: 3a. O **prazo para** que o réu interponha **agravo** contra a decisão concessiva da tutela antecipada tem início nos termos do art. 231.

"A reforma do Código de Processo Civil estendeu à intimação o regime da citação com a alteração do art. 241 do CPC para fins de fixação do termo *a quo* do prazo. Consequentemente, quando a intimação se der por carta precatória, a contagem do prazo para interposição de recurso deve obedecer o disposto no inciso IV do artigo 241 do CPC. Destarte, é vasta a jurisprudência do Superior Tribunal de Justiça no sentido de que começa a contagem do prazo para se recorrer de decisão que deferiu provimento antecipatório da tutela, a partir da data de juntada aos autos da carta de ordem, precatória ou rogatória devidamente cumprida (art. 241, IV, do CPC)" (STJ-1ª T., REsp 680.448, Min. Luiz Fux, j. 16.8.05, DJU 5.9.05).

V. art. 1.003 § 2º. V. tb. arts. 231, notas 16 e 26, e 306, nota 3.

Art. 303: 3b. Após a concessão da tutela antecipada e não havendo qualquer ressalva do autor, o prosseguimento do processo passa a **depender de eventual ato de resistência ou insurgência do réu** (v. art. 304-*caput* e § 1º).

Art. 303: 3c. No aditamento da petição inicial, é permitida a **formulação de novos pedidos,** além do que já fora anunciado.

V. tb. nota 5.

Art. 303: 4. e também comunicado da tutela provisória (v. art. 250-V).

S/ recurso contra decisão concessiva da tutela antecipada, v. notas 3 e 3a.

Art. 303: 4a. A designação da **audiência de conciliação ou de mediação** somente tem lugar se a causa comportar autocomposição; se esta não for possível, o caso será de simples citação e intimação para responder à demanda do autor (v. art. 334 § 4º-II), com o prazo para contestação se orientando pelo disposto no art. 231 (v. art. 335-III).

Art. 303: 4b. Se a **citação** do réu acontece **antes do aditamento** da petição inicial, nova comunicação deve ser feita para que lhe seja dado conhecimento do acréscimo à peça inaugural, e, se for o caso, com a assinatura de novo prazo para resposta.

Art. 303: 4c. v. art. 485-IV e X.

Art. 303: 4d. Cabe **apelação** contra a sentença que extingue o processo sem julgamento do mérito (v. art. 1.009).

Art. 303: 5. Se o autor formula novos pedidos no aditamento da petição inicial, indo além do que anunciara, o valor da causa deve ser redimensionado e, se for o caso, **novas custas** devem ser recolhidas.

V. tb. nota 3c.

Art. 303: 5a. Que benefício? O *caput* e o § 5º não deixam claro. Parecem tratar da própria prerrogativa outorgada ao autor no sentido de se limitar a requerer a tutela antecipada num primeiro momento. Todavia, em regra, o uso dessa prerrogativa é até extraível do conjunto da petição inicial.

Art. 303: 5b. para que o autor traga tudo o mais que for necessário para o **pedido de tutela final.**

Art. 303: 6. Esta não é uma simples decisão de emenda da petição inicial. Trata-se de decisão denegatória de tutela provisória, razão pela qual é **agravável** (art. 1.015-I).

Art. 303: 7. Esse prazo de 5 dias **não é peremptório, mas dilatório.** Logo, ainda que a emenda ocorra a destempo, mas antes da sentença terminativa, ela é válida.

Também em razão do caráter dilatório, nada impede que o juiz fixe prazo maior para a emenda, que, por paralelismo, deveria ser de 15 dias (v. § 1º-I).

V. art. 321, nota 1.

Art. 303: 7a. Antes da decisão de emenda com conteúdo denegatório da tutela antecipada, o juiz pode determinar que o **autor emende ou complete** a petição inicial nos moldes do art. 321, inclusive para logo em seguida conceder a tutela provisória.

Art. 303: 8. v. art. 485-I.

Art. 303: 9. Cabe **apelação** contra a sentença que indefere a petição inicial e extingue o processo sem julgamento do mérito (v. art. 1.009).

Art. 304. A tutela antecipada, concedida nos termos do art. 303, torna-se estável se da decisão que a conceder não for interposto o respectivo recurso.[1-1a] [Sem dispositivo correspondente no CPC/1973]

§ 1º No caso previsto no *caput*, o processo será extinto.[2 a 3]

§ 2º Qualquer das partes[4] poderá demandar a outra com o intuito de rever, reformar ou invalidar a tutela antecipada estabilizada nos termos do *caput*.[5]

§ 3º A tutela antecipada conservará seus efeitos enquanto não revista, reformada ou invalidada por decisão de mérito proferida na ação de que trata o § 2º.

§ 4º Qualquer das partes poderá requerer o desarquivamento dos autos em que foi concedida a medida, para instruir a petição inicial da ação a que se refere o § 2º, prevento o juízo em que a tutela antecipada foi concedida.

§ 5º O direito de rever, reformar ou invalidar a tutela antecipada, previsto no § 2º deste artigo, extingue-se após 2 (dois) anos, contados da ciência da decisão que extinguiu o processo, nos termos do § 1º.[6]

§ 6º A decisão que concede a tutela não fará coisa julgada, mas a estabilidade dos respectivos efeitos só será afastada por decisão que a revir, reformar ou invalidar, proferida em ação ajuizada por uma das partes, nos termos do § 2º deste artigo.

Art. 304: 1. A decisão que concede a tutela antecipada é **agravável** (v. art. 1.015-I). Na falta de ressalva do autor (v. nota 1a e art. 303, nota 2b), a interposição desse recurso é indispensável para evitar a estabilização da tutela antecipada e garantir o prosseguimento do processo.

Art. 304: 1a. A **interpretação** do art. 304-*caput* deve ser **restritiva.** Assim, para começar, a estabilização se aplica unicamente para a tutela antecipada requerida em caráter antecedente. Não alcança a tutela antecipada pedida concomitantemente com o pedido de tutela final ou pedida no curso do processo nem a tutela cautelar, em qualquer hipótese.

Ademais, é possível que o **autor,** na petição inicial, registre que **não quer a mera estabilização** da tutela antecipada, por ter direito a uma decisão de mérito acerca do anunciado pedido de tutela final. Nesse caso, o processo deve seguir adiante, mesmo que o réu não recorra contra a decisão antecipatória. V. tb. art. 303, nota 2b.

Outrossim, é passível de estabilização apenas a **decisão de primeira instância que concede liminarmente** a tutela antecipada antecedente, *inaudita altera parte.* Se o réu já está presente no processo por ocasião da decisão antecipatória ou se esta é obtida pelo autor somente em sede recursal, a estabilização não acontece.

Ainda, exclusivamente **a decisão que antecipa tudo** o que o autor pediu é passível de estabilização. Se a decisão concedeu parcialmente a tutela antecipada, ela não se estabiliza. Afinal, ou se encerra o processo mediante a antecipação de todo o pedido e sua consequente estabilização ou o processo segue adiante sem a referida estabilização.

Além disso, **recurso inadmissível,** desde que tempestivo, **ou que se limite a impugnar parte** da decisão é suficiente para impedir a estabilização da tutela antecipada.

Por fim, **qualquer ato de resistência** do réu diante da demanda (p. ex., contestação) ou qualquer ato de **insurgência** contra a decisão antecipatória (p. ex., reclamação), manifestado no período de recorribilidade desta, barra a estabilização. Nesse sentido: "Embora o *caput* do art. 304 do CPC/2015 determine que 'a tutela antecipada, concedida nos termos do art. 303, torna-se estável se da decisão que a conceder não for interposto o respectivo recurso', a leitura que deve ser feita do dispositivo legal, tomando como base uma interpretação sistemática e teleológica do instituto, é que a estabilização somente ocorrerá se não houver qualquer tipo de impugnação pela parte contrária, sob pena de se estimular a interposição de agravos de instrumento, sobrecarregando desnecessariamente os tribunais, além do ajuizamento da ação autônoma, prevista no art. 304, § 2º, do CPC/2015, a fim de rever, reformar ou invalidar a tutela antecipada estabilizada. Na hipótese dos autos, conquanto não tenha havido a interposição de agravo de instrumento contra a decisão que deferiu o pedido de antecipação dos efeitos da tutela requerida em caráter antecedente, na forma do art. 303 do CPC/2015, a ré se antecipou e apresentou contestação, na qual pleiteou, inclusive, a revogação da tutela provisória concedida, sob o argumento de ser impossível o seu cumprimento, razão pela qual não há que se falar em estabilização da tutela antecipada, devendo, por isso, o feito prosseguir normalmente até a prolação da sentença" (STJ-3ª T., REsp 1.760.966, Min. Marco Bellizze, j. 4.12.18, DJ 7.12.18).

Contra: "Estabilização da tutela antecipada concedida em caráter antecedente. Arts. 303 e 304 do Código de Processo Civil de 2015. Não interposição de agravo de instrumento. Preclusão. **Apresentação de contestação. Irrelevância"** (STJ-1ª T., REsp 1.797.365, Min. Regina Costa, j. 3.10.19, maioria, DJ 22.10.19).

Art. 304: 2. Para a extinção do processo, basta o **transcurso *in albis* do prazo para agravar** contra a decisão concessiva da tutela provisória e a ausência de qualquer ressalva do autor. Nesse contexto, o juiz não tem alternativa: o fim do processo é impositivo. Todavia, enquanto não esgotado o prazo para o recurso, a tutela antecipada pode ser revogada ou modificada (v. art. 296-*caput*) e a própria viabilidade do processo pode ser investigada, dentro do que o juiz pode conhecer de ofício.

No caso de **litisconsórcio passivo,** é preciso que se esgote o prazo para todos os réus recorrerem da decisão (v. art. 231 § 2º).

Art. 304: 2a. A decisão que extingue o processo em razão da estabilização da tutela antecipada deve condenar o réu ao pagamento de **honorários advocatícios.**

Art. 304: 3. Cabe **apelação** contra a decisão que extingue o processo com fundamento no art. 304-*caput* e § 1º (v. art. 1.009).

Art. 304: 4. Mesmo o requerente da tutela antecipada pode propor demanda ulterior para discuti-la.

Art. 304: 5. A ação para revisão, reforma ou invalidação da tutela antecipada estabilizada se processa pelo **procedimento comum** (v. arts. 318 e segs.) e deve ser endereçada ao próprio juízo que a concedeu (v. § 4º).

Não se confunde essa ação com a ação rescisória, inclusive porque a estabilização não fica coberta pela coisa julgada (v. § 6º).

Art. 304: 6. e **não do trânsito em julgado** da decisão que extingue o processo.

Capítulo III | DO PROCEDIMENTO DA TUTELA CAUTELAR REQUERIDA EM CARÁTER ANTECEDENTE

Art. 305. A petição inicial da ação que visa à prestação de tutela cautelar[1] em caráter antecedente indicará a lide e seu fundamento,[1a] a exposição sumária do direito que se objetiva assegurar[2] e o perigo de dano ou o risco ao resultado útil do processo.[3-4] [Dispositivo correspondente no CPC/1973: art. 801]

Parágrafo único. Caso entenda que o pedido a que se refere o *caput* tem natureza antecipada, o juiz observará o disposto no art. 303.[5] [Dispositivo correspondente no CPC/1973: art. 273 § 7º]

Art. 305: 1. s/ diferença entre tutela antecipada e cautelar, v. art. 300, nota 2; fungibilidade entre tutela cautelar e antecipada, v. art. 305 § ún.

Art. 305: 1a. i. e., indicará a **causa de pedir e o pedido principal,** que, inclusive, podem ser apresentados desde logo (v. art. 308 §§ 1º e 2º).

Essa indicação é necessária para a verificação da legitimidade e do interesse do requerente em relação à futura demanda (JTA 87/128, Lex-JTA 138/273, RJTAMG 20/119).

Ainda, tal indicação não circunscreve o autor ao que foi anunciado.

Art. 305: 2. bem como da **probabilidade desse direito,** cf. art. 300-*caput.*

Art. 305: 3. Esta petição inicial deve **obedecer aos requisitos** estabelecidos nos arts. 319 e 320, considerando os elementos desde logo trazidos para o processo.

Art. 305: 4. O **valor da causa** na demanda cautelar antecedente deve considerar o pedido principal, ainda que este não tenha sido formulado desde logo (argumento dos arts. 303 § 4º e 308-*caput, in fine*).

V. tb. art. 308, nota 7.

Art. 305: 5. A **fungibilidade** entre tutela cautelar e tutela antecipada tem sentido **dúplice**. Assim, apresentado requerimento de tutela antecipada, que o juiz entenda ter natureza cautelar, tomará o magistrado as medidas necessárias para que se observe o disposto nos arts. 305 e segs.

"Admite-se a fungibilidade entre as medidas cautelares e as antecipatórias da tutela, sendo possível, portanto, o recebimento do pedido cautelar como antecipação da tutela" (STJ-3ª T., REsp 1.150.334, Min. Massami Uyeda, j. 19.10.10, DJ 11.11.10).

"Tendo a ação cautelar fim eminentemente satisfativo, não incorre em ilegalidade decisório que a converte em ação ordinária" (STJ-RT 858/204: 2ª T., REsp 222.251). No mesmo sentido: RJM 178/163, 179/211.

"Havendo a parte formulado pedido de liminar em sede de ação cautelar inominada que então ajuizou, com indicação da ação principal a ser proposta — de indenização —, não é lícito ao juiz deixar de conceder a medida cabível, pela inadequação do meio eleito. Em caso tal, o juiz deve deferir a medida que se revele compatível com o modelo descrito em lei e presentes os seus requisitos, no caso correspondente aos da antecipação da tutela jurisdicional de mérito. Depois de deferida a medida, o juiz deve então ordenar as medidas necessárias tendentes a impor à parte a adaptação da inicial ao modelo da ação correspondente, transformando a cautelar em ação de conhecimento, emendando o libelo para o fim de formular os pedidos que são pertinentes, adequados e consequentes à causa de pedir já exposta pelo autor" (RT 914/876: TJMS, AI 22001.009532-6, maioria).

"Faz-se possível deferir, em sede de ação cautelar, medida de cunho satisfativo consistente na sustação de protesto de título, em face da fungibilidade existente entre medida cautelar e medida antecipatória" (STJ-Bol. AASP 2.684: 4ª T., REsp 686.209).

Art. 306. O réu será citado[1 a 3] para, no prazo de 5 (cinco) dias,[4] contestar[5-5a] o pedido e indicar as provas que pretende produzir.[6] [Dispositivo correspondente no CPC/1973: art. 802-*caput*]

Art. 306: 1. v. art. 239.

Art. 306: 1a. Esta citação interrompe a prescrição? v. art. 240, nota 10b.

Art. 306: 2. Todos aqueles que hajam de figurar como **partes na ação principal** devem ser desde logo citados (STJ-1ª T., REsp 7.461, Min. Pedro Acioli, j. 27.11.91, DJU 16.12.91; RTFR 152/125, RT 476/117).

Art. 306: 2a. e também **comunicado da tutela provisória** eventualmente concedida em favor do autor (v. art. 250-V). Contra a respectiva decisão, cabe **agravo** (v. art. 1.015-I).

Art. 306: 3. O **prazo para agravar contra a decisão que concede liminarmente a medida cautelar** conta-se da juntada aos autos do mandado de sua intimação ao requerido, devidamente cumprido (STJ-1ª T., REsp 192.157, Min. Milton Luiz Pereira, j. 12.6.01, DJU 13.5.02; STJ-3ª T., REsp 198.011, Min. Menezes Direito, j. 24.6.99, DJU 9.8.99; STJ-RP 116/266: 4ª T.).

O prazo para o agravo também pode se iniciar com a inequívoca ciência do conteúdo da decisão agravada. É o que acontece, p. ex., quando o réu comparece espontaneamente aos autos e se manifesta sobre a decisão concessiva da liminar. Nesse sentido: STJ-1ª T., REsp 443.085, Min. Teori Zavascki, j. 27.4.04, DJU 17.5.04.

V. art. 1.003 § 2º. V. tb. arts. 231, notas 16 e 26, e 303, nota 3a.

Art. 306: 4. O **prazo de 5 dias** tem início nas condições estabelecidas no art. 231.

Art. 306: 5. A **defesa** fica adstrita ao **pedido cautelar,** ainda que o pedido principal já tenha sido formulado. V. tb. art. 308, nota 8.

Todavia, a **alegação de incompetência** deve ser formulada desde logo (art. 337-II), sob pena de, em caso de incompetência relativa, ser prorrogada a competência para o pedido principal.

"Se o juiz não se dá por incompetente na medida cautelar, torna-se competente para a ação principal" (STJ-1ª Seção, CC 3.624-0, Min. Garcia Vieira, j. 15.12.92, DJU 5.4.93).

"A competência em ação cautelar preparatória é relativa e deve ser excepcionada pela parte. Precluindo o direito desta em arguir a incompetência do juiz, prorroga-se a competência deste para a ação principal" (TFR-1ª Seção, CC 8.572, Min. Flaquer Scartezzini, j. 15.2.89, DJU 3.5.89). No mesmo sentido: STJ-3ª T., REsp 489.485, Min. Menezes Direito, j. 26.8.03, DJU 24.11.03; RJTJESP 101/254.

Se a medida cautelar foi proposta no foro do domicílio do réu, daí decorre que o autor desistiu do foro de eleição para a ação principal (RT 666/110).

V. tb. arts. 65, nota 1, e 299, nota 3.

Art. 306: 5a. Não cabe **reconvenção** diante da demanda cautelar (v. art. 343, nota 2). Todavia, a demanda reconvencional pode ser ulteriormente apresentada, por ocasião da resposta ao pedido principal (v. art. 308).

Art. 306: 6. "O disposto no art. 802 do CPC não impede que o juiz determine, antes mesmo da contestação e do exame das alegações, a **produção de prova**" (RT 729/190).

Art. 307. Não sendo contestado o pedido, os fatos alegados pelo autor presumir-se-ão aceitos pelo réu como ocorridos,[1-2] caso em que o juiz decidirá dentro de 5 (cinco) dias.[3] [Dispositivo correspondente no CPC/1973: art. 803-*caput*]

Parágrafo único. Contestado o pedido no prazo legal,[4] observar-se-á o procedimento comum.[5 a 7] [Dispositivo correspondente no CPC/1973: art. 803 § ún.]

Art. 307: 1. v. arts. 344 e 345.

Art. 307: 2. "A regra do art. 803 diz respeito apenas aos fatos relativos ao próprio procedimento cautelar" (SIMP-concl. LXII, em RT 482/273).

Art. 307: 3. Contra essa decisão cabe agravo de instrumento (v. art. 1.015-I).

Art. 307: 4. v. art. 306.

Art. 307: 5. v. arts. 318 e segs.

Art. 307: 6. respeitadas as particularidades do art. 308.

Art. 307: 7. "Deferida tutela cautelar antecedente cujo pedido foi contestado, apesar de desnecessária nova citação, é **indispensável** que passe a ser observado o procedimento comum. Devem as partes ser intimadas para a audiência e, uma vez não alcançada a autocomposição, tem início o prazo de 15 dias para contestação do pedido principal, contado na forma do art. 335. Inaplicabilidade da teoria da ciência inequívoca na hipótese. No caso, deve ser reconhecida a nulidade do feito, a partir da sentença, pois a tutela de urgência deferida na forma antecedente (arresto) foi sucedida pela própria condenação ao pagamento de quantia certa, em julgamento antecipado, porém sem que tenha havido manifestação dos recorrentes sobre o mérito do pedido principal, em contrariedade ao disposto no parágrafo único do art. 307 do CPC/2015" (STJ-3ª T., REsp 1.802.171, Min. Ricardo Cueva, j. 21.5.19, DJ 29.5.19).

Art. 308. Efetivada a tutela cautelar, o pedido principal terá de ser formulado pelo autor no prazo de 30 (trinta) dias,[1 a 6] caso em que será apresentado nos mesmos autos em que deduzido o pedido de tutela cautelar, não dependendo do adiantamento de novas custas processuais.[7] [Dispositivo correspondente no CPC/1973: art. 806]

§ 1º O pedido principal pode ser formulado conjuntamente com o pedido de tutela cautelar.[8] [Sem dispositivo correspondente no CPC/1973]

§ 2º A causa de pedir poderá ser aditada no momento de formulação do pedido principal. [Sem dispositivo correspondente no CPC/1973]

§ 3º Apresentado o pedido principal, as partes serão intimadas para a audiência de conciliação ou de mediação, na forma do art. 334, por seus advogados ou pessoalmente, sem necessidade de nova citação do réu.[8a-9] [Sem dispositivo correspondente no CPC/1973]

§ 4º Não havendo autocomposição, o prazo para contestação será contado na forma do art. 335. [Sem dispositivo correspondente no CPC/1973]

Art. 308: 1. s/ cessação da eficácia da tutela cautelar em caso de perda do prazo de 30 dias, v. art. 309-I e notas. Em caso de medida cautelar fiscal, v. MCF 11 a 13.

Art. 308: 1a. Se há **vários atos de constrição,** do primeiro é que se conta o prazo de 30 dias (RT 578/145, RJTJESP 112/233, JTAERGS 96/182).

"Para hipóteses nas quais o provimento cautelar pode ser executado por partes, como ocorre na presente hipótese, conta-se o prazo decadencial de 30 dias para a propositura da ação principal a partir do primeiro ato de execução" (STJ-3ª T., REsp 757.625, Min. Nancy Andrighi, j. 19.10.06, DJU 13.11.06). No mesmo sentido: STJ-1ª T., REsp 1.115.370, Min. Benedito Gonçalves, j. 16.3.10, DJ 30.3.10.

"Em se tratando de apreensão de bens, entende-se por efetivação da liminar o momento em que se verifica um ato qualquer de restrição, de maneira que o prazo para interposição da ação principal tem início uma vez praticados os primeiros atos de apreensão, ainda que não concluídos todos. Na hipótese específica das medidas cautelares de sequestro, são incontestáveis os prejuízos decorrentes da indisponibilização patrimonial. Não é difícil imaginar as dificuldades e os constrangimentos a que se sujeita aquele que, de um dia para o outro, se vê impedido de vender bens, movimentar contas e investimentos, enfim, de administrar livremente seu patrimônio, muitas vezes em detrimento não apenas de si próprio, mas de seus familiares e dependentes. Assim, aguardar a indisponibilização de bens de todos os réus implicaria inevitável perpetuação da medida de caráter provisório, em prejuízo daqueles que já tiveram seus bens bloqueados. Ademais, a prévia propositura da medida cautelar de sequestro não é condição indispensável à propositura da ação de conhecimento, de sorte que não se afigura razoável manter parte dos réus em situação extremamente gravosa, por prazo indeterminado, até que seja possível alcançar o patrimônio dos demais. Portanto, quando a liminar de sequestro abranger uma **pluralidade de réus,** a efetivação da medida, para fins de apuração do prazo do art. 806 do CPC, deve ser tomada em relação a cada réu, individualmente. Em outras palavras, apreendidos bens de qualquer dos réus, dá-se início à contagem do prazo para ajuizamento da ação principal, sob pena de perda da eficácia da liminar, exclusivamente em relação a ele. Uma vez proposta a ação de conhecimento contra os réus, os sequestros cumpridos dentro do trintídio legal e dali para frente serão mantidos, sendo necessário repetir os atos de constrição apenas daqueles que, após terem bens indisponibilizados, não foram acionados no termo de 30 dias" (STJ-3ª T., REsp 1.040.404, Min. Nancy Andrighi, j. 23.2.10, dois votos vencidos, DJ 19.5.10).

Todavia: "Liquidação extrajudicial. Arresto. Ação principal. Decadência. Enquanto não cumprido integralmente o mandado de arresto dos bens dos administradores da empresa liquidanda, não flui para o Ministério Público o prazo de decadência do direito de promover a ação principal. Por isso, não se pode cogitar da cessação da eficácia da medida cautelar, contado o tempo da efetivação parcial da ordem" (STJ-4ª T., REsp 69.870, Min. Ruy Rosado, j. 13.11.95, DJ 18.12.95). Esse acórdão foi mantido no julgamento dos subsequentes embargos de divergência (STJ-2ª Seção, ED no REsp 69.870, Min. Ari Pargendler, j. 9.10.02, DJ 31.3.03).

Art. 308: 2. "O prazo de trinta dias para o ajuizamento da ação principal é contado a partir da data da **efetivação** da medida liminar e **não da sua ciência** ao requerente da cautelar" (STJ-2ª Seção, REsp 327.380, Min. Pádua Ribeiro, j. 22.5.02, maioria, DJU 4.5.05). No mesmo sentido: RF 347/351, Bol. AASP 1.406/289.

"Enquanto não efetivada a medida liminar, ou seja, tornados efetivamente indisponíveis os bens dos requeridos, não começa a fluir o prazo de decadência do direito de promover a ação principal" (STJ-RF 390/420: 3ª T., Resp 687.208). Do voto da relatora: "A medida somente poderá ter eficácia após recebidos os ofícios e editais nos órgãos competentes e a indisponibilidade dos bens for efetivamente averbada nos seus registros". No mesmo sentido: STJ-2ª T., REsp 669.353, Min. Mauro Campbell, j. 17.3.09, DJ 16.4.09.

"Em se tratando de medida liminar concedida em ação cautelar preparatória para que o promovido se **abstenha da prática de determinados atos,** a sua efetivação, para fins de contagem do prazo de que cuida o art. 806 do CPC, se dá quando o réu toma ciência da sua prolação" (STJ-RT 724/197: 1ª T., REsp 25.410, dois votos vencidos).

"Considera-se efetivada a cautelar na data da exclusão do nome da autora do cadastro do SISBACEN, ato material de cumprimento da decisão liminar, e não na data de mera juntada aos autos do ofício remetido à instituição financeira comunicando-lhe o deferimento da medida acautelatória" (STJ-4ª T., REsp 869.712, Min. Raul Araújo, j. 28.2.12, DJ 16.3.12).

Todavia, contando o prazo de 30 dias excepcionalmente a partir da ciência do requerente acerca da efetivação da medida, visto que houve falha na anterior intimação da respectiva decisão concessiva: STJ-4ª T., REsp 1.801.977-EDcl-AgInt, Min. Raul Araújo, j. 27.10.20, DJ 20.11.20.

Contra, no sentido de que "o prazo do art. 806 do CPC começa a correr a partir da **ciência pelo requerente** da efetivação da medida liminar": STJ-5ª T., REsp 77.070, Min. Felix Fischer, j. 21.10.97, DJU 24.11.97.

"Deferida a liminar de sustação de protesto em despacho que determinou, concomitantemente, a prestação da caução respectiva, a realização desta, mediante o oferecimento da garantia, e a lavratura do termo próprio configuram a ciência da autora cautelar sobre a efetivação da aludida liminar, daí fluindo o prazo de trinta dias para o ajuizamento da demanda principal, aqui inobservado" (STJ-4ª T., REsp 199.683, Min. Aldir Passarinho Jr., j. 29.6.04, DJU 18.10.04).

Ainda contra, no sentido de que se conta esse prazo do deferimento da medida cautelar, e não da sua efetivação: STJ-1ª T., REsp 119.743, Min. José Delgado, j. 20.11.97, DJU 6.4.98.

Art. 308: 2a. "Enquanto não **efetivada integralmente** a liminar de arrolamento dos bens, obstada, no presente caso, pela ocultação de imóvel pelo paciente, o prazo de trinta dias para o ingresso da ação principal (art. 806 do CPC) não corre, permanecendo incólume a referida liminar, também, no que diz respeito aos alimentos objetos da execução" (STJ-3ª T., HC 47.834, Min. Menezes Direito, j. 6.12.05, DJU 24.4.06).

Art. 308: 3. Há situações em que o prazo de 30 dias **não se conta da efetivação** da medida liminar. P. ex., no caso de arresto com lastro em dívida ainda não exigível, o prazo de 30 dias se conta do vencimento da dívida.

Nesse sentido: "A eficácia do arresto persiste até 30 dias após a dívida tornar-se exigível" (SIMP-concl. LXXII, em RT 482/273).

S/ arresto e dívida inexigível, v. art. 301, nota 1a.

Art. 308: 4. O prazo de 30 dias é de **decadência** (RT 628/152, Lex-JTA 161/65).

Todavia, se esse prazo vence em dia que não há expediente forense, permite-se que o pedido principal seja formulado no primeiro dia útil subsequente (STJ-4ª T., REsp 254.443, Min. Barros Monteiro, j. 20.6.00, DJU 11.9.00; RT 621/102, maioria).

V. tb. art. art. 224, nota 5.

Art. 308: 4a. "Deve ser contado em **dobro o prazo** para a propositura da ação principal (art. 806 do CPC), quando o autor for assistido pela **Defensoria Pública**" (STJ-4ª T., REsp 275.803, Min. Ruy Rosado, j. 17.4.01, dois votos vencidos, DJU 13.8.01).

V. art. 186.

Art. 308: 5. "O **simples protocolo** da ação principal cumpre a finalidade de garantir a eficácia da cautelar" (STJ-3ª T., REsp 766.563, Min. Gomes de Barros, j. 23.8.05, DJU 20.3.06).

Art. 308: 6. O **pedido principal** não fica circunscrito ao que foi anunciado por ocasião do pedido de tutela cautelar. Porém, para que a tutela cautelar preserve sua eficácia, é indispensável que se formule o pedido principal a ela vinculado.

Art. 308: 7. A dispensa do recolhimento de **novas custas** confirma que o valor da causa na demanda cautelar antecedente deve contemplar, desde logo, o conteúdo econômico da demanda principal.

Logicamente, se pedidos principais inéditos e não anunciados são ulteriormente formulados, o valor da causa deve ser redimensionado e, se for o caso, novas custas devem ser recolhidas.

V. tb. art. 305, nota 4.

Art. 308: 8. A **demanda principal formulada conjuntamente** com a demanda cautelar não é contestada desde logo pelo réu (v. tb. art. 306, nota 5). Inclusive, ela pode ser objeto de aditamento (v. § 2º). Assim, a intimação para respondê-la deve ter lugar após esse aditamento ou após o esgotamento do prazo para tanto, que é de 30 dias (v., ainda, § 2º).

Art. 308: 8a. v. art. 307, nota 7.

Art. 308: 9. A designação da **audiência de conciliação ou de mediação** somente tem lugar se a causa comportar autocomposição; se esta não for possível, o caso será de simples **intimação para responder** à demanda do autor (v. art. 334 § 4º-II). Se designada audiência de conciliação ou de mediação, descarta-se tal intimação para resposta e observa-se o disposto no art. 335.

Se o réu já tiver advogado constituído nos autos, a intimação para a resposta se dará na pessoa deste. Caso não conte com patrono no processo, tal intimação será pessoal.

Art. 309. Cessa a eficácia da tutela concedida em caráter antecedente, se:[1-1a] [Dispositivo correspondente no CPC/1973: art. 808-*caput*]

I — o autor não deduzir o pedido principal no prazo legal;[2 a 5] [Dispositivo correspondente no CPC/1973: art. 808-I]

II — não for efetivada dentro de 30 (trinta) dias; [Dispositivo correspondente no CPC/1973: art. 808-II]

III — o juiz julgar improcedente o pedido principal formulado pelo autor ou extinguir o processo sem resolução de mérito.[6-7] [Dispositivo correspondente no CPC/1973: art. 808-III]

Parágrafo único. Se por qualquer motivo cessar a eficácia da tutela cautelar, é vedado à parte renovar o pedido, salvo sob novo fundamento.[8] [Dispositivo correspondente no CPC/1973: art. 808 § ún.]

Art. 309: 1. o juiz a qualquer tempo revogá-la ou modificá-la (v. art. 296).

Art. 309: 1a. A cessação da eficácia da medida cautelar pode ser **decretada de ofício** (RJTAMG 28/133).

Art. 309: 2. s/ prazo legal, v. art. 308-*caput* e notas.

Art. 309: 3. **Súmula 482 do STJ:** "A falta de ajuizamento da ação principal no prazo do art. 806 do CPC acarreta a perda da eficácia da liminar deferida e a extinção do processo cautelar".

Esta súmula tornou superado entendimento no sentido da mera cessação da eficácia da medida liminar nessas circunstâncias (p/ esse entendimento, v. STJ-2ª Seção, REsp 327.380; STJ-2ª T., REsp 58.535; STJ-5ª T., REsp 162.379; STJ-1ª T., REsp 417.962; RT 607/102, 710/86, RF 327/198).

Art. 309: 4. O **pedido principal** pode ser **formulado conjuntamente** com o pedido cautelar (v. art. 308 § 1º), inclusive para evitar que a inércia na sua formulação faça perecer a medida liminar.

Nos casos em que a demanda foi impropriamente tratada como cautelar e já fez as vezes de ação principal, preserva-se a eficácia da medida liminar concedida em favor do autor, ainda que este nada mais tenha pedido no processo (STJ-1ª T., REsp 899.656, Min. Teori Zavascki, j. 17.2.09, DJ 4.3.09).

Art. 309: 5. Nas questões de família e no amparo ao menor e ao incapaz, há tendência jurisprudencial no sentido de preservar a medida liminar, ainda que não respeitado o prazo legal para a formulação do pedido principal (RT 554/214, 648/174, RJTJESP 108/181, com o argumento de que "o bom senso repele a caducidade" das medidas liminares no direito de família).

Casos em que isso tem acontecido:

— "À medida protetiva de alimentos (provisórios ou provisionais) afigura-se absolutamente inaplicável o art. 806 do CPC/1973 (art. 308 do CPC/2015), que exige o ajuizamento de ação principal no prazo de 30 (trinta) dias, sob pena de perda da eficácia da medida, já que não se cuida de medida assecuratória/instrumental" (STJ-3ª T., RHC 100.446, Min. Marco Bellizze, j. 27.11.18, DJ 5.12.18). No mesmo sentido: RT 496/98, RJTJESP 43/190, 68/268, 73/122, 107/169;

— fixação liminar de regime de visitas aos filhos e não propositura em 30 dias da ação de separação (RJTJESP 61/121);

— separação de corpos concedida liminarmente e não propositura em 30 dias da ação de separação **(Súmula 10 do TJRS:** "O deferimento do pedido de separação de corpos não tem sua eficácia submetida ao prazo do art. 806 do CPC"; RT 824/220, 861/189, 863/278, maioria, RJTJESP 134/169, JTJ 179/183, 286/337, RJ 232/279, caso especial). **Contra,** fazendo cessar a medida liminar nessas circunstâncias: RT 605/170, 612/172, 675/177, maioria, RJTJESP 96/183, RF 286/335, 298/211.

S/ separação de corpos, v. LDi 7º § 1º e notas e, no CCLCV, CC 1.562 e notas.

Art. 309: 6. v. arts. 485 e 487.

Art. 309: 7. Em regra, a prolação da sentença de mérito relativa ao pedido principal faz cessar a eficácia da medida cautelar.

"O signo da temporariedade das medidas liminares decorre, portanto, do necessário vínculo de referência e de dependência que guardam em relação aos provimentos de tutela definitiva, cujos efeitos ela antecipa provisoriamente. É a tutela definitiva, com a qual mantém elo de referência, que demarca a função e o tempo de duração da tutela provisória. Isso significa que, em relação às liminares, o marco de vigência situado no ponto mais longínquo no tempo é justamente o do advento de uma medida com aptidão de conferir tutela definitiva. O julgamento da causa esgota, portanto, a finalidade da medida liminar. Daí em diante, prevalece o comando da sentença, tenha ele atendido ou não ao pedido do autor ou simplesmente extinguido o processo sem exame do mérito. Procedente o pedido, fica confirmada a liminar anteriormente concedida bem como viabilizada a imediata execução provisória (CPC, art. 520, VII). Improcedente a demanda ou extinto o processo sem julgamento de mérito, a liminar fica automaticamente revogada, com eficácia *ex tunc* (Súmula 405 do STF), ainda que silente a sentença a respeito. A partir de então, novas medidas de urgência devem, se for o caso, ser postuladas no âmbito do próprio sistema de recursos, seja a título de efeito suspensivo, seja a título de antecipação da tutela recursal, medidas que são cabíveis não apenas em agravo de instrumento (CPC, arts. 527, III, e 558), mas também em apelação (CPC, art. 558, § ún.) e, como medida cautelar, em recursos especiais e extraordinários (RISTF, art. 21, IV; RISTJ, art. 34, V). Consequentemente, a superveniente sentença julgando a causa torna inútil qualquer discussão sobre o cabimento ou não da liminar, ficando prejudicado o objeto de eventual recurso sobre a matéria. De tudo se conclui, em suma, que, nos termos do art. 808, III do CPC, 'cessa a eficácia da medida cautelar (...) se o juiz declarar extinto o processo principal, com ou sem julgamento de mérito' e que a cessação da eficácia, em casos tais, independe do trânsito em julgado da sentença extintiva do processo" (STJ-1ª Seção, ED no REsp 1.043.487, Min. Teori Zavascki, j. 8.6.11, DJ 14.6.11; a citação é do voto do relator).

"A sentença substitui a medida liminar, de modo que, prolatada aquela, esta fica sem efeito, qualquer que seja o teor do julgado; se procedente a ação cautelar, a tutela judicial passa a resultar da sentença, que é de execução imediata, à vista do efeito meramente devolutivo da apelação; se improcedente, o provimento liminar não subsiste, cedendo àquele proferido à base de cognição completa" (STJ-2ª T., RMS 6.890, Min. Ari Pargendler, j. 17.6.96, DJU 12.8.96).

"Existindo, no caso, incompatibilidade lógica entre a liminar, concedida pelo juiz de primeiro grau em cognição sumária, e a sentença proferida após cognição exauriente, em sentido contrário àquele da liminar, julga-se prejudicada a presente cautelar" (STJ-3ª T., MC 3.302, Min. Pádua Ribeiro, j. 12.3.02, DJU 29.4.02).

Todavia: "A superveniência da sentença no processo principal não conduz, necessariamente, à perda do objeto do agravo de instrumento. A conclusão depende tanto 'do teor da decisão impugnada, ou seja, da matéria que será examinada pelo tribunal ao examinar o agravo, quanto do conteúdo da sentença'" (STJ-RP 132/239 e RF 385/290: REsp 742.512, 2ª T., dois votos vencidos).

— **Nos casos de improcedência do pedido principal ou extinção do processo sem julgamento do mérito, a cessação da eficácia da medida cautelar é automática,** ainda que não haja decisão expressa a respeito.

Assim: "Improcedente a ação principal, perde eficácia a cautela deferida no seu curso ao autor, independentemente de sentença" (STJ-3ª T., REsp 24.986-0, Min. Dias Trindade, j. 25.8.92, DJU 28.9.92).

— **Nos casos de procedência da demanda principal,** pode acontecer de a situação de perigo não desaparecer com a mera prolação da sentença. Quando isso ocorrer, a eficácia da medida cautelar perdurará enquanto tal situação subsistir.

V. tb. arts. 294, notas 2 e 2a, e 296 nota 1.

V. ainda art. 537, nota 12a.

Art. 309: 8. v. art. 310.

Art. 310. O indeferimento da tutela cautelar não obsta a que a parte formule o pedido principal, nem influi no julgamento desse, salvo se o motivo do indeferimento for o reconhecimento de decadência ou de prescrição.[1 a 4] [Dispositivo correspondente no CPC/1973: art. 810]

Art. 310: 1. v. arts. 300, nota 20 (indeferimento de medida liminar), e 504, nota 2 (coisa julgada).

Para disposições semelhantes, em matéria de medida cautelar fiscal, v. MCF 15.

Art. 310: 2. Também no julgamento da demanda cautelar antecedente o juiz pode **decretar de ofício** a prescrição ou a decadência (v. arts. 332 § 1º e 487-II).

Art. 310: 3. ***A contrario sensu:*** "A alegação de **decadência ou prescrição, rejeitada** no procedimento cautelar, poderá ser reexaminada na ação principal" (SIMP-concl. LXX, em RT 482/273, maioria).

Art. 310: 4. Se, por **insuficiência de provas,** a alegação de prescrição, feita em resposta à demanda cautelar, não puder ser desde logo apreciada, a apreciação do tema pode ser postergada para outro momento do processo (RJTJESP 114/346).

Título III | DA TUTELA DA EVIDÊNCIA

Art. 311. A tutela da evidência será concedida, independentemente da demonstração de perigo de dano ou de risco ao resultado útil do processo, quando:[1-1a] [Sem dispositivo correspondente no CPC/1973]

I — ficar caracterizado o abuso do direito de defesa[2] ou o manifesto propósito protelatório da parte;[2a] [Dispositivo correspondente no CPC/1973: art. 273-II]

II — as alegações de fato puderem ser comprovadas apenas documentalmente e houver tese firmada em julgamento de casos repetitivos[3] ou em súmula vinculante;[4] [Sem dispositivo correspondente no CPC/1973]

III — se tratar de pedido reipersecutório fundado em prova documental adequada do contrato de depósito, caso em que será decretada a ordem de entrega do objeto custodiado, sob cominação de multa; [Sem dispositivo correspondente no CPC/1973]

IV — a petição inicial for instruída com prova documental suficiente dos fatos constitutivos do direito do autor, a que o réu não oponha prova capaz de gerar dúvida razoável. [Sem dispositivo correspondente no CPC/1973]

Parágrafo único. Nas hipóteses dos incisos II e III, o juiz poderá decidir liminarmente.[5] [Sem dispositivo correspondente no CPC/1973]

Art. 311: 1. Na hipótese de **ausência de controvérsia** quanto a parte dos pedidos formulados, o caso é de julgamento antecipado parcial do mérito (art. 356-I), e não de mera tutela da evidência.

Art. 311: 1a. Em qualquer hipótese, a tutela da evidência somente pode ser concedida se demonstrada a **probabilidade do direito do autor.**

Art. 311: 2. cf. art. 80-I e II.

Art. 311: 2a. cf. art. 80-IV e VI.

Art. 311: 3. v. art. 928.

Art. 311: 4. v. CF 103-A; Lei 11.417, de 19.12.06 (no tít. SUPREMO TRIBUNAL FEDERAL).

Art. 311: 5. Em matéria de tutela da evidência, a **decisão *inaudita altera parte* não é recomendável.** Ou bem há urgência a justificar a concessão de tutela antecipada ou cautelar antes da integração do réu ao processo, ou o juiz deve aguardar a resposta do réu para deliberar sobre a tutela da evidência.

Livro VI | DA FORMAÇÃO, DA SUSPENSÃO E DA EXTINÇÃO DO PROCESSO

Título I | DA FORMAÇÃO DO PROCESSO

Art. 312. Considera-se proposta a ação[1] quando a petição inicial for protocolada, todavia, a propositura da ação só produz quanto ao réu os efeitos mencionados no art. 240 depois que for validamente citado.[2] [Dispositivo correspondente no CPC/1973: art. 263]

Art. 312: 1. s/ propositura da execução, v. art. 802.

Art. 312: 2. "Os efeitos da litispendência, para o **autor,** são produzidos desde a **propositura da demanda.** O fato de a relação processual ainda estar incompleta antes do ato citatório não significa que inexiste ação, uma vez que a pretensão já se encontra materializada por meio do petitório inicial. Nos casos de múltipla distribuição na busca de provimento liminar, o resguardo do princípio do juiz natural faz-se com a prevalência da primeira ação ajuizada, extinguindo-se a outra. Aplicação do art. 263 do CPC" (STJ-2ª T., Ag em REsp 51.513-AgRg, Min. Castro Meira, j. 20.3.12, DJ 28.3.12).

V. tb. art. 286, nota 2b.

Título II | DA SUSPENSÃO DO PROCESSO

Art. 313. Suspende-se o processo:[1 a 2] [Dispositivo correspondente no CPC/1973: art. 265-*caput*]

I — pela morte[3-3a] ou pela perda da capacidade processual de qualquer das partes,[3b-4] de seu representante legal ou de seu procurador;[5] [Dispositivo correspondente no CPC/1973: art. 265-I]

II — pela convenção das partes;[6-7] [Dispositivo correspondente no CPC/1973: art. 265-II]

III — pela arguição de impedimento ou de suspeição;[8] [Dispositivo correspondente no CPC/1973: art. 265-III]

IV — pela admissão de incidente de resolução de demandas repetitivas;[8a] [Sem dispositivo correspondente no CPC/1973]

V — quando a sentença de mérito: [Dispositivo correspondente no CPC/1973: art. 265-IV]

a) depender do julgamento de outra causa ou da declaração de existência ou de inexistência de relação jurídica que constitua o objeto principal de outro processo pendente;[9 a 13] [Dispositivo correspondente no CPC/1973: art. 265-IV-*a*]

b) tiver de ser proferida somente após a verificação de determinado fato ou a produção de certa prova, requisitada a outro juízo;[14-14a] [Dispositivo correspondente no CPC/1973: art. 265-IV-*b*]

VI — por motivo de força maior;[15-16] [Dispositivo correspondente no CPC/1973: art. 265-V]

VII — quando se discutir em juízo questão decorrente de acidentes e fatos da navegação de competência do Tribunal Marítimo; [Sem dispositivo correspondente no CPC/1973]

VIII — nos demais casos que este Código regula.[16a] [Dispositivo correspondente no CPC/1973: art. 265-VI]

IX — pelo parto ou pela concessão de adoção, quando a advogada responsável pelo processo constituir a única patrona da causa;[16b]

X — quando o advogado responsável pelo processo constituir o único patrono da causa e tornar-se pai.[17]

§ 1º Na hipótese do inciso I, o juiz suspenderá o processo, nos termos do art. 689.[17a a 17c] [Dispositivo correspondente no CPC/1973: art. 265 § 1º]

§ 2º Não ajuizada ação de habilitação, ao tomar conhecimento da morte, o juiz determinará a suspensão do processo e observará o seguinte: [Sem dispositivo correspondente no CPC/1973]

I — falecido o réu, ordenará a intimação do autor para que promova a citação do respectivo espólio, de quem for o sucessor ou, se for o caso, dos herdeiros, no prazo que designar, de no mínimo 2 (dois) e no máximo 6 (seis) meses; [Sem dispositivo correspondente no CPC/1973]

II — falecido o autor e sendo transmissível o direito em litígio, determinará a intimação de seu espólio, de quem for o sucessor ou, se for o caso, dos herdeiros, pelos meios de divulgação que reputar mais adequados, para que manifestem interesse na sucessão processual e promovam a respectiva habilitação no prazo designado, sob pena de extinção do processo sem resolução de mérito. [Sem dispositivo correspondente no CPC/1973]

§ 3º No caso de morte do procurador de qualquer das partes,[18] ainda que iniciada a audiência de instrução e julgamento, o juiz determinará que a parte constitua novo mandatário,[18a] no prazo de 15 (quinze) dias, ao final do qual extinguirá o processo sem resolução de mérito,[19] se o autor não nomear novo mandatário, ou ordenará o prosseguimento do processo à revelia do réu,[20] se falecido o procurador deste.[20a] [Dispositivo correspondente no CPC/1973: art. 265 § 2º]

§ 4º O prazo de suspensão do processo nunca poderá exceder 1 (um) ano nas hipóteses do inciso V e 6 (seis) meses naquela prevista no inciso II.[21] [Dispositivos correspondentes no CPC/1973: art. 265 §§ 3º e 5º]

§ 5º O juiz determinará o prosseguimento do processo assim que esgotados os prazos previstos no § 4º.[22] [Dispositivos correspondentes no CPC/1973: art. 265 §§ 3º e 5º]

§ 6º No caso do inciso IX, o período de suspensão será de 30 (trinta) dias, contado a partir da data do parto ou da concessão da adoção, mediante apresentação de certidão de nascimento ou documento similar que comprove a realização do parto, ou de termo judicial que tenha concedido a adoção, desde que haja notificação ao cliente.[23]

§ 7º No caso do inciso X, o período de suspensão será de 8 (oito) dias, contado a partir da data do parto ou da concessão da adoção, mediante apresentação de certidão de nascimento ou documento similar que comprove a realização do parto, ou de termo judicial que tenha concedido a adoção, desde que haja notificação ao cliente.[24-25]

Art. 313: 1. s/ suspensão do processo e: inventário, v. art. 620, nota 5a; ações de família, v. art. 694 § ún.; execução, v. arts. 921 a 923. Para outros casos, v., no índice, Suspensão do processo.

Art. 313: 1a. **Lei 5.764, de 16.12.71** — Define a Política Nacional de cooperativismo, institui o regime jurídico das sociedades cooperativas, e dá outras providências: "**Art. 76.** A publicação no Diário Oficial, da ata da Assembleia Geral da sociedade, que deliberou sua liquidação, ou da decisão do órgão executivo federal quando a medida for de sua iniciativa, implicará a sustação de qualquer ação judicial contra a cooperativa, pelo prazo de 1 (um) ano, sem prejuízo, entretanto, da fluência dos juros legais ou pactuados e seus acessórios. **Parágrafo único.** Decorrido o prazo previsto neste artigo, sem que, por motivo relevante, esteja encerrada a liquidação, poderá ser o mesmo prorrogado, no máximo por mais 1 (um) ano, mediante decisão do órgão citado no artigo, publicada, com os mesmos efeitos, no Diário Oficial".

"O art. 76 da Lei 5.764/71, que determina a suspensão de qualquer ação na hipótese de ser decretada a liquidação extrajudicial da cooperativa, há que ser aplicado sem o rigorismo que aparenta ou em sua estrita literalidade, em se tratando de ação com fase preliminar de conhecimento, na qual se busca o reconhecimento de um direito, pena de ofensa ao pleno exercício da jurisdição, constitucionalmente — art. 5º, XXXV, da CF — assegurado" (Ajuris 88/450).

Art. 313: 1b. **Lei 6.024, de 13.3.74** — Dispõe sobre a intervenção e a liquidação extrajudicial de instituições financeiras, e dá outras providências: **"Art. 18.** A decretação da liquidação extrajudicial produzirá, de imediato, os seguintes efeitos: **a)** suspensão das ações e execuções iniciadas sobre direitos e interesses relativos ao acervo da entidade liquidanda, não podendo ser intentadas quaisquer outras, enquanto durar a liquidação".

"A norma que determina a suspensão das ações contra a entidade que se encontra sob liquidação extrajudicial (Lei 6.024/74, art. 18) não deve ser interpretada na sua literalidade. Assim, não se justifica suspender processo de conhecimento, que já se encontra em estado adiantado de composição, para determinar que o credor discuta seu direito em processo administrativo de habilitação junto ao liquidante" (STJ-1ª T., REsp 601.766, Min. José Delgado, j. 1.4.04, DJU 31.5.04). No mesmo sentido: STJ-RT 755/211 (4ª T., REsp 92.805).

"Ação de prestação de contas. Entidade sob o regime de liquidação extrajudicial. A suspensão das ações e execuções relativas a direitos e interesses do acervo de entidade em regime de liquidação extrajudicial preconizada no art. 18, *a*, Lei 6.024/74, há que ser aplicada com certo temperamento, de modo a ressalvar as lides que, em razão de sua natureza, não tenham repercussão na massa liquidanda" (STJ-3ª T., REsp 7.467-0, Min. Cláudio Santos, j. 20.9.94, DJU 17.10.94).

Art. 313: 2. Não cabe agravo de instrumento contra a decisão que delibera sobre a suspensão do processo (v. art. 1.014). V. LMS 5º e notas.

Art. 313: 3. s/ morte: da parte, v. notas 17a e 17b; do advogado, notas 18 e 18a.

V. tb. §§ 1º a 3º.

Art. 313: 3a. A extinção da pessoa jurídica enquadra-se na ideia de morte da parte e deve desencadear a suspensão do processo (STJ-2ª T., REsp 465.580-EDcl, Min. Castro Meira, j. 3.4.08, DJU 18.4.08). V. tb. art. 110, nota 2.

Art. 313: 3b. v. § 1º e art. 221; s/ sucessão processual e representação do espólio em juízo, v. arts. 75, notas 16a e segs., 110, nota 2c, e 613, nota 1a; s/ habilitação dos herdeiros, v. arts. 687 a 692.

Art. 313: 4. "Ocorrendo o falecimento daquele que seria parte, antes do ajuizamento da ação, o caso não é de suspensão do processo, mas de espera, pelo prazo legal, das providências do autor relativas à citação dos representantes do espólio" (RSTJ 20/333 e STJ-RT 670/176).

Art. 313: 5. i. e., de seu procurador judicial (v. nota 18 e art. 1.004, especialmente nota 2; v. tb. art. 221).

Art. 313: 6. v. art. 221, nota 10.

S/ acordo para se instituir calendário para a prática dos atos processuais, v. art. 191; adiamento de audiência, v. art. 362.

Art. 313: 7. e independentemente de assentimento do juiz (art. 200; JTA 38/193), até o prazo máximo de seis meses (§ 4º).

Art. 313: 8. v. arts. 144 a 148.

Art. 313: 8a. v. arts. 976 a 987, especialmente art. 982.

Art. 313: 9. v. §§ 4º e 5º e notas (s/ prazo da suspensão) e arts. 55, nota 3g (conexão de causas e suspensão do processo), e 315 (ação penal); CPP 92 e 93.

Art. 313: 10. A causa prejudicial é apta para a suspensão de outro processo ainda quando tenha sido apresentada em juízo depois da instauração deste. Malgrado não tenha enfrentado diretamente esse tema, há notícia de acórdão que suspendeu o processo que veiculava demanda prejudicada ajuizada antes da prejudicial (STJ-RDPr 31/356: 4ª T., REsp 564.880). Determinando a suspensão de processo em que já havia até julgamento em segunda instância para aguardar o desfecho da demanda prejudicial ulteriormente ajuizada: STJ-3ª T., REsp 1.230.174, Min. Nancy Andrighi, j. 4.12.12, DJ 13.12.12.

Contra: "A chamada 'prejudicialidade externa', prevista na letra *a* do n. IV do art. 265 do CPC, condicionante da decisão de mérito, há de referir-se a processo em curso quando surge o processo que deverá ser suspenso. Assim sendo, se posterior à ação das partes, é impertinente a questão prejudicial de mérito, não existindo fundamento para a suspensão" (JTJ 238/229). No mesmo sentido: RT 500/96, 611/84, 613/127, RJTJESP 102/255, RJM 188/180 (AP 1.0283.06.006286-8/001), RJTJERGS 289/368 (AP 70049971815).

Art. 313: 10a. "O art. 265, IV, *a*, do CPC somente é aplicável nos casos de prejudicialidade externa, isto é, manifestada em outro processo onde a questão prejudicial deva ser objeto de julgamento" (STJ-4ª T., REsp 2.520, Min. Athos Carneiro, j. 21.8.90, DJU 17.9.90). No mesmo sentido: JTJ 175/78.

Art. 313: 10b. "A suspensão do processo enquanto é julgada preliminar de prescrição em outra causa encontra amparo no art. 265, IV, *a*, do CPC" (RSTJ 32/342).

Art. 313: 10c. A pendência de **ação direta de inconstitucionalidade** pode ser invocada para fins de suspensão do processo (STJ-1ª T., REsp 775.058, Min. Teori Zavascki, j. 17.11.05, DJU 5.12.05). **Todavia:** "A suspensão não é decorrência de imposição legal, mas providência reservada ao prudente arbítrio judicial, que levará em consideração as circunstâncias do caso e os demais valores jurídicos envolvidos. No caso concreto, a ação de controle concentrado já foi julgada pelo Tribunal de Justiça do Estado, originariamente competente, estando pendente de recurso extraordinário. O prosseguimento da demanda individual, com julgamento de mérito compatível com o entendimento proclamado no âmbito da ação direta de inconstitucionalidade, é justificável, nessas circunstâncias, porque prestigia a celeridade da prestação jurisdicional, que também é direito constitucional dos cidadãos (CF, art. 5º, LXXVIII)" (STJ-RDDP 98/129: 1ª T., REsp 1.223.910).

"A decisão concessiva de liminar em ação direta de inconstitucionalidade é também dotada de efeito vinculante, o que impõe a suspensão dos processos em que se discute a lei atingida pela decisão na ADIn, nos termos do art. 265, IV, do CPC" (STJ-2ª T., REsp 942.654, Min. Castro Meira, j. 1.4.08, DJU 15.4.08).

Art. 313: 10d. "Se a causa de pedir na **reclamatória trabalhista** é a existência de vínculo de emprego, e na ação de consignação em pagamento essa causa é a inexistência do vínculo de emprego, há relação de prejudicialidade, de natureza heterogênea, entre ambas as demandas; reservada constitucionalmente à Justiça do Trabalho a competência para decidir a respeito do vínculo de emprego, cabe-lhe dirimir a controvérsia a respeito, suspendendo-se o processo da ação de consignação de pagamento até que isso ocorra (CPC, art. 265, IV, *a*)" (STJ-2ª Seção, CC 88.010, Min. Ari Pargendler, j. 12.12.07, um voto vencido, DJU 29.4.08).

Art. 313: 11. A existência de **processo-crime** contra o responsável pelo dano não justifica a suspensão da ação civil de indenização (RT 495/87, 506/106, 620/83, bem fundamentado, 712/179, RF 298/206, RJTJESP 47/243, JTJ 172/200, RJTAMG 23/265, RAMPR 44/309, Bol. AASP 1.441/181, 1.758/324).

Neste caso, "o juiz não tem obrigatoriedade de determinar a suspensão da ação civil, salvo, no entanto, se presentes circunstâncias especiais, como, por exemplo, a possibilidade de decisões contraditórias, ou quando se nega, no juízo criminal, a existência do fato ou a autoria" (STJ-RT 775/213).

"É princípio elementar a independência entre as esferas cíveis e criminais, podendo um mesmo fato gerar ambos os efeitos, não sendo, portanto, obrigatória a suspensão do curso da ação civil até o julgamento definitivo daquela de natureza penal. Deste modo, o juízo cível não pode impor ao lesado, sob o fundamento de prejudicialidade, aguardar o trânsito em julgado da sentença penal" (STJ-4ª T., REsp 347.915, Min. Fernando Gonçalves, j. 16.10.07, DJU 29.10.07).

V. art. 315 e notas.

Art. 313: 11a. Não cabe a sustação do processo principal em decorrência do simples fato de ter sido ajuizada ação de exibição de documento por uma das partes contra terceiro (RT 610/91).

Art. 313: 11b. "A circunstância de o devedor ajuizar **ação de consignação em pagamento não impede o credor de pretender a execução.** Eventuais embargos poderão ser decididos na mesma sentença da consignatória. Não se pode, entretanto, obrigar o credor a aguardar o desfecho da ação de conhecimento para exercer sua pretensão executória" (RSTJ 12/416). No mesmo sentido: STJ-4ª T., REsp 1.097.930, Min. João Otávio, j. 22.9.09, DJ 12.4.10; RSTJ 19/394, 157/405, RT 828/276.

Todavia, determinando a suspensão da ação de busca e apreensão, em razão de consignatória ajuizada anteriormente: RT 760/350.

V. art. 297, nota 2.

Art. 313: 11c. A propositura de ação para tornar inexigível o título executivo não impede o ajuizamento da execução. "A existência de ação declaratória de inexigibilidade do título não obsta ao início da execução" (RT 669/115; a citação é da p. 116). Assim: "O ajuizamento de ação de rito ordinário que vise à desconstituição de cédulas de crédito rural não impede a propositura e o prosseguimento da execução fundada nestes títulos" (STJ-4ª T., REsp 341.084, Min. Sálvio de Figueiredo, j. 13.11.01, DJU 18.2.02). No mesmo sentido, quanto à "ação declaratória em que se pretende a redução da dívida": STJ-3ª T., REsp 493.565, Min. Nancy Andrighi, j. 22.5.03, DJU 23.6.03.

Todavia, há acórdãos determinando a suspensão dos embargos até o julgamento da outra ação. Assim: "Ajuizada ação declaratória antes mesmo do oferecimento dos embargos de devedor, e não reunidos os feitos, deve, no caso concreto, ser admitida a suspensão dos embargos, na forma do art. 265, IV, *a*, do CPC, observada a regra do § 5º do mesmo artigo" (STJ-3ª T., REsp 160.026, Min. Menezes Direito, j. 16.3.99, DJU 3.5.99). No mesmo sentido: STJ-4ª T., REsp 6.734, Min. Athos Carneiro, j. 31.10.91, DJU 2.12.91; JTJ 298/370.

"Havendo continência e prejudicialidade entre os embargos do devedor e a ação exoneratória de débitos, não tendo sido reunidos os feitos oportunamente para julgamento conjunto, cabível é a suspensão dos embargos, nos termos do art. 265, IV, a, CPC" (STJ-4ª T., REsp 392.680, Min. Barros Monteiro, j. 16.4.02, DJU 26.8.02). No mesmo sentido: STJ-3ª T., REsp 201.489, Min. Menezes Direito, j. 16.12.99, DJU 8.3.00.

"Havendo conexão e prejudicialidade entre os embargos do devedor e a ação declaratória, não tendo sido reunidos os feitos para julgamento conjunto, recomendável a suspensão dos embargos até o julgamento da causa prejudicial, nos termos do art. 265, IV, *a*, CPC" (STJ-4ª T., AI 35.922-5, Min. Sálvio de Figueiredo, j. 24.6.93, DJU 2.8.93).

Suspendendo os embargos à execução, em razão da pendência de mandado de segurança influente no seu desfecho: RT 869/235.

V. tb. arts. 55 § 2º-I (conexão entre execução e outra ação que se oponha à execução), 297, nota 2 (tutela provisória para impedir execução), 337, nota 24b (litispendência entre ação anulatória e embargos à execução), 914, nota 2 (oposição à execução por meio de ação autônoma), 921, notas 2 e 4 (suspensão da execução).

Art. 313: 11d. A pendência de **ação rescisória** não autoriza a suspensão do processo com fundamento no art. 265-IV-*a* (STJ-1ª T., REsp 807.477, Min. José Delgado, j. 16.2.06, DJU 13.3.06). **Contra:** "Ação de anulação de ato jurídico. Contrato de locação. Prejudicialidade externa com ação rescisória, cujo objeto abrange o mesmo contrato. Necessidade de suspensão da ação anulatória para que sejam evitadas decisões conflitantes" (RP 134/207).

Art. 313: 12. "Deve ser determinada a suspensão da **ação de despejo** enquanto não julgada ação de usucapião do imóvel locado anteriormente ajuizada por sucessor do locatário, nos termos do art. 265, IV, 'a' do CPC/1973" (STJ-4ª T., REsp 1.582.837, Min. Raul Araújo, j. 16.8.16, DJ 26.8.16).

V. tb. LI 59, nota 13.

Art. 313: 12a. Deve ser suspensa a **renovatória de locação** enquanto não for julgada a ação de adjudicação compulsória movida pelo locatário do imóvel contra o locador (JTA 104/349).

"A decisão das ações conexas de despejo e consignatória de aluguéis constitui prejudicial da ação renovatória intentada entre as mesmas partes, impondo-se a suspensão do processo até o trânsito em julgado da decisão que resolver a questão prejudicial" (STJ-4ª T., REsp 23.331-1, Min. Sálvio de Figueiredo, j. 29.6.92, DJU 10.8.92).

Art. 313: 12b. Deve ser suspenso o curso de **reivindicação** até julgamento de ação de **usucapião** proposta pelo possuidor do imóvel reivindicado (RT 652/51).

Todavia, em matéria de **posse,** a solução é diferente: "Não há prejudicialidade externa que justifique a suspensão da possessória até que se julgue a usucapião. A posse não depende da propriedade e, por conseguinte, a tutela da posse pode se dar mesmo contra a propriedade" (STJ-3ª T., REsp 866.249, Min. Nancy Andrighi, j. 17.4.08, DJU 30.4.08). No mesmo sentido: STJ-4ª T., Ag em REsp 1.637.772-AgInt, Min. Luis Felipe, j. 24.8.20, DJ 31.8.20.

Art. 313: 12c. "O art. 265, IV, *a*, do CPC não impõe o sobrestamento de ação de **imissão de posse** enquanto se discute, em outro feito, a anulação do ato de transferência do domínio" (STJ-3ª T., AI 779.534-AgRg, Min. Sidnei Beneti, j. 15.4.08, DJU 7.5.08). No mesmo sentido: STJ-4ª T., REsp 1.151.040-AgRg, Min. Luis Felipe, j. 14.2.12, DJ 22.2.12.

No sentido de que deve ser suspensa a ação de imissão de posse até o julgamento da ação de revisão de cláusulas do contrato que estava na base do pedido de imissão: RP 151/219.

Art. 313: 12d. A ação de busca e apreensão deve ser suspensa na pendência de ação revisional do contrato de alienação fiduciária? v. Dec. lei 911/69, art. 3º, nota 3d.

Art. 313: 13. "Não é causa de suspensão do processo de **inventário** a pendência de julgamento de ação de reconhecimento de sociedade de fato ajuizada em face dos herdeiros do falecido companheiro" (STJ-3ª T., REsp 976.649, Min. Nancy Andrighi, j. 17.12.09, DJ 2.2.10).

Art. 313: 14. A **carta precatória e a rogatória** não suspendem o processo se não requeridas antes do seu saneamento. V. art. 377, nota 4.

Art. 313: 14a. A suspensão do processo somente pode ser determinada **após a citação** dos réus (RT 861/193).

Art. 313: 15. Em matéria de recurso, v. art. 1.004.

S/ greve dos serviços judiciários, v. art. 221, nota 6; s/ greve nos correios, v. art. 221, nota 7.

Art. 313: 16. "A **greve dos advogados públicos** não caracteriza a força maior prevista no art. 265, V, do CPC" (STJ-Corte Especial, ED no REsp 697.916-AgRg, Min. Ari Pargendler, j. 3.12.08, DJ 9.2.09).

V. tb. art. 221, nota 8.

Art. 313: 16a. v., no índice, Suspensão do processo.

Art. 313: 16b e 17. Os incisos IX e X foram acrescidos pela Lei 13.363, de 25.11.16.

Art. 313: 17a. A suspensão do processo, em razão da **morte de uma das partes,** é automática e se inicia no momento em que se dá a ocorrência do fato, tendo a decisão que a declara efeito *ex tunc* (STJ-Corte Especial, ED no REsp 270.191, Min. Peçanha Martins, j. 4.8.04, DJU 20.9.04; RT 866/354; JTJ 335/143: AI 7.192.382-1) e sendo nulos os atos praticados após o falecimento (STJ-RT 691/185, RT 606/90; 883/238 e JTJ 334/259: AP 7.164.635-6, bem fundamentado; RJTJESP 84/160, JTA 88/97, 94/265, 112/162, 112/367).

"O falecimento de uma das partes tem o efeito de suspender o processo, e ele só retoma o curso após a habilitação dos sucessores ou a prova de que, intimados a fazê-lo, silenciaram, desinteressando-se, assim, da sorte da causa; quando os sucessores não acodem espontaneamente ao processo, cabe à contraparte indicar-lhes o nome e o endereço para a devida intimação" (STJ-3ª T., REsp 248.625-AgRg, Min. Ari Pargendler, j. 19.11.01, DJU 18.2.02).

Contra, entendendo que a suspensão somente ocorre após a denúncia do fato em juízo: RJTJESP 125/353, JTA 116/326, RJTAMG 51/209, maioria.

Há um acórdão entendendo que: "Encontrando-se no processo a viúva do litisconsorte falecido, a qual reúne a condição de inventariante, é legítima a decisão que lhe atribui, sem suspender o feito, a condição de representante do espólio" (RT 766/411).

Ainda, existe outro acórdão no seguinte sentido: "No caso de morte de qualquer das partes, pendente o recurso de julgamento na segunda instância e continuando os advogados a acompanhar a causa, a suspensão do processo para eventual habilitação de sucessores somente ocorrerá após o efetivo julgamento pelo colegiado e publicação do acórdão" (RT 837/360).

No caso de morte do autor, quando a ação for considerada intransmissível, v. art. 485-IX e notas.

S/ morte de litisconsorte passivo, em mandado de segurança, v. LMS 24, nota 4a.

Art. 313: 17b. "Os artigos 265, I, do CPC e 266 do CPC objetivam, além da regularidade processual, assegurar que não ocorra prejuízo aos sucessores das partes, de seu representante legal ou de seu procurador na condução da lide. Em que pese a previsão legal de suspensão do processo quando ocorrer o falecimento do autor não ter sido observada, ante a falta de prejuízo para a Fazenda Nacional e dos sucessores do autor, não há **nulidade** a ser declarada, pois não basta a existência de irregularidade processual, é necessário que se verifique prejuízo, considerando que o Código de Processo Civil adotou o princípio *pas de nullité sans grief* (não há nulidade sem prejuízo)" (STJ-2ª T., REsp 767.186, Min. Castro Meira, j. 24.8.05, DJU 19.9.05). No mesmo sentido: STJ-4ª T., REsp 416.251, Min. Jorge Scartezzini, j. 17.2.05, DJU 28.3.05.

"A inobservância do art. 265, I, do CPC, que determina a suspensão do processo a partir da morte da parte, enseja apenas nulidade relativa, sendo válidos os atos praticados, desde que não haja prejuízo aos interessados, sendo certo que tal norma visa preservar o interesse particular do espólio e dos herdeiros do falecido" (STJ-4ª T., REsp 959.755, Min. Luis Felipe, j. 17.5.12, DJ 29.5.12). No mesmo sentido: STJ-3ª T., AI 1.342.853-AgRg, Min. Paulo Sanseverino, j. 2.8.12, DJ 7.8.12.

"A ausência de suspensão do processo por morte da parte não gera nulidade se, no mesmo polo da relação processual, há litisconsorte (marido), que assumiu a inventariança do espólio e tomou ciência de todos os atos processuais subsequentes ao falecimento. Em tal situação, a norma do art. 265, I, do CPC terá atingido o escopo para o qual foi concebida: proteger os interesses do espólio. Alegação tardia de nulidade que não causou prejuízo constitui atitude protelatória que agride a lealdade processual" (STJ-3ª T., REsp 759.927, Min. Gomes de Barros, j. 22.8.06, dois votos vencidos, DJU 27.11.06). No mesmo sentido: STF-Pleno, ED no RE 186.197-AgRg-EDcl-EDcl-AgRg, Min. Ellen Gracie, j. 19.3.03, DJU 25.4.03.

"Execução fiscal. Litisconsórcio passivo. Falecimento de um dos devedores. Inexistência de bens a inventariar. Ausência de suspensão do processo. Nulidade relativa. Ausência de prejuízo. Bem penhorado de propriedade de outro devedor" (STJ-1ª T., REsp 1.328.760, Min. Napoleão Maia Filho, j. 26.2.13, DJ 12.3.13).

Todavia: "Deferida a suspensão do processo por força do falecimento de parte, ele só pode retomar seu curso após decisão do relator a respeito das habilitações. Nulidade do acórdão que julgou os embargos de declaração antes dessa decisão, enquanto suspenso o processo (CPC, art. 1.062)" (STJ-3ª T., REsp 570.797, Min. Ari Pargendler, j. 11.11.03, DJU 15.12.03).

"Os atos ocorridos durante o período em que o processo deveria estar suspenso por ausência de parte devem ser tidos por inexistentes, ante a falta de relação processual na qual pudessem ser praticados. Por isso, não cabe falar-se em nulidade sanável. Por tratar-se de atos inexistentes, não há que se falar em preclusão" (STJ-2ª T., REsp 465.580-EDcl, Min. Castro Meira, j. 3.4.08, DJU 18.4.08).

"Óbito da exequente. Extinção do mandato. Sucessores. Ausência de habilitação. Recurso de apelação interposto por advogado que não possui procuração nos autos. Ausência de legitimidade e capacidade postulatória" (STJ-2ª T., REsp 1.760.155, Min. Herman Benjamin, j. 19.2.19, DJ 11.3.19).

V. tb. art. 314, nota 1a.

Art. 313: 17c. "A morte de uma das partes importa na suspensão do processo, razão pela qual, na ausência de previsão legal impondo prazo para a habilitação dos respectivos sucessores, **não há falar em prescrição intercorrente.** Deve ser dispensada interpretação restritiva às regras que versem prazos prescricionais" (STJ-5ª T., REsp 891.588-AgRg, Min. Arnaldo Esteves, j. 22.9.09, DJ 19.10.09).

V. tb. art. 921, nota 3.

Art. 313: 18. "Com o **falecimento do advogado**, a suspensão do processo tem início desde o momento em que ocorre o fato, a despeito de somente mais tarde vir o juiz a tomar dele conhecimento" (RSTJ 42/300, maioria). No mesmo sentido: STJ-4ª T., REsp 326.155-EDcl-EDcl, Min. Aldir Passarinho Jr., j. 2.9.03, DJU 6.10.03; RSTJ 73/363, RF 253/209.

Daí decorre serem nulos todos os atos praticados posteriormente a esse falecimento (RT 571/138, 597/137, 646/91, 759/253, RJTJESP 122/204, JTA 95/427, 98/168 — a suspensão, para este acórdão, opera em relação a todos os litigantes, Lex-JTA 171/72).

Acórdão no sentido de que "considera-se válida a intimação se a parte não informou o falecimento de seu patrono, nem regularizou sua representação processual" (STJ-3ª T., REsp 526.570-EDcl, Min. Castro Filho, j. 16.3.06, DJU

10.4.06), foi cassado nos subsequentes embargos de divergência, nos quais se reconheceu a nulidade da intimação dirigida ao advogado falecido e anulou-se o julgamento anterior (STJ-2ª Seção, ED no REsp 526.570, Min. Quaglia Barbosa, j. 27.6.07, três votos vencidos, DJU 27.9.07).

"Mesmo existindo mais três procuradores, a tão só publicação no nome do advogado falecido fragiliza a presunção de conhecimento do ato judicial, porquanto não se pode impor àqueles que, mesmo sendo procuradores, não tiveram seu nome relacionado na publicação, que dela tenham ciência e interponham o devido recurso ou reclamem a adoção de uma determinada medida, dentro dos restritos prazos legais" (STJ-3ª T., REsp 1.226.574, Min. Nancy Andrighi, j. 26.6.12, DJ 18.12.12). No mesmo sentido: STJ-4ª T., REsp 769.935, Min. Antonio Ferreira, maioria, j. 2.10.14, DJ 25.11.14.

"A morte do advogado da parte suspende o curso do processo, desde a sua ocorrência, sendo considerados nulos os atos posteriormente praticados. Demonstrado nos autos que a morte do patrono da autora se deu antes do julgamento de recurso ordinário em mandado de segurança, é forçoso reconhecer que no momento da manifestação desta Corte o processo estava suspenso. A autora sofreu efetivo prejuízo, tendo em vista a impossibilidade de realização de sustentação oral no julgamento do recurso ordinário, processo em que quedou vencida, como também o cerceamento para interposição de eventuais recursos" (STJ-3ª Seção, AR 2.995, Min. Jorge Mussi, j. 12.3.14, DJ 25.3.14).

No AgRg 263.424 (em JTA 70/15), decidiu o Pleno do 1º TASP, com dois votos vencidos, que o falecimento do único advogado da parte, entre a data de julgamento e a da intimação do acórdão, sem ingresso de outro advogado no feito, suspende a fluência do prazo para recurso, ainda que não comunicado nos autos o óbito. Novamente: 1º TASP-JTA 71/25, 18 votos a 5.

Contra, entendendo que, se o fato não é levado ao conhecimento do juiz ou tribunal, é válido o prosseguimento do feito (RT 490/120) e não é nula a sentença que se proferir (RT 471/100, JTA 105/268). No mesmo sentido: "Não existe irregularidade na intimação do advogado, quando não há nos autos notícia de seu falecimento" (STJ-5ª T., AI 461.375-AgRg-EDcl, Min. Gilson Dipp, j. 21.8.03, DJU 29.9.03).

Caso especial, em que também se determinou a validade dos atos praticados após a morte do advogado: "Suspensão do processo judicial por óbito do advogado da parte. Comunicação feita a juízo somente dez anos depois do falecimento, poucos dias após publicado o acórdão de sua condenação. Total ausência de justificativa quanto a fato impeditivo de anterior comunicação. Violação dos arts. 265 e 266/CPC não ocorrente" (STJ-2ª T., REsp 1.289.312, Min. Herman Benjamin, j. 6.6.13, DJ 26.6.13).

V., ainda, art. 1.004, nota 2.

Art. 313: 18a. "A **intimação** da parte para constituição de novo patrono há de ser **pessoal**, e não através de publicação no órgão oficial" (STJ-5ª T., REsp 34.886-2, Min. Flaquer Scartezzini, j. 7.3.94, DJU 21.3.94).

Art. 313: 19. v. art. 485.

Art. 313: 20. v. art. 346.

Art. 313: 20a. Afirmando que a morte do advogado não impede o **conhecimento do recurso** previamente interposto, ainda que a parte, pessoalmente intimada, deixe de constituir outro mandatário: RTJ 87/502.

Art. 313: 21. "Embora a lei confira o direito de as partes convencionarem a suspensão do processo, este é limitado pela disposição do § 3º do artigo 265 do CPC e tal limite funda-se na necessidade de que as pendências judiciais não se perpetuem, sobretudo diante da garantia constitucional dirigida a todos (não exclusivamente às partes processuais) da razoável duração do processo e dos meios que garantam a celeridade de sua tramitação. **Encerrado o prazo de seis meses,** imediatamente os autos devem ir conclusos para o magistrado para que este restabeleça o curso do procedimento" (STJ-2ª T., REsp 1.231.891-AgRg, Min. Mauro Campbell, j. 7.2.13, DJ 18.2.13).

Art. 313: 22. "A suspensão do processo a que se refere o art. 265, IV, *a*, do CPC, deve ter como **limite máximo o prazo ânuo** estabelecido no § 5º desse mesmo artigo, após o que, independentemente de eventual prejudicialidade externa, caberá ao juiz determinar o prosseguimento do feito" (STJ-5ª T., REsp 249.553, Min. Gilson Dipp, j. 15.8.00, DJU 4.9.00). "Ultrapassado o 'período ânuo' de suspensão o valor celeridade supera o valor certeza e autoriza o juiz a apreciar a questão prejudicial o quanto suficiente (*incidenter tantum*) para fundamentar a decisão" (STJ-RT 863/192: 1ª T., REsp 791.348). Também determinando o seguimento do processo após um ano da sua suspensão: STJ-Corte Especial, MS 22.078-AgRg-EDcl, Min. Luis Felipe, j. 14.3.19, maioria, DJ 11.6.19; RT 869/235, JTJ 305/470.

Todavia: "O prazo máximo de suspensão da ação prejudicada comporta flexibilização conforme as peculiaridades de cada caso, não ficando limitado ao período de 1 ano imposto pelo § 5º do art. 265 do CPC" (STJ-3ª T., REsp 1.230.174, Min. Nancy Andrighi, j. 4.12.12, DJ 13.12.12). No caso, o voto da relatora se encerra com determinação no sentido do "retorno do processo à origem, onde, nos termos do art. 265, IV, *a*, do CPC, deverá permanecer suspenso até o julgamento definitivo da ação civil pública".

Também determinando que a suspensão perdure até o trânsito em julgado no processo cujo desfecho é aguardado: RT 833/272.

Art. 313: 23 e 24. Os §§ 6º e 7º foram acrescidos pela Lei 13.363, de 25.11.16.

Art. 313: 25. "A **suspensão** do processo **em razão da paternidade se opera tão logo ocorre o fato gerador** (nascimento ou adoção), não se podendo exigir do causídico, para tanto, que realize a comunicação imediata ao Juízo, porque isso seria esvaziar o alcance do benefício legal. Se a lei concede ao pai a faculdade de se afastar do trabalho para acompanhar o filho nos seus primeiros dias de vida ou de convívio familiar, não é razoável lhe impor o ônus de atuar no processo, durante o gozo desse nobre benefício, apenas para comunicar e justificar aquele afastamento. Por força da lei, a suspensão do processo pela paternidade tem início imediatamente à data do nascimento ou adoção, ainda que outra seja a data da comprovação nos autos, desde que esta se dê antes de operada a preclusão, já considerado no cômputo do respectivo prazo o período suspenso de 8 dias. No que tange ao momento da comprovação, não há vedação legal, tampouco se vislumbra qualquer prejuízo, para que seja ela feita no momento da interposição do recurso ou da prática do primeiro ato processual do advogado" (STJ-3ª T., REsp 1.799.166, Min. Nancy Andrighi, j. 2.4.19, DJ 4.4.19).

Art. 314. Durante a suspensão é vedado praticar qualquer ato processual,[1-1a] podendo o juiz, todavia, determinar a realização de atos urgentes a fim de evitar dano irreparável,[2-2a] salvo no caso de arguição de impedimento e de suspeição.[3] [Dispositivo correspondente no CPC/1973: art. 266]

Art. 314: 1. v. art. 221, nota 10. Em matéria de execução fiscal, v. LEF 15, nota 1.

Art. 314: 1a. Todavia, **na ausência de prejuízo** para qualquer das partes, os atos praticados no período de suspensão do processo **são válidos.** Nessas circunstâncias, eles são considerados como se tivessem sido realizados no primeiro dia útil após o fim da suspensão.

"Se, no momento da interposição do recurso, o processo estava suspenso, o respectivo prazo não fluía, nem consequentemente o do preparo; tempestivo, portanto, o recurso cujas custas foram recolhidas no dia seguinte ao da interposição, ainda durante o prazo de suspensão do processo" (STJ-3ª T., REsp 403.049, Min. Ari Pargendler, j. 3.12.02, DJU 24.3.03).

"A publicação de sentença, no período em que o processo estava suspenso, considera-se feita no primeiro dia útil seguinte ao término da suspensão" (STJ-3ª T., REsp 1.236.276-EDcl, Min. João Otávio, j. 18.11.14, DJ 24.11.14).

Todavia: "Nulo o ato praticado enquanto suspenso o processo. A eventual falta de diligência da parte, concorrendo para a prática do ato, não o convalida, como também não releva, para esse fim, a boa-fé de quantos dele hajam participado" (STJ-3ª T., REsp 6.740, Min. Eduardo Ribeiro, j. 27.5.91, maioria, DJU 5.8.91).

V. tb. art. 313, nota 17b.

Art. 314: 2. v. arts. 300 a 310 (tutela de urgência).

Art. 314: 2a. "Penhora ocorrida durante a suspensão do processo decorrente do falecimento do devedor. O ato de **penhora** de bem imóvel é um ato de natureza processual, motivo pelo qual é proibida a sua prática no período de suspensão do processo decorrente do falecimento do executado. Na hipótese, todavia, o delineamento fático estampado no acórdão recorrido demonstra que a penhora era indispensável para assegurar a utilidade e a satisfatividade da execução em curso, que se prolongava por muitos anos sem nenhuma perspectiva de adimplemento do crédito materializado no título executivo, assumindo a penhora, nesse contexto, o papel de medida assecuratória e conservativa de direito, de modo a atrair a incidência da exceção prevista na parte final do art. 793 do CPC/73" (STJ-3ª T., REsp 1.643.012, Min. Nancy Andrighi, j. 22.3.18, DJ 26.3.18).

V. tb. art. 923, nota 2.

Art. 314: 3. v. art. 146 § 3º.

Art. 315. Se o conhecimento do mérito depender de verificação da existência de fato delituoso, o juiz pode determinar a suspensão do processo até que se pronuncie a justiça criminal.[1-1a] [Dispositivo correspondente no CPC/1973: art. 110-*caput*]

§ 1º Se a ação penal não for proposta no prazo de 3 (três) meses, contado da intimação do ato de suspensão, cessará o efeito desse, incumbindo ao juiz cível examinar incidentemente a questão prévia. [Dispositivo correspondente no CPC/1973: art. 110 § ún.]

§ 2º Proposta a ação penal, o processo ficará suspenso pelo prazo máximo de 1 (um) ano, ao final do qual aplicar-se-á o disposto na parte final do § 1º.[2] [Sem dispositivo correspondente no CPC/1973]

Art. 315: 1. v. art. 313-V-*a*, especialmente nota 11, e §§ 4º e 5º.

Art. 315: 1a. "A suspensão do processo, na hipótese de que trata o art. 110 do CPC, é facultativa, estando entregue ao prudente exame do juiz, em cada caso, que deve ter em linha de conta a possibilidade de decisões contraditórias" (RSTJ 71/343). No mesmo sentido: RSTJ 78/268.

"Sedimentou-se a jurisprudência no sentido de só ter como obrigatória a paralisação da ação civil, quando a ação penal puder fechar a via civil, tal como: provar que não houve o fato, ou que não foi o acusado o autor do delito. Nesses casos exemplificativos, fechada estaria a via cível" (STJ-2ª T., REsp 293.771, Min. Eliana Calmon, j. 13.11.01, DJU 25.12.02). No mesmo sentido: STJ-4ª T., REsp 860.591, Min. Luis Felipe, j. 20.4.10, DJ 4.5.10.

Determinando o seguimento do processo civil: "Cinge-se a controvérsia apenas em relação à culpa do preposto da ré. Existência do fato não negada e ausência de dúvida quanto à sua autoria" (RT 872/247: TJSP, AI 1149813-0/3). Também: "Não há falar em suspensão do processo cível até trânsito em julgado da ação criminal, já tendo sido reconhecida a autoria e comprovados os fatos pela sentença" (STJ-3ª T., Ag em REsp 71.367-AgRg, Min. Sidnei Beneti, j. 27.11.12, DJ 18.12.12).

Determinando a suspensão do processo civil em caso no qual se discutia acerca da legítima defesa: "Resta evidenciada a possibilidade de decisões contraditórias no tocante a essa excludente de ilicitude, pelo que se justifica a suspensão do processo civil" (RSTJ 145/406: 3ª T., REsp 282.235).

Art. 315: 2. v. nota 1.

Título III | DA EXTINÇÃO DO PROCESSO

Art. 316. A extinção do processo dar-se-á por sentença.[1] [Sem dispositivo correspondente no CPC/1973]

Art. 316: 1. s/ extinção do processo e: litisconsórcio necessário, v. art. 115 § ún.; requerimento de tutela antecipada antecedente, v. arts. 303 §§ 2º e 6º e 304 § 1º; habilitação do sucessor, v. art. 313 § 2º-I; sentença sem ou com resolução do mérito, v. arts. 485 e segs.; execução, v. arts. 924 e 925.

Art. 317. Antes de proferir decisão sem resolução de mérito, o juiz deverá conceder à parte oportunidade para, se possível, corrigir o vício.[1] [Sem dispositivo correspondente no CPC/1973]

Art. 317: 1. v. arts. 321, 485 e 488.

Parte Especial

Livro I | DO PROCESSO DE CONHECIMENTO E DO CUMPRIMENTO DE SENTENÇA

Título I | DO PROCEDIMENTO COMUM

Capítulo I | DISPOSIÇÕES GERAIS

Art. 318. Aplica-se a todas as causas o procedimento comum,[1] salvo disposição em contrário deste Código ou de lei. [Dispositivo correspondente no CPC/1973: art. 271]

Parágrafo único. O procedimento comum aplica-se subsidiariamente aos demais procedimentos especiais[1a] e ao processo de execução.[2] [Dispositivo correspondente no CPC/1973: art. 272 § ún.]

Art. 318: 1. "**Ação autônoma de exibição de documentos** pelo procedimento comum. Possibilidade. Pretensão que se exaure na apresentação dos documentos apontados. Interesse e adequação processuais. Verificação. A ação de exibição de documentos subjacente, promovida pelo rito comum, denota, por parte do demandante, a existência de interesse de agir, inclusive sob a vertente adequação e utilidade da via eleita. Registre-se que o cabimento da ação de exibição de documentos não impede o ajuizamento de ação de produção antecipada de provas" (STJ-3ª T., REsp 1.803.251, Min. Marco Bellizze, j. 22.10.19, maioria, DJ 8.11.19).

V. tb. art. 381, nota 7.

Art. 318: 1a. v. arts. 539 e segs.

Art. 318: 2. v. arts. 771 e segs.

Capítulo II | DA PETIÇÃO INICIAL

Seção I | DOS REQUISITOS DA PETIÇÃO INICIAL

Art. 319. A petição inicial indicará:[1 a 2] [Dispositivo correspondente no CPC/1973: art. 282-*caput*]

I — o juízo a que é dirigida; [Dispositivo correspondente no CPC/1973: art. 282-I]

II — os nomes,[3] os prenomes, o estado civil, a existência de união estável,[3a-4] a profissão, o número de inscrição no Cadastro de Pessoas Físicas ou no Cadastro Nacional da Pessoa Jurídica,[4a-4b] o endereço eletrônico,[4c] o domicílio e a residência do autor e do réu;[5 a 7] [Dispositivo correspondente no CPC/1973: art. 282-II]

III — o fato e os fundamentos jurídicos do pedido;[8 a 11] [Dispositivo correspondente no CPC/1973: art. 282-III]

IV — o pedido com as suas especificações;[12-12a] [Dispositivo correspondente no CPC/1973: art. 282-IV]

V — o valor da causa;[13-14] [Dispositivo correspondente no CPC/1973: art. 282-V]

VI — as provas com que o autor pretende demonstrar a verdade dos fatos alegados;[15-16] [Dispositivo correspondente no CPC/1973: art. 282-VI]

VII — a opção do autor pela realização ou não de audiência de conciliação ou de mediação.[17] [Sem dispositivo correspondente no CPC/1973]

§ 1º Caso não disponha das informações previstas no inciso II, poderá o autor, na petição inicial, requerer ao juiz diligências necessárias a sua obtenção. [Sem dispositivo correspondente no CPC/1973]

§ 2º A petição inicial não será indeferida se, a despeito da falta de informações a que se refere o inciso II, for possível a citação do réu.[18] [Sem dispositivo correspondente no CPC/1973]

§ 3º A petição inicial não será indeferida pelo não atendimento ao disposto no inciso II deste artigo se a obtenção de tais informações tornar impossível ou excessivamente oneroso o acesso à justiça. [Sem dispositivo correspondente no CPC/1973]

Art. 319: 1. s/ dados do advogado que postula em causa própria, v. art. 106-I. S/ requisitos da petição inicial: da execução, v. arts. 798 e segs.; da ação direta de inconstitucionalidade e da ação declaratória de constitucionalidade, v. LADIN 3º e 14; do mandado de segurança, LMS 6º.

Art. 319: 1a. **Dec. lei 147, de 3.2.67** — Dá nova Lei Orgânica à Procuradoria-Geral da Fazenda Nacional: **"Art. 21.** Sob pena de ser liminarmente indeferida por inepta, nos termos do art. 160 do Código de Processo Civil, a petição inicial de qualquer ação proposta contra a Fazenda Nacional, ou contra a União Federal, conterá, obrigatoriamente, a indicação precisa do ato impugnado, a menção exata da autoridade que o tiver praticado e a individuação perfeita do processo administrativo, por sua numeração no protocolo da repartição. **Parágrafo único.** Sob a mesma pena, deverá a petição inicial ser acompanhada de cópias autenticadas dos documentos que a instruírem, as quais serão remetidas à Procuradoria da Fazenda Nacional juntamente com a contrafé".

Todavia: "Não há de se considerar as exigências dos arts. 20 e 21 do Dec.-lei n. 147/67 como causas imperativas de reconhecimento, em face do seu não cumprimento, da inépcia da inicial. As cópias da petição inicial e dos documentos podem, no caso, ser extraídas pela Secretaria do Juízo ou pela Procuradoria da República, enviando-se à Procuradoria da Fazenda Nacional. As causas determinantes de inépcia da inicial estão catalogadas no CPC e recebem interpretação restritiva" (TFR-5ª T., Ag 57.324, Min. José Delgado, j. 13.3.89, DJU 26.6.89).

V. art. 320, nota 1b, e LMS 6º.

Lei 9.494, de 10.9.97: "Art. 2º-A § ún. (*introduzido pela Med. Prov. 2.180-35, de 24.8.01*). Nas ações coletivas propostas contra a União, os Estados, o Distrito Federal, os Municípios e suas autarquias e fundações, a petição inicial deverá obrigatoriamente estar instruída com a ata da assembleia da entidade associativa que a autorizou, acompanhada da relação nominal dos seus associados e indicação dos respectivos endereços".

Art. 319: 2. São também requisitos da petição inicial que ela seja **escrita em língua portuguesa** (v. art. 192-*caput*) e seja **subscrita por advogado** no regular exercício da profissão (v. arts. 103 e segs.).

"Petição inicial. Se, ao despachá-la, o juiz não percebeu que a petição inicial estava sem a assinatura do procurador do autor, deve intimá-lo para suprir a falta tão logo seja alertado do fato" (RSTJ 119/263: 2ª T., REsp 199.599). "À ausência de assinatura da inicial aplica-se o art. 284 e seu parágrafo do CPC e não o art. 267, § 1º" (STJ-1ª T., REsp 652.641, Min. Luiz Fux, j. 2.12.04, DJU 28.2.05); ou seja, o autor deve ser intimado a suprir a falta da assinatura na inicial por meio de seu advogado, sendo desnecessária a sua intimação pessoal.

S/ falta de assinatura, v. tb. arts. 335, nota 5 (contestação), e 1.010, nota 5 (apelação).

Art. 319: 3. "Tem-se por suprida a falta de individuação dos autores, na inicial, pelo conteúdo da **procuração,** onde se acham os **nomes** de todos, com a devida qualificação" (STJ-3ª T., REsp 11.096, Min. Dias Trindade, j. 20.8.91, DJU 16.9.91).

Art. 319: 3a. s/ pessoas casadas ou em união estável e necessidade de autorização para demandar ou de formação de litisconsórcio passivo, v. art. 73.

Art. 319: 4. **Não é preciso prova** da união estável; basta sua indicação. A prova da união estável interessa apenas para a aplicação do art. 73, cf. disposto no § ún. deste.

Art. 319: 4a. v. LEF 6º, nota 1a (Súmula 558 do STJ).

Art. 319: 4b. **Lei 11.419, de 19.12.06: "Art. 15.** Salvo impossibilidade que comprometa o acesso à justiça, a parte deverá informar, ao distribuir a petição inicial de qualquer ação judicial, o número no cadastro de pessoas físicas ou jurídicas, conforme o caso, perante a Secretaria da Receita Federal".

Res. 460 do STF, de 12.4.11: "Art. 1º Compete ao postulante indicar o número no cadastro de pessoas físicas ou jurídicas da parte que represente, no peticionamento inicial, se figurar no polo ativo, ou, na primeira oportunidade de manifestação, se no polo passivo. **Parágrafo único.** Nos feitos de natureza criminal e naqueles em que a parte é incapaz ou relativamente incapaz, a indicação prevista no *caput* é facultativa.

"Art. 2º O disposto nesta Resolução aplica-se a processos que tramitam em meio físico e eletrônico.

"Art. 3º O Relator poderá determinar a intimação da parte para o cumprimento do disposto nesta Resolução nos processos que tramitem em meio físico".

Art. 319: 4c. i. e., ***e-mail.*** Todavia, não existe previsão legal de intimação da parte por *e-mail*. Assim, este serve apenas como um canal alternativo e informal de comunicação dos atos processuais.

V. tb. arts. 287, nota 1a, e 620, nota 3a.

Art. 319: 5. v. §§ 1º a 3º.

Art. 319: 5a. Se o autor não obedecer à determinação do juiz para que informe o seu endereço, é caso de **extinção do processo** (RSTJ 157/89: 1ª T., REsp 295.642).

Art. 319: 5b. Basta a simples indicação da residência; **não se exige comprovação** (RTJE 117/147).

Art. 319: 5c. Os **nomes e qualificações** de todos os coautores podem, para facilidade, ser fornecidos em **relação anexa** à petição inicial (STJ-1ª T., RMS 2.741-7, Min. Cesar Rocha, j. 8.6.94, DJU 15.8.94).

Art. 319: 6. "Não obstante constando da petição inicial **equívoco quanto à correta designação** das pessoas jurídicas demandadas, se foi possível a sua precisa identificação e regular citação, tanto que apresentaram defesa, não se mostra ajustado aos princípios processuais da instrumentalidade e da economia declarar-se a carência da ação, sendo de rigor, dada a ausência de prejuízo, permitir seja sanado o vício, a teor do que dispõem os arts. 244 e 327 da lei instrumental civil" (STJ-4ª T., REsp 13.810-0, Min. Sálvio de Figueiredo, j. 1.9.92, DJU 21.9.92).

Art. 319: 7. Em ação possessória, autoriza-se que o autor **não indique,** desde logo, **todas as pessoas** que acusa de esbulho (RT 704/123; JTJ 341/332: AP 7.330.240-6).

Assim: "Reintegração de posse. Imóvel invadido por terceiros. Impossibilidade de identificação dos ocupantes. Indeferimento da inicial. Inadmissibilidade. Citação pessoal dos ocupantes requerida pela autora, os quais, identificados, passarão a figurar no polo passivo da lide. Medida a ser adotada previamente no caso. Há possibilidade de haver réus desconhecidos e incertos na causa, a serem citados por edital (art. 231, I, do CPC)" (STJ-4ª T., REsp 362.365, Min. Barros Monteiro, j. 3.2.05, DJU 28.3.05).

V. tb. arts. 256, nota 4, e 554 §§ 1º a 3º.

Art. 319: 8. i. e., a **causa de pedir.**

S/ causa de pedir e: interpretação do pedido, v. art. 322, nota 12; estabilização da demanda, v. art. 329; inépcia da petição inicial, v. art. 330 § 1º-I e III; litispendência, v. art. 337 § 2º.

Art. 319: 8a. "Segundo esmerada doutrina, *causa petendi* é o fato ou o conjunto de fatos suscetível de produzir, por si, o efeito jurídico pretendido pelo autor" (STJ-4ª T., REsp 2.403, Min. Sálvio de Figueiredo, j. 28.8.90, DJU 24.9.90).

Art. 319: 8b. "Sentença. **Vinculação à causa de pedir.** A conformidade da sentença com o libelo significa que não podem ser considerados fundamentos ali não apresentados. Não importa proibição de que se tenham em conta os chamados fatos simples, que por si não servem de base ao pedido, mas apenas reforçam os fundamentos jurídicos deduzidos" (RSTJ 71/288).

Art. 319: 8c. "Processo de execução de título extrajudicial. Desconsideração da personalidade jurídica. Redirecionamento contra os sócios. Demonstração pelo executado de ter saído da empresa antes da celebração do contrato. Manutenção no polo passivo por ter sido fiador do título executado. **Inovação da causa pedir.** Infração ao princípio do devido processo legal" (STJ-3ª T., REsp 1.229.089, Min. Paulo Sanseverino, j. 19.3.13, DJ 3.4.13).

V. tb. arts. 141, nota 2, e 492, nota 16b.

Art. 319: 8d. "Nas **ações de estado,** quando os fatos que tornam insuportável a vida em comum, se revelados desde logo, comprometem a família e envolvem a honra e a boa fama dos cônjuges, é razoável se admita seja **omitida** na inicial a **descrição fática,** ressalvando que sua exposição será objeto de aditamento da inicial, se impossível ou inviável a conciliação ou a conversão da separação ou divórcio em amigável. Nessa hipótese, tentada a conciliação e verificada sua impossibilidade, oferecerá o autor o aditamento sobre os fatos, designando-se nova audiência e restituindo-se o prazo para a contestação" (RJTJESP 108/260).

Art. 319: 9. "Não se confunde **'fundamento jurídico'** com **'fundamento legal',** sendo aquele imprescindível e este dispensável, em respeito ao princípio *jura novit curia* (o juiz conhece o direito)" (STJ-1ª T., REsp 477.415, Min. José Delgado, j. 8.4.03, DJU 9.6.03). No mesmo sentido: RT 696/158, JTA 120/277, maioria.

"A invocação desta ou daquela regra jurídica é argumento, e não razão da pretensão. A decisão deve responder às razões das pretensões porque transformadas em questões, mas não necessariamente à argumentação das partes. *Jura novit curia*" (STJ-4ª T., Ag 5.540-AgRg, Min. Athos Carneiro, j. 18.12.90, DJU 11.3.91).

"Causa de pedir. Irrelevância de o acórdão fundar-se em dispositivo legal diverso do indicado pelo autor, desde que considerou os mesmos fatos" (STJ-3ª T., REsp 1.925, Min. Eduardo Ribeiro, j. 13.3.90, DJU 9.4.90). No mesmo sentido: STJ-4ª T., Ag 8.016-AgRg, Min. Fontes de Alencar, j. 9.4.91, DJU 27.5.91.

Art. 319: 10. "O nosso direito prestigiou os princípios do *jura novit curia* e do *da mihi factum, dabo tibi jus*. Isso significa que a qualificação jurídica dada aos fatos narrados pelo autor não é essencial para o sucesso da ação. Tanto que o juiz pode conferir aos fatos **qualificação jurídica diversa** da atribuída pelo autor" (RSTJ 111/139). No mesmo sentido: RSTJ 140/587, RT 830/192.

"Inexiste dissenso entre o julgado e o libelo quando considerados exatamente os fatos descritos na inicial, não importando que lhes tenha sido emprestada qualificação jurídica não mencionada expressamente na inicial" (STJ-3ª T., REsp 1.844, Min. Eduardo Ribeiro, j. 10.4.90, DJU 7.5.90).

"Não se verifica alteração da causa de pedir quando se atribui ao fato ou ao conjunto de fatos qualificação jurídica diversa da originariamente atribuída. Incumbindo ao juiz a subsunção do fato à norma, ou seja, a categorização jurídica do fato, inocorre modificação da *causa petendi* se há compatibilidade do fato descrito com a nova qualificação jurídica ou com o novo enunciado legal" (STJ-4ª T., REsp 2.403, Min. Sálvio de Figueiredo, j. 28.8.90, DJU 24.9.90).

"Ao autor cumpre precisar os fatos que autorizam a concessão da providência jurídica reclamada, incumbindo ao juiz conferir-lhes o adequado enquadramento legal" (RSTJ 48/136).

V. tb. art. 492, nota 16a.

Em matéria de ação rescisória, v. art. 966, notas 6b e 25a.

Art. 319: 11. **Não é necessário dar nome à ação** (RJTJESP 95/171).

"A natureza jurídica da tutela jurisdicional não está vinculada à nominação dada pelo autor à ação, e sim ao pedido" (STJ-4ª T., REsp 184.648, Min. Aldir Passarinho Jr., j. 16.8.01, DJU 4.2.02).

"O nome atribuído à ação é irrelevante para a aferição da sua natureza jurídica, que tem a sua definição com base no pedido e na causa de pedir, aspectos decisivos para a definição da natureza da ação proposta" (STJ-3ª T., REsp 509.300, Min. Gomes de Barros, j. 28.6.05, DJU 5.9.05; no caso, a "natureza da ação proposta" importava para a definição do prazo prescricional). No mesmo sentido: JTJ 345/47 (AI 670.696.4/1-00).

"Reivindicatória. A lide há de ser julgada consoante a causa de pedir e o pedido, não relevando o rótulo dado pelo autor. Se esse pretende a posse com base no domínio o pleito é petitório, ainda que indevidamente qualificado de possessório" (RSTJ 97/174, maioria).

"No caso, ante a incerteza quanto à aplicabilidade da Lei do Inquilinato, a autora apontou a cláusula contratual que permitia a denúncia imotivada e requereu a rescisão do contrato com a retomada do imóvel. Após a declaração de aplicabilidade da legislação especial à relação jurídica por esta Corte, o Tribunal analisou a cláusula contratual e o pedido à luz da Lei n. 8.245/91, e concluiu que a pretensão é permitida pela chamada denúncia vazia e, com base na citada cláusula, desconstituiu o negócio jurídico e deferiu a retomada do bem. Desse modo, foram observados os fatos e fundamentos jurídicos do pedido que constituem a causa de pedir. É irrelevante a denominação, quando possível o julgamento da ação, sem mudança da causa de pedir ou do pedido" (STJ-3ª T., REsp 1.288.067-AgRg, Min. Sidnei Beneti, j. 26.2.13, DJ 20.3.13).

V. arts. 20, nota 9 (denominação, como declaratória, de ação de natureza constitutiva ou condenatória), e 283, nota 7.

Art. 319: 12. s/ pedido, v. arts. 322 e segs.

Art. 319: 12a. "O **pedido** é o que se pretende com a **instauração da demanda** e se extrai da interpretação lógico-sistemática da petição inicial, sendo de levar-se em conta os requerimentos feitos em seu corpo e não só aqueles constantes em capítulo especial ou sob a rubrica 'dos pedidos'" (STJ-4ª T., AI 594.865-AgRg, Min. Fernando Gonçalves, j. 21.10.04, DJU 16.11.04). No mesmo sentido: STJ-1ª T., AI 468.472-AgRg, Min. Luiz Fux, j. 20.5.03, DJU 2.6.03.

V. tb. art. 322 § 2º e notas.

Art. 319: 13. s/ valor da causa, v. arts. 291 e segs.

Art. 319: 14. "Não constitui violação ao art. 282, V, do CPC a não extinção de processo sem apreciação do mérito, se a omissão em indicar o valor da causa não acarretar qualquer prejuízo às partes" (STJ-RT 765/181). No mesmo sentido: STJ-2ª Seção, AR 4.187, Min. Massami Uyeda, j. 12.9.12, DJ 25.9.12.

"Em se tratando de embargos à execução, a falta de indicação do valor a ser atribuído à causa não constituiu irregularidade passível de ensejar a extinção do processo sem resolução de mérito" (STJ-4ª T., REsp 910.226, Min. João Otávio, j. 2.9.10, DJ 15.9.10). No mesmo sentido: STJ-1ª T., REsp 12.172, Min. Gomes de Barros, j. 10.6.92, DJU 24.8.92.

V. art. 292 § 3º e 321, nota 8.

S/ valor da causa em embargos à execução, v. art. 292, nota 10.

Art. 319: 15. s/ prova, v. arts. 369 e segs.

Art. 319: 16. Protesto pela produção genérica de provas. "Ao protestarem os autores, na inicial, por todos os meios de prova em direito permitidos, seguiram forma usual, porquanto a precisa indicação das necessárias, muitas vezes, só é possível após a contestação, pois esta até pode admitir como verdadeiros todos os fatos alegados, dispensando-se, assim, a instrução probatória" (RTJ 106/157 e STF-RT 580/260).

"Evidenciando-se a necessidade de produção de provas, pelas quais, aliás, protestou o autor, ainda que genericamente, constitui cerceamento de defesa o julgamento antecipado da lide, fundado exatamente na falta de prova do alegado na inicial" (STJ-3ª T., REsp 7.267, Min. Eduardo Ribeiro, j. 20.3.91, DJU 8.4.91). No mesmo sentido: JTJ 340/356 (AP 301.056-4/4-00).

"Admite-se o direito de produzir prova, ainda que omitida na inicial a sua indicação" (RT 495/83). No mesmo sentido: Bol. AASP 943/5, RP 5/295.

S/ protesto, feito pelo réu, na contestação, pela produção genérica de provas, v. art. 336, nota 5; s/ protesto pela produção de provas e julgamento antecipado da lide, v. art. 355-I e notas; s/ especificação de provas, antes do saneamento do processo, v. art. 357, nota 3.

Art. 319: 17. A **manifestação do autor quanto à audiência** de conciliação ou de mediação não chega a ser um requisito da petição inicial. Mesmo que o autor silencie a respeito, a petição inicial é recebida e a audiência designada, desde que o direito admita autocomposição (v. art. 334 § 4º).

Art. 319: 18. v. art. 256.

Art. 320. A petição inicial será instruída com os documentos indispensáveis à propositura da ação.[1 a 3] [Dispositivo correspondente no CPC/1973: art. 283]

Art. 320: 1. v. tb. arts. 434 e 435 (instrução da petição inicial com todos os documentos disponíveis). V. ainda art. 76, nota 4 (desnecessidade de apresentação do ato constitutivo da pessoa jurídica autora), 321, especialmente notas 3 e 6 (emenda ou complementação da petição inicial), 798 (documentos indispensáveis na execução), LMS 6º § 1º (ordem para exibição de documento em mandado de segurança).

Art. 320: 1a. "Não é lícito ao juiz estabelecer, para as petições iniciais, requisitos não previstos nos arts. 282 e 283 do CPC. Por isso, não lhe é permitido indeferir liminarmente o pedido, ao fundamento de que as cópias que o instruem carecem de **autenticação.** O documento ofertado pelo autor presume-se verdadeiro, se o demandado, na resposta, silencia quanto à autenticidade (CPC, art. 372)" (RSTJ 141/17, acórdão unânime da Corte Especial).

"Documentos juntados à petição inicial. Cópia xerográfica sem autenticação. Silêncio da parte adversa. Cópia xerográfica de documento juntado por particular merece legitimidade até demonstração em contrário de sua falsidade" (STJ-1ª T., REsp 332.501, Min. José Delgado, j. 18.9.01, DJU 22.10.01).

Súmula 42 do TRF-2ª Reg.: "A petição inicial não pode ser indeferida liminarmente, ao fundamento de que as cópias que a instruem carecem de autenticação".

V. art. 411-III.

Art. 320: 1b. O autor não está obrigado a apresentar **cópia dos documentos que acompanham a inicial,** para que sejam anexados ao mandado de citação (Bol. AASP 2.387/3.227).

V. arts. 248 e 250. Todavia, v. tb. art. 319, nota 1a (ação contra a Fazenda Nacional ou contra a União Federal); e LMS 6º (mandado de segurança).

Art. 320: 2. "'São **documentos indispensáveis** à propositura da demanda somente aqueles sem os quais o mérito da causa não possa ser julgado' (Dinamarco, Cândido Rangel. Instituições de Direito Processual Civil, v. III, 5ª ed., São Paulo: Malheiros, 2005, p. 381/382)" (STJ-1ª T., REsp 919.447, Min. Denise Arruda, j. 3.5.07, DJU 4.6.07).

"Os documentos indispensáveis à propositura da ação são os aptos a comprovar a presença das condições da ação" (STJ-3ª T., REsp 1.123.195, Min. Massami Uyeda, j. 16.12.10, DJ 3.2.11). No mesmo sentido: STJ-3ª Seção, AR 3.802, Min. Jorge Mussi, j. 12.3.14, DJ 2.9.14.

P. ex., "em sede de repetição de indébito, os documentos indispensáveis à propositura da ação são aqueles hábeis a comprovar a realização do pagamento indevido e a legitimidade ativa *ad causam* do contribuinte que arcou com o referido recolhimento" (STJ-2ª T., REsp 992.656, Min. Eliana Calmon, j. 12.2.08, DJU 21.2.08). Ainda em sede de repetição de indébito: "Desnecessidade de apresentação de todos os comprovantes de pagamento com a inicial. Apuração do *quantum debeatur* na liquidação de sentença" (STJ-1ª Seção, REsp 1.111.003, Min. Humberto Martins, j. 13.5.09, DJ 25.5.09). V. tb. art. 492, nota 21.

Art. 320: 2a. "Pode o **juiz determinar que o réu apresente** a cópia do contrato que o autor pretende revisar em juízo" (RSTJ 66/26).

Art. 320: 2b. "Quando o autor não apresenta os documentos essenciais à compreensão da causa, mas o **réu os apresenta,** fica suprida a deficiência" (RSTJ 135/49).

Art. 320: 3. Suscitada, em contestação, a questão da falta de documento essencial à propositura da ação, o juiz deve resolvê-la ao ensejo do **saneamento do processo,** não podendo postergar sua solução para apreciação a final (RJTJESP 113/328).

V. tb. art. 357-I.

Art. 321. O juiz, ao verificar que a petição inicial não preenche os requisitos dos arts. 319 e 320 ou que apresenta defeitos e irregularidades capazes de dificultar o julgamento de mérito, determinará que o autor, no prazo de 15 (quinze) dias,[1-1a] a emende ou a complete, indicando com precisão o que deve ser corrigido ou completado.[2 a 6a] [Dispositivo correspondente no CPC/1973: art. 284-*caput*]

Parágrafo único. Se o autor não cumprir a diligência, o juiz indeferirá a petição inicial.[7-8] [Dispositivo correspondente no CPC/1973: art. 284 § ún.]

Art. 321: 1. "O prazo do art. 284 do Código de Processo Civil **não é peremptório, mas dilatório,** ou seja, pode ser reduzido ou ampliado por convenção das partes ou por determinação do juiz, nos termos do art. 181 do Código de Processo Civil" (STJ-2ª Seção, REsp 1.133.689, Min. Massami Uyeda, j. 28.3.12, DJ 18.5.12). No mesmo sentido: STJ-2ª T., REsp 369.981, Min. João Otávio, j. 4.4.06, DJU 23.5.06; STJ-1ª T., REsp 638.353, Min. José Delgado, j. 19.8.04, DJU 20.9.04; RSTJ 147/77, 148/152, RF 300/246, RT 781/421, JTJ 370/588 (AP 16906-48.2011.8.26.0562).

Assim, tendo o autor emendado a inicial, ainda que após o prazo para isso concedido, não mais se justifica seja indeferida (STJ-6ª T., REsp 38.812, Min. Pedro Acioli, j. 2.9.94, DJU 10.10.94; JTJ 194/120).

Todavia: "Independentemente da natureza jurídica do prazo prescrito no art. 284 do Código de Processo Civil, tendo em conta as duas anteriores concessões de prazo para a regularização da inicial, ambas não atendidas, e a ausência de justificativa plausível para o pedido de nova dilação do prazo, restou configurada a conduta desidiosa e omissiva das recorrentes, estando correta a sentença de indeferimento da inicial e de extinção do processo sem o julgamento do mérito" (STJ-2ª Seção, REsp 1.133.689, Min. Massami Uyeda, j. 28.3.12, DJ 18.5.12).

Em matéria de tutela antecipada antecedente, v. art. 303, nota 7.

Art. 321: 1a. "O despacho do juízo sentenciante para a juntada da cópia da procuração e do substabelecimento outorgados pelo ora embargante representa nova determinação para emenda à inicial, **não** podendo o **prazo** para tal providência ser **menor** que o previsto no art. 321 do CPC/2015 **sem a anuência** das partes" (STJ-3ª T., Ag em REsp 1.372.948-AgInt, Min. Paulo Sanseverino, j. 8.6.20, DJ 12.6.20).

Art. 321: 2. s/ emenda ou complementação da petição inicial e: falta de assinatura do advogado do autor, v. art. 319, nota 2; execução, v. art. 801; execução fiscal, v. LEF 2º, nota 11b, e 6º, nota 1b; mandado de segurança, v. LMS 6º, nota 2.

Art. 321: 3. "Não estando a inicial acompanhada dos **documentos indispensáveis,** deve o juiz determinar o suprimento e, não, indeferir de plano a inicial" (RSTJ 100/197).

Detectando o juiz a necessidade de que venha aos autos a versão em vernáculo de documento redigido em língua estrangeira, deve ele, antes de indeferir a petição inicial, oportunizar a sua juntada (STJ-4ª T., REsp 434.908, Min. Aldir Passarinho Jr., j. 3.4.03, DJ 25.8.03; STJ-3ª T., REsp 1.231.152, Min. Nancy Andrighi, j. 20.8.13, DJ 18.10.13).

Art. 321: 4. Pode haver **mais de uma determinação de emenda** da inicial, se a primeira correção não foi satisfatória (RJTJESP 106/329).

Art. 321: 5. A intimação para emenda ou complementação da petição inicial faz-se ao advogado (STJ-3ª T., REsp 80.500, Min. Eduardo Ribeiro, j. 21.11.97, DJU 16.2.97), "sendo **desnecessária a intimação pessoal**" (STJ-5ª T., REsp 392.519, Min. Edson Vidigal, j. 19.3.02, DJU 22.4.02). No mesmo sentido: RT 888/261 (TJDFT, AP 20060110020963), JTJ 214/138, 353/417 (AP 991.09.095846-3).

Contra, cassando acórdão que decidira que "não é necessária a intimação pessoal do autor para emendar a inicial": STJ-1ª T., REsp 390.815, Min. Gomes de Barros, j. 26.3.02, DJU 29.4.02.

V. tb. art. 485, nota 5.

Art. 321: 5a. Não cabe agravo de instrumento contra a decisão que determina a emenda ou a complementação da petição inicial (v. art. 1.015).

Art. 321: 6. A emenda ou a complementação da petição inicial deve ser determinada **prioritariamente antes da citação do réu,** a fim de que possa ser feita com ampla liberdade. Depois da citação, é preciso respeitar a estabilização da demanda e aditamentos ou alterações na causa de pedir e no pedido dependem do consentimento do réu (v. art. 329).

Casos em que se autorizou a emenda da inicial depois da contestação:

— "A contestação do réu não obsta a possibilidade de emenda, porque a correção da inépcia relativa ao bem da vida não implica, necessariamente, a mudança do pedido ou da causa de pedir. Na hipótese, a inépcia do pedido (falta de precisa indicação dos períodos e respectivos índices de correção monetária) pode ser sanada" (STJ-RF 392/347: 1ª T., REsp 837.449). No mesmo sentido: STJ-3ª T., REsp 327.085-AgRg, Min. Vasco Della Giustina, j. 25.5.10, DJ 10.6.10; STJ-4ª T., REsp 239.561, Min. Aldir Passarinho Jr., j. 20.4.06, DJU 15.5.06. Ainda, em sede de ação civil pública: STJ-4ª T., REsp 1.279.586, Min. Luis Felipe, j. 3.10.17, maioria, DJ 17.11.17;

— "Não há falar em violação do art. 284 do CPC, em se lhes deferindo aos autores prazo para emendar a petição inicial, após o ofertamento da contestação, por isso que a norma instrumental inserta nesse dispositivo legal, à luz da sua própria letra, não estabelece tempo preclusivo qualquer para que o juiz da causa proveja relativamente à perfectibilidade da peça inaugural da ação, o que exclui a invocada violação da lei federal" (STJ-6ª T., REsp 101.013, Min. Hamilton Carvalhido, j. 11.6.03, DJU 18.8.03; caso em que se procedeu ulteriormente à completa qualificação dos autores);

— "se a definição do polo ativo é de convalidação possível, em prestígio ao princípio do aproveitamento dos atos processuais" (STJ-4ª T., REsp 803.684, Min. Aldir Passarinho Jr., j. 18.10.07, DJU 12.11.07; no caso, autorizou-se que a empresa passasse a constar como autora, no lugar de seu sócio). "A correção do polo ativo após a citação, na espécie, para que nele constasse o nome dos pais em substituição à sucessão da criança, não tem o condão de ensejar a extinção do processo, ainda que a mãe do infante só tenha atingido a maioridade 2 (dois) meses após o início da ação, uma vez que, tais fatos, consideradas as especificidades do caso, não acarretaram nenhum prejuízo ao exercício do direito de defesa dos réus (*pas de nullité sans grief*)" (STJ-3ª T., REsp 1.328.457, Min. Marco Bellizze, j. 11.9.18, DJ 17.9.18);

— "para modificação do polo passivo, sem alteração do pedido ou da causa de pedir, mesmo após a contestação do réu" (STJ-3ª T., REsp 1.667.576, Min. Nancy Andrighi, j. 10.9.19, DJ 13.9.19);

— para trazer "documento indispensável à propositura da demanda" (STJ-1ª T., REsp 628.463-AgRg-AgRg, Min. Francisco Falcão, j. 27.2.07, DJU 29.3.07);

— não obstante o processo já estivesse em fase recursal, cabendo ao tribunal anular a sentença e determinar a intimação do autor para emendar ou completar a inicial: "O art. 263 do CPC não interfere na aplicação do art. 284. Ofende o art. 284 do CPC o acórdão que declara extinto o processo, por deficiência da petição inicial, sem dar ao autor oportunidade para suprir a falha" (STJ-1ª T., REsp 114.092, Min. Gomes de Barros, j. 19.2.98, DJU 4.5.98). No mesmo sentido, não admitindo que o tribunal julgue extinto o processo sem julgamento do mérito, por faltar documento indispensável à propositura da ação, sem dar ao autor a oportunidade para juntá-lo: STJ-2ª T., REsp 1.689.995, Min. Herman Benjamin, j. 5.10.17, DJ 16.10.17; STJ-RT 672/212.

Outros casos em que igualmente se autorizou a emenda da inicial: STF-RT 636/188, RT 501/88, 612/80, RJTJESP 45/185, JTA 105/286, 107/415.

Casos em que não se autorizou a emenda da inicial depois da contestação:

— "Inadmissível a emenda da petição inicial inepta, após a apresentação da contestação pelo réu" (STJ-3ª T., AI 289.840-AgRg, Min. Nancy Andrighi, j. 15.9.00, DJU 9.10.00). Esse acórdão serviu de paradigma no julgamento dos seguintes embargos de divergência: "Contestada a ação, a petição inicial já não pode ser emendada; a não ser assim, o réu — quem demonstrou o defeito — estaria fornecendo subsídios contra si próprio, em benefício do autor" (STJ-2ª Seção, ED no REsp 674.215, Min. Ari Pargendler, j. 25.6.08, dois votos vencidos, DJ 4.11.08);

— "Embora deva o magistrado intimar o autor para que emende a inicial, caso a considere inepta, essa possibilidade desaparece se apresentada a contestação e a alteração da peça importe mudanças no pedido ou na causa de pedir" (STJ-3ª T., REsp 177.769, Min. Eduardo Ribeiro, j. 26.6.00, DJU 28.8.00; caso de inexistência de pedido e de deficiência na causa de pedir). No mesmo sentido: STJ-2ª T., REsp 1.291.225, Min. Mauro Campbell, j. 7.2.12, DJ 14.2.12; RT 833/205;

— pois a emenda implicaria "a alteração ao menos do pedido" (STJ-4ª T., REsp 540.332, Min. Barros Monteiro, j. 16.8.05, DJU 3.10.05);

— pois "a petição inicial foi formulada sem dela constar pedido certo" (STJ-2ª T., REsp 726.125, Min. Eliana Calmon, j. 12.6.07, DJU 29.6.07).

Outros casos em que igualmente não se autorizou a emenda da inicial: RF 246/355, JTJ 346/91 (AI 7.354.850-4).

Em matéria de ação rescisória, v. art. 968, nota 2 *in fine*.

Art. 321: 6a. "Se o autor de uma ação é apontado na inicial como 'João' e da procuração e demais documentos que a instruem consta como sendo 'José', tem-se o erro como manifesto e, por isso, corrigível de ofício, independentemente das providências do art. 284 do CPC" (RT 664/131).

Autorizando, mesmo depois da citação, emenda para **"correta indicação das pessoas** jurídicas que devem compor o polo passivo": STJ-2ª T., REsp 1.362.921-AgRg, Min. Mauro Campbell, j. 25.6.13, DJ 1.7.13.

Todavia: "Sendo o erro na indicação da parte passiva defeito essencial e relativo à falta de condição da ação, a petição inicial é incorrigível" (RSTJ 92/355). No mesmo sentido: STJ-2ª T., REsp 1.414.606-AgRg, Min. Herman Benjamin, j. 10.12.13, DJ 6.3.14; STJ-5ª T., REsp 1.166.037-AgRg, Min. Jorge Mussi, j. 5.6.14, DJ 11.6.14.

"O reconhecimento da ilegitimidade ativa não pode ser concebido como simples erro na petição inicial, passível de correção. Iniciado o processo sob uma titularidade, a alteração no polo ativo, por meio de emenda, corresponderia a uma substituição processual, mormente quando é determinada após a citação, hipótese expressamente vedada, salvo exceções não presentes no caso, a teor do art. 264 do Código de Processo Civil" (STJ-3ª T., REsp 758.622, Min. Castro Filho, j. 15.9.05, DJU 10.10.05).

Art. 321: 7. v. arts. 330 e 331.

Art. 321: 8. "O fato de o autor não cumprir determinação judicial para corrigir o **valor da causa** não é motivo para que o juiz extinga o processo, cumprindo ao magistrado retificar de ofício o valor da causa" (RT 846/262; ementa da redação).

V. tb. arts. 292 § 3º e 319, nota 14.

Seção II | DO PEDIDO

Art. 322. O pedido deve ser certo.[1-1a] [Dispositivo correspondente no CPC/1973: art. 286-*caput*]

§ 1º Compreendem-se no principal os juros legais,[2 a 6] a correção monetária[7] e as verbas de sucumbência, inclusive os honorários advocatícios.[8-9] [Dispositivo correspondente no CPC/1973: art. 293]

§ 2º A interpretação do pedido considerará o conjunto da postulação e observará o princípio da boa-fé.[10 a 18] [Sem dispositivo correspondente no CPC/1973]

Art. 322: 1. e, em regra, **determinado** (art. 324).

Art. 322: 1a. "A **certeza do pedido** se configura com a imposição feita ao autor de indicar, de forma precisa e clara, a espécie de tutela jurisdicional pretendida e o resultado prático que se alcançará" (STJ-3ª T., REsp 1.823.072, Min. Marco Bellizze, j. 5.11.19, DJ 8.11.19).

Art. 322: 2. s/ juros de mora incluídos na remessa necessária, v. art. 496, nota 3a; s/ juros legais em ação rescisória fundada em documento novo, v. art. 966, nota 34a; s/ juros compensatórios e moratórios em desapropriação, v. LD 15-A e 15-B e notas.

Art. 322: 3. Súmula 254 do STF: "Incluem-se os juros moratórios **na liquidação,** embora omisso o pedido inicial ou a condenação".

A Súmula 254 do STF tem sido aplicada no STJ: "Os juros de mora incluem-se na liquidação ainda que a sentença exequenda tenha restado omissa quanto ao particular" (STJ-4ª T., REsp 253.671, Min. Sálvio de Figueiredo, j. 5.9.00, DJU 9.10.00). No mesmo sentido: RSTJ 96/223; STJ-1ª T., REsp 5.039, Min. Garcia Vieira, j. 1.10.90, DJU 22.10.90; STJ-3ª T., REsp 10.929, Min. Waldemar Zveiter, j. 28.6.91, DJU 26.8.91. Ainda: RJTJESP 84/123, JTJ 213/229, Ajuris 88/507.

Todavia: "Juros. Não precisam ser expressamente pedidos, quando constituam acessório do que foi pleiteado na inicial. Não assim no caso em exame, em que se cuida de importância que não teria sido solvida, ao pagar-se o principal, referindo-se a demanda exatamente aos acessórios, não abrangidos naquele pagamento" (STJ-3ª T., REsp 41.465-2, Min. Eduardo Ribeiro, j. 28.3.94, DJU 13.6.94).

S/ aplicação da Súmula 254 do STF às desapropriações, v. LD 15-B, nota 4.

Art. 322: 3a. "Ainda que os encargos da mora possam ser fixados pelo juiz independentemente de pedido do autor (art. 293 do CPC), quando houve esse **pedido,** seus **limites devem ser observados.** Na hipótese, a incidência dos juros de mora é a partir da citação válida" (STJ-3ª T., REsp 1.314.796, Min. Nancy Andrighi, j. 4.6.13, DJ 13.6.13).

"Havendo **pedido expresso** da parte a respeito do termo inicial da fixação dos juros, não pode o magistrado decidir diversamente, condenando o réu em quantidade superior do que lhe foi demandado, sob pena de violação ao princípio da vinculação" (STJ-4ª T., REsp 840.320, Min. João Otávio, j. 9.2.10, DJ 18.2.10).

Art. 322: 4. "O estabelecimento da incidência de juros e correção monetária sobre eventual débito reconhecido em **sentença** sujeita-se à dupla disciplina: (i) se a sentença tiver se pronunciado expressamente sobre essas verbas, o **acórdão** recorrido não pode modificá-las sem pedido da parte interessada, sob pena de praticar *reformatio in pejus*; (ii) por outro lado, se a sentença for omissa quanto à matéria, é lícito ao **Tribunal,** mesmo de ofício, disciplinar a incidência dessas verbas, sem que se possa argumentar de extra ou ultrapetição" (STJ-3ª T., REsp 954.353, Min. Nancy Andrighi, j. 17.6.10, DJ 30.6.10).

V. tb. art. 1.008, nota 4c.

Art. 322: 5. "Impossibilidade de inclusão de juros remuneratórios em execução/liquidação de sentença advinda de **ação coletiva** para cobrança de expurgos inflacionários, quando não constar expressamente no título exequendo, como é a hipótese do caso" (STJ-4ª T., REsp 1.474.201-AgRg, Min. Marco Buzzi, j. 7.10.14, DJ 20.10.14).

Art. 322: 5a. "É indevida a inclusão de **juros remuneratórios,** nos cálculos apresentados por ocasião do cumprimento de sentença, se o título exequendo não contemplou expressamente tal verba" (STJ-3ª T., REsp 1.571.109, Min. Marco Bellizze, j. 15.12.20, DJ 18.12.20).

Art. 322: 6. Súmula 551 do STJ: "Nas demandas por complementação de ações de empresas de telefonia, admite-se a condenação ao pagamento de **dividendos e juros sobre capital próprio** independentemente de pedido expresso. No entanto, somente quando previstos no título executivo, poderão ser objeto de cumprimento de sentença".

Contra: "Configura julgamento *extra petita* a inclusão de parcela referente a juros sobre capital próprio na condenação, sem que houvesse pedido nesse sentido" (STJ-2ª Seção, REsp 1.171.095, Min. Sidnei Beneti, j. 9.6.10, um voto vencido, DJ 3.12.10).

Art. 322: 7. v. LCM 1º.

Art. 322: 8. As **verbas de sucumbência** compreendem o reembolso das **despesas antecipadas.**

S/ verbas de sucumbência, v. tb. arts. 82 § 2º, especialmente nota 5, e 85, nota 1a.

Art. 322: 9. Dispensa-se a formulação de pedido para o recebimento de prestações sucessivas (art. 323).

Na ação de investigação de paternidade, fica dispensado pedido de alimentos provisionais ou definitivos (LIP 7º).

Art. 322: 10. s/ limitação da sentença pelo pedido, v. arts. 141 e 492. V., ainda, nas ações de alimentos, LA 11, nota 8; na ação revisional de aluguel, LI 69, nota 1; na ação renovatória, v. LI 72, notas 4a e 10; na rescisão do compromisso de compra e venda, v., no nosso CCLCV, Lei 4.591/64, art. 67-A, nota 3.

S/ boa-fé e: comportamento no processo, v. art. 5º; interpretação da sentença, v. art. 489 § 3º.

Art. 322: 11. "O pedido **não** deve ser **extraído apenas do capítulo** da petição especificamente **reservado aos requerimentos,** mas da interpretação lógico-sistemática das questões apresentadas pela parte ao longo da petição" (STJ-2ª T., REsp 967.375, Min. Eliana Calmon, j. 2.9.10, DJ 20.9.10). No mesmo sentido: STJ-1ª T., REsp 511.670-AgRg, Min. Franciulli Netto, j. 15.3.05, DJU 8.8.05; STJ-4ª T., REsp 526.638-AgRg, Min. Isabel Gallotti, j. 19.2.13, DJ 27.2.13; STJ-RT 914/536 (3ª T., REsp 1.097.955).

"A interpretação do pedido deve se guiar por duas balizas: de um lado, a contextualização do pedido, integrando-o ao inteiro teor da petição inicial, de modo a extrair a pretensão integral da parte; e, de outro lado, a adstrição do pedido, atendendo-se ao que foi efetivamente pleiteado, sem ilações ou conjecturas que ampliem o seu objeto" (STJ-3ª T., REsp 1.155.274, Min. Nancy Andrighi, j. 8.5.12, DJ 15.5.12).

"A interpretação lógico-sistemática do pedido impõe o conhecimento pelo julgador do pedido deduzido de forma lógica a partir da causa de pedir declinada. Entretanto, não se admite interpretação ampliativa para alcançar pedidos não formulados tampouco deduzidos dos fatos declinados" (STJ-3ª T., REsp 1.331.115, Min. Nancy Andrighi, j. 19.11.13, maioria, DJ 22.4.14).

V. tb. art. 1.010, nota 12 (apelação).

Art. 322: 12. "Se o pedido comporta mais de uma interpretação, deve-se recorrer à ***causa petendi*** para a respectiva compreensão" (STJ-3ª T., REsp 931.659, Min. Ari Pargendler, j. 15.5.07, DJU 18.6.07).

Art. 322: 13. "Se determinado **pedido** há de ser tido como **implícito** na postulação mais ampla, sob pena de esta não poder ser atendida ou quedar inócua, não se há de dizer que o juiz prestou tutela jurisdicional sem que a tenha a parte requerido" (RTJ 125/813 e STF-RT 633/208). No mesmo sentido: RSTJ 67/329.

"Inexiste o julgamento *extra petita* quando o acórdão recorrido opta por solução que, embora não expressa na petição inicial, estava implícita no pedido deduzido em juízo" (STJ-3ª T., REsp 200.453, Min. Castro Filho, j. 16.5.06, DJU 5.6.06).

Art. 322: 14. "A mera circunstância de os fatos narrados comportarem, em tese, **indenização por danos morais,** sem que haja qualquer pedido ou cogitação tendente a exigi-la, não autoriza o juiz a, de ofício, considerá-la implícita no pedido de ressarcimento por danos materiais, até porque nada impede a parte de, observado o prazo prescricional, ajuizar ação autônoma buscando ressarcimento específico pela violação dos direitos da personalidade. Ademais, justamente por serem de caráter subjetivo, na falta de qualquer sinalização de que tenham realmente sido suportados, não há como presumir ter a parte sofrido danos de ordem moral" (STJ-3ª T., REsp 1.155.274, Min. Nancy Andrighi, j. 8.5.12, DJ 15.5.12).

"Pela simples leitura da petição inicial, não é possível inferir que o autor tenha sofrido algum tipo de constrangimento moral em virtude dos vícios de fabricação em automóvel por ele adquirido, daí decorrendo a impossibilidade de afirmar que, no pedido genérico de reparação por perdas e danos, estão também compreendidos os danos morais, se nenhum abalo de ordem extrapatrimonial foi suscitado, nem sequer na narrativa dos fatos" (STJ-3ª T., REsp 1.593.655-AgInt, Min. Ricardo Cueva, j. 13.12.16, DJ 10.2.17).

Todavia, entendendo possível a "condenação ao pagamento de indenização por danos morais" em caso de simples pedido de "conversão da obrigação em perdas e danos": STJ-2ª T., REsp 1.645.223, Min. Herman Benjamin, j. 21.2.17, DJ 18.4.17.

"Embora da leitura da petição inicial possa se verificar, na parte dos pedidos, a ausência de postulação expressa à condenação por dano moral, os demandantes deixam claro na fundamentação que pretendem indenização em razão da morte do filho, em decorrência de erro médico atribuído à conduta dos réus, o que se mostrou suficiente para permitir a condenação sob esse fundamento, notadamente, por terem os requeridos tratado do tema em suas peças de contestação, afastando, assim, a ocorrência de julgamento *extra petita*" (STJ-3ª T., REsp 1.328.457, Min. Marco Bellizze, j. 11.9.18, DJ 17.9.18).

V. tb. art. 492, nota 19.

Art. 322: 14a. O pedido de **rescisão de compromisso de compra e venda,** cumulado com o de **reintegração de posse,** inclui, implicitamente, o pedido de cancelamento do compromisso no registro imobiliário: RJTAMG 61/271. **Contra:** JTJ 180/202.

V. tb. art. 560, nota 2.

Art. 322: 15. "Se o autor pediu que fosse assegurado seu direito de **fiscalização da administração,** a interpretação lógico-sistemática não conduz, no caso, ao entendimento de que tal pedido abrange o direito de auferir os **rendimentos dos resultados sociais**" (STJ-3ª T., REsp 985.087, Min. Gomes de Barros, j. 6.3.08, DJU 1.4.08).

Art. 322: 16. "O filho havido na constância do casamento tem legitimidade para **propor ação de investigação de paternidade** contra quem entende ser seu verdadeiro pai, nada obstando que se prove a falsidade do registro no âmbito da ação investigatória, a teor da parte final do art. 348 do Código Civil. O **cancelamento do registro,** em tais circunstâncias, será consectário lógico e jurídico da eventual procedência do pedido de investigação, não se fazendo mister, pois, cumulação expressa" (STJ-RT 764/180: 3ª T., REsp 119.866). No mesmo sentido: STJ-4ª T., REsp 216.719, Min. Sálvio de Figueiredo, j. 16.9.03, DJU 19.12.03; JTJ 236/131, 239/268.

"Se o acórdão recorrido manteve a procedência da ação investigatória, nos termos da decisão de primeiro grau, mas determinou a averbação da filiação no Registro Civil — providência não constante da sentença — não decorre daí ofensa à coisa julgada" (RTJ 137/888, STF-RF 321/148 e STF-RJ 171/43).

S/ litisconsórcio passivo necessário, em ação de investigação de paternidade movida pelo filho contra o suposto pai e contra o pai registral ou em ação movida por suposto pai contra o pai registral e seu filho, v. art. 114, nota 3f.

S/ cumulação de pedido de investigação de paternidade contra o suposto pai com pedido negatório de paternidade contra quem figura como pai no assento de nascimento, v. art. 327, nota 6b.

Art. 322: 16a. "Julgados procedentes os pedidos formulados em sede de **ação de investigação de paternidade cumulada com petição de herança,** disso resulta lógica e automática a **nulidade da partilha** realizada sem a presença e participação do autor vitorioso, afigurando-se dispensável a propositura de ação específica que tenha por objeto apenas vê-la reconhecida expressamente. A execução da decisão de procedência proferida em autos de petição de herança faz-se, como regra, por meio de simples pedido de retificação de partilha, uma vez que a sentença homologatória de partilha não faz coisa julgada em relação ao herdeiro não convocado ao processo de inventário" (RSTJ 74/204 e Ajuris 76/655).

Art. 322: 17. Afirmando ser implícito o **pedido de alimentos na ação de separação:** RT 502/57. No mesmo sentido, em ação de posse e guarda de filhos menores: RTJ 82/997 (v. p. 999, voto do Min. Xavier de Albuquerque).

Art. 322: 18. "Na **ação de indenização** por serviços prestados por um **companheiro** a outro, constituem pedidos implícitos na ação de indenização tanto o **reconhecimento da relação concubinária,** como o de sua **dissolução**" (STJ-4ª T., REsp 482.402, Min. Aldir Passarinho Jr., j. 9.12.03, DJU 15.3.04).

Todavia, existe acórdão que, em demanda voltada exclusivamente à indenização pelos serviços prestados durante a convivência, limitou-se a julgá-la improcedente, sob o argumento de que "não se discute nesta ação qualquer partilha de bens adquiridos na constância da união estável" (RT 839/214).

Art. 323. Na ação que tiver por objeto cumprimento de obrigação em prestações sucessivas, essas serão consideradas incluídas no pedido, independentemente de declaração expressa do autor, e serão incluídas na condenação, enquanto durar a obrigação, se o devedor, no curso do processo, deixar de pagá-las ou de consigná-las.[1 a 4] [Dispositivo correspondente no CPC/1973: art. 290]

Art. 323: 1. v. art. 541 (ação de consignação em pagamento), LI 62-II-*a* (ação de despejo por falta de pagamento) e 67-III (ação de consignação de aluguel e acessórios da locação).

Art. 323: 2. **Não é preciso** que as prestações sejam do **mesmo *quantum*:** basta que sejam da mesma natureza (STJ-RF 351/390, JTA 105/137, maioria, Lex-JTA 173/517).

Art. 323: 3. **Cumprimento de sentença.** "As **verbas condominiais** decorrem de relações jurídicas continuativas e, por isso, devem ser incluídas na condenação as obrigações devidas no curso do processo até o pagamento, nos termos do art. 290 do CPC/73. Na hipótese dos autos, o Tribunal de origem manteve a sentença que restringiu a execução às parcelas que fossem vencidas e não pagas até o trânsito em julgado da fase de conhecimento. Assim, dissentiu da jurisprudência do STJ de que a **execução** pode abranger as parcelas vencidas e vincendas até o efetivo pagamento" (STJ-3ª T., REsp 1.548.227, Min. Nancy Andrighi, j. 7.11.17, DJ 13.11.17).

Art. 323: 3a. "Ação de **execução de título executivo extrajudicial.** Art. 784, X, do CPC/15. **Débitos condominiais.** Inclusão das **cotas vincendas.** Art. 323, CPC/15. Aplicação à ação executiva. Possibilidade" (STJ-3ª T., REsp 1.783.434, Min. Nancy Andrighi, j. 2.6.20, DJ 4.6.20).

"Incluem-se na execução os **débitos locatícios vencidos** e inadimplidos no decorrer da demanda, nos termos do art. 290 do CPC. Entendimento a que se chega ante a aplicação do art. 598 do CPC e a consagração dos princípios da celeridade e economia processual" (STJ-3ª T., REsp 1.390.324, Min. João Otávio, j. 2.9.14, DJ 9.9.14).

Art. 323: 4. **Todavia: "Não constando da sentença** a condenação no pagamento das prestações vincendas, embora passível de inclusão, ainda que não mencionado no pedido inicial, torna-se impertinente a sua cobrança na execução" (STJ-3ª T., REsp 674.384, Min. Menezes Direito, j. 6.3.07, DJU 28.5.07). No mesmo sentido: STJ-4ª T., Ag em REsp 1.476.505-AgInt, Min. Luis Felipe, j. 24.9.19, DJ 30.9.19.

Art. 324. O pedido deve ser determinado.[1 a 2a] [Dispositivo correspondente no CPC/1973: art. 286-*caput*]

§ 1º É lícito, porém, formular pedido genérico:[3] [Dispositivo correspondente no CPC/1973: art. 286-*caput*]

I — nas ações universais, se o autor não puder individuar os bens demandados; [Dispositivo correspondente no CPC/1973: art. 286-I]

II — quando não for possível determinar, desde logo, as consequências do ato ou do fato;[4-5] [Dispositivo correspondente no CPC/1973: art. 286-II]

III — quando a determinação do objeto ou do valor da condenação depender de ato que deva ser praticado pelo réu. [Dispositivo correspondente no CPC/1973: art. 286-III]

§ 2º O disposto neste artigo aplica-se à reconvenção.[6] [Sem dispositivo correspondente no CPC/1973]

Art. 324: 1. **e certo** (art. 322).

Art. 324: 2. s/ pedido genérico e: inépcia da petição inicial, v. art. 330 § 1º-II; sentença que condena a pagar quantia, v. art. 491; ação de alimentos, v. LA 2º, nota 2c; processo nos Juizados Especiais, v. LJE 14 § 2º.

Art. 324: 2a. "A determinação está relacionada à **liquidez do objeto,** isto é, à qualidade e quantidade do bem da vida buscado" (STJ-3ª T., REsp 1.823.072, Min. Marco Bellizze, j. 5.11.19, DJ 8.11.19).

Art. 324: 3. Não se considera pedido genérico o que, embora deficientemente formulado, permite **correta compreensão** do seu alcance (RJTJESP 95/277).

Art. 324: 4. "Admite-se o pedido genérico, segundo os termos do art. 286, II, do CPC, quando se **sabe o *an debeatur*** (o que é devido), **mas não o 'quantum debeatur'** (o quanto é devido) (Moacyr Amaral Santos). Doutra parte, não se rejeita o requerimento genérico se, mesmo deficientemente formulado, permitir a correta compreensão de seu alcance e a ampla defesa da parte adversa" (STJ-Bol. AASP 1.774/495).

Art. 324: 5. "É admissível o pedido genérico em **ação de indenização por dano moral** por não ser possível, quando do ajuizamento da ação, determinar-se o *quantum debeatur*" (STJ-3ª T., AI 376.671-AgRg, Min. Pádua Ribeiro, j. 19.3.02, DJU 15.4.02).

"Desnecessária, na ação de indenização por dano moral, a formulação, na exordial, de pedido certo relativamente ao montante da indenização postulado pelo autor" (STJ-4ª T., REsp 175.362, Min. Aldir Passarinho Jr., j. 7.10.99, DJU 6.12.99). No mesmo sentido: RSTJ 102/214, RT 730/307, 826/207, JTJ 234/232, 239/193.

Contra: "É de rigor que o pedido de indenização por danos morais seja certo e determinado, para que não fique somente ao arbítrio do juiz a fixação do *quantum*, como também para que seja dada ao réu possibilidade de contrariar a pretensão do autor de forma pontual, com objetividade e eficácia, de modo a garantir-lhe o direito à ampla defesa e ao contraditório" (RT 761/242). Também contra: JTJ 208/203, 350/66 (AI 990.10.010585-0).

V. arts. 491, nota 3 (arbitramento do dano, em ação de indenização na qual o autor formulou pedido genérico), 492, nota 12 (arbitramento da indenização e indicação de valor na petição inicial), e 996, nota 5 (recurso do autor contra a sentença que arbitra dano, em ação de indenização em que se formulou pedido genérico).

Art. 324: 6. Na realidade, tudo em matéria de pedido que for pertinente para o **pedido do reconvinte** se aplica para a reconvenção, a começar pelo art. 322.

Art. 325. O pedido será alternativo quando, pela natureza da obrigação, o devedor puder cumprir a prestação de mais de um modo.[1-2] [Dispositivo correspondente no CPC/1973: art. 288-*caput*]

Parágrafo único. Quando, pela lei ou pelo contrato, a escolha couber ao devedor, o juiz lhe assegurará o direito de cumprir a prestação de um ou de outro modo, ainda que o autor não tenha formulado pedido alternativo. [Dispositivo correspondente no CPC/1973: art. 288 § ún.]

Art. 325: 1. s/ obrigações alternativas, v. CC 252 e segs.

Art. 325: 2. O pedido alternativo não implica cumulação de pedidos. Ele envolve a formulação de um único pedido, voltado à satisfação de uma singular obrigação, que, todavia, pode ser cumprida de mais de um modo.

Art. 326. É lícito formular mais de um pedido em ordem subsidiária, a fim de que o juiz conheça do posterior, quando não acolher o anterior.[1 a 7] [Dispositivo correspondente no CPC/1973: art. 289]

Parágrafo único. É lícito formular mais de um pedido, alternativamente, para que o juiz acolha um deles.[8-9] [Sem dispositivo correspondente no CPC/1973]

Art. 326: 1. s/ cumulação subsidiária de pedidos e: sucumbência, v. art. 86, nota 5a; valor da causa, art. 292-VIII; incompatibilidade entre os pedidos, v. arts. 327 § 3º e 330, nota 12.

Art. 326: 2. "Pedidos que têm o **mesmo fundamento jurídico** não precisam ser desdobrados em capítulos, podendo ser compreendidos em um único, pois, pela sua natureza, há entre eles uma relação de grandeza, de sorte que, não podendo ser concedido o maior, concede-se o menor ou implícito" (RTJ 159/716).

Art. 326: 2a. "Tratando-se de pedidos formulados em ordem sucessiva (art. 289 do CPC), podem eles ter **fundamentos opostos.** O segundo pedido somente será objeto de decisão na eventualidade da improcedência do primeiro" (RSTJ 105/301).

V. tb. art. 327 § 3º.

Art. 326: 3. "Se o recorrente **deixou de formular,** em ordem sucessiva, **mais de um pedido,** como lhe era lícito fazer (CPC, art. 289), a fim de que o juiz conhecesse do posterior (pedido subsidiário), na eventualidade de não poder acolher o anterior (pedido principal), torna-se inviável, já agora na fase tardia do agravo regimental, proceder à inovação dos limites materiais com que deduzida a postulação inicial" (RTJ 171/616).

Art. 326: 4. "Pedidos consecutivos, em que o autor afirma que aceitará o segundo, caso seja inviável o deferimento do primeiro. Tais pedidos são sucessivos, não meramente alternativos. **Se** o acórdão **indefere o primeiro** termo da formulação, deferindo o segundo, **é lícito ao autor recorrer,** pleiteando o deferimento da pretensão denegada" (STJ-1ª T., REsp 291.156, Min. Gomes de Barros, j. 5.3.02, DJU 15.4.02). No mesmo sentido: RT 610/67, RJTJESP 64/90.

Se não apelar, transita em julgado a sentença quanto ao não acolhimento do pedido principal (RSTJ 56/191).

Art. 326: 5. "Na hipótese de pedidos sucessivos, a **procedência do anterior** e a **declaração de prejudicialidade do seguinte** não atrai, em relação a este último, o manto da coisa julgada. Simplesmente, não chegou a haver provimento judicial de fundo a respeito, em face do prejuízo verificado" (STF-2ª T., AI 194.653-0-AgRg, Min. Marco Aurélio, j. 16.9.97, DJU 7.11.97).

Art. 326: 5a. "Acolhido o pedido principal, fica o juiz **dispensado de apreciar** o pedido subsidiário" (RSTJ 102/170). Mas, se rejeitar o primeiro pedido e não apreciar o segundo, a sentença é nula. No mesmo sentido: JTJ 174/152.

V. art. 489, nota 10.

Art. 326: 6. Se na petição inicial o autor formulou pedido subsidiário, este deve ser apreciado pelo tribunal ao acolher recurso do réu e julgar improcedente o primeiro pedido, "sendo desnecessário o retorno dos autos à origem" (STJ-3ª T., REsp 260.051-EDcl, Min. Castro Filho, j. 6.5.03, DJU 18.8.03).

Art. 326: 7. "É lícito ao réu, vencido em primeiro grau, formular **pedidos sucessivos na apelação.** Se o Tribunal, por maioria, dá provimento à apelação e reforma a sentença de mérito para julgar improcedente o pedido indenizatório, o réu apelante não tem interesse no exame do segundo pedido, sucessivo, de redução proporcional da indenização. O interesse no exame do pedido sucessivo ressurge quando o Tribunal acolhe embargos infringentes opostos pelo autor/apelado, restabelecendo a sentença que declarou inteiramente procedente o pedido indenizatório" (STJ-3ª T., REsp 1.007.072, Min. Gomes de Barros, j. 17.3.08, DJU 16.5.08).

Art. 326: 8. s/ cumulação alternativa de pedidos e: sucumbência, v. art. 86, nota 5; valor da causa, art. 292-VII; incompatibilidade entre os pedidos, v. art. 327 § 3º e 330, nota 12.

Art. 326: 9. Admitindo ação de **anulação de casamento** com pedido alternativo de **separação judicial:** Bol. AASP 1.889/82j.

Art. 327. É lícita a cumulação,[1-2] em um único processo, contra o mesmo réu,[3] de vários pedidos, ainda que entre eles não haja conexão.[3a] [Dispositivo correspondente no CPC/1973: art. 292-*caput*]

§ 1º São requisitos de admissibilidade da cumulação que:[4] [Dispositivo correspondente no CPC/1973: art. 292 § 1º]

I — os pedidos sejam compatíveis entre si;[5 a 6c] [Dispositivo correspondente no CPC/1973: art. 292 § 1º-I]

II — seja competente para conhecer deles o mesmo juízo;[6d a 9] [Dispositivo correspondente no CPC/1973: art. 292 § 1º-II]

III — seja adequado para todos os pedidos o tipo de procedimento.[9a a 11] [Dispositivo correspondente no CPC/1973: art. 292 § 1º-III]

§ 2º Quando, para cada pedido, corresponder tipo diverso de procedimento, será admitida a cumulação se o autor empregar o procedimento comum, sem prejuízo do emprego das técnicas processuais diferenciadas previstas nos procedimentos especiais a que se sujeitam um ou mais pedidos cumulados, que não forem incompatíveis com as disposições sobre o procedimento comum. [Dispositivo correspondente no CPC/1973: art. 292 § 2º]

§ 3º O inciso I do § 1º não se aplica às cumulações de pedidos de que trata o art. 326. [Sem dispositivo correspondente no CPC/1973]

Art. 327: 1. s/ cumulação de: ação declaratória com condenatória, v. art. 20, nota 9; ações contra pessoas diferentes, em litisconsórcio eventual, v. art. 113, nota 1c; consignação em pagamento com revisão de cláusulas contratuais, v. art. 539, nota 4; execuções, v. arts. 780 e 917-III; ação civil pública com ação fundada em improbidade administrativa, v. LACP 1º, nota 4; arguições de inconstitucionalidade de atos normativos emanados de diferentes entes da Federação, v. LADIN 1º, nota 21b; separação litigiosa com indenização por dano moral, v. LDi 5º, nota 4; pedidos, em ação de despejo, v. LI 62, notas 6 a 7a e 29.

Art. 327: 2. A cumulação de pedidos em que se tenciona o acolhimento de todos eles pode ser **simples ou sucessiva.** Naquela, os pedidos são independentes entre si e livremente apreciados. Nesta há relação de prejudicialidade ou acessoriedade entre os pedidos, de modo que é preciso primeiro apreciar um deles para, somente depois e se acolhido aquele, passar à apreciação do outro.

Art. 327: 3. "Inexiste violação ao comando do art. 292 do CPC se a cumulação de pedidos na mesma ação contra **réus diversos** decorre da orientação contida no art. 105 do mesmo diploma processual" (STJ-2ª T., REsp 243.674, Min. João Otávio, j. 28.10.03, DJU 24.11.03).

Assim: "Responsabilidade contratual e extracontratual. Cumulação de ações. Admissível, em princípio, que um mesmo dano derive de inadimplemento de um contrato e de ilícito extracontratual por que responsável um terceiro. Isso ocorrendo, viável a cumulação de demandas em um mesmo processo, formando-se litisconsórcio passivo" (RSTJ 55/271).

"Viabiliza-se a cumulação subjetiva de demandas quando satisfeitos os requisitos do art. 292 do CPC/73 (compatibilidade entre as pretensões, unidade de competência e adequação do procedimento), combinado com alguma

Código de Processo Civil

das situações previstas no art. 46. No particular, foram atendidos os requisitos do art. 292 do CPC/73, havendo, entre as demandas deduzidas, afinidade de questão por um ponto comum de fato a ser elucidado, qual seja, a prática da simulação, de modo a viabilizar a cumulação (art. 46, inc. IV)" (STJ-3ª T., REsp 1.670.364, Min. Nancy Andrighi, j. 6.6.17, DJ 4.10.17).

Todavia: "No âmbito da autorização processual, contida no art. 292 do CPC, combinada com a regra contida no art. 46 do mesmo diploma legal — consectárias do princípio da efetividade e economia processuais —, não se encontra a possibilidade de cumulação de pedidos diversos, sob fundamentos fático-jurídicos distintos e não relacionados entre si, contra réus diversos" (STJ-3ª T., REsp 1.202.556, Min. Nancy Andrighi, j. 7.12.10, DJ 2.2.11).

V. tb. art. 113, nota 6.

Art. 327: 3a. s/ conexão, v. art. 55.

Art. 327: 4. Sendo inviável a cumulação dos pedidos, o juiz pode (*rectius*: deve) determinar o **desmembramento** das demandas, a fim de que para cada uma haja um processo próprio. Nesse sentido: RT 731/355, JTA 33/86. **Contra,** a nosso ver sem razão, determinando a extinção do processo: RT 679/171.

V. tb. notas 7 e 10a. V. ainda art. 113, nota 2b.

Art. 327: 5. v. § 3º e art. 330 § 1º-IV.

Art. 327: 6. "A impossibilidade da cumulação das **ações demarcatória e possessória** com pedido de liminar não impede o ajuizamento delas em separado" (STF-1ª T., RE 88.969-8, Min. Soares Muñoz, j. 18.4.78, maioria, DJU 11.8.78).

Art. 327: 6a. São cumuláveis pedidos de declaração de **inexistência de relação jurídica** tributária e de **repetição de indébito** (RTJE 130/89).

Todavia, não admitindo a cumulação de **ação consignatória** e ação de repetição de indébito, ainda que propostas em razão do mesmo contrato: RJ 275/111.

Art. 327: 6b. Admitindo que se cumule pedido de **investigação de paternidade** contra o suposto pai e **negatório de paternidade** contra quem figura como pai no assento de nascimento: JTJ 208/127, 236/193. Assim: "Ação de investigação de paternidade c/c negatória de paternidade. A causa do pedido em ambas as demandas é uma só, não se exigindo fossem objeto de processos distintos" (STJ-3ª T., REsp 176.141, Min. Ari Pargendler, j. 1.10.02, DJU 2.12.02).

Nessas circunstâncias, s/ litisconsórcio necessário, v. art. 114, nota 3f; s/ cancelamento do registro civil anterior como consequência da procedência da investigação de paternidade, v. art. 322, nota 16.

Art. 327: 6c. "Uso indevido de imagem. Fins comerciais. Enriquecimento sem causa. A subsidiariedade da ação de enriquecimento sem causa não impede que se promova a cumulação de ações, cada qual disciplinada por um instituto específico do Direito Civil, sendo perfeitamente plausível a formulação de pedido de **reparação dos danos** mediante a aplicação das regras próprias da responsabilidade civil, limitado ao efetivo prejuízo suportado pela vítima, cumulado com o pleito de **restituição do indevidamente auferido,** sem justa causa, à custa do demandante" (STJ-3ª T., REsp 1.698.701, Min. Ricardo Cueva, j. 2.10.18, DJ 8.10.18).

Art. 327: 6d. v. art. 343, nota 3b (reconvenção).

Art. 327: 7. Súmula 170 do STJ: "Compete ao juízo onde primeiro for intentada a ação envolvendo acumulação de pedidos, **trabalhista e estatutário,** decidi-la nos limites de sua jurisdição, sem prejuízo do ajuizamento de nova causa, com o pedido remanescente, no juízo próprio" (v. jurisprudência s/ esta Súmula em RSTJ 91/95). No mesmo sentido: JTA 102/285.

No sentido de que o pedido extrapolante deve ser simplesmente extirpado do processo: "Nessa situação, não há falar em desmembramento do feito" (STJ-1ª T., REsp 837.702, Min. Denise Arruda, j. 4.11.08, DJ 3.12.08).

V. tb. notas 4 e 10a. V. ainda art. 957, nota 5.

Art. 327: 8. Não pode haver cumulação de ações se para uma é competente a **Justiça Federal** e para a outra, a **Estadual** (RSTJ 62/33).

"A autora pretende cumular duas ações: a primeira a envolver a nulidade do registro marcário, obtido pela empresa ré e efetuado pelo INPI, e a segunda buscando a reparação dos danos alegadamente causados pela sociedade ré, isto é, lide que não envolve a autarquia. Destarte, como o artigo 292, § 1º, II, do CPC restringe a possibilidade de cumulação de pedidos, admitindo-a apenas quando o mesmo Juízo é competente para conhecer de todos e o artigo 109, I, da Constituição Federal prevê que compete aos juízes federais processar e julgar as causas em que a União, entidade autárquica ou empresa pública federal forem interessadas na condição de autoras, rés, assistentes ou opoentes, é descabida a cumulação, sob pena de usurpação da competência residual da Justiça Estadual" (STJ-4ª T., REsp 1.188.105, Min. Luis Felipe, j. 5.3.13, maioria, DJ 12.4.13).

Art. 327: 9. Não admitindo a cumulação de pedidos atrelados a contratos nos quais haja **diversos foros de eleição:** STJ-3ª T., REsp 967.826, Min. Nancy Andrighi, j. 13.11.07, DJU 22.11.07.

Art. 327: 9a. v. § 2º.

Art. 327: 10. Casos em que não se admitiu a cumulação:

— "Ação cautelar. Sustação de deliberação social. Protesto judicial. Exibição de documentos. Produção antecipada de prova pericial. Cumulação de pedidos afetos ao processo cautelar e de conhecimento. Impossibilidade. Art. 292, III, do CPC. Procedimentos específicos" (STJ-3ª T., REsp 971.774, Min. Ricardo Cueva, j. 9.12.14, DJ 19.12.14);

— ação de consignação em pagamento com ação de exigir contas (RT 495/190);

— "O rito especial da ação de prestação de contas não comporta a pretensão de alterar ou revisar cláusula contratual, em razão das limitações ao contraditório e à ampla defesa. Essa impossibilidade de se proceder à revisão de cláusulas contratuais diz respeito a todo o procedimento da prestação de contas, ou seja, não pode o autor da ação deduzir pretensões revisionais na petição inicial (primeira fase), conforme a reiterada jurisprudência do STJ, tampouco é admissível tal formulação em impugnação às contas prestadas pelo réu (segunda fase)" (STJ-2ª Seção, REsp 1.497.831, Min. Isabel Gallotti, j. 14.9.16, maioria, DJ 7.11.16). V. tb. art. 550, nota 3, *in fine*;

— conversão de separação em divórcio com declaração de nulidade de escritura de pacto antenupcial (JTJ 165/9).

Art. 327: 10a. "Sendo inacumuláveis os pedidos de prestação de contas e dissolução de sociedade, pela diversidade de rito, deve ser **oportunizada ao autor a opção por uma das ações,** ainda depois da resposta do réu. Art. 284 do CPC" (STJ-4ª T., REsp 80.168, Min. Ruy Rosado, j. 27.2.96, DJU 6.5.96).

V. tb. notas 4 e 7.

Art. 327: 11. Podem ser cumuladas a **declaratória com a possessória** (RT 598/73).

Art. 328. Na obrigação indivisível com pluralidade de credores,[1] aquele que não participou do processo receberá sua parte, deduzidas as despesas na proporção de seu crédito. [Dispositivo correspondente no CPC/1973: art. 291]

Art. 328: 1. s/ obrigações indivisíveis, v. CC 258. S/ pluralidade de credores nessas circunstâncias, v. CC 260 e segs.

Art. 329. O autor poderá: [Dispositivo correspondente no CPC/1973: art. 294]

I — até a citação, aditar ou alterar o pedido ou a causa de pedir, independentemente de consentimento do réu;[1] [Dispositivo correspondente no CPC/1973: art. 294]

II — até o saneamento do processo,[1a] aditar ou alterar o pedido e a causa de pedir,[2] com consentimento do réu,[3 a 11] assegurado o contraditório mediante a possibilidade de manifestação deste no prazo mínimo de 15 (quinze) dias, facultado o requerimento de prova suplementar. [Dispositivo correspondente no CPC/1973: art. 264]

Parágrafo único. Aplica-se o disposto neste artigo à reconvenção e à respectiva causa de pedir.[12-13] [Sem dispositivo correspondente no CPC/1973]

Art. 329: 1. inclusive para trazer **novas pessoas** para o polo ativo ou passivo do processo.

Art. 329: 1a. v. art. 357.

Art. 329: 2. v. notas 1 e 10a.

Art. 329: 3. s/ estabilização da demanda, v. arts. 283, notas 4 e 5 (conversão de um processo em outro depois da citação), 493 (fato superveniente), 321, nota 6 (emenda da petição inicial depois da citação), 914, nota 6, e 920, nota 3 (alteração, em embargos à execução), 1.014 (questões de fato novas em apelação), LMS 7º, nota 11 (mandado de segurança).

Art. 329: 4. "Atendendo a **determinação judicial,** é lícito à parte alterar a inicial, de modo a converter **ação possessória em petitória,** sem empeço de haver sido a ré citada para audiência de justificação da posse, que não se realizou, seguindo-se nova citação" (RSTJ 59/399).

Art. 329: 5. **"Deixando de ser imputável ao autor** a alteração da causa de pedir, não há como reputar-se malferido o art. 264 do CPC" (RSTJ 14/393).

Art. 329: 6. No sentido de que o consentimento do réu somente é exigido se **realizadas todas as citações:** JTA 95/264.

"Antes de se consumar a citação de litisconsorte necessário do réu, por determinação do juízo, o autor pode alterar o pedido ou a causa de pedir, ainda que um dos litisconsortes já tenha ofertado contestação. Cabe ao juiz, nessa situação, preservar o contraditório e garantir a reestabilização da demanda, permitindo que o réu adite sua defesa para adequá-la aos novos contornos da lide" (STJ-3ª T., REsp 804.255, Min. Gomes de Barros, j. 14.2.08, um voto vencido, DJU 5.3.08).

V. tb. art. 283, nota 4.

Art. 329: 6a. "O princípio da inalterabilidade do libelo não tem o condão de impedir à parte de apelar da sentença, visando a dar **qualificação jurídica diversa** aos fatos por ela considerados, à vista da perícia efetivada" (STJ-2ª T., REsp 19.239-0, Min. Pádua Ribeiro, j. 13.4.94, DJU 9.5.94).

Art. 329: 6b. O autor pode **corrigir,** mesmo após a citação, **equívocos ou erros** (JTA 108/421), bem como esclarecer dúvidas da petição inicial; o que não pode é alterar o pedido ou a causa de pedir (RT 506/189, 567/144, 609/152, JTA 33/117, 39/327, 48/207, 88/47, Bol. AASP 870/249, 996/8).

"Não importa modificação do pedido, ou da causa de pedir, o acerto de meros erros materiais, identificáveis à simples leitura da inicial" (RTRF-3ª Reg. 9/119).

Art. 329: 6c. Constitui inadmissível alteração do pedido **descrever, na execução, um título** e requerer, posteriormente ao oferecimento dos embargos, a **substituição por outro,** sob alegação de ter havido lapso (RTFR 131/55).

Art. 329: 6d. Afirmando não ser vedada a **restrição ou** a **redução do pedido inicial** após a citação: JTA 91/189, 93/134.

Todavia, ultrapassado o prazo para a resposta, essa restrição ou redução do pedido, que tem significado de desistência parcial, passa a ser regulada pelo 485 § 4º, que exige o consentimento do réu para a eficácia da desistência da ação.

Art. 329: 7. "A **substituição de um medicamento por outro** para tratar a mesma doença não constitui novo pedido, pois os objetos imediatos e mediatos não foram alterados" (STJ-1ª T., REsp 1.195.704, Min. Benedito Gonçalves, j. 9.11.10, DJ 17.11.10). No mesmo sentido: STJ-2ª T., REsp 1.222.387-AgRg, Min. Herman Benjamin, j. 15.3.11, DJ 1.4.11.

Art. 329: 8. O **direito superveniente** pode ser alegado.

S/ alegação de direito superveniente em contestação, v. art. 342-I.

Art. 329: 9. "O princípio da instrumentalidade das formas e do máximo aproveitamento dos atos processuais não pode ser utilizado em manifesta contrariedade à segurança jurídica e à estabilidade da relação processual, de maneira a permitir que, fracassada a tese inicialmente intentada pela parte, possa ela inovar, após o esgotamento da fase instrutória, máxime **se não há a expressa concordância do réu"** (STJ-2ª T., REsp 1.001.745, Min. Eliana Calmon, j. 10.3.09, DJ 14.4.09).

Art. 329: 10. "Apresentada petição pelo autor, em que se altera a causa de pedir, e nenhuma objeção apresentando o réu, que, ao contrário, cuida de negar-lhe o fundamento, é de admitir-se que **consentiu na alteração.** Incidência da ressalva contida no art. 264 do CPC" (STJ-3ª T., REsp 21.940-5, Min. Eduardo Ribeiro, j. 9.2.93, DJU 8.3.93).

Todavia: "Ampliação objetiva da demanda. Necessidade de consentimento do réu. **Impossibilidade de consentimento tácito.** *Due process of law*. Observância dos princípios do contraditório e da ampla defesa" (STJ-2ª T., REsp 1.307.407, Min. Mauro Campbell, j. 22.5.12, DJ 29.5.12).

Art. 329: 10a. "Não pode a parte pretender a simples anulação do processo, já conclusos os autos para a sentença, a fim de que sejam citados os herdeiros do pretenso pai, proposta que fora a ação apenas contra o espólio, por implicar em **alteração subjetiva defesa pela lei"** (RF 288/289).

Todavia: "Não importando em agravamento da posição do réu, é possível a alteração subjetiva do processo, para nele incluir-se outro réu, independentemente de consentimento do citado, tanto mais quando, ainda que efetivada a citação, não se iniciara o prazo de resposta" (STJ-3ª T., REsp 32.853-0, Min. Dias Trindade, j. 3.4.93, DJU 24.5.93).

Art. 329: 11. "A parte não pode inovar a causa no **juízo recursal, ainda que** para tal **haja concordância** do *ex adverso*" (RT 630/119).

Art. 329: 12. Na realidade, tudo em matéria de demanda que for pertinente para a **reconvenção** se aplica para esta.

Art. 329: 13. No caso da reconvenção, o **consentimento do autor-reconvindo** para a alteração da demanda reconvencional passa a ser exigível a partir da sua intimação para resposta, na pessoa de seu advogado (art. 343 § 1º).

Seção III | DO INDEFERIMENTO DA PETIÇÃO INICIAL

Art. 330. A petição inicial será indeferida quando:[1 a 3] [Dispositivo correspondente no CPC/1973: art. 295-*caput*]

I — for inepta;[3a a 5] [Dispositivo correspondente no CPC/1973: art. 295-I]

II — a parte for manifestamente ilegítima;[6] [Dispositivo correspondente no CPC/1973: art. 295-II]

III — o autor carecer de interesse processual;[7] [Dispositivo correspondente no CPC/1973: art. 295-III]

IV — não atendidas as prescrições dos arts. 106 e 321. [Dispositivo correspondente no CPC/1973: art. 295-VI]

§ 1º Considera-se inepta a petição inicial quando: [Dispositivo correspondente no CPC/1973: art. 295 § ún.]

I — lhe faltar pedido[8-8a] **ou causa de pedir;**[9] [Dispositivo correspondente no CPC/1973: art. 295 § ún.-I]

II — o pedido for indeterminado, ressalvadas as hipóteses legais em que se permite o pedido genérico;[9a] [Sem dispositivo correspondente no CPC/1973]

III — da narração dos fatos não decorrer logicamente a conclusão;[10] [Dispositivo correspondente no CPC/1973: art. 295 § ún.-II]

IV — contiver pedidos incompatíveis entre si.[11-12] [Dispositivo correspondente no CPC/1973: art. 295 § ún.-IV]

§ 2º Nas ações que tenham por objeto a revisão de obrigação decorrente de empréstimo, de financiamento ou de alienação de bens, o autor terá de, sob pena de inépcia, discriminar na petição inicial, dentre as obrigações contratuais, aquelas que pretende controverter, além de quantificar o valor incontroverso do débito. [Dispositivo correspondente no CPC/1973: art. 285-B-*caput*]

§ 3º Na hipótese do § 2º, o valor incontroverso deverá continuar a ser pago no tempo e modo contratados. [Dispositivo correspondente no CPC/1973: art. 285-B § 1º]

Art. 330: 1. s/ indeferimento da petição inicial de requerimento de tutela antecipada antecedente, v. art. 303 § 6º.

Art. 330: 1a. Quando houver vício sanável na petição inicial, antes do seu indeferimento, deve o juiz **determinar a emenda ou complementação.** Somente diante da persistência do vício é que a petição inicial deve ser indeferida. V. art. 321.

Art. 330: 2. O pronunciamento que indefere a petição inicial consiste em **sentença terminativa** (v. arts. 316 e 485-I), contra a qual cabe **apelação** (v. arts. 331 e 1.009).

Art. 330: 3. "A circunstância de não ter o juiz indeferido liminarmente a inicial não o impede de **extinguir posteriormente** o processo" (IV ENTA-concl. 23, aprovada por unanimidade).

Art. 330: 3a. v. § 1º.

Art. 330: 4. "Não está obrigado o juiz a reconhecer desde logo a **inépcia da** petição inicial, se o tema objeto do litígio é dependente de melhor esclarecimento através da **produção de provas**" (STJ-4ª T., REsp 3.048, Min. Barros Monteiro, j. 11.9.90, DJU 22.10.90).

Art. 330: 5. É inepta a petição inicial **ininteligível** (RT 508/205), salvo se, "embora singela, permite ao réu respondê-la integralmente" (RSTJ 77/134), "inclusive quanto ao mérito" (RSTJ 71/363), ou, embora "confusa e imprecisa, permite a avaliação do pedido" (RT 811/249, JTJ 141/37).

"A petição inicial só deve ser indeferida, por inépcia, quando o vício apresenta tal **gravidade** que impossibilite a defesa do réu, ou a própria prestação jurisdicional" (STJ-3ª T., REsp 193.100, Min. Ari Pargendler, j. 15.10.01, DJU 4.2.02). No mesmo sentido: RJM 181/318, JTJ 340/338 (AP 305.791-5/0-00).

"Não há se falar em inépcia, se a petição inicial, ainda que não seja primorosa, não contém qualquer dos defeitos elencados no art. 295, § ún., do CPC" (RT 807/326).

Art. 330: 6. v. arts. 17, 18 e 485-VI.

S/ correção do polo passivo por iniciativa das partes, v. arts. 338 e 339; substituição do réu indicado pelo autor, por quem, segundo o juiz, tem legitimidade passiva para a ação proposta, v. art. 485, nota 32a; em mandado de segurança, v. LMS 6º, nota 7.

Art. 330: 7. v. arts. 17, 20 e 485-VI.

Art. 330: 8. v. arts. 319-IV e 322 e segs.

Art. 330: 8a. É inepta a inicial se o autor se limita a pedir que o réu seja **condenado "nas penas previstas na lei"** (RJTAMG 32/141).

Art. 330: 9. v. art. 319-III.

Art. 330: 9a. v. art. 324.

Art. 330: 10. "É inepta, nos termos do art. 295, § ún., II, do CPC a inicial de embargos do devedor, de que se verifica que, ainda que provados os fatos deduzidos, deles não decorre a pretensão extintiva da execução ou da penhora" (RSTJ 58/341).

Código de Processo Civil

Art. 330: 11. V. art. 327 § 1º-I.

Art. 330: 12. No caso de **cumulação subsidiária ou alternativa de pedidos,** é autorizada a formulação de pedidos incompatíveis entre si, até porque o autor não tenciona o seu acolhimento simultâneo.

"Afasta-se a alegação de inépcia da petição inicial, por suposta cumulação de pedidos incompatíveis, na hipótese de os pedidos se apresentarem alternativos, não demandando execução concomitante" (STJ-3ª T., REsp 1.142.623-AgRg, Min. Ricardo Cueva, j. 13.3.12, DJ 16.3.12).

V. art. 327 § 3º.

Art. 331. Indeferida a petição inicial,[1] o autor poderá apelar, facultado ao juiz, no prazo de 5 (cinco) dias,[1a] retratar-se.[2-3] [Dispositivo correspondente no CPC/1973: art. 296-*caput*]

§ 1º Se não houver retratação,[3a] o juiz mandará citar o réu para responder ao recurso.[4] [Dispositivo correspondente no CPC/1973: art. 296 § ún.]

§ 2º Sendo a sentença reformada pelo tribunal,[4a] o prazo para a contestação começará a correr da intimação do retorno dos autos,[5] observado o disposto no art. 334.[6] [Sem dispositivo correspondente no CPC/1973]

§ 3º Não interposta a apelação, o réu será intimado do trânsito em julgado da sentença.[7-8] [Sem dispositivo correspondente no CPC/1973]

Art. 331: 1. A sentença de indeferimento da petição inicial não condena o autor ao pagamento de **honorários advocatícios,** se o réu ainda não constituiu advogado no processo.

Art. 331: 1a. Este **prazo é impróprio.** Até que ordene a citação do réu, o juiz pode se retratar.

Art. 331: 2. Ao juiz não compete analisar a admissibilidade da apelação (v. art. 1.010 § 3º). Porém, não parece razoável que, diante de **apelação inadmissível** (p. ex., intempestiva), o magistrado se retrate. Nessas circunstâncias, o melhor que o juiz tem a fazer é simplesmente determinar a citação do réu.

Art. 331: 3. A retratação deve ser **devidamente fundamentada.**

Art. 331: 3a. A ausência de retratação **não precisa ser fundamentada.**

Art. 331: 4. O réu deve elaborar sua **resposta à apelação** com o mesmo **cuidado de quem contesta** uma demanda, tendo em vista que, no julgamento do apelo, é possível a reforma da sentença e o julgamento do mérito (v. art. 1.013 § 3º-I c/c art. 485-I).

Todavia, as contrarrazões de apelação não substituem a contestação no caso de o julgamento da apelação terminar com o retorno dos autos para a primeira instância (v. § 2º).

V. nota 5.

Art. 331: 4a. Se o tribunal simplesmente cassar a sentença, determinando o retorno dos autos à instância inferior, não deve deliberar sobre **honorários advocatícios.** Porém, se no exame da apelação, é mantida a extinção do processo sem julgamento do mérito, ainda que por outro fundamento, ou é decretada a improcedência da demanda, e o réu constituiu advogado, deve haver condenação ao pagamento de honorários em favor deste (STJ-4ª T., REsp 1.753.990, Min. Isabel Gallotti, j. 9.10.18, maioria, DJ 11.12.18; STJ-3ª T., REsp 1.801.586, Min. Ricardo Cueva, j. 11.6.19, DJ 18.6.19). Da mesma forma, se o tribunal avançar no julgamento do apelo para decretar a procedência da demanda, deve fixar honorários em favor do patrono do autor.

Art. 331: 5. Se o **mérito** for **enfrentado** desde logo no julgamento da apelação, os autos não retornam à primeira instância nem se abre prazo para contestação.

V. nota 4.

Art. 331: 6. O **prazo para contestação** não fica necessariamente vinculado à comunicação do retorno dos autos. Isso somente acontece se o juiz não designar a audiência de conciliação ou de mediação, em razão de a causa não comportar autocomposição (v. art. 334 § 4º-II). Quando essa audiência tiver que ser designada, o juiz comunicará as partes, sobretudo, da data marcada para tanto (v. art. 334-*caput*). E o prazo para contestação fluirá nos moldes do art. 335-I e II.

V. art. 332, nota 10.

Art. 331: 7. s/ comunicação de sentença favorável ao réu, v. tb. arts. 241 e 332 § 2º.

Art. 331: 8. Essa comunicação, naturalmente, não tem caráter de citação, até porque não há como integrar alguém a uma relação processual já terminada. Tal comunicação tem por finalidade simplesmente **dar conhecimento da sentença,** a fim de que o réu possa utilizá-la em seu favor.

Código de Processo Civil

Capítulo III | DA IMPROCEDÊNCIA LIMINAR DO PEDIDO

Art. 332. Nas causas que dispensem a fase instrutória,[1 a 2] o juiz, independentemente da citação do réu, julgará liminarmente improcedente o pedido que contrariar:[3 a 5a] [Dispositivo correspondente no CPC/1973: art. 285-A-*caput*]

I — enunciado de súmula do Supremo Tribunal Federal ou do Superior Tribunal de Justiça; [Sem dispositivo correspondente no CPC/1973]

II — acórdão proferido pelo Supremo Tribunal Federal ou pelo Superior Tribunal de Justiça em julgamento de recursos repetitivos;[6] [Sem dispositivo correspondente no CPC/1973]

III — entendimento firmado em incidente de resolução de demandas repetitivas[6a] ou de assunção de competência;[6b] [Sem dispositivo correspondente no CPC/1973]

IV — enunciado de súmula de tribunal de justiça sobre direito local. [Sem dispositivo correspondente no CPC/1973]

§ 1º O juiz também poderá julgar liminarmente improcedente o pedido se verificar, desde logo, a ocorrência de decadência ou de prescrição.[7] [Dispositivo correspondente no CPC/1973: art. 295-IV]

§ 2º Não interposta a apelação, o réu será intimado do trânsito em julgado da sentença, nos termos do art. 241.[7a-7b] [Sem dispositivo correspondente no CPC/1973]

§ 3º Interposta a apelação, o juiz poderá retratar-se em 5 (cinco) dias.[7c-7d] [Dispositivo correspondente no CPC/1973: art. 285-A § 1º]

§ 4º Se houver retratação,[8] o juiz determinará o prosseguimento do processo, com a citação do réu, e, se não houver retratação,[9] determinará a citação do réu para apresentar contrarrazões, no prazo de 15 (quinze) dias.[10-11] [Dispositivo correspondente no CPC/1973: art. 285-A § 2º]

Art. 332: 1. v. art. 355-I.

Art. 332: 1a. i. e., quando o juiz, mesmo **presumindo verdadeiros os fatos** narrados na petição inicial, considerar improcedente a demanda.

Art. 332: 2. "Embora a matéria tratada nos autos seja majoritariamente de direito, **não é exclusivamente de direito,** havendo necessidade de juntada, pelo réu, de documentos que encontram-se em seu poder, para a apreciação de dados específicos relativos à relação jurídica travada pelas partes, não sendo o caso, portanto, de julgamento antecipado da lide, nos moldes do art. 285-A do CPC" (STJ-3ª T., AI 891.936, Min. Sidnei Beneti, dec. mon., DJ 12.3.08).

"Julgamento liminar de mérito, com fundamento no art. 285-A do CPC. Decisão fundamentada na ausência de demonstração de culpa. Questão de fato. Inadmissibilidade. Sentença anulada. Solução da controvérsia que depende de dilação probatória. Prosseguimento da lide determinado" (JTJ 349/192: AP 7.164.564-2).

"Indenização por danos materiais e morais. Prisão em flagrante e absolvição criminal. Julgamento a termo do art. 285-A. Matéria de fato, a impor imprescindível dilação probatória" (JTJ 355/286: AP 990.10.127911-8).

Art. 332: 3. v. art. 489 § 1º-V.

S/ julgamento liminar de improcedência e: ação rescisória, v. art. 968 § 4º; mandado de segurança, v. LMS 10, nota 2.

Art. 332: 3a. "É aplicável no **Juizado Especial Cível** o disposto no art. 285-A do Código de Processo Civil, com a redação determinada pela Lei n. 11.277, de 7/2/2006" (Enunciado n. 6 do I Encontro JECSP, Bol. AASP 2.554).

Art. 332: 3b. São **taxativas as hipóteses** em que pode ser julgada liminarmente improcedente a demanda. Ausente amparo em um dos incisos do art. 332 ou no seu § 1º, deve o juiz determinar a citação do réu. P. ex., ainda que haja reiteradas decisões do próprio juízo a respeito do objeto da demanda, não se autoriza o julgamento liminar.

Art. 332: 4. O art. 332 não deve ser aplicado para julgar **parcialmente improcedente** a demanda. Ou se poupa o réu do processo com o julgamento integral de improcedência ou se determina a sua citação. O fatiamento no julgamento do mérito fica programado para momento ulterior do processo (v. art. 356).

Art. 332: 5. A sentença liminar de improcedência não condena o autor ao pagamento de **honorários advocatícios,** se o réu ainda não constituiu advogado no processo.

Art. 332: 5a. "Nas hipóteses em que prevista a possibilidade de julgamento *initio litis,* de que era exemplo o art. 285-A do CPC/73 (art. 332 do atual CPC/15), mesmo em se tratando de causa em que a legislação reclame a intervenção fiscalizatória do **Ministério Público,** é dado ao juiz proferir decisão de plano, **independentemente da prévia ouvida** da instituição ministerial, à qual, **no entanto,** será sempre assegurada a oportuna **intimação** pessoal, possibilitando-lhe o manejo de eventual de recurso" (STJ-1ª T., REsp 1.761.211, Min. Sérgio Kukina, j. 7.11.19, DJ 12.11.19).

Art. 332: 6. v. arts. 1.036 e segs.

Art. 332: 6a. v. arts. 976 e segs.

Art. 332: 6b. v. art. 947.

Art. 332: 7. v. art. 487-II e § ún.

Art. 332: 7a. s/ comunicação de sentença favorável ao réu, v. tb. art. 331 § 3º.

Art. 332: 7b. Essa comunicação, naturalmente, não tem caráter de citação, até porque não há como integrar alguém a uma relação processual já terminada. Tal comunicação tem por finalidade simplesmente **dar conhecimento da sentença,** a fim de que o réu possa utilizá-la em seu favor.

Art. 332: 7c. Este **prazo é impróprio.** Até que ordene a citação do réu, o juiz pode se retratar.

Art. 332: 7d. Ao juiz não compete analisar a admissibilidade da apelação (v. art. 1.010 § 3º). Porém, não parece razoável que, diante de **apelação inadmissível** (p. ex., intempestiva), o magistrado se retrate. Nessas circunstâncias, o melhor que o juiz tem a fazer é simplesmente determinar a citação do réu.

Art. 332: 8. A retratação deve ser **devidamente fundamentada.**

Art. 332: 9. A ausência de retratação **não precisa ser fundamentada.**

Art. 332: 10. O réu deve elaborar sua **resposta à apelação** com o mesmo **cuidado de quem contesta** uma demanda, tendo em vista que, no julgamento do apelo, é possível a reforma da sentença em favor do autor. Nesse sentido: "Aplicação do art. 285-A do CPC. Reforma da decisão em segundo grau de jurisdição. Admissibilidade. Procedimento que não acarreta nulidade, quer por ofensa ao contraditório, quer por supressão de instância. Réu que foi devidamente citado para contra-arrazoar o recurso e matéria devidamente decidida pelo juiz de primeiro grau" (RP 157/339: TJSP, AP 680.311-5/8-00). No mesmo sentido: JTJ 356/335 (AP 990.10.291162-4).

Todavia, as contrarrazões de apelação não substituem a contestação no caso de o julgamento da apelação simplesmente cassar a sentença, por entender precipitado o enfrentamento do mérito. Aqui, é preciso determinar o retorno dos autos à instância inferior, para que o juiz proceda, daí por diante, em conformidade com o art. 334.

V. arts. 331, nota 6, e 1.013 § 4º.

Art. 332: 11. Se o tribunal simplesmente cassar a sentença, determinando o retorno dos autos à instância inferior, não deve deliberar sobre **honorários advocatícios.** Porém, se no exame da apelação, é mantida a improcedência liminar, ainda que por outro fundamento, ou é extinto o processo sem julgamento do mérito, e o réu constituiu advogado, deve haver condenação a reembolsar despesas e a pagar honorários em favor deste. Em sentido semelhante: STJ-6ª T., REsp 1.117.091, Min. Maria Thereza, j. 11.10.11, DJ 3.11.11; STJ-2ª T., REsp 1.301.049, Min. Mauro Campbell, j. 4.12.12, DJ 10.12.12; STJ-1ª T., REsp 1.224.326-AgRg, Min. Arnaldo Esteves, j. 8.10.13, DJ 18.10.13. Da mesma forma, se o tribunal avançar no julgamento do apelo para decretar a procedência da demanda, similar condenação deve ser imposta.

Capítulo IV — DA CONVERSÃO DA AÇÃO INDIVIDUAL EM AÇÃO COLETIVA

Art. 333. (VETADO)

Capítulo V — DA AUDIÊNCIA DE CONCILIAÇÃO OU DE MEDIAÇÃO[1]

CAP. V: 1. s/ mediação, v. tb. **Lei 13.140, de 26.6.15** (no tít. ARBITRAGEM E MEDIAÇÃO).

Art. 334. Se a petição inicial preencher os requisitos essenciais[1] e não for o caso de improcedência liminar do pedido,[2] o juiz designará audiência de conciliação ou de mediação[3 a 3b] com antecedência mínima de 30 (trinta) dias, devendo ser citado o réu com pelo menos 20 (vinte) dias de antecedência. [Dispositivo correspondente no CPC/1973: art. 285]

§ 1º O conciliador ou mediador, onde houver, atuará necessariamente na audiência de conciliação ou de mediação, observando o disposto neste Código,[4] bem como as disposições da lei de organização judiciária. [Sem dispositivo correspondente no CPC/1973]

§ 2º Poderá haver mais de uma sessão destinada à conciliação e à mediação,[4a] não podendo exceder a 2 (dois) meses da data de realização da primeira sessão,[4b] desde que necessárias à composição das partes. [Sem dispositivo correspondente no CPC/1973]

§ 3º A intimação do autor para a audiência será feita na pessoa de seu advogado.[5] [Sem dispositivo correspondente no CPC/1973]

§ 4º A audiência não será realizada: [Sem dispositivo correspondente no CPC/1973]

I — se ambas as partes manifestarem, expressamente, desinteresse na composição consensual;[6] [Sem dispositivo correspondente no CPC/1973]

II — quando não se admitir a autocomposição.[6a] [Sem dispositivo correspondente no CPC/1973]

§ 5º O autor deverá indicar, na petição inicial, seu desinteresse na autocomposição,[7] e o réu deverá fazê-lo, por petição, apresentada com 10 (dez) dias de antecedência, contados da data da audiência.[7a] [Sem dispositivo correspondente no CPC/1973]

§ 6º Havendo litisconsórcio, o desinteresse na realização da audiência deve ser manifestado por todos os litisconsortes.[8] [Sem dispositivo correspondente no CPC/1973]

§ 7º A audiência de conciliação ou de mediação pode realizar-se por meio eletrônico, nos termos da lei.[9] [Sem dispositivo correspondente no CPC/1973]

§ 8º O não comparecimento injustificado do autor ou do réu à audiência de conciliação é considerado ato atentatório à dignidade da justiça[9a] e será sancionado com multa de até dois por cento da vantagem econômica pretendida ou do valor da causa, revertida em favor da União ou do Estado. [Sem dispositivo correspondente no CPC/1973]

§ 9º As partes devem estar acompanhadas por seus advogados ou defensores públicos. [Sem dispositivo correspondente no CPC/1973]

§ 10. A parte poderá constituir representante, por meio de procuração específica, com poderes para negociar e transigir.[9b] [Sem dispositivo correspondente no CPC/1973]

§ 11. A autocomposição obtida será reduzida a termo e homologada por sentença.[10] [Sem dispositivo correspondente no CPC/1973]

§ 12. A pauta das audiências de conciliação ou de mediação será organizada de modo a respeitar o intervalo mínimo de 20 (vinte) minutos entre o início de uma e o início da seguinte. [Sem dispositivo correspondente no CPC/1973]

Art. 334: 1. v. arts. 319 a 321 e 330.

Art. 334: 2. v. art. 332.

Art. 334: 3. v. § 12 e arts. 335-I e 359. Para especiais disposições em matéria de ações de família, v. art. 695.

Art. 334: 3a. a não ser que a causa não comporte autocomposição (v. § 4º-II).

Art. 334: 3b. "**Não importa nulidade** do processo a **não realização da audiência de conciliação,** uma vez que a norma contida no art. 331 do CPC visa a dar maior agilidade ao processo e as partes podem transigir a qualquer momento" (STJ-2ª T., REsp 148.117, Min. Castro Meira, j. 8.3.05, DJU 13.6.05). No mesmo sentido: STJ-1ª T., REsp 769.119, Min. Teori Zavascki, j. 13.9.05, DJU 26.9.05; STJ-Bol. AASP 2.167/1.465 (3ª T.), RSTJ 149/471 (5ª T.), JTJ 332/340 (AP 1.201094-1).

Art. 334: 4. v. arts. 165 e segs.

Art. 334: 4a. v. art. 335-I.

Art. 334: 4b. O **prazo de 2 meses não é inflexível.** Se a convencional suspensão do processo pode durar até seis meses (v. art. 313-II e § 4º), não há obstáculo para que as atividades de conciliação ou mediação estendam-se por até um semestre, desde que isso se mostre necessário à composição das partes.

V. tb. art. 696, nota 1 (ações de família).

Art. 334: 5. s/ intimação do réu para a audiência, v. art. 250-IV.

Art. 334: 6. v. §§ 5º e 6º e art. 335-II.

Art. 334: 6a. v. art. 335 § 2º.

Art. 334: 7. O autor pode demonstrar **depois da petição inicial** desinteresse na composição consensual, ainda que tenha se manifestado em favor dela na peça inaugural. Se antes da citação, basta petição isolada para tanto. Se depois da citação, basta que peticione conjuntamente com o réu.

Art. 334: 7a. Sempre que o autor não tiver manifestado na petição inicial desinteresse na autocomposição, caberá ao réu apenas comparecer à respectiva audiência, sendo **inócua petição isolada** sua para rejeitar a composição consensual (v. § 4º-I).

Art. 334: 8. v. art. 335 § 1º.

Art. 334: 9. v. art. 236 § 3º.

Art. 334: 9a. No sentido de que **basta** a presença de **advogado** munido de procuração **com poderes** para transigir para a caracterização do comparecimento à audiência e o afastamento da sanção: STJ-3ª T., REsp 1.824.214, Min. Ricardo Cueva, j. 10.9.19, DJ 13.9.19.

Art. 334: 9b. v. nota 9a.

Art. 334: 10. v. art. 487-III-*b*.

Capítulo VI | DA CONTESTAÇÃO

Art. 335. O réu poderá oferecer contestação, por petição, no prazo de 15 (quinze) dias,[1 a 5a] cujo termo inicial será a data: [Dispositivo correspondente no CPC/1973: art. 297]

I — da audiência de conciliação ou de mediação, ou da última sessão de conciliação,[6] quando qualquer parte não comparecer ou, comparecendo, não houver autocomposição;[7-8] [Sem dispositivo correspondente no CPC/1973]

II — do protocolo do pedido de cancelamento da audiência de conciliação ou de mediação apresentado pelo réu, quando ocorrer a hipótese do art. 334, § 4º, inciso I;[9-10] [Sem dispositivo correspondente no CPC/1973]

III — prevista no art. 231, de acordo com o modo como foi feita a citação, nos demais casos.[10a] [Sem dispositivo correspondente no CPC/1973]

§ 1º No caso de litisconsórcio passivo, ocorrendo a hipótese do art. 334, § 6º, o termo inicial previsto no inciso II será, para cada um dos réus, a data de apresentação de seu respectivo pedido de cancelamento da audiência.[11] [Dispositivo correspondente no CPC/1973: art. 298-*caput*]

§ 2º Quando ocorrer a hipótese do art. 334, § 4º, inciso II, havendo litisconsórcio passivo e o autor desistir da ação em relação a réu ainda não citado, o prazo para resposta correrá da data de intimação da decisão que homologar a desistência.[12 a 14] [Dispositivo correspondente no CPC/1973: art. 298 § ún.]

Art. 335: 1. s/ interrupção do prazo por requerimento de limitação do litisconsórcio, v. art. 113 § 2º; s/ dobra do prazo, v. arts. 180 (MP), 183 (Fazenda Pública), 186 (Defensoria Pública) e 229 (litisconsortes com procuradores diferentes); s/ calendário para a prática de atos processuais, v. art. 191; s/ contagem do prazo, v. art. 224; s/ comparecimento espontâneo do réu e repercussão no prazo, v. art. 239, notas 5b e segs.; s/ especificação do prazo no mandado de citação, v. art. 250-II e notas.

Prazo maior: Lei 9.279, de 14.5.96, art. 57 § 1º (prazo de 60 dias para contestar ação de nulidade de patente).

Prazos menores: v. arts. 306 (tutela cautelar antecedente), 690-*caput* (habilitação), 703 § 3º (homologação do penhor legal), 714 (restauração de autos), 761 § ún. (remoção de tutor ou curador).

Prazo variável: v. art. 970 (ação rescisória).

Art. 335: 2. Nada impede que a contestação seja apresentada **antes de iniciado o prazo** para a resposta (RT 501/178, 537/105, RJTJESP 49/109).

V. tb. art. 218 § 4º.

Art. 335: 3. As partes podem **convencionar a suspensão** do prazo para contestar (v. art. 313-II). Nesse caso, após o decurso do tempo previsto, o prazo continuará a correr pelo período que faltava para a sua complementação (JTJ 264/259).

Art. 335: 3a. A **falta de contestação** acarreta a **revelia** (arts. 344 a 346).

Art. 335: 4. "O **desentranhamento da contestação intempestiva não constitui um dos efeitos da revelia.** O réu revel pode intervir no processo a qualquer tempo, de modo que a peça intempestiva pode permanecer nos autos, eventualmente, alertando o Juízo sobre matéria de ordem pública, a qual pode ser alegada a qualquer tempo e grau de jurisdição" (STJ-RDDP 74/153: 3ª T., AI 1.074.506-AgRg). No mesmo sentido: JTAERGS 92/99 (AI 194152419, maioria), JTJ 329/196 (AI 7.244.622-5), 348/59 (AI 990.09.323132-8). Ainda, com a ponderação de que "a manutenção da peça de resistência poderá ser de utilidade em prol dos verdadeiros objetivos do processo justo, na medida em que (a) alertará o juiz em relação a eventuais fatos impossíveis ou improváveis alegados na petição inicial e (b) esclarecerá seu espírito quanto a dispositivos de lei, conceitos amadurecidos em doutrina, linhas jurisprudenciais estabelecidas nos tribunais do país": JTJ 322/2.364 (AI 7.176.128-7, bem fundamentado).

S/ desentranhamento de documentos juntados com a contestação intempestiva, v. art. 435, nota 3.

Art. 335: 5. "A **ausência de assinatura** na contestação, a rigor, não caracteriza omissão de ato processual, mas simples esquecimento, mormente quando de tal lapso não resulta prejuízo" (STJ-RT 704/214). Em sentido semelhante: RT 654/159.

"A falta de assinatura de advogado na contestação é irregularidade corrigível, sem importar em inexistência da peça de resposta, devendo-se oportunizar a regularização do ato nas instâncias ordinárias" (STJ-RT 868/200 e RF 397/468: 4ª T., REsp 767.786).

V. tb. arts. 319, nota 2 (petição inicial), e 1.010, nota 5 (apelação).

Art. 335: 5a. "A contestação **oferecida** dentro do prazo legal, mas **em cartório diverso** do qual tramitava o processo, por equívoco confesso do advogado da parte, sem, contudo, restar demonstrada má-fé ou intuito de obtenção de vantagem processual, deve ser admitida como tempestiva, afastando-se a revelia e seus efeitos" (STJ-RT 844/215: 3ª T., REsp 677.044). Em sentido semelhante: RSTJ 71/376, RT 676/165, JTJ 209/22, 259/262, 293/305, 349/91 (AI 991.09.034487-2), JTA 56/75, RJ 213/53.

"Em consonância com os princípios da instrumentalidade e do acesso à Justiça, a apresentação equivocada de contestação em cartório diverso do qual tramita o feito, porém no prazo legal, deve ser admitida como tempestiva, sem prejuízo para o réu" (RSTJ 83/341).

"Contestação. Tempestividade. Apresentação em foro regional diverso daquele em que a causa tem andamento. Admissibilidade, por cuidar-se de protocolo integrado. Ausência de remessa que constitui falha do cartório. Revelia inocorrente" (RJTJESP 132/43).

"A ocorrência de mero **equívoco no endereçamento** da peça de defesa, apresentada tempestivamente, não impede o seu recebimento visto ter sido corretamente dirigida à mesma Vara por onde tinham curso os feitos, constando os nomes das partes" (STJ-3ª T., REsp 1.355.829, Min. Sidnei Beneti, j. 14.5.13, DJ 1.7.13).

Todavia: "O endereçamento e protocolo de contestação em vara de comarca diversa da que tramita o processo, ainda que protocolada no prazo legal, acarreta a revelia do réu, por tratar-se de erro grosseiro, mormente quando não há nenhuma justificativa razoável para a confusão entre as Comarcas, sem nenhuma similitude onomástica ou regional — muito distantes, aliás (endereçamento à 39ª Vara Cível do Foro Central da Comarca da Capital do Estado de São Paulo em vez de 3ª Cível da Comarca de Jales)" (STJ-3ª T., REsp 847.893, Min. Sidnei Beneti, j. 2.3.10, DJ 16.4.10). Em sentido semelhante: JTJ 210/205, 348/85 (AI 990.10.050508-4).

V. tb. art. 340, nota 4a.

Ainda, para hipóteses semelhantes, v. arts. 915, nota 10 (embargos à execução), e 1.003, nota 7 (recursos).

Art. 335: 6. ou de mediação.

Art. 335: 7. O **termo inicial** do prazo para contestar é a data da própria audiência ou sessão; sua **contagem** é que se inicia no dia seguinte, nos termos do art. 224.

Art. 335: 8. O prazo para contestar é **disparado automaticamente** ao término da audiência ou sessão, independentemente de qualquer comunicação formal a respeito e até da presença do réu.

Art. 335: 9. O **termo inicial** do prazo para contestar é a data do próprio protocolo; sua **contagem** é que se inicia no dia seguinte, nos termos do art. 224.

Art. 335: 10. Apenas o **pedido de cancelamento eficaz,** que efetivamente conduz ao cancelamento da audiência, é que se presta a deflagrar o prazo para contestar.

V. tb. nota 11.

Art. 335: 10a. Em matéria de litisconsórcio passivo, v. especialmente art. 231 § 1º, inclusive notas 21 e segs.

Art. 335: 11. Não é bem assim. Apenas o eficaz pedido de cancelamento da audiência faz iniciar o prazo para contestar. Se **apenas um dos réus** pede a não realização da audiência, esta acontecerá. E é do espírito da lei primeiramente conciliar ou mediar para somente depois abrir espaço para contestar. Ademais, procura-se preservar para um mesmo momento a contestação dos réus (v., p. ex., art. 231 § 1º). Logo, somente quando **todos os réus** houverem requerido o cancelamento é que este será eficaz e capaz de disparar o prazo para contestar.

Na prática, a melhor solução para os réus é evitar ineficazes manifestações isoladas de cancelamento. Ou todos se manifestam num mesmo momento pelo cancelamento ou ficam quietos.

V. tb. nota 10.

Art. 335: 12. Naturalmente, a intimação da decisão homologatória apenas deflagrará o prazo para contestar quando a desistência da demanda envolver todos os **réus com citação pendente.** Se a desistência não abarcar todos os réus por citar, o início do prazo observará normalmente o disposto no art. 231 § 1º.

Art. 335: 13. "Havendo o autor desistido da ação em relação a um dos corréus, necessária é a **intimação** dos demais. Não tendo estes procuradores constituídos nos autos, a intimação far-se-á pessoalmente" (STJ-4ª T., REsp 169.541, Min. Barros Monteiro, j. 17.10.00, DJU 11.12.00). No mesmo sentido: STJ-3ª T., REsp 586.137, Min. Menezes Direito, j. 16.12.04, DJU 25.4.05.

Art. 335: 14. Se **não** for **intimado** da desistência, o corréu que permanece no feito não pode ser considerado revel (RSTJ 57/289).

Art. 336. Incumbe ao réu[1] alegar, na contestação, toda a matéria de defesa,[2 a 4b] expondo as razões de fato e de direito com que impugna o pedido do autor e especificando as provas que pretende produzir.[4c-5]

[Dispositivo correspondente no CPC/1973: art. 300]

Art. 336: 1. fazer-se representar em juízo por **advogado** no regular exercício da profissão (v. arts. 103 e segs.). Quando em causa própria, deve o advogado declinar na contestação as informações exigidas pelo art. 106-I.

Art. 336: 2. Quanto aos fatos alegados pelo autor, v. art. 341.

Art. 336: 3. **Incumbe ao réu** por ocasião da contestação: denunciar a lide (art. 126); chamar ao processo (art. 131-*caput*); impugnar o valor da causa (art. 293); no caso de ilegitimidade ou inexistência de responsabilidade sua, indicar quem deve figurar no polo passivo do processo (arts. 338-*caput* e 339-*caput*); reconvir (art. 343-*caput*); arguir a falsidade de documento já presente no processo (art. 430-*caput*).

Art. 336: 4. Segundo o **princípio da eventualidade,** acolhido pelo CPC, o réu deve aduzir toda a sua defesa na contestação, ainda que convicto de que basta este ou aquele argumento para um desfecho favorável do processo, já que não é possível ulterior aditamento à defesa. Nesse sentido: JTJ 198/150.

Assim, fica autorizada até a veiculação de argumentos contraditórios entre si na contestação, considerando que um deles pode vir a ser rejeitado.

"O réu deve arguir, na contestação, tudo quanto for necessário à sua defesa; não o tendo feito, inclusive em face do princípio da eventualidade, preclui o seu direito de suscitar, na instância seguinte, o que não fez oportunamente" (RSTJ 106/193). No mesmo sentido: RSTJ 148/373.

Art. 336: 4a. **Súmula 237 do STF:** "O **usucapião** pode ser arguido em defesa".

S/ arguição do usucapião depois da contestação, v. art. 342, nota 3; s/ ação de usucapião ajuizada após o trânsito em julgado da sentença de procedência da ação reivindicatória, v. art. 508, nota 3.

Art. 336: 4b. A **compensação** pode ser alegada como matéria de defesa (v. art. 350 — fato modificativo do pedido do autor). Se do encontro entre os créditos restar saldo favorável ao réu, tal saldo pode ser objeto de reconvenção.

Se a compensação não for invocada pelo réu, o tema não pode ser enfrentado de ofício pelo juiz. "A alegação do direito de crédito a compensar, como realizada na hipótese dos autos, se insere no conceito de defesa substantiva ou defesa de mérito, motivo pelo qual o seu reconhecimento pelo órgão judicante demanda provocação, não se admitindo, portanto, o seu reconhecimento *ex officio*, sob pena de malferir o princípio da demanda. Destarte, ocorrendo os efeitos da revelia, em face da ausência de contestação, não é possível se reconhecer o direito à compensação" (STJ-3ª T., REsp 657.002, Min. Vasco Della Giustina, j. 11.5.10, DJ 24.5.10).

Art. 336: 4c. v. arts. 434 e 435 (instrução da contestação com todos os documentos disponíveis).

Art. 336: 5. "O **protesto** na contestação **pela produção de provas** impõe ao magistrado, antes de sentenciar o feito, faculte à parte justificar o pedido. O julgamento antecipado da lide sem observância desta formalidade acarreta quebra do princípio da igualdade das partes" (STJ-4ª T., REsp 235.196, Min. Fernando Gonçalves, j. 26.10.04, DJU 22.11.04).

S/ protesto na petição inicial pela produção genérica de provas, v. art. 319, nota 16; s/ protesto pela produção de provas e julgamento antecipado da lide, v. art. 355-I e notas; s/ especificação de provas, antes do saneamento do processo, v. art. 357, nota 3.

Art. 337. Incumbe ao réu, antes de discutir o mérito,[1] alegar:[2-3] [Dispositivo correspondente no CPC/1973: art. 301-*caput*]

I — inexistência ou nulidade da citação;[3a] [Dispositivo correspondente no CPC/1973: art. 301-I]

II — incompetência absoluta e relativa;[4] [Dispositivo correspondente no CPC/1973: art. 301-II]

III — incorreção do valor da causa;[5] [Dispositivo correspondente no CPC/1973: art. 261-*caput*]

IV — inépcia da petição inicial;[6] [Dispositivo correspondente no CPC/1973: art. 301-III]

V — perempção;[7] [Dispositivo correspondente no CPC/1973: art. 301-IV]

VI — litispendência;[8-9] [Dispositivo correspondente no CPC/1973: art. 301-V]

VII — coisa julgada;[10 a 12] [Dispositivo correspondente no CPC/1973: art. 301-VI]

VIII — conexão;[13] [Dispositivo correspondente no CPC/1973: art. 301-VII]

IX — incapacidade da parte, defeito de representação ou falta de autorização;[14] [Dispositivo correspondente no CPC/1973: art. 301-VIII]

X — convenção de arbitragem;[15-15a] [Dispositivo correspondente no CPC/1973: art. 301-IX]

XI — ausência de legitimidade ou de interesse processual;[16] [Dispositivo correspondente no CPC/1973: art. 301-X]

XII — falta de caução[17-18] ou de outra prestação[19] que a lei exige como preliminar; [Dispositivo correspondente no CPC/1973: art. 301-XI]

XIII — indevida concessão do benefício de gratuidade de justiça.[20] [Sem dispositivo correspondente no CPC/1973]

§ 1º Verifica-se a litispendência ou a coisa julgada quando se reproduz ação anteriormente ajuizada. [Dispositivo correspondente no CPC/1973: art. 301 § 1º]

§ 2º Uma ação é idêntica a outra quando possui as mesmas partes,[20a a 20d] a mesma causa de pedir[21-22] e o mesmo pedido.[23 a 25] [Dispositivo correspondente no CPC/1973: art. 301 § 2º]

§ 3º Há litispendência quando se repete ação que está em curso.[25a-25b] [Dispositivo correspondente no CPC/1973: art. 301 § 3º]

§ 4º Há coisa julgada quando se repete ação que já foi decidida por decisão transitada em julgado.[26] [Sem dispositivo correspondente no CPC/1973]

§ 5º Excetuadas a convenção de arbitragem[26a] e a incompetência relativa,[26b] o juiz conhecerá de ofício das matérias enumeradas neste artigo.[27-28] [Dispositivo correspondente no CPC/1973: art. 301 § 4º]

§ 6º A ausência de alegação da existência de convenção de arbitragem, na forma prevista neste Capítulo, implica aceitação da jurisdição estatal e renúncia ao juízo arbitral. [Sem dispositivo correspondente no CPC/1973]

Art. 337: 1. v. art. 487.

Art. 337: 2. s/ matérias cognoscíveis de ofício, v. § 5º e 342-II; s/ abertura de vista para o autor se manifestar a respeito das alegações do réu, v. art. 351.

Art. 337: 3. Este rol **não é exaustivo.** Abrange tudo que se exige para viabilizar o julgamento de mérito, p. ex., documento indispensável à propositura da demanda (v. art. 320).

Art. 337: 3a. v. arts. 239, 278 e 280.

Art. 337: 4. v. arts. 62 a 65.

Art. 337: 5. v. arts. 292 § 3º e 293.

Art. 337: 6. v. arts. 330-I e §§ 1º e 2º e 485-I.

Art. 337: 7. v. arts. 485-V e § 3º e 486 § 3º.

Art. 337: 8. v. §§ 1º a 3º; arts. 24 (ação intentada perante tribunal estrangeiro), 240 (efeitos da citação válida), 312 (litispendência para o autor), 485-V e § 3º (extinção do processo sem julgamento do mérito).

S/ litispendência entre ação coletiva e ação individual, v. LACP 1º, notas 1a e 1b (ação civil pública e ações individuais), CDC 104 (ações coletivas e ações individuais), LMS 22 § 1º (mandados de segurança coletivo e individual).

S/ litispendência entre ação de desapropriação e ação de desapropriação indireta, v. LD 1º, nota 6a.

Art. 337: 9. "A litispendência constitui **matéria de ordem pública** e deve ser reconhecida *ex officio*, independentemente de provocação da parte interessada" (STJ-RT 812/162: 2ª Seção). No mesmo sentido: STJ-2ª T., REsp 826.349, Min. Eliana Calmon, j. 7.10.08, DJ 4.11.08. Além disso, a parte pode alegá-la a qualquer tempo (JTA 39/246).

Art. 337: 10. v. §§ 1º, 2º e 4º; arts. 485-V e § 3º e 502 e segs.

Em matéria de: alimentos, v. LA 15; ação popular, v. LAP 18; mandado de segurança, v. LMS 6º § 6º e 19.

Art. 337: 11. A arguição de **coisa julgada** prescinde da apresentação de exceção, podendo ser feita sem formalidade outra que não a **simples alegação** da parte (JTJ 175/82).

Art. 337: 12. A coisa julgada pode ser **arguida a todo tempo,** no processo de conhecimento (RT 510/60, RF 246/393).

"Questão de ordem pública (coisa julgada) suscitada em sede de embargos declaratórios. Ainda que suscitadas tão somente em sede de embargos de declaração, deve o tribunal estadual pronunciar-se sobre as questões de ordem pública apreciáveis de ofício" (STJ-2ª T., REsp 122.003, Min. Adhemar Maciel, j. 1.9.97, DJU 29.9.97).

Art. 337: 13. ou **continência** (v. arts. 54 e 56). Também o risco de **decisões conflitantes ou contraditórias** deve ser alegado preliminarmente (v. art. 55 § 3º).

Art. 337: 14. v. arts. 70 a 76 e 485-IV e § 3º.

Art. 337: 15. v. §§ 5º e 6º; art. 485-VII.

S/ convenção de arbitragem, v. LArb 3º a 12 (no tít. ARBITRAGEM E MEDIAÇÃO).

Art. 337: 15a. Por **convenção de arbitragem** entende-se tanto a cláusula compromissória quanto o compromisso arbitral.

Art. 337: 16. v. arts. 17, 18, 485-VI e § 3º.

Art. 337: 17. v. art. 83.

Art. 337: 18. A **caução** de que cuida este artigo é apenas a **processual;** não abrange a de direito material.

Art. 337: 19. v., p. ex., art. 486 § 2º.

Art. 337: 20. v. arts. 98 e segs. e Lei 1.060, de 5.2.50, no tít. ASSISTÊNCIA JUDICIÁRIA.

Art. 337: 20a. "Litispendência não configurada, uma vez que a ação de busca e apreensão (que se converteu em ação de depósito) foi proposta contra o **devedor principal,** enquanto a de execução foi intentada tão somente contra os **avalistas** de nota promissória" (RSTJ 82/211).

Art. 337: 20b. "Caso concreto em que o **Ministério Público Federal,** legítimo titular para a lide, propôs ação de improbidade administrativa contra os ora recorrentes, que já respondiam a anterior ação de improbidade movida pelo ***Parquet* estadual** (parte ilegítima), com o mesmo objeto, cuja demanda sancionadora, inclusive, veio a ser julgada improcedente pelo Juízo estadual, com decisão transitada em julgado. Réus que postulam a configuração de litispendência e de coisa julgada (arts. 267, V, e 301, § 3º, do CPC/73) para fins de extinção, sem resolução de mérito, da segunda demanda em curso perante a Justiça federal, sob o argumento da unidade institucional existente nos domínios do Ministério Público, enquanto princípio afirmado no art. 127, § 1º, da CF/88. A tese assim erguida pelos recorrentes, no entanto, não merece prosperar, pois inexiste unidade institucional entre o Ministério Público Federal e os Ministérios Públicos estaduais" (STJ-1ª T., REsp 1.494.405, Min. Sérgio Kukina, j. 6.11.18, maioria, DJ 28.11.18).

V. tb. LACP 2º, nota 2.

Art. 337: 20c. "Nas **ações coletivas,** para análise da configuração de litispendência, a identidade das partes deve ser aferida sob a ótica dos possíveis beneficiários do resultado das sentenças, tendo em vista tratar-se de substituição processual por legitimado extraordinário" (STJ-4ª T., REsp 1.726.147, Min. Antonio Ferreira, j. 14.5.19, DJ 21.5.19).

Art. 337: 20d. "Há litispendência entre duas ações de inventário e partilha ajuizadas por distintos colegitimados quando presente a tríplice identidade — mesmas partes, mesmas causas de pedir e mesmos pedidos —, sendo irrelevante o fato de as partes ocuparem **polos processuais contrapostos** nas duas ações em virtude da legitimação concorrente e disjuntiva para o ajuizamento da ação" (STJ-3ª T., REsp 1.739.872, Min. Nancy Andrighi, j. 13.11.18, DJ 22.11.18).

Art. 337: 21. s/ causa de pedir, v. art. 319-III e respectivas notas.

Art. 337: 22. "Se há **fatos conexos, mas independentes** entre si, é possível o ajuizamento de mais de uma ação, desde que a causa de pedir seja distinta. Nessa hipótese, inexiste litispendência" (STJ-2ª T., REsp 622.316, Min. Eliana Calmon, j. 6.12.05, DJU 19.12.05).

"Há ofensa à coisa julgada quando na nova demanda ocorrem as mesmas partes, a mesma causa de pedir e o mesmo pedido. Distinta, na segunda demanda, a causa de pedir, não há falar-se em coisa julgada" (STJ-4ª T., AI 813.427-AgRg, Min. Aldir Passarinho Jr., j. 28.8.07, DJU 5.11.07).

Art. 337: 23. s/ litispendência e continência, v. arts. 56, nota 1, e 57; s/ pedido, v. arts. 322 e segs., bem como respectivas notas.

Art. 337: 23a. "Não obstante o pedido imediato seja diverso, ambas as ações **têm idêntico pedido mediato** — o retorno à titularidade do Ofício do Registro Civil, Títulos e Documentos da comarca de Balneário Camboriú — evidenciando, desse modo, a ocorrência de litispendência" (STJ-1ª T., Ag em REsp 12.430-AgRg, Min. Arnaldo Esteves, j. 19.6.12, DJ 25.6.12).

Art. 337: 23b. "A identidade de demandas que caracteriza a litispendência é a identidade jurídica, quando, idênticos os pedidos, visam ambos o **mesmo efeito jurídico"** (STJ-1ª Seção, MS 1.163-AgRg, Min. José de Jesus Filho, j. 18.12.91, DJU 9.3.92). Em sentido semelhante: RJM 191/127 (AI 1.0024.06.031110-7/001).

Art. 337: 24. "A teoria dos *tres eadem* na caracterização da litispendência/coisa julgada deve transcender a identidade dos elementos da ação para entender que o impedimento se destina a evitar processos que tenham o **mesmo resultado prático"** (STJ-2ª T., Ag em REsp 188.343-AgRg, Min. Herman Benjamin, j. 4.9.12, DJ 11.9.12).

Art. 337: 24a. "Estando caracterizada a **identidade de pedidos e de causa de pedir** envolvendo **mandado de segurança e ação declaratória,** não há como afastar o reconhecimento da litispendência, sendo irrelevante o fato de na segurança apontar-se como autoridade coatora o Ministro de Estado da Secretaria Especial de Portos da Presidência da República e na ação ordinária indicar-se como ré a União" (STJ-1ª Seção, MS 15.607-AgRg, Min. Cesar Rocha, j. 23.3.11, DJ 4.5.11). Em sentido semelhante: STF-RT 843/167 (1ª T., RMS 25.153); STJ-5ª T., RMS 15.987, Min. Arnaldo Esteves, j. 15.12.05, DJU 10.4.06; STJ-RIDCPC 64/139 (2ª T., RMS 29.729).

"A circunstância de ações possuírem **ritos diversos** — no caso, as ações cautelar e mandamental —, por si só, não afasta a litispendência, que se configura, na realidade, com a ocorrência de identidade jurídica dos pedidos deduzidos" (STJ-2ª T., REsp 119.314, Min. João Otávio, j. 16.11.04, DJU 1.2.05).

"Configura-se a litispendência pela repetição de demanda anteriormente ajuizada, ainda em curso perante o Poder Judiciário. Mandado de segurança, cuja causa de pedir é a declaração de inexistência de relação jurídico-tributária fundada na inconstitucionalidade do tributo, tem efeito futuro e incerto alcançando exercícios posteriores" (STJ-2ª T., REsp 826.349, Min. Eliana Calmon, j. 7.10.08, DJ 4.11.08).

V. tb. LMS 19 e notas.

Art. 337: 24b. "Deve ser reconhecida a litispendência entre os **embargos à execução e a ação anulatória ou declaratória** de inexistência do débito proposta anteriormente ao ajuizamento da execução fiscal, se identificadas as mesmas partes, causa de pedir e pedido, ou seja, a tríplice identidade a que se refere o art. 301, § 2º, do CPC" (STJ-2ª T., REsp 1.156.545, Min. Mauro Campbell, j. 14.4.11, DJ 28.4.11). No mesmo sentido: STJ-1ª T., REsp 719.907, Min. Teori Zavascki, j. 17.11.05, DJ 5.12.05. **Todavia:** "Não se configura a litispendência, no caso, entre embargos do devedor e ação declaratória, dada a peculiaridade dos embargos terem o efeito de suspender a execução, o que não decorre da ação declaratória" (STJ-4ª T., Ag 1.336.065-AgRg, Min. Luis Felipe, j. 7.6.11, DJ 13.6.11).

V. tb. arts. 55, nota 4, 313, nota 11c, 914, nota 2, e 921, nota 2.

Art. 337: 24c. "Em face da universalidade do direito de herança, **não é possível o ajuizamento de mais de um inventário** relativo ao mesmo acervo. Desse modo, constatando-se a existência de dois processos idênticos em que figuram iguais herdeiros e bens do mesmo *de cujus*, verificada está a ocorrência de litispendência" (STJ-3ª T., REsp 1.591.224, Min. João Otávio, j. 26.4.16, DJ 29.4.16).

Art. 337: 25. De acordo com a jurisprudência, **não há identidade:**

— quando, proposta ação declaratória, é ajuizada, a seguir, ação condenatória (RT 494/190) ou monitória (RT 841/253);

Código de Processo Civil

— entre mandado de segurança e embargos à execução (RT 869/235);

— entre ação de usucapião e possessória (RT 695/121);

— "entre a ação de dano infecto, promovida pelo proprietário com base no art. 554 do CC, e a ação intentada pelo Município, contra a mesma ré, para fazer prevalecer os seus regulamentos" (STJ-4ª T., REsp 196.503, Min. Ruy Rosado, j. 23.2.99, DJU 22.3.99; o acórdão refere-se ao art. 554 do CC rev., que corresponde ao atual CC 1.277).

S/ falta de identidade entre ação de divórcio e ação de separação judicial, v. art. 56, nota 3.

Art. 337: 25a. v. inciso VI e notas.

Art. 337: 25b. "Caracterizada a litispendência, prossegue-se nos autos do primeiro processo" (STJ-4ª T., REsp 174.261, Min. Ruy Rosado, j. 7.8.01, DJU 8.10.01).

Art. 337: 26. v. inciso VII e notas. V. tb. art. 502, nota 2c.

Art. 337: 26a. v. inciso X e notas.

Art. 337: 26b. v. inciso II e arts. 63 a 65.

Art. 337: 27. v. arts. 55 § 1º, 64 § 1º, 292 § 3º e 485 § 3º. V. ainda art. 10.

Art. 337: 28. Em matéria de litispendência e coisa julgada, o juiz pode contar com o apoio dos sistemas a serem desenvolvidos pelo Poder Judiciário para a informatização do processo judicial (art. 14 § ún. da Lei 11.419/06, no tít. PROCESSO ELETRÔNICO).

Art. 338. Alegando o réu, na contestação, ser parte ilegítima[1] ou não ser o responsável pelo prejuízo invocado, o juiz facultará ao autor, em 15 (quinze) dias,[2] a alteração da petição inicial para substituição do réu.[3 a 6a] [Dispositivos correspondentes no CPC/1973: arts. 62 a 64]

Parágrafo único. Realizada a substituição,[7] o autor reembolsará as despesas[8] e pagará os honorários ao procurador do réu excluído, que serão fixados entre três e cinco por cento do valor[9] da causa[10-11] ou, sendo este irrisório, nos termos do art. 85, § 8º. [Sem dispositivo correspondente no CPC/1973]

Art. 338: 1. v. art. 337-XI e 485-VI.

Art. 338: 2. v. tb. art. 351.

Art. 338: 3. **ainda que o réu não tenha indicado** quem, na sua opinião, deva ocupar o polo passivo do processo (v. art. 339).

Art. 338: 3a. Se o **autor não pedir** expressamente a alteração do polo passivo do processo, este segue adiante com seus sujeitos originais.

V. tb. art. 339, nota 3.

Art. 338: 4. O autor também tem a prerrogativa de **inserir pessoa nova** no polo passivo do processo (v. art. 339 § 2). Pode, ainda, em caso de litisconsórcio passivo, simplesmente concordar com a **exclusão de um dos litisconsortes** do processo.

Art. 338: 5. A substituição ou agregação de pessoa nova ao polo passivo, decorrente de arguição de ilegitimidade ou de ausência de responsabilidade, **independe de concordância expressa do réu.**

Art. 338: 6. A correção do polo passivo do processo nas especiais condições deste art. 338 somente é autorizada **dentro do prazo quinzenal** aqui previsto. Após esse prazo, até o saneamento do processo, tal correção depende da concordância do réu e não há direito à sucumbência diferenciada do § ún. Após o saneamento, não há lugar para a referida correção (v. art. 329-II).

Art. 338: 6a. Cabe ao juiz **controlar a legitimidade passiva *ad causam*** da pessoa que se pretende integrar ao processo.

Art. 338: 7. ou **excluído corréu** do processo. Na hipótese de agregação de pessoa nova ao polo passivo, ninguém sai, por ora, do processo, e não há suporte para a sucumbência diferenciada.

Art. 338: 8. v. arts. 82 e 84.

Art. 338: 9. atualizado (v. art. 85 § 2º).

Art. 338: 10. A **variação** entre o piso (3%) e o teto (5%) estabelecido para os **honorários advocatícios** orienta-se pelo disposto nos incisos do § 2º do art. 85.

Art. 338: 11. Se há na contestação alegação de **incorreção do valor da causa** (arts. 293 e 337, III, do CPC), deve o juiz resolver previamente a questão, ainda que no mesmo ato que chancela a saída do sujeito passivo do processo e fixa os honorários advocatícios.

Art. 339. Quando alegar sua ilegitimidade, incumbe ao réu indicar[1] o sujeito passivo da relação jurídica discutida sempre que tiver conhecimento, sob pena de arcar com as despesas processuais e de indenizar o autor pelos prejuízos decorrentes da falta de indicação.[2-2a] [Dispositivo correspondente no CPC/1973: art. 69]

§ 1º O autor, ao aceitar a indicação,[3] procederá, no prazo de 15 (quinze) dias, à alteração da petição inicial para a substituição do réu, observando-se, ainda, o parágrafo único do art. 338. [Dispositivo correspondente no CPC/1973: art. 65]

§ 2º No prazo de 15 (quinze) dias, o autor pode optar por alterar a petição inicial para incluir, como litisconsorte passivo, o sujeito indicado pelo réu. [Sem dispositivo correspondente no CPC/1973]

Art. 339: 1. na própria **contestação.**

Art. 339: 2. Logicamente, apenas se cogita da responsabilidade do réu pela falta de indicação do sujeito passivo se o **juiz,** a final, **deu pela sua ilegitimidade ou falta de responsabilidade.**

Ademais, trata-se de **responsabilidade subjetiva.** O ônus da prova do dolo ou da culpa do réu é do autor.

Art. 339: 2a. Os **prejuízos,** inclusive os extraprocessuais, devem ser apurados em **ação própria.**

Art. 339: 3. Fica ao **inteiro critério do autor** aceitar ou não a indicação do sujeito passivo pelo réu originário (RT 478/107, JTA 78/201, 100/160, 107/409, RF 256/242; JTJ 333/147: AI 1.230.914-0/6).

V. tb. art. 338, nota 3a.

Art. 340. Havendo alegação de incompetência relativa ou absoluta,[1] a contestação poderá ser protocolada no foro de domicílio do réu,[2 a 4] fato que será imediatamente comunicado ao juiz da causa, preferencialmente por meio eletrônico. [Dispositivo correspondente no CPC/1973: art. 305 § ún.]

§ 1º A contestação será submetida a livre distribuição ou, se o réu houver sido citado por meio de carta precatória, juntada aos autos dessa carta, seguindo-se a sua imediata remessa para o juízo da causa. [Sem dispositivo correspondente no CPC/1973]

§ 2º Reconhecida a competência do foro indicado pelo réu, o juízo para o qual for distribuída a contestação ou a carta precatória será considerado prevento. [Sem dispositivo correspondente no CPC/1973]

§ 3º Alegada a incompetência nos termos do *caput*, será suspensa a realização da audiência de conciliação ou de mediação, se tiver sido designada. [Sem dispositivo correspondente no CPC/1973]

§ 4º Definida a competência,[4a] o juízo competente designará nova data para a audiência de conciliação ou de mediação.[5] [Sem dispositivo correspondente no CPC/1973]

Art. 340: 1. mesmo que para deslocar a causa para **outro Estado** da Federação ou **outra Justiça.**

Art. 340: 2. Em que prazo? Quando designada audiência de conciliação ou de mediação, o prazo para contestar somente se inicia depois da sua realização ou do seu cancelamento (v. art. 335-I e II). Todavia, o § 3º deste art. 340 sugere precipitação no protocolo da contestação nessas circunstâncias, quando dispõe sobre a suspensão da audiência. Essa disposição não prevê antecedência mínima para a oferta da contestação, que, assim, pode ser protocolada em qualquer momento prévio à audiência.

Quando não designada audiência de conciliação ou de mediação o prazo para contestar a distância não suscita dúvida: simplesmente observa-se o disposto no art. 231.

Art. 340: 3. O protocolo da contestação deve se dar perante a **Justiça em que tramita o processo,** ainda que se tencione o descolamento da causa para outra Justiça. V. tb. § 1º.

Art. 340: 4. Admite-se que o réu também protocole a sua contestação no **foro de eleição,** quando para lá tencionar o deslocamento do processo.

Art. 340: 4a. **Não é causa de inadmissão** da contestação o fato de ela ser protocolada em **foro diverso** do domicílio do réu ou em foro diverso do eleito pelas partes (a propósito, v. art. 335, nota 5a). Todavia, se o ato foi praticado de má-fé (v. art. 80 do CPC, em especial, incisos IV a VI), deve haver a consequente condenação do réu, nos termos do art. 81.

Art. 340: 5. desde que a causa comporte **autocomposição** e não haja resistência unânime à composição consensual (art. 334 § 4º do CPC).

Não havendo condições para a designação da audiência, o processo simplesmente segue adiante para a complementação das providências preliminares e o julgamento conforme o estado do processo (arts. 347 e segs.).

Art. 341. Incumbe também ao réu manifestar-se precisamente[1] sobre as alegações de fato constantes da petição inicial, presumindo-se verdadeiras as não impugnadas,[2 a 2b] salvo se:[3-3a] [Dispositivo correspondente no CPC/1973: art. 302-*caput*]

I — não for admissível, a seu respeito, a confissão;[4] [Dispositivo correspondente no CPC/1973: art. 302-I]

II — a petição inicial não estiver acompanhada de instrumento[5] que a lei considerar da substância do ato;[5a] [Dispositivo correspondente no CPC/1973: art. 302-II]

III — estiverem em contradição com a defesa, considerada em seu conjunto.[6-6a] [Dispositivo correspondente no CPC/1973: art. 302-III]

Parágrafo único. O ônus da impugnação especificada dos fatos não se aplica ao defensor público,[6b] ao advogado dativo e ao curador especial.[6c-7] [Dispositivo correspondente no CPC/1973: art. 302 § ún.]

Art. 341: 1. ou seja, uma a uma; **não se admite a negativa geral** (Lex-JTA 141/81).

"Admitindo o réu que efetivamente se verificaram os fatos alegados, mas de forma diversa do apresentado pelo autor, cumpre-lhe explicitar como teriam ocorrido, não bastando, para atender ao art. 302 do CPC, a genérica afirmação de que se passaram de modo diferente" (RSTJ 87/228).

Art. 341: 2. p/ presunção de veracidade semelhante, v. art. 344. V. tb. arts. 374-IV (desnecessidade de prova), 970, nota 3 (ação rescisória).

Art. 341: 2a. **"Não há** falar em **cerceamento de defesa** quando o réu, na contestação, deixa de impugnar o fato principal alegado pelo autor" (RSTJ 60/392).

Art. 341: 2b. "A prova dos fatos secundários prova indiretamente os fatos principais. Assim, se o autor alega que o fato principal decorre de dois fatos secundários — ambos suficientes por si sós para a demonstração da ocorrência daquele — e o **réu contesta apenas um** desses fatos secundários, o fato principal resta provado por força da aplicação do art. 302 do CPC quanto ao fato secundário que não foi impugnado especificamente pelo réu" (STJ-3ª T., REsp 702.739, Min. Nancy Andrighi, j. 19.9.06, DJU 2.10.06).

Art. 341: 3. "A **presunção de veracidade** dos fatos não contestados **é relativa,** cedendo passo frente a outras circunstâncias constantes dos autos, tendo em vista que o julgador encontra-se adstrito ao princípio do livre convencimento motivado" (STJ-3ª T., REsp 1.260.490, Min. Nancy Andrighi, j. 7.2.12, DJ 2.8.12).

V. tb. nota 6 e art. 344, nota 4.

Art. 341: 3a. "Tendo o réu contestado amplamente a **ação conexa,** objeto de autos apensados, desnecessário é que repita o ato, pelos mesmos fundamentos de defesa, em pedido de idêntica natureza" (RT 601/108).

V. tb. art. 344, nota 2a.

Art. 341: 4. v. arts. 392-*caput* e 345-II.

Art. 341: 5. **público ou particular.**

Art. 341: 5a. v. tb. art. 345-III. V. ainda CC 107.

S/ instrumento público, v. art. 406 e CC 108 e 109.

Art. 341: 6. Mais do que a defesa em seu conjunto, devem ser considerados **todos os elementos constantes do processo,** mesmo aqueles trazidos pelo autor ou por litisconsorte passivo (v. art. 345-I). Assim, quando inverossímil alegação de fato lançada na petição inicial ou por qualquer forma houver no processo contraposição a essa alegação, exclui-se a presunção de veracidade (v. art. 345-IV).

V. tb. nota 3.

Art. 341: 6a. "A presunção de serem verdadeiros os fatos não impugnados só poderá prevalecer quando não provoque contradição com a **defesa em seu conjunto**" (RSTJ 111/246).

Art. 341: 6b. v. art. 185.

Art. 341: 6c. v. arts. 72, 671 e 752 § 2º.

Art. 341: 7. Neste caso, não ocorre a revelia (v. art. 345, nota 1) e a contestação por negação geral torna os fatos controvertidos (RT 497/118, RF 259/202).

Indo além: "Se o réu não contesta a ação, através do curador que lhe foi nomeado, está ele imune aos efeitos da revelia. Interpretação extensiva do parágrafo único do art. 302 do CPC" (STJ-RT 792/225; STJ-3ª T., REsp 252.152, Min. Waldemar Zveiter, j. 20.2.01, DJU 16.4.01).

Art. 342. Depois da contestação, só é lícito ao réu deduzir novas alegações quando:[1 a 3] [Dispositivo correspondente no CPC/1973: art. 303-*caput*]

I — relativas a direito[4-5] ou a fato superveniente;[5a-6] [Dispositivo correspondente no CPC/1973: art. 303-I]

II — competir ao juiz conhecer delas de ofício;[7] [Dispositivo correspondente no CPC/1973: art. 303-II]

III — por expressa autorização legal, puderem ser formuladas em qualquer tempo e grau de jurisdição.[8] [Dispositivo correspondente no CPC/1973: art. 303-III]

Art. 342: 1. Da mesma forma como o autor não pode, a partir da citação, livremente modificar o pedido ou a causa de pedir (art. 329-I), o réu, após o esgotamento do prazo para contestação, **não poderá alterá-la ou aditá-la.**

Art. 342: 2. Após a contestação, é lícito requerer **novo enquadramento jurídico** para os fatos nela narrados, a exemplo do que se autoriza para o autor em relação à petição inicial (*da mihi factum, dabo tibi jus*).

V. art. 319, nota 10.

Art. 342: 3. A **usucapião,** quando articulada como matéria de defesa, só pode ser deduzida utilmente na contestação, e não posteriormente (JTJ 198/157, 210/74, RTFR 120/192).

S/ arguição de usucapião em defesa, v. art. 336, nota 4a (Súmula 237 do STF).

Art. 342: 4. subjetivo ou objetivo. Quanto ao direito objetivo, todavia, é preciso respeitar o direito adquirido e o ato jurídico perfeito (CF 5º-XXXVI, LINDB 6º, CPC 1.046).

V. tb. art. 493, nota 2.

Art. 342: 5. Segue-se que o **direito preexistente** deve ser articulado na contestação; não pode ser invocado posteriormente (RT 624/151).

Art. 342: 5a. v. art. 493 e notas.

Art. 342: 6. "Fato anterior à contestação não gera direito superveniente, não autorizando seu aditamento com fundamento no inc. I do art. 303 do CPC" (RT 667/135).

Art. 342: 7. v. arts. 64 § 1º (incompetência absoluta), 292 § 3º (incorreção no valor da causa), 337 § 5º e 485 § 3º (requisitos de admissibilidade do julgamento do mérito), 487-II (prescrição ou decadência).

Art. 342: 8. v. arts. 64 § 1º (incompetência absoluta), 485 § 3º (requisitos de admissibilidade do julgamento do mérito), 1.014, nota 6 (prescrição ou decadência). V. tb. CC 193 (prescrição).

Capítulo VII | DA RECONVENÇÃO

Art. 343. Na contestação, é lícito ao réu propor reconvenção[1 a 4] para manifestar pretensão própria, conexa[4a-5] com a ação principal[6] ou com o fundamento da defesa.[7] [Dispositivo correspondente no CPC/1973: art. 315-*caput*]

§ 1º Proposta a reconvenção, o autor será intimado,[8 a 8b] na pessoa de seu advogado, para apresentar resposta[9 a 10] no prazo de 15 (quinze) dias. [Dispositivo correspondente no CPC/1973: art. 316]

§ 2º A desistência da ação[11] ou a ocorrência de causa extintiva que impeça o exame de seu mérito[12] não obsta ao prosseguimento do processo quanto à reconvenção.[12a a 13b] [Dispositivo correspondente no CPC/1973: art. 317]

§ 3º A reconvenção pode ser proposta contra o autor e terceiro.[14-15] [Sem dispositivo correspondente no CPC/1973]

§ 4º A reconvenção pode ser proposta pelo réu em litisconsórcio com terceiro. [Sem dispositivo correspondente no CPC/1973]

§ 5º Se o autor for substituto processual, o reconvinte deverá afirmar ser titular de direito em face do substituído, e a reconvenção deverá ser proposta em face do autor, também na qualidade de substituto processual. [Dispositivo correspondente no CPC/1973: art. 315 § ún.]

§ 6º O réu pode propor reconvenção independentemente de oferecer contestação.[16] [Sem dispositivo correspondente no CPC/1973]

Art. 343: 1. s/ reconvenção e: curador especial, v. art. 72, nota 3; caução, v. art. 83 § 1º-III; honorários advocatícios, v. art. 85 § 1º, especialmente nota 20; anotação pelo distribuidor, v. art. 286 § ún.; valor da causa, v. art. 292, especialmente nota 12a; poder cautelar do juiz, v. art. 299, nota 4; pedido determinado, v. art. 324 § 2º; estabilização da demanda, v. art. 329 § ún.; contestação, v. art. 344, nota 3; confissão, v. art. 395; resolução de mérito, v. art. 487-I e III-*a* e *c*; ação de consignação em pagamento, v. art. 544, nota 4; ação de exigir contas, v. arts. 550, nota 8, e 552, nota 2; ação possessória, v. art. 556, nota 1; embargos de terceiro, v. art. 679, nota 5; ação monitória, v. art. 702 § 6º; procedimentos de jurisdição voluntária, v. art. 721, nota 3; ação rescisória, v. art. 970, nota 5; ação popular, v. LAP 7º, nota 2a; ação de busca e apreensão de bem alienado fiduciariamente, v. Dec. lei 911/69, art. 3º, nota 6a; ação de alimentos, v. LA 1º, nota 8, e 15, nota 1c (revisional); pedido de conversão de separação em divórcio, v. LDi 36; Juizado Especial, v. LJE 31 e notas; Justiça Federal, v. RCJF 7º; ação de despejo, v. LI 59, nota 5a, e 62, nota 11b; ação de consignação em pagamento de aluguéis, v. LI 67-VI; ação renovatória de locação, v. LI 72, nota 1b.

V. tb., no nosso CCLCV, Lei 4.591/64, art. 67-A, nota 3 (ação de rescisão de promessa de venda e compra proposta pelo vendedor).

Art. 343: 1a. A reconvenção deve ser apresentada no **prazo** para a contestação (v. art. 335).

Malgrado a lei sugira a oferta da contestação e da reconvenção em **peça única,** não deve interferir na admissão da reconvenção a sua oferta em **peça apartada** da contestação, desde que respeitado o prazo para resposta. Afinal, a reconvenção pode ser proposta independentemente da contestação (v. § 6º).

Todavia, no sentido de que, "pretendendo o réu contestar e reconvir, deve fazê-lo simultaneamente, sob pena de preclusão consumativa": STJ-3ª T., REsp 1.634.076, Min. Nancy Andrighi, j. 6.4.17, DJ 10.4.17.

Art. 343: 1b. **Súmula 258 do STF:** "É admissível reconvenção em **ação declaratória".**

Assim: "Possível a reconvenção, pelo credor, para a cobrança de dívida, no bojo de ação declaratória de nulidade de cláusula contratual" (STJ-4ª T., REsp 310.110, Min. Aldir Passarinho Jr., j. 10.9.02, DJU 18.11.02). Em sentido semelhante: JTJ 348/204 (AP 7.392.206-0).

V. tb. art. 20, nota 2.

Art. 343: 2. No **processo de execução,** não cabe reconvenção (STJ-4ª T., REsp 1.050.341, Min. Marco Buzzi, j. 5.11.13, DJ 25.11.13; RT 488/135, 718/152, JTA 35/196, 36/46, 39/143, 46/98, 47/62, 59/53, 61/89, 61/117). Na disciplina da execução fiscal, há disposição expressa a respeito (LEF 16 § 3º).

"Não cabe reconvenção nos processos executivo e **cautelar"** (VI ENTA-concl. 13, aprovada por unanimidade).

Em resposta a uma demanda em curso, não cabe reconvenção para **exigir contas** (JTJ 161/159).

No sentido de que não se admite reconvenção, de natureza **possessória,** diante de ação petitória: RJTAMG 24/350.

Art. 343: 2a. "Quem, sendo réu na ação, **tem título executivo extrajudicial** oponível ao autor pode, com base nele, opor reconvenção; aproveita assim um processo já existente para dotar o seu crédito da força de um título judicial" (STJ-RT 861/135: 3ª T., REsp 631.678).

V. tb. art. 785.

Art. 343: 2b. "Não cabe reconvenção quando a matéria possa ser alegada com **idêntico efeito prático em contestação"** (Bol. AASP 1.486/135). No mesmo sentido: STJ-3ª T., AI 1.127.708-AgRg, Min. Sidnei Beneti, j. 25.8.09, DJ 9.9.09; JTJ 157/188.

Art. 343: 2c. "Em **ação de guarda** de filho menor, tanto o pai como a mãe podem perfeitamente exercer de maneira simultânea o direito de ação, sendo que a improcedência do pedido do autor conduz à procedência do pedido de guarda à mãe, restando evidenciada, assim, a natureza dúplice da ação. Por conseguinte, em demandas dessa natureza, é lícito ao réu formular pedido contraposto, independentemente de reconvenção" (STJ-RDDP 91/161: 4ª T., REsp 1.085.664).

Art. 343: 2d. "A aplicação da **sanção civil do pagamento em dobro** por cobrança judicial de dívida já adimplida (cominação encartada no artigo 1.531 do Código Civil de 1916, reproduzida no artigo 940 do Código Civil de 2002) pode ser postulada pelo réu na própria defesa, independendo da propositura de ação autônoma ou do manejo de reconvenção, sendo imprescindível a demonstração de má-fé do credor" (STJ-2ª Seção, REsp 1.111.270, Min. Marco Buzzi, j. 25.11.15, DJ 16.2.16). Em sentido semelhante: STJ-2ª T., REsp 759.929, Min. Eliana Calmon, j. 21.6.07, DJU 29.6.07.

Indo além, para afirmar a "possibilidade da imposição da sanção civil prevista no art. 1.531 do CC/16 até mesmo de ofício porque ela configura um exercício abusivo do direito de ação, assim como ocorre na litigância de má-fé": STJ-2ª Seção, ED no REsp 1.106.999, Min. Moura Ribeiro, j. 27.2.19, DJ 13.3.19.

Contra: "A aplicação do artigo 1.531 do Código Civil está sujeita à reconvenção" (STJ-3ª T., AI 326.119-AgRg, Min. Ari Pargendler, j. 17.4.01, DJU 4.6.01).

V. tb. art. 917, nota 16a.

Art. 343: 3. "O pedido de **indenização por benfeitorias,** ainda que formulado após a contestação, é consequência lógica da procedência do pedido de resolução do contrato, cujo resultado prático é o retorno das partes ao *status quo ante*. Com a retomada do imóvel pela promitente-vendedora, esta não pode locupletar-se, recebendo seu terreno com a construção realizada pelos promitentes-compradores sem a correspondente indenização" (STJ-3ª T., REsp 764.529, Min. Paulo Sanseverino, j. 26.10.10, DJ 9.11.10).

Art. 343: 3a. "Impossibilidade de reconhecimento de compensação entre a quantia que deverá ser paga aos autores e os valores despendidos pela corré com a locação, a partir do momento em que se considerou habitável o imóvel dos autores. Apenas a compensação legal pode ser arguida como matéria de defesa em contestação, operando os seus efeitos, por incidência do artigo 1.010 do Código Civil, pela simples constatação de sua existência. A **compensação judicial,** em que se faz necessária prévia cognição a respeito do direito de crédito, enseja o exercício de ação reconvencional" (JTJ 334/599: AP 1.189.912-0/4).

Art. 343: 3b. Se a Justiça Estadual é competente para conhecer da ação, e a Justiça Federal da reconvenção, esta não cabe (RTJ 102/308 e STF-RT 552/258). Mais amplamente: se o juiz da ação é **absolutamente incompetente** para conhecer da reconvenção, esta não cabe (RJTJESP 91/275).

V. art. 327-II.

Art. 343: 4. Ao invés de reconvir, o réu pode apresentar **ação conexa autônoma** contra o autor (RT 482/59, RJTJESP 37/26, 63/81), sendo possível sua reunião para julgamento conjunto (v. art. 55 § 1º).

Art. 343: 4a. v. art. 55.

Art. 343: 5. "Deve ter-se por suficiente para satisfazer o requisito do art. 315 o **vínculo, ainda que mais tênue,** existente entre as duas causas" (Bol. AASP 1.549/202, citando Barbosa Moreira).

"A conexão referida no art. 315 do CPC possui maior abrangência que a definida no art. 103 do mesmo diploma legal. Possível a reconvenção quando o respectivo pedido for conexo com o fundamento da defesa" (STJ-2ª T., REsp 648.417, Min. Herman Benjamin, j. 20.8.09, DJ 11.11.09).

P. ex., há conexão entre demanda inicial e reconvenção que formulam pretensões relacionadas com o término do noivado entre as partes, tendo sido aquela ajuizada para o recebimento de valores gastos com imóvel que ficou com a ex-noiva e esta para a indenização de danos morais decorrentes de ataques disparados pelo noivo para justificar o rompimento (RMDCPC 22/123).

Cabe reconvenção, em ação de anulação de casamento, visando à dissolução deste; a reconvenção será apreciada em seguida à ação principal, se esta for havida como improcedente (RJTJESP 113/376).

"Cabível a reconvenção pelo credor para cobrança da dívida no bojo de ação de revisão de contrato c/c declaração de inexistência de débito, em face da conexão existente entre as causas de pedir" (STJ-4ª T., REsp 647.390, Min. João Otávio, j. 17.11.09, DJ 30.11.09). No mesmo sentido: STJ-3ª T., REsp 835.733-AgRg, Min. Paulo Sanseverino, j. 4.11.10, DJ 19.11.10.

"Na ação em que se visa a impedir o protesto de título é cabível a apresentação de reconvenção com o objetivo de cobrar esses mesmos títulos. Identidade da relação jurídica subjacente" (STJ-3ª T., REsp 953.192, Min. Sidnei Beneti, j. 7.12.10, DJ 17.12.10).

Também há conexão entre a ação de despejo e a reconvenção voltada à indenização de benfeitorias que têm na sua base o mesmo contrato de locação (STJ-5ª T., REsp 1.036.003, Min. Jorge Mussi, j. 26.5.09, DJ 3.8.09).

Mas: "A disciplina do art. 315 do CPC não autoriza a conclusão de que a simples menção de um determinado fato dá ensanchas ao pedido reconvencional, pela conexão com o fundamento da defesa" (RSTJ 112/169).

"É inadmissível a arguição de usucapião por meio de pedido reconvencional na ação de despejo, diante da ausência de conexão entre as ações" (RT 869/355).

Art. 343: 6. "Desde que o réu tenha ação que, julgada, **alteraria o resultado da ação do autor,** a reconvenção cabe" (RT 595/98).

Art. 343: 7. "Se, **defendendo-se da ação,** o réu apresenta fatos que justificariam, em seu entender, o comportamento que adotou, e se desses fatos ele acredita emergir direito a indenização por dano moral, é possível apresentar, no processo, reconvenção pleiteando o recebimento dessa verba. É irrelevante o argumento do recorrente no sentido de que os fatos que dão fundamento à pretensão do réu-reconvinte são impertinentes. O cabimento da reconvenção deve ser avaliado em *status assertionis*" (STJ-RMDCPC 47/140 e RP 211/434: 3ª T., REsp 1.126.130).

Todavia: "Necessidade de o eventual liame entre a reconvenção e a peça de defesa se estabelecer entre o que esta apresenta de pertinente, sem o que portas largas estariam abertas a que o réu protelasse, mediante o oferecimento de reconvenção, o desfecho de toda e qualquer causa" (JTJ 314/252: AP 917.894-0/5).

Art. 343: 8. O caso é mesmo de **intimação.** O autor-reconvindo não precisa ser integrado à relação jurídica processual que ele mesmo fez nascer. Basta assim a notícia acerca da reconvenção, para que ele a responda. A intimação para resposta se aperfeiçoa mediante simples publicação na imprensa oficial (v. art. 272-*caput*).

Somente se cogita de **citação** quando a reconvenção for dirigida também a terceiros (v. § 3º); estes têm que ser integrados à relação jurídica processual.

Art. 343: 8a. "A **ausência de intimação** dos advogados do reconvindo para o oferecimento de contestação à reconvenção não enseja nulidade quando inexiste prova do prejuízo à parte, exatamente como o caso dos autos, em que houve ciência inequívoca da reconvenção por parte dos recorrentes" (STJ-3ª T., REsp 1.051.526, Min. Massami Uyeda, j. 17.9.09, DJ 14.10.09).

Art. 343: 8b. A intimação do autor-reconvindo marca a **estabilização da reconvenção.**

V. art. 329 § ún.

Art. 343: 9. Sendo a intimação para responder, e não apenas para contestar, o **reconvindo pode reconvir** diante da reconvenção (RT 596/85, 679/88, RJTJESP 135/258, JTJ 155/180, RJTJERGS 146/164, RJ 211/53).

Quando quis restringir reconvenção sucessiva, o legislador o fez expressamente (v. art. 702 § 6º).

"A reconvenção à reconvenção não é vedada pelo sistema processual, condicionando-se o seu exercício, todavia, ao fato de que a questão que justifica a propositura da reconvenção sucessiva tenha surgido na contestação ou na primeira reconvenção, o que viabiliza que as partes solucionem integralmente o litígio que as envolve no mesmo processo e melhor atende aos princípios da eficiência e da economia processual, sem comprometimento da razoável duração do processo" (STJ-3ª T., REsp 1.690.216, Min. Nancy Andrighi, j. 22.9.20, maioria, DJ 28.9.20).

Contra, não admitindo a oferta de reconvenção em resposta a demanda reconvencional: RT 586/45 e RJTJESP 89/313.

Art. 343: 9a. Não basta a intimação para manifestar-se sobre a reconvenção; é preciso que o autor seja **intimado a respondê-la** (JTJ 168/113). O juiz despachara a reconvenção da seguinte forma: "Vista da contestação e da reconvenção à parte adversa". O acórdão entendeu que não bastava; era necessário dizer: "Intime-se o autor reconvindo, na pessoa de seu procurador, para contestar a reconvenção, no prazo de 15 dias".

Art. 343: 10. sob pena de ficar o reconvindo exposto à **presunção de veracidade** dos fatos afirmados pelo reconvinte (RP 4/404, em. 178), na medida em que a petição inicial for insuficiente para se contrapor a todos eles.

V. tb. art. 344, nota 8a.

Art. 343: 11. v. arts. 200 § ún. e 485-VIII e § 5º.

Art. 343: 12. v. art. 485.

Art. 343: 12a. e vice-versa: a **inadmissibilidade da reconvenção** não interfere, por si, no prosseguimento do processo para o julgamento da demanda inicial.

Art. 343: 12b. "O fato de ter sido reconhecida a **ilegitimidade passiva do réu-reconvinte** na ação principal após a propositura da reconvenção não implica, necessariamente, inadmissibilidade da demanda reconvencional, uma vez que, no momento do ajuizamento, havia direito de reconvir. Inteligência do art. 317 do CPC/73" (STJ-3ª T., REsp 1.490.073, Min. Nancy Andrighi, j. 22.5.18, DJ 28.5.18). "A extinção da ação principal, no caso a ação monitória, por ilegitimidade passiva dos réus, não impede o **prosseguimento da reconvenção** proposta com objetivo de condenar a autora ao pagamento do dobro do que cobrou indevidamente, tendo como causa de pedir justamente o reconhecimento da ilegitimidade passiva dos réus da ação principal" (STJ-4ª T., REsp 1.250.182-AgInt-AgInt, Min. Lázaro Guimarães, j. 8.2.18, DJ 16.2.18).

Art. 343: 13. A decisão interlocutória que **inadmite a reconvenção** é **agravável** (v. art. 354 § ún.).

Art. 343: 13a. Extintas, pela **mesma sentença,** a ação e a reconvenção, se somente o autor apela e ao seu recurso é dado provimento, para que a ação prossiga, daí não decorre que a reconvenção também deva ter seguimento (STJ-Bol. AASP 1.699/184).

Art. 343: 13b. Sendo possível a cisão no exame do mérito (v. art. 356), admite-se que sejam **julgadas separadamente** as demandas inicial e reconvencional.

Art. 343: 14. A **reconvenção subjetivamente ampliativa** é possível tanto no caso de litisconsórcio facultativo quanto no caso de litisconsórcio necessário.

Art. 343: 15. A reconvenção não precisa trazer nos seus polos todos os réus e todos os autores da demanda inicial. Em outras palavras, admite-se a **reconvenção subjetivamente restritiva.** Todavia, é inadmissível reconvenção que não tenha como reconvinte ao menos uma pessoa que figure como ré na demanda inicial ou que não tenha como reconvinda ao menos uma pessoa que figure como autora na demanda inicial.

Art. 343: 16. Nessas circunstâncias, pode o réu chamar sua **peça** simplesmente de **reconvenção;** não precisa rotulá-la de contestação.

Capítulo VIII | DA REVELIA

Art. 344. Se o réu não contestar a ação, será considerado revel[1 a 3] e presumir-se-ão verdadeiras[3a a 7] as alegações de fato[8] formuladas pelo autor.[8a a 11] [Dispositivo correspondente no CPC/1973: art. 319]

Art. 344: 1. s/ revelia e: incapacidade processual ou irregularidade da representação da parte, v. art. 76-II e III; honorários advocatícios, v. art. 85, nota 16; litisconsórcio, v. arts. 117, notas 2 e 3, e 345-I; omissão de advertência no mandado citatório, v. art. 250, nota 4a; tutela cautelar requerida em caráter antecedente, v. art. 307-*caput*; réu citado com hora certa ou por edital, v. art. 345, nota 1; ação rescisória, v. art. 970, nota 2; inventário, v. art. 626, nota 2; procedimentos de jurisdição voluntária, v. art. 721, nota 4; ação de alimentos, v. LA 7º; desapropriação, v. LD 19, nota 6; separação judicial, v. LDi 5º, nota 2a; Juizado Especial, v. LJE 20; mandado de segurança, v. LMS 7º, nota 11; medida cautelar fiscal, v. MCF 9º.

Art. 344: 2. A ausência de resposta ou a **falta de resposta válida** à ação torna o réu revel.

A revelia se caracteriza, p. ex., com a apresentação da contestação fora do prazo (v. art. 335, nota 4) ou por advogado sem mandato nos autos (cf. art. 76-II e III).

Art. 344: 2a. Não ocorre revelia:

— se o réu já havia contestado demanda cautelar e a matéria lá enfrentada abrangeu, também, as questões atinentes à ação principal (RT 744/238; JTJ 332/187: AI 7.268.838-5). V. tb. art. 341, nota 3a;

— se o réu endereçou a tempestiva contestação para cartório diverso (v. art. 335, nota 5a).

Art. 344: 3. "A **reconvenção** não é bivalente. Inadmitida a **contestação** por intempestiva, a reconvenção apresentada não a substituirá" (RSTJ 76/246). Todavia, conforme o direito material em disputa no processo, a reconvenção tem aptidão para tornar controvertidos os fatos deduzidos na petição inicial e para conduzir, em última análise, à improcedência da petição inicial.

Assim: "A apresentação de reconvenção, ainda que sem o oferecimento de contestação em peça autônoma, aliada ao pedido de produção de provas formulado em tempo e modo oportunos, impedia o julgamento antecipado da lide" (STJ-3ª T., REsp 1.335.994, Min. Ricardo Cueva, j. 12.8.14, DJ 18.8.14).

V. tb. nota 8a.

Art. 344: 3a. p/ presunção de veracidade semelhante, v. art. 341. V. tb. arts. 374-IV (desnecessidade de prova).

Art. 344: 4. "salvo se o contrário resultar da convicção do juiz", como bem esclarece a LJE 20.

A presunção de veracidade das alegações fáticas prevista neste art. 344 é um efeito da revelia, que, todavia, comporta relativização. Daí a constatação de que se trata de **presunção relativa, e não absoluta** (RTJ 115/1.227; STJ-3ª T., AI 1.088.359-AgRg, Min. Sidnei Beneti, j. 28.4.09, DJ 11.5.09; STJ-4ª T., REsp 590.532-AgRg, Min. Isabel Gallotti, j. 15.9.11, DJ 22.9.11; RSTJ 100/183, RT 708/111, 865/263, RJTJESP 106/234, JTA 105/149, Bol. AASP 1.258/73, RJTAMG 21/238, 21/293, RJTJERGS 258/334: AP 70015635212).

"A falta de contestação conduz a que se tenham como verdadeiros os fatos alegados pelo autor. Não, entretanto, a que necessariamente deva ser julgada procedente a ação. Isso pode não ocorrer, seja em virtude de os fatos não conduzirem às consequências jurídicas pretendidas, seja por evidenciar-se existir algum, não cogitado na inicial, a obstar que aquelas se verifiquem" (STJ-3ª T., REsp 14.987, Min. Eduardo Ribeiro, j. 10.12.91, DJU 17.2.92).

"A falta de contestação, quando leve a que se produzam os efeitos da revelia, exonera o autor de provar os fatos deduzidos como fundamento do pedido e inibe a produção de prova pelo réu, devendo proceder-se ao julgamento antecipado da lide. Se, entretanto, de documentos trazidos com a inicial se concluir que os fatos se passaram de forma diversa do nela narrado, o juiz haverá que considerar o que deles resulte e não se firmar em presunção que se patenteia contrária à realidade" (RSTJ 88/115).

"Em alguns casos, todavia, como naqueles em que ausente alguma das condições da ação ou haja evidente falta de direito, o não oferecimento oportuno da contestação não importa na procedência do pedido. É da melhor doutrina que não está no espírito da lei obrigar o juiz a abdicar de sua racionalidade e julgar contra a evidência, ainda que esta lhe tenha passado despercebida" (STJ-4ª T., AI 123.413-AgRg, Min. Sálvio de Figueiredo, j. 26.2.97, DJU 24.3.97).

"O efeito da revelia não induz procedência do pedido nem afasta o exame de circunstâncias capazes de qualificar os fatos fictamente comprovados" (RSTJ 53/335).

"O efeito da revelia não dispensa a presença, nos autos, de elementos suficientes para o convencimento do juiz" (RSTJ 146/396).

Assim, o juiz pode considerar não provados fatos incontestados nos autos (RT 493/162, JTA 45/190, Lex-JTA 140/344) e julgar o autor carecedor da ação (RJTJESP 50/139) ou julgar a ação improcedente (RT 597/199, RJTJESP 49/126, JTA 89/93).

P. ex.: "Ação rescisória. Ação revisional de contrato bancário. Revelia na demanda de origem. Caso concreto em que a parte autora da ação revisional, com base no extrato bancário relativo a apenas três meses de conta corrente, pretendeu a revisão de encargos contratuais de modo a ver declarada a quitação dos débitos lançados em conta corrente, bem como dos títulos emitidos em favor do banco. Flagrante carência de verossimilhança das alegações da parte autora da demanda revisional, impondo-se a rescisão da sentença, com base na violação literal à norma que emana do art. 319 do CPC/1973. Retorno dos autos ao juízo de origem para novo julgamento da demanda revisional" (STJ-3ª T., REsp 1.758.786, Min. Paulo Sanseverino, j. 2.4.19, DJ 5.4.19).

Em síntese: "A presunção de veracidade dos fatos alegados pelo autor em face à revelia do réu é relativa, podendo ceder a outras circunstâncias constantes dos autos, de acordo com o princípio do livre convencimento do juiz" (STJ-4ª T.: RSTJ 100/183). No mesmo sentido: RF 293/244; JTJ 358/414: AP 990.10.473186-0.

V. tb. art. 341, nota 3.

Art. 344: 5. Esse **efeito da revelia não se produz** nas situações descritas no art. 345.

Art. 344: 6. Mesmo em caso de revelia, o juiz pode determinar, de ofício, a **produção de provas** (RF 367/308, JTA 40/160, 91/280, RJTAMG 18/179), ou dar ao réu o direito de requerê-las (STJ-3ª T., AI 1.088.359-AgRg, Min. Sidnei Beneti, j. 28.4.09, DJ 11.5.09; RJTJESP 97/366, maioria, RT 493/111, maioria).

S/ revelia e produção de provas, v. arts. 346, nota 2a, 349, nota 1, e 355, nota 10.

Art. 344: 7. A revelia não impede o juiz de apreciar **matérias cognoscíveis de ofício** (JTA 116/350).

Art. 344: 8. "Os efeitos da revelia (art. 319, CPC) **não incidem sobre o direito** da parte, mas tão **somente** quanto à matéria de **fato"** (RSTJ 5/363). "A revelia somente alcança os fatos, e não o direito a que se postula" (STJ-3ª T.: RT 792/225).

"Os efeitos da revelia não conduzem necessariamente à procedência do pedido. É que somente os fatos não impugnados serão aceitos como verdadeiros (art. 302, CPC), e não as consequências jurídicas deles decorrentes" (STJ-4ª T., REsp 955.809, Min. Luis Felipe, j. 24.4.12, DJ 22.5.12).

"Os efeitos da revelia não abrangem as questões de direito, tampouco implicam renúncia a direito ou a automática procedência do pedido da parte adversa. Acarretam simplesmente a presunção relativa de veracidade dos fatos alegados pelo autor (CPC, art. 319). A não apresentação de contestação ao pedido de divórcio pelo cônjuge virago não pode ser entendida como manifestação de vontade no sentido de opção pelo uso do nome de solteira (CC, art. 1.578, § 2º)" (STJ-4ª T., Ag em REsp 204.908-AgRg, Min. Raul Araújo, j. 4.11.14, DJ 3.12.14).

Art. 344: 8a. Aplicam-se os efeitos da revelia ao **reconvindo que não contesta** (SIMP-concl. XXVII, em RT 482/271). Todavia, a presunção de veracidade dos fatos afirmados pelo reconvinte é mitigada, nos casos em que os fatos veiculados pelo autor-reconvindo na sua petição inicial já são suficientes para criar controvérsia acerca do material fático trazido com a reconvenção. Nesse sentido: RF 284/251.

Assim: "A presunção de veracidade dos fatos alegados na reconvenção em face da revelia é relativa, cedendo passo a outras circunstâncias constantes nos autos, tendo em conta que adstrito o julgador ao princípio do livre convencimento motivado. A consequência da falta de resposta à reconvenção não conduz, necessariamente, à procedência do pedido reconvencional" (STJ-5ª T., REsp 334.922, Min. Felix Fischer, j. 16.10.01, DJU 12.11.01).

V. tb. nota 3 e art. 343, nota 10.

Art. 344: 9. Ocorre a revelia no processo de execução?

Não: Min. Athos Gusmão Carneiro, em RT 495/15, n. III, e RP 10/97, n. 2; RTFR 69/9, RT 482/234, RJTAMG 21/115, 56/223, Bol. AASP 1.159/46.

Sim: RT 492/130, JTA 51/87, maioria.

Art. 344: 10. "A **não impugnação dos embargos do devedor** não induz os efeitos da revelia, pois que, no processo de execução, diferentemente do processo de conhecimento em que se busca a certeza do direito vindicado, o direito do credor encontra-se consubstanciado no próprio título, que se reveste da presunção de veracidade, até porque já anteriormente comprovado, cabendo, assim, ao embargante-executado o ônus quanto à desconstituição da eficácia do título executivo" (STJ-6ª T., REsp 601.957, Min. Hamilton Carvalhido, j. 23.8.05, DJU 14.11.05). Ainda: "Nos embargos à execução, não se verificam os efeitos da revelia" (VI ENTA-concl. 15, aprovada por unanimidade). No mesmo sentido: STJ-4ª T., REsp 23.177-6, Min. Fontes de Alencar, j. 23.3.93, DJU 3.5.93; STJ-2ª T., REsp 671.515, Min. João Otávio, j. 3.10.06, DJU 23.10.06; RT 695/114, 714/194, 750/281, 751/271, Lex-JTA 167/234, JTA 93/39, bem fundamentado, 104/92, Bol. AASP 1.432/129, JTAERGS 83/280.

Todavia, parece mais aceitável a tese de que, neste caso, as questões de fato não contestadas devem ser reputadas verdadeiras, segundo a versão do embargante (Lex-JTA 152/362), com a condição de não estarem em contradição com o título executivo que deu ensejo à execução (JTA 65/252), cabendo ao julgador "examinar objetivamente a prova, joeirando-a apesar da confissão ficta, pois que outra presunção, não menos relevante, é a da liquidez e certeza da dívida instrumentada pelo título executivo preconstituído" (RTFR 89/103). Em sentido semelhante: RT 603/129.

Aplicando os efeitos da revelia, em razão de os embargos não impugnados versarem apenas sobre questões relacionadas com a penhora e com excesso de execução: RF 381/387.

Art. 344: 11. **Súmula 256 do TFR:** "A falta de impugnação dos **embargos do devedor** não produz, em relação à **Fazenda Pública,** os efeitos de revelia" (v. jurisprudência s/ esta Súmula em RTFR 163/339). No mesmo sentido: STJ-6ª T., REsp 817.402-AgRg, Min. Jane Silva, j. 18.11.08, DJ 9.12.08; RTFR 90/31, 121/133, 125/42, 133/79, RT 741/279, RJTJESP 88/246, 92/221, 110/52, maioria, JTJ 311/459, maioria.

V. tb. art. 345, nota 4a.

Art. 345. A revelia não produz o efeito mencionado no art. 344 se:[1] [Dispositivo correspondente no CPC/1973: art. 320-*caput*]

I — havendo pluralidade de réus, algum deles contestar a ação;[2-3] [Dispositivo correspondente no CPC/1973: art. 320-I]

II — o litígio versar sobre direitos indisponíveis;[4 a 6] [Dispositivo correspondente no CPC/1973: art. 320-II]

III — a petição inicial não estiver acompanhada de instrumento[6a] que a lei considere indispensável à prova do ato;[7] [Dispositivo correspondente no CPC/1973: art. 320-III]

IV — as alegações de fato formuladas pelo autor forem inverossímeis ou estiverem em contradição com prova constante dos autos.[8] [Sem dispositivo correspondente no CPC/1973]

Art. 345: 1. "Não se aplica o efeito da revelia, disposto no art. 319 do CPC, ao revel que tenha sido citado por edital ou com hora certa" (V ENTA-concl. aprovada por 12 votos a 6).

A contestação oferecida por curador especial exclui a revelia e impede o julgamento antecipado da lide (RP 1/182, com comentário de Clito Fornaciari Jr.; RTJ 99/847, RT 509/197, 591/237, JTA 30/319, Bol. AASP 909/58, RP 1/199, em. 35, RP 6/326, em. 180).

V. tb. art. 341 § ún., especialmente nota 7.

Art. 345: 2. v. art. 117, notas 2 e 3.

Art. 345: 3. "A aplicação da regra do art. 320, I, do CPC pressupõe impugnação a fato comum ao réu atuante e ao litisconsorte revel" (STJ-3ª T., REsp 44.545-0, Min. Costa Leite, j. 19.4.94, DJU 20.3.95).

Art. 345: 4. v. arts. 392-*caput* e 341-I.

Art. 345: 4a. "Os efeitos materiais da revelia não são afastados quando, regularmente citado, deixa o Município de contestar o pedido do autor, sempre que não estiver em litígio contrato genuinamente administrativo, mas sim uma **obrigação de direito privado firmada pela Administração Pública"** (STJ-4ª T., REsp 1.084.745, Min. Luis Felipe, j. 6.11.12, DJ 30.11.12).

V. tb. art. 344, nota 11.

Art. 345: 5. Afirmando que as **separações litigiosas** não envolvem direitos indisponíveis, inclusive por poderem ser objeto de composição consensual: RT 491/179, 508/106, 614/55, 615/168, 737/338, RF 254/269, RJTJESP 49/59, 103/244, 105/143, 106/150, Bol. AASP 987/142, 2.323/2.716, RP 4/405, em. 187).

Contra: "Os reflexos da separação judicial litigiosa não se restringem à esfera dos cônjuges, mas também refletem no âmbito do interesse público, de sorte que a revelia não deve ser motivo suficiente à dispensa de qualquer instrução processual, seja por prova material ou oral, incorretamente procedendo-se ao julgamento antecipado da lide, com a decretação da culpa do réu, sem que sequer se tenha oportunizado ao menos a colheita do depoimento pessoal das partes em audiência" (STJ-RT 826/173 e RSTJ 192/444: 4ª T., REsp 485.958). Em sentido semelhante: SIMP-concl. RT 482/273; RT 594/64, 710/65, RJTJESP 105/139, 105/141. Não admitindo o julgamento antecipado da lide: RJTJESP 93/167, 104/175, 104/177, JTJ 159/172, RJ 214/53.

Solução intermédia, e mais judiciosa, se encontra em RT 612/58 e JTJ 209/153 (e, de certo modo, em RT 634/58): são disponíveis os direitos relacionados com as causas de dissolução legal da sociedade conjugal; e indisponíveis os relativos, p. ex., a guarda, educação e alimentos dos filhos. Neste sentido: "Ainda que o direito da separação, em si, possa considerar-se como disponível, já que passível de fazer-se por mútuo consenso, uma vez reunidos os pressupostos legais, dela resultam consequências a cujo respeito o juiz deve prover e que se inserem entre os direitos indisponíveis. Dentre elas a pertinente à guarda dos filhos" (STJ-RT 672/199).

No mesmo sentido: "A despeito da revelia, há caso em que é lícito proceder-se à instrução, tratando-se de aspectos que se inserem entre os direitos indisponíveis. Por exemplo, a exigência de provimento judicial sobre a guarda de menor. Caso em que se não impunha a aplicação dos arts. 330, II, e 319 do CPC" (RSTJ 124/273).

"Sendo o direito de guarda dos filhos indisponível, não obstante admita transação a respeito de seu exercício, não há que se falar em presunção de veracidade dos fatos oriunda da revelia" (STJ-3ª T., REsp 1.773.290, Min. Marco Bellizze, j. 21.5.19, DJ 24.5.19)

Art. 345: 5a. "O fato de a ré ter sido revel em **ação de divórcio** em que se pretende, também, a **exclusão do patronímico** adotado por ocasião do casamento não significa concordância tácita com a modificação de seu nome civil, quer seja porque o retorno ao nome de solteira após a dissolução do vínculo conjugal exige manifestação expressa nesse sentido, quer seja o efeito da presunção de veracidade decorrente da revelia apenas atinge as questões de fato, quer seja ainda porque os direitos indisponíveis não se submetem ao efeito da presunção da veracidade dos fatos" (STJ-3ª T., REsp 1.732.807, Min. Nancy Andrighi, j. 14.8.18, DJ 17.8.18).

V. tb., no nosso CCLCV, CC 1.578, nota 3.

Art. 345: 6. A ação de **investigação de paternidade** versa sobre direito indisponível; logo, a falta de resposta diante dela não produz a presunção de veracidade decorrente da revelia (JTJ 148/139).

Art. 345: 6a. público ou particular.

Art. 345: 7. v. art. 341-II. V. ainda CC 107.

S/ instrumento público, v. art. 406 e CC 108 e 109.

Art. 345: 8. v. art. 344, nota 4.

Art. 346. Os prazos contra o revel que não tenha patrono nos autos fluirão da data de publicação do ato decisório no órgão oficial.[1] [Dispositivo correspondente no CPC/1973: art. 322-*caput*]

Parágrafo único. O revel poderá intervir no processo em qualquer fase, recebendo-o no estado em que se encontrar.[2-2a] [Dispositivo correspondente no CPC/1973: art. 322 § ún.]

Art. 346: 1. v. art. 272.

Art. 346: 2. s/ presunção de veracidade dos fatos afirmados pelo autor contra o revel, v. arts. 344 e 345, bem como respectivas notas; apelação do réu revel, v. art. 1.013, nota 7.

Art. 346: 2a. Verificado o efeito da revelia previsto no art. 344 e sendo **desnecessária a produção de** outras **provas** para o julgamento da causa, o juiz proferirá desde logo a sentença (v. arts. 307 e 355-II, especialmente nota 10).

"O art. 5º, inciso LV, da CF não produziu nenhuma alteração no instituto da revelia. Deixando de apresentar defesa no prazo legal, viável é o julgamento antecipado, a teor do disposto nos arts. 322, 324 e 330, II, do CPC" (RTJE 158/162).

Todavia, mesmo em situação de revelia, o juiz pode determinar a produção de provas (v. art. 344, nota 6). Afinal, a correlata presunção de veracidade dos fatos é relativa, e não absoluta (v. art. 344, nota 4). E há hipóteses que o legislador expressamente exclui dessa presunção de veracidade (v. art. 345).

Ademais, o próprio réu pode pedir a produção de prova contrária aos fatos alegados pelo autor, desde que compareça a tempo nos autos (v. art. 349, especialmente nota 1).

Capítulo IX — DAS PROVIDÊNCIAS PRELIMINARES E DO SANEAMENTO

Art. 347. Findo o prazo para a contestação, o juiz tomará, conforme o caso, as providências preliminares constantes das seções deste Capítulo. [Dispositivo correspondente no CPC/1973: art. 323]

Seção I | DA NÃO INCIDÊNCIA DOS EFEITOS DA REVELIA

Art. 348. Se o réu não contestar a ação, o juiz, verificando a inocorrência do efeito da revelia previsto no art. 344,[1] ordenará que o autor especifique as provas que pretenda produzir, se ainda não as tiver indicado.[2] [Dispositivo correspondente no CPC/1973: art. 324]

Art. 348: 1. v. arts. 344, nota 4, e 345.

Art. 348: 2. Se tiver ocorrido o efeito da revelia e não forem necessárias outras provas, o juiz proferirá sentença desde logo.

V. art. 355-II.

Art. 349. Ao réu revel será lícita a produção de provas, contrapostas às alegações do autor, desde que se faça representar nos autos a tempo de praticar os atos processuais indispensáveis a essa produção.[1] [Sem dispositivo correspondente no CPC/1973]

Art. 349: 1. **Súmula 231 do STF:** "O revel, em processo cível, pode produzir provas, desde que compareça em tempo oportuno".

A atividade probatória do revel fica limitada à produção de prova contrária aos fatos alegados pelo autor; não pode trazer para o processo fatos novos nem produzir provas a seu respeito. Porém, para produzir contraprova, pode o revel pedir perícia, se ainda não houve o saneamento do processo; formular quesitos, se no prazo; arrolar testemunhas e pedir o depoimento pessoal do autor, se ainda for oportuno.

"A produção de provas requeridas pelo revel limita-se aos fatos afirmados na inicial" (RSTJ 124/419: 4ª T., REsp 211.851).

"Admite-se que o réu revel produza contraprovas aos fatos narrados pelo autor, na tentativa de elidir a presunção relativa de veracidade, desde que intervenha no processo antes de encerrada a fase instrutória" (STJ-3ª T., REsp 677.720, Min. Nancy Andrighi, j. 10.11.05, DJU 12.12.05).

"Em processo civil inexiste dispositivo que impeça o revel de produzir provas, qualquer que seja a natureza delas, condicionando-se, apenas, a que sejam pertinentes à causa e requeridas em tempo oportuno" (JTA 99/310, maioria).

Em RT 493/111 e RJTJESP 45/207, foi permitida a produção de provas ao revel, por maioria de votos.

Em RT 500/77 e RJTJESP 45/159, ficou decidido que o revel pode arrolar testemunhas para contraprova dos fatos articulados pelo autor.

Em Bol. AASP 913/70 e em RT 512/150, decidiu-se que o revel pode participar da audiência, contraditar testemunhas, formular perguntas, impugnar documentos, debater a causa etc.

S/ produção de provas, no caso de revelia, v. tb. art. 344, nota 6, 346, nota 2a, e 355, nota 10.

Seção II | DO FATO IMPEDITIVO, MODIFICATIVO OU EXTINTIVO DO DIREITO DO AUTOR

Art. 350. Se o réu alegar fato impeditivo, modificativo ou extintivo do direito do autor, este será ouvido no prazo de 15 (quinze) dias,[1-2] permitindo-lhe o juiz a produção de prova. [Dispositivo correspondente no CPC/1973: art. 326]

Art. 350: 1. É nula a sentença se, neste caso, não foi ouvido o autor (RTJ 90/165; STJ-RT 709/208).

Art. 350: 2. "Não há disposição, no ordenamento processual brasileiro, quanto à **tréplica.** A oportunidade para sua manifestação existiria apenas se, com a réplica, fossem juntados documentos novos, a teor do art. 398 do CPC" (RTJE 148/239).

Seção III | DAS ALEGAÇÕES DO RÉU

Art. 351. Se o réu alegar qualquer das matérias enumeradas no art. 337, o juiz determinará a oitiva do autor no prazo de 15 (quinze) dias, permitindo-lhe a produção de prova.[1] [Dispositivo correspondente no CPC/1973: art. 327]

Art. 351: 1. Em matéria de ilegitimidade passiva, v. tb. arts. 338 e 339.

Art. 352. Verificando a existência de irregularidades ou de vícios sanáveis, o juiz determinará sua correção em prazo nunca superior a 30 (trinta) dias.[1 a 3] [Dispositivo correspondente no CPC/1973: art. 327]

Art. 352: 1. v. tb. art. 76.

Art. 352: 2. Se o juiz puder julgar o mérito favoravelmente a quem aproveite a declaração de nulidade, não será necessário mandar supri-la (v. art. 282 § 2º).

Art. 352: 3. "Não se deve nulificar o processo por **deficiência sanável** sem antes ensejar oportunidade à parte de suprir a irregularidade" (STJ-4ª T., REsp 6.458, Min. Sálvio de Figueiredo, j. 11.6.91, DJU 5.8.91).

Art. 353. Cumpridas as providências preliminares ou não havendo necessidade delas, o juiz proferirá julgamento conforme o estado do processo, observando o que dispõe o Capítulo X. [Dispositivo correspondente no CPC/1973: art. 328]

Capítulo X | DO JULGAMENTO CONFORME O ESTADO DO PROCESSO

Seção I | DA EXTINÇÃO DO PROCESSO

Art. 354. Ocorrendo qualquer das hipóteses previstas nos arts. 485 e 487, incisos II e III, o juiz proferirá sentença.[1] [Dispositivo correspondente no CPC/1973: art. 329]

Parágrafo único. A decisão a que se refere o *caput* pode dizer respeito a apenas parcela do processo,[2] caso em que será impugnável por agravo de instrumento.[3] [Sem dispositivo correspondente no CPC/1973]

Art. 354: 1. A norma é cogente: "o juiz proferirá sentença". Antes de proferir a sentença, todavia, deve o juiz ter o cuidado de determinar a correção de irregularidades ou vícios sanáveis (v. art. 352). Porém, não é preciso tomar quaisquer providências próprias do saneamento e da organização do processo previamente à sentença (v. art. 357): estas somente tem lugar se não é o caso de julgamento imediato.

V. art. 355, notas 1a e 2a.

Art. 354: 2. v. tb. art. 203, nota 2. Em matéria de reconvenção, v. art. 343, nota 13.

S/ julgamento parcial do mérito, v. art. 356.

Art. 354: 3. v. arts. 1.015 a 1.020.

Seção II | DO JULGAMENTO ANTECIPADO DO MÉRITO[1]

SEÇ. II: 1. s/ julgamento antecipado do mérito: na ação rescisória, art. 973, nota 1; nos embargos à execução, arts. 918-II e III e 920-II; na desapropriação, LD 19, nota 11.

Art. 355. O juiz julgará antecipadamente o pedido,[1 a 3a] proferindo sentença com resolução de mérito,[4] quando: [Dispositivo correspondente no CPC/1973: art. 330-*caput*]

I — não houver necessidade de produção de outras provas;[4a a 9] [Dispositivo correspondente no CPC/1973: art. 330-I]

II — o réu for revel, ocorrer o efeito previsto no art. 344 e não houver requerimento de prova, na forma do art. 349.[10] [Dispositivo correspondente no CPC/1973: art. 330-II]

Art. 355: 1. s/ julgamento antecipado parcial do mérito, v. art. 356.

Art. 355: 1a. "Presentes as condições que ensejam o julgamento antecipado da causa, **é dever do juiz,** e não mera faculdade, assim proceder" (STJ-4ª T., REsp 2.832, Min. Sálvio de Figueiredo, j. 14.8.90, DJU 17.9.90). No mesmo sentido: RSTJ 102/500, RT 782/302.

O preceito é cogente: "o juiz julgará antecipadamente o pedido". Não pode o juiz, por sua mera conveniência, relegar para fase ulterior a prolação da sentença. Nesse sentido: RT 621/166; RJM 183/115 (AP 1.0382.05.053967-7/002).

Contra, entendendo que o julgamento antecipado da lide é mera faculdade, e não obrigação do magistrado: RJTJESP 96/259.

Não obstante, deve o juiz ser cauteloso no julgamento antecipado, a fim de evitar ulterior anulação da sentença, por cerceamento de defesa.

V. tb. art. 354, nota 1.

Art. 355: 2. "Em matéria de julgamento antecipado da lide, predomina a prudente discrição do magistrado, no **exame da necessidade ou não da realização de prova** em audiência, ante as circunstâncias de cada caso concreto e a necessidade de não ofender o princípio basilar do pleno contraditório" (STJ-4ª T., REsp 3.047, Min. Athos Carneiro, j. 21.8.90, DJU 17.9.90).

Por isso: "Ainda que as partes não tenham requerido produção de provas, mas sim o julgamento antecipado da lide, se esta não estiver suficientemente instruída, de sorte a permitir tal julgamento, cabe ao juiz, de ofício, determinar as provas necessárias à instrução do processo" (RT 664/91).

"Constantes dos autos elementos de prova documental suficientes para formar o convencimento do julgador, inocorre cerceamento de defesa se julgada antecipadamente a controvérsia" (STJ-4ª T., Ag 14.952-AgRg, Min. Sálvio de Figueiredo, j. 4.12.91, DJU 3.2.92). No mesmo sentido: RT 900/260 (TJSP, AP 992.07.025249-0).

Cf. art. 370: "Caberá ao juiz, **de ofício**", etc.

V. tb. notas 8 e segs.

Art. 355: 2a. "Saneamento do processo. É dispensável, quando o juiz conhece diretamente do pedido" (RSTJ 85/200).

Para o julgamento antecipado, fica o juiz liberado de tomar medidas como a abertura de prazo para prévia oferta de razões finais escritas (JTJ 167/137, Amagis 9/257). Basta que profira a sentença.

V. tb. art. 354, nota 1.

Art. 355: 2b. Admite-se o julgamento antecipado da lide **mesmo após o saneamento** do processo (v. art. 357, nota 4).

Art. 355: 3. "No caso de julgamento antecipado da lide, **não há publicação** da sentença **em audiência**" (SIMP-concl. XXXVI, em RT 482/271).

Art. 355: 3a. Não pode alegar cerceamento de defesa **quem concordou com o julgamento antecipado da lide** e teve sentença contrária (RTJ 118/550; STJ-4ª T., REsp 6.414, Min. Sálvio de Figueiredo, j. 18.6.91, DJU 5.8.91; STJ-3ª T., REsp 10.677, Min. Dias Trindade, j. 21.6.91, DJU 19.8.91; STJ-2ª T., REsp 13.378, Min. Peçanha Martins, j. 18.5.92, DJU 29.6.92).

"Se se trata de direito disponível e o autor requer o julgamento antecipado da lide, fica ele sujeito à limitação que impôs ao juiz, não podendo — depois de sentença desfavorável em razão da insuficiência de provas — pretender a anulação do julgado; o juiz arranharia a imparcialidade que lhe é exigida se, substituindo-se ao interessado, determinasse a realização da prova pericial" (STJ-2ª T., Ag 133.929, Min. Ari Pargendler, j. 16.5.97, DJU 16.6.97).

Art. 355: 4. v. art. 487.

Art. 355: 4a. s/ protesto e especificação de provas e julgamento antecipado, v. tb. arts. 319, nota 16, 336, nota 5, e 357, nota 3.

Art. 355: 5. p. ex., quando o julgamento da causa envolver **apenas matéria de direito.**

"O julgamento antecipado da lide, quando a questão proposta é exclusivamente de direito, não viola o princípio constitucional da ampla defesa e do contraditório" (STF-2ª T., AI 203.793-5-AgRg, Min. Maurício Corrêa, j. 3.11.97, DJU 19.12.97).

O julgamento antecipado da lide, sobre questão exclusivamente de direito, não constitui cerceamento de defesa, se feito independentemente de prova testemunhal, protestada pelo réu (RTJ 84/255).

Art. 355: 5a. "Se a parte **não requereu a produção de provas** sobre determinados fatos relativos a direitos disponíveis, não lhe é lícito alegar cerceamento por julgamento antecipado" (STJ-4ª T., REsp 9.077, Min. Sálvio de Figueiredo, j. 25.2.92, DJU 30.3.92).

"Não há como opor-se ao julgamento antecipado da lide se o recorrente limitou-se, em sua contestação, a formular defesa genérica contra a inicial, sem protestar, sequer, pela realização de provas especificamente" (STJ-3ª T., REsp 3.416, Min. Waldemar Zveiter, j. 14.8.90, DJU 17.9.90).

Art. 355: 6. "Inexiste cerceamento de defesa se os fatos alegados haveriam de ser **provados por documentos,** não se justificando a designação de audiência" (STJ-3ª T., REsp 1.344, Min. Eduardo Ribeiro, j. 7.11.89, DJU 4.12.89).

"Se os fatos indicados podem ser outros que não os indicados no documento e assim modificados pela prova possível e requerida, cumpre seja realizada para conhecimento inteiro da espécie, vedada a antecipação do julgamento" (RJTJERGS 134/450).

Art. 355: 7. "Não é lícito ao juiz conhecer diretamente do pedido se milita a favor do autor, em decorrência do direito invocado, **presunção relativa,** que admite, por sua natureza, prova contrária. Caso em que o **réu protestara por provas,** devendo-lhe ser assegurada a oportunidade de sua produção" (RSTJ 32/390).

Art. 355: 7a. "Na **ação de investigação de paternidade,** o autor tem direito à realização da prova técnica que corresponda aos maiores avanços da ciência (atualmente, o exame de DNA), bem assim à produção da prova testemunhal tempestivamente requerida — ainda que o resultado do exame hematológico levado a efeito recomende a improcedência do pedido; o julgamento antecipado da lide sem que a instrução seja a mais ampla possível cerceia indevidamente a atividade probatória do autor" (STJ-RT 852/195: 3ª T., REsp 790.750). Em sentido semelhante: STF-RT 599/246.

V. tb. arts. 370, nota 6b, e 464, nota 4.

Art. 355: 8. "Não é lícito ao juiz, após indeferir a produção de provas por uma das partes, decidir contra ela, sob o argumento de que suas alegações não foram comprovadas" (STJ-3ª T., AI 679.462-AgRg, Min. Gomes de Barros, j. 9.8.07, DJU 27.8.07). No mesmo sentido: STJ-2ª T., REsp 646.648, Min. Herman Benjamin, j. 16.8.07, DJU 8.2.08; STJ-4ª T., Ag em REsp 590.205-AgInt, Min. Raul Araújo, j. 23.4.19, DJ 27.5.19; RT 862/229. Em outras palavras: "Cerceamento de defesa. Ocorrência. **Impossibilidade de se impedir a produção da prova e julgar a lide** improcedente **com base** justamente **na falta dessa** mesma **prova"** (JTJ 304/257).

"Há cerceamento de defesa quando a parte, embora pugnando pela produção de determinada prova, tem obstado o ato processual e há julgamento contrário ao seu interesse com fundamento na ausência de prova de suas alegações. Na hipótese, é de se reconhecer o cerceamento de defesa decorrente do indeferimento da produção da prova testemunhal, mediante a qual a recorrente busca demonstrar a dinâmica do acidente e a extensão dos danos causados pelo preposto da recorrida" (STJ-4ª T., Ag em REsp 1.528.743-AgInt, Min. Raul Araújo, j. 21.11.19, DJ 19.12.19).

"Se o juiz dispensou a prova e julgou antecipadamente a lide, reconhecendo a pretensão da autora, **não podia tal decisão ser invertida em favor da outra parte,** ao fundamento de ausência de prova. Cabia, sim, cassar a decisão e mandar que se abrisse a dilação probatória, para elucidação dos fatos alegados pelas partes" (RTJ 119/1.235). No mesmo sentido: RSTJ 27/499, RT 845/292. Nessas circunstâncias, a cassação da sentença e a reabertura da fase instrutória independem de pedido do apelado nas suas contrarrazões, tendo em vista a profundidade do efeito devolutivo da apelação do seu adversário (STJ-2ª T., Ag em REsp 2.372-AgRg, Min. Herman Benjamin, j. 2.2.12, DJ 24.2.12).

V. art. 370, notas 6 e 6a. V. tb. art. 1.013, notas 6 e 12a.

Art. 355: 8a. "Julgamento antecipado da lide. Prova. Hipótese em que o **autor colocou alternativa,** requerendo o julgamento antecipado da lide, mas consignando que produziria prova oral, se reputada necessária. Ação julgada procedente, conhecendo-se diretamente do pedido, mas reformada a sentença, em segundo grau, por falta de prova do alegado na inicial. Cerceamento de defesa reconhecido, determinando-se que, cassados sentença e acórdão, se ensejasse a produção daquela prova" (STJ-RF 330/306).

Art. 355: 9. Se havia provas a produzir, até **em recurso especial pode ser anulado** o julgamento antecipado da lide (RTJ 113/416, 123/666; STF-RT 599/246, 620/240). Neste caso, procede, inclusive, a **rescisória** da sentença proferida (TFR-1ª Seção, AR 1.040, Min. Nilson Naves, j. 1.4.87, DJU 18.6.87).

"Existindo necessidade de dilação probatória para aferição de aspectos relevantes da causa, o julgamento antecipado da lide importa em violação do princípio do contraditório, constitucionalmente assegurado às partes e um dos pilares do devido processo legal" (STJ-4ª T., REsp 7.004, Min. Sálvio de Figueiredo, j. 21.8.91, DJU 30.9.91).

"Alienação fiduciária em garantia. Simulação. Caso em que o devedor pretendia provar a simulação, mas ocorrera o julgamento antecipado da lide, impedindo a realização da prova. Cerceamento de defesa caracterizado" (STJ-3ª T., REsp 21.231-9, Min. Nilson Naves, j. 9.6.92, DJU 29.6.92).

Todavia, em sentido mais restritivo: "Em princípio, cabe ao tribunal de segundo grau, sopesando os termos do contraditório e os elementos probatórios contidos no processo, decidir se há ou não necessidade de produzir prova em audiência. Inexistência de questão federal" (STJ-4ª T., Ag 2.472-AgRg, Min. Athos Carneiro, j. 21.8.90, DJU 17.9.90).

"Ação pauliana. Julgamento antecipado da lide. Alegação de cerceamento de defesa e ofensa ao art. 330, I, do CPC. Em regra, saber se os fatos relevantes à solução do conflito já se encontram, ou não, suficientemente comprovados, de molde a dispensar a produção de prova em audiência e a permitir o julgamento antecipado da lide, é tema exigente do reexame e da análise do conjunto probatório, não admissível na sede augusta de recurso especial. Ocorrência, aliás, de preclusão" (STJ-4ª T., REsp 8.965, Min. Athos Carneiro, j. 3.12.91, DJU 3.2.92).

V. tb. nota 2.

Art. 355: 10. Logo, **não basta a revelia** para o julgamento antecipado. É preciso que incida no caso concreto a presunção de veracidade das alegações de fato do autor e, sobretudo, que seja desnecessária a produção de outras provas, a exemplo, aliás, do que já diz o inc. I.

V. tb. arts. 344, nota 6, 346, nota 2a, e 349, nota 1.

Código de Processo Civil

Seção III | DO JULGAMENTO ANTECIPADO PARCIAL DO MÉRITO

Art. 356. O juiz decidirá parcialmente o mérito quando um ou mais dos pedidos formulados ou parcela deles:[1] [Sem dispositivo correspondente no CPC/1973]

I — mostrar-se incontroverso;

II — estiver em condições de imediato julgamento, nos termos do art. 355.

§ 1º A decisão que julgar parcialmente o mérito poderá reconhecer a existência de obrigação líquida ou ilíquida.

§ 2º A parte poderá liquidar[2] ou executar,[3] desde logo,[3a] a obrigação reconhecida na decisão que julgar parcialmente o mérito, independentemente de caução,[4] ainda que haja recurso contra essa interposto.

§ 3º Na hipótese do § 2º, se houver trânsito em julgado da decisão,[4a] a execução será definitiva.[5]

§ 4º A liquidação e o cumprimento da decisão que julgar parcialmente o mérito poderão ser processados em autos suplementares, a requerimento da parte ou a critério do juiz.

§ 5º A decisão proferida com base neste artigo é impugnável por agravo de instrumento.[6]

Art. 356: 1. v. tb. art. 203, nota 2. S/ julgamento parcial, v. ainda art. 354 § ún.

Art. 356: 2. s/ liquidação de sentença, v. arts. 509 e segs.

Art. 356: 3. s/ cumprimento de sentença, v. arts. 513 e segs.

Art. 356: 3a. i. e., **mesmo na pendência de recurso.** No caso da liquidação, ela pode ser deflagrada inclusive enquanto pende recurso com efeito suspensivo interposto contra a decisão liquidanda (v. art. 512). Já a **execução fica inibida quando outorgado efeito suspensivo** a recurso interposto contra a decisão que julga parcialmente o mérito (v. arts. 520, 995 § ún. e 1.019-I).

Art. 356: 4. Não é bem assim. Na pendência de recurso sem efeito suspensivo contra a decisão que julga parcialmente o mérito, a **caução** para a execução deve ser **exigível** nas mesmas condições previstas nos arts. 520 e 521. O fatiamento no julgamento do mérito, por si, não deve alterar o regime da execução provisória. Assim, a dispensa irrestrita da caução fica circunscrita à liquidação da decisão.

V. tb. art. 520, nota 2a.

Art. 356: 4a. i. e., não mais estando sujeita a recurso a decisão que julga parcialmente o mérito.

Art. 356: 5. v. arts. 523 e segs.

Art. 356: 6. v. arts. 1.015 e segs., especialmente art. 1.015-II.

Seção IV | DO SANEAMENTO E DA ORGANIZAÇÃO DO PROCESSO

Art. 357. Não ocorrendo nenhuma das hipóteses deste Capítulo,[1] deverá o juiz, em decisão de saneamento e de organização do processo:[1a a 1c] [Dispositivos correspondentes no CPC/1973: art. 331-*caput* e § 2º]

I — resolver as questões processuais pendentes, se houver;[1d] [Dispositivo correspondente no CPC/1973: art. 331 § 2º]

II — delimitar as questões de fato sobre as quais recairá a atividade probatória, especificando os meios de prova admitidos;[2 a 4] [Dispositivo correspondente no CPC/1973: art. 331 § 2º]

III — definir a distribuição do ônus da prova, observado o art. 373; [Sem dispositivo correspondente no CPC/1973]

IV — delimitar as questões de direito relevantes para a decisão do mérito; [Sem dispositivo correspondente no CPC/1973]

V — designar, se necessário, audiência de instrução e julgamento.[5-6] [Dispositivo correspondente no CPC/1973: art. 331 § 2º]

§ 1º Realizado o saneamento, as partes têm o direito de pedir esclarecimentos ou solicitar ajustes,[7] no prazo comum de 5 (cinco) dias, findo o qual a decisão se torna estável.[8-8a] [Sem dispositivo correspondente no CPC/1973]

§ 2º As partes podem apresentar ao juiz, para homologação, delimitação consensual das questões de fato e de direito a que se referem os incisos II e IV, a qual, se homologada, vincula as partes e o juiz. [Sem dispositivo correspondente no CPC/1973]

§ 3º Se a causa apresentar complexidade em matéria de fato ou de direito, deverá o juiz designar audiência para que o saneamento seja feito em cooperação com as partes, oportunidade em que o juiz, se for o caso, convidará as partes a integrar ou esclarecer suas alegações.[8b] [Sem dispositivo correspondente no CPC/1973]

§ 4º Caso tenha sido determinada a produção de prova testemunhal, o juiz fixará prazo comum não superior a 15 (quinze) dias para que as partes apresentem rol de testemunhas.[9 a 9c] [Dispositivo correspondente no CPC/1973: art. 407-*caput*]

§ 5º Na hipótese do § 3º, as partes devem levar, para a audiência prevista, o respectivo rol de testemunhas.[9d] [Sem dispositivo correspondente no CPC/1973]

§ 6º O número de testemunhas arroladas não pode ser superior a 10 (dez), sendo 3 (três), no máximo, para a prova de cada fato.[10 a 11] [Dispositivo correspondente no CPC/1973: art. 407 § ún.]

§ 7º O juiz poderá limitar o número de testemunhas levando em conta a complexidade da causa e dos fatos individualmente considerados. [Sem dispositivo correspondente no CPC/1973]

§ 8º Caso tenha sido determinada a produção de prova pericial, o juiz deve observar o disposto no art. 465 e, se possível, estabelecer, desde logo, calendário para sua realização.[12] [Sem dispositivo correspondente no CPC/1973]

§ 9º As pautas deverão ser preparadas com intervalo mínimo de 1 (uma) hora entre as audiências. [Sem dispositivo correspondente no CPC/1973]

Art. 357: 1. i. e., se não for caso de extinção do processo (v. art. 354) ou de julgamento antecipado do mérito (v. art. 355). Na hipótese dos arts. 354 § ún. e 356, o juiz deverá observar o art. 357 quanto à parcela do processo que não é objeto de julgamento imediato.

Art. 357: 1a. Esta decisão tem por finalidade o saneamento do processo. É o que se conhece por "despacho saneador". Todavia, convém registrar que não se trata de despacho, mas sim de decisão interlocutória.

Art. 357: 1b. "Embora o art. 331, § 3º, do CPC, preveja o saneamento do processo, a sua ausência só acarreta a **nulidade se demonstrada a ocorrência de prejuízo** à parte interessada (art. 249, § 1º, do CPC), o que não ocorreu no presente caso" (STJ-1ª T., REsp 769.119-EDcl, Min. Teori Zavascki, j. 7.2.06, DJU 6.3.06).

Contra: "Constitui nulidade absoluta a ausência de despacho saneador, mormente quando há necessidade de produção de provas tempestivamente requeridas" (RF 300/256, decretação *ex officio* da nulidade).

Art. 357: 1c. "A decisão de saneamento do processo, art. 331, deve ser **fundamentada,** ainda que de modo conciso, art. 165, *in fine*" (RTJ 78/898).

"Saneamento da causa. A decisão que declara as partes legítimas não carece de motivação mais aprofundada pelo juiz singular. Matéria que, de resto, não se acha sujeita à preclusão" (STJ-4ª T., REsp 53.052, Min. Barros Monteiro, j. 27.5.96, DJU 19.8.96).

Art. 357: 1d. v. art. 320, nota 3.

Art. 357: 2. s/ provas, v. incs. III e V, §§ 4º a 8º e arts. 369 e segs.

Art. 357: 3. Inércia diante do despacho para a especificação de provas. "O Código de Processo Civil indica o momento processual adequado para o pedido de produção de provas: para o autor, a petição inicial; para o réu, a contestação. É lícito ao juiz determinar que as partes especifiquem as provas que pretendem produzir, depois de delimitadas as questões de fato controvertidas. Mas lhe é defeso ignorar o pedido já formulado na petição inicial, inda que a parte não responda ao despacho de especificação. Há cerceamento de defesa quando o juiz deixa de colher as provas expressamente requeridas na petição inicial e julga improcedente o pedido, justamente, por falta de provas" (STJ-3ª T., AI 388.759-AgRg, Min. Gomes de Barros, j. 25.9.06, DJU 16.10.06). Em sentido semelhante: RT 570/137, 605/72, JTA 77/124, RJTAMG 60/60.

Todavia: "O requerimento de provas divide-se em duas fases: na primeira, vale o protesto genérico para futura especificação probatória (CPC, art. 282, VI); na segunda, após a eventual contestação, o juiz chama à especificação das provas, que será guiada pelos pontos controvertidos na defesa (CPC, art. 324). O silêncio da parte, em responder ao despacho de especificação de provas, faz precluir do direito à produção probatória, implicando desistência do pedido genérico formulado na inicial" (STJ-3ª T., REsp 329.034, Min. Gomes de Barros, j. 14.2.06, DJU 20.3.06). No mesmo sentido: STJ-4ª T., REsp 1.176.094-EDcl-AgRg, Min. Luis Felipe, j. 5.6.12, DJ 15.6.12; STJ-1ª T., Ag em REsp 184.288-AgRg, Min. Ari Pargendler, j. 4.4.13, DJ 10.4.13.

"As provas devem ser requeridas e especificadas antes do saneador" (RT 490/100).

"Descabe confundir o protesto pela produção de prova com o requerimento específico, quando a parte interessada deve justificar a necessidade da prova pretendida" (STF-Pleno, ACOr 445-4-AgRg, Min. Marco Aurélio, j. 4.6.98, DJU 28.8.98).

V. tb. arts. 319, nota 16, 336, nota 5, e 355-I e notas.

Art. 357: 4. "Tendo o magistrado elementos suficientes para o esclarecimento da questão, fica o mesmo autorizado a **dispensar a produção de quaisquer outras provas,** ainda que já tenha saneado o processo, podendo julgar antecipadamente a lide, sem que isso configure cerceamento de defesa" (STJ-6ª T., REsp 57.861, Min. Anselmo Santiago, j. 17.2.98, DJU 23.3.98). No mesmo sentido: JTJ 332/34 (AR 7.237.227-9), 340/314 (AP 7.259.290-6).

"Verificada a desnecessidade da prova, nada impede que o juiz, modificando posição anteriormente assumida, a dispense, julgando a causa" (RSTJ 24/411). No mesmo sentido: STJ-4ª T., REsp 2.903, Min. Athos Carneiro, j. 7.5.91, DJU 10.6.91; STJ-3ª T., REsp 8.772, Min. Nilson Naves, j. 30.3.92, DJU 4.5.92; STJ-5ª T., Ag 35.926-2-AgRg, Min. Jesus Costa Lima, j. 1.9.93, DJU 4.10.93; STJ-1ª T., REsp 36.801-4, Min. Cesar Rocha, j. 13.4.94, DJU 16.5.94; RT 331/22.

O juiz pode extinguir o processo sem julgamento do mérito mesmo depois de saneado o processo, dispensando as provas cuja produção havia determinado.

Todavia: "Não há julgamento antecipado após deferimento e produção de prova pericial, que conduz à audiência em que, eventualmente, haverá oportunidade de esclarecimentos do laudo e debate oral de questões suscitadas no processo" (STJ-3ª T., REsp 33.747-5, Min. Dias Trindade, j. 4.5.93, DJU 31.5.93). "A nomeação do perito não é mera faculdade do julgador; é imposição legal, não podendo o juiz voltar sobre seus passos, para considerar desnecessária a prova" (STJ-3ª T., REsp 23.583-6, Min. Nilson Naves, j. 22.9.92, DJU 3.11.92). "Deferida a produção de prova, não pode o magistrado, em ato contínuo e surpreendente, julgar antecipadamente a lide" (STJ-4ª T., REsp 714.228, Min. Raul Araújo, j. 6.3.12, DJ 9.3.12).

V. tb. nota 6 e art. 507, nota 4.

Art. 357: 5. s/ audiência de instrução e julgamento, v. arts. 358 e segs.

Art. 357: 6. "Em circunstâncias especiais, não obstante o saneamento da causa, ao juiz é permitido proferir o julgamento antecipado, quando a prova já se apresentar suficiente à decisão e a designação de audiência se mostrar de todo desnecessária" (RSTJ 110/285).

"O fato de o juiz haver determinado a especificação de provas não o inibe de verificar, posteriormente, que a matéria versada dispensava que se as produzisse em audiência" (RSTJ 58/310). No mesmo sentido: JTJ 346/407 (AP 992.08.030622-4).

Todavia: "Evidenciada violação ao disposto no art. 370, parágrafo único, do CPC/15, ao se proceder ao julgamento antecipado da lide após o deferimento da prova testemunhal sem decisão fundamentada que justifique a inutilidade da prova anteriormente admitida. Cerceamento de defesa caracterizado quando, após o deferimento da prova testemunhal, o magistrado julga antecipadamente a lide sem justificar o encerramento da instrução processual" (STJ-3ª T., REsp 1.759.721-AgInt, Min. Paulo Sanseverino, j. 18.11.19, DJ 21.11.19).

V. tb. nota 4.

Art. 357: 7. É amplo o espaço para a solicitação de esclarecimentos ou ajustes: **qualquer argumento** se presta para tanto; não fica circunscrito, p. ex., aos vícios autorizadores dos embargos de declaração. Aliás, tal solicitação não exclui o cabimento desses embargos no caso, que, inclusive, têm a vantagem de seguramente interromper o prazo para ulterior recurso.

Art. 357: 8. **Súmula 424 do STF:** "Transita em julgado o **despacho saneador** de que não houve recurso, excluídas as questões deixadas, explícita ou implicitamente, para a sentença".

O capítulo do despacho saneador que redistribui o ônus da prova nos termos do art. 373 § 1º (v. art. 1.015-XI) ou que se enquadra em algum outro inciso do art. 1.015 é recorrível por agravo de instrumento e se expõe à preclusão. Fora dessas hipóteses, **não cabe agravo de instrumento** e, portanto, **não há preclusão;** eventual inconformismo deve ser manifestado por ocasião da apelação ou respectivas contrarrazões (art. 1.009 § 1º).

Art. 357: 8a. **Tudo quanto não foi expressamente decidido na oportunidade do saneamento do processo fica relegado para apreciação final.** Por outras palavras: "No moderno direito processual, inexiste saneamento implícito" (RJTJERGS 145/212); não há rejeição implícita de preliminar, mesmo porque, em face do art. 165, dita rejeição deve ser fundamentada (JTA 76/336), sob pena de nulidade (CF 93-IX); e o que é nulo não pode produzir efeito. **Contra,** entendendo que "quando o juiz, na oportunidade do saneador, não se manifesta sobre qualquer das matérias que teria de decidir nessa oportunidade, é porque as rejeitou": RT 635/266. Ainda contra: STJ-3ª T., Ag 102.149-AgRg, Min. Nilson Naves, j. 14.4.97, DJU 19.5.97.

Art. 357: 8b. v. § 5º.

Art. 357: 9. v. arts. 450 e segs.

Art. 357: 9a. **"Não pode** ser tomado o **depoimento** de testemunhas cujo rol haja sido depositado **sem observância do prazo legal.** Instituído esse em favor da outra parte, não haverá de ser dispensado, a pretexto de que dado ao juiz determinar a produção de provas" (STJ-3ª T., REsp 67.007-1, Min. Eduardo Ribeiro, j. 6.8.96, DJU 29.10.96). "A parte deve apresentar o rol de testemunhas no prazo fixado pelo juiz, sob pena de a prova testemunhal ser indeferida em atenção ao princípio do tratamento igualitário que deve ser dispensado às partes. Hipótese em que não se aplica o entendimento de que o juiz pode ouvir testemunhas arroladas fora do prazo legal, porque não se encontra em discussão direito indisponível, circunstância que justificaria a iniciativa probatória do magistrado, que, ademais, é o destinatário da prova e a quem cabe analisar a necessidade de sua produção ou não (CPC, 130 e 131)" (STJ-4ª T., REsp 1.344.511-EDcl, Min. Isabel Gallotti, j. 6.8.13, DJ 15.8.13). No mesmo sentido: RT 605/96, 834/270, JTJ 334/304 (AP 7.279.280-6).

Todavia, no sentido de que se pode ouvir testemunha arrolada fora de prazo, quando se litigar sobre direito indisponível, como ocorre, p. ex., na investigação de paternidade: RT 613/162.

Contra: "Rol de testemunhas apresentado fora do prazo previsto no artigo 407 do Código de Processo Civil. Irrelevância. Possibilidade de tais testemunhas serem inquiridas como prova do juízo, a teor do disposto no artigo 130 do estatuto processual civil" (JTJ 191/192).

V. tb. art. 370, nota 2.

Art. 357: 9b. "O prazo do art. 407 do estatuto processual civil deve ser observado mesmo quando as testemunhas vão comparecer **independentemente de intimação,** pois o seu objetivo é sobretudo ensejar às partes ciência das pessoas que irão depor" (STJ-4ª T., AI 88.563-AgRg, Min. Sálvio de Figueiredo, j. 27.6.96, DJU 26.8.96). No mesmo sentido: RT 788/300, 873/246 (TJDFT, AP 20060110094907).

Art. 357: 9c. O prazo para o depósito do rol é o mesmo em relação às **testemunhas** que deverão ser ouvidas por meio de **carta precatória** (STJ-3ª T., REsp 331.384, Min. Castro Filho, j. 21.10.03, DJU 10.11.03).

Art. 357: 9d. As partes devem elaborar o **rol de testemunhas** com **cautela e amplitude.** Elas ainda não sabem sobre quais fatos recairá a atividade probatória (v. inc. II) nem se haverá diferente distribuição do ônus da prova (v. inc. III), temas que serão definidos apenas na audiência para a qual já devem comparecer munidas do rol. Assim, na dúvida, é melhor que, num primeiro momento, esse rol seja o mais cauteloso e amplo possível, cuidando a parte ulteriormente de reduzi-lo, se for o caso.

V. tb. nota 10a.

Art. 357: 10. No Juizado Especial: LJE 34.

Art. 357: 10a. A parte pode **arrolar mais de 10 testemunhas;** o que não pode é ouvir mais de 10 (RT 499/146, 612/119, JTA 43/86, RF 261/240).

Art. 357: 10b. "Não configura cerceamento de defesa a dispensa de testemunhas quando o julgador, sentindo-se convencido com a prova colhida, inclusive testemunhal, entender **desnecessária a oitiva das demais testemunhas** arroladas, face à inexistência de controvérsia acerca do fato probante" (RSTJ 68/291).

Art. 357: 10c. "Se a parte apresentar mais de 3 testemunhas para provar cada fato, facultar-se-á ao magistrado dispensar as que excedam a esse número, ou seja, o juiz poderá dispensar as testemunhas restantes quando já se dê por habilitado a formar convicção sobre determinado fato probando. A limitação das 3 testemunhas constante do parágrafo único do art. 407 do CPC se restringe ao número de testemunhas a serem indicadas pelas partes, não se aplicando ao arbítrio do juiz em decidir quantas testemunhas serão por ele ouvidas para cada fato probando. Se entender pertinente à instrução processual, **o magistrado poderá ouvir mais pessoas como testemunhas do juízo,** providência esta que não segue as restrições do parágrafo único do art. 407 do Diploma Processual Civil, e sim os ditames do art. 130 do mesmo *Codex*" (STJ-2ª T., REsp 1.371.246, Min. Humberto Martins, j. 5.12.13, DJ 16.12.13).

"Ausência de nulidade processual por o magistrado ter colhido número de testemunhas superior à previsão legal, desde que necessária à formação do seu convencimento e considerando a complexidade dos fatos apurados" (STJ-2ª T., REsp 1.676.558, rel. Min. Herman Benjamin, j. 27.2.18, DJ 2.8.18).

Art. 357: 11. "Quando qualquer das partes oferecer mais de três testemunhas para a prova de cada fato, o juiz poderá dispensar as restantes. *In casu*, em que pese a identidade da natureza jurídica dos pedidos, reconhecimento de **duas diferentes uniões estáveis,** as situações fáticas, por óbvio, eram diversas, tendo sido julgados **dois fatos,** e não apenas um. Tendo sido arroladas cinco testemunhas pelo promovido (que poderia ter arrolado ao menos seis), não há como se afirmar que o indeferimento da oitiva da quinta testemunha não trouxe prejuízo à sua defesa, configurando cerceamento de defesa, especialmente no ponto relativo à intenção do promovido de limitar no tempo o reconhecimento de uma das uniões estáveis" (STJ-4ª T., Ag em REsp 719.811-AgInt, Min. Raul Araújo, j. 27.4.17, maioria, DJ 22.5.17).

Art. 357: 12. v. arts. 464 e segs.

Capítulo XI | DA AUDIÊNCIA DE INSTRUÇÃO E JULGAMENTO[1]

CAP. XI: 1. No Juizado Especial: LJE 27 a 37.

Art. 358. No dia e na hora designados, o juiz declarará aberta a audiência de instrução e julgamento e mandará apregoar as partes e os respectivos advogados, bem como outras pessoas que dela devam participar. [Dispositivo correspondente no CPC/1973: art. 450]

Art. 359. Instalada a audiência, o juiz tentará conciliar as partes,[1] independentemente do emprego anterior de outros métodos de solução consensual de conflitos, como a mediação e a arbitragem. [Dispositivo correspondente no CPC/1973: art. 448]

Art. 359: 1. v. art. 139-V.

S/ audiência de conciliação ou de mediação, v. art. 334.

Art. 360. O juiz exerce o poder de polícia,[1] incumbindo-lhe: [Dispositivo correspondente no CPC/1973: art. 445-*caput*]

I — manter a ordem e o decoro na audiência; [Dispositivo correspondente no CPC/1973: art. 445-I]

II — ordenar que se retirem da sala de audiência os que se comportarem inconvenientemente; [Dispositivo correspondente no CPC/1973: art. 445-II]

III — requisitar, quando necessário, força policial; [Dispositivo correspondente no CPC/1973: art. 445-III]

IV — tratar com urbanidade as partes, os advogados, os membros do Ministério Público e da Defensoria Pública e qualquer pessoa que participe do processo;[2-3] [Dispositivo correspondente no CPC/1973: art. 446-III]

V — registrar em ata, com exatidão, todos os requerimentos apresentados em audiência. [Sem dispositivo correspondente no CPC/1973]

Art. 360: 1. v. art. 78 § 1º.

Art. 360: 2. v. art. 459 § 2º.

Art. 360: 3. v. LOM 35-IV (no tít. MAGISTRATURA).

Art. 361. **As provas orais serão produzidas em audiência, ouvindo-se nesta ordem, preferencialmente:**[1] [Dispositivo correspondente no CPC/1973: art. 452-*caput*]

I — o perito e os assistentes técnicos, que responderão aos quesitos de esclarecimentos requeridos no prazo e na forma do art. 477, caso não respondidos anteriormente por escrito; [Dispositivo correspondente no CPC/1973: art. 452-I]

II — o autor e, em seguida, o réu, que prestarão depoimentos pessoais;[2-3] [Dispositivo correspondente no CPC/1973: art. 452-II]

III — as testemunhas[4-5] **arroladas**[6-7] **pelo autor e pelo réu,**[8] **que serão inquiridas.** [Dispositivo correspondente no CPC/1973: art. 452-III]

Parágrafo único. Enquanto depuserem o perito, os assistentes técnicos, as partes e as testemunhas, não poderão os advogados e o Ministério Público intervir ou apartear, sem licença do juiz. [Dispositivo correspondente no CPC/1973: art. 446 § ún.]

Art. 361: 1. "Além de **não ser peremptória** a ordem estabelecida no art. 452 do CPC, há de a parte evidenciar o prejuízo que lhe adviria com a inversão ocorrida" (RSTJ 79/238). No mesmo sentido: JTJ 156/206 (apresentação do laudo pericial após a realização da audiência, assegurando-se, porém, às partes oportunidade de se manifestarem sobre a prova).

Art. 361: 2. s/ estenotipia, v. art. 205, nota 2.

Art. 361: 3. v. arts. 385 a 388.

Art. 361: 4. v. arts. 442 a 463.

Art. 361: 5. Constitui cerceamento de defesa não ouvir a testemunha que chegou após iniciada a audiência (RF 269/304), se ainda é oportuno ouvi-la.

Art. 361: 6. s/ rol: arts. 357 §§ 4º e 5º, 450 e 455 § 2º; número de testemunhas: art. 357 § 6º.

Art. 361: 7. Quem arrolou a testemunha pode desistir de ouvi-la, não sendo lícito à parte contrária impugnar essa desistência a pretexto de que não a arrolou porque já o fora anteriormente pelo adversário (RT 627/205).

Art. 361: 8. "Fora das hipóteses legais, **não é lícito ao juiz fragmentar o procedimento de colheita da prova testemunhal,** deixando de inquirir, no mesmo dia, segundo a ordem e as cautelas da lei, todas as testemunhas arroladas. Se ouve as do autor numa data e, em outra, as do réu, e há prejuízo para o autor, anula-se a instrução" (RT 687/77).

V. tb. art. 365.

Art. 362. **A audiência poderá ser adiada:**[1] [Dispositivo correspondente no CPC/1973: art. 453-*caput*]

I — por convenção das partes; [Dispositivo correspondente no CPC/1973: art. 453-I]

II — se não puder comparecer, por motivo justificado, qualquer pessoa que dela deva necessariamente participar;[1a a 1c] [Dispositivo correspondente no CPC/1973: art. 453-II]

III — por atraso injustificado de seu início em tempo superior a 30 (trinta) minutos do horário marcado.[1d-1e] [Sem dispositivo correspondente no CPC/1973]

§ 1º O impedimento deverá ser comprovado[2] até a abertura da audiência,[2a a 2c] e, não o sendo, o juiz procederá à instrução.[3-4] [Dispositivo correspondente no CPC/1973: art. 453 § 1º]

§ 2º O juiz poderá[5] dispensar a produção das provas requeridas pela parte cujo advogado ou defensor público não tenha comparecido à audiência, aplicando-se a mesma regra ao Ministério Público.[6] [Dispositivo correspondente no CPC/1973: art. 453 § 2º]

§ 3º Quem der causa ao adiamento responderá pelas despesas acrescidas.[7] [Dispositivo correspondente no CPC/1973: art. 453 § 3º]

Art. 362: 1. s/ adiamento da sessão de julgamento em tribunal, v. arts. 936, nota 3, e 937, nota 2a.

Art. 362: 1a. Constitui cerceamento de defesa o **indeferimento do pedido de adiamento de audiência,** feito por advogado que prova por certidão ter outra audiência no mesmo horário (RT 537/192, em.) e com intimação anterior (RT 610/213, RF 246/392).

Não sendo anterior a intimação, não procede o pedido de adiamento (RT 728/242).

Art. 362: 1b. A comunicação de impossibilidade de comparecimento pode ser feita, obviamente, por outra pessoa que não o advogado (JTA 117/132).

Art. 362: 1c. Havendo **prova de motivo justificado** para a ausência da parte à audiência, o juiz deve adiá-la independentemente da demonstração de prejuízo; este é, no caso, sempre presumido (RJTJERGS 189/273).

Art. 362: 1d. v. EA 7º-XX.

Art. 362: 1e. "Conquanto mereça respeito o horário designado para a audiência de instrução e julgamento, reputa-se consentâneo com os dias atuais admitir-se **um atraso justificável** (no caso, cinco minutos)" (STJ-4ª T., REsp 119.885, Min. Sálvio de Figueiredo, j. 25.6.98, DJ 21.9.98).

Art. 362: 2. p. ex., por meio de fax (Bol. AASP 2.542/4.471).

Art. 362: 2a. Se o juiz, sem essa prova, adiou a audiência, já não poderá mais condicionar a designação de nova audiência à comprovação do justo impedimento pelo advogado (JTA 98/361). Mas, nessa hipótese, a parte cujo advogado provocou o adiamento e deixou de provar o justo motivo será responsável pelo pagamento das despesas dele decorrentes (v. art. 937, nota 2a).

Art. 362: 2b. A alegação de impedimento para a ausência do advogado à audiência deve ser feita de imediato, "na primeira oportunidade e por escrito" (RJTAMG 24/108), principalmente no caso de fato previsível (RT 715/141); isto, claro, se possível (JTA 113/277).

"Somente se admite a comprovação *a posteriori* mediante ocorrência de motivo imprevisível" (RJTAMG 50/126), como, p. ex.:

— "chuvas torrenciais, fato anormal, inusitado, público e notório" (RT 674/123). **Contra,** em termos, considerando que o acúmulo de veículos, em decorrência de chuvas, "não é motivo que justifique o não comparecimento à audiência, tratando-se o congestionamento de evento previsível" (RSTJ 85/194);

— defeito mecânico no veículo que conduzia o advogado ao foro (RT 724/342, maioria).

Art. 362: 2c. "Provado, **na abertura da audiência, o impedimento do advogado,** não pode ser realizado o ato, com dispensa das provas por ele requeridas, como estabelece o § 1º do art. 453 do CPC" (STJ-3ª T., REsp 34.070-0, Min. Dias Trindade, j. 10.5.93, DJU 7.6.93).

Art. 362: 3. Em se tratando de **direitos indisponíveis,** o juiz não pode dispensar a produção de prova; deve designar nova audiência (RJTJESP 96/385).

Art. 362: 4. Neste caso, dispensará, inclusive, a tentativa de conciliação (RT 600/121).

Art. 362: 5. "Poderá"; logo, fica a seu critério fazê-lo ou não (TFR-3ª T., AC 67.290, Min. Carlos Madeira, j. 4.11.80, DJU 27.11.80; JTA 116/157). Não se trata de sanção; se as testemunhas estão presentes, apesar da ausência do advogado, devem ser ouvidas (JTAERGS 84/199).

Esta regra, como constitui "uma exceção ao princípio da verdade real, só deve ser acolhida se, pelo concerto das demais provas, verificar o magistrado pouca relevância, a nível de influência na formação do convencimento, na prova requerida pela parte faltosa" (JTAERGS 83/213).

Art. 362: 6. Esta disposição não contraria o art. 133 da CF (Lex-JTA 151/148).

Art. 362: 7. v. art. 93.

Art. 363. Havendo antecipação ou adiamento da audiência, o juiz, de ofício ou a requerimento da parte, determinará a intimação dos advogados ou da sociedade de advogados para ciência da nova designação. [Dispositivo correspondente no CPC/1973: art. 242 § 2º]

Art. 364. Finda a instrução, o juiz dará a palavra ao advogado do autor e do réu,[1-1a] bem como ao membro do Ministério Público, se for o caso de sua intervenção, sucessivamente, pelo prazo de 20 (vinte) minutos para cada um, prorrogável por 10 (dez) minutos, a critério do juiz. [Dispositivo correspondente no CPC/1973: art. 454-*caput*]

§ 1º Havendo litisconsorte[2] ou terceiro interveniente,[3] o prazo, que formará com o da prorrogação um só todo, dividir-se-á entre os do mesmo grupo, se não convencionarem de modo diverso. [Dispositivo correspondente no CPC/1973: art. 454 § 1º]

§ 2º Quando a causa apresentar questões complexas de fato ou de direito, o debate oral poderá ser substituído por razões finais escritas,[4] que serão apresentadas pelo autor e pelo réu, bem como pelo Ministério Público, se for o caso de sua intervenção, em prazos sucessivos de 15 (quinze) dias, assegurada vista dos autos. [Dispositivo correspondente no CPC/1973: art. 454 § 3º]

Art. 364: 1. O espaço para debates antes da prolação da sentença é uma decorrência da garantia constitucional do contraditório e ampla defesa (CF 5º-LV). Mas a falta desses debates somente acarreta a nulidade da sentença se houver prejuízo (JTA 108/370).

Afirmando a nulidade da sentença em casos nos quais o juiz não deu às partes oportunidade para alegações finais: RJTJESP 94/39, Bol. AASP 1.375/103.

V. tb. nota 4. Nos Juizados Especiais, v. LJE 28, nota 7.

Art. 364: 1a. "Em face do disposto no art. 162 do Cód. Civil, é possível **alegar-se a prescrição** apenas nas alegações finais, uma vez que não ocorre a preclusão ainda que tendo a parte sido silente, quanto a esse aspecto, ao apresentar a sua contestação" (RSTJ 85/85). No mesmo sentido: RT 766/236. O art. 162 do CC rev. corresponde ao CC 193. V. tb. art. 487-II.

Art. 364: 2. v. arts. 113 a 118.

Art. 364: 3. v. arts. 119 a 138.

Art. 364: 4. "A ausência de oportunidade para apresentação de memoriais (art. 454, § 3º, do CPC) somente acarreta a nulidade da sentença quando for demonstrada a ocorrência de prejuízo ao interessado" (STJ-1ª T., REsp 819.024, Min. Teori Zavascki, j. 24.6.08, DJU 1.7.08). No mesmo sentido: STJ-2ª T., AI 987.853-AgRg, Min. Mauro Campbell, j. 2.12.08, DJ 17.12.08; STJ-3ª T., Ag em REsp 1.264.791-AgInt, Min. Marco Bellizze, j. 14.5.19, DJ 16.5.19. V. tb. nota 1.

Art. 365. A audiência é una e contínua,[1] podendo ser excepcional e justificadamente cindida na ausência de perito ou de testemunha, desde que haja concordância das partes. [Dispositivo correspondente no CPC/1973: art. 455]

Parágrafo único. Diante da impossibilidade de realização da instrução, do debate e do julgamento no mesmo dia, o juiz marcará seu prosseguimento para a data mais próxima possível, em pauta preferencial. [Dispositivo correspondente no CPC/1973: art. 455]

Art. 365: 1. v. art. 361, nota 8.

Art. 366. Encerrado o debate ou oferecidas as razões finais, o juiz proferirá sentença em audiência ou no prazo de 30 (trinta) dias.[1] [Dispositivo correspondente no CPC/1973: art. 456]

Art. 366: 1. Se a audiência tiver sido encerrada após os debates ou a apresentação de memoriais, não haverá necessidade de designação de nova audiência apenas para publicação da sentença, que será intimada na forma dos arts. 270, 272 e 273. Neste sentido: SIMP-concl. XXXV, em RT 482/271; tb. RT 492/145, 495/82, RF 255/286, JTA 39/227, 59/323, RP 5/375, em. 188, Bol. AASP 1.253/307, em. 06.

Mesmo depois do saneamento do processo, é possível a prolação de sentença de mérito, sem realização de audiência (RJTJESP 63/65, RF 269/239).

Nas desapropriações, há preceito especial sobre o assunto (LD 24 § ún.; v., porém, nota 1 desse artigo).

Art. 367. O servidor lavrará, sob ditado do juiz, termo[1] que conterá,[2] em resumo, o ocorrido na audiência, bem como, por extenso, os despachos, as decisões e a sentença, se proferida no ato. [Dispositivo correspondente no CPC/1973: art. 457-*caput*]

§ 1º Quando o termo não for registrado em meio eletrônico, o juiz rubricar-lhe-á as folhas, que serão encadernadas em volume próprio. [Dispositivo correspondente no CPC/1973: art. 457 § 1º]

§ 2º Subscreverão o termo o juiz, os advogados, o membro do Ministério Público e o escrivão ou chefe de secretaria, dispensadas as partes, exceto quando houver ato de disposição para cuja prática os advogados não tenham poderes.[2a] [Dispositivo correspondente no CPC/1973: art. 457 § 2º]

§ 3º O escrivão ou chefe de secretaria trasladará para os autos cópia autêntica do termo de audiência. [Dispositivo correspondente no CPC/1973: art. 457 § 3º]

§ 4º Tratando-se de autos eletrônicos, observar-se-á o disposto neste Código,[3] em legislação específica e nas normas internas dos tribunais.[3a] [Dispositivo correspondente no CPC/1973: art. 457 § 4º]

§ 5º A audiência poderá ser integralmente gravada em imagem e em áudio, em meio digital ou analógico, desde que assegure o rápido acesso das partes e dos órgãos julgadores, observada a legislação específica.[4] [Sem dispositivo correspondente no CPC/1973]

§ 6º A gravação a que se refere o § 5º também pode ser realizada diretamente por qualquer das partes, independentemente de autorização judicial.[5] [Sem dispositivo correspondente no CPC/1973]

Art. 367: 1. Constitui **nulidade** insanável o fato de não ser reduzida a termo a audiência (RJTJESP 100/46).

Art. 367: 2. v. art. 459 § 3º.

Art. 367: 2a. v. art. 105.

Art. 367: 3. v. arts. 193 a 199 e 209 § 1º.

Art. 367: 3a. v. arts. 8º e segs. da Lei 11.419/06, no tít. PROCESSO ELETRÔNICO.

Art. 367: 4. v. art. 460.

Art. 367: 5. "É ilegal e abusivo o ato do magistrado que, em audiência de instrução e julgamento, determina a apreensão da aparelhagem eletrônica utilizada pelo advogado da parte para gravação e posterior reprodução dos atos praticados na audiência. Conquanto tenha tido o ato, conforme declarado pelo juiz, o objetivo de zelar pelo **segredo de justiça,** a gravação deve ser permitida, eis que essa particularidade processual não pode ser oposta às próprias nem a seus advogados, já que a estes é garantido o direito de pleno acesso aos autos, inclusive o de obter cópia deles. O ato acaba por violar as prerrogativas dos advogados, ferindo, por via reflexa, a plenitude do exercício de defesa e do contraditório constitucionalmente protegido" (RT 867/246).

Art. 368. A audiência será pública, ressalvadas as exceções legais.[1] [Dispositivo correspondente no CPC/1973: art. 444]

Art. 368: 1. s/ segredo de justiça, v. art. 189 e notas.

Capítulo XII | DAS PROVAS

Seção I | DISPOSIÇÕES GERAIS[1]

SEÇ. I: 1. v. arts. 370 § ún. (indeferimento de prova inútil ou protelatória), 371 (livre apreciação da prova pelo juiz) e 357 (saneamento do processo); 1.047 (direito intertemporal); LINDB 13 (prova de fato ocorrido no estrangeiro); LJE 32 a 37 (no Juizado Especial).

Art. 369. As partes têm o direito de empregar todos os meios legais, bem como os moralmente legítimos,[1 a 4] ainda que não especificados neste Código,[5] para provar a verdade dos fatos em que se funda o pedido ou a defesa e influir eficazmente na convicção do juiz.[6-7] [Dispositivo correspondente no CPC/1973: art. 332]

Art. 369: 1. CF 5º: "XII — é inviolável o sigilo da correspondência e das comunicações telegráficas, de dados e das comunicações telefônicas, salvo, no último caso, por ordem judicial, nas hipóteses e na forma que a lei estabelecer para fins de investigação criminal ou instrução processual penal;

...

"LV — aos litigantes, em processo judicial ou administrativo, e aos acusados em geral são assegurados o contraditório e ampla defesa, com os meios e recursos a ela inerentes;

"LVI — são inadmissíveis, no processo, as provas obtidas por meios ilícitos".

Lei 9.296, de 24.7.96 — Regulamenta o inciso XII, parte final, do art. 5º da Constituição Federal.

Art. 369: 2. A gravação de conversa telefônica, por um dos interlocutores, não é ilícita, porque se distingue da interceptação telefônica (Bol. AASP 1.743/157, RJTJERGS 139/117, Ajuris 76/644, 76/652, RBDF 21/91).

"A degravação de conversa telefônica mantida entre os interessados não é fato ilícito e pode ser autorizada para esclarecimento dos fatos" (STJ-4ª T., REsp 112.274, Min. Ruy Rosado, j. 11.6.02, DJU 5.8.02).

Admitindo a prova, no caso de gravação em secretária eletrônica: RJTJESP 137/360.

O fato de um dos interlocutores não ter ciência da gravação não compromete a licitude da prova [STJ-RT 743/208 e RF 342/307, maioria (conversa de uma testemunha com a parte, gravada por esta sem o conhecimento daquela), RT 620/151, 789/293, 815/242, 828/250, JTJ 143/199, 196/221, maioria, 302/279, JTA 108/273, 111/149, bem fundamentado, Bol. AASP 1.494/185, RDDP 41/176].

"Ação penal. Prova. Gravação ambiental. Realização por um dos interlocutores sem conhecimento do outro. Validade. Jurisprudência reafirmada. Repercussão geral reconhecida. Recurso extraordinário provido. Aplicação do art. 543-B, § 3º, do CPC. É lícita a prova consistente em gravação ambiental realizada por um dos interlocutores sem conhecimento do outro" (STF-Pleno, RE 583.937-QO-RG, Min. Cezar Peluso, j. 19.11.09, um voto vencido, RT 931/293).

"A gravação ambiental meramente clandestina, realizada por um dos interlocutores, não se confunde com a interceptação, objeto da cláusula constitucional de reserva de jurisdição. É lícita a prova consistente em gravação de conversa telefônica realizada por um dos interlocutores, sem conhecimento do outro, se não há causa legal específica de sigilo nem de reserva da conversação" (STF-2ª T., AI 560.223-AgRg, Min. Joaquim Barbosa, j. 12.4.11, DJ 29.4.11).

"*Habeas corpus*. Utilização de gravação de conversa telefônica feita por terceiro com a autorização de um dos interlocutores sem o conhecimento do outro quando há, para essa utilização, excludente da antijuridicidade. Afastada a ilicitude de tal conduta — a de, por legítima defesa, fazer gravar e divulgar conversa telefônica ainda que não haja o conhecimento do terceiro que está praticando crime —, é ela, por via de consequência, lícita e, também consequentemente, essa gravação não pode ser tida como prova ilícita, para invocar-se o artigo 5º, LVI, da Constituição com fundamento em que houve violação da intimidade (art. 5º, X, da Carta Magna)" (STF-1ª T., HC 74.678, Min. Moreira Alves, j. 10.6.97, DJU 15.8.97).

Indo além, para reconhecer a legitimidade de gravação de conversa feita por quem não era interlocutor: RF 286/270 e RBDP 43/137, substancioso acórdão relatado pelo Des. Barbosa Moreira, ponderando que nenhum direito pode ser "absolutizado" e que as circunstâncias do caso concreto autorizavam a medida.

Todavia: "Inadmissibilidade, como prova, de laudos de degravação de conversa telefônica e de registros contidos na memória de microcomputador, obtidos por meios ilícitos (art. 5º, LVI, da CF); no primeiro caso, por se tratar de gravação realizada por um dos interlocutores, sem conhecimento do outro, havendo a degravação sido feita com inobservância do princípio do contraditório, e utilizada com violação à privacidade alheia (art. 5º, X, da CF); e, no segundo caso, por estar-se diante de microcomputador que, além de ter sido apreendido com violação de domicílio, teve a memória nele contida sido gravada ao arrepio da garantia da inviolabilidade da intimidade das pessoas (art. 5º, X e XI, da CF)" (STF-Pleno: RTJ 162/3 e RF 335/183, maioria, caso Fernando Collor).

"A ilicitude da escuta e gravação não autorizadas de conversa alheia não aproveita, em princípio, ao interlocutor que, ciente, haja aquiescido na operação" (STF-1ª T., HC 80.949, Min. Sepúlveda Pertence, j. 30.10.01, DJU 14.12.01).

No sentido de que, sem o consentimento de quem teve sua conversa gravada, não se admite a gravação de conversa telefônica, por mais relevante que seja o motivo de quem a efetuou: RSTJ 90/359, dois votos vencidos.

Afirmando que a gravação magnética de ligações telefônicas feita clandestinamente não é meio legal nem moralmente legítimo: RTJ 84/609, 110/798, RT 603/178, 649/65, 654/132, RJTJESP 124/354, JTJ 203/226; RP 59/273, com comentário de Luiz Rodrigues Wambier.

V. art. 422, nota 2.

Art. 369: 3. "Prova literal judicializada. Eficácia probante. Subsídios literais, constituídos de cópias de inquirições testemunhais pela polícia, juntados aos autos, e ensejada vista à parte *ex adversa*, que não rebateu seus conteúdos substanciais, perfazem prova judicializada, pois submetida ao crivo do contraditório" (RJTJERGS 159/378).

"O **laudo pericial elaborado extrajudicialmente** pode ser juntado aos autos como prova documental, bem como deve ser reconhecida a sua força probante se respeitado o contraditório diferido — com a devida concessão de oportunidade para a parte contrária se manifestar sobre suas conclusões" (STJ-3ª T., AI 1.232.426-AgRg, Min. Vasco Della Giustina, j. 7.10.10, DJ 20.10.10).

Art. 369: 4. "Separação judicial litigiosa. Desentranhamento de documentos juntados pelo autor. Cabimento. Interceptações de *e-mail* da agravada, fotografias tiradas clandestinamente através de detetive particular, documentos e objetos obtidos pelo réu, *vasculhando o lixo da autora*. **Provas obtidas ilicitamente**" (JTJ 336/29: AI 465.692-4/3-00).

Art. 369: 5. v. CC 212.

Art. 369: 6. s/ apreciação da prova pelo juiz, v. art. 371.

Art. 369: 7. Nos Juizados Especiais, v. LJE 32.

Art. 370. Caberá ao juiz,[1-1a] de ofício[2] ou a requerimento da parte, determinar as provas[3-4] necessárias ao julgamento do mérito. [Dispositivo correspondente no CPC/1973: art. 130]

Parágrafo único. O juiz indeferirá, em decisão fundamentada, as diligências inúteis ou meramente protelatórias.[5 a 7] [Dispositivo correspondente no CPC/1973: art. 130]

Art. 370: 1. Também ao relator ou à turma julgadora, **na instância recursal** (RT 605/74).

"A conversão de apelação em diligência para produção de provas não implica julgamento *ultra* ou *extra petita*, pois o art. 130 do CPC também possibilita aos Tribunais a prerrogativa de determinarem a produção de provas, que consideram necessárias" (STJ-3ª T., REsp 985.077, Min. Gomes de Barros, j. 18.10.07, DJU 6.11.07).

"O julgador de segunda instância, assim como o de primeira, em todas as questões que lhe são postas, tem o direito de formar sua livre convicção, tendo não só o direito como o dever de converter o julgamento em diligência sempre que assim entender necessário para uma apreciação perfeita, justa e equânime da questão que lhe é posta" (Lex-JTA 141/257), "desde que o faça, é certo, com imparcialidade e resguardando o princípio do contraditório" (RSTJ-RF 336/256). No mesmo sentido: STJ-4ª T., REsp 906.794, Min. Luis Felipe, j. 7.10.10, DJ 13.10.10.

"Tem o julgador de segunda instância a iniciativa probatória, mormente quando se trata de causa que tem por objeto direito indisponível (ações de estado)" (STJ-4ª T., REsp 1.010.559, Min. Aldir Passarinho Jr., j. 16.10.08, DJ 3.11.08).

"Ainda que tenha havido o anterior indeferimento da produção de prova pericial, pelo juízo de primeiro grau, ainda assim pode o Tribunal de apelação, de ofício, determinar tal produção, se entender pela sua indispensabilidade" (STJ-1ª T., REsp 896.072, Min. Francisco Falcão, j. 15.4.08, DJU 5.5.08).

S/ conversão do julgamento em diligência no âmbito dos tribunais, v. art. 938 § 3º, RISTJ 164 § 2º e 168 e RISTF 136 § 2º e 140; recurso especial contra acórdão que converte o julgamento em diligência, v. RISTJ 255, nota 4-Conversão do julgamento em diligência.

V. tb. art. 1.013, nota 6.

Código de Processo Civil

Art. 370: 1a. No sentido de que, sendo o julgador o destinatário da prova, somente a ele cumpre aferir sobre a necessidade ou não de sua realização: JTJ 317/189 (AP 964.735-0/3), 344/387 (AP 7.055.145-6), 350/29 (AI 7.393.526-1), RJM 185/213 (AP 1.0313.07.219415-9/001).

Art. 370: 2. "O juiz deixou de ser mero espectador inerte da batalha judicial, passando a assumir uma **posição ativa,** que lhe permite, dentre outras prerrogativas, determinar a produção de provas, desde que o faça com imparcialidade e resguardando o princípio do contraditório" (RSTJ 129/359: 4ª T., REsp 215.247). No caso, tratava-se de ação de investigação de paternidade, em que se ponderou estarem presentes "razões de ordem pública e igualitária" a autorizar a iniciativa judicial. Em sentido semelhante: RSTJ 84/250, 157/422, STJ-RT 729/155, STJ-RF 336/256, 346/265, RJM 174/129.

"Contraria o art. 130 do CPC o acórdão que desconsidera, por atentatório ao princípio de igualdade das partes, depoimento de testemunha determinado pelo juiz da causa" (RSTJ 39/600).

Afirmando que o juiz pode, ao seu nuto, converter o julgamento em diligência: RT 593/169, RJTJESP 45/236, JTA 89/130, 96/260, à p. 261, RP 3/349, em. 184.

Todavia, ao determinar, de ofício, a produção de provas, o juiz deve assegurar às partes igualdade de tratamento (RT 714/158), cf. dispõe o **art. 139-I.**

"Não é cabível a dilação probatória quando haja outros meios de prova, testemunhal e documental, suficientes para o julgamento da demanda, devendo a iniciativa do juiz se restringir a situações de perplexidade diante de provas contraditórias, confusas ou incompletas" (RSTJ 157/363, STJ-RF 367/221, STJ-RP 115/275, STJ-Bol. AASP 2.398/3.314).

"O processo civil moderno tende a investir o juiz do poder-dever de tomar iniciativa probatória, consubstanciando-se, pois, em um equilíbrio entre o modelo dispositivo e o inquisitivo. Contudo, a atividade probatória exercida pelo magistrado deve se operar em conjunto com os litigantes e não em substituição a eles. No caso concreto, o Tribunal *a quo*, embora ausente pedido específico das partes, de ofício, anulou a sentença e determinou o retorno dos autos ao juízo singular para que este reabrisse a fase instrutória e oportunizasse, a ambas as partes, a inquirição de testemunhas, para fins de comprovação da atividade rural. *In casu*, não tendo a parte autora, tanto na fase instrutória, quanto nas razões de apelação, postulado pela produção de prova testemunhal, caso restasse prevalente o entendimento do tribunal *a quo*, o equilíbrio na relação processual estaria prejudicado e, consequentemente, desrespeitado o princípio isonômico, face a violação ao art. 125, I, do CPC" (STJ-6ª T., REsp 894.443, Min. Maria Thereza, j. 17.6.10, DJ 16.8.10).

"A produção de provas no processo civil, sobretudo quando envolvidos interesses disponíveis, tal qual se dá no caso concreto, incumbe essencialmente às partes, restando ao juiz campo de atuação residual a ser exercido apenas em caso de grave dúvida sobre o estado das coisas, com repercussão em interesses maiores, de ordem pública. Impossível, assim, exigir-se a anulação da sentença de primeira instância, mediante a pueril alegação de que ao juízo incumbia determinar a realização de provas *ex officio*" (STJ-4ª T., REsp 1.105.509-AgRg, Min. Marco Buzzi, j. 4.12.12, DJ 18.12.12).

"Ante a ausência de provas, o juiz não pode determinar, de ofício e a qualquer tempo, a produção de prova que deveria integrar a petição inicial" (STJ-1ª T., REsp 703.178, Min. Francisco Falcão, j. 5.4.05, maioria, DJU 1.7.05).

"O juiz não pode substituir as partes nos ônus que lhe competem, inda mais quando a perícia não se realizou por inércia da parte no pagamento dos honorários do perito" (STJ-1ª T., REsp 471.857, Min. Gomes de Barros, j. 21.10.03, DJU 17.11.03).

S/ oitiva por iniciativa do juiz de testemunhas arroladas fora do prazo, v. art. 357, nota 9a.

Art. 370: 3. "Descabe a produção da prova pericial quando **inoportuna** na fase de conhecimento, podendo ser determinada sua realização na liquidação de sentença, na hipótese de procedência da demanda" (JTJ 207/231).

Todavia, no sentido de que, requerida perícia na petição inicial, o juiz não pode indeferi-la, sob fundamento de que ela somente seria cabível em liquidação, se julgada procedente a ação: RTJ 117/668, RT 635/223 (caso de responsabilidade civil).

Art. 370: 4. O juiz pode, de ofício, determinar a juntada de textos científicos (RSTJ 87/287).

Art. 370: 5. s/ provas protelatórias, v. arts. 77-III (deveres das partes e dos advogados) e 443 (prova testemunhal irrelevante); s/ perícia, v. arts. 156 (conhecimento técnico), 464 § 1º (indeferimento) e 480 (nova perícia); s/ cerceamento de defesa (prova de fato não contestado), v. art. 341, nota 2a; s/ saneamento do processo, v. art. 357, especialmente incs. II, III e V; s/ requisição de prova a repartição pública, v. art. 438; s/ preclusão em matéria de prova, v. art. 507, nota 4; s/ exame pelo tribunal do cerceamento à prova, v. art. 1.013, nota 6.

Art. 370: 6. "O **indeferimento de realização de provas,** possibilidade oferecida pelo art. 130 do CPC, não está ao livre arbítrio do juiz, devendo ocorrer apenas, e de forma motivada, quando forem dispensáveis e de caráter meramente protelatório" (STJ-1ª T., REsp 637.547, Min. José Delgado, j. 10.8.04, DJU 13.9.04).

"O julgamento antecipado da lide deve acontecer quando evidenciada a desnecessidade de produção de prova; de outro modo, caracterizado fica o **cerceamento de defesa**" (RSTJ 48/405).

"Se a pretensão do autor depende da produção da prova requerida, esta não lhe pode ser negada, nem reduzido o âmbito de seu pedido com um julgamento antecipado, sob pena de configurar-se uma situação de autêntica denegação de Justiça" (RSTJ 21/416). No mesmo sentido: RJM 189/95 (AP 1.0027.07.134463-7/001).

V. art. 355, notas 8 e segs.

Art. 370: 6a. Há nulidade sempre que se verifica **cerceamento de defesa em ponto substancial** para a apreciação da causa (v., p. ex., RTFR 111/131; TFR-4ª T., AC 43.404, Min. Pádua Ribeiro, j. 9.4.84, DJU 17.5.84). Assim, se a parte vencida não foi ouvida sobre laudo suplementar apresentado pelo perito, a sentença é nula (TFR-6ª T., AC 114.266, Min. Eduardo Ribeiro, j. 10.11.86, DJU 12.2.87, rep.). Da mesma forma, é nula a sentença se, requerida tempestivamente a produção de prova em audiência, e não sendo esta prova desnecessária, o juiz julga antecipadamente a lide (STJ-4ª T., REsp 979.129, Min. Luis Felipe, j. 2.4.09, DJ 13.4.09; RTFR 150/177, 150/201).

Art. 370: 6b. **"Cerceamento de defesa.** Hipótese em que **não se caracteriza,** posto não se haver demonstrado ser necessária a pretendida prova testemunhal, já que a apuração dos fatos dependia de juízo técnico" (RSTJ 59/280).

"Não pratica cerceamento de defesa a decisão que julga antecipadamente a lide, afirmando ser dispensável a realização de perícia com vistas a constituir prova sobre fato cuja comprovação documental cabia à concordatária, que não cuidou de fazê-la oportunamente" (STJ-4ª T., Ag 43.975-5, Min. Sálvio de Figueiredo, j. 26.4.94, DJU 23.5.94).

"Na hipótese de o cônjuge apontado como culpado ser o prestador de alimentos, desnecessária a realização de provas que firam seu direito à intimidade e privacidade, porquanto a pensão não será aferida em razão da medida de sua culpabilidade (pensão não é pena)" (STJ-4ª T., RMS 28.336, Min. João Otávio, j. 24.3.09, DJ 6.4.09).

"Ação de investigação de paternidade. Realização de exame de DNA. Exclusão da paternidade. Desnecessidade da produção de provas em audiência. Desinteresse, ademais, na produção dessa prova. Inexistência de cerceamento de defesa" (RT 854/191). No mesmo sentido: JTJ 302/210, 304/251. **Contra:** "Em matéria de investigação de paternidade não é possível negar-se o direito do autor de realizar, por todos os meios permitidos, as provas necessárias, sendo cerceamento de defesa a realização de uma só, por mais eficaz que seja o método" (STJ-RF 388/294: 3ª T., REsp 647.286).

"A recusa da produção de prova pericial na fase probatória não abre a possibilidade de pleito posterior, no curso do processo, de conversão do julgamento em diligência para a realização do exame de DNA, em investigação de paternidade, isso porque tal prova só pode aproveitar à parte que não criou obstáculo para a sua realização. O fato de obstar a realização do exame de DNA, ao impor condições infundadas para sua ocorrência, ou ainda não comparecer no momento aprazado pelo Juízo para a coleta do material hematológico, corresponde à recusa de a ele se submeter, e tal recusa poderá suprir a prova que se pretendia obter com o exame" (STJ-3ª T., REsp 819.588, Min. Nancy Andrighi, j. 24.3.09, DJ 3.4.09).

Em ação negatória de paternidade: "Se a causa de pedir repousa no vício de consentimento e este não foi comprovado, não há que se falar em cerceamento de defesa ante o indeferimento pelo juiz da realização do exame genético pelo método de DNA" (STJ-RDDP 73/160: 3ª T., REsp 1.022.763).

Todavia: "Ação de investigação de paternidade. Exame de DNA *post mortem*. Perícia nos restos mortais do falecido inconclusiva. Conversão do julgamento em diligência. Necessidade. Na hipótese, deveria o julgador ter se mantido coerente com a sua conduta processual até aquele momento, isto é, proporcionado às partes a possibilidade de demonstrar a viabilidade na feitura de outro exame de DNA (preenchimento dos requisitos exigíveis), e não sentenciar, de forma súbita, o feito" (STJ-4ª T., REsp 1.229.905, Min. Luis Felipe, j. 5.8.14, DJ 2.9.14).

"Se o exame de DNA, direto ou indireto, contradiz prova robusta produzida no curso da demanda, impõe-se a conversão do julgamento em diligência, a fim de oportunizar que novos testes sejam realizados. Essa providência pode ser tomada até mesmo pelo julgador em segunda instância, uma vez que não há preclusão *pro judicato* nessa hipótese. No caso em tela, ainda que a oportunidade para realização de testes com múltiplos parentes vivos do suposto pai tenha surgido tardiamente, deve ser convertido o julgamento em diligência, no intuito de encontrar a verdade real a respeito da origem genética da autora" (STJ-4ª T., Ag em REsp 1.269.554-AgInt, Min. Marco Buzzi, j. 6.10.20, DJ 22.10.20).

S/ exame de DNA, v. tb. arts. 355, nota 7a, 371, nota 2a, e 464, nota 4.

Art. 370: 7. O indeferimento de prova deve ser combatido na **apelação** ou em suas contrarrazões, conforme determina o art. 1.009 § 1º.

Art. 371. O juiz apreciará[1] a prova constante dos autos, independentemente do sujeito que a tiver promovido, e indicará na decisão as razões da formação de seu convencimento.[2 a 4] [Dispositivo correspondente no CPC/1973: art. 131]

Art. 371: 1. "É ampla a liberdade do juiz ao apreciar a assertiva concernente à existência da coação. Descabido, por conseguinte, fixar-lhe normas de caráter geral e assinalar-lhe, de antemão, diretrizes nesse mister" (RSTJ 109/182).

Art. 371: 2. v. art. 479 (perícia).

Art. 371: 2a. "Perícia técnica. **Exame de DNA.** A falibilidade humana não pode justificar o desprezo pela afirmação científica. A independência do juiz e a liberdade de apreciação da prova exigem que os motivos que apoiaram a decisão sejam compatíveis com a realidade dos autos, sendo impossível desqualificar esta ou aquela prova sem o devido lastro para tanto. Assim, se os motivos apresentados não estão compatíveis com a realidade dos autos, há violação ao art. 131 do CPC. Modernamente, a ciência tornou acessível meios próprios, com elevado grau de confiabilidade, para a busca da verdade real, com o que o art. 145 do CPC está violado quando tais meios são desprezados com supedâneo em compreensão equivocada da prova científica" (STJ-3ª T., REsp 97.148, Min. Menezes Direito, j. 20.5.97, dois votos vencidos, DJU 8.9.97).

"Diante do grau de precisão alcançado pelos métodos científicos de investigação de paternidade com fulcro na análise do DNA, a valoração da prova pericial com os demais meios de prova admitidos em direito deve observar os seguintes critérios: (a) se o exame de DNA contradiz as demais provas produzidas, não se deve afastar a conclusão do laudo, mas converter o julgamento em diligência, a fim de que **novo teste** de DNA seja produzido, em laboratório diverso, com o fito de assim minimizar a possibilidade de erro resultante seja da técnica em si, seja da falibilidade humana na coleta e manuseio do material necessário ao exame; (b) se o segundo teste de DNA corroborar a conclusão do primeiro, devem ser afastadas as demais provas produzidas, a fim de se acolher a direção indicada nos laudos periciais; e (c) se o segundo teste de DNA contradiz o primeiro laudo, deve o pedido ser apreciado em atenção às demais provas produzidas" (STJ-3ª T., REsp 397.013, Min. Nancy Andrighi, j. 11.11.03, DJ 9.12.03). Em sentido semelhante: STJ-4ª T., REsp 1.629.844-EDcl-AgInt-EDcl, Min. Lazaro Guimarães, j. 15.5.18, DJ 25.5.18.

V. tb. art. 370, nota 6b.

Art. 371: 3. **"Não estando o magistrado adstrito aos laudos** médicos oficiais, descabe censura ao acórdão que, de acordo com outras provas dos autos e o livre convencimento, julgou comprovada a existência de cardiopatia grave que isenta a autora do imposto de renda" (STJ-1ª T., REsp 1.160.742, Min. Hamilton Carvalhido, j. 13.4.10, DJ 29.4.10).

"Pelo princípio do livre convencimento, o art. 145 do CPC apenas faculta ao Juiz o auxílio de um *expert* para a produção de necessária prova técnica, o que não se confunde com a vinculação do magistrado às conclusões da perícia" (STJ-4ª T., REsp 865.803, Min. Aldir Passarinho Jr., j. 11.5.10, DJ 26.5.10).

"O nosso sistema processual civil é orientado pelo princípio do livre convencimento motivado, não estando o magistrado atrelado às conclusões do laudo pericial, sendo-lhe permitido formar a sua convicção com base em qualquer elemento de prova disponível nos autos, bastando para tanto que indique na decisão os motivos que lhe formaram o convencimento. Existência de farta fundamentação para entender imprestável a prova pericial para fins de definição do percentual de deságio verificado na compra das 'moedas de privatização'" (STJ-3ª T., REsp 1.404.914, Min. Ricardo Cueva, j. 5.6.18, DJ 11.6.18).

Art. 371: 4. "Se o juiz que profere a sentença julga segundo **conhecimento próprio dos fatos** ou de parte deles o processo é nulo, pois, não se tratando de máxima de experiência ou de fato notório, atua como testemunha extrajudicial, estando impedido de exercer suas funções jurisdicionais, ante a ausência de pressuposto processual da imparcialidade" (RT 630/140).

Art. 372. O juiz poderá admitir a utilização de prova produzida em outro processo, atribuindo-lhe o valor que considerar adequado, observado o contraditório.[1-2] [Sem dispositivo correspondente no CPC/1973]

Art. 372: 1. **Súmula 591 do STJ:** "É permitida a prova emprestada no processo administrativo disciplinar, desde que devidamente autorizada pelo juízo competente e respeitados o contraditório e a ampla defesa".

Art. 372: 2. Vale a **prova emprestada** produzida à luz do contraditório (CF 5º-LV) e com a presença das mesmas partes (RT 614/69, bem fundamentado, 719/166, JTA 106/207, RJTAMG 29/224; JTJ 339/137: AI 1.248.240-0/5).

"É admissível a utilização de prova emprestada, recebida no caso como documental, produzida em processo entre as partes em curso no mesmo juízo, tendo sido respeitado o contraditório" (STJ-RF 394/345: 3ª T., REsp 836.158).

"Prova emprestada. Possibilidade de que sejam consideradas as produzidas no processo criminal, relativo ao mesmo fato, pois perfeitamente resguardado o contraditório" (RSTJ 104/304).

"Não há óbices para que o juízo cível fundamente a decisão em provas colhidas na seara penal, desde que observado o devido processo legal. *In casu*, os réus da ação de ressarcimento também figuraram no polo passivo da ação penal, portanto, restaram observados os princípios do contraditório e ampla defesa, pois os acusados tiveram oportunidade de se manifestar sobre as provas colhidas" (STJ-1ª T., Ag em REsp 24.940-AgRg, Min. Napoleão Maia Filho, j. 18.2.14, DJ 24.2.14).

Não admitindo como prova emprestada aquela colhida sem observância do contraditório e sem a participação daquele contra quem deve operar, como é o caso de prova colhida em inquérito policial: RJTJESP 99/201, JTJ 202/171, RP 43/289, à p. 290.

Afirmando não valer na ação popular a prova produzida perante Comissão Parlamentar de Inquérito: RP 133/203.

Mais liberal: "Inexiste ilegalidade na propositura da ação de improbidade com base nas apurações feitas em inquérito policial, as quais deverão ser submetidas ao contraditório durante a fase instrutória" (STJ-2ª T., REsp 1.122.177, Min. Herman Benjamin, j. 3.8.10, DJ 27.4.11).

Em matéria de inquérito civil: "As provas colhidas no inquérito têm valor probatório relativo, porque colhidas sem a observância do contraditório, mas só devem ser afastadas quando há contraprova de hierarquia superior, ou seja, produzida sob a vigilância do contraditório. A prova colhida inquisitorialmente não se afasta por mera negativa, cabendo ao juiz, no seu livre convencimento, sopesá-las, observando as regras processuais pertinentes à distribuição do ônus da prova" (STJ-2ª T., REsp 849.841, Min. Eliana Calmon, j. 28.8.07, DJ 11.9.07).

"É possível a utilização de prova produzida em ação penal, consistente em interceptação de comunicações telefônicas autorizadas judicialmente em feitos cíveis, tendo em vista a supremacia do interesse público sobre o particular" (RT 843/371). No caso, tratava-se de ação civil pública. "É possível o uso emprestado em ação de improbidade administrativa do resultado de interceptação telefônica em ação penal" (STJ-2ª T., REsp 1.163.499, Min. Mauro Campbell, j. 21.9.10, DJ 8.10.10).

"Em vista das reconhecidas vantagens da prova emprestada no processo civil, é recomendável que essa seja utilizada sempre que possível, desde que se mantenha hígida a garantia do contraditório. No entanto, a prova emprestada não pode se restringir a processos em que figurem partes idênticas, sob pena de se reduzir excessivamente sua aplicabilidade, sem justificativa razoável para tanto. Independentemente de haver identidade de partes, o contraditório é o requisito primordial para o aproveitamento da prova emprestada, de maneira que, assegurado às partes o contraditório sobre a prova, isto é, o direito de se insurgir contra a prova e de refutá-la adequadamente, afigura-se válido o empréstimo" (STJ-Corte Especial, ED no REsp 617.428, Min. Nancy Andrighi, j. 4.6.14, DJ 17.6.14).

Art. 373. O ônus da prova[1 a 4a] incumbe: [Dispositivo correspondente no CPC/1973: art. 333-*caput*]

I — ao autor, quanto ao fato constitutivo de seu direito;[5] [Dispositivo correspondente no CPC/1973: art. 333-I]

II — ao réu, quanto à existência de fato impeditivo, modificativo ou extintivo do direito do autor. [Dispositivo correspondente no CPC/1973: art. 333-II]

§ 1º Nos casos previstos em lei[6 a 6b] ou diante de peculiaridades da causa relacionadas à impossibilidade ou à excessiva dificuldade de cumprir o encargo nos termos do *caput* ou à maior facilidade de obtenção da prova do fato contrário,[7 a 7c] poderá o juiz atribuir o ônus da prova de modo diverso, desde que o faça por decisão fundamentada,[8] caso em que deverá dar à parte a oportunidade[8a-8b] de se desincumbir do ônus que lhe foi atribuído.[9] [Sem dispositivo correspondente no CPC/1973]

§ 2º A decisão prevista no § 1º deste artigo não pode gerar situação em que a desincumbência do encargo pela parte seja impossível ou excessivamente difícil. [Sem dispositivo correspondente no CPC/1973]

§ 3º A distribuição diversa do ônus da prova também pode ocorrer por convenção das partes, salvo quando: [Dispositivo correspondente no CPC/1973: art. 333 § ún.]

I — recair sobre direito indisponível da parte;[10] [Dispositivo correspondente no CPC/1973: art. 333 § ún.-I]

II — tornar excessivamente difícil a uma parte o exercício do direito. [Dispositivo correspondente no CPC/1973: art. 333 § ún.-II]

§ 4º A convenção de que trata o § 3º pode ser celebrada antes ou durante o processo. [Sem dispositivo correspondente no CPC/1973]

Art. 373: 1. s/ ônus da prova e: falsidade de documento, v. art. 429; ação monitória, v. art. 702, nota 4a; ação civil pública, v. LACP 1º, nota 1c; insolvência, v. CPC/73 art. 756, nota 1; relação de consumo, v. CDC 6º-VIII, 38 e 51-VI (texto em nota 2); proteção de dados, v. Lei 13.709/2018, arts. 8º § 2º e 42 § 2º.

Art. 373: 2. **CDC: "Art. 6º** São direitos básicos do consumidor:

"VIII — a facilitação da defesa de seus direitos, inclusive com a inversão do ônus da prova, a seu favor, no processo civil, quando, a critério do juiz, for verossímil a alegação ou quando for ele hipossuficiente, segundo as regras ordinárias de experiências.

"Art. 38. O ônus da prova da veracidade e correção da informação ou comunicação publicitária cabe a quem as patrocina.

"Art. 51. São nulas de pleno direito, entre outras, as cláusulas contratuais relativas ao fornecimento de produtos e serviços que:

"VI — estabeleçam inversão do ônus da prova em prejuízo do consumidor".

Med. Prov. 2.172-32, de 23.8.01: "Art. 3º Nas ações que visem à declaração de nulidade de estipulações com amparo no disposto nesta Medida Provisória, incumbirá ao credor ou beneficiário do negócio o ônus de provar a regularidade jurídica das correspondentes obrigações, sempre que demonstrada pelo prejudicado, ou pelas circunstâncias do caso, a verossimilhança da alegação". Essa Med. Prov. dispõe sobre estipulações usurárias.

Art. 373: 3. "Ao juiz, frente à moderna sistemática processual, incumbe analisar o conjunto probatório em sua globalidade, sem perquirir a quem competiria o *onus probandi*. Constando dos autos a prova, ainda que **desfavorável a quem a tenha produzido,** é dever do julgador tomá-la em consideração na formação de seu convencimento" (STJ-4ª T., REsp 11.468-0, Min. Sálvio de Figueiredo, j. 1.4.92, DJU 11.5.92).

Art. 373: 3a. "O ônus da prova, enquanto regra de julgamento — segundo a qual a decisão deve ser contrária à pretensão da parte que detinha o encargo de provar determinado fato e não o fez —, é norma de aplicação subsidiária que deve ser invocada somente na hipótese de o julgador constatar a impossibilidade de formação de seu convencimento a partir dos elementos constante dos autos. Em situações excepcionais, em que o julgador, atento às peculiaridades da hipótese, necessita reduzir as exigências probatórias comumente reclamadas para formação de sua convicção em virtude de impossibilidades fáticas associadas à produção da prova, é viável o julgamento do mérito da ação mediante convicção de verossimilhança. A ***teoria da verossimilhança preponderante,*** desenvolvida pelo direito comparado e que propaga a ideia de que a parte que ostentar posição mais verossímil em relação à outra deve ser beneficiada pelo resultado do julgamento, é compatível com o ordenamento jurídico-processual brasileiro, desde que invocada para servir de lastro à superação do estado de dúvida do julgador. É imprescindível, todavia, que a decisão esteja amparada em elementos de prova constantes dos autos (ainda que indiciários). Em contrapartida, permanecendo a incerteza do juiz, deve-se decidir com base na regra do ônus da prova" (STJ-3ª T., REsp 1.320.295, Min. Nancy Andrighi, j. 15.10.13, DJ 29.11.13).

Art. 373: 4. "Culpado, em linha de princípio, é o **motorista** que colide por trás, invertendo-se, em razão disso, o *onus probandi*, cabendo a ele a prova de desoneração de sua culpa" (STJ-4ª T., REsp 198.196, Min. Sálvio de Figueiredo, j. 18.2.99, DJU 12.4.99). No mesmo sentido: STJ-3ª T., REsp 535.627-AgRg, Min. Ari Pargendler, j. 27.5.08, DJ 5.8.08.

Art. 373: 4a. **"Pagamento mediante cheques.** Recibo de quitação. Títulos de crédito emitidos *pro soluto*. Ônus da prova do não pagamento. Em regra, a emissão do título de crédito é *pro solvendo*, isto é, a simples entrega do título ao credor não significa a efetivação do pagamento. No entanto, terá natureza *pro soluto* quando emitido e entregue ao beneficiário visando extinguir a obrigação que gerou a sua criação, ou seja, quando dado em pagamento da relação causal. O recibo que certifica a quitação gera, em favor do devedor, a presunção relativa (*juris tantum*) do pagamento, de tal modo que, se, em momento posterior, o credor percebe que parte do pagamento ainda se encontra em aberto, poderá buscar a diferença, mas terá o ônus probatório de impugnar a quitação que emitira anteriormente" (STJ-3ª T., REsp 1.745.652, Min. Nancy Andrighi, j. 10.12.19, DJ 13.12.19).

Art. 373: 5. Para situações em que o autor deve comprovar a ocorrência de efetivos prejuízos morais, a fim de restar constituído o seu direito à indenização, v. art. 374, nota 4, *in fine*.

Art. 373: 6. **"A inversão** ou não do **ônus da prova,** prevista no art. 6º, VIII, da Lei n. 8.078/90, depende da análise de requisitos básicos (verossimilhança das alegações e hipossuficiência do consumidor), aferidos com base nos aspectos fático-probatórios peculiares de cada caso concreto" (STJ-4ª T., REsp 284.995, Min. Fernando Gonçalves, j. 26.10.04, DJU 22.11.04).

"A chamada inversão do ônus da prova, no Código de Defesa do Consumidor, deve ser compreendida no contexto da facilitação da defesa dos direitos do consumidor, ficando subordinada ao 'critério do juiz, quando for verossímil a alegação ou quando for ele hipossuficiente, segundo as regras ordinárias da experiência' (art. 6º, VIII). Vai daí não ser automática a inversão do ônus da prova. Para que ocorra, necessita ela de circunstâncias concretas que serão apuradas pelo juiz no contexto da 'facilitação da defesa' dos direitos do consumidor" (RT 783/332, a citação é do voto do relator, Juiz Amorim Cantuária). Ou seja, "a regra do art. 6º, VIII, relativa à inversão do ônus da prova, não há de ser considerada aplicável *a priori*, ou utilizada sem análise individual e pormenorizada da *quaestio*" (JTAERGS 100/381). No mesmo sentido: RSTJ 115/271, 152/348; STJ-RT 770/210; STJ-RDPr 14/336. Ainda: "Mesmo caracterizada relação de consumo, o ônus da prova só é de ser invertido quando a parte requerente tiver dificuldades para a demonstração de seu direito" (JTAERGS 102/213).

A nosso ver sem razão, no sentido de que "a verossimilhança da alegação e a hipossuficiência do consumidor constituem requisitos alternativos — e não cumulativos": STJ-RDDP 68/139 (3ª T., REsp 915.599; a citação é do voto da relatora).

"A hipossuficiência a que faz remissão o referido inc. VIII deve ser analisada não apenas sob o prisma econômico e social, mas, sobretudo, quanto ao aspecto da produção de prova técnica" (STJ-RDDP 68/139: 3ª T., REsp 915.599; a citação é do voto da relatora). No caso, a referência é ao CDC 6º-VIII.

"A hipossuficiência não deve ser presumida apenas pelo fato de uma parte ser economicamente mais forte que a outra. Para que ela se concretize é necessário que haja desigualdade entre as partes de tal sorte que impossibilite ou dificulte a produção da defesa" (JTJ 292/388).

"Ainda que se trate de relação regida pelo CDC, não se concebe inverter-se o ônus da prova para, retirando tal incumbência de quem poderia fazê-lo mais facilmente, atribuí-la a quem, por impossibilidade lógica e natural, não o conseguiria. Assim, diante da não comprovação da ingestão dos aludidos placebos pela autora — quando lhe era, em tese, possível provar —, bem como levando em conta a inviabilidade de a ré produzir prova impossível, a celeuma deve se resolver com a improcedência do pedido" (STJ-4ª T., REsp 720.930, Min. Luis Felipe, j. 20.10.09, DJ 9.11.09).

"Admite-se a inversão do ônus da prova em ação de indenização e responsabilidade civil, por hipossuficiência do autor em relação de consumo. Em se tratando, contudo, de comprovação documental de alegação de não recebimento de solicitação de cancelamento de passagem aérea, ressalva deve ser feita, pois diz respeito à **prova de fato negativo** — que o réu não está obrigado a comprovar, pela impossibilidade de atribuir a quem quer que seja o ônus da prova de natureza negativa" (RT 845/271; ementa da redação). **Contra,** autorizando a inversão do ônus da prova em caso de prova de fato negativo: "tendo a recorrente alegado na inicial que foi furtada no interior de estabelecimento do recorrido, onde se encontrava efetuando compras, bastaria a ré ter comprovado que a recorrente não esteve em seu estabelecimento naquele dia e horário ou que, ainda que lá se encontrasse, não teria ocorrido o furto" (STJ-3ª T., REsp 1.050.554, Min. Nancy Andrighi, j. 25.8.09, DJ 9.9.09; a citação é do voto da relatora). V. tb. § 2º e nota 7a.

No sentido de que a parte deve comprovar a sua condição de consumidor para poder postular a inversão do ônus da prova prevista no CDC: STJ-3ª T., REsp 1.007.077, Min. Gomes de Barros, j. 24.3.08, DJU 13.5.08.

Invertendo o ônus da prova em caso de serviço de telefonia: "A requerente não tem meios para comprovar o fato negativo da não realização das chamadas indicadas pela apelante no demonstrativo encaminhado, enquanto, para a requerida é possível trazer aos autos elementos seguros sobre as ligações realizadas" (JTJ 318/283: AP 945.811-0/7).

"A descrição da bagagem extraviada feita pela apelante é verossímil. Todos os itens são comumente encontrados em bagagens, especialmente considerando tratar-se de viagem de 24 dias ao exterior, e o valor individual não é elevado. A aquisição de alguns deles, aliás, foi demonstrada pelas faturas de cartão de crédito. Como a autora não tem condições de demonstrar a afirmação, admissível a inversão do ônus da prova" (RT 895/260: TJSP, AP 991.08.045099-6; a citação é do voto do relator, Des. Roberto Bedaque).

Art. 373: 6a. Serviços bancários. "O juiz pode ordenar ao banco réu a juntada de cópia de contrato e de extrato bancário, atendendo aos princípios da inversão do ônus da prova e da facilitação da defesa do direito do consumidor em juízo" (RSTJ 154/438).

"É cabível a inversão do ônus da prova em favor do consumidor para o fim de determinar às instituições financeiras a exibição de extratos bancários, enquanto não estiver prescrita a eventual ação sobre eles, tratando-se de obrigação decorrente de lei e de integração contratual compulsória, não sujeita à recusa ou condicionantes, tais como o adiantamento dos custos da operação pelo correntista e a prévia recusa administrativa da instituição financeira em exibir os documentos, com a ressalva de que ao correntista, autor da ação, incumbe a demonstração da plausibilidade da relação jurídica alegada, com indícios mínimos capazes de comprovar a existência da contratação, devendo, ainda, especificar, de modo preciso, os períodos em que pretenda ver exibidos os extratos" (STJ-2ª Seção, REsp 1.133.872, Min. Massami Uyeda, j. 14.12.11, DJ 28.3.12). "Para o deferimento da inversão do ônus da prova na petição inicial da ação cautelar de exibição de documentos relativa aos expurgos inflacionários incidentes sobre saldo de poupança existentes quando da implantação dos planos econômicos deve haver indicação da agência, o número das contas e o período ao qual se referia o pleito, o que não ocorreu no presente caso" (STJ-3ª T., Ag em REsp 264.606-AgRg, Min. Ricardo Cueva, j. 15.8.13, DJ 23.8.13). V. tb. arts. 396, nota 3, e 524, nota 4.

No sentido de que, provado que o consumidor costumava guardar bens valiosos no cofre do banco, inverte-se o ônus da prova "no que concerne ao valor dos bens depositados no cofre locado": STJ-3ª T., REsp 974.994, Min. Nancy Andrighi, j. 5.6.08, maioria, DJ 3.11.08.

"Reconhecida a hipossuficiência técnica do consumidor, em ação que versa sobre a realização de saques não autorizados em contas bancárias, mostra-se imperiosa a inversão do ônus probatório" (STJ-RDDP 68/139: 3ª T., REsp 915.599). No mesmo sentido: JTJ 309/195, 321/1.591 (AP 1.250.651-7), 331/73 (AI 7.272.037-7), RT 916/832 (TRF-3ª Reg., AI 0018222-11.2011.4.03.0000).

Art. 373: 6b. Entendendo inadmissível a inversão do ônus da prova em ação de responsabilidade civil por **serviços médicos** defeituosos, "porque os médicos, assim como os demais profissionais liberais, só podem ser responsabilizados por atos que realizem no exercício de suas atividades quando tenham agido com imprudência, negligência ou imperícia, circunstâncias que devem ser comprovadas pelo próprio autor da pretensão": RT 785/237. No mesmo sentido: RP 119/200.

Todavia, autorizando a inversão do ônus da prova em demanda ajuizada em face dos hospitais que atenderam o autor: RT 828/222.

Contra, autorizando a inversão do ônus da prova em desfavor do médico: STJ-4ª T., Ag 969.015-AgRg, Min. Isabel Gallotti, j. 7.4.11, DJ 28.4.11; JTJ 342/67 (AI 653.300-4/1-00).

V. tb., no nosso CCLCV, CC 951, nota 2.

Art. 373: 7. Embora a possibilidade de inversão do ônus da prova diante das peculiaridades da causa não estivesse expressamente contemplada no CPC rev., sua aplicação já era admitida pela jurisprudência: "Interpretação sistemática da nossa legislação processual, inclusive em bases constitucionais, confere ampla legitimidade à aplicação da teoria da **distribuição dinâmica do ônus da prova,** segundo a qual esse ônus recai sobre quem tiver melhores condições de produzir a prova, conforme as circunstâncias fáticas de cada caso" (STJ-3ª T., REsp 1.286.704, Min. Nancy Andrighi, j. 22.10.13, DJ 28.10.13). No mesmo sentido: RT 924/607 (TJSP, AI 0062559-76.2012.8.26.0000).

"A ausência de juntada, com a inicial, da reportagem publicada em portal de Internet na qual consta fotografia dos autores na manifestação popular favorável à causa LGBT, na Avenida Paulista, não impede o conhecimento da ação que pleiteia indenização, desde que demonstrada a repercussão social do fato. A Internet é um veículo de comunicação fluido. Uma página acessível em um dia pode perfeitamente ser irrecuperável pelo cidadão no dia seguinte. Para o administrador do portal que a publicou, contudo, tanto a matéria quanto a foto são sempre perfeitamente recuperáveis. Assim, ainda que, pelo critério de distribuição estática, o ônus da prova quanto à existência e o conteúdo da reportagem seja do autor, na hipótese dos autos é admissível promover-se uma distribuição dinâmica desse ônus, de modo que a juntada da reportagem seja dispensada" (STJ-3ª T., REsp 1.135.543, Min. Nancy Andrighi, j. 22.5.12, DJ 7.11.12).

Art. 373: 7a. "Tratando-se de alegação de inexistência de relação jurídica ensejadora da emissão do título protestado, impossível impor-se o ônus de prová-la ao autor, sob pena de determinar-se **prova negativa,** mesmo porque basta ao réu, que protestou referida cártula, no caso duplicata, demonstrar que sua emissão funda-se em efetiva entrega de mercadoria ou serviços, cuja prova é perfeitamente viável" (STJ-4ª T., REsp 763.033, Min. Aldir Passarinho Jr., j. 25.5.10, DJ 22.6.10).

V. tb. § 2º e nota 6.

Art. 373: 7b. "Incumbe à parte diligenciar a juntada da prova, quando a mesma se encontra em seus próprios arquivos" (JTA 98/269).

Art. 373: 7c. "Na ação de repetição do indébito é ônus do autor comprovar o efetivo pagamento dos valores que sustenta serem indevidos. Inexistência de dificuldades no cumprimento do ônus da prova, sendo incabível, na hipótese, a inversão do ônus da prova" (JTJ 291/456).

Art. 373: 8. Essa decisão é agravável (v. art. 1.015-XI).

Art. 373: 8a. Momento para a inversão do ônus da prova. "A inversão do ônus da prova pode decorrer da lei (*ope legis*), como na responsabilidade pelo fato do produto ou do serviço (arts. 12 e 14 do CDC), ou por determinação judicial (*ope judicis*), como no caso dos autos, versando acerca da responsabilidade por vício no produto (art. 18 do CDC). A distribuição do ônus da prova, além de constituir regra de julgamento dirigida ao juiz (aspecto objetivo), apresenta-se também como norma de conduta para as partes, pautando, conforme o ônus atribuído a cada uma delas, o seu comportamento processual (aspecto subjetivo). Se o modo como distribuído o ônus da prova influi no comportamento processual das partes (aspecto subjetivo), não pode a inversão *ope judicis* ocorrer quando do julgamento da causa pelo juiz (sentença) ou pelo tribunal (acórdão). A inversão *ope judicis* do ônus probatório deve ocorrer preferencialmente na fase de saneamento do processo ou, pelo menos, assegurando-se à parte a quem não incumbia inicialmente o encargo a reabertura de oportunidade para apresentação de provas" (STJ-2ª Seção, REsp 802.832, Min. Paulo Sanseverino, j. 13.4.11, maioria, DJ 21.9.11). V. tb., no nosso CCLCV, CDC 12, nota 4a.

"É possível ao magistrado deferir a inversão do ônus da prova no momento da dilação probatória, não sendo necessário aguardar o oferecimento da prova e sua valoração, uma vez presentes os requisitos do art. 6º, VIII, do CDC" (STJ-RF 382/334: 3ª T., REsp 598.620).

Ponderando que a inversão deve ocorrer "antes do término da instrução processual, inadmitida a aplicação da regra só quando da sentença proferida": STJ-4ª T., REsp 881.651, Min. Quaglia Barbosa, j. 10.4.07, DJU 21.5.07. No mesmo sentido: RT 927/931 (TJMT, AP 15662/2010).

"O momento mais adequado para a decisão sobre a inversão do ônus da prova é aquele posterior à contestação e no qual se prepara a fase instrutória, pois só depois de estabelecido o contraditório é que se faz possível delimitar os fatos controvertidos e a natureza de cada um, de modo a possibilitar uma justa distribuição do ônus da prova" (RT 837/226). No mesmo sentido: "O momento processual adequado para tal decisão é aquele posterior à contestação até o despacho saneador, inclusive" (JTJ 318/479: AI 1.097.980-0/5).

"Não poderia o Tribunal *a quo* inverter o ônus da prova, com surpresa para as partes, quando do julgamento da apelação" (STJ-4ª T., REsp 720.930, Min. Luis Felipe, j. 20.10.09, DJ 9.11.09). Nessas circunstâncias, cabe ao tribunal "dar ciência às partes sobre a alteração do entendimento anteriormente firmado sobre o tema, a fim de que a parte a quem foi imposto o ônus da prova possa produzir as provas que entender cabíveis, sob pena de, não agindo assim, incorrer em cerceamento de defesa" (STJ-4ª T., Ag em REsp 1.602.538-AgInt, Min. Raul Araújo, j. 22.6.20, DJ 1.7.20).

Art. 373: 8b. "Determinada a inversão do *onus probandi* após o momento processual de requerimento das provas, deve o magistrado possibilitar que as partes voltem a requerê-las, agora conhecendo o seu ônus, para que possa melhor se conduzir no processo, sob pena de cerceamento de defesa" (STJ-4ª T., REsp 1.095.663-AgRg, Min. João Otávio, j. 4.8.09, DJ 17.8.09).

Art. 373: 9. Inversão do ônus da prova e **responsabilidade pelo custeio da prova.** "Não se pode confundir ônus da prova com obrigação pelo pagamento ou adiantamento das despesas do processo. A questão do ônus da prova diz respeito ao julgamento da causa quando os fatos alegados não restaram provados. Todavia, independentemente de quem tenha o ônus de provar este ou aquele fato, cabe a cada parte prover as despesas dos atos que realiza ou requer no processo, antecipando-lhes o pagamento (CPC, art. 19)" (STJ-1ª T., REsp 939.587, Min. Teori Zavascki, j. 16.8.07, DJU 3.9.07). Assim: "A inversão do ônus da prova não tem o efeito de obrigar a parte contrária a arcar com as despesas da prova requerida pelo consumidor. A transferência é apenas da obrigação de provar o seu direito para elidir a presunção que vige em favor do consumidor" (STJ-2ª Seção, REsp 583.142, Min. Fernando Gonçalves, j. 9.11.05, um voto vencido, DJU 6.3.06). No mesmo sentido: RT 808/276, 815/274, RF 385/343 (com a ponderação de que as regras sobre ônus da prova são de julgamento e, assim, não afetam o custeio da prova), JTJ 236/241, 308/469. Ou seja, o autor continua "responsável pelo adiantamento das despesas decorrentes dos atos por ele requeridos, determinados de ofício ou requeridos pelo Ministério Público" (RT 781/269). Nessas circunstâncias, cabe ao consumidor hipossuficiente também sob o ponto de vista financeiro requerer os benefícios da assistência judiciária gratuita (RT 827/239). V. tb. art. 95, nota 5.

É pertinente, todavia, a seguinte advertência: "A inversão do ônus da prova não tem o efeito de obrigar a parte contrária a pagar as custas da prova requerida pelo consumidor, mas sofre as consequências de não produzi-la" (STJ-RP 115/282: 3ª T., REsp 435.155), "ou seja, presumir-se-ão verdadeiros os fatos afirmados pelo autor" (STJ-2ª T., REsp 871.350, Min. Eliana Calmon, j. 13.5.08, DJU 26.5.08).

Contra, no sentido de que "a inversão do ônus da prova significa também transferir ao réu o ônus de antecipar as despesas de perícia tida por imprescindível ao julgamento da causa": STJ-4ª T., REsp 383.276, Min. Ruy Rosado, j. 18.6.02, DJU 12.8.02. No mesmo sentido: RT 784/285, Bol. AASP 2.235/2.009, RF 348/318, RJ 309/109, JTJ 233/223, 260/354.

Art. 373: 10. v. arts. 190, 345-II, 392 e 487, nota 11c.

Art. 374. Não dependem de prova os fatos: [Dispositivo correspondente no CPC/1973: art. 334-*caput*]

I — notórios;[1-1a] [Dispositivo correspondente no CPC/1973: art. 334-I]

II — afirmados por uma parte e confessados pela parte contrária;[2-2a] [Dispositivo correspondente no CPC/1973: art. 334-II]

III — admitidos no processo como incontroversos;[3] [Dispositivo correspondente no CPC/1973: art. 334-III]

IV — em cujo favor milita presunção legal de existência ou de veracidade.[4 a 6] [Dispositivo correspondente no CPC/1973: art. 334-IV]

Art. 374: 1. "A circunstância de o fato encontrar certa **publicidade na imprensa** não basta para tê-lo como notório, de maneira a dispensar a prova. Necessário que seu conhecimento integre o comumente sabido, ao menos em determinado estrato social, por parcela da população a que interesse" (STJ-3ª T., REsp 7.555, Min. Eduardo Ribeiro, j. 30.4.91, DJU 3.6.91).

Art. 374: 1a. "Desnecessidade de comprovação das **despesas de funeral** para a obtenção do ressarcimento dos causadores do sinistro, em face da certeza do fato, da modicidade da verba quando dentro dos parâmetros previstos pela Previdência Social e da imperiosidade de se dar proteção e respeito à dignidade humana" (STJ-4ª T., REsp 625.161, Min. Aldir Passarinho Jr., j. 27.11.07, DJU 17.12.07).

Art. 374: 2. s/ confissão, v. arts. 389 a 395.

Art. 374: 2a. "A regra do art. 334-II do Cód. de Proc. Civil não exclui o princípio da livre e fundamentada apreciação das provas pelo juiz" (STF-1ª T., AI 62.631-AgRg, Min. Rodrigues Alckmin, j. 3.6.75, DJU 8.7.75).

Art. 374: 3. A falta de impugnação do fato pelo réu, na contestação, o torna incontroverso, com as exceções estatuídas na lei processual (cf. RTJ 93/162; v. art. 341).

Art. 374: 4. "Provado o fato, não há necessidade da prova do **dano moral"** (STJ-3ª T., REsp 261.028, Min. Menezes Direito, j. 30.5.01, DJU 20.8.01). "Na indenização por dano moral, não há necessidade de comprovar-se a ocorrência do dano. Resulta ela da situação de vexame, transtorno e humilhação a que esteve exposta a vítima" (STJ-4ª T., REsp 556.031, Min. Barros Monteiro, j. 27.9.05, DJU 7.11.05).

"O dano moral, tido como lesão à personalidade, à honra da pessoa, mostra-se às vezes de difícil constatação, por atingir os seus reflexos parte muito íntima do indivíduo — o seu interior. Foi visando, então, a uma ampla reparação, que o sistema jurídico chegou à conclusão de não se cogitar da prova do prejuízo para demonstrar a violação do moral humano" (RSTJ 135/384).

Assim, por exemplo, e de acordo com a jurisprudência, **não é preciso provar o dano moral em razão de:**

— **morte de filho** (RSTJ 133/327; STJ-2ª T., REsp 214.838, Min. Peçanha Martins, j. 27.11.01, DJU 11.3.02).

"Ainda que o pai tenha abandonado o filho vitimado, quando este ainda estava em tenra idade, é certo que sofreu uma dor (psicológica e espiritual), sobretudo porque o lesante não provou a inexistência do dano moral" (RT 863/307);

— **"morte de cônjuge ou de pai** resulta normalmente o dano moral, não sendo mister sua prova, por corresponder ao que, em regra, acontece" (STJ-3ª T.: RSTJ 133/251). No mesmo sentido: RSTJ 109/239; STJ-4ª T., REsp 256.327, Min. Aldir Passarinho Jr., j. 21.6.01, DJU 4.3.02; JTJ 315/220 (AP 908.370-0/3). **Todavia,** afasta-se tal presunção "em relação ao cônjuge que era separado de fato do *de cujus*, habitava em endereço distinto, levando a acreditar que tanto um como outro buscavam a reconstituição de suas vidas individualmente, desfeitos os laços afetivos que antes os uniam" (STJ-4ª T., REsp 647.562, Min. Aldir Passarinho Jr., j. 7.12.06, DJU 12.2.07);

— **"morte de parente** próximo (ascendente, descendente e colateral em segundo grau), independentemente de prova de dependência econômica" (STJ-3ª T., REsp 331.333, Min. Gomes de Barros, j. 14.2.06, DJU 13.3.06). "Os irmãos têm direito à reparação do dano moral sofrido com a morte de outro irmão, haja vista que o falecimento da vítima provoca dores, sofrimentos e traumas aos familiares próximos, sendo irrelevante qualquer relação de dependência econômica entre eles" (STJ-4ª T., AI 678.435-EDcl-AgRg, Min. Jorge Scartezzini, j. 15.8.06, DJU 11.9.06). "Se ordinariamente o que se verifica nas relações entre irmãos é o sentimento mútuo de amor e afeto, pode-se presumir, de modo relativo, que a demonstração do vínculo familiar traz ínsita a existência do laço afetivo. Como corolário, será de igual forma presumível que a morte de um acarrete no irmão supérstite dor, sofrimento, angústia etc. Assim sendo, se a relação familiar que interliga irmãos é presumidamente estreita no tocante ao vínculo de afeto e amor e se, igualmente, desse laço se origina, com a morte de um, a dor, o sofrimento, a angústia etc. nos irmãos supérstites, não é razoável exigir destes prova cabal acerca do vínculo afetivo para efeito de comprovação do dano alegado. Na espécie, portanto, não é atribuível às irmãs postulantes o ônus de provar a existência de anterior laço afetivo com a vítima, porque esse vínculo é presumido. Basta a estas, no desiderato de serem compensadas pelo dano moral sofrido, comprovar a existência do laço familiar para, assim, considerar-se demonstrado o fato constitutivo do direito alegado (art. 333, inc. I, do CPC)" (STJ-3ª T., REsp 1.405.456, Min. Nancy Andrighi, j. 3.6.14, DJ 18.6.14). **Todavia,** exigindo, em matéria de falecimento de irmão, "demonstração de que vieram a sofrer intimamente com o trágico acontecimento", mas presumindo esse fato, no caso, por "se tratar de menores de tenra idade, que viviam sob o mesmo teto": STJ-4ª T., REsp 160.125, Min. Sálvio de Figueiredo, j. 23.3.99, DJU 24.5.99. "A indenização por danos morais em caso de morte de irmão depende da prova do vínculo afetivo entre aquele que pleiteia a indenização e a vítima, para presumir a dor gerada pela perda do convívio familiar" (STJ-3ª T., REsp 1.105.126-AgRg, Min. Sidnei Beneti, j. 28.4.09, DJ 14.5.09). "No âmbito de um círculo familiar mais amplo, como aquele em que se inserem os tios, os sobrinhos, os primos e, em certos casos, até mesmo os irmãos, é impossível presumir a ocorrência do dano moral em razão tão só da morte do parente" (RT 826/265);

— "ocorrência de ofensa injusta à **dignidade da pessoa humana.** A violação de direitos individuais relacionados à **moradia,** bem como da legítima expectativa de segurança dos recorrentes, caracteriza dano moral *in re ipsa* a ser compensado" (STJ-3ª T., REsp 1.292.141, Min. Nancy Andrighi, j. 4.12.12, DJ 12.12.12);

— **"atraso no embarque de viagem** internacional, sendo certo que o dano moral decorre da demora ou dos transtornos suportados pelo passageiro e da negligência da empresa" (RSTJ 137/352). "O dano decorre da demora, desconforto, aflição e dos transtornos suportados pelo passageiro, não se exigindo prova de tais fatores" (STJ-RT 869/188: 4ª T., REsp 612.817). "A postergação da viagem superior a quatro horas constitui falha no serviço de transporte aéreo contratado e gera o direito à devida assistência material e informacional ao consumidor lesado, independentemente da causa originária do atraso. O dano moral decorrente de atraso de voo prescinde de prova e a responsabilidade de seu causador opera-se *in re ipsa*" (STJ-3ª T., REsp 1.280.372, Min. Ricardo Cueva, j. 7.10.14, DJ 10.10.14). Ainda: "O impedimento de voo em virtude de *overbooking*, por si só, já é capaz de ensejar a reparação por danos morais" (STJ-4ª T., REsp 628.828, Min. Cesar Rocha, j. 20.4.04, DJU 4.10.04). Enfim, nas situações de transtornos atrelados ao transporte aéreo, o prejuízo decorre simplesmente "da prova do atraso em si e da experiência comum" (STJ-3ª T., REsp 521.043, Min. Castro Filho, j. 26.6.03, DJU 12.8.03);

— **publicação indevida de fotografia de uma pessoa,** com intuito comercial ou não, o que, de regra, "causa desconforto, aborrecimento ou constrangimento, não importando o tamanho desse desconforto, aborrecimento ou constrangimento; desde que ele exista, há o dano moral, que deve ser reparado" (STF-RF 364/325);

— **uso indevido da imagem da pessoa** (RSTJ 68/358, STJ-RT 714/253, STJ-RF 331/226), hipótese em que "o ressarcimento se impõe pela só constatação de ter havido a utilização sem a devida autorização. O dano está na utilização indevida para fins lucrativos, não cabendo a demonstração do prejuízo material ou moral" (RSTJ 116/215 e STJ-RT 760/212), ressalvada a retratação acidental (STJ-RJ 268/74). "Ação de reparação de danos materiais cumulada com compensação por danos morais. Utilização de imagem após extinto contrato de cessão de uso. Dano moral *in re ipsa*" (STJ-3ª T., REsp 1.337.961, Min. Nancy Andrighi, j. 3.4.14, maioria, DJ 3.6.14);

— **violação aos direitos de propriedade industrial,** "sendo prescindível que os produtos contrafeitos tenham sido expostos ao mercado. A importação de produtos identificados por marca contrafeita, ainda que não expostos ao mercado consumidor interno, encerra hipótese de dano *in re ipsa*" (STJ-3ª T., Ag em REsp 986.843-AgInt-EDcl, Min. Marco Bellizze, j. 16.5.17, DJ 26.5.17). No mesmo sentido: "Por sua natureza de bem imaterial, é ínsito que haja prejuízo moral à pessoa jurídica quando se constata o uso indevido da marca" (STJ-4ª T., REsp 1.327.773, Min. Luis Felipe, j. 28.11.17, maioria, DJ 15.2.18).

— **devolução indevida de cheque. Súmula 388 do STJ:** "A simples devolução indevida de cheque caracteriza dano moral";

— **apresentação antecipada de cheque pré-datado. Súmula 370 do STJ:** "Caracteriza dano moral a apresentação antecipada de cheque pré-datado". Na verdade, é a devolução por insuficiência de fundos do cheque pré-datado apresentado antecipadamente que produz dano moral (STJ-3ª T., REsp 557.505, Min. Menezes Direito, j. 4.5.04, DJU 21.6.04) ou, de modo geral, a apresentação antecipada de cheque pré-datado que produz danos efetivos (STJ-3ª T., REsp 505.999, Min. Menezes Direito, j. 18.9.03, DJU 17.11.03);

— **protesto de duplicata sem causa** (STJ-RT 789/188);

— **protesto indevido de título** (STJ-RT 797/222; STJ-4ª T., REsp 173.124, Min. Cesar Rocha, j. 11.9.01, DJU 19.11.01). "Nos casos de protesto indevido de título ou inscrição irregular em cadastros de inadimplentes, o dano moral se configura ***in re ipsa,*** isto é, prescinde de prova, **ainda que** a prejudicada seja **pessoa jurídica"** (STJ-3ª T., REsp 1.059.663, Min. Nancy Andrighi, j. 2.12.08, DJ 17.12.08). Em sentido semelhante: STJ-4ª T., Ag em REsp 1.132.603-AgInt, Min. Luis Felipe, j. 27.2.18, DJ 5.3.18;

— **inscrição indevida de nome em cadastro de devedores** (STJ-3ª T., AI 779.264-AgRg, Min. Ari Pargendler, j. 7.5.07, DJU 28.5.07; RSTJ 115/369, 142/288, 180/297, RF 395/469, JTJ 312/163, RMDECC 17/91) **ou,** mesmo devida, feita **sem a comunicação prévia do devedor** (STJ-4ª T., REsp 695.902, Min. Quaglia Barbosa, j. 10.4.07, DJU 21.5.07; RSTJ 153/391, 162/295, 179/382). S/ legitimidade passiva para a ação de indenização, nessa última hipótese, v., no CCLCV, CDC 43, nota 4.

— **pedido abusivo de falência** (v. LRF 101, nota 2);

— **dano moral coletivo,** visto que "sua configuração decorre da mera constatação da prática de conduta ilícita que, de maneira injusta e intolerável, viole direitos de conteúdo extrapatrimonial da coletividade, revelando-se despicienda a demonstração de prejuízos concretos ou de efetivo abalo moral" (STJ-4ª T., REsp 1.487.046, Min. Luis Felipe, j. 28.3.17, DJ 16.5.17).

Todavia: "Para se presumir o dano moral pela simples comprovação do ato ilícito, esse ato deve ser objetivamente capaz de acarretar a dor, o sofrimento, a lesão aos sentimentos íntimos juridicamente protegidos. Hipótese em que, não obstante ser incontroversa a ocorrência do ato ilícito, não restou comprovado que de tal ato adveio qualquer consequência capaz de configurar o dano moral que se pretende ver reparado" (STJ-3ª T., REsp 968.762, Min. Sidnei Beneti, j. 3.6.08, DJU 20.6.08; caso de uso fraudulento dos dados de clientes pela instituição financeira).

Situações em que se exige a prova do dano moral:

— "Nos casos de **cobrança indevida** de serviço de telefonia em que não há inscrição do nome do consumidor em cadastro de inadimplentes, o dano moral não é presumido" (STJ-3ª T., Ag em REsp 720.484-AgRg, Min. Ricardo Cueva, j. 10.5.16, DJ 16.5.16). No mesmo sentido: STJ-4ª T., Ag em REsp 736.251-AgInt, Min. Antonio Ferreira, j. 7.6.16, DJ 13.6.16; STJ-2ª T., REsp 1.660.588, Min. Herman Benjamin, j. 18.4.17, DJ 2.5.17;

— "A simples **demora na baixa** do gravame **de alienação fiduciária** de veículo automotor não é apta a ensejar, *in re ipsa*, dano moral, devendo ficar demonstrada a presença de circunstâncias que ultrapassem o mero aborrecimento, o que não se verificou na espécie" (STJ-3ª T., REsp 1.699.340-AgInt, Min. Marco Bellizze, j. 6.2.18, DJ 23.2.18). No mesmo sentido: STJ-4ª T., REsp 1.655.308-AgInt, Min. Antonio Ferreira, j. 10.4.18, DJ 20.4.18;

— "O atraso na entrega de unidade imobiliária na data estipulada não causa, por si só, danos morais ao promitente-comprador" (STJ-3ª T., REsp 1.642.314, Min. Nancy Andrighi, j. 16.3.17, DJ 22.3.17). Em sentido semelhante: STJ-4ª T., Ag em REsp 677.950-AgInt, Min. Isabel Gallotti, j. 14.3.17, DJ 20.3.17. V. tb. nota 6;

— "Não caracteriza dano moral *in re ipsa* os danos decorrentes de **acidentes de veículos automotores sem vítimas,** os quais normalmente se resolvem por meio de reparação de danos patrimoniais. A condenação à compensação de danos morais, nesses casos, depende de comprovação de circunstâncias peculiares que demonstrem o extrapolamento da esfera exclusivamente patrimonial, o que demanda exame de fatos e provas" (STJ-3ª T., REsp 1.653.413, Min. Marco Bellizze, j. 5.6.18, DJ 8.6.18).

— "Para que seja devida indenização por dano moral em face da **abertura de inquérito policial,** é necessário que o evento danoso seja comprovado, mediante demonstração cabal de que a propositura da ação penal se deu de forma injusta e despropositada, refletindo na vida pessoal do acusado, acarretando-lhe, de forma concreta, aborrecimentos em sua vida profissional, social ou familiar" (RT 843/320);

— "Para a **pessoa jurídica,** o dano moral é fenômeno distinto daquele relacionado à pessoa natural. Não se aceita, assim, o dano moral em si mesmo, isto é, como uma decorrência intrínseca à existência de ato ilícito. Necessidade de demonstração do prejuízo extrapatrimonial" (STJ-3ª T., REsp 1.497.313, Min. Nancy Andrighi, j. 7.2.17, DJ 10.2.17).

Enunciado 189 do CEJ: "Na responsabilidade civil por dano moral causado à pessoa jurídica, o fato lesivo, como dano eventual, deve ser devidamente demonstrado".

Art. 374: 5. "O **aprisionamento ilegal** do recorrente já faz prova suficiente do **dano material** sofrido, uma vez que este ficou impossibilitado de exercer qualquer espécie de trabalho, o que, por consequência lógica, implica redução, ou não crescimento, de seu patrimônio. Assim, o dano sofrido, consubstanciado em lucros cessantes, é presumido" (STJ-2ª T., REsp 1.030.890, Min. Castro Meira, j. 14.4.11, DJ 27.4.11; a citação é do voto do relator). No caso, ante a falta de outros elementos nos autos, foi concedida indenização equivalente a um salário mínimo por mês de prisão ilegal.

Art. 374: 6. "O **atraso na entrega do imóvel** enseja pagamento de indenização por **lucros cessantes** durante o período de mora do promitente vendedor, sendo presumido o prejuízo do promitente comprador" (STJ-2ª Seção, ED no REsp 1.341.138, Min. Isabel Gallotti, j. 9.5.18, DJ 22.5.18).

V. tb. nota 4.

Art. 375. O juiz aplicará as regras de experiência comum subministradas pela observação do que ordinariamente acontece e, ainda, as regras de experiência técnica, ressalvado, quanto a estas, o exame pericial.[1] [Dispositivo correspondente no CPC/1973: art. 335]

Art. 375: 1. "O juiz não pode desprezar as regras de experiência comum ao proferir a sentença. Vale dizer, o juiz deve valorizar e apreciar as provas dos autos, mas ao fazê-lo pode e deve servir-se da sua experiência e do que comumente acontece" (JTA 121/391).

Art. 376. A parte que alegar direito municipal, estadual, estrangeiro[1-2] ou consuetudinário[2a] provar-lhe-á o teor e a vigência, se assim o juiz determinar.[3-4] [Dispositivo correspondente no CPC/1973: art. 337]

Art. 376: 1. v. Convenção Interamericana sobre Prova e Informação acerca do Direito Estrangeiro (Montevidéu, 1979), aprovada pelo Dec. leg. 46, de 10.4.95.

Art. 376: 2. "Sendo caso de aplicação de direito estrangeiro, consoante as normas do direito internacional privado, caberá ao juiz fazê-lo, ainda de ofício. Não se poderá, entretanto, carregar à parte o ônus de trazer a prova de seu teor e vigência, salvo quando por ela invocado. Não sendo viável produzir-se essa prova, como não pode o litígio ficar sem solução, o juiz aplicará o direito nacional" (RSTJ 137/380). No mesmo sentido: RF 347/370.

Art. 376: 2a. "Há desvio de perspectiva na afirmação de que só a prova documental derivada do assentamento demonstra um uso ou costume comercial. O que ocorre é a atribuição de um valor especial — de prova plena — àquela assim constituída; mas disso não se extrai, como pretende a recorrente, que o assentamento é o único meio de se provar um costume. Não é possível excluir, de plano, a possibilidade de que a existência de um **costume mercantil seja demonstrada por via testemunhal"** (STJ-3ª T., REsp 877.074, Min. Nancy Andrighi, j. 12.5.09, DJ 17.8.09).

Art. 376: 3. "O **princípio *jura novit curia*** aplica-se inclusive às normas do direito estadual e municipal. A parte não está obrigada a provar o conteúdo ou a vigência de tal legislação salvo quando o juiz o determinar (CPC, art. 337)" (STJ-1ª T., REsp 1.174.310-AgRg, Min. Hamilton Carvalhido, j. 11.5.10, DJ 25.5.10). No mesmo sentido: RTJ 99/1.144.

"Se o conhecimento do preceito normativo municipal não dependia de prova, nem ela foi previamente exigida da parte, não há como impor qualquer sanção processual ao autor" (STJ-2ª T., REsp 1.123.156, Min. Castro Meira, j. 9.2.10, DJ 24.2.10).

Art. 376: 4. "Tratando-se de norma legal editada pelo Poder Executivo do Distrito Federal, não pode o Egrégio Tribunal de Justiça do Distrito Federal deixar de decidir questão arguida, sob o fundamento de que não fora juntado aos autos o texto da referida norma" (RSTJ 114/47).

Art. 377. A carta precatória, a carta rogatória[1-2] e o auxílio direto[2a] suspenderão o julgamento da causa no caso previsto no art. 313, inciso V, alínea "b",[2b] quando, tendo sido requeridos antes da decisão de saneamento, a prova neles solicitada for imprescindível.[3 a 4] [Dispositivo correspondente no CPC/1973: art. 338-*caput*]

Parágrafo único. A carta precatória e a carta rogatória não devolvidas no prazo ou concedidas sem efeito suspensivo poderão ser juntadas aos autos a qualquer momento. [Dispositivo correspondente no CPC/1973: art. 338 § ún.]

Art. 377: 1. v. arts. 36 e 260 a 268.

Art. 377: 2. Também a carta de ordem.

Art. 377: 2a. v. arts. 28 a 34.

Art. 377: 2b. v. tb. art. 313 § 4º.

Art. 377: 3. s/ saneamento do processo, v. art. 357.

Art. 377: 3a. "A prova testemunhal por precatória ou rogatória requerida nos moldes do art. 338 do CPC não impede o juiz de julgar a ação, muito menos o obriga a suspender o processo, devendo fazê-lo apenas quando considerar essa **prova imprescindível,** assim entendida aquela sem a qual seria inviável o julgamento de mérito. A prova meramente útil, esclarecedora ou complementar, não deve obstar o processo de seguir seu curso regularmente" (STJ-3ª T., REsp 1.132.818, Min. Nancy Andrighi, j. 3.5.12, DJ 10.5.12).

Art. 377: 4. É legal o encerramento da instrução, apesar de expedida precatória com efeito suspensivo, se a **parte não providenciou o seu cumprimento,** deixando, inclusive, de pagar as custas para a realização das diligências (RTJ 112/1.187).

Art. 378. Ninguém se exime do dever de colaborar com o Poder Judiciário para o descobrimento da verdade.[1] [Dispositivo correspondente no CPC/1973: art. 339]

Art. 378: 1. v. arts. 438-I (requisição de certidões a repartição pública) e 448 (desobrigatoriedade do depoimento).

Art. 379. Preservado o direito de não produzir prova contra si própria,[1] incumbe à parte: [Dispositivo correspondente no CPC/1973: art. 340-*caput*]

I — comparecer em juízo, respondendo ao que lhe for interrogado;[1a] [Dispositivo correspondente no CPC/1973: art. 340-I]

II — colaborar com o juízo na realização de inspeção judicial[2] que for considerada necessária; [Dispositivo correspondente no CPC/1973: art. 340-II]

III — praticar o ato que lhe for determinado.[3] [Dispositivo correspondente no CPC/1973: art. 340-III]

Art. 379: 1. v. arts. 386 e 388-I.

Art. 379: 1a. v. arts. 385 a 388.

Art. 379: 2. v. arts. 481 a 484.

Art. 379: 3. v. CF 5º-II.

Art. 380. Incumbe ao terceiro, em relação a qualquer causa:[1] [Dispositivo correspondente no CPC/1973: art. 341-*caput*]

I — informar[1a a 3] ao juiz os fatos e as circunstâncias de que tenha conhecimento;[3a] [Dispositivo correspondente no CPC/1973: art. 341-I]

II — exibir coisa ou documento[4] que esteja em seu poder. [Dispositivo correspondente no CPC/1973: art. 341-II]

Parágrafo único. Poderá o juiz, em caso de descumprimento, determinar, além da imposição de multa, outras medidas indutivas, coercitivas, mandamentais ou sub-rogatórias. [Sem dispositivo correspondente no CPC/1973]

Art. 380: 1. Em matéria de execução, v. art. 772-III.

Art. 380: 1a. CF 5º: "X — são invioláveis a intimidade, a vida privada, a honra e a imagem das pessoas, assegurado o direito a indenização pelo dano material ou moral decorrente de sua violação;

...

"XIV — é assegurado a todos o acesso à informação e resguardado o sigilo da fonte, quando necessário ao exercício profissional;

...

"XXXIII — todos têm direito a receber dos órgãos públicos informações de seu interesse particular, ou de interesse coletivo ou geral, que serão prestadas no prazo da lei, sob pena de responsabilidade, ressalvadas aquelas cujo sigilo seja imprescindível à segurança da sociedade e do Estado".

Lei 1.079, de 10.4.50: "Art. 5º São crimes de responsabilidade contra a existência política da União: ... **4** — revelar negócios políticos ou militares, que devam ser mantidos secretos a bem da defesa da segurança externa ou dos interesses da Nação".

Lei 8.021, de 12.4.90 — Dispõe sobre a identificação dos contribuintes para fins fiscais, e dá outras providências: **"Art. 8º** Iniciado o procedimento fiscal, a autoridade fiscal poderá solicitar informações sobre operações realizadas pelo contribuinte em instituições financeiras, inclusive extratos de contas bancárias, não se aplicando, nesta hipótese, o disposto no art. 38 da Lei n. 4.595, de 31 de dezembro de 1964".

Lei 9.472, de 16.7.97 — Dispõe sobre a organização dos serviços de telecomunicações, a criação e funcionamento de um órgão regulador e outros aspectos institucionais, nos termos da Emenda Constitucional n. 8, de 1995: **"Art. 72.** Apenas na execução de sua atividade, a prestadora poderá valer-se de informações relativas à utilização individual do serviço pelo usuário. **§ 1º** A divulgação das informações individuais dependerá da anuência expressa e específica do usuário. **§ 2º** A prestadora poderá divulgar a terceiros informações agregadas sobre o uso de seus serviços, desde que elas não permitam a identificação, direta ou indireta, do usuário, ou a violação de sua intimidade".

V. nota 2a.

Lei 12.527, de 18.11.11 — Regula o acesso a informações previsto no inciso XXXIII do art. 5º, no inciso II do § 3º do art. 37 e no § 2º do art. 216 da Constituição Federal; altera a Lei n. 8.112, de 11 de dezembro de 1990; revoga a Lei n. 11.111, de 5 de maio de 2005, e dispositivos da Lei n. 8.159, de 8 de janeiro de 1991; e dá outras providências.

Art. 380: 1b. salvo sigilo profissional (v. índice e CP 154).

S/ sigilo do advogado, v. EA 7º, notas 15 e 16, bem como 34-VII c/c 36-I; sigilo bancário, v. LC 105, de 10.1.01, cujo art. 6º foi regulamentado pelo Dec. 3.724, de 10.1.01; sigilo do servidor público federal, v. Lei 8.112, de 11.11.90, art. 116-V-*a* e VIII; sigilo do militar, v. Dec. lei 1.029, de 21.10.69, art. 34-*j*.

S/ requisição judicial de documentos e procedimentos administrativos, v. art. 438; requisição de informações sobre endereço e bens do devedor, v. art. 438, notas 2 e 3.

Art. 380: 2. "A **quebra do sigilo** fiscal, bancário e telefônico de qualquer pessoa sujeita a investigação legislativa pode ser legitimamente decretada pela **Comissão Parlamentar de Inquérito,** desde que esse órgão estatal o faça mediante deliberação adequadamente fundamentada e na qual indique a necessidade objetiva da adoção dessa medida extraordinária" (RTJ 177/229).

Também as Comissões Parlamentares de Inquérito (CPIs) **estaduais** podem quebrar o sigilo bancário de seus investigados, sem autorização judicial (STF-Pleno, ACOr 730, Min. Joaquim Barbosa, j. 22.9.04, cinco votos vencidos, DJU 11.11.05).

Art. 380: 2a. A quebra do **sigilo bancário** é medida excepcional e deve ser admitida apenas na hipótese de relevante interesse. Tal não se configura:

— "quando se trate apenas de localizar bens a serem penhorados" (STJ-RT 818/185: 4ª T.);

— relativamente à "pessoa jurídica onde é sócio o réu em ação de alimentos" (JTJ 259/249).

V. art. 438 e notas.

Art. 380: 2b. "A juntada de documento contendo o **registro de ligações telefônicas** de uma das partes, autorizada por essa e com a finalidade de fazer prova de fato contrário alegado por essa, não enseja quebra de sigilo telefônico nem violação do direito à privacidade, sendo ato lícito nos termos do art. 72, § 1º, da Lei n. 9.472/97 (Lei Geral das Telecomunicações)" (STJ-RDPr 24/360: 3ª T., REsp 605.687). V. nota 1 (CF 5º-X).

Art. 380: 3. "O **sigilo profissional** é exigência fundamental da vida social que deve ser respeitado como princípio de ordem pública, por isso mesmo que o Poder Judiciário não dispõe de força cogente para impor a sua revelação, salvo na hipótese de existir específica norma de lei formal autorizando a possibilidade de sua quebra" (RSTJ 114/253 e RT 762/194). No mesmo sentido: RSTJ 112/224.

Todavia: "Enquanto é unânime o entendimento de que deve ser preservada a intimidade, também é certo que o preceito sofre exceções, como estabelece o próprio Código de Ética Médica, no art. 102, ao excepcionar o sigilo quando houver justa causa, dever legal ou autorização expressa do paciente" (STJ-2ª T., RMS 14.134, Min. Eliana Calmon, j. 25.6.02, DJU 16.9.02; a citação é do voto da relatora). Por isso, "a entidade hospitalar está obrigada a prestar informações acerca da internação de paciente, desde que sejam preservados os dados sigilosos quanto à doença e ao tratamento realizado" (STJ-2ª T., RMS 14.134-EDcl, Min. Eliana Calmon, j. 22.10.02, DJU 25.11.02).

"Não há se falar em violação do sigilo profissional do médico como pretexto para descumprir determinação judicial, se a requisição judicial do prontuário do paciente é fundada em justa causa e necessária à formação do livre convencimento do juiz e ao justo equacionamento da lide" (RT 760/295).

No mesmo sentido, denegando mandado de segurança impetrado por hospital contra requisição judicial de informes médicos sobre autor de ação de acidente do trabalho: RT 605/121.

"Não se pode recusar o atendimento a ordem judicial com base em suposto segredo profissional, quando os dados tidos por sigilosos envolvem informações adstritas às próprias partes litigantes. No caso, o trabalho de auditoria foi realizado justamente para conhecimento pelos próprios sócios da sociedade empresária da qual o recorrido se retirou. Portanto, não há que se falar em indevida exposição de segredo profissional perante terceiros, pois a disputa judicial se dá entre sócios e ex-sócios, revelando-se, a controvérsia, conflito *interna corporis*" (STJ-3ª T., RMS 28.456, Min. Sidnei Beneti, j. 16.8.11, DJ 26.9.11).

"Aceito e formalizado o acordo de leniência, a extensão do sigilo somente se justificará no interesse das apurações ou em relação a documentos específicos cujo segredo deverá ser guardado também em tutela da concorrência. Todavia, ainda que estendido o sigilo, não se pode admitir sua protração indefinida no tempo, perdendo sentido sua manutenção após esgotada a fase de apuração da conduta, termo marcado pela apresentação do relatório circunstanciado pela Superintendência-Geral ao Presidente do Tribunal Administrativo. O dever geral de colaboração para elucidação dos fatos, imposto nos termos do art. 339 do CPC, somente é afastado por meio de regras expressas de exclusão, entre as quais o sigilo profissional calcado na necessidade precípua de manutenção da relação de confiança inerente a determinadas profissões, o que não se afigura razoável na hipótese dos autos em que a relação entre signatários do acordo e a entidade pública se vinculam por meio do exercício do poder de polícia. Nos termos da Lei n. 12.529/11, art. 11, X, compete aos conselheiros do Tribunal Administrativo de Defesa Econômica prestar informações e fornecer cópias dos autos dos procedimentos administrativos ao Poder Judiciário, quando requeridas para instruir ações judiciais, de modo que eventual sigilo do procedimento administrativo não pode ser oposto ao Poder Judiciário" (STJ-3ª T., REsp 1.554.986, Min. Marco Bellizze, j. 8.3.16, DJ 5.4.16).

Art. 380: 3a. s/ requisição de dados em poder do devedor ou de terceiro, para a elaboração da memória de cálculo, em liquidação de sentença, v. art. 524 §§ 3º e 4º.

Art. 380: 4. v. arts. 401 a 404.

Seção II | DA PRODUÇÃO ANTECIPADA DA PROVA

Art. 381. A produção antecipada da prova será admitida nos casos em que:[1 a 4] [Dispositivo correspondente no CPC/1973: art. 846]

I — haja fundado receio de que venha a tornar-se impossível ou muito difícil a verificação de certos fatos na pendência da ação;[5-6] [Dispositivos correspondentes no CPC/1973: arts. 847 e 849]

II — a prova a ser produzida seja suscetível de viabilizar a autocomposição ou outro meio adequado de solução de conflito;[6a] [Sem dispositivo correspondente no CPC/1973]

III — o prévio conhecimento dos fatos possa justificar ou evitar o ajuizamento de ação.[7] [Sem dispositivo correspondente no CPC/1973]

§ 1º O arrolamento de bens observará o disposto nesta Seção quando tiver por finalidade apenas a realização de documentação e não a prática de atos de apreensão. [Sem dispositivo correspondente no CPC/1973]

§ 2º A produção antecipada da prova é da competência[7a] do juízo do foro onde esta deva ser produzida ou do foro de domicílio do réu. [Sem dispositivo correspondente no CPC/1973]

§ 3º A produção antecipada da prova não previne a competência do juízo para a ação que venha a ser proposta.[7b] [Sem dispositivo correspondente no CPC/1973]

§ 4º O juízo estadual tem competência para produção antecipada de prova requerida em face da União, de entidade autárquica ou de empresa pública federal se, na localidade, não houver vara federal.[8] [Sem dispositivo correspondente no CPC/1973]

§ 5º Aplica-se o disposto nesta Seção àquele que pretender justificar a existência de algum fato ou relação jurídica para simples documento e sem caráter contencioso, que exporá, em petição circunstanciada, a sua intenção.[9-10] [Dispositivo correspondente no CPC/1973: art. 861]

Art. 381: 1. s/ denunciação da lide, v. art. 125, nota 4; s/ valor da causa, v. art. 292, nota 4; s/ ação monitória fundada em prova produzida antecipadamente, v. art. 700 § 1º.

Art. 381: 1a. **Súmula 154 do STF:** "Simples vistoria não interrompe a prescrição".

V. anotações a esta Súmula no art. 487, nota 7.

Art. 381: 2. "Produção antecipada de prova. Seguradora que intenta seja efetuado exame pericial de prédio segurado. Legitimidade e interesse presentes, embora não tenha havido pagamento de indenização" (STJ-3ª T., REsp 8.971, Min. Eduardo Ribeiro, j. 21.5.91, DJU 17.6.91).

Art. 381: 3. pode processar-se durante as férias forenses (art. 215-I).

Art. 381: 4. O pedido de produção antecipada de provas:

— não admite denunciação da lide (STJ-RT 758/155, dois votos vencidos; RT 591/180; **contra,** admitindo: RT 558/116, RJTJESP 111/344); não admitindo a denunciação, porém mandando dar ciência da medida cautelar ao terceiro, para que nela intervenha, querendo, como assistente do requerido: RJTJESP 118/348, 131/329;

— admite intervenção de terceiro, "na forma de assistência provocada, pois visa garantir a efetividade do princípio do contraditório, de modo a assegurar a eficácia da prova produzida perante aquele que será denunciado à lide, posteriormente, no processo principal" (STJ-3ª T., REsp 213.556, Min. Nancy Andrighi, j. 20.8.01, DJU 17.9.01);

Art. 381: 5. "Suficientemente demonstrado o receio de se tornar difícil a produção de provas, no curso do processo de conhecimento, admite-se a medida cautelar de sua antecipação" (STJ-3ª T., REsp 9.070, Min. Dias Trindade, j. 13.5.91, DJU 10.6.91).

Art. 381: 6. "A regra do art. 849 do CPC deve ser interpretada *cum grano salis*, em ordem a não tolher o exercício da ação cautelar a quem pretende, sem a rígida observância do texto, prevenir-se contra situações adversas que por acaso possam surgir" (STJ-4ª T., REsp 50.492-9, Min. Torreão Braz, j. 10.4.95, DJU 15.5.95). No mesmo sentido: STJ-RT 792/233; STJ-4ª T., REsp 271.928, Min. Ruy Rosado, j. 7.12.00, DJU 12.3.01.

Art. 381: 6a. v. art. 3º §§ 2º e 3º.

Art. 381: 7. "Admite-se o ajuizamento de ação autônoma para a **exibição de documento,** com base nos arts. 381 e 396 e seguintes do CPC, ou até mesmo pelo procedimento comum, previsto nos arts. 318 e seguintes do CPC. Entendimento apoiado nos enunciados n. 119 e 129 da II Jornada de Direito Processual Civil" (STJ-4ª T., REsp 1.774.987, Min. Isabel Galloti, j. 8.11.18, DJ 13.11.18). No mesmo sentido: STJ-3ª T., REsp 1.867.001-EDcl-AgInt, Min. Nancy Andrighi, j. 10.8.20, DJ 14.8.20.

V. tb. art. 318, nota 1.

Art. 381: 7a. **Súmula 32 do STJ:** "Compete à **Justiça Federal** processar justificações judiciais destinadas a instruir pedidos perante entidades que nela têm exclusividade de foro, ressalvada a aplicação do art. 15, II, da Lei 5.010/66" (v. CF 109, nota 3-Justificação). V. tb. § 5º.

Art. 381: 7b. **Súmula 263 do TFR:** "A produção antecipada de provas, por si só, não previne a competência para a ação principal". Nesse sentido: RSTJ 67/481; RJTJERGS 168/173.

Art. 381: 8. v. CF 109 § 3º.

Art. 381: 9. Neste caso, não devem ser exigidos os requisitos previstos nos incisos I a III. Assim, não há necessidade, p. ex., de *periculum in mora* (RJTJESP 120/204).

Art. 381: 10. O pedido de justificação judicial "não é incompatível com o procedimento da Lei 10.259/01" (STJ-3ª Seção, CC 52.389, Min. Felix Fischer, j. 24.5.06, DJU 12.6.06). V. LJEF, no tít. JUIZADOS ESPECIAIS.

Art. 382. Na petição, o requerente apresentará as razões que justificam a necessidade de antecipação[1] da prova e mencionará com precisão os fatos sobre os quais a prova há de recair. [Dispositivo correspondente no CPC/1973: art. 848-*caput*]

§ 1º O juiz determinará, de ofício ou a requerimento da parte, a citação[2] de interessados[3-4] na produção da prova ou no fato a ser provado, salvo se inexistente caráter contencioso. [Dispositivo correspondente no CPC/1973: art. 862]

§ 2º O juiz não se pronunciará sobre a ocorrência ou a inocorrência do fato, nem sobre as respectivas consequências jurídicas.[5] [Dispositivo correspondente no CPC/1973: art. 866 § ún.]

§ 3º Os interessados poderão requerer a produção de qualquer prova no mesmo procedimento, desde que relacionada ao mesmo fato, salvo se a sua produção conjunta acarretar excessiva demora. [Dispositivo correspondente no CPC/1973: art. 864]

§ 4º Neste procedimento, não se admitirá defesa ou recurso, salvo contra decisão que indeferir totalmente a produção da prova pleiteada pelo requerente originário.[6] [Dispositivo correspondente no CPC/1973: art. 865]

Art. 382: 1. Admite-se a produção antecipada da prova tanto se destinada a processo judicial como a administrativo (RTFR 84/84).

Art. 382: 2. v. arts. 238 a 259.

Art. 382: 3. "Quando o juiz acolhe a necessidade de antecipação da prova pericial, deve ordenar a citação do requerido para acompanhar a diligência, designando desde logo o perito e propiciando a indicação de assistentes técnicos" (JTJ 203/213). O processo é nulo se o requerido for citado após a realização da perícia (RT 724/383).

Art. 382: 4. "Medida cautelar. Produção antecipada de provas. Inclusão dos sócios no polo passivo. Admissibilidade. Ausência de prejuízo. Desconhecimento do alcance da demanda principal. Eventual desconsideração da personalidade jurídica a justificar a inclusão" (JTJ 292/494).

Art. 382: 5. A justificação, "ao servir de prova, no processo principal, não tem eficácia absoluta, já que, como todas as provas, sujeita-se ao contraditório judicial e ao princípio do livre convencimento do juiz" (RTFR 149/177).

"O procedimento de justificação judicial, de jurisdição voluntária, é apenas um meio de prova a ser considerado, dentre os outros produzidos" (STJ-4ª T., REsp 793.182, Min. Fernando Gonçalves, j. 7.2.08, DJU 21.2.08). Por isso, o material produzido na justificação não consiste em prova cabal no futuro processo.

"Tempo de serviço. Prova. Justificação judicial. Ante o disposto no art. 866 do Código de Processo Civil, o pronunciamento judicial na justificação não torna estreme de dúvida o tempo de serviço" (STF-1ª T., MS 28.829, Min. Marco Aurélio, j. 11.9.12, maioria, DJ 8.10.12).

"A prova resultante de justificação judicial, quando recusada no âmbito em que se pretendia a produção dos respectivos efeitos, deve ser submetida ao contraditório em ação judicial, não se prestando para instruir processo de mandado de segurança" (STJ-1ª T., RMS 39.685-AgRg, Min. Ari Pargendler, j. 5.3.13, DJ 12.3.13).

Art. 382: 6. Admitindo recurso para impugnar indevida condenação ao pagamento de **honorários sucumbenciais:** "Documentos relativos ao seguro DPVAT. Requerimento de envio dos documentos para escritório de advocacia. Ausência de amparo legal ou contratual. Exibição dos documentos junto com a contestação. Inexistência de pretensão resistida. Condenação da seguradora ao pagamento de honorários advocatícios. Descabimento. Caso concreto em que o juízo de origem condenou a seguradora ao pagamento de honorários advocatícios, dando ensejo à interposição de apelação para combater o capítulo da sucumbência. Limitação da devolutividade recursal à questão da existência ou não de pretensão resistida, a justificar uma condenação ao pagamento de honorários advocatícios. Descabimento da condenação da seguradora ao pagamento de honorários advocatícios" (STJ-3ª T., REsp 1.783.687, Min. Paulo Sanseverino, j. 24.9.19, DJ 26.9.19).

S/ honorários sucumbenciais, v. tb. art. 383, nota 1a.

Art. 383. Os autos permanecerão em cartório durante 1 (um) mês para extração de cópias e certidões pelos interessados.[1 a 2] [Dispositivos correspondentes no CPC/1973: arts. 851 e 866]

Parágrafo único. Findo o prazo, os autos serão entregues ao promovente da medida.[3] [Sem dispositivo correspondente no CPC/1973]

Art. 383: 1. O juiz proferirá **sentença,** homologando, para os devidos fins, a prova produzida (RP 55/278). A sentença é simplesmente homologatória (RT 543/173 e JTA 66/246); nela, aprecia-se apenas a regularidade formal do processo (RSTJ 62/426, RT 604/61, JTA 49/49). Nessas condições, tal sentença não consiste em título executivo judicial (RT 831/314).

No sentido de que a falta de homologação por sentença não retira a validade da prova produzida antecipadamente: JTA 91/314.

Art. 383: 1a. Não são devidos **honorários** na produção antecipada de prova (STJ-3ª T., REsp 401.003, Min. Menezes Direito, j. 11.6.02, DJU 26.8.02; RSTJ 59/358, RT 492/93, 507/238, JTAERGS 70/367).

Todavia, no sentido de que "deve ser condenado a pagar honorários o réu que resiste à pretensão cautelar de produção antecipada de provas e, ao final, fica vencido" (STJ-3ª T., REsp 826.805-AgRg, Min. Gomes de Barros, j. 6.12.07, DJU 18.12.07). No mesmo sentido: STJ-4ª T., REsp 67.581, Min. Ruy Rosado, j. 17.10.95, DJU 18.12.95.

V. tb. art. 382, nota 6.

Art. 383: 2. "Efetivada a prova, em ação cautelar de produção antecipada, o requerente dela não mais pode desistir, pois essa prova **serve mais ao processo** que propriamente ao interesse ou ao direito subjetivo da parte" (JTJ 157/134).

Art. 383: 3. v. LRP 111 (no tít. REGISTROS PÚBLICOS).

Seção III | DA ATA NOTARIAL

Art. 384. A existência e o modo de existir de algum fato podem ser atestados ou documentados, a requerimento do interessado, mediante ata lavrada por tabelião.[1] [Sem dispositivo correspondente no CPC/1973]

Parágrafo único. Dados representados por imagem ou som gravados em arquivos eletrônicos poderão constar da ata notarial.

Art. 384: 1. s/ força probante do documento público, v. art. 405 e notas.

Seção IV | DO DEPOIMENTO PESSOAL

Art. 385. Cabe à parte requerer o depoimento pessoal[1] da outra parte,[1a a 3a] a fim de que esta seja interrogada na audiência de instrução e julgamento,[3b] sem prejuízo do poder do juiz de ordená-lo de ofício.[4 a 4b] [Dispositivos correspondentes no CPC/1973: arts. 342 e 343-*caput*]

§ 1º Se a parte, pessoalmente intimada para prestar depoimento pessoal e advertida da pena de confesso,[5] não comparecer ou, comparecendo, se recusar a depor, o juiz aplicar-lhe-á a pena.[5a a 7] [Dispositivos correspondentes no CPC/1973: art. 343 §§ 1º e 2º]

§ 2º É vedado a quem ainda não depôs assistir ao interrogatório da outra parte. [Dispositivo correspondente no CPC/1973: art. 344 § ún.]

§ 3º O depoimento pessoal da parte que residir em comarca, seção ou subseção judiciária diversa daquela onde tramita o processo poderá ser colhido por meio de videoconferência ou outro recurso tecnológico de transmissão de sons e imagens em tempo real, o que poderá ocorrer, inclusive, durante a realização da audiência de instrução e julgamento.[8-9] [Sem dispositivo correspondente no CPC/1973]

Art. 385: 1. "Diante do princípio da liberdade do juiz na valoração da prova (art. 131 do CPC), é possível que o magistrado, fundamentando adequadamente a sentença, confira ao depoimento pessoal a natureza de fonte probatória em favor do próprio depoente" (RT 601/207).

Art. 385: 1a. "O depoimento pessoal é **ato personalíssimo,** em que a parte revela ciência própria sobre determinado fato. Assim, nem o mandatário com poderes especiais pode prestar depoimento pessoal no lugar da parte" (RSTJ 191/321: 3ª T., REsp 623.575). No mesmo sentido: STJ-4ª T., REsp 54.809, Min. Sálvio de Figueiredo, j. 8.5.96, DJU 10.6.96; RT 640/137, RJTJESP 89/94, 101/198 e 107/304 (decisões bastante fundamentadas).

Contra: "É da tradição de nosso direito processual que o depoimento da parte pode ser feito por meio de **procurador**" (RT 481/165, RP 5/325 e RF 256/258, maioria de votos), desde que tenha recebido **poderes específicos** para prestá-lo e para confessar (RT 679/147, RJTJESP 89/233, JTJ 186/144, JTA 86/349, Lex-JTA 138/463, 167/269).

No mesmo sentido, porém com a restrição de que só é cabível a título excepcional o depoimento por procurador, desde que tenha conhecimento próprio das circunstâncias de fato: RT 740/427, RJ 175/74, RP 1/199, em. 40. Admitindo-o sem restrição: STF-RE 85.655, em RP 6/307, em. 60; JTA 76/343; TJBA-RBDP 40/134.

Art. 385: 2. Não cabe depoimento pessoal de **sociedade,** se o seu representante legal não pode ter conhecimento dos fatos; o depoimento pessoal da parte, como qualquer outra prova, submete-se ao requisito de sua utilidade e admissibilidade pelo juiz (RT 502/56).

"O depoimento pessoal de pessoa jurídica deve ser prestado por mandatário com poderes especiais e com os necessários conhecimentos técnicos da causa. A simples preposição, aliada à vacuidade do depoimento do preposto, caracteriza verdadeira confissão quanto à matéria de fato" (RT 672/123).

"A pessoa jurídica pode ser representada em juízo por preposto, ainda que este não seja seu diretor; basta a designação regular" (STJ-3ª T., REsp 191.078, Min. Ari Pargendler, j. 15.9.00, DJU 9.10.00).

Art. 385: 3. O **advogado** não pode prestar depoimento pessoal pelo cliente (RT 651/116, JTA 118/377).

Art. 385: 3a. Não cabe à parte requerer o próprio depoimento pessoal (RT 722/238, RJTJESP 118/247); nem pode o litisconsorte pedir o depoimento pessoal do seu colitigante (RTJ 107/729 e STF-RT 581/235; STJ-3ª T., REsp 1.291.096, Min. Ricardo Cueva, j. 2.6.16, DJ 7.6.16).

"Não pode a parte formular perguntas a seu litisconsorte" (RT 718/130).

Art. 385: 3b. "O interrogatório das partes (CPC, art. 342) não se confunde com o depoimento pessoal das mesmas (art. 343): aquele pode ser determinado, mais de uma vez, em qualquer fase do processo, ao passo que o segundo é colhido apenas uma vez, em audiência" (Bol. AASP 1.690/124 e Ajuris 54/288, com comentário de Jorge Luís Dall'Agnol).

"O depoimento pessoal e o interrogatório livre são meios de se ouvir o que as partes têm a dizer sobre os fatos da causa, podendo interferir no convencimento do juiz. O depoimento pessoal é meio de prova destinado a provocar a confissão do adversário. O interrogatório livre não é meio de prova, mas expediente do juiz para aclarar pontos duvidosos ou obscuros das alegações e das provas" (STJ-4ª T., REsp 1.217.171, Min. Luis Felipe, j. 10.3.20, maioria, DJ 4.8.20).

V. art. 139-VIII.

Art. 385: 4. A ausência da parte ao interrogatório determinado *ex officio* pelo juiz **não acarreta a pena de confissão** (RF 382/378, JTA 139/491, maioria). V. art. 139-VIII.

Art. 385: 4a. A possibilidade de determinação *ex officio* do depoimento pessoal também se aplica às execuções (RT 614/123).

Art. 385: 4b. O juiz não pode determinar o comparecimento da parte à audiência, para depoimento pessoal, sob pena de desobediência (RT 696/157).

Art. 385: 5. s/ confissão, v. arts. 389 a 395.

Art. 385: 5a. "A pena de confissão — meio de prova, aliás, que conduz a uma **presunção relativa,** e não absoluta — somente poderá ser aplicada se no mandado intimatório constar expressamente, para ciência inequívoca do intimado, que, se o mesmo não comparecer ou se recusar a depor, se presumirão verdadeiros os fatos contra ele alegados. Não é bastante a sucinta menção à 'pena de confesso'" (STJ-4ª T., REsp 2.340, Min. Athos Carneiro, j. 29.6.90, DJU 10.9.90; *apud* Bol. AASP 1.675/30, em. 06).

Não pode ser imposta a pena de confesso se a parte não foi intimada com a advertência constante deste parágrafo (RT 593/131, 659/165, RF 317/265, JTA 33/432, 34/331, 91/133).

Art. 385: 6. "A pena de confissão, para ser aplicada, depende, além da advertência, da **intimação pessoal** da parte para prestar o depoimento pessoal" (STJ-4ª T., REsp 54.809, Min. Sálvio de Figueiredo, j. 8.5.96, DJU 10.6.96). No mesmo sentido: STJ-3ª T., REsp 702.739, Min. Nancy Andrighi, j. 19.9.06, DJU 2.10.06.

Art. 385: 6a. É **obrigatória a imposição da penalidade** se a parte não comparecer (STF-RT 538/273 e JTA 62/227). Mas, por tratar-se de confissão ficta, vale apenas como verdade provisória, a ser aferida com os demais elementos de prova (RT 579/123).

"É inaplicável a pena de confissão, se a contestação não afirmava peremptoriamente fatos contrários aos do autor, limitando-se a suscitar dúvidas sobre a propriedade da ação e a afirmar genericamente a improcedência do pedido" (RTJ 111/681). "Assim, o que a outra parte não afirmou, o depoente revel não poderia ter confessado" (RTJ 125/288 e STF-RT 622/226).

Art. 385: 6b. "A ausência do autor à audiência em que deveria prestar depoimento pessoal, por si só, não importa em improcedência do pedido, devendo o juiz examinar as provas e formar o seu convencimento, tanto mais quando deficiente a contestação que deixa de impugnar os fatos deduzidos na inicial, que se tornam incontroversos" (STJ-4ª T., Ag 43.984-4-AgRg, Min. Dias Trindade, j. 15.12.93, DJU 28.3.94).

Art. 385: 6c. "Tratando-se de **litisconsórcio necessário unitário** (CPC, art. 47), descabida seria a aplicação da pena de confissão à recorrida, esposa do recorrido, pelo fato de, embora intimada, não ter comparecido à audiência de instrução e julgamento, pois o cônjuge varão promovido compareceu ao ato" (STJ-4ª T., REsp 796.700, Min. Raul Araújo, j. 26.2.13, DJ 19.6.13).

Art. 385: 7. O inconformismo contra a decisão que aplica a pena de confesso deve ser manifestado na forma do art. 1.009 § 1º.

Art. 385: 8. Só as partes residentes na própria comarca em que o juízo tem sede estão obrigadas a comparecer à audiência, desde que previamente intimadas; as demais somente irão se quiserem; não o querendo, serão ouvidas por precatória (RT 669/114, JTA 104/161, mandado de segurança concedido, 128/99, RJ 254/80, Bol. AASP 1.480/102), ou na forma deste § 3º.

Assim: "A parte, intimada a prestar depoimento pessoal, não está obrigada a comparecer ao Juízo diverso daquele em que reside" (STJ-4ª T., REsp 161.438, Min. Barros Monteiro, j. 6.10.05, DJU 20.2.06).

V. art. 453 §§ 1º e 2º, bem como respectiva nota 2 (testemunha).

Art. 385: 9. "Estando a parte residindo em outro país, seu depoimento será tomado através de **carta rogatória** e, não, na sede do juízo em que está sendo processada a causa, salvo se acorde a mesma em comparecer" (RSTJ 111/236).

S/ cartas de ordem, precatória e rogatória, v. arts. 260 a 268.

Art. 386. Quando a parte, sem motivo justificado, deixar de responder ao que lhe for perguntado ou empregar evasivas, o juiz, apreciando as demais circunstâncias e os elementos de prova, declarará, na sentença, se houve recusa de depor.[1] [Dispositivo correspondente no CPC/1973: art. 345]

Art. 386: 1. v., todavia, art. 379 (direito de não produzir prova contra si).

Art. 387. A parte responderá pessoalmente sobre os fatos articulados, não podendo servir-se de escritos anteriormente preparados, permitindo-lhe o juiz, todavia, a consulta a notas breves, desde que objetivem completar esclarecimentos. [Dispositivo correspondente no CPC/1973: art. 346]

Art. 388. A parte[1] não é obrigada a depor sobre fatos:[1a] [Dispositivo correspondente no CPC/1973: art. 347-*caput*]

I — criminosos ou torpes que lhe forem imputados; [Dispositivo correspondente no CPC/1973: art. 347-I]

II — a cujo respeito, por estado ou profissão, deva guardar sigilo;[1b] [Dispositivo correspondente no CPC/1973: art. 347-II]

III — acerca dos quais não possa responder sem desonra própria, de seu cônjuge, de seu companheiro ou de parente em grau sucessível; [Sem dispositivo correspondente no CPC/1973]

IV — que coloquem em perigo a vida do depoente ou das pessoas referidas no inciso III. [Sem dispositivo correspondente no CPC/1973]

Parágrafo único. Esta disposição não se aplica às ações de estado e de família.[2] [Dispositivo correspondente no CPC/1973: art. 347 § ún.]

Art. 388: 1. Quanto à testemunha, v. art. 448.

Art. 388: 1a. v. art. 379 (direito de não produzir prova contra si).

Art. 388: 1b. v. CP 154 e, no índice, Sigilo profissional.

Art. 388: 2. s/ ações de família, v. arts. 693 a 699.

Seção V | DA CONFISSÃO

Art. 389. Há confissão,[1] judicial ou extrajudicial, quando a parte admite a verdade de fato contrário ao seu interesse e favorável ao do adversário. [Dispositivo correspondente no CPC/1973: art. 348]

Art. 389: 1. v., no CCLCV, CC 213 e 214, e notas.

Art. 390. A confissão judicial pode ser espontânea ou provocada. [Dispositivo correspondente no CPC/1973: art. 349-*caput*]

§ 1º A confissão espontânea pode ser feita pela própria parte ou por representante com poder especial.[1] [Dispositivo correspondente no CPC/1973: art. 349 § ún.]

§ 2º A confissão provocada constará do termo de depoimento pessoal. [Dispositivo correspondente no CPC/1973: art. 349-*caput*]

Art. 390: 1. v. art. 105.

Art. 391. A confissão judicial faz prova contra o confitente,[1-1a] não prejudicando, todavia, os litisconsortes.[2] [Dispositivo correspondente no CPC/1973: art. 350-*caput*]

Parágrafo único. Nas ações que versarem sobre bens imóveis ou direitos reais sobre imóveis alheios, a confissão de um cônjuge ou companheiro não valerá sem a do outro, salvo se o regime de casamento for o de separação absoluta de bens.[3] [Dispositivo correspondente no CPC/1973: art. 350 § ún.]

Art. 391: 1. v. art. 374-II.

Art. 391: 1a. "A confissão é mero meio de prova a ser analisado pelo juiz diante do contexto probatório colacionado nos autos, não implicando presunção absoluta de veracidade dos fatos" (STJ-4ª T., REsp 54.809, Min. Sálvio de Figueiredo, j. 8.5.96, DJU 10.6.96).

Art. 391: 2. v. art. 128-III (confissão do denunciado).

Art. 391: 3. s/ separação absoluta de bens, v. CC 1.687.

Art. 392. Não vale como confissão a admissão, em juízo, de fatos relativos a direitos indisponíveis.[1] [Dispositivo correspondente no CPC/1973: art. 351]

§ 1º A confissão será ineficaz se feita por quem não for capaz de dispor do direito a que se referem os fatos confessados. [Sem dispositivo correspondente no CPC/1973]

§ 2º A confissão feita por um representante somente é eficaz nos limites em que este pode vincular o representado. [Sem dispositivo correspondente no CPC/1973]

Art. 392: 1. s/ direitos indisponíveis, v. arts. 344, nota 11 (Fazenda Pública), 345, notas 5 e 6 (separação litigiosa e investigação de paternidade), 373 § 3º-I (ônus da prova) e 487, nota 11c (transação).

Art. 393. A confissão é irrevogável, mas pode ser anulada[1] se decorreu de erro de fato[1a-1b] ou de coação.[2] [Dispositivo correspondente no CPC/1973: art. 352-*caput*]

Parágrafo único. A legitimidade para a ação prevista no *caput* é exclusiva do confitente e pode ser transferida a seus herdeiros se ele falecer após a propositura. [Dispositivo correspondente no CPC/1973: art. 352 § ún.]

Art. 393: 1. A confissão não é um negócio jurídico, mas mera declaração de conhecimento, com a qual a parte reconhece fato que lhe é desfavorável. Por isso, não é correto dispor que ela possa ser anulada; o que pode ocorrer é uma retratação do confitente ou uma nova declaração, que indique ter sido a primeira prestada sem uma vontade livre e consciente. Caberá então ao juiz avaliar as declarações emitidas pela parte.

Art. 393: 1a. v. CC 138 a 144.

Art. 393: 1b. "A revogação da confissão por erro de fato é admissível quando restar demonstrada incerteza ou declaração diversa da pretendida" (RJTAMG 40/109).

Art. 393: 2. v. CC 151 a 155.

Art. 394. A confissão extrajudicial, quando feita oralmente, só terá eficácia nos casos em que a lei não exija prova literal.[1] [Dispositivo correspondente no CPC/1973: art. 353 § ún.]

Art. 394: 1. v. CC 108.

Art. 395. A confissão é, em regra, indivisível, não podendo a parte que a quiser invocar como prova aceitá-la no tópico que a beneficiar e rejeitá-la no que lhe for desfavorável, porém cindir-se-á[1] quando o confitente a ela aduzir fatos novos, capazes de constituir fundamento de defesa de direito material ou de reconvenção.[2] [Dispositivo correspondente no CPC/1973: art. 354]

Art. 395: 1. v. arts. 412 § ún. e 419.

Art. 395: 2. s/ reconvenção, v. art. 343.

Seção VI | DA EXIBIÇÃO DE DOCUMENTO OU COISA

Art. 396. O juiz pode ordenar[1] que a parte exiba documento ou coisa que se encontre em seu poder.[1a a 3a] [Dispositivo correspondente no CPC/1973: art. 355]

Art. 396: 1. de ofício (cf. art. 421; neste sentido: RJTJESP 126/287) ou a requerimento da parte.

Art. 396: 1a. s/ procedimento próprio para exibição de documento, v. arts. 318, nota 1, e 381, nota 7.

Art. 396: 2. Documento eletrônico. "Com base nos arts. 5º, IV, da CF e 355 do CPC, é cabível ação de exibição de documento para que a autora possa conhecer o emissário do e-mail anônimo que recebeu" (RP 134/203; ementa da redação). Ainda, admitindo a "propositura de ação cautelar com objetivo de obrigar a parte ré a fornecer os nomes daqueles que utilizaram-se de seus serviços, mediante a divulgação pela Internet, para fazer comentários depreciativos à imagem da autora": RF 382/371. No mesmo sentido: STJ-RMDCPC 37/115 (3ª T., REsp 879.181), RIDCPC 40/176.

Art. 396: 2a. "Não se pode negar a exibição de extratos que alcançam toda a relação contratual apenas porque poderiam ser **obtidos por meio da Internet.** Parte-se, assim, do pressuposto que todos têm computador e sabem manejá-lo" (STJ-3ª T., REsp 706.367, Min. Menezes Direito, j. 20.4.06, DJU 14.8.06).

Art. 396: 2b. "A **quantidade de documentos** cuja exibição é pretendida, por maior que seja, não impede o exercício da ação. É que cabe ao magistrado, autorizada a medida, ordenar o processo de exibição, de forma a atender o autor sem comprometer as atividades da ré. A indicação de muitos documentos a serem exibidos não traduz pedido genérico, quando estão todos identificados por natureza e período" (STJ-3ª T., REsp 796.729, Min. Gomes de Barros, j. 13.2.07, DJU 12.3.07).

Art. 396: 3. Os **bancos** são obrigados a exibir, a pedido de correntista, os cheques por este emitidos (RJTJESP 63/138).

O correntista tem o direito de exigir do banco a exibição dos extratos com a movimentação de sua conta corrente (STJ-3ª T., REsp 1.105.747, Min. Massami Uyeda, j. 7.5.09, DJ 20.11.09; JTJ 314/273: AP 1.022.542-8; RT 916/1.067: TJRS, AP 70045799376; JTAERGS 77/288).

"O correntista possui interesse de agir quanto ao pedido de exibição de documentos feito na ação em que se objetiva discutir a relação jurídica deles originada, independentemente de ter havido prévia remessa de extratos pela instituição financeira ou solicitação no âmbito administrativo, haja vista se tratar de documentos comuns às partes" (STJ-4ª T., Ag em REsp 225.662-AgRg, Min. Raul Araújo, j. 9.10.12, DJ 6.11.12).

"Em ação de exibição de documentos, não pode a instituição financeira condicionar a apresentação de extratos ao pagamento de tarifas" (STJ-4ª T., AI 1.082.268-AgRg, Min. Isabel Gallotti, j. 15.2.11, DJ 22.2.11).

"Contratos bancários. Depósitos que teriam sido realizados no final da década de 70. Ausência de movimentação da conta. Ação de exibição de documentos. Prazo. Contrato formalmente vigente. Inexistência de prescrição. Aplicação da Lei 2.313/54. A existência de prazo para pleitear a exibição de documentos prende-se à possibilidade de ajuizarem-se ações relacionadas aos ditos documentos cuja exibição se busca. Cabe à sociedade empresária (ou comerciante, pela nomenclatura adotada pelo Código Comercial) preservar os documentos em relação aos quais ainda se possa ajuizar alguma ação, nos termos do que dispunha o revogado art. 10, alínea '3', do Código Comercial (repetido, em essência, pelo art. 1.194 do Código Civil de 2002)" (STJ-4ª T., REsp 995.375, Min. Luis Felipe, j. 4.9.12, DJ 1.10.12).

Todavia: "O banco deve guardar os documentos de cada correntista, não indefinidamente, mas até que se esvaia o prazo prescricional para propositura da ação de exibição de documentos, que no caso é o de 10 anos previsto no art. 205 do novo CC. Extrapola os limites e propósitos da cautelar de exibição de documentos a pretensão de obrigar o banco a elaborar demonstrativo de débito discriminado" (RT 867/313).

"Exibição de documentos. Extratos bancários. Recusa ilegítima não caracterizada. Desobrigatoriedade do banco de conservar documentos por mais de cinco anos. Aplicabilidade do art. 2º § ún. da Resolução n. 2.078/94 (CMN)" (JTJ 347/515: AP 586.094-4/7-00).

V. tb. arts. 373, nota 6a, e 524, nota 4.

Art. 396: 3a. A administradora de consórcio é obrigada a exibir ao consorciado os documentos de sua gestão (JTAERGS 78/146). V. art. 550, nota 5a.

Art. 397. O pedido formulado pela parte conterá:[1] [Dispositivo correspondente no CPC/1973: art. 356-*caput*]

I — a individuação, tão completa quanto possível, do documento ou da coisa;[1a] [Dispositivo correspondente no CPC/1973: art. 356-I]

II — a finalidade da prova, indicando os fatos que se relacionam com o documento ou com a coisa; [Dispositivo correspondente no CPC/1973: art. 356-II]

III — as circunstâncias em que se funda o requerente para afirmar que o documento ou a coisa existe e se acha em poder da parte contrária.[2] [Dispositivo correspondente no CPC/1973: art. 356-III]

Art. 397: 1. "Exibição de documentos. Documento comum. Contrato. Citação de todos os contratantes. **Litisconsórcio necessário. Inexistência**" (STJ-3ª T., REsp 1.662.355, Min. Ricardo Cueva, j. 11.9.18, DJ 14.9.18).

Art. 397: 1a. "Ação de exibição de documentos. Art. 356, I, do Código de Processo Civil. Na ação de exibição de documentos é necessário que a parte autora faça a individuação do documento, não sendo suficiente referência genérica que torne inviável a apresentação pela parte ré. Ainda que não seja completa a individuação, deve ser bastante para a identificação dos documentos a serem apresentados" (STJ-3ª T., REsp 862.448, Min. Menezes Direito, j. 15.5.07, DJ 25.6.07).

"Para os autores não basta alegar abstratamente a existência de conta poupança junto à instituição financeira, mas, sim, apresentar algum indício de que esta relação exista, pois seria inviável impor uma obrigação ao banco para apresentação de documentos, referente a determinada conta, se não há qualquer sinal de sua existência. Incumbe aos autores, ao menos, o ônus de indicar o número ou qualquer dado que aponte a existência das contas, para que seja possível a apresentação dos documentos solicitados. Neste sentido a expressa previsão do art. 356 do CPC" (RT 866/300).

Art. 397: 2. "Ação cautelar de exibição de documentos. Condomínio. A legitimidade passiva na ação cautelar de exibição de documentos é do **síndico,** pois trata-se de obrigação pessoal de guarda de documentos" (STJ-3ª T., Ag em REsp 430.735-AgRg, Min. Ricardo Cueva, j. 16.6.16, DJ 24.6.16).

Art. 398. O requerido dará sua resposta nos 5 (cinco) dias subsequentes à sua intimação. [Dispositivo correspondente no CPC/1973: art. 357]

Parágrafo único. Se o requerido afirmar que não possui o documento ou a coisa, o juiz permitirá que o requerente prove, por qualquer meio, que a declaração não corresponde à verdade. [Dispositivo correspondente no CPC/1973: art. 357]

Art. 399. O juiz não admitirá a recusa se: [Dispositivo correspondente no CPC/1973: art. 358-*caput*]

I — o requerido tiver obrigação legal de exibir; [Dispositivo correspondente no CPC/1973: art. 358-I]

II — o requerido tiver aludido ao documento ou à coisa, no processo, com o intuito de constituir prova; [Dispositivo correspondente no CPC/1973: art. 358-II]

III — o documento, por seu conteúdo, for comum às partes.[1] [Dispositivo correspondente no CPC/1973: art. 358-III]

Art. 399: 1. Documento comum não é apenas o relativo a ambas as partes, mas também o referente a uma das partes e terceiro (RT 622/161).

"O 'documento comum' a ser objeto de exibição não se limita necessariamente aos pertencentes ao requerente da medida, alcançando também aqueles referentes às relações laterais que digam respeito a seus interesses. No caso, há um elo direto nas obrigações pactuadas, cujos efeitos são totalmente interligados, havendo uma relação concertada entre a empresa de telefonia e a prestadora do 'Disk Amizade' no tocante à disponibilização e cobrança dos serviços, sendo coligadas economicamente, integrantes de um mesmo e único negócio por ação conjunta, havendo conexão e entrelaçamento de suas relações jurídicas" (STJ-4ª T., REsp 1.141.985, Min. Luis Felipe, j. 11.2.14, DJ 7.4.14).

Contra, entendendo que "somente pode ser considerado comum o documento de interesse de ambas as partes, ou em que ambas tenham tido participação na sua formação", sendo incabível a exibição de documento de que tenham participado o requerido da medida cautelar e terceiro: RT 788/356.

Art. 400. Ao decidir o pedido,[1] o juiz admitirá como verdadeiros os fatos que, por meio do documento ou da coisa, a parte pretendia provar se: [Dispositivo correspondente no CPC/1973: art. 359-*caput*]

I — o requerido não efetuar a exibição[2-2a] nem fizer nenhuma declaração no prazo do art. 398; [Dispositivo correspondente no CPC/1973: art. 359-I]

II — a recusa for havida por ilegítima.[3] [Dispositivo correspondente no CPC/1973: art. 359-II]

Parágrafo único. Sendo necessário, o juiz pode adotar medidas indutivas, coercitivas, mandamentais ou sub-rogatórias para que o documento seja exibido.[4-5] [Sem dispositivo correspondente no CPC/1973]

Art. 400: 1. A decisão interlocutória que delibera sobre exibição de documento ou coisa é agravável (art. 1.015-VI).

Art. 400: 2. "O descumprimento da ordem judicial consistente na obrigatoriedade de exibição de documento não acarreta reconhecimento de **litigância de má-fé,** definida no art. 17 do CPC, mas, sim, torna a matéria não controvertida em desfavor da parte desobediente" (RT 788/290).

Art. 400: 2a. "A princípio, presumem-se verdadeiros os fatos que se pretendiam provar com os documentos que a parte se recusou a exibir, não obstante a determinação judicial expressa, mas a **presunção de veracidade poderá ser infirmada** pelo julgador quando da formação do seu livre convencimento em face das provas constantes dos autos" (STJ-3ª T., REsp 867.132, Min. Sidnei Beneti, j. 7.12.10, DJ 7.2.11).

Art. 400: 3. "Ocorrida a **prescrição,** não mais sobrevive o dever de guarda de documentos, sendo **legítima a recusa** fundada no transcurso do prazo prescricional" (STJ-4ª T., REsp 1.046.497, Min. João Otávio, j. 24.8.10, DJ 9.11.10).

Art. 400: 4. v. art. 139-IV.

Art. 400: 5. Está **superada** a **Súmula 372 do STJ:** "Na ação de exibição de documentos, não cabe a aplicação de multa cominatória".

Art. 401. Quando o documento ou a coisa estiver em poder de terceiro, o juiz ordenará sua citação para responder no prazo de 15 (quinze) dias.[1] [Dispositivo correspondente no CPC/1973: art. 360]

Art. 401: 1. v. art. 380.

Art. 402. Se o terceiro negar a obrigação de exibir ou a posse do documento ou da coisa, o juiz designará audiência especial, tomando-lhe o depoimento, bem como o das partes e, se necessário, o de testemunhas, e em seguida proferirá decisão. [Dispositivo correspondente no CPC/1973: art. 361]

Art. 403. Se o terceiro, sem justo motivo, se recusar a efetuar a exibição, o juiz ordenar-lhe-á que proceda ao respectivo depósito em cartório ou em outro lugar designado, no prazo de 5 (cinco) dias, impondo ao requerente que o ressarça pelas despesas que tiver. [Dispositivo correspondente no CPC/1973: art. 362]

Parágrafo único. Se o terceiro descumprir a ordem, o juiz expedirá mandado de apreensão, requisitando, se necessário, força policial, sem prejuízo da responsabilidade por crime de desobediência,[1-2] pagamento de multa e outras medidas indutivas, coercitivas, mandamentais ou sub-rogatórias necessárias para assegurar a efetivação da decisão. [Dispositivo correspondente no CPC/1973: art. 362]

Art. 403: 1. v. CP 330.

Art. 403: 2. Não há necessidade de requerimento de cominação de pena de crime de desobediência, porque esta decorre dos próprios termos da lei (RJTJESP 122/182).

Art. 404. A parte e o terceiro se escusam de exibir, em juízo, o documento ou a coisa se: [Dispositivo correspondente no CPC/1973: art. 363-*caput*]

I — concernente a negócios da própria vida da família; [Dispositivo correspondente no CPC/1973: art. 363-I]

II — sua apresentação puder violar dever de honra; [Dispositivo correspondente no CPC/1973: art. 363-II]

III — sua publicidade redundar em desonra à parte ou ao terceiro, bem como a seus parentes consanguíneos ou afins até o terceiro grau, ou lhes representar perigo de ação penal; [Dispositivo correspondente no CPC/1973: art. 363-III]

IV — sua exibição acarretar a divulgação de fatos a cujo respeito, por estado ou profissão, devam guardar segredo;[1] [Dispositivo correspondente no CPC/1973: art. 363-IV]

V — subsistirem outros motivos graves que, segundo o prudente arbítrio do juiz, justifiquem a recusa da exibição; [Dispositivo correspondente no CPC/1973: art. 363-V]

VI — houver disposição legal que justifique a recusa da exibição. [Sem dispositivo correspondente no CPC/1973]

Parágrafo único. Se os motivos de que tratam os incisos I a VI do *caput* disserem respeito a apenas uma parcela do documento, a parte ou o terceiro exibirá a outra em cartório, para dela ser extraída cópia reprográfica, de tudo sendo lavrado auto circunstanciado. [Dispositivo correspondente no CPC/1973: art. 363 § ún.]

Art. 404: 1. v., no índice, Sigilo profissional.

Seção VII | DA PROVA DOCUMENTAL[1-2]

SEÇ. VII: 1. CF 19: "É vedado à União, aos Estados, ao Distrito Federal e aos Municípios: ... **II** — recusar fé aos documentos públicos".

SEÇ. VII: 2. Lei 7.115, de 29.8.83 — Dispõe sobre prova documental nos casos que indica e dá outras providências. Refere-se a "prova de vida, residência, pobreza, dependência econômica, homonímia ou bons antecedentes".

Subseção I | DA FORÇA PROBANTE DOS DOCUMENTOS

Art. 405. O documento público[1] faz prova[2] não só da sua formação, mas também dos fatos[3] que o escrivão, o chefe de secretaria, o tabelião ou o servidor declarar que ocorreram em sua presença.[4-5] [Dispositivo correspondente no CPC/1973: art. 364]

Art. 405: 1. "A **escritura pública** faz prova plena do que nela se contém, de sorte a sobrepor-se a mera presunção da existência de débito por ela quitado, por permanecerem em poder do vendedor títulos cambiais vinculados ao contrato de promessa de venda, anteriormente formado entre as partes. Interpretação do art. 134 § 1º do CC" (STJ-3ª T., REsp 6.944, Min. Dias Trindade, j. 21.6.91, maioria, DJU 19.8.91). O art. 134 § 1º do CC rev. corresponde ao CC 215-*caput* e § 1º-I a VII.

Art. 405: 2. "Não se admite prova exclusivamente testemunhal contra ou além do instrumento escrito" (JTA 96/315; cf. p. 318).

Art. 405: 3. "Documento público faz prova dos fatos que o funcionário declarou que ocorreram na sua presença. Assim, tratando-se de declarações de um particular, tem-se como certo, em princípio, que foram efetivamente prestadas. Não, entretanto, que o seu conteúdo corresponda à verdade" (RSTJ 87/217: 3ª T., REsp 59.841). No mesmo sentido: JTJ 340/243 (AP 1.150.646-4).

"A fé pública se cinge à existência das declarações dos figurantes no negócio jurídico, realizadas na presença do oficial, mas não abrange a veracidade da própria declaração. A parte que alega a falsidade da sua declaração de que recebeu o preço da compra e venda, colhida pelo tabelião, tem o ônus de provar tal fato (CPC, art. 389, I), que nada mais é do que decorrência do regime geral do ônus da prova" (Ajuris 76/474).

Art. 405: 4. "A transcrição, em escritura, de atestados médicos faz prova de que foram exibidos ao tabelião, mas não de que seu conteúdo corresponda necessariamente à verdade" (STJ-3ª T., REsp 33.719-0, Min. Eduardo Ribeiro, j. 27.4.93, DJU 10.5.93).

Art. 405: 5. **"Boletim de ocorrência.** Não resulta deste registro presunção de veracidade dos fatos ali consignados. Constitui, entretanto, elemento de convicção que pode ser considerado pelo julgador" (RSTJ 133/251).

"Boletim de ocorrência. Acidente de trânsito. O documento público faz prova dos fatos que o funcionário declarar que ocorreram na sua presença (art. 364 do CPC). Três são as hipóteses mais ocorrentes: I) o escrivão recebe declarações e as registra, quando então 'tem-se como certo, em princípio, que foram efetivamente prestadas. Não, entretanto, que seu conteúdo corresponda à verdade' (REsp 55.088-SP, 3ª T., Min. Eduardo Ribeiro); II) o policial comparece ao local do fato, e registra o que observa, quando então há presunção de veracidade ('O boletim de ocorrência goza de presunção *juris tantum* de veracidade, prevalecendo até que se prove o contrário' — REsp 4.365-RS, 3ª T., Min. Waldemar Zveiter), e tal se dá quando consigna os vestígios encontrados, a posição dos veículos, a localização dos danos, etc.; III) o policial comparece ao local e consigna no boletim o que lhe foi referido pelos envolvidos ou testemunhas, quando então a presunção de veracidade é a de que tais declarações foram prestadas, mas não se estende ao conteúdo delas ('O documento público não faz prova dos fatos simplesmente referidos pelo funcionário' — REsp 42.031-RJ, 4ª Turma, rel. Min. Fontes de Alencar). Em todos os casos, a presunção é apenas relativa" (RSTJ 105/352).

"O boletim de ocorrência faz com que, em princípio, se tenha como provado que as declarações dele constantes foram efetivamente prestadas, mas não que seu conteúdo corresponda à verdade. O art. 364 do CPC não estabelece a presunção *juris tantum* da veracidade das declarações prestadas ao agente público, de modo a inverter o ônus da prova" (STJ-RT 726/206).

"A descrição que o funcionário faz dos vestígios que encontra no local do acidente tem por si a presunção de veracidade, porque são elementos de fato submetidos à sua observação imediata" (RSTJ 129/349). Essa espécie de boletim "serve como elemento de convicção para o julgamento da causa, não se equiparando com aquele boletim decorrente de relato unilateral da parte" (STJ-RT 804/191).

"Acidente de trânsito. Boletim de ocorrência. Documento público que goza de presunção *juris tantum* de veracidade. Suficiência para determinar os participantes dos polos ativo e passivo nas lides em que se discute o sinistro. Ônus da prova da ilegitimidade passiva a cargo do réu. Aplicação do CPC 364 e 333-II" (STJ-RT 671/193: 3ª T., REsp 4.365, maioria; ementa da redação).

Art. 406. Quando a lei exigir instrumento público como da substância do ato,[1] nenhuma outra prova, por mais especial que seja, pode suprir-lhe a falta. [Dispositivo correspondente no CPC/1973: art. 366]

Art. 406: 1. v. CC 108 e 109.

Art. 407. O documento feito por oficial público incompetente ou sem a observância das formalidades legais, sendo subscrito pelas partes, tem a mesma eficácia probatória do documento particular.[1] [Dispositivo correspondente no CPC/1973: art. 367]

Art. 407: 1. v. art. 408.

Art. 408. As declarações constantes do documento particular[1] escrito e assinado ou somente assinado presumem-se verdadeiras em relação ao signatário. [Dispositivo correspondente no CPC/1973: art. 368-*caput*]

Parágrafo único. Quando, todavia, contiver declaração de ciência de determinado fato, o documento particular prova a ciência, mas não o fato em si, incumbindo o ônus de prová-lo ao interessado em sua veracidade. [Dispositivo correspondente no CPC/1973: art. 368 § ún.]

Art. 408: 1. É admissível o desentranhamento de documento particular, em processo findo, desde que fique xerocópia em seu lugar (JTA 40/167).

Art. 409. A data do documento particular, quando a seu respeito surgir dúvida ou impugnação entre os litigantes, provar-se-á por todos os meios de direito. [Dispositivo correspondente no CPC/1973: art. 370-*caput*]

Parágrafo único. Em relação a terceiros,[1] considerar-se-á datado o documento particular: [Dispositivo correspondente no CPC/1973: art. 370-*caput*]

I — no dia em que foi registrado; [Dispositivo correspondente no CPC/1973: art. 370-I]

II — desde a morte de algum dos signatários; [Dispositivo correspondente no CPC/1973: art. 370-II]

III — a partir da impossibilidade física que sobreveio a qualquer dos signatários; [Dispositivo correspondente no CPC/1973: art. 370-III]

IV — da sua apresentação em repartição pública ou em juízo; [Dispositivo correspondente no CPC/1973: art. 370-IV]

V — do ato ou do fato que estabeleça, de modo certo, a anterioridade da formação do documento.[2] [Dispositivo correspondente no CPC/1973: art. 370-V]

Art. 409: 1. "Nega vigência ao art. 370, IV, do CPC a decisão que transfere ao terceiro impugnante a prova de que a data de documento apresentado em juízo, sem autenticação, é falsa, pois, diante da presunção legal, cabe a quem o exibe em juízo provar a sua veracidade" (STJ-RT 669/203).

Art. 409: 2. Fica ao prudente arbítrio do juiz a faculdade de admitir qualquer meio de prova para a comprovação da data certa de documento (RT 481/156).

Art. 410. Considera-se autor do documento particular: [Dispositivo correspondente no CPC/1973: art. 371-*caput*]

I — aquele que o fez e o assinou; [Dispositivo correspondente no CPC/1973: art. 371-I]

II — aquele por conta de quem ele foi feito, estando assinado; [Dispositivo correspondente no CPC/1973: art. 371-II]

III — aquele que, mandando compô-lo, não o firmou porque, conforme a experiência comum, não se costuma assinar, como livros empresariais[1] e assentos domésticos.[2] [Dispositivo correspondente no CPC/1973: art. 371-III]

Art. 410: 1. v. arts. 417 a 421.

Art. 410: 2. v. arts. 415 e 416.

Art. 411. Considera-se autêntico o documento quando: [Dispositivo correspondente no CPC/1973: art. 369]

I — o tabelião reconhecer a firma do signatário;[1] [Dispositivo correspondente no CPC/1973: art. 369]

II — a autoria estiver identificada por qualquer outro meio legal de certificação, inclusive eletrônico, nos termos da lei;[1a] [Sem dispositivo correspondente no CPC/1973]

III — não houver impugnação da parte contra quem foi produzido o documento.[2] [Dispositivo correspondente no CPC/1973: art. 372]

Art. 411: 1. por autenticidade ou **semelhança** (STJ-3ª T., REsp 302.469, Min. Ricardo Cueva, j. 4.10.11, DJ 7.10.11).

Art. 411: 1a. v. Lei 11.419, de 19.12.06, art. 11 (no tít. PROCESSO ELETRÔNICO).

Art. 411: 2. s/ cópia não autenticada, v. art. 424, notas 1 e 2.

Art. 412. O documento particular de cuja autenticidade não se duvida prova que o seu autor fez a declaração que lhe é atribuída.[1] [Dispositivo correspondente no CPC/1973: art. 373-*caput*]

Parágrafo único. O documento particular admitido expressa ou tacitamente é indivisível,[2] sendo vedado à parte que pretende utilizar-se dele aceitar os fatos que lhe são favoráveis e recusar os que são contrários ao seu interesse, salvo se provar que estes não ocorreram. [Dispositivo correspondente no CPC/1973: art. 373 § ún.]

Art. 412: 1. "A presunção *juris tantum* de veracidade do conteúdo de instrumento particular é invocável tão somente em relação aos seus subscritores" (RSTJ 78/268).

Art. 412: 2. cf. arts. 395 e 419.

Art. 413. O telegrama, o radiograma ou qualquer outro meio de transmissão[1] tem a mesma força probatória do documento particular se o original constante da estação expedidora tiver sido assinado pelo remetente. [Dispositivo correspondente no CPC/1973: art. 374-*caput*]

Parágrafo único. A firma do remetente poderá ser reconhecida pelo tabelião, declarando-se essa circunstância no original depositado na estação expedidora. [Dispositivo correspondente no CPC/1973: art. 374 § ún.]

Art. 413: 1. "O **telex passado entre sacado e banco endossatário,** atestando o recebimento das mercadorias, não constitui 'documento hábil' para os fins do disposto no art. 15, II, *b*, da Lei das Duplicatas, salvo se acompanhado de prova inequívoca da autoria das declarações nele contidas (art. 374, CPC)" (STJ-Bol. AASP 1.783/78).

Art. 414. O telegrama ou o radiograma presume-se conforme com o original, provando as datas de sua expedição e de seu recebimento pelo destinatário. [Dispositivo correspondente no CPC/1973: art. 375]

Art. 415. As cartas[1-2] e os registros domésticos provam contra quem os escreveu quando: [Dispositivo correspondente no CPC/1973: art. 376-*caput*]

I — enunciam o recebimento de um crédito; [Dispositivo correspondente no CPC/1973: art. 376-I]

II — contêm anotação que visa a suprir a falta de título em favor de quem é apontado como credor; [Dispositivo correspondente no CPC/1973: art. 376-II]

III — expressam conhecimento de fatos para os quais não se exija determinada prova. [Dispositivo correspondente no CPC/1973: art. 376-III]

Art. 415: 1. Lei 9.610, de 19.2.98 — Altera, atualiza e consolida a legislação sobre direitos autorais e dá outras providências (no CCLCV, tít. DIREITO AUTORAL, int.): "**Art. 34.** As cartas missivas, cuja publicação está condicionada à permissão do autor, poderão ser juntadas como documento de prova em processos administrativos e judiciais".

Art. 415: 2. Carta anônima sobre os fatos do processo, dirigida ao juiz, deve ser destruída. Nesse sentido: STJ-4ª T., REsp 295.155-AgRg, Min. Ruy Rosado, j. 16.10.01, dois votos vencidos, DJU 5.8.02.

Art. 416. A nota escrita pelo credor em qualquer parte de documento representativo de obrigação, ainda que não assinada, faz prova em benefício do devedor. [Dispositivo correspondente no CPC/1973: art. 377-*caput*]

Parágrafo único. Aplica-se essa regra tanto para o documento que o credor conservar em seu poder quanto para aquele que se achar em poder do devedor ou de terceiro. [Dispositivo correspondente no CPC/1973: art. 377 § ún.]

Art. 417. Os livros empresariais[1] provam contra seu autor,[2] sendo lícito ao empresário, todavia, demonstrar, por todos os meios permitidos em direito, que os lançamentos não correspondem à verdade dos fatos. [Dispositivo correspondente no CPC/1973: art. 378]

Art. 417: 1. v. LSA 100; Lei 5.474, de 18.7.68, art. 19 (s/ duplicata).

Dec. lei 486, de 3.3.69 — Dispõe sobre escrituração de livros mercantis e dá outras providências.

Dec. 64.567, de 22.5.69 — Regulamenta dispositivos do Dec. lei 486, de 3.3.69, que dispõe sobre a escrituração de livros mercantis e dá outras providências.

Art. 417: 2. v. art. 410-III.

Art. 418. Os livros empresariais que preencham os requisitos exigidos por lei provam a favor de seu autor no litígio entre empresários. [Dispositivo correspondente no CPC/1973: art. 379]

Art. 419. A escrituração contábil é indivisível,[1] e, se dos fatos que resultam dos lançamentos, uns são favoráveis ao interesse de seu autor e outros lhe são contrários, ambos serão considerados em conjunto, como unidade. [Dispositivo correspondente no CPC/1973: art. 380]

Art. 419: 1. cf. arts. 395 (confissão) e 412 § ún. (documento particular).

Art. 420. O juiz pode ordenar, a requerimento da parte, a exibição[1 a 1b] integral dos livros empresariais e dos documentos do arquivo: [Dispositivo correspondente no CPC/1973: art. 381-*caput*]

I — na liquidação de sociedade;[2] [Dispositivo correspondente no CPC/1973: art. 381-I]

II — na sucessão por morte de sócio;[3] [Dispositivo correspondente no CPC/1973: art. 381-II]

III — quando e como determinar a lei.[4] [Dispositivo correspondente no CPC/1973: art. 381-III]

Art. 420: 1. v. arts. 396 a 404.

Art. 420: 1a. A sociedade comercial não é obrigada a exibir seus livros em litígio a que é estranha (RT 712/151).

Art. 420: 1b. "O sócio de sociedade por cotas de responsabilidade limitada pode intentar ação de exibição de livros e documentos por inteiro, para verificação do que lhe é devido. Amplo é seu direito no exame dos livros da sociedade" (RT 636/95).

Art. 420: 2. v. arts. 599 a 609 (ação de dissolução parcial de sociedade).

Art. 420: 3. v. arts. 599-II e 630 § ún.

Art. 420: 4. Casos de exibição de livros: LSA 105; exibição de documento ou coisa, CPC 396 a 404.

Art. 421. O juiz pode, de ofício, ordenar à parte a exibição parcial dos livros e dos documentos,[1] extraindo-se deles a suma que interessar ao litígio, bem como reproduções autenticadas. [Dispositivo correspondente no CPC/1973: art. 382]

Art. 421: 1. **Súmula 260 do STF:** "O **exame de livros** comerciais, em ação judicial, fica limitado às transações entre os litigantes".

Art. 422. Qualquer reprodução mecânica, como a fotográfica, a cinematográfica, a fonográfica[1] ou de outra espécie,[2] tem aptidão para fazer prova dos fatos ou das coisas representadas, se a sua conformidade com o documento original não for impugnada por aquele contra quem foi produzida. [Dispositivo correspondente no CPC/1973: art. 383-*caput*]

§ 1º As fotografias digitais e as extraídas da rede mundial de computadores fazem prova das imagens que reproduzem, devendo, se impugnadas, ser apresentada a respectiva autenticação eletrônica ou, não sendo possível, realizada perícia. [Sem dispositivo correspondente no CPC/1973]

§ 2º Se se tratar de fotografia publicada em jornal ou revista, será exigido um exemplar original do periódico, caso impugnada a veracidade pela outra parte. [Dispositivo correspondente no CPC/1973: art. 385 § 2º]

§ 3º Aplica-se o disposto neste artigo à forma impressa de mensagem eletrônica. [Sem dispositivo correspondente no CPC/1973]

Art. 422: 1. s/ gravação de conversa telefônica, v. art. 369, nota 2.

Art. 422: 2. Admite-se a prova constante de gravação em fita magnética; se for impugnada a sua autenticidade, o juiz ordenará a realização de exame pericial (RT 599/66).

Não admitindo a produção dessa prova, por se cuidar de "elemento ainda extremamente suscetível de falseamento": RJTJESP 118/247.

Art. 423. As reproduções dos documentos particulares, fotográficas ou obtidas por outros processos de repetição, valem como certidões[1] sempre que o escrivão ou o chefe de secretaria certificar sua conformidade com o original.[2 a 4] [Dispositivo correspondente no CPC/1973: art. 384]

Art. 423: 1. s/ microfilmagem, v. LRP 141; s/ cópia reprográfica, v. art. 425-III e IV, e notas.

Art. 423: 2. Vale a procuração juntada mediante cópia xerográfica? v. art. 104, nota 5a.

Art. 423: 3. **Lei 9.492, de 10.9.97** — Define competência, regulamenta os serviços concernentes ao protesto de títulos e outros documentos de dívida e dá outras providências (em CCLCV, tít. PROTESTO DE TÍTULOS, ínt.): **"Art. 39.** A reprodução de microfilme ou do processamento eletrônico da imagem, do título ou de qualquer documento arquivado no tabelionato, quando autenticado pelo tabelião de protesto, por seu substituto ou escrevente autorizado, guarda o mesmo valor do original, independentemente de restauração judicial".

Art. 423: 4. **Lei 10.522, de 19.7.02: "Art. 24.** As pessoas jurídicas de direito público são dispensadas de autenticar as cópias reprográficas de quaisquer documentos que apresentem em juízo". Aplicando esta disposição: RSTJ 109/15 (acórdão da Corte Especial, v.u.).

Art. 424. A cópia de documento particular tem o mesmo valor probante que o original, cabendo ao escrivão, intimadas as partes, proceder à conferência e certificar a conformidade entre a cópia e o original.[1-2] [Dispositivo correspondente no CPC/1973: art. 385-*caput*]

Art. 424: 1. "É sem importância a **não autenticação de cópia de documento,** quando não impugnado o seu conteúdo" (RSTJ 87/310). No mesmo sentido: RSTJ 100/197; STJ-RT 676/186; JTJ 183/194; RT 624/146, 758/252; JTA 108/379, 117/448; Bol. AASP 1.707/supl., p. 3, com citação de jurisprudência, 2.405/3.370.

"Fotocópia não autenticada equipara-se a documento particular, devendo ser submetida à contraparte, cujo silêncio gera presunção de veracidade" (STJ-1ª T., REsp 162.807, Min. Gomes de Barros, j. 11.5.98, maioria, DJU 29.6.98).

"A simples impugnação de uma parte não obriga necessariamente a autenticação de documento oferecido pela outra. Faz-se mister que esta impugnação tenha relevância apta a influir no julgamento da causa, como, por exemplo, não espelhar o documento o verdadeiro teor do original" (STJ-Corte Especial, ED no REsp 278.766-EDcl, Min. Fernando Gonçalves, j. 25.10.04, DJU 16.11.04).

S/ necessidade ou não de autenticação de cópias: v. arts. 320, nota 1a (petição inicial), e 1.017, nota 2a (agravo de instrumento).

Art. 424: 2. Não se admite como prova o **documento juntado por cópia e impugnado pela outra parte** se o interessado, intimado a apresentar o original, deixa de fazê-lo e não apresenta justificativa para isso (STJ-4ª T., REsp 178.189, Min. Sálvio de Figueiredo, j. 6.3.03, DJU 7.4.03).

Art. 425. Fazem a mesma prova que os originais:[1] [Dispositivo correspondente no CPC/1973: art. 365-*caput*]

I — as certidões textuais de qualquer peça dos autos, do protocolo das audiências ou de outro livro a cargo do escrivão ou do chefe de secretaria, se extraídas por ele ou sob sua vigilância e por ele subscritas; [Dispositivo correspondente no CPC/1973: art. 365-I]

II — os traslados e as certidões extraídas por oficial público de instrumentos ou documentos lançados em suas notas;[2] [Dispositivo correspondente no CPC/1973: art. 365-II]

III — as reproduções dos documentos públicos,[3] desde que autenticadas[4] por oficial público ou conferidas em cartório com os respectivos originais;[5] [Dispositivo correspondente no CPC/1973: art. 365-III]

IV — as cópias reprográficas de peças do próprio processo judicial declaradas autênticas pelo advogado, sob sua responsabilidade pessoal,[6] se não lhes for impugnada a autenticidade; [Dispositivo correspondente no CPC/1973: art. 365-IV]

V — os extratos digitais de bancos de dados públicos e privados, desde que atestado pelo seu emitente, sob as penas da lei, que as informações conferem com o que consta na origem; [Dispositivo correspondente no CPC/1973: art. 365-V]

VI — as reproduções digitalizadas de qualquer documento público ou particular, quando juntadas aos autos pelos órgãos da justiça e seus auxiliares, pelo Ministério Público e seus auxiliares, pela Defensoria Pública e seus auxiliares, pelas procuradorias, pelas repartições públicas em geral e por advogados, ressalvada a alegação motivada e fundamentada de adulteração.[7-8] [Dispositivo correspondente no CPC/1973: art. 365-VI]

§ 1º Os originais dos documentos digitalizados mencionados no inciso VI deverão ser preservados pelo seu detentor até o final do prazo para propositura de ação rescisória.[9] [Dispositivo correspondente no CPC/1973: art. 365 § 1º]

§ 2º Tratando-se de cópia digital de título executivo extrajudicial[10] ou de documento relevante à instrução do processo, o juiz poderá determinar seu depósito em cartório ou secretaria. [Dispositivo correspondente no CPC/1973: art. 365 § 2º]

Art. 425: 1. LRP 161-*caput*: "As certidões do registro integral de títulos terão o mesmo valor probante dos originais, ressalvado o incidente de falsidade destes, oportunamente levantado em juízo".

Art. 425: 2. cf. CC 217.

Art. 425: 3. v. g., fotocópias (RF 251/272).

Art. 425: 4. s/ valor probante de documento não autenticado, v. art. 424, nota 1.

Art. 425: 5. Lei 10.522, de 19.7.02: "Art. 24. As pessoas jurídicas de direito público são dispensadas de autenticar as cópias reprográficas de quaisquer documentos que apresentem em juízo".

Art. 425: 6. s/ declaração de autenticidade de peças processuais pelo próprio advogado, v. arts. 522 § ún. e 914 § 1º.

Art. 425: 7. v. Lei 11.419/06, art. 11 § 1º (no tít. PROCESSO ELETRÔNICO).

Art. 425: 8. **Lei 12.682, de 9.7.12** — Dispõe sobre a elaboração e o arquivamento de documentos em meios eletromagnéticos.

Art. 425: 9. v. Lei 11.419/06, art. 11 § 3º.

S/ prazo para propositura de ação rescisória, v. art. 975.

Art. 425: 10. v. art. 784.

Art. 426. O juiz apreciará fundamentadamente a fé que deva merecer o documento, quando em ponto substancial e sem ressalva contiver entrelinha, emenda, borrão ou cancelamento.[1] [Dispositivo correspondente no CPC/1973: art. 386]

Art. 426: 1. cf. art. 211.

Art. 427. Cessa a fé do documento público ou particular sendo-lhe declarada judicialmente a falsidade.[1] [Dispositivo correspondente no CPC/1973: art. 387-*caput*]

Parágrafo único. A falsidade consiste em: [Dispositivo correspondente no CPC/1973: art. 387 § ún.]

I — formar documento não verdadeiro; [Dispositivo correspondente no CPC/1973: art. 387 § ún.-I]

II — alterar documento verdadeiro. [Dispositivo correspondente no CPC/1973: art. 387 § ún.-II]

Art. 427: 1. s/ arguição de falsidade, v. arts. 430 a 433.

Art. 428. Cessa a fé do documento particular quando: [Dispositivo correspondente no CPC/1973: art. 388-*caput*]

I — for impugnada sua autenticidade e enquanto não se comprovar sua veracidade;[1] [Dispositivo correspondente no CPC/1973: art. 388-I]

II — assinado em branco, for impugnado seu conteúdo, por preenchimento abusivo.[2] [Dispositivo correspondente no CPC/1973: art. 388-II]

Parágrafo único. Dar-se-á abuso quando aquele que recebeu documento assinado com texto não escrito no todo ou em parte formá-lo ou completá-lo por si ou por meio de outrem, violando o pacto feito com o signatário. [Dispositivo correspondente no CPC/1973: art. 388 § ún.]

Art. 428: 1. v. art. 429, nota 2.

Art. 428: 2. v. § ún.

Art. 429. Incumbe o ônus da prova quando: [Dispositivo correspondente no CPC/1973: art. 389-*caput*]

I — se tratar de falsidade de documento ou de preenchimento abusivo, à parte que a arguir;[1] [Dispositivo correspondente no CPC/1973: art. 389-I]

II — se tratar de impugnação da autenticidade, à parte que produziu o documento.[1a a 2] [Dispositivo correspondente no CPC/1973: art. 389-II]

Art. 429: 1. s/ preenchimento abusivo, v. art. 428 § ún.

Art. 429: 1a. s/ custeio da prova nesse caso, v. art. 95, nota 5.

Art. 429: 1b. "Tratando-se de **contestação de assinatura,** o ônus da prova da sua veracidade cabe à parte que produziu o documento. A fé do documento particular cessa com a impugnação do pretenso assinante, e a eficácia probatória do documento não se manifestará enquanto não comprovada a sua veracidade" (STJ-3ª T., Ag em REsp 151.216-AgRg-EDcl, Min. João Otávio, j. 17.9.13, DJ 20.9.13).

"Contudo, na específica hipótese dos autos, exigir da autora da ação (ora recorrida) a comprovação de fato constitutivo de seu direito equivaleria a prescrever à mesma a produção de prova diabólica, isto é, de dificílima produção. A ausência de localização da ré e a **impossibilidade,** via de consequência, da realização **de perícia grafotécnica** para a comprovação de que o documento foi grifado pelo punho caligráfico da recorrente ou de seu representante legal, requer a flexibilização da norma que atribui o ônus da prova àquele que produziu o documento" (STJ-3ª T., REsp 1.766.371, Min. Nancy Andrighi, j. 5.5.20, DJ 11.5.20).

Art. 429: 1c. "Contestada a assinatura do documento particular, cessa-lhe a fé, independentemente da arguição de falsidade, cabendo o ônus da prova, nesse caso, à parte que o produziu, durante a instrução da causa" (STJ-3ª T., REsp 15.706, Min. Nilson Naves, j. 24.3.92, DJU 13.4.92).

Art. 429: 2. "Ocorre que, segundo o art. 369 do Código de Processo Civil, 'reputa-se autêntico o documento, quando o tabelião reconhecer a firma do signatário, declarando que foi aposta em sua presença'. Referido dispositivo confere presunção de autenticidade ao documento, quando o **tabelião reconhecer** a **firma** do signatário, declarando que foi aposta em sua presença. Nesse caso, considera-se que o apresentante, ao exibir o documento cuja assinatura contém presunção de autenticidade, cumpre o seu ônus, desde logo, de modo que volta a prevalecer a regra geral de distribuição do ônus da prova" (STJ-3ª T., REsp 302.469, Min. Ricardo Cueva, j. 4.10.11, DJ 7.10.11; a citação é do voto do relator).

Subseção II | DA ARGUIÇÃO DE FALSIDADE

Art. 430. A falsidade[1 a 5a] deve ser suscitada na contestação, na réplica[6] ou no prazo de 15 (quinze) dias,[7 a 9] contado a partir da intimação da juntada do documento aos autos.[10] [Dispositivo correspondente no CPC/1973: art. 390]

Parágrafo único. Uma vez arguida, a falsidade será resolvida como questão incidental, salvo se a parte requerer que o juiz a decida como questão principal, nos termos do inciso II do art. 19. [Sem dispositivo correspondente no CPC/1973]

Art. 430: 1. v. tb. arts. 411-III, 428-I e 429.

Art. 430: 2. "Cabe arguir, em incidente de falsidade, tanto a falsidade material de documento, quanto a da veracidade do seu contexto (arts. 390, 391 c/c art. 372 do CPC)" (RSTJ 37/545). No mesmo sentido: RTJ 90/941, JTJ 318/430 (AI 486.804-4/0-00), RJTJERGS 150/405.

Não admitindo o incidente, no caso de **falsidade ideológica:** RT 609/108, 629/155, RJTJESP 64/145, 88/285, 104/295, 107/208, JTA 60/252, 87/134, 91/444.

Opinião intermediária: "Falsidade ideológica. Documento narrativo. Apuração pela via incidental, art. 390, CPC. Disciplina no CPC. Recurso provido. A falsidade ideológica, salvo nas hipóteses em que o seu reconhecimento importe em desconstituição de situação jurídica, pode ser arguida como incidente, máxime quando sua apuração dependa unicamente da análise de prova documental" (RSTJ 57/240 e RF 328/146, maioria).

"Na via do incidente de falsidade documental, somente se poderá reconhecer o falso ideológico quando tal não importar desconstituição de situação jurídica" (STJ-3ª T., REsp 1.024.640-AgRg, Min. Massami Uyeda, j. 16.12.08, DJ 10.2.09).

Art. 430: 3. Em processo de **inventário,** não cabe incidente de falsidade (RT 490/111, RJTJESP 111/332).

Art. 430: 3a. Deve ser repelida *in limine* a arguição de falsidade, se o documento não tem qualquer influência na decisão da causa (RTJ 90/936, JTA 109/212; JTJ 355/237: AgRg 991.01.013889-8/50005). Assim, não tem cabimento incidente de falsidade dirigido à procuração outorgada ao advogado da parte contrária: "Eventual dúvida acerca da representação da parte deve ser dirimida por meio de nova procuração, procedimento previsto no art. 13 do CPC" (STJ-3ª T., REsp 991.539, Min. Ari Pargendler, j. 21.8.08, um voto vencido, DJ 8.10.08). **Contra:** "A falsidade de cópia da procuração ou do substabelecimento deve ser suscitada na forma e prazo previstos no art. 390 CPC" (STJ-4ª T., REsp 1.031.603-AgRg-EDcl, Min. Aldir Passarinho Jr., j. 19.8.08, DJ 13.10.08).

Art. 430: 3b. Julgada definitivamente a ação principal, já não pode mais ser processado o incidente de falsidade (RT 524/139, 541/94, JTA 55/100).

Art. 430: 3c. Não cabe denunciação da lide no incidente de falsidade (STJ-4ª T., REsp 2.544, Min. Sálvio de Figueiredo, j. 19.6.90, DJU 6.8.90).

Art. 430: 3d. "No incidente de falsidade, reconhece-se que o documento é falso ou não, exclusivamente; só a sentença proferida na ação principal poderá dizer se o *falsum* obriga" (RSTJ 142/252 e STJ-RT 790/223).

Art. 430: 4. A **parte que produziu o documento** não pode suscitar o incidente de falsidade (RP 4/395, em. 130).

Art. 430: 4a. Admitindo incidente de falsidade apresentado pelo agravante em situação de **substituição de folhas** que compunham o **instrumento do agravo:** STJ-4ª T., Pet 7.808, Min. Marco Buzzi, j. 7.2.17, DJ 28.3.17.

Art. 430: 5. Contra **laudo** judicial, não cabe arguição de falsidade (JTA 37/189 e RP 5/329, com comentário de Ricardo Antônio Arcoverde Credie).

No mesmo sentido: RF 303/181, RT 589/107.

Art. 430: 5a. Não cabe incidente de falsidade:

— de instrumento particular de transação judicial, "por não ser documento, mas ato das partes, de acordo com os arts. 158 e 161 do CPC" (JTJ 161/99);

— dos atos certificados por oficial de justiça, que gozam de fé pública e só podem ser elididos "por meio de prova robusta" (STJ-RT 805/210).

Art. 430: 6. A falsidade deve ser suscitada na contestação, se o documento for trazido aos autos com a petição inicial; na réplica, se trazido com a contestação.

S/ prazo para: contestação, v. art. 335; réplica, v. arts. 350 e 351.

Art. 430: 7. "A arguição de falsidade, prevista no art. 390 do CPC, em **processo de execução,** deve ser suscitada no prazo para o oferecimento de embargos; dada a sua relevância, nada impede que, alternativamente, seja apresentada, como defesa, no corpo dos embargos" (Bol. AASP 2.254/2.163).

Art. 430: 8. O **prazo** para a apresentação do incidente de falsidade é **preclusivo** (STJ-4ª T., AI 792.726-AgRg, Min. Quaglia Barbosa, j. 22.5.07, DJU 4.6.07; RT 662/108, 836/180, JTJ 161/211, RF 314/99, RJTAMG 18/212). Mas daí não se segue que, não suscitado o incidente, o documento, só por esse motivo, passe a ser autêntico. Tal conclusão seria absurda; o que acontece é que a alegação de falsidade já não pode ser feita sob a forma processual de incidente; mas isso não impede que possa ser provada no curso da lide, pelos meios admissíveis em direito (cf. RT 585/105, à p. 106, 656/166, 690/108, RF 308/187; JTJ 325/180: AI 7.200.672-7; Lex-JTA 140/388, maioria, RJ 188/88), ou que o interessado mova ação declaratória de falsidade do documento (RJTJESP 137/171).

Assim: "Incidente de falsidade documental. Intempestividade. Possibilidade de se averiguar a falsidade de ofício e no curso do processo principal" (RSTJ 167/274). No mesmo sentido: STJ-3ª T., REsp 1.024.759, Min. Nancy Andrighi, j. 25.11.08, DJ 17.12.08.

No mesmo sentido, em termos: "A simples impugnação da assinatura de documento particular nos embargos do devedor é o bastante para lhe retirar a presunção de veracidade, tornando desnecessária e, portanto, inadmissível a arguição de falsidade" (RJTAMG 24/151).

Art. 430: 9. O **prazo em dobro** para litisconsortes com advogados diferentes (art. 229) aplica-se à arguição de falsidade (STJ-Ajuris 83/776: 3ª T., REsp 152.335).

Art. 430: 10. Contando o prazo para a oferta do incidente de falsidade da data da intimação da decisão de inadmissão do agravo, em caso de incidente ofertado com fundamento na substituição de folhas que compunham o instrumento do recurso: STJ-4ª T., Pet 7.808, Min. Marco Buzzi, j. 7.2.17, DJ 28.3.17.

Art. 431. A parte arguirá a falsidade expondo os motivos em que funda a sua pretensão e os meios com que provará o alegado.[1] [Dispositivo correspondente no CPC/1973: art. 391]

Art. 431: 1. v. art. 436 § ún.

Art. 432. Depois de ouvida a outra parte no prazo de 15 (quinze) dias,[1] será realizado o exame pericial.[2-3] [Dispositivo correspondente no CPC/1973: art. 392-*caput*]

Parágrafo único. Não se procederá ao exame pericial se a parte que produziu o documento concordar em retirá-lo. [Dispositivo correspondente no CPC/1973: art. 392 § ún.]

Art. 432: 1. "A falsidade documental não fica reconhecida pelo só efeito da revelia. A circunstância de não ter havido resposta ao incidente de falsidade não significa nem induz revelia do arguido" (JTA 121/82).

Art. 432: 2. v. art. 478.

Art. 432: 3. Pode o juiz proferir sentença sem ouvir as partes sobre o laudo? v. art. 477, nota 2.

Art. 433. A declaração sobre a falsidade do documento, quando suscitada como questão principal,[1] constará da parte dispositiva da sentença e sobre ela incidirá também a autoridade da coisa julgada.[1a] [Dispositivo correspondente no CPC/1973: art. 395]

Art. 433: 1. v. art. 19-II.

Art. 433: 1a. A sentença "há de limitar-se a seu objeto, ou seja, a falsidade ou autenticidade do documento. As repercussões do decidido serão examinadas no processo em que suscitado o incidente" (STJ-3ª T., REsp 44.509-4, Min. Eduardo Ribeiro, j. 30.5.94, DJU 20.6.94). No mesmo sentido: RSTJ 142/282.

Subseção III | DA PRODUÇÃO DA PROVA DOCUMENTAL

Art. 434. Incumbe à parte instruir a petição inicial ou a contestação com os documentos destinados a provar suas alegações.[1] [Dispositivo correspondente no CPC/1973: art. 396]

Parágrafo único. Quando o documento consistir em reprodução cinematográfica ou fonográfica, a parte deverá trazê-lo nos termos do *caput*, mas sua exposição será realizada em audiência,[2] intimando-se previamente as partes. [Sem dispositivo correspondente no CPC/1973]

Art. 434: 1. v. arts. 320, 350, 351, 435, inclusive notas, e 1.014.

Art. 434: 2. s/ audiência de instrução e julgamento, v. arts. 358 a 368.

Art. 435. É lícito às partes, em qualquer tempo,[1-1a] juntar aos autos documentos novos,[1b a 3] quando destinados a fazer prova de fatos ocorridos depois dos articulados ou para contrapô-los aos que foram produzidos nos autos. [Dispositivo correspondente no CPC/1973: art. 397]

Parágrafo único. Admite-se também a juntada posterior de documentos formados após a petição inicial ou a contestação, bem como dos que se tornaram conhecidos, acessíveis ou disponíveis após esses atos, cabendo à parte que os produzir comprovar o motivo que a impediu de juntá-los anteriormente e incumbindo ao juiz, em qualquer caso, avaliar a conduta da parte de acordo com o art. 5º.[4] [Sem dispositivo correspondente no CPC/1973]

Art. 435: 1. "É possível a juntada de documentos em **qualquer fase do processo,** desde que respeitado o contraditório e inexistente má-fé na conduta da parte" (STJ-4ª T., REsp 253.058, Min. Fernando Gonçalves, j. 4.2.10, DJ 8.3.10).

"Possibilidade de juntada de documentos novos na **fase recursal,** desde que não se trate de documento indispensável à propositura da ação, não haja má-fé na ocultação e seja ouvida a parte contrária" (STJ-3ª T., REsp 1.726.229, Min. Paulo Sanseverino, j. 15.5.18, DJ 29.5.18).

"Com as razões de apelação pode o apelante juntar documentos, que serão apreciados até o ponto em que não importem em substancial alteração do pedido" (RT 475/109; no mesmo sentido: RJTAMG 19/243). Mais amplamente: RP 5/357, em. 71, 6/309, em. 69.

Todavia, afirmando que, no dia da audiência, não pode ser juntado documento, porque já não permite à parte contrária fazer a contraprova por meio de testemunhas: RT 666/107, RP 6/318, em. 123.

"Inocorrendo os pressupostos dos arts. 397 e 462 do CPC que permitem à parte trazer aos autos, a qualquer tempo, documentos novos, não se conhece de matéria deduzida somente em alegações finais" (JTA 108/353).

"Documentos juntados com a apelação, injustificadamente subtraídos da instrução da causa. Tratando-se de documentos essenciais à prova do fato constitutivo, que alteram substancialmente, e não apenas complementam o panorama probatório, não podem ser considerados pela instância revisora, porquanto restaria comprometido o contraditório em sua plenitude, com manifesto prejuízo para a parte contrária" (RSTJ 83/190).

"Não se destinando os documentos a fazer prova contrária e deles dispondo a parte desde antes da propositura da demanda, não é admissível que só os junte com as razões de apelação. Em tais condições, deles não se deve tomar conhecimento" (JTA 122/29; citação da p. 30).

"Tendo a discussão sobre a exclusão de um dos réus surgido após a sentença de primeiro grau, impossível aos recorrentes a tardia juntada de documento, que diz ser necessário à controvérsia dos autos, apenas quando da oposição do recurso de embargos de declaração contra o julgamento da apelação, como que reabrindo a fase cognitiva" (STJ-4ª T., REsp 1.022.365, Min. Aldir Passarinho Jr., j. 7.12.10, DJ 14.12.10).

Quanto ao documento novo, juntado em grau de recurso, v. arts. 1.014, nota 4 (apelação), 1.017, nota 8, e 1.019, nota 4 (agravo de instrumento), RISTF 115 (recurso extraordinário) e RISTJ 141 (recursos no STJ).

Em matéria de mandado de segurança, v. LMS 6º, nota 2d.

Art. 435: 1a. **Não cabe ao juiz, mas ao tribunal,** determinar o desentranhamento de documento juntado pela parte com a petição de apelação (RJTJESP 122/328; JTJ 339/210: AI 7.347.803-4).

Da mesma forma, os documentos apresentados pelo apelante depois de interposto seu recurso não devem ter seu desentranhamento determinado pelo juiz, porque ao ser julgada a apelação é que se verificará se sua juntada era cabível (Lex-JTA 152/55).

Art. 435: 1b. **"Somente os documentos tidos como pressupostos da causa é que devem acompanhar a inicial e a defesa.** Os demais podem ser oferecidos em outras fases e até mesmo na via recursal, desde que ouvida a parte contrária e inexistentes o espírito de ocultação premeditada e o propósito de surpreender o juízo" (RSTJ 14/359). Em outras palavras, só os documentos indispensáveis (RSTJ 37/390), como tais se considerando os "substanciais ou fundamentais" (RSTJ 100/197), é que devem ser trazidos já com a petição inicial ou a resposta. No mesmo sentido: STJ-2ª T., REsp 404.002, Min. Eliana Calmon, j. 3.9.02, DJU 4.11.02; STJ-4ª T., REsp 916.480-AgRg, Min. Luis Felipe, j. 15.3.12, DJ 21.3.12; STJ-1ª T., REsp 1.176.440, Min. Napoleão Maia Filho, j. 17.9.13, DJ 4.10.13; STJ-3ª T., REsp 1.435.582, Min. Nancy Andrighi, j. 10.6.14, DJ 11.9.14.

No curso do processo, admite-se a juntada aos autos de outra espécie de documento, "seja por não ser ele substancial (exigido por lei) ou fundamental (que constitui o fundamento da causa de pedir), mas apenas probatório, esclarecedor dos fatos" (STJ-4ª T., REsp 181.627, Min. Sálvio de Figueiredo, j. 18.3.99, DJU 21.6.99). Assim: "Não se pode confundir 'documento essencial à propositura da ação' com 'ônus da prova do fato constitutivo do direito'. Ao autor cumpre provar os fatos que dão sustento ao direito afirmado na petição inicial, mas isso não significa dizer que deve fazê-lo mediante apresentação de prova pré-constituída e já por ocasião do ajuizamento da demanda. Nada impede que o faça na instrução processual e pelos meios de prova regulares" (RSTJ 180/123).

Enfim, apenas o documento indispensável (*ad solemnitatem*) deve ser produzido com a inicial (v. art. 320) ou com a contestação. Os demais, embora a lei prefira que sejam apresentados com tais peças processuais (v. tb. art. 434; RF 257/237), podem ser juntados ao longo do processo, mesmo sem a rígida observância das disposições do art. 435 (SIMP-concl. XXXIII, em RT 482/271; RT 479/124, 484/93, 497/53, 595/177, bem fundamentado, 719/218, maioria, RJTJESP 45/89, 88/296, 90/375, JTA 61/20, 88/435, 96/260, 105/266, RF 258/251, RP 4/403, em. 174, com citação de doutrina), desde que obedecidos os princípios da lealdade processual (art. 5º; v. RT 508/110, JTA 103/372, juntada de parecer, RP 39/296, com comentário de Lia Justiniano dos Santos) e da estabilização da lide (arts. 342, 493 e 1.014).

Todavia: "A prova documental deve acompanhar a contestação. Após, somente é permitida juntada de documentos referentes a fatos novos" (JTAERGS 84/301).

"Embora se admita no âmbito das ações por improbidade administrativa a juntada de prova emprestada da seara criminal, essa modalidade probatória não está imune aos efeitos da preclusão (CPC, arts. 396 e 397). Na espécie, a decisão criminal transitou em julgado mais de um ano antes do prazo para a apresentação da contestação pelo demandado" (STJ-1ª T., Ag em REsp 296.593-AgRg, Min. Arnaldo Esteves, j. 4.2.14, DJ 11.2.14).

"No que se refere à juntada extemporânea da cópia do contrato de seguro, o tribunal local conclui pela sua impossibilidade por se tratar de prova fundamental, substancial à defesa, motivo pelo qual deveria, obrigatoriamente, ter acompanhado a contestação, sob pena de preclusão. Desse modo, a manutenção do acórdão recorrido se impõe" (STJ-3ª T., Ag em REsp 853.985-AgInt, Min. Ricardo Cueva, j. 16.3.17, DJ 28.3.17; a citação é do voto do relator).

Art. 435: 2. "A circunstância dos **documentos 'indispensáveis' não acompanharem a inicial** nem por isso acarreta o indeferimento desta, devendo o magistrado ensejar o respectivo suprimento através da diligência prevista no art. 284, CPC, preservando a função instrumental do processo (REsp 5.238-SP, DJ de 25.2.91)" (RSTJ 37/390).

Todavia: "Documentos essenciais à propositura da ação. Juntada posterior. Impossibilidade. Extinção do processo sem resolução de mérito. Mostrava-se mesmo de rigor a desconsideração de documento juntado posteriormente à instrução do processo, porquanto considerado indispensável à propositura da ação pelo acórdão recorrido, nos termos do que dispõe o art. 283 do CPC, não se aplicando, nesse caso, o disposto no art. 397 do CPC" (STJ-4ª T., Ag em REsp 435.093-AgRg, Min. Luis Felipe, j. 24.6.14, DJ 1.8.14).

Art. 435: 3. No caso de apresentação **intempestiva da contestação ou da réplica,** os documentos com ela juntados **não** devem ser **desentranhados** do processo, aí permanecendo para que sejam levados na consideração que merecerem (STJ-4ª T., REsp 556.937, Min. Barros Monteiro, j. 9.12.03, DJU 5.4.04; RT 764/275, RJTJESP 125/349, RJTJERGS 179/261).

V. tb. art. 335, nota 4.

Art. 435: 4. v. nota 1b.

Art. 436. A parte, intimada a falar sobre documento constante dos autos, poderá: [Sem dispositivo correspondente no CPC/1973]

I — impugnar a admissibilidade da prova documental;

II — impugnar sua autenticidade;[1]

III — suscitar sua falsidade,[2] com ou sem deflagração do incidente de arguição de falsidade;

IV — manifestar-se sobre seu conteúdo.

Parágrafo único. Nas hipóteses dos incisos II e III, a impugnação deverá basear-se em argumentação específica, não se admitindo alegação genérica de falsidade.[3]

Art. 436: 1. v. arts. 428-I e 429-II.

Art. 436: 2. v. arts. 429-I e 430 a 433.

Art. 436: 3. v. art. 431.

Art. 437. O réu manifestar-se-á na contestação sobre os documentos anexados à inicial, e o autor manifestar-se-á na réplica sobre os documentos anexados à contestação.[1] [Sem dispositivo correspondente no CPC/1973]

§ 1º Sempre que uma das partes requerer a juntada de documento aos autos, o juiz ouvirá, a seu respeito, a outra parte, que disporá do prazo de 15 (quinze) dias para adotar qualquer das posturas indicadas no art. 436.[1a a 4] [Dispositivo correspondente no CPC/1973: art. 398]

§ 2º Poderá o juiz, a requerimento da parte, dilatar o prazo para manifestação sobre a prova documental produzida, levando em consideração a quantidade e a complexidade da documentação. [Sem dispositivo correspondente no CPC/1973]

Art. 437: 1. v. art. 430 (arguição de falsidade de documento).

Art. 437: 1a. v. art. 1.017, nota 8 (aplicação em agravo de instrumento). V. tb. LJE 29 § ún. e LMS 1º, nota 10a, e 7º, nota 13.

Art. 437: 2. É **nula** a sentença ou o acórdão se, tratando-se de documento relevante, com influência no julgamento proferido, a parte contrária não teve a oportunidade de se manifestar após a sua juntada aos autos (STJ-4ª T., REsp 6.081, Min. Sálvio de Figueiredo, j. 21.5.91, DJU 25.5.92; STJ-2ª T., REsp 66.631, Min. Castro Meira, j. 4.3.04, DJU 21.6.04; STJ-3ª T., AI 958.005-AgRg, Min. Gomes de Barros, j. 12.2.08, DJU 3.3.08; RTJ 89/947, STF-RT 537/230, STF-JTA 78/377, RT 500/127, 502/80; 893/260: TJCE, AP 2000.0124.2772-2/1; RJTJESP 63/151, JTJ 201/51, JTA 42/123, RP 5/537, em. 69). "O autor da ação deve ser intimado de documentos novos juntados aos autos pelo réu, e vice-versa, sempre que influenciarem no julgamento da causa; ambos devem ser cientificados dos que forem neles entranhados por iniciativa do juiz" (STJ-RT 729/148). Também no sentido de que as partes devem tomar conhecimento dos documentos juntados por determinação judicial: RF 291/306, 300/227, RJTAMG 26/303.

Não ocorre nulidade, porém, se o documento for irrelevante (RTJ 82/986; STJ-Corte Especial, ED no Ag em REsp 144.733, Min. Humberto Martins, j. 6.8.14, DJ 15.8.14; RT 619/156, 726/369, RJTJESP 97/230, 105/237, JTA 44/105, 107/380, 107/397, 107/433, RDDP 42/186), ou seja, "a juntada de documento novo no processo, sem a oitiva da outra parte, só compromete a validade da sentença se teve influência no julgamento da lide" (STJ-3ª T., REsp 47.032, Min. Ari Pargendler, j. 29.5.01, DJU 13.8.01).

Reputa-se sanada a nulidade se na primeira oportunidade a parte não a alegar (STJ-3ª T., REsp 6.273, Min. Eduardo Ribeiro, j. 29.4.91, DJU 3.6.91; RJTJESP 61/119, RJTAMG 18/253).

"Prova. Documento público. Juntada aos autos depois da sentença e antes do julgamento da apelação, sem que se desse vista à parte contrária. Tratando-se de documento público (certidão de nascimento) em xerox devidamente autenticada, não impugnada quanto à sua autenticidade, que veio apenas reforçar uma verdade que já estava clara e não contestada nos autos (a relação de parentesco), a inobservância do dispositivo do art. 398 do CPC não se erige, na espécie, à categoria de nulidade apta a invalidar o julgamento da apelação" (RSTJ 73/252).

"No intuito de evitar declarações de nulidade sem a ocorrência de prejuízo efetivo, a construção pretoriana tem também delineado que, para se exigir o contraditório, i) o documento deve ser desconhecido da parte contrária; ii) precisa guardar relevância e pertinência com o deslinde da controvérsia, influindo de forma direta e determinante em sua solução; e iii) seu conteúdo não deve se limitar a mero reforço de argumentação (v. g., decisões ou acórdãos que julgaram situações semelhantes)" (STJ-3ª T., REsp 1.435.582, Min. Nancy Andrighi, j. 10.6.14, DJ 11.9.14).

Art. 437: 2a. **Documento juntado por uma parte, já de conhecimento da outra.** "O fato da documentação ser de conhecimento da parte contrária não é razão suficiente para dispensar-se a vista, por isso que a finalidade do art. 398 do CPC é proporcionar à outra parte a oportunidade de contestá-la e de trazer aos autos as observações que se acharem necessárias" (RSTJ 170/202: 2ª T., REsp 347.041). No mesmo sentido: STJ-3ª T., REsp 49.976-3, Min. Eduardo Ribeiro, j. 10.10.94, DJU 14.11.94.

Contra: "Desnecessidade da manifestação da demandada acerca de documento juntado pelo demandante e do qual ela tinha conhecimento anterior. Inexistência de violação do artigo 398" (JTJ 342/653: AP 7.021.939-3). No mesmo sentido: STJ-3ª T., REsp 1.435.582, Min. Nancy Andrighi, j. 10.6.14, DJ 11.9.14; RSTJ 78/268.

Art. 437: 3. "É nula a sentença que decidiu a causa sem ter tido a oportunidade de levar em consideração, para o desate, os documentos oferecidos por uma das partes, em razão de extravio" (Bol. TRF-3ª Reg. 9/58).

Art. 437: 4. Para os efeitos deste artigo, não se considera documento o **parecer de jurista** (STJ-3ª T., REsp 1.641.901, Min. Moura Ribeiro, j. 9.11.17, DJ 20.11.17; STJ-RDDP 58/129: 4ª T., AI 750.021-AgRg; RT 592/49, JTA 108/328), nem a certidão de acórdão, juntada apenas para demonstração de tese de direito (STJ-4ª T., REsp 11.630, Min. Cesar Rocha, j. 25.6.97, DJU 27.10.97; STJ-5ª T., REsp 316.324, Min. Jorge Scartezzini, j. 19.3.02, DJU 20.5.02; JTA 90/307), nem a cópia de obra jurídica em língua estrangeira (v. tb. art. 192, nota 2d).

Art. 438. O juiz requisitará às repartições públicas, em qualquer tempo ou grau de jurisdição:[1 a 3] [Dispositivo correspondente no CPC/1973: art. 399-*caput*]

I — as certidões necessárias à prova das alegações das partes;[4 a 6] [Dispositivo correspondente no CPC/1973: art. 399-I]

II — os procedimentos administrativos nas causas em que forem interessados a União, os Estados, o Distrito Federal, os Municípios ou entidades da administração indireta. [Dispositivo correspondente no CPC/1973: art. 399-II]

§ 1º Recebidos os autos, o juiz mandará extrair, no prazo máximo e improrrogável de 1 (um) mês, certidões ou reproduções fotográficas das peças que indicar e das que forem indicadas pelas partes, e, em seguida, devolverá os autos à repartição de origem.[7] [Dispositivo correspondente no CPC/1973: art. 399 § 1º]

§ 2º As repartições públicas poderão fornecer todos os documentos em meio eletrônico, conforme disposto em lei, certificando, pelo mesmo meio, que se trata de extrato fiel do que consta em seu banco de dados ou no documento digitalizado.[8] [Dispositivo correspondente no CPC/1973: art. 399 § 2º]

Art. 438: 1. s/ dever de sigilo, v. art. 380 e notas.

Art. 438: 1a. A decisão que indefere a requisição deve ser fundamentada, sob pena de nulidade (RTJ 84/547). V. tb. art. 11.

Art. 438: 1b. mas não poderá decretar a prisão do funcionário que não cumpre a requisição (v. CAP. I, nota 1, que antecede o art. 139).

Art. 438: 2. **Requisição de informações sobre bens.**

Admitindo a requisição:

— "Em face do interesse da Justiça na realização da **penhora,** ato que dá início à expropriação forçada, admite-se a requisição à repartição competente do imposto de renda para fins da localização de bens do devedor, quando

frustrados os esforços desenvolvidos nesse sentido. Cada vez mais se toma consciência do caráter público do processo, que, como cediço, é instrumento da jurisdição" (STJ-RSTJ 21/298). Admitindo a requisição de informações ao Banco Central a respeito de depósitos bancários e aplicações financeiras: Lex-JTA 157/273. Também requisitando tais informações, após o comprovado malogro de diligências efetuadas pelo interessado: RSTJ 34/294, maioria, 36/313, STJ-RT 707/163, 788/223, RT 796/319, 828/257, RF 364/390, JTJ 334/112 (AI 7.274.114-7).

Para autorizar a expedição de ofício ao Banco Central, a 1ª Turma do STJ entendeu relevantes os seguintes acontecimentos prévios: falta de nomeação de bens à penhora, frustração das diligências realizadas pelo oficial de justiça e insucesso na busca de bens junto ao departamento de trânsito e ao cartório de registro de imóveis locais (STJ-1ª T., REsp 743.586-AgRg, Min. José Delgado, j. 21.6.05, DJU 8.8.05).

Autorizando a expedição de ofícios ao Detran, DRF, Telesp e Banco Central para a localização de bens e contas bancárias do devedor, "sempre que este se recusar a indicar bens suficientes à penhora ou se não for localizado para ser citado": RT 731/360.

Admitindo a requisição de informações à Receita Federal, mas exclusivamente quanto à declaração de bens do contribuinte, mantido o sigilo sobre seus rendimentos e deduções: JTJ 160/234.

Afirmando que o uso do sistema Infojud para a localização de bens penhoráveis independe do esgotamento de outras diligências: STJ-2ª T., REsp 1.646.565, Min. Herman Benjamin, j. 28.3.17, DJ 18.4.17.

— Casos de pedido de informações formulado em **execução fiscal,** deferido com fundamento no art. 198, § ún., do CTN: RTJ 110/184, 110/195, 119/1.336, STF-JTA 87/191, STJ-RT 698/199, maioria (neste último caso, sendo interessada a Caixa Econômica Federal).

— Admitindo a quebra de sigilo bancário em **separação judicial** para que se tenha a exata noção do patrimônio a ser partilhado, ante a incerteza em torno das contas bancárias existentes em nome do varão: RT 844/374. Admitindo-a em sede de **inventário,** para investigar "extratos de conta-corrente do viúvo que mantém conta conjunta com atual companheira", por se tratar de "medida que se mostra razoável para se realizar a partilha na forma legal": RT 846/318. Ainda, admitindo a requisição de informações à Polícia Federal e a instituições financeiras em ação revisional de **alimentos** para a demonstração da possibilidade do alimentante: JTJ 300/306.

Casos em que a requisição foi negada:

— "Expedição de ofício à Receita Federal. A quebra de sigilo fiscal do executado, para que a Fazenda Pública obtenha informações acerca da **existência de bens do devedor inadimplente,** somente será autorizada em hipóteses excepcionais, quando **esgotadas** todas as **tentativas** de obtenção dos dados pela **via extrajudicial"** (STJ-2ª T., REsp 541.221, Min. Franciulli Netto, j. 8.3.05, DJU 9.5.05). No mesmo sentido: RSTJ 122/128 (1ª T., REsp 206.963).

"Salvo situações excepcionais, não se justifica a quebra do sigilo nas declarações de imposto de renda com o simples interesse de descobrir bens à penhora" (RSTJ 50/205: 3ª T., REsp 16.356). No mesmo sentido: STJ-4ª T., REsp 36.431-0, Min. Fontes de Alencar, j. 29.11.93, DJU 21.2.94.

— **"Locação. Retomada para uso de descendente.** Expedição de ofício à Receita Federal, a fim de obter cópia da declaração de bens pertinente a beneficiária. Se o réu sabe que o favorecido pela retomada possui **imóvel residencial próprio,** deve apresentar a prova. Sem a existência de qualquer indício, não é cabível devassar a privacidade do beneficiário" (STJ-4ª T., REsp 6.810, Min. Barros Monteiro, j. 18.6.91, DJU 5.8.91).

V. art. 380 e notas.

Art. 438: 3. Requisição de documentos públicos. No sentido de que o juiz pode requisitar documentos públicos somente se a parte, por si mesma, não tiver possibilidade ou facilidade de obtê-los: STJ-RBDP 61/211 (5ª T., REsp 702.977), RJTJESP 99/244, 99/272, JTA 43/83, Lex-JTA 155/59, Bol. AASP 1.040/220. Assim: "Não demonstrada, ainda que perfunctoriamente, a impossibilidade de a parte obter diretamente a documentação que entende lhe ser útil, descabe a sua requisição pelo juiz" (RSTJ 23/249: 4ª T., REsp 3.901).

No mesmo sentido, em pedidos formulados pela Fazenda Pública, considerando que esta pode conseguir a certidão sem qualquer restrição e por isso não lhe cabe solicitá-la através do juiz: RTFR 102/19, RT 503/152, 503/153, RJTJESP 96/279, JTA 46/82, 47/102, 47/113, 48/79. Não admitindo, em execução fiscal, a expedição de ofício a Cartório de Registro de Imóveis para a obtenção de informações sobre imóveis do devedor: STJ-1ª T., REsp 299.699, Min. José Delgado, j. 5.4.01, DJU 11.6.01.

Art. 438: 4. Lei 9.051, de 18.5.95 — Dispõe sobre a expedição de certidões para a defesa de direitos e esclarecimentos de situações: **"Art. 1º** As certidões para defesa de direitos e esclarecimentos de situações, requeridas aos órgãos da administração centralizada ou autárquica, às empresas públicas, às sociedades de economia mista e às fundações públicas da União, dos Estados, do Distrito Federal e dos municípios, deverão ser expedidas no prazo improrrogável de quinze dias, contado do registro do pedido no órgão expedidor.

"Art. 2º Nos requerimentos que objetivam a obtenção das certidões a que se refere esta lei, deverão os interessados fazer constar esclarecimentos relativos aos fins e razões do pedido".

Art. 438: 5. v. CF 5º-XXXIII e XXXIV-b; LAP 1º § 6º.

Art. 438: 6. "Pedido de certidão. Direito assegurado constitucionalmente ao cidadão, vedado à autoridade a quem compete fornecê-la arvorar-se em juiz e decidir sobre a legitimidade e o interesse do requerente em obtê-la" (RSTJ 25/222).

Art. 438: 7. cf. LEF 41 § ún.

Art. 438: 8. v. art. 13 da Lei 11.419/2006, no tít. PROCESSO ELETRÔNICO.

Seção VIII | DOS DOCUMENTOS ELETRÔNICOS

Art. 439. A utilização de documentos eletrônicos no processo convencional dependerá de sua conversão à forma impressa e da verificação de sua autenticidade, na forma da lei.[1] [Sem dispositivo correspondente no CPC/1973]

Art. 439: 1. v. arts. 428-I (impugnação da autenticidade) e 429-II (ônus da prova).

S/ declaração de autenticidade de cópias de peças do processo pelo advogado, v. arts. 425-IV, 522 § ún. e 914 § 1º.

Art. 440. O juiz apreciará o valor probante do documento eletrônico não convertido, assegurado às partes o acesso ao seu teor.[1] [Sem dispositivo correspondente no CPC/1973]

Art. 440: 1. s/ reprodução digitalizada de documento, v. art. 425-VI; documento eletrônico, v. Lei 11.419/2006, art. 11 (no tít. PROCESSO ELETRÔNICO).

Art. 441. Serão admitidos documentos eletrônicos produzidos e conservados com a observância da legislação específica.[1] [Sem dispositivo correspondente no CPC/1973]

Art. 441: 1. s/ gravação da audiência de instrução e julgamento, v. art. 367 §§ 5º e 6º; documentação do depoimento da testemunha por meio de gravação, v. art. 460.

Seção IX | DA PROVA TESTEMUNHAL

Subseção I | DA ADMISSIBILIDADE E DO VALOR DA PROVA TESTEMUNHAL

Art. 442. A prova testemunhal[1 a 2a] é sempre admissível, não dispondo a lei de modo diverso. [Dispositivo correspondente no CPC/1973: art. 400-*caput*]

Art. 442: 1. no Juizado Especial, v. LJE 34.

Art. 442: 2. "A prova oral não pode ser transmudada em documental, sendo necessário, para sua validade e credibilidade, que prestada na forma prevista na lei processual, mediante compromisso e sob o crivo do contraditório" (JTA 98/92).

Art. 442: 2a. "No caso em que a residência é invadida por enchente proveniente do rompimento de barragem, não é razoável a exigência de comprovação efetiva dos danos materiais sofridos suportados pela vítima, pois a calamidade torna inexequível a produção documental de provas, sendo a prova testemunhal apta a comprovar a pretensão indenizatória" (STJ-2ª T., Ag em REsp 495.550-AgRg, Min. Mauro Campbell, j. 5.6.14, DJ 11.6.14).

Art. 443. O juiz indeferirá a inquirição de testemunhas sobre fatos: [Dispositivo correspondente no CPC/1973: art. 400-*caput*]

I — já provados por documento ou confissão da parte; [Dispositivo correspondente no CPC/1973: art. 400-I]

II — que só por documento ou por exame pericial puderem ser provados.[1] [Dispositivo correspondente no CPC/1973: art. 400-II]

Art. 443: 1. v. art. 464, notas 6 e segs.

Art. 444. Nos casos em que a lei exigir prova escrita da obrigação, é admissível a prova testemunhal quando houver começo de prova por escrito, emanado da parte contra a qual se pretende produzir a prova.[1-2] [Dispositivo correspondente no CPC/1973: art. 402-I]

Art. 444: 1. v. CC 227 § ún.

Art. 444: 2. Súmula 149 do STJ: "A prova exclusivamente testemunhal não basta à comprovação da atividade rurícola, para efeito da obtenção de **benefício previdenciário**" (v. jurisprudência s/ esta Súmula em RSTJ 80/413 a 435).

Súmula 27 do TRF-1ª Reg.: "Não é admissível prova exclusivamente testemunhal para reconhecimento de tempo de exercício de atividade urbana e rural" (RT 732/424).

"A declaração prestada por ex-empregador para fins de comprovação de tempo de serviço, não contemporânea aos fatos afirmados, não pode ser qualificada como o início de prova material necessário para obtenção de benefício previdenciário, pois equivale à prova testemunhal" (STJ-3ª Seção, ED no REsp 278.995, Min. Vicente Leal, j. 14.8.02, DJU 16.9.02).

Art. 445. Também se admite a prova testemunhal quando o credor não pode ou não podia, moral ou materialmente, obter a prova escrita da obrigação, em casos como o de parentesco, de depósito necessário[1] ou de hospedagem em hotel ou em razão das práticas comerciais do local onde contraída a obrigação. [Dispositivo correspondente no CPC/1973: art. 402-II]

Art. 445: 1. v. CC 647 a 652.

Art. 446. É lícito à parte provar com testemunhas: [Dispositivo correspondente no CPC/1973: art. 404-*caput*]

I — nos contratos simulados,[1] a divergência entre a vontade real e a vontade declarada; [Dispositivo correspondente no CPC/1973: art. 404-I]

II — nos contratos em geral, os vícios de consentimento.[2] [Dispositivo correspondente no CPC/1973: art. 404-II]

Art. 446: 1. v. CC 167.

Art. 446: 2. v. CC 138 a 157.

Art. 447. Podem depor como testemunhas todas as pessoas, exceto as incapazes,[1] impedidas ou suspeitas.[1a] [Dispositivo correspondente no CPC/1973: art. 405-*caput*]

§ 1º São incapazes: [Dispositivo correspondente no CPC/1973: art. 405 § 1º]

I — o interdito por enfermidade ou deficiência mental; [Dispositivo correspondente no CPC/1973: art. 405 § 1º-I]

II — o que, acometido por enfermidade ou retardamento mental, ao tempo em que ocorreram os fatos, não podia discerni-los, ou, ao tempo em que deve depor, não está habilitado a transmitir as percepções; [Dispositivo correspondente no CPC/1973: art. 405 § 1º-II]

Código de Processo Civil

III — o que tiver menos de 16 (dezesseis) anos; [Dispositivo correspondente no CPC/1973: art. 405 § 1º-III]

IV — o cego e o surdo, quando a ciência do fato depender dos sentidos que lhes faltam. [Dispositivo correspondente no CPC/1973: art. 405 § 1º-IV]

§ 2º São impedidos:[1b] [Dispositivo correspondente no CPC/1973: art. 405 § 2º]

I — o cônjuge, o companheiro, o ascendente[1c] e o descendente em qualquer grau e o colateral, até o terceiro grau,[2] de alguma das partes, por consanguinidade ou afinidade, salvo se o exigir o interesse público ou, tratando-se de causa relativa ao estado da pessoa, não se puder obter de outro modo a prova que o juiz repute necessária ao julgamento do mérito; [Dispositivo correspondente no CPC/1973: art. 405 § 2º-I]

II — o que é parte na causa; [Dispositivo correspondente no CPC/1973: art. 405 § 2º-II]

III — o que intervém em nome de uma parte, como o tutor, o representante legal da pessoa jurídica,[3-3a] o juiz,[4] o advogado[5] e outros[5a-5b] que assistam ou tenham assistido as partes. [Dispositivo correspondente no CPC/1973: art. 405 § 2º-III]

§ 3º São suspeitos:[6 a 6b] [Dispositivo correspondente no CPC/1973: art. 405 § 3º]

I — o inimigo da parte ou o seu amigo íntimo; [Dispositivo correspondente no CPC/1973: art. 405 § 3º-III]

II — o que tiver interesse no litígio. [Dispositivo correspondente no CPC/1973: art. 405 § 3º-IV]

§ 4º Sendo necessário, pode o juiz admitir o depoimento das testemunhas menores, impedidas ou suspeitas. [Dispositivo correspondente no CPC/1973: art. 405 § 4º]

§ 5º Os depoimentos referidos no § 4º serão prestados independentemente de compromisso,[7] e o juiz lhes atribuirá o valor que possam merecer. [Dispositivo correspondente no CPC/1973: art. 405 § 4º]

Art. 447: 1. v. CC 228 § 2º e EPD 80.

Art. 447: 1a. s/ contradita, v. art. 457 § 1º.

Art. 447: 1b. O **juiz deprecado** não pode recusar cumprimento à carta precatória e negar-se a tomar o depoimento de testemunha que considere impedida (v. art. 267, nota 2).

Art. 447: 1c. "**Pai e mãe** podem ser ouvidos como testemunhas quando arrolados pelo adversário do filho" (JTJ 299/421).

Todavia, v. art. 448, nota 1a.

Art. 447: 2. Entendendo que, se a pessoa arrolada é **parente,** em grau proibido, **de ambas as partes,** cessa o impedimento para depor: JTA 122/316, RP 33/256. Em sentido contrário, em RP 33/258, comentário de Marcelo Cintra Zarif.

Art. 447: 3. Também é impedido o sócio-gerente, ainda que, no curso da ação, tenha deixado a sociedade (Lex-JTA 148/168).

Art. 447: 3a. "A lei processual civil não veda a utilização do **empregado** da empresa lesada pelo ilícito como testemunha" (STJ-2ª T., REsp 1.676.558, rel. Min. Herman Benjamin, j. 27.2.18, DJ 2.8.18).

Art. 447: 4. v. art. 452.

Art. 447: 5. v. art. 448-II; EA 7º-XIX, notas 15 e 16, bem como 34-VII c/c 36-I.

"O impedimento do advogado como testemunha não existe apenas quando tenha assistido ambos os litigantes, como pode parecer em razão do texto legal aludir aos que 'assistam ou tenham assistido as partes'": basta que tenha assistido um dos litigantes (JTJ 204/128).

Art. 447: 5a. "Não está impedida de servir como testemunha a pessoa que, indicada como **assistente técnico da parte, não chegou a prestar compromisso**" (RT 631/184).

Art. 447: 5b. **"Investigação de paternidade.** Médico que acompanhou a gestação da parte é testemunha meramente impedida (CPC, art. 405, § 2º, III), podendo ser ouvida pelo juiz (CPC, art. 405, § 4º), a ela cabendo escusar-se de responder sobre fatos que por dever profissional entenda deva guardar sigilo (CPC, art. 406, II)" (RJTJERGS 161/237).

Art. 447: 6. "O que torna suspeito o testemunho é o **interesse pessoal,** e não o social, no desfecho da causa" (RTJ 107/459). No mesmo sentido: RT 910/847 (TJSP, EDcl 9127252-57.2005.8.26.0000/50002).

Art. 447: 6a. **Não é testemunha legalmente suspeita:**

— "o oficial de justiça que age no cumprimento de mandado judicial, e narra o acontecido em tal ocasião" (STJ-4ª T., REsp 8.936, Min. Athos Carneiro, j. 7.4.92, DJU 4.5.92);

— "o empregado, exceção feita a elemento concreto que o faça interessado na solução do litígio" (JTAERGS 83/396, em.), mas seu depoimento "deve ser recebido com reservas" (RJTAMG 24/162);

— a pessoa que "teve desentendimentos com uma das sócias da empresa-ré" (JTJ 349/390: AP 994.03.057552-2);

— a pessoa arrolada por uma das partes, que também demanda, em outro processo, contra a outra (JTAERGS 97/351).

Art. 447: 6b. Não pode depor como testemunha o **procurador *ad negotia* da parte,** que inclusive assinou as procurações para os advogados da parte constituídos nos autos (JTJ 259/364).

Art. 447: 7. v. art. 458.

Art. 448. A testemunha não é obrigada a depor sobre fatos:[1] [Dispositivo correspondente no CPC/1973: art. 406-*caput*]

I — que lhe acarretem grave dano, bem como ao seu cônjuge ou companheiro e aos seus parentes[1a] consanguíneos ou afins, em linha reta ou colateral, até o terceiro grau; [Dispositivo correspondente no CPC/1973: art. 406-I]

II — a cujo respeito, por estado ou profissão, deva guardar sigilo.[2] [Dispositivo correspondente no CPC/1973: art. 406-II]

Art. 448: 1. v. art. 457 § 3º.

Art. 448: 1a. O pai não é obrigado a prestar informação sobre o filho (RT 607/110, JTA 98/131).

Art. 448: 2. s/ sigilo profissional, v. arts. 380, notas 1 e 3, 388-II e 404-IV; CP 154; v., no índice, Sigilo profissional; v. especialmente, s/ sigilo profissional do advogado, EA 7º, notas 15 e 16, bem como 34-VII c/c 36-I.

Art. 449. Salvo disposição especial em contrário, as testemunhas devem ser ouvidas na sede do juízo.[1] [Dispositivo correspondente no CPC/1973: art. 336-*caput*]

Parágrafo único. Quando a parte ou a testemunha, por enfermidade ou por outro motivo relevante, estiver impossibilitada de comparecer, mas não de prestar depoimento, o juiz designará, conforme as circunstâncias, dia, hora e lugar para inquiri-la.[2] [Dispositivo correspondente no CPC/1973: art. 336 § ún.]

Art. 449: 1. v. art. 453-II e § 1º.

Art. 449: 2. s/ produção antecipada da prova, v. arts. 381 a 383.

Subseção II | DA PRODUÇÃO DA PROVA TESTEMUNHAL

Art. 450. O rol de testemunhas conterá, sempre que possível, o nome, a profissão, o estado civil, a idade, o número de inscrição no Cadastro de Pessoas Físicas, o número de registro de identidade e o endereço completo da residência e do local de trabalho.[1 a 4] [Dispositivo correspondente no CPC/1973: art. 407-*caput*]

Art. 450: 1. s/ prazo para apresentar rol de testemunhas, v. art. 357 §§ 4º e 5º, especialmente notas 9a a 9c.

S/ apresentação de rol de testemunhas em embargos à execução, v. art. 920, nota 5; em execução fiscal, v. LEF 16 § 2º.

Art. 450: 2. "Não podem ser arroladas como testemunhas pessoas jurídicas"; neste caso, a parte deve requerer a intimação do representante legal da pessoa jurídica, dando-lhe as respectivas qualificações (JTJ 186/243).

Art. 450: 3. A testemunha que reside **fora da comarca** em que o juízo tem sede não está obrigada a comparecer à audiência, devendo, neste caso, ser ouvida mediante precatória (v. arts. 260, 377 e 453-II). V. tb. art. 453 § 1º (videoconferência).

Art. 450: 4. "A ausência da qualificação da testemunha no rol apresentado em juízo constitui irregularidade que, por si só, não tem o condão de anular o ato de inquirição. Necessária a demonstração do efetivo prejuízo, para que se caracterize vício passível de nulidade" (STJ-5ª T., REsp 158.093, Min. Felix Fischer, j. 18.6.98, DJU 3.8.98).

No mesmo sentido, quanto à falta de indicação da profissão da testemunha: STJ-4ª T., REsp 114.303, Min. Ruy Rosado, j. 1.4.97, DJU 12.5.97; JTJ 234/254. Há um acórdão entendendo que sem a profissão e a residência das testemunhas o rol deve ser desconsiderado (RT 700/108); outro afirma que, neste caso, o juiz pode deixar de ouvir as testemunhas: STJ-3ª T., REsp 137.495, Min. Eduardo Ribeiro, j. 14.10.97, DJU 1.12.97.

Art. 451. Depois de apresentado o rol de que tratam os §§ 4º e 5º do art. 357, a parte só[1] pode substituir a testemunha: [Dispositivo correspondente no CPC/1973: art. 408-*caput*]

I — que falecer; [Dispositivo correspondente no CPC/1973: art. 408-I]

II — que, por enfermidade, não estiver em condições de depor; [Dispositivo correspondente no CPC/1973: art. 408-II]

III — que, tendo mudado de residência ou de local de trabalho, não for encontrada. [Dispositivo correspondente no CPC/1973: art. 408-III]

Art. 451: 1. "Rol de testemunhas. Substituição. Se o autor substitui o rol de testemunhas oferecido com a petição inicial, sem oportuno protesto do réu, e as testemunhas são ouvidas em audiência de instrução e julgamento, ocorre a preclusão, o que impede seja o tema depois suscitado" (STJ-RF 319/138 e 320/82: 3ª T., REsp 9.777).

Art. 452. Quando for arrolado como testemunha, o juiz da causa: [Dispositivo correspondente no CPC/1973: art. 409-*caput*]

I — declarar-se-á impedido,[1] se tiver conhecimento de fatos que possam influir na decisão, caso em que será vedado à parte que o incluiu no rol desistir de seu depoimento; [Dispositivo correspondente no CPC/1973: art. 409-I]

II — se nada souber, mandará excluir o seu nome. [Dispositivo correspondente no CPC/1973: art. 409-II]

Art. 452: 1. v. arts. 144-I e 447 § 2º-III. V. tb. art. 371, nota 4.

Art. 453. As testemunhas depõem, na audiência de instrução e julgamento, perante o juiz da causa, exceto: [Dispositivo correspondente no CPC/1973: art. 410-*caput*]

I — as que prestam depoimento antecipadamente;[1] [Dispositivo correspondente no CPC/1973: art. 410-I]

II — as que são inquiridas por carta.[2] [Dispositivo correspondente no CPC/1973: art. 410-II]

§ 1º A oitiva de testemunha que residir em comarca, seção ou subseção judiciária diversa daquela onde tramita o processo poderá ser realizada por meio de videoconferência ou outro recurso tecnológico de transmissão e recepção de sons e imagens em tempo real, o que poderá ocorrer, inclusive, durante a audiência de instrução e julgamento.[3-4] [Sem dispositivo correspondente no CPC/1973]

§ 2º Os juízos deverão manter equipamento para a transmissão e recepção de sons e imagens a que se refere o § 1º. [Sem dispositivo correspondente no CPC/1973]

Art. 453: 1. v. arts. 381 a 383.

Art. 453: 2. v. arts. 260 a 268.

É facultado à testemunha depor fora de seu domicílio, porém a isso não pode ser obrigada (STJ-3ª Seção, CC 14.953, Min. Vicente Leal, j. 12.3.97, DJU 5.5.97; RT 546/137); JTJ 336/69: AI 603.088-4/1-00). V. tb. art. 385, nota 8.

Art. 453: 3. v. art. 236 § 3º.

Art. 453: 4. Também a acareação pode ser realizada por meio de videoconferência ou outro recurso tecnológico de transmissão e recepção de sons e imagens em tempo real (v. art. 461 § 2º).

Art. 454. São inquiridos em sua residência ou onde exercem sua função:[1 a 1b] [Dispositivo correspondente no CPC/1973: art. 411-*caput*]

I — o presidente e o vice-presidente da República; [Dispositivo correspondente no CPC/1973: art. 411-I]

II — os ministros de Estado; [Dispositivo correspondente no CPC/1973: art. 411-III]

III — os ministros do Supremo Tribunal Federal, os conselheiros do Conselho Nacional de Justiça e os ministros do Superior Tribunal de Justiça, do Superior Tribunal Militar, do Tribunal Superior Eleitoral, do Tribunal Superior do Trabalho e do Tribunal de Contas da União; [Dispositivo correspondente no CPC/1973: art. 411-IV]

IV — o procurador-geral da República e os conselheiros do Conselho Nacional do Ministério Público; [Dispositivo correspondente no CPC/1973: art. 411-V]

V — o advogado-geral da União, o procurador-geral do Estado, o procurador-geral do Município, o defensor público-geral federal e o defensor público-geral do Estado; [Sem dispositivo correspondente no CPC/1973]

VI — os senadores e os deputados federais; [Dispositivo correspondente no CPC/1973: art. 411-VI]

VII — os governadores dos Estados e do Distrito Federal; [Dispositivo correspondente no CPC/1973: art. 411-VII]

VIII — o prefeito; [Sem dispositivo correspondente no CPC/1973]

IX — os deputados estaduais e distritais; [Dispositivo correspondente no CPC/1973: art. 411-VIII]

X — os desembargadores dos Tribunais de Justiça, dos Tribunais Regionais Federais, dos Tribunais Regionais do Trabalho e dos Tribunais Regionais Eleitorais e os conselheiros dos Tribunais de Contas dos Estados e do Distrito Federal;[2] [Dispositivo correspondente no CPC/1973: art. 411-IX]

XI — o procurador-geral de justiça; [Sem dispositivo correspondente no CPC/1973]

XII — o embaixador de país que, por lei ou tratado, concede idêntica prerrogativa a agente diplomático do Brasil. [Dispositivo correspondente no CPC/1973: art. 411-X]

§ 1º O juiz solicitará à autoridade que indique dia, hora e local a fim de ser inquirida, remetendo-lhe cópia da petição inicial ou da defesa oferecida pela parte que a arrolou como testemunha. [Dispositivo correspondente no CPC/1973: art. 411 § ún.]

§ 2º Passado 1 (um) mês sem manifestação da autoridade, o juiz designará dia, hora e local para o depoimento, preferencialmente na sede do juízo. [Sem dispositivo correspondente no CPC/1973]

§ 3º O juiz também designará dia, hora e local para o depoimento, quando a autoridade não comparecer, injustificadamente, à sessão agendada para a colheita de seu testemunho no dia, hora e local por ela mesma indicados. [Sem dispositivo correspondente no CPC/1973]

Art. 454: 1. "A prerrogativa de os dignitários referidos no art. 411 do CPC poderem designar o local e o tempo de sua inquirição, para não se reduzir a mero privilégio, há de ser vista sob a perspectiva dos percalços que, sem ela, poderiam advir ao exercício de suas altas funções, em relação às quais pouco importa que a audiência se faça na qualidade de **testemunha ou de parte**" (STF-RTJ 195/538: Pleno, HC 85.029-4).

Art. 454: 1a. O representante do MP goza, entre outras, da prerrogativa de "ser ouvido, como testemunha ou ofendido, em qualquer processo ou inquérito, em dia, hora e local previamente ajustados com o juiz ou a autoridade competente" (art. 40-I da Lei 8.625, de 12.2.93).

Art. 454: 1b. **LC 80, de 12.1.94** — Organiza a Defensoria Pública da União, do Distrito Federal e dos Territórios e prescreve normas gerais para sua organização nos Estados, e dá outras providências: **"Art. 44.** São prerrogativas dos membros da Defensoria Pública da União: ...

"XIV — ser ouvido como testemunha, em qualquer processo ou procedimento, em dia, hora e local previamente ajustados com a autoridade competente".

Para idênticas disposições em favor dos membros da Defensoria Pública do Distrito Federal e dos Territórios e dos Estados, v., na mesma LC 80, respectivamente, arts. 89-XIV e 128-XIV.

Art. 454: 2. s/ inquirição de magistrado, v. LOM 33-I.

Art. 455. Cabe ao advogado da parte informar ou intimar a testemunha por ele arrolada do dia, da hora e do local da audiência designada, dispensando-se a intimação do juízo. [Dispositivo correspondente no CPC/1973: art. 412-*caput*]

§ 1º A intimação deverá ser realizada por carta com aviso de recebimento, cumprindo ao advogado juntar aos autos, com antecedência de pelo menos 3 (três) dias da data da audiência, cópia da correspondência de intimação e do comprovante de recebimento. [Dispositivo correspondente no CPC/1973: art. 412 § 3º]

§ 2º A parte pode comprometer-se a levar a testemunha à audiência, independentemente da intimação de que trata o § 1º, presumindo-se,[1] caso a testemunha não compareça, que a parte desistiu de sua inquirição.[2] [Dispositivo correspondente no CPC/1973: art. 412 § 1º]

§ 3º A inércia na realização da intimação a que se refere o § 1º importa desistência da inquirição da testemunha. [Sem dispositivo correspondente no CPC/1973]

§ 4º A intimação será feita pela via judicial quando: [Sem dispositivo correspondente no CPC/1973]

I — for frustrada a intimação prevista no § 1º deste artigo; [Sem dispositivo correspondente no CPC/1973]

II — sua necessidade for devidamente demonstrada pela parte ao juiz; [Sem dispositivo correspondente no CPC/1973]

III — figurar no rol de testemunhas servidor público ou militar, hipótese em que o juiz o requisitará ao chefe da repartição ou ao comando do corpo em que servir; [Dispositivo correspondente no CPC/1973: art. 412 § 2º]

IV — a testemunha houver sido arrolada pelo Ministério Público ou pela Defensoria Pública; [Sem dispositivo correspondente no CPC/1973]

V — a testemunha for uma daquelas previstas no art. 454. [Sem dispositivo correspondente no CPC/1973]

§ 5º A testemunha que, intimada na forma do § 1º ou do § 4º, deixar de comparecer sem motivo justificado será conduzida e responderá pelas despesas do adiamento. [Dispositivo correspondente no CPC/1973: art. 412-*caput*]

Art. 455: 1. "Desfaz-se a presunção legal de que a parte desistiu de ouvir a testemunha que compareceria independente de intimação, se a ausência da mesma na audiência for por motivo justificado, visto que tal **presunção é meramente relativa**" (JTA 118/361).

Art. 455: 2. a menos que prove ter havido **justo motivo** para o não comparecimento da testemunha (RT 647/138, RJTJESP 50/186, RP 6/327, em. 188).

Art. 456. O juiz inquirirá as testemunhas separada e sucessivamente, primeiro as do autor e depois as do réu, e providenciará para que uma não ouça o depoimento das outras. [Dispositivo correspondente no CPC/1973: art. 413]

Parágrafo único. O juiz poderá alterar a ordem estabelecida no *caput* se as partes concordarem.[1] [Sem dispositivo correspondente no CPC/1973]

Art. 456: 1. "Não é viável inverter a ordem de inquirição das testemunhas, sem concordância do réu, em relação ao art. 413 do CPC, pena de **nulidade**" (JTAERGS 97/191).

Art. 457. Antes de depor, a testemunha será qualificada,[1] declarará ou confirmará seus dados e informará se tem relações de parentesco com a parte ou interesse no objeto do processo. [Dispositivo correspondente no CPC/1973: art. 414-*caput*]

§ 1º É lícito à parte contraditar[2 a 3] a testemunha, arguindo-lhe a incapacidade, o impedimento ou a suspeição,[4] bem como, caso a testemunha negue os fatos que lhe são imputados, provar a contradita com documentos ou com testemunhas, até 3 (três), apresentadas no ato e inquiridas em separado. [Dispositivo correspondente no CPC/1973: art. 414 § 1º]

§ 2º Sendo provados ou confessados os fatos a que se refere o § 1º, o juiz dispensará a testemunha ou lhe tomará o depoimento como informante. [Dispositivo correspondente no CPC/1973: art. 414 § 1º]

§ 3º A testemunha pode requerer ao juiz que a escuse de depor, alegando os motivos previstos neste Código, decidindo o juiz de plano após ouvidas as partes.[5] [Dispositivo correspondente no CPC/1973: art. 414 § 2º]

Art. 457: 1. s/ carteira de identidade, v. Lei 7.116, de 29.8.83, regulamentada pelo Dec. 89.250, de 27.12.83, cujo art. 14 foi alterado pelo Dec. 89.721, de 30.5.84.

Art. 457: 2. A contradita deve anteceder o depoimento (RT 637/162, JTA 33/272, RP 3/349, em. 185).

Art. 457: 2a. "Prospera a contradita levantada contra testemunha que é cunhado do condômino dos autores da possessória, sobretudo em tendo este sido denunciado à lide. O fato de o condômino-denunciado não ser civilmente casado com a irmã da testemunha contraditada não afasta o vínculo gerador do impedimento, ante a equiparação constitucional do concubinato com a entidade familiar" (RSTJ 105/265).

Art. 457: 3. "Verificando a suspeição de testemunha, nada impede que o juiz a **declare de ofício,** sem que a tanto tenha sido instado pela parte interessada, pois, se poderia até mesmo indeferir a oitiva, nada obsta a que a declare suspeita" (JTJ 290/213).

Art. 457: 4. v. art. 447.

Art. 457: 5. v. art. 448.

Art. 458. Ao início da inquirição, a testemunha prestará o compromisso[1] de dizer a verdade do que souber e lhe for perguntado. [Dispositivo correspondente no CPC/1973: art. 415-*caput*]

Parágrafo único. O juiz advertirá à testemunha que incorre em sanção penal quem faz afirmação falsa, cala ou oculta a verdade.[2] [Dispositivo correspondente no CPC/1973: art. 415 § ún.]

Art. 458: 1. v. art. 447 §§ 4º e 5º.

Art. 458: 2. v. CP 342.

Art. 459. As perguntas serão formuladas pelas partes diretamente à testemunha, começando pela que a arrolou, não admitindo o juiz aquelas que puderem induzir a resposta, não tiverem relação com as questões de fato objeto da atividade probatória ou importarem repetição de outra já respondida. [Dispositivo correspondente no CPC/1973: art. 416-*caput*]

§ 1º O juiz poderá inquirir a testemunha tanto antes quanto depois da inquirição feita pelas partes. [Sem dispositivo correspondente no CPC/1973]

§ 2º As testemunhas devem ser tratadas com urbanidade,[1] não se lhes fazendo perguntas ou considerações impertinentes, capciosas ou vexatórias.[1a] [Dispositivo correspondente no CPC/1973: art. 416 § 1º]

§ 3º As perguntas que o juiz indeferir serão transcritas no termo,[2] se a parte o requerer. [Dispositivo correspondente no CPC/1973: art. 416 § 2º]

Art. 459: 1. v. art. 360-IV.

Art. 459: 1a. v. art. 361 § ún.

Art. 459: 2. v. art. 367.

Art. 460. O depoimento poderá ser documentado por meio de gravação.[1] [Dispositivo correspondente no CPC/1973: art. 417-*caput*]

§ 1º Quando digitado ou registrado por taquigrafia, estenotipia ou outro método idôneo de documentação, o depoimento será assinado pelo juiz, pelo depoente e pelos procuradores.[2] [Dispositivo correspondente no CPC/1973: art. 417-*caput*]

§ 2º Se houver recurso[3] em processo em autos não eletrônicos, o depoimento somente será digitado quando for impossível o envio de sua documentação eletrônica.[4] [Dispositivo correspondente no CPC/1973: art. 417 § 1º]

§ 3º Tratando-se de autos eletrônicos, observar-se-á o disposto neste Código[4a] e na legislação específica sobre a prática eletrônica de atos processuais.[5] [Dispositivo correspondente no CPC/1973: art. 417 § 2º]

Art. 460: 1. v. art. 367 §§ 5º e 6º.

Art. 460: 2. "Havendo a previsão legal para o uso da estenografia, a conveniência do seu emprego fica a critério exclusivo do juiz, independentemente de consulta às partes" (RT 596/163).

Art. 460: 3. Quanto ao prazo para recurso, v., por analogia, art. 205, nota 2.

Art. 460: 4. s/ degravação de depoimentos colhidos pelo juízo deprecado com recursos audiovisuais, v. art. 260, nota 3d.

Art. 460: 4a. v. arts. 193 a 199 e 209 § 1º.

Art. 460: 5. v. arts. 8º e segs. da Lei 11.419/2006 (no tít. PROCESSO ELETRÔNICO).

Art. 461. O juiz pode ordenar, de ofício ou a requerimento da parte: [Dispositivo correspondente no CPC/1973: art. 418-*caput*]

I — a inquirição de testemunhas referidas nas declarações da parte ou das testemunhas; [Dispositivo correspondente no CPC/1973: art. 418-I]

II — a acareação[1] de 2 (duas) ou mais testemunhas ou de alguma delas com a parte, quando, sobre fato determinado que possa influir na decisão da causa, divergirem as suas declarações. [Dispositivo correspondente no CPC/1973: art. 418-II]

§ 1º Os acareados serão reperguntados para que expliquem os pontos de divergência, reduzindo-se a termo o ato de acareação. [Sem dispositivo correspondente no CPC/1973]

§ 2º A acareação pode ser realizada por videoconferência ou por outro recurso tecnológico de transmissão de sons e imagens em tempo real.[2] [Sem dispositivo correspondente no CPC/1973]

Art. 461: 1. "Faculta-se ao juiz a acareação de duas ou mais testemunhas ou de alguma delas com a parte quando, sobre fato determinado que possa influir na decisão da causa, divergirem suas declarações. Se o **fato é inócuo ou insuscetível de influir no julgamento da causa,** pela própria maneira vaga como foi relatado, pode o juiz, como condutor da prova, indeferir legitimamente o pedido de acareação, inútil e, igualmente, protelatório" (RT 676/93).

Art. 461: 2. v. arts. 236 § 3º e 453 §§ 1º e 2º.

Art. 462. A testemunha pode requerer ao juiz o pagamento da despesa que efetuou para comparecimento à audiência,[1] devendo a parte pagá-la logo que arbitrada ou depositá-la em cartório dentro de 3 (três) dias. [Dispositivo correspondente no CPC/1973: art. 419-*caput*]

Art. 462: 1. v. art. 84.

Art. 463. O depoimento prestado em juízo é considerado serviço público. [Dispositivo correspondente no CPC/1973: art. 419 § ún.]

Parágrafo único. A testemunha, quando sujeita ao regime da legislação trabalhista, não sofre, por comparecer à audiência, perda de salário nem desconto no tempo de serviço. [Dispositivo correspondente no CPC/1973: art. 419 § ún.]

Seção X | DA PROVA PERICIAL[1]

SEÇ. X: 1. s/ perito, v. arts. 156 a 158.

S/ perícias requeridas pela Fazenda Pública, pelo Ministério Público ou pela Defensoria Pública, v. art. 91, § 1º; honorários periciais, v. art. 95; impedimento e suspeição do perito, v. art. 148-II; inspeção judicial com auxílio de perito, v. art. 482; legitimidade do perito para recorrer quanto à fixação da sua remuneração, v. art. 996, nota 13.

S/ perícia em: arguição de falsidade, v. art. 432; liquidação por arbitramento, v. art. 510; ação de exigir contas, v. art. 550 § 5º; ação de divisão e demarcação de terras, v. arts. 573, 579 a 587 e 590 a 597; dissolução parcial de sociedade, v. arts. 604-III e 606 § ún.; restauração de autos, v. art. 715 § 2º; interdição, v. art. 756; execução de coisa incerta, v. art. 812; embargos de retenção, v. art. 917 § 5º.

Art. 464. A prova pericial[1-2] consiste em exame,[3 a 4c] vistoria ou avaliação. [Dispositivo correspondente no CPC/1973: art. 420-*caput*]

§ 1º O juiz indeferirá a perícia quando:[5-6] [Dispositivo correspondente no CPC/1973: art. 420 § ún.]

I — a prova do fato não depender de conhecimento especial de técnico;[7 a 8] [Dispositivo correspondente no CPC/1973: art. 420-I]

II — for desnecessária em vista de outras provas produzidas; [Dispositivo correspondente no CPC/1973: art. 420-II]

III — a verificação for impraticável. [Dispositivo correspondente no CPC/1973: art. 420-III]

§ 2º De ofício ou a requerimento das partes, o juiz poderá, em substituição à perícia, determinar a produção de prova técnica simplificada, quando o ponto controvertido for de menor complexidade. [Sem dispositivo correspondente no CPC/1973]

§ 3º A prova técnica simplificada consistirá apenas na inquirição de especialista, pelo juiz, sobre ponto controvertido da causa que demande especial conhecimento científico ou técnico. [Dispositivo correspondente no CPC/1973: art. 421 § 2º]

§ 4º Durante a arguição, o especialista, que deverá ter formação acadêmica específica na área objeto de seu depoimento, poderá valer-se de qualquer recurso tecnológico de transmissão de sons e imagens com o fim de esclarecer os pontos controvertidos da causa. [Sem dispositivo correspondente no CPC/1973]

Art. 464: 1. s/ perícia como prova exclusiva, v. art. 371, nota 2a; dispensa da prova pericial, v. art. 472; inspeção judicial, v. arts. 481 a 484.

Art. 464: 2. "Não viola direito líquido e certo, tutelável pela via excepcional do *writ* contra ato judicial, a decisão do magistrado que, nas circunstâncias do caso concreto, autoriza o início da **perícia antes da citação** da parte adversa" (STJ-4ª T., RMS 381, Min. Athos Carneiro, j. 21.8.90, DJU 10.9.90).

Art. 464: 3. CC 232: "A recusa à perícia médica ordenada pelo juiz poderá suprir a prova que se pretendia obter com o exame".

LIP 2º-A § ún.: "A recusa do réu em se submeter ao exame de código genético — DNA gerará a presunção da paternidade, a ser apreciada em conjunto com o contexto probatório".

Art. 464: 3a. Não atenta contra o direito à intimidade do réu, ainda que casado, o deferimento de **exame hematológico** em ação de investigação de paternidade (JTJ 260/369).

Art. 464: 4. Ninguém pode ser coagido ao exame ou inspeção corporal, para prova no cível (STF-Pleno, HC 71.373, Min. Marco Aurélio, j. 10.11.94, 4 votos vencidos, DJU 22.11.96; RJTJESP 112/368, Amagis 12/152). **Contra:** RJTJERGS 162/233.

Súmula 301 do STJ: "Em ação investigatória, a recusa do suposto pai a submeter-se ao exame de DNA induz presunção *juris tantum* de paternidade". Essa Súmula também se aplica aos herdeiros do investigado, quando figurarem como parte na ação investigatória (STJ-4ª T., REsp 1.253.504, Min. Isabel Gallotti, j. 13.12.11, DJ 1.2.12). Ainda, ela tem aplicação no sentido inverso: a recusa do filho a realizar o exame de DNA gera presunção em favor da paternidade alegada pelo suposto pai (RT 839/219, JTJ 293/208). **Todavia:** "A presunção relativa decorrente da recusa do suposto pai em submeter-se ao exame de DNA, nas ações de investigação de paternidade, cristalizada na Súmula 301/STJ, não pode ser estendida aos seus descendentes, por se tratar de direito personalíssimo e indisponível" (STJ-RDPr 42/384: 4ª T., REsp 714.969). Ainda: "A presunção de paternidade que decorre da Súmula 301 do STJ não tem aplicação para o caso de presumir-se a não paternidade, quando a filha não comparece ao exame de DNA, em se tratando de uma menor impúbere, que dependia da genitora para a realização da perícia. Ação que deve ser instruída, para que o autor comprove o erro no registro de nascimento, e demonstre não ter havido paternidade socioafetiva entre ele e a filha. Sentença de procedência da negatória de paternidade desconstituída" (RBDFS 14/149: TJRS, AP 70033276502). Na mesma linha: "A interpretação do enunciado sumular *a contrario sensu*, na hipótese dos autos, afronta o princípio do melhor interesse do menor e seu direito à identidade e desenvolvimento da personalidade" (STJ-3ª T., REsp 1.272.691, Min. Nancy Andrighi, j. 5.11.13, DJ 8.11.13). Também: "A recusa da recorrida em se submeter ao exame de DNA foi plenamente justificável pelas circunstâncias constantes dos autos, não havendo qualquer presunção negativa diante de seu comportamento. Isto porque, no conflito entre o interesse patrimonial do recorrente para reconhecimento da verdade biológica e a dignidade da recorrida em preservar sua personalidade — sua intimidade, identidade, seu *status* jurídico de filha —, bem como em respeito a memória e existência do falecido pai, deverá se dar primazia aos últimos" (STJ-4ª T., REsp 1.115.428, Min. Luis Felipe, j. 27.8.13, RT 941/255).

A presunção em questão não é absoluta, de modo que a negativa do réu não pode levar o juízo a presumir como verdadeiros os fatos, "já que não há cega vinculação ao resultado do exame de DNA ou à sua recusa, que devem ser apreciados em conjunto com o contexto probatório global dos autos" (STJ-4ª T., REsp 409.285, Min. Aldir Passarinho Jr., j. 7.5.02, DJU 26.8.02).

"Apesar de a Súmula 301/STJ ter feito referência à presunção *juris tantum* de paternidade na hipótese de recusa do investigado em se submeter ao exame de DNA, os precedentes jurisprudenciais que sustentaram o entendimento sumulado definem que esta circunstância não desonera o autor de comprovar, minimamente, por meio de provas indiciárias, a existência de relacionamento íntimo entre a mãe e o suposto pai" (STJ-3ª T., REsp 692.242, Min. Nancy Andrighi, j. 28.6.05, DJU 12.9.05). No mesmo sentido: STJ-4ª T., REsp 1.068.836, Min. Honildo Castro, j. 18.3.10, DJ 19.4.10.

"A persistente recusa ao exame pericial perpetrada pela mãe da criança, conjugada à existência de um laudo nos autos atestando a ausência de vínculo de parentesco entre as partes, somado, ainda, à conduta do autor, se dispondo a realizar por diversas vezes novo teste genético em juízo e à ausência de prova testemunhal em sentido diverso, dá ensejo a que seja reconhecido o alegado maltrato ao art. 232 do CC" (STJ-RT 890/191: 4ª T., REsp 786.312, um voto vencido).

A recusa à realização de exame de DNA, conjugada com o reconhecimento da existência de relação sexual entre as partes, autoriza a procedência da ação de investigação de paternidade (RT 830/357). Todavia, negando a paternidade em caso no qual a recusa à realização do exame de DNA veio desacompanhada de outros elementos: RT 881/289 (TJMG, AP 1.0433.05.152448-9/004).

"A recusa do suposto pai em realizar segundo exame pericial, quando o primeiro exame concluiu pela negativa de paternidade, não pode ser acolhida como prova desfavorável ao réu, tendo em vista que tal presunção esbarraria no resultado do laudo apresentado pelos peritos no primeiro exame, não contestado em nenhum aspecto pelo recorrente" (STJ-3ª T., REsp 777.435, Min. Sidnei Beneti, j. 15.12.09, DJ 18.12.09).

V. tb. arts. 355, nota 7a, e 370, nota 6b.

Art. 464: 4a. Na ação de investigação de paternidade, não é possível forçar o exame hematológico em **pessoa que não é parte no processo** (RT 715/140, maioria, RJTJESP 110/319, JTJ 195/110), como, por exemplo, a testemunha na ação (RT 715/241).

Todavia, não é ilegal a determinação de perícia complementar sanguínea na pessoa de parentes próximos do réu (RT 720/220, maioria), sem qualquer obrigatoriedade, porém, de comparecimento destes ao exame (JTJ 164/260).

Art. 464: 4b. "A **exumação de cadáver,** em ação de investigação de paternidade, para realização de exame de DNA, é faculdade conferida ao magistrado pelo art. 130 do Código de Processo Civil" (STJ-4ª T., AI 1.159.165-AgRg, Min. Luis Felipe, j. 24.11.09, DJ 4.12.09). No mesmo sentido: STJ-3ª T., Pet 8.321-AgRg, Min. Massami Uyeda, j. 5.4.11, DJ 25.4.11.

Art. 464: 4c. "A extinção do processo em razão do não comparecimento do autor à perícia médica somente pode ser decretada após a sua **intimação pessoal,** nos termos claros do art. 267, § 1º, do CPC. Precedentes. Recurso conhecido e provido" (STJ-1ª T., REsp 3.083-0, Min. Garcia Vieira, j. 3.5.93, maioria, DJU 7.6.93).

A intimação para que a parte compareça a fim de submeter-se a exame pericial deve ser feita pessoalmente (RSTJ 55/100, STJ-RT 657/192). Nesse caso, não vale a realizada por publicação na imprensa oficial (RSTJ 55/107, maioria; RT 708/206), nem a intimação feita ao seu advogado e não à parte (RSTJ 62/368; STJ-4ª T., REsp 17.585-0, Min. Gomes de Barros, j. 16.8.93, DJU 20.9.93).

Todavia: "Não tendo o autor comparecido à perícia designada, nem tendo sido encontrado no endereço constante da inicial, e intimada a parte para dar prosseguimento, sem resultado, pode o juiz decretar a extinção do processo" (RSTJ 52/194, maioria). No mesmo sentido: Lex-JTA 145/401.

Art. 464: 5. Não é agravável a decisão que delibera sobre realização de perícia. Eventual inconformismo deve ser manifestado na forma do art. 1.009 § 1º.

Art. 464: 6. "O indeferimento de perícia, oportuna e fundamentadamente requerida, que se revela essencial ao deslinde da controvérsia posta em juízo implica **cerceamento de defesa.** A perícia judicial somente pode ser dispensada, com base no art. 427 do CPC, se não comprometer o contraditório, vale dizer, quando ambas as partes apresentam desde logo elementos de natureza técnica prestadios a que o juiz forme a sua convicção. É a exegese que se impõe, pois, fora daí, sequer haveria a igualdade no tratamento das partes, que a lei processual manda observar" (RSTJ 73/382). No mesmo sentido: JTJ 340/33 (AI 599.948-4/5-00).

"O indeferimento da prova requerida e indispensável, sem justificativa, caracteriza ofensa aos arts. 332 e 420 do Código de Ritos" (STJ-RJTJERGS 163/27). Tratava-se de indeferimento de exame hematológico, em ação de investigação de paternidade.

"A realização de prova pericial é direito da parte, que somente pode ser negado se configurada qualquer das hipóteses referidas no parágrafo único do art. 420 do CPC, do que decorre a impossibilidade de ser indeferida sem qualquer justificativa" (RTFR 164/39). No mesmo sentido: Lex-JTA 173/439.

"Alinhando a embargante indícios ou aparência de verdade, relativamente ao resultado que possa ser obtido com a perícia, deve esta ser deferida" (RTFR 134/129).

Pode o juiz indeferir a perícia, requerida na petição inicial, sob fundamento de que ela somente seria cabível em liquidação, se a ação fosse julgada procedente? v. art. 370, nota 3.

Art. 464: 7. O juiz, sob fundamento de que tem **conhecimentos técnicos** acerca da matéria em juízo, não pode deixar de nomear perito (Lex-JTA 143/137, bem fundamentado).

"Em se tratando de matéria complexa, em que se exige o conhecimento técnico ou científico, a perícia deve ser realizada. O juiz, ainda que não esteja vinculado às conclusões do laudo pericial, não pode realizar os cálculos 'de próprio punho'. Isso porque, com a determinação da perícia, as partes terão a oportunidade de participar da produção probatória, com a nomeação de assistentes técnicos e a formulação de quesitos. Assim, a realização da prova pericial, quando o fato a ser demonstrado exigir conhecimento técnico ou científico, é um direito da parte, não podendo o magistrado indeferi-la, ainda que possua capacitação técnica" (STJ-2ª T., Ag em REsp 184.563-AgRg, Min. Humberto Martins, j. 16.8.12, DJ 28.8.12).

"Não é dado ao julgador, ainda que detenha cultura técnica em outras áreas além da jurídica, valer-se de seus conhecimentos em detrimento da prova pericial, produzida nos termos da lei, com inteira submissão ao princípio do contraditório" (STJ-3ª T., REsp 1.549.510, Min. João Otávio, j. 23.2.16, DJ 4.3.16).

Art. 464: 7a. Casos em que se afirmou dispensável a perícia:

— sendo jurídicos os conceitos de **imitação, reprodução ou confusão de marca de indústria e comércio,** é desnecessária a realização de perícia para a sua verificação (RT 625/67);

— nas demandas fundadas em **acidente do trabalho,** estando a controvérsia limitada ao fornecimento ou não de **equipamento de proteção,** é dispensável a perícia, pois "o acidente do trabalho decorrente de negligência e imprevidência perceptíveis ao homem comum pode ser provado testemunhalmente" (STJ-3ª T., REsp 613.272, Min. Menezes Direito, j. 13.9.05, DJU 21.11.05).

Art. 464: 8. Casos em que se afirmou necessária a perícia:

— "a existência de **erro médico** cometido em cirurgia de hérnia inguinal em recém-nascido, por suas peculiaridades técnicas, é questão que só pode ser aferida mediante perícia" (STJ-3ª T., REsp 1.135.150, Min. Nancy Andrighi, j. 5.4.11, DJ 26.4.11). Em sentido semelhante: RT 905/356 (TJRS, AP 70038049631);

— "**Plano de saúde. Reajuste** por aumento de faixa etária. Causa de pedir. Alegação de que o reajuste não tem esteio atuarial, caracterizando-se como discriminatório para com os idosos. Questão claramente técnica. Julgamento de procedência da causa, sem produção de perícia atuarial, para aferir o próprio fato constitutivo de direito da parte autora. *Error in procedendo*" (STJ-4ª T., REsp 1.754.369-AgInt, Min. Luis Felipe, j. 25.5.20, DJ 1.6.20);

— "É direito subjetivo do suposto infrator a realização de perícia para comprovar a ineficácia poluente de sua conduta, não sendo suficientes para torná-la prescindível informações obtidas de sítio da internet. A prova pericial é necessária sempre que a prova do fato depender de conhecimento técnico, o que se revela aplicável na **seara ambiental** ante a complexidade do bioma e da eficácia poluente dos produtos decorrentes do engenho humano" (STJ-2ª T., REsp 1.060.753, Min. Eliana Calmon, j. 1.12.09, DJ 14.12.09);

— "a análise dos **balanços contábeis** da empresa depende de conhecimentos técnicos específicos, sendo matéria que escapa às regras da experiência comum do magistrado. A matéria relativa à natureza jurídica do valor cobrado na presente ação é de fato, está controvertida, e demanda instrução probatória, com a realização de perícia por profissional habilitado, a qual, aliás, foi requerida oportunamente pelas partes" (STJ-3ª T., REsp 1.324.681, Min. Nancy Andrighi, j. 9.4.13, DJ 15.4.13).

Art. 465. O juiz nomeará perito especializado[1 a 1b] no objeto da perícia e fixará de imediato o prazo para a entrega do laudo.[1c] [Dispositivo correspondente no CPC/1973: art. 421-*caput*]

§ 1º Incumbe às partes, dentro de 15 (quinze) dias contados da intimação do despacho de nomeação do perito:[2 a 2b] [Dispositivo correspondente no CPC/1973: art. 421 § 1º]

I — arguir o impedimento ou a suspeição do perito, se for o caso;[3] [Sem dispositivo correspondente no CPC/1973]

II — indicar[4] assistente técnico;[4a] [Dispositivo correspondente no CPC/1973: art. 421-I]

III — apresentar quesitos.[5] [Dispositivo correspondente no CPC/1973: art. 421-II]

§ 2º Ciente da nomeação, o perito apresentará em 5 (cinco) dias: [Sem dispositivo correspondente no CPC/1973]

I — proposta de honorários; [Sem dispositivo correspondente no CPC/1973]

II — currículo, com comprovação de especialização;[5a] [Dispositivo correspondente no CPC/1973: art. 145 § 2º]

III — contatos profissionais, em especial o endereço eletrônico,[6] para onde serão dirigidas as intimações pessoais. [Sem dispositivo correspondente no CPC/1973]

§ 3º As partes serão intimadas da proposta de honorários para, querendo, manifestar-se no prazo comum de 5 (cinco) dias, após o que o juiz arbitrará o valor, intimando-se as partes para os fins do art. 95.[6a a 6d] [Sem dispositivo correspondente no CPC/1973]

§ 4º O juiz poderá autorizar o pagamento de até cinquenta por cento dos honorários arbitrados a favor do perito no início dos trabalhos, devendo o remanescente ser pago apenas ao final, depois de entregue o laudo e prestados todos os esclarecimentos necessários.[7] [Dispositivo correspondente no CPC/1973: art. 33 § ún.]

§ 5º Quando a perícia for inconclusiva ou deficiente, o juiz poderá reduzir a remuneração inicialmente arbitrada para o trabalho.[7a] [Sem dispositivo correspondente no CPC/1973]

§ 6º Quando tiver de realizar-se por carta, poder-se-á proceder à nomeação de perito e à indicação de assistentes técnicos no juízo ao qual se requisitar a perícia.[8] [Dispositivo correspondente no CPC/1973: art. 428]

Art. 465: 1. s/ remuneração do perito, v. arts. 82 e 95; falta de depósito prévio da remuneração do perito, v. art. 95, notas 6 e 7; impedimento e suspeição do perito, v. art. 148-II; perito, v. arts. 156 a 158; recurso do perito, quanto à fixação da sua remuneração, v. art. 996, nota 13.

Art. 465: 1a. A nomeação do perito deve ser feita por ocasião da determinação das provas a serem produzidas (art. 357-II e § 8º).

Art. 465: 1b. "É possível, pelas peculiaridades da espécie, ao juiz da causa designar vistor para proceder perícia nos livros e contabilidade da empresa que se encontram em sua sede, localizada fora da comarca" (STJ-4ª T., REsp 95.314, Min. Cesar Rocha, j. 29.4.98, DJU 22.6.98).

Art. 465: 1c. v. art. 357 § 8º.

S/ prorrogação do prazo, v. art. 476.

Art. 465: 2. A **falta de intimação** das partes acerca da **decisão que determina a realização de perícia** enseja a invalidação desta (STJ-6ª T., REsp 812.027, Min. Maria Thereza, j. 5.10.10, DJ 18.10.10; RSTJ 112/138).

Art. 465: 2a. "A falta de intimação do **despacho de nomeação de perito** pode ser suprida, pelo juiz, com a ampliação do prazo do art. 421, § 1º, do CPC, para garantia da participação do assistente técnico na perícia" (STJ-3ª T., REsp 1.932, Min. Gueiros Leite, j. 14.5.90, DJU 11.6.90).

Art. 465: 2b. "Possível a apresentação dos **quesitos** e a indicação de **assistente técnico,** ainda que **fora do prazo** previsto no artigo 421, § 1º, do Código de Processo Civil, desde que ainda não iniciados os trabalhos periciais" (STJ-3ª T., AI 381.069-AgRg, Min. Menezes Direito, j. 13.8.01, DJU 8.10.01). No mesmo sentido: STJ-4ª T., REsp 796.960, Min. Fernando Gonçalves, j. 15.4.10, DJ 26.4.10; STJ-1ª T., REsp 182.548, Min. José Delgado, j. 15.10.98, DJU 22.3.99; RT 469/167, 639/77, 729/748, 761/292, 855/276, RJTJESP 93/266, 118/356, 125/330; JTJ 325/182: AI 1.112.401-0/3; JTA 76/16, 98/9, Lex-JTA 140/42, 168/47, RJM 181/253.

Alguns acórdãos considerando o prazo como preclusivo: RTJ 93/1.363, RT 578/179, 595/105, RJTJESP 47/251, 92/270, JTJ 199/125, RF 187/296, JTA 60/69, 86/256, RAMPR 44/176.

S/ prazo para quesitos suplementares, v. art. 469 e notas.

Art. 465: 3. "É aberrante a nomeação, pelo juiz, de parente, cônjuge, consanguíneo ou afim, bem como de amigo íntimo, como perito do juízo, comportamento esse que macula a imagem do Poder Judiciário, corrói a sua credibilidade social e viola frontalmente os deveres de 'assegurar às partes igualdade de tratamento' e 'prevenir ou reprimir qualquer ato contrário à dignidade da justiça' (CPC, art. 125, I e III)" (STJ-RP 188/351: 2ª T., RMS 15.316).

V. tb. art. 148, especialmente notas 2 a 6c.

Art. 465: 4. A indicação é facultativa.

O assistente técnico não passa de mero assessor dos litigantes (v. art. 466 § 1º); não é perito do juízo. Por isso, cada litisconsorte é livre para indicar seu assistente, especialmente no caso de interesses distintos ou antagônicos.

Art. 465: 4a. s/ indicação de pessoa jurídica para servir como assistente técnico da parte, v. art. 156, nota 3a; possibilidade de indicação de assistente técnico: em demarcação, v. art. 579, nota 2; em inventário, v. art. 630, nota 1; em execução fiscal, v. LEF 13, nota 7a.

Art. 465: 5. v. arts. 470-I (quesitos impertinentes) e 477 § 3º (quesitos elucidativos).

Art. 465: 5a. v. art. 156 § 1º e notas.

S/ substituição do perito que não possui conhecimento técnico ou científico, v. art. 468-I.

Art. 465: 6. i. e., ***e-mail.***

Art. 465: 6a. "Na fixação dos honorários do perito, o juiz deve considerar o valor da causa, as condições financeiras das partes, a complexidade ou as dificuldades, bem como o tempo despendido para a realização do trabalho" (RT 826/302). V. tb. JTJ 298/455.

Art. 465: 6b. Se a remuneração do perito não foi fixada previamente em caráter definitivo, deverá ser estabelecida na sentença (v. nota 7) ou mesmo após esta (JTJ 180/191).

Art. 465: 6c. A remuneração do perito "deve, em princípio, fixar-se desde logo, em atenção à regra de que o pagamento das despesas haverá de ser adiantado pelas partes" (RSTJ 131/224).

Art. 465: 6d. "O trabalho do auxiliar da administração da justiça tem por regulamento maior o critério judicial", não estando, por isso, o magistrado na obrigação de fixar os honorários do perito de acordo com tabelas editadas por entidades de classe (Bol. AASP 1.628/58), nem de arbitrá-los de acordo com o valor da causa (Lex-JTA 147/42).

Art. 465: 7. Se a remuneração do perito foi fixada previamente, em caráter provisório, pode e deve ser revista por ocasião da sentença (JTA 106/426).

Art. 465: 7a. s/ substituição de perito e restituição de honorários periciais, v. art. 468 §§ 2º e 3º.

Art. 465: 8. v. art. 260 §§ 1º e 2º; s/ avaliação em inventário, v. art. 632.

Art. 466. O perito cumprirá escrupulosamente o encargo que lhe foi cometido, independentemente de termo de compromisso. [Dispositivo correspondente no CPC/1973: art. 422]

§ 1º Os assistentes técnicos são de confiança da parte e não estão sujeitos a impedimento ou suspeição. [Dispositivo correspondente no CPC/1973: art. 422]

§ 2º O perito deve assegurar aos assistentes das partes o acesso e o acompanhamento das diligências e dos exames que realizar, com prévia comunicação, comprovada nos autos, com antecedência mínima de 5 (cinco) dias. [Sem dispositivo correspondente no CPC/1973]

Art. 467. O perito pode escusar-se ou ser recusado por impedimento ou suspeição.[1-2] [Dispositivo correspondente no CPC/1973: art. 423]

Parágrafo único. O juiz, ao aceitar a escusa ou ao julgar procedente a impugnação, nomeará novo perito. [Dispositivo correspondente no CPC/1973: art. 423]

Art. 467: 1. v. art. 148-II e respectivas notas.

Art. 467: 2. "Médico não pode ser perito de paciente seu, por força do Código de Ética Médica" (JTAERGS 73/136).

Art. 468. O perito pode ser substituído[1 a 3] quando: [Dispositivo correspondente no CPC/1973: art. 424-*caput*]

I — faltar-lhe conhecimento técnico ou científico;[4] [Dispositivo correspondente no CPC/1973: art. 424-I]

II — sem motivo legítimo, deixar de cumprir o encargo no prazo que lhe foi assinado.[5] [Dispositivo correspondente no CPC/1973: art. 424-II]

§ 1º No caso previsto no inciso II, o juiz comunicará a ocorrência à corporação profissional respectiva, podendo, ainda, impor multa ao perito, fixada tendo em vista o valor da causa e o possível prejuízo decorrente do atraso no processo. [Dispositivo correspondente no CPC/1973: art. 424 § ún.]

§ 2º O perito substituído restituirá, no prazo de 15 (quinze) dias, os valores recebidos pelo trabalho não realizado, sob pena de ficar impedido de atuar como perito judicial pelo prazo de 5 (cinco) anos.[6] [Sem dispositivo correspondente no CPC/1973]

§ 3º Não ocorrendo a restituição voluntária de que trata o § 2º, a parte que tiver realizado o adiantamento dos honorários poderá promover execução contra o perito, na forma dos arts. 513 e seguintes deste Código, com fundamento na decisão que determinar a devolução do numerário. [Sem dispositivo correspondente no CPC/1973]

Art. 468: 1. "O perito judicial é um auxiliar do Juízo e não um servidor público. Logo, sua **desconstituição dispensa a instauração de qualquer processo administrativo** ou arguição por parte do magistrado que o nomeou, não lhe sendo facultado a ampla defesa ou o contraditório nestes casos, pois seu afastamento da função pode se dar *ex officio* e *ad nutum*, quando não houver mais o elo de confiança. Isto pode ocorrer em razão da precariedade do vínculo entre ele e o poder público, já que seu auxílio é eventual" (STJ-4ª T., RMS 12.963, Min. Jorge Scartezzini, j. 21.10.04, DJU 6.12.04). Segundo esse acórdão, "a quebra da confiança entre o auxiliar e o magistrado é espécie intrínseca do elo, que se baseia no critério personalíssimo da escolha do profissional para a função. Assim como pode o juiz nomeá-lo, pode removê-lo a qualquer momento".

No mesmo sentido, entendendo que o perito pode ser removido de ofício pelo juiz, ainda que não se verifiquem as hipóteses do dispositivo: JTA 48/197.

"Quebrada a confiança do magistrado, e constatada a falta de isenção na elaboração do laudo pericial, pode o juiz determinar, inclusive de ofício, a substituição do *expert*, com a devolução dos honorários à parte que não contribui para o fato e se viu devidamente prejudicada" (STJ-2ª T., RMS 22.514, Min. Humberto Martins, j. 6.2.07, DJ 18.11.08).

Art. 468: 2. Se o perito foi **nomeado pelo tribunal,** quando converteu o julgamento em diligência, não pode ser substituído pelo juiz (JTA 97/314).

Art. 468: 3. **Falecendo o perito** antes de ser juntado aos autos o seu laudo, já pronto, outro deve ser nomeado em substituição (RJTJESP 124/234).

Art. 468: 4. É inidônea a prova, se o perito não tem o conhecimento técnico necessário para a elaboração do laudo (RTJ 83/964).

V. art. 156, notas 4 e segs.

Art. 468: 5. "Somente por motivo de força maior é permitida a substituição de **assistente técnico** nomeado pela parte" (STJ-4ª T., REsp 655.363, Min. Aldir Passarinho Jr., j. 4.12.08, DJ 2.2.09). No mesmo sentido: STJ-2ª T., Resp 45.491, j. 6.3.97, RSTJ 95/160.

Art. 468: 6. v. § 3º.

S/ perícia inconclusiva e redução dos honorários periciais, v. art. 465 § 5º.

Art. 469. As partes poderão apresentar quesitos suplementares[1] durante a diligência, que poderão ser respondidos pelo perito previamente ou na audiência de instrução e julgamento. [Dispositivo correspondente no CPC/1973: art. 425]

Parágrafo único. O escrivão dará à parte contrária[2] ciência da juntada dos quesitos aos autos. [Dispositivo correspondente no CPC/1973: art. 425]

Art. 469: 1. Só se admitem quesitos suplementares **antes da apresentação do laudo** (STJ-4ª T., REsp 110.784, Min. Cesar Rocha, j. 5.8.97, DJU 13.10.97; RT 471/136, 618/152, RJTJESP 112/370, JTA 94/32). Mas se, em verdade, tiverem caráter meramente elucidativo, poderão ser respondidos como tais na audiência (RT 672/141, 741/238, JTA 126/180).

"Conquanto seja assegurado à parte apresentar quesitos suplementares, essa faculdade deve ser apreciada com atenção, a fim de se evitar ações procrastinatórias, que retardem a marcha processual" (STJ-4ª T., REsp 697.446, Min. Cesar Rocha, j. 27.3.07, DJU 24.9.07).

A parte que não formulou quesitos principais no prazo do art. 465 § 1º-III não pode apresentar quesitos suplementares (RTJ 93/1.363). No mesmo sentido: RTJ 133/341; STF-RT 614/216; TFR-5ª T., Ag 45.793, Min. Torreão Braz, j. 26.11.86, DJU 5.2.87; JTA 105/180. **Contra:** RJTJESP 109/268 (com o argumento de que o juiz pode subscrever os quesitos da parte, ainda que fora de prazo), JTJ 164/217 ("Enquanto não devolvido o laudo pericial, qualquer quesito pode ser formulado, mesmo que nenhum tenha sido feito antes"), RAMPR 44/176 (admitindo unicamente quesitos que visem a "complementar os da parte contrária, mas sem ampliar o objetivo da perícia").

S/ quesitos suplementares e honorários de perito, v. art. 95, nota 3; esclarecimentos do perito, v. art. 477 § 3º.

Art. 469: 2. Os quesitos suplementares também estão sujeitos à **aprovação do juiz** (art. 470-I); aprovados, dos mesmos deve ter ciência o perito com tempo de os incluir nas respostas.

Art. 470. Incumbe ao juiz: [Dispositivo correspondente no CPC/1973: art. 426-*caput*]

I — indeferir quesitos impertinentes;[1 a 4] [Dispositivo correspondente no CPC/1973: art. 426-I]

II — formular os quesitos que entender necessários ao esclarecimento da causa. [Dispositivo correspondente no CPC/1973: art. 426-II]

Art. 470: 1. por decisão fundamentada (v. arts. 11 e 489 § 1º).

Essa decisão não é agravável. Eventual inconformismo deverá ser manifestado na forma do art. 1.009 § 1º.

Art. 470: 1a. "Quesitos. Devem ser **objetivos,** respondíveis pela perícia; devem ser afastados aqueles que possam ser respondidos por outras formas de prova: testemunhos, documentos, vistorias e perícias de outra natureza" (RJTJERGS 165/207).

Art. 470: 2. "O quesito impertinente, se não foi indeferido no juízo de 1º grau, como lhe competia (art. 426, I, do CPC), cabe, em grau de recurso, seja excluído ou desconsiderado, caso já tenha sido respondido" (RT 687/103). V. nota 1, acima.

Art. 470: 3. "As partes devem ser intimadas do indeferimento de quesitos; a efetivação da medida sem tal intimação prévia constitui cerceamento de direito" (RJTJERGS 165/207).

Art. 470: 4. "O quesito formulado no sentido de que os peritos e assistentes técnicos informem se fora praticado algum ato lesivo ao patrimônio público encerra conteúdo de **juízo de mérito,** e não prova de fato, excedendo, portanto, os limites e objetivos da prova pericial" (RT 842/357). V. tb. art. 473 § 2º.

Art. 471. As partes podem, de comum acordo, escolher o perito, indicando-o mediante requerimento, desde que:[1] [Sem dispositivo correspondente no CPC/1973]

I — sejam plenamente capazes;[2]

II — a causa possa ser resolvida por autocomposição.

§ 1º As partes, ao escolher o perito, já devem indicar os respectivos assistentes técnicos para acompanhar a realização da perícia, que se realizará em data e local previamente anunciados.

§ 2º O perito e os assistentes técnicos devem entregar, respectivamente, laudo e pareceres em prazo fixado pelo juiz.

§ 3º A perícia consensual substitui, para todos os efeitos, a que seria realizada por perito nomeado pelo juiz.

Art. 471: 1. s/ negócio jurídico processual, v. art. 190.

Art. 471: 2. v., no nosso CCLCV, CC 3º a 5º, bem como respectivas notas.

Art. 472. O juiz poderá dispensar prova pericial quando as partes, na inicial e na contestação, apresentarem, sobre as questões de fato, pareceres técnicos ou documentos elucidativos que considerar suficientes. [Dispositivo correspondente no CPC/1973: art. 427]

Art. 473. O laudo pericial deverá conter: [Sem dispositivo correspondente no CPC/1973]

I — a exposição do objeto da perícia; [Sem dispositivo correspondente no CPC/1973]

II — a análise técnica ou científica realizada pelo perito; [Sem dispositivo correspondente no CPC/1973]

III — a indicação do método utilizado, esclarecendo-o e demonstrando ser predominantemente aceito pelos especialistas da área do conhecimento da qual se originou; [Sem dispositivo correspondente no CPC/1973]

IV — resposta conclusiva a todos os quesitos apresentados pelo juiz, pelas partes e pelo órgão do Ministério Público. [Sem dispositivo correspondente no CPC/1973]

§ 1º No laudo, o perito deve apresentar sua fundamentação em linguagem simples e com coerência lógica, indicando como alcançou suas conclusões. [Sem dispositivo correspondente no CPC/1973]

§ 2º É vedado ao perito ultrapassar os limites de sua designação, bem como emitir opiniões pessoais que excedam o exame técnico ou científico do objeto da perícia.[1] [Sem dispositivo correspondente no CPC/1973]

§ 3º Para o desempenho de sua função, o perito e os assistentes técnicos podem valer-se de todos os meios necessários,[1a] ouvindo testemunhas,[2] obtendo informações, solicitando documentos que estejam em poder da parte,[3] de terceiros ou em repartições públicas, bem como instruir o laudo com planilhas, mapas, plantas, desenhos, fotografias ou outros elementos necessários ao esclarecimento do objeto da perícia. [Dispositivo correspondente no CPC/1973: art. 429]

Art. 473: 1. v. art. 470, nota 4.

Art. 473: 1a. "Para a realização da perícia, o perito e o assistente técnico podem socorrer-se de todos os meios de coleta de dados necessários, inclusive **conhecimentos técnicos de outros profissionais,** devidamente qualificados nos autos" (STJ-2ª T., REsp 217.847, Min. Castro Filho, j. 4.5.04, DJU 17.5.04).

Art. 473: 2. "O perito não pode ser transformado em um pesquisador de prova testemunhal" (RT 484/92). Por isso mesmo, há um acórdão entendendo que, neste caso, para valer o testemunho por ele colhido, precisa ser reproduzido em juízo (RP 43/289, à p. 290).

Art. 473: 3. "Documentos, em poder da parte, solicitados pelo vistor oficial (CPC, art. 429). Não fornecimento que não implica imposição de multa, resolvendo-se a matéria pelas regras do ônus da prova (CPC, art. 333)" (JTJ 324/201: AI 7.191.324-5).

Art. 474. As partes terão ciência da data e do local designados pelo juiz ou indicados pelo perito para ter início a produção da prova.[1] [Dispositivo correspondente no CPC/1973: art. 431-A]

Art. 474: 1. A **ausência de comunicação da parte** quanto à data e ao local da realização da perícia implica a realização de nova prova pericial (RT 827/287).

"É nula a perícia produzida sem intimação das partes quanto ao dia e local de realização da prova" (STJ-3ª T., REsp 806.266, Min. Gomes de Barros, j. 18.10.07, DJU 31.10.07). No mesmo sentido: STJ-2ª T., REsp 1.070.733-AgRg, Min. Humberto Martins, j. 18.12.08, DJ 16.2.09; Bol. AASP 2.695 (TJRJ, AI 2009.002.02518; bem fundamentado).

"A realização da perícia psicológica — considerada sua alta carga de subjetividade, notadamente em se tratando da tutela do melhor interesse da criança — deve se dar com a rígida observância do disposto no art. 431-A do CPC. A possível supressão de informações derivada da ausência de acompanhamento do assistente técnico de uma das partes, em relação à qual não houve intimação para o início da produção da perícia, acarreta a nulidade desse laudo" (STJ-3ª T., REsp 1.153.849, Min. Nancy Andrighi, j. 9.11.10, um voto vencido, DJ 11.3.11). "Na perícia psicológica os assistentes técnicos devem ser previamente intimados para entrevista do perito judicial com o menor. Não tem a parte direito de exigir a filmagem ou a gravação da entrevista pericial com o menor, assinalando-se que já dispõe, a parte, da presença do seu assistente técnico no ato" (STJ-3ª T., REsp 1.324.075, Min. Sidnei Beneti, j. 5.6.12, DJ 3.10.12).

Todavia: "A inobservância da regra contida no art. 431-A do CPC, se não acarretar prejuízo, não enseja a nulidade da prova técnica, máxime se restou produzida sem irregularidades" (RT 868/284). No mesmo sentido: STJ-Corte Especial, ED no REsp 1.121.718, Min. Arnaldo Esteves, j. 18.4.12, dois votos vencidos, DJ 1.8.12.

"Se a perícia se desenvolve mediante a mera elaboração de cálculos, não há necessidade de intimação dos assistentes técnicos, à medida que não há diligências a serem acompanhadas" (STJ-3ª T., REsp 976.888, Min. Nancy Andrighi, j. 6.4.10, DJ 1.7.10).

"A ausência de intimação da parte para uma das vistorias de imóvel não torna a perícia nula, se não demonstrado o prejuízo, haja vista que outras doze foram promovidas com a devida intimação. Aplicação do brocardo *pas de nulitté sans grief* (arts. 244, 249 e 250 do CPC), segundo o qual descabe a anulação do processo por conta de vícios que não prejudiquem o bom andamento do feito" (STJ-4ª T., REsp 1.296.849, Min. Isabel Gallotti, j. 14.2.17, DJ 20.2.17).

V. tb. art. 274, nota 2.

Art. 475. Tratando-se de perícia complexa que abranja mais de uma área de conhecimento especializado, o juiz[1] poderá nomear mais de um perito,[1a-2] e a parte, indicar mais de um assistente técnico. [Dispositivo correspondente no CPC/1973: art. 431-B]

Art. 475: 1. É causa de nulidade da perícia a indicação do segundo *expert* pelo perito originalmente designado; a nomeação daquele deve ser feita necessariamente pelo juiz (STJ-2ª T., REsp 866.240, Min. Castro Meira, j. 22.5.07, DJU 8.8.07).

Todavia: "A rigor, diante da complexidade do trabalho pericial requerido, deve o perito informar a necessidade de nomeação de outro profissional com expertise para que os quesitos formulados pelas partes sejam respondidos em elucidação dos fatos controvertidos (art. 431-B, do CPC/73). Na hipótese, apesar de irregular a contratação de terceiro para desenvolver atividade para o qual o engenheiro agrônomo foi pessoalmente nomeado, as circunstâncias concretas dos autos revelam que o juízo foi informado da participação do engenheiro civil na confecção do laudo pericial de demarcação das terras litigiosas, sem que restasse evidenciado qualquer desvio da finalidade ou favorecimento de uma das partes na atividade pericial. Não há, portanto, violação do art. 135, do CPC/73, no particular" (STJ-3ª T., REsp 1.420.543, Min. Nancy Andrighi, j. 12.12.17, DJ 18.12.17).

Art. 475: 1a. "Da leitura do art. 475 do CPC/15 infere-se que a nomeação de mais de um perito constitui **faculdade do juiz,** não sendo possível, no caso concreto, obrigá-lo à designação de equipe multidisciplinar, especialmente quando, segundo seu convencimento, um perito especialista em engenharia ambiental é hábil a analisar os pontos levantados pelas partes" (STJ-1ª T., REsp 1.648.745-AgInt, Min. Sérgio Kukina, j. 27.11.18, DJ 6.12.18).

Art. 475: 2. "Internação involuntária por **transtorno psiquiátrico.** Prova pericial. Especialidade do perito. Neurocirurgião. **Necessidade de perícia complementar** por médico psiquiatra. A neurologia — e a neurocirurgia, por sua vez — é ramo da medicina que cuida das doenças que afetam o sistema nervoso; trata do corpo físico, portanto. A psiquiatria, noutro ângulo, é ramo da medicina que cuida das doenças emocionais e comportamentais, que até podem alterar o corpo físico, mas residem em uma dimensão imaterial. É extremamente delicada, complexa e singular a tarefa de analisar o que se passa na mente humana, sobretudo porque as enfermidades a ela relacionadas nem sempre se manifestam por sinais e sintomas no corpo físico. Ante a gravidade das circunstâncias descritas nos autos, que culminaram com a privação da liberdade da recorrente, é recomendável que à perícia do neurocirurgião se agregue o exame sob o enfoque emocional, mental e comportamental, por médico psiquiatra, complementando, assim, o estudo quanto ao estado de saúde psicofísico da periciada. A perícia psiquiátrica complementar visa a aferir, com maior segurança, se a recorrente sofria realmente de transtornos psiquiátricos de tamanha gravidade, aptos a justificar a adoção de medida tão drástica como a sua internação involuntária" (STJ-3ª T., REsp 1.704.544, Min. Nancy Andrighi, j. 22.5.18, DJ 28.5.18).

Art. 476. Se o perito, por motivo justificado, não puder apresentar o laudo dentro do prazo, o juiz poderá conceder-lhe, por uma vez, prorrogação pela metade do prazo originalmente fixado. [Dispositivo correspondente no CPC/1973: art. 432]

Art. 477. O perito protocolará o laudo em juízo, no prazo fixado pelo juiz, pelo menos 20 (vinte) dias antes da audiência de instrução e julgamento.[1] [Dispositivo correspondente no CPC/1973: art. 433-*caput*]

§ 1º As partes serão intimadas para, querendo, manifestar-se sobre o laudo do perito do juízo no prazo comum de 15 (quinze) dias,[2] podendo o assistente técnico de cada uma das partes, em igual prazo, apresentar seu respectivo parecer.[3-3a] [Dispositivo correspondente no CPC/1973: art. 433 § ún.]

§ 2º O perito do juízo tem o dever de, no prazo de 15 (quinze) dias, esclarecer ponto: [Sem dispositivo correspondente no CPC/1973]

I — sobre o qual exista divergência ou dúvida de qualquer das partes, do juiz ou do órgão do Ministério Público; [Sem dispositivo correspondente no CPC/1973]

II — divergente apresentado no parecer do assistente técnico da parte. [Sem dispositivo correspondente no CPC/1973]

§ 3º Se ainda houver necessidade de esclarecimentos, a parte requererá ao juiz que mande intimar o perito ou o assistente técnico a comparecer à audiência de instrução e julgamento,[3b] formulando, desde logo, as perguntas, sob forma de quesitos.[4 a 4c] [Dispositivo correspondente no CPC/1973: art. 435-*caput*]

§ 4º O perito ou o assistente técnico será intimado por meio eletrônico, com pelo menos 10 (dez) dias de antecedência da audiência.[5] [Dispositivo correspondente no CPC/1973: art. 435 § ún.]

Art. 477: 1. Deferida a realização de perícia, o juiz não pode realizar a audiência se o laudo não for protocolado com a antecedência prevista na lei (cf. RJTJESP 62/263). Mas o laudo pode ser juntado **fora do prazo** marcado pelo juiz, porém 20 dias antes, pelo menos, da audiência, desde que não haja prejuízo (RJTJESP 93/265) e exista justo motivo (JTA 107/434, 111/353).

Art. 477: 2. É nula a sentença se o juiz a profere sem dar oportunidade às **partes de se manifestarem sobre o laudo** apresentado (RTJ 107/176; RSTJ 109/192; STJ-3ª T., REsp 6.102, Min. Eduardo Ribeiro, j. 11.3.91, maioria, DJU 22.4.91).

Todavia, afastando a invalidade do julgado nessas circunstâncias, por entender ausente prejuízo no caso: "a parte não demonstrou o efetivo prejuízo, sendo inviável o reconhecimento da nulidade. Isso porque o fato sobre o qual recaiu a prova técnica não é determinante do resultado da demanda e não possui reflexo na tese defensiva da recorrente" (STJ-2ª T., REsp 1.084.440, Min. Castro Meira, j. 18.8.11, DJ 1.9.11).

Art. 477: 3. Cabe às partes providenciar os pareceres de seus assistentes técnicos; para isso devem ser intimadas da apresentação do laudo, através de seus advogados.

Art. 477: 3a. "O prazo de que dispõe o assistente técnico para juntada de seu parecer é preclusivo, de modo que, apresentado extemporaneamente, deve ser ele desentranhado" (STJ-4ª T., REsp 58.211, Min. Sálvio de Figueiredo, j. 19.8.97, DJU 29.9.97). No mesmo sentido: STJ-1ª T., REsp 918.121, Min. Luiz Fux, j. 2.12.08, DJ 17.12.08; STJ-3ª T., REsp 1.155.403-AgRg, Min. Sidnei Beneti, j. 19.2.13, DJ 28.2.13.

"Atraso não justificado na entrega do laudo pelo assistente técnico autoriza o seu desentranhamento, quando requerido pela outra parte" (JTJ 157/225). No mesmo sentido: Lex-JTA 161/69.

Contra, deferindo a juntada extemporânea do parecer: "O assistente técnico, entregando o laudo fora do prazo, em nada prejudica o andamento do processo" (RTJE 135/215). Em sentido semelhante: JTJ 319/447 (AI 510.422-4/4-00).

"Se no processo ainda não foi designada audiência de instrução e julgamento, poderá o assistente entregar seu parecer até dez dias antes da data designada" (Bol. AASP 1.986/23j).

Art. 477: 3b. Logo, os esclarecimentos não podem ser prestados através de precatória (RJTJESP 102/257).

Contra: "Se o perito não reside na sede do juízo, nada impede que o julgador remeta pedido de esclarecimentos ao mesmo, que os prestará por escrito" (RT 715/241).

Art. 477: 4. v. art. 361-I.

Art. 477: 4a. Podem ser pedidos esclarecimentos em audiência ao tradutor? v. art. 162, nota 1b.

Art. 477: 4b. A lei permite, nesta oportunidade, quesitos elucidativos, destinados a esclarecer as respostas dadas; não quesitos novos, sobre matéria não suscitada anteriormente (RT 649/135, JTA 91/287).

Art. 477: 4c. Não se admitem quesitos genéricos (RT 482/136, JTA 95/38).

Art. 477: 5. "É de ser indeferido pedido de esclarecimentos ao perito quando a petição é protocolada em comarca diversa sete dias antes da audiência designada, impossibilitando a observância do prazo assinalado, de cinco dias, previsto no § ún. do art. 435 do CPC" (Lex-JTA 161/332).

Art. 478. Quando o exame tiver por objeto a autenticidade ou a falsidade de documento ou for de natureza médico-legal, o perito será escolhido, de preferência, entre os técnicos dos estabelecimentos oficiais especializados,[1-1a] a cujos diretores o juiz autorizará a remessa dos autos, bem como do material sujeito a exame. [Dispositivo correspondente no CPC/1973: art. 434-*caput*]

§ 1º Nas hipóteses de gratuidade de justiça, os órgãos e as repartições oficiais deverão cumprir a determinação judicial com preferência, no prazo estabelecido. [Sem dispositivo correspondente no CPC/1973]

§ 2º A prorrogação do prazo referido no § 1º pode ser requerida motivadamente. [Sem dispositivo correspondente no CPC/1973]

§ 3º Quando o exame tiver por objeto a autenticidade da letra e da firma, o perito poderá requisitar, para efeito de comparação, documentos existentes em repartições públicas e, na falta destes, poderá requerer ao juiz que a pessoa a quem se atribuir a autoria do documento lance em folha de papel, por cópia ou sob ditado, dizeres diferentes, para fins de comparação. [Dispositivo correspondente no CPC/1973: art. 434 § ún.]

Art. 478: 1. s/ nomeação de estabelecimento oficial, para a realização da perícia, v. art. 156, nota 3a.

Art. 478: 1a. "A norma do art. 434 do CPC não é cogente, podendo o juiz valer-se de profissional de sua confiança mesmo na existência de órgão oficial que realize a prova técnica" (JTJ 303/425).

Art. 479. O juiz apreciará a prova pericial de acordo com o disposto no art. 371, indicando na sentença os motivos que o levaram a considerar ou a deixar de considerar as conclusões do laudo, levando em conta o método utilizado pelo perito.[1 a 2] [Dispositivo correspondente no CPC/1973: art. 436]

Art. 479: 1. v. art. 371 e notas.

V. tb. arts. 11 e 489 § 1º.

Art. 479: 1a. "Na livre apreciação da prova, o julgador não se acha adstrito aos laudos periciais, podendo, para o seu juízo, valer-se de outros elementos de prova existente nos autos, inclusive de pareceres técnicos e dados oficiais sobre o tema objeto da prova, tanto mais quando, como no caso, adota conclusões de um dos laudos, com adaptações determinadas por dados científicos que se acham nos autos" (STJ-RTJE 117/205: 3ª T.). Em sentido semelhante: JTA 96/326.

Mas: "De acordo com as regras processuais de valoração da prova, inexiste graduação entre os meios probatórios admitidos. Mesmo nos casos em que a realização de prova técnica se afigure indispensável à solução da controvérsia — como se dá, indiscutivelmente, no caso dos autos —, o magistrado não se encontra vinculado às suas conclusões, podendo delas se apartar, desde que o faça fundamentadamente, valendo-se de outras provas acostadas aos autos que as infirmem de modo convincente e integral. A prova técnica, de inequívoca relevância para o desate da presente controvérsia, entre outros esclarecimentos, tinha por propósito inferir o estabelecimento de liame entre a doença renal desenvolvida pelo paciente, com a consequente morte, e a ingestão do anti-inflamatório Vioxx. Destinava-se, portanto, a demonstrar a própria procedência da imputação feita pelos autores de que os danos suportados seriam advindos do produto alegadamente defeituoso, de responsabilidade do laboratório demandado. O laudo pericial, após análise de todos os exames, em especial as biópsias renais, realizados pelo paciente, concluiu por excluir, peremptoriamente, a relação de causalidade entre a morte do paciente e a ingestão do medicamento, atribuindo-a à doença autoimune de que foi acometido (Glomerulonefrite Rapidamente Progressiva). Das provas indicadas e transcritas no acórdão recorrido que embasaram o decreto condenatório, não se antevê, de seus termos, vulneração mínima do que foi concluído pelo laudo pericial. O diagnóstico/relatório primevo não tece nenhuma consideração quanto à apontada doença autoimune, como causadora dos problemas renais suportados pelo paciente. No depoimento do médico, que teve acesso aos exames mencionados, por sua vez, há diversas passagens em que confirma a ocorrência de componente imunológico. Nesse contexto, ainda que seja dado ao magistrado não comungar com a conclusão da prova técnica, tem-se, no caso dos autos, que as provas apontadas na fundamentação para subsidiar conclusão diversa, não infirmam aquela, de modo convincente e integral, como seria de rigor. Ao contrário, em certa medida, como visto, a confirma, o que afronta o sistema processual de valoração das provas, na esteira dos arts. 436 e 131 do CPC/1973" (STJ-3ª T., REsp 1.599.405, Min. Marco Bellizze, j. 4.4.17, DJ 17.4.17).

Art. 479: 2. "Não pode o magistrado valer-se de conhecimentos pessoais, de natureza técnica, para dispensar a perícia" (RT 606/199).

Art. 480. O juiz determinará, de ofício ou a requerimento da parte, a realização de nova perícia[1 a 3] quando a matéria não estiver suficientemente esclarecida. [Dispositivo correspondente no CPC/1973: art. 437]

§ 1º A segunda perícia tem por objeto os mesmos fatos sobre os quais recaiu a primeira e destina-se a corrigir eventual omissão ou inexatidão dos resultados a que esta conduziu. [Dispositivo correspondente no CPC/1973: art. 438]

§ 2º A segunda perícia rege-se pelas disposições estabelecidas para a primeira.[4-4a] [Dispositivo correspondente no CPC/1973: art. 439-*caput*]

§ 3º A segunda perícia não substitui a primeira, cabendo ao juiz apreciar o valor de uma e de outra.[5-6] [Dispositivo correspondente no CPC/1973: art. 439 § ún.]

Art. 480: 1. s/ nova perícia e: exame de DNA, v. art. 371, nota 2a; avaliação de bem penhorado, v. art. 873 § ún.

Art. 480: 1a. **Só ao juiz cabe avaliar a necessidade de nova perícia** (STJ-3ª T., REsp 1.070.772, Min. Nancy Andrighi, j. 22.6.10, DJ 3.8.10; RT 829/245; 887/230: TJSP, AP 333.342.4/0; JTJ 142/220, 197/90, 238/222). Assim: "Sem que a parte interessada tenha impugnado oportunamente a qualificação do perito ou nomeado assistente técnico, não pode impor ao juiz a realização de nova perícia, apenas porque a primeira lhe foi desfavorável" (STJ-3ª T., Resp 217.847, Min. Castro Filho, j. 4.5.04, DJU 17.5.04).

Art. 480: 1b. "Tanto o CPC/73 como o CPC/15 estabelecem que o julgador não está adstrito ao laudo pericial, e, constatando que a matéria não foi suficientemente esclarecida, seja por não ter esgotado o estudo técnico dos fatos a serem provados, seja por falta de precisão, clareza ou certeza quanto a determinado dado relevante, pode determinar a realização de uma segunda perícia, a fim de corrigir eventual omissão ou inexatidão dos resultados a que a primeira conduziu. Não há regra em nosso ordenamento jurídico que imponha seja realizada a segunda perícia, na hipótese de insuficiência da primeira, tampouco que se faça aquela pelo mesmo profissional que efetivou esta, incumbindo ao julgador, no exercício do livre convencimento motivado, avaliar as circunstâncias concretas. Hipótese em que não se evidencia qualquer nulidade na decisão que, diante da **insuficiência** do resultado **da perícia** com relação à extensão dos danos materiais, relega, para a fase de **liquidação por arbitramento,** a apuração do quanto devido pela recorrente aos recorridos, assim resolvendo, desde logo, a crise de adimplemento havida entre as partes" (STJ-3ª T., REsp 1.758.265, Min. Nancy Andrighi, j. 2.4.19, DJ 4.4.19).

Art. 480: 1c. "Para que seja razoável o deferimento do pedido de repetição da prova pericial realizada no âmbito de medida cautelar de vistoria que aponta para a existência de contrafação, cabe ao usuário trazer indícios físicos de compra dos programas, ou seja, prova documental de que os softwares foram regularmente adquiridos, como contratos de licença ou notas fiscais. Ausente qualquer indício de irregularidade na vistoria realizada na medida cautelar de vistoria — que apontou para a existência de contrafação — e não tendo a parte trazido nenhuma evidência documental de suas alegações quanto à licitude dos programas instalados em seus computadores, correta a decisão que indeferiu a repetição dessa prova. O indeferimento situou-se na esfera de discricionariedade e convencimento do julgador enquanto destinatário da prova, não podendo ser reputado de cerceamento de defesa, nem de violação do contraditório ou da ampla defesa" (STJ-3ª T., REsp 1.278.940, Min. Nancy Andrighi, j. 4.9.12, DJ 13.9.12).

Art. 480: 2. A decisão que delibera sobre nova perícia não é agravável. Eventual inconformismo deve ser manifestado na forma do art. 1.009 § 1º.

Art. 480: 3. "É viável determinar, de ofício, inclusive em **2º grau,** a realização de nova perícia, quando a matéria não estiver suficientemente esclarecida" (RJTJERGS 249/165).

Art. 480: 4. cabendo, portanto, a indicação de **assistente técnico,** independentemente de pronunciamento expresso do magistrado (JTA 88/364).

Art. 480: 4a. "o que possibilita a indicação do **mesmo perito"** (STJ-2ª T., REsp 1.166.893-AgRg, Min. Humberto Martins, j. 22.6.10, DJ 1.7.10).

Art. 480: 5. "mas, ao recusar o laudo, há de o juiz indicar, na sentença, de modo satisfatório, os motivos de seu convencimento (CPC, arts. 131, segunda parte, e 458-II). Hipótese em que faltou à sentença suficiente motivação, pressuposto de sua validade e eficácia, recusando as conclusões de dois laudos periciais" (RSTJ 77/145 e STJ-RT 718/253: 3ª T., REsp 30.380).

Art. 480: 6. **"A destituição do perito oficial por desídia** ocorreu, não por qualquer motivo relacionado ao trabalho que ele originariamente desenvolveu, mas por falta de empenho manifestada apenas por ocasião da prestação de esclarecimentos suplementares. Não há menção de má-fé ou impedimento do primeiro perito, a invalidar seu trabalho original. Com isso, a perícia inicialmente elaborada não é inválida, mas incompleta, demandando a nomeação de novo perito para complementá-la. Não obstante o segundo perito entenda, por um critério técnico, que seria necessário repetir todo o exame da causa, produzindo novo laudo pericial completo, o juiz responsável, bem como o respectivo Tribunal, não ficam vinculados a essa medida. Assim, podem, nos expressos termos do art. 439, § ún., do CPC, apreciar livremente os dois laudos periciais preparados e acolher, tanto o primeiro, como o segundo, conforme seu livre convencimento" (STJ-3ª T., REsp 805.252, Min. Nancy Andrighi, j. 27.3.07, DJU 16.4.07).

Seção XI | DA INSPEÇÃO JUDICIAL

Art. 481. O juiz, de ofício ou a requerimento da parte, pode, em qualquer fase do processo, inspecionar pessoas[1] ou coisas, a fim de se esclarecer sobre fato que interesse à decisão da causa. [Dispositivo correspondente no CPC/1973: art. 440]

Art. 481: 1. Fica à inteira discrição do juiz proceder ou não à inspeção pessoal (RT 629/206), não constituindo seu indeferimento cerceamento de defesa (RT 633/134).

Art. 482. Ao realizar a inspeção, o juiz poderá ser assistido por um ou mais peritos. [Dispositivo correspondente no CPC/1973: art. 441]

Art. 483. O juiz irá ao local onde se encontre a pessoa ou a coisa quando: [Dispositivo correspondente no CPC/1973: art. 442-*caput*]

I — julgar necessário para a melhor verificação ou interpretação dos fatos que deva observar; [Dispositivo correspondente no CPC/1973: art. 442-I]

II — a coisa não puder ser apresentada em juízo sem consideráveis despesas ou graves dificuldades; [Dispositivo correspondente no CPC/1973: art. 442-II]

III — determinar a reconstituição dos fatos. [Dispositivo correspondente no CPC/1973: art. 442-III]

Parágrafo único. As partes têm sempre direito a assistir à inspeção, prestando esclarecimentos e fazendo observações que considerem de interesse para a causa. [Dispositivo correspondente no CPC/1973: art. 442 § ún.]

Art. 484. Concluída a diligência, o juiz mandará lavrar auto circunstanciado,[1] mencionando nele tudo quanto for útil ao julgamento da causa. [Dispositivo correspondente no CPC/1973: art. 443-*caput*]

Parágrafo único. O auto poderá ser instruído com desenho, gráfico ou fotografia. [Dispositivo correspondente no CPC/1973: art. 443 § ún.]

Art. 484: 1. Não sendo lavrado o auto circunstanciado, a inspeção perde o valor de prova (STJ-1ª T., Ag 14.646-AgRg, Min. Garcia Vieira, j. 9.12.92, DJU 5.4.93).

Capítulo XIII | DA SENTENÇA E DA COISA JULGADA

Seção I | DISPOSIÇÕES GERAIS

Art. 485. O juiz não resolverá o mérito quando:[1 a 3] [Dispositivo correspondente no CPC/1973: art. 267-*caput*]

I — indeferir a petição inicial;[4-5] [Dispositivo correspondente no CPC/1973: art. 267-I]

II — o processo ficar parado durante mais de 1 (um) ano por negligência das partes;[6 a 9] [Dispositivo correspondente no CPC/1973: art. 267-II]

III — por não promover os atos e as diligências que lhe incumbir, o autor abandonar a causa por mais de 30 (trinta) dias;[10 a 18] [Dispositivo correspondente no CPC/1973: art. 267-III]

IV — verificar a ausência de pressupostos de constituição e de desenvolvimento válido e regular do processo;[19] [Dispositivo correspondente no CPC/1973: art. 267-IV]

V — reconhecer[20] a existência de perempção,[21] de litispendência[22-23] ou de coisa julgada;[24] [Dispositivo correspondente no CPC/1973: art. 267-V]

VI — verificar ausência[25 a 27] de legitimidade[28 a 33] ou de interesse processual;[34-35] [Dispositivo correspondente no CPC/1973: art. 267-VI]

VII — acolher a alegação de existência de convenção de arbitragem ou quando o juízo arbitral reconhecer sua competência;[35a a 37] [Dispositivo correspondente no CPC/1973: art. 267-VII]

VIII — homologar a desistência da ação;[38] [Dispositivo correspondente no CPC/1973: art. 267-VIII]

IX — em caso de morte da parte, a ação for considerada intransmissível por disposição legal; e[39 a 43a] [Dispositivo correspondente no CPC/1973: art. 267-IX]

X — nos demais casos prescritos neste Código.[44] [Dispositivo correspondente no CPC/1973: art. 267-XI]

§ 1º Nas hipóteses descritas nos incisos II e III, a parte será intimada pessoalmente para suprir a falta no prazo de 5 (cinco) dias.[45 a 46a] [Dispositivo correspondente no CPC/1973: art. 267 § 1º]

§ 2º No caso do § 1º, quanto ao inciso II, as partes pagarão proporcionalmente as custas,[47] e, quanto ao inciso III, o autor será condenado ao pagamento das despesas e dos honorários de advogado. [Dispositivo correspondente no CPC/1973: art. 267 § 2º]

§ 3º O juiz conhecerá de ofício[47a] da matéria constante dos incisos IV, V, VI e IX, em qualquer tempo e grau de jurisdição, enquanto não ocorrer o trânsito em julgado.[48 a 49a] [Dispositivo correspondente no CPC/1973: art. 267 § 3º]

§ 4º Oferecida a contestação, o autor não poderá, sem o consentimento do réu, desistir da ação.[50 a 56] [Dispositivo correspondente no CPC/1973: art. 267 § 4º]

§ 5º A desistência da ação pode ser apresentada até a sentença.[57] [Sem dispositivo correspondente no CPC/1973]

§ 6º Oferecida a contestação, a extinção do processo por abandono da causa pelo autor depende de requerimento do réu.[57a] [Sem dispositivo correspondente no CPC/1973]

§ 7º Interposta a apelação em qualquer dos casos de que tratam os incisos deste artigo, o juiz terá 5 (cinco) dias para retratar-se.[58] [Sem dispositivo correspondente no CPC/1973]

Art. 485: 1. v. art. 95, nota 7 (extinção do processo, por falta de depósito prévio dos honorários do perito), art. 354 (extinção parcial do processo), art. 924 (extinção da execução), LJE 51 (no Juizado Especial).

S/ possibilidade de o tribunal decidir desde logo o mérito, v. art. 1.013 § 3º-I.

Art. 485: 2. A decisão que extingue o processo com fundamento no art. 485 é **sentença** (v. arts. 203 § 1º e 354) sendo, portanto, apelável (v. art. 1.009). Já o pronunciamento fundado em inciso do art. 485 que delibera apenas sobre parte do processo consiste em decisão interlocutória, recorrível por agravo de instrumento (v. arts. 354 § ún. e 1.015).

S/ conceito de sentença, v. art. 203 § 1º, bem como respectiva nota 2.

Art. 485: 3. "Antes de ingressar na apreciação do mérito da causa, incumbe ao Judiciário, mesmo de ofício (CPC, arts. 267 e 301), examinar os requisitos de admissibilidade da tutela jurisdicional, a saber, pressupostos processuais e condições da ação" (STJ-4ª T., REsp 4.720, Min. Sálvio de Figueiredo, j. 15.4.91, DJU 20.5.91).

Art. 485: 4. v. arts. 330 e 331.

Art. 485: 5. "Na hipótese de extinção do processo, sem julgamento de mérito, com base no art. 267, I — indeferimento da petição inicial — **não se exige a intimação pessoal** da parte na forma preconizada no § 1º do referido preceito legal" (STJ-6ª T., REsp 200.087, Min. Vicente Leal, j. 17.8.00, DJU 9.10.00). No mesmo sentido: STJ-1ª T., AI 519.807-AgRg, Min. Luiz Fux, j. 2.9.04, DJU 27.9.04.

"É desnecessária a intimação pessoal do autor, prevista no art. 267, § 1º, do CPC/73, para extinção do processo sem resolução do mérito ante o indeferimento da inicial (art. 267, I, do CPC/73) por ausência de complementação das custas iniciais" (STJ-4ª T., Ag em REsp 864.530-AgInt, Min. Isabel Gallotti, j. 13.9.16, DJ 21.9.16).

V. tb. art. 321, nota 5.

Art. 485: 6. v. §§ 1º e 2º; v. tb. inciso III; s/ arquivamento da ação de alimentos, v. LA 7º, especialmente nota 1.

Art. 485: 7. "A extinção do processo, sem julgamento do mérito, poderá ser decretada **de ofício,** na hipótese do item II do art. 267" (SIMP-concl. XIV, em RT 482/271), mas há necessidade da providência prevista no § 1º.

Art. 485: 8. A paralisação do **inventário** não acarreta a extinção do processo (RT 490/87, 502/89, 504/129, 598/82, 862/312, RJTJESP 47/249, 88/225, 95/41, 95/148, JTJ 154/16, 301/261, Bol. AASP 2.385/3.209), mesmo porque o juiz pode e deve, de ofício, destituir o inventariante desidioso (RT 598/81, 598/82, RJTJESP 94/161; JTJ 334/446: AP 571.347-4/8-00; RJTJERGS 177/217).

Todavia, a extinção é possível, no caso de inexistência de bens ou de falsidade do atestado de óbito do autor da herança (RT 598/81).

Art. 485: 9. Não cabe extinção *ex officio* do processo de avaliação da renda e indenização devidas em razão de pesquisa mineral autorizada (RJTJESP 114/211).

Art. 485: 10. v. §§ 1º, 2º e 6º; v. tb. inc. II; cf. art. 115 § ún. (citação de litisconsorte necessário) e art. 352 (suprimento, pelo autor, de nulidade sanável).

S/ pretendida extinção do processo, por falta de depósito prévio dos honorários do perito, v. art. 95, nota 6; extinção do processo de desapropriação, pelo não cumprimento de diligência pelo expropriante, v. LD 19, nota 10.

Art. 485: 11. Súmula 240 do STJ: "A extinção do processo, por **abandono da causa pelo autor,** depende de requerimento do réu" (v. jurisprudência s/ esta Súmula em RSTJ 144/75). No mesmo sentido: RT 498/171, 624/145, 663/126, JTJ 202/169, JTA 86/392, 93/148, 108/377. V. tb. § 6º.

Todavia: "Ao juiz é lícito declarar *ex officio* a extinção do processo, sem julgamento de mérito, por abandono do autor, quando o réu ainda não tenha sido citado" (STJ-1ª T., REsp 983.550, Min. Luiz Fux, j. 4.11.08, DJ 27.11.08). No mesmo sentido: STJ-3ª T., REsp 1.094.308, Min. Massami Uyeda, j. 19.3.09, DJ 30.3.09; STJ-4ª T., Ag 1.331.235-AgRg, Min. João Otávio, j. 16.12.10, DJ 1.2.11; JTJ 370/229 (AP 75-24.2004.8.26.0091).

No caso de **execução não embargada,** a extinção do processo por abandono da causa pelo autor pode ser decretada de ofício, independentemente de requerimento do réu, tendo em vista as especiais características do processo executivo (STJ-4ª T., REsp 208.245, Min. Quaglia Barbosa, j. 25.9.07, DJU 15.10.07; STJ-1ª T., AI 1.259.575-EDcl-AgRg, Min. Hamilton Carvalhido, j. 23.3.10, DJ 15.4.10; STJ-3ª T., Ag em REsp 10.808-AgRg, Min. Sidnei Beneti, j. 28.6.11, DJ 1.7.11; STJ-RT 891/265: 2ª T., AI 1.093.239-AgRg; JTJ 347/248: AP 7.400.512-0).

"A extinção da execução por abandono da causa pelo autor não depende de requerimento do réu se os embargos opostos já transitaram em julgado" (STJ-3ª T., REsp 1.329.670, Min. Ricardo Cueva, j. 28.8.12, DJ 13.9.12).

V. § 1º e notas.

Art. 485: 12. Se o impulso processual tocava ao juiz (v. art. 2º), e não ao autor, é incabível a extinção do processo por abandono da causa (RT 469/97, RJTJESP 63/135). Da mesma forma, se a omissão do autor não acarreta a paralisação do processo, como, p. ex., a falta de manifestação sobre alegações da parte contrária (JTA 98/288, RP 2/352, em. 91).

Assim: "Não se caracteriza abandono da causa, para o efeito do art. 267, III, se o ato ou providência omitido, ainda quando privativo do autor, não é necessário ao andamento do processo" (JTJ 202/169). No mesmo sentido: JTJ 331/581 (AP 1.197.320-0/3).

"A apresentação de réplica configura mera faculdade do autor, de sorte que sua ausência não autoriza a extinção do feito por abandono da causa" (STJ-1ª T., REsp 1.202.158-AgRg, Min. Arnaldo Esteves, j. 4.11.10, DJ 12.11.10).

Art. 485: 13. Cabe a extinção do processo de conhecimento se o autor, intimado pessoalmente para que **promova a citação** do réu, deixa de a providenciar (RJTJESP 96/205). No mesmo sentido: TFR-6ª T., Ag 48.627, Min. Eduardo Ribeiro, j. 9.12.85, DJU 20.2.86.

Art. 485: 14. Se o juiz determinou a citação de **litisconsorte necessário** e o autor não a promoveu, será caso de extinção do processo (art. 115 § ún.). Se, porém, nenhuma determinação houve e o processo prosseguiu, apenas deverá ser anulado (v. arts. 282-*caput* e 115, nota 2), marcando-se prazo ao autor para diligenciar a citação, sob pena de extinção do processo.

Art. 485: 15. Também cabe a extinção do processo, por abandono da causa, em:

— **liquidação de sentença** (STJ-4ª T., REsp 37.053-1, Min. Barros Monteiro, j. 20.8.96, DJU 11.11.96);

— processo de **execução** (RT 811/274, RP 3/335, em. 82, 6/313, em. 94). **Todavia,** no sentido de que a extinção do processo por abandono da causa não se aplica à execução fundada em título judicial: JTJ 315/133 (AP 906.799-0/4);

— **embargos à execução** (RP 3/333, em. 73).

Art. 485: 16. "Nos processos de **jurisdição voluntária** cabe ao juiz, de ofício, impulsionar o feito, sendo inaplicável o art. 267, III, do CPC" (RT 851/320).

Art. 485: 17. Extinguindo o processo, por abandono da causa, em sede de **execução fiscal:** STJ-2ª T., REsp 641.990, Min. Peçanha Martins, j. 1.9.05, DJU 17.10.05; STJ-1ª T., REsp 847.815-AgRg, Min. Francisco Falcão, j. 19.9.06, DJU 16.10.06.

V. tb. LEF 40, nota 1.

Art. 485: 17a. "Na **insolvência civil,** todo o impulso da execução concursal, até sua efetiva conclusão, compete à iniciativa oficial, sendo que a execução do insolvente, justamente pela sua universalidade e pela predominância do interesse público que a envolve, não se subordina à vontade das partes, para extinguir-se, como se dá com a execução singular. Na hipótese, o magistrado não poderia ter extinto o processo, sem julgamento do mérito, por inércia ou desídia do administrador" (STJ-4ª T., REsp 1.257.730, Min. Luis Felipe, j. 3.5.16, DJ 30.5.16).

Art. 485: 18. Cabe a extinção do **processo de falência,** por abandono da causa?

Sim: RT 511/84.

Não: RT 506/70.

Art. 485: 19. s/ conhecimento dessa matéria pelo juiz, de ofício, v. § 3º; irregularidades na representação da parte em juízo, v. art. 76 e notas; advogado que ingressa em juízo sem mandato do autor, v. art. 104 e notas; advogado que simultaneamente patrocina direitos antagônicos, v. EA 15, nota 3.

Art. 485: 20. s/ conhecimento dessas matérias pelo juiz, de ofício, v. § 3º.

Art. 485: 21. v. arts. 486 § 3º e 337-V c/c 351.

Art. 485: 22. v. art. 337-VI e §§ 1º a 3º c/c art. 351.

Art. 485: 23. Reconhecida a litispendência, não cabe o prosseguimento da ação posterior no juízo precedente (RTJ 74/584).

Art. 485: 24. v. art. 337-VII e §§ 1º a 4º c/c art. 351; arts. 502 a 508.

Art. 485: 25. s/ análise das condições da ação pelo juiz, de ofício, v. § 3º; exame das condições da ação no curso do processo, v. notas 48 e 49; alegação de ausência de legitimidade ou de interesse processual pelo réu, v. art. 337-XI c/c art. 351; condições da ação e mérito, v. art. 487, nota 2; condições da ação e fato superveniente, v. art. 493, nota 8.

Art. 485: 26. Em que pese o CPC não utilizar mais o **rótulo "condições da ação",** ainda parece adequado utilizá-lo para se referir à legitimidade e ao interesse processual, no sentido de que são requisitos para que o exercício do direito de ação leve a um pronunciamento sobre o *meritum causae.*

O instituto da "possibilidade jurídica do pedido" foi abolido do direito processual. Agora, a inviabilidade em tese da demanda integra o mérito, acarretando a rejeição do pedido (art. 487-I).

Art. 485: 27. "Consideram-se preenchidas as condições da ação tanto que o autor denuncia, na **inicial,** lesão a direito seu, sendo a verificação da efetiva ocorrência de lesão matéria de mérito" (JTA 127/297).

"As condições da ação são averiguadas de acordo com a teoria da asserção, razão pela qual, para que se reconheça a legitimidade ativa, os argumentos aduzidos na inicial devem possibilitar a inferência, em um exame puramente abstrato, de que o autor pode ser o titular da relação jurídica exposta ao juízo" (STJ-3ª T., REsp 1.705.311, Min. Nancy Andrighi, j. 9.11.17, DJ 17.11.17).

V. tb. art. 487, nota 2.

Art. 485: 28. v. art. 17, notas 5 a 17. V. tb. arts. 18, 321, nota 6a, e 957, nota 3. S/ desistência da ação contra um dos litisconsortes passivos necessários, v. nota 52; correção da ilegitimidade passiva, v. arts. 338 e 339.

Art. 485: 29. "Antes de fixado o juízo competente para decidir a causa, não é possível decidir-se sobre a legitimidade do recorrente" (RSTJ 60/365).

Art. 485: 30. Súmula 642 do STJ: "O direito à indenização por **danos morais** transmite-se com o **falecimento** do titular, possuindo os **herdeiros** da vítima **legitimidade** ativa para ajuizar ou prosseguir a ação indenizatória".

Art. 485: 31. "Ação de cobrança movida pela sucessão de segurado falecido formulando pedido de pagamento de indenização securitária decorrente de sua invalidez permanente ocorrida meses antes de sua morte. Natureza eminentemente patrimonial do pedido de indenização formulado. Legitimidade ativa do espólio para sua cobrança" (STJ-3ª T., REsp 1.335.407, Min. Paulo Sanseverino, j. 8.5.14, DJ 23.5.14).

Art. 485: 31a. "Autor falecido anteriormente ao ajuizamento da demanda ordinária. Extinção do mandato. Incapacidade para ser parte. Ilegitimidade para o processo. Os efeitos do mandato extinguem-se com a morte, razão pela qual se o outorgante do mandato falecer antes do ajuizamento da ação, este contrato estará extinto, devendo ser outorgados novos poderes pelo inventariante ao advogado, agora em nome do espólio (art. 12, V do CPC/73), sob pena de extinção do processo sem resolução do mérito, nos termos do art. 267, VI do CPC/73" (STJ-3ª Seção, AR 3.269, Min. Felix Fischer, j. 14.6.17, maioria, DJ 21.8.17). No mesmo sentido: STJ-1ª T., REsp 1.646.525-AgInt, Min. Napoleão Maia Filho, j. 28.9.20, DJ 1.10.20.

Art. 485: 32. "**Execução fiscal proposta contra devedor já falecido.** Carência de ação. Ilegitimidade passiva. Alteração do polo passivo da execução para constar o espólio. Impossibilidade. Súmula 392/STJ" (STJ-2ª T., REsp 1.222.561, Min. Mauro Campbell, j. 26.4.11, DJ 25.5.11).

Art. 485: 32a. Ao proclamar a ilegitimidade passiva do réu indicado pelo autor, não pode o juiz, de ofício, determinar a inclusão no processo de quem, segundo o seu entendimento, é parte legítima passiva para a ação proposta (STJ-2ª Seção, CC 33.045, Min. Castro Filho, j. 27.8.03, DJU 22.9.03). V. LMS 6º, nota 7.

Art. 485: 33. "Acórdão que declarou parte ilegítima o impetrante do mandado de segurança, e não obstante julgou o mérito do *writ*. A ilegitimidade *ad causam* se resolve com a extinção do processo sem julgamento de mérito; decidindo o mérito, o tribunal *a quo* incorreu em contradição" (STJ-1ª T., REsp 1.121.168, Min. Ari Pargendler, j. 3.12.13, DJ 13.2.14).

Art. 485: 34. s/ interesse processual, v. art. 17, notas 1 a 4, e art. 19. V. tb. art. 20, nota 5 (ação declaratória), LHD 4º, nota 1 (*habeas data*).

Art. 485: 35. **Se ainda não existe resistência à pretensão** deduzida pelo autor em juízo, este é carecedor de ação, por falta de interesse processual, pois a existência de litígio constitui *conditio sine qua non* do processo (RJTJERGS 152/602).

Art. 485: 35a. v. art. 337-X e notas (matéria de defesa) e § 5º.

S/ convenção de arbitragem, v. LArb 3º a 12 (no tít. ARBITRAGEM E MEDIAÇÃO).

Art. 485: 36. "Ação monitória. Convenção de arbitragem. **Alegação pela parte** demandada **que** anteriormente **havia proposto duas ações judiciais** contra a demandante. Impossibilidade de invocação da cláusula compromissória. Vedação derivada do 'venire contra factum proprium'" (STJ-3ª T., REsp 1.894.715, Min. Paulo Sanseverino, j. 17.11.20, DJ 20.11.20).

Art. 485: 36a. A convenção de arbitragem impede apenas a instauração de processo de conhecimento fora do juízo arbitral. Nessas condições, ela não obsta que se instaure no Poder Judiciário **processo de execução** com lastro no contrato ao qual está atrelada (STJ-3ª T., REsp 944.917, Min. Nancy Andrighi, j. 18.9.08, DJ 3.10.08).

"A despeito da existência de cláusula compromissória, a oposição de **embargos à execução** é admissível, conquanto restrita aos pressupostos e requisitos para o exercício da pretensão executiva, sob pena de ofensa ao direito de defesa. Cláusula que cabe ser preservada em obediência à autonomia da vontade. Impossibilidade, não obstante, de as questões atinentes ao mérito do pacto serem conhecidas através do manejo de embargos à execução. Embargantes que deveriam ter se valido a tanto da via eleita (arbitragem)" (RAM 34/492: TJSP, AP 0121421-65.2011.8.26.0100).

Em síntese: "Afigura-se absolutamente possível a imediata promoção da ação de execução de contrato que possua cláusula compromissória arbitral perante o juízo estatal (única jurisdição, aliás, dotada de coercibilidade, passível de incursionar no patrimônio alheio), não se exigindo, para esse propósito, a existência de prévia sentença arbitral. Afinal, se tal contrato, por si, já possui os atributos de executibilidade exigidos pela lei de regência, de todo despiciendo a prolação de anterior sentença arbitral para lhe conferir executividade. Todavia, o juízo estatal, no qual se processa a execução do contrato (com cláusula compromissória arbitral), não possui competência para dirimir temas próprios de embargos à execução e de terceiros, atinentes ao título ou às obrigações ali consignadas (existência, constituição ou extinção do crédito) e das matérias que foram eleitas pelas partes para serem solucionadas pela instância arbitral (*kompetenz kompetenz*). Cabe ao juízo arbitral, nos termos do art. 8º da Lei 9.307/1996 que lhe confere a medida de competência mínima, veiculada no princípio da *kompetenz kompetenz*, deliberar sobre a sua competência, precedentemente a qualquer outro órgão julgador, imiscuindo-se, para tal propósito, sobre as questões relativas à existência, validade e eficácia (objetiva e subjetiva) da convenção de arbitragem e do contrato que contenha a cláusula compromissória" (STJ-2ª Seção, CC 150.830, Min. Marco Bellizze, j. 10.10.18, DJ 16.10.18).

Art. 485: 37. "A convenção de arbitragem prevista em contrato não impede a deflagração do **procedimento falimentar** fundamentado no art. 94, I, da Lei n. 11.101/05. A existência de cláusula compromissória, de um lado, não afeta a executividade do título de crédito inadimplido. De outro lado, a falência, instituto que ostenta natureza de execução coletiva, não pode ser decretada por sentença arbitral. Logo, o direito do credor somente pode ser exercitado mediante provocação da jurisdição estatal. Admite-se a convivência harmônica das duas jurisdições — arbitral e estatal —, desde que respeitadas as competências correspondentes, que ostentam natureza absoluta" (STJ-3ª T., REsp 1.277.725, Min. Nancy Andrighi, j. 12.3.13, RAM 38/445, RT 933/720). No mesmo sentido, ainda, com as seguintes ponderações: "O depósito elisivo da falência, nos moldes do art. 98, parágrafo único, da Lei 11.101/2005, não é fato que autoriza o fim do processo de falência, uma vez que, a partir de então, o processo se converte em ação de cobrança e segue pela via executiva comum, o que seria inviável no juízo arbitral. O processo deve, portanto, prosseguir perante a jurisdição estatal, porque, aparelhado o pedido de falência em impontualidade injustificada de títulos que superam o piso previsto na lei (art. 94, I, da Lei 11.101/2005), por absoluta presunção legal, fica afastada a alegação de atalhamento do processo de execução/cobrança pela via falimentar" (STJ-4ª T., REsp 1.733.685, Min. Raul Araújo, j. 6.11.18, DJ 12.11.18).

Art. 485: 38. v. § 4º (com notas respectivas) e art. 335 § 2º.

Art. 485: 39. Em matéria de pessoa jurídica, v. art. 110, nota 2; na ação de indenização por dano moral, v. art. 110, nota 3; na ação voltada ao reconhecimento de união estável, v. art. 110, nota 4; na remoção de tutor, v. art. 761, nota 1a; na ação de alimentos, v. LA 1º, nota 4; na ação de investigação de paternidade, v. LIP 2º, nota 4; em matéria de locação, v. LI 47, nota 4a; no mandado de segurança, v. LMS 1º, nota 18.

Art. 485: 40. **"Os herdeiros do sócio falecido,** não sendo sócios da sociedade de responsabilidade limitada, não têm legitimidade para prosseguir na ação de exclusão de outro sócio" (STJ-RJTJERGS 169/41, maioria).

Art. 485: 41. A ação de **anulação de casamento** fundada no art. 1.557, incisos I a III, do CC, é personalíssima (JTJ 190/27).

Art. 485: 41a. "A viúva do autor da **ação de nulidade do registro civil,** no qual teria havido falsa declaração de paternidade, pode prosseguir na ação depois do falecimento do marido" (STJ-4ª T., REsp 142.202, Min. Ruy Rosado, j. 21.9.00, DJU 27.11.00). "Admite-se a sucessão processual dos pais do autor de **negatória de paternidade** após a morte do requerente, a despeito da natureza personalíssima da ação" (STJ-3ª T., REsp 1.272.691, Min. Nancy Andrighi, j. 5.11.13, DJ 8.11.13).

V., no CCLCV, CC 1.604, nota 1b.

Art. 485: 41b. O falecimento de um dos cônjuges põe termo à ação de separação (RT 471/100, RJTJESP 39/29, RP 5/348, em. 8) e à de **divórcio** (STF-2ª T., Ag 77.313-AgRg, j. 11.3.80, DJU 18.4.80; RJTJESP 89/226, JTJ 237/246), bem como ao processo de separação consensual (RT 541/72).

Em matéria de divórcio, v. tb. LDi 32, nota 2.

Art. 485: 42. Morto o interditando, extingue-se o **processo de interdição** (RP 6/316, em. 114).

V. tb. nota 42a.

Art. 485: 42a. "Embora a morte do interditando acarrete a extinção da **ação de interdição** sem julgamento de mérito, dada sua natureza personalíssima, com a cassação da liminar que nomeara curador provisório, isso não implica igual extinção da **ação de prestação de contas,** pois o direito nesta tutelado e titularizado pelo interditando passa, com sua morte, a ser titularizado pelo espólio" (STJ-3ª T., REsp 1.444.677, Min. João Otávio, j. 3.5.16, DJ 9.5.16).

Em matéria de: ação de interdição, v. tb. nota 42; ação de exigir contas, v. tb. art. 550, nota 15a.

Art. 485: 43. Se o pedido contém uma **parte transmissível e outra intransmissível** aos herdeiros, o falecimento do autor não impede o prosseguimento da ação, com a habilitação dos herdeiros, para que prossiga quanto ao pedido transmissível. Nesse sentido: RTFR 113/64, RJ 215/79.

"Embora o óbito da autora implique a perda do interesse relativo à internação em UTI — pois pedido personalíssimo, insuscetível de transmissão — o mesmo não se poderia falar do requerimento de condenação do réu para suportar os ônus financeiros dos procedimentos e tratamentos hospitalares do falecido em hospital particular", que se transmite para os herdeiros (STJ-2ª T., REsp 1.198.486, Min. Eliana Calmon, j. 19.8.10, DJ 30.8.10; a citação é do voto da relatora). No mesmo sentido: STJ-1ª T., Ag em REsp 525.359-AgInt, Min. Gurgel de Faria, j. 6.2.18, DJ 1.3.18.

Art. 485: 43a. "Por integrar o patrimônio do autor, a **multa cominatória** aplicada em função da recalcitrância do demandado em proceder ao cumprimento da ordem judicial é perfeitamente transmissível aos sucessores após o falecimento do titular, ainda que seja personalíssima a obrigação principal que lhe deu origem" (STJ-3ª T., REsp 1.722.666, Min. Ricardo Cueva, j. 24.4.18, DJ 8.6.18). No mesmo sentido: STJ-1ª T., Ag em REsp 1.139.084-AgInt, Min. Napoleão Maia Filho, j. 21.3.19, DJ 28.3.19; STJ-2ª T., REsp 1.761.086-AgInt, Min. Francisco Falcão, j. 23.11.20, DJ 25.11.20.

V. tb. art. 537, nota 7.

Art. 485: 44. v., p. ex., arts. 57, 115 § ún., 303 §§ 2º e 6º, 313 § 2º-II e § 3º, 542 § ún. e 917 § 3º.

Art. 485: 45. Não basta a intimação da parte; é mister **também a do advogado** (RT 750/299, RF 254/271, RJTJESP 100/173, JTJ 202/169, Lex-JTA 73/176, RTJE 99/186). **Contra,** dispensando a intimação do advogado: STJ-3ª T., Ag em REsp 205.965-AgRg-EDcl, Min. João Otávio, j. 4.2.16, DJ 19.2.16; RF 328/201.

Art. 485: 45a. Não basta a intimação do advogado da parte; é **mister a intimação pessoal desta,** como, com todas as letras, diz a lei (STJ-1ª T., REsp 1.262, Min. Armando Rollemberg, j. 6.11.89, DJU 18.12.89; RT 591/129, 594/51, 708/206, 836/242, RJTJESP 93/201, 95/192, JTA 96/350, RJTAMG 18/258).

A intimação da parte pode ser feita por **carta** (art. 274), com as mesmas formalidades da citação postal (art. 248 §§ 1º e 2º). Nesse sentido: STJ-4ª T., REsp 467.202, Min. Aldir Passarinho Jr., j. 19.11.02, DJU 24.2.03; STJ-3ª T., REsp 1.094.308, Min. Massami Uyeda, j. 19.3.09, DJ 30.3.09; RT 784/294, RTJE 128/160, Lex-JTA 167/191. Há um acórdão entendendo que não se exige comprovação de que a carta tenha sido recebida pelo destinatário (JTJ 164/114).

Não localizado o autor para promover os atos e diligências que lhe competirem, deve-se promover a sua intimação por **edital,** não sendo o caso de simplesmente intimar o patrono constituído nos autos (STJ-2ª T., REsp 316.656, Min. Franciulli Netto, j. 3.6.04, DJU 6.9.04; STJ-3ª T., REsp 1.596.446, Min. Ricardo Cueva, j. 14.6.16, DJ 20.6.16; STJ-4ª T.,

REsp 1.703.824-EDcl-AgInt, Min. Raul Araújo, j. 13.8.19, DJ 27.8.19; RT 487/144, 648/151, 845/304; JTA 44/99, 70/119, 84/438, 86/453; Lex-JTA 72/205, 75/305, 90/395, 123/337).

Há necessidade da intimação pessoal de todos os autores (RT 598/131, RJTJESP 76/180, JTA 92/208), a menos que, pelo seu grande número, seja extremamente difícil a sua realização, hipótese em que tem sido admitida a intimação por edital, com a menção dos nomes de todos eles (Lex-JTA 76/110). V., a propósito, art. 256, nota 4.

Art. 485: 45b. Tratando-se de **advogado em causa própria,** a intimação pessoal é desnecessária. Nesse sentido: STJ-2ª T., AI 1.150.234-AgRg, Min. Herman Benjamin, j. 22.9.09, DJ 30.9.09; STJ-4ª T., REsp 218.284, Min. Barros Monteiro, j. 15.2.01, DJU 7.10.02; Lex-JTA 167/188, Bol. AASP 1.682/supl., p. 3.

Art. 485: 46. A intimação pessoal da parte não é necessária nos seguintes casos:

— emenda ou indeferimento da petição inicial (v. nota 5 e art. 321, nota 5);

— promoção da citação de litisconsorte necessário (v. art. 115, notas 6 e 10).

— depósito inicial em ação rescisória (v. art. 968, nota 11);

— processos instaurados perante os Juizados Especiais (LJE 51 § 1º, inclusive nota 9).

Art. 485: 46a. Sendo necessária tanto a intimação do advogado quanto a da parte (v. notas 45 e 45a), o prazo somente corre a partir do momento em que todas as intimações necessárias tiverem se aperfeiçoado.

Art. 485: 47. "Decorrendo a extinção do processo de negligência de ambas as partes (art. 267, II), as custas são rateadas entre elas e **não há condenação em honorários de advogado"** (STJ-3ª T., REsp 435.681, Min. Paulo Sanseverino, j. 19.10.10, DJ 26.10.10).

Art. 485: 47a. v. art. 10.

Art. 485: 48. "A sentença de mérito proferida em primeiro grau não impede que o **Tribunal** conheça dessas matérias (as do art. 267-IV, V e VI) ainda que ventiladas, apenas, em fase de recurso, ou mesmo de ofício" (RSTJ 89/193). No mesmo sentido: RJTJERGS 268/324 (AP 70022351241).

"As questões de ordem pública referentes às condições da ação e aos pressupostos processuais podem ser conhecidas de ofício" (STJ-4ª T., REsp 217.329, Min. Barros Monteiro, j. 16.12.03, DJU 5.4.04).

"É possível a aplicação, pelo Tribunal, do **efeito translativo** dos recursos em sede de **agravo de instrumento,** extinguindo diretamente a ação independentemente de pedido, se verificar a ocorrência de uma das causas referidas no art. 267, § 3º, do CPC" (STJ-3ª T., REsp 736.966, Min. Nancy Andrighi, j. 14.4.09, DJ 6.5.09). No mesmo sentido: STJ-1ª T., REsp 691.912, Min. Teori Zavascki, j. 7.4.05, dois votos vencidos, DJU 9.5.05; STJ-2ª T., REsp 302.626, Min. Franciulli Netto, j. 15.4.03, DJU 4.8.03.

S/ exame, de ofício, das questões do art. 485 § 3º em: apelação, v. tb. art. 1.013, nota 6; embargos de declaração, v. art. 1.024, nota 2; recurso ordinário, v. art. 1.027, nota 8a; recurso especial, v. RISTJ 255, nota 3 (Súmula 282 do STF-Prequestionamento. Matéria de ordem pública ou questão cognoscível de ofício) e nota 4 (Legitimidade de parte); embargos de divergência, v. RISTJ 267, nota 5.

Art. 485: 49. "Não ocorre preclusão para o juiz quanto aos pressupostos processuais e condições da ação, porque, em qualquer tempo e grau de jurisdição, não estando findo o ofício jurisdicional, lhe é lícito apreciar tais questões" (RTJ 101/907). No mesmo sentido: RTJ 112/1.404, RSTJ 5/363, 54/129 (4ª T., REsp 18.711), 65/352, STJ-RT 706/193, JTJ 342/613 (AP 818.389-5/1-00).

"Em se tratando de condições da ação e de pressupostos processuais, não há preclusão para o magistrado, mesmo existindo expressa decisão a respeito, por cuidar-se de matéria indisponível, inaplicável o enunciado n. 424 da Súmula/STF a matéria que deve ser apreciada de ofício" (STJ-4ª T., REsp 43.138, Min. Sálvio de Figueiredo, j. 19.8.97, DJU 29.9.97). V. art. 357, nota 8.

"Suscitada a questão sobre a ilegitimidade de parte, não pode o Tribunal eximir-se de apreciá-la, sob alegação de preclusão, sendo-lhe possível, no caso, examiná-la de ofício" (RSTJ 72/451).

"Em se tratando de condições da ação, não ocorre preclusão, mesmo existindo explícita decisão a respeito (CPC, art. 267, § 3º)" (VI ENTA-concl. 9, aprovada com 2 votos contrários).

Não preclui a decisão que deixa de declarar extinto o processo, nos casos dos ns. IV, V e VI (SIMP-concl. XV, em RT 482/271; RTJ 94/445, 105/1.038, 112/1.164, 112/1.404; STF-RT 595/286, 608/241; STF-Amagis 10/439; RT 480/158, 490/138, 508/165, 509/91, 607/141, RJTJESP 89/250, JTJ 149/16, 193/9, JTA 40/184, 48/234, 89/420, RJTAMG 20/178, Bol. AASP 1.016/100, 1.559/263, maioria, RP 6/318, em. 125).

"Não há que se falar em nulidade na decisão do juiz sucessor que reconheceu a litispendência afastada pelo juiz que o antecedeu, tendo em vista que se trata de questão de ordem pública não sujeita à preclusão *pro judicato*" (STJ-2ª T., REsp 1.682.249-AgInt, Min. Mauro Campbell, j. 21.5.19, DJ 23.5.19).

Contra: "Havendo decisão anterior declarando a legitimidade do agravante, esta não pode ser alterada em vista da ocorrência da preclusão consumativa, mesmo em se tratando de matéria de ordem pública" (STJ-3ª T., Ag em REsp 369.417-AgInt, Min. Ricardo Cueva, j. 15.9.16, DJ 21.9.16).

S/ preclusão, v. art. 507 e notas. Em matéria de competência, v. arts. 64 § 1º e notas, 507, nota 4c, e 957, nota 1.

Art. 485: 49a. A matéria constante dos incisos IV, V e VI do art. 485 pode ser alegada ineditamente em sede de embargos de declaração (v. art. 1.022, nota 4).

Art. 485: 50. s/ desistência da ação, v. arts. 90 (despesas e honorários, no caso de desistência), 103, nota 4 (necessidade de intervenção de advogado), 105 (poderes especiais do advogado, para desistir), 122 (assistência), 200 § ún. (efeitos somente após sua homologação), 274, nota 1 (intimação do advogado do réu), 335 § 2º (contra corréu não citado), 343 § 2º (prosseguimento da reconvenção), 485-VIII (extinção do processo), 562, nota 14 (ação possessória), 775 (desistência da execução), 1.040 §§ 1º a 3º (desistência no caso de julgamento de recurso repetitivo) e RCJF 14 § 1º (custas).

V. tb., s/ desistência de ação civil pública, LACP 5º § 3º e, no caso de direito dos idosos, EId 81 § 2º; de ação popular, LAP 9º; de busca e apreensão em alienação fiduciária, Dec. lei 911/69, art. 3º, nota 4a (no tít. ALIENAÇÃO FIDUCIÁRIA); de desapropriação, LD 29, notas 2 e segs.; de mandado de segurança, LMS 6º, notas 2a e 2b; de recurso, art. 998, RISTJ 34-IX.

Não se admite desistência em ação direta de inconstitucionalidade e ação declaratória de constitucionalidade (cf. LADIN 5º e 16).

Art. 485: 51. Desistência da ação e renúncia ao direito em que se funda a ação. A desistência da ação não importa renúncia ao direito (JTA 106/80). Por isso, a sentença homologatória de desistência da ação não impede o ajuizamento de nova demanda contra o réu, visando ao mesmo objetivo (RT 490/59, JTA 89/281, Bol. AASP 1.520/27-desistência de execução).

Para evitar que isso aconteça, o réu pode exigir, a fim de concordar com a desistência, que o autor renuncie expressamente "à pretensão formulada na ação ou na reconvenção" (art. 487-III-*c*). Se houver renúncia a esse direito, e não simples desistência da ação, o réu não tem interesse em impugnar a sua homologação (JTA 89/281). Se o autor não renunciar à pretensão e a desistência causar prejuízo ao réu, ela não deve ser homologada (RT 702/81).

Aliás, os representantes da União e das autarquias, fundações e empresas públicas federais somente podem concordar com a desistência da ação movida pelo adversário se este renunciar ao direito sobre que se funda a demanda (Lei 9.469, de 10.7.97, art. 3º). Mas essa exigência não tem sido colocada em sede de mandado de segurança (v. LMS 6º, nota 2b).

V. tb. art. 487, nota 19.

Art. 485: 51a. Desistência da ação e consentimento do réu. "O pedido de desistência da ação somente poderá ser acolhido se houver assentimento do réu, que já tenha oferecido resposta, ou por renúncia do autor ao direito pleiteado" (RJTAMG 38/230).

"A recusa do réu ao pedido de desistência deve ser fundamentada e justificada, não bastando apenas a simples alegação de discordância, sem a indicação de qualquer motivo relevante" (STJ-RT 761/196: 4ª T., REsp 90.738). No mesmo sentido: STJ-1ª T., REsp 864.432, Min. Luiz Fux, j. 12.2.08, DJU 27.3.08; STJ-2ª T., REsp 976.861, Min. Castro Meira, j. 2.10.07, DJU 19.10.07; RT 891/301: TJSP, AP 373.908-5/9-00; JTA 95/338, RP 1/200, em. 42, 6/308.

A nosso ver, com razão: "A discordância veio fundada no **direito ao julgamento de mérito** da demanda, que possibilitaria a formação da coisa julgada material, impedindo a propositura de nova ação com idênticos fundamentos, o que deve ser entendido como motivação relevante para impedir a extinção do processo com fulcro no art. 267, VIII, e § 4º do CPC" (STJ-3ª T., REsp 1.318.558, Min. Nancy Andrighi, j. 4.6.13, DJ 17.6.13).

"É legítima a oposição à desistência com fundamento no art. 3º da Lei 9.469/97, razão pela qual, nesse caso, a desistência é condicionada à renúncia expressa ao direito sobre o qual se funda a ação" (STJ-1ª Seção, REsp 1.267.995, Min. Mauro Campbell, j. 27.6.12, DJ 3.8.12). No mesmo sentido: STJ-Corte Especial, AI 1.354.882-AgRg-EDcl-RE-AgRg, Min. Laurita Vaz, j. 1.10.14, DJ 22.10.14.

"Os autores pretendem desistir da ação para deduzir pretensão assentada em questão conexa em juízo distinto daquele em que tramita a ação em 1º grau de jurisdição, de modo que a justificativa apresentada pelos réus, ainda que sucinta, é relevante e busca, em última análise, evitar a artificial modificação de regra de competência e a violação ao princípio constitucional do juiz natural" (STJ-3ª T., REsp 1.519.589, Min. Nancy Andrighi, j. 10.4.18, DJ 13.4.18).

O **silêncio** do réu após sua intimação a se pronunciar sobre a desistência da ação manifestada pelo autor configura concordância tácita em relação a esta (STJ-3ª T., REsp 1.036.070, Min. Sidnei Beneti, j. 5.6.12, DJ 14.6.12).

Se o autor formulou pedidos incompatíveis (art. 327), pode desistir de um deles, ainda que com oposição do réu (RT 492/176).

"A sentença que homologa desistência de ação sem prévia audiência do réu deve ser anulada" (RT 682/155).

Art. 485: 51b. Mesmo quando já em **curso o prazo para resposta,** o autor pode desistir da ação sem o consentimento do réu; apenas quando escoado o prazo para a resposta é que esse consentimento se faz necessário (RT 927/1.000: TJPI, AP 2008.0001.003062-3).

"Desde que não oferecida a contestação, o autor pode requerer a desistência da ação, antes do transcurso do prazo para a apresentação de defesa, independentemente do consentimento do réu para a sua homologação" (STJ-2ª T., REsp 1.646.549, Min. Francisco Falcão, j. 13.11.18, DJ 21.11.18).

Se o réu se antecipa ao fim do prazo e responde antes deste, a partir da oferta da resposta passa a ser exigido o seu consentimento.

Art. 485: 52. **Desistência da ação e litisconsórcio passivo necessário.** Não se admite a desistência da ação contra apenas um ou alguns dos réus, no caso de litisconsórcio passivo necessário (TFR-2ª T., Ag 48.334, Min. William Patterson, j. 13.12.85, DJU 27.2.86; RJTJESP 118/193). Afinal, ausente um dos litisconsortes necessários, o processo deve ser extinto cf. art. 115 § ún. e 485-VI.

Extinguindo o processo no caso de desistência da ação contra um dos réus que era litisconsorte necessário: Bol. AASP 1.452/251, em. 01 (confirmado em grau de embargos infringentes: Bol. do TFR 141/19).

Art. 485: 53. **Desistência da ação e litisconsórcio passivo facultativo.** Para a desistência da ação em face de um dos litisconsortes facultativos que ocupam o polo passivo da relação jurídica processual, o autor somente precisa da concordância do corréu que ele tenciona excluir do processo, pouco importando que os demais corréus se oponham a tanto (JTJ 300/398, RP 6/318, em. 128). Todavia, essa ideia comporta temperamento nas hipóteses em que o corréu cuja exclusão se requer pudesse ter sido chamado ao processo pelos demais corréus (art. 130 e incisos), na medida em que o direito destes a integrá-lo à relação jurídica processual não pode ser subtraído.

Da decisão que homologa desistência da ação contra um dos litisconsortes passivos, cabe agravo de instrumento (art. 1.015-VII).

Art. 485: 54. **"A desistência de ação de investigação de paternidade** apenas põe termo à demanda, mas não extingue o direito do investigando. Sendo imprescritível a ação (Súmula 149 do STF), pode a autora voltar a propô-la" (RTJ 126/14).

Se o autor é maior, pode desistir da ação de investigação (JTJ 172/107), mas não se admite a desistência manifestada pela mãe de menor (RT 690/145, JTJ 167/129). Assim: "Não merece homologação a desistência da ação de investigação de paternidade manifestada pelos autores, absolutamente incapazes, representados pela mãe, se a isso se opõe o Ministério Público, com intervenção obrigatória" (STF-RT 472/235); no mesmo sentido: RTJ 70/826, RJTJERGS 172/321, RT 788/362. Nesse caso, é nula a homologação de desistência em que não interveio o representante do MP (RJTJERGS 166/275).

Art. 485: 55. Pode haver desistência de ação que verse sobre **direitos indisponíveis,** porque não impede o ajuizamento de nova demanda contra o réu, visando ao mesmo objetivo (v. nota anterior). Nesse sentido: RJTJESP 106/147, 115/103.

Art. 485: 56. **Desistência da ação e transação.** A ulterior ineficácia da transação, celebrada simultaneamente com a desistência da ação, não torna esta ineficaz, porque a desistência é irretratável (Lex-JTA 146/30).

Art. 485: 57. **Desistência da ação após a sentença.** "A desistência da ação pressupõe não haver sido proferida, ainda, sentença de mérito, sendo que, contestada, requer o consentimento do réu" (STF-2ª T., RE 163.976-1-EDcl, Min. Marco Aurélio, j. 11.3.96, DJU 16.4.96).

Após sentença contrária, é inadmissível a desistência da ação (Lex-JTA 143/285). O autor pode desistir do recurso; não, porém, da ação. Assim: "Descabida é a homologação de pedido de desistência da ação, nesta instância recursal, mas tão somente do recurso pois, nos termos do art. 501 do CPC, a parte poderá, a qualquer tempo, sem a anuência do recorrido ou dos litisconsortes, desistir do recurso" (STJ-1ª T., REsp 389.430-AgRg, Min. Denise Arruda, j. 20.5.04, DJU 30.9.04).

"Pedido de desistência da ação formulado após a prolação da sentença. Impossibilidade. Hipótese em que, apesar de formulado o pleito antes do julgamento da apelação pelo Tribunal, impossível a homologação do pedido de desistência da ação" (STJ-2ª T., REsp 555.139, Min. Eliana Calmon, j. 12.5.05, DJU 13.6.05).

Art. 485: 57a. v. nota 11.

Art. 485: 58. s/ juízo de retratação, v. tb. arts. 331 e 332 § 3º, bem como ECA 198-VII.

Art. 486. O pronunciamento judicial que não resolve o mérito não obsta a que a parte proponha de novo a ação.[1 a 3] [Dispositivo correspondente no CPC/1973: art. 268-*caput*]

§ 1º No caso de extinção em razão de litispendência e nos casos dos incisos I, IV, VI e VII do art. 485, a propositura da nova ação depende da correção do vício que levou à sentença sem resolução do mérito.[3a] [Sem dispositivo correspondente no CPC/1973]

§ 2º A petição inicial, todavia, não será despachada sem a prova do pagamento ou do depósito das custas e dos honorários de advogado.[3b a 6] [Dispositivo correspondente no CPC/1973: art. 268-*caput*]

§ 3º Se o autor der causa, por 3 (três) vezes, a sentença fundada em abandono da causa, não poderá propor nova ação contra o réu com o mesmo objeto,[7] ficando-lhe ressalvada, entretanto, a possibilidade de alegar em defesa o seu direito. [Dispositivo correspondente no CPC/1973: art. 268 § ún.]

Art. 486: 1. Por vezes, o retorno do autor ao Poder Judiciário dependerá de medidas que levarão à propositura de demanda diferente da que ajuizara. É o que acontece, p. ex., quando o processo é extinto com fundamento no inc. VI do art. 485. Daí se dizer que, nesses casos, fica permitida a propositura de **nova ou outra ação,** e não "a intentação de novo da mesma ação" (RTJ 111/782).

Assim: "A decisão que deu pela ilegitimidade *ad causam*, se não recorrida, faz coisa julgada" (RTFR 134/35). "Tendo sido o processo extinto por falta de legitimidade do réu, não é possível repetir a ação sem indicar a parte legítima, pois não se pode rediscutir questão já decidida, por força da coisa julgada" (STJ-3ª T., REsp 1.587.423-AgInt, Min. Ricardo Cueva, j. 26.9.17, DJ 10.10.17). O mesmo ocorre com a sentença que julga extinta a ação por falta de interesse processual do autor; a mesma ação, sem qualquer alteração, não poderá ser ulteriormente reproduzida (RSTJ 151/420).

Todavia: "A extinção do processo sem julgamento do mérito por falta de legitimidade *ad causam* não produz coisa julgada material, mas apenas coisa julgada formal, a qual não impede a discussão da matéria em processo diverso" (STJ-3ª T., REsp 1.148.581, Min. Sidnei Beneti, j. 24.9.13, DJ 27.9.13).

Art. 486: 2. porém deve fazê-lo em outro processo (Bol. AASP 946/13).

Art. 486: 3. Não se aplica o art. 486 no caso de extinção do processo de **embargos à execução;** o embargante não poderá apresentar novos embargos, pois estes serão intempestivos (v. art. 915). Nada impede, porém, que o executado discuta o direito material objeto da execução em ação própria.

Art. 486: 3a. A superação do obstáculo que levou à extinção do processo sem julgamento do mérito pode não depender de atividades corretivas propriamente ditas. P. ex., uma vez acolhida a alegação de existência de convenção de arbitragem, mas ulteriormente declarada no juízo arbitral a nulidade desta, o reingresso no Poder Judiciário não depende de qualquer correção.

Art. 486: 3b. v. art. 92, no mesmo sentido.

Art. 486: 3c. Esta prova deve ser feita liminarmente (RT 510/195, RJTJESP 49/65, Lex-JTA 151/298). Mas, em vez de indeferir de pronto a petição inicial, o juiz deve marcar prazo para que seja cumprida a exigência da lei (RSTJ 140/424; STJ-1ª T., REsp 331.821-AgRg, Min. Francisco Falcão, j. 5.2.02, DJU 1.7.02; STJ-3ª T., REsp 222.934, Min. Menezes Direito, j. 22.2.00, DJU 10.4.00; STJ-4ª T., AI 193.125-AgRg, Min. Barros Monteiro, j. 22.3.01, DJU 4.6.01; STJ-5ª T., REsp 149.506, Min. Jorge Scartezzini, j. 2.9.99, DJU 4.10.99; RT 633/129, 646/94, 665/128, JTA 77/233, 105/284, 110/363, 118/108, Bol. AASP 1.707/supl., p. 7, com jurisprudência num e noutro sentido). Não importa que o pagamento ou o depósito das custas e dos honorários advocatícios da demanda anterior seja feito após a propositura da segunda demanda (RSTJ 73/371).

Contra, não admitindo a sanação *a posteriori* da irregularidade: JTA 87/326.

Art. 486: 4. Se **outra** é a **ação,** e não a mesma, não há obrigação de provar o pagamento ou o depósito das custas e honorários (RSTJ 5/373, JTA 91/312, Lex-JTA 141/233, RT 691/138). No mesmo sentido: "Inviável é o pagamento de custas e honorários sob alegação de renovação de pedido, quando, na verdade, trata-se de lide diversa, eis que com diferente fundamento" (STJ-3ª T., REsp 12.698, Min. Waldemar Zveiter, j. 14.4.92, RSTJ 42/360).

"'Intentar de novo a ação', expressão comum aos arts. 28 e 268 do CPC, e empregada no sentido processual, significa a vinda de outra instância da mesma relação jurídica processual, que se desfez pela extinção da anterior. Extinto o processo na ação de execução, pela inexistência de título executivo apropriado, pode ser intentada outra ação, sem os mesmos elementos de identificação, mas objetivando resultado prático equivalente, como seja a ação ordinária (ampla) ou mesmo a ação sumaríssima (limitada), não incidindo, nesses casos, exigência pecuniária prévia" (RSTJ 5/373). No mesmo sentido: RT 663/94.

"O credor que promoveu execução, com base em contrato de abertura de crédito, extinta sem julgamento de mérito, por ausência de título, pode ajuizar ação monitória para cobrança de seu crédito, sem necessidade de pagar custas e honorários advocatícios relativos ao processo anterior" (STJ-3ª T., REsp 333.275, Min. Nancy Andrighi, j. 16.5.02, DJU 24.6.02). No mesmo sentido: STJ-4ª T., REsp 437.136, Min. Aldir Passarinho Jr., j. 13.5.08, DJU 9.6.08.

"Quem desistiu de embargos à execução fiscal não está obrigado ao depósito previsto no art. 268 do CPC, para opor embargos de terceiro à mesma execução" (STJ-1ª T., REsp 44.844-1, Min. Gomes de Barros, j. 5.9.94, DJU 17.10.94).

Todavia, o pagamento é devido "mesmo que na segunda demanda não tenha se repetido o litisconsórcio ativo facultativo existente na primeira" (STJ-3ª T., REsp 436.026, Min. Pádua Ribeiro, j. 18.9.03, DJU 13.10.03).

Art. 486: 5. A **Fazenda Pública** não está dispensada de provar o pagamento ou depósito das custas e dos honorários de advogado (JTA 118/108).

Art. 486: 6. O **beneficiário de justiça gratuita** está dispensado de pagar as custas e honorários de advogado do processo anterior extinto (RSTJ 37/294, RT 614/58).

Art. 486: 7. Caso de perempção.

Art. 487. Haverá resolução de mérito quando o juiz:[1-2] [Dispositivo correspondente no CPC/1973: art. 269-*caput*]

I — acolher ou rejeitar o pedido formulado na ação ou na reconvenção; [Dispositivo correspondente no CPC/1973: art. 269-I]

II — decidir, de ofício ou a requerimento,[3-3a] sobre a ocorrência de decadência[4-4a] ou prescrição;[5 a 8b] [Dispositivo correspondente no CPC/1973: art. 269-IV]

III — homologar: [Sem dispositivo correspondente no CPC/1973]

a) o reconhecimento da procedência do pedido formulado na ação ou na reconvenção;[8c a 10b] [Dispositivo correspondente no CPC/1973: art. 269-II]

b) a transação;[11 a 17a] [Dispositivo correspondente no CPC/1973: art. 269-III]

c) a renúncia à pretensão formulada na ação ou na reconvenção.[18 a 21] [Dispositivo correspondente no CPC/1973: art. 269-V]

Parágrafo único. Ressalvada a hipótese do § 1º do art. 332, a prescrição e a decadência não serão reconhecidas sem que antes seja dada às partes oportunidade de manifestar-se.[22] [Sem dispositivo correspondente no CPC/1973]

Art. 487: 1. Contra sentença cabe **apelação** (art. 1.009). Mas, contra decisão que delibera sobre apenas parcela do mérito, cabe **agravo de instrumento** (arts. 354 § ún., 356 § 5º e 1.015-II).

S/ conceito de sentença, v. art. 203 § 1º, bem como respectiva nota 2.

Art. 487: 2. "Para verificar se houve exame do mérito, há que pesquisar se a pretensão formulada foi decidida. Isso tendo ocorrido, não importa que a sentença haja, equivocadamente, afirmado que o autor era carecedor da ação" (STJ-3ª T., REsp 31.766-0, Min. Eduardo Ribeiro, j. 25.4.94, DJU 30.5.94). No mesmo sentido: RSTJ 145/479.

"Sempre que a relação existente entre as condições da ação e o direito material for estreita ao ponto de a verificação da presença daquelas exigir a análise deste, haverá exame de mérito. Sob o prisma da **teoria da asserção,** se o juiz realizar cognição profunda sobre as alegações contidas na petição, após esgotados os meios probatórios, terá, na verdade, proferido juízo sobre o mérito da questão" (STJ-3ª T., REsp 1.125.128, Min. Nancy Andrighi, j. 11.9.12, DJ 18.9.12).

V. tb. art. 485, nota 27.

Art. 487: 3. s/ cognoscibilidade de ofício da prescrição ou da decadência em sede de: cautelar antecedente, v. art. 310, nota 2; execução fiscal, v. LEF 40, nota 5b (Súmula 409 do STJ); recurso especial, v. RISTJ 255, nota 4-Prescrição e decadência.

V. tb. § ún.

Art. 487: 3a. "A prescrição deverá ser decretada de ofício pelo Poder Judiciário, em **qualquer grau de jurisdição,** independentemente da citação do réu" (STJ-3ª T., REsp 1.087.571, Min. Massami Uyeda, j. 20.3.09, DJ 5.5.09).

V. tb. CC 193.

Art. 487: 4. s/ decadência, v. arts. 117, nota 1 (litisconsórcio), 240 § 4º (interrupção), 302-IV (decadência reconhecida em tutela de urgência), 332 § 1º (improcedência liminar), 975 (prazo para ajuizar ação rescisória), 1.013 § 4º (apelação contra a sentença que decreta a decadência), 1.015, nota 7a (recurso contra decisão de rejeição), LMS 23 (prazo para impetrar mandado de segurança).

Art. 487: 4a. "O prazo para ajuizamento da ação pauliana é decadencial, afastando, por consequência, a ocorrência de causa suspensiva ou interruptiva de sua fluência" (RSTJ 109/215).

Art. 487: 5. s/ prescrição, v. arts. 20, nota 8 (ação declaratória), 72, nota 3 (alegação, pelo curador especial), 240 § 1º (interrupção), 302-IV (reconhecimento em sede de tutela de urgência), 332 § 1º (improcedência liminar), 364, nota 1a (alegações finais), 507, nota 5 (preclusão), 525 § 1º-VII e 535-VI (cumprimento da sentença e prescrição superveniente), 674, nota 6 (alegação, em embargos de terceiro), 915, nota 14 (alegação fora do prazo para oposição de embargos à execução), 1.009, nota 3b (preclusão), 1.013 § 4º (apelação contra sentença que a decreta), 1.015, nota 7a (recurso contra decisão de rejeição), LACP 1º, nota 2a (ação civil pública), LAP 21 (ação popular),

LA 23 (ação de alimentos), EA 25 (honorários advocatícios), LD 24, nota 2a (ação de desapropriação), LEF 8º § 2º (execução fiscal), Dec. lei 167/67, art. 41, nota 1b (cédula de crédito rural), Dec. lei 58/37, art. 16, nota 3a (ação de adjudicação compulsória), LRF 82 § 1º (ação de responsabilização pessoal dos sócios, controladores e administradores da sociedade falida).

V., no **CCLCV, CC 189 a 206, bem como respectivas notas,** com boa parte das **Súmulas do STF e do STJ** sobre o tema.

Art. 487: 6. **CC 193:** "A prescrição pode ser alegada em qualquer grau de jurisdição, pela parte a quem aproveita". V. tb. arts. 496, nota 2c (reexame necessário), 1.014, nota 6 (apelação ou respectivas contrarrazões), RISTJ 255, nota 4-Prescrição e decadência (recurso especial).

Art. 487: 6a. Para que a prescrição possa ser enfrentada na **instância recursal,** o recurso deve ser admissível. Assim, alegada a prescrição em recurso intempestivo, ela não pode ser apreciada (STJ-RT 691/207).

Art. 487: 7. **Súmula 150 do STF: "Prescreve a execução** no **mesmo prazo** de prescrição **da ação".**

Conta-se o prazo a partir do trânsito em julgado da sentença ou decisão parcial de mérito proferida na fase de conhecimento (JTA 108/155).

"A execução provisória corre por 'conta e responsabilidade do exequente' (art. 588, I, do CPC); o credor não está obrigado a correr esse risco, de modo que o termo inicial da prescrição da execução de sentença só inicia após o respectivo trânsito em julgado" (STJ-RP 136/216: 3ª T., AI 617.869-AgRg; a citação é do voto do relator).

Se os honorários advocatícios são fixados em percentual de condenação ilíquida, é a partir do encerramento da liquidação de sentença que se conta o prazo prescricional para a sua execução (STJ-2ª T., REsp 1.090.602, Min. Eliana Calmon, j. 3.3.09, DJ 2.4.09). "Título executivo judicial. Obrigação ilíquida. Fase de liquidação. Destituição dos advogados. Celebração de acordo quanto aos honorários. Recurso dos advogados sucedidos. Definição quanto à titularidade da verba. Cumprimento de sentença. Termo inicial do prazo prescricional da pretensão executória. Quando fixados sobre o valor da condenação ilíquida, o prazo prescricional começa a fluir do trânsito em julgado da sentença de liquidação, pois somente a partir dela é que o título judicial se apresenta líquido e, por conseguinte, capaz de embasar a ação executiva correspondente. Hipótese em que, no que tange à obrigação de pagar os honorários de sucumbência, o título exequendo carecia de liquidez, na medida em que, enquanto pendente o julgamento da apelação e do recurso especial interpostos pelos recorrentes, era incerta a titularidade desse direito. O fato de terem recorrido da sentença homologatória, como terceiros juridicamente interessados, para se certificar da titularidade dos honorários objeto da transação, ao invés de requerer o cumprimento de sentença a partir da liquidação promovida pela autocomposição das partes, afasta a ideia de inércia, que é indispensável ao reconhecimento da prescrição. No particular, o poder de exigir o pagamento dos honorários de sucumbência nasceu, para os recorrentes, com o trânsito em julgado do acórdão em que se afirmou que os honorários abrangidos pelo acordo eram apenas aqueles fixados na liquidação de sentença em favor dos advogados sucessores, resguardando o direito autônomo dos sucedidos de promover a execução dos honorários fixados em seu favor na fase de conhecimento" (STJ-3ª T., REsp 1.769.045, Min. Nancy Andrighi, j. 26.2.19, DJ 1.3.19).

"O ajuizamento de ação rescisória não suspende o prazo prescricional para a execução, consoante o disposto no art. 489 do CPC" (STJ-1ª T., Ag em REsp 227.772-AgRg, Min. Arnaldo Esteves, j. 11.12.12, DJ 4.2.13).

"A regra abstrata de direito que fixa o prazo de prescrição, adotada na fase de conhecimento, em desconformidade com a jurisprudência atual do STJ, não faz coisa julgada para reger o prazo da prescrição da execução" (STJ-4ª T., Ag em REsp 90.668-EDcl, Min. Isabel Gallotti, j. 13.3.12, DJ 23.3.12). No mesmo sentido: STJ-3ª T., Ag em REsp 105.997-AgRg, Min. Paulo Sanseverino, j. 27.11.12, DJ 4.12.12.

Súmula 154 do STF: "Simples vistoria não interrompe a prescrição".

Na vigência do CPC rev., o STF entendeu que não era caso de ser revista esta Súmula (STF-2ª T., Ag 65.594-AgRg, Min. Moreira Alves, j. 20.2.76, DJU 9.4.76), porém com restrições, porque: "Se o processo cautelar de produção antecipada assume conotações de protesto e de indeclinável medida preparatória da ação, a citação nele feita interrompe a prescrição" (RTJ 114/1.228 e STF-RT 599/257, citando RTJ 89/961 e 108/1.302).

"Na sistemática do CPC de 1973, a cautelar de antecipação de prova interrompe a prescrição quando se tratar de medida preparatória de outra ação, tornando inaplicável, nesses casos, o verbete sumular n. 154-STF, editado sob a égide do CPC 1939" (RSTJ 152/392).

Súmula 106 do STJ: "Proposta a ação no prazo fixado para o seu exercício, a **demora na citação,** por motivos inerentes ao mecanismo da Justiça, não justifica o acolhimento da arguição de prescrição ou decadência". V., no art. 240, nota 16a, anotações s/ esta Súmula.

Art. 487: 7a. A decadência e a prescrição devem ser preferencialmente apreciadas antes do **saneamento do processo** (cf. art. 354).

Art. 487: 7b. Decretando a prescrição da ação, não deve a sentença apreciar as demais questões de mérito (RJTJESP 101/240).

Art. 487: 8. A prescrição é "causa extintiva da pretensão e não do direito abstrato de ação. Por isso, é instituto de direito material, a ela se aplicando a lei do tempo em que teria ocorrido, e não sendo alcançada, portanto, por preceito constitucional posterior, cuja aplicação imediata implica apenas que este alcança os efeitos futuros de fatos passados, e não os fatos já consumados no passado" (STF-RT 732/157).

Art. 487: 8a. "Para decidir sobre a prescrição da execução, havendo transação, há que se ter em conta a lide tal como deduzida na inicial" (STJ-3ª T., REsp 48.417-0, Min. Eduardo Ribeiro, j. 24.5.94, DJU 20.6.94).

Art. 487: 8b. "Execução. Cédula de Crédito rural. Ausência de bens passíveis de penhora. Suspensão do processo. Inércia do exequente por sete de anos. **Prescrição intercorrente.** Ocorrência. **Desnecessidade de prévia intimação** do exequente para dar andamento ao feito. Necessidade apenas de intimação do exequente, concedendo-lhe oportunidade de demonstrar causas interruptivas ou suspensivas da prescrição. Entendimento em sintonia com o disposto no novo Código de Processo Civil (art. 921, §§ 4º e 5º, CPC/2015)" (STJ-3ª T., REsp 1.593.786, Min. Paulo Sanseverino, j. 22.9.16, DJ 30.9.16). Ainda: "A prescrição é instituto de direito material, tendo prazos e consequências próprias, que não se confundem com a extinção do processo regulada no art. 267 do CPC. Começa a fluir do momento em que o autor deixou de movimentar o processo, quando isso lhe cabia" (RSTJ 37/481). No mesmo sentido: STJ-4ª T., Ag em REsp 1.356.274-AgInt, Min. Raul Araújo, j. 12.11.19, DJ 9.12.19; JTJ 337/181 (AI 7.286.445-8).

"Intimado o credor a se pronunciar sobre a avaliação do bem penhorado e transcorridos mais de quatro anos para tanto, retirando os autos com carga, sem que o feito estivesse suspenso, denota falta injustificada de diligência. Dessa forma, devidamente aplicada a prescrição intercorrente, haja vista transcorrido o prazo de três anos em relação à cambial" (STJ-4ª T., REsp 777.305, Min. Aldir Passarinho Jr., j. 9.3.06, DJU 24.4.06).

Todavia: "Não opera a prescrição intercorrente quando a credora não deu causa à paralisação do feito" (RSTJ 63/196). No mesmo sentido: STJ-RT 717/272 (autos desaparecidos em cartório), 724/272, Lex-JTA 163/229.

"Não ocorre prescrição intercorrente quando o retardamento foi por culpa exclusiva da própria pessoa que dela se beneficiaria" (RSTJ 36/478). No mesmo sentido: JTJ 338/69 (AI 866.957-5/0-00).

"Não se pode acolher a prescrição em favor de quem, com suas várias mudanças de domicílio sem qualquer comunicação ao juízo, concorreu para a paralisação do processo" (STJ-1ª T., REsp 15.334, Min. Garcia Vieira, j. 4.12.91, DJ 23.3.92).

"A suspensão da execução a pedido do exequente e autorizada judicialmente, constitui fator impeditivo à fluição da prescrição intercorrente, que pressupõe inércia da parte, o que não ocorre se o andamento do feito não está tendo curso sob respaldo judicial" (STJ-4ª T., REsp 63.474, Min. Aldir Passarinho Jr., j. 16.6.05, DJ 15.8.05).

Exigindo intimação pessoal prévia para o aperfeiçoamento da prescrição intercorrente: STJ-3ª T., REsp 1.393.162-AgRg, Min. Sidnei Beneti, j. 22.10.13, DJ 13.11.13; STJ-4ª T., REsp 1.350.303-AgInt, Min. Antonio Ferreira, j. 7.2.17, DJ 10.2.17.

S/ prescrição intercorrente e: honorários advocatícios, v. art. 85, nota 6; execução, v. arts. 921 §§ 4º e 5º e nota 3 e 924-V; ação rescisória, v. art. 975, nota 2; ação de improbidade administrativa, v. LIA 23, nota 3a.

Art. 487: 8c. s/ reconhecimento parcial do pedido e recurso interposto pelo réu, v. art. 1.000, nota 3b.

Art. 487: 9. "O reconhecimento da procedência do pedido inicial, feito de forma inequívoca pelo réu, é **irretratável,** sendo ineficaz o arrependimento por ele manifestado. Em tal circunstância, cabe ao juiz proferir sentença de extinção do feito com base no art. 269, II, do CPC, sendo-lhe vedado decidir o mérito" (STJ-3ª T., REsp 1.317.749, Min. João Otávio, j. 19.11.13, maioria, DJ 28.11.13).

Art. 487: 9a. "O **reconhecimento pelo réu da procedência de pedido subsidiário** não importa em extinção do processo, com julgamento do mérito ou por falta de interesse de agir do autor, porquanto perdura a lide, em face do pedido principal" (STJ-3ª T., REsp 8.892, Min. Dias Trindade, j. 30.4.91, DJU 27.5.91).

Art. 487: 9b. O reconhecimento da procedência do pedido "exige, para que se tenha como configurado, **clara manifestação do réu** de que se submete aos termos da demanda. O fato de que tenha desfeito construção, que a inicial sustentava ser irregular, não significa haja admitido a procedência da pretensão do autor, podendo ter agido impelido por motivação inteiramente estranha à alegada ilicitude" (RSTJ 39/376).

No sentido de que o atendimento à pretensão do autor, desacompanhado de ato de reconhecimento expresso da procedência do pedido, leva à extinção do processo sem julgamento do mérito, por ulterior falta de interesse processual: STJ-3ª T., REsp 1.183.061, Min. Nancy Andrighi, j. 20.8.13, DJ 30.8.13.

Art. 487: 10. "Na ação ordinária de **cobrança de duplicata não aceita,** tendo ocorrido reconhecimento da dívida pelo demandado, a correção monetária há de fluir desde o vencimento do título" (RSTJ 55/258).

Art. 487: 10a. Importa reconhecimento da procedência do pedido a ausência de contestação em **imissão de posse,** com solicitação, pelo réu, de prazo para desocupação do imóvel (RJTJERGS 152/651).

Art. 487: 10b. "A circunstância de o executado haver pago a dívida, aproveitando-se de abatimento autorizado em lei, não configura transação, mas reconhecimento da procedência do pedido" (RSTJ 74/336).

V. tb. art. 90, nota 3b.

Art. 487: 11. s/ transação, v. arts. 90 § 2º (despesas processuais), 103, nota 3 (necessidade do advogado na transação judicial), 129, nota 6 (denunciação da lide), 178, nota 13 (nulidade de transação referente a direitos de incapazes, sem intervenção do MP), 200, nota 3 (homologação da transação), 334 § 11 (audiência de conciliação ou mediação e sentença de autocomposição), 506, nota 2a (efeitos da sentença homologatória), 515-II e III (título executivo judicial), 924, nota 10 (suspensão da execução), 966 § 4º (desconstituição), 1.000, nota 3a (transação e renúncia ao recurso), EA 24, nota 3 (honorários de advogado), LJE 57-*caput* (homologação de acordo extrajudicial de qualquer natureza ou valor), LJEF 10 § ún. (autorização para a União, autarquias, fundações e empresas públicas federais transigirem), RISTJ 255, nota 4-Transação (recurso especial para a interpretação de cláusula estabelecida em transação).

S/ custas da transação, na Justiça Federal, v. RCJF 14 § 1º.

S/ transação, v. tb. CC 840 a 850.

Art. 487: 11a. "À **Fazenda Pública** é defeso firmar 'transação', negócio jurídico de direito privado, salvo com autorização legal" (STJ-1ª T., REsp 68.177-4, Min. Milton Luiz Pereira, j. 2.9.96, DJU 7.10.96). No mesmo sentido: RF 366/237.

Art. 487: 11b. É necessária prévia autorização judicial para os **pais** transigirem quanto a **direito dos filhos** (RT 726/404).

Art. 487: 11c. Não vale a transação quanto a **direito indisponível** (art. 841 do CC), como é o "relativo a **estado das pessoas"** (RSTJ 58/33). No mesmo sentido: RSTJ 141/440, RT 622/73 (filiação).

S/ direito indisponível, v. arts. 345-II, 373 § 3º-I e 392.

Art. 487: 12. "A transação somente afeta os **direitos disponíveis de cada condômino,** não atingindo direitos comuns, como aqueles relacionados com os defeitos de construção. Esses direitos pertencem a todos, inclusive ao condomínio, e somente podem ser objeto de transação se aprovados pela unanimidade dos condôminos" (RSTJ 100/197).

Art. 487: 12a. Nada impede que seja celebrada e homologada transação **após sentença** (TFR-6ª T., AC 125.435, Min. Américo Luz, j. 24.8.88, maioria, DJU 4.4.89; JTA 108/23), desde que não transitada em julgado (JTJ 152/200, 156/216). Admitindo a transação, mesmo no caso de sentença transitada em julgado: JTJ 151/87, RJ 312/119, RMDCPC 33/125 (TJDFT, AI 2009.00.2.012673-4). V. art. 505, nota 5b.

É cabível transação no processo principal, se só existe sentença no cautelar (JTA 119/299).

Art. 487: 12b. "A homologação de acordo extrajudicial não está incluída nas atribuições do relator constantes do art. 34, IX e XI, do RISTJ. Portanto, os autos serão remetidos, com a máxima urgência, ao **Juízo de origem,** para que lá seja analisado o pedido de homologação" (STJ-3ª T., REsp 953.505-EDcl-AgRg, Min. Nancy Andrighi, j. 19.5.09, DJ 28.5.09). No mesmo sentido: STJ-4ª T., AI 1.125.715-EDcl-AgRg, Min. João Otávio, j. 4.11.10, DJ 10.11.10.

Art. 487: 12c. "Acordo homologado nos autos do processo somente poderá ser desconstituído pela **via recursal ou por ação anulatória,** e não pela via mandamental" (STJ-4ª T., RMS 303, Min. Athos Carneiro, j. 5.3.91, DJU 8.4.91).

Art. 487: 12d. Da sentença que homologa transação cabe apelação (STJ-2ª T., REsp 13.478, Min. José de Jesus Filho, j. 3.6.92, DJU 3.8.92). V. tb. notas 1 e 13.

Art. 487: 13. A anulação de transação, sob alegação de vício de vontade, "pode ser postulada no mesmo processo e mediante apelação contra a sentença homologatória" (RTJ 81/987, RSTJ 139/286, RT 508/283).

Contra, não admitindo qualquer recurso e ressalvando à parte prejudicada a ação anulatória: RT 665/126, JTA 100/159, 120/312, Lex-JTA 142/328. V. art. 966 § 4º.

"Embora inadmissível a desistência unilateral (da transação), é possível atacá-la mediante comprovação de vício na manifestação da vontade" (RT 614/126, à p. 127, *in fine*).

Art. 487: 14. A transação, para ser homologada, **dispensa a intervenção de assistente não litisconsorcial,** especialmente se este não demonstrou prejuízo (STJ-3ª T., REsp 27.321-7, Min. Waldemar Zveiter, j. 9.2.93, DJU 22.3.93).

Art. 487: 15. A transação extrajudicial não envolve, necessariamente, a **desistência de recurso** interposto pela parte (RTJ 119/289, maioria).

Art. 487: 16. O pedido de **suspensão do processo,** formulado pelas partes, a fim de que uma delas cumpra o que foi avençado entre elas, não é transação e, portanto, não comporta homologação por sentença (JTA 107/263, Lex-JTA 168/362; RJM 198/192: AP 1.0384.04.028255-8/001).

Art. 487: 16a. Transação. "Extinta a ação ordinária, a **execução** do acordo judicial deve ser feita nos próprios autos" (STJ-1ª T., REsp 162.539, Min. Garcia Vieira, j. 17.4.98, DJU 8.6.98).

Art. 487: 17. "Transação nos autos do processo de conhecimento, com cláusula suspensiva do mesmo, por 60 dias. Efeitos do ato jurídico subordinados ao cumprimento da obrigação. Não se havendo verificado a **condição pactuada,** no prazo da suspensão, retoma-se o processo de conhecimento, não se transformando em processo de execução" (RJTJERGS 150/420).

Art. 487: 17a. A transação não está adstrita aos **limites da ação** (Lex-JTA 151/490).

Art. 487: 18. s/ renúncia e honorários advocatícios, v. art. 90, nota 2a.

Art. 487: 19. A **renúncia** à pretensão formulada na ação conduz a um pronunciamento de mérito e à formação da coisa julgada material. Trata-se, assim, de fenômeno distinto da simples desistência da ação, que leva apenas à extinção do processo sem julgamento do mérito.

V. tb. art. 485, nota 51.

Art. 487: 20. Exigência de manifestação expressa do autor. "Embora para a adesão ao REFIS a lei imponha a renúncia sobre o direito em que se funda a ação, descabe ao Judiciário, nessas circunstâncias, decretá-la de ofício, sem que ela tenha sido requerida pelo autor, visto que as condições de adesão ao parcelamento não estão *sub judice*" (STJ-2ª T., REsp 963.420, Min. Eliana Calmon, j. 4.11.08, DJ 25.11.08). "Não havendo nos autos qualquer manifestação da embargante de que renuncia ao direito, correta a extinção da ação conforme o disposto no art. 267" (STJ-1ª T., REsp 1.086.990, Min. Teori Zavascki, j. 4.8.09, DJ 17.8.09). No mesmo sentido: STJ-1ª Seção, REsp 1.124.420, Min. Napoleão Maia Filho, j. 29.2.12, DJ 14.3.12; STJ-3ª T., REsp 1.707.365, Min. Ricardo Cueva, j. 27.11.18, DJ 6.12.18.

Art. 487: 21. "A renúncia ao direito a que se funda a ação é **ato unilateral,** que independe da anuência da parte adversa e pode ser requerida a qualquer tempo e grau de jurisdição até o trânsito em julgado da sentença, cumprindo apenas ao magistrado averiguar se o advogado signatário da renúncia goza de poderes para tanto, *ex vi* do art. 38 do CPC" (STJ-1ª T., REsp 422.734-EDcl-AgRg, Min. Teori Zavascki, j. 7.10.03, DJU 28.10.03). No mesmo sentido: STJ-2ª T., REsp 523.793-AgRg, Min. João Otávio, j. 3.2.04, um voto vencido, DJU 7.6.04.

Todavia: "Não se homologa renúncia do direito sobre qual se funda a ação, quando o pedido seja posterior ao julgamento do feito, embora a decisão não tenha sido publicada" (STF-RT 843/175: 1ª T., RE 123.328-AgRg).

Art. 487: 22. v. arts. 10 e 924, nota 13.

Art. 488. Desde que possível, o juiz resolverá o mérito sempre que a decisão for favorável à parte a quem aproveitaria eventual pronunciamento nos termos do art. 485.[1] [Sem dispositivo correspondente no CPC/1973]

Art. 488: 1. v. art. 282 § 2º.

Seção II | DOS ELEMENTOS E DOS EFEITOS DA SENTENÇA

Art. 489. São elementos essenciais da sentença:[1 a 4] [Dispositivo correspondente no CPC/1973: art. 458-*caput*]

I — o relatório,[5] que conterá os nomes das partes,[6-7] a identificação do caso, com a suma do pedido e da contestação, e o registro das principais ocorrências havidas no andamento do processo; [Dispositivo correspondente no CPC/1973: art. 458-I]

II — os fundamentos,[8] em que o juiz analisará as questões de fato e de direito; [Dispositivo correspondente no CPC/1973: art. 458-II]

III — o dispositivo, em que o juiz resolverá as questões principais que as partes lhe submeterem.[9 a 11] [Dispositivo correspondente no CPC/1973: art. 458-III]

§ 1º Não se considera fundamentada[12 a 17] qualquer decisão judicial, seja ela interlocutória,[18] sentença ou acórdão,[19] que: [Sem dispositivo correspondente no CPC/1973]

I — se limitar à indicação, à reprodução ou à paráfrase de ato normativo, sem explicar sua relação com a causa ou a questão decidida; [Sem dispositivo correspondente no CPC/1973]

II — empregar conceitos jurídicos indeterminados, sem explicar o motivo concreto de sua incidência no caso; [Sem dispositivo correspondente no CPC/1973]

III — invocar motivos que se prestariam a justificar qualquer outra decisão; [Sem dispositivo correspondente no CPC/1973]

IV — não enfrentar todos os argumentos deduzidos no processo capazes de, em tese, infirmar a conclusão adotada pelo julgador; [Sem dispositivo correspondente no CPC/1973]

V — se limitar a invocar precedente ou enunciado de súmula, sem identificar seus fundamentos determinantes nem demonstrar que o caso sob julgamento se ajusta àqueles fundamentos; [Sem dispositivo correspondente no CPC/1973]

VI — deixar de seguir enunciado de súmula, jurisprudência ou precedente[19a] invocado pela parte, sem demonstrar a existência de distinção no caso em julgamento ou a superação do entendimento. [Sem dispositivo correspondente no CPC/1973]

§ 2º No caso de colisão entre normas, o juiz deve justificar o objeto e os critérios gerais da ponderação efetuada, enunciando as razões que autorizam a interferência na norma afastada e as premissas fáticas que fundamentam a conclusão. [Sem dispositivo correspondente no CPC/1973]

§ 3º A decisão judicial deve ser interpretada[19b a 20] a partir da conjugação de todos os seus elementos e em conformidade com o princípio da boa-fé.[21] [Sem dispositivo correspondente no CPC/1973]

Art. 489: 1. s/ outros assuntos que a sentença deve apreciar, v. art. 490, nota 3; sentença condicional, v. art. 492 § ún., notas 20 a 23; sentença omissa e coisa julgada, v. art. 503, nota 3; sentença omissa e embargos de declaração, v. art. 1.022-II, em especial nota 16a; sentença no Juizado Especial: LJE 38 a 40.

Julgamento simultâneo: da ação e da oposição, arts. 685 e 686; da denunciação da lide e do chamamento ao processo, arts. 129 e 132; de ações conexas, art. 55 § 1º.

Art. 489: 2. O art. 489 também se aplica aos **acórdãos.** V. nota 14b, abaixo.

Art. 489: 3. Nula é a sentença de mérito que não contém os elementos do art. 489, considerados por lei como essenciais. Decreta-se de ofício a **nulidade** da sentença que não obedece a esses requisitos (JTA 51/181).

V. tb. art. 1.013, nota 5.

Art. 489: 4. "É inexistente o julgado sem **assinatura** do juízo competente, porquanto carece de autenticidade" (STJ-1ª T., REsp 566.838-AgRg, Min. Denise Arruda, j. 29.6.04, DJU 2.8.04). Sem a assinatura do juiz, não há sentença (RT 508/64, 750/280, 784/362; RMDCPC 45/134: TRF-1ª Reg., AP 0066425-43.2010.4.01.9199).

Todavia: "Não há violação ao art. 164 do CPC se no acórdão proferido pelo tribunal de origem inexistir a assinatura de todos os membros do colegiado que participaram do julgamento" (STJ-5ª T., REsp 733.390-AgRg, Min. Laurita Vaz, j. 19.9.06, DJU 30.10.06). Assim, "o acórdão pode ser assinado apenas pelo relator" (STJ-4ª T., REsp 140.743, Min. Ruy Rosado, j. 17.3.98, DJU 22.6.98).

Ainda: "Não causa nulidade a falta de assinatura no despacho de confirmação da decisão agravada, no juízo de retratação. Irregularidade sanada com a ratificação do despacho" (STJ-3ª T., Ag 6.550-AgRg, Min. Cláudio Santos, j. 5.2.91, DJU 18.3.91).

Superando o vício da falta de assinatura da sentença: STJ-2ª T., REsp 1.033.509, Min. Mauro Campbell, j. 4.6.09, DJ 23.6.09.

Art. 489: 5. Nula é a sentença que omite o relatório (RP 4/406, em. 190), ou o faz incompleto (JTJ 153/140, RF 246/394). Mas constitui mera irregularidade, e não nulidade, o fato de adotar como relatório o de sentença anteriormente anulada (RJTJESP 109/218).

Art. 489: 6. Não descumpre o art. 489-I o juiz que, no relatório da sentença, menciona o nome de um dos autores e faz expressa referência à relação em separado, por ele rubricada, contendo os nomes dos demais (RT 475/84). A **menção de todos os nomes** dos litigantes é, porém, obrigatória (RJTJESP 64/159, 113/222), sob pena de nulidade (RT 742/426, RJTJESP 103/241).

V. art. 494, nota 7a.

Art. 489: 7. "Sentença que, em lugar de enunciar os nomes das partes, refere-se a terceiros, não integrantes da relação processual. Tal sentença é nula (CPC, art. 458, I)" (RSTJ 51/136).

Art. 489: 8. v. § 1º e notas.

Art. 489: 9. Considerando nula a sentença:

— que não julga a **reconvenção** (RTJ 74/618, RT 472/254, 496/80, 504/180, RJTJESP 124/237, RF 258/270). Todavia, no sentido de que o silêncio da sentença, quanto à reconvenção, não acarreta nulidade, se a decretação de procedência da ação for manifestamente incompatível com o acolhimento, ainda que parcial, da reconvenção: STJ-4ª T., REsp 1.830.257-AgInt, Min. Marco Buzzi, j. 18.11.19, DJ 21.11.19; RSTJ 68/294, 99/255;

— que não julga a **denunciação da lide** (v. art. 129, nota 1);

— que decide apenas sobre um dos **pedidos cumulados** (JTA 105/316, 106/99, 121/335);

— que rejeita o primeiro **pedido sucessivo,** mas deixa de apreciar o segundo (STJ-3ª T., REsp 26.423-0-EDcl, Min. Waldemar Zveiter, j. 9.2.93, DJU 22.3.93; JTJ 174/151, RJTJERGS 133/321). V. art. 326, nota 5a.

— "que se abstém de decidir a respeito de alegação, formulada em **embargos à execução,** no sentido de que indevidas determinadas parcelas" (STJ-3ª T., REsp 9.106, Min. Eduardo Ribeiro, j. 30.4.91, DJU 3.6.91).

S/ reconhecimento dessa nulidade pelo tribunal no julgamento da apelação, v. art. 1.013, nota 5; s/ sanação do vício diretamente no julgamento da apelação, v. art. 1.013 § 3º-III.

S/ rescindibilidade da sentença *citra petita*, v. art. 966, nota 23b.

Art. 489: 10. "A anulação de sentença, ante a existência de vício decorrente de **julgamento *citra petita*,** não culmina na consolidação da coisa julgada material relativamente à parcela da decisão anterior que beneficiava o recorrente. O acórdão do Tribunal *a quo* que anula sentença, ao reconhecer a omissão desta quanto ao julgamento do pedido contraposto, possui por efeito extirpar integralmente o ato do juízo singular do mundo jurídico, em sua totalidade, não podendo a parte, após a superveniência de nova sentença, em substituição àquela anulada, pleitear o reconhecimento da coisa julgada material com relação ao ponto que lhe beneficiava anteriormente. Não há falar em desrespeito à coisa julgada material, porquanto declarada a nulidade de decisão *citra petita*, não subsistem quaisquer dos seus efeitos" (STJ-4ª T., REsp 1.131.470, Min. Marco Buzzi, j. 11.9.12, DJ 20.9.12).

Art. 489: 11. A sentença que não se pronuncia sobre a matéria enumerada na nota 3 ao art. 490 não é nula, mas apenas omissa.

Não é nula, mas apenas omissa, a sentença que não se pronuncia sobre o pedido de imposição de pena ao litigante de má-fé (STJ-3ª T., REsp 2.935, Min. Eduardo Ribeiro, j. 26.6.90, DJU 27.8.90), mesmo porque o tribunal pode, em grau de recurso, aplicá-la de ofício (art. 81).

Art. 489: 12. v. arts. 11 (dever de fundamentação), 371 (apreciação da prova), 319, nota 10 (*jura novit curia*), 716, nota 1 (restauração de autos), 1.021 § 3º (agravo interno).

S/ possibilidade de o tribunal decidir desde logo o mérito quando constatar nulidade por falta de fundamentação, v. art. 1.013 § 3º-IV.

Art. 489: 13. **CF 93: "IX** — todos os julgamentos dos órgãos do Poder Judiciário serão públicos, e fundamentadas todas as decisões, sob pena de nulidade (...)".

Art. 489: 14. Considerando nula a sentença:

— que não aprecia alegação de **prescrição** (TFR-4ª T., AC 142.731, Min. Armando Rollemberg, j. 23.3.88, DJU 14.11.88) ou de **decadência** (JTA 91/325);

— "que não procede à análise das questões de fato indispensáveis ao deslinde da causa" (RSTJ 54/337).

A nulidade da fundamentação, por ser absoluta, pode ser declarada **de ofício** (RSTJ 66/415). Mas a falta de fundamentação pode ser suprida no julgamento de embargos de declaração (RTJ 94/201).

"A **reprodução de fundamentos** declinados pelas partes ou pelo órgão do Ministério Público ou mesmo de outras decisões atende ao comando normativo, e também constitucional, que impõe a necessidade de fundamentação das decisões judiciais. O que não se tolera é a ausência de fundamentação" (STJ-Corte Especial, ED no REsp 1.021.851, Min. Laurita Vaz, j. 28.6.12, 6 votos vencidos, DJ 4.10.12). No mesmo sentido: "Nada impede o julgador de fazer sua a fundamentação de uma das partes quando ela é suficientemente clara e precisa para demonstrar a correção da sua tese em face da parte contrária" (RTJ 163/1.118). **Contra:** "Não cabe ao juiz apenas aderir explicitamente a alguma das teses esposadas, fazendo remissão às razões das partes, reproduzindo seus argumentos, ou adotando, como forma de decidir, trabalho jurídico do MP ou dos demandantes, que convalida simplesmente. Decisão cassada" (RJTJERGS 162/317).

"Diante da existência de argumentos diversos e capazes, cada qual, de imprimir determinada solução à demanda, não há que se considerar suficiente a motivação que, assentada em um deles, silencie acerca dos demais, reputando-os automaticamente excluídos. Ora, em casos que tais, em contraposição ao direito das partes a uma prestação jurisdicional satisfatória, encontra-se o dever do julgador de explicitar as razões utilizadas para determinar a prevalência de um argumento em detrimento dos outros" (STJ-4ª T., REsp 908.282, Min. Jorge Scartezzini, j. 15.2.07, DJU 16.4.07).

V. § 1º-IV. V. tb. art. 1.022, nota 3.

Art. 489: 14a. "É nulo o acórdão que **mantém a sentença pelos seus próprios fundamentos,** por falta de motivação, tendo o apelante o direito de ver solucionadas as teses postas na apelação" (STJ-4ª T., REsp 493.625, Min. Sálvio de Figueiredo, j. 26.6.03, DJU 29.9.03).

"Exigindo a lei apresente o apelante as razões por que pretende a reforma da sentença, a isso corresponde o dever do Tribunal de esclarecer os motivos que o levam a confirmá-la. Insuficiência da afirmação, traduzida na fórmula de que a sentença é mantida por seus próprios e jurídicos fundamentos" (STJ-3ª T., REsp 8.416, Min. Eduardo Ribeiro, j. 20.8.91, DJU 9.9.91).

Contra: "Não causa ofensa à Constituição a decisão adotante das razões de julgar do ato recorrido" (STJ-3ª T., Ag 16.157, Min. Cláudio Santos, j. 10.3.92, DJU 17.12.92).

Não é nulo o acórdão que se limita a adotar como relatório o da sentença, desde que no seu corpo tenham sido examinadas todas as questões suscitadas pelo recorrente (RTJ 103/784, especialmente p. 786).

Art. 489: 14b. "Acórdão que lastreia-se na norma prevista no **Regimento Interno** de Tribunal local que confere validade aos decisórios destituídos de relatório, fundamentação e dispositivo viola frontalmente a legislação federal" (STJ-RT 847/172: 1ª T., REsp 683.853).

Os regimentos internos dos tribunais não podem dispensar a lavratura de acórdão para as decisões proferidas em agravo regimental (STF-RP 160/285: 1ª T., RE 540.995; STJ-2ª T., RMS 14.581, Min. Franciulli Netto, j. 1.4.03, DJU 2.6.03).

Art. 489: 15. "A decisão que provê sobre o andamento do processo não faz preclusos os fundamentos para isso deduzidos, não ficando por ela predeterminado o conteúdo da sentença" (STJ-3ª T., REsp 19.015, Min. Eduardo Ribeiro, j. 9.2.93, DJU 15.3.93). V. art. 507, nota 2a.

Art. 489: 15a. "Ao Judiciário não basta afastar as preliminares arguidas, sendo **imprescindível dar as razões da rejeição"** (STJ-4ª T., REsp 7.004, Min. Sálvio de Figueiredo, j. 21.8.91, DJU 30.9.91).

Art. 489: 15b. O indeferimento imotivado de prova testemunhal importa **cerceamento de defesa** (RTJ 79/640, RSTJ 13/306) e acarreta a nulidade da decisão (RT 620/144). O mesmo ocorre com o indeferimento, sem qualquer justificação, de requisição de certidão necessária à prova de alegação da parte (RTJ 84/547).

"Se o autor requereu, na inicial, a produção de provas, não é lícito ao juiz desprezar tal pedido. Impõe-se-lhe decidir expressamente, deferindo ou denegando o pedido. Não se admite indeferimento implícito" (RSTJ 127/107).

S/ cerceamento de defesa, v. art. 370, nota 6.

Art. 489: 16. É nula a decisão em que, pelo exame de sua fundamentação, se verifica que o juiz decidiu outra demanda, e não a que estava afeta ao seu pronunciamento (RSTJ 134/62, RJTJERGS 167/408).

Art. 489: 16a. "A alegação de falta de motivação de qualquer decisão deve ser **alegada no momento próprio,** sob pena de preclusão" (STJ-3ª T., Ag 6.637-AgRg-EDcl, Min. Cláudio Santos, j. 5.2.91, DJU 4.3.91).

Art. 489: 16b. "A **revelia** não justifica a falta de fundamentação da sentença, cuja anulação se impõe" (TFR-2ª T., AC 112.575, Min. Otto Rocha, j. 8.8.86, maioria, DJU 25.9.86).

Art. 489: 17. "A função judicial é prática, só lhe importando as teses discutidas no processo enquanto necessárias ao julgamento da causa. Nessa linha, o juiz não precisa, ao julgar procedente a ação, examinar-lhe todos os fundamentos. Se um deles é suficiente para esse resultado, não está obrigado ao exame dos demais" (STJ-2ª T., REsp 15.450-EDcl, Min. Ari Pargendler, j. 1.4.96, DJU 6.5.96). V., porém, § 1º-IV.

Art. 489: 18. É nula a decisão interlocutória sem nenhuma fundamentação (RSTJ 168/339, STJ-RF 368/324, 372/277, RJTJESP 128/295, bem argumentado, JTJ 158/190, RF 306/200, JTA 34/317, 123/192).

Art. 489: 19. "Os arts. 165 e 458, II, do CPC se referem à fundamentação de decisões, sentenças e acórdãos, não exigindo dos juízes, no segundo grau de jurisdição, a articulação de votos com motivação própria; a **adesão, pura e simples, de um dos membros do colegiado** às conclusões do voto condutor não compromete a validade do acórdão, desde que este esteja fundamentado, salvo a hipótese prevista no art. 478 do CPC" (STJ-3ª T., REsp 176.528, Min. Ari Pargendler, j. 29.9.99, DJU 29.11.99).

Art. 489: 19a. "A regra do art. 489, § 1º, VI, do CPC/15, segundo a qual o juiz, para deixar de aplicar enunciado de súmula, jurisprudência ou precedente invocado pela parte, deve demonstrar a existência de distinção ou de superação, **somente** se aplica às **súmulas ou precedentes vinculantes,** mas não às súmulas e aos precedentes apenas persuasivos, como, por exemplo, os acórdãos proferidos por Tribunais de 2º grau distintos daquele a que o julgador está vinculado" (STJ-3ª T., REsp 1.698.774, Min. Nancy Andrighi, j. 1.9.20, DJ 9.9.20).

Art. 489: 19b. s/ interpretação de sentença, v. tb. arts. 84, nota 5a, 492, nota 16, e 525, nota 7, e RISTJ 255, nota 4 — Interpretação de sentença.

Art. 489: 19c. "A sentença proferida em processo de habilitação de crédito em falência fixou honorários advocatícios em 10% sobre o valor da causa, sem que o habilitante houvesse indicado um 'valor da causa'. A fim de emprestar uma repercussão prática a esse título judicial e torná-lo exequível, é possível interpretá-lo de modo a considerar como 'valor da causa' a quantia cuja habilitação era pleiteada, já que ela refletia o proveito econômico perseguido. A jurisprudência do STJ é cediça ao dispor que o processo de execução deve observar, fielmente, o comando sentencial inserido na ação de conhecimento transitada em julgado, sob pena de restar malferida a coisa julgada. Isso não significa, porém, que a sentença exequenda seja avessa a investigações ou interpretações. Muito pelo contrário. Se apenas a interpretação da lei pode revelar o seu real significado e extensão, também as decisões judiciais, leis dos casos concretos, reclamam esforço hermenêutico que revele o seu significado e extensão" (STJ-3ª T., AI 1.030.469-AgRg, Min. Sidnei Beneti, j. 18.5.10, DJ 7.6.10). Em sentido semelhante: STJ-2ª T., REsp 1.490.701, Min. Humberto Martins, j. 11.11.14, DJ 21.11.14. V. tb. art. 85, nota 5.

"A imprecisão terminológica com que foi redigido o julgado faz com que ele admita mais de uma interpretação possível, sem, com isso, agredir a sua imutabilidade. Havendo, portanto, mais de uma interpretação possível, cabe ao Poder Judiciário escolher, entre elas, a que guarde maior pertinência com o sistema jurídico, afastando a que leve a resultados visivelmente indesejados de acordo com os valores consagrados no ordenamento" (STJ-3ª T., REsp 1.274.515, Min. Nancy Andrighi, j. 8.11.11, DJ 23.2.12).

"Havendo duas interpretações possíveis da parte dispositiva da sentença, prevalece aquela que evita nova e desnecessária ação judicial" (STJ-1ª T., REsp 1.357.409, Min. Ari Pargendler, j. 14.5.13, DJ 24.5.13).

Art. 489: 20. "Se há **divergência entre a fundamentação e o dispositivo** do acórdão exequendo, deve prevalecer este último" (STJ-3ª T., REsp 823.186, Min. Sidnei Beneti, j. 20.5.08, DJ 5.8.08). No mesmo sentido: STJ-1ª T., REsp 900.561, Min. Denise Arruda, j. 24.6.08, DJ 1.8.08.

Mas: "Uma sentença não se interpreta exclusivamente com base em seu dispositivo. O ato de sentenciar representa um raciocínio lógico desenvolvido pelo juízo, que culmina com a condenação contida no dispositivo. Os fundamentos, assim, são essenciais para que se compreenda o alcance desse ato" (STJ-2ª Seção, AR 4.836, Min. Nancy Andrighi, j. 25.9.13, DJ 10.12.13).

Art. 489: 21. s/ boa-fé e: comportamento no processo, v. art. 5º; interpretação do pedido, v. art. 322 § 2º.

Art. 490. O juiz resolverá o mérito acolhendo ou rejeitando, no todo ou em parte, os pedidos formulados pelas partes.[1 a 4] [Dispositivo correspondente no CPC/1973: art. 459-*caput*]

Art. 490: 1. v. arts. 322 a 329; s/ princípio dispositivo, v. arts. 2º e 141; interpretação do pedido, v. art. 322 § 2º e notas; sentença *citra petita*, v. art. 489, nota 9; sentença *extra e ultra petita*, v. art. 492 e notas.

Art. 490: 2. Lei 8.560, de 29.12.92 — Regula a investigação de paternidade dos filhos havidos fora do casamento e dá outras providências (no tít. INVESTIGAÇÃO DE PATERNIDADE): **"Art. 7º** Sempre que na sentença de primeiro grau se reconhecer a paternidade, nela se fixarão os alimentos provisionais ou definitivos do reconhecido que deles necessite".

Art. 490: 3. Além do acolhimento ou da rejeição do pedido, o juiz deverá deliberar sobre:

— eventual **litigância de má-fé** (art. 81);

— **despesas** (art. 82 § 2º) e **honorários de advogado** (art. 85, em especial § 18), a cargo das partes e dos terceiros intervenientes (v., p. ex., arts. 94 e 121, s/ assistente);

— **direito de opção do devedor,** no caso de obrigação alternativa em que a escolha caiba a este (art. 325 § ún.);

— **prestações vincendas** (art. 323);

— **juros legais e correção monetária** (art. 322 § 1º e Lei 6.899, de 8.4.81, no tít. CORREÇÃO MONETÁRIA);

— **remuneração do perito,** quando fixada provisoriamente (art. 465, nota 7);

V. tb. art. 489, nota 11.

Em matéria de condenação ao pagamento de quantia, v. art. 491.

Art. 490: 4. "Anula-se o acórdão que não contém dispositivo preciso acerca do **provimento parcial** que deu à apelação, desconhecendo-se se algum dos pedidos formulados pelos autores mereceu ou não acolhimento" (RSTJ 43/310).

Art. 491. Na ação relativa à obrigação de pagar quantia, ainda que formulado pedido genérico,[1] a decisão definirá desde logo a extensão da obrigação,[1a a 1d] o índice de correção monetária, a taxa de juros, o termo inicial de ambos e a periodicidade da capitalização dos juros, se for o caso,[2] salvo[3] quando: [Dispositivo correspondente no CPC/1973: art. 459 § ún.]

I — não for possível determinar, de modo definitivo, o montante devido; [Sem dispositivo correspondente no CPC/1973]

II — a apuração do valor devido depender da produção de prova de realização demorada ou excessivamente dispendiosa, assim reconhecida na sentença. [Sem dispositivo correspondente no CPC/1973]

§ 1º Nos casos previstos neste artigo, seguir-se-á a apuração do valor devido por liquidação.[4] [Sem dispositivo correspondente no CPC/1973]

§ 2º O disposto no *caput* também se aplica quando o acórdão alterar a sentença. [Sem dispositivo correspondente no CPC/1973]

Art. 491: 1. s/ hipóteses em que é admitido pedido genérico, v. art. 324 § 1º.

Art. 491: 1a. A sentença que não fixa a condenação desde logo, sendo certo o pedido, comporta embargos de declaração (art. 1.022-II).

Todavia, se o autor interpõe diretamente apelação contra a sentença, nada impede que o tribunal fixe desde logo o *quantum* da condenação, na hipótese de considerar procedente a demanda (RT 509/167, 650/176, RJTJESP 60/166, RJTAMG 32/91, RP 3/349, em. 180), a menos que não tenha elementos para tanto (JTA 43/151).

Art. 491: 1b. **Súmula 318 do STJ:** "Formulado pedido certo e determinado, **somente o autor tem interesse recursal** em arguir o vício da sentença ilíquida".

Com a devida vênia, a Súmula 318 do STJ equivocadamente presume que somente o autor teria interesse no imediato e integral julgamento da causa. O próprio Código possibilita ao devedor requerer que a decisão condenatória seja liquidada (art. 509). Afinal, também o devedor tem o direito de saber o montante devido, a fim de pagar e se livrar da obrigação.

Art. 491: 1c. "O magistrado pode, e deve, fixar desde logo o valor da **indenização por dano moral,** ainda que a inicial tenha requerido a apuração por arbitramento, quando presentes as condições para tanto" (STJ-3ª T., REsp 399.024, Min. Menezes Direito, j. 29.11.02, DJU 24.2.03). No mesmo sentido, "buscando dar solução definitiva ao caso e evitando inconvenientes e retardamento na solução jurisdicional": RSTJ 172/439, 4ª T.

Ainda, acrescentando que o arbitramento da indenização de dano moral é da exclusiva alçada do juiz, **não se admitindo a nomeação de perito** para tal finalidade: STJ-3ª T., REsp 198.458, Min. Ari Pargendler, j. 29.3.01, DJU 28.5.01.

Nos casos em que as instâncias ordinárias relegam a fixação do dano moral para liquidação, a 3ª Turma do STJ entende possível fixar desde logo o seu valor: "Em apreço ao princípio da economia processual, e tratando a hipótese de dano moral *in re ipsa*, nada impede que o valor da indenização seja fixado em sede de recurso especial" (STJ-3ª T., REsp 782.969, Min. Nancy Andrighi, j. 17.8.06, DJU 4.9.06).

Art. 491: 1d. "Controvérsia acerca do cabimento da revisão da obrigação de **alimentos,** estabelecida em valor fixo, para uma quantia ilíquida. Fixação pelo acórdão recorrido do percentual de 30% sobre os rendimentos do alimentante, conforme ficar comprovado no curso do processo, por não ser o alimentante assalariado. Existência de regra processual vedando a prolação de sentença ou decisão ilíquida no processo civil (art. 459, p. u., CPC/1973, atual art. 491 do CPC/2015), quando se tratar de obrigação de pagar quantia. Previsão na Lei de Alimentos de que o juiz fixará os alimentos provisórios no limiar do processo, antes da instrução processual (art. 4º da Lei 5.478/1968). Necessidade de se proferir decisões e sentenças líquidas nas ações de alimentos, para se atender às necessidades prementes do alimentando, principalmente quando se trata de menor. Nulidade do acórdão recorrido, em razão da iliquidez da obrigação nele estabelecida" (STJ-3ª T., REsp 1.442.975, Min. Paulo Sanseverino, j. 27.6.17, DJ 1.8.17). Do voto do relator: "Fixa-se, provisoriamente, o valor da pensão em dois salários mínimos, com base no poder geral de cautela, sem prejuízo da revisão para outro valor pelas instâncias de cognição plena".

Art. 491: 2. Essas questões devem ser definidas na sentença, **independentemente de pedido** (v. art. 490, nota 3).

Art. 491: 3. Nas **ações de indenização por ato ilícito,** quando não se conhece o *quantum debeatur*, admite-se o pedido genérico (v. art. 324 § 1º-II, especialmente nota 5).

"Nas ações de indenização por ato ilícito, o **valor estipulado na inicial, como estimativa da indenização pleiteada,** necessariamente não constitui certeza do *quantum* a ressarcir, vez que a obrigação do réu, causador do dano, é de valor abstrato, que depende, quase sempre, de estimativas e de arbitramento judicial. Montante da indenização há de ser apurado mediante liquidação de sentença" (STJ-3ª T., REsp 136.588, Min. Waldemar Zveiter, j. 7.4.98, DJU 1.6.98). No mesmo sentido: STJ-4ª T., REsp 291.915, Min. Aldir Passarinho Jr., j. 16.8.01, DJU 4.2.02; RT 611/133, 630/78, RJTJESP 50/158, 110/160, JTJ 204/121, JTA 103/190, 103/337, RJTAMG 50/183.

S/ arbitramento do dano moral nas hipóteses em que indicado valor na petição inicial, v. art. 492, nota 12; fixação da pensão e do critério de reajuste, em ação de indenização por ato ilícito, de modo diverso do postulado na inicial, v. art. 533, nota 1b; interesse recursal da parte que, em ação de indenização por danos morais, deixa a fixação do *quantum* ao arbítrio do juiz, v. art. 996, nota 5.

Art. 491: 4. v. arts. 509 a 512.

Art. 492. É vedado ao juiz[1] proferir decisão de natureza diversa da pedida,[2 a 9a] bem como condenar a parte em quantidade superior[10 a 15] ou em objeto diverso do que lhe foi demandado.[16 a 19] [Dispositivo correspondente no CPC/1973: art. 460-*caput*]

Parágrafo único. A decisão deve ser certa, ainda que resolva relação jurídica condicional.[20 a 23] [Dispositivo correspondente no CPC/1973: art. 460 § ún.]

Art. 492: 1. v. RISTJ 255, nota 3-Prequestionamento. Questão surgida no próprio acórdão recorrido.

Art. 492: 2. A **sentença *extra petita* é nula,** porque decide causa diferente da que foi posta em juízo. O tribunal deve anulá-la (RSTJ 79/100, RT 502/169, JTA 37/44, 48/67, Bol. AASP 1.027/156, RP 6/326, em. 185).

Não ocorre o mesmo com a sentença *ultra petita*, i. e., que decide além do pedido. Em vez de ser anulada pelo tribunal, deverá ser reduzida aos limites do pedido (STJ-3ª T., REsp 29.425-7, Min. Dias Trindade, j. 1.12.92, DJU 8.2.93; STJ-RT 673/181; 849/220: 6ª T., AI 262.329-AgRg-EDcl; RT 750/307, 867/270, RF 392/424, RTJ 89/533, 112/373, RJTJESP 49/129, JTJ 239/47, RP 4/406, em. 193; RJM 203/187: AP 1.0079.09.936634-0/001).

S/ sentença *citra petita*, v. art. 489, notas 9 e 10.

S/ possibilidade de o tribunal decidir desde logo o mérito quando constatar que a sentença é *extra petita*, v. art. 1.013 § 3º-II.

Art. 492: 3. "O julgamento *extra petita*, não consubstanciando nulidade *pleno jure*, não pode ser desconstituído se transcorrido *in albis* o prazo bienal da rescisória" (STJ-RJ 186/56).

Art. 492: 4. Súmula 381 do STJ: "Nos contratos bancários, é vedado ao julgador conhecer, de ofício, da abusividade das cláusulas".

V. tb. art. 1.013, nota 5a.

Art. 492: 5. "O **pedido,** expresso na inicial ou extraído de seus termos por interpretação lógico-sistemática, **limita o âmbito da sentença.** Fundando-se a inicial na anulação de um documento, com base em dolo essencial, não se permite avançar além desses exatos contornos da demanda para declarar nulidade de outro documento, para o qual não concorreram nem a causa de pedir, nem o pedido" (RSTJ 146/404).

Art. 492: 6. "Enquanto a **tutela** condenatória tem por finalidade a eliminação da crise de inadimplemento, a **declaratória** é aquela que visa à eliminação da crise de certeza sobre a existência de determinado direito ou relação jurídica. Tendo como base os pedidos dos recorridos, feitos na petição inicial, o acórdão deveria ter se limitado a declarar, ou não, a nulidade da assembleia e a inexistência da obrigação de pagar os acréscimos nas contribuições, não lhe competindo deferir qualquer outro pedido, notadamente de natureza condenatória. A eventual apuração de perdas e danos e a restituição de valores deveriam ter sido expressamente pleiteadas pelos autores, para que pudesse ser determinada pelo Tribunal de origem, não se tratando de decorrência lógica do acórdão que declarou a nulidade da assembleia" (STJ-3ª T., REsp 1.394.650, Min. Nancy Andrighi, j. 25.3.14, DJ 31.3.14).

Art. 492: 7. "Pleiteando a inicial a condenação em perdas e danos, conforme especifica, não é possível condenar o réu ao **pagamento de multa, a que o autor não se referiu"** (RSTJ 10/471).

Art. 492: 8. "A concessão de benefício legal diverso do direito pleiteado, *in casu*, constitui decisão fora do pedido. Hipótese de não aplicação do princípio *jura novit curia*, eis que o reconhecimento do favor legal não postulado impõe ônus probatório à outra parte, que não teve oportunidade para cumprir o encargo" (STJ-3ª T., REsp 15.159, Min. Cláudio Santos, j. 18.2.92, DJU 13.4.92).

Art. 492: 9. "Ação de resolução de contrato. Indenização pelo uso do imóvel objeto da ação. Os recorridos se furtaram a alegar que, na eventualidade de ser julgado procedente o pedido da ação, o recorrente deveria pagar indenização pelo uso do imóvel operando-se a preclusão consumativa de modo que, pelo ângulo do pedido, a fixação de indenização pelo uso do imóvel contraria o princípio da adstrição, bem como o princípio da eventualidade" (STJ-3ª T., REsp 952.971, Min. Nancy Andrighi, j. 17.12.09, DJ 2.2.10).

"Ofende o direito vigente a decisão judicial que condena o promissário comprador à perda das prestações pagas, se da inicial da causa não consta expressamente pedido a respeito (CPC, art. 293)" (RSTJ 27/337).

Todavia: "Inadimplemento do promissário comprador. Pagamento de aluguel pelo uso do imóvel. Desnecessidade de pedido expresso. Consectário lógico do retorno ao estado anterior" (STJ-4ª T., REsp 1.167.766-AgInt, Min. Isabel Gallotti, j. 16.11.17, maioria, DJ 1.2.18).

V. tb., no nosso CCLCV, Lei 4.591/64, art. 67-A, nota 3.

Art. 492: 9a. "Execução de sentença prolatada em **ação redibitória.** Pedido da executada de devolução, do veículo defeituoso após a restituição dos valores pagos para a sua aquisição. Rescisão do contrato. Eficácia restitutória.

Acolhida a pretensão redibitória, rescinde-se o contrato de compra e venda, retornando as partes à situação anterior à sua celebração ('status quo ante'), sendo uma das consequências automáticas da sentença a sua eficácia restitutória, com a restituição atualizada do preço pelo vendedor e devolução da coisa adquirida pelo comprador. Concreção dos princípios da boa-fé objetiva (art. 422) e da vedação do enriquecimento sem causa positivados pelo Código Civil de 2002 (art. 884). Dever de restituição do bem adquirido após o recebimento da restituição do valor pago" (STJ-3ª T., REsp 1.823.284, Min. Paulo Sanseverino, j. 13.10.20, DJ 15.10.20).

Art. 492: 10. s/ decisão *ultra petita* e: ação de alimentos, v. LA 11, nota 8; em desapropriação, v. LD 28, nota 1; investigação de paternidade, LIP 7º, nota 1; ação revisional de aluguel, v. LI 69, nota 1; ação renovatória de locação, v. LI 72, nota 10.

Art. 492: 11. **Não consubstancia decisão *ultra petita*** a que:

— fixa a extensão da obrigação em ação relativa à obrigação de pagar quantia, ainda que o autor tenha formulado pedido genérico (art. 491).

— condena ao pagamento de despesas processuais (art. 82 § 2º), honorários advocatícios (art. 85), prestações vincendas (art. 323) ou juros legais e correção monetária (arts. 322 § 1º e 491). S/ correção monetária, v. tb. LCM 1º, nota 4-Pedido omisso.

Mas se o autor estabelece na petição inicial um termo *a quo* para os juros, o juiz não pode ir além desse termo (v. art. 322, nota 3a). Em sentido semelhante, para honorários, v. nota 15, abaixo.

A respeito de juros sobre capital próprio, v. art. 322, nota 6.

Art. 492: 12. **"Dano moral.** Não pode o Tribunal deferir indenização em valor superior ao pedido na inicial, sob pena de violar o art. 460 do CPC" (STJ-3ª T., REsp 612.529, Min. Menezes Direito, j. 3.3.05, DJU 16.5.05).

"Se o autor faz pedido de indenização de danos morais e de danos materiais em quantia certa, o juiz está sujeito ao limite de cada qual; não pode, a pretexto de que observou a soma das verbas pleiteadas, majorar o que foi postulado como indenização dos danos morais, sob pena de *julgar ultra petita*" (STJ-3ª T., REsp 425.448, Min. Ari Pargendler, j. 20.9.07, DJU 1.2.08).

Todavia, quando o autor se limita a trazer um valor mínimo para orientar o arbitramento requerido ao juiz, fica autorizada a fixação da indenização em montante superior ao indicado na petição inicial (STJ-3ª T., REsp 767.307, Min. Menezes Direito, j. 6.12.05, DJU 10.4.06).

V. tb. arts. 324, nota 5, e 491, nota 3.

Art. 492: 13. Se o autor inicialmente formula pedido ilíquido, mas no curso do processo confere um valor determinado à sua pretensão, não pode a sentença ultrapassar esse valor, sob pena de julgar *ultra petita* (STJ-3ª T., REsp 885.910, Min. Nancy Andrighi, j. 15.4.08, DJ 5.8.08).

Art. 492: 14. "Não há julgamento *ultra petita*, tampouco ofensa ao art. 460 do CPC, quando o Tribunal *a quo* fixa como crédito a ser satisfeito em sede executória a importância apurada por **perícia técnica** requerida pela parte embargante, especialmente quando esta mantém-se inerte ante a possibilidade de impugnação do laudo pericial" (STJ-1ª T., REsp 838.338, Min. José Delgado, j. 19.10.06, DJU 16.11.06).

Art. 492: 14a. "O pedido de complementação da **indenização** paga a menor deve ser interpretado sistematicamente, a fim de garantir à vítima o valor correspondente à lesão por ela sofrida, segundo o grau de sua **invalidez,** ainda que o pedido específico, formulado ao final da peça inicial, tenha sido formulado equivocadamente, com a fixação de valor definido; e, não o suficiente, a eventual realização de **laudo pericial** pelo Instituto Médico Legal (IML) no curso do processo deve ser considerado fato superveniente constitutivo do direito do autor, na forma do art. 493 do CPC/15. Na hipótese concreta, por aplicação da norma constante no art. 493 do CPC/15, o acórdão que concede ao recorrente a indenização conforme a posterior perícia médica do IML não pode ser considerado para além do pedido (*ultra petita*), razão pela qual não havia motivos para a limitação da complementação da indenização aos valores numéricos referidos à inicial" (STJ-3ª T., REsp 1.793.637, Min. Nancy Andrighi, j. 17.11.20, DJ 19.11.20).

Art. 492: 15. O juiz não pode condenar o réu em **honorários de advogado** superiores a 20% sobre o valor da causa, se este foi o pedido formulado pelo autor (RT 540/176). No mesmo sentido: STJ-3ª T., REsp 12.585, Min. Dias Trindade, j. 9.9.91, DJU 30.9.91.

Art. 492: 16. "Havendo dúvidas na **interpretação do dispositivo da sentença,** deve-se preferir a que seja mais conforme à fundamentação e aos limites da lide, em conformidade com o pedido formulado no processo. Não há sentido em se interpretar que foi proferida sentença *ultra ou extra petita*, se é possível, sem desvirtuar seu conteúdo, interpretá-la em conformidade com os limites do pedido inicial" (STJ-3ª T., REsp 818.614, Min. Nancy Andrighi, j. 26.10.06, DJU 20.11.06).

"O dispositivo da sentença deve ser interpretado de forma coerente com a sua fundamentação. Hipótese em que a sentença na ação civil pública foi clara em afirmar a sua abrangência nacional e o efeito *erga omnes*, assertiva esta que não perde a sua força dispositiva em razão de estar situada no âmbito da parte da sentença destinada à fundamentação, sem ter sido formalmente reproduzida no dispositivo" (STJ-4ª T., REsp 1.321.415-AgRg, Min. Isabel Gallotti, j. 4.4.13, DJ 18.4.13). No mesmo sentido: STJ-3ª T., REsp 1.321.417, Min. Paulo Sanseverino, j. 18.4.13, DJ 30.4.13.

"A interpretação do título executivo deve ser restritiva, exatamente como a análise do pedido (CPC, art. 293). Se a decisão proferida no processo de conhecimento fixa um valor certo devido pela paralisação das atividades da segurada, descabe interpretar o título de modo a se multiplicar esse valor pelo número de dias sem atividades da empresa. Obediência à coisa julgada" (STJ-4ª T., REsp 1.052.781, Min. Antonio Ferreira, j. 11.12.12, DJ 4.2.13).

"Não é adequada a exegese do título executivo que conduza a um provimento *citra petita* se, analisando o contexto da lide, for possível extrair um sentido que torne hígido o provimento jurisdicional" (STJ-3ª T., AI 1.209.255-EDcl-AgRg, Min. Paulo Sanseverino, j. 7.8.12, DJ 13.8.12).

S/ interpretação de sentença, v. tb. arts. 489 § 3º, inclusive notas 19c e 20, e 525, nota 7, e RISTJ 255, nota 4-Interpretação de sentença.

Art. 492: 16a. "Não importa julgamento *extra petita* a adoção, pelo juiz, de **fundamento legal diverso** do invocado pela parte, sem modificar a causa de pedir. Aplicação do princípio *jura novit curia*" (STJ-1ª T., REsp 883.625-EDcl, Min. Teori Zavascki, j. 15.5.07, DJU 11.6.07). Afinal, "o tribunal não está adstrito aos fundamentos estampados pelas partes ou por juízos *a quo*, mas sim aos fatos apresentados" (STJ-1ª T., REsp 887.881-EDcl, Min. Teori Zavascki, j. 22.5.07, DJU 11.6.07). "O fundamento jurídico do pedido constitui somente uma proposta de enquadramento do fato ou ato à norma, não vinculando o juiz. Como consequência, não há de se falar em sentença *extra petita* pela condenação por responsabilidade objetiva, ainda que a demanda tenha sido proposta com base na responsabilidade aquiliana" (STJ-3ª T., REsp 819.568, Min. Nancy Andrighi, j. 20.5.10, DJ 18.6.10).

V. nota seguinte. V. tb. art. 319, nota 10.

Art. 492: 16b. É *extra petita* a sentença que **extrapola** os limites da **causa de pedir:** "Há violação aos arts. 128 e 460 do CPC se a causa é julgada com fundamento em fatos não suscitados pelo autor" (STJ-3ª T., REsp 746.622, Min. Nancy Andrighi, j. 26.9.06, DJ 23.10.06). No mesmo sentido: STJ-4ª T., REsp 795.348, Min. João Otávio, j. 18.5.10, maioria, DJ 26.8.10.

V. tb. arts. 141, nota 2, e 319, nota 8c.

Art. 492: 16c. "Não ocorre julgamento *extra petita* se o Tribunal decide questão que é **reflexo do pedido** contido na petição inicial. O direito de acrescer decorre logicamente do pedido formulado na petição inicial das ações de natureza indenizatória, cujo escopo é recompor o estado das coisas existente antes do evento danoso" (STJ-3ª T., REsp 1.155.739, Min. Nancy Andrighi, j. 2.12.10, DJ 10.10.11).

Todavia: "Vulnera os arts. 128 e 460 do CPC a concessão de direito de acréscimo de pensão por ato ilícito, sem pedido nos autos, em favor da autora, mãe da vítima, e em caso de seu falecimento também ao marido, pois este não é beneficiário da pensão porque não figurou no processo como litisconsorte ativo" (STJ-4ª T., REsp 1.014.848, Min. Luis Felipe, j. 23.3.10, DJ 12.4.10).

Art. 492: 17. "Não incorre em julgamento *ultra petita* a aplicação de ofício pelo Tribunal de lei mais benéfica ao contribuinte, para redução de multa, em processo no qual se pugna pela nulidade total da inscrição na dívida ativa" (STJ-2ª T., REsp 649.957, Min. Eliana Calmon, j. 23.5.06, DJU 28.6.06). No mesmo sentido: STJ-1ª T., REsp 898.197, Min. Teori Zavascki, j. 27.2.07, DJU 22.3.07.

Art. 492: 18. Casos em que se afirmou haver julgamento *extra petita*:

— "Pedindo a autora a condenação da ré no pagamento de pensão mensal para custear futuros tratamentos médicos, remédios, exames e outros, não é lícito ao juiz julgar procedente o pedido para determinar que a ré pague plano de saúde para a autora" (STJ-3ª T., REsp 899.869, Min. Gomes de Barros, j. 13.2.07, DJU 26.3.07). "Hipótese em que o Tribunal de origem — ao conceder à recorrida pensão mensal vitalícia — extrapolou os limites fixados na petição inicial — por meio da qual foi pedido o pagamento de pensão mensal até o final do tratamento médico —, em clara afronta ao art. 460 do CPC" (STJ-3ª T., REsp 1.316.926, Min. Nancy Andrighi, j. 7.8.12, DJ 15.8.12);

— "Postulada pelo autor, após rompida a relação concubinária, o reconhecimento do seu direito à titularidade integral ou, ao menos, à meação de determinados bens, é defeso ao Tribunal *a quo*, em não deferindo tais pretensões, deliberar o pagamento, pela ré, de indenização ao recorrido por serviços prestados, tema que não foi objeto da exordial, nem como pedido alternativo, nem sucessivo" (STJ-4ª T., REsp 59.738, Min. Aldir Passarinho Jr., j. 10.10.00, DJU 4.12.00). No mesmo sentido: STJ-3ª T., REsp 470.697, Min. Gomes de Barros, j. 16.2.06, dois votos vencidos, DJ 26.11.08;

— "Tendo a petição inicial veiculado pedido específico visando o abatimento do preço dos imóveis adquiridos na planta, em vista de diferença detectada entre o que foi contratado e o que foi efetivamente entregue, não poderia o magistrado, de ofício, em audiência prévia de conciliação, determinar que a ré apurasse os vícios e realizasse os reparos necessários" (STJ-3ª T., REsp 493.187, Min. Castro Filho, j. 3.4.07, DJU 7.5.07);

— "Excede os lindes da demanda a decisão que, sem pedido, defere indenização por acessões feitas em terra alheia, pelo esbulhador, ainda que reconhecendo que este agira de boa-fé" (STJ-3ª T., REsp 34.637-3, Min. Dias Trindade, j. 31.5.93, DJU 28.6.93);

— "Os juízos de origem, ao decidirem adotar como alicerce para o arbitramento da indenização critério diverso daquele eleito pela parte autora, extrapolaram os limites fixados na petição inicial, devendo, em consequência, ser decotado da condenação o que efetivamente desbordou da pretensão deduzida pela autora" (STJ-3ª T., REsp 1.730.067, Min. Nancy Andrighi, j. 15.12.20, DJ 18.12.20);

— "A ausência de pedido expresso, bem como de causa de pedir que permita deduzi-lo, impede o deferimento de compensação de valores por ofender o princípio da adstrição e importar em julgamento *extra petita*" (STJ-3ª T., REsp 1.290.109, Min. Nancy Andrighi, j. 16.4.13, DJ 15.5.13);

— "Desborda dos estreitos limites da demanda, configurando julgamento *extra petita*, o acórdão que se afasta das causas de pedir e pedidos apresentados pelo autor — que requereu a anulação de atos jurídicos de compra e venda porque supostamente realizados em fraude contra credores — e reconhece a existência de fraude à execução" (STJ-3ª T., REsp 1.479.385, Min. Ricardo Cueva, j. 5.4.16, DJ 13.4.16). Também configura julgamento *extra petita* o decreto de fraude contra credores ante simples requerimento para reconhecimento de fraude de execução, sem que se tenha proposto a ação pauliana (STJ-2ª T., REsp 1.551.305-AgInt, Min. Mauro Campbell, j. 10.4.18, DJ 16.4.18);

— "O juiz não pode decidir com fundamento em fato não alegado, sob pena de comprometer o contraditório, impondo ao vencido resultado não requerido, do qual não se defendeu. A Corte local, ao inovar no julgamento da apelação, trazendo a afirmação de que o contrato ajustado entre as partes era de agência, cerceou o direito de defesa do réu, impondo-lhe as consequências previstas pela Lei 4.886/1965 para a rescisão imotivada do contrato de representação comercial sem que houvesse requerimento da autora e sem possibilidade de apresentar argumentos ou produzir provas em sentido contrário" (STJ-3ª T., REsp 1.641.446, Min. Ricardo Cueva, j. 14.3.17, DJ 21.3.17);

— "Agindo o juiz fora dos limites definidos pelas partes e sem estar amparado em permissão legal que o autorize examinar questões de ofício, haverá violação ao princípio da congruência, haja vista que o pedido delimita a atividade do juiz (CPC, arts. 128 e 460), que não pode dar ao autor mais do que ele pediu, julgando além do pedido, como ocorreu na hipótese em exame, com a imposição de ofício da multa do art. 56, I, do CDC ao recorrente" (STJ-3ª T., REsp 1.377.463, Min. Nancy Andrighi, j. 27.2.18, DJ 2.3.18);

— "Incorre em julgamento *extra petita* a decisão que concede indenização por danos morais a sociedade empresária, quando o pedido indenizatório está fundado na alegação de danos experimentados pelos seus sócios" (STJ-3ª T., REsp 1.605.281, Min. Moura Ribeiro, j. 11.6.19, DJ 1.8.19);

— "Há julgamento *extra petita* se o autor requer a condenação dos réus à compensação de danos morais e à publicação integral da sentença no veículo em que proferida a ofensa e o tribunal, a par de afastar o pleito compensatório, obriga a editora e o jornalista a concederem o direito de resposta ao autor" (STJ-3ª T., REsp 1.771.444, Min. Nancy Andrighi, j. 15.9.20, DJ 18.9.20).

Para outros casos, v. art. 681, nota 1 (sentença em embargos de terceiro que desconstitui o título executivo), LAF 3º, nota 6d (busca e apreensão e rescisão do contrato de alienação fiduciária).

Art. 492: 19. Casos em que se afirmou não haver julgamento *extra petita*:

— "A decisão judicial que, ao julgar procedente pedido de reintegração de servidor público, determina o pagamento dos direitos e vantagens retroativos à data do afastamento não é *extra petita*, porquanto tal providência consiste em consequência lógica do acolhimento do pedido" (STJ-5ª T., AI 693.564-AgRg, Min. Arnaldo Esteves, j. 6.12.05, DJU 3.4.06). "A anulação de ato demissório em decorrência de sua ilegalidade tem como consequência direta e lógica a reintegração do funcionário afastado do serviço público. A inexistência de pedido expresso de reintegração não afasta o direito a tal providência, pois implicaria em formalidade excessiva e desarrazoada. O servidor reintegrado faz jus ao ressarcimento dos vencimentos atrasados, porquanto não percebidos à época devida em decorrência de ato irregular, posteriormente anulado em sede judicial" (STJ-6ª T., REsp 648.988-AgRg-RcDesp-AgRg, Min. Paulo Medina, j. 29.11.05, DJU 6.2.06);

— "Não é *extra petita* a sentença que, diante do pedido de exoneração total de pensão, defere a redução dos alimentos" (STJ-4ª T., REsp 249.513, Min. Sálvio de Figueiredo, j. 6.3.03, DJU 7.4.03). No mesmo sentido: RT 859/307;

— "Inexiste, *in casu*, julgamento *extra petita*, uma vez que o bem jurídico tutelado na presente ação é a saúde, buscando-se com a prestação jurisdicional o fornecimento de medicamentos necessários ao tratamento da doença, e não a concessão de um determinado medicamento" (STJ-1ª T., REsp 955.388-AgRg, Min. Benedito Gonçalves, j. 15.5.12, DJ 24.5.12);

— "Não é *extra petita* a sentença que decreta a dissolução parcial da sociedade anônima quando o autor pede sua dissolução integral" (STJ-3ª T., REsp 507.490, Min. Gomes de Barros, j. 19.9.06, DJU 13.11.06);

— "Não é *extra petita* a condenação em danos morais inferida do termo 'danos' consignado na peça exordial" (STJ-2ª T., REsp 665.696, Min. Castro Meira, j. 23.5.06, DJU 2.6.06). V. tb. art. 322, nota 14;

— "O reconhecimento do direito aos lucros cessantes em ação ajuizada com a finalidade de obter a reparação integral das perdas e danos não importa julgamento *extra petita*. Nos termos do art. 402 do CC, as perdas e danos abrangem os lucros cessantes, de modo que não há falar na aludida nulidade processual" (STJ-2ª T., REsp 1.338.826, Min. Herman Benjamin, j. 4.12.12, DJ 19.12.12);

— "Presente na contestação do pedido de reintegração de posse as arguições de boa-fé e resistência quanto à demolição das benfeitorias e julgada procedente em parte a reintegratória, com o acolhimento do pedido de demolição, a condenação da autora na indenização das benfeitorias destacadas na perícia não implica julgamento *extra petita*. No caso, acolheu-se em parte o pedido inicial em decorrência de fatos trazidos na peça de defesa e comprovados ao longo do processo, inclusive mediante perícia" (STJ-2ª T., REsp 1.072.462, Min. Castro Meira, j. 14.5.13, DJ 21.5.13).

Para outros casos, v. art. 499, nota 4 (conversão de obrigação em perdas e danos), LIA 12, nota 4b (aplicação de sanção não requerida na petição inicial da ação de improbidade administrativa), LIP 7º, nota 1 (investigação de paternidade e alimentos).

Art. 492: 20. **Nula** é a sentença que julga a ação procedente, condicionada esta procedência ao preenchimento de determinados requisitos legais pelo autor (RT 472/150). No mesmo sentido: JTA 37/177; TFR-6ª T., AC 105.412, Min. Carlos Velloso, j. 24.11.86, DJU 18.12.86.

Mas: "Ao solver a controvérsia e pôr fim à lide, o provimento do juiz deve ser certo, ou seja, não pode deixar dúvidas quanto à composição do litígio, nem pode condicionar a procedência ou a improcedência do pedido a evento futuro e incerto. Ao contrário, deve declarar a existência ou não do direito da parte, ou condená-la a uma prestação, deferindo-lhe ou não a pretensão. Diferentemente da 'sentença condicional' (ou 'com reservas', como preferem Pontes de Miranda e Moacyr Amaral Santos), a que decide relação jurídica de direito material, pendente de condição, vem admitida no CPC (art. 460 § ún.). Na espécie, é possível declarar-se a existência ou não do direito de percepção de honorários, em ação de rito ordinário, e deixar a apuração do montante para a liquidação da sentença, quando se exigirá a verificação da condição contratada, como pressuposto para a execução" (STJ-Bol. AASP 2.191/1.657j).

"Inviável é proferir-se sentença condicional que determine a reparação de danos caso, em liquidação, se apure que ocorreram" (RSTJ 135/305).

Art. 492: 21. É condicional e nula a sentença que, em ação de repetição de indébito, deixa para a fase de liquidação a prova do pagamento dos valores que se reputam indevidos (STJ-1ª T., REsp 927.452, Min. Teori Zavascki, j. 7.8.07, DJU 23.8.07).

Todavia: "Em se tratando de indébito oriundo de cobrança periódica e sucessiva, exige-se a prova inicial do indébito, mas o quantitativo pode ser deixado para a execução" (STJ-1ª Seção, ED no REsp 953.369, Min. Eliana Calmon, j. 13.2.08, dois votos vencidos, DJU 10.3.08).

V. tb. art. 320, nota 2.

Art. 492: 22. "Não se admite **sentença condicional.** A prova do lucro cessante deve ser feita no processo de conhecimento, jamais na liquidação. Não demonstrada sua ocorrência, a sentença de mérito declarará improcedente a pretensão" (RSTJ 67/393).

"Se o dano pode revelar-se inexistente, ele também não é certo e, portanto, não há indenização possível" (STJ-3ª T., REsp 965.758, Min. Nancy Andrighi, j. 19.8.08, DJ 3.9.08).

Como a sentença não pode ser condicional (nota 21), "a existência das perdas e danos há de ser apurada no processo de conhecimento. Poderá, eventualmente, relegar-se para a liquidação apurar-se o respectivo montante" (STJ-3ª T., REsp 35.997-0, Min. Eduardo Ribeiro, j. 13.6.94, DJU 27.6.94). No mesmo sentido: RTJ 105/1.289, RT 694/88, 714/161, RJTJESP 119/235.

V., nas ações possessórias, art. 555, nota 1b.

Art. 492: 23. "A sentença que condena o Estado a prestar o tratamento a ser indicado pelo médico geneticista ao autor, que sofre de paralisia cerebral, durante o tempo que dele necessitar não é incerta, tampouco advém de formulação de pedido genérico" (STJ-2ª T., REsp 1.044.028, Min. Castro Meira, j. 27.5.08, DJU 6.6.08). Ainda: "Tendo sido determinado na sentença o fornecimento de medicamento específico, bem como dos demais relacionados apenas ao tratamento da doença indicada na petição inicial, não há que se falar em condenação genérica" (STJ-1ª T., REsp 813.957, Min. Teori Zavascki, j. 11.4.06, DJU 28.4.06).

Art. 493. Se, depois da propositura da ação, algum fato constitutivo, modificativo ou extintivo do direito influir no julgamento do mérito, caberá ao juiz tomá-lo em consideração,[1 a 10] de ofício[11] ou a requerimento da parte,[12] no momento de proferir a decisão.[13-14] [Dispositivo correspondente no CPC/1973: art. 462]

Parágrafo único. Se constatar de ofício o fato novo, o juiz ouvirá as partes sobre ele antes de decidir. [Sem dispositivo correspondente no CPC/1973]

Art. 493: 1. v. tb. art. 342-I e notas. S/ fato superveniente e: reflexos nos honorários de advogado, v. art. 85, nota 50; processo no tribunal, v. art. 933 e notas; ação renovatória de locação, v. LI 8º, nota 1a; ação revisional de locação, v. LI 19, nota 5; ação de despejo para uso de descendente, v. LI 47, nota 4a; mandado de segurança, v. LMS 12, nota 5.

Art. 493: 2. A sentença deve levar em conta o **preceito constitucional** superveniente, que torne possível o que era juridicamente impossível ao tempo da propositura da ação (Bol. AASP 1.587/117).

"*Jus superveniens.* O direito vigente à época da decisão deve ser aplicado pelo juiz, ainda que posterior ao ajuizamento da ação, sempre que a lei nova não ressalve os efeitos da lei anterior" (RSTJ 98/149).

"As **normas legais** editadas após o ajuizamento da ação devem levar-se em conta para regular a situação exposta na inicial" (STJ-3ª T., REsp 18.443-0-EDcl-EDcl, Min. Eduardo Ribeiro, j. 29.6.93, DJU 9.8.93). No mesmo sentido: RTJ 123/31; STJ-1ª T., REsp 1.109.048, Min. Luiz Fux, j. 16.11.10, DJ 14.12.10; STJ-2ª T., REsp 813.626, Min. Eliana Calmon, j. 1.10.09, DJ 4.11.09; STJ-3ª T., REsp 688.151, Min. Nancy Andrighi, j. 7.4.05, DJ 8.8.05; RSTJ 12/290, 66/273, maioria, RT 661/137, 713/156, JTJ 173/212, maioria, 174/17, JTAERGS 91/167. **Contra:** Lex-JTA 147/396.

Transformada, no curso da ação, a **medida provisória em lei,** aplica-se esta (JTAERGS 78/129).

V. tb. art. 342, nota 4.

Em matéria de: ação direta de inconstitucionalidade, v. LADIN 22, notas 3 e segs.; locação, v. LI 19, nota 9b.

Art. 493: 3. "A sentença deve refletir o estado de fato da lide no momento da entrega da prestação jurisdicional, devendo o juiz levar em consideração o **fato superveniente**" (RSTJ 140/386). No mesmo sentido: RSTJ 42/352, 103/263, 149/400; RT 527/107; RF 271/150, longamente fundamentado; RJTAMG 26/256, bem fundamentado.

Art. 493: 4. "A proibição de alteração do pedido e da causa de pedir não exclui a alegação de uma **causa superveniente**" (RT 492/156). No mesmo sentido: JTA 87/446.

"É plenamente possível o reconhecimento da prescrição aquisitiva quando o prazo exigido por lei se exauriu no curso da ação de usucapião, por força do art. 462 do CPC, que privilegia o estado atual em que se encontram as coisas, evitando-se provimento judicial de procedência quando já pereceu o direito do autor ou de improcedência quando o direito pleiteado na inicial, delineado pela *causa petendi* narrada, é reforçado por fatos supervenientes" (STJ-4ª T., REsp 1.163.175-AgRg, Min. Luis Felipe, j. 19.3.13, DJ 11.4.13).

"O prazo, na ação de usucapião, pode ser completado no curso do processo, em conformidade com o disposto no art. 462 do CPC/1973 (correspondente ao art. 493 do CPC/2015). A contestação não tem a capacidade de exprimir a resistência do demandado à posse exercida pelo autor, mas apenas a sua discordância com a aquisição do imóvel pela usucapião. A interrupção do prazo da prescrição aquisitiva somente poderia ocorrer na hipótese em que o proprietário do imóvel usucapiendo conseguisse reaver a posse para si" (STJ-3ª T., REsp 1.361.226, Min. Ricardo Cueva, j. 5.6.18, DJ 9.8.18).

"Para a decretação da separação com fundamento no art. 5º, § 1º, da Lei 6.515, de 26.12.77, é relevante a complementação do prazo de cinco anos na pendência do processo como fato constitutivo superveniente (CPC, art. 462)" (RT 616/156). No mesmo sentido: JTJ 191/9. O prazo referido no primeiro acórdão foi alterado para um ano (cf. LDi, art. 5º § 1º).

"Não ofende o art. 128 do CPC o aresto que admite como causa concorrente para a separação a conduta da mulher após ajuizada a demanda — CPC, art. 462, *jus superveniens*" (STJ-4ª T., REsp 11.088, Min. Athos Carneiro, j. 12.8.91, DJU 9.9.91).

"Nos casos de separação judicial, a inércia do réu em não propor reconvenção não é, necessariamente, óbice para que o juiz examine a prática de adultério, pelo réu só alegada após a contestação, presumido fato que somente chegou ao seu conhecimento quando do depoimento de testemunha arrolada pela autora" (RSTJ 133/347).

Todavia: "A aplicação do art. 462 do CPC só é possível se observados os limites impostos no art. 128 do mesmo diploma legal; o 'fato novo' estranho à *causa petendi* exige contraditório regular em outra ação" (STJ-3ª T., REsp 222.312-EDcl, Min. Ari Pargendler, j. 9.5.00, DJU 12.6.00).

"A aplicação do art. 462 do CPC, segundo o qual o juiz deverá levar em conta os fatos novos capazes de influir no julgamento da lide, deve harmonizar-se com o disposto nos arts. 128 e 460 do diploma processual, que proíbem a prestação jurisdicional diversa da requerida pelo autor" (STJ-5ª T., REsp 620.828, Min. Felix Fischer, j. 17.8.06, DJU 18.9.06).

"O acolhimento do fato novo somente é admissível quando não altera a *causa petendi*. O princípio do art. 462 do CPC de 1973 deve ser entendido considerando-se o que dispõem os arts. 302 e 303 do mesmo diploma legal" (RT 488/209). No mesmo sentido: RF 258/259, JTA 118/93.

Art. 493: 5. Fato de conhecimento superveniente. "A jurisprudência desta Corte admite a consideração de fatos supervenientes que possam influenciar no resultado da demanda, como ocorreu nos autos, em que a recorrente somente teve acesso a informação dos motivos que ensejaram a sua eliminação no concurso após a propositura da ação, por ocasião do cumprimento da decisão liminar, que assegurou vista do espelho de correção detalhado e reabertura do prazo recursal administrativo. Somente a partir da juntada aos autos do referido espelho detalhado de avaliação das provas discursivas e da motivação dos seus recursos é que a recorrente pode constatar a ocorrência de erros materiais na atribuição dos pontos e assim requerer a pontuação respectiva. Assim, considerando que o pedido de reconhecimento de erro material na atribuição de pontos guarda pertinência com a causa de pedir constante na inicial, por ser decorrência lógica do pedido, é de se concluir pela possibilidade de aplicação dos artigos 303 c/c 462 do CPC, com o fim de ser considerado para a solução da demanda" (STJ-1ª T., Ag em REsp 1.092.759, Min. Benedito Gonçalves, j. 27.6.17, DJ 10.8.17).

Não considerando para o julgamento da causa fato que "já era ocorrido e do conhecimento do demandante, mesmo antes do ajuizamento da ação": STJ-3ª T., REsp 57.217, Min. Waldemar Zveiter, j. 6.8.98, DJU 3.5.99).

Todavia: "Fato superveniente. Art. 462 do CPC. Como tal não se considera a circunstância já existente, ainda que só apurada no curso do processo" (STJ-3ª T., REsp 4.508, Min. Eduardo Ribeiro, j. 23.3.93, DJU 19.4.93).

Art. 493: 6. "Sem o trânsito em julgado do provimento jurisdicional externo, não há de se falar no surgimento de fato superveniente **prejudicial à relação jurídica** analisada em outro processo, sendo, portanto, inaplicável o art. 462 do CPC" (STJ-3ª T., REsp 977.910, Min. Nancy Andrighi, j. 6.5.10, DJ 18.6.10).

Art. 493: 7. Sentença criminal superveniente deve ser levada em consideração na ação de reparação de danos (JTAERGS 91/177).

S/ sentença criminal superveniente, alegada em oposição à execução, v. art. 525, nota 21; alegada em ação rescisória, v. art. 966, nota 32a.

Art. 493: 8. As **condições da ação** são sensíveis a **fatos supervenientes,** tanto nos casos em que eles as tornam presentes como nas situações em que eles implicam sua ulterior ausência (STJ-3ª T., REsp 1.183.061, Min. Nancy Andrighi, j. 20.8.13, DJ 30.8.13).

"Devendo as condições da ação coexistir à data da sentença, considera-se presente o interesse processual, ou de agir, em ação direta de inconstitucionalidade de Emenda Constitucional que só foi publicada, oficialmente, no curso do processo, mas antes da sentença" (STF-Pleno, ADI 3.367, Min. Cezar Peluso, j. 13.4.05, maioria, DJU 17.3.06).

"A perda do objeto da demanda acarreta a ausência de interesse processual, condição da ação cuja falta leva à extinção do processo (CPC, art. 267, VI), ficando prejudicado o recurso" (STJ-1ª T., RMS 19.055, Min. Teori Zavascki, j. 9.5.06, DJU 18.5.06).

"Tendo a medida cautelar o objetivo de proteger determinado imóvel, que no decorrer do processo fora demolido, é de se reconhecer a perda do interesse processual, razão pela qual deve ser o feito extinto, nos termos do art. 267, VI, do CPC. Não há que se falar em atentado à indisponibilidade da ação civil pública quando fatos supervenientes acabam por atingir uma das condições da ação" (STJ-2ª T., REsp 37.271, Min. Peçanha Martins, j. 12.3.02, DJU 13.5.02).

V. tb. arts. 17, nota 4 (desaparecimento do interesse de agir no curso do processo), e 783, nota 5 (vencimento do título posteriormente à propositura da execução).

Contra: "Desde que se verificou o ajuizamento da ação, ocorrendo os pressupostos legais, juridicamente possíveis, a superveniência da nova lei não altera a situação, nem modifica o *status quo*" (RT 491/144).

No sentido de que ilegitimidade de parte não pode ser convalidada por fato superveniente: Bol. AASP 1.000/22.

Ponderando que as condições da ação não podem se fazer presentes em razão de eventos supervenientes: "Não teria sentido outra interpretação, sob o risco de se admitir processos onde ainda não estaria aperfeiçoada a relação jurídica e o interesse material subjacente, à espera de sua concretização no transcorrer do procedimento" (JTA 108/403).

Entendendo que "a titularidade de 5% do capital social da companhia, em ações de dissolução proposta com base no art. 206 da Lei das S.A., é condição a ser preenchida na data da propositura da demanda, sendo irrelevantes as alterações nesse percentual ocorridas no curso do processo": STJ-3ª T., REsp 408.122, Min. Nancy Andrighi, j. 20.6.06, um voto vencido, DJU 27.11.06.

Art. 493: 9. A **impossibilidade de cumprimento de julgado,** "em virtude de fato novo impeditivo de tal cumprimento, somente pode ser deduzida, se o caso, quando da execução do julgado" (STJ-4ª T., RMS 513-0-EDcl, Min. Sálvio de Figueiredo, j. 8.3.94, DJU 4.4.94).

Art. 493: 10. "O disposto no art. 462, CPC, tem incidência também na **rescisória**" (Amagis 8/321).

Art. 493: 11. v. § ún.

Art. 493: 12. "Incumbe ao postulante dar ciência ao julgador, oportunamente, de fato superveniente que interfira na solução da lide" (RTFR-3ª Região 2/53).

Art. 493: 13. O fato novo pode ser alegado em embargos de declaração?

Sim, mesmo que o fato seja ulterior à decisão embargada: "O fato novo ocorrido depois da apelação, mas levado ao conhecimento do tribunal por tempestivos embargos declaratórios, versando sobre o desaparecimento de condição da ação, pode ser considerado pela Câmara" (STJ-4ª T., REsp 434.797, Min. Ruy Rosado, j. 26.11.02, DJU 10.2.03). "Nas instâncias ordinárias, o fato novo constitutivo, modificativo ou extintivo do direito que influa no julgamento da lide pode ser alegado na via de embargos de declaração, devendo ser considerado pelo Tribunal *a quo*" (STJ-1ª T., REsp

734.598, Min. Francisco Falcão, j. 19.5.05, DJU 1.7.05). No mesmo sentido: STJ-5ª T., REsp 586.378, Min. Arnaldo da Fonseca, j. 26.4.05, DJU 23.5.05; STJ-2ª T., REsp 1.245.063, Min. Mauro Campbell, j. 8.11.11, DJ 17.11.11.

Não, se o julgador não tinha condições de considerá-lo no momento da prolação da decisão embargada: "O fato superveniente, se notório não for, deve ser levado ao conhecimento do órgão julgador até o momento em que o recurso for definitivamente apreciado" (STJ-3ª T., REsp 330.262-EDcl, Min. Nancy Andrighi, j. 20.3.03, DJU 14.4.03).

Não, se acontecido depois da decisão embargada: "Fato novo, ocorrido após o julgamento do recurso, não pode ser alegado, com base no art. 462 do CPC, em embargos de declaração para modificar-se a conclusão do acórdão embargado" (STF-1ª T., MS 22.135-3-EDcl, Min. Moreira Alves, j. 23.2.96, DJU 19.4.96). No mesmo sentido: STF-RT 720/299.

V. tb. art. 1.022, nota 4.

Art. 493: 14. "A regra do art. 493, *caput*, do CPC/15, **não impõe** ao julgador o dever de obrigatoriamente **reabrir a fase instrutória** diante da alteração da moldura fática, salvo quando a situação de dúvida dela decorrente não for elucidável a partir dos elementos constantes do processo, hipótese em que a colheita de novas provas pode se revelar imprescindível" (STJ-3ª T., REsp 1.849.530, Min. Nancy Andrighi, j. 3.11.20, DJ 19.11.20).

Art. 494. Publicada[1-1a] a sentença,[2] o juiz[3] só poderá alterá-la:[4 a 6b] [Dispositivo correspondente no CPC/1973: art. 463-*caput*]

I — para corrigir-lhe, de ofício ou a requerimento da parte, inexatidões materiais[7 a 13] ou erros de cálculo;[14 a 16] [Dispositivo correspondente no CPC/1973: art. 463-I]

II — por meio de embargos de declaração.[17] [Dispositivo correspondente no CPC/1973: art. 463-II]

Art. 494: 1. Não é necessária a intimação da sentença para que ela se torne inalterável. **Basta sua publicação,** que ocorre quando o juiz a entrega em cartório (RT 605/104) ou quando é juntada aos autos (RJTJESP 94/254). Até aí, pode ser alterada (RT 725/326).

Art. 494: 1a. A publicação é o ato que confere existência à sentença. Por isso, "a sentença, seja qual for a data que dela conste, só vale como ato processual depois da entrega ao escrivão, sendo nula se isso acontece quando o juiz que a proferiu, já promovido, não estava no exercício do cargo" (STJ-3ª T., REsp 750.651, Min. Ari Pargendler, j. 4.4.06, um voto vencido, DJU 22.5.06).

Art. 494: 2. Logo, **qualquer sentença,** e não apenas a sentença de mérito. Assim: "Sentença de extinção do processo. Art. 267, II, CPC. Pedido de reconsideração e, não, apelação. Proferida a sentença, o juiz termina o seu ofício jurisdicional, não podendo revogá-la, ainda que supostamente ilegal, sob pena de grave violação da coisa julgada e, por consequência, de ensejar instabilidade nas situações jurídicas" (STJ-4ª T., REsp 93.813, Min. Sálvio de Figueiredo, j. 19.3.98, dois votos vencidos, DJU 26.3.98). No mesmo sentido: RSTJ 151/81 (1ª T., j. 15.2.01); STJ-2ª T., REsp 133.089, Min. Laurita Vaz, j. 10.9.02, DJU 7.10.02; RJTJERGS 134/266; STJ-5ª T., REsp 472.720, Min. José Arnaldo, j. 14.10.03, DJU 17.11.03.

Publicada a sentença de extinção do processo sem julgamento do mérito, com fundamento na desistência da ação, não pode o juiz torná-la sem efeito, diante de pedido do autor arrependido, no sentido de que o processo extinto siga adiante (STJ-3ª T., REsp 1.391.521, Min. Nancy Andrighi, j. 13.5.14, DJ 30.5.14).

Art. 494: 3. *Mutatis mutandis*, o princípio também se aplica aos tribunais: proclamado o resultado do julgamento, já não pode ser alterado (v. art. 941 § 1º), a não ser nos casos dos incs. I e II ou através do provimento de recurso cabível contra ele.

V. tb. nota 9.

Art. 494: 4. v. arts. 85, notas 5 e 56 (honorários advocatícios), 654, nota 3 (remoção do inventariante, após sentença homologatória da partilha), 941 § 1º (alteração de voto no tribunal), 1.015, nota 3 (anulação, pelo próprio juiz, de sentença incompatível com o posterior provimento de agravo), LCM 1º, nota 4 (itens Pedido omisso e Sentença expressamente denegatória de correção monetária e seguintes).

Art. 494: 5. O **juiz não pode** pura e simplesmente **reformar a sentença** (Lex-JTA 172/205).

Nas hipóteses dos arts. 331-*caput*, 332 § 3º, 485 § 7º, a **interposição de recurso** abre espaço para que o juiz se retrate da sentença. No caso do ECA 198-VII, a apresentação de agravo ou apelação dá ao juiz a oportunidade de reformar a decisão recorrida.

Se o juiz indevidamente reformar a sentença ou retratar-se, o respectivo pronunciamento deve ser cassado (RTFR 157/155, RJTJESP 103/242). Porém, a desconstituição desse pronunciamento depende do provimento de um recurso ou da procedência de ação rescisória; enquanto isso não acontecer, preponderará sobre a sentença.

Se o juiz profere duas sentenças no mesmo processo, a segunda é nula, ainda que da primeira não tenham sido regularmente intimadas as partes (JTAERGS 71/174), mas tal nulidade deve ser pronunciada.

V. tb. art. 505, nota 3.

Art. 494: 5a. "Decretado o despejo, labora em equívoco a locatária que, ao invés de **apelar da sentença,** comparece a juízo tão só para arguir a nulidade de sua citação. Aplicação do art. 463 do CPC" (STJ-4ª T., REsp 19.208, Min. Barros Monteiro, j. 24.3.92, DJU 4.5.92).

Art. 494: 5b. "Decisão em que o juiz acrescenta novo dispositivo a sentença já publicada. Tal decisão não é ato judicial, pois o magistrado já exaurira e acabara seu ofício jurisdicional (CPC, art. 463). Nela se contém ato administrativo, emanado de autoridade incompetente. Contra ela cabe **mandado de segurança,** independentemente de recurso preparatório" (STJ-RT 699/173).

Art. 494: 5c. "Tendo **exaurido a jurisdição** do magistrado ao prolatar a sentença, nos termos do art. 463 do CPC, não merece acolhimento o pedido de homologação de acordo formulado pelas partes" (RT 866/295).

Art. 494: 6. A proibição de alterações no julgamento da causa **não impede que o juiz pratique atos no processo.** "Por isso, justamente em virtude da necessidade de tornar efetivo o direito reconhecido na fase de conhecimento da ação, nada impede que o juiz se mantenha no exercício da atividade jurisdicional mesmo após o trânsito em julgado da sentença" (STJ-3ª T., RMS 26.925, Min. Nancy Andrighi, j. 11.11.08, DJ 20.11.08).

Art. 494: 6a. Mesmo após a prolação da sentença, o juiz pode deliberar sobre os **honorários periciais** (STJ-2ª T., REsp 721.630, Min. Herman Benjamin, j. 19.6.08, DJ 4.3.09; JTJ 180/191).

Art. 494: 6b. "O art. 463 do CPC veda ao magistrado apenas a alteração da sentença após a sua publicação. Portanto, o deferimento de pedido de **desmembramento processual** não se inclui na proibição do dispositivo citado" (Bol. TRF-3ª Reg. 5/96, p. 78, em.).

Art. 494: 7. v. arts. 85, nota 57 (acórdão que dá provimento a recurso e não delibera sobre honorários), 535, nota 21a (erro material em requisitório), 656 (emenda da partilha), 966, nota 35 (descabimento de ação rescisória). V. tb. RISTF 96 § 6º e RISTJ 103 § 2º.

Art. 494: 7a. **"O erro material é aquele perceptível *primu ictu oculi* e sem maior exame,** a traduzir desacordo entre a vontade do juiz e a expressa na sentença" (RSTJ 102/278).

"Erro material é aquele decorrente de equívoco evidente, assim entendido o erro datilográfico, aritmético, perceptível *primus ictus oculi*" (STJ-6ª T., AI 687.365-AgRg-EDcl, Min. Hamilton Carvalhido, j. 26.4.07, DJU 25.6.07; no caso, constava da ementa a palavra "inocorre", em vez de "ocorre").

"Erro material é o reconhecido *primu ictu oculi*, consistente em equívocos materiais sem conteúdo decisório propriamente dito, como a troca de uma legislação por outra, a consideração de data inexistente no processo ou uma inexatidão numérica, e não aquele que decorre de juízo de valor ou de aplicação de uma norma jurídica sobre o(s) fato(s) do processo" (STJ-2ª T., REsp 1.021.841, Min. Eliana Calmon, j. 7.10.08, DJ 4.11.08). No mesmo sentido: STJ-3ª T., REsp 819.568, Min. Nancy Andrighi, j. 20.5.10, DJ 18.6.10.

"Erro material é aquele perceptível *prima facie*, sem necessidade de maior exame, que reflete um descompasso entre a vontade ou o sentido impregnado nas razões de decidir e a fórmula escrita efetivamente manifestada na decisão. Para que essa não coincidência seja capaz de evitar os efeitos da coisa julgada, o erro material deve, ainda, ser qualificado pela ausência de debate ou controvérsia judicial a seu respeito, evidenciando-se logo que não tenha sido percebido pelos julgadores e não tenha sido objeto de decisão sob o contraditório" (STJ-3ª T., REsp 1.208.982, Min. Sidnei Beneti, j. 16.8.11, DJ 6.9.11).

Considerando mera inexatidão material, corrigível de ofício:

— a determinação, na sentença, de remessa dos autos ao tribunal, para reexame necessário (art. 496), quando este não for cabível (RTFR 105/19);

— a falta de menção, no relatório, dos nomes de litisconsortes (TFR-5ª T., Ag 44.563, Min. Geraldo Sobral, DJU 30.8.84). V., todavia, art. 489, nota 6;

— "a inclusão, no acórdão, do nome de parte que dele não deveria constar" (STJ-3ª Seção, MS 2.008-Requerimento, Min. Assis Toledo, j. 14.2.96, DJU 18.3.96; no caso, tratava-se de litisconsorte ativo, que havia desistido de mandado de segurança);

— "o descompasso entre a parte dispositiva do julgado e sua fundamentação" (STJ-1ª T., REsp 1.102.436, Min. Denise Arruda, j. 5.11.09, DJ 27.11.09). Assim: "Mostra-se evidente o equívoco do órgão julgador ao redigir o dispositivo da sentença, julgando procedente o pedido, uma vez que toda a fundamentação exarada foi no sentido da improcedência da ação" (STJ-2ª T., RMS 43.956, Min. Og Fernandes, j. 9.9.14, DJ 23.9.14);

— a condenação, na verba de sucumbência, da parte vencedora e não da vencida (STJ-4ª T., AI 495.120-AgRg, Min. Aldir Passarinho Jr., j. 18.9.03, DJU 20.10.03);

— "a menção, em julgado, da incidência de juros moratórios de 1% (um por cento) ao ano, com expressa referência à cláusula contratual, quando esta prevê periodicidade mensal. Interpretação autêntica. Princípio da razoabilidade" (STJ-3ª T., REsp 1.294.294, Min. Ricardo Cueva, j. 6.5.14, DJ 16.5.14);

— "Ação de despejo e de consignação em pagamento. Decisão declinatória de competência. Posterior erro material consubstanciado na publicação de sentença de mérito. *Incontinenti* reconhecimento do equívoco pelo magistrado. Desentranhamento da peça dos autos. Ausência de afronta aos arts. 463 do CPC, 5º, LIV, e 93, IX, da CF" (STJ-3ª T., RMS 43.465-AgRg, Min. Paulo Sanseverino, j. 6.2.14, DJ 17.2.14).

Afirmando haver simples erro material em caso no qual um recurso foi julgado sob a falsa premissa de que sua matéria era similar à de vários outros, objeto de apreciação conjunta: STF-Pleno RE 492.837-QO, Min. Cármen Lúcia, j. 29.4.09, três votos vencidos, DJ 7.8.09.

Tratando como mero erro material caso em que "o juiz profere sentença totalmente diversa do pedido formulado na inicial": STJ-2ª T., REsp 1.134.214, Min. Mauro Campbell, j. 4.11.10, DJ 12.11.10.

V. tb. art. 1.022, nota 11.

Art. 494: 7b. Ao contrário do erro material, o **erro de fato** "não pode ser corrigido de ofício ou por petição do interessado, após o trânsito em julgado da decisão que nele incidiu" (STF-1ª T., RE 190.117-9-QO, Min. Moreira Alves, j. 29.9.98, DJU 19.3.99).

"Não se pode alegar que há mero erro material, passível de ser corrigido a qualquer tempo, em parcela da sentença que, abordada em embargos de declaração, foi objeto de esclarecimento expresso. Nessa circunstância, o suposto erro material se converte em **erro de julgamento,** devendo ser impugnado mediante o recurso cabível ou ação rescisória" (STJ-3ª T., REsp 1.299.287, Min. Nancy Andrighi, j. 19.6.12, DJ 26.6.12).

"A teor da iterativa jurisprudência do Superior Tribunal de Justiça, o erro material pode ser corrigido a qualquer tempo, inclusive de ofício, nos termos do art. 463, I, do Código de Processo Civil, sem que isso implique em violação à coisa julgada. Espécie, todavia, em que o julgador partiu de premissa equivocada, caracterizando-se erro de julgamento, que deveria ter sido impugnado oportunamente" (STJ-1ª T., REsp 1.372.254, Min. Ari Pargendler, j. 28.5.13, DJ 4.6.13).

"O suposto equívoco, defendido pelos recorrentes, relativo à não inclusão, no montante indenizável, do valor correspondente a um sétimo imóvel, diverso daqueles outros seis, previstos na sentença exequenda, não configura mero erro material, como defendem os recorrentes, mas, sim, erro de julgamento. Nesse contexto, não havendo impugnação, no momento oportuno, opera-se o efeito preclusivo da coisa julgada formal" (STJ-2ª T., REsp 1.435.045-AgInt, Min. Assusete Magalhães, j. 6.9.18, DJ 13.9.18).

Art. 494: 8. A sanação do erro material pode ser solicitada por meio de **embargos de declaração** (v. art. 1.022-III), com a vantagem de seguramente interromper o prazo para a interposição de outros recursos (v. art. 1.026).

Simples petição também pode servir de veículo para a invocação do erro material. Todavia, nessas circunstâncias, entende-se que "o pedido de correção não suspende o prazo para a interposição de outros recursos" (RSTJ 32/399).

Logo, é preferível fazer uso dos embargos de declaração para a veiculação do erro material.

Art. 494: 9. O erro material da sentença pode ser corrigido pelo tribunal **no julgamento da apelação** (STJ-1ª T., REsp 20.865-1, Min. Garcia Vieira, j. 10.6.92, DJU 3.8.92; STJ-4ª T., AI 495.120-AgRg, Min. Aldir Passarinho Jr., j. 18.9.03, DJU 20.10.03).

Chancelando a correção de ofício de erro material em sede de **agravo de instrumento:** STJ-4ª T., Ag em REsp 443.645-AgInt, Min. Marco Buzzi, j. 27.2.18, DJ 2.3.18.

Em caso no qual a certidão e a conclusão do julgamento pelo tribunal local apontavam unanimidade que, na realidade, não existia, pois o acórdão era majoritário, a 2ª Turma do STJ, em sede de **recurso especial,** procedeu à retificação do resultado de tal julgamento e determinou o retorno dos autos à origem, para a republicação do acórdão e consequente reabertura do prazo para sua impugnação (STJ-2ª T., REsp 866.349, Min. Castro Meira, j. 26.2.08, DJU 11.3.08).

Autorizando a retificação de erro material atrelado à contagem dos votos proferidos em julgamento colegiado, que gerou dissonância entre as manifestações dos julgadores e o resultado proclamado: STJ-1ª T., RMS 31.875, Min. Arnaldo Esteves, j. 26.4.11, um voto vencido, DJ 12.5.11.

V. tb. nota 3.

Art. 494: 10. "Se a contradição existente entre a fundamentação e o dispositivo do comando judicial recorrido decorre de erro material manifesto, é possível a sua **correção a qualquer tempo e grau de jurisdição,** inclusive de ofício, a teor do art. 463 do CPC" (STJ-3ª T., REsp 1.070.772, Min. Nancy Andrighi, j. 22.6.10, DJ 3.8.10).

Art. 494: 11. O erro material pode ser corrigido **após o trânsito em julgado** da respectiva decisão: "O erro material é corrigível a qualquer momento, de ofício ou a requerimento da parte, sem que daí resulte ofensa à coisa julgada" (RSTJ 34/378). No mesmo sentido: STJ-Corte Especial, ED no REsp 40.892-4, Min. Nilson Naves, j. 30.3.95, um voto vencido, DJU 2.10.95; RSTJ 40/497, 88/224, STJ-RT 690/171, RT 725/289, JTJ 160/272, bem fundamentado. **Todavia:** "Transitada em julgado a sentença onde se insere o erro, e iniciada a execução, não é mais possível corrigi-lo por simples despacho, mormente se deve ocorrer a modificação da substância do julgado" (RSTJ 66/398: 4ª T., REsp 40.892, dois votos vencidos). No caso, a sentença, transitada em julgado, fixara honorários, em ação de alimentos, à razão de 15% sobre 12 prestações anuais; o engano era evidente, porque deviam ser mensais, mas a 4ª Turma do STJ entendeu que essa determinação não podia ser modificada em execução de sentença. No julgamento dos subsequentes embargos de divergência, referidos acima, a Corte Especial do STJ reformou esse entendimento.

A 2ª Turma do STJ corrigiu de ofício erro material ocorrido em decisão monocrática do relator, já transitada em julgado, consistente na declaração de intempestividade do recurso especial (STJ-2ª T., REsp 258.888-AgRg, Min. João Otávio, j. 16.10.03, DJU 17.11.03). **Todavia,** afirmando que a retificação de erro material após o trânsito em julgado da sentença ou acórdão "não tem o condão de reabrir o prazo recursal, sob pena de ofensa à coisa julgada": STJ-6ª T., REsp 50.212, Min. Adhemar Maciel, j. 4.6.96, DJU 1.7.96.

Art. 494: 12. "O erro material em que foi induzido o julgador por parte de terceiro estranho à lide pode ser **corrigido a qualquer tempo**" (STJ-3ª T., REsp 972.521-EDcl-AgRg, Min. Nancy Andrighi, j. 2.9.08, um voto vencido, DJ 12.3.09). No caso, uma petição de desistência de recurso, referente a outra causa e equivocadamente endereçada ao processo, acabou sendo homologada pelo relator, por decisão que restou preclusa. Mesmo após o trânsito em julgado, a turma considerou possível desconsiderar a referida petição e a consequente decisão homologatória, para que o referido recurso tivesse seguimento.

Art. 494: 13. "O **despacho retificador** de erro material não tem os efeitos nem o valor da sentença, não produzindo coisa julgada no sentido técnico-jurídico da expressão" (RTJ 136/287).

Art. 494: 14. O **erro de cálculo** pode ser corrigido a todo tempo, ainda quando a sentença haja transitado em julgado (RTJ 73/946, 89/599, RSTJ 40/497, RT 608/136, RJTJESP 89/72, 97/329, JTJ 154/276, 259/372). Como erro de cálculo, porém, se entende apenas o **erro aritmético.**

Portanto, não constitui erro material, corrigível de ofício, o que resulta de errônea aplicação de determinado critério ou ponto de vista (RJTJESP 115/159, JTA 90/277). Ainda: "Não se configura simples erro de cálculo se o pretendido equívoco, para ser corrigido, demandaria reexame de documentos e seu cotejo com a perícia" (STJ-3ª T., Ag 23.874-4-AgRg, Min. Eduardo Ribeiro, j. 25.9.92, DJU 26.10.92).

Art. 494: 15. "Somente o erro de conta ou de cálculo, o erro aritmético, pode ser corrigido a qualquer tempo; já os elementos do cálculo, os critérios do cálculo, ficam cobertos pela autoridade da coisa julgada. A questão sobre o **termo *a quo* da correção monetária** dos honorários de advogado constitui critério do cálculo, e não mera questão aritmética" (RSTJ 7/349 e STJ-RT 655/198). **Todavia:** "Ao determinar a incidência de correção monetária sobre importância fixa arbitrada com base em laudo pericial já atualizado, obviamente que o juiz apenas pretendeu assegurar o recebimento desse efetivo valor visto que a correção monetária não é um *plus* que se acrescenta, mas um *minus* que se evita. Assim, a fixação do ajuizamento da ação como termo *a quo* da correção monetária configura erro material" (STJ-3ª T., REsp 1.400.776, Min. João Otávio, j. 3.5.16, DJ 16.5.16).

"Por não se tratar de mero erro de cálculo, mas de critério de cálculo, não se pode, após o trânsito em julgado da sentença homologatória, modificar o **índice de correção monetária** que já restou definido na conta, sob pena de ofensa à coisa julgada" (STJ-Corte Especial, ED no REsp 462.938, Min. Cesar Rocha, j. 18.5.05, DJU 29.8.05).

Art. 494: 16. "A não inclusão, na conta de liquidação, de parcela correspondente a juros expressamente consignados na parte dispositiva da sentença condenatória, autoriza sua reclamação a qualquer tempo. O **erro de conta,** imputado ao contador, não passa em julgado, desde que sobre o mesmo não tenha havido discussão e decisão" (STJ-4ª T., REsp 10.659-0, Min. Sálvio de Figueiredo, j. 5.5.92, DJU 1.6.92).

Art. 494: 17. v. nota 8. V. tb. arts. 1.022 a 1.026, RISTJ 263 a 265, RISTF 337 a 339, bem como respectivas notas.

Art. 495. A decisão[1] que condenar o réu[1a] ao pagamento de prestação consistente em dinheiro e a que determinar a conversão de prestação de fazer, de não fazer ou de dar coisa em prestação pecuniária valerão como título constitutivo de hipoteca judiciária.[1b a 2b] [Dispositivo correspondente no CPC/1973: art. 466-*caput*]

§ 1º A decisão produz a hipoteca judiciária: [Dispositivo correspondente no CPC/1973: art. 466 § ún.]

I — embora a condenação seja genérica;[3] [Dispositivo correspondente no CPC/1973: art. 466 § ún.-I]

II — ainda que o credor possa promover o cumprimento provisório[4] da sentença ou esteja pendente arresto[5] sobre bem do devedor; [Dispositivos correspondentes no CPC/1973: art. 466 § ún.-II e III]

III — mesmo que impugnada por recurso dotado de efeito suspensivo.[5a] [Sem dispositivo correspondente no CPC/1973]

§ 2º A hipoteca judiciária poderá ser realizada mediante apresentação de cópia da sentença perante o cartório de registro imobiliário, independentemente de ordem judicial, de declaração expressa do juiz ou de demonstração de urgência.[6] [Sem dispositivo correspondente no CPC/1973]

§ 3º No prazo de até 15 (quinze) dias da data de realização da hipoteca, a parte informá-la-á ao juízo da causa, que determinará a intimação da outra parte para que tome ciência do ato. [Sem dispositivo correspondente no CPC/1973]

§ 4º A hipoteca judiciária, uma vez constituída, implicará, para o credor hipotecário, o direito de preferência, quanto ao pagamento, em relação a outros credores, observada a prioridade no registro. [Sem dispositivo correspondente no CPC/1973]

§ 5º Sobrevindo a reforma ou a invalidação da decisão que impôs o pagamento de quantia, a parte responderá, independentemente de culpa, pelos danos que a outra parte tiver sofrido em razão da constituição da garantia, devendo o valor da indenização ser liquidado e executado nos próprios autos. [Sem dispositivo correspondente no CPC/1973]

Art. 495: 1. inclusive a **sentença penal** condenatória transitada em julgado (art. 515-VI) (RJ 191/87).

A decisão transitada em julgado também pode ser levada a protesto (v. art. 517 e notas).

Art. 495: 1a. Não apenas no caso de condenação do réu: a sentença de improcedência da ação vale como título constitutivo de hipoteca judiciária para garantir o pagamento da **verba de sucumbência** (Lex-JTA 149/40).

Art. 495: 1b. A hipoteca judiciária é **consequência imediata da sentença** (RT 596/99, RJTJESP 93/239, 127/186, JTA 124/72, Lex-JTA 152/28, RJTAMG 63/52), pouco importando a pendência de recurso contra esta, inclusive com efeito suspensivo (§ 1º-III), ou que ela seja ilíquida (Lex-JTA 147/233).

"A hipoteca judiciária constitui um efeito secundário da sentença condenatória e não obsta a sua efetivação a pendência de julgamento de apelação recebida em ambos os efeitos" (STJ-3ª T., REsp 823.990-AgRg, Min. Gomes de Barros, j. 25.9.07, DJU 15.10.07).

Art. 495: 2. "**Bem de família.** Hipoteca judicial. A impenhorabilidade de que cuida o art. 1º da Lei 8.009/90 alcança — por isso mesmo que impede — a constituição de hipoteca judicial. É que esse instituto objetiva fundamentalmente garantir a execução da sentença condenatória, o que importa dizer que o bem que lhe serve de objeto será penhorado e expropriado, quando promovida a execução, para cumprimento da condenação, desde que a obrigação imposta pela sentença não seja cumprida ou inexistirem outros bens do vencido. Sendo assim, a constituição da hipoteca judicial sobre bem impenhorável não conduz a nenhuma utilidade, pois ela em nada resultaria, já que não é permitida a expropriação desse bem" (RSTJ 141/409). No mesmo sentido: RJTJERGS 156/286.

Art. 495: 2a. "Deve ser autorizada a hipoteca judiciária, por força de sentença proferida em **ação civil pública,** quando o administrador é condenado a ressarcir os cofres públicos por contratações irregulares, ainda que o dispositivo sentencial lhe permita deduzir valores eventualmente devolvidos pelos corréus beneficiários" (STJ-2ª T., REsp 762.230, Min. Castro Meira, j. 16.10.08, DJ 6.11.08).

Art. 495: 2b. "Hipoteca judicial de gleba de terras. Posterior procedência de **ação de usucapião de parte das terras hipotecadas.** Participação do credor hipotecário na ação de usucapião como assistente do réu. Ausência de cerceamento de defesa. Prevalência da usucapião. Efeitos *ex tunc* da sentença declaratória. Cancelamento parcial da hipoteca judicial" (STJ-4ª T., REsp 620.610, Min. Raul Araújo, j. 3.9.13, DJ 19.2.14).

Art. 495: 3. ou ilíquida (RT 674/133).

Art. 495: 4. v. arts. 520 e 1.012 § 2º.

Art. 495: 5. v. arts. 301 e 828 a 830.

Art. 495: 5a. v. nota 1b.

Art. 495: 6. v. LRP 167-I-2, sob a denominação de hipoteca judicial.

Seção III | DA REMESSA NECESSÁRIA[1]

SEÇ. III: 1. ou reexame necessário. Na terminologia da Lei 8.437, de 30.6.92, art. 3º: *"recurso ex officio"*.

Art. 496. Está sujeita ao duplo grau de jurisdição,[1 a 3d] não produzindo efeito senão depois de confirmada pelo tribunal,[4] a sentença: [Dispositivo correspondente no CPC/1973: art. 475-*caput*]

I — proferida contra a União, os Estados, o Distrito Federal, os Municípios e suas respectivas autarquias e fundações de direito público;[4a-4b] [Dispositivo correspondente no CPC/1973: art. 475-I]

II — que julgar procedentes, no todo ou em parte, os embargos à execução fiscal.[4c] [Dispositivo correspondente no CPC/1973: art. 475-II]

§ 1º Nos casos previstos neste artigo, não interposta a apelação no prazo legal, o juiz ordenará a remessa dos autos ao tribunal, e, se não o fizer, o presidente do respectivo tribunal avocá-los-á.[4d] [Dispositivo correspondente no CPC/1973: art. 475 § 1º]

§ 2º Em qualquer dos casos referidos no § 1º, o tribunal julgará a remessa necessária. [Sem dispositivo correspondente no CPC/1973]

§ 3º Não se aplica o disposto neste artigo quando a condenação ou o proveito econômico obtido na causa for de valor certo e líquido inferior a:[4e a 6] [Dispositivo correspondente no CPC/1973: art. 475 § 2º]

I — 1.000 (mil) salários mínimos para a União e as respectivas autarquias e fundações de direito público; [Dispositivo correspondente no CPC/1973: art. 475 § 2º]

II — 500 (quinhentos) salários mínimos para os Estados, o Distrito Federal, as respectivas autarquias e fundações de direito público e os Municípios que constituam capitais dos Estados; [Dispositivo correspondente no CPC/1973: art. 475 § 2º]

III — 100 (cem) salários mínimos para todos os demais Municípios e respectivas autarquias e fundações de direito público. [Dispositivo correspondente no CPC/1973: art. 475 § 2º]

§ 4º Também não se aplica o disposto neste artigo quando a sentença estiver fundada em:[7-8] [Dispositivo correspondente no CPC/1973: art. 475 § 3º]

I — súmula de tribunal superior; [Dispositivo correspondente no CPC/1973: art. 475 § 3º]

II — acórdão proferido pelo Supremo Tribunal Federal ou pelo Superior Tribunal de Justiça em julgamento de recursos repetitivos;[9] [Dispositivo correspondente no CPC/1973: art. 475 § 3º]

III — entendimento firmado em incidente de resolução de demandas repetitivas[10] ou de assunção de competência;[11] [Sem dispositivo correspondente no CPC/1973]

IV — entendimento coincidente com orientação vinculante firmada no âmbito administrativo do próprio ente público, consolidada em manifestação, parecer ou súmula administrativa. [Sem dispositivo correspondente no CPC/1973]

Art. 496: 1. s/ reexame necessário e: ação monitória, v. art. 701, § 4º; julgamento monocrático pelo relator, v. art. 932, nota 1 **(Súmula 253 do STJ)**; publicação em pauta, v. art. 934, nota 3a; sustentação oral, v. art. 937, nota 6; desdobramento do julgamento não unânime, v. art. 942 § 4º-II; recurso adesivo, v. art. 997, nota 23; subsequentes embargos de declaração, v. art. 1.024, nota 1c; direito intertemporal, v. art. 1.046, nota 4.

V. tb., no índice, Remessa necessária, onde se mencionam casos de sentença sujeita ao duplo grau de jurisdição, a que se acrescentam estes:

Lei 2.664, de 3.12.55 — Dispõe sobre ações judiciais decorrentes de atos das Mesas das Câmaras do Congresso Nacional e da Presidência dos Tribunais Federais. V. art. 1º § 2º.

Lei 6.739, de 5.12.79 — Dispõe sobre a matrícula e o registro de imóveis rurais e dá outras providências (v. no CCLCV, tít. REGISTROS PÚBLICOS). V. art. 3º § ún.

Art. 496: 1a. **Lei 8.437, de 30.6.92** (no tít. MEDIDA CAUTELAR): **"Art. 3º** O recurso voluntário *ou ex officio*, interposto contra sentença em processo cautelar, proferida contra pessoa jurídica de direito público ou seus agentes, que importe em outorga ou adição de vencimentos ou de reclassificação funcional, terá efeito suspensivo".

Art. 496: 2. O inciso I dispõe apenas sobre as sentenças proferidas em **processo de conhecimento,** enquanto o inciso II limita seu cabimento aos **embargos à execução fiscal.** Nesse sentido: STJ-Corte Especial, ED no REsp 224.532, Min. Fernando Gonçalves, j. 4.6.03, DJU 23.6.03; STJ-Corte Especial: RF 363/235, maioria.

"O CPC, art. 475, ao tratar do reexame obrigatório em favor da Fazenda Pública, incluídas as autarquias e fundações públicas, no tocante ao processo de execução, limitou o seu cabimento apenas à hipótese de procedência dos embargos opostos em execução de dívida ativa (inciso II). Não há, pois, que estendê-lo aos demais casos" (RSTJ 179/26: Corte Especial). Ou seja, não cabe a remessa oficial contra a sentença que julga improcedentes embargos à execução opostos pela Fazenda Pública. Nesse sentido: "A remessa de ofício consignada no art. 475, II, do CPC, não alcança a hipótese na qual a Fazenda, impugnando execução apresentada pelo particular, opõe embargos e obtém parcial provimento" (STJ-1ª Seção, ED no REsp 522.904, Min. José Delgado, j. 14.10.05, um voto vencido, DJU 24.10.05).

Assim, as sentenças proferidas contra pessoa jurídica de direito público interno estão sujeitas a reexame necessário:

— nos processos de conhecimento;

— nos processos cautelares em que haja outorga ou adição de vencimentos ou reclassificação funcional (v. nota 1a).

Decisões proferidas no contexto do processo de execução somente estão sujeitas a reexame necessário quando julgam procedentes, no todo ou em parte, embargos à execução fiscal. **Todavia:** "Hipótese em que, na própria execução, foi proferida sentença que reconhece a prescrição e extingue a cobrança na forma do art. 269, IV, do CPC. Situação semelhante à do julgamento de procedência de embargos do devedor, no qual é imprescindível o reexame (art. 475, II, do CPC)" (STJ-2ª T., REsp 1.212.201, Min. Herman Benjamin, j. 18.11.10, DJ 4.2.11).

"A imposição do dever de pagamento dos honorários advocatícios possui natureza condenatória, mas reflete mera decorrência da derrota da parte, de modo que, se se entender que representa, por si, hipótese sujeita ao disposto no art. 475 do CPC, o procedimento da submissão ao duplo grau de jurisdição constituirá regra aplicável em qualquer hipótese, isto é, nos casos de julgamento com ou sem resolução do mérito, conclusão, em nosso sentir, inadmissível. Somente a condenação ao pagamento dos honorários que tenha por fonte causadora a derrota da Fazenda Pública em relação ao conteúdo da exceção de pré-executividade é que estará sujeita ao reexame necessário (aplicação, por analogia, da Súmula 325/STJ). Caso a execução fiscal seja encerrada por força do cancelamento da CDA (art. 26 da Lei 6.830/1980), seja este motivado por reconhecimento expresso da Fazenda Pública quanto à procedência das alegações lançadas na objeção pré-executiva, seja por iniciativa de ofício do Fisco, o cabimento em si da condenação ao pagamento de verba honorária, ou o litígio quanto ao seu montante, somente poderá ser debatido por meio de recurso voluntário, afastada a incidência do art. 475, I, do CPC" (STJ-2ª T., REsp 1.415.603, Min. Herman Benjamin, j. 22.5.14, DJ 20.6.14).

Sentença proferida no âmbito do Juizado Especial Federal (LJEF 13) ou da Fazenda Pública (LJEFP 11) não se expõe a reexame necessário.

Não cabe reexame necessário das sentenças proferidas contra sociedade de economia mista (RJTJESP 96/212).

Art. 496: 2a. "Não está sujeita ao reexame necessário a **sentença que extingue o processo sem julgamento de mérito.** A condenação da Fazenda Nacional ao pagamento de honorários advocatícios em sentença extintiva do processo, sem julgamento de mérito, não tem o condão de impor a observância à remessa necessária. O ônus sucumbencial decorre do princípio da causalidade. O duplo grau obrigatório é proteção que se destina a conferir maior segurança aos julgamentos de mérito desfavoráveis à Fazenda Pública" (STJ-2ª T., Ag em REsp 335.868-AgRg, Min. Herman Benjamin, j. 5.11.13, DJ 9.12.13). No mesmo sentido: STJ-1ª T., REsp 1.349.876-AgRg-AgInt, Min. Napoleão Maia Filho, j. 9.3.20, DJ 11.3.20.

V. tb. nota 3c.

Art. 496: 2b. A **decisão interlocutória** não enseja o reexame necessário pelo tribunal (RTJ 75/747, RT 494/148, RF 254/269), ainda que se trate de antecipação de tutela (STJ-5ª T., REsp 688.853, Min. Arnaldo Esteves, j. 10.5.07, DJU 28.5.07; STJ-6ª T., REsp 659.200, Min. Quaglia Barbosa, j. 21.9.04, DJU 11.10.04).

Art. 496: 2c. A **Fazenda Pública,** embora **revel,** pode, no reexame necessário da sentença pelo tribunal, alegar prescrição (STJ-1ª T., REsp 3.049-0, Min. José de Jesus Filho, j. 29.4.92, DJU 8.6.92).

Art. 496: 2d. "Constituindo os **embargos de terceiro** ação de conhecimento, exercitável incidentalmente, quer em ação de execução, quer em qualquer outro processo, forçoso concluir que a sentença que julga procedente o pedido, desconstituindo a penhora anteriormente efetivada em sede de execução fiscal, está sujeita a reexame necessário, por força do disposto no art. 475, I, do CPC" (RSTJ 179/146 e STJ-RP 116/267: 1ª T., REsp 521.714). No mesmo sentido: Bol. AASP 2.679 (TJMG, AP 1.0024.06.308732-4/001).

Art. 496: 3. **Extensão da devolução provocada pela remessa necessária.** "O princípio *tantum devolutum quantum appellatum* não inibe a apreciação de demais questões quando o processo sobe ao órgão *ad quem* por força, inclusive, de remessa *ex officio* que, indubitavelmente, não é recurso e, sim, obrigatoriedade imposta ao magistrado de submeter ao duplo grau de jurisdição o *decisum* proferido" (RSTJ 6/59).

Chegando o processo ao tribunal por força tanto do reexame necessário quanto do recurso interposto pela Fazenda Pública, a corte não deve se limitar a apreciar a matéria ventilada neste (STJ-2ª T., REsp 1.220.478, Min. Mauro Campbell, j. 3.2.11, DJ 14.2.11).

"Em se tratando de sentença parcialmente desfavorável à Fazenda Pública, em face da qual não foi apresentada apelação pelo particular, o exame da matéria pelo órgão *ad quem* limita-se à parte em que sucumbiu a Fazenda Pública, porquanto defeso ao tribunal piorar a sua situação. O não exame da parte em que sucumbiu o particular — que não apelou — não implica violação do art. 535 do CPC, sobretudo em razão dos limites da matéria devolvida" (STJ-2ª T., REsp 1.233.311, Min. Mauro Campbell, j. 24.5.11, DJ 31.5.11).

Art. 496: 3a. **Não se configura a *reformatio in pejus*** se o tribunal se limita a tornar explícita a sentença, sem agravar a situação da entidade de direito público (STJ-1ª T., REsp 16.055, Min. Garcia Vieira, j. 17.2.92, DJU 6.4.92); no caso, "a União foi condenada em correção monetária, não estabelecida a forma. O v. acórdão explicitou a sentença sem agravar a situação da União".

"A inclusão dos juros moratórios, nesse caso, não enseja agravamento, mas explicitação da condenação estabelecida pela sentença" (STJ-2ª T., REsp 31.528, Min. Pádua Ribeiro, j. 27.4.94, DJU 16.5.95). No mesmo sentido: RTJE 134/99.

"É lícito ao Tribunal, em sede de reexame necessário, fazer incluir os juros legais em repetição de indébito, posto pedido implícito (art. 293 do CPC). Não há *reformatio in pejus* quando, em sede de remessa necessária, é aplicada a Taxa SELIC, a partir de 1.1.96, em substituição à correção monetária e aos juros de mora de 1% ao mês, a partir do trânsito em julgado" (STJ-1ª Seção, ED no REsp 686.751, Min. Luiz Fux, j. 23.5.07, DJU 18.6.07).

"Não caracteriza *reformatio in pejus* a decisão do Tribunal que, em reexame necessário, fixa o valor dos juros moratórios nas hipóteses em que a sentença é omissa" (STJ-Corte Especial, ED no REsp 647.596, Min. Fernando Gonçalves, j. 19.12.06, DJ 12.2.07).

Art. 496: 3b. **Súmula 45 do STJ:** "No reexame necessário, **é defeso, ao Tribunal, agravar a condenação** imposta à Fazenda Pública" (v. jurisprudência s/ esta Súmula em RSTJ 38/157 a 163).

"Não havendo recurso voluntário da parte, o Tribunal não pode, em recurso *ex officio*, majorar a verba honorária arbitrada na sentença de primeiro grau, para agravar a situação da Fazenda Pública. É vedada, no direito brasileiro, a *reformatio in pejus*" (RSTJ 36/447). No mesmo sentido: RSTJ 180/286, STJ-RT 707/198 e 725/187.

"Fixado o percentual dos juros moratórios devidos pela parte ré na sentença, não se revela possível a majoração desse em sede de reexame necessário quando o particular, interessado no aumento dos juros de mora, deixa de interpor recurso de apelação" (STJ-2ª T., REsp 1.360.662, Min. Eilana Calmon, j. 14.5.13, DJ 20.5.13).

Súmula 14 do TRF-2ª Reg.: "A remessa necessária não pode ser provida para agravar a condenação imposta à Fazenda Pública, haja ou não recurso voluntário das partes".

V. art. 1.008, notas 4b e 4c (*reformatio in pejus*).

Art. 496: 3c. **Súmula 325 do STJ:** "A remessa oficial devolve ao tribunal o **reexame de todas as parcelas da condenação** suportadas pela Fazenda Pública, inclusive dos **honorários de advogado"** (v. jurisprudência s/ esta Súmula em RT 850/196). Assim, a remessa necessária permite que o tribunal, em favor da Fazenda Pública, reduza a verba honorária a que ela foi condenada (STJ-2ª T., REsp 373.834, Min. Eliana Calmon, j. 2.5.02, DJU 12.8.02).

O reexame da deliberação sobre honorários advocatícios se faz necessário ainda que o julgamento da causa não esteja sujeito à remessa obrigatória, p. ex., por se fundar em precedente qualificado de tribunal superior (STJ-2ª T., REsp 1.604.444, Min. Og Fernandes, j. 8.8.17, DJ 5.10.17).

V. tb. nota 2a.

Art. 496: 3d. É admissível o **recurso extraordinário ou especial** interposto pela Fazenda Pública contra o acórdão do reexame necessário, ainda que ela tenha deixado de apelar da sentença, na medida em que não há no caso renúncia ao poder de recorrer nem aquiescência à decisão (STF-1ª T., RE 396.989, Min. Marco Aurélio, j. 4.10.05, DJU 3.3.06; STJ-Corte Especial, REsp 905.771, Min. Teori Zavascki, j. 29.6.10, dois votos vencidos, DJ 19.8.10). **Contra,** no sentido da inadmissibilidade do recurso especial interposto nessas condições, sob o argumento da preclusão lógica: STJ-1ª Seção, REsp 904.885, Min. Eliana Calmon, j. 12.11.08, DJ 9.12.08; STJ-5ª T., REsp 478.908, Min. José Arnaldo, j. 24.6.03, DJU 25.8.03.

Art. 496: 4. **Súmula 423 do STF: "Não transita em julgado** a sentença por haver omitido o recurso *ex officio*, que se considera interposto *ex lege*". Aplicando esta Súmula: RSTJ 105/438.

Não é, portanto, exequível a sentença, neste caso, antes do reexame necessário (RTRF-3ª Reg. 17/89).

V. §§ 1º e 2º. V. tb. art. 966, nota 5a.

Art. 496: 4a. v. nota 2; s/ embargos de terceiro, v. nota 2d.

Art. 496: 4b. A **sentença que julga improcedente demanda movida pela Fazenda Pública** é sentença proferida contra esta e, portanto, sujeita ao reexame necessário: "Se o legislador não excluiu expressamente a submissão ao duplo grau quando o ente público — autor da demanda de conhecimento — for vencido, não cabe ao intérprete excluí-la de maneira mais gravosa à parte" (STJ-2ª T., REsp 1.144.732, Min. Castro Meira, j. 6.10.09, DJ 15.10.09).

Art. 496: 4c. v. nota 2.

Art. 496: 4d. v. nota 4.

Art. 496: 4e. Em matéria de mandado de segurança, v. LMS 14, nota 4.

Art. 496: 5. **Súmula 490 do STJ:** "A dispensa de reexame necessário, quando o valor da condenação ou do direito controvertido for inferior a sessenta salários mínimos, **não se aplica a sentenças ilíquidas**".

"Os pressupostos normativos para a dispensa do reexame têm natureza estritamente econômica e são aferidos não pelos elementos da demanda (petição inicial ou valor da causa), e sim pelos que decorrem da sentença que a julga. A norma do art. 475, § 2º, é incompatível com sentenças sobre relações litigiosas sem natureza econômica, com sentenças declaratórias e com sentenças constitutivas ou desconstitutivas insuscetíveis de produzir condenação de valor certo ou de definir o valor certo do objeto litigioso. No caso, a ação tem por objeto a averbação de tempo de serviço de atividade rural para fins de aposentadoria, sendo que a sentença não contém 'condenação' e nem define o valor do objeto litigioso" (STJ-Corte Especial, ED no REsp 600.596, Min. Teori Zavascki, j. 4.11.09, DJ 23.11.09).

"A sentença ilíquida proferida contra a União, o Estado, o Distrito Federal, o Município e as respectivas autarquias e fundações de direito público está sujeita ao duplo grau de jurisdição, não produzindo efeito senão depois de confirmada pelo tribunal; a exceção contemplada no § 2º do art. 475 do CPC supõe, primeiro, que a condenação ou o direito controvertido tenham valor certo e, segundo, que o respectivo montante não exceda de 60 (sessenta) salários mínimos" (STJ-Corte Especial, ED no REsp 934.642, Min. Ari Pargendler, j. 30.6.09, quatro votos vencidos, DJ 26.11.09).

Todavia: "A orientação da Súmula 490 do STJ não se aplica às **sentenças ilíquidas nos feitos de natureza previdenciária** a partir dos novos parâmetros definidos no art. 496, § 3º, I, do CPC/2015, que dispensa do duplo grau obrigatório as sentenças contra a União e suas autarquias cujo valor da condenação ou do proveito econômico seja inferior a mil salários mínimos. Não obstante a aparente iliquidez das condenações em causas de natureza previdenciária, a sentença que defere benefício previdenciário é espécie absolutamente mensurável, visto que pode ser aferível por simples cálculos aritméticos, os quais são expressamente previstos na lei de regência, e são realizados pelo próprio INSS. Na vigência do Código Processual anterior, a possibilidade de as causas de natureza previdenciária ultrapassarem o teto de sessenta salários mínimos era bem mais factível, considerado o valor da condenação atualizado monetariamente. Após o Código de Processo Civil/2015, ainda que o benefício previdenciário seja concedido com base no teto máximo, observada a prescrição quinquenal, com os acréscimos de juros, correção monetária e demais despesas de sucumbência, não se vislumbra, em regra, como uma condenação na esfera previdenciária venha a alcançar os mil salários mínimos, cifra que no ano de 2016, época da propositura da presente ação, superava R$ 880.000,00" (STJ-1ª T., REsp 1.735.097, Min. Gurgel de Faria, j. 8.10.19, DJ 11.10.19). **Contra,** no sentido de que a remessa necessária deve ter lugar nessas circunstâncias: STJ-2ª T., REsp 1.766.844, Min. Francisco Falcão, j. 17.10.19, DJ 22.10.19.

Art. 496: 6. No sentido de que, **para aferir** se a sentença condenatória envolve **valor justificativo do reexame necessário,** deve-se considerar que "a correção monetária, o montante dos juros de mora e os honorários advocatícios são elementos que compõem a condenação": STJ-1ª T., REsp 1.142.992, Min. Benedito Gonçalves, j. 28.8.12, DJ 5.9.12.

Contra, no que diz respeito à correção monetária e aos juros moratórios: "Entende-se como valor certo da condenação o valor histórico da obrigação principal, conforme estipulado na sentença, mais os honorários advocatícios, uma vez que ambos são quantias certas que serão despendidas pela Fazenda Pública para a quitação de seu débito. Salienta-se que a correção monetária e os juros moratórios não podem ser levados em consideração para o cálculo do disposto no art. 475, § 2º, do CPC, uma vez que são acessórios e consectários lógicos da condenação principal, não tratando de parcela autônoma de julgamento, de modo que sua incidência independe da vontade da parte" (STJ-2ª T., REsp 1.339.011, Min. Mauro Campbell, j. 24.9.13, DJ 1.10.13).

Art. 496: 7. **Lei 10.522, de 19.7.02: "Art. 19** (*redação da Lei 13.874, de 20.9.19*). Fica a Procuradoria-Geral da Fazenda Nacional dispensada de contestar, de oferecer contrarrazões e de interpor recursos, e fica autorizada a desistir de recursos já interpostos, desde que inexista outro fundamento relevante, na hipótese em que a ação ou a decisão judicial ou administrativa versar sobre: **I** — matérias de que trata o art. 18; **II** (*redação da Lei 13.874, de 20.9.19*) — tema que seja objeto de parecer, vigente e aprovado, pelo Procurador-Geral da Fazenda Nacional, que conclua no mesmo sentido do pleito do particular; **III** (*incluído pela Lei 12.788, de 14.1.13*) — (VETADO); **IV** (*redação da Lei 13.874, de 20.9.19*) — tema sobre o qual exista súmula ou parecer do Advogado-Geral da União que conclua no mesmo sentido do pleito do particular; **V** (*redação da Lei 13.874, de 20.9.19*) — tema fundado em dispositivo legal que tenha sido declarado inconstitucional pelo Supremo Tribunal Federal em sede de controle difuso e tenha tido sua execução suspensa por resolução do Senado Federal, ou tema sobre o qual exista enunciado de súmula vinculante ou que tenha sido definido pelo Supremo Tribunal Federal em sentido desfavorável à Fazenda Nacional em sede de controle concentrado de constitucionalidade; **VI** (*redação da Lei 13.874, de 20.9.19*) — tema decidido pelo Supremo Tribunal Federal, em matéria constitucional, ou pelo Superior Tribunal de Justiça, pelo Tribunal Superior do Trabalho, pelo Tribunal Superior Eleitoral ou pela Turma Nacional de Uniformização de Jurisprudência, no âmbito de suas competências, quando: **a)** (*redação da Lei 13.874, de 20.9.19*) for definido em sede de repercussão geral ou recurso repetitivo; ou **b)** (*redação da Lei 13.874, de 20.9.19*) não houver viabilidade de reversão da tese firmada em sentido desfavorável à Fazenda Nacional, conforme critérios definidos em ato do Procurador-Geral da Fazenda Nacional; e **VII** (*redação da Lei 13.874, de 20.9.19*) — tema que seja objeto de súmula da administração tributária federal de que trata o art. 18-A desta Lei. **§ 1º** (*redação da Lei 12.844, de 19.7.13*) Nas matérias de que trata este artigo, o Procurador da Fazenda Nacional que atuar no feito deverá, expressamente: **I** (*redação da Lei 12.844, de 19.7.13*) — reconhecer a procedência do pedido, quando citado para apresentar resposta, inclusive em embargos à execução fiscal e exceções de pré-executividade, hipóteses em que não haverá condenação em honorários; ou **II** (*redação da Lei 12.844, de 19.7.13*) — manifestar o seu desinteresse em recorrer, quando intimado da decisão judicial. **§ 2º** A sentença, ocorrendo a hipótese do § 1º, não se subordinará ao duplo grau de jurisdição obrigatório. **§ 3º** (Revogado); **§ 4º** (Revogado); **§ 5º** (Revogado); **§ 6º** (*incluído pela Lei 12.788, de 14.1.13*) (VETADO). **§ 7º** (Revogado). **§ 8º** (*redação da Lei 13.874, de 20.9.19*) O parecer da Procuradoria-Geral da Fazenda Nacional que examina a juridicidade de proposições normativas não se enquadra no disposto no inciso II do *caput* deste artigo. **§ 9º** (*redação da Lei 13.874, de 20.9.19*) A dispensa de que tratam os incisos V e VI do *caput* deste artigo poderá ser estendida a tema não abrangido pelo julgado, quando a ele forem aplicáveis os fundamentos determinantes extraídos do julgamento paradigma ou da jurisprudência consolidada, desde que inexista outro fundamento relevante que justifique a impugnação em juízo. **§ 10** (*redação da Lei 13.874, de 20.9.19*). O disposto neste artigo estende-se, no que couber, aos demais meios de impugnação às decisões judiciais. **§ 11** (*redação da Lei 13.874, de 20.9.19*). O disposto neste artigo aplica-se a todas as causas em que as unidades da Procuradoria-Geral da Fazenda Nacional devam atuar na qualidade de representante judicial ou de autoridade coatora. **§ 12** (*redação da Lei 13.874, de 20.9.19*). Os órgãos do Poder Judiciário e as unidades da Procuradoria-Geral da Fazenda Nacional poderão, de comum acordo, realizar mutirões para análise do enquadramento de processos ou de recursos nas hipóteses previstas neste artigo e celebrar negócios processuais com fundamento no disposto no art. 190 da Lei n. 13.105, de 16 de março de 2015 (Código de Processo Civil). **§ 13** (*redação da Lei 13.874, de 20.9.19*). Sem prejuízo do disposto no § 12 deste artigo, a Procuradoria-Geral da Fazenda Nacional regulamentará a celebração de negócios jurídicos processuais em seu âmbito de atuação, inclusive na cobrança administrativa ou judicial da dívida ativa da União".

Med. Prov. 2.180-35, de 24.8.01: "Art. 12. Não estão sujeitas ao duplo grau de jurisdição obrigatório as sentenças proferidas contra a União, suas autarquias e fundações públicas, quando a respeito da controvérsia o Advogado-Geral da União ou outro órgão administrativo competente houver editado súmula ou instrução normativa determinando a não interposição de recurso voluntário".

Art. 496: 8. "Não se pode dar interpretação rígida à norma do art. 475, § 3º, do CPC, a ponto de exigir, para sua aplicação, que haja súmula ou jurisprudência sobre cada um dos pontos enfrentados na sentença, sejam eles principais ou acessórios, importantes ou secundários. Se assim fosse, o dispositivo seria letra morta. A jurisprudência ou a súmula do tribunal superior que, invocada na sentença, dispensa o reexame necessário, há de ser entendida como aquela que diga respeito aos **aspectos principais da lide, às questões centrais decididas,** e não aos seus aspectos secundários e acessórios" (STJ-RP 121/244: REsp 572.890).

Art. 496: 9. v. arts. 1.036 e segs.

Art. 496: 10. v. arts. 976 e segs.

Art. 496: 11. v. art. 947.

Seção IV | DO JULGAMENTO DAS AÇÕES RELATIVAS ÀS PRESTAÇÕES DE FAZER, DE NÃO FAZER E DE ENTREGAR COISA

Art. 497. Na ação que tenha por objeto a prestação de fazer ou de não fazer, o juiz, se procedente o pedido, concederá a tutela específica ou determinará providências que assegurem a obtenção de tutela pelo resultado prático equivalente.[1-2] [Dispositivo correspondente no CPC/1973: art. 461-*caput*]

Parágrafo único. Para a concessão da tutela específica destinada a inibir a prática, a reiteração ou a continuação de um ilícito, ou a sua remoção, é irrelevante a demonstração da ocorrência de dano ou da existência de culpa ou dolo. [Sem dispositivo correspondente no CPC/1973]

Art. 497: 1. s/ cumprimento de sentença que reconheça a exigibilidade de obrigação de fazer ou não fazer, v. arts. 536 e 537.

S/ execução das obrigações de fazer e não fazer, v. arts. 814 e segs.

S/ obrigações de fazer ou não fazer, v. CC 247 e segs.

Art. 497: 2. A tutela específica pode ser **antecipada** ou ter seu resultado prático **acautelado,** sempre que provável o direito do autor e existente perigo de dano ou risco àquele resultado.

V. arts. 294 e segs., em especial, arts. 300 e segs.

S/ tutela provisória e multa coercitiva, v. art. 537-*caput.*

S/ antecipação de tutela específica contra a Fazenda Pública, v. Lei 9.494, de 10.9.97, no tít. FAZENDA PÚBLICA, art. 1º e notas.

Art. 498. Na ação que tenha por objeto a entrega de coisa, o juiz, ao conceder a tutela específica, fixará o prazo para o cumprimento da obrigação.[1-2] [Dispositivo correspondente no CPC/1973: art. 461-A-*caput*]

Parágrafo único. Tratando-se de entrega de coisa determinada pelo gênero e pela quantidade, o autor individualizá-la-á na petição inicial, se lhe couber a escolha, ou, se a escolha couber ao réu,[3] este a entregará individualizada, no prazo fixado pelo juiz. [Dispositivo correspondente no CPC/1973: art. 461-A § 1º]

Art. 498: 1. v. art. 231 § 3º.

S/ cumprimento de sentença que reconheça a exigibilidade de obrigação de entregar coisa, v. art. 538.

S/ execução para entrega de coisa, v. arts. 806 e segs.

S/ obrigações de dar coisa, v. CC 233 e segs.

Ainda, s/ ação de petição de herança, v. art. 627, nota 7; s/ imissão de posse pleiteada pelo arrematante, v. art. 901, nota 3; s/ retenção por benfeitorias, v. art. 917, nota 8; s/ ação de despejo, v. LI 63 a 65; s/ ação contra a União, para a entrega de mercadoria estrangeira, v. Lei 2.770, de 4.5.56, art. 2º.

Art. 498: 2. Malgrado o dinheiro seja uma coisa como outra qualquer, também passível de entrega, na sistemática do CPC ele está destacado das demais coisas (v. Capítulos II, III e VI do Título II do Livro I da Parte Especial; Capítulos II e IV do Título II do Livro II da Parte Especial).

Logo, os processos que tenham por objeto o pagamento de quantia certa não são orientados por este art. 498.

Art. 498: 3. v. CC 244.

Art. 499. A obrigação somente será convertida em perdas e danos se o autor o requerer ou se impossível a tutela específica ou a obtenção de tutela pelo resultado prático equivalente.[1 a 4] [Dispositivo correspondente no CPC/1973: art. 461 § 1º]

Art. 499: 1. cf. arts. 816 e 823. V. ainda art. 495 (hipoteca judiciária).

Art. 499: 2. Facilitando a conversão da obrigação em perdas e danos, com apoio na ideia de onerosidade: "O cumprimento específico da obrigação, no caso, demandaria uma onerosidade muito maior do que o prejuízo já experimentado pela recorrente, razão pela qual não se pode impor o comportamento que exige o ressarcimento na forma específica quando o seu custo não justifica a opção por esta modalidade de ressarcimento, devendo, na forma do que determina o art. 461, § 1º, do Código de Processo Civil, ser convertida a obrigação em perdas e danos" (STJ-6ª T., REsp 898.184, Min. Maria Thereza, j. 24.6.08, DJ 4.6.08).

"Independentemente de a impossibilidade ser jurídica ou econômica, o cumprimento específico da obrigação pela recorrida, no caso concreto, demandaria uma onerosidade excessiva e desproporcional, razão pela qual não se pode impor o comportamento que exige o ressarcimento na forma específica quando o seu custo não justifica a opção por esta modalidade ressarcimento. É lícito ao julgador valer-se das disposições da segunda parte do § 1º do art. 461 do Código de Processo Civil para determinar, inclusive de ofício, a conversão da obrigação de dar, fazer ou não fazer, em obrigação pecuniária (o que inclui o pagamento de indenização por perdas e danos) na parte em que aquela não possa ser executada" (STJ-3ª T., REsp 1.055.822, Min. Massami Uyeda, j. 24.5.11, DJ 26.10.11).

Art. 499: 2a. Reformando acórdão que tinha convertido a obrigação em perdas e danos: "A impossibilidade que admite a conversão em perdas e danos deve ser de ordem subjetiva (por exemplo, a recusa do devedor, no caso de infungibilidade da obrigação de fazer: pintar um quadro, escrever um livro, etc.) ou de ordem objetiva/fática/material (por exemplo, a destruição do bem da vida, a venda a terceiros, etc., no caso de obrigações de fazer fungíveis), sob pena de completo desvirtuamento do instituto que privilegia o cumprimento específico da obrigação. No caso em apreço — que versa acerca de **obrigação** de fazer de caráter nitidamente **fungível** (realizar reparos em um muro) —, não se pode afirmar que a presença de animosidade entre as partes, o tempo de tramitação do processo ou até mesmo a constatação de que a concretização da obrigação seria de difícil consecução dada a falta de diálogo entre os vizinhos seria equiparável a uma real impossibilidade fática de cumprimento da obrigação na forma específica" (STJ-3ª T., REsp 1.760.195, Min. Ricardo Cueva, j. 27.11.18, maioria, DJ 10.12.18).

Art. 499: 3. "A conversão em perdas e danos da obrigação de fazer não dispensa pronunciamento sobre a efetiva **culpa pelo inadimplemento** da prestação. São necessários para o deferimento do pedido a demonstração de descumprimento da obrigação por fato imputável ao devedor e o requerimento de conversão do credor. Inteligência do art. 461, *caput* e § 1º, do Código de Processo Civil de 1973" (STJ-3ª T., REsp 1.365.638-EDcl, Min. Ricardo Cueva, j. 23.8.16, DJ 1.9.16).

Art. 499: 4. "A conversão da obrigação de dar, fazer ou não fazer em perdas e danos, em decorrência da inviabilidade de cumprimento específico, **não representa julgamento *extra petita*,** ainda que a parte lesada não pleiteie a conversão, pois é lícito ao julgador valer-se das disposições do art. 461, § 1º, do Código de Processo Civil de 1973 para determinar a conversão da obrigação em obrigação pecuniária quando aquela não pode ser executada, no todo ou em parte" (STJ-4ª T., Ag em REsp 698.725-AgInt, Min. Isabel Gallotti, j. 17.8.17, DJ 22.8.17). Em sentido semelhante: STJ-2ª T., REsp 1.758.330-EDcl, Min. Herman Benjamin, j. 9.4.19, DJ 12.9.19.

Art. 500. A indenização por perdas e danos dar-se-á sem prejuízo da multa fixada periodicamente para compelir o réu ao cumprimento específico da obrigação.[1] [Dispositivo correspondente no CPC/1973: art. 461 § 2º]

Art. 500: 1. s/ multa coercitiva, v. arts. 536 § 1º, 537 e 538 § 3º.

Art. 501. Na ação que tenha por objeto a emissão de declaração de vontade, a sentença que julgar procedente o pedido, uma vez transitada em julgado, produzirá todos os efeitos da declaração não emitida. [Dispositivo correspondente no CPC/1973: art. 466-A]

Seção V | DA COISA JULGADA

Art. 502. Denomina-se coisa julgada material[1 a 4a] a autoridade que torna imutável e indiscutível a decisão de mérito[5] não mais sujeita a recurso.[6] [Dispositivo correspondente no CPC/1973: art. 467]

Art. 502: 1. v. arts. 20, nota 16 (coisa julgada na ação declaratória), 485-VI (extinção do processo), 337 §§ 2º e 4º (definição e requisitos), 525 § 12 e 535 § 5º (coisa julgada e inconstitucionalidade da sentença), 597, nota 2 (coisa julgada na divisão), LACP 16 (ação civil pública), LAP 18 (ação popular), LA 15 (ação de alimentos), CDC 97, nota 2, e 103 (ação coletiva consumerista), LIP 2º, nota 2a (coisa julgada em ação de investigação de paternidade), LMS 6º § 6º, 19 e 22-*caput* e § 1º (mandado de segurança).

V. tb., no índice, Coisa julgada.

Art. 502: 1a. CC 935: "A responsabilidade civil é independente da criminal, não se podendo questionar mais sobre a existência do fato, ou sobre quem seja o seu autor, quando estas questões se acharem decididas no juízo criminal".

Art. 502: 1b. CPP: "Art. 65. Faz coisa julgada no cível a sentença penal que reconhecer ter sido o ato praticado em estado de necessidade, em legítima defesa, em estrito cumprimento de dever legal ou no exercício regular de direito.

"Art. 66. Não obstante a sentença absolutória no juízo criminal, a ação civil poderá ser proposta quando não tiver sido, categoricamente, reconhecida a inexistência material do fato.

"**Art. 67.** Não impedirão igualmente a propositura da ação civil: **I** — o despacho de arquivamento do inquérito ou das peças de informação; **II** — a decisão que julgar extinta a punibilidade; **III** — a sentença absolutória que decidir que o fato imputado não constitui crime".

V. tb., no índice, Sentença penal.

Art. 502: 1c. "Não faz coisa julgada no juízo cível a sentença penal que, nos termos do art. 386, VI, do CPP, dá pela absolvição do réu em face da **insuficiência probatória** quanto ao elemento subjetivo do ilícito (culpabilidade)" (STJ-4ª T., REsp 6.914, Min. Barros Monteiro, j. 27.8.91, DJU 30.9.91).

Art. 502: 1d. "Havendo a sentença penal reconhecido ter sido o ato praticado em **estado de necessidade,** não se pode, no cível, deixar de reconhecer esse fato" (RSTJ 93/195, maioria).

S/ dever de indenizar e estado de necessidade, v., no nosso CCLCV, CC 188, nota 5.

Art. 502: 2. "O reconhecimento da extinção da punibilidade pela prescrição retroativa após o trânsito em julgado da **sentença penal condenatória** não afasta a caracterização desta como título executivo no âmbito cível, a ensejar a reparação do dano causado ao ofendido. Dispensável é a propositura de ação de conhecimento" (STJ-4ª T., REsp 722.429, Min. Jorge Scartezzini, j. 13.9.05, DJU 3.10.05).

Art. 502: 2a. "Ainda que a prática da infração tenha sido a última etapa de um plano criminoso, a sentença penal condenatória só irradia efeitos civis em relação aos atos anteriores se — tendo sido incluídos na denúncia — o julgado reconhecê-los delituosos" (STJ-3ª T., REsp 279.399, Min. Ari Pargendler, j. 3.10.06, DJU 23.10.06).

Art. 502: 2b. **"Absolvição pelo Tribunal do Júri.** Efeito sobre a responsabilidade civil. Permite-se a investigação, no âmbito cível, da existência de responsabilidade civil, quando o Tribunal do Júri absolve o réu, por negativa de autoria, uma vez que essa decisão não é fundamentada, gerando incerteza quanto à real motivação do juízo decisório criminal" (STJ-RJM 168/305: 3ª T., REsp 485.865).

Art. 502: 2c. "Para que se opere a coisa julgada, deve haver tríplice identidade entre as ações, ou seja, suas partes, causa de pedir e pedido devem ser os mesmos" (STJ-3ª T., REsp 332.959, Min. Nancy Andrighi, j. 7.6.05, DJU 27.6.05).

Mais amplo: "A eficácia da coisa julgada (CPC, art. 467) não se limita a impedir a renovação de demanda idêntica à anterior (CPC, art. 301, § 3º), mas, fundamentalmente, impede que o desfecho do segundo processo entre as mesmas partes contradiga o resultado prático do primeiro" (RJTJERGS 254/173; acórdão relatado pelo Des. Araken de Assis).

Art. 502: 3. "A coisa julgada é formal quando não mais se pode discutir no processo o que se decidiu. A coisa julgada material é a que impede discutir-se, noutro processo, o que se decidiu (Pontes de Miranda)" (RTJ 123/569).

Art. 502: 3a. A coisa julgada constitui matéria de contestação (art. 337-VII) que pode ser conhecida de ofício (art. 337 § 5º).

Art. 502: 3b. A ideia de **relativização da coisa julgada** material consiste no excepcional afastamento da sua autoridade, a fim de que um outro valor igualmente caro ao ordenamento jurídico sobre ela prevaleça, por falar mais alto do que a imutabilidade e a indiscutibilidade do julgado no específico caso concreto. Tal prevalência se operaria independentemente da apresentação de ação rescisória, bastando a formulação de pretensão voltada à declaração de ineficácia da coisa julgada, quer em demanda especificamente ajuizada para tanto, quer no contexto de outra demanda. São conhecidos casos de relativização da coisa julgada em matéria de:

— **investigação de paternidade,** com apoio nos avanços científicos e no estabelecimento da verdade real em questão atinente ao estado das pessoas (STF-Pleno, RE 363.889, Min. Dias Toffoli, j. 2.6.11, maioria, DJ 16.12.11; STJ-3ª T., REsp 826.698, Min. Nancy Andrighi, j. 6.5.08, DJU 23.5.08; RSTJ 154/403: 4ª T., REsp 226.436; RT 835/209; 874/224: TJSP, AP 533.970-4/2-00; JTJ 284/110; RJM 166/241). **Contra:** STJ-2ª Seção, REsp 706.987, Min. Ari Pargendler, j. 14.5.08, 5 votos a 4, DJ 10.10.08; RF 390/476, 393/374, maioria.

Admitindo, em ulterior ação negatória de paternidade, a relativização da paternidade anteriormente reconhecida em ação investigatória de paternidade na qual não fora realizado exame de DNA: STJ-3ª T., REsp 895.545, Min. Sidnei Beneti, j. 17.12.13, dois votos vencidos, DJ 25.2.14. **Contra:** STJ-3ª T., REsp 1.526.936-AgInt, Min. Marco Bellizze, j. 7.6.16, DJ 10.6.16.

"Em situações excepcionais, é possível o afastamento da coisa julgada material formada nas ações investigatórias ou negatórias de paternidade, a fim de que seja exaustivamente apurada a existência da relação paterno-filial e, ainda, elucidadas as causas de eventuais vícios porventura existentes no exame de DNA inicialmente realizado" (STJ-3ª T., REsp 1.632.750, Min. Nancy Andrighi, j. 24.10.17, maioria, DJ 13.11.17);

— **desapropriação,** por afronta aos princípios constitucionais da moralidade e da **justa indenização**, de modo a proteger o erário (STJ-RP 124/233: 1ª T., REsp 554.402, um voto vencido). **Todavia,** admitindo em tese a relativização, mas negando-a no caso concreto, com o seguinte argumento: "referido instituto não pode ser vulgarizado, a ponto de se permitir nova discussão acerca da incidência de juros compensatórios em sede de desapropriação": STJ-1ª T., REsp 1.048.586, Min. Denise Arruda, j. 4.6.09, DJ 1.7.09. **Contra:** RT 862/241.

"Admite-se a relativização da coisa julgada material em situações extraordinárias, por exemplo, quando se trata de sentença nula ou inexistente, embora haja, no Superior Tribunal, vozes que não admitem a relativização em hipótese alguma. Em se tratando de sentença injusta, ou melhor, de errônea resolução da questão de fato (erro de fato), como na espécie (é o que se alega e é o que se diz), não é lícito o emprego da ação de nulidade. A admissão, em casos que tais, da *querella nullitatis* contribuiria para descaracterizar, mais e mais, a substância da coisa julgada — a sua imutabilidade" (STJ-RP 186/393: 6ª T., REsp 893.477, bem fundamentado). No mesmo sentido: STJ-3ª T., REsp 1.782.867, Min. Marco Bellizze, j. 6.8.19, DJ 14.8.19.

"Recurso especial em ação civil pública veiculadora de pretensão anulatória (*querella nulitatis*), versando, também, tema jurídico de anterior ação rescisória julgada improcedente, com decisão trânsita em julgado. Objetivo de anular ação de cobrança por inexecução contratual. Contrato de compra e venda de pinheiros. União que atua como sucessora da devedora original. A relativização da coisa julgada é medida de natureza excepcionalíssima, admitida apenas no caso em que a *res judicata* conflite, diretamente, com dispositivo da Carta Magna, não podendo ser acolhida: (1) para corrigir erro de julgamento; (2) para efeito rescisório, ou; (3) para afastamento de eventual injustiça da decisão; mas apenas para eliminar conflito entre disposições constitucionais. Inexistência, no caso, de conflito aparente de normas constitucionais a ensejar a relativização da coisa julgada, como ocorre, por exemplo, nas hipóteses de desapropriação, onde vige o preceito constitucional da justa indenização. Imprescritível que seja a pretensão da *querella nullitatis*, somente deve ser admissível nela a veiculação de matéria inédita e não a repetição dos temas que já foram objeto de apreciação e rejeição em anterior ação rescisória" (STJ-1ª T., REsp 1.468.224, Min. Napoleão Maia Filho, j. 25.6.19, maioria, DJ 5.8.19).

No tocante aos **mecanismos para a relativização** da coisa julgada:

— "'a escolha dos caminhos adequados à infringência da coisa julgada em cada caso concreto é um problema bem menor e de solução não muito difícil. Tomo a liberdade de tomar à lição de Pontes de Miranda e do leque de possibilidades que sugere, como: a) a propositura de nova demanda igual à primeira, desconsiderada a coisa julgada; b) a resistência à execução, por meio de embargos a ela ou mediante alegações incidentes ao próprio processo executivo; e c) a alegação *incidenter tantum* em algum outro processo, inclusive em peças defensivas' (DINAMARCO, Cândido Rangel. 'Coisa Julgada Inconstitucional' — Coordenador Carlos Valder do Nascimento — 2ª edição, Rio de Janeiro: América Jurídica, 2002, págs. 63-65). Verifica-se, portanto, que a desconstituição da coisa julgada pode ser perseguida até mesmo por intermédio de alegações incidentes ao próprio processo executivo" (STJ-RDDP 57/130: 1ª T., REsp 622.405, dois votos vencidos);

— "a ação declaratória autônoma pode se constituir no instrumento processual adequado para, em caráter excepcional, corrigir a coisa julgada material inconstitucional. Ainda que a decisão que gerou a coisa julgada material inconstitucional tenha sido proferida pelo Tribunal, a competência para conhecer, processar e julgar a ação declaratória autônoma que visa corrigi-la é do juízo de primeiro grau de jurisdição, visto que se trata do exercício de uma nova demanda" (RP 150/231, maioria). No mesmo sentido: STJ-RDDP 65/132 (1ª T., REsp 710.599).

Art. 502: 4. A sentença transitada em julgado, se for o caso, registra-se ou averba-se no **registro público** (v., p. ex., LRP 13-I, 29-VI, VIII e § 1º-*a*, *b* e *d*, 32 § 4º, 40, 57, 58, 76 § 5º, 88, 89 a 96, 97 a 102, 104 e 109 a 113, no registro civil de pessoas naturais; art. 127-VI, no registro de títulos e documentos; art. 167-I, ns. 23 a 26, 27 e 34, art. 167-II, ns. 9, 12, 14 e 15, arts. 198 a 204, 213, 216, 221-IV, 225, 226, 233-I, 264 § 2º e 288, no registro de imóveis), bem como autoriza o cancelamento do registro público (v., p. ex., LRP 164 a 166, no registro de títulos e documentos; arts. 250-I, 251-II, 259, 266 a 276, no registro de imóveis).

Art. 502: 4a. "Se o acórdão recorrido manteve a procedência da ação investigatória, nos termos da decisão de primeiro grau, mas determinou a averbação da filiação no Registro Civil — providência não constante da sentença — não decorre daí ofensa à coisa julgada" (RTJ 137/888, STF-RF 321/148 e STF-RJ 171/43).

Art. 502: 5. v. art. 487.

S/ decisões que não julgam o mérito, v. art. 485.

Art. 502: 6. ou remessa necessária (cf. Súmula 423 do STF, em nota 4 ao art. 496).

Art. 503. A decisão que julgar total ou parcialmente o mérito tem força de lei nos limites da questão principal expressamente decidida.[1 a 4] [Dispositivo correspondente no CPC/1973: art. 468]

§ 1º O disposto no *caput* aplica-se à resolução de questão prejudicial, decidida expressa e incidentemente no processo, se:[4a] [Sem dispositivo correspondente no CPC/1973]

I — dessa resolução depender o julgamento do mérito;[5] [Sem dispositivo correspondente no CPC/1973]

II — a seu respeito tiver havido contraditório prévio e efetivo, não se aplicando no caso de revelia;[6] [Sem dispositivo correspondente no CPC/1973]

III — o juízo tiver competência em razão da matéria e da pessoa[7] para resolvê-la como questão principal. [Sem dispositivo correspondente no CPC/1973]

§ 2º A hipótese do § 1º não se aplica se no processo houver restrições probatórias ou limitações à cognição que impeçam o aprofundamento da análise da questão prejudicial.[8] [Sem dispositivo correspondente no CPC/1973]

Art. 503: 1. É inviável, por ofensa à coisa julgada, a propositura de segunda ação, com o mesmo objeto, fundada em novas provas, não produzidas na primeira (RTJ 94/829).

Art. 503: 2. "A propositura de anterior ação para obter a indenização pelo dano físico, julgada procedente, não impede o ajuizamento de outra, para obter a reparação pelo dano moral" (STJ-4ª T., REsp 143.568, Min. Ruy Rosado, j. 10.11.97, vencido, em parte, o Min. Sálvio Teixeira, DJU 19.12.97). No mesmo sentido: STJ-RT 798/216 (3ª T.).

Art. 503: 2a. "Declarada a falta de requisito do título de crédito com a ausência do nome do beneficiário, não ofende a coisa julgada a nova execução do título, suprida a omissão" (RSTJ 79/188).

Art. 503: 3. Por isso, se a **questão não fora decidida** pela sentença, embora constasse do pedido, nem o autor embargou de declaração, não se formou coisa julgada sobre o que não foi apreciado, podendo o autor, portanto, propor nova ação para obter a prestação jurisdicional correspondente (RTJ 99/289, RF 275/177, RT 627/117). Poderá também, conforme o caso, mover ação rescisória (RP 14/235-Arruda Alvim).

Se a sentença é omissa quanto a um dos pedidos, não se forma coisa julgada com relação a ele, porque não há sentenças implícitas (JTA 104/304).

Ainda: "Havendo a sentença originária definido a responsabilidade perante terceiro sem decidir as relações entre denunciante e denunciado, não afronta a coisa julgada a decisão que, em processo específico, resolve essa questão" (RTJ 129/854 e STF-RT 647/221).

S/ sentença omissa quanto aos honorários advocatícios, v. art. 85, nota 56.

Art. 503: 4. "Não é dado ao juiz correcional, no exercício de sua função administrativa, recusar cumprimento ao mandado de cancelamento do registro da arrematação, declarada nula por decisão proferida em feito jurisdicionalizado. Ocorrendo tal circunstância, caracteriza-se a invasão da competência do órgão jurisdicional, cuja decisão somente pode ser desconstituída pelas vias próprias, sob pena de vulnerar-se o devido processo legal" (STJ-RT 733/163).

Art. 503: 4a. v. art. 1.054 **(direito intertemporal).**

Art. 503: 5. Ou seja: apenas ficará coberta pela coisa julgada material a questão prejudicial que figurar como **fundamento necessário** do julgamento da causa, o que não ocorre, p. ex., com a questão decidida desfavoravelmente ao vencedor no processo. Daí por que não há, inclusive, interesse deste em recorrer para afastar o fundamento da sentença que lhe foi desfavorável.

Art. 503: 6. s/ revelia, v. art. 344.

Art. 503: 7. v. arts. 44 e 62.

Art. 503: 8. É o que ocorre, p. ex., nos processos de mandado de segurança e naqueles que tramitam nos Juizados Especiais.

Art. 504. Não fazem coisa julgada:[1 a 2] [Dispositivo correspondente no CPC/1973: art. 469-*caput*]

I — os motivos, ainda que importantes para determinar o alcance da parte dispositiva da sentença;[3 a 5] [Dispositivo correspondente no CPC/1973: art. 469-I]

II — a verdade dos fatos, estabelecida como fundamento da sentença.[6] [Dispositivo correspondente no CPC/1973: art. 469-II]

Art. 504: 1. Súmula 239 do STF: "Decisão que declara **indevida a cobrança do imposto** em determinado exercício não faz coisa julgada em relação aos posteriores".

Art. 504: 1a. v. art. 310 e notas, especialmente nota 3 (tutela cautelar).

Art. 504: 2. "Ação de execução de título executivo extrajudicial. Inviável admitir que as observações tecidas acerca da tese da impenhorabilidade do bem de família tenham sido objeto de cognição exauriente no bojo da **ação cautelar,** até mesmo porque a ação cautelar na espécie não pretendia um provimento satisfativo sobre o mérito da controvérsia. Ao revés, pretendia tão somente o arresto de bens para a satisfação da dívida. Nessa toada, **não** se pode reputar por já acobertada pelo manto da **coisa julgada** a discussão relativa à tese de impenhorabilidade do bem de família, que deverá ser enfrentada" (STJ-3ª T., REsp 1.796.468, Min. Nancy Andrighi, j. 10.9.19, DJ 12.9.19).

Art. 504: 3. v., porém, art. 503 §§ 1º e 2º (coisa julgada sobre questão prejudicial).

Art. 504: 4. "É exato dizer que a coisa julgada se restringe à **parte dispositiva** da sentença; a essa expressão, todavia, deve dar-se um **sentido substancial** e não formalista, de modo que abranja não só a parte final da sentença, como também qualquer outro ponto em que tenha o juiz eventualmente provido sobre os pedidos das partes" (RT 623/125).

"A coisa julgada em sentido material restringe-se à parte dispositiva do ato sentencial ou àqueles pontos que, substancialmente, hajam sido objeto de provimento jurisdicional, quer de acolhimento, quer de rejeição do pedido" (RTJ 133/1.311).

Art. 504: 4a. "Diversas as **causas de pedir,** em uma e outra demanda, inexiste coisa julgada, a obstar seja apreciado o mérito da segunda. Irrelevante que o acórdão, ao julgar a apelação no primeiro processo, haja adiantado considerações, que interessariam ao segundo, mas que não se comportavam naquele" (STJ-3ª T., REsp 3.171, Min. Eduardo Ribeiro, j. 23.10.90, DJU 19.11.90).

Art. 504: 5. "A imutabilidade própria da coisa julgada alcança o pedido com a respectiva causa de pedir. Não esta última, isoladamente, pena de violação do disposto no art. 469, I, do CPC" (RSTJ 37/413).

"A coisa julgada atinge o pedido e a sua causa de pedir. Destarte, a eficácia preclusiva da coisa julgada (art. 474, do CPC) impede que se infirme o resultado a que se chegou em processo anterior com decisão trânsita, ainda que a ação repetida seja outra, mas que por via oblíqua desrespeita o julgado anterior" (STJ-1ª T., REsp 712.164, Min. Luiz Fux, j. 6.12.05, DJU 20.2.06).

Art. 504: 6. "O fato de a sentença proferida em determinado processo judicial adotar como verdadeira premissa fática absolutamente divergente daquela que inspirou a prolação de sentença havida em processo anterior estabelecido entre as mesmas partes, conquanto incomum, não ofende a autoridade da coisa julgada" (STJ-3ª T., REsp 1.298.342, Min. Sidnei Beneti, j. 6.5.14, DJ 27.6.14).

Art. 505. Nenhum juiz decidirá novamente as questões já decididas relativas à mesma lide,[1 a 6] salvo: [Dispositivo correspondente no CPC/1973: art. 471-*caput*]

I — se, tratando-se de relação jurídica de trato continuado,[6a a 6c] sobreveio modificação no estado de fato ou de direito, caso em que poderá a parte pedir a revisão do que foi estatuído na sentença;[7-7a] [Dispositivo correspondente no CPC/1973: art. 471-I]

II — nos demais casos prescritos em lei. [Dispositivo correspondente no CPC/1973: art. 471-II]

Art. 505: 1. v. arts. 507 (preclusão) e 509 § 4º (liquidação de sentença). V. tb. arts. 486, notas 1 a 3 (decisão que não resolve o mérito), e 502, nota 3b (relativização da coisa julgada).

V., ainda, art. 1.009 § 1º (preclusão e recorribilidade das decisões interlocutórias).

S/ desconstituição de sentença, por falta ou nulidade de citação, v. art. 239, notas 3 e segs.

Art. 505: 1a. "Colocada a controvérsia sob a ótica da **preclusão,** tem-se que a impossibilidade de discussão do tema restringe-se ao mesmo processo, mas não a outro. Nas considerações acima, não se vislumbra a preclusão do tema do direito de preferência, porquanto, como dito, de um lado, não foi trazido pelo ora recorrente como um pedido, a gerar um incidente processual, e, de outro, as decisões interlocutórias apenas analisaram com brevidade a questão, usando-a como fundamento de decidir. A decisão do juiz deve estar atrelada ao pedido formulado pela parte. No caso, houve pedido de habilitação no inventário, formulado pelos cedentes e cessionário, e impugnação de tal pedido, mas não houve pedido de exercício de direito de preferência" (STJ-4ª T., REsp 729.705, Min. Raul Araújo, j. 13.8.13, DJ 23.8.13; a citação é do voto do relator).

S/ coisa julgada e questão prejudicial, v. art. 503 §§ 1º e 2º.

Art. 505: 2. "Deduzida uma mesma questão nos autos da ação principal e nos autos da cautelar correlata, de forma quase que concomitante, a decisão a respeito proferida em qualquer dos dois é como se tivesse sido lançada a um só tempo em ambos, descabendo ao órgão julgador que a tenha proferido voltar a pronunciar-se acerca do tema" (STJ-4ª T., REsp 26.602-0, Min. Sálvio de Figueiredo, j. 20.9.94, DJU 31.10.94).

Art. 505: 2a. "Consoante o princípio da congruência, o pedido delimita o objeto litigioso e, por conseguinte, o âmbito de atuação do órgão judicial (art. 128 do CPC), razão pela qual assume extrema importância na identificação da ação ajuizada para fins de aferição da ocorrência de litispendência ou de coisa julgada, que constituem pressupostos processuais negativos, porquanto impeditivos da propositura de ação idêntica. No caso concreto, a recorrente pleiteou, na primeira demanda, o pagamento de indenização em decorrência de todos os danos sofridos, quer patrimoniais quer extrapatrimoniais, uma vez que se reportou ao gênero, do qual estes são espécies. Dessa forma, a análise da segunda demanda encontra como óbice a existência de **coisa julgada material** (uma vez que o trânsito em julgado deu-se há 26 anos), cuja eficácia tem o condão de impedir o ajuizamento de outra ação com a mesma causa de pedir e pedido, ainda que, dessa vez, especificando os danos passíveis de indenização" (STJ-4ªT., REsp 1.230.097, Min. Luis Felipe, j. 6.9.12, DJ 27.9.12).

Art. 505: 2b. "Fixados **honorários advocatícios** em processo de habilitação e restando irrecorrida essa fixação, não há como reabrir-se discussão em embargos de declaração interpostos por ocasião de processo de execução por título executivo judicial. Não cabe discutir, por matéria preclusa, se cabentes ou não honorários advocatícios a síndico que atuou como advogado no processo de habilitação de crédito" (STJ-3ª T., REsp 957.084, Min. Sidnei Beneti, j. 18.11.08, DJ 1.12.08).

Art. 505: 3. No **conflito de sentenças, ambas produzindo coisa julgada,** deve prevalecer a segunda, enquanto não rescindida esta (STJ-Corte Especial, ED no Ag em REsp 600.811, Min. Og Fernandes, j. 4.12.19, maioria, DJ 7.2.20; RT 707/51; 920/1.021: TJGO, AP 22467-46.2002.8.09.0011; RJTJESP 88/125, RF 267/217). **Contra,** no sentido de que prevalece a primeira: RSTJ 129/29, Lex-JTA 166/23. "Na hipótese de se formar um segundo processo com idêntico objeto litigioso (ou mérito) do primeiro processo, e cujo desenvolvimento não foi impedido por inércia do réu, ante a litispendência, e o respectivo pronunciamento acabar transitando em julgado em primeiro lugar, prevalecerá sobre a coisa julgada surgida posteriormente no primeiro processo, conforme estabelece, explicitamente, o art. 675-1 do CPC português em vigor. Lição de Arruda Alvim" (RP 129/210; acórdão relatado pelo Des. Araken de Assis).

V. tb. art. 494, nota 5.

Art. 505: 4. "Ação rescisória. Execução de sentença. Coisa julgada. Se o acórdão, no processo de conhecimento, deixou de determinar a **capitalização dos juros,** não há como autorizá-la no âmbito da execução" (STJ-2ª Seção, AR 3.150, Min. Ari Pargendler, j. 28.11.07, maioria, DJ 21.11.08).

Art. 505: 5. Cabe agravo de instrumento contra a decisão que, em execução, desobedece à coisa julgada (JTA 44/73).

V. tb. art. 1.015 § ún. V. ainda art. 771, nota 3.

Art. 505: 5a. "É possível alegar, nos embargos do devedor, excesso de execução com base na **interpretação da sentença exequenda,** sem que isso signifique revolver as questões já decididas no processo de conhecimento" (STJ-Corte Especial, ED no REsp 505.944-AgRg, Min. Francisco Falcão, j. 18.3.09, DJ 2.4.09).

Art. 505: 5b. "**Acordo** homologado pelo juiz, para pagamento parcelado da dívida, **após sentença** de mérito que julgara procedente a ação. Possibilidade, sem que isso implique afronta ao art. 471 do CPC" (STJ-5ª T., REsp 50.669-7, Min. Assis Toledo, j. 8.3.95, DJU 27.3.95).

"A coisa julgada material formada em virtude de acordo celebrado por partes maiores e capazes, versando sobre a partilha de bens imóveis privados e disponíveis e que fora homologado judicialmente por ocasião de divórcio consensual, não impede que haja um novo ajuste consensual sobre o destino dos referidos bens, assentado no princípio da autonomia da vontade e na possibilidade de dissolução do casamento até mesmo na esfera extrajudicial, especialmente diante da demonstrada dificuldade do cumprimento do acordo na forma inicialmente pactuada. É desnecessária a remessa das partes à uma ação anulatória quando o requerimento de alteração do acordo não decorre de vício, de erro de consentimento ou quando não há litígio entre elas sobre o objeto da avença, sob pena de injustificável violação aos princípios da economia processual, da celeridade e da razoável duração do processo" (STJ-3ª T., REsp 1.623.475, Min. Nancy Andrighi, j. 17.4.18, DJ 20.4.18).

Art. 505: 6. "Há certas **relações jurídicas sucessivas** que nascem de um suporte fático complexo, formado por um fato gerador instantâneo, inserido numa relação jurídica permanente. Ora, nesses casos, pode ocorrer que a controvérsia decidida pela sentença tenha por origem não o fato gerador instantâneo, mas a situação jurídica de caráter permanente na qual ele se encontra inserido, e que também compõe o suporte desencadeador do fenômeno de incidência. Tal situação, por seu caráter duradouro, está apta a perdurar no tempo, podendo persistir quando, no futuro, houver a repetição de outros fatos geradores instantâneos, semelhantes ao examinado na sentença. Nestes casos, admite-se a eficácia vinculante da sentença também em relação aos eventos recorrentes. Isso porque o juízo de certeza desenvolvido pela sentença sobre determinada relação jurídica concreta decorreu, na verdade, de juízo de certeza sobre a situação jurídica mais ampla, de caráter duradouro, componente, ainda que mediata, do fenômeno de incidência. Essas sentenças conservarão sua eficácia vinculante enquanto se mantiverem inalterados o direito e o suporte fático sobre os quais estabeleceu o juízo de certeza. Em nosso sistema, as decisões tomadas em controle difuso de constitucionalidade, ainda que pelo STF, limitam sua força vinculante às partes envolvidas no litígio. Não afetam, por isso, de forma automática, como decorrência de sua simples prolação, eventuais sentenças transitadas em julgado em sentido contrário, para cuja desconstituição é indispensável o ajuizamento de ação rescisória" (STJ-RDDP 48/143: 1ª T., REsp 686.058, um voto vencido).

"A decisão em ação declaratória que reconhece, em manifestação trânsita, o direito à não incidência de ICMS sobre produtos industrializados exportados, em face de imunidade constitucional (art. 155, § 2º, X, *a*), é ato jurisdicional prescritivo, que torna indiscutível a exigibilidade do tributo, sob pena de violação da coisa julgada. Dessa forma, enquanto perdurar a situação fático-jurídica descrita na causa de pedir, aquele comando normativo emanado na sentença, desde que esta transite em julgado, continuará sendo aplicado, protraindo-se no tempo, salvo a superveniência de outra norma em sentido diverso" (STJ-1ª T., REsp 875.635, Min. Luiz Fux, j. 16.10.08, DJ 3.11.08).

"Entretanto, há modificação do estado de direito a partir do advento da Resolução do Senado Federal que, suspendendo a execução do preceito normativo, universaliza, com eficácia *erga omnes* e efeito vinculante, a decisão do STF declarando a inconstitucionalidade. Embora não produza, automaticamente, a anulação ou a modificação dos efeitos passados já produzidos por sentenças em sentido contrário, a Resolução do Senado faz prevalecer, a partir de seu advento, a sentença de inconstitucionalidade. A partir de então, ficam submetidas à decisão do STF as relações jurídicas futuras e os desdobramentos futuros de anteriores relações jurídicas de trato continuado. Na hipótese dos autos, fica reconhecida, relativamente ao período anterior ao advento da Resolução 46/95 do Senado, a eficácia da sentença anterior transitada em julgado, que reconheceu a constitucionalidade do DL 2.445/88 e do 2.449/88; todavia, com a modificação do estado de direito decorrente da publicação dessa Resolução, suspendendo a execução dos Decretos-lei declarados inconstitucionais pelo STF, cessou a eficácia temporal da sentença anterior, em sentido contrário" (STJ-1ª Seção, REsp 1.103.584, Min. Luiz Fux, j. 18.5.10, DJ 10.9.10; a citação é do voto vista do Min. Teori Zavascki).

Art. 505: 6a. s/ revisão de pensão alimentícia, v. art. 533 § 3º, LA 13 e 15, bem como respectivas notas; revisional de aluguel, v. LI 68 a 70.

Art. 505: 6b. como a ação de **modificação de guarda** de filho (JTJ 191/78).

Art. 505: 6c. "A indenização destinada à manutenção dos aparelhos ortopédicos utilizados pela vítima de acidente reveste-se de natureza alimentar, na medida em que objetiva a satisfação de suas necessidades vitais. Por isso, a sentença que fixa o valor da prótese não estabelece coisa julgada material, trazendo implícita a cláusula *rebus sic stantibus*, que possibilita sua revisão face a mudanças nas circunstâncias fáticas que ampararam a decisão" (STJ-4ª T., REsp 594.238, Min. Luis Felipe, j. 4.8.09, DJ 17.8.09).

Art. 505: 7. A coisa julgada "é suscetível de um processo de integração, decorrente de situação superveniente, a que deve o juiz atender, tendo em vista a natureza continuativa da relação jurídica decidida" (RTFR 160/59).

Art. 505: 7a. A coisa julgada não impede que **lei nova** passe a reger diferentemente os fatos ocorridos a partir de sua vigência (RTJ 89/344, 117/516, 117/1.000, 121/42, RSTJ 60/367, 81/162).

Art. 506. A sentença faz coisa julgada às partes entre as quais é dada, não prejudicando terceiros.[1 a 5] [Dispositivo correspondente no CPC/1973: art. 472]

Art. 506: 1. v. arts. 109 § 3º (sucessão processual), 123 (assistente), 627, nota 7 (herdeiro não convocado ao processo de inventário), 674, nota 18a, e LBF 3º, nota 1a (embargos de terceiro para a defesa de bem de família), LACP 16 e Lei 9.494/97, art. 2º-A (ações coletivas) e LD 19, nota 13 (desapropriação).

Art. 506: 1a. Em ação de **reintegração de posse,** em razão de "invasão de terra por diversas pessoas" e em que "o autor deixou de individualizar todas as pessoas em razão da própria dificuldade e transitoriedade ínsita em casos dessa natureza", admite-se que "a decisão de reintegração vale em relação a todos os outros invasores", "dada a dificuldade de nomear-se, uma a uma, as pessoas que lá se encontram nos dias atuais" (RSTJ 195/354: 4ª T., REsp 326.165).

Todavia, uma vez concedida a reintegração de posse e terminado o processo, a sentença não vincula pessoas que não participaram deste e que, anos depois, passam a ocupar o bem ou a ameaçar a sua ocupação, por meio de novos atos de violação ou ameaça ao direito à posse. Para o combate a esses atos, é necessário o ajuizamento de nova ação possessória (STJ-3ª T., RMS 21.443, Min. Gomes de Barros, j. 15.5.07, um voto vencido, DJU 1.10.07).

V. art. 256, nota 4 (inexigibilidade da qualificação e da citação dos litisconsortes passivos em ação de reintegração de posse de terreno ocupado por milhares de pessoas), e art. 319, nota 7 (não indicação, na petição inicial, de todas as pessoas que cometeram o esbulho possessório).

Art. 506: 1b. "Reconhecido o desvio de finalidade dos **decretos expropriatórios** nos autos de outra **ação anulatória** (Decretos municipais n. 179/2001 e 546/2001), por decisão transitada em julgado, que envolveu os mesmos réus, a eficácia preclusiva da coisa julgada impede que a questão seja novamente discutida nos presentes autos, a despeito de figurar outro autor no polo ativo da demanda" (STJ-1ª T., REsp 1.234.476, Min. Gurgel de Faria, j. 25.6.19, DJ 6.8.19).

Art. 506: 1c. É ineficaz a sentença contra quem, tendo título registrado, não foi citado para a **ação de usucapião;** poderá, em consequência, mover ação de reivindicação, não sendo necessário que proponha ação rescisória daquela sentença. Nesse sentido: RTJ 104/826, com dois votos vencidos em parte, 108/736, 118/198, RT 660/93, RJTJERGS 166/286. Admitindo a rescisória: RT 635/283, 660/84, RJTAMG 53/43, maioria, JTAERGS 100/393.

Também poderá mover ação de nulidade (STJ-4ª T., REsp 94.811, Min. Cesar Rocha, j. 29.10.98, DJU 1.2.99). Nesse sentido: RJTJESP 114/274, 114/360.

Por igual, o que tem título de propriedade por força de sentença em ação de usucapião não pode reivindicar do que tem título transcrito e não foi citado para esta última ação (RJTJESP 106/263, bem fundamentado).

Nessa ordem de ideias, o confrontante não citado para a ação de usucapião tem legitimidade para pleitear a nulidade da sentença proferida nesta (RT 609/59), porque: "A sentença na ação de usucapião vale contra todos, como ato de comando estatal, mas não faz coisa julgada contra aquele que deveria ter sido pessoalmente citado, e não o foi" (RBDP 48/153). Assim: "Se o móvel da ação rescisória é a falta de citação de confrontante (ora autor), em ação de usucapião, a hipótese é de ação anulatória (*querella nulitatis*) e não de pedido rescisório, porquanto falta a este último pressuposto lógico, vale dizer, sentença com trânsito em julgado em relação a ele" (STJ-4ª T., Resp 62.853, Min. Fernando Gonçalves, j. 19.2.04, DJU 1.8.05).

V. tb. art. 239, nota 3b.

Art. 506: 1d. "Nessas hipóteses de **legitimação concorrente em condomínio edilício,** a coisa julgada formada em razão do manejo de ação reivindicatória por alguns condôminos diretamente prejudicados não inibirá a futura propositura de outra demanda reivindicatória pelo condomínio" (STJ-RF 405/433: 3ª T., REsp 1.015.652).

Art. 506: 1e. "O propósito recursal é definir se a proprietária do imóvel gerador dos débitos condominiais pode ter o seu bem penhorado no bojo de ação de cobrança, já em fase de cumprimento de sentença, da qual não figurou no polo passivo, uma vez que ajuizada, em verdade, em face da então locatária do imóvel. Em se tratando a **dívida de condomínio** de obrigação *propter rem* e partindo-se da premissa de que o próprio imóvel gerador das despesas constitui garantia ao pagamento da dívida, o proprietário do imóvel pode ter seu bem penhorado no bojo de ação de cobrança, já em fase de cumprimento de sentença, da qual não figurou no polo passivo" (STJ-3ª T., REsp 1.829.663, Min. Nancy Andrighi, j. 5.11.19, DJ 7.11.19).

Art. 506: 2. "A coisa julgada só pode atingir o **réu do processo penal,** não os possíveis responsáveis no âmbito cível, pois a sentença faz coisa julgada entre as partes" (STJ-4ª T., REsp 686.486, Min. Luis Felipe, j. 14.4.09, DJ 27.4.09).

Art. 506: 2a. "Não há dúvida de que a coisa julgada, assim considerada 'a eficácia que torna imutável e indiscutível a sentença' (CPC, art. 467), embora tenha efeitos restritos às partes entre as quais é dada' (art. 472 do CPC, primeira parte), não inibe que essa sentença produza, como todo ato estatal, **efeitos naturais** de amplitude subjetiva mais alargada. Todavia, conforme estabelece o mesmo art. 472 do CPC, a eficácia expansiva da sentença não pode prejudicar terceiros. A esses é assegurado, em demanda própria (inclusive por mandado de segurança), defender seus direitos eventualmente atingidos por ato judicial produzido em demanda *inter alios*" (STJ-1ª T., REsp 1.251.064, Min. Teori Zavascki, j. 28.2.12, DJ 27.3.12).

"Do mesmo modo, o acordo judicialmente homologado é um ato jurídico que tem existência e efeitos que se irradiam no ordenamento jurídico, não podendo ser reputado inexistente por terceiros juridicamente interessados no resultado do processo. Se uma ação de indenização proposta em face da parte a quem se imputa responsabilidade objetiva pelo dano se encerra por acordo, é possível à empresa que indenizou a vítima exercer, em regresso, pretensão de restituição do valor pago em face do responsável final. Nessa ação de regresso, o acordo funcionará como limite da indenização a ser restituída, mas não vinculará o responsável final, que poderá discutir todas as questões tratadas no processo anterior, do qual emergiu a indenização" (STJ-3ª T., REsp 1.246.209, Min. Nancy Andrighi, j. 19.6.12, DJ 26.6.12).

Art. 506: 2b. "Em determinadas circunstâncias, diante da posição do terceiro na relação de direito material, bem como pela natureza desta, a coisa julgada pode atingir quem não foi parte no processo. Entre essas hipóteses está a **sucessão,** pois o sucessor assume a posição do sucedido na relação jurídica deduzida no processo, impedindo nova discussão sobre o que já foi decidido" (STJ-3ª T., REsp 775.841, Min. Nancy Andrighi, j. 19.3.09, DJ 26.3.09).

V. tb. art. 109 § 3º.

Art. 506: 3. "Morte do pai. Anterior ação indenizatória ajuizada pela mãe. Nova ação ajuizada pelos filhos. A sistemática do CPC brasileiro não se compadece com a extensão da coisa julgada a terceiros, que não podem suportar as consequências prejudiciais da sentença, consoante princípio com teto no art. 472 da lei processual civil. Assim, anterior **ação indenizatória ajuizada pela mãe não gera efeitos aos filhos,** que posteriormente venham postular seus direitos" (STJ-4ª T., REsp 268.020, Min. Sálvio de Figueiredo, j. 13.1.01, DJU 18.2.02).

Contra, no sentido de estender a coisa julgada para quem não participou de processo anterior e impedir demanda indenizatória movida pela esposa, com o fim de ver neutralizados danos morais similares aos descritos naquele processo pelo marido, oriundos do mesmo evento danoso que atingiu o lar do casal: RJM 180/146.

"Na hipótese da indenização por danos morais já ter sido pleiteada e recebida pelos genitores do falecido, improcede pleito de indenização formulado pelos irmãos da vítima" (JTJ 331/596: AP 1.076.235-0/1).

Art. 506: 3a. "Não tendo sido as ações originárias ajuizadas em favor da categoria e, sim, em caráter individualizado, não se pode, portanto, extrapolar os **limites subjetivos da coisa julgada** sob o fundamento de isonomia, uma vez que a igualdade deve ser reconhecida frente à lei e não frente a decisões judiciais" (STJ-5ª T., REsp 796.826-AgRg, Min. Gilson Dipp, j. 3.10.06, DJU 30.10.06). No mesmo sentido: STJ-6ª T., AI 987.427-AgRg, Min. Jane Silva, j. 7.10.08, DJ 20.10.08.

Art. 506: 3b. "À semelhança do que se observa com a litispendência, a identidade de partes nas demandas coletivas não se atem, no que diz respeito à coisa julgada, aos estreitos limites do art. 301, § 2º, do CPC, de modo que, seja atuando como substituto processual na presente ação, seja atuando como *custos legis* na demanda anterior, o recorrente, de fato, participou ativamente de todas as fases e graus de jurisdição, o que identifica ambas as ações também pela unidade de propósito a que fora chamado a resguardar: a defesa da ordem jurídica (CF, art. 127, *caput*). Sujeita-se, portanto, o Ministério Público à coisa julgada nela produzida" (STJ-4ª T., REsp 1.155.793, Min. Isabel Gallotti, j. 1.10.13, DJ 11.10.13).

Art. 506: 4. A sentença que dá pela procedência de ação de **investigação de paternidade** não faz coisa julgada contra terceiro que, não tendo sido parte no processo, alega ser o verdadeiro pai e move declaratória visando à nulidade e reforma do assento de nascimento feito com base na sentença da ação de investigação (Bol. AASP 1.541/151, maioria).

Todavia: "Os efeitos da sentença, que não se confundem com a coisa julgada e seus limites subjetivos, irradiam-se com eficácia *erga omnes*, atingindo mesmo aqueles que não figuraram como parte na relação jurídica processual. Reconhecida, por decisão de mérito transitada em julgado, a relação de parentesco entre pai e filho, a consecutiva relação avoenga (vínculo secundário) é efeito jurídico dessa decisão (CC/2002, art. 1.591), afigurando-se inadequada a ação declaratória incidental para a desconstituição do vínculo primário, sob o exclusivo argumento de inexistência de liame biológico" (STJ-4ª T., REsp 1.331.815, Min. Antonio Ferreira, j. 16.6.16, maioria, DJ 1.8.16).

Art. 506: 5. "A **relação jurídica material** estabelecida entre a litisdenunciada e a recorrida (prestação de serviços de sonorização ambiental) possui **conexão incindível** com aquela a respeito da qual houve pronunciamento jurisdicional transitado em julgado (ECAD x RÁDIO IMPRENSA S/A). O benefício auferido pela recorrida, consistente na dispensa de pagamento de direitos autorais diretamente ao ECAD, constitui efeito legítimo de decisão judicial imutável, não havendo que se falar em extensão indevida dos limites subjetivos da coisa julgada" (STJ-3ª T., REsp 1.763.920, Min. Nancy Andrighi, j. 16.10.18, DJ 18.10.18).

Art. 507. É vedado à parte discutir no curso do processo as questões já decididas a cujo respeito se operou a preclusão.[1 a 9] [Dispositivo correspondente no CPC/1973: art. 473]

Art. 507: 1. Casos expressos de preclusão: arts. 223-*caput* e 278-*caput*.

Casos em que não ocorre a preclusão: arts. 278 § ún., 296-*caput* e 485 § 3º. S/ preclusão e recorribilidade da decisão interlocutória, v. art. 1.009 § 1º.

V. tb. arts. 357, nota 8 (despacho saneador), 485, notas 48 e 49 (pressupostos processuais e condições da ação), 915, nota 14 (não oferecimento de embargos à execução).

Art. 507: 2. **"Para o juiz inexiste preclusão"** (RT 612/104). Assim: "Nas instâncias ordinárias não há preclusão para o órgão julgador enquanto não acabar o seu ofício jurisdicional na causa pela prolação da sentença definitiva" (RSTJ 64/156). No mesmo sentido: JTJ 207/9.

Na realidade, esse entendimento deve ser recebido ***cum grano salis.*** Ele é válido sobretudo para as matérias que o juiz pode conhecer de ofício, em qualquer tempo e grau de jurisdição, enquanto não proferida a sentença de mérito (art. 485 § 3º).

Art. 507: 2a. A versão dada ao fato pelo juiz, em **decisão interlocutória,** não o vincula ao proferir sentença. Nesse sentido: STJ-2ª T., REsp 200.208, Min. Franciulli Netto, j. 21.8.03, DJU 28.10.03; RP 5/185-Arruda Alvim e outros. No mesmo sentido, v. art. 489, nota 15.

Art. 507: 2b. "Ausência de caráter preclusivo da decisão que encaminha os autos ao perito, estabelecendo **critérios para a realização da prova pericial"** (STJ-3ª T., Ag em REsp 911.300-AgInt, Min. Paulo Sanseverino, j. 14.3.17, DJ 24.3.17). Do voto do relator: "A definição de critérios para a elaboração do laudo pericial é realizada pelo magistrado em um juízo perfunctório, com o objetivo apenas de servir de norte para o trabalho do *expert*. Somente após a apresentação do laudo e o exercício do contraditório pelas partes é que o juízo terá condições de exercer cognição exauriente sobre a correção dos critérios anteriormente estabelecidos".

Art. 507: 2c. Afirmando a nulidade do **segundo julgamento de um mesmo recurso** já julgado anteriormente, por falha no sistema do tribunal: STJ-2ª T., Ag em REsp 1.219.296, Min. Herman Benjamin, j. 26.2.19, DJ 1.7.19.

Art. 507: 3. **"Embargos de declaração** acolhidos com efeitos infringentes. Ausência de recurso. Ineficácia do 'decisum' declarada de ofício. Descabimento. Preclusão 'pro judicato'" (STJ-3ª T., REsp 1.620.945-AgInt, Min. Paulo Sanseverino, j. 14.11.17, DJ 30.11.17). Do voto do relator: "Não poderia o juízo de origem, por iniciativa própria, declarar a 'ineficácia' da decisão que julgou (bem ou mal) os embargos de declaração anteriormente opostos, pois essa questão se encontrava preclusa, ante a não interposição de recurso pelas partes".

Art. 507: 3a. "Decidida a ocorrência de coação em **primeiro julgamento** procedido pelo Tribunal de Justiça, o tema fica alcançado pela preclusão, ante a imutabilidade da coisa julgada, de sorte que é vedada a sua rediscussão, como indevidamente ocorreu no acórdão subsequente da mesma Corte" (STJ-4ª T., REsp 402.254, Min. Aldir Passarinho Jr., j. 17.4.08, maioria DJU 30.6.08).

Art. 507: 3b. Preclusão hierárquica. "Ainda que se admita que a decadência, por ser matéria de ordem pública, não se sujeita à preclusão *pro iudicato*, o reexame de ofício dessa questão não pode ser feito por órgão de hierarquia jurisdicional inferior, sob pena de desvirtuamento do sistema recursal e de prejuízo à segurança jurídica" (STJ-2ª T., RMS 36.522-AgRg, Min. Herman Benjamin, j. 22.5.12, DJ 15.6.12).

"Se um órgão jurisdicional superior decide sobre uma das condições da ação, a matéria não pode ser reapreciada por órgão inferior de modo diverso, sob pena de violar a preclusão hierárquica" (STJ-1ª T., REsp 1.650.256-AgInt, Min. Gurgel de Faria, j. 3.4.18, DJ 9.5.18).

V. tb. nota 6.

Art. 507: 4. Preclusão em matéria de prova. "A preclusão não alcança o juiz em se tratando de instrução probatória" (RSTJ 129/359). No mesmo sentido: JTAERGS 97/221.

"O fato de a juíza sentenciante ter julgado a lide, entendendo desnecessária a produção de nova prova pericial anteriormente deferida, não implica preclusão 'pro judicato', pois, em questões probatórias, não há preclusão para o magistrado" (STJ-4ª T., REsp 1.212.492-AgRg, Min. Isabel Gallotti, j. 22.4.14, DJ 2.5.14).

Todavia: "O fenômeno da preclusão *pro judicato* impede o órgão julgador de realizar novo julgamento no mesmo processo de questão incidental já enfrentada e solucionada por meio de decisão interlocutória, ressalvadas as exceções legais. No caso dos autos, tendo o juízo singular determinado a realização da prova pericial contábil-tributária e de engenharia, não poderia em momento posterior reanalisar a questão sob a justificativa de que a execução de uma estaria condicionada à efetivação da outra" (STJ-3ª T., REsp 1.524.120, Min. Ricardo Cueva, j. 23.2.16, DJ 3.3.16).

V. tb. art. 357, nota 4.

Art. 507: 4a. Preclusão e indeferimento da denunciação da lide. "Rejeitada a denunciação, é vedado ao juiz, *ex officio*, deferi-la *a posteriori* ou a parte discuti-la por força da preclusão (art. 473 do CPC)" (STJ-1ª T., REsp 785.823, Min. Luiz Fux, j. 1.3.07, DJU 15.3.07).

Art. 507: 4b. "A alteração superveniente da jurisprudência do STF, e deste próprio STJ, não abre para as partes a oportunidade de rediscutir aquilo que foi anteriormente decidido em sede de **conflito de competência.** Ao julgar o conflito de competência, esta Corte esgotou sua jurisdição sobre o tema, havendo coisa julgada formal" (STJ-3ª T., REsp 1.004.834, Min. Nancy Andrighi, j. 4.9.08, DJ 16.9.08).

Art. 507: 4c. "A **competência** em razão da matéria é questão de ordem pública e não está sujeita aos efeitos da preclusão. Assim, se o juízo for absolutamente incompetente, a nulidade é absoluta ante a falta de pressuposto processual de validade, podendo ser arguida a qualquer tempo e grau de jurisdição pelas partes" (STJ-2ª Seção, REsp 1.020.893, Min. João Otavio, j. 26.11.08, três votos vencidos, DJ 7.5.09). No mesmo sentido: STJ-2ª T., REsp 1.331.011, Min. Mauro Campbell, j. 21.8.12, DJ 28.8.12; STJ-1ª T., REsp 1.240.091, Min. Sérgio Kukina, j. 18.10.16, DJ 2.2.17.

V. tb. arts. 64 § 1º e notas, 485, nota 49, e 957, nota 1.

Art. 507: 5. "A **prescrição** é matéria de ordem pública, não se sujeitando à preclusão *pro iudicato* nas instâncias ordinárias" (STJ-2ª T., REsp 1.450.361, Min. Herman Benjamin, j. 3.6.14, DJ 24.6.14).

Todavia: "As matérias de ordem pública, tais como prescrição e decadência, podem ser apreciadas a qualquer tempo nas instâncias ordinárias. Todavia, existindo decisão anterior, opera-se a preclusão consumativa se não houver impugnação no momento processual oportuno" (STJ-3ª T., REsp 1.594.074-AgInt-EDcl, Min. Ricardo Cueva, j. 17.6.19, DJ 26.6.19).

V. tb. art. 1.009, nota 3b.

Art. 507: 5a. "A decisão que indefere o pedido de **desconsideração da personalidade jurídica** traz em si, implicitamente, a cláusula *rebus sic stantibus*, na medida em que se vincula ao contexto fático que lhe dá suporte. Prosseguindo a execução e sobrevindo outros elementos que evidenciem, a partir de um novo contexto fático, a existência dos requisitos autorizadores da medida, nada obsta que o pedido seja renovado, na busca da satisfação da pretensão executória do credor, que é o fim último da execução. Hipótese em que, segundo o Tribunal de origem, não houve debate nem decisão anterior sobre o pedido de desconsideração da personalidade jurídica das sociedades empresárias sob a ótica da alegada formação do grupo econômico familiar" (STJ-3ª T., REsp 1.758.794, Min. Nancy Andrighi, j. 21.5.19, DJ 24.5.19).

Art. 507: 6. "Não pode o magistrado ao seu talante reconsiderar questão decidida em sede de saneador, relativa à **penhorabilidade de bem constrito** — *a fortiori* porque mantida a decisão pela segunda instância, em sede de agravo de instrumento —, porquanto já acobertada pelo manto da preclusão" (STJ-4ª T., REsp 254.236, Min. Luis Felipe, j. 2.3.10, DJ 22.3.10).

S/ preclusão e penhorabilidade de bem, v. tb. art. 833, nota 3; em matéria de bem de família, v. LBF 3º, nota 1.

S/ preclusão hierárquica, v. nota 3b.

Art. 507: 7. **"Exceção de pré-executividade.** Preclusão consumativa. Impossibilidade de dedução da mesma matéria em embargos à execução" (STJ-1ª T., REsp 893.613, Min. Luiz Fux, j. 10.3.09, DJ 30.3.09). No mesmo sentido: STJ-2ª T., REsp 1.480.912-AgRg, Min. Mauro Campbell, j. 20.11.14, DJ 26.11.14.

"As questões decididas definitivamente em sede de exceção de pré-executividade não podem ser renovadas por ocasião da oposição de embargos à execução" (STJ-4ª T., REsp 927.136, Min. Luis Felipe, j. 17.5.12, DJ 5.6.12).

"Ao devedor não é dado rediscutir matéria suscitada e decidida nos embargos de devedor, com trânsito em julgado, por meio de exceção de pré-executividade que, como é de sabença, não possui viés rescisório" (STJ-3ª T., REsp 798.154, Min. Massami Uyeda, j. 12.4.12, DJ 11.5.12).

Mas: "Se o magistrado reconheceu que a matéria suscitada na exceção de pré-executividade demandaria dilação probatória, compatível apenas com a cognição exauriente dos embargos do devedor, é porque na exceção não se tratou de nenhum dos temas veiculados", o que autoriza seu enfrentamento nos embargos (STJ-3ª T., REsp 1.293.362-AgRg, Min. Marco Bellizze, j. 23.6.16, DJ 1.7.16).

"Se as matérias arguidas em exceção de pré-executividade não tiverem sido discutidas nos embargos à execução anteriormente opostos, e se tratarem de matéria de ordem pública e não demandarem dilação probatória, poderão ser sim analisadas nessa exceção de pré-executividade oposta após o julgamento dos embargos à execução" (STJ-2ª T., REsp 1.755.221, Min. Herman Benjamin, j. 11.9.18, DJ 21.11.18).

"Não tendo havido debate acerca da higidez do título executivo nos embargos à execução, não há coisa julgada a obstaculizar a análise do tema em sede de exceção de pré-executividade" (STJ-3ª T., REsp 1.100.014, Min. Ricardo Cueva, j. 8.5.12, DJ 28.5.12).

Art. 507: 8. "O juízo em 1º grau de jurisdição proferiu decisão para resolver controvérsia, que, após a **improcedência** dos **embargos do devedor,** se estabeleceu nos autos do processo de execução. Esta decisão interlocutória resolveu questão incidente, fazendo um juízo de acertamento quanto à forma de **atualização da dívida** e aos **honorários de sucumbência.** Solucionou, portanto, essa particular lide, que, até então, não havia se apresentado ao julgador. Com a preclusão desta decisão e levantamento de valores depositados, torna-se impossível, ante a dicção do art. 471 do CPC, a retratação pelo juízo monocrático" (STJ-3ª T., REsp 1.057.808, Min. Nancy Andrighi, j. 25.8.09, DJ 9.9.09).

"A decisão que fixa **critérios para a elaboração dos cálculos da liquidação de sentença** tem conteúdo decisório, por isso, em não havendo reforma por intermédio de oportuno recurso, opera a preclusão" (STJ-4ª T., REsp 1.246.989, Min. Luis Felipe, j. 7.2.12, DJ 15.3.12). No mesmo sentido: STJ-1ª T., REsp 1.149.478-AgRg-AgRg, Min. Francisco Falcão, j. 28.8.12, DJ 9.10.12.

Art. 507: 9. "A impugnação à **execução** — ainda que de **saldo remanescente** — é decorrência natural do direito de ação, porquanto a ordem jurídica, ao instituir mecanismos para o executado reagir contra a execução que se desenvolva injusta ou ilegalmente, quer que o executado não se encontre desamparado, a despeito do seu estado de sujeição à eficácia do título executivo. Isso porque sempre haverá situações em que a atividade executiva, desviando-se da legalidade estrita, pode atingir injustamente uma parte ou a integralidade do patrimônio do executado. No caso concreto, trata-se de novo procedimento executivo versando sobre valores não abrangidos pela execução anterior, razão pela qual é direito do devedor que lhe seja franqueada a **possibilidade de nova defesa,** não havendo cogitar em preclusão" (STJ-4ª T., REsp 1.265.894, Min. Luis Felipe, j. 11.6.13, DJ 26.6.13).

Art. 508. Transitada em julgado a decisão de mérito,[1] considerar-se-ão deduzidas e repelidas todas as alegações e as defesas que a parte poderia opor tanto ao acolhimento quanto à rejeição do pedido.[1a a 7] [Dispositivo correspondente no CPC/1973: art. 474]

Art. 508: 1. v. art. 487.

Art. 508: 1a. "A **eficácia preclusiva da coisa julgada** (art. 474 do CPC) impede que se infirme o resultado a que se chegou em processo anterior com decisão trânsita, ainda que a ação repetida seja outra, mas que por via oblíqua desrespeita o julgado anterior" (STJ-1ª T., REsp 1.152.174, Min. Luiz Fux, j. 3.2.11, DJ 22.2.11).

Art. 508: 2. "A norma inscrita no art. 474 do CPC impossibilita a instauração de nova demanda para rediscutir a controvérsia, mesmo que com fundamento em novas alegações, pois o instituto da coisa julgada material — considerada a finalidade prática que o informa — absorve, necessariamente, 'tanto as questões que foram discutidas como as que o poderiam ser' (LIEBMAN), mas não o foram. A autoridade da coisa julgada em sentido material estende-se, por isso mesmo, tanto ao que foi efetivamente arguido pelas partes quanto ao que poderia ter sido alegado, mas não o foi, desde que tais alegações e defesas se contenham no objeto do processo (*'tantum judicatum quantum disputatum vel disputari debebat'*)" (STF-2ª T., MS 31.412-AgRg, Min. Celso de Mello, j. 29.10.13, DJ 18.11.13).

"A **diversidade de fundamento legal** invocado pelas partes ou a alteração na **qualificação jurídica dos fatos** narrados não são determinantes para afastar a identidade entre as ações. Tais fatores não integram a causa de pedir, nem vinculam o magistrado, por força dos princípios *iura novit curia* e *da mihi factum, dabo tibi jus*. A nossa legislação processual adotou a teoria da substanciação, segundo a qual são os fatos narrados na petição inicial que delimitam a causa de pedir. Concretamente, da leitura dos autos, extrai-se que, em ambas as ações, foi relatado o mesmo fato, qual seja a celebração de negócio jurídico entre o ex-sócio gerente da massa falida e a primeira ré, durante o período suspeito da falência, em prejuízo ao patrimônio da massa falida. Também constata-se que, em ambos os casos, buscou-se a mesma consequência jurídica: o reconhecimento da nulidade/ineficácia do referido negócio. Nesse contexto, era defeso à parte, que não obteve êxito na primeira demanda, renovar a pretensão, narrando os mesmos fatos e visando às mesmas consequências, apenas sob diferente qualificação jurídica (dação em pagamento) e indicação mais precisa dos dispositivos legais (arts. 52, inciso II, e 53 do Decreto-lei 7.661/45)" (STJ-3ª T., REsp 1.009.057, Vasco Della Giustina, j. 27.4.10, um voto vencido, DJ 17.5.10).

Art. 508: 2a. "Enquanto na primeira ação pretendeu-se a devolução dos valores efetivamente pagos, considerados indevidos no bojo dos contratos de arrendamento estabelecidos entre as partes, na segunda, diversamente, pugnou-se pela 'devolução' da importância que se deixou de auferir e que a demandada lucrou, por dispor indevidamente de capital alheio, atinente à mesma relação contratual. Evidenciada a **distinção de pedidos** efetuados em cada ação, a correlata argumentação, ainda que guarde entre si alguma similitude, considerado o enfoque dado pela parte demandante (limitação dos lucros da arrendante e proibição, por parte desta, de enriquecimento sem causa), é insuficiente para se cogitar de indevida repetição de demanda transitada em julgado. Tais pretensões, cumuláveis que são, poderiam ter sido postuladas conjuntamente numa só ação, especialmente por advirem da mesma causa de pedir, envolvendo as mesmas partes. Aliás, seria salutar que assim se procedesse. Todavia, inexiste óbice para a veiculação de cada pedido em ações próprias, como se deu na espécie. E, inexistindo identidade de pedidos, não há se falar em eficácia preclusiva da coisa julgada ou inobservância do princípio do deduzido ou dedutível, insculpido no art. 474 do CPC/73" (STJ-3ª T., REsp 1.439.789, Min. Marco Bellizze, j. 14.6.16, DJ 22.6.16).

Art. 508: 3. "O art. 474 do CPC sujeita aos efeitos da coisa julgada todas as alegações que poderiam ser arguidas como matéria de defesa. A sentença de procedência do pedido reivindicatório faz coisa julgada material e impede que em futura ação se declare usucapião, em favor do réu, assentado em posse anterior à ação reivindicatória" (STJ-3ª T., REsp 332.880, Min. Gomes de Barros, j. 5.10.06, DJU 27.11.06).

Art. 508: 4. "Tal qual se observa nesta demanda coletiva, a titularidade e a extensão dos imóveis expropriados compuseram — com base nos registros imobiliários cuja nulidade ora se alega — a causa de pedir da desapropriação indireta. Todas as questões levantadas na ação civil pública, acerca da regularidade da escritura de compra e venda por meio da qual os réus adquiriram a propriedade do imóvel em 1942, poderiam ter sido suscitadas pelo Ministério Público como obstáculo ao reconhecimento do domínio dos recorridos, então expropriados, causa de pedir da desapropriação indireta. Dessa forma, passada em julgado a sentença de mérito 'reputar-se-ão deduzidas e repelidas todas as alegações e defesas, que a parte poderia opor assim ao acolhimento como a rejeição do pedido' (CPC, art. 474)" (STJ-4ª T., REsp 1.155.793, Min. Isabel Gallotti, j. 1.10.13, DJ 11.10.13).

Art. 508: 5. "Com o trânsito em julgado da sentença meritória, reputam-se repelidas não só as alegações efetivamente deduzidas pelas partes na inicial ou na contestação, mas também todas aquelas que poderiam ter sido e não foram suscitadas a tempo e modo oportunos pelos interessados. No caso, a alegação de suposta impossibilidade de desfazimento do negócio — pelo fato de não serem os autores da ação de rescisão contratual capazes de restituir o imóvel objeto do pacto celebrado nas mesmas condições em que o teriam recebido — é matéria de índole defensiva dotada de conteúdo capaz de justificar a resistência do demandado à pretensão autoral deduzida em juízo na fase de conhecimento. Constitui, assim, alegação dedutível e não veiculada no processo de conhecimento e que, portanto, não exime o devedor embargante do cumprimento da determinação judicial passada em julgado que lhe foi imposta, sob pena de restar configurada grave ofensa à coisa julgada material" (STJ-3ª T., REsp 1.029.207, Min. Ricardo Cueva, j. 2.12.14, DJ 9.12.14).

Art. 508: 5a. "O reconhecimento da nulidade integral de contrato, por decisão judicial transitada em julgado, obsta que seja posteriormente reconhecida, em ações distintas, a validade parcial dessa mesma avença, sob pena de se incorrer em grave ofensa à autoridade da coisa julgada. O reconhecimento da nulidade do contrato original torna inexigíveis as notas promissórias *pro solvendo* emitidas em garantia do negócio ali avençado, especialmente quando, por não terem circulado, apresentam-se desprovidas da abstração" (STJ-3ª T., REsp 1.608.424, Min. Ricardo Cueva, j. 12.12.17, maioria, DJ 1.3.18).

Art. 508: 6. "Ação de restabelecimento de pensão por morte proposta pela pensionista contra o IPERGS. Benefício previdenciário cassado pois foi reconhecida, em ação de dissolução de sociedade anterior, a existência de união estável, impondo a ora recorrente o *status* de ex-companheira. Transitado em julgado o reconhecimento e a dissolução de união estável — ação movida pelo ex-companheiro da ora recorrente (aqui autora) — e não havendo posterior rescisória, não pode a sucumbente na lide anterior e submetida aos definitivos efeitos da sentença postular neste feito, como autora, o reconhecimento da ausência da referida união estável, pois isto implicaria, necessariamente, a desconstituição do julgado e do seu estado de ex-companheira, observável para todos os atos da sua vida civil" (STJ-2ª T., REsp 1.247.467, Min. Castro Meira, j. 15.8.13, DJ 22.8.13).

Art. 508: 7. A **não oposição de embargos ao mandado monitório,** malgrado resulte na formação de título executivo judicial (art. 701 § 2º), não leva à formação de coisa julgada material em torno do objeto da ação monitória.

Contra: "A não oposição de embargos, com a consequente conversão do mandado inicial em mandado definitivo e a constituição do título executivo judicial, enseja a produção de coisa julgada material, inviabilizando a posterior propositura de ação de conhecimento relativa ao mesmo contrato objeto da ação monitória anterior" (STJ-4ª T., REsp 1.038.133, Min. Raul Araújo, j. 14.3.17, DJ 27.3.17).

Capítulo XIV | DA LIQUIDAÇÃO DE SENTENÇA

Art. 509. Quando a sentença condenar ao pagamento de quantia ilíquida, proceder-se-á à sua liquidação,[1 a 2] a requerimento do credor ou do devedor:[2a] [Dispositivo correspondente no CPC/1973: art. 475-A-*caput*]

I — por arbitramento, quando determinado pela sentença, convencionado pelas partes ou exigido pela natureza do objeto da liquidação;[2b-3] [Dispositivo correspondente no CPC/1973: art. 475-C]

II — pelo procedimento comum, quando houver necessidade de alegar e provar fato novo.[3a a 6] [Dispositivos correspondentes no CPC/1973: arts. 475-E e 475-F]

§ 1º Quando na sentença houver uma parte líquida e outra ilíquida, ao credor é lícito promover simultaneamente a execução daquela[7] e, em autos apartados, a liquidação desta. [Dispositivo correspondente no CPC/1973: art. 475-I § 2º]

§ 2º Quando a apuração do valor depender apenas de cálculo aritmético,[7a-7b] o credor poderá promover, desde logo, o cumprimento da sentença.[8] [Dispositivo correspondente no CPC/1973: art. 475-B-*caput*]

§ 3º O Conselho Nacional de Justiça desenvolverá e colocará à disposição dos interessados programa de atualização financeira. [Sem dispositivo correspondente no CPC/1973]

§ 4º Na liquidação é vedado discutir de novo a lide ou modificar a sentença que a julgou.[9 a 16] [Dispositivo correspondente no CPC/1973: art. 475-G]

Art. 509: 1. Casos em que cabe liquidação: arts. 809 § 2º e 810 (execução para a entrega de coisa), 816 (execução da obrigação de fazer).

Caso em que não cabe liquidação: art. 491, nota 1c (indenização por dano moral).

S/ fixação da proporção dos honorários de sucumbência recíproca, na liquidação de sentença, v. art. 86, nota 10; s/ correção monetária na liquidação da sentença, v. LCM 1º, nota 4-Sentença expressamente denegatória de correção monetária, Sentença omissa ou restritiva quanto à correção monetária, Sentença omissa quanto ao índice de correção monetária e Sentença que contém critério de correção monetária.

Art. 509: 1a. Súmula 344 do STJ: "A **liquidação por forma diversa** da estabelecida na sentença não ofende a coisa julgada".

Todavia: "A adequada interpretação a ser conferida à súmula 344/STJ é de que se admite a mudança no modo pelo qual será processada a liquidação, mas tão-somente enquanto não houver juízo definitivo processual firmado especificamente sobre a questão (coisa julgada formal), ou seja, é viável a alteração do regime de liquidação desde que sobre o ponto não incida a denominada preclusão máxima ou coisa julgada formal, a qual se verifica quando o órgão judicante analisa, de forma categórica e ultimada, o ponto controvertido, sobre ele exarando comando não mais sujeito a recurso. As alterações no método de liquidação não podem ser realizadas *ad aeternum*, pois inviabilizariam não só o exercício da função jurisdicional, mas também a pretensão da parte credora, o que atenta contra o princípio da segurança jurídica e viola o ditame legal constante do art. 4º do NCPC" (STJ-4ª T., REsp 1.538.301, Min. Marco Buzzi, j. 4.4.17, maioria, DJ 23.5.17).

Art. 509: 2. A **existência de prejuízo** deve ser demonstrada no processo de conhecimento, antes da sentença, e não na liquidação. Nesta, apenas se apura o *quantum* desse prejuízo (v. art. 492, nota 22).

Art. 509: 2a. A liquidação **não se deflagra de ofício;** é preciso requerimento de uma das partes.

Art. 509: 2b. v. art. 510.

Art. 509: 3. "Arbitramento é a forma de **liquidação dos lucros cessantes,** relativos a aplicações financeiras frustradas pelo pagamento indevido de cheques, quando tais dados não venham no processo" (STJ-3ª T., REsp 1.349.894, Min. Sidnei Beneti, j. 4.4.13, DJ 11.4.13).

Art. 509: 3a. v. art. 511.

Art. 509: 4. A liquidação pelo procedimento comum corresponde à antiga liquidação por artigos (CPC rev. 475-E e 475-F).

Art. 509: 4a. "Na liquidação por artigos — diversamente da liquidação por arbitramento — a **simples prova técnica,** com base nos elementos já constantes nos autos, **não possibilitará a determinação do limite condenatório,** haja vista que a fixação da condenação depende da aferição de 'fato novo', motivo pelo qual ocorre a abertura de efetiva fase de apresentação dos fatos constitutivos do direito do autor referentes ao objeto condenatório lançado no título, bem ainda, com amparo nos princípios do contraditório e ampla defesa, a elaboração de material contestatório e elementos de prova periciais, a fim de que possa o magistrado deliberar acerca da perfectibilização do *quantum* devido. Na hipótese, não é possível extrair da sentença condenatória (título judicial ilíquido) os parâmetros para a singela elaboração de mera perícia contábil, pois, a *primo icto oculi*, não se afigura viável presumir quais seriam os referidos 'prejuízos sofridos' ou 'sérios prejuízos' aludidos na deliberação, o que denota ser essa não apenas ilíquida mas também genérica, face a ausência da fixação dos critérios/diretrizes para a obtenção do *quantum debeatur*" (STJ-4ª T., REsp 1.538.301, Min. Marco Buzzi, j. 4.4.17, maioria, DJ 23.5.17).

Art. 509: 5. "Na hipótese em que a sentença fixa a obrigatoriedade de indenização de determinado dano, mas nenhuma das partes está em condições de demonstrar a existência e extensão desse dano, não é possível ao juízo promover a liquidação da sentença valendo-se, de maneira arbitrária, de meras estimativas. **Impossibilitada a demonstração do dano** sem culpa de parte a parte, deve-se, por analogia, aplicar a norma do art. 915 do CPC/39, extinguindo-se a liquidação sem resolução de mérito quanto ao dano cuja extensão não foi comprovada, facultando-se à parte interessada o reinício dessa fase processual, caso reúna, no futuro, as provas cuja inexistência se constatou" (STJ-3ª T., REsp 1.280.949, Min. Nancy Andrighi, j. 25.9.12, DJ 3.10.12).

Entendendo que, uma vez não provado o fato novo necessário ao estabelecimento do montante a ser pago, fica o juiz impossibilitado de determinar o valor devido, "facultado ao credor iniciar outro processo liquidatório por via de arbitramento, tendo em vista a inocorrência de coisa julgada material": RJTAMG 70/131. Em sentido semelhante, no que diz respeito à renovação da liquidação por quem decaiu anteriormente por falta ou insuficiência de provas: JTA 102/94.

Art. 509: 5a. "Na hipótese de sentença condenatória ao pagamento de **lucros cessantes,** em que se posterga a apuração para a liquidação de sentença, não há nenhuma ilegalidade em que os cálculos sejam negativos, mormente quando se trata de sociedade que apresentou, no período dos cálculos, **resultado negativo,** e não lucro. O que se veda na hipótese de lucros cessantes é a liquidação da sentença baseada em estimativas não condizentes com a realidade vivenciada pela empresa ou a apuração com base em elementos outros que não decorram do dano sofrido" (STJ-3ª T., REsp 1.383.187-EDcl, Min. João Otávio, j. 7.10.14, DJ 4.11.14).

Art. 509: 6. "Tendo o contribuinte apresentado a prova do **recolhimento indevido,** na qual consta a base de cálculo da incidência do tributo, já homologada, ainda que tacitamente, pela fazenda pública, bem como as planilhas discriminando a metodologia utilizada na apuração do indébito, torna-se desnecessária a liquidação por artigos" (STJ-2ª T., REsp 965.199, Min. Eliana Calmon, j. 18.8.09, DJ 3.9.09).

Art. 509: 7. v. arts. 513 e segs.

Art. 509: 7a. "O fato de os **cálculos aritméticos** serem de alguma **complexidade** e de resultarem em valor significativo, por si só, não impede a liquidação na forma do art. 475-B do CPC" (STJ-3ª T., REsp 1.148.643, Min. Nancy Andrighi, j. 6.9.11, DJ 14.9.11).

Art. 509: 7b. "A **sentença que determina o montante a ser pago** (duzentas e noventa e seis vezes o valor do salário da vítima no mês de seu falecimento) não é ilíquida, uma vez que o valor do salário da vítima, empregado da agravante, pode ser por esta apresentado para a realização do cálculo. O salário da vítima não é fato novo e tampouco fora definido após a prolação de sentença, não sendo pois cabível a realização de liquidação por artigos, já que possível a definição exata do valor devido por **simples cálculo aritmético"** (STJ-3ª T., Ag 1.401.781-AgRg, Min. Sidnei Beneti, j. 28.6.11, DJ 1.7.11).

Art. 509: 8. v. arts. 513 e segs., em especial, art. 524.

Art. 509: 9. s/ sentença omissa ou restritiva, quanto a custas e honorários, v. art. 85, nota 56; s/ correção monetária não pedida na inicial, nem expressa na sentença, v. LCM 1º, nota 4-Pedido omisso e Sentença omissa ou restritiva quanto à correção monetária, bem como LD 28, nota 1.

Art. 509: 10. Fixado, no processo de conhecimento, o critério de correção monetária, pode ser alterado em execução? v. LCM 1º, nota 4-Sentença que contém critério de correção monetária.

Art. 509: 11. Continua válido o princípio consignado no **CPC de 1939, art. 891:** "A sentença deverá ser executada fielmente, sem ampliação ou restrição do que nela estiver disposto. Compreender-se-á, todavia, como expresso o que virtualmente nela se contenha". Nesse sentido: STJ-RF 315/132.

Art. 509: 12. Súmula 254 do STF: "Incluem-se os juros moratórios na liquidação, embora omisso o pedido inicial ou a condenação".

V. anotações a esta Súmula no art. 322, nota 3. S/ capitalização de juros, v. art. 505, nota 4.

Art. 509: 13. mas é **permitido completá-la,** de sorte a torná-la exequível (RTJ 139/974 e STF-RT 679/255), como ocorre, p. ex., com multa cominatória concedida na sentença e que, na liquidação, o juiz esclarece ser devida a partir de determinado momento (RTJ 83/493, RJTJESP 51/153).

"Não ofende a garantia constitucional da coisa julgada a decisão que, na execução trabalhista, dá interpretação razoável ao acórdão condenatório, de modo a emprestar-lhe efeito útil, ao contrário da insanável contradição que resultaria do entendimento sustentado pela agravante" (STF-RT 679/255).

"Na liquidação por artigos, ao se apurarem perdas e danos, o juiz pode **apreciar e interpretar a sentença,** sem entrar na questão de seu erro ou de sua injustiça, e o expresso no *decisum* deve compreender o que virtualmente nele se contém, embora dando aparência de ampliar a liquidação" (RSTJ 32/395, maioria).

"O montante a ser apurado na liquidação deve, partindo do comando do título executivo judicial, observar o que foi deduzido na petição inicial, pois o provimento judicial de mérito é o conjunto indissociável de todas as questões resolvidas que compõem o objeto litigioso. O juízo de liquidação pode interpretar o título formado na fase de conhecimento, com o escopo de liquidá-lo, extraindo-se o sentido e alcance do comando sentencial mediante integração de seu dispositivo com a sua fundamentação, mas, nessa operação, nada pode acrescer ou retirar, devendo apenas aclarar o exato alcance da tutela antes prestada. Na presente hipótese, o pedido deduzido na inicial referia-se à restituição de área esbulhada com o pagamento de perdas e danos, relativa à uma indenização mensal pelo tempo de esbulho, razão pela qual a inclusão de perdas e danos referentes à exploração de posto de combustíveis no valor da condenação implica violação ao art. 475-G do CPC/73" (STJ-3ª T., REsp 1.599.412-AgInt, Min. Nancy Andrighi, j. 6.12.16, DJ 24.2.17).

"A elaboração de conta em sede de liquidação deve-se fazer em estrita consonância com o decidido na fase cognitiva, para o que se impõe averiguar o sentido lógico da decisão liquidanda, por meio da análise integrada de seu conjunto, afigurando-se despropositado o apego à interpretação literal de período gramatical isolado que conflita com o contexto de referida decisão" (STJ-4ª T., REsp 44.465-9, Min. Sálvio de Figueiredo, j. 12.4.94, DJU 23.5.94).

Art. 509: 14. "Todavia, **essa regra não tem caráter absoluto,** especialmente quando, em se tratando de obrigação pessoal (fazer ou não fazer) ou de entrega de coisa (como é o caso, em última análise, da ação de reintegração de posse), a execução específica se mostra inviável ou impossível na prática, por fato superveniente. Em casos tais, a lei processual admite expressamente a conversão da tutela específica em tutela alternativa de indenização em dinheiro" (STJ-1ª T., REsp 1.007.110, Min. Teori Zavascki, j. 18.12.08, DJ 2.3.09; a citação é do voto do relator).

Art. 509: 15. Fatos impeditivos, modificativos ou extintivos supervenientes à sentença. "A discussão de fatos impeditivos, modificativos ou extintivos do crédito deve se dar na impugnação de sentença, não na liquidação" (STJ-3ª T., REsp 976.888, Min. Nancy Andrighi, j. 6.4.10, DJ 1.7.10).

Art. 509: 15a. A **prescrição** não pode ser acolhida em liquidação, sob pena de afronta à coisa julgada (RTRF-4ª Reg. 14/304). **Contra:** Bol. AASP 1.432/128.

"Na fase de liquidação, à semelhança do que ocorre na fase de cumprimento de sentença, somente é possível a arguição de prescrição se for superveniente à formação do título judicial liquidando, tendo em vista a eficácia preclusiva da coisa julgada" (STJ-4ª T., Ag em REsp 1.494.681-AgInt, Min. Isabel Gallotti, j. 5.12.19, DJ 16.12.19).

V. tb. art. 525, nota 20.

Art. 509: 15b. "Em sede de liquidação de sentença, somente é cabível a **retificação da conta** se constatada a ocorrência de erro material ou desrespeito ao comando expresso na sentença, sob pena de ofensa à coisa julgada" (STJ-RT 758/174).

"Em sede de liquidação de sentença é cabível a retificação dos cálculos quando constatada a ocorrência de erro material, referente à aritmética e não aos critérios do cálculo" (STJ-4ª T., AI 814.741-AgRg, Min. Aldir Passarinho Jr., j. 6.3.07, DJU 16.4.07).

V. tb. art. 494, notas 14 e segs.

Art. 509: 15c. "O juízo da execução pode concluir pela **desnecessidade da liquidação** da sentença exequenda a despeito de entendimento contrário do juízo da ação de conhecimento. Desnecessária a liquidação da sentença quando o valor da dívida depender de meros cálculos aritméticos" (STJ-4ª T., REsp 877.648, Min. João Otávio, j. 9.2.10, DJ 18.2.10).

Art. 509: 16. Ainda que as partes hajam concordado com a liquidação, **é lícito ao juiz deixar de homologá-la,** desde que em desacordo com a coisa julgada, "para impedir que a execução ultrapasse os limites da pretensão a executar" (RTFR 162/37). No mesmo sentido: RT 660/138.

Art. 510. Na liquidação por arbitramento,[1] o juiz intimará as partes[2] para a apresentação de pareceres ou documentos elucidativos, no prazo que fixar, e, caso não possa decidir de plano, nomeará perito,[3] observando-se, no que couber, o procedimento da prova pericial.[3a a 5] [Dispositivo correspondente no CPC/1973: art. 475-D]

Art. 510: 1. Não há necessidade de designação **de audiência de conciliação** em liquidação por arbitramento (RT 799/230).

Art. 510: 2. na pessoa do seu **advogado.**

Se qualquer das partes for representada pela Defensoria Pública, não tiver advogado constituído nos autos ou for revel na fase de conhecimento, a **intimação** deve se dar na forma do art. 513-II e IV.

Art. 510: 3. "Na fase autônoma de liquidação de sentença (por arbitramento ou por artigos), incumbe ao devedor a antecipação dos **honorários periciais"** (STJ-2ª Seção, REsp 1.274.466, Min. Paulo Sanseverino, j. 14.5.14, DJ 21.5.14).

"Tendo a sentença determinado que o valor a ser pago pelo devedor fosse apurado em liquidação de sentença por arbitramento, e tendo, ainda, repartido os ônus, em virtude da sucumbência recíproca, cabe a ambas as partes o pagamento dos honorários do perito" (STJ-3ª T., REsp 830.025, Min. Sidnei Beneti, j. 16.3.10, DJ 29.3.10).

"Na liquidação de sentença proferida em ação de dissolução de sociedade de fato, que não envolve, propriamente, vencedores e vencidos, mas que se limita a definir o percentual do acervo societário a cada uma das partes, mostra-se adequado o rateio das despesas relativas aos honorários periciais entre todos os integrantes da relação processual, na proporção de seus respectivos quinhões previamente estabelecidos na fase de conhecimento, tendo em vista a natureza da demanda" (STJ-3ª T., REsp 1.548.758, Min. Ricardo Cueva, j. 10.5.16, DJ 17.5.16).

Art. 510: 3a. v. arts. 464 a 480.

Art. 510: 4. "Sempre que a liquidação por arbitramento assumir nítido caráter contencioso, cabe a fixação de **honorários advocatícios.** Na liquidação por arbitramento, a perícia decorre do próprio procedimento fixado pelo art. 475-D do CPC, e não de eventual insurgência do réu, de sorte que não se pode relacionar sua realização com a existência de litigiosidade. Tanto é assim que, mesmo na hipótese de o réu manter-se inerte após ser cientificado acerca da liquidação por arbitramento, deverá o juiz nomear perito para quantificação da obrigação contida no título executivo judicial. O fato de o réu indicar assistente técnico para acompanhar a perícia não significa, necessariamente, resistência ao pedido do autor, visto que se trata de medida visando apenas a assegurar o contraditório, podendo, como ocorre na hipótese dos autos, haver a concordância com as conclusões do laudo" (STJ-3ª T., REsp 1.084.907, Min. Nancy Andrighi, j. 23.2.10, DJ 5.3.10). Também negando a fixação de honorários advocatícios, nas seguintes circunstâncias: "Ainda que alegue a parte ora agravante ter a fase de liquidação sido realizada em longo período, com impugnações ao laudo pericial e recursos, todos esses procedimentos foram considerados pelo Tribunal *a quo* como necessários à correta apuração do valor devido e, em última análise, contribuíram para que houvesse certeza quanto ao *quantum* multimilionário apurado" (STJ-4ª T., Ag em REsp 269.224-AgRg, Min. Marco Buzzi, j. 3.5.16, DJ 12.5.16).

"Uma vez estabelecida a resistência da parte ré na liquidação de sentença por arbitramento, devida a estipulação de honorários advocatícios, nos termos do art. 20, § 4º, do CPC" (STJ-4ª T., REsp 1.195.446-AgRg, Min. Aldir Passarinho Jr., j. 8.2.11, DJ 24.2.11).

V. tb. art. 511, nota 3.

Art. 510: 5. No CPC rev., a **decisão** que julgava a **liquidação** era impugnável por **agravo de instrumento,** em razão de disposição expressa de lei (CPC rev. 475-H). Agora, não mais existe disposição expressa nesse sentido.

Isso gera dúvida sobre a natureza do ato que julga a liquidação e sobre o recurso contra ele cabível. A rigor, nos casos em que a sentença é ilíquida, é o pronunciamento que julga a liquidação o ato que encerra as atividades eminentemente voltadas à cognição, o que levaria ao seu enquadramento como **sentença** (art. 203 § 1º) e à sua impugnação por meio de **apelação** (art. 1.009-*caput*). Ademais, o art. 1.015 § ún. prevê o cabimento de agravo de instrumento apenas "contra decisões interlocutórias proferidas na fase de liquidação de sentença".

Nesse contexto, até que se defina com maior firmeza a natureza da decisão que julga a liquidação e consequentemente o recurso contra ela cabível, deve haver um recrudescimento da **fungibilidade** entre apelação (art. 1.009-*caput*) e agravo (art. 1.015-II).

V. tb. art. 511, nota 4.

Art. 511. Na liquidação pelo procedimento comum,[1] o juiz determinará a intimação do requerido, na pessoa de seu advogado ou da sociedade de advogados a que estiver vinculado,[1a] para, querendo, apresentar contestação no prazo de 15 (quinze) dias, observando-se, a seguir, no que couber, o disposto no Livro I da Parte Especial deste Código.[2 a 4] [Dispositivo correspondente no CPC/1973: art. 475-F]

Art. 511: 1. v. art. 509, nota 4.

Art. 511: 1a. Se o requerido for representado pela Defensoria Pública, não tiver advogado constituído nos autos ou for revel na fase de conhecimento, a intimação deve se dar na forma do art. 513-II e IV.

Art. 511: 2. v. arts. 335 e segs. S/ honorários periciais, v. art. 510, nota 3.

Art. 511: 3. "É cabível a fixação de **honorários advocatícios** em fase de liquidação por artigos quando esta assume caráter contencioso" (STJ-4ª T., AI 1.086.058-AgRg, Min. Raul Araújo, j. 25.6.13, DJ 1.8.13).

V. tb. art. 510, nota 4.

Art. 511: 4. No CPC rev., a **decisão** que julgava a **liquidação** era impugnável por **agravo de instrumento,** em razão de disposição expressa de lei (CPC rev. 475-H). Agora, não mais existe disposição expressa nesse sentido.

Isso gera dúvida sobre a natureza do ato que julga a liquidação e sobre o recurso contra ele cabível. A rigor, nos casos em que a sentença é ilíquida, é o pronunciamento que julga a liquidação o ato que encerra as atividades eminentemente voltadas à cognição, o que levaria ao seu enquadramento como **sentença** (art. 203 § 1º) e à sua impugnação por meio de **apelação** (art. 1.009-*caput*). Ademais, o art. 1.015 § ún. prevê o cabimento de agravo de instrumento apenas "contra decisões interlocutórias proferidas na fase de liquidação de sentença".

Outrossim, a liquidação pelo procedimento comum, como o próprio nome diz, segue as regras estabelecidas para tal procedimento, nos arts. 318 e segs., entre as quais se encontra o art. 355, no sentido de que o juiz julgue antecipadamente o mérito em certas circunstâncias, "proferindo sentença".

Nesse contexto, até que se defina com maior firmeza a natureza da decisão que julga a liquidação e consequentemente o recurso contra ela cabível, deve haver um recrudescimento da **fungibilidade** entre apelação (art. 1.009-*caput*) e agravo (art. 1.015-II).

V. tb. art. 510, nota 5.

Art. 512. A liquidação poderá ser realizada na pendência de recurso, processando-se em autos apartados no juízo de origem, cumprindo ao liquidante instruir o pedido com cópias das peças processuais pertinentes.[1] [Dispositivo correspondente no CPC/1973: art. 475-A § 2º]

Art. 512: 1. v. art. 356 §§ 2º e 4º.

Título II | DO CUMPRIMENTO DA SENTENÇA[1]

Capítulo I | DISPOSIÇÕES GERAIS

TÍT. II: 1. s/ cumprimento de sentença e: honorários advocatícios, v. arts. 85 §§ 1º e 3º, 520 § 2º, 523 §§ 1º e 2º, 526 § 2º; inclusão do nome do executado em cadastros de inadimplentes, v. art. 782 §§ 3º a 5º; parcelamento do valor da execução, v. art. 916 § 7º.

Art. 513. O cumprimento da sentença[1] será feito segundo as regras deste Título, observando-se, no que couber e conforme a natureza da obrigação, o disposto no Livro II da Parte Especial deste Código.[1a a 2] [Dispositivos correspondentes no CPC/1973: arts. 475-I-*caput* e 475-R]

§ 1º O cumprimento da sentença que reconhece o dever de pagar quantia, provisório[3] ou definitivo,[4] far-se-á a requerimento do exequente. [Sem dispositivo correspondente no CPC/1973]

§ 2º O devedor será intimado[4a] para cumprir a sentença:[5] [Sem dispositivo correspondente no CPC/1973]

I — pelo Diário da Justiça, na pessoa de seu advogado constituído nos autos;[5a-5b] [Sem dispositivo correspondente no CPC/1973]

II — por carta com aviso de recebimento, quando representado pela Defensoria Pública[5c] ou quando não tiver procurador constituído nos autos, ressalvada a hipótese do inciso IV; [Sem dispositivo correspondente no CPC/1973]

III — por meio eletrônico, quando, no caso do § 1º do art. 246, não tiver procurador constituído nos autos; [Sem dispositivo correspondente no CPC/1973]

IV — por edital, quando, citado na forma do art. 256, tiver sido revel na fase de conhecimento. [Sem dispositivo correspondente no CPC/1973]

§ 3º Na hipótese do § 2º, incisos II e III, considera-se realizada a intimação quando o devedor houver mudado de endereço sem prévia comunicação ao juízo, observado o disposto no parágrafo único do art. 274. [Sem dispositivo correspondente no CPC/1973]

§ 4º Se o requerimento a que alude o § 1º for formulado após 1 (um) ano do trânsito em julgado da sentença, a intimação será feita na pessoa do devedor,[6] por meio de carta com aviso de recebimento encaminhada ao endereço constante dos autos, observado o disposto no parágrafo único do art. 274 e no § 3º deste artigo. [Sem dispositivo correspondente no CPC/1973]

§ 5º O cumprimento da sentença não poderá ser promovido em face do fiador,[7] do coobrigado ou do corresponsável que não tiver participado da fase de conhecimento. [Sem dispositivo correspondente no CPC/1973]

Art. 513: 1. ou da **decisão de julgamento antecipado parcial do mérito.**

V. arts. 356 e 515-I.

Art. 513: 1a. v. tb. art. 771-*caput*.

Art. 513: 1b. "Reconhecido o excesso de execução por ato decisório com trânsito em julgado, não há óbice em determinar ao exequente, mediante intimação na pessoa do seu advogado, que devolva a parcela declarada indevida, observando-se o disposto nos arts. 475-B e 475-J do diploma processual, sem a necessidade de propositura de ação autônoma" (STJ-4ª T., REsp 1.090.635, Min. João Otávio, j. 2.12.08, DJ 18.12.08). "O **pedido de restituição do executado** não exige ação autônoma. O ideal é que seja feito nos autos dos embargos, mas nada obsta que, excepcionalmente, tenha lugar na própria execução" (STJ-3ª T., REsp 757.850, Min. Gomes de Barros, j. 20.4.06, DJU 15.5.06).

V. tb. art. 776.

Art. 513: 2. Negando em sede de cumprimento de sentença a intervenção prevista no art. 5º da Lei 9.469, de 10.7.97: "Os poderes atribuídos ao Poder Público na **intervenção anômala** — inerentes à fase de conhecimento — são incompatíveis com o rito executório" (STJ-2ª T., REsp 968.475, Min. Eliana Calmon, j. 20.4.10, DJ 3.5.10).

Art. 513: 3. v. arts. 520 a 522.

Art. 513: 4. v. arts. 523 e segs.

Art. 513: 4a. ou **citado,** nos casos do art. 515-VI a IX (v. art. 515 § 1º).

Art. 513: 5. s/ prazo para cumprir a sentença, v. art. 523-*caput*.

Art. 513: 5a. v. § 4º.

Art. 513: 5b. "**Não** é necessária a outorga de **procuração com poderes específicos** para que o patrono possa receber a intimação para o cumprimento da sentença" (STJ-1ª T., REsp 1.080.939, Min. Benedito Gonçalves, j. 10.2.09, DJ 2.3.09).

Art. 513: 5c. "Ação de cobrança. Cumprimento de sentença. Intimação da devedora na pessoa do **curador especial.** Inadmissibilidade" (JTJ 345/179: AI 992.09.074499-2).

Art. 513: 6. e **não na pessoa do advogado,** conforme previsto no § 2º-I.

Art. 513: 7. Súmula 268 do STJ: "O **fiador** que **não integrou a relação processual** na ação de despejo não responde pela execução do julgado".

Art. 514. Quando o juiz decidir relação jurídica sujeita a condição[1] ou termo,[2] o cumprimento da sentença[2a] dependerá de demonstração de que se realizou a condição ou de que ocorreu o termo.[3] [Dispositivo correspondente no CPC/1973: art. 572]

Art. 514: 1. v. CC 121 a 130.

Art. 514: 2. v. CC 131.

Art. 514: 2a. "Nula se apresenta a execução se instaurada antes de se verificar a condição ou de ocorrido o termo, como proclamam as normas dos arts. 572 e 618, III, do CPC" (STJ-4ª T., REsp 1.680, Min. Sálvio de Figueiredo, j. 6.3.90, DJU 2.4.90).

Art. 514: 3. No mesmo sentido: arts. 525 § 1º-III, 535-III, 798-I-*c*, 803-III, 917 § 2º-V.

Art. 515. São títulos executivos judiciais,[1] cujo cumprimento dar-se-á de acordo com os artigos previstos neste Título: [Dispositivo correspondente no CPC/1973: art. 475-N-*caput*]

I — as decisões proferidas no processo civil que reconheçam a exigibilidade de obrigação de pagar quantia, de fazer, de não fazer ou de entregar coisa;[2] [Dispositivo correspondente no CPC/1973: art. 475-N-I]

II — a decisão homologatória[2a] de autocomposição judicial;[3-4] [Dispositivo correspondente no CPC/1973: art. 475-N-III]

III — a decisão homologatória de autocomposição extrajudicial de qualquer natureza;[5] [Dispositivo correspondente no CPC/1973: art. 475-N-V]

IV — o formal e a certidão de partilha, exclusivamente em relação ao inventariante, aos herdeiros e aos sucessores a título singular ou universal; [Dispositivo correspondente no CPC/1973: art. 475-N-VII]

V — o crédito de auxiliar da justiça, quando as custas, emolumentos ou honorários tiverem sido aprovados por decisão judicial; [Dispositivo correspondente no CPC/1973: art. 585-VI]

VI — a sentença penal condenatória transitada em julgado;[6 a 10] [Dispositivo correspondente no CPC/1973: art. 475-N-II]

VII — a sentença arbitral;[11] [Dispositivo correspondente no CPC/1973: art. 475-N-IV]

VIII — a sentença estrangeira homologada pelo Superior Tribunal de Justiça;[12] [Dispositivo correspondente no CPC/1973: art. 475-N-VI]

IX — a decisão interlocutória estrangeira, após a concessão do *exequatur* à carta rogatória pelo Superior Tribunal de Justiça;[13] [Sem dispositivo correspondente no CPC/1973]

X — (VETADO)

§ 1º Nos casos dos incisos VI a IX, o devedor será citado no juízo cível para o cumprimento da sentença ou para a liquidação no prazo de 15 (quinze) dias. [Dispositivo correspondente no CPC/1973: art. 475-N § ún.]

§ 2º A autocomposição judicial pode envolver sujeito estranho ao processo e versar sobre relação jurídica que não tenha sido deduzida em juízo. [Sem dispositivo correspondente no CPC/1973]

Art. 515: 1. v. arts. 132 (sentença e chamamento ao processo), 537, nota 12 (decisão que impõe multa coercitiva), 545 § 2º (sentença na ação de consignação em pagamento), 572 § 2º (decisão na ação de divisão e demarcação de terras particulares), 896 § 2º (decisão que impõe multa por arrependimento na arrematação) EA 24-*caput* (decisão que fixa ou arbitra honorários), LRF 59 § 1º (decisão concessiva da recuperação judicial).

Art. 515: 2. "A sentença, **qualquer** que seja sua **natureza,** de procedência ou improcedência do pedido, constitui título executivo judicial, desde que estabeleça obrigação de pagar quantia, de fazer, não fazer ou entregar coisa, admitida sua prévia liquidação e execução nos próprios autos" (STJ-Corte Especial, REsp 1.324.152, Min. Luis Felipe, j. 4.5.16, DJ 15.6.16).

"No atual estágio do sistema do processo civil brasileiro não há como insistir no dogma de que as sentenças declaratórias 'jamais' têm eficácia executiva. O art. 4º, § ún., do CPC considera 'admissível a ação declaratória ainda que tenha ocorrido a violação do direito', modificando, assim, o padrão clássico da tutela puramente declaratória, que a tinha como tipicamente preventiva. Atualmente, portanto, o Código dá ensejo a que a sentença declaratória possa fazer juízo completo a respeito da existência e do modo de ser da relação jurídica concreta. Tem eficácia executiva a sentença declaratória que traz definição integral da norma jurídica individualizada. Não há razão alguma, lógica ou jurídica, para submetê-la, antes da execução, a um segundo juízo de certificação, até porque a nova sentença não poderia chegar a resultado diferente do da anterior, sob pena de comprometimento da garantia da coisa julgada, assegurada constitucionalmente. E instaurar um processo de cognição sem oferecer às partes e ao juiz outra alternativa de resultado que não um, já prefixado, representaria atividade meramente burocrática e desnecessária, que poderia receber qualquer outro qualificativo, menos o de jurisdicional" (RSTJ 181/117: REsp 587.061, 1ª T.). No mesmo sentido: STJ-1ª Seção, ED no REsp 502.618, Min. João Otávio, j. 8.6.05, DJU 1.7.05; STJ-4ª T., REsp 822.717-AgRg, Min. Raul Araújo, j. 27.8.13, DJ 18.9.13; RT 905/375 (TRF-2ª Reg., AI 2009.02.01.007016-2).

"A sentença declaratória em ação de revisão de contrato pode ser executada pelo réu, mesmo sem ter havido reconvenção, tendo em vista a presença dos elementos suficientes à execução, o caráter de 'duplicidade' dessas ações, e os princípios da economia, da efetividade e da duração razoável do processo" (STJ-3ª T., REsp 1.446.433-AgRg, Min. Sidnei Beneti, j. 27.5.14, DJ 9.6.14). No mesmo sentido: STJ-4ª T., REsp 1.424.178-AgInt, Min. Raul Araújo, j. 21.9.20, DJ 8.10.20.

"Multas de trânsito. Ação desconstitutiva. Recuperação dos valores pagos a título de multa. Título executivo e coisa julgada. Execução por quantia certa de sentença eminentemente desconstitutiva. Art. 475-N, I, do CPC. A demanda ajuizada questiona a sanção como um todo e busca sua desconstituição. Sem adentrar vetustos debates sobre cargas de eficácia de decisões, a desconstituição da multa aplicada pressupõe a declaração de sua insubsistência por violação do devido processo legal. A alteração concreta produzida pela eficácia constitutiva negativa não esgota os efeitos do repúdio à sanção aplicada. O *iter* de rejeição à imposição estatal termina com a recuperação dos valores, corolário inquestionável da declaração de inexistência da multa, ainda que por motivos formais" (STJ-2ª T., REsp 1.297.897, Min. Herman Benjamin, j. 11.12.12, DJ 19.12.12).

Todavia: "Não houve nenhum cunho condenatório no provimento judicial a fim de possibilitar a imediata execução do título, pois o acórdão se limitou a julgar improcedente a ação declaratória de inexistência de débito ajuizada pela consumidora de energia" (STJ-1ª T., Ag em REsp 345.023-AgRg, Min. Benedito Gonçalves, j. 22.5.14, DJ 29.5.14). Em sentido semelhante: STJ-2ª T., REsp 1.187.679, Min. Mauro Campbell, j. 4.8.11, DJ 15.8.11; JTJ 353/171 (AI 991.09.008242-8, maioria).

"O reconhecimento da inexistência de relação jurídico tributária, pretensão de cunho declaratório, não implica direito automático à restituição de eventual indébito tributário, visto que ambas as pretensões, uma de cunho declaratório e outra de cunho condenatório, possuem requisitos próprios para seu reconhecimento. No caso da restituição de indébito, além da necessidade de se reconhecer ser indevido o tributo, também devem ser analisadas questões como a prescrição, a comprovação do pagamento indevido, a não ocorrência de compensação, dentre outras" (STJ-2ª T., REsp 1.585.793-AgInt, Min. Mauro Campbell, j. 6.4.17, DJ 17.4.17).

Art. 515: 2a. v. LMed 20 § ún. (no tít. ARBITRAGEM E MEDIAÇÃO).

Art. 515: 3. v. § 2º. V. ainda arts. 334 § 11, 487-III-*b*.

Art. 515: 4. Só é título judicial a **transação homologada em juízo** (RT 604/90, maioria).

Art. 515: 5. v. LJE 57 e notas.

Art. 515: 6. s/ legitimidade do MP para propor ação civil *ex delicto*, v. art. 177, nota 2a.

Art. 515: 7. **CPP 63:** "Transitada em julgado a sentença condenatória, poderão promover-lhe a execução, no juízo cível, para o efeito da reparação do dano, o ofendido, seu representante legal ou seus herdeiros".

Art. 515: 8. Não constitui título executivo no juízo cível a decisão proferida em processo criminal que, nos termos do art. 89 da Lei 9.099/95, recebe a denúncia e acata a proposta do MP para a **suspensão do processo** (RT 810/239).

Art. 515: 8a. **"Intercomunicam-se as jurisdições cível e criminal.** A segunda repercute de modo absoluto na primeira quando reconhece o fato ou a autoria. Nesse caso, a sentença condenatória criminal constitui título executório no cível. Se negar o fato ou a autoria, também de modo categórico, impede, no juízo cível, questionar-se o fato. Diferente, porém, se a sentença absolutória criminal apoiar-se em ausência ou insuficiência de provas, ou na inconsciência da ilicitude. Remanesce, então, o ilícito civil" (RSTJ 7/400).

"Havendo a sentença penal reconhecido ter sido o ato praticado em estado de necessidade, não se pode, no cível, deixar de reconhecer esse fato" (STJ-RJ 239/51). No mesmo sentido: STJ-4ª T., REsp 89.390, Min. Ruy Rosado, j. 10.6.96, DJU 26.8.96.

Art. 515: 9. "O reconhecimento da **extinção da punibilidade pela prescrição** retroativa após o trânsito em julgado da sentença penal condenatória não afasta a caracterização desta como título executivo no âmbito cível, a ensejar a reparação do dano causado ao ofendido" (STJ-4ª T., REsp 722.429, Min. Jorge Scartezzini, j. 13.9.05, DJU 3.10.05).

"A declaração, na sentença penal condenatória, da prescrição da pretensão punitiva do Estado, não produz o efeito, na esfera cível, de isentar o autor do ato ilícito da reparação correspondente" (RSTJ 176/307: 3ª T., REsp 166.107). Do voto do relator: "A extinção da punibilidade em razão da prescrição da pretensão punitiva significa, tão somente, que o Estado perdeu o direito de punir o ofensor, pelo decurso do tempo. O fato ilícito, a autoria e a culpa, se reconhecidos, não desaparecem por esse motivo".

"Responsabilidade civil. Erro médico. Condenação, por homicídio culposo, seguida de extinção da punibilidade pelo reconhecimento da prescrição da pretensão punitiva. Decisão que não implicou responsabilidade dos réus e não produziu efeitos no juízo cível, no qual a culpa reclamava comprovação" (JTJ 296/217).

Art. 515: 9a. "Se a sentença penal não contiver o valor do dano causado, deve-se fazer sua **liquidação,** dispensado, de qualquer forma, o processo de conhecimento" (RJTJERGS 149/463).

Art. 515: 10. "A sentença só faz **coisa julgada em relação às partes** entre as quais é proferida, de modo que a sentença penal condenatória do preposto não pode, no âmbito cível, ser oposta ao preponente" (STJ-3ª T., REsp 268.018, Min. Ari Pargendler, j. 7.4.03, DJU 23.6.03). Em sentido semelhante: STJ-4ª T., REsp 1.135.988, Min. Luis Felipe, j. 8.10.13, DJ 17.10.13; RT 789/264, 920/987 (TJCE, AP 1373-25.2000.8.06.0034/1).

"Não pode o juiz, tomando conhecimento de sentença penal condenatória contra o causador do dano, transformar de ofício o processo de indenização" em liquidação de sentença "em relação a quem não fora condenado no crime" (RTJ 83/70).

Art. 515: 11. v. LArb 23 a 33.

Art. 515: 12. v. arts. 960 e segs.; s/ homologação de sentença arbitral estrangeira, v. LArb 34 a 40.

Art. 515: 13. v. arts. 960 e segs.

Art. 516. O cumprimento da sentença efetuar-se-á perante:[1-1a] [Dispositivo correspondente no CPC/1973: art. 475-P-*caput*]

I — os tribunais, nas causas de sua competência originária;[2-2a] [Dispositivo correspondente no CPC/1973: art. 475-P-I]

II — o juízo que decidiu a causa no primeiro grau de jurisdição;[3 a 6a] [Dispositivo correspondente no CPC/1973: art. 475-P-II]

III — o juízo cível competente, quando se tratar de sentença penal condenatória, de sentença arbitral,[7] de sentença estrangeira ou de acórdão proferido pelo Tribunal Marítimo.[7a-7b] [Dispositivo correspondente no CPC/1973: art. 475-P-III]

Parágrafo único. Nas hipóteses dos incisos II e III, o exequente poderá optar pelo juízo do atual domicílio do executado, pelo juízo do local onde se encontrem os bens sujeitos à execução ou pelo juízo do local onde deva ser executada a obrigação de fazer ou de não fazer, casos em que a remessa dos autos do processo será solicitada ao juízo de origem.[8 a 10] [Dispositivo correspondente no CPC/1973: art. 475-P § ún.]

Art. 516: 1. s/ cumprimento da sentença nos Juizados Especiais, v. LJE 52.

Art. 516: 1a. "É competente para processar a execução de sentença quem a emitiu, ainda que, posteriormente, venha a lume norma constitucional estabelecendo **novas regras** de distribuição **de competência**" (STJ-2ª Seção, CC 69.200, Min. Gomes de Barros, j. 12.9.07, DJU 24.9.07).

Art. 516: 2. No âmbito do STF, v. CF 102-I-*m*. S/ execução de acórdão: em rescisória, v. art. 973, nota 3.

Art. 516: 2a. "Não se configura no conceito de causa de competência originária o incidente de **exceção de suspeição** instaurado no curso de apelação distribuída a Tribunal de Justiça, no qual se verificou a oposição reiterada de embargos de declaração considerados protelatórios e ensejadores da multa prevista no art. 538, parágrafo único, do

CPC, cuja execução, portanto, faz-se perante o juízo de primeira instância no qual se processou e julgou a demanda original, de ação de desapropriação indireta" (STJ-2ª T., REsp 1.405.629, Min. Mauro Campbell, j. 25.2.14, DJ 11.3.14).

Art. 516: 3. v. tb. § ún. S/ intervenção da União em execução de título judicial oriundo da Justiça Estadual, v. CF 109, nota 3-Execução de título judicial; s/ cumprimento da sentença condenatória ao pagamento de alimentos, v. art. 528 § 9º; s/ cumprimento de sentença contra a Fazenda Pública, v. art. 535, notas 21 e 21a; s/ embargos à execução mediante carta, v. art. 914 § 2º; s/ cumprimento da sentença proferida em ação coletiva para tutela de consumidores, v. CDC 98 § 2º; s/ execução de diferença de aluguéis em ação renovatória, v. LI 73; s/ execução de honorários advocatícios fixados em habilitação de crédito, v. LRF 17, nota 1a.

Art. 516: 3a. "É **absoluta a competência** funcional estabelecida no art. 575, II, do CPC, devendo a execução ser processada no juízo em que decidida a causa no primeiro grau de jurisdição" (STJ-4ª T., REsp 538.227, Min. Fernando Gonçalves, j. 20.4.04, DJU 10.5.04; RJTJESP 95/261, 98/37, maioria, 112/432, Bol. AASP 1.591/141).

Contra, entendendo que a competência é relativa: JTA 72/216, RF 269/281.

Ainda que absoluta, tal competência é mitigável na hipótese prevista no § ún.

Art. 516: 4. **Descabe discutir** na execução de sentença a **"incompetência absoluta** em relação ao julgamento **da ação de conhecimento"** (STJ-1ª Seção, CC 45.159, Min. Denise Arruda, j. 22.2.06, DJU 27.3.06), de modo que a instauração das atividades executivas deve observar o disposto no art. 516-II.

Art. 516: 4a. **"Reunião de processos em fase de execução de sentença.** Ações entre as mesmas partes, mesma origem e natureza da obrigação, mesma garantia dos juízos. Única diferença o período de cobrança do débito. Princípios da economia processual e do meio menos gravoso para o devedor. Aplicação por analogia do art. 28, da Lei 6.830/80. Reunião das ações no juízo prevento, por onde tramita a ação ajuizada em primeiro lugar" (JTJ 303/354).

Art. 516: 4b. "Sendo a Lei n. 8.906/94 especial em face do CPC, deve reger a matéria relativa à competência para a **execução de honorários advocatícios de sucumbência,** em detrimento do art. 575, II, do CPC" (STJ-RP 139/198: 2ª T., REsp 595.242).

V. tb. EA 24, nota 1i.

Art. 516: 5. Havendo **mais de uma vara** na comarca, é competente para a execução a mesma vara da ação (RT 537/173, JTA 33/270).

Art. 516: 6. "Transitada em julgado a **sentença do juiz federal,** já na fase de execução é incabível remeter-se os autos a outro ramo do Poder Judiciário" (STJ-1ª Seção, CC 2.800-0, Min. José de Jesus Filho, j. 20.4.93, DJU 10.5.93).

"O processo e julgamento da execução compete ao juízo que prolatou a sentença na ação cognitiva, *in casu*, o Juízo Federal, ainda que não haja interesse de qualquer ente federal arrolado no artigo 109, inciso I, da CF" (STJ-1ª Seção, CC 108.985, Min. Castro Meira, j. 10.2.09, DJ 4.3.09).

Art. 516: 6a. **"Não é possível** propor nos **Juizados Especiais** da Fazenda Pública a execução de título executivo formado em **ação coletiva** que tramitou sob o rito ordinário, assim como impor o rito sumaríssimo da Lei 12.153/2009 ao juízo comum da execução" (STJ-1ª Seção, REsp 1.804.186, Min. Herman Benjamin, j. 12.8.20, DJ 11.9.20).

Art. 516: 7. É válida a cláusula de eleição de foro para a execução da **sentença arbitral** (v. art. 63, nota 3g).

Art. 516: 7a. v. tb. § ún.

Art. 516: 7b. O art. 515-X, que inseria no rol de títulos executivos judiciais o **acórdão proferido pelo Tribunal Marítimo,** foi vetado. Assim, a disposição sobre a competência para a execução desse julgado ficou ociosa.

Art. 516: 8. Trata-se de **foros concorrentemente competentes,** elegíveis livremente pelo exequente. A opção do exequente, todavia, pode ser impugnada, nos casos em que o executado não for ali domiciliado ou quando for outro o local em que a obrigação possa ou deva ser cumprida.

Art. 516: 8a. Admitindo o requerimento de remessa dos autos para outro juízo **mesmo depois de** já **iniciado** o cumprimento da sentença: STJ-1ª Seção, CC 159.326, Min. Assusete Magalhães, j. 13.5.20, DJ 21.5.20; STJ-3ª T., REsp 1.776.382, Min. Nancy Andrighi, j. 3.12.19, DJ 5.12.19.

Art. 516: 9. "Em que pese o dispositivo inserto no art. 475-P, inciso II e § ún., permitir a eleição de foro por competência territorial para a fase de execução, tal possibilidade é condicionada à **manifestação prévia do juízo natural** acerca da escolha do exequente" (STJ-2ª T., REsp 1.119.548, Min. Castro Meira, j. 1.9.09, DJ 14.9.09).

Art. 516: 9a. "Diante do deferimento do pedido do exequente para que a execução fosse deslocada para o Juízo Federal da Subseção Judiciária de Campinas, com fulcro no citado parágrafo único do art. 475-P, firma-se a competência territorial para o processamento da execução, não sendo conferido àquele juízo declinar da competência, ainda que exista documentação nos autos demonstrando que a executada não foi localizada no endereço indicado no Município de Campo Limpo-SP. No caso, trata-se de **competência relativa,** sendo defeso ao juízo declará-la de ofício, a teor do que dispõe o art. 112 do CPC, segundo o qual somente através de exceção a incompetência relativa poderá ser arguida" (STJ-1ª Seção, CC 120.987, Min. Mauro Campbell, j. 12.9.12, DJ 18.9.12).

Art. 516: 10. "A previsão do § ún. do art. 475-P do CPC não se aplica às **entidades públicas,** cuja execução subordina-se ao regime de precatório, não cabendo cogitar-se da penhora dos seus bens" (STJ-2ª T., REsp 1.119.548, Min. Castro Meira, j. 1.9.09, DJ 14.9.09).

Art. 517. A decisão judicial transitada em julgado poderá ser levada a protesto,[1 a 1b] nos termos da lei,[2] depois de transcorrido o prazo para pagamento voluntário previsto no art. 523. [Sem dispositivo correspondente no CPC/1973]

§ 1º Para efetivar o protesto, incumbe ao exequente apresentar certidão de teor da decisão.

§ 2º A certidão de teor da decisão[2a] deverá ser fornecida no prazo de 3 (três) dias e indicará o nome e a qualificação do exequente e do executado, o número do processo, o valor da dívida e a data de decurso do prazo para pagamento voluntário.[3]

§ 3º O executado que tiver proposto ação rescisória[4] para impugnar a decisão exequenda pode requerer, a suas expensas e sob sua responsabilidade, a anotação da propositura da ação à margem do título protestado.

§ 4º A requerimento do executado, o protesto será cancelado[5] por determinação do juiz, mediante ofício a ser expedido ao cartório, no prazo de 3 (três) dias, contado da data de protocolo do requerimento, desde que comprovada a satisfação integral da obrigação.[6]

Art. 517: 1. s/ protesto da decisão que condena ao pagamento de alimentos, v. art. 528 §§ 1º e 3º.

Art. 517: 1a. A **decisão de julgamento antecipado parcial do mérito** (v. art. 356) também pode ser levada a protesto, uma vez transitada em julgado, ainda que o processo não tenha chegado ao fim no que diz respeito aos demais pedidos.

Art. 517: 1b. A pessoa condenada por decisão judicial transitada em julgado também pode ter seu nome inscrito em **cadastros de inadimplentes** (v. art. 782 §§ 3º a 5º).

Art. 517: 2. v. Lei 9.492, de 10.9.97.

Art. 517: 2a. v. art. 152-V.

Art. 517: 3. s/ prazo para pagamento voluntário, v. art. 523.

Art. 517: 4. s/ ação rescisória, v. arts. 966 a 975.

Art. 517: 5. s/ cancelamento de protesto, v. Lei 9.492, de 10.9.97, art. 26.

Art. 517: 6. "O art. 517 do CPC/2015 exige para o cancelamento do protesto a comprovação da satisfação integral da obrigação, **não** sendo **suficiente a** simples **garantia do juízo** prevista na hipótese do art. 782 do CPC/2015" (STJ-3ª T., Ag em REsp 1.399.527-AgInt, Min. Paulo Sanseverino, j. 8.4.19, DJ 15.4.19).

Art. 518. Todas as questões relativas à validade do procedimento de cumprimento da sentença e dos atos executivos subsequentes poderão ser arguidas pelo executado nos próprios autos e nestes serão decididas pelo juiz.[1-2] [Sem dispositivo correspondente no CPC/1973]

Art. 518: 1. v. tb. art. 525 § 11.

Art. 518: 2. independentemente da oferta **de impugnação** ao cumprimento da sentença.

Art. 519. Aplicam-se as disposições relativas ao cumprimento da sentença, provisório ou definitivo, e à liquidação, no que couber, às decisões que concederem tutela provisória.[1] [Dispositivo correspondente no CPC/1973: art. 273 § 3º]

Art. 519: 1. s/ tutela provisória, v. arts. 294 a 311.

Capítulo II — DO CUMPRIMENTO PROVISÓRIO DA SENTENÇA QUE RECONHECE A EXIGIBILIDADE DE OBRIGAÇÃO DE PAGAR QUANTIA CERTA

Art. 520. O cumprimento provisório da sentença impugnada por recurso desprovido de efeito suspensivo será realizado da mesma forma que o cumprimento definitivo, sujeitando-se ao seguinte regime:[1 a 4a] [Dispositivo correspondente no CPC/1973: art. 475-O-*caput*]

I — corre por iniciativa e responsabilidade do exequente, que se obriga, se a sentença for reformada, a reparar os danos que o executado haja sofrido;[5 a 5c] [Dispositivo correspondente no CPC/1973: art. 475-O-I]

II — fica sem efeito, sobrevindo decisão que modifique ou anule a sentença objeto da execução, restituindo-se as partes ao estado anterior[5d-5e] e liquidando-se eventuais prejuízos nos mesmos autos; [Dispositivo correspondente no CPC/1973: art. 475-O-II]

III — se a sentença objeto de cumprimento provisório for modificada ou anulada apenas em parte, somente nesta ficará sem efeito a execução; [Dispositivo correspondente no CPC/1973: art. 475-O § 1º]

IV — o levantamento de depósito em dinheiro e a prática de atos que importem transferência de posse ou alienação de propriedade ou de outro direito real, ou dos quais possa resultar grave dano ao executado, dependem de caução suficiente e idônea,[6 a 6c] arbitrada de plano pelo juiz e prestada nos próprios autos. [Dispositivo correspondente no CPC/1973: art. 475-O-III]

§ 1º No cumprimento provisório da sentença, o executado poderá apresentar impugnação, se quiser, nos termos do art. 525. [Sem dispositivo correspondente no CPC/1973]

§ 2º A multa e os honorários[7] a que se refere o § 1º do art. 523 são devidos no cumprimento provisório de sentença condenatória ao pagamento de quantia certa. [Sem dispositivo correspondente no CPC/1973]

§ 3º Se o executado comparecer tempestivamente e depositar o valor, com a finalidade de isentar-se da multa, o ato não será havido como incompatível com o recurso por ele interposto. [Sem dispositivo correspondente no CPC/1973]

§ 4º A restituição ao estado anterior a que se refere o inciso II não implica o desfazimento da transferência de posse ou da alienação de propriedade ou de outro direito real eventualmente já realizada, ressalvado, sempre, o direito à reparação dos prejuízos causados ao executado. [Sem dispositivo correspondente no CPC/1973]

§ 5º Ao cumprimento provisório de sentença que reconheça obrigação de fazer, de não fazer ou de dar coisa[8] aplica-se, no que couber, o disposto neste Capítulo. [Sem dispositivo correspondente no CPC/1973]

Art. 520: 1. v. arts. 527 e 1.012 § 2º. S/ cumprimento da sentença concomitantemente com sua liquidação, v. art. 509 § 1º.

S/ execução provisória e: sentença proferida em ação civil pública, v. LACP 15, nota 2; despejo, v. LI 64 e 65.

Art. 520: 2. **Lei 2.770, de 4.5.56** — Suprime a concessão de medidas liminares nas ações e procedimentos judiciais de qualquer natureza que visem a liberação de bens, mercadorias ou coisas de procedência estrangeira, e dá outras providências: **"Art. 2º-*caput*.** No curso da lide ou enquanto pender recurso, mesmo sem efeito suspensivo, da sentença ou acórdão, a execução de julgado que determinar a entrega ou a vinda do exterior de mercadorias, bens ou coisas de qualquer natureza, não será ordenada pelo juiz ou tribunal antes que o autor ou requerente preste garantias de restituição do respectivo valor, para o caso de, afinal, decair da ação ou procedimento".

LRP 100: "§ 2º As sentenças de nulidade ou anulação de casamento não serão averbadas enquanto sujeitas a recurso, qualquer que seja o seu efeito".

Quanto ao **registro de imóveis,** o cancelamento total ou parcial de qualquer ato pode ser feito "em cumprimento de decisão judicial transitada em julgado" **(LRP 250-I)** ou, o que é a mesma coisa, não pode ser feito "em virtude de sentença sujeita, ainda, a recurso" **(LRP 259).**

Art. 520: 2a. A **decisão de julgamento antecipado parcial do mérito** (v. art. 356) também tem sua execução provisória orientada pelo regime aqui previsto.

V. arts. 356, nota 4, e 515-I.

Art. 520: 3. Nem todas as sentenças comportam execução provisória. Isto é verdade, especialmente quanto às sentenças proferidas contra o **poder público.** V., por exemplo:

— LMS 14 § 3º;

— Lei 9.494, de 10.9.97, art. 2º-B, no tít. FAZENDA PÚBLICA.

S/ execução provisória em face da Fazenda Pública, v. art. 910, nota 2.

Art. 520: 4. Ineficácia da medida liminar. Superveniência de sentença. Execução provisória. "A execução provisória da sentença não constitui quebra de hierarquia ou ato de desobediência a anterior decisão do Tribunal que deferira a liminar. Liminar e sentença são provimentos com natureza, pressupostos e finalidades distintas e com eficácia temporal em momentos diferentes. Por isso mesmo, a decisão que defere ou indefere liminar, mesmo quando proferida por tribunal, não inibe a prolação e nem condiciona o resultado da sentença definitiva, como também não retira dela a eficácia executiva conferida em lei" (STJ-1ª T., REsp 825.186, Min. Teori Zavascki, j. 2.5.06, DJU 11.5.06).

Art. 520: 4a. "Só haverá interesse da parte na interposição de **medida cautelar** originária neste Tribunal, visando a obstar a execução provisória de sentença, quando seu pedido tiver por fundamento matéria não enumerada no art. 475-L do CPC. Do contrário, deverá formulá-lo ao juízo de origem" (STJ-RIDCPC 59/51: 3ª T., MC 13.346).

V. tb. art. 297, nota 2.

Art. 520: 5. v. tb. nota 6c e art. 302 e notas.

Art. 520: 5a. A **reparação dos danos** deve ser entendida no seu sentido mais amplo (cf. RJTJESP 62/133).

Art. 520: 5b. A restituição de quantia paga a mais deve ser feita com **correção monetária** (LCM 1º, nota 4-Incidência genérica da correção monetária), para evitar o enriquecimento sem causa.

Art. 520: 5c. "Cumprimento provisório de sentença que vem a ser modificada com redução expressiva do valor executado. Responsabilidade objetiva do exequente pelos danos suportados pelo executado. Necessidade de restituição das partes ao estado anterior. Art. 475-O, I e II, do CPC/1973. Possibilidade, ante as peculiaridades do caso, de que o credor **reembolse** o devedor pelas despesas por este realizadas com a contratação de **carta de fiança para garantia** do juízo. Os prejuízos sofridos pela devedora com a contratação da garantia não decorreram de decisão e estratégia de sua mera conveniência, mas por iniciativa temerária do exequente que, sem observância da cautela desejada, optou pela cobrança antecipada do título judicial, indicando como devido um valor que não se mostrava compatível com obrigações de igual natureza, justificando-se, portanto, o seu dever de indenizar" (STJ-3ª T., REsp 1.576.994, Min. Marco Bellizze, j. 21.11.17, DJ 29.11.17).

Art. 520: 5d. v. § 4º.

Art. 520: 5e. O retorno ao estado anterior faz-se **nos mesmos autos** em que se realizou a execução provisória (STF-RT 552/250; RJTJESP 38/77, JTA 37/320, RF 254/260).

Art. 520: 6. s/ dispensa de caução, v. art. 521. S/ caução em execução provisória relacionada com: ação popular, v. LAP 16, nota 1; ação de despejo, v. LI 64; mandado de segurança, v. LMS 14, nota 5b.

Art. 520: 6a. "Na execução provisória, a **prestação de caução** pode ser exigida apenas no **momento** da efetivação de atos que impliquem alienação de domínio ou levantamento de depósito, e não como condição à propositura da ação, ocasião em que o risco de dano é meramente potencial" (STJ-3ª T., Ag em REsp 262.239-AgRg, Min. Sidnei Beneti, j. 5.2.13, DJ 21.2.13).

"A caução visa a acautelar interesse do executado, caso o título, posteriormente, seja modificado. A possibilidade de dano não ocorre com a instauração do processo. Acontece no momento em que aconteça fato que possa acarretar prejuízo. Assim, por exemplo, a retirada da posse direta do executado. A prestação da caução se impõe no momento anterior a essa modificação da situação jurídica" (STJ-6ª T., REsp 30.507, Min. Vicente Cernicchiaro, j. 29.3.93, DJU 10.5.93).

Assim: "A caução deve ser prestada no momento anterior à alteração que, por força da execução, ocorrerá na situação jurídica do executado" (RSTJ 186/594: 6ª T., REsp 653.879). No mesmo sentido: RSTJ 71/188, STJ-RT 758/181, 759/188, RT 720/258, Bol. AASP 1.924/357 e RF 330/307.

Desse modo, nada impede o prosseguimento da execução provisória até a fase do leilão, independentemente de caução (JTJ 162/56) ou, mesmo, "até o momento do levantamento do dinheiro ou bens" (RSTJ 89/81). No mesmo sentido: STJ-5ª T., REsp 67.697, Min. Felix Fischer, j. 18.3.97, DJU 5.5.97.

"A simples penhora e avaliação do bem não constituem atos que importem em alienação de propriedade, nos termos do que estabelece o art. 475-O, III, do CPC, de maneira que não se faz necessário, nesse momento, exigir dos exequentes a prestação de caução suficiente e idônea" (STJ-RIDCPC 59/51: 3ª T., MC 13.346).

Art. 520: 6b. Embora absolutamente impenhoráveis, os **vencimentos do funcionário público** podem servir de caução, quando oferecidos por este (JTJ 159/206).

Art. 520: 6c. "Reformada a sentença para julgar improcedente a ação, tem-se como natural consequência a **exigibilidade da garantia ofertada em juízo.** A decisão determinando a intimação de instituição financeira, para cumprimento de carta de fiança dada em garantia do juízo, é praticamente um ato administrativo resultante da reforma da sentença executada provisoriamente e que, por isso, não se sujeita a preclusão. A fiança, conforme dispõe o art. 823 do Código Civil, 'quando exceder o valor da dívida, ou for mais onerosa que ela, não valerá senão até ao limite da obrigação afiançada'. Não obstante tenha o magistrado determinado a intimação da instituição financeira para imediato cumprimento da garantia mediante depósito do valor afiançado, nada impede a apuração dos valores efetivamente devidos e a devolução de eventual quantia que sobejar" (STJ-2ª T., RMS 42.393, Min. Eliana Calmon, j. 17.9.13, DJ 24.9.13).

Art. 520: 7. v. art. 85 §§ 1º e 13.

Art. 520: 8. s/ cumprimento da sentença que reconheça obrigação de fazer, não fazer ou dar coisa, v. arts. 536 a 538.

Art. 521. A caução prevista no inciso IV do art. 520 poderá ser dispensada nos casos em que:[1 a 3] [Dispositivo correspondente no CPC/1973: art. 475-O § 2º]

I — o crédito for de natureza alimentar, independentemente de sua origem; [Dispositivo correspondente no CPC/1973: art. 475-O § 2º-I]

II — o credor demonstrar situação de necessidade; [Dispositivo correspondente no CPC/1973: art. 475-O § 2º-I]

III — pender o agravo do art. 1.042;[3a-3b] [Dispositivo correspondente no CPC/1973: art. 475-O § 2º-II]

IV — a sentença a ser provisoriamente cumprida estiver em consonância com súmula da jurisprudência do Supremo Tribunal Federal ou do Superior Tribunal de Justiça ou em conformidade com acórdão proferido no julgamento de casos repetitivos.[4] [Sem dispositivo correspondente no CPC/1973]

Parágrafo único. A exigência de caução será mantida quando da dispensa possa resultar manifesto risco de grave dano de difícil ou incerta reparação. [Dispositivo correspondente no CPC/1973: art. 475-O § 2º-II]

Art. 521: 1. A dispensa da caução é autorizada mesmo nas **execuções contra a Fazenda Pública** (STJ-6ª T., AI 380.533-SP-AgRg, Min. Hamilton Carvalhido, j. 18.9.01, DJU 4.2.02; STJ-5ª T., REsp 441.706, Min. José Arnaldo, j. 1.4.03, DJU 28.4.03).

Art. 521: 2. Não deve ser dispensada a caução quando a matéria inserta no acórdão objeto da execução provisória é controvertida ou foi analisada em sentido contrário ao entendimento firmado pelos tribunais superiores a seu respeito (STJ-1ª T., REsp 656.077, Min. Denise Arruda, j. 20.9.07, DJU 29.10.07).

Art. 521: 3. Dispensando a caução em execução provisória, tendo em vista a confortável situação financeira dos litigantes e o baixo valor da execução: RT 865/199.

Autorizando o levantamento de depósito em dinheiro sem caução, por se tratar de "pequeno percentual do total depositado": JTJ 341/129 (AI 7.338.636-4).

Art. 521: 3a. Redação do inc. III de acordo com a Lei 13.256, de 4.2.16.

Art. 521: 3b. "O art. 475-O, § 2º, II, do CPC/73, não prevê nenhuma limitação, tampouco exigência de situação periclitante para o exequente, **não** havendo, portanto, que se **limitar o valor a ser liberado,** o qual deve ser concedido em sua totalidade. Na hipótese dos autos, não obstante a **conversão** do agravo em recurso especial, o REsp 1.679.588 foi **desprovido,** em decisão unânime da Terceira Turma. Desse modo, não se vislumbra risco de grave dano para o executado" (STJ-3ª T., REsp 1.686.751, Min. Moura Ribeiro, j. 22.8.17, DJ 31.8.17).

Art. 521: 4. s/ julgamento de casos repetitivos, v. art. 928.

Código de Processo Civil

Art. 522. O cumprimento provisório da sentença será requerido por petição dirigida ao juízo competente. [Dispositivo correspondente no CPC/1973: art. 475-O § 3º]

Parágrafo único. Não sendo eletrônicos os autos, a petição será acompanhada de cópias das seguintes peças do processo, cuja autenticidade poderá ser certificada pelo próprio advogado, sob sua responsabilidade pessoal:[1] [Dispositivo correspondente no CPC/1973: art. 475-O § 3º]

I — decisão exequenda; [Dispositivo correspondente no CPC/1973: art. 475-O § 3º-I]

II — certidão de interposição do recurso não dotado de efeito suspensivo; [Dispositivo correspondente no CPC/1973: art. 475-O § 3º-II]

III — procurações outorgadas pelas partes; [Dispositivo correspondente no CPC/1973: art. 475-O § 3º-III]

IV — decisão de habilitação, se for o caso; [Dispositivo correspondente no CPC/1973: art. 475-O § 3º-IV]

V — facultativamente, outras peças processuais consideradas necessárias para demonstrar a existência do crédito. [Dispositivo correspondente no CPC/1973: art. 475-O § 3º-V]

Art. 522: 1. s/ força probante da declaração de autenticidade de peças processuais pelo advogado, v. art. 425-IV.

Capítulo III — DO CUMPRIMENTO DEFINITIVO DA SENTENÇA QUE RECONHECE A EXIGIBILIDADE DE OBRIGAÇÃO DE PAGAR QUANTIA CERTA

Art. 523. No caso de condenação em quantia certa, ou já fixada em liquidação, e no caso de decisão sobre parcela incontroversa, o cumprimento definitivo da sentença[1 a 1b] far-se-á a requerimento do exequente,[2-2a] sendo o executado intimado para pagar o débito,[3-3a] no prazo de 15 (quinze) dias,[3b a 4a] acrescido de custas, se houver. [Dispositivo correspondente no CPC/1973: art. 475-J-*caput*]

§ 1º Não ocorrendo pagamento voluntário no prazo do *caput*, o débito será acrescido de multa de dez por cento[5 a 8a] e, também, de honorários de advogado de dez por cento.[9 a 9f] [Dispositivo correspondente no CPC/1973: art. 475-J-*caput*]

§ 2º Efetuado o pagamento parcial no prazo previsto no *caput*, a multa e os honorários previstos no § 1º incidirão sobre o restante.[10] [Dispositivo correspondente no CPC/1973: art. 475-J § 4º]

§ 3º Não efetuado tempestivamente o pagamento voluntário, será expedido, desde logo, mandado de penhora e avaliação,[10a] seguindo-se os atos de expropriação.[11] [Dispositivo correspondente no CPC/1973: art. 475-J-*caput*]

Art. 523: 1. S/ cumprimento da sentença concomitantemente com sua liquidação, v. art. 509 § 1º.

S/ suspensão do cumprimento da sentença em sede de: impugnação, v. art. 525 §§ 6º e segs.; ação rescisória, v. art. 969, especialmente nota 4.

S/ execução por quantia certa, v. arts. 824 e segs.

Art. 523: 1a. ou da **decisão de julgamento antecipado parcial do mérito.**

V. arts. 356 § 3º e 515-I.

Art. 523: 1b. "A execução fundada em título judicial transitado em julgado é **definitiva, mesmo** quando **pendente** de julgamento **recurso** interposto contra decisão de **improcedência da impugnação** ao cumprimento de sentença, sendo desnecessária, em tal situação, a prestação de caução pelo exequente para levantamento do seu crédito depositado" (STJ-3ª T., Ag em REsp 1.241.270, Min. Moura Ribeiro, j. 24.4.18, DJ 30.4.18).

"Se a execução tem por título acórdão trânsito em julgado, não perde o caráter de definitiva pela interposição de recurso contra a sentença que julga improcedentes os embargos opostos pelo devedor" (RBDP 43/122, acórdão relatado pelo Des. Barbosa Moreira). No mesmo sentido: JTJ 327/98 (AI 1.177.739-0/8).

V. tb. art. 1.012, nota 20.

Art. 523: 2. A sentença que condena a pagar quantia certa **não se executa de ofício;** é preciso requerimento de uma das partes para a sua execução.

V. tb. art. 513 § 1º.

Art. 523: 2a. s/ requisitos do requerimento do exequente, v. art. 524.

Art. 523: 3. s/ intimação do executado para cumprir a sentença, v. art. 513 §§ 2º a 4º.

Art. 523: 3a. "Ao promover **depósito judicial,** em cumprimento à norma do art. 475-J do CPC, o devedor que tiver a intenção de que o mesmo seja recebido como garantia, em lugar de pagamento, deve fazer ressalva expressa" (STJ-3ª T., REsp 1.122.824, Min. Nancy Andrighi, j. 18.11.10, DJ 25.11.10).

"Cumprimento de sentença. Depósito da quantia e requerimento da executada para a extinção da execução (art. 794, I, do CPC). Posterior alegação de equívoco, informando a intenção de apresentação de impugnação. Erro material. Inexistência. O recorrente efetuou o depósito da quantia executada e requereu a extinção da execução com base no inciso I do art. 794 do Código de Processo Civil, vindo posteriormente nos autos alegar que o depósito objetivava tão somente a garantia do juízo para fins de apresentação de impugnação ao cumprimento de sentença, de sorte que se observa, não a ocorrência de erro material no requerimento da parte — extinção da execução pelo pagamento —, mas a prática de ato que se encontra acobertado pela preclusão consumativa" (STJ-4ª T., REsp 1.449.766-AgRg, Min. Luis Felipe, j. 26.8.14, DJ 2.9.14).

Art. 523: 3b. O **prazo quinzenal** se inicia com o aperfeiçoamento da **intimação do executado** para cumprir a sentença. Em regra, essa intimação é feita pelo Diário da Justiça, na pessoa do advogado (v. art. 513 § 2º-I).

V. tb. art. 231 § 3º.

Art. 523: 4. "Cumprimento de sentença. Intimação do devedor para pagamento voluntário do débito. Art. 523, *caput*, do Código de Processo Civil de 2015. Prazo de natureza processual. **Contagem em dias úteis.** Não se pode ignorar que a intimação para o cumprimento de sentença, independentemente de quem seja o destinatário, tem como finalidade a prática de um ato processual, pois, além de estar previsto na própria legislação processual (CPC), também traz consequências para o processo, caso não seja adimplido o débito no prazo legal, tais como a incidência de multa, fixação de honorários advocatícios, possibilidade de penhora de bens e valores, início do prazo para impugnação ao cumprimento de sentença, dentre outras. E, sendo um ato processual, o respectivo prazo, por decorrência lógica, terá a mesma natureza jurídica, o que faz incidir a norma do art. 219 do CPC/2015, que determina a contagem em dias úteis" (STJ-3ª T., REsp 1.708.348, Min. Marco Bellizze, j. 25.6.19, DJ 1.8.19).

Art. 523: 4a. "Cumprimento de sentença. Prazo para pagamento voluntário. Cômputo em **dobro** em caso de **litisconsortes com procuradores distintos"** (STJ-4ª T., REsp 1.693.784, Min. Luis Felipe, j. 28.11.17, DJ 5.2.18).

Art. 523: 5. s/ multa e: execução provisória, v. art. 520 § 2º; execução contra a Fazenda Pública, v. art. 534 § 2º; execução do valor das *astreintes*, v. art. 537, nota 12; execução em ação coletiva para tutela de consumidores, v. CDC 97, nota 2a.

Art. 523: 5a. "No âmbito do **cumprimento de sentença arbitral condenatória de prestação pecuniária,** a multa de 10% (dez por cento) do art. 475-J do CPC deverá incidir se o executado não proceder ao pagamento espontâneo no prazo de 15 (quinze) dias contados da juntada do mandado de citação devidamente cumprido aos autos (em caso de título executivo contendo quantia líquida) ou da intimação do devedor, na pessoa de seu advogado, mediante publicação na imprensa oficial (em havendo prévia liquidação da obrigação certificada pelo juízo arbitral). O Código de Processo Civil, assim como a Lei da Arbitragem, confere a natureza de título executivo judicial à sentença arbitral, distinguindo apenas o instrumento de comunicação processual do executado. Com efeito, em se tratando de cumprimento de sentença arbitral, a angularização da relação jurídica processual dar-se-á mediante citação do devedor no processo de liquidação ou de execução em vez da intimação promovida nos processos sincréticos (nos quais ocorrida a citação no âmbito de precedente fase de conhecimento). Eis, portanto, a única diferença procedimental entre o cumprimento da sentença proferida no processo civil e o da sentença arbitral. Nessa ordem de ideias, à exceção da ordem de citação (e não de intimação atinente aos processos sincréticos), a execução da sentença arbitral condenatória de obrigação de pagar quantia certa observa o mesmo procedimento previsto para as sentenças civis de idêntico conteúdo, qual seja, o regime previsto nos arts. 475-J a 475-R do CPC. A multa de 10% (dez por cento) prevista no art. 475-J do CPC (aplicável no âmbito do cumprimento de título representativo de obrigação pecuniária líquida) tem por objetivo garantir a maior efetividade e celeridade na prestação jurisdicional, tornando onerosa a recalcitrância do devedor em desobedecer o comando sentencial ao qual submetido. Consequentemente, o afastamento da incidência da referida sanção no âmbito do cumprimento de sentença arbitral de prestação pecuniária representaria um desprestígio ao procedimento da arbitragem (tornando-a um *minus* em relação à jurisdição estatal), olvidando-se de seu principal atrativo, qual seja, a expectativa de célere desfecho na solução do conflito" (STJ-Corte Especial, REsp 1.102.460, Min. Marco Buzzi, j. 17.6.15, DJ 23.9.15).

Art. 523: 6. "A multa prevista no art. 475-J do CPC tem natureza processual **coercitiva**" (RP 145/331).

Art. 523: 6a. "Sendo devedor o **espólio,** tal pagamento deve-se dar na forma dos arts. 992-III ou 1.017, ambos do CPC, já que se trata de uma universalidade de bens cuja disposição não prescinde de autorização do juízo do inventário. A interpretação harmônica do art. 475-J com o art. 992-III, ambos do CPC, leva ao entendimento de que o devedor fica a salvo da multa nele prevista desde que, no prazo de quinze dias, tome as providências a seu alcance para o cumprimento da obrigação, a saber, prove que requereu, ao juízo do inventário, autorização para o pagamento da dívida, sujeitando-se às providências por ele determinadas para tal fim. Hipótese em que o recorrente não adotou medida alguma tendente ao pagamento espontâneo da quantia executada, notadamente o requerimento de autorização ao juízo do inventário. Pelo contrário. Apresentou impugnação, demonstrando que não pretende pagar o valor executado, o qual considera ilíquido e indevido por diversos motivos mencionados na impugnação, cujo conhecimento e julgamento foi ordenado pelo acórdão recorrido. A sorte da multa seguirá o resultado do julgamento da impugnação" (STJ-4ª T., REsp 1.021.416-EDcl-EDcl-EDcl, Min. Isabel Gallotti, j. 12.11.13, DJ 10.12.13).

Art. 523: 6b. "A atitude do devedor, que promove o **mero depósito judicial** do *quantum* exequendo, com finalidade de permitir a oposição de impugnação ao cumprimento de sentença, **não perfaz adimplemento** voluntário da obrigação, autorizando o cômputo da sanção de 10% sobre o saldo devedor. A satisfação da obrigação creditícia somente ocorre quando o valor a ela correspondente ingressa no campo de disponibilidade do exequente; permanecendo o valor em conta judicial, ou mesmo indisponível ao credor, por opção do devedor, por evidente, mantém-se o inadimplemento da prestação de pagar quantia certa" (STJ-4ª T., REsp 1.175.763, Min. Marco Buzzi, j. 21.6.12, RJ-Lex 59/169 e RP 219/439). No mesmo sentido: STJ-2ª T., REsp 1.386.797-AgRg, Min. Herman Benjamin, j. 17.9.13, DJ 4.10.13; STJ-3ª T., REsp 1.445.301-EDcl-AgRg, Min. Marco Bellizze, j. 23.2.16, DJ 8.3.16.

Todavia: "Considerando o caráter coercitivo da multa, a desestimular comportamentos exclusivamente baseados na protelação da satisfação do débito perseguido, não há de se admitir sua aplicação para o devedor que efetivamente faz o depósito integral da quantia dentro do prazo legal e não apresenta impugnação ao cumprimento de sentença. Na hipótese dos autos, apesar de advertir sobre o pretendido efeito suspensivo e da garantia do juízo, é incontroverso que a executada realizou tempestivamente o depósito integral da quantia perseguida e não apresentou impugnação ao cumprimento de sentença, fato que revela, indene de dúvidas, que houve verdadeiro pagamento do débito, inclusive com o respectivo levantamento pela exequente. Não incidência da multa prevista no art. 523, § 1º, do CPC e correta extinção do processo, na forma do art. 924, II, do CPC" (STJ-3ª T., REsp 1.834.337, Min. Nancy Andrighi, j. 3.12.19, DJ 5.12.19). Em sentido semelhante: STJ-4ª T., Ag em REsp 1.506.935-AgInt, Min. Raul Araújo, j. 20.4.20, DJ 4.5.20.

Art. 523: 6c. "Se, casuisticamente, o início da fase de cumprimento de sentença, mesmo em se tratando de título executivo judicial ilíquido, se deu por ato de ofício do juiz e o devedor, no intuito de cumprir espontaneamente a condenação, deposita valor menor que a quantia posteriormente indicada pelo credor, deve ser oportunizada a **complementação do depósito inicial,** no prazo legal de 15 dias, sob pena de incidir, sobre a diferença, a multa de 10% do art. 475-J do CPC" (STJ-3ª T., REsp 1.320.287, Min. Nancy Andrighi, j. 10.9.13, DJ 23.9.13).

Art. 523: 7. "Eventual **omissão em trazer** aos autos **o demonstrativo do depósito judicial ou do pagamento** feito ao credor dentro do prazo legal, não impõe ao devedor o ônus do art. 475-J do CPC. A quitação voluntária do débito, por si só, afasta a incidência da penalidade. Isso não significa que tal inércia não seja passível de punição; apenas não sujeita o devedor à multa do art. 475-J do CPC. Contudo, conforme o caso, pode o devedor ser condenado a arcar com as despesas decorrentes de eventual movimentação desnecessária da máquina do Judiciário, conforme prevê o art. 29 do CPC; ou até mesmo ser considerado litigante de má-fé, por opor resistência injustificada ao andamento do processo, nos termos do art. 17, IV, do CPC" (STJ-RDDP 83/133: 3ª T., REsp 1.047.510). No mesmo sentido: STJ-4ª T., Ag em REsp 1.082.286-AgInt, Min. Luis Felipe, j. 11.9.18, DJ 18.9.18.

Art. 523: 7a. "São **cumuláveis as sanções** dos arts. 475-J e 601 do CPC. A multa do art. 475-J do CPC é uma sanção específica para o descumprimento, no prazo de 15 dias, da ordem que emana da sentença. A multa do art. 601 do CPC, por sua vez, se caracteriza como uma sanção à prática de ato atentatório à dignidade da justiça. Trata-se, pois, de sanção específica, tanto que o próprio *caput* do art. 601 ressalva que sua incidência se dá 'sem prejuízo de outras sanções de natureza processual ou material', como é a do art. 475-J" (STJ-3ª T., REsp 1.101.500, Min. Nancy Andrighi, j. 17.5.11, DJ 27.5.11).

Art. 523: 7b. "Ocorrendo impugnação do cálculo elaborado pelo exequente, deve o juiz, primeiramente, resolver a **divergência sobre o excesso de execução** e, uma vez apurado que o depósito realizado pelo executado é inferior ao devido, a multa incidirá apenas sobre a diferença" (STJ-2ª T., REsp 1.244.059, Min. Castro Meira, j. 6.3.12, DJ 16.3.12).

V. tb. § 2º.

Art. 523: 8. "O ato do juiz que determina o acréscimo de 10% sobre o valor do débito a título de multa (art. 475-J, do CPC) é **recorrível,** porquanto causa gravame ao devedor" (RP 147/287). No mesmo sentido: STJ-3ª T., REsp 1.187.805, Min. Sidnei Beneti, j. 5.11.13, DJ 27.11.13.

O recurso cabível é o agravo de instrumento (v. art. 1.015 § ún.).

Art. 523: 8a. "A alegação de **excesso de execução por indevida inclusão da multa** do art. 475-J do CPC é matéria reservada à impugnação ao cumprimento de sentença, não se operando a preclusão ainda que haja ciência inequívoca da decisão que determinou sua inclusão nos cálculos inicialmente apresentados pelo credor" (STJ-3ª T., Ag em REsp 202.458-EDcl-EDcl, Min. João Otávio, j. 24.9.13, DJ 2.10.13).

Art. 523: 9. v. art. 85 §§ 1º e 13. Em matéria de execução provisória, v. art. 520 § 2º.

Art. 523: 9a. **Súmula 517 do STJ:** "São devidos honorários advocatícios no cumprimento de sentença, **haja ou não impugnação,** depois de escoado o prazo para pagamento voluntário, que se inicia após a intimação do advogado da parte executada".

V. tb. art. 525, nota 2.

Art. 523: 9b. Havendo mais trabalho advocatício no processo, o **provisório** valor de 10% dos honorários **pode ser aumentado** até 20%, nos moldes estabelecidos no art. 827 § 2º. Naturalmente, sendo o exequente o sucumbente na fase de cumprimento de sentença, essa verba honorária será revertida em favor do executado.

V. tb. art. 525, nota 2.

Art. 523: 9c. "O percentual de 10% previsto no art. 523, § 1º, do CPC/2015 **não admite mitigação** porque: i) a um, a própria lei tratou de tarifar-lhe expressamente; ii) a dois, a fixação equitativa da verba honorária só tem lugar nas hipóteses em que constatado que o proveito econômico é inestimável ou irrisório, ou o valor da causa é muito baixo (art. 85, § 8º, do CPC/2015); e iii) a três, os próprios critérios de fixação da verba honorária, previstos no art. 85, § 2º, I a IV, do CPC/2015, são destinados a abalizar os honorários advocatícios a serem fixados, conforme a ordem de vocação, no mínimo de 10% ao máximo de 20% do valor da condenação, do proveito econômico ou do valor atualizado da causa" (STJ-3ª T., REsp 1.701.824, Min. Nancy Andrighi, j. 9.6.20, DJ 12.6.20).

Art. 523: 9d. "A **base de cálculo** sobre a qual incidem os **honorários advocatícios** devidos em cumprimento de sentença é o valor da dívida (quantia fixada em sentença ou na liquidação), acrescido das custas processuais, se houver, **sem a** inclusão da **multa de 10%** pelo descumprimento da obrigação dentro do prazo legal" (STJ-3ª T., REsp 1.757.033, Min. Ricardo Cueva, j. 9.10.18, DJ 15.10.18).

Art. 523: 9e. "Na fase de cumprimento de sentença, os honorários advocatícios, quando devidos após o cumprimento espontâneo da obrigação (art. 523, § 1º, do CPC/2015), são calculados sobre as **parcelas vencidas** da pensão mensal, não se aplicando o § 9º do art. 85 do CPC/2015" (STJ-3ª T., REsp 1.837.146, Min. Ricardo Cueva, j. 11.2.20, DJ 20.2.20).

Art. 523: 9f. "É possível a fixação de **honorários em execução de honorários advocatícios,** sem que isso implique *bis in idem*, porquanto refere-se a fase diversa do processo" (STJ-1ª T., REsp 1.605.715-AgInt, Min. Gurgel de Faria, j. 11.4.19, DJ 23.4.19). No mesmo sentido: STJ-2ª T., REsp 1.767.599, Min. Herman Benjamin, j. 4.12.18, DJ 23.4.19.

Art. 523: 10. v. nota 7b.

Art. 523: 10a. s/ penhora e avaliação, v. arts. 831 e segs.

Art. 523: 11. "Na sistemática do cumprimento de sentença, a **penhora é determinada de ofício pelo Poder Judiciário,** independentemente de indicação de bens à penhora pelo credor ou de contraditório prévio quanto ao bem alcançado, não estando o órgão julgador limitado aos bens apontados pelas partes" (STJ-3ª T., REsp 1.366.722, Min. Nancy Andrighi, j. 13.8.13, DJ 23.8.13).

De todo modo, o executado pode oferecer bens à penhora, "cuja aceitação se dará ou não segundo a conveniência da garantia em relação ao débito executado" (JTJ 314/400: AI 481.583/4-3).

Art. 524. O requerimento previsto no art. 523 será instruído com demonstrativo discriminado e atualizado do crédito,[1-2] devendo a petição conter: [Dispositivo correspondente no CPC/1973: art. 475-J-*caput*]

I — o nome completo, o número de inscrição no Cadastro de Pessoas Físicas ou no Cadastro Nacional da Pessoa Jurídica do exequente e do executado, observado o disposto no art. 319, §§ 1º a 3º; [Sem dispositivo correspondente no CPC/1973]

II — o índice de correção monetária adotado; [Sem dispositivo correspondente no CPC/1973]

III — os juros aplicados e as respectivas taxas; [Sem dispositivo correspondente no CPC/1973]

IV — o termo inicial e o termo final dos juros e da correção monetária utilizados; [Sem dispositivo correspondente no CPC/1973]

V — a periodicidade da capitalização dos juros, se for o caso; [Sem dispositivo correspondente no CPC/1973]

VI — especificação dos eventuais descontos obrigatórios realizados; [Sem dispositivo correspondente no CPC/1973]

VII — indicação dos bens passíveis de penhora, sempre que possível. [Dispositivo correspondente no CPC/1973: art. 475-J § 3º]

§ 1º Quando o valor apontado no demonstrativo aparentemente exceder os limites da condenação, a execução será iniciada pelo valor pretendido, mas a penhora terá por base a importância que o juiz entender adequada.[2a] [Dispositivo correspondente no CPC/1973: art. 475-B § 4º]

§ 2º Para a verificação dos cálculos, o juiz poderá valer-se de contabilista do juízo, que terá o prazo máximo de 30 (trinta) dias para efetuá-la, exceto se outro lhe for determinado.[2b-3] [Dispositivo correspondente no CPC/1973: art. 475-B § 3º]

§ 3º Quando a elaboração do demonstrativo depender de dados em poder de terceiros ou do executado, o juiz poderá requisitá-los, sob cominação do crime de desobediência.[3a] [Dispositivo correspondente no CPC/1973: art. 475-B § 1º]

§ 4º Quando a complementação do demonstrativo depender de dados adicionais em poder do executado, o juiz poderá, a requerimento do exequente, requisitá-los, fixando prazo de até 30 (trinta) dias para o cumprimento da diligência. [Dispositivo correspondente no CPC/1973: art. 475-B § 1º]

§ 5º Se os dados adicionais a que se refere o § 4º não forem apresentados pelo executado, sem justificativa,[4] **no prazo designado, reputar-se-ão corretos os cálculos apresentados pelo exequente apenas com base nos dados de que dispõe.**[5-6] [Dispositivo correspondente no CPC/1973: art. 475-B § 2º]

Art. 524: 1. v. art. 509 § 3º.

Art. 524: 2. "Nos casos em que a liquidação de sentença depende somente de cálculo aritmético, determina o Código de Processo Civil, art. 604, que o exequente deve elaborar a memória discriminada e atualizada de cálculo e apresentá-la em juízo. Por se tratar de ato privativo, o próprio credor deve arcar com eventuais despesas para a contratação de perito contábil. Em caso de impossibilidade financeira, pode requerer ao juiz os **serviços da contadoria judicial,** pagando as custas devidas ou pedindo o benefício da gratuidade" (STJ-Corte Especial, ED no REsp 436.278, Min. Edson Vidigal, j. 25.3.04, um voto vencido, DJU 4.10.04). No mesmo sentido: JTJ 207/203. **Contra:** RT 737/236, Bol. AASP 1.991/60j.

"O fato de o recorrente, na hipótese, já estar sendo representado pela Defensoria Pública não lhe retira a possibilidade de poder se utilizar dos serviços da contadoria judicial, como beneficiário da assistência judiciária. O art. 475-B, § 3º, do CPC, ao permitir a utilização da contadoria, excepcionando a regra geral de que os cálculos do valor da execução são de responsabilidade do credor, não faz a exigência de que o cálculo deva 'apresentar complexidade extraordinária', ou que fique demonstrada a 'incapacidade técnica ou financeira do hipossuficiente', como entendeu o Tribunal de origem" (STJ-3ª T., REsp 1.200.099, Min. Nancy Andrighi, j. 6.5.14, DJ 19.5.14).

V. tb. § 2º. V. ainda art. 98, nota 9b.

Art. 524: 2a. "Na hipótese de execução de **valores exageradamente elevados,** cuja demonstração dependa de dilação probatória, é possível ao juízo determinar a penhora de valor menor que o exigido pelo credor, de modo que reste garantido o pagamento da parcela incontroversa do débito. O excesso de execução, assim, pode ser discutido posteriormente, mediante embargos do devedor" (STJ-3ª T., REsp 410.063, Min. Nancy Andrighi, j. 3.4.07, maioria, DJU 21.5.07).

Art. 524: 2b. "O juiz dispõe de poder *ex officio* para determinar a **remessa dos autos à contadoria judicial** para certificar-se dos valores apresentados pelo credor, se assim entender necessário" (STJ-RDDP 70/138: 1ª T., REsp 804.382). No mesmo sentido: STJ-2ª T., REsp 615.548, Min. João Otávio, j. 27.2.07, DJU 28.3.07.

Art. 524: 3. "É lícito o **reexame, de ofício** pelo juiz competente, **dos cálculos** apresentados unilateralmente pelo exequente, nos termos do art. 475-B, § 3º, do CPC, o que não implica em alteração da modalidade de liquidação. O reexame dos valores, entretanto, é restrito a correição do cálculo apresentado e não importa em concessão de nova oportunidade para apresentação de documentos que foram oportunamente sonegados pela devedora" (STJ-3ª T., REsp 1.320.172, Min. Nancy Andrighi, j. 5.3.13, DJ 12.3.13).

Todavia, indo além: "A evolução do valor da dívida originária, decorrente do resgate de reserva de poupança em plano de previdência privada, saltou de R$ 677.945,13 para R$ 2.996.683,74, com base em planilha elaborada unilateralmente pelo credor e aceita pelo Judiciário, ao fundamento de se tratar de meros cálculos aritméticos. Diante da exorbitância da importância obtida, mostra-se recomendável a **liquidação da sentença** mediante a realização de perícia contábil, com vistas à apuração da correta atualização monetária dos valores devidos" (STJ-3ª T., Ag em REsp 8.964-AgRg, Min. Sidnei Beneti, j. 23.4.13, DJ 8.5.13).

Art. 524: 3a. v. CP 330.

Art. 524: 4. "Corte de origem que entende justa a recusa da casa bancária em apresentar ao juízo extratos de caderneta de poupança unicamente em função do lapso temporal havido entre a data do advento dos planos econômicos e o pleito exibitório, deixando de apontar fato concreto outro a firmar a escusabilidade do dever de guarda dos documentos. Entendimento manifestamente em contradição à orientação pacífica deste Superior Tribunal de Justiça, que consagra a **obrigação da instituição financeira** em manter a **guarda dos documentos** atinentes à **escrituração das contas** mantidas por seus clientes enquanto não prescritas eventuais pretensões derivadas da relação jurídica bancária. Ônus do executado exibir os documentos indispensáveis para realização de cálculos voltados a apurar o *quantum* da condenação, sob pena de não poder contestar as contas a serem formuladas pelo exequente. Inteligência do art. 475-B, § 2º, do CPC" (STJ-4ª T., AI 1.275.771-AgRg, Min. Marco Buzzi, j. 13.3.12, DJ 23.3.12).

V. tb. arts. 373, nota 6a, e 396, nota 3.

Art. 524: 5. "A memória de cálculo elaborada pelo credor na forma do art. 475-B do CPC, ainda que o devedor, intimado, não apresente os dados necessários à elaboração da conta que estejam em seu poder, possui **presunção relativa.** Conclusão que se extrai a partir de uma interpretação conjunta dos parágrafos do próprio artigo mencionado e da necessidade de adstrição da execução aos limites do título executivo. A impugnação ao cumprimento de sentença é o instrumento processual à disposição do devedor para que se manifeste sobre eventual excesso de execução" (STJ-3ª T., REsp 1.138.195, Min. Nancy Andrighi, j. 28.8.12, DJ 5.9.12).

Art. 524: 6. "À míngua de previsão legal, são **incabíveis as *astreintes*** na hipótese vertente, tanto mais que *ad impossibilia nemo tenetur*, mercê de a novel Lei 11.232/05 sugerir solução factível mais adequada do que os referidos meios de coerção. A sanção processual para o descumprimento da ordem judicial que determina o fornecimento destes dados essenciais consiste na presunção de que os cálculos elaborados unilateralmente pelo credor são corretos, sem prejuízo de o magistrado poder valer-se do contador judicial para confirmação dos cálculos apresentados, caso haja indício de erro" (STJ-RJ 362/127: 1ª T., REsp 767.269). No mesmo sentido: JTJ 326/255 (AI 7.203.070-5, maioria).

Art. 525. Transcorrido o prazo previsto no art. 523 sem o pagamento voluntário, inicia-se o prazo de 15 (quinze) dias para que o executado, independentemente de penhora ou nova intimação, apresente, nos próprios autos, sua impugnação. [1 a 5] [Dispositivo correspondente no CPC/1973: art. 475-J § 1º]

§ 1º Na impugnação, o executado poderá alegar: [5a a 7] [Dispositivo correspondente no CPC/1973: art. 475-L-*caput*]

I — falta ou nulidade da citação se, na fase de conhecimento, o processo correu à revelia; [8 a 10a] [Dispositivo correspondente no CPC/1973: art. 475-L-I]

II — ilegitimidade de parte; [11] [Dispositivo correspondente no CPC/1973: art. 475-L-IV]

III — inexequibilidade do título ou inexigibilidade da obrigação; [11a] [Dispositivo correspondente no CPC/1973: art. 475-L-II]

IV — penhora incorreta ou avaliação errônea; [12-12a] [Dispositivo correspondente no CPC/1973: art. 475-L-III]

V — excesso de execução ou cumulação indevida de execuções; [13-13a] [Dispositivo correspondente no CPC/1973: art. 475-L-V]

VI — incompetência absoluta ou relativa do juízo da execução; [14] [Sem dispositivo correspondente no CPC/1973]

VII — qualquer causa modificativa ou extintiva da obrigação, como pagamento, [14a-14b] novação, [14c] compensação, [15-16] transação [17] ou prescrição, [18 a 20] desde que supervenientes [21] à sentença. [Dispositivo correspondente no CPC/1973: art. 475-L-VI]

§ 2º A alegação de impedimento ou suspeição observará o disposto nos arts. 146 e 148. [Sem dispositivo correspondente no CPC/1973]

§ 3º Aplica-se à impugnação o disposto no art. 229. [Sem dispositivo correspondente no CPC/1973]

§ 4º Quando o executado alegar que o exequente, em excesso de execução, pleiteia quantia superior à resultante da sentença, cumprir-lhe-á declarar de imediato o valor que entende correto, apresentando demonstrativo discriminado e atualizado de seu cálculo. [Dispositivo correspondente no CPC/1973: art. 475-L § 2º]

§ 5º Na hipótese do § 4º, não apontado o valor correto ou não apresentado o demonstrativo, a impugnação será liminarmente rejeitada,[22] se o excesso de execução for o seu único fundamento, ou, se houver outro, a impugnação será processada, mas o juiz não examinará a alegação de excesso de execução. [Sem dispositivo correspondente no CPC/1973]

§ 6º A apresentação de impugnação não impede a prática dos atos executivos, inclusive os de expropriação, podendo o juiz, a requerimento do executado e desde que garantido o juízo com penhora, caução ou depósito suficientes, atribuir-lhe efeito suspensivo, se seus fundamentos forem relevantes e se o prosseguimento da execução for manifestamente suscetível de causar ao executado grave dano de difícil ou incerta reparação. [Dispositivo correspondente no CPC/1973: art. 475-M-*caput*]

§ 7º A concessão de efeito suspensivo a que se refere o § 6º não impedirá a efetivação dos atos de substituição, de reforço ou de redução da penhora e de avaliação dos bens. [Sem dispositivo correspondente no CPC/1973]

§ 8º Quando o efeito suspensivo atribuído à impugnação disser respeito apenas a parte do objeto da execução, esta prosseguirá quanto à parte restante. [Sem dispositivo correspondente no CPC/1973]

§ 9º A concessão de efeito suspensivo à impugnação deduzida por um dos executados não suspenderá a execução contra os que não impugnaram, quando o respectivo fundamento disser respeito exclusivamente ao impugnante. [Sem dispositivo correspondente no CPC/1973]

§ 10. Ainda que atribuído efeito suspensivo à impugnação, é lícito ao exequente requerer o prosseguimento da execução, oferecendo e prestando, nos próprios autos, caução suficiente e idônea a ser arbitrada pelo juiz. [Dispositivo correspondente no CPC/1973: art. 475-M § 1º]

§ 11. As questões relativas a fato superveniente ao término do prazo para apresentação da impugnação, assim como aquelas relativas à validade e à adequação da penhora, da avaliação e dos atos executivos subsequentes, podem ser arguidas por simples petição, tendo o executado, em qualquer dos casos, o prazo de 15 (quinze) dias para formular esta arguição, contado da comprovada ciência do fato ou da intimação do ato.[23] [Sem dispositivo correspondente no CPC/1973]

§ 12. Para efeito do disposto no inciso III do § 1º deste artigo, considera-se também inexigível a obrigação reconhecida em título executivo judicial fundado em lei ou ato normativo considerado inconstitucional pelo Supremo Tribunal Federal, ou fundado em aplicação ou interpretação da lei ou do ato normativo tido pelo Supremo Tribunal Federal como incompatível com a Constituição Federal, em controle de constitucionalidade concentrado ou difuso.[24-25] [Dispositivo correspondente no CPC/1973: art. 475-L § 1º]

§ 13. No caso do § 12, os efeitos da decisão do Supremo Tribunal Federal poderão ser modulados no tempo,[25a] em atenção à segurança jurídica. [Sem dispositivo correspondente no CPC/1973]

§ 14. A decisão do Supremo Tribunal Federal referida no § 12 deve ser anterior ao trânsito em julgado da decisão exequenda.[25b] [Sem dispositivo correspondente no CPC/1973]

§ 15. Se a decisão referida no § 12 for proferida após o trânsito em julgado da decisão exequenda, caberá ação rescisória,[25c] cujo prazo[26] será contado do trânsito em julgado da decisão proferida pelo Supremo Tribunal Federal.[27] [Sem dispositivo correspondente no CPC/1973]

Art. 525: 1. s/ dobra do prazo para impugnação, v. § 3º; s/ execução de saldo remanescente e oferta de nova impugnação, v. art. 507, nota 9.

Em matéria de arbitragem, v. LArb 33 § 3º.

Art. 525: 2. Súmula 519 do STJ: "Na hipótese de **rejeição da impugnação** ao cumprimento de sentença, **não são cabíveis honorários advocatícios**". No mesmo sentido, mais recentemente: STJ-4ª T., REsp 1.859.220, Min. Marco Buzzi, j. 2.6.20, DJ 23.6.20.

Não é bem assim. Rejeitada a impugnação, os honorários advocatícios provisoriamente fixados em 10% no início da fase de cumprimento de sentença (art. 523 § 1º) serão aumentados até 20%, na medida do trabalho ulteriormente realizado pelo patrono do exequente, a exemplo do que dispõe o art. 827 § 2º.

V. tb. art. 523 §§ 1º e 2º, especialmente notas 9a e 9b.

S/ quantificação de honorários em matéria de impugnação ao cumprimento de sentença, v. art. 85, nota 30.

Art. 525: 2a. "O **recolhimento das custas** relativas à interposição de impugnação ao cumprimento de sentença deve ser comprovado em até 30 dias do protocolo da impugnação, sem necessidade de intimação para tanto, nos termos do art. 257" (STJ-3ª T., REsp 1.169.567-EDcl-AgRg, Min. Paulo Sanseverino, j. 5.5.11, DJ 11.5.11). No mesmo sentido: STJ-4ª T., Ag em REsp 60.168-AgRg-AgRg, Min. Antonio Ferreira, j. 15.5.12, DJ 21.5.12.

V. tb. art. 914, nota 5a.

Art. 525: 3. Quando começa o prazo para a impugnação? Esse prazo começa no dia útil seguinte ao término do prazo quinzenal para pagar. Trata-se aqui de dois prazos quinzenais contínuos, mas que preservam sua independência; o segundo não é mera prorrogação do primeiro. Assim, para que o prazo para a impugnação comece, o prazo para pagar tem que estar terminado.

"Mesmo que o executado realize o depósito para garantia do juízo no prazo para pagamento voluntário, o prazo para a apresentação da impugnação somente se inicia após transcorridos os 15 dias contados da intimação para pagar o débito, previsto no art. 523 do CPC/15, independentemente de nova intimação" (STJ-3ª T., REsp 1.761.068, Min. Nancy Andrighi, j. 15.12.20, maioria, DJ 18.12.20). Em outras palavras, o depósito feito no curso do prazo quinzenal para pagamento não precipita o início do subsequente prazo para impugnação.

Art. 525: 4. A não apresentação ou a apresentação da impugnação fora do prazo de quinze dias implica **preclusão,** restando ao executado espaço apenas para a alegação de **matérias cognoscíveis de ofício** ou de **fatos supervenientes,** por simples petição.

A invocação de matérias cognoscíveis de ofício pode ter lugar, inclusive, antes da oferta da impugnação, também por simples petição, mesmo sem o rótulo de exceção de pré-executividade.

V. § 11.

Art. 525: 4a. A **segurança do juízo** não é requisito para a oferta de impugnação; ela apenas é exigida para a outorga de efeito suspensivo a esta (v. § 6º).

Art. 525: 5. "No sistema regido pelo NCPC, o **recurso cabível** da decisão que acolhe impugnação ao cumprimento de sentença e extingue a execução é a apelação. As decisões que acolherem parcialmente a impugnação ou a ela negarem provimento, por não acarretarem a extinção da fase executiva em andamento, têm natureza jurídica de decisão interlocutória, sendo o agravo de instrumento o recurso adequado ao seu enfrentamento" (STJ-4ª T., REsp 1.698.344, Min. Luis Felipe, j. 22.5.18, DJ 1.8.18). Em sentido semelhante: STJ-1ª T., Ag em REsp 711.036-AgInt, Min. Benedito Gonçalves, j. 21.8.18, DJ 29.8.18; STJ-2ª T., REsp 1.767.663, Min. Herman Benjamin, j. 13.11.18, DJ 17.12.18.

Art. 525: 5a. s/ alegação de impedimento ou suspeição, v. § 2º.

Art. 525: 6. O **rol** de matérias dedutíveis na impugnação **não é exauriente,** podendo o devedor alegar, por exemplo, a inexistência da sentença cujo cumprimento se requer.

Todavia: "A eventual existência de vícios maculando a transação judicial deve ser discutida em ação própria, pois as matérias suscetíveis de exame em embargos à execução de título judicial são somente aquelas elencadas no art. 741 do Código de Processo Civil" (STJ-4ª T., REsp 778.344, Min. Fernando Gonçalves, j. 18.11.08, DJ 20.4.09).

Art. 525: 6a. "A **exceção de coisa julgada** não suscitada apropriadamente na fase de conhecimento e, tendo havido o trânsito em julgado da decisão de mérito, não sendo fato superveniente a esta (art. 475-L do CPC), somente pode ser alegada na via da ação rescisória (art. 485, IV, do CPC) e **não na fase de cumprimento de sentença**" (STJ-3ª T., REsp 1.309.826-EDcl-AgRg-EDcl, Min. Ricardo Cueva, j. 1.3.16, DJ 7.3.16).

Art. 525: 7. "Em situações até bastante ocorrentes, mostra-se perfeitamente cabível e necessário, no âmbito de embargos à execução ou de impugnação ao cumprimento de sentença, suscitar o executado a discussão acerca dos precisos termos da decisão condenatória, objeto de execução, sem que isso importe pretensão de afronta à coisa julgada, sobretudo quando as partes divergem acerca de **interpretações possíveis para o** mesmo **título**" (STJ-4ª T., REsp 1.243.701, Min. Raul Araújo, j. 4.10.11, DJ 12.3.12). No mesmo sentido: STJ-3ª T., REsp 928.133, Min. Ricardo Cueva, j. 27.6.17, DJ 2.8.17.

"A melhor interpretação do título executivo judicial se extrai da fundamentação que dá sentido e alcance ao dispositivo do julgado, observados os limites da lide, em conformidade com o pedido formulado no processo. Não viola a coisa julgada a interpretação razoável e possível de ser extraída do título judicial. Na hipótese, o título judicial condenou a ré denunciada a ressarcir ao réu denunciante 'os valores que despender, até o limite da apólice do seguro'. Inexistindo, no corpo da sentença, definição do alcance da expressão, não se pode concluir que os ônus sucumbenciais devem ser abrangidos no ressarcimento, sobretudo porque, no contrato de seguro firmado entre denunciante e denunciada, não há previsão de reembolso de honorários advocatícios" (STJ-4ª T., REsp 1.432.268-AgInt, Min. Raul Araújo, j. 19.3.19, DJ 29.3.19).

"Em liquidações de sentença cujo comando não se revela infenso a duplo sentido ou ambiguidade, deve o magistrado adotar como interpretação, entre as possíveis, a que melhor se harmoniza com o ordenamento jurídico, seja no aspecto processual, seja no substancial. Portanto, no caso não se há falar em ofensa à coisa julgada, uma vez que a mera interpretação do título nada acrescenta a ele e nada é dele retirado. Com efeito, havendo mais de uma interpretação a ser extraída do título executivo, a única que deve ser aceita é aquela que parte da premissa de que a sentença não quis promover a iniquidade, concedendo ao advogado do devedor honorários que correspondem a quase quarenta vezes o valor do crédito da parte contrária" (STJ-4ª T., REsp 1.267.621, Min. Luis Felipe, j. 11.12.12, DJ 15.3.13).

"O juízo de liquidação pode interpretar o título formado na fase de conhecimento, com o escopo de liquidá-lo, extraindo-se o sentido e alcance do comando sentencial mediante integração de seu dispositivo com a sua fundamentação, uma vez que a mera interpretação do título nada acrescenta a ele e nada é dele retirado, apenas aclarando o exato alcance da tutela antes prestada. Os honorários advocatícios, consoante a remansosa jurisprudência desta Corte Superior, devem ter como parâmetro o proveito econômico almejado pela parte demandante. Dessa sorte, no caso dos autos, a interpretação do comando sentencial que melhor se harmoniza com a sua fundamentação e com o ordenamento jurídico, seja no aspecto processual seja no substancial, é a que também insere na base de cálculo dos honorários advocatícios o valor da dívida declarado quitado, mercê de refletir com exatidão o proveito econômico alcançado com a propositura da demanda" (STJ-4ª T., REsp 1.360.424-AgRg, Min. Luis Felipe, j. 25.2.14, DJ 11.3.14). Em sentido semelhante, para explicitar que a base de cálculo dos honorários sucumbenciais, atrelada genericamente ao valor da condenação, alcança não só a obrigação de pagar quantia, mas também a obrigação de fazer objeto da sentença: STJ-3ª T., REsp 1.738.737, Min. Nancy Andrighi, j. 8.10.19, DJ 11.10.19.

Todavia: "Se a sentença na qual a condenação a honorários foi estabelecida enfrentou o mérito da ação, tanto a condenação principal como o consectário adquirem a eficácia de coisa julgada, não comportando impugnação por exceção de pré-executividade" (STJ-3ª T., REsp 1.299.287, Min. Nancy Andrighi, j. 19.6.12, DJ 26.6.12).

Art. 525: 8. s/ citação do réu, como requisito para a validade do processo, v. art. 239; s/ revelia, v. art. 344.

V. tb. art. 239, nota 3b (ação rescisória ou ação declaratória de nulidade de citação).

Art. 525: 8a. A **falta ou** a **nulidade da citação** são os **únicos vícios da fase de conhecimento** passível de arguição em embargos à execução por título judicial.

Assim: "Não se pode requerer em sede de embargos do devedor à execução fundada em título judicial a apreciação de questão transitada em julgado — nulidade da sentença exequenda por inobservância do prazo em dobro para contestar" (STJ-3ª T., REsp 439.236, Min. Nancy Andrighi, j. 1.4.03, DJU 12.5.03).

Art. 525: 9. "É **nula a citação realizada por edital,** quando descumpridos os requisitos nos arts. 231 e 232 do CPC, processando-se o chamamento por essa via antes de esgotados os meios disponíveis para a citação pessoal. Ocorrendo falta ou nulidade de citação, a relação processual é inexistente. Portanto, desaparecem os efeitos da coisa julgada, pois essa garantia de imutabilidade das sentenças protege tão somente atos jurídicos e não atos inexistentes. É possível, mediante **exceção** pré-processual **antecedente à execução,** independentemente de embargos ou ação rescisória, ser declarada nulidade de citação" (RF 314/144).

Em matéria de execução fiscal, v. LEF 8º, nota 2.

Art. 525: 10. Enquadrando na hipótese de falta ou nulidade de citação a situação de **"ausência de nomeação de curador especial** ao réu preso": STJ-4ª T., REsp 1.032.722, Min. Marco Buzzi, j. 28.8.12, DJ 15.10.12.

V. tb. art. 72, nota 6c.

Art. 525: 10a. **Rejeitada a alegação** de defeito da citação, feita através de oposição à execução, já não pode ser reproduzida em ação rescisória ou em ação anulatória (JTAERGS 81/106).

Art. 525: 11. Descabe repetir no cumprimento da sentença **anteriores discussões em torno da ilegitimidade de parte** como requisito de admissibilidade para o julgamento do mérito. "Uma vez decidida a questão da legitimidade passiva no processo de conhecimento, tendo sido regularmente formado o título executivo, não cabe a rediscussão do tema em sede de execução, sob pena de ofensa à coisa julgada" (STJ-3ª T., AI 1.275.364-AgRg, Min. Sidnei Beneti, j. 20.4.10, DJ 5.5.10). Em sentido semelhante: RTFR-3ª Reg. 19/130, RP 2/351, em. 82.

A legitimidade a ser investigada nesta oportunidade é a dos arts. 778 e 779.

Art. 525: 11a. v. §§ 12 a 15. V. tb. arts. 514, 798-I-*c* e *d* e 803-I e III.

Art. 525: 12. s/ penhora, v. arts. 831 e segs.; s/ avaliação, v. arts. 870 e segs.

Art. 525: 12a. "As questões relativas à **nulidade da penhora** podem ser apresentadas por simples petição" (STJ-3ª T., REsp 555.968, Min. Menezes Direito, j. 14.6.04, DJU 23.8.04).

V. tb. § 11.

Art. 525: 13. s/ excesso de execução, v. §§ 4º e 5º e art. 917 § 2º.

Art. 525: 13a. "Identificando-se, de logo, que a capitalização dos juros não foi determinada na sentença transitada em julgado, **possível podar-se o excesso mediante exceção de pré-executividade**" (STJ-4ª T., REsp 545.568, Min. Aldir Passarinho Jr., j. 16.10.03, DJU 24.11.03).

Art. 525: 14. v. art. 516.

Art. 525: 14a. v. CC 304 a 359.

Art. 525: 14b. "Impossível ao devedor impugnar o título judicial com base em **pagamento** pretensamente ocorrido em fase **anterior** à formação do título executivo judicial" (STJ-4ª T., REsp 1.081.870-AgRg, Min. Aldir Passarinho Jr., j. 24.3.09, DJ 11.5.09).

Art. 525: 14c. v. CC 360 a 367.

Art. 525: 15. v. CC 368 a 380. S/ compensação em matéria tributária, v. LEF 16 § 3º, inclusive notas 24 e segs.

Art. 525: 16. "A devedora que não é titular de dívida líquida e vencida não pode pretender a compensação" (RSTJ 62/244).

Art. 525: 17. v. CC 840 a 850.

Art. 525: 18. s/ prescrição em geral, v. arts. 487-II e § ún., inclusive notas 3, 3a e 5 e segs. Especificamente s/ prescrição superveniente, v. art. 487, nota 8b.

Art. 525: 19. **Súmula 150 do STF:** "Prescreve a execução no mesmo prazo de prescrição da ação".

V. anotações a essa Súmula no art. 487, nota 7.

Art. 525: 20. A **prescrição acontecida antes do trânsito em julgado** não pode ser apreciada por ocasião do cumprimento da sentença, sob pena de afronta à coisa julgada (STJ-3ª T., REsp 1.381.654, Min. Paulo Sanseverino, j. 5.11.13, DJ 11.11.13).

V. tb. art. 509, nota 15a.

Art. 525: 21. "A **absolvição no juízo criminal,** posterior à sentença da ação civil reparatória por ato ilícito, importa em causa superveniente extintiva da obrigação" (RSTJ 107/278). No mesmo sentido: STJ-RT 763/157.

"Se a condenação no juízo cível à reparação de danos decorrente de acidente de trânsito foi calcada em condenação perante o juízo criminal, a superveniência de absolvição do acusado em virtude de revisão criminal constitui fato novo que torna impossível o cumprimento do julgado" (RT 762/271, maioria).

Cf. arts. 493, nota 7, e 966, nota 32a.

Art. 525: 22. "Na hipótese do art. 475-L, § 2º, do CPC, é indispensável apontar, na petição de impugnação ao cumprimento de sentença, a parcela incontroversa do débito, bem como as incorreções encontradas nos cálculos do credor, sob pena de rejeição liminar da petição, **não se admitindo emenda à inicial**" (STJ-Corte Especial, REsp 1.387.248, Min. Paulo Sanseverino, j. 7.5.14, DJ 19.5.14).

Art. 525: 23. Esse prazo de 15 dias **não é inflexível** quando em discussão temas cognoscíveis a qualquer tempo no processo.

V. tb. art. 518.

Art. 525: 24. v. §§ 13 a 15. V. tb. art. 966, nota 21.

Art. 525: 25. "São **constitucionais** as disposições normativas do parágrafo único do art. 741 do CPC, do § 1º do art. 475-L, ambos do CPC/73, bem como os correspondentes dispositivos do CPC/15, o art. 525, § 1º, III e §§ 12 e 14, o art. 535, § 5º. São dispositivos que, buscando harmonizar a garantia da coisa julgada com o primado da Constituição, vieram agregar ao sistema processual brasileiro um mecanismo com eficácia rescisória de sentenças revestidas de vício de inconstitucionalidade qualificado, assim caracterizado nas hipóteses em que (a) a sentença exequenda esteja fundada em norma reconhecidamente inconstitucional — seja por aplicar norma inconstitucional, seja por aplicar norma em situação ou com um sentido inconstitucionais; ou (b) a sentença exequenda tenha deixado de aplicar norma reconhecidamente constitucional; e (c) desde que, em qualquer dos casos, o reconhecimento dessa constitucionalidade ou a inconstitucionalidade tenha decorrido de julgamento do STF realizado em data anterior ao trânsito em julgado da sentença exequenda" (STF-Pleno, ADI 2.418, Min. Teori Zavascki, j. 4.5.16, maioria, DJ 17.11.16).

Todavia, em sentido mais restritivo quanto à abrangência da norma: "O § ún. do art. 741 do CPC, buscando solucionar específico conflito entre os princípios da coisa julgada e da supremacia da Constituição, agregou ao sistema de processo um mecanismo com eficácia rescisória de sentenças inconstitucionais. Sua utilização, contudo, não tem caráter universal, sendo restrita às sentenças fundadas em norma inconstitucional, assim consideradas as que (a) aplicaram norma inconstitucional (1ª parte do dispositivo), ou (b) aplicaram norma em situação tida por inconstitucional ou, ainda, (c) aplicaram norma com um sentido tido por inconstitucional (2ª parte do dispositivo). Indispensável, em qualquer caso, que a inconstitucionalidade tenha sido reconhecida em precedente do STF, em controle concentrado ou difuso (independentemente de resolução do Senado), mediante (a) declaração de inconstitucionalidade com redução de texto (1ª parte do dispositivo), ou (b) mediante declaração de inconstitucionalidade parcial sem redução de texto ou, ainda, (c) mediante interpretação conforme a Constituição (2ª parte). Estão fora do âmbito material dos referidos embargos, portanto, todas as demais hipóteses de sentenças inconstitucionais, ainda que tenham decidido em sentido diverso da orientação do STF, como, v. g., as que (a) deixaram de aplicar norma declarada constitucional (ainda que em controle concentrado), (b) aplicaram dispositivo da Constituição que o STF considerou sem autoaplicabilidade, (c) deixaram de aplicar dispositivo da Constituição que o STF considerou autoaplicável, (d) aplicaram preceito normativo que o STF considerou revogado ou não recepcionado, deixando de aplicar ao caso a norma revogadora. Também estão fora do alcance do § ún. do art. 741 do CPC as sentenças, ainda que eivadas da inconstitucionalidade nele referida, cujo trânsito em julgado tenha ocorrido em data anterior à da sua vigência. O dispositivo, todavia, pode ser invocado para inibir o cumprimento de sentenças executivas *lato sensu*, às quais tem aplicação subsidiária por força do art. 744 do CPC" (STJ-1ª T., REsp 791.754, Min. Teori Zavascki, j. 13.12.05, DJU 6.2.06). Em sentido semelhante: STJ-1ª Seção, REsp 1.189.619, Min. Castro Meira, j. 25.8.10, DJ 2.9.10.

Art. 525: 25a. **Apenas o STF** tem competência para modular os efeitos das suas decisões.

Art. 525: 25b. v. art. 1.057 **(direito intertemporal).**

Art. 525: 25c. "A coisa julgada **não poderá ser desconstituída através de *querela nulitatis*,** mesmo após julgamento do Supremo Tribunal Federal que reconhece a inconstitucionalidade da lei que fundamentou a sentença que se pretende desconstituir" (STJ-Corte Especial, ED no Ag em REsp 44.901-AgInt, Min. Felix Fischer, j. 7.12.16, DJ 15.12.16).

Art. 525: 26. de dois anos (v. art. 975-*caput*).

Art. 525: 27. v. art. 1.057 **(direito intertemporal).**

Art. 526. É lícito ao réu, antes de ser intimado para o cumprimento da sentença, comparecer em juízo e oferecer em pagamento o valor que entender devido, apresentando memória discriminada do cálculo. [Sem dispositivo correspondente no CPC/1973]

§ 1º O autor será ouvido no prazo de 5 (cinco) dias, podendo impugnar o valor depositado, sem prejuízo do levantamento do depósito a título de parcela incontroversa.

§ 2º Concluindo o juiz pela insuficiência do depósito, sobre a diferença incidirão multa de dez por cento e honorários advocatícios, também fixados em dez por cento, seguindo-se a execução com penhora e atos subsequentes.[1]

§ 3º Se o autor não se opuser, o juiz declarará satisfeita a obrigação e extinguirá o processo.[2]

Art. 526: 1. v. art. 523 §§ 1º a 3º.

Art. 526: 2. v. art. 924-II e 925.

Art. 527. Aplicam-se as disposições deste Capítulo ao cumprimento provisório da sentença,[1] no que couber. [Sem dispositivo correspondente no CPC/1973]

Art. 527: 1. v. art. 520.

Capítulo IV DO CUMPRIMENTO DE SENTENÇA QUE RECONHEÇA A EXIGIBILIDADE DE OBRIGAÇÃO DE PRESTAR ALIMENTOS

Art. 528. No cumprimento de sentença que condene ao pagamento de prestação alimentícia ou de decisão interlocutória que fixe alimentos,[1 a 1b] o juiz, a requerimento do exequente,[1c-2] mandará intimar o executado pessoalmente para, em 3 (três) dias, pagar o débito,[2a-2b] provar que o fez ou justificar a impossibilidade de efetuá-lo.[2c a 2f] [Dispositivo correspondente no CPC/1973: art. 733-*caput*]

§ 1º Caso o executado, no prazo referido no *caput*, não efetue o pagamento, não prove que o efetuou ou não apresente justificativa da impossibilidade de efetuá-lo, o juiz mandará protestar o pronunciamento judicial,[3] aplicando-se, no que couber, o disposto no art. 517. [Sem dispositivo correspondente no CPC/1973]

§ 2º Somente a comprovação de fato que gere a impossibilidade absoluta de pagar justificará o inadimplemento. [Sem dispositivo correspondente no CPC/1973]

§ 3º Se o executado não pagar ou se a justificativa apresentada não for aceita, o juiz, além de mandar protestar o pronunciamento judicial na forma do § 1º,[3a] decretar-lhe-á a prisão[3b a 8a] pelo prazo de 1 (um) a 3 (três) meses.[8b-8c] [Dispositivo correspondente no CPC/1973: art. 733 § 1º]

§ 4º A prisão será cumprida em regime fechado,[8d] devendo o preso ficar separado dos presos comuns.[8e] [Sem dispositivo correspondente no CPC/1973]

§ 5º O cumprimento da pena não exime o executado do pagamento das prestações vencidas e vincendas. [Dispositivo correspondente no CPC/1973: art. 733 § 2º]

§ 6º Paga a prestação alimentícia,[8f] o juiz suspenderá o cumprimento da ordem de prisão. [Dispositivo correspondente no CPC/1973: art. 733 § 3º]

§ 7º O débito alimentar que autoriza a prisão civil do alimentante é o que compreende até as 3 (três) prestações anteriores ao ajuizamento da execução e as que se vencerem no curso do processo.[9] [Sem dispositivo correspondente no CPC/1973]

§ 8º O exequente pode optar por promover o cumprimento da sentença ou decisão desde logo, nos termos do disposto neste Livro, Título II, Capítulo III,[10 a 13] caso em que não será admissível a prisão do executado, e, recaindo a penhora em dinheiro, a concessão de efeito suspensivo à impugnação não obsta a que o exequente levante mensalmente a importância da prestação. [Dispositivo correspondente no CPC/1973: art. 732]

§ 9º Além das opções previstas no art. 516, parágrafo único, o exequente pode promover o cumprimento da sentença ou decisão que condena ao pagamento de prestação alimentícia no juízo de seu domicílio.[14] [Sem dispositivo correspondente no CPC/1973]

Art. 528: 1. definitivos ou provisórios (v. art. 531).

S/ execução de alimentos fundada em título executivo extrajudicial, v. arts. 911 e segs.

Art. 528: 1a. O **acordo judicial** comporta cumprimento pelas regras próprias da execução de alimentos, inclusive no que diz respeito à prisão: "Realizado acordo nos autos de execução de prestação alimentar, o inadimplemento das parcelas dele decorrentes justifica a ordem prisional civil, sob pena de se prestigiar o devedor desidioso" (STJ-4ª T., REsp 401.273, Min. Aldir Passarinho Jr., j. 25.2.03, DJU 5.5.03). "Se o processo de execução de alimentos é suspenso por força de acordo entre as partes, o inadimplemento deste autoriza o restabelecimento da ordem de prisão anteriormente decretada, independentemente de nova citação do devedor; basta a intimação do respectivo procurador" (STJ-3ª T., HC 16.602, Min. Ari Pargendler, j. 7.8.01, DJU 3.9.01). No mesmo sentido: RT 764/228.

Art. 528: 1b. Apenas a parcela da decisão que delibera sobre alimentos pode ser cumprida de acordo com o disposto nos arts. 528 e segs. Assim, ficam excluídas das especiais regras para cumprimento da sentença alimentícia verbas como **honorários de advogado e custas.** Nesse sentido: RTJ 111/1.048, 125/326; STF-RT 594/225, 613/235; STJ-3ª T., RHC 16.526, Min. Castro Filho, j. 14.12.04, DJU 28.2.05; RF 289/267.

Art. 528: 1c. O **exequente pode optar** entre o cumprimento da sentença orientado pelas especiais disposições dos arts. 528 e segs. e o cumprimento da sentença balizado pelas regras ordinárias dos arts. 523 e segs. (v. § 8º). Afinal, a prestação de alimentos envolve o pagamento de quantia ou algo quantificável.

É possível o **fracionamento do cumprimento da sentença,** para que parte dela seja cumprida à luz dos arts. 528 e segs. e outra parte cumprida em conformidade com os arts. 523 e segs. (v. nota 11).

Art. 528: 2. "Feita a escolha do procedimento que permite a prisão civil do executado, desde que observado o disposto na Súmula 309/STJ, como na espécie, **não** se mostra **possível** a sua **conversão, de ofício,** para o rito correspondente à execução por quantia certa, cuja prisão é vedada, sob o fundamento de que o débito foi adimplido parcialmente, além do transcurso de tempo razoável desde o ajuizamento da ação, o que afastaria o caráter emergencial dos alimentos. Nos termos da jurisprudência pacífica desta Corte Superior, o pagamento parcial do débito alimentar não impede a prisão civil do executado. Além disso, o tempo transcorrido desde o ajuizamento da ação de execução, salvo em situações excepcionais, não tem o condão de afastar o caráter de urgência dos alimentos" (STJ-3ª T., REsp 1.773.359, Min. Marco Bellizze, j. 13.8.19, DJ 16.8.19).

V. tb. nota 11a.

Art. 528: 2a. v. art. 231 § 3º.

Art. 528: 2b. "Em se tratando de execução de prestação alimentícia, os **juros de mora** não são devidos apenas a partir da citação, mas sim desde a data do inadimplemento da obrigação" (JTJ 303/338).

Art. 528: 2c. v. § 2º.

Art. 528: 2d. Aceita a justificativa, não se decreta a prisão do devedor, mas este não se exonera da dívida (JTJ 153/9).

Art. 528: 2e. "A competência do juiz da execução é limitada às **impossibilidades ocasionais de pagamento** integral, não podendo diminuir a pensão, alterar prazos, ou autorizar o parcelamento da dívida do executado, se o exequente a isto se opõe" (JTJ 162/9). "A lei admite como defesa do executado apenas a prova de já ter feito o pagamento, ou da impossibilidade de efetuá-lo (CPC, art. 733)" (Bol. AASP 1.670/315, maioria; a citação é da p. 316). No mesmo sentido: STJ-3ª T., AI 1.050.994-AgRg, Min. Nancy Andrighi, j. 23.9.08, DJ 3.10.08.

"Prisão civil. Devedor de alimentos. Inadimplemento involuntário e escusável. Constrangimento ilegal caracterizado. Ordem concedida" (STF-2ª T., HC 106.709, Min. Gilmar Mendes, j. 21.6.11, DJ 15.9.11).

P. ex., justifica a impossibilidade de pagar os alimentos o fato de o alimentante estar incapacitado para o trabalho, em razão de esquizofrenia paranoide (STJ-4ª T., RHC 22.635, Min. Fernando Gonçalves, j. 10.2.09, DJ 26.2.09).

"Demonstrada a impossibilidade de arcar com o pensionamento mediante argumentos razoáveis, entre eles, a fixação de percentual sobre o salário do devedor de forma desproporcional entre os filhos e o ajuizamento de ação revisional logo que a quitação do débito se tornou inviável, tendo decorrido anos sem que o Judiciário tenha decidido o pleito, não subsiste o decreto prisional, mormente quando desprovido de fundamentação acerca da real situação fática do paciente" (STJ-3ª T., RHC 61.492, Min. João Otávio, j. 24.5.16, DJ 6.6.16).

"O fato de a credora ter atingido a maioridade civil e exercer atividade profissional, bem como o fato de o devedor ser idoso e possuir problemas de saúde incompatíveis com o recolhimento em estabelecimento carcerário, recomenda que o restante da dívida seja executado sem a possibilidade de uso da prisão civil como técnica coercitiva, em virtude da indispensável ponderação entre a efetividade da tutela e a menor onerosidade da execução, somada à dignidade da pessoa humana sob a ótica da credora e também do devedor" (STJ-3ª T., RHC 91.642, Min. Nancy Andrighi, j. 6.3.18, DJ 9.3.18).

"Desnecessidade e ineficácia da prisão civil na hipótese. Ausência de risco de vida à credora. Ponderação entre a máxima efetividade da tutela satisfativa e a menor onerosidade da execução. Na hipótese, além de o devedor estar comprovadamente desempregado, consignou-se que a credora não está em situação de risco iminente de vida, pois é pessoa maior, capaz e que se recolocou profissionalmente no ano de 2013, de modo que, nesse contexto específico, os alimentos, indiscutivelmente devidos até que haja a eventual exoneração por sentença, deverão ser executados sem a possibilidade de decretação da prisão civil, podendo o juízo de 1º grau, inclusive, valer-se de outras medidas típicas e atípicas de coerção ou sub-rogação, como autoriza o art. 139, IV, do CPC/15" (STJ-3ª T., HC 422.699, Min. Nancy Andrighi, j. 26.6.18, DJ 29.6.18).

"A alimentanda é maior e casada, presumindo-se que, ainda que não exerça atividade remunerada, o marido assumiu suas despesas e lhe garante as necessidades básicas, inexistindo situação emergencial a justificar a medida extrema da restrição da liberdade sob o regime fechado de prisão. A obrigação alimentar de débito pretérito em atraso poderá ser cobrada pelo rito menos gravoso da expropriação. Devidamente ajuizada a ação de exoneração de alimentos, mas ainda sem julgamento definitivo, o paciente não pode aguardar indefinidamente o respectivo desfecho para ter acolhida sua justificativa para o não pagamento do débito alimentar. O delicado estado de saúde do recorrente, portador de diabetes com grave insuficiência renal, fartamente documentado nos autos, também constitui circunstância relevante, por si só, capaz de afastar o inadimplemento voluntário e inescusável, requisitos essenciais para a excepcional prevalência da prisão civil do devedor de alimentos. Recurso ordinário em habeas corpus provido" (STJ-4ª T., RHC 105.198, Min. Raul Araújo, j. 19.3.19, DJ 22.3.19).

Todavia: "As alegações de ocorrência de desemprego ou de existência de outra família ou prole são insuficientes, por si só, para justificar o inadimplemento da obrigação alimentícia" (STJ-3ª T., RHC 92.211, Min. Nancy Andrighi, j. 27.2.18, DJ 2.3.18).

V. tb. nota 7a.

Art. 528: 2f. "Embora admitindo, em tese, a possibilidade da escusa do art. 733 do CPC/73 ser realizada por **prova testemunhal,** essa deve se conformar ao prazo legal fixado para a justificativa, o que, como demonstrado, não se coaduna com as delongas naturais de um protesto por produção de prova testemunhal" (STJ-3ª T., REsp 1.601.338, Min. Nancy Andrighi, j. 13.12.16, maioria, DJ 24.2.17; a citação é do voto da relatora).

Art. 528: 3. O protesto somente fica inviabilizado pelo pagamento ou pela prova do pagamento. A **mera apresentação de justificativa** para o não pagamento **não inibe o protesto** tão logo vencido o prazo de 3 dias.

Art. 528: 3a. Mesmo que **aceita a justificativa,** o **protesto** do pronunciamento judicial fica **autorizado.** A aceitação da justificativa apenas elide a prisão.

Art. 528: 3b. s/ prisão e alimentos, v. tb. LA 2º, nota 2b, e 4º, nota 5.

Art. 528: 3c. **CF 5º: "LXVII** — não haverá prisão civil por dívida, salvo a do responsável pelo inadimplemento voluntário e inescusável de obrigação alimentícia e a do depositário infiel".

Art. 528: 4. "Não obstante a redação imperativa do art. 733, § 1º, do CPC, a prisão civil do devedor de alimentos **não pode ser decretada de ofício"** (RT 488/294 e Bol. AASP 918/85). No mesmo sentido: STJ-3ª T., HC 128.229, Min. Massami Uyeda, j. 23.4.09, DJ 6.5.09; RT 732/357.

Art. 528: 4a. "O **pagamento parcial** da verba alimentar não afasta a possibilidade de prisão civil" (STJ-3ª T., HC 536.544, Min. Moura Ribeiro, j. 20.2.20, DJ 26.2.20).

Art. 528: 4b. "Proposta a ação de alimentos diretamente pelo menor, devidamente representado por sua mãe e por advogado regularmente constituído, depois substituído por defensor público, não tem o MP legitimidade para ingressar, como substituto processual, com a execução da respectiva sentença. Ordem concedida para **vedar a prisão civil** do paciente na execução de alimentos **proposta pelo Ministério Público"** (STJ-RDPr 24/351: 3ª T., HC 33.783, um voto vencido). Em sentido semelhante, negando ao MP legitimidade para requerer a prisão do alimentante: RJTJESP 134/381, JTJ 143/181, 158/186, 173/184.

Art. 528: 4c. "Não há óbice legal para que a prisão civil, técnica de coerção típica disponível para assegurar o cumprimento tempestivo das obrigações de conteúdo alimentar, seja modulada ou ajustada, quanto à forma ou ao prazo, para atender às suas finalidades essenciais. Dado que a efetividade da medida coercitiva depende da postura do devedor de alimentos, nada impede que, decretada inicialmente no prazo mínimo legal, seja posteriormente objeto de **prorrogação, observando-se o prazo** máximo fixado em lei, se demonstrada a recalcitrância e a desídia do devedor de alimentos" (STJ 3ª T., REsp 1.698.719, Min. Nancy Andrighi, j. 23.11.17, DJ 28.11.17).

"Não há impedimento legal para que seja decretada **mais de uma prisão** civil contra o mesmo devedor de alimentos, relativas a períodos diversos" (STJ-3ª T., HC 24.296, Min. Menezes Direito, j. 15.5.03, DJU 23.6.03).

"Nosso ordenamento jurídico não veda a possibilidade de o juiz renovar, no mesmo processo de execução de alimentos, o decreto prisional, após analisar a conveniência e oportunidade e, principalmente, após levar em conta a finalidade coercitiva da prisão civil do alimentante" (STJ-RP 143/232: 3ª T., HC 39.902). No mesmo sentido: STJ-4ª T., HC 297.792, Min. Antonio Ferreira, j. 11.11.14, DJ 21.11.14.

Todavia: "Não é possível decretar nova prisão relativa aos débitos vencidos durante a execução, e que já foi alcançada pela prisão anterior, sob pena de tratar-se de prorrogação que poderia conduzir à prisão perpétua, vedada no ordenamento jurídico brasileiro" (STJ-3ª T., REsp 658.823, Min. Menezes Direito, j. 17.5.07, DJU 6.8.07).

"Propostas sucessivas execuções de alimentos, todas pelo procedimento do art. 733 do CPC, mostra-se inviável o cumprimento cumulativo dos decretos prisionais, expedidos em cada um dos processos" (STJ-3ª T., HC 103.512, Min. Nancy Andrighi, j. 6.8.09, DJ 21.8.09).

Art. 528: 5. A prisão do alimentante é cabível tanto no caso de **alimentos provisórios** quanto no caso de **alimentos definitivos** (RTJ 86/126, 87/1.025, STF-RT 567/226; STJ-RJ 387/127: 3ª T., HC 149.618-EDcl-AgRg; RT 477/115, 491/81, 514/92, RJTJESP 37/139, JTJ 301/399). A prisão também tem lugar no caso de alimentos **transitórios** (STJ-3ª T., REsp 1.362.113, Min. Nancy Andrighi, j. 18.2.14, DJ 6.3.14).

"A execução fundada no rito do art. 733 do CPC não se restringe ao inadimplemento do encargo alimentar fundado em **vínculo consanguíneo,** pois o **ex-cônjuge** inadimplente tem o dever de quitar o débito alimentício, sob pena de ser compelido a fazê-lo por meio de prisão civil" (STJ-4ª T., RHC 37.365, Min. Marco Buzzi, j. 25.6.13, DJ 6.8.13).

V. tb. art. 531.

Art. 528: 5a. No sentido de que **não cabe a prisão** do alimentante em matéria de alimentos vinculados a **indenização por ato ilícito:** STJ-3ª T., REsp 93.948, Min. Eduardo Ribeiro, j. 2.4.98, DJU 1.6.98; STJ-4ª T., HC 523.357, Min. Isabel Gallotti, j. 1.9.20, DJ 16.10.20; RT 646/124, JTJ 167/251, JTA 118/153, Lex-JTA 157/219, JTAERGS 91/55, Bol. AASP 2.362/3.027.

S/ alimentos e indenização por ato ilícito, v. art. 533.

Art. 528: 5b. "*Habeas corpus*. Direito de família. Alimentos. Execução. Espólio. Rito do art. 733 do CPC. Descumprimento. **Prisão civil do inventariante. Impossibilidade.** Não parece possível a decretação de prisão civil do inventariante do espólio, haja vista que a restrição da liberdade constitui sanção também de natureza personalíssima e que não pode recair sobre terceiro, estranho ao dever de alimentar, como sói acontecer com o inventariante, representante legal e administrador da massa hereditária" (STJ-4ª T., HC 256.793, Min. Luis Felipe, j. 1.10.13, DJ 15.10.13).

Art. 528: 5c. "*Habeas corpus*. Prisão civil por alimentos. **Obrigação alimentar avoenga.** Caráter complementar e subsidiário da prestação. **Existência de meios executivos e técnicas coercitivas mais adequadas.** O fato de os avós assumirem espontaneamente o custeio da educação dos menores não significa que a execução na hipótese de inadimplemento deverá, obrigatoriamente, seguir o mesmo rito e as mesmas técnicas coercitivas que seriam observadas para a cobrança de dívida alimentar devida pelos pais, que são os responsáveis originários pelos alimentos necessários aos menores. Havendo meios executivos mais adequados e igualmente eficazes para a satisfação da dívida alimentar dos avós, é admissível a conversão da execução para o rito da penhora e da expropriação, que, a um só tempo, respeita os princípios da menor onerosidade e da máxima utilidade da execução, sobretudo diante dos riscos causados pelo encarceramento de pessoas idosas que, além disso, previamente indicaram bem imóvel à penhora para a satisfação da dívida" (STJ-3ª T., HC 416.886, Min. Nancy Andrighi, j. 12.12.17, DJ 18.12.17).

Art. 528: 5d. "Em face da sua natureza coercitiva, diferentemente da pena criminal, o cumprimento da prisão civil contra o devedor de alimentos **não se condiciona ao trânsito em julgado** da decisão que a determina" (STJ-3ª T., HC 161.217, Min. Paulo Sanseverino, j. 8.2.11, DJ 11.2.11).

Art. 528: 5e. "É ilegal o decreto prisional expedido por autoridade judiciária sem **prévia intimação do alimentante** acerca dos valores nele contidos. O cumprimento de mandado de prisão civil decorrente de inadimplemento de obrigação alimentar pressupõe o conhecimento, pelo alimentante, do exato valor devido" (RT 846/409).

Art. 528: 6. "A prisão civil perde sua finalidade quando for constado que o devedor, apesar de quitar o débito alimentar de forma parcial, **presta assistência ao alimentando,** zelando por sua sobrevivência de forma digna" (STJ-4ª T., HC 111.253, Min. João Otávio, j. 19.2.09, DJ 9.3.09).

Art. 528: 6a. "Tratando-se de funcionário público, a pensão alimentícia que está obrigado a prestar pode ser executada mediante **desconto em folha de pagamento,** não sendo caso de decretar-se, desde logo, a sua prisão" (RT 491/81). No mesmo sentido: STJ-3ª T., RHC 25.862, Min. Massami Uyeda, j. 12.5.09, DJ 27.5.09.

Art. 528: 6b. "Não basta o pagamento mensal de parcela da pensão alimentícia para que seja afastada a aplicação do disposto no art. 733, § 1º, do CPC. Faz-se necessária a **quitação integral** das três últimas parcelas anteriores ao ajuizamento da execução, acrescidas das vincendas" (STJ-RT 822/186: 4ª T., RHC 14.101).

"**Todavia,** em situações como a dos autos, em que se verifica o pagamento pontual das prestações da pensão alimentícia após decisão liminar que, em ação de exoneração de alimentos, reajustou o valor da obrigação às possibilidades do devedor, mostra-se desaconselhável a constrição da liberdade do alimentante, com base na dívida acumulada anteriormente à revisão. A posterior adequação do valor da pensão à capacidade econômico-financeira do paciente expõe o quadro de que o inadimplemento anterior não se apresentava inescusável e voluntário, tal como prevê a Constituição Federal, em seu art. 5º, LXVII, para admitir, excepcionalmente, a prisão civil do devedor de alimentos. Ademais, no caso, a revisão da pensão em conformidade com as possibilidades financeiras do paciente atende de forma mais eficiente às necessidades do alimentando do que a medida de segregação da liberdade do alimentante, que poderia, até mesmo, inviabilizar os rendimentos deste, conduzindo a novo inadimplemento da obrigação" (STJ-4ª T., HC 234.664, Min. Raul Araújo, j. 17.5.12, DJ 23.5.12).

V. tb. nota 6c.

Art. 528: 6c. "Em atenção aos princípios da proporcionalidade e da razoabilidade, na hipótese de **superveniência de sentença** que fixa alimentos definitivos em quantia inferior aos provisórios, a prisão civil do alimentante só poderá ser decretada até a quantia devida tendo como base os alimentos definitivos. A diferença entre os alimentos definitivos e os provisórios deve ser buscada nos moldes do artigo 732 do CPC" (STJ-3ª T., HC 146.402, Min. Massami Uyeda, j. 23.3.10, DJ 12.4.10).

"Para a aferição da ocorrência de inadimplemento da obrigação alimentar para efeito de prisão civil do devedor, deve ser observado o valor fixado em acórdão proferido nos autos de ação revisional, ainda que não transitado em julgado, pois o recurso eventualmente interposto não terá efeito suspensivo" (STJ-3ª T., HC 259.659, Min. Paulo Sanseverino, j. 5.3.13, DJ 26.3.13).

"Não cabe a execução, pelo rito do art. 733 do CPC, de prestações alimentícias posteriores à data da citação, na hipótese de ter sido julgada procedente a ação revisional" (STJ-4ª T., RHC 42.180, Min. Isabel Gallotti, j. 24.6.14, DJ 20.8.14).

"Procedida a majoração dos alimentos durante a tramitação de execução sob a modalidade coercitiva (art. 733 do CPC), a diferença majorada não pode ser incluída retroativamente no feito executivo já em curso. Somente a partir da data da intimação da sentença que julgou a ação de majoração, é que cabe cobrar por essa via o novo valor fixado. A diferença das demais parcelas, devida desde a citação no processo revisional, somente pode ser executada na modalidade expropriatória" (RJTJERGS 250-251/162).

"É ilegal a prisão decretada em decorrência do não pagamento de alimentos entre a data da citação da ação de exoneração e o trânsito em julgado do *decisum* de procedência, autorizando a concessão de salvo-conduto por meio da ação de *habeas corpus*" (STJ-3ª T., RHC 46.510, Min. João Otávio, j. 5.8.14, DJ 12.8.14). Em sentido semelhante: STJ-4ª T., HC 285.502, Min. Raul Araújo, j. 18.3.14, DJ 25.3.14.

V. tb. nota 6b.

Art. 528: 6d. "A **propositura de ação revisional** não obsta a execução de alimentos com base no art. 733 do CPC, admitindo-se a prisão civil do devedor" (STJ-3ª T., HC 24.296, Min. Menezes Direito, j. 15.5.03, DJU 23.6.03).

Art. 528: 6e. "O fato de o credor dos alimentos, durante o trâmite da execução, ter atingido a maioridade civil, cursado ensino superior e passado a exercer atividade profissional remunerada, embora não desobrigue o genitor pela dívida pretérita contraída exclusivamente em razão de sua recalcitrância, torna desnecessária, na hipótese, a prisão civil como medida coativa, seja em razão da **ausência de atualidade e de urgência** da prestação dos alimentos, seja porque essa técnica será ineficaz para compelir o devedor a satisfazer integralmente o **débito que se avolumou** de forma significativa. A existência de dúvida sobre o período em que os alimentos foram prestados pela avó, quais valores foram destinados ao credor e a natureza substitutiva ou complementar dos alimentos que foram prestados também desautoriza o uso da prisão civil como técnica coercitiva" (STJ-3ª T., HC 415.215, Min. Nancy Andrighi, j. 6.2.18, DJ 8.2.18).

"A prisão civil do devedor, com fundamento no art. 528, § 3º, do CPC/2015, não é pena ou sanção, mas técnica jurisdicional, de natureza excepcional, voltada ao cumprimento da obrigação pecuniária, não se justificando quando verificada a ausência de urgência da verba alimentar para a manutenção do alimentando. O exame dos elementos dos autos permite constatar que a prisão civil, no caso, mostra-se flagrantemente ilegal e indevida, na medida em que, conforme se verifica, a maioridade civil dos exequentes, assim como a situação de independência financeira de ambos, apontam para a desnecessidade da prisão civil do alimentante. Com efeito, embora incontroversa a inadimplência, é forçoso reconhecer que, no caso, foi reconhecida a prescindibilidade dos alimentos à subsistência dos alimentandos — uma, empresária individual, e outro, gerente de empresa —, afastando, assim, a urgência que justificaria a adoção da medida coercitiva extrema da prisão civil. A jurisprudência desta Corte tem-se orientado no sentido de que, em casos tais, o encarceramento do devedor revela-se extremo e indevido, refugindo aos objetivos da lei" (STJ-4ª T., RHC 107.783, Min. Raul Araújo, j. 2.4.19, DJ 11.4.19)

Art. 528: 7. O **recurso cabível** contra o decreto de prisão é o **agravo de instrumento,** cf. art. 1.015 § ún. Também é agravável a decisão que denega a prisão do devedor (RT 488/106, RJTJESP 53/225).

Todavia, mesmo que não tenha interposto recurso contra o decreto de prisão, o devedor pode ter sua prisão afastada por meio de ***habeas corpus*** (STJ-3ª T., HC 103.820, Min. Ari Pargendler, j. 5.6.08, DJ 5.8.08).

Art. 528: 7a. A estreita via do ***habeas corpus*** somente é adequada para situações em que seja de plano aferível a ilegalidade da prisão, ou seja, para situações em que esteja *prima facie* **comprovado** o pagamento dos alimentos ou justificada a impossibilidade de fazê-lo. Casos em que se afastou a prisão em sede de *habeas corpus*: JTJ 189/282 ("os autos continham elementos suficientes para acolhimento da justificativa do réu para o não pagamento dos atrasados"), Bol. AASP 2.370/3.089.

Todavia, para casos em que a ilegalidade da prisão não se revela de plano, é inadmissível o *habeas corpus*. Assim, não cabe *habeas corpus*:

— para que se discuta se a pensão foi fixada em valor elevado (STJ-5ª T., RHC 2.959, Min. Jesus Costa Lima, j. 29.9.93, DJU 18.10.93);

— "A alegação de que a paciente não dispõe de condições financeiras para arcar com o pagamento da pensão requerida envolve matéria referente à prova, não sendo possível o seu reexame na via estreita do *habeas corpus*" (STJ-3ª T., RHC 16.361, Min. Pádua Ribeiro, j. 14.9.04, DJU 25.10.04). Em sentido semelhante: STF-2ª T., HC 82.839, Min. Carlos Velloso, j. 17.6.02, DJU 22.8.03; STJ-4ª T., HC 27.215-AgRg, Min. Aldir Passarinho Jr., j. 1.4.03, DJU 30.6.03.

V. tb. nota 2e.

Art. 528: 7b. "As peculiaridades instrumentais do ***habeas corpus***, medida voltada à defesa da liberdade do cidadão, afastam a **intervenção de terceiro** que se diga interessado na preservação do quadro atacado, ou seja, na prisão do paciente, pouco importando tratar-se de credora de prestação alimentícia não satisfeita" (STF-2ª T., HC 75.515-1-AgRg, Min. Marco Aurélio, j. 17.11.97, DJU 6.2.98).

Todavia: "A credora de pensão alimentícia tem **legitimidade para recorrer** de decisão que, em *habeas corpus* impetrado pelo devedor, suspende a prisão decretada no juízo cível" (RSTJ 87/323).

Art. 528: 7c. "A impetração do *habeas corpus* não pode ensejar ao impetrante a experimentação de **situação mais gravosa** do que a vivenciada no momento do ajuizamento da ação constitucional" (STJ-4ª T., RHC 40.592, Min. Raul Araújo, j. 17.9.13, DJ 24.9.13).

Art. 528: 8. **"Não se conhece de mandado de segurança** em substituição a recurso cabível da decisão que decreta prisão civil do alimentante, por faltar à devida prestação" (STJ-3ª T., RMS 963-0, Min. Dias Trindade, j. 15.6.93, DJU 30.8.93).

Art. 528: 8a. Não se aplicam à prisão civil do devedor de alimentos "as regras da extinção da pretensão punitiva pela prescrição, oriundas do Processo Penal, pois a **natureza da coerção civil** é diversa daquela" (STJ-RT 883/168 e RBDFS 12/142: 4ª T., RHC 24.555).

Art. 528: 8b. e também determinará a **penhora de bens** (v. art. 530).

Art. 528: 8c. Entendemos que o **LA 19**, que fixa prazo máximo de 60 dias para a prisão, está **implicitamente revogado** pelo art. 528.

Art. 528: 8d. s/ regime fechado, v. CP 33 § 1º-*a*.

Art. 528: 8e. "Se o ordenamento jurídico garante a advogado supostamente infrator da lei penal o recolhimento em sala de Estado Maior, razão não há que justifique recolhimento em cela comum de delegacia de polícia de causídico devedor de alimentos, porque um ilícito civil não pode justificar tratamento mais gravoso do que o previsto para aquele que pretensamente viola a norma penal. Aplica-se à **prisão civil de advogado** a regra contida no artigo 7º, V, da Lei 8.906/94" (STJ-4ª T., HC 271.256, Min. Raul Araújo, j. 11.2.14, DJ 26.3.14).

Art. 528: 8f. A prestação alimentícia **pode ser paga por terceiro,** revogando-se, em consequência, a prisão do alimentante (RF 308/171).

Art. 528: 9. "A prisão civil não deve ser tida como meio de coação para o adimplemento de **parcelas atrasadas** de obrigação alimentícia — acumuladas por inércia da credora — já que, com o tempo, a quantia devida perde o cunho alimentar e passa a ter caráter de ressarcimento de despesas realizadas" (STF-1ª T., HC 75.180, Min. Moreira Alves, j. 10.6.97, DJU 1.8.97).

Súmula 309 do STJ: "O débito alimentar que autoriza a prisão civil do alimentante é o que compreende as três prestações anteriores ao ajuizamento da execução e as que se vencerem no curso do processo" (redação cf. entendimento revisado pela 2ª Seção no julgamento do HC 53.068: Bol. AASP 2.467/3.865; v. jurisprudência s/ essa revisão em RSTJ 200/603). No mesmo sentido: STF-RT 801/141, RT 868/231.

"A demora no processamento da ação não transforma a natureza dos alimentos devidos na data da propositura da demanda, aí incluídos aqueles relativos aos três meses anteriores; essas prestações autorizam a prisão do devedor, se após sentença final, deixarem de ser pagas de imediato" (STJ-3ª T., RHC 11.724, Min. Ari Pargendler, j. 11.9.01, DJ 29.10.01). No mesmo sentido: STJ-4ª T., RHC 37.365, Min. Marco Buzzi, j. 25.6.13, DJ 6.8.13.

Art. 528: 10. v. arts. 523 e segs.

Art. 528: 11. "É **possível a cisão da execução de alimentos** nos ritos dos arts. 732 e 733 do CPC" (STJ-3ª T., HC 114.936, Min. Nancy Andrighi, j. 6.8.09, DJ 21.8.09). No mesmo sentido: JTJ 318/363 (AI 492.268-4/1-00).

"A existência de execução paralela, que se processa pelo rito do art. 732 do CPC, não tem o condão de macular o decreto prisional, pois a presente execução — processo n. 279/06 — se refere à inadimplência das parcelas de agosto de 2006 a julho de 2011. Já execução paralela — processo n. 627/06 — tem por objeto o débito compreendido entre o mês de março de 2004 e julho de 2006" (STJ-4ª T., RHC 37.365, Min. Marco Buzzi, j. 25.6.13, DJ 6.8.13).

Todavia: "Facultando o CPC ao credor a escolha do procedimento na execução de alimentos, inadmissível que o magistrado determine a cisão do pedido, com a finalidade de que observado para as parcelas mais antigas do débito o da execução por quantia certa contra devedor solvente" (JTJ 236/216).

V. tb. nota 1c.

Art. 528: 11a. "Optando o exequente pelo rito do art. 732 do CPC, que não prevê restrição de liberdade do executado, é **inadmissível a conversão de ofício** para o rito mais gravoso" (STJ-3ª T., HC 188.630, Min. Nancy Andrighi, j. 8.2.11, DJ 11.2.11).

V. tb. nota 2.

Art. 528: 11b. Prestações vincendas. "Quando se tratar de execução de alimentos, é possível a inclusão, no saldo devedor, das parcelas vencidas no curso da execução, mesmo que o rito utilizado seja o da execução por quantia certa" (STJ-4ª T., REsp 657.127, Min. Jorge Scartezzini, j. 19.5.05, DJU 27.6.05). No mesmo sentido: STJ-3ª T., REsp 505.173, Min. Menezes Direito, j. 25.5.04, DJU 2.8.04.

Art. 528: 12. No cumprimento da sentença alimentícia orientado pelos arts. 523 e segs., a **impossibilidade de cumprir a obrigação** é irrelevante. Ela somente ganha relevo quando possível a prisão do alimentante (RJTJERGS 148/233).

Art. 528: 13. "É **incabível** para a execução de alimentos, mesmo que prestados em espécie — verba para moradia —, a aplicação do disposto no art. 621 do CPC, que se destina à execução para entrega da coisa certa e permite a cominação de **multa diária** pelo descumprimento da obrigação de dar" (RT 835/206).

Art. 528: 14. "Em se tratando de execução de prestação alimentícia, a aparente antinomia havida entre o art. 475-P e parágrafo único (e também o art. 575, II) e o art. 100, II, todos do CPC, resolve-se em favor do reconhecimento de uma **regra de foro concorrente,** que permite ao alimentando escolher entre: (I) o foro do seu domicílio ou residência; (II) o juízo que proferiu a sentença exequenda; (III) o juízo do local onde se encontram bens do alimentante, sujeitos à expropriação; e (IV) o juízo do atual domicílio do alimentante. Na hipótese, é competente para o processamento da execução de alimentos o foro do domicílio ou residência do alimentando, eleito por ele para o ajuizamento da ação, ainda que a sentença exequenda tenha sido proferida em foro diverso. Relativização da competência funcional prevista no art. 475-P do CPC" (STJ-2ª Seção, CC 118.340, Min. Nancy Andrighi, j. 11.9.13, DJ 19.9.13).

Art. 529. Quando o executado for funcionário público, militar, diretor ou gerente de empresa ou empregado sujeito à legislação do trabalho, o exequente poderá requerer o desconto em folha de pagamento[1 a 4a] da importância da prestação alimentícia. [Dispositivo correspondente no CPC/1973: art. 734-*caput*]

§ 1º Ao proferir a decisão, o juiz oficiará à autoridade, à empresa ou ao empregador, determinando, sob pena de crime de desobediência, o desconto a partir da primeira remuneração posterior do executado, a contar do protocolo do ofício. [Dispositivo correspondente no CPC/1973: art. 734 § ún.]

§ 2º O ofício conterá o nome e o número de inscrição no Cadastro de Pessoas Físicas do exequente e do executado, a importância a ser descontada mensalmente, o tempo de sua duração e a conta na qual deve ser feito o depósito. [Dispositivo correspondente no CPC/1973: art. 734 § ún.]

§ 3º Sem prejuízo do pagamento dos alimentos vincendos, o débito objeto de execução pode ser descontado dos rendimentos ou rendas do executado, de forma parcelada, nos termos do *caput* deste artigo, contanto que, somado à parcela devida, não ultrapasse cinquenta por cento de seus ganhos líquidos.[5] [Sem dispositivo correspondente no CPC/1973]

Art. 529: 1. s/ desconto em folha de pagamento e: prisão, v. art. 528, nota 6a; execução de alimentos fundada em título extrajudicial, v. art. 912; incidência dos alimentos sobre 13º salário, horas extras e verbas devidas pela rescisão do contrato de trabalho, v. LA 11, notas 2c e 3.

Art. 529: 2. Admitindo a **cumulação entre** o **desconto em folha** de pagamento e a **expropriação de bens,** com a ponderação de que o valor descontado seja levado em conta por ocasião do ato expropriatório: STJ-3ª T., REsp 1.733.697, Min. Nancy Andrighi, j. 11.12.18, DJ 13.12.18.

Art. 529: 2a. "Alimentos. Determinação de desconto em folha de pagamento. Ausência de oposição do empregado. **Falta de interesse do empregador** em obstar a determinação judicial" (STJ-3ª T., RMS 696, Min. Eduardo Ribeiro, j. 17.8.93, DJU 6.9.93).

Art. 529: 3. "O **desconto em folha** de pagamento é meio de expropriação em execução de prestação alimentícia, sendo o **inadimplemento requisito indispensável.** Dessa medida não se pode cogitar para as prestações ainda não vencidas, ao arrepio do acordo celebrado em juízo, que estabeleceu o depósito em conta bancária como forma de pagamento, para evitar eventuais atrasos no pagamento" (RJ 229/55).

Art. 529: 4. "Pretensão da alimentanda de **alteração da forma de pagamento** da pensão alimentícia, passando **de depósito em conta-corrente para desconto em folha de pagamento.** Acordo celebrado entre as partes no processo de separação, dispondo acerca do pagamento mediante depósito em conta-corrente. Propositura de ação ordinária pela alimentanda para alteração da cláusula do acordo de separação extinta pelo reconhecimento da ausência de interesse, em face da possibilidade de requerimento direto no processo de separação. Requerimento formulado diretamente no processo de separação e deferido pelo juízo de primeiro grau. Reforma da decisão pelo Tribunal de Justiça, reconhecendo a necessidade da propositura de ação autônoma para revisão da cláusula do acordo de separação. Questão controvertida na doutrina e na jurisprudência. Peculiaridades do caso que recomendam o restabelecimento da decisão do juízo de primeiro grau, autorizando-se o desconto em folha de pagamento. Inteligência da regra do art. 734 do CPC" (STJ-3ª T., REsp 1.136.655, Min. Paulo Sanseverino, j. 20.5.14, RT 948/375).

Art. 529: 4a. "Suspenso o desconto em folha, em virtude de **desemprego do devedor,** e o pagamento regular de pensão alimentícia, não se ressente de ilegalidade a determinação judicial de bloqueio parcial dos valores relativos do **FGTS,** visando atender àquele pagamento" (STJ-3ª T., RMS 980, Min. Eduardo Ribeiro, j. 20.8.91, DJU 16.9.91).

Art. 529: 5. "É possível o desconto em folha de pagamento do devedor de alimentos, inclusive quanto a **débito pretérito,** contanto que o seja em montante razoável e que não impeça sua própria subsistência" (STJ-RT 915/567: 4ª T., REsp 997.515).

Art. 530. Não cumprida a obrigação, observar-se-á o disposto nos arts. 831 e seguintes.[1] [Sem dispositivo correspondente no CPC/1973]

Art. 530: 1. Decretando a **prisão cumulativamente com** ordem para **penhora *on-line*:** RT 889/275 (TJSP, AI 633.528-4/5-00).

Art. 531. O disposto neste Capítulo aplica-se aos alimentos definitivos ou provisórios.[1] [Sem dispositivo correspondente no CPC/1973]

§ 1º A execução dos alimentos provisórios, bem como a dos alimentos fixados em sentença ainda não transitada em julgado, se processa em autos apartados.

§ 2º O cumprimento definitivo da obrigação de prestar alimentos será processado nos mesmos autos em que tenha sido proferida a sentença.

Art. 531: 1. s/ alimentos provisórios, v. LA 4º.

Art. 532. Verificada a conduta procrastinatória do executado, o juiz deverá, se for o caso, dar ciência ao Ministério Público dos indícios da prática do crime de abandono material.[1-2] [Sem dispositivo correspondente no CPC/1973]

Art. 532: 1. v. CP 244.

Art. 532: 2. sem prejuízo da caracterização de **ato atentatório à dignidade da justiça** (v. art. 774).

Art. 533. Quando a indenização por ato ilícito[1 a 1b] incluir prestação de alimentos,[2 a 6b] caberá ao executado, a requerimento do exequente, constituir capital[6c a 8] cuja renda assegure o pagamento do valor mensal da pensão. [Dispositivo correspondente no CPC/1973: art. 475-Q-*caput*]

§ 1º O capital a que se refere o *caput*, representado por imóveis ou por direitos reais sobre imóveis suscetíveis de alienação, títulos da dívida pública ou aplicações financeiras em banco oficial, será inalienável e impenhorável enquanto durar a obrigação do executado, além de constituir-se em patrimônio de afetação. [Dispositivo correspondente no CPC/1973: art. 475-Q § 1º]

§ 2º O juiz poderá substituir a constituição do capital pela inclusão do exequente em folha de pagamento de pessoa jurídica de notória capacidade econômica ou, a requerimento do executado, por fiança bancária ou garantia real, em valor a ser arbitrado de imediato pelo juiz.[9-9a] [Dispositivo correspondente no CPC/1973: art. 475-Q § 2º]

§ 3º Se sobrevier modificação nas condições econômicas, poderá a parte requerer, conforme as circunstâncias, redução ou aumento da prestação.[9b] [Dispositivo correspondente no CPC/1973: art. 475-Q § 3º]

§ 4º A prestação alimentícia poderá ser fixada tomando por base o salário mínimo.[10 a 11] [Dispositivo correspondente no CPC/1973: art. 475-Q § 4º]

§ 5º Finda a obrigação de prestar alimentos, o juiz mandará liberar o capital, cessar o desconto em folha ou cancelar as garantias prestadas. [Dispositivo correspondente no CPC/1973: art. 475-Q § 5º]

Art. 533: 1. s/ honorários de advogado, em ação de indenização por ato ilícito, v. art. 85 § 9º; s/ fixação da indenização por ato ilícito, v. art. 491, notas 1c e 3; s/concurso de credores e prestação de alimentos atrelada a ato ilícito, v. art. 908, nota 4; s/ revisão do montante da indenização, em revisão do valor da pensão, devida por ato ilícito, em recurso especial, v. RISTJ 255, nota 4-Alimentos.

Art. 533: 1a. "No caso de **culpa concorrente,** a indenização, que tem característica típica de alimentos, deve ser fixada na metade do valor da prestação pretendida" (STJ-3ª T., REsp 35.446-3, Min. Waldemar Zveiter, j. 19.10.93, DJU 14.3.94).

Art. 533: 1b. Admite-se que a **decisão,** em ação de indenização por ato ilícito:

— fixe a pensão em valor superior ao estimado (STJ-RT 807/219);

— estabeleça critério de reajuste da pensão diverso do postulado na inicial (RSTJ 163/383).

V. art. 491, nota 3.

Art. 533: 2. s/ efeitos da apelação contra a sentença que fixa alimentos em ação de indenização por ato ilícito, v. art. 1.012, nota 18; s/ prisão do devedor de alimentos devidos por ato ilícito, v. art. 528, nota 5a. V. tb., no CCLCV, CC 948 e notas.

Art. 533: 2a. **"Vítima dona de casa.** Indenização por dano material. O fato de a vítima não exercer atividade remunerada não nos autoriza concluir que, por isso, não contribuía ela com a manutenção do lar, haja vista que os trabalhos domésticos prestados no dia a dia podem ser mensurados economicamente, gerando reflexos patrimoniais imediatos" (STJ-RT 827/200, um voto vencido).

Art. 533: 2b. **Alimentos devidos aos pais por morte de filho:**

"A morte de **filho que já colabora para as despesas da casa** pode ser indenizada, cumulativamente, tanto pelo dano moral como pelo **dano patrimonial"** (RSTJ 105/341 — voto do relator bastante esclarecedor, sobre todas as hipóteses do assunto). No mesmo sentido: RT 783/432. "A concessão de pensão por morte de filho que já atingiu a idade adulta exige a demonstração da efetiva dependência econômica dos pais em relação à vítima na época do óbito. Na hipótese dos autos, a pensão mensal é devida à genitora da vítima, haja vista a existência de prova testemunhal atestando que o filho, antes do óbito, prestava assistência financeira à mãe" (STJ-3ª T., REsp 1.616.128, Min. Nancy Andrighi, j. 14.3.17, DJ 21.3.17).

Considerando devida, a nosso ver sem razão, a indenização por danos materiais aos pais de **vítima que ainda não trabalhava:**

— por se tratar de **família de baixa renda,** "no pressuposto de que, em se tratando de família humilde, o filho falecido iria colaborar com a manutenção do lar onde residia com sua família" (STJ-4ª T., REsp 740.059, Min. Aldir Passarinho Jr., j. 12.6.07, DJU 6.8.07). "Em família de poucos recursos, o dano patrimonial resultante da morte de um de seus membros é de ser presumido" (RSTJ 76/257: 1ª T., REsp 58.519). No mesmo sentido: STJ-Corte Especial, ED no REsp 147.412, Min. Laurita Vaz, j. 15.2.06, DJU 27.3.06. Estimando que a indenização por danos materiais deve corresponder ao auxílio que, no futuro, o filho poderia prestar aos pais: STJ-3ª T., REsp 437.681, Min. Ari Pargendler, j. 8.10.02, DJU 2.12.02. Concedendo indenização, no caso de morte de **filho recém-nascido:** STJ-2ª T., REsp 738.413, Min. João Otávio, j. 18.10.05, DJU 21.11.05. Ainda, no caso de **filho com deficiência mental:** STJ-3ª T., REsp 1.069.288, Min. Massami Uyeda, j. 14.12.10, DJ 4.2.11;

— **independentemente da situação econômica** da família: "Assentou a Corte que sendo a vítima menor, sem participar, comprovadamente, das despesas do lar, não configurando nem a sentença nem o acórdão a família como de baixa renda, o cálculo da pensão deve considerar o limite de 25 anos de idade" (STJ-3ª T., REsp 208.363, Min. Menezes Direito, j. 10.12.99, DJU 8.3.00).

Entendendo que, mesmo no caso de vítima que não trabalhava, "cabe ao causador do ilícito desconstituir a presunção de que o acidentado não auxiliaria materialmente a sua família": STJ-3ª T., REsp 1.069.288, Min. Massami Uyeda, j. 14.12.10, DJ 4.2.11.

"O encarceramento não afasta a presunção de ajuda mútua familiar, pois, após a soltura, existe a possibilidade de contribuição do filho para o sustento da família, especialmente em razão do avançar etário dos pais" (STJ-2ª T., Ag em REsp 812.782-AgInt, Min. Og Fernandes, j. 17.10.18, DJ 23.10.18).

Afirmando, a nosso ver com razão, que, **se o filho não trabalhava, sua morte somente pode ser indenizada a título de dano moral:** "Em se tratando de menor que ainda não estava trabalhando, seus pais não fazem jus ao pensionamento decorrente de danos materiais, mas tão somente aos morais" (STJ-4ª T., REsp 74.532, Min. Sálvio de Figueiredo, j. 11.3.97, DJU 12.5.97). "A concessão de pensão por morte de filho que já atingira a idade adulta exige a demonstração da efetiva dependência econômica dos pais em relação à vítima na época do óbito (art. 948, II, do CC)" (STJ-3ª T., REsp 1.320.715, Min. Paulo Sanseverino, j. 7.11.13, DJ 27.2.14). "O *de cujus* não contribuía com nenhum tipo de ajuda financeira para com a autora, e a mera expectativa de que ele viesse a ajudar os pais nos trabalhos da casa ou no exercício de profissão não são razoáveis para a atribuição de pensão" (RT 884/358: TRF-2ª Reg., AP 2006.71.03.002270-3). "Renda mensal não ocorre na espécie, pois filho origina gastos e não rendimentos" (JTJ 341/226: AP 467.471.4/0-00).

Considerando que nas **famílias mais ricas** a morte do filho menor não gera danos materiais por perda de renda nem dá direito à consequente pensão, pois presume-se que nessas situações aquele se dedicaria aos estudos e não a atividade remunerada: STJ-RT 807/219. "Impossibilidade de se determinar o pagamento de pensão, se a vítima é filho menor de pais de classe média e profissão definida" (JTJ 331/621: AP 425.386.4/4-00).

"É cabível a fixação de salário mensal em favor dos pais de menores vítimas fatais de acidente de trânsito e oriundos de famílias de baixa renda. Contudo, não comprovado o último requisito, não cabe o pensionamento até a idade em que a vítima completaria 65 anos" (STJ-3ª T., REsp 1.302.599, Min. João Otávio, j. 26.4.16, DJ 6.5.16).

Art. 533: 3. Termo inicial da pensão devida aos pais pela morte de filho:

"A indenização por danos materiais, nos casos de falecimento de menor, é devida a partir da data em que este teria idade para o trabalho (14 anos), sendo fixada à base de 2/3 do salário mínimo até que a vítima completasse 25 anos, e reduzida para 1/3 até os 65 anos, tratando-se de família de baixa renda" (STJ-3ª T., REsp 422.911, Min. Ari Pargendler, j. 7.4.03, DJU 29.9.03). No mesmo sentido, quanto ao termo inicial: STJ-Corte Especial, ED no REsp 107.617, Min. Ari Pargendler, j. 4.5.05, DJU 1.8.05; RSTJ 165/391 (4ª T., REsp 302.298).

Todavia: "Essa presunção relativa, criada pela jurisprudência do STJ, cede ante à constatação de que, na hipótese específica dos autos, a realidade era outra e que, ao falecer, a vítima tinha 16 anos de idade e não exercia atividade remunerada. Afastada a presunção de que a vítima trabalhava desde os 14 anos de idade, estabelece-se outra, no sentido de que, por ser de família de baixa renda, completados 18 anos, integraria o mercado de trabalho. Por maior que seja o empenho dos pais para retardar o ingresso dos filhos no mercado de trabalho, é de se supor que, com idade suficiente para terem encerrado o ensino médio, já adultos e em condições de se sustentar, sejam estes compelidos a trabalhar, até mesmo para fazer frente às suas crescentes necessidades financeiras, bem como para aliviar ao menos parte do fardo imposto até então aos seus pais" (STJ-3ª T., REsp 1.045.389, Min. Nancy Andrighi, j. 19.11.09, DJ 26.11.09).

Termo final da pensão devida aos pais pela morte de filho:

No sentido de que os alimentos devem ser pagos até a data em que a vítima completaria 65 anos: RSTJ 50/305, 83/101, 111/263, 133/327, 147/324; STJ-RT 698/237, 712/286, dois votos vencidos, 713/230, 721/292; STJ-RJM 122/262; STJ-RTJE 118/207; STJ-Bol. AASP 1.813/393; STJ-1ª T.: RSTJ 57/286; STJ-3ª T., REsp 297.544, Min. Pádua Ribeiro, j. 22.5.03, DJU 30.6.03; STJ-4ª T., REsp 138.373, Min. Sálvio de Figueiredo, j. 21.5.98, DJU 29.6.98. No mesmo sentido, porém determinando, na data em que a vítima completaria 25 anos de idade:

— a redução de 50% do valor da pensão: "Assim como é dado presumir-se que o filho, vítima de acidente fatal, teria, não fosse o infausto evento, uma sobrevida até os sessenta e cinco anos, e até lá auxiliaria a seus pais, prestando alimentos, também pode-se supor, pela ordem natural dos fatos da vida, que ele se casaria aos vinte e cinco anos, momento a partir do qual já não mais teria a mesma disponibilidade para ajudar materialmente a seus pais, pois que, a partir do casamento, passaria a suportar novos encargos, que da constituição de uma nova família são decorrentes. A pensão fixada, com base nas peculiaridades da espécie pelo Tribunal de origem, deve, a partir de quando a vítima viesse a completar vinte e cinco anos, ser reduzida pela metade, assim ficando, caso haja a sobrevida dos pais, até os presumíveis sessenta e cinco anos da vítima" (STJ-2ª Seção, ED no REsp 106.327, Min. Cesar Rocha, j. 23.2.00, quatro votos vencidos, DJU 1.10.01). No mesmo sentido: STJ-2ª T., REsp 653.597, Min. Castro Meira, j. 24.8.04, DJU 4.10.04. Reduzindo a pensão de 2/3 do salário mínimo recebida até os 25 anos para 1/3 daí em diante: STJ-RT 828/178 (4ª T., REsp 514.384), STJ-RT 842/143 (2ª T., REsp 586.443);

— a redução de 2/3 da pensão integral recebida até então: STJ-2ª T., REsp 507.120, Min. Eliana Calmon, j. 2.10.03, DJU 10.11.03.

No sentido de que os alimentos devem ser pagos até a data em que a vítima completaria 70 anos, com valor de 2/3 do salário mínimo entre os 14 e os 25 anos e de 1/3 do salário mínimo entre os 25 e os 70 anos: STJ-3ª T., REsp 646.482, Min. Menezes Direito, j. 15.12.05, DJU 8.5.06.

Adotando os mesmos valores e idade como parâmetro, mas fixando como termo final "a longevidade provável prevista em tabela expedida pela Previdência Social": STJ-4ª T., REsp 740.059, Min. Aldir Passarinho Jr., j. 12.6.07, DJU 6.8.07.

Em qualquer caso, **a pensão cessa se o beneficiário falecer antes do termo final** previsto para o pagamento dos alimentos (RSTJ 70/159).

No sentido de que a pensão é **vitalícia:** "Pensão devida aos pais da vítima. Não há limite para a duração dessa pensão, que, por natureza, é vitalícia" (STJ-3ª T., REsp 437.681-EDcl, Min. Ari Pargendler, j. 10.2.04, DJU 29.3.04).

Art. 533: 3a. Alimentos devidos aos filhos, pela morte do pai:

Entendendo que o pensionamento aos filhos da vítima é devido "até a data de aniversário dos 25 anos": STJ-2ª T., REsp 592.671, Min. Eliana Calmon, j. 6.4.04, DJU 17.5.04. No mesmo sentido: STJ-3ª T., REsp 650.853, Min. Menezes Direito, j. 26.4.05, DJU 13.6.05; STJ-4ª T., AI 718.562-AgRg, Min. Carlos Mathias, j. 5.8.08, DJ 25.8.08.

"A obrigação de dar pensão, pela morte do pai, ao filho menor, cessa quando este completar 25 anos. Tal regra incide apenas quando o pensionário é física e mentalmente são" (STJ-1ª T.: RSTJ 134/88).

"Os filhos menores de vítima de ato ilícito fazem jus à pensão no equivalente à renda mensal da falecida, desde a data do ilícito até a data de suas colações de grau em curso superior ou, se não concluído, até os 25 anos de idade, excetuando-se o primogênito, emancipado por outorga paterna logo após o fato, para o qual a data da cessação do benefício corresponde à data do registro da emancipação" (RT 870/328).

Art. 533: 3b. "A **pensão por incapacidade permanente** decorrente de lesão corporal **é vitalícia,** não havendo o limitador da expectativa de vida" (STJ-3ª T., REsp 1.278.627, Min. Paulo Sanseverino, j. 18.12.12, DJ 4.2.13). No mesmo sentido, ponderando que no caso "o tempo de pensionamento é pautado pela longevidade real": STJ-4ª T., REsp 775.332, Min. Aldir Passarinho Jr., j. 5.3.09, DJ 23.3.09.

Art. 533: 3c. "O direito a pensão mensal surge exatamente da necessidade de reparação de dano material decorrente da perda de ente familiar que contribuía com o sustento de parte que era economicamente dependente até o momento do óbito. O fato de a **vítima já ter ultrapassado a idade correspondente à expectativa de vida** média do brasileiro, por si só, não é óbice ao deferimento do benefício, pois muitos são os casos em que referida faixa etária é ultrapassada. É cabível a utilização da tabela de sobrevida, de acordo com os cálculos elaborados pelo IBGE, para melhor valorar a expectativa de vida da vítima quando do momento do acidente automobilístico e, consequentemente, fixar o termo final da pensão" (STJ-3ª T., REsp 1.311.402, Min. João Otávio, j. 18.2.16, DJ 7.3.16).

Art. 533: 3d. Direito de acrescer. "Ao cessar, para um dos beneficiários, o direito a receber pensão relativa à indenização dos danos materiais por morte, sua cota-parte acresce, proporcionalmente, aos demais" (STJ-3ª T., REsp 408.802, Min. Nancy Andrighi, j. 27.6.02, DJU 16.9.02). "Responsabilidade civil. A responsabilidade do réu quanto à integralidade da pensão permanece a mesma, em face do direito de acrescer" (STJ-4ª T., REsp 333.462, Min. Barros Monteiro, j. 5.11.02, DJU 24.2.03). No mesmo sentido: STJ-2ª T., REsp 1.155.559-EDcl, Min. Herman Benjamin, j. 16.11.10, DJ 4.2.11; RSTJ 26/514, RT 865/233.

Súmula 57 do TFR: "É cabível a reversão da pensão previdenciária e daquela decorrente de ato ilícito aos demais beneficiários, em caso de morte do respectivo titular ou a sua perda por força de impedimento legal".

"O direito de acrescer decorre logicamente do pedido formulado na petição inicial das ações de natureza indenizatória, cujo escopo é recompor o estado das coisas existente antes do evento danoso. Assim, o direito de acrescer encontra fundamento no fato de que a renda da vítima sempre seria revertida em benefício dos demais familiares quando qualquer deles não mais necessitasse dela. Não se afigura razoável que, cessado o direito de um dos familiares ao recebimento da pensão, o valor correspondente simplesmente deixe de ser pago pelo réu. Para manter a coerência da premissa que justifica a própria imposição da pensão mensal — de que o pai de família participaria do orçamento doméstico até a sua morte natural — esta deve continuar a ser paga integralmente. A saída de um dos filhos do núcleo familiar não permite inferir que a contribuição do pai diminuiria; apenas significa que esse valor seria distribuído de forma diferente" (STJ-3ª T., REsp 1.155.739, Min. Nancy Andrighi, j. 2.12.10, DJ 10.10.11).

"Cabimento do direito de acrescer, independentemente de previsão no título executivo, no caso de pensão *intuitu familiae*, como na espécie" (STJ-3ª T., AI 1.209.255-EDcl-AgRg, Min. Paulo Sanseverino, j. 7.8.12, DJ 13.8.12).

S/ direito de acrescer e julgamento *extra petita*, v. art. 492, nota 16c.

Art. 533: 4. Segundo **tabela elaborada pelo IBGE,** a expectativa de vida provável do brasileiro, nas diversas faixas etárias, é a seguinte (idade atual/número de anos que a pessoa ainda viverá):

0	76,6
1	76,5
5	72,6
10	67,7
15	62,8

20	58,1
21	57,2
25	53,5
30	48,9
40	39,7
45	35,2
50	30,8
55	26,7
60	22,7
65	18,9
70	15,5
75	12,4
80 ou mais	9,7

Essa tabela pode ser consultada, na íntegra, em <https://www.ibge.gov.br/estatisticas/sociais/populacao/9126--tabuas-completas-de-mortalidade.html?=&t=resultados>.

Em decisão do Min. Sálvio de Figueiredo (ED no REsp 119.649, DJU 12.6.01, p. 97, *in fine*), verifica-se que essa tabela tem sido aceita em julgados do STJ. No mesmo sentido: STJ-4ª T., REsp 503.046, Min. Luis Felipe, j. 28.4.09, DJ 25.5.09; STJ-2ª T., REsp 1.027.318, Min. Herman Benjamin, j. 7.5.09, DJ 31.8.09; STJ-1ª T., REsp 1.124.471, Min. Luiz Fux, j. 17.6.10, DJ 1.7.10.

Mas: "Sendo a **vítima** do evento um **estrangeiro,** residente e domiciliado nos Estados Unidos da América, revela-se adequada a substituição da tabela do IBGE (para fins de fixação do termo final da pensão mensal devida a seu respectivo cônjuge) por apontamento estatístico que indique, com maior precisão, a expectativa média de vida naquele país. No caso, cumpre bem essa finalidade a base de dados do Banco Mundial, segundo a qual a expectativa de vida do norte-americano no ano de 2001 era pouco superior a 76 anos" (STJ-3ª T., REsp 1.677.955, Min. Ricardo Cueva, j. 18.9.18, DJ 26.9.18).

Art. 533: 4a. Negando o **pagamento** da pensão **de uma só vez:** RTJ 114/427. V., no CCLCV, CC 950, nota 6a. Mas: "A satisfação do dano moral deve ser paga de uma só vez, de imediato" (RSTJ 76/257).

Art. 533: 5. A pensão devida a título de indenização por morte não pode ser igual aos rendimentos que eram percebidos pela vítima, porque "desse montante deve ser **descontado** o que lhe era necessário para **o sustento próprio**" (STJ-3ª T., REsp 191.379, Min. Ari Pargendler, j. 27.8.01, DJU 1.10.01).

Entendendo que essa redução deve corresponder à terça parte dos rendimentos da vítima: STJ-2ª T., REsp 26.810-6, Min. Pádua Ribeiro, j. 15.9.93, DJU 4.10.93; STJ-4ª T., REsp 100.927, Min. Cesar Rocha, j. 26.10.01, DJU 15.10.01.

Art. 533: 5a. "A ausência de prova de que a vítima possuía, ao tempo do acidente, vínculo empregatício constitui óbice à inclusão do **décimo terceiro salário** e da gratificação de **férias** no montante da indenização" (STJ-4ª T., REsp 1.075.663-AgRg, Min. João Otávio, j. 3.2.09, DJ 16.2.09). No mesmo sentido, quanto ao 13º salário: STJ-3ª T., REsp 1.279.173, Min. Paulo Sanseverino, j. 4.4.13, DJ 9.4.13.

"Consignado que a vítima era empregada assalariada, a pensão fixada em favor de seus familiares deve contemplar os valores relativos a férias" (STJ-3ª T., REsp 1.137.708, Min. Nancy Andrighi, j. 13.10.09, DJ 6.11.09). No mesmo sentido: JTJ 330/162 (AI 568.058-4/1-00).

"É cabível a inclusão do 13º salário, das férias remuneradas acrescidas de 1/3 e do **FGTS** no cálculo do pensionamento por ato ilícito quando existir prova de trabalho assalariado da vítima na época do sinistro. Na apuração do valor da pensão mensal por ato ilícito, não podem ser consideradas as promoções futuras na carreira e a participação nos lucros nem as verbas atinentes ao plano de aquisição de ações e ao adicional de automóvel em face da eventualidade de tais fatos e do caráter indenizatório de alguns (e não salarial), não se enquadrando no conceito jurídico de lucros cessantes" (STJ-3ª T., REsp 1.422.873, Min. Ricardo Cueva, j. 13.3.18, DJ 20.3.18).

Art. 533: 5b. "Inexistindo comprovação dos rendimentos da vítima do acidente ensejador de seu direito ao recebimento de pensão mensal por incapacidade laboral, a jurisprudência desta Corte Superior é firme no sentido de que tal verba deve corresponder a 1 salário mínimo. No caso, em virtude da **nacionalidade** da autora e do fato de **residir no exterior,** impõe-se que a pensão seja fixada em **valor** equivalente ao **do salário mínimo** do

Estado da Califórnia, nos Estados Unidos da América" (STJ-3ª T., REsp 1.677.955, Min. Ricardo Cueva, j. 18.9.18, DJ 26.9.18).

Art. 533: 6. Novo casamento do cônjuge beneficiário da pensão. "A pensão prestada à viúva pelos danos materiais decorrentes da morte de seu marido não termina em face da remaridação, tanto porque o casamento não constitui nenhuma garantia da cessação das necessidades da viúva alimentanda, quanto porque o prevalecimento da tese oposta importa na criação de obstáculo para que a viúva venha a contrair novas núpcias, contrariando o interesse social que estimula que as relações entre homem e mulher sejam estabilizadas com o vínculo matrimonial" (STJ-4ª T., REsp 100.927, Min. Cesar Rocha, j. 26.10.01, DJU 15.10.01).

Art. 533: 6a. Súmula 493 do STF: "O valor da indenização, se consistente em prestações periódicas e sucessivas, compreenderá, para que se mantenha inalterável na sua fixação, **parcelas compensatórias do imposto de renda,** incidente sobre os juros do capital gravado ou caucionado, nos termos dos arts. 911 e 912 do CPC". Os arts. 911 e 912 do CPC/39 correspondem ao atual art. 533 do CPC.

Art. 533: 6b. "Os valores recebidos a título de indenização não sofrem a incidência do **imposto sobre a renda,** pois representam compensação pela perda da capacidade laboral, e não acréscimo patrimonial. Ainda que a indenização seja paga sob a forma de pensionamento mensal, os pagamentos não perdem a natureza indenizatória, não subsistindo razão para a retenção de imposto de renda na fonte" (STJ-4ª T., REsp 1.106.854, Min. Raul Araújo, j. 4.10.11, DJ 17.10.11).

Art. 533: 6c. Súmula 313 do STJ: "Em ação de indenização, procedente o pedido, é necessária a **constituição de capital ou caução fidejussória** para a garantia de pagamento da pensão, independentemente da situação financeira do demandado".

"O advento da Lei 11.232/2005 instituiu o atual art. 475-Q, § 2º, do Código de Processo Civil, estabelecendo ser faculdade do juiz a substituição da determinação de constituição de capital pela inclusão dos beneficiários na folha de pagamento de sociedade empresária que apresente notória capacidade econômica. Dessarte, a Súmula 313/STJ, embora não tenha ficado superada, deve ser interpretada de forma consentânea ao texto legal em vigor, que estabelece ser faculdade do juiz que, excepcionalmente, determine a substituição da constituição de capital pela inclusão dos beneficiários na folha de pagamento de sociedade empresária, contanto que a condenada apresente clara higidez econômica, podendo a questão ser examinada na fase de cumprimento da sentença" (STJ-4ª T., REsp 1.308.438, Min. Luis Felipe, j. 27.8.13, DJ 27.9.13).

V. tb. nota 9.

Art. 533: 7. A constituição de capital para assegurar o pagamento da pensão por ato ilícito "tem natureza de obrigação de fazer, comportando a **imposição da multa** para seu cumprimento" (STJ-3ª T., REsp 631.756, Min. Menezes Direito, j. 6.9.05, DJU 21.11.05). No mesmo sentido: STJ-4ª T., REsp 1.281.742-EDcl, Min. Marco Buzzi, j. 2.9.14, DJ 11.9.14.

Art. 533: 7a. "A constituição de capital se destina a garantir o adimplemento da prestação de alimentos (CPC, art. 602); **não pode abranger outras parcelas** da condenação" (STJ-3ª T., MC 10.949-EDcl, Min. Ari Pargendler, j. 5.9.06, DJ 4.12.06).

Art. 533: 8. Havendo **denunciação da lide** e julgadas procedentes a ação principal e a denunciação, o capital deverá ser constituído pelo réu-denunciante.

Assim: "Nas ações indenizatórias, o objetivo de constituir-se um capital é o de dar à parte lesada a segurança de que não será frustrada quanto ao efetivo recebimento das prestações futuras a que faz jus. Regra aplicável, pois, à relação entre devedor e credor da lide principal. Para que o denunciado seja obrigado à indenização, o denunciante há que comprovar o anterior pagamento à parte lesada" (STJ-3ª T., Ag 274.106-AgRg-EDcl, Min. Castro Filho, j. 16.8.01, DJU 24.9.01).

Art. 533: 9. "Com o advento da Lei 11.232/2005, foi instituído o atual art. 475-Q, § 2º, do CPC, estabelecendo ser faculdade do juiz, e **não direito subjetivo do devedor,** a substituição da determinação de constituição de capital pela inclusão dos beneficiários na folha de pagamento de sociedade empresária que apresente notória capacidade econômica" (STJ-4ª T., Ag em REsp 34.889-AgRg, Min. Raul Araújo, j. 25.11.14, DJ 19.12.14). No mesmo sentido: STJ-3ª T., REsp 1.394.911-AgRg, Min. Ricardo Cueva, j. 26.4.16, DJ 13.5.16.

V. tb. nota 6c.

Art. 533: 9a. "A constituição de capital **não deve ser cumulada** à inclusão da vítima em folha de pagamento. Tendo sido deferida a primeira, é imperioso que se afaste a segunda, sob pena de onerar demasiadamente o causador do dano" (STJ-RF 395/401: 3ª T., REsp 951.514). No mesmo sentido: STJ-4ª T., REsp 541.304, Min. Luis Felipe, j. 20.5.10, DJ 29.6.10.

Art. 533: 9b. "As duas únicas variações que abrem a possibilidade de **alteração do valor da prestação de alimentos** decorrentes de indenização por ato ilícito são: (i) o decréscimo das condições econômicas da vítima, dentre elas inserida a eventual defasagem da indenização fixada; (ii) a capacidade de pagamento do devedor: se houver acréscimo, possibilitará o pedido de revisão para mais, por parte da vítima, até atingir a integralidade do dano material futuro; se sofrer decréscimo, possibilitará pedido de revisão para menos, por parte do próprio devedor, em atenção a princípios outros, como a dignidade da pessoa humana e a própria faculdade então outorgada pelo art. 602, § 3º, do CPC (atual art. 475-Q, § 3º, do CPC). Entendimento em sentido contrário puniria a vítima do ilícito, por ter, mediante esforço sabidamente incomum, revertido situação desfavorável pelas limitações físicas sofridas" (STJ-RMDCPC 27/107: 3ª T., REsp 913.431).

Art. 533: 10. **Súmula 490 do STF:** "A pensão correspondente à indenização oriunda de responsabilidade civil deve ser calculada com base no **salário mínimo vigente ao tempo da sentença** e ajustar-se-á às variações ulteriores".

"O julgador pode fixar o valor da pensão mensal tomando como referência o valor do salário mínimo. Contudo, não é devida a indexação do valor da indenização, arbitrando-a com base no salário mínimo com a incidência concomitante de atualização monetária, sem que haja sua conversão em valores líquidos. As parcelas de pensão fixadas em salário mínimo devem ser convertidas em valores líquidos à data do vencimento e, a partir de então, atualizadas monetariamente" (STJ-2ª Seção, ED no REsp 1.191.598, Min. Marco Bellizze, j. 26.4.17, DJ 3.5.17).

Contra: "A pensão fixada a título de indenização por ato ilícito em número de salários mínimos também deve ser corrigida monetariamente, não sendo lícito afirmar que ela apenas será reajustada com a alteração do valor do próprio salário mínimo" (STJ-3ª T., AI 816.398-AgRg, Min. Sidnei Beneti, j. 7.8.08, DJ 28.8.08; nota: o precedente mencionado nesse acórdão não autorizava essa conclusão, pois fez incidir a correção monetária em caso no qual se considerava o valor do salário mínimo vigente à época dos fatos, e não o atual).

Art. 533: 10a. **Súmula 562 do STF:** "Na indenização de danos materiais decorrentes de ato ilícito cabe a atualização de seu valor, utilizando-se, para esse fim, dentre outros critérios, dos índices de **correção monetária**".

Art. 533: 11. "As prestações devidas a título de pensão indenizatória devem, para garantir o princípio da *restitutio in integrum*, acompanhar a **variação salarial da categoria funcional** a que pertencia a vítima" (STJ-3ª T., REsp 39.625-5, Min. Cláudio Santos, j. 17.4.95, DJU 15.5.95).

Capítulo V — DO CUMPRIMENTO DE SENTENÇA QUE RECONHEÇA A EXIGIBILIDADE DE OBRIGAÇÃO DE PAGAR QUANTIA CERTA PELA FAZENDA PÚBLICA

Art. 534. No cumprimento de sentença[1 a 4] que impuser à Fazenda Pública[5 a 6a] o dever de pagar quantia certa, o exequente apresentará demonstrativo discriminado e atualizado do crédito contendo:[7] [Sem dispositivo correspondente no CPC/1973]

I — o nome completo e o número de inscrição no Cadastro de Pessoas Físicas ou no Cadastro Nacional da Pessoa Jurídica do exequente;

II — o índice de correção monetária adotado;

III — os juros aplicados e as respectivas taxas;

IV — o termo inicial e o termo final dos juros e da correção monetária utilizados;

V — a periodicidade da capitalização dos juros, se for o caso;

VI — a especificação dos eventuais descontos obrigatórios realizados.

§ 1º Havendo pluralidade de exequentes, cada um deverá apresentar o seu próprio demonstrativo, aplicando-se à hipótese, se for o caso, o disposto nos §§ 1º e 2º do art. 113.

§ 2º A multa prevista no § 1º do art. 523 não se aplica à Fazenda Pública.

Art. 534: 1. s/ execução contra a Fazenda Pública, v. art. 910.

Art. 534: 1a. "As execuções de sentença propostas contra a Fazenda Pública estão sujeitas ao rito previsto no art. 730 do CPC; o juiz não pode, antes de observar esse procedimento, determinar o pagamento da condenação judicial mediante simples ofício ou intimação" (STJ-RT 795/162, embs. de divergência, dois votos vencidos).

V. tb. art. 535, nota 1.

Art. 534: 2. "Há de se entender que, após a Emenda 30, limitou-se o âmbito dos atos executivos, mas não foi inteiramente extinta a **execução provisória.** Nada impede que se promova, na pendência de recurso com efeito apenas devolutivo, a liquidação da sentença, e que a execução (provisória) seja processada até a fase dos embargos (CPC, art. 730, primeira parte), ficando suspensa, daí em diante, até o trânsito em julgado do título executivo, se os embargos não forem opostos, ou forem rejeitados" (RSTJ 169/144: 1ª T.). No mesmo sentido: STJ-5ª T., REsp 839.501, Min. Arnaldo Esteves, j. 29.5.08, DJ 4.8.08.

Contra: "A EC 30/00, ao inserir no § 1º do art. 100 da CF/88 a obrigação de só ser inserido no orçamento o pagamento de débitos oriundos de sentenças transitadas em julgado, extinguiu a possibilidade de execução provisória" (STJ-2ª T., REsp 447.406, Min. Eliana Calmon, j. 20.2.03, DJU 12.5.03). **Nota:** o primitivo § 1º da CF 100 corresponde ao atual § 5º.

V. ainda Lei 9.494/97, art. 2º-B, no tít. FAZENDA PÚBLICA.

Art. 534: 3. "Embora a regra geral para o caso da sentença que julga **improcedentes os embargos** do devedor é a **apelação** ser recebida apenas no efeito devolutivo, somente é possível o prosseguimento da execução contra a Fazenda Pública, para fins de expedição de precatório, em se tratando de parcela incontroversa, o que não é o caso dos autos, pois ainda está pendente de julgamento em sede de apelação a prescrição da execução do crédito pleiteado, que poderá fulminar o próprio direito discutido" (STJ-2ª T., REsp 1.276.037-AgRg, Min. Humberto Martins, j. 10.4.12, DJ 19.4.12). No mesmo sentido: STJ-1ª T., Ag em REsp 15.696-AgRg-AgRg, Min. Arnaldo Esteves, j. 21.2.13, DJ 28.2.13.

Em matéria de: execução em geral, v. art. 1.012, nota 20; execução fiscal, v. LEF 16, nota 5.

Art. 534: 4. s/ execução contra autarquias, empresas públicas, ou sociedades de economia mista, v. art. 833, notas 3b e segs.; execução de desapropriação, direta ou indireta, v. LD 29, nota 1a.

Art. 534: 5. "O processo de execução por quantia certa contra a Fazenda Pública rege-se, nos termos do que prescreve a própria Constituição, por normas especiais que se estendem a **todas as pessoas jurídicas de direito público** interno, inclusive às entidades autárquicas" (STF-1ª T., RE 158.694-0, Min. Celso de Mello, j. 25.4.95, DJU 15.9.95).

Também afirmando a submissão da execução contra **autarquia** ao regime de precatório: STF-2ª T., RE 356.711, Min. Gilmar Mendes, j. 6.12.05, um voto vencido, DJU 7.4.06; STJ-3ª T., REsp 93.453, Min. Eduardo Ribeiro, j. 18.8.98, DJU 19.4.99; STJ-RJTJERGS 176/35: 4ª T.; RT 568/107, RJTJERGS 162/209. **Contra:** RP 5/258, maioria, 5/361, em. 91, maioria, 6/314, em. 98.

V. tb. LOJF 59. V., ainda, notas seguintes.

Art. 534: 5a. "A execução de débito de **Conselho de Fiscalização** não se submete ao sistema de precatório" (STF-Pleno, RE 938.837, Min. Edson Fachin, j. 22.9.17, DJ 25.9.17).

Art. 534: 6. As especiais regras da execução contra a Fazenda Pública **não alcançam "entidades paraestatais** que possuem personalidade de pessoa jurídica de direito privado" (STF-RT 899/119: 2ª T., AI 783.136-AgRg). No mesmo sentido: STF-Pleno, AI 841.548-RG, Min. Cezar Peluso, j. 10.6.11, maioria, DJ 31.8.11.

Art. 534: 6a. O cumprimento da sentença que condena a Fazenda Pública a **fazer, não fazer ou entregar** algo não se processa de acordo com os arts. 534 e 535, mas sim em consonância com o disposto nos arts. 536 e segs. Em sentido semelhante: STJ-6ª T., AI 1.073.258-AgRg, Min. Celso Limongi, j. 19.8.10, DJ 6.9.10; RT 509/94, RF 265/227.

"A execução provisória de obrigação de fazer em face da Fazenda Pública não atrai o regime constitucional dos precatórios" (STF-Pleno, RE 573.872, Min. Edson Fachin, j. 24.5.17, DJ 11.9.17).

Art. 534: 7. v. arts. 509 § 3º e 524, nota 2.

Art. 535. A Fazenda Pública será intimada[1-1a] na pessoa de seu representante judicial, por carga, remessa ou meio eletrônico,[2] para, querendo,[2a-3] no prazo de 30 (trinta) dias[3a] e nos próprios autos, impugnar a execução,[3b] podendo arguir:[4-4a] [Dispositivos correspondentes no CPC/1973: arts. 730-*caput* e 741-*caput*]

I — falta ou nulidade da citação se, na fase de conhecimento, o processo correu à revelia;[5] [Dispositivo correspondente no CPC/1973: art. 741-I]

II — ilegitimidade de parte;[6] [Dispositivo correspondente no CPC/1973: art. 741-III]

III — inexequibilidade do título ou inexigibilidade da obrigação;[7] [Dispositivo correspondente no CPC/1973: art. 741-II]

IV — excesso de execução[8] ou cumulação indevida de execuções; [Dispositivos correspondentes no CPC/1973: art. 741-IV e V]

V — incompetência absoluta ou relativa do juízo da execução;[9] [Dispositivo correspondente no CPC/1973: art. 741-VII]

VI — qualquer causa modificativa[10] ou extintiva da obrigação, como pagamento,[11] novação,[12] compensação,[13-14] transação[15] ou prescrição,[15a-15b] desde que supervenientes ao trânsito em julgado da sentença.[16-17] [Dispositivo correspondente no CPC/1973: art. 741-VI]

§ 1º A alegação de impedimento ou suspeição observará o disposto nos arts. 146 e 148. [Dispositivo correspondente no CPC/1973: art. 742]

§ 2º Quando se alegar que o exequente, em excesso de execução, pleiteia quantia superior à resultante do título, cumprirá à executada declarar de imediato o valor que entende correto, sob pena de não conhecimento da arguição.[17a] [Sem dispositivo correspondente no CPC/1973]

§ 3º Não impugnada a execução ou rejeitadas as arguições da executada: [Dispositivo correspondente no CPC/1973: art. 730-*caput*]

I — expedir-se-á,[18 a 20b] por intermédio do presidente do tribunal competente,[21 a 22] precatório em favor do exequente, observando-se o disposto na Constituição Federal;[22a a 27] [Dispositivos correspondentes no CPC/1973: art. 730-I e II]

II — por ordem do juiz, dirigida à autoridade na pessoa de quem o ente público foi citado para o processo, o pagamento de obrigação de pequeno valor será realizado no prazo de 2 (dois) meses contado da entrega da requisição, mediante depósito na agência de banco oficial mais próxima da residência do exequente.[28 a 28b] [Sem dispositivo correspondente no CPC/1973]

§ 4º Tratando-se de impugnação parcial, a parte não questionada pela executada será, desde logo, objeto de cumprimento. [Sem dispositivo correspondente no CPC/1973]

§ 5º Para efeito do disposto no inciso III do *caput* deste artigo, considera-se também inexigível a obrigação reconhecida em título executivo judicial fundado em lei ou ato normativo considerado inconstitucional pelo Supremo Tribunal Federal, ou fundado em aplicação ou interpretação da lei ou do ato normativo tido pelo Supremo Tribunal Federal como incompatível com a Constituição Federal, em controle de constitucionalidade concentrado ou difuso.[29-30] [Dispositivo correspondente no CPC/1973: art. 741 § ún.]

§ 6º No caso do § 5º, os efeitos da decisão do Supremo Tribunal Federal poderão ser modulados no tempo, de modo a favorecer a segurança jurídica. [Sem dispositivo correspondente no CPC/1973]

§ 7º A decisão do Supremo Tribunal Federal referida no § 5º deve ter sido proferida antes do trânsito em julgado da decisão exequenda.[31] [Sem dispositivo correspondente no CPC/1973]

§ 8º Se a decisão referida no § 5º for proferida após o trânsito em julgado da decisão exequenda, caberá ação rescisória, cujo prazo será contado do trânsito em julgado da decisão proferida pelo Supremo Tribunal Federal.[32] [Sem dispositivo correspondente no CPC/1973]

Art. 535: 1. "A teor do que preceitua o art. 730 do CPC, é imprescindível citar a Fazenda Pública para opor embargos à execução por quantia certa contra ela movida. Assim, é inválida a expedição de ofício requisitório, sem prévio requerimento de citação da Fazenda Pública para opor embargos" (RSTJ 75/259).

V. tb. art. 534, nota 1a.

Art. 535: 1a. "É desnecessária nova citação da Fazenda Pública para oposição de embargos em atualização de cálculos para expedição de **precatório complementar. Basta a intimação** da devedora para impugnar a conta" (STJ-Corte Especial, Pet. 1.854, Min. Milton Luiz Pereira, j. 28.11.02, DJU 19.12.02). No mesmo sentido: STF-1ª T., AI 646.081-AgRg, Min. Ricardo Lewandowski, j. 26.11.13, maioria, RP 233/365; RT 832/380, JTJ 286/341.

V. tb. nota 19a.

Art. 535: 2. v. art. 183 § 1º.

Art. 535: 2a. s/ condenação da Fazenda Pública ao pagamento de honorários advocatícios nas execuções não embargadas, v. art. 85, nota 44.

Art. 535: 3. Lei 10.522, de 19.7.02: "Art. 20-A (*incluído pela Lei 12.649, de 17.5.12*). Nos casos de execução contra a Fazenda Nacional, é a Procuradoria-Geral da Fazenda Nacional autorizada a não opor embargos, quando o valor pleiteado pelo exequente for inferior àquele fixado em ato do Ministro da Fazenda".

Art. 535: 3a. Esse prazo de 30 dias **não se dobra** (v. art. 183 § 2º).

Art. 535: 3b. sem efeito suspensivo. Não obstante o cumprimento de sentença contra a Fazenda Pública obedeça a regras especiais, elas nada dispõem acerca da eficácia suspensiva da respectiva impugnação. Logo, para esse assunto, valem as normas gerais (v. art. 525 §§ 6º a 10). Assim, a impugnação da Fazenda Pública somente será apta a suspender a execução se preenchidos, no que couber, os requisitos previstos no art. 525 § 6º.

"Após a reforma do CPC por meio da Lei 11.382/06, os embargos à execução não mais suspendem, *ex lege*, o curso do processo de execução. A atribuição de efeito suspensivo aos embargos à execução depende da presença dos requisitos elencados no art. 739-A, § 1º, do CPC, dispositivo também aplicável às execuções contra a Fazenda Pública" (STJ-3ª Seção, EmbExe no MS 6.864-AgRg, Min. Hamilton Carvalhido, j. 28.5.08, DJU 24.6.08; a citação é do voto do relator).

Art. 535: 4. Para um rol bastante semelhante, v. art. 525 § 1º e notas.

S/ alegação de impedimento ou suspeição, v. § 1º.

Art. 535: 4a. O **rol** de matérias dedutíveis pela Fazenda Pública na impugnação **não é exauriente.**

V. tb. art. 525, nota 6.

Art. 535: 5. v. art. 525, notas 8 e segs.

Art. 535: 6. v. art. 525, nota 11.

Art. 535: 7. v. §§ 5º a 8º. V. tb. art. 525, nota 11a.

Art. 535: 8. v. § 2º. V. tb. art. 525 § 1º-V.

Art. 535: 9. v. art. 516.

Art. 535: 10. "Eventual abatimento do indébito mediante declaração anual de ajuste constitui **causa superveniente modificativa** da obrigação objeto da sentença condenatória (de restituir valores indevidamente retidos na fonte). Tal matéria se comporta no âmbito dos embargos à execução" (STJ-1ª T., REsp 845.123, Min. Teori Zavascki, j. 5.9.06, DJU 21.9.06). V. tb. nota 14.

Art. 535: 11. v. art. 525, nota 14b. V. tb. CC 304 a 359.

Art. 535: 12. v. CC 360 a 367.

Art. 535: 13. v. art. 525, notas 15 e 16. V. tb. CC 368 a 380.

Art. 535: 14. Súmula 394 do STJ: "É admissível, em embargos à execução, **compensar os valores de imposto de renda** retidos indevidamente na fonte com os valores restituídos apurados na declaração anual".

"É perfeitamente admissível a discussão quanto à compensação da quantia objeto da restituição do indébito tributário com valores recolhidos em período anterior sob o mesmo título, em execução fundada em título judicial" (STJ-1ª Seção, ED no REsp 779.917, Min. Eliana Calmon, j. 14.6.06, DJU 1.8.06). V. tb. nota 10.

Art. 535: 15. v. CC 840 a 850.

Art. 535: 15a. v. art. 525, notas 18 e segs.

Art. 535: 15b. A **prescrição acontecida antes do trânsito em julgado** não pode ser apreciada por ocasião do cumprimento da sentença, sob pena de afronta à coisa julgada (STJ-5ª T., REsp 269.403, Min. José Arnaldo, j. 13.2.01, DJU 26.3.01; STJ-6ª T., REsp 196.659, Min. Vicente Cernicchiaro, j. 29.4.99, DJU 7.6.99; JTJ 260/99).

V. tb. art. 525, nota 20.

Art. 535: 16. "A ressalva contida na regra do art. 741, VI, do CPC, sobre a inviabilidade de se suscitar causa impeditiva, modificativa ou extintiva da obrigação ocorrida antes da sentença, destina-se a execuções típicas do CPC, não se aplicando à peculiar **execução da sentença proferida em ação coletiva"** (STJ-1ª T., REsp 1.071.787, Min. Francisco Falcão, j. 24.3.09, DJ 10.8.09). No mesmo sentido: STJ-2ª T., REsp 1.307.704-AgRg, Min. Humberto Martins, j. 5.6.12, DJ 14.6.12.

Art. 535: 17. "Não obstante o art. 741, VI, do CPC dispor que causas impeditivas, modificativas ou extintivas do direito do autor possam ser alegadas em sede de embargos à execução, quando supervenientes à sentença, a exegese do dispositivo não desconsidera o **ato decisório da liquidação** que, complementando a condenação, é passível de objeção em embargos" (STJ-1ª T., REsp 797.771, Min. Luiz Fux, j. 21.3.06, DJU 3.4.06).

Art. 535: 17a. No sentido de que a pena de não conhecimento da impugnação somente deve ser aplicada após ser dada a oportunidade, mediante **intimação,** para que a Fazenda Pública apresente a memória de cálculo do valor que entende correto: STJ-2ª T., REsp 1.720.647, Min. Herman Benjamin, j. 9.10.18, DJ 16.11.18.

Art. 535: 18. s/ precatório, v. CF 100 e notas, LOJF 58 e 59. V. tb. LEF 11, nota 1c (penhorabilidade dos precatórios, em execução fiscal), LMS 14, nota 8 (valores devidos ao impetrante).

Art. 535: 19. "Na execução contra a Fazenda Pública, apenas as **prestações vencidas** sujeitam-se a expedição de precatórios, sendo as **vincendas** transmitidas por meio de simples ofício" (STJ-6ª T., REsp 541.174, Min. Paulo Medina, j. 9.2.06, DJU 27.3.06).

Art. 535: 19a. Precatório complementar. "É lícita a **atualização** complementar do cálculo da condenação, quando há demora no pagamento devido" (RTJ 108/463).

A atualização é feita considerando o período decorrido entre a data do cálculo com base na qual foi efetuado o pagamento respectivo e aquela em que dito pagamento ocorreu (RTFR 147/149, RTJ 124/1.231). Considerando que a correção deve incidir "entre a data da expedição do precatório e do respectivo pagamento": RTJ 118/230.

V. tb. nota 1a.

Em matéria de desapropriação, v. LD 26, notas 9 (Súmula 67 do STJ) e 11.

Art. 535: 19b. "Apuração de diferenças de precatório pago na forma do art. 33 do ADCT. Aporte do valor remanescente na **ordem cronológica** original. Impossibilidade. Necessidade da expedição de novo precatório" (STJ-2ª T., RMS 41.827, Min. Eliana Calmon, j. 5.11.13, DJ 13.11.13).

Art. 535: 20. "Transitada em julgado a sentença homologatória dos cálculos de liquidação, é **inadmissível a inclusão de novos índices** de correção monetária, em precatório complementar, por resultar em ofensa à coisa julgada" (STJ-Corte Especial, ED no REsp 98.584, Min. Peçanha Martins, j. 2.6.99, maioria, DJ 4.12.00). **Todavia:** "A Corte Especial decidiu que as diferenças de correção monetária, não incluídas em conta de liquidação homologada por sentença, podem ser postuladas posteriormente sem ofensa à coisa julgada" (STJ-1ª Seção, ED no REsp 85.826, Min. Ari Pargendler, j. 10.11.97, DJU 24.11.97). V. tb. LCM 1º, nota 4-Sentença omissa ou restritiva quanto à correção monetária.

Art. 535: 20a. Súmula Vinculante 17 do STF: "Durante o período previsto no § 1º do art. 100 da Constituição, não incidem **juros de mora** sobre os precatórios que nele sejam pagos". No mesmo sentido: STJ-Corte Especial, ED no REsp 535.963, Min. Fernando Gonçalves, j. 1.12.04, DJU 1.2.05. **Nota:** o primitivo § 1º da CF 100 corresponde ao atual § 5º.

"A jurisprudência do STJ, em conformidade com a orientação traçada pelo STF, considera que, havendo, por parte da Fazenda, o cumprimento do prazo constitucional para o pagamento dos precatórios (mês de dezembro do ano subsequente ao da respectiva apresentação), os juros moratórios são indevidos, por duas razões: primeira, porque a Constituição mandou incluir somente correção monetária; segunda, porque não houve mora. Todavia, uma interpretação dessa orientação *a contrario sensu* leva à seguinte conclusão: se a Fazenda não atende o prazo constitucional para o pagamento do precatório, configurar-se-á situação de mora, caso em que (a) são devidos juros de mora e (b) incidem sobre o período da mora, ou seja, a partir do dia seguinte ao do prazo constitucional do pagamento do precatório. Em outras palavras: não havendo pagamento do precatório até dezembro do ano seguinte ao da sua apresentação, passam, a partir de então (1º de janeiro subsequente), a incidir juros de mora" (STJ-1ª T., REsp 510.071-AgRg, Min. Teori Zavascki, j. 2.12.03, um voto vencido, DJU 16.2.04, p. 212). No mesmo sentido: **Súmula 45 do TRF-1ª Reg.**

Todavia: "Mesmo que obedecido o prazo do art. 100, § 1º, da Constituição Federal, há de prevalecer o comando expresso da sentença exequenda, em face da coisa julgada, determinando a incidência de juros de mora até o efetivo e integral pagamento do precatório" (STJ-Corte Especial, ED no REsp 918.313, Min. Fernando Gonçalves, j. 18.6.08, DJU 1.7.08). **Nota:** o primitivo § 1º da CF 100 corresponde ao atual § 5º.

S/ juros de mora incidentes no período compreendido entre a confecção dos cálculos e a expedição do precatório, v. nota seguinte.

Art. 535: 20b. "Incidem **juros da mora** entre a data da realização dos cálculos e a da requisição ou do precatório" (STF-Pleno, RE 579.431, Min. Marco Aurélio, j. 19.4.17, DJ 30.6.17). No mesmo sentido: STJ-Corte Especial, ED no Ag em REsp 658.534-AgInt, Min. Francisco Falcão, j. 16.5.18, DJ 23.5.18.

S/ juros de mora no período compreendido entre a expedição do precatório e o prazo previsto na CF 100 § 5º, v. nota anterior **(Súmula Vinculante 17 do STF).**

Art. 535: 21. "Observadas as balizas constitucionais e legais, cabe ao **Tribunal,** mediante dispositivos do Regimento, disciplinar a **tramitação dos precatórios,** a fim de que possam ser cumpridos" (STF-Pleno: RTJ 161/796).

Art. 535: 21a. Em matéria de precatório, é competente o **juiz do cumprimento da sentença,** e não o presidente do tribunal, para:

— apreciar pedido de extinção da execução (RSTJ 11/382, 11/402, STJ-RT 658/208, STJ-Bol. AASP 1794/211; TJSP-Pleno: RJTJESP 126/408, un. de jur., 14 votos a 10);

— decidir "questões incidentes, tais como índice de atualização da conta anterior ou extinção da execução" (RSTJ 64/304). "A competência para decidir sobre a forma de reajustamento, o índice a ser aplicado, complementação ou não do depósito e extinção da execução é do juiz de primeiro grau" (STJ-1ª T., REsp 15.032, Min. Garcia Vieira, j. 5.2.92, DJU 6.4.92). No mesmo sentido: STJ-2ª T., REsp 9.296, Min. José de Jesus Filho, j. 5.4.93, DJU 3.5.93;

— decidir sobre os "erros, as emendas ou defeituosa formação do precatório" (STJ-1ª T., REsp 40.260-3, Min. Milton Luiz Pereira, j. 26.4.95, DJU 22.5.95);

— "promover a expedição de precatório complementar, para fins de pagamento atualizado do valor depositado a menor" (STJ-6ª T., REsp 437.432, Min. Vicente Leal, j. 13.8.02, DJU 2.9.02);

— decidir sobre a habilitação de herdeiro (RJM 176-177/65).

Todavia, o **presidente do tribunal** tem competência para:

— "a expedição de ofício requisitório, o controle de respeito à ordem cronológica, o sequestro e a eventual proposta de intervenção" (STJ-2ª T., RMS 1.129-0, Min. José de Jesus, j. 16.3.94, DJU 18.4.94);

— "examinar as formalidades extrínsecas do precatório e o erro material, que jamais transita em julgado e pode ser corrigido a qualquer tempo" (STJ-Bol. AASP 1.931/413j);

— corrigir "erro material ou inexatidão nos cálculos", "fazendo-o a partir dos parâmetros do título executivo judicial, ou seja, da sentença exequenda" (STF-Pleno, ADI 1.098-1, Min. Marco Aurélio, j. 11.9.96, DJU 25.10.96). No mesmo sentido: STJ-2ª T., RMS 26.277, Min. Eliana Calmon, j. 7.5.09, DJ 25.5.09; STJ-1ª T., REsp 86.617, Min. José Delgado, j. 13.5.96, DJU 17.6.96.

Em síntese: "O Presidente do Tribunal, no processamento do requisitório de pagamento, exercita função de índole administrativa, não albergando decisões e decorrentes recursos de natureza jurisdicional. Descortinados erros ou defeituosa formação do precatório, determinará o encaminhamento ao juiz da execução. Compete ao juiz do processo de execução, com atividade jurisdicional, apreciar as questões surgidas ou, pelo pagamento, sentenciar a extinção, perante o qual, se necessário, serão interpostos os recursos cabíveis para o tribunal competente" (RSTJ 76/235). "A Egrégia Corte Especial deste STJ pacificou a jurisprudência no sentido de que, em sede de precatório, o presidente do tribunal tem competência meramente administrativa. Ao juiz da execução compete executar o precatório, inclusive resolver as questões incidentes, dentre elas a determinação de expedição de precatório complementar" (STJ-1ª T., REsp 108.246, Min. Demócrito Reinaldo, j. 8.5.97, DJU 30.6.97).

No que diz respeito a **fato ou direito superveniente,** considera-se que, havendo alteração do índice de correção monetária durante a tramitação do precatório, compete ao Presidente do Tribunal de Justiça, e não ao juiz da causa, decidir sobre o fator de indexação a ser aplicado (STF-Pleno, RE 161.379, Min. Sepúlveda Pertence, j. 29.9.98, DJU 6.11.98). No mesmo sentido, entendeu o Órgão Especial do TJRS que compete ao Presidente do TJ decidir "questões relativas a indexadores de correção monetária supervenientes ao registro do precatório, inclusão de juros incidentes a partir do cálculo e conversão dos créditos em BTNs fiscais ao efeito de pagamento" (RJTJERGS 148/209, maioria).

V. tb. Lei 9.494/97, art. 1º-E, no tít. FAZENDA PÚBLICA.

Art. 535: 22. Súmula 311 do STJ: "Os **atos do presidente do tribunal** que disponham sobre processamento e pagamento de precatório **não têm caráter jurisdicional**".

"Os atos prolatados por Presidente de Tribunal em processos de precatório são de natureza administrativa, sendo correta decisão que não admite agravo regimental manejado contra tais atos" (STJ-1ª T., REsp 11.524, Min. Garcia Vieira, j. 7.5.02, DJU 3.6.02).

S/ descabimento de recurso especial ou extraordinário nessas circunstâncias, v. RISTJ 255, nota 4-Precatório, e RISTF 321, nota 2-**Súmula 733 do STF** e nota 3-Precatório.

S/ natureza do ato de sequestro de receitas públicas para tutela da ordem cronológica dos precatórios, v. CF 100, nota 7a.

Art. 535: 22a. v. CF 100.

Art. 535: 23. Lei 9.469, de 10.7.97: "Art. 6º Os pagamentos devidos pela Fazenda Pública federal, estadual ou municipal e pelas autarquias e fundações públicas, em virtude de sentença judiciária, far-se-ão, exclusivamente, na ordem cronológica da apresentação dos precatórios judiciários e à conta do respectivo crédito. **§ 1º** É assegurado o direito de preferência aos credores de obrigação de natureza alimentícia, obedecida, entre eles, a ordem cronológica de apresentação dos respectivos precatórios judiciários".

S/ precatório de verba alimentar, v. CF 100 e §§ 1º e 2º.

Art. 535: 23a. O **art. 19 da Lei 11.033, de 21.12.04,** que condicionava o recebimento de valores decorrentes de precatório judicial à apresentação de certidões negativas, foi **declarado inconstitucional** (STF-RF 391/357: Pleno, ADI 3.453).

Art. 535: 23b. "O regime constitucional de execução por quantia certa contra o Poder Público — **qualquer que seja a natureza do crédito exequendo** (RTJ 150/337) — impõe a necessária extração de precatório, cujo pagamento deve observar, em obséquio aos princípios ético-jurídicos da moralidade, da impessoalidade e da igualdade, a regra fundamental que outorga preferência apenas a quem dispuser de precedência cronológica (*prior in tempore, potior in jure*)" (STF-1ª T., RE 132.031-1, Min. Celso de Mello, j. 15.9.95, DJU 19.4.96).

Art. 535: 23c. **Súmula 655 do STF:** "A exceção prevista no art. 100, *caput*, da Constituição, em favor dos **créditos de natureza alimentícia,** não dispensa a expedição de precatório, limitando-se a isentá-los da observância da ordem cronológica dos precatórios decorrentes de condenações de outra natureza".

Súmula 144 do STJ: "Os créditos de natureza alimentícia gozam de preferência, desvinculados os precatórios da ordem cronológica dos créditos de natureza diversa" (v. jurisprudência s/ esta Súmula em RSTJ 80/301 a 333).

Súmula 1 do TRF-5ª Reg.: "Na execução de dívida alimentícia da Fazenda Pública, observa-se o rito do art. 730, CPC, expedindo-se precatório cujo pagamento tem preferência, em classe especial".

Art. 535: 24. **O crédito de natureza alimentícia:**

— deve ser incluído em classe especial, separadamente dos outros créditos, de modo a permitir que o tribunal acompanhe o ritmo dos pagamentos, evite preterição e garanta satisfação que, se não é imediata, ao menos é impassível de ser fraudada mediante escolha de um credor em detrimento de outro (RT 674/92, maioria);

— deve ser pago devidamente atualizado até a data do efetivo pagamento (RTJ 159/714; STF-1ª T., RE 200.251-8, Min. Moreira Alves, j. 1.4.97, DJU 13.6.97). Ocorrendo a extinção do índice inicialmente previsto, o Tribunal deve observar aquele que, sob o ângulo legal, vier a substituí-lo (STF-Pleno: RTJ 161/796).

Art. 535: 24a. **Súmula Vinculante 47 do STF:** "Os **honorários advocatícios** incluídos na condenação ou destacados do montante principal devido ao credor consubstanciam verba de **natureza alimentar** cuja satisfação ocorrerá com a expedição de **precatório ou requisição de pequeno valor,** observada ordem especial restrita aos créditos dessa natureza".

"Os honorários advocatícios relativos às condenações por sucumbência têm natureza alimentícia. Eventual dúvida existente sobre essa assertiva desapareceu com o advento da Lei 11.033/04, cujo art. 19, I, refere-se a 'créditos alimentares, inclusive alimentícios'" (STJ-Corte Especial, ED no REsp 706.331, Min. Gomes de Barros, j. 20.2.08, um voto vencido, DJU 31.3.08).

"Os honorários advocatícios, mesmo de sucumbência, têm natureza alimentar. A aleatoriedade no recebimento dessas verbas não retira tal característica, da mesma forma que, no âmbito do Direito do Trabalho, a aleatoriedade no recebimento de comissões não retira sua natureza salarial" (STJ-3ª T., REsp 608.028, Min. Nancy Andrighi, j. 28.6.05, um voto vencido, DJU 12.9.05).

S/ natureza alimentar dos honorários advocatícios, v. tb. arts. 85 § 14, e 833, nota 25c, e EA 24, notas 1d e segs.

S/ precatório para pagamento de verba honorária, v. EA 23, nota 6.

Art. 535: 25. "O **despacho** que determina a **formação de precatório** é decisão interlocutória, passível de ser atacada por **agravo**" (RSTJ 132/204).

V. art. 1.015 § ún.

Art. 535: 25a. "A refutação do **critério** adotado pelo juiz na elaboração dos cálculos é **insuscetível de revisão no curso do precatório,** que somente comporta retificação de erro material" (RSTJ 5/297).

V. tb. Lei 9.494/97, art. 1º-E, no tít. FAZENDA PÚBLICA.

Art. 535: 25b. "Estabelecido o precatório como forma de pagamento das obrigações judiciais da Fazenda Pública, não há dizer-se ilegal a resistência oferecida pela autoridade de hierarquia inferior à discriminatória **liberação de valores fora da devida ordem preferencial"** (RTFR 154/291).

Art. 535: 26. **"É ilegal** e, portanto, insuscetível de homologação judicial, a **transação** entre a Administração e o particular que **viola a sequência dos precatórios,** mesmo se o credor renuncia à parte (*in casu*, parte ínfima) do crédito, vedação essa que incide tanto se já há precatório como em momento anterior à sua expedição. Descabe à Fazenda Pública realizar composição que envolva quantia certa em processo judicial de execução de sentença, nos moldes do art. 730 do CPC, cujo rito culmina com a expedição de precatório. Admitir esse tipo de transação seria, por via transversa, violar a ordem cronológica de pagamento de precatórios" (STJ-RP 181/352 e RDDP 83/146: 2ª T., REsp 1.090.695-AgRg).

Art. 535: 27. "O **simples** fato da **expedição do precatório** e a inclusão no orçamento do crédito para o pagamento da obrigação **não implica a extinção da execução,** que só se perfaz com o efetivo pagamento ao exequente reconhecido por sentença declaratória do juiz" (STJ-5ª T., REsp 598.763-EDcl-EDcl, Min. Felix Fischer, j. 16.3.06, DJU 10.4.06).

Art. 535: 28. **Lei 8.213, de 24.7.91: "Art. 128** (*redação de acordo com a Lei 10.099, de 19.12.00*). As demandas judiciais que tiverem por objeto o reajuste ou a concessão de benefícios regulados nesta Lei cujos valores de execução não forem superiores a R$ 5.180,25 (cinco mil, cento e oitenta reais e vinte e cinco centavos) por autor poderão, por opção de cada um dos exequentes, ser quitadas no prazo de até sessenta dias após a intimação do trânsito em julgado da decisão, sem necessidade da expedição de precatório. **§ 1º** (*redação de acordo com a Lei*

10.099, de 19.12.00) É vedado o fracionamento, repartição ou quebra do valor da execução, de modo que o pagamento se faça, em parte, na forma estabelecida no *caput* e, em parte, mediante expedição do precatório. **§ 2º** *(redação de acordo com a Lei 10.099, de 19.12.00)* É vedada a expedição de precatório complementar ou suplementar do valor pago na forma do *caput*. **§ 3º** *(redação de acordo com a Lei 10.099, de 19.12.00)* Se o valor da execução ultrapassar o estabelecido no *caput*, o pagamento far-se-á sempre por meio de precatório. **§ 4º** *(redação de acordo com a Lei 10.099, de 19.12.00)* É facultada à parte exequente a renúncia ao crédito, no que exceder ao valor estabelecido no *caput*, para que possa optar pelo pagamento do saldo sem o precatório, na forma ali prevista. **§ 5º** *(redação de acordo com a Lei 10.099, de 19.12.00)* A opção exercida pela parte para receber os seus créditos na forma prevista no *caput* implica a renúncia do restante dos créditos porventura existentes e que sejam oriundos do mesmo processo. **§ 6º** *(redação de acordo com a Lei 10.099, de 19.12.00)* O pagamento sem precatório, na forma prevista neste artigo, implica quitação total do pedido constante da petição inicial e determina a extinção do processo. **§ 7º** *(redação de acordo com a Lei 10.099, de 19.12.00)* O disposto neste artigo não obsta a interposição de embargos à execução por parte do INSS".

Art. 535: 28a. Lei 10.259, de 12.7.01 (LJEF): "Art. 17 § 1º Para os efeitos do § 3º do art. 100 da Constituição Federal, as obrigações ali definidas como de pequeno valor, a serem pagas independentemente de precatório, terão como limite o mesmo valor estabelecido nesta lei para a competência do Juizado Especial Federal Cível (art. 3º, *caput*)". Esse limite corresponde a **60 salários mínimos.**

Art. 535: 28b. Obrigação de pequeno valor e CF 100 § 3º. "Consideram-se de pequeno valor, para esse efeito, as execuções de (a) até 60 salários mínimos, quando devedora for a União Federal (Lei 10.259/01, art. 17 § 1º); (b) até 40 salários mínimos ou o estabelecido pela legislação local, quando devedor for Estado-membro ou o Distrito Federal (ADCT, art. 87); e (c) até 30 salários mínimos ou o estabelecido pela legislação local, quando devedor for Município (ADCT, art. 87). Sendo a execução promovida em regime de litisconsórcio ativo facultativo, a aferição do valor, para os fins do art. 100, § 3º, da Constituição, deve levar em conta o crédito individual de cada exequente (art. 4º da Res. 373, de 25.5.04, do Conselho da Justiça Federal)" (STJ-1ª T., REsp 823.293, Min. Teori Zavascki, j. 25.4.06, DJU 8.5.06).

"É possível o fracionamento de execução de sentença para expedição de requisição de pequeno valor, apenas quando tratar-se de litisconsórcio facultativo ativo e não de ação coletiva intentada por legitimado extraordinário ou substituto processual" (STF-2ª T., RE 452.261-AgRg, Min. Eros Grau, j. 8.5.07, DJU 25.5.07).

S/ fracionamento do valor da execução e honorários advocatícios, v. CF 100, notas 9c e 10.

Art. 535: 29. v. tb. arts. 525 §§ 12 e segs., especialmente nota 25.

S/ direito intertemporal, v. art. 1.057.

Art. 535: 30. No sentido de que a inexigibilidade do título nessas circunstâncias **não pode ser conhecida de ofício:** STJ-2ª T., REsp 1.124.374, Min. Castro Meira, j. 7.12.10, DJ 14.2.11.

Art. 535: 31. v. art. 1.057 **(direito intertemporal).**

Art. 535: 32. v. art. 1.057 **(direito intertemporal).**

Capítulo VI | DO CUMPRIMENTO DE SENTENÇA QUE RECONHEÇA A EXIGIBILIDADE DE OBRIGAÇÃO DE FAZER, DE NÃO FAZER OU DE ENTREGAR COISA[1]

CAP. VI: 1. s/ julgamento das ações relativas às prestações de fazer, não fazer ou entregar coisa, v. arts. 497 e segs.; s/ cumprimento provisório de sentença que reconheça a exigibilidade de obrigação de fazer, não fazer ou entregar coisa, v. art. 520 § 5º.

Seção I | DO CUMPRIMENTO DE SENTENÇA QUE RECONHEÇA A EXIGIBILIDADE DE OBRIGAÇÃO DE FAZER OU DE NÃO FAZER

Art. 536. No cumprimento de sentença que reconheça a exigibilidade de obrigação de fazer ou de não fazer,[1] o juiz poderá, de ofício ou a requerimento, para a efetivação da tutela específica ou a obtenção de tutela pelo resultado prático equivalente, determinar as medidas necessárias à satisfação do exequente.[2] [Dispositivo correspondente no CPC/1973: art. 461-*caput*]

§ 1º Para atender ao disposto no *caput*, o juiz poderá determinar, entre outras medidas,[3] a imposição de multa,[3a] a busca e apreensão, a remoção de pessoas e coisas, o desfazimento de obras e o impedimento de atividade nociva, podendo, caso necessário, requisitar o auxílio de força policial. [Dispositivo correspondente no CPC/1973: art. 461 § 5º]

§ 2º O mandado de busca e apreensão de pessoas e coisas será cumprido por 2 (dois) oficiais de justiça, observando-se o disposto no art. 846, §§ 1º a 4º, se houver necessidade de arrombamento. [Dispositivos correspondentes no CPC/1973: art. 842-*caput* e § 1º]

§ 3º O executado incidirá nas penas de litigância de má-fé[4] quando injustificadamente descumprir a ordem judicial, sem prejuízo de sua responsabilização por crime de desobediência.[4a-5] [Sem dispositivo correspondente no CPC/1973]

§ 4º No cumprimento de sentença que reconheça a exigibilidade de obrigação de fazer ou de não fazer, aplica-se o art. 525, no que couber. [Dispositivo correspondente no CPC/1973: art. 644]

§ 5º O disposto neste artigo aplica-se, no que couber, ao cumprimento de sentença que reconheça deveres de fazer e de não fazer de natureza não obrigacional. [Sem dispositivo correspondente no CPC/1973]

Art. 536: 1. v. art. 497.

S/ execução das obrigações de fazer ou não fazer, v. arts. 814 e segs.

S/ obrigações de fazer ou não fazer, v. CC 247 e segs.

Art. 536: 2. s/ conversão da obrigação em perdas e danos, v. art. 499 e notas.

Art. 536: 3. As medidas coercitivas e sub-rogatórias arroladas neste artigo são meramente **exemplificativas,** estando o juiz autorizado a lançar mão de outras providências para assegurar a tutela específica ou o resultado prático equivalente, e podem ser aplicadas cumulativamente (STJ-2ª T., REsp 1.046.283-AgRg, Min. Castro Meira, j. 19.6.08, DJ 6.8.08).

"É lícito ao magistrado determinar o bloqueio de valores em contas públicas para garantir o custeio de tratamento médico indispensável, como meio de concretizar o princípio da dignidade da pessoa humana e do direito à vida e à saúde. Nessas situações, a norma contida no art. 461, § 5º, do CPC deve ser interpretada de acordo com esses princípios e normas constitucionais, sendo permitida, inclusive, a mitigação da impenhorabilidade dos bens públicos" (STJ-2ª T., REsp 656.838, Min. João Otávio, j. 17.5.05, DJU 20.6.05). No mesmo sentido: "em situações de inconciliável conflito entre o direito fundamental à saúde e o regime de impenhorabilidade dos bens públicos, prevalece o primeiro sobre o segundo" (STJ-1ª T., REsp 900.458, Min. Teori Zavascki, j. 26.6.07, DJU 13.8.07). Ainda: STJ-RDDP 43/151 (1ª Seção, ED no REsp 787.101).

"As medidas protetivas previstas na Lei 11.340/2006, observados os requisitos específicos para a concessão de cada uma, podem ser pleiteadas de forma autônoma para fins de cessação ou de acautelamento de violência doméstica contra a mulher, independentemente da existência, presente ou potencial, de processo-crime ou ação principal contra o suposto agressor. Nessa hipótese, as medidas de urgência pleiteadas terão natureza de cautelar cível satisfativa, não se exigindo instrumentalidade a outro processo cível ou criminal, haja vista que não se busca necessariamente garantir a eficácia prática da tutela principal" (STJ-4ª T., REsp 1.419.421, Min. Luis Felipe, j. 11.2.14, RP 232/497).

Art. 536: 3a. v. art. 537.

Art. 536: 4. v. arts. 79 a 81.

Art. 536: 4a. v. CP 330.

S/ crime de desobediência e competência para decretação da prisão, v. Cap. I, nota 1, que antecede o art. 139.

Art. 536: 5. Ressalvada a hipótese de devedor de alimentos, o juiz **não pode decretar a prisão civil** de quem desobedece ordem judicial (v. Cap. I, nota 1, que antecede o art. 139). Assim, "o inadimplemento de acordo judicial feito em execução de título de crédito extrajudicial não autoriza a prisão civil do devedor, por não se incluir nas hipóteses previstas na Carta Magna" (RT 834/266).

Eventual prisão somente acontecerá na esfera criminal, após a apuração do crime de desobediência.

Art. 537. A multa[1] independe de requerimento da parte e poderá[1a] ser aplicada na fase de conhecimento, em tutela provisória[1b-1c] ou na sentença, ou na fase de execução, desde que seja suficiente e compatível com a obrigação[2 a 4] e que se determine prazo razoável para cumprimento do preceito.[4a a 4c] [Dispositivo correspondente no CPC/1973: art. 461 § 4º]

§ 1º O juiz poderá, de ofício ou a requerimento, modificar o valor ou a periodicidade da multa vincenda ou excluí-la, caso verifique que:[5 a 10] [Dispositivo correspondente no CPC/1973: art. 461 § 6º]

I — se tornou insuficiente ou excessiva; [Dispositivo correspondente no CPC/1973: art. 461 § 6º]

II — o obrigado demonstrou cumprimento parcial superveniente da obrigação ou justa causa para o descumprimento. [Sem dispositivo correspondente no CPC/1973]

§ 2º O valor da multa será devido ao exequente.[11] [Sem dispositivo correspondente no CPC/1973]

§ 3º A decisão que fixa a multa é passível de cumprimento provisório, devendo ser depositada em juízo, permitido o levantamento do valor após o trânsito em julgado da sentença favorável à parte.[11a a 12a] [Sem dispositivo correspondente no CPC/1973]

§ 4º A multa será devida desde o dia em que se configurar o descumprimento da decisão e incidirá enquanto não for cumprida a decisão que a tiver cominado.[13-13a] [Sem dispositivo correspondente no CPC/1973]

§ 5º O disposto neste artigo aplica-se, no que couber, ao cumprimento de sentença que reconheça deveres de fazer e de não fazer de natureza não obrigacional. [Sem dispositivo correspondente no CPC/1973]

Art. 537: 1. v. art. 536 § 1º. Em matéria de exibição de documento ou coisa, v. art. 400 § ún.

Art. 537: 1a. "Não mais existe a fixação da multa como uma imposição ao juiz, mas, remetendo-se ao art. 461 do CPC, verifica-se que a penalidade é uma **faculdade do magistrado,** o que impossibilita que esta Corte a determine" (STJ-5ª T., REsp 585.460, Min. José Arnaldo, j. 14.10.03, DJU 17.11.03).

Art. 537: 1b. v. arts. 294 e segs., em especial, arts. 300 e segs.

S/ antecipação de tutela específica contra a Fazenda Pública, v. Lei 9.494, de 10.9.97, no tít. FAZENDA PÚBLICA, art. 1º e notas.

Art. 537: 1c. "Inexiste verossimilhança em pedido de tutela antecipada com imposição de elevada multa, quando se verifica, já à primeira vista, a razoabilidade da tese oposta quanto à impossibilidade de cumprimento da obrigação de fazer perseguida na ação, dado depender da vontade de terceiros" (STJ-4ª T., REsp 1.057.369, Min. Aldir Passarinho Jr., j. 23.6.09, um voto vencido, DJ 29.3.10).

V. tb. nota 7.

Art. 537: 2. "Ao contrário do Código de 39, a lei vigente **não estabelece limitação para o valor da multa** cominada na sentença, que tem o objetivo de induzir ao cumprimento da obrigação e não o de ressarcir. Nem se justifica tolerância com o devedor recalcitrante que, podendo fazê-lo, se abstém de cumprir a sentença" (RSTJ 111/197). No mesmo sentido: STJ-3ª T., REsp 940.309, Min. Sidnei Beneti, j. 11.5.10, DJ 25.5.10; STJ-6ª T., REsp 1.084.302-AgRg, Min. Maria Thereza, j. 5.2.09, DJ 2.3.09. Ainda, mas com a ponderação de que a multa não deve conduzir à "bancarrota patrimonial do devedor": STJ-1ª T., REsp 770.753, Min. Luiz Fux, j. 27.2.07, DJU 15.3.07.

"O simples fato de a multa ser superior ao valor da obrigação principal não caracteriza sua desproporcionalidade, cujo juízo de ponderação deve considerar a finalidade para a qual a penalidade fora fixada, qual seja, a de funcionar como um mecanismo coercitivo para forçar a parte ao cumprimento da obrigação fixada judicialmente, considerando-se as particularidades do caso concreto" (STJ-2ª T., Ag em REsp 559.219-AgRg-EDcl-EDcl, Min. Francisco Falcão, j. 16.11.17, DJ 22.11.17).

Todavia, utilizando o valor do bem objeto do processo como parâmetro para a fixação e consequente redução da multa: "É possível a redução das *astreintes* fixadas fora dos parâmetros de razoabilidade e proporcionalidade, fixada a sua limitação ao valor do bem da obrigação principal, evitando-se o enriquecimento sem causa" (STJ-4ª T., REsp 947.466, Min. Aldir Passarinho Jr., j. 17.9.09, DJ 13.10.09). No mesmo sentido: STJ-1ª T., REsp 998.481, Min. Denise Arruda, j. 3.12.09, DJ 11.12.09.

Em matéria de Juizados Especiais, v. LJE 52, nota 3d.

Art. 537: 2a. **Dimensionamento do valor da multa.** "A *astreinte* deve, em consonância com as peculiaridades de cada caso, ser elevada o suficiente a inibir o devedor — que intenciona descumprir a obrigação — e sensibilizá-lo de que é muito mais vantajoso cumpri-la do que pagar a respectiva pena pecuniária. Por outro lado, não pode o valor da multa implicar enriquecimento injusto" (STJ-3ª T., REsp 1.185.260, Min. Nancy Andrighi, j. 7.10.10, DJ 11.11.10). No mesmo sentido: JTJ 260/321, 336/451 (AP 697.296-5/7-00), RJTJERGS 259/128 (AI 70016391815), RJM 188/270 (AI 1.0024.03.999610-3/001).

"O valor da multa cominatória como *astreinte* há de ser naturalmente elevado, no caso de dirigir-se a devedor de grande capacidade econômica, para que se torne efetiva a coerção indireta ao cumprimento sem delongas da decisão judicial" (STJ-3ª T., REsp 940.309, Min. Sidnei Beneti, j. 11.5.10, DJ 25.5.10).

"O escopo da multa do art. 461, § 4º, do CPC é compelir a parte ao cumprimento da ordem judicial, emprestando, assim, efetividade ao processo e à vontade do Estado. Constituindo meio coativo imposto ao devedor, deve ser estipulada em valor que o 'estimule' psicologicamente, a evitar o prejuízo advindo da desobediência ao comando judicial. A coação tem que ser efetiva. No caso particular dos autos, verifica-se que a multa não foi fixada em valor superior ao atribuído à causa. Sendo esse o contexto, é de se concluir que foram observados o princípio da proporcionalidade (cuida-se de uma instituição bancária de grande porte) e o da razoabilidade, pois o valor de R$ 1.000,00 com certeza não ultrapassa a capacidade de solvência do banco agravante, sendo, ao mesmo tempo, elevado o suficiente a compeli-lo a obedecer à ordem judicial" (STJ-4ª T., AI 713.962-AgRg, Min. Luis Felipe, j. 27.10.09, DJ 16.11.09).

Art. 537: 2b. Naturalmente, a instituição e o dimensionamento do valor da multa necessitam de suficiente **motivação,** sob pena de nulidade.

V. art. 11.

Art. 537: 2c. "O poder de intimidação refletido no valor arbitrado pelo juiz a título de multa diária, nos termos do § 4º do art. 461 do CPC, deve ser preservado ao longo do tempo — e, portanto, corrigido — a fim de que corresponda, desde então, à expectativa de ser o suficiente para a obtenção da tutela específica. Assim, a partir de sua fixação, o contexto apresentado para o devedor tem de revelar, sempre, que lhe é mais interessante cumprir a obrigação principal que pagar a multa. O termo inicial de incidência da **correção monetária** sobre a multa do § 4º do art. 461 do CPC deve ser a data do respectivo arbitramento, como ocorre nas hipóteses de dano moral (Súm. 362/STJ). **Não incidem juros de mora** sobre a multa imposta pelo descumprimento de obrigação de fazer, sob pena de configurar *bis in idem*" (STJ-3ª T., REsp 1.327.199, Min. Nancy Andrighi, j. 22.4.14, DJ 2.5.14).

Também determinando a correção monetária do valor da multa a partir da data do seu arbitramento: STJ-2ª Seção, ED no REsp 1.492.947, Min. Moura Ribeiro, j. 28.6.17, DJ 30.6.17.

Também negando a incidência de juros moratórios sobre o valor da multa: STJ-1ª T., REsp 1.699.443, Min. Regina Costa, j. 8.2.18, DJ 22.2.18; STJ-4ª T., Ag em REsp 1.568.978-AgInt, Min. Antonio Ferreira, j. 4.5.20, DJ 6.5.20.

Art. 537: 3. A multa coercitiva deve ter **periodicidade e dimensões compatíveis** com os bens da vida objeto do processo. Pode ser de incidência única, pode ser fixada com base no número de infrações cometidas ou ainda vir atrelada a unidades de tempo, como hora, dia ou semana.

"O § 5º do art. 461 do CPC possibilita ao juiz fixar multa por tempo de atraso, de onde se conclui pela legalidade da **multa por hora** na interrupção do serviço fixada pelo Tribunal de origem" (STJ-2ª T., REsp 1.142.908, Min. Eliana Calmon, j. 6.4.10, DJ 14.4.10).

Art. 537: 3a. A peculiar finalidade coercitiva da multa prevista neste artigo torna sua **aplicação cumulável com** a incidência de todas as sanções reparatórias e punitivas previstas no ordenamento (p. ex., arts. 77 § 2º, 81-*caput*, 202, 258, 774 § ún., 1.021 § 4º e 1.026 §§ 2º e 3º). S/ requisitos para a cumulação de sanções, v. art. 81, nota 9.

Indenização atrelada ao descumprimento de contrato não se confunde e pode ser cumulada com a multa coercitiva (STJ-4ª T., REsp 973.879, Min. Luis Felipe, j. 11.5.10, DJ 24.5.10).

"Possibilidade de cumulação de *astreintes* com encargos contratuais devido à natureza distinta dos dois institutos. Natureza processual das *astreintes* e de direito material dos encargos contratuais" (STJ-3ª T., REsp 1.198.880, Min. Paulo Sanseverino, j. 20.9.12, maioria, DJ 11.12.12).

"Ação indenizatória. Inscrição indevida em cadastros de inadimplentes. Dano moral configurado. Multa cominatória fixada em demanda pretérita. Descumprimento. Cumulação. Possibilidade" (STJ-3ª T., REsp 1.689.074, Min. Moura Ribeiro, j. 16.10.18, DJ 18.10.18).

Art. 537: 3b. "As *astreintes* podem ser fixadas pelo juiz de ofício, mesmo sendo contra **pessoa jurídica de direito público,** que ficará obrigada a suportá-las caso não cumpra a obrigação de fazer no prazo estipulado" (STJ-RF 370/297: 6ª T., REsp 201.378). No mesmo sentido: STF-RMDCPC 49/106 (1ª T., AI 732.188-AgRg), STF-RT 889/186 (2ª T., RE 495.740; esse acórdão foi proferido em sede de referendo à tutela antecipada); STJ-5ª T., REsp 267.446,

Min. Felix Fischer, j. 3.10.00, DJU 23.10.00; STJ-1ª T., REsp 690.483-AgRg, Min. José Delgado, j. 19.4.05, DJU 6.6.05; STJ-2ª T., REsp 810.017, Min. Peçanha Martins, j. 7.3.06, DJU 11.4.06; RT 808/253, 855/255, JTJ 374/183 (AI 33492-66.2012.8.26.0000).

"Em princípio, aplica-se às pessoas jurídicas de direito público a disciplina do art. 461 do CPC. Mas, há que atentar para a razoabilidade no uso dos meios coercitivos, pois a administração, jungida à legalidade, nem sempre exibe condições de atender, prontamente, as chamadas 'prestações positivas' resultantes dos comandos constitucionais. E ainda há que considerar que, por lastimável deficiência do ordenamento jurídico pátrio, a multa grava o Erário, jamais o agente político ou o servidor com competência para praticar o ato, pessoalmente, o que, no fundo, a torna inócua" (RJ 314/104; a citação é do voto do relator, Des. Araken de Assis). No mesmo sentido: JTJ 323/123 (AI 711.429-5/5-00).

"Não é possível a extensão ao agente político de sanção coercitiva aplicada à Fazenda Pública em decorrência da sua não participação efetiva no processo. Entendimento contrário acabaria por violar os princípios do contraditório e da ampla defesa" (STJ-2ª T., Ag em REsp 196.946-AgRg, Min. Humberto Martins, j. 2.5.13, DJ 16.5.13). "A extensão ao agente político de sanção coercitiva aplicada à Fazenda Pública, ainda que revestida do motivado escopo de dar efetivo cumprimento à ordem mandamental, está despida de juridicidade" (STJ-RDDP 88/142: 5ª T., REsp 747.371). **Todavia,** admitindo em tese a imposição de multa coercitiva ao agente político, mas afastando-a no caso concreto, pois "a prolação da decisão interlocutória que determinou a aplicação da multa não foi antecedida de qualquer ato processual tendente a chamar aos autos as referidas autoridades públicas": STJ-2ª T., REsp 1.111.562-EDcl, Min. Castro Meira, j. 1.6.10, DJ 16.6.10.

S/ multa contra a autoridade coatora no mandado de segurança, v. LMS 7º, nota 16d.

Art. 537: 4. **Situações em que se afirmou ser pertinente a imposição de multa coercitiva:**

— "Conquanto se cuide de obrigação de fazer fungível, ao autor é facultado pleitear a cominação da pena pecuniária. Inteligência dos arts. 287 e 644 do CPC" (RSTJ 25/389);

— "As obrigações de fazer infungíveis também são objeto de pedido cominatório, eis que irrelevante seja o objeto da prestação fungível ou infungível, porque também o é nas obrigações de dar, quanto nas de fazer" (STJ-3ª T., REsp 6.314, Min. Waldemar Zveiter, j. 25.2.91, DJU 25.3.91);

— "Caso de inadimplemento de obrigação personalíssima, como a de prestação de serviços artísticos, não sendo suficiente a indenização pelo descumprimento do contrato, a qual visa a reparar as despesas que o contratante teve que efetuar com a contratação de um outro profissional" (STJ-3ª T., REsp 482.094, Min. Sidnei Beneti, j. 20.5.08, DJ 24.4.09);

— ataques pessoais lançados na *Internet* (RT 844/384);

— "Na hipótese dos autos, verifica-se que a pretensão cautelar reside no fornecimento de dados para identificação de suposto ofensor da imagem da sociedade de economia federal e de seus dirigentes. Assim, evidencia-se a preponderância da obrigação de fazer, consistente no ato de identificação do usuário do serviço de internet" (STJ-4ª T., REsp 1.560.976, Min. Luis Felipe, j. 30.5.19, DJ 1.7.19);

— "Ação ordinária de obrigação de fazer. Fornecimento de medicamento para o tratamento de moléstia. Imposição de multa diária (*astreintes*) como meio de compelir o devedor a adimplir a obrigação. Fazenda Pública. Possibilidade" (STJ-1ª Seção, REsp 1.474.665, Min. Benedito Gonçalves, j. 26.4.17, DJ 22.6.17);

— "Seguro-saúde. Obrigação de fazer. A obrigação principal no seguro-saúde é de dar; todavia, dependendo, o internamento hospitalar e a cobertura de despesas médicas, de atos de responsabilidade da seguradora, há no contrato obrigações, acessórias, de fazer, que autorizam a cominação judicial de multa para o caso de descumprimento" (STJ-3ª T., REsp 205.895, Min. Ari Pargendler, j. 9.4.02, DJU 5.8.02). No mesmo sentido, em matéria de plano de saúde: "Constitui-se em obrigação de fazer aquela em que o elemento preponderante é a prestação de uma atividade pelo devedor, ainda que sucedida pela entrega de coisa, cabendo, portanto, a fixação de *astreintes* para o caso de descumprimento" (STJ-3ª T., REsp 1.186.851, Min. Nancy Andrighi, j. 27.8.13, DJ 5.9.13);

— "É legítima a multa diária imposta com o propósito de compelir a parte ao cumprimento de obrigação de fazer consistente na devolução de valores em dinheiro indevidamente retidos de terceiros beneficiários de plano de saúde. Conduta que não se submete aos meios executivos sub-rogatórios. Reconhecida a ilegalidade de compensação unilateralmente realizada, a devolução dos valores retidos com tal finalidade configura simples consequência lógica do dever da parte de se abster do ato tido como irregular" (STJ-3ª T., REsp 1.202.425, Min. João Otávio, j. 18.2.16, DJ 23.2.16);

— "Ação de indenização. Tutela antecipada. Custeio de cirurgia facial, de tratamento odontológico e dos respectivos medicamentos. Obrigação de fazer. Multa diária. Possibilidade" (STJ-4ª T., REsp 1.002.297, Min. Antonio Ferreira, j. 5.8.14, DJ 7.4.15);

— "Decorrendo da sentença, não a obrigação de pagar quantia, mas sim a de efetuar crédito em conta vinculada do FGTS, o seu cumprimento se dá sob o regime do art. 461 do CPC. Não havendo dúvida sobre o montante a ser creditado e nem outra justificativa para o não atendimento da sentença, é cabível a aplicação de multa diária como meio coercitivo para o seu cumprimento" (STJ-1ª T., REsp 869.106, Min. Teori Zavascki, j. 14.11.06, DJU 30.11.06);

— constituição de capital para prestação de alimentos (art. 533, nota 7);

— "Em se tratando de 'obrigação de pagar financiamento junto a terceiro' ou 'obrigação de realizar a cessão dos financiamentos para o nome do comprador', ou ainda, 'obrigação de proceder ao pagamento dos encargos tributários relativos aos bens alienados', faz-se possível, adaptando-se os instrumentos que existem à disposição dos jurisdicionados para a satisfação dos seus direitos, utilizar da ação de obrigação de fazer e, ainda, do instituto da coerção pessoal, prevista no art. 461 do CPC/73" (STJ-3ª T., REsp 1.528.133, Min. Paulo Sanseverino, j. 12.6.18, DJ 15.6.18; a citação é do voto do relator);

— "hipótese de descumprimento do regime de visitas por parte do genitor, detentor da guarda da criança" (STJ-3ª T., REsp 1.481.531, Min. Moura Ribeiro, j. 16.2.17, DJ 7.3.17);

— "descumprimento de liminar que determina a retirada, ou não inscrição, do devedor nos cadastros de inadimplentes" (STJ-RT 867/143: 3ª T., AI 761.329-AgRg). No mesmo sentido: STJ-4ª T., REsp 783.017-AgRg, Min. Luis Felipe, j. 27.4.10, DJ 10.5.10;

— "obrigação de não fazer, consubstanciada na determinação de o banco abster-se de efetuar novos descontos na conta bancária" (STJ-3ª T., AI 1.382.565-AgRg, Min. Ricardo Cueva, j. 7.3.13, DJ 13.3.13);

Situações em que se afirmou ser impertinente a imposição de multa coercitiva:

— "hipótese de obrigação de pagar quantia certa" (STJ-RF 392/345: 2ª T., REsp 371.004). No mesmo sentido: STJ-4ª T., AI 1.401.660-AgRg, Min. Luis Felipe, j. 11.4.13, DJ 17.4.13; STJ-3ª T., REsp 1.358.705, Min. Nancy Andrighi, j. 11.3.14, DJ 19.3.14. Assim: "A pretensão deduzida na demanda, de ressarcimento dos valores dos cheques compensados indevidamente, bem como de reparação de danos morais e materiais (lucros cessantes e danos emergentes), configura obrigação de pagar. Mostra-se equivocada a decisão de primeiro grau que fixou multa diária para o caso de o réu não colocar à disposição do juízo o montante atinente ao valor dos cheques, no prazo de 72 horas, como se se tratasse de obrigação de fazer" (STJ-4ª T., REsp 1.158.868-EDcl-AgRg, Min. Raul Araújo, j. 15.12.11, DJ 9.5.13);

— "Não são devidas *astreintes* quando a obrigação de fazer é satisfeita tempestivamente, seja pelo usuário, seja pela operadora de plano de saúde, não podendo a multa do art. 461 do CPC/1973 incidir nas hipóteses de obrigação de pagar quantia certa, a exemplo do reembolso de tratamento médico" (STJ-3ª T., REsp 1.324.029-AgInt, Min. Ricardo Cueva, j. 16.6.16, DJ 29.6.16);

— "A execução específica da obrigação de fazer sob pena de multa é incompatível com a alternativa, a critério do devedor, de indenizar" (STJ-3ª T., REsp 814.868, Min. Ari Pargendler, j. 3.8.06, DJU 30.4.07);

— descumprimento da ordem judicial para a apresentação dos dados necessários à elaboração da memória de cálculo exigida para a execução (JTJ 314/390: AI 580.694-5/5-00). V. tb. art. 524, nota 6.

— sentença que condena a prestar contas (v. art. 550, nota 14).

Art. 537: 4a. "**Não fixado prazo** para o cumprimento da obrigação de fazer, não cabe a incidência da multa cominatória uma vez que ausente o seu requisito intrínseco temporal" (STJ-4ª T., AI 1.323.400-AgRg, Min. Luis Felipe, j. 23.10.12, DJ 5.11.12). No mesmo sentido: STJ-3ª T., REsp 1.455.663, Min. Ricardo Cueva, j. 7.8.14, DJ 25.8.14.

Art. 537: 4b. "O 'prazo razoável' de que cuida o § 4º do art. 461 do CPC não se refere às **obrigações de se abster** na prática de determinado ato", pois não é possível "marcar-se prazo para que o destinatário da ordem permaneça inerte" (STJ-3ª T., REsp 521.184, Min. Gomes de Barros, j. 24.8.04, DJU 6.12.04).

Art. 537: 4c. "Não pode o Tribunal **modificar o prazo** imposto pela sentença para a cobrança de multa sem que tenha havido recurso quanto a esta parte, sob pena de violação do art. 515 do CPC" (STJ-3ª T., REsp 650.386, Min. Menezes Direito, j. 14.12.04, DJU 28.2.05).

Art. 537: 5. s/ revisão do valor da multa nas instâncias superiores, v. RISTJ 255, nota 4-Multa coercitiva.

Art. 537: 5a. Em regra, a **variação** na intensidade da multa passa a produzir **efeitos** concretos a partir do próprio fato motivador da alteração, na hipótese de redução, ou da intimação do requerido, no caso de aumento.

Art. 537: 6. "A multa poderá, mesmo **depois de transitada em julgado** a sentença, ser **modificada,** para mais ou para menos, conforme seja insuficiente ou excessiva. O dispositivo indica que o valor da *astreinte* não faz coisa julgada material, pois pode ser revista mediante a verificação de insuficiência ou excessividade. O excesso a que chegou a multa aplicada justifica a **redução"** (STJ-3ª T., REsp 705.914, Min. Gomes de Barros, j. 15.12.05, DJU 6.3.06; a citação é do voto do relator). No mesmo sentido: STJ-5ª T., REsp 708.290, Min. Arnaldo Esteves, j. 26.6.07, DJU 6.8.07; STJ-RDDP 58/111 (4ª T., REsp 785.053), RT 905/267 (TJSP, AP 990.10.287520-2), JTJ 372/135 (AI 294283-51.2011.8.26.0000).

"A multa pelo descumprimento de decisão judicial **não pode ensejar o enriquecimento sem causa** da parte a quem favorece, como no caso, devendo ser reduzida a patamares razoáveis" (STJ-RF 396/353: 4ª T., REsp 793.491). Reduzindo a multa, com fundamento em "discrepância injustificável entre o patamar estabelecido e o montante da obrigação principal": STJ-3ª T., REsp 737.828-EDcl-AgRg, Min. Sidnei Beneti, j. 23.6.09, DJ 26.6.09. Chancelando a redução da multa, com os seguintes argumentos: "Para fins de verificação da infimidade ou da exorbitância da multa, há que levar em conta não apenas o seu valor diário, mas o total alcançado. O instituto das *astreintes* deve ostentar caráter de coercitividade, sem, contudo, ensejar enriquecimento sem causa" (STJ-4ª T., Ag em REsp 158.307-AgRg, Min. Antonio Ferreira, j. 19.2.13, DJ 27.2.13).

"Uma vez verificado que a multa não cumpriu com sua função coercitiva, ou que o recebimento da mesma poderá implicar no enriquecimento indevido da parte contrária, o juiz poderá reduzir o crédito resultante da incidência das *astreintes*. Aplicação dos arts. 644 e 461, § 6º, do CPC. A redução da multa não implica em ofensa à coisa julgada, posto que o crédito resultante das *astreintes* não integra a lide propriamente dita e, portanto, não faz parte das 'questões já decididas, relativas à mesma lide' (art. 471 do CPC)" (RJTJERGS 255/286). No mesmo sentido: JTJ 339/202 (AI 7.343.384-8).

"Na hipótese em que o devedor tome medidas tendentes ao cumprimento da ordem, ainda que tenha obrado com culpa leve pelos atos de descumprimento, justifica-se a redução da multa, fixada em patamar exagerado" (STJ-3ª T., REsp 1.151.505, Min. Nancy Andrighi, j. 7.10.10, DJ 22.10.10).

"Muito embora a *astreinte* não deva ser reduzida quando o único obstáculo ao cumprimento de determinação judicial foi o descaso do devedor, sua manifesta desproporcionalidade, verificada na fixação exagerada do valor diário, impõe sua redução e adequação a valores razoáveis" (STJ-3ª T., REsp 1.187.180, Min. Nancy Andrighi, j. 16.5.13, DJ 5.6.13).

"O valor total fixado a título de *astreinte* somente poderá ser objeto de redução se fixada a multa diária em valor desproporcional e não razoável à própria prestação que ela objetiva compelir o devedor a cumprir, nunca em razão do simples valor total da dívida, mera decorrência da demora e inércia do próprio devedor. Esse critério, por um lado, desestimula o comportamento temerário da parte que, muitas vezes e de forma deliberada, deixa a dívida crescer a ponto de se tornar insuportável para só então bater às portas do Judiciário pedindo a sua redução, e, por outro, evita a possibilidade do enriquecimento sem causa do credor, consequência não respaldada no ordenamento jurídico. Aplicando-se esse entendimento, e diante das particularidades do presente caso, em que o valor da obrigação principal era de R$ 4.620,00 (quatro mil seiscentos e vinte reais), considero que a fixação da multa por descumprimento da ordem judicial em R$ 1.000,00 (mil reais), por dia, distanciou-se dos critérios da razoabilidade e proporcionalidade, razão pela qual proponho a sua redução para R$ 500,00 (quinhentos reais), sem alteração, contudo, do número de dias em atraso, patamar que se revela adequado para punir a insistência da instituição financeira em descumprir a ordem emanada do Poder Judiciário, sem gerar, por sua vez, o enriquecimento sem causa dos ora recorridos" (STJ-3ª T., REsp 1.475.157, Min. Marco Bellizze, j. 18.9.14, DJ 6.10.14).

"O arbitramento da multa coercitiva e a definição de sua exigibilidade, bem como eventuais alterações do seu valor e/ou periodicidade, exige do magistrado, sempre dependendo das circunstâncias do caso concreto, ter como norte alguns parâmetros: i) valor da obrigação e importância do bem jurídico tutelado; ii) tempo para cumprimento (prazo razoável e periodicidade); iii) capacidade econômica e de resistência do devedor; iv) possibilidade de adoção de outros meios pelo magistrado e dever do credor de mitigar o próprio prejuízo (*duty to mitigate de loss*). É dever do magistrado utilizar o meio menos gravoso e mais eficiente para se alcançar a tutela almejada, notadamente verificando medidas de apoio que tragam menor onerosidade aos litigantes. Após a imposição da multa (ou sua majoração), constatando-se que o apenamento não logrou êxito em compelir o devedor para realização da prestação devida, ou, ainda, sabendo que se tornou jurídica ou materialmente inviável a conduta, deverá suspender a exigibilidade da medida e buscar outros meios para alcançar o resultado específico equivalente. No tocante ao credor, em razão da boa-fé objetiva (NCPC, arts. 5º e 6º) e do corolário da vedação ao abuso do direito, deve ele tentar mitigar a sua própria perda, não podendo se manter simplesmente inerte em razão do descaso do devedor, tendo dever de cooperação com o juízo e com a outra parte, seja indicando outros meios de adimplemento, seja não dificultando a prestação do devedor, impedindo o crescimento exorbitante da multa, sob pena de perder sua posição de vantagem em decorrência da *supressio*. Nesse sentido, Enunciado 169 das Jornadas de Direito Civil do CJF. Na hipótese, o importe de R$ 408.335,96 a título de *astreintes*, foge muito da razoabilidade, tendo em conta o valor da obrigação principal (aproximadamente R$ 110.000,00). Levando-se em consideração, ainda, a recalcitrância do devedor e, por outro lado, a possibilidade de o credor ter mitigado o seu prejuízo, assim como poderia o próprio juízo ter adotado outros meios suficientes para o cumprimento da obrigação, é razoável a redução da multa coercitiva para o montante final de R$ 100.000,00" (STJ-4ª T., Ag em REsp 738.682-AgRg-AgInt, Min. Luis Felipe, j. 17.11.16, maioria, DJ 14.12.16).

Indo além, para cancelar a multa coercitiva que incidiu até o momento do cumprimento da obrigação: STJ-RDDP 78/155 (1ª T., REsp 1.099.768). No mesmo sentido: "A decisão que comina *astreintes* não preclui, não fazendo tampouco coisa julgada" (STJ-2ª Seção, REsp 1.333.988, Min. Paulo Sanseverino, j. 9.4.14, DJ 11.4.14).

Todavia: "Não havia qualquer dificuldade fática ou jurídica para que a ré cumprisse imediatamente a determinação judicial. O único obstáculo foi seu descaso pela justiça. Se a multa diária tem por objetivo, como visto, forçar o devedor renitente a cumprir sua obrigação, não há como reduzi-la nesta hipótese, pois a conclusão que se retira do contexto fático é que foi realmente necessário o acúmulo de uma multa pesadíssima para que a ré, finalmente, cedesse à ordem judicial. A análise sobre o excesso ou não da multa não deve ser feita na perspectiva de quem, olhando para fatos já consolidados no tempo — agora que a prestação finalmente foi cumprida — procura razoabilidade quando, na raiz do problema, existe justamente um comportamento desarrazoado de uma das partes; ao contrário, a eventual revisão deve ser pensada de acordo com as condições enfrentadas no momento em que a multa incidia e com o grau de resistência do devedor" (STJ-3ª T., REsp 681.294, Min. Nancy Andrighi, j. 18.12.08, DJ 18.2.09).

Art. 537: 6a. "Sendo o **descaso do devedor** o único obstáculo ao cumprimento da determinação judicial para o qual havia a incidência de multa diária e considerando-se que ainda persiste o descumprimento da ordem, justifica-se a **majoração do valor** das *astreintes*" (STJ-3ª T., REsp 1.185.260, Min. Nancy Andrighi, j. 7.10.10, DJ 11.11.10).

"A limitação da multa cominatória em patamar estático pode resultar em elemento determinante no cálculo de custo-benefício, no sentido de configurar o desinteresse no cumprimento das decisões, engessando a atividade jurisdicional e tolhendo a eficácia das decisões. A multa diária mostrou-se insuficiente, em face da concreta renitência quanto ao cumprimento voluntário da decisão judicial, impondo sua majoração excepcional por esta Corte Superior, com efeitos *ex nunc*, em observância ao princípio da não surpresa, dever lateral à boa-fé objetiva processual expressamente consagrado no novo CPC (art. 5º)" (STJ-3ª T., REsp 1.582.981, Min. Marco Bellizze, j. 10.5.16, DJ 19.5.16).

Art. 537: 7. A **impossibilidade de cumprimento do dever** imposto judicialmente ou a manifestação do requerente no sentido da **preferência pelas perdas e danos** retiram o suporte material para a incidência da multa. Todavia, caso essa incidência já tenha se iniciado, subsiste a multa incidente até a verificação de tal impossibilidade ou a emissão de tal manifestação.

"Afasta-se a multa cominatória quando há impossibilidade fático-material de se cumprir a ordem judicial" (STJ-RDDP 86/147: 3ª T., REsp 743.185).

"Furtado o veículo do autor, devidamente indenizado pela seguradora, mas verificando-se inviável, dado às exigências do Detran local, a transferência do bem para a ré, evidencia-se a efetiva impossibilidade, pela via burocrática, do cumprimento da obrigação de fazer, sendo descabida, em consequência, a imposição de multa cominatória" (STJ-4ª T., REsp 1.003.372, Min. Aldir Passarinho Jr., j. 6.10.09, DJ 16.11.09).

"Ação de obrigação de fazer. Medicação. Fornecimento. Doença grave. Tratamento. Antecipação de tutela. Descumprimento. Autor. Falecimento. Multa cominatória. Subsistência. Manutenção das *astreintes* com o propósito de evitar o estímulo a eventuais ponderações desprovidas de um verdadeiro espírito de humanidade, notadamente nas concessões de provimentos liminares a pacientes portadores de doenças graves em estágio avançado e em estado terminal, na certeza de que, sobrevindo a morte do paciente, nada mais se poderia exigir a título de multa cominatória" (STJ-3ª T., REsp 1.722.666, Min. Ricardo Cueva, j. 24.4.18, DJ 8.6.18). V. art. 485, nota 43a.

V. tb. nota 1c.

Art. 537: 8. "Não obstante inexistir previsão expressa, o magistrado pode **sobrestar ou suspender** a pena imposta, ainda que sem requerimento da parte. Inteligência do art. 461 do CPC. Nessas circunstâncias, não há que se falar em julgamento *ultra petita*" (STJ-2ª T., REsp 776.922, Min. Eliana Calmon, j. 27.3.07, DJU 13.4.07).

Art. 537: 9. "É lícito ao juiz modificar o valor e a periodicidade da *astreinte* (CPC, art. 461, § 6º). **Não é possível,** entretanto, fixar-lhe **termo final,** porque a incidência da penalidade só termina com o cumprimento da obrigação" (STJ-3ª T., REsp 890.900, Min. Gomes de Barros, j. 17.3.08, um voto vencido, DJU 13.5.08).

Art. 537: 9a. Se **não conhecido o agravo** que se voltava contra a decisão impositiva da multa, não pode o tribunal, por ocasião do julgamento do recurso, reduzir o valor desta (STJ-Bol. AASP 2.576: 3ª T., REsp 780.510).

V. tb. art. 1.008, nota 4c (*reformatio in pejus*).

Art. 537: 10. Entendendo possível que em **oposição à execução** fundada na multa diária se discuta o valor desta: STJ-3ª T., REsp 681.294, Min. Nancy Andrighi, j. 18.12.08, DJ 18.2.09. **Contra:** STJ-3ª T., REsp 940.309, Min. Sidnei Beneti, j. 11.5.10, DJ 25.5.10.

"A modificação do valor e da periodicidade da multa de que trata o § 6º do art. 461 do CPC é passível de exame no âmbito da exceção de pré-executividade" (STJ-3ª T., REsp 1.081.772, Min. Massami Uyeda, j. 13.10.09, DJ 28.10.09). No mesmo sentido: STJ-2ª T., REsp 1.187.637, Min. Mauro Campbell, j. 22.11.11, DJ 1.12.11.

Art. 537: 11. "Os valores da multa cominatória **não revertem para a Fazenda Pública,** mas para o credor, que faz jus independente do recebimento das perdas e danos" (STJ-1ª T., REsp 770.753, Min. Luiz Fux, j. 27.2.07, DJU 15.3.07). No mesmo sentido: STJ-4ª T., REsp 1.006.473, Min. Marco Buzzi, j. 8.5.12, maioria, DJ 19.6.12.

Art. 537: 11a. Redação do § 3º de acordo com a Lei 13.256, de 4.2.16.

Art. 537: 12. Estando a decisão impositiva da multa com a eficácia liberada, ainda que contra ela penda recurso, fica autorizada a **execução do seu valor.** Logicamente, na pendência do julgamento do recurso, a execução se dá na forma provisória e, ainda, à luz das disposições especiais deste art. 537 § 3º. Provido o recurso e cassada a decisão, deve cessar a execução provisória. Aqui, se não for paralisada a execução, cabe reclamação (STJ-1ª Seção, Rcl 2.817, Min. Eliana Calmon, j. 10.12.08, DJ 9.2.09).

"A decisão interlocutória que fixa multa diária por descumprimento de obrigação de fazer é título executivo hábil para a execução" (STJ-3ª T., REsp 724.160-AgRg, Min. Ari Pargendler, j. 4.12.07, DJU 1.2.08). "Não há iliquidez do título em questão, uma vez que o valor da *astreinte* é determinável por meros cálculos aritméticos" (STJ-4ª T., REsp 937.082, Min. João Otávio, j. 18.9.08, DJ 13.10.08; a citação é do voto do relator).

"Ação anulatória de débito em fase de cumprimento de sentença. Antecipação de tutela deferida. Fixação de multa diária pelo descumprimento de ordem judicial. O montante a que foi condenada a recorrida, relativamente ao pagamento das *astreintes*, é aferível por simples cálculo aritmético, motivo pelo qual, por se tratar de obrigação por quantia certa, sobre ele incide a multa do artigo 475-J" (STJ-3ª T., REsp 1.528.070, Min. Nancy Andrighi, j. 13.11.18, DJ 20.11.18).

A ação ordinária de cobrança é via inadequada para o efetivo recebimento do valor da multa (RT 839/375).

Todavia: "A multa cominatória prevista no art. 461, do CPC, carrega consigo o caráter de precariedade, de forma que, mesmo após o trânsito em julgado da sentença que confirmou a antecipação, não se reveste o valor da multa do caráter de definitividade, liquidez e certeza, pressupostos para a execução segundo o rito do art. 475-J do CPC. O valor fixado provisoriamente a título de multa diária deve merecer acertamento, antes do início de sua execução, da qual será pressuposto o exercício, pelo magistrado, do juízo acerca do retardamento injustificado, de parte ou de toda a obrigação; o estabelecimento do termo inicial e final da multa e de seu valor definitivo. Apenas após este acertamento judicial, a execução da multa seguirá o rito do art. 475-J" (STJ-4ª T., REsp 1.239.714, Min. Isabel Gallotti, j. 16.8.11, um voto vencido, DJ 17.2.12).

"Não há como aplicar, na fase de cumprimento de sentença, a multa de 10% prevista no art. 475-J do CPC/1973 (atual art. 523, § 1º, do CPC/2015) se a condenação não se revestir da liquidez necessária ao seu cumprimento espontâneo. Configurada a iliquidez do título judicial exequendo (perdas e danos e *astreintes*), revela-se prematura a imposição da multa do art. 475-J do CPC/1973, sendo de rigor o seu afastamento" (STJ-3ª T., REsp 1.691.748, Min. Ricardo Cueva, j. 7.11.17, DJ 17.11.17).

Art. 537: 12a. **Cassada ao final do processo a decisão impositiva da medida coercitiva** e reconhecida a inexistência do dever anteriormente imposto ao requerido, desaparece o suporte material para a subsistência da multa (STJ-2ª T., REsp 685.406-EDcl, Min. Eliana Calmon, j. 16.6.09, DJ 25.6.09; STJ-4ª T., REsp 1.138.559-EDcl, Min. Luis Felipe, j. 28.6.11, DJ 1.7.11; STJ-RDDP 99/129: 3ª T., REsp 1.016.375). Caso o demandante tenha tomado alguma medida para sua cobrança, ele responde pelos prejuízos causados, nos termos dos arts. 302 e 520-I.

"Os efeitos da sentença proferida em ação cautelar — demanda de natureza acessória e de efeitos temporários, cujo objetivo é garantir a utilidade do resultado de outra ação — não subsistem diante do julgamento de improcedência do pedido deduzido no processo principal, o que inviabiliza a execução da multa lá fixada" (STJ-3ª T., REsp 1.370.707, Min. Nancy Andrighi, j. 4.6.13, DJ 17.6.13).

Art. 537: 13. **Termo *a quo* da multa.** Para que a multa coercitiva passe a incidir é preciso que a respectiva decisão esteja com a eficácia liberada, que tenha transcorrido o prazo assinado para o cumprimento do dever imposto e que o devedor tenha sido pessoalmente intimado a seu respeito.

Súmula 410 do STJ: "A **prévia intimação pessoal** do devedor constitui condição necessária para a cobrança de multa pelo descumprimento de obrigação de fazer ou não fazer".

"Deferida a tutela antecipada da obrigação de não fazer de caráter permanente; isto é, passível de desfazimento, coadjuvada pela medida de coerção consistente nas *astreintes*, incidem estas desde o momento em que a parte é cientificada para não fazer, até o efetivo desfazimento. A função das *astreintes* é vencer a obstinação do devedor ao cumprimento da obrigação, por isso do seu termo *a quo* ocorrer quando da ciência do obrigado e da sua recalcitrância. Concedido o provimento liminar, é da ciência do mesmo que se caracteriza a resistência ao cumprimento do julgado, incidindo a multa até que se desfaça (*facere*) o que foi feito em transgressão ao preceito" (STJ-1ª T., REsp 518.155, Min. Luiz Fux, j. 17.2.04, DJU 28.4.04).

"Para fins de caracterizar a incidência das *astreintes*, é necessária a intimação pessoal do devedor visando o cumprimento do acórdão, ainda que a decisão tenha sido publicada no Diário da Justiça" (RDDP 55/161). No mesmo sentido: JTJ 318/454 (AI 508.336-4/1), RJM 188/270 (AI 1.0024.03.999610-3/001), RP 153/287.

"Houve decisão liminar que fixou *astreintes*, da qual a reclamante foi pessoalmente intimada. Porém, tal decisão foi cassada pelo acórdão de mandado de segurança impetrado no Tribunal de origem. Não obstante, a sentença julgou a demanda procedente e concedeu obrigação de não fazer. Dessa decisão, houve somente a intimação de advogado, que não substitui aquela pessoal determinada pelo entendimento sumulado do STJ" (STJ-1ª Seção, Rcl 5.388, Min. Herman Benjamin, j. 10.8.11, DJ 9.9.11).

Em caso no qual se fixaram *astreintes* para a hipótese de descumprimento da sentença e foi interposta apelação ulteriormente julgada intempestiva, a 3ª Turma do STJ considerou que o prazo estipulado para cumprimento da ordem judicial sob pena de multa conta-se a partir da formação da preclusão em torno do acórdão que reconhece a intempestividade, a exemplo do que acontece para a contagem do prazo da ação rescisória: "Se o recurso não foi manejado maliciosamente para reabrir o debate já extinto pela passagem do tempo, o trânsito em julgado somente ocorre com o acórdão que declarou a intempestividade da apelação" (STJ-3ª T., REsp 619.018-EDcl-AgRg, Min. Gomes de Barros, j. 13.11.07, DJU 28.11.07).

No julgamento do ED no Ag 857.758, a Min. Nancy Andrighi sustentou que "a intimação do devedor acerca da imposição da multa do art. 461, § 4º, do CPC, para o caso de descumprimento de obrigação de fazer ou não fazer, pode ser feita via advogado" (STJ-2ª Seção, ED no Ag 857.758, Min. Nancy Andrighi, j. 23.2.11, DJ 25.8.11). O Min. Luis Felipe discordou desse entendimento, mantendo-se fiel ao texto da Súmula 410 do STJ. Não é possível concluir se os demais Ministros endossaram ou dissentiram da tese sustentada pela Min. Nancy Andrighi, na medida em que o julgamento do recurso não exigia um posicionamento sobre a questão. Para o desfecho dos embargos, tudo o que se requeria era uma decisão sobre a necessidade de prévia intimação e não sobre o destinatário ou o modo de ser dela. Por ocasião do exame do Ag em REsp 102.561-AgRg, a Min. Nancy Andrighi insistiu novamente naquela tese, que agora precisava ser examinada para o julgamento do recurso. Seu voto, na condição de relatora, norteou o julgamento, sem manifestação dos outros julgadores. Eis a ementa do acórdão: "Conforme assentado pela 2ª Seção deste STJ, diante do panorama processual estabelecido a partir da Lei 11.232/05, a intimação da parte devedora para cumprimento de obrigação de fazer, sob pena de multa diária, pode ser realizada na pessoa do seu advogado, via imprensa oficial" (STJ-3ª T., Ag em REsp 102.561-AgRg, Min. Nancy Andrighi, j. 26.6.12, DJ 29.6.12).

Todavia, como visto mais acima, a 2ª Seção não assentou isso. E a Súmula 410, publicada no DJ em 16.12.09, depois portanto do advento da Lei 11.232, de 22.12.05, ainda subsiste, sem notícia de revisão do seu teor (RISTJ 125).

Nessa linha: "O entendimento proclamado por esta Corte é no sentido da necessidade de intimação pessoal da parte para cumprimento de ordem judicial, antes de incidência da multa fixada para eventual desobediência" (STJ-3ª T., REsp 1.230.519-AgRg, Min. Sidnei Beneti, j. 26.6.12, DJ 29.6.12). Ainda: "Entendimento compendiado na Súmula n. 410, editada em 25.11.2009, anos após a entrada em vigor da Lei 11.232/2005, o qual continua válido em face do ordenamento jurídico em vigor. Esclarecimento do decidido pela 2ª Seção no EAg 857.758" (STJ-2ª Seção, REsp 1.349.790, Min. Isabel Gallotti, j. 25.9.13, DJ 27.2.14).

Na 2ª Turma do STJ, aconteceu algo semelhante. No julgamento do Ag em REsp 405.565, o Min. Herman Benjamin consignou que "o STJ assentou entendimento pela desnecessidade, a partir da vigência da Lei 11.232/2005, de intimação pessoal do executado para cumprimento de sentença de obrigação de fazer, a fim de viabilizar a cominação da pena de multa diária. Precedente: AgRg nos EAREsp 260190, Rel. Ministro Castro Meira, Corte Especial, DJ 19.8.2013" (STJ-2ª T., Ag em REsp 405.565, Min. Herman Benjamin, j. 3.12.13, DJ 28.2.14). Todavia, nesse precedente da Corte Especial, não foi afirmada tal desnecessidade de intimação pessoal nem foi revisada a Súmula 410.

Afirmando a subsistência da Súmula 410 "também após a entrada em vigor do novo Código de Processo Civil": STJ-Corte Especial, ED no REsp 1.360.577, Min. Luis Felipe, j. 19.12.18, maioria, DJ 7.3.19.

Art. 537: 13a. "**Não podem retroagir os efeitos** das *astreintes*, de modo que alcancem obrigação imposta em decisão proferida anteriormente, sem estipulação de multa cominatória" (STJ-3ª T., REsp 1.047.957, Min. Nancy Andrighi, j. 14.6.11, DJ 24.6.11).

Seção II | DO CUMPRIMENTO DE SENTENÇA QUE RECONHEÇA A EXIGIBILIDADE DE OBRIGAÇÃO DE ENTREGAR COISA[1]

SEÇ. II: 1. Malgrado o dinheiro seja uma coisa como outra qualquer, também passível de entrega, na sistemática do CPC ele está destacado das demais coisas (v. Capítulos II, III e VI do Título II do Livro I da Parte Especial; Capítulos II e IV do Título II do Livro II da Parte Especial).

Logo, as sentenças que tenham por objeto o pagamento de quantia certa não são cumpridas em consonância com as disposições desta Seção.

Art. 538. Não cumprida a obrigação de entregar coisa no prazo estabelecido na sentença,[1] será expedido mandado de busca e apreensão ou de imissão na posse em favor do credor, conforme se tratar de coisa móvel ou imóvel. [Dispositivo correspondente no CPC/1973: art. 461-A § 2º]

§ 1º A existência de benfeitorias[2] deve ser alegada na fase de conhecimento, em contestação, de forma discriminada e com atribuição, sempre que possível e justificadamente, do respectivo valor. [Sem dispositivo correspondente no CPC/1973]

§ 2º O direito de retenção por benfeitorias[3] deve ser exercido na contestação, na fase de conhecimento.[3a] [Sem dispositivo correspondente no CPC/1973]

§ 3º Aplicam-se ao procedimento previsto neste artigo, no que couber, as disposições sobre o cumprimento de obrigação de fazer ou de não fazer.[4] [Dispositivo correspondente no CPC/1973: art. 461-A § 3º]

Art. 538: 1. v. art. 498.

S/ execução para entrega de coisa, v. arts. 806 e segs.

S/ obrigações de dar coisa, v. CC 233 e segs.

Art. 538: 2. s/ benfeitorias, v. CC 96 e 97.

Art. 538: 3. s/ direito de retenção por benfeitorias, v. CC 1.219.

Art. 538: 3a. "Na hipótese de ação declaratória de invalidade de compromisso de compra e venda, com pedido de imediata restituição do imóvel, o direito de retenção deve ser exercido na contestação por força da elevada carga executiva contida nessa ação. O pedido de restituição somente pode ser objeto de cumprimento forçado pela forma estabelecida no art. 461-A do CPC, que não mais prevê a possibilidade de discussão, na fase executiva, do direito de retenção. Esse entendimento, válido para o fim de **impedir** a apresentação de **embargos de retenção,** deve ser invocado também para impedir a propositura de uma **ação autônoma de retenção,** com pedido de antecipação de tutela" (STJ-3ª T., REsp 1.278.094, Min. Nancy Andrighi, j. 16.8.12, DJ 22.8.12).

Art. 538: 4. v. arts. 536 e 537.

Título III | DOS PROCEDIMENTOS ESPECIAIS[1]

Capítulo I | DA AÇÃO DE CONSIGNAÇÃO EM PAGAMENTO[1]

TÍT. III: 1. Além dos diplomas legislativos transcritos, nesta obra, após o texto do CPC, outras leis especiais dispõem sobre processo:

— CTN 164 (consignação da importância do crédito tributário; v. art. 539, nota 2);

— a Lei Cambiária (Dec. leg. 2.044, de 31.12.1908, no CCLCV, tít. LETRA DE CÂMBIO, int.), cujo art. 36, sobre o procedimento para anulação de título cambiário extraviado, continua em vigor;

— o Dec. lei 227, de 28.2.67 (v. tít. DESAPROPRIAÇÃO, ement.), cujos arts. 27 e 28 disciplinam o processo de pagamento de renda e indenização pelo titular de autorização de pesquisa de minério ao proprietário do solo;

— os Decs. leis 1.864 e 1.865, de 26.2.81 (v. tít. DESAPROPRIAÇÃO, ement.), que instituíram procedimento especial para a fixação da renda a ser paga pela Petrobras ou pela Nuclebras, em razão da ocupação provisória de imóveis, respectivamente, para pesquisa e lavra de petróleo (Dec. lei 1.864) ou de substâncias minerais que contenham elementos nucleares (Dec. lei 1.865);

— a Lei 8.213, de 24.7.91, que dispõe sobre os Planos de Benefícios da Previdência Social e disciplina, inclusive, os acidentes do trabalho;

— a Lei 8.866, de 11.4.94, que dispõe sobre o depositário infiel de valor pertencente à Fazenda Pública e dá outras providências. Por maioria, o STF suspendeu, até a decisão final da ação, os efeitos: dos §§ 2º e 3º do art. 4º; da expressão "referida no § 2º do art. 4º", contida no *caput* do art. 7º; e das expressões "ou empregados" e "empregados" inseridas no *caput* do art. 7º e no seu § ún. Assentou, ainda, o Tribunal que da convalidação prevista no art. 10 ficam suspensos, a partir desta data, até o julgamento final da ação, os decretos de prisão fundados, exclusivamente, no § 2º do art. 4º e os decretos de revelia fundados em seu § 3º (STF-Pleno, ADI 1.055-MC, Min. Sydney Sanches, j. 16.6.94, maioria, DJU 13.6.97).

CAP. I: 1. Consignação em pagamento: s/ competência para consignação de contribuição sindical, v. CF 114, notas 3a e 3b; s/ conexão entre consignação e outras ações, v. art. 55, notas 2a e 2b; s/ valor da causa, v. art. 292, nota 29; s/ propositura de ação de consignação, para impedir o ajuizamento de execução, v. art. 313, nota 11b; s/ cumulação de consignação em pagamento com ação de exigir contas, v. art. 327, nota 10; s/ suspensão do processo de execução ou dos embargos do devedor, pela propositura de ação de consignação, v. art. 921, nota 2a; s/ consignação movida por advogado contra cliente, v. EA 34, nota 12; s/ consignação movida pelo devedor, na alienação fiduciária, v. Dec. lei 911/69, art. 3º, nota 3c (no tít. ALIENAÇÃO FIDUCIÁRIA); s/ consignação no âmbito dos Juizados Especiais, v. LJEF 3º, nota 1a; s/ consignação movida pelo locatário contra o adquirente do imóvel locado, v. LI 8º, nota 8; s/ consignação em pagamento de aluguéis e acessórios da locação, v. LI 24 e 67.

Art. 539. Nos casos previstos em lei,[1-2] poderá o devedor ou terceiro requerer,[3 a 4] com efeito de pagamento, a consignação da quantia[5] ou da coisa devida.[6-6a] [Dispositivo correspondente no CPC/1973: art. 890-*caput*]

§ 1º Tratando-se de obrigação em dinheiro, poderá o valor ser depositado em estabelecimento bancário,[6b-6c] oficial onde houver, situado no lugar do pagamento,[7] cientificando-se o credor por carta com aviso de recebimento,[8] assinado o prazo de 10 (dez) dias[9] para a manifestação de recusa.[10-11] [Dispositivo correspondente no CPC/1973: art. 890 § 1º]

§ 2º Decorrido o prazo do § 1º, contado do retorno do aviso de recebimento, sem a manifestação de recusa, considerar-se-á o devedor liberado[11a] da obrigação, ficando à disposição do credor a quantia depositada. [Dispositivo correspondente no CPC/1973: art. 890 § 2º]

§ 3º Ocorrendo a recusa, manifestada por escrito ao estabelecimento bancário, poderá ser proposta, dentro de 1 (um) mês, a ação de consignação, instruindo-se a inicial com a prova do depósito e da recusa.[12] [Dispositivo correspondente no CPC/1973: art. 890 § 3º]

§ 4º Não proposta a ação no prazo do § 3º, ficará sem efeito o depósito, podendo levantá-lo o depositante. [Dispositivo correspondente no CPC/1973: art. 890 § 4º]

Art. 539: 1. v. CC 334 a 345; LI 67.

Art. 539: 2. Cabe ação de consignação:

— "nos casos de dívida representada por título cambiário ou cambiariforme" (RSTJ 6/433);

— movida por cessionário de mútuo, o qual "tem o direito, como terceiro interessado (art. 930 do C. Civil), de continuar efetuando o pagamento das prestações do financiamento contratado pelo cedente" (STJ-4ª T., REsp 96.640, Min. Ruy Rosado, j. 23.9.96, DJU 11.11.96) (o art. 930 do CC rev. corresponde ao CC 304);

— movida por loteador, para entrega de lote ao comprador (RF 310/144);

— movida pelo contribuinte, para "pagar corretamente o tributo quando entende que o fisco está exigindo prestação maior que a devida" (STJ-1ª T., REsp 667.302, Min. Teori Zavascki, j. 21.10.04, DJU 22.11.04). No mesmo sentido: Lex-JTA 141/20;

— para o locatário entregar as chaves do imóvel locado (v. LI 67, nota 1b).

Art. 539: 3. Pode o devedor mover ação de consignação **após o vencimento** da obrigação?

— **Sim:** "Tempo para consignar. Enquanto ao devedor é permitido pagar, admite-se requerer o depósito em consignação.

A consignação pode abranger inclusive os casos de *mora debitoris*, pois servirá a purgá-la. Ocorrida a mora do credor, irrelevante a questão do tempo, pela permanência na recusa" (RSTJ 11/319 e STJ-RJTJERGS 145/37: 4ª T.).

"Prestações atrasadas, se idôneas para o credor, podem ser consignadas" (STJ-2ª T., REsp 256.275, Min. Eliana Calmon, j. 19.2.02, DJU 8.4.02).

"A mora do devedor não lhe retira o direito de saldar seu débito, devendo o credor receber, desde que o pagamento se faça com os encargos decorrentes do **atraso** e a prestação ainda lhe seja útil" (STJ-3ª T., REsp 39.862, Min. Eduardo Ribeiro, j. 30.11.93, DJU 7.2.94). S/ multa e correção monetária, v. art. 542, nota 4.

— **Não:** "Ao devedor em mora, já que não adimpliu a obrigação no tempo e forma convencionados, é defeso utilizar-se da consignação com efeito de pagamento" (STJ-RT 739/220: 1ª T.). No mesmo sentido: JTJ 314/51 (AP 159.984-4/0-00).

Quanto ao locatário, v. LI 67, nota 2.

Art. 539: 3a. A ação de consignação é "ação própria para discutir-se a natureza, a origem e o valor da obrigação, quando controvertidos", admitindo-se discussão a respeito do *an* e do *quantum debeatur* (STJ-2ª T., REsp 256.275, Min. Eliana Calmon, j. 19.2.02, DJU 8.4.02). Está, pois, superado o entendimento de que a ação de consignação em pagamento não passa de uma "execução inversa", somente cabível no caso de dívida líquida e certa (RT 574/186) e onde não se admite "a discussão sobre a validade das cláusulas contratuais livremente avençadas" (Lex-JTA 173/488).

"Na consignatória é perfeitamente possível discutir o débito e o seu *quantum*, mesmo que se tenha que examinar intrincados aspectos de fato e complexas questões de direito" (STJ-4ª T., AI 326.383-AgRg, Min. Barros Monteiro, j. 21.3.02, DJU 3.6.02). No mesmo sentido: RF 346/250.

Assim, admite-se na consignatória:

— discussão sobre a **"existência da dívida e o *quantum* da dívida"** (RSTJ 11/319 e STJ-RT 651/190);

— "a discussão de tudo quanto seja pertinente ao conhecimento de uma declaratória" (JTJ 173/221, maioria);

— "examinar quantas questões sejam colocadas, para que possa verificar se o depósito é integral"; por isso, "nada impede que a controvérsia abranja temas de alta indagação, pertinentes a matéria de fato, ou a interpretação de cláusulas contratuais ou normas legais" (RSTJ 19/520). No mesmo sentido: RSTJ 56/302;

— "solucionar dúvidas e controvérsias entre as partes relativas ao pagamento devido, servindo a instrução para aclarar as divergências existentes sobre a incidência da cláusula de reajuste diante de alteração legislativa posterior" (RSTJ 98/222);

— "apreciar e dirimir as demais questões na hipótese de acerto em relação à complementação do depósito" (STJ-4ª T., REsp 2.454, Min. Sálvio de Figueiredo, j. 14.5.90, DJU 4.6.90);

— "apreciação incidental de todas as questões que se mostrem relevantes à sua solução, para aferir-se o *quantum* realmente devido e estabelecer correspondência com o valor depositado, restringindo-se o provimento judicial, contudo, à declaração de liberação da dívida" (RSTJ 46/282, STJ-Bol. AASP 1.777/13, 1.786/111).

No mesmo sentido: RF 274/207, acórdão relatado por Barbosa Moreira. Ainda: RT 625/112, 626/129, 717/158, 824/276, JTJ 293/23; 325/299: AP 179.633-4/5; JTA 62/117, 76/84, 98/354, RJTAMG 60/135.

A decisão na ação de consignação pode envolver não apenas a **interpretação de cláusulas contratuais** como também a **validade** das mesmas cláusulas: "A ação consignatória é meio hábil para a parte depositar o valor que entende devido e discutir a **validade** ou a interpretação de cláusulas do contrato" (STJ-4ª T., REsp 473.827, Min. Ruy Rosado, j. 25.3.03, DJU 22.4.03). No mesmo sentido: STJ-3ª T., REsp 436.842, Min. Nancy Andrighi, j. 8.3.07, DJU 14.5.07.

Art. 539: 4. "Admite-se a **cumulação dos pedidos** de revisão de cláusulas do contrato e de consignação em pagamento das parcelas tidas como devidas por força do mesmo negócio jurídico. Quando o autor opta por cumular pedidos que possuem procedimentos judiciais diversos, implicitamente requer o emprego do procedimento ordinário" (STJ-3ª T., REsp 464.439, Min. Nancy Andrighi, j. 15.5.03, DJU 23.6.03). **Contra:** STJ-1ª T., REsp 816.402, Min. Teori Zavascki, j. 15.9.09, DJ 23.9.09.

S/ cumulação de demandas em matéria de ação de consignação, v. tb. art. 327, notas 6a e 10.

S/ conexão entre ação de consignação em pagamento e ação ordinária em que se discute cláusula contratual no que concerne ao valor das prestações consignadas, v. art. 55, nota 2a.

Art. 539: 5. s/ multa e correção monetária, v. art. 542, nota 4.

Art. 539: 6. A oferta da quantia ou da coisa há de ser **livre e incondicionada;** caso contrário, o autor é carecedor da ação (RJTJESP 131/91, 137/76).

Art. 539: 6a. "Ação de consignação. Visando ao pagamento de quantia determinada, não é compatível formular-se **pedido sucessivo,** o que envolveria a oferta de dois valores distintos" (RSTJ 69/17).

Art. 539: 6b. Trata-se de **faculdade** concedida ao devedor. Nada impede que ingresse desde logo com ação de consignação (RJTAMG 58/57). V. art. 542.

Art. 539: 6c. "O depósito bancário, a que alude o art. 890 do CPC, é instrumento de direito material e também se presta à exoneração de obrigações oriundas do contrato de locação" (CED do 2º TASP, enunciado 41, v.u.). No mesmo sentido: Lex-JTA 160/246, 161/368, 163/386.

V. LI 67, nota 1.

Art. 539: 7. O entendimento lógico que deriva do texto é o de que, nos lugares onde há estabelecimento oficial, somente neles pode ser feito o depósito; onde não houver, poderá ser realizado em estabelecimento particular. Caso contrário, frustrar-se-ia o objetivo visado pelo legislador.

Art. 539: 8. O credor somente pode ser havido como regularmente cientificado:

— se a carta esclarecer perfeitamente o **objeto do depósito;**

— se, nos termos do art. 248-*caput,* contiver a expressa cominação do **prazo de dez dias** para resposta, com o esclarecimento de que, se nesse lapso de tempo não houver impugnação, o devedor ficará liberado da obrigação.

Ainda, a entrega da carta deve ser feita **pessoalmente,** exigindo o carteiro a assinatura do credor no recibo (argumento do art. 248 § 1º).

Art. 539: 9. s/ contagem do prazo, v. § 2º.

Art. 539: 10. A **recusa** do credor pode ser imotivada, ou deve dar as **razões** por que não aceita o depósito?

Em homenagem ao princípio da boa-fé, deve expor ao depositante as suas razões, ainda que sucintamente, porém de maneira que este possa examinar se procedem ou não. Se entender que o depósito não é integral, deverá especificar a importância faltante (v. art. 544 § ún.).

Art. 539: 11. É tempestiva a impugnação do credor, manifestada no prazo de dez dias, embora chegue depois dele ao conhecimento do depositante.

Art. 539: 11a. "A presunção legal de quitação da dívida, derivada da não recusa do credor ao depósito efetivado pelo devedor, repousa na manifestação tácita de aceitação do depósito pelo beneficiário, manifestação esta que, por seu turno, pressupõe seja ele direta e corretamente cientificado (art. 890, §§ 1º e 2º). É possível, através de ação própria, elidir-se a presunção legal de aceitação, nada obstando, por outro lado, que tal questão surja e seja resolvida *incidenter tantum* no próprio processo de despejo instaurado após a realização do depósito extrajudicial" (RT 739/318).

Art. 539: 12. "É da responsabilidade do depositante em consignação em pagamento extrajudicial e não da instituição financeira a **comprovação**, perante o estabelecimento bancário, **da propositura de ação** de consignação em pagamento em juízo, para que o estabelecimento bancário possa aplicar o regime de depósito em caderneta de poupança incidente sobre os depósitos judiciais, nos termos do art. 11, § 1º, da Lei 9.289/96 e da Resolução BACEN 2.814" (STJ-3ª T., RMS 28.841, Min. Sidnei Beneti, j. 12.6.12, DJ 2.8.12).

Art. 540. Requerer-se-á a consignação no lugar do pagamento,[1-1a] cessando para o devedor, à data do depósito, os juros e os riscos, salvo se a demanda for julgada improcedente. [Dispositivo correspondente no CPC/1973: art. 891-*caput*]

Art. 540: 1. O foro do contrato é competente para a consignação (Bol. AASP 1.043/239, em. 04). A cláusula que estabelece o lugar de pagamento prevalece sobre a genérica, de eleição de foro (RT 495/206, RF 256/286, RJTJESP 112/295, JTA 91/304; v. tb. nota 1a, abaixo). Não tendo sido convencionado o lugar de pagamento, é competente o foro do domicílio do devedor (RT 498/137, RJTJESP 109/251), e não o da situação do imóvel (RT 633/47).

O foro do lugar do pagamento é competente para a consignação em pagamento de letra de câmbio (JTA 31/130).

V. tb. art. 781, nota 2.

Art. 540: 1a. "Sobre a cláusula genérica relativa à eleição de foro prevalece a norma especial do art. 891 do CPC. Hipótese, ademais, em que a cláusula estipuladora do foro de eleição, firmada em contrato de adesão, acarretaria pesado gravame à parte aderente, que haveria de deslocar-se do interior do Ceará à Capital paulista" (RSTJ 27/52).

Art. 541. Tratando-se de prestações sucessivas, consignada uma delas, pode o devedor continuar a depositar, no mesmo processo e sem mais formalidades, as que se forem vencendo,[1 a 2a] desde que o faça em até 5 (cinco) dias contados da data do respectivo vencimento.[3-3a] [Dispositivo correspondente no CPC/1973: art. 892]

Art. 541: 1. v. art. 323.

Art. 541: 2. Os depósitos das prestações periódicas podem ser feitos até o **trânsito em julgado** da decisão final (STJ-1ª T., REsp 78.052, Min. José de Jesus Filho, j. 14.3.96, DJ 22.4.96; STJ-2ª T., REsp 139.402, Min. Ari Pargendler, j. 5.2.98, DJ 2.3.98; STJ-4ª T., REsp 43.750, Min. Aldir Passarinho Jr., j. 10.10.00, DJ 27.11.00; RJTJESP 134/290, JTJ 149/127, 315/364: AI 463.423-4/2-00).

Contra, entendendo que, proferida a **sentença,** já não se admite o depósito das prestações vincendas: STJ-3ª T., REsp 126.610, Min. Menezes Direito, j. 28.4.98, DJU 18.5.98; RJTJESP 129/69, 141/70, RT 656/144, 714/187, 796/252, Lex-JTA 145/296, 148/148.

Caso especial: "Nas ações em que a controvérsia se limita à adoção de índice de reajuste das prestações, deve ser admitida a consignação de prestações após a publicação da sentença" (STJ-2ª Seção, REsp 439.489, Min. Nancy Andrighi, j. 10.12.03, um voto vencido, DJU 19.4.04).

Quanto à consignação de aluguéis de imóveis, v. LI 67-III.

Art. 541: 2a. "Consignação em pagamento. Suficiência do depósito quanto ao vencido e **insuficiência quanto às parcelas vincendas.** Quitação parcial. É legítimo que, reconhecida a suficiência do depósito quanto ao vencido, seja a dívida quitada parcialmente, quando, com base nos fatos da causa, o acórdão tem por insuficientes os depósitos subsequentes, relativos às parcelas vincendas" (STJ-4ª T., REsp 37.670-0, Min. Dias Trindade, j. 13.9.93, DJ 18.10.93).

S/ prestações vincendas, v. tb. art. 542, nota 5; s/ insuficiência de depósito, v. tb. art. 545, nota 5.

Art. 541: 3. "A **falta de depósito oportuno das prestações subsequentes** não afeta os depósitos feitos em tempo" (V ENTA-concl. aprovada por unanimidade).

Afirmando que o depósito de prestação vincenda feito a destempo não leva à improcedência da ação de consignação: RT 546/147, 560/142, 563/149, JTA 67/161, 73/314, 74/187, 74/359, 75/216, 100/294, 108/309, maioria.

Todavia, no sentido de que é insubsistente o depósito de prestação vincenda feito a destempo: RT 546/147, 570/217, RF 254/283, 276/156.

Art. 541: 3a. "Deve o autor promover os depósitos das prestações nos respectivos vencimentos, ficando implícito que a sua não efetivação no momento indicado pela lei acarretará, como efetivamente acarreta, o rompimento da cadeia dos depósitos no mesmo processo, inviabilizando o reconhecimento, ao final, do caráter liberatório de todos aqueles efetuados após o rompimento. Ou, se se preferir, o depósito efetuado a destempo deverá ser desconsiderado pela autoridade sentenciante, cabendo ao consignante, em tal contingência, promover nova ação consignatória, envolvendo a prestação causadora da ruptura, mais aquelas que venham a vencer posteriormente" (RT 709/109).

Art. 542. Na petição inicial,[1-2] o autor requererá: [Dispositivo correspondente no CPC/1973: art. 893-*caput*]

I — o depósito[3 a 3b] da quantia[4] ou da coisa devida, a ser efetivado no prazo de 5 (cinco) dias contados do deferimento, ressalvada a hipótese do art. 539, § 3º;[5] [Dispositivo correspondente no CPC/1973: art. 893-I]

II — a citação[6] do réu[7] para levantar o depósito ou oferecer contestação.[8] [Dispositivo correspondente no CPC/1973: art. 893-II]

Parágrafo único. Não realizado o depósito no prazo do inciso I, o processo será extinto sem resolução do mérito. [Sem dispositivo correspondente no CPC/1973]

Art. 542: 1. s/ valor da causa nas consignações em pagamento, v. art. 292, nota 29; s/ cumulação de pedidos, v. art. 539, nota 4.

Art. 542: 2. A ação de consignação em pagamento somente pode ser proposta contra o **locador,** e não contra a administradora predial (RT 679/147, 715/261, JTA 103/360, maioria, 116/338, 119/431, Lex-JTA 148/307, Bol. AASP 1.695/supl., p. 2, com abundante citação de jurisprudência). **Contra:** RT 634/165, JTA 118/382, 120/290, RJTAMG 38/194, 53/282, maioria.

Do mesmo modo, a mera administradora do condomínio, contratada pelo síndico, sem poderes especiais, não tem legitimidade passiva para a ação de consignação em pagamento relativa a **despesas condominiais** (Lex-JTA 165/155).

Ainda, a ação de consignação em pagamento pode, nos termos do CC 308, ser movida contra a **administradora do loteamento,** desde que esta de direito represente o proprietário e venha recebendo as prestações mensais e dando quitação (RT 656/96, RJTJESP 124/177).

V. LI 58, nota 2b, 59, nota 6, e 67, nota 3. S/ citação, v. art. 242 §§ 1º e 2º.

Art. 542: 3. "Ação de consignação em pagamento. Ajuizada a ação antes de esgotado o prazo de caducidade, tem-se por exercido o direito, ainda que o depósito se faça em data posterior a seu exaurimento, atendida a designação judicial" (STJ-3ª T., REsp 110.496, Min. Eduardo Ribeiro, j. 10.3.97, DJU 22.4.97).

Art. 542: 3a. "A **falta de depósito,** sem motivo relevante, já é bastante para inviabilizar a pretensão consignatória" (STJ-3ª T., REsp 189.171, Min. Menezes Direito, j. 4.11.99, DJU 17.12.99). A citação é do voto do relator.

"Tratando-se da falta do depósito em ação consignatória, quando o Juízo já havia determinado à parte que realizasse tal providência, a extinção do processo não depende de prévia intimação" (STJ-3ª T., REsp 396.222-AgRg, Min. Menezes Direito, j. 8.10.01, DJU 19.11.01).

Admitindo o **depósito feito a destempo,** porém anterior à sentença de extinção do processo: "O ato processual praticado de maneira irregular deve ser aproveitado quando tiver alcançado seu objetivo e se a inobservância da forma não trouxer prejuízo à outra parte. Deve ser aproveitado o depósito efetuado extemporaneamente pelo devedor-consignante, não sendo, portanto, causa de extinção do processo sem julgamento do mérito a consignação da prestação fora do prazo legal" (STJ-3ª T., REsp 617.323, Min. Nancy Andrighi, j. 3.5.05, DJU 20.6.05).

Art. 542: 3b. "A desistência do pedido de consignação em pagamento acarretando a extinção do processo, **sem julgamento de mérito,** permite que o **autor levante** as quantias depositadas" (STJ-3ª T., REsp 816.413-AgRg, Min. Gomes de Barros, j. 3.12.07, DJU 18.12.07).

Art. 542: 4. "O depósito feito pelo devedor deve ser integral, incluindo **multa** por atraso de pagamento e **correção monetária**" (STJ-1ª T., REsp 369.773, Min. Garcia Vieira, j. 16.4.02, DJU 20.5.02). V. CC 401-I.

Nesse sentido: RTJ 100/1.148, especialmente p. 1.171, *in fine*, e 1.172; RT 602/95, 613/119, RJTJESP 109/63, Lex-JTA 142/270, Bol. AASP 1.532/97. V., na ação de despejo por falta de pagamento, LI 62-II-*caput*.

"Impõe-se ao devedor, na consignatória, ao efetuar o depósito, fazê-lo com inclusão da correção monetária do período compreendido entre a data do vencimento da obrigação e a do efetivo depósito" (STJ-4ª T., Ag 48.450-5-AgRg, Min. Sálvio de Figueiredo, j. 9.5.94, DJU 30.5.94).

Contra, entendendo que o depósito é sem correção monetária: JTA 95/396, a menos que expressamente convencionada ou exigida por lei (RJTJESP 101/62).

Além disso: "A correção monetária de importância depositada em ação de consignação em pagamento pertence ao credor, réu na ação, se esta foi julgada procedente" (RT 526/136).

Art. 542: 5. No caso do art. 539 § 3º, não há necessidade de qualquer depósito, porque ele já está feito em estabelecimento bancário. Para a procedência da ação de consignação, é irrelevante o fato de, posteriormente a esse depósito, outras parcelas do débito terem vencido, embora fique assegurada ao devedor a faculdade de as depositar, por aplicação do art. 541.

V. tb. art. 541, nota 2a.

Art. 542: 6. A citação deve ocorrer posteriormente ao depósito, "sob pena de se subverter o procedimento adequado" (RSTJ 112/173).

Art. 542: 7. v. nota 2.

Art. 542: 8. v. art. 544, nota 4 (reconvenção).

Art. 543. Se o objeto da prestação for coisa indeterminada e a escolha couber ao credor,[1] será este citado para exercer o direito dentro de 5 (cinco) dias, se outro prazo não constar de lei ou do contrato, ou para aceitar que o devedor a faça, devendo o juiz, ao despachar a petição inicial, fixar lugar, dia e hora em que se fará a entrega, sob pena de depósito. [Dispositivo correspondente no CPC/1973: art. 894]

Art. 543: 1. v. CC 342. S/ obrigações alternativas, v. CC 252 a 256.

Art. 544. Na contestação,[1 a 4] o réu poderá alegar que: [Dispositivo correspondente no CPC/1973: art. 896-*caput*]

I — não houve recusa[5] ou mora em receber a quantia ou a coisa devida; [Dispositivo correspondente no CPC/1973: art. 896-I]

II — foi justa a recusa; [Dispositivo correspondente no CPC/1973: art. 896-II]

III — o depósito não se efetuou no prazo ou no lugar do pagamento; [Dispositivo correspondente no CPC/1973: art. 896-III]

IV — o depósito não é integral.[6-7] [Dispositivo correspondente no CPC/1973: art. 896-IV]

Parágrafo único. No caso do inciso IV, a alegação somente será admissível se o réu indicar o montante que entende devido.[8] [Dispositivo correspondente no CPC/1973: art. 896 § ún.]

Art. 544: 1. v. art. 335 (prazo para contestar).

Art. 544: 1a. "Se o **réu compareceu,** espontaneamente, antes da citação, mas também **antes** da efetivação **do depósito,** o *dies a quo* do prazo para resposta deve ser contado da data em que este foi realizado e juntado aos autos" (RSTJ 112/173).

Art. 544: 2. "Não são incompatíveis os institutos da **denunciação da lide** e da consignação em pagamento, desde que presentes os seus pressupostos" (STJ-4ª T., Ag 17.386-0-AgRg, Min. Sálvio de Figueiredo, j. 2.2.92, DJU 8.3.93).

Art. 544: 3. "A circunstância de **divergirem** as partes, quanto ao **valor** da importância devida, não inviabiliza o uso da ação de consignação em pagamento. Poderá o litígio ter como causa exatamente esse dissenso, dele resultando a recusa do credor em receber. Neste caso, deverá ele contestar a ação (CPC art. 896, IV), cabendo ao juiz, apreciando o mérito da causa, decidir se o depósito é integral. Para isso terá, obviamente, de verificar qual o montante exato da dívida" (TFR-6ª T., AC 109.903, Min. Eduardo Ribeiro, j. 27.4.88, DJU 8.8.88). No mesmo sentido: RJTJESP 125/371.

Art. 544: 4. A **reconvenção** é cabível na ação de consignação (RT 548/161, 597/155, 601/97, 605/139, RJTJESP 89/234, 111/314, bem fundamentado, 105/219-reconvenção demandando rescisão de compromisso, JTJ 172/38, JTA 69/252, 70/247, 93/268, 98/354, 103/313). Na consignação em pagamento de aluguéis, admite-se reconvenção pleiteando despejo e cobrança de aluguéis (LI 67-VI e VIII).

Todavia: "Ação de consignação em pagamento. Reconvenção. Propositura. Desnecessidade. Ação consignatória que assumiu caráter dúplice. Art. 899, § 2º, CPC. Decisão que indeferiu a petição inicial da ação reconvencional mantida" (JTJ 299/326).

Assim, para quem vê alguma duplicidade na ação de consignação em pagamento (v. tb. art. 545, nota 7), a reconvenção é admissível para obter algo que não seja consequência natural do julgamento da consignatória.

S/ reconvenção, v. art. 343 e notas.

Art. 544: 5. "Em ação de consignação em pagamento, a prova direta da injusta recusa no recebimento da quantia ou da coisa devida é extremamente difícil, razão pela qual deve o julgador guiar-se pelos indícios e provas circunstanciais" (RT 668/119, maioria, JTJ 176/40).

Art. 544: 6. Não será admitida a alegação de insuficiência do depósito se o réu não especificar, na contestação, qual a importância que entende devida (art. 544 § ún.), possibilitando assim que o autor complemente o depósito (art. 545).

S/ exigência de indicação do valor devido pelo réu e levantamento da quantia ou coisa depositada, v. art. 545, nota 4b.

Art. 544: 7. Ainda que seja **mínima a diferença** para menos entre o depositado e o efetivamente devido, se o consignante não se valeu da faculdade de complementar o depósito insuficiente, a ação é improcedente (STF-RT 605/222: 2ª T., RE 104.229).

Todavia, v. art. 545, nota 6a.

Art. 544: 8. v. LI 67, nota 6c.

Art. 545. Alegada a insuficiência do depósito,[1] é lícito ao autor completá-lo,[1a a 2a] em 10 (dez) dias,[3-3a] salvo se corresponder a prestação cujo inadimplemento acarrete a rescisão do contrato.[4] [Dispositivo correspondente no CPC/1973: art. 899-*caput*]

§ 1º No caso do *caput*, poderá o réu levantar,[4a-4b] desde logo, a quantia ou a coisa depositada, com a consequente liberação parcial do autor, prosseguindo o processo quanto à parcela controvertida. [Dispositivo correspondente no CPC/1973: art. 899 § 1º]

§ 2º A sentença que concluir pela insuficiência do depósito[5-5a] determinará, sempre que possível,[6] o montante devido e valerá como título executivo,[6a] facultado ao credor promover-lhe o cumprimento nos mesmos autos,[7-8] após liquidação, se necessária.[9] [Dispositivo correspondente no CPC/1973: art. 899 § 2º]

Art. 545: 1. com a **indicação do montante** que se entende devido (art. 544 § ún.).

Art. 545: 1a. ainda que o **réu se oponha** a essa complementação (JTA 119/444), salvo se ocorrer a hipótese de inadimplemento que acarrete a rescisão do contrato, prevista no final do artigo.

Art. 545: 1b. Se o autor tiver depositado inicialmente **quantia estimada,** por não saber exatamente a importância do débito, deverá comprometer-se expressamente a completar o total, atualizado, no prazo de 10 dias (JTA 116/166; v. p. 168).

"Não pode, porém, **depositar menos** que o reclamado pelo réu, se quiser beneficiar-se do disposto no art. 899. O decêndio dentro do qual se admite a complementação é prazo preclusivo, e depois de sua extinção já não poderá mais o autor corrigir a insuficiência do depósito" (Bol. AASP 1.585/105: TJSP, AP 130.215-2).

Art. 545: 2. Admite-se a complementação do débito, no prazo de 10 dias, mesmo se, entrementes, o locador tiver movido **ação de despejo** por falta de pagamento contra o locatário (JTA 78/200).

Art. 545: 2a. "Não há de se conceder o direito à complementação da consignação se o autor da consignatória questiona justamente o valor de acréscimo da dívida" (STJ-3ª T., REsp 31.566-2, Min. Cláudio Santos, j. 31.5.94, DJU 15.8.94).

Art. 545: 3. Esse prazo é **contado da data** em que o autor é intimado da contestação (Lex-JTA 73/336). Menos liberal, contando o decêndio da juntada da contestação: JTA 61/200, Lex-JTA 74/285.

Art. 545: 3a. Esse prazo é **preclusivo** (JTA 123/299, Bol. AASP 1.585/105).

Art. 545: 4. "Consignação em pagamento. Valor do depósito. Modificação da oferta após o ato citatório. Admissibilidade. Complementação possível até o decêndio previsto no art. 899 do CPC. **Sucumbência** que, entretanto, deve ser **suportada pelo autor** cujo pedido seria improcedente não fosse a suplementação" (RT 657/130). Nesse sentido, entendendo que, embora procedente a ação, deve a verba de sucumbência ser imposta ao autor: RJTJESP 110/231, JTJ 174/27, JTA 122/222.

S/ verbas sucumbenciais, v. tb. nota 5a e art. 546.

Art. 545: 4a. **"independentemente de concordância** por parte do consignante" (STJ-1ª T., REsp 568.552, Min. Luiz Fux, j. 3.3.05, DJU 28.3.05).

Art. 545: 4b. Estendendo para o **levantamento** do depósito a exigência do art. 544 § ún., no sentido de que o réu **indique o montante devido** quando alegar sua insuficiência: RJ 233/90.

Art. 545: 5. "Em ação consignatória, a **insuficiência do depósito** realizado pelo devedor conduz ao julgamento de **improcedência do pedido,** pois o pagamento parcial da dívida não extingue o vínculo obrigacional" (STJ-2ª Seção, REsp 1.108.058, Min. Isabel Gallotti, j. 10.10.18, maioria, DJ 23.10.18).

"Entendendo pela insuficiência do depósito, o juiz deve julgar improcedente o pleito, não havendo óbice para que também reconheça a quitação parcial da dívida e, ainda, fixe o montante devido, que servirá de título executivo para o credor" (STJ-1ª T., REsp 674.973, Min. Francisco Falcão, j. 18.10.05, DJ 19.12.05).

Todavia: "A insuficiência do depósito não significa mais a improcedência do pedido, quer dizer apenas que o efeito da extinção da obrigação é parcial, até o montante da importância consignada, podendo o juiz desde logo estabelecer o saldo líquido remanescente, a ser cobrado na execução, que pode ter curso nos próprios autos" (STJ-4ª T., REsp 448.602, Min. Ruy Rosado, j. 10.12.02, DJU 17.2.03). No mesmo sentido: STJ-3ª T., AI 1.050.709-AgRg, Min. Nancy Andrighi, j. 16.9.08, DJ 26.9.08.

Em matéria de prestações vincendas, v. art. 541, nota 3.

Art. 545: 5a. "Se comprovada a insuficiência do depósito, a ação deve ser julgada improcedente e o **ônus da sucumbência** imputado ao autor" (STJ-2ª T., REsp 389.308, Min. Eliana Calmon, j. 8.4.03, DJ 12.5.03). No mesmo sentido: STJ-1ª T., REsp 674.973, Min. Francisco Falcão, j. 18.10.05, DJ 19.12.05.

"Julgado improcedente o pedido formulado em ação de consignação em pagamento, os honorários de sucumbência devem ser fixados considerando o efetivo **proveito econômico da lide,** consistente na diferença entre as pretensões do credor e devedor" (STJ-3ª T., REsp 251.077, Min. Eduardo Ribeiro, j. 25.5.00, DJU 14.8.00).

Todavia: "Ação consignatória. Insuficiência do depósito. Procedência parcial. Sucumbência. O art. 899 do CPC, com a redação da Lei 8.951/1994, permite a liberação parcial do devedor, correspondente ao que depositou, e autoriza o juiz a fornecer ao credor título executivo para cobrança do que ficar reconhecido como sendo o saldo devido. Nesse caso, há procedência parcial do pedido, e a distribuição dos ônus da sucumbência deve ser feita nos termos do art. 21 do CPC" (STJ-4ª T., REsp 94.425, Min. Ruy Rosado, j. 11.3.97, DJ 12.5.97).

S/ verbas sucumbenciais, v. tb. nota 4 e art. 546.

Art. 545: 6. "O juiz tem o **dever** e não mera faculdade de buscar pelos meios ao seu alcance a determinação do valor realmente devido, uma vez que a expressão 'sempre que possível' não o autoriza a deixar o montante devido à primeira oportunidade que se apresentar nos autos" (RT 807/370). No mesmo sentido: RT 809/320 (TJMS, AP 2002.001638-2/0000-00), JTJ 338/183 (AP 448.064.4/3-00).

Art. 545: 6a. "Efetuado o depósito com **pequena diferença a menor,** nem por isso deixa de ser a ação procedente, reconhecido o saldo como crédito da ré, valendo a sentença como título executivo" (STJ-4ª T.: RT 726/200).

Todavia, v. art. 544, nota 7.

Art. 545: 7. "A ação de consignação pode ter **natureza dúplice,** já que se presta, em certos casos, a outorgar tutela jurisdicional em favor do réu, a quem assegura não apenas a faculdade de levantar, em caso de insuficiência do depósito, a quantia oferecida, prosseguindo o processo pelas diferenças controvertidas (CPC, art. 899, § 1º), como também a de obter, em seu favor, título executivo pelo valor das referidas diferenças que vierem a ser reconhecidas na sentença (art. 899, § 2º)" (STJ-1ª T., REsp 659.779, Min. Teori Zavascki, j. 14.9.04, DJU 27.9.04).

Art. 545: 8. "Nas ações de consignação em pagamento de alugueres e encargos da **locação** não se aplica o disposto no art. 899, § 2º, do CPC" (CED do 2º TASP, enunciado 42, v.u.).

Art. 545: 9. s/ liquidação, v. arts. 509 a 512.

Art. 546. Julgado procedente o pedido, o juiz declarará extinta a obrigação e condenará o réu ao pagamento de custas e honorários advocatícios.[1] [Dispositivo correspondente no CPC/1973: art. 897-*caput*]

Parágrafo único. Proceder-se-á do mesmo modo se o credor receber e der quitação.[2] [Dispositivo correspondente no CPC/1973: art. 897 § ún.]

Art. 546: 1. s/ verbas sucumbenciais, v. tb. art. 545, notas 4 e 5a.

Art. 546: 2. s/ recebimento das chaves pelo locador, na ação de consignação do imóvel proposta pelo locatário, v. LI 67, nota 1b.

Art. 547. Se ocorrer dúvida sobre quem deva legitimamente receber o pagamento, o autor requererá o depósito e a citação dos possíveis titulares do crédito para provarem o seu direito. [Dispositivo correspondente no CPC/1973: art. 895]

Art. 548. No caso do art. 547: [Dispositivo correspondente no CPC/1973: art. 898]

I — não comparecendo pretendente algum, converter-se-á o depósito em arrecadação de coisas vagas;[1] [Dispositivo correspondente no CPC/1973: art. 898]

II — comparecendo apenas um, o juiz decidirá de plano; [Dispositivo correspondente no CPC/1973: art. 898]

III — comparecendo mais de um, o juiz declarará efetuado o depósito e extinta a obrigação,[2] continuando o processo a correr unicamente entre os presuntivos credores,[2a a 4] observado o procedimento comum. [Dispositivo correspondente no CPC/1973: art. 898]

Art. 548: 1. v. art. 746.

Art. 548: 2. se a consignação for cabível; caso contrário, deverá declarar extinto o processo, sem apreciação do mérito, condenando o autor nas verbas sucumbenciais, bem como permitindo-lhe que levante a quantia depositada.

Art. 548: 2a. "Na ação de consignação proposta com fundamento na dúvida do devedor acerca de quem seja o credor, a decisão do processo se dá em **duas fases:** inicialmente, libera-se o devedor e, após, o processo continua pelo procedimento ordinário para determinar quem, entre os que disputam o crédito, tem titularidade para recebê-lo. Na hipótese dos autos, a decisão proferida na ação de consignação em pagamento apenas liberou o devedor, nada definindo acerca do verdadeiro titular do crédito. Essa questão, portanto, não transitou em julgado" (STJ-3ª T., REsp 825.795, Min. Nancy Andrighi, j. 7.2.08, um voto vencido, DJ 26.9.08).

Art. 548: 3. Se o juiz declarar procedente o depósito, deve fixar desde logo **honorários** em favor do autor, que foi forçado a ir a juízo para exonerar-se de sua obrigação e já será desligado do processo.

Havendo mais de um réu no processo e sendo ulteriormente decidido qual deles deve levantar a quantia consignada, o vencido na segunda fase pagará honorários de advogado ao vencedor, além de reembolsá-lo dos honorários já pagos ao autor na primeira fase (STJ-1ª T., REsp 784.256, Min. Denise Arruda, j. 16.9.08, DJ 1.10.08; STJ-2ª T., REsp 325.140, Min. Eliana Calmon, j. 16.5.02, DJU 30.9.02; RSTJ 141/418: 4ª T., REsp 109.868, maioria; RTJE 134/131).

Autorizando, a nosso ver com acerto, que se extraia do próprio dinheiro depositado a verba honorária a ser paga ao autor no encerramento da primeira fase: STJ-2ª T., REsp 325.140, Min. Eliana Calmon, j. 16.5.02, DJU 30.9.02; RTJE 134/131, JTA 74/318.

Todavia, no sentido de que os corréus devem ser efetivamente condenados a pagar os honorários devidos ao autor ao fim da primeira fase, em partes iguais, sem que se faça uso do dinheiro depositado: RSTJ 141/418 (4ª T., REsp 109.868). Do voto do relator: "O entendimento de se permitir ao autor vitorioso a dedução dos honorários do valor do depósito é mais gravoso ao real credor do que a orientação adotada. É que, ao final da ação, o credor somente resgataria o saldo do depósito, tendo de ir buscar do vencido todo o montante dos honorários, enquanto, pela solução ora preconizada, os consignados arcarão, de logo, com a metade, cada um, da sucumbência".

Contra, no sentido de que somente ao final, e não no encerramento da primeira fase, é que devem ser fixados os honorários do advogado do autor: RT 530/114, 907/1.015 (TJPR, AP 661.009-7).

Art. 548: 3a. Cabe **agravo de instrumento** contra a decisão que exclui o autor do processo e determina seu prosseguimento entre os presuntivos credores (v. art. 1.015-II e, por analogia, art. 1.015-VII).

"Decisão que julga extinta a obrigação em relação ao autor, excluindo-o da lide, mas mantendo o processo em relação aos réus, a fim de definir o credor a quem será revertido o depósito. Natureza interlocutória da decisão. Interposição de agravo de instrumento. Cabimento. Viabilidade de aplicação do princípio da **fungibilidade recursal**" (STJ-3ª T., REsp 1.423.294-AgRg, Min. Paulo Sanseverino, j. 7.10.14, DJ 13.10.14).

"A matéria relativa ao recurso cabível contra a decisão que homologa o depósito na ação de consignação em pagamento não está pacificada na doutrina, caracterizando dúvida objetiva capaz de justificar a aplicação do princípio da fungibilidade" (STJ-5ª T., REsp 914.438, Min. Laurita Vaz, j. 26.10.10, DJ 22.11.10).

Art. 548: 4. "O escopo da cisão dos procedimentos (especial, da consignatória e comum, para identificação do credor) é o de evitar que o devedor consignante tenha de ficar aguardando o término de toda a instrução processual para se ver liberado de uma obrigação que já satisfez, somente porque os credores controvertem sobre o direito de receber. Todavia, não se exclui a possibilidade de o **juiz também definir o efetivo credor, no mesmo momento em que prolata a sentença de extinção da obrigação do devedor,** se já tem condições de fazê-lo, por reputar desnecessária a produção de novas provas. Não há razão, portanto, para se anular a sentença" (STJ-3ª T., REsp 1.331.170, Min. Nancy Andrighi, j. 21.11.13, DJ 28.11.13).

Art. 549. Aplica-se o procedimento estabelecido neste Capítulo, no que couber, ao resgate do aforamento.[1] [Dispositivo correspondente no CPC/1973: art. 900]

Art. 549: 1. s/ enfiteuse, v., no nosso CCLCV, CC 2.038 e notas.

Capítulo II | DA AÇÃO DE EXIGIR CONTAS

Art. 550. Aquele que afirmar ser titular do direito de exigir contas[1 a 6] requererá a citação do réu[7] para que as preste ou ofereça contestação no prazo de 15 (quinze) dias.[7a a 8a] [Dispositivos correspondentes no CPC/1973: arts. 914 e 915-*caput*]

§ 1º Na petição inicial, o autor especificará, detalhadamente, as razões pelas quais exige as contas, instruindo-a com documentos comprobatórios dessa necessidade, se existirem. [Sem dispositivo correspondente no CPC/1973]

§ 2º Prestadas as contas, o autor terá 15 (quinze) dias para se manifestar, prosseguindo-se o processo na forma do Capítulo X do Título I deste Livro.[8b-9] [Dispositivo correspondente no CPC/1973: art. 915 § 1º]

§ 3º A impugnação das contas apresentadas pelo réu deverá ser fundamentada e específica, com referência expressa ao lançamento questionado. [Sem dispositivo correspondente no CPC/1973]

§ 4º Se o réu não contestar o pedido, observar-se-á o disposto no art. 355. [Dispositivo correspondente no CPC/1973: art. 915 § 2º]

§ 5º A decisão que julgar procedente o pedido[10 a 12b] condenará o réu a prestar as contas no prazo de 15 (quinze) dias,[13 a 13b] sob pena[14-15] de não lhe ser lícito impugnar as que o autor apresentar.[15a-15b] [Dispositivo correspondente no CPC/1973: art. 915 § 2º]

§ 6º Se o réu apresentar as contas no prazo previsto no § 5º, seguir-se-á o procedimento do § 2º, caso contrário, o autor apresentá-las-á no prazo de 15 (quinze) dias,[16] podendo o juiz determinar a realização de exame pericial,[17] se necessário. [Dispositivo correspondente no CPC/1973: art. 915 § 3º]

Art. 550: 1. s/ exigência de contas: pelos adquirentes de unidades autônomas condominiais, do construtor ou incorporador, v. art. 75, nota 26; e denunciação da lide, v. art. 125, nota 4; e cumulação de pedido, v. art. 327, notas 10 e 10a; do inventariante, v. arts. 618-VII e 622-V; do testamenteiro, v. art. 735 § 5º; do curador da herança jacente, v. art. 739-V; do credor pelo devedor fiduciante, v. Dec. lei 911/69, art. 2º-*caput* (no tít. ALIENAÇÃO FIDUCIÁRIA).

Art. 550: 2. A ação de exigir contas é adequada apenas para a tutela do direito de requerê-las. A pessoa **obrigada a prestar contas,** quando precisar ingressar em juízo para tanto, deve fazê-lo pelo **procedimento comum.**

Art. 550: 2a. "A **apresentação extrajudicial** e voluntária das contas **não prejudica o interesse** processual da promotora de vendas, na hipótese de não serem elas recebidas como boas" (STJ-3ª T., REsp 1.676.623, Min. Marco Bellizze, j. 23.10.18, DJ 26.10.18).

V. tb. notas 3 e 5a.

Art. 550: 3. **Súmula 259 do STJ:** "A ação de prestação de contas pode ser proposta pelo titular de **conta-corrente bancária"** (v. jurisprudência s/ esta Súmula em RSTJ 155/197 a 235).

"Ao correntista que, recebendo extratos bancários, discorde dos lançamentos deles constantes, assiste legitimidade e interesse para ajuizar ação de prestação de contas visando a obter pronunciamento judicial acerca da correção ou incorreção de tais lançamentos" (RSTJ 60/219, 103/213 e RF 328/161). No mesmo sentido: RSTJ 110/216. Acrescentando que o correntista não está obrigado, para a exibição dos extratos, a adiantar os custos dessa operação: RSTJ 154/131. V. tb. notas 2a e 5a.

"Sendo certo que o fornecimento periódico de extratos de movimentação de conta-corrente pela instituição bancária traduz reconhecimento de sua obrigação de prestar contas, injustificável se afigura, por ausência de litigiosidade em relação a tanto, a divisão do rito em duas fases (art. 915), constituindo imperativo de ordem lógica a supressão da primeira, cuja finalidade (apuração da existência de obrigação de prestar contas) resta, em face de tal reconhecimento, esvaziada e superada" (RSTJ 60/219 e RF 328/161).

"A circunstância de extratos serem remetidos ao correntista ou por ele extraídos não impede o manejo da ação de prestação de contas, porque os extratos se destinam a simples conferência" (RJ 220/66). No mesmo sentido: STJ-3ª T., REsp 1.060.217, Min. Massami Uyeda, j. 11.11.08, DJ 20.11.08; STJ-4ª T., REsp 1.174.297-AgRg, Min. Raul Araújo, j. 22.3.11, DJ 30.3.11; RMDCPC 13/122.

"O direito do correntista de solicitar informações sobre lançamentos realizados unilateralmente pelo banco em sua conta-corrente independe da juntada de detalhes sobre tais lançamentos na petição inicial" (STJ-3ª T., AI 814.417-AgRg, Min. Nancy Andrighi, j. 1.3.07, DJU 19.3.07). No mesmo sentido: STJ-4ª T., AI 691.760-AgRg, Min. Fernando Gonçalves, j. 27.11.07, DJU 10.12.07; RMDCPC 13/122.

"Não há falar em pedido genérico na ação de prestação de contas, quando o autor aponta a existência do vínculo com a instituição financeira, especificando o número da conta corrente e o período que pleiteia esclarecimento" (STJ-4ª T., REsp 1.230.827-AgRg, Min. Aldir Passarinho Jr., j. 22.3.11, DJ 28.3.11).

Todavia: "Conquanto seja direito do cliente de entidade bancária obter a prestação de contas sobre os lançamentos efetuados em sua conta-corrente, independentemente do fornecimento de extratos pelo réu, imprescindível se faz concreta indicação e fundamentação, na inicial, das irregularidades detectadas" (STJ-4ª T., REsp 98.626, Min. Aldir Passarinho Jr., j. 18.5.04, DJU 23.8.04). "A petição inicial deve, no mínimo, apontar o vínculo jurídico existente com o réu e especificar o período de esclarecimentos, sendo imprestável a mera referência genérica e vazia a respeito. Na hipótese, além de não explicitar, fundamentada e concretamente, as razões para a prestação de contas, não apresentar nenhum exemplo concreto de lançamento não autorizado, não indicar o período de tempo que deseja ter os lançamentos esclarecidos nem quais seriam os lançamentos contestados por qualquer outra maneira, a autora, sociedade empresária, indicou 19 contas correntes para a prestação de contas" (STJ-3ª T., REsp 1.318.826, Min. Ricardo Cueva, j. 19.2.13, DJ 26.2.13). "Para a configuração do interesse de agir, não basta a manifestação de dúvida genérica sobre os lançamentos registrados em extratos relativos a períodos aleatórios, sem impugnação do conteúdo deles constante e sem indicação do número da conta corrente de titularidade do autor e da agência onde foi aberta e mantida" (STJ-3ª T., REsp 1.312.666-AgRg, Min. João Otávio, j. 20.8.13, DJ 27.8.13). "A ação de prestação de contas somente se mostra viável se esclarecida a divergência entre os extratos e a realidade" (RJTJERGS 165/229).

"A pretensão deduzida na inicial, voltada, na realidade, a aferir a legalidade dos encargos cobrados (comissão de permanência, juros, multa, tarifas), deveria ter sido veiculada por meio de ação ordinária revisional, cumulada com repetição de eventual indébito, no curso da qual pode ser requerida a exibição de documentos, caso esta não tenha sido postulada em medida cautelar preparatória. Embora cabível a ação de prestação de contas pelo titular da conta corrente, independentemente do fornecimento extrajudicial de extratos detalhados, tal instrumento processual não se destina à revisão de cláusulas contratuais e não prescinde da indicação, na inicial, ao menos de período determinado em relação ao qual busca esclarecimentos o correntista, com a exposição de motivos consistentes, ocorrências duvidosas em sua conta corrente, que justificam a provocação do Poder Judiciário mediante ação de prestação de contas" (STJ-2ª Seção, REsp 1.231.027, Min. Isabel Gallotti, j. 12.12.12, DJ 18.12.12). V. tb. art. 327, nota 10.

Art. 550: 4. "O recibo genérico de quitação não elide a obrigação do **mandatário** de prestar contas quanto aos valores que **levanta judicialmente** em causas de interesse de seu cliente, especialmente se o documento de quitação não contém elementos suficientes à apreciação do mandante, apresentando resultado final que não demonstra como foi alcançado, referente a período inflacionário" (STJ-RT 774/212: 4ª T., REsp 214.920). A consignação extrajudicial de valores também não libera o advogado do dever de prestar contas nessas condições (STJ-4ª T., REsp 533.814, Min. Aldir Passarinho Jr., j. 19.2.09, DJ 23.3.09).

V. tb. EA 34, nota 12.

Art. 550: 5. Prestação de contas entre sócios. "Qualquer sócio tem o direito de pedir aos demais que prestem contas de suas gestões sociais" (JTJ 172/129).

A sociedade não tem legitimidade ativa nem passiva para a ação de prestação de contas, em relação à sua administração (STJ-3ª T., REsp 178.423-AgRg, Min. Eduardo Ribeiro, j. 26.6.00, DJU 4.9.00).

"O sócio-gerente possui o dever legal de dar contas justificadas da sua administração aos demais sócios. É, portanto, parte legítima para figurar no polo ativo ou passivo de ação de prestação de contas proposta com tal finalidade" (STJ-3ª T., REsp 332.754, Min. Nancy Andrighi, j. 13.11.01, DJU 18.2.02). No mesmo sentido: STJ-4ª T., REsp 474.596, Min. Barros Monteiro, j. 28.9.04, DJU 13.12.04; JTJ 322/2.793 (AP 534.279-4/6-00).

"A ação de prestação de contas deve ser proposta contra o sócio-administrador ou gerente da sociedade por cotas, por se constituir em obrigação pessoal" (STJ-RT 740/254).

"Sociedade em conta de participação. Pedido de prestação de contas formulado pelo sócio oculto. As contas deverão ser pedidas ao sócio ostensivo que administra os fundos comuns. Sendo aquele uma pessoa jurídica, esta acha-se obrigada a prestação de contas" (STJ-3ª T., REsp 23.502-2, Min. Eduardo Ribeiro, j. 13.9.93, DJU 27.9.93).

Art. 550: 5a. De acordo com a jurisprudência, podem exigir contas:

— o cônjuge, contra o outro que ficou na administração dos bens do casal, após a separação judicial (RT 623/77) ou a separação de fato (STJ-3ª T., REsp 1.300.250, Min. Ricardo Cueva, j. 27.3.12, DJ 19.4.12; STJ-4ª T., REsp 1.274.639, Min. Luis Felipe, j. 12.9.17, maioria, DJ 23.10.17; RT 815/238). **Todavia,** não admitindo a ação de exigir contas entre os cônjuges na pendência do regime da comunhão de bens: RJTJESP 125/398, Bol. AASP 1.621/18, em. 11, maioria;

— excepcionalmente, o filho, contra a mãe, "sempre que a causa de pedir estiver fundada na suspeita de abuso de direito no exercício" do poder de administração dos seus bens (STJ-3ª T., REsp 1.623.098, Min. Marco Bellizze, j. 13.3.18, DJ 23.3.18);

— o herdeiro, contra o inventariante, independentemente da prestação de contas processada como incidente do inventário (v. art. 618, nota 8);

— os associados, da entidade de previdência privada (RSTJ 199/283: 2ª Seção, REsp 545.968, três votos vencidos; esse acórdão tornou superada a divergência entre as 3ª e 4ª Turmas do STJ sobre o assunto);

— o consorciado, da administradora do consórcio (JTA 123/177). V. art. 396, nota 3a;

— os locatários de lojas em *shopping center*, em relação à administração do condomínio (RT 709/79);

— os adquirentes das unidades habitacionais, em face do construtor ou incorporador, "a despeito das atribuições legalmente acometidas à Comissão de Representantes" (STJ-3ª T., REsp 233.001, Min. Nancy Andrighi, j. 26.11.01, DJU 18.2.02). No mesmo sentido: STJ-4ª T., REsp 592.839, Min. João Otávio, j. 10.11.09, DJ 23.11.09;

— o mandante em face do mandatário, "ainda que tenha noção do saldo das contas" (STJ-4ª T., REsp 703.390, Min. Aldir Passarinho Jr., j. 3.12.09, DJ 18.12.09);

— o usuário de cartão de crédito, em relação à administradora, a fim de que esta demonstre, "de forma discriminada, os encargos, as condições e a origem do empréstimo bancário tomado por meio de cláusula-mandato pactuada em contrato de cartão de crédito" (RSTJ 173/240: 3ª T.). No mesmo sentido: STJ-RT 844/196 (REsp 533.734, 4ª T.), JTJ 314/292 (AP 1.054.727-8).

"Independentemente do fornecimento de extratos de movimentação financeira dos recursos vinculados a contrato de cartão de crédito, remanesce o interesse processual do mandante para a ação de prestação de contas em havendo dúvida sobre os critérios considerados" (STJ-4ª T., AI 1.027.531-AgRg, Min. Aldir Passarinho Jr., j. 18.12.08, DJ 9.2.09). V. tb. notas 2a e 3.

"Ainda que receba faturas mensais do cartão de crédito, o consumidor possui interesse de agir para propor ação de prestação de contas" (STJ-3ª T., Ag em REsp 189.153-AgRg, Min. Ricardo Cueva, j. 18.12.12, DJ 26.2.13).

Mas: "Para que o consumidor tenha direito à prestação de contas em contrato de cartão de crédito, é necessário, além de indicar a existência de ocorrências duvidosas, a delimitação do período da relação do qual requer esclarecimentos" (STJ-3ª T., Ag em REsp 865.276-AgInt, Min. João Otávio, j. 23.6.16, DJ 1.7.16);

— o comitente, em relação ao comissário que, em seu nome, realiza operações comerciais (Lex-JTA 145/147, 146/99);

— o representante, contra o representado, em relação de representação comercial: "A dúvida quanto às informações prestadas pela representada, quanto ao cálculo da comissão devida ao representante, dá ensejo ao ajuizamento da ação de prestação de contas" (STJ-3ª T., REsp 1.191.638, Min. Massami Uyeda, j. 12.4.12, DJ 10.5.12);

— as partes do contrato de agência, pois há no seu contexto "administração recíproca de interesses" (STJ-3ª T., REsp 1.676.623, Min. Marco Bellizze, j. 23.10.18, DJ 26.10.18).

Em suma, tem legitimidade ativa para a ação de exigir contas todo aquele que "efetua e recebe pagamentos por conta de outrem, movimentando recursos próprios ou daquele em cujo interesse se realizam os pagamentos e recebimentos" (RSTJ 90/213).

Art. 550: 6. De acordo com a jurisprudência, não podem exigir contas:

— o cotitular de conta corrente, em face de outro cotitular: "Havendo conta corrente conjunta não há obrigação de prestar contas entre os titulares" (STJ-3ª T., REsp 687.596, Min. Menezes Direito, j. 16.8.07, dois votos vencidos, DJ 20.11.08);

— o tomador de empréstimo, em face de quem lhe concedeu tal empréstimo: "No contrato de financiamento, não há a entrega de recursos do consumidor ao banco, para que ele os mantenha em depósito e administre, efetuando pagamentos, mediante débitos em conta corrente. A instituição financeira entrega os recursos ao tomador do empréstimo, no valor estipulado no contrato, cabendo ao financiado restituir a quantia emprestada, com os encargos e na forma pactuados. Não há, portanto, interesse de agir para pedir a prestação de contas, de forma mercantil, de créditos e débitos sucessivos lançados ao longo da relação contratual. Hipótese em que a pretensão deduzida na inicial, voltada a aferir a legalidade dos encargos cobrados (comissão de permanência, juros, multa, capitalização, tarifas), deveria ter sido veiculada por meio de ação ordinária revisional, cumulada com repetição de eventual indébito, no curso da qual pode ser requerida a exibição de documentos, caso esta não tenha sido postulada em medida cautelar preparatória" (STJ-2ª Seção, REsp 1.201.662, Min. Isabel Gallotti, j. 28.11.12, DJ 4.12.12). **Contra,** no sentido de que o contratante de mútuo ou financiamento pode pedir prestação de contas, a fim de aferir a evolução do débito: STJ-3ª T., REsp 828.350, Min. Gomes de Barros, j. 3.4.07, DJU 13.8.07 (no caso, tratava-se de contrato de alienação fiduciária);

— os condôminos, em relação ao administrador do prédio, porque a legitimidade é do síndico (RT 740/406, JTJ 180/41). Afirmando que é o síndico e não o condomínio que deve ser acionado pelo condômino interessado na prestação de contas: STJ-3ª T., REsp 707.506, Min. Sidnei Beneti, j. 15.12.09, DJ 18.12.09. "O condômino, isoladamente, não possui legitimidade para propor ação de prestação de contas, pois a obrigação do síndico é de prestar contas à assembleia, nos termos do art. 22, § 1º, 'f', da Lei 4.591/1964" (STJ-3ª T., REsp 1.046.652, Min. Ricardo Cueva, j. 16.9.14, DJ 30.9.14);

— o acionista da sociedade anônima, individualmente, contra o administrador, sobretudo quando as contas já tenham sido aprovadas pela assembleia geral (STJ-3ª T., REsp 792.660, Min. Castro Filho, j. 16.3.06, DJU 10.4.06);

— os cooperados, individualmente ou em grupo, porque a prestação de contas da cooperativa "é feita ao órgão previsto em lei para tomá-las, no caso a assembleia geral" (STJ-4ª T., REsp 401.692, Min. Aldir Passarinho Jr., j. 25.11.03, um voto vencido, DJU 8.3.04);

— o associado de sindicato, em relação aos seus administradores, os quais devem "prestar contas à assembleia geral e não a seus integrantes individualmente" (RT 707/71 e JTJ 157/158);

— o mandante, em relação ao substabelecido, porque este acha-se "obrigado somente perante aquele que o substabeleceu" (RT 660/119);

— o mandante, em face do espólio do mandatário (STJ-3ª T., REsp 1.055.819, Min. Massami Uyeda, j. 16.3.10, DJ 7.4.10). V. tb. nota 15a;

— os herdeiros, diretamente contra o mandatário constituído pelo inventariante (STJ-3ª T., REsp 647.135, Min. Menezes Direito, j. 22.3.07, DJU 18.6.07). Eles têm direito de exigir contas apenas do inventariante (v. nota 5a);

— o pai, contra a mãe, em relação à pensão alimentícia paga ao filho; no caso, cabe ao alimentante apenas fiscalizar a aplicação dos valores pagos, ressalvado o direito de o próprio filho exigir contas da mãe quanto à pensão paga pelo pai, o que pode ser feito através do MP (JTJ 239/164). Ainda: "Aquele que presta alimentos não detém interesse processual para ajuizar ação de prestação de contas em face da mãe da alimentada, porquanto ausente a utilidade do provimento jurisdicional invocado, notadamente porque quaisquer valores que sejam porventura apurados em favor do alimentante estarão cobertos pelo manto do princípio da irrepetibilidade dos alimentos já pagos" (STJ-3ª T., REsp 985.061, Min. Nancy Andrighi, j. 20.5.08, DJU 16.6.08). No mesmo sentido: STJ-4ª T., REsp 970.147, Min. Marco Buzzi, j. 4.9.12, maioria, DJ 16.10.12. Afirmando que "a guardiã legal dos menores não tem o dever de prestar contas acerca da utilização dos alimentos em favor dos menores": RT 863/241. **Todavia:** "Em determinadas situações, não se pode negar ao alimentante não-guardião o direito de averiguar se os valores que paga a título de pensão alimentícia estão sendo realmente dirigidos ao beneficiário e voltados ao pagamento de suas despesas e ao atendimento dos seus interesses básicos fundamentais, sob pena de se impedir o exercício pleno do poder familiar. Não há apenas interesse jurídico, mas também o dever legal, por força do § 5º do art. 1.583 do CC/02, do genitor alimentante de acompanhar os gastos com o filho alimentado que não se encontra sob a sua guarda, fiscalizando o atendimento integral de suas necessidades materiais e imateriais essenciais ao seu desenvolvimento físico e também psicológico, aferindo o real destino do emprego da verba alimentar que paga mensalmente, pois ela é voltada para esse fim. O que justifica o legítimo interesse processual em ação dessa natureza é só e exclusivamente a finalidade protetiva da criança ou do adolescente beneficiário dos alimentos, diante da sua possível malversação, e não o eventual acertamento de contas, perseguições ou picuinhas com a(o) guardiã(ao), devendo ela ser dosada, ficando vedada a possibilidade de apuração de créditos ou preparação de revisional pois os alimentos são irrepetíveis" (STJ-3ª T., REsp 1.814.639, Min. Moura Ribeiro, j. 26.5.20, maioria, DJ 9.6.20).

Art. 550: 7. "O banco que oferece cartão de crédito aos seus clientes não tem **legitimidade passiva** em ação de prestação de contas movida por usuário de cartão de crédito. A legitimidade, em tais casos, é exclusiva da administradora" (STJ-3ª T., REsp 976.447, Min. Gomes de Barros, j. 24.3.08, DJU 13.5.08).

Art. 550: 7a. Súmula 12 do TJPR: "Nas ações de prestação de contas, em ambas as fases, é admissível a concessão de **medida liminar de natureza cautelar** para impedir ou suspender a inscrição do nome do devedor nos cadastros de proteção ao crédito".

Art. 550: 7b. Se o réu se limita a **contestar o dever de prestar contas,** a primeira fase da ação de prestação de contas se processa à luz das regras do **procedimento comum** (v. arts. 318 e segs.).

Art. 550: 7c. Se o réu, embora **contestando** a obrigação de **prestar contas,** desde logo as apresenta na contestação, segue-se o procedimento do § 2º (RJTJESP 84/156, 84/157; JTJ 355/172: AI 990.10.336612-3).

V. tb. nota 12.

Art. 550: 8. A **reconvenção** é admissível diante da ação de exigir contas (RTJ 91/365, RT 614/82). **Contra,** no sentido de que a duplicidade da ação tornaria inócua e inadmissível a reconvenção: RT 609/120, RJTJESP 105/321, Amagis 3/176.

"É possível a reconvenção em ação de prestação de contas, mas o seu indeferimento não é causa de nulidade se a mesma matéria foi apresentada na contestação, considerando-se que nesse tipo de ação a reconvenção é implícita na defesa" (STJ-4ª T., REsp 239.311, Min. Ruy Rosado, j. 15.2.00, DJU 8.5.00).

Para obter algo que vai além da duplicidade da ação de exigir contas, o réu deve formular expressos pedidos em sua resposta (STJ-RDDP 58/101: 2ª T., REsp 476.783).

Em síntese: para postular algo que já é garantido pelo julgamento da própria ação de exigir contas (caso do saldo favorável nas contas objeto do processo), a reconvenção é inútil e portanto inadmissível; para pedir algo que não está programado para o julgamento da ação de exigir contas (p. ex., invalidação do contrato atrelado às contas objeto do processo), a reconvenção é admissível.

S/ exigência de contas deduzida pela via reconvencional, v. art. 343, nota 2.

Art. 550: 8a. "Admite-se, no âmbito da ação de prestação de contas, o acertamento das questões fáticas e jurídicas relacionadas à **alegação de descumprimento contratual**" (STJ-3ª T., REsp 1.370.109, Min. Sidnei Beneti, j. 22.10.13, DJ 4.11.13).

Art. 550: 8b. v. arts. 354 e segs.

Art. 550: 9. "O simples fato de ser intempestiva a impugnação às contas apresentadas não significa que o julgador deva acatá-las de plano. Ao magistrado são facultados **amplos poderes de investigação,** podendo ele, a despeito do desentranhamento da resposta, instaurar a fase instrutória do feito, com a realização da perícia e colheita de prova em audiência" (RSTJ 153/330).

V. tb. nota 15.

Art. 550: 10. No CPC rev., a decisão que julgava o dever de prestar contas era rotulada como **sentença** (CPC rev. 915 § 2º). Agora, esse pronunciamento é tratado simplesmente como **decisão,** a indicar que se trataria de decisão interlocutória, **agravável,** por se tratar de ato que examina o mérito (v. art. 1.015-II).

Todavia, o legislador não é suficientemente claro a respeito. No § 4º deste art. 550, manda observar o art. 355 quando o réu não contestar a ação de exigir contas. E o art. 355 determina que o juiz julgue antecipadamente o pedido nessas circunstâncias, "proferindo sentença com resolução de mérito". Assim, não se estaria diante de ato impugnável por **apelação,** nos termos do art. 1.009-*caput*?

Mas não é só. Num processo em que se pede apenas a prestação de contas, a decisão que julga esse pedido esgota, por ora, o exame da pretensão formulada, de modo semelhante ao ato que "põe fim à fase cognitiva do procedimento comum" (art. 203 § 1º).

Nesse contexto, até que se defina com maior firmeza a natureza da decisão que julga o pedido de exigir contas e consequentemente o recurso contra ela cabível, deve haver um recrudescimento da **fungibilidade** entre apelação (art. 1.009-*caput*) e agravo (art. 1.015-II).

"Considerando que a ação de exigir contas poderá se desenvolver em duas fases procedimentais distintas, condicionando-se o ingresso à segunda fase ao teor do ato judicial que encerra a primeira fase; e que o conceito de sentença previsto no art. 203, § 1º, do CPC/15, aplica-se como regra ao procedimento comum e, aos procedimentos especiais, apenas na ausência de regra específica, o ato judicial que encerra a primeira fase da ação de exigir contas possuirá, a depender de seu conteúdo, diferentes naturezas jurídicas: se julgada procedente a primeira fase da ação de exigir contas, o ato judicial será decisão interlocutória com conteúdo de decisão parcial de mérito, impugnável por agravo de instrumento; se julgada improcedente a primeira fase da ação de exigir contas ou se extinto o processo sem a resolução de seu mérito, o ato judicial será sentença, impugnável por apelação. Havendo dúvida objetiva acerca do cabimento do agravo de instrumento ou da apelação, consubstanciada em sólida divergência doutrinária e em reiterado dissídio jurisprudencial no âmbito do 2º grau de jurisdição, deve ser afastada a existência de erro grosseiro, a fim de que se aplique o princípio da fungibilidade recursal" (STJ-3ª T., REsp 1.746.337, Min. Nancy Andrighi, j. 9.4.19, DJ 12.4.19). No mesmo sentido: STJ-4ª T., REsp 1.680.168, Min. Raul Araújo, j. 9.4.19, maioria, DJ 10.6.19.

Art. 550: 11. A fixação dos **honorários advocatícios** na ação de exigir contas deve contemplar o trabalho desenvolvido ao longo de todo o processo.

"Com a procedência do pedido do autor (condenação à prestação das contas exigidas), o réu fica vencido na primeira fase da ação de exigir contas, devendo arcar com os honorários advocatícios como consequência do princípio da sucumbência" (STJ-3ª T., REsp 1.874.603, Min. Nancy Andrighi, j. 3.11.20, DJ 19.11.20). No mesmo sentido: STJ-4ª T., REsp 6.458, Min. Sálvio de Figueiredo, j. 11.6.91, DJU 5.8.91.

"Estabelecido o contraditório na segunda fase da ação de prestação de contas, por ter o autor impugnado as contas oferecidas pelo réu, a exigir a produção de prova, inclusive pericial, não viola o art. 20 do CPC a sentença que condena o autor ao pagamento de honorários advocatícios pela sucumbência nessa segunda etapa, considerando-se que os da primeira foram compensados" (STJ-4ª T., REsp 174.814, Min. Ruy Rosado, j. 3.9.98, DJU 26.10.98). No mesmo sentido: RT 813/299.

"O vencedor das duas fases da ação de prestação de contas tem direito à majoração da verba honorária que lhe foi deferida na primeira sentença. O limite de 20% sobre o valor da causa, ou sobre o valor da condenação, o maior deles, pode ser um prudente critério para a fixação da verba" (STJ-4ª T., REsp 154.925, Min. Ruy Rosado, j. 17.3.98, DJU 12.4.99).

No sentido de que a execução para o recebimento dos honorários fixados na sentença da primeira fase somente pode ser deflagrada após o desfecho da segunda fase: JTJ 309/438 (acórdão relatado pelo Des. Roberto Bedaque).

Art. 550: 12. A ação de prestação de contas, **quando o réu contesta a obrigação** de prestá-las, desenvolve-se em **duas fases:** na primeira, será decidido se está obrigado a essa prestação; na segunda fase, apura-se o *quantum* do débito ou do crédito (RSTJ 157/290).

"Viola o art. 915, § 2º, segunda parte, do CPC/1973 o acórdão que, a despeito da manifestação negativa do réu quanto ao dever de prestar contas, decide as duas fases do procedimento em um único julgamento, e desde logo acolhe as contas oferecida pelo autor da ação sem que se tenha franqueado ao réu o prazo legal para apresentá-las" (STJ-4ª T., REsp 1.483.855, Min. Antonio Ferreira, j. 25.4.17, maioria, DJ 26.5.17).

Se o réu desde logo apresenta as contas, sem contestar o dever de prestá-las, o feito se desenvolve em uma única fase (STJ-1ª T., REsp 1.010.176, Min. Francisco Falcão, j. 12.8.08, DJ 27.8.08). V. tb. nota 7c.

Art. 550: 12a. "A segunda fase da ação de prestação de contas só pode ter início **após o trânsito em julgado** da sentença que decide pela obrigação de apresentar contas" (STJ-4ª T., REsp 1.129.498, Min. Fernando Gonçalves, j. 13.4.10, DJ 27.4.10).

V. tb. nota 13a.

Art. 550: 12b. "Tendo em vista que, na primeira fase da ação de prestação de contas, o julgador limita-se meramente a decidir se há a obrigação do réu em prestar determinadas contas, a alegação relativa à desnecessidade de o ex-síndico guardar documentação relativa ao condomínio por prazo superior a 5 (cinco) anos é **questão** a ser analisada apenas na **segunda fase** da ação" (STJ-3ª T., REsp 1.820.603, Min. Nancy Andrighi, j. 10.12.19, DJ 17.12.19).

V. tb., no CCLCV, LCE 22, nota 2b.

Art. 550: 13. contados da **intimação** (JTA 62/117), que deve ser feita **à parte** (Lex-JTA 159/352), e não ao advogado, por se tratar de ato pessoal desta (RT 737/339, RJTJESP 80/220, 113/368, 118/236, 125/51; JTJ 328/164: AI 7.239.755-6; RJTJERGS 272/118: AI 70023552763). **Contra,** no sentido de que "não é necessária a intimação pessoal da ré, na segunda fase do procedimento de prestação de contas, ante a ausência de amparo legal, devendo igualmente ser aceita a intimação de seu **causídico,** desde que devidamente representado no feito": STJ-4ª T., REsp

961.439, Min. Luis Felipe, j. 16.4.09, DJ 27.4.09. **Ainda contra:** STJ-3ª T., REsp 913.411, Min. Nancy Andrighi, j. 3.11.09, DJ 23.11.09.

V. tb. art. 274, nota 2.

Art. 550: 13a. "O prazo de 48 horas para a apresentação das contas pelo réu, previsto no art. 915, § 2º, do CPC/73, deve ser computado a partir da **intimação do trânsito em julgado da sentença** que reconheceu o direito do autor de exigir a prestação de contas" (STJ-3ª T., REsp 1.582.877, Min. Nancy Andrighi, j. 23.4.19, DJ 26.4.19).

V. tb. nota 12a.

Art. 550: 13b. "O prazo de 48 horas disposto no art. 915, § 2º, do CPC **não é peremptório,** permitindo flexibilização pelo julgador, conforme a complexidade das contas a serem prestadas" (STJ-3ª T., REsp 1.194.493, Min. Nancy Andrighi, j. 23.10.12, DJ 30.10.12).

Art. 550: 14. "Descabe imposição de **multa cominatória** na sentença que, em primeira fase, julga procedente o pedido de prestação de contas, porquanto a consequência jurídico-processual da não apresentação das contas pelo obrigado é a de 'não lhe ser lícito impugnar as que o autor apresentar' (art. 915, § 2º, CPC)" (STJ-4ª T., REsp 1.092.592, Min. Luis Felipe, j. 19.4.12, DJ 23.5.12).

Art. 550: 15. A penalidade supra "não inviabiliza o exame e o julgamento das contas de acordo com o seu valor intrínseco" (RJTJESP 114/205).

"Condenado a prestar contas, e permanecendo inerte, o réu não poderá impugnar as contas apresentadas pelo autor (CPC, art. 915, § 2º). Porém poderá participar da perícia, determinada pelo juiz, prevista na parte final do art. 915, § 3º, pois o órgão judiciário não se encontra constrangido a homologar as contas do autor sem maiores exames" (RJ 233/72).

V. tb. nota 9.

Art. 550: 15a. "Prestação de contas. Ação ajuizada em face de pessoa que exerceu o cargo de inventariante. Partilha já homologada. Falecimento da requerida no curso da ação. Obrigação pessoal que não se transmite a outra pessoa. Prestação de contas que incumbe à pessoa física do inventariante. Carência de ação decretada. Extinção do processo sem resolução de mérito, ficando prejudicadas as apelações das partes" (JTJ 354/481: AP 994.04.078380-4). Esse entendimento foi mantido no julgamento do subsequente recurso especial: "Ação de exigir contas. Morte da parte ré. Sucessão processual. Impossibilidade. **Obrigação personalíssima"** (STJ-3ª T., REsp 1.354.347, Min. Nancy Andrighi, j. 6.5.14, DJ 20.5.14).

"Mandato. Natureza personalíssima da obrigação. Ação de prestação de contas. Intransmissibilidade da obrigação aos herdeiros. Extinção do feito sem julgamento do mérito" (STJ-4ª T., Ag 1.390.673-AgRg, Min. Isabel Gallotti, j. 18.8.16, DJ 24.8.16).

Todavia, ponderando que a ação de prestação de contas pode atingir os herdeiros, "se sucederam o obrigado no encargo por este assumido e do qual deriva a obrigação de prestar contas": RJTJERGS 133/404.

"Ação de prestação de contas. Segunda fase. Contrato de parceria pecuária. Morte do parceiro. Transmissão da obrigação aos herdeiros. Possibilidade. A premissa de ser intransmissível a obrigação principal do falecido em nada afeta a obrigação transmissível de prestação de contas, devendo a excepcionalidade ser avaliada caso a caso. Na hipótese, trata-se de negócio jurídico (contrato de parceria pecuária) cuja natureza é ínsita de ser voltada a esclarecimentos e acertamento de contas, já que os bens do proprietário ficam sob a guarda e administração de outrem (parceiro)" (STJ-4ª T., REsp 1.203.559, Min. Luis Felipe, j. 25.2.14, DJ 17.3.14).

"Como na segunda fase do procedimento de prestação de contas elas já foram prestadas judicialmente e somente se discute eventual saldo credor ou devedor, não há que se falar em sua extinção em decorrência do falecimento de quem as prestou. Obrigação pessoal que passa aos herdeiros, observadas as forças da herança" (STJ-3ª T., REsp 1.374.447, Min. Moura Ribeiro, j. 15.3.16, DJ 28.3.16).

"Tendo sido realizada, na ação autônoma de prestação de contas, atividade cognitiva e instrutória suficiente para a verificação acerca da existência de crédito, débito ou saldo, revela-se irrelevante, para fins de transmissibilidade da ação, que tenha havido o posterior falecimento do inventariante, pois, a partir do referido momento, a ação de prestação de contas modifica a sua natureza personalíssima para um caráter marcadamente patrimonial passível de sucessão processual pelos herdeiros" (STJ-3ª T., REsp 1.776.035, Min. Nancy Andrighi, j. 16.6.20, DJ 19.6.20).

V. tb. nota 6 e art. 485, nota 42a.

Art. 550: 15b. No sentido de que, na segunda fase da ação de prestação de contas, "não cabe discussão sobre as cláusulas contratuais em face de existir via processual própria": RT 873/288 (TJPR, AP 0432979-5).

Art. 550: 16. "Havendo sentença condenatória à prestação de contas e não tendo sido julgadas suficientes as contas prestadas pelo réu, a **omissão dos autores de prestar contas** não implica extinção do processo sem julgamento do mérito: ou o juiz julga com os dados existentes nos autos ou determina a produção de provas, se julgá-las imprescindíveis à formação do seu convencimento. A extinção do processo só teria cabimento se, intimados os autores, pessoalmente, a dar andamento ao feito, após tê-lo deixado sem movimentação por mais de trinta dias ou por mais de um ano, se omitissem" (JTJ 207/142, citação da p. 144).

Art. 550: 17. "Plenamente viável a imputação do adiantamento dos **honorários periciais** a ambas as partes, não se vendo afrontados os arts. 20, 21 e 33 do CPC, este, por sinal, evidentemente respeitado" (STJ-3ª T., REsp 902.541-AgRg, Min. Paulo Sanseverino, j. 23.8.11, DJ 31.8.11; a citação é do voto do relator).

Todavia: "Na ação de prestação de contas, se a parte deu causa, não só à ação, mas também à realização de perícia, deve adiantar os honorários periciais" (STJ-3ª T., REsp 1.404.766-AgRg, Min. Sidnei Beneti, j. 26.11.13, DJ 6.12.13).

Ainda, noutro sentido: "Ação de prestação de contas. Segunda fase. Antecipação de honorários periciais. Ônus do autor que requereu a produção da prova. A condenação da instituição financeira ao pagamento das custas e despesas processuais referentes à primeira fase da ação de prestação de contas, na qual foi sucumbente, não implica sua obrigação de antecipar o custeio da prova pericial a ser produzida na segunda fase da ação, a pedido do autor" (STJ-3ª T., REsp 1.420.668, Min. Sidnei Beneti, j. 20.5.14, DJ 2.6.14). No mesmo sentido: STJ-4ª T., REsp 1.382.568-AgRg, Min. Marco Buzzi, j. 25.11.14, DJ 2.12.14.

"Na hipótese dos autos, o juiz determinou, de ofício, a realização de perícia nas contas prestadas pela instituição financeira, devendo o valor dos honorários contábeis ser adiantado pelo autor da ação. Eventual apuração de saldo credor declarado em sentença em favor do autor implicará o ressarcimento da despesa processual, conforme a regra geral de sucumbência" (STJ-3ª T., REsp 1.604.980, Min. Nancy Andrighi, j. 6.6.17, DJ 12.6.17).

Art. 551. As contas do réu serão apresentadas na forma adequada, especificando-se as receitas, a aplicação das despesas e os investimentos, se houver.[1-2] [Dispositivo correspondente no CPC/1973: art. 917]

§ 1º Havendo impugnação específica e fundamentada pelo autor, o juiz estabelecerá prazo razoável para que o réu apresente os documentos justificativos dos lançamentos individualmente impugnados. [Sem dispositivo correspondente no CPC/1973]

§ 2º As contas do autor, para os fins do art. 550, § 5º, serão apresentadas na forma adequada, já instruídas com os documentos justificativos, especificando-se as receitas, a aplicação das despesas e os investimentos, se houver, bem como o respectivo saldo.[3] [Dispositivo correspondente no CPC/1973: art. 917]

Art. 551: 1. "Devem as contas retratar fielmente a sequência das operações de recebimento e de despesas, pela ordem cronológica da sua ocorrência, demonstrando-se, coluna por coluna, as receitas e pagamentos e a indicação do saldo" (RT 717/156, JTJ 171/209). Ou seja, deve-se apresentar minuciosa **discriminação de créditos e débitos** (RT 799/276).

Não há nulidade se não forem apresentadas em forma contábil (Bol. AASP 1.053/38), devendo o juiz determinar que sejam produzidas provas para fixação do *quantum* devido (RJTJESP 90/272).

"A apresentação de contas em forma mercantil é uma necessidade do processo, uma vez que o exame, a discussão e o julgamento devem ser facilitados para os sujeitos processuais. As contas apresentadas de forma não mercantil podem ser consideradas diante da apresentação de justificativa pela parte e da possibilidade de realização de perícia contábil" (STJ-RT 914/582: 4ª T., REsp 1.218.899).

"As contas apresentadas de forma não mercantil podem ser consideradas se forem apresentadas de maneira clara e inteligível de forma a atingir as finalidades do processo. Deverão, portanto, ser aproveitadas e julgadas, após confrontadas com as impugnações da parte adversa" (STJ-3ª T., REsp 1.344.102-AgRg, Min. João Otávio, j. 17.9.13, DJ 23.9.13).

Art. 551: 2. "É necessário reexaminar provas para definir se as contas do réu foram ou não apresentadas na forma mercantil, como exige o art. 917 do CPC" (STJ-3ª T., AI 740.483-AgRg, Min. Gomes de Barros, j. 14.12.06, DJU 5.2.07).

Art. 551: 3. v. notas 1 e 2.

Art. 552. A sentença[1 a 1c] apurará o saldo e constituirá título executivo judicial.[2 a 4] [Dispositivo correspondente no CPC/1973: art. 918]

Art. 552: 1. que é **apelável** (RJTJESP 34/73, RP 1/205, em. 94, 2/351, em. 78).

Art. 552: 1a. É **nula** a sentença que não declara, na ação de prestação de contas, o saldo credor, em favor do autor ou do réu (RT 695/159, JTA 108/121).

Todavia: "Não se decreta nulidade de decisão que, embora sem consignar expressamente o saldo devedor, contém elementos que permitem a sua aferição por meio de interpretação integrativa e raciocínio dedutivo" (STJ-4ª T., REsp 10.022, Min. Sálvio de Figueiredo, j. 3.12.91, DJU 3.2.92).

Art. 552: 1b. "Na ação de prestação de contas, mera estimativa do valor devido pelo réu não delimita o pedido. Assim, **não é *extra petita*** a sentença que, em segunda fase do processo, condena o réu em valor maior que tal estimativa" (STJ-3ª T., AI 676.841-EDcl-AgRg, Min. Gomes de Barros, j. 14.11.07, DJU 26.11.07).

Art. 552: 1c. "Ação de prestação de contas. Segunda fase. Responsabilidade pelos **honorários do perito.** Tendo o réu dado causa não só à ação, mas também à realização de perícia, é ele considerado vencido e, como tal, deve responder pelas despesas processuais havidas" (STJ-4ª T., REsp 37.681-5, Min. Barros Monteiro, j. 11.10.93, DJU 29.11.93).

Art. 552: 2. tanto contra o autor como contra o réu, porque a ação de exigir contas é dúplice: dispensa reconvenção para esse fim (v. art. 550, nota 8).

Art. 552: 3. v. art. 515-I.

Art. 552: 4. "Em ação de prestação de contas, é de se efetuar a **correção monetária** do saldo devedor do obrigado às contas" (RT 813/308).

Art. 553. As contas do inventariante,[1-1a] do tutor, do curador, do depositário e de qualquer outro administrador serão prestadas em apenso aos autos do processo em que tiver sido nomeado.[1b a 2] [Dispositivo correspondente no CPC/1973: art. 919]

Parágrafo único. Se qualquer dos referidos no *caput* for condenado a pagar o saldo e não o fizer no prazo legal, o juiz poderá destituí-lo, sequestrar[3] os bens sob sua guarda, glosar o prêmio ou a gratificação a que teria direito e determinar as medidas executivas necessárias à recomposição do prejuízo. [Dispositivo correspondente no CPC/1973: art. 919]

Art. 553: 1. prestam-se no **juízo do inventário** (RT 509/103) e são exigíveis, ainda que cessada a inventariança (RT 501/113).

Art. 553: 1a. "Ação de prestação de contas. Pelo fato de ser administrador de bens alheios, está o inventariante obrigado à prestação de contas, seja aquela determinada pelo magistrado, seja a que está obrigado ao final de sua gestão, seja aquela requerida por qualquer interessado" (STJ-3ª T., REsp 60.575, Min. Pádua Ribeiro, j. 4.11.04, DJU 17.12.04).

Art. 553: 1b. "A prestação de contas decorrente de relação jurídica de inventariança não deve observar o procedimento especial bifásico previsto para a ação autônoma de prestação de contas, na medida em que se **dispensa a primeira fase** — acertamento da legitimação processual consubstanciada na existência do direito de exigir ou prestar contas — porque, no inventário, o dever de prestar contas decorre de expressa previsão legal (art. 991, VII, do CPC/73; art. 618, VII, do CPC/15) e deve ser prestado em apenso ao inventário (art. 919, 1ª parte, do CPC/73; art. 553, *caput*, do CPC/15)" (STJ-3ª T., REsp 1.776.035, Min. Nancy Andrighi, j. 16.6.20, DJ 19.6.20).

Art. 553: 1c. "Embora o art. 919 do CPC diga que as contas do inventariante serão prestadas em apenso aos atos do inventário, tal regra não se mostra suficiente para impedir o fracionamento da prestação de contas, quando houver **questão de alta indagação** a ser solucionada. Dessa forma, o referido dispositivo deve ter sua leitura conjugada com o preceito normativo do art. 984 do Código de Processo Civil, pois este artigo, além de inserido em tópico destinado a tratar do inventário e da partilha, encerra preceito norteador de todos os incidentes submetidos ao juízo inventariante, qual seja: a celeridade" (STJ-4ª T., REsp 1.111.301, Min. Marco Buzzi, j. 8.10.13, DJ 17.9.14).

Art. 553: 2. O direito à prestação de contas subsiste **depois do encerramento do inventário.** Todavia, nessas circunstâncias, tal prestação deve ser requerida por demanda própria e não incidentalmente, já que o processo de inventário terminou (JTJ 315/323: AP 337.997-4/6-00).

Art. 553: 3. v. art. 301.

Capítulo III | DAS AÇÕES POSSESSÓRIAS

Seção I | DISPOSIÇÕES GERAIS

Art. 554. A propositura de uma ação possessória[1 a 8] em vez de outra[9] não obstará a que o juiz conheça do pedido e outorgue a proteção legal correspondente àquela cujos pressupostos estejam provados.[10] [Dispositivo correspondente no CPC/1973: art. 920]

§ 1º No caso de ação possessória em que figure no polo passivo grande número de pessoas, serão feitas a citação pessoal dos ocupantes que forem encontrados no local e a citação por edital dos demais,[10a] determinando-se, ainda, a intimação do Ministério Público e, se envolver pessoas em situação de hipossuficiência econômica, da Defensoria Pública.[11] [Sem dispositivo correspondente no CPC/1973]

§ 2º Para fim da citação pessoal prevista no § 1º, o oficial de justiça procurará os ocupantes no local por uma vez, citando-se por edital os que não forem encontrados. [Sem dispositivo correspondente no CPC/1973]

§ 3º O juiz deverá determinar que se dê ampla publicidade da existência da ação prevista no § 1º e dos respectivos prazos processuais, podendo, para tanto, valer-se de anúncios em jornal ou rádio locais, da publicação de cartazes na região do conflito e de outros meios. [Sem dispositivo correspondente no CPC/1973]

Art. 554: 1. v. art. 47, notas 3 e 4 (competência do foro da situação do imóvel); art. 73, nota 10 (s/ necessidade, ou não, de intervenção da mulher casada, como parte, na possessória s/ imóveis); art. 125, nota 5 (denunciação da lide); art. 292, nota 6 (valor da causa); art. 337, nota 25 (litispendência entre possessória e ação de usucapião); art. 506, nota 1a (eficácia da sentença de reintegração contra terceiros, que invadiram a área no curso do processo); art. 556, nota 1 (reconvenção); art. 562, nota 3 (tutela antecipada); art. 566, nota 2 (conversão em ação indenizatória); art. 674, nota 9 (embargos de terceiro em possessória).

Art. 554: 1a. São da competência do **Juizado Especial** e seguem o procedimento estabelecido na LJE as ações possessórias, de qualquer valor, sobre móveis ou semoventes (LJE 3º-*caput*-II c/c CPC rev. 275-II-*a*; v., a esse respeito, art. 1.063) e as de valor não superior a quarenta salários mínimos que versem sobre imóveis (LJE 3º-*caput*-IV).

Art. 554: 2. s/ posse, v. CC 1.196 a 1.224.

Súmula 228 do STJ: "É inadmissível o interdito proibitório para a proteção do **direito autoral**". No mesmo sentido: STJ-RT 748/206, STJ-RTJE 167/151.

"No direito brasileiro, não há posse de direitos pessoais" (RTJ 113/138, maioria). **Contra:** RT 659/67, maioria, JTA 116/254, bem fundamentado.

Nesta ordem de ideias, **não cabe possessória:**

— para proteção da propriedade industrial (v. nota 8);

— para defesa do direito ao uso de telefone (JTA 130/362, com citação de RT 450/286, 520/221, 546/117, 566/72, 576/83, JTA 66/27); **contra:** RT 611/113, JTA 78/100, 111/406;

— para anular suspensão de associado (JTA 99/119).

Não obstante, sem se comprometer com a tese contrária, o acórdão do TJSP em RT 626/45, por unanimidade, concedeu interdito proibitório para defesa da posse de marca comercial. Já o acórdão do TJSP em RJTJESP 108/197 julgou um interdito proibitório como ação cominatória. E há até um acórdão admitindo expressamente, no caso, a ação possessória (RP 51/197, com comentário, em sentido contrário, de Luiz Guilherme Marinoni).

Art. 554: 2a. "É perfeitamente legítimo o uso de interditos para defesa de posse contra **atos da administração pública**" (RT 702/99 e Bol. AASP 1.839/93j). No mesmo sentido: Bol. AASP 1.548/195.

"A desapropriação indireta, em princípio, constitui ato manifestamente ilícito. O proprietário que tenha a sua posse turbada, esbulhada ou ameaçada, pode opor, ao Poder Público, os interditos possessórios previstos no CPC, pelo menos enquanto o bem não tiver sido utilizado em obra ou serviço público. Após essa utilização, em virtude do princípio da intangibilidade da obra pública, só caberá a propositura de ação ordinária de indenização por desapropriação indireta" (RT 797/263).

"A ação possessória pode ser convertida em indenizatória em decorrência dos princípios da celeridade e economia processual" (STJ-1ª T., REsp 1.075.856, Min. Luiz Fux, j. 9.6.09, DJ 5.8.09).

Contra, entendendo que, nessas circunstâncias, somente cabe ao particular a ação de desapropriação indireta: RT 668/103.

S/ desapropriação indireta, v. LD 1º, notas 6 e segs.

Art. 554: 2b. "A posse pode ser **transmitida por via contratual** antes da alienação do domínio e, depois desta, **pelo constituto possessório,** que se tem por expresso na respectiva escritura em que a mesma é transmitida ao adquirente da propriedade imóvel, de modo a legitimar, de logo, para o uso dos interditos possessórios, o novo titular do domínio, até mesmo em face do alienante, que continua a deter o imóvel, mas em nome de quem o adquiriu" (RSTJ 36/473).

"A aquisição da posse se dá também pela cláusula *constituti* inserida em escritura pública de compra e venda de imóvel, o que autoriza o manejo dos interditos possessórios pelo adquirente, mesmo que nunca tenha exercido atos de posse direta sobre o bem. O esbulho se caracteriza a partir do momento em que o ocupante do imóvel se nega a atender ao chamado da denúncia do contrato de comodato, permanecendo no imóvel após notificado" (RSTJ 106/357).

No mesmo sentido: STJ-3ª T., REsp 1.158.992, Min. Nancy Andrighi, j. 7.4.11, DJ 14.4.11; STJ-4ª T., Ag em REsp 10.216-AgRg, Min. Luis Felipe, j. 5.3.13, DJ 11.3.13.

Art. 554: 2c. "A ação própria contra o **comodatário** que, constituído em mora, não entrega a coisa, é a de reintegração de posse" (RJTAMG 22/217).

Art. 554: 2d. "A ação de reintegração de posse é a ação cabível para que o possuidor — dissolvido o vínculo locatício e restituído o imóvel locado — recupere a posse de que foi privado por ato de esbulho do **ex-inquilino"** (STJ-3ª T., REsp 1.185.541, Min. Nancy Andrighi, j. 4.8.11, DJ 12.8.11). No mesmo sentido: STJ-4ª T., Ag em REsp 239.385-AgRg, Min. Luis Felipe, j. 4.12.12, DJ 4.2.13.

Todavia: "A retomada do imóvel, em caso de sua não devolução pelo parceiro-lavrador, embora expirado o prazo contratual, demanda a propositura de ação de despejo por parte do proprietário, que é a ação própria colocada à sua disposição, sendo incabível a reintegração de posse" (RT 840/260).

V. tb. art. 319, nota 10.

Art. 554: 3. "É passível de proteção possessória a **servidão de trânsito** tornada contínua e aparente por meio de obras visíveis e permanentes realizadas no prédio serviente para o exercício do direito de passagem. O direito real de servidão de trânsito, ao contrário do direito de vizinhança à passagem forçada, prescinde do encravamento do imóvel dominante, consistente na ausência de saída pela via pública, fonte ou porto" (STJ-3ª T., REsp 223.590, Min. Nancy Andrighi, j. 20.8.01, DJU 17.9.01).

Art. 554: 4. O **condômino,** com posse certa e determinada, tem qualidade para ajuizar ação possessória contra outro consorte (RT 578/218).

Art. 554: 5. "A **tramitação da discriminatória** não impede que o proprietário de imóvel situado na área discriminada use o remédio processual adequado à defesa da sua posse, principalmente quando a sentença proferida na fase contenciosa, transitada em julgado, já lhe reconheceu o domínio em face dos títulos apresentados" (STJ-4ª T., REsp 27.882-3, Min. Torreão Braz, j. 7.6.94, DJU 27.6.94).

Art. 554: 6. "A ação ajuizada entre dois particulares, tendo por objeto **imóvel público,** não autoriza a adoção do rito das possessórias, pois há **mera detenção** e não posse. Assim, não cumpridos os pressupostos específicos para o rito especial, deve o processo ser extinto, sem resolução de mérito, porquanto inadequada a ação" (STJ-3ª T., REsp 998.409, Min. Nancy Andrighi, j. 13.10.09, DJ 3.11.09).

V., no nosso CCLCV, CC 1.196, nota 2.

Art. 554: 7. Não cabe a concessão de interdito possessório contra demarcação de **terras indígenas** (cf. **Dec. 76.999, de 8.1.76,** art. 8º, em Lex 1976/50).

Art. 554: 8. Para a proteção da **propriedade industrial,** cabem as medidas especificamente previstas no Código respectivo, e não as ações possessórias do CPC (RJTJESP 92/176). No mesmo sentido: JTA 99/119.

Art. 554: 9. v. art. 283 (aproveitamento dos atos processuais).

O juiz pode converter o interdito proibitório em manutenção (RT 503/110, RJTJESP 46/216). Mas a possessória não pode ser julgada como **ação de imissão de posse,** porque esta é ação petitória (RT 612/106; 880/261: TJPR, AP 523.390-7; JTA 102/91).

Art. 554: 10. mas o juiz não pode, de ofício, **converter ação reivindicatória** em ação possessória (JTJ 176/212).

Diversa é a situação se o autor mover, em realidade, ação possessória, rotulando-a de reivindicatória, ou vice-versa (v. art. 319, nota 11).

Art. 554: 10a. "O novo regramento autoriza a propositura de ação em face de diversas pessoas indistintamente, sem que se identifique especificamente cada um dos invasores (os demandados devem ser determináveis e não obrigatoriamente determinados), bastando a indicação do local da ocupação para permitir que o oficial de justiça efetue a citação daqueles que forem lá encontrados (citação pessoal), devendo os demais serem citados presumidamente (citação por edital). Na hipótese, deve ser reconhecida a **nulidade** de todos os atos do processo, em razão da **falta de citação por edital** dos ocupantes não identificados" (STJ-4ª T., REsp 1.314.615, Min. Luis Felipe, j. 9.5.17, DJ 12.6.17).

Art. 554: 11. v. art. 256, nota 4 (citação por edital dos litisconsortes passivos em ação de reintegração de posse de terreno ocupado por milhares de pessoas). V. tb. art. 319, nota 7 (falta de indicação, na inicial, de todos os nomes dos esbulhadores).

Art. 555. É lícito ao autor cumular[1] ao pedido possessório o de: [Dispositivo correspondente no CPC/1973: art. 921-*caput*]

I — condenação em perdas e danos;[1a-1b] [Dispositivo correspondente no CPC/1973: art. 921-I]

II — indenização dos frutos. [Sem dispositivo correspondente no CPC/1973]

Parágrafo único. Pode o autor requerer, ainda, imposição de medida necessária e adequada para: [Sem dispositivo correspondente no CPC/1973]

I — evitar nova turbação ou esbulho; [Dispositivo correspondente no CPC/1973: art. 921-II]

II — cumprir-se a tutela provisória[2] ou final. [Sem dispositivo correspondente no CPC/1973]

Art. 555: 1. A cumulação **não é obrigatória,** podendo o interessado propor duas ações (JTJ 172/99).

Art. 555: 1a. "A expressão 'perdas e danos' compreende todos os prejuízos, inclusive os que a própria coisa tenha sofrido (CC, art. 515)" (RSTJ 22/252). O art. 515 do CC rev. corresponde ao CC 1.218.

Art. 555: 1b. Para que o pedido de indenização seja acolhido, é preciso que seja produzida **prova** dos danos no curso do processo (JTA 120/98, com abundante jurisprudência, 121/126, RP 5/349, em. 14).

"São reparáveis, mediante indenização, os prejuízos causados pelo esbulhador, impondo-se, contudo, a prova dos mesmos, que se não presumem" (STJ-3ª T., REsp 9.151, Min. Dias Trindade, j. 13.5.91, DJU 10.6.91).

V. art. 492, nota 22.

Art. 555: 2. v. arts. 294 e segs.

Art. 556. É lícito ao réu, na contestação, alegando que foi o ofendido em sua posse, demandar a proteção possessória e a indenização pelos prejuízos[1 a 2] resultantes da turbação ou do esbulho cometido pelo autor. [Dispositivo correspondente no CPC/1973: art. 922]

Art. 556: 1. Na realidade, o que existe no art. 556 são duas hipóteses de **reconvenção** diante de ação possessória. Em outras palavras, dispõe o art. 556 que o réu da ação possessória pode reconvir para postular a proteção possessória e a indenização pelos danos decorrentes da turbação ou do esbulho perpetrado pelo autor.

A falta de um comportamento ativo do réu na resposta à ação possessória impede o reconhecimento da posse da área litigiosa em seu favor, o que confirma o caráter reconvencional dos pedidos previstos no art. 556. "A declaração de improcedência do pedido do autor não define com autoridade de coisa julgada a posse do réu sobre a área litigiosa" (RT 615/187). No mesmo sentido: STJ-4ª T., REsp 664.507, Min. Quaglia Barbosa, j. 18.10.07, DJU 5.11.07; STJ-3ª T., RMS 20.626, Min. Paulo Furtado, j. 15.10.09, DJ 29.10.09. Isso, inclusive, denota não ser dúplice a ação possessória.

As duas hipóteses de reconvenção previstas no art. 556 não são as únicas admissíveis no contexto da ação possessória. Nesse sentido, admitindo reconvenção diante de ação possessória para a veiculação de outras pretensões: JTJ

183/186, Lex-JTA 156/65. Admitindo reconvenção para formular pedido possessório relativo a outro bem ou a outra parte do mesmo bem: RSTJ 112/169.

Aceitando reconvenção no contexto de interdito proibitório: JTA 96/380.

S/ reconvenção, v. art. 343 e notas.

Art. 556: 1a. Não se admite reconvenção para pleitear reconhecimento de **usucapião** (RT 503/106), em razão do caráter dominial deste. V. art. 557.

Art. 556: 1b. O reconhecimento do direito de **indenização por benfeitorias depende de pedido;** não pode ser concedido de ofício, mormente quando revel o réu (STJ-3ª T., REsp 1.836.846, Min. Nancy Andrighi, j. 22.9.20, DJ 28.9.20).

"Nas ações possessórias, o pedido de **indenização por benfeitorias** deve ser feito quando da contestação, sob pena de preclusão" (RJTAMG 40/107).

"Tendo em vista a natureza da ação possessória, o direito de retenção por benfeitorias deve ser pleiteado já na resposta ao pedido inicial, sob pena de preclusão" (STJ-3ª T., REsp 424.300, Min. Castro Filho, j. 15.12.05, um voto vencido, DJU 4.12.06).

V. art. 917, nota 8.

Art. 556: 2. As pretensões possessória e indenizatória podem ser objeto de **demandas distintas** (v. art. 555, nota 1).

Art. 557. Na pendência de ação possessória é vedado, tanto ao autor quanto ao réu, propor ação de reconhecimento do domínio, exceto se a pretensão for deduzida em face de terceira pessoa. [Dispositivo correspondente no CPC/1973: art. 923]

Parágrafo único. Não obsta à manutenção ou à reintegração de posse a alegação de propriedade ou de outro direito sobre a coisa.[1 a 3] [Sem dispositivo correspondente no CPC/1973]

Art. 557: 1. Súmula 487 do STF: "Será deferida a **posse** a quem, evidentemente, tiver o **domínio,** se com base neste for ela disputada".

"A Súmula 487 só se aplica nas hipóteses em que **ambos os litigantes pretendem a posse a título de domínio,** e não quando um deles a defende por ela mesma, até porque não é proprietário do imóvel" (RTJ 123/770). Ainda: "Será deferida a posse a quem evidentemente tiver domínio, apenas se com base neste for a posse disputada por um e por outro dos litigantes" (STJ-4ª T., REsp 6.012, Min. Athos Carneiro, j. 13.8.91, DJU 9.9.91). "Não se aplica a Súmula 487/STF quando não se disputa a posse com base no domínio" (STJ-4ª T., REsp 94.076, Min. Ruy Rosado, j. 27.8.96, DJU 7.10.96).

"Não cabe, em sede possessória, a discussão sobre o domínio, salvo se ambos os litigantes disputam a posse alegando propriedade ou quando duvidosas ambas as posses alegadas" (STJ-4ª T., REsp 5.462, Min. Athos Carneiro, j. 20.8.91, DJU 7.10.91). No mesmo sentido: STJ-RF 410/317 (3ª T., REsp 842.559).

"Não nega vigência ao art. 505 do Cód. Civil e nem contraria a Súmula 487 do STF o acórdão que, ante dúvida existente sobre o domínio, defere a posse a quem a detém" (STJ-3ª T., REsp 3.068, Min. Dias Trindade, j. 5.3.91, DJU 25.3.91). O art. 505 do CC rev. corresponde ao CC 1.210 § 2º.

V., no nosso CCLCV, CC 1.210, nota 6a.

Art. 557: 1a. Súmula 637 do STJ: "O **ente público** detém legitimidade e interesse para intervir, incidentalmente, na ação possessória entre particulares, podendo deduzir qualquer matéria defensiva, inclusive, se for o caso, o domínio".

Art. 557: 1b. "O art. 923 do CPC/73 (atual art. 557 do CPC/2015), ao proibir, na pendência de demanda possessória, a propositura de ação de reconhecimento do domínio, apenas pode ser compreendido como uma forma de se manter restrito o objeto da demanda possessória ao exame da posse, não permitindo que se amplie o objeto da possessória para o fim de se obter sentença declaratória a respeito de quem seja o titular do domínio. A vedação constante do art. 923 do CPC/73 (atual art. 557 do CPC/2015), contudo, não alcança a hipótese em que o proprietário alega a **titularidade** do domínio apenas **como fundamento para pleitear a tutela possessória.** Conclusão em sentido contrário importaria chancelar eventual fraude processual e negar tutela jurisdicional a direito fundamental. Titularizar o domínio, de qualquer sorte, não induz necessariamente êxito na demanda possessória. Art. 1.210, parágrafo 2º, do CC/2002. A tutela possessória deverá ser deferida a quem ostente melhor posse, que poderá ser não o proprietário, mas o cessionário, arrendatário, locatário, depositário, etc. A alegação de domínio, embora não garanta por si só a obtenção de tutela possessória, pode ser formulada incidentalmente com o fim de se obter tutela possessória" (STJ-Corte Especial, ED no REsp 1.134.446, Min. Benedito Gonçalves, j. 21.3.18, DJ 4.4.18).

Art. 557: 2. "Na pendência do processo possessório é vedado tanto ao autor como ao réu intentar a ação de reconhecimento de domínio, nesta compreendida a **ação de usucapião.** A proibição de propor-se ação de reconhecimento de domínio não se limita à ação reivindicatória; estende-se ao ajuizamento também da ação de usucapião" (RSTJ 195/336: 4ª T., REsp 171.624). Assim, o autor de ação possessória não pode, na pendência desta, mover ação de usucapião (RT 617/176, RJTJESP 62/230, maioria).

Contra, no sentido de que não há incompatibilidade entre a reintegração de posse e a ação de usucapião, podendo as duas ser movidas simultaneamente, se nesta o autor alega posse velha, suficiente para a aquisição por prescrição extintiva, e naquela declara que perdeu a posse depois de decorrido tempo suficiente para ter adquirido por usucapião: RJTJESP 124/297.

S/ inadmissibilidade de reconvenção voltada ao reconhecimento de usucapião, v. art. 556, nota 1a; arguição de usucapião como matéria de defesa diante de ação possessória, v. art. 564, nota 2; reconhecimento extrajudicial de usucapião, v. LRP 216-A.

Art. 557: 3. "A **ação demarcatória** não objetiva somente a declaração de reconhecimento de domínio, uma vez que vem necessariamente atrelada à pretensão de demarcação da área controversa. Contudo, diante da natureza petitória da ação demarcatória, inviável o seu ajuizamento enquanto pendente de julgamento ação possessória, nos termos do que preceituado no art. 923 do CPC/73. Conquanto se tenha concluído pela impossibilidade do ajuizamento da ação demarcatória enquanto pendente de julgamento ação possessória, verifica-se que, na hipótese, não se mostra mais útil a discussão acerca da aplicabilidade do art. 923 do CPC/73. Não estando mais pendente o julgamento de ação possessória, e tendo-se ainda em mente que o art. 923 do CPC/73 prevê apenas uma condição suspensiva para o ajuizamento da ação demarcatória, não há qualquer razão que, neste momento, justifique a sua extinção" (STJ-3ª T., REsp 1.655.582, Min. Nancy Andrighi, j. 12.12.17, DJ 18.12.17).

Art. 558. Regem o procedimento de manutenção e de reintegração de posse as normas da Seção II deste Capítulo quando a ação for proposta dentro de ano e dia da turbação ou do esbulho[1] afirmado na petição inicial. [Dispositivo correspondente no CPC/1973: art. 924]

Parágrafo único. Passado o prazo[1a] referido no *caput*, será comum[2-3] o procedimento, não perdendo, contudo, o caráter possessório. [Dispositivo correspondente no CPC/1973: art. 924]

Art. 558: 1. Conta-se o prazo desde a moléstia à posse até o ingresso em juízo, e não até a realização da audiência de justificação (JTA 105/92).

Art. 558: 1a. É cabível a liminar, ainda que a moléstia à posse tenha ocorrido há mais de ano e dia, se foi praticada por particular contra **bem público de uso comum** (Lex-JTA 147/45). No mesmo sentido: TJSP-AI 193.570.5/3, Des. Sidnei Agostinho Beneti, bem fundamentado.

Art. 558: 2. v. arts. 318 e segs.

Art. 558: 3. "É cabível a ação possessória mesmo superado o ano e dia, com a única alteração relativa ao descabimento da concessão **liminar** da manutenção ou reintegração" (RT 722/168, maioria).

Art. 559. Se o réu provar, em qualquer tempo, que o autor provisoriamente mantido ou reintegrado na posse carece de idoneidade financeira para, no caso de sucumbência, responder por perdas e danos, o juiz designar-lhe-á o prazo de 5 (cinco) dias para requerer caução,[1] real ou fidejussória, sob pena de ser depositada a coisa litigiosa, ressalvada a impossibilidade da parte economicamente hipossuficiente. [Dispositivo correspondente no CPC/1973: art. 925]

Art. 559: 1. "A caução exigida para a reintegração de posse pode ser substituída pelo **depósito judicial** do bem" (STJ-4ª T., REsp 475.156, Min. Ruy Rosado, j. 19.12.02, DJU 24.2.03).

Seção II | DA MANUTENÇÃO E DA REINTEGRAÇÃO DE POSSE

Art. 560. O possuidor tem direito a ser mantido na posse[1-1a] em caso de turbação e reintegrado[2-3] em caso de esbulho.[4] [Dispositivo correspondente no CPC/1973: art. 926]

Art. 560: 1. Embora o Estado, pelo princípio da autoexecutoriedade, possa reintegrar-se, por força própria, na posse de **bem público** de uso comum, nada impede que o faça através do Judiciário (JTA 118/213, maioria).

Art. 560: 1a. "Bem público não pode ser objeto de posse, porque há obstáculo legal. A destinação das coisas públicas é servir ao público" (RT 870/229).

Todavia: "Pode o particular postular a tutela possessória de bem público destinado ao uso comum (estrada municipal), se teve a posse molestada por terceiro" (RJM 180/154).

Art. 560: 2. "A cláusula de resolução expressa, por inadimplemento, não afasta a necessidade da manifestação judicial para verificação dos pressupostos que justificam a **resolução do contrato de promessa de compra e venda de imóvel.** A ação possessória não se presta à recuperação da posse, sem que antes tenha havido a 'rescisão' (*rectius*, resolução) do contrato. Destarte, inadmissível a concessão de liminar reintegratória em ação de 'rescisão' de contrato de compra e venda de imóvel" (STJ-4ª T., REsp 204.246, Min. Sálvio de Figueiredo, j. 10.12.02, DJU 24.2.03). No mesmo sentido, mais recentemente: STJ-4ª T., REsp 1.337.902-AgRg, Min. Luis Felipe, j. 7.3.13, DJ 14.3.13. Em sentido semelhante: RJM 174/120, RJTJESP 101/343.

Todavia: "O contrato com cláusula resolutiva expressa, para ser rescindido por inadimplemento, dispensa rescisão formal pelo Judiciário. Ação de reintegração, com pedido de liminar, que deve ser examinada sem o óbice da rescisão" (STJ-2ª T., REsp 64.170, Min. Eliana Calmon, j. 15.8.00, maioria, DJU 15.3.01). Em sentido semelhante, considerando que o promitente vendedor pode propor ação de reintegração de posse, independentemente da propositura, prévia ou concomitante, da ação de rescisão do contrato, pois o pedido de rescisão, no caso, é implícito: STF-RTJ 72/87, 74/449, 83/401, RT 483/215, 746/212, RJTJESP 111/53, JTA 103/191.

V. tb. Dec. lei 745, de 7.8.69, em nota 4 ao art. 22 do Dec. lei 58, de 10.12.37, no tít. PROMESSA de Compra e Venda e LOTEAMENTO.

Art. 560: 3. Tratando-se de **reivindicatória,** a situação é diferente da possessória em que não houve pedido expresso de rescisão do compromisso. Assim: "Exercida a posse por força de contrato de promessa de compra e venda, inadmissível a reivindicatória contra o promissário comprador sem prévia ou simultânea rescisão do contrato, haja vista que, enquanto não desfeito o negócio jurídico, injusta não pode ser considerada a posse do que se comprometeu a adquirir" (RSTJ 32/287).

Art. 560: 4. "A **hipoteca,** por si só, não limita de nenhuma forma o pleno exercício da posse" (STJ-3ª T., REsp 768.102, Min. Nancy Andrighi, j. 17.4.08, DJU 30.4.08).

Art. 561. Incumbe ao autor provar: [Dispositivo correspondente no CPC/1973: art. 927-*caput*]

I — a sua posse; [Dispositivo correspondente no CPC/1973: art. 927-I]

II — a turbação ou o esbulho praticado pelo réu; [Dispositivo correspondente no CPC/1973: art. 927-II]

III — a data da turbação ou do esbulho; [Dispositivo correspondente no CPC/1973: art. 927-III]

IV — a continuação da posse, embora turbada, na ação de manutenção, ou a perda da posse, na ação de reintegração. [Dispositivo correspondente no CPC/1973: art. 927-IV]

Art. 562. Estando a petição inicial devidamente instruída, o juiz[1] deferirá, sem ouvir o réu, a expedição do mandado liminar[1a a 9] de manutenção ou de reintegração, caso contrário,[10] determinará que o autor justifique[11] previamente o alegado, citando-se[12] o réu[13] para comparecer à audiência que for designada.[14] [Dispositivo correspondente no CPC/1973: art. 928-*caput*]

Parágrafo único. Contra as pessoas jurídicas de direito público não será deferida a manutenção ou a reintegração liminar sem prévia audiência dos respectivos representantes judiciais.[15-16] [Dispositivo correspondente no CPC/1973: art. 928 § ún.]

Art. 562: 1. **Súmula 14 do TFR:** "O processo e julgamento de ação possessória relativa a terreno do domínio da União, autarquias e empresas públicas federais, somente são da **competência** da Justiça Federal quando dela participar qualquer dessas entidades, como autora, ré, assistente ou opoente" (v. jurisprudência s/ esta Súmula em RTFR 75/302).

"Se, embora pertencendo o imóvel à União Federal, a ação de reintegração de posse é travada entre partes sem prerrogativa de foro na Justiça Federal, sem que participe da relação processual qualquer ente que desafie a incidência do art. 109-I da Constituição, competente para julgar a causa é a Justiça Estadual" (STJ-4ª T., CC 20.918, Min. Sálvio de Figueiredo, j. 13.5.98, DJU 22.6.98).

Compete à Justiça Estadual o julgamento de possessória sobre terreno de marinha, quando as partes não contestam o domínio da União (RTJ 82/672, 89/746, 91/342; STJ-2ª Seção, CC 775, Min. Athos Carneiro, j. 27.6.90, DJU 20.8.90).

Art. 562: 1a. A decisão que delibera sobre a medida liminar é **agravável** (v. art. 1.015-I).

Art. 562: 2. **CC 1.211:** "Quando mais de uma pessoa se disser possuidora, manter-se-á provisoriamente a que tiver a coisa, se não estiver manifesto que a obteve de alguma das outras por modo vicioso".

Art. 562: 3. É possível a **antecipação de tutela** na ação possessória fundada em posse de mais de ano e dia.

"Em relação à posse de mais de ano e dia (posse velha), igualmente não se afasta de plano a possibilidade de antecipar-se a tutela, tornando-a cabível a depender do caso concreto" (STJ-RT 816/172: 4ª Turma, REsp 201.219, um voto vencido). No mesmo sentido: STJ-3ª T., REsp 555.027, Min. Menezes Direito, j. 27.4.04, DJU 7.6.04; RT 740/329, 849/276.

Contra, sob o argumento de que não cabe a tutela antecipada nas ações, como as possessórias, em que há antecipação por meio de liminares específicas: RT 799/254, Lex-JTA 167/90.

Art. 562: 4. **Decisão concessiva da liminar.** "Para a concessão de liminar nas possessórias não bastam documentos relativos ao domínio, assim como não são suficientes declarações de terceiros, desprovidas do crivo do contraditório" (IV ENTA-concl. 44, aprovada por unanimidade). Nesse sentido, é nula a decisão que concede a liminar sem conveniente e adequada fundamentação (RT 603/128).

"Liminar possessória: Impossibilidade de seu deferimento ao réu" (VI ENTA-concl. 8, aprovada por unanimidade).

Art. 562: 5. **Revogação da decisão liminar, sem recurso do réu.** "Situações excepcionais autorizam possa o juiz suspender o cumprimento da liminar concedida em ação possessória. Assim, *verbi gratia*, se o réu demonstrar fato relevante, a tornar incertos os fatos narrados na inicial, tais como a delimitação do terreno, a titularidade da posse e a data desta" (RSTJ 157/411).

Admitindo a revogação da medida liminar "quando a parte, tendo formulado o pedido de reconsideração dentro do prazo recursal, aponta erro de direito, que vem a ser reconhecido pelo juízo, ainda antes de concretamente realizada a desocupação do imóvel, portanto sem que a liminar houvesse operado qualquer efeito prático": STJ-4ª T., REsp 443.386, Min. Aldir Passarinho Jr., j. 19.11.02, DJ 14.4.03.

Art. 562: 6. **O prazo para interpor agravo de instrumento contra a decisão que concede a medida liminar** depende de o réu contar ou não com advogado nos autos. Contando com advogado, o prazo tem início com a intimação do patrono (JTA 106/163). Caso não tenha advogado, entendemos que o prazo se inicia com a juntada aos autos do mandado de intimação devidamente cumprido, a exemplo do que acontece em matéria de tutela cautelar antecedente (v. art. 306, nota 3).

Art. 562: 7. **Revogação da decisão liminar na sentença.** A decisão concessiva da liminar na ação possessória perde sua eficácia com a sentença de improcedência (RJTJESP 36/198, maioria de votos) ou de extinção do processo sem apreciação do mérito (RJTJESP 49/125), retornando os réus à posse da área de que foram despojados. Nesse caso, ainda que a sentença não o determine expressamente, deve ser expedido mandado de levantamento da manutenção ou da reintegração revogada (RT 709/103).

V. tb. art. 1.012-V.

Art. 562: 8. "Tratando-se de manutenção de posse, uma vez **extinto o processo sem julgamento do mérito,** apenas retira-se a proteção possessória derivada do provimento liminar, sem interferir na situação fática anterior à demanda. Apenas no caso de reintegração é que cumpre expedir contramandado" (RSTJ 107/228).

Art. 562: 9. **Súmula 262 do STF:** "Não cabe medida possessória liminar para **liberação** alfandegária de **automóvel**". Esta Súmula invoca o disposto no art. 1º da **Lei 2.770, de 4.5.56.**

Art. 562: 10. "O art. 928 do CPC não obriga o juiz, em qualquer circunstância, a mandar realizar a justificação, na hipótese de indeferimento da liminar de manutenção ou reintegração de posse" (STJ-3ª T., REsp 9.485, Min. Cláudio Santos, j. 9.3.92, DJU 13.4.92).

Contra, no sentido de que, antes de feita a justificação, o juiz não pode indeferir a medida liminar: RT 505/51, JTA 110/304.

Art. 562: 11. A audiência de justificação pode ser substituída por **inspeção judicial do imóvel** (RT 631/189).

Art. 562: 12. "O termo citação é utilizado de maneira imprópria no art. 928 do CPC, na medida em que o réu não deve apresentar contestação na audiência de justificação prévia, nem é obrigado a comparecer. A liminar possui caráter provisório e seria temerário permitir a sua revogação, em sede de recurso especial, apenas em razão da ausência de comparecimento do réu na audiência de justificação, mormente quando o réu nem ao menos se insurge contra a existência de posse do autor" (STJ-3ª T., REsp 1.232.904, Min. Nancy Andrighi, j. 14.5.13, DJ 23.5.13).

A *citação para comparecer à audiência* não dispensa ulterior intimação para a **deflagração do prazo para resposta** (STJ-RJ 398/131: 4ª T., REsp 890.598).

Art. 562: 13. Se o réu não for conhecido, v. art. 319, nota 7.

Art. 562: 14. ***"In casu,*** o pedido de desistência fora formulado pela autora (recorrente) antes da realização da audiência de justificação e, portanto, sua homologação prescinde da oitiva da parte ***ex adversa"*** (STJ-4ª T., REsp 1.090.109, Min. Massami Uyeda, j. 3.9.09, DJ 29.9.09).

Art. 562: 15. Em circunstâncias muito especiais, essa audiência pode tornar-se **desnecessária** (RJTJESP 59/220, JTA 105/72).

Art. 562: 16. Não se aplica esta disposição às **sociedades de economia mista** (RT 694/97).

Art. 563. Considerada suficiente a justificação,[1] o juiz fará logo expedir mandado de manutenção ou de reintegração. [Dispositivo correspondente no CPC/1973: art. 929]

Art. 563: 1. Se a considerar insuficiente, o juiz não pode, a pretexto de fragilidade da prova, julgar antecipadamente o mérito, pois o autor não está obrigado, na fase da justificação, a produzir prova cabal do seu direito (RJTAMG 40/165).

Art. 564. Concedido ou não o mandado liminar de manutenção ou de reintegração, o autor promoverá, nos 5 (cinco) dias subsequentes, a citação do réu[1] para, querendo, contestar[1a-2] a ação no prazo de 15 (quinze) dias. [Dispositivo correspondente no CPC/1973: art. 930-*caput*]

Parágrafo único. Quando for ordenada a justificação prévia, o prazo para contestar será contado da intimação da decisão[3] que deferir ou não a medida liminar.[4] [Dispositivo correspondente no CPC/1973: art. 930 § ún.]

Art. 564: 1. Se o réu não for conhecido, v. art. 319, nota 7.

Art. 564: 1a. Na verdade, o réu é intimado a **responder,** de modo que ele pode inclusive reconvir diante da ação possessória (v. arts. 343 e 556).

Art. 564: 2. **Súmula 237 do STF:** "O **usucapião** pode ser arguido em defesa".

V. tb. art. 336, nota 4a.

Art. 564: 3. Nada obsta a que o réu apresente contestação antes do início desse prazo (RT 495/82, RJTJESP 49/109).

O prazo para a contestação conta-se da decisão que concedeu ou não a liminar, e não daquele que, posteriormente, revogou a medida (RT 537/80, maioria).

Art. 564: 4. A **citação para comparecer à audiência de justificação** (v. art. 562) não dispensa ulterior intimação deflagradora do prazo para oferta de resposta (STJ-RJ 398/131: 4ª T., REsp 890.598).

Art. 565. No litígio coletivo pela posse de imóvel, quando o esbulho ou a turbação afirmado na petição inicial houver ocorrido há mais de ano e dia, o juiz, antes de apreciar o pedido de concessão da medida liminar, deverá designar audiência de mediação, a realizar-se em até 30 (trinta) dias, que observará o disposto nos §§ 2º e 4º. [Sem dispositivo correspondente no CPC/1973]

§ 1º Concedida a liminar, se essa não for executada no prazo de 1 (um) ano, a contar da data de distribuição, caberá ao juiz designar audiência de mediação, nos termos dos §§ 2º a 4º deste artigo.

§ 2º O Ministério Público será intimado para comparecer à audiência, e a Defensoria Pública será intimada sempre que houver parte beneficiária de gratuidade da justiça.

§ 3º O juiz poderá comparecer à área objeto do litígio quando sua presença se fizer necessária à efetivação da tutela jurisdicional.

§ 4º Os órgãos responsáveis pela política agrária e pela política urbana da União, de Estado ou do Distrito Federal e de Município onde se situe a área objeto do litígio poderão ser intimados para a audiência, a fim de se manifestarem sobre seu interesse no processo e sobre a existência de possibilidade de solução para o conflito possessório.

§ 5º Aplica-se o disposto neste artigo ao litígio sobre propriedade de imóvel.

Art. 566. Aplica-se, quanto ao mais, o procedimento comum.[1-2] [Dispositivo correspondente no CPC/1973: art. 931]

Art. 566: 1. v. arts. 318 a 512 (procedimento comum).

Art. 566: 2. Aplicando o CPC rev. 461 § 1º e 461-A § 3º para converter a ação de reintegração de posse em **ação indenizatória,** ante a revelação do réu na contestação de que não mais está com o bem: STJ-3ª T., REsp 1.358.726, Min. Nancy Andrighi, j. 6.5.14, DJ 20.5.14.

V. art. 499.

Seção III | DO INTERDITO PROIBITÓRIO[1]

SEÇ. III: 1. Súmula 228 do STJ: "É inadmissível o interdito proibitório para a proteção do **direito autoral".** V. art. 554, nota 2.

Art. 567. O possuidor direto ou indireto que tenha justo receio de ser molestado na posse poderá requerer ao juiz que o segure da turbação ou esbulho iminente, mediante mandado proibitório[1-1a] em que se comine ao réu determinada pena pecuniária[2] caso transgrida o preceito.[3] [Dispositivo correspondente no CPC/1973: art. 932]

Art. 567: 1. v. CC 1.210-*caput, in fine.*

S/ interdito proibitório para a defesa de posse, contra atos da administração pública, v. art. 554, nota 2a.

Art. 567: 1a. Não se justifica o interdito proibitório com a finalidade de **impedir que o réu lance mão de medidas judiciais** que entenda cabíveis (Bol. AASP 1.421/63). Cf. art. 297, nota 2.

Art. 567: 2. cf. art. 250-III.

"Nos interditos, a expedição de mandado proibitório com cominação de pena pecuniária depende de **concessão liminar** precedida de justificação" (RJTAMG 28/60).

Art. 567: 3. Verificada a moléstia à posse, **transmuda-se automaticamente** o interdito proibitório em ação de manutenção ou de reintegração, bastando apenas que a parte comunique o fato ao juiz (RT 490/75, RF 302/159). Todavia, essa conversão há de ser feita sem ampliação do objeto do interdito (JTA 98/186).

Art. 568. Aplica-se ao interdito proibitório o disposto na Seção II deste Capítulo. [Dispositivo correspondente no CPC/1973: art. 933]

Capítulo IV | DA AÇÃO DE DIVISÃO E DA DEMARCAÇÃO DE TERRAS PARTICULARES

Seção I | DISPOSIÇÕES GERAIS

Art. 569. Cabe: [Dispositivo correspondente no CPC/1973: art. 946-*caput*]

I — ao proprietário[1] a ação de demarcação,[2 a 3] para obrigar o seu confinante a estremar os respectivos prédios,[4] fixando-se novos limites[5] entre eles ou aviventando-se os já apagados; [Dispositivo correspondente no CPC/1973: art. 946-I]

II — ao condômino a ação de divisão,[6] para obrigar os demais consortes a estremar os quinhões. [Dispositivo correspondente no CPC/1973: art. 946-II]

Art. 569: 1. "É pressuposto essencial para a propositura da ação demarcatória que seja o autor proprietário do imóvel demarcado" (STJ-4ª T., REsp 20.529-7, Min. Dias Trindade, j. 30.8.93, DJU 20.9.93).

É do proprietário a **legitimidade** para ajuizar a demarcação (RTJ 91/135), e só dele (RP 4/375, em. 06, 22/239).

Art. 569: 2. v. arts. 574 a 587.

Art. 569: 2a. No sentido de que não cabe ação de demarcação de imóvel inscrito no **Registro Torrens:** STJ-3ª T., REsp 29.240-6, Min. Nilson Naves, j. 11.5.93, DJU 14.6.93.

Art. 569: 3. "A decisão sobre a posse de imóvel em ação de manutenção movida anteriormente não implica em **coisa julgada** sobre os limites dos terrenos lindeiros, de sorte que é juridicamente possível aos autores, conquanto vencidos na lide anterior, promoverem ação demarcatória para obter a definição da exata linha divisória entre os lotes contíguos, ante a alegação exordial de que a cerca viva antes existente foi derrubada e em seu lugar construído, unilateralmente, pelo réu, muro que alterou o local anterior, invadindo área a eles pertencente, consoante o título de propriedade" (STJ-RT 862/165: 4ª T., REsp 402.513).

Art. 569: 4. "Ação demarcatória visando a fixar os limites, dentro de um mesmo edifício (objeto de **condomínio por unidades autônomas)** entre uma dessas unidades e a parte comum. Aplicação, no caso, naquilo que for cabível, das normas que regulam a pretensão de demarcar" (STJ-3ª T., REsp 165.223, Min. Eduardo Ribeiro, j. 17.12.98, DJU 8.3.99).

Art. 569: 5. "Mesmo havendo marcos no terreno, permite-se o manejo da demarcatória para fixar os limites se existe divergência de área entre a realidade e os títulos dominiais, geradora de insegurança e controvérsia entre as partes. O ponto decisivo a distinguir a demarcatória em relação à reivindicatória é 'a circunstância de ser **imprecisa, indeterminada ou confusa a verdadeira linha de confrontação** a ser estabelecida ou restabelecida no terreno'" (STJ-4ª T., REsp 60.110, Min. Sálvio de Figueiredo, j. 5.9.95, DJU 2.10.95). "Se a linha divisória existente não corresponde aos títulos e não há outros limites, devidamente definidos no terreno, cabível a demarcatória. A reivindicatória supõe a perfeita individuação da coisa" (RSTJ 13/399: 3ª T., REsp 3.193). No mesmo sentido, mais recentemente: STJ-4ª T., REsp 759.018, Min. Luis Felipe, j. 5.5.09, DJ 18.5.09.

Mas: "Reconhecida pelas instâncias ordinárias a titularidade do domínio do autor, a efetiva individualização da coisa vindicada e a posse injusta dos réus, e inexistindo, por outro lado, dúvida quanto à linha divisória entre os imóveis, previamente definida por meio de escritura pública, a simples constatação da alteração do traçado original da linha divisória anteriormente fixada não pressupõe a necessidade de nova demarcação, sendo cabível, na espécie, a demanda reivindicatória" (STJ-4ª T., REsp 1.060.259, Min. Raul Araújo, j. 4.4.17, DJ 4.5.17).

"Na demarcatória, a confusão dos limites é resultado do desconhecimento do lugar certo em que deve passar a linha que separa os dois prédios. Se essa linha pode ser determinada a partir de marcos já existentes, não há falar em desconhecimento do seu lugar certo" (JTJ 208/35, a citação é do voto do relator).

Art. 569: 6. v. arts. 588 a 598.

Art. 570. É lícita a cumulação dessas ações,[1] caso em que deverá processar-se primeiramente a demarcação total ou parcial da coisa comum, citando-se os confinantes e os condôminos. [Dispositivo correspondente no CPC/1973: art. 947]

Art. 570: 1. v. art. 327.

Art. 571. A demarcação e a divisão poderão ser realizadas por escritura pública,[1] desde que maiores, capazes[2] e concordes todos os interessados, observando-se, no que couber, os dispositivos deste Capítulo. [Sem dispositivo correspondente no CPC/1973]

Art. 571: 1. s/ escritura pública, v. CC 215 a 218.

Art. 571: 2. v., no nosso CCLCV, CC 3º a 5º, bem como respectivas notas.

Art. 572. Fixados os marcos da linha de demarcação, os confinantes considerar-se-ão terceiros quanto ao processo divisório,[1] ficando-lhes, porém, ressalvado o direito de vindicar os terrenos de que se julguem despojados por invasão das linhas limítrofes constitutivas do perímetro ou de reclamar indenização correspondente ao seu valor. [Dispositivo correspondente no CPC/1973: art. 948]

§ 1º No caso do *caput*, serão citados para a ação todos os condôminos, se a sentença homologatória da divisão ainda não houver transitado em julgado, e todos os quinhoeiros dos terrenos vindicados, se a ação for proposta posteriormente.[2] [Dispositivo correspondente no CPC/1973: art. 949-*caput*]

§ 2º Neste último caso, a sentença que julga procedente a ação, condenando a restituir os terrenos ou a pagar a indenização, valerá como título executivo[3] em favor dos quinhoeiros para haverem dos outros condôminos que forem parte na divisão ou de seus sucessores a título universal, na proporção que lhes tocar, a composição pecuniária do desfalque sofrido. [Dispositivo correspondente no CPC/1973: art. 949 § ún.]

Art. 572: 1. "Mesmo tendo tido curso *inter alios* a ação, **terceiro** é também aquele que teve os limites e rumos de suas terras definidos na sentença transitada em julgado, e as teve invadidas nos trabalhos de campo" (RTJ 123/647).

Art. 572: 2. v. art. 594 § 1º.

Art. 572: 3. v. art. 515-I.

Art. 573. Tratando-se de imóvel georreferenciado, com averbação no registro de imóveis, pode o juiz dispensar a realização de prova pericial.[1] [Sem dispositivo correspondente no CPC/1973]

Art. 573: 1. v. LRP 176 §§ 3º e 4º.

Seção II | DA DEMARCAÇÃO

Art. 574. Na petição inicial, instruída com os títulos da propriedade, designar-se-á o imóvel pela situação e pela denominação, descrever-se-ão os limites por constituir, aviventar ou renovar e nomear-se-ão todos os confinantes da linha demarcanda.[1 a 7] [Dispositivo correspondente no CPC/1973: art. 950]

Art. 574: 1. v. art. 569-I (cabimento). V. tb. arts. 89 e notas (despesas e honorários advocatícios) e 557, nota 3 (pendência de ação possessória), e Dec. 1.775, de 8.1.96 (terras indígenas).

Art. 574: 2. Requisitos da petição inicial: arts. 319 e 320; valor da causa: art. 292-IV.

"Em se tratando de ação demarcatória, é necessário que a petição inicial preencha, além dos requisitos gerais previstos nos arts. 282 e 283 do Código de Processo Civil, os especiais previstos no art. 950 do mesmo diploma legal" (RT 877/291: TJMG, AP 1.0713.06.062513-2/001).

"Exigência da inicial da demarcatória é apresentar o promovente, descrevendo-a, a linha divisória que pretende seja a certa, pedindo que a sentença a consagre" (JTJ 165/56). No mesmo sentido: Amagis 8/283.

Art. 574: 3. À falta de exibição do **registro dos títulos de propriedade,** extingue-se o processo, sem apreciação do mérito (RJTJESP 108/98).

"Deve a petição inicial ser instruída com os títulos de propriedade (CPC, art. 950), sendo lícito ao magistrado, se entender incomprovado o domínio, extinguir o processo em julgamento antecipado. Todavia, quando já assegurado plenamente o contraditório na fase postulacional, não será caso de conceder aos autores mais um novo ensejo para a comprovação de sua legitimação para a causa" (STJ-4ª T., REsp 2.637, Min. Athos Carneiro, j. 14.8.90, DJU 10.9.90).

V. tb. art. 569, nota 1.

Art. 574: 4. Não cabe ação demarcatória "quando não há incerteza quanto à linha divisória" (RTJ 80/918). No mesmo sentido: RT 508/107, RF 298/204, RJTJESP 48/54, 91/89, 92/70, 107/215.

"A ação demarcatória é competente para fixar, no solo, as linhas de separação, quando inexistentes ou apagadas pelo dano do tempo. Se, porém, tais linhas existem, e são conhecidas dos confrontantes há tempos, competente deixa de ser a ação aludida, para reprimir invasão de terras, que faça um dos confrontantes contra o outro" (STF-RJTJESP 51/148).

Art. 574: 4a. "Se o imóvel não surge individuado na inicial, a demarcatória é inviável" (RJTJESP 96/96).

Art. 574: 5. Não cabe demarcatória para estremar terras particulares de terras públicas (RTFR 143/55).

Art. 574: 6. A **superveniência de desapropriação** da área a ser demarcada não põe termo ao processo de demarcação (TFR-6ª T., AC 85.220, Min. Miguel Ferrante, j. 27.11.85, DJU 19.12.85).

Art. 574: 7. Admite-se a **demarcatória parcial;** assim sendo, nada impede que o interessado mova diversas demarcatórias parciais contra confinantes, ao invés de ajuizar uma só demarcatória total (RF 303/219).

V. tb. art. 576, nota 2.

Art. 575. Qualquer condômino é parte legítima para promover a demarcação do imóvel comum, requerendo a intimação dos demais para, querendo, intervir no processo. [Dispositivo correspondente no CPC/1973: art. 952]

Art. 576. A citação dos réus[1-2] será feita por correio, observado o disposto no art. 247. [Dispositivo correspondente no CPC/1973: art. 953]

Parágrafo único. Será publicado edital, nos termos do inciso III do art. 259.[3] [Dispositivo correspondente no CPC/1973: art. 953]

Art. 576: 1. Devem ser citados, sob pena de nulidade, ambos os **cônjuges** (RF 292/278), salvo quando casados sob o regime da separação absoluta de bens (art. 73 § 1º-I).

V. tb. art. 589, nota 1.

Art. 576: 2. "Nas **demarcatórias parciais,** há o litisconsórcio passivo necessário entre o demandante e os **vizinhos lindeiros da área específica** cuja demarcação é pretendida. Todavia, tratamento diverso se dá aos demais confinantes do imóvel de propriedade do autor da demarcatória cuja área não era objeto de demarcação, pois, quanto a estes, não há litisconsórcio passivo necessário, apenas facultativo" (STJ-3ª T., REsp 1.599.403, Min. João Otávio, j. 23.6.16, DJ 1.7.16).

"Em se tratando de ação demarcatória parcial, somente existe litisconsórcio passivo necessário em relação aos proprietários dos imóveis confrontantes da linha demarcanda, tendo em vista que somente estes possuem interesse no resultado da demanda" (STJ-4ª T., Ag em REsp 1.014.928-AgInt, Min. Raul Araújo, j. 17.8.17, DJ 11.9.17).

V. tb. art. 574, nota 7.

Art. 576: 3. v. arts. 256 a 259.

Art. 577. Feitas as citações, terão os réus o prazo comum de 15 (quinze) dias para contestar.[1] [Dispositivo correspondente no CPC/1973: art. 954]

Art. 577: 1. v. arts. 335 e segs.

Art. 578. Após o prazo de resposta do réu, observar-se-á o procedimento comum.[1] [Dispositivo correspondente no CPC/1973: art. 955]

Art. 578: 1. v. arts. 318 e segs.

Art. 579. Antes de proferir a sentença,[1] o juiz nomeará um ou mais peritos para levantar o traçado da linha demarcanda.[1a-2] [Dispositivo correspondente no CPC/1973: art. 956]

Art. 579: 1. v. art. 581.

Art. 579: 1a. "Cumpre ao juiz, havendo ou não contestação, antes de proferir a decisão de mérito, determinar a produção da prova pericial destinada a promover o levantamento da linha demarcatória, tornando conhecidos os limites do imóvel disputado, sendo **nulo** o julgamento realizado com omissão de tal formalidade" (RT 877/291: TJMG, AP 1.0713.06.062513-2/001).

Art. 579: 2. Cabe a indicação de **assistente técnico** pelas partes (RF 300/250). **Contra:** RJTJESP 96/272.

Art. 580. Concluídos os estudos, os peritos apresentarão minucioso laudo sobre o traçado da linha demarcanda, considerando os títulos, os marcos, os rumos, a fama da vizinhança, as informações de antigos moradores do lugar e outros elementos que coligirem. [Dispositivo correspondente no CPC/1973: art. 957-*caput*]

Art. 581. A sentença que julgar procedente o pedido determinará o traçado da linha demarcanda.[1-2] [Dispositivo correspondente no CPC/1973: art. 958]

Parágrafo único. A sentença proferida na ação demarcatória determinará a restituição da área invadida, se houver, declarando o domínio ou a posse do prejudicado, ou ambos. [Sem dispositivo correspondente no CPC/1973]

Art. 581: 1. "A sentença não deve ater-se em somente julgar procedente a demarcatória. Mais do que isto, para ter validade, deve **especificar, no próprio dispositivo que acolhe a ação, o traçado** da linha demarcanda" (RF 300/250).

Art. 581: 2. "O recurso cabível contra a sentença terminativa da primeira fase de ação demarcatória é o de **apelação**" (JTJ 171/213).

Art. 582. Transitada em julgado a sentença,[1-2] o perito efetuará a demarcação e colocará os marcos necessários. [Dispositivo correspondente no CPC/1973: art. 959]

Parágrafo único. Todas as operações serão consignadas em planta e memorial descritivo com as referências convenientes para a identificação, em qualquer tempo, dos pontos assinalados, observada a legislação especial que dispõe sobre a identificação do imóvel rural. [Dispositivo correspondente no CPC/1973: art. 959]

Art. 582: 1. v. art. 502.

Art. 582: 2. "Transitada em julgado a sentença homologatória de laudo de demarcação, nada resta a fazer senão executar a decisão, sendo incabível a realização de nova perícia tendente a revisar a correção do mencionado laudo" (STJ-3ª T., REsp 1.292.000, Min. Nancy Andrighi, j. 18.9.12, DJ 5.12.12).

Art. 583. As plantas serão acompanhadas das cadernetas de operações de campo e do memorial descritivo, que conterá: [Dispositivo correspondente no CPC/1973: art. 962-*caput*]

I — o ponto de partida, os rumos seguidos e a aviventação dos antigos com os respectivos cálculos; [Dispositivo correspondente no CPC/1973: art. 962-I]

II — os acidentes encontrados, as cercas, os valos, os marcos antigos, os córregos, os rios, as lagoas e outros; [Dispositivo correspondente no CPC/1973: art. 962-II]

III — a indicação minuciosa dos novos marcos cravados, dos antigos aproveitados, das culturas existentes e da sua produção anual; [Dispositivo correspondente no CPC/1973: art. 962-III]

IV — a composição geológica dos terrenos, bem como a qualidade e a extensão dos campos, das matas e das capoeiras; [Dispositivo correspondente no CPC/1973: art. 962-IV]

V — as vias de comunicação; [Dispositivo correspondente no CPC/1973: art. 962-V]

VI — as distâncias a pontos de referência, tais como rodovias federais e estaduais, ferrovias, portos, aglomerações urbanas e polos comerciais; [Dispositivo correspondente no CPC/1973: art. 962-VI]

VII — a indicação de tudo o mais que for útil para o levantamento da linha ou para a identificação da linha já levantada. [Dispositivo correspondente no CPC/1973: art. 962-VII]

Art. 584. É obrigatória a colocação de marcos tanto na estação inicial, dita marco primordial, quanto nos vértices dos ângulos, salvo se algum desses últimos pontos for assinalado por acidentes naturais de difícil remoção ou destruição. [Dispositivo correspondente no CPC/1973: art. 963]

Art. 585. A linha será percorrida pelos peritos, que examinarão os marcos e os rumos, consignando em relatório escrito a exatidão do memorial e da planta apresentados pelo agrimensor ou as divergências porventura encontradas. [Dispositivo correspondente no CPC/1973: art. 964]

Art. 586. Juntado aos autos o relatório dos peritos, o juiz determinará que as partes se manifestem sobre ele no prazo comum de 15 (quinze) dias. [Dispositivo correspondente no CPC/1973: art. 965]

Parágrafo único. Executadas as correções e as retificações que o juiz determinar, lavrar-se-á, em seguida, o auto de demarcação em que os limites demarcandos serão minuciosamente descritos de acordo com o memorial e a planta. [Dispositivo correspondente no CPC/1973: art. 965]

Art. 587. Assinado o auto pelo juiz e pelos peritos, será proferida a sentença homologatória da demarcação.[1] [Dispositivo correspondente no CPC/1973: art. 966]

Art. 587: 1. v. art. 1.012-I.

S/ cabimento de ação anulatória contra essa sentença homologatória, v. art. 966, nota 47.

Seção III | DA DIVISÃO

Art. 588. A petição inicial[1 a 7] será instruída com os títulos de domínio do promovente e conterá: [Dispositivo correspondente no CPC/1973: art. 967-*caput*]

I — a indicação da origem da comunhão[7a-8] e a denominação, a situação, os limites e as características do imóvel; [Dispositivo correspondente no CPC/1973: art. 967-I]

II — o nome, o estado civil, a profissão e a residência de todos os condôminos, especificando-se os estabelecidos no imóvel com benfeitorias e culturas; [Dispositivo correspondente no CPC/1973: art. 967-II]

III — as benfeitorias comuns. [Dispositivo correspondente no CPC/1973: art. 967-III]

Art. 588: 1. s/ cabimento da ação de divisão: art. 569-II; despesas e honorários de advogado: art. 89.

Art. 588: 2. Requisitos da petição inicial: arts. 319 e 320; valor da causa: art. 292-IV.

Art. 588: 3. "Havendo entre os comunheiros um **incapaz,** é indispensável o processo divisório" (RP 58/274, com comentário de Maria Antonieta Zanardo Donato).

Art. 588: 3a. "Ao condômino dissidente não é dado exigir a extinção do condomínio, se os demais compartes desejarem mantê-lo; mas ele pode exigir a **divisão parcial** do imóvel, a fim de se excluir" (RJTJERGS 166/349).

Art. 588: 4. "Imóveis anteriormente identificados, mas **tornados em comunhão** em consequência de compra por mais de um adquirente, fazem jus à ação de divisão" (STF-RT 542/257).

Art. 588: 5. "É lícito discutir, na primeira fase do processo de divisão, a questão de **domínio"** (STF-RTJ 102/652 e RT 493/244).

Art. 588: 6. É inadmissível divisão de imóvel rural se qualquer dos quinhões for inferior ao **módulo** (RTJ 73/860, RT 411/170, 414/125, 460/118, 483/132, 495/96, 502/106, dois acórdãos, 506/117, 514/110, 514/112, 519/124, RJTJESP 12/146, 45/105, 51/74, 53/77, 53/369, 53/370, 54/375). A jurisprudência mais antiga às vezes admitia a divisão em parte menor que o módulo, mesmo após o Estatuto da Terra (RT 412/172, 419/175, 419/351, 423/218, 429/132, 438/146, RJTJESP 9/193, 16/92, 17/279, 20/200, 52/125), especialmente se a origem da comunhão era anterior a esse Estatuto (RTJ 52/331, RT 487/60, 518/77, RJTJESP 24/67, 29/267, 51/75); alguns acórdãos, porém, ainda antes da Lei 5.868 (v. nota 7), negavam a possibilidade de divisão, até na hipótese de comunhão anterior ao Estatuto: RT 399/200, 409/208, 438/121, 495/96, 506/117, RJTJESP 11/262, 18/228, 42/403, 46/371.

Admite-se tal divisão se o imóvel, na realidade, já não é rural e ela se destina à sua urbanização (RJTJESP 57/68). Há também decisões no sentido de ser possível essa divisão se o imóvel não é destinado a colonização (RT 426/230, 445/236, 461/212), ou não é prioritário para reforma agrária (RT 461/212).

O condômino cujo quinhão seja superior ao módulo pode requerer divisão parcial, para estremar a sua cota ideal, ficando os demais em comunhão (RSTJ 42/395, RT 598/172, RJTJESP 58/214, RJTJERGS 146/207). Em RT 502/106, essa divisão parcial não foi admitida, mas havia uma razão: eram apenas dois os coproprietários, e a parte de um deles seria inferior ao módulo.

Art. 588: 7. **Lei 5.868, de 12.12.72, art. 8º-*caput*:** "Para fins de transmissão, a qualquer título, na forma do art. 65 da Lei n. 4.504, de 30 de novembro de 1964, nenhum imóvel rural poderá ser desmembrado ou dividido em área de tamanho inferior à do módulo calculado para o imóvel ou da fração mínima de parcelamento fixado no § 1º deste artigo, prevalecendo a de menor área". O art. 39 do **Dec. 72.106, de 18.4.73,** torna claro que a restrição abrange "divisão em partilha judicial ou amigável" e "divisão de condomínio".

Art. 588: 7a. "O formal de partilha que adjudicou os bens da herança, em condomínio *pro indiviso*, a todos os herdeiros, em partes iguais, embora não registrado é título hábil a instruir a ação de divisão ajuizada apenas entre esses herdeiros, posto constituir ele prova suficiente do domínio e da origem da comunhão (art. 946, II, CPC)" (STJ-4ª T., REsp 48.199-6, Min. Sálvio de Figueiredo, j. 30.5.94, DJU 27.6.94).

V. tb., no nosso CCLCV, CC 1.784, nota 4a.

Art. 588: 8. "Quem na partilha em inventário recebeu parte ideal em dois imóveis não pode, no processo divisório, ser compelido a receber a totalidade de seu quinhão em um só imóvel, com transposição da parte ideal de um imóvel para o outro" (STJ-4ª T., REsp 3.225, Min. Athos Carneiro, j. 7.5.91, DJU 27.5.91). V. CC 2.023.

Art. 589. Feitas as citações[1 a 1b] como preceitua o art. 576, prosseguir-se-á na forma dos arts. 577 e 578.[2 a 4] [Dispositivo correspondente no CPC/1973: art. 968]

Art. 589: 1. "A ação divisória é real imobiliária, para a qual devem ser citados **ambos os cônjuges"** (RJTJESP 112/43), salvo quando casados sob o regime da separação absoluta de bens (art. 73 § 1º-I). Em sentido semelhante: Amagis 10/325.

V. tb. art. 576, nota 1.

Art. 589: 1a. "O processo divisório, para o qual não são convocados **todos os condôminos,** padece de nulidade *pleno jure*" (STJ-RTJE 125/197).

Art. 589: 1b. O **compromissário comprador** de parte ideal, com título registrado no registro de imóveis, é litisconsorte passivo necessário em ação de divisão (JTJ 188/259, dois votos vencidos).

Art. 589: 2. s/ despesas e honorários de advogado, v. art. 89, notas 2 e 3.

Art. 589: 2a. "A ação de divisão se desdobra em **duas fases:** a primeira, que se encerra com a sentença julgando procedente a ação para que se proceda à divisão, se ela cabe ou não, e a segunda, a da fase executiva, que é prevista a partir do art. 969 do CPC" (RT 601/196). No mesmo sentido: RBDP 48/147, RJTJERGS 158/239. Assim, "os atos previstos nos arts. 979 e 980 somente deverão ser realizados após encerrada a primeira fase, dita contenciosa" (STJ-3ª T., REsp 165.782, Min. Waldemar Zveiter, j. 24.5.99, DJU 27.11.00).

Art. 589: 3. "A **oposição** à ação de divisão supõe título em nome do opoente, que exclua os títulos do autor e do réu na ação principal, não servindo para anular partilha, levada a efeito em inventário, que ignorou cessão de direitos hereditários em favor do opoente" (RSTJ 135/293).

Art. 589: 4. Ainda que ocorra **revelia,** o juiz deve proferir sentença na primeira fase, sob pena de nulidade insanável (RT 601/196).

Art. 590. O juiz nomeará um ou mais peritos[1] para promover a medição do imóvel e as operações de divisão, observada a legislação especial que dispõe sobre a identificação do imóvel rural. [Dispositivo correspondente no CPC/1973: art. 969]

Parágrafo único. O perito deverá indicar as vias de comunicação existentes, as construções e as benfeitorias, com a indicação dos seus valores e dos respectivos proprietários e ocupantes, as águas principais que banham o imóvel e quaisquer outras informações que possam concorrer para facilitar a partilha. [Sem dispositivo correspondente no CPC/1973]

Art. 590: 1. "Nos moldes do art. 421, § 1º, inciso I, do CPC, é permitido às partes indicar **assistentes técnicos** ao agrimensor e aos arbitradores" (STJ-4ª T., REsp 38.026-0, Min. Barros Monteiro, j. 25.10.93, DJU 6.12.93).

V. art. 465, nota 4.

Art. 591. Todos os condôminos serão intimados a apresentar, dentro de 10 (dez) dias, os seus títulos, se ainda não o tiverem feito, e a formular os seus pedidos sobre a constituição dos quinhões. [Dispositivo correspondente no CPC/1973: art. 970]

Art. 592. O juiz ouvirá as partes no prazo comum de 15 (quinze) dias. [Dispositivo correspondente no CPC/1973: art. 971-*caput*]

§ 1º Não havendo impugnação, o juiz determinará a divisão geodésica do imóvel. [Dispositivo correspondente no CPC/1973: art. 971 § ún.]

§ 2º Havendo impugnação, o juiz proferirá, no prazo de 10 (dez) dias, decisão[1] sobre os pedidos e os títulos que devam ser atendidos na formação dos quinhões.[2] [Dispositivo correspondente no CPC/1973: art. 971 § ún.]

Art. 592: 1. "Encerrada, por sentença irrecorrida, a primeira fase da divisória (contenciosa), não mais se mostra admissível, já na segunda (executiva), reabrir-se a discussão de matéria relativa à existência e extensão de domínio sobre o imóvel comum" (STJ-RJ 186/56).

Art. 592: 2. Não se aplica ao juízo divisório o disposto no art. 612, que só tem lugar nos inventários; mesmo as **questões de alta indagação** devem ser resolvidas na divisão. Nesse sentido: RTJ 90/1.094.

Art. 593. Se qualquer linha do perímetro atingir benfeitorias permanentes dos confinantes feitas há mais de 1 (um) ano, serão elas respeitadas, bem como os terrenos onde estiverem, os quais não se computarão na área dividenda. [Dispositivo correspondente no CPC/1973: art. 973-*caput*]

Art. 594. Os confinantes do imóvel dividendo podem demandar a restituição dos terrenos que lhes tenham sido usurpados. [Dispositivo correspondente no CPC/1973: art. 974-*caput*]

§ 1º Serão citados para a ação todos os condôminos, se a sentença homologatória da divisão ainda não houver transitado em julgado, e todos os quinhoeiros dos terrenos vindicados, se a ação for proposta posteriormente. [Dispositivo correspondente no CPC/1973: art. 974 § 1º]

§ 2º Nesse último caso terão os quinhoeiros o direito, pela mesma sentença que os obrigar à restituição, a haver dos outros condôminos do processo divisório ou de seus sucessores a título universal a composição pecuniária proporcional ao desfalque sofrido.[1] [Dispositivo correspondente no CPC/1973: art. 974 § 2º]

Art. 594: 1. v. art. 572 §§ 1º e 2º.

Art. 595. Os peritos proporão, em laudo fundamentado, a forma da divisão, devendo consultar, quanto possível, a comodidade das partes, respeitar, para adjudicação a cada condômino, a preferência dos terrenos contíguos às suas residências e benfeitorias e evitar o retalhamento dos quinhões em glebas separadas. [Dispositivo correspondente no CPC/1973: art. 978-*caput*]

Art. 596. Ouvidas as partes, no prazo comum de 15 (quinze) dias, sobre o cálculo e o plano da divisão, o juiz deliberará a partilha. [Dispositivo correspondente no CPC/1973: art. 979-*caput*]

Parágrafo único. Em cumprimento dessa decisão, o perito procederá à demarcação dos quinhões, observando, além do disposto nos arts. 584 e 585, as seguintes regras: [Dispositivo correspondente no CPC/1973: art. 979-*caput*]

I — as benfeitorias comuns que não comportarem divisão cômoda serão adjudicadas a um dos condôminos mediante compensação; [Dispositivo correspondente no CPC/1973: art. 979-I]

II — instituir-se-ão as servidões[1] que forem indispensáveis em favor de uns quinhões sobre os outros, incluindo o respectivo valor no orçamento para que, não se tratando de servidões naturais, seja compensado o condômino aquinhoado com o prédio serviente; [Dispositivo correspondente no CPC/1973: art. 979-II]

III — as benfeitorias particulares dos condôminos que excederem à área a que têm direito serão adjudicadas ao quinhoeiro vizinho mediante reposição; [Dispositivo correspondente no CPC/1973: art. 979-III]

IV — se outra coisa não acordarem as partes, as compensações e as reposições serão feitas em dinheiro. [Dispositivo correspondente no CPC/1973: art. 979-IV]

Art. 596: 1. v. CC 1.378 a 1.389.

Art. 597. Terminados os trabalhos e desenhados na planta os quinhões e as servidões aparentes, o perito organizará o memorial descritivo. [Dispositivo correspondente no CPC/1973: art. 980-*caput*]

§ 1º Cumprido o disposto no art. 586, o escrivão, em seguida, lavrará o auto de divisão, acompanhado de uma folha de pagamento para cada condômino. [Dispositivo correspondente no CPC/1973: art. 980-*caput*]

§ 2º Assinado o auto pelo juiz e pelo perito, será proferida sentença homologatória da divisão.[1-2] [Dispositivo correspondente no CPC/1973: art. 980-*caput*]

§ 3º O auto conterá: [Dispositivo correspondente no CPC/1973: art. 980 § 1º]

I — a confinação e a extensão superficial do imóvel; [Dispositivo correspondente no CPC/1973: art. 980 § 1º-I]

II — a classificação das terras com o cálculo das áreas de cada consorte e com a respectiva avaliação ou, quando a homogeneidade das terras não determinar diversidade de valores, a avaliação do imóvel na sua integridade; [Dispositivo correspondente no CPC/1973: art. 980 § 1º-II]

III — o valor e a quantidade geométrica que couber a cada condômino, declarando-se as reduções e as compensações resultantes da diversidade de valores das glebas componentes de cada quinhão. [Dispositivo correspondente no CPC/1973: art. 980 § 1º-III]

§ 4º Cada folha de pagamento conterá: [Dispositivo correspondente no CPC/1973: art. 980 § 2º]

I — a descrição das linhas divisórias do quinhão, mencionadas as confinantes; [Dispositivo correspondente no CPC/1973: art. 980 § 2º-I]

II — a relação das benfeitorias e das culturas do próprio quinhoeiro e das que lhe foram adjudicadas por serem comuns ou mediante compensação; [Dispositivo correspondente no CPC/1973: art. 980 § 2º-II]

III — a declaração das servidões instituídas, especificados os lugares, a extensão e o modo de exercício. [Dispositivo correspondente no CPC/1973: art. 980 § 2º-III]

Art. 597: 1. s/ despesas judiciais, v. art. 89.

"Ação de divisão. Não fere o art. 20 do CPC a sentença que, julgando procedente a ação, deixa a fixação dos **honorários** para a segunda fase" (RSTJ 109/144).

Art. 597: 2. "É de se admitir a **coisa julgada,** na ação divisória, em relação a antecessor dos recorridos, refletindo-se nestes os respectivos efeitos, se foi ele citado para a demanda" (RTJ 118/667).

Art. 598. Aplica-se às divisões o disposto nos arts. 575 a 578. [Dispositivo correspondente no CPC/1973: art. 981]

Capítulo V | DA AÇÃO DE DISSOLUÇÃO PARCIAL DE SOCIEDADE[1]

CAP. V: 1. Na vigência do CPC de 1973, a ação de dissolução total da sociedade era regulada pelos arts. 655 a 674 do CPC de 1939 que, por força do CPC rev. 1.218-VII, continuavam em vigor. Esses dispositivos se aplicavam, subsidiariamente, à dissolução parcial de sociedade. O CPC de 2015 revogou referidos dispositivos e submeteu a dissolução total de sociedade ao procedimento comum (cf. art. 1.046 § 3º). Já a ação de dissolução parcial de sociedade está regulada neste Capítulo.

Art. 599. A ação de dissolução parcial de sociedade pode ter por objeto:[1] [Sem dispositivo correspondente no CPC/1973]

I — a resolução da sociedade empresária contratual ou simples em relação ao sócio falecido,[2] excluído[2a] ou que exerceu o direito de retirada[2b] ou recesso;[2c] e

II — a apuração dos haveres do sócio falecido, excluído ou que exerceu o direito de retirada ou recesso; ou

III — somente a resolução[3] ou a apuração de haveres.[4]

§ 1º A petição inicial será necessariamente instruída com o contrato social consolidado.

§ 2º A ação de dissolução parcial de sociedade pode ter também por objeto a sociedade anônima de capital fechado quando demonstrado, por acionista ou acionistas que representem cinco por cento ou mais do capital social, que não pode preencher o seu fim.

Art. 599: 1. É possível a instauração de processo que tenha por objeto apenas a resolução da sociedade em relação a um sócio ou apenas a apuração de haveres — o interesse nesta, naturalmente, depende da prévia dissolução do vínculo societário. É possível, ainda, cumular as pretensões resolutivas e apurativas num único processo.

No processo em que se formula **apenas pedido de resolução da sociedade** em relação a um sócio, sem pedido de apuração de haveres (cf. inc. III), não se procede a esta, sob pena de julgamento *extra petita*.

No processo em que se formula **pedido de apuração de haveres,** cumulado ou não com pedido de resolução da sociedade (cf. incs. II e III), a sociedade pode apresentar pedido de indenização para fins de compensação (cf. art. 602).

Art. 599: 2. v., no nosso CCLCV, CC 1.028 e notas.

Art. 599: 2a. v., no nosso CCLCV, CC 1.030 e notas.

Art. 599: 2b. v., no nosso CCLCV, CC 1.029 e notas.

Art. 599: 2c. v., no nosso CCLCV, CC 1.077 e notas.

Art. 599: 3. v. nota 1.

Art. 599: 4. v. nota 1.

Art. 600. A ação pode ser proposta: [Sem dispositivo correspondente no CPC/1973]

I — pelo espólio do sócio falecido,[1] quando a totalidade dos sucessores não ingressar na sociedade;

II — pelos sucessores, após concluída a partilha do sócio falecido;

III — pela sociedade, se os sócios sobreviventes não admitirem o ingresso do espólio ou dos sucessores do falecido na sociedade, quando esse direito decorrer do contrato social;

IV — pelo sócio que exerceu o direito de retirada ou recesso, se não tiver sido providenciada, pelos demais sócios, a alteração contratual consensual formalizando o desligamento, depois de transcorridos 10 (dez) dias do exercício do direito;

V — pela sociedade, nos casos em que a lei não autoriza a exclusão extrajudicial; ou

VI — pelo sócio excluído.

Parágrafo único. O cônjuge ou companheiro do sócio cujo casamento, união estável ou convivência terminou poderá requerer a apuração de seus haveres na sociedade, que serão pagos à conta da quota social titulada por este sócio.[2]

Art. 600: 1. v. art. 75-VII, nota 16c.

Art. 600: 2. "Dissolução de união estável. **Cotas sociais** a serem partilhadas. **Valores** apurados na **data da partilha**" (STJ-3ª T., REsp 1.723.688-EDcl-AgInt, Min. Marco Bellizze, j. 26.6.18, DJ 29.6.18).

"Casamento em regime de comunhão parcial de bens. Partilha de bens. Momento de avaliação da expressão econômica das cotas de sociedade. A participação em sociedade não constitui um patrimônio partilhável, automaticamente, no rompimento de uma relação conjugal, detendo o ex-cônjuge sócio a singular administração da integralidade das cotas do ex-casal. Essa circunstância, que deprime, em nome da preservação da sociedade empresarial, o pleno direito de propriedade do ex-cônjuge, não sócio, pode dar ensejo a manipulações que afetem ainda mais o já vulnerado direito à propriedade. Nessa linha, verifica-se a existência de mancomunhão sobre o patrimônio, ou parte dele, expresso, na hipótese, em cotas de sociedade, que somente se dissolverá com a partilha e consequente pagamento, ao cônjuge não sócio, da expressão econômica das cotas que lhe caberiam por força da anterior relação conjugal. Sob a égide dessa singular relação de propriedade, o valor das cotas de sociedade empresária deverá sempre refletir o momento efetivo da partilha" (STJ-3ª T., REsp 1.537.107, Min. Nancy Andrighi, j. 17.11.16, DJ 25.11.16).

Art. 601. Os sócios[1] e a sociedade serão citados para, no prazo de 15 (quinze) dias, concordar com o pedido ou apresentar contestação. [Sem dispositivo correspondente no CPC/1973]

Parágrafo único. A sociedade não será citada se todos os seus sócios o forem, mas ficará sujeita aos efeitos da decisão e à coisa julgada.

Art. 601: 1. "Na ação de **apuração de haveres** de sócio, a legitimidade processual passiva é da sociedade empresarial e dos sócios remanescentes, em **litisconsórcio passivo necessário**" (STJ-4ª T., Ag 1.210.832-AgRg-AgInt, Min. Isabel Gallotti, j. 24.9.19, DJ 2.10.19).

Art. 602. A sociedade poderá formular pedido de indenização compensável com o valor dos haveres a apurar. [Sem dispositivo correspondente no CPC/1973]

Art. 603. Havendo manifestação expressa e unânime pela concordância da dissolução, o juiz a decretará, passando-se imediatamente à fase de liquidação. [Sem dispositivo correspondente no CPC/1973]

§ 1º Na hipótese prevista no *caput*, não haverá condenação em honorários advocatícios de nenhuma das partes, e as custas serão rateadas segundo a participação das partes no capital social.[1]

§ 2º Havendo contestação, observar-se-á o procedimento comum,[1a-2] mas a liquidação da sentença seguirá o disposto neste Capítulo.

Art. 603: 1. v. art. 604, nota 5.

Art. 603: 1a. v. arts. 318 a 508.

Art. 603: 2. Julgamento *extra* ou *ultra petita*. "Contraria o art. 128 do CPC o acórdão que confirma sentença que defere dissolução parcial de sociedade comercial com exclusão do autor, que pedira a exclusão dos outros sócios, que seriam os causadores da crise na empresa, sem que estes tivessem formulado reconvenção" (STJ-4ª T., REsp 37.268-2, Min. Dias Trindade, j. 27.9.93, maioria, DJU 8.11.93).

"O pedido de dissolução total de sociedade realizado em sede de contestação apresentada em ação de dissolução parcial não permite que o juiz decrete a dissolução total da sociedade, sob pena de julgamento *ultra petita*" (STJ-3ª T., REsp 1.035.103, Min. Nancy Andrighi, j. 3.11.09).

Art. 604. Para apuração dos haveres,[1] o juiz: [Sem dispositivo correspondente no CPC/1973]

I — fixará a data da resolução da sociedade;[2]

II — definirá o critério de apuração dos haveres à vista do disposto no contrato social;[3-3a] e

III — nomeará o perito.[4-5]

§ 1º O juiz determinará à sociedade ou aos sócios que nela permanecerem que depositem em juízo a parte incontroversa dos haveres devidos.

§ 2º O depósito poderá ser, desde logo, levantado pelo ex-sócio, pelo espólio ou pelos sucessores.

§ 3º Se o contrato social estabelecer o pagamento dos haveres, será observado o que nele se dispôs no depósito judicial da parte incontroversa.

Art. 604: 1. s/ apuração de haveres e: dissolução de casamento ou união estável, v. art. 600 § ún.; sócio falecido, v. arts. 620 § 1º-II e 630 § ún.; juros de mora, v., no nosso CCLCV, CC 405, nota 3a.

Art. 604: 2. v. art. 605.

Art. 604: 3. v. art. 606-*caput*.

Art. 604: 3a. "Dissolução parcial. Haveres do sócio excluído. Condenação dos autores no pagamento pedido na contestação e não através de reconvenção. Admissibilidade. Efeito prático idêntico em ambas. **Julgamento *ultra petita* inocorrente**" (JTJ 203/145).

"Não contraria as regras sobre os limites da lide o acórdão que, acolhendo, parcialmente, apelação dos vencidos, modifica a forma de retirada dos haveres dos sócios dissidentes" (RSTJ 56/191).

Art. 604: 4. v. art. 606 § ún.

Art. 604: 5. "Ação de dissolução parcial de sociedade limitada. Fase de liquidação. **Honorários periciais. Antecipação. Ônus** que incumbe a quem requereu a perícia. De acordo com o art. 95, *caput*, do CPC/15, a despesa concernente à antecipação dos honorários periciais incumbe a quem requereu a prova técnica (no particular, o recorrente). A moldura fática da hipótese desautoriza a aplicação da regra do art. 603, § 1º, do CPC/15, pois essa norma exige, para que possa haver o rateio das despesas processuais entre as partes, 'manifestação expressa e unânime pela concordância da dissolução', circunstância ausente no particular. A pretensão de rateio dos honorários fundada na alegação de que a perícia contábil seria realizada independentemente de requerimento de quaisquer das partes também não se coaduna com as circunstâncias fáticas da espécie" (STJ-3ª T., REsp 1.821.048, Min. Nancy Andrighi, j. 27.8.19, DJ 29.8.19).

Art. 605. A data da resolução da sociedade será:[1-1a] [Sem dispositivo correspondente no CPC/1973]

I — no caso de falecimento do sócio, a do óbito;

II — na retirada imotivada, o sexagésimo dia seguinte ao do recebimento, pela sociedade, da notificação do sócio retirante;[2]

III — no recesso, o dia do recebimento, pela sociedade, da notificação do sócio dissidente;

IV — na retirada por justa causa de sociedade por prazo determinado e na exclusão judicial de sócio, a do trânsito em julgado da decisão que dissolver a sociedade; e

V — na exclusão extrajudicial, a data da assembleia ou da reunião de sócios que a tiver deliberado.

Art. 605: 1. v. art. 607. Em matéria de dissolução de casamento ou união estável, v. art. 600, nota 2.

Art. 605: 1a. "A apuração dos haveres tem por objetivo liquidar o valor real e atual do patrimônio empresarial, a fim de se identificar o valor relativo à quota dos sócios retirantes. Para que não haja enriquecimento indevido de qualquer das partes, a apuração deve ter por base para avaliação a situação patrimonial da data da retirada (art. 1.031, CC/02), a qual, na hipótese dos autos, foi objeto de **transação entre as partes** ao longo da demanda" (STJ-3ª T., REsp 1.286.708, Min. Nancy Andrighi, j. 27.5.14, DJ 5.6.14).

"O balanço de determinação tem por objetivo apurar o valor real e atual do patrimônio empresarial, a fim de se identificar o valor relativo à quota dos sócios excluídos. Para que não haja enriquecimento indevido de qualquer das partes, a apuração deve ter por base para avaliação a situação patrimonial da data da exclusão (art. 1.031, CC/02). Na situação concreta, todavia, o balanço correspondente à data de exclusão dos sócios foi objeto de adulteração, perdendo fé e tornando-se imprestável para suportar o trabalho pericial. Após o transcurso de aproximadamente 19 anos desde a data do evento e o reconhecimento da existência de **fraude** no balanço patrimonial, não é possível a elaboração de balanço de determinação referente à época da exclusão. Para atendimento da norma individualizada transitada em julgado, é necessária ao juiz a eleição de meios substitutos que permitam a elaboração de balanço de determinação e a busca do valor das quotas, **mitigando-se a** coisa julgada e a **contemporaneidade** da situação patrimonial da sociedade parcialmente dissolvida, sob pena benefício à torpeza" (STJ-3ª T., REsp 1.360.221, Min. Nancy Andrighi, j. 25.3.14, DJ 3.6.14).

Art. 605: 2. v. CC 1.029.

Art. 606. Em caso de omissão do contrato social,[1] o juiz definirá, como critério de apuração de haveres,[1a] o valor patrimonial apurado em balanço de determinação,[2-2a] tomando-se por referência a data da resolução[2b] e avaliando-se bens e direitos do ativo, tangíveis e intangíveis,[3-4] a preço de saída, além do passivo também a ser apurado de igual forma. [Sem dispositivo correspondente no CPC/1973]

Parágrafo único. Em todos os casos em que seja necessária a realização de perícia, a nomeação do perito recairá preferencialmente sobre especialista em avaliação de sociedades.[5]

Art. 606: 1. Indo além, a nosso ver sem razão: "Na dissolução parcial de sociedade por quotas de responsabilidade limitada, o critério previsto no contrato social para a apuração dos haveres do sócio retirante **somente** prevalecerá **se houver consenso** entre as partes quanto ao resultado alcançado" (STJ-3ª T., REsp 1.335.619, Min. João Otávio, j. 3.3.15, maioria, DJ 27.3.15).

Art. 606: 1a. v. art. 607.

Art. 606: 2. Súmula 265 do STF: "Na apuração de haveres, não prevalece o balanço não aprovado pelo sócio falecido, excluído ou que se retirou".

Art. 606: 2a. **Enunciado 62 do CEJ:** "Com a exclusão do sócio remisso, a forma de reembolso das suas quotas, em regra, deve-se dar com base em balanço especial, realizado na data da exclusão".

Art. 606: 2b. v. art. 605.

Art. 606: 3. "O **fundo de comércio** (hoje denominado pelo Código Civil de estabelecimento empresarial — art. 1.142) deve ser levado em conta na aferição dos valores eventualmente devidos a sócio excluído da sociedade. O fato de a sociedade ter apresentado resultados negativos nos anos anteriores à exclusão do sócio não significa que ela não tenha fundo de comércio" (STJ-RT 915/563: 4ª T., REsp 907.014). Em sentido semelhante: STJ-3ª T., REsp 1.147.733, Min. Nancy Andrighi, j. 18.9.12, DJ 21.9.12.

Todavia: "Ação de apuração de haveres. Resolução da sociedade em relação a um sócio. Sociedade não empresária. Prestação de serviços intelectuais na área de engenharia. Fundo de comércio. Não caracterização. Exclusão dos bens incorpóreos do cálculo dos haveres" (STJ-4ª T., REsp 958.116, Min. Raul Araújo, j. 22.5.12, maioria, DJ 6.3.13).

Art. 606: 4. "O **fluxo de caixa descontado,** por representar a metodologia que melhor revela a situação econômica e a capacidade de geração de riqueza de uma empresa, pode ser aplicado juntamente com o balanço de determinação na apuração de haveres do sócio dissidente" (STJ-3ª T., REsp 1.335.619, Min. João Otávio, j. 3.3.15, maioria, DJ 27.3.15).

"Não configura ofensa ao art. 1.031 do Código Civil o acolhimento das conclusões de laudo pericial que, ao apurar o valor do fundo de comércio, utiliza-se de sistemática de cálculo consistente na 'projeção da rentabilidade futura trazida ao valor presente', de modo a aferir os efeitos provocados pela perda da parcela intangível do patrimônio ('contas de clientes'), que seguira juntamente com os sócios retirantes, no patrimônio da sociedade" (STJ-4ª T., REsp 968.317, Min. João Otávio, j. 14.4.09, DJ 11.5.09).

Art. 606: 5. "A nomeação de liquidante somente se faz necessária nos casos de dissolução total da sociedade, porquanto suas atribuições estão relacionadas com a gestão do patrimônio social de modo a regularizar a sociedade que se pretende dissolver. Na dissolução parcial, em que se pretende apurar exclusivamente os haveres do sócio falecido ou retirante, com a preservação da atividade da sociedade, é adequada simplesmente a nomeação de **perito técnico habilitado** a realizar perícia contábil a fim de determinar o valor da quota-parte devida ao ex-sócio ou aos seus herdeiros" (STJ-3ª T., REsp 1.557.989, Min. Ricardo Cueva, j. 17.3.16, DJ 31.3.16).

Art. 607. A data da resolução e o critério de apuração de haveres podem ser revistos pelo juiz, a pedido da parte, a qualquer tempo antes do início da perícia. [Sem dispositivo correspondente no CPC/1973]

Art. 608. Até a data da resolução, integram o valor devido ao ex-sócio, ao espólio ou aos sucessores a participação nos lucros ou os juros sobre o capital próprio declarados pela sociedade e, se for o caso, a remuneração como administrador. [Sem dispositivo correspondente no CPC/1973]

Parágrafo único. Após a data da resolução, o ex-sócio, o espólio ou os sucessores terão direito apenas à correção monetária dos valores apurados e aos juros contratuais ou legais.

Art. 609. Uma vez apurados, os haveres do sócio retirante serão pagos conforme disciplinar o contrato social e, no silêncio deste, nos termos do § 2º do art. 1.031 da Lei n. 10.406, de 10 de janeiro de 2002 (Código Civil).[1] [Sem dispositivo correspondente no CPC/1973]

Art. 609: 1. v., no nosso CCLCV, CC 1.031, notas 4 e segs.

Capítulo VI | DO INVENTÁRIO E DA PARTILHA

Seção I | DISPOSIÇÕES GERAIS

Art. 610. Havendo testamento[1] ou interessado incapaz,[1a] proceder-se-á ao inventário judicial.[1b a 2a] [Dispositivo correspondente no CPC/1973: art. 982-*caput*]

§ 1º Se todos forem capazes e concordes, o inventário e a partilha poderão[2b] ser feitos por escritura pública,[3] a qual constituirá documento hábil para qualquer ato de registro, bem como para levantamento de importância depositada em instituições financeiras.[4 a 5] [Dispositivo correspondente no CPC/1973: art. 982-*caput*]

§ 2º O tabelião somente lavrará a escritura pública se todas as partes interessadas estiverem assistidas por advogado ou por defensor público, cuja qualificação e assinatura constarão do ato notarial. [Dispositivo correspondente no CPC/1973: art. 982 § 1º]

Art. 610: 1. "De uma leitura sistemática do *caput* e do § 1º do art. 610 do CPC/2015, c/c os arts. 2.015 e 2.016 do CC/2002, mostra-se possível o inventário extrajudicial, ainda que exista testamento, se os interessados forem capazes e concordes e estiverem assistidos por advogado, desde que o testamento tenha sido previamente registrado judicialmente ou haja a expressa autorização do juízo competente" (STJ-4ª T., REsp 1.808.767, Min. Luis Felipe, j. 15.10.19, DJ 3.12.19).

Art. 610: 1a. v. CC 3º a 5º.

Art. 610: 1b. s/ arrolamento, v. arts. 659 e segs.; competência internacional no inventário, v. art. 23, nota 4; competência em geral, v. art. 48 e notas; inexistência de prazo em dobro, nos inventários, v. art. 229, nota 9; extinção do processo de inventário, sem apreciação do mérito, v. art. 485, nota 8; competência da Justiça Estadual para processar inventário em que figura como interessada entidade pública federal, v. CF 109, nota 3-Inventário; partilha em caso de separação ou divórcio, v. LDi 40, nota 10; suspensão do processo de inventário, na falência do espólio, v. LRF 125; v. tb. CC 1.991 a 2.027.

Art. 610: 2. É admissível o **inventário negativo** (RT 488/97; 905/305: TJES, AP 027.090.010.490; Bol. AASP 1.017/107). Por isso mesmo, não pode ser indeferido o requerimento de abertura de inventário negativo (RT 639/79). V. tb. nota 4 (Lei 6.858, de 24.11.80).

S/ inventário e causa suspensiva do casamento, v., no CCLCV, CC 1.523-I e notas.

Art. 610: 2a. "No processo de inventário, o **valor da causa** corresponde ao do monte-mor" (STJ-3ª T., REsp 459.852, Min. Nancy Andrighi, j. 26.8.03, DJU 29.9.03); salvo se nele estiver incluído o montante relativo à meação do cônjuge supérstite, o qual, como não integra o patrimônio do *de cujus*, não pode servir de base para o cálculo das custas (STJ-1ª T., REsp 437.525, Min. Luiz Fux, j. 20.11.03, DJU 9.12.03; STJ-2ª T.: Bol. AASP 2.459/3.801).

Art. 610: 2b. "Os interessados têm a **faculdade** de fazer o inventário por escritura pública, quando forem capazes e concordantes; a utilização do termo 'poderá' demonstra o objetivo do legislador de criar uma alternativa para evitar a instauração de processos no Judiciário, prestigiando a celeridade processual, sem, contudo, prejudicar o direito de ação das partes, uma vez que a norma não veda a utilização da via judicial" (RJM 190/126: AP 1.0105.08.285649-0/001).

V. tb. art. 733, nota 1a.

Art. 610: 3. que é **título executivo extrajudicial** (v. art. 784-II) e **independe de homologação judicial** (v. art. 733 § 1º).

Art. 610: 4. Lei 6.858, de 24.11.80. Dispõe sobre o pagamento, aos dependentes ou sucessores, de valores não recebidos em vida pelos respectivos titulares:

"Art. 1º Os valores devidos pelos empregadores aos empregados e os montantes das contas individuais do Fundo de Garantia do Tempo de Serviço e do Fundo de Participação PIS-PASEP, não recebidos em vida pelos respectivos titulares, serão pagos, em cotas iguais, aos dependentes habilitados perante a Previdência Social ou na forma da legislação específica dos servidores civis e militares, e, na sua falta, aos sucessores previstos na lei civil, indicados em alvará judicial, independentemente de inventário ou arrolamento. **§ 1º** As cotas atribuídas a menores ficarão depositadas em caderneta de poupança, rendendo juros e correção monetária, e só serão disponíveis após o menor completar 18 (dezoito) anos, salvo autorização do juiz para aquisição de imóvel destinado à residência do menor e de sua família ou para dispêndio necessário à subsistência e educação do menor. **§ 2º** Inexistindo dependentes ou sucessores, os valores de que trata este artigo reverterão em favor, respectivamente, do Fundo de Previdência e Assistência Social, do Fundo de Garantia do Tempo de Serviço ou do Fundo de Participação PIS-PASEP, conforme se tratar de quantias devidas pelo empregador ou de contas de FGTS e do Fundo PIS-PASEP.

"Art. 2º O disposto nesta lei se aplica às restituições relativas ao imposto de renda e outros tributos, recolhidos por pessoa física, e, não existindo outros bens sujeitos a inventário, aos saldos bancários e de contas de cadernetas de poupança e fundos de investimento de valor até 500 (quinhentas) Obrigações Reajustáveis do Tesouro Nacional. **Parágrafo único.** Na hipótese de inexistirem dependentes ou sucessores do titular, os valores referidos neste artigo reverterão em favor do Fundo de Previdência e Assistência Social.

"**Art. 3º** Esta lei entrará em vigor na data de sua publicação.

"**Art. 4º** Revogam-se as disposições em contrário".

A Lei 6.858 foi regulamentada pelo **Dec. 85.845, de 26.3.81,** e não se aplica a diversas hipóteses de interesse da União, conforme **Dec. lei 2.292, de 21.11.86, art. 13,** deste teor: "As disposições da Lei n. 6.858, de 24 de novembro de 1980, não se aplicam aos procedimentos para restituições, a dependentes ou sucessores de contribuintes falecidos, de valores relativos ao imposto sobre a renda e outros tributos administrados pela Secretaria da Receita Federal, bem como de resgate de cotas de fundos fiscais criados pelos Decretos-leis ns. 157, de 10 de fevereiro de 1967, e 880, de 18 de setembro de 1969, que não tenham sido recebidos em vida pelos respectivos titulares".

Aplicando a Lei 6.858: RT 669/146, 728/334, 896/209 (TJSP, AI 994.09.036579-8). V. tb. art. 666.

Art. 610: 4a. **LPB 112** (redação consolidada cf. publicação no DOU 14.8.98): "O valor não recebido em vida pelo segurado só será pago aos seus dependentes habilitados à pensão por morte ou, na falta deles, aos seus sucessores na forma da lei civil, independentemente de inventário ou arrolamento".

Art. 610: 5. "Os montantes das contas individuais do **FGTS** e do **Fundo de Participação PIS-PASEP,** não recebidos em vida pelos respectivos titulares, devem ser liberados aos dependentes habilitados, independentemente de inventário ou arrolamento; o levantamento só depende de autorização judicial se não houver dependentes habilitados, hipótese em que serão recebidos pelos sucessores previstos na lei civil, mediante alvará a ser requerido ao juízo competente para o inventário ou arrolamento" (STJ-1ª Seção, CC 15.367, Min. Ari Pargendler, j. 14.11.95, DJU 4.12.95).

S/ competência da Justiça Estadual para determinar o levantamento, v. Súmula 161 do STJ, na CF 109, nota 3-Fundo de Garantia do Tempo de Serviço (FGTS).

Art. 611. O processo de inventário e de partilha deve ser instaurado dentro de 2 (dois) meses, a contar da abertura da sucessão, ultimando-se nos 12 (doze) meses subsequentes,[1-2] podendo o juiz prorrogar esses prazos, de ofício ou a requerimento de parte. [Dispositivo correspondente no CPC/1973: art. 983]

Art. 611: 1. v. art. 615.

Art. 611: 2. **Súmula 542 do STF:** "Não é inconstitucional a **multa** instituída pelo Estado-membro, como sanção pelo **retardamento** do início ou da ultimação do **inventário**".

Art. 612. O juiz decidirá todas as questões de direito desde que os fatos relevantes estejam provados por documento, só remetendo para as vias ordinárias as questões que dependerem de outras provas.[1 a 7] [Dispositivo correspondente no CPC/1973: art. 984]

Art. 612: 1. v. arts. 627 § 3º, 628 § 2º, 641 § 2º e 643-*caput*.

Art. 612: 2. **"Questões de direito,** mesmo intrincadas, e **questões de fato documentadas** resolvem-se no juízo do inventário, e não na via ordinária" (STJ-4ª T., REsp 114.524, Min. Sálvio de Figueiredo, j. 27.5.03, DJU 23.6.03). No mesmo sentido: STJ-3ª T., AI 855.543-AgRg, Min. Gomes de Barros, j. 21.6.07, DJU 1.8.07. **Questão de alta indagação** "não é uma intrincada, difícil e debatida questão de direito, mas o fato incerto que depende de prova *aliunde*, isto é, de prova a vir de fora do processo, a ser colhida em outro feito" (JTJ 171/197). No mesmo sentido: RT 603/63, JTJ 211/98, Bol. AASP 1.567/301.

"Questões de alta indagação são as que demandam a produção de provas que não estão nos autos do inventário, e, por exigirem ampla cognição para serem apuradas e solucionadas, devem ser decididas em ação própria, nas vias ordinárias" (STJ-4ª T., REsp 1.359.060-AgInt, Min. Isabel Gallotti, j. 19.6.18, maioria, DJ 1.8.18).

Art. 612: 2a. "O juiz do inventário pode, estabelecido o litígio entre as partes, presentes os requisitos de dano de difícil reparação e *fumus boni juris*, determinar à Junta Comercial o **cancelamento do registro de alteração de cessão de cotas sociais,** ato que teria sido praticado com ofensa ao art. 1.132, incidente sobre bens determinados do espólio, antes da partilha" (STJ-4ª T., REsp 86.539, Min. Ruy Rosado, j. 25.6.96, DJU 26.8.96). O art. 1.132 do CC rev. corresponde ao CC 496.

Art. 612: 2b. A **apuração de haveres** do falecido sócio de sociedade não anônima (art. 620 § 1º-II) pode ser remetida para os meios ordinários quando envolver questão de alta indagação (STJ-3ª T., REsp 289.151, Min. Vasco Della Giustina, j. 7.10.10, DJ 25.10.10).

Art. 612: 3. A **união estável** pode ser reconhecida nos próprios autos do inventário do companheiro:

— "desde que os herdeiros e interessados na herança, maiores e capazes, estejam de acordo": JTJ 183/179;

— mesmo havendo herdeiros menores: RT 807/250, JTJ 260/364;

— "comprovada por documentos incontestes juntados aos autos do processo" (STJ-3ª T., REsp 1.685.935, Min. Nancy Andrighi, j. 17.8.17, DJ 21.8.17). No mesmo sentido: STJ-RT 734/257, RT 858/254, 868/333, JTJ 207/193, 260/295, 309/53; 331/224: AI 579.639-4/9-00; RTJE 165/262.

Contra: "O inventário é um processo com contornos próprios, não havendo como nele serem discutidas questões de alta indagação. Deve a pretensa ex-companheira ajuizar a ação própria para o reconhecimento da alegada união estável para ter reconhecido seu direito" (RJM 176-177/120). **Ainda contra:** RT 862/240.

S/ abertura do inventário pelo companheiro, v. art. 616-I, nota 1a.

Art. 612: 4. A comprovação das **causas de deserdação** é questão de alta indagação (RT 726/268).

Art. 612: 4a. "Uma **ação de nulidade de testamento** demanda dilação probatória, dependendo de outras provas, que não apenas provas documentais", de modo que deve ser julgada fora dos autos do inventário (RT 824/314).

Art. 612: 4b. "Pretensão de **anulação** de negócio jurídico anterior ao óbito. Transferência de cotas societárias. A verificação de existência de eventuais vícios no **contrato de compra e venda das cotas societárias,** sob o argumento de que teria a finalidade de beneficiar o filho do *de cujus*, deverá ser precedida de ampla instrução probatória, configurando, pois, questão de alta indagação a ser decidida pelas vias ordinárias, no caso, em ação que já se encontra em tramitação" (STJ-4ª T., REsp 1.359.060-AgInt, Min. Isabel Gallotti, j. 19.6.18, maioria, DJ 1.8.18).

Art. 612: 5. "Na sede do processo de inventário não tem lugar ação de **invalidar documentos públicos,** tais como certidões de nascimentos destinadas a habilitação de herdeiros no inventário. Adequação das vias ordinárias para tal entendimento, onde a amplitude das discussões permite contestar-se a validade dos documentos" (RSTJ 53/165).

Art. 612: 6. "Inventário. **Bem vendido a descendente,** sem o consentimento dos demais. Não contraria o art. 984 do CPC o acórdão que entendeu devesse a questão ser dirimida em ação direta, pelos meios ordinários" (STJ-3ª T., REsp 8.803, Min. Eduardo Ribeiro, j. 10.12.91, DJU 17.2.92).

Art. 612: 6a. "Eventual **prejuízo da legítima,** em face de doação feita pelo pai aos filhos, ainda em vida, sem haver fatos a provar, prescinde dos 'meios ordinários', podendo ser discutido no próprio inventário" (STJ-4ª T., REsp 114.524, Min. Sálvio de Figueiredo, j. 27.5.03, DJU 23.6.03).

Art. 612: 6b. "O fato de o art. 984 do CPC/73 determinar ao juiz que remeta as partes às vias ordinárias se verificar a existência de questão de alta indagação não significa dizer que a parte está proibida de **ajuizar ação autônoma** perante o juízo cível se constatar, desde logo, a necessidade de dilação probatória incompatível com o rito especial do inventário" (STJ-3ª T., REsp 1.480.810, Min. Nancy Andrighi, j. 20.3.18, DJ 26.3.18).

Art. 612: 7. Cabe **agravo de instrumento** contra as decisões interlocutórias proferidas no processo de inventário, tal como a que remete questões para as vias ordinárias (v. art. 1.015 § ún.).

Art. 613. Até que o inventariante preste o compromisso,[1] continuará o espólio na posse do administrador provisório.[1a] [Dispositivo correspondente no CPC/1973: art. 985]

Art. 613: 1. v. art. 617 § ún.

Art. 613: 1a. "De acordo com os arts. 985 e 986 do CPC, enquanto não nomeado inventariante e prestado compromisso, a representação ativa e passiva do espólio caberá ao administrador provisório, o qual, comumente, é o **cônjuge sobrevivente,** visto que detém a posse direta e a administração dos bens hereditários" (STJ-3ª T., REsp 777.566, Min. Vasco Della Giustina, j. 27.4.10, DJ 13.5.10). No mesmo sentido: Lex-JTA 161/30.

V. tb. arts. 75, notas 16a e segs., e 110, nota 2c.

Art. 614. O administrador provisório representa ativa e passivamente o espólio, é obrigado a trazer ao acervo os frutos que desde a abertura da sucessão percebeu, tem direito ao reembolso das despesas necessárias e úteis que fez e responde pelo dano a que, por dolo ou culpa, der causa. [Dispositivo correspondente no CPC/1973: art. 986]

Seção II | DA LEGITIMIDADE PARA REQUERER O INVENTÁRIO

Art. 615. O requerimento de inventário e de partilha incumbe a quem estiver na posse e na administração do espólio,[1-2] no prazo estabelecido no art. 611. [Dispositivo correspondente no CPC/1973: art. 987-*caput*]

Parágrafo único. O requerimento será instruído com a certidão de óbito do autor da herança. [Dispositivo correspondente no CPC/1973: art. 987 § ún.]

Art. 615: 1. s/ litispendência em matéria de inventário, v. art. 337, nota 24c; s/ reconhecimento da união estável no inventário, v. art. 612, nota 3.

Art. 615: 2. O **procurador *ad negotia* do autor da herança** e que está na posse dos bens de seu espólio tem legitimidade para requerer inventário (RT 501/95).

Art. 616. Têm, contudo, legitimidade concorrente:[1] [Dispositivo correspondente no CPC/1973: art. 988-*caput*]

I — o cônjuge ou companheiro supérstite;[1a] [Dispositivo correspondente no CPC/1973: art. 988-I]

II — o herdeiro; [Dispositivo correspondente no CPC/1973: art. 988-II]

III — o legatário; [Dispositivo correspondente no CPC/1973: art. 988-III]

IV — o testamenteiro; [Dispositivo correspondente no CPC/1973: art. 988-IV]

V — o cessionário do herdeiro ou do legatário; [Dispositivo correspondente no CPC/1973: art. 988-V]

VI — o credor do herdeiro, do legatário ou do autor da herança;[2] [Dispositivo correspondente no CPC/1973: art. 988-VI]

VII — o Ministério Público, havendo herdeiros incapazes; [Dispositivo correspondente no CPC/1973: art. 988-VIII]

VIII — a Fazenda Pública, quando tiver interesse; [Dispositivo correspondente no CPC/1973: art. 988-IX]

IX — o administrador judicial da falência do herdeiro, do legatário, do autor da herança ou do cônjuge ou companheiro supérstite. [Dispositivo correspondente no CPC/1973: art. 988-VII]

Art. 616: 1. "No prazo do art. 983 do CPC, a iniciativa para requerer o inventário é privativa de **quem estiver na posse e administração dos bens** do espólio, com base no art. 987, *caput*, do diploma formal referido. Só após decorrido, *in albis*, o prazo legal, podem requerer o inventário as pessoas enumeradas no art. 988" (RJ 279/109).

Art. 616: 1a. "Tutela antecipada. Inventário. Pretensão à inventariança pela irmã do *de cujus*. Impossibilidade. Ausência do *fumus boni iuris* e do *periculum in mora*. Prévia assunção do encargo pela companheira do falecido. **Embora não concluída a ação de reconhecimento de união estável,** fortes indícios nesse sentido" (RT 867/198). V. art. 612, nota 3.

Art. 616: 2. s/ ação do credor do *de cujus* para o recebimento de seu crédito, v. art. 75, nota 17; nomeação do credor como inventariante, v. art. 617, nota 5a.

Seção III | DO INVENTARIANTE E DAS PRIMEIRAS DECLARAÇÕES

Art. 617. O juiz nomeará inventariante[1-1a] na seguinte ordem: [Dispositivo correspondente no CPC/1973: art. 990-*caput*]

I — o cônjuge[2] ou companheiro sobrevivente, desde que estivesse convivendo com o outro ao tempo da morte deste; [Dispositivo correspondente no CPC/1973: art. 990-I]

II — o herdeiro que se achar na posse e na administração do espólio, se não houver cônjuge ou companheiro sobrevivente ou se estes não puderem ser nomeados; [Dispositivo correspondente no CPC/1973: art. 990-II]

III — qualquer herdeiro,[3] quando nenhum deles estiver na posse e na administração do espólio; [Dispositivo correspondente no CPC/1973: art. 990-III]

IV — o herdeiro menor, por seu representante legal; [Sem dispositivo correspondente no CPC/1973]

V — o testamenteiro, se lhe tiver sido confiada a administração do espólio ou se toda a herança estiver distribuída em legados; [Dispositivo correspondente no CPC/1973: art. 990-IV]

VI — o cessionário do herdeiro ou do legatário;[3a] [Sem dispositivo correspondente no CPC/1973]

VII — o inventariante judicial, se houver;[3b] [Dispositivo correspondente no CPC/1973: art. 990-V]

VIII — pessoa estranha idônea,[4 a 5b] quando não houver inventariante judicial. [Dispositivo correspondente no CPC/1973: art. 990-VI]

Parágrafo único. O inventariante, intimado da nomeação, prestará, dentro de 5 (cinco) dias, o compromisso de bem e fielmente desempenhar a função. [Dispositivo correspondente no CPC/1973: art. 990 § ún.]

Art. 617: 1. "A ordem prevista pelo art. 990 do CPC pode ser desobedecida quando, dadas as circunstâncias de fato, nenhum dos herdeiros está em condições de exercer o *munus*" (RTJ 101/667).

"**A ordem** de nomeação de inventariante, prevista no art. 990 do CPC, **não apresenta caráter absoluto,** podendo ser alterada em situação de fato excepcional, quando tiver o Juiz fundadas razões para tanto, forte na existência de patente litigiosidade entre as partes" (STJ-3ª T., REsp 1.055.633, Min. Nancy Andrighi, j. 21.10.08, DJ 16.6.09).

"A ordem de nomeação de inventariante insculpida no art. 990 do CPC deve ser rigorosamente observada, excetuando-se as hipóteses em que o magistrado tenha fundadas razões para desconsiderá-la, com o fim de evitar tumultos processuais desnecessários ou mesmo a sonegação de bens, como no caso, em face da patente litigiosidade existente entre as partes" (STJ-4ª T., REsp 283.994, Min. Cesar Rocha, j. 6.3.01, DJU 7.5.01).

Art. 617: 1a. Não se admite a nomeação de **mais de uma pessoa como inventariante:** "Encargo pessoal e de investidura isolada" (JTJ 165/201).

Art. 617: 2. **qualquer que seja o regime de bens,** mesmo o de separação obrigatória (CC 1.641).

Art. 617: 3. Seja o **herdeiro legítimo ou testamentário** (STJ-3ª T., REsp 658.831, Min. Nancy Andrighi, j. 15.12.05, DJU 1.2.06; RT 503/103, RJTJESP 42/219).

Art. 617: 3a. v. art. 618, nota 2b.

Art. 617: 3b. "Havendo flagrante **dissensão entre os interessados,** impõe-se a nomeação de inventariante judicial, pessoa estranha e acima dos interesses conflitantes" (STF-RTJ 71/881 e STF-RT 478/231). No mesmo sentido: RT 756/321.

Art. 617: 4. v. art. 618-I, parte final.

Art. 617: 5. "Não há **direito líquido e certo à permanência no cargo** de inventariante se, em caso de controvérsia decorrente do surgimento de outro herdeiro, o julgador nomeia um terceiro" (RSTJ 56/397).

Art. 617: 5a. "Ainda quando se admita que a expressão 'pessoa estranha idônea' possa alcançar terceiro interessado na causa, tal como o **credor,** ele não exclui a possibilidade de a autoridade judiciária, apreciando as circunstâncias do caso concreto, nomear aquele com melhores condições para o exercício de tal mister" (STJ-3ª T., REsp 804.559-EDcl-AgRg, Min. Sidnei Beneti, j. 16.3.10, DJ 14.4.10).

Art. 617: 5b. Não há previsão para estabelecer-se o **valor do prêmio** devido ao inventariante dativo, e, por isso, fica ao prudente arbítrio do juiz (JTJ 168/236), devendo "ser remunerado por verba fixada nos próprios autos" (RJTJERGS 179/228), ao termo do processo, e não por ocasião da nomeação (RTJE 130/159).

Art. 618. Incumbe ao inventariante:[1] [Dispositivo correspondente no CPC/1973: art. 991-*caput*]

I — representar o espólio ativa e passivamente, em juízo ou fora dele,[2-2a] observando-se, quanto ao dativo,[2b] o disposto no art. 75, § 1º; [Dispositivo correspondente no CPC/1973: art. 991-I]

II — administrar o espólio, velando-lhe os bens com a mesma diligência que teria se seus fossem;[3 a 3b] [Dispositivo correspondente no CPC/1973: art. 991-II]

III — prestar as primeiras[4] e as últimas declarações[5] pessoalmente ou por procurador com poderes especiais;[6] [Dispositivo correspondente no CPC/1973: art. 991-III]

IV — exibir em cartório, a qualquer tempo, para exame das partes, os documentos relativos ao espólio; [Dispositivo correspondente no CPC/1973: art. 991-IV]

V — juntar aos autos certidão do testamento, se houver; [Dispositivo correspondente no CPC/1973: art. 991-V]

VI — trazer à colação[7] os bens recebidos pelo herdeiro ausente, renunciante ou excluído; [Dispositivo correspondente no CPC/1973: art. 991-VI]

VII — prestar contas[8 a 11] de sua gestão ao deixar o cargo ou sempre que o juiz lhe determinar; [Dispositivo correspondente no CPC/1973: art. 991-VII]

VIII — requerer a declaração de insolvência. [Dispositivo correspondente no CPC/1973: art. 991-VIII]

Art. 618: 1. As **funções do inventariante vão até o trânsito em julgado** da sentença de partilha (RT 503/70, 505/71, RJTJESP 46/107, RTJE 121/201, JTA 99/221), mesmo porque, com a partilha, já não existe espólio (RJTJESP 101/266, 102/221), não sendo cabível, por isso, ajuizar-se ação em nome deste (Lex-JTA 146/241). V. tb. art. 655, nota 1.

Em consequência, são nulos os atos praticados pelo ex-inventariante, em nome do espólio, após o trânsito em julgado da partilha (RJTAMG 33/118).

Porém, v. art. 669, nota 1.

Art. 618: 2. v. art. 75-VII e § 1º, bem como notas 16a a 19a.

Art. 618: 2a. Ao inventariante incumbe representar o espólio em **assembleia de sociedade por ações,** independentemente de alvará judicial (RTJE 117/193).

V. tb. nota 3b.

Art. 618: 2b. O **cessionário de direitos hereditários,** no cargo de inventariante, representa o espólio e não pode ser considerado dativo (RT 503/109). V. art. 617-VI.

Art. 618: 3. v. art. 619, nota 1c.

Art. 618: 3a. "A administração pelo inventariante do acervo hereditário, tornado indivisível pelas regras do Direito das Sucessões, não esbarra no **direito de meação,** este oriundo do Direito de Família, e que é conferido ao **companheiro** quando da dissolução da união estável ou pela morte de um dos consortes. O art. 1.725 do CC/02 estabelece o regime da comunhão parcial de bens para reger as relações patrimoniais entre os companheiros, excetuando estipulação escrita em contrário. Assim, com a morte de um dos companheiros, do patrimônio do autor da herança retira-se a meação do companheiro sobrevivente, que não se transmite aos herdeiros do falecido por ser decorrência patrimonial do término da união estável, conforme os postulados do Direito de Família. Ou seja, entrega-se a meação ao companheiro sobrevivo, e, somente então, defere-se a herança aos herdeiros do falecido, conforme as normas que regem o Direito Sucessório. Frisa-se, contudo, que, sobre a provável ex-companheira, incidirão as mesmas obrigações que oneram o inventariante, devendo ela requerer autorização judicial para promover qualquer alienação, bem como prestar contas dos bens sob sua administração" (STJ-3ª T., REsp 975.964, Min. Nancy Andrighi, j. 15.2.11, DJ 16.5.11).

Art. 618: 3b. "Os **poderes de administração do inventariante** são aqueles relativos à conservação dos bens inventariados para a futura partilha, dentre os quais se pode citar o pagamento de tributos e aluguéis, a realização de reparos e a aplicação de recursos, atendendo o interesse dos herdeiros. A atuação do inventariante, alienando bens sociais e buscando modificar a natureza das ações e a própria estrutura de poder da sociedade anônima, está fora dos limites dos poderes de administração e conservação do patrimônio" (STJ-3ª T., REsp 1.627.286, Min. Ricardo Cueva, j. 20.6.17, maioria, DJ 3.10.17).

V. tb. nota 2a.

Art. 618: 4. v. arts. 620 e 622-I.

Art. 618: 5. v. arts. 636 e 622-I.

Art. 618: 6. v. art. 620 § 2º (v. tb. art. 620, nota 1).

Art. 618: 7. v. arts. 639 a 641.

Art. 618: 8. Esta **prestação de contas** não se confunde com a do art. 553. Processa-se por via administrativa, como incidente do inventário, sem forma nem figura de juízo, sujeita, porém, ao princípio do contraditório. Pode ser determinada de ofício ou a requerimento de herdeiro, sob cominação de remoção (art. 622-V), se as contas não forem prestadas (RT 662/84).

"A circunstância de poder o juiz determinar, a qualquer tempo, preste contas o inventariante, em via administrativa, não exclui a possibilidade de a isso ser compelido jurisdicionalmente, a pedido de quem tenha seus bens por ele geridos" (STJ-3ª T., REsp 80.478, Min. Eduardo Ribeiro, j. 16.4.96, DJU 13.5.96). No mesmo sentido, admitindo a ação de prestação de contas proposta por herdeiro contra o inventariante: STJ-4ª T., REsp 323.370, Min. Barros Monteiro, j. 14.12.04, DJU 14.3.05.

Art. 618: 9. "A sistemática processual estabelece a possibilidade de se exigir a prestação de contas do inventariante tanto pela via própria, contenciosa, da ação de prestação de contas como pela via administrativa, enquanto incidente do inventário. Nesta hipótese, a finalidade é tão somente apurar o estado dos bens administrados e pode ser determinada pelo juiz sempre que, provocado ou não, repute necessário, conforme o art. 991, VII, do CPC" (RF 314/96).

Art. 618: 10. "O inventariante deve prestar contas de sua gestão ao deixar o cargo ou sempre que o juiz lhe determinar. Não é só enquanto permanece no exercício do cargo que está o inventariante obrigado a prestar contas de sua gestão" (RTJE 118/164).

Art. 618: 10a. O **herdeiro tem direito de exigir prestação de contas** ao inventariante, mesmo depois de cessada a inventariança (RJTJERGS 165/304) e findo o inventário (RJTJERGS 177/365).

Todavia: "Quando é o herdeiro que demanda contas do inventariante, a via adequada é a ação específica, não podendo ser pleiteada em sede de incidente do processo sucessório" (JTJ 179/171).

Art. 618: 11. A **remoção do inventariante** por falta de prestação de contas só é possível após ele ter sido intimado a prestá-las (JTJ 166/189).

Art. 619. Incumbe ainda ao inventariante, ouvidos os interessados e com autorização do juiz:[1 a 1c] [Dispositivo correspondente no CPC/1973: art. 992-*caput*]

I — alienar bens de qualquer espécie;[2-2a] [Dispositivo correspondente no CPC/1973: art. 992-I]

II — transigir[3] em juízo ou fora dele; [Dispositivo correspondente no CPC/1973: art. 992-II]

III — pagar dívidas do espólio;[3a a 5] [Dispositivo correspondente no CPC/1973: art. 992-III]

IV — fazer as despesas necessárias para a conservação e o melhoramento dos bens do espólio.[6] [Dispositivo correspondente no CPC/1973: art. 992-IV]

Art. 619: 1. Havendo **discordância do inventariante,** não pode ser deferido alvará para outorga de escritura; "nessa hipótese, deve o interessado valer-se da adjudicação compulsória ou ação equivalente" (JTJ 141/205). V. art. 642, nota 1d.

Art. 619: 1a. Há um acórdão entendendo que, para a concessão de alvará ao inventariante, a fim de que movimente as contas do espólio, é necessária a expressa **aquiescência de todos os herdeiros** (RT 724/322).

Art. 619: 1b. "O termo aditivo ao contrato de compra e venda de imóvel rural, questionado pelos ora agravados, foi corretamente anulado pelo Tribunal de Justiça, pois fora firmado entre o comprador e a viúva-meeira, como vendedora, antes da nomeação desta como inventariante do espólio do cônjuge varão falecido, também vendedor na versão original do contrato. A **invalidação** operou-se por ter sido o aditivo firmado **sem autorização judicial** e sem a participação dos filhos, herdeiros do *de cujus*, os quais passaram a ser coproprietários de parcela do patrimônio do falecido tão logo aberta a sucessão, em harmonia com o princípio da *saisine*. A viúva-meeira não pode ser considerada 'inventariante natural', mas sim administradora provisória, até ser nomeada e assinar o termo de compromisso de inventariante" (STJ-4ª T., REsp 1.145.366-AgRg, Min. Raul Araújo, j. 8.4.14, DJ 30.4.14).

Art. 619: 1c. "Em regra, a prática pelo inventariante dos atos elencados no art. 992 do CPC/73, correspondente ao art. 619 do CPC/15, depende de prévia oitiva dos interessados e de autorização judicial, a fim de evitar a disposição definitiva de bens ou transação sobre direitos que seriam objeto de futura partilha, bem como para evitar a aplicação de valores do espólio em gastos eventualmente desnecessários. É possível, contudo, **flexibilizar** a exigência de **oitiva prévia e** de **autorização judicial, em caráter** absolutamente **excepcional,** quando se verificar que o ato praticado pelo inventariante objetivou a **proteção do patrimônio comum** e, assim, atingiu plenamente a finalidade prevista em lei, salvaguardando os bens pertencentes ao espólio de sua integral e irreversível deterioração. Hipótese em que os reparos no imóvel, reconhecidos como emergenciais pelo acórdão recorrido, impediram o desmoronamento das demais casas existentes no local, evitando-se, com isso, a ruína das demais casas que poderia vitimar as famílias e pessoas que residiam no local, tipificando-se a conduta da inventariante como cumprimento do dever legal de velar pelos bens do espólio com a mesma diligência dos seus próprios (art. 991, II, do CPC/73)" (STJ-3ª T., REsp 1.655.720, Min. Nancy Andrighi, j. 9.10.18, DJ 15.10.18).

Art. 619: 2. Só o inventariante, não o herdeiro, é que pode requerer a alienação prevista neste inciso (RJTJESP 100/307). V. art. 642, nota 1d.

Art. 619: 2a. "Os bens do espólio não podem ser cedidos pelo inventariante, sem a concordância de todos os herdeiros e sem autorização judicial" (RT 711/103). Em sentido semelhante: JTJ 370/51 (AI 56958-26.2011.8.26.0000).

Todavia: "Os herdeiros devem ser ouvidos acerca de alienação de bem do espólio, mas a venda deve ser autorizada caso oposta objeção injustificada e não apontada outra fonte para a quitação das dívidas" (STJ-4ª T., REsp 972.283, Min. João Otávio, j. 7.4.11, DJ 15.4.11).

"Embora não autorizada pelo juiz, tem-se por eficaz a alienação de bem da herança, a título oneroso e de sorte a não sujeitar o adquirente de boa-fé a restituí-lo, ficando ressalvado o ressarcimento de eventual prejuízo ao monte hereditário, por aquele que lhe deu causa" (RSTJ 19/539).

Art. 619: 3. v. CC 840 a 850.

Art. 619: 3a. v. arts. 642 a 646.

Art. 619: 4. CTN: "Art. 134. Nos casos de impossibilidade de exigência do cumprimento da obrigação principal pelo contribuinte, respondem solidariamente com este nos atos em que intervierem ou pelas omissões de que foram responsáveis: (...) **IV** — o inventariante, pelos tributos devidos pelo espólio. **Parágrafo único.** O disposto neste artigo só se aplica, em matéria de penalidades, às de caráter moratório".

Art. 619: 4a. Os **honorários** devidos ao advogado contratado pelo inventariante para o patrocínio no processo de inventário:

— no caso de antagonismo entre os herdeiros e, eventualmente, o cônjuge supérstite, não devem onerar o espólio, mas sim ser pagos pelo inventariante, impondo-se aos demais interessados pagar, cada qual, os honorários de seus advogados (RTJ 85/302, 79/960, 87/613, 102/316, 103/1.214, 125/804; STF-RT 634/210, STJ-4ª T., REsp 324.085, Min. Aldir Passarinho Jr., j. 26.2.02, DJU 15.4.02).

— "Não havendo conflito entre os interessados, os honorários do advogado contratado pela inventariante constituem encargo da herança" (STJ-3ª T., REsp 210.036, Min. Waldemar Zveiter, j. 19.2.01, DJU 9.4.01). No mesmo sentido: RSTJ 138/369, RT 785/349; ou seja, trata-se de "despesa do espólio a ser suportada por todos os interessados, ainda que um deles haja contratado advogado próprio" (Bol. AASP 2.366/3.057).

Art. 619: 4b. "Os honorários de advogado do testamenteiro-inventariante, sem interesse em conflito com os herdeiros, devem ser suportados pela herança" (STJ-3ª T., REsp 34.672-5, Min. Dias Trindade, j. 31.5.93, DJU 2.8.93).

Este acórdão não menciona se, no caso, o testamenteiro tinha direito ao prêmio estabelecido no CPC rev. 1.138 (previsto tb. no CC 1.987); se isto ocorre e o prêmio lhe é pago pela herança, a responsabilidade pelo pagamento dos honorários do seu advogado deve ser sua.

Art. 619: 5. "É imperiosa a adequada ponderação entre a necessidade de oitiva dos herdeiros imposta por lei e a própria **eficiência da administração dos bens do espólio.** O juiz pode, excepcionalmente, permitir o levantamento, pelo inventariante, de valores para pagamento de dívidas do espólio e realização de despesas para conservação e melhoramento do patrimônio inventariado, sempre condicionado à autorização judicial, dispensada a prévia oitiva dos herdeiros interessados, desde que as ações pretendidas pelo inventariante, por sua própria natureza ou importância, não recomendem essa manifestação e desde que seja obedecido um limite a ser fixado conforme às situações do caso concreto. Tendo em vista o patrimônio inventariado, composto de fazendas que somam área considerável, tem-se por sensata a fixação do valor de R$ 10.000,00 (dez mil reais) como limite máximo para pagamentos ou despesas realizadas pelo inventariante sem que haja oitiva dos herdeiros" (STJ-3ª T., REsp 1.358.430, Min. Nancy Andrighi, j. 3.6.14, DJ 17.6.14).

Art. 619: 6. v. nota 1c.

Art. 620. Dentro de 20 (vinte) dias contados da data em que prestou o compromisso,[1] o inventariante fará as primeiras declarações,[1a-2] das quais se lavrará termo circunstanciado,[3] assinado pelo juiz, pelo escrivão e pelo inventariante, no qual serão exarados: [Dispositivo correspondente no CPC/1973: art. 993-*caput*]

I — o nome, o estado, a idade e o domicílio do autor da herança, o dia e o lugar em que faleceu e se deixou testamento; [Dispositivo correspondente no CPC/1973: art. 993-I]

II — o nome, o estado, a idade, o endereço eletrônico[3a] e a residência dos herdeiros e, havendo cônjuge ou companheiro supérstite, além dos respectivos dados pessoais, o regime de bens do casamento ou da união estável; [Dispositivo correspondente no CPC/1973: art. 993-II]

III — a qualidade dos herdeiros e o grau de parentesco com o inventariado;[4] [Dispositivo correspondente no CPC/1973: art. 993-III]

IV — a relação completa e individualizada de todos os bens[4a] do espólio, inclusive aqueles que devem ser conferidos à colação, e dos bens alheios[5] que nele forem encontrados, descrevendo-se: [Dispositivo correspondente no CPC/1973: art. 993-IV]

a) os imóveis, com as suas especificações, nomeadamente local em que se encontram, extensão da área, limites, confrontações, benfeitorias, origem dos títulos, números das matrículas e ônus que os gravam;[5a] [Dispositivo correspondente no CPC/1973: art. 993-IV-*a*]

b) os móveis, com os sinais característicos; [Dispositivo correspondente no CPC/1973: art. 993-IV-*b*]

c) os semoventes, seu número, suas espécies, suas marcas e seus sinais distintivos; [Dispositivo correspondente no CPC/1973: art. 993-IV-*c*]

d) o dinheiro, as joias, os objetos de ouro e prata e as pedras preciosas, declarando-se-lhes especificadamente a qualidade, o peso e a importância; [Dispositivo correspondente no CPC/1973: art. 993-IV-*d*]

e) os títulos da dívida pública, bem como as ações, as quotas e os títulos de sociedade, mencionando-se-lhes o número, o valor e a data; [Dispositivo correspondente no CPC/1973: art. 993-IV-*e*]

f) as dívidas ativas e passivas, indicando-se-lhes as datas, os títulos, a origem da obrigação e os nomes dos credores e dos devedores; [Dispositivo correspondente no CPC/1973: art. 993-IV-*f*]

g) direitos e ações; [Dispositivo correspondente no CPC/1973: art. 993-IV-*g*]

h) o valor corrente de cada um dos bens do espólio.[6] [Dispositivo correspondente no CPC/1973: art. 993-IV-*h*]

§ 1º O juiz determinará que se proceda:[6a] [Dispositivo correspondente no CPC/1973: art. 993 § ún.]

I — ao balanço do estabelecimento, se o autor da herança era empresário individual; [Dispositivo correspondente no CPC/1973: art. 993 § ún.-I]

II — à apuração de haveres, se o autor da herança era sócio de sociedade que não anônima.[7 a 9] [Dispositivo correspondente no CPC/1973: art. 993 § ún.-II]

§ 2º As declarações podem ser prestadas mediante petição, firmada por procurador com poderes especiais, à qual o termo se reportará. [Sem dispositivo correspondente no CPC/1973]

Art. 620: 1. Não há necessidade de **poderes especiais** para o procurador prestar compromisso de inventariante (RT 714/116, JTJ 168/235, RTJE 146/244). Já para prestar primeiras e últimas declarações, v. § 2º e art. 618-III.

Art. 620: 1a. v. art. 626 §§ 2º a 4º e art. 627.

Art. 620: 2. **Dec. 3.000, de 26.3.99** — Regulamenta a tributação, fiscalização, arrecadação e administração do Imposto sobre a Renda e Proventos de Qualquer Natureza: **"Art. 13.** Homologada a partilha ou feita a adjudicação dos bens, deverá ser apresentada, pelo inventariante, dentro de trinta dias, contados da data em que transitar em julgado a sentença respectiva, declaração dos rendimentos correspondentes ao período de 1º de janeiro até a data da homologação ou adjudicação (Lei n. 9.250, de 1995, art. 7º, § 4º). **Parágrafo único.** Se a homologação ou adjudicação ocorrer antes do prazo anualmente fixado para a entrega das declarações dos rendimentos, juntamente com a declaração referida neste artigo deverá ser entregue a declaração dos rendimentos correspondentes ao ano-calendário anterior (Lei n. 9.250, de 1995, art. 7º, § 5º)".

Art. 620: 3. No termo, pode o inventariante limitar-se a ratificar a petição que contenha todos os dados exigidos pela lei (RT 503/220).

Art. 620: 3a. i. e., ***e-mail.*** Todavia, não existe previsão legal de intimação da parte por *e-mail*. Assim, este serve apenas como um canal alternativo e informal de comunicação dos atos processuais.

V. tb. arts. 287, nota 1a, e 319, nota 4c.

Art. 620: 4. O juiz pode exigir do inventariante a apresentação das certidões de nascimento e de casamento dos herdeiros (JTJ 316/321: AI 485.060-4/6-00).

Art. 620: 4a. Os bens pertencentes ao *de cujus* em comunhão com o seu cônjuge devem ser relacionados integralmente, e não apenas a parte ideal que lhe pertencia (JTJ 337/37: AI 589.196-4/4-00).

Assim: "As cotas de sociedade limitada, enquanto representando direito patrimonial de participar dos lucros e da partilha do acerto líquido, em caso de dissolução, integram, em princípio, a comunhão, nada importando que figurem em nome de um dos cônjuges. O que não se comunica é o *status* de sócio. Falecendo o marido, devem ser trazidas a inventário as cotas que estejam em nome da mulher, só se procedendo à exclusão caso demonstrado que presente alguma das causas que a justifica" (RSTJ 136/296).

Art. 620: 5. v. art. 674-*caput* (embargos de terceiro).

Art. 620: 5a. "A regra contida na Lei de Registros Públicos que determina a obrigatoriedade de **averbar as edificações** efetivadas **em bens imóveis** autoriza a **suspensão da ação de inventário** até que haja a regularização dos referidos bens no respectivo registro, inclusive porque se trata de medida indispensável a adequada formação do conteúdo do monte partível e posterior destinação do quinhão hereditário" (STJ-3ª T., REsp 1.637.359, Min. Nancy Andrighi, j. 8.5.18, DJ 11.5.18).

Art. 620: 6. v. arts. 633 e 634.

Art. 620: 6a. v. art. 630 § ún.

Art. 620: 7. v. arts. 420-II, 604 a 609 e 612, nota 2b.

Art. 620: 7a. Súmula 265 do STF: "Na **apuração de haveres,** não prevalece o balanço não aprovado pelo sócio falecido, excluído ou que se retirou".

Art. 620: 8. A apuração de haveres não terá lugar nos casos em que a sociedade não anônima puder seguir adiante com os herdeiros do sócio falecido. Nesse caso, procede-se simplesmente à avaliação das quotas sociais (RT 895/342: TJRJ, AI 0061139-36.2009.8.19.0000).

Art. 620: 8a. "Fazendo-se a apuração de haveres nos próprios autos do inventário, sem a participação dos sócios remanescentes, apenas interessa a herdeiros e meeira. Terceiros não podem dela valer-se como se constituísse título líquido e certo" (STJ-3ª T., REsp 5.780, Min. Cláudio Santos, j. 5.3.91, maioria, DJU 15.4.91).

Art. 620: 9. "Não cabe ao juízo do inventário controlar os atos de disponibilidade dos bens sociais, enquanto perdurar a apuração de haveres dos herdeiros do sócio premorto" (STJ-3ª T., RMS 150, Min. Gueiros Leite, j. 3.4.90, maioria, DJU 7.5.90).

Art. 621. Só se pode arguir sonegação[1 a 1b] ao inventariante[2] depois de encerrada a descrição dos bens,[3] com a declaração, por ele feita, de não existirem outros por inventariar. [Dispositivo correspondente no CPC/1973: art. 994]

Art. 621: 1. s/ sonegados, v. CC 1.992 a 1.996; pagamento das dívidas, v. arts. 642 a 646 e CC 1.997 a 2.001.

Art. 621: 1a. "A **ação de sonegados** pode ser ajuizada pelo herdeiro em benefício próprio e dos demais" (STJ-3ª T., REsp 36.450-7, Min. Cláudio Santos, j. 18.4.95, DJU 15.5.95).

Art. 621: 1b. "A ação de sonegados não tem como pressuposto a prévia interpelação do herdeiro, nos autos do inventário. Se houver a arguição, a omissão ou a negativa do herdeiro caracterizará o dolo, admitida prova em contrário. Inexistindo arguição nos autos do inventário, a prova do dolo deverá ser apurada durante a instrução. Admitido o desvio de bens, mas negado o dolo, não é aplicável a pena de sonegados, mas os bens devem ser sobrepartilhados" (STJ-4ª T., REsp 163.195, Min. Ruy Rosado, j. 12.5.98, DJU 29.6.98). Também no sentido de que a omissão escusável de herdeiro não enseja a pena de sonegados, que somente deve ser aplicada se presente a intenção de fraudar a legítima: JTJ 312/310.

"A simples renitência do herdeiro, mesmo após interpelação, não configura dolo, sendo necessário, para tanto, demonstração inequívoca de que seu comportamento foi inspirado pela fraude. Não caracterizado o dolo de sonegar, afasta-se a pena da perda dos bens (CC, art. 1.992)" (STJ-3ª T., REsp 1.196.946, Min. João Otávio, j. 19.8.14, maioria, DJ 5.9.14).

Entendendo que há sonegação ainda que o inventariante não haja procedido com dolo, mas deixando de impor a pena de sonegados porque o processo de inventário já se findara e os bens que deveriam ser sobrepartilhados tinham sido alienados: JTJ 159/110 (no caso, reconheceu-se ao autor da ação de sonegados o direito a indenização).

Art. 621: 2. "O **cônjuge meeiro ou comparte** em algum bem comum, com o *de cujus* e depois com os herdeiros, responde passivamente à ação de sonegados" (RSTJ 3/1.067).

Art. 621: 3. "A ação de sonegados deve ser intentada após as últimas declarações prestadas no inventário, no sentido de não haver mais bens a inventariar. Sem haver a **declaração, no inventário, de não haver outros bens a inventariar,** falta à ação de sonegados uma das condições, o interesse processual, em face da desnecessidade de utilização do procedimento" (STJ-RT 816/180: 4ª T.). No mesmo sentido: RSTJ 3/1.067 (3ª T.).

Art. 622. O inventariante será removido de ofício ou a requerimento:[1 a 2] [Dispositivo correspondente no CPC/1973: art. 995-*caput*]

I — se não prestar, no prazo legal, as primeiras[3] ou as últimas[4] declarações; [Dispositivo correspondente no CPC/1973: art. 995-I]

II — se não der ao inventário andamento regular, se suscitar dúvidas infundadas ou se praticar atos meramente protelatórios;[5] [Dispositivo correspondente no CPC/1973: art. 995-II]

III — se, por culpa sua, bens do espólio[6] se deteriorarem, forem dilapidados ou sofrerem dano; [Dispositivo correspondente no CPC/1973: art. 995-III]

IV — se não defender o espólio nas ações em que for citado,[7] se deixar de cobrar dívidas ativas ou se não promover as medidas necessárias para evitar o perecimento de direitos; [Dispositivo correspondente no CPC/1973: art. 995-IV]

V — se não prestar contas[8] ou se as que prestar não forem julgadas boas; [Dispositivo correspondente no CPC/1973: art. 995-V]

VI — se sonegar,[9] ocultar ou desviar bens do espólio. [Dispositivo correspondente no CPC/1973: art. 995-VI]

Art. 622: 1. v. art. 623, nota 2.

Art. 622: 1a. "Não há direito líquido e certo à permanência no cargo de inventariante se, em caso de controvérsia decorrente do surgimento de outro herdeiro, o julgador nomeia um terceiro" (RSTJ 56/397).

Art. 622: 2. **"Não é exaustiva** a enumeração do art. 995 do CPC, nada impedindo que outras causas que denotem deslealdade, improbidade, ou outros vícios, sejam válidas para a remoção do inventariante" (RTJ 94/738 e RP 25/318). No mesmo sentido: STJ-4ª T., REsp 1.114.096, Min. João Otávio, j. 18.6.09, DJ 29.6.09; JTJ 192/205, 307/408, RT 919/1.136 (TJPI, AI 2010.0001.003535-4).

Art. 622: 3. v. art. 620.

Art. 622: 4. v. art. 636.

Art. 622: 5. "A simples **demora na terminação do inventário** não justifica a remoção do inventariante. É preciso que a demora tenha por causa a culpa do inventariante" (RT 479/97 e Bol. AASP 877/273).

Art. 622: 6. v. art. 618-II.

Art. 622: 7. v. art. 618-I.

Art. 622: 8. v. arts. 553 e 618-VII.

Art. 622: 9. v. CC 1.992 a 1.996.

Art. 623. Requerida a remoção[1] com fundamento em qualquer dos incisos do art. 622, será intimado o inventariante para, no prazo de 15 (quinze) dias, defender-se e produzir provas.[2] [Dispositivo correspondente no CPC/1973: art. 996-*caput*]

Parágrafo único. O incidente da remoção correrá em apenso aos autos do inventário. [Dispositivo correspondente no CPC/1973: art. 996 § ún.]

Art. 623: 1. A remoção pode ocorrer **de ofício** (v. art. 622-*caput*).

Art. 623: 2. É inadmissível a remoção, de plano, do inventariante (RF 260/259); deve ele ser **intimado para defender-se** (STJ-2ª T., REsp 1.461.526-AgRg, Min. Mauro Campbell, j. 16.10.14, DJ 28.10.14; RT 514/100).

Art. 624. Decorrido o prazo, com a defesa do inventariante ou sem ela, o juiz decidirá.[1-2] [Dispositivo correspondente no CPC/1973: art. 997]

Parágrafo único. Se remover o inventariante, o juiz nomeará outro, observada a ordem estabelecida no art. 617. [Dispositivo correspondente no CPC/1973: art. 997]

Art. 624: 1. A jurisprudência do STJ, na vigência do CPC rev., era firme no sentido de que cabe agravo contra a decisão proferida em incidente de remoção de inventariante (RSTJ 59/175, STJ-RT 709/206). No mesmo sentido: RTJ 94/738, RT 474/69, JTJ 183/153, RJTJESP 94/302, com excelente fundamentação, 95/287, RF 312/130, bem fundamentada, RJTJERGS 172/319, RTJE 114/190, RP 25/318. Esse entendimento permanece válido (v. art. 1.015 § ún.).

Na vigência do CPC rev., julgando cabível a apelação: RT 479/95, 493/82, 604/47, RJTJESP 35/131, 39/97, 64/112, 106/215, bem fundamentado, Bol. AASP 1.027/155, RP 3/344, em. 144.

Entendendo que se trata de decisão agravável, mas não existe erro grosseiro na interposição de apelação e aplicando, por isso, o **princípio da fungibilidade:** RSTJ 83/193 (STJ-3ª T.); STJ-4ª T., REsp 714.035, Min. Jorge Scartezzini, j. 16.6.05, DJU 1.7.05.

Art. 624: 2. A decisão que delibera sobre reclamação contra a nomeação do inventariante é **agravável** (v. art. 627, nota 2a).

Art. 625. O inventariante removido entregará imediatamente ao substituto os bens do espólio e, caso deixe de fazê-lo, será compelido mediante mandado de busca e apreensão ou de imissão na posse, conforme se tratar de bem móvel ou imóvel, sem prejuízo da multa a ser fixada pelo juiz em montante não superior a três por cento do valor dos bens inventariados. [Dispositivo correspondente no CPC/1973: art. 998]

Seção IV | DAS CITAÇÕES E DAS IMPUGNAÇÕES

Art. 626. Feitas as primeiras declarações, o juiz mandará citar, para os termos do inventário e da partilha, o cônjuge, o companheiro, os herdeiros[1-2] e os legatários e intimar a Fazenda Pública, o Ministério Público,[2a] se houver herdeiro incapaz ou ausente, e o testamenteiro, se houver testamento. [Dispositivo correspondente no CPC/1973: art. 999-*caput*]

§ 1º O cônjuge ou o companheiro, os herdeiros e os legatários serão citados pelo correio, observado o disposto no art. 247, sendo, ainda, publicado edital, nos termos do inciso III do art. 259. [Dispositivo correspondente no CPC/1973: art. 999 § 1º]

§ 2º Das primeiras declarações extrair-se-ão tantas cópias quantas forem as partes. [Dispositivo correspondente no CPC/1973: art. 999 § 2º]

§ 3º A citação será acompanhada de cópia das primeiras declarações. [Dispositivo correspondente no CPC/1973: art. 999 § 3º]

§ 4º Incumbe ao escrivão remeter cópias à Fazenda Pública, ao Ministério Público, ao testamenteiro, se houver, e ao advogado, se a parte já estiver representada nos autos. [Dispositivo correspondente no CPC/1973: art. 999 § 4º]

Art. 626: 1. mesmo os que tenham alienado os seus direitos (RT 507/87).

Art. 626: 2. No inventário **não ocorre o efeito da revelia** (RJTJESP 51/222).

Art. 626: 2a. "Tratando-se de mero incidente ocorrido no inventário, envolvendo interesse de particulares, desnecessária a audiência do representante do MP no feito" (RSTJ 94/238).

Art. 627. Concluídas as citações, abrir-se-á vista às partes, em cartório e pelo prazo comum de 15 (quinze) dias,[1-1a] para que se manifestem sobre as primeiras declarações, incumbindo às partes: [Dispositivo correspondente no CPC/1973: art. 1.000-*caput*]

I — arguir erros, omissões e sonegação de bens; [Dispositivo correspondente no CPC/1973: art. 1.000-I]

II — reclamar contra a nomeação de inventariante;[1b] [Dispositivo correspondente no CPC/1973: art. 1.000-II]

III — contestar a qualidade de quem foi incluído no título de herdeiro.[2] [Dispositivo correspondente no CPC/1973: art. 1.000-III]

§ 1º Julgando procedente a impugnação referida no inciso I, o juiz mandará retificar as primeiras declarações. [Dispositivo correspondente no CPC/1973: art. 1.000 § ún.]

§ 2º Se acolher o pedido de que trata o inciso II, o juiz nomeará outro inventariante, observada a preferência legal.[2a-3] [Dispositivo correspondente no CPC/1973: art. 1.000 § ún.]

§ 3º Verificando que a disputa sobre a qualidade de herdeiro a que alude o inciso III demanda produção de provas que não a documental,[4] o juiz remeterá a parte às vias ordinárias[5 a 7a] e sobrestará, até o julgamento da ação,[8] a entrega do quinhão que na partilha[9-10] couber ao herdeiro admitido. [Dispositivo correspondente no CPC/1973: art. 1.000 § ún.]

Art. 627: 1. v. art. 65, notas 5 e 5a (arguição da incompetência).

Art. 627: 1a. Nesse mesmo prazo, o herdeiro deve trazer à colação os bens que recebeu (art. 639).

Art. 627: 1b. Cabe **agravo de instrumento** contra a decisão que nomeia inventariante, mesmo antes da reclamação prevista no art. 627-II. Nesse sentido: "Estabelecida, assim que iniciado o processo de inventário, disputa pela inventariança, a decisão que nomeia o inventariante desafia, desde logo, agravo de instrumento" (STJ-3ª T., REsp 141.548, Min. Pádua Ribeiro, j. 19.5.05, DJU 13.6.05). V. tb. art. 1.015 § ún.

Art. 627: 2. "A decisão que indefere, no inventário, habilitação de companheira do falecido, excluindo-a do feito, tem natureza jurídica de **decisão interlocutória,** sendo cabível, então, o recurso de agravo" (RSTJ 132/425).

Art. 627: 2a. Da decisão que **acolhe ou rejeita a reclamação** contra a nomeação do inventariante cabe agravo, porque não põe termo ao processo de inventário. Quanto ao recurso cabível contra a decisão que julga o pedido de remoção do inventariante, v. art. 624, nota 2.

Art. 627: 3. v. art. 617.

Art. 627: 4. v. art. 612.

O ato que mantém ou exclui o herdeiro nos autos do inventário é passível de **agravo** (v. art. 1.015-VII e § ún.).

V. arts. 1.009, nota 2, e 1.015, nota 1.

Art. 627: 5. Súmula 149 do STF: "É imprescritível a ação de investigação de paternidade, mas não o é a de petição de herança".

Prescreve a ação de petição de herança em dez anos (CC 205), a contar da abertura da sucessão (CC 1.784).

Art. 627: 6. "A ação rescisória não é o remédio processual adequado a ser manejado pelos herdeiros que não participaram do processo de inventário, buscando atacar a partilha homologada em procedimento sem contencioso. Inteligência das regras dos arts. 1.824 e 1.825 do Código Civil de 2002" (STJ-3ª T., REsp 940.455, Min. Paulo Sanseverino, j. 17.5.11, DJ 23.5.11).

Art. 627: 7. "A procedência da ação de investigação de paternidade, cumulada com petição de herança, dispensa propositura de nova ação para a decretação da nulidade da partilha e reivindicação dos bens" (STJ-RT 738/250).

"Julgados procedentes os pedidos formulados em sede de ação de **investigação de paternidade cumulada com petição de herança,** disso resulta lógica e automática a nulidade da partilha realizada sem a presença e participação do autor vitorioso, afigurando-se dispensável a propositura de ação específica que tenha por objeto apenas vê-la reconhecida expressamente. A execução da decisão de procedência proferida em autos de petição de herança faz-se, como regra, por meio de simples pedido de retificação de partilha, uma vez que a sentença homologatória de partilha não faz coisa julgada em relação ao herdeiro não convocado ao processo de inventário (art. 472, CPC)" (RSTJ 74/204, RTJE 150/233, Ajuris 76/655).

Contra: "A anulação de partilha exige ação própria, mesmo que omita herdeiro posteriormente reconhecido em ações de investigação de paternidade e petição de herança" (STF-RT 541/298). No mesmo sentido: RJTJESP 107/244.

Art. 627: 7a. "Os **efeitos da ação de petição de herança** não poderão prejudicar àquele que, de boa-fé, adquiriu do herdeiro aparente qualquer bem do espólio. Cuidando-se, na espécie, de herdeiro retardatário, que o acórdão afirmou não ser conhecido dos cessionários e mesmo dos outros herdeiros, certo está que, ao cederem as rés os direitos hereditários sobre todo o imóvel, procederam de boa-fé, como expressamente reconheceu o aresto. O negócio jurídico assim celebrado era efetivamente insuscetível de desfazimento, em virtude da petição de herança do herdeiro desconhecido julgada procedente" (STF-RT 681/250).

Art. 627: 8. que deve ser proposta dentro de 30 dias (art. 668-I).

Art. 627: 9. s/ reserva de bens, no inventário, v. arts. 628 § 2º, 643 e 668-I.

Art. 627: 10. A sustação é da entrega do quinhão (RT 489/102), e não da partilha, como está em RP 6/324, em. 167.

Art. 628. Aquele que se julgar preterido poderá demandar sua admissão no inventário, requerendo-a antes da partilha. [Dispositivo correspondente no CPC/1973: art. 1.001]

§ 1º Ouvidas as partes no prazo de 15 (quinze) dias, o juiz decidirá. [Dispositivo correspondente no CPC/1973: art. 1.001]

§ 2º Se para solução da questão for necessária a produção de provas que não a documental, o juiz remeterá o requerente às vias ordinárias,[1] mandando reservar, em poder do inventariante, o quinhão do herdeiro excluído[1a a 4] até que se decida o litígio. [Dispositivo correspondente no CPC/1973: art. 1.001]

Art. 628: 1. s/ recurso, em caso de remessa às vias ordinárias, v. art. 612, nota 7.

Art. 628: 1a. A reserva de bens em favor da pessoa excluída do inventário consiste em medida urgente, cuja concessão fica vinculada à presença dos requisitos do ***fumus boni iuris*** e ***periculum in mora*** (STJ-4ª T., REsp 34.323-2, Min. Barros Monteiro, j. 9.10.95, DJU 11.12.95; STJ-RT 747/209; RJTJERGS 70/185).

O simples trâmite da ação movida pelo herdeiro excluído "não gera o direito de reserva de bens em poder do inventariante, porque sempre se fará necessária a conjugação dos requisitos da relevância do direito e do perigo na demora, apesar de remetida a parte à via ordinária" (STJ-3ª T., REsp 423.192, Min. Nancy Andrighi, j. 30.8.02, DJU 28.10.02).

"O simples ajuizamento da ação declaratória de união estável não basta para autorizar a reserva de bens em favor da companheira" (STJ-RT 870/168: 3ª T., REsp 660.897).

Não é caso de reserva de bens se quem pretende ser herdeiro apenas se limitou a propor uma ação de nulidade de seu registro de nascimento, sob alegação de falsidade, porque daí não resultará o reconhecimento de ser filho do inventariado (RT 589/107).

Art. 628: 2. "O *fumus boni iuris* se verifica presente na propositura da ação de nulidade parcial de assento de nascimento cumulada com **investigação de paternidade.** O *periculum in mora* está caracterizado no pedido de reserva de bens, porquanto a posterior procedência do pedido de investigação de paternidade gerará o desfazimento da partilha com risco de não ser possível repor o monte partível no estado anterior" (STJ-3ª T., REsp 628.724, Min. Nancy Andrighi, j. 3.5.05, DJU 30.5.05).

"Nos autos de inventário é admissível o pedido de reserva de bens em virtude da existência de ação de investigação de paternidade" (RT 751/350). No mesmo sentido: JTJ 331/141 (AI 577.562-4/2-00).

Art. 628: 2a. O **companheiro** pode pedir reserva de bens em inventário, com fundamento na união estável mantida com o falecido (RT 710/404, JTJ 202/231, 239/251, RF 328/368, Bol. AASP 1.881/3, 1.886/2).

V. tb. arts. 618, nota 3a, e 626. S/ participação do companheiro na sucessão, v. CC 1.790.

Art. 628: 2b. Deferindo à mulher que mantinha relação com **homem casado** (concubina) "a reserva de bens na proporção de sua participação para a acumulação da riqueza": STJ-3ª T., REsp 423.192, Min. Nancy Andrighi, j. 30.8.02, DJU 28.10.02. No mesmo sentido: STJ-4ª T., REsp 310.904, Min. Jorge Scartezzini, j. 22.2.05, DJU 28.3.05.

Art. 628: 3. Autorizando pedido de reserva de bens fundado em **união homoafetiva:** RT 877/260 (TJGO, AI 62.506-8/170), JTJ 238/211.

Art. 628: 4. Para a preservação da reserva de bens, a demanda pelos meios ordinários deve ser ajuizada no prazo de 30 dias (art. 668-I).

Art. 629. A Fazenda Pública, no prazo de 15 (quinze) dias,[1] após a vista de que trata o art. 627, informará ao juízo, de acordo com os dados que constam de seu cadastro imobiliário, o valor dos bens de raiz descritos nas primeiras declarações. [Dispositivo correspondente no CPC/1973: art. 1.002]

Art. 629: 1. Este prazo não é preclusivo (v. art. 633, nota 1).

Seção V | DA AVALIAÇÃO E DO CÁLCULO DO IMPOSTO

Art. 630. Findo o prazo previsto no art. 627 sem impugnação ou decidida a impugnação que houver sido oposta, o juiz nomeará, se for o caso, perito[1-2] para avaliar os bens do espólio, se não houver na comarca avaliador judicial. [Dispositivo correspondente no CPC/1973: art. 1.003-*caput*]

Parágrafo único. Na hipótese prevista no art. 620, § 1º, o juiz nomeará perito para avaliação das quotas sociais ou apuração dos haveres. [Dispositivo correspondente no CPC/1973: art. 1.003 § ún.]

Art. 630: 1. A nomeação obedece aos arts. 156 a 158. O laudo pode ser impugnado (art. 635). Admite-se a indicação de assistente técnico **(contra:** RJTJESP 32/124), mas quem o indicou, ainda que seja a Fazenda Pública (RTJ 93/1.204), deve pagar-lhe a remuneração.

Art. 630: 2. É **agravável** a decisão que indefere a perícia (RT 492/104).

V. tb. art. 1.015 § ún.

Art. 631. Ao avaliar os bens do espólio, o perito observará, no que for aplicável, o disposto nos arts. 872 e 873. [Dispositivo correspondente no CPC/1973: art. 1.004]

Art. 632. Não se expedirá carta precatória para a avaliação de bens situados fora da comarca onde corre o inventário se eles forem de pequeno valor ou perfeitamente conhecidos do perito nomeado. [Dispositivo correspondente no CPC/1973: art. 1.006]

Art. 633. Sendo capazes todas as partes, não se procederá à avaliação se a Fazenda Pública, intimada pessoalmente, concordar de forma expressa com o valor atribuído, nas primeiras declarações, aos bens do espólio.[1] [Dispositivo correspondente no CPC/1973: art. 1.007]

Art. 633: 1. A **dispensa de avaliação** exige, em qualquer circunstância, expressa concordância da Fazenda Pública (RTJ 94/648, 116/1.299), ainda que ela não haja informado, no prazo do art. 629, o valor dos bens de raiz (RTJ 109/422 e STF-RT 584/278). No mesmo sentido: RTJ 119/389 e STF-RT 610/266.

Considerando desnecessária a avaliação porque a meeira e os herdeiros foram aquinhoados com partes ideais de todos os bens do espólio: STJ-4ª T., REsp 37.890-7, Min. Barros Monteiro, j. 23.9.97, DJU 17.11.97.

Art. 634. Se os herdeiros concordarem com o valor dos bens declarados pela Fazenda Pública,[1] a avaliação cingir-se-á aos demais. [Dispositivo correspondente no CPC/1973: art. 1.008]

Art. 634: 1. i. e., "com o valor atribuído a alguns bens pela Fazenda Pública", etc.

Art. 635. Entregue o laudo de avaliação, o juiz mandará que as partes se manifestem no prazo de 15 (quinze) dias, que correrá em cartório. [Dispositivo correspondente no CPC/1973: art. 1.009-*caput*]

§ 1º Versando a impugnação sobre o valor dado pelo perito, o juiz a decidirá de plano,[1] à vista do que constar dos autos. [Dispositivo correspondente no CPC/1973: art. 1.009 § 1º]

§ 2º Julgando procedente a impugnação, o juiz determinará que o perito retifique a avaliação, observando os fundamentos da decisão. [Dispositivo correspondente no CPC/1973: art. 1.009 § 2º]

Art. 635: 1. Cabe **agravo de instrumento** contra a decisão que julga a impugnação (v. art. 1.015 § ún.).

Art. 636. Aceito o laudo ou resolvidas as impugnações suscitadas a seu respeito, lavrar-se-á em seguida o termo de últimas declarações,[1] no qual o inventariante poderá emendar, aditar ou completar as primeiras. [Dispositivo correspondente no CPC/1973: art. 1.011]

Art. 636: 1. v. arts. 621 e 622-I.

Art. 637. Ouvidas as partes sobre as últimas declarações no prazo comum de 15 (quinze) dias, proceder-se-á ao cálculo do tributo.[1 a 6] [Dispositivo correspondente no CPC/1973: art. 1.012]

Art. 637: 1. **Súmula 112 do STF:** "O imposto de transmissão *causa mortis* é devido pela **alíquota** vigente ao tempo da abertura da sucessão". Esta Súmula continua em vigor (RTJ 93/628, um voto vencido).

Súmula 113 do STF: "O imposto de transmissão *causa mortis* é calculado sobre o **valor dos bens** na data da avaliação". **Contra,** calculando esse valor na data da transmissão dos bens: STJ-2ª T., REsp 15.071-0, Min. José de Jesus Filho, j. 5.9.94, DJU 10.10.94.

"O imposto de transmissão *causa mortis* incide sobre o valor da primeira avaliação, até o dia de seu efetivo pagamento" (RSTJ 127/218).

Súmula 114 do STF: "O imposto de transmissão *causa mortis* não é exigível antes da homologação do cálculo".

Súmula 115 do STF: "Sobre os honorários do advogado contratado pelo inventariante, com a homologação do juiz, não incide o imposto de transmissão *causa mortis*".

Súmula 116 do STF: "Em desquite ou inventário, é legítima a cobrança do chamado imposto de reposição, quando houver desigualdade nos valores partilhados". V. anotações a esta Súmula no art. 731, nota 4a.

Súmula 331 do STF: "É legítima a incidência do imposto de transmissão *causa mortis* no inventário por morte presumida".

Súmula 590 do STF: "Calcula-se o imposto de transmissão *causa mortis* sobre o saldo credor da promessa de compra e venda de imóvel, no momento da abertura da sucessão do promitente vendedor".

Art. 637: 2. Se a Fazenda do Estado e todos os interessados concordarem com o cálculo do imposto, não há necessidade de ser feito pelo contador do juízo, ainda que haja herdeiro menor (Bol. AASP 1.399/247).

Art. 637: 3. "Se todos os filhos do autor da herança renunciam a seus respectivos quinhões, beneficiando a viúva, que era a herdeira subsequente, é incorreto dizer que a renúncia foi antecedida por aceitação tácita da herança. Não incidência do imposto de transmissão" (STJ-1ª T., REsp 20.183-8, Min. Gomes de Barros, j. 1.12.93, maioria, DJU 7.2.94).

Art. 637: 4. "O imposto de transmissão *causa mortis*, calculado sobre o valor encontrado na avaliação, deve ser corrigido monetariamente" (STJ-2ª T., REsp 17.132-0, Min. Américo Luz, j. 22.2.95, DJU 20.3.95).

Art. 637: 5. "A relação de direito tributário, estabelecida em contrato de cessão de direitos hereditários, não encontra sede própria para discussão no processo e inventário dos bens do espólio. Dispõe a Fazenda de outros mecanismos para cobrar os créditos eventualmente existentes" (STJ-2ª T., REsp 15.553-0, Min. Hélio Mosimann, j. 30.11.94, DJU 19.12.94).

Art. 637: 6. "No processo de inventário, a taxa judiciária deve ser calculada sobre o valor dos bens deixados pelo *de cujus*, excluindo-se a meação do cônjuge supérstite", pois esta "não se enquadra no conceito legal de herança" (STJ-2ª T., REsp 343.718, Min. Eliana Calmon, j. 19.5.05, DJU 20.6.05). No mesmo sentido: "Em processo de inventário, a toda evidência, a meação do cônjuge supérstite não é abarcada pelo serviço público prestado, destinado essencialmente a partilhar a herança deixada pelo *de cujus*. Tampouco pode ser considerada proveito econômico, porquanto pertencente, por direito próprio e não sucessório, ao cônjuge viúvo" (STJ-4ª T., REsp 898.294, Min. Luis Felipe, j. 2.6.11, DJ 20.6.11).

S/ taxa judiciária em arrolamento, v. art. 662 § 1º.

Art. 638. Feito o cálculo, sobre ele serão ouvidas todas as partes no prazo comum de 5 (cinco) dias, que correrá em cartório, e, em seguida, a Fazenda Pública. [Dispositivo correspondente no CPC/1973: art. 1.013-*caput*]

§ 1º Se acolher eventual impugnação, o juiz ordenará nova remessa dos autos ao contabilista,[1] determinando as alterações que devam ser feitas no cálculo. [Dispositivo correspondente no CPC/1973: art. 1.013 § 1º]

§ 2º Cumprido o despacho, o juiz julgará o cálculo do tributo.[2 a 4] [Dispositivo correspondente no CPC/1973: art. 1.013 § 2º]

Art. 638: 1. O despacho que determina a remessa dos autos ao contador, acolhendo impugnação, é irrecorrível (daí a razão de ser denominado "despacho", no § 2º), na medida em que não define o cálculo do tributo. A matéria será toda decidida em definitivo, pelo juiz, ao ser julgado o cálculo.

Art. 638: 2. e, pago este, será **homologada a partilha** (arts. 653 e 659 § 2º).

Art. 638: 3. "podendo nesse instante reconhecer a **isenção" tributária** (STJ-RT 747/238: 4ª T.). No mesmo sentido: STJ-1ª T., REsp 143.542, Min. Milton Luiz Pereira, j. 15.2.01, DJU 28.5.01; STJ-2ª T.: RSTJ 164/188.

V. tb. art. 654, nota 1b.

Em matéria de arrolamento, v. art. 662, nota 1a.

Art. 638: 4. Da decisão que julga o cálculo do tributo cabe **agravo** (RTJ 87/295, deram provimento, v.u.; STJ-2ª T., REsp 34.895-3, Min. Pádua Ribeiro, j. 21.3.96, DJU 8.4.96; RJTJESP 31/177, RP 5/276, maioria).

V. tb. art. 1.015 § ún.

Seção VI | DAS COLAÇÕES

Art. 639. No prazo estabelecido no art. 627, o herdeiro obrigado à colação conferirá por termo nos autos ou por petição à qual o termo se reportará os bens que recebeu ou, se já não os possuir, trar-lhes-á o valor.[1 a 2a] [Dispositivo correspondente no CPC/1973: art. 1.014-*caput*]

Parágrafo único. Os bens a serem conferidos na partilha, assim como as acessões e as benfeitorias que o donatário fez, calcular-se-ão pelo valor que tiverem ao tempo da abertura da sucessão.[3] [Dispositivo correspondente no CPC/1973: art. 1.014 § ún.]

Art. 639: 1. v., no nosso CCLCV, CC 2.002 a 2.012 e notas.

Art. 639: 2. "Devem ser relacionados no inventário valores vultosos de caderneta de poupança conjunta, mantida por herdeiros com o 'de cujus', ante a retirada deste da titularidade da conta, permanecendo o valor, não trazido ao inventário, em poder dos herdeiros. Válido o julgamento da matéria obrigacional, antecedente do direito à colação, de alta indagação e dependente de provas, por Juízo de Vara Cível, para o qual declinada, sem recurso, a competência, pelo Juízo do inventário. Ação de colação adequada, não se exigindo a propositura, em seu lugar, de ação de sobrepartilha, consequência do direito de colação de sonegados cujo reconhecimento é antecedente necessário da sobrepartilha. O direito à colação de bens do 'de cujus' em proveito de herdeiros necessários subsiste diante da partilha amigável no processo de inventário, em que omitida a declaração dos bens doados inoficiosamente e que, por isso, devem ser colacionados" (STJ-3ª T., REsp 1.343.263, Min. Sidnei Beneti, j. 4.4.13, DJ 11.4.13).

Art. 639: 2a. "Havendo partilha em vida e distribuição equânime dos bens entre os herdeiros (CC, art. 1.776), não se justifica a colação, ainda que faltando a dispensa expressa, pelo doador, no ato da liberalidade" (RT 662/83). O art. 1.776 do CC rev. corresponde ao CC 2.018.

Art. 639: 3. O CC 2004 dispõe diversamente sobre o valor de colação dos bens doados. Entretanto, prevalece no ponto o CPC 639, por ser lei posterior (cf. LINDB 2º § 1º).

V., no nosso CCLCV, CC 2.004 e notas.

Art. 640. O herdeiro que renunciou à herança ou o que dela foi excluído não se exime, pelo fato da renúncia ou da exclusão, de conferir, para o efeito de repor a parte inoficiosa, as liberalidades que obteve do doador. [Dispositivo correspondente no CPC/1973: art. 1.015-*caput*]

§ 1º É lícito ao donatário escolher, dentre os bens doados, tantos quantos bastem para perfazer a legítima e a metade disponível, entrando na partilha o excedente para ser dividido entre os demais herdeiros. [Dispositivo correspondente no CPC/1973: art. 1.015 § 1º]

§ 2º Se a parte inoficiosa da doação recair sobre bem imóvel que não comporte divisão cômoda, o juiz determinará que sobre ela se proceda a licitação entre os herdeiros. [Dispositivo correspondente no CPC/1973: art. 1.015 § 2º]

§ 3º O donatário poderá concorrer na licitação referida no § 2º e, em igualdade de condições, terá preferência sobre os herdeiros. [Dispositivo correspondente no CPC/1973: art. 1.015 § 2º]

Art. 641. Se o herdeiro negar o recebimento dos bens ou a obrigação de os conferir, o juiz, ouvidas as partes no prazo comum de 15 (quinze) dias, decidirá[1] à vista das alegações e das provas produzidas. [Dispositivo correspondente no CPC/1973: art. 1.016-*caput*]

§ 1º Declarada improcedente a oposição, se o herdeiro, no prazo improrrogável de 15 (quinze) dias, não proceder à conferência, o juiz mandará sequestrar-lhe, para serem inventariados e partilhados, os bens sujeitos à colação ou imputar ao seu quinhão hereditário o valor deles, se já não os possuir. [Dispositivo correspondente no CPC/1973: art. 1.016 § 1º]

§ 2º Se a matéria exigir dilação probatória diversa da documental,[2] o juiz remeterá as partes às vias ordinárias, não podendo o herdeiro receber o seu quinhão hereditário, enquanto pender a demanda,[2a a 4] sem prestar caução correspondente ao valor dos bens sobre os quais versar a conferência. [Dispositivo correspondente no CPC/1973: art. 1.016 § 2º]

Art. 641: 1. Se o herdeiro, na forma do art. 641, manifestar resistência ao despacho que determinou a colação, o **prazo para recorrer** se conta da decisão do incidente (RT 619/95, RJTJESP 108/356).

Art. 641: 2. v. art. 612.

Art. 641: 2a. v. art. 639, nota 2.

Art. 641: 3. Qualquer dos **herdeiros tem ação contra o sonegador** — CC 1.994 § ún. — para que traga o bem à colação, ou o seu valor; mas a este também assiste ação declaratória negativa (art. 19-I).

Art. 641: 3a. "O direito de exigir colação é privativo dos herdeiros necessários. **Ilegitimidade de** o **testamenteiro** exigir a colação" (STJ-3ª T., REsp 170.037, Min. Waldemar Zveiter, j. 13.4.99, DJ 24.5.99).

Art. 641: 4. "O instituto da colação diz respeito, tão somente, à sucessão legítima; assim, os bens eventualmente conferidos não aumentam a metade disponível do autor da herança, de sorte que benefício algum traz ao herdeiro testamentário a reivindicação de bem não colacionado no inventário. Destarte, o **herdeiro testamentário não tem legitimidade** ativa para exigir à colação bem sonegado por herdeiro necessário (descendente sucessivo) em processo de inventário e partilha" (STJ-RT 898/164: 3ª T., REsp 400.948).

Seção VII | DO PAGAMENTO DAS DÍVIDAS

Art. 642. Antes da partilha, poderão os credores do espólio requerer ao juízo do inventário o pagamento das dívidas vencidas e exigíveis.[1 a 2] [Dispositivo correspondente no CPC/1973: art. 1.017-*caput*]

§ 1º A petição, acompanhada de prova literal da dívida, será distribuída por dependência e autuada em apenso aos autos do processo de inventário. [Dispositivo correspondente no CPC/1973: art. 1.017 § 1º]

§ 2º Concordando as partes com o pedido, o juiz, ao declarar habilitado o credor,[3] mandará que se faça a separação de dinheiro ou, em sua falta, de bens suficientes para o seu pagamento. [Dispositivo correspondente no CPC/1973: art. 1.017 § 2º]

§ 3º Separados os bens, tantos quantos forem necessários para o pagamento dos credores habilitados, o juiz mandará aliená-los,[4] observando-se as disposições deste Código relativas à expropriação.[5-6] [Dispositivo correspondente no CPC/1973: art. 1.017 § 3º]

§ 4º Se o credor requerer que, em vez de dinheiro, lhe sejam adjudicados, para o seu pagamento, os bens já reservados, o juiz deferir-lhe-á o pedido, concordando todas as partes. [Dispositivo correspondente no CPC/1973: art. 1.017 § 4º]

§ 5º Os donatários serão chamados a pronunciar-se sobre a aprovação das dívidas, sempre que haja possibilidade de resultar delas a redução das liberalidades. [Sem dispositivo correspondente no CPC/1973]

Art. 642: 1. v. CC 1.997 a 2.001.

S/ honorários do advogado do inventariante, v. art. 619, nota 4a.

Art. 642: 1a. **CTN: "Art. 187.** A cobrança judicial do crédito tributário não é sujeita a concurso de credores ou habilitação em falência, recuperação judicial, concordata, inventário ou arrolamento. (...).

"**Art. 189.** São pagos preferencialmente a quaisquer créditos habilitados em inventário ou arrolamento, ou a outros encargos do monte, os créditos tributários vencidos ou vincendos, a cargo do *de cujus* ou de seu espólio, exigíveis no decurso do processo de inventário ou arrolamento. **Parágrafo único.** Contestado o crédito tributário, proceder-se-á na forma do disposto no § 1º do artigo anterior".

Art. 642: 1b. "A **habilitação** de crédito contra o espólio, no juízo do inventário, é mera **faculdade** concedida ao credor, que pode livremente optar por propor ação de cobrança e posterior execução" (STJ-4ª T., REsp 921.603, Min. João Otávio, j. 15.10.09, DJ 26.10.09). No mesmo sentido: STJ-2ª Seção, CC 96.042, Min. Massami Uyeda, j. 13.10.10, DJ 21.10.10.

Mas: "Uma vez eleita a via judicial pelo credor, em que se deu a efetiva habilitação do crédito no bojo do inventário, não é dada a esse credor a possibilidade de se valer de nova via judicial para obter o mesmo crédito, seja em relação ao próprio espólio, seja em relação ao codevedor, pois, em ambos os casos, a habilitação de crédito anteriormente intentada e judicialmente homologada já atingiu tal finalidade, tornando a adoção de outra medida judicial (seja executória, ou de cobrança), por conseguinte, absolutamente inócua, e, mesmo, desnecessária" (STJ-RT 915/605: 3ª T., REsp 1.167.031).

Art. 642: 1c. "A habilitação de crédito no inventário, a ser realizada antes da partilha, é medida de natureza facultativa, disponibilizada ao credor para facilitar a satisfação da dívida, o que não impede, contudo, o ajuizamento de ações autônomas para a mesma finalidade, especialmente nas hipóteses em que a dívida não está vencida ou não é exigível. Ajuizada ação autônoma de cobrança e deferido o **arresto cautelar** de valores vinculados à conta judicial da ação de inventário, é irrelevante o fato de já ter sido homologada judicialmente a sentença de partilha, na medida em que o arresto, nessas circunstâncias, assemelha-se à penhora no rosto do inventário dos direitos sucessórios dos herdeiros, e também porque, após o trânsito em julgado, haverá a prática de atos típicos de cumprimento e de execução inerentes à atividade judicante, não havendo que se falar em esgotamento da jurisdição do juízo do inventário que o impeça de implementar a ordem judicial emanada do juízo em que tramita a ação de cobrança" (STJ-3ª T., RMS 58.653, Min. Nancy Andrighi, j. 2.4.19, DJ 4.4.19).

Art. 642: 1d. Autorizando que o **credor** requeira **alvará** no inventário, mas condicionando seu deferimento à concordância do inventariante e dos demais herdeiros: RT 723/339, JTJ 167/26, RJ 184/48.

Contra: "Alvará para outorga de escritura só pode ser requerido por quem tenha a obrigação, não por quem tenha a pretensão de receber a escritura" (Bol. AASP 1.769/444; citação da p. 445).

V. tb. art. 619, nota 1.

Art. 642: 2. A habilitação de crédito em inventário sujeita-o à **correção monetária** (RT 593/69 e RJTJESP 92/67).

Art. 642: 3. "Decisão judicial sobre a habilitação de crédito no inventário. Provimento jurisdicional que não encerra o procedimento perante o Juízo de Direito, mas mantém o processo de inventário em curso, relegando eventual discussão sobre o crédito para as vias ordinárias ou determinando a separação de bens para o pagamento da dívida em momento posterior. A mera autuação em apenso do pedido não tem o condão de desnaturar a essência da decisão proferida, pois a forma de processamento do pleito se refere à disciplina da marcha processual, a fim de se alcançar a boa prestação jurisdicional, sem tumultos processuais ou sem dilações indevidas. O **agravo de instrumento** é o recurso adequado para impugnar decisão que aprecia pedido de habilitação de crédito no inventário, pois o provimento judicial atacado, embora processado em apenso aos autos principais, tem natureza de decisão interlocutória, uma vez que não encerra o processo de inventário" (STJ-4ª T., REsp 1.107.400, Min. Marco Buzzi, j. 10.9.13, DJ 13.11.13).

Contra, no sentido de ser **apelável** a decisão que, em inventário, julga habilitação de crédito: RJTJESP 43/200.

"Os recorridos cometeram um erro grosseiro ao interpor recurso de agravo contra a decisão da habilitação de crédito porque não há dúvidas de que se trata de uma sentença e, portanto, sujeita à apelação" (STJ-3ª T., REsp 1.133.447, Min. Nancy Andrighi, j. 11.12.12, DJ 19.12.12). No mesmo sentido: RJTJESP 125/352.

Art. 642: 4. Essa decisão desafia agravo de instrumento (v. art. 1.015 § ún.).

Art. 642: 5. v. arts. 824, 825 e 876 a 903.

Art. 642: 6. "Para realização de hasta pública em processo de inventário, com o objetivo de pagamento de dívidas do espólio, é imprescindível a observância do disposto nos artigos 992, I, e 1.017 do CPC, que exigem a concordância das partes e a habilitação dos créditos pelos interessados, devendo o bem ser alienado com observância, no que for aplicável, das normas relativas à execução por quantia certa contra devedor solvente. No caso, a **ausência de publicação do edital** em jornal de circulação local ou, ao menos, no órgão oficial configurou manifesto prejuízo ao espólio e aos credores, por ausência de publicidade do ato, impedindo a concorrência para a aquisição do bem e a fiscalização dos atos de expropriação. Deve ser decretada a nulidade dos atos expropriatórios realizados nos autos do inventário, diante da existência de vícios insanáveis" (STJ-4ª T., REsp 1.564.711, Min. Isabel Gallotti, j. 12.4.16, DJ 3.5.16).

Art. 643. Não havendo concordância de todas as partes sobre o pedido de pagamento feito pelo credor,[1] será o pedido remetido às vias ordinárias.[1a] [Dispositivo correspondente no CPC/1973: art. 1.018-*caput*]

Parágrafo único. O juiz mandará, porém, reservar,[1b-2] em poder do inventariante, bens suficientes para pagar o credor quando a dívida constar de documento que comprove suficientemente[3] a obrigação e a impugnação não se fundar em quitação.[4] [Dispositivo correspondente no CPC/1973: art. 1.018 § ún.]

Art. 643: 1. "O pedido de habilitação de crédito em inventário enseja a condenação em honorários desde que haja resistência do promovido. Hipótese, contudo, em que houve decaimento parcial do pedido, o que importa a **compensação dos honorários,** pela **sucumbência recíproca**" (STJ-4ª T., REsp 578.943, Min. Cesar Rocha, j. 19.5.04, DJU 4.10.04). No mesmo sentido: "Havendo resistência dos herdeiros, a rejeição do pedido de habilitação de crédito em inventário enseja a condenação do habilitante em honorários. Contudo, havendo também determinação de reserva de bens e de remessa do feito às vias ordinárias, em razão da existência de documentos suficientes para comprovar o crédito, deve-se concluir que houve sucumbência recíproca, donde decorre a compensação da verba honorária e divisão das custas processuais entre os litigantes" (STJ-3ª T., REsp 1.431.036, Min. Moura Ribeiro, j. 17.4.18, DJ 24.4.18).

Todavia: "A sentença que denega a habilitação de crédito na sucessão, por **mera discordância** de qualquer interessado, não enseja a condenação em honorários advocatícios, pois não torna litigiosa a demanda, não havendo falar em condenação, nem de se cogitar em qualquer proveito econômico, já que o direito ao crédito e à sua cobrança são remetidos às vias ordinárias" (STJ-4ª T., REsp 1.792.709-AgInt, Min. Luis Felipe, j. 6.8.19, DJ 13.8.19).

Art. 643: 1a. A decisão de remessa às vias ordinárias é **agravável** (v. art. 1.015 § ún.).

Art. 643: 1b. v. art. 668-I.

Art. 643: 2. "Se a dívida está em nome de terceira pessoa, e não do espólio, não é de se admitir a reserva de bens prevista no art. 1.018, § ún., do CPC" (STJ-3ª T., REsp 209.653-AgRg, Min. Nancy Andrighi, j. 29.5.01, DJU 25.6.01). No caso, tratava-se de dívida dos herdeiros.

Art. 643: 3. "Inexigível, para a reserva de que trata o art. 1.018, § ún., do CPC, que a dívida cobrada do espólio seja líquida e certa, bastando a suficiente comprovação documental da sua existência" (STJ-4ª T., REsp 98.486, Min. Aldir Passarinho Jr., j. 16.8.05, DJU 5.9.05). No mesmo sentido: JTJ 307/405, RTJE 120/187.

Art. 643: 4. "A reserva de bens na habilitação tem **feição de arresto.** O credor não tem interesse em buscar a anulação da partilha para alcançar garantia cautelar quando a solução da dívida já se encontra suficientemente assegurada, nas vias ordinárias, pela penhora" (STJ-3ª T., REsp 703.884, Min. Nancy Andrighi, j. 23.10.07, DJU 8.11.07).

Art. 644. O credor de dívida líquida e certa, ainda não vencida, pode requerer habilitação no inventário. [Dispositivo correspondente no CPC/1973: art. 1.019]

Parágrafo único. Concordando as partes com o pedido referido no *caput*, o juiz, ao julgar habilitado o crédito, mandará que se faça separação de bens para o futuro pagamento. [Dispositivo correspondente no CPC/1973: art. 1.019]

Art. 645. O legatário é parte legítima para manifestar-se sobre as dívidas do espólio: [Dispositivo correspondente no CPC/1973: art. 1.020-*caput*]

I — quando toda a herança for dividida em legados; [Dispositivo correspondente no CPC/1973: art. 1.020-I]

II — quando o reconhecimento das dívidas importar redução dos legados. [Dispositivo correspondente no CPC/1973: art. 1.020-II]

Art. 646. Sem prejuízo do disposto no art. 860, é lícito aos herdeiros, ao separarem bens para o pagamento de dívidas, autorizar que o inventariante os indique à penhora no processo em que o espólio for executado. [Dispositivo correspondente no CPC/1973: art. 1.021]

Seção VIII | DA PARTILHA

Art. 647. Cumprido o disposto no art. 642, § 3º, o juiz facultará às partes que, no prazo comum de 15 (quinze) dias, formulem o pedido de quinhão e, em seguida, proferirá a decisão de deliberação da partilha,[1-2] resolvendo os pedidos das partes e designando os bens que devam constituir quinhão de cada herdeiro e legatário.[3-4] [Dispositivo correspondente no CPC/1973: art. 1.022]

Parágrafo único. O juiz poderá, em decisão fundamentada, deferir antecipadamente a qualquer dos herdeiros o exercício dos direitos de usar e de fruir de determinado bem, com a condição de que, ao término do inventário, tal bem integre a cota desse herdeiro, cabendo a este, desde o deferimento, todos os ônus e bônus decorrentes do exercício daqueles direitos.[5] [Sem dispositivo correspondente no CPC/1973]

Art. 647: 1. s/ partilha, v. CC 2.013 a 2.022; s/ partilha em caso de separação ou divórcio, v. LDi 40, nota 10.

Art. 647: 2. Cabe **agravo de instrumento** contra a decisão de deliberação da partilha.

V. art. 1.015 § ún.

Art. 647: 3. No sentido de que a **atribuição de uma parte ideal** em cada imóvel à viúva e a todos os herdeiros não é partilha e não deve ser homologada, desde que impugnada por qualquer interessado: RT 488/70, 537/51, JTJ 151/71. Ainda, quanto à partilha consequente a separação judicial: RT 610/63.

Todavia, admitindo por exceção essa solução, quando a avaliação não merecer crédito: RT 509/93.

Art. 647: 4. Havendo **um só herdeiro,** com direito à totalidade da herança, não há o que partilhar, e o juiz proferirá sentença **adjudicando** os bens ao único herdeiro (v. art. 659 § 1º).

Art. 647: 5. "O fato de o art. 647, parágrafo único, do novo CPC, prever uma hipótese específica de tutela provisória da evidência evidentemente não exclui da apreciação do Poder Judiciário a pretensão antecipatória, inclusive formulada em ação de inventário, que se funde em urgência, ante a sua matriz essencialmente constitucional. A antecipação da fruição e do uso de bens que compõem a herança é admissível: (i) por tutela provisória da evidência, se não houver controvérsia ou oposição dos demais herdeiros quanto ao uso, fruição e provável destino do referido bem a quem pleiteia a antecipação; (ii) por **tutela provisória de urgência,** independentemente de eventual controvérsia ou oposição dos demais herdeiros, se presentes os pressupostos legais" (STJ-3ª T., REsp 1.738.656, Min. Nancy Andrighi, j. 3.12.19, DJ 5.12.19).

Art. 648. Na partilha, serão observadas as seguintes regras: [Sem dispositivo correspondente no CPC/1973]

I — a máxima igualdade possível quanto ao valor, à natureza e à qualidade dos bens;[1]

II — a prevenção de litígios futuros;

III — a máxima comodidade dos coerdeiros, do cônjuge ou do companheiro, se for o caso.

Art. 648: 1. v. CC 2.017.

Art. 649. Os bens insuscetíveis de divisão cômoda que não couberem na parte do cônjuge ou companheiro supérstite ou no quinhão de um só herdeiro serão licitados entre os interessados ou vendidos judicialmente, partilhando-se o valor apurado, salvo se houver acordo para que sejam adjudicados a todos.[1] [Dispositivo correspondente no CPC/1973: art. 1.117-I]

Art. 649: 1. v. CC 2.019.

Art. 650. Se um dos interessados for nascituro,[1] o quinhão que lhe caberá será reservado em poder do inventariante até o seu nascimento.[2] [Sem dispositivo correspondente no CPC/1973]

Art. 650: 1. v. CC 2º.

Art. 650: 2. v. CC 1.798.

Art. 651. O partidor organizará o esboço da partilha de acordo com a decisão judicial, observando nos pagamentos a seguinte ordem: [Dispositivo correspondente no CPC/1973: art. 1.023-*caput*]

I — dívidas atendidas; [Dispositivo correspondente no CPC/1973: art. 1.023-I]

II — meação do cônjuge; [Dispositivo correspondente no CPC/1973: art. 1.023-II]

III — meação disponível; [Dispositivo correspondente no CPC/1973: art. 1.023-III]

IV — quinhões hereditários, a começar pelo coerdeiro mais velho. [Dispositivo correspondente no CPC/1973: art. 1.023-IV]

Art. 652. Feito o esboço, as partes manifestar-se-ão sobre esse no prazo comum de 15 (quinze) dias, e, resolvidas as reclamações, a partilha será lançada nos autos. [Dispositivo correspondente no CPC/1973: art. 1.024]

Art. 653. A partilha constará: [Dispositivo correspondente no CPC/1973: art. 1.025-*caput*]

I — de auto de orçamento, que mencionará: [Dispositivo correspondente no CPC/1973: art. 1.025-I]

a) os nomes do autor da herança, do inventariante, do cônjuge ou companheiro supérstite, dos herdeiros, dos legatários e dos credores admitidos;[1] [Dispositivo correspondente no CPC/1973: art. 1.025-I-*a*]

b) o ativo, o passivo e o líquido partível, com as necessárias especificações; [Dispositivo correspondente no CPC/1973: art. 1.025-I-*b*]

c) o valor de cada quinhão; [Dispositivo correspondente no CPC/1973: art. 1.025-I-*c*]

II — de folha de pagamento para cada parte, declarando a quota a pagar-lhe, a razão do pagamento, e a relação dos bens que lhe compõem o quinhão, as características que os individualizam e os ônus que os gravam. [Dispositivo correspondente no CPC/1973: art. 1.025-II]

Parágrafo único. O auto e cada uma das folhas serão assinados pelo juiz e pelo escrivão. [Dispositivo correspondente no CPC/1973: art. 1.025 § ún.]

Art. 653: 1. Pode ser reconhecida a união estável no inventário do companheiro? v. art. 612, nota 3.

Art. 654. Pago o imposto de transmissão[1 a 1b] a título de morte e juntada aos autos certidão ou informação negativa de dívida para com a Fazenda Pública,[1c] o juiz julgará por sentença[1d a 3] a partilha.[3a a 7] [Dispositivo correspondente no CPC/1973: art. 1.026-*caput*]

Parágrafo único. A existência de dívida para com a Fazenda Pública não impedirá o julgamento da partilha, desde que o seu pagamento esteja devidamente garantido. [Sem dispositivo correspondente no CPC/1973]

Art. 654: 1. v. CTN 192 (em nota 4).

S/ obrigações do inventariante, quanto ao imposto de renda, após homologação da partilha, v. art. 620, nota 2 (Dec. 3.000, de 26.3.99, art. 13).

Art. 654: 1a. "O imposto de transmissão *causa mortis* deve ser recolhido **antes da sentença** de partilha (CPC, art. 1.026; CTN, art. 192). A admissão do pagamento apenas quando o formal é levado a registro constitui mera liberalidade que, quando não adotada, não implica em violação de direito" (RTJE 135/204).

V. art. 659 § 2º.

Art. 654: 1b. "Cabe ao juiz do inventário à vista da situação dos herdeiros, miseráveis na forma da lei, por isto ao apanágio da **Justiça Gratuita, declará-los isentos do pagamento do imposto** de transmissão *causa mortis*" (STJ-2ª T., REsp 138.843, Min. Castro Meira, j. 8.3.05, DJU 13.6.05). "Providência que independe de burocrático requerimento na esfera administrativa para o reconhecimento judicial" (STJ-2ª T., REsp 238.161, Min. Eliana Calmon, j. 12.9.00, DJU 9.10.00). No mesmo sentido: JTJ 303/340.

Contra, entendendo que o benefício da justiça gratuita não isenta do imposto de transmissão *causa mortis*: RT 764/220 (TJSP, AI 99.312-4/8).

"A dispensa do pagamento do tributo devido depende sempre de expressa previsão legal (art. 176 do CTN)" (JTJ 259/254: AI 211.834-4/4-00).

V. tb. art. 638, nota 3.

Art. 654: 1c. A **certidão ou informação negativa de dívida** para com a Fazenda Pública é necessária ainda que se trate de inventário de um único imóvel residencial e, por isso, impenhorável (RT 759/231).

Art. 654: 1d. **É apelável:**

— a sentença que homologa a partilha (RT 603/63);

— a que adjudica todos os bens à viúva do inventariado ou a algum herdeiro (RT 598/108), porque põe termo ao processo de inventário e partilha.

Art. 654: 2. Pode recorrer da sentença homologatória da partilha o **terceiro prejudicado,** como é, p. ex., o credor que não obteve escritura definitiva do espólio, por não ter conseguido o necessário alvará judicial (RJTJESP 98/253 e Bol. AASP 1.436/153), ou o credor quirografário de herdeiro que renuncia à herança (RJTJESP 113/98).

Art. 654: 3. No sentido de que, publicada a sentença de homologação da partilha, o juiz já **não pode remover o inventariante:** STF-2ª T., RE 111.717-6, Min. Francisco Rezek, j. 19.5.87, DJU 19.6.87.

Art. 654: 3a. Quanto aos efeitos da procedência de ação de petição de herança sobre a partilha anteriormente julgada, v. art. 627, nota 7.

Art. 654: 4. **CTN: "Art. 192.** Nenhuma sentença de julgamento de partilha ou adjudicação será proferida sem prova da quitação de todos os tributos relativos aos bens do espólio, ou às suas rendas".

Dec. lei 1.715, de 22.11.79, art. 1º § 3º: "Para efeito do julgamento de partilha ou de adjudicação, relativamente aos bens do espólio ou às suas rendas, o Ministério da Fazenda prestará ao juízo as informações que forem solicitadas".

Art. 654: 5. **Lei 4.947, de 6.4.66** — Fixa normas de direito agrário, dispõe sobre o sistema de organização e funcionamento do Instituto Brasileiro de Reforma Agrária, e dá outras providências. **"Art. 22 § 2º:** Em caso de sucessão *causa mortis* nenhuma partilha, amigável ou judicial, poderá ser homologada pela autoridade competente, sem a apresentação do Certificado de Cadastro, a partir da data referida neste artigo".

S/ Certificado de Cadastro, v. art. 2º § ún. do Dec. lei 1.128, de 13.10.70.

Art. 654: 6. **Lei 9.250, de 26.12.95** — Altera a legislação do Imposto sobre a Renda das pessoas físicas, e dá outras providências. **"Art. 7º § 4º** Homologada a partilha ou feita a adjudicação dos bens, deverá ser apresentada pelo inventariante, dentro de trinta dias contados da data em que transitar em julgado a sentença respectiva, declaração dos rendimentos correspondentes ao período de 1º de janeiro até a data da homologação ou adjudicação".

V. art. 23 § 2º-I, da Lei 9.532, de 10.12.97, na redação dada pela Lei 9.779, de 19.1.99, art. 10.

Art. 654: 7. **Dec. 3.000, de 26.3.99** — Regulamenta a tributação, fiscalização, arrecadação e administração do Imposto sobre a Renda e Proventos de Qualquer Natureza. **"Art. 883.** Para efeito do julgamento de partilha ou de adjudicação, relativamente aos bens do espólio ou às suas rendas, o Ministério da Fazenda, por intermédio da Secretaria da Receita Federal, prestará ao juízo as informações que forem solicitadas (Dec. lei n. 1.715, de 1979, art. 1º, § 3º). **Parágrafo único.** A apresentação de certidão poderá ser feita pelo próprio interessado diretamente ao juízo".

Art. 655. Transitada em julgado a sentença mencionada no art. 654,[1] receberá o herdeiro os bens que lhe tocarem e um formal de partilha,[2-2a] do qual constarão as seguintes peças:[3] [Dispositivo correspondente no CPC/1973: art. 1.027-*caput*]

I — termo de inventariante e título de herdeiros; [Dispositivo correspondente no CPC/1973: art. 1.027-I]

II — avaliação dos bens que constituíram o quinhão do herdeiro; [Dispositivo correspondente no CPC/1973: art. 1.027-II]

III — pagamento do quinhão hereditário; [Dispositivo correspondente no CPC/1973: art. 1.027-III]

IV — quitação dos impostos; [Dispositivo correspondente no CPC/1973: art. 1.027-IV]

V — sentença. [Dispositivo correspondente no CPC/1973: art. 1.027-V]

Parágrafo único. O formal de partilha poderá ser substituído por certidão de pagamento do quinhão hereditário quando esse não exceder a 5 (cinco) vezes o salário mínimo, caso em que se transcreverá nela a sentença de partilha transitada em julgado. [Dispositivo correspondente no CPC/1973: art. 1.027 § ún.]

Art. 655: 1. cessam as funções do inventariante (v. art. 618, nota 1), o espólio já não pode mais recorrer (JTA 110/104) e os herdeiros recebem a causa no estado em que se acha (RT 505/71).

"Com o julgamento da partilha cessa a comunhão hereditária, **desaparecendo a figura do espólio, que será substituída pelo herdeiro** a quem coube o direito ou a coisa objeto da causa" (RP 46/220), mediante a regular habilitação (RT 632/141). Segue-se daí que o espólio não tem legitimidade para propor ação, depois de julgada a partilha (RP 52/246, com parecer à p. 195; JTA 108/351).

"Encerrado o inventário, com a homologação da partilha, esgota-se a legitimidade do espólio, momento em que finda a representação conferida ao inventariante pelo art. 12, V, do CPC. Dessa forma, é necessário que o juiz possibilite, aos herdeiros, sua habilitação, em prazo razoável, para fins de regularização da substituição processual" (STJ-3ª T., REsp 1.162.398, Min. Massami Uyeda, j. 20.9.11, DJ 28.9.11).

Todavia, a homologação da partilha não prejudica alvará concedido aos herdeiros para que vendam imóvel que a todos tocou, sendo depois partilhado o preço (RT 505/92), nem afasta a possibilidade de expedição de alvará para outorga de escritura a que estava obrigado em vida o *de cujus* (RT 712/154, 713/101).

V. tb. art. 669, nota 1.

Art. 655: 2. v. art. 515-IV (força executiva do formal de partilha).

Art. 655: 2a. "Possível a determinação de recolhimento de **custas complementares** como condição à expedição de formal de partilha e cartas de sentença de separação judicial e divórcio, se verificado que o valor atribuído à causa e a taxa então paga eram incompatíveis com o montante do patrimônio apurado no curso dos processos. Decisão que guarda compatibilidade com a coisa julgada em ambos os processos, quando foi determinado pagamento de custas, sendo despiciendo o fato de que os autos já se achavam arquivados" (STJ-4ª T., RMS 15.087, Min. Aldir Passarinho Jr., j. 11.3.08, DJU 22.4.08).

Art. 655: 3. Sendo os herdeiros beneficiários de **assistência judiciária,** as peças para o formal de partilha devem ser fornecidas gratuitamente (JTJ 203/208).

Art. 656. A partilha, mesmo depois de transitada em julgado a sentença, pode ser emendada nos mesmos autos do inventário, convindo todas as partes, quando tenha havido erro de fato na descrição dos bens, podendo o juiz, de ofício ou a requerimento da parte, a qualquer tempo, corrigir-lhe as inexatidões materiais.[1 a 3] [Dispositivo correspondente no CPC/1973: art. 1.028]

Art. 656: 1. Cabe **agravo de instrumento** contra decisão que determina retificação da partilha em inventário e autoriza sobrepartilha de bens (RT 472/98, RJTJESP 102/180).

V. tb. art. 1.015 § ún.

Art. 656: 2. Acórdão em RT 592/65 e RJTJESP 92/140 admitiu a **emenda da partilha,** antes de transitada em julgado, para efeito de inclusão de herdeiros que haviam sido omitidos.

Em RF 291/260, foi admitida a **substituição de herdeiros,** mesmo com menores participando do inventário.

Art. 656: 3. "Pode ser processado nos próprios autos do inventário o pedido de **retificação da partilha,** para nela constar o nome do atual confrontante, sucessor daquele que figurava na matrícula do imóvel partilhado, conforme prova fornecida pelo Registro de Imóveis" (STJ-4ª T., REsp 35.873-6, Min. Ruy Rosado, j. 28.3.95, DJU 29.5.95).

Art. 657. A partilha amigável, lavrada em instrumento público, reduzida a termo nos autos do inventário ou constante de escrito particular homologado pelo juiz, pode ser anulada[1 a 3] por dolo, coação, erro essencial ou intervenção de incapaz, observado o disposto no § 4º do art. 966. [Dispositivo correspondente no CPC/1973: art. 1.029-*caput*]

Parágrafo único. O direito à anulação de partilha amigável extingue-se em 1 (um) ano, contado esse prazo:[4 a 6] [Dispositivo correspondente no CPC/1973: art. 1.029 § ún.]

I — no caso de coação, do dia em que ela cessou; [Dispositivo correspondente no CPC/1973: art. 1.029-I]

II — no caso de erro ou dolo, do dia em que se realizou o ato; [Dispositivo correspondente no CPC/1973: art. 1.029-II]

III — quanto ao incapaz, do dia em que cessar a incapacidade. [Dispositivo correspondente no CPC/1973: art. 1.029-III]

Art. 657: 1. v. CC 2.027-*caput*. V. tb. art. 966 § 4º.

S/ legitimidade *ad causam* na ação anulatória de partilha, v. art. 75, nota 17; desnecessidade da ação anulatória de partilha, v. arts. 627, nota 7 (procedência da petição de herança), e 669, nota 2a (bens que não integraram a partilha).

Art. 657: 2. "A sentença que se limita a homologar a partilha amigável **não pode ser desconstituída por meio de recurso de apelação,** pois não possui cunho decisório e há necessidade de produção de prova acerca do vício alegado, sendo necessário o ajuizamento da ação anulatória prevista no art. 1.029 do CPC" (STJ-4ª T., REsp 695.140, Min. João Otávio, j. 1.9.09, DJ 14.9.09).

V. tb. art. 966, nota 45.

Art. 657: 3. "A invalidação de partilha não opera necessariamente apenas sobre a metade atribuída aos herdeiros, mas **pode atingir a própria meação da viúva,** dês que questionadas a justeza e igualdade na divisão entre o cônjuge supérstite e os herdeiros" (RSTJ 32/381).

Art. 657: 4. v. CC 2.027 § ún.

Art. 657: 4a. Este prazo é de **decadência,** e não de prescrição (RF 287/301 e RBDP 47/151, acórdão do Des. Barbosa Moreira).

Art. 657: 5. Segundo decisões divergentes, o **prazo para propositura da ação anulatória** de partilha amigável começa a correr:

— da data do próprio acordo (RBDP 40/131 e 43/113, o mesmo acórdão, relatado pelo Des. Barbosa Moreira);

— da homologação da partilha (STJ-4ª T.: RSTJ 89/325 e STJ-RT 733/193; STJ-4ª T., REsp 168.399, Min. Aldir Passarinho Jr., j. 3.5.01, DJU 13.8.01);

— do trânsito em julgado da sentença homologatória da partilha (STJ-3ª T.: RSTJ 96/253, 141/367, RT 745/212; 4ª T.: RSTJ 102/261).

Art. 657: 6. "É de **quatro anos** o prazo de decadência para anular **partilha de bens em dissolução de união estável,** por vício de consentimento (coação), nos termos do art. 178 do Código Civil. Não houve alterações de ordem jurídico-normativa, com o advento do Código Civil de 2002, a justificar alteração da consolidada jurisprudência dos tribunais superiores, com base no Código Civil de 1916, segundo a qual a anulação da partilha ou do acordo homologado judicialmente na separação consensual regulava-se pelo prazo prescricional previsto no art. 178, § 9º, inciso V, e não aquele de um ano preconizado pelo art. 178, § 6º, V, do mesmo diploma. É inadequada a exegese extensiva de uma exceção à regra geral — arts. 2.027 do CC e 1.029 do CPC/73, ambos inseridos, respectivamente, no Livro 'Do Direito das Sucessões' e no capítulo intitulado 'Do Inventário e Da Partilha' — por meio da analogia, quando o próprio ordenamento jurídico prevê normativo que se amolda à tipicidade do caso (CC, art. 178). Pela interpretação sistemática, verifica-se que a própria topografia dos dispositivos remonta ao entendimento de que o prazo decadencial ânuo deve se limitar à seara do sistema do direito das sucessões, submetida aos requisitos de validade e princípios específicos que o norteiam, tratando-se de opção do legislador a definição de escorreito prazo de caducidade para as relações de herança" (STJ-4ª T., REsp 1.621.610, Min. Luis Felipe, j. 7.2.17, DJ 20.3.17).

Art. 658. É rescindível a partilha julgada por sentença: [Dispositivo correspondente no CPC/1973: art. 1.030-*caput*]

I — nos casos mencionados no art. 657; [Dispositivo correspondente no CPC/1973: art. 1.030-I]

II — se feita com preterição de formalidades legais; [Dispositivo correspondente no CPC/1973: art. 1.030-II]

III — se preteriu herdeiro ou incluiu quem não o seja.[1-2] [Dispositivo correspondente no CPC/1973: art. 1.030-III]

Art. 658: 1. A partilha que **exclui herdeiro necessário é nula,** mas sua rescisão somente pode ser pleiteada, se já transitou em julgado, mediante ação própria, com citação de todos os interessados (STF-Pleno: RTJ 81/797 e 82/800, com três votos vencidos, nos dois casos, julgados no mesmo dia).

Admitindo a ação de petição de herança, proposta por herdeiro legítimo, que não participou do inventário e da partilha: RT 785/216.

V. tb. nota seguinte.

Art. 658: 2. "A sentença de partilha não pode prejudicar direito de quem não participou do inventário, configurando, em relação a ele, *res inter alios acta*. Logo, são legitimados para a propositura de ação anulatória apenas aqueles que participaram da partilha, herdeiros legítimos ou testamentários, legatário e cônjuge meeiro" (JTJ 149/78). No mesmo sentido: RT 543/211, maioria.

V. tb. nota anterior.

Seção IX | DO ARROLAMENTO[1]

SEÇ. IX: 1. s/ desnecessidade de processo judicial para inventário e partilha de bens, v. art. 610 § 1º.

Art. 659. A partilha amigável, celebrada entre partes capazes,[1-1a] nos termos da lei, será homologada de plano pelo juiz,[2] com observância dos arts. 660 a 663. [Dispositivo correspondente no CPC/1973: art. 1.031-*caput*]

§ 1º O disposto neste artigo aplica-se, também, ao pedido de adjudicação, quando houver herdeiro único. [Dispositivo correspondente no CPC/1973: art. 1.031 § 1º]

§ 2º Transitada em julgado a sentença de homologação de partilha ou de adjudicação, será lavrado o formal de partilha ou elaborada a carta de adjudicação, e, em seguida, serão expedidos os alvarás referentes aos bens e às rendas por ele abrangidos, intimando-se o fisco para lançamento administrativo do imposto de transmissão e de outros tributos porventura incidentes, conforme dispuser a legislação tributária, nos termos do § 2º do art. 662.[3] [Dispositivo correspondente no CPC/1973: art. 1.031 § 2º]

Art. 659: 1. Há **duas hipóteses de arrolamento:** esta, dos arts. 659 e segs., em que há prévia partilha amigável; e outra, prevista nos arts. 664 e 665, relacionada com o valor dos bens do espólio. Na primeira, a presença de **incapaz** inviabiliza o arrolamento; na segunda, a existência de incapaz não é obstáculo intransponível para tanto (v. art. 665).

V. tb. art. 664, nota 1.

Art. 659: 1a. É nulo o processo de arrolamento se **não requerido por todos os interessados** (RT 607/167).

Art. 659: 2. **Denunciado o acordo** por uma das partes antes de homologada em juízo a partilha amigável, esta deixa de ser homologável (JTJ 192/208).

Art. 659: 3. **Não se admitem,** no arrolamento, **"questionamentos acerca do pagamento de tributos** relativos à transmissão" (STJ-RT 739/209: 4ª T., REsp 36.909). No mesmo sentido: STJ-2ª T., REsp 466.790, Min. Franciulli Netto, j. 10.6.03, DJU 8.9.03.

"A homologação da partilha no procedimento do arrolamento sumário não pressupõe o atendimento das obrigações tributárias principais e tampouco acessórias relativas ao imposto sobre transmissão *causa mortis*. Consoante o novo Código de Processo Civil, os artigos 659, § 2º, cumulado com o 662, § 2º, com foco na celeridade processual, permitem que a partilha amigável seja homologada anteriormente ao recolhimento do imposto de transmissão *causa mortis*, e somente após a expedição do formal de partilha ou da carta de adjudicação é que a Fazenda Pública será intimada para providenciar o lançamento administrativo do imposto, supostamente devido" (STJ-2ª T., REsp 1.751.332, Min. Mauro Campbell, j. 25.9.18, DJ 3.10.18).

Todavia: "Arrolamento sumário. Tributos incidentes sobre os bens do espólio e de suas rendas. Comprovação de quitação. Condição para a sentença de homologação da partilha. O novo Código de Processo Civil, em seu art. 659, § 2º, traz uma significativa mudança normativa no tocante ao procedimento de arrolamento sumário, ao deixar de condicionar a entrega dos formais de partilha ou da carta de adjudicação à prévia quitação dos tributos concernentes à transmissão patrimonial aos sucessores. Essa inovação normativa, todavia, em nada altera a condição estabelecida no art. 192 do CTN, de modo que, no arrolamento sumário, o magistrado deve exigir a comprovação de quitação dos tributos relativos aos bens do espólio e às suas rendas para homologar a partilha e, na sequência, com o trânsito em julgado, expedir os títulos de transferência de domínio e encerrar o processo, independentemente do pagamento do imposto de transmissão" (STJ-1ª T., REsp 1.704.359, Min. Gurgel de Faria, j. 28.8.18, maioria, DJ 2.10.18).

V. tb. art. 662.

Art. 660. Na petição de inventário, que se processará na forma de arrolamento sumário,[1] independentemente da lavratura de termos de qualquer espécie, os herdeiros: [Dispositivo correspondente no CPC/1973: art. 1.032-*caput*]

I — requererão ao juiz a nomeação do inventariante[2] que designarem; [Dispositivo correspondente no CPC/1973: art. 1.032-I]

II — declararão os títulos dos herdeiros e os bens do espólio, observado o disposto no art. 630; [Dispositivo correspondente no CPC/1973: art. 1.032-II]

III — atribuirão valor aos bens do espólio, para fins de partilha. [Dispositivo correspondente no CPC/1973: art. 1.032-III]

Art. 660: 1. Se incabível o arrolamento, deve ser convertido em inventário, feitas as devidas adaptações (RT 599/65, RJTJESP 95/40).

O inventário pode a todo tempo ser convertido em arrolamento, se este for cabível (RJTJESP 107/243).

Art. 660: 2. v. arts. 617 e segs.

Art. 661. Ressalvada a hipótese prevista no parágrafo único do art. 663, não se procederá à avaliação dos bens do espólio para nenhuma finalidade. [Dispositivo correspondente no CPC/1973: art. 1.033]

Art. 662. No arrolamento, não serão conhecidas ou apreciadas questões relativas ao lançamento, ao pagamento ou à quitação de taxas judiciárias e de tributos[1-1a] incidentes sobre a transmissão da propriedade dos bens do espólio. [Dispositivo correspondente no CPC/1973: art. 1.034-*caput*]

§ 1º A taxa judiciária, se devida, será calculada com base no valor atribuído pelos herdeiros, cabendo ao fisco, se apurar em processo administrativo valor diverso do estimado, exigir a eventual diferença pelos meios adequados ao lançamento de créditos tributários em geral.[2-2a] [Dispositivo correspondente no CPC/1973: art. 1.034 § 1º]

§ 2º O imposto de transmissão será objeto de lançamento administrativo,[3] conforme dispuser a legislação tributária, não ficando as autoridades fazendárias adstritas aos valores dos bens do espólio atribuídos pelos herdeiros. [Dispositivo correspondente no CPC/1973: art. 1.034 § 2º]

Art. 662: 1. "Imprimido ao feito o rito sumário do arrolamento, **é defesa a intervenção da Fazenda Pública,** a teor do disposto no art. 1.034 e §§ do CPC" (Ajuris 78/462). Assim, não se dá vista, no arrolamento, à Fazenda Pública; qualquer questão fiscal deve ser tratada na esfera administrativa (RF 286/275).

Segue-se daí que a Fazenda do Estado não pode pretender indicar assistente técnico em avaliação dos bens, determinada pelo juiz por haver divergência entre os herdeiros (RJTJERGS 140/166).

"Arrolamento sumário. Discussão relativa a imposto sobre transmissão *causa mortis*. Tese de decadência do lançamento. Inadmissibilidade. A possibilidade de as instâncias ordinárias de jurisdição conhecerem da matéria de ordem pública de ofício, a qualquer tempo, não as autoriza a examinar pretensão tributária no âmbito de arrolamento sumário, haja vista a incompatibilidade da medida com o procedimento de jurisdição voluntária e máxime ante a expressa vedação legal" (STJ-2ª T., REsp 1.223.265, Min. Eliana Calmon, j. 18.4.13, DJ 25.4.13).

V. tb. § 2º e art. 659, nota 3.

Art. 662: 1a. No arrolamento, **não cabe** o conhecimento e **apreciação sobre pretendida isenção** de taxas judiciárias ou tributos incidentes sobre a transmissão da propriedade dos bens do espólio (Bol. AASP 2.380/3.171).

"O juízo do inventário, na modalidade de arrolamento sumário, não detém competência para apreciar pedido de reconhecimento da isenção do ITCMD, à luz do disposto no *caput* do art. 179 do CTN" (STJ-1ª Seção, REsp 1.150.356, Min. Luiz Fux, j. 9.8.10, DJ 25.8.10).

Todavia, em matéria de inventário, v. art. 638, nota 3.

Art. 662: 2. s/ taxa judiciária em matéria de inventário, v. tb. art. 637, nota 6.

Art. 662: 2a. "Nos processos de inventário sob forma de arrolamento, não cabe apreciação e decisão sobre **taxa judiciária,** que deve ser calculada com base no valor atribuído pelos herdeiros" (STJ-2ª T., REsp 1.174.551, Min. Mauro Campbell, j. 2.6.11, DJ 9.6.11).

Não admitindo no arrolamento discussão sobre o **valor da causa** nem a correção de ofício desse valor: RJ 275/108. **Contra,** entendendo que "não está o juiz do feito impedido de decidir questão relativa ao valor da causa no arrolamento de bens, pois é sobre esse valor que irá incidir a taxa judiciária": RT 781/243.

Art. 662: 3. v. nota 1.

Art. 663. A existência de credores do espólio não impedirá a homologação da partilha ou da adjudicação[1], se forem reservados bens suficientes para o pagamento da dívida.[2] [Dispositivo correspondente no CPC/1973: art. 1.035-*caput*]

Parágrafo único. A reserva de bens será realizada pelo valor estimado pelas partes, salvo se o credor, regularmente notificado, impugnar a estimativa, caso em que se promoverá a avaliação dos bens a serem reservados.[3] [Dispositivo correspondente no CPC/1973: art. 1.035 § ún.]

Art. 663: 1. Da sentença que homologa a partilha ou a adjudicação cabe apelação.

V. tb. art. 664, nota 4.

Art. 663: 2. v. arts. 642 §§ 2º a 4º e 644.

Art. 663: 3. "Arrolamento. Havendo penhora no rosto dos autos, por débito de herdeiro, a determinação judicial de avaliação dos bens, necessária à definição da cota da herança relativa ao direito penhorado, não implica negativa de vigência aos arts. 1.034 e 1.035 do CPC" (RSTJ 55/241).

Art. 664. Quando o valor dos bens do espólio for igual ou inferior a 1.000 (mil) salários mínimos, o inventário processar-se-á na forma de arrolamento,[1] cabendo ao inventariante nomeado,[1a] independentemente de assinatura de termo de compromisso, apresentar, com suas declarações, a atribuição de valor aos bens do espólio e o plano da partilha.[2] [Dispositivo correspondente no CPC/1973: art. 1.036-*caput*]

§ 1º Se qualquer das partes ou o Ministério Público impugnar a estimativa, o juiz nomeará avaliador, que oferecerá laudo em 10 (dez) dias. [Dispositivo correspondente no CPC/1973: art. 1.036 § 1º]

§ 2º Apresentado o laudo, o juiz, em audiência que designar, deliberará sobre a partilha, decidindo de plano todas as reclamações e mandando pagar as dívidas não impugnadas.[3] [Dispositivo correspondente no CPC/1973: art. 1.036 § 2º]

§ 3º Lavrar-se-á de tudo um só termo, assinado pelo juiz, pelo inventariante e pelas partes presentes ou por seus advogados. [Dispositivo correspondente no CPC/1973: art. 1.036 § 3º]

§ 4º Aplicam-se a essa espécie de arrolamento, no que couber, as disposições do art. 672, relativamente ao lançamento, ao pagamento e à quitação da taxa judiciária e do imposto sobre a transmissão da propriedade dos bens do espólio. [Dispositivo correspondente no CPC/1973: art. 1.036 § 4º]

§ 5º Provada a quitação dos tributos relativos aos bens do espólio e às suas rendas, o juiz julgará a partilha.[4] [Dispositivo correspondente no CPC/1973: art. 1.036 § 5º]

Art. 664: 1. Trata-se de **segunda hipótese de arrolamento:** a primeira vem prevista nos arts. 659 e segs., desde que haja partilha amigável prévia e todos os interessados sejam capazes; a segunda, prevista neste art. 664 e no art. 665, decorre do valor dos bens do espólio, e pode ter lugar mesmo que haja incapaz no processo (RF 286/275).

V. tb. art. 659, nota 1.

Art. 664: 1a. v. arts. 617 e segs.

Art. 664: 2. Os **herdeiros não representados pelo mesmo advogado** do inventariante devem ser intimados a se manifestarem sobre o plano de partilha (RJTJERGS 163/233).

Art. 664: 3. Cabe **agravo de instrumento** contra a decisão de deliberação da partilha.

V. art. 1.015 § ún.

Art. 664: 4. É **apelável** a sentença que julga a partilha.

V. tb. art. 663, nota 1.

Art. 665. O inventário processar-se-á também na forma do art. 664, ainda que haja interessado incapaz, desde que concordem todas as partes e o Ministério Público. [Sem dispositivo correspondente no CPC/1973]

Art. 666. Independerá de inventário ou de arrolamento o pagamento dos valores previstos na Lei n. 6.858, de 24 de novembro de 1980.[1-2] [Dispositivo correspondente no CPC/1973: art. 1.037]

Art. 666: 1. v. Lei 6.858, de 24.11.80, em nota 4 ao art. 610.

Art. 666: 2. Também independe de inventário ou arrolamento o valor devido aos **sucessores do segurado da previdência social.**

V. LPB 112, em nota 4a ao art. 610.

Art. 667. Aplicam-se subsidiariamente a esta Seção as disposições das Seções VII e VIII deste Capítulo. [Dispositivo correspondente no CPC/1973: art. 1.038]

Seção X | DISPOSIÇÕES COMUNS A TODAS AS SEÇÕES

Art. 668. Cessa a eficácia da tutela provisória[1] prevista nas Seções deste Capítulo: [Dispositivo correspondente no CPC/1973: art. 1.039-*caput*]

I — se a ação não for proposta em 30 (trinta) dias contados da data em que da decisão foi intimado o impugnante, o herdeiro excluído ou o credor não admitido; [Dispositivo correspondente no CPC/1973: art. 1.039-I]

II — se o juiz extinguir o processo de inventário com ou sem resolução de mérito. [Dispositivo correspondente no CPC/1973: art. 1.039-II]

Art. 668: 1. s/ tutela provisória em geral, v. arts. 294 e segs.; s/ tutela provisória no âmbito do inventário, v. arts. 628 § 2º, 643 § ún.

Art. 669. São sujeitos à sobrepartilha[1] os bens: [Dispositivo correspondente no CPC/1973: art. 1.040-*caput*]

I — sonegados;[2] [Dispositivo correspondente no CPC/1973: art. 1.040-I]

II — da herança descobertos após a partilha;[2a] [Dispositivo correspondente no CPC/1973: art. 1.040-II]

III — litigiosos,[3] assim como os de liquidação difícil ou morosa; [Dispositivo correspondente no CPC/1973: art. 1.040-III]

IV — situados em lugar remoto da sede do juízo onde se processa o inventário. [Dispositivo correspondente no CPC/1973: art. 1.040-IV]

Parágrafo único. Os bens mencionados nos incisos III e IV serão reservados à sobrepartilha sob a guarda e a administração do mesmo ou de diverso inventariante, a consentimento da maioria dos herdeiros. [Dispositivo correspondente no CPC/1973: art. 1.040 § ún.]

Art. 669: 1. "Na hipótese de existirem bens sujeitos à sobrepartilha por serem litigiosos ou por estarem situados em lugar remoto da sede do juízo onde se processa o inventário, **o espólio permanece existindo,** ainda que transitada em julgado a sentença que homologou a partilha dos demais bens do espólio" (STJ-3ª T., REsp 284.669, Min. Nancy Andrighi, j. 10.4.01, DJU 13.8.01). Assim: "Encerrado o inventário, mas ainda havendo bens a partilhar, não se pode concluir pela extinção da figura do espólio" (STJ-4ª T., REsp 977.365, Min. Fernando Gonçalves, j. 26.2.08, DJU 10.3.08).

Art. 669: 2. v. CC 1.992 a 2.001.

Art. 669: 2a. "Partilha. Bens não arrolados. Hipótese que **não justifica a rescisória,** devendo-se proceder à sobrepartilha" (STJ-3ª T., REsp 95.452, Min. Eduardo Ribeiro, j. 26.6.96, DJU 26.8.96). Também **não é o caso de ação anulatória** (art. 966 § 4º); basta efetivamente que se proceda à sobrepartilha (STJ-3ª T., REsp 770.709, Min. Ari Pargendler, j. 10.6.08, DJU 20.6.08).

Art. 669: 3. v. art. 240-*caput.*

Art. 670. Na sobrepartilha dos bens, observar-se-á o processo de inventário e de partilha.[1] [Dispositivo correspondente no CPC/1973: art. 1.041-*caput*]

Parágrafo único. A sobrepartilha correrá nos autos do inventário do autor da herança.[2] [Dispositivo correspondente no CPC/1973: art. 1.041 § ún.]

Art. 670: 1. v. arts. 610 e segs.

Art. 670: 2. "Assim, compete ao **juízo que processou e julgou inventário** processar e julgar ação de sobrepartilha" (STJ-2ª Seção, CC 54.801, Min. Sidnei Beneti, j. 27.5.09, DJ 5.6.09).

Art. 671. O juiz nomeará curador especial: [Dispositivo correspondente no CPC/1973: art. 1.042-*caput*]

I — ao ausente, se não o tiver; [Dispositivo correspondente no CPC/1973: art. 1.042-I]

II — ao incapaz, se concorrer na partilha com o seu representante, desde que exista colisão de interesses.[1] [Dispositivo correspondente no CPC/1973: art. 1.042-II]

Art. 671: 1. v. art. 72-I.

Art. 672. É lícita a cumulação de inventários para a partilha de heranças de pessoas diversas quando houver:[1-2] [Dispositivo correspondente no CPC/1973: art. 1.043-*caput*]

I — identidade de pessoas entre as quais devam ser repartidos os bens;[3] [Sem dispositivo correspondente no CPC/1973]

II — heranças deixadas pelos dois cônjuges ou companheiros;[4] [Dispositivo correspondente no CPC/1973: art. 1.043-*caput*]

III — dependência de uma das partilhas em relação à outra. [Dispositivo correspondente no CPC/1973: art. 1.044]

Parágrafo único. No caso previsto no inciso III, se a dependência for parcial, por haver outros bens, o juiz pode ordenar a tramitação separada, se melhor convier ao interesse das partes ou à celeridade processual. [Dispositivo correspondente no CPC/1973: art. 1.044]

Art. 672: 1. Se **um dos inventários já está encerrado,** naturalmente, é inviável a cumulação (RP 5/370, em. 151).

Art. 672: 2. Uma vez cumulados os inventários, eles passam a ser um só, e, por isso, **não podem ser dois os inventariantes,** um para cada sucessão (RBDP 48/189).

Art. 672: 3. O único requisito para o inventário conjunto de duas heranças é, em ambas, os herdeiros serem os mesmos; admite-se, pois, a **existência de bens diversos.** Nesse sentido: STJ-3ª T., REsp 311.506, Min. Menezes Direito, j. 18.6.02, DJU 9.9.02.

Art. 672: 4. mesmo que os **herdeiros não sejam os mesmos.** Nesse sentido, acórdão em RT 495/81, com muita sabedoria, mandou reunir num só inventário a partilha das heranças de um casal, em que os herdeiros não eram os mesmos; o marido fora casado duas vezes, e tinha filhos do primeiro leito, mas os bens a partilhar eram os mesmos. Igualmente: JTJ 201/266.

Art. 673. No caso previsto no art. 672, inciso II, prevalecerão as primeiras declarações, assim como o laudo de avaliação, salvo se alterado o valor dos bens. [Dispositivo correspondente no CPC/1973: art. 1.045-*caput*]

Capítulo VII | DOS EMBARGOS DE TERCEIRO[1]

CAP. VII: 1. s/ embargos de terceiro e: poderes *ad judicia* para oferecimento, v. art. 104, nota 4d; denunciação da lide, v. art. 125, nota 5; valor da causa, v. art. 292, nota 7; reexame necessário, v. art. 496, nota 2d; competência para o julgamento, v. art. 676; distinção de oposição, v. art. 682, nota 3; recurso, como terceiro prejudicado, de quem tinha legitimidade para opô-los, v. art. 996, nota 12; efeitos da apelação, v. art. 1.012, nota 3; defesa do sócio, em execução fiscal por dívidas da sociedade, v. LEF 4º, notas 7 a 7b; recurso, em execução fiscal: LEF 34, nota 8; ação de despejo, LI 59, nota 15.

S/ cabimento de mandado de segurança nas hipóteses em que cabem embargos de terceiro, v. LMS 1º, nota 7a, e 5º, nota 9a.

Art. 674. Quem, não sendo parte[1 a 3b] no processo, sofrer constrição ou ameaça[4] de constrição sobre bens que possua[4a] ou sobre os quais tenha direito incompatível com o ato constritivo,[4b a 4d] poderá[5-5a] requerer seu desfazimento ou sua inibição por meio de embargos de terceiro.[6 a 7] [Dispositivo correspondente no CPC/1973: art. 1.046-*caput*]

§ 1º Os embargos podem ser de terceiro proprietário, inclusive fiduciário, ou possuidor.[8 a 12] [Dispositivo correspondente no CPC/1973: art. 1.046 § 1º]

§ 2º Considera-se terceiro,[13] para ajuizamento dos embargos: [Sem dispositivo correspondente no CPC/1973]

I — o cônjuge ou companheiro quando defende a posse de bens próprios ou de sua meação, ressalvado o disposto no art. 843;[13a a 18b] [Dispositivo correspondente no CPC/1973: art. 1.046 § 3º]

II — o adquirente de bens cuja constrição decorreu de decisão que declara a ineficácia da alienação realizada em fraude à execução;[18c-18d] [Sem dispositivo correspondente no CPC/1973]

III — quem sofre constrição judicial de seus bens por força de desconsideração da personalidade jurídica, de cujo incidente não fez parte;[19] [Sem dispositivo correspondente no CPC/1973]

IV — o credor com garantia real para obstar expropriação judicial do objeto de direito real de garantia, caso não tenha sido intimado, nos termos legais dos atos expropriatórios respectivos.[20-21] [Dispositivo correspondente no CPC/1973: art. 1.047-II]

Art. 674: 1. **Quem não foi parte,** embora devesse ter essa qualidade, pode opor embargos de terceiro. Nesse sentido: RJTJESP 99/349, RF 292/378.

Por outro lado: a **parte indevidamente citada** na execução como executada não pode opor embargos de terceiro, "por ser essa via deferida apenas a quem não é parte no processo" (STJ-4ª T., REsp 98.655, Min. Sálvio de Figueiredo, j. 12.9.00, maioria, DJU 17.3.03).

Como a sentença não produz efeito contra quem não é parte na ação, o terceiro pode, na fase de execução, opor embargos (RTJ 125/1.250).

Todavia: "O fato de o recorrente, devedor principal, não haver figurado no polo passivo do processo de execução, movido tão somente contra o avalista, não lhe atribui a condição de terceiro, uma vez que este, para efeitos do art. 1.046 do CPC, deve ser entendido como alguém que não está juridicamente obrigado a suportar as consequências da relação material litigiosa" (STJ-RT 867/154: 3ª T., REsp 802.030).

Afirmando que quem adquire coisa litigiosa não pode opor embargos de terceiro: STJ-3ª T., AI 495.327-AgRg, Min. Menezes Direito, j. 26.6.03, DJU 1.9.03; RT 759/353, Bol. AASP 1.400/252.

Art. 674: 2. "Se o sistema processual permite mais de um meio para obtenção da tutela jurisdicional, compete à parte eleger o instrumento que lhe parecer mais adequado. **Condômino, que não é parte na ação possessória,** tem legitimidade ativa para ingressar com embargos de terceiro. Descabe lhe impor o ingresso como assistente litisconsorcial. Os embargos de terceiro são hábeis para impugnar decisão proferida em possessória. Existência de interesse de agir" (STJ-4ª T., REsp 834.487, Min. Antonio Ferreira, j. 13.11.12, DJ 2.4.13).

V. tb. nota 5.

Art. 674: 2a. "Representando as **cotas** os direitos do cotista sobre o patrimônio da sociedade, a penhora que recai sobre elas pode ser atacada pela **sociedade** via dos embargos de terceiro" (RSTJ 62/250).

"A sociedade tem legitimidade ativa para opor embargos de terceiros com o objetivo de afastar a penhora incidente sobre as quotas de sócio" (STJ-3ª T., REsp 285.735, Min. Menezes Direito, j. 20.8.01, DJU 1.10.01).

Contra: Bol. AASP 1.931/414j.

Art. 674: 2b. "Cinge-se a controvérsia a discutir a possibilidade do **herdeiro** do devedor-falecido opor embargos de terceiro em face da execução por quantia certa, cuja constrição recaiu sobre um bem integrante do acervo hereditário. Enquanto não realizada a partilha, a herança permanece em um todo unitário e será representada pelo inventariante, nos termos do art. 12, V, do CPC/73. Será o espólio o legitimado para impugnar todos os atos processuais praticados na execução a partir do momento que ingressa nos autos. Enquanto estiver em tramitação o inventário e os bens permanecerem na forma indivisa, o herdeiro não detém legitimidade para defender, de forma individual, os bens que compõem o acervo hereditário, sendo essa legitimidade exclusiva do espólio devidamente representado" (STJ-3ª T., REsp 1.622.544, Min. Nancy Andrighi, j. 22.9.16, DJ 4.10.16). No mesmo sentido: "Embora seja certo que os herdeiros podem defender os bens a serem recebidos por herança, mesmo antes da partilha, deverão fazê-lo na condição de sucessores do falecido (CPC, art. 43), e não de terceiro (CPC, art. 1.046)" (STJ-4ª T., REsp 1.264.874, Min. Raul Araújo, j. 7.5.15, maioria, DJ 16.6.15).

Art. 674: 3. O **depositário** tem legitimidade para opor embargos de terceiro (RT 607/107).

Art. 674: 3a. "O **proprietário de terreno prometido em permuta** por um apartamento no prédio em que está sendo construído em regime de condomínio tem legitimidade, pelas peculiaridades da espécie, para embargar de terceiro contra a penhora efetivada na construção, por dívida contraída pelo condomínio, pois são diversas as suas qualidades jurídicas (de condômino e de proprietário do terreno) com que comparece nos distintos feitos" (RSTJ 89/258).

Art. 674: 3b. "O banco que recebe, através do seu diretor, a citação de ação promovida contra a companhia de *leasing* pertencente ao mesmo grupo e que atua na agência bancária, não pode vir suscitar, na ação de embargos, sua condição de terceiro em relação à execução que se processa" (STJ-4ª T., REsp 95.860, Min. Ruy Rosado, j. 15.10.96, DJU 11.11.96).

Art. 674: 4. "A **averbação da existência de uma demanda executiva,** na forma do art. 615-A do CPC/73, implica ao terceiro inegável e justo receio de apreensão judicial do bem, pois não é realizada gratuitamente pelo credor; pelo contrário, visa assegurar que o bem possa responder à execução, mediante a futura penhora e expropriação, ainda que seja alienado ou onerado pelo devedor, hipótese em que se presume a fraude à execução. Assim, havendo **ameaça** de lesão ao direito de propriedade do terceiro pela averbação da execução, se reconhece o interesse de agir na oposição dos embargos" (STJ-3ª T., REsp 1.726.186, Min. Nancy Andrighi, j. 8.5.18, DJ 11.5.18).

Art. 674: 4a. "Se os embargos de terceiro fundam-se na posse do imóvel, não pode o juiz rejeitá-los *in limine*, sob o fundamento de que não veio a inicial **acompanhada da prova do domínio**" (RF 321/267).

Art. 674: 4b. "Hipótese em que o temor anunciado pela recorrente é apenas hipotético, pois a **ação de reintegração de posse,** de força velha, ajuizada contra outrem, que lhe levou a ajuizar os embargos, ainda tramita no juízo singular, nela **não tendo sido deferida liminar** nem proferida sentença, de que possa, objetivamente, decorrer fundado receio quanto a ter a sua posse molestada" (RSTJ 112/209).

Art. 674: 4c. A decisão judicial que **determine a imissão de alguém na posse** de um bem comporta embargos de terceiro (RSTJ 58/399).

"Embargos de terceiro ajuizados pelo arrematante, a fim de livrar de outra constrição judicial o bem arrematado. Privilégio do crédito tributário inclusive sobre o vinculado a cédula de crédito industrial. Alienado judicialmente o bem, garantia da execução fiscal, em processo diverso, na Justiça Estadual, ocorre a sub-rogação do crédito fiscal no produto da praça, não cabendo nova expropriação do mesmo bem na execução fiscal em curso na Justiça Federal" (TFR-4ª T., AC 137.120, Min. Pádua Ribeiro, j. 23.11.88, DJU 13.2.89).

"A ordem judicial ao DETRAN, que impõe vedação para a transferência de veículo, dá ensanchas aos embargos de terceiro" (STJ-3ª T., REsp 73.066, Min. Menezes Direito, j. 25.3.97, DJU 19.5.97).

Art. 674: 4d. São cabíveis embargos de terceiro em **inventário** "desde que o inventariante descreva os bens sobre os quais incidam, e por aqueles a quem possa prejudicar a descrição, face ao elenco dos efeitos dela emergentes" (RTJ 77/915). No mesmo sentido: RT 605/53, 679/86, RF 306/192.

Se a posse foi transmitida ao **compromissário comprador,** este tem legitimidade para opor embargos de terceiro, na hipótese de o imóvel compromissado ter sido arrolado em inventário (RSTJ 129/257).

Art. 674: 5. "Os embargos de terceiro prejudicado visam tão somente a que não se discuta direito próprio em um processo onde não figurou como parte. É mera **faculdade processual** que a lei lhe confere. A sua não utilização não prejudica o direito material existente, que poderá vir a ser discutido em ação ordinária própria" (STJ-3ª T., AI 88.561-AgRg, Min. Waldemar Zveiter, j. 26.3.96, DJU 17.6.96). No mesmo sentido: STJ-4ª T., REsp 564.944, Min. Fernando Gonçalves, j. 2.12.08, DJ 20.4.09.

V. tb. nota 2 (embargos de terceiro por quem pode figurar no processo como assistente litisconsorcial) e arts. 675, nota 8 (ação de reintegração de posse por quem pode ajuizar embargos de terceiro), e 996, nota 12 (recurso, como terceiro prejudicado, de quem tinha legitimidade para opor embargos de terceiro).

Art. 674: 5a. Desconstituindo a penhora do bem de terceiro por meio de **simples petição** apresentada no processo de execução: "O juiz, de ofício ou mediante petição incidental, nos autos da execução por título extrajudicial, pode desconstituir a penhora que incide sobre bem de terceiro, pois a legalidade ou não da penhora é matéria de ordem pública, quando patente não ser necessária a dilação probatória" (STJ-2ª T., REsp 1.65.193, Min. Humberto Martins, j. 16.12.10, DJ 14.2.11).

Código de Processo Civil

Art. 674: 6. Os embargos de terceiro têm seu âmbito delimitado no art. 674; "não são meio adequado para discussão de matéria própria dos **embargos à execução"** (RTFR 111/89). No mesmo sentido: RT 624/116, Bol. AASP 2.657 (TJRJ, AP 2009.001.08581). "Não tem o terceiro legitimidade ou interesse processual para discutir nos embargos matéria própria da execução e de interesse único da executada" (RT 766/285).

Por isso, não se admite, nos embargos de terceiro, julgamento de extinção do processo de execução, sob o fundamento de:

— pagamento anterior da dívida (STJ-3ª T., REsp 54.725-3, Min. Eduardo Ribeiro, j. 13.12.95, DJU 25.3.96);

— prescrição da dívida (STJ-2ª T., REsp 60.284, Min. João Otávio, j. 3.4.03, DJU 12.5.03; JTJ 337/344: AP 7.246.463-4).

V. tb. art. 681, nota 1.

Art. 674: 6a. "Em sede de **ação desapropriatória,** é descabida a utilização da via dos embargos de terceiro pelo possuidor do bem imóvel, seja em razão da absoluta incompatibilidade da medida com o procedimento expropriatório, cuja essência pressupõe naturalmente a perda da posse do imóvel expropriado, seja em face da impertinência da argumentação" (STJ-2ª T., REsp 353.382, Min. João Otávio, j. 14.3.06, DJU 26.5.06).

Art. 674: 7. Os embargos de terceiro podem ser conhecidos como **embargos à execução,** quando focalizarem matéria pertinente a estes e desde que opostos no seu prazo (RSTJ 103/129; STJ-2ª T., Ag 146.352-AgRg, Min. Ari Pargendler, j. 26.6.97, DJU 18.8.97; JTA 97/128, JTAERGS 80/157).

Todavia, os embargos de terceiro não podem ser conhecidos como embargos à execução se opostos fora do prazo destes (RTFR 102/211, 119/197; TRF-5ª T., AC 80.393, Min. Sebastião Reis, j. 6.4.83, DJU 5.5.83).

A propósito de situação inversa, v. art. 914, nota 7.

Art. 674: 8. v. nota 4a.

Art. 674: 9. "São admissíveis, em tese, embargos de terceiro em **ação possessória"** (RF 294/265). **Contra,** não os admitindo: RJTAMG 34/62.

Art. 674: 10. Cabem embargos de terceiro em **ação de reivindicação** (RT 672/169).

Art. 674: 11. No sentido de que não cabem embargos de terceiro em **ação de usucapião:** RJTJESP 91/95, 109/92.

Art. 674: 12. Súmula 84 do STJ: "É admissível a oposição de embargos de terceiro fundados em alegação de posse advinda do **compromisso de compra e venda** de imóvel, ainda que **desprovido do registro"** (v. jurisprudência s/ esta Súmula em RSTJ 49/299). **Esta súmula tornou superada a Súmula 621 do STF.**

Também cabem embargos de terceiro:

— ao cessionário de promessa de venda, imitido na posse (STJ-3ª T., REsp 5.435, Min. Eduardo Ribeiro, j. 16.4.91, DJU 6.5.91), ainda que por documento particular devidamente registrado no cartório competente (STJ-RT 729/154), ou mesmo por contrato não registrado (RT 751/302);

— ao cessionário, por escritura pública, de direitos hereditários (STJ-3ª T., REsp 1.809.548, Min. Ricardo Cueva, j. 19.5.20, DJ 27.5.20; RT 725/253);

— ao doador, "na defesa do direito de ver declarada a nulidade da penhora incidente sobre bem por ele gravado com cláusula de inalienabilidade" (STJ-3ª T., REsp 856.699, Min. Nancy Andrighi, j. 15.9.09, DJ 30.11.09);

— à empresa possuidora de bem imóvel, "através de incorporação, com base em averbação não transcrita no registro de imóveis" (RSTJ 104/259);

— ao possuidor, "qualquer que seja o direito em virtude do qual tenha a posse do bem penhorado, seja direito real, seja direito obrigacional" (RSTJ 37/384, STJ-RT 691/187);

— ao possuidor direto (RJTJESP 113/425, RF 254/317);

— ao possuidor indireto. Assim: "É possível ao credor a oposição de embargos de terceiro para resguardar o bem alienado fiduciariamente" (STJ-4ª T., REsp 622.898, Min. Aldir Passarinho Jr., j. 4.5.10, DJ 24.5.10). No mesmo sentido: STJ-RT 816/182 (3ª T., REsp 421.996). **Contra,** negando os embargos ao possuidor indireto: Lex-JTA 165/157 (caso de nu-proprietário);

— ao possuidor que tem domínio resultante de sentença transitada em julgado, ainda que só levada a registro após a penhora (RSTJ 88/148);

"A **falta de registro do ato da partilha e doação** no registro de imóveis não impede o ajuizamento de embargos de terceiro" (RSTJ 31/355). Assim, são procedentes embargos de terceiro opostos pelo filho donatário contra penhora no imóvel doado na petição de separação consensual dos pais, ainda que a doação não tenha sido registrada no Registro de Imóveis (STJ-4ª T., REsp 416.340, Min. Fernando Gonçalves, j. 4.3.04, DJU 22.3.04). No mesmo sentido: STJ-3ª T., REsp 617.861, Min. Nancy Andrighi, j. 13.5.08, DJU 28.5.08. Também, no caso de herdeiro que ainda não registrou seu formal de partilha devidamente homologada: STJ-3ª T., REsp 26.571-3, Min. Eduardo Ribeiro, j. 26.10.92, DJU 16.11.92. Ainda, na hipótese de mulher separada judicialmente que igualmente deixou de registrar o formal de partilha regularmente homologada: STJ-3ª T., REsp 26.742-4, Min. Dias Trindade, j. 25.9.92, DJU 26.10.92; RSTJ 65/486, RT 669/108. V. tb. art. 789, nota 2.

"Aplica-se à **compra e venda não registrada** o mesmo entendimento cristalizado no enunciado n. 84 da Súmula-STJ, que concerne à promessa de compra e venda" (STJ-RF 350/228). No mesmo sentido: RSTJ 48/152, 167/429.

Art. 674: 13. O rol do § 2º não é exaustivo. Outras pessoas que se adequem à previsão do *caput* também poderão opor embargos de terceiro.

V., p. ex., LBF 1º, nota 16a (filho do proprietário em defesa do bem de família no qual reside).

Art. 674: 13a. V. tb. LBF 1º, nota 16.

Art. 674: 14. Não há dúvida de que, em execução movida contra casal, qualquer dos cônjuges poderá embargá-la (como devedor) e discutir o débito ajuizado. Aqui, não se cogita de embargos de terceiro de qualquer dos cônjuges.

Todavia, no caso de execução não movida contra o cônjuge do devedor, em que ele é apenas intimado da penhora (art. 842), v. nota seguinte.

Art. 674: 15. Súmula 134 do STJ: "Embora intimado da penhora em imóvel do casal, o **cônjuge do executado** pode opor embargos de terceiro para defesa de sua meação" (v. jurisprudência s/ esta Súmula em RSTJ 80/51 a 74).

Nesses embargos de terceiro, o cônjuge pleiteará que sua meação ou os seus bens sejam excluídos da penhora, mas não poderá discutir o débito (RTJ 101/800, RTFR 137/135), porque esta é matéria a ser deduzida em embargos do devedor.

Todavia, tem se admitido que o cônjuge que tencione discutir o débito nessas circunstâncias o faça por meio de embargos à execução (v. art. 914, nota 8). Assim: "Ao cônjuge do executado, uma vez intimado da penhora sobre imóvel, assiste **dupla legitimidade:** para ajuizar **embargos a execução,** visando a discutir a dívida, e **embargos de terceiro,** objetivando evitar que a sua meação responda pelo débito exequendo" (RSTJ 46/242 e STJ-RT 694/197: 4ª T., REsp 19.335). No mesmo sentido: RT 726/361, maioria.

"Se a mulher quiser opor-se à dívida contraída pelo marido, a intimação da penhora lhe possibilitará o exercício dessa pretensão nos próprios autos da lide; se, no entanto, pretender afastar a incidência da penhora sobre sua meação, é na posição de terceiro, estranha à *res in iudicio deducta*, que deverá agir, tal como qualquer outro terceiro" (RTJ 100/401; citação do voto do Min. Soares Muñoz). No mesmo sentido: RTJ 105/274; STJ-4ª T., REsp 252.854, Min. Sálvio de Figueiredo, j. 29.6.00, DJU 11.9.00.

Em síntese: "No caso do cônjuge, a lei processual lhe atribui dupla legitimação: no caso, é intimado da penhora de bem imóvel e, na condição de litisconsorte necessário, pode opor embargos do devedor, a fim de impugnar o próprio título executado ou a regularidade do processo executivo; e também pode opor embargo de 'terceiro', mas com propósito diverso, qual seja, defender a posse de bens de sua meação" (STJ-Corte Especial, ED no REsp 306.465, Min. Laurita Vaz, j. 20.3.13, DJ 4.6.13; a citação é do voto da relatora).

Pondere-se que o tema da legitimidade do cônjuge do executado para embargar consiste em matéria complexa e que suscita muitos debates. Daí ser da maior importância no caso a incidência da **fungibilidade** entre os embargos à execução e os embargos de terceiro, sempre que respeitados os respectivos prazos. Nesse sentido, v. nota 7. V. ainda art. 914, nota 7.

S/ defesa da meação do cônjuge de sócio-gerente, em execução fiscal movida contra a sociedade, v. LEF 4º, nota 6.

Art. 674: 16. Em princípio, nos embargos oferecidos para a defesa da meação do cônjuge do devedor, **compete ao embargante o ônus da prova** de que a **dívida contraída pelo executado** não beneficiou a família. Assim: "A meação da mulher casada não responde pela dívida contraída exclusivamente pelo marido, exceto quando em benefício da família. É da mulher o ônus de provar que a dívida contraída pelo marido não veio em benefício do casal, **não se tratando, na espécie, de aval"** (STJ-4ª T., REsp 335.031, Min. Sálvio de Figueiredo, j. 16.10.01, DJU 4.2.02).

O ônus da prova também é do embargante na hipótese de **aval concedido por seu cônjuge à sociedade** de que fazia parte (RSTJ 67/475, STJ-RT 667/189; STJ-4ª T., REsp 299.211, Min. Ruy Rosado, j. 17.5.01, DJU 13.8.01). Isso porque: "Tem-se notado que, se vinculando a título emitido ou aceito por sociedade de que faça parte o dador do aval, é de admitir-se o proveito para ele e, em consequência, para a família" (RSTJ 59/354), sendo, neste caso, daquele "que pretende livrar da penhora a sua meação o ônus da prova contrária" (RT 740/317, bem fundamentado). Assim: "Cabe à mulher casada, em sede de embargos de terceiro em que se objetiva livrar meação sobre imóvel penhorado, o ônus da prova da não repercussão econômica, para a família, de aval do marido em título de crédito, formalizado em favor de empresa de que este é sócio" (STJ-4ª T., REsp 46.153-AgRg, Min. Aldir Passarinho Jr., j. 27.6.00, DJU 18.9.00). No mesmo sentido: STJ-3ª T., REsp 216.659, Min. Ari Pargendler, j. 29.3.01, DJU 23.4.01; RT 807/272, 837/230.

Contra, também em caso de aval dado pelo cônjuge em favor da sociedade de que era sócio, entendendo que cabe ao credor provar que a dívida avalizada não proveio em benefício da família do avalista: JTAERGS 79/183 e Bol. AASP 1.755/286, o mesmo acórdão, muito bem fundamentado, relatado pela Des. Maria Berenice Dias.

No caso de **aval prestado de favor,** inverte-se o ônus da prova: ao credor é que cabe demonstrar que com ele foi beneficiada a família do avalista (RTJ 90/1.075; STJ-4ª T., REsp 647.229, Min. Aldir Passarinho Jr., j. 1.12.09, DJ 18.12.09; RSTJ 10/433, maioria, STJ-RT 673/182 — aval dado em título emitido em garantia de empréstimo pessoal contraído pelo avalizado, irmão do avalista).

Tratando-se de **dívida decorrente de ato ilícito,** o ônus da prova do benefício da família do devedor cabe ao credor (STJ-4ª T., REsp 35.748, Min. Aldir Passarinho Jr., j. 16.5.00, DJU 21.8.00). Na sistemática do CC revogado, as obrigações provenientes de ato ilícito estavam excluídas dos regimes da comunhão universal (art. 263-VI) e da comunhão parcial (art. 270-II); no CC atual, isso só ocorre no regime da comunhão parcial e está sujeito a mitigação, quando caracterizado o proveito do casal (art. 1.659-IV).

Na hipótese de embargos de terceiro opostos em **execução fiscal** movida contra o cônjuge do embargante, na condição de sócio e responsável tributário da sociedade executada, cabe à **Fazenda Pública** a prova de que a dívida favoreceu a família do embargante (v. LEF 4º, nota 6-Súmula 251 do STJ).

Art. 674: 16a. "A exclusão da penhora, em razão da meação, tem como fundamento o fato de não responder o cônjuge por débitos pelos quais não se obrigou. Contudo, tal condição é de caráter pessoal, isto é, só pode ser alegada pelo próprio cônjuge, não pelo herdeiro" (STJ-RT 867/154: 3ª T., REsp 802.030).

Art. 674: 17. Fica sanada a falta de intimação da penhora ao cônjuge se este oferece embargos de terceiro (v. art. 842, nota 6).

Art. 674: 18. Nas situações de constrição de bem indivisível, cabe ao cônjuge apenas defender a sua metade no preço que vier a ser alcançado com a futura alienação do bem. V. art. 843.

Todavia, em se tratando de bem de família, v. nota seguinte.

Art. 674: 18a. "Inobstante afastada pela instância ordinária, com decisão preclusa, a aplicação da Lei n. 8.009/90 à penhora havida nos autos da execução movida ao cônjuge varão, tem-se que a questão pode ser reavivada em embargos de terceiro opostos pela esposa do devedor, que não integrava aquele processo. Proteção que atinge a inteireza do bem, ainda que derivada apenas da meação da esposa, a fim de evitar a frustração do escopo da Lei n. 8.009/90, que é a de evitar o desaparecimento material do lar que abriga a família do devedor" (STJ-4ª T., REsp 480.506-AgRg, Min. Aldir Passarinho Jr., j. 21.11.06, DJU 26.2.07).

V. tb. LBF 1º, nota 13. Em matéria de embargos de terceiro opostos por filho de proprietário, v. LBF 3º, nota 1a.

Art. 674: 18b. "A mulher, judicialmente separada, pode fazer uso dos embargos de terceiro, para defesa de sua meação, em imóvel não partilhado" (JTAERGS 83/357).

Art. 674: 18c. v. arts. 679, nota 4, e 792 § 4º, bem como notas 3 e 21.

Art. 674: 18d. "Não revelada a litispendência ou litigiosidade da coisa constritada, via **inscrição da penhora** no registro imobiliário, legítimo é o reclamo de terceiro, um dos adquirentes sucessivos do bem litigioso, de livrá-lo da constrição, quando de boa-fé o comprou" (STJ-3ª T., REsp 68.212-6, Min. Waldemar Zveiter, j. 13.2.96, DJU 15.4.96).

Art. 674: 19. s/ incidente de desconsideração da personalidade jurídica, v. arts. 133 a 137.

Art. 674: 20. Nos embargos de terceiro apresentados por credor com garantia real, a matéria arguível em defesa é limitada pelo art. 680.

Art. 674: 21. Só se facultam embargos de terceiro ao credor hipotecário quando não tenha sido **intimado da execução** (RTJ 92/1.387, 97/817, 104/870, STF-RT 541/268, RT 537/112, 623/180, RF 301/185, JTA 37/109), e isso porque, "se o credor hipotecário foi notificado dos termos da execução e deixou o processo correr, sem manifestar o seu interesse, opera-se a extinção da hipoteca" (RTJ 97/817).

"A procedência dos embargos de terceiro, ajuizados pelo primeiro credor hipotecário à execução instaurada pelo segundo, pressupõe que a primeira dívida não esteja vencida ou que o respectivo credor não tenha sido notificado da execução" (RTJ 104/870).

"Os embargos de terceiro, quando fundados na falta da intimação da arrematação ao credor hipotecário, têm o efeito apenas de obstar a praça designada. Efetivada, entretanto, a intimação, o credor hipotecário não poderá impedir que se faça a arrematação, salvo se tiver alegado nos embargos e comprovado que o devedor possui outros bens sobre os quais poderá incidir a penhora" (RTJ 110/912 e STF-RT 593/277). No mesmo sentido, acolhendo os embargos do credor hipotecário: RJTJESP 93/114.

"O credor com garantia real tem o direito de impedir, por meio de embargos de terceiro, a alienação judicial do objeto da hipoteca; entretanto, para o acolhimento dos embargos, é necessária a demonstração pelo credor da existência de outros bens sobre os quais poderá recair a penhora" (STJ-3ª T., REsp 578.960, Min. Nancy Andrighi, j. 7.10.04, DJU 8.11.04).

"O bem hipotecado não é impenhorável, mas ao credor hipotecário está assegurado o direito de impedir a alienação judicial, por meio de embargos de terceiro, desde que demonstrada a solvência do devedor, cujo ônus da prova não compete ao credor quirografário que executa (embargado)" (RT 589/115).

"Se o credor hipotecário comprova a existência de outros bens do devedor sobre os quais poderá incidir a penhora, acolhem-se os embargos por ele oferecidos, mesmo que tenha sido regularmente intimado para realização da praça" (RT 597/95).

V. tb. arts. 799-I, especialmente nota 2 (intimação do credor hipotecário), 804-*caput* (ineficácia da alienação não precedida de intimação do credor hipotecário), 833, nota 9 (penhorabilidade do bem hipotecado), 889-V, inclusive nota 9 (comunicação da alienação judicial ao credor hipotecário), 892, nota 4 (arrematação pelo credor hipotecário), 908, nota 5 (exercício do direito de preferência pelo credor hipotecário). V. ainda CC 1.501 (ineficácia da arrematação ou adjudicação em relação ao credor hipotecário não intimado).

Art. 675. Os embargos podem ser opostos a qualquer tempo[1] no processo de conhecimento enquanto não transitada em julgado a sentença[2] e, no cumprimento de sentença ou no processo de execução, até 5 (cinco) dias[3] depois da adjudicação,[4] da alienação por iniciativa particular[5] ou da arrematação,[5a] mas sempre antes da assinatura da respectiva carta.[6 a 8]
[Dispositivo correspondente no CPC/1973: art. 1.048]

Parágrafo único. Caso identifique a existência de terceiro titular de interesse em embargar o ato, o juiz mandará intimá-lo pessoalmente. [Sem dispositivo correspondente no CPC/1973]

Art. 675: 1. s/ oportunidade para embargos, na execução fiscal, v. LEF 1º, nota 8.

Art. 675: 2. v. art. 502.

Admitindo os embargos de terceiro **mesmo depois do trânsito em julgado** da sentença no processo de conhecimento: RT 496/150, 539/126, JTA 64/299, 108/39, Bol. AASP 1.623/27, maioria.

"O trânsito em julgado de sentença adotada em **reintegratória de posse** não constitui óbice aos embargos de terceiro" (STJ-4ª T., REsp 4.004, Min. Fontes de Alencar, j. 3.9.96, DJU 29.10.96).

Se, na ação possessória, a reintegração somente ocorre em execução de sentença, os embargos de terceiro são cabíveis (RJTJESP 124/99).

Se não houve medida liminar, convertida em definitiva por decisão com trânsito em julgado, cabem embargos de terceiro na fase de execução do mandado de reintegração de posse (RT 503/143, JTA 46/79, 62/173, 91/70).

"Não viola os arts. 472 e 1.048 do CPC a decisão que admite o ajuizamento dos embargos de terceiro após o trânsito em julgado da sentença em **ação de depósito**" (STJ-3ª T., REsp 169.441, Min. Menezes Direito, j. 14.10.99, DJU 13.12.99). No caso, o embargante somente havia perdido a posse do bem após o trânsito em julgado da sentença.

Todavia, no sentido de que, findo o processo principal em que ocorreu a apreensão do bem, são incabíveis embargos de terceiro, devendo o interessado deduzir seu direito através de ação própria: JTA 67/89, RP 2/351, em. 81.

No sentido de que, concedida manutenção ou reintegração liminar de posse e convertida em definitiva pela sentença final, transitando esta em julgado já não cabem embargos de terceiro: RT 512/126, 591/152, RJTJESP 50/229, JTA 94/180, Bol. AASP 1.000/20).

Art. 675: 3. "Mesmo não tendo o **credor hipotecário** sido intimado da penhora e da realização da praça, o prazo para oposição dos embargos de terceiro é de até cinco dias depois da arrematação, adjudicação ou remição, mas sempre antes da assinatura da respectiva carta" (STJ-3ª T., REsp 303.325, Min. Nancy Andrighi, j. 26.10.04, DJU 6.12.04). **Contra,** entendendo que o prazo para a oposição de embargos de terceiro pelo credor hipotecário só incide se houve a sua regular intimação: Lex-JTA 171/229.

V. § ún.

Art. 675: 4. v. arts. 876 a 878.

Art. 675: 5. v. art. 880.

Art. 675: 5a. v. arts. 881 a 903.

Art. 675: 6. v. art. 792 § 4º, inclusive nota 21.

Art. 675: 6a. "Se o **terceiro tinha conhecimento da execução,** os embargos devem ser opostos até o quinto dia após a arrematação e antes de assinada a carta" (STJ-4ª T., AI 1.069.460-AgRg, Min. Isabel Gallotti, j. 18.4.13, DJ 30.4.13).

Se o terceiro não teve conhecimento da execução e os embargos de terceiro são opostos contra imissão de posse subsequente à arrematação, o prazo de cinco dias não se conta desta (RT 488/123, maioria), mas da consumação da imissão (STJ-RT 801/160, Bol. AASP 909/58); e isto porque o embargante não se insurge contra a arrematação, que não o prejudica, e sim contra a imissão de posse (RT 560/131, em.).

Assim: "O **prazo** para propositura dos embargos de terceiro que não fez parte do processo executivo nem tinha conhecimento dele **inicia-se na data da turbação da posse**" (STJ-4ª T., REsp 540.269, Min. Cesar Rocha, j. 9.9.03, DJU 17.11.03). No mesmo sentido: STJ-3ª T., REsp 237.581, Min. Gomes de Barros, j. 19.5.05, DJU 27.6.05; STJ-2ª T., REsp 419.697, Min. Herman Benjamin, j. 26.2.08, DJ 4.3.09.

Contra: "No processo de execução, o prazo para os embargos de terceiro é contado dos atos mencionados na parte final do art. 1.048 do CPC, e não do consequente ato de imissão na posse" (RSTJ 83/183). Entendendo que o prazo para embargos se conta da arrematação, sendo irrelevante, inclusive, a data de expedição da carta: JTA 94/339. Sustentando que, mesmo decorridos menos de cinco dias da arrematação, cessa a possibilidade de serem opostos embargos de terceiro a partir do momento em que expedida a carta respectiva: RT 617/130, JTA 122/12.

Art. 675: 7. A **demora na assinatura da carta** não dilata o prazo para a apresentação dos embargos (RTFR 94/59, RT 730/249, JTA 31/324, 75/26, Bol. AASP 1.261/31); se a carta for assinada antes, o prazo de cinco dias ficará reduzido (segundo acórdão em Lex-JTA 75/105). É irrelevante o momento em que o embargante foi intimado da constrição judicial (RTFR 83/162).

Art. 675: 7a. Entendendo que, **não obstante a tempestiva oposição dos embargos** de terceiro, se estes deixam de paralisar a execução e a carta de arrematação vem a ser expedida, eles não mais são cabíveis: "Após expedida a carta de arrematação do bem penhorado, nos termos dos arts. 694 e 486 do CPC, somente pode haver a desconstituição por meio da ação anulatória (AgRg no REsp 1.328.153 e REsp 1.219.329), não sendo os embargos de terceiro o instrumento processual cabível" (STJ-3ª T., REsp 1.287.458, Min. João Otávio, j. 10.5.16, DJ 19.5.16).

Art. 675: 8. "A utilização dos embargos de terceiro é facultativa; decorrido o respectivo prazo, o terceiro cuja posse foi turbada por ordem judicial, alegadamente mal executada, pode defendê-la por meio de **ação de reintegração**" (RSTJ 158/249). V. tb. art. 674, nota 5.

Art. 676. Os embargos serão distribuídos por dependência ao juízo que ordenou a constrição[1 a 2] e autuados em apartado. [Dispositivo correspondente no CPC/1973: art. 1.049]

Parágrafo único. Nos casos de ato de constrição realizado por carta, os embargos serão oferecidos no juízo deprecado, salvo se indicado pelo juízo deprecante o bem constrito ou se já devolvida a carta.[3] [Sem dispositivo correspondente no CPC/1973]

Art. 676: 1. "A competência para o julgamento dos embargos de terceiro é do juiz que determinou a constrição na ação principal, nos termos do art. 1.049 do CPC/1973 (art. 676 do CPC/2015), de modo que, por se tratar de hipótese de **competência funcional,** é também **absoluta e improrrogável**" (STJ-2ª Seção, CC 142.849, Min. Luis Felipe, j. 22.3.17, DJ 11.4.17).

Art. 676: 1a. No sentido de que, apresentados embargos de terceiro pela União, autarquia federal ou empresa pública federal (CF 109-I) contra ato constritivo praticado em processo em curso perante a Justiça Estadual, tais embargos devem ser julgados pela **Justiça Federal:** RTJ 98/217, 113/1.380; STF-RT 577/260; STF-JTA 78/383; STJ-2ª Seção, CC 6.609-3, Min. Waldemar Zveiter, j. 23.2.94, DJU 21.3.94. Nesse caso, o processo em curso perante a Justiça Estadual também deve ser remetido à Justiça Federal?

— **Não:** "Apenas os embargos de terceiro se deslocam para a Justiça Federal, devendo o processo executório em curso na justiça comum estadual lá permanecer. Isso porque a competência da Justiça Federal é absoluta e, por isso, não se prorroga por conexão. Além disso, a execução tem por objeto sentença de mérito transitada em julgado proferida pelo judiciário paulista, o que atrai a incidência da regra contida no art. 575, II" (STJ-3ª Seção, CC 83.326, Min. Maria Thereza, j. 27.2.08, DJU 14.3.08). No mesmo sentido, determinando, ainda, "o sobrestamento da execução até o trânsito em julgado dos embargos que se lhes sejam prejudiciais, com a finalidade de prevenir eventuais decisões conflitantes ou irreversíveis": STJ-2ª Seção, CC 31.696, Min. Aldir Passarinho Jr., j. 9.5.01, DJU 24.9.01.

— **Sim:** "Quebraria toda a lógica do sistema processual distribuir a juízos diferentes a competência para a ação e a competência para a oposição" (STJ-1ª Seção, CC 54.437, Min. Teori Zavascki, j. 14.12.05, DJU 6.2.06; a citação é do voto do relator). No mesmo sentido: STF-Pleno, v.u., RTJ 106/946 e RT 577/260.

Se a empresa pública federal apenas ingressa nos autos para alegar sua qualidade de credora hipotecária, e não opõe embargos de terceiro, não se desloca a competência para a Justiça Federal (cf. RTJ 104/513, RT 591/150).

Art. 676: 2. "Competência da **Justiça do Trabalho** para o julgamento de embargos de terceiro, resultantes da execução de decisão daquele ramo especializado do Poder Judiciário. Jurisprudência do Supremo Tribunal (RE

107.495 e RE 109.060), firmada sob a égide da Constituição de 1967 (art. 142) e fortalecida pela Carta em vigor (art. 114)" (RTJ 136/405).

Contra: RTJ 105/411. Também: "A pretensão a discutir sobre direitos decorrentes de contratos de aquisição de linhas telefônicas, que se acham penhoradas em lide trabalhista, é de natureza civil e, portanto, competente é a Justiça comum para processar e julgar medida cautelar preparatória da anunciada ação cível" (STJ-2ª Seção, CC 1.575, Min. Dias Trindade, j. 29.5.91, DJU 24.6.91).

Art. 676: 3. **Súmula 33 do TFR (Execução por carta):** "O juízo deprecado, na execução por carta, é o competente para julgar os embargos de terceiro, salvo se o bem apreendido foi indicado pelo juízo deprecante" (v. jurisprudência s/ esta Súmula em RTFR 78/36 a 45). No mesmo sentido: SIMP-concl. LXXIV, em RT 482/273; RTJ 103/1.059; RSTJ 2/249, 5/98, 89/179, 148/215; STJ-RT 653/213; RT 807/313; RJTAMG 24/358.

"A competência é fixada no momento do ajuizamento da ação, no caso, os embargos de terceiro foram opostos perante o Juízo deprecado, que indicou o bem a ser penhorado, vindo a alegação de fraude à execução com a apresentação da impugnação aos embargos. A competência já determinada em concordância com a jurisprudência da Corte acima mencionada não pode ser modificada em virtude das alegações da parte feitas em sua contestação" (STJ-2ª Seção, CC 51.389-EDcl-AgRg, Min. Menezes Direito, j. 14.12.05, DJU 15.3.06).

Art. 677. Na petição inicial, o embargante fará a prova sumária de sua posse[1] ou de seu domínio e da qualidade de terceiro, oferecendo documentos e rol de testemunhas.[1a] [Dispositivo correspondente no CPC/1973: art. 1.050-*caput*]

§ 1º É facultada a prova da posse em audiência preliminar designada pelo juiz. [Dispositivo correspondente no CPC/1973: art. 1.050 § 1º]

§ 2º O possuidor direto[2] pode alegar, além da sua posse, o domínio alheio. [Dispositivo correspondente no CPC/1973: art. 1.050 § 2º]

§ 3º A citação será pessoal, se o embargado não tiver procurador constituído nos autos da ação principal.[3] [Dispositivo correspondente no CPC/1973: art. 1.050 § 3º]

§ 4º Será legitimado passivo o sujeito a quem o ato de constrição aproveita, assim como o será seu adversário no processo principal quando for sua a indicação do bem para a constrição judicial.[4] [Sem dispositivo correspondente no CPC/1973]

Art. 677: 1. Para o **deferimento liminar** dos embargos de terceiro não há necessidade de prova plena da posse, devendo o juiz contentar-se com a mera plausibilidade (JTJ 160/95).

Art. 677: 1a. "Embargos de terceiro. **Ausência do rol de testemunhas.** Não pode ser tomado o depoimento de testemunhas cujo rol não tenha sido apresentado com a petição inicial" (STJ-3ª T., REsp 599.491, Min. Menezes Direito, j. 5.4.05, DJU 13.6.05).

Art. 677: 2. v. CC 1.197.

S/ embargos de terceiro opostos por possuidor direto, v. art. 674, nota 12.

Art. 677: 3. Nos casos em que o embargado contar com procurador constituído nos autos da ação principal, a citação e a intimação para a resposta aos embargos serão feitas na pessoa do advogado, mediante **simples publicação na imprensa oficial.** Esse é o espírito da lei nas situações em que direciona esse tipo de comunicação ao procurador da parte. A celeridade almejada somente é alcançada com essa solução.

Nessas circunstâncias, não se exige que o procurador tenha procuração com **poderes especiais** para a efetivação da citação (STJ-3ª T., REsp 1.422.977, Min. Nancy Andrighi, j. 22.5.14, DJ 4.6.14).

Art. 677: 4. **Legitimidade passiva.** "Nas hipóteses em que o imóvel de terceiro foi constrito em decorrência de sua indicação à penhora por parte do credor, somente este detém legitimidade para figurar no polo passivo dos embargos de terceiro, inexistindo, como regra, litisconsórcio passivo necessário com o devedor" (STJ-3ª T., REsp 282.674, Min. Nancy Andrighi, j. 3.4.01, DJU 7.5.01). No mesmo sentido: STJ-1ª T., REsp 1.033.611, Min. Napoleão Maia Filho, j. 28.2.12, DJ 5.3.12; RTFR 146/111, 150/105.

No sentido de que o devedor executado pode intervir como assistente do embargado: Lex-JTA 145/142, RJTAMG 24/306.

No sentido de que o arrematante do bem pode ingressar nos embargos como assistente: RJTJESP 97/279.

Art. 678. A decisão que reconhecer suficientemente provado o domínio ou a posse determinará a suspensão das medidas constritivas sobre os bens litigiosos objeto dos embargos, bem como a manutenção ou a reintegração provisória da posse, se o embargante a houver requerido.[1-1a] [Dispositivo correspondente no CPC/1973: art. 1.051]

Parágrafo único. O juiz poderá condicionar a ordem de manutenção ou reintegração provisória de posse à prestação de caução[2] pelo requerente, ressalvada a impossibilidade da parte economicamente hipossuficiente. [Dispositivo correspondente no CPC/1973: art. 1.051]

Art. 678: 1. Contra essa decisão cabe **agravo de instrumento** (v. art. 1.015-I).

Art. 678: 1a. "Admite-se que o magistrado, ante a ausência de provas da posse, suficientes para sustentar a liminar prevista no art. 1.051 do CPC, indefira essa proteção cautelar e, simultaneamente, permita o **processamento dos embargos de terceiro.** Por outro lado, o processamento destes não confere ao embargante direito líquido e certo à obtenção da liminar" (RSTJ 107/216).

Art. 678: 2. "Se a caução prevista no art. 1.051 do CPC não é exigida ou não puder ser prestada pelo embargante, o objeto dos embargos de terceiro fica sequestrado e quem o recebe assume o cargo de **depositário judicial do bem,** nos termos do art. 148 do CPC. Se aquele que recebe liminarmente o bem objeto dos embargos de terceiro, sem prestar caução, nega a sua qualidade de depositário judicial, para esquivar-se da devolução do bem ou mesmo da sua prisão civil, quebra o dever de lealdade processual exigido pelo art. 14 do CPC, incorre em litigância de má-fé e, por isso, pode ser condenado de acordo com o disposto nos arts. 17 e 18, ambos do CPC" (STJ-3ª T., REsp 754.895, Min. Nancy Andrighi, j. 25.9.06, DJU 9.10.06). S/ prisão civil de depositário infiel, v. art. 161, nota 9 (Súmula Vinculante 25 do STF).

Art. 679. Os embargos poderão ser contestados no prazo de 15 (quinze) dias, findo o qual se seguirá o procedimento comum.[1 a 5] [Dispositivo correspondente no CPC/1973: art. 1.053]

Art. 679: 1. s/ juntada de procuração ao advogado do embargado, nos embargos de terceiro, v. art. 104, nota 4d; legitimidade passiva, v. art. 677 § 4º.

Art. 679: 2. São necessárias a **citação** e a **intimação** do embargado para a oferta de resposta aos embargos (v. art. 677 § 3º).

Art. 679: 3. **Súmula 195 do STJ:** "Em embargos de terceiro não se anula ato jurídico, por **fraude contra credores**" (v. jurisprudência s/ esta Súmula em RSTJ 101/341).

Art. 679: 4. "A matéria relativa à existência ou não de **fraude à execução** pode ser discutida no âmbito dos embargos de terceiro" (JTA 103/323). No mesmo sentido: RT 747/292, maioria.

"Nos embargos de terceiro contra o reconhecimento de fraude à execução, cumpre ao embargante demonstrar a ausência de qualquer dos requisitos indispensáveis à caracterização da fraude, de modo a contrapor a prova feita pelo credor no âmbito da execução para derrubar a presunção relativa que até então favorecia o terceiro adquirente" (STJ-3ª T., REsp 1.260.490, Min. Nancy Andrighi, j. 7.2.12, DJ 2.8.12).

V. tb. art. 674 § 2º-II e 792 § 4º, bem como notas 3 e 21.

Art. 679: 5. Os embargos de terceiro não comportam **reconvenção** (RP 13/198).

Art. 680. Contra os embargos do credor com garantia real,[1] o embargado somente poderá alegar que: [Dispositivo correspondente no CPC/1973: art. 1.054-*caput*]

I — o devedor comum é insolvente; [Dispositivo correspondente no CPC/1973: art. 1.054-I]

II — o título é nulo ou não obriga a terceiro; [Dispositivo correspondente no CPC/1973: art. 1.054-II]

III — outra é a coisa dada em garantia. [Dispositivo correspondente no CPC/1973: art. 1.054-III]

Art. 680: 1. v. art. 674-IV.

Art. 681. Acolhido o pedido inicial, o ato de constrição judicial indevida será cancelado, com o reconhecimento do domínio, da manutenção da posse ou da reintegração definitiva do bem ou do direito ao embargante.[1 a 3] [Sem dispositivo correspondente no CPC/1973]

Art. 681: 1. "Decide *extra petita* o acórdão que, em embargos de terceiro opostos com vistas à desconstituição da penhora, de ofício anula a execução por deficiência formal do título executivo" (STJ-4ª T., REsp 8.748, Min. Barros Monteiro, j. 17.12.91, DJU 23.3.92).

V. tb. art. 674, nota 6.

Art. 681: 2. Súmula 303 do STJ: "Em embargos de terceiro, quem deu causa à constrição indevida deve arcar com os **honorários advocatícios"** (v. jurisprudência s/ esta Súmula em RSTJ 183/626, 185/672). No mesmo sentido: RT 605/84, JTA 99/401, 116/31, maioria, Bol. AASP 1.400/251.

Essa Súmula nada mais faz do que aplicar nos embargos de terceiro o princípio da causalidade, regra geral em matéria de honorários advocatícios (v. art. 85, nota 6): quem deu causa ao processo — no caso, aos embargos de terceiro — arca com a verba honorária. Assim, o **embargado deve ser condenado a pagar honorários:**

— se o oficial de justiça efetuou a penhora sobre bem não indicado pelo exequente, mas este resistiu ao pedido de levantamento da penhora e impugnou os embargos de terceiro (STJ-RT 782/217);

— "se o exequente, agora ciente da existência da venda do imóvel, ainda apresenta impugnação, pedindo a improcedência daqueles, oferecendo injustificada resistência ao pedido" (STJ-4ª T., REsp 472.670, Min. Aldir Passarinho Jr., j. 25.11.03, DJU 25.2.04). No mesmo sentido: STJ-1ª Seção, REsp 1.452.840, Min. Herman Benjamin, j. 14.9.16, DJ 5.10.16; RT 837/231;

— se enfrentou "as razões postas nos embargos de terceiro, defendendo a legitimidade e regularidade da penhora" (STJ-3ª T., REsp 489.238, Min. Menezes Direito, j. 12.8.03, DJU 15.9.03).

Condenando o embargante a pagar honorários, independentemente de os embargos terem sido julgados procedentes: "O princípio da causalidade não se contrapõe ao princípio da sucumbência. Antes, é este um dos elementos norteadores daquele, pois, de ordinário, o sucumbente é considerado responsável pela instauração do processo e, assim, condenado nas despesas processuais. O princípio da sucumbência, contudo, cede lugar quando, embora vencedora, a parte deu causa à instauração da lide. Se o credor indicou à penhora imóvel objeto de contrato de compra e venda não registrado, é iniludível que a necessidade do ajuizamento dos embargos de terceiro pelo adquirente é resultado da desídia deste em não promover o registro, providência que a par da publicidade do ato poderia evitar a indesejada constrição patrimonial, haja vista a eficácia *erga omnes* dos atos submetidos a registro. Assim, face ao princípio da causalidade, cabe ao terceiro-embargante, adquirente do imóvel, arcar com os consectários da sucumbência" (STJ-3ª T., REsp 303.597, Min. Nancy Andrighi, j. 17.4.01, DJU 11.6.01). No mesmo sentido: STJ-1ª T., REsp 892.256, Min. Teori Zavascki, j. 12.12.06, DJU 8.2.07; STJ-2ª T., REsp 375.026-EDcl-EDcl, Min. Carlos Mathias, j. 25.3.08, DJU 15.4.08; STJ-4ª T., REsp 1.769.206, Min. Isabel Gallotti, j. 25.6.19, DJ 2.10.19.

Em síntese: quando a desídia do embargante é determinante para a constrição e o embargado não se opõe à liberação do bem objeto dos embargos, aquele deve ser condenado ao pagamento de honorários, ainda que se saia vencedor no processo; já quando o embargado impugna os embargos e resiste à pretensão do embargante, ele é quem deve ser condenado ao pagamento de honorários, caso os embargos sejam acolhidos.

No julgamento dos ED no REsp 490.605, sedimentou-se o entendimento no sentido de que "não pode ser responsabilizado pelos honorários advocatícios o credor que indica à penhora imóvel transferido a terceiro mediante compromisso de compra e venda não registrado no Cartório de Imóveis. Com a inércia do comprador em proceder ao registro não havia como o exequente tomar conhecimento de uma possível transmissão de domínio" (STJ-Corte Especial, ED no REsp 490.605, Min. Pádua Ribeiro, j. 4.8.04, DJU 20.9.04). Todavia, no caso, ambas as partes acabaram isentas do pagamento de honorários, quando, na verdade, com a devida vênia, deveria ter sido mantida a condenação do embargado ao pagamento de honorários, em virtude da sua resistência aos embargos de terceiro, tal qual decidido anteriormente (STJ-2ª T., REsp 490.605, Min. Eliana Calmon, j. 15.4.03, DJU 19.5.03).

Esse pequeno deslize cometido no julgamento dos ED no REsp 490.605 tem influenciado a jurisprudência: "A aplicação do princípio da causalidade não implica a reversão do resultado da lide, que terminou com o acolhimento dos embargos de terceiro. A sua única consequência é isentar o embargado do pagamento da verba advocatícia. Precedente do STJ" (STJ-4ª T., REsp 514.174, Min. Barros Monteiro, j. 14.6.05, DJU 19.9.05).

Mais uma vez com a devida vênia, princípio da causalidade e resultado da lide não apontam necessariamente para a mesma direção; logo, é possível que o feito se encerre concomitantemente com a vitória do embargante e sua condenação ao pagamento de honorários.

Daí ser irrepreensível o seguinte acórdão: "O autor dos embargos de terceiro, ainda que vencedor na demanda, deve arcar com os honorários advocatícios se deixou de registrar a transferência do bem, ante a aplicação do princípio da causalidade" (STJ-2ª T., REsp 375.026-EDcl-EDcl, Min. Carlos Mathias, j. 25.3.08, DJU 15.4.08).

Os embargos de terceiro apenas devem terminar sem condenação das partes ao pagamento de honorários quando não for possível apontar nenhuma delas como responsável por sua instauração e desenvolvimento. Isso acontece, p. ex.:

— se o oficial de justiça penhorou o todo, embora o credor pedisse expressamente que só fosse penhorada a meação do devedor; além disso, o credor concordou expressamente com o levantamento da penhora e, por isso, foi liberado de pagar honorários nos embargos de terceiro acolhidos (STJ-RT 777/212);

— se o oficial de justiça efetuou a penhora sobre **bem não indicado pelo exequente** (RSTJ 78/202, 130/312), principalmente se este, depois, concordou com o levantamento (RSTJ 139/231, RTJE 115/153; JTJ 331/579: AP 795.681-5/9-00).

Há um acórdão entendendo que, no caso de penhora por iniciativa do oficial de justiça, o terceiro poderia ter levantado a constrição por simples petição e, se lançou mão, aos seus olhos sem necessidade, de embargos de terceiro, deve ser condenado ao pagamento de honorários (STJ-3ª T., REsp 148.322, Min. Waldemar Zveiter, j. 3.3.98, DJU 11.5.98).

Em caso no qual o bem indevidamente penhorado havia sido indicado pelo executado, os embargos de terceiro terminaram com decisão determinando que cada parte arcasse com os honorários de seu patrono (STJ-RT 810/175: 3ª T., REsp 218.435). Com a devida vênia, nesse caso, quem deveria ser condenado ao pagamento de honorários é o executado, que foi quem deu causa aos embargos de terceiro e deve figurar no polo passivo dos embargos.

"Não citado o embargado, e declarada extinta a ação de embargos por perda de objeto (penhora tornada sem efeito), não cabe a condenação do embargado no ônus da sucumbência" (STJ-4ª T., REsp 2.892, Min. Athos Carneiro, j. 21.8.90, DJU 17.9.90). No mesmo sentido: "Não tendo sido citado o embargado, descabe impor-lhe os encargos da sucumbência" (RSTJ 83/254, maioria).

V. tb. art. 85, nota 16.

S/ legitimidade passiva, v. art. 677 § 4º.

Art. 681: 3. O recurso cabível contra a decisão que julga os embargos de terceiro é a **apelação,** não sendo possível conhecer do agravo de instrumento interposto nessas circunstâncias (JTJ 316/438: AI 7.127.473-6).

Capítulo VIII | DA OPOSIÇÃO

Art. 682. Quem pretender, no todo ou em parte, a coisa ou o direito sobre que controvertem autor e réu poderá, até ser proferida a sentença, oferecer oposição[1-2] contra ambos.[3 a 4a] [Dispositivo correspondente no CPC/1973: art. 56]

Art. 682: 1. v. art. 686, nota 1.

S/ dobra de prazo em favor do opoente, v. art. 229, nota 8a; s/ valor da causa, na oposição, v. art. 292, nota 8; s/ oposição: em rescisória, art. 970, nota 6; na desapropriação, v. LD 19, nota 8; no Juizado Especial, LJE 10.

Art. 682: 2. Não cabe oposição:

— em **ação possessória,** por terceiro, visando à reivindicação do imóvel em litígio (STJ-3ª T., REsp 493.927, Min. Gomes de Barros, j. 7.12.06, DJU 18.12.06; RJTAMG 33/201, maioria) ou objetivando tão somente o reconhecimento de propriedade sobre ele (JTA 107/214);

— em **ação de usucapião** (STJ-3ª T., REsp 1.726.292, Min. Ricardo Cueva, j. 12.2.19, DJ 15.2.19);

— **após a sentença** (RTJ 131/971) ou já na fase de execução (JTA 99/128, Lex-JTA 165/209, RTJE 82/110).

Art. 682: 3. A oposição é dirigida contra autor e réu, ao mesmo tempo, e não contra um deles apenas (RTJ 111/1.351, RTFR 134/55, RT 605/134, 723/391, Bol. AASP 1.529/80).

Distingue-se dos **embargos de terceiro** (arts. 674 a 681) porque o embargante não se opõe às partes; apenas, pretende que volte ao seu domínio ou posse o bem que foi apreendido judicialmente (RT 506/145, 622/107, JTA 49/116, 104/105).

Art. 682: 4. Réu não pode ser opoente (RJTJESP 134/158).

Art. 682: 4a. "Proposta a **ação de anulação da confissão de dívida** contra o primitivo credor, o cessionário deste, que vem a juízo sustentar a validade do título, é um assistente do cedente, não um opoente" (RSTJ 74/338).

Art. 683. O opoente[1] deduzirá o pedido em observação aos requisitos exigidos para propositura da ação.[1a] [Dispositivo correspondente no CPC/1973: art. 57-*caput*]

Parágrafo único. Distribuída a oposição por dependência, serão os opostos citados,[1b] na pessoa de seus respectivos advogados,[2] para contestar[2a] o pedido no prazo comum de 15 (quinze) dias. [Dispositivo correspondente no CPC/1973: art. 57-*caput*]

Art. 683: 1. s/ pagamento de custas pelo opoente, na Justiça Federal, v. RCJF 14 § 2º.

Art. 683: 1a. O **valor da causa,** na oposição, quando ela abrange toda a ação, é o mesmo desta (Lex-JTA 145/277; JTJ 371/133: AI 234887-46.2011.8.26.0000).

Art. 683: 1b. O caso é de mera **intimação** para a oferta de resposta, pois seu processamento se dá nos autos do processo já existente, do qual já participam os opostos.

Art. 683: 2. Essa comunicação se aperfeiçoa mediante simples **publicação na imprensa oficial.** A celeridade almejada somente é alcançada com essa solução. Se não fosse assim, então que se dirigisse a comunicação já ao seu real destinatário (parte) e não ao advogado.

Contra, afirmando que a citação na pessoa do advogado não pode ser feita mediante simples publicação na imprensa oficial: RJTJESP 107/247, 115/158.

Art. 683: 2a. Na verdade, a intimação não é simplesmente para contestar, mas sim para **responder ao pedido.** Assim, os opostos podem também ofertar reconvenção.

Art. 684. Se um dos opostos reconhecer a procedência do pedido, contra o outro prosseguirá o opoente. [Dispositivo correspondente no CPC/1973: art. 58]

Art. 685. Admitido o processamento,[1] a oposição será apensada aos autos e tramitará simultaneamente à ação originária, sendo ambas julgadas pela mesma sentença.[2 a 4] [Dispositivo correspondente no CPC/1973: art. 59]

Parágrafo único. Se a oposição for proposta após o início da audiência de instrução, o juiz suspenderá o curso do processo ao fim da produção das provas, salvo se concluir que a unidade da instrução atende melhor ao princípio da duração razoável do processo. [Dispositivo correspondente no CPC/1973: art. 60]

Art. 685: 1. Cabe **agravo de instrumento** contra a decisão que indefere liminarmente a oposição (v. art. 354 § ún.).

Art. 685: 2. v. art. 686, nota 1 (prejudicialidade da oposição).

Art. 685: 3. A **desistência da ação,** por si, não prejudica o prosseguimento da oposição (RT 599/63).

Art. 685: 4. Cabe **apelação** contra a sentença (v. art. 1.009).

Art. 686. Cabendo ao juiz decidir simultaneamente a ação originária e a oposição, desta conhecerá em primeiro lugar.[1] [Dispositivo correspondente no CPC/1973: art. 61]

Art. 686: 1. "A existência de lide pendente entre autor e réu só é requisito processual para a admissão da oposição no momento de sua propositura. Uma vez protocolada a petição de oposição, ela pode ser **apreciada independentemente da superveniência de sentença na ação principal** ou mesmo da sua existência" (STJ-3ª T., REsp 1.367.718, Min. Moura Ribeiro, j. 6.11.18, DJ 9.11.18).

"Conforme a estrita técnica processual, quando um terceiro apresenta oposição, pretendendo a coisa ou o direito sobre o que controvertem autor e réu, antes da audiência, ela correrá simultaneamente à ação principal, devendo ser julgada pela mesma sentença, que primeiramente deverá conhecer da oposição, dado o seu caráter prejudicial. Contudo, na hipótese, não se vislumbra a existência de qualquer prejuízo ao devido processo legal ou ao recorrente em razão do julgamento da oposição ter se dado, embora na mesma data, após o julgamento da anulatória" (STJ-3ª T., REsp 1.221.369, Min. Nancy Andrighi, j. 20.8.13, DJ 30.8.13).

"A imutabilidade da coisa julgada referente à demanda originária limita-se aos respectivos autor e réu, não submetendo/subordinando o provimento jurisdicional a ser exarado nos autos da oposição interventiva julgada posteriormente e de forma autônoma, cujo aspecto subjetivo é mais amplo do que o da primeira, por dizer respeito à relação jurídica processual instaurada entre o opoente e os opostos" (STJ-4ª T., REsp 1.552.230, Min. Luis Felipe, j. 10.10.19, DJ 27.11.19).

Capítulo IX | DA HABILITAÇÃO

Art. 687. A habilitação ocorre quando, por falecimento de qualquer das partes, os interessados houverem de suceder-lhe no processo.[1] [Dispositivo correspondente no CPC/1973: art. 1.055]

Art. 687: 1. v. art. 110 (sucessão processual).

Art. 688. A habilitação pode ser requerida:[1] [Dispositivo correspondente no CPC/1973: art. 1.056-*caput*]

I — pela parte, em relação aos sucessores do falecido; [Dispositivo correspondente no CPC/1973: art. 1.056-I]

II — pelos sucessores do falecido, em relação à parte. [Dispositivo correspondente no CPC/1973: art. 1.056-II]

Art. 688: 1. v. art. 313 § 2º.

Art. 689. Proceder-se-á à habilitação nos autos do processo principal, na instância em que estiver, suspendendo-se, a partir de então, o processo.[1] [Dispositivo correspondente no CPC/1973: art. 1.060-*caput*]

Art. 689: 1. v. arts. 313, nota 17c, e 921, nota 3.

Art. 690. Recebida a petição, o juiz ordenará a citação dos requeridos[1] para se pronunciarem no prazo de 5 (cinco) dias. [Dispositivo correspondente no CPC/1973: art. 1.057-*caput*]

Parágrafo único. A citação será pessoal, se a parte não tiver procurador constituído nos autos.[2] [Dispositivo correspondente no CPC/1973: art. 1.057 § ún.]

Art. 690: 1. "Não é possível simplesmente substituir o espólio executado por seus sucessores, sem que estes sejam corretamente habilitados à lide, por procedimento regular, inclusive citações" (Lex-JTA 146/238).

Art. 690: 2. Nos casos em que os requeridos contarem com procurador constituído na causa, a citação e a intimação para a resposta serão feitas na **pessoa do advogado,** mediante simples **publicação na imprensa oficial.**

Art. 691. O juiz decidirá o pedido de habilitação imediatamente, salvo se este for impugnado e houver necessidade de dilação probatória diversa da documental, caso em que determinará que o pedido seja autuado em apartado e disporá sobre a instrução. [Sem dispositivo correspondente no CPC/1973]

Art. 692. Transitada em julgado a sentença de habilitação, o processo principal retomará o seu curso, e cópia da sentença será juntada aos autos respectivos. [Dispositivo correspondente no CPC/1973: art. 1.062]

Capítulo X | DAS AÇÕES DE FAMÍLIA

Art. 693. As normas deste Capítulo aplicam-se aos processos contenciosos de divórcio,[1] separação,[2] reconhecimento e extinção de união estável,[3] guarda,[3a] visitação[4] e filiação.[4a] [Sem dispositivo correspondente no CPC/1973]

Parágrafo único. A ação de alimentos[5] e a que versar sobre interesse de criança ou de adolescente[6] observarão o procedimento previsto em legislação específica, aplicando-se, no que couber, as disposições deste Capítulo.

Art. 693: 1. v. CC 1.571-IV e §§ 1º e 2º e 1.579 e segs.; LDi 24 e segs. e 35 a 37.

S/ competência, v. art. 53-I.

Art. 693: 2. v. CC 1.571-III e 1.572 e segs.; LDi 3º e segs.

S/ competência, v. art. 53-I.

Art. 693: 3. v. CC 1.723 e segs.

S/ competência, v. art. 53-I.

Art. 693: 3a. v. CC 1.583 e segs.

S/ competência, v. art. 53, nota 7.

Art. 693: 4. v. CC 1.589.

Art. 693: 4a. v. CC 1.596.

Art. 693: 5. v. Lei 5.478, de 25.7.68, no tít. ALIMENTOS.

Art. 693: 6. v., no nosso CCLCV, Lei 8.069, de 13.7.90, em especial, arts. 141 e segs., no tít. CRIANÇA, ADOLESCENTE E JOVEM.

Art. 694. Nas ações de família, todos os esforços serão empreendidos para a solução consensual da controvérsia, devendo o juiz dispor do auxílio de profissionais de outras áreas de conhecimento para a mediação e conciliação.[1] [Sem dispositivo correspondente no CPC/1973]

Parágrafo único. A requerimento das partes, o juiz pode determinar a suspensão do processo enquanto os litigantes se submetem a mediação extrajudicial ou a atendimento multidisciplinar.[2]

Art. 694: 1. v. arts. 3º §§ 2º e 3º, 139-V, 165 e segs. e 334.

Art. 694: 2. Essa suspensão fica limitada a **seis meses** (v. art. 313-II e § 4º).

Art. 695. Recebida a petição inicial[1] e, se for o caso, tomadas as providências referentes à tutela provisória,[2] o juiz ordenará a citação do réu para comparecer à audiência de mediação e conciliação,[3-3a] observado o disposto no art. 694. [Sem dispositivo correspondente no CPC/1973]

§ 1º O mandado de citação conterá apenas os dados necessários à audiência[4] e deverá estar desacompanhado de cópia da petição inicial,[5] assegurado ao réu o direito de examinar seu conteúdo a qualquer tempo.

§ 2º A citação ocorrerá com antecedência mínima de 15 (quinze) dias da data designada para a audiência.

§ 3º A citação será feita na pessoa do réu.

§ 4º Na audiência, as partes deverão estar acompanhadas de seus advogados ou de defensores públicos.[6]

Art. 695: 1. i. e., não sendo o caso de indeferimento da petição inicial (v. art. 330) nem de julgamento liminar de improcedência (v. art. 332).

Art. 695: 2. v. arts. 294 e segs.

Art. 695: 3. v. art. 334.

Art. 695: 3a. Se **não quiser a composição consensual,** e desde que o autor tenha se manifestado nesse mesmo sentido, o réu deve pedir o cancelamento da audiência em conformidade com o art. 334 § 5º.

Art. 695: 4. s/ requisitos ordinários do mandado de citação, v. art. 250.

Art. 695: 5. No caso de concessão de **tutela provisória,** cópia da respectiva decisão deve instruir o mandado (v. art. 250-V). Nessas circunstâncias, a petição inicial deve também acompanhá-lo.

Art. 695: 6. v. art. 334 §§ 8º e 9º.

Art. 696. A audiência de mediação e conciliação poderá dividir-se em tantas sessões quantas sejam necessárias para viabilizar a solução consensual, sem prejuízo de providências jurisdicionais para evitar o perecimento do direito.[1] [Sem dispositivo correspondente no CPC/1973]

Art. 696: 1. respeitado o **prazo de 6 meses.**

V. tb. arts. 334, nota 4b, e 694, nota 1.

Art. 697. Não realizado o acordo, passarão a incidir, a partir de então, as normas do procedimento comum, observado o art. 335. [Sem dispositivo correspondente no CPC/1973]

Art. 698. Nas ações de família, o Ministério Público somente intervirá quando houver interesse de incapaz[1] e deverá ser ouvido previamente à homologação de acordo. [Sem dispositivo correspondente no CPC/1973]

Parágrafo único. O Ministério Público intervirá, quando não for parte, nas ações de família em que figure como parte vítima de violência doméstica e familiar, nos termos da Lei n. 11.340, de 7 de agosto de 2006 (Lei Maria da Penha).[2] [Sem dispositivo correspondente no CPC/1973]

Art. 698: 1. v. art. 178-II.

S/ incapaz, v., no CCLCV, CC 3º a 5º, bem como respectivas notas.

Art. 698: 2. O § ún. foi acrescido pela Lei 13.894, de 29.10.19.

Art. 699. Quando o processo envolver discussão sobre fato relacionado a abuso ou a alienação parental,[1] o juiz, ao tomar o depoimento do incapaz, deverá estar acompanhado por especialista. [Sem dispositivo correspondente no CPC/1973]

Art. 699: 1. s/ alienação parental, v. Lei 12.318, de 26.8.10.

Capítulo XI | DA AÇÃO MONITÓRIA

Art. 700. A ação monitória[1 a 3] pode ser proposta por aquele que afirmar, com base em prova escrita[3a a 8] sem eficácia de título executivo,[8a a 16] ter direito de exigir do devedor capaz:[16a] [Dispositivo correspondente no CPC/1973: art. 1.102a]

I — o pagamento de quantia em dinheiro;[17] [Dispositivo correspondente no CPC/1973: art. 1.102a]

II — a entrega de coisa fungível ou infungível ou de bem móvel ou imóvel;[17a-17b] [Dispositivo correspondente no CPC/1973: art. 1.102a]

III — o adimplemento de obrigação de fazer ou de não fazer.[18] [Sem dispositivo correspondente no CPC/1973]

§ 1º A prova escrita pode consistir em prova oral documentada, produzida antecipadamente nos termos do art. 381. [Sem dispositivo correspondente no CPC/1973]

§ 2º Na petição inicial,[18a a 18c] incumbe ao autor explicitar, conforme o caso: [Sem dispositivo correspondente no CPC/1973]

I — a importância devida, instruindo-a com memória de cálculo;[19] [Sem dispositivo correspondente no CPC/1973]

II — o valor atual da coisa reclamada;[20] [Sem dispositivo correspondente no CPC/1973]

III — o conteúdo patrimonial em discussão ou o proveito econômico perseguido.[21] [Sem dispositivo correspondente no CPC/1973]

§ 3º O valor da causa deverá corresponder à importância prevista no § 2º, incisos I a III. [Sem dispositivo correspondente no CPC/1973]

§ 4º Além das hipóteses do art. 330, a petição inicial será indeferida quando não atendido o disposto no § 2º deste artigo. [Sem dispositivo correspondente no CPC/1973]

§ 5º Havendo dúvida quanto à idoneidade de prova documental apresentada pelo autor, o juiz intimá-lo-á para, querendo, emendar a petição inicial,[22-23] adaptando-a ao procedimento comum. [Sem dispositivo correspondente no CPC/1973]

§ 6º É admissível ação monitória em face da Fazenda Pública.[24] [Sem dispositivo correspondente no CPC/1973]

§ 7º Na ação monitória, admite-se citação por qualquer dos meios permitidos para o procedimento comum.[25-26] [Sem dispositivo correspondente no CPC/1973]

Art. 700: 1. s/ ação monitória e: denunciação da lide, v. art. 125, nota 5; s/ chamamento ao processo, v. art. 130, nota 3; s/ conversão de ação de execução em monitória, v. art. 283, nota 5; cobrança do saldo devedor de contrato de alienação fiduciária, v. Dec. lei 911/69, art. 2º, nota 1d (no tít. ALIENAÇÃO FIDUCIÁRIA).

Art. 700 2. A ação monitória é uma **faculdade do autor,** que, não obstante preenchidos os requisitos do art. 700, pode optar pelo procedimento comum.

"A ação monitória tem a natureza de processo cognitivo sumário e a finalidade de agilizar a prestação jurisdicional, sendo facultada a sua utilização, em nosso sistema, ao credor que possuir prova escrita do débito, sem força de título executivo, nos termos do art. 1.102a, CPC" (RSTJ 120/393: 4ª T.).

Art. 700: 3. Foro competente. "A ação monitória deve ser processada e julgada no foro do domicílio do devedor (art. 94, caput, do CPC)" (STJ-3ª T., REsp 287.724, Min. Ari Pargendler, j. 4.4.06, DJ 22.5.06). Do voto da Min. Nancy Andrighi: "É necessário que o credor, ao ajuizar a ação monitória, decline a origem do crédito que é comprovado pelo documento escrito. Se esse crédito tiver origem em contrato, poderá incidir a regra do art. 100, inc. IV, alínea 'd' do CPC, deslocando-se a competência para o local de cumprimento da obrigação. Caso a origem do crédito, por outro lado, não decorra de contrato, será necessária a análise de cada hipótese para definir se ela se enquadrará na regra geral do art. 94, ou em alguma outra disposição especial, como as demais alíneas do inc. IV do art. 100, ou mesmo o respectivo inc. V".

Também afirmando a competência do foro do domicílio do réu, em caso de ação monitória fundada em nota promissória coberta pela prescrição: STJ-4ª T., Ag em REsp 253.428-AgRg, Min. Luis Felipe, j. 28.5.13, DJ 3.6.13.

Todavia: "É competente para julgar ação monitória, lastreada em cheques prescritos, o foro do lugar do pagamento das cambiais, ainda que tenham perdido a força executiva, em face da regra do art. 100, IV, d, do CPC" (RT 782/286, ementa da redação).

Art. 700: 3a. v. art. 702, nota 3.

Art. 700: 4. "A **prova escrita,** exigida pelo art. 1.102a do CPC, é todo documento que, embora não prove, diretamente, o fato constitutivo, permite ao órgão judiciário deduzir, através de presunção, a existência do direito alegado" (RJ 238/67). No mesmo sentido, acrescentando que, "em relação à discussão sobre valores, à forma de cálculo e à própria legitimidade do débito, assegura a lei ao devedor a via dos embargos (art. 1.102c do CPC)": STJ-RT 801/173.

"Para viabilizar a ação monitória, a prova escrita deve ser suficiente em si mesma, não sendo hábil a tal fim o mero começo de prova escrita. Necessidade de demonstração, pelo autor, por intermédio de prova testemunhal complementar, ao menos da autorização dos serviços pelo proprietário do veículo" (STJ-4ª T., REsp 180.515, Min. Barros Monteiro, j. 3.12.98, DJU 12.4.99).

"A teor do disposto no artigo 1.102a do Código de Processo Civil, a prova escrita apta a respaldar a demanda monitória deve apresentar elementos indiciários da materialização de uma dívida decorrente de uma obrigação de pagar ou de entregar coisa fungível ou bem móvel. No caso dos autos, os bilhetes que instruíram a inicial não são aptos a demonstrar a presença da relação jurídica entre credor e devedor, o que afasta a existência da própria dívida" (STJ-3ª T., REsp 866.205, Min. Ricardo Cueva, j. 25.3.14, DJ 6.5.14).

"Papel escrito com singelos cálculos que não indicam sua origem ou as partes eventualmente vinculadas tem, no máximo, a natureza do documento escrito, jamais de prova escrita de débito, mesmo indiciária, a justificar demanda injuncional, na forma do art. 1.102a do CPC" (Ajuris 77/614, maioria).

Art. 700: 4a. "A prova hábil a instruir a ação monitória, a que alude o art. 1.102-A do Código de Processo Civil **não precisa, necessariamente, ter sido emitida pelo devedor** ou nela constar sua assinatura ou de um representante. Basta que tenha forma escrita e seja suficiente para, efetivamente, influir na convicção do magistrado acerca do direito alegado. Dessarte, para a admissibilidade da ação monitória, não é necessário que o autor instrua a ação com prova robusta, estreme de dúvida, podendo ser aparelhada por documento idôneo, ainda que emitido pelo próprio credor, contanto que, por meio do prudente exame do magistrado, exsurja o juízo de probabilidade acerca do direito afirmado pelo autor" (STJ-4ª T., REsp 925.584, Min. Luis Felipe, j. 9.10.12, RP 219/430).

"Para que haja a propositura regular da ação monitória não é imprescindível a anuência do devedor. Basta que, gozando de valor probante, torne possível deduzir do título o convencimento da dívida" (STJ-1ª T., REsp 285.371, Min. Luiz Fux, j. 28.5.02, DJU 24.6.02; no caso, o título consistia em boleto bancário para cobrança de contribuição sindical, emitido unilateralmente pelo credor).

"Se o documento que aparelha a ação monitória não emana do devedor, mas goza de valor probante, revelando o conhecimento plausível da obrigação, é título hábil a viabilizar o processamento da ação monitória" (STJ-3ª T., REsp 244.491, Min. Nancy Andrighi, j. 10.4.01, DJU 13.8.01).

Todavia: "Não há como instaurar procedimento monitório com base em demonstrativo ou extrato unilateral de débito, não se podendo caracterizar tal documento como prova escrita hábil a tal procedimento" (RJTAMG 67/321).

Art. 700: 4b. "O correio eletrônico ***(e-mail)*** pode fundamentar a pretensão monitória, desde que o juízo se convença da verossimilhança das alegações e da idoneidade das declarações, possibilitando ao réu impugnar-lhe pela via processual adequada. O exame sobre a validade, ou não, da correspondência eletrônica *(e-mail)* deverá ser aferida no caso concreto, juntamente com os demais elementos de prova trazidos pela parte autora" (STJ-4ª T., REsp 1.381.603, Min. Luis Felipe, j. 6.10.16, DJ 11.11.16).

Todavia: "O documento em que o requerente baseou o pedido — minuta de confissão de dívida que lhe teria sido encaminhada por correspondência eletrônica, produzido unilateralmente e sem assinatura das partes —, sem outros elementos subsidiários de prova, não se configura 'prova escrita'" (JTJ 318/247: AP 916.009-0/2).

Art. 700: 4c. "A **nota fiscal,** acompanhada do respectivo **comprovante de entrega e recebimento** da mercadoria ou do serviço, devidamente assinado pelo adquirente, pode servir de prova escrita para aparelhar a ação monitória" (STJ-3ª T., REsp 778.852, rel. Min. Nancy Andrighi, j. 15.8.06, DJU 4.9.06).

Admitindo a ação monitória com maior largueza nessas circunstâncias: "Ação monitória. Instrução da inicial com notas fiscais. Não é imprescindível que o documento esteja, para embasar a inicial da monitória, assinado" (STJ-3ª T., REsp 164.190, Min. Waldemar Zveiter, j. 6.5.99, DJU 14.6.99). No mesmo sentido: STJ-2ª T., REsp 894.767, Min. Eliana Calmon, j. 19.8.08, DJ 24.9.08; RJTJERGS 256/341.

Todavia, não admitindo a ação monitória com base apenas em notas fiscais: RJTJERGS 216/278, Lex-JTA 170/214.

S/ duplicata sem aceite, como título para a ação monitória, v. nota 13.

Art. 700: 5. "As **contas** por prestação de **serviço por concessionária de telefonia** constituem prova escrita válida para a propositura de ação monitória" (STJ-3ª T., REsp 888.265-AgRg, Min. Ricardo Cueva, j. 21.2.13, DJ 27.2.13).

Art. 700: 5a. "Possível o uso da ação monitória para a cobrança de **débitos condominiais"** (STJ-4ª T., REsp 405.011, Min. Aldir Passarinho Jr., j. 19.12.02, DJU 2.6.03; o acórdão não esclarece bem qual a prova escrita que embasa a ação monitória, mas faz referência, no relatório, a "documentos bancários"). No mesmo sentido: STJ-3ª T., REsp 613.112, Min. Menezes Direito, j. 20.10.05, DJU 20.2.06; RSTJ 120/393, RT 755/309, JTJ 319/72 (AP 1.109.526-0/5), Lex-JTA 169/459 (admitindo, em tese, a ação monitória, desde que instruída com prova escrita, assinada pelo devedor, com a quantia devida e a data de cumprimento da obrigação).

Contra, por entender "que o título apresentado à exordial não traz a certeza e a comprovação do crédito": RT 870/257.

Art. 700: 6. "Se os **extratos bancários,** a ficha cadastral e o cartão de assinaturas demonstram a presença da relação jurídica entre credor e devedor e denotam indícios da existência do débito, mostram-se hábeis a instruir a ação monitória" (STJ-RT 774/223).

Art. 700: 6a. "É viável a ação monitória para a cobrança de **honorários advocatícios** pactuados expressamente pelas partes" (JTJ 293/200). No caso, tratava-se de contrato ilíquido, o que tornava a via monitória da maior pertinência. Também admitindo a ação monitória para cobrança de honorários advocatícios, fundada em instrumento de mandato subscrito pelo réu, onde se consignou o valor dos honorários: RT 787/309.

Art. 700: 7. "A **Guia de Recolhimento da Contribuição Sindical** e a prova da notificação do devedor são documentos aptos a instruir ação monitória visando à cobrança de contribuição sindical" (STJ-1ª T., REsp 595.367, Min. Teori Zavascki, j. 26.4.05, DJU 9.5.05). No mesmo sentido: RSTJ 136/401 (4ª T.); STJ-2ª T., REsp 660.463, Min. Castro Meira, j. 1.3.05, DJU 16.5.05; RT 869/224.

Art. 700: 8. "O **'romaneio',** documento fornecido pelo comprador do produto agrícola quando do recebimento da mercadoria, é documento hábil para o ajuizamento da ação monitória" (STJ-4ª T., REsp 324.656, Min. Ruy Rosado, j. 18.10.01, DJU 18.2.02).

Art. 700: 8a. s/ título executivo, v. arts. 783 e segs., em especial, art. 785, nota 2 (ação monitória ajuizada por detentor de título executivo).

Art. 700: 8b. É admissível ação monitória fundada em documento particular de reconhecimento de dívida **não assinado por duas testemunhas** (RTJE 163/170, RJ 245/92; RJM 185/76: AP 1.0024.98.062910-9/001).

Art. 700: 8c. **"Contrato de seguro.** É cabível o ajuizamento da ação monitória calcada em contrato de seguro inadimplido, sendo possível sua impugnação em embargos, nos quais será discutida, quanto ao mérito, a ocorrência de incêndio criminoso ou não, versando acerca da exigibilidade da dívida e sua liquidez" (STJ-3ª T., REsp 250.513, Min. Nancy Andrighi, j. 26.3.01, maioria, DJU 23.4.01). No mesmo sentido, para caso de seguro obrigatório (DPVAT): JTJ 339/632 (AP 1.234.655-0/7).

Art. 700: 9. **Súmula 247 do STJ:** "O **contrato de abertura de crédito em conta-corrente,** acompanhado do demonstrativo de débito, constitui documento hábil para o ajuizamento da ação monitória". V. jurisprudência s/ esta Súmula em RSTJ 144/275. Em sentido semelhante: RT 788/263, JTJ 211/56, 303/266.

"Contrato bancário acompanhado de extratos de conta-corrente e demonstrativo de evolução da dívida. Documentação suficiente à via escolhida pelo autor. Acórdão estadual que julga improcedente a ação, por considerar insuficiente o extrato, por dúvidas sobre a capitalização. Identificada a cobrança na monitória de capitalização indevida, a solução é a exclusão desta, podado, assim, o excesso, e não a improcedência da ação por inteiro" (STJ-3ª T., REsp 602.197, Min. Aldir Passarinho Jr., j. 3.5.05, DJU 23.5.05).

S/ prescrição no caso, v., no CCLCV, CC 206, nota 6c.

Art. 700: 10. "O **contrato de cartão de crédito** constitui documento hábil ao ajuizamento da ação monitória, desde que o autor colacione ao contrato firmado tanto os extratos que comprovem a realização de débitos pelo titular do cartão, como os demonstrativos dos encargos e critérios utilizados para o cálculo da evolução do débito" (STJ-3ª T., REsp 469.005, Min. Nancy Andrighi, j. 6.6.03, DJU 30.6.03).

Todavia, no sentido de que o contrato de cartão de crédito, simplesmente acompanhado de extrato produzido unilateralmente pelo credor, não é hábil para embasar ação monitória: RT 782/396, RTJE 168/226.

Art. 700: 11. **Título de crédito não exigível** pela via executiva autoriza o ajuizamento de ação monitória (RSTJ 118/324 e STJ-RF 347/296; RT 739/411, 753/253, Lex-JTA 168/22, JTAERGS 103/329, RJTAMG 62/257, 64/183, maioria).

V. tb. notas seguintes.

Art. 700: 12. **Súmula 299 do STJ:** "É admissível a ação monitória fundada em **cheque prescrito"** (v. jurisprudência s/ esta Súmula em RSTJ 183/622, 185/668).

Súmula 531 do STJ: "Em ação monitória fundada em cheque prescrito ajuizada contra o emitente, é **dispensável a menção ao negócio jurídico subjacente** à emissão da cártula".

"O cheque prescrito serve como instrumento de ação monitória, mesmo vencido o prazo de dois anos para a ação de enriquecimento (Lei do Cheque, art. 61)" (STJ-3ª T., AI 666.617-AgRg, Min. Gomes de Barros, j. 1.3.07, DJU 19.3.07). No mesmo sentido: STJ-4ª T., AI 1.011.969-EDcl, Min. João Otávio, j. 20.11.08, DJ 1.12.08.

"Em qualquer ação utilizada pelo portador para cobrança de cheque, a correção monetária incide a partir da data de emissão estampada na cártula" (STJ-2ª Seção, REsp 1.556.834, Min. Luis Felipe, j. 22.6.16, DJ 10.8.16). "Na ação monitória para cobrança de cheque prescrito, a correção monetária corre a partir da data do respectivo vencimento" (STJ-3ª T., AI 666.617-AgRg, Min. Gomes de Barros, j. 1.3.07, DJU 19.3.07). No mesmo sentido: RT 799/241. **Contra,** no sentido de que o débito deve ser atualizado monetariamente a partir do ajuizamento da demanda: STJ-1ª T., REsp 237.626, Min. Milton Luiz Pereira, j. 6.12.01, DJU 15.4.02.

S/ ação monitória fundada em cheque prescrito e: medida cautelar para tornar indisponíveis os bens do réu, v. art. 297, nota 5; prescrição, v., no CCLCV, CC 206, nota 6.

Art. 700: 12a. No sentido de que a **falta de assinatura no cheque** retira da cártula sua autonomia e literalidade, sendo imprestável como começo de prova escrita para instrumentalizar ação monitória: JTJ 313/251.

Art. 700: 12b. "Cabível o uso da monitória para a cobrança de valores alusivos a **nota promissória** alcançada pela **prescrição**" (STJ-4ª T., REsp 437.136, Min. Aldir Passarinho Jr., j. 13.5.08, DJU 9.6.08).

"Nota promissória prescrita. Prescrita a ação cambial, desaparece a abstração das relações jurídicas cambiais firmadas, devendo o beneficiário do título demonstrar, como causa de pedir na ação própria, o locupletamento ilícito, seja do emitente ou endossante, seja do avalista" (STJ-3ª T., AI 549.924-AgRg, Min. Nancy Andrighi, j. 16.3.04, DJU 5.4.04). **Todavia:** "A prescrição da ação cambiária não torna inviável a deflagração da ação monitória, em face do avalista, porque não o exonera da responsabilidade assumida, já que o procedimento monitório exige apenas a demonstração da relação jurídica entre as partes, bem assim a prova escrita da dívida emanada do devedor, o que está caracterizado no título" (RT 830/228: acórdão relatado pelo Des. Carlos Bondioli).

Art. 700: 13. Duplicata sem aceite, não acompanhada do comprovante de entrega de mercadorias e protestada sem oposição do devedor, é documento hábil a instruir ação monitória (STJ-4ª T., REsp 247.342, Min. Ruy Rosado, j. 11.4.00, DJU 22.5.00).

"Afirmando o acórdão recorrido que, no caso, não há documento comprovando o recebimento dos serviços, e admitindo a jurisprudência da Corte que a duplicata sem aceite é título executivo se acompanhada de tal documento, não é possível impedir o autor de exercer o seu direito de credor pela via da ação monitória" (RSTJ 128/260).

"Ação monitória. Duplicata sem aceite, acompanhada da nota fiscal/fatura e do instrumento de protesto. O documento escrito a que se refere o legislador não precisa ser obrigatoriamente emanado do devedor, sendo suficiente, para a admissibilidade da ação monitória, a prova escrita que revele razoavelmente a existência da obrigação" (STJ-4ª T., REsp 167.618, Min. Barros Monteiro, j. 26.5.99, DJU 14.6.99).

No mesmo sentido: RT 744/252, 749/298, 809/355, 863/294, JTJ 323/573 (AP 7.026.399-9), RTJE 167/107, RJ 317/126. **Contra,** entendendo que duplicata sem aceite, não acompanhada do comprovante de entrega de mercadorias, apesar de não ter eficácia executiva, também não serve para fundamentar ação monitória: JTJ 199/77.

S/ ação monitória fundada em duplicata sem aceite e prescrição, v., no nosso CCLCV, CC 206, nota 5c.

Art. 700: 14. "Contrato de prestação de serviços, com início de prova sobre sua execução, é documento hábil à propositura de demanda, pelo procedimento monitório" (RSTJ 185/356: 3ª T., REsp 250.013). No mesmo sentido: STJ-1ª T., REsp 957.706, Min. José Delgado, j. 25.9.07, DJU 18.10.07; STJ-RF 362/220, STJ-Bol. AASP 2.240/2.409.

"O contrato de prestação de serviço educacional, acompanhado de demonstrativo do débito, a refletir a presença da relação jurídica entre credor e devedor e a existência da dívida, mostra-se hábil a instruir a ação monitória. Em relação à liquidez do débito e à oportunidade de o devedor discutir os valores, a forma de cálculo e a própria legitimidade da dívida, assegura-lhe a lei a via dos embargos previstos no art. 1.102c, que instauram amplo contraditório e levam a causa para o procedimento ordinário" (RSTJ 146/424). "Suficiente à cobrança, pela via monitória, das prestações inadimplidas de serviços educacionais prestados pela autora, a juntada do contrato respectivo, demonstrativo da dívida e prova da frequência da aluna à faculdade" (STJ-4ª T., REsp 341.535, Min. Aldir Passarinho Jr., j. 25.5.04, DJU 23.8.04). **Contra:** "Mostra-se inviável a ação monitória embasada em contrato de prestação de serviços educacionais, pois, por tratar-se de documento bilateral e sinalagmático, enseja debate no processo de conhecimento" (RT 761/260).

"Contrato de prestação de serviços hospitalares. Dependendo a apuração do valor da execução que sejam verificados fatos posteriores à emissão do contrato, como o tempo da internação, o material utilizado ou a natureza e a complexidade dos serviços médicos e de enfermagem, carece o documento do requisito da certeza, tornando adequada a via da monitória" (STJ-4ª T., REsp 252.013, Min. Sálvio de Figueiredo, j. 29.6.00, DJU 4.9.00).

Art. 700: 15. "Reconhecida a existência de prova documental da dívida, **não se exige** que os **documentos** que instruem a ação monitória demonstrem a **liquidez** do débito objeto da cobrança" (STJ-RDDP 73/156: 3ª T., REsp 967.319). No mesmo sentido: STJ-6ª T., REsp 596.043, Min. Paulo Medina, j. 2.3.04, DJ 29.3.04; RSTJ 182/348 (4ª T.).

"Em relação à liquidez do débito e à oportunidade de o devedor discutir os valores cobrados, a lei assegura-lhe a via dos embargos, previstos no art. 1.102c do CPC, que instauram amplo contraditório a respeito, devendo, por isso, a questão ser dirimida pelo Juiz na sentença. O fato de ser necessário o acertamento de parcelas correspondente ao débito principal e, ainda, aos acessórios não inibe o emprego do processo monitório" (STJ-RJTJERGS 222/31: 4ª T.).

Art. 700: 16. "Impróprio o uso de ação monitória para a **restituição de prestações pagas na aquisição de imóvel,** se, para tanto, há, necessariamente, de ser investigada e declarada a rescisão do contrato de promessa de compra e venda por alegada inadimplência da construtora na entrega da obra, o que refoge ao âmbito previsto no art. 1.102a, do CPC" (STJ-4ª T., REsp 274.269, Min. Aldir Passarinho Jr., j. 20.3.07, DJU 16.4.07).

Art. 700: 16a. Logo, sendo **incapaz o réu,** não cabe a ação monitória.

S/ incapaz, v. CC 3º a 5º.

Art. 700: 17. O valor a pagar, objeto da ação monitória, pode estar vinculado à **cotação de** determinado **bem** (STJ-3ª T., REsp 302.760, Min. Menezes Direito, j. 8.4.02, DJU 20.5.02; neste caso, tratava-se da cotação de saca de soja).

Art. 700: 17a. s/ obrigações de dar coisa, v. CC 233 e segs.

Art. 700: 17b. "O **contrato de arrendamento rural** que estabelece pagamento em quantidade de produtos pode ser usado como prova escrita para aparelhar ação monitória com a finalidade de determinar a entrega de coisa fungível, porquanto é indício da relação jurídica material subjacente. A interpretação especial que deve ser conferida às cláusulas de contratos agrários não pode servir de guarida para a prática de condutas repudiadas pelo ordenamento jurídico, de modo a impedir, por exemplo, que o credor exija o que lhe é devido por inquestionável descumprimento do contrato" (STJ-3ª T., REsp 1.266.975, Min. Ricardo Cueva, j. 10.3.16, DJ 28.3.16).

Art. 700: 18. s/ obrigações de fazer ou não fazer, v. CC 247 e segs.

Art. 700: 18a. s/ emenda da petição inicial, v. § 5º.

Art. 700: 18b. Se a **petição inicial** não estiver instruída com prova escrita hábil, o juiz deverá determinar ao autor que a **emende** e apresente tal prova (STJ-3ª T., REsp 438.918, Min. Menezes Direito, j. 22.5.03, DJU 30.6.03; STJ-4ª T., REsp 417.016, Min. Barros Monteiro, j. 28.5.02, DJU 16.9.02). **Contra,** entendendo que, "se o documento apresentado pelo autor não se enquadra na hipótese do art. 1.102 do CPC, outra alternativa não resta ao julgador senão indeferir a inicial liminarmente" (RT 745/322; a citação é do voto do relator).

Art. 700: 18c. "A petição inicial da ação monitória para cobrança de soma em dinheiro deve ser instruída com demonstrativo de débito atualizado até a data do ajuizamento, assegurando-se, na sua ausência ou insuficiência, o **direito da parte de supri-la,** nos termos do art. 284 do CPC" (STJ-2ª Seção, REsp 1.154.730, Min. João Otávio, j. 8.4.15, DJ 15.4.15).

Art. 700: 19. no caso de pagamento de quantia em dinheiro.

Art. 700: 20. no caso de entrega de coisa.

Art. 700: 21. no caso de obrigação de fazer ou não fazer.

Art. 700: 22. no **prazo de 15 dias** (v. art. 321).

Art. 700: 23. A emenda da petição inicial **não fica circunscrita à hipótese de conversão** para o procedimento comum (v. notas 18b e 18c).

Art. 700: 24. Súmula 339 do STJ: "É cabível ação monitória contra a Fazenda Pública".

Art. 700: 25. Súmula 282 do STJ: "Cabe a **citação por edital** em ação monitória" (v. jurisprudência s/ esta Súmula em RSTJ 177/61).

"É possível a citação por edital do réu em ação monitória. No caso de revelia, nomear-se-á **curador especial** para exercer a defesa do réu através de embargos" (STJ-2ª Seção: RSTJ 152/253). No mesmo sentido: STJ-RT 779/191, 797/282, RJTJERGS 216/366, Ajuris 88/548.

Art. 700: 26. Na ação monitória é cabível a **citação com hora certa** (Bol. AASP 2.018/275j) e, no caso de revelia, a nomeação de curador especial ao réu (STJ-3ª T., REsp 211.146, Min. Waldemar Zveiter, j. 8.6.00, DJU 1.8.00; RT 755/381, JTJ 199/121).

Art. 701. Sendo evidente o direito do autor, o juiz deferirá a expedição de mandado de pagamento, de entrega de coisa ou para execução de obrigação de fazer ou de não fazer,[1] concedendo ao réu prazo de 15 (quinze) dias para o cumprimento[2-2a] e o pagamento de honorários advocatícios de cinco por cento do valor atribuído à causa.[3] [Dispositivo correspondente no CPC/1973: art. 1.102b]

§ 1º O réu será isento do pagamento de custas processuais[3a] se cumprir o mandado no prazo.[3b-4] [Dispositivo correspondente no CPC/1973: art. 1.102c § 1º]

§ 2º Constituir-se-á de pleno direito o título executivo judicial, independentemente de qualquer formalidade,[4a] se não realizado o pagamento e não apresentados os embargos previstos no art. 702, observando-se, no que couber, o Título II do Livro I da Parte Especial.[4b a 7] [Dispositivo correspondente no CPC/1973: art. 1.102c-*caput*]

§ 3º É cabível ação rescisória da decisão prevista no *caput* quando ocorrer a hipótese do § 2º. [Sem dispositivo correspondente no CPC/1973]

§ 4º Sendo a ré Fazenda Pública, não apresentados os embargos previstos no art. 702, aplicar-se-á o disposto no art. 496, observando-se, a seguir, no que couber, o Título II do Livro I da Parte Especial.[8] [Sem dispositivo correspondente no CPC/1973]

§ 5º Aplica-se à ação monitória, no que couber, o art. 916. [Sem dispositivo correspondente no CPC/1973]

Art. 701: 1. Não cabe, nesta oportunidade, a designação de **audiência de conciliação** (RT 738/404) **ou de mediação.**

Art. 701: 2. v. art. 231 § 3º.

Art. 701: 2a. Do mandado monitório deve constar que, se ele não for cumprido ou não forem ofertados embargos no prazo de 15 dias, "constituir-se-á de pleno direito o título executivo judicial" (§ 2º).

V. art. 250-II.

Art. 701: 3. Os honorários advocatícios ficam limitados a 5% apenas no caso de cumprimento imediato do mandado. P. ex., uma vez embargado o mandado monitório e rejeitados os embargos, os **honorários advocatícios** serão **majorados** até 20%, conforme o trabalho realizado pelo advogado do autor (argumento do art. 827 § 2º).

Art. 701: 3a. mas não do pagamento integral dos **honorários advocatícios, devidos** mesmo que cumprido de imediato o mandado.

Art. 701: 3b. v. nota 7.

Art. 701: 4. O **mero reconhecimento da dívida** pela Fazenda Pública não a libera do pagamento das custas processuais, mesmo que ela não oponha embargos; apenas o imediato adimplemento leva à isenção de tais verbas (STJ-2ª T., REsp 1.170.037, Min. Castro Meira, j. 4.2.10, DJ 24.2.10).

Art. 701: 4a. i. e., **independentemente de qualquer outro pronunciamento do juiz.** A decisão liminar de expedição do mandado monitório em conjunto com a preclusão temporal decorrente da inércia do réu constituem o título executivo judicial, sem que seja proferida uma sentença para tanto.

"No procedimento monitório, segundo prevê o art. 1.102-C do CPC/73, a ausência de defesa (embargos) implica, por si só, a conversão do mandado de pagamento em mandado executivo, independentemente de qualquer pronunciamento do juiz. O ato judicial que determina a conversão do mandado de pagamento em executivo é mero despacho, desprovido de qualquer conteúdo decisório, cabendo ao devedor, depois de constituído, *ope legis*, o título executivo judicial, impugná-lo, eventualmente, no cumprimento de sentença. No particular, a alegada nulidade de citação poder ser analisada em outro momento, porque não se sujeita à preclusão" (STJ-3ª T., REsp 1.642.320, Min. Nancy Andrighi, j. 21.3.17, DJ 30.3.17).

Todavia, entendendo que "a decisão liminar que defere a expedição do mandado de pagamento, posteriormente convertido em mandado executivo em razão da não oposição de embargos à ação monitória (CPC/73, art. 1.102-C, *caput*), tem a **natureza jurídica de sentença"**: STJ-4ª T., REsp 1.038.133, Min. Raul Araújo, j. 14.3.17, DJ 27.3.17.

Art. 701: 4b. v. arts. 513 e segs.; em caso de embargos parciais, v. art. 702 § 7º. S/ coisa julgada, v. art. 508, nota 7.

Art. 701: 5. O título executivo judicial é constituído nos **exatos termos do mandado monitório.** Após a constituição do título, não pode o juiz, *ex officio* ou a requerimento da parte, alterar os seus termos.

"É nula sentença que, após decretar a inexistência dos embargos, decota, *ex officio*, parcelas do pedido monitório" (STJ-3ª T., REsp 806.143, Min. Gomes de Barros, j. 8.2.08, DJ 23.6.09).

Art. 701: 6. Não apresentados os embargos ao mandado monitório e deflagradas as medidas de cumprimento fundadas no correlato título executivo judicial (arts. 513 e segs.), a **impugnação** do executado **fica circunscrita** aos lindes do art. 525 § 1º. Em sentido semelhante: STJ-3ª T., REsp 1.191.331, Min. Paulo Sanseverino, j. 19.9.13, DJ 24.9.13.

Art. 701: 7. O **tardio adimplemento** da obrigação objeto do mandado monitório, mormente quando já deflagradas as medidas de cumprimento fundadas no correlato título executivo judicial, **não isenta o réu das custas processuais**, ainda que ele não oferte impugnação, na medida em que o benefício legal da isenção incide apenas quando respeitado o prazo quinzenal liminar (v. § 1º).

"Ainda que não embargada a ação monitória, dando o réu causa à demanda pelo simples fato de, citado, permanecer inadimplente, obrigando o credor a executá-la, é de se lhe impor os ônus sucumbenciais" (STJ-4ª T., REsp 418.172, Min. Aldir Passarinho Jr., j. 21.5.02, DJU 26.8.02).

Art. 701: 8. v. arts. 513 e segs., em especial, arts. 534 e segs.

Art. 702. Independentemente de prévia segurança do juízo, o réu poderá opor, nos próprios autos, no prazo previsto no art. 701,[1 a 2] embargos à ação monitória.[3] [Dispositivos correspondentes no CPC/1973: art. 1.102c-*caput* e § 2º]

§ 1º Os embargos podem se fundar em matéria passível de alegação como defesa no procedimento comum.[3a a 4a] [Sem dispositivo correspondente no CPC/1973]

§ 2º Quando o réu alegar que o autor pleiteia quantia superior à devida, cumprir-lhe-á declarar de imediato o valor que entende correto, apresentando demonstrativo discriminado e atualizado da dívida. [Sem dispositivo correspondente no CPC/1973]

§ 3º Não apontado o valor correto ou não apresentado o demonstrativo, os embargos serão liminarmente rejeitados, se esse for o seu único fundamento, e, se houver outro fundamento, os embargos serão processados, mas o juiz deixará de examinar a alegação de excesso. [Sem dispositivo correspondente no CPC/1973]

§ 4º A oposição dos embargos suspende a eficácia da decisão referida no *caput* do art. 701 até o julgamento em primeiro grau. [Dispositivo correspondente no CPC/1973: art. 1.102c-*caput*]

§ 5º O autor será intimado para responder aos embargos no prazo de 15 (quinze) dias. [Sem dispositivo correspondente no CPC/1973]

§ 6º Na ação monitória admite-se a reconvenção, sendo vedado o oferecimento de reconvenção à reconvenção.[5] [Sem dispositivo correspondente no CPC/1973]

§ 7º A critério do juiz, os embargos serão autuados em apartado, se parciais, constituindo-se de pleno direito o título executivo judicial em relação à parcela incontroversa. [Sem dispositivo correspondente no CPC/1973]

§ 8º Rejeitados os embargos, constituir-se-á de pleno direito o título executivo judicial, prosseguindo-se o processo em observância ao disposto no Título II do Livro I da Parte Especial, no que for cabível. [Dispositivo correspondente no CPC/1973: art. 1.102c § 3º]

§ 9º Cabe apelação[6-7] contra a sentença que acolhe[8] ou rejeita os embargos. [Sem dispositivo correspondente no CPC/1973]

§ 10. O juiz condenará o autor de ação monitória proposta indevidamente e de má-fé ao pagamento, em favor do réu, de multa de até dez por cento sobre o valor da causa.[9] [Sem dispositivo correspondente no CPC/1973]

§ 11. O juiz condenará o réu que de má-fé opuser embargos à ação monitória ao pagamento de multa de até dez por cento sobre o valor atribuído à causa, em favor do autor.[10] [Sem dispositivo correspondente no CPC/1973]

Art. 702: 1. ou seja, **15 dias.**

Art. 702: 1a. Esse **prazo se dobra** nas hipóteses dos arts. 180 (MP), 183 (Fazenda Pública), 186 (Defensoria Pública) e 229 (litisconsortes com procuradores diferentes).

Art. 702: 2. O **prazo** para embargos orienta-se pelos incisos do art. 231. Assim, p. ex., é contado da **juntada aos autos** do aviso de recebimento da citação postal (art. 231-I) ou do mandado cumprido (art. 231-II). Em sentido semelhante: RSTJ 156/222, Ajuris 76/472.

Art. 702: 3. "A fase monitória (ou injuntiva) do procedimento existe até o limite do prazo para a resposta do réu, de sorte que o **exame sobre a capacidade da prova documental** para embasar a ação monitória só deve ocorrer até o momento em que proferida a ordem para a expedição do mandado inicial, no primeiro estágio do procedimento. Com a oposição dos embargos, adotado o procedimento ordinário, não se mostra razoável a ulterior extinção da demanda a pretexto da inaptidão da prova para aparelhar o pedido monitório" (STJ-4ª T., REsp 1.343.258-AgInt, Min. Antonio Ferreira, j. 21.9.17, maioria, DJ 19.10.17).

Art. 702: 3a. "Os embargos monitórios constituem-se como meio de defesa e não ação autônoma, assim, mostra-se **inadequada a imposição de recolhimento de custas processuais** para sua oposição" (JTJ 329/37: AI 7.247.109-9).

Art. 702: 3b. Afirmando que os embargos **não** podem vir fundados em **"negação geral":** JTJ 210/205.

Art. 702: 4. "Os embargos na monitória, por obedecerem ao rito ordinário, possibilitam às partes **ampla discussão da matéria, com produção de provas** em audiência, perícias, depoimentos, juntadas de documentos, etc." (Bol. AASP 2.041/459j). No mesmo sentido: RT 824/324.

"Em relação à liquidez do débito e à oportunidade do devedor discutir os valores, a forma de cálculo e a própria legitimidade da dívida, assegura-lhe a lei a via dos embargos, previstos no art. 1.102c, que instauram amplo contraditório e levam a causa para o procedimento ordinário" (RSTJ 136/401 e STJ-RTJE 176/190).

"O procedimento dos embargos ao mandado monitório segue o rito ordinário (art. 1.102-C, § 2º, do CPC), o que aponta inequivocamente para a vontade do legislador de conferir-lhe contraditório pleno e cognição exauriente, de modo que, diversamente do processo executivo, não apresenta restrições quanto à matéria de defesa, sendo admissível a formulação de alegação de natureza adjetiva ou substantiva, desde que se destine a comprovar a improcedência do pedido veiculado na inicial. No caso, em embargos à monitória onde havia cobrança de taxas condominiais ordinárias e extraordinárias em atraso, pode o condômino arguir a invalidade das cotas extras, sustentando nulidade da assembleia que as fixou" (STJ-4ª T., REsp 1.172.448, Min. Luis Felipe, j. 18.6.13, DJ 1.7.13).

"O preenchimento dos requisitos legais para a securitização da dívida originada de crédito rural constitui matéria de defesa do devedor, passível de ser alegada em embargos à monitória ou contestação, independentemente de reconvenção" (STJ-3ª T., REsp 1.531.676, Min. Nancy Andrighi, j. 18.5.17, DJ 26.5.17).

"A conversão da monitória em execução forma título executivo judicial, contra o qual poderão ser opostos embargos à execução versando apenas sobre as matérias previstas no art. 475-L do CPC/73. Por tal razão, nos embargos à monitória, sujeitos ao rito ordinário, deve-se oportunizar ao embargante a discussão ampla sobre a legalidade do título e o valor do débito, mediante a produção de provas, especialmente a realização de perícia, sob pena de se considerarem preclusas as matérias não alegadas oportunamente" (STJ-4ª T., Ag em REsp 1.048.276-AgInt, Min. Raul Araújo, j. 23.4.19, DJ 27.5.19).

Art. 702: 4a. "Opostos os embargos pelo réu, inaugura-se um novo processo, que, nos termos do art. 1.102-C, § 2º, do CPC, tramitará pelo rito ordinário, dotado de cognição plena e exauriente, com ampla dilação probatória. Assim, a cognição, que em princípio é sumária, será dilatada mediante iniciativa do réu em opor embargos, permitindo que se forme um juízo completo e definitivo sobre a existência ou não do direito do autor. O processo monitório **não encerra mudança na regra geral de distribuição do ônus da prova** contida no art. 333 do CPC. O fato de, na ação monitória, a defesa ser oferecida em processo autônomo, não induz a inversão do ônus da prova, visto que essa inversão se dá apenas em relação à iniciativa do contraditório. O documento que serve de base para a propositura da ação monitória gera apenas a presunção de existência do débito, a partir de um juízo perfunctório próprio da primeira fase do processo monitório. Trazendo o réu-embargante elementos suficientes para contrapor a plausibilidade das alegações que levaram à expedição do mandado de pagamento, demonstrando a existência de fato impeditivo, modificativo ou extintivo do direito invocado na inicial, caberá ao autor-embargado superar os óbices criados, inclusive com a apresentação de documentação complementar, se for o caso. Apesar de seguir a regra geral de distribuição do ônus da prova, o processo monitório admite a incidência da teoria da distribuição dinâmica do ônus da prova" (STJ-3ª T., REsp 1.084.371, Min. Nancy Andrighi, j. 17.11.11, DJ 1.12.11).

Art. 702: 5. Súmula 292 do STJ: "A **reconvenção** é cabível na ação monitória, após a conversão do procedimento em ordinário" (v. jurisprudência s/ esta Súmula em RSTJ 177/425).

Art. 702: 6. contra qualquer decisão que esgota o exame dos embargos, inclusive a que os **rejeita liminarmente** em razão da sua intempestividade, "pois, nesta hipótese, há extinção do processo de conhecimento com resolução de mérito em razão do acolhimento do pedido do autor, sendo inaugurada a fase executória" (STJ-3ª T., REsp 803.418, Min. Nancy Andrighi, j. 25.9.06, DJU 9.10.06). Conforme o voto da relatora: "Tanto na hipótese de rejeição liminar, improcedência ou procedência dos embargos à monitória, o recurso cabível será apelação e não agravo de instrumento".

No mesmo sentido: STJ-4ª T., AI 539.424-AgRg, Min. Aldir Passarinho Jr., j. 19.2.04, DJU 22.3.04; JTJ 201/231. **Contra,** entendendo cabível o agravo de instrumento: RT 752/224, JTJ 202/307.

Art. 702: 7. com ou sem efeito suspensivo? Malgrado não se preveja expressamente a ausência de efeito suspensivo da apelação no caso (v. tb. art. 1.012 § 1º), o § 4º sugere tal ausência, quando fala da contenção da eficácia do mandado monitório "até o julgamento em primeiro grau". Todavia, isso não inibe pedido do apelante no sentido da excepcional outorga de efeito suspensivo ao seu apelo (v. art. 1.012 §§ 3º e 4º).

Art. 702: 8. "No caso de **procedência dos embargos** monitórios, os **honorários advocatícios** devem ser calculados sobre o proveito econômico obtido, ou seja, a diferença entre o valor cobrado e aquele que se verificou ser efetivamente devido" (STJ-3ª T., REsp 730.861, Min. Castro Filho, j. 10.10.06, DJU 13.11.06).

Art. 702: 9. v. art. 81, nota 9.

Art. 702: 10. v. art. 81, nota 9.

Capítulo XII | DA HOMOLOGAÇÃO DO PENHOR LEGAL

Art. 703. Tomado o penhor legal nos casos previstos em lei, requererá o credor, ato contínuo, a homologação.[1] [Dispositivo correspondente no CPC/1973: art. 874-*caput*]

§ 1º Na petição inicial, instruída com o contrato de locação ou a conta pormenorizada das despesas, a tabela dos preços e a relação dos objetos retidos, o credor pedirá a citação do devedor para pagar ou contestar na audiência preliminar que for designada. [Dispositivo correspondente no CPC/1973: art. 874-*caput*]

§ 2º A homologação do penhor legal poderá ser promovida pela via extrajudicial mediante requerimento, que conterá os requisitos previstos no § 1º deste artigo, do credor a notário de sua livre escolha. [Sem dispositivo correspondente no CPC/1973]

§ 3º Recebido o requerimento, o notário promoverá a notificação extrajudicial do devedor para, no prazo de 5 (cinco) dias, pagar o débito ou impugnar sua cobrança, alegando por escrito uma das causas previstas no art. 704, hipótese em que o procedimento será encaminhado ao juízo competente para decisão. [Sem dispositivo correspondente no CPC/1973]

§ 4º Transcorrido o prazo sem manifestação do devedor, o notário formalizará a homologação do penhor legal por escritura pública. [Sem dispositivo correspondente no CPC/1973]

Art. 703: 1. v. CC 1.467 a 1.472.

Art. 704. A defesa só pode consistir em: [Dispositivo correspondente no CPC/1973: art. 875-*caput*]

I — nulidade do processo; [Dispositivo correspondente no CPC/1973: art. 875-I]

II — extinção da obrigação; [Dispositivo correspondente no CPC/1973: art. 875-II]

III — não estar a dívida compreendida entre as previstas em lei ou não estarem os bens sujeitos a penhor legal; [Dispositivo correspondente no CPC/1973: art. 875-III]

IV — alegação de haver sido ofertada caução idônea, rejeitada pelo credor. [Sem dispositivo correspondente no CPC/1973]

Art. 705. A partir da audiência preliminar, observar-se-á o procedimento comum.[1] [Sem dispositivo correspondente no CPC/1973]

Art. 705: 1. v. arts. 318 e segs.

Art. 706. Homologado judicialmente o penhor legal, consolidar-se-á a posse do autor sobre o objeto. [Dispositivo correspondente no CPC/1973: art. 876-*caput*]

§ 1º Negada a homologação, o objeto será entregue ao réu, ressalvado ao autor o direito de cobrar a dívida pelo procedimento comum,[1] salvo se acolhida a alegação de extinção da obrigação. [Dispositivo correspondente no CPC/1973: art. 876-*caput*]

§ 2º Contra a sentença caberá apelação,[2] e, na pendência do recurso, poderá o relator ordenar que a coisa permaneça depositada ou em poder do autor. [Sem dispositivo correspondente no CPC/1973]

Art. 706: 1. v. arts. 318 e segs.

Art. 706: 2. v. arts. 1.009 e segs.

Capítulo XIII | DA REGULAÇÃO DE AVARIA GROSSA[1]

CAP. XIII: 1. v. CCo 761 a 796.

Art. 707. Quando inexistir consenso acerca da nomeação de um regulador de avarias, o juiz de direito da comarca do primeiro porto onde o navio houver chegado, provocado por qualquer parte interessada, nomeará um de notório conhecimento.[1] [Sem dispositivo correspondente no CPC/1973]

Art. 707: 1. v. CCo 783 e 786.

Art. 708. O regulador declarará justificadamente se os danos são passíveis de rateio na forma de avaria grossa e exigirá das partes envolvidas a apresentação de garantias idôneas[1] para que possam ser liberadas as cargas aos consignatários. [Sem dispositivo correspondente no CPC/1973]

§ 1º A parte que não concordar com o regulador quanto à declaração de abertura da avaria grossa deverá justificar suas razões ao juiz, que decidirá no prazo de 10 (dez) dias.

§ 2º Se o consignatário não apresentar garantia idônea a critério do regulador, este fixará o valor da contribuição provisória com base nos fatos narrados e nos documentos que instruírem a petição inicial, que deverá ser caucionado sob a forma de depósito judicial ou de garantia bancária.[2]

§ 3º Recusando-se o consignatário a prestar caução, o regulador requererá ao juiz a alienação judicial de sua carga na forma dos arts. 879 a 903.

§ 4º É permitido o levantamento, por alvará, das quantias necessárias ao pagamento das despesas da alienação a serem arcadas pelo consignatário, mantendo-se o saldo remanescente em depósito judicial até o encerramento da regulação.

Art. 708: 1. v. CCo 784.

Art. 708: 2. v. CCo 785.

Art. 709. As partes deverão apresentar nos autos os documentos necessários à regulação da avaria grossa em prazo razoável a ser fixado pelo regulador. [Sem dispositivo correspondente no CPC/1973]

Art. 710. O regulador apresentará o regulamento da avaria grossa no prazo de até 12 (doze) meses, contado da data da entrega dos documentos nos autos pelas partes, podendo o prazo ser estendido a critério do juiz. [Sem dispositivo correspondente no CPC/1973]

§ 1º Oferecido o regulamento da avaria grossa, dele terão vista as partes pelo prazo comum de 15 (quinze) dias, e, não havendo impugnação, o regulamento será homologado por sentença.

§ 2º Havendo impugnação ao regulamento, o juiz decidirá no prazo de 10 (dez) dias,[1] após a oitiva do regulador.

Art. 710: 1. por sentença.

Art. 711. Aplicam-se ao regulador de avarias os arts. 156 a 158, no que couber. [Sem dispositivo correspondente no CPC/1973]

Capítulo XIV | DA RESTAURAÇÃO DE AUTOS

Art. 712. Verificado o desaparecimento dos autos, eletrônicos ou não, pode o juiz, de ofício, qualquer das partes ou o Ministério Público, se for o caso, promover-lhes a restauração.[1 a 2a] [Dispositivo correspondente no CPC/1973: art. 1.063-*caput*]

Parágrafo único. Havendo autos suplementares,[3] nesses prosseguirá o processo. [Dispositivo correspondente no CPC/1973: art. 1.063 § ún.]

Art. 712: 1. "Ao estabelecer **prazo** para a propositura da ação de restauração de autos com a apresentação dos documentos necessários, a Corregedoria local editou norma processual — cuja competência legislativa foi atribuída, pela Constituição Federal, privativamente à União (art. 22, I, CF/88) — em ofensa ao devido processo legal, e violou os arts. 1.063 e seguintes do CPC/73 (arts. 712 e seguintes do CPC/15)" (STJ-3ª T., REsp 1.722.633, Min. Nancy Andrighi, j. 7.8.18, DJ 10.8.18).

Art. 712: 1a. Dispensa-se a restauração, no caso de extravio de autos de **separação judicial,** para efeito de conversão desta em divórcio (LDi 47).

Art. 712: 2. "O **juízo competente** para julgar a ação de restauração de autos (art. 1.063 do CPC) é o juízo em que os autos originais foram extraviados", pouco importando que alterações nas regras de competência tenham transferido deste a competência para o julgamento da causa atrelada aos autos por restaurar; uma vez ultimada a restauração, remete-se o processo ao órgão competente para julgá-lo (STJ-2ª Seção, CC 64.296, Min. Nancy Andrighi, j. 11.10.06, DJU 26.10.06). No mesmo sentido: STJ-1ª Seção, CC 90.856, Min. Eliana Calmon, j. 11.6.08, DJ 12.8.08.

Contra, no sentido de que é competente o juízo encarregado do julgamento da causa atrelada aos autos por restaurar e não o juízo onde ocorreu a perda destes: RJTJESP 136/409.

Art. 712: 2a. "A comunicação do advogado, supostamente responsável pelo desaparecimento dos autos, à OAB local **não se mostra imprescindível** para o deferimento de sua restauração, nos termos do disposto nos arts. 1.063 a 1.069 do CPC/1973, com correspondência nos arts. 712 a 718 do CPC/2015, que regem a matéria. Em face do princípio da instrumentalidade das formas, não há que se aplicar rigor excessivo que obste o objetivo do procedimento, especialmente diante da falta de comprovação de prejuízo às partes" (STJ-2ª T., REsp 1.411.713, Min. Og Fernandes, j. 21.3.17, DJ 28.3.17).

Art. 712: 3. s/ autos suplementares, v. art. 356 § 4º.

Art. 713. Na petição inicial, declarará a parte o estado do processo ao tempo do desaparecimento dos autos, oferecendo: [Dispositivo correspondente no CPC/1973: art. 1.064-*caput*]

I — certidões dos atos constantes do protocolo de audiências do cartório por onde haja corrido o processo; [Dispositivo correspondente no CPC/1973: art. 1.064-I]

II — cópia das peças que tenha em seu poder; [Dispositivo correspondente no CPC/1973: art. 1.064-II]

III — qualquer outro documento que facilite a restauração. [Dispositivo correspondente no CPC/1973: art. 1.064-III]

Art. 714. A parte contrária será citada[1] para contestar[1a] o pedido no prazo de 5 (cinco) dias, cabendo-lhe exibir as cópias, as contrafés e as reproduções dos atos e dos documentos que estiverem em seu poder. [Dispositivo correspondente no CPC/1973: art. 1.065-*caput*]

§ 1º Se a parte concordar com a restauração, lavrar-se-á o auto que, assinado pelas partes e homologado pelo juiz, suprirá o processo desaparecido. [Dispositivo correspondente no CPC/1973: art. 1.065 § 1º]

§ 2º Se a parte não contestar ou se a concordância for parcial, observar-se-á o procedimento comum.[1b-2] [Dispositivo correspondente no CPC/1973: art. 1.065 § 2º]

Art. 714: 1. sob pena de nulidade (RSTJ 47/172).

Art. 714: 1a. Na restauração de autos, "não cabe discussão sobre qualquer **ponto de direito ou de fato da causa principal**" (STF-RT 606/220).

Art. 714: 1b. v. arts. 318 e segs. (procedimento comum).

Art. 714: 2. Se o requerido se opõe sem razão à restauração dos autos, deve ser condenado em **honorários de advogado** (RSTJ 134/259).

V. art. 718, nota 1.

Art. 715. Se a perda dos autos tiver ocorrido depois da produção das provas em audiência, o juiz, se necessário, mandará repeti-las.[1] [Dispositivo correspondente no CPC/1973: art. 1.066-*caput*]

§ 1º Serão reinquiridas as mesmas testemunhas, que, em caso de impossibilidade, poderão ser substituídas de ofício ou a requerimento. [Dispositivo correspondente no CPC/1973: art. 1.066 § 1º]

§ 2º Não havendo certidão ou cópia do laudo, far-se-á nova perícia, sempre que possível pelo mesmo perito.[2] [Dispositivo correspondente no CPC/1973: art. 1.066 § 2º]

§ 3º Não havendo certidão de documentos, esses serão reconstituídos mediante cópias ou, na falta dessas, pelos meios ordinários de prova. [Dispositivo correspondente no CPC/1973: art. 1.066 § 3º]

§ 4º Os serventuários e os auxiliares da justiça não podem eximir-se de depor como testemunhas a respeito de atos que tenham praticado ou assistido. [Dispositivo correspondente no CPC/1973: art. 1.066 § 4º]

§ 5º Se o juiz houver proferido sentença da qual ele próprio ou o escrivão possua cópia, esta será juntada aos autos e terá a mesma autoridade da original. [Dispositivo correspondente no CPC/1973: art. 1.066 § 5º]

Art. 715: 1. se não for possível reconstituí-las fielmente.

Art. 715: 2. "Reproduzida a essencialidade da prova técnica na sentença que julgou procedente a ação de prestação de contas, é de ser **abrandado o rigor** do art. 1.066, § 2º, do CPC, por se revelar desnecessária, pela peculiaridade da espécie, a juntada de cópia do laudo pericial" (STJ-4ª T., REsp 302.527, Min. Aldir Passarinho Jr., j. 12.12.06, DJU 12.2.07).

Art. 716. Julgada a restauração,[1 a 2] seguirá o processo os seus termos. [Dispositivo correspondente no CPC/1973: art. 1.067-*caput*]

Parágrafo único. Aparecendo os autos originais, neles se prosseguirá, sendo-lhes apensados os autos da restauração. [Dispositivo correspondente no CPC/1973: art. 1.067 § 1º]

Art. 716: 1. A sentença deve conter, ainda que sucintamente, os **elementos essenciais** previstos na lei, sob pena de nulidade (RT 601/178 e RBDP 48/200). A propósito, v. art. 489.

Art. 716: 1a. O recurso cabível é **apelação** (RP 5/374, em. 181), mesmo em procedimento especial, como, p. ex., o de falência (RF 269/243).

Todavia: "A restauração de autos é mero incidente em relação ao processo principal, de modo que o acolhimento do pedido não é um julgamento em sentido próprio. A decisão que homologa o pedido de restauração de autos, por um lado, extingue o feito de restauração e, por outro, dá seguimento ao processo original (CPC/2015, art. 716). Identificado o dissenso doutrinário em torno da aplicação da natureza da decisão que julga a restauração de autos (sentença ou decisão interlocutória) e, consequentemente, acerca do recurso cabível (apelação ou agravo de instrumento), há de se aplicar o princípio da **fungibilidade recursal,** porquanto existe dúvida fundada e objetiva acerca do recurso adequado, não constituindo erro grosseiro a interposição de agravo de instrumento" (STJ-4ª T., Ag em Resp 1.418.883-AgInt, Min. Raul Araújo, j. 24.9.19, DJ 21.10.19).

Art. 716: 2. "A apelação na ação de restauração de autos deve ser recebida no duplo efeito" (STJ-3ª T., REsp 774.797, Min. Menezes Direito, j. 13.9.05, DJU 28.11.05).

Art. 717. Se o desaparecimento dos autos tiver ocorrido no tribunal, o processo de restauração será distribuído, sempre que possível, ao relator do processo. [Dispositivo correspondente no CPC/1973: art. 1.068-*caput*]

§ 1º A restauração far-se-á no juízo de origem quanto aos atos nele realizados. [Dispositivo correspondente no CPC/1973: art. 1.068 § 1º]

§ 2º Remetidos os autos ao tribunal, nele completar-se-á a restauração e proceder-se-á ao julgamento. [Dispositivo correspondente no CPC/1973: art. 1.068 § 2º]

Art. 718. Quem houver dado causa ao desaparecimento dos autos responderá pelas custas da restauração e pelos honorários de advogado,[1] sem prejuízo da responsabilidade civil ou penal em que incorrer. [Dispositivo correspondente no CPC/1973: art. 1.069]

Art. 718: 1. "A **ausência de contestação** da parte requerida não inibe a fixação de honorários advocatícios, que, nos termos do art. 1.069 do CPC, devem ser imputados à parte que deu causa ao desaparecimento dos autos" (STJ-1ª T., Pet 3.753, Min. Luiz Fux, j. 25.8.09, DJ 17.9.09).

V. art. 714, nota 2.

Capítulo XV | DOS PROCEDIMENTOS DE JURISDIÇÃO VOLUNTÁRIA

Seção I | DISPOSIÇÕES GERAIS

Art. 719. Quando este Código não estabelecer procedimento especial, regem os procedimentos de jurisdição voluntária[1] as disposições constantes desta Seção.[2] [Dispositivo correspondente no CPC/1973: art. 1.103]

Art. 719: 1. Aos procedimentos de jurisdição voluntária aplicam-se, subsidiariamente, as disposições gerais do procedimento comum (v. arts. 318 e segs.).

S/ honorários sucumbenciais, v. art. 88, nota 2.

Art. 719: 2. s/ opção de nacionalidade, v. CF 109, especialmente nota 23c; suprimento de outorga uxória, v. art. 74; aplicabilidade do art. 485-III aos procedimentos de jurisdição voluntária, v. art. 485, nota 16.

Art. 720. O procedimento terá início por provocação do interessado,[1] do Ministério Público ou da Defensoria Pública, cabendo-lhes formular o pedido devidamente instruído com os documentos necessários e com a indicação da providência judicial. [Dispositivo correspondente no CPC/1973: art. 1.104]

Art. 720: 1. "O procedimento previsto nos arts. 1.104 e seguintes do CPC não é obrigatório ao interessado que deseja alienar o seu quinhão. A comunicação ao condômino pode ser feita através de notificação extrajudicial. Não exige o art. 1.139 do CC que tal comunicação contenha proposta determinada com a designação desde logo do comprador" (RSTJ 32/258 e STJ-RJTJERGS 157/20). O art. 1.139 do CC rev. corresponde ao CC 504. V. tb. CC 1.322.

Art. 721. Serão citados todos os interessados,[1] bem como intimado o Ministério Público, nos casos do art. 178,[1a-2] para que se manifestem,[3-4] querendo, no prazo[5] de 15 (quinze) dias. [Dispositivos correspondentes no CPC/1973: arts. 1.105 e 1.106]

Art. 721: 1. "Havendo entre os estipulantes e o terceiro beneficiário um vínculo de caráter meramente obrigacional, o interesse deste último no procedimento de alienação de coisa comum é tão só econômico e não jurídico. Desnecessidade de sua citação" (RSTJ 62/328).

Art. 721: 1a. **"Alienação judicial de imóvel em condomínio.** Intervenção do MP. Não é obrigatória. Na jurisdição voluntária a intervenção torna-se obrigatória nos casos 'em que a lei explicitamente a reclama'" (STJ-3ª T., AI 41.605-4-AgRg, Min. Nilson Naves, j. 8.11.93, DJU 6.12.93).

Art. 721: 2. **"Casamento. Suprimento de idade.** Nulidade do processo por falta de intervenção do MP" (STJ-RT 693/266).

Art. 721: 3. Não cabe **reconvenção** nos processos de jurisdição voluntária (RSTJ 59/288, RJTJESP 93/179, 103/309).

Todavia: "Ação de autorização judicial para alienação de imóvel. Procedimento de jurisdição voluntária. Reconvenção. Pretensão resistida configurada. Lide. Jurisdição contenciosa. A presente ação, não obstante ajuizada com lastro em dispositivos legais que dispõem acerca de procedimento especial de jurisdição voluntária, converteu-se em processo de jurisdição contenciosa, constatada com o oferecimento de contestação e reconvenção, realização de audiência de conciliação, bem como de provas periciais para a avaliação do imóvel. Inegável a transmutação do procedimento especial de jurisdição voluntária em verdadeiro processo de jurisdição contenciosa, motivo pelo qual a ele devem ser aplicados os seus princípios, admitindo-se a reconvenção apresentada" (STJ-3ª T., REsp 1.453.193, Min. Nancy Andrighi, j. 15.8.17, DJ 22.8.17).

Art. 721: 4. "Aplicam-se aos procedimentos de jurisdição voluntária os **efeitos da revelia.** A faculdade de o juiz investigar livremente os fatos não o autoriza a receber e processar resposta intempestiva" (JTJ 165/189, RT 714/141 e RTJE 149/254).

Art. 721: 5. v. art. 231.

Art. 722. A Fazenda Pública será sempre ouvida nos casos em que tiver interesse. [Dispositivo correspondente no CPC/1973: art. 1.108]

Art. 723. O juiz decidirá o pedido no prazo de 10 (dez) dias. [Dispositivo correspondente no CPC/1973: art. 1.109]

Parágrafo único. O juiz não é obrigado a observar critério de legalidade estrita, podendo adotar em cada caso a solução que considerar mais conveniente ou oportuna.[1-2] [Dispositivo correspondente no CPC/1973: art. 1.109]

Art. 723: 1. "O art. 1.109 do CPC abre a possibilidade de não se obrigar o juiz, nos procedimentos de jurisdição voluntária, à observância do critério de legalidade estrita, abertura essa, contudo, limitada ao ato de decidir, por exemplo, com base na equidade e na adoção da solução mais conveniente e oportuna à situação concreta. Isso não quer dizer que a liberdade ofertada pela lei processual se aplique à **prática de atos procedimentais,** máxime quando se tratar daquele que representa o direito de defesa do interditando" (STJ-3ª T., REsp 623.047, Min. Nancy Andrighi, j. 14.12.04, DJU 7.3.05).

Contra: "O art. 1.109 do CPC autoriza a inobservância do critério da legalidade estrita relativamente à atividade processual nos procedimentos de jurisdição voluntária, não podendo, porém, alcançar o direito material" (RJTAMG 51/126).

Art. 723: 2. Desde que se trate de procedimento de jurisdição voluntária, a regra tem aplicação **ainda que tenha havido disputa** entre os interessados (JTJ 158/209-caso de alienação judicial, maioria).

Art. 724. Da sentença caberá apelação.[1-2] [Dispositivo correspondente no CPC/1973: art. 1.110]

Art. 724: 1. v. art. 88, nota 2 (honorários advocatícios).

Art. 724: 2. "Não se pode qualificar como erro grosseiro opção feita pela parte de ingressar com agravo de instrumento contra decisão que em processo falimentar decidiu pedido de alvará, ainda que se adote o entendimento do acórdão de que, por força do art. 1.110 do CPC, cabível a apelação. Em tal cenário, pertinente a aplicação do **princípio da fungibilidade recursal**" (STJ-3ª T., REsp 603.930, Min. Menezes Direito, j. 7.6.05, DJ 29.8.05). Também aplicando o princípio da fungibilidade nesse caso, mas agora para viabilizar o conhecimento da apelação interposta pela parte, o que, inclusive, denota a efetiva existência de dúvida objetiva em torno do assunto: STJ-4ª T., REsp 596.866, Min. Fernando Gonçalves, j. 18.3.10, DJ 12.4.10.

Art. 725. Processar-se-á na forma estabelecida nesta Seção o pedido de: [Dispositivo correspondente no CPC/1973: art. 1.112-*caput*]

I — emancipação;[1] [Dispositivo correspondente no CPC/1973: art. 1.112-I]

II — sub-rogação;[2 a 4] [Dispositivo correspondente no CPC/1973: art. 1.112-II]

III — alienação, arrendamento ou oneração de bens de crianças ou adolescentes,[5] de órfãos[6] e de interditos;[7] [Dispositivo correspondente no CPC/1973: art. 1.112-III]

IV — alienação, locação e administração da coisa comum;[8 a 10] [Dispositivo correspondente no CPC/1973: art. 1.112-IV]

V — alienação de quinhão em coisa comum;[11] [Dispositivo correspondente no CPC/1973: art. 1.112-V]

VI — extinção de usufruto,[12] quando não decorrer da morte do usufrutuário,[13] do termo da sua duração ou da consolidação, e de fideicomisso,[14] quando decorrer de renúncia ou quando ocorrer antes do evento que caracterizar a condição resolutória; [Dispositivo correspondente no CPC/1973: art. 1.112-VI]

VII — expedição de alvará judicial; [Sem dispositivo correspondente no CPC/1973]

VIII — homologação de autocomposição extrajudicial, de qualquer natureza ou valor. [Sem dispositivo correspondente no CPC/1973]

Parágrafo único. As normas desta Seção aplicam-se, no que couber, aos procedimentos regulados nas seções seguintes. [Sem dispositivo correspondente no CPC/1973]

Art. 725: 1. v., no nosso CCLCV, CC 5º § ún.-I e notas; LRP 29-IV, 89 a 91, 104 e 107 § 1º. V. tb. CC 1.635-II.

Art. 725: 2. v. CC 1.911 § ún.

S/ competência, no pedido de sub-rogação, v. art. 47, nota 4.

Art. 725: 3. **Dec. lei 6.777, de 8.8.44** — Dispõe sobre a sub-rogação de imóveis gravados ou inalienáveis:

"**Art. 1º** Na sub-rogação de imóveis gravados ou inalienáveis, estes serão sempre substituídos por outros imóveis ou apólices da Dívida Pública.

"**Art. 2º** Se requerida a sub-rogação mediante permuta por apólices da Dívida Pública, o juiz mandará vender o imóvel em hasta pública, ressalvando ao interessado o direito de conservá-lo livre, desde que, antes de assinado o auto de arrematação, ofereça, em substituição, apólices de valor igual ou superior ao do maior lanço acima da avaliação, ou ao desta, na falta de licitante".

Art. 725: 4. O Dec. lei 6.777/44 não está revogado (Bol. AASP 1.036/204, em. 14), mas, uma vez que o juiz, em procedimento de jurisdição voluntária, não é obrigado a observar critério de legalidade estrita (v. art. 723 § ún.), ele pode dispensar a hasta pública, se esta não lhe parecer conveniente (RT 508/104) ou se houver transferência do vínculo para outro imóvel (RT 489/69), assim como pode determinar que o produto da venda seja depositado em caderneta de poupança (Bol. AASP 1.036/204, em. 14).

Art. 725: 5. v. CC 1.691-*caput*.

Art. 725: 6. v. CC 1.750.

Art. 725: 7. v. CC 1.774 e 1.781 c/c 1.750.

Art. 725: 8. v. CC 1.322-*caput* e 1.323 a 1.326.

Art. 725: 9. Para a alienação judicial de coisa imóvel comum, exige-se **outorga conjugal** (RJTJESP 130/290).

Art. 725: 10. "O **cotitular de direitos de compra de imóvel indivisível,** em se tratando de compromisso irrevogável, irretratável, com preço pago e transmissão da posse, devidamente registrado, tem ação para obter a venda judicial da totalidade dos direitos decorrentes do compromisso, da mesma forma que no condomínio direito similar é conferido ao condômino" (RT 766/222).

Art. 725: 11. v. CC 504. V. tb. CC 1.322.

Art. 725: 12. v. CC 1.410 e 1.411.

Art. 725: 13. "Extinto, por **morte do usufrutuário,** o usufruto instituído por ato *inter vivos*, o cancelamento do gravame, no registro de imóveis, independe de prévia decisão judicial" (RP 27/270).

Art. 725: 14. v. CC 1.958.

Seção II | DA NOTIFICAÇÃO E DA INTERPELAÇÃO

Art. 726. Quem tiver interesse em manifestar formalmente sua vontade a outrem sobre assunto juridicamente relevante poderá notificar pessoas participantes da mesma relação jurídica para dar-lhes ciência de seu propósito.[1 a 2a] [Dispositivo correspondente no CPC/1973: art. 867]

§ 1º Se a pretensão for a de dar conhecimento geral ao público, mediante edital,[3-3a] o juiz só a deferirá se a tiver por fundada e necessária ao resguardo de direito. [Dispositivo correspondente no CPC/1973: art. 870-I]

§ 2º Aplica-se o disposto nesta Seção, no que couber, ao protesto judicial.[4] [Dispositivo correspondente no CPC/1973: art. 867]

Art. 726: 1. v. CC 290 (cessão de crédito), 397 (constituição em mora), 575 (locação de coisas) e 633 (depósito).

Art. 726: 1a. A notificação, a interpelação e o protesto **podem ser feitos por via extrajudicial,** quando a lei não prevê expressamente a judicial (RT 509/193). E aquela não exige o mesmo rigorismo desta, sendo válida a interpelação ou a notificação quando a carta, apesar de não entregue em mãos do destinatário, tiver chegado ao seu conhecimento (RP 4/395, em. 129; JTA 36/347).

Art. 726: 2. "O procedimento judicial meramente conservativo de direito **não previne a jurisdição"** (STJ-2ª Seção, CC 40.451-EDcl, Min. Aldir Passarinho Jr., j. 10.11.04, DJU 14.3.05).

Afirmando que a notificação judicial não previne a competência do juízo: RTFR 164/55, RT 503/151, 541/199, 544/173, em., 617/45, RJTJESP 105/279, JTA 89/168, 89/270. **Contra:** RTFR 151/21, RT 501/197.

Art. 726: 2a. "Indeferido liminarmente pedido de notificação, cabível a **apelação"** (RSTJ 51/330). O mesmo se diga quanto à interpelação e ao protesto.

Art. 726: 3. s/ publicação de edital e contraditório prévio, v. art. 728.

Art. 726: 3a. A **publicação pela imprensa** somente deve ser deferida se "houver vigorosos indícios e fundado receio de que o executado frustrará a execução, vendendo os bens" (RJTJESP 104/308).

A **publicação de edital** pode ser dispensada se o crédito do requerente é objeto de processo de execução e está garantido por penhora (RT 751/267).

Art. 726: 4. s/ protesto contra alienação de bem, v. art. 301, notas 10 e segs.

Art. 727. Também poderá o interessado interpelar o requerido, no caso do art. 726, para que faça ou deixe de fazer o que o requerente entenda ser de seu direito. [Sem dispositivo correspondente no CPC/1973]

Art. 728. O requerido será previamente ouvido[1] antes do deferimento da notificação ou do respectivo edital: [Dispositivo correspondente no CPC/1973: art. 870 § ún.]

I — se houver suspeita de que o requerente, por meio da notificação ou do edital, pretende alcançar fim ilícito; [Dispositivo correspondente no CPC/1973: art. 870 § ún.]

II — se tiver sido requerida a averbação da notificação em registro público. [Sem dispositivo correspondente no CPC/1973]

Art. 728: 1. com **prazo de 15 dias** para se manifestar (v. art. 721).

Art. 729. Deferida e realizada a notificação ou interpelação, os autos serão entregues ao requerente. [Dispositivo correspondente no CPC/1973: art. 872]

Seção III | DA ALIENAÇÃO JUDICIAL

Art. 730. Nos casos expressos em lei,[1-1a] não havendo acordo entre os interessados sobre o modo como se deve realizar a alienação do bem, o juiz,[2 a 3] de ofício ou a requerimento dos interessados ou do depositário, mandará aliená-lo em leilão, observando-se o disposto na Seção I deste Capítulo[4] e, no que couber, o disposto nos arts. 879 a 903.[5 a 6] [Dispositivo correspondente no CPC/1973: art. 1.113-*caput*]

Art. 730: 1. v. art. 725-III a V. V. tb. CC 1.237-*caput* (descoberta), 1.748-IV, 1.750 e 1.774 (bens do tutelado ou curatelado), 2.019-*caput* e § 1º (partilha); CCo 477 e 478 (embarcações).

Art. 730: 1a. "A **alienação de direitos hereditários** sobre coisa comum pode ser livremente contratada, não havendo necessidade de provimento jurisdicional" (JTJ 175/79).

Art. 730: 2. s/ competência para venda de bens de curatelado, v. art. 61, nota 2.

Art. 730: 2a. "Mesmo havendo interesse de menores, em se tratando de venda de imóvel, o **foro da situação** deste (CPC, art. 95) deve prevalecer sobre o foro do inventário (CPC, art. 96), regendo-se aquele por critério de competência absoluta" (RSTJ 11/66).

Art. 730: 3. "Alienação judicial de coisa comum indivisível. Conquanto se trate de procedimento especial de jurisdição voluntária, **responde o vencido pelas despesas,** em se tratando, como aqui se trata, de **pretensão resistida**" (STJ-3ª T., REsp 77.057, Min. Nilson Naves, j. 12.2.96, DJU 25.3.96). No mesmo sentido: RT 765/373.

V. tb. art. 88, nota 2.

Art. 730: 4. v. arts. 719 e segs.

Art. 730: 5. s/ intervenção do MP, v. art. 721, nota 1a.

Art. 730: 5a. A validade da venda judicial de **imóveis** gravados por **hipoteca** depende da prévia notificação judicial do credor (CC 1.501), mas sua concordância é prescindível (JTJ 192/177).

Art. 730: 6. "Vêm os tribunais abrandando a exigência de que a venda de **imóvel de incapaz** se faça por hasta pública, pois esta forma, muitas vezes, não traz as vantagens que se esperam" (RJTJERGS 176/609).

Seção IV | DO DIVÓRCIO E DA SEPARAÇÃO CONSENSUAIS, DA EXTINÇÃO CONSENSUAL DE UNIÃO ESTÁVEL E DA ALTERAÇÃO DO REGIME DE BENS DO MATRIMÔNIO

Art. 731. A homologação do divórcio[1] ou da separação consensuais,[2] observados os requisitos legais, poderá ser requerida em petição assinada por ambos os cônjuges,[3] da qual constarão:[3a] [Dispositivos correspondentes no CPC/1973: arts. 1.120 e 1.121-*caput*]

I — as disposições relativas à descrição e à partilha dos bens comuns;[4 a 5c] [Dispositivo correspondente no CPC/1973: art. 1.121-I]

II — as disposições relativas à pensão alimentícia entre os cônjuges;[6 a 8] [Dispositivo correspondente no CPC/1973: art. 1.121-IV]

III — o acordo relativo à guarda dos filhos incapazes e ao regime de visitas;[9] e [Dispositivo correspondente no CPC/1973: art. 1.121-II]

Código de Processo Civil

IV — o valor da contribuição para criar e educar os filhos.[10 a 12a] [Dispositivo correspondente no CPC/1973: art. 1.121-III]

Parágrafo único. Se os cônjuges não acordarem sobre a partilha dos bens, far-se-á esta depois de homologado o divórcio, na forma estabelecida nos arts. 647 a 658.[13] [Dispositivo correspondente no CPC/1973: art. 1.121 § 1º]

Art. 731: 1. v. CC 1.571-IV e §§ 1º e 2º e 1.579 e segs., LDi 24 e segs. e 35 a 37.

S/ competência, v. art. 53-I.

Art. 731: 2. v. CC 1.571-III e 1.572 e segs., LDi 3º e segs. e 34.

S/ competência, v. art. 53-I; s/ valor da causa, v. art. 292, nota 9.

Art. 731: 3. ou extrajudicialmente, por **escritura pública** (v. art. 733).

Art. 731: 3a. "Ação de divórcio consensual c/c partilha de bens. **Apresentação de acordo** pelos cônjuges, com disposições acerca da intenção de se divorciarem, da partilha de bens, do regime de guarda, de visitas e de alimentos relativos ao filho menor. **Retratação unilateral. Impossibilidade apenas em relação aos direitos disponíveis.** Especificamente em relação ao pronunciamento dos cônjuges quanto à intenção de se divorciarem, às disposições relacionadas à divisão dos bens e dívidas em comum e, no caso, à renúncia de alimentos entre si, por se encontrarem na esfera de sua estrita disponibilidade, seus termos hão de ser considerados como verdadeira transação, cuja validade e eficácia dependem exclusivamente da higidez da manifestação de vontade das partes apostas no acordo. A perfectibilização do acordo, nessa parte, demanda, simplesmente, a livre manifestação de vontade das partes, não cabendo ao juízo, nesse caso, outra providência que não a homologação. Saliente-se, a esse propósito, afigurar-se absolutamente dispensável a designação de audiência destinada à ratificação dos termos já acordados. A rescisão de seus termos somente se afigura possível se a correlata pretensão for veiculada em ação própria e embasada em algum vício de consentimento (tais como erro, dolo, coação, estado de perigo, lesão ou fraude contra credores), ou de defeito insanável (devidamente especificado no art. 166 do Código Civil), do que, na espécie, em principio, não se cogita. Já o acordo estabelecido e subscrito pelos cônjuges no tocante ao regime de guarda, de visita e de alimentos em relação ao filho menor do casal assume o viés de mera proposição submetida ao Poder Judiciário, que haverá de sopesar outros interesses, em especial, o preponderante direito da criança, podendo, ao final, homologar ou não os seus termos. Em se tratando, pois, de mera proposição ao Poder Judiciário, qualquer das partes, caso anteveja alguma razão para se afastar das disposições inicialmente postas, pode, unilateralmente, se retratar. Ressalte-se, aliás, que, até mesmo após a homologação judicial acerca do regime de guarda, de visita e de alimentos relativos ao filho menor, se uma circunstância superveniente alterar os fatos submetidos ao juízo, absolutamente possível que seus termos sejam judicialmente alterados por provocação das partes" (STJ-3ª T., REsp 1.756.100, Min. Marco Bellizze, j. 2.10.18, maioria, DJ 11.10.18).

Art. 731: 4. A **partilha** de bens **não é um requisito** para a separação.

V. § ún. V. ainda, no nosso CCLCV, CC 1.575, nota 2.

Art. 731: 4a. Súmula 116 do STF: "Em desquite ou inventário, é legítima a cobrança do chamado **imposto de reposição,** quando houver desigualdade nos valores partilhados".

Daí: "Tratando-se de separação judicial, a juntada determinada de lançamentos fiscais atualizados, referentes aos imóveis objeto da partilha, para o cálculo do imposto *inter vivos*, é necessária, porque somente quando efetuado o cálculo é que se poderá dizer se um dos separandos recebe acima do que lhe caberia em sua meação. Se ocorrer essa hipótese, devido será o imposto; se na partilha as partes dos separandos forem iguais, ao revés, devido não será o imposto *inter vivos*" (RT 713/103).

Art. 731: 5. "Se os bens do casal foram **partilhados** em regime de **condomínio,** a extinção deste se dá por **ação de divisão,** e não por nova partilha" (STJ-3ª T., REsp 255.059, Min. Ari Pargendler, j. 6.6.00, DJU 28.8.00).

"Acordando os cônjuges que os bens individualizados no pedido ficam em condomínio entre eles, tal importa numa forma de partilha que dispensa a abertura de inventário posterior à homologação da separação, restando, então, a qualquer dos condôminos a divisão geodésica ou a alienação judicial, para pôr termo à indivisão" (JTJ 164/225).

Art. 731: 5a. "Separação judicial. Acordo. Venda do bem comum. Processa-se a **alienação nos próprios autos** em que celebrado o acordo. Desnecessidade de que a alienação seja regida pelo disposto nos arts. 1.103, 1.112-IV e 1.117-II do CPC" (STJ-3ª T., REsp 37.408-1, Min. Nilson Naves, j. 14.3.94, DJU 11.4.94).

Art. 731: 5b. É válida a **promessa de doação de bens do casal aos filhos,** feita na partilha homologada por sentença em processo de separação (STJ-2ª Seção, ED no REsp 125.859, Min. Ruy Rosado, j. 26.6.02, um voto vencido, DJU 24.3.03). Esse acórdão, tomado em embargos de divergência, tornou superado o entendimento contrário da 4ª Turma do STJ (RSTJ 119/377).

Todavia, ulteriormente, a 4ª Turma voltou a decidir ser "inviável juridicamente a promessa de doação ante a impossibilidade de se harmonizar a exigibilidade contratual e a espontaneidade, característica do *animus donandi*.

Admitir a promessa de doação equivale a concluir pela possibilidade de uma doação coativa, incompatível, por definição, com um ato de liberalidade" (STJ-RF 390/429: 4ª T., REsp 730.626, maioria). No mesmo sentido: JTJ 314/115 (AP 209.510-4/6-00), RJM 165/179.

Meio-termo: "A promessa de doação, como obrigação de cumprir liberalidade que se não quer mais praticar, inexiste no direito brasileiro; se, todavia, é feita como condição de negócio jurídico, e não como mera liberalidade, vale e é eficaz" (STJ-3ª T., REsp 853.133, Min. Ari Pargendler, j. 6.5.08, DJ 20.11.08).

Restabelecendo a tese inicial no âmbito da 4ª Turma do STJ: "Não se caracteriza como ato de mera liberalidade ou simples promessa de doação, passível de revogação posterior, a doação feita pelos genitores aos seus filhos estabelecida como condição para a obtenção de acordo em separação judicial" (STJ-4ª T., REsp 883.232-AgRg, Min. Raul Araújo, j. 19.2.13, DJ 26.2.13).

Art. 731: 5c. A **doação dos pais aos filhos,** no acordo de separação judicial, prescinde de formalização por escritura pública, servindo as cópias extraídas dos autos como título para o registro de imóveis (RT 613/261, JTJ 259/374).

Art. 731: 6. v. CC 1.694 e segs. V. tb. CC 1.708 e LDi 29 (novo casamento ou união estável e perda de pensão).

Art. 731: 7. "A **cláusula de renúncia a alimentos,** constante em acordo de separação devidamente homologado, é válida e eficaz, não permitindo ao ex-cônjuge que renunciou a pretensão de ser pensionado ou voltar a pleitear o encargo" (STJ-3ª T., REsp 701.902, Min. Nancy Andrighi, j. 15.9.05, DJU 3.10.05). Ainda: STJ-4ª T., REsp 199.427, Min. Fernando Gonçalves, j. 9.3.04, DJU 29.3.04; JTJ 284/20, 309/40 (bem fundamentado), RT 854/195, 860/252, RBDF 19/90, Bol. AASP 2.686 (TJDFT, AP 20080111480364).

Com isso, segue **superada a Súmula 379 do STF** ("No acordo de desquite não se admite renúncia aos alimentos, que poderão ser pleiteados ulteriormente, verificados os pressupostos legais"), que já não vinha sendo aplicada mesmo antes do advento do vigente CC. V. STJ-RT 713/228 (3ª T., REsp 37.151), RSTJ 145/419 (4ª T., REsp 70.630).

Art. 731: 8. Súmula 336 do STJ: "A mulher que renunciou aos alimentos na separação judicial tem direito à **pensão previdenciária por morte** do ex-marido, comprovada a necessidade econômica superveniente".

Art. 731: 9. v. CC 1.583 e segs., LDi 9º e 15.

Art. 731: 10. v. CC 1.694 e segs., em especial CC 1.703; LDi 20. S/ pensão alimentícia e maioridade do filho, v. LA 13, nota 5.

Art. 731: 11. Há um acórdão entendendo que **"não é obrigatória a cláusula alimentar** para os filhos menores, na petição inicial de separação consensual. O magistrado, no caso concreto, verificará se a ausência daquela previsão prejudica, ou não, o menor" (RJTJERGS 177/381). No caso, o menor ficou com o pai, o que, segundo o acórdão, fazia com que este fosse responsável pelo sustento do filho.

Art. 731: 11a. Afirmando que o **direito à pensão dos filhos menores é indisponível** e, consequentemente, que o MP tem legitimidade para recorrer de sentença que homologa separação consensual em que a separanda renuncia à pensão alimentícia por si e por seus filhos menores: RT 663/153.

V. tb. art. 996, nota 17a.

Art. 731: 12. A cessação da pensão pode ser requerida pelo alimentante **nos próprios autos da separação** (RJTJESP 102/213), quando não constituir questão de alta indagação.

Também a execução dos alimentos convencionados na separação pode se processar nos mesmos autos (JTJ 164/15).

Art. 731: 12a. "O inciso III do art. 1.121 do CPC autoriza os requerentes de separação consensual — leia-se, divórcio — a indicar, na petição inicial, o valor que entendem devido para criar e educar os filhos, prevendo verdadeira hipótese de **legitimação extraordinária dos pais quanto à fixação de alimentos aos seus descendentes,** como exige o art. 6º do CPC. Se a lei, ainda que excepcionalmente, admite que os pais transijam sobre os alimentos devidos aos filhos, em processo do qual sequer os alimentandos são parte, com maior razão deve ser-lhes permitido exercer a pretensão de **fazer cumprir o que foi acordado,** satisfazendo, como corolário do permissivo legal, o crédito alimentar estabelecido em benefício dos descendentes. No particular, a genitora, autora da ação de separação litigiosa, atuou como legitimada extraordinária, no que tange ao direito do descendente à verba alimentar para o custeio de sua educação. Nesse contexto, o simples fato de ela ser parte na relação jurídica controvertida, que deu origem ao direito então pleiteado, é circunstância capaz de autorizar a sua participação também neste **processo de execução;** aqui, como lá, agindo em nome próprio para defender interesse alheio" (STJ-3ª T., REsp 1.424.513, Min. Nancy Andrighi, j. 8.5.14, DJ 16.5.14).

Art. 731: 13. nos próprios autos da separação consensual (JTJ 158/156).

Art. 732. As disposições relativas ao processo de homologação judicial de divórcio ou de separação consensuais aplicam-se, no que couber, ao processo de homologação da extinção consensual de união estável.[1-2]

[Sem dispositivo correspondente no CPC/1973]

Art. 732: 1. v. CC 1.723 e segs.

Art. 732: 2. que também pode ser extinta extrajudicialmente, por **escritura pública** (v. art. 733).

Art. 733. O divórcio consensual, a separação consensual e a extinção consensual de união estável, não havendo nascituro ou filhos incapazes[1] e observados os requisitos legais, poderão[1a] ser realizados por escritura pública,[2] da qual constarão as disposições de que trata o art. 731. [Dispositivo correspondente no CPC/1973: art. 1.124-A-*caput*]

§ 1º A escritura não depende de homologação judicial e constitui título hábil para qualquer ato de registro, bem como para levantamento de importância depositada em instituições financeiras. [Dispositivo correspondente no CPC/1973: art. 1.124-A § 1º]

§ 2º O tabelião somente lavrará a escritura se os interessados estiverem assistidos por advogado ou por defensor público, cuja qualificação e assinatura constarão do ato notarial. [Dispositivo correspondente no CPC/1973: art. 1.124-A § 2º]

Art. 733: 1. v. CC 2º e segs.

Art. 733: 1a. i. e., o divórcio, a separação e a extinção da união estável extrajudiciais são uma **faculdade** das partes. Nesse sentido, para inventário e partilha por escritura pública, v. art. 610, nota 2b.

Art. 733: 2. que é **título executivo extrajudicial** (v. art. 784-II).

Art. 734. A alteração do regime de bens do casamento, observados os requisitos legais, poderá ser requerida, motivadamente, em petição assinada por ambos os cônjuges, na qual serão expostas as razões que justificam a alteração, ressalvados os direitos de terceiros.[1] [Sem dispositivo correspondente no CPC/1973]

§ 1º Ao receber a petição inicial, o juiz determinará a intimação do Ministério Público e a publicação de edital que divulgue a pretendida alteração de bens, somente podendo decidir depois de decorrido o prazo de 30 (trinta) dias da publicação do edital.

§ 2º Os cônjuges, na petição inicial ou em petição avulsa, podem propor ao juiz meio alternativo de divulgação da alteração do regime de bens, a fim de resguardar direitos de terceiros.

§ 3º Após o trânsito em julgado da sentença, serão expedidos mandados de averbação aos cartórios de registro civil e de imóveis e, caso qualquer dos cônjuges seja empresário, ao Registro Público de Empresas Mercantis e Atividades Afins.

Art. 734: 1. v. CC 1.639 § 2º.

Seção V | DOS TESTAMENTOS E CODICILOS[1]

SEÇ. V: 1. v. CC 1.857 e segs.

Art. 735. Recebendo testamento cerrado,[1] o juiz, se não achar vício externo que o torne suspeito de nulidade ou falsidade, o abrirá e mandará que o escrivão o leia em presença do apresentante. [Dispositivo correspondente no CPC/1973: art. 1.125-*caput*]

§ 1º Do termo de abertura constarão o nome do apresentante e como ele obteve o testamento, a data e o lugar do falecimento do testador, com as respectivas provas, e qualquer circunstância digna de nota. [Dispositivo correspondente no CPC/1973: art. 1.125 § ún.]

§ 2º Depois de ouvido o Ministério Público, não havendo dúvidas a serem esclarecidas, o juiz mandará registrar, arquivar e cumprir o testamento.[2] [Dispositivo correspondente no CPC/1973: art. 1.126-*caput*]

§ 3º Feito o registro, será intimado o testamenteiro[2a] para assinar o termo da testamentária.[3] [Dispositivo correspondente no CPC/1973: art. 1.127-*caput*]

§ 4º Se não houver testamenteiro nomeado ou se ele estiver ausente ou não aceitar o encargo, o juiz nomeará testamenteiro dativo,[4] observando-se a preferência legal. [Dispositivo correspondente no CPC/1973: art. 1.127-*caput*]

§ 5º O testamenteiro deverá cumprir as disposições testamentárias e prestar contas em juízo do que recebeu e despendeu, observando-se o disposto em lei. [Sem dispositivo correspondente no CPC/1973]

Art. 735: 1. v. CC 1.868 e segs.

Art. 735: 2. O juiz somente negará registro ao testamento se ele padecer de vício externo; eventuais defeitos quanto à formação e manifestação de vontade do testador deverão ser apreciados ou no inventário ou em ação de anulação (JTJ 157/197).

Art. 735: 2a. v. CC 1.976 e segs.

Art. 735: 3. *sic*; deve ser "testamentaria".

Art. 735: 4. v. CC 1.984.

Art. 736. Qualquer interessado, exibindo o traslado ou a certidão de testamento público,[1] poderá requerer ao juiz que ordene o seu cumprimento, observando-se, no que couber, o disposto nos parágrafos do art. 735. [Dispositivo correspondente no CPC/1973: art. 1.128]

Art. 736: 1. v. CC 1.864 a 1.867.

Art. 737. A publicação do testamento particular[1-2] poderá ser requerida, depois da morte do testador, pelo herdeiro, pelo legatário ou pelo testamenteiro, bem como pelo terceiro detentor do testamento, se impossibilitado de entregá-lo a algum dos outros legitimados para requerê-la. [Dispositivo correspondente no CPC/1973: art. 1.130-*caput*]

§ 1º Serão intimados os herdeiros que não tiverem requerido a publicação do testamento. [Dispositivo correspondente no CPC/1973: art. 1.131-*caput* e II]

§ 2º Verificando a presença dos requisitos da lei, ouvido o Ministério Público, o juiz confirmará o testamento. [Dispositivo correspondente no CPC/1973: art. 1.133]

§ 3º Aplica-se o disposto neste artigo ao codicilo[3] e aos testamentos marítimo,[4] aeronáutico,[4a] militar[5] e nuncupativo.[6] [Dispositivo correspondente no CPC/1973: art. 1.134]

§ 4º Observar-se-á, no cumprimento do testamento, o disposto nos parágrafos do art. 735. [Sem dispositivo correspondente no CPC/1973]

Art. 737: 1. v. CC 1.876 a 1.880.

Art. 737: 2. Admite-se eficácia a testamento particular, ainda que algumas das testemunhas tenham falecido, se as demais confirmam a sua autenticidade (RT 696/106).

Art. 737: 3. v. CC 1.881 a 1.885.

Art. 737: 4. v. CC 1.888 e 1.890 a 1.892.

Art. 737: 4a. v. CC 1.889 a 1.891.

Art. 737: 5. v. CC 1.893 a 1.896.

Art. 737: 6. v. CC 1.896-*caput*.

Seção VI | DA HERANÇA JACENTE

Art. 738. Nos casos em que a lei considere jacente a herança,[1] o juiz[2] em cuja comarca tiver domicílio o falecido procederá imediatamente à arrecadação dos respectivos bens. [Dispositivo correspondente no CPC/1973: art. 1.142]

Art. 738: 1. v. CC 1.819 a 1.823.

Art. 738: 2. Afirmando a competência da Justiça Estadual para a arrecadação de herança jacente, mesmo que haja interesse de entidades federais: TFR-3ª T., Ag 45.625, Min. Hélio Pinheiro, j. 24.9.85, DJU 21.11.85.

Art. 739. A herança jacente ficará sob a guarda, a conservação e a administração de um curador até a respectiva entrega ao sucessor legalmente habilitado ou até a declaração de vacância.[1] [Dispositivo correspondente no CPC/1973: art. 1.143-*caput*]

§ 1º Incumbe ao curador: [Dispositivo correspondente no CPC/1973: art. 1.144-*caput*]

I — representar a herança em juízo ou fora dele,[2-3] com intervenção do Ministério Público; [Dispositivo correspondente no CPC/1973: art. 1.144-I]

II — ter em boa guarda e conservação os bens arrecadados e promover a arrecadação de outros porventura existentes; [Dispositivo correspondente no CPC/1973: art. 1.144-II]

III — executar as medidas conservatórias dos direitos da herança; [Dispositivo correspondente no CPC/1973: art. 1.144-III]

IV — apresentar mensalmente ao juiz balancete da receita e da despesa; [Dispositivo correspondente no CPC/1973: art. 1.144-IV]

V — prestar contas ao final de sua gestão.[4] [Dispositivo correspondente no CPC/1973: art. 1.144-V]

§ 2º Aplica-se ao curador o disposto nos arts. 159 a 161. [Dispositivo correspondente no CPC/1973: art. 1.144 § ún.]

Art. 739: 1. v. art. 743 e notas.

Art. 739: 2. cf. art. 75-VI.

Art. 739: 3. com as restrições dos arts. 1.774 e 1.781 c/c 1.748 do CC.

Art. 739: 4. v. art. 553.

Art. 740. O juiz ordenará que o oficial de justiça, acompanhado do escrivão ou do chefe de secretaria e do curador, arrole os bens e descreva-os em auto circunstanciado. [Dispositivo correspondente no CPC/1973: art. 1.145-*caput*]

§ 1º Não podendo comparecer ao local, o juiz requisitará à autoridade policial que proceda à arrecadação e ao arrolamento dos bens, com 2 (duas) testemunhas, que assistirão às diligências. [Dispositivo correspondente no CPC/1973: art. 1.148]

§ 2º Não estando ainda nomeado o curador, o juiz designará depositário e lhe entregará os bens, mediante simples termo nos autos, depois de compromissado. [Dispositivo correspondente no CPC/1973: art. 1.145 § 1º]

§ 3º Durante a arrecadação, o juiz ou a autoridade policial inquirirá os moradores da casa e da vizinhança sobre a qualificação do falecido, o paradeiro de seus sucessores e a existência de outros bens, lavrando-se de tudo auto de inquirição e informação. [Dispositivo correspondente no CPC/1973: art. 1.150]

§ 4º O juiz examinará reservadamente os papéis, as cartas missivas e os livros domésticos e, verificando que não apresentam interesse, mandará empacotá-los e lacrá-los para serem assim entregues aos sucessores do falecido ou queimados quando os bens forem declarados vacantes. [Dispositivo correspondente no CPC/1973: art. 1.147]

§ 5º Se constar ao juiz a existência de bens em outra comarca, mandará expedir carta precatória a fim de serem arrecadados. [Dispositivo correspondente no CPC/1973: art. 1.149]

§ 6º Não se fará a arrecadação, ou essa será suspensa, quando, iniciada, apresentarem-se para reclamar os bens o cônjuge ou companheiro, o herdeiro ou o testamenteiro notoriamente reconhecido e não houver oposição motivada do curador, de qualquer interessado, do Ministério Público ou do representante da Fazenda Pública. [Dispositivo correspondente no CPC/1973: art. 1.151]

Art. 741. Ultimada a arrecadação, o juiz mandará expedir edital, que será publicado na rede mundial de computadores, no sítio do tribunal a que estiver vinculado o juízo e na plataforma de editais do Conselho Nacional de Justiça, onde permanecerá por 3 (três) meses, ou, não havendo sítio, no órgão oficial e na imprensa da comarca, por 3 (três) vezes com intervalos de 1 (um) mês, para que os sucessores do falecido venham a habilitar-se no prazo de 6 (seis) meses contado da primeira publicação. [Dispositivo correspondente no CPC/1973: art. 1.152-*caput*]

§ 1º Verificada a existência de sucessor ou de testamenteiro em lugar certo, far-se-á a sua citação, sem prejuízo do edital. [Dispositivo correspondente no CPC/1973: art. 1.152 § 1º]

§ 2º Quando o falecido for estrangeiro, será também comunicado o fato à autoridade consular. [Dispositivo correspondente no CPC/1973: art. 1.152 § 2º]

§ 3º Julgada a habilitação do herdeiro, reconhecida a qualidade do testamenteiro ou provada a identidade do cônjuge ou companheiro, a arrecadação converter-se-á em inventário.[1] [Dispositivo correspondente no CPC/1973: art. 1.153]

§ 4º Os credores da herança poderão habilitar-se como nos inventários[2] ou propor a ação de cobrança. [Dispositivo correspondente no CPC/1973: art. 1.154]

Art. 741: 1. v. arts. 610 e segs.

Art. 741: 2. v. arts. 642 a 646.

Art. 742. O juiz poderá autorizar a alienação:[1] [Dispositivo correspondente no CPC/1973: art. 1.155-*caput*]

I — de bens móveis, se forem de conservação difícil ou dispendiosa; [Dispositivo correspondente no CPC/1973: art. 1.155-I]

II — de semoventes, quando não empregados na exploração de alguma indústria; [Dispositivo correspondente no CPC/1973: art. 1.155-II]

III — de títulos e papéis de crédito, havendo fundado receio de depreciação; [Dispositivo correspondente no CPC/1973: art. 1.155-III]

IV — de ações de sociedade quando, reclamada a integralização, não dispuser a herança de dinheiro para o pagamento; [Dispositivo correspondente no CPC/1973: art. 1.155-IV]

V — de bens imóveis: [Dispositivo correspondente no CPC/1973: art. 1.155-V]

a) se ameaçarem ruína, não convindo a reparação; [Dispositivo correspondente no CPC/1973: art. 1.155-V-*a*]

b) se estiverem hipotecados e vencer-se a dívida, não havendo dinheiro para o pagamento. [Dispositivo correspondente no CPC/1973: art. 1.155-V-*b*]

§ 1º Não se procederá, entretanto, à venda se a Fazenda Pública ou o habilitando adiantar a importância para as despesas. [Dispositivo correspondente no CPC/1973: art. 1.155 § ún.]

§ 2º Os bens com valor de afeição, como retratos, objetos de uso pessoal, livros e obras de arte, só serão alienados depois de declarada a vacância da herança.[2] [Dispositivo correspondente no CPC/1973: art. 1.156]

Art. 742: 1. v. art. 730.

Art. 742: 2. v. art. 743.

Art. 743. Passado 1 (um) ano da primeira publicação do edital e não havendo herdeiro habilitado nem habilitação pendente, será a herança declarada vacante.[1-2] [Dispositivo correspondente no CPC/1973: art. 1.157-*caput*]

§ 1º Pendendo habilitação, a vacância será declarada pela mesma sentença que a julgar improcedente, aguardando-se, no caso de serem diversas as habilitações, o julgamento da última. [Dispositivo correspondente no CPC/1973: art. 1.157 § ún.]

§ 2º Transitada em julgado a sentença que declarou a vacância,[3] o cônjuge, o companheiro, os herdeiros e os credores só poderão reclamar o seu direito por ação direta. [Dispositivo correspondente no CPC/1973: art. 1.158]

Art. 743: 1. v. CC 1.820, 1.822 e 1.844.

Art. 743: 2. **"Antes da declaração da vacância,** o bem arrecadado não passa ao domínio do ente público" (RSTJ 94/215). "A declaração de vacância é indispensável para que a herança possa ser incorporada ao patrimônio público" (STJ-4ª T., REsp 27.328, Min. Cesar Rocha, j. 20.8.96, RT 738/236).

"Antes do decurso do prazo do art. 1.594 do CC, os bens da herança jacente podem ser **adquiridos por usucapião"** (STJ-4ª T., Ag 35.437, Min. Ruy Rosado, j. 16.12.94, DJU 20.2.95). O art. 1.594 do CC rev. corresponde ao CC 1.822.

Dando pela procedência do pedido de usucapião nessas circunstâncias: RSTJ 142/216, STJ-RT 787/207, RT 810/366, maioria, JTJ 237/131. **Contra,** julgando improcedente o pedido de usucapião, por entender que os bens se transmitem ao Estado desde a abertura da sucessão: RTJE 112/189.

"Herança jacente. **Embargos de terceiro.** Usucapião. Aquele que passou a exercer, depois da morte da proprietária, posse *ad usucapionem*, pode opor embargos de terceiro para obstar a arrecadação de bens pelo Estado" (STJ-4ª T., REsp 73.458, Min. Ruy Rosado, j. 25.3.96, RT 735/238).

Art. 743: 3. "Somente o trânsito em julgado da decisão declaratória de vacância impossibilita a habilitação nos próprios autos da arrecadação" (RJTJESP 90/209).

Seção VII | DOS BENS DOS AUSENTES

Art. 744. Declarada a ausência nos casos previstos em lei,[1 a 5] o juiz mandará arrecadar os bens do ausente e nomear-lhes-á curador na forma estabelecida na Seção VI,[6] observando-se o disposto em lei. [Dispositivos correspondentes no CPC/1973: arts. 1.159 e 1.160]

Art. 744: 1. v. CC 22 e segs.

Art. 744: 2. Se a declaração de ausência visa apenas à percepção de benefício previdenciário mantido pela União — ou autarquia, sua **competência** é da Justiça Federal (STJ-2ª Seção, CC 30.633, Min. Ari Pargendler, j. 14.2.01, DJU 12.3.01; STJ-2ª Seção, CC 17.591, Min. Costa Leite, j. 27.11.96, DJU 3.2.97).

V. CF 109, nota 3-Justificação (Súmula 32 do STJ), e LJE 18, nota 7a (competência dos Juizados Especiais para a ação de declaração de ausência).

Art. 744: 3. "A **comprovação da propriedade** não é condição *sine qua non* para a declaração de ausência" (STJ-RT 876/178: 3ª T., REsp 1.016.023).

Art. 744: 4. A **sentença** declaratória de ausência deve ser **registrada** no registro civil de pessoas naturais (LRP 29-VI e 94).

Art. 744: 5. É **apelável** a sentença que declara a ausência (RJTJESP 109/268).

Art. 744: 6. v. art. 739.

Art. 745. Feita a arrecadação, o juiz mandará publicar editais na rede mundial de computadores, no sítio do tribunal a que estiver vinculado e na plataforma de editais do Conselho Nacional de Justiça, onde permanecerá por 1 (um) ano, ou, não havendo sítio, no órgão oficial e na imprensa da comarca, durante 1 (um) ano, reproduzida de 2 (dois) em 2 (dois) meses, anunciando a arrecadação e chamando o ausente a entrar na posse de seus bens. [Dispositivo correspondente no CPC/1973: art. 1.161]

§ 1º Findo o prazo previsto no edital, poderão os interessados requerer a abertura da sucessão provisória, observando-se o disposto em lei.[1] [Dispositivo correspondente no CPC/1973: art. 1.163-*caput*]

§ 2º O interessado,[1a] ao requerer a abertura da sucessão provisória, pedirá a citação pessoal dos herdeiros presentes e do curador e, por editais, a dos ausentes para requererem habilitação, na forma dos arts. 689 a 692. [Dispositivo correspondente no CPC/1973: art. 1.164]

§ 3º Presentes os requisitos legais, poderá ser requerida a conversão da sucessão provisória em definitiva.[2] [Dispositivo correspondente no CPC/1973: art. 1.167]

§ 4º Regressando o ausente ou algum de seus descendentes ou ascendentes para requerer ao juiz a entrega de bens,[3] serão citados para contestar o pedido os sucessores provisórios ou definitivos, o Ministério Público e o representante da Fazenda Pública, seguindo-se o procedimento comum.[4] [Dispositivos correspondentes no CPC/1973: arts. 1.168 e 1.169]

Art. 745: 1. v. CC 26 e segs.

Art. 745: 1a. v. CC 27.

Art. 745: 2. v. CC 37 a 39.

Art. 745: 3. v. CC 39.

Art. 745: 4. v. arts. 318 e segs.

Seção VIII | DAS COISAS VAGAS

Art. 746. Recebendo do descobridor coisa alheia perdida,[1] o juiz mandará lavrar o respectivo auto, do qual constará a descrição do bem e as declarações do descobridor. [Dispositivo correspondente no CPC/1973: art. 1.170-*caput*]

§ 1º Recebida a coisa por autoridade policial, esta a remeterá em seguida ao juízo competente. [Dispositivo correspondente no CPC/1973: art. 1.170 § ún.]

§ 2º Depositada a coisa, o juiz mandará publicar edital na rede mundial de computadores, no sítio do tribunal a que estiver vinculado e na plataforma de editais do Conselho Nacional de Justiça ou, não havendo sítio, no órgão oficial e na imprensa da comarca, para que o dono ou o legítimo possuidor a reclame, salvo se se tratar de coisa de pequeno valor e não for possível a publicação no sítio do tribunal, caso em que o edital será apenas afixado no átrio do edifício do fórum. [Dispositivo correspondente no CPC/1973: art. 1.171]

§ 3º Observar-se-á, quanto ao mais, o disposto na lei. [Sem dispositivo correspondente no CPC/1973]

Art. 746: 1. v. CC 1.233 a 1.237.

Seção IX | DA INTERDIÇÃO[1]

SEÇ. IX: 1. **Lei 13.146, de 6.7.15** — Institui a Lei Brasileira de Inclusão da Pessoa com Deficiência (Estatuto da Pessoa com Deficiência).

Art. 747. A interdição[1-1a] pode ser promovida:[2 a 2c] [Dispositivo correspondente no CPC/1973: art. 1.177-*caput*]

I — pelo cônjuge[3] ou companheiro; [Dispositivo correspondente no CPC/1973: art. 1.177-II]

II — pelos parentes[3a-3b] ou tutores; [Dispositivos correspondentes no CPC/1973: art. 1.177-I e II]

III — pelo representante da entidade em que se encontra abrigado o interditando; [Sem dispositivo correspondente no CPC/1973]

IV — pelo Ministério Público.[4] [Dispositivo correspondente no CPC/1973: art. 1.177-III]

Parágrafo único. A legitimidade deverá ser comprovada por documentação que acompanhe a petição inicial. [Sem dispositivo correspondente no CPC/1973]

Art. 747: 1. v. CC 1.767 a 1.769, 1.771 a 1.775-A, 1.777 e 1.778.

Art. 747: 1a. "A curatela dos interditos se destina a proteger pessoas cuja **incapacidade não resulta da idade.** Assim, não pode ser requerida visando à interdição de menores" (transcrição de trecho do acórdão em RT 720/111 e JTJ 174/707).

Art. 747: 2. v. tb. CC 1.768.

Art. 747: 2a. "A preferência para promover interdição não impede que haja **alteração na ordem enumerada em lei,** se ocorrer qualquer motivo que desaconselhe o exercício do *munus* por aquele a quem, normalmente, caberia o direito de invocar a tutela judicial" (RTJE 114/186).

Também pela flexibilidade da ordem prevista em lei: JTJ 285/143, 296/333.

Art. 747: 2b. "É da **justiça comum estadual** a competência para o processo no qual se pretende a nomeação de curador de incapaz para os fins de direito, ainda que dentro desses esteja o de pleitear aposentadoria junto ao INSS" (RSTJ 143/215).

"Mesmo que a interdição tenha por finalidade mediata a percepção de benefício previdenciário, compete à Justiça Estadual processar e julgar a respectiva ação" (STJ-2ª Seção, CC 28.863, Min. Ari Pargendler, j. 9.8.00, DJU 25.9.00).

Todavia: "Pedido de nomeação de curador, de caráter estrito, para o fim exclusivo de deduzir pretensão perante órgão da Administração Pública Federal. Aplicação do princípio em que assentada a edição da Súmula n. 32/STJ. Competência da Justiça Federal" (STJ-2ª Seção, CC 15.535, Min. Costa Leite, j. 14.2.96, DJU 22.4.96). V. Súmula 32 do STJ, com jurisprudência, em CF 109, nota 3-Justificação.

Art. 747: 2c. "O **domicílio do interditando** é o foro competente para ser ajuizado o pedido de interdição" (RT 537/103). No mesmo sentido: STJ-2ª Seção, CC 100.739-AgRg, Min. Sidnei Beneti, j. 26.8.09, DJ 5.10.09; RT 600/51.

"Encontrando-se o interditando internado em casa de repouso, por tempo indeterminado, competente será o juízo da comarca em que esta se acha situada" (STJ-2ª Seção: RT 653/211).

Art. 747: 3. O **cônjuge separado judicialmente** não tem legitimidade para requerer a interdição de seu ex-cônjuge (RJTJESP 90/171).

Art. 747: 3a. v. CC 1.591 a 1.595.

Art. 747: 3b. Negando legitimidade à **nora separada de fato do filho do interditando,** por não guardar relação de parentesco ou de afinidade com o interditando: JTJ 329/138 (AI 522.686-4/0-00).

Art. 747: 4. v. art. 748, bem como respectiva nota 1.

Art. 748. O Ministério Público só promoverá interdição[1] em caso de doença mental grave: [Dispositivo correspondente no CPC/1973: art. 1.178-*caput* e I]

I — se as pessoas designadas nos incisos I, II e III do art. 747 não existirem ou não promoverem a interdição; [Dispositivo correspondente no CPC/1973: art. 1.178-II]

II — se, existindo, forem incapazes as pessoas mencionadas nos incisos I e II do art. 747. [Dispositivo correspondente no CPC/1973: art. 1.178-III]

Art. 748: 1. v. tb. CC 1.769.

Havendo desistência, o MP pode **prosseguir na ação de interdição** em caso de doença mental grave (RJTJESP 110/174, JTJ 164/111).

Art. 749. Incumbe ao autor, na petição inicial, especificar os fatos que demonstram a incapacidade do interditando para administrar seus bens e, se for o caso, para praticar atos da vida civil, bem como o momento em que a incapacidade se revelou.[1] [Dispositivo correspondente no CPC/1973: art. 1.180]

Parágrafo único. Justificada a urgência, o juiz pode nomear curador provisório ao interditando para a prática de determinados atos.[1a a 3] [Sem dispositivo correspondente no CPC/1973]

Art. 749: 1. v. art. 750 (laudo médico).

Art. 749: 1a. **EPD 87:** "Em casos de relevância e urgência e a fim de proteger os interesses da pessoa com deficiência em situação de curatela, será lícito ao juiz, ouvido o Ministério Público, de ofício ou a requerimento do interessado, nomear, desde logo, curador provisório, o qual estará sujeito, no que couber, às disposições do Código de Processo Civil".

Art. 749: 2. "**Bastam indícios de incapacidade** para nomeação de curador provisório em liminar" (JTJ 343/35: AI 623.956-4/0-00).

Art. 749: 3. "Justamente por ser excepcional o ajuizamento da **ação de dissolução de vínculo conjugal** por terceiro em representação do cônjuge, deve ser restritiva a interpretação da norma jurídica que indica os representantes processuais habilitados a fazê-lo, não se admitindo, em regra, o ajuizamento da referida ação por quem possui apenas a curatela provisória, cuja nomeação, que deve delimitar os atos que poderão ser praticados, melhor se amolda à hipótese de concessão de uma espécie de tutela provisória e que tem por finalidade específica permitir que alguém — o curador provisório — exerça atos de gestão e de administração patrimonial de bens e direitos do interditando e que deve possuir, em sua essência e como regra, a ampla e irrestrita possibilidade de reversão dos atos praticados. O ajuizamento de ação de dissolução de vínculo conjugal por curador provisório é admissível, em situações ainda mais excepcionais, quando houver prévia autorização judicial e oitiva do Ministério Público. É irrelevante o fato de ter havido a produção de prova pericial na ação de interdição que concluiu que a cônjuge possui doença de Alzheimer, uma vez que não se examinou a possibilidade de adoção do procedimento de tomada de decisão apoiada, preferível em relação à interdição e que depende da apuração do estágio e da evolução da doença e da capacidade de discernimento e de livre manifestação da vontade pelo cônjuge acerca do desejo de romper ou não o vínculo conjugal" (STJ-3ª T., REsp 1.645.612, Min. Nancy Andrighi, j. 16.10.18, DJ 12.11.18).

Art. 750. O requerente deverá juntar laudo médico para fazer prova de suas alegações ou informar a impossibilidade de fazê-lo. [Sem dispositivo correspondente no CPC/1973]

Art. 751. O interditando será citado para, em dia designado, comparecer perante o juiz, que o entrevistará minuciosamente acerca de sua vida, negócios, bens, vontades, preferências e laços familiares e afetivos e sobre o que mais lhe parecer necessário para convencimento quanto à sua capacidade para praticar atos da vida civil, devendo ser reduzidas a termo as perguntas e respostas.[1 a 3] [Dispositivo correspondente no CPC/1973: art. 1.181]

§ 1º Não podendo o interditando deslocar-se, o juiz o ouvirá no local onde estiver. [Sem dispositivo correspondente no CPC/1973]

§ 2º A entrevista poderá ser acompanhada por especialista. [Sem dispositivo correspondente no CPC/1973]

§ 3º Durante a entrevista, é assegurado o emprego de recursos tecnológicos capazes de permitir ou de auxiliar o interditando a expressar suas vontades e preferências e a responder às perguntas formuladas. [Sem dispositivo correspondente no CPC/1973]

§ 4º A critério do juiz, poderá ser requisitada a oitiva de parentes e pessoas próximas. [Sem dispositivo correspondente no CPC/1973]

Art. 751: 1. v. CC 1.771.

Art. 751: 2. "Ação de interdição. **Ausência de interrogatório.** Ausência de nomeação de curador à lide. Inviabilidade. **Nulidade.** O interrogatório do interditando é medida que garante o contraditório e a ampla defesa de pessoa que se encontra em presumido estado de vulnerabilidade. São intangíveis as regras processuais que cuidam do direito de defesa do interditando, especialmente quando se trata de reconhecer a incapacidade e restringir direitos" (STJ-3ª T., REsp 1.686.161, Min. Nancy Andrighi, j. 12.9.17, DJ 15.9.17).

"Interdição. Necessidade de interrogatório do interditando. Somente em casos especiais, de pessoas gravemente excepcionais, inexistente qualquer sinal de risco de fraude, poder-se-á, no interesse do interditando, dispensar o interrogatório" (JTJ 179/166).

Também afirmando a imprescindibilidade da entrevista, "salvo motivo de força maior. Princípio de contato direto com o interditando (exame pessoal pelo magistrado) mantido no art. 1.771 do vigente CC": JTJ 324/143 (AI 504.479-4/4-00).

V. § 3º.

Art. 751: 2a. "A **postergação do interrogatório** para após a perícia médica, bem como a negativa de designação de equipe multidisciplinar para a perícia, não caracteriza, por si só, ilegalidade que macule o procedimento e autorize a impetração de mandado de segurança, ainda mais quando os direitos do interditando estão preservados segundo o convencimento do Ministério Público e do juízo processante" (STJ-4ª T., RMS 57.544-AgInt, Min. Isabel Gallotti, j. 19.11.19, DJ 6.12.19).

Art. 751: 3. "O interrogatório da pessoa interditanda é ato pessoal do juiz, que não admite a intervenção de patronos e fiscais; daí que não há nulidade pela **ausência do Ministério Público** na audiência de impressão pessoal" (RT 760/377).

Art. 752. Dentro do prazo de 15 (quinze) dias contado da entrevista, o interditando poderá impugnar o pedido.[1] [Dispositivo correspondente no CPC/1973: art. 1.182-*caput*]

§ 1º O Ministério Público intervirá como fiscal da ordem jurídica.[1a] [Sem dispositivo correspondente no CPC/1973]

§ 2º O interditando poderá constituir advogado, e, caso não o faça, deverá ser nomeado curador especial.[2-3] [Dispositivo correspondente no CPC/1973: art. 1.182 §§ 1º e 2º]

§ 3º Caso o interditando não constitua advogado, o seu cônjuge, companheiro ou qualquer parente sucessível poderá intervir como assistente. [Dispositivo correspondente no CPC/1973: art. 1.182 § 3º]

Art. 752: 1. Não se admite que o juiz, com fundamento no CPC 723 § ún., suprima a defesa do interditando (v. art. 723, nota 1).

Art. 752: 1a. v. arts. 178-II e 179.

Art. 752: 2. v. art. 72 § ún.

Art. 752: 3. "Ação de interdição. Ausência de interrogatório. **Ausência de nomeação de curador à lide.** Inviabilidade. **Nulidade.** A participação do Ministério Público como *custos legis* em ação de interdição não supre a ausência de nomeação de curador à lide, devido à antinomia existente entre as funções de fiscal da lei e representante dos interesses do interditando" (STJ-3ª T., REsp 1.686.161, Min. Nancy Andrighi, j. 12.9.17, DJ 15.9.17).

Art. 753. Decorrido o prazo previsto no art. 752, o juiz determinará a produção de prova pericial[1-2] para avaliação da capacidade do interditando para praticar atos da vida civil. [Dispositivo correspondente no CPC/1973: art. 1.183-*caput*]

§ 1º A perícia pode ser realizada por equipe composta por expertos com formação multidisciplinar.[3] [Sem dispositivo correspondente no CPC/1973]

§ 2º O laudo pericial indicará especificadamente, se for o caso, os atos para os quais haverá necessidade de curatela. [Sem dispositivo correspondente no CPC/1973]

Art. 753: 1. É **nulo** o processo se não for feito o exame pericial (RT 715/133, 718/212, 785/226, RJTJESP 126/165, JTJ 170/115, 301/258, RJ 274/107); mas o **magistrado não está adstrito** a ele (RTJ 98/385, RT 537/74, maioria).

"O laudo pericial não pode ser substituído por mero relatório médico, especialmente quando há divergência entre o conteúdo do relatório em confronto com os demais elementos de prova produzidos no processo. Nas hipóteses de interdição, é imprescindível que o exame médico resulte em laudo pericial fundamentado, no qual deverão ser examinadas todas as circunstâncias relacionadas à existência da patologia do interditando, bem como a sua extensão e limites. Inteligência do art. 1.183, *caput*, do CPC/73" (STJ-3ª T., REsp 1.685.826, Min. Nancy Andrighi, j. 19.9.17, DJ 26.9.17).

"Perícia médica no processo de interdição consiste em formalidade obrigatória, não podendo, ademais, ser suprida por um simples 'atestado médico'" (RT 870/222).

V., porém, nota seguinte.

Art. 753: 2. Laudo extrajudicial de perícia realizada pelo INSS torna dispensável o laudo judicial, para efeito de interdição?

"Constatado pelas instâncias ordinárias que o interditando, por absoluta incapacidade, não tem condições de gerir sua vida civil, com amparo em laudo pericial extrajudicial e demais elementos de prova, inclusive o interrogatório de que trata o art. 1.181 do CPC, a falta de nova perícia em juízo não causa nulidade, porquanto, nesse caso, é formalidade dispensável (art. 244 do CPC)" (STJ-4ª T., REsp 253.733, Min. Fernando Gonçalves, j. 16.3.04, DJU 5.4.04). **Contra:** RT 744/335.

Art. 753: 3. "Processo de interdição. Perícia médica por equipe multidisciplinar. **Faculdade do magistrado**" (STJ-4ª T., RMS 57.544-AgInt, Min. Isabel Gallotti, j. 19.11.19, DJ 6.12.19).

Art. 754. Apresentado o laudo, produzidas as demais provas e ouvidos os interessados,[1] o juiz proferirá sentença. [Dispositivo correspondente no CPC/1973: art. 1.183-*caput*]

Art. 754: 1. A **audiência de instrução e julgamento** só é obrigatória se houver necessidade de produção de prova oral (RP 25/317).

Art. 755. Na sentença que decretar a interdição, o juiz:[1] [Dispositivo correspondente no CPC/1973: art. 1.183 § ún.]

I — nomeará curador,[1a] que poderá ser o requerente da interdição, e fixará os limites da curatela, segundo o estado e o desenvolvimento mental do interdito;[1b] [Dispositivo correspondente no CPC/1973: art. 1.183 § ún.]

II — considerará as características pessoais do interdito, observando suas potencialidades, habilidades, vontades e preferências. [Sem dispositivo correspondente no CPC/1973]

§ 1º A curatela deve ser atribuída a quem melhor possa atender aos interesses do curatelado.[2] [Sem dispositivo correspondente no CPC/1973]

§ 2º Havendo, ao tempo da interdição, pessoa incapaz sob a guarda e a responsabilidade do interdito, o juiz atribuirá a curatela a quem melhor puder atender aos interesses do interdito e do incapaz. [Sem dispositivo correspondente no CPC/1973]

§ 3º A sentença de interdição[3 a 5] será inscrita no registro de pessoas naturais[6-6a] e imediatamente publicada na rede mundial de computadores, no sítio do tribunal a que estiver vinculado o juízo e na plataforma de editais do Conselho Nacional de Justiça, onde permanecerá por 6 (seis) meses, na imprensa local, 1 (uma) vez, e no órgão oficial, por 3 (três) vezes com intervalo de 10 (dez) dias, constando do edital os nomes do interdito e do curador, a causa da interdição, os limites da curatela e, não sendo total a interdição, os atos que o interdito poderá praticar autonomamente. [Dispositivo correspondente no CPC/1973: art. 1.184]

Art. 755: 1. "Cabe ao juiz que decidiu a interdição analisar o **pedido de alvará judicial** para a venda de bem do curatelado" (RT 860/292).

Art. 755: 1a. s/ nomeação de curador provisório, v. art. 749 § ún. e notas.

Art. 755: 1b. v. CC 1.772, EPD 85 e LRP 92-6º.

Art. 755: 2. v. CC 1.775 e notas.

Não é absoluta a **ordem de preferência** estabelecida no CC 1.775, cedendo ante os interesses da pessoa protegida (RTJ 84/679, RJTJESP 34/190, JTJ 193/233).

"Havendo litígio entre o interditando e aquele que a lei estabelece como possível curador, não pode ser obedecida a **ordem legal,** por exigência natural das coisas" (STJ-4ª T., REsp 138.599, Min. Ruy Rosado, j. 8.10.97, DJU 10.11.97).

Art. 755: 3. v. art. 1.012 § 1º-VI (apelação sem efeito suspensivo).

Art. 755: 4. "A sentença de interdição tem **natureza constitutiva,** pois não se limita a declarar uma incapacidade preexistente, mas também a constituir uma nova situação jurídica de sujeição do interdito à curatela, com **efeitos *ex nunc*.** Outorga de poderes aos advogados subscritores do recurso de apelação que permanece hígida, enquanto não for objeto de ação específica na qual fique cabalmente demonstrada sua nulidade pela incapacidade do mandante à época da realização do negócio jurídico de outorga do mandato" (STJ-3ª T., REsp 1.251.728, Min. Paulo Sanseverino, j. 14.5.13, DJ 23.5.13). Em sentido semelhante: STJ-4ª T., REsp 1.152.996-AgRg, Min. Luis Felipe, j. 8.4.14, DJ 14.4.14; RT 940/714 (TJES, AP 0006929-33.2005.8.08.0048).

Todavia: "A sentença de interdição tem caráter declaratório e não constitutivo. Assim, o decreto de interdição não cria a incapacidade, pois esta decorre da doença. Desse modo, a incapacidade, mesmo não declarada, pode ser apreciada caso a caso" (STJ-4ª T., REsp 1.206.805, Min. Raul Araújo, j. 21.10.14, DJ 7.11.14).

V. tb., no nosso CCLCV, CC 682, nota 4.

Art. 755: 5. "Para resguardo da boa-fé de terceiros e segurança do comércio jurídico, o reconhecimento da nulidade dos **atos praticados anteriormente à sentença de interdição** reclama prova inequívoca, robusta e convincente da incapacidade do contratante" (STJ-4ª T., REsp 9.077, Min. Sálvio de Figueiredo, j. 25.2.92, DJU 30.3.92). No mesmo sentido: Ajuris 87/404.

"Interdição. Embora usual a fixação de data da incapacidade, até com retroação, a providência é inócua, desde que não faz coisa julgada e nem tem retroeficácia para alcançar atos anteriores praticados pelo interdito, cuja invalidade reclama comprovação exaustiva da incapacidade em cada ação autônoma" (JTJ 212/104, maioria).

Quanto a possíveis efeitos pretéritos da sentença de interdição, v. RTJ 83/425, RT 489/75, 493/130, 797/240.

Art. 755: 6. v. LRP 29-V, 92, 93 e 107 § 1º.

Art. 755: 6a. O curador só poderá assinar o **termo de curatela** depois de registrada a sentença (v. LRP 93 § ún.).

Art. 756. Levantar-se-á a curatela quando cessar a causa que a determinou. [Dispositivo correspondente no CPC/1973: art. 1.186-*caput*]

§ 1º O pedido de levantamento da curatela poderá ser feito pelo interdito, pelo curador ou pelo Ministério Público e será apensado aos autos da interdição.[1] [Dispositivo correspondente no CPC/1973: art. 1.186 § 1º]

§ 2º O juiz nomeará perito ou equipe multidisciplinar para proceder ao exame do interdito e designará audiência de instrução e julgamento[1a] após a apresentação do laudo. [Dispositivo correspondente no CPC/1973: art. 1.186 § 1º]

§ 3º Acolhido o pedido, o juiz decretará o levantamento da interdição e determinará a publicação da sentença, após o trânsito em julgado, na forma do art. 755, § 3º, ou, não sendo possível, na imprensa local e no órgão oficial, por 3 (três) vezes, com intervalo de 10 (dez) dias, seguindo-se a averbação no registro de pessoas naturais.[2] [Dispositivo correspondente no CPC/1973: art. 1.186 § 2º]

§ 4º A interdição poderá ser levantada parcialmente quando demonstrada a capacidade do interdito para praticar alguns atos da vida civil. [Sem dispositivo correspondente no CPC/1973]

Art. 756: 1. "Além daqueles expressamente legitimados em lei, é admissível a propositura da ação por pessoas qualificáveis como **terceiros juridicamente interessados** em levantar ou modificar a curatela, especialmente àqueles que possuam relação jurídica com o interdito, devendo o art. 756, § 1º, do CPC/15 ser interpretado como uma indicação do legislador, de natureza **não exaustiva,** acerca dos possíveis legitimados. Hipótese em que a parte foi condenada a reparar danos morais e pensionar vitaliciamente o interdito em virtude de acidente automobilístico do qual resultou a interdição e que informa que teria obtido provas supervenientes à condenação de que o interdito não possuiria a doença psíquica geradora da incapacidade — transtorno de estresse pós-traumático — ou, ao menos, que o seu quadro clínico teria evoluído significativamente de modo a não mais se justificar a interdição, legitimando-a a ajuizar a ação de levantamento da curatela" (STJ-3ª T., REsp 1.735.668, Min. Nancy Andrighi, j. 11.12.18, DJ 14.12.18).

Art. 756: 1a. v. arts. 358 a 368.

Art. 756: 2. v. LRP 104.

Art. 757. A autoridade do curador estende-se à pessoa e aos bens do incapaz que se encontrar sob a guarda e a responsabilidade do curatelado ao tempo da interdição, salvo se o juiz considerar outra solução como mais conveniente aos interesses do incapaz. [Sem dispositivo correspondente no CPC/1973]

Art. 758. O curador deverá buscar tratamento e apoio apropriados à conquista da autonomia pelo interdito. [Sem dispositivo correspondente no CPC/1973]

Seção X | DISPOSIÇÕES COMUNS À TUTELA E À CURATELA

Art. 759. O tutor[1] ou o curador será intimado a prestar compromisso[2] no prazo de 5 (cinco) dias contado da: [Dispositivo correspondente no CPC/1973: art. 1.187-*caput*]

I — nomeação feita em conformidade com a lei; [Dispositivo correspondente no CPC/1973: art. 1.187-I]

II — intimação do despacho que mandar cumprir o testamento[3] ou o instrumento público que o houver instituído.[4] [Dispositivo correspondente no CPC/1973: art. 1.187-II]

§ 1º O tutor ou o curador prestará o compromisso por termo em livro rubricado pelo juiz. [Dispositivo correspondente no CPC/1973: art. 1.188-*caput*]

§ 2º Prestado o compromisso, o tutor ou o curador assume a administração dos bens do tutelado ou do interditado. [Dispositivo correspondente no CPC/1973: art. 1.188-*caput*]

Art. 759: 1. s/ tutela de menor, v. tb. ECA 36 a 38 e 164 (no nosso CCLCV, tít. CRIANÇA, ADOLESCENTE E JOVEM, ínt.).

Art. 759: 2. O compromisso é ato pessoal; não pode ser prestado através de **procurador** (RJTJESP 99/277).

Art. 759: 3. s/ testamento, v. arts. 735 a 737.

Art. 759: 4. v. CC 1.634-IV e 1.729 § ún.

Art. 760. O tutor ou o curador poderá eximir-se do encargo apresentando escusa[1] ao juiz no prazo de 5 (cinco) dias[2] contado: [Dispositivo correspondente no CPC/1973: art. 1.192-*caput*]

I — antes de aceitar o encargo, da intimação para prestar compromisso; [Dispositivo correspondente no CPC/1973: art. 1.192-I]

II — depois de entrar em exercício, do dia em que sobrevier o motivo da escusa. [Dispositivo correspondente no CPC/1973: art. 1.192-II]

§ 1º Não sendo requerida a escusa no prazo estabelecido neste artigo, considerar-se-á renunciado o direito de alegá-la. [Dispositivo correspondente no CPC/1973: art. 1.192 § ún.]

§ 2º O juiz decidirá de plano o pedido de escusa, e, não o admitindo, exercerá o nomeado a tutela ou a curatela enquanto não for dispensado por sentença transitada em julgado.[3] [Dispositivo correspondente no CPC/1973: art. 1.193]

Art. 760: 1. cf. CC 1.736 a 1.739.

Art. 760: 2. Esse dispositivo, por ser norma posterior, **prevalece** sobre o CC 1.738, o qual estipula prazo de dez dias.

Art. 760: 3. v. art. 502.

Art. 761. Incumbe ao Ministério Público ou a quem tenha legítimo interesse requerer, nos casos previstos em lei, a remoção do tutor[1-1a] ou do curador.[2-3] [Dispositivo correspondente no CPC/1973: art. 1.194]

Parágrafo único. O tutor ou o curador será citado[4] para contestar a arguição no prazo de 5 (cinco) dias, findo o qual observar-se-á o procedimento comum.[5] [Dispositivo correspondente no CPC/1973: art. 1.195]

Art. 761: 1. s/ destituição de tutor, v. tb. ECA 164 (no CCLCV, tít. CRIANÇA, ADOLESCENTE E JOVEM, ínt.).

Art. 761: 1a. **"Falecendo o tutor,** não podem os seus herdeiros se habilitar em ação cujo objetivo era destituí-lo" (RT 492/77).

Art. 761: 2. As sentenças de substituição de curador de interdito ou de ausente devem ser averbadas no **registro civil de pessoas naturais** (LRP 104).

Art. 761: 3. "A remoção de curador é postulada em ação autônoma (CPC, arts. 1.195 a 1.197), que não guarda relação de acessoriedade com a ação de interdição já finda. A circunstância de o curador nomeado ter domicílio em São Paulo, foro onde se processou a ação de interdição, não afasta a **competência territorial** do Juízo do Distrito Federal, onde têm domicílio a interdita e sua mãe, titular do direito de guarda, para a ação de remoção do curador. Princípio do melhor interesse do incapaz" (STJ-2ª Seção, CC 101.401, Min. Isabel Gallotti, j. 10.11.10, DJ 23.11.10).

Art. 761: 4. No processo de interdição, a remoção de curador somente é permitida após a sua citação, de maneira a propiciar-lhe o exercício de **ampla defesa** (RT 785/229).

Art. 761: 5. s/ procedimento comum, v. arts. 318 e segs.

Art. 762. Em caso de extrema gravidade, o juiz poderá suspender o tutor ou o curador do exercício de suas funções, nomeando substituto interino.[1] [Dispositivo correspondente no CPC/1973: art. 1.197]

Art. 762: 1. "A suspensão da curatela, prevista no art. 1.197 do CPC, pode ser **determinada no bojo de outra ação,** desde que esteja configurado caso de extrema gravidade que atinja a pessoa ou os bens do curatelado. Admitida a existência de fatos sérios passíveis de causar dano ao patrimônio da curatelada, deve ser mantida a decisão que determinou a suspensão do exercício da função de curador regularmente nomeado nos autos de interdição, para, somente após a apuração dos fatos, mediante o devido processo legal e ampla defesa, decidir-se pela remoção definitiva ou retorno do curador à sua função" (STJ-RT 905/208: 3ª T., REsp 1.137.787).

Art. 763. Cessando as funções do tutor ou do curador pelo decurso do prazo em que era obrigado a servir, ser-lhe-á lícito requerer a exoneração do encargo. [Dispositivo correspondente no CPC/1973: art. 1.198]

§ 1º Caso o tutor ou o curador não requeira a exoneração do encargo dentro dos 10 (dez) dias seguintes à expiração do termo,[1] entender-se-á reconduzido, salvo se o juiz o dispensar. [Dispositivo correspondente no CPC/1973: art. 1.198]

§ 2º Cessada a tutela ou a curatela, é indispensável a prestação de contas pelo tutor ou pelo curador, na forma da lei civil.[2] [Sem dispositivo correspondente no CPC/1973]

Art. 763: 1. v. CC 1.765.

Art. 763: 2. v. CC 1.755 a 1.762.

Seção XI | DA ORGANIZAÇÃO E DA FISCALIZAÇÃO DAS FUNDAÇÕES

Art. 764. O juiz decidirá sobre a aprovação do estatuto das fundações e de suas alterações sempre que o requeira o interessado, quando: [Dispositivos correspondentes no CPC/1973: art. 1.201-*caput* e § 1º]

I — ela for negada previamente pelo Ministério Público ou por este forem exigidas modificações com as quais o interessado não concorde;[1] [Dispositivos correspondentes no CPC/1973: art. 1.201-*caput* e § 1º]

II — o interessado discordar do estatuto elaborado pelo Ministério Público. [Sem dispositivo correspondente no CPC/1973]

§ 1º O estatuto das fundações deve observar o disposto na Lei n. 10.406, de 10 de janeiro de 2002 (Código Civil).[2] [Sem dispositivo correspondente no CPC/1973]

§ 2º Antes de suprir a aprovação, o juiz poderá mandar fazer no estatuto modificações a fim de adaptá-lo ao objetivo do instituidor. [Dispositivo correspondente no CPC/1973: art. 1.201 § 2º]

Art. 764: 1. v. CC 67-III.

Art. 764: 2. v. CC 62 e segs.

Art. 765. Qualquer interessado ou o Ministério Público promoverá em juízo a extinção da fundação quando:[1] [Dispositivo correspondente no CPC/1973: art. 1.204-*caput*]

I — se tornar ilícito o seu objeto; [Dispositivo correspondente no CPC/1973: art. 1.204-I]

II — for impossível a sua manutenção; [Dispositivo correspondente no CPC/1973: art. 1.204-II]

III — se vencer o prazo de sua existência. [Dispositivo correspondente no CPC/1973: art. 1.204-III]

Art. 765: 1. v. CC 69.

Seção XII DA RATIFICAÇÃO DOS PROTESTOS MARÍTIMOS E DOS PROCESSOS TESTEMUNHÁVEIS FORMADOS A BORDO

Art. 766. Todos os protestos e os processos testemunháveis formados a bordo e lançados no livro Diário da Navegação deverão ser apresentados pelo comandante ao juiz de direito do primeiro porto, nas primeiras 24 (vinte e quatro) horas de chegada da embarcação, para sua ratificação judicial. [Sem dispositivo correspondente no CPC/1973]

Art. 767. A petição inicial conterá a transcrição dos termos lançados no livro Diário da Navegação e deverá ser instruída com cópias das páginas que contenham os termos que serão ratificados, dos documentos de identificação do comandante e das testemunhas arroladas, do rol de tripulantes, do documento de registro da embarcação e, quando for o caso, do manifesto das cargas sinistradas e a qualificação de seus consignatários, traduzidos, quando for o caso, de forma livre para o português. [Sem dispositivo correspondente no CPC/1973]

Art. 768. A petição inicial deverá ser distribuída com urgência e encaminhada ao juiz, que ouvirá, sob compromisso a ser prestado no mesmo dia, o comandante e as testemunhas em número mínimo de 2 (duas) e máximo de 4 (quatro), que deverão comparecer ao ato independentemente de intimação. [Sem dispositivo correspondente no CPC/1973]

§ 1º Tratando-se de estrangeiros que não dominem a língua portuguesa, o autor deverá fazer-se acompanhar por tradutor, que prestará compromisso em audiência.

§ 2º Caso o autor não se faça acompanhar por tradutor, o juiz deverá nomear outro que preste compromisso em audiência.

Art. 769. Aberta a audiência, o juiz mandará apregoar os consignatários das cargas indicados na petição inicial e outros eventuais interessados, nomeando para os ausentes curador para o ato. [Sem dispositivo correspondente no CPC/1973]

Art. 770. Inquiridos o comandante e as testemunhas, o juiz, convencido da veracidade dos termos lançados no Diário da Navegação, em audiência, ratificará por sentença o protesto ou o processo testemunhável lavrado a bordo, dispensado o relatório. [Sem dispositivo correspondente no CPC/1973]

Parágrafo único. Independentemente do trânsito em julgado, o juiz determinará a entrega dos autos ao autor ou ao seu advogado, mediante a apresentação de traslado.

Livro II | DO PROCESSO DE EXECUÇÃO

Título I | DA EXECUÇÃO EM GERAL

Capítulo I | DISPOSIÇÕES GERAIS

Art. 771. Este Livro regula o procedimento da execução fundada em título extrajudicial, e suas disposições aplicam-se, também, no que couber, aos procedimentos especiais de execução, aos atos executivos realizados no procedimento de cumprimento de sentença,[1] bem como aos efeitos de atos ou fatos processuais a que a lei atribuir força executiva. [Sem dispositivo correspondente no CPC/1973]

Parágrafo único. Aplicam-se subsidiariamente à execução as disposições do Livro I da Parte Especial.[2 a 3] [Dispositivo correspondente no CPC/1973: art. 598]

Art. 771: 1. v. tb. art. 513-*caput*.

Art. 771: 2. v. arts. 318 e segs.

S/ execução: e prestações sucessivas vencidas no seu curso, v. art. 323, nota 3a; reconvenção, v. art. 343, nota 2; revelia, v. art. 344, nota 9; determinação *ex officio* do depoimento pessoal, v. art. 385, nota 4a; aplicação das regras sobre extinção do processo sem julgamento do mérito, v. art. 924, nota 3.

Art. 771: 2a. em tudo quanto **não forem incompatíveis** com o processo de execução.

"Existindo norma específica no processo executivo, não se aplicam subsidiariamente normas do processo de conhecimento" (RSTJ 6/419).

Art. 771: 3. Aplicam-se à execução as disposições do **Livro I da Parte Geral,** naquilo que não forem incompatíveis com ela.

S/ execução: e honorários de advogado, v. art. 85 § 1º, inclusive notas 24 e 25; assistência, v. art. 119, nota 2; denunciação da lide, v. art. 125, nota 4; chamamento ao processo, v. art. 130, nota 4; suprimento da citação pelo comparecimento do executado, v. art. 239, nota 8; citação ou intimação com hora certa v. art. 252, nota 6, e 275, nota 8; valor da causa, v. art. 292, nota 12b.

A aplicação das referidas disposições do Livro I da Parte Geral, em especial do art. 203, acaba interferindo na escolha do **recurso cabível.**

S/ execução e recurso, v. arts. 505, nota 5, 909, nota 3, e 1.015 § ún.

Art. 772. O juiz pode, em qualquer momento do processo: [Dispositivo correspondente no CPC/1973: art. 599-*caput*]

I — ordenar o comparecimento das partes; [Dispositivo correspondente no CPC/1973: art. 599-I]

II — advertir o executado de que seu procedimento constitui ato atentatório à dignidade da justiça;[1] [Dispositivo correspondente no CPC/1973: art. 599-II]

III — determinar que sujeitos indicados pelo exequente forneçam informações em geral relacionadas ao objeto da execução, tais como documentos e dados que tenham em seu poder,[2] assinando-lhes prazo razoável. [Sem dispositivo correspondente no CPC/1973]

Art. 772: 1. v. art. 774.

Art. 772: 2. v. tb. art. 380.

Art. 773. O juiz poderá, de ofício ou a requerimento, determinar as medidas necessárias ao cumprimento da ordem de entrega de documentos e dados.[1] [Sem dispositivo correspondente no CPC/1973]

Parágrafo único. Quando, em decorrência do disposto neste artigo, o juízo receber dados sigilosos para os fins da execução, o juiz adotará as medidas necessárias para assegurar a confidencialidade.[2]

Art. 773: 1. v. arts. 380 § ún., 400 § ún. e 403 § ún.

Art. 773: 2. v. art. 404 § ún.

Art. 774. Considera-se atentatória à dignidade da justiça a conduta comissiva ou omissiva do executado que:[1 a 1b] [Dispositivo correspondente no CPC/1973: art. 600-*caput*]

I — frauda a execução;[1c] [Dispositivo correspondente no CPC/1973: art. 600-I]

II — se opõe maliciosamente à execução, empregando ardis e meios artificiosos;[2] [Dispositivo correspondente no CPC/1973: art. 600-II]

III — dificulta ou embaraça a realização da penhora; [Sem dispositivo correspondente no CPC/1973]

IV — resiste injustificadamente às ordens judiciais;[2a-2b] [Dispositivo correspondente no CPC/1973: art. 600-III]

V — intimado, não indica ao juiz quais são e onde estão os bens sujeitos à penhora e os respectivos valores,[2c a 3] nem exibe prova de sua propriedade e, se for o caso, certidão negativa de ônus. [Dispositivo correspondente no CPC/1973: art. 600-IV]

Parágrafo único. Nos casos previstos neste artigo, o juiz fixará multa em montante não superior a vinte por cento do valor atualizado do débito em execução, a qual será revertida em proveito do exequente,[4 a 7] exigível nos próprios autos do processo,[8] sem prejuízo de outras sanções de natureza processual ou material. [Dispositivo correspondente no CPC/1973: art. 601-*caput*]

Art. 774: 1. v. arts. 79 a 81 (litigância de má-fé).

Art. 774: 1a. "O regime constitucional de **pagamento de precatórios** é incompatível, em regra, com a prática de atos atentatórios à dignidade da justiça, pois a satisfação do débito judicial não depende apenas da vontade da Fazenda Pública" (STJ-2ª T., REsp 1.103.417, Min. Eliana Calmon, j. 23.6.09, DJ 4.8.09).

V. tb. art. 77, nota 9.

Art. 774: 1b. "As normas processuais que versam sobre a imposição de penalidade devem ser interpretadas de forma restritiva, de modo a não abranger hipóteses que não estejam legalmente previstas, motivo pelo qual o disposto no art. 600 do CPC, que considera atentatório à dignidade da justiça o ato praticado pelo executado, **não pode ser aplicado a terceiro** que adquiriu, ainda que em fraude à execução, o bem litigioso" (STJ-3ª T., REsp 1.459.154, Min. João Otávio, j. 4.9.14, DJ 11.9.14).

Art. 774: 1c. v. arts. 792, 828 § 4º, 856 § 3º.

Art. 774: 2. "A recorrente foi considerada como litigante de má-fé por ter **ajuizado os embargos do devedor** para tentar diminuir o valor executado, situação essa que não caracteriza atitude temerária. Esta Corte entende que a utilização de recurso ou meio de defesa previsto em lei, sem se demonstrar a existência de dolo, não caracteriza desvio de conduta processual dos litigantes" (STJ-2ª T., REsp 1.016.394, Min. Eliana Calmon, j. 4.3.08, DJU 14.3.08).

Art. 774: 2a. "O ato atentatório à dignidade da Justiça, previsto no art. 600, III, do Código de Processo Civil, restringe-se ao processo de execução, caracterizando-se somente a conduta de deslealdade processual praticada pelo executado. No caso, por se tratar de pedido incidental de exibição de documentos em autos de **ação de sobrepartilha** — demanda tratada como de procedimento especial de jurisdição contenciosa (art. 1.040 do CPC) —, **não cabe** falar em **multa** por ato atentatório à dignidade da Justiça, aplicada com base no inciso III do art. 600 do CPC. Por outro lado, isso não quer dizer que a resistência da instituição bancária não pode ser rechaçada pelo Poder Judiciário. Todavia, caberá ao magistrado de piso se valer, assim como fez, da busca e apreensão dos documentos requisitados, bem como analisar a possibilidade de aplicação do parágrafo único do art. 14 do CPC e examinar se a conduta da parte ora recorrente não configura litigância de má-fé (art. 17 do CPC)" (STJ-4ª T., REsp 1.231.981, Min. Luis Felipe, j. 15.12.15, DJ 3.3.16).

Art. 774: 2b. "Para aplicação da multa por ato atentatório à dignidade da Justiça, há necessidade de verificação do elemento subjetivo, consistente no dolo ou culpa grave do devedor, que deve ter sido reconhecido pelas instâncias ordinárias. É **insuficiente,** para tanto, a **mera inércia** ou silêncio da parte executada no descumprimento de uma primeira intimação judicial relativa à indicação de endereços de terceiros, coproprietários de imóvel penhorado. Essa conduta omissiva não caracteriza a **resistência injustificada,** de que trata a norma aplicada (CPC/2015, art. 774, IV)" (STJ-4ª T., Ag em REsp 1.353.853-AgInt, Min. Raul Araújo, j. 26.2.19, maioria, DJ 16.4.19).

V. tb. nota 2d.

Art. 774: 2c. s/ requisição de informações sobre bens do executado a repartições públicas, v. art. 438, nota 2.

Art. 774: 2d. "A norma estabelece objetivamente que a **simples inércia do executado** configura ato atentatório à dignidade da Justiça, de modo que, aos devedores duas condutas poderiam ser tomadas: **indicar os bens,** conforme determinado, **ou justificar a impossibilidade** de fazê-lo" (JTJ 330/127: AI 7.220.969-1; a citação é do voto do relator).

V. tb. nota 2b.

Art. 774: 3. Considerando atentatória à dignidade da justiça a conduta do devedor que **deixa de depositar o percentual de seu faturamento,** a título de penhora: RT 797/284.

S/ penhora de faturamento, v. arts. 835-X e 866.

Art. 774: 4. A multa prevista neste artigo não pode ser **cumulada com outras sanções** igualmente punitivas, caso das multas previstas nos arts. 77 § 2º, 81-*caput*, 1.021 § 4º, 1.026 §§ 2º e 3º. Tendo em vista a distinta finalidade coercitiva da multa prevista nos arts. 523 § 1º, 536 § 1º, 537, 806 § 1º e 814-*caput* e o escopo reparatório das demais verbas previstas no art. 81-*caput*, aqui é possível a cumulação com a multa do art. 774.

S/ requisitos para a cumulação de sanções, v. art. 81, nota 9; s/ cumulação das multas do art. 774 e do art. 523, v. art. 523, nota 7a.

Art. 774: 5. "A multa do art. 601 do CPC pode ser aplicada de imediato, **prescindindo da prévia advertência** do devedor de que a sua conduta constitui ato atentatório à dignidade da justiça" (STJ-3ª T., REsp 1.101.500, Min. Nancy Andrighi, j. 17.5.11, DJ 27.5.11). No mesmo sentido: STJ-4ª T., REsp 1.192.155-AgRg, Min. Raul Araújo, j. 12.8.14, DJ 1.9.14.

Art. 774: 6. Essa multa é cabível contra a **Fazenda Pública** (Bol. AASP 2.548/4.513).

Art. 774: 7. "A multa por prática de ato atentatório à dignidade da justiça visa a garantir o cumprimento do direito material do credor. **Não sendo** o cumprimento do referido direito **exigível,** por causa da prescrição, **fenece** a motivação da referida **multa**" (STJ-3ª T., REsp 1.364.773, Min. Nancy Andrighi, j. 20.8.13, DJ 13.9.13).

Art. 774: 8. v. art. 777.

Art. 775. O exequente tem o direito de desistir[1 a 3] de toda a execução ou de apenas alguma medida executiva. [Dispositivo correspondente no CPC/1973: art. 569-*caput*]

Parágrafo único. Na desistência da execução, observar-se-á o seguinte: [Dispositivo correspondente no CPC/1973: art. 569 § ún.]

I — serão extintos a impugnação e os embargos que versarem apenas sobre questões processuais, pagando o exequente as custas processuais e os honorários advocatícios;[4] [Dispositivo correspondente no CPC/1973: art. 569 § ún.-*a*]

II — nos demais casos, a extinção dependerá da concordância do impugnante ou do embargante.[5-6] [Dispositivo correspondente no CPC/1973: art. 569 § ún.-*b*]

Art. 775: 1. v. arts. 105 (poderes do advogado para desistir), 200 § ún. (homologação da desistência).

Art. 775: 2. Na execução cambial contra **codevedores,** citado um deles, pode o credor **desistir da execução contra o outro** (RTJ 108/1.366).

S/ chamamento do codevedor ao processo, v. art. 130, nota 4.

Art. 775: 3. "Em nome da economia processual e da efetividade na entrega da prestação jurisdicional, é possível a **reinclusão de executado** no polo passivo da ação, a despeito de desistência anteriormente homologada, mormente quando pendente a citação dos devedores" (STJ-RT 855/240: 4ª T., REsp 696.083).

Art. 775: 4. São devidos **honorários advocatícios** no caso de desistência da execução **ainda que não apresentados embargos à execução** (RT 613/109); basta que o executado tenha ingressado no processo.

"Em obediência ao princípio da causalidade, os honorários advocatícios são devidos quando o credor desiste da ação de execução após o executado constituir advogado e indicar bens à penhora, independentemente da oposição ou não de embargos do devedor à execução" (STJ-3ª T., REsp 460.209-AgRg, Min. Nancy Andrighi, j. 7.4.03, DJU 19.5.03). Em sentido semelhante: RSTJ 159/319, JTAERGS 93/166.

Entendendo que o exequente não deve ser condenado em honorários de advogado **se não houve penhora** nem embargos à execução: JTJ 192/194, RJTAMG 58/262.

Em matéria de execução fiscal, v. LEF 26, nota 5.

Art. 775: 5. "Se a desistência ocorrer **antes do oferecimento dos embargos,** desnecessária é a anuência do devedor" (STJ-1ª T., AI 538.284-AgRg, Min. José Delgado, j. 27.4.04, DJU 7.6.04). No mesmo sentido: RSTJ 159/319.

Art. 775: 6. "Formulado o pedido de desistência de execução **depois do oferecimento dos embargos,** sobretudo quando estes **não versam apenas questões processuais,** necessária é a anuência do devedor" (STJ-3ª T., AI 559.501-AgRg, Min. Pádua Ribeiro, j. 25.5.04, DJU 21.6.04).

"O exequente tem a faculdade de, a qualquer tempo, desistir da execução, atento ao princípio segundo o qual a execução existe em proveito do credor, para a satisfação de seu crédito. Versando os embargos do devedor questão de direito material, a sua extinção depende da anuência do executado embargante. Em caso de discordância, terão eles seguimento de forma autônoma" (STJ-4ª T., REsp 489.209, Min. Barros Monteiro, j. 12.12.05, DJU 27.3.06).

Art. 776. O exequente ressarcirá ao executado os danos que este sofreu, quando a sentença, transitada em julgado, declarar inexistente, no todo ou em parte, a obrigação que ensejou a execução.[1 a 3] [Dispositivo correspondente no CPC/1973: art. 574]

Art. 776: 1. v. arts. 513, nota 1b, e 520-I.

Art. 776: 2. "Ação executiva. Desconsideração da personalidade jurídica. Não declaração. Execução proposta contra sócios não devedores. Indenização por danos materiais e morais. A *disregard doctrine* existe como meio de estender aos sócios da empresa a responsabilidade patrimonial por dívidas da sociedade. Todavia, sua aplicação depende da verificação de que a personalidade jurídica esteja servindo como cobertura para abuso de direito ou fraude nos negócios e atos jurídicos (art. 50 do Código Civil). Essa teoria não pode servir como justificativa para que o credor de título executivo judicial ajuíze, a seu alvedrio, **ação executiva contra os sócios de empresa sem que eles sejam devedores.** Credor de título executivo judicial que propõe ação executiva contra quem sabidamente não é devedor, buscando facilidades para recebimento dos créditos, age no exercício irregular de direito, atraindo a incidência das disposições do art. 574 do CPC" (STJ-3ª T., REsp 1.245.712, Min. João Otávio, j. 11.3.14, DJ 17.3.14).

Art. 776: 3. "**Não é a mera extinção do processo de execução** que rende ensejo, por si só, a eventual responsabilização do exequente; ao revés, só haverá falar em responsabilidade do credor quando a execução for tida por ilegal, temerária, tendo o executado sido vítima de perseguição sem fundamento. Se não fosse assim, toda execução não acolhida — qualquer que fosse o motivo — permitiria uma ação indenizatória em reverso. Na hipótese, a recorrente ajuizou ação de indenização buscando responsabilização por danos morais, haja vista que anterior execução ajuizada pela recorrida — no valor de R$ 3.749,24 — veio a ser extinta em razão da falta de liquidez do título executivo e, segundo alega, teria acarretado a sua negativação nos órgãos de proteção ao crédito. Ocorre que, apesar do reconhecimento da iliquidez do título, a verdade é que à época havia possibilidade de execução automática do saldo remanescente neste tipo de contenda — a questão era conflituosa no Judiciário quando da propositura da ação, em 2002 —, inclusive sendo objeto de embate no STJ. De fato, o contrato de alienação fiduciária em garantia ostenta eficácia executiva. Porém, com a venda extrajudicial do bem, é-lhe retirada a liquidez e certeza indispensáveis a todo e qualquer título executivo. Portanto, o cabimento da execução era um tanto duvidoso, mas não há sinais de má-fé, nem sequer tal ponto foi aventado pelas instâncias ordinárias. Por outro lado, também não se pode concluir que a execução em comento é ilegal ou temerária e, por conseguinte, não há falar em responsabilidade da exequente" (STJ-4ª T., REsp 1.229.528, Min. Luis Felipe, j. 2.2.16, DJ 8.3.16).

Art. 777. A cobrança de multas ou de indenizações decorrentes de litigância de má-fé ou de prática de ato atentatório à dignidade da justiça será promovida nos próprios autos do processo.[1] [Dispositivo correspondente no CPC/1973: art. 739-B]

Art. 777: 1. v. art. 774 § ún.

Capítulo II | DAS PARTES

Art. 778. Pode promover a execução forçada[1] o credor[2-3] a quem a lei confere título executivo.[4] [Dispositivo correspondente no CPC/1973: art. 566-I]

§ 1º Podem promover a execução forçada ou nela prosseguir,[5] em sucessão ao exequente originário: [Dispositivo correspondente no CPC/1973: art. 567-*caput*]

I — o Ministério Público,[6] nos casos previstos em lei; [Dispositivo correspondente no CPC/1973: art. 566-II]

II — o espólio, os herdeiros ou os sucessores do credor, sempre que, por morte deste, lhes for transmitido[7] o direito resultante do título executivo; [Dispositivo correspondente no CPC/1973: art. 567-I]

III — o cessionário,[8-9] quando o direito resultante do título executivo lhe for transferido por ato entre vivos; [Dispositivo correspondente no CPC/1973: art. 567-II]

IV — o sub-rogado,[10 a 12] nos casos de sub-rogação legal ou convencional. [Dispositivo correspondente no CPC/1973: art. 567-III]

§ 2º A sucessão prevista no § 1º independe de consentimento do executado. [Sem dispositivo correspondente no CPC/1973]

Art. 778: 1. "A **indicação equivocada do nome** do exequente não se equipara à ilegitimidade ativa. O processo de execução, já tão tormentoso e lento, não pode ser anulado por conta de evidente e infeliz erro material. Corrigido o nome do exequente, aproveitam-se os atos processuais já praticados, em nome da instrumentalidade" (STJ-3ª T., REsp 870.283, Min. Gomes de Barros, j. 6.3.08, DJU 24.3.08).

Art. 778: 2. s/ pluralidade de credores em matéria de obrigação indivisível, v. art. 328.

Art. 778: 3. "Considerada a natureza de títulos de créditos que ostentam os Títulos da Dívida Agrária — TDAs, a sua transferência a terceiros retira do primitivo credor a legitimidade para promover a execução forçada, já que não mais subsiste, no seu patrimônio jurídico, qualquer direito — autônomo, independente e separado dos títulos —, que possa ser exercido em face do emitente. Legitimado ativo, em casos tais, é o novo credor" (STJ-1ª Seção, MS 940-AgRg, Min. Teori Zavascki, j. 28.4.10, DJ 6.5.10).

Art. 778: 4. v. arts. 783 e 784.

Art. 778: 5. O **fiador** pode promover o andamento da execução iniciada contra o afiançado, no caso do CC 834.

Art. 778: 6. s/ legitimidade do MP para: execução fundada em título formado em Tribunal de Contas, v. art. 784, nota 37b; execução de alimentos fixados em ação de investigação de paternidade, v. LIP 7º, nota 4.

Art. 778: 7. v. arts. 108 a 110, 485-IX, e 687 a 692.

Art. 778: 8. v. CC 286 e segs.

Art. 778: 9. "Em havendo regra específica aplicável ao processo de execução (art. 567, II, do CPC), que prevê expressamente a possibilidade de prosseguimento da execução pelo cessionário, não há falar em incidência, na execução, de regra que se aplica somente ao processo de conhecimento no sentido da necessidade de **anuência do adversário para o ingresso do cessionário** no processo (arts. 41 e 42 do CPC)" (STJ-Corte Especial, REsp 1.091.443, Min. Maria Thereza, j. 2.5.12, DJ 29.5.12). No mesmo sentido: STF-Pleno, RE 97.461-0-AgRg, Min. Aldir Passarinho, j. 20.8.86, DJU 19.9.86; RT 878/203 (TJSP, AI 807.179-5/8-00), JTA 39/118, Lex-JTA 157/42, RJTAMG 28/139, RP 157/329.

"Pode ser dispensada a anuência do devedor quando formulado pedido de substituição do polo ativo do processo de execução, pois este ato processual não interfere na existência, validade ou eficácia da obrigação" (STJ-3ª T., REsp 588.321, Min. Nancy Andrighi, j. 4.8.05, DJU 5.9.05).

V. tb. § 2º.

Art. 778: 10. v. art. 857; CC 346 a 351, 283 e 831.

Art. 778: 11. O **coavalista que satisfez o débito** tem execução contra os demais (RTJ 124/1.244, RT 668/107).

Art. 778: 12. "O credor em sub-rogação convencional não pode, **sem expresso consentimento do exequente,** ingressar no polo ativo de execução de devedor de direito privado, não sujeita a precatório atinente a débitos judiciais da Fazenda Pública, afastado o pretenso fundamento na disposição do art. 567, III, do Cód. de Proc. Civil, ressalvado ao credor sub-rogado o exercício de seus direitos pelas vias processuais próprias (CC, arts. 257 e 349)" (STJ-3ª T., REsp 1.420.632, Min. Sidnei Beneti, j. 11.2.14, DJ 28.4.14).

Art. 779. A execução pode ser promovida contra:[1] [Dispositivo correspondente no CPC/1973: art. 568-*caput*]

I — o devedor,[2] reconhecido como tal no título executivo;[3] [Dispositivo correspondente no CPC/1973: art. 568-I]

II — o espólio, os herdeiros ou os sucessores do devedor;[4-5] [Dispositivo correspondente no CPC/1973: art. 568-II]

III — o novo devedor que assumiu, com o consentimento do credor, a obrigação resultante do título executivo;[6] [Dispositivo correspondente no CPC/1973: art. 568-III]

IV — o fiador do débito constante em título extrajudicial;[7-8] [Dispositivo correspondente no CPC/1973: art. 568-IV]

V — o responsável titular do bem vinculado por garantia real ao pagamento do débito;[8a-8b] [Sem dispositivo correspondente no CPC/1973]

VI — o responsável tributário, assim definido em lei.[9] [Dispositivo correspondente no CPC/1973: art. 568-V]

Art. 779: 1. "Execução fiscal. **Dívidas** tributárias **da matriz. Penhora,** pelo sistema Bacen-Jud, de valores depositados em nome **das filiais.** Possibilidade. A discriminação do patrimônio da empresa, mediante a criação de filiais, não afasta a unidade patrimonial da pessoa jurídica, que, na condição de devedora, deve responder com todo o ativo do patrimônio social por suas dívidas" (STJ-1ª Seção, REsp 1.355.812, Min. Mauro Campbell, j. 22.5.13, DJ 31.5.13).

Art. 779: 2. s/ bens sujeitos a execução, v. arts. 789 a 796; s/ responsabilidade do sócio por dívida social, v. art. 795 e notas; s/ alienação de coisa litigiosa, v. art. 808.

S/ execução contra mais de um devedor, v. art. 775, nota 2 (desistência quanto a um dos executados), art. 829, nota 2 (prosseguimento da execução após citação de apenas um dos executados), art. 915 § 1º (prazo para embargos).

Art. 779: 3. "Necessidade de o executado figurar no cheque como emitente ou garante, não sendo possível a integração da cártula por fatos outros ocorridos no mundo fenomênico, alheios à relação cambial estabelecida. Caso concreto em que a **esposa do emitente do cheque,** em não tendo contraído qualquer obrigação no título em que lastreada a execução, e não sendo a hipótese daquelas que a lei estabelece a sua responsabilidade, **é parte ilegítima para figurar como executada** e, assim, para responder pelo seu pagamento" (STJ-3ª T., REsp 1.708.694, Min. Paulo Sanseverino, j. 2.4.19, DJ 5.4.19).

Art. 779: 4. v. arts. 515-IV (formal de partilha como título executivo judicial) e 808 (adquirente de coisa litigiosa).

Art. 779: 5. "O art. 568, inc. II, do CPC, elenca entre os sujeitos passivos da execução os **sucessores do devedor,** qualidade que ostentam os recorridos, devendo ser reconhecida a sua legitimidade passiva, porque adquirentes da coisa litigiosa, sobre os quais se estendem os efeitos da sentença do processo divisório (art. 42, § 3º, do CPC)" (STJ-3ª T., REsp 720.061, Min. Nancy Andrighi, j. 14.11.06, DJU 18.12.06).

"A obrigação de pagamento dos débitos condominiais alcança os novos titulares do imóvel que não participaram da fase de conhecimento da ação de cobrança, em razão da natureza *propter rem* da dívida. Em caso de alienação de objeto litigioso, a sentença proferida entre as partes originárias, estende seus efeitos ao adquirente ou ao cessionário" (STJ-3ª T., REsp 1.653.143, Min. Nancy Andrighi, j. 16.5.17, DJ 22.5.17).

Contra: "Se a Caixa Econômica Federal somente veio a se tornar proprietária do bem (via adjudicação) quando já havia trânsito em julgado na ação de cobrança ajuizada contra o primitivo dono do apartamento, não pode ela figurar na execução de sentença. Quem figura no título executivo judicial é que deve responder pela dívida. Nada impede o ajuizamento de nova ação de cobrança, dessa vez contra a nova proprietária" (STJ-2ª Seção, CC 94.857, Min. Fernando Gonçalves, j. 25.6.08, DJU 1.7.08).

Art. 779: 6. v. art. 109 § 1º.

Art. 779: 7. s/ execução em face do fiador, v. art. 794.

Art. 779: 8. O fiador, quando principal pagador, pode ser executado **sem necessidade de ser também executado o devedor,** porque a este se equipara (RT 515/184, 523/180, JTA 60/222, 61/198).

Art. 779: 8a. v. art. 784-V.

Art. 779: 8b. "A lei considera o contrato de garantia real como título executivo. Logo, o terceiro prestador da garantia pode ser executado, individualmente. Todavia, se a execução é dirigida apenas contra o devedor principal, é inadmissível a penhora de bens pertencentes ao terceiro garante, se este não integra a relação processual executiva" (RSTJ 154/333: 3ª T., REsp 302.780, maioria). "Aquele que oferece, por meio de hipoteca, imóvel próprio em garantia de terceiro, pode ser **executado como devedor,** individualmente, haja vista a autonomia do título executivo constituído pela garantia real. Inteligência da norma contida no art. 585, III, do CPC. Em tais condições, também é parte legítima para o ajuizamento dos correspondentes embargos do devedor" (STJ-4ª T., REsp 1.230.252, Min. Antonio Ferreira, j. 2.10.14, DJ 22.10.14).

Todavia: "A **intimação** do terceiro garantidor quanto à **penhora** do imóvel hipotecado em garantia é **suficiente,** não sendo necessário que o mesmo seja citado para compor no polo passivo da ação de execução" (STJ-3ª T., REsp 1.649.154, Min. Nancy Andrighi, j. 3.9.19, DJ 5.9.19).

S/ legitimidade do terceiro, garantidor hipotecário de dívida alheia, para oposição de embargos do devedor, v. art. 915, nota 3.

Art. 779: 9. v. CTN 128 a 138, LEF 4º e notas.

Art. 780. O exequente pode cumular várias execuções, ainda que fundadas em títulos diferentes,[1 a 2a] quando o executado for o mesmo e desde que para todas elas seja competente o mesmo juízo e idêntico o procedimento.[3-4] [Dispositivo correspondente no CPC/1973: art. 573]

Art. 780: 1. **Súmula 27 do STJ:** "Pode a execução fundar-se em **mais de um título** extrajudicial relativos ao mesmo negócio" (v. jurisprudência s/ esta Súmula em RSTJ 33/143 a 163). No mesmo sentido: RSTJ 24/375, 24/396, 34/241; STJ-RT 668/184, 670/189, 677/209; STJ-JTAERGS 80/376; STJ-RTJE 101/153; RIDCPC 46/114.

"Instrumentalizada a execução com mais de um título, a eventual **imprestabilidade de um** não induz, necessariamente, a invalidade dos demais. Havendo apenas um válido dentre eles, idônea se afigura a execução, ressalvada a posição de avalistas se imprestável o título cambial, uma vez inexistir aval fora deste" (RSTJ 33/145).

"Execução. Contrato e nota promissória. Referindo-se à mesma dívida, os dois títulos devem instruir a inicial, inexistindo impedimento a que, no contrato, sejam pactuados acessórios" (RSTJ 33/153).

Art. 780: 1a. Em princípio, não se admite a cumulação num mesmo processo de execuções contra **devedores diversos** e fundadas em diferentes títulos (RBDP 49/147). A concentração de execuções fundadas em títulos distintos e dirigidas a diferentes pessoas tende a ser autorizada apenas quando todas elas figurem como devedores naqueles.

Todavia, afirmando que o credor não pode "promover duas execuções, cobrando a mesma dívida ao mesmo tempo e separadamente, a saber, do avalizado, com base no contrato, e dos avalistas, com base na nota promissória. *Non bis in idem*": STJ-RF 330/303: 3ª T., REsp 34.195. No mesmo sentido, consignando ser vedado ao credor "ajuizar duas execuções distintas (uma contra a devedora principal, aparelhada com o instrumento de contrato, e outra, com base em promissória dada em garantia, contra os avalistas) buscando haver um mesmo crédito": STJ-RT 758/162 (4ª T., REsp 80.403).

Por isso, "admissível, em casos tais, a propositura de uma única execução contra avalizada e avalistas, instrumentalizada com ambos os títulos — instrumento contratual e promissória — (enunciado n. 27 da Súmula do STJ), o que se viabiliza mesmo quando não figurem os referidos avalistas como garantes solidários no contrato, ou quando o valor exigido com base neste seja superior ao reclamado com base na cambial" (STJ-RT 758/162: 4ª T., REsp 80.403).

Caso em que se autorizou "execução simultânea de devedor principal e seus avalistas, em processos distintos, por títulos diversos, mas oriundos da mesma dívida", por se entender ausente risco de *bis in idem*, na medida em que as execuções tramitavam perante a mesma vara e que o exequente ressalvara que, recebendo o débito num dos processos, comunicaria o fato no outro: RSTJ 56/274 (4ª T., REsp 32.627).

"Proposta execução contra o emitente do título promissório, não se apresenta necessária a desistência do processo executório, como condição para que o credor promova a execução contra o avalista do mesmo título, posto que, no caso, não ocorre litispendência, ante a diversidade de partes passivas, recomendando-se, por economia, a reunião dos processos" (RSTJ 31/460: 3ª T., REsp 16.240).

"Não afronta o art. 620 do CPC e, assim, o posicionamento deste sodalício a reunião de duas ações de execução em que se executa a mesma dívida em face do fenômeno da conexão/continência, garantindo-se que as decisões proferidas não venham a conflitar, os pagamentos feitos em uma demanda sejam computados na outra, e os honorários de advogado sejam limitados a 5% em cada uma das ações, providências estas tomadas pela Corte de origem a fazer inexistente o prejuízo ao devedor" (STJ-3ª T., REsp 1.128.149-EDcl-AgRg, Min. Paulo Sanseverino, j. 13.8.13, DJ 21.8.13).

V. tb. art. 784, nota 3.

S/ cobrança simultânea do devedor fiduciário e do avalista, v. Dec. lei 911/69, art. 2º, nota 2 (no tít. ALIENAÇÃO FIDUCIÁRIA).

Art. 780: 2. "Pode o credor cumular em um só processo a cobrança de contrato de crédito e de cédulas de crédito emitidas pela mesma pessoa, ainda que a promovendo contra **avalistas diversos,** desde que para todos seja competente o mesmo juiz e idêntica a forma processual" (Amagis 6/140).

Art. 780: 2a. "Execução de título executivo extrajudicial. Cédulas de crédito bancário. **Coligação de credores.** Possibilidade. Exegese do art. 780 do CPC/15. Pretensões executivas oriundas do programa de emissão de cédulas de crédito bancário para construção de usina hidrelétrica. Identidade do devedor. Juízo competente para todas as execuções. Economia processual observada. Exercício do direito de defesa preservado. Ausência de prejuízo ao executado" (STJ-3ª T., REsp 1.688.154, Min. Nancy Andrighi, j. 12.3.19, DJ 15.3.19).

Art. 780: 3. s/ cumulação de pedidos, v. art. 327; s/ competência, v. art. 781.

Art. 780: 4. "Inviável imiscuir-se, no seio de **execução para pagamento de quantia certa,** obrigação para **entrega de coisa incerta,** em vista da patente disparidade procedimental. Não se pode compelir, em regra, nem o devedor, nem o credor, a pagar ou receber prestação diversa da constante no título executivo, em consonância com o princípio da especialidade da execução" (STJ-3ª T., REsp 1.538.139, Min. Paulo Sanseverino, j. 5.5.16, DJ 13.5.16).

V. art. 917-III.

Capítulo III | DA COMPETÊNCIA

Art. 781. A execução fundada em título extrajudicial será processada perante o juízo competente, observando-se o seguinte:[1 a 4] [Dispositivo correspondente no CPC/1973: art. 576]

I — a execução poderá ser proposta no foro de domicílio do executado, de eleição constante do título ou, ainda, de situação dos bens a ela sujeitos; [Sem dispositivo correspondente no CPC/1973]

II — tendo mais de um domicílio, o executado poderá ser demandado no foro de qualquer deles; [Sem dispositivo correspondente no CPC/1973]

III — sendo incerto ou desconhecido o domicílio do executado, a execução poderá ser proposta no lugar onde for encontrado ou no foro de domicílio do exequente; [Sem dispositivo correspondente no CPC/1973]

IV — havendo mais de um devedor, com diferentes domicílios, a execução será proposta no foro de qualquer deles, à escolha do exequente; [Sem dispositivo correspondente no CPC/1973]

V — a execução poderá ser proposta no foro do lugar em que se praticou o ato ou em que ocorreu o fato que deu origem ao título, mesmo que nele não mais resida o executado. [Sem dispositivo correspondente no CPC/1973]

Art. 781: 1. O protesto de título firma a competência para a sua sustação e para a ação de execução? v. arts. 53, nota 16e, e 63, nota 3e.

Art. 781: 2. "Se a ação foi proposta no **domicílio do devedor,** circunstância que evidentemente facilita sua defesa, não pode ele excepcionar a competência ao fundamento de que o foro próprio para a execução de título extrajudicial é o do lugar do pagamento" (STJ-3ª T., REsp 160.711, Min. Ari Pargendler, j. 17.5.01, DJU 11.6.01). No mesmo sentido: RT 570/206.

V. tb. art. 53, nota 16d.

Art. 781: 2a. É competente para a **ação de cobrança de duplicata não aceita** o foro do domicílio do sacado, e não o do lugar de pagamento nela indicado (RT 662/65).

Art. 781: 2b. "A interpretação conjunta dos arts. 100, IV, 'd', 576 e 585, I, do CPC autoriza a conclusão de que o foro do lugar do pagamento (sede da instituição financeira) é, em regra, o competente para o julgamento de execução aparelhada em **cheque não pago"** (STJ-3ª T., REsp 1.246.739, Min. Nancy Andrighi, j. 2.5.13, DJ 8.5.13).

"O lugar do pagamento do cheque, quando outro não é designado, é o de sua emissão, determinando-se a competência para o processo de execução, em caso de insuficiência de fundos, segundo o art. 100, IV, *d* do CPC" (STJ-4ª T., REsp 28.894-4, Min. Dias Trindade, j. 28.3.94, DJU 2.5.94).

Art. 781: 3. "Sendo o mesmo o **imóvel penhorado em três execuções em juízos diferentes,** deve prevalecer a competência do juízo onde se efetivou a primeira penhora e foi procedida a praça" (RT 493/177).

Art. 781: 4. O foro competente para a ação de cobrança (que tem rito executivo) da **cédula de crédito industrial** é o da praça de pagamento dela (Dec. lei 413, de 9.1.69, art. 41, item 8º, no tít. EXECUÇÕES ESPECIAIS).

Art. 782. Não dispondo a lei de modo diverso, o juiz determinará os atos executivos, e o oficial de justiça os cumprirá. [Dispositivo correspondente no CPC/1973: art. 577]

§ 1º O oficial de justiça poderá cumprir os atos executivos determinados pelo juiz também nas comarcas contíguas, de fácil comunicação, e nas que se situem na mesma região metropolitana. [Sem dispositivo correspondente no CPC/1973]

§ 2º Sempre que, para efetivar a execução, for necessário o emprego de força policial, o juiz a requisitará.[1] [Dispositivo correspondente no CPC/1973: art. 579]

§ 3º A requerimento da parte, o juiz pode determinar a inclusão do nome do executado em cadastros de inadimplentes.[1a a 1c] [Sem dispositivo correspondente no CPC/1973]

§ 4º A inscrição será cancelada imediatamente se for efetuado o pagamento, se for garantida a execução ou se a execução for extinta por qualquer outro motivo. [Sem dispositivo correspondente no CPC/1973]

§ 5º O disposto nos §§ 3º e 4º aplica-se à execução definitiva de título judicial.[2-3] [Sem dispositivo correspondente no CPC/1973]

Art. 782: 1. Salvo a hipótese de devedor de alimentos, o juiz não pode decretar a **prisão civil** de quem desobedece ordem judicial (v. CAP. I, nota 1, que antecede o art. 139).

Art. 782: 1a. "Tal norma deve ser interpretada de forma a garantir maior amplitude possível à concretização da tutela executiva, em conformidade com o princípio da efetividade do processo, **não** se mostrando razoável que o Poder Judiciário imponha restrição ao implemento dessa medida, **condicionando-a à prévia recusa administrativa** das entidades mantenedoras do respectivo cadastro" (STJ-3ª T., REsp 1.835.778, Min. Marco Bellizze, j. 4.2.20, DJ 6.2.20).

Art. 782: 1b. "O art. 782, § 3º, do CPC/2015 não possui a abrangência pretendida pela recorrente — impor ao julgador o dever de determinar a inclusão do nome do executado em cadastros de inadimplentes —, tendo em vista o uso da forma verbal 'pode', tornando clara que se trata uma **faculdade atribuída ao juiz** a ser por ele exercida ou não, a depender das circunstâncias do caso concreto" (STJ-2ª T., REsp 1.762.254, Min. Herman Benjamin, j. 17.10.18, DJ 16.11.18).

"Não cabe, contudo, ao julgador criar restrições que a própria lei não criou, limitando o seu alcance, por exemplo, à comprovação da hipossuficiência da parte. Tal atitude vai de encontro ao próprio espírito da efetividade da tutela jurisdicional, norteador de todo o sistema processual. Na espécie, o indeferimento do pleito pelo Tribunal de origem deu-se unicamente com base no fundamento de que as recorrentes possuem meios técnicos e expertise necessária para, por si mesmas, promover a inscrição do nome do devedor nos cadastros de dados de devedores inadimplentes, não tendo sido tecida quaisquer considerações acerca da necessidade e da potencialidade do deferimento da medida ser útil ao fim pretendido, isto é, à satisfação da obrigação — o que justificaria a discricionariedade na aplicação do art. 782, § 3º, do CPC/2015" (STJ-3ª T., REsp 1.887.712, Min. Nancy Andrighi, j. 27.10.20, DJ 12.11.20).

Art. 782: 1c. "É possível a utilização do sistema Serasajud nos processos de **execução fiscal.** Não há qualquer óbice ao seu emprego em relação a devedores inscritos em dívida ativa que, demandados em juízo, não cumpram a obrigação em cobrança. Sendo medida menos onerosa à parte executada, a anotação do nome em cadastro de inadimplentes pode ser determinada antes de que seja esgotada a busca por bens penhoráveis" (STJ-2ª T., REsp 1.809.328, Min. Herman Benjamin, j. 25.6.19, DJ 1.7.19).

Art. 782: 2. s/ cumprimento de sentença, v. arts. 513 e segs.

Art. 782: 3. A pessoa que não cumpre decisão judicial condenatória transitada em julgado também fica sujeita ao respectivo **protesto** (v. art. 517).

Capítulo IV | DOS REQUISITOS NECESSÁRIOS PARA REALIZAR QUALQUER EXECUÇÃO

Seção I | DO TÍTULO EXECUTIVO

Art. 783. A execução para cobrança de crédito fundar-se-á sempre em título de obrigação certa, líquida e exigível.[1 a 6a] [Dispositivo correspondente no CPC/1973: art. 586]

Art. 783: 1. s/ prestações sucessivas vencidas no curso da execução, v. art. 323, nota 3a; s/ juntada liminar do título executivo, v. art. 798, notas 2 e segs.; s/ nulidade da execução fundada em título carente dessas características, v. art. 803-I.

Art. 783: 1a. "**A certeza, a liquidez e a exigibilidade** são requisitos indispensáveis para o ajuizamento da ação executiva e referem-se, respectivamente, à ausência de dúvidas quanto à existência do título que consubstancia a obrigação, à quantidade de bens que é objeto da obrigação e ao momento do adimplemento dessa obrigação. Faltando qualquer dos três elementos, nula é a execução. A execução de contrato de prestação de serviços advocatícios que estipula pagamento sobre percentual de condenação em demanda judicial necessita de anterior liquidação da sentença condenatória para que o contrato tenha liquidez. A sentença condenatória foi liquidada quando da expedição de precatório e, a partir de então, pode ser calculado o valor dos honorários devidos à exequente. Antes desse marco, não se pode ter por líquido o valor correspondente aos honorários advocatícios contratados" (STJ-4ª T., REsp 932.910, Min. João Otávio, j. 5.4.11, DJ 12.4.11).

V. tb. EA 24, nota 1a.

Art. 783: 1b. "A **certeza** da obrigação constante do título executivo não se confunde com a inquestionabilidade da existência do direito material nele referido, correspondendo à previsão da natureza da prestação, seu objeto e seus sujeitos" (STJ-3ª T., REsp 1.758.383, Min. Nancy Andrighi, j. 4.8.20, DJ 7.8.20).

Art. 783: 2. "Em princípio, deve o próprio título fornecer todos os elementos para que se possa aferir a certeza e **liquidez** do débito" (STJ-3ª T., REsp 32.875, Min. Eduardo Ribeiro, j. 4.5.93, DJU 17.5.93). Mas: "Não perde a liquidez a dívida cuja definição depende de **cálculos aritméticos,** para excluir parcelas já pagas ou incluir verbas acessórias, previstas na lei ou no contrato" (STJ-4ª T., REsp 29.661, Min. Ruy Rosado de Aguiar, j. 30.5.94, DJU 27.6.94).

"O fato de ser a dívida acrescida de encargos, cujo valor final é suscetível de ser demonstrado mediante simples operação aritmética, não torna ilíquido o débito representado pela nota promissória. Estando a nota promissória vinculada a contrato de empréstimo pessoal e fazendo-se acompanhar deste último, a **taxa de juros** é aquela estabelecida na avença" (STJ-4ª T., REsp 167.707, Min. Barros Monteiro, j. 7.10.03, DJU 19.12.03). No mesmo sentido: RTJ 120/1.341, RSTJ 24/375, STJ-RT 679/200, RT 719/173, Bol. AASP 1.152/9.

"Não retira exequibilidade do título a circunstância de algum acessório dever ser fixado com base em elemento a ele estranho, como a taxa de juros" (RSTJ 67/359).

Não é ilíquido o título que, sem mencionar diretamente o total exato da dívida, contém em si todos os elementos necessários à sua apuração mediante simples cálculo aritmético (RT 613/148, 677/163, JTJ 158/181).

"A dívida não deixa de ser líquida, se precisa, para saber em quanto importa, de simples operação aritmética" (STF-RP 57/246; RSTJ 21/397; STJ-RT 670/181). Também não deixa de ser certa (RSTJ 50/336). "Assim, se do título extraem-se todos os elementos, faltando apenas definir a quantidade, não se pode dizer que ele é ilíquido" (STJ-4ª T., REsp 1.059.913, Min. João Otávio, j. 25.11.08, DJ 26.2.09).

"O *quantum* reclamado na execução há que ser determinado, não determinável, razão pela qual intolerável conter a inicial pedido de remessa dos autos ao contador para que, com base no contrato que se executa, apure e inclua parcelas não computadas no montante postulado. O contrato que exija simples cálculos aritméticos para aferição do *quantum debeatur* não pode ser considerado título ilíquido. Cabe, contudo, ao exequente efetuar referidos cálculos para, chegando a valor certo e determinado, executá-lo" (RSTJ 47/348).

"O erro material consubstanciado no cálculo do *quantum* inserto na cártula pode ser retificado a partir dos elementos existentes e tal operação não desvirtua a natureza de liquidez e certeza do documento embasador da execução" (STJ-3ª T., REsp 10.555, Min. Waldemar Zveiter, j. 28.6.91, DJU 26.8.91).

V. art. 917, nota 20.

Art. 783: 3. "Não afeta a liquidez do título a cobrança pelo **saldo devedor**" (STJ-3ª T., REsp 11.238, Min. Cláudio Santos, j. 10.9.91, DJU 23.9.91).

"Sendo possível chegar-se ao *quantum debeatur* por meio de simples cálculos aritméticos, sem afetar a liquidez dos títulos a cobrança pelo saldo devedor, admissível se apresenta a via executiva, não sendo razoável, em tal moldura, remeter previamente o credor ao processo de conhecimento para ver satisfeito o seu direito" (RSTJ 34/346).

"Não retira a liquidez e certeza da nota promissória a divergência entre o valor exigido e o constante da cártula, em decorrência do pagamento parcial da dívida" (RJTAMG 54/266).

V. LEF 6º, nota 5b.

Art. 783: 4. "Não retira a liquidez, certeza e exigibilidade do título executivo extrajudicial o fato de o contrato estipular obrigação em **moeda estrangeira,** bastando que se proceda à conversão do valor consignado em moeda nacional para apuração do *quantum* devido" (RJTAMG 50/174).

Art. 783: 4a. "O julgamento de **ação revisional** não retira a liquidez do título executado (contrato), não impedindo, portanto, a sua execução. Com efeito, o fato de ter sido determinada a revisão do contrato objeto da ação executiva não retira sua liquidez, não acarretando a extinção do feito. Necessário apenas a adequação da execução às modificações impostas pela ação revisional" (STJ-4ª T., REsp 824.255, Min. Jorge Scartezzini, j. 26.9.06, DJU 30.10.06). No mesmo sentido: STJ-3ª T., REsp 593.220, Min. Nancy Andrighi, j. 7.12.04, DJU 21.2.05.

Art. 783: 5. O **vencimento do título, posteriormente à propositura da execução,** supre a carência da ação executiva (v. art. 493, nota 8). **Contra:** RTJ 117/178, maioria; JTJ 346/262 (AP 7.395.356-7).

Art. 783: 6. Não desnatura sua qualidade de título executivo extrajudicial o fato de ter seu vencimento condicionado ao registro das transações imobiliárias que lhe deram origem (RJTAMG 24/283).

Art. 783: 6a. No sentido de que a liquidação extrajudicial de sociedade anônima não interfere na exigibilidade dos títulos contra ela emitidos, não impedindo assim a sua execução: STJ-3ª T., REsp 1.082.580, Min. Nancy Andrighi, j. 15.12.11, DJ 1.2.12.

Art. 784. São títulos executivos extrajudiciais:[1] [Dispositivo correspondente no CPC/1973: art. 585-*caput*]

I — a letra de câmbio, a nota promissória,[2 a 9a] a duplicata,[10 a 11a] a debênture[11b-12] e o cheque;[12a a 13b] [Dispositivo correspondente no CPC/1973: art. 585-I]

II — a escritura pública ou outro documento público[13c a 13e] assinado pelo devedor;[14] [Dispositivo correspondente no CPC/1973: art. 585-II]

III — o documento particular assinado pelo devedor e por 2 (duas) testemunhas;[14a a 22c] [Dispositivo correspondente no CPC/1973: art. 585-II]

IV — o instrumento de transação[22d-22e] referendado pelo Ministério Público,[22f] pela Defensoria Pública, pela Advocacia Pública, pelos advogados dos transatores ou por conciliador ou mediador credenciado por tribunal;[23] [Dispositivo correspondente no CPC/1973: art. 585-II]

V — o contrato garantido por hipoteca,[23a] penhor, anticrese ou outro direito real de garantia[24] e aquele garantido por caução;[24a] [Dispositivo correspondente no CPC/1973: art. 585-III]

VI — o contrato de seguro de vida[24b a 26a] em caso de morte; [Dispositivo correspondente no CPC/1973: art. 585-III]

VII — o crédito decorrente de foro e laudêmio; [Dispositivo correspondente no CPC/1973: art. 585-IV]

VIII — o crédito, documentalmente comprovado, decorrente de aluguel de imóvel, bem como de encargos acessórios, tais como taxas e despesas de condomínio;[27 a 33] [Dispositivo correspondente no CPC/1973: art. 585-V]

IX — a certidão de dívida ativa da Fazenda Pública da União, dos Estados, do Distrito Federal e dos Municípios, correspondente aos créditos inscritos na forma da lei;[34-35] [Dispositivo correspondente no CPC/1973: art. 585-VII]

X — o crédito referente às contribuições ordinárias ou extraordinárias de condomínio edilício, previstas na respectiva convenção ou aprovadas em assembleia geral, desde que documentalmente comprovadas; [Sem dispositivo correspondente no CPC/1973]

XI — a certidão expedida por serventia notarial ou de registro relativa a valores de emolumentos e demais despesas devidas pelos atos por ela praticados, fixados nas tabelas estabelecidas em lei; [Sem dispositivo correspondente no CPC/1973]

XII — todos os demais títulos aos quais, por disposição expressa, a lei[36] atribuir força executiva.[37 a 38] [Dispositivo correspondente no CPC/1973: art. 585-VIII]

§ 1º A propositura de qualquer ação relativa a débito constante de título executivo não inibe o credor de promover-lhe a execução.[39] [Dispositivo correspondente no CPC/1973: art. 585 § 1º]

§ 2º Os títulos executivos extrajudiciais oriundos de país estrangeiro não dependem de homologação para serem executados.[39a] [Dispositivo correspondente no CPC/1973: art. 585 § 2º]

§ 3º O título estrangeiro só terá eficácia executiva quando satisfeitos os requisitos de formação exigidos pela lei do lugar de sua celebração e quando o Brasil for indicado como o lugar de cumprimento da obrigação.[40-41] [Dispositivo correspondente no CPC/1973: art. 585 § 2º]

Art. 784: 1. s/ outros títulos executivos extrajudiciais, v. nota 37; s/ fiança, v. nota 21a e tb. arts. 779, nota 8, e 794, especialmente nota 3; s/ execução instruída com certidão, xerox ou fotocópia do título, v. art. 798, especialmente notas 2 e segs.; s/ nulidade da execução, por falta de título executivo líquido, certo e exigível, v. art. 803-I; s/ título extrajudicial emitido pela Fazenda Pública, v. art. 910, nota 1; s/ ação monitória instruída com título executivo, v. art. 700, nota 14; s/ outros títulos executivos extrajudiciais, regidos por procedimentos especiais, v. tít. EXECUÇÕES ESPECIAIS.

Art. 784: 2. s/ letra de câmbio e nota promissória, v. Dec. 2.044, de 31.12.1908, especialmente arts. 49 a 51, e Dec. 57.663, de 24.1.66, especialmente arts. 43 a 54; s/ nota promissória rural, v. Dec. lei 167, de 14.2.67, arts. 42 a 45.

Art. 784: 3. O fato de a **nota promissória** estar **vinculada a um negócio jurídico,** por si, não afeta a sua condição de título executivo (RT 866/298).

A circunstância de o contrato ao qual se vincula a nota promissória não ter sido assinado por 2 testemunhas não retira a eficácia executiva desta (STJ-3ª T., REsp 999.577, Min. Nancy Andrighi, j. 4.3.10, DJ 6.4.10).

"Em execução baseada unicamente no título cambiário, nota promissória, não se poderá exigir do devedor senão o adimplemento das obrigações cambiariamente assumidas. São inexigíveis, na execução, obrigações outras assumidas no contrato subjacente à emissão da cártula, contrato que aliás não se constitui em título executivo, pois subscrito por apenas uma testemunha — CPC, art. 585, II" (RSTJ 14/378, maioria).

"Execução por contrato de financiamento bancário, e nota promissória dele decorrente. O avalista da cambial, e que assina como principal pagador o contrato, não deve ser excluído da relação jurídica processual" (RSTJ 33/121).

"No contrato de mútuo garantido por nota promissória, executam-se no mesmo título (art. 573 do CPC) os coobrigados (devedor e avalista) porque, derivado de uma só relação obrigacional, inviável é fazê-lo excutindo-os, o devedor pelo contrato e os avalistas pelo que se contém na cártula (art. 585, I e II), por isso que tal procedimento caracteriza um *bis in idem* que torna a prestação jurisdicional ilegítima" (STJ-3ª T., REsp 2.883, Min. Waldemar Zveiter, j. 28.8.90, DJU 24.9.90).

V. tb. art. 780, nota 1a.

Art. 784: 4. Súmula 258 do STJ: "A **nota promissória vinculada a contrato de abertura de crédito** não goza de autonomia em razão da iliquidez do título que a originou".

"A instituição financeira não pode exigir do correntista a emissão de nota promissória em branco para garantia de contrato de abertura de crédito" (STJ-3ª T., REsp 511.450, Min. Ari Pargendler, j. 15.5.03, DJU 29.3.04).

Todavia, é título executivo a nota promissória vinculada a **contrato de mútuo com valor certo** (STJ-3ª T., REsp 439.845, Min. Menezes Direito, j. 22.5.03, DJU 4.8.03). "A nota promissória, ainda que vinculada a **contrato de mútuo bancário,** não perde a sua executoriedade. Situação diversa em relação à nota promissória ligada a contrato de abertura de crédito. Súmula n. 258-STJ inaplicável à espécie" (STJ-4ª T., REsp 536.776-EDcl, Min. Barros Monteiro, j. 1.6.04, DJU 13.9.04).

"A nota promissória é título executivo extrajudicial, mesmo que vinculada a **renegociação de dívida** oriunda de contrato de abertura de crédito em conta corrente" (STJ-4ª T., REsp 786.523-AgRg, Min. Isabel Gallotti, j. 2.12.10, DJ 1.2.11).

S/ contrato de abertura de crédito, v. nota 22; s/ alegação, pelo avalista, de inexigibilidade de nota promissória vinculada a contrato de abertura de crédito, v. art. 917, nota 18.

Art. 784: 5. "Não perde a liquidez a nota promissória executada pelo valor inferior, correspondente ao efetivo **saldo devedor** apurado na conta de financiamento para capital de giro, em razão do qual foi o título emitido" (STJ-4ª T., REsp 32.176-5, Min. Ruy Rosado, j. 27.6.94, DJU 15.8.94).

Art. 784: 6. Não é título executivo a cambial sem designação de seus requisitos essenciais (v. Dec. 2.044, de 31.12.1908, arts. 1º e 54, e Dec. 57.663, de 24.1.66, arts. 1º e 75).

Art. 784: 6a. Súmula 387 do STF: "A **cambial** emitida ou aceita com omissões, ou em branco, **pode ser completada pelo credor** de boa-fé antes da cobrança ou do protesto".

Art. 784: 7. "É lícito emitir nota promissória em branco, para que o **valor seja posteriormente preenchido** pelo credor. O preenchimento, entretanto, pode acarretar a nulidade do título se o credor agir de má-fé, impondo ao devedor obrigação cambial sabidamente superior à prometida" (STJ-3ª T., REsp 598.891, Min. Gomes de Barros, j. 18.4.06, maioria, DJU 12.6.06). No mesmo sentido: RIDCPC 60/176 (TRF 4ª Reg., AP 2003.71.07.011067-5).

Art. 784: 7a. Não é título executivo a nota promissória **sem designação da pessoa a quem deve ser paga** (RSTJ 155/163, RT 782/383). Todavia, nessa hipótese, presume-se a concessão de poderes pelo emitente ao portador para apor o nome do beneficiário do título (RT 815/262).

"Declarada a falta de requisito do título de crédito com a ausência do nome do beneficiário, não ofende a coisa julgada a nova execução do título, suprida a omissão" (RSTJ 79/188).

Art. 784: 7b. "É nota promissória a declaração que contém todos os requisitos da lei, embora a **assinatura do emitente** tenha sido lançada no verso do documento, desde que disso não surja dúvida alguma sobre a natureza da obrigação assumida pelo subscritor" (STJ-4ª T., REsp 474.304, Min. Ruy Rosado, j. 26.5.03, DJU 4.8.03).

"O art. 54, IV, do Decreto 2.044/1908 não impõe que a assinatura do emitente seja lançada no fim da nota promissória. A circunstância de a firma do emitente ser lançada na lateral da cártula não desnatura a nota promissória, nem lhe retira a força de título executivo" (STJ-3ª T., REsp 250.544, Min. Gomes de Barros, j. 15.2.05, DJU 14.3.05).

Afirmando a validade da nota promissória em caso de assinatura escaneada: "A assinatura irregular escaneada foi aposta pelo próprio emitente. Vício que não pode ser invocado por quem lhe deu causa. Aplicação da 'teoria dos atos próprios', como concreção do princípio da boa-fé objetiva, sintetizada nos brocardos latinos *tu quoque* e *venire contra factum proprium*, segundo a qual a ninguém é lícito fazer valer um direito em contradição com a sua conduta anterior ou posterior interpretada objetivamente, segundo a lei, os bons costumes e a boa-fé" (STJ-3ª T., REsp 1.192.678, Min. Paulo Sanseverino, j. 13.11.12, um voto vencido, DJ 26.11.12).

Art. 784: 8. Súmula 60 do STJ: "É nula a obrigação cambial assumida por **procurador do mutuário vinculado ao mutuante,** no exclusivo interesse deste" (v. jurisprudência s/ esta Súmula em RSTJ 44/17 a 79).

"Carece de validade a nota promissória emitida mediante procuração outorgada pelo devedor, ao contrair o empréstimo, a integrante do mesmo grupo econômico a que pertence o credor" (STJ-RT 693/260, maioria).

Art. 784: 8a. "Nota promissória. Execução. **Falta da data e do lugar da emissão.** Perda da eficácia executiva" (RSTJ 170/416: 4ª T., REsp 448.568). No mesmo sentido: RT 830/253. Também, no que diz respeito à data: STJ-4ª T., AI 647.992-AgRg, Min. Isabel Gallotti, j. 7.8.12, DJ 21.8.12; RT 711/183. Ainda: "A ausência da indicação da data de emissão da nota promissória torna-a inexigível como título executivo extrajudicial por se tratar de requisito formal essencial. A circunstância de ser incontroversa a data de emissão pelas partes não supre a exigência legal do seu preenchimento para viabilidade da ação de execução, mantendo-se abertas as vias ordinárias" (STJ-3ª T., REsp 1.229.253-AgRg, Min. Paulo Sanseverino, j. 21.2.13, DJ 26.2.13). **Todavia:** "Descabe extinguir execução pelo só fato de inexistir data de emissão da nota promissória, quando possível tal aferição no contrato a ela vinculado" (STJ-4ª T., REsp 968.320, Min. Luis Felipe, j. 19.8.10, DJ 3.9.10). **Contra:** "A ausência do local da emissão da nota promissória não constitui requisito essencial do título, considerando-se o lugar do pagamento ou do domicílio do emitente" (STJ-3ª T., AI 1.286.221-AgRg, Min. Massami Uyeda, j. 23.11.10, DJ 7.12.10; a citação é do voto do relator). Em sentido semelhante: STJ-4ª T., REsp 1.352.704, Min. Luis Felipe, j. 11.2.14, DJ 19.2.14. "Nota promissória. Ausência de data de emissão. Interpretação da legislação. Boa-fé comprovada. Possibilidade de preenchimento superveniente. Lacuna que não prejudica a exigibilidade do crédito" (RT 916/900: TJSP, AP 0025859-46.2009.8.26.0602, maioria).

"A decretação de nulidade do processo executivo, por faltar ao título cambial a data de emissão, não obsta ao ajuizamento de nova execução após o preenchimento da cártula, não restando caracterizada a revogação do mandato a que se refere o art. 54, § 1º, do Dec. 2.044/1908" (RJTAMG 51/145, maioria). **Todavia:** "Se o Tribunal, mediante decisão com trânsito em julgado, extinguiu a execução por defeito formal na nota promissória, ressalvando a via ordinária, deve esta ser trilhada sem que se admita o suprimento daquele defeito para fins de ajuizamento de outra execução" (STJ-RSDCPC 36/82: 3ª T., REsp 573.650, dois votos vencidos). "A execução anteriormente proposta com base em promissória contendo omissões nos campos relativos à data da emissão, nome da emitente e do beneficiário, além da cidade onde foi sacada, foi extinta por desistência. Descabe agora ao credor, após o preenchimento dos claros, ajuizar novo processo executório, remanescendo-lhe apenas a via ordinária" (STJ-4ª T., REsp 870.704, Min. Luis Felipe, j. 14.6.11, DJ 1.8.11).

Art. 784: 9. "A **falta de indicação expressa do local para o pagamento** da nota promissória pode ser suprida pelo lugar de emissão do título ou do domicílio do emitente. Constitui-se, portanto, em um requisito incidental da cambial" (STJ-RSDCPC 29/92 e RSTJ 198/325: 3ª T., REsp 596.077).

"O art. 76 da LUG ressalva que permanece tendo o efeito de nota promissória a cártula em que não se indiquem a época de pagamento, lugar de pagamento e onde foi emitida, obtendo-se neste mesmo dispositivo as soluções a serem conferidas a cada uma dessas hipóteses, não havendo, pois, falar em perda da eficácia executiva do título" (STJ-4ª T., REsp 1.352.704, Min. Luis Felipe, j. 11.2.14, DJ 19.2.14).

Art. 784: 9a. "Tratando-se de **endosso em branco,** prescindível é que o endossatário, portador do título, aponha o seu nome no verso da cártula antes de ajuizar a execução" (RSTJ 63/385). No mesmo sentido: RT 789/279.

Art. 784: 10. s/ duplicata como título executivo, v. Lei 5.474, de 18.7.68, especialmente art. 15.

S/ duplicata rural, v. Dec. lei 167, de 14.2.67, arts. 46 a 54, no CCLCV, tít. TÍTULOS DE CRÉDITO RURAL.

S/ ação monitória para a cobrança de duplicata sem aceite e sem o comprovante de entrega de mercadorias, v. art. 700, nota 13.

Art. 784: 10a. "A **duplicata não aceita** pode instruir a execução, contanto que, cumulativamente, haja sido **protestada** e esteja acompanhada de **documento da entrega** e recebimento da mercadoria. À falta do protesto, tal duplicata não pode ser executada" (RSTJ 121/273). No mesmo sentido: RT 843/301.

"As **duplicatas virtuais** — emitidas e recebidas por meio magnético ou de gravação eletrônica — podem ser protestadas por mera indicação, de modo que a exibição do título não é imprescindível para o ajuizamento da execução judicial. Lei 9.492/97. Os **boletos de cobrança bancária** vinculados ao título virtual, devidamente acompanhados dos instrumentos de protesto por indicação e dos comprovantes de entrega da mercadoria ou da prestação dos serviços, suprem a ausência física do título cambiário eletrônico e constituem, em princípio, títulos executivos extrajudiciais" (STJ-3ª T., REsp 1.024.691, Min. Nancy Andrighi, j. 22.3.11, DJ 13.4.11).

"O impedimento do protesto por ordem judicial não causa empeço à qualidade executiva do título" (STJ-3ª T., REsp 599.597, Min. Menezes Direito, j. 18.11.04, DJU 21.3.05).

Art. 784: 10b. Não é título executivo extrajudicial:

— a duplicata não aceita que não esteja "acompanhada de documento comprobatório de entrega e recebimento da mercadoria (art. 15, II, *b*, da Lei n. 5.474/68), não sendo possível a formalização posteriormente ao ajuizamento da execução, em sede de embargos do devedor" (RSTJ 62/441). No mesmo sentido: RT 714/192, RTJE 136/183;

— a duplicata emitida para a cobrança de juros e correção monetária de outra duplicata paga com atraso (Lex-JTA 147/55);

— a duplicata emitida "com base em contrato de locação de bens móveis, uma vez que a relação jurídica que antecede à sua formação não se enquadra nas hipóteses legais de compra e venda mercantil ou de prestação de serviços" (STJ-3ª T., REsp 397.637, Min. Nancy Andrighi, j. 22.5.03, DJU 23.6.03; STJ-4ª T., AI 660.274-AgRg, Min. Fernando Gonçalves, j. 21.6.05, DJU 1.7.05);

— a duplicata com número incorreto da fatura (STJ-3ª T., REsp 1.601.552, Min. Ricardo Cueva, j. 5.11.19, maioria, DJ 8.11.19). V. LDu 2º § 1º-II.

— os "borderôs de desconto de duplicatas (relação de títulos que a emitente-cedente leva ao banco para desconto), ainda que acompanhados dos protocolos de remessa dos documentos para aceite" (RSTJ 116/255).

Art. 784: 10c. "Duplicata. **Prestação de serviço. Falta de aceite.** Suficiente, para ensejar execução, seja o título protestado e que se instrua a inicial com documento comprobatório da existência do vínculo. A lei pretendeu aplicar às duplicatas oriundas de prestação de serviço o mesmo tratamento conferido às sacadas em virtude de compra e venda. Abolida a necessidade de transcrição do documento comprobatório da entrega da mercadoria, no instrumento de protesto, há que se entender que a formalidade é dispensável também quando se cuide de duplicata decorrente de prestação de serviço" (RSTJ 57/164). No mesmo sentido: RT 851/273.

Art. 784: 11. "A duplicata, mesmo sem aceite e desprovida de prova da entrega da mercadoria ou da prestação do serviço, pode ser executada contra o **sacador-endossante e seus garantes.** É que o endosso apaga o vínculo causal da duplicata entre endossatário, endossante e avalistas, garantindo a aceitação e o pagamento do título (LUG, Art. 15 c/c Arts. 15, § 1º, e 25 da Lei 5.474/68)" (STJ-3ª T., REsp 823.151, Min. Gomes de Barros, j. 17.10.06, DJU 27.11.06).

"É válida a duplicata emitida sem a efetiva entrega da mercadoria, inexistindo, todavia, obrigação do sacado que não aceitou a cártula, podendo o endossatário exercer seus direitos somente contra quem se vinculou cambialmente" (RJTAMG 60/203).

Art. 784: 11a. "Duplicata. O **desfazimento do negócio,** por acordo com o vendedor, não livra o comprador de honrar a letra, em mãos de terceiro endossatário. Tampouco retira do título protestado a força executiva que lhe outorga o art. 15 da Lei 5.474/68. Para livrar-se da ação executiva, o sacado deve invocar um dos fundamentos relacionados pelo art. 8º dessa Lei. O protesto do título endossado é necessário, porque 'o portador que não tira, em tempo útil e de forma regular, o instrumento do protesto da letra, perde o direito de regresso contra o sacador, endossadores e avalistas' (art. 32 do Dec. 2.044/1908). Não é lícita a sustação do protesto necessário. Mesmo após desfeita a venda, a compradora continua responsável, perante o endossatário da respectiva duplicata. Terá, contudo, direito de regresso contra o vendedor emitente do título" (STJ-3ª T., REsp 245.460, Min. Gomes de Barros, j. 15.2.05, DJU 9.5.05).

Art. 784: 11b. v. LSA 52 a 74. S/ penhora de debênture, v. LEF 11, nota 5.

Art. 784: 12. "**Debêntures.** Constando da escritura de emissão a obrigação de pagar, com as especificações necessárias, e sendo completada com os recibos e boletins de subscrição, permitindo a identificação dos credores, não se pode negar a natureza de título executivo" (STJ-3ª T., Ag 107.738-AgRg, Min. Eduardo Ribeiro, j. 14.10.97, DJU 9.12.97). Ainda: "Sendo facultativa a emissão dos certificados das debêntures (art. 52 da Lei 6.404/1976, com a redação dada pela Lei 10.303/2001), a escritura de emissão é o título hábil para o credor exercer seus direitos creditórios e para amparar a execução" (STJ-3ª T., REsp 1.208.123-AgRg-EDcl, Min. João Otávio, j. 27.8.13, DJ 5.9.13).

Art. 784: 12a. s/ cheque, v. Lei 7.357, de 2.9.85 (no nosso CCLCV, no tít. CHEQUE, ínt.) e Dec. 57.595, de 7.1.66.

S/ ação monitória para a cobrança de cheque prescrito, v. art. 700, nota 12, especialmente Súmula 299 do STJ; ação de enriquecimento ilícito contra o emitente do cheque, v., no nosso CCLCV, Lei 7.357, de 2.9.85, arts. 61 e 62, bem como respectivas notas.

Art. 784: 12b. A circunstância de o cheque ter sido emitido para **garantia de dívida** não retira sua condição de título executivo (RT 838/252).

Art. 784: 13. **Súmula 600 do STF:** "Cabe **ação executiva** contra o **emitente** e seus **avalistas,** ainda que não apresentado o cheque ao sacado no prazo legal, desde que não prescrita a ação cambiária". Neste sentido: RT 636/119.

Art. 784: 13a. "O **cheque pós-datado** emitido em garantia de dívida não se desnatura como título cambiariforme, tampouco como título executivo extrajudicial" (STJ-RF 324/178).

Art. 784: 13b. Apenas o subscritor do cheque sacado contra **conta-corrente conjunta** é o responsável por seu pagamento (STJ-4ª T., REsp 336.632, Min. Aldir Passarinho Jr., j. 6.2.03, DJU 31.3.03; RT 809/248, 815/264, 849/242).

V. tb. 835, nota 5b.

Art. 784: 13c. "As **portarias** de concessão de **anistia política** não são enquadráveis como títulos executivos extrajudiciais, nos termos do art. 585, II do CPC" (STJ-2ª T., REsp 1.362.644-AgRg, Min. Humberto Martins, j. 23.4.13, DJ 2.5.13).

Art. 784: 13d. A **ata de assembleia** geral de sociedade anônima não é documento público, uma vez que dele não participa oficial público (RT 719/246).

Art. 784: 13e. "A **nota de empenho** emitida por agente público é título executivo extrajudicial por ser dotada dos requisitos da liquidez, certeza e exigibilidade" (STJ-2ª T., REsp 894.726, Min. Castro Meira, j. 20.10.09, um voto vencido, DJ 29.10.09).

Art. 784: 14. Desde que assinada pelo devedor, a **escritura pública** é título executivo extrajudicial, ainda que não subscrita por duas testemunhas (RT 614/115).

Art. 784: 14a. s/ contrato de honorários advocatícios, v. Lei 8.906/94, no tít. ADVOGADO, arts. 22 a 26 (em especial, nota 1c ao art. 24).

Art. 784: 15. "Constitui título executivo extrajudicial o contrato pelo qual o devedor se obriga a entregar, em certa data, **quantidade certa de gado, no peso mencionado,** que recebeu para engordar, em regime de pastoreio" (STJ-4ª T., REsp 90.307, Min. Ruy Rosado, j. 25.6.96, DJU 2.9.96).

Art. 784: 16. "Admissível é a execução fundada em **contrato que registre a obrigação de entregar coisa fungível,** em data determinada, sem necessidade de prévio processo de conhecimento, bastando que o instrumento contenha os requisitos da exigibilidade, certeza e liquidez" (STJ-RT 779/192).

Art. 784: 17. "Contrato não subscrito por **duas testemunhas** não é título executivo" (STJ-4ª T., REsp 13.393, Min. Fontes de Alencar, j. 17.11.91, DJU 6.4.92). No mesmo sentido: STJ-3ª T., REsp 1.823.834, Min. Nancy Andrighi, j. 18.2.20, DJ 20.2.20; RSTJ 47/115 e STJ-RT 699/183; RT 681/123, 709/89, 725/261, JTA 118/191.

Todavia, superando a ausência da assinatura de duas testemunhas no contrato e autorizando a correlata execução: "Execução de títulos extrajudiciais. Falta de assinatura de duas testemunhas nos contratos de crédito bancário. Excepcionalidade do caso concreto" (STJ-4ª T., Ag em REsp 1.328.488-AgInt, Min. Luis Felipe, j. 13.12.18, DJ 17.12.18).

Dispensando as testemunhas em matéria de contrato eletrônico: "A assinatura digital de contrato eletrônico tem a vocação de certificar, através de terceiro desinteressado (autoridade certificadora), que determinado usuário de certa assinatura a utilizara e, assim, está efetivamente a firmar o documento eletrônico e a garantir serem os mesmos os dados do documento assinado que estão a ser sigilosamente enviados. Em face destes novos instrumentos de verificação de autenticidade e presencialidade do contratante, possível o reconhecimento da executividade dos contratos eletrônicos" (STJ-3ª T., REsp 1.495.920, Min. Paulo Sanseverino, j. 15.5.18, maioria, DJ 7.6.18).

Em matéria de contrato: de locação, v. nota 30; de honorários advocatícios, v. EA 24, nota 1c.

Art. 784: 18. "Exigindo a lei processual, tanto quanto a lei substantiva, apenas que o documento seja 'subscrito' pelas **testemunhas, não são reclamadas suas presenças** ao ato" (RSTJ 7/433).

Ou seja: "A lei não exige que a assinatura das testemunhas seja contemporânea à do devedor" (STJ-3ª T., REsp 8.849, Min. Nilson Naves, j. 28.5.91, DJU 1.7.91). No mesmo sentido: JTJ 333/222 (AI 7.291.815-3).

Art. 784: 18a. "A **falta de identificação das testemunhas** que subscrevem o título executivo não o torna nulo, somente sendo relevante essa circunstância se o executado aponta falsidade do documento ou da declaração nele contida" (STJ-4ª T., REsp 137.824, Min. Sálvio de Figueiredo, j. 31.8.99, DJU 11.10.99). No mesmo sentido: STJ-3ª T., REsp 165.531, Min. Menezes Direito, j. 22.6.99, DJU 9.8.99.

Art. 784: 19. "Malfere o art. 142, IV, do Cód. Civil, desqualificando o título executivo extrajudicial, na forma do art. 585, II, do CPC, a presença de **testemunha interessada** no negócio jurídico, inserindo-se na vedação o sócio da empresa recorrida" (RSTJ 87/200). O art. 142-IV do CC rev. corresponde ao CC 228-IV e V.

Todavia: "Testemunha instrumentária. Advogado do exequente. Interesse no feito. Fato que não configura elemento capaz de macular a higidez do título executivo. Em princípio, como os advogados não possuem o desinteresse próprio da autêntica testemunha, sua assinatura não pode ser tida como apta a conferir a executividade do título extrajudicial. No entanto, a referida assinatura só irá macular a executividade do título, caso o executado aponte a falsidade do documento ou da declaração nele contida. Na hipótese, não se aventou nenhum vício de consentimento ou falsidade documental apta a abalar o título, tendo-se, tão somente, arguido a circunstância de uma das testemunhas instrumentárias ser, também, o advogado do credor" (STJ-4ª T., REsp 1.453.949, Min. Luis Felipe, j. 13.6.17, DJ 15.8.17).

Art. 784: 20. "Nula é a execução que se dirige contra **avalista de contrato,** pois o aval é figura específica de título cambial ou cambiariforme e, assim, absolutamente impossível sua existência em contrato de financiamento ou mútuo" (RJTAMG 40/223).

Art. 784: 20a. "O **contrato bilateral** pode servir de título executivo quando o credor desde logo comprova o integral cumprimento da sua prestação" (STJ-4ª T., REsp 170.446, Min. Ruy Rosado, j. 6.8.98, DJU 14.9.98).

Contra: "Não constitui título executivo o documento em que se consigna obrigação, cuja existência está condicionada a fatos dependentes de prova. É o que ocorre quando consista em contrato em que o surgimento da obrigação de uma das partes vincule-se a determinada prestação da outra. Necessidade, para instaurar-se o processo de execução, de que o exequente apresente título do qual, por si só, deflua a obrigação de pagar. Impossibilidade de a matéria ser remetida para apuração em eventuais embargos, que estes se destinam a desconstituir o título anteriormente apresentado e não a propiciar sua formação" (RSTJ 47/287, maioria). Em sentido semelhante, ponderando não constituir título executivo o contrato "passível de alegação da exceção de contrato não cumprido (art. 1.092 do CC)": RT 717/166. O art. 1.092 do CC rev. corresponde ao CC 476 e 477.

Art. 784: 20b. "O contrato de prestação de serviços educacionais, devidamente formalizado, é título executivo extrajudicial. Configurada a demonstração de que prestado o serviço, a apuração do valor depende de simples operação aritmética" (STJ-3ª T., REsp 705.837, Min. Menezes Direito, j. 1.3.07, DJU 28.5.07). No mesmo sentido: RT 880/230 (TJMA, AP 019243/2008).

Art. 784: 20c. Conferindo eficácia executiva a contrato de **prestação de serviços** acompanhado dos respectivos boletins de medição e notas fiscais, a fim de legitimar execução para o efetivo recebimento dos valores pelo trabalho realizado: STJ-1ª T., REsp 882.747, Min. José Delgado, j. 28.8.07, um voto vencido, DJU 26.11.07.

Art. 784: 20d. Não é título executivo extrajudicial "o **contrato de intermediação** para a compra e venda de imóveis, com especificação de percentual para a comissão de corretagem" (RSTJ 87/200).

Art. 784: 21. Contrato de consórcio. "Contrato de adesão a grupo de consórcio não é título executivo, porque lhe faltam a certeza e a liquidez" (STJ-3ª T., REsp 218.381, Min. Menezes Direito, j. 3.2.04, DJU 29.3.04). No mesmo sentido, "já que as prestações devidas são reajustadas de acordo com o valor de mercado do bem objeto do plano, sendo, por isso, variáveis": RJM 174/183. Ainda: JTA 103/157, JTAERGS 84/368. "Destarte, se o veículo é alienado em leilão judicial, a cobrança pela via executiva do saldo devedor aos avalistas está comprometida pelo vício decorrente da inexistência, *ab initio*, de título líquido, certo e exigível, sendo inócua a confirmação do *quantum* remanescente via prova pericial, eis que esta partiu, a seu turno, de elementos fornecidos pela própria administradora do consórcio, não submetidos a prévio processo de cognição ordinária" (STJ-RT 802/173, 4ª T.).

Contra: "É exequível, se subscrito por duas testemunhas, o **contrato de consórcio,** não havendo que se falar em incerteza ou imprecisão do *quantum debeatur*, apurável mediante simples operação aritmética, a partir de dados inscritos neste tipo de documento" (RJTAMG 54/238, maioria, e RTJE 137/144, maioria).

Art. 784: 21a. "A carta de **fiança** não constitui título executivo; o credor só tem ação de execução contra o fiador, se dispuser de título executivo contra o devedor da obrigação principal" (STJ-2ª Seção, ED no REsp 113.881, Min. Ari Pargendler, j. 28.9.05, DJU 14.11.05).

"A carta de fiança, por si, não constitui título executivo. Indispensável que a obrigação principal esteja consubstanciada em título com aquela qualidade" (RSTJ 8/505).

Todavia: "É título executivo extrajudicial, líquido e exigível nos limites da quantia garantida, a carta de fiança bancária, máxime se o afiançado inadimplente aceitou a duplicata emitida pelo vendedor" (STJ-RT 679/200).

V. tb. art. 794, nota 3.

Art. 784: 21b. "A operação bancária denominada 'vendor' materializa-se em contratos das mais variadas formas, sendo incorreto afirmar, *a priori* e indistintamente, que não ostentam estes a condição de títulos executivos. No caso, os contratos apresentam valores fixos e determinados e foram assinados pela própria devedora, não havendo dúvida quanto à executoriedade daqueles documentos" (STJ-4ª T., REsp 1.190.361, Min. João Otávio, j. 7.4.11, maioria, DJ 25.8.11). No mesmo sentido: STJ-3ª T., REsp 1.309.047, Min. João Otávio, j. 27.8.13, maioria, DJ 13.9.13.

Art. 784: 22. Súmula 233 do STJ: "O **contrato de abertura de crédito,** ainda que acompanhado de extrato da conta-corrente, não é título executivo" (v. jurisprudência s/ esta Súmula em RSTJ 131/263 a 310). No mesmo sentido: **Súmula 14 do TJSC.**

A Súmula 233 do STJ refere-se a contrato de abertura de crédito em conta-corrente, em que o mutuário passa a ter um **crédito disponível,** o que difere do contrato de abertura de crédito fixo, cujo valor é **desde logo e integralmente creditado** na conta-corrente do financiado. Assim: "O contrato de abertura de crédito fixo, que possui valor certo e determinado, liberado de uma só vez e reconhecido pelo devedor, é título executivo extrajudicial, não se confundindo com o contrato de abertura de crédito em conta-corrente, cujo valor depende da efetiva utilização do crédito posto à disposição do correntista, a ser apurado por lançamentos unilaterais do credor" (STJ-4ª T., REsp 331.558-AgRg, Min. Sálvio de Figueiredo, j. 4.12.01, DJU 18.2.02). No mesmo sentido: STJ-3ª T., REsp 525.416, Min. Menezes Direito, j. 19.2.04, DJU 5.4.04; RT 867/240, maioria; RF 377/340; RJ 348/133.

"Contrato. Financiamento. Construção imobiliária. Título executivo. Crédito fixo, embora de liberação parcelada. Liquidez e certeza afirmada pelo acórdão" (STJ-4ª T., REsp 1.233.423-AgRg, Min. Luis Felipe, j. 16.2.12, DJ 24.2.12).

S/ contrato de abertura de crédito e: nota promissória, v. nota 5; confissão de dívida, v. nota 22b; cédula de crédito bancário, v. nota 37d; ação monitória, v. art. 700, nota 9.

Art. 784: 22a. Súmula 286 do STJ: "A renegociação de contrato bancário ou a confissão da dívida não impede a possibilidade de discussão sobre eventuais ilegalidades dos contratos anteriores" (v. jurisprudência s/ esta Súmula em RSTJ 177/201).

V., tb., no CCLCV, CC 360, nota 2.

Art. 784: 22b. Súmula 300 do STJ: "O instrumento de confissão de dívida, ainda que originário de contrato de abertura de crédito, constitui título executivo extrajudicial" (v. jurisprudência s/ esta Súmula em RSTJ 183/623, 185/669).

"O contrato de confissão de dívida, ainda que oriundo de contrato de abertura de crédito, constitui, em princípio, título hábil a autorizar a cobrança pela via executiva, facultado ao devedor, não obstante, discutir sobre os critérios adotados para a constituição do valor exigido, ainda que remontem ao instrumento originário" (STJ-4ª T., REsp 712.856, Min. Aldir Passarinho Jr., j. 13.12.05, DJU 6.3.06).

V. tb. art. 798, nota 3b.

Art. 784: 22c. "Encontrando-se o **borderô vinculado a um título de crédito e assinado por duas testemunhas,** possui executividade. No caso em questão, além de o borderô estar vinculado a notas promissórias, também está assinado pelo devedor e por duas testemunhas, conforme reconheceram as instâncias ordinárias" (STJ-4ª T., REsp 1.122.995-AgRg, Min. Marco Buzzi, j. 24.6.14, DJ 1.8.14).

Art. 784: 22d. s/ transação, v. CC 840 a 850.

Art. 784: 22e. "A **ausência de homologação judicial** do instrumento de transação, por si só, não retira ao documento o caráter de título executivo, embora lhe subtraia a possibilidade de execução como título judicial" (RSTJ 140/443). Em sentido semelhante: STJ-3ª T., REsp 1.061.233, Min. Nancy Andrighi, j. 1.9.11, DJ 14.9.11.

Art. 784: 22f. v. LJE 57 § ún.

Art. 784: 23. v. LMed 20 § ún. e 32 § 3º (no tít. ARBITRAGEM E MEDIAÇÃO).

Art. 784: 23a. "Execução com base em título extrajudicial. Relação hipotecária que inicia-se pelo contrato, que gera obrigação pessoal que, para se transformar em direito real de garantia, necessita do **registro no Registro Geral de Imóveis** e, sem ele, não há título executável" (STJ-3ª T., REsp 156.771, Min. Waldemar Zveiter, j. 4.3.99, DJU 10.5.99).

Art. 784: 24. s/ legitimidade passiva do prestador de garantia real em favor de terceiro, v. art. 779-V.

Art. 784: 24a. "Segundo lições da doutrina, na expressão 'caução', do inc. III do art. 585, CPC, compreendem-se **tanto a caução real como a fidejussória.** Dispensável, para a eficácia executiva do contrato de caução, previsto no inc. III do art. 585, CPC, a existência de **duas testemunhas**" (STJ-4ª T., REsp 129.002, Min. Sálvio de Figueiredo, j. 25.3.99, maioria, DJU 28.6.99). Também dispensando as testemunhas: STJ-3ª T., REsp 135.475, Min. Menezes Direito, j. 16.6.98, DJU 24.8.98.

Art. 784: 24b. s/ contrato de seguro contra incêndio, v. art. 700, nota 8c (ação monitória).

Art. 784: 25. Se não chegou a ser **expedida** a apólice de seguro, é incabível a execução por título extrajudicial (RTJ 115/770).

Art. 784: 26. "Plano de pecúlio não constitui título executivo" (Lex-JTA 171/406).

Art. 784: 26a. "Somente a lei pode prescrever quais são os títulos executivos, fixando-lhes as características formais peculiares. Logo, apenas os documentos descritos pelo legislador, seja em códigos ou em leis especiais, é que são dotados de força executiva, não podendo as partes convencionarem a respeito. Quanto aos seguros, somente os contratos de seguro de vida dotados de liquidez, certeza e exigibilidade são títulos executivos extrajudiciais, podendo ser utilizada, pois, a via da ação executiva. Logo, a apólice de **seguro de automóveis** não pode ser considerada título executivo extrajudicial" (STJ-3ª T., REsp 1.416.786, Min. Ricardo Cueva, j. 2.12.14, DJ 9.12.14).

Art. 784: 27. s/ responsabilidade do fiador em contrato de locação, v. LI 37, nota 2a (Súmula 214 do STJ), e 62, nota 8c (Súmula 268 do STJ).

Art. 784: 28. "As **obrigações acessórias** ao contrato de locação, tais como despesa com água, luz, multa e tributos, expressamente previstas no contrato, também estão compreendidas no art. 585, IV, do CPC, legitimando a execução juntamente com débito principal relativo aos aluguéis propriamente ditos" (STJ-5ª T., REsp 440.171, Min. Gilson Dipp, j. 18.2.03, DJU 31.3.03).

Art. 784: 29. "Possibilitada a execução de créditos decorrentes do aluguel, também a **multa** referente ao descumprimento do contrato locatício, expressamente prevista e delimitada no instrumento, pode ser cobrada nos termos do art. 585, IV, do CPC" (STJ-5ª T., REsp 229.777, Min. Felix Fischer, j. 16.11.99, DJU 6.12.99). No mesmo sentido: RT 828/276, JTA 100/347, citando RT 449/181, 479/135, 487/119, 524/173, 554/174; JTAERGS 90/241.

Todavia: "A multa que se pode admitir como inserta no art. 585 do CPC será apenas a referente ao aluguel do imóvel" (STJ-6ª T., REsp 302.486, Min. Hamilton Carvalhido, j. 18.12.03, DJU 4.8.03), e não a resultante de infração contratual, pois esta deve ser objeto de cobrança pela via ordinária, em que se verificará o seu cabimento ou não, bem como o seu exato valor (RT 760/300, Lex-JTA 152/372, 167/362, maioria).

Art. 784: 30. "O art. 585 do CPC não exige que o contrato de locação, para valer como título executivo extrajudicial, seja assinado por testemunhas, nem que seja apresentado no original, sendo, pois, bastante a cópia autenticada" (RT 714/179). No mesmo sentido: RT 732/287.

Dispensando as **testemunhas:** STJ-4ª T., Ag em REsp 970.755-AgInt, Min. Isabel Gallotti, j. 21.3.17, DJ 7.4.17; STJ-6ª T., REsp 201.123, Min. Fernando Gonçalves, j. 19.10.99, DJU 16.11.99; STJ-5ª T., REsp 446.001, Min. José Arnaldo, j. 8.4.03, DJU 12.5.03; RT 677/163, 705/160, 737/317; Lex-JTA 149/300, 151/296; RJTAERGS 105/349; RJTAMG 52/170; RJ 319/130.

Admitindo a **cópia:** "É suficiente, para instruir a inicial de execução, a cópia do contrato de locação, visto que a necessidade de juntar o original cabe às execuções fundadas em título cambial" (STJ-5ª T., REsp 543.102, Min. Felix Fischer, j. 7.8.03, DJU 8.9.03; STJ-6ª T., REsp 478.752, Min. Paulo Medina, j. 4.5.04, DJU 21.6.04). No mesmo sentido: Lex-JTA 157/347.

Art. 784: 31. A execução é cabível no caso de **contrato escrito com prazo de vigência vencido e prorrogado por tempo indeterminado** (STJ-5ª T., REsp 176.422, Min. Felix Fischer, j. 16.5.02, DJU 3.6.02; STJ-6ª T., REsp 215.148, Min. Vicente Leal, j. 16.5.00, DJU 29.5.00; JTA 93/407, 95/302, Lex-JTA 148/206, RJTAMG 19/190).

Contra, entendendo que a prorrogação do contrato de locação por prazo indeterminado retira as condições que caracterizam o título executivo (liquidez, certeza e exigibilidade): RJTAMG 19/223, 34/327.

Art. 784: 32. "Não pode o locador intentar ação de execução, pouco importa a consideração de período diferente, com base no mesmo **título** que foi **descaracterizado como executivo**" (Lex-JTA 148/206).

Art. 784: 33. "A **fixação do aluguel em percentual do faturamento da locatária,** em contrato escrito de locação celebrado com *shopping-center*, não retira do título os requisitos de certeza, liquidez e exigibilidade, uma vez que possível a apuração do valor por simples cálculo aritmético" (Lex-JTA 164/439).

Art. 784: 34. v., no tít. EXECUÇÃO FISCAL, Lei 6.830, de 22.9.80 (LEF).

Art. 784: 35. Esta disposição também se aplica às autarquias (RT 570/79).

Art. 784: 36. federal, e não estadual ou municipal (Bol. AASP 1.027/127).

Art. 784: 37. Para títulos executivos extrajudiciais previstos em leis constantes desta obra, exemplificativamente:

LACP 5º § 6º (termo de ajustamento de conduta tomado por órgão público).

EA 24 (contrato escrito de honorários de advogado).

No tít. ALIENAÇÃO FIDUCIÁRIA, Dec. lei 911/69, art. 5º.

No tít. ARBITRAGEM E MEDIAÇÃO, LArb 11 § ún. (honorários do árbitro) e LMed 20 § ún. e 32 § 3º (termo final de mediação).

No tít. EXECUÇÕES ESPECIAIS, Dec. lei 70/66, arts. 32 § 2º, 35 § 1º, 38; Lei 5.741/71, art. 10.

LJE 57 § ún. (acordo escrito referendado pelo MP).

Ainda nesta obra, v. tb. CF 114, nota 2b (termo de conciliação derivado de acordo celebrado perante comissão de conciliação prévia).

Fora desta obra, dá-se notícia, exemplificativamente, dos seguintes diplomas legais:

Lei 4.728, de 14.7.65, art. 75-*caput* e § 2º (contrato de câmbio). V. nota 37a.

Dec. lei 73, de 21.11.66, art. 27 (ações de cobrança de prêmio de contrato de seguro). Afirmando continuar em vigor esse dispositivo legal: JTA 104/106.

Lei 6.206, de 7.5.75, art. 2º (crédito de órgão controlador do exercício profissional).

Lei 6.385, de 7.12.76, art. 11 § 7º, acrescido pela Lei 10.303, de 31.10.01 (termo de compromisso celebrado pela Comissão de Valores Mobiliários).

LSA 107-I (acionista em mora perante a companhia).

Dec. 68.704, de 3.6.71, art. 45 (dívida ativa dos conselhos de odontologia).

Lei 6.822, de 22.9.80, art. 3º (multas impostas pelo Tribunal de Contas da União). V. nota 37b.

ECA 211 (compromisso de ajustamento de conduta voltado à tutela de criança ou adolescente).

Lei 8.668, de 25.6.93, art. 13 § ún. (boletim de subscrição de cotas de Fundo de Investimento Imobiliário).

Lei 9.605, de 12.2.98, art. 79-A, acrescentado pela Med. Prov. 2.163-41, de 23.8.01 (termo de compromisso celebrado por entidades do Sistema Nacional do Meio Ambiente).

Lei 10.741, de 1.10.03, art. 13 (transações relativas a alimentos devidos ao idoso, celebradas perante o Promotor de Justiça ou Defensor Público).

Lei 12.529, de 30.11.11, arts. 85 § 8º (compromisso de cessação de prática anticoncorrencial) e 93 (decisão do Plenário do Tribunal do CADE, cominando multa ou impondo obrigação de fazer ou não fazer).

Merecem atenção, ainda, os títulos executivos extrajudiciais com rigor cambiário (v. tb. notas 37c e 37d), previstos nos diplomas legislativos que os instituíram:

— a cédula hipotecária (art. 29 do Dec. lei 70, de 21.11.66);

— a cédula de crédito rural (art. 41 do Dec. lei 167, de 14.2.67), abrangendo a cédula rural pignoratícia, a cédula rural hipotecária, a cédula rural pignoratícia e hipotecária e a nota de crédito rural (art. 9º); a nota promissória rural (art. 44) e a duplicata rural (art. 52);

— a cédula de produto rural (art. 10 da Lei 8.929, de 22.8.94, no nosso CCLCV);

— a cédula imobiliária rural — CIR (art. 21 da Lei 13.986, de 7.4.20);

— a cédula de crédito industrial e a nota de crédito industrial (art. 41 do Dec. lei 413, de 9.1.69, no nosso CCLCV);

— a cédula de crédito à exportação e a nota de crédito à exportação (art. 1º da Lei 6.313, de 16.12.75);

— a cédula de crédito comercial e a nota de crédito comercial (art. 5º da Lei 6.840, de 3.11.80, no nosso CCLCV);

— o certificado de recebíveis imobiliários — CRI (art. 6º da Lei 9.514, de 20.11.97, no nosso CCLCV);

— a cédula de crédito imobiliário (art. 20 da Lei 10.931, de 2.8.04, no nosso CCLCV);

— a cédula de crédito bancário (art. 28 da Lei 10.931, de 2.8.04, no nosso CCLCV);

— o certificado de depósito bancário — CDB (art. 36 da Lei 13.986, de 7.4.20);

— o Certificado de Depósito Agropecuário e Warrant Agropecuário (art. 1º § 4º da Lei 11.076, de 30.12.04), o Certificado de Direitos Creditórios do Agronegócio (art. 24-*caput*), a Letra de Crédito do Agronegócio (art. 26-*caput*) e o Certificado de Recebíveis do Agronegócio (art. 36-*caput*).

Art. 784: 37a. "Em se tratando de **contrato de câmbio,** o protesto é condição de procedibilidade para a cobrança do título, via executiva" (JTAERGS 101/327).

"Contrato de câmbio. Interpretação do art. 75 da Lei Federal n. 4.728, de 1965. O contrato de câmbio que se presta para ajuizar a ação executiva é aquele em que se dá o adiantamento por conta da moeda estrangeira negociada" (JTJ 189/60).

Art. 784: 37b. As **decisões do Tribunal de Contas** da União de que resulte imputação de débito ou multa têm eficácia executiva (CF 71 § 3º). Também são títulos executivos as decisões dos Tribunais de Contas dos Estados e do Distrito Federal, bem como dos Tribunais e Conselhos de Contas dos Municípios.

"Decisão do Tribunal de Contas que resulte em imputação de débito. Rejeição do parecer que não retira sua executividade. Arts. 71, § 3º, e 75 da Constituição da República" (JTJ 156/127, maioria).

"Não se aplica a Lei n. 6.830/80 à execução de decisão condenatória do Tribunal de Contas da União quando não houver inscrição em dívida ativa. Tais decisões já são títulos executivos extrajudiciais, de modo que prescindem da emissão de Certidão de Dívida Ativa — CDA, o que determina a adoção do rito do CPC quando o administrador discricionariamente opta pela não inscrição" (STJ-2ª T., REsp 1.295.188, Min. Mauro Campbell, j. 14.2.12, DJ 24.2.12). No mesmo sentido: STJ-1ª T., REsp 1.112.617, Min. Teori Zavascki, j. 26.5.09, DJ 3.6.09.

"Execução das decisões de condenação patrimonial proferidas pelos Tribunais de Contas. Legitimidade para propositura da ação executiva pelo ente público beneficiário. Ilegitimidade ativa do Ministério Público, atuante ou não junto às Cortes de Contas, seja federal, seja estadual" (STF-Pleno, Ag em RE 823.347-RG, Min. Gilmar Mendes, j. 2.10.14, maioria, DJ 28.10.14).

No mesmo sentido, quanto à legitimidade circunscrita ao beneficiário: "A ação de execução de penalidade imposta por Tribunal de Contas somente pode ser ajuizada pelo ente público beneficiário da condenação" (STF-1ª T., RE 580.943-AgRg, Min. Ricardo Lewandowski, j. 18.6.13, RP 235/465). **Contra:** "Multa aplicada por Tribunal de Contas estadual a gestor municipal. Receita do ente federativo a que se vincula o órgão sancionador. Legitimidade do Estado para ajuizar a cobrança. A legitimidade para cobrar os créditos referentes a multas aplicadas por Tribunal de Contas é do ente público que mantém a referida Corte — na espécie, o Estado do Rio Grande do Sul —, por intermédio de sua Procuradoria" (STJ-1ª Seção, ED no AI 1.138.822, Min. Herman Benjamin, j. 13.12.10, DJ 1.3.11).

No mesmo sentido, quanto à ilegitimidade do MP nessas circunstâncias: STJ-1ª T., REsp 1.194.670, Min. Napoleão Maia Filho, j. 20.6.13, RP 224/516; STJ-2ª T., REsp 1.464.226, Min. Mauro Campbell, j. 20.11.14, DJ 26.11.14. **Contra,** reconhecendo a legitimidade do MP para a execução: STJ-RP 184/383 e RF 407/444 (1ª Seção, REsp 1.119.377).

Art. 784: 37c. "O título de **crédito rural, comercial ou industrial,** ainda que utilizado para renegociação de débito de origem diversa, guarda natureza executiva" (STJ-4ª T., REsp 746.987, Min. Aldir Passarinho Jr., j. 24.8.10, DJ 14.9.10). No mesmo sentido: STJ-3ª T., REsp 855.162-AgRg, Min. Paulo Sanseverino, j. 26.10.10, DJ 9.11.10.

"A nota de crédito comercial é título executivo extrajudicial, não a desnaturando a circunstância de o crédito ser utilizado mediante saques em conta vinculada à operação" (STJ-3ª T., REsp 57.168-5, Min. Costa Leite, j. 12.2.96, DJU 22.4.96).

Art. 784: 37d. "A **cédula de crédito bancário,** mesmo quando o valor nela expresso seja oriundo de saldo devedor em contrato de abertura de crédito em conta corrente, tem natureza de título executivo" (STJ-4ª T., REsp 1.038.215-AgRg, Min. Maria Isabel, j. 26.10.10, DJ 19.11.10).

Art. 784: 38. "A Lei n. 6.729/79, que dispõe sobre **convenção entre produtores e distribuidores de veículos automotores,** não tem em seu corpo de normas identificação expressa e taxativa de título com atribuição de força executória. Nem a convenção nela prevista, de índole particular, pode criar títulos dessa força" (RSTJ 14/389). Por outras palavras: "Tais convenções não são aptas a criar títulos executivos, o que só a lei pode fazer" (STJ-3ª T., REsp 5.689, Min. Eduardo Ribeiro, j. 27.11.90, DJU 18.2.91).

Contra, afirmando a condição de título executivo extrajudicial dessa convenção: JTA 128/195, Lex-JTA 141/115.

Art. 784: 39. v. arts. 55, nota 4 (execução e outra ação que se oponha aos atos executivos), 297, nota 2 (medida cautelar para impedir a propositura de execução), 313, nota 11b (ação de consignação e execução), art. 921, nota 2 (suspensão da execução, por ajuizamento ou pendência de outra demanda); Dec. lei 911/69, art. 2º, nota 2, no tít. ALIENAÇÃO FIDUCIÁRIA (cobrança simultânea do devedor fiduciário e do avalista); LEF 38 e notas (suspensão da exigibilidade do crédito tributário por ação judicial).

Art. 784: 39a. v. § 3º.

Art. 784: 40. v. LINDB 13.

Art. 784: 41. "Os títulos executivos extrajudiciais, como a nota promissória, oriundos de país estrangeiro, somente terão eficácia executiva, no Brasil, nos termos da lei processual brasileira, se o indicarem como lugar do cumprimento da obrigação" (RTJ 111/782). No mesmo sentido: Lex-JTA 140/99.

"O CPC reconhece a total validade do título executivo extrajudicial oriundo de país estrangeiro, ao qual empresta força executiva. Todavia, há de ser o título **traduzido para a língua nacional, convertendo-se o valor da moeda**

estrangeira em cruzeiro no ato da propositura da ação, posto que é nulo de pleno direito o título que estipule o pagamento em moeda que não a nacional" (RSTJ 27/313 e STJ-RT 668/181). No mesmo sentido, quanto à conversão do valor para moeda nacional no momento do ajuizamento da execução: RT 824/252.

Conferindo eficácia executiva à confissão de dívida assinada por devedores residentes no Brasil, que se comprometeram a enviar dólares para o credor em conta corrente no exterior, na medida em que a ordem para o pagamento e o procedimento para a remessa dos valores terá lugar aqui: STJ-3ª T., REsp 1.080.046, Min. Nancy Andrighi, j. 23.9.08, DJ 10.12.08.

Art. 785. A existência de título executivo extrajudicial não impede a parte de optar pelo processo de conhecimento,[1-2] a fim de obter título executivo judicial. [Sem dispositivo correspondente no CPC/1973]

Art. 785: 1. s/ reconvenção condenatória ofertada pelo detentor de título executivo, v. art. 343, nota 2a.

S/ conversão de execução em processo de conhecimento, v. art. 283, notas 4 e 5.

Art. 785: 2. inclusive **ação monitória.** "O credor que tem em mãos título executivo pode dispensar o processo de execução e escolher a ação monitória" (STJ-4ª T., REsp 394.695, Min. Barros Monteiro, j. 22.2.05, DJU 4.4.05). No mesmo sentido: STJ-3ª T., REsp 1.180.033, Min. Sidnei Beneti, j. 17.6.10, DJ 30.6.10; RT 833/255, Lex-JTA 170/193, JTJ 351/303 (AP 990.10.169376-3).

Seção II | DA EXIGIBILIDADE DA OBRIGAÇÃO

Art. 786. A execução pode ser instaurada caso o devedor não satisfaça a obrigação certa, líquida e exigível consubstanciada em título executivo.[1] [Dispositivo correspondente no CPC/1973: art. 580]

Parágrafo único. A necessidade de simples operações aritméticas para apurar o crédito exequendo não retira a liquidez da obrigação constante do título. [Sem dispositivo correspondente no CPC/1973]

Art. 786: 1. v. arts. 783 e 803-I.

Art. 787. Se o devedor não for obrigado a satisfazer sua prestação senão mediante a contraprestação do credor,[1] este deverá provar que a adimpliu ao requerer a execução,[2] sob pena de extinção do processo. [Dispositivo correspondente no CPC/1973: art. 582-*caput*]

Parágrafo único. O executado poderá eximir-se da obrigação, depositando em juízo a prestação ou a coisa, caso em que o juiz não permitirá que o credor a receba sem cumprir a contraprestação que lhe tocar. [Dispositivo correspondente no CPC/1973: art. 582 § ún.]

Art. 787: 1. v. arts. 798-I-*d* e 917 § 2º-IV. V. ainda CC 476.

Art. 787: 2. "A **interdependência das prestações** obriga que o exequente prove, com a inicial, que satisfez a prestação que lhe cabia antes de exigir a contraprestação do executado, sob pena de extinção do processo, nos termos do art. 787 do CPC/15. A incidência desta regra demanda, no entanto, que a interdependência das prestações esteja **prevista no próprio título executivo,** pois, caso contrário, devem ser consideradas totalmente independentes as prestações, devendo a matéria relativa à extensão do direito material ser dirimida em eventuais embargos à execução. Na hipótese concreta, o termo de confissão de dívida que ampara a pretensão executiva não continha qualquer previsão de interdependência entre alguma prestação devida pelo recorrente e aquelas devidas pelos recorridos, estando, assim, presente sua exigibilidade e sua exequibilidade" (STJ-3ª T., REsp 1.758.383, Min. Nancy Andrighi, j. 4.8.20, DJ 7.8.20).

Art. 788. O credor não poderá iniciar a execução ou nela prosseguir se o devedor cumprir a obrigação, mas poderá recusar o recebimento da prestação se ela não corresponder ao direito ou à obrigação estabelecidos no título executivo, caso em que poderá requerer a execução forçada, ressalvado ao devedor o direito de embargá-la.[1] [Dispositivo correspondente no CPC/1973: art. 581]

Art. 788: 1. s/ embargos à execução, v. arts. 914 e segs.

Capítulo V | DA RESPONSABILIDADE PATRIMONIAL

Art. 789. O devedor responde com todos os seus bens presentes e futuros[1-2] para o cumprimento de suas obrigações, salvo as restrições estabelecidas em lei. [Dispositivo correspondente no CPC/1973: art. 591]

Art. 789: 1. "A discriminação do patrimônio da empresa, mediante a criação de **filiais,** não afasta a unidade patrimonial da pessoa jurídica, que, na condição de devedora, deve responder com todo o ativo do patrimônio social por suas dívidas, à luz de regra de direito processual prevista no art. 591 do Código de Processo Civil" (STJ-1ª Seção, REsp 1.355.812, Min. Mauro Campbell, j. 22.5.13, DJ 31.5.13).

Art. 789: 2. "O imóvel objeto de separação consensual devidamente homologada pela Vara de Família e Sucessões, cuja propriedade ficou a cargo da **ex-esposa do executado,** não pode ser objeto de penhora, ainda que o registro da partilha só tenha ocorrido em momento posterior ao ajuizamento da ação de execução" (STJ-3ª T., Ag em REsp 159.917-AgRg, Min. Sidnei Beneti, j. 6.8.13, DJ 30.8.13).

V. tb. art. 674, nota 12, inclusive com a Súmula 84 do STJ.

Art. 790. São sujeitos à execução os bens:[1] [Dispositivo correspondente no CPC/1973: art. 592-*caput*]

I — do sucessor a título singular, tratando-se de execução fundada em direito real ou obrigação reipersecutória; [Dispositivo correspondente no CPC/1973: art. 592-I]

II — do sócio, nos termos da lei;[1a] [Dispositivo correspondente no CPC/1973: art. 592-II]

III — do devedor, ainda que em poder de terceiros; [Dispositivo correspondente no CPC/1973: art. 592-III]

IV — do cônjuge ou companheiro, nos casos em que seus bens próprios ou de sua meação respondem pela dívida;[2] [Dispositivo correspondente no CPC/1973: art. 592-IV]

V — alienados ou gravados com ônus real em fraude à execução;[3] [Dispositivo correspondente no CPC/1973: art. 592-V]

VI — cuja alienação ou gravação com ônus real tenha sido anulada em razão do reconhecimento, em ação autônoma, de fraude contra credores;[4] [Sem dispositivo correspondente no CPC/1973]

VII — do responsável, nos casos de desconsideração da personalidade jurídica.[5-6] [Sem dispositivo correspondente no CPC/1973]

Art. 790: 1. s/ sujeito passivo da execução, v. art. 779.

Art. 790: 1a. v. art. 795. V. tb. CC 50 e 1.024 e CDC 28.

Art. 790: 2. "**Solidariedade dos cônjuges** por dívidas contraídas em benefício da economia doméstica. Inteligência dos arts. 1.643 e 1.644 do CC de 2002. Legitimidade extraordinária do cônjuge, cujos bens se sujeitam à execução, na forma do art. 592, inciso IV, do CPC" (JTJ 342/217: AI 7.371.870-0).

"Mensalidades escolares. Dívidas contraídas em nome dos filhos da executada. Ausência de bens em nome da mãe para a satisfação do débito. Pretensão de inclusão do pai na relação jurídica processual. Possibilidade. Legitimidade extraordinária do responsável solidário pelo sustento e pela manutenção do menor matriculado em ensino regular.

Nos arts. 1.643 e 1644 do Código Civil, o legislador reconheceu que, pelas obrigações contraídas para a manutenção da economia doméstica, e, assim, notadamente, em proveito da entidade familiar, o casal responderá solidariamente, podendo-se postular a excussão dos bens do legitimado ordinário e do coobrigado, extraordinariamente legitimado. Estão abrangidas na locução 'economia doméstica' as obrigações assumidas para a administração do lar e, pois, à satisfação das necessidades da família, no que se inserem as despesas educacionais" (STJ-3ª T., REsp 1.472.316, Min. Paulo Sanseverino, j. 5.12.17, DJ 18.12.17).

Todavia, v. art. 73, nota 8b.

Art. 790: 3. v. art. 792.

Art. 790: 4. v. CC 158 e segs.

Art. 790: 5. v. arts. 133 a 137. V. tb. CC 50 e CDC 28.

Art. 790: 6. **"Desnecessidade de aplicação da teoria da desconsideração da personalidade jurídica aos condomínios.** Possibilidade de redirecionamento da execução em relação aos condôminos após esgotadas as tentativas de constrição de bens do condomínio, em respeito ao princípio da menor onerosidade para o devedor. Hipótese em que houve penhora de créditos, mas não se esgotaram as possibilidades de realização desses créditos em favor do exequente. Redirecionamento da execução descabido no caso concreto" (STJ-3ª T., REsp 1.486.478, Min. Paulo Sanseverino, j. 5.4.16, DJ 28.4.16).

Art. 791. Se a execução tiver por objeto obrigação de que seja sujeito passivo o proprietário de terreno submetido ao regime do direito de superfície,[1] ou o superficiário, responderá pela dívida, exclusivamente, o direito real do qual é titular o executado, recaindo a penhora ou outros atos de constrição exclusivamente sobre o terreno, no primeiro caso, ou sobre a construção ou a plantação, no segundo caso. [Sem dispositivo correspondente no CPC/1973]

§ 1º Os atos de constrição a que se refere o *caput* serão averbados separadamente na matrícula do imóvel, com a identificação do executado, do valor do crédito e do objeto sobre o qual recai o gravame, devendo o oficial destacar o bem que responde pela dívida, se o terreno, a construção ou a plantação, de modo a assegurar a publicidade da responsabilidade patrimonial de cada um deles pelas dívidas e pelas obrigações que a eles estão vinculadas.

§ 2º Aplica-se, no que couber, o disposto neste artigo à enfiteuse,[1a] à concessão de uso especial para fins de moradia[2] e à concessão de direito real de uso.[3]

Art. 791: 1. v. CC 1.369 e segs.

Art. 791: 1a. v. CC rev. 678 e segs.

Art. 791: 2. v. CC 1.225-XI.

Art. 791: 3. v. CC 1.225-XII.

Art. 792. A alienação ou a oneração de bem é considerada fraude à execução:[1 a 11] [Dispositivo correspondente no CPC/1973: art. 593-*caput*]

I — quando sobre o bem pender[12-12a] ação fundada em direito real ou com pretensão reipersecutória, desde que a pendência do processo tenha sido averbada no respectivo registro público, se houver; [Dispositivo correspondente no CPC/1973: art. 593-I]

II — quando tiver sido averbada, no registro do bem, a pendência do processo de execução, na forma do art. 828; [Sem dispositivo correspondente no CPC/1973]

III — quando tiver sido averbado, no registro do bem, hipoteca judiciária[12b] ou outro ato de constrição judicial originário do processo onde foi arguida a fraude; [Sem dispositivo correspondente no CPC/1973]

Código de Processo Civil

IV — quando, ao tempo da alienação ou da oneração, tramitava contra o devedor[13 a 13b] ação[14-14a] capaz de reduzi-lo à insolvência;[14b a 17] [Dispositivo correspondente no CPC/1973: art. 593-II]

V — nos demais casos expressos em lei. [Dispositivo correspondente no CPC/1973: art. 593-III]

§ 1º A alienação em fraude à execução é ineficaz em relação ao exequente.[18-19] [Sem dispositivo correspondente no CPC/1973]

§ 2º No caso de aquisição de bem não sujeito a registro, o terceiro adquirente tem o ônus de provar que adotou as cautelas necessárias para a aquisição, mediante a exibição das certidões pertinentes, obtidas no domicílio do vendedor e no local onde se encontra o bem. [Sem dispositivo correspondente no CPC/1973]

§ 3º Nos casos de desconsideração da personalidade jurídica, a fraude à execução verifica-se a partir da citação da parte cuja personalidade se pretende desconsiderar.[19a] [Sem dispositivo correspondente no CPC/1973]

§ 4º Antes de declarar a fraude à execução, o juiz deverá intimar o terceiro adquirente, que, se quiser, poderá opor embargos de terceiro, no prazo de 15 (quinze) dias.[20-21] [Sem dispositivo correspondente no CPC/1973]

Art. 792: 1. s/ fraude de execução e: alienação de coisa litigiosa, v. arts. 109 e 808; ato atentatório à dignidade da justiça, v. art. 774-I; sujeição de bens à execução, v. art. 790-V; alienação de bem arrestado, v. art. 830, nota 3; registro de penhora ou arresto como presunção absoluta de conhecimento por terceiros, v. art. 844; conluio entre executado e terceiro, v. art. 856 § 3º; competência do juízo deprecante para apreciá-la, v. art. 914, nota 15; alienação de bem de família, v. LBF 1º, nota 22; medida cautelar fiscal, v. MCF 2º.

Em matéria de imóvel, v. tb. **Lei 13.097, de 19.1.15,** arts. 54 a 58, 61 e 168.

Art. 792: 2. "Reconhecida a fraude de execução, a ineficácia da alienação de bens pode ser **declarada incidentalmente** no processo de execução, **independente de ação específica"** (RT 697/82, RJTJESP 88/283, 139/75, JTJ 174/262) "e até de ofício no próprio processo" (STJ-JTAERGS 77/342).

"A fraude à execução é instituto de direito processual, cuja caracterização pressupõe a prévia existência de ação e que, por isso mesmo, acarreta a ineficácia primária da conduta fraudulenta, com a sujeição imediata do bem desviado aos atos de execução, razão pela qual pode ser declarada incidentalmente no próprio processo, dispensando medida autônoma. Como é originária, a declaração de fraude à execução dispensa prévia manifestação do terceiro adquirente, só havendo margem para discussão da legitimidade da penhora após a sua efetivação. Mesmo que homologado judicialmente, o acordo fraudulento pode ter sua ineficácia declarada na própria execução, podendo o terceiro eventualmente prejudicado valer-se dos embargos, dotados de ampla dilação probatória, para demonstrar a inexistência de fraude à execução e, com isso, livrar de constrição o bem que se encontra em seu patrimônio" (STJ-3ª T., REsp 1.260.490, Min. Nancy Andrighi, j. 7.2.12, DJ 2.8.12).

Art. 792: 3. Antes do decreto da fraude de execução, o **terceiro adquirente deve ser intimado** para opor embargos de terceiro.

V. § 4º, inclusive nota 21, e arts. 674 § 2º-II e 679, nota 4.

Art. 792: 4. "Fraude de execução. **Alteração no contrato social. Transferência de bens e cotas.** Comprovada a existência de fraude de execução, mostra-se possível a aplicação da teoria da desconsideração da personalidade jurídica para assegurar a eficácia do processo de execução" (STJ-4ª T., REsp 476.713, Min. Sálvio de Figueiredo, j. 20.3.03, DJU 1.3.04).

Art. 792: 5. "Penhoradas, com averbação da penhora, cotas de sociedade por cotas de responsabilidade limitada em execução movida contra os sócios, configura fraude de execução a **alienação fraudulenta de imóvel pela sociedade em proveito dos sócios executados,** patenteado pelo recebimento do valor da venda mediante endosso de cheque dado em pagamento. A venda de bem imóvel de vulto, na pendência de penhora de cota de sociedade por cotas de responsabilidade limitada, com transferência imediata, por esta, do numerário aos sócios, mediante endosso de cheque, implica o esvaziamento do valor das cotas e, consequentemente, da penhora, devidamente registrada, que sobre elas se realizou. Patente a malícia da venda, em proveito dos sócios, pela sociedade, com prévio alerta da adquirente, devidamente notificada da existência do débito e da penhora registrada, não há como reconhecer boa-fé por parte da adquirente, impondo-se o reconhecimento de alienação em fraude de execução" (STJ-3ª T., REsp 1.355.828, Min. Sidnei Beneti, j. 7.3.13, DJ 20.3.13).

Art. 792: 6. "A deliberação, constante de assembleia geral de companhia, para que seja pago determinado montante a título de remuneração global aos sócios administradores, não pode ser caracterizada fraude à execução, porquanto **não representa uma hipótese de alienação de bens,** como determinado pelo art. 593 do CPC. Se a deliberação não observa os ditames do art. 152 da Lei das S.A., ou se há intento de fraudar credores na decisão tomada, trata-se de matéria que deve ser abordada em ação própria, com abertura de amplo contraditório e possibilidade de dilação probatória. Nos autos da execução, há outros mecanismos à disposição dos credores para atingir patrimônio eventualmente desviado pela empresa executada" (STJ-3ª T., Ag 1.379.709, Min. Nancy Andrighi, j. 6.12.11, DJ 16.12.11).

Art. 792: 7. A fraude de execução pode ser reconhecida em razão de **partilha** homologada em **separação de casal,** na qual o patrimônio do demandado tenha sofrido desfalque substancial (JTJ 259/116).

Art. 792: 7a. "Mesmo em se tratando de **renúncia translativa da herança,** e não propriamente abdicação, se extrai do conteúdo do art. 1.813, do Código Civil/02, combinado com o art. 593, III, do CPC que, se o herdeiro prejudicar seus credores, renunciando à herança, o ato será ineficaz perante aqueles que com quem litiga. Dessarte, muito embora não se possa presumir a má-fé do beneficiado pela renúncia, não há como permitir o enriquecimento daquele que recebeu gratuitamente os bens do quinhão hereditário do executado, em detrimento do lídimo interesse do credor e da atividade jurisdicional da execução" (STJ-4ª T., REsp 1.252.353, Min. Luis Felipe, j. 21.5.13, DJ 21.6.13).

Art. 792: 8. "Considera-se como relevante a **data de alienação do bem,** e não o seu registro no Cartório de Imóveis, para se aferir a existência de fraude à execução" (STJ-3ª T., AI 198.099-AgRg, Min. Menezes Direito, j. 17.11.98, DJU 22.2.99). "Se o imóvel for adquirido por escritura pública lavrada antes da constituição do débito tributário, levada a registro, porém, posteriormente à execução fiscal, não se pode alegar fraude à execução, pois a transcrição, embora da essência da transmissão da propriedade, remonta à aquisição" (RT 744/210). No mesmo sentido: RJTJESP 120/119, JTJ 197/63.

Contra: "A propriedade imobiliária só se transmite após a transcrição do título no registro de imóveis. Pode sofrer constrição judicial o imóvel alienado por escritura pública firmada em data anterior à execução fiscal, mas levada à transcrição no registro imobiliário somente depois de seu ajuizamento" (STJ-1ª T., REsp 10.844-0, Min. Cesar Rocha, j. 5.10.94, dois votos vencidos, DJU 19.12.94). No mesmo sentido, entendendo caracterizada a fraude de execução se a venda do imóvel é anterior à citação, mas o registro da venda é posterior: RT 744/368, maioria, Lex-JTA 146/34.

V., no art. 674, nota 12, a **Súmula 84 do STJ.**

Art. 792: 8a. Execução fiscal. Alienado o bem do **sócio** antes da inscrição do seu nome em dívida ativa, não há fraude de execução, ainda que já inscrito em dívida ativa o nome da sociedade ao tempo da alienação (STJ-2ª T., REsp 1.409.654, Min. Herman Benjamin, j. 15.10.13, DJ 6.12.13). Em sentido semelhante: RT 797/290, 850/235, Lex-JTA 168/319. **Contra:** "Caracteriza-se fraude à execução fiscal a alienação de bem de sócio ainda não citado, embora já iniciada a execução contra a sociedade" (STJ-1ª T., REsp 225.891, Min. Milton Luiz Pereira, j. 6.12.01, DJU 11.3.02). No mesmo sentido: STJ-2ª T., REsp 633.440, Min. Castro Meira, j. 21.9.06, DJ 29.9.06.

V. tb. LEF 2º, nota 8a.

Art. 792: 9. "Não há dispositivo legal algum impondo que os devedores têm de permanecer inertes, em expectativa, esperando o resultado da alienação judicial do imóvel penhorado para saber se podem, ou não, dispor de seu patrimônio. Desde que o **bem penhorado garanta a dívida exequenda,** não se pode falar em fraude de execução" (JTJ 162/126).

Art. 792: 10. "Não se exige a demonstração do intuito de fraudar, circunstância de que não se cogita em se tratando de fraude de execução, mas apenas em fraude contra credores, que reclama ação própria (revocatória/pauliana). Na fraude de execução, **dispensável é a prova da má-fé"** (RSTJ 159/484). No mesmo sentido: JTJ 259/116.

Art. 792: 10a. A alienação de bem a terceiro de boa-fé não é alcançada pelo reconhecimento de fraude de execução em anterior transferência, quando ausente ato de registro (STJ-RT 850/211: 2ª Seção, ED no REsp 144.190). Consta do voto do relator a ementa do julgado embargado: "'A sentença faz coisa julgada às partes entre as quais é dada, não beneficiando, nem prejudicando terceiros' (art. 472 do CPC). Ainda que cancelado o registro concernente à alienação havida entre o executado e os antecessores dos embargantes, a estes — terceiros adquirentes de boa-fé — é permitido o uso dos embargos de terceiro para a defesa de sua posse. Inexistindo registro da penhora sobre bem alienado a terceiro, incumbe ao exequente e embargado fazer a prova de que o terceiro tinha conhecimento da ação ou da constrição judicial". No mesmo sentido: "Quem adquire o bem depois de sucessivas transmissões, sem ter meios de saber de sua origem irregular, pode se valer dos embargos de terceiro para afastar a turbação resultante de ato judicial. O reconhecimento de fraude contra credores, com a participação do adquirente do bem, só pode se dar na ação própria" (STJ-2ª T., REsp 45.453, Min. Ari Pargendler, j. 14.11.96, DJU 16.12.96).

S/ registro da penhora e posteriores alienações sucessivas do bem, v. art. 844, nota 2.

Art. 792: 11. Tanto no caso do inciso I, como no do inciso IV: "Para que se configure fraude à execução não é suficiente o ajuizamento da demanda, mas **citação válida"** (RTJ 116/356). No mesmo sentido: RTJ 122/800, 130/786 (decisão longamente fundamentada, em caso de compromisso de compra e venda); STF-JTA 107/286, 115/245, STF-RJTJERGS 146/13, RSTJ 12/385, 53/310, 59/298, 69/436, 77/177, 89/230, STJ-RT 659/196, 669/186, 739/234, 805/202.

"Não é possível pretender-se a declaração de fraude à execução sem a existência de demanda anterior com citação válida. A fraude à execução consiste em ato de muita gravidade, que acarreta danos aos credores e atenta contra o próprio desenvolvimento da atividade jurisdicional, frustrando a sua atuação. Está, inclusive, tipificada como crime (Código Penal, art. 179). Por isso, o seu reconhecimento deve ser seriamente sopesado, sendo a citação ato extremamente relevante, considerado um marco para a sua efetiva constatação" (RSTJ 188/119: Corte Especial, ED no REsp 259.890; a citação é do voto do relator).

"É indispensável citação válida para configuração da fraude de execução, ressalvada a hipótese prevista no § 3º do art. 615-A do CPC" (STJ-Corte Especial, REsp 956.943, Min. João Otávio, j. 20.8.14, maioria, DJ 1.12.14).

Contra, entendendo que basta o ajuizamento da ação para que a alienação feita pelo devedor se considere em fraude de execução: RT 601/125, maioria, 609/107, 708/115, 709/100, 729/210, maioria, JTA 91/126, 100/41, 104/61, Lex-JTA 147/40, bem fundamentado. "O CPC em vigor não mais exige, para a instauração da instância, a citação do réu e, portanto, o art. 593, inciso II, se satisfaz com a existência da demanda em curso. A ação se considera proposta, de acordo com a sistemática do Código, com o simples despacho da petição inicial. Havendo mais de um juízo, no mesmo foro, a distribuição, independente do despacho, basta para que a ação se considere proposta" (RJTJESP 114/215).

V. tb. notas 14 e segs.

Art. 792: 12. "Somente se caracteriza a fraude de execução quando a alienação é realizada já pendente aquela demanda que dá origem à penhora, contra a qual se insurge o adquirente mediante embargos de terceiro. Se a **alienação é anterior a** tal **demanda,** a hipótese somente pode ser entendida, em tese, como de fraude a credores, ainda que ao tempo da venda outras demandas afetassem o patrimônio do devedor alienante" (RSTJ 6/322, maioria, e JTA 120/223, o mesmo acórdão).

Art. 792: 12a. "É lícito se presuma, de parte do adquirente, o **conhecimento de** que corria a **demanda, 'pela publicação de editais,** decorrentes de protesto judicial' (contra a alienação dos bens, com publicação também em jornal de circulação local, onde residia o adquirente)" (RSTJ 139/225).

Art. 792: 12b. v. art. 495.

Art. 792: 13. "O **comparecimento do citando** supre a falta de citação. Desse modo, havendo o executado oferecido embargos, há de entender-se que atendido o disposto no art. 593, II, ao exigir que, ao tempo da venda, houvesse ação em curso" (RSTJ 77/194).

Art. 792: 13a. Nos limites previstos em lei, os bens do **fiador** respondem pelo débito do afiançado; em tais condições, incide o art. 792 no caso de fraude praticada por fiador. Para isso, entretanto, exige-se que a alienação do bem tenha ocorrido após a sua **citação** — não do devedor principal — para responder à ação capaz de reduzi-lo à insolvência.

Em matéria de **ação de despejo** cumulada com cobrança de aluguéis: "Fraude à execução. Não basta a cientificação dos fiadores da ação de despejo por falta de pagamento movida contra os inquilinos; é necessário que tenham sido citados para a demanda" (STJ-6ª T., REsp 299.330, Min. Vicente Leal, j. 4.10.01, DJU 22.1.01). No mesmo sentido: RT 601/159. **Contra:** "Presume-se a fraude à execução quando o fiador, após cientificação em processo de cognição, efetua a alienação do bem a fim de desonerar-se do cumprimento das obrigações assumidas no contrato de locação" (acórdão do 2º TASP, confirmado pelo STF, cf. RJ 255/36).

Art. 792: 13b. O texto se refere apenas ao devedor, e não também ao seu fiador, ou seja, configura-se a fraude à execução **ainda que o fiador tenha bens** suficientes para cumprir a garantia: "Para caracterização da fraude à execução, não se exige que também os fiadores fiquem reduzidos à insolvência, ou que se demonstre não terem, os mesmos, bens para garantir a dívida" (STJ-3ª T., REsp 47.106-0, Min. Costa Leite, j. 2.8.94, DJU 20.2.95).

Art. 792: 14. qualquer "ação": seja em processo de execução, seja em processo de conhecimento (STJ-4ª T., REsp 97.646, Min. Ruy Rosado, j. 15.10.96, DJU 18.11.96; JTA 96/260).

"Fraude de execução. Indispensabilidade de que tenha havido a citação. Não necessariamente, entretanto, para o processo de execução. Basta que se tenha verificado em processo de conhecimento, de que possa resultar condenação" (STJ-3ª T., REsp 74.222, Min. Eduardo Ribeiro, j. 14.5.96, DJU 10.6.96). No mesmo sentido: Bol. AASP 2.344/2.888.

Art. 792: 14a. "Execução movida contra o espólio quando já havia sentença homologatória de partilha, o que impossibilitou o antecessor dos embargantes saber da existência de demanda capaz de reduzir a alienante à insolvência. Hipótese em que deve se resguardar o interesse do adquirente de boa-fé" (RSTJ 128/274).

Art. 792: 14b. "A **citação válida do devedor,** exigida para o fim de caracterização de alienação em fraude à execução, pode ser aquela efetivada em ação de conhecimento, cujo julgamento possa reduzi-lo à insolvência. Para que exista fraude à execução é preciso que a alienação do bem tenha ocorrido após registrada a citação válida do devedor ou, então, que o credor prove o conhecimento do adquirente sobre a existência de demanda pendente contra o alienante, ao tempo da aquisição" (STJ-3ª T., REsp 234.473, Min. Nancy Andrighi, j. 22.10.01, DJU 18.2.02). No mesmo sentido: STJ-4ª T., REsp 212.107, Min. Ruy Rosado, j. 4.11.99, DJU 7.2.00.

"Quando da alienação do bem, portanto, no momento caracterizador da fraude, o devedor-executado tinha pleno **conhecimento do ajuizamento da execução** e, como forma de subtrair-se à responsabilidade executiva decorrente da atividade jurisdicional esquivou-se da citação de modo a impedir a caracterização da litispendência e nesse período adquiriu um bem imóvel em nome dos filhos. Inegável, portanto, que no caso em questão o ato fraudulento do executado maltratou não apenas o interesse privado do credor, mas sim a eficácia e o próprio prestígio da atividade jurisdicional, razão por que o ato de alienação de bens praticado pelo executado, ainda que anteriormente à citação, está mesmo a caracterizar fraude de execução" (STJ-4ª T., REsp 799.440, Min. João Otávio, j. 15.12.09, DJ 2.2.10).

"O julgado rescindendo, ao concluir pela possibilidade de ser reconhecida a fraude de execução, ainda que não consumada a citação do devedor, mas comprovado que tinha ele, assim como o terceiro adquirente, plena ciência da ação executiva em curso, fê-lo pautado em consistente fundamentação jurídica, corroborada por ampla rede de entendimentos doutrinários e jurisprudenciais e construída com base em criterioso exame dos elementos fático-probatórios trazidos aos autos" (STJ-2ª Seção, AR 3.574, Min. João Otávio, j. 23.4.14, DJ 9.5.14; a citação é do voto do relator).

V. tb. nota 11.

Art. 792: 15. "A caracterização da fraude de execução prevista no inciso II do art. 593, CPC, ressalvadas as hipóteses de constrição legal, reclama a concorrência de **dois pressupostos,** a saber, uma **ação em curso** (seja executiva, seja condenatória), com citação válida, e o **estado de insolvência** a que, em virtude da alienação ou oneração, conduzido o devedor. A demonstração do pressuposto da insolvência é dispensável para a caracterização de outras hipóteses de fraude de execução, a saber, a contemplada no inciso I do mesmo dispositivo e as de oneração ou alienação do bem sob constrição judicial" (STJ-4ª T., REsp 20.778-6, Min. Sálvio de Figueiredo, j. 26.9.94, DJU 31.10.94).

Art. 792: 16. Súmula 375 do STJ: "O reconhecimento da fraude à execução depende do **registro da penhora** do bem alienado ou da **prova de má-fé** do terceiro adquirente".

"Para que se tenha por fraude à execução a alienação de bens de que trata o inciso II do art. 593 do CPC, é necessária a presença concomitante dos seguintes elementos: a) que a ação já tenha sido aforada; b) que o adquirente saiba da existência da ação, ou por já constar no cartório imobiliário algum registro dando conta de sua existência (presunção *juris et de jure* contra o adquirente), ou porque o exequente, por outros meios, provou que do aforamento da ação o adquirente tinha ciência; c) que a alienação ou a oneração dos bens seja capaz de reduzir o devedor à insolvência, militando em favor do exequente a presunção *juris tantum*" (RSTJ 111/216 e STJ-RT 811/179).

"Para a caracterização da fraude de execução prevista no inc. II do art. 593 do CPC, não basta a simples existência de demanda contra o vendedor (devedor da execução) capaz de reduzi-lo à insolvência, é necessário também o conhecimento pelo comprador de demanda com tal potência. Presume-se esse conhecimento na hipótese em que existente o devido registro da ação no cartório apropriado, ou então impõe-se ao credor da execução a prova desse conhecimento" (STJ-3ª T., REsp 439.418, Min. Nancy Andrighi, j. 23.9.03, DJU 1.12.03). No mesmo sentido, mais recentemente: STJ-3ª T., REsp 921.160, Min. Sidnei Beneti, j. 8.2.08, DJU 10.3.08. Ainda: STJ-4ª T., REsp 953.747-AgRg, Min. Luis Felipe, j. 21.8.12, DJ 30.8.12.

"A norma processual exige somente o ajuizamento da ação para que a alienação posterior do bem seja tida como em fraude de execução, ou seja, exige somente a propositura da ação, não a citação posterior dos réus ou executados" (JTJ 314/402: AI 7.094.811-3).

No tocante à **prova da insolvência:** "Para que a alienação ou oneração de bens seja considerada em fraude de execução, quando ainda não realizada a penhora, é necessário que o credor faça a prova da insolvência de fato do devedor" (STJ-RF 394/376: 3ª T., REsp 867.502).

Ainda no sentido de que compete ao exequente a prova da insolvência: RSTJ 73/227 (4ª T., REsp 32.890-5), Bol. AASP 1.483/119, JTJ 359/49 (AI 242.798-46.2010.8.26.0000). **Contra,** entendendo que a insolvência se presume, cabendo ao devedor fazer a prova contrária: STJ-RT 700/193 (3ª T., REsp 13.988, maioria), RT 613/117, 613/139, Bol. AASP 2.537/4.427. **Ainda contra:** "A presunção de fraude estabelecida pelo inciso II do art. 593 do CPC beneficia o autor ou exequente, transferindo à parte contrária o ônus da prova da não ocorrência dos pressupostos caracterizadores da fraude de execução. Tendo as instâncias ordinárias reconhecido a ausência de prova de solvência do executado que alienou bem imóvel após sua citação válida em processo executivo, correto o reconhecimento da fraude à execução" (STJ-2ª Seção, AR 3.785, Min. João Otávio, j. 12.2.14, DJ 10.3.14).

V. tb. art. 844, nota 2.

Em matéria de execução fiscal, v. LEF 2º, nota 8a.

Em matéria de imóvel, v. **Lei 13.097, de 19.1.15,** arts. 54 a 58, 61 e 168.

Art. 792: 16a. "No caso em que o imóvel penhorado, ainda que sem o registro do gravame, foi **doado** aos filhos menores dos executados, reduzindo os devedores a estado de insolvência, não cabe a aplicação do verbete contido na Súmula 375, STJ. É que, nessa hipótese, não há como perquirir-se sobre a ocorrência de má-fé dos adquirentes ou se estes tinham ciência da penhora. Nesse passo, reconhece-se objetivamente a fraude à execução, porquanto a má-fé do doador, que se desfez de forma graciosa de imóvel, em detrimento de credores, é o bastante para configurar o ardil previsto no art. 593, II, do CPC. É o próprio sistema de direito civil que revela sua intolerância com o enriquecimento de terceiros, beneficiados por atos gratuitos do devedor, em detrimento de credores, e isso independentemente de suposições acerca da má-fé dos donatários (v. g. arts. 1.997, 1.813, 158 e 552 do Código Civil de 2002)" (STJ-4ª T., REsp 1.163.114, Min. Luis Felipe, j. 16.6.11, DJ 1.8.11).

Art. 792: 16b. No sentido de que a insolvência e consequentemente a fraude de execução caracterizam-se com a alienação de todos os **bens existentes no Brasil,** pouco importando a existência de bens em outros países: STJ-RF 404/351 (3ª T., REsp 1.063.768).

Art. 792: 17. "Não se configura fraude à execução se o **veículo automotor** é objeto de sucessivas vendas após aquela iniciada pelo executado, inexistindo qualquer restrição no DETRAN que pudesse levar à indicação da ocorrência do *consilium fraudis.* Ademais, em se tratando de bem móvel, não há a praxe de os compradores pesquisarem junto a cartórios de distribuição e protesto para verificar se contra o vendedor pesa alguma dívida ou ação" (STJ-4ª T., REsp 618.444, Min. Aldir Passarinho Jr., j. 7.4.05, DJU 16.5.05).

V. tb. art. 844, nota 3.

Art. 792: 18. A alienação ou oneração em fraude de execução **não é nula,** mas apenas **ineficaz** relativamente ao juízo da execução (RT 594/122, 741/318, JTJ 174/37, JTA 88/358, 100/61, 104/354, Bol. AASP 1.450/235).

A alienação ou oneração é ineficaz em relação ao exequente (RTFR 126/95), embora válida quanto aos demais, e, por isso, não há necessidade de ser anulado o registro imobiliário. Assim: "A decisão que declara a fraude à execução sujeita à penhora o imóvel alienado, sem atingir a transmissão da propriedade, cujo negócio jurídico é, tão só, ineficaz em relação ao credor" (RSTJ 124/265).

Se ocorrer arrematação ou adjudicação na execução, então o cancelamento se impõe, em virtude do princípio da continuidade do registro (RT 601/117, 639/119, JTA 92/175, 96/96, em termos, Lex-JTA 194/204, maioria).

Art. 792: 19. "Na fraude de execução, o ato não é nulo, inválido, mas sim ineficaz em relação ao credor. Ocorrendo, porém, **remição da execução, não mais se pode cogitar da ineficácia** do ato de alienação" (RSTJ 20/282).

Art. 792: 19a. v. art. 137.

Art. 792: 20. v. nota 3 e arts. 674 § 2º-II e 679, nota 4.

Art. 792: 21. Esse **prazo de 15 dias não é preclusivo,** considerando que os embargos de terceiro podem ser opostos dentro do amplo lapso temporal previsto no art. 675, que vale também para os casos de fraude à execução.

Art. 793. O exequente que estiver, por direito de retenção,[1] na posse de coisa pertencente ao devedor não poderá promover a execução sobre outros bens senão depois de excutida a coisa que se achar em seu poder.[1a a 3] [Dispositivo correspondente no CPC/1973: art. 594]

Art. 793: 1. v. CC 242-*caput*, 319, 477, 491, 495, 571 § ún., 633, 578, 644, 664, 681, 708, 742, 1.219, 1.220, 1.423, 1.433-II, 1.507-*caput* e § 2º, 1.509 § 1º. V. tb. CLT 455 § ún.

Art. 793: 1a. "É direito do executado ver excutidos em primeiro lugar os **bens dados em penhor** (arts. 594 e 655, § 2º, CPC). Havendo culpa do exequente no desaparecimento da garantia pignoratícia, admite-se compensação entre o crédito exequendo e o valor monetário da mercadoria apenhada. Possibilidade de comprovação da culpa do credor e de liquidação do crédito do executado em sede de embargos à execução fundada em título extrajudicial. Entendimento diverso conduziria à situação esdrúxula de o executado sofrer constrição de outros bens de seu patrimônio e ter que recorrer a ação autônoma para reaver os que foram dados em garantia" (STJ-4ª T., REsp 8.453-0 Min. Sálvio de Figueiredo, j. 16.3.92, DJU 3.8.92).

V. art. 835, nota 19.

Art. 793: 2. Por identidade de razões, o **credor caucionário** não pode cobrar o crédito sem antes excutir a caução (JTA 90/402).

Art. 793: 3. "Inaplicável o art. 594 do CPC, face à **devolução das duplicatas caucionadas**" (STJ-3ª T., REsp 11.238, Min. Cláudio Santos, j. 10.9.91, DJU 23.9.91).

Art. 794. O fiador, quando executado,[1 a 3] tem o direito de exigir que primeiro sejam executados os bens do devedor[3a] situados na mesma comarca, livres e desembargados, indicando-os pormenorizadamente à penhora.[4] [Dispositivo correspondente no CPC/1973: art. 595-*caput*]

§ 1º Os bens do fiador ficarão sujeitos à execução se os do devedor, situados na mesma comarca que os seus, forem insuficientes à satisfação do direito do credor.[4a] [Dispositivo correspondente no CPC/1973: art. 595-*caput*]

§ 2º O fiador[5] que pagar a dívida poderá executar o afiançado nos autos do mesmo processo.[6-7] [Dispositivo correspondente no CPC/1973: art. 595 § ún.]

§ 3º O disposto no *caput* não se aplica se o fiador houver renunciado ao benefício de ordem.[8] [Sem dispositivo correspondente no CPC/1973]

Art. 794: 1. v. art. 779-IV.

S/ fiança em geral, v., no nosso CCLCV, CC 818 a 839, em especial CC 827 e 828, bem como respectivas notas.

S/ fiança locatícia, v. LI 37-II e notas.

Art. 794: 2. **Súmula 26 do STJ:** "O **avalista** do título de crédito vinculado a contrato de mútuo também responde pelas obrigações pactuadas, quando no contrato figurar como devedor solidário" (v. jurisprudência s/ esta Súmula em RSTJ 33/109).

"O avalista é um obrigado autônomo (art. 47 da Lei Uniforme) e não se equipara ao fiador, razão pela qual não pode exercer o benefício de ordem previsto no art. 595 do CPC" (STJ-4ª T., REsp 153.687, Min. Ruy Rosado, j. 10.2.98, DJU 30.3.98).

Art. 794: 3. "A fiança nem sempre pode ser tida por título executivo. Quando o **credor não dispõe de pretensão executória contra o devedor afiançado** (triplicatas não aceitas e não protestadas e cheque prescrito), o fiador, à evidência, não pode ser executado" (STJ-RT 659/195).

"A figura do garante solidário, que não se confunde com o avalista e com o fiador, sujeitar-se-á à execução se o título em que se obrigar se enquadrar no elenco do art. 585 do CPC" (RSTJ 18/496, STJ-RT 668/184 e STJ-Bol. AASP 1.714/275).

V. art. 784, nota 21a.

Art. 794: 3a. O texto supra não se refere ao fiador quando principal pagador (CC 828), mas apenas ao **fiador garante subsidiário** (CC 827). O fiador e principal pagador ou devedor solidário não pode invocar benefício de ordem (STJ-3ª T., REsp 4.850, Min. Nilson Naves, j. 16.10.90, DJU 3.12.90, *apud* Bol. AASP 1.674/23, em. 05). Nesse sentido: RT 492/142, JTA 35/262, 39/216, 63/266, RP 7/249.

V. tb. § 3º.

Art. 794: 4. s/ penhora, v. arts. 831 e segs.

Art. 794: 4a. "O **devedor-afiançado não possui legitimidade para recorrer** de decisão que determinou a penhora de bens dos fiadores, uma vez não ser o titular do direito ameaçado pela nova constrição. Também não possui interesse recursal na impugnação, na medida em que não se busca situação jurídica mais vantajosa do que aquela nascida do redirecionamento da execução para os fiadores" (STJ-4ª T., REsp 916.112, Min. Luis Felipe, j. 5.6.12, DJ 28.6.12).

Art. 794: 5. tb. o avalista (RT 593/146).

Art. 794: 6. v. art. 778 § 1º-IV c/c CC 831.

Art. 794: 7. "Se pode o **fiador,** sub-rogado nos direitos do credor primitivo, **exigir o que despendeu do** devedor principal, por certo que poderá fazê-lo em relação ao **avalista,** o qual, segundo a melhor doutrina, ocupa, no contexto cambiário, a mesma posição jurídica objetiva da pessoa que avaliza, à qual se equipara" (STJ-4ª T., REsp 303.634, Min. Fernando Gonçalves, j. 10.11.09, DJ 23.11.09).

O fiador que paga a dívida pode obter do avalista do afiançado o valor total do título quitado e não apenas parte dele (RSTJ 109/132: 3ª T., REsp 76.705).

Art. 794: 8. v. nota 3a.

Art. 795. Os bens particulares dos sócios não respondem pelas dívidas da sociedade, senão nos casos previstos em lei.[1-2] [Dispositivo correspondente no CPC/1973: art. 596-*caput*]

§ 1º O sócio réu, quando responsável pelo pagamento da dívida da sociedade, tem o direito de exigir que primeiro sejam excutidos os bens da sociedade.[3] [Dispositivo correspondente no CPC/1973: art. 596-*caput*]

§ 2º Incumbe ao sócio que alegar o benefício do § 1º nomear quantos bens da sociedade situados na mesma comarca, livres e desembargados, bastem para pagar o débito. [Dispositivo correspondente no CPC/1973: art. 596 § 1º]

§ 3º O sócio que pagar a dívida poderá executar a sociedade nos autos do mesmo processo. [Dispositivo correspondente no CPC/1973: art. 596 § 2º]

§ 4º Para a desconsideração da personalidade jurídica é obrigatória a observância do incidente previsto neste Código.[4-5] [Sem dispositivo correspondente no CPC/1973]

Art. 795: 1. v. CC 50 e CDC 28. S/ desconsideração da personalidade jurídica inversa, v., no CCLCV, CC 50, nota 6.

S/ desconsideração da personalidade jurídica, v. tb., no índice, Pessoa jurídica. S/ desconsideração da personalidade jurídica e recuperação judicial ou falência, v. LRF 6º, nota 1e, 52, nota 1b, e 76, nota 3.

Art. 795: 2. Os **bens particulares dos sócios,** uma vez integralizado o capital da sociedade por cotas, não respondem pelas dívidas desta, nem comuns, nem fiscais, salvo se o sócio praticou ato com **excesso de poderes ou infração da lei, do contrato social ou dos estatutos** (RTJ 85/945; tb. RTJ 82/936, 83/893, 101/1.263, 112/812).

"A excepcional penetração no âmago da pessoa jurídica, com o levantamento do manto que protege essa independência patrimonial, exige a presença do pressuposto específico do abuso da personalidade jurídica, com a finalidade de lesão a direito de terceiro, infração da lei ou descumprimento de contrato. O simples fato da recorrida ter encerrado suas atividades operacionais não é, por si só, indicativo de que tenha havido fraude ou má-fé na condução dos seus negócios. Os sócios de empresa constituída sob a forma de sociedade por quotas de responsabilidade limitada não respondem pelos prejuízos sociais, desde que não tenha havido administração irregular e haja integralização do capital social" (STJ-3ª T., REsp 876.974, Min. Nancy Andrighi, j. 9.8.07, DJU 27.8.07). No mesmo sentido: RT 913/877 (TJES, AI 24119006658).

No sentido de que a simples ausência de bens da sociedade controlada não autoriza a desconsideração da personalidade jurídica para alcançar os bens da sociedade controladora: STJ-4ª T., REsp 744.107, Min. Fernando Gonçalves, j. 20.5.08, DJ 12.8.08.

"A mudança de endereço da empresa executada associada à inexistência de bens capazes de satisfazer o crédito pleiteado pelo exequente não constituem motivos suficientes para a desconsideração da sua personalidade jurídica" (STJ-RJ 386/163: 3ª T., REsp 970.635). No mesmo sentido: STJ-4ª T., Ag em REsp 159.889-AgRg, Min. Luis Felipe, j. 15.10.13, DJ 18.10.13; STJ-1ª T., REsp 1.315.166, Min. Gurgel de Faria, j. 16.3.17, DJ 26.4.17. **Todavia:** "A inexistência de indicação de novo endereço, mesmo na interposição do agravo de instrumento na origem, em que se declinou o mesmo endereço no qual desde 2009 não se encontra, conforme certidão de oficial de justiça, faz presumir o abuso da personalidade jurídica, apto a embasar o deferimento da desconsideração da personalidade jurídica da empresa, para se buscar o patrimônio individual de seu sócio" (STJ-3ª T., REsp 1.311.857, Min. Nancy Andrighi, j. 13.5.14, DJ 2.6.14).

"O encerramento das atividades ou dissolução, ainda que irregulares, da sociedade não são causas, por si sós, para a desconsideração da personalidade jurídica, nos termos do Código Civil" (STJ-2ª Seção, ED no REsp 1.306.553, Min. Isabel Gallotti, j. 10.12.14, DJ 12.12.14). "A dissolução irregular da sociedade não pode ser fundamento isolado para o pedido de desconsideração da personalidade jurídica, mas, aliada a fatos concretos que permitam deduzir ter sido o esvaziamento do patrimônio societário ardilosamente provocado de modo a impedir a satisfação dos credores em benefício de terceiros, é circunstância que autoriza induzir existente o abuso de direito, consubstanciado, a depender da situação fática delineada, no desvio de finalidade e/ou na confusão patrimonial. No particular, tendo a instância ordinária concluído pela inexistência de indícios do abuso da personalidade jurídica pelos sócios, incabível a adoção da medida extrema prevista no art. 50 do CC/02" (STJ-3ª T., REsp 1.395.288, Min. Nancy Andrighi, j. 11.2.14, RT 946/383 e RP 236/368). "O encerramento da empresa, com declaração de inexistência de passivo, porém na pendência de débito inadimplido, quando muito, pode configurar dissolução irregular, o que é insuficiente, por si só, para a aplicação da teoria da *disregard doctrine*" (STJ-3ª T., REsp 1.241.873, Min. João Otávio, j. 10.6.14, DJ 20.6.14). **Todavia:** "Do encerramento irregular da empresa presume-se o abuso da personalidade jurídica, seja pelo desvio de finalidade, seja pela confusão patrimonial, apto a embasar o deferimento da desconsideração da personalidade jurídica da empresa, para se buscar o patrimônio individual de seu sócio" (STJ-3ª T., REsp 1.259.066, Min. Nancy Andrighi, j. 19.6.12, DJ 28.6.12).

"O 'fechamento de fato' da sociedade empresária, com a cessação de suas atividades sem a correspondente baixa no registro do comércio, constitui atitude que pode permitir a aplicação da teoria da desconsideração" (JTJ 325/89 e Bol. AASP 2.589: TJSP, AI 1.161.017-0/8). No mesmo sentido: STJ-3ª T., REsp 1.346.464, Min. Nancy Andrighi, j. 1.10.13, DJ 28.10.13; RT 870/295. V., no nosso CCLCV, CC 1.080, nota 3.

"A despersonalização de sociedade por ações e de sociedade por quotas de responsabilidade limitada só atinge, respectivamente, os administradores e os sócios gerentes; não quem tem apenas o *status* de acionista ou sócio" (STJ-3ª T., REsp 786.345, Min. Ari Pargendler, j. 21.8.08, dois votos vencidos, DJ 26.11.08). No mesmo sentido, responsabilizando o sócio-gerente: STJ-2ª T., REsp 1.009.739-AgRg, Min. Eliana Calmon, j. 14.4.09, DJ 8.5.09. Ainda, responsabilizando os administradores, sejam eles sócios ou não: JTJ 364/109 (AI 28766-83.2011.8.26.0000). **Todavia,** em sentido mais amplo, admitindo a responsabilidade de todos os sócios: RT 711/117, 713/177, 847/344 (TJSE, AI 2005203379). Admitindo a responsabilidade de sócio sem poder de gerência ou administração, em situação especial de sociedade familiar, com apenas duas sócias (mãe e filha), cada uma com 50% das quotas sociais: STJ-3ª T., REsp 1.315.110, Min. Nancy Andrighi, j. 28.5.13, DJ 7.6.13. V. tb., no nosso CCLCV, CDC 28, nota 3, *in fine.*

Doutra parte, afirmando que não basta ser sócio majoritário ou controlador para ter decretada em seu desfavor a desconsideração da personalidade jurídica: "Os efeitos da desconsideração da personalidade jurídica somente alcançam os sócios participantes da conduta ilícita ou que dela se beneficiaram, ainda que se trate de sócio majoritário ou controlador" (STJ-3ª T., REsp 1.325.663, Min. Nancy Andrighi, j. 11.6.13, DJ 24.6.13).

Presentes os requisitos para a desconsideração da personalidade jurídica, os bens do ex-sócio respondem pela dívida se ele compunha os quadros sociais no momento da constituição do crédito cujo recebimento se persegue (RT 836/232, 840/278; JTJ 348/66: AI 990.09.330457-0). Mas, se o ex-sócio já não integrava os quadros da empresa por ocasião da constituição de tal crédito, seus bens não podem ser atingidos pela desconsideração (JTJ 327/53: AI 7.237.149-0).

"A partir da desconsideração da personalidade jurídica, a execução segue em direção aos bens dos sócios, tal qual previsto expressamente pela parte final do próprio art. 50 do Código Civil, e não há, no referido dispositivo, qualquer restrição acerca da execução, contra os sócios, ser limitada às suas respectivas quotas sociais" (STJ-3ª T., REsp 1.169.175, Min. Massami Uyeda, j. 17.2.11, DJ 4.4.11). No mesmo sentido: STJ-4ª T., MC 20.472-AgRg, Min. Marco Buzzi, j. 3.9.13, DJ 20.9.13.

Aplicando a teoria da desconsideração da personalidade jurídica: RT 868/251, JTJ 159/72, 160/224, Lex-JTA 171/337, RJ 355/139.

Art. 795: 3. v. CC 1.024.

Art. 795: 4. v. arts. 133 a 137, bem como respectivas notas.

Art. 795: 5. "É possível atingir, com a desconsideração da personalidade jurídica, empresa pertencente ao mesmo grupo econômico da sociedade empresária falida, quando a estrutura deste é meramente formal, sendo **desnecessário o ajuizamento de ação autônoma** para a verificação de fraude ou confusão patrimonial. No caso, **entretanto,** houve violação formal ao ***due process of law,*** em seu consectário princípio do **contraditório** (CF, art. 5º, LIV e LV), pois a sociedade empresária atingida pela desconsideração não teve oportunidade de se manifestar acerca da medida que lhe foi imposta. Não se pode adotar medida definitiva que afete bem da vida em determinada instância judicial sem que se garanta o contraditório. A validade das decisões judiciais requer a observância de um processo justo, em suas dimensões formal e material. Necessário assegurar à impetrante o direito de ser ouvida no juízo da falência acerca da aplicação da desconsideração da personalidade jurídica em relação à sua pessoa, podendo deduzir as alegações que entender relevantes e requerer produção de provas, cabendo ao julgador deliberar como entender de direito" (STJ-4ª T., RMS 29.697, Min. Raul Araújo, j. 23.4.13, DJ 1.8.13).

"A doutrina da superação ou desconsideração da personalidade jurídica traz questão de alta indagação exigente do devido processo legal para a expedição de um provimento extravagante, que justifique invadir a barreira do art. 20 do CC. Não é resultado que se alcance em simples despacho ordinário da execução, do arresto ou do mandado de segurança, todos de cognição superficial" (RT 581/215).

"A constrição judicial só pode recair sobre bem do sócio tendo este sido regularmente citado para integrar a relação jurídico-processual" (RT 787/287: 1º TASP, AI 959.233-8).

Art. 796. O espólio responde pelas dívidas do falecido, mas, feita a partilha, cada herdeiro responde por elas dentro das forças da herança e na proporção da parte que lhe coube.[1] [Dispositivo correspondente no CPC/1973: art. 597]

Art. 796: 1. cf. CC 1.997.

Título II | DAS DIVERSAS ESPÉCIES DE EXECUÇÃO

Capítulo I | DISPOSIÇÕES GERAIS

Art. 797. Ressalvado o caso de insolvência do devedor, em que tem lugar o concurso universal, realiza-se a execução no interesse do exequente que adquire, pela penhora, o direito de preferência sobre os bens penhorados.[1-2] [Dispositivo correspondente no CPC/1973: art. 612]

Parágrafo único. Recaindo mais de uma penhora sobre o mesmo bem, cada exequente conservará o seu título de preferência. [Dispositivo correspondente no CPC/1973: art. 613]

Art. 797: 1. v. arts. 905-I, 908 e 909.

Art. 797: 2. "É de ter-se por abrangidas na expressão 'penhora' do art. 612, CPC, as figuras de **arresto** contempladas nos arts. 653/654 e 813/821 do mesmo diploma legal" (STJ-4ª T., REsp 2.435-0, Min. Sálvio de Figueiredo, j. 1.12.94, dois votos vencidos, DJU 16.10.95).

V. tb. art. 908, nota 7. Já em matéria de genérica indisponibilidade de bens, v. art. 876, nota 2a.

Art. 798. Ao propor a execução, incumbe ao exequente: [Dispositivo correspondente no CPC/1973: art. 614-*caput*]

I — instruir a petição inicial[1] com: [Dispositivo correspondente no CPC/1973: art. 614-*caput*]

a) o título executivo extrajudicial;[2 a 4] [Dispositivo correspondente no CPC/1973: art. 614-I]

b) o demonstrativo do débito atualizado até a data de propositura da ação,[4a] quando se tratar de execução por quantia certa; [Dispositivo correspondente no CPC/1973: art. 614-II]

c) a prova de que se verificou a condição ou ocorreu o termo, se for o caso;[5] [Dispositivo correspondente no CPC/1973: art. 614-III]

d) a prova, se for o caso, de que adimpliu a contraprestação que lhe corresponde ou que lhe assegura o cumprimento, se o executado não for obrigado a satisfazer a sua prestação senão mediante a contraprestação do exequente;[6] [Dispositivo correspondente no CPC/1973: art. 615-IV]

II — indicar: [Dispositivo correspondente no CPC/1973: art. 615-I]

a) a espécie de execução de sua preferência, quando por mais de um modo puder ser realizada;[7] [Dispositivo correspondente no CPC/1973: art. 615-I]

b) os nomes completos do exequente[8] e do executado[9] e seus números de inscrição no Cadastro de Pessoas Físicas ou no Cadastro Nacional da Pessoa Jurídica; [Sem dispositivo correspondente no CPC/1973]

c) os bens suscetíveis de penhora, sempre que possível. [Dispositivo correspondente no CPC/1973: art. 652 § 2º]

Parágrafo único. O demonstrativo do débito deverá conter: [Sem dispositivo correspondente no CPC/1973]

I — o índice de correção monetária adotado; [Sem dispositivo correspondente no CPC/1973]

II — a taxa de juros aplicada; [Sem dispositivo correspondente no CPC/1973]

III — os termos inicial e final de incidência do índice de correção monetária e da taxa de juros utilizados; [Sem dispositivo correspondente no CPC/1973]

IV — a periodicidade da capitalização dos juros, se for o caso; [Sem dispositivo correspondente no CPC/1973]

V — a especificação de desconto obrigatório realizado. [Sem dispositivo correspondente no CPC/1973]

Art. 798: 1. s/ emenda da petição inicial da execução, v. art. 801 e notas.

Art. 798: 2. Em razão da possibilidade de circulação do **título de crédito,** a jurisprudência exige que a petição inicial da execução seja instruída com o seu **original.** Nesse sentido: STF-RT 636/230; STJ-RT 701/191, RT 472/144, 502/123, 593/221, 634/118, 747/279, 781/318, Lex-JTA 164/104, JTA 39/199, 61/23, 119/242-cheque.

Todavia, há decisões admitindo a juntada de **cópia do título,** se o exequente justificar a impossibilidade de exibição do original, por estar junto a outro processo (STJ-3ª T., REsp 16.153, Min. Nilson Naves, j. 31.3.92, DJU 4.5.92; RT 595/221, 781/249; JTA 41/72, 59/165; JTAERGS 94/253; Bol. AASP 1.026/153).

"Não se inviabiliza a execução pelo só fato de a inicial não ter sido acompanhada do original do cheque em que se funda, em face de referido título encontrar-se em autos de inquérito policial" (STJ-4ª T., REsp 106.035, Min. Cesar Rocha, j. 15.6.99, DJU 18.10.99).

"É lícito determinar o juiz, por medida de segurança, depósito do título exequendo em mãos do credor, mediante termo de exibição e conferência, ficando nos autos fotocópia autenticada, principalmente quando a cártula for de grande valor" (RF 292/353).

"O fato de a inicial não estar instruída com as vias originais dos títulos executivos extrajudiciais, como exige o art. 614, I, do CPC, mas somente com as cópias autenticadas, não retira deles a sua exigibilidade, liquidez e certeza. A exigência legal tem como fim assegurar a impossibilidade de nova execução baseada na mesma cambial, ante sua possível circulação, que, entrementes, não ocorre no caso, tendo em vista que a recorrente, na peça vestibular, afirma que as cártulas poderão ser exibidas a qualquer tempo, por determinação do magistrado" (STJ-4ª T., REsp 595.768, Min. Fernando Gonçalves, j. 9.8.05, DJU 10.10.05). Em sentido semelhante: STJ-3ª T., REsp 820.121, Min. Sidnei Beneti, j. 10.8.10, um voto vencido, DJ 5.10.10.

S/ defesa do devedor fundamentada em falta de original do título executivo, em exceção de pré-executividade, v. art. 803, nota 1b.

Art. 798: 2a. "Nota promissória. Possibilidade de, garantida a consulta ao devedor, ser o **título guardado, por determinação judicial, em estabelecimento bancário,** juntando-se cópia aos autos. Estará inviabilizada a possibilidade de circulação e, efetuado o pagamento, far-se-á a entrega ao devedor" (RSTJ 47/258).

Art. 798: 3. "Fundando-se a execução no **contrato,** deve ser **também** apresentada a **nota promissória,** já que se refere à mesma dívida e, sendo suscetível de circular, não a pode reter o credor" (STJ-3ª T., REsp 2.698, Min. Eduardo Ribeiro, j. 26.6.90, maioria, DJU 20.8.90).

"Referindo-se a **cambial e o contrato** ao mesmo débito, **ambos devem ser exibidos** quando se pretenda cobrá-lo: a promissória, necessariamente, posto que, sendo endossável, poderia circular, expondo o devedor a que outro pagamento lhe fosse exigido" (STJ-RF 315/130, maioria).

Todavia, em sentido mais liberal, admitindo **cópia autenticada de nota promissória,** porque a execução também se fundava em contrato de mútuo ao qual o título estava vinculado: STJ-4ª T., REsp 256.449, Min. Ruy Rosado, j. 29.8.00, DJU 9.10.00.

Art. 798: 3a. Se a execução se funda **apenas em contrato,** admite-se a simples apresentação de **cópia** deste. Nesse sentido: "Fundando-se a execução em contrato, admissível a apresentação de cópia que, não impugnada, há de ter-se como conforme ao original, aliás, posteriormente apresentado. Hipótese que não se confunde com a execução de título cambial que, suscetível de circular, deve ser exibido no original" (RSTJ 31/414). "A execução de contrato firmado em escritura pública pode ser aparelhada mediante cópia autenticada do instrumento" (STJ-RT 722/314).

S/ execução de crédito de aluguel, instruída com cópia do contrato de locação, v. art. 784, nota 30.

Art. 798: 3b. "Como o instrumento de **confissão de dívida** contém um valor reconhecido pelo devedor, bem como prazo de vencimento e encargos sobre ele incidentes, reveste-se de certeza, liquidez e exigibilidade e, portanto, possui força executiva, sendo **desnecessária a apresentação,** com a petição inicial, **dos contratos** que deram origem à dívida confessada e da evolução do débito a eles referentes" (STJ-3ª T., Ag em REsp 160.769-AgInt, Min. João Otávio, j. 16.8.16, DJ 23.8.16). **Contra:** "A não juntada dos contratos anteriores pelo credor, apesar de devidamente intimado para tanto, acarreta a extinção do processo executivo sem julgamento do mérito" (STJ-3ª T., REsp 988.699-AgRg, Min. Nancy Andrighi, j. 6.3.08, DJ 17.3.08). No mesmo sentido: STJ-4ª T., REsp 921.046, Min. Luis Felipe, j. 12.6.12, DJ 25.6.12.

Art. 798: 4. Estando a petição inicial desacompanhada do título executivo, deve o juiz dar ao exequente oportunidade para **emendar a petição inicial** (v. arts. 321 e 801).

"Os arts. 283 e 614, I, do Código de Processo Civil devem ser interpretados de forma sistemática, sem que haja descuido quanto à observância das demais regras e princípios processuais, de modo que o magistrado, antes de extinguir o processo de execução, deve possibilitar, nos moldes do disposto no art. 616 do Código de Processo Civil, que a parte apresente o original do título executivo" (STJ-4ª T., REsp 924.989, Min. Luis Felipe, j. 5.5.11, DJ 17.5.11).

O mesmo entendimento vale para os casos em que a petição inicial vem instruída com simples cópia do título. "Cumpre ao juiz, verificando tal vício ou irregularidade, determinar a diligência contemplada no art. 616, do CPC, pena de indeferimento, em proveito da função instrumental do processo" (STJ-3ª T., REsp 47.964, Min. Waldemar Zveiter, j. 8.11.94, DJU 5.12.94). No mesmo sentido, concedendo mandado de segurança contra a sentença que, liminarmente, julgou extinta a execução por estar a inicial instruída com cópia do título executivo: STJ-4ª T., RMS 11.962, Min. Jorge Scartezzini, j. 26.10.04, DJU 6.12.04.

Autorizando a juntada de via do contrato assinada por duas testemunhas, após exceção de pré-executividade que apontava a falta da assinatura destas na via até então constante dos autos: STJ-3ª T., REsp 693.229, Min. Menezes Direito, j. 8.8.06, DJU 25.9.06.

V. tb. art. 801, nota 4.

Art. 798: 4a. "Sendo **insuficiente ou inexistente o demonstrativo do débito,** necessário à instrução da ação executiva, deve-se oportunizar a **emenda da inicial** e não extinguir o feito de pronto" (RSTJ 169/334, 3ª T.). "A ausência do demonstrativo atualizado da dívida não acarreta a extinção automática da execução, devendo o julgador, antes, permitir ao credor que supra a falta" (STJ-5ª T., REsp 264.065, Min. Arnaldo Esteves, j. 7.3.06, DJU 1.8.06). No mesmo sentido: STJ-1ª T., REsp 1.082.683, Min. Luiz Fux, j. 19.5.09, DJ 24.6.09.

"A insuficiência da planilha de demonstração do débito atualizado apresentada pelo credor, instruindo a petição inicial, somente enseja a extinção da ação de execução após o descumprimento da determinação do julgador no tocante à correção da irregularidade constatada, ou seja, depois da parte exequente ter tido oportunidade de emendar a exordial. O suprimento dessa eventual irregularidade é possível ainda que já opostos embargos do devedor, em razão do princípio da instrumentalidade do processo" (STJ-4ª T., REsp 577.773, Min. Jorge Scartezzini, j. 18.10.05, DJU 14.11.05).

V. tb. art. 801, nota 4.

Art. 798: 5. cf. art. 803-III.

Art. 798: 6. v. arts. 787 e 917 § 2º-IV. V. ainda CC 476.

Art. 798: 7. v. art. 805.

Art. 798: 8. v. art. 778 (sujeito ativo da execução).

Art. 798: 9. v. art. 779 (sujeito passivo da execução).

Art. 799. Incumbe ainda ao exequente:[1] [Dispositivo correspondente no CPC/1973: art. 615-*caput*]

I — requerer a intimação do credor pignoratício, hipotecário, anticrético ou fiduciário, quando a penhora recair sobre bens gravados por penhor, hipoteca, anticrese ou alienação fiduciária;[1a-2] [Dispositivo correspondente no CPC/1973: art. 615-II]

II — requerer a intimação do titular de usufruto, uso ou habitação, quando a penhora recair sobre bem gravado por usufruto, uso ou habitação; [Dispositivo correspondente no CPC/1973: art. 615-II]

III — requerer a intimação do promitente comprador, quando a penhora recair sobre bem em relação ao qual haja promessa de compra e venda registrada; [Sem dispositivo correspondente no CPC/1973]

IV — requerer a intimação do promitente vendedor, quando a penhora recair sobre direito aquisitivo derivado de promessa de compra e venda registrada; [Sem dispositivo correspondente no CPC/1973]

V — requerer a intimação do superficiário, enfiteuta ou concessionário, em caso de direito de superfície, enfiteuse, concessão de uso especial para fins de moradia ou concessão de direito real de uso, quando a penhora recair sobre imóvel submetido ao regime do direito de superfície, enfiteuse ou concessão; [Sem dispositivo correspondente no CPC/1973]

VI — requerer a intimação do proprietário de terreno com regime de direito de superfície, enfiteuse, concessão de uso especial para fins de moradia ou concessão de direito real de uso, quando a penhora recair sobre direitos do superficiário, do enfiteuta ou do concessionário; [Sem dispositivo correspondente no CPC/1973]

VII — requerer a intimação da sociedade, no caso de penhora de quota social ou de ação de sociedade anônima fechada, para o fim previsto no art. 876, § 7º; [Sem dispositivo correspondente no CPC/1973]

VIII — pleitear, se for o caso, medidas urgentes;[3-4] [Dispositivo correspondente no CPC/1973: art. 615-III]

IX — proceder à averbação em registro público do ato de propositura da execução e dos atos de constrição realizados, para conhecimento de terceiros.[5] [Dispositivo correspondente no CPC/1973: art. 615-A-*caput*]

X — requerer a intimação do titular da construção-base,[6] bem como, se for o caso, do titular de lajes anteriores, quando a penhora recair sobre o direito real de laje;[7]

XI — requerer a intimação do titular das lajes,[8] quando a penhora recair sobre a construção-base.[9]

Art. 799: 1. s/ falta de intimação e ineficácia da alienação do bem expropriado, v. art. 804; s/ intimação de terceiro garantidor, v. art. 835 § 3º; s/ comunicação prévia da alienação judicial, v. art. 889.

Art. 799: 1a. É necessária a intimação **tanto do primeiro como do segundo credor hipotecário,** pois o art. 1.501 do CC nenhuma distinção faz entre eles. Nesse sentido: RTJ 98/1.111, 105/377.

Art. 799: 2. "Se o credor hipotecário foi notificado dos termos da execução e deixou o processo correr, **sem manifestar o seu interesse,** opera-se a **extinção da hipoteca**" (RTJ 97/817). No mesmo sentido: RTJ 99/901; STJ-4ª T., REsp 36.757-3, Min. Barros Monteiro, j. 24.5.94, DJU 5.9.94; JTA 104/235.

"A arrematação extingue a hipoteca, tanto que o credor hipotecário tenha sido intimado, posto que tem conteúdo de aquisição originária, livre dos ônus que anteriormente gravavam o bem por esse meio adquirido" (RSTJ 57/433). No mesmo sentido: STJ-4ª T., REsp 110.093, Min. Barros Monteiro, j. 4.2.03, DJU 7.4.03.

"Realizada a arrematação do imóvel hipotecado, com notificação do credor hipotecário, o gravame cola-se ao preço por que se dá a sub-rogação real" (JTA 34/60). No mesmo sentido: RTRF-3ª Reg. 11/70.

"O objetivo da notificação, de que trata o art. 1.501 do Código Civil, é levar ao conhecimento do credor hipotecário o fato de que o bem gravado foi penhorado e será levado à praça de modo que este possa vir a juízo em defesa de seus direitos, adotando as providências que entender mais convenientes, dependendo do caso concreto. Realizada a intimação do credor hipotecário, nos moldes da legislação de regência (arts. 619 e 698 do Código de Processo Civil), a arrematação extingue a hipoteca, operando-se a sub-rogação do direito real no preço e transferindo-se o bem ao adquirente livre e desembaraçado de tais ônus por força do efeito purgativo do gravame. Extinta a hipoteca pela arrematação, eventual saldo remanescente em favor do credor hipotecário poderá ser buscado contra o devedor originário, que responderá pessoalmente pelo restante do débito (art. 1.430 do Código Civil). Sem notícia nos autos de efetiva impugnação da avaliação do bem ou da arrematação em virtude de preço vil, não é possível concluir pela manutenção do gravame simplesmente porque o valor foi insuficiente para quitar a integralidade do crédito hipotecário" (STJ-3ª T., REsp 1.201.108, Min. Ricardo Cueva, j. 17.5.12, DJ 23.5.12).

V. tb. arts. 674, nota 21 (embargos de terceiro apresentados pelo credor hipotecário), 804-*caput* (ineficácia da alienação não precedida de intimação do credor hipotecário), 833, nota 9 (penhorabilidade do bem hipotecado), 889-V, inclusive nota 9 (comunicação da alienação judicial ao credor hipotecário), 892, nota 4 (arrematação pelo credor hipotecário), 908, nota 5 (exercício do direito de preferência pelo credor hipotecário). V. ainda CC 1.501 (ineficácia da arrematação ou adjudicação em relação ao credor hipotecário não intimado).

Art. 799: 3. s/ medidas urgentes, v. arts. 294 e segs. V., em especial, art. 301, notas 1b e 2.

Art. 799: 4. As medidas urgentes (p. ex., arresto de bens) podem ser requeridas e concedidas no próprio processo de execução; não dependem da instauração de processo próprio para tanto.

Art. 799: 5. v. tb. art. 828.

Em matéria de imóvel, v. **Lei 13.097, de 19.1.15,** arts. 54 a 58, 61 e 168.

Art. 799: 6. s/ construção-base, v. CC 1.510-A e segs.

Art. 799: 7. Inciso X acrescido pela Lei 13.465, de 11.7.17.

Art. 799: 8. s/ direito real de laje, v. CC 1.510-A e segs.

Art. 799: 9. Inciso XI acrescido pela Lei 13.465, de 11.7.17.

Art. 800. Nas obrigações alternativas,[1] quando a escolha couber ao devedor, esse será citado para exercer a opção e realizar a prestação dentro de 10 (dez) dias, se outro prazo não lhe foi determinado em lei ou em contrato. [Dispositivo correspondente no CPC/1973: art. 571-*caput*]

§ 1º Devolver-se-á ao credor a opção, se o devedor não a exercer no prazo determinado. [Dispositivo correspondente no CPC/1973: art. 571 § 1º]

§ 2º A escolha será indicada na petição inicial da execução quando couber ao credor exercê-la. [Dispositivo correspondente no CPC/1973: art. 571 § 2º]

Art. 800: 1. v. art. 325; CC 252 a 256.

Art. 801. Verificando que a petição inicial está incompleta ou que não está acompanhada dos documentos indispensáveis à propositura da execução,[1] o juiz determinará que o exequente a corrija,[2-2a] no prazo de 15 (quinze) dias,[3] sob pena de indeferimento.[3a a 6] [Dispositivo correspondente no CPC/1973: art. 616]

Art. 801: 1. s/ requisitos e documentos da petição inicial, v. art. 798.

Art. 801: 2. "indicando com precisão o que deve ser corrigido" (art. 321-*caput*).

Art. 801: 2a. Afirmando ser **irrecorrível** o pronunciamento que determina a **emenda** da petição inicial da execução: RTFR 133/43, RT 597/193, JTA 96/133.

Art. 801: 3. Esse prazo é dilatório, e não peremptório (v. art. 321, nota 1).

Art. 801: 3a. Em sentido semelhante, no procedimento comum, v. art. 321.

Art. 801: 4. "Considerando o juiz incompletos ou insuficientes os documentos ou cálculos apresentados pelo credor, tem lugar a **emenda** da inicial da ação executiva e não a extinção do processo, **ainda que já opostos os embargos do devedor,** caso em que, regularizado o vício, deve ser oportunizado ao embargante o aditamento dos embargos" (STJ-4ª T., REsp 440.719, Min. Cesar Rocha, j. 7.11.02, DJU 9.12.02).

"Inocorrentes a má-fé ou malícia por parte do exequente, é permitido ao juiz de direito ordenar a juntada do original do título de crédito objeto da execução, ainda que já tenham sido opostos os embargos do devedor denunciando a falta" (STJ-4ª T., REsp 329.069, Min. Barros Monteiro, j. 6.9.01, DJU 4.3.02).

"Tratando-se de título passível de circular, deve ser apresentado no original. Não se inutiliza a execução, entretanto, se, trazidas cópias, contra cuja fidelidade nada se arguiu, o original é juntado com a impugnação dos embargos, afastando o risco de endosso" (STJ-3ª T., REsp 73.544, Min. Eduardo Ribeiro, j. 17.9.96, DJU 29.10.96). "A falta de comprovante de entrega da mercadoria não induz ao indeferimento liminar da inicial de execução. Ainda que haja embargos do devedor apresentados, cumpre ao magistrado determinar a emenda da inicial, por força do art. 616 do Código de Processo Civil, permitindo ao exequente a juntada do comprovante da entrega da mercadoria" (STJ-3ª T., REsp 697.624-AgRg, Min. Ricardo Cueva, j. 27.11.12, DJ 6.12.12).

"A regra contida no art. 616 do CPC possui como destinatário o juiz, que, verificando a existência de vício ou irregularidade, deve determinar o seu suprimento, mesmo que a inépcia da inicial tenha sido arguida pela parte contrária, como na hipótese dos autos, em que suscitada nos embargos à execução. Irrelevante o fato de os executados terem suscitado em sua defesa que a petição estaria inepta e o banco embargado, apesar de ter apresentado impugnação aos embargos, não ter promovido a correção, pois não fora proferido despacho no sentido de se oportunizar ao credor-exequente, no prazo legal, a regularização da petição inicial. Na medida em que se permita aos executados o aditamento das razões dos embargos ou mesmo novo prazo para apresentá-los, não há prejuízo ao contraditório e à ampla defesa" (STJ-3ª T., REsp 1.203.083, Min. Nancy Andrighi, j. 15.12.11, maioria, DJ 28.3.12).

Autorizando a emenda da petição inicial da execução mesmo quando o processo já está na **fase recursal:** STJ-3ª T., REsp 648.108, Min. Nancy Andrighi, j. 6.9.05, DJU 26.9.05.

Contra, entendendo que não é possível corrigir a petição inicial da execução após o oferecimento de embargos: RT 719/165. **Ainda contra,** mesmo que o executado concorde com a retificação: RT 789/273.

V. tb. arts. 798, notas 4 e 4a.

Art. 801: 5. A petição inicial pode ser **indeferida mesmo depois de apresentados embargos** à execução (JTA 38/123).

Art. 801: 6. Cabe **apelação** da decisão que indefere liminarmente a execução (STJ-3ª T., REsp 16.099-0, Min. Cláudio Santos, j. 13.12.94, DJU 20.3.95; RT 510/237, 616/110, RF 248/230). Aplica-se ao caso o art. 331.

Art. 802. Na execução, o despacho que ordena a citação,[1 a 1b] desde que realizada em observância ao disposto no § 2º do art. 240, interrompe[2] a prescrição,[3] ainda que proferido por juízo incompetente. [Dispositivo correspondente no CPC/1973: art. 617]

Parágrafo único. A interrupção da prescrição retroagirá à data de propositura da ação.[4] [Sem dispositivo correspondente no CPC/1973]

Art. 802: 1. deve também fixar, de plano, **honorários advocatícios.** V. art. 827.

Art. 802: 1a. "O **despacho** determinando a citação, no processo de execução, é de **mero expediente,** sem carga decisória, **não desafiando,** pois, o manejo de **agravo de instrumento**" (RSTJ 185/410: 4ª T., REsp 242.185). No mesmo sentido: STJ-1ª T., REsp 537.379, Min. Luiz Fux, j. 2.12.03, DJU 19.12.03; STJ-2ª T., REsp 781.952-AgRg, Min. Herman Benjamin, j. 18.12.08, DJ 13.3.09; STJ-5ª T., REsp 638.870, Min. Arnaldo Esteves, j. 16.5.06, DJU 19.6.06; STJ-RP 144/204 (3ª T., REsp 693.074, um voto vencido); RP 138/222.

V. tb. art. 815, nota 3.

Art. 802: 1b. "Comparecendo o advogado na execução sem poderes para receber citação, não se pode aplicar o art. 214, § 1º, do CPC, ausente, portanto, a configuração de **comparecimento espontâneo"** (STJ-3ª T., REsp 648.202, Min. Menezes Direito, j. 3.2.05, DJU 11.4.05).

Todavia: "A manifestação do procurador, mesmo sem poderes para receber a citação, é considerada como comparecimento espontâneo, quando há **oferecimento de embargos à execução ou de exceção de pré-executividade"** (STJ-3ª T., REsp 1.483.563-AgRg, Min. Ricardo Cueva, j. 10.3.16, DJ 28.3.16). Em sentido semelhante: STJ-4ª T., AI 476.215-AgRg, Min. Fernando Gonçalves, j. 3.2.05, DJU 7.3.05; JTJ 338/147 (AI 7.324.379-5).

S/ comparecimento espontâneo do executado, v. art. 239 § 1º.

Art. 802: 2. v. CC 202 a 204.

Art. 802: 3. **Súmula 150 do STF:** "Prescreve a **execução** no mesmo prazo de **prescrição** da ação".

V. anotações a esta Súmula no art. 487, nota 7.

Art. 802: 4. v. art. 240 § 1º e notas.

Art. 803. É nula a execução se:[1 a 3] [Dispositivo correspondente no CPC/1973: art. 618-*caput*]

I — o título executivo extrajudicial não corresponder a obrigação certa, líquida e exigível;[4 a 5a] [Dispositivo correspondente no CPC/1973: art. 618-I]

II — o executado não for regularmente citado;[6] [Dispositivo correspondente no CPC/1973: art. 618-II]

III — for instaurada antes de se verificar a condição ou de ocorrer o termo.[7] [Dispositivo correspondente no CPC/1973: art. 618-III]

Parágrafo único. A nulidade de que cuida este artigo será pronunciada pelo juiz, de ofício ou a requerimento da parte, independentemente de embargos à execução. [Sem dispositivo correspondente no CPC/1973]

Art. 803: 1. s/ **exceção de pré-executividade** e: ulteriores embargos, em especial no tocante à preclusão, v. art. 507, nota 7; cumprimento de sentença, v. art. 525, notas 4, 7, 9 e 13a; honorários de advogado, v. art. 827, notas 6 e segs.; invocação de impenhorabilidade, v. art. 833, nota 3a, e LBF 3º, nota 1; execução fiscal, v. LEF 16, nota 14a; execução hipotecária, v. Lei 5.741, de 1.12.71, art. 2º, nota 5b, no tít. EXECUÇÕES ESPECIAIS.

Art. 803: 1a. A **nulidade da execução** pode ser **alegada a todo tempo** (RT 717/187). Sua arguição **não requer segurança do juízo** (RSTJ 85/256, STJ-RT 671/187, maioria, 733/175, RSTJ 155/163, RT 596/146, RJTJESP 85/274, 95/281, JTJ 157/214,158/181, JTA 95/128, 107/230, Lex-JTA 619/315, RJTAMG 18/111).

V. tb. § ún.

Art. 803: 1b. Nas suas origens, a **exceção de pré-executividade** estava vinculada a matérias comprovadas de plano e, sobretudo, cognoscíveis de ofício: "A exceção de pré-executividade, admitida em nosso direito por construção doutrinário-jurisprudencial, somente se dá, em princípio, nos casos em que o juízo, de ofício, pode conhecer da matéria, a exemplo do que se verifica a propósito da higidez do título executivo" (STJ-Bol. AASP 2.176/1.537j e STJ-RF 351/394: 4ª T., REsp 180.734). "A objeção de pré-executividade pressupõe que o vício seja aferível de plano e que se trate de matéria ligada à admissibilidade da execução, e seja, portanto, conhecível de ofício e a qualquer tempo" (RSTJ 163/356: 4ª T., REsp 221.202). Assim, ela **sempre foi admitida para tratar de:**

— prescrição (STJ-RT 899/127: 4ª T., REsp 570.238; RT 624/105, 744/260). Em matéria de execução fiscal, v. LEF 16, nota 14a;

— ilegitimidade passiva do executado (STJ-3ª T., REsp 254.315, Min. Ari Pargendler, j. 8.4.02, DJU 27.5.02);

— "nulidades absolutas do título, declaráveis de ofício" (RT 815/310);

— inexistência de título executivo (STJ-4ª T., REsp 1.119.820, Min. Luis Felipe, j. 5.8.10, DJ 1.3.11; RT 808/363, JTJ 260/314);

— falta de liquidez do título (RT 796/420);

— nota promissória que não atende a requisitos previstos no art. 75 do Dec. 57.663/66, quais sejam, a data de emissão do título e o nome do beneficiário deste (RT 782/282);

— duplicatas não aceitas e não protestadas (RJ 278/118);

— impossibilidade de execução em face de instituição financeira em liquidação extrajudicial (STJ-RT 843/194: 3ª T., REsp 468.942);

— vício na citação (v. art. 525, nota 9). Em matéria de execução fiscal, v. LEF 8º, nota 2;

— valor e periodicidade da multa coercitiva (v. art. 537, nota 10);

— falta de individualização dos créditos na execução da sentença proferida em ação coletiva (STJ-1ª T., REsp 766.134, Min. Francisco Falcão, j. 15.5.08, um voto vencido, DJ 27.8.08).

Por outro lado, há registro de acórdãos inadmitindo exceção de pré-executividade fundada em:

— fatos que dependem da realização de provas (STJ-3ª T., REsp 296.932, Min. Menezes Direito, j. 15.10.01, DJU 4.2.02; STJ-4ª T., AI 197.577-AgRg, Min. Sálvio de Figueiredo, j. 28.3.00, DJU 5.6.00; RSTJ 182/207: 2ª T.; RT 826/406, Lex-JTA 171/43), como, p. ex., a defesa dos sócios da executada, em execução fiscal, citados na condição de responsáveis tributários (v. LEF 4º, nota 7c); o "exame de cláusulas contratuais para se aferir se os juros cobrados são ou não excessivos ou se houve ou não anatocismo vedado em lei" (STJ-4ª T., REsp 475.632, Min. Aldir Passarinho Jr., j. 6.5.08, DJU 26.5.08); "a pretensão de análise de falsidade quanto à assinatura aposta na cártula" (STJ-4ª T., Ag em REsp 576.085-AgRg, Min. Raul Araújo, j. 23.10.14, DJ 21.11.14);

— alegações respeitantes ao mérito da execução, tais como a invocação pelo fiador de ulterior acordo celebrado entre locador e locatário sem sua participação (RT 825/301);

— falta de validade de aceite do título de crédito objeto da execução (RSTJ 186/410: REsp 407.057).

"Se o título executivo apresenta, formalmente, a aparência de liquidez, certeza e exigibilidade, a sua descaracterização só poderá ser buscada através de embargos do devedor, nunca por simples petição nos autos" (RF 306/208). No mesmo sentido: STJ-RF 351/394 e Bol. AASP 2.176/1.537j (4ª T., REsp 180.734); Lex-JTA 162/326, JTJ 338/147 (AI 7.324.379-5), 349/79 (AI 990.10.079937-1).

Com o passar do tempo, a jurisprudência se encaminha para balizar o cabimento da exceção de pré-executividade mais pela **desnecessidade de dilação probatória** do que pela cognoscibilidade de ofício da matéria em discussão. Assim, "é cabível a chamada exceção de pré-executividade para discutir excesso de execução, desde que esse seja perceptível de imediato, sem dilação probatória e, para tanto, baste examinar a origem do título que embasa a execução" (STJ-3ª T., REsp 733.533, Min. Nancy Andrighi, j. 4.4.06, DJU 22.5.06). No mesmo sentido: STJ-1ª T., REsp 841.967, Min. Luiz Fux, j. 12.2.08, DJ 2.4.08; RT 844/295. Especificamente sobre o excesso de execução, v. ainda arts. 525, nota 13a, e 917, nota 4a.

"A alegação de pagamento dos títulos levados à execução é tese, em princípio, possível de ser arguida por exceção de pré-executividade — sempre que a comprovação se evidenciar mediante prova pré-constituída —, porquanto se trata de causa que retira a exigibilidade do título e, por consequência, impede o prosseguimento da execução (art. 618, inciso I, do CPC)" (STJ-4ª T., REsp 1.078.399, Min. Luis Felipe, j. 2.4.13, DJ 9.4.13). **Contra,** não admitindo a alegação de pagamento em sede de exceção de pré-executividade: STJ-3ª T., REsp 146.923, Min. Ari Pargendler, j. 24.5.01, DJU 18.6.01.

Admitindo, em tese, a invocação de compensação em exceção de pré-executividade, quando for possível a sua constatação de plano: STJ-3ª T., REsp 716.841, Min. Nancy Andrighi, j. 2.10.07, DJU 15.10.07 (no caso, a exceção não teve sucesso, por depender de prova para o seu julgamento).

Art. 803: 2. **Exceção de pré-executividade. Oportunidade para alegá-la.** "Ainda que já realizada a penhora ou eventualmente preclusos os embargos à execução, o executado pode suscitar matérias passíveis de serem conhecidas de ofício pelo juiz, por meio da exceção de pré-executividade" (STJ-2ª Seção, ED no REsp 905.416, Min. Marco Buzzi, j. 9.10.13, DJ 20.11.13; a citação é do voto do relator).

"Em se tratando de matéria conhecível de ofício, como é o caso da alegada falta de higidez do título cobrado, pode ela ser objeto de exceção de pré-executividade, ainda que não suscitada, antes, em sede de embargos à execução. Coisa julgada inexistente" (STJ-4ª T., REsp 419.376, Min. Aldir Passarinho Jr., j. 16.5.02, DJU 19.8.02). No mesmo sentido: STJ-3ª T., REsp 1.100.014, Min. Ricardo Cueva, j. 8.5.12, DJ 28.5.12.

A exceção de pré-executividade pode ser apresentada a qualquer tempo no processo de execução, "inclusive após o decurso do prazo para apresentação dos embargos" (JTJ 323/84: AI 7.194.513-4).

"Exceção de pré-executividade. Apresentação de segunda exceção, em segundo grau de jurisdição, trazendo a executada excipiente novos argumentos, não aventados quando de sua primeira manifestação nos autos. Matéria, outrossim, de ordem pública, ligada à existência de coisa julgada em benefício da excipiente. Conhecimento da matéria que se impõe, acolhendo-se a referida exceção" (JTJ 342/613: AP 818.389-5/1-00).

Todavia, entendendo que a exceção de pré-executividade é possível após a realização da penhora: STJ-1ª T., AI 470.702-AgRg, Min. José Delgado, j. 3.12.02, DJU 24.2.03; no caso, a exceção havia sido apresentada após a rejeição dos embargos do devedor.

"Na ação de execução de título extrajudicial, seguro o juízo pela penhora e tendo o executado deixado transcorrer *in albis* o prazo para opor embargos, não se admite, nem se conhece a exceção de pré-executividade, ainda que o fundamento da impetração seja a nulidade do título" (RT 834/298). No mesmo sentido: STJ-3ª T., REsp 624.813, Min. Ari Pargendler, j. 19.4.07, um voto vencido, DJ 26.11.08.

V. tb. art. 915, nota 14.

Art. 803: 2a. Em **respeito ao contraditório,** o juiz deve **ouvir o exequente** antes do julgamento da exceção de pré-executividade.

V. tb. art. 10.

Art. 803: 3. Exceção de pré-executividade. Recurso. "A decisão que acolhe exceção de pré-executividade põe fim ao processo executório e, como ato extintivo, desafia recurso de apelação" (RSTJ 184/391: 4ª T., REsp 613.702). No mesmo sentido: STJ-2ª T., REsp 1.216.627, Min. Castro Meira, j. 3.5.11, DJ 12.5.11. Considerando erro grosseiro, nesse caso, a interposição de agravo de instrumento, "não sendo possível aplicar-se o princípio da fungibilidade recursal, cabível apenas na hipótese de dúvida objetiva": STJ-1ª T., REsp 741.639, Min. José Delgado, j. 14.3.06, um voto vencido, DJU 3.4.06. Ainda: STJ-3ª T., Ag em REsp 200.334-AgRg, Min. João Otávio, j. 12.8.14, DJ 19.8.14.

"Decisão que indefere exceção prévia de executoriedade, evidentemente, não é terminativa. Pelo contrário, ela assegura o curso do processo de execução. Se assim ocorre, o recurso apropriado para desafiá-la é o agravo de instrumento" (STJ-1ª T., RMS 11.127, Min. Gomes de Barros, j. 7.12.00, DJU 26.3.01). No mesmo sentido: RT 808/363, 810/351.

Também cabe agravo de instrumento contra a decisão:

— que acolhe parcialmente exceção de pré-executividade, com a subsistência da relação processual quanto à parte do crédito exequendo (RSTJ 170/148);

— que ordena a "exclusão de alguns dos executados da relação processual, sem extinção do processo" (STJ-1ª T., REsp 526.804, Min. Teori Zavascki, j. 23.11.04, DJU 21.2.05). No mesmo sentido: STJ-2ª T., REsp 889.082, Min. Eliana Calmon, j. 3.6.08, DJ 6.8.08.

S/ a questão do recurso cabível, v. tb. arts. 1.009, nota 2, e 1.015, nota 1.

Art. 803: 4. v. art. 783.

Art. 803: 4a. "A **nulidade da execução por falta de título** pode e deve ser decretada de ofício" (RT 711/183).

Art. 803: 5. "Não se revestindo o título de liquidez, certeza e exigibilidade, condições basilares exigidas no processo de execução, constitui-se em nulidade, como vício fundamental; podendo a parte argui-la, independentemente de embargos do devedor, assim como pode e cumpre ao juiz declarar, de ofício, a inexistência desses pressupostos formais contemplados na lei processual civil" (RSTJ 40/447). No mesmo sentido: RT 205/81, 811/326, RJTJERGS 169/247.

Art. 803: 5a. "No processo de execução, a certeza da obrigação deve ser observada pelo julgador, e estará representada no título executivo; no entanto, a verificação de alguma **irregularidade na causa *debendi*** refoge ao pressuposto processual do processo de execução e deve ser objeto de manifestação do executado, em sede de embargos do devedor, sob pena de se violar o princípio da demanda e da inércia da jurisdição" (STJ-3ª T., REsp 971.804, Min. Massami Uyeda, j. 16.12.10, um voto vencido, DJ 11.4.11).

Art. 803: 6. "Na execução, a arguição de nulidade *pleno iure*, como a **falta de citação,** prescinde da oposição de embargos, podendo dar-se por simples petição" (STJ-4ª T., REsp 422.762, Min. Sálvio de Figueiredo, j. 6.8.02, DJU 25.11.02).

"Para arguir nulidade do processo executivo por falta ou nulidade de citação, não precisa o devedor opor embargos à execução, nem segurar previamente o juízo, podendo fazê-lo mediante petição simples, com ou sem nome de exceção ou objeção de pré-executividade" (JTJ 297/373).

V. tb. art. 239 § 1º.

Art. 803: 7. Também não pode ter início a execução sem a **prova de** que o credor cumpriu a **prestação a seu cargo,** no caso dos arts. 787 e 798-I-*d*.

Art. 804. A alienação de bem gravado por penhor, hipoteca ou anticrese será ineficaz em relação ao credor pignoratício, hipotecário ou anticrético não intimado.[1-2] [Dispositivo correspondente no CPC/1973: art. 619]

§ 1º A alienação de bem objeto de promessa de compra e venda ou de cessão registrada será ineficaz em relação ao promitente comprador ou ao cessionário não intimado. [Sem dispositivo correspondente no CPC/1973]

§ 2º A alienação de bem sobre o qual tenha sido instituído direito de superfície, seja do solo, da plantação ou da construção, será ineficaz em relação ao concedente ou ao concessionário não intimado. [Sem dispositivo correspondente no CPC/1973]

§ 3º A alienação de direito aquisitivo de bem objeto de promessa de venda, de promessa de cessão ou de alienação fiduciária será ineficaz em relação ao promitente vendedor, ao promitente cedente ou ao proprietário fiduciário não intimado. [Sem dispositivo correspondente no CPC/1973]

§ 4º A alienação de imóvel sobre o qual tenha sido instituída enfiteuse, concessão de uso especial para fins de moradia ou concessão de direito real de uso será ineficaz em relação ao enfiteuta ou ao concessionário não intimado. [Sem dispositivo correspondente no CPC/1973]

§ 5º A alienação de direitos do enfiteuta, do concessionário de direito real de uso ou do concessionário de uso especial para fins de moradia será ineficaz em relação ao proprietário do respectivo imóvel não intimado. [Sem dispositivo correspondente no CPC/1973]

§ 6º A alienação de bem sobre o qual tenha sido instituído usufruto, uso ou habitação será ineficaz em relação ao titular desses direitos reais não intimado. [Sem dispositivo correspondente no CPC/1973]

Art. 804: 1. v. tb. arts. 674, nota 21 (embargos de terceiro apresentados pelo credor hipotecário), 799 (comunicação prévia da execução), 833, nota 9 (penhorabilidade do bem hipotecado), 889 (comunicação prévia da alienação judicial), 892, nota 4 (arrematação pelo credor hipotecário), 903 (questionamento da arrematação), 908, nota 5 (exercício do direito de preferência pelo credor hipotecário). V. ainda CC 1.501 (ineficácia da arrematação ou adjudicação em relação ao credor hipotecário não intimado).

Art. 804: 2. A **ineficácia da alienação** em relação à pessoa não intimada não se estende ao exequente e ao executado; para estes, o ato é eficaz.

V. tb. art. 903, nota 8.

Art. 805. Quando por vários meios o exequente puder promover a execução, o juiz mandará que se faça pelo modo menos gravoso para o executado.[1 a 4] [Dispositivo correspondente no CPC/1973: art. 620]

Parágrafo único. Ao executado que alegar ser a medida executiva mais gravosa incumbe indicar outros meios mais eficazes e menos onerosos, sob pena de manutenção dos atos executivos já determinados. [Sem dispositivo correspondente no CPC/1973]

Art. 805: 1. v. arts. 829 § 2º (penhora de bens), 835, nota 17 (ordem para a penhora), 847 (substituição do bem penhorado), e 867 (penhora de frutos e rendimentos de coisa móvel ou imóvel).

Art. 805: 2. "Qualquer penhora de bens, em princípio, pode mostrar-se onerosa ao devedor, mas essa é uma decorrência natural da existência de uma dívida não paga. O princípio da vedação à onerosidade excessiva não pode ser convertido em uma panaceia, que leve a uma ideia de proteção absoluta do inadimplente em face de seu credor. **Alguma onerosidade é natural** ao procedimento de garantia de uma dívida, e o art. 620 do CPC destina-se apenas a decotar exageros evidentes, perpetrados em situações nas quais uma alternativa mais viável mostre-se clara. Transferir o penhor sobre uma safra para safras futuras pode se revelar providência inócua, gerando um efeito cascata, notadamente se tais safras futuras forem objeto de garantias autônomas, advindas de outras dívidas: a safra que garante uma dívida, nessa hipótese, poderia ser vendida livremente pelo devedor (como se sobre ela não pesasse qualquer ônus), fazendo com que a safra futura garanta duas dívidas, e assim sucessivamente, esvaziando as garantias" (STJ-3ª T., REsp 1.417.531, Min. Nancy Andrighi, j. 10.6.14, DJ 18.6.14).

V. tb. art. 835, nota 19a.

Art. 805: 3. "O **desnível entre os valores do bem penhorado e da execução,** por si só, não onera injustificadamente o devedor, tendo em conta, inclusive, que, no caso de alienação do bem, a importância remanescente se reintegra ao patrimônio do devedor" (STJ-4ª T., REsp 254.314, Min. Sálvio de Figueiredo, j. 21.3.02, DJU 29.4.02).

Art. 805: 4. Admitindo o **desconto em folha** do funcionário vencido em ação contra a Fazenda Pública, quando se tratar de condenação irrisória, que seria enormemente agravada pela realização de penhora de outros bens: RJTJESP 124/320, JTJ 309/383.

Capítulo II | DA EXECUÇÃO PARA A ENTREGA DE COISA

Seção I | DA ENTREGA DE COISA CERTA[1]

SEÇ. I: 1. Malgrado o dinheiro seja uma coisa como outra qualquer, também passível de entrega, na sistemática do CPC ele está destacado das demais coisas (v. Capítulos II, III e VI do Título II do Livro I da Parte Especial; Capítulos II e IV do Título II do Livro II da Parte Especial).

Logo, as execuções por quantia certa não são orientadas pelos arts. 806 e segs., mas sim pelos arts. 824 e segs.

Art. 806. O devedor de obrigação de entrega de coisa certa,[1] constante de título executivo extrajudicial, será citado[2] para, em 15 (quinze) dias, satisfazer a obrigação.[3-3a] [Dispositivo correspondente no CPC/1973: art. 621-*caput*]

§ 1º Ao despachar a inicial, o juiz poderá fixar multa por dia de atraso no cumprimento da obrigação, ficando o respectivo valor sujeito a alteração, caso se revele insuficiente ou excessivo.[4-5] [Dispositivo correspondente no CPC/1973: art. 621 § ún.]

§ 2º Do mandado de citação constará ordem para imissão na posse ou busca e apreensão, conforme se tratar de bem imóvel ou móvel, cujo cumprimento se dará de imediato, se o executado não satisfizer a obrigação no prazo que lhe foi designado. [Dispositivo correspondente no CPC/1973: art. 625]

Art. 806: 1. v. CC 233 a 242 e 313.

Art. 806: 2. s/ agravo contra despacho que ordena a citação no processo de execução, v. art. 802, nota 1a.

Art. 806: 3. v. art. 231 § 3º.

Art. 806: 3a. podendo também **embargar a execução,** no prazo de 15 dias (v. art. 915-*caput*).

S/ embargos à execução, v. arts. 914 e segs.

Art. 806: 4. s/ multa coercitiva, v. art. 537 e notas, onde concentramos o assunto.

Art. 806: 5. A peculiar finalidade coercitiva da multa prevista neste artigo torna sua aplicação cumulável com a incidência de todas as sanções reparatórias e punitivas previstas no ordenamento (p. ex., arts. 77 §§ 2º, 81-*caput*, 202, 258, 774 § ún., 1.021 § 4º, 1.026 §§ 2º e 3º). S/ requisitos para a cumulação de sanções, v. art. 81, nota 9.

Art. 807. Se o executado entregar a coisa, será lavrado o termo respectivo e considerada satisfeita a obrigação, prosseguindo-se a execução para o pagamento de frutos ou o ressarcimento de prejuízos, se houver.[1] [Dispositivo correspondente no CPC/1973: art. 624]

Art. 807: 1. v. art. 813, nota 1.

Art. 808. Alienada a coisa quando já litigiosa,[1] será expedido mandado contra o terceiro adquirente[2] que somente será ouvido após depositá-la.[3] [Dispositivo correspondente no CPC/1973: art. 626]

Art. 808: 1. v. art. 240-*caput*.

Art. 808: 2. v. arts. 779-II e 790-V c/c 792.

Art. 808: 3. v. arts. 674, nota 1, e 810.

Art. 809. O exequente tem direito a receber, além de perdas e danos, o valor da coisa, quando essa se deteriorar, não lhe for entregue, não for encontrada ou não for reclamada do poder de terceiro adquirente.[1] [Dispositivo correspondente no CPC/1973: art. 627-*caput*]

§ 1º Não constando do título o valor da coisa e sendo impossível sua avaliação, o exequente apresentará estimativa, sujeitando-a ao arbitramento judicial.[1a] [Dispositivo correspondente no CPC/1973: art. 627 § 1º]

§ 2º Serão apurados em liquidação o valor da coisa e os prejuízos.[2-3] [Dispositivo correspondente no CPC/1973: art. 627 § 2º]

Art. 809: 1. v. arts. 499 e 500 e CC 402 a 405.

Art. 809: 1a. v. art. 813, nota 1.

Art. 809: 2. v. arts. 509 a 512.

Art. 809: 3. A apuração do valor da coisa e do prejuízo se dá no próprio processo de execução, sendo desnecessária a instauração de um novo processo para tanto (STJ-3ª T., REsp 695.770, Min. Paulo Furtado, j. 11.5.10, DJ 27.5.10).

Art. 810. Havendo benfeitorias indenizáveis feitas na coisa pelo executado[1] ou por terceiros[1a] de cujo poder ela houver sido tirada, a liquidação[2] prévia é obrigatória. [Dispositivo correspondente no CPC/1973: art. 628]

Parágrafo único. Havendo saldo: [Dispositivo correspondente no CPC/1973: art. 628]

I — em favor do executado ou de terceiros, o exequente o depositará ao requerer a entrega da coisa; [Dispositivo correspondente no CPC/1973: art. 628]

II — em favor do exequente, esse poderá cobrá-lo nos autos do mesmo processo. [Dispositivo correspondente no CPC/1973: art. 628]

Art. 810: 1. v. art. 917-IV.

Art. 810: 1a. v. art. 808.

Art. 810: 2. v. arts. 509 a 512.

Seção II | DA ENTREGA DE COISA INCERTA[1]

SEÇ. II: 1. v. CC 243 a 246.

Art. 811. Quando a execução recair sobre coisa determinada pelo gênero e pela quantidade,[1] o executado será citado[2] para entregá-la individualizada,[3-3a] se lhe couber a escolha.[4-5] [Dispositivo correspondente no CPC/1973: art. 629]

Parágrafo único. Se a escolha couber ao exequente, esse deverá indicá-la na petição inicial. [Dispositivo correspondente no CPC/1973: art. 629]

Art. 811: 1. v. CC 85 e 244.

Art. 811: 2. s/ agravo contra despacho que ordena a citação no processo de execução, v. art. 802, nota 1a.

Art. 811: 3. no prazo de **15 dias** (v. art. 806 c/c art. 813).

V. tb. art. 231 § 3º.

Art. 806: 3a. podendo também **embargar a execução,** no prazo de 15 dias (v. art. 915-*caput*).

S/ embargos à execução, v. arts. 914 e segs.

Art. 811: 4. Lei 8.929, de 22.8.94 — Institui a Cédula de Produto Rural, e dá outras providências (no CCLCV, tít. CÉDULA DE PRODUTO RURAL, ínt.): **"Art. 15.** Para cobrança da CPR, cabe a ação de execução para a entrega de coisa incerta".

Art. 811: 5. "Se a escolha da coisa incerta couber ao devedor, este deverá ser citado para entregá-la individualizada, **não havendo,** portanto, que se falar em **momento prévio de escolha** para posterior entrega" (STJ-RT 847/177: 3ª T., REsp 701.150).

Art. 812. Qualquer das partes poderá, no prazo de 15 (quinze) dias, impugnar a escolha feita pela outra, e o juiz decidirá de plano ou, se necessário, ouvindo perito de sua nomeação. [Dispositivo correspondente no CPC/1973: art. 630]

Art. 813. Aplicar-se-ão à execução para entrega de coisa incerta, no que couber, as disposições da Seção I deste Capítulo.[1] [Dispositivo correspondente no CPC/1973: art. 631]

Art. 813: 1. "O art. 629 e seguintes do CPC disciplinam o processo executivo para entrega de coisa incerta fundado em título executivo extrajudicial, sendo aplicáveis à espécie, por força do art. 631 do CPC, as regras processuais relativas à execução de dar coisa certa (arts. 621 a 628 do CPC). Nas hipóteses em que a coisa não for entregue, tiver se deteriorado, ou não for encontrada, poderá o credor optar pela entrega de quantia em dinheiro, equivalente ao valor da coisa, **transformando-se a execução para entrega de coisa em execução por quantia certa.** Contudo, para que essa conversão seja possível, é necessária a prévia apuração do *quantum debeatur*, por estimativa do credor ou por arbitramento judicial. À época em que a execução para entrega de coisa foi proposta, os embargos só eram admitidos após a segurança do juízo. O componente judicial do título é somente o valor da execução, que efetivamente não pode, novamente, ser objeto de ampla discussão em embargos porque, sobre ele, já houve a tutela de acertamento. A conversão da execução, portanto, não implica a transmudação do título executivo extrajudicial (cédula de produto rural), que embasa a execução, em título executivo judicial e não impede a oposição de embargos com ampla abrangência, podendo ser discutidas todas as matérias previstas no art. 745 do CPC, que outrora, os executados não tiveram a oportunidade de alegar, haja vista a inexistência de segurança do juízo" (STJ-3ª T., REsp 1.159.744, Min. Nancy Andrighi, j. 11.6.13, DJ 24.6.13).

"Possibilidade de conversão do procedimento de execução para entrega de coisa incerta para execução por quantia certa na hipótese de ter sido entregue o produto perseguido com atraso, gerando danos ao credor da obrigação. Inteligência dos artigos 624, segunda parte, do CPC/73 c/c 389 do Código Civil. A certeza da obrigação deriva da própria lei processual ao garantir, em favor do credor do título extrajudicial, os frutos e o ressarcimento dos prejuízos decorrentes da mora do devedor. A liquidação pode ser por estimativa do credor ou por simples cálculo (art. 627, §§ 1º e 2º, do CPC/73 ou art. 809, §§ 1º e 2º, do CPC/15)" (STJ-3ª T., REsp 1.507.339, Min. Paulo Sanseverino, j. 24.10.17, DJ 30.10.17).

Capítulo III | DA EXECUÇÃO DAS OBRIGAÇÕES DE FAZER OU DE NÃO FAZER

Seção I | DISPOSIÇÕES COMUNS

Art. 814. Na execução de obrigação de fazer ou de não fazer fundada em título extrajudicial, ao despachar a inicial, o juiz fixará multa por período de atraso no cumprimento da obrigação e a data a partir da qual será devida.[1 a 2] [Dispositivo correspondente no CPC/1973: art. 645-*caput*]

Parágrafo único. Se o valor da multa estiver previsto no título e for excessivo,[2a-3] o juiz poderá reduzi-lo. [Dispositivo correspondente no CPC/1973: art. 645 § ún.]

Art. 814: 1. s/ multa coercitiva, v. art. 537 e notas, onde concentramos o assunto. V. tb. art. 818, nota 1 (controvérsia em torno do cumprimento da obrigação).

Art. 814: 1a. **Súmula 410 do STJ:** "A **prévia intimação pessoal** do devedor constitui condição necessária para a cobrança de multa pelo descumprimento de obrigação de fazer ou não fazer".

Art. 814: 2. A peculiar finalidade coercitiva da **multa** prevista neste artigo torna sua aplicação **cumulável** com a incidência de todas as sanções reparatórias e punitivas previstas no ordenamento (p. ex., arts. 77 § 2º, 81-*caput*, 202, 258, 774 § ún., 1.021 § 4º, 1.026 §§ 2º e 3º). S/ requisitos para a cumulação de sanções, v. art. 81, nota 9.

Art. 814: 2a. "Quando o título contém valor predeterminado da multa cominatória, o CPC estabelece que **ao juiz somente cabe a redução do valor,** caso a considere excessiva, não lhe sendo permitido aumentar a multa estipulada expressamente no título extrajudicial" (STJ-RP 186/387: 2ª T., REsp 859.857, um voto vencido).

Art. 814: 3. "A redução da multa de que trata o art. 645 do Código de Processo Civil não ofende o ato jurídico perfeito" (CED do 2º TASP, enunciado 38, v.u.).

Seção II | DA OBRIGAÇÃO DE FAZER

Art. 815. Quando o objeto da execução for obrigação de fazer,[1-2] o executado será citado[3] para satisfazê-la[4] no prazo[5] que o juiz lhe designar,[5a-6] se outro não estiver determinado no título executivo. [Dispositivo correspondente no CPC/1973: art. 632]

Art. 815: 1. v. CC 247 a 249.

Art. 815: 2. constante de **título executivo extrajudicial** (v. art. 784).

Se a obrigação não consta de título executivo extrajudicial, cabe ao interessado no seu cumprimento propor demanda pelo procedimento comum, que será julgada conforme o art. 497.

Art. 815: 3. "O provimento judicial que simplesmente ordena a citação do devedor em execução de obrigação de fazer não contém carga decisória, sendo, portanto, **irrecorrível via agravo de instrumento**" (STJ-3ª T., REsp 141.592, Min. Cesar Rocha, j. 4.10.01, DJU 4.2.02).

V. tb. art. 802, nota 1a.

Art. 815: 4. podendo também **embargar a execução,** no prazo de 15 dias (v. art. 915-*caput*), independentemente do prazo assinado para a satisfação da obrigação.

S/ embargos à execução, v. arts. 914 e segs.

Art. 815: 5. "Nas obrigações, o devedor é citado para satisfazê-las 'no prazo que o juiz lhe assinar, se outro não estiver determinado no título executivo'. **Não é possível presumir que, no caso de omissão** do título executivo ou do juiz em fixar o referido prazo, **possa ser ele de vinte e quatro horas**" (RSTJ 135/312).

Art. 815: 5a. v. art. 231 § 3º.

Art. 815: 6. inclusive sob pena de **multa** (v. art. 814-*caput*).

Art. 816. Se o executado não satisfizer a obrigação no prazo designado, é lícito ao exequente, nos próprios autos do processo, requerer a satisfação da obrigação à custa do executado ou perdas e danos, hipótese em que se converterá em indenização.[1 a 2] [Dispositivo correspondente no CPC/1973: art. 633-*caput*]

Parágrafo único. O valor das perdas e danos será apurado em liquidação,[3-3a] seguindo-se a execução para cobrança de quantia certa.[4] [Dispositivo correspondente no CPC/1973: art. 633 § ún.]

Art. 816: 1. s/ satisfação da obrigação à custa do executado, v. art. 817 e CC 249; s/ perdas e danos, v. arts. 499 e 500 e CC 402 a 405.

Art. 816: 1a. "O direito de o vencedor da ação de execução de obrigação de fazer compelir o vencido a satisfazer-lhe as perdas e danos somente nasce **após** sua **citação e o descumprimento do preceito**" (RT 716/165).

Art. 816: 2. É **agravável,** e não apelável, a **decisão que converte em perdas e danos** a obrigação de fazer (RT 589/139), porque o processo continua. **Todavia,** admitindo apelação no caso: Amagis 3/261.

Art. 816: 3. v. arts. 509 e segs.

Art. 816: 3a. **É inválida a apuração** das perdas e danos **"sem o procedimento de liquidação** e sem a garantia da ampla defesa e do contraditório" (STJ-4ª T., REsp 885.988, Min. João Otávio, j. 9.3.10, DJ 22.3.10).

Art. 816: 4. v. arts. 824 e segs.

Art. 817. Se a obrigação puder ser satisfeita por terceiro, é lícito ao juiz autorizar, a requerimento do exequente, que aquele a satisfaça à custa do executado.[1-2] [Dispositivo correspondente no CPC/1973: art. 634-*caput*]

Parágrafo único. O exequente adiantará as quantias previstas na proposta que, ouvidas as partes, o juiz houver aprovado. [Dispositivo correspondente no CPC/1973: art. 634 § ún.]

Art. 817: 1. v. art. 820.

Art. 817: 2. **CC 249:** "Se o fato puder ser executado por terceiro, será livre ao credor mandá-lo executar à custa do devedor, havendo recusa ou mora deste, sem prejuízo da indenização cabível. **Parágrafo único.** Em caso de urgência, pode o credor, independentemente de autorização judicial, executar ou mandar executar o fato, sendo depois ressarcido".

Art. 818. Realizada a prestação, o juiz ouvirá as partes no prazo de 10 (dez) dias e, não havendo impugnação, considerará satisfeita a obrigação. [Dispositivo correspondente no CPC/1973: art. 635]

Parágrafo único. Caso haja impugnação, o juiz a decidirá.[1] [Dispositivo correspondente no CPC/1973: art. 635]

Art. 818: 1. "Se o executado alega que prestou o fato, a que se achava obrigado, e o exequente discorda da afirmação, oferecendo impugnação formal a respeito, cabe ao juiz proferir decisão, dirimindo a controvérsia, na conformidade com o que reza o art. 635 do CPC. **Inexigibilidade,** em consequência, **da multa diária** cominada" (RSTJ 85/256).

Art. 819. Se o terceiro contratado não realizar a prestação no prazo ou se o fizer de modo incompleto ou defeituoso, poderá[1] o exequente requerer ao juiz, no prazo de 15 (quinze) dias, que o autorize a concluí-la ou a repará-la à custa do contratante. [Dispositivo correspondente no CPC/1973: art. 636-*caput*]

Parágrafo único. Ouvido o contratante no prazo de 15 (quinze) dias, o juiz mandará avaliar o custo das despesas necessárias e o condenará a pagá-lo. [Dispositivo correspondente no CPC/1973: art. 636 § ún.]

Art. 819: 1. "A norma do art. 636, CPC, contém mera faculdade que ao credor é lícito desprezar" (STJ-4ª T., REsp 9.584, Min. Sálvio de Figueiredo, j. 11.2.92, DJU 9.3.92).

Art. 820. Se o exequente quiser executar ou mandar executar, sob sua direção e vigilância, as obras e os trabalhos necessários à realização da prestação, terá preferência, em igualdade de condições de oferta, em relação ao terceiro. [Dispositivo correspondente no CPC/1973: art. 637-*caput*]

Parágrafo único. O direito de preferência deverá ser exercido no prazo de 5 (cinco) dias, após aprovada a proposta do terceiro. [Dispositivo correspondente no CPC/1973: art. 637 § ún.]

Art. 821. Na obrigação de fazer, quando se convencionar que o executado a satisfaça pessoalmente, o exequente poderá requerer ao juiz que lhe assine prazo para cumpri-la.[1-1a] [Dispositivo correspondente no CPC/1973: art. 638-*caput*]

Parágrafo único. Havendo recusa ou mora do executado, sua obrigação pessoal será convertida em perdas e danos,[2-2a] caso em que se observará o procedimento de execução por quantia certa.[3-4] [Dispositivo correspondente no CPC/1973: art. 638 § ún.]

Art. 821: 1. inclusive sob pena de **multa** (v. art. 814-*caput*).

Art. 821: 1a. Se já constar do título executivo o prazo para o cumprimento da obrigação, segue-se este (v. art. 815).

Art. 821: 2. v. arts. 499 e 500 e CC 402 a 405.

Art. 821: 2a. desde que **requerido pelo exequente** ou caracterizada a **impossibilidade de cumprimento** da obrigação.

Art. 821: 3. v. arts. 824 e segs.

Art. 821: 4. não sem antes **apurar o valor das perdas e danos em liquidação,** nos termos dos arts. 509 segs. V. art. 816 § ún., inclusive nota 3a.

Seção III | DA OBRIGAÇÃO DE NÃO FAZER[1]

SEÇ. III: 1. v. CC 250 e 251.

Art. 822. Se o executado praticou ato a cuja abstenção estava obrigado por lei ou por contrato, o exequente requererá ao juiz que assine prazo ao executado para desfazê-lo.[1 a 2] [Dispositivo correspondente no CPC/1973: art. 642]

Art. 822: 1. v. art. 231 § 3º.

Art. 822: 1a. inclusive sob pena de **multa** (v. art. 814-*caput*).

Art. 822: 2. Pode o executado opor-se à execução por meio de **embargos, no prazo de 15 dias** (v. art. 915-*caput*), independentemente do prazo assinado para o desfazimento do ato.

S/ embargos à execução, v. arts. 914 e segs.

Art. 823. Havendo recusa ou mora do executado, o exequente requererá ao juiz que mande desfazer o ato à custa daquele, que responderá por perdas e danos.[1] [Dispositivo correspondente no CPC/1973: art. 643-*caput*]

Parágrafo único. Não sendo possível desfazer-se o ato, a obrigação resolve-se em perdas e danos,[2] caso em que, após a liquidação,[2a] se observará o procedimento de execução por quantia certa.[3] [Dispositivo correspondente no CPC/1973: art. 643 § ún.]

Art. 823: 1. v. CC 402 a 405.

Art. 823: 2. v. arts. 499 e 500 e CC 402 a 405.

Art. 823: 2a. v. arts. 509 e segs.

Art. 823: 3. v. arts. 824 e segs.

Capítulo IV | DA EXECUÇÃO POR QUANTIA CERTA

Seção I | DISPOSIÇÕES GERAIS

Art. 824. A execução por quantia certa realiza-se pela expropriação de bens do executado, ressalvadas as execuções especiais. [Dispositivo correspondente no CPC/1973: art. 646]

Art. 825. A expropriação consiste em:[1] [Dispositivo correspondente no CPC/1973: art. 647-*caput*]

I — adjudicação;[1a] [Dispositivo correspondente no CPC/1973: art. 647-I]

II — alienação;[2] [Dispositivos correspondentes no CPC/1973: art. 647-II e III]

III — apropriação de frutos e rendimentos de empresa ou de estabelecimentos e de outros bens.[3] [Dispositivo correspondente no CPC/1973: art. 647-IV]

Art. 825: 1. "As formas de expropriação previstas no art. 647 do CPC/73 se apresentam em ordem de **preferência,** o que não inviabiliza o credor de escolher forma de expropriação **fora da ordem** listada no referido artigo, de acordo com a particularidades relacionadas ao bem ou ao próprio credor" (STJ-2ª T., REsp 1.410.859, Min. Francisco Falcão, j. 6.6.17, DJ 13.6.17).

Art. 825: 1a. v. arts. 876 a 878.

Art. 825: 2. v. arts. 879 a 903.

Art. 825: 3. v. arts. 862 a 869.

Art. 826. Antes de adjudicados ou alienados os bens,[1] o executado[2] pode, a todo tempo,[3] remir[4] a execução, pagando ou consignando a importância atualizada da dívida,[5] acrescida de juros, custas e honorários advocatícios.[6 a 8] [Dispositivo correspondente no CPC/1973: art. 651]

Art. 826: 1. i. e., antes de **assinado** o respectivo auto (v. arts. 877 e 903-*caput*) ou termo nos autos (v. art. 880 § 2º).

Art. 826: 2. Quanto à remição pelo terceiro responsável, na **execução fiscal,** v. LEF 19-I e II.

Art. 826: 3. "Em **qualquer fase da execução** tem o devedor o direito de ver atualizada a sua dívida para remir a execução ou efetivar o seu pagamento, sem que este procedimento possa ser considerado protelatório" (STJ-1ª T., REsp 4.136, Min. Garcia Vieira, j. 20.8.90, DJU 10.9.90).

V. art. 831, nota 2a.

Art. 826: 4. s/ remição e: fraude de execução, v. art. 792, nota 19; bem hipotecado, v. arts. 877 §§ 3º e 4º e 902.

Art. 826: 5. i. e., **corrigida monetariamente.**

Art. 826: 6. O valor dos **honorários advocatícios** é fixado de plano pelo juiz (art. 827-*caput*).

Art. 826: 7. Feito o depósito, o juiz declarará, por sentença, extinta a execução (v. arts. 924-II e 925) e autorizará o levantamento do dinheiro pelo exequente, observado o disposto no art. 905 e, se for o caso, no art. 908.

Art. 826: 8. Cabe **apelação** contra a sentença que declara extinta a execução, por força da remição feita pelo executado (cf. art. 925, nota 1).

Seção II | DA CITAÇÃO DO DEVEDOR E DO ARRESTO

Art. 827. Ao despachar a inicial, o juiz fixará, de plano, os honorários advocatícios de dez por cento,[1] a serem pagos pelo executado.[1a a 2] [Dispositivo correspondente no CPC/1973: art. 652-A-*caput*]

§ 1º No caso de integral pagamento no prazo de 3 (três) dias,[2a] o valor dos honorários advocatícios será reduzido pela metade.[3] [Dispositivo correspondente no CPC/1973: art. 652-A § ún.]

§ 2º O valor dos honorários poderá ser elevado até vinte por cento, quando rejeitados os embargos à execução, podendo a majoração, caso não opostos os embargos, ocorrer ao final do procedimento executivo, levando-se em conta o trabalho realizado pelo advogado do exequente.[4 a 9] [Sem dispositivo correspondente no CPC/1973]

Art. 827: 1. "Malgrado se saiba que, como qualquer norma jurídica, o dispositivo de lei não pode ser interpretado de maneira isolada e distanciada do sistema jurídico que o vincula, a clareza da redação do art. 827 do CPC não permite uma digressão sobre seu conteúdo, devendo o aplicador respeitar a escolha legiferante. A opção do legislador foi a de justamente evitar lides paralelas em torno da rubrica 'honorários de sucumbência', além de tentar imprimir celeridade ao julgamento do processo, estabelecendo uma espécie de sanção premial ao instigar o devedor a quitar, o quanto antes, o débito exequendo (§ 1º do art. 827). Na hipótese, o magistrado de piso e o Tribunal de origem, na fase inicial da execução por quantia certa, fixaram os honorários advocatícios em **percentual diverso** do estabelecido na norma, devendo, portanto, ser reformados" (STJ-4ª T., REsp 1.745.773, Min. Luis Felipe, j. 4.12.18, DJ 8.3.19).

Art. 827: 1a. v. art. 85 §§ 1º e 13 e EA 23, nota 5, *in fine.*

Art. 827: 1b. "**O pagamento do principal em juízo, antes da citação,** não inibe a continuação da execução no tocante à verba honorária fixada liminarmente pelo juízo da execução, e não paga" (STJ-4ª T., RMS 277, Min. Fontes de Alencar, j. 3.4.90, DJU 30.4.90).

Todavia: "É indevida a fixação de honorários advocatícios se o devedor efetua espontaneamente o depósito correspondente ao *quantum* da condenação antes de ser citado no processo de execução" (STJ-3ª T., REsp 743.790-AgRg, Min. Sidnei Beneti, j. 16.10.08, DJ 28.10.08).

Art. 827: 2. A **ausência da fixação liminar** dos honorários advocatícios não impede que ulterior decisão venha a fixá-los no curso do processo executivo.

V. tb. art. 85, nota 1a.

Art. 827: 2a. s/ dia do começo do prazo, v. art. 231 § 3º.

Art. 827: 3. "A **falta de pagamento imediato** do crédito tributário após a citação não é motivo suficiente para que se majore a verba honorária" (STJ-2ª T., REsp 1.297.844, Min. Herman Benjamin, j. 6.3.12, DJ 12.4.12).

Art. 827: 4. "Honorários advocatícios. Embargos à execução. **Única sucumbência.** Os honorários de advogado, arbitrados na execução, passam a depender da solução dos embargos. Procedentes estes, sucumbe o exequente, não prevalecendo o arbitramento dos honorários na execução. Improcedentes os embargos ou ocorrendo desistência, permanece uma única sucumbência, posto tanto na execução como nos embargos a questão é única: procedência ou não da dívida" (RSTJ 121/17: Corte Especial, ED no REsp 97.466). No mesmo sentido: JTJ 330/84 (AI 781.395-5/6-00, maioria).

"Em sendo os embargos à execução julgados parcialmente procedentes para reduzir o valor devido, mas com a subsistência da execução pela dívida reduzida, deve ser fixada verba honorária única em favor do credor, que deverá incidir sobre o valor remanescente da execução" (STJ-Corte Especial, ED no REsp 598.730, Min. João Otávio, j. 11.11.09, DJ 23.2.10).

Todavia: "É viável a **cumulação** dos honorários advocatícios fixados na ação de execução com aqueles arbitrados nos respectivos embargos do devedor" (STJ-Corte Especial, ED no REsp 81.755, Min. Waldemar Zveiter, j. 21.2.01, DJU 2.4.01).

"Os embargos do devedor constituem-se em verdadeira ação de conhecimento, autônomos à ação de execução, motivo pelo qual é cabível a fixação de honorários advocatícios nas duas ações, desde que a soma das condenações não ultrapasse o limite máximo de 20% estabelecido pelo art. 20, § 3º, do CPC" (STJ-Corte Especial, ED no REsp 659.228, Min. Francisco Falcão, j. 1.8.11, DJ 29.8.11).

"Conquanto se trate de ações autônomas — a execução de título extrajudicial e os embargos à execução —, não são absolutamente independentes. Em verdade, as demandas se interpenetram, porque os embargos, apesar de assumirem a forma de ação de conhecimento, têm natureza de defesa do devedor-executado em face do credor--exequente. Julgados parcialmente procedentes os embargos, torna-se necessário adequar a sucumbência das partes na execução, por apreciação equitativa, pois, se o exequente, ao fim, sucumbiu em parte na execução, não cabe ao executado arcar com a integralidade dos honorários arbitrados. Conquanto o valor dos honorários tenha sido afinal decotado para ajustar-se à quantia devida depois do julgamento dos embargos, não se pode confundir a base de cálculo — que é o valor dos honorários arbitrados — com a parcela de sucumbência que incide sobre esse valor" (STJ-3ª T., REsp 1.627.602-EDcl, Min. Nancy Andrighi, j. 14.3.17, maioria, DJ 11.4.17).

Em síntese: "São devidos honorários advocatícios tanto na execução quanto nos embargos do devedor, podendo a sucumbência final ser determinada definitivamente pela sentença da última ação, desde que o valor fixado atenda a ambas" (STJ-Corte Especial, ED no REsp 1.264.645-AgRg, Min. João Otávio, j. 7.5.12, DJ 18.5.12).

Art. 827: 4a. "Inexistência de reciprocidade das obrigações ou de bilateralidade de créditos: ausência dos pressupostos do instituto da compensação (art. 368 do Código Civil). **Impossibilidade de se compensarem** os honorários fixados em embargos à execução com aqueles fixados na própria ação de execução" (STJ-Corte Especial, REsp 1.520.710, Min. Mauro Campbell, j. 18.12.18, DJ 2.4.19). V. art. 85 § 14.

Art. 827: 5. "A **base de cálculo** dos honorários devidos em sede de embargos à execução, cujo pedido foi julgado procedente, é o valor afastado, incidindo sobre o excesso apurado" (STJ-1ª Seção, ED no Ag em REsp 218.245-EDcl-AgInt, Min. Napoleão Maia Filho, j. 22.3.17, DJ 19.4.17).

"Sendo os **embargos parciais,** os honorários do advogado dos embargantes, que saíram vitoriosos, devem incidir sobre o que conseguiram deduzir do valor executado, e não sobre o total da execução" (STJ-4ª T., REsp 120.895, Min. Ruy Rosado, j. 16.12.97, DJU 30.3.98).

"Nas hipóteses em que a verba honorária é fixada sobre a diferença entre o valor pretendido pelo credor e aquele efetivamente exigível, o momento a ser tomado como base de apuração é o do ajuizamento da execução" (STJ-3ª T., REsp 928.133, Min. Ricardo Cueva, j. 27.6.17, DJ 2.8.17).

Art. 827: 6. **Exceção de pré-executividade acolhida, com a extinção da execução.** "Decretada a extinção da execução, em virtude de acolhimento de exceção de pré-executividade, são devidos honorários advocatícios" (STJ-6ª T., REsp 411.321, Min. Fernando Gonçalves, j. 16.5.02, DJU 10.6.02). No mesmo sentido: STJ-2ª T., AI 621.488-AgRg, Min. João Otávio, j. 9.11.04, DJU 1.2.05; STJ-RT 869/208 (3ª T., REsp 899.703); STJ-4ª T., REsp 434.900-EDcl-AgRg, Min. Fernando Gonçalves, j. 2.9.03, DJU 15.9.03; RT 808/290, 826/263, JTJ 337/181 (AI 7.286.445-8), 347/109 (AI 990.09.297554-4), RJM 182/110, Bol. AASP 2.477/3.951.

Todavia, no sentido de que "incabível o pagamento de verba honorária na exceção de pré-executividade, quando o seu acolhimento se ampara no simples e linear reconhecimento da iliquidez do título, sem qualquer repercussão na integridade da obrigação nele representada": STJ-5ª T., REsp 1.029.487, Min. Napoleão Maia Filho, j. 20.10.09, DJ 23.11.09.

Em matéria de execução fiscal, v. tb. LEF 26, nota 5.

Art. 827: 7. Exceção de pré-executividade acolhida, com a exclusão do executado do processo. "São devidos honorários advocatícios ao excipiente vencedor, em sede de exceção de pré-executividade, quando há a sua exclusão do polo passivo da execução, ainda que esta venha a prosseguir quanto aos demais executados" (STJ-5ª T., REsp 784.370, Min. Laurita Vaz, j. 4.12.09, DJ 8.2.10).

Art. 827: 8. Exceção de pré-executividade parcial ou integralmente acolhida, sem pôr fim à execução. "Se configurada a sucumbência, deve incidir a verba honorária em hipótese de acolhimento parcial de exceção de pré-executividade, mesmo que não extinta a execução, porquanto exercitado o contraditório" (STJ-3ª T., REsp 631.478-AgRg, Min. Nancy Andrighi, j. 26.8.04, DJU 13.9.04). No mesmo sentido: STJ-2ª T., REsp 306.962, Min. João Otávio, j. 2.2.06, DJU 21.3.06; STJ-1ª T., REsp 670.038-AgRg, Min. José Delgado, j. 8.3.05, DJU 18.4.05.

"Julgada procedente em parte a exceção de pré-executividade, os honorários de advogado são devidos na medida do respectivo proveito econômico" (STJ-1ª T., REsp 1.276.956, Min. Ari Pargendler, j. 4.2.14, DJ 13.2.14).

Art. 827: 9. "Não é cabível a condenação em honorários advocatícios em **exceção de pré-executividade julgada improcedente**" (STJ-Corte Especial, ED no REsp 1.048.043, Min. Hamilton Carvalhido, j. 17.6.09, DJ 29.6.09). No mesmo sentido: RT 810/298, JTJ 308/420, 315/405 (AI 7.106.663-0).

Contra: "Presente a improcedência da exceção de pré-executividade após a devida impugnação, configura-se a sucumbência, sendo, portanto, cabível a condenação em honorários" (STJ-RDDP 57/150: 2ª Seção, ED no REsp 756.001, quatro votos vencidos). No mesmo sentido: RT 797/282.

Art. 828. O exequente poderá obter certidão de que a execução foi admitida pelo juiz, com identificação das partes e do valor da causa, para fins de averbação no registro de imóveis, de veículos ou de outros bens sujeitos a penhora, arresto ou indisponibilidade.[1] [Dispositivo correspondente no CPC/1973: art. 615-A-*caput*]

§ 1º No prazo de 10 (dez) dias de sua concretização, o exequente deverá comunicar ao juízo as averbações efetivadas. [Dispositivo correspondente no CPC/1973: art. 615-A § 1º]

§ 2º Formalizada penhora sobre bens suficientes para cobrir o valor da dívida, o exequente providenciará, no prazo de 10 (dez) dias, o cancelamento das averbações relativas àqueles não penhorados. [Dispositivo correspondente no CPC/1973: art. 615-A § 2º]

§ 3º O juiz determinará o cancelamento das averbações, de ofício ou a requerimento, caso o exequente não o faça no prazo. [Dispositivo correspondente no CPC/1973: art. 615-A § 2º]

§ 4º Presume-se em fraude à execução a alienação ou a oneração de bens efetuada após a averbação.[1a] [Dispositivo correspondente no CPC/1973: art. 615-A § 3º]

§ 5º O exequente que promover averbação manifestamente indevida ou não cancelar as averbações nos termos do § 2º indenizará a parte contrária, processando-se o incidente em autos apartados.[2] [Dispositivo correspondente no CPC/1973: art. 615-A § 4º]

Art. 828: 1. v. tb. art. 799-IX. S/ averbação da admissão da execução e: embargos de terceiro, v. art. 674, nota 4; concurso de credores, v. art. 908, nota 7a.

Em matéria de imóvel, v. **Lei 13.097, de 19.1.15,** arts. 54 a 58, 61 e 168.

Art. 828: 1a. v. art. 792.

Art. 828: 2. Nesse caso, o exequente também poderá ser punido por litigância de má-fé (v. arts. 79 e segs.).

Art. 829. O executado será citado[1 a 2] para pagar a dívida[2a] no prazo de 3 (três) dias,[3 a 5] contado da citação.[5a] [Dispositivo correspondente no CPC/1973: art. 652-*caput*]

§ 1º Do mandado de citação constarão, também, a ordem de penhora e a avaliação a serem cumpridas pelo oficial de justiça tão logo verificado o não pagamento no prazo assinalado, de tudo lavrando-se auto, com intimação do executado.[5b-6] [Dispositivo correspondente no CPC/1973: art. 652 § 1º]

§ 2º A penhora recairá sobre os bens indicados pelo exequente,[6a] salvo se outros forem indicados pelo executado[6b a 8] e aceitos pelo juiz, mediante demonstração de que a constrição proposta lhe será menos onerosa[9] e não trará prejuízo ao exequente. [Dispositivos correspondentes no CPC/1973: art. 652 §§ 2º e 3º]

Art. 829: 1. v. art. 246 (citação).

Art. 829: 1a. "Não cabe **agravo de instrumento contra o despacho que determina a citação** em processo de execução. O sistema proporciona duas formas de defesa ao executado: embargos ou exceção de pré-executividade. O que não se pode admitir — sob pena de tumultuar ainda mais o já moribundo processo de execução — é o cabimento de agravo de instrumento contra despacho que ordena a citação" (STJ-2ª T., AI 474.437-AgRg, Min. Gomes de Barros, j. 4.10.05, DJU 24.10.05).

Art. 829: 2. "Execução. **Pluralidade de devedores. Citação de apenas um.** A falta de citação de coexecutados, sendo facultativo o litisconsórcio, não obsta prossiga a execução relativamente ao que foi citado e teve seus bens penhorados" (STJ-3ª T., REsp 44.756-9, Min. Eduardo Ribeiro, j. 28.3.94, DJU 20.6.94).

"Na execução movida em face de vários codevedores, não há aguardar a citação de todos os executados para que a execução tenha desenvolvimento" (RSTJ 66/443).

V. tb. art. 924, nota 2.

Art. 829: 2a. A **Fazenda Pública** é citada para opor embargos à execução (v. art. 910), e não para pagar.

Art. 829: 3. Na hipótese de **pluralidade de executados,** esse prazo de três dias é contado individualmente para cada um deles, a partir do aperfeiçoamento da sua respectiva citação. Tal prazo, ademais, não se dobra, mesmo que os executados estejam representados por procuradores diferentes.

Também é contado individualmente o prazo para a oposição de embargos à execução no caso de pluralidade de executados, "salvo no caso de cônjuges ou de companheiros, quando será contado a partir da juntada do último" (art. 915 § 1º).

Art. 829: 4. Para **embargar a execução, o prazo** é de 15 dias, "contado, conforme o caso, na forma do art. 231" (art. 915).

Art. 829: 5. Não podem ser **penhorados bens** do executado antes de decorridos os três dias que lhe são concedidos para o pagamento da dívida.

Art. 829: 5a. v. art. 231 § 3º.

Art. 829: 5b. v. tb. art. 841-*caput*.

Art. 829: 6. As diligências voltadas à constrição de bens do executado **independem da indicação de bens pelo exequente,** na medida em que tal indicação é mera faculdade a ele atribuída (v. § 2º).

Em matéria de execução fiscal, v. LEF 10, nota 1d.

Art. 829: 6a. v. art. 798-II-*c*.

Art. 829: 6b. Quando o executado indica bens à penhora, o juiz deve **ouvir o exequente acerca do valor** que lhes houver sido atribuído. "Havendo impugnação do credor, plausível seja determinada avaliação judicial, desde logo, antes do termo de penhora" (JTAERGS 98/267). No mesmo sentido: RT 762/311.

Caso não haja impugnação do exequente (v. art. 871), o juiz só mandará fazer nova avaliação se presente alguma das hipóteses do art. 873.

Art. 829: 7. Se o executado não indicar bens: v. arts. 438, notas 2 e 3 (informações sobre o executado a repartições públicas, cartórios e bancos) e 774-V.

Art. 829: 7a. "Sempre que o **executado nomear à penhora bem que não lhe pertença,** ainda que haja concordância do verdadeiro proprietário, será lícito ao exequente recusar a nomeação, simplesmente porque recai sobre bem de terceiro" (STJ-3ª T., REsp 1.007.107, Min. Gomes de Barros, j. 17.3.08, DJU 13.5.08).

Art. 829: 8. Nada impede que **terceiro dê bem à penhora,** em decorrência de responsabilidade patrimonial secundária, embora não seja parte na execução (JTA 123/100).

Art. 829: 9. v. art. 805.

Art. 830. Se o oficial de justiça não encontrar o executado, arrestar-lhe-á[1 a 3a] tantos bens[3b] quantos bastem para garantir a execução. [Dispositivo correspondente no CPC/1973: art. 653-*caput*]

§ 1º Nos 10 (dez) dias seguintes à efetivação do arresto, o oficial de justiça procurará o executado 2 (duas) vezes em dias distintos e, havendo suspeita de ocultação, realizará a citação com hora certa, certificando pormenorizadamente o ocorrido.[3c] [Dispositivo correspondente no CPC/1973: art. 653 § ún.]

§ 2º Incumbe ao exequente requerer a citação por edital,[4 a 7] uma vez frustradas a pessoal e a com hora certa. [Dispositivo correspondente no CPC/1973: art. 654]

§ 3º Aperfeiçoada a citação e transcorrido o prazo de pagamento, o arresto converter-se-á em penhora,[8] independentemente de termo. [Dispositivo correspondente no CPC/1973: art. 654]

Art. 830: 1. Em matéria de execução fiscal, v. LEF 7º-III, 11 e 14.

Art. 830: 1a. "O art. 653-*caput* dispõe que os bens do devedor deverão ser arrestados pelo oficial de justiça, caso não seja localizado o devedor. Apenas isso. **Não é necessário que haja suspeita de ocultação**" (JTJ 328/111: AI 7.232.302-7; a citação é do voto do relator).

Mas a prévia tentativa de citação do executado é requisito para o arresto executivo: "*In casu*, inexistem atos tendentes a localizar o devedor para citação, seja por carta, seja por mandado, o que afasta a aplicação do art. 653 do CPC" (STJ-2ª T., REsp 1.407.723, Min. Eliana Calmon, j. 21.11.13, DJ 29.11.13).

Art. 830: 2. "O arresto executivo, também designado arresto prévio ou pré-penhora, de que trata o art. 653 do CPC, objetiva assegurar a efetivação de futura penhora na execução por título extrajudicial, na hipótese de o executado não ser encontrado para citação. Frustrada a tentativa de localização do executado, é admissível o **arresto** de seus bens na modalidade ***on-line*** (CPC, art. 655-A, aplicado por analogia)" (STJ-4ª T., REsp 1.370.687, Min. Antonio Ferreira, j. 4.4.13, RP 227/417). No mesmo sentido: STJ-3ª T., REsp 1.338.032, Min. Sidnei Beneti, j. 5.11.13, DJ 29.11.13.

Art. 830: 2a. O **arrombamento de residência** para execução de arresto cabe somente na hipótese de resistência efetiva do executado, e não de resistência presumida (RT 648/134).

Art. 830: 3. "O **arresto impede a alienação do bem constrito,** tirando do devedor qualquer possível eficácia da alienação" (RT 622/104).

Art. 830: 3a. Se, antes de converter-se o arresto em penhora, o **executado comparece** e se dá por citado (art. 239 § 1º), fica o arresto sem efeito e começa a correr o seu prazo para pagamento (art. 829). Nesse sentido: RT 799/270; JTJ 369/106: AI 167914-12.2011.8.26.0000. Se, porém, oferece desde logo embargos à execução, entende-se que concordou com a conversão do arresto em penhora (JTAERGS 73/138).

V. tb. nota 7.

Art. 830: 3b. Não apenas os "bens" podem ser arrestados, mas também os **créditos** (p. ex., aluguéis: RJTJESP 134/298).

Art. 830: 3c. v. art. 252.

Art. 830: 4. sob pena de se tornar **ineficaz** o arresto (JTA 78/222).

Art. 830: 5. v. arts. 256 a 258.

A citação por edital também **cabe mesmo que não tenha havido arresto de bens,** porque através dela se obtêm todos os efeitos previstos na lei, especialmente o de interrupção da prescrição (STF-RTJ 94/413, 94/464, 94/465, 94/921, 98/1.184, RT 542/245, Bol. AASP 2.299/2.523). V. art. 240.

Art. 830: 6. O fim do prazo do edital de citação deflagra o prazo para embargar a execução (art. 915-*caput* c.c. art. 231-IV). Por isso, dele deve constar **advertência quanto ao prazo** para a apresentação dos embargos (aplicação analógica do art. 250-II).

Art. 830: 7. Comparecimento espontâneo do devedor no curso do prazo do edital de citação. Se, no curso do prazo do edital de citação, o devedor comparece e se dá por citado (art. 239 § 1º), ficam sem efeito a citação editalícia e o arresto (STJ-3ª T., REsp 434.729, Min. Nancy Andrighi, j. 17.10.02, DJU 25.11.02). Nesse caso, o prazo de três dias para o pagamento (art. 829) começará a fluir a partir do comparecimento espontâneo; decorrido o mesmo e havendo inércia do devedor, devem ser penhorados os bens necessários à execução (art. 831) dando-se prosseguimento ao processo. O comparecimento também marca o início do prazo para embargar a execução (art. 915-*caput*).

Art. 830: 8. "Deferida liminarmente a medida cautelar de arresto, antes da citação do executado, e sendo **ineficaz a nomeação de bens à penhora** feita por este, pode o arresto ser convertido em penhora" (RSTJ 94/196).

Seção III | DA PENHORA, DO DEPÓSITO E DA AVALIAÇÃO

Subseção I | DO OBJETO DA PENHORA

Art. 831. A penhora[1 a 1d] deverá recair sobre tantos bens[2] quantos bastem para o pagamento do principal atualizado,[2a] dos juros, das custas e dos honorários advocatícios.[3] [Dispositivo correspondente no CPC/1973: art. 659-*caput*]

Art. 831: 1. Suspende-se a execução quando o executado **não possuir bens penhoráveis** (v. art. 921-III §§ 1º a 3º).

Todavia, o processamento e o prosseguimento dos embargos à execução não são afetados pela falta de penhora (art. 914-*caput*).

Art. 831: 1a. "Sendo o **bem penhorado indivisível,** a solução para que se reserve o direito de meação sobre o mesmo é sua alienação com a repartição do preço" (RSTJ 138/159). V. tb. art. 843.

Art. 831: 1b. "Se a despesa condominial é dívida *propter rem* que onera o próprio bem e se o coproprietário por ela responde integralmente como devedor solidário, a **coisa comum** pode ser penhorada por inteiro, mesmo que executado apenas um dos codevedores. Inteligência do art. 1.315 c/c os arts. 275 e 280, do Código Civil de 2002" (JTJ 297/324). "Ainda que a ação de execução tenha sido promovida somente contra o marido, o imóvel por inteiro está sujeito à execução se a fiança foi prestada conjuntamente" (JTJ 315/125: AP 755.303-0/3). Também admitindo a penhora da totalidade do imóvel nos casos em que o coproprietário não seja parte no processo: JTJ 302/378 (com farta citação jurisprudencial).

Nesses casos, o **terceiro** que teve o bem constrito não deve ficar alheio aos atos do processo. Faz-se indispensável, ao menos, sua intimação acerca da constrição levada a efeito e do eventual leilão do bem penhorado, na medida em que lhe é dado defender seu patrimônio por meio de embargos ou impugnação.

Art. 831: 1c. "Vigente o **regime de separação total de bens,** por força de pacto antenupcial, a regra é de que os bens adquiridos não se comunicam, podendo a penhora ser realizada sem resguardo de meação" (STJ-4ª T., REsp 26.382-0, Min. Ruy Rosado, j. 24.5.94, DJU 27.6.94).

Art. 831: 1d. "Necessidade de garantia do juízo. **Caução oferecida em ação conexa.** Aproveitamento. Possibilidade. Tendo sido reconhecido, no bojo da ação cautelar, que houve o caucionamento do débito — que, frisa-se, é o mesmo discutido na ação de execução e, consequentemente, cujo título os recorridos visam a desconstituir por meio da oposição de embargos à execução — não há por que determinar que seja realizada nova constrição no patrimônio dos agravados" (STJ-3ª T., REsp 1.743.951, Min. Nancy Andrighi, j. 6.10.20, DJ 14.10.20).

Art. 831: 2. s/ requisição de informações a repartições públicas para a localização de bens do devedor, v. art. 438, nota 2.

Art. 831: 2a. "Em respeito aos princípios do devido processo legal, da ampla defesa e do contraditório, há de se conceder ao devedor a oportunidade de se manifestar sobre a **atualização do crédito** executado, mormente quando realizada unilateralmente pela parte contrária, de sorte que, havendo discordância quanto aos cálculos, sejam eles conferidos pelo contador judicial. Não se trata de rediscutir os critérios de atualização do débito, matéria afeita à fase de formação do título executivo; porém, sempre haverá espaço para a parte se insurgir contra erros materiais de cálculo, desde que se manifeste oportunamente" (STJ-3ª T., MC 13.994, Min. Nancy Andrighi, j. 1.4.08, DJU 15.4.08).

V. art. 826, nota 3.

Art. 831: 3. "Não há nulidade na **insuficiência da penhora**" (RT 591/153).

Art. 832. Não estão sujeitos à execução os bens que a lei considera impenhoráveis[1] ou inalienáveis.[2-2a] [Dispositivo correspondente no CPC/1973: art. 648]

Art. 832: 1. v. arts. 833 e 834.

Art. 832: 2. v. CC 100, 101, 1.717, 1.848 e 1.911; v. tb. CC 1.164.

Art. 832: 2a. s/ indicação, pelo devedor, de bem impenhorável, v. art. 835, nota 2.

Art. 833. São impenhoráveis:[1 a 12a] [Dispositivo correspondente no CPC/1973: art. 649-*caput*]

I — os bens inalienáveis[13-13a] e os declarados, por ato voluntário, não sujeitos à execução;[14-14a] [Dispositivo correspondente no CPC/1973: art. 649-I]

II — os móveis, os pertences e as utilidades domésticas que guarnecem a residência do executado, salvo os de elevado valor ou os que ultrapassem as necessidades comuns correspondentes a um médio padrão de vida;[15] [Dispositivo correspondente no CPC/1973: art. 649-II]

III — os vestuários, bem como os pertences de uso pessoal do executado, salvo se de elevado valor; [Dispositivo correspondente no CPC/1973: art. 649-III]

IV — os vencimentos,[16-17] os subsídios,[18] os soldos, os salários,[19-20] as remunerações,[21-22] os proventos de aposentadoria,[23] as pensões, os pecúlios e os montepios,[24 a 25a] bem como as quantias recebidas por liberalidade de terceiro[25b] e destinadas ao sustento do devedor e de sua família, os ganhos de trabalhador autônomo e os honorários de profissional liberal,[25c] ressalvado o § 2º; [Dispositivo correspondente no CPC/1973: art. 649-IV]

V — os livros, as máquinas, as ferramentas, os utensílios, os instrumentos ou outros bens móveis necessários ou úteis ao exercício da profissão do executado;[26 a 28a] [Dispositivo correspondente no CPC/1973: art. 649-V]

VI — o seguro de vida;[28b] [Dispositivo correspondente no CPC/1973: art. 649-VI]

VII — os materiais[29] necessários para obras em andamento, salvo se essas forem penhoradas; [Dispositivo correspondente no CPC/1973: art. 649-VII]

VIII — a pequena propriedade rural, assim definida em lei, desde que trabalhada pela família;[30 a 32b] [Dispositivo correspondente no CPC/1973: art. 649-VIII]

IX — os recursos públicos recebidos por instituições privadas para aplicação compulsória em educação, saúde ou assistência social;[32c a 33a] [Dispositivo correspondente no CPC/1973: art. 649-IX]

X — a quantia depositada em caderneta de poupança, até o limite de 40 (quarenta) salários mínimos;[33b a 34c] [Dispositivo correspondente no CPC/1973: art. 649-X]

XI — os recursos públicos do fundo partidário recebidos por partido político, nos termos da lei;[35] [Dispositivo correspondente no CPC/1973: art. 649-XI]

XII — os créditos oriundos de alienação de unidades imobiliárias, sob regime de incorporação imobiliária, vinculados à execução da obra. [Sem dispositivo correspondente no CPC/1973]

§ 1º A impenhorabilidade não é oponível à execução de dívida relativa ao próprio bem,[35a] inclusive àquela contraída para sua aquisição. [Dispositivo correspondente no CPC/1973: art. 649 § 1º]

§ 2º O disposto nos incisos IV e X do *caput* não se aplica à hipótese de penhora para pagamento de prestação alimentícia,[36 a 40] independentemente de sua origem, bem como às importâncias excedentes a 50 (cinquenta) salários mínimos mensais,[41] devendo a constrição observar o disposto no art. 528, § 8º, e no art. 529, § 3º. [Dispositivo correspondente no CPC/1973: art. 649 § 2º]

§ 3º Incluem-se na impenhorabilidade prevista no inciso V do *caput* os equipamentos, os implementos e as máquinas agrícolas pertencentes a pessoa física ou a empresa individual produtora rural, exceto quando tais bens tenham sido objeto de financiamento e estejam vinculados em garantia a negócio jurídico ou quando respondam por dívida de natureza alimentar, trabalhista ou previdenciária. [Sem dispositivo correspondente no CPC/1973]

Art. 833: 1. v. no tít. BEM DE FAMÍLIA, Lei 8.009, de 29.3.90, ínt.; v. art. 533 § 1º (capital destinado a garantir prestação alimentar); v. art. 795, nota 2 (responsabilidade do sócio, por débito social); art. 831, nota 1c (penhora de bem de devedor casado pelo regime da separação); art. 835, nota 2 (indicação, pelo devedor, de bem impenhorável), nota 12a (penhora de cota social, na execução contra o sócio); art. 843 (penhora de bem indivisível); art. 923, nota 2 (nova penhora); v., ainda, LEF 4º-IV (responsável tributário), 6º, nota 2 (indisponibilidade dos bens penhorados em execução judicial de dívida ativa da União, suas autarquias e fundações públicas), e 11, nota 1c (penhora de crédito de precatório), bem como art. 69 do Dec. lei 167, de 14.12.67 (cédula de crédito rural), e também arts. 57 e 59 do Dec. lei 413, de 9.1.69 (títulos de crédito industrial), no tít. EXECUÇÕES ESPECIAIS.

V. tb. notas 9 (imóvel hipotecado), 17 a 25a (salário e congêneres).

Art. 833: 1a. Dec. lei 73, de 21.11.66 — Dispõe sobre o Sistema Nacional de Seguros Privados, regula as operações de seguros e resseguros e dá outras providências: **"Art. 85.** Os bens garantidores das reservas técnicas, fundos e previsões serão registrados na SUSEP e não poderão ser alienados, prometidos alienar ou de qualquer forma gravados em sua prévia e expressa autorização, sendo nulas, de pleno direito, as alienações realizadas ou os gravames constituídos com violação deste artigo. **Parágrafo único.** Quando a garantia recair em bem imóvel, será obrigatoriamente inscrita no competente Cartório do Registro Geral de Imóveis, mediante simples requerimento firmado pela Sociedade Seguradora e pela SUSEP".

Art. 833: 1b. Lei 6.024, de 13.3.74: "Art. 36. Os administradores das instituições financeiras em intervenção, em liquidação extrajudicial ou em falência, ficarão com todos os seus bens indisponíveis, não podendo, por qualquer forma, direta ou indireta, aliená-los ou onerá-los, até apuração e liquidação final de suas responsabilidades".

Todavia: "A indisponibilidade prevista no art. 36 da Lei n. 6.024/74 **não obsta a penhora de bens** do patrimônio do devedor, em execução a ele movida por credor, ainda que quirografário" (STJ-4ª T., REsp 121.792, Min. Aldir Passarinho Jr., j. 4.9.01, DJU 4.2.02). No mesmo sentido: STJ-3ª T., REsp 783.039, Min. Nancy Andrighi, j. 25.9.07, DJU 22.10.07; STJ-1ª T., REsp 757.598, Min. Luiz Fux, j. 17.5.07, DJU 31.5.07.

Art. 833: 2. Lei 6.383, de 7.12.76 — Dispõe sobre o Processo Discriminatório de Terras Devolutas da União, e dá outras providências: **"Art. 29.** O ocupante de terras públicas, que as tenha tornado produtivas com o seu trabalho e o de sua família, fará jus à legitimação da posse de área contínua até 100 (cem) hectares, desde que preencha os seguintes requisitos: (...) **"§ 3º** A Licença de Ocupação será intransferível *inter vivos* e inegociável, não podendo ser objeto de penhora e arresto".

Art. 833: 2a. Lei 8.036, de 11.5.90 — Dispõe sobre o Fundo de Garantia do Tempo de Serviço, e dá outras providências: **"Art. 2º § 2º** As contas vinculadas em nome dos trabalhadores são absolutamente impenhoráveis".

"Art. 20 § 8º As aplicações em Fundos Mútuos de Privatização e no FI-FGTS são nominativas, impenhoráveis e, salvo as hipóteses previstas nos incisos I a XI e XIII a XVI do *caput* deste artigo, indisponíveis por seus titulares".

V. nota 39.

Art. 833: 2b. Lei 8.929, de 22.8.94 — Institui a Cédula de Produto Rural, e dá outras providências (no CCLCV, tít. CÉDULA DE PRODUTO RURAL, ínt.): **"Art. 18.** Os bens vinculados à CPR não serão penhorados ou sequestrados por outras dívidas do emitente ou do terceiro prestador da garantia real, cumprindo a qualquer deles denunciar a existência da cédula às autoridades incumbidas da diligência, ou a quem a determinou, sob pena de responderem pelos prejuízos resultantes de sua omissão".

Art. 833: 2c. Lei 9.069, de 29.6.95 — Dispõe sobre o Plano Real: **"Art. 68.** Os depósitos das instituições financeiras bancárias mantidos no Banco Central do Brasil e contabilizados na conta Reservas Bancárias são impenhoráveis e não responderão por qualquer tipo de dívida civil, comercial, fiscal, previdenciária, trabalhista ou de outra natureza, contraída por essas instituições ou quaisquer outras a elas ligadas. **Parágrafo único.** A impenhorabilidade de que trata o *caput* deste artigo não se aplica aos débitos contratuais efetuados pelo Banco Central do Brasil e aos decorrentes das relações das instituições financeiras com o Banco Central do Brasil".

Os valores depositados na conta **Reservas Bancárias do Banco Central do Brasil** não se confundem com o numerário que se encontra depositado em agências bancárias: este pode ser penhorado (v. art. 835, nota 4a).

Art. 833: 2d. Lei 9.610, de 19.2.98 — Altera, atualiza e consolida a legislação sobre direitos autorais e dá outras providências (no CCLCV, tít. DIREITO AUTORAL, ínt.): **"Art. 76.** É impenhorável a parte do produto dos espetáculos reservada ao autor e aos artistas".

Art. 833: 3. "A própria lei processual sugere temperamentos ao caráter absoluto das impenhorabilidades, de modo que se revela fragilizada a ideia de que as constrições sobre os bens constantes no rol do art. 649 do CPC são, em quaisquer situações, descabidas. **A impenhorabilidade** de bem arrolado no art. 649 do CPC, com exceção feita ao bem de família, **deve ser arguida pelo executado no primeiro momento** em que lhe couber falar nos autos, sob pena de preclusão. Há necessidade, em certas hipóteses, de se impor limites a arguições extemporâneas do devedor, para que o debate a respeito da questão não se prolongue indefinidamente, garantindo-se, assim, segurança jurídica e celeridade aos atos processuais, bem como evitando-se que a lide se converta numa disputa desordenada, sem freios ou garantias preestabelecidas. No particular, a irresignação contra a penhora de numerário que integrava o acervo patrimonial disponível da embargada foi manifestada mais de dois anos após sua intimação, o que evidencia que a constrição não teve como efeito comprometer a manutenção digna da devedora e de sua família — objetivo da proteção garantida pela norma do art. 649 do CPC" (STJ-Corte Especial, ED no Ag em REsp 223.196, Min. Nancy Andrighi, j. 20.11.13, maioria, DJ 18.2.14).

Contra: "Em se tratando de nulidade absoluta, a exemplo do que se dá com os bens absolutamente impenhoráveis (CPC, art. 649), prevalece o interesse de ordem pública, podendo ser ela arguida em qualquer fase ou momento, devendo inclusive ser apreciada de ofício" (STJ-RT 787/215 e RTJE 175/254). No mesmo sentido: Bol. AASP 2.242/2.067.

Também afirmando que a matéria pode ser invocada a qualquer tempo: STJ-3ª T., REsp 679.842, Min. Menezes Direito, j. 4.9.07, DJU 19.11.07.

"O executado pode alegar a impenhorabilidade de bem constrito, mesmo quando já designada a praça e não tenha ele suscitado o tema em outra oportunidade, inclusive em sede de embargos do devedor, pois tal omissão não significa renúncia a qualquer direito, ressalvada a possibilidade de condenação do devedor nas despesas pelo retardamento injustificado, sem prejuízo de eventual acréscimo na verba honorária, a final" (STJ-RT 787/215 e RTJE 175/254).

Igualmente afirmando a responsabilidade do executado pelas custas do retardamento: RT 677/189.

S/ preclusão e penhorabilidade de bem, v. tb. art. 507, nota 6.

S/ oportunidade para alegar a impenhorabilidade do bem de família, v. LBF 3º, notas 1 a 1b.

Art. 833: 3a. No sentido de que a impenhorabilidade pode ser **conhecida de ofício:** STJ-2ª T., REsp 1.189.848, Min. Mauro Campbell, j. 21.10.10, DJ 5.11.10; STJ-RT 787/215 e RTJE 175/254; JTJ 341/184 (AI 7.371.262-8; v. p. 185).

Autorizando a veiculação da impenhorabilidade por **simples petição** e **independentemente** da oferta **de embargos** à execução: STJ-4ª T., REsp 443.131, Min. Ruy Rosado, j. 13.5.03, DJU 4.8.03; JTJ 353/187 (AI 991.09.097740-9).

Art. 833: 3b. São impenhoráveis os bens das **autarquias,** cuja execução faz-se segundo o art. 910 (v. art. 910, nota 5a).

Art. 833: 4. São impenhoráveis os bens das **fundações de direito público** (STJ-6ª T., MC 633, Min. Vicente Cernicchiaro, j. 16.12.96, DJU 31.3.97).

Art. 833: 5. "À Empresa Brasileira de **Correios** e Telégrafos, pessoa jurídica equiparada à Fazenda Pública, é aplicável o privilégio da **impenhorabilidade de seus bens,** rendas e serviços. Recepção do artigo 12 do Decreto-lei n. 509/69 e não incidência da restrição contida no artigo 173, § 1º, da Constituição Federal, que submete a empresa pública, a sociedade de economia mista e outras entidades que explorem atividade econômica ao regime próprio das empresas privadas, inclusive quanto às obrigações trabalhistas e tributárias. **Empresa pública que não exerce atividade econômica** e presta serviço público da competência da União Federal e por ela mantido. Execução. **Observância ao regime de precatório,** sob pena de vulneração do disposto no artigo 100 da Constituição Federal" (STF-Pleno, RE 220.906-9, Min. Maurício Corrêa, j. 16.11.00, maioria, DJU 14.11.02). No mesmo sentido: RTJ 176/1.384, STF-RT 796/195; STJ-4ª T., REsp 463.324, Min. Ruy Rosado, j. 19.11.02, DJU 16.12.02.

Todavia: "Empresa pública federal. Companhia Nacional de Abastecimento — CONAB. Equiparação à Fazenda Pública. Ausência de previsão legal. Inaplicabilidade do procedimento previsto no art. 730 do CPC. A Conab, não obstante preste o serviço de fomento, também desempenha atividade econômica, atuando no mercado em regime de livre concorrência com as demais empresas, conforme se observa da análise do art. 7º do Decreto 4.514/02. Em razão disso, inaplicável a sua equiparação à Fazenda Pública" (STJ-2ª T., REsp 1.422.811, Min. Og Fernandes, j. 23.9.14, DJ 18.11.14).

Art. 833: 6. Rege-se a execução contra **sociedades de economia mista** pelas disposições gerais, e não pelos arts. 910 e segs.; seus bens, portanto, estão sujeitos a penhora. "Os privilégios da Fazenda Pública são inextensíveis às sociedades de economia mista que executam atividades em regime de concorrência ou que tenham como objetivo distribuir lucros aos seus acionistas" (STF-Pleno, RE 599.628, Min. Joaquim Barbosa, j. 25.5.11, três votos vencidos, DJ 17.10.11). Ainda: "A sociedade de economia mista, posto consubstanciar personalidade jurídica de direito privado, sujeita-se, na cobrança de seus débitos, ao regime comum das sociedades em geral, nada importando o fato de prestarem serviço público, desde que a execução da função não reste comprometida pela constrição" (STJ-1ª T., REsp 521.047, Min. Luiz Fux, j. 20.11.03, DJU 16.2.04). No mesmo sentido: RSTJ 117/296 (2ª T.), 153/288 (3ª T.), RT 788/292, JTJ 183/40, 184/65, RJTJERGS 167/256.

S/ o regime jurídico dos bens da sociedade de economia mista, v. CF 173 § 1º, LSA 235 a 240 e LRF 2º-I.

Art. 833: 7. "Não pode ser penhorado, separadamente, o **elevador de um edifício** em condomínio. Art. 3º da Lei 4.591/64" (STJ-RT 734/290). No mesmo sentido: RT 783/298, JTA 32/137. **Contra:** RT 614/193.

"É inadmissível a penhora de elevadores de imóvel em que funciona um hotel, porquanto, além de estarem incorporados à estrutura do prédio, são bens essenciais para a realização da atividade e o seu desligamento importará em inviabilidade da própria utilização do bem, como um todo" (STJ-4ª T., REsp 786.292, Min. Aldir Passarinho Jr., j. 20.4.10, DJ 17.5.10).

Art. 833: 8. Afirmando a impenhorabilidade de **automóvel** "utilizado para transportar **portador de necessidades especiais**": STJ-2ª T., REsp 1.436.739, Min. Humberto Martins, j. 27.3.14, DJ 2.4.14.

Art. 833: 8a. "Não se incluindo nas excepcionais hipóteses legais de impenhorabilidade, a **arma de fogo** pode ser penhorada e expropriada, desde que assegurada pelo Juízo da execução a observância das mesmas restrições impostas pela legislação de regência para a sua comercialização e aquisição" (STJ-2ª T., REsp 1.866.148, Min. Herman Benjamin, j. 26.5.20, DJ 20.8.20).

Art. 833: 9. O **imóvel hipotecado** pode ser penhorado por terceiro, alheio à garantia hipotecária. "Inocorre a pretendida impenhorabilidade do bem hipotecado" (STF-1ª T., RE 103.425-4, Min. Néri da Silveira, j. 21.6.85, DJU 27.2.87). No mesmo sentido: STJ-3ª T., REsp 1.626.840-AgInt, Min. Paulo Sanseverino, j. 25.3.19, DJ 27.3.19.

Assim, é penhorável, por credor quirografário, o imóvel hipotecado (RT 575/138, bem fundamentado, JTA 92/31, 92/395, 106/112), mesmo porque "o crédito hipotecário, privilegiado que é, será preferencialmente satisfeito, restando ao quirografário a sobra" (RTFR 140/131). No mesmo sentido: JTJ 298/128.

V. tb. arts. 674, nota 21 (embargos de terceiro apresentados pelo credor hipotecário), 799-I, especialmente nota 2 (intimação do credor hipotecário), 804-*caput* (ineficácia da alienação não precedida de intimação do credor hipotecário), 889-V, inclusive nota 9 (comunicação da alienação judicial ao credor hipotecário), 892, nota 4 (arrematação pelo credor hipotecário), 908, nota 5 (exercício do direito de preferência pelo credor hipotecário). V. ainda CC 1.501 (ineficácia da arrematação ou adjudicação em relação ao credor hipotecário não intimado).

Art. 833: 10. Súmula 19 do 1º TASP: "Admite-se a **penhora sobre parte ideal de imóvel hipotecado,** ressalvada a subsistência integral da garantia, mesmo após a arrematação por terceiro" (Bol. AASP 1.630/supl.). V. o correspondente acórdão de uniformização da jurisprudência em RT 632/126 e JTA 110/50, 31 votos a 4.

Contra, não admitindo a penhora: JTA 104/82.

Art. 833: 11. "É incabível a penhora de **bem alienado fiduciariamente,** por este ser de propriedade do credor fiduciário" (STJ-1ª T., AI 460.285-AgRg, Min. Francisco Falcão, j. 11.3.03, DJU 5.5.03).

No mesmo sentido era a **Súmula 242 do TFR:** "O bem alienado fiduciariamente não pode ser objeto de penhora nas execuções ajuizadas contra o devedor fiduciário" (v. jurisprudência s/ esta Súmula em RTFR 163/39 a 63). Ainda: RTJ 85/326, STF-RT 639/224, RSTJ 78/184 (com a observação de que há necessidade de estar a alienação fiduciária registrada "no competente assento notarial"), RT 604/150, JTJ 164/137, JTA 47/72.

Mas: "O bem alienado fiduciariamente, por não integrar o patrimônio do devedor, não pode ser objeto de penhora. Nada impede, contudo, que os **direitos do devedor fiduciante oriundos do contrato** sejam constritos" (STJ-5ª T., REsp 260.880, Min. Felix Fischer, j. 13.12.00, DJU 12.2.01). No mesmo sentido: STJ-2ª T., REsp 1.646.249, Min. Herman Benjamin, j. 3.4.18, DJ 24.5.18; STJ-4ª T., REsp 1.171.341, Min. Isabel Gallotti, j. 6.12.11, DJ 14.12.11; RT 508/63, 880/221 (TJDFT, AI 20080020125709), JTJ 321/2.337 (AI 1.112.163-0/1), 331/49 (AI 1.206.370-0/2), RJTJERGS 216/324, Lex-JTA 154/66, RIDCPC 48/164, RJ 253/93, caso de arresto.

"Viabilidade da penhora de direitos que o devedor fiduciante possui sobre o bem oriundo de contrato de alienação, não sendo requisito da constrição a anuência do credor fiduciário, uma vez que a este a referida penhora não prejudica" (STJ-2ª T., REsp 1.824.613, Min. Herman Benjamin, j. 5.9.19, DJ 11.10.19).

V. art. 835-XII.

V. tb. LEF 11, nota 9a.

Em matéria de bem família, v. LBF 1º, nota 15d.

Art. 833: 12. O **direito real de usufruto** não é penhorável (RT 797/274), mas a penhora pode recair sobre a **nua-propriedade** (STJ-4ª T., Ag em REsp 521.330-EDcl, Min. Luis Felipe, j. 5.8.14, DJ 8.8.14; STJ-RDPr 43/409: 3ª T., REsp 925.687, com a ressalva de que se resguarda "o direito real de usufruto, inclusive após a arrematação ou a adjudicação, até que haja sua extinção"; RT 668/112, 828/253, RJTAMG 69/359) ou sobre o exercício do usufruto, ou seja, os **frutos** (STJ-3ª T., REsp 242.031, Min. Ari Pargendler, j. 2.10.03, um voto vencido, DJU 29.3.04; JTJ 332/69: AI 589.181-4/6-00).

A penhora do exercício do usufruto "recairá sobre as comodidades do usufruto e sobre a faculdade de perceber os frutos e vantagens da coisa frutuária" (RT 573/196). No mesmo sentido: RT 592/127, 649/104, 717/218, 759/278, JTJ 170/249, Lex-JTA 141/30, maioria, JTJ 310/97.

Admitindo a penhora sobre o exercício do usufruto somente no caso de o usufrutuário **não residir no respectivo imóvel:** STJ-RDDP 92/122 (3ª T., REsp 883.085); RT 796/304, JTJ 336/211 (AI 7.317.163-6); ou, se este se acha alugado, não constituir renda para a sua manutenção: RT 638/123.

Recaindo a penhora sobre o exercício do usufruto, é prescindível a intimação do nu-proprietário (RJ 239/80).

V. art. 834 e CC 1.393.

S/ bem de família, v. LBF 1º, nota 15.

Art. 833: 12a. **"Multipropriedade imobiliária (*time-sharing*).** Natureza jurídica de direito real. Unidades fixas de tempo. Uso exclusivo e perpétuo durante certo período anual. Parte ideal do multiproprietário. Penhora. Insubsistência. É insubsistente a penhora sobre a integralidade do imóvel submetido ao regime de multipropriedade na hipótese em que a parte embargante é titular de fração ideal por conta de cessão de direitos em que figurou como cessionária" (STJ-3ª T., REsp 1.546.165, Min. João Otávio, j. 26.4.16, maioria, DJ 6.9.16).

Art. 833: 13. s/ penhorabilidade de frutos e rendimentos de bens inalienáveis, v. art. 834; s/ cláusula de inalienabilidade, v. CC 1.848 e 1.911; s/ registro de cláusula de inalienabilidade, no Registro de Imóveis, v. LRP 167-II-11.

Art. 833: 13a. "Conforme estabelece o art. 1.676 do Código Civil de 1916 (1.911 do Código Civil de 2002), a cláusula de inalienabilidade vitalícia tem vigência **enquanto viver o beneficiário,** cuja morte tem o efeito de transferir os bens objeto da restrição livres e desembaraçados aos seus herdeiros, podendo sobre eles, então, recair penhora" (STJ-4ª T., Ag em REsp 1.364.591-AgInt, Min. Isabel Gallotti, j. 28.9.20, DJ 1.10.20).

Art. 833: 14. "O gravame da impenhorabilidade pode ser instituído **independentemente da cláusula de inalienabilidade.** O donatário não estará impedido de alienar; mas o bem ficará a salvo de penhora" (RSTJ 137/457).

Art. 833: 14a. "O pacto de impenhorabilidade previsto no art. 649, I, do CPC/1973 está **limitado às partes que o convencionaram**, não podendo envolver terceiros que não anuíram, salvo exceções previstas em lei. Na hipótese, o pacto de impenhorabilidade de **título patrimonial,** contido explicitamente em estatuto social do **clube** desportivo (art. 4º, § 1º), não pode ser oposto contra o exequente/credor não sócio" (STJ-3ª T., REsp 1.475.745, Min. Ricardo Cueva, j. 24.4.18, DJ 30.4.18).

Art. 833: 15. v. LBF 2º e notas.

Art. 833: 16. v. tb. art. 805, nota 4.

Art. 833: 17. i. e., tudo quanto é recebido pelo **servidor público,** a qualquer título (RT 614/128, JTA 102/86).

Art. 833: 18. Subsídio de vereador é impenhorável (RT 634/167, maioria, 693/220, maioria, 799/262; JTJ 331/168: AI 581.440-4/0-00; JTAERGS 83/137).

Art. 833: 19. A disposição abrange **salário a qualquer título,** isto é, todo direito do empregado, presente, passado, futuro, pago ou não, na constância do emprego ou por despedida (RT 618/198, JTJ 205/231; 352/82: AI 990.10.042653-2).

Afirmando a impenhorabilidade de **saldo em conta-corrente** bancária, se proveniente de salário: RT 824/360, 838/265, 921/907 (TJSP, AI 0266627-22.2011.8.26.0000), Lex-JTA 148/160, JTJ 337/367 (AP 7.320.433-8). "A poupança alimentada exclusivamente por parcela da remuneração prevista no art. 649, IV, do CPC é impenhorável" (STJ-RP 183/358: 2ª T., REsp 515.770).

"A devolução do imposto de renda retido ao contribuinte não descaracteriza a natureza alimentar dos valores a serem devolvidos, quanto se trata de desconto parcial do seu salário. É impenhorável o valor depositado em conta bancária, referente à **restituição do imposto de renda"** (STJ-3ª T., REsp 1.150.738, Min. Nancy Andrighi, j. 20.5.10, DJ 14.6.10). No mesmo sentido: STJ-5ª T., REsp 1.163.151, Min. Adilson Macabu, j. 21.6.11, DJ 3.8.11.

É impenhorável **crédito trabalhista** (JTA 94/202, 98/145; JTJ 322/2.553: AP 1.122.726-6). No mesmo sentido, pela impenhorabilidade do crédito apurado em ação trabalhista, mesmo quando ele seja decorrência do décimo terceiro, das férias e da multa, por se tratar de salário em interpretação extensiva: RT 840/268. Também afirmando a impenhorabilidade do crédito apurado em ação trabalhista: JTJ 347/167 (AI 991.09.040069-1).

"É inadmissível a penhora dos valores recebidos a título de **verba rescisória** de contrato de trabalho e depositados em conta-corrente destinada ao recebimento de remuneração salarial (conta salário), ainda que tais verbas estejam aplicadas em fundos de investimentos, no próprio banco, para melhor aproveitamento do depósito" (STJ-4ª T., REsp 978.689, Min. Luis Felipe, j. 6.8.09, DJ 24.8.09). Em sentido semelhante: STJ-1ª T., REsp 1.164.037, Min. Napoleão Maia Filho, j. 20.2.14, maioria, DJ 9.5.14.

Todavia: "Tendo o valor entrado na esfera de disponibilidade do recorrente sem que tenha sido consumido integralmente para o suprimento de necessidades básicas, vindo a compor uma **reserva de capital,** a verba **perde** seu **caráter alimentar,** tornando-se penhorável" (STJ-3ª T., RMS 25.397, Min. Nancy Andrighi, j. 14.10.08, DJ 3.11.08). Em sentido semelhante: JTJ 329/40 (AI 1.128.958-0/4).

"A remuneração a que se refere o inciso IV do art. 649 do CPC é a **última percebida,** no limite do teto constitucional de remuneração (CF, art. 37, XI e XII), perdendo esta natureza a sobra respectiva, após o recebimento do salário ou vencimento seguinte. O valor obtido a título de indenização trabalhista, após longo período depositado em fundo de investimento, perde a característica de verba salarial impenhorável (inciso IV do art. 649). Reveste-se, todavia, de impenhorabilidade a quantia de até quarenta salários mínimos poupada, seja ela mantida em papel-moeda, em conta-corrente, aplicada em caderneta de poupança propriamente dita ou em fundo de investimentos, e ressalvado eventual abuso, má-fé, ou fraude, a ser verificado caso a caso, de acordo com as circunstâncias da situação concreta em julgamento (inciso X do art. 649)" (STJ-2ª Seção, REsp 1.230.060, Min. Isabel Gallotti, j. 13.8.14, maioria, DJ 29.8.14).

"A **participação nos lucros e resultados da empresa** é um direito social do trabalhador, consistente em parcela independente da remuneração, de cunho não salarial, e sim indenizatório, o que possibilita, portanto, a penhora dessa verba depositada pelo empregador" (RJ-Lex 59/286: TJSE, AP 2011220436).

Ainda, por não configurar penhora sobre remuneração, "é válida a cláusula que autoriza o **desconto, na folha de pagamento** do empregado ou servidor, da prestação do empréstimo contratado, a qual não pode ser suprimida por vontade unilateral do devedor, eis que da essência da avença celebrada em condições de juros e prazo vantajosos para o mutuário" (STJ-2ª Seção, REsp 728.563, Min. Aldir Passarinho Jr., j. 8.6.05, DJU 22.8.05). No mesmo sentido: RT 866/253, JTJ 315/445 (AI 7.109.301-7), 341/119 (AI 7.333.444-6). **Contra:** JTJ 315/435 (AI 7.103.633-0).

"A **quantia decorrente de empréstimo consignado,** embora seja descontada diretamente da folha de pagamento do mutuário, não tem caráter salarial, sendo, em regra, passível de penhora. A proteção da impenhorabilidade ocorre somente se o mutuário (devedor) comprovar que os recursos oriundos do empréstimo consignado são necessários à sua manutenção e à da sua família" (STJ-3ª T., REsp 1.820.477, Min. Ricardo Cueva, j. 19.5.20, DJ 27.5.20).

"É lícito o **desconto em conta-corrente** bancária comum, ainda que usada para recebimento de salário, das prestações de **contrato de empréstimo bancário** livremente pactuado, sem que o correntista, posteriormente, tenha revogado a ordem" (STJ-2ª Seção, REsp 1.555.722, Min. Lázaro Guimarães, j. 22.8.18, DJ 25.9.18). Por ocasião desse julgamento, foi **cancelada a Súmula 603 do STJ,** que era do seguinte teor: "É vedado ao banco mutuante reter, em qualquer extensão, os salários, vencimentos e/ou proventos de correntista para adimplir o mútuo (comum) contraído, ainda que haja cláusula contratual autorizativa, excluído o empréstimo garantido por margem salarial consignável, com desconto em folha de pagamento, que possui regramento legal específico e admite a retenção de percentual".

Entendendo que não há limite para o desconto em conta-corrente nessas circunstâncias, se nada foi pactuado a respeito: STJ-4ª T., REsp 1.586.910, Min. Luis Felipe, j. 29.8.17, maioria, DJ 3.10.17. **Todavia,** no sentido de que os descontos "não podem ultrapassar 30% da remuneração líquida percebida pelo devedor, após deduzidos os descontos obrigatórios (Previdência e Imposto de Renda)": STJ-3ª T., REsp 1.584.501, Min. Paulo Sanseverino, j. 6.10.16, DJ 13.10.16.

Indo além, para relativizar a impenhorabilidade do salário: "A interpretação dos preceitos legais deve ser feita a partir da Constituição da República, que veda a supressão injustificada de qualquer direito fundamental. A impenhorabilidade de salários, vencimentos, proventos etc. tem por fundamento a proteção à dignidade do devedor, com a manutenção do mínimo existencial e de um padrão de vida digno em favor de si e de seus dependentes. Por outro lado, o credor tem direito ao recebimento de tutela jurisdicional capaz de dar efetividade, na medida do possível e do proporcional, a seus direitos materiais. O processo civil em geral, nele incluída a execução civil, é orientado pela boa-fé que deve reger o comportamento dos sujeitos processuais. Embora o executado tenha o direito de não sofrer atos executivos que importem violação à sua dignidade e à de sua família, não lhe é dado abusar dessa diretriz com o fim de impedir injustificadamente a efetivação do direito material do exequente. Só se revela necessária, adequada, proporcional e justificada a impenhorabilidade daquela parte do patrimônio do devedor que seja efetivamente necessária à manutenção de sua dignidade e da de seus dependentes. A regra geral da impenhorabilidade de salários, vencimentos, proventos etc. (art. 649, IV, do CPC/73; art. 833, IV, do CPC/2015), pode ser excepcionada quando for **preservado percentual** de tais verbas capaz de dar guarida à **dignidade do devedor e** de **sua família**" (STJ-Corte Especial, ED no REsp 1.582.475, Min. Benedito Gonçalves, j. 3.10.18, maioria, DJ 16.10.18). **Contra:** "O salário, soldo ou remuneração são impenhoráveis, nos termos do art. 649, IV, do CPC/1973, sendo essa regra excepcionada unicamente quando se tratar de penhora para pagamento de prestação alimentícia" (STJ-2ª T., REsp 1.698.377, Min. Og Fernandes, j. 5.12.17, DJ 13.12.17). Ainda contra: STJ-4ª T., Ag em REsp 1.090.047-AgInt, Min. Isabel Gallotti, j. 21.11.17, DJ 29.11.17; STJ-3ª T., Ag em REsp 1.081.999-AgInt, Min. Ricardo Cueva, j. 22.5.18, DJ 1.6.18.

V. tb. notas 25a e 25c.

Art. 833: 20. "**Anistia política.** Remuneração econômica. **Caráter indenizatório.** Penhora. Possibilidade. A reparação econômica prevista na Lei 10.559/02 possui caráter indenizatório (art. 1º-II). Logo, a sua natureza não salarial possibilita a penhora para garantia do crédito tributário, nos termos do art. 184 do CTN c/c art. 649 do CPC" (STJ-2ª T., REsp 1.362.089, Min. Humberto Martins, j. 20.6.13, DJ 28.6.13).

Art. 833: 21. "Constrição incidente sobre saldo de conta bancária em que depositada **remuneração** do executado, ajustada esta em contrato de **prestação de serviços.** Verba impenhorável, quer se trate de salário, quer de ganhos de trabalhador autônomo, quer de honorários de profissional liberal" (RT 876/222: TJSP, AI 1165167-0/1).

Art. 833: 22. "Tendo as **custas e emolumentos de serviços notariais** natureza jurídica tributária, na qualidade de taxas destinadas a promover a manutenção do serviço público prestado, e não simplesmente à remuneração do serventuário, não há que se falar na incidência da impenhorabilidade legal prevista no art. 649, IV do CPC" (STJ-2ª T., REsp 1.181.417, Min. Humberto Martins, j. 19.8.10, DJ 3.9.10).

Art. 833: 23. "Proventos de **aposentadoria** não podem ser objeto de penhora, ainda que a requerimento do devedor, em razão do princípio da impenhorabilidade absoluta, que por ser de ordem pública é irrenunciável" (RT 719/209). No mesmo sentido: RJTJESP 110/286 (caso de servidor público), JTJ 340/670 (MS 878.072-5/4-00).

"São impenhoráveis os valores depositados em conta destinada ao recebimento de proventos de aposentadoria do devedor" (STJ-4ª T., Ag 1.331.945-AgRg, Min. Isabel Gallotti, j. 18.8.11, DJ 25.8.11). No mesmo sentido: STJ-2ª T., REsp 1.313.787, Min. Mauro Campbell, j. 7.8.12, DJ 14.8.12.

"Os proventos advindos de **aposentadoria privada de caráter complementar** têm natureza salarial e se encontram abrangidos pela dicção do art. 649, IV, do CPC" (STJ-2ª T., REsp 1.442.482, Min. Mauro Campbell, j. 4.12.14, DJ 19.12.14).

A impenhorabilidade da aposentadoria alcança também "as diferenças obtidas judicialmente no tocante à sua revisão" (JTJ 314/424: AI 1.070.033-0/5).

Art. 833: 24. LPB 114: "Salvo quanto a valor devido à Previdência Social e a desconto autorizado por esta lei, ou derivado da obrigação de prestar alimentos reconhecida em sentença judicial, o benefício não pode ser objeto de penhora, arresto ou sequestro, sendo nula de pleno direito a sua venda ou cessão, ou a constituição de qualquer ônus sobre ele, bem como a outorga de poderes irrevogáveis ou em causa própria para o seu recebimento".

Art. 833: 25. "Os depósitos bancários provenientes exclusivamente da **pensão** paga pelo INSS e da respectiva complementação pela entidade de previdência privada são a própria pensão, por isso mesmo que absolutamente impenhoráveis quando destinados ao sustento do devedor ou da sua família" (STJ-4ª T., REsp 536.760, Min. Cesar Rocha, j. 7.10.03, DJU 15.12.03).

Também afirmando a impenhorabilidade dos valores recebidos de entidade de previdência privada: JTJ 333/217 (AI 7.289.607-0).

"As dívidas comuns não podem gozar do mesmo status diferenciado da dívida alimentar a permitir a penhora indiscriminada das verbas remuneratórias, sob pena de se afastarem os ditames e a própria *ratio legis* do Código de Processo Civil (art. 833, IV, c/c o § 2º), sem que tenha havido a revogação do dispositivo de lei ou a declaração de sua inconstitucionalidade. Na hipótese, trata-se de execução de dívida não alimentar proposta por pessoa jurídica que almeja o recebimento de crédito referente à compra de mercadorias recebidas e não pagas pelo devedor, tendo o magistrado autorizado a penhora de 30% do benefício previdenciário (auxílio-doença) recebido pelo executado. Assim, pelas circunstâncias narradas, notadamente por se tratar de pessoa sabidamente doente, a constrição de qualquer percentual dos rendimentos do executado acabará comprometendo a sua subsistência e de sua família, violando o mínimo existencial e a dignidade humana do devedor" (STJ-4ª T., REsp 1.407.062-AgInt, Min. Luis Felipe, j. 26.2.19, DJ 8.4.19). V. tb. nota 19.

Art. 833: 25a. "Embora não se negue que o **PGBL** permite o 'resgate da totalidade das contribuições vertidas ao plano pelo participante' (art. 14, III, da LC 109/2001), essa faculdade concedida ao participante de fundo de previdência privada complementar não tem o condão de afastar, de forma inexorável, a natureza essencialmente previdenciária e, portanto, alimentar, do saldo existente. Por isso, a impenhorabilidade dos valores depositados em fundo de previdência privada complementar deve ser aferida pelo juiz casuisticamente, de modo que, se as provas dos autos revelarem a necessidade de utilização do saldo para a subsistência do participante e de sua família, caracterizada estará a sua natureza alimentar, na forma do art. 649, IV, do CPC. Ante as peculiaridades da espécie (curto período em que o embargante esteve à frente da instituição financeira e sua ínfima participação no respectivo capital social), não se mostra razoável impor ao embargante tão grave medida, de ter decretada a indisponibilidade de todos os seus bens, inclusive do saldo existente em fundo de previdência privada complementar — PGBL" (STJ-2ª Seção, ED no REsp 1.121.719, Min. Nancy Andrighi, j. 12.2.14, maioria, DJ 4.4.14). **Contra,** permitindo a penhora do saldo do depósito em PGBL: STJ-4ª T., REsp 1.121.719, Min. Raul Araújo, j. 15.3.11, DJ 27.4.11 (nota: esse acórdão foi cassado no julgamento dos subsequentes embargos de divergência).

Art. 833: 25b. CC 813: "A renda constituída por **título gratuito** pode, por ato do instituidor, ficar isenta de todas as execuções pendentes e futuras".

Art. 833: 25c. "Os **honorários advocatícios,** tanto os contratuais quanto os sucumbenciais, têm natureza alimentar. Por isso mesmo, são bens insuscetíveis de medidas constritivas (penhora ou indisponibilidade) de sujeição patrimonial por dívidas do seu titular" (STJ-RDDP 64/149: Corte Especial, ED no REsp 724.158, um voto vencido). No mesmo sentido: JTJ 323/161 (AI 517.592-4/0-00).

Estende-se a impenhorabilidade dos honorários advocatícios aos casos em que são pertencentes a **sociedade de advogados** (STJ-1ª T., REsp 1.228.428-AgRg, Min. Benedito Gonçalves, j. 21.6.11, DJ 29.6.11; STJ-2ª T., REsp 1.336.036, Min. Eliana Calmon, j. 15.8.13, DJ 22.8.13).

Todavia, relativizando a impenhorabilidade dos honorários nas seguintes condições: "A regra do art. 649, IV, do CPC constitui uma imunidade desarrazoada na espécie. Isso porque: (i) a penhora visa a satisfação de crédito originado da ausência de repasse dos valores que os recorrentes receberam na condição de advogados do recorrido; (ii) a penhora de parcela dos honorários não compromete à subsistência do executado e (iii) a penhora de dinheiro é o melhor meio para garantir a celeridade e a efetividade da tutela jurisdicional, ainda mais quando o exequente já possui mais de 80 anos. A decisão recorrida conferiu a máxima efetividade às normas em conflito, pois a penhora de 20% não compromete a subsistência digna do executado — mantendo resguardados os princípios que fundamentam axiologicamente a regra do art. 649, IV do CPC — e preserva a dignidade do credor e o seu direito à tutela executiva" (STJ-3ª T., REsp 1.326.394, Min. Nancy Andrighi, j.12.3.13, DJ 18.3.13). Em sentido semelhante: "Honorários advocatícios. Natureza alimentar da verba. Impenhorabilidade (CPC, art. 649, IV). Mitigação. Circunstâncias especiais. Elevada soma. Possibilidade de afetação de parcela menor de montante maior. Direito do credor" (STJ-4ª T., REsp 1.356.404, Min. Raul Araújo, j. 4.6.13, RP 225/480). Ainda: STJ-Corte Especial, ED no REsp 1.264.358, Min. Felix Fischer, j. 18.5.16, DJ 2.6.16. V. tb. nota 19.

Admitindo a penhora de todo o montante de honorários sucumbenciais excedente a 50 salários mínimos: "Execução de título extrajudicial. Nota promissória vencida e não paga. Penhora no rosto dos autos. Honorários advocatícios de sucumbência. Impenhorabilidade dos honorários de profissional liberal. Exceção do § 2º do art. 833. Penhora das importâncias excedentes a 50 salários mínimos. Será reservado em favor do devedor pelo menos esta quantia, ainda que os valores auferidos a título salarial entrem para a sua esfera patrimonial de uma única vez e não mensalmente e, por este motivo, excedam eventualmente muito mais do que este critério prático e objetivo" (STJ-3ª T., REsp 1.747.645, Min. Nancy Andrighi, j. 7.8.18, DJ 10.8.18).

S/ natureza alimentar dos honorários advocatícios, v. tb. arts. 85 § 14 e 910, nota 11, e EA 24, notas 1d e segs.

Art. 833: 26. v. § 3º.

S/ bem dado em garantia de cédula rural, v., no tít. EXECUÇÕES ESPECIAIS, Dec. lei 167/67, art. 69, nota 2a.

Art. 833: 26a. A lei não exige que sejam indispensáveis; **basta que sejam úteis** (STJ-2ª T., REsp 614.022, rel. Min. João Otávio, j. 21.9.06, DJU 26.10.06; STJ-3ª T., REsp 747.425, Min. Ricardo Cueva, j. 16.5.13, DJ 17.6.13).

O **ônus da prova** da utilidade do bem é do executado (STJ-2ª T., Ag em REsp 508.446-AgRg, Min. Humberto Martins, j. 5.6.14, DJ 13.6.14).

Art. 833: 27. A princípio, a impenhorabilidade de instrumentos de trabalho somente se aplica às pessoas físicas; **não se aplica a empresas** (RTJ 90/638). Assim: "Os bens móveis e imóveis de uma empresa são penhoráveis. A penhora de máquinas industriais não priva a empresa de continuar suas atividades" (RSTJ 73/401). No mesmo sentido: STJ-3ª T., Ag 200.068-AgRg, Min. Nilson Naves, j. 4.3.99, DJU 4.3.99; RT 669/130, 725/324, 731/282, RF 295/280, RJTJERGS 161/275, JTA 98/98, Lex-JTA 162/387, 167/309, RJTAMG 22/282, 62/308, JTJ 338/288 (AP 7.252.342-7).

Todavia, para as microempresas ou empresas de pequeno porte administradas pessoalmente, o benefício da impenhorabilidade tem sido estendido: "Os bens úteis e/ou necessários às atividades desenvolvidas pelas pequenas empresas, onde os sócios atuam pessoalmente, são impenhoráveis" (STJ-3ª T., REsp 156.181, Min. Waldemar Zveiter, j. 17.12.98, DJU 15.3.99). No mesmo sentido: STJ-2ª T., REsp 898.219, Min. Eliana Calmon, j. 17.4.08, DJU 6.5.08; STJ-RT 821/210: 4ª T.; RT 658/167, RF 386/395, JTJ 238/197.

Exigindo, para a impenhorabilidade de bens de empresa de pequeno porte, que estes sejam **"indispensáveis e imprescindíveis à sobrevivência** da empresa": STJ-1ª T., REsp 512.555, Min. Francisco Falcão, j. 14.10.03, DJU 24.5.04; RJM 169/200.

Entendendo inaplicável esta regra de impenhorabilidade às microempresas: JTJ 239/225. No mesmo sentido, mas considerando imprescindível "a busca acurada de outros bens que permitam execução menos gravosa, preservando o funcionamento da empresa": RT 781/244. V. ainda RT 839/262.

Art. 833: 27a. Não pode ser penhorado:

— o único imóvel do devedor "utilizado profissionalmente por esse como pousada, albergue ou pensão constituída sob a forma de empresa familiar" (STJ-3ª T., REsp 891.703, Min. Nancy Andrighi, j. 9.8.07, DJU 27.8.07);

— a madeira do escultor profissional (STJ-3ª T., REsp 747.425, Min. Ricardo Cueva, j. 16.5.13, DJ 17.6.13);

— o único táxi de motorista profissional (RT 649/110, 719/159, JTA 121/132);

— o automóvel utilizado pelo executado na condição de proprietário e instrutor de autoescola (Lex-JTA 170/61);

— o veículo de representante comercial (STJ-2ª T., REsp 442.128, Min. Eliana Calmon, j. 18.3.04, DJU 30.8.04; STJ-3ª T., REsp 1.090.192, Min. Nancy Andrighi, j. 11.10.11, DJ 20.10.11; JTJ 320/548: AP 970.997-7).

Pode ser penhorado:

— **Súmula 451 do STJ:** "É legítima a penhora da sede do estabelecimento comercial".

Autorizando a penhora de imóvel onde funciona escritório de advocacia: STJ-3ª T., REsp 98.025, Min. Waldemar Zveiter, j. 10.2.98, DJU 30.3.98. No mesmo sentido, em caso de consultório médico: STJ-3ª T., REsp 857.327, Min. Nancy Andrighi, j. 21.8.08, DJ 5.9.08; RT 870/224. Ainda, no caso de sede de hospital: STJ-4ª T., Ag em REsp 601.929-AgRg, Min. Isabel Gallotti, j. 13.3.18, DJ 23.3.18;

— o automóvel de advogado (RT 857/249). **Todavia,** dando pela impenhorabilidade do automóvel de advogado deficiente físico: JTJ 341/184 (AI 7.371.262-8);

— o automóvel do prestador de serviço de lavagem de carro: "A menos que o automóvel seja a própria ferramenta de trabalho (taxista, transporte escolar ou instrutor de autoescola), ele não poderá ser considerado, de per si, como útil ou necessário ao desempenho profissional" (STJ-4ª T., Ag em REsp 1.182.616-AgInt, Min. Luis Felipe, j. 27.2.18, DJ 5.3.18).

Art. 833: 28. "A impenhorabilidade de que trata o art. 649, inciso VI, do CPC, não alcança os bens dados pelo executado em **garantia real da obrigação consignada em cédula de crédito rural pignoratícia,** podendo o credor, se vencida e não paga a dívida, promover a penhora dos bens gravados para satisfação de seu crédito" (RSTJ 52/199).

Art. 833: 28a. A **bolsa de estudos** somente é impenhorável se o executado ficar "sem meios de acudir à sua subsistência e dos seus" (RT 714/171).

Art. 833: 28b. "A impossibilidade de penhora dos valores recebidos pelo beneficiário do seguro de vida limita-se ao montante de 40 (quarenta) salários mínimos, por aplicação analógica do art. 649, X, do CPC/1973, cabendo a constrição judicial da quantia que a exceder" (STJ-3ª T., REsp 1.361.354, Min. Ricardo Cueva, j. 22.5.18, DJ 25.6.18).

Art. 833: 29. Para efeito deste dispositivo legal, impenhorável é apenas aquilo que se destina a ser **agregado à obra,** tornando-se parte integrante dela; não se incluem nesse conceito as máquinas e ferramentas, ainda que utilizadas na execução da obra (RF 269/279).

Art. 833: 30. v. LBF 4º § 2º.

Art. 833: 30a. **CF 5º: "XXVI** — a pequena propriedade rural, assim definida em lei, desde que trabalhada pela família, não será objeto de penhora para pagamento de débitos decorrentes de sua atividade produtiva, dispondo a lei sobre os meios de financiar o seu desenvolvimento".

Art. 833: 31. Entendendo que a **pequena propriedade rural** impenhorável é aquela circunscrita a **um único módulo fiscal:** "Não há, até o momento, no ordenamento jurídico nacional, lei que defina, para efeitos de impenhorabilidade, o que seja 'pequena propriedade rural'. Se um módulo fiscal, definido pelo Estatuto da Terra, compreende a extensão de terras rurais, mínima, suficiente e necessária, de acordo com as especificidades da região, para que o proprietário e sua família desenvolvam a atividade econômica inerente ao campo, não há razão para se adotar o conceito de pequena propriedade rural constante da **Lei 8.629/93** (voltado à desapropriação para fins de reforma agrária), o qual simplesmente multiplica em até quatro vezes a porção de terra que se reputa mínima e suficiente" (STJ-3ª T., REsp 1.007.070, Min. Massami Uyeda, j. 19.8.10, DJ 1.10.10). No mesmo sentido: STJ-4ª T., REsp 1.018.635, Min. Luis Felipe, j. 22.11.11, DJ 1.2.12.

Contra, balizando-se pelo art. 4º da Lei 8.629, de 25.2.93, para a definição da pequena propriedade rural: "Entende-se por pequena propriedade rural, para os efeitos constitucionais, o imóvel rural de área inferior a quatro módulos fiscais" (RT 920/1.145: TJRS, AI 70046753679).

"Nos termos do art. 4º, *a*, da Lei 8.629/1993, considera-se pequena propriedade rural aquela cuja área não ultrapasse quatro módulos fiscais. Tratando-se de imóveis lindeiros, que formam unidade fática e econômica, devem ser somadas suas áreas para fins de caracterizá-los, ou não, como pequena propriedade rural. Caso em que restaram penhorados imóveis lindeiros cuja soma das áreas é inferior a quatro módulos fiscais. De rigor, portanto, a desconstituição das penhoras" (RT 931/803: TJRS, AP 70052528221).

Art. 833: 32. "A pequena propriedade rural, **ainda que oferecida anteriormente em hipoteca** ao mesmo credor, não pode ser penhorada para pagamento de cédula rural pignoratícia, não honrada com o penhor inicialmente contratado. Em harmonia com o disposto no art. 5º, XXVI, da Constituição da República, a nova redação do inciso VIII (antigo inciso X) do art. 649 do CPC suprimiu a anterior exceção legal, afastando qualquer dúvida: nem mesmo eventual hipoteca é capaz de excepcionar a regra que consagra a impenhorabilidade da pequena propriedade rural sob exploração familiar" (STJ-4ª T., REsp 684.648, Min. Raul Araújo, j. 8.10.13, DJ 21.10.13).

Art. 833: 32a. "É **ônus** do pequeno proprietário, executado, a comprovação de que o seu imóvel se enquadra nas dimensões da pequena propriedade rural. No entanto, no tocante à exigência **da prova** de que a referida propriedade é trabalhada pela família, há uma presunção de que esta, enquadrando-se como diminuta, nos termos da lei, será explorada pelo ente familiar, sendo decorrência natural do que normalmente se espera que aconteça no mundo real, inclusive, das regras de experiência (NCPC, art. 375). O próprio microssistema de direito agrário (Estatuto da Terra; Lei 8.629/1993, entre outros diplomas) entrelaça os conceitos de pequena propriedade, módulo rural e propriedade familiar, havendo uma espécie de presunção de que o pequeno imóvel rural se destinará à exploração direta pelo agricultor e sua família, haja vista que será voltado para garantir sua subsistência. Em razão da presunção *juris tantum* em favor do pequeno proprietário rural, transfere-se ao exequente o encargo de demonstrar que não há exploração familiar da terra, para afastar a hiperproteção da pequena propriedade rural" (STJ-4ª T., REsp 1.408.152, Min. Luis Felipe, j. 1.12.16, DJ 2.2.17).

Art. 833: 32b. "Tomando-se por base o fundamento que orienta a impenhorabilidade da pequena propriedade rural (assegurar o acesso aos meios geradores de renda mínima à subsistência do agricultor e de sua família), **não** se afigura **exigível,** segundo o regramento pertinente, que o **débito** exequendo seja **oriundo da atividade produtiva**, tampouco que o **imóvel sirva de moradia** ao executado e de sua família" (STJ-3ª T., REsp 1.591.298, Min. Marco Bellizze, j. 14.11.17, DJ 21.11.17). No mesmo sentido: STJ-4ª T., REsp 1.177.643-AgInt, Min. Raul Araújo, j. 21.11.19, DJ 19.12.19.

Art. 833: 32c. "Créditos vinculados ao FIES. Recurso público recebido por instituição privada para aplicação compulsória em educação. Impenhorabilidade. O fato de a recorrente ter prestado os serviços de educação previamente ao recebimento dos créditos correspondentes do FIES não descaracteriza sua destinação; ao contrário, reforça a ideia de que se trata de recursos compulsoriamente aplicados em educação" (STJ-3ª T., REsp 1.588.226, Min. Nancy Andrighi, j. 17.10.17, DJ 20.10.17).

Art. 833: 33. "Não é qualquer recurso público recebido pelas entidades privadas que é impenhorável, mas apenas aquele de aplicação compulsória na saúde. Os valores recebidos pela entidade privada recorrente vinculam-se à **contraprestação pelos serviços de saúde prestados em parceria com o SUS** — Sistema Único de Saúde, razão pela qual são absolutamente impenhoráveis" (STJ-3ª T., REsp 1.324.276, Min. Nancy Andrighi, j. 4.12.12, DJ 11.12.12).

Art. 833: 33a. "Para a configuração da hipótese de impenhorabilidade prevista na norma referida, é necessário que, além de serem compulsoriamente aplicados em educação, saúde, ou assistência social, deve ser **pública a origem dos recursos** (repassados por órgão público à entidade particular). Não sendo confirmada a origem pública dos valores penhorados, não há como declará-los impenhoráveis" (STJ-4ª T., REsp 1.299.946-AgInt, Min. Luis Felipe, j. 29.4.19, DJ 2.5.19).

Art. 833: 33b. s/ penhora de poupança vinculada à aquisição de bem de família, v. LBF 1º, nota 15a.

Art. 833: 34. "O objetivo do novo sistema de impenhorabilidade de depósito em caderneta de poupança é, claramente, o de garantir um mínimo existencial ao devedor, como corolário do princípio da dignidade da pessoa humana. Se o legislador estabeleceu um valor determinado como expressão desse mínimo existencial, a proteção da impenhorabilidade deve atingir **todo esse valor, independentemente do número de contas poupança mantidas pelo devedor.** Não se desconhecem as críticas, *de lege ferenda*, à postura tomada pelo legislador, de proteger um devedor que, em lugar de pagar suas dívidas, acumula capital em uma reserva financeira. Também não se desconsidera o fato de que tal norma possivelmente incentivaria os devedores a, em lugar de pagar o que devem, depositar o respectivo valor em caderneta de poupança para burlar o pagamento. Todavia, situações específicas, em que reste demonstrada postura de má-fé, podem comportar soluções também específicas, para coibição desse comportamento. Ausente a demonstração de má-fé, a impenhorabilidade deve ser determinada" (STJ-3ª T., REsp 1.231.123, Min. Nancy Andrighi, j. 2.8.12, RP 214/473).

Art. 833: 34a. Entendendo que o **limite de 40 salários mínimos não pode ser flexibilizado,** na medida em que "a quantia disposta na lei já revela que este é o mínimo valor que deva ser garantido ao devedor para a preservação de sua dignidade": RT 871/273.

Art. 833: 34b. "Para pagamento de **prestação alimentícia,** podem ser penhorados valores depositados em caderneta de poupança, mesmo que o saldo nela existente seja inferior a 40 salários mínimos" (STJ-3ª T., REsp 1.218.118, Min. João Otávio, j. 12.8.14, DJ 25.8.14).

"Se o próprio salário, que se destina à satisfação das necessidades atuais e prementes do alimentante, pode ser penhorado, com maioria de razão suas economias mantidas em poupança, para garantia da satisfação de necessidades futuras" (JTJ 345/38: AI 661.685-4/0-00; a citação é do voto do relator).

V. § 2º.

Art. 833: 34c. "Tal como a caderneta de poupança simples, a **conta poupança vinculada** é considerada investimento de baixo risco e baixo rendimento, com remuneração idêntica, ambas contando com a proteção do Fundo Garantidor de Crédito (FGC), que protege o pequeno investidor, e isenção de imposto de renda, de modo que deve ser acobertada pela impenhorabilidade prevista no art. 649, inciso X, do CPC" (STJ-3ª T., REsp 1.191.195, Min. Ricardo Cueva, j. 12.3.13, um voto vencido, DJ 26.3.13). Do voto do relator, citando Clito Fornaciari Jr.: "Se o objetivo da regra é assegurar uma reserva financeira, não faz sentido restringir-se a proteção só a essa particular modalidade de investimento, que, outrora, era o máximo a que o investidor, pessoa física, se dispunha. Atualmente, porém, pessoas físicas, mesmo de baixa renda, não se restringem a guardar suas sobras em cadernetas de poupança, dada a facilidade de aplicações e a popularização de **fundos de investimento.** Nesse sentido, é conhecida a grande soma que guardam os fundos de ações da Vale do Rio Doce e da Petrobras, que foram constituídos a partir de saques em contas do FGTS. Dessa forma, melhor entender-se a expressão caderneta de poupança como simplesmente poupança, abrigando, pois, toda e qualquer reserva financeira, realizada sob quaisquer das **múltiplas modalidades de investimento** disponíveis no mercado financeiro".

Afirmando a impenhorabilidade de valor alocado em fundo de investimento: STJ-1ª T., REsp 1.674.559, Min. Napoleão Maia Filho, j. 18.3.19, DJ 26.3.19. V. tb. nota 19.

"Em face de nos autos ter sido demonstrado, pelo extrato de conta, que o devedor não utiliza sua conta-poupança como conta-corrente, descabida a penhora sobre todo o valor ali depositado, sendo necessária a observância do estatuído no art. 649, inciso X, do CPC" (Bol. AASP 2.609: TJDFT, AI 2008.00.2.001441-1).

Todavia: "Bloqueio judicial de numerário existente em conta poupança integrada. Possibilidade. O extrato da conta bancária indica claramente que ela não tem a finalidade precípua de uma caderneta de poupança. Impenhorabilidade não caracterizada" (JTJ 343/92: AI 907.313-5/0-00).

Art. 833: 35. v. Lei 9.096, de 19.9.95.

Art. 833: 35a. "É legítima a penhora de apartamento, em execução das quotas de **despesas de condomínio** ainda que incida sobre aquela unidade condominial o gravame de inalienabilidade e impenhorabilidade. A exigibilidade das obrigações *propter rem*, de natureza especialíssima, não se inibe ou suspende por efeito das sobreditas cláusulas" (RT 727/205; ementa da redação).

"O imóvel, **ainda que gravado com a cláusula de inalienabilidade,** está sujeito à penhora na execução de crédito resultante da falta de pagamento de quotas condominiais" (STJ-3ª T., REsp 209.046, Min. Ari Pargendler, j. 8.11.02, DJU 16.12.02). No mesmo sentido: STJ-4ª T., REsp 650.570-AgRg, Min. Isabel Gallotti, j. 7.8.12, DJ 15.8.12.

Art. 833: 36. s/ penhora de quantia depositada em caderneta de poupança e pagamento de prestação alimentícia, v. nota 34b.

Art. 833: 36a. "Honorários advocatícios de sucumbência. Natureza alimentar. Exceção do § 2º do art. 833. **Penhora da remuneração** do devedor. **Impossibilidade.** Diferença entre prestação alimentícia e verba de natureza alimentar. As verbas remuneratórias, ainda que sejam destinadas à subsistência do credor, não são equivalentes aos alimentos de que trata o CC/02, isto é, àqueles oriundos de relações familiares ou de responsabilidade civil, fixados por sentença ou título executivo extrajudicial. Em face da nítida distinção entre os termos jurídicos, evidenciada pela análise histórica e pelo estudo do tratamento legislativo e jurisprudencial conferido ao tema, forçoso concluir que não se deve igualar verbas de natureza alimentar às prestações alimentícias, tampouco atribuir àquelas os mesmos benefícios conferidos pelo legislador a estas, sob pena de enfraquecer a proteção ao direito, à dignidade e à sobrevivência do credor de alimentos (familiares, indenizatórios ou voluntários), por causa da vulnerabilidade inerente do credor de alimentos quando comparado ao credor de débitos de natureza alimentar" (STJ-Corte Especial, REsp 1.815.055, Min. Nancy Andrighi, j. 3.8.20, maioria, DJ 26.8.20). **Contra,** admitindo a penhora de verba remuneratória em matéria de honorários advocatícios, em razão do seu caráter alimentar: STJ-3ª T., REsp 1.206.800-AgRg, Min. Sidnei Beneti, j. 22.2.11, DJ 28.2.11; STJ-4ª T., Ag em REsp 32.031-AgRg, Min. Raul Araújo, j. 10.12.13, DJ 3.2.14.

Art. 833: 37. "Os **honorários periciais** têm natureza alimentar, admitindo-se a penhora sobre percentual do salário para a satisfação do direito do credor" (STJ-3ª T., REsp 1.722.673, Min. Ricardo Cueva, j. 6.3.18, DJ 5.4.18).

Art. 833: 37a. "É possível a realização de penhora incidente sobre a remuneração mensal do executado para o adimplemento de outra verba também alimentar, decorrente de **condenação por acidente de trânsito,** impondo-se limite ao desconto mensal" (STJ-4ª T., REsp 1.149.373, Min. Raul Araújo, j. 9.5.17, DJ 25.5.17). No mesmo sentido: STJ-3ª T., REsp 1.822.216-AgInt, Min. Ricardo Cueva, j. 10.2.20, DJ 12.2.20.

Art. 833: 38. "Para pagamento de prestação alimentícia, não pode ser penhorada a integralidade dos proventos líquidos de aposentadoria, mas apenas um **percentual** que permita o **indispensável à subsistência do executado-alimentante;** que, na espécie, é fixado em 66% dos proventos líquidos da aposentadoria mensal do recorrente" (STJ-RF 391/435 e RDDP 48/170: 3ª T., REsp 770.797).

"Para uma família de baixa renda, qualquer percentual de constrição sobre os proventos do arrimo pode vir a comprometer gravemente o sustento do núcleo essencial, ao passo que o mesmo não necessariamente ocorre quanto à vida, pessoal ou familiar, daquele que recebe elevada remuneração. Assim, a penhora de verbas de natureza remuneratória deve ser determinada com zelo, em atenta e criteriosa análise de cada situação, sendo indispensável avaliar concretamente o impacto da penhora sobre a renda do executado. No caso concreto, a penhora deve ser limitada a 10% dos módicos rendimentos líquidos do executado. Do contrário, haveria grave comprometimento da subsistência básica do devedor e do seu núcleo essencial" (STJ-4ª T., REsp 1.732.927-AgInt, Min. Raul Araújo, j. 12.2.19, DJ 22.3.19).

Art. 833: 39. Afirmando a possibilidade de "penhora de numerário constante no **Fundo de Garantia por Tempo de Serviço (FGTS)** em nome do trabalhador/alimentante": STJ-3ª T., REsp 1.083.061, Min. Massami Uyeda, j. 2.3.10, DJ 7.4.10.

Art. 833: 40. "O caráter absoluto da impenhorabilidade dos vencimentos, soldos e salários (dentre outras verbas destinadas à remuneração do trabalho) é excepcionado pelo § 2º do art. 649 do CPC — aplicável às execuções que tramitam sob o rito do art. 732 da lei processual civil — quando se tratar de penhora para pagamento de prestações alimentícias. A **natureza do crédito alimentar,** que constitui verba destinada à satisfação das necessidades de quem não pode com elas arcar, **não se transmuda com o mero decurso do tempo.** Não admitir a constrição de verbas salariais, por efeito do lapso temporal já transcorrido desde o não pagamento da dívida de alimentos, resulta em inaceitável premiação à recalcitrância do devedor inadimplente" (STJ-3ª T., REsp 1.139.401, Min. Nancy Andrighi, j. 18.9.12, DJ 5.12.12). No mesmo sentido: RT 921/575 (TJSP, AI 0285338-75.2011.8.26.0000, com comentário de Maria Berenice Dias).

Art. 833: 41. v. nota 25c *in fine* (penhora do montante de honorários sucumbenciais excedente a 50 salários mínimos).

Art. 834. Podem ser penhorados, à falta de outros bens, os frutos e os rendimentos dos bens inalienáveis. [Dispositivo correspondente no CPC/1973: art. 650-*caput*]

Art. 835. A penhora[1 a 2] observará, preferencialmente,[2a] a seguinte ordem:[3] [Dispositivo correspondente no CPC/1973: art. 655-*caput*]

I — dinheiro, em espécie ou em depósito ou aplicação em instituição financeira;[4 a 5f] [Dispositivo correspondente no CPC/1973: art. 655-I]

II — títulos da dívida pública da União, dos Estados e do Distrito Federal com cotação em mercado;[6] [Dispositivo correspondente no CPC/1973: art. 655-IX]

III — títulos e valores mobiliários com cotação em mercado;[6a] [Dispositivo correspondente no CPC/1973: art. 655-X]

IV — veículos de via terrestre; [Dispositivo correspondente no CPC/1973: art. 655-II]

V — bens imóveis;[6b a 8] [Dispositivo correspondente no CPC/1973: art. 655-IV]

VI — bens móveis em geral;[9] [Dispositivo correspondente no CPC/1973: art. 655-III]

VII — semoventes;[10] [Sem dispositivo correspondente no CPC/1973]

VIII — navios e aeronaves;[11] [Dispositivo correspondente no CPC/1973: art. 655-V]

IX — ações e quotas de sociedades simples e empresárias;[12-12a] [Dispositivo correspondente no CPC/1973: art. 655-VI]

X — percentual do faturamento de empresa devedora;[13 a 15] [Dispositivo correspondente no CPC/1973: art. 655-VII]

XI — pedras e metais preciosos; [Dispositivo correspondente no CPC/1973: art. 655-VIII]

XII — direitos aquisitivos derivados de promessa de compra e venda e de alienação fiduciária em garantia;[16] [Sem dispositivo correspondente no CPC/1973]

XIII — outros direitos.[16a a 16e] [Dispositivo correspondente no CPC/1973: art. 655-XI]

§ 1º É prioritária a penhora em dinheiro, podendo o juiz, nas demais hipóteses, alterar a ordem prevista no *caput* de acordo com as circunstâncias do caso concreto.[17-17a] [Sem dispositivo correspondente no CPC/1973]

§ 2º Para fins de substituição da penhora, equiparam-se a dinheiro a fiança bancária e o seguro garantia judicial, desde que em valor não inferior ao do débito constante da inicial, acrescido de trinta por cento.[18 a 18c] [Dispositivo correspondente no CPC/1973: art. 656 § 2º]

§ 3º Na execução de crédito com garantia real, a penhora recairá sobre a coisa dada em garantia, e, se a coisa pertencer a terceiro garantidor, este também será intimado da penhora.[18d a 19a] [Dispositivo correspondente no CPC/1973: art. 655 § 1º]

Art. 835: 1. s/ arguição de nulidade de penhora por simples petição, v. art. 525, nota 12a.

Art. 835: 1a. O executado que não indica ao juiz onde se encontram os bens sujeitos à execução pode incidir nas **penas** do art. 774 § ún. (v. art. 774-V).

Art. 835: 2. É válida a **indicação à penhora, pelo devedor, de bens** que a lei considera **impenhoráveis** em seu exclusivo interesse.

Assim: "Em se tratando de bem absolutamente impenhorável, por força do art. 649 do CPC, o seu oferecimento à penhora, pelo devedor, acarreta renúncia do direito à impenhorabilidade" (STJ-2ª Seção, REsp 470.935, Min. Nancy Andrighi, j. 10.12.03, DJU 1.3.04). No mesmo sentido: JTJ 329/99 (AI 7.260.806-1), JTAERGS 83/180.

Contra: "Sendo o bem impenhorável, não se lhe altera a situação o fato de ter sido indicado pelo próprio devedor" (STJ-3ª T.: RJ 311/109). "Inobstante a indicação do bem pelo próprio devedor, não há que se falar em renúncia ao benefício de impenhorabilidade absoluta, constante do artigo 649 do CPC. A *ratio essendi* do artigo 649 do CPC decorre da necessidade de proteção a certos valores universais considerados de maior importância, quais sejam o direito à vida, ao trabalho, à sobrevivência, à proteção à família" (STJ-2ª T., REsp 864.962, Min. Mauro Campbell, j. 4.2.10, DJ 18.2.10; com ponderação de que o juiz pode conhecer de ofício dessa matéria). No mesmo sentido: STJ-RT 787/215 (4ª T.).

S/ nomeação à penhora de **bem de família,** v. LBF 1º, nota 4a.

Art. 835: 2a. v. § 1º e notas.

Art. 835: 3. v. arts. 646 (nomeação de bens de espólio), 793 (credor com direito de retenção), 794 (fiador executado), 795 (sócio demandado pelo pagamento de dívida social), e 848, nota 3 (penhora de bem designado em lei, contrato ou ato judicial). Em matéria de execução fiscal, v. LEF 11.

Art. 835: 4. s/ penhora *on-line*, v. art. 854 e notas.

Art. 835: 4a. Súmula 328 do STJ: "Na execução contra **instituição financeira,** é penhorável o numerário disponível, excluídas as reservas bancárias mantidas no Banco Central". No mesmo sentido: RF 346/352, Lex-JTA 173/55, Bol. AASP 2.256/2.181.

"A impenhorabilidade de numerário representativo de Reserva Técnica disponibilizada ao Banco Central depende de prova, cujo ônus compete à instituição bancária executada" (STJ-4ª T., AI 326.356-AgRg, Min. Aldir Passarinho Jr., j. 6.2.01, DJU 12.3.01).

V. tb. art. 833, nota 2c **(Lei 9.069, de 29.6.95).**

S/ nomeação de depositário, neste caso, v. art. 840, nota 4a.

Art. 835: 5. É possível a penhora de dinheiro referente à **participação de clube na renda de competição esportiva** (RJ 259/92).

Art. 835: 5a. Penhora de dinheiro depositado em conta-corrente bancária. "Não se configura ofensa ao princípio da menor onerosidade da execução para o devedor o fato de a constrição patrimonial recair sobre valores depositados em sua conta-corrente" (STJ-3ª T., REsp 332.584, Min. Nancy Andrighi, j. 12.11.01, DJU 18.2.02). No mesmo sentido: STJ-4ª T., AI 1.163.607-AgRg, Min. Aldir Passarinho Jr., j. 3.8.10, DJ 27.8.10; RSTJ 145/378, JTJ 292/340, 322/2.355 (AI 7.157.724-7), Lex-JTA 169/39.

S/ princípio da menor onerosidade da execução, v. art. 805; s/ impenhorabilidade de dinheiro depositado em caderneta de poupança (até o limite de 40 salários mínimos), v. art. 833-X; s/ penhora de saldo de salário em conta-corrente, v. art. 833, nota 19.

Art. 835: 5b. No caso de **conta bancária conjunta,** é possível a penhora dos seus valores em razão da dívida contraída por um dos cotitulares? Em que condições?

— **Sim,** podendo ser penhorada a **totalidade do saldo:** "A natureza da conta-corrente conjunta revela, em regra, a intenção firmada por seus titulares de abdicar da exclusividade dos valores depositados, porquanto a movimentação do numerário é realizada conjuntamente. Uma vez ausente a exclusividade na movimentação da conta bancária, cada um dos co-correntistas tem o direito de dispor do total do saldo depositado, podendo, por exemplo, realizar o saque de todo o numerário sem implicar ofensa ao patrimônio do co-titular. Logo, é a ausência de exclusividade na disponibilidade do saldo que autoriza a conclusão de que tais valores também podem ser, em sua integralidade, objeto de penhora para fins de execução por dívida contraída somente por um dos titulares da conta conjunta. Não se trata de presumir eventual solidariedade passiva entre os co-correntistas e terceiros, mas de verificar se há, ou não, exclusividade na disponibilidade do saldo. A presunção de que as partes pactuaram a ausência de exclusividade em relação aos valores em depósito é relativa, podendo ser afastada mediante prova em contrário, cujo ônus pertence aos titulares da conta conjunta, os quais, por exemplo, podem demonstrar que apenas um deles movimentava a conta-corrente" (STJ-1ª T., REsp 1.734.930, Min. Regina Costa, j. 7.2.19, DJ 12.2.19). No mesmo sentido: STJ-2ª T., REsp 1.229.329, Min. Humberto Martins, j. 17.3.11, DJ 29.3.11; JTJ 259/29.

— **Sim,** podendo ser penhorada a **metade do saldo,** porque "inexiste solidariedade entre os titulares de conta conjunta perante o credor de dívida contraída por um deles": RJ 302/108. "Recaindo a penhora sobre contas bancárias conjuntas, não havendo prova em contrário, presume-se que cada titular detém metade do valor depositado, não se podendo inquinar de teratológica ou manifestamente ilegal a decisão que permite a constrição de 50% dos saldos existentes, pertencentes à executada, cotitular" (STJ-RDDP 83/136: 3ª T., Pet 7.456-AgRg-AgRg). No mesmo sentido: STJ-4ª T., REsp 1.184.584, Min. Luis Felipe, j. 22.4.14, DJ 15.8.14; RT 837/241, 929/1.076 (TJPA, AI 2012.3.004788-4).

— **Não,** a penhora não pode acontecer nessas circunstâncias: "Se o cotitular de uma conta conjunta não responde pelo débito executado, não pode sofrer constrição sobre seu patrimônio bancário, principalmente se demonstrada a impossibilidade de se reconhecer a quem pertencem os valores depositados" (RT 831/303).

V. tb. art. 784, nota 13b.

Art. 835: 5c. "Embora a lei não trate expressamente da **penhora de mão própria,** consistente na possibilidade de a constrição recair sobre crédito que o executado possui frente ao próprio exequente, tal modalidade de penhora encontra viabilidade na dicção do art. 671, II, do CPC, apenas com a peculiaridade de que o terceiro devedor, nesta hipótese, é o próprio exequente. A penhora de mão própria só é possível se ambos os créditos forem certos, líquidos e exigíveis, hipótese em que, mais do que a garantia do juízo, haverá a compensação *ope legis*, até o limite do crédito do executado frente ao exequente. Considerando que o crédito objeto de penhora de mão própria terá como resultado final sua compensação automática com o débito em execução, não há como deixar de incluí-lo em primeiro lugar, juntamente com o depósito em dinheiro, na ordem de gradação do art. 655 do CPC, visto que esta segue o critério da liquidez, isto é, da maior facilidade de o bem ser utilizado para quitação da dívida" (STJ-3ª T., REsp 829.583, Min. Nancy Andrighi, j. 3.9.09, DJ 30.9.09).

Art. 835: 5d. "Bloqueio e penhora de **créditos da Nota Fiscal Paulista** em nome do executado. Possibilidade. Hipótese com contornos semelhantes à penhora de dinheiro do art. 655 do CPC" (JTJ 370/179: AI 292792-09.2011.8.26.0000).

Art. 835: 5e. "A partir da própria literalidade do art. 2º, V, da Lei 6.385/76, as **cotas de fundo de investimento são valores mobiliários,** e, como tal, não constam, em primeiro lugar, na ordem legal de preferência da penhora. Diversamente do que ocorre com o dinheiro em espécie, com o dinheiro depositado em conta bancária ou com aquele representado por aplicações financeiras, em que a constrição recai sobre um valor certo e líquido, as cotas de fundo de investimentos encontram-se vinculadas às variações e aos riscos de mercado, de crédito e de liquidez atinentes aos ativos financeiros componentes da carteira, em maior ou menor grau, o que, por si só, justifica a diversidade de gradação, para efeito de penhora, imposta pela lei adjetiva civil. A recusa da nomeação à penhora de cotas de fundo de investimento, reputada legítima a partir das particularidades de cada caso concreto, não encerra, em si, excessiva onerosidade ao devedor" (STJ-Corte Especial, REsp 1.388.638, Min. Marco Bellizze, j. 3.8.16, DJ 6.9.16).

Art. 835: 5f. "Dentro do sistema de execução, a **fiança bancária** e o **seguro garantia judicial** produzem os mesmos efeitos jurídicos que o dinheiro para fins de garantir o juízo, não podendo o exequente rejeitar a indicação, salvo por insuficiência, defeito formal ou inidoneidade da salvaguarda oferecida. Por serem automaticamente conversíveis em dinheiro ao final do feito executivo, a fiança bancária e o seguro garantia judicial acarretam a harmonização entre o princípio da máxima eficácia da execução para o credor e o princípio da menor onerosidade para o executado, a aprimorar consideravelmente as bases do sistema de penhora judicial e a ordem de gradação legal de bens penhoráveis, conferindo maior proporcionalidade aos meios de satisfação do crédito ao exequente" (STJ-3ª T., REsp 1.691.748, Min. Ricardo Cueva, j. 7.11.17, DJ 17.11.17).

"Não é possível rejeitar o oferecimento de fiança bancária para garantia de execução meramente com fundamento em que há numerário disponível em conta corrente para penhora" (STJ-3ª T., REsp 1.116.647, Min. Nancy Andrighi, j. 15.3.11, DJ 25.3.11).

V. tb. nota 18b.

Em matéria de execução fiscal, v. LEF 9º, nota 3c.

Art. 835: 6. "É lícita a **recusa** da nomeação à penhora de título da dívida pública de **difícil e duvidosa liquidação** e que não tenham **cotação em bolsa de valores**" (STJ-1ª T., AI 353.272-AgRg, Min. Gomes de Barros, j. 5.3.02, DJU 8.4.02). No mesmo sentido, autorizando, ainda, que o juiz se antecipe ao executado para a recusa dos títulos: STJ-2ª T., AI 406.226-AgRg, Min. Franciulli Netto, j. 23.8.05, DJU 26.5.06, V. tb. RSTJ 147/69, STJ-RT 780/202, RT 750/325, JTJ 192/192.

Admitindo a nomeação de títulos da **dívida agrária,** mas sem debater a questão da falta de cotação de bolsa: STJ-RJ 259/61 (4ª T.; REsp 14.881).

Art. 835: 6a. s/ penhora de debênture, ainda quando sem cotação em bolsa, v. LEF 11, nota 5.

Art. 835: 6b. s/ extensão da penhora de imóvel em matéria de despesas condominiais, v. art. 831, nota 1b; s/ penhora de imóvel hipotecado, v. art. 833, nota 9; s/ penhora de imóveis, v. arts. 842 e 847 § 3º.

Art. 835: 7. "A **indicação à penhora de bem imóvel situado em outra comarca** pode ser recusada pelo credor, uma vez que a execução se faz em seu interesse e tendo esse justificado tal atitude" (STJ-2ª T., REsp 463.129, Min. Franciulli Netto, j. 7.12.04, DJU 2.5.05).

V. art. 848, nota 1.

Art. 835: 8. Vaga de garagem individualizada em matrícula autônoma no Registro de Imóveis pode ser penhorada, independentemente do apartamento ou conjunto comercial (STJ-4ª T., REsp 541.696, Min. Cesar Rocha, j. 9.9.03, DJU 28.10.03).

V., ainda, LBF 1º, nota 23, no tít. BEM DE FAMÍLIA.

Art. 835: 9. s/ penhora de bem fungível, v. nota 19a.

V. tb. CC 82.

Art. 835: 10. v. art. 862.

Art. 835: 11. s/ penhora de navio ou aeronave, v. art. 864.

Art. 835: 12. v. art. 861.

Art. 835: 12a. "A previsão contratual de **proibição à livre alienação das cotas de sociedade de responsabilidade limitada** não impede a penhora de tais cotas para garantir o pagamento de dívida pessoal de sócio. Isto porque, referida penhora não encontra vedação legal e nem afronta o princípio da *affectio societatis*, já que não enseja, necessariamente, a inclusão de novo sócio. Ademais, o devedor responde por suas obrigações com todos os seus bens presentes e futuros" (RSTJ 191/364: 4ª T., REsp 317.651). V. art. 789.

"É possível a penhora de cotas de sociedade limitada, porquanto prevalece o princípio de ordem pública segundo o qual o devedor responde por suas dívidas com todos os seus bens presentes e futuros, não sendo, por isso mesmo, de se acolher a oponibilidade da *affectio societatis*. É que, ainda que o estatuto social proíba ou restrinja a entrada de sócios estranhos ao ajuste originário, é de se facultar à sociedade (pessoa jurídica) remir a execução ou o bem, ou, ainda, assegurar a ela e aos demais sócios o direito de preferência na aquisição a tanto por tanto" (STJ-RT 781/197: 6ª T., REsp 201.181).

"Caráter personalíssimo da **sociedade de advogados** não impedindo a penhora de suas quotas, pois, em tal hipótese, como no que concerne a todas as sociedades de pessoas, o ordenamento jurídico assegura condições plenas de subsistência da sociedade, sem comprometimento da chamada afeição social. Por outra parte, a sociedade de advogados, conquanto não apresente finalidade mercantilista, se enquadra, como qualquer outra sociedade de profissionais liberais, no conceito de sociedade empresária (CC, art. 982), muito embora a respectiva disciplina, inclusive a de registro (art. 967), se submeta a estatuto próprio" (RT 905/267: TJSP, AP 990.10.287520-2).

"É possível a penhora de cotas pertencentes a sócio de **cooperativa,** por dívida particular deste, pois responde o devedor, para o cumprimento de suas obrigações, com todos seus bens presentes e futuros (art. 591, CPC). O óbice de transferência a terceiros imposto pelo art. 1.094, inc. IV, do CC/02 e pelo art. 4º, inc. IV, da Lei 5.764/71 não impede a penhora pretendida, devendo os efeitos desta serem aplicados em consonância com os princípios societários e características próprias da cooperativa. Dada a restrição de ingresso do credor como sócio e em respeito à *affectio societatis*, deve-se facultar à sociedade cooperativa, na qualidade de terceira interessada, remir a execução (art. 651, CPC), remir o bem (art. 685-A, § 2º, CPC) ou concedê-la e aos demais sócios a preferência na aquisição das cotas (art. 685-A, § 4º, CPC), a tanto por tanto, assegurando-se ao credor, não ocorrendo solução satisfatória, o direito de requerer a dissolução parcial da sociedade, com a exclusão do sócio e consequente liquidação da respectiva cota. Em respeito ao art. 1.094, inc. I e II, do CC/02, deve-se avaliar eventual dispensa de integralização de capital, a fim de garantir a liquidez da penhora e, ainda, a persistência do número mínimo de sócios na hipótese de exclusão do sócio-devedor, em quantitativo suficiente à composição da administração da sociedade" (STJ-3ª T., REsp 1.278.715, Min. Nancy Andrighi, j. 11.6.13, DJ 18.6.13). No mesmo sentido: STJ-4ª T., Ag em REsp 1.694.841-AgInt, Min. Marco Buzzi, j. 26.10.20, DJ 29.10.20.

"Não há vedação para a penhora de quotas sociais de sociedade empresária em **recuperação judicial,** já que não enseja, necessariamente, a liquidação da quota" (STJ-3ª T., REsp 1.803.250, Min. Ricardo Cueva, j. 23.6.20, maioria, DJ 1.7.20). Em sentido semelhante, para o caso de sociedade submetida à antiga concordata preventiva: STJ-4ª T., REsp 114.130, Min. Cesar Rocha, j. 23.11.99, DJU 8.3.00.

Todavia: "Tendo em vista o disposto no artigo 1.026, combinado com o artigo 1.053, ambos do Código Civil, e os princípios da conservação da empresa e da menor onerosidade da execução, cabia à exequente adotar as devidas cautelas impostas pela lei, requerendo a **penhora dos lucros** relativos às quotas sociais correspondentes à devedora, conforme também a inteligência do artigo 1.027 do Código Civil, **não** podendo ser deferida, **de imediato, a penhora das quotas sociais** de sociedade empresária que se encontra em plena atividade, em prejuízo de terceiros, por dívida estranha à referida pessoa jurídica" (STJ-4ª T., REsp 1.346.712-AgInt, Min. Luis Felipe, j. 14.3.17, DJ 20.3.17).

S/ legitimidade da sociedade para embargos de terceiro para desconstituir penhora sobre cotas sociais, v. art. 674, nota 2a.

Art. 835: 13. s/ penhora do faturamento de empresa, v. art. 774, nota 3, e art. 866 e notas.

Em matéria de execução fiscal, v. LEF 11, nota 10a.

Art. 835: 14. Autorizando a penhora sobre o faturamento de **cooperativa:** STJ-2ª T., REsp 783.227, Min. Humberto Martins, j. 24.4.07, DJ 27.11.08.

Autorizando a penhora sobre a arrecadação mensal de **condomínio:** STJ-3ª T., REsp 829.583, Min. Nancy Andrighi, j. 3.9.09, DJ 30.9.09.

Art. 835: 15. "Bloqueio e penhora de **créditos da devedora associada à administradora de cartão de crédito.** Cabimento. Crédito que corresponde a parte de faturamento" (JTJ 331/167: AI 7.277.983-4).

Art. 835: 16. "Não há nulidade na penhora de **bem prometido à venda.** A questão é de palavras: a penhora não incide sobre a propriedade, mas sobre os direitos relativos à promessa. A circunstância de a exequente ser proprietária do bem prometido à venda é irrelevante. A execução resolve-se com a sub-rogação, por efeito de confusão entre os promitentes" (STJ-3ª T., REsp 860.763, Min. Gomes de Barros, j. 6.3.08, DJU 1.4.08).

S/ penhora dos direitos do devedor fiduciante, v. art. 833, nota 11.

Art. 835: 16a. s/ penhora de crédito do devedor em face do credor, v. nota 5c; s/ penhora de créditos, v. arts. 855 a 860; s/ penhora de crédito de precatório, v. LEF 11, nota 1c; s/ o enquadramento de debênture sem cotação em bolsa na condição de direitos penhoráveis, v. LEF 11, nota 5; s/ penhora dos recebíveis das operadoras de cartão de crédito, v. LEF 11, nota 9b.

Art. 835: 16b. "Execução. Penhora de **direito hereditário** no rosto dos autos de inventário. Possibilidade de a execução prosseguir, embora não feita a partilha, com a alienação do direito do herdeiro. A arrematação recairá, não sobre determinado bem do acervo, mas sobre o direito a uma cota da herança" (STJ-RT 667/180, maioria). No mesmo sentido: RT 718/169, JTJ 321/1.245 (AI 1.121.117-0/4).

V. art. 857 § 1º.

"São penhoráveis os direitos hereditários de cunho patrimonial. Não há necessidade de ajuizamento de ação própria para desconstituir a sentença homologatória de partilha, pois o reconhecimento da ocorrência de fraude nos autos da execução não implica sua desconstituição, mas, tão somente, a ineficácia das cessões efetuadas pelos herdeiros em relação ao credor/exequente" (STJ-3ª T., REsp 1.105.951, Min. Sidnei Beneti, j. 4.10.11, DJ 14.10.11).

V. tb. art. 876, nota 2.

Art. 835: 16c. Admite-se penhora de **direitos sobre marca** (Lex-JTA 147/232, JTJ 329/168: AI 1.176.125-0/0).

Art. 835: 16d. Admite-se penhora de bem objeto de contrato de ***leasing*** (RT 732/275).

Art. 835: 16e. "O art. 655, XI, do CPC prevê a penhora de direitos, o que autoriza a constrição do **direito possessório,** em especial nas situações em que o direito possui expressão econômica e integra o patrimônio do devedor" (STJ-4ª T., REsp 901.906, Min. João Otávio, j. 4.2.10, DJ 11.2.10).

Art. 835: 17. Súmula 417 do STJ: "Na execução civil, a penhora de dinheiro na **ordem de nomeação** de bens **não tem caráter absoluto".**

"Em princípio, deve o julgador seguir a ordem da penhora estabelecida no art. 655 do CPC. A regra, entretanto, é flexível, se demonstrada pelo executado a necessidade de mudança" (STJ-2ª T., REsp 791.573, Min. Eliana Calmon, j. 7.2.06, DJU 6.3.06). Ou seja, é ônus do executado trazer argumentos para tanto.

"Conquanto não seja absoluta a gradação legal da penhora (Súmula 417/STJ), afigura-se lícito ao credor recusar bens oferecidos à penhora que se revelarem de difícil alienação, isto porque a execução é feita no seu interesse, e não no do devedor" (STJ-4ª T., REsp 1.193.714-AgRg, Min. Marco Buzzi, j. 8.10.13, DJ 17.10.13).

"É justificável a recusa dos imóveis indicados à penhora, sob o fundamento de que foi averbada a indisponibilidade dos bens do executado nas matrículas" (STJ-4ª T., Ag em REsp 1.501.720-AgInt, Min. Raul Araújo, j. 8.10.19, DJ 22.10.19).

"A preterição da ordem estabelecida no artigo 655 do Código de Processo Civil só pode ser admitida quando comprovada não somente a manifesta vantagem para o executado, mas também a ausência de prejuízo para o exequente" (STJ-3ª T., REsp 1.168.543, Min. Sidnei Beneti, j. 5.3.13, DJ 13.3.13).

"A alteração da ordem legal de preferência quanto aos bens penhoráveis, em benefício exclusivo do devedor com supedâneo no art. 620 do CPC, contraria o sistema legal de execução, estruturado de acordo com o grau de aptidão satisfativa do bem penhorável" (STJ-3ª T., REsp 1.186.327, Min. Nancy Andrighi, j. 10.9.13, DJ 19.9.13).

V. tb. art. 848, nota 2a.

S/ o princípio da menor onerosidade da execução, v. art. 805; s/ ordem para a penhora de bens em **execução fiscal,** v. LEF 11, nota 1a.

Art. 835: 17a. O juiz pode recusar a nomeação do bem oferecido, desde que o devedor tenha disponibilidade em dinheiro (JTA 103/171); ou possua outros bens mais facilmente transformáveis em dinheiro (RT 725/324). No mesmo sentido: RT 826/283, 841/264.

De fato, a penhora de dinheiro torna a execução mais célere, econômica e efetiva. E as noções de celeridade, economia e efetividade se coadunam com a ideia de que a execução se desenvolve em benefício do credor e não do devedor. É verdade que ao executado são concedidas garantias como a da execução pelo modo menos gravoso (art. 805). Todavia, essas garantias não podem se transformar num entrave à tempestiva e efetiva tutela do exequente. Por isso, eventual mitigação da prioridade da penhora sobre dinheiro deve ser relegada para situações excepcionais.

"Conquanto mereça tempero, em certos casos, a aplicação da norma do art. 655 do CPC, posto que a penhora em dinheiro pode impedir ou dificultar a própria atividade empresarial da executada, onerando-a em demasia, e, assim, contrariando o preceituado no art. 620 do mesmo Código adjetivo, tal não ocorre quando o valor objeto da constrição é diminuto e, de outro lado, cuida-se de empresa de grande porte" (STJ-4ª T., REsp 631.088, Min. Aldir Passarinho Jr., j. 17.3.09, DJ 20.4.09).

"Na execução de dívida relativa a taxas condominiais, ainda que se trate de obrigação *propter rem*, a penhora não deve necessariamente recair sobre o imóvel que deu ensejo à cobrança, na hipótese em que se afigura viável a penhora *on-line*, sem que haja ofensa ao princípio da menor onerosidade ao executado" (STJ-3ª T., REsp 1.275.320, Min. Nancy Andrighi, j. 2.8.12, DJ 31.8.12). V. tb. art. 848, nota 2a.

Art. 835: 18. V. tb. art. 848 § ún. S/ substituição de penhora por fiança bancária em matéria de execução fiscal, v. LEF 15-I, notas 4a e segs.

Art. 835: 18a. A substituição da penhora por fiança bancária ou seguro garantia judicial pode acontecer **a qualquer tempo,** enquanto não expropriado o bem penhorado, e não está sujeita a preclusão (STJ-4ª T., REsp 1.084.244-AgRg, Min. João Otávio, j. 3.8.10, DJ 16.8.10).

Art. 835: 18b. "A **substituição da garantia em dinheiro** por outro bem ou carta de fiança somente deve ser admitida em **hipóteses excepcionais e desde que não ocasione prejuízo ao exequente,** sem que isso enseje afronta ao princípio da menor onerosidade da execução para o devedor" (STJ-3ª T., REsp 1.090.864, Min. Massami Uyeda, j. 10.5.11, DJ 1.7.11). No mesmo sentido: STJ-4ª T., Ag em REsp 610.844-AgRg, Min. Luis Felipe, j. 16.12.14, DJ 19.12.14.

"Não é adequada a pretendida substituição da penhora de dinheiro por fiança bancária, pois implicaria retrocesso ao feito executivo, visto que a penhora de dinheiro é mais conveniente à célere satisfação da execução" (STJ-4ª T., REsp 1.246.989, Min. Luis Felipe, j. 7.2.12, DJ 15.3.12).

"Uma vez realizada a penhora em dinheiro, não cabe a sua substituição por **fiança bancária de prazo determinado** para após o trânsito em julgado, de complexa e incerta realização, tendo em vista o princípio da satisfação do credor" (STJ-3ª T., REsp 1.168.543, Min. Sidnei Beneti, j. 5.3.13, DJ 13.3.13).

V. tb. nota 5f.

Art. 835: 18c. "Tal como na execução fiscal, na cobrança de créditos de natureza privada, é possível o oferecimento de fiança bancária para garantir o juízo, desde que seja prestada por **prazo indeterminado"** (STJ-3ª T., REsp 910.522, Min. Ari Pargendler, j. 8.5.07, DJ 1.8.07).

Art. 835: 18d. v. arts. 779, nota 8b, e 915, nota 3.

Art. 835: 19. "As garantias reais geram o que se pode denominar, em Direito Processual, de penhora natural. Assim, na ação de execução fundada em título extrajudicial garantido por penhor cedular, inexistindo acordo em sentido contrário, a penhora deve recair necessariamente sobre o bem objeto da garantia, independentemente de nomeação. Por conseguinte, **não há falar-se em aceitação tácita do credor ao oferecimento de outros bens** à penhora pelo devedor, eis que tal nomeação é ineficaz" (RSTJ 170/252: 3ª T., REsp 142.522). Em sentido semelhante: RT 796/355, JTJ 345/163 (AI 991.09.046897-0).

Todavia: "Essa preferência para a penhora do bem dado em garantia só pode ser invocada pelo credor, nunca pelo devedor, pois a garantia é instituída em benefício daquele, não deste. Aplicar a regra constante do art. 655, § 1º, em benefício do devedor colocaria o credor pignoratício em uma situação inferior à do credor quirografário, pois este poderia penhorar diretamente dinheiro, ao passo que o credor pignoratício somente poderia efetuar a penhora do bem dado em garantia. Não é por outra razão que esta Corte Superior, nas hipóteses de inexistência, deterioração ou dificuldade de alienação do bem dado em garantia, tem admitido que a penhora recaia sobre bem diverso do oferecido em garantia" (STJ-3ª T., REsp 1.485.790, Min. Paulo Sanseverino, j. 11.11.14, DJ 17.11.14; a citação é do voto do relator).

Ainda, se o bem gravado é insuficiente para a garantia do juízo, pode o credor indicar outros (RSTJ 109/210).

V. tb. art. 793 e notas.

Art. 835: 19a. "A **penhora sobre bens fungíveis** se aperfeiçoa independentemente da tradição dos bens, sendo que, na hipótese de recair sobre produção agrícola, não deve impedir a respectiva comercialização, transferindo-se sempre à produção futura, que deverá ser apresentada no momento oportuno. Se a recorrente tem disponibilidade sobre o álcool arrestado, em razão da sua fungibilidade, podendo comercializá-lo, isso não a exime da obrigação de manter consigo quantidade suficiente para entregá-lo quando do momento de alienação judicial para satisfação do crédito. Se efetivamente ocorreu, a eventual redução da garantia decorrente da comercialização do álcool poderá ser compensada por outras medidas de constrição, dentre elas a penhora do faturamento" (STJ-3ª T., REsp 1.342.588, Min. Nancy Andrighi, j. 10.6.14, DJ 20.6.14).

V. tb. arts. 805, nota 2, e 840, nota 7a.

Art. 836. Não se levará a efeito a penhora quando ficar evidente que o produto da execução dos bens encontrados será totalmente absorvido pelo pagamento das custas da execução.[1] [Dispositivo correspondente no CPC/1973: art. 659 § 2º]

§ 1º Quando não encontrar bens penhoráveis, independentemente de determinação judicial expressa, o oficial de justiça descreverá na certidão os bens que guarnecem a residência ou o estabelecimento do executado, quando este for pessoa jurídica.[2] [Dispositivo correspondente no CPC/1973: art. 659 § 3º]

§ 2º Elaborada a lista, o executado ou seu representante legal será nomeado depositário provisório de tais bens até ulterior determinação do juiz. [Sem dispositivo correspondente no CPC/1973]

Art. 836: 1. s/ aplicação desse dispositivo em sede de execução fiscal, v. LEF 10, nota 1c.

Art. 836: 2. "As **disposições da Lei 8.009** não impedem o cumprimento do disposto no § 3º do art. 659 do CPC. Tal norma objetiva evitar a constrição patrimonial ilegítima, possibilitando, ainda, o controle da deliberação do oficial de não realizar a penhora" (RSTJ 110/253).

V. Lei 8.009/90, no tít. BEM DE FAMÍLIA.

Subseção II — DA DOCUMENTAÇÃO DA PENHORA, DE SEU REGISTRO E DO DEPÓSITO

Art. 837. Obedecidas as normas de segurança instituídas sob critérios uniformes pelo Conselho Nacional de Justiça, a penhora de dinheiro e as averbações de penhoras de bens imóveis e móveis podem ser realizadas por meio eletrônico. [Dispositivo correspondente no CPC/1973: art. 659 § 6º]

Art. 838. A penhora[1-1a] será realizada mediante auto ou termo, que conterá:[1b] [Dispositivo correspondente no CPC/1973: art. 665-*caput*]

I — a indicação do dia, do mês, do ano e do lugar em que foi feita; [Dispositivo correspondente no CPC/1973: art. 665-I]

II — os nomes do exequente e do executado; [Dispositivo correspondente no CPC/1973: art. 665-II]

III — a descrição dos bens penhorados,[2] com as suas características; [Dispositivo correspondente no CPC/1973: art. 665-III]

IV — a nomeação do depositário[3 a 6] dos bens. [Dispositivo correspondente no CPC/1973: art. 665-IV]

Art. 838: 1. Não é válida a penhora sem auto de penhora (JTA 130/132).

Todavia: "Cumprimento de sentença. **Penhora *on-line*.** Ausência de termo. Havendo *penhora on-line*, não há expedição de mandado de penhora e de avaliação, uma vez que a constrição recai sobre numerário encontrado em conta-corrente do devedor, sendo desnecessária diligência além das adotadas pelo próprio magistrado por meio eletrônico" (STJ-3ª T., REsp 1.195.976, Min. João Otávio, j. 20.2.14, DJ 5.3.14).

Art. 838: 1a. A **incorreção da penhora** poderá ser alegada por simples petição (v. art. 917 § 1º).

V. tb. arts. 525, nota 12a, e 874, nota 1a.

Art. 838: 1b. "Uma vez inexistindo **testemunhas** presenciais quando da intimação da penhora, e verificada a recusa em lançar o ciente pelo devedor, basta a fé pública do oficial de justiça para validar o ato, posto que a exigência de constar o nome de testemunhas do ato somente se impõe quando houver testemunhas, não sendo o serventuário obrigado a convocá-las, ou a procurá-las alhures, o que nem seria possível, porquanto dificilmente o devedor ficaria aguardando tal providência" (RSTJ 62/181).

V. art. 154-I.

Art. 838: 2. Erigida **construção em imóvel já penhorado,** a constrição o abrange, mas há necessidade de nova avaliação, antes do leilão (TFR-6ª T., Ag 45.007, Min. Eduardo Ribeiro, j. 4.12.85, DJU 20.2.86).

Art. 838: 3. v. arts. 159 a 161; s/ prisão de depositário judicial, v. art. 161, nota 9.

Art. 838: 3a. **Cabe ao juiz,** e não ao exequente, a indicação do depositário (JTA 116/159, maioria).

Art. 838: 4. O **depositário judicial tem legitimidade** para mover ação de despejo do imóvel depositado (RT 615/141), podendo também pedir mandado de desocupação deste, contra terceiro que o invadiu (RT 494/122).

Art. 838: 5. "Não interfere na **competência do juiz deprecado** o deprecante que, após a concretização da penhora feita por carta, substitui o depositário, então nomeado, por outrem. Juízo deprecado que, ademais, não se considera molestado pela decisão do juiz da execução, por lhe estarem afetos doravante tão somente a avaliação e o praceamento dos bens penhorados" (RSTJ 50/17).

Art. 838: 6. O **aperfeiçoamento da penhora** se dá com a entrega do bem ao depositário (RJTJESP 103/302, JTJ 182/54, RJTAMG 18/117) e a assinatura deste no respectivo auto (RF 302/137, RJTAMG 26/364, JTAERGS 84/176).

No sentido de que, se o **executado aceita o encargo** de depositário, também é imprescindível a sua assinatura, nessa condição, no auto de penhora: RF 302/137, RJTAMG 26/364, JTAERGS 84/176. **Mais corretamente:** "Se não consta do auto de penhora a assinatura do executado como depositário, não obstante a atuação deste como tal, que sequer nada alegou, recomenda-se diligência no sentido de suprir a **irregularidade sanável"** (STJ-4ª T., REsp 15.713, Min. Sálvio de Figueiredo, j. 4.12.91, DJU 24.2.92).

"A ausência de nomeação do depositário no auto de penhora constitui irregularidade formal sanável" (STJ-4ª T., REsp 990.502, Min. Fernando Gonçalves, j. 6.5.08, DJU 19.5.08).

"É nulo o termo de penhora assinado por **advogado que não possui poderes especiais** para assinar o respectivo termo e aceitar o encargo de depositário" (STJ-4ª T., RHC 17.289, Min. Barros Monteiro, j. 17.3.05, DJU 9.5.05). No mesmo sentido: RSTJ 29/397 (3ª T.); STJ-2ª T., REsp 112.939, Min. Adhemar Maciel, j. 4.12.97, DJU 16.2.98.

Se o **devedor se recusa a ser depositário,** a nomeação deve recair sobre terceiro (STJ-4ª T., REsp 488.220, Min. Ruy Rosado, j. 24.6.03, DJU 25.8.03). **Contra,** entendendo que, se o executado recusa-se a assinar o auto como depositário, a certidão do oficial de justiça supre a falta de assinatura: "Ausência de assinaturas no auto de penhora em virtude da recusa do executado (depositário) e de sua mulher de o fazerem após a leitura feita pelo oficial de justiça. Certidão do meirinho que goza de fé pública" (STJ-4ª T., REsp 122.748, Min. Barros Monteiro, j. 21.3.00, DJU 5.6.00).

Pode o múnus de depositário judicial ser imposto coercitivamente ao executado? v. art. 840, nota 1.

Art. 839. Considerar-se-á feita a penhora mediante a apreensão e o depósito[1-2] dos bens, lavrando-se um só auto se as diligências forem concluídas no mesmo dia. [Dispositivo correspondente no CPC/1973: art. 664-*caput*]

Parágrafo único. Havendo mais de uma penhora, serão lavrados autos individuais. [Dispositivo correspondente no CPC/1973: art. 664 § ún.]

Art. 839: 1. "A penhora deve ser real, com a efetiva apreensão do bem. Daí que se completa com o **depósito.** A **falta de declaração de que este se realizou,** entretanto, não há de conduzir à nulidade de todo o processo de execução, que se exauriu com a realização de hasta pública e pagamento ao credor. Tanto mais que os executados ofereceram embargos à execução, não tendo havido o menor prejuízo" (RSTJ 95/261).

Art. 839: 2. "A penhora deve ser real, com a efetiva apreensão do bem e nomeação de depositário. **Se os veículos não foram localizados,** inadmissível a constrição" (RT 868/255).

Art. 840. Serão preferencialmente depositados:[1 a 2] [Dispositivo correspondente no CPC/1973: art. 666-*caput*]

I — as quantias em dinheiro,[3 a 5] os papéis de crédito e as pedras e os metais preciosos, no Banco do Brasil, na Caixa Econômica Federal[6-6a] ou em banco do qual o Estado ou o Distrito Federal possua mais da metade do capital social integralizado, ou, na falta desses estabelecimentos, em qualquer instituição de crédito designada pelo juiz; [Dispositivo correspondente no CPC/1973: art. 666-I]

II — os móveis, os semoventes, os imóveis urbanos e os direitos aquisitivos sobre imóveis urbanos, em poder do depositário judicial; [Dispositivo correspondente no CPC/1973: art. 666-II]

III — os imóveis rurais, os direitos aquisitivos sobre imóveis rurais, as máquinas, os utensílios e os instrumentos necessários ou úteis à atividade agrícola, mediante caução idônea, em poder do executado. [Sem dispositivo correspondente no CPC/1973]

§ 1º No caso do inciso II do *caput*, se não houver depositário judicial, os bens ficarão em poder do exequente. [Sem dispositivo correspondente no CPC/1973]

§ 2º Os bens poderão ser depositados em poder do executado[7-7a] nos casos de difícil remoção ou quando anuir o exequente. [Dispositivo correspondente no CPC/1973: art. 666 § 1º]

§ 3º As joias, as pedras e os objetos preciosos deverão ser depositados com registro do valor estimado de resgate. [Dispositivo correspondente no CPC/1973: art. 666 § 2º]

Art. 840: 1. **Súmula 319 do STJ:** "O **encargo de depositário** de bens penhorados pode ser **expressamente recusado".**

"O sócio administrador de empresa não pode ser obrigado a aceitar o encargo de depositário judicial. O nomeado compulsoriamente e contra a sua vontade pode se eximir do encargo. Art. 5º, II da CF" (STJ-4ª T., HC 71.222, Min. Quaglia Barbosa, j. 13.2.07, DJU 12.3.07). No mesmo sentido: STJ-3ª T., HC 34.229, Min. Gomes de Barros, j. 19.8.04, DJU 6.9.04; STJ-1ª T., RHC 15.891, Min. Luiz Fux, j. 17.6.04, DJU 23.8.04.

"O encargo de depositário judicial não pode ser imposto coercitivamente ao devedor" (JTJ 202/216). No mesmo sentido: JTJ 236/225, 236/236.

Todavia, no sentido de que o executado não pode recusar o encargo sem justificativa: RT 599/94, 739/332, JTJ 179/162, 183/168, 208/192, 259/284, Lex-JTA 147/230, 163/327. **Indo além,** para considerar a recusa nessas circunstâncias como ato atentatório à dignidade da justiça: RT 751/255.

Art. 840: 1a. "A regra do art. 666 do CPC **não é absoluta,** ficando ao prudente arbítrio do magistrado, como presidente do processo, decidir quem deverá ficar na posse do bem penhorado" (RT 726/402). No mesmo sentido: RJM 194/101 (AI 1.0701.07.194587-0/001).

Art. 840: 1b. "Não se justifica que o **interesse estritamente privado de um terceiro,** estranho ao processo de execução, possa interferir na escolha feita por uma das partes, sem oposição da outra e com a chancela do juiz, a respeito da melhor pessoa para exercer o *munus* público de depositário judicial" (STJ-3ª T., REsp 876.498, Min. Sidnei Beneti, j. 18.5.10, DJ 1.6.10).

Art. 840: 2. **Súmula 185 do STJ:** "Nos depósitos judiciais, não incide o **Imposto sobre Operações Financeiras"** (v. jurisprudência s/ esta Súmula em RSTJ 101/77).

Art. 840: 3. v. art. 1.058; v. tb. LEF 32.

Art. 840: 4. s/ **correção monetária** de depósito judicial, v., no tít. CORREÇÃO MONETÁRIA, LCM 1º, nota 3 **(Súmulas 179 e 271 do STJ).**

Art. 840: 4a. **"Penhora em dinheiro de instituição financeira, devedora em processo de execução.** Desnecessidade de que o valor penhorado seja depositado em outra instituição financeira oficial. Da lógica possibilidade da penhora de dinheiro depositado no banco devedor, decorre o cabimento da própria instituição financeira, com lealdade processual, nomear dinheiro de sua propriedade à penhora, requerendo que permaneça como depositário da quantia certa" (STJ-3ª T., REsp 317.629, Min. Nancy Andrighi, j. 7.6.01, DJU 25.6.01). **Nota:** no caso, o devedor era o Banco do Brasil.

Art. 840: 5. "Pagamento. Depósito judicial. Não se pode ter como efetuado o depósito, com força liberatória, enquanto a importância em dinheiro não se tornar disponível. O **depósito em cheque** não opera desde logo essa consequência" (STJ-3ª T., REsp 5.448, Min. Eduardo Ribeiro, j. 18.6.91, DJU 5.8.91).

Art. 840: 6. v. RCJF 11.

Art. 840: 6a. A **Lei 9.703, de 17.11.98** dispõe sobre depósitos judiciais e extrajudiciais de valores referentes a tributos e contribuições federais. Esse depósito deve ser feito na Caixa Econômica Federal.

A Lei 9.703 foi regulamentada pelo **Dec. 2.850, de 27.11.98.**

Art. 840: 7. v. tb. art. 836 § 2º (depositário provisório).

S/ a possibilidade de recusa do encargo de depositário, v. nota 1.

Art. 840: 7a. "A regra prevista no art. 666, § 1º, do CPC **não é absoluta,** sendo facultado ao juiz ou tribunal avaliar, no caso concreto, quanto à conveniência de os bens permanecerem depositados em poder do executado" (STJ-3ª T., REsp 1.183.041-AgRg, Min. Sidnei Beneti, j. 11.6.13, DJ 24.6.13).

"Embora tenha sido alterada a regra geral no tocante à nomeação do depositário de bens constritos para a garantia da execução (art. 666, § 1º), sendo tal encargo, após a Lei 11.382/2006, preferencialmente atribuído a outrem que não o próprio devedor, essa nova regra, de fato, não é absoluta, devendo ser cotejada com as demais regras e princípios do processo de execução, notadamente, o da menor onerosidade, prevista no art. 620 do CPC. Além das hipóteses de concordância do credor e de dificuldade de remoção do bem constrito (art. 666, § 1º do CPC), o devedor poderá permanecer na sua posse, exercendo o encargo de depositário, quando a remoção do bem puder lhe causar evidentes prejuízos. Se a recorrente tem disponibilidade sobre o açúcar arrestado, em razão da sua fungibilidade, podendo comercializá-lo, isso não a exime da obrigação de manter consigo quantidade suficiente para entregá-lo quando do momento de alienação judicial para satisfação do crédito. Se efetivamente ocorreu, a eventual redução da garantia decorrente da comercialização do açúcar poderá ser compensada por outras medidas de constrição, sem que seja necessária a remoção do produto, em claro prejuízo à atividade da recorrente" (STJ-3ª T., REsp 1.304.196, Min. Nancy Andrighi, j. 10.6.14, DJ 18.6.14). No mesmo sentido: STJ-4ª T., Ag em REsp 418.768-AgRg, Min. Luis Felipe, j. 21.8.14, DJ 26.8.14. V. tb. art. 835, nota 19a.

Art. 841. Formalizada a penhora por qualquer dos meios legais, dela será imediatamente intimado o executado. [Dispositivo correspondente no CPC/1973: art. 652 § 1º]

§ 1º A intimação da penhora será feita ao advogado do executado ou à sociedade de advogados a que aquele pertença. [Dispositivo correspondente no CPC/1973: art. 652 § 4º]

§ 2º Se não houver constituído advogado nos autos, o executado será intimado pessoalmente, de preferência por via postal. [Dispositivo correspondente no CPC/1973: art. 652 § 4º]

§ 3º O disposto no § 1º não se aplica aos casos de penhora realizada na presença do executado, que se reputa intimado. [Sem dispositivo correspondente no CPC/1973]

§ 4º Considera-se realizada a intimação a que se refere o § 2º quando o executado houver mudado de endereço sem prévia comunicação ao juízo, observado o disposto no parágrafo único do art. 274. [Sem dispositivo correspondente no CPC/1973]

Art. 842. Recaindo a penhora sobre bem imóvel ou direito real sobre imóvel, será intimado[1 a 4] também o cônjuge do executado,[5 a 7] salvo se forem casados em regime de separação absoluta de bens. [Dispositivo correspondente no CPC/1973: art. 655 § 2º]

Art. 842: 1. A intimação do cônjuge do executado não se faz necessária se os **bens constritados não pertencem ao casal** (STJ-3ª T., REsp 434.845, Min. Castro Filho, j. 10.9.02, DJU 4.11.02).

Art. 842: 2. "A existência de litisconsórcio necessário na hipótese do art. 669, § 1º, do CPC, torna imprescindível a 'intimação' regular do cônjuge, sob pena de **nulidade *pleno jure*, que independe de arguição de interessados,** o que dá legitimidade ao cônjuge-executado para alegá-la" (RSTJ 10/409 e STJ-RT 657/190: 4ª T., REsp 1.512). No mesmo sentido: STJ-3ª T., REsp 567.091, Min. Menezes Direito, j. 28.6.04, DJU 11.10.04.

Contra, no sentido de que a nulidade consistente na falta de intimação da penhora à mulher somente por esta pode ser alegada: TFR-4ª T., AC 48.182, Min. Pádua Ribeiro, j. 6.4.81, DJU 7.5.81; RT 815/279, JTA 112/29.

Art. 842: 3. "Nula é a intimação da penhora sobre imóveis de casal, quando não intimada a mulher do devedor" (STJ-5ª T., REsp 619.829, Min. José Arnaldo, j. 5.10.04, DJU 8.11.04). No mesmo sentido: RSTJ 66/432, 3ª T. Ou seja, **a penhora é válida, mas a intimação desta não,** se também a mulher não foi intimada (STJ-RT 803/184, 4ª T.). "A falta de intimação do cônjuge da executada não faz nula a penhora, que apenas deve ser aperfeiçoada com a intimação do marido" (STJ-3ª T., REsp 629.320, Min. Gomes de Barros, j. 7.5.07, DJU 4.6.07).

"Recaindo a penhora sobre bem de raiz, a intimação do cônjuge, ressalvada a hipótese de comparecimento espontâneo, é imprescindível, sob pena de anular-se a execução a partir da penhora, exclusive" (STJ-RSTJ 5/498 e RF 305/182). No mesmo sentido: RSTJ 54/269, 63/221, 64/292, 66/432.

Contra: "A intimação do cônjuge do executado é prescindível quando a penhora incidir sobre bem imóvel, porquanto a meação do cônjuge alheio à execução recairá sobre o produto da alienação do bem, haja vista a revogação do art. 669 § ún. CPC" (RT 864/370).

S/ intimação do cônjuge do devedor, do dia, hora e local da alienação judicial, v. art. 889, nota 2.

Art. 842: 4. "Não é necessário intimar a mulher, como pessoa física, na execução movida contra o marido, se aquela teve **conhecimento da penhora em virtude da intimação que lhe foi feita como representante de sociedade,** também parte passiva na mencionada ação executiva" (RF 305/218).

Art. 842: 5. s/ legitimidade do cônjuge para opor embargos, v. art. 674, nota 15.

Art. 842: 6. Fica sanada a falta de intimação do cônjuge se este oferece **embargos de terceiro** (STJ-4ª T., Ag em REsp 48.825-AgRg, Min. Isabel Gallotti, j. 18.12.12, DJ 4.2.13; RT 707/83; 878/223: TJSP, AI 1.167.733-0/9; Lex-JTA 148/66).

Art. 842: 7. "A regra do art. 655, § 2º, do CPC/73, visa proteger os interesses da cônjuge do executado que é proprietário do bem imóvel penhorado, **não se aplicando,** todavia, **a cônjuge do herdeiro do executado** após o seu falecimento, sobretudo porque, antes da partilha, os bens, direitos e obrigações do falecido compõem o monte-mor partilhável, de modo que os herdeiros apenas são titulares de frações ideais daquele acervo e não de bens específicos ou individualizáveis" (STJ-3ª T., REsp 1.643.012, Min. Nancy Andrighi, j. 22.3.18, DJ 26.3.18).

Art. 843. Tratando-se de penhora de bem indivisível, o equivalente à quota-parte do coproprietário ou do cônjuge alheio à execução recairá sobre o produto da alienação do bem.[1] [Dispositivo correspondente no CPC/1973: art. 655-B]

§ 1º É reservada ao coproprietário ou ao cônjuge não executado a preferência na arrematação do bem em igualdade de condições. [Sem dispositivo correspondente no CPC/1973]

§ 2º Não será levada a efeito expropriação por preço inferior ao da avaliação na qual o valor auferido seja incapaz de garantir, ao coproprietário ou ao cônjuge alheio à execução, o correspondente à sua quota-parte calculado sobre o valor da avaliação. [Sem dispositivo correspondente no CPC/1973]

Art. 843: 1. v. arts. 674, nota 18, e 831, nota 1a. Já em matéria de bem de família, v. art. 674, nota 18a, e LBF 1º, nota 13.

Art. 844. Para presunção absoluta de conhecimento por terceiros, cabe ao exequente providenciar a averbação do arresto ou da penhora no registro competente,[1 a 5] mediante apresentação de cópia do auto ou do termo, independentemente de mandado judicial. [Dispositivo correspondente no CPC/1973: art. 659 § 4º]

Art. 844: 1. Em matéria de imóveis, v. **Lei 13.097, de 19.1.15,** arts. 54 a 58, 61 e 168.

Art. 844: 2. **LRP 240:** "O registro da penhora faz prova quanto à fraude de qualquer transação posterior". Por outras palavras, constitui "presunção absoluta de conhecimento por terceiros" (art. 844). Essa presunção "não pode ser afastada pela eventual boa-fé do adquirente" (JTAERGS 70/205). No mesmo sentido: RT 897/305 (TJPR, AP 614.651-8).

"Inexistindo registro da penhora na matrícula do imóvel, é do credor o ônus da prova de que o terceiro adquirente tinha conhecimento de demanda capaz de levar o alienante à insolvência" (STJ-Corte Especial, REsp 956.943, Min. João Otávio, j. 20.8.14, maioria, DJ 1.12.14). No mesmo sentido: RTJ 111/690, 138/292, Lex-JTA 150/73.

"O registro faz publicidade *erga omnes* da constrição judicial, de modo que, a partir dele, serão ineficazes, perante a execução, todas as posteriores onerações ou alienações do imóvel, inclusive as sucessivas" (RSTJ 185/106: REsp 494.545). S/ alienações sucessivas do bem penhorado e fraude de execução, v. art. 792, nota 10a.

"Nos termos do art. 659 do CPC, na redação que lhe foi dada pela Lei n. 8.953/94, exigível a inscrição da penhora no cartório de registro imobiliário para que passe a ter efeito *erga omnes* e, nessa circunstância, torne-se eficaz para impedir a venda a terceiros em fraude à execução. Caso em que, à míngua de tal requisito, a alienação, ainda que posterior à citação da empresa alienante na ação de execução, é eficaz" (STJ-4ª T., REsp 509.827, Min. Aldir Passarinho Jr., j. 23.9.03, DJU 28.10.03). Esse acórdão foi mantido por 4 votos a 3 nos subsequentes embargos de divergência, que não foram conhecidos (ED no REsp 509.827).

Todavia: "O registro imobiliário da penhora não é requisito para caracterização da fraude à execução" (STJ-3ª T., REsp 819.198, Min. Gomes de Barros, j. 25.4.06, DJU 12.6.06).

S/ fraude de execução, v. art. 792 (especialmente nota 16, com a Súmula 375 do STJ).

Art. 844: 3. "Não basta a citação válida do devedor para caracterizar a fraude à execução, sendo necessário o **registro** do gravame no Cartório de Registro de Imóveis — CRI ou no Departamento de Trânsito — **Detran**" (STJ-2ª T., REsp 944.250, Min. Castro Meira, j. 7.8.07, DJU 20.8.07). No mesmo sentido: STJ-1ª T., REsp 835.089, Min. Luiz Fux, j. 22.5.07, DJU 21.6.07; RT 895/286 (TJAC, AP 2009.003887-9).

S/ fraude de execução e venda de automóvel, v. tb. art. 792, nota 17.

Art. 844: 4. "As **despesas** realizadas pelo credor para efetivar a inscrição da penhora, na forma do art. 659, § 4º, do CPC, devem ser consideradas despesas processuais e, portanto, **reembolsadas pelo devedor**" (STJ-3ª T., REsp 300.044, Min. Menezes Direito, j. 26.11.01, DJU 25.2.02).

Art. 844: 5. Na hipótese de o **oficial de Registro de Imóveis recusar-se a proceder ao registro da penhora,** pode o interessado requerer a suscitação de dúvida, que será dirimida pelo Juiz Corregedor (LRP 198 a 204) ou pedir ao juiz da execução que ordene o registro. Se este determinar o registro da penhora, cumpre ao oficial acatar a ordem, que não poderá ser revista pelo Juiz Corregedor, ainda que fira algum dos princípios que regem o Registro de Imóveis, como, p. ex., o da continuidade.

S/ conflito de competência entre juiz corregedor de registros públicos, investido de função meramente administrativa, e juiz de direito no exercício da jurisdição, v. art. 66, nota 4.

Subseção III | DO LUGAR DE REALIZAÇÃO DA PENHORA

Art. 845. Efetuar-se-á a penhora onde se encontrem os bens, ainda que sob a posse, a detenção ou a guarda de terceiros. [Dispositivo correspondente no CPC/1973: art. 659 § 1º]

§ 1º A penhora de imóveis, independentemente de onde se localizem, quando apresentada certidão da respectiva matrícula, e a penhora de veículos automotores, quando apresentada certidão que ateste a sua existência, serão realizadas por termo nos autos. [Dispositivo correspondente no CPC/1973: art. 659 § 5º]

§ 2º Se o executado não tiver bens no foro do processo, não sendo possível a realização da penhora nos termos do § 1º,[1] a execução será feita por carta,[2] penhorando-se, avaliando-se e alienando-se os bens no foro da situação.[3 a 5] [Dispositivo correspondente no CPC/1973: art. 658]

Art. 845: 1. "Se a nomeação de bens é feita pelo próprio devedor, assumindo o encargo de depositário perante o Juiz da execução, permite-se que se lavre o respectivo **termo nos autos** principais, mesmo que os bens estejam em outra comarca, sem a necessidade de expedição de carta precatória para a penhora" (RT 765/237). No mesmo sentido: JTA 106/69, RJTAMG 60/119.

"A nomeação feita pelo devedor, seja no processo, seja no contrato, afasta a necessidade de precatória para a penhora dos bens nomeados, ainda que situados eles em comarca que não a do juízo da execução" (RCJ 1/95, com comentário de Roberto Silvestre Bento). No mesmo sentido: JTA 102/24, maioria.

Art. 845: 2. s/ cartas, v. arts. 260 a 268; s/ embargos à execução, v. art. 914 § 2º.

Art. 845: 3. Penhora de bens situados em outra comarca. "A norma do art. 658 do CPC justifica-se à vista do caráter territorial da jurisdição pátria, segundo o qual um determinado órgão judiciário só está autorizado a exercer sua jurisdição nos limites do foro para qual está investido. Após a alteração do Código de Processo Civil, para permitir que a penhora de bens imóveis seja realizada por termo lavrado em cartório (art. 659, § 4º, do CPC), passou-se a entender como dispensável a expedição de carta precatória para a prática do referido ato constritivo. De acordo com a moderna ciência processual, que coloca em evidência o princípio da instrumentalidade e o da ausência de nulidade sem prejuízo (*pas de nullité sans grief*), antes de se anular todo o processo ou determinados atos, atrasando, muitas vezes em anos, a prestação jurisdicional, deve-se perquirir se a alegada nulidade causou efetivo prejuízo às partes. Na hipótese, embora o **perito** fosse de São Paulo, está consignado no acórdão que ele se dirigiu ao Município de Aguaí-SP para a realização da avaliação, estando, por conseguinte, em contato direto com todos os elementos necessários à apuração do valor do bem. Também foi franqueado às partes o pleno exercício do contraditório, possibilitando o atingimento da finalidade do ato, sem prejuízo às partes" (STJ-3ª T., REsp 1.276.128, Min. Nancy Andrighi, j. 17.9.13, DJ 23.9.13).

"Não é absolutamente nula a penhora realizada por **oficial de justiça,** ao invés de carta precatória, em **comarca contígua,** devendo-se aplicar o princípio de que 'o juiz considerará válido o ato se, realizado de outro modo, lhe alcançar a finalidade' (art. 244 do CPC)" (STJ-3ª T., REsp 68.264, Min. Menezes Direito, j. 12.5.97, DJU 30.6.97).

Todavia, desautorizando a penhora realizada por oficial de justiça sobre imóvel situado em comarca onde não exerce suas funções: RT 504/166, JTA 35/51, 47/60, maioria, 72/217, RJTAMG 20/131, RBDP 50/155, com comentário de João Delfino.

Art. 845: 4. "Na **execução de crédito pignoratício, anticrético ou hipotecário,** a penhora, independentemente de nomeação, recairá sobre a coisa dada em garantia. Nesse caso, pode a penhora, sem ofensa à lei, ser concretizada no juízo da execução, diverso da situação dos bens, sem necessidade de se expedir carta precatória para a constrição judicial" (RT 733/314). No mesmo sentido: STJ-3ª T., REsp 79.418, Min. Eduardo Ribeiro, j. 12.8.97, DJU 15.9.97; RT 732/386.

Art. 845: 5. O **juízo deprecado é competente** para apreciar os incidentes relacionados com a penhora, avaliação e alienação do bem penhorado (v. art. 914, nota 14a, Súmula 46 do STJ).

Art. 846. Se o executado fechar as portas da casa a fim de obstar a penhora dos bens, o oficial de justiça comunicará o fato ao juiz, solicitando-lhe ordem de arrombamento.[1] [Dispositivo correspondente no CPC/1973: art. 660]

§ 1º Deferido o pedido, 2 (dois) oficiais de justiça cumprirão o mandado, arrombando cômodos e móveis em que se presuma estarem os bens, e lavrarão de tudo auto circunstanciado, que será assinado por 2 (duas) testemunhas presentes à diligência. [Dispositivo correspondente no CPC/1973: art. 661]

§ 2º Sempre que necessário, o juiz requisitará força policial,[2-2a] a fim de auxiliar os oficiais de justiça na penhora dos bens. [Dispositivo correspondente no CPC/1973: art. 662]

§ 3º Os oficiais de justiça lavrarão em duplicata o auto da ocorrência, entregando uma via ao escrivão ou ao chefe de secretaria, para ser juntada aos autos, e a outra à autoridade policial a quem couber a apuração criminal dos eventuais delitos de desobediência ou de resistência. [Dispositivo correspondente no CPC/1973: art. 663-*caput*]

§ 4º Do auto da ocorrência constará o rol de testemunhas, com a respectiva qualificação. [Dispositivo correspondente no CPC/1973: art. 663 § ún.]

Art. 846: 1. Viola direito líquido e certo a decisão judicial que concede mandado cautelar de arrombamento, a pretexto de que **presumivelmente o executado resistirá** à penhora ou arresto de seus bens (Bol. AASP 1.623/25, maioria).

Art. 846: 2. v. art. 782 § 2º.

S/ crime de desobediência, v. CP 330.

Art. 846: 2a. Ressalvada a hipótese de devedor de alimentos, o juiz **não pode decretar a prisão civil** de quem desobedece ordem judicial (v. Cap. I, nota 1, que antecede o art. 139). Assim, "o inadimplemento de acordo judicial feito em execução de título de crédito extrajudicial não autoriza a prisão civil do devedor, por não se incluir nas hipóteses previstas na Carta Magna" (RT 834/266).

Eventual prisão somente acontecerá na esfera criminal, após a apuração do crime de desobediência.

V. tb. § 3º.

Subseção IV | DAS MODIFICAÇÕES DA PENHORA

Art. 847. O executado pode,[1] no prazo de 10 (dez) dias contado da intimação da penhora,[2] requerer a substituição do bem penhorado,[3] desde que comprove que lhe será menos onerosa[3a] e não trará prejuízo ao exequente.[4] [Dispositivo correspondente no CPC/1973: art. 668-*caput*]

§ 1º O juiz só autorizará a substituição se o executado: [Dispositivo correspondente no CPC/1973: art. 668 § ún.]

I — comprovar as respectivas matrículas e os registros por certidão do correspondente ofício, quanto aos bens imóveis; [Dispositivo correspondente no CPC/1973: art. 668-I]

II — descrever os bens móveis, com todas as suas propriedades e características, bem como o estado deles e o lugar onde se encontram; [Dispositivo correspondente no CPC/1973: art. 668-II]

III — descrever os semoventes, com indicação de espécie, de número, de marca ou sinal e do local onde se encontram; [Dispositivo correspondente no CPC/1973: art. 668-III]

IV — identificar os créditos, indicando quem seja o devedor, qual a origem da dívida, o título que a representa e a data do vencimento; e [Dispositivo correspondente no CPC/1973: art. 668-IV]

V — atribuir, em qualquer caso, valor aos bens indicados à penhora,[5] além de especificar os ônus e os encargos a que estejam sujeitos. [Dispositivo correspondente no CPC/1973: art. 668-V]

§ 2º Requerida a substituição do bem penhorado, o executado deve indicar onde se encontram os bens sujeitos à execução, exibir a prova de sua propriedade e a certidão negativa ou positiva de ônus, bem como abster-se de qualquer atitude que dificulte ou embarace a realização da penhora.[6] [Dispositivo correspondente no CPC/1973: art. 656 § 1º]

§ 3º O executado somente poderá oferecer bem imóvel em substituição caso o requeira com a expressa anuência do cônjuge, salvo se o regime for o de separação absoluta de bens. [Dispositivo correspondente no CPC/1973: art. 656 § 3º]

§ 4º O juiz intimará o exequente para manifestar-se sobre o requerimento de substituição do bem penhorado. [Dispositivo correspondente no CPC/1973: art. 657-*caput*]

Art. 847: 1. "A faculdade prevista no art. 668 do CPC pode ser exercida por **qualquer interessado** na extinção da dívida (Cód. Civ., art. 930)" (RJTJESP 134/319). O art. 930 do CC rev. corresponde ao CC 304.

Art. 847: 2. s/ excesso de penhora, v. art. 874-I. V. tb. LEF 15-I, bem como respectiva nota 3a (correção monetária do débito).

Art. 847: 3. A **substituição por dinheiro** não pode ser indeferida, qualquer que seja a espécie de bem penhorado (RT 591/145), independentemente de concordância do exequente (JTA 124/555, Lex-JTA 146/39). V. art. 835 § 1º.

Art. 847: 3a. v. art. 805.

Art. 847: 4. É legítima a recusa do exequente à substituição por bem sobre o qual já recaiam outras penhoras (RT 839/407).

Art. 847: 5. Feita a avaliação pelo executado, o juiz ouvirá o exequente. "Havendo impugnação do credor, plausível seja determinada avaliação judicial, desde logo, antes do termo de penhora" (JTAERGS 98/267). No mesmo sentido: RT 762/311.

Caso o exequente não se oponha ao valor (v. art. 871-I), o juiz só mandará fazer nova avaliação se presente alguma das hipóteses do art. 873.

Art. 847: 6. v. art. 774 § ún.

Art. 848. As partes poderão requerer a substituição da penhora se:[1] [Dispositivo correspondente no CPC/1973: art. 656-*caput*]

I — ela não obedecer à ordem legal;[2-2a] [Dispositivo correspondente no CPC/1973: art. 656-I]

II — ela não incidir sobre os bens designados em lei, contrato[3] ou ato judicial para o pagamento; [Dispositivo correspondente no CPC/1973: art. 656-II]

III — havendo bens no foro da execução, outros tiverem sido penhorados; [Dispositivo correspondente no CPC/1973: art. 656-III]

IV — havendo bens livres, ela tiver recaído sobre bens já penhorados ou objeto de gravame;[3a] [Dispositivo correspondente no CPC/1973: art. 656-IV]

V — ela incidir sobre bens de baixa liquidez;[4] [Dispositivo correspondente no CPC/1973: art. 656-V]

VI — fracassar a tentativa de alienação judicial do bem; ou [Dispositivo correspondente no CPC/1973: art. 656-VI]

VII — o executado não indicar o valor dos bens ou omitir qualquer das indicações previstas em lei.[5-5a] [Dispositivo correspondente no CPC/1973: art. 656-VII]

Parágrafo único. A penhora pode ser substituída por fiança bancária ou por seguro garantia judicial, em valor não inferior ao do débito constante da inicial, acrescido de trinta por cento.[6] [Dispositivo correspondente no CPC/1973: art. 656 § 2º]

Art. 848: 1. "O credor, **após aceitar a oferta do bem dado em garantia,** poderá vir a recusá-lo, pedindo a sua substituição ou o reforço de penhora" (STJ-2ª T., REsp 602.382, Min. Eliana Calmon, j. 7.12.04, DJU 9.5.05).

Art. 848: 2. para a ordem legal, v. art. 835.

Art. 848: 2a. "Indicado bem imóvel pelo devedor, mas **detectada a existência de numerário em conta-corrente,** preferencial na ordem legal de gradação, é possível ao juízo, nas peculiaridades da espécie, penhorar a importância em dinheiro" (STJ-4ª T., REsp 537.667, Min. Cesar Rocha, j. 20.11.03, DJU 9.2.04). No mesmo sentido: STJ-3ª T., AI 702.610-AgRg-EDcl, Min. Sidnei Beneti, j. 27.5.08, DJU 20.6.08.

V. tb. art. 835, notas 17 e 17a.

Art. 848: 3. "Havendo **bens gravados para garantia do débito,** sobre eles haverá de recair a penhora" (STJ-3ª T., MC 674, Min. Eduardo Ribeiro, j. 4.3.97, DJU 14.4.97), "sendo aceitável a substituição por outros se admitida pelo credor" (STJ-4ª T., Ag 35.855-5-AgRg, Min. Sálvio de Figueiredo, j. 24.6.93, DJU 2.8.93).

"Penhora. Haverá de incidir sobre os bens dados em garantia, podendo outros vir a ser objeto de constrição, se insuficientes para o pagamento do débito" (STJ-3ª T., REsp 60.248-3, Min. Eduardo Ribeiro, j. 23.4.96, DJU 3.6.96).

"Desnecessário que a penhora recaia sobre a totalidade dos bens dados em garantia, desde que aqueles constritos sejam suficientes a assegurar a efetividade da execução. Aplicação do princípio inscrito no art. 620 do CPC" (STJ-4ª T., REsp 260.895, Min. Barros Monteiro, j. 1.6.04, DJU 27.9.04).

Art. 848: 3a. A ideia de **bens livres** remete à "inexistência de gravame ou pendência sobre o bem indicado à penhora", ou seja, "bem sobre o qual não pesa gravame de nenhuma espécie (v. g., penhora, arresto, direito real de garantia), nem disputa em juízo" (STJ-4ª T., REsp 247.233, Min. Sálvio de Figueiredo, j. 6.3.01, DJU 28.5.01).

Art. 848: 4. "O credor pode recusar a oferta de bens à penhora quando, além de supervalorizados pelo devedor, são de **difícil comercialização**" (RT 736/295).

Art. 848: 5. v. art. 847 § 1º.

Art. 848: 5a. v. JTA 108/175, maioria.

"Os bens indicados para penhora, pelo devedor, devem ter a sua **propriedade comprovada e indicado o lugar onde se encontram**" (RT 679/185). No mesmo sentido: Lex-JTA 167/311.

Art. 848: 6. v. art. 835 § 2º e notas.

Art. 849. Sempre que ocorrer a substituição dos bens inicialmente penhorados, será lavrado novo termo. [Dispositivo correspondente no CPC/1973: art. 657-*caput*]

Art. 850. Será admitida a redução ou a ampliação da penhora, bem como sua transferência para outros bens, se, no curso do processo, o valor de mercado dos bens penhorados sofrer alteração significativa. [Sem dispositivo correspondente no CPC/1973]

Art. 851. Não se procede à segunda penhora, salvo se:[1 a 2] [Dispositivo correspondente no CPC/1973: art. 667-*caput*]

I — a primeira for anulada; [Dispositivo correspondente no CPC/1973: art. 667-I]

II — executados os bens, o produto da alienação não bastar para o pagamento do exequente; [Dispositivo correspondente no CPC/1973: art. 667-II]

III — o exequente desistir da primeira penhora, por serem litigiosos os bens[3] ou por estarem submetidos a constrição judicial.[4] [Dispositivo correspondente no CPC/1973: art. 667-III]

Art. 851: 1. Para ampliação ou redução da penhora, v. art. 850.

Art. 851: 1a. Este rol **não comporta ampliação** (JTA 123/72); assim, não cabe segunda penhora por se encontrar o devedor em lugar incerto e não sabido (RTJ 113/1.326).

Art. 851: 2. "Havendo crédito remanescente e bens penhoráveis, não há por que negar segunda penhora, apenas porque o credor desistiu de penhora anterior em face de acordo com o devedor para que este tentasse obter melhores recursos visando a pagamento através de venda particular do bem" (JTAERGS 77/108).

Art. 851: 3. v. art. 240-*caput*.

Art. 851: 4. ou ainda, com maior razão, por não pertencerem ao executado.

Art. 852. O juiz determinará a alienação antecipada dos bens[1] penhorados quando: [Dispositivo correspondente no CPC/1973: art. 670-*caput*]

I — se tratar de veículos automotores, de pedras e metais preciosos e de outros bens móveis sujeitos à depreciação ou à deterioração; [Dispositivo correspondente no CPC/1973: art. 670-I]

II — houver manifesta vantagem. [Dispositivo correspondente no CPC/1973: art. 670-II]

Art. 852: 1. "A alienação antecipada, por **iniciativa particular,** tem características próprias, não se confundindo com aquela feita em leilão ou praça pública" (RTFR 119/19).

Art. 853. Quando uma das partes requerer alguma das medidas previstas nesta Subseção, o juiz ouvirá sempre a outra, no prazo de 3 (três) dias, antes de decidir.[1] [Dispositivo correspondente no CPC/1973: art. 670 § ún.]

Parágrafo único. O juiz decidirá de plano qualquer questão suscitada. [Dispositivo correspondente no CPC/1973: art. 657 § ún.]

Art. 853: 1. sob pena de nulidade (STJ-5ª T., REsp 962.794, Min. Arnaldo Esteves, j. 11.12.08, DJ 16.2.09). V. tb. art. 10.

Subseção V | DA PENHORA DE DINHEIRO EM DEPÓSITO OU EM APLICAÇÃO FINANCEIRA

Art. 854. Para possibilitar a penhora de dinheiro em depósito ou em aplicação financeira, o juiz, a requerimento do exequente, sem dar ciência prévia do ato ao executado, determinará às instituições financeiras, por meio de sistema eletrônico gerido pela autoridade supervisora do sistema financeiro nacional, que torne indisponíveis ativos financeiros existentes em nome do executado, limitando-se a indisponibilidade ao valor indicado na execução.[1 a 2c] [Dispositivo correspondente no CPC/1973: art. 655-A-*caput*]

§ 1º No prazo de 24 (vinte e quatro) horas a contar da resposta, de ofício, o juiz determinará o cancelamento de eventual indisponibilidade excessiva, o que deverá ser cumprido pela instituição financeira em igual prazo. [Sem dispositivo correspondente no CPC/1973]

§ 2º Tornados indisponíveis os ativos financeiros do executado, este será intimado na pessoa de seu advogado ou, não o tendo, pessoalmente. [Sem dispositivo correspondente no CPC/1973]

§ 3º Incumbe ao executado, no prazo de 5 (cinco) dias, comprovar que: [Dispositivo correspondente no CPC/1973: art. 655-A § 2º]

I — as quantias tornadas indisponíveis são impenhoráveis; [Dispositivo correspondente no CPC/1973: art. 655-A § 2º]

II — ainda remanesce indisponibilidade excessiva de ativos financeiros. [Sem dispositivo correspondente no CPC/1973]

§ 4º Acolhida qualquer das arguições dos incisos I e II do § 3º, o juiz determinará o cancelamento de eventual indisponibilidade irregular ou excessiva, a ser cumprido pela instituição financeira em 24 (vinte e quatro) horas. [Sem dispositivo correspondente no CPC/1973]

§ 5º Rejeitada ou não apresentada a manifestação do executado, converter-se-á a indisponibilidade em penhora, sem necessidade de lavratura de termo, devendo o juiz da execução determinar à instituição financeira depositária que, no prazo de 24 (vinte e quatro) horas, transfira o montante indisponível para conta vinculada ao juízo da execução. [Sem dispositivo correspondente no CPC/1973]

§ 6º Realizado o pagamento da dívida por outro meio, o juiz determinará, imediatamente, por sistema eletrônico gerido pela autoridade supervisora do sistema financeiro nacional, a notificação da instituição financeira para que, em até 24 (vinte e quatro) horas, cancele a indisponibilidade. [Sem dispositivo correspondente no CPC/1973]

§ 7º As transmissões das ordens de indisponibilidade, de seu cancelamento e de determinação de penhora previstas neste artigo far-se-ão por meio de sistema eletrônico gerido pela autoridade supervisora do sistema financeiro nacional. [Sem dispositivo correspondente no CPC/1973]

§ 8º A instituição financeira será responsável pelos prejuízos causados ao executado em decorrência da indisponibilidade de ativos financeiros em valor superior ao indicado na execução ou pelo juiz, bem como na hipótese de não cancelamento da indisponibilidade no prazo de 24 (vinte e quatro) horas, quando assim determinar o juiz. [Sem dispositivo correspondente no CPC/1973]

§ 9º Quando se tratar de execução contra partido político, o juiz, a requerimento do exequente, determinará às instituições financeiras, por meio de sistema eletrônico gerido por autoridade supervisora do sistema bancário, que tornem indisponíveis ativos financeiros somente em nome do órgão partidário que tenha contraído a dívida executada ou que tenha dado causa à violação de direito ou ao dano, ao qual cabe exclusivamente a responsabilidade pelos atos praticados, na forma da lei.[3] [Dispositivo correspondente no CPC/1973: art. 655-A § 4º]

Art. 854: 1. s/ arresto *on-line*, v. art. 830, nota 2.

Art. 854: 2. A **penhora *on-line* independe do prévio esgotamento de outras diligências** na busca de bens passíveis de penhora (STJ-Corte Especial, REsp 1.112.943, Min. Nancy Andrighi, j. 15.9.10, DJ 23.11.10; RT 877/300: TJPR, AI 460.535-4/01; 882/314: TRF-2ª Reg., AI 2008.02.01.008159-3; JTJ 309/391, maioria; 330/183: AI 7.247.332-8; 331/202: AI 7.280.077-6). Até porque "o art. 655-A do CPC, ao mencionar a expressão 'preferencialmente', determina que é prioritária a utilização do meio eletrônico para a realização das providências contidas no referido dispositivo" (STJ-3ª T., REsp 1.043.759, Min. Nancy Andrighi, j. 25.11.08, DJ 16.12.08). **Contra,** exigindo o prévio esgotamento de outras diligências: RT 863/418, RP 156/308. V. tb. LEF 11, nota 1a (penhora *on-line* e esgotamento de diligências em execução fiscal).

Ponderando que a penhora *on-line* "revela-se até menos gravosa ao devedor (art. 620), pois evita gastos com avaliação e posterior alienação dos bens, custos esses que, a final, terão de ser suportados por ele próprio": JTJ 309/389. No mesmo sentido: JTJ 316/427 (AI 485.295-4/8-00), 332/239 (AgRg 7.276.283-5/01).

"A determinação de penhora *on-line* não ofende a gradação prevista no art. 655 do CPC e nem o princípio da menor onerosidade da execução" (STJ-4ª T., AI 935.082-AgRg, Min. Fernando Gonçalves, j. 19.2.08, DJU 3.3.08).

Art. 854: 2a. "Penhora *on-line*. Aplicação *ex officio* pelo magistrado *a quo*. Inadmissibilidade. **Necessidade de requerimento** do exequente ou parte interessada" (JTJ 324/180: AI 7.194.533-6). No mesmo sentido: STJ-1ª T., REsp 1.218.988-AgRg, Min. Arnaldo Esteves, j. 24.5.11, DJ 30.5.11; STJ-2ª T., Ag em REsp 48.136-AgRg, Min. Humberto Martins, j. 13.12.11, DJ 19.12.11.

Art. 854: 2b. Caso a penhora *on-line* anteriormente levada a efeito não tenha sido suficiente para a garantia do juízo, o **exequente pode tornar a requerer** medida dessa ordem ao longo do processo (STJ-2ª T., REsp 1.199.967, Min. Herman Benjamin, j. 16.11.10, DJ 4.2.11).

"É razoável considerar-se necessária a exigência de que o exequente motive o requerimento de realização de nova diligência direcionada à pesquisa de bens pela via do Bacen-Jud, essencialmente para que não se considere a realização da denominada penhora *on-line* como um direito potestativo do exequente, como se sua realização, por vezes ilimitada, fosse de obrigação do julgador, independentemente das circunstâncias que envolvem o pleito. A exigência de motivação, consistente na demonstração de modificação da situação econômica do executado, para que o exequente requeira a renovação da diligência prevista no art. 655-A do CPC, não implica imposição ao credor de obrigação de investigar as contas bancárias do devedor, o que não lhe seria possível em razão da garantia do sigilo bancário. O que se deve evidenciar é a modificação da situação econômica do devedor, que pode ser detectada através de diversas circunstâncias fáticas, as quais ao menos indiquem a possibilidade de, então, haver ativos em nome do devedor, que possam ser rastreados por meio do sistema Bacen Jud" (STJ-1ª T., REsp 1.137.041, Min. Benedito Gonçalves, j. 15.6.10, DJ 28.6.10). No mesmo sentido: STJ-2ª T., REsp 1.145.112, Min. Castro Meira, j. 21.10.10, DJ 28.10.10; STJ-3ª T., REsp 1.284.587, Min. Massami Uyeda, j. 16.2.12, DJ 1.3.12; STJ-4ª T., Ag em REsp 415.638-AgRg, Min. Luis Felipe, j. 7.11.13, DJ 14.11.13; RJ 427/169 (TRF-4ª Reg., AI 5007172-02.2013.404.0000-AgRg).

A exigência de demonstração de modificação na situação econômica do executado não deve ser colocada como algo indispensável para a renovação da penhora *on-line*. Parece-nos que a razoabilidade do requerimento de nova penhora *on-line* seja o melhor parâmetro para a renovação da medida. Assim, por exemplo, a existência de um bom intervalo de tempo entre um requerimento e outro torna, por si, o pedido razoável. Até porque a não segurança do juízo é prova eloquente da necessidade da medida, que também interessa ao Poder Judiciário, na medida em que a ocultação de bens passíveis de penhora atenta contra a dignidade da Justiça (art. 600, IV).

Art. 854: 2c. "O art. 655-A do CPC estabelece que a forma preferencial para as medidas ali adotadas seja o meio eletrônico, possibilitado pelo sistema Bacen-Jud e conhecido como 'penhora on-line'. Apesar de preferencial, essa forma **não é exclusiva,** de forma que a requisição de informações e a determinação de indisponibilidade de bens podem ser feitas pelo tradicional método de **expedição de ofício"** (STJ-4ª T., REsp 1.017.506, Min. João Otávio, j. 22.3.11, DJ 1.4.11).

Art. 854: 3. s/ impenhorabilidade de recursos recebidos por partido político, v. art. 833-XI.

Subseção VI | DA PENHORA DE CRÉDITOS

Art. 855. Quando recair em crédito do executado,[1] enquanto não ocorrer a hipótese prevista no art. 856, considerar-se-á feita a penhora pela intimação:[2-3] [Dispositivo correspondente no CPC/1973: art. 671-*caput*]

I — ao terceiro devedor para que não pague ao executado, seu credor; [Dispositivo correspondente no CPC/1973: art. 671-I]

II — ao executado, credor do terceiro, para que não pratique ato de disposição do crédito. [Dispositivo correspondente no CPC/1973: art. 671-II]

Art. 855: 1. s/ penhora de crédito do executado em face do exequente, v. art. 835, nota 5c; s/ penhora de crédito do executado junto a administradora de cartão de crédito, v. art. 835, nota 15.

Art. 855: 2. "Quando a penhora é feita em crédito do executado junto a **terceiro,** só após a **intimação** deste se considera feita a penhora" (RT 557/129). No mesmo sentido: JTA 98/77.

Art. 855: 3. "É imprescindível a intimação das partes do processo em que averbada a **penhora no rosto dos autos** para a ciência de todos os interessados, não se podendo presumir a ciência do devedor, acerca da penhora, sem a devida intimação formal. Na hipótese, na data da publicação da homologação do acordo, os demandados já haviam efetuado o pagamento nos termos da transação, diretamente na conta corrente da demandante e, ausente prévia intimação dando ciência da penhora no rosto dos autos, não há como impor ao recorrente a obrigação de satisfazer crédito de terceiro, sob a justificativa de que teria conhecimento informal da penhora" (STJ-4ª T., RMS 59.330, Min. Raul Araújo, j. 17.12.19, DJ 4.2.20).

Art. 856. A penhora de crédito representado por letra de câmbio, nota promissória, duplicata, cheque ou outros títulos far-se-á pela apreensão do documento, esteja ou não este em poder do executado. [Dispositivo correspondente no CPC/1973: art. 672-*caput*]

§ 1º Se o título não for apreendido, mas o terceiro confessar a dívida, será este tido como depositário da importância. [Dispositivo correspondente no CPC/1973: art. 672 § 1º]

§ 2º O terceiro só se exonerará da obrigação depositando em juízo a importância da dívida. [Dispositivo correspondente no CPC/1973: art. 672 § 2º]

§ 3º Se o terceiro negar o débito em conluio com o executado, a quitação que este lhe der caracterizará fraude à execução.[1] [Dispositivo correspondente no CPC/1973: art. 672 § 3º]

§ 4º A requerimento do exequente, o juiz determinará o comparecimento, em audiência especialmente designada, do executado e do terceiro, a fim de lhes tomar os depoimentos. [Dispositivo correspondente no CPC/1973: art. 672 § 4º]

Art. 856: 1. v. art. 792.

Art. 857. Feita a penhora em direito e ação do executado, e não tendo ele oferecido embargos[1] ou sendo estes rejeitados, o exequente ficará sub-rogado[2] nos direitos do executado até a concorrência de seu crédito. [Dispositivo correspondente no CPC/1973: art. 673-*caput*]

§ 1º O exequente pode preferir, em vez da sub-rogação, a alienação judicial do direito penhorado,[3 a 5] caso em que declarará sua vontade no prazo de 10 (dez) dias contado da realização da penhora.[6] [Dispositivo correspondente no CPC/1973: art. 673 § 1º]

§ 2º A sub-rogação não impede o sub-rogado, se não receber o crédito do executado, de prosseguir na execução, nos mesmos autos, penhorando outros bens. [Dispositivo correspondente no CPC/1973: art. 673 § 2º]

Art. 857: 1. v. arts. 914 e segs.

Art. 857: 2. cf. CC 346 a 351.

Com a sub-rogação, o exequente está legitimado a agir como **sucessor do executado,** para efeito de cobrança do crédito penhorado (JTA 91/371).

Art. 857: 3. v. art. 730; s/ alienação do direito hereditário penhorado, v. art. 835, nota 16b.

Art. 857: 4. "Não há impedimento para que o exequente opte por alienar um crédito decorrente de penhora de **precatório de sua própria titularidade** (crédito devido pelo próprio credor da execução), conforme estabelece o § 1º do art. 673 do CPC" (STJ-2ª T., REsp 1.153.126-AgRg-AgRg, Min. Castro Meira, j. 6.5.10, DJ 17.5.10). No mesmo sentido: STJ-1ª T., AI 1.204.735-AgRg, Min. Arnaldo Esteves, j. 16.11.10, DJ 1.12.10.

Art. 857: 5. "A vontade manifestada na **opção de alienar** o direito de crédito **é do próprio** ente **exequente,** inexistindo interesse do devedor em contestar referida escolha, pois eventual prejuízo na apuração do crédito atingirá somente o direito material do credor, não interferindo na esfera de direitos do devedor" (STJ-2ª T., REsp 1.153.126-AgRg-AgRg, Min. Castro Meira, j. 6.5.10, DJ 17.5.10).

Art. 857: 6. "É **peremptório** o **prazo** de dez dias previsto no art. 673, § 1º, do CPC/73, a ele sujeitando-se, também, a **Fazenda Pública,** que deverá manifestar a sua opção pela sub-rogação ou pela alienação. *In casu,* verifica-se a idoneidade da manifestação do Fisco estadual, porquanto, no caso concreto, o exequente discordou da própria oferta do precatório, declaração essa equivalente à recusa à sub-rogação" (STJ-1ª T., REsp 1.297.250, Min. Regina Costa, j. 8.6.17, maioria, DJ 22.6.17).

"Penhora de precatório. **Opção** do credor pela alienação do direito de crédito **declarada antes do início do prazo** previsto no art. 673, § 1º, do CPC. Validade" (STJ-1ª T., Ag em REsp 52.523-AgRg-AgRg, Min. Arnaldo Esteves, j. 9.4.13, DJ 18.4.13).

Art. 858. Quando a penhora recair sobre dívidas de dinheiro a juros, de direito a rendas ou de prestações periódicas, o exequente poderá levantar os juros, os rendimentos ou as prestações à medida que forem sendo depositados, abatendo-se do crédito as importâncias recebidas, conforme as regras de imputação do pagamento.[1] [Dispositivo correspondente no CPC/1973: art. 675]

Art. 858: 1. v. CC 352 a 355.

Art. 859. Recaindo a penhora sobre direito a prestação ou a restituição de coisa determinada, o executado será intimado para, no vencimento, depositá-la, correndo sobre ela a execução. [Dispositivo correspondente no CPC/1973: art. 676]

Art. 860. Quando o direito estiver sendo pleiteado em juízo, a penhora que recair sobre ele será averbada, com destaque, nos autos pertinentes ao direito e na ação correspondente à penhora, a fim de que esta seja efetivada nos bens que forem adjudicados ou que vierem a caber ao executado.[1 a 3] [Dispositivo correspondente no CPC/1973: art. 674]

Art. 860: 1. v. arts. 646 (separação de bens no inventário para pagamento de dívida) e 855, nota 3 (intimação da penhora no rosto dos autos).

Art. 860: 1a. "O propósito recursal é decidir sobre a **penhora no rosto dos autos de procedimento de arbitragem** para garantir o pagamento de cédulas de crédito bancário objeto de execução de título extrajudicial. É possível aplicar a regra do art. 674 do CPC/73 (art. 860 do CPC/15), ao procedimento de arbitragem, a fim de permitir que o juiz oficie o árbitro para que este faça constar em sua decisão final, acaso favorável ao executado, a existência da ordem judicial de expropriação, ordem essa, por sua vez, que só será efetivada ao tempo e modo do cumprimento da sentença arbitral, no âmbito do qual deverá ser também resolvido eventual concurso especial de credores" (STJ-3ª T., REsp 1.678.224, Min. Nancy Andrighi, j. 7.5.19, DJ 9.5.19).

Art. 860: 1b. "Em se tratando de **dívida** que foi contraída pessoalmente pelo **autor da herança,** pode a **penhora** ocorrer **diretamente sobre os bens do espólio,** e não no rosto dos autos, na forma do que dispõe o art. 674 do CPC, o qual só terá aplicação na hipótese em que o devedor for um dos herdeiros" (STJ-3ª T., REsp 1.318.506, Min. Marco Bellizze, j. 18.11.14, DJ 24.11.14). Em sentido semelhante: JTJ 169/226.

Art. 860: 2. "Sendo a **falência anterior à execução** fiscal, a penhora há de fazer-se no rosto dos autos do processo falimentar e não sobre bens, individualizadamente" (RTJ 118/565). Neste sentido: RT 659/92.

Art. 860: 3. "Havendo penhora no rosto dos autos, não cabe homologação de **pedido de desistência** da execução sem a **audiência da beneficiária da constrição**" (STJ-4ª T., REsp 1.418.549, Min. Isabel Gallotti, j. 6.5.14, DJ 20.5.14).

Subseção VII — DA PENHORA DAS QUOTAS OU DAS AÇÕES DE SOCIEDADES PERSONIFICADAS

Art. 861. Penhoradas as quotas ou as ações de sócio em sociedade simples ou empresária, o juiz assinará prazo razoável, não superior a 3 (três) meses,[1] para que a sociedade: [Sem dispositivo correspondente no CPC/1973]

I — apresente balanço especial, na forma da lei;

II — ofereça as quotas ou as ações aos demais sócios, observado o direito de preferência legal ou contratual;[2]

III — não havendo interesse dos sócios na aquisição das ações, proceda à liquidação das quotas ou das ações, depositando em juízo o valor apurado, em dinheiro.[3]

§ 1º Para evitar a liquidação das quotas ou das ações, a sociedade poderá adquiri-las sem redução do capital social e com utilização de reservas, para manutenção em tesouraria.

§ 2º O disposto no *caput* e no § 1º não se aplica à sociedade anônima de capital aberto,[4] cujas ações serão adjudicadas ao exequente ou alienadas em bolsa de valores, conforme o caso.

§ 3º Para os fins da liquidação de que trata o inciso III do *caput*, o juiz poderá, a requerimento do exequente ou da sociedade, nomear administrador, que deverá submeter à aprovação judicial a forma de liquidação.

§ 4º O prazo previsto no *caput* poderá ser ampliado pelo juiz, se o pagamento das quotas ou das ações liquidadas:

I — superar o valor do saldo de lucros ou reservas, exceto a legal, e sem diminuição do capital social, ou por doação; ou

II — colocar em risco a estabilidade financeira da sociedade simples ou empresária.

§ 5º Caso não haja interesse dos demais sócios no exercício de direito de preferência, não ocorra a aquisição das quotas ou das ações pela sociedade e a liquidação do inciso III do *caput* seja excessivamente onerosa para a sociedade, o juiz poderá determinar o leilão judicial das quotas ou das ações.

Art. 861: 1. v. § 4º.

Art. 861: 2. v. art. 876 § 7º.

Art. 861: 3. v. § 3º.

Art. 861: 4. v. LSA 4º.

Subseção VIII — DA PENHORA DE EMPRESA, DE OUTROS ESTABELECIMENTOS E DE SEMOVENTES

Art. 862. Quando a penhora recair em estabelecimento comercial, industrial ou agrícola, bem como em semoventes, plantações ou edifícios em construção,[1] o juiz nomeará administrador-depositário,[2] determinando-lhe que apresente em 10 (dez) dias o plano de administração. [Dispositivo correspondente no CPC/1973: art. 677-*caput*]

§ 1º Ouvidas as partes, o juiz decidirá. [Dispositivo correspondente no CPC/1973: art. 677 § 1º]

§ 2º É lícito às partes ajustar a forma de administração e escolher o depositário, hipótese em que o juiz homologará por despacho a indicação. [Dispositivo correspondente no CPC/1973: art. 677 § 2º]

§ 3º Em relação aos edifícios em construção sob regime de incorporação imobiliária, a penhora somente poderá recair sobre as unidades imobiliárias ainda não comercializadas pelo incorporador. [Sem dispositivo correspondente no CPC/1973]

§ 4º Sendo necessário afastar o incorporador da administração da incorporação, será ela exercida pela comissão de representantes dos adquirentes[3] ou, se se tratar de construção financiada, por empresa ou profissional indicado pela instituição fornecedora dos recursos para a obra, devendo ser ouvida, neste último caso, a comissão de representantes dos adquirentes. [Sem dispositivo correspondente no CPC/1973]

Art. 862: 1. v. LEF 11 § 1º.

Art. 862: 2. V. § 2º.

Art. 862: 3. v. LCE 50 e 61.

Art. 863. A penhora de empresa que funcione mediante concessão ou autorização far-se-á, conforme o valor do crédito, sobre a renda, sobre determinados bens ou sobre todo o patrimônio, e o juiz nomeará como depositário, de preferência, um de seus diretores. [Dispositivo correspondente no CPC/1973: art. 678-*caput*]

§ 1º Quando a penhora recair sobre a renda ou sobre determinados bens, o administrador-depositário apresentará a forma de administração e o esquema de pagamento, observando-se, quanto ao mais, o disposto em relação ao regime de penhora de frutos e rendimentos de coisa móvel e imóvel.[1] [Dispositivo correspondente no CPC/1973: art. 678 § ún.]

§ 2º Recaindo a penhora sobre todo o patrimônio, prosseguirá a execução em seus ulteriores termos, ouvindo-se, antes da arrematação ou da adjudicação, o ente público que houver outorgado a concessão. [Dispositivo correspondente no CPC/1973: art. 678 § ún.]

Art. 863: 1. v. arts. 867 a 869.

Art. 864. A penhora de navio ou de aeronave não obsta que continuem navegando ou operando até a alienação, mas o juiz, ao conceder a autorização para tanto, não permitirá que saiam do porto ou do aeroporto antes que o executado faça o seguro usual contra riscos. [Dispositivo correspondente no CPC/1973: art. 679]

Art. 865. A penhora de que trata esta Subseção somente será determinada se não houver outro meio eficaz para a efetivação do crédito. [Sem dispositivo correspondente no CPC/1973]

Subseção IX — DA PENHORA DE PERCENTUAL DE FATURAMENTO DE EMPRESA

Art. 866. Se o executado não tiver outros bens penhoráveis ou se, tendo-os, esses forem de difícil alienação ou insuficientes para saldar o crédito executado, o juiz poderá ordenar a penhora de percentual de faturamento de empresa.[1-2] [Sem dispositivo correspondente no CPC/1973]

§ 1º O juiz fixará percentual que propicie a satisfação do crédito exequendo em tempo razoável, mas que não torne inviável o exercício da atividade empresarial.[3] [Sem dispositivo correspondente no CPC/1973]

§ 2º O juiz nomeará administrador-depositário, o qual submeterá à aprovação judicial a forma de sua atuação e prestará contas mensalmente, entregando em juízo as quantias recebidas, com os respectivos balancetes mensais, a fim de serem imputadas no pagamento da dívida. [Dispositivo correspondente no CPC/1973: art. 655-A § 3º]

§ 3º Na penhora de percentual de faturamento de empresa, observar-se-á, no que couber, o disposto quanto ao regime de penhora de frutos e rendimentos de coisa móvel e imóvel.[4] [Sem dispositivo correspondente no CPC/1973]

Art. 866: 1. s/ penhora do faturamento de empresa, v. tb. arts. 774, nota 3, e 835-X e notas.

Em matéria de execução fiscal, v. LEF 11, nota 10a.

Art. 866: 2. "A existência de **mais de uma ordem de penhora sobre faturamento,** proveniente de juízos diferentes, não inviabiliza a medida. Na sua execução, o administrador deverá observar a ordem de preferência para os pagamentos" (STJ-3ª T., Ag 1.380.194, Min. Nancy Andrighi, j. 6.12.11, DJ 16.12.11).

Art. 866: 3. Admitindo a penhora do faturamento mensal da empresa até **trinta por cento** da receita: STJ-2ª T., REsp 287.603, Min. Peçanha Martins, j. 1.4.03, DJU 26.5.03, p. 304; RT 692/88, 695/107, 813/293, 874/235 (TJSP, AI 1152832-0/1), JTJ 165/242, 291/492, 329/168 (AI 1.176.125-0/0). No sentido de que o limite é de **"vinte por cento** do faturamento de qualquer negócio": STJ-1ª T., MC 2.753, Min. Gomes de Barros, j. 20.9.01, DJU 5.11.01. Admitindo a penhora incidente "sobre 20% do faturamento líquido": Bol. AASP 2.416/3.461. Estabelecendo para a penhora o valor de **quinze por cento** da renda bruta: STJ-3ª T., REsp 782.901, Min. Nancy Andrighi, j. 27.5.08, DJU 20.6.08. Estabelecendo para a penhora o montante de **dez por cento** do faturamento: STJ-4ª T., Ag em REsp 1.451.956-AgInt, Min. Raul Araújo, j. 19.11.19, DJ 13.12.19. Fixando a penhora em **6%** do faturamento bruto: STJ-4ª T., MC 14.919, Min. Aldir Passarinho Jr., j. 9.12.08, DJ 2.2.09. Determinando a penhora do faturamento "no módico percentual de **5%,** à míngua de outros bens penhoráveis": STJ-1ª T., REsp 515.208, Min. Luiz Fux, j. 20.11.03, um voto vencido, DJU 17.5.04.

No sentido de que a penhora deve ser sobre o **faturamento mensal,** e não diário: RT 797/292.

Art. 866: 4. v. arts. 867 a 869.

Subseção X — DA PENHORA DE FRUTOS E RENDIMENTOS DE COISA MÓVEL OU IMÓVEL

Art. 867. O juiz pode ordenar a penhora de frutos e rendimentos de coisa móvel ou imóvel quando a considerar mais eficiente para o recebimento do crédito[1] e menos gravosa[2] ao executado. [Dispositivo correspondente no CPC/1973: art. 716]

Art. 867: 1. "Frustradas as tentativas de alienação em hasta pública do imóvel condominial, nada impede a **penhora sobre o uso da unidade** para que o **aluguel do apartamento** reverta **em favor do condomínio,** de modo a reduzir a dívida do condômino inadimplente, ou pelo menos não aumentá-la. Permissão do art. 716 do CPC. Será administrador do imóvel o próprio condomínio através do síndico" (JTJ 293/324).

Art. 867: 2. v. art. 805.

Art. 868. Ordenada a penhora de frutos e rendimentos, o juiz nomeará administrador-depositário, que será investido de todos os poderes que concernem à administração do bem e à fruição de seus frutos e utilidades, perdendo o executado o direito de gozo do bem, até que o exequente seja pago do principal,[1] dos juros, das custas e dos honorários advocatícios. [Dispositivo correspondente no CPC/1973: art. 717]

§ 1º A medida terá eficácia em relação a terceiros a partir da publicação da decisão que a conceda[2] ou de sua averbação no ofício imobiliário, em caso de imóveis. [Dispositivo correspondente no CPC/1973: art. 718]

§ 2º O exequente providenciará a averbação no ofício imobiliário mediante a apresentação de certidão de inteiro teor do ato, independentemente de mandado judicial. [Dispositivos correspondentes no CPC/1973: art. 722 §§ 1º e 2º]

Art. 868: 1. com **correção monetária.**

Art. 868: 2. Essa decisão é **agravável** (v. art. 1.015 § ún.).

Art. 869. O juiz poderá nomear administrador-depositário[1] o exequente ou o executado, ouvida a parte contrária, e, não havendo acordo, nomeará profissional qualificado para o desempenho da função. [Dispositivo correspondente no CPC/1973: art. 719]

§ 1º O administrador submeterá à aprovação judicial a forma de administração e a de prestar contas periodicamente. [Sem dispositivo correspondente no CPC/1973]

§ 2º Havendo discordância entre as partes ou entre essas e o administrador, o juiz decidirá a melhor forma de administração do bem. [Dispositivo correspondente no CPC/1973: art. 724 § ún.]

§ 3º Se o imóvel estiver arrendado, o inquilino pagará o aluguel diretamente ao exequente, salvo se houver administrador. [Dispositivo correspondente no CPC/1973: art. 723]

§ 4º O exequente ou o administrador poderá celebrar locação do móvel ou do imóvel, ouvido o executado. [Dispositivo correspondente no CPC/1973: art. 724-*caput*]

§ 5º As quantias recebidas pelo administrador serão entregues ao exequente, a fim de serem imputadas ao pagamento da dívida. [Sem dispositivo correspondente no CPC/1973]

§ 6º O exequente dará ao executado, por termo nos autos, quitação das quantias recebidas. [Sem dispositivo correspondente no CPC/1973]

Art. 869: 1. "A **indicação compulsória de administrador,** nos termos do art. 719 do Código de Processo Civil, **não é possível.** Deve ser indicada pessoa que aceite tal incumbência" (STJ-1ª T., REsp 505.942, Min. Denise Arruda, j. 3.5.05, DJU 6.6.05).

V. tb. Súmula 319 do STJ, no art. 840, nota 1.

Subseção XI | DA AVALIAÇÃO

Art. 870. A avaliação será feita pelo oficial de justiça.[1] [Dispositivo correspondente no CPC/1973: art. 680]

Parágrafo único. Se forem necessários conhecimentos especializados e o valor da execução o comportar, o juiz nomeará avaliador,[2 a 4] fixando-

-lhe prazo não superior a 10 (dez) dias para entrega do laudo.[5] [Dispositivo correspondente no CPC/1973: art. 680]

Art. 870: 1. v. art. 154-V.

Art. 870: 2. s/ avaliação do crédito de precatório penhorado, v. LEF 13, nota 2c; s/ responsabilidade pelo custeio da avaliação, v. LEF 13, nota 7b; s/ avaliação de imóvel hipotecado, v., no nosso CCLCV, CC 1.484, inclusive nota 2.

Art. 870: 2a. que deve ser **imparcial** e ter a **expertise** necessária para avaliar o bem (v. arts. 148-II e 156).

Art. 870: 2b. "É remansosa a jurisprudência do Superior Tribunal de Justiça no sentido de que a avaliação de bens penhorados por oficial de justiça **sem condições técnicas** para tanto, realizada **sem mínimos fundamentos,** contraria a legislação processual, ainda mais quando desacompanhada do obrigatório laudo de avaliação. *In casu*, compete ao juiz da execução nomear perito habilitado técnica e legalmente para proceder à avaliação" (STJ-1ª T., REsp 351.931, Min. José Delgado, j. 11.12.01, DJU 4.3.02). No mesmo sentido: JTJ 332/166 (AI 7.253.252-2), 333/156 (AI 7.227.979-5).

V. tb. art. 872-*caput*.

Art. 870: 3. "A **determinação do valor de um imóvel** depende principalmente do conhecimento do mercado imobiliário local e das características do bem, matéria que não se restringe às áreas de conhecimento de engenheiro, arquiteto ou agrônomo, podendo ser aferida por outros profissionais" (STJ-4ª T., REsp 130.790, Min. Sálvio de Figueiredo, j. 5.8.99, DJ 13.9.99).

V. tb. art. 156, nota 5.

Art. 870: 4. Afirmando que a **avaliação de imóvel rural** exige conhecimentos técnicos especializados: JTJ 321/1.236 (AI 7.166.981-1).

Art. 870: 5. Afirmando não haver lugar para a indicação de **assistente técnico** para essa avaliação: STJ-4ª T., RMS 10.994, Min. Jorge Scartezzini, j. 21.10.04, DJU 6.12.04; RT 576/143, 610/212, 621/141, RJTJESP 106/329, JTA 81/113, 105/126, 112/64, 116/29.

Contra, admitindo a indicação de assistente técnico: RT 539/143.

V. tb. LEF 13, nota 7a.

V. ainda art. 872, nota 4.

Art. 871. Não se procederá à avaliação quando: [Dispositivo correspondente no CPC/1973: art. 684-*caput*]

I — uma das partes aceitar a estimativa feita pela outra;[1] [Dispositivo correspondente no CPC/1973: art. 684-I]

II — se tratar de títulos ou de mercadorias que tenham cotação em bolsa, comprovada por certidão ou publicação no órgão oficial; [Dispositivo correspondente no CPC/1973: art. 684-II]

III — se tratar de títulos da dívida pública, de ações de sociedades e de títulos de crédito negociáveis em bolsa, cujo valor será o da cotação oficial do dia, comprovada por certidão ou publicação no órgão oficial; [Dispositivo correspondente no CPC/1973: art. 682]

IV — se tratar de veículos automotores ou de outros bens cujo preço médio de mercado possa ser conhecido por meio de pesquisas realizadas por órgãos oficiais ou de anúncios de venda divulgados em meios de comunicação, caso em que caberá a quem fizer a nomeação o encargo de comprovar a cotação de mercado. [Sem dispositivo correspondente no CPC/1973]

Parágrafo único. Ocorrendo a hipótese do inciso I deste artigo, a avaliação poderá ser realizada quando houver fundada dúvida do juiz quanto ao real valor do bem.[2] [Dispositivo correspondente no CPC/1973: art. 683-III]

Art. 871: 1. v. § ún. V. tb. CC 1.484.

Art. 871: 2. s/ fundada dúvida do juiz, v. tb. art. 873-III.

Art. 872. A avaliação realizada pelo oficial de justiça constará de vistoria e de laudo anexados ao auto de penhora ou, em caso de perícia realizada por avaliador, de laudo apresentado no prazo fixado pelo juiz,[1] devendo-se, em qualquer hipótese, especificar: [Dispositivo correspondente no CPC/1973: art. 681-*caput*]

I — os bens, com as suas características, e o estado em que se encontram; [Dispositivo correspondente no CPC/1973: art. 681-I]

II — o valor dos bens. [Dispositivo correspondente no CPC/1973: art. 681-II]

§ 1º Quando o imóvel for suscetível de cômoda divisão,[1a] a avaliação, tendo em conta o crédito reclamado, será realizada em partes,[1b-1c] sugerindo-se, com a apresentação de memorial descritivo,[2] os possíveis desmembramentos para alienação. [Dispositivo correspondente no CPC/1973: art. 681 § ún.]

§ 2º Realizada a avaliação e, sendo o caso, apresentada a proposta de desmembramento, as partes serão ouvidas no prazo de 5 (cinco) dias.[3-4] [Sem dispositivo correspondente no CPC/1973]

Art. 872: 1. v. art. 870.

Art. 872: 1a. v. art. 894.

Art. 872: 1b. desde que assim **requerido pelo executado** (v. art. 894-*caput*).

Art. 872: 1c. por pessoa com **conhecimentos especializados** (v. arts. 870 § ún. e 894 § 2º).

Art. 872: 2. v. art. 597.

Art. 872: 3. v. LEF 13, nota 9. V. tb. art. 477, nota 2.

Art. 872: 4. Ainda que não seja possível nomear assistente técnico para acompanhar o trabalho de avaliação (v. art. 870, nota 5), é possível valer-se de **pessoas com conhecimentos especializados** para **auxiliar** na ulterior manifestação diante do laudo.

Art. 873. É admitida nova avaliação quando:[1 a 2b] [Dispositivo correspondente no CPC/1973: art. 683-*caput*]

I — qualquer das partes arguir, fundamentadamente, a ocorrência de erro na avaliação[3] ou dolo do avaliador;[3a] [Dispositivo correspondente no CPC/1973: art. 683-I]

II — se verificar, posteriormente à avaliação, que houve majoração ou diminuição no valor do bem;[4] [Dispositivo correspondente no CPC/1973: art. 683-II]

III — o juiz tiver fundada dúvida sobre o valor atribuído ao bem na primeira avaliação.[5] [Dispositivo correspondente no CPC/1973: art. 683-III]

Parágrafo único. Aplica-se o art. 480 à nova avaliação prevista no inciso III do *caput* deste artigo. [Sem dispositivo correspondente no CPC/1973]

Art. 873: 1. "É recomendável que, antes do leilão, se **corrija monetariamente** o valor de avaliação do bem a ser alienado" (RSTJ 69/186: 1ª T., RMS 4.230). No mesmo sentido: STJ-4ª T., Ag 28.423-7-AgRg, Min. Sálvio de Figueiredo, j. 9.2.93, DJU 8.3.93; RT 589/146, 599/94.

Em execução fiscal, v. LEF 13, nota 2a.

V. ainda art. 877, nota 3.

Art. 873: 1a. "A atualização do valor da avaliação deve observar as **oscilações de mercado** no preço do bem penhorado, sendo inaplicáveis para tanto os índices contratuais ou legais utilizados especificamente na atualização do crédito exequendo" (STJ-3ª T., REsp 864.873, Min. Gomes de Barros, j. 6.3.08, DJU 1.4.08).

Art. 873: 2. "Execução. Valor do bem penhorado. **Atualização monetária.** Legalidade de sua determinação **de ofício,** em nada equivalente a uma nova avaliação" (STJ-Corte Especial, ED no REsp 82.068, Min. José Dantas, j. 18.2.98, DJU 9.3.98). No mesmo sentido: RJTJESP 103/284, JTA 96/143.

"Para tornar a execução menos onerosa ao devedor (CPC, art. 620), o Juiz pode, **de ofício, determinar nova avaliação do bem.** Nada no art. 683 do CPC veda tal possibilidade" (STJ-3ª T., REsp 299.120, Min. Gomes de Barros, j. 12.4.05, DJU 9.5.05).

V. tb. nota 3a.

V., em execução fiscal, LEF 13, nota 2b.

Art. 873: 2a. **Não existe prazo** para que se proceda à nova avaliação; enquanto não aperfeiçoada a expropriação do bem penhorado, ela pode acontecer. Todavia, com o aperfeiçoamento da expropriação, não há mais espaço para a reavaliação do bem (STJ-4ª T., REsp 1.397.272-EDcl-AgInt, Min. Isabel Gallotti, j. 7.6.18, DJ 14.6.18; STJ-3ª T., Ag em REsp 1.106.135-AgInt, Min. Paulo Sanseverino, j. 24.9.18, DJ 2.10.18).

Art. 873: 2b. **Cabe agravo** contra a decisão que determina **nova avaliação** do bem penhorado (STJ-4ª T., MC 3.529-SP-AgRg-EDcl, Min. Aldir Passarinho Jr., j. 26.2.02, DJU 15.4.02).

Art. 873: 3. É caso de **erro de avaliação** "a grande **disparidade** entre o laudo oficial e os laudos particulares" (STJ-3ª T., REsp 59.525, Min. Menezes Direito, j. 26.11.96, DJU 3.2.97). Assim: "Sempre que apresentadas evidências concretas de dessemelhança significativa entre avaliações sobre o mesmo bem, mostra-se prudente a confirmação do seu valor real", por meio de nova avaliação (STJ-3ª T., MC 13.994, Min. Nancy Andrighi, j. 1.4.08, DJU 15.4.08; no caso, a avaliação judicial apontava o valor de R$ 1.100.000,00 e laudo da Bolsa de Imóveis do Rio de Janeiro indicava valor de R$ 7.000.000,00 para o mesmo bem).

Art. 873: 3a. A percepção pelo juiz de erro na avaliação ou dolo do avaliador autoriza nova avaliação, **independentemente de arguição das partes,** até porque tais vícios podem fazer surgir no espírito do magistrado a fundada dúvida prevista no inciso III.

V. tb. nota 2.

Art. 873: 4. "Decorrido **considerável lapso temporal** entre a avaliação e a hasta pública, a rigor deve-se proceder à reavaliação do bem penhorado. Para tanto, porém, é imprescindível que a parte traga elementos capazes de demonstrar a efetiva necessidade dessa reavaliação. Exegese do art. 683, II, do CPC" (STJ-3ª T., REsp 1.269.474, Min. Nancy Andrighi, j. 6.12.11, DJ 13.12.11).

"A realização de leilão mais de dois anos após a data em que feita a avaliação do imóvel é capaz de impor prejuízo ao executado, pois tal lapso temporal é suficiente para alterar substancialmente o valor do bem. Ademais, é de se considerar que a variação do valor de imóveis perante o mercado imobiliário não ocorre pelos mesmos índices aplicáveis à dívida executada, de modo que se torna essencial que o leilão ocorra com base no valor atualizado do bem, para evitar descompasso entre o valor pago pelo arrematante e o verdadeiro valor do bem" (STJ-4ª T., REsp 1.130.982-AgInt, Min. Raul Araújo, j. 15.8.17, DJ 29.8.17).

"O imóvel deve passar por uma nova avaliação judicial, uma vez que já se passaram mais de dez anos da avaliação do bem e existem indícios de valoração considerável do imóvel" (RJM 191/236: AI 1.0024.96.056844-2/001).

Art. 873: 5. s/ fundada dúvida do juiz, v. tb. art. 871 § ún.

Art. 874. Após a avaliação,[1] o juiz poderá, a requerimento[1a] do interessado e ouvida a parte contrária, mandar: [Dispositivo correspondente no CPC/1973: art. 685-*caput*]

I — reduzir a penhora aos bens suficientes ou transferi-la para outros, se o valor dos bens penhorados for consideravelmente superior ao crédito do exequente e dos acessórios;[1b] [Dispositivo correspondente no CPC/1973: art. 685-I]

II — ampliar a penhora[2 a 3] ou transferi-la para outros bens mais valiosos, se o valor dos bens penhorados for inferior ao crédito do exequente.[4] [Dispositivo correspondente no CPC/1973: art. 685-II]

Art. 874: 1. "A **ampliação** da penhora deve ser **precedida da avaliação** dos bens penhorados, mesmo porque tão somente após tal providência é que poderá o juiz, com maior convicção, aferir a necessidade da medida" (STJ-5ª T., REsp 600.001, Min. Felix Fischer, j. 13.4.04, DJU 7.6.04). No mesmo sentido: STJ-4ª T., REsp 843.246, Min. Luis Felipe, j. 2.6.11, DJ 27.6.11.

"A **redução** na penhora, por excesso, em regra é possível tão somente após a avaliação dos bens" (STJ-3ª T., AI 679.334-AgRg, Min. Paulo Furtado, j. 14.4.09, DJ 12.5.09).

Todavia: "É facultado ao juiz deferir a ampliação da penhora, desde que de plano se mostrem insuficientes à garantia do Juízo os bens já penhorados, independentemente da avaliação oficial" (STJ-4ª T., REsp 439.016, Min. Barros Monteiro, j. 6.4.04, DJU 14.6.04). No mesmo sentido: STJ-3ª T., AI 1.269.416-EDcl-AgRg, Min. Ricardo Cueva, j. 10.4.12, DJ 17.4.12; RT 748/276.

Art. 874: 1a. "Consoante a regra inscrita no art. 685, I e II do CPC, a alegação de excesso ou o pedido de redução da penhora **deve ser formulado na execução,** após realizada a avaliação" (STJ-RT 793/217). "Excesso de penhora. Questionamento em embargos de devedor. Impossibilidade. Segundo o art. 685 do Código de Processo Civil, o momento para argumentar-se sobre a ocorrência de excesso de penhora, o que se faz mediante simples petição, é o da avaliação do bem. A alegação de excesso de penhora não justifica fique suspensa a execução com o recebimento de embargos, pois não se trata de defeito no título executivo, mas sim de questão relativa ao procedimento na apreensão de bens para a satisfação do débito" (STJ-4ª T., REsp 754.054, Min. Raul Araújo, j. 2.12.14, DJ 10.12.14). Em sentido semelhante: RT 787/400, RJTJERGS 165/273.

V. tb. art. 917 § 1º.

Art. 874: 1b. "O momento adequado para arguir o excesso de penhora seria quando da intimação da agravante para se manifestar sobre a avaliação dos bens penhorados, nos termos do que dispõe o art. 685, I, do CPC. Não o fazendo naquele momento, houve a **preclusão** de tal alegação" (RT 829/380).

Art. 874: 2. s/ competência para ampliação da penhora, no caso de execução por carta, v. art. 260, nota 3b; s/ ampliação da penhora, *ex officio*, em execução fiscal, v. LEF 15, nota 8.

Art. 874: 2a. É imprescindível que a ampliação da penhora seja precedida por oportunidade para que o executado se manifeste a seu respeito, "não apenas em respeito aos princípios constitucionais do contraditório, da ampla defesa e do devido processo legal, mas também para assegurar que a execução se perfaça da forma menos gravosa" (STJ-3ª T., MC 13.994, Min. Nancy Andrighi, j. 1.4.08, DJU 15.4.08). No mesmo sentido: STJ-4ª T., REsp 1.214.015-AgInt, Min. Lázaro Guimarães, j. 5.6.18, DJ 12.6.18.

Art. 874: 3. "Tendo a **exequente concordado** tacitamente com os **valores atribuídos** pelo executado aos bens penhorados, já que não os impugnou oportunamente, precluiu o seu direito de fazê-lo, inclusive de pleitear reforço de penhora" (STJ-2ª T., REsp 645.423, Min. Peçanha Martins, j. 7.3.06, DJU 15.5.06).

Art. 874: 4. ou se os bens levados a leilão **não encontrarem licitante** (RT 504/170, JTA 46/104).

Art. 875. Realizadas a penhora e a avaliação, o juiz dará início aos atos de expropriação do bem.[1] [Dispositivo correspondente no CPC/1973: art. 685 § ún.]

Art. 875: 1. v. arts. 824, 825 e 876 e segs.

Seção IV | DA EXPROPRIAÇÃO DE BENS

Subseção I | DA ADJUDICAÇÃO

Art. 876. É lícito ao exequente, oferecendo preço não inferior ao da avaliação,[1-1a] requerer que lhe sejam adjudicados[1b-1c] os bens penhorados.[2-2a] [Dispositivo correspondente no CPC/1973: art. 685-A-*caput*]

§ 1º Requerida a adjudicação, o executado será intimado do pedido:[3] [Sem dispositivo correspondente no CPC/1973]

I — pelo Diário da Justiça, na pessoa de seu advogado constituído nos autos; [Sem dispositivo correspondente no CPC/1973]

II — por carta com aviso de recebimento, quando representado pela Defensoria Pública ou quando não tiver procurador constituído nos autos; [Sem dispositivo correspondente no CPC/1973]

III — por meio eletrônico, quando, sendo o caso do § 1º do art. 246, não tiver procurador constituído nos autos. [Sem dispositivo correspondente no CPC/1973]

§ 2º Considera-se realizada a intimação quando o executado houver mudado de endereço sem prévia comunicação ao juízo, observado o disposto no art. 274, parágrafo único. [Sem dispositivo correspondente no CPC/1973]

§ 3º Se o executado, citado por edital, não tiver procurador constituído nos autos, é dispensável a intimação prevista no § 1º. [Sem dispositivo correspondente no CPC/1973]

§ 4º Se o valor do crédito for:[3a] [Dispositivo correspondente no CPC/1973: art. 685-A § 1º]

I — inferior ao dos bens, o requerente da adjudicação depositará de imediato a diferença, que ficará à disposição do executado; [Dispositivo correspondente no CPC/1973: art. 685-A § 1º]

II — superior ao dos bens, a execução prosseguirá pelo saldo remanescente. [Dispositivo correspondente no CPC/1973: art. 685-A § 1º]

§ 5º Idêntico direito pode ser exercido por aqueles indicados no art. 889, incisos II a VIII, pelos credores concorrentes que hajam penhorado o mesmo bem, pelo cônjuge, pelo companheiro, pelos descendentes ou pelos ascendentes do executado.[3b-4] [Dispositivo correspondente no CPC/1973: art. 685-A § 2º]

§ 6º Se houver mais de um pretendente, proceder-se-á a licitação entre eles,[5-6] **tendo preferência, em caso de igualdade de oferta, o cônjuge, o companheiro, o descendente ou o ascendente, nessa ordem.** [Dispositivo correspondente no CPC/1973: art. 685-A § 3º]

§ 7º No caso de penhora de quota social ou de ação de sociedade anônima fechada[7] **realizada em favor de exequente alheio à sociedade, esta será intimada, ficando responsável por informar aos sócios a ocorrência da penhora, assegurando-se a estes a preferência.**[7a-8] [Dispositivo correspondente no CPC/1973: art. 685-A § 4º]

Art. 876: 1. v. arts. 870 e segs.

Art. 876: 1a. devidamente atualizado até o momento da oferta.

S/ atualização monetária do valor do bem penhorado, v. art. 873, notas 1 e 2.

Art. 876: 1b. v. arts. 825-I, 904-II e 908 § 1º.

Art. 876: 1c. "À **falta de previsão legal quanto ao limite temporal** para o exercício do direito à adjudicação, esta pode ser requerida após resolvidas as questões relativas à avaliação do bem e antes de realizada a hasta pública. Ainda que expedidos os editais de hasta pública, nada impede a adjudicação por qualquer um dos legitimados, situação em que o adjudicante arcará com as despesas dos atos que se tornarem desnecessários em razão de sua opção tardia" (STJ-4ª T., REsp 1.505.399, Min. Isabel Gallotti, j. 12.4.16, DJ 12.5.16).

"É cabível a adjudicação requerida após a primeira hasta pública, na qual não acudiram interessados, e antes da segunda praça, não podendo o requerente ser penalizado pela demora na apreciação do pedido que ocasionou a arrematação do imóvel. O art. 714 do CPC/1973 estipula apenas o termo inicial do prazo para que o exequente, após a ocorrência de praça ou leilão negativos, pleiteie a adjudicação dos bens, não sendo o pedido intempestivo" (STJ-3ª T., Ag em REsp 779.662-AgInt, Min. Ricardo Cueva, j. 9.3.17, DJ 27.3.17).

V. tb. art. 878.

Art. 876: 2. "Os **direitos hereditários** do recorrido podem ser adjudicados para a satisfação do crédito dos recorrentes. Ante a natureza universal da herança, a adjudicação dos direitos hereditários não pode ser de um ou alguns bens determinados do acervo, senão da fração ideal que toca ao herdeiro devedor. Na espécie, a adjudicação do quinhão hereditário do recorrido, até o quanto baste para o pagamento do débito, autoriza a participação dos recorrentes no processo de inventário, sub-rogando-se nos direitos do herdeiro, e se dá *pro soluto* até o valor do bem adjudicado" (STJ-3ª T., REsp 1.330.165, Min. Nancy Andrighi, j. 13.5.14, DJ 2.6.14). Do voto da relatora: "Diante da compropriedade que se forma sobre a totalidade de bens, assim como na cessão dos direitos hereditários, também na adjudicação deve ser respeitado o direito de preferência dos demais coerdeiros, nos termos do art. 1.794 do CC/02, haja vista que eles podem ter interesse em adquirir a cota hereditária penhorada, tanto por tanto, para manter o condomínio apenas entre os sucessores do *de cujus*. É o que ocorre, por semelhança, com a adjudicação de cotas de uma sociedade (§ 4º do art. 685-A do CPC)".

Art. 876: 2a. "Ação civil pública. Indisponibilidade de bens. Integralidade do patrimônio. Execução. Expropriação. Adjudicação de bem. Coisa determinada e específica. Impedimento. Ausência. A indisponibilidade é medida cautelar atípica, deferida com substrato no poder geral de cautela do juiz, por meio da qual é resguardado o resultado prático de uma ação pela restrição ao direito do devedor de dispor sobre a integralidade do seu patrimônio, sem, contudo, privá-lo definitivamente do domínio e cujo desrespeito acarreta a nulidade da alienação ou oneração. A indisponibilidade cautelar, diferentemente do arresto, da inalienabilidade e da impenhorabilidade, legal ou voluntárias, atinge todo o patrimônio do devedor, e não um bem específico, não vinculando, portanto, qualquer bem particular à satisfação de um determinado crédito. Além disso, apesar de a **adjudicação** possuir características similares à dação em pagamento, dela distingue-se por nada ter de contratual, consistindo, em verdade, em ato executivo de transferência forçada de bens, razão pela qual **não fica impedida pela indisponibilidade cautelar,** que se refere à disposição voluntária pelo devedor" (STJ-3ª T., REsp 1.493.067, Min. Nancy Andrighi, j. 21.3.17, DJ 24.3.17).

Art. 876: 3. A lei **não estabelece prazo** para que o executado se manifeste diante do pedido de adjudicação. Enquanto não aperfeiçoada a adjudicação, o executado pode se opor a ela.

Art. 876: 3a. Havendo **concurso de credores ou exequentes,** a exibição do preço pelo exequente é obrigatória. V. tb. art. 892 § 1º, inclusive nota 3.

Art. 876: 3b. Parentes em linha colateral do executado **não** podem requerer a adjudicação do bem penhorado.

Art. 876: 4. O requerimento de adjudicação deve ser acompanhado de **prova da legitimidade** para adjudicar e do **depósito imediato do preço.**

Art. 876: 5. A licitação acontece ainda que as **ofertas originais** sejam **discrepantes.** Ficará com o bem quem ulteriormente der o maior lance no certame a ser instaurado.

Art. 876: 6. Não há regra preestabelecida **para a licitação.** Seguem duas sugestões para o certame: convocação dos interessados para a oferta de lances presenciais e sucessivos ou estabelecimento de lance único, sem que um pretendente conheça previamente o lance do outro.

Art. 876: 7. v. LSA 4º e 36.

Art. 876: 7a. v. art. 861-II.

Art. 876: 8. O **direito de preferência do sócio** prevalece sobre o do núcleo familiar do executado.

Art. 877. Transcorrido o prazo de 5 (cinco) dias, contado da última intimação, e decididas eventuais questões,[1] o juiz ordenará a lavratura do auto de adjudicação. [Dispositivo correspondente no CPC/1973: art. 685-A § 5º]

§ 1º Considera-se perfeita e acabada a adjudicação com a lavratura e a assinatura do auto pelo juiz, pelo adjudicatário, pelo escrivão ou chefe de secretaria, e, se estiver presente, pelo executado, expedindo-se:[2 a 4] [Dispositivo correspondente no CPC/1973: art. 685-B-*caput*]

I — a carta de adjudicação e o mandado de imissão na posse, quando se tratar de bem imóvel; [Dispositivo correspondente no CPC/1973: art. 685-B-*caput*]

II — a ordem de entrega ao adjudicatário, quando se tratar de bem móvel. [Dispositivo correspondente no CPC/1973: art. 685-B-*caput*]

§ 2º A carta de adjudicação conterá a descrição do imóvel, com remissão à sua matrícula e aos seus registros, a cópia do auto de adjudicação e a prova de quitação do imposto de transmissão. [Dispositivo correspondente no CPC/1973: art. 685-B § ún.]

§ 3º No caso de penhora de bem hipotecado, o executado poderá remi-lo[4a] até a assinatura do auto de adjudicação, oferecendo preço igual ao da avaliação, se não tiver havido licitantes, ou ao do maior lance oferecido. [Sem dispositivo correspondente no CPC/1973]

§ 4º Na hipótese de falência ou de insolvência do devedor hipotecário, o direito de remição previsto no § 3º será deferido à massa ou aos credores em concurso, não podendo o exequente recusar o preço da avaliação do imóvel.[5] [Sem dispositivo correspondente no CPC/1973]

Art. 877: 1. Impugnado o requerimento de adjudicação, convém que o juiz, antes de decidir a respeito, **ouça o adjudicante** a respeito.

Art. 877: 2. desde que **presentes os requisitos** para a adjudicação, que o juiz deve controlar **de ofício.** Uma vez ausentes tais requisitos, deve o juiz indeferir o requerimento do adjudicante.

Art. 877: 3. "É **inadmissível** a **alteração do valor de adjudicação** do bem após a assinatura do respectivo auto, ainda que a pretexto de atualização monetária" (STJ-1ª T., REsp 735.380, Min. Teori Zavascki, j. 26.5.09, DJ 3.6.09).

Art. 877: 4. O legislador extinguiu os embargos à adjudicação (CPC rev. 746) e nada deixou no seu lugar. Todavia, ainda parece possível o **questionamento da adjudicação,** lançando mão, por analogia, das ferramentas previstas no art. 903, uma vez presentes os vícios ali descritos.

Art. 877: 4a. v. arts. 826 e 902.

Art. 877: 5. v. LRF 77, 124 § ún., 129-III e 163 § 4º.

Art. 878. Frustradas as tentativas de alienação do bem, será reaberta oportunidade para requerimento de adjudicação,[1-1a] caso em que também se poderá pleitear a realização de nova avaliação.[2] [Sem dispositivo correspondente no CPC/1973]

Art. 878: 1. v. arts. 825, nota 1, e 876, nota 1c.

Art. 878: 1a. Mesmo que não tenha havido prévio requerimento de adjudicação, este pode ser **ineditamente formulado** após o fracasso na alienação do bem.

Art. 878: 2. v. art. 873.

Subseção II | DA ALIENAÇÃO

Art. 879. A alienação far-se-á: [Sem dispositivo correspondente no CPC/1973]

I — por iniciativa particular;

II — em leilão judicial eletrônico ou presencial.[1]

Art. 879: 1. Res. 236 do CNJ, de 13.7.16, art. 11: "Parágrafo único. O leilão poderá ser simultâneo (eletrônico e presencial), cujo endereço será indicado no edital e a modalidade presencial se dará no último dia do período designado para o leilão eletrônico".

Art. 880. Não efetivada a adjudicação, o exequente poderá requerer a alienação por sua própria iniciativa ou por intermédio de corretor ou leiloeiro público credenciado perante o órgão judiciário.[1] [Dispositivo correspondente no CPC/1973: art. 685-C-*caput*]

§ 1º O juiz fixará o prazo[1a] em que a alienação deve ser efetivada, a forma de publicidade,[1b] o preço mínimo,[2] as condições de pagamento,[2a] as garantias e, se for o caso, a comissão de corretagem.[3] [Dispositivo correspondente no CPC/1973: art. 685-C § 1º]

§ 2º A alienação será formalizada por termo nos autos, com a assinatura do juiz, do exequente, do adquirente e, se estiver presente, do executado, expedindo-se:[4 a 6] [Dispositivo correspondente no CPC/1973: art. 685-C § 2º]

I — a carta de alienação e o mandado de imissão na posse, quando se tratar de bem imóvel; [Dispositivo correspondente no CPC/1973: art. 685-C § 2º]

II — a ordem de entrega ao adquirente, quando se tratar de bem móvel. [Dispositivo correspondente no CPC/1973: art. 685-C § 2º]

§ 3º Os tribunais poderão editar disposições complementares sobre o procedimento da alienação prevista neste artigo, admitindo, quando for o caso, o concurso de meios eletrônicos, e dispor sobre o credenciamento dos corretores e leiloeiros públicos, os quais deverão estar em exercício profissional por não menos que 3 (três) anos. [Dispositivo correspondente no CPC/1973: art. 685-C § 3º]

§ 4º Nas localidades em que não houver corretor ou leiloeiro público credenciado nos termos do § 3º, a indicação será de livre escolha do exequente. [Sem dispositivo correspondente no CPC/1973]

Art. 880: 1. v. art. 825, nota 1.

Art. 880: 1a. que comporta **prorrogação.**

Art. 880: 1b. v. art. 887.

Art. 880: 2. que pode ser **menor que o da avaliação,** mas não pode ser vil (v. art. 891).

Art. 880: 2a. s/ parcelamento, v. art. 895.

Art. 880: 3. Deve o juiz definir também **quem pagará a comissão de corretagem,** quando for o caso.

S/ comissão de corretagem, v. art. 884, notas 2b e segs.

Art. 880: 4. As **propostas** para a aquisição do bem devem passar pelo **crivo do juiz.** Se os **requisitos** estabelecidos para a **alienação** não estiverem presentes, o juiz deve indeferi-la, inclusive de ofício.

Art. 880: 5. Se aparecer **mais de um interessado** pelo bem penhorado, deve ser instaurada **licitação** entre eles.

V. art. 876, nota 6.

Art. 880: 6. O legislador extinguiu os embargos à alienação (CPC rev. 746) e nada deixou no seu lugar. Todavia, ainda parece possível o **questionamento da alienação,** lançando mão, por analogia, das ferramentas previstas no art. 903, uma vez presentes os vícios ali descritos.

Art. 881. A alienação far-se-á em leilão judicial[1] se não efetivada a adjudicação ou a alienação por iniciativa particular.[2] [Dispositivo correspondente no CPC/1973: art. 686-*caput*]

§ 1º O leilão do bem penhorado será realizado por leiloeiro público. [Sem dispositivo correspondente no CPC/1973]

§ 2º Ressalvados os casos de alienação a cargo de corretores de bolsa de valores, todos os demais bens serão alienados em leilão público. [Dispositivo correspondente no CPC/1973: art. 704]

Art. 881: 1. Em matéria de execução fiscal, v. LEF 23.

Art. 881: 2. v. art. 825, nota 1.

Art. 882. Não sendo possível a sua realização por meio eletrônico, o leilão será presencial. [Dispositivo correspondente no CPC/1973: art. 689-A-*caput*]

§ 1º A alienação judicial por meio eletrônico será realizada, observando-se as garantias processuais das partes, de acordo com regulamentação específica do Conselho Nacional de Justiça.[1] [Dispositivo correspondente no CPC/1973: art. 689-A § ún.]

§ 2º A alienação judicial por meio eletrônico deverá atender aos requisitos de ampla publicidade, autenticidade e segurança, com observância das regras estabelecidas na legislação sobre certificação digital. [Dispositivo correspondente no CPC/1973: art. 689-A § ún.]

§ 3º O leilão presencial será realizado no local designado pelo juiz. [Dispositivo correspondente no CPC/1973: art. 686 § 2º]

Art. 882: 1. Res. 236 do CNJ, de 13.7.16 — Regulamenta, no âmbito do Poder Judiciário, procedimentos relativos à alienação judicial por meio eletrônico, na forma preconizada pelo art. 882, § 1º, do novo Código de Processo Civil (Lei 13.105/2015).

Art. 883. Caberá ao juiz a designação do leiloeiro público, que poderá ser indicado pelo exequente.[1] [Dispositivo correspondente no CPC/1973: art. 706]

Art. 883: 1. "O credor tem o direito de indicar, mas não de ver nomeado o leiloeiro indicado, porquanto inexiste obrigação de homologação pelo juiz" (STJ-2ª T., REsp 1.354.974, Min. Humberto Martins, j. 5.3.13, DJ 14.3.13).

Art. 884. Incumbe ao leiloeiro público: [Dispositivo correspondente no CPC/1973: art. 705-*caput*]

I — publicar o edital, anunciando a alienação;[1] [Dispositivo correspondente no CPC/1973: art. 705-I]

II — realizar o leilão onde se encontrem os bens ou no lugar designado pelo juiz; [Dispositivo correspondente no CPC/1973: art. 705-II]

III — expor aos pretendentes os bens ou as amostras das mercadorias; [Dispositivo correspondente no CPC/1973: art. 705-III]

IV — receber e depositar, dentro de 1 (um) dia, à ordem do juiz, o produto da alienação;[2] [Dispositivo correspondente no CPC/1973: art. 705-V]

V — prestar contas nos 2 (dois) dias subsequentes ao depósito. [Dispositivo correspondente no CPC/1973: art. 705-VI]

Parágrafo único. O leiloeiro tem o direito de receber do arrematante a comissão[2a a 5] estabelecida em lei ou arbitrada pelo juiz. [Dispositivo correspondente no CPC/1973: art. 705-IV]

Art. 884: 1. É **nula** a arrematação feita em leilão, **sem prévia designação** específica de dia, hora e local (RF 251/309).

V. tb. arts. 886-IV e 903, nota 4a.

Art. 884: 2. O pagamento do preço pelo arrematante pode ser feito diretamente ao leiloeiro; se este **não repassa o dinheiro** ao juízo, isso não afeta a validade da arrematação (STJ-3ª T., REsp 1.100.101, Min. Vasco Della Giustina, j. 12.8.10, DJ 20.8.10).

S/ responsabilidade civil do Estado por dano causado pelo leiloeiro oficial, v., no CCLCV, CC 43, nota 3.

Art. 884: 2a. Em execução fiscal, v. LEF 23 § 2º.

Art. 884: 2b. **Res. 236 do CNJ, de 13.7.16: "Art. 7º** Além da comissão sobre o valor de arrematação, a ser fixada pelo magistrado (art. 884, parágrafo único), no mínimo de 5% (cinco por cento) sobre o valor da arrematação (art. 24, parágrafo único, do Decreto 21.981/1932), a cargo do arrematante, fará jus o leiloeiro público ao ressarcimento das despesas com a remoção, guarda e conservação dos bens, desde que documentalmente comprovadas, na forma da lei. **§ 1º** Não será devida a comissão ao leiloeiro público na hipótese da desistência de que trata o art. 775 do Código de Processo Civil, de anulação da arrematação ou de resultado negativo da hasta pública. **§ 2º** Anulada ou verificada a ineficácia da arrematação ou ocorrendo a desistência prevista no art. 775 do Código de Processo Civil, o leiloeiro público e o corretor devolverão ao arrematante o valor recebido a título de comissão, corrigido pelos índices aplicáveis aos créditos respectivos. **§ 3º** Na hipótese de acordo ou remição após a realização da alienação, o leiloeiro e o corretor público farão jus à comissão prevista no *caput*. **§ 4º** Se o valor de arrematação for superior ao crédito do exequente, a comissão do leiloeiro público, bem como as despesas com remoção e guarda dos bens, poderá ser deduzida do produto da arrematação. **§ 5º** Os leiloeiros públicos credenciados poderão ser nomeados pelo juízo da execução para remover bens e atuar como depositário judicial. **§ 6º** A recusa injustificada à ordem do juízo da execução para remoção do bem deverá ser imediatamente comunicada ao Tribunal para análise de eventual descredenciamento. **§ 7º** O executado ressarcirá as despesas previstas no *caput*, inclusive se, depois da remoção, sobrevier substituição da penhora, conciliação, pagamento, remição ou adjudicação".

Art. 884: 3. "A comissão só é devida, efetivamente, quando finda a hasta ou leilão sem pendência alguma. O **desfazimento da alienação** por fato da Justiça, sem culpa do arrematante, **não** gera para o leiloeiro direito à **comissão"** (RSTJ 171/155: 2ª T., RMS 13.130). No mesmo sentido, entendendo que, em razão do desfazimento da arrematação, deve o leiloeiro restituir o valor de sua comissão, devidamente atualizado: RT 884/206 (TJSP, AP 612.808-4/0-00), JTJ 164/205.

Contra, considerando devida a comissão do leiloeiro, independentemente da validade ou não da arrematação: RJTJESP 96/257.

S/ legitimidade do leiloeiro para recorrer contra decisão que determina a devolução da comissão, v. art. 996, nota 13.

Art. 884: 4. "A **comissão** de leiloeiro **somente** é devida quando há **arrematação** do bem" (STJ-RJ 393/137: 2ª Seção, REsp 764.636; no caso, houve a **adjudicação** do bem pelo credor, após duas tentativas frustradas). Também: "Se não houve arrematação, mesmo que por força de **composição** entre os litigantes, o leiloeiro não tem comissão a receber" (STJ-3ª T., REsp 646.509, Min. Gomes de Barros, j. 20.9.07, DJU 15.10.07). Ainda: "O direito subjetivo à comissão exsurge quando efetivamente realizada a hasta ou leilão" (STJ-2ª T., REsp 1.050.355, Min. Humberto Martins, j. 4.11.08, DJ 21.11.08; no caso, houve **remição,** efetivada antes da realização do leilão). No mesmo sentido: RT 876/417 (TRF-4ª Reg., AI 2008.04.00.014079-9).

Contra: "Ainda que não concluída a hasta pública, faz jus o leiloeiro ao recebimento da comissão, no caso, fixada pela metade, uma vez que o seu trabalho, de qualquer forma, foi executado" (STJ-4ª T., REsp 310.798, Min. Barros Monteiro, j. 22.10.02, dois votos vencidos, DJU 17.3.03; nesse processo, houve uma prévia tentativa de alienação e a suspensão da segunda, em razão de acordo firmado pelas partes).

No sentido de ser devida a remuneração do leiloeiro em caso de adjudicação, visto que havia no edital previsão a respeito e houve quatro prévias tentativas de alienação: STJ-RF 394/380 (4ª T., REsp 588.293).

"O direito do leiloeiro à remuneração subsiste ainda que a arrematação fique prejudicada pela remição; os honorários, em tal hipótese, já não serão devidos pelo arrematante, mas por quem requereu a remição" (STJ-3ª T., REsp 185.656, Min. Ari Pargendler, j. 20.9.01, DJU 22.10.01). No mesmo sentido: STJ-2ª T., REsp 954.668, Min. Humberto Martins, j. 17.2.09, DJ 24.3.09 (com apelo também para a previsão no edital).

Art. 884: 5. "O arrematante do bem é o responsável pelo pagamento da comissão do leiloeiro, não podendo essa obrigação ser imputada àquele que ofertou a **segunda melhor proposta,** porque o vencedor desistiu da arrematação" (STJ-3ª T., REsp 1.826.273, Min. Moura Ribeiro, j. 10.9.19, DJ 12.9.19).

Art. 885. O juiz da execução estabelecerá o preço mínimo,[1] as condições de pagamento[2] e as garantias que poderão ser prestadas pelo arrematante. [Dispositivo correspondente no CPC/1973: art. 685-C § 1º]

Art. 885: 1. que pode ser **menor que o da avaliação,** mas não pode ser vil (v. art. 891).

Art. 885: 2. s/ parcelamento, v. art. 895.

Art. 886. O leilão será precedido de publicação de edital,[1-2] que conterá: [Dispositivo correspondente no CPC/1973: art. 686-*caput*]

I — a descrição do bem penhorado, com suas características, e, tratando-se de imóvel, sua situação e suas divisas, com remissão à matrícula e aos registros; [Dispositivo correspondente no CPC/1973: art. 686-I]

II — o valor pelo qual o bem foi avaliado,[3] o preço mínimo pelo qual poderá ser alienado, as condições de pagamento e, se for o caso, a comissão do leiloeiro designado; [Dispositivo correspondente no CPC/1973: art. 686-II]

III — o lugar onde estiverem os móveis, os veículos e os semoventes e, tratando-se de créditos ou direitos, a identificação dos autos do processo em que foram penhorados; [Dispositivo correspondente no CPC/1973: art. 686-III]

IV — o sítio, na rede mundial de computadores, e o período em que se realizará o leilão, salvo se este se der de modo presencial, hipótese em que serão indicados o local, o dia e a hora de sua realização;[4] [Dispositivo correspondente no CPC/1973: art. 686-IV]

V — a indicação de local, dia e hora de segundo leilão presencial,[5-6] para a hipótese de não haver interessado no primeiro; [Dispositivo correspondente no CPC/1973: art. 686-VI]

VI — menção da existência de ônus, recurso[7] ou processo pendente sobre os bens a serem leiloados.[8] [Dispositivo correspondente no CPC/1973: art. 686-V]

Parágrafo único. No caso de títulos da dívida pública e de títulos negociados em bolsa, constará do edital o valor da última cotação. [Dispositivo correspondente no CPC/1973: art. 686 § 1º]

Art. 886: 1. Em execução fiscal, v. LEF 22.

S/ anulação do leilão, por omissão no edital, v. art. 903, nota 4a.

Art. 886: 2. A publicação do edital, em regra, não substitui a **intimação do executado** do dia, hora e local da alienação judicial.

V. art. 889-I e § ún.

Art. 886: 3. "Realmente, o edital não continha o **valor dos bens** apenhados no reforço da penhora. Mas, isto não torna nula a arrematação. Não houve violação ao artigo 686, inciso II, do Código de Processo Civil. O edital descrevia o valor total da soma dos bens penhorados nos dois momentos. Não era necessária a individualização de cada lote de bens penhorados no que respeita ao valor. Bastou o valor da soma dos bens, que foram arrematados de uma só vez" (RJTJESP 114/116).

Art. 886: 4. v. tb. art. 884, nota 1.

Art. 886: 5. "Pode o credor, em **segunda praça,** e inexistindo outros pretendentes, arrematar o bem pelo valor de seu crédito, mesmo sendo esse inferior ao da avaliação, sem que, com isso, tenha que depositar em juízo a diferença" (RT 662/140, Lex-JTA 149/29). No mesmo sentido: RSTJ 75/345, RT 786/301.

Art. 886: 6. Pode ser realizado **terceiro leilão,** a requerimento do exequente, se não surgir licitante no segundo e o credor não requerer a adjudicação (RTJ 90/1.073, STJ-3ª T., REsp 946.660, Min. Paulo Sanseverino, j. 1.9.11, DJ 14.9.11; RT 508/148).

Contra, entendendo que, não havendo licitante na segunda tentativa de alienação, nem querendo o exequente a adjudicação, cabe-lhe procurar outros bens do devedor: JTJ 190/203.

Art. 886: 7. "A **menção a recurso** pendente de julgamento (art. 686, V, CPC) tem a principal finalidade de cientificar os licitantes da existência de ônus e/ou impedimentos sobre o bem que intencionam arrematar. A anulação da praça por omissão do edital em relação à menção referida no art. 686, V, CPC, depende da demonstração de prejuízo, já que se trata de nulidade não cominada" (RSTJ 130/356).

V. tb. art. 903, nota 4a.

Art. 886: 8. O **arrematante,** e só ele, **tem legitimidade** para pleitear a anulação da arrematação por infringência a este dispositivo (Lex-JTA 139/44).

Art. 887. O leiloeiro público designado adotará providências para a ampla divulgação da alienação. [Sem dispositivo correspondente no CPC/1973]

§ 1º A publicação do edital deverá ocorrer pelo menos 5 (cinco) dias antes da data marcada para o leilão. [Dispositivo correspondente no CPC/1973: art. 687-*caput*]

§ 2º O edital será publicado na rede mundial de computadores, em sítio designado pelo juízo da execução, e conterá descrição detalhada e, sempre que possível, ilustrada dos bens, informando expressamente se o leilão se realizará de forma eletrônica ou presencial.[1] [Sem dispositivo correspondente no CPC/1973]

§ 3º Não sendo possível a publicação na rede mundial de computadores ou considerando o juiz, em atenção às condições da sede do juízo, que esse modo de divulgação é insuficiente ou inadequado, o edital será afixado em local de costume e publicado, em resumo, pelo menos uma vez em jornal de ampla circulação local.[2] [Dispositivo correspondente no CPC/1973: art. 687-*caput*]

§ 4º Atendendo ao valor dos bens e às condições da sede do juízo, o juiz poderá alterar a forma e a frequência da publicidade na imprensa, mandar publicar o edital em local de ampla circulação de pessoas e divulgar avisos em emissora de rádio ou televisão local, bem como em sítios distintos do indicado no § 2º. [Dispositivo correspondente no CPC/1973: art. 687 § 2º]

§ 5º Os editais de leilão de imóveis e de veículos automotores serão publicados pela imprensa ou por outros meios de divulgação, preferencialmente na seção ou no local reservados à publicidade dos respectivos negócios. [Dispositivo correspondente no CPC/1973: art. 687 § 3º]

§ 6º O juiz poderá determinar a reunião de publicações em listas referentes a mais de uma execução. [Dispositivo correspondente no CPC/1973: art. 687 § 4º]

Art. 887: 1. v. art. 642, nota 6.

Art. 887: 2. **"Diário do Judiciário.** O Diário **não é** o **jornal de ampla circulação** local a que se refere o *caput* do art. 687 do CPC. Caracterizado o prejuízo, com a venda do bem por preço abaixo da avaliação, a arrematação deve ser renovada" (STJ-4ª T., REsp 57.094-8, Min. Ruy Rosado, j. 9.5.95, dois votos vencidos, DJU 18.3.96).

Art. 888. Não se realizando o leilão por qualquer motivo, o juiz mandará publicar a transferência, observando-se o disposto no art. 887. [Dispositivo correspondente no CPC/1973: art. 688-*caput*]

Parágrafo único. O escrivão, o chefe de secretaria ou o leiloeiro que culposamente der causa à transferência responde pelas despesas da nova publicação, podendo o juiz aplicar-lhe a pena de suspensão por 5 (cinco) dias a 3 (três) meses, em procedimento administrativo regular. [Dispositivo correspondente no CPC/1973: art. 688 § ún.]

Art. 889. Serão cientificados da alienação judicial, com pelo menos 5 (cinco) dias de antecedência:[1 a 3] [Sem dispositivo correspondente no CPC/1973]

I — o executado, por meio de seu advogado ou, se não tiver procurador constituído nos autos, por carta registrada, mandado,[4] edital ou outro meio idôneo;[5 a 7] [Dispositivo correspondente no CPC/1973: art. 687 § 5º]

II — o coproprietário de bem indivisível do qual tenha sido penhorada fração ideal; [Sem dispositivo correspondente no CPC/1973]

III — o titular de usufruto, uso, habitação, enfiteuse, direito de superfície, concessão de uso especial para fins de moradia ou concessão de direito real de uso, quando a penhora recair sobre bem gravado com tais direitos reais; [Sem dispositivo correspondente no CPC/1973]

IV — o proprietário do terreno submetido ao regime de direito de superfície, enfiteuse, concessão de uso especial para fins de moradia ou concessão de direito real de uso, quando a penhora recair sobre tais direitos reais; [Sem dispositivo correspondente no CPC/1973]

V — o credor pignoratício, hipotecário, anticrético, fiduciário ou com penhora anteriormente averbada, quando a penhora recair sobre bens com tais gravames, caso não seja o credor, de qualquer modo, parte na execução;[8 a 10] [Dispositivo correspondente no CPC/1973: art. 698]

VI — o promitente comprador, quando a penhora recair sobre bem em relação ao qual haja promessa de compra e venda registrada; [Sem dispositivo correspondente no CPC/1973]

VII — o promitente vendedor, quando a penhora recair sobre direito aquisitivo derivado de promessa de compra e venda registrada; [Sem dispositivo correspondente no CPC/1973]

VIII — a União, o Estado e o Município, no caso de alienação de bem tombado. [Sem dispositivo correspondente no CPC/1973]

Parágrafo único. Se o executado for revel e não tiver advogado constituído, não constando dos autos seu endereço atual ou, ainda, não sendo ele encontrado no endereço constante do processo, a intimação considerar-se-á feita por meio do próprio edital de leilão.[11] [Sem dispositivo correspondente no CPC/1973]

Art. 889: 1. s/ comunicação prévia da execução, v. art. 799; s/ falta de intimação e ineficácia da alienação do bem expropriado, v. art. 804; s/ direito de adjudicação, v. art. 876 § 5º.

Art. 889: 2. "A figura do devedor não se confunde com a do seu cônjuge, de sorte que bastante a intimação deste sobre a penhora, **não exigindo** a lei processual, no art. 687, § 5º, seja a **esposa** do executado pessoalmente **cientificada** sobre a realização da praça" (STJ-4ª T., REsp 222.658, Min. Aldir Passarinho Jr., j. 11.6.02, DJU 26.8.02).

No mesmo sentido: STJ-5ª T., REsp 900.580, Min. Arnaldo Esteves, j. 10.2.09, dois votos vencidos, DJ 30.3.09; STJ-3ª T., REsp 981.669, Min. Nancy Andrighi, j. 12.8.10, DJ 23.8.10.

Art. 889: 3. "Penhorados bens da empresa devedora, e levados a leilão, deveria ser necessariamente intimada, conforme o art. 687, § 3º, do CPC, **apenas a proprietária** dos bens. A **intimação dos coexecutados,** avalistas da cédula de crédito industrial, **não** se fazia **imprescindível**" (STJ-RF 323/208, maioria).

Art. 889: 4. "É dispensável que o oficial de justiça, ao lavrar a **certidão de intimação do devedor,** arrole os nomes das testemunhas que presenciaram o ato, em caso de recusa do executado em apor a nota de ciente" (RSTJ 82/245).

Art. 889: 5. A intimação do executado para o **primeiro leilão** dispensa nova intimação para as subsequentes (RT 678/187).

Art. 889: 5a. A publicação do **edital de leilão** não substitui a intimação do executado (STJ-3ª T., REsp 944.455, Min. Nancy Andrighi, j. 17.3.08, DJU 13.5.08; RTRF-3ª Reg. 8/62), salvo na hipótese do § ún.

Art. 889: 6. "A **intimação 'via telefone'** não se enquadra no conceito legal de 'meio idôneo', sendo, por isso, írrita e de nenhum efeito" (STJ-3ª T., REsp 1.427.316-EDcl-AgRg, Min. Sidnei Beneti, j. 5.8.14, DJ 2.9.14).

V. tb. art. 274, nota 10.

Art. 889: 7. É **nulo o leilão** realizado **sem a intimação** do executado (RSTJ 73/17, RTFR 103/203, RT 485/134, 486/111, JTA 37/48).

Todavia, o correlato vício resta superado pelo **comparecimento** do executado ao leilão (STF-2ª T., Ag 69.670-AgRg, Min. Moreira Alves, j. 4.3.77, DJU 1.4.77), ou se este demonstra **inequívoco conhecimento prévio** da sua designação: "Se o devedor, através de petição nos autos, noticia ter conhecimento da futura realização da praça, não lhe assiste direito de, posteriormente, via mandado de segurança, com base no art. 687, § 5º, impugnar a alienação judicial, sob o argumento de não ter sido intimado pessoalmente" (STJ-6ª T., RMS 7.324, Min. Fernando Gonçalves, j. 2.12.96, DJU 3.2.97).

"A intimação pessoal do executado, para a hasta pública, nos termos do art. 687, § 5º, do CPC, é desnecessária quando demonstrado ter ele inequívoco conhecimento da data da hasta pública ao requerer, por intermédio do seu advogado nos autos, o adiamento da praça, como ocorrido no caso" (STJ-3ª T., REsp 1.423.308, Min. Sidnei Beneti, j. 20.2.14, DJ 25.2.14). No mesmo sentido: STJ-4ª T., AI 1.243.290-AgRg, Min. Marco Buzzi, j. 23.10.14, DJ 7.11.14.

Art. 889: 8. v. tb. arts. 674, nota 21 (embargos de terceiro apresentados pelo credor hipotecário), 799-I, especialmente nota 2 (intimação do credor hipotecário), 804-*caput* (ineficácia da alienação não precedida de intimação do credor hipotecário), 833, nota 9 (penhorabilidade do bem hipotecado), 892, nota 4 (arrematação pelo credor hipotecário), 908, nota 5 (exercício do direito de preferência pelo credor hipotecário). V. ainda CC 1.501 (ineficácia da arrematação ou adjudicação em relação ao credor hipotecário não intimado).

Art. 889: 8a. No sentido de que deve ser previamente intimado também o credor que tem **arresto** previamente averbado: JTJ 341/85 (AI 1.256.658-0/5).

Art. 889: 9. "Conquanto o art. 698 do CPC determine a prévia intimação do credor hipotecário para a adjudicação ou alienação do bem gravado, não traz cominação de nulidade para o caso de sua inobservância. Tal circunstância atrai a regra do art. 244 do CPC, que, aliada à ausência de prejuízo, induz à aplicação do princípio do aproveitamento racional dos atos processuais, evitando a declaração de nulidade da arrematação. A **ausência de intimação do credor hipotecário** para a hasta pública não contamina a validade da expropriação judicial, mas acarreta a ineficácia da arrematação em relação ao titular da garantia. Interpretação do art. 698 do CPC que melhor se coaduna com os arts. 619 do CPC e 826 do CC/16 (equivalente ao art. 1.501 do CC/2002). Fica assegurado o direito de regresso do arrematante contra o devedor" (STJ-3ª T., REsp 1.219.329, Min. João Otávio, j. 11.3.14, DJ 29.4.14).

Art. 889: 10. O **executado não tem legitimidade** para impugnar leilão, sob fundamento de não ter sido intimado previamente o credor hipotecário (RSTJ 36/309).

Art. 889: 11. v. nota 5a.

Art. 890. Pode oferecer lance quem estiver na livre administração de seus bens, com exceção:[1-1a] [Dispositivo correspondente no CPC/1973: art. 690-A]

I — dos tutores, dos curadores, dos testamenteiros, dos administradores ou dos liquidantes, quanto aos bens confiados à sua guarda e à sua responsabilidade;[1b] [Dispositivo correspondente no CPC/1973: art. 690-A-I]

II — dos mandatários,[2] quanto aos bens de cuja administração ou alienação estejam encarregados; [Dispositivo correspondente no CPC/1973: art. 690-A-II]

III — do juiz, do membro do Ministério Público e da Defensoria Pública, do escrivão, do chefe de secretaria e dos demais servidores e auxiliares da justiça, em relação aos bens e direitos objeto de alienação na localidade onde servirem ou a que se estender a sua autoridade; [Dispositivo correspondente no CPC/1973: art. 690-A-III]

IV — dos servidores públicos em geral, quanto aos bens ou aos direitos da pessoa jurídica a que servirem ou que estejam sob sua administração direta ou indireta; [Sem dispositivo correspondente no CPC/1973]

V — dos leiloeiros e seus prepostos, quanto aos bens de cuja venda estejam encarregados; [Sem dispositivo correspondente no CPC/1973]

VI — dos advogados de qualquer das partes. [Sem dispositivo correspondente no CPC/1973]

Art. 890: 1. v. CC 497.

Art. 890: 1a. "Art. 690-A do CPC. Rol de impedimento passível de **interpretação não restritiva.** Possibilidade de o depositário fiel de bem penhorado, enquanto representante de outra pessoa jurídica do mesmo grupo empresarial da executada, fazer lanço em leilão. Impossibilidade" (STJ-2ª T., REsp 1.368.249, Min. Humberto Martins, j. 16.4.13, DJ 25.4.13).

Art. 890: 1b. s/ arrematação pelo administrador da massa do devedor insolvente, v. CPC/73 art. 762, nota 3.

Art. 890: 2. "O mandatário que tenha participado da defesa dos bens do executado está impedido de arrematar, mesmo em hasta pública, bem penhorado no processo de execução" (RTFR 156/35).

Art. 891. Não será aceito lance que ofereça preço vil. [Dispositivo correspondente no CPC/1973: art. 692-*caput*]

Parágrafo único. Considera-se vil o preço inferior ao mínimo estipulado pelo juiz[1] e constante do edital,[2] e, não tendo sido fixado preço mínimo, considera-se vil o preço inferior a cinquenta por cento do valor da avaliação.[2a a 4] [Sem dispositivo correspondente no CPC/1973]

Art. 891: 1. v. art. 885.

Art. 891: 2. v. art. 886-II.

Art. 891: 2a. O preço vil é causa de **invalidade da arrematação** (v. art. 903 § 1º-I). S/ arguição dessa invalidade, v. art. 903 §§ 2º e segs.

Art. 891: 3. Apontando para a necessidade de **atualização do valor da avaliação** para a aferição da vileza do preço: "O respeito aos arts. 620 e 692 do CPC exige a atualização dos valores dos bens que irão à hasta pública" (STJ-1ª T., REsp 448.575, Min. Gomes de Barros, j. 26.8.03, DJU 22.9.03). Ainda: STJ-3ª T., REsp 299.120, Min. Gomes de Barros, j. 12.4.05, DJU 9.5.05; RT 903/226 (TJSP, AI 990.10.211611-5).

Art. 891: 4. O executado não pode invocar a vileza do preço, se respeitado o valor da avaliação e **inexistente oportuna impugnação** a esta. Assim: "Não impugnada a avaliação em tempo oportuno, fica sem suporte a alegação de preço vil" (STJ-3ª T., REsp 203.170, Min. Menezes Direito, j. 27.4.00, DJU 12.6.00).

Art. 892. Salvo pronunciamento judicial em sentido diverso, o pagamento deverá ser realizado de imediato pelo arrematante,[1 a 1d] por depósito judicial ou por meio eletrônico. [Dispositivo correspondente no CPC/1973: art. 690-*caput*]

§ 1º Se o exequente[2] arrematar os bens e for o único credor, não estará obrigado a exibir o preço,[3 a 5] mas, se o valor dos bens[6] exceder ao seu crédito, depositará, dentro de 3 (três) dias,[7] a diferença, sob pena de tornar-se sem efeito a arrematação, e, nesse caso, realizar-se-á novo leilão, à custa do exequente. [Dispositivo correspondente no CPC/1973: art. 690-A § ún.]

§ 2º Se houver mais de um pretendente, proceder-se-á entre eles à licitação, e, no caso de igualdade de oferta, terá preferência o cônjuge, o companheiro, o descendente ou o ascendente do executado, nessa ordem. [Sem dispositivo correspondente no CPC/1973]

§ 3º No caso de leilão de bem tombado, a União, os Estados e os Municípios terão, nessa ordem, o direito de preferência na arrematação, em igualdade de oferta. [Sem dispositivo correspondente no CPC/1973]

Art. 892: 1. s/ medidas a serem tomadas pelo arrematante contra quem ocupa o imóvel arrematado, v. art. 901, nota 3.

Art. 892: 1a. **CTN 130:** "Os créditos tributários relativos a impostos cujo fato gerador seja a propriedade, o domínio útil ou a posse de bens imóveis, e bem assim os relativos a taxas pela prestação de serviços referentes a tais bens, ou a contribuições de melhoria, sub-rogam-se na pessoa dos respectivos adquirentes, salvo quando conste do título a prova de sua quitação. **Parágrafo único.** No caso de arrematação em hasta pública, a sub-rogação ocorre sobre o respectivo preço".

Art. 892: 1b. "O **arrematante não está obrigado a pagar os tributos** devidos pelo executado, uma vez que o preço depositado responde pelos tributos por ele devidos" (RTJ 89/272).

"Na arrematação em hasta pública, a sub-rogação de créditos tributários decorrentes de impostos, taxas e contribuições de melhoria, cujo fato gerador seja a propriedade, posse ou domínio útil do imóvel arrematado, ocorre sobre o respectivo preço, que por eles responde. Tais créditos tributários, até então assegurados pelo bem, passam a ser garantidos pelo preço da arrematação, recebendo o adquirente o imóvel desonerado dos ônus tributários devidos até a realização do praceamento. Se o preço alcançado na venda judicial não for suficiente para cobrir o débito fiscal, não fica o arrematante responsável pelo eventual saldo devedor" (RT 788/275).

No mesmo sentido: STJ-1ª T., REsp 70.756, Min. Garcia Vieira, j. 19.2.98, DJU 27.4.98; STJ-4ª T., REsp 447.308, Min. Ruy Rosado, j. 25.11.02, DJU 19.12.02; JTJ 331/109 (AI 1.192.795-0/3), 341/75 (AI 920.028-5/4-00), Amagis 9/236.

"Na arrematação de bem móvel em hasta pública, os débitos de IPVA anteriores à venda sub-rogam-se no preço da hasta, quando há ruptura da relação jurídica entre o bem alienado e o antigo proprietário. Aplicação analógica do art. 130 § ún. do CTN" (STJ-2ª T., REsp 1.128.903, Min. Castro Meira, j. 8.2.11, DJ 18.2.11).

Art. 892: 1c. "O **arrematante** de imóvel em condomínio **responde pelas cotas condominiais** em atraso, ainda que anteriores à aquisição" (STJ-3ª T., REsp 682.664-AgRg, Min. Nancy Andrighi, j. 18.8.05, DJ 5.9.05). No mesmo sentido: STJ-4ª T., REsp 506.183, rel. Min. Fernando Gonçalves, j. 2.12.03, DJU 25.2.04; RT 815/410, RF 288/241, JTJ 372/152 (AI 308222-98.2011.8.26.0000).

Todavia, em caso no qual o edital da hasta pública não informava a existência dos débitos condominiais, o arrematante foi liberado do pagamento desses débitos (STJ-3ª T., REsp 1.044.890-EDcl, Min. Sidnei Beneti, j. 2.12.10, DJ 17.2.11). Assim: "A responsabilização do arrematante por eventuais encargos omitidos no edital de praça é incompatível com os princípios da segurança jurídica e da proteção da confiança. Considerando a ausência de menção no edital da praça acerca dos ônus incidentes sobre o imóvel, conclui-se pela impossibilidade de substituição do polo passivo da ação de cobrança de cotas condominiais, mesmo diante da natureza *propter rem* da obrigação" (STJ-3ª T., REsp 1.297.672, Min. Nancy Andrighi, j. 24.9.13, DJ 1.10.13). **Mas:** "Hipótese em que o Tribunal de origem consignou, a despeito da omissão do edital, que, por determinação judicial, todos os participantes tiveram ciência inequívoca da pendência de débitos de condomínio antes da arrematação. Se, embora por outro meio, foi atingida a finalidade de informar antecipadamente os interessados sobre as despesas condominiais aderidas ao imóvel, dando-lhes a oportunidade de, a seu critério, desistir da participação na hasta pública, não soa razoável declarar a nulidade da arrematação e do respectivo edital apenas para privilegiar a formalidade em detrimento do fim a que se destina a norma" (STJ-3ª T., REsp 1.523.696, Min. Nancy Andrighi, j. 26.2.19, DJ 1.3.19).

Ainda, liberando o arrematante de pagar o valor remanescente cobrado pelo condomínio, em caso no qual o produto da arrematação foi insuficiente para quitar todos os débitos condominiais: JTJ 375/604 (EI 149585-11.2009.8.26.0100/50002, um voto vencido).

Art. 892: 1d. Não é causa de invalidade da arrematação o ulterior **acordo entre o credor e o arrematante** para o parcelamento do preço pago pelo bem arrematado, considerando que este é superior ao da avaliação judicial e que houve a redução imediata e integral do saldo devedor, com a imposição ao credor dos riscos pelo não pagamento das parcelas vincendas (STJ-RF 378/279: 3ª T., REsp 557.467).

Art. 892: 2. "É lícito ao **credor participar da hasta pública** como qualquer outra pessoa que não esteja arrolada entre as exceções previstas no art. 690, § 1º, do CPC, podendo arrematar por valor inferior ao da avaliação, desde que este não se qualifique como vil, sendo irrelevante, de todo modo, que não haja outros licitantes" (STJ-RT 788/212: 4ª T., REsp 243.880). No mesmo sentido: STJ-RT 765/183 (3ª T., REsp 184.717).

Art. 892: 3. Se houver **concurso de credores ou exequentes,** é obrigatória a **exibição do preço** da arrematação (RT 758/274, JTA 43/56, 62/134, 93/102, 104/101, RF 322/284, RJTAMG 61/78), para que não se frustre eventual direito de preferência (STJ-4ª T., REsp 24.411-4, Min. Dias Trindade, j. 14.12.93, DJU 28.3.94; JTA 95/154). Idem, se o devedor for massa falida (JTA 98/22).

"O exequente-arrematante somente está desobrigado de exibir o preço da arrematação na hipótese de ser a execução promovida no seu exclusivo interesse, sendo inaplicável o citado preceito quando se tratar de pluralidade de credores, com penhoras efetivadas sobre um mesmo bem" (STJ-6ª T., REsp 445.341, Min. Vicente Leal, j. 15.10.02, DJU 11.11.02).

"O depósito do preço é dispensado quando feita arrematação no exclusivo interesse do credor, sendo o valor menor do que o crédito" (STJ-3ª T., REsp 536.475, Min. Menezes Direito, j. 2.12.03, DJU 1.3.04).

"O exequente-arrematante acha-se desobrigado de exibir o preço da arrematação tão somente na hipótese de ser a execução promovida no seu exclusivo interesse" (RSTJ 15/430). Do voto do relator, Min. Barros Monteiro, à p. 432: "De acordo com o disposto no art. 690, § 2º, do CPC, em princípio, o credor que arrematar os bens não está obrigado a exibir o preço. Isto em princípio, como dito, porquanto, se houver prelação de estranhos sobre o valor dos bens arrematados, tal não ocorrerá. A dispensa da exibição do numerário só se dará quando a execução se fizer no interesse exclusivo do credor (Humberto Theodoro Júnior, 'Processo de Execução', p. 304, 13ª ed.). Daí ser impossível — preleciona o mestre José Carlos Barbosa Moreira — autorizar-se, pura e simplesmente, o levantamento, por um só credor, da importância depositada, até o limite do seu crédito. Faz-se necessária a verificação prévia da situação de cada qual, a fim de serem respeitadas as preferências: primeiro, as fundadas em título legal; depois, sucessivamente, as decorrentes das penhoras, consoante a respectiva ordem. Se não houver título legal de preferência, receberá antes o credor que tiver promovido a primeira penhora, e em seguida os demais, observando-se sempre 'a anterioridade de cada penhora' (art. 711) ('O Novo Processo Civil Brasileiro', p. 341, 9ª ed.)".

S/ exibição do preço em matéria de devedor insolvente, v. CPC/73 art. 762, nota 3.

Art. 892: 4. "Havendo pluralidade de penhoras sobre o mesmo bem e primazia do crédito tributário, ao **credor hipotecário** que quiser arrematar o bem constrito judicialmente se impõe o ônus de depositar em dinheiro o preço lançado, e não oferecer como pagamento parte dos seus créditos, sob pena de por via oblíqua frustrar a preferência de que goza o crédito tributário" (STJ-2ª T., REsp 172.195, Min. Nancy Andrighi, j. 15.8.00, DJU 11.9.00).

"É indispensável que o credor hipotecário exiba o preço da arrematação, se apenas interveio no processo de execução como arrematante, sem estar, também, a executar o devedor, e existem outras penhoras do bem arrematado, asseguradoras de outros créditos com preferência legal" (RTFR 160/29).

V. tb. arts. 674, nota 21 (embargos de terceiro apresentados pelo credor hipotecário), 799-I, especialmente nota 2 (intimação do credor hipotecário), 804-*caput* (ineficácia da alienação não precedida de intimação do credor hipotecário), 833, nota 9 (penhorabilidade do bem hipotecado), 889-V, inclusive nota 9 (comunicação da alienação judicial ao credor hipotecário), 908, nota 5 (exercício do direito de preferência pelo credor hipotecário). V. ainda CC 1.501 (ineficácia da arrematação ou adjudicação em relação ao credor hipotecário não intimado).

Art. 892: 5. "Se o imóvel penhorado é o mesmo, e incontroversa a existência de **créditos contra o devedor em outras execuções,** o credor pode aproveitá-los no lance oferecido para a arrematação" (STJ-3ª T., REsp 834.644, Min. Ari Pargendler, j. 12.6.07, dois votos vencidos, DJU 13.8.07).

Art. 892: 6. i. e., o "valor pelo qual os bens foram arrematados", e não o "valor de avaliação dos bens" (RTJ 100/1.269 e STF-RT 551/263). "O depósito, que o credor-arrematante está obrigado a fazer, é o correspondente à **diferença entre o seu crédito e o valor do lanço vencedor"** (RTJ 96/1.333). No mesmo sentido: RTJ 108/221; STJ-3ª T., REsp 10.294, Min. Cláudio Santos, j. 28.6.91, DJU 2.9.91; RT 598/200, 765/240, RJTJESP 90/57; 1º TASP-Bol. AASP 1.146/supl., 23 votos a 2.

"O credor arrematante só está obrigado a depositar o valor de seu lance, na medida em que este exceder o crédito" (STJ-1ª T., REsp 21.341-5, Min. Gomes de Barros, j. 24.6.92, DJU 24.8.92).

Súmula 5 do 1º TASP: "Em segunda praça ou leilão, o valor dos bens, a que alude o art. 690, § 2º, do Cód. de Proc. Civil, será o do lanço da arrematação" (RT 624/100 e JTA 97/9).

Art. 892: 7. "Arrematado o bem pelo credor por valor superior a seu crédito, o depósito da diferença deverá ser efetuado no **prazo de três dias a partir da assinatura do auto** pelo juiz, escrivão, arrematante, porteiro ou leiloeiro, quando a arrematação é considerada perfeita, acabada e irretratável, e não da sua juntada ao processo" (RT 669/117).

Art. 893. Se o leilão for de diversos bens e houver mais de um lançador, terá preferência aquele que se propuser a arrematá-los todos, em conjunto,[1] oferecendo, para os bens que não tiverem lance, preço igual ao da avaliação[2] e, para os demais, preço igual ao do maior lance que, na tentativa de arrematação individualizada, tenha sido oferecido para eles. [Dispositivo correspondente no CPC/1973: art. 691]

Art. 893: 1. Em matéria de execução fiscal, v. LEF 23 § 1º.

Art. 893: 2. ou melhor, igual ao **preço mínimo** estabelecido pelo juiz (v. art. 885). Não faz sentido estabelecer como parâmetro, aqui, o preço da avaliação. A menção a avaliação parece ser fruto de descuido do legislador, que transportou para cá o texto do CPC rev. 691 sem atentar para a mudança de paradigma em matéria de alienação judicial e preço mínimo.

Art. 894. Quando o imóvel admitir cômoda divisão, o juiz, a requerimento do executado, ordenará a alienação judicial de parte dele, desde que suficiente para o pagamento do exequente e para a satisfação das despesas da execução. [Dispositivo correspondente no CPC/1973: art. 702-*caput*]

§ 1º Não havendo lançador, far-se-á a alienação do imóvel em sua integridade. [Dispositivo correspondente no CPC/1973: art. 702 § ún.]

§ 2º A alienação por partes deverá ser requerida a tempo de permitir a avaliação das glebas destacadas e sua inclusão no edital, e, nesse caso, caberá ao executado instruir o requerimento com planta e memorial descritivo subscritos por profissional habilitado.[1] [Sem dispositivo correspondente no CPC/1973]

Art. 894: 1. v. art. 872 § 1º.

Art. 895. O interessado em adquirir o bem penhorado em prestações poderá apresentar, por escrito: [Dispositivo correspondente no CPC/1973: art. 690 § 1º]

I — até o início do primeiro leilão, proposta de aquisição do bem por valor não inferior ao da avaliação; [Dispositivo correspondente no CPC/1973: art. 690 § 1º]

II — até o início do segundo leilão, proposta de aquisição do bem por valor que não seja considerado vil. [Dispositivo correspondente no CPC/1973: art. 690 § 1º]

§ 1º A proposta conterá, em qualquer hipótese, oferta de pagamento de pelo menos vinte e cinco por cento do valor do lance à vista e o restante parcelado em até 30 (trinta) meses, garantido por caução idônea,[1] quando se tratar de móveis, e por hipoteca do próprio bem, quando se tratar de imóveis. [Dispositivo correspondente no CPC/1973: art. 690 § 1º]

§ 2º As propostas para aquisição em prestações indicarão o prazo,[2] a modalidade, o indexador de correção monetária e as condições de pagamento do saldo. [Dispositivo correspondente no CPC/1973: art. 690 § 2º]

§ 3º (VETADO)

§ 4º No caso de atraso no pagamento de qualquer das prestações, incidirá multa de dez por cento sobre a soma da parcela inadimplida com as parcelas vincendas. [Sem dispositivo correspondente no CPC/1973]

§ 5º O inadimplemento autoriza o exequente a pedir a resolução da arrematação[3] ou promover, em face do arrematante, a execução do valor devido, devendo ambos os pedidos ser formulados nos autos da execução em que se deu a arrematação. [Sem dispositivo correspondente no CPC/1973]

§ 6º A apresentação da proposta prevista neste artigo não suspende o leilão. [Sem dispositivo correspondente no CPC/1973]

§ 7º A proposta de pagamento do lance à vista sempre prevalecerá sobre as propostas de pagamento parcelado. [Sem dispositivo correspondente no CPC/1973]

§ 8º Havendo mais de uma proposta de pagamento parcelado: [Dispositivo correspondente no CPC/1973: art. 690 § 3º]

I — em diferentes condições, o juiz decidirá pela mais vantajosa, assim compreendida, sempre, a de maior valor; [Dispositivo correspondente no CPC/1973: art. 690 § 3º]

II — em iguais condições, o juiz decidirá pela formulada em primeiro lugar. [Dispositivo correspondente no CPC/1973: art. 690 § 3º]

§ 9º No caso de arrematação a prazo, os pagamentos feitos pelo arrematante pertencerão ao exequente até o limite de seu crédito, e os subsequentes, ao executado. [Dispositivo correspondente no CPC/1973: art. 690 § 4º]

Art. 895: 1. A caução pode ser **real ou fidejussória** (v. arts. 897 e 898).

Art. 895: 2. limitado a 30 meses (v. § 1º).

Art. 895: 3. A opção pela **resolução da arrematação** implica devolução pelo exequente dos valores já recebidos do arrematante, descontada a multa de 10% do saldo em aberto (v. § 4º).

Art. 896. Quando o imóvel de incapaz não alcançar em leilão pelo menos oitenta por cento do valor da avaliação, o juiz o confiará à guarda e à administração de depositário idôneo, adiando a alienação por prazo não superior a 1 (um) ano. [Dispositivo correspondente no CPC/1973: art. 701-*caput*]

§ 1º Se, durante o adiamento, algum pretendente assegurar, mediante caução idônea, o preço da avaliação, o juiz ordenará a alienação em leilão. [Dispositivo correspondente no CPC/1973: art. 701 § 1º]

§ 2º Se o pretendente à arrematação se arrepender, o juiz impor-lhe-á multa de vinte por cento sobre o valor da avaliação, em benefício do incapaz, valendo a decisão como título executivo. [Dispositivo correspondente no CPC/1973: art. 701 § 2º]

§ 3º Sem prejuízo do disposto nos §§ 1º e 2º, o juiz poderá autorizar a locação do imóvel no prazo do adiamento.[1] [Dispositivo correspondente no CPC/1973: art. 701 § 3º]

§ 4º Findo o prazo do adiamento, o imóvel será submetido a novo leilão. [Dispositivo correspondente no CPC/1973: art. 701 § 4º]

Art. 896: 1. O **produto do aluguel** deve ser entregue ao exequente, com o proporcional abatimento do crédito objeto da execução, nos termos do art. 858.

Art. 897. Se o arrematante ou seu fiador não pagar o preço no prazo estabelecido, o juiz impor-lhe-á, em favor do exequente, a perda da caução,[1-2] voltando os bens a novo leilão, do qual não serão admitidos a participar o arrematante e o fiador remissos. [Dispositivo correspondente no CPC/1973: art. 695]

Art. 897: 1. Somente se cogita de perda da caução em matéria de **caução real.** Sendo a caução fidejussória, o exequente pode dirigir a execução contra o fiador.

Art. 897: 2. A perda da caução real deve se orientar pelos **limites** estabelecidos pela lei civil **para as multas contratuais,** sob pena de enriquecimento sem causa.

Art. 898. O fiador do arrematante que pagar o valor do lance e a multa[1] poderá requerer que a arrematação lhe seja transferida. [Dispositivo correspondente no CPC/1973: art. 696]

Art. 898: 1. v. arts. 895 § 4º e 896 § 2º.

Art. 899. Será suspensa a arrematação logo que o produto da alienação dos bens for suficiente para o pagamento do credor e para a satisfação das despesas da execução. [Dispositivo correspondente no CPC/1973: art. 692 § ún.]

Art. 900. O leilão prosseguirá no dia útil[1] imediato, à mesma hora em que teve início, independentemente de novo edital, se for ultrapassado o horário de expediente forense. [Dispositivo correspondente no CPC/1973: art. 689]

Art. 900: 1. v. art. 212, nota 1.

Art. 901. A arrematação constará de auto[1] que será lavrado de imediato e poderá abranger bens penhorados em mais de uma execução, nele mencionadas as condições nas quais foi alienado o bem. [Dispositivo correspondente no CPC/1973: art. 693-*caput*]

§ 1º A ordem de entrega do bem móvel ou a carta de arrematação do bem imóvel, com o respectivo mandado de imissão na posse, será expedida depois de efetuado o depósito ou prestadas as garantias pelo arrematante,[2 a 4a] bem como realizado o pagamento da comissão do leiloeiro e das demais despesas da execução. [Dispositivo correspondente no CPC/1973: art. 693 § ún.]

§ 2º A carta de arrematação conterá a descrição do imóvel, com remissão à sua matrícula ou individuação e aos seus registros,[4b-4c] a cópia do auto de arrematação e a prova de pagamento do imposto de transmissão,[5-5a] além da indicação da existência de eventual ônus real ou gravame. [Dispositivo correspondente no CPC/1973: art. 703]

Art. 901: 1. v. art. 903-*caput*.

Art. 901: 2. e depois de **transcorrido o decêndio** do art. 903 §§ 2º e 3º.

Art. 901: 2a. "Enquanto a arrematação não for completada com a **entrega dos bens ao arrematante,** o credor exequente não tem direito ao **recebimento do preço**" (RT 605/100).

Art. 901: 2b. O **juízo deprecado** é o competente para a expedição da carta de arrematação (RT 548/136, JTA 68/60).

Art. 901: 3. "O adquirente, em hasta pública, de bem que se encontra em poder do executado, como depositário, será imitido na respectiva posse mediante **simples mandado,** nos próprios autos da execução, **desnecessária a propositura de outra ação.** O possuidor do bem penhorado passa a depositário, atuando como auxiliar do juízo, e cujas determinações haverá de obedecer incontinenti" (RSTJ 73/407).

"Ao adquirente do imóvel arrematado em execução não se exige a propositura de nova ação para imitir-se na posse do bem, podendo fazê-lo nos autos do processo executivo por meio de mandado judicial" (STJ-4ª T., REsp 742.303, Min. Aldir Passarinho Jr., j. 30.5.06, DJU 26.6.06). No mesmo sentido: STJ-3ª T., REsp 328.441-AgRg, Min. Vasco Della Giustina, j. 11.5.10, DJ 25.5.10; RSTJ 28/211, 42/171, 58/159, 99/294, RT 537/106, 549/130, 580/120, maioria, 599/105, 652/142, 676/110, 761/345, JTA 73/152, 78/86, 106/26, RJTAMG 29/128, JTJ 357/47 (AI 990.09.371544-9). Não tem necessidade, assim, de mover qualquer demanda contra o depositário judicial, público ou particular, ou contra o executado que estiver na posse da coisa adjudicada ou arrematada. Mas, para haver a coisa de terceiro que não tenha sido parte na execução ou não esteja sujeito aos seus efeitos, terá de ajuizar demanda (RT 630/117, JTA 100/172, Bol. AASP 1.829/13).

De qualquer modo, certo é que "ao portador da carta de arrematação não pode ser oposta matéria pertinente às relações entre exequente e executado" (RTJ 110/200).

Art. 901: 3a. "O despacho que se limita a imitir o arrematante-adjudicante na posse do imóvel é mera consequência dos atos anteriores, portanto de mero expediente, contra ele sendo **inviável a interposição de agravo**" (STJ-4ª T., REsp 509.262, Min. Aldir Passarinho Jr., j. 14.10.03, DJU 24.11.03; a citação é do voto do relator).

Art. 901: 4. "Acórdão que defere imissão de posse em favor do arrematante de imóvel; imissão executada por mandado, com o imediato desalojamento da companheira do executado. **Impossibilidade** do uso, pela companheira, da ação **de mandado de segurança** à guisa de embargos de terceiro possuidor, ou como sucedâneo de ação possessória" (STJ-4ª T., RMS 431, Min. Athos Carneiro, j. 14.8.90, DJU 10.9.90).

Art. 901: 4a. "A circunstância de estar sendo a posse exercida *pro diviso* ou *pro indiviso*, assim como não impediu a penhora e o depósito, não é causa suficiente para obstar a ordem judicial para que o depositário transfira aos arrematantes a posse que exerce" (RSTJ 99/294).

Art. 901: 4b. observando os requisitos do **art. 225 da LRP** (RT 733/318).

Art. 901: 4c. Na hipótese de o oficial de Registro de Imóveis **recusar-se** a proceder **ao registro da arrematação,** pode o interessado requerer a suscitação de dúvida, que será dirimida pelo juiz corregedor (LRP, arts. 198 a 204) ou pedir ao juiz da execução que ordene o registro. Se este determinar o registro da arrematação, cumpre ao oficial acatar a ordem, que não poderá ser revista pelo juiz corregedor, ainda que fira algum dos princípios que regem o Registro de Imóveis.

Assim: "Não deve o Juiz Corregedor, em atividade administrativa, recusar cumprimento de mandado expedido por Juiz no exercício de sua jurisdição, sob pena de invadir-lhe a competência" (RSTJ 150/229). No caso, o juiz corregedor havia recusado cumprimento de mandado do juiz de direito, sob o fundamento de que o registro da arrematação, por este determinado, feriria o princípio da continuidade do registro imobiliário.

Art. 901: 5. "Os **impostos** a que se refere o art. 703-II do CPC são os **da própria arrematação,** quer dizer, os impostos sobre a transmissão do bem" (RT 468/99). No mesmo sentido: RF 250/248, JTA 87/20.

S/ tributos em geral, v. art. 892, notas 1a e 1b.

Art. 901: 5a. "O CPC vigente manda constar da carta a quitação dos impostos incidentes sobre a transmissão coativa, **não incluindo,** assim, as **contribuições previdenciárias"** (RTFR 120/82).

Art. 902. No caso de leilão de bem hipotecado, o executado poderá remi-lo[1] até a assinatura do auto de arrematação, oferecendo preço igual ao do maior lance oferecido. [Sem dispositivo correspondente no CPC/1973]

Parágrafo único. No caso de falência ou insolvência do devedor hipotecário, o direito de remição previsto no *caput* defere-se à massa ou aos credores em concurso, não podendo o exequente recusar o preço da avaliação do imóvel.[2]

Art. 902: 1. v. arts. 826 e 877 §§ 3º e 4º.

Art. 902: 2. v. LRF 77, 124 § ún., 129-III e 163 § 4º.

Art. 903. Qualquer que seja a modalidade de leilão, assinado o auto pelo juiz,[1] pelo arrematante e pelo leiloeiro, a arrematação será considerada perfeita, acabada e irretratável,[2 a 3a] ainda que venham a ser julgados procedentes os embargos do executado ou a ação autônoma de que trata o § 4º deste artigo, assegurada a possibilidade de reparação pelos prejuízos sofridos. [Dispositivo correspondente no CPC/1973: art. 694-*caput*]

§ 1º Ressalvadas outras situações previstas neste Código, a arrematação poderá, no entanto, ser: [Dispositivo correspondente no CPC/1973: art. 694 § 1º]

I — invalidada, quando realizada por preço vil[3b] ou com outro vício;[4 a 7] [Dispositivos correspondentes no CPC/1973: art. 694-I e V]

II — considerada ineficaz, se não observado o disposto no art. 804;[8] [Dispositivo correspondente no CPC/1973: art. 694-VI]

III — resolvida, se não for pago o preço ou se não for prestada a caução. [Dispositivo correspondente no CPC/1973: art. 694-II]

§ 2º O juiz decidirá acerca das situações referidas no § 1º, se for provocado em até 10 (dez) dias após o aperfeiçoamento da arrematação.[8a-8b] [Sem dispositivo correspondente no CPC/1973]

§ 3º Passado o prazo previsto no § 2º sem que tenha havido alegação de qualquer das situações previstas no § 1º, será expedida a carta de arrematação e, conforme o caso, a ordem de entrega ou mandado de imissão na posse.[9] [Sem dispositivo correspondente no CPC/1973]

§ 4º Após a expedição da carta de arrematação ou da ordem de entrega, a invalidação da arrematação poderá ser pleiteada por ação autônoma,[9a] em cujo processo o arrematante figurará como litisconsorte necessário.[10] [Dispositivo correspondente no CPC/1973: art. 746-*caput*]

§ 5º O arrematante poderá desistir da arrematação, sendo-lhe imediatamente devolvido o depósito que tiver feito:[10a] [Sem dispositivo correspondente no CPC/1973]

I — se provar, nos 10 (dez) dias seguintes, a existência de ônus real ou gravame não mencionado no edital;[11] [Dispositivo correspondente no CPC/1973: art. 694 § 1º-III]

II — se, antes de expedida a carta de arrematação ou a ordem de entrega, o executado alegar alguma das situações previstas no § 1º;[12] [Sem dispositivo correspondente no CPC/1973]

III — uma vez citado para responder a ação autônoma de que trata o § 4º deste artigo, desde que apresente a desistência no prazo de que dispõe para responder a essa ação. [Dispositivo correspondente no CPC/1973: art. 746 § 1º]

§ 6º Considera-se ato atentatório à dignidade da justiça a suscitação infundada de vício com o objetivo de ensejar a desistência do arrematante, devendo o suscitante ser condenado, sem prejuízo da responsabilidade por perdas e danos, ao pagamento de multa, a ser fixada pelo juiz e devida ao exequente, em montante não superior a vinte por cento do valor atualizado do bem.[13-14] [Dispositivo correspondente no CPC/1973: art. 746 § 3º]

Art. 903: 1. "Não estando o auto de praça e arrematação devidamente subscrito pelo juiz, a arrematação não se aperfeiçoa. Inexistência de ato perfeito, acabado e irretratável" (Bol. 1/93 do TRF-3ª Reg., p. 30).

Art. 903: 2. "O arrematante de imóvel tem o direito de **receber** os valores relativos ao **aluguel** a partir da **lavratura do auto** de arrematação, não sendo preciso esperar o registro no cartório do registro de imóveis" (STJ-3ª T., REsp 1.232.559, Min. João Otávio, j. 11.2.14, DJ 17.2.14). No mesmo sentido: STJ-4ª T., REsp 698.234, Min. Raul Araújo, j. 25.3.14, DJ 30.4.14.

Art. 903: 3. Havendo **dois leilões** do mesmo bem, em processos distintos de execução, prevalece a **carta** de arrematação **registrada em primeiro lugar** (Lex-JTA 141/57). "A carta de arrematação é o título de domínio, mas este só se transfere com o registro daquela no Cartório de Registro de Imóveis" (STJ-2ª Seção, CC 105.386, Min. Sidnei Beneti, j. 8.9.10, DJ 15.9.10). "Havendo duas arrematações sobre o mesmo bem imóvel, a carta de arrematação que primeiro for registrada definirá qual será o juízo competente para decidir eventuais demandas possessórias" (STJ-1ª Seção, CC 118.003-AgRg, Min. Herman Benjamin, j. 12.12.12, DJ 8.3.13). Em sentido semelhante: STJ-2ª Seção, CC 128.468, Min. Ricardo Cueva, j. 12.2.14, DJ 28.2.14.

"A arrematação, como dito no art. 694, *caput*, do Código de Processo Civil, após a assinatura do auto, será considerada 'perfeita, acabada e irretratável', contudo a eficácia destinada pelo referido dispositivo não pode se sobrepor a lógica posta pelo sistema registral brasileiro. Ou seja, pela matrícula do bem é que se toma conhecimento de eventuais gravames incidentes sobre ele e pelo registro do título é que se opera a transmissão da propriedade. Dar eficácia *erga omnes* à primeira arrematação não registrada desprestigia a confiança no registro e a boa-fé daqueles que nele confiam" (STJ-4ª T., REsp 1.045.258, Min. Marco Buzzi, j. 26.11.13, DJ 10.12.13).

Todavia: "Assinado o auto de arrematação de bem imóvel, não pode ele ser objeto de posterior penhora em execução fiscal movida contra o proprietário anterior, mesmo que ainda não efetivado o registro da respectiva carta no registro imobiliário" (STJ-1ª T., REsp 866.191, Min. Teori Zavascki, j. 22.2.11, DJ 28.2.11).

Contra: "Arrematação. Nulidade. É inviável realizar praça do imóvel penhorado quando este já tenha sido alvo de anterior e regular arrematação. A circunstância de a carta, concernente a segunda arrematação, ter sido transcrita no registro imobiliário não tem virtude de tornar válido o ato, por isso que o registro é contaminado pela nulidade absoluta do título" (STJ-3ª T., REsp 12.439-0, Min. Costa Leite, j. 8.2.94, DJU 23.5.94). No mesmo sentido: RTFR 159/37.

Art. 903: 3a. "Não se verifica qualquer ilegalidade por **ausência de intimação** dos devedores **sobre a arrematação.** Devidamente intimados da realização da praça, não há dispositivo legal que exija a intimação dos executados da ocorrência de arrematação" (STJ-3ª T., RMS 12.991, Min. Menezes Direito, j. 10.12.02, DJ 10.3.03). No mesmo sentido: STJ-2ª T., REsp 1.656.436, Min. Herman Benjamin, j. 18.4.17, DJ 2.5.17.

Art. 903: 3b. v. art. 891.

Art. 903: 4. p. ex., em razão da arrematação por **pessoa impedida** (v. art. 890).

Art. 903: 4a. "A anulação da praça por **omissão no edital** depende da demonstração de prejuízo, já que se trata de nulidade não cominada" (STJ-4ª T., REsp 200.705, Min. Sálvio de Figueiredo, j. 26.2.02, DJU 15.4.02). No mesmo sentido: STJ-2ª T., REsp 520.039, Min. Eliana Calmon, j. 21.9.04, DJU 29.11.04; STJ-1ª T., REsp 1.750.685, Min. Sérgio Kukina, j. 9.6.20, maioria, DJ 1.7.20.

V. tb. § 5º-I e art. 884, nota 1. S/ requisitos do edital, v. art. 886 e notas, em especial nota 7.

Art. 903: 4b. "A **indevida inserção de outro crédito,** às vésperas da praça, é de ser tida como irregular. Não é causa, entretanto, de nulidade da arrematação. Poderiam os devedores se insurgir contra a entrega, ao credor, da importância que ultrapassasse o valor objeto da execução, com acessórios, mas não desconstituir aquele ato" (RSTJ 95/261).

Art. 903: 5. Afirmando a invalidade da arrematação, no caso de o **bem arrematado:**

— não existir (RJTJESP 88/274, 97/277, 131/289);

— não ser localizado (RJTJESP 105/265, JTA 105/158);

— ter sido furtado (RJTJESP 112/34);

— pertencer a terceiro (RJTJESP 89/281, 98/382, 112/325, JTA 95/130, JTJ 182/224, maioria).

Art. 903: 6. "Realizado que foi o leilão quando **já deferido o pagamento** do débito pelo devedor, pagamento que veio a ocorrer, a alienação do bem penhorado já não poderia ser efetuada" (TFR-4ª T., Ag 50.797, Min. Armando Rollemberg, j. 3.12.86, DJU 10.9.87).

Anulando a arrematação pois o executado requerera, antes dela, a **substituição por dinheiro** do bem penhorado: RJTJESP 103/43.

Invalidando a arrematação com fundamento em **transação anterior,** entre o credor e o devedor: RTFR 134/151.

Todavia, considerando válida a arrematação, não obstante pago anteriormente o valor devido, pois a notícia do pagamento não constava dos autos: RTFR 133/99.

Art. 903: 7. A **anistia, posterior** à arrematação em execução fiscal, não a invalida (RJTJESP 110/35), mas ao devedor pertence o produto do leilão, devidamente atualizado (STJ-Bol. AASP 1.761/352).

Art. 903: 8. "A arrematação levada a efeito **sem intimação do credor hipotecário** é inoperante relativamente a este, não obstante eficaz entre executado e arrematante" (STJ-3ª T., REsp 1.269.474, Min. Nancy Andrighi, j. 6.12.11, DJ 13.12.11). No mesmo sentido: STJ-2ª T., REsp 1.461.782-AgRg, Min. Mauro Campbell, j. 2.10.14, DJ 8.10.14.

"O executado não possui interesse em requerer a nulidade da arrematação com fundamento na ausência de intimação de credores com garantia real ou penhora anteriormente averbada, pois a consequência jurídica derivada dessa omissão do Juízo é a decretação de ineficácia do ato expropriatório em relação ao credor preterido, não gerando repercussão negativa na esfera econômica do devedor" (STJ-3ª T., REsp 1.677.418, Min. Nancy Andrighi, j. 8.8.17, DJ 14.8.17).

Art. 903: 8a. O juiz não deve decidir de plano quando provocado a se pronunciar sobre matéria referida no § 1º; antes, deve **ouvir os interessados** a respeito. Por isonomia, o prazo para manifestação deles deve ser de **10 dias.**

Art. 903: 8b. Há um acórdão entendendo que o exequente não tem interesse em **recorrer da decisão que anula a arrematação** (JTA 107/373). Não parece razoável, porque com o preço da arrematação ele se paga, no todo ou em parte; se ela for anulada, já não irá recebê-lo ou, pelo menos, o recebimento será procrastinado.

Art. 903: 9. v. art. 901.

Art. 903: 9a. V. tb. art. 966 § 4º e notas.

S/ competência da Justiça do Trabalho, v. CF 114, nota 3c; denunciação da lide do Estado, v. art. 125, nota 4; arguição de impenhorabilidade de bem de família, v. LBF 3º, nota 1b.

V. ainda, no nosso CCLCV, CC 178, nota 2b (decadência).

Art. 903: 10. "São **litisconsortes passivos necessários,** na ação anulatória de arrematação, o arrematante e o terceiro adquirente, uma vez que a sentença atinge o direito destes, sendo, pois, obrigatório que se proceda à citação de ambos" (RJTAMG 40/61, maioria).

Afirmando que devem compor o polo passivo do processo nessas circunstâncias o arrematante, o executado e o exequente: RF 312/147, maioria; JTAERGS 83/152.

Art. 903: 10a. Basta a oferta de **simples petição** para a desistência.

Art. 903: 11. v. nota 4a.

Art. 903: 12. Em razão do contraditório que deve se seguir à alegação de situação prevista no § 1º (v. nota 8a), o arrematante deve **exercer** seu **direito de desistência** nesse momento.

Art. 903: 13. A ilícita suscitação de vício também caracteriza **litigância de má-fé** (no mínimo, art. 80-IV). Todavia, a sanção do art. 903 § 6º **não é cumulável** com a multa prevista no art. 81-*caput*, em razão da idêntica função punitiva de ambas. No entanto, ela pode ser cumulada com a sanção reparatória do mesmo art. 81-*caput*, desde que existentes comprovados danos.

S/ requisitos para a cumulação de sanções, v. art. 81, nota 9.

Art. 903: 14. A multa é punição pela ilícita suscitação de vício. Ela **independe da efetiva desistência** do arrematante para sua incidência.

Seção V | DA SATISFAÇÃO DO CRÉDITO[1]

SEÇ. V: 1. s/ extinção da execução, v. arts. 924 e 925.

Art. 904. A satisfação do crédito exequendo far-se-á: [Dispositivo correspondente no CPC/1973: art. 708-*caput*]

I — pela entrega do dinheiro;[1] [Dispositivo correspondente no CPC/1973: art. 708-I]

II — pela adjudicação dos bens penhorados.[2] [Dispositivo correspondente no CPC/1973: art. 708-II]

Art. 904: 1. v. arts. 905 e segs.

Art. 904: 2. v. arts. 876 e segs.

Art. 905. O juiz autorizará que o exequente levante, até a satisfação integral de seu crédito,[1] o dinheiro depositado para segurar o juízo ou o produto dos bens alienados, bem como do faturamento de empresa ou de outros frutos e rendimentos de coisas ou empresas penhoradas, quando: [Dispositivo correspondente no CPC/1973: art. 709-*caput*]

I — a execução for movida só a benefício do exequente singular, a quem, por força da penhora, cabe o direito de preferência sobre os bens penhorados e alienados; [Dispositivo correspondente no CPC/1973: art. 709-I]

II — não houver sobre os bens alienados outros privilégios ou preferências instituídos anteriormente à penhora.[2] [Dispositivo correspondente no CPC/1973: art. 709-II]

Parágrafo único. Durante o plantão judiciário, veda-se a concessão de pedidos de levantamento de importância em dinheiro ou valores ou de liberação de bens apreendidos. [Sem dispositivo correspondente no CPC/1973]

Art. 905: 1. O crédito abrange o principal, juros, custas e honorários (art. 907), além da correção monetária (v. Lei 6.899, de 8.4.81, no tít. CORREÇÃO MONETÁRIA).

Art. 905: 2. v. arts. 797, 908 e 909.

Art. 906. Ao receber o mandado de levantamento, o exequente dará ao executado, por termo nos autos, quitação da quantia paga.[1] [Dispositivo correspondente no CPC/1973: art. 709 § ún.]

Parágrafo único. A expedição de mandado de levantamento poderá ser substituída pela transferência eletrônica do valor depositado em conta vinculada ao juízo para outra indicada pelo exequente. [Sem dispositivo correspondente no CPC/1973]

Art. 906: 1. Mas a eficácia plena da quitação ficará condicionada ao efetivo recebimento do dinheiro pelo exequente. V. tb. CC 319.

Art. 907. Pago ao exequente o principal, os juros, as custas e os honorários,[1] a importância que sobrar será restituída ao executado. [Dispositivo correspondente no CPC/1973: art. 710]

Art. 907: 1. e correção monetária (v. Lei 6.899, de 8.4.81, no tít. CORREÇÃO MONETÁRIA).

V. art. 322 § 1º c.c. art. 771 § ún.

Art. 908. Havendo pluralidade de credores ou exequentes,[1 a 2] o dinheiro lhes será distribuído e entregue consoante a ordem das respectivas preferências.[3 a 5b] [Dispositivo correspondente no CPC/1973: art. 711]

§ 1º No caso de adjudicação ou alienação, os créditos que recaem sobre o bem, inclusive os de natureza *propter rem*, sub-rogam-se sobre o respectivo preço, observada a ordem de preferência. [Sem dispositivo correspondente no CPC/1973]

§ 2º Não havendo título legal à preferência, o dinheiro será distribuído entre os concorrentes, observando-se a anterioridade de cada penhora.[6 a 9] [Dispositivo correspondente no CPC/1973: art. 711]

Art. 908: 1. s/ competência da Justiça Estadual, mesmo no caso de intervenção da União no concurso, v. **Súmula 270 do STJ,** em CF 109, nota 3-Concurso de credores; s/ concurso de créditos decorrentes de condenação prevista na LACP e de indenizações pelos prejuízos individuais resultantes do mesmo evento danoso, v. CDC 99; s/ concurso de credores e honorários advocatícios, v. EA 24, nota 1g; s/ concurso de preferência em execução fiscal, v. LEF 29.

Art. 908: 1a. Constando dos autos a existência de mais de uma penhora, devem os respectivos credores, sob pena de nulidade, ser **intimados** para a instauração do concurso e para falar sobre o pedido, bem como requerer o que for de seu interesse (Bol. AASP 1.584/99, 3 votos a 2).

A intimação aos demais credores pode ser feita **na pessoa de seus respectivos advogados** (RF 305/188).

Art. 908: 2. "Os credores que participam do concurso de preferências em execução são litisconsortes e fazem jus ao **prazo em dobro** quando representados por procuradores diferentes" (STJ-3ª T., REsp 418.495, Min. Nancy Andrighi, j. 24.6.02, DJU 9.9.02).

Art. 908: 3. CC 958: "Os títulos legais de preferência são os privilégios e os direitos reais".

Art. 908: 4. Ordem dos pagamentos.

Súmula 478 do STJ: "Na execução de **crédito** relativo a **cotas condominiais,** este tem preferência sobre o hipotecário".

"O crédito condominial tem preferência sobre o crédito hipotecário por constituir obrigação *propter rem*, constituído em função da utilização do próprio imóvel ou para evitar-lhe o perecimento" (STJ-4ª T., REsp 1.039.117-AgRg, Min. Aldir Passarinho Jr., j. 23.6.09, DJ 24.8.09). No mesmo sentido: STJ-3ª T., REsp 577.547, Min. Menezes Direito, j. 29.6.04, DJU 25.10.04; STJ-6ª T., REsp 315.963, Min. Quaglia Barbosa, j. 19.10.04, DJU 16.11.04; RT 867/208, 869/250, JTJ 298; 128, RJTJERGS 249/147. **Contra:** RT 873/217 (TJSP, AI 1.161.665-0/6).

"O crédito decorrente de cotas condominiais não pagas prefere ao quirografário objeto de penhora anterior" (STJ-4ª T., REsp 984.245-EDcl, Min. Isabel Gallotti, j. 4.4.13, DJ 16.4.13).

Crédito alimentar. "Penhora realizada em execução de prestação alimentícia, incidente sobre bem dado em garantia hipotecária. Prevalência do crédito alimentar. No concurso com outros créditos, o alimentar tem prevalência, uma vez que vital à sobrevivência do alimentando" (STJ-4ª T., REsp 410.254, Min. Barros Monteiro, j. 15.3.05, DJU 9.5.05).

Mas: "Natureza indenizatória dos alimentos a que se refere o art. 948, II do CC. Impossibilidade de equipará-los aos alimentos com origem no direito de família, que gozam de privilégio geral. Crédito indenizatório de natureza quirografária. Penhora incidente sobre imóvel gravado por hipoteca cedular. Impossibilidade de o credor quirografário adjudicar para si o imóvel, em detrimento do credor munido de direito real de garantia" (RT 899/206: TJSP, AI 990.10.092684-5).

Crédito trabalhista. "Em execuções distintas, penhorado um mesmo bem, o art. 711 do CPC estabelece prioridade aos credores preferenciais, na distribuição do dinheiro apurado. Nada importa a existência de penhora anterior a benefício de credores-exequentes não preferenciais. O crédito trabalhista goza de prelação no concurso particular de credores (CPC, arts. 711 e 712)" (STJ-RT 828/174). "O art. 711 do CPC não exige que o credor preferencial efetue penhora sobre o bem objeto da execução. O crédito trabalhista prefere o hipotecário" (STJ-3ª T., REsp 293.788, Min. Gomes de Barros, j. 22.2.05, DJU 14.3.05). No mesmo sentido: STJ-5ª T., REsp 914.434, Min. Arnaldo Esteves, j. 5.2.09, DJ 9.3.09.

"Ação de cobrança de despesas condominiais. Cumprimento de sentença. Preferência do crédito trabalhista ao condominial" (STJ-3ª T., REsp 1.539.255, Min. Nancy Andrighi, j. 27.11.18, DJ 6.12.18).

Crédito fiscal. "Recaindo sobre o mesmo bem do devedor penhoras em execuções trabalhista e fiscal, a preferência é do crédito trabalhista. Havendo saldo na liquidação, este reservar-se-á em favor do credor fiscal" (RSTJ 13/67). "Execução fiscal. Arrematação. Requisição de numerário para satisfação do crédito trabalhista. Preferência deste em face do crédito tributário" (STJ-2ª T., REsp 1.491.126-AgRg, Min. Mauro Campbell, j. 18.12.14, DJ 19.12.14). V. tb. LEF 29, nota 2a.

"No concurso de credores estabelecem-se duas ordens de preferência: os créditos trabalhistas, os da Fazenda Federal, Estadual e Municipal e os com garantia real, nesta ordem; em um segundo momento, a preferência se estabelece em favor dos credores com penhora antecedente ao concurso, observando-se entre eles a ordem cronológica da constrição. Na dicção do art. 711 do CPC, a Fazenda, independentemente de penhora, prefere aos demais credores com penhora antecedente" (STJ-2ª T., REsp 1.171.009, Min. Eliana Calmon, j. 18.3.10, DJ 26.3.10). **Contra,** no sentido de que a preferência do crédito tributário sobre os demais pressupõe a existência de ação de execução e penhora: STJ-1ª T., REsp 685.632-AgRg, Min. Francisco Falcão, j. 18.8.05, DJ 7.11.05. V. tb. LEF 29, nota 6.

"Ação de cobrança de cotas condominiais. Execução. Concurso singular de credores. Preferência do crédito tributário em face do crédito condominial. Crédito com preferência legal" (STJ-3ª T., REsp 1.219.219, Min. Nancy Andrighi, j. 17.11.11, DJ 25.11.11).

Art. 908: 4a. As **despesas** feitas pelo **credor que promoveu a execução,** em benefício dos demais, devem ser reembolsadas prioritariamente, mesmo com prejuízo à ordem legal de preferência. É o que ocorre, p. ex., em relação ao crédito por custas, salários do perito e despesas de editais (RT 550/109, 633/108, Lex-JTA 146/36).

Art. 908: 4b. "A extensão da preferência que ostenta o detentor do crédito com **garantia real** está **limitada à extensão da própria garantia** outorgada. Se o bem constrito não for suficiente para o pagamento integral do débito, o credor poderá executar o devedor pelo restante da dívida, mas como quirografário" (STJ-4ª T., REsp 293.287, Min. Fernando Gonçalves, j. 4.2.10, DJ 8.3.10).

Art. 908: 5. Para que o **credor hipotecário** possa requerer, nos autos da execução proposta por outro credor e em que foi penhorado o bem hipotecado, o respeito à preferência no pagamento de seu crédito, é preciso que **já tenha proposto a execução** e nela sido penhorado o imóvel hipotecado?

— **Não:** "O credor hipotecário, embora não tenha ajuizado execução, pode manifestar a sua preferência nos autos de execução proposta por terceiro. Não é possível sobrepor uma preferência processual a uma preferência de direito material. O processo existe para que o direito material se concretize" (STJ-3ª T., REsp 159.930, Min. Ari Pargendler, j. 6.3.03, dois votos vencidos, DJU 16.6.03). "A preferência do credor hipotecário independe de sua iniciativa na execução ou na penhora. A arrematação de imóvel gravado de hipoteca garante ao credor hipotecário a preferência no recebimento de seu crédito em relação ao exequente" (RSTJ 151/403, 4ª T.). No mesmo sentido: RT 631/154, maioria, 633/108, maioria, 838/245, RF 295/279, 302/145, JTA 94/115, 108/272, RJTAMG 22/274, Bol. AASP 1.494/184.

— **Sim:** "O concurso de credores previsto nos arts. 711 e 712 do CPC pressupõe execução e penhora do credor que alega preferência, já que não basta por si só o fato de ser credor hipotecário. A escritura de garantia hipotecária e a sua inscrição no registro público não são suficientes para preservar a prelação do credor hipotecário em execução promovida por terceiro, pois a sua preferência só se impõe se existirem prévias execução por ele aforada e penhora sobre o bem" (STJ-4ª T.: RSTJ 110/273). No mesmo sentido: RT 505/145, JTA 46/108, 94/42.

V. tb. arts. 674, nota 21 (embargos de terceiro apresentados pelo credor hipotecário), 799-I, especialmente nota 2 (intimação do credor hipotecário), 804-*caput* (ineficácia da alienação não precedida de intimação do credor hipotecário), 833, nota 9 (penhorabilidade do bem hipotecado), 889-V, inclusive nota 9 (comunicação da alienação judicial ao credor hipotecário), 892, nota 4 (arrematação pelo credor hipotecário). V. ainda CC 1.501 (ineficácia da arrematação ou adjudicação em relação ao credor hipotecário não intimado).

Art. 908: 5a. O credor preferencial não precisa ter penhora em seu favor para fazer prevalecer seu crédito em outra execução e pode até se valer da constrição realizada nesta, mas **não fica dispensado de promover execução própria** para o efetivo recebimento do bem (STJ-4ª T., REsp 280.871, Min. Luis Felipe, j. 5.2.09, DJ 23.3.09). É que não se admite que "ele se aproprie do produto da penhora havida em outro processo sem que promova a sua própria execução, no bojo da qual seja dada ao devedor oportunidade de defesa" (STJ-3ª T., REsp 732.798, Min. Sidnei Beneti, j. 4.8.09, DJ 18.8.09).

Art. 908: 5b. "A solvência dos créditos de mesma e privilegiada classe (equiparada a trabalhista) será realizada proporcionalmente aos créditos titularizados pelos credores concorrentes, **desimportando a anterioridade de**

penhoras. Exegese dos arts. 711 do CPC/73 (art. 908 do CPC/2015) e 962 do Código Civil" (STJ-3ª T., REsp 1.649.395, Min. Paulo Sanseverino, j. 2.4.19, DJ 5.4.19).

Art. 908: 6. A **competência** para o julgamento do concurso de credores fixa-se perante o juízo em que se efetivou a **primeira penhora** (STJ-2ª Seção, CC 20.098, Min. Nancy Andrighi, j. 12.12.01, DJU 18.2.02; RT 493/177, RJTAMG 19/326).

Todavia: "A **competência** para solucionar o concurso de credores define-se pelo juízo em que se consumou a **alienação do bem.** A ele acorrerão os demais credores que promovem sua execução em juízo diverso, apresentando seus títulos de preferência. Tal habilitação não altera nem compromete a competência estabelecida para as diversas ações executivas. O que há, simplesmente, é inauguração de um procedimento concursal com o único desiderato de dar destinação ao valor arrecadado com a alienação do bem penhorado. No caso dos autos, levando-se em conta que, à época da constrição determinada pelo Juízo Trabalhista, o bem penhorado já havia sido objeto de arrematação promovida pela Vara Cível de Pato Branco, o competente para apreciar o concurso de credores então instaurado é o Juiz Estadual suscitado" (STJ-1ª Seção, CC 40.866, Min. Teori Zavascki, j. 13.12.04, DJU 14.2.05).

"A eventual desatenção a direito de preferência, resultante de ter-se penhorado em primeiro lugar, de nenhum modo afeta a regularidade da arrematação. Diz apenas com a distribuição do produto da alienação judicial" (STJ-3ª T., REsp 42.878-5, Min. Eduardo Ribeiro, j. 25.10.94, DJU 28.11.94).

Art. 908: 6a. Firma-se a preferência pela **primeira penhora sobre o mesmo imóvel** (RT 501/129), pouco importando a data da juntada aos autos do mandado de penhora, depois de cumprido (RT 503/148, JTA 47/60), ou que a alienação judicial não venha a ocorrer no processo em que se fez a primeira penhora (RP 5/279 e 5/355, em. 52).

"Não importa qual o credor que tenha **promovido primeiro a execução,** e sim aquele que obteve em primeiro lugar a penhora do bem levado a praça ou leilão" (RT 625/115, Bol. AASP 1.581/83, maioria).

Art. 908: 7. Se houve **arresto,** os seus efeitos, para fins de prelação, vigoram desde a sua implementação; vale dizer, convertido em penhora, seus **efeitos retroagem** e quem primeiro arrestou tem a preferência disputada sobre a posterior penhora de outro credor (STJ-RJ 218/48: 4ª T., REsp 2.435; STJ-3ª T., AI 17.063-AgRg, Min. Nilson Naves, j. 2.6.92, DJU 29.6.92; RT 879/254: TJSP, AI 569.334-4/9-00; RF 311/172, JTA 120/79).

"O arresto, tendo a mesma natureza executiva da penhora, assegura ao credor que o efetiva, providenciando o devido registro, direito de preferência em relação a credor que posteriormente penhora o mesmo imóvel. O arresto, como a penhora, implica inalienabilidade do bem, presumindo-se, ademais, através do respectivo registro, seu absoluto conhecimento por terceiros, de molde a tornar indiscutível o interesse do credor, que prontamente diligenciou quanto ao arresto, na consequente excussão do bem para garantia de seu crédito" (STJ-4ª T., REsp 759.700, Min. Jorge Scartezzini, j. 18.8.05, dois votos vencidos, DJU 24.4.06).

"Tal qual a penhora, o arresto tem por efeito tornar inalienável o bem constrito, não suscitando dúvida sobre o interesse do credor diligente que, pelo fruto da alienação judicial do imóvel, pretende ver seu crédito assegurado. Inexistindo título legal à preferência, a anterioridade do arresto há de conferir ao credor previdente, que primeiramente levou a efeito o ato de constrição do bem, primazia sobre a penhora posteriormente efetuada. No caso, além de a medida cautelar de arresto anteceder a penhora do imóvel, a recorrida promoveu-lhe o respectivo registro em data igualmente anterior à penhora, o que mantém hígido o efeito *erga omnes* da medida" (STJ-4ª T., REsp 902.536-AgRg, Min. Isabel Gallotti, j. 27.3.12, DJ 11.4.12).

V. tb. art. 797, nota 2. Já em matéria de genérica indisponibilidade de bens, v. art. 876, nota 2a.

Art. 908: 7a. "Concurso de credores. Penhora. Preferência. **Averbação premonitória anterior. Irrelevância.** O alcance do art. 615-A e seus parágrafos dá-se em relação às alienações voluntárias, mas não obsta a expropriação judicial, cuja preferência deve observar a ordem de penhoras, conforme orientam os arts. 612, 613 e 711 do CPC/1973. A averbação premonitória não equivale à penhora, e não induz preferência do credor em prejuízo daquele em favor do qual foi realizada a constrição judicial" (STJ-4ª T., REsp 1.334.635, Min. Antonio Ferreira, j. 19.9.19, DJ 24.9.19).

Art. 908: 8. O **registro da penhora** feita em uma execução **não altera o direito de preferência** da penhora anterior (STJ-3ª T., REsp 1.195.540-AgRg, Min. Sidnei Beneti, j. 9.8.11, DJ 22.8.11; STJ-4ª T., REsp 1.209.807, Min. Raul Araújo, j. 15.12.11, DJ 15.2.12; RSTJ 51/260, STJ-RJ 190/63, maioria, 218/48, maioria, RT 666/103, 765/245, JTA 90/79; JTJ 354/87: AI 990.10.185614-0; RJTJERGS 259/139: AI 70013906979), e isso porque, no concurso de credores, "interessa a cronologia das penhoras, não a cronologia dos registros dessas penhoras" (Lex-JTA 146/61).

Art. 908: 9. "O credor primeiro que efetuar a penhora sobre bens do devedor, adquire, por força dessa prioridade temporal, um direito de prelação ou de preempção legal e, em consequência, preferirá aos demais e subsequentes credores do mesmo bem, recebendo em primeiro lugar o pagamento de seu crédito. **Desnecessidade de formalização de penhora no rosto dos autos** da ação de desapropriação, para eventual liberação do crédito aos recorrentes, credores da expropriada com penhora já realizada em seu favor, nos autos de outra demanda de cunho indenizatório" (STJ-1ª T., REsp 1.728.048, Min. Regina Costa, j. 11.4.19, maioria, DJ 20.5.19).

Art. 909. Os exequentes formularão as suas pretensões, que versarão unicamente sobre o direito de preferência e a anterioridade da penhora, e, apresentadas as razões, o juiz decidirá.[1 a 3] [Dispositivos correspondentes no CPC/1973: arts. 712 e 713]

Art. 909: 1. **Não há espaço para produção de prova** em concurso de credores. A prova do direito de preferência ou da anterioridade da penhora deve ser pré-constituída.

Art. 909: 2. "A decisão que dispõe sobre as preferências não comporta condenação em **honorários de advogado,** mas apenas nas despesas do incidente" (STJ-3ª T., REsp 42.346-5, Min. Eduardo Ribeiro, j. 28.2.94, DJU 14.3.94).

Art. 909: 3. Cabe **agravo de instrumento** contra a decisão que julga o concurso de credores (v. art. 1.015 § ún.).

Capítulo V | DA EXECUÇÃO CONTRA A FAZENDA PÚBLICA

Art. 910. Na execução[1 a 4] fundada em título extrajudicial, a Fazenda Pública[5 a 5b] será citada[6] para opor embargos[7] em 30 (trinta) dias.[7a a 9] [Dispositivo correspondente no CPC/1973: art. 730-*caput*]

§ 1º Não opostos embargos ou transitada em julgado a decisão que os rejeitar, expedir-se-á precatório[10 a 13] ou requisição de pequeno valor[14 a 16] em favor do exequente, observando-se o disposto no art. 100 da Constituição Federal. [Dispositivos correspondentes no CPC/1973: art. 730-I e II]

§ 2º Nos embargos, a Fazenda Pública poderá alegar qualquer matéria que lhe seria lícito deduzir como defesa no processo de conhecimento. [Sem dispositivo correspondente no CPC/1973]

§ 3º Aplica-se a este Capítulo, no que couber, o disposto nos artigos 534 e 535. [Sem dispositivo correspondente no CPC/1973]

Art. 910: 1. **Súmula 279 do STJ:** "**É cabível execução por título extrajudicial** contra a Fazenda Pública".

Na execução por título extrajudicial contra a Fazenda Pública, o exequente não está obrigado a apresentar, além do título executivo, outros documentos que comprovem o negócio causal da sua emissão, tais como cartas-contratos, empenho de despesas, autorizações de compra e ordens de execução de serviço (STJ-3ª T., REsp 34.265-3, Min. Cláudio Santos, j. 25.4.94, um voto vencido, DJU 23.5.94).

Art. 910: 2. "Embora a regra geral para o caso da **sentença que julga improcedentes os embargos do devedor** é a apelação ser recebida apenas no efeito devolutivo, somente é possível o prosseguimento da execução contra a Fazenda Pública, para fins de expedição de precatório, em se tratando de parcela incontroversa, o que não é o caso dos autos, pois ainda está pendente de julgamento em sede de apelação a prescrição da execução do crédito pleiteado, que poderá fulminar o próprio direito discutido" (STJ-2ª T., REsp 1.276.037-AgRg, Min. Humberto Martins, j. 10.4.12, DJ 19.4.12). No mesmo sentido: STJ-1ª T., Ag em REsp 15.696-AgRg-AgRg, Min. Arnaldo Esteves, j. 21.2.13, DJ 28.2.13.

Art. 910: 3. **"Não cabe execução fiscal** contra a Fazenda Pública com base na Lei 6.830/80, sendo aplicável à hipótese o art. 730 do CPC" (STJ-2ª T., REsp 28.883-0, Min. Hélio Mosimann, j. 18.11.92, DJU 1.2.93). No mesmo sentido: STJ-1ª T., REsp 642.122, Min. Francisco Falcão, j. 7.12.04, DJU 14.3.05.

Súmula 58 do TRF-4ª Reg.: "A execução fiscal contra a Fazenda Pública rege-se pelo procedimento previsto no art. 730 do Código de Processo Civil".

"A execução por quantia certa contra a Fazenda Pública deve obedecer ao disposto nos arts. 730 e 731 do CPC, não sendo aplicáveis à hipótese as normas da Lei 6.830/80. O fato de ser promovida equivocadamente, entretanto, **não deve levar ao indeferimento da inicial e extinção do processo,** e sim à sua adaptação ao tipo de procedimento adequado, como estabelece o art. 295, inc. IV, do CPC. Apelação provida para reformar a sentença e determinar que se processe a execução de acordo com o disposto no art. 730 do CPC" (Bol. do TFR 157/15).

Art. 910: 4. O art. 910 somente se aplica à hipótese de execução por quantia certa; não à execução de **obrigação de fazer ou não fazer** (STJ-6ª T., AI 1.073.258-AgRg, Min. Celso Limongi, j. 19.8.10, DJ 6.9.10; RT 509/94, RF 265/227).

S/ obrigações de fazer ou de não fazer, v. arts. 814 a 823.

Art. 910: 5. s/ execução contra autarquias, empresas públicas, ou sociedades de economia mista, v. art. 833, notas 3b e segs.; s/ execução de desapropriação, direta ou indireta, v. LD 29, nota 1a.

Art. 910: 5a. "O processo de execução por quantia certa contra a Fazenda Pública rege-se, nos termos do que prescreve a própria Constituição, por normas especiais que se estendem a **todas as pessoas jurídicas de direito público** interno, inclusive às entidades autárquicas" (STF-1ª T., RE 158.694-0, Min. Celso de Mello, j. 25.4.95, DJU 15.9.95).

Também afirmando a submissão da execução contra **autarquia** ao regime de precatório: STF-2ª T., RE 356.711, Min. Gilmar Mendes, j. 6.12.05, um voto vencido, DJU 7.4.06; STJ-3ª T., REsp 93.453, Min. Eduardo Ribeiro, j. 18.8.98, DJU 19.4.99; STJ-RJTJERGS 176/35: 4ª T.; RT 568/107, RJTJERGS 162/209. **Contra:** RP 5/258, maioria, 5/361, em. 91, maioria, 6/314, em. 98.

V. tb. LOJF 59.

Art. 910: 5b. As especiais regras da execução contra a Fazenda Pública **não alcançam "entidades paraestatais** que possuem personalidade de **pessoa jurídica de direito privado"** (STF-RT 899/119: 2ª T., AI 783.136-AgRg). No mesmo sentido: STF-Pleno, AI 841.548-RG, Min. Cezar Peluso, j. 10.6.11, maioria, DJ 31.8.11.

Art. 910: 6. "Se a parte, por **manifesto equívoco,** requer a expedição de ofício requisitório ao invés de pedido de citação para início da execução, acompanhado o mandado de todos os elementos aptos para defesa, e não havendo qualquer prejuízo para a agravante, nula não é a execução" (STJ-2ª T., Ag 11.268-AgRg, Min. José de Jesus Filho, j. 13.11.91, DJU 9.12.91).

Art. 910: 7. v. § 2º.

S/ efeito suspensivo, v. art. 919.

Art. 910: 7a. LPB 130: "Na execução contra o Instituto Nacional do Seguro Social — INSS, o prazo a que se refere o art. 730 do Código de Processo Civil é de trinta dias".

Art. 910: 8. "O prazo para a oposição de embargos do devedor, em se tratando de Fazenda Pública, deve ser **contado a partir da juntada aos autos do mandado citatório** devidamente cumprido" (STJ-6ª T., REsp 336.622, Min. Hamilton Carvalhido, j. 4.6.02, DJU 19.12.02).

Art. 910: 9. Esse prazo de 30 dias **não se dobra** (v. art. 183 § 2º).

Art. 910: 10. s/ precatório, v. CF 100 e notas, art. 535, notas 18 e segs., e LOJF 58 a 59; s/ precatório complementar, v. art. 535, notas 1a, 19a e 20; s/ penhorabilidade dos precatórios, em execução fiscal, v. LEF 11, nota 1c.

Art. 910: 11. Súmula Vinculante 47 do STF: "Os **honorários advocatícios** incluídos na condenação ou destacados do montante principal devido ao credor consubstanciam verba de **natureza alimentar** cuja satisfação ocorrerá com a expedição de **precatório ou requisição de pequeno valor,** observada ordem especial restrita aos créditos dessa natureza".

"Os honorários advocatícios relativos às condenações por sucumbência têm natureza alimentícia. Eventual dúvida existente sobre essa assertiva desapareceu com o advento da Lei 11.033/04, cujo art. 19, I, refere-se a 'créditos alimentares, inclusive alimentícios'" (STJ-Corte Especial, ED no REsp 706.331, Min. Gomes de Barros, j. 20.2.08, um voto vencido, DJU 31.3.08).

"Os honorários advocatícios, mesmo de sucumbência, têm natureza alimentar. A aleatoriedade no recebimento dessas verbas não retira tal característica, da mesma forma que, no âmbito do Direito do Trabalho, a aleatoriedade no recebimento de comissões não retira sua natureza salarial" (STJ-3ª T., REsp 608.028, Min. Nancy Andrighi, j. 28.6.05, um voto vencido, DJU 12.9.05).

S/ natureza alimentar dos honorários advocatícios, v. tb. arts. 85 § 14 e 833, nota 25c, e EA 24, notas 1d e segs.

S/ precatório para pagamento de verba honorária, v. EA 23, nota 6.

Art. 910: 12. Súmula Vinculante 17 do STF: "Durante o período previsto no § 1º do art. 100 da Constituição, não incidem **juros de mora** sobre os precatórios que nele sejam pagos". No mesmo sentido: STJ-Corte Especial, ED no REsp 535.963, Min. Fernando Gonçalves, j. 1.12.04, DJU 1.2.05. **Nota:** o primitivo § 1º da CF 100 corresponde ao atual § 5º.

"A jurisprudência do STJ, em conformidade com a orientação traçada pelo STF, considera que, havendo, por parte da Fazenda, o cumprimento do prazo constitucional para o pagamento dos precatórios (mês de dezembro do ano subsequente ao da respectiva apresentação), os juros moratórios são indevidos, por duas razões: primeira, porque a Constituição mandou incluir somente correção monetária; segunda, porque não houve mora. Todavia, uma interpretação dessa orientação *a contrario sensu* leva à seguinte conclusão: se a Fazenda não atende o prazo constitucional para o pagamento do precatório, configurar-se-á situação de mora, caso em que (a) são devidos juros de mora e (b) incidem sobre o período da mora, ou seja, a partir do dia seguinte ao do prazo constitucional do pagamento do precatório. Em outras palavras: não havendo pagamento do precatório até dezembro do ano seguinte ao da sua apresentação, passam, a partir de então (1º de janeiro subsequente), a incidir juros de mora" (STJ-1ª T., REsp 510.071-AgRg, Min. Teori Zavascki, j. 2.12.03, um voto vencido, DJU 16.2.04, p. 212). No mesmo sentido: **Súmula 45 do TRF-1ª Reg.**

"Não incidem juros de mora no período compreendido entre a confecção dos cálculos de liquidação e a expedição do precatório ou do ofício requisitório" (STJ-1ª T., REsp 1.240.532-AgRg, Min. Arnaldo Esteves, j. 18.8.11, DJ 24.8.11). **Todavia:** "Mesmo que obedecido o prazo do art. 100, § 1º, da Constituição Federal, há de prevalecer o comando expresso da sentença exequenda, em face da coisa julgada, determinando a incidência de juros de mora até o efetivo e integral pagamento do precatório" (STJ-Corte Especial, ED no REsp 918.313, Min. Fernando Gonçalves, j. 18.6.08, DJU 1.7.08). **Nota:** o primitivo § 1º da CF 100 corresponde ao atual § 5º.

Art. 910: 13. "A **verba requisitada à entidade sucumbente** e por ela colocada à disposição do Tribunal, via documento de crédito bancário, destinada ao pagamento do requisitório respectivo, não comporta conceituação como depósito judicial, para fins de incidência de correção monetária. Inaplicabilidade, no caso, das disposições expressas no Dec. lei 1.737, de 20.12.79" (STJ-Corte Especial, Precat. 10.135-AgRg, Min. Torreão Braz, j. 16.8.90, DJU 9.10.90, *apud* Bol. AASP 1.665/278, em. 11).

Art. 910: 14. **Lei 10.259, de 12.7.01 (LJEF): "Art. 17 § 1º** Para os efeitos do § 3º do art. 100 da Constituição Federal, as obrigações ali definidas como de pequeno valor, a serem pagas independentemente de precatório, terão como limite o mesmo valor estabelecido nesta lei para a competência do Juizado Especial Federal Cível (art. 3º, *caput*)". Esse limite corresponde a **60 salários mínimos.**

Art. 910: 15. **Obrigação de pequeno valor e CF 100 § 3º.** "Consideram-se de pequeno valor, para esse efeito, as execuções de (a) até 60 salários mínimos, quando devedora for a União Federal (Lei 10.259/01, art. 17 § 1º); (b) até 40 salários mínimos ou o estabelecido pela legislação local, quando devedor for Estado-membro ou o Distrito Federal (ADCT, art. 87); e (c) até 30 salários mínimos ou o estabelecido pela legislação local, quando devedor for Município (ADCT, art. 87). Sendo a execução promovida em regime de litisconsórcio ativo facultativo, a aferição do valor, para os fins do art. 100, § 3º, da Constituição, deve levar em conta o crédito individual de cada exequente (art. 4º da Res. 373, de 25.5.04, do Conselho da Justiça Federal)" (STJ-1ª T., REsp 823.293, Min. Teori Zavascki, j. 25.4.06, DJU 8.5.06).

"É possível o fracionamento de execução de sentença para expedição de requisição de pequeno valor, apenas quando tratar-se de litisconsórcio facultativo ativo e não de ação coletiva intentada por legitimado extraordinário ou substituto processual" (STF-2ª T., RE 452.261-AgRg, Min. Eros Grau, j. 8.5.07, DJU 25.5.07).

S/ fracionamento do valor da execução e honorários advocatícios, v. CF 100, notas 9c e 10.

Art. 910: 16. "Embora tenha a Lei 10.259/2001, dos **Juizados Especiais Federais,** conferido, em seu art. 17, *caput* e § 2º, poderes ao juiz singular para que, em substituição ao Presidente do Tribunal, determine o pagamento de requisição de pequeno valor, tal procedimento não pode ser aplicado nas execuções dos demais órgãos do Poder Judiciário por ausência de expressa previsão legal" (STJ-1ª T., RMS 27.880, Min. Benedito Gonçalves, j. 2.4.09, DJ 20.4.09).

Capítulo VI | DA EXECUÇÃO DE ALIMENTOS

Art. 911. Na execução fundada em título executivo extrajudicial que contenha obrigação alimentar,[1-1a] o juiz mandará citar o executado para, em 3 (três) dias, efetuar o pagamento das parcelas anteriores ao início da execução e das que se vencerem no seu curso,[1b] provar que o fez ou justificar[2] a impossibilidade de fazê-lo. [Sem dispositivo correspondente no CPC/1973]

Parágrafo único. Aplicam-se, no que couber, os §§ 2º a 7º do art. 528. [Sem dispositivo correspondente no CPC/1973]

Art. 911: 1. "O **acordo referendado pela Defensoria Pública estadual,** além de se configurar como título executivo, pode ser executado sob pena de prisão civil" (STJ-3ª T., REsp 1.117.639, Min. Massami Uyeda, j. 20.5.10, DJ 21.2.11).

"Execução de alimentos lastrada em título executivo extrajudicial, consubstanciado em **acordo firmado perante órgão do Ministério Público** (art. 585, II, do CPC), derivado de obrigação alimentar em sentido estrito — dever de sustento dos pais a bem dos filhos. Documento hábil a permitir a cominação de prisão civil ao devedor inadimplente, mediante interpretação sistêmica dos arts. 19 da Lei 5.478/68 e 733 do Estatuto Processual Civil" (STJ-4ª T., REsp 1.285.254, Min. Marco Buzzi, j. 4.12.12, maioria, DJ 1.8.13).

Art. 911: 1a. "A prisão civil não deve ser tida como meio de coação para o adimplemento de **parcelas atrasadas** de obrigação alimentícia — acumuladas por inércia da credora — já que, com o tempo, a quantia devida perde o cunho alimentar e passa a ter caráter de ressarcimento de despesas realizadas" (STF-1ª T., HC 75.180, Min. Moreira Alves, j. 10.6.97, DJU 1.8.97).

Súmula 309 do STJ: "O débito alimentar que autoriza a prisão civil do alimentante é o que compreende as três prestações anteriores ao ajuizamento da execução e as que se vencerem no curso do processo" (redação cf. entendimento revisado pela 2ª Seção no julgamento do HC 53.068: Bol. AASP 2.467/3.865; v. jurisprudência s/ essa revisão em RSTJ 200/603). No mesmo sentido: STF-RT 801/141, RT 868/231.

"A demora no processamento da ação não transforma a natureza dos alimentos devidos na data da propositura da demanda, aí incluídos aqueles relativos aos três meses anteriores; essas prestações autorizam a prisão do devedor, se após sentença final, deixarem de ser pagas de imediato" (STJ-3ª T., RHC 11.724, Min. Ari Pargendler, j. 11.9.01, DJ 29.10.01). No mesmo sentido: STJ-4ª T., RHC 37.365, Min. Marco Buzzi, j. 25.6.13, DJ 6.8.13.

Art. 911: 1b. v. art. 231 § 3º.

Art. 911: 2. v. art. 528, notas 2d e 2e.

Art. 912. Quando o executado for funcionário público, militar, diretor ou gerente de empresa, bem como empregado sujeito à legislação do trabalho, o exequente poderá requerer o desconto em folha de pagamento de pessoal da importância da prestação alimentícia.[1] [Sem dispositivo correspondente no CPC/1973]

§ 1º Ao despachar a inicial, o juiz oficiará à autoridade, à empresa ou ao empregador, determinando, sob pena de crime de desobediência, o desconto a partir da primeira remuneração posterior do executado, a contar do protocolo do ofício. [Sem dispositivo correspondente no CPC/1973]

§ 2º O ofício conterá os nomes e o número de inscrição no Cadastro de Pessoas Físicas do exequente e do executado, a importância a ser descontada mensalmente, a conta na qual deve ser feito o depósito e, se for o caso, o tempo de sua duração. [Sem dispositivo correspondente no CPC/1973]

Art. 912: 1. v. art. 529 e notas.

Art. 913. Não requerida a execução nos termos deste Capítulo, observar-se-á o disposto no art. 824 e seguintes, com a ressalva de que, recaindo a penhora em dinheiro, a concessão de efeito suspensivo aos embargos à execução não obsta a que o exequente levante mensalmente a importância da prestação.[1] [Sem dispositivo correspondente no CPC/1973]

Art. 913: 1. Em sentido semelhante, v. art. 528 § 8º.

Título III | DOS EMBARGOS À EXECUÇÃO

Art. 914. O executado, independentemente de penhora, depósito ou caução, poderá se opor à execução por meio de embargos.[1 a 8] [Dispositivo correspondente no CPC/1973: art. 736-*caput*]

§ 1º Os embargos à execução serão distribuídos por dependência,[8a] autuados em apartado e instruídos com cópias das peças processuais relevantes,[9] que poderão ser declaradas autênticas pelo próprio advogado, sob sua responsabilidade pessoal.[10-11] [Dispositivo correspondente no CPC/1973: art. 736 § ún.]

§ 2º Na execução por carta,[12] os embargos serão oferecidos no juízo deprecante ou no juízo deprecado,[13-14] mas a competência[14a a 19] para julgá-los é do juízo deprecante, salvo se versarem unicamente sobre vícios ou defeitos da penhora, da avaliação ou da alienação dos bens efetuadas no juízo deprecado. [Dispositivo correspondente no CPC/1973: art. 747-*caput*]

Art. 914: 1. s/ cabimento ou não de denunciação à lide, v. art. 125, nota 4, e de chamamento ao processo, v. art. 130, nota 4; s/ valor da causa, v. arts. 292, nota 10, e 319, nota 14; s/ prévia exceção de pré-executividade e preclusão, v. art. 507, nota 7; s/ desnecessidade de embargos, no caso de nulidade da execução, v. art. 803, nota 1a, e de nulidade da penhora, v. art. 525, nota 12a; s/ embargos à penhora, v. art. 838, nota 1a; s/ preparo dos embargos à execução, v. nota 5 abaixo; s/ conhecimento de embargos à execução como embargos de terceiro, v. nota 7 abaixo; s/ efeito suspensivo dos embargos, v. art. 919; s/ custas na Justiça Federal, v. RCJF 7º.

Art. 914: 2. mas também é possível apresentar **exceção de pré-executividade,** se a execução for nula (v. art. 803, notas 1 a 3); **ou ajuizar ação** para desconstituir o título executivo:

— **antes da execução:** "Execução. Título extrajudicial. Ação declaratória precedentemente ajuizada, objetivando a anulação total ou parcial do título. Ajuizada ação tendente a desconstituir o título em que veio a se fundar a execução, não se pode exigir sejam apresentados embargos com o mesmo objetivo, o que, aliás, sequer seria possível, pois haveria litispendência. A solução está em, garantido o juízo, tratar-se a ação em curso como embargos, com as consequências daí decorrentes" (STJ-3ª T., REsp 33.000-6, Min. Eduardo Ribeiro, j. 6.9.94, DJU 26.9.94). No mesmo sentido: STJ-4ª T., REsp 318.254, Min. Barros Monteiro, j. 9.10.01, DJU 11.3.02. "Bastaria que o executado formulasse petição dando notícia da existência da ação e, quando muito, pedisse que como embargos fosse considerada", sendo "despropositado exigir-se o ajuizamento de embargos reproduzindo demanda anteriormente ajuizada" (do REsp 135.535-SP, v. abaixo);

— **no curso da execução:** "Em curso processo de execução, não há impedimento a que seja ajuizada ação tendente a desconstituir o título em que aquela se fundamenta. Inexistência de preclusão, que se opera dentro do processo, não atingindo outros que possam ser instaurados, o que é próprio da coisa julgada material. Carecendo a ação da eficácia própria dos embargos, a execução prosseguirá, salvo se, em cautelar, for outorgado efeito suspensivo. Julgada procedente a ação, extingue-se a execução. Se a sentença sobrevier ao exaurimento da execução, abrir-se-á ao executado a possibilidade de, mediante **ação condenatória,** reaver o que houver pago indevidamente" (RSTJ 134/269: 3ª T., REsp 135.355, um voto vencido). O voto vencido considerava incabível a ação, ajuizada após o decurso do prazo para apresentação de embargos à execução.

"O devedor pode promover, depois de iniciada a execução e mesmo não lhe tendo opostos embargos, ação para a declaração da falsidade da assinatura que lhe é atribuída no título executivo" (STJ-4ª T., REsp 234.809, Min. Ruy Rosado, j. 25.4.00, DJU 12.2.01).

Entendendo que só é possível desconstituir o título executivo mediante a apresentação de embargos à execução: RT 638/115, e não através de ação cautelar: RSTJ 10/441.

Igualmente, não é possível receber como embargos a contestação por ele apresentada na execução: RT 703/101, 751/378, Lex-JTA 245/50.

Se a execução é nula, não há necessidade de ser atacada por embargos (v. art. 803, nota 1a).

V. arts. 55, nota 4 (conexão entre execução e outra ação que se oponha aos atos executivos), 313, nota 11c (prejudicialidade entre embargos e ação autônoma com mesmo objeto), 337, nota 24b (litispendência entre ação anulatória e embargos à execução), 921, nota 2 (suspensão da execução por ação autônoma), e LEF 16, nota 9a (recebimento e processamento de embargos intempestivos como ação autônoma).

Art. 914: 3. Deve ser nomeado curador especial ao executado que, citado por edital ou por hora certa, permanecer revel? v. art. 915, nota 4 **(Súmula 196 do STJ).**

Art. 914: 4. "Nos embargos à execução incide o **princípio da eventualidade,** com concentração da defesa do devedor" (STJ-JTAERGS 75/251). No mesmo sentido: STJ-3ª T., MC 14.046, Min. Nancy Andrighi, j. 24.6.08, DJ 5.8.08.

"Se o embargado compareceu em juízo e utilizou-se dos embargos à execução para impugnar a nulidade da citação por edital, caberia a ele trazer, até pelo princípio da eventualidade, a matéria de defesa que lhe conviesse" (STJ-2ª T., REsp 403.029-EDcl, Min. Eliana Calmon, j. 21.10.04, DJU 13.12.04).

Art. 914: 5. "Nos embargos à execução, por serem ação de conhecimento, a **petição inicial** deve atender aos requisitos dos arts. 282 e 283 do CPC. Verificando o juiz a falta de algum requisito, ordenará que o executante a emende. Inatendida a ordem, o juiz indeferirá a inicial (art. 284 c/c 295 e art. 739, inc. III, todos do CPC)" (STJ-3ª Seção, ED no REsp 255.673, Min. Gilson Dipp, j. 10.4.02, DJU 13.5.02). No mesmo sentido: RT 750/310, Lex-JTA 168/490. V. ainda art. 917, nota 23, e LEF 16, nota 6a.

A petição inicial de embargos à execução deve mencionar o **valor da causa** (RT 502/121, RJTJESP 110/301, JTA 41/84, 45/105) e sujeita-se ao cancelamento da distribuição por falta de **pagamento das custas,** independentemente de prévia intimação pessoal da parte (STJ-Corte Especial, ED no REsp 676.642, Min. Francisco Falcão, j. 5.11.08, DJ 4.12.08). V. tb. art. 525, nota 2a.

Todavia: "A ação incidental de embargos do devedor merece prosseguir, ainda que pagas as custas após o prazo fixado no art. 257 do CPC, se o juiz determinou a intimação da parte embargante e esta, no prazo assinado, veio a efetivar o preparo sem reação oportuna da parte adversa" (STJ-4ª T., REsp 13.470, Min. Athos Carneiro, j. 1.12.92, maioria, DJU 15.3.93). Em sentido semelhante: STJ-3ª T., REsp 1.116.574, Min. Massami Uyeda, j. 14.4.11, DJ 27.4.11.

V. tb. arts. 290, nota 6, e 321.

S/ juntada de procuração ao advogado, nos embargos à execução, v. art. 104, nota 5; s/ falta de assinatura do advogado na petição de embargos à execução, v. art. 319, nota 2.

Art. 914: 6. "Os embargos à execução têm natureza de ação, não se podendo, no curso do processo, **alterar a causa de pedir.** Entretanto, esta vedação não impede seja alegada matéria que deva ser examinada de ofício pelo juiz" (RTFR 160/123).

V. art. 920, nota 3.

Art. 914: 7. Os embargos à execução podem ser conhecidos como **embargos de terceiro,** se manifesto o equívoco do embargante ao denominá-los (RSTJ 57/330; RTFR 70/90; TFR-6ª T., AC 101.948, Min. Eduardo Ribeiro, j. 28.8.85, DJU 19.9.85) e se no prazo destes (STJ-1ª T., REsp 13.458-0, Min. Demócrito Reinaldo, j. 5.10.92, DJU 16.11.92).

"Admite-se, em virtude da instrumentalidade do processo, a defesa, por via de embargos do devedor, da meação da mulher do executado" (RSTJ 57/330). No mesmo sentido: RT 825/283.

Contra, não admitindo a conversão: RT 544/192.

A propósito de situação inversa, v. art. 674, nota 7.

Art. 914: 8. "O **cônjuge** do devedor tem legitimidade para embargar à execução para discutir o próprio débito exequendo" (STJ-3ª T., REsp 190.794, Min. Ari Pargendler, j. 21.8.01, DJU 1.10.01; STJ-4ª T., REsp 11.169, Min. Barros Monteiro, j. 18.5.92, DJU 22.6.92; RF 328/201, Lex-JTA 170/200).

Contra: "O cônjuge não se torna litisconsorte, no processo de execução, pela simples intimação de penhora sobre bem comum do casal" (RT 693/257). No mesmo sentido: RTJ 88/656, RT 650/107, JTA 109/213.

S/ ajuizamento de embargos à execução ou embargos de terceiro, pelo cônjuge do devedor, v. art. 674, nota 15.

Art. 914: 8a. "Ação de execução de título executivo extrajudicial. **Protocolização** de embargos à execução **nos autos da própria ação executiva.** Inobservância do art. 914, § 1º, do CPC/2015. Erro sanável. Aplicação dos princípios da instrumentalidade das formas e da economia processual. Não se afigura razoável deixar de apreciar os argumentos apresentados em embargos à execução tempestivamente opostos — ainda que, de forma errônea, nos autos da própria ação de execução — sem antes conceder à parte prazo para sanar o vício" (STJ-3ª T., REsp 1.807.228, Min. Nancy Andrighi, j. 3.9.19, maioria, DJ 11.9.19).

Art. 914: 9. i. e., com cópia das peças dos autos da execução que se fizerem **necessárias à compreensão e ao julgamento** da matéria objeto dos embargos. Invariavelmente, deve o executado instruir seus embargos com cópia da petição inicial da execução e do título executivo. Também deve trazer com os embargos cópia da procuração outorgada ao patrono do exequente, a fim de viabilizar sua citação, bem como a intimação prevista no art. 920 (v. art. 920, nota 2).

Art. 914: 10. s/ a força probante da declaração de autenticidade de peças processuais pelo advogado, v. art. 425-IV.

Art. 914: 11. **Ausente cópia de peça processual relevante,** o juiz deve intimar o embargante a apresentá-la em 15 dias, nos moldes do art. 321-*caput*. Somente se desatendida essa determinação é que se deverá indeferir a petição inicial (art. 321 § ún.). Nesse sentido: JTJ 346/95 (AI 7.377.645-1).

V. tb. nota 5, acima.

Art. 914: 12. s/ outros assuntos relacionados com a execução por carta, v. arts. 260 a 268.

V. tb. art. 676, nota 3 (competência para os embargos de terceiro).

Art. 914: 13. s/ prazo para embargos, v. art. 915, especialmente §§ 2º e 4º.

Art. 914: 14. Os embargos podem ser apresentados no juízo deprecado, se deste é a competência para o seu conhecimento ou, mesmo não sendo, enquanto a precatória nele se encontra. V., a propósito, LEF 20.

Art. 914: 14a. **Súmula 46 do STJ:** "Na **execução por carta,** os embargos do devedor serão decididos no juízo deprecante, salvo se versarem unicamente vícios ou defeitos da penhora, avaliação ou alienação dos bens" (v. jurisprudência s/ esta Súmula em RSTJ 38/165).

Todavia: "A **ação ordinária,** proposta pelo devedor contra o credor, para anular atos praticados no âmbito de carta precatória extraída de processo de execução deve ser processada e julgada no foro do domicílio do réu, sempre que fundada em direito pessoal (CPC, art. 94); inaplicabilidade da Súmula 46 do Superior Tribunal de Justiça, que diz respeito aos embargos do devedor" (STJ-2ª Seção, CC 36.918, Min. Ari Pargendler, j. 26.3.03, quatro votos vencidos, DJU 2.3.05). Os votos vencidos aplicavam a Súmula 46 do STJ, por analogia, também à ação ordinária; segundo os votos vencedores, tratando-se de ação, e não de embargos do devedor, prevalece a regra geral de que deve ser proposta no foro do domicílio do devedor.

Art. 914: 15. "Compete ao juízo deprecante decidir sobre a alegada **fraude à execução,** visto não se tratar aí de vício ou defeito de penhora (art. 747 do CPC, Súmula 46-STJ)" (STJ-2ª Seção: RSTJ 121/235). No mesmo sentido: STJ-1ª Seção, CC 82.436, Min. Luiz Fux, j. 24.6.09, DJ 3.8.09.

Art. 914: 15a. "A alegação dos embargos, de que o bem imóvel seria impenhorável por se encontrar gravado por **hipoteca em cédula de crédito rural,** transcende o que se pode ter como unicamente vício da penhora, pois, embora pertinente também a essa constrição, não diz imediatamente com vício ou defeito desta, mas sim com a validade da penhora em face de direito de outro credor, o que remete o julgador a exame de outra relação jurídica, de direito material, existente entre o devedor e um terceiro, credor hipotecário cedular. Nesse aspecto, portanto, os embargos eram transcendentes à questão processual de mero vício ou defeito da penhora" (STJ-4ª T., REsp 318.328, Min. Raul Araújo, j. 15.5.12, DJ 29.5.12).

Art. 914: 15b. "Compete ao Juízo deprecado analisar as questões relativas à impenhorabilidade do **bem de família** e à redução da penhora, arguidas pelo devedor sem qualquer irresignação contra a dívida" (STJ-2ª Seção, CC 36.044, Min. Barros Monteiro, j. 9.3.05, um voto vencido, DJU 4.4.05).

Art. 914: 15c. "A análise de questões relativas à **retenção de benfeitorias** no imóvel adjudicado compete ao Juízo deprecante" (STJ-2ª Seção, CC 54.682, Min. Menezes Direito, j. 22.11.06, DJU 1.2.07).

Art. 914: 15d. "O juízo deprecante é o competente para analisar todas as questões referentes à **certeza, exigibilidade e liquidez** do crédito e, por conseguinte, apreciar pedido que objetive, em antecipação de tutela, a **retirada do nome dos devedores dos serviços de proteção ao crédito,** por se tratar de tema relacionado, ainda que indiretamente, à própria existência da dívida" (STJ-2ª Seção, CC 62.973, Min. Castro Filho, j. 11.4.07, DJU 3.5.07).

Art. 914: 15e. "Compete ao juízo deprecante, no qual se processa a execução, analisar o **direito de preferência** na penhora de imóvel, alegado por terceiro-credor" (STJ-2ª Seção, CC 35.346, Min. Nancy Andrighi, j. 11.9.02, DJU 28.10.02).

Art. 914: 15f. "O pedido de **substituição do bem penhorado no juízo deprecado** deverá ser por ele decidido" (STJ-2ª Seção, CC 24.448, Min. Nancy Andrighi, j. 13.12.00, DJU 5.2.01).

Art. 914: 16. A questão atinente à **intimação do cônjuge** do executado que teve imóvel penhorado deve ser resolvida no juízo deprecado (JTJ 322/2.275: AI 7.148.528-6).

Art. 914: 17. No sentido de que, se o juiz deprecado não é órgão da Justiça Federal, falta-lhe competência para apreciar embargos à penhora opostos em precatória expedida em execução que corre pela Justiça Federal: RTJ 106/424, TFR-RF 291/227.

Art. 914: 18. "É do juízo deprecante a competência para apreciar o **acordo celebrado** entre as partes, com requerimento de suspensão do processo executivo" (STJ-2ª Seção, CC 23.557, Min. Ruy Rosado, j. 9.12.98, DJU 15.3.99).

Art. 914: 19. "Discute-se a competência para lavrar auto e expedir carta de adjudicação referente a imóvel penhorado pelo juízo deprecado. **À míngua da necessidade da prática de qualquer ato processual pelo juízo deprecado** ou por auxiliar da Justiça, a competência é do deprecante" (STJ-2ª Seção, CC 110.040, Min. Nancy Andrighi, j. 12.6.13, DJ 19.6.13).

Art. 915. Os embargos[1 a 5] serão oferecidos no prazo[6 a 13] de 15 (quinze) dias,[14-15] contado, conforme o caso, na forma do art. 231.[16] [Dispositivo correspondente no CPC/1973: art. 738-*caput*]

§ 1º Quando houver mais de um executado, o prazo para cada um deles embargar conta-se a partir da juntada do respectivo comprovante da citação,[17] salvo no caso de cônjuges ou de companheiros, quando será contado a partir da juntada do último. [Dispositivo correspondente no CPC/1973: art. 738 § 1º]

§ 2º Nas execuções por carta,[18] o prazo para embargos será contado: [Dispositivo correspondente no CPC/1973: art. 738 § 2º]

I — da juntada, na carta, da certificação da citação, quando versarem unicamente sobre vícios ou defeitos da penhora, da avaliação ou da alienação dos bens; [Dispositivo correspondente no CPC/1973: art. 738 § 2º]

II — da juntada, nos autos de origem, do comunicado de que trata o § 4º deste artigo ou, não havendo este, da juntada da carta devidamente cumprida, quando versarem sobre questões diversas da prevista no inciso I deste parágrafo. [Dispositivo correspondente no CPC/1973: art. 738 § 2º]

§ 3º Em relação ao prazo para oferecimento dos embargos à execução, não se aplica o disposto no art. 229. [Dispositivo correspondente no CPC/1973: art. 738 § 3º]

§ 4º Nos atos de comunicação por carta precatória, rogatória ou de ordem, a realização da citação será imediatamente informada, por meio eletrônico, pelo juiz deprecado ao juiz deprecante. [Dispositivo correspondente no CPC/1973: art. 738 § 2º]

Art. 915: 1. s/ embargos à execução, em geral, v. art. 914 e notas.

S/ juntada de procuração aos embargos, se já há nos autos da execução, v. art. 104, nota 5; s/ preparo dos embargos, v. art. 914, nota 5.

S/ ação de invalidação da arrematação, v. art. 903, especialmente § 4º.

Art. 915: 2. **Embargos opostos por fiador.** "Embargos do devedor opostos pelo fiador cuja citação não foi pedida pelo credor e que, ademais, não teve bem penhorado. Ilegitimidade passiva *ad causam*" (RSTJ 67/433).

Art. 915: 3. **Embargos opostos por devedor hipotecário.** "Embargos do devedor à execução. Terceiro garantidor hipotecário da dívida. Aquele que oferece bem imóvel de sua propriedade em garantia de dívida detém legitimidade ativa para oposição de embargos do devedor à execução, tenha havido sua citação para integrar o polo passivo dessa demanda, ou apenas intimação da penhora realizada sobre o bem hipotecado" (STJ-3ª T., REsp 326.201, Min. Nancy Andrighi, j. 2.4.02, DJU 6.5.02).

V. tb. art. 779, nota 8b.

Art. 915: 4. **Súmula 196 do STJ:** "Ao **executado** que, citado por edital ou por hora certa, permanecer **revel,** será nomeado curador especial, com legitimidade para apresentação de embargos" (v. jurisprudência s/ esta Súmula em RSTJ 101/379). No mesmo sentido: RTJ 120/1.276, STF-RTJE 97/134, JTA 88/347. **Contra:** RF 323/226, maioria.

Nessa hipótese, o prazo para a apresentação de embargos à execução somente começa a correr após o curador especial aceitar expressamente a sua indicação (STJ-4ª T., REsp 407.913 Min. Aldir Passarinho Jr., j. 20.5.03, DJU 1.9.03).

S/ curador especial, em geral, v. art. 72.

Art. 915: 5. "É desprovido de legitimidade para opor embargos do devedor o **emitente da cártula que não figura no polo passivo** da execução" (STJ-4ª T., REsp 11.842, Min. Barros Monteiro, j. 4.2.92, DJU 23.3.92).

Art. 915: 6. Prazo: nos embargos de retenção, v. art. 917, nota 10; na execução por precatória, v. § 2º.

S/ prazo: quando o advogado do executado ingressa nos autos, v. art. 231, nota 4; no caso de comparecimento espontâneo do executado no curso do prazo do edital de citação, v. art. 830, nota 7.

Art. 915: 7. O **comparecimento espontâneo do executado** produz os mesmos efeitos do ato citatório e pode vir acompanhado da apresentação de embargos, que terão imediato processamento.

V. art. 239 § 1º, inclusive nota 8.

Art. 915: 8. Nos embargos à execução, os **prazos serão contados** excluindo o dia do começo e incluindo o dia do vencimento (STF-2ª T., RE 100.450-9, Min. Moreira Alves, j. 19.8.83, DJU 14.10.83). No mesmo sentido, quanto ao *dies a quo*: STJ-4ª T., REsp 3.663, Min. Athos Carneiro, j. 25.9.90, DJU 29.10.90; STJ-4ª T., REsp 4.336, Min. Fontes de Alencar, j. 4.9.90, DJU 9.10.90, RJTJERGS 155/211, JTA 116/91.

V. art. 224.

Art. 915: 9. "Comprovado nos autos o aviamento dos embargos à execução no prazo legal, utilizando-se o sistema de **protocolo integrado,** resta superado o requisito da tempestividade" (RSTJ 168/353: 4ª T.). No mesmo sentido: RSTJ 159/198 (1ª T.).

Art. 915: 10. "A entrega equivocada dos embargos à execução, **protocolados em comarca diversa** daquela em que tramita a execução, não prejudica a parte" (STJ-RT 707/196).

Todavia, considerando intempestivos embargos protocolados em comarca diversa daquela em que tramitava a execução, em situação na qual o erro somente foi notado muito tempo depois: RTFR 161/45.

Para casos semelhantes, v. tb. arts. 335, nota 5a (contestação), e 1.003, nota 7 (recursos).

Art. 915: 11. s/ a inaplicabilidade do art. 335 § 2º ao prazo para embargar a execução, v. nota 17.

Art. 915: 12. "Ao **tribunal** de segunda instância cabe apreciar, em apelação, ***ex officio***, a questão pertinente à tempestividade dos embargos do devedor e rejeitá-los liminarmente quando comprovado que foram oferecidos fora do prazo legal" (STJ-4ª T., REsp 40.492-4, Min. Torreão Braz, j. 8.3.94, DJU 18.4.94).

Art. 915: 13. "Embargos. Prazo. Erro na intimação. Prazo maior. Não haverá o jurisdicionado de responder por erro de agente do Judiciário que, ao fazer a intimação da penhora, consignou prazo maior que o legalmente previsto, por invocar lei inaplicável. Admissibilidade dos **embargos apresentados no prazo constante da intimação"** (STJ-3ª T., REsp 37.045-0, Min. Eduardo Ribeiro, j. 11.10.93, DJU 25.10.93). No mesmo sentido: RTJ 122/810; STJ-2ª T., REsp 805.592, Min. Mauro Campbell, j. 7.8.08, DJ 22.8.08; Lex-JTA 158/125.

Art. 915: 14. O prazo de 15 dias é **preclusivo:** não apresentados os embargos dentro dele, a parte não mais pode fazê-lo. "Superado dito prazo legal, vedado ao executado opor defesa por meio de embargos à execução, seja pela preclusão temporal, se não o fez oportunamente, quer pela consumativa, quando o tiver feito" (JTJ 343/167: AI 7.354.337-6). "Sendo a preclusão a perda de uma faculdade ou de direito subjetivo processual, inadmite-se a rediscussão de matéria sepultada em decorrência da reconhecida intempestividade dos embargos do devedor" (STJ-JTAERGS 75/251).

Isso, todavia, não quer dizer que o executado nada mais tenha a fazer para se opor à execução. Ele pode provocar o juiz a se pronunciar sobre toda **matéria cognoscível de ofício** (arts. 64, 76, 330, 337 § 5º c/c 485 § 3º, 771 § ún., 803 § ún.). "Não há necessidade de embargos de devedor para que o Judiciário reconheça carência de uma ação executiva" (JTAERGS 70/224; a citação é da p. 225). "O fato de o executado não embargar a execução não deve impedi-lo de exercer defesa, a fim de conter a execução nos limites de legalidade que necessariamente deve informar o processo" (RTFR 74/159). Admitindo a arguição de prescrição na apelação da sentença que rejeitou os embargos à execução, por intempestivos: RT 548/128, RJTJESP 80/165, JTA 43/45. Admitindo-a, também, em petição avulsa, após o decurso do prazo para a oposição dos embargos: RT 754/301, JTA 37/195, 104/87, 105/82. Lembre-se de que, mesmo sem qualquer provocação do executado, o juiz continua obrigado a enfrentar tais matérias.

Aliás, toda matéria passível de veiculação pela via da **exceção de pré-executividade** (v. notas ao art. 803) pode ser trazida para o ambiente da execução pelo executado que não a embargou.

Ainda, o executado pode ajuizar, mais tarde, **ação de anulação da arrematação** (art. 903, especialmente § 4º), ou mesmo apresentar **simples petição** quando verificar incorreção da penhora ou da avaliação (art. 917 § 1º).

Além disso, "não sendo embargada a execução, inexiste sentença, não se podendo falar de coisa julgada capaz de impedir a propositura da ação anulatória do lançamento fiscal" (STJ-2ª T., REsp 9.401-0, Min. Peçanha Martins, j. 8.9.93, DJU 25.10.93). V. tb. LEF 38, nota 7.

De modo geral, o executado que não opôs embargos à execução pode buscar a anulação do título executivo extrajudicial por meio de **ação própria,** com fundamento em matéria que poderia ter sido objeto de embargos (RJTJESP 88/41, 110/245, 124/103, JTJ 166/14, maioria; 349/385: AP 994.03.043444-3; RTJE 160/176, Bol. AASP 1.158/42). **Contra:** JTJ 179/25 (execução fiscal), RJTAMG 53/187, maioria.

"Inocorre preclusão, e portanto a validade e eficácia do título executivo extrajudicial podem ser objeto de posterior ação de conhecimento, quando na execução não forem opostos embargos do devedor, e igualmente quando tais **embargos,** embora opostos, **não foram recebidos ou apreciados em seu mérito.** Inexistência de coisa julgada material, e da imutabilidade dela decorrente" (STJ-4ª T., Ag 8.089-AgRg, Min. Athos Carneiro, j. 23.4.91, DJU 20.5.91).

V. tb. art. 917, notas 4a e 14a.

S/ conexão entre execução e outra ação que se oponha aos atos executivos, v. art. 55, nota 4; s/ ação autônoma ajuizada no curso da execução, v. art. 914, nota 2; s/ recebimento e processamento de embargos intempestivos como ação autônoma, v. LEF 16, nota 9a.

Art. 915: 15. Este **prazo não se dobra** se os executados tiverem procuradores diferentes (v. § 3º).

Art. 915: 16. s/ prazo para embargos em matéria de: execução fiscal, v. LEF 16; execução fundada em cédula de crédito, v., no tít. EXECUÇÕES ESPECIAIS, Dec. lei 413/69, art. 41, nota 5; execução hipotecária, v., no tít. EXECUÇÕES ESPECIAIS, Lei 5.741/71, art. 5º, nota 1.

Art. 915: 17. Ou seja, o **prazo** para embargar a execução é, em regra, **individual** e indiferente à pluralidade de executados.

Efetivada a citação do coexecutado, cabe-lhe opor-se à execução, através de embargos, independentemente da citação dos demais devedores. Não deve aguardar a citação dos demais executados. Não incide aqui a regra do art. 231 § 1º.

Assim, não interessa para o prazo de embargos à execução que o exequente dela tenha desistido em face de um dos executados ainda não citados. Ou seja, não se aplica ao caso o disposto no art. 335 § 2º.

Art. 915: 18. v. art. 914 § 2º.

Art. 916. No prazo para embargos,[1-1a] reconhecendo[1b-1c] o crédito do exequente e comprovando o depósito de trinta por cento do valor em execução, acrescido de custas e de honorários de advogado,[2-3] o executado poderá requerer que lhe seja permitido pagar o restante em até 6 (seis) parcelas mensais, acrescidas de correção monetária e de juros de um por cento ao mês.[3a] [Dispositivo correspondente no CPC/1973: art. 745-A-*caput*]

§ 1º O exequente será intimado para manifestar-se sobre o preenchimento dos pressupostos do *caput*,[4] e o juiz decidirá o requerimento em 5 (cinco) dias. [Sem dispositivo correspondente no CPC/1973]

§ 2º Enquanto não apreciado o requerimento, o executado terá de depositar as parcelas vincendas, facultado ao exequente seu levantamento. [Sem dispositivo correspondente no CPC/1973]

§ 3º Deferida a proposta, o exequente levantará a quantia depositada, e serão suspensos os atos executivos. [Dispositivo correspondente no CPC/1973: art. 745-A § 1º]

§ 4º Indeferida a proposta, seguir-se-ão os atos executivos,[5] mantido o depósito, que será convertido em penhora. [Dispositivo correspondente no CPC/1973: art. 745-A § 1º]

§ 5º O não pagamento de qualquer das prestações acarretará cumulativamente: [Dispositivo correspondente no CPC/1973: art. 745-A § 2º]

I — o vencimento das prestações subsequentes e o prosseguimento do processo, com o imediato reinício dos atos executivos; [Dispositivo correspondente no CPC/1973: art. 745-A § 2º]

II — a imposição ao executado de multa de dez por cento sobre o valor das prestações não pagas. [Dispositivo correspondente no CPC/1973: art. 745-A § 2º]

§ 6º A opção pelo parcelamento de que trata este artigo importa renúncia ao direito de opor embargos. [Sem dispositivo correspondente no CPC/1973]

§ 7º O disposto neste artigo não se aplica ao cumprimento da sentença.[6] [Sem dispositivo correspondente no CPC/1973]

Art. 916: 1. v. art. 915.

Art. 916: 1a. Ultrapassado o prazo para embargos, não mais pode o executado requerer o parcelamento do valor da execução (JTJ 334/140: AI 7.293.184-1).

Art. 916: 1b. Esse reconhecimento deve ser visto com muita **cautela,** pois, uma vez reconhecido o crédito do exequente, fica o executado **desarmado para impugnar seu valor,** na hipótese de sua proposta ser indeferida e haver a retomada dos atos executivos (art. 916 §§ 4º e 6º).

Art. 916: 1c. O reconhecimento de apenas **parte do crédito** objeto da execução não dá direito ao parcelamento do seu valor (JTJ 334/140: AI 7.293.184-1).

Art. 916: 2. que devem ser **fixados de plano** pelo juiz (v. art. 827).

Art. 916: 3. Para efeito do depósito de 30%, deve ser considerado o valor total dos honorários estipulados pelo juiz. O **benefício da redução pela metade** somente tem lugar quando há pagamento integral e no prazo de 3 dias (art. 827 § 1º), o que não ocorre quando o executado lança mão do art. 916.

Art. 916: 3a. s/ parcelamento e depósito elisivo na falência, v. LRF 98, nota 4.

Art. 916: 4. "O parcelamento da dívida não é direito potestativo do devedor, cabendo ao credor impugná-lo, **desde que apresente motivo justo** e de forma fundamentada, sendo certo que o juiz poderá deferir o parcelamento se verificar atitude abusiva do exequente, uma vez que tal proposta é-lhe bastante vantajosa, a partir do momento em que poderá levantar imediatamente o depósito relativo aos 30% do valor exequendo e, ainda, em caso de inadimplemento, executar a diferença, haja vista que as parcelas subsequentes são automaticamente antecipadas e é inexistente a possibilidade de impugnação pelo devedor" (STJ-4ª T., REsp 1.264.272, Min. Luis Felipe, j. 15.5.12, RP 212/482).

Art. 916: 5. v. nota 1b.

Art. 916: 6. s/ ação monitória, v. art. 701 § 5º.

Art. 917. Nos embargos à execução, o executado poderá alegar:[1] [Dispositivo correspondente no CPC/1973: art. 745-*caput*]

I — inexequibilidade do título ou inexigibilidade da obrigação;[2] [Dispositivo correspondente no CPC/1973: art. 745-I]

II — penhora incorreta ou avaliação errônea;[3] [Dispositivo correspondente no CPC/1973: art. 745-II]

III — excesso de execução[4-4a] ou cumulação indevida de execuções;[5] [Dispositivo correspondente no CPC/1973: art. 745-III]

IV — retenção por benfeitorias necessárias ou úteis, nos casos de execução para entrega de coisa certa;[6 a 14] [Dispositivo correspondente no CPC/1973: art. 745-IV]

V — incompetência absoluta ou relativa do juízo da execução; [Sem dispositivo correspondente no CPC/1973]

VI — qualquer matéria que lhe seria lícito deduzir como defesa em processo de conhecimento.[14a a 18] [Dispositivo correspondente no CPC/1973: art. 745-V]

§ 1º A incorreção da penhora ou da avaliação poderá ser impugnada por simples petição, no prazo de 15 (quinze) dias, contado da ciência do ato.[19] [Sem dispositivo correspondente no CPC/1973]

§ 2º Há excesso de execução quando:[20] [Dispositivo correspondente no CPC/1973: art. 743-*caput*]

I — o exequente pleiteia quantia superior à do título; [Dispositivo correspondente no CPC/1973: art. 743-I]

II — ela recai sobre coisa diversa daquela declarada no título; [Dispositivo correspondente no CPC/1973: art. 743-II]

III — ela se processa de modo diferente do que foi determinado no título; [Dispositivo correspondente no CPC/1973: art. 743-III]

IV — o exequente, sem cumprir a prestação que lhe corresponde, exige o adimplemento da prestação do executado;[20a-21] [Dispositivo correspondente no CPC/1973: art. 743-IV]

V — o exequente não prova que a condição se realizou.[22] [Dispositivo correspondente no CPC/1973: art. 743-V]

§ 3º Quando alegar que o exequente, em excesso de execução, pleiteia quantia superior à do título, o embargante declarará na petição inicial o valor que entende correto, apresentando demonstrativo discriminado e atualizado de seu cálculo. [Dispositivo correspondente no CPC/1973: art. 739-A § 5º]

§ 4º Não apontado o valor correto ou não apresentado o demonstrativo, os embargos à execução: [Dispositivo correspondente no CPC/1973: art. 739-A § 5º]

I — serão liminarmente rejeitados, sem resolução de mérito, se o excesso de execução for o seu único fundamento;[23 a 24a] [Dispositivo correspondente no CPC/1973: art. 739-A § 5º]

II — serão processados, se houver outro fundamento, mas o juiz não examinará a alegação de excesso de execução. [Dispositivo correspondente no CPC/1973: art. 739-A § 5º]

§ 5º Nos embargos de retenção por benfeitorias, o exequente poderá requerer a compensação de seu valor com o dos frutos ou dos danos considerados devidos pelo executado, cumprindo ao juiz, para a apuração dos respectivos valores, nomear perito, observando-se, então, o art. 464. [Dispositivo correspondente no CPC/1973: art. 745 § 1º]

§ 6º O exequente poderá a qualquer tempo ser imitido na posse da coisa, prestando caução ou depositando o valor devido pelas benfeitorias ou resultante da compensação. [Dispositivo correspondente no CPC/1973: art. 745 § 2º]

§ 7º A arguição de impedimento e suspeição observará o disposto nos arts. 146 e 148. [Sem dispositivo correspondente no CPC/1973]

Art. 917: 1. tudo aquilo que incumbe ao juiz **conhecer de ofício.** P. ex., falta de qualquer pressuposto processual (art. 485-IV) ou condição da ação (art. 485-VI), qualquer causa de nulidade da execução (art. 803) etc.

Art. 917: 2. v. art. 784.

Art. 917: 3. Essas matérias poderão ser alegadas também por **simples petição** (v. § 1º).

S/ o tema, v. tb. arts. 525, nota 12a, e 874, nota 1a.

Art. 917: 4. v. §§ 2º a 4º.

Art. 917: 4a. "A **petição apresentada após os embargos à execução** não pode ser conhecida, porquanto o suposto excesso de execução é típica matéria de defesa, e não de ordem pública, a qual deve ser alegada pelo executado a quem aproveita. É ônus do executado provar, com a oposição dos embargos, que a execução incorre em excesso, sob pena de preclusão, que é o caso dos autos" (STJ-2ª T., Ag em REsp 150.035-AgRg, Min. Humberto Martins, j. 28.5.13, DJ 5.6.13).

Todavia: "É cabível a chamada exceção de pré-executividade para discutir excesso de execução, desde que esse seja **perceptível de imediato,** sem dilação probatória e, para tanto, baste examinar a origem do título que embasa a execução" (STJ-3ª T., REsp 733.533, Min. Nancy Andrighi, j. 4.4.06, DJU 22.5.06). No mesmo sentido: STJ-1ª T., REsp 841.967, Min. Luiz Fux, j. 12.2.08, DJ 2.4.08; RT 844/295.

V. tb. nota 14a e art. 915, nota 14.

Art. 917: 5. v. tb. arts. 525-IV e 780, nota 4.

Art. 917: 6. v. §§ 5º e 6º.

S/ execução para a entrega de coisa, v. art. 806.

Art. 917: 7. **CC 1.219:** "O possuidor de boa-fé tem direito à indenização das benfeitorias necessárias e úteis, bem como, quanto às voluptuárias, se não lhe forem pagas, a levantá-las, quando o puder sem detrimento da coisa, e poderá exercer o direito de retenção pelo valor das benfeitorias necessárias e úteis".

Em matéria de locação, v. LI 35.

Art. 917: 8. Somente na execução para a entrega de coisa por título extrajudicial serão cabíveis **embargos de retenção.** Quanto à ação que tenha por objeto a entrega de coisa (art. 498), o direito de retenção deverá ser alegado na contestação e reconhecido na sentença (art. 538 § 2º); nesta hipótese, caberá ao autor, como condição para a expedição do mandado (art. 538 c/c art. 514), indenizar o réu pelas benfeitorias, as quais deverão ser objeto de prévia liquidação, como determina o art. 810, na execução por título extrajudicial (texto aplicável por analogia).

V. tb. art. 538, nota 3a.

Art. 917: 9. A alegação de retenção por benfeitorias também cabe ao **sucessor do executado** (RT 507/102, 507/103, 509/137, em.; RJTJESP 47/99).

Quanto ao terceiro, v. art. 810.

Art. 917: 10. Os embargos de retenção devem ser apresentados no mesmo **prazo dos embargos à execução** (RT 511/102, RJTJESP 64/190). V. art. 915.

Art. 917: 11. "A retenção por benfeitorias é incompatível com a **execução por quantia certa**" (RTFR 139/349). No mesmo sentido: Lex-JTA 153/115.

Art. 917: 12. No sentido de que não há direito de retenção por benfeitorias introduzidas na coisa **depois de iniciada a execução** para a entrega desta: RT 470/76, 667/144, RJTJERGS 178/346.

Art. 917: 13. Não opostos embargos de retenção, o réu poderá cobrar o valor das benfeitorias por meio de **ação indenizatória** (STJ-Bol. AASP 1.864/289j, RT 627/88, RJTJESP 112/416, JTA 100/186).

Art. 917: 14. No caso de **acessões,** cabe direito de retenção?

Sim: RSTJ 17/293, 53/183, 55/192, 83/178; STJ-4ª T., REsp 430.810, Min. Ruy Rosado, j. 1.10.02, DJU 18.11.02; STJ-3ª T., REsp 98.191, Min. Waldemar Zveiter, j. 4.12.97, DJU 9.3.98; RJ 248/71.

Não: RT 616/144, bem fundamentado, 741/281, RF 347/379, RJTJESP 130/313, JTA 116/199, 202/32, Lex-JTA 148/196, Bol. AASP 1.589/130.

S/ acessões, v. CC 1.248 a 1.259.

Art. 917: 14a. **"Necessidade de alegação** da tese **de pagamento** parcial na petição inicial dos embargos à execução, **sob pena de preclusão.** Caso concreto em que a alegação de pagamento somente veio a ser deduzida na fase de instrução, sob a forma de quesitos complementares à perícia, quando já preclusa a matéria, configurando inovação da lide (art. 264 do CPC/1973, atual art. 329 do CPC/2015). Inocorrência, porém, de coisa julgada material, ficando aberta a via da ação autônoma para se obter a declaração de quitação parcial, bem como a condenação da exequente às sanções devidas pela cobrança de dívida já paga, se for o caso."

V. tb. nota 4a e art. 915, nota 14.

Art. 917: 15. "Consoante a orientação da jurisprudência deste Tribunal, sendo exequente e executado, respectivamente, credor e devedor da relação fundamental que deu ensejo ao surgimento do título, pode o último, em sede de embargos à execução, opor as **exceções pessoais** que lhe assistam, inclusive preenchimento abusivo do título" (RSTJ 71/383).

Art. 917: 16. "A **abusividade de cláusula contratual** pode ser alegada em embargos do devedor, não necessitando de ação autônoma para a respectiva anulação" (STJ-3ª T., REsp 259.150, Min. Ari Pargendler, j. 15.9.00, DJU 9.10.00).

V. tb. nota 24, abaixo.

Art. 917: 16a. "Nos termos do art. 745, V, do CPC/73 (reproduzido no art. 917 do NCPC), todas as matérias defensivas podem ser suscitadas nos embargos do devedor, devendo ser considerada como tal a incidência da **penalidade prevista no art. 940 do CC** na medida em que implica abuso do direito de ação que deve ser sancionado de forma análoga à do art. 18 do CPC/73, correspondente ao art. 81 do NCPC. O pleito de **indenização dos danos morais e patrimoniais não é defesa,** mas, sim, pedido em sentido estrito, e sua veiculação em embargos do devedor é inviável, reclamando ação autônoma" (STJ-3ª T., REsp 1.638.535, Min. Moura Ribeiro, j. 7.2.17, DJ 4.4.17).

V. tb. art. 343, nota 2d.

Art. 917: 17. "Embargos do devedor. É possível **desconsiderar a pessoa jurídica** usada para fraudar credores" (RSTJ 90/280).

Art. 917: 18. "Afigura-se possível ao avalista de nota promissória que não circulou invocar, excepcionalmente, como matéria de defesa em embargos à execução, a **ausência de liquidez da obrigação originária"** (STJ-3ª T., REsp 329.581, Min. Nancy Andrighi, j. 6.9.01, DJU 12.11.01). No mesmo sentido: STJ-4ª T., REsp 245.610, Min. Cesar Rocha, j. 12.12.00, DJU 19.3.01. Nos dois casos, tratava-se de aval prestado em nota promissória vinculada a contrato de abertura de crédito, não tendo o avalista participado do contrato, mas apenas prestado a garantia na nota promissória.

Art. 917: 19. v. tb. arts. 525, nota 12a, e 874, nota 1a.

Art. 917: 20. "O excesso de execução **não importa em nulidade** desta, mas no acolhimento (total ou parcial), conforme o caso, dos embargos" (VI ENTA-concl. 11, aprovada por unanimidade). No mesmo sentido: RF 291/34, JTA 97/224, RJTAMG 40/194, Bol. AASP 1.438/166.

Com a procedência parcial dos embargos, deve ser feita a redução ao *quantum* devido (STJ-2ª T., REsp 97.409, Min. Ari Pargendler, j. 18.6.98, DJU 3.8.98). Nesse caso, **a liquidez do título executivo não fica prejudicada,** "devendo eventuais excessos de execução ser abatidos do montante exequendo" (RSTJ 24/375).

Art. 917: 20a. v. art. 787.

Art. 917: 21. Este caso é mais de **inexigibilidade da obrigação** (art. 917-I) do que de excesso: enquanto não cumprir a prestação a seu cargo, o credor não tem execução.
S/ aplicação desta regra: RTJ 81/581.

Art. 917: 22. ou o **termo** se cumpriu (art. 514). Nesses dois casos, o CPC considera nula a execução (art. 803-III).

Art. 917: 23. "A explícita e peremptória prescrição (art. 739-A, § 5º, do CPC) de não se conhecer do fundamento ou de rejeitar liminarmente os embargos à execução firmados em genéricas impugnações de excesso de execução — sem apontar motivadamente, mediante memória de cálculo, o valor que se estima correto — não pode submeter-se à determinação de **emenda da inicial,** sob pena de mitigar e, até mesmo, de elidir o propósito maior de celeridade e efetividade do processo executivo" (STJ-Corte Especial, ED no REsp 1.267.631, Min. João Otávio, j. 19.6.13, DJ 1.7.13).

Contra: "A falta de apresentação de memória de cálculo acompanhando a petição inicial de embargos à execução, conforme determina o art. 739-A, § 5º, do CPC, conduz a uma hipótese de inépcia da petição inicial dos embargos (art. 739, II, do CPC), de modo que é necessário que o juízo conceda, antes da extinção, prazo para a regularização do processo, nos termos do art. 284 do CPC" (STJ-3ª T., REsp 1.275.380, Min. Nancy Andrighi, j. 12.4.12, DJ 23.4.12). Em sentido semelhante: STJ-4ª T., REsp 1.224.215-EDcl, Min. Raul Araújo, j. 2.8.12, DJ 28.8.12.

V. tb. art. 914, nota 5, e LEF 16, nota 6a.

Art. 917: 24. "O **pedido de revisão contratual,** deduzido em sede de embargos do devedor, tem natureza mista de matéria ampla de defesa (art. 745, V, CPC) e de excesso de execução (art. 745, III, CPC), com preponderância, entretanto, desta última, dada sua inevitável repercussão no valor do débito. Assim, incumbe ao devedor declarar na petição inicial o valor que entende correto e apresentar a respectiva memória de cálculo, por imposição do art. 739-A, § 5º, CPC" (STJ-3ª T., REsp 1.365.596, Min. Nancy Andrighi, j. 10.9.13, DJ 23.9.13).

V. tb. nota 16, acima.

Art. 917: 24a. "Se a própria apuração da existência do excesso de execução depender da **realização de perícia,** o embargante declinará essa circunstância na petição inicial e deverá requerer sua produção no momento processual adequado, devendo o magistrado avaliar, no caso concreto, segundo seu prudente juízo de valor, quanto à necessidade ou não do deferimento da prova pericial. Hipótese em que a ausência de apresentação da planilha atualizada do débito (CPC, art. 739-A, § 5º), por si só, não acarretará o indeferimento liminar dos embargos do devedor" (STJ-3ª T., Ag em REsp 261.207-AgRg, Min. Sidnei Beneti, j. 14.5.13, DJ 3.6.13).

Art. 918. O juiz rejeitará liminarmente os embargos:[1] [Dispositivo correspondente no CPC/1973: art. 739-*caput*]

I — quando intempestivos;[2-3] [Dispositivo correspondente no CPC/1973: art. 739-I]

II — nos casos de indeferimento da petição inicial[3a] e de improcedência liminar do pedido;[4] [Dispositivo correspondente no CPC/1973: art. 739-II]

III — manifestamente protelatórios. [Dispositivo correspondente no CPC/1973: art. 739-III]

Parágrafo único. Considera-se conduta atentatória à dignidade da justiça o oferecimento de embargos manifestamente protelatórios.[5-6] [Dispositivo correspondente no CPC/1973: art. 740 § ún.]

Art. 918: 1. s/ emenda da petição inicial, v. art. 914, nota 5; s/ recurso contra a rejeição liminar, v. art. 1.012 § 1º-III.

Art. 918: 2. s/ embargos à execução intempestivos recebidos como ação de conhecimento, v. LEF 16, nota 9a.

Art. 918: 3. Mesmo após o juiz admitir os embargos "para discussão", podem estes ser **ulteriormente rejeitados** por intempestividade (STJ-3ª T., Ag 62.508-7-AgRg, Min. Nilson Naves, j. 28.3.95, DJU 8.5.95). No mesmo sentido: JTJ 322/2.527 (AP 7.039.190-1).

Art. 918: 3a. v. art. 330.

Art. 918: 4. v. art. 332.

Art. 918: 5. v. art. 77-IV e § 2º.

Art. 918: 6. A oposição de embargos manifestamente protelatórios também caracteriza **litigância de má-fé** (no mínimo, art. 80-I). Todavia, a sanção do art. 740 § ún. c/c art. 77 § 2º não é cumulável com a multa prevista no art. 81-*caput*, em razão da idêntica função punitiva de ambas. No entanto, ela pode ser cumulada com a **sanção reparatória** do art. 18 § 3º, desde que a protelação tenha causado comprovados danos ao exequente.

S/ requisitos para a cumulação de sanções, v. art. 81, nota 9.

Art. 919. Os embargos à execução não terão efeito suspensivo.[1] [Dispositivo correspondente no CPC/1973: art. 739-A-*caput*]

§ 1º O juiz poderá, a requerimento do embargante,[1a-2] atribuir efeito suspensivo aos embargos quando verificados os requisitos para a concessão da tutela provisória[3] e desde que a execução já esteja garantida por penhora, depósito ou caução suficientes.[3a-3b] [Dispositivo correspondente no CPC/1973: art. 739-A § 1º]

§ 2º Cessando as circunstâncias que a motivaram,[4] a decisão relativa aos efeitos dos embargos poderá, a requerimento da parte, ser modificada ou revogada a qualquer tempo, em decisão fundamentada. [Dispositivo correspondente no CPC/1973: art. 739-A § 2º]

§ 3º Quando o efeito suspensivo atribuído aos embargos disser respeito apenas a parte do objeto da execução, esta prosseguirá quanto à parte restante.[5] [Dispositivo correspondente no CPC/1973: art. 739-A § 3º]

§ 4º A concessão de efeito suspensivo aos embargos oferecidos por um dos executados não suspenderá a execução contra os que não embargaram quando o respectivo fundamento disser respeito exclusivamente ao embargante. [Dispositivo correspondente no CPC/1973: art. 739-A § 4º]

§ 5º A concessão de efeito suspensivo não impedirá a efetivação dos atos de substituição, de reforço ou de redução da penhora[6] e de avaliação dos bens. [Dispositivo correspondente no CPC/1973: art. 739-A § 6º]

Art. 919: 1. s/ efeito suspensivo nos embargos em execução fiscal, v. LEF 16, nota 3b.

Art. 919: 1a. ou seja, a execução **não pode ser suspensa de ofício.** Nesse sentido: STJ-4ª T., REsp 1.108.549, Min. Marco Buzzi, j. 20.9.12, DJ 8.10.12; JTJ 352/125 (AI 990.10.128089-2).

Art. 919: 2. "Não há qualquer exigência legal de que o pedido de concessão de efeito suspensivo aos embargos deva ser feito em sede da petição inicial, sob pena de preclusão. As razões que levam ao pedido de suspensão da execução podem surgir em **momento posterior à apresentação dos embargos,** tendo em vista o próprio caráter acautelatório da medida, cujos requisitos são praticamente os mesmos exigidos para a concessão das tutelas de urgência" (STJ-3ª T., REsp 1.355.835, Min. Nancy Andrighi, j. 23.4.13, DJ 30.4.13).

Art. 919: 3. s/ tutela provisória, v. arts. 294 e segs. V. tb. art. 297, nota 2.

Art. 919: 3a. v. art. 831, nota 1d. Em cumprimento de sentença, v. art. 525 § 6º. S/ efeito suspensivo em apelação, v. art. 1.012, nota 28.

Art. 919: 3b. Ainda que relevantes os fundamentos dos embargos, a **falta de garantia** ao juízo (penhora, depósito ou caução) impede a suspensão da execução (JTJ 347/91: AI 7.389.263-0). No mesmo sentido: "A relevância e a possibilidade de a matéria arguida ser apreciada em sede de exceção de pré-executividade não retira o requisito expressamente previsto para a concessão de efeito suspensivo dos embargos à execução" (STJ-3ª T., REsp 1.772.516, Min. Nancy Andrighi, j. 5.5.20, DJ 11.5.20).

"Sem a penhora de bens suficientes para a garantia do juízo fica impossibilitada a concessão de efeito suspensivo aos embargos a execução, **não** sendo **bastante,** nesse sentido, a mera **nomeação dos bens**" (STJ-3ª T., REsp 1.633.757, Min. Moura Ribeiro, j. 12.11.19, DJ 19.11.19).

Art. 919: 4. v. art. 296.

Art. 919: 5. E se os **embargos forem parciais,** logicamente, eventual efeito suspensivo jamais dirá respeito à parcela não embargada da execução, que seguirá normalmente.

Art. 919: 6. até porque a suspensão da execução somente pode ser determinada depois de seguro o juízo (v. § 1º).

Art. 920. Recebidos os embargos: [Dispositivo correspondente no CPC/1973: art. 740-*caput*]

I — o exequente será ouvido no prazo de 15 (quinze) dias;[1 a 3] [Dispositivo correspondente no CPC/1973: art. 740-*caput*]

II — a seguir, o juiz julgará imediatamente[3a] o pedido ou designará audiência;[4] [Dispositivo correspondente no CPC/1973: art. 740-*caput*]

III — encerrada a instrução,[5] o juiz proferirá sentença.[6 a 8] [Dispositivo correspondente no CPC/1973: art. 740-*caput*]

Art. 920: 1. s/ juntada de procuração ao advogado do embargado, v. art. 104, nota 5; s/ possível efeito de revelia, no caso de não serem impugnados, v. art. 344, nota 10.

Art. 920: 2. "A **intimação** para impugnação dos embargos, a que se refere o art. 740 do CPC, é **feita ao advogado** do exequente embargado, pela imprensa, pessoalmente ou por carta registrada" (VI ENTA-concl. 20, aprovada por unanimidade).

"O termo 'ouvido' constante do *caput* do art. 740 do CPC/1973 (art. 920 do CPC/2015), na redação conferida pela Lei 11.382/2006, não impõe a citação pessoal do credor/embargado, bastando sua intimação na pessoa do advogado" (STJ-1ª T., Ag em REsp 153.209, Min. Gurgel de Faria, j. 22.8.17, DJ 6.10.17).

Art. 920: 3. "Impugnados os embargos, não pode o embargante **alterar a causa de pedir**" (RTFR 123/160).

"Embargos à execução. **Aditamento.** A teor do art. 598 do CPC, as regras do processo de conhecimento aplicam-se ao processo de execução. Nessa toada, é possível o aditamento da inicial até o momento da intimação do embargado" (RSTJ 122/266). No mesmo sentido: STJ-RMDCPC 30/107 (3ª T., REsp 848.064).

V. art. 914, nota 6.

Art. 920: 3a. A exemplo do que ocorre nos casos dos arts. 354 e 355, o preceito acima é cogente: "o juiz julgará imediatamente o pedido". Se, porém, houver provas a produzir em audiência e não forem inúteis ou meramente protelatórias (art. 370 § ún.), o julgamento antecipado importará **cerceamento de defesa,** devendo ser anulada a sentença. Nesse sentido: RTJ 84/606, RT 488/195, 500/130.

Art. 920: 4. v. arts. 358 e segs.

Art. 920: 5. "O CPC não contém norma específica relativa ao depósito do rol de **testemunhas** em embargos à execução. Incide a regra geral do art. 407" (RSTJ 60/408). V. arts. 357 § 4º e 450 e segs.

Art. 920: 6. s/ honorários de advogado, v. arts. 85 § 13 e 827 e notas.

Art. 920: 7. da qual caberá **apelação,** apenas no efeito devolutivo (art. 1.012 § 1º-III).

Art. 920: 8. Acolhidos os embargos, no todo ou em parte, e tendo o **executado sofrido danos** em razão da execução, fica o exequente obrigado a repará-los (art. 776).

Título IV DA SUSPENSÃO E DA EXTINÇÃO DO PROCESSO DE EXECUÇÃO

Capítulo I DA SUSPENSÃO DO PROCESSO DE EXECUÇÃO

Art. 921. Suspende-se a execução:[1 a 2a] [Dispositivo correspondente no CPC/1973: art. 791-*caput*]

I — nas hipóteses dos arts. 313 e 315, no que couber;[2b a 4] [Dispositivo correspondente no CPC/1973: art. 791-II]

II — no todo ou em parte, quando recebidos com efeito suspensivo os embargos à execução;[4a] [Dispositivo correspondente no CPC/1973: art. 791-I]

III — quando o executado não possuir bens penhoráveis;[5-5a] [Dispositivo correspondente no CPC/1973: art. 791-III]

IV — se a alienação dos bens penhorados não se realizar por falta de licitantes e o exequente, em 15 (quinze) dias, não requerer a adjudicação nem indicar outros bens penhoráveis; [Sem dispositivo correspondente no CPC/1973]

V — quando concedido o parcelamento de que trata o art. 916. [Sem dispositivo correspondente no CPC/1973]

§ 1º Na hipótese do inciso III, o juiz suspenderá a execução pelo prazo de 1 (um) ano, durante o qual se suspenderá a prescrição. [Sem dispositivo correspondente no CPC/1973]

§ 2º Decorrido o prazo máximo de 1 (um) ano sem que seja localizado o executado ou que sejam encontrados bens penhoráveis, o juiz ordenará o arquivamento dos autos. [Sem dispositivo correspondente no CPC/1973]

§ 3º Os autos serão desarquivados para prosseguimento da execução se a qualquer tempo forem encontrados bens penhoráveis. [Sem dispositivo correspondente no CPC/1973]

§ 4º Decorrido o prazo de que trata o § 1º sem manifestação do exequente, começa a correr o prazo de prescrição intercorrente.[6] [Sem dispositivo correspondente no CPC/1973]

§ 5º O juiz, depois de ouvidas as partes, no prazo de 15 (quinze) dias, poderá, de ofício, reconhecer a prescrição de que trata o § 4º e extinguir o processo. [Sem dispositivo correspondente no CPC/1973]

Art. 921: 1. s/ suspensão da execução, v. art. 297, nota 2 (mediante tutela provisória), art. 924, nota 10 (mediante acordo), LEF 38, nota 8 (suspensão da execução fiscal, até a decisão na ação declaratória sobre o mesmo crédito tributário), e LEF 40 (suspensão da execução fiscal, enquanto não localizado o executado ou encontrados bens penhoráveis).

Art. 921: 1a. "**Não é exaustivo** o elenco das causas de suspensão constantes do art. 791" (SIMP-concl. LXII, em RT 482/272).

Contra, entendendo que essa enumeração é taxativa: Amagis 12/85.

Art. 921: 2. O processo de execução, em regra, não é suspenso pelo **mero ajuizamento ou pendência de outra demanda,** como, p. ex.:

— que impugne a validade ou a eficácia do título, ou a exigibilidade do crédito (STJ-3ª T., REsp 447.821, Min. Ari Pargendler, j. 24.9.02, DJU 18.11.02; RSTJ 103/272: 4ª T.; RT 785/248, 764/252; JTJ 336/169: AI 7.291.653-3);

— para anular contrato de locação, no caso de execução visando à cobrança de aluguéis (STJ-6ª T., REsp 69.447, Min. Fernando Gonçalves, j. 14.4.97, DJU 5.5.97);

— para rever cláusulas de contrato, na hipótese de execução fundada neste título (STJ-4ª T., REsp 373.742, Min. Sálvio de Figueiredo, j. 6.6.02, DJU 12.8.02);

— visando à anulação dos títulos da dívida garantida pela hipoteca (RTJ 94/818, RT 608/124).

"Proposta ação de execução pelo credor, e, posteriormente, ação ordinária pelo devedor, não há se conferir qualquer efeito suspensivo ao processo executivo não embargado, uma vez que as causas de suspensão da execução são as previstas no artigo 791 do Código de Processo Civil, não estando arroladas, dentre elas, a propositura de ação de conhecimento" (STJ-3ª T., REsp 764.739, Min. Castro Filho, j. 22.3.07, DJU 16.4.07).

Todavia, nos casos em que a execução é ajuizada na pendência de demanda influente na sua sorte, tem a jurisprudência tratado esta como se embargos fosse e, uma vez **seguro o juízo,** autorizado a suspensão do processo executivo:

— "O ajuizamento de ação de conhecimento buscando a discussão do valor do débito referente ao financiamento hipotecário não afasta o direito do credor hipotecário de mover a execução pertinente. Entretanto, se aquela ação e a ação consignatória pertinente são ajuizadas antes da execução hipotecária, admite-se a suspensão desta" (STJ-3ª T., REsp 508.944, Min. Pádua Ribeiro, j. 10.6.03, um voto vencido, DJU 28.10.03).

— "Não contraria lei federal a decisão que suspende o processo de execução hipotecária face à pendência de ações propostas por terceiro, que adquiriu do mutuário o imóvel objeto da hipoteca lavrada em favor da instituição financeira exequente, ações estas que substancialmente revestem a natureza de embargos de terceiro. Não taxatividade do elenco do art. 791 do CPC" (STJ-4ª T., REsp 10.293, Min. Athos Carneiro, j. 8.9.92, DJU 5.10.92).

— "A regra do art. 791 da lei adjetiva civil comporta maior largueza na sua aplicação, admitindo-se, também, a suspensão do processo de execução, quando haja a anterioridade de ação declaratória em que discute o valor do débito cobrado pelo credor hipotecário de financiamento contratado pelo SFH" (STJ-4ª T., REsp 626.629-AgRg, Min. Aldir Passarinho Jr., j. 10.8.04, DJU 8.11.04).

"Reconhece-se a conexão entre a execução e a ação declaratória de nulidade de cláusulas, por constituir esta resistência antecipada do devedor, em ordem a operar como verdadeiros embargos" (STJ-4ª T., REsp 294.562, Min. Barros Monteiro, j. 25.3.03, DJU 2.6.03). Assim: "A execução ajuizada após a propositura de ação que tem por objeto a desconstituição do título extrajudicial dispensa a oposição de embargos do devedor e, ultimada a penhora, fica suspensa até a sentença proferida na ação de conhecimento — não além disso, sob pena de a ação ordinária, substitutiva dos embargos do devedor, ter eficácia maior do que estes teriam; efeito exclusivamente devolutivo, excepcional, do recurso interposto contra a sentença que julga, no todo ou em parte, improcedente a ação ordinária substitutiva dos embargos do devedor" (STJ-3ª T., REsp 437.167, Min. Ari Pargendler, j. 27.8.02, DJU 2.12.02).

"Se é certo que a propositura de qualquer ação relativa ao débito constante do título não inibe o direito do credor de promover-lhe a execução (CPC, art. 585, § 1º), o inverso também é verdadeiro: o ajuizamento da ação executiva não impede que o devedor exerça o direito constitucional de ação para ver declarada a nulidade do título ou a inexistência da obrigação, seja por meio de embargos (CPC, art. 736), seja por outra ação declaratória ou desconstitutiva. Nada impede, outrossim, que o devedor se antecipe à execução e promova, em caráter preventivo, pedido de nulidade do título ou a declaração de inexistência da relação obrigacional. Ações dessa espécie têm natureza idêntica à dos embargos do devedor, e, quando os antecedem, podem até substituir tais embargos, já que repetir seus fundamentos e causa de pedir importaria litispendência. Para dar à ação declaratória ou anulatória anterior o tratamento que daria à ação de embargos, no tocante ao efeito suspensivo da execução, é necessário que o juízo esteja garantido. Existindo prova da garantia, é viável a suspensão da exigibilidade do crédito exequendo" (STJ-1ª T., REsp 841.633, Min. Teori Zavascki, j. 15.8.06, DJU 31.8.06).

Caso em que se deu tratamento de embargos a demanda ajuizada após a oferta da execução: STJ-4ª T., REsp 486.069, Min. Aldir Passarinho Jr., j. 3.2.04, DJU 8.3.04.

S/ ação de consignação em pagamento, v. nota seguinte; s/ suspensão da execução fiscal, até a decisão na ação declaratória sobre o mesmo crédito tributário, v. LEF 38, nota 8.

V. tb. arts. 55, nota 4, 298, nota 2, 313, notas 11b e 11c, 337, nota 24b, 914, nota 2, e, no tít. EXECUÇÕES ESPECIAIS, Dec. lei 70/66, art. 32, nota 1a.

Art. 921: 2a. A **ação de consignação em pagamento** não suspende o processo de execução (Lex-JTA 152/134). No mesmo sentido, determinando o prosseguimento de embargos à execução na pendência de recurso contra sentença que havia julgado ação consignatória: Lex-JTA 150/27.

Todavia: "Procedente ação consignatória, pendente de recurso extraordinário, impõe-se permaneça suspensa execução promovida posteriormente pelo credor, que não sofre prejuízo, uma vez que garantido o seu crédito, seja pelo depósito, seja pela penhora já efetivada" (STJ-3ª T., REsp 35.220-8, Min. Dias Trindade, j. 28.6.93, DJU 20.9.93).

S/ execução proposta na pendência de ação de consignação, v. art. 313, nota 11b.

Art. 921: 2b. "A suspensão da execução, por **convenção das partes,** tem caráter de negócio jurídico, sendo a intervenção do juiz, no caso meramente declaratória da estipulação dos que integram a relação processual" (STJ-1ª T., REsp 15.269-0, Min. Demócrito Reinaldo, j. 6.12.93, DJU 21.2.94). V. art. 313-II e § 4º, bem como respectivas notas.

Art. 921: 3. "Execução. Codevedor não citado. **Óbito do exequente.** O óbito do exequente determina a suspensão do processo, para as devidas habilitações, não tendo curso, para efeito de prescrição intercorrente, o respectivo prazo durante o período de suspensão do processo, quando nenhum ato processual pode ser praticado" (STJ-3ª T., REsp 11.614, Min. Dias Trindade, j. 23.8.91, DJU 16.9.91). No mesmo sentido: STJ-2ª T., REsp 1.369.532, Min. Eliana Calmon, j. 5.11.13, DJ 13.11.13; STJ-1ª T., Ag em REsp 387.111-AgRg, Min. Ari Pargendler, j. 12.11.13, DJ 22.11.13.

V. tb. art. 313, nota 17c.

Art. 921: 4. "A pendência de **mandado de segurança** impetrado pelo mutuário, contra ato do BNH, não é motivo de suspensão do processo de embargos à execução promovida por agente financeiro do Sistema Nacional de Habitação (art. 265, IV, *a*, do CPC)" (RTJ 134/1.261).

Não cabe suspensão de execução hipotecária, sob fundamento de ter sido proposta **ação pauliana** visando à anulação do contrato de compra e venda do imóvel hipotecado (JTA 100/67).

Contra, em termos: há decisões suspendendo processo de execução em razão de ação movida por mutuário do **Sistema Financeiro Habitacional** acerca do critério de reajustamento das prestações (STJ-1ª T., Ag 8.463-AgRg, Min. Garcia Vieira, j. 20.3.91, DJU 29.4.91; STJ-2ª T., REsp 10.796-0, Min. José de Jesus Filho, j. 16.11.92, DJU 14.12.92; RT 797/427). Assim: "A regra do art. 791 da lei adjetiva civil comporta maior largueza na sua aplicação, admitindo-se, também, a suspensão do processo de execução, pedida em exceção de pré-executividade, quando haja a anterioridade de ação revisional em que se discute o valor do débito cobrado pelo credor hipotecário de financiamento contratado pelo SFH" (STJ-4ª T.: RT 795/178).

Ainda contra: "Cuidando-se de pagamento de título de crédito em que os recorridos figuram como avalistas, mas cujo valor se encontra depositado na ação consignatória, com decisão favorável ao devedor, o prosseguimento da execução poderia resultar em conflito, seja pela superveniência de julgamentos contraditórios, seja pela possibilidade de duplicidade de recebimentos, se procedente a cobrança. Manda a cautela, pois, se suspenda o curso da execução, até final julgamento da consignação" (RT 712/180).

Art. 921: 4a. v. art. 919 § 1º.

Art. 921: 5. v. art. 924, nota 4; cf. LEF 40.

V. §§ 1º a 5º.

Art. 921: 5a. "Sem estar em discussão a prescrição do débito, a execução suspensa com base no art. 791, III, CPC não pode ser extinta por negligência do exequente, nem por abandono da causa (art. 267, II e III, CPC), principalmente se restaram atendidas todas as intimações para prosseguimento do feito" (STJ-4ª T., REsp 327.173, Min. Sálvio de Figueiredo, j. 14.8.01, RSTJ 148/486).

S/ prescrição intercorrente, v. §§ 4º e 5º.

Art. 921: 6. s/ prescrição intercorrente, v. nota 3 e arts. 85, nota 6, 487, nota 8b, e 924-V.

Art. 922. Convindo as partes, o juiz declarará suspensa a execução[1] durante o prazo[2] concedido pelo exequente para que o executado cumpra voluntariamente a obrigação.[3] [Dispositivo correspondente no CPC/1973: art. 792-*caput*]

Parágrafo único. Findo o prazo sem cumprimento da obrigação, o processo retomará o seu curso. [Dispositivo correspondente no CPC/1973: art. 792 § ún.]

Art. 922: 1. "O **parcelamento do débito** cobrado na execução fiscal implica a suspensão do processo, não sua extinção" (RTJE 131/56).

S/ parcelamento do débito, v. art. 916.

Art. 922: 2. Este prazo **pode ser superior a 6 meses** (v. art. 313-II § 4º), admitindo-se que a suspensão "seja prolongada pelo tempo necessário ao cumprimento da obrigação" (RT 714/137, RJTAMG 60/62, maioria, 67/214).

"Na execução, o acordo entre as partes quanto ao cumprimento da obrigação, sem a intenção de novar, enseja a suspensão do feito, pelo prazo avençado, que não se limita aos seis meses previstos no art. 265, CPC, não se autorizando a extinção do processo" (STJ-4ª T., REsp 164.439, Min. Sálvio de Figueiredo, j. 8.2.00, DJU 20.3.00). No mesmo sentido: JTJ 327/214 (AP 1.069.176-0/0).

Art. 922: 3. Cumprida a obrigação extingue-se o processo; não cumprida, continua (JTA 123/15). O juiz não pode extinguir a execução **sem ouvir o exequente** acerca do cumprimento da obrigação (JTJ 329/320: AP 7.028.251-2).

Art. 923. Suspensa a execução, não serão praticados atos processuais, podendo o juiz,[1] entretanto, salvo no caso de arguição de impedimento ou de suspeição, ordenar providências urgentes.[2] [Dispositivo correspondente no CPC/1973: art. 793]

Art. 923: 1. ou o **relator,** se o processo estiver no tribunal (art. 299 § ún.).

Art. 923: 2. Se a penhora recaiu sobre bem impenhorável, o juiz pode determinar a **substituição da penhora,** mesmo já tendo recebido, para discussão, os embargos à execução com efeito suspensivo (Lex-JTA 152/36).

V. tb. art. 314, nota 2a.

Capítulo II | DA EXTINÇÃO DO PROCESSO DE EXECUÇÃO

Art. 924. Extingue-se a execução[1 a 4] quando: [Dispositivo correspondente no CPC/1973: art. 794-*caput*]

I — a petição inicial for indeferida;[5] [Sem dispositivo correspondente no CPC/1973]

II — a obrigação for satisfeita;[6 a 9a] [Dispositivo correspondente no CPC/1973: art. 794-I]

III — o executado obtiver, por qualquer outro meio, a extinção total da dívida;[10-11] [Dispositivo correspondente no CPC/1973: art. 794-II]

IV — o exequente renunciar ao crédito; [Dispositivo correspondente no CPC/1973: art. 794-III]

V — ocorrer a prescrição intercorrente.[12-13] [Sem dispositivo correspondente no CPC/1973]

Art. 924: 1. v. arts. 485 e 487 c/c art. 771 § ún.

Art. 924: 2. A extinção da execução contra o **litisconsorte unitário** aproveita ao outro coexecutado, embora os embargos deste tenham sido havidos como intempestivos (RP 47/299).

Art. 924: 3. Aplicam-se, supletivamente, à extinção da execução as normas relativas à extinção do processo sem resolução do mérito (art. 485), no que couber (STJ-RTJE 109/199; TFR-4ª T., AC 79.159, Min. Pádua Ribeiro, j. 3.11.82, DJU 16.12.82; TFR-2ª T., Ag 43.908, Min. Gueiros Leite, j. 10.6.83, DJU 25.8.83; JTA 90/296, Ajuris 26/154, em.), inclusive quanto à **inércia do exequente,** que deverá ser intimado pessoalmente (art. 485 § 1º) (STJ-RF 404/393: 1ª T., REsp 854.926; STJ-4ª T., REsp 576.113, Min. Cesar Rocha, j. 3.8.04, DJU 25.10.04; RT 756/298, 863/302, 866/246; RJM 184/150: AP 1.0525.97.008061-6/001).

Contra, não admitindo essa aplicação supletiva, em geral: RT 595/133; e especificamente no caso de inércia do exequente: JTA 95/85.

V. tb. nota 7.

Art. 924: 4. Se não houver bens penhoráveis, a execução se suspende; não se extingue (STJ-3ª T., REsp 1.231.544, Min. Sidnei Beneti, j. 27.3.12, DJ 27.4.12; RT 487/121, RF 251/179, JTA 35/143, 47/87). Neste sentido: LEF 40-*caput.*

V. art. 921-III e §§ 1º a 5º (prescrição intercorrente).

Art. 924: 5. v. arts. 330 e 485-I.

Art. 924: 6. v. arts. 807 (execução para entrega de coisa certa), 818 (execução de obrigação de fazer ou de não fazer) e 907 (execução por quantia certa); CC 304 (pagamento pelo terceiro).

Art. 924: 6a. "A extinção da execução pelo pagamento requer a necessária **comprovação** nos autos, estando desautorizada a presunção a seu respeito, salvo nas hipóteses de presunção legal, a exemplo daquelas previstas nos arts. 322, 323 e 324 do Código Civil. Havendo presunção legal, o juiz pode extinguir a execução pelo pagamento se o credor, devidamente intimado — independentemente se de forma pessoal ou por publicação no órgão oficial — a manifestar-se sobre os documentos e alegações do devedor, sob pena de extinção pelo pagamento, quedar-se inerte. Contudo, na falta de presunção legal, nem mesmo a intimação pessoal do credor autoriza a extinção pelo pagamento se os documentos e alegações do devedor não se mostrarem aptos a permitir tal conclusão" (STJ-3ª T., REsp 1.513.263, Min. João Otávio, j. 17.5.16, DJ 23.5.16).

Art. 924: 7. **"Não há necessidade de intimação pessoal,** porquanto a extinção do processo não se dá por abandono, mas por satisfação da obrigação, a qual é presumida quando o credor, intimado por seu patrono, não se insurge contra os valores depositados" (STJ-1ª Seção, ED no REsp 844.964, Min. Humberto Martins, j. 24.3.10, DJ 9.4.10).

Art. 924: 8. Efetuada a **adjudicação em favor do exequente,** se houver **saldo em favor deste,** a execução prossegue nos mesmos autos (RJTJERGS 169/307). V. art. 876 § 4º-II.

Art. 924: 9. "Para extinção do processo, pelo pagamento, impõe-se ao executado efetuar o **depósito integral do débito,** regularmente atualizado. A recusa e o consequente depósito parcial importam no prosseguimento do feito executório" (RSTJ 98/177).

"Não se extingue a execução se o devedor não satisfez o débito na sua integralidade" (RSTJ 100/103).

Art. 924: 9a. Não extingue a execução "o parcelamento do débito antes do adimplemento da **última parcela"** (STJ-RF 334/294). No mesmo sentido: STJ-1ª Seção, REsp 957.509, Min. Luiz Fux, j. 9.8.10, DJ 25.8.10.

S/ parcelamento do débito, v. art. 916.

Art. 924: 10. "É inoportuno o decreto de extinção do processo, quando a **transação** acha-se **protraída no tempo** e somente após o seu regular cumprimento é que se legitima o decreto extintivo da execução" (JTJ 169/136).

Art. 924: 11. "A decisão que homologa transação e extingue parcialmente a execução, determinando seu prosseguimento com relação aos litisconsortes que não transigiram, possui natureza interlocutória, motivo pelo qual o recurso contra ela cabível é o agravo de instrumento, e não a apelação" (STJ-5ª T., REsp 838.911, Min. Arnaldo Esteves, j. 10.6.08, DJ 1.9.08).

V. art. 1.015 § ún.

Art. 924: 12. s/ prescrição intercorrente, v. arts. 85, nota 6, 487, nota 8b, 921 §§ 4º e 5º e nota 3 e 1.056.

Art. 924: 13. "O **contraditório** é princípio que deve ser respeitado em todas as manifestações do Poder Judiciário, que deve zelar pela sua observância, inclusive nas hipóteses de **declaração de ofício** da prescrição intercorrente, devendo o credor ser previamente intimado para opor algum fato impeditivo à incidência da prescrição. No caso concreto, a despeito de transcorrido mais de uma década após o arquivamento administrativo do processo, não houve a intimação da recorrente a assegurar o exercício oportuno do contraditório" (STJ-2ª Seção, REsp 1.604.412, Min. Marco Bellizze, j. 27.6.18, maioria, DJ 22.8.18).

V. tb. art. 487 § ún. Em matéria de execução fiscal, v. LEF 40 § 4º.

Art. 925. A extinção só produz efeito quando declarada por sentença.[1 a 3]

[Dispositivo correspondente no CPC/1973: art. 795]

Art. 925: 1. Esta sentença é **apelável** (STJ-4ª T., REsp 20.532-7, Min. Athos Carneiro, j. 5.5.92, DJU 25.5.92; STJ-3ª T., REsp 27.418-0, Min. Waldemar Zveiter, j. 27.10.92, DJU 30.11.92; Lex-JTA 147/312). Do contrário, não seria "sentença", como diz o texto. Interposto outro recurso, não se admite a fungibilidade (STJ-4ª T., REsp 46.690-3, Min. Sálvio de Figueiredo, j. 12.9.94, DJU 24.10.94).

"O arquivamento dos autos determinado pela decisão apelada deve ser considerado sentença" e, consequentemente, é apelável (STJ-4ª T., REsp 651.200, Min. Luis Felipe, j. 3.9.09, DJ 21.9.09).

Art. 925: 1a. "Decisório que indefere pedido de expedição de requisitório complementar. Ausência de extinção expressa do feito executivo, na forma dos arts. 794 e 795 do CPC/1973. Se o juiz **não 'declara'** através de um ato judicial típico denominado 'sentença', não se pode dizer, por simples inferência, tenha havido extinção da execução" (STJ-2ª T., REsp 1.393.824, Min. Og Fernandes, j. 5.12.17, DJ 13.12.17).

Art. 925: 2. "O juiz não pode **anular a sua própria sentença** através de uma mera decisão interlocutória" (JTJ 347/113: AI 990.09.309641-2).

"A extinção da execução, ainda que por vício *in judicando* e uma vez transitada em julgado a respectiva decisão, não legitima a sua abertura superveniente sob a alegação de erro de cálculo, porquanto a isso corresponderia transformar simples *petitio* em ação rescisória imune ao prazo decadencial" (STJ-Corte Especial, REsp 1.143.471, Min. Luiz Fux, j. 3.2.10, DJ 22.2.10).

Art. 925: 3. "Tendo em vista que a extinção da execução fiscal fundada no art. 794, I, do CPC perfaz-se por sentença de mérito, mostra-se inadmissível, em virtude da eficácia preclusiva da **coisa julgada material,** a pretensão da exequente de obter, em outra execução fiscal, a satisfação da mesma obrigação tributária com base na alegação de que estaria fundada em erro a sentença proferida na primeira execução fiscal" (STJ-2ª T., REsp 1.253.922, Min. Mauro Campbell, j. 2.8.11, DJ 9.8.11).

"Declarada extinta a execução (art. 794-II do CPC), pelo pagamento da indenização, com sentença transitada em julgado, é inadmissível a expedição de ofício requisitório complementar, pois manifestamente consumada a preclusão" (JTJ 296/300).

Livro III | DOS PROCESSOS NOS TRIBUNAIS E DOS MEIOS DE IMPUGNAÇÃO DAS DECISÕES JUDICIAIS

Título I | DA ORDEM DOS PROCESSOS E DOS PROCESSOS DE COMPETÊNCIA ORIGINÁRIA DOS TRIBUNAIS

Capítulo I | DISPOSIÇÕES GERAIS

Art. 926. Os tribunais devem uniformizar sua jurisprudência e mantê-la estável, íntegra e coerente.[1] [Sem dispositivo correspondente no CPC/1973]

§ 1º Na forma estabelecida e segundo os pressupostos fixados no regimento interno, os tribunais editarão enunciados de súmula correspondentes a sua jurisprudência dominante. [Sem dispositivo correspondente no CPC/1973]

§ 2º Ao editar enunciados de súmula, os tribunais devem ater-se às circunstâncias fáticas dos precedentes que motivaram sua criação. [Sem dispositivo correspondente no CPC/1973]

Art. 926: 1. "O STJ foi concebido para um escopo especial: orientar a aplicação da lei federal e unificar-lhe a interpretação, em todo o Brasil. Se assim ocorre, é necessário que a sua jurisprudência seja observada, para se manter firme e coerente. Assim sempre ocorreu em relação ao STF, de quem o STJ é sucessor, nesse mister. Em verdade, o Poder Judiciário mantém sagrado compromisso com a justiça e a segurança. Se deixarmos que nossa jurisprudência varie ao sabor das convicções pessoais, estaremos prestando um desserviço a nossas instituições. Se nós — os integrantes da Corte — não observarmos as decisões que ajudamos a formar, estaremos dando sinal para que os demais órgãos judiciários façam o mesmo. Estou certo de que, em acontecendo isso, perde sentido a existência de nossa Corte. Melhor será extingui-la" (RSTJ 157/17: REsp 228.432-ED-AgRg; palavras do Min. Gomes de Barros, perante a Corte Especial do STJ, na sessão de 1.2.02).

Art. 927. Os juízes e os tribunais observarão: [Sem dispositivo correspondente no CPC/1973]

I — as decisões do Supremo Tribunal Federal em controle concentrado de constitucionalidade;[1] [Sem dispositivo correspondente no CPC/1973]

II — os enunciados de súmula vinculante;[2] [Sem dispositivo correspondente no CPC/1973]

III — os acórdãos em incidente de assunção de competência[2a] ou de resolução de demandas repetitivas[3] e em julgamento de recursos extraordinário e especial repetitivos;[4] [Sem dispositivo correspondente no CPC/1973]

IV — os enunciados das súmulas do Supremo Tribunal Federal[5] em matéria constitucional e do Superior Tribunal de Justiça em matéria infraconstitucional;[6] [Sem dispositivo correspondente no CPC/1973]

V — a orientação do plenário ou do órgão especial aos quais estiverem vinculados. [Sem dispositivo correspondente no CPC/1973]

§ 1º Os juízes e os tribunais observarão o disposto no art. 10 e no art. 489, § 1º, quando decidirem com fundamento neste artigo. [Sem dispositivo correspondente no CPC/1973]

§ 2º A alteração de tese jurídica adotada em enunciado de súmula ou em julgamento de casos repetitivos[7] poderá ser precedida de audiências públicas e da participação de pessoas, órgãos ou entidades que possam contribuir para a rediscussão da tese. [Sem dispositivo correspondente no CPC/1973]

§ 3º Na hipótese de alteração de jurisprudência dominante do Supremo Tribunal Federal e dos tribunais superiores ou daquela oriunda de julgamento de casos repetitivos, pode haver modulação dos efeitos da alteração no interesse social e no da segurança jurídica.[7a a 8] [Sem dispositivo correspondente no CPC/1973]

§ 4º A modificação de enunciado de súmula, de jurisprudência pacificada ou de tese adotada em julgamento de casos repetitivos observará a necessidade de fundamentação adequada e específica, considerando os princípios da segurança jurídica, da proteção da confiança e da isonomia. [Sem dispositivo correspondente no CPC/1973]

§ 5º Os tribunais darão publicidade a seus precedentes, organizando-os por questão jurídica decidida e divulgando-os, preferencialmente, na rede mundial de computadores. [Sem dispositivo correspondente no CPC/1973]

Art. 927: 1. v. CF 102 §§ 1º e 2º.

Art. 927: 2. v. CF 103-A; Lei 11.417/06, no tít. SUPREMO TRIBUNAL FEDERAL.

Art. 927: 2a. v. art. 947.

Art. 927: 3. v. arts. 976 e segs.

Art. 927: 4. v. arts. 1.036 e segs.

Art. 927: 5. v. RISTF 102 e 103.

Art. 927: 6. v. RISTJ 122 a 127.

Art. 927: 7. v. art. 928 e RISTJ 256-S e segs.

Art. 927: 7a. "A modulação de efeitos de decisão que supera orientação jurisprudencial é **matéria apreciável de ofício,** razão pela qual não configura inovação recursal" (STJ-3ª T., REsp 1.630.659-EDcl, Min. Nancy Andrighi, j. 27.11.18, DJ 6.12.18).

Art. 927: 7b. "A modulação de efeitos do art. 927, § 3º, do CPC/15 deve ser utilizada com **parcimônia,** de forma **excepcional** e em hipóteses específicas, em que o entendimento superado tiver sido efetivamente capaz de gerar uma **expectativa legítima** de atuação nos jurisdicionados e, ainda, o exigir o interesse social envolvido" (STJ-3ª T., REsp 1.630.659-EDcl, Min. Nancy Andrighi, j. 27.11.18, DJ 6.12.18; no caso, a modulação foi negada).

"Recurso especial. Seguro de vida. Mudança de jurisprudência. Aplicação do entendimento antigo. Teoria da *prospective overruling.* Na hipótese, é inegável a ocorrência de traumática alteração de entendimento desta Corte Superior, o que não pode ocasionar prejuízos para a recorrente, cuja demanda já havia sido julgada procedente em 1º grau de jurisdição de acordo com a jurisprudência anterior do STJ" (STJ-3ª T., REsp 1.721.716, Min. Nancy Andrighi, j. 10.12.19, maioria, DJ 17.12.19).

Art. 927: 7c. "Para a modulação dos efeitos de decisão em julgamento de recursos extraordinários repetitivos, com repercussão geral, nos quais não tenha havido declaração de inconstitucionalidade de ato normativo, é suficiente o **quórum de maioria absoluta** dos membros do Supremo Tribunal Federal" (STF-Pleno, RE 638.115-EDcl-Edcl, Min. Gilmar Mendes, j. 18.12.19, um voto vencido, DJ 8.5.20).

Art. 927: 8. "Em casos onde a alteração da jurisprudência do Superior Tribunal de Justiça deriva de adequação a julgado posterior proferido pelo Supremo Tribunal Federal **(*overruling* vertical)** a modulação de efeitos deve seguir a mesma solução dada também pelo STF, sob pena de permanecer a situação que se quer evitar de duplicidade de soluções judiciais para uma mesma questão, a fomentar insegurança jurídica (os Tribunais inferiores não saberão qual posicionamento seguir para o período), ineficiência da prestação jurisdicional (pois a parte prejudicada irá interpor recurso extraordinário/especial para afastar ou garantir a modulação) e desigualdade no tratamento dos jurisdicionados (pois o processo sofrerá solução diferente de acordo com o tribunal destinatário do recurso final). Ou seja, se o STF decidiu pela modulação, solução idêntica há que ser adotada pelo STJ. Se o STF decidiu pela impossibilidade de modulação, do mesmo modo a impossibilidade há que ser acatada pelo STJ. Nesse sentido, a própria decisão sobre a modulação (positiva ou negativa) vincula, posto que também dotada de repercussão geral, tudo também com o escopo de se evitar a litigância temerária. Mas se o STF simplesmente não se manifestou a respeito da modulação, resta a possibilidade de o STJ modular os efeitos de seu novo posicionamento, sendo que essa mesma modulação poderá ser objeto de recurso ao STF, a fim de que a jurisprudência das duas Cortes Superiores seja ali uniformizada" (STJ-2ª T., REsp 1.551.640-EDcl, Min. Mauro Campbell, j. 23.8.18, DJ 29.8.18).

Art. 928. Para os fins deste Código, considera-se julgamento de casos repetitivos a decisão proferida em:[1] [Sem dispositivo correspondente no CPC/1973]

I — incidente de resolução de demandas repetitivas;[1a] [Sem dispositivo correspondente no CPC/1973]

II — recursos especial e extraordinário repetitivos.[2] [Sem dispositivo correspondente no CPC/1973]

Parágrafo único. O julgamento de casos repetitivos tem por objeto questão de direito material ou processual. [Sem dispositivo correspondente no CPC/1973]

Art. 928: 1. "Os recursos especiais e extraordinários repetitivos e o IRDR compõem, na forma do art. 928, I e II, do novo CPC, um microssistema de julgamento de questões repetitivas, devendo o intérprete promover, sempre que possível, a integração entre os dois mecanismos que pertencem ao mesmo sistema de formação de precedentes vinculantes. Os vetores interpretativos que permitirão colmatar as lacunas existentes em cada um desses mecanismos e promover a integração dessas técnicas no microssistema são a inexistência de vedação expressa no texto do novo CPC que inviabilize a integração entre os instrumentos e a inexistência de ofensa a um elemento essencial do respectivo instituto" (STJ-3ª T., REsp 1.846.109, Min. Nancy Andrighi, j. 10.12.19, DJ 13.12.19).

V. art. 982, nota 1a.

Art. 928: 1a. v. arts. 976 e segs.

Art. 928: 2. v. arts. 1.036 e segs.

Capítulo II | DA ORDEM DOS PROCESSOS NO TRIBUNAL

Art. 929. Os autos serão registrados no protocolo do tribunal no dia de sua entrada, cabendo à secretaria ordená-los, com imediata distribuição.[1] [Dispositivo correspondente no CPC/1973: art. 547-*caput*]

Parágrafo único. A critério do tribunal, os serviços de protocolo poderão ser descentralizados, mediante delegação a ofícios de justiça de primeiro grau.[2] [Dispositivo correspondente no CPC/1973: art. 547 § ún.]

Art. 929: 1. CF 93: "XV — a distribuição de processos será imediata, em todos os graus de jurisdição".

Art. 929: 2. No STJ, a **Súmula 256,** que dispunha que "o sistema de 'protocolo integrado' não se aplica aos recursos dirigidos ao Superior Tribunal de Justiça", foi **cancelada** pela Corte Especial (STJ-Corte Especial, AI 792.846-AgRg, Min. Luiz Fux, j. 21.5.08, dois votos vencidos, DJ 3.11.08). Do aparte do Min. João Otávio: "Estamos permitindo o **protocolo integrado** para recurso especial. É preciso que esse ponto fique bem esclarecido no voto porque, do contrário, em pouco tempo estaremos recebendo agravo regimental protocolizado na origem. Precisamos deixar claro que estamos admitindo a utilização do protocolo integrado apenas para o recurso especial".

"A sistemática protocolar unificada foge ao alcance quanto à interposição ou oposição dos declaratórios, regimentais ou quando se pretenda abrir divergência contra **decisões proferidas diretamente pelos Tribunais Superiores,** onde se deve respeitar o protocolo interno de cada Corte" (STJ-1ª T., AI 1.006.224-AgRg, Min. Luiz Fux, j. 3.11.09, DJ 16.11.09). No mesmo sentido: STJ-2ª T., REsp 1.081.199-EDcl-AgRg, Min. Mauro Campbell, j. 23.3.10, DJ 14.4.10; STJ-4ª T., Ag em REsp 1.195.499-AgInt, Min. Luis Felipe, j. 9.10.18, DJ 15.10.18.

S/ protocolo integrado, v. art. 1.003, nota 8.

Art. 930. Far-se-á a distribuição de acordo com o regimento interno do tribunal,[1] observando-se a alternatividade, o sorteio eletrônico e a publicidade. [Dispositivo correspondente no CPC/1973: art. 548]

Parágrafo único. O primeiro recurso protocolado no tribunal tornará prevento o relator[2] para eventual recurso subsequente interposto no mesmo processo ou em processo conexo.[3] [Sem dispositivo correspondente no CPC/1973]

Art. 930: 1. s/ prevenção disciplinada em regimento interno e nulidade de julgamento, v. RISTJ 71, nota 3.

Art. 930: 2. "A interpretação da lei deve ser feita de forma lógica, inteligente, de modo que não contrarie o senso comum. Atribuir ao **relator que restou vencido** a prevenção para examinar os demais recursos referentes ao mesmo processo, é ferir esse senso, em especial, quando não é essa regra que se infere do Regimento Interno do Tribunal local" (STJ-1ª T., REsp 598.111, Min. José Delgado, j. 6.5.04, DJU 21.6.04).

V. tb. art. 941 e RISTJ 71 § 2º.

Art. 930: 3. v. art. 978 § ún. (incidente de resolução de demandas repetitivas).

Art. 931. Distribuídos, os autos serão imediatamente conclusos ao relator,[1] que, em 30 (trinta) dias, depois de elaborar o voto, restituí-los-á, com relatório, à secretaria. [Dispositivo correspondente no CPC/1973: art. 549]

Art. 931: 1. v. art. 932.

Art. 932. Incumbe ao relator:[1 a 2] [Sem dispositivo correspondente no CPC/1973]

I — dirigir e ordenar o processo no tribunal, inclusive em relação à produção de prova, bem como, quando for o caso, homologar autocomposição das partes; [Sem dispositivo correspondente no CPC/1973]

II — apreciar o pedido de tutela provisória nos recursos[2a] e nos processos de competência originária do tribunal; [Sem dispositivo correspondente no CPC/1973]

III — não conhecer de recurso inadmissível,[3] prejudicado[4 a 6] ou que não tenha impugnado especificamente os fundamentos da decisão recorrida; [Dispositivo correspondente no CPC/1973: art. 557-*caput*]

IV — negar provimento a recurso que for contrário a:[7-7a] [Dispositivo correspondente no CPC/1973: art. 557-*caput*]

a) súmula do Supremo Tribunal Federal, do Superior Tribunal de Justiça ou do próprio tribunal; [Dispositivo correspondente no CPC/1973: art. 557-*caput*]

b) acórdão proferido pelo Supremo Tribunal Federal ou pelo Superior Tribunal de Justiça em julgamento de recursos repetitivos;[8] [Dispositivo correspondente no CPC/1973: art. 557-*caput*]

c) entendimento firmado em incidente de resolução de demandas repetitivas[9] ou de assunção de competência;[9a] [Sem dispositivo correspondente no CPC/1973]

V — depois de facultada a apresentação de contrarrazões,[9b] dar provimento ao recurso se a decisão recorrida for contrária a:[10] [Dispositivo correspondente no CPC/1973: art. 557 § 1º-A]

a) súmula do Supremo Tribunal Federal, do Superior Tribunal de Justiça ou do próprio tribunal; [Dispositivo correspondente no CPC/1973: art. 557 § 1º-A]

b) acórdão[11] proferido pelo Supremo Tribunal Federal ou pelo Superior Tribunal de Justiça em julgamento de recursos repetitivos; [Dispositivo correspondente no CPC/1973: art. 557 § 1º-A]

c) entendimento firmado em incidente de resolução de demandas repetitivas ou de assunção de competência; [Sem dispositivo correspondente no CPC/1973]

VI — decidir o incidente de desconsideração da personalidade jurídica, quando este for instaurado originariamente perante o tribunal; [Sem dispositivo correspondente no CPC/1973]

VII — determinar a intimação do Ministério Público, quando for o caso; [Sem dispositivo correspondente no CPC/1973]

VIII — exercer outras atribuições estabelecidas no regimento interno do tribunal. [Sem dispositivo correspondente no CPC/1973]

Parágrafo único. Antes de considerar inadmissível o recurso, o relator concederá o prazo de 5 (cinco) dias ao recorrente para que seja sanado vício ou complementada a documentação exigível.[12-13] [Sem dispositivo correspondente no CPC/1973]

Art. 932: 1. Súmula 253 do STJ: "O art. 557 do CPC, que autoriza o relator a decidir o recurso, alcança o **reexame necessário**" (v. jurisprudência s/ esta Súmula em RSTJ 144/493 e 152/128).

Súmula 568 do STJ: "O relator, monocraticamente e no Superior Tribunal de Justiça, poderá dar ou negar provimento ao recurso quando houver **entendimento dominante** acerca do tema".

Art. 932: 1a. Os poderes conferidos ao relator para não conhecer do recurso (inc. III), negar (inc. IV) ou dar provimento (inc. V), aplicam-se também:

— à reclamação (JTJ 182/269). Isso é confirmado por via oblíqua pelo art. 937 § 3º, que prevê sustentação oral no agravo interno contra a decisão monocrática do relator que extingue a reclamação, a ação rescisória e o mandado de segurança. Quanto à ação rescisória, v. tb. arts. 968, nota 10, e 974, nota 8. Quanto ao mandado de segurança, v. tb. LMS 10, nota 2;

— ao recurso ordinário em mandado de segurança (STJ-5ª T., RMS 14.768-AgRg, Min. Gilson Dipp, j. 27.8.02, DJU 23.9.02);

— ao recurso inominado dos Juizados Especiais Cíveis (v. LJE 46, nota 1).

Não se admite que o relator julgue monocraticamente o agravo interposto contra a sua decisão que nega seguimento ou dá provimento a recurso (v. art. 1.021, nota 8).

S/ poderes do relator dos embargos de divergência para isoladamente julgá-los, v. RISTJ 266, nota 4.

Art. 932: 2. "A competência para julgamento dos embargos de declaração é sempre do órgão julgador que proferiu a decisão embargada. Assim, quando apresentados contra acórdão, é do colegiado, e não do relator, a competência para o seu julgamento. E é do relator, monocraticamente, aí sim, quando ofertados contra decisão singular" (STJ-4ª T., REsp 508.950, Min. Sálvio de Figueiredo, j. 12.8.03, DJU 29.9.03). No mesmo sentido: STJ-3ª T., AI 494.616-EDcl-AgRg, Min. Pádua Ribeiro, j. 29.10.03, DJU 9.12.03.

Considerando que compete ao órgão colegiado julgar os embargos opostos contra acórdão: STJ-2ª T., REsp 791.856, Min. Eliana Calmon, j. 16.5.06, DJU 14.6.06; STJ-3ª T., REsp 808.446, Min. Castro Filho, j. 24.8.06, DJU 23.10.06; STJ-4ª T., REsp 770.150, Min. Jorge Scartezzini, j. 8.11.05, DJU 28.11.05. Contudo, esse entendimento comporta **mitigações.** O próprio RISTJ 263 § 2º autoriza o julgamento monocrático dos embargos dirigidos a acórdão, quando estes forem **"manifestamente incabíveis".** Logo, a rejeição ou o não conhecimento dos embargos contra acórdão por decisão unipessoal é autorizado, por exemplo, no caso de intempestividade. Nesse sentido: STJ-Corte Especial, REsp 1.049.974, Min. Luiz Fux, j. 2.6.10, DJ 3.8.10. O que não se admite é o acolhimento de embargos a acórdão por decisão monocrática, mormente quando conduzir à prevalência de isolada manifestação do relator sobre o entendimento já externado pela turma julgadora. Aceitando a correção por decisão monocrática de erro material em acórdão: STJ-3ª T., REsp 1.007.692, Min. Nancy Andrighi, j. 17.8.10, DJ 14.10.10.

Não se permite o julgamento pelo órgão colegiado de embargos de declaração opostos contra decisão monocrática do relator (v. art. 1.024 § 2º).

V. ainda RISTJ 255, nota 4-Decisão recorrível (recurso especial contra decisão monocrática do relator).

Art. 932: 2a. v. tb. arts. 1.012 §§ 3º e 4º (apelação), 1.019-I (agravo de instrumento), 1.026 § 1º (embargos de declaração) e 1.029 § 5º (recurso extraordinário ou especial).

Art. 932: 3. p. ex., recurso deficientemente instruído, fora de prazo ou incabível, tal como agravo de instrumento contra despacho de mero expediente.

É o caso também do recurso extraordinário fundado em matéria que o STF já afirmou não ter repercussão geral (RISTF 327-*caput* e § 1º).

Art. 932: 4. i. e., superado por decisão ou fato anterior.

Art. 932: 5. "Cabe ao relator decidir o pedido ou o recurso que haja **perdido seu objeto**" (RSTJ 21/260).

Art. 932: 6. "Provido o recurso especial da parte que simultaneamente ajuizara recurso extraordinário, com a consequente reforma do acórdão, deixa ela de ter **interesse processual** para o julgamento do extraordinário, que resta prejudicado (Lei n. 8.038, de 28.5.90, art. 38)" (STJ-1ª T., REsp 15.502-0-EDcl, Min. Demócrito Reinaldo, j. 11.5.92, DJU 29.6.92).

Art. 932: 7. Desautorizando o julgamento monocrático do recurso na seguinte circunstância: "Se é necessária **revaloração da prova,** o julgamento do processo consubstancia uma atividade individual, relativa àquela controvérsia somente, não uma análise de matéria repetitiva" (STJ-3ª T., REsp 1.261.902, Min. Nancy Andrighi, j. 16.8.12, DJ 22.8.12).

Art. 932: 7a. O julgamento monocrático do relator independe da **prévia publicação do acórdão** relativo ao precedente em que aquele se funda. V. nota 11.

Art. 932: 8. v. arts. 1.036 e segs.

Art. 932: 9. v. arts. 976 e segs.

Art. 932: 9a. v. art. 947.

Art. 932: 9b. "A intimação para a resposta é **condição de validade** da decisão monocrática que vem em prejuízo do agravado, ou seja, quando o relator acolhe o recurso, dando-lhe provimento (art. 557, § 1º-A). Nem a urgência justifica a sua falta" (STJ-1ª Seção, ED no REsp 1.038.844, Min. Teori Zavascki, j. 8.10.08, DJ 20.10.08). No mesmo sentido: STJ-Corte Especial, REsp 1.148.296, Min. Luiz Fux, j. 1.9.10, DJ 28.9.10.

V. tb. art. 1.019, nota 3.

Art. 932: 10. No caso de decisão recorrida contrária a súmula ou jurisprudência dominante do STF, **presume-se a repercussão geral** para fins de admissão do recurso extraordinário (art. 1.035 § 3º e RISTF 323 § 2º).

Art. 932: 11. A lei autoriza o relator a julgar monocraticamente o recurso, **"mesmo antes de publicado o acórdão que julgou o caso líder"** (STF-1ª T., RE 310.008-AgRg, Min. Ellen Gracie, j. 17.12.03, DJU 21.2.04). No mesmo sentido: "A existência de precedente firmado pelo Plenário do STF autoriza o julgamento imediato de causas que versem o mesmo tema (RISTF, art. 101), ainda que o acórdão do *leading case*, proferido pelo Plenário, não tenha sido publicado, ou, caso já publicado, ainda não haja transitado em julgado" (STF-2ª T., RE 328.646-AgRg, Min. Carlos Velloso, j. 25.6.02, DJU 23.8.02). Ainda: STJ-4ª T., REsp 507.981-AgRg, Min. Fernando Gonçalves, j. 25.5.04, DJU 14.6.04; STJ-RF 378/301 (3ª T., REsp 509.768).

S/ *leading case*, v. tb. art. 1.040, nota 2, e RISTF 101, nota 1a.

Art. 932: 12. v. arts. 1.017 § 3º (agravo de instrumento) e 1.029 § 3º (recursos extraordinário e especial).

S/ prova da tempestividade, v. art. 1.003, nota 19; s/ insuficiência do preparo ou equívoco na guia de custas, v. art. 1.007 §§ 2º e 7º; s/ falta de assinatura, v. art. 1.010, nota 5 (apelação), RISTJ 255, nota 4-Recurso sem assinatura, e RISTF 321, nota 3-Recurso sem assinatura.

Art. 932: 13. "Este dispositivo só se aplica para os casos de regularização de **vício estritamente formal,** não se prestando para complementar a fundamentação de recurso já interposto" (STJ-4ª T., Ag em REsp 1.039.553-AgInt, Min. Luis Felipe, j. 23.5.17, DJ 26.5.17). Em sentido semelhante: STF-1ª T., Ag em RE 953.221-AgRg, Min. Luiz Fux, j. 7.6.16, DJ 5.8.16; STJ-2ª T., Ag em REsp 1.037.512-EDcl-AgInt, Min. Mauro Campbell, j. 8.6.17, DJ 14.6.17.

"A ausência de identidade fática entre os julgados confrontados revela a deficiência de conteúdo, logo, não pode ser aberta vista ao embargante nos termos do art. 932 do CPC/2015. Em verdade, a aplicação desse artigo refere-se a vícios formais, como a ausência de procuração ou a incorreção no recolhimento das custas, entre outros" (STJ-Corte Especial, ED no Ag em REsp 341.992-AgInt, Min. Mauro Campbell, j. 21.6.17, DJ 29.6.17; a citação é do voto do relator).

Art. 933. Se o relator constatar a ocorrência de fato superveniente[1-2] à decisão recorrida ou a existência de questão apreciável de ofício ainda não examinada que devam ser considerados no julgamento do recurso,[3 a 5] intimará as partes para que se manifestem no prazo de 5 (cinco) dias.

[Sem dispositivo correspondente no CPC/1973]

§ 1º Se a constatação ocorrer durante a sessão de julgamento, esse será imediatamente suspenso a fim de que as partes se manifestem especificamente.

§ 2º Se a constatação se der em vista dos autos, deverá o juiz que a solicitou encaminhá-los ao relator, que tomará as providências previstas no *caput* e, em seguida, solicitará a inclusão do feito em pauta para prosseguimento do julgamento, com submissão integral da nova questão aos julgadores.

Art. 933: 1. v. art. 493 e notas.

Art. 933: 2. A consideração de fato superveniente não se limita ao juiz de primeiro grau, alcançando também o **tribunal,** se o **evento é ulterior à sentença** (RSTJ 87/237: 3ª T., REsp 75.003; STJ-Bol. AASP 2.569: 4ª T., REsp 964.780; RT 633/123, 646/143, 663/164, 666/106, 678/180, RJTJESP 99/92, JTA 98/338, 105/299, 123/210, Lex-JTA 154/49).

"O fato tido por superveniente, que possa influenciar no julgamento da causa, deve ser considerado pelo julgador, ainda que em sede recursal, não havendo óbice para que a parte requeira o seu conhecimento por meio de contrarrazões recursais" (STJ-1ª T., REsp 847.831, Min. Francisco Falcão, j. 28.11.06, DJU 14.12.06).

Todavia, no sentido de que o tribunal não pode reabrir a instrução para ouvir testemunha que a parte desconheceria e que teria sido por ela descoberta apenas após a prolação da sentença: STJ-3ª T., REsp 926.721, Min. Nancy Andrighi, j. 19.2.08, DJU 5.3.08.

V. tb. arts. 144 § 2º (impedimento do juiz), 342-I (fato superveniente à contestação), 1.014 (questão de fato nova em apelação), RISTJ 141-II e 255, nota 4 (fato superveniente no recurso especial), RISTF 115-II e 321, nota 3 (fato superveniente no recurso extraordinário).

Art. 933: 3. v. art. 10 e notas.

Art. 933: 4. "Nada há de heterodoxo ou atípico no contraditório dinâmico e preventivo exigido pelo CPC/2015. Na eventual hipótese de **adoção de fundamento ignorado e imprevisível,** a decisão judicial não pode se dar com preterição da ciência prévia das partes. A negativa de efetividade ao art. 10 c/c art. 933 do CPC/2015 implica *error in procedendo* e **nulidade do julgado,** devendo a intimação antecedente ser procedida na instância de origem para permitir a participação dos titulares do direito discutido em juízo na formação do convencimento do julgador e, principalmente, assegurar a necessária correlação ou congruência entre o âmbito do diálogo desenvolvido pelos sujeitos processuais e o conteúdo da decisão prolatada. *In casu,* o acórdão recorrido decidiu o recurso de apelação da autora mediante fundamento original não cogitado, explícita ou implicitamente, pelas partes. Resolveu o Tribunal de origem contrariar a sentença monocrática e julgar **extinto o processo sem resolução de mérito** por insuficiência de prova, sem que as partes tenham tido a oportunidade de exercitar sua influência na formação da convicção do julgador. Por tratar-se de resultado que não está previsto objetivamente no ordenamento jurídico nacional, e refoge ao desdobramento natural da controvérsia, considera-se insuscetível de pronunciamento com desatenção à regra da proibição da decisão surpresa, posto não terem as partes obrigação de prevê-lo ou advinhá-lo. Deve o julgado ser anulado, com retorno dos autos à instância anterior para intimação das partes a se manifestarem sobre a possibilidade aventada pelo juízo no prazo de 5 dias" (STJ-2ª T., REsp 1.676.027, Min. Herman Benjamin, j. 26.9.17, DJ 11.10.17).

Todavia: "Princípio da não surpresa. Acórdão que, em apelação, declarou a inépcia da inicial. Inexistência de fundamento jurídico decorrente de fatos novos. Desnecessidade de intimação das partes para manifestação prévia. Ofensa ao artigo 10 do CPC não configurada" (STJ-2ª T., REsp 1.781.459, Min. Herman Benjamin, j. 2.6.20, DJ 21.8.20).

Art. 933: 5. "Verificada a intempestividade do recurso, deve ser não conhecido, independente de intimação da parte para se manifestar a respeito, inexistindo afronta ao art. 10 do CPC/15" (STJ-4ª T., Ag em REsp 1.044.597-AgInt, Min. Luis Felipe, j. 7.11.17, DJ 14.11.17). Do voto do relator: "O ponto consistente na tempestividade recursal é fundamento legal, não havendo que se falar em afronta ao princípio da não surpresa".

Art. 934. Em seguida, os autos serão apresentados ao presidente, que designará dia para julgamento, ordenando, em todas as hipóteses previstas neste Livro, a publicação[1 a 2b] da pauta[3 a 4] no órgão oficial. [Dispositivo correspondente no CPC/1973: art. 552-*caput*]

Art. 934: 1. s/ publicação da pauta, na hipótese de parte beneficiária de justiça gratuita, v. art. 186, nota 9; s/ antecedência da publicação da pauta e nova pauta, v. art. 935-*caput*; s/ arguição, em recurso especial, da nulidade do julgamento do tribunal local, por não ter sido o feito incluído na pauta de julgamento, v. RISTJ 255, nota 3-Súmula 282 do STF (Prequestionamento. Matéria de ordem pública ou questão cognoscível de ofício).

Art. 934: 1a. A publicação deve conter os **nomes das partes e de seus advogados** (art. 272 § 2º), sob pena de nulidade (STF-2ª T., RE 91.487-1, j. 21.9.79, DJU 15.10.79; STJ-3ª T., REsp 7.826, Min. Dias Trindade, j. 16.4.91, DJU 20.5.91), reconhecível em embargos de declaração (v. art. 1.022, nota 11), em mandado de segurança (2º TASP-Pleno: JTA 106/358, v.u., RT 614/157), ou mesmo em ação rescisória (v. art. 966, nota 23b). Assim, deve conter:

— os nomes do recorrente e do recorrido (STJ-2ª T., REsp 3.334, Min. Ilmar Galvão, j. 6.8.90, DJU 20.8.90; RTJ 94/1.078), bem como dos intervenientes (STF-1ª T., RE 85.878-4, j. 21.11.78, DJU 11.12.78), principalmente se ficar demonstrado que a publicação inexata gerou confusão (RTJ 123/257);

— os nomes dos advogados que vêm funcionando na causa perante o tribunal (cf., em RISTF 82, nota 8, o art. 6º-I-*b* da Port. 104/78, do Pres. do STF; no mesmo sentido: RTJ 86/242, STF-RT 541/274, RSTJ 92/226), sendo nula a intimação que consigna apenas o nome do substabelecente (RSTJ 36/443, RTJ 90/966, 103/1.254, 120/441, matéria criminal). Mas: "Para que figure nas publicações, em substituição aos advogados constituídos pelas partes no processo, o outro advogado constituído no Tribunal, é preciso que requeira a menção de seu nome" (RTJ 126/942). "Publicação irregular da pauta de julgamento. Ausência do nome do advogado substabelecido. Recurso provido, a fim de que novo julgamento seja realizado, após regular publicação da pauta" (STJ-3ª T., REsp 30.085, Min. Eduardo Ribeiro, j. 8.2.92, DJU 1.3.93).

"A circunstância de o substabelecimento conter reserva de poderes não é motivo de dispensa da intimação do advogado substabelecido para acompanhar o recurso perante a segunda instância" (STF-1ª T., RE 114.881-1, Min. Octavio Gallotti, j. 20.11.87, DJU 18.12.87).

"Constatada a publicação da pauta de julgamento do acórdão embargado no nome de advogado que não mais possui poderes para atuar na causa, impõe-se a declaração de nulidade do julgamento anterior. A despeito da inexistência de sustentação oral em sede de agravo interno na hipótese dos autos, não se pode olvidar que a inclusão do feito em pauta sem a intimação do advogado constituído causa-lhe surpresa, impossibilitando o procurador de apresentar memoriais e suscitar questões de ordem para o andamento adequado dos trabalhos. Embargos de declaração acolhidos" (STJ-2ª T., Ag em REsp 865.319-AgInt-EDcl, Min. Og Fernandes, j. 6.4.17, DJ 17.4.17).

V., s/ necessidade de nova publicação pela imprensa, após recebimento dos embargos de declaração, art. 1.024, nota 5.

Art. 934: 2. "Constando dos autos que o advogado teve **ciência inequívoca** da pauta de julgamentos no tribunal, desimportante a ausência do seu nome na publicação" desta (STJ-5ª T., AI 73.924-4-AgRg, Min. Edson Vidigal, j. 4.9.95, DJU 23.10.95).

Art. 934: 2a. "Julgamento que teria ocorrido sem prévia intimação de **litisconsortes** representados no processo por **advogados diferentes.** Subsequente devolução dos autos à vara de origem, onde os procuradores alegadamente não intimados requereram a remessa do processo ao Tribunal. Petição sequer entranhada aos autos. Ilegalidade" (STJ-2ª T., REsp 174.327, Min. Ari Pargendler, j. 18.8.98, um voto vencido, DJU 26.4.99). Conforme o voto do relator: "O juiz, é certo, não pode decretar a nulidade de acórdão proferido pelo Tribunal de Justiça. Mas, advertido de nulidade ocorrida no segundo grau de jurisdição, deve, se for o caso, afastá-la, ou devolver os autos ao Tribunal, se a alegação estiver bem fundada".

Art. 934: 2b. "É nulo o julgamento de ação rescisória promovido sem a regular intimação do **Ministério Público,** parte no processo. Não sana o vício a simples presença do representante ministerial, na condição de fiscal da lei, na sessão em que ocorreu o julgamento" (STJ-1ª T., REsp 687.547, Min. Teori Zavascki, j. 25.9.07, DJU 18.10.07).

Art. 934: 3. s/ pauta de julgamento e: agravo de instrumento, v. art. 1.020, nota 2; agravo interno, v. art. 1.021 § 2º; embargos de declaração, v. art. 1.024 § 1º; mandado de segurança, v. LMS 20, nota 2; tribunais de superposição, v. RISTF 83 e RISTJ 89 a 91.

Art. 934: 3a. Exige-se publicação na pauta, sob pena de nulidade, dos feitos de **remessa necessária** (STJ-1ª T., RMS 5.128-5, Min. Milton Luiz Pereira, j. 22.3.95, DJU 24.4.95).

Art. 934: 3b. O julgamento da **alegação de suspeição** independe de inclusão em pauta e pode ser realizado sem prévia intimação das partes e seus advogados (STJ-Bol. AASP 1.877/393j). No mesmo sentido: STJ-3ª T., REsp 1.157.079-AgRg, Min. Sidnei Beneti, j. 9.2.10, DJ 24.2.10.

Art. 934: 4. **Julgamento adiado a pedido do advogado.** Se o julgamento foi adiado por uma sessão, a pedido do advogado, este não pode alegar nulidade do julgamento, por não ter sido o feito reincluído na pauta publicada para a sessão extraordinária seguinte (RSTJ 19/342).

"Adiamento de processo em pauta, por uma sessão, a pedido do próprio advogado. Hipótese em que não era necessário que o processo constasse da pauta seguinte. Inexistência de nulidade a ser declarada. Dever de vigilância do advogado" (RSTJ 19/342). No caso, o advogado havia pedido adiamento para que o recurso fosse julgado "na sessão imediata" da turma (e não "na primeira sessão ordinária"); houve, antes desta, uma sessão extraordinária, em que o feito foi julgado.

"O feito, uma vez incluído em pauta, com intimação das partes, e adiado a pedido delas, pode ser julgado em outra sessão, independentemente de nova publicação. Haveria nulidade se o processo, retirado de pauta, fosse julgado sem nova publicação. Uma coisa é adiar o julgamento e outra é retirar o feito de pauta" (STJ-4ª T., REsp 331.503-EDcl, Min. Fernando Gonçalves, j. 12.8.03, DJU 1.9.03).

Art. 935. Entre a data de publicação da pauta e a da sessão de julgamento[1] decorrerá, pelo menos, o prazo de 5 (cinco) dias,[2 a 3] incluindo-se em nova pauta[4 a 5] os processos que não tenham sido julgados, salvo aqueles cujo julgamento tiver sido expressamente adiado para a primeira sessão seguinte. [Dispositivo correspondente no CPC/1973: art. 552 § 1º]

§ 1º Às partes será permitida vista dos autos em cartório após a publicação da pauta de julgamento. [Sem dispositivo correspondente no CPC/1973]

§ 2º Afixar-se-á a pauta na entrada da sala em que se realizar a sessão de julgamento. [Dispositivo correspondente no CPC/1973: art. 552 § 2º]

Art. 935: 1. s/ sessão extraordinária, quando restarem em pauta mais de 20 feitos para julgamento, v. LOM 38.

Art. 935: 2. **Súmula 117 do STJ:** "A inobservância do prazo de 48 horas, entre a publicação de pauta e o julgamento sem a presença das partes, acarreta **nulidade**" (v. jurisprudência s/ esta Súmula em RSTJ 70/389).

Art. 935: 2a. Por via de **embargos de declaração,** tem-se anulado acórdãos vinculados a julgamento com irregularidade na pauta (v. arts. 934, nota 1a *in fine*, e 1.022, nota 11).

Art. 935: 3. **Antecipação da pauta.** É nulo o julgamento antecipado, sem que se dê ciência às partes, nos casos em que cabe sustentação oral (RTJ 97/1.101). "A antecipação do horário de julgamento só se poderá fazer com intimação regular das partes e seus advogados, não bastando seja publicada simples comunicação, sem observância dos requisitos legais" (STJ-3ª T., REsp 127.085, Min. Menezes Direito, j. 18.11.97, DJU 9.12.97). Também no sentido de que, havendo antecipação do julgamento, não é suficiente "a simples publicação de aviso genérico no Diário da Justiça, informando a alteração da data da sessão" (STJ-5ª T., REsp 445.871, Min. Laurita Vaz, j. 12.8.03, DJU 15.9.03).

Art. 935: 4. s/ adiamento para sustentação oral, v. art. 936, nota 3.

Art. 935: 4a. "O **adiamento** do feito se deu **sem** a expressa **indicação** de que seria ele julgado na primeira sessão seguinte e, ainda, sem que houvesse nova publicação da pauta, o que importa em afronta ao art. 935, *caput*, do CPC/2015" (STJ-1ª T., REsp 1.685.479, Min. Sérgio Kukina, j. 1.12.20, DJ 17.12.20).

Art. 935: 5. **Processo retirado de pauta.** É nulo o julgamento de processo retirado de pauta, se não houver nova intimação dos advogados (RTJ 97/294). "Viola o art. 236, § 1º, do CPC, o julgamento de autos, retirados de pauta, sem a intimação dos patronos dos recorrentes, através de nova inclusão em pauta no Diário Oficial" (STJ-2ª T., REsp 364.795, Min. Eliana Calmon, j. 27.8.02, DJU 11.11.02). No mesmo sentido: STJ-3ª T., REsp 751.306, Min. Nancy Andrighi, j. 2.3.10, DJ 16.3.10.

Art. 936. Ressalvadas as preferências legais[1] e regimentais, os recursos, a remessa necessária e os processos de competência originária serão julgados na seguinte ordem: [Sem dispositivo correspondente no CPC/1973]

I — aqueles nos quais houver sustentação oral,[1a a 2a] observada a ordem dos requerimentos;[3] [Dispositivo correspondente no CPC/1973: art. 565-*caput*]

II — os requerimentos de preferência apresentados até o início da sessão de julgamento; [Sem dispositivo correspondente no CPC/1973]

III — aqueles cujo julgamento tenha iniciado em sessão anterior; e [Dispositivo correspondente no CPC/1973: art. 562]

IV — os demais casos. [Sem dispositivo correspondente no CPC/1973]

Art. 936: 1. v. LMS 20.

Art. 936: 1a. v. art. 937, § 2º; no STJ, v. RISTJ 158 a 160.

Art. 936: 2. **LOMP 40:** "Constituem prerrogativas dos membros do Ministério Público, além de outras previstas na Lei Orgânica: ... **III** — ter vista dos autos após distribuição às Turmas ou Câmaras e intervir nas sessões de julgamento, para sustentação oral ou esclarecimento de matéria de fato".

Art. 936: 2a. "O indeferimento do **pedido de adiamento do julgamento, para oferecimento de memoriais,** não causa cerceamento de defesa, e a falta do registro desse incidente no acórdão não significa omissão" (STJ-4ª T., REsp 60.220-3, Min. Ruy Rosado, j. 9.8.95, DJU 2.10.95).

Art. 936: 3. **Pedido de adiamento para sustentação oral.** "O adiamento de processo, cuja data de julgamento já foi publicada, intimando-se as partes, somente tem cabimento se houver pedido de todos os advogados que militam na causa, ou seja, dos causídicos que representam ambos os polos da relação jurídica processual" (STJ-4ª

T., REsp 520.547-AgRg, Min. Fernando Gonçalves, j. 16.12.03, DJU 16.2.04). No mesmo sentido: STJ-3ª T., REsp 676.208, Min. Menezes Direito, j. 13.2.07, DJU 14.5.07; RSTJ 51/301.

Em matéria de audiência de instrução e julgamento, v. art. 362-I.

S/ adiamento do julgamento por impossibilidade de comparecimento do advogado de uma das partes, v. art. 937, nota 2a.

Art. 937. Na sessão de julgamento,[1 a 2a] depois da exposição da causa pelo relator, o presidente dará a palavra, sucessivamente, ao recorrente, ao recorrido e, nos casos de sua intervenção, ao membro do Ministério Público,[2b-3] pelo prazo improrrogável de 15 (quinze) minutos[3a] para cada um, a fim de sustentarem suas razões,[4 a 6] nas seguintes hipóteses, nos termos da parte final do *caput* do art. 1.021: [Dispositivo correspondente no CPC/1973: art. 554]

I — no recurso de apelação; [Sem dispositivo correspondente no CPC/1973]

II — no recurso ordinário; [Sem dispositivo correspondente no CPC/1973]

III — no recurso especial;[7] [Sem dispositivo correspondente no CPC/1973]

IV — no recurso extraordinário; [Sem dispositivo correspondente no CPC/1973]

V — nos embargos de divergência; [Sem dispositivo correspondente no CPC/1973]

VI — na ação rescisória, no mandado de segurança e na reclamação; [Sem dispositivo correspondente no CPC/1973]

VII — (VETADO)[7a]

VIII — no agravo de instrumento interposto contra decisões interlocutórias que versem sobre tutelas provisórias de urgência ou da evidência; [Sem dispositivo correspondente no CPC/1973]

IX — em outras hipóteses previstas em lei ou no regimento interno do tribunal.[7b] [Sem dispositivo correspondente no CPC/1973]

§ 1º A sustentação oral no incidente de resolução de demandas repetitivas observará o disposto no art. 984, no que couber. [Sem dispositivo correspondente no CPC/1973]

§ 2º O procurador que desejar proferir sustentação oral poderá requerer, até o início da sessão,[7c] que o processo seja julgado em primeiro lugar, sem prejuízo das preferências legais.[8] [Dispositivo correspondente no CPC/1973: art. 565-*caput*]

§ 3º Nos processos de competência originária previstos no inciso VI, caberá sustentação oral no agravo interno interposto contra decisão de relator que o extinga. [Sem dispositivo correspondente no CPC/1973]

§ 4º É permitido ao advogado com domicílio profissional em cidade diversa daquela onde está sediado o tribunal realizar sustentação oral por meio de videoconferência[9] ou outro recurso tecnológico de transmissão de sons e imagens em tempo real, desde que o requeira até o dia anterior ao da sessão.[10] [Sem dispositivo correspondente no CPC/1973]

Art. 937: 1. **CF 93:** "**IX** — todos os julgamentos dos órgãos do Poder Judiciário serão públicos, e fundamentadas todas as decisões, sob pena de nulidade, podendo a lei limitar a presença, em determinados atos, às próprias partes e a seus advogados, ou somente a estes, em casos nos quais a preservação do direito à intimidade do interessado no sigilo não prejudique o interesse público à informação".

Art. 937: 2. Têm preferência para julgamento: os mandados de segurança (LMS 20), os feitos em que tenha havido requerimento de sustentação oral (art. 936-I), os requerimentos de preferência (art. 936-II) e os feitos cujo julgamento tenha sido iniciado em sessão anterior (art. 936-III).

Art. 937: 2a. "Comprovando o advogado, antes da sessão de julgamento, encontrar-se impossibilitado de a ela comparecer, deverá, em princípio, ser adiada a apreciação do recurso em que haja de atuar. Aplicação analógica do art. 453, II, do CPC" (RSTJ 79/209).

Se o tribunal, sem a prova da **impossibilidade de comparecimento do advogado,** adia o julgamento, não será possível condicionar o novo julgamento à comprovação do impedimento alegado (v. art. 362, nota 2a). Mas, nessa hipótese, a parte cujo advogado provocou o adiamento e deixou de provar o justo motivo será responsável pelo pagamento das despesas dele decorrentes (STJ-2ª T., RMS 12.766-AgRg, Min. Eliana Calmon, j. 11.2.03, DJU 5.5.03).

S/ adiamento do julgamento por convenção das partes, v. art. 936, nota 3.

Art. 937: 2b. Nos processos em que é parte, o Ministério Público pode sustentar oralmente as suas razões **uma única vez,** e não duas (uma na condição de parte e a outra na condição de *custos legis*): "Em sessão de julgamento de ação proposta ou de recurso interposto pelo Ministério Público, a instituição se faz presente por um dos seus representantes, cuja palavra será, nesse julgamento, a palavra que vinculará a instituição como um todo" (STJ-1ª Seção, MS 14.041, Min. Teori Zavascki, j. 9.9.09, maioria, DJ 27.10.09).

V. tb. arts. 178, nota 5, e 179, nota 2c.

Art. 937: 3. "A manifestação do Ministério Público após a sustentação oral realizada pela parte não importa em violação do art. 554 do CPC se sua presença no processo se dá na condição de **fiscal da lei**" (STJ-RT 911/529: 4ª T., REsp 1.216.673).

Art. 937: 3a. Esse prazo se dobra no caso de **litisconsortes com procuradores diferentes** (STJ-4ª T., REsp 888.467, Min. Luis Felipe, j. 1.9.11, maioria, DJ 6.10.11). V. art. 229.

Art. 937: 4. O EA 7º-IX, que dispõe sobre o direito de o advogado sustentar oralmente em qualquer recurso ou processo, foi considerado inconstitucional (v. EA 7º, nota 8).

Art. 937: 5. "O **memorial,** a exemplo da sustentação oral (art. 554 do CPC), objetiva permitir à parte sustentar as razões do recurso e não apresentar razões novas, mesmo porque isso infringiria o princípio do contraditório" (do voto do relator: RJTAMG 50/116, à p. 117).

Art. 937: 6. A possibilidade de sustentação oral inclui o julgamento da **remessa necessária** (STJ-RF 377/297: 2ª T., REsp 493.862, um voto vencido).

Art. 937: 7. s/ sustentação oral por pessoa interessada em recurso especial repetitivo, v. art. 1.038, nota 5. V. tb. art. 138 § 2º.

Art. 937: 7a. v. art. 1.021, nota 10.

Art. 937: 7b. v. arts. 942 e 1.042 § 5º.

Art. 937: 7c. v. RISTJ 158.

Art. 937: 8. v. art. 936.

Art. 937: 9. v. art. 236 § 3º.

Art. 937: 10. v. RISTJ 158.

Art. 938. A questão preliminar[1-1a] suscitada no julgamento será decidida antes do mérito, deste não se conhecendo[2] caso seja incompatível com a decisão.[3] [Dispositivo correspondente no CPC/1973: art. 560-*caput*]

§ 1º Constatada a ocorrência de vício sanável,[3a] inclusive aquele que possa ser conhecido de ofício, o relator determinará a realização ou a renovação do ato processual, no próprio tribunal[4] ou em primeiro grau de jurisdição, intimadas as partes. [Dispositivo correspondente no CPC/1973: art. 515 § 4º]

§ 2º Cumprida a diligência de que trata o § 1º, o relator, sempre que possível, prosseguirá no julgamento do recurso. [Dispositivo correspondente no CPC/1973: art. 515 § 4º]

§ 3º Reconhecida a necessidade de produção de prova, o relator converterá o julgamento em diligência, que se realizará no tribunal ou em primeiro grau de jurisdição, decidindo-se o recurso após a conclusão da instrução.[4a-5] [Dispositivo correspondente no CPC/1973: art. 560 § ún.]

§ 4º Quando não determinadas pelo relator, as providências indicadas nos §§ 1º e 3º poderão ser determinadas pelo órgão competente para julgamento do recurso. [Sem dispositivo correspondente no CPC/1973]

Art. 938: 1. "**Todos os membros** do colégio judicante têm de pronunciar-se sobre as preliminares, do mesmo modo que todos, incluídos os vencidos em qualquer preliminar, têm de pronunciar-se *de meritis*. O julgamento não se terá completado regularmente, e não é válido, se, suscitada preliminar, só um (ou só alguns) dos juízes que dele participam houver(em) emitido voto a respeito dela" (STJ-RF 364/353, citação de Barbosa Moreira, à p. 355).

Mas: "Se os julgadores que votaram antes não retificam seu voto para acolher a questão preliminar depois suscitada pelo último a votar, entende-se que a rejeitaram" (STJ-4ª T., REsp 87.883, Min. Ruy Rosado, j. 13.5.96, DJU 17.6.96).

Art. 938: 1a. "A **decadência** classifica-se, processualmente, como **preliminar de mérito,** cuja apreciação deve preceder o mérito propriamente dito, impondo-se colher os votos de todos os membros do órgão julgador antes de adentrar-se na questão de fundo" (STJ-RF 364/354).

Art. 938: 2. A **expressão "não conhecer de um recurso"** tem de ser usada com técnica e cuidado e ficar reservada apenas para os casos em que efetivamente não se ultrapassa o juízo acerca da sua admissibilidade. O seu mau uso pode desencadear uma série de problemas (p. ex., no momento de se identificar a decisão cuja rescisão deve ser requerida em sede de ação rescisória). Nesse sentido, andou bem a 3ª Turma do STJ ao retificar, em embargos de declaração, acórdão que dizia não ter conhecido do recurso especial, para dele fazer constar que se negava provimento ao recurso (STJ-3ª T., REsp 892.839-EDcl, Min. Sidnei Beneti, j. 6.8.09, DJ 18.8.09).

Art. 938: 3. v. art. 282, especialmente o § 2º.

Art. 938: 3a. v. art. 932 § ún. (admissibilidade recursal).

Art. 938: 4. "Sendo a irregularidade processual sanável, pode o relator, ao tomar conhecimento do fato, ouvir a parte para supri-la, em benefício da **economia processual**" (STJ-3ª T., REsp 2.032, Min. Gueiros Leite, j. 14.5.90, DJU 11.6.90).

Art. 938: 4a. v. arts. 370, nota 1, e 1.013, nota 6.

Art. 938: 5. Este dispositivo não se aplica em caso de **improcedência liminar do pedido** (v. art. 332, nota 10).

Art. 939. Se a preliminar for rejeitada ou se a apreciação do mérito for com ela compatível,[1] seguir-se-ão a discussão e o julgamento da matéria principal, sobre a qual deverão se pronunciar os juízes vencidos na preliminar.[2] [Dispositivo correspondente no CPC/1973: art. 561]

Art. 939: 1. v. art. 282 § 2º (nulidade do processo e julgamento de mérito).

Art. 939: 2. Em caso no qual um juiz dava provimento à apelação e julgava o recurso adesivo prejudicado e dois negavam provimento à apelação e davam provimento ao recurso adesivo, a 3ª Turma do STJ determinou que o julgamento em segunda instância fosse retomado, para que o juiz vencido se manifestasse sobre o mérito do recurso adesivo (STJ-3ª T., REsp 942.453, Min. Ari Pargendler, j. 9.6.08, DJ 4.8.09).

Art. 940. O relator ou outro juiz que não se considerar habilitado a proferir imediatamente seu voto poderá solicitar vista pelo prazo máximo de 10 (dez) dias, após o qual o recurso será reincluído em pauta para julgamento na sessão seguinte à data da devolução.[1] [Dispositivo correspondente no CPC/1973: art. 555 § 2º]

§ 1º Se os autos não forem devolvidos tempestivamente ou se não for solicitada pelo juiz prorrogação de prazo de no máximo mais 10 (dez) dias, o presidente do órgão fracionário os requisitará para julgamento do recurso na sessão ordinária subsequente, com publicação da pauta[2] em que for incluído. [Dispositivo correspondente no CPC/1973: art. 555 § 3º]

§ 2º Quando requisitar os autos na forma do § 1º, se aquele que fez o pedido de vista ainda não se sentir habilitado a votar, o presidente convocará substituto para proferir voto, na forma estabelecida no regimento interno do tribunal. [Sem dispositivo correspondente no CPC/1973]

Art. 940: 1. v. RISTJ 162, especialmente nota 1.

Art. 940: 2. s/ publicação de pauta, v. art. 934, notas 3 e segs.

Art. 941. Proferidos os votos, o presidente anunciará o resultado do julgamento, designando para redigir o acórdão[1] o relator ou, se vencido este, o autor do primeiro voto vencedor.[2-3] [Dispositivo correspondente no CPC/1973: art. 556-*caput*]

§ 1º O voto poderá ser alterado até o momento da proclamação do resultado pelo presidente,[4-4a] salvo aquele já proferido por juiz afastado ou substituído. [Sem dispositivo correspondente no CPC/1973]

§ 2º No julgamento[5] de apelação ou de agravo de instrumento, a decisão será tomada, no órgão colegiado, pelo voto de 3 (três) juízes.[6] [Dispositivo correspondente no CPC/1973: art. 555-*caput*]

§ 3º O voto vencido será necessariamente declarado[7-7a] e considerado parte integrante do acórdão para todos os fins legais, inclusive de prequestionamento.[8-9] [Sem dispositivo correspondente no CPC/1973]

Art. 941: 1. v. arts. 204 e 205 c/c 489.

S/ lavratura de acórdão, v. arts. 943, notas 2 e segs., e 944. No STJ, v. RISTJ 101; no STF, v. RISTF 135, §§ 3º e 4º.

Art. 941: 2. s/ prevenção nessas circunstâncias, v. art. 930, nota 2.

Art. 941: 3. Reconhecendo a nulidade do acórdão redigido por **julgador equivocadamente designado** para tanto: STJ-Corte Especial, ED no REsp 1.446.587-EDcl, Min. Og Fernandes, j. 26.5.20, DJ 1.6.20. **Todavia,** no sentido de que a designação de relator em desacordo com essa regra não determina a nulidade do acórdão, porque daí nenhum prejuízo decorre: STJ-RT 683/183.

Art. 941: 4. "Uma vez concluído o julgamento do feito e proclamado o resultado pelo presidente do colegiado, a Corte julgadora exaure a sua competência jurisdicional, motivo pelo qual, **salvo erro material evidente,** somente se permite a sua modificação mediante recurso do interessado e resposta respectiva da parte ex-adversa, sob pena de violação ao princípio do contraditório. No caso, depois de concluído o julgamento do recurso, em que foram realizadas sustentações orais, houve a proclamação do resultado e a posterior publicação da ata da sessão, havendo, posteriormente, alteração do julgado por meio de questão de ordem, o que viola o primado constitucional e impõe considerar a nulidade anunciada na via integrativa, via cabível para se corrigir, a tempo, o vício *in procedendo*. Embargos acolhidos para anular o julgamento da questão de ordem" (STJ-Corte Especial, ED no AI 884.487-EDcl, Min. Maria Thereza, j. 6.2.13, maioria, RP 224/496).

V. art. 494, notas 3 e 9.

Art. 941: 4a. "Não há ilegalidade na retificação de votos, mesmo que já proclamado o resultado da decisão colegiada, desde que realizada no curso da **mesma sessão** em que ocorrido o julgamento do processo" (STJ-4ª T., REsp 1.229.421, Min. Isabel Gallotti, j. 21.6.16, DJ 27.6.16).

Art. 941: 5. Afirmando que a **irregularidade na composição da turma julgadora** só pode ser arguida antes de iniciado o julgamento: RTJ 86/493; STJ-4ª T., Ag 7.406-AgRg, Min. Barros Monteiro, j. 4.6.91, DJU 5.8.91.

Todavia, no sentido de que o tema da irregularidade na composição da turma julgadora pode ser suscitado em embargos de declaração: STJ-4ª T., REsp 143.045, Min. Sálvio de Figueiredo, j. 18.4.02, RF 368/286.

V. RISTJ 255, nota 3-Súmula 282 do STF (Prequestionamento. Questão surgida no próprio acórdão recorrido).

Art. 941: 6. Há tribunais que preveem no seu **Regimento Interno** regras para a formação do pronunciamento do órgão colegiado no caso de **manifestações divergentes dos juízes votantes.** P. ex., em São Paulo, o Regimento Interno do Tribunal de Justiça disciplina a matéria nos arts. 137 a 140.

Art. 941: 7. "Sendo o voto vencido parte integrante do *decisum*, é direito da parte conhecer os seus fundamentos, emitidos na assentada de julgamento" (STJ-1ª Seção, ED no REsp 191.319, Min. Peçanha Martins, j. 14.12.00, DJU 12.3.01).

V. tb. art. 1.022, nota 8 (embargos de declaração).

Art. 941: 7a. "A inobservância da regra do § 3º do art. 941 do CPC/15 constitui vício de atividade ou erro de procedimento (*error in procedendo*), porquanto não diz respeito ao teor do julgamento em si, mas à condução do procedimento de lavratura e publicação do acórdão, já que este representa a materialização do respectivo julgamento. Hipótese em que há **nulidade do acórdão,** por não conter a totalidade dos votos declarados, **mas não do julgamento,** pois o resultado proclamado reflete, com exatidão, a conjunção dos votos proferidos pelos membros do colegiado" (STJ-3ª T., REsp 1.729.143, Min. Nancy Andrighi, j. 12.2.19, DJ 15.2.19). Anulando o acórdão publicado sem o voto vencido e os subsequentes atos praticados no processo, a fim de que se republique o acórdão com o voto faltante: STJ-2ª T., REsp 1.764.612-EDcl-AgInt-EDcl, Min. Herman Benjamin, j. 18.9.20, DJ 14.10.20.

Art. 941: 8. v. RISTJ 255, nota 4-Acórdão recorrido.

Art. 941: 9. Está **superada a Súmula 320 do STJ,** no sentido de que "a questão federal somente ventilada no voto vencido não atende ao requisito do prequestionamento".

Art. 942. Quando o resultado da apelação for não unânime,[1 a 3] o julgamento terá prosseguimento em sessão a ser designada com a presença de outros julgadores,[3a a 3d] que serão convocados nos termos previamente definidos no regimento interno, em número suficiente para garantir a possibilidade de inversão do resultado inicial, assegurado às partes e a eventuais terceiros o direito de sustentar oralmente[4] suas razões perante os novos julgadores. [Sem dispositivo correspondente no CPC/1973]

§ 1º Sendo possível, o prosseguimento do julgamento dar-se-á na mesma sessão, colhendo-se os votos de outros julgadores que porventura componham o órgão colegiado.

§ 2º Os julgadores que já tiverem votado poderão rever seus votos por ocasião do prosseguimento do julgamento.[4a]

§ 3º A técnica de julgamento prevista neste artigo aplica-se, igualmente, ao julgamento não unânime proferido em:

I — ação rescisória, quando o resultado for a rescisão da sentença, devendo, nesse caso, seu prosseguimento ocorrer em órgão de maior composição previsto no regimento interno;

II — agravo de instrumento, quando houver reforma da decisão que julgar parcialmente o mérito.[4b a 5a]

§ 4º Não se aplica o disposto neste artigo ao julgamento:[5b]

I — do incidente de assunção de competência e ao de resolução de demandas repetitivas;

II — da remessa necessária;[6]

III — não unânime proferido, nos tribunais, pelo plenário ou pela corte especial.[7]

Art. 942: 1. "A técnica de ampliação do colegiado prevista no art. 942 do CPC/2015 também tem aplicação para julgamento não unânime de **apelação** interposta **em** sede de **mandado de segurança**" (STJ-1ª T., REsp 1.817.633, Min. Gurgel de Faria, j. 17.9.19, maioria, DJ 11.10.19).

Art. 942: 1a. "A incidência do art. 942, *caput*, do CPC/2015 **não se restringe aos casos de reforma da sentença** de mérito, tendo em vista a literalidade da disposição legal, que não estabelece nenhuma restrição semelhante ao regime dos extintos embargos infringentes. A redação do *caput* do art. 942 do CPC/2015, que dispõe acerca da apelação, é distinta do § 3º, que regulamenta a incidência da técnica nos julgamentos não unânimes de ação rescisória e agravo de instrumento, para os quais houve expressa limitação aos casos de rescisão ou modificação da decisão parcial de mérito" (STJ-3ª T., REsp 1.762.236, Min. Ricardo Cueva, j. 19.2.19, maioria, DJ 15.3.19). No mesmo sentido: STJ-4ª T., REsp 1.733.820, Min. Luis Felipe, j. 2.10.18, maioria, DJ 10.12.18; STJ-2ª T., REsp 1.857.426, Min. Herman Benjamin, j. 10.3.20, DJ 21.8.20.

Art. 942: 1b. Não interessa a **matéria objeto da divergência:** não sendo unânime o julgamento, este deve prosseguir com a agregação de novos julgadores. Ainda que a discrepância esteja circunscrita, p. ex., à matéria de honorários sucumbenciais, o julgamento deve ser alongado.

"O art. 942 do CPC não determina a ampliação do julgamento apenas em relação às questões de mérito. Na apelação, a técnica de ampliação do colegiado deve ser aplicada a qualquer julgamento não unânime, incluindo as questões preliminares relativas ao **juízo de admissibilidade do recurso**" (STJ-3ª T., REsp 1.798.705, Min. Paulo Sanseverino, j. 22.10.19, DJ 28.10.19). Determinando que se amplie o julgamento em caso de divergência quanto à **necessidade de produção de provas:** STJ-4ª T., Ag em REsp 1.601.037-EDcl-AgInt, Min. Marco Buzzi, j. 8.6.20, DJ 23.6.20.

V. tb. nota 4c.

Art. 942: 1c. "O procedimento do art. 942 do CPC/2015 aplica-se nos **embargos de declaração** opostos ao acórdão de apelação quando o voto vencido nascido apenas nos embargos for suficiente a alterar o resultado primitivo da apelação, independentemente do desfecho não unânime dos declaratórios (se rejeitados ou se acolhidos, com ou sem efeito modificativo), em razão do efeito integrativo deste recurso" (STJ-3ª T., REsp 1.786.158, Min. Marco Bellizze, j. 25.8.20, DJ 1.9.20). **Contra,** a nosso ver sem razão: "A incidência da técnica de julgamento ampliado do art. 942 do CPC/15 na apreciação dos embargos de declaração — diferentemente da hipótese em que é a própria apelação que está em exame — ocorre de acordo com o resultado do referido julgamento — portanto, *secundum eventum litis* — e unicamente na hipótese de serem acolhidos com efeitos infringentes, por maioria, para nova análise da apelação. Na hipótese dos autos, contudo, os embargos de declaração foram rejeitados por maioria, de forma que a discordância dos julgadores se ateve ao mérito dos próprios embargos, e não à apreciação da apelação, descabendo, assim, a ampliação do julgamento" (STJ-3ª T., REsp 1.758.383, Min. Nancy Andrighi, j. 4.8.20, DJ 7.8.20).

V. tb. nota 5a.

Art. 942: 2. "Para configurar o **desacordo** basta 'qualquer dos membros do órgão julgador emita voto diferente dos outros; não é necessário que vote no sentido oposto' (Moreira, José Carlos Barbosa. Comentários ao Código de Processo Civil. 11ª ed. Rio de Janeiro, Forense, 2003, p. 526)" (STJ-4ª T., REsp 715.934, Min. Quaglia Barbosa, j. 7.12.06, DJU 5.2.07). No caso, todos os votos davam pela procedência da demanda condenatória, mas divergiam quanto ao valor da indenização.

"Para fins de aferição da não unanimidade no acórdão embargado, ensina a doutrina que se apura o desacordo pela conclusão do pronunciamento de cada votante, e não pelas razões que invoque em sua fundamentação" (STJ-4ª T., Ag 29.764-5-AgRg, Min. Sálvio de Figueiredo, j. 12.4.93, DJU 31.5.93).

Art. 942: 3. O prosseguimento do julgamento **não depende da declaração do voto vencido.**

"Falta da declaração do voto vencido não impede o conhecimento dos embargos infringentes" (STJ-3ª T., REsp 991.544, Min. Gomes de Barros, j. 24.3.08, DJU 13.5.08).

S/ necessidade de declarar o voto vencido, v. art. 941 § 3º.

S/ embargos de declaração para elucidação de voto vencido, ou a sua juntada aos autos, v. art. 1.022, nota 8.

Art. 942: 3a. "O art. 942 do CPC/2015 não configura uma nova espécie recursal, mas, sim, uma técnica de julgamento, a ser aplicada de ofício, **independentemente de requerimento das partes,** com o objetivo de aprofundar a discussão a respeito de controvérsia, de natureza fática ou jurídica, acerca da qual houve dissidência. Constatada a ausência de unanimidade no resultado da apelação, é obrigatória a aplicação do art. 942 do CPC/2015, sendo que o **julgamento não se encerra até o pronunciamento pelo colegiado estendido,** ou seja, inexiste a lavratura de acórdão parcial de mérito" (STJ-3ª T., REsp 1.771.815, Min. Ricardo Cueva, j. 13.11.18, DJ 21.11.18).

Art. 942: 3b. "Dado que, no julgamento da apelação, a decisão colegiada será tomada pelo voto de 3 julgadores (art. 941, § 2º, do CPC/15), a deliberação dos 2 julgadores convocados poderá ocorrer em **sessão futura** (art. 942, *caput*), nas hipóteses de turmas ou câmaras compostas por apenas 3 julgadores, **ou na própria sessão** de julgamento (art. 942, § 1º), nas hipóteses de turmas ou câmaras compostas por 5 ou 7 julgadores. Na singular hipótese de uma turma ou câmara formada ordinariamente por 5 julgadores, mas que se encontre com 4 ao tempo do julgamento, não há óbice para que o início do julgamento ampliado previsto no art. 942 ocorra na mesma sessão em que se formou a divergência, colhendo-se o voto do 4º julgador, e que, ato contínuo, seja suspenso o julgamento ao aguardo da convocação do 5º julgador, inexistindo na hipótese, inclusive, prejuízo às partes, a quem se garante a possibilidade de sustentar oralmente as suas razões perante o 5º julgador" (STJ-3ª T., REsp 1.888.386, Min. Nancy Andrighi, j. 17.11.20, DJ 19.11.20).

Art. 942: 3c. O julgamento estendido não pode se encerrar antes do **pronunciamento de todos os julgadores** integrados à turma julgadora, ainda que já haja voto novo suficiente para a definição do resultado: "Revela-se desinfluente o fato de que, a certa altura, já tenham sido contabilizados votos suficientes para o acolhimento ou desacolhimento do recurso, fazendo-se de rigor, ainda assim, a continuidade do julgamento, com a obrigatória tomada dos votos de todos os julgadores integrantes do colegiado ampliado" (STJ-1ª T., REsp 1.631.328, Min. Sérgio Kukina, j. 3.11.20, DJ 20.11.20).

Art. 942: 3d. "Os **novos julgadores** convocados **não ficam restritos** aos capítulos ou pontos sobre os quais houve inicialmente **divergência,** cabendo-lhes a apreciação da integralidade do recurso" (STJ-3ª T., REsp 1.771.815, Min. Ricardo Cueva, j. 13.11.18, DJ 21.11.18).

V. tb. nota 4a.

Art. 942: 4. v. art. 937.

Art. 942: 4a. A **possibilidade de revisão é ampla;** não se limita ao que foi objeto de divergência (STJ-3ª T., REsp 1.771.815, Min. Ricardo Cueva, j. 13.11.18, DJ 21.11.18).

V. tb. nota 3d.

Art. 942: 4b. "O texto do dispositivo é claro ao prescrever que a técnica diferenciada de julgamento só será exigível nas hipóteses em que o agravo de instrumento julgue antecipadamente o mérito da demanda, o que permite a interpretação de que tal dispositivo se dirige às ações de conhecimento, **não se aplicando,** assim, **ao processo de execução,** como na hipótese dos autos" (STJ-2ª T., REsp 1.733.660, Min. Herman Benjamin, j. 17.5.18, DJ 21.11.18).

"Ação originária de investigação de paternidade. **Cumprimento de sentença** quanto à obrigação alimentar. Art. 942, § 3º, II, do CPC. **Inaplicabilidade"** (STJ-4ª T., REsp 1.828.365-AgInt, Min. Luis Felipe, j. 3.3.20, DJ 10.3.20). No mesmo sentido: STJ-3ª T., Ag em REsp 1.654.813-AgInt, Min. Nancy Andrighi, j. 29.6.20, DJ 1.7.20.

Art. 942: 4c. "Na hipótese, o Tribunal *a quo*, de forma não unânime, afastou a **legitimidade ativa** das recorrentes — pessoas jurídicas do mesmo grupo econômico — para, em **litisconsórcio ativo,** ajuizar o pedido de **recuperação judicial,** sem que houvesse, como seria de rigor, a extensão do julgamento colegiado, nos termos do art. 942, § 3º do CPC" (STJ-4ª T., REsp 1.836.819-AgInt, Min. Luis Felipe, j. 31.8.20, DJ 8.9.20).

V. tb. nota 1b.

Art. 942: 5. "A **impugnação de crédito** não é um mero incidente processual **na recuperação judicial,** mas uma ação incidental, de natureza declaratória, que tem como objeto definir a validade do título (crédito) e a sua classificação. No caso de haver pronunciamento a respeito do crédito e sua classificação, mérito da ação declaratória, o agravo de instrumento interposto contra essa decisão, julgado por maioria, deve se submeter à técnica de ampliação do colegiado prevista no artigo 942, § 3º, II, do Código de Processo Civil de 2015" (STJ-3ª T., REsp 1.797.866, Min. Ricardo Cueva, j. 14.5.19, DJ 24.5.19).

Art. 942: 5a. A divergência surgida por ocasião do julgamento dos **embargos de declaração** apresentados contra o acórdão do agravo de instrumento também pode dar ensejo à ampliação do julgamento, desde que o resultado final tenha sido a reforma da decisão de mérito de primeira instância (STJ-3ª T., REsp 1.841.584, Min. Ricardo Cueva, j. 10.12.19, DJ 13.12.19).

V. tb. nota 1c.

Art. 942: 5b. "Recurso especial. Decisão não unânime. Técnica de julgamento do art. 942 do CPC/2015. **Descabimento"** (STJ-1ª T., REsp 1.739.403-Pet-AgInt, Min. Gurgel de Faria, j. 16.12.19, DJ 19.12.19).

Art. 942: 6. Súmula 390 do STJ: "Nas decisões por maioria, em reexame necessário, não se admitem embargos infringentes".

Art. 942: 7. Súmula 293 do STF: "São inadmissíveis embargos infringentes contra decisão em matéria constitucional submetida ao plenário dos tribunais".

Art. 943. Os votos, os acórdãos e os demais atos processuais podem ser registrados em documento eletrônico inviolável e assinados eletronicamente,[1] na forma da lei, devendo ser impressos para juntada aos autos do processo quando este não for eletrônico. [Dispositivo correspondente no CPC/1973: art. 556 § ún.]

§ 1º Todo acórdão[2 a 4] conterá ementa.[5-6] [Dispositivo correspondente no CPC/1973: art. 563]

§ 2º Lavrado o acórdão,[7 a 11] sua ementa será publicada no órgão oficial[12-13] no prazo de 10 (dez) dias. [Dispositivo correspondente no CPC/1973: art. 564]

Art. 943: 1. v. art. 1º § 2º-III da Lei 11.419/06, no tít. PROCESSO ELETRÔNICO.

Art. 943: 2. "Os **votos que formam a maioria,** quando não contenham considerações expressas, reputam-se de adesão aos fundamentos adotados pelo relator" (STF-1ª T., RE 100.242-EDcl, Min. Octavio Gallotti, j. 7.6.88, DJU 1.7.88).

Art. 943: 3. "Anula-se o acórdão que **não contém dispositivo preciso** acerca do provimento parcial que deu à apelação, desconhecendo-se se algum dos pedidos formulados pelos autores mereceu ou não acolhimento" (RSTJ 43/310).

Art. 943: 4. Não é nulo o acórdão sem ementa (STJ-2ª T., REsp 166.334, Min. Castro Meira, j. 28.9.04, DJU 16.11.04; JTJ 182/254). Sua falta pode suprir-se mediante embargos de declaração (RSTJ 138/324).

Há uma decisão do STJ em que o acórdão sem ementa não foi anulado, mas deu-se provimento ao recurso especial para que o mesmo fosse ementado: "Provocado por embargos de declaração para complementar o acórdão nessa parte, o Tribunal *a quo* está obrigado a dotá-lo de ementa" (RSTJ 149/314).

Art. 943: 5. Confronto entre a ementa e o acórdão. "Diante de incontornável contradição entre o dispositivo e a ementa de acórdão, deve prevalecer o teor de seu dispositivo, pois é este trecho do *decisum* que se encontra encoberto pelo manto da coisa julgada" (STJ-3ª T., REsp 807.675, Min. Nancy Andrighi, j. 7.10.08, DJ 23.10.08). No mesmo sentido: RTJ 110/382, RSTJ 128/51.

S/ interpretação da decisão, v. art. 489 § 3º.

Art. 943: 6. Correção da ementa por embargos de declaração. "Contradição entre o voto condutor do julgado ou o acórdão, de um lado, e a sua ementa, de outro: em regra não se admite embargos de declaração nestes casos (precedentes da Corte), mas excepcionalmente se admite a espécie quando a contradição alegada possa conduzir a uma equivocada interpretação dos termos do voto condutor do julgado. Impertinência entre item da ementa e os termos do voto condutor do julgado: exclusão, na ementa, do trecho contraditório" (STF-2ª T., HC 86.163-EDcl, Min. Gilmar Mendes, j. 14.3.06, DJU 30.6.06).

"Os embargos de declaração são cabíveis para sanar contradição ou erro material verificado pelo descompasso entre a conclusão do voto e o contido no resultado do julgamento ou na ementa do acórdão" (STJ-Corte Especial, ED no REsp 40.468, Min. Cesar Rocha, j. 16.2.00, DJU 3.4.00). No mesmo sentido: RT 857/312.

Contra: "A contradição capaz de viabilizar o conhecimento dos embargos de declaração há de ser aquela existente no texto do acórdão, e não entre o acórdão e sua ementa" (STF-2ª T., AI 157.885-6-AgRg-EDcl, Min. Maurício Corrêa, j. 2.4.96, DJU 1.7.96). Ainda, com a ponderação no sentido de que erros materiais existentes na ementa são corrigíveis a qualquer tempo: "A ementa não integra o acórdão. Encerra súmula do julgado. A norma gerada pela decisão consta do acórdão. Este, sim, tem a eficácia própria da prestação jurisprudencial. A ementa, ao contrário, quando encerra erro material, a qualquer momento poderá ser corrigida. Embargos rejeitados" (STJ-6ª T., REsp 75.367-EDcl, Min. Vicente Cernicchiaro, j. 28.6.96, DJU 7.4.97).

Com a devida vênia, não parece razoável que o julgador se quede inerte quando confrontado com um defeito em seu pronunciamento, por menor que seja e ainda que localizado na ementa. Afinal, decisões imperfeitas são fadadas à criação de controvérsia. Daí ser da maior pertinência a imediata sanação do erro material toda vez que ele for denunciado por uma das partes, mesmo que a imperfeição esteja concentrada na ementa e que a denúncia venha por meio de embargos de declaração.

De todo modo, não tendo sido extirpada a contradição entre a ementa e o acórdão, o teor deste prevalece sobre o daquela. V. nota 5, acima.

Art. 943: 7. s/ lavratura de acórdão, v. tb. arts. 941 e 944. No STJ, v. RISTJ 101; no STF, v. RISTF 135 §§ 3º e 4º.

Art. 943: 8. "Erro material no registro da decisão feito na minuta do julgamento pela Secretaria da Turma, sendo publicada a ata respectiva com incorreção. Hipótese em que o recurso extraordinário foi conhecido e provido, havendo constado da ata da sessão de julgamento que a Turma dele conhecera, mas lhe negara provimento. O resultado registrado não corresponde nem ao teor do voto, nem ao conteúdo da ementa do acórdão, nem ao que está na nota degravada sobre o julgamento, na qual se verifica que a decisão foi proclamada corretamente. (...) Cuidando-se de mero erro material de registro, na ata do julgamento, sobre a decisão, deve ser feita a correção, republicando-se a ata de julgamento da sessão correspondente, quanto ao feito julgado, constando o resultado correto, assim como foi proclamado. Feita a republicação da ata, nesse ponto, publica-se, a seguir, o acórdão devidamente corrigido em seu rodapé" (RTJ 154/915).

"Acolhem-se os embargos para corrigir erro material, adequando-se o dispositivo do acórdão embargado e a certidão de julgamento ao voto proferido na sessão" (STJ-2ª T., REsp 1.307.819-EDcl, Min. Eliana Calmon, j. 9.4.13, DJ 17.4.13).

"Evidenciada a contradição entre o que consta da ementa, do voto do relator, e o que está registrado no acórdão, merecem acolhida os embargos" (STJ-3ª T., REsp 2.067-EDcl, Min. Cláudio Santos, j. 28.6.90, DJ 27.8.90).

"Cabem embargos de declaração para sanar contradição verificada entre a fundamentação do acórdão e a publicação do extrato da decisão" (STJ-1ª T., REsp 17.288-EDcl, Min. Gomes de Barros, j. 18.8.93, DJ 27.9.93).

"Devem ser acolhidos os embargos de declaração quando existente divergência entre o resultado do julgamento e o acórdão lavrado, prevalecendo o dispositivo do voto vencedor. Na hipótese, todavia, não houve a colheita de todos os votos, nem se alcançou a maioria absoluta para proclamação do resultado (art. 181, RISTJ). Embargos de declaração parcialmente acolhidos para anular o acórdão" (STJ-3ª T., REsp 866.414-EDcl, Min. Nancy Andrighi, j. 16.4.13, DJ 22.4.13).

V. tb. RISTF 96 § 6º e RISTJ 103 § 2º.

Art. 943: 9. "Divergência entre a ementa e as notas taquigráficas. Embargos de declaração acolhidos para adequar o dispositivo do acórdão às notas taquigráficas" (STJ-1ª Seção, REsp 1.107.543-EDcl-EDcl-EDcl, Min. Napoleão Maia Filho, j. 10.10.12, DJ 26.10.12).

Acolhendo embargos de declaração para dirimir "contradição entre voto condutor do recurso especial e notas taquigráficas", com a prevalência destas sobre aquele (RISTJ 103 § 1º): STJ-4ª T., REsp 991.721-EDcl-EDcl, Min. Luis Felipe, j. 19.6.12, maioria, DJ 5.9.12.

Corrigindo contradição entre voto e notas taquigráficas por meio de questão de ordem, não obstante a preclusão formada em torno do acórdão, para fazer prevalecerem as notas: STJ-Corte Especial, REsp 1.813.684-QO, Min. Nancy Andrighi, j. 3.2.20, maioria, DJ 28.2.20.

Art. 943: 10. "Não configura vício sanável por embargos declaratórios a **ausência de juntada de notas taquigráficas** relativas à sessão de julgamento do acórdão, quando os votos escritos representam o posicionamento dos julgadores quanto ao caso" (STJ-1ª T., REsp 850.069-EDcl, Min. Teori Zavascki, j. 1.6.10, DJ 30.6.10; a citação é de julgado referido no voto do relator). Em sentido semelhante: STJ-3ª T., REsp 1.626.272-AgInt, Min. Nancy Andrighi, j. 20.3.18, DJ 4.4.18.

"A publicação do acórdão supre a necessidade das notas taquigráficas, cuja juntada aos autos mostra-se necessária apenas quando a parte alega alguma dessemelhança entre o que consta no acórdão e o que ficou decidido na sessão de julgamento" (STJ-2ª T., REsp 1.036.012-EDcl, Min. Castro Meira, j. 17.6.10, DJ 28.6.10).

V. tb. RISTJ 103-*caput*, especialmente nota 1a.

Art. 943: 11. "Não possuindo regulamentação própria, o procedimento para a liberação da **gravação de áudio e vídeo de sessão de julgamento** deve observar, com as adaptações necessárias, aquele previsto para a liberação das notas taquigráficas. A liberação da gravação de áudio e vídeo da sessão de julgamento, similarmente ao que ocorre com as notas taquigráficas, pode ser indeferida se o acórdão expressar, com maior fidelidade, no entender dos integrantes do colegiado, o conteúdo do julgamento. Estabelecido de forma clara, no acórdão que julgara o recurso especial, o termo inicial dos juros de mora, correspondente à data da ocorrência do ilícito extracontratual (Súmula 54 do STJ), não há necessidade de liberação da gravação de áudio e vídeo" (STJ-RP 206/427: 3ª T., REsp 961.512-AgRg, maioria).

Art. 943: 12. Produção de efeitos da decisão antes da publicação no órgão oficial. "A Turma, por maioria de votos, conheceu do recurso extraordinário e lhe deu provimento, cassando-se aresto do STJ que anulara decisões de Tribunal de Justiça concessivas de mandado de segurança. Ainda não publicado o acórdão no recurso extraordinário, torna-se relevante aos peticionários, então recorrentes, pelas circunstâncias do caso concreto, se suspendam, desde logo, os efeitos do aresto do STJ, extraordinariamente recorrido. Provimento parcial ao agravo regimental, para que, de imediato, se comunique a decisão da Turma ao Tribunal de Justiça do Estado do Paraná, ficando, em decorrência, suspensos os efeitos do acórdão do Superior Tribunal de Justiça" (STF-2ª T., Pet 1.146 AgRg, Min. Néri da Silveira, j. 10.9.96, DJU 11.4.97).

V. tb. art. 1.026 nota 13.

Art. 943: 13. Mesmo antes da publicação da ementa do acórdão no órgão oficial, é possível a **invocação do precedente** para o julgamento de causa similar.

V. arts. 932, nota 11, 1.040, nota 2, e RISTF 101, nota 1a.

Art. 944. Não publicado o acórdão no prazo de 30 (trinta) dias, contado da data da sessão de julgamento, as notas taquigráficas o substituirão, para todos os fins legais, independentemente de revisão. [Sem dispositivo correspondente no CPC/1973]

Parágrafo único. No caso do *caput*, o presidente do tribunal lavrará, de imediato, as conclusões e a ementa e mandará publicar o acórdão.

Art. 945. .... [1]

Art. 945: 1. O art. 945 foi expressamente revogado pela Lei 13.256, de 4.2.16.

Art. 946. O agravo de instrumento será julgado antes da apelação interposta no mesmo processo.[1 a 3] [Dispositivo correspondente no CPC/1973: art. 559-*caput*]

Parágrafo único. Se ambos os recursos de que trata o *caput* houverem de ser julgados na mesma sessão, terá precedência o agravo de instrumento. [Dispositivo correspondente no CPC/1973: art. 559 § ún.]

Art. 946: 1. "O **relator** da apelação deverá ser o mesmo do agravo de instrumento" (RSTJ 67/478; a citação é da p. 480).

Art. 946: 2. "O julgamento do agravo deve preceder ao da apelação, **pena de nulidade,** uma vez que no agravo não se poderia desconstituir o acórdão da apelação, ficando o mesmo sem objeto. A nulidade decorrente da inobservância da ordem de julgamento estabelecida no art. 559, CPC, fica acobertada pelo trânsito em julgado do acórdão da apelação, restando a ação rescisória, se caracterizados seus demais pressupostos" (RSTJ 171/303 e RF 373/234: 4ª T.). No mesmo sentido: STJ-3ª T., REsp 17.030, Min. Cláudio Santos, j. 9.11.92, DJU 23.11.92

Todavia: "A apelação pode ser julgada antes do agravo de instrumento, se entre o conteúdo das duas decisões não houver incompatibilidade, como acontece entre a apelação que fixa alimentos definitivos e o agravo de instrumento interposto de decisão sobre o valor dos alimentos provisórios" (STJ-4ª T., REsp 46.500, Min. Ruy Rosado, j. 7.11.94, DJU 5.12.94).

S/ efeito da superveniência da sentença em relação à tutela provisória, v. art. 294, nota 2; s/ anulação da sentença, em razão de sua incompatibilidade com o provimento de agravo, v. art. 1.015, nota 3; s/ sentença superveniente em mandado de segurança, em relação ao agravo contra decisão concessiva da liminar, v. LMS 14, nota 2.

Art. 946: 3. Da mesma forma, "o **recurso especial interposto de decisão lavrada em agravo de instrumento** deve ser julgado anteriormente à irresignação especial quanto à decisão de mérito" (STJ-1ª T., REsp 852.243-EDcl, Min. Luiz Fux, j. 17.5.07, um voto vencido, DJU 21.6.07). Todavia, no caso, entendeu-se que o prévio julgamento do recurso especial atrelado à apelação não prejudicou o ulterior julgamento do recurso especial vinculado ao agravo de instrumento.

Capítulo III | DO INCIDENTE DE ASSUNÇÃO DE COMPETÊNCIA[1]

CAP. III: 1. s/ incidente de assunção de competência e: improcedência liminar do pedido, v. art. 332-III; remessa necessária, v. art. 496 § 4º-III; eficácia persuasiva, v. art. 927-III; deveres do relator, v. art. 932-IV-*c* e V-*c*; desdobramento de julgamento não unânime, v. art. 942 § 4º-I; conflito de competência, v. art. 955 § ún.-II; reclamação, v. art. 988-IV; embargos de declaração, v. art. 1.022 § ún.-I

Art. 947. É admissível a assunção de competência quando o julgamento de recurso, de remessa necessária ou de processo de competência originária envolver relevante questão de direito, com grande repercussão social, sem repetição em múltiplos processos.[1-1a] [Dispositivo correspondente no CPC/1973: art. 555 § 1º]

§ 1º Ocorrendo a hipótese de assunção de competência, o relator proporá, de ofício ou a requerimento da parte, do Ministério Público ou da Defensoria Pública, que seja o recurso, a remessa necessária ou o processo de competência originária julgado pelo órgão colegiado que o regimento indicar. [Dispositivo correspondente no CPC/1973: art. 555 § 1º]

§ 2º O órgão colegiado julgará o recurso, a remessa necessária ou o processo de competência originária se reconhecer interesse público na assunção de competência. [Dispositivo correspondente no CPC/1973: art. 555 § 1º]

§ 3º O acórdão proferido em assunção de competência vinculará todos os juízes e órgãos fracionários, exceto se houver revisão de tese.[2] [Sem dispositivo correspondente no CPC/1973]

§ 4º Aplica-se o disposto neste artigo quando ocorrer relevante questão de direito a respeito da qual seja conveniente a prevenção ou a composição de divergência entre câmaras ou turmas do tribunal. [Sem dispositivo correspondente no CPC/1973]

Art. 947: 1. p/ repetição de processos ou recursos sobre a mesma questão jurídica, v. arts. 976 e segs. (incidente de resolução de demandas repetitivas) e 1.036 e segs. (recursos extraordinário e especial repetitivos).

Art. 947: 1a. "A assunção de competência disciplinada nos arts. 947 do CPC/2015 e 271-B do RISTJ não constitui instrumento autônomo de irresignação, ou seja, não se equipara a um novo recurso. Na verdade, é um incidente mediante o qual se transfere a competência de um órgão fracionário interno do Tribunal para outro, adotando-se um rito especial, com consequências diferenciadas, para o julgamento de recurso, de remessa necessária e de processo de competência originária, quando presentes determinados requisitos processuais. Portanto, **julgado o recurso,** a remessa necessária ou o processo de competência originária, **descabe** postular a adoção do rito pertinente ao **incidente** de assunção de competência. No presente caso, o recurso especial foi decidido monocraticamente, sendo desprovido o respectivo agravo interno e rejeitados os subsequentes embargos de declaração, transcorrendo *in albis* o prazo para novo recurso eventualmente cabível. Com isso, é inviável cogitar da instauração do incidente de assunção de competência" (STJ-4ª T., REsp 1.539.334-IAC-AgInt, Min. Antonio Ferreira, j. 26.10.20, DJ 29.10.20).

Art. 947: 2. v. art. 927-III. V. tb. art. 332-III (improcedência liminar do pedido).

Capítulo IV | DO INCIDENTE DE ARGUIÇÃO DE INCONSTITUCIONALIDADE

Art. 948. Arguida, em controle difuso,[1] a inconstitucionalidade de lei ou de ato normativo do poder público, o relator, após ouvir o Ministério Público e as partes, submeterá a questão à turma ou à câmara à qual competir o conhecimento do processo. [Dispositivo correspondente no CPC/1973: art. 480]

Art. 948: 1. v. CF 97 e RISTJ 199 e 200.

Art. 949. Se a arguição for: [Dispositivo correspondente no CPC/1973: art. 481-*caput*]

I — rejeitada, prosseguirá o julgamento; [Dispositivo correspondente no CPC/1973: art. 481-*caput*]

II — acolhida,[1] a questão será submetida ao plenário do tribunal[2-2a] ou ao seu órgão especial, onde houver. [Dispositivo correspondente no CPC/1973: art. 481-*caput*]

Parágrafo único. Os órgãos fracionários dos tribunais não submeterão ao plenário ou ao órgão especial a arguição de inconstitucionalidade quando já houver pronunciamento destes ou do plenário do Supremo Tribunal Federal sobre a questão.[3 a 5] [Dispositivo correspondente no CPC/1973: art. 481 § ún.]

Art. 949: 1. "O incidente de inconstitucionalidade por si só é etapa do julgamento do recurso no qual é suscitado e não vinculativo para o Tribunal Pleno competente para a sua apreciação (art. 481 do CPC). Consectariamente, a suscitação do incidente **não é recorrível**" (STJ-1ª T., REsp 866.997, Min. Luiz Fux, j. 16.6.09, DJ 5.8.09).

Art. 949: 2. s/ reserva de plenário, v. CF 97 e notas; s/ reserva de plenário e turma recursal de Juizado Especial, v. LJE 46, nota 1b; s/ recurso especial com fundamento em violação do princípio da reserva de plenário, v. RISTJ 255, nota 4-Reserva de plenário.

Art. 949: 2a. **Súmula Vinculante 10 do STF:** "Viola a cláusula de reserva de plenário (CF, art. 97) a decisão de órgão fracionário de Tribunal que, embora não declare expressamente a inconstitucionalidade de lei ou ato normativo do poder público, afasta sua incidência, no todo ou em parte".

V. CF 97, nota 1c.

Art. 949: 3. v. CF 97, nota 2a.

Art. 949: 3a. "Não podem ser desconsideradas as decisões do **Plenário do STF** que reconhecem constitucionalidade ou a inconstitucionalidade de diploma normativo. **Mesmo quando tomadas em controle difuso,** são decisões de incontestável e natural vocação expansiva, com eficácia imediatamente vinculante para os demais tribunais, inclusive o STJ" (STJ-1ª T., REsp 884.230, Min. Teori Zavascki, j. 2.8.07, DJ 16.8.07).

Art. 949: 4. Essa regra não se aplica quando "a **Turma da Corte de segundo grau vai de encontro ao julgado do STF,** para declarar inconstitucional o dispositivo de lei que aqui se julgara válido perante a Constituição" (STF-RT 832/173). No mesmo sentido, ponderando a ilegalidade do "acolhimento da inconstitucionalidade por órgão fracionário, sem submissão da matéria ao Plenário e, ainda mais, adotando entendimento contrário ao de precedente do STF": STJ-RT 825/196 (2ª T.). V. tb. STJ-1ª T., REsp 672.376, Min. Teori Zavascki, j. 19.9.06, DJU 11.12.06.

Art. 949: 5. "A existência de acórdão proferido pelo Plenário do STF, reconhecendo a inconstitucionalidade de determinado ato normativo, dispensa a instauração de incidente previsto nos arts. 480 a 482 do CPC, sendo **desnecessário o trânsito em julgado** da ação de controle concentrado" (STJ-2ª T., REsp 1.252.510-AgRg-AgRg, Min. Og Fernandes, j. 2.10.14, DJ 10.10.14).

Art. 950. Remetida cópia do acórdão a todos os juízes, o presidente do tribunal designará a sessão de julgamento.[1-1a] [Dispositivo correspondente no CPC/1973: art. 482-*caput*]

§ 1º As pessoas jurídicas de direito público responsáveis pela edição do ato questionado poderão manifestar-se no incidente de inconstitucionalidade se assim o requererem, observados os prazos e as condições previstos no regimento interno do tribunal. [Dispositivo correspondente no CPC/1973: art. 482 § 1º]

§ 2º A parte legitimada à propositura das ações previstas no art. 103 da Constituição Federal poderá manifestar-se, por escrito, sobre a questão constitucional objeto de apreciação, no prazo previsto pelo regimento interno, sendo-lhe assegurado o direito de apresentar memoriais ou de requerer a juntada de documentos. [Dispositivo correspondente no CPC/1973: art. 482 § 2º]

§ 3º Considerando a relevância da matéria e a representatividade dos postulantes, o relator poderá admitir, por despacho irrecorrível, a manifestação de outros órgãos ou entidades. [Dispositivo correspondente no CPC/1973: art. 482 § 3º]

Art. 950: 1. **Súmula 513 do STF:** "A decisão que enseja a interposição de **recurso ordinário ou extraordinário** não é a do plenário, que resolve o incidente de inconstitucionalidade, mas a do órgão (Câmaras, Grupos ou Turmas) que completa o julgamento do feito". Aplicando a súmula: STF-1ª T., RE 535.523-AgRg, Min. Ricardo Lewandowski, j. 9.11.10, DJ 29.3.11.

Todavia, entendendo que, "se o único fundamento da causa é a inconstitucionalidade de texto de lei, inexistindo matéria remanescente a ser decidida, é desnecessário que a Corte Especial devolva os autos ao órgão julgador que a suscitou, para completar-lhe o julgamento, devendo, desde logo, decidir o feito, a fim de evitar procrastinação incompatível com os princípios que regem o processo moderno": RSTJ 90/23 (Corte Especial, RMS 1.178-IInc-EDcl, maioria).

Art. 950: 1a. "O **manifesto descabimento do recurso especial** — que busca afastar a aplicação de lei federal sob o argumento de sua incompatibilidade com a Constituição — contamina também o correspondente incidente de inconstitucionalidade, que não pode ser conhecido" (STJ-Corte Especial, REsp 1.135.354-IINC, Min. Teori Zavascki, j. 3.10.12, DJ 28.2.13).

Capítulo V | DO CONFLITO DE COMPETÊNCIA

Art. 951. O conflito de competência[1] pode ser suscitado por qualquer das partes, pelo Ministério[1a] Público ou pelo juiz.[2 a 4] [Dispositivo correspondente no CPC/1973: art. 116-*caput*]

Parágrafo único. O Ministério Público somente será ouvido nos conflitos de competência relativos aos processos previstos no art. 178, mas terá qualidade de parte nos conflitos que suscitar. [Dispositivo correspondente no CPC/1973: art. 116 § ún.]

Art. 951: 1. v. art. 66.

Art. 951: 1a. "O Ministério Público, seja como **parte,** seja como **fiscal da lei,** quer se trate de **competência absoluta ou relativa,** tem qualidade para suscitar conflito de competência" (JTJ 238/172; a citação é do voto do relator).

Art. 951: 2. Entendendo que, **no tribunal,** apenas o **órgão colegiado** pode suscitar conflito de competência, não o seu presidente: STF-RT 595/259, RTJ 128/1.090. No mesmo sentido, negando tal faculdade ao relator: RTJ 118/874, 126/101.

Art. 951: 3. **Terceiro** não tem legitimidade para suscitar conflito de competência (STJ-2ª Seção, CC 103.640-AgRg, Min. Aldir Passarinho Jr., j. 25.8.10, DJ 17.9.10).

"Hipótese em que sobre os ativos financeiros existentes numa mesma conta corrente do devedor recaíram duas ordens judiciais: uma emanada da Justiça Federal, em execução fiscal, e outra da Justiça do Trabalho, em reclamação trabalhista, que, atuando na esfera de sua competência, determinaram a transferência de valores para os respectivos juízos. Ilegitimidade da instituição financeira para suscitar conflito, porquanto não figura como parte, mas mero depositário dos recursos do devedor" (STJ-1ª Seção, CC 123.879-AgRg, Min. Arnaldo Esteves, j. 28.11.12, DJ 14.12.12).

Todavia: "Pode suscitar conflito de competência quem quer que esteja sujeito à eficácia da sentença, que qualquer dos juízes, no conflito positivo de competência, possa proferir. Neste caso, a apreciação da legitimidade para arguição depende mais da existência de interesse jurídico do requerente que propriamente de sua qualidade como parte" (STJ-2ª Seção, CC 32.461, Min. Nancy Andrighi, j. 24.4.02, DJ 24.6.02).

Art. 951: 4. "O Ministério Público Federal suscita conflito de competência envolvendo as mesmas circunstâncias de fato e de direito, o mesmo litígio, o mesmo pedido e os mesmos órgãos jurisdicionais suscitados que figuram em conflito de competência ajuizado anteriormente pela União. Impossibilidade de tramitação de **dois conflitos de competência visando à mesma finalidade** (*bis de eadem re ne sit actio*). Reconhecimento de litispendência, ainda que não se trate do mesmo suscitante, considerando dois conflitos suscitados por legitimados concorrentes. Conflito de competência não admitido" (STJ-2ª Seção, CC 120.789, Min. Antonio Ferreira, j. 22.5.13, DJ 4.6.13).

Art. 952. Não pode suscitar conflito a parte que, no processo, arguiu incompetência relativa. [Dispositivo correspondente no CPC/1973: art. 117-*caput*]

Parágrafo único. O conflito de competência não obsta, porém, a que a parte que não o arguiu suscite a incompetência. [Dispositivo correspondente no CPC/1973: art. 117 § ún.]

Art. 953. O conflito será suscitado ao tribunal:[1-1a] [Dispositivo correspondente no CPC/1973: art. 118-*caput*]

I — pelo juiz, por ofício; [Dispositivo correspondente no CPC/1973: art. 118-I]

II — pela parte e pelo Ministério Público, por petição. [Dispositivo correspondente no CPC/1973: art. 118-II]

Parágrafo único. O ofício e a petição serão instruídos com os documentos necessários à prova do conflito.[1b-2] [Dispositivo correspondente no CPC/1973: art. 118 § ún.]

Art. 953: 1. Competência do STF: CF 102-I-*o*; do STJ: CF 105-I-*d*; dos TRFs: CF 108-I-*e*; dos TJs: LOM 101 § 3º-*b*.

Art. 953: 1a. "Entendendo o Tribunal de Justiça que incompetente o juiz estadual, haverá de **anular os atos decisórios** e determinar a remessa dos autos para o juiz federal que considera competente. Não é o caso de declinar-se da competência para o Tribunal Regional Federal, que não pode rever atos de juiz que não lhe é vinculado" (STJ-2ª Seção, CC 1.469, Min. Eduardo Ribeiro, j. 13.3.91, DJU 8.4.91).

Art. 953: 1b. "**Não instruída a petição,** e não tendo a parte atendido ao despacho para fazer a prova do conflito, dele não se conhece" (STJ-2ª Seção, CC 2.131, Min. Nilson Naves, j. 8.4.92, DJU 18.5.92). "O juízo suscitante, embora instado, desatendeu a determinação de instrução do conflito com as peças essenciais à compreensão e deslinde da controvérsia, qual seja, cópia da ação cautelar inominada, inviabilizando, assim, o conhecimento do incidente" (STJ-1ª Seção, CC 153.145, Min. Herman Benjamin, j. 28.2.18, DJ 2.8.18).

Art. 953: 2. "As **procurações outorgadas pelos litigantes não são necessárias** à prova do conflito, que pode ter solução independente da interferência das partes, mesmo que não intimadas a respeito" (STJ-2ª Seção, CC 40.451-AgRg-EDcl, Min. Aldir Passarinho Jr., j. 12.5.04, DJU 18.10.04).

Art. 954. Após a distribuição, o relator determinará a oitiva[1] dos juízes em conflito ou, se um deles for suscitante, apenas do suscitado. [Dispositivo correspondente no CPC/1973: art. 119]

Parágrafo único. No prazo designado pelo relator, incumbirá ao juiz ou aos juízes prestar as informações. [Dispositivo correspondente no CPC/1973: art. 119]

Art. 954: 1. "A audiência dos juízes em conflito **não constitui providência obrigatória,** podendo o relator dispensá-la se os autos estão devidamente instruídos com os elementos necessários" (STJ-2ª Seção, CC 403-0-EDcl, Min. Antônio Torreão Braz, j. 24.11.93, DJU 13.12.93).

Art. 955. O relator poderá, de ofício ou a requerimento de qualquer das partes, determinar, quando o conflito for positivo, o sobrestamento do processo e, nesse caso, bem como no de conflito negativo, designará um dos juízes para resolver, em caráter provisório, as medidas urgentes.[1] [Dispositivo correspondente no CPC/1973: art. 120-*caput*]

Parágrafo único. O relator poderá julgar de plano[2-2a] o conflito de competência quando sua decisão se fundar em: [Dispositivo correspondente no CPC/1973: art. 120 § ún.]

I — súmula do Supremo Tribunal Federal, do Superior Tribunal de Justiça ou do próprio tribunal; [Sem dispositivo correspondente no CPC/1973]

II — tese firmada em julgamento de casos repetitivos ou em incidente de assunção de competência. [Sem dispositivo correspondente no CPC/1973]

Art. 955: 1. "A designação de juiz para medidas urgentes, na forma do art. 120 do CPC, tem caráter provisório, com o fim de assegurar prestação jurisdicional que não possa aguardar a solução definitiva, não interferindo na adoção dessa providência questão relacionada com o próprio mérito do conflito" (STJ-2ª Seção, CC 14.851-AgRg, Min. Costa Leite, j. 30.8.95, DJU 25.9.95).

Art. 955: 2. Cabe **agravo interno** contra a decisão do relator que julga de plano o conflito de competência (v. art. 1.021-*caput*).

Art. 955: 2a. Não se admite **recurso do juízo suscitante ou do suscitado** (v. art. 957, nota 1b).

Art. 956. Decorrido o prazo designado pelo relator, será ouvido o Ministério Público, no prazo de 5 (cinco) dias, ainda que as informações não tenham sido prestadas, e, em seguida, o conflito irá a julgamento. [Dispositivo correspondente no CPC/1973: art. 121]

Art. 957. Ao decidir o conflito,[1 a 1c] o tribunal declarará qual o juízo competente,[2 a 3a] pronunciando-se também sobre a validade dos atos do juízo incompetente.[4-5] [Dispositivo correspondente no CPC/1973: art. 122-*caput*]

Parágrafo único. Os autos do processo em que se manifestou o conflito serão remetidos ao juiz declarado competente. [Dispositivo correspondente no CPC/1973: art. 122 § ún.]

Art. 957: 1. "Competência. Conflito de jurisdição. Decisão versando sobre competência absoluta que não faz coisa julgada e nem preclui. **Reconsideração possível até decisão final,** em qualquer fase do processo" (STF-RT 657/201: Pleno, ACOr 164; ementa da redação).

V. tb. arts. 64 § 1º e notas, 485, nota 49, e 507, nota 4c.

Art. 957: 1a. "Decidido o conflito de competência, esgotado está o respectivo objeto; se **fato superveniente** exigir a modificação da competência, deve ser submetido ao juízo da causa" (STJ-2ª Seção, CC 34.393-AgRg, Min. Ari Pargendler, j. 8.3.06, DJU 27.3.06). V. tb. nota 3a.

Art. 957: 1b. Não se admite **recurso do juízo suscitante ou do juízo suscitado** contra a decisão que julga o conflito de competência; cabe a eles simplesmente cumprir aquela decisão (STJ-2ª Seção, CC 109.237-AgRg, Min. Aldir Passarinho Jr., j. 28.4.10, DJ 17.5.10; STJ-1ª Seção, CC 117.652-AgRg, Min. Humberto Martins, j. 28.9.11, DJ 5.10.11).

Art. 957: 1c. "O conflito de competência não pode ser estendido de modo a alcançar juízos perante os quais este não foi instaurado" (STJ-2ª Seção, CC 88.661, Min. Fernando Gonçalves, j. 28.5.08, DJU 3.6.08). Em outras palavras: "A decisão que declara a competência no conflito somente se refere ao **processo que lhe deu origem,** não se estendendo a outros, ainda que análoga a situação fático-jurídica" (STJ-2ª Seção, Rcl 60, Min. Aldir Passarinho Jr., j. 26.5.04, DJU 30.8.04). No mesmo sentido: STJ-1ª Seção, Rcl 2.231-AgRg, Min. Castro Meira, j. 25.10.06, um voto vencido, DJU 11.12.06.

Art. 957: 2. Pode o tribunal declarar a **competência de outro juízo ou tribunal** que não o suscitante ou o suscitado (RTJ 105/37, 127/418, RSTJ 6/92; STJ-3ª Seção, CC 62.851, Min. Maria Thereza, j. 22.11.06, DJU 4.12.06; STJ-2ª Seção, CC 33.935-AC, Min. Sálvio de Figueiredo, j. 9.4.03, DJU 5.5.03).

V. tb. CF 105, nota 10.

Art. 957: 2a. Uma vez declarado, em conflito de competência, qual o juiz competente para funcionar no processo, não pode mais qualquer dos juízes antes em conflito reeditá-lo (RTJ 124/911, RSTJ 15/92, 20/35, 38/501, 66/39, 74/23, JTJ 186/266). Mas se o conflito decidido versar sobre **competência absoluta,** o tema pode ser reavivado no processo (v. nota 1).

Art. 957: 3. Não cabe ao tribunal, quando aprecia o conflito, manifestar-se sobre **outras questões** que não as relativas à competência (RTJ 118/1.159). "O limite da cognição a ser realizada em conflito de competência se resume, evidentemente, à definição desta e às consequências daí decorrentes; não é possível transformar o conflito em uma ampla modalidade recursal que, em tese, devolveria ao STJ a possibilidade de reexaminar a legalidade de atos do processo que não guardam qualquer relação com a definição da competência e que devem ser atacados por vias próprias" (STJ-2ª Seção, CC 88.429-EDcl-AgRg, Min. Nancy Andrighi, j. 28.5.08, DJU 6.6.08).

"Não é possível, em conflito de competência, analisar o mérito da causa, ainda que a controvérsia se refira a preliminar, como a **prescrição"** (STJ-1ª Seção, CC 81.992, Min. Mauro Campbell, j. 13.4.11, DJ 29.4.11).

É "inviável que o STJ, ao examinar conflito de competência, faça julgamento a respeito de legitimidade das partes" (STJ-1ª Seção, CC 55.501, Min. Eliana Calmon, j. 8.2.06, DJU 6.3.06). No mesmo sentido: STJ-2ª Seção, CC 1.555, Min. Eduardo Ribeiro, j. 27.2.91, DJU 25.3.91.

"Não se pode confundir competência com **legitimidade** ou com o **mérito da causa.** O juízo sobre competência para a causa se estabelece levando em consideração os termos da demanda. Para efeito de mandado de segurança, o que se considera é a autoridade impetrada indicada na petição inicial. Saber se tal autoridade é legítima, ou se o ato por ela praticado é realmente de sua competência, ou se é ato decorrente de delegação, ou se é ato de autoridade ou de simples gestão particular, são questões relacionadas com o próprio juízo sobre o cabimento da impetração ou o mérito da causa, a serem resolvidas em fase posterior (depois de definida a competência), pelo juiz considerado competente, e não em sede de conflito de competência" (STJ-1ª Seção, CC 91.277, Min. Teori Zavascki, j. 13.2.08, DJU 3.3.08). V. tb. art. 43, nota 1.

"Não é possível, no âmbito do conflito de competência, adentrar-se no mérito do pedido de chamamento à lide da entidade federal, o qual deve ser definido no bojo da ação ordinária" (STJ-1ª Seção, CC 111.001-AgRg, Min. Castro Meira, j. 12.5.10, DJ 19.5.10).

S/ consequências decorrentes do julgamento do conflito de competência, v. notas 2 e 5.

Art. 957: 3a. "Em se tratando de recurso extraordinário interposto contra acórdão que julgou conflito de competência, não tem sentido que se deixe de aplicar a **lei superveniente à interposição desse recurso"** (STF-1ª T., RE 131.096-1, Min. Moreira Alves, j. 11.4.95, DJU 29.9.95). V. tb. nota 1a.

Art. 957: 4. "A simples declaração de **incompetência relativa** não resulta em automática declaração de nulidade dos atos" (RSTJ 68/63; citação da p. 64). Ainda que o tribunal decida pela incompetência do juiz designado para as medidas urgentes (art. 955, *in fine*), os atos por ele praticados ficam convalidados, mas o magistrado a final declarado competente pode reconsiderar a tutela cautelar eventualmente deferida pelo outro (STJ-1ª Seção, CC 16.953-EDcl, Min. Ari Pargendler, j. 9.4.97, DJU 28.4.97).

Art. 957: 5. Na apreciação de conflito de competência, o tribunal pode, ao definir o órgão competente para o julgamento da causa, invalidar a sentença anteriormente proferida no processo por juiz incompetente e determinar a direta remessa dos autos para tal órgão (STJ-1ª Seção, CC 79.817, Min. Teori Zavascki, j. 27.2.08, DJU 10.3.08). No mesmo sentido: STJ-RP 150/212 (2ª Seção, CC 69.143); STJ-RT 878/146 (3ª Seção, CC 91.470). Porém, em sede de conflito de competência, não pode o tribunal cassar **sentença já transitada em julgado,** ainda que proferida por juiz absolutamente incompetente; aqui, faz-se necessário o ajuizamento de ação rescisória (STJ-1ª Seção, CC 72.515, Min. Denise Arruda, j. 11.6.08, DJU 30.6.08).

No processo em que há indevida cumulação de pedidos (por afronta ao art. 327 § 1º-II), é possível invalidar no julgamento do próprio conflito de competência a **parcela da sentença já proferida que extrapolava a competência absoluta** do seu prolator. Assim, a pendente apelação é apreciada dentro dos limites estabelecidos e faculta-se ao demandante apresentar a pretensão extirpada do processo em outra demanda, agora perante a Justiça absolutamente competente para dela conhecer (STJ-2ª Seção, CC 63.569, Min. Nancy Andrighi, j. 8.8.07, quatro votos vencidos, DJU 11.10.07).

Art. 958. No conflito que envolva órgãos fracionários dos tribunais, desembargadores e juízes em exercício no tribunal, observar-se-á o que dispuser o regimento interno do tribunal.[1] [Dispositivo correspondente no CPC/1973: art. 123]

Art. 958: 1. v. RISTJ 193 a 198; RISTF 163 a 168.

Art. 959. O regimento interno do tribunal[1] regulará o processo e o julgamento do conflito de atribuições entre autoridade judiciária e autoridade administrativa.[2 a 4] [Dispositivo correspondente no CPC/1973: art. 124]

Art. 959: 1. v. RISTJ 193 a 198; RISTF 163 a 168.

Art. 959: 2. v. CF 105-I-g.

Art. 959: 2a. "Não se conhece de conflito de atribuição, por incompetência da Corte, em que são partes o **Ministério Público Federal e o Ministério Público Estadual,** por não se enquadrar em nenhuma das hipóteses previstas no art. 105, I, *g*, da CF/88" (STJ-1ª Seção, CA 181, Min. José Delgado, j. 13.9.06, DJU 2.10.06). No mesmo sentido: STJ-3ª Seção, CA 155, Min. José Arnaldo, j. 13.10.04, DJU 3.11.04.

V. CF 102, nota 17.

Art. 959: 3. Não se caracteriza como conflito de atribuições entre a autoridade administrativa e a autoridade judiciária o **pronunciamento desta no exercício da jurisdição** (STJ-1ª Seção, CA 150-AgRg, Min. José Delgado, j. 28.4.04, DJU 31.5.04). No mesmo sentido: RSTJ 7/29, 9/61, 55/25.

"Não há se cogitar de conflito de atribuições quando o ato impugnado for proferido por órgão do Poder Judiciário no pleno exercício da atividade jurisdicional. Irrelevante o fato de o julgador ter exorbitado ou não no ato de proferir o *decisum*, visto que, em tais circunstâncias, poderá a parte interpor o recurso cabível" (STJ-1ª Seção, CA 151-AgRg, Min. João Otávio, j. 23.6.04, DJU 2.8.04).

Art. 959: 4. Conhecendo de conflito de atribuição suscitado por autoridade judiciária em face de **autoridade militar:** STJ-3ª Seção, CA 191, Min. Maria Thereza, j. 10.3.10, DJ 19.3.10.

Capítulo VI DA HOMOLOGAÇÃO DE DECISÃO ESTRANGEIRA E DA CONCESSÃO DO *EXEQUATUR* À CARTA ROGATÓRIA[1]

CAP. VI: 1. v. CF 105-I-*i* (homologação de sentença estrangeira pelo STJ) e 109-X (competência dos juízes federais para a execução de carta rogatória, após o *exequatur*, e de sentença estrangeira, após a homologação). V. tb. RISTJ 216-A e segs.

S/ título executivo extrajudicial, oriundo de país estrangeiro, v. art. 784 §§ 2º e 3º; s/ registro de decisão estrangeira, v. LRP 221-III.

Art. 960. **A homologação de decisão estrangeira[1] será requerida[2 a 4] por ação[5 a 11] de homologação de decisão estrangeira, salvo disposição especial em sentido contrário prevista em tratado.** [Sem dispositivo correspondente no CPC/1973]

§ 1º A decisão interlocutória estrangeira poderá ser executada no Brasil por meio de carta rogatória. [Sem dispositivo correspondente no CPC/1973]

§ 2º A homologação obedecerá ao que dispuserem os tratados em vigor no Brasil[12] e o Regimento Interno do Superior Tribunal de Justiça.[13] [Dispositivo correspondente no CPC/1973: art. 483 § ún.]

§ 3º A homologação de decisão arbitral estrangeira obedecerá ao disposto em tratado e em lei,[14] aplicando-se, subsidiariamente, as disposições deste Capítulo. [Sem dispositivo correspondente no CPC/1973]

Art. 960: 1. v. arts. 24 § ún., bem como respectiva nota 4 (causa pendente perante a jurisdição brasileira); 963 e notas (requisitos para homologação).

Art. 960: 2. "**Qualquer pessoa interessada** tem legitimidade para requerer a homologação de sentença estrangeira" (STJ-Corte Especial, SE 1.302, Min. Paulo Gallotti, j. 18.6.08, DJ 6.10.08).

Assim: "É parte legítima a mãe que pretende ter homologada a sentença de adoção do filho pelo atual cônjuge, pois a decisão reflete de forma inequívoca na sua esfera jurídica, traduzindo legítimo interesse, já que se trata de definir com quem irá dividir os direitos e deveres da qualidade de pais e responsáveis pelo filho" (STJ-Corte Especial, SE 2.019, Min. Laurita Vaz, j. 12.4.10, DJ 12.5.10).

Art. 960: 2a. "As condições da ação de homologação de sentença estrangeira, como matéria de natureza processual, se subordinam a *lex fori*" (STJ-Corte Especial, SE 596, Min. Ari Pargendler, j. 29.5.08, DJ 20.8.08). No caso, tendo em vista que a legislação brasileira autoriza tanto a parte como o advogado a promover a execução dos **honorários advocatícios,** reconheceu-se a legitimidade da parte para pedir a homologação do capítulo da sentença estrangeira que deliberou sobre a verba honorária.

Art. 960: 3. "Nos termos do art. VI, da Convenção de Nova Iorque sobre prestação de alimentos no estrangeiro, o **Ministério Público Federal,** na qualidade de instituição intermediária, pode tomar todas as providências necessárias à efetivação da cobrança de **prestações alimentícias,** dentre as quais pleitear a homologação de sentença estrangeira, onde fixada a obrigação alimentar, com o objetivo de torná-la exequível no Brasil" (STJ-Corte Especial, SE 2.133, Min. Fernando Gonçalves, j. 17.10.07, DJU 8.11.07).

Art. 960: 4. Admitindo a **intervenção de assistente** no processo de homologação de decisão estrangeira: STJ-Corte Especial, SE 646, Min. Luiz Fux, j. 5.11.08, DJ 11.12.08.

Art. 960: 5. s/ valor da causa, v. art. 292, nota 11.

Art. 960: 5a. **"Não se exige caução** em tema de homologação de sentença estrangeira" (RTJ 172/465, 172/868). Esse entendimento vem sendo mantido: STJ-Corte Especial, SE 880, Min. Fernando Gonçalves, j. 18.10.06, DJU 6.11.06.

Art. 960: 6. Sobre a **citação do réu no processo de homologação** de decisão estrangeira: "O ato citatório praticado no exterior deve ser realizado de acordo com as leis daquele país, sendo, para tanto, incabível a imposição da legislação brasileira" (STJ-Corte Especial, SE 3.897, Min. Nancy Andrighi, j. 15.6.11, DJ 1.7.11).

Todavia, há notícia de caso especial, em que se autorizou a citação do estrangeiro por edital publicado no Brasil, orientado pela legislação brasileira: "São passados mais de 20 anos desde o trânsito em julgado da sentença na Alemanha sem qualquer ressalva do requerido e não há bens ou filhos menores a considerar. Trata-se, portanto, de pedido de mera regularização, no Brasil, da condição de estado da requerente. E assim, tal qual o Ministério Público, tenho que a distância histórica e a falta de contato da requerente com o requerido constituem fatores que justificam razoavelmente a impossibilidade de fornecer dados mais precisos sobre a localização do demandado. Além disso, formalmente a citação editalícia foi realizada conforme a legislação brasileira e não há outras decorrências da homologação que pudessem suscitar atenção especial ou adicional" (STJ-Corte Especial, SE 4.686, Min. Gilson Dipp, j. 5.12.11, DJ 2.2.12; a citação é do voto do relator).

Art. 960: 7. "Expedição de carta rogatória para citação do requerido com observação dos requisitos formais, tendo sido regularmente processada na Suíça por meio da repartição administrativa municipal local competente e das diligências com a autoridade policial encarregada de localizar o requerido. As declarações da autoridade suíça revelam que o requerido, estando ciente da existência dos documentos a receber ou retirar na administração, expressamente recusou-se a fazê-lo motivando a restituição deles ao Brasil. Resulta daí que o demandado teve **inequívoco conhecimento da demanda** e da citação requerida, tanto que recusou-se a recebê-la. Esta constatação é suficiente para ter-se certeza da regularidade da citação que efetivamente alcançou seu objetivo. Diligências tidas como regulares de acordo com a lei local e assim admitidas pela lei brasileira, sendo certo que a recusa em receber os documentos não desfaz a presunção de conhecimento da demanda" (STJ-Corte Especial, SE 5.124, Min. Gilson Dipp, j. 14.6.12, DJ 25.3.13).

Art. 960: 8. "O art. 9º, § 3º, da Resolução STJ 9/2005 determina a **nomeação de curador especial** nas hipóteses de revelia, não fazendo qualquer distinção acerca da disponibilidade do direito a ser tutelado" (STJ-Corte Especial, SE 11.430, Min. Napoleão Maia Filho, j. 17.12.14, DJ 19.12.14).

V. tb. RISTJ 216-I.

S/ honorários sucumbenciais, v. nota 11.

Art. 960: 9. O rol de argumentos dedutíveis na **contestação ao pedido de homologação** é taxativo. Não se admite "discutir situações jurídicas diversas dos requisitos indispensáveis à homologação" (RTJ 156/504). V. art. 963. Por isso, "é defeso discutir-se, no processo de homologação, a relação de direito material subjacente à sentença estrangeira" (STJ-RT 840/219: Corte Especial, SE 881). "Não cabe, no juízo de homologação, discutir se a decisão estrangeira decidiu acertadamente, ou não, a controvérsia" (STF-Pleno: RTJ 144/790).

Por exemplo, "as alegações relativas ao valor fixado a título de alimentos são estranhas às exceções de defesa" (STJ-Corte Especial, SE 946, Min. Hamilton Carvalhido, j. 19.11.08, DJ 5.2.09). No mesmo sentido: STF-RT 765/133.

"Descabe o exame relativo à legitimidade ativa da requerente, em razão de ulterior cessão de direitos, que não foi objeto da sentença homologanda, cabendo ao juízo delibatório, aqui desenvolvido, limitar-se às partes estabelecidas na sentença" (STJ-Corte Especial, SE 7.241, Min. Felix Fischer, j. 29.3.12, DJ 17.4.12).

"O fato de a sentença estrangeira ter sido proferida em 1996 não impede sua homologação, sendo certo, ainda, que a impossibilidade de execução do título judicial estrangeiro em razão de suposta prescrição é tema relativo ao próprio mérito da sentença, que não pode ser enfrentado nesse juízo de delibação" (STJ-Corte Especial, SE 10.043, Min. Maria Thereza, j. 4.6.14, DJ 10.6.14).

"A alegação de falsidade da certidão de casamento que instruiu o acordo extrajudicial de divórcio não pode ser enfrentada nesse juízo de delibação, uma vez que repercutiria no mérito do provimento alienígena" (STJ-Corte Especial, SE 14.363, Min. Maria Thereza, j. 15.6.16, DJ 29.6.16).

V. tb. RISTJ 216-H.

Art. 960: 10. Contra o acórdão do STJ que julga a ação de homologação de sentença estrangeira cabe **recurso extraordinário** (STF-1ª T., AI 718.391, Min. Marco Aurélio, dec. mon., DJ 29.10.08; STF-2ª T., AI 650.743, Min. Celso de Mello, dec. mon., DJ 4.6.09).

Art. 960: 11. Homologada a decisão estrangeira com oposição do réu, deve este ser condenado em **honorários sucumbenciais** (RTJ 95/1.017; RT 546/232, 736/324). Ainda: "Em grande parte dos processos de homologação de sentença estrangeira — mais especificamente aos que se referem a sentença arbitral — o valor atribuído à causa corresponde ao conteúdo econômico da sentença arbitral, geralmente de grande monta. Assim, quando for contestada a homologação, a eventual fixação da verba honorária em percentual sobre o valor da causa pode mostrar-se exacerbada. Na hipótese de sentença estrangeira contestada, por não haver condenação, a fixação da verba honorária deve ocorrer nos moldes do art. 20, § 4º, do CPC, devendo ser observadas as alíneas do § 3º do referido artigo. Ainda, consoante o entendimento desta Corte, neste caso, não está o julgador adstrito ao percentual fixado no referido § 3º" (STJ-Corte Especial, SE 507, Min. Gilson Dipp, j. 18.10.06, DJU 13.11.06). "A homologação pelo STJ é apenas uma fase para que a sentença estrangeira tenha eficácia no Brasil. Em demandas de homologação de decisão estrangeira, aplica-se, na fixação de honorários advocatícios sucumbenciais, o disposto no parágrafo 8º do art. 85 do CPC/2015. Valor fixado sem olvidar do valor da condenação estampada na sentença estrangeira, mas também levando-se em consideração que o processo tramitou de forma eletrônica, sem necessidade de comparecimento a Brasília e foi extinto sem apreciação do mérito, por falta de prova de representação processual regular da autora" (STJ-Corte Especial, SE 15.883-EDcl-AgInt, Min. Benedito Gonçalves, j. 7.8.19, DJ 13.8.19).

Em caso no qual o réu, citado por carta rogatória, restou revel e foi nomeado curador especial, a homologação da decisão estrangeira veio desacompanhada da condenação de qualquer das partes ao pagamento de honorários advocatícios (STJ-Corte Especial, SE 485, Min. Felix Fischer, j. 5.9.07, maioria, DJU 8.11.07).

Todavia, há notícia de acórdão afirmando o direito do curador especial ao recebimento de honorários no processo homologatório (STJ-Corte Especial, SE 820, Min. Luiz Fux, j. 6.12.06, maioria, DJU 28.2.08).

Art. 960: 12. v. art. 26 § 2º.

Art. 960: 13. v. RISTJ 216-A e segs.

Art. 960: 14. v. LArb 34 a 40.

Art. 961. A decisão estrangeira somente terá eficácia[1] no Brasil após a homologação de sentença estrangeira ou a concessão do *exequatur* às cartas rogatórias, salvo disposição em sentido contrário de lei ou tratado. [Dispositivo correspondente no CPC/1973: art. 483-*caput*]

§ 1º É passível de homologação a decisão judicial definitiva, bem como a decisão não judicial[2] que, pela lei brasileira, teria natureza jurisdicional. [Sem dispositivo correspondente no CPC/1973]

§ 2º A decisão estrangeira poderá ser homologada parcialmente.[2a] [Sem dispositivo correspondente no CPC/1973]

§ 3º A autoridade judiciária brasileira poderá deferir pedidos de urgência[2b] e realizar atos de execução provisória no processo de homologação de decisão estrangeira. [Sem dispositivo correspondente no CPC/1973]

§ 4º Haverá homologação de decisão estrangeira para fins de execução fiscal quando prevista em tratado ou em promessa de reciprocidade apresentada à autoridade brasileira. [Sem dispositivo correspondente no CPC/1973]

§ 5º A sentença estrangeira de divórcio[3-4] consensual produz efeitos no Brasil, independentemente de homologação pelo Superior Tribunal de Justiça.[5-6] [Sem dispositivo correspondente no CPC/1973]

§ 6º Na hipótese do § 5º, competirá a qualquer juiz examinar a validade da decisão, em caráter principal ou incidental, quando essa questão for suscitada em processo de sua competência. [Sem dispositivo correspondente no CPC/1973]

Art. 961: 1. v. art. 24, nota 2.

Art. 961: 2. "Prevendo a respectiva legislação o divórcio mediante simples **ato administrativo,** como ocorre, por exemplo, no Japão, cabível é a homologação para que surta efeitos no território brasileiro" (STF-RT 784/165). O STJ vem mantendo esse entendimento: STJ-Corte Especial, SE 456-AgRg, Min. Barros Monteiro, j. 23.11.06, DJU 5.2.07.

Código de Processo Civil

No mesmo sentido, em caso de alteração de nome por ato administrativo: STJ-Corte Especial, SE 7.312, Min. Humberto Martins, j. 5.9.12, DJ 18.9.12.

"O provimento extrajudicial — acordo sobre guarda de menor homologado por órgão administrativo alemão —, quando, em conformidade com o ordenamento jurídico estrangeiro, possuir a mesma eficácia de decisão judicial, pode perfeitamente subsidiar a pretensão de se estender os seus efeitos para o território brasileiro" (STJ-Corte Especial, SE 5.635, Min. Laurita Vaz, j. 18.4.12, DJ 9.5.12).

S/ desnecessidade de homologação de decisão de divórcio consensual, v. § 5º.

Art. 961: 2a. v. RISTJ 216-A § 2º.

Art. 961: 2b. v. RISTJ 216-G.

Art. 961: 3. Súmula 381 do STF: "Não se homologa **sentença de divórcio obtida por procuração,** em país de que os **cônjuges não** eram **nacionais".** A revisão desta Súmula foi negada (RTJ 64/24).

Art. 961: 4. "A regra do art. 226, § 6º, da CF/88 prevalece sobre o comando do art. 7º, § 6º, da LICC", de modo que não é preciso observar os **prazos** previstos neste para a homologação da sentença estrangeira de divórcio (STJ-Corte Especial, SE 4.441, Min. Eliana Calmon, j. 29.6.10, DJ 19.8.10).

Art. 961: 5. v. § 6º.

Art. 961: 6. A **dispensa de homologação** "aplica-se **apenas** aos casos de **divórcio consensual puro ou simples** e não ao divórcio consensual qualificado, que dispõe sobre a guarda, alimentos e/ou partilha de bens, nos termos dos artigos 1º e 2º do Provimento 53/2016 do Conselho Nacional de Justiça" (STJ-Corte Especial, SE 14.525, Min. Benedito Gonçalves, j. 7.6.17, DJ 14.6.17).

Art. 962. É passível de execução a decisão estrangeira concessiva de medida de urgência.[1-1a] [Sem dispositivo correspondente no CPC/1973]

§ 1º A execução no Brasil de decisão interlocutória estrangeira concessiva de medida de urgência dar-se-á por carta rogatória.

§ 2º A medida de urgência concedida sem audiência do réu poderá ser executada, desde que garantido o contraditório em momento posterior.

§ 3º O juízo sobre a urgência da medida compete exclusivamente à autoridade jurisdicional prolatora da decisão estrangeira.

§ 4º Quando dispensada a homologação para que a sentença estrangeira produza efeitos no Brasil, a decisão concessiva de medida de urgência dependerá, para produzir efeitos, de ter sua validade expressamente reconhecida pelo juiz competente para dar-lhe cumprimento, dispensada a homologação pelo Superior Tribunal de Justiça.[2]

Art. 962: 1. v. art. 963 § ún.

Art. 962: 1a. "O **Protocolo de Las Leñas** ('Protocolo de Cooperação e Assistência Jurisdicional em Matéria Civil, Comercial, Trabalhista, Administrativa' entre os países do Mercosul) não afetou a exigência de que qualquer sentença estrangeira — à qual é de equiparar-se a decisão interlocutória concessiva de medida cautelar —, para tornar-se exequível no Brasil, há de ser previamente submetida à homologação do Supremo Tribunal Federal, o que obsta à admissão de seu reconhecimento incidente, no foro brasileiro, pelo juízo a que se requeira a execução; inovou, entretanto, a convenção internacional referida, ao prescrever, no art. 19, que a homologação (dito reconhecimento) de sentença provinda dos Estados partes se faça mediante rogatória, o que importa admitir a iniciativa da autoridade judiciária competente do foro de origem e que o *exequatur* se defira independentemente da citação do requerido, sem prejuízo da posterior manifestação do requerido, por meio de agravo à decisão concessiva, ou de embargos ao seu cumprimento" (STF-Pleno: RF 342/302). **Nota:** após a Em. Const. 45, de 8.12.04, a competência para a homologação de sentença estrangeira passou ao Superior Tribunal de Justiça (CF 105-I-*i*).

Art. 962: 2. v. art. 961 § 5º.

Art. 963. Constituem requisitos indispensáveis à homologação da decisão:[1 a 2d] [Sem dispositivo correspondente no CPC/1973]

I — ser proferida por autoridade competente;[2e]

II — ser precedida de citação regular, ainda que verificada a revelia;[3 a 5]

III — ser eficaz no país em que foi proferida;[6-6a]
IV — não ofender a coisa julgada brasileira;[6b]
V — estar acompanhada de tradução oficial, salvo disposição que a dispense prevista em tratado;[6c]
VI — não conter manifesta ofensa à ordem pública.[7 a 9]

Parágrafo único. Para a concessão do *exequatur* às cartas rogatórias, observar-se-ão os pressupostos previstos no *caput* deste artigo e no art. 962, § 2º.

Art. 963: 1. v. art. 964. V. tb. LINDB 15 e RISTJ 216-C a 216-F.

S/ contestação ao pedido de homologação, v. art. 960, nota 9;

Art. 963: 1a. A decisão proferida por **tribunal eclesiástico sediado no Brasil** não é estrangeira e, portanto, não pode ser homologada (RTJ 118/463).

Art. 963: 2. Para ter eficácia no Brasil também as **sentenças de improcedência** da ação sujeitam-se à homologação (RTJ 124/471 e STF-RT 626/236).

Art. 963: 2a. **"Sentença estrangeira que não decide o mérito da ação,** sendo apenas terminativa do feito, sob reconhecimento de haver impossibilidade de ordem processual para o prosseguimento da demanda, não comporta homologação em território brasileiro, mormente se a intenção do requerente é impedir a repetição da demanda em território nacional" (STJ-Corte Especial, SE 883, Min. João Otávio, j. 18.8.10, DJ 13.12.10).

S/ homologação do capítulo da decisão referente à verba honorária, v. art. 960, nota 2a.

Art. 963: 2b. "Não se homologa sentença estrangeira que não é exibida em seu **texto integral"** (RTJ 176/1.079).

Art. 963: 2c. "Não se exige que a requerente apresente os **documentos** de que se valeu o Juízo estrangeiro para proferir a sentença, notadamente quando não previstos no art. 5º da Resolução 9/2005/STJ" (STJ-Corte Especial, SE 10.458, Min. Og Fernandes, j. 4.6.14, DJ 17.6.14).

Art. 963: 2d. Sobre a exigência de **autenticação consular:** "A sentença estrangeira recebeu ato formal de 'legalização' do Consulado brasileiro mediante o reconhecimento da assinatura da autoridade estrangeira que expediu o documento, com o que fica atendido o requisito de autenticação" (STJ-Corte Especial, SE 587, Min. Teori Zavascki, j. 11.2.08, DJ 3.3.08).

"É dispensada a chancela consular na sentença alienígena no caso de prestação de alimentos, por força da atuação do Ministério Público Federal, como autoridade intermediária na transmissão oficial dos documentos, nos termos da Convenção sobre Prestação de Alimentos no Estrangeiro (Decreto 56.826, de 2.12.1965)" (STJ-Corte Especial, SE 7.173, Min. Humberto Martins, j. 7.8.13, DJ 19.8.13).

Todavia, no sentido de que "é indispensável, para a homologação da sentença estrangeira, que a sentença proferida no exterior e o comprovante do respectivo trânsito em julgado estejam autenticados diretamente pelo Cônsul do Brasil. Não basta, assim, que este haja reconhecido a firma dos funcionários do país estrangeiro que tenham autenticado as cópias dos referidos documentos" (STJ-Corte Especial, SE 473, Min. Menezes Direito, j. 19.6.06, DJU 14.8.06).

V. tb. LArb 37, nota 1a.

Art. 963: 2e. "O exame concernente à autoridade responsável pela sentença estrangeira faz-se nos limites da **competência internacional** e não adentra a subdivisão interna do país" (STJ-Corte Especial, SE 2.714-AgRg, Min. Cesar Rocha, j. 4.8.10, DJ 30.8.10).

Art. 963: 3. v. art. 962 § 2º (medida de urgência sem oitiva do réu).

Art. 963: 3a. "Supera-se a alegada ausência de citação da requerida no processo principal da sentença homologanda ante a informação de ter havido 'procurador para fins de notificação' e que, 'no momento da distribuição do pedido de divórcio, os cônjuges eram residentes e domiciliados na Alemanha'. Os documentos juntados corroboram que a requerida foi citada, informando que não compareceria à audiência de divórcio por motivos financeiros. A citação é instituto processual, inserida no âmbito da jurisdição e da soberania, **não sendo possível impor as regras da legislação brasileira para ato praticado fora do país"** (STJ-Corte Especial, SE 4.730, Min. Castro Meira, j. 14.6.12, DJ 28.6.12).

"Não se constitui em óbice à homologação de sentença estrangeira o fato de o requerido, regularmente citado em território estadunidense, não ter sido representado por advogado — mormente porque, se quisesse, poderia ter advogado público. Ademais, conforme bem anotado no parecer ministerial, calcado em jurisprudência deste Superior Tribunal de Justiça, 'não há como impor à Justiça norte-americana a observância de regras próprias do ordenamento processual brasileiro, no que tange à representação processual por intermédio de advogado'. Ausência de ofensa à ordem pública" (STJ-Corte Especial, SE 7.137, Min. Laurita Vaz, j. 14.6.12, DJ 29.6.12).

V. tb. nota 4c.

Art. 963: 3b. **"Dispensa-se a comprovação da citação** válida quando é o próprio réu no processo original que requer a homologação da sentença estrangeira" (STJ-Corte Especial, SE 3.932, Min. Felix Fischer, j. 6.4.11, DJ 11.4.11).

Art. 963: 3c. Para a homologação da sentença estrangeira proferida em demanda ajuizada em face de **pessoa residente no Brasil,** é indispensável a "realização da **citação via rogatória,** ainda que esta viesse a ser efetuada por meio de edital publicado em território brasileiro" (STF-RF 377/277: Pleno, SE 7.394-4).

"A citação de pessoa domiciliada no Brasil e demandada perante a justiça estrangeira far-se-á por carta rogatória, garantindo o atendimento dos princípios constitucionais do devido processo legal, do contraditório e da ampla defesa" (STJ-Corte Especial, SE 568, Min. Peçanha Martins, j. 19.12.05, DJU 13.3.06).

"Se a parte contra quem se deseja efetivar o ato de citação reside no Brasil, não pode o edital para a consumação do procedimento, publicado apenas na Espanha, produzir efeitos em nosso país, sob pena de configurar-se violação aos princípios do contraditório e da ampla defesa. Não preenchido o pressuposto de citação válida, a sentença proferida por autoridade judicial estrangeira não tem validade jurídica no Brasil" (STF-Pleno, SE 6.729-4, Min. Maurício Corrêa, j. 15.4.02, DJU 7.6.02). Em sentido semelhante: "Se era conhecido o fato de que a requerida era casada e domiciliada no Brasil, a requerente tinha o dever de buscar a citação do esposo desta (mesmo que por edital) também aqui no Brasil por meio de pedido em carta rogatória. Isso porque a homologação de sentença estrangeira contra residente no Brasil depende de que esse tenha sido citado por meio de carta rogatória" (STJ, Corte Especial, SE 15.720, Min. Mauro Campbell, j. 8.4.19, DJ 29.5.19; no caso, o cônjuge da requerida foi citado por edital nos Estados Unidos).

"Reconhecimento de paternidade. Decisão proferida pela Justiça de Portugal. Requerido domiciliado no Brasil. Carta rogatória. Necessidade. Citação postal inválida. Homologação indeferida" (STJ-Corte Especial, SE 14.851, Min. Og Fernandes, j. 5.4.17, DJ 19.4.17).

Art. 963: 4. "Para a validade da **citação de pessoa física pelo correio,** é necessária a entrega da correspondência registrada diretamente ao destinatário, não sendo possível o seu recebimento pelo porteiro do prédio. Incerta, pois, a efetividade da citação da requerida na ação de divórcio, onde restou revel, é de se indeferir o pedido de homologação da sentença estrangeira" (STJ-Corte Especial, SE 1.102, Min. Aldir Passarinho Jr., j. 12.4.10, DJ 12.5.10).

Art. 963: 4a. Se o réu no processo estrangeiro **"dá ciência que tem conhecimento da ação** contra si movida e informa que não apresentará defesa", a sentença estrangeira é homologável (STJ-Corte Especial, SE 1.730, Min. João Otávio, j. 5.3.09, um voto vencido, DJ 26.3.09).

"Não merece acolhida a alegação de nulidade da citação, porquanto a sentença é clara ao narrar o comparecimento do requerido perante o Juízo francês. Diante do comparecimento espontâneo, considera-se consumada a citação, independentemente da expedição de carta rogatória" (STJ-Corte Especial, SE 10.458, Min. Og Fernandes, j. 4.6.14, DJ 17.6.14).

"Resta comprovado que o requerido teve ciência da demanda contra si ajuizada, não obstante tenha se recusado a receber os respectivos documentos, daí porque deve-se ter como válido o ato citatório" (STJ-Corte Especial, SE 8.996, Min. Maria Thereza, j. 6.8.14, DJ 15.8.14).

Art. 963: 4b. "Não se constitui em óbice à homologação de sentença estrangeira o fato de não haver nos autos documentação que comprove ter o requerido oferecido defesa na ação respectiva ou ter sido intimado do teor da referida sentença. Para a homologação da sentença estrangeira, exige-se a comprovação da regular citação da parte; **não se exige comprovação de efetivação de intimações** acerca de atos realizados no processo alienígena" (STJ-Corte Especial, SE 1.185, Min. Laurita Vaz, j. 12.5.11, DJ 10.6.11).

Art. 963: 4c. "Havendo previsão, na legislação do país de origem, de dispensa do consentimento do pai biológico para a adoção de pessoa que já atingiu a maioridade, resulta desnecessária a prova da citação do requerido no procedimento estrangeiro, bem como da sua intimação da correspondente sentença" (STJ-Corte Especial, SE 563, Min. Teori Zavascki, j. 15.8.07, DJU 3.9.07).

"Sentença estrangeira de adoção assentada no abandono pelo pai de filho que se encontra por anos convivendo em harmonia com o padrasto que, visando legalizar uma situação familiar já consolidada no tempo, pretende adotá-lo, prescinde de citação, mormente se a Justiça estrangeira, embora tenha envidado esforços para localizar o interessado, não logrou êxito" (STJ-RBDFS 22/138: Corte Especial, SE 259).

V. tb. nota 3a.

Art. 963: 5. Dispensando prova de citação em caso de retificação de nome, por se tratar de procedimento de jurisdição voluntária: STJ-Corte Especial, SE 5.493, Min. Felix Fischer, j. 21.9.11, DJ 6.10.11.

Art. 963: 6. Na medida em que basta a eficácia da decisão para a sua homologação, está **superada a Súmula 420 do STF,** no sentido de que "não se homologa sentença proferida no estrangeiro sem prova do trânsito em julgado". Assim, a prova que o requerente deve produzir é, sobretudo, a da liberação dos efeitos da decisão homologanda.

"O art. 963, III, do CPC/15, **não mais exige** que a decisão judicial que se pretende homologar tenha **transitado em julgado,** mas, ao revés, que somente seja ela eficaz em seu país de origem, tendo sido tacitamente revogado o art. 216-D, III, do RISTJ. É eficaz em seu país de origem a decisão que nele possa ser executada, ainda que provisoriamente, de modo que havendo pronunciamento judicial suspendendo a produção de efeitos da sentença que se pretende homologar no Brasil, mesmo que em caráter liminar, a homologação não pode ser realizada" (STJ-Corte Especial, SE 14.812, Min. Nancy Andrighi, j. 16.5.18, DJ 23.5.18).

V. tb. arts. 960 § 1º e 962 (decisão interlocutória estrangeira).

Art. 963: 6a. "Pedido de homologação de sentença estrangeira na parte em que dispôs sobre os alimentos devidos a menor de idade. Alteração posterior do julgado. Aproveitamento dos atos do processo para a homologação da nova sentença, justificado pelo fato de que o essencial no julgado estrangeiro é a definição do direito à pensão alimentícia, e não o valor desta que é imune ao trânsito em julgado" (STJ-Corte Especial, SE 6.172, Min. Ari Pargendler, j. 19.12.13, DJ 6.2.14).

Art. 963: 6b. v. art. 24 § ún. e notas (pendência de causa perante a jurisdição brasileira).

Art. 963: 6c. Naturalmente, dispensa-se a exigência de tradução da sentença estrangeira nos casos em que ela já é escrita em **língua portuguesa,** p. ex., por ter sido proferida em Portugal (STJ-Corte Especial, SE 5.590, Min. Castro Meira, j. 9.6.11, DJ 28.6.11).

Art. 963: 7. v. LArb 39, nota 3. V. tb. LINDB 17.

Art. 963: 8. No sentido de que não é homologável decisão estrangeira **não fundamentada:** RTJ 95/34, 119/597, STF-RT 579/221, STF-RJ 285/20.

"A sentença em exame é despida de qualquer rastro de fundamento, apresentando uma nudez de motivação que chega a impressionar e recomenda definitivamente a improcedência do pedido, sob pena de frontal desrespeito à ordem pública nacional" (STJ-Corte Especial, SE 684, Min. Castro Meira, j. 1.7.10, DJ 16.8.10).

Art. 963: 9. Considera-se ofensiva à ordem pública e não homologável a sentença que:

— concede alimentos desde o nascimento do alimentando, ao passo que a lei nacional fixa como marco inicial a citação — LA 13, § 2º (STJ-Corte Especial, SE 880, Min. Fernando Gonçalves, j. 18.10.06, DJU 6.11.06);

— "isentar o progenitor que não estiver no momento com a guarda da criança de pagar alimentos ao menor, sem qualquer justificativa para tanto" (STJ-Corte Especial, SE 14.914, Min. Maria Thereza, j. 7.6.17, DJ 14.6.17);

— invalida casamento realizado no Brasil, aplicando lei estrangeira e não a lei brasileira — LINDB 7º § 1º (STJ-Corte Especial, SE 1.303, Min. Fernando Gonçalves, j. 5.12.07, DJU 11.2.08);

— chancela acordo com "renúncia à jurisdição brasileira para dirimir eventuais litígios relativos à guarda de menores" (STJ-Corte Especial, SE 1.554-EDcl-AgRg, Min. Barros Monteiro, j. 19.9.07, DJU 22.10.07).

— concede a guarda do filho exclusivamente à mãe, atribuindo a esta, ainda, a prerrogativa de deliberar sobre as visitas do pai (STJ-Corte Especial, SE 10.411, Min. Og Fernandes, j. 5.11.14, DJ 16.12.14);

— está "fundada em errada premissa do juízo estrangeiro de não adesão do Brasil a Convenção Internacional, relevante para o julgamento estrangeiro, no caso a Convenção de Haia sobre Sequestro Internacional de Crianças (Decreto 3.087 de 21.06.99)" (STJ-Corte Especial, SE 8.440, Min. Sidnei Beneti, j. 16.10.13, DJ 4.11.13);

— que delibera sobre adoção nas seguintes condições: "Nos termos da legislação alemã (§ 1767 a 1772 BGB), a adoção de pessoa maior de idade não é plena, mantendo-se inalterados os vínculos de parentesco do adotando com sua família biológica. A legislação brasileira, no entanto, dispõe de modo diverso, estabelecendo que 'a adoção atribui a situação de filho ao adotado, desligando-o de qualquer vínculo com os pais e parentes consanguíneos' (Código Civil, art. 1.626). Consequentemente, o pedido não pode ser deferido, salvo para reconhecer a alteração do sobrenome do requerente, evitando dificuldades relativas a sua documentação pessoal" (STJ-Corte Especial, SE 3.512, Min. Ari Pargendler, j. 16.9.13, DJ 26.9.13);

— "viola a soberania nacional a sentença estrangeira que proíbe a requisição de nacionalidade brasileira para filha menor de mãe brasileira nascida no estrangeiro e que, eventualmente, venha a residir no Brasil. Configura-se ofensa à soberania nacional o veto à requisição de passaporte em nome de filha menor de mãe brasileira nascida no estrangeiro, à luz do disposto no art. 5º, XV, da Constituição Federal, que assegura a liberdade de locomoção no território nacional, bem como a de nele entrar e permanecer e dele sair. Não merece homologação a sentença estrangeira que assegura ao ex-companheiro da mãe direito de visita e de viajar para fora do país com a filha unilateral desta" (STJ-Corte Especial, SE 10.228, Min. João Otávio, j. 15.10.14, DJ 3.11.14);

— "Falência de empresa acionista de empresa brasileira que se encontra em recuperação judicial. Discussão sobre o processo antecedente ao da quebra. Não cabimento. Risco evidente à recuperação judicial. Ofensa a ordem pública. Princípio da universalidade. Ofensa a soberania nacional. A homologação do provimento alienígena ofenderia a ordem pública na medida em que frustraria o objetivo da recuperação judicial ao qual submetida a empresa requerida. A validação de sentença de quebra de empresa que representa quase que a totalidade das ações da empresa aqui sediada desrespeitaria o disposto no art. 3º da Lei 11.101/2005, ofendendo, por conseguinte, a soberania nacional" (STJ-Corte Especial, SE 11.277, Min. Maria Thereza, j. 15.6.16, DJ 1.7.16).

Considera-se não ofensiva à ordem pública e homologável a sentença que:

— "a sentença penal estrangeira que determina a perda de bens imóveis do requerido situados no Brasil, por terem sido adquiridos com recursos provenientes da prática de crimes" (STJ-Corte Especial, SE 10.250-AgInt, Min. Luis Felipe, j. 15.5.19, DJ 23.5.19);

— "ratifica acordo, celebrado pelos antigos cônjuges, acerca de bens imóveis localizados no Brasil" (STF-Pleno, SE 7.146, Min. Ilmar Galvão, j. 12.6.02, DJU 2.8.02). No mesmo sentido: STJ-Corte Especial, SE 421, Min. Felix Fischer, j. 16.5.07, DJU 3.9.07. "Nos casos em que a divisão dos bens imóveis situados no Brasil feita por sentença estrangeira mediante acordo entre as partes não fere o direito brasileiro, mostra-se possível a sua homologação, sem se falar em ofensa à soberania nacional" (STJ-Corte Especial, SE 1.320, Min. Napoleão Maia Filho, j. 1.10.14, DJ 16.10.14).

Ainda: "Não há que se falar em competência exclusiva da jurisdição brasileira, com suporte nas hipóteses do art. 89 do CPC, se a decisão da Corte estrangeira apenas manteve a titularidade dos bens imóveis, consoante ato de vontade dos interessados, sem realizar qualquer partilha ou mesmo resolver qualquer conflito que os tinha por objeto" (STJ-Corte Especial, SE 7.072, Min. Maria Thereza, j. 16.10.13, DJ 23.10.13). **Todavia:** "Viola a soberania nacional a sentença estrangeira que dispõe sobre bens imóveis localizados no Brasil, excluindo-os da meação da ré, matéria da competência absoluta da Justiça brasileira" (STJ-Corte Especial, SE 2.547, Min. Hamilton Carvalhido, j. 12.4.10, DJ 12.5.10). Ainda: "Não é possível a homologação de sentença estrangeira que, em processo relativo a sucessão *causa mortis*, dispõe sobre a partilha de bens imóveis situados no território brasileiro. Competência exclusiva da justiça pátria, nos termos do art. 12, § 1º, Lei de Introdução às Normas do Direito Brasileiro, e do art. 89, inciso II, Código de Processo Civil" (STJ-Corte Especial, SE 8.502-AgRg, Min. Felix Fischer, j. 16.10.13, DJ 23.10.13). V. tb. art. 23 e notas;

— decreta o divórcio sem dispor sobre partilha de bens, pensão alimentícia e guarda e visita de filhos (STJ-Corte Especial, SE 2.610, Min. Paulo Gallotti, j. 5.11.08, DJ 1.12.08);

— autoriza alteração do nome: "A sentença estrangeira que se busca homologar foi proferida com fundamento nas leis vigentes no direito norte-americano, lá encontrando o seu fundamento de validade. Ademais, a ausência de previsão semelhante no ordenamento pátrio, além de não tornar nulo o ato estrangeiro, não implica, no presente caso, ofensa à ordem pública ou aos bons costumes" (STJ-Corte Especial, SE 5.493, Min. Felix Fischer, j. 21.9.11, DJ 6.10.11; a citação é do voto do relator, que autorizou que Luiz Claudio Climaco II passe a se chamar Louis Claude Nakamura Katzman). "Não se observa embargo à procedência do pedido de homologação, na medida em que a inclusão de novo patronímico ao nome do menor, com a exclusão do nome de família do pai biológico, respeita sua vontade e preserva sua integridade psicológica perante a unidade familiar concreta" (STJ-Corte Especial, SE 5.726, Min. Maria Thereza, j. 29.8.12, DJ 13.9.12). **Todavia:** "Inviável a alteração de sobrenome quando se tratar de hipótese não prevista na legislação brasileira. O art. 56 da Lei de Registros Públicos autoriza, em hipóteses excepcionais, a alteração do nome, mas veda expressamente a exclusão do sobrenome" (STJ-Corte Especial, SE 3.999-AgRg, Min. João Otávio, j. 7.5.12, DJ 18.5.12; no caso, não se autorizou que Vander Moreira de Souza tivesse seu nome alterado para Vander Moreira Braflat). S/ alteração no nome, v. LRP 109, nota 1c;

— "dispõe sobre guarda de menor ou alimentos, muito embora se trate de sentenças sujeitas a revisão, em caso de modificação do estado de fato" (STJ-Corte Especial, SE 5.736, Min. Teori Zavascki, j. 24.11.11, DJ 19.12.11). "Não ofende a soberania nacional sentença estrangeira que fixa residência principal de menor com o pai e proíbe a mãe de sair com a criança do país sem autorização do pai ou consentimento judicial" (STJ-Corte Especial, SE 10.228, Min. João Otávio, j. 15.10.14, DJ 3.11.14). "A existência de decisão na Justiça Brasileira acerca de guarda e alimentos, ainda que posterior ao trânsito em julgado da decisão alienígena, não impede a sua homologação nessa parte" (STJ-Corte Especial, SE 15.022-AgInt, Min. Francisco Falcão, j. 4.4.18, DJ 9.4.18; do voto do relator: "caberá ao juízo que promover a execução do título judicial estrangeiro no Brasil confrontá-lo nos pontos em que divergir das decisões proferidas pelo Poder Judiciário brasileiro"). **Todavia:** "Afronta a homologabilidade de sentença estrangeira no que toca à guarda de filhos menores a superveniência de decisão de autoridade judiciária brasileira proferida de modo contrário ao da sentença estrangeira que se pretende homologar" (STJ-Corte Especial, SE 4.913, Min. João Otávio, j. 7.5.12, DJ 22.5.12). "A superveniência de decisão proferida pelo Poder Judiciário do Brasil sobre tema que também fora examinado na sentença estrangeira é causa de improcedência da ação de homologação da sentença estrangeira, quer seja porque as sentenças relacionadas à guarda de menores ou à alimentos não transitam em julgado propriamente ditas, havendo a presunção de que a decisão mais recente é aquela que retrata mais fielmente a situação atual do menor e o seu melhor interesse, quer seja porque relegar a solução da controvérsia somente para o momento da execução geraria severas incompatibilidades procedimentais quanto a competência, a disparidade de fases processuais e a reunião e conexão de processos. A mera pendência de ação judicial no Brasil não impede a homologação da sentença estrangeira; mas a existência de decisão judicial proferida no Brasil contrária ao conteúdo da sentença estrangeira impede a sua homologação" (STJ-Corte Especial, HDE 1.396, Min. Nancy Andrighi, j. 23.9.19, DJ 26.9.19);

— condena ao pagamento de quantia expressa em moeda estrangeira: "Ao interessado caberá, no momento próprio, durante a execução da sentença estrangeira no Brasil, postular o que for de direito a respeito da conversão do dólar norte-americano em reais" (STJ-Corte Especial, SE 6.069, Min. Cesar Rocha, j. 24.11.11, DJ 16.12.11).

Art. 964. Não será homologada a decisão estrangeira na hipótese de competência exclusiva da autoridade judiciária brasileira.[1] [Sem dispositivo correspondente no CPC/1973]

Parágrafo único. O dispositivo também se aplica à concessão do *exequatur* à carta rogatória.

Art. 964: 1. v. art. 23.

Art. 965. O cumprimento de decisão estrangeira far-se-á perante o juízo federal competente,[1] a requerimento da parte, conforme as normas estabelecidas para o cumprimento de decisão nacional.[2] [Dispositivo correspondente no CPC/1973: art. 484]

Parágrafo único. O pedido de execução deverá ser instruído com cópia autenticada da decisão homologatória ou do *exequatur*, conforme o caso. [Dispositivo correspondente no CPC/1973: art. 484]

Art. 965: 1. v. CF 109-X e art. 516-III.

Art. 965: 2. v. arts. 513 e segs., especialmente art. 515-VIII, IX e § 1º.

Capítulo VII | DA AÇÃO RESCISÓRIA[1]

CAP. VII: 1. s/ competência para a rescisória: do STF, v. CF 102-I-*j* e RISTF 259 a 262; do STJ, v. CF 105-I-*e* e RISTJ 233 a 238; dos Tribunais Regionais Federais, v. CF 108-I-*b*; dos Tribunais de Justiça, v. LOM 101 § 3º-*e*; s/ utilização, na ação rescisória, de cópia da procuração outorgada para a propositura da ação originária, v. art. 104, nota 2c; s/ sentença proferida com réu citado maliciosamente por editais, v. art. 258, nota 1; s/ valor da causa, v. art. 292, nota 17; s/ direito superveniente, v. art. 493, nota 10; s/ rescisão de partilha, v. art. 658; s/ rescisória em ação monitória, v. art. 701 § 3º; s/ tutela provisória na ação rescisória, v. art. 969, especialmente nota 4; s/ rescisória de acórdão de embargos de declaração, v. art. 1.022, nota 11a; s/ direito intertemporal, art. 1.046, nota 6; s/ rescisória e sentença arbitral, v. LArb 33, nota 1d; s/ rescisória em mandado de segurança, LMS 19, nota 1a; s/ descabimento de rescisória no Juizado Especial, LJE 59; s/ rescisória nas causas de alçada, LEF 34, nota 10; s/ rescisória de sentença que declara extintas as obrigações do falido, v. LRF 159-A; s/ recurso especial em rescisória, RISTJ 255, nota 4-Rescisória; s/ recurso extraordinário em rescisória, RISTF 321, nota 3-Rescisória.

Art. 966. A decisão[1-2] de mérito,[2a a 3a] transitada em julgado,[4 a 5a] pode ser rescindida[6-6a] quando:[6b] [Dispositivo correspondente no CPC/1973: art. 485-*caput*]

I — se verificar que foi proferida por força de prevaricação,[7] concussão[8] ou corrupção[9] do juiz; [Dispositivo correspondente no CPC/1973: art. 485-I]

II — for proferida por juiz impedido[10 a 12] ou por juízo absolutamente incompetente;[13 a 13b] [Dispositivo correspondente no CPC/1973: art. 485-II]

III — resultar de dolo[14 a 16] ou coação[16a] da parte vencedora em detrimento da parte vencida ou, ainda, de simulação[16b] ou colusão[16c] entre as partes, a fim de fraudar a lei; [Dispositivo correspondente no CPC/1973: art. 485-III]

IV — ofender a coisa julgada;[17-17a] [Dispositivo correspondente no CPC/1973: art. 485-IV]

V — violar manifestamente norma jurídica;[18 a 29] [Dispositivo correspondente no CPC/1973: art. 485-V]

VI — for fundada em prova cuja falsidade tenha sido apurada em processo criminal ou venha a ser demonstrada na própria ação rescisória;[30 a 31a] [Dispositivo correspondente no CPC/1973: art. 485-VI]

VII — obtiver o autor, posteriormente ao trânsito em julgado, prova nova[31b a 33] cuja existência ignorava ou de que não pôde fazer uso, capaz, por si só, de lhe assegurar pronunciamento favorável;[34-34a] [Dispositivo correspondente no CPC/1973: art. 485-VII]

VIII — for fundada em erro de fato verificável do exame dos autos.[34b a 38] [Dispositivo correspondente no CPC/1973: art. 485-IX]

§ 1º Há erro de fato quando a decisão rescindenda admitir fato inexistente ou quando considerar inexistente fato efetivamente ocorrido, sendo indispensável, em ambos os casos, que o fato não represente ponto controvertido sobre o qual o juiz deveria ter se pronunciado.[38a-39] [Dispositivos correspondentes no CPC/1973: art. 485 §§ 1º e 2º]

§ 2º Nas hipóteses previstas nos incisos do *caput*, será rescindível a decisão transitada em julgado que, embora não seja de mérito, impeça: [Sem dispositivo correspondente no CPC/1973]

I — nova propositura da demanda;[39a-40] ou [Sem dispositivo correspondente no CPC/1973]

II — admissibilidade do recurso correspondente.[41] [Sem dispositivo correspondente no CPC/1973]

§ 3º A ação rescisória pode ter por objeto apenas 1 (um) capítulo da decisão.[42] [Sem dispositivo correspondente no CPC/1973]

§ 4º Os atos de disposição de direitos,[43 a 45] praticados pelas partes ou por outros participantes do processo e homologados[46 a 47b] pelo juízo, bem como os atos homologatórios praticados no curso da execução, estão sujeitos à anulação, nos termos da lei.[48] [Dispositivo correspondente no CPC/1973: art. 486]

§ 5º Cabe ação rescisória, com fundamento no inciso V do *caput* deste artigo, contra decisão baseada em enunciado de súmula ou acórdão proferido em julgamento de casos repetitivos que não tenha considerado a existência de distinção entre a questão discutida no processo e o padrão decisório que lhe deu fundamento.[49-49a] [Sem dispositivo correspondente no CPC/1973]

§ 6º Quando a ação rescisória fundar-se na hipótese do § 5º deste artigo, caberá ao autor, sob pena de inépcia, demonstrar, fundamentadamente, tratar-se de situação particularizada por hipótese fática distinta ou de questão jurídica não examinada, a impor outra solução jurídica.[50] [Sem dispositivo correspondente no CPC/1973]

Art. 966: 1. Não cabe ação rescisória contra acórdão proferido em **ação direta de inconstitucionalidade** ou ação declaratória de constitucionalidade (cf. LADIN 26).

Art. 966: 2. "O sistema processual brasileiro admite o ajuizamento de **nova ação rescisória** promovida com o objetivo de desconstituir decisão proferida no julgamento de outra ação rescisória. A via excepcional da rescisão do julgado, contudo, não pode ser utilizada com o propósito de reintroduzir, no âmbito de nova ação rescisória, a mesma discussão já apreciada, definitivamente, em anterior processo rescisório" (STF-Pleno: RTJ 183/67). No mesmo sentido: RTJ 110/19; STJ-2ª Seção: RSTJ 8/22; RT 494/153, 509/178, Amagis 11/314, Bol. AASP 1.634/84, em. 14.

"O acórdão que julga improcedente o pedido rescisório, considerando a decadência do direito à rescisão, tem natureza de sentença de mérito, na forma do prescrito no art. 269, IV, do CPC, submetendo-se à excepcional forma impugnativa consubstanciada na ação rescisória" (STJ-3ª T., REsp 1.504.753, Min. Paulo Sanseverino, j. 24.11.15, DJ 18.2.16).

Art. 966: 2a. v. § 2º.

Art. 966: 3. v. art. 487.

De acordo com a jurisprudência, **não cabe ação rescisória,** por não se tratar de decisão de mérito:

— contra decisão interlocutória que julga intempestiva a contestação (STJ-2ª Seção, AR 522, Min. Ruy Rosado, j. 26.11.97, DJU 14.9.98);

— contra acórdão que se limita a decidir sobre competência (RTJ 129/977, 152/114, STF-RTJE 64/97). Ressalve-se, porém, o disposto no art. 966-II;

— contra decisão proferida em conflito de competência (STJ-2ª Seção, AR 3.231, Min. Nancy Andrighi, j. 14.2.07, dois votos vencidos, DJU 28.6.07; STJ-3ª Seção, AR 923, Min. Edson Vidigal, j. 11.6.01, DJU 13.8.01);

— contra "a decisão do Min. Presidente do STJ que determina a suspensão dos efeitos da antecipação de tutela contra a Fazenda Pública" (STJ-Corte Especial, AR 5.857, Min. Mauro Campbell, j. 7.8.19, DJ 15.8.19).

— contra sentença que rejeita liminarmente embargos à execução (JTA 94/61), p. ex., em razão da falta de interesse processual (RT 877/359: TRF-1ª Reg., AR 2003.01.00.023192-3) ou da intempestividade (STJ-6ª T., AI 354.262-AgRg, Min. Fernando Gonçalves, j. 21.6.01, DJ 13.8.01). **Todavia,** a rescisória é admitida nos casos em que a sentença aprecia o mérito dos embargos (JTA 95/337), como é a que julga improcedentes os embargos à execução (STJ-RJTJERGS 215/39) ou declara extinta a execução (TFR-2ª Seção, AR 1.220, Min. Geraldo Sobral, j. 12.8.86, DJU 11.9.86);

— contra acórdão que apenas cassa decisão que extrapola os limites estabelecidos para a correção de erro material de ofício (STJ-2ª T., REsp 1.000.445, Min. Eliana Calmon, j. 18.3.08, DJU 11.4.08);

— contra acórdão que anula o processo (Bol. AASP 1.519/20);

— contra sentença que extingue o processo por abandono da causa (RTFR 119/7);

— contra decisão proferida em interdição (RT 622/57);

— contra decisão que decide procedimento de dúvida de registros públicos (RTJ 94/677);

— contra decisão que julga pedido de remição de bens (STJ-3ª T., REsp 7.275, Min. Cláudio Santos, j. 16.5.95, maioria, DJU 4.9.95);

— "A decisão rescindenda apenas tratou da cobrança de multa anteriormente fixada em decisão liminar nos autos da ação possessória, a qual já havia transitado em julgado com a manutenção da posse da recorrida. A constatação de turbação, punível com a aplicação da multa fixada em decisão liminar, não altera o mérito da ação possessória, pois trata-se de mera verificação do descumprimento da determinação judicial. Não havendo decisão de mérito capaz de possibilitar o manejo de ação rescisória do art. 485 do Código de Processo Civil, correto o entendimento do egrégio Tribunal estadual" (STJ-3ª T., REsp 919.096, Min. Massami Uyeda, j. 7.10.10, dois votos vencidos, DJ 12.5.11);

— contra acórdão ou sentença que julga o autor carecedor da ação (STJ-1ª Seção, AR 2.381, Min. Castro Meira, j. 9.12.09, DJ 1.2.10; STJ-3ª Seção, AR 4.222-AgRg, Min. Rogerio Cruz, j. 22.10.14, DJ 28.10.14; RT 495/164, 590/117, 831/277, JTA 56/169, Lex-JTA 74/231, 75/218), ainda que, equivocadamente, tenha dito que a ação era improcedente, quando o correto seria ter julgado o autor parte ilegítima (STJ-2ª Seção, AR 932, Min. Sálvio de Figueiredo, j. 13.12.00, dois votos vencidos, DJU 5.5.03). **Todavia,** v. nota 39a.

Art. 966: 3a. De acordo com a jurisprudência, **cabe rescisória:**

— se a decisão foi efetivamente de mérito, embora, por erro de técnica, haja dado pela carência da ação (STJ-1ª T., REsp 784.799, Min. Teori Zavascki, j. 17.12.09, DJ 2.2.10; RSTJ 36/482, STJ-RT 652/183, maioria, RTFR 128/3, RT 730/317, RJTJESP 91/359);

— "se o órgão julgador, ao examinar as condições da ação, aprofunda-se na análise do direito material, incursiona no mérito da questão" (STJ-2ª T., REsp 216.478, Min. João Otávio, j. 19.4.05, DJU 1.8.05);

— contra decisão interlocutória ou acórdão proferido em agravo de instrumento, desde que tenha sido examinado o mérito da controvérsia a que pôs termo (RT 634/92; JTJ 321/1.132: AR 353.487-5/0-00). Assim: "Se a prestação jurisdicional principal postulada pode ser compartimentalizada, no caso de cumulação de pedidos, de sorte a poder ser dirimida por etapas, qualquer decisão parcial que destrama o mérito de cada pedido, ainda que seja tomada em agravo de instrumento e mesmo que tenha natureza processual, enseja, em tese, o ingresso de ação rescisória" (RSTJ 103/279). No mesmo sentido, caso de rescisória contra acórdão proferido em agravo de instrumento que apreciou uma questão de mérito, com ofensa à coisa julgada: RT 712/731.

"Decisão que, ao determinar o arrolamento de bens que, segundo os sucessores, não mais pertenciam ao *de cujus* à época da sucessão universal, afeta, positiva ou negativamente, o direito material dos herdeiros e dos credores do espólio, projetando efeitos substanciais para fora do processo, o que legitima o ajuizamento da ação rescisória" (STJ-3ª T., REsp 1.231.806, Min. Ricardo Cueva, j. 5.5.16, DJ 23.5.16).

"A decisão do cálculo da indenização em ação que visa a entrega de soma é de mérito e desafia a ação rescisória" (STJ-1ª Seção, AR 1.649, Min. Luiz Fux, j. 28.4.10, maioria DJ 12.5.10).

"O ato decisório que decreta a falência possui natureza de sentença constitutiva, pois sua prolação faz operar a dissolução da sociedade empresária, conduzindo à inauguração de um regime jurídico específico. Inteligência do art. 99 da Lei 11.101/05. Ainda que assim não fosse, doutrina e jurisprudência, desde há muito, entendem que à expressão 'sentença' veiculada no *caput* do art. 485 do CPC/73 deveria ser conferida uma abrangência mais ampla, de modo a alcançar também decisões interlocutórias que enfrentem o mérito. A previsão legal do cabimento de agravo de instrumento para a hipótese de decretação da falência se deve ao fato de tal ação ser dividida em fases, havendo a necessidade de se manter o processo no juízo de origem, após a quebra, para o processamento da segunda etapa, quando ocorrerá a arrecadação dos bens do falido e a apuração do ativo e do passivo, com a finalidade satisfação dos créditos" (STJ-3ª T., REsp 1.780.442, Min. Nancy Andrighi, j. 3.12.19, DJ 5.12.19). S/ rescisória de sentença que declara extintas as obrigações do falido, v. LRF 159-A;

— contra decisão que delibera sobre a penhorabilidade de bem objeto de constrição em execução, pois é possível ver nesses casos "não só julgamento adiantado do que seria algo assemelhado ao 'mérito' da pretensão regularmente deduzida em juízo pelo exequente, em sede de decisão interlocutória, como também do próprio mérito de uma pretensão autônoma do devedor" (STJ-3ª T., REsp 628.464, Min. Nancy Andrighi, j. 5.10.06, DJU 27.11.06);

— contra "sentença proferida em ação cautelar de exibição de documento, por ter caráter satisfativo" (STJ-3ª T., REsp 974.680, Min. Nancy Andrighi, j. 15.12.09, DJ 2.12.10);

— contra sentença que decreta a prescrição (RTFR 134/3) ou que a rejeita (JTA 119/394, Bol. AASP 1.600/198). Todavia, v. nota 28a;

— contra sentença que pronuncia a decadência (STJ-4ª T., REsp 43.431-9, Min. Dias Trindade, j. 8.3.94, DJU 11.4.94);

— contra o capítulo da sentença que trata dos honorários advocatícios (STJ-1ª T., REsp 894.750, Min. Denise Arruda, j. 23.9.08, DJ 1.10.08; STJ-1ª Seção, ED no REsp 1.117.811, Min. Arnaldo Esteves, j. 28.8.13, DJ 2.10.13). "Cabe ação rescisória para rever condenação exorbitante em honorários advocatícios havida em ação cautelar preparatória" (STJ-3ª T., REsp 1.173.061, Min. Ricardo Cueva, j. 13.11.12, DJ 19.11.12). Em sentido semelhante: STJ-4ª T., Ag em REsp 64.253-AgInt, Min. Raul Araújo, j. 13.12.16, DJ 1.2.17. Condicionando a rescindibilidade no caso ao fato de a sentença ser de mérito: "Se a sentença na qual a condenação a honorários foi estabelecida enfrentou o mérito da ação, tanto a condenação principal como o consectário adquirem a eficácia de coisa julgada" (STJ-3ª T., REsp 1.299.287, Min. Nancy Andrighi, j. 19.6.12, DJ 26.6.12). Também condicionando a rescindibilidade, mas com outros argumentos: "A ação rescisória é cabível para discutir o regramento objetivo da fixação da verba honorária, notadamente quando o acórdão rescindendo indevidamente aplica os limites percentuais do art. 20, § 3º, do CPC, ao § 4º do mesmo artigo" (STJ-2ª T., REsp 1.321.195, Min. Mauro Campbell, j. 13.11.12, DJ 21.11.12). Admitindo a ação rescisória em caso de sentença que fixou imotivadamente os honorários: STJ-2ª T., REsp 1.338.063, Min. Eliana Calmon, j. 5.12.13, DJ 25.2.14. **Todavia:** "Os honorários advocatícios e a multa do art. 538, § ún., do CPC, não constituem questões passíveis de rescisão nos casos em que a ação originária é extinta sem resolução de mérito" (STJ-4ª T., AI 836.488-AgRg-AgRg, Min. Luis Felipe, j. 18.8.11, DJ 24.8.11). "A condenação em honorários advocatícios consubstancia consectário da condenação principal, de modo que sua natureza deve seguir a natureza da sentença proferida, quanto ao objeto principal da lide. Portanto, se a sentença que condena a honorários não enfrentou o mérito da ação principal, não tendo, por isso, aptidão para adquirir a eficácia de coisa julgada material, a parcela relativa a honorários também não adquire essa eficácia, sendo impossível impugná-la mediante ação rescisória" (STJ-3ª T., REsp 1.299.287, Min. Nancy Andrighi, j. 19.6.12, DJ 26.6.12). Ainda, com outros argumentos: "Não cabe ação rescisória para discutir a irrisoriedade ou a exorbitância de verba honorária. Apesar de ser permitido o conhecimento de recurso especial para discutir o *quantum* fixado a título de verba honorária quando exorbitante ou irrisório, na ação rescisória essa excepcionalidade não é possível já que nem mesmo a injustiça manifesta pode ensejá-la se não houver violação ao direito objetivo. Interpretação que prestigia o caráter excepcionalíssimo da ação rescisória e os valores constitucionais a que visa proteger" (STJ-2ª T., REsp 1.217.321, Min. Mauro Campbell, j. 18.10.12, maioria, DJ 18.3.13). **Contra:** "É incabível rescisória de capítulo de sentença ou acórdão, que fixa honorários de sucumbência" (STJ-2ª T., REsp 1.117.811-AgRg, Min. Eliana Calmon, j. 24.8.10, DJ 8.9.10).

— contra acórdão que delibera sobre multa diária (STJ-3ª T., REsp 1.192.197, Min. Nancy Andrighi, j. 7.2.12, DJ 5.6.12); S/ cabimento de rescisória contra pronunciamento que viola literal disposição de lei processual, v. nota 23b.

Art. 966: 4. "Quando for suscitado apenas *error in procedendo* no recurso de apelação, não há que se falar em substituição da sentença pelo acórdão prolatado no julgamento do recurso. Nesta hipótese, é viável apontar a sentença como **objeto da ação rescisória**" (STJ-3ª T., REsp 744.271, Min. Nancy Andrighi, j. 6.6.06, DJU 19.6.06).

"O provimento, pelo acórdão rescindendo, de um dos pedidos da ação principal não é suficiente para atrair a competência desta Corte para o julgamento de outros pedidos independentes, que sequer foram conhecidos. A decisão rescindenda substitui o acórdão prolatado pelo tribunal de origem somente quando o recurso é conhecido e provido. O efeito substitutivo previsto no art. 512 do CPC não incide sobre os pedidos não conhecidos pelo acórdão rescindendo. A decisão rescindenda, no capítulo em que não conhece do recurso extraordinário, não opera o efeito substitutivo do art. 512 do CPC. A questão de mérito a ser impugnada por meio de ação rescisória não se encontra na decisão proferida por esta Corte — que é meramente processual no ponto pertinente —, mas no acórdão prolatado pelo tribunal de origem" (STF-RT 850/184: Pleno, AR 1.780-AgRg).

"Quando o STJ adentra o mérito da questão federal controvertida no recurso especial, opera-se o efeito substitutivo previsto no artigo 512 do CPC de 1973 (artigo 1.008 do NCPC), o que atrai a competência para apreciação da ação rescisória. Hipótese em que, consoante assente em julgamento proferido pela Segunda Seção, foi reconhecida a natureza meritória da última decisão proferida pelo STJ nos autos originários. Na ocasião, o referido órgão julgador considerou que a circunstância de o recurso especial não ter sido conhecido não descaracteriza sua natureza de decisão de mérito, uma vez detidamente examinada a controvérsia e indeferida a pretensão da recorrente" (STJ-4ª T., REsp 1.611.431-EDcl-AgInt, Min. Luis Felipe, j. 28.11.17, DJ 1.12.17).

V. tb. art. 968 § 5º, especialmente nota 13.

Art. 966: 4a. Alegada por duas vezes a impenhorabilidade do bem de família constrito em sede de execução e afastada em ambas as oportunidades tal alegação, futura ação rescisória deve dirigir-se **contra o primeiro pronunciamento** acerca do tema e não contra o segundo, que apenas reitera os termos daquele (STJ-3ª T., REsp 628.464, Min. Nancy Andrighi, j. 5.10.06, DJU 27.11.06).

Art. 966: 4b. v. art. 502.

A **prova do trânsito em julgado** é obrigatória (RT 491/95, 492/186), mas sua falta não acarreta desde logo a carência da ação (STF-1ª T., RE 91.225-8, j. 14.8.79, DJU 31.8.79, p. 6.471), devendo o relator determinar que o autor emenda a inicial para comprová-lo (RSTJ 58/347, RJTJESP 47/277). V. art. 321.

Art. 966: 5. Súmula 514 do STF: "Admite-se ação rescisória contra sentença transitada em julgado, ainda que contra ela **não se tenham esgotado todos os recursos".** No mesmo sentido: STJ-2ª Seção, AR 4.836, Min. Nancy Andrighi, j. 25.9.13, DJ 10.12.13; STJ-2ª T., REsp 1.338.063, Min. Eliana Calmon, j. 5.12.13, DJ 25.2.14; JTA 98/93.

Assim, mesmo que a parte tenha desistido de recurso interposto no processo em que proferida a decisão rescindenda, ela pode ajuizar a ação rescisória (RT 869/342).

Art. 966: 5a. "Ação rescisória. Extinção sem julgamento de mérito. Falta de sentença transitada em julgado. Súmula 423/STF. Não cabe ação rescisória contra sentença contrária à Fazenda Pública não confirmada pelo Tribunal, por falta do requisito do trânsito em julgado. Na hipótese, correta a ciência ao Presidente do Tribunal de origem para avocação do feito, conforme disposto no art. 475, § 1º, do CPC/1973, reproduzido no art. 496, § 1º, do CPC/2015" (STJ-2ª T., REsp 1.677.671, Min. Og Fernandes, j. 19.9.17, DJ 25.9.17).

V. tb. art. 496, nota 4.

Art. 966: 6. Admite-se rescisória de sentença em ação de alimentos (STJ-4ª T., REsp 12.047, Min. Athos Carneiro, j. 18.2.92, DJU 9.3.92; RJTJESP 43/288, 60/280). **Contra,** entendendo que, como as decisões sobre alimentos não transitam em julgado, contra elas não cabe rescisória: JTJ 176/248.

As sentenças em ação de usucapião podem ser desconstituídas, em razão da falta ou nulidade de citação, por meio de ação anulatória (v. arts. 239, nota 3b, e 506, nota 1c). Também se tem admitido, no caso, ação rescisória.

Art. 966: 6a. Há um acórdão entendendo que não cabe rescisória sob fundamento de **falta ou nulidade de citação,** porque essa é matéria que deve ser deduzida em oposição à execução (JTA 118/402).

Com a devida vênia, a previsão de impugnação (art. 525 § 1º-I) para o ataque à sentença proferida sem a regular citação do réu não impede que ele lance mão de outros mecanismos contra esse julgado. É o caso da ação rescisória (art. 966), da ação anulatória e até do mandado de segurança (LMS 5º, nota 13). A única ponderação a ser feita é a seguinte: enfrentada a questão na via escolhida, fecham-se as demais vias.

V. tb. arts. 239, nota 3b (cabimento de ação rescisória ou ação anulatória), 525, nota 10a (impossibilidade de veiculação em outra ação da matéria rechaçada em sede de embargos à execução), e 967, nota 5 (ação rescisória ajuizada por litisconsorte necessário não citado).

Art. 966: 6b. Falha na indicação do inciso que serve de fundamento para a ação rescisória. "Os brocardos jurídicos *jura novit curia* e *da mihi factum, dabo tibi jus* são aplicáveis às ações rescisórias. Ao autor cumpre precisar os fatos que autorizam a concessão da providência jurídica reclamada, incumbindo ao juiz conferir-lhes o adequado enquadramento legal. Se o postulante, embora fazendo menção aos incisos III e VI do art. 485, CPC, deduz como *causae petendi* circunstâncias fáticas que encontram correspondência normativa na disciplina dos incisos V e IX, nada obsta que o julgador, atribuindo correta qualificação jurídica às razões expostas na inicial, acolha a pretensão rescisória. O que não se admite é o decreto de procedência estribado em fundamentos distintos dos alinhados na peça vestibular" (RSTJ 48/136: 4ª T., REsp 7.958).

"O pedido de rescisão está devidamente fundamentado, e não obstante o enquadramento da ação ter ocorrido com fundamento no inciso V do art. 485 do CPC, quando se alega também a ocorrência de erro de fato, tal ocorrência não prejudica o conhecimento da rescisória" (STJ-3ª Seção, AR 3.565, Min. Felix Fischer, j. 27.2.08, DJU 30.6.08).

Também superando a falha indicação do inciso que serve de fundamento para a ação rescisória: STJ-1ª Seção, AR 4.446, Min. Eliana Calmon, j. 25.8.10, DJ 10.9.10; RT 605/178.

Art. 966: 7. v. CP 319.

Art. 966: 8. v. CP 316.

Art. 966: 9. v. CP 317 e 333.

Art. 966: 10. v. arts. 144 e 147.

Art. 966: 11. não por juiz suspeito.

Art. 966: 12. Por identidade de razões, procede a rescisória contra sentença que se baseou em perícia realizada por **perito impedido** (RJTJESP 107/334, 8 votos a 2).

Art. 966: 13. v. art. 62.

Art. 966: 13a. Para a procedência da rescisória, é **irrelevante** que a incompetência tenha sido **alegada,** ou não, **na ação principal** (RT 636/167).

V. tb. nota 25.

Art. 966: 13b. "A **prevenção** diz respeito a critério de modificação de competência, de **natureza relativa,** portanto, insuscetível de rediscussão em sede de ação rescisória" (STJ-3ª T., REsp 1.190.126-AgRg, Min. Massami Uyeda, j. 13.9.11, DJ 29.9.11).

Art. 966: 14. cf. CC 145 a 147, 149 e 150.

Art. 966: 15. O dolo a que se refere este inc. III "é o **dolo processual,** representado pela má-fé ou deslealdade com que, no processo rescindendo, a parte levou o julgador à decisão impugnada" (RTFR 157/51; citação da p. 55). No mesmo sentido: STJ-2ª Seção, AR 366, Min. Fernando Gonçalves, j. 28.11.07, DJU 17.12.07.

"Configura o dolo processual previsto no inciso III do art. 485 do CPC a violação voluntária pela parte vencedora do dever de veracidade previsto no art. 17, II, CPC, que induza o julgador a proferir decisão reconhecendo-lhe um falso direito" (STJ-2ª Seção, AR 3.785, Min. João Otávio, j. 12.2.14, DJ 10.3.14).

"O dolo a que se refere o inciso III do art. 485 do CPC ocorre quando a parte impede ou dificulta a atuação processual do adversário ou influencia o juízo do magistrado, de modo que o pronunciamento do órgão judicial teria sido diverso se inocorrentes tais vícios processuais" (RJTAMG 24/83). Neste sentido: RF 321/184, RSDCPC 81/186 (TRF-3º Reg., AR 0075322-31.2005.4.03.0000).

Mas: "Não caracteriza dolo processual, ensejador de propositura de ação rescisória, o simples fato de a parte silenciar a respeito de fatos contrários a ela, posto que tal proceder não constitui ardil do qual resulta cerceamento de defesa ou o desvio do juiz de uma sentença justa" (RT 673/67).

Art. 966: 15a. "Não é rescindível a sentença com fulcro no inc. III do art. 485 do CPC se o dolo do vencedor não foi o responsável direto ou exclusivo pela sentença, porquanto se faz necessário o **nexo de causalidade** entre aquele e esta, de tal forma que, se o vício não tivesse ocorrido, a decisão não teria sido prolatada como foi" (RT 807/341).

Art. 966: 16. "Ação rescisória. Há dolo da parte vencedora em detrimento da parte vencida na hipótese em que o **advogado** que representava a parte vencida na ação em que se pretende ver rescindida a sentença, comprovadamente, agiu em conluio com a parte vencedora, **prejudicando deliberadamente o seu cliente,** de forma a determinar o resultado desfavorável do julgamento" (STJ-3ª T., REsp 535.141, Min. Nancy Andrighi, j. 14.12.04, DJU 28.2.05).

Art. 966: 16a. cf. CC 151 a 155.

Art. 966: 16b. v. art. 142.

Art. 966: 16c. v. art. 967-III-*b*.

Art. 966: 17. s/ coisa julgada, v. arts. 502 a 506 e 508.

Art. 966: 17a. No conflito entre duas decisões antagônicas, ambas tendo produzido coisa julgada, qual delas prevalece? v. art. 505, nota 3.

Art. 966: 18. v. §§ 5º e 6º.

Art. 966: 18a. "Ação rescisória. Art. 485-V, CPC. **Declaração de inconstitucionalidade, pelo STF, de preceito legal** no qual se louvara o acórdão rescindendo. Cabível a desconstituição, pela via rescisória, de decisão que deixa de aplicar uma lei por considerá-la inconstitucional ou a aplica por tê-la de acordo com a Carta Magna" (STJ-3ª Seção, AR 976, Min. José Arnaldo, j. 22.3.00, DJU 15.5.00).

Trata-se de aplicação do princípio *Sublata causa, tollitur effectus*. Semelhantemente, v. nota 32a.

Art. 966: 19. "É incabível ação rescisória por violação de lei se, para apurar a pretensa violação, for indispensável **reexaminar matéria probatória** debatida nos autos" (STJ-1ª Seção, AR 3.731-AgRg, Min. Teori Zavascki, j. 23.5.07, DJU 4.6.07). No mesmo sentido: JTJ 358/33 (AR 991.09.046025-2).

Em consequência: "A revelia da parte-ré não a impede de propor ação rescisória, na qual, contudo, não lhe será possível pretender demonstrar serem inverídicos os fatos alegados pela parte autora da precedente ação e tomados como verdadeiros pelo juiz por força do disposto no art. 319 do estatuto processual. Inviável, em outras palavras, utilizar a rescisória como sucedâneo da contestação" (RSTJ 74/229 e STJ-RT 724/187: 4ª T., REsp 19.992). No mesmo sentido: RSTJ 128/263 (3ª T., REsp 178.321).

Art. 966: 20. **"A afronta deve ser direta** — contra a literalidade da norma jurídica — e não deduzível a partir de interpretações possíveis, restritivas ou extensivas, ou mesmo integração analógica" (STJ-2ª Seção, AR 720-EI, Min. Nancy Andrighi, j. 9.10.02, DJU 17.2.03). No mesmo sentido: RJTJERGS 286/211 (AR 70049010077).

"Para que a ação rescisória fundada no art. 485, V, do CPC prospere, é necessário que a interpretação dada pelo *decisum* rescindendo seja de tal modo aberrante que viole o dispositivo legal em sua literalidade. Se, ao contrário, o acórdão rescindendo elege uma dentre as interpretações cabíveis, ainda que não seja a melhor, a ação rescisória não merece vingar, sob pena de tornar-se recurso ordinário com prazo de interposição de dois anos" (RSTJ 93/416). No mesmo sentido: RSTJ 40/17, STJ-RT 733/154, RT 634/93.

Art. 966: 21. **Súmulas sobre interpretação controvertida de lei:**

Súmula 343 do STF: "Não cabe ação rescisória por ofensa a literal disposição de lei, quando a decisão rescindenda se tiver baseado em texto legal de **interpretação controvertida** nos tribunais".

Súmula 134 do TFR: "Não cabe ação rescisória por violação de literal disposição de lei se, ao tempo em que foi prolatada a sentença rescindenda, a **interpretação** era **controvertida** nos Tribunais, embora posteriormente se tenha fixado favoravelmente à pretensão do autor" (v. jurisprudência s/ esta Súmula em RTFR 98/222 a 280). No mesmo sentido: RTJ 91/312, 91/970, RT 525/264, JTA 55/161, 96/402.

Houve uma certa tendência no sentido de reduzir o alcance da **Súmula 343 do STF,** de maneira a não aplicá-la se a interpretação de um texto, embora controvertida, afronta, no entender da turma julgadora da rescisória, a literal disposição de lei (STJ-1ª Seção, AR 46, Min. Vicente Cernicchiaro, j. 28.11.89, DJU 18.12.89). Neste sentido, voto do Min. Eduardo Ribeiro: "Embora já tenha invocado a Súmula 343 do STF, assim como a de 134 do TFR, sempre encarei com reservas aqueles enunciados, que me parecem tentativa pouco feliz de fixar um critério objetivo para decidir quanto ao cabimento da rescisória, com fundamento no item V do art. 485 do CPC" (RSTJ 40/28). V., negando aplicação à Súmula 343 do STF, fundamentado voto do Juiz Sérgio Gischkow Pereira em JTAERGS 70/190, à p. 195.

Todavia, a Súmula 343 do STF vem sendo reafirmada no STJ: STJ-1ª Seção, AR 3.525, Min. Eliana Calmon, j. 8.10.08, três votos vencidos, DJ 4.5.09; STJ-2ª Seção, AR 5.876-AgInt, Min. Marco Buzzi, j. 24.4.19, DJ 9.5.19.

Porém, há notícia de acórdão da 1ª Seção que, a nosso ver com razão, deixou de lado a Súmula 343 do STF para avançar no julgamento da ação rescisória (STJ-1ª Seção, ED no REsp 928.302, Min. José Delgado, j. 23.4.08, DJU 19.5.08). Do voto-vista do Min. Teori Zavascki: "A existência de interpretações divergentes da norma federal, antes de inibir a intervenção do STJ (como recomenda a súmula), deve, na verdade, ser o móvel propulsor para o exercício do seu papel de uniformização. Se a divergência interpretativa é no âmbito de tribunais locais, não pode o STJ se furtar à oportunidade, propiciada pela ação rescisória, de dirimi-la, dando à norma a interpretação adequada e firmando o precedente a ser observado; se a divergência for no âmbito do próprio STJ, a ação rescisória será o oportuno instrumento para uniformização interna; e se a divergência for entre tribunal local e o STJ, o afastamento da Súmula 343 será a via para fazer prevalecer a interpretação assentada nos precedentes da Corte Superior, reafirmando, desse modo, a sua função constitucional de guardião da lei federal".

Art. 966: 22. "O **momento** a ser considerado como **de pacificação jurisprudencial,** para efeito de incidência da Súmula 343/STF, é o da publicação da decisão rescindenda, e não do seu trânsito em julgado" (STJ-3ª T., REsp 1.742.236, Min. Paulo Sanseverino, j. 19.6.18, DJ 29.6.18). No mesmo sentido: STJ-4ª T., Ag em REsp 1.024.705-AgInt, Min. Isabel Gallotti, j. 2.10.18, DJ 15.10.18.

Por isso, mesmo "a pacificação da jurisprudência desta Corte em sentido contrário e posteriormente ao acórdão rescindendo não afasta a aplicação do enunciado n. 343 da Súmula do STF" (STJ-Corte Especial, REsp 736.650, Min. Antonio Ferreira, j. 20.8.14, DJ 1.9.14). **Todavia:** "A Súmula n. 343/STF não obsta o ajuizamento de ação rescisória quando, muito embora tenha havido dissídio jurisprudencial no passado sobre o tema, a sentença rescindenda foi proferida já sob a égide de súmula do STJ que superou o mencionado dissenso e se firmou em sentido contrário ao que se decidiu na sentença primeva" (STJ-4ª T., REsp 1.163.267, Min. Luis Felipe, j. 19.9.13, DJ 10.12.13). Ainda: "Acórdão rescindendo em desacordo com a jurisprudência que já havia se firmado em sede de recurso especial repetitivo. Não se aplica o óbice estampado na Súmula 343/STF quando a divergência jurisprudencial sobre a matéria já se encontrava pacificada pelo STJ à época em que o acórdão rescindendo foi prolatado" (STJ-1ª T., Ag em REsp 373.784-AgRg, Min. Benedito Gonçalves, j. 11.2.14, DJ 18.2.14). Em sentido semelhante: STJ-3ª T., REsp 933.988, Min. Sidnei Beneti, j. 24.5.11, DJ 6.6.11 (no caso, não havia ainda súmula do STJ a respeito do assunto debatido no momento da prolação do acórdão rescindendo, mas, de acordo com o relator, dos dez acórdãos que levaram à sua ulterior edição, nove já se encontravam publicados naquela oportunidade).

Art. 966: 23. **Casos em que a Súmula 343 do STF não tem impedido a ação rescisória:**

— "Se o acórdão rescindendo foi o único a acolher a tese defendida pela recorrente, sendo-lhe contrários todos os que se lhe seguiram, não tem aplicação a Súmula n. 343 do STF" (STJ-2ª T., REsp 10.644-0, Min. Pádua Ribeiro, j. 3.5.93, DJU 17.5.93).

— "A interpretação controvertida de texto legal, perante um mesmo Tribunal, não propicia a aplicação da Súmula 343" (RTJ 113/873). "A divergência, no âmbito apenas de um tribunal, não impede a rescisória de acórdão que esposa entendimento contrário àquele pacificado no Excelso Pretório desde a época da decisão rescindenda" (RSTJ 64/218, 132/51, um voto vencido). No mesmo sentido: STF-2ª T., RE 96.057-1, Min. Cordeiro Guerra, j. 29.10.82, DJU 10.12.82; tb. RE 96.952-7, j. 1.10.82; RT 609/56, à p. 57; RJTJESP 128/412. **Contra:** RJTJESP 128/372.

Art. 966: 23a. A Súmula 343 do STF tem sido deixada de lado em matéria constitucional: "Cabe ação rescisória por ofensa à literal disposição constitucional, ainda que a decisão rescindenda tenha se baseado em interpretação controvertida ou seja anterior à orientação fixada pelo STF" (STF-Pleno, RE 328.812-EDcl, Min. Gilmar Mendes, j. 6.3.08, DJU 2.5.08).

"A Súmula n. 343 do Supremo Tribunal Federal não se aplica em matéria constitucional" (STJ-Corte Especial, ED no REsp 687.903, Min. Ari Pargendler, j. 4.11.09, maioria, DJ 19.11.09). Do voto-vista do Min. Teori Zavascki: "Questão constitucional, para esse efeito, não é apenas a que diz respeito à aplicação de preceitos normativos declarados inconstitucionais pelo STF (como entendeu o acórdão embargado), mas também a que envolve outras controvérsias submetidas à jurisdição constitucional do Poder Judiciário. Nesse sentido, há também questão constitucional quando a inconstitucionalidade tenha sido declarada diretamente pelo próprio acórdão rescindendo (REsp n. 99.425/DF, 1ª T., Min. Gomes de Barros, DJ 7.4.97), ou quando este deixa de dar aplicação a preceito normativo constitucional incidente na espécie".

"É admissível a ação rescisória, mesmo que, à época rescindenda, fosse controvertida a interpretação de texto constitucional. Inaplicável à espécie a Súmula 343, do STF, ainda mais porque o aresto rescindendo diverge do pacífico entendimento do STF sobre o tema, de índole constitucional" (STJ-Corte Especial, ED no REsp 155.654, Min. José Arnaldo, j. 16.6.99, DJU 23.8.99).

"Uma vez definida a orientação do egrégio STF sobre a interpretação de texto constitucional, é possível ajuizamento de ação rescisória contra sentença que decidiu de modo diverso" (STJ-4ª T., REsp 287.148, Min. Ruy Rosado, j. 17.5.01, DJU 1.10.01). No mesmo sentido: RTJ 101/207, 108/1.369, 114/361, 125/267; RSTJ 96/150.

"Se a decisão judicial rescindenda aplicou lei cuja inconstitucionalidade veio a ser declarada pelo STF, a ação rescisória é cabível. Nada importa a circunstância de que, na época em que se formou tal decisão, era controvertida nos tribunais a compatibilidade entre a Constituição e a Lei: a restrição contida na Súmula 343 do STF incide somente quando o dissídio pretoriano envolvia a interpretação do dispositivo legal" (STJ-1ª T., REsp 191.093, Min. Gomes de Barros, j. 8.2.00, DJU 20.3.00). "Ação rescisória. Declaração de inconstitucionalidade pelo STF, de preceito legal no qual se louvara o acórdão rescindendo. Cabível a desconstituição, pela via rescisória, de decisão com trânsito em julgado que deixa de aplicar uma lei por considerá-la inconstitucional ou a aplica por tê-la como de acordo com a Carta Magna" (STJ-3ª Seção, AR 1.365, Min. José Arnaldo, j. 9.5.01, DJU 18.6.01).

Aceitando a ação rescisória em caso no qual a decisão rescindenda considerou inconstitucional lei posteriormente declarada constitucional pelo STF: STJ-1ª T., REsp 390.287, Min. Luiz Fux, j. 2.4.02, DJU 29.4.02. No mesmo sentido, ainda que a constitucionalidade tenha sido reconhecida em controle difuso de constitucionalidade pelo STF: STJ-1ª Seção, ED no REsp 608.122, Min. Teori Zavascki, j. 9.5.07, DJU 28.5.07.

Súmula 63 do TRF-4ª Reg.: "Não é aplicável a Súmula 343 do Supremo Tribunal Federal nas ações rescisórias versando matéria constitucional".

Súmula 27 do TRF-3ª Reg.: "É inaplicável a Súmula 343 do Supremo Tribunal Federal, em ação rescisória de competência da Segunda Seção, quando implicar exclusivamente em interpretação de texto constitucional".

Todavia, aplicando a Súmula 343 do STF em matéria constitucional: "O Verbete 343 da Súmula do Supremo deve ser observado em situação jurídica na qual, inexistente controle concentrado de constitucionalidade, haja entendimentos diversos sobre o alcance da norma, mormente quando o Supremo tenha sinalizado, num primeiro passo, óptica coincidente com a revelada na decisão rescindenda" (STF-Pleno, RE 590.809, Min. Marco Aurélio, j. 22.10.14, maioria, DJ 24.11.14). Do voto do relator: "Não posso admitir, sob pena de desprezo à garantia constitucional da coisa julgada, a recusa apriorística do mencionado verbete, como se a rescisória pudesse 'conformar' os pronunciamentos dos tribunais brasileiros com a jurisprudência de último momento do Supremo, mesmo considerada a interpretação da norma constitucional. Neste processo, ainda mais não sendo o novo paradigma ato declaratório de inconstitucionalidade, assento a possibilidade de observar o Verbete 343 da Súmula se satisfeitos os pressupostos próprios".

V. arts. 525 § 12 e 535 § 5º, bem como respectivas notas.

Art. 966: 23b. "O inciso V do art. 485 do CPC alcança a **norma de natureza processual**" (RSTJ 85/246). No mesmo sentido: STJ-4ª T., REsp 11.290-0, Min. Sálvio de Figueiredo, j. 4.5.93, DJU 7.6.93 (caso de vício de citação); STJ-1ª Seção, AR 107, Min. Ilmar Galvão, j. 4.12.90, DJU 4.3.91 (caso de violação do princípio *tantum devolutum* *quantum appellatum*); RT 633/94 (caso de impropriedade de ação de execução), 635/283 (caso de falta de citação de proprietário de imóvel confinante na ação de usucapião), 678/164, maioria (caso de falta de nomeação de curador à lide), 724/408, maioria (caso em que a denunciação da lide não foi julgada), JTJ 317/495 (AR 389.599-4/5-00; caso de nulidade de citação).

"Contraria o sistema de nulidades do CPC restringir o cabimento da rescisória, fundada no item V do art. 485, à hipótese de a violação ter ocorrido na apreciação do mérito da causa. O que o Código exige é que a decisão rescindenda seja de mérito" (RTFR 164/11).

"Pode uma questão processual ser objeto de rescisão, quando consista em pressuposto de validade de sentença de mérito" (RTJ 133/131).

"A ação rescisória por violação à lei processual só tem lugar quando evidenciada a nulidade, e não meras anulabilidades" (RTJ 130/39).

"Cabe ação rescisória por infringência literal a lei se o acórdão condenou de modo diverso do pedido na inicial" (STJ-1ª Seção, AR 906, Min. João Otávio, j. 9.6.04, DJU 2.8.04).

"É possível o ajuizamento de ação rescisória para desconstituir sentença *citra petita*, com fundamento no art. 485, V, do CPC", em razão de violação aos arts. 128 e 460 do CPC (STJ-3ª Seção, AR 687, Min. Maria Thereza, j. 28.3.08, DJU 29.5.08).

Rescindindo acórdão em razão de vícios na intimação de uma das partes: STJ-RJTJERGS 275/59 (2ª Seção, AR 3.502).

Reconhecendo violação de literal disposição de lei em caso no qual o acórdão rescindendo conheceu de recurso interposto fora de prazo: RT 613/131. **Contra,** no sentido de que o autor carece de ação rescisória para a desconstituição de acórdão que havia conhecido de recurso intempestivo: JTA 87/347. S/ o cabimento de rescisória contra acórdão que não conhece de recurso, v. nota 41.

Art. 966: 23c. É cabível ação rescisória fundada em manifesta violação, p. ex., a decreto federal, lei estadual ou lei municipal. Nesse sentido: RSTJ 104/183; JTJ 346/639 (EI 631.929-5/6-01).

"Enseja a rescisória, com base no art. 485, V, do CPC a violação de dispositivo constante de **regimento interno,** editado no exercício da competência privativa dos tribunais deferida pelo art. 96, I, *a*, da Constituição" (RSTJ 140/235, um voto vencido).

Art. 966: 24. Quando a **decisão rescindenda tem dois fundamentos,** a rescisória só poderá vingar se for procedente em relação a ambos (STJ-2ª Seção, AR 75, Min. Barros Monteiro, j. 27.9.89, DJU 20.11.89; RTJ 83/674, RJTJESP 43/272, JTA 112/301).

Art. 966: 25. É indiferente que a lei tenha sido invocada ou não no processo principal, porque nem por isso terá deixado de ser violada: o **requisito do prequestionamento não se aplica à rescisória** (RTJ 97/699-Pleno, 116/451-Pleno, 116/870-Pleno, 124/1.101; STF-Pleno: RT 550/207, 627/117; STJ-2ª Seção, AR 3.234, Min. Luis Felipe, j. 27.11.13, DJ 14.2.14; STJ-5ª T., REsp 468.229, Min. Felix Fischer, j. 8.6.04, DJU 28.6.04; STJ-2ª T., REsp 797.127, Min. Castro Meira, j. 25.11.08, DJ 18.12.08; 2º TASP-Pleno: Bol. AASP 1.558/255, v.u.). **Contra:** RTJ 84/365 (jurisprudência superada no STF); STJ-3ª Seção, AR 3.570, Min. Sebastião Reis Jr., j. 14.5.14, DJ 28.5.14; STJ-3ª T., REsp 1.128.929, Min. Nancy Andrighi, j. 21.9.10, DJ 6.10.10; RSTJ 27/263, não fundamentado, RT 476/162, JTA 34/115, 104/200.

Todavia, "o tema do prequestionamento poderá influir, sim, na fixação da competência (v. Súmulas 249 e 515)" (cit. RTJ 116/451).

V. tb. nota 13a.

Art. 966: 25a. Indicação da disposição de lei violada. "Se a petição inicial indica os fatos e os fundamentos jurídicos do pedido não necessita indicar o artigo de lei violado" (RT 808/458). No mesmo sentido, porque o dispositivo violado pela decisão rescindenda era notoriamente conhecido: JTJ 158/271.

Admitindo ação rescisória que indicara equivocadamente as disposições de lei violadas: "Erro no enquadramento legal dos fatos que servem de fundamento ao pedido (...) Ausência de incompatibilidade entre a ação rescisória e o princípio *jura novit curia*. Caso em que a própria narração dos fatos aponta, de modo iniludível, o dispositivo legal violado" (STJ-2ª T., REsp 7.154, Min. Ilmar Galvão, j. 8.5.91, DJU 3.6.91).

Todavia: "Os brocardos *jura novit curia* e *da mihi factum, dabo tibi jus*, aplicáveis às rescisórias, não impõem ao juiz que confira correto enquadramento legal e emita pronunciamento decisório acerca de todas as circunstâncias fáticas narradas na inicial, mas apenas acerca daquelas invocadas como *causa petendi*" (RSTJ 74/229). Do voto do relator: "A aplicação dos aludidos aforismos só tem lugar quando, eleita uma circunstância fática como *causa petendi*, o autor deixa de subsumi-la expressamente aos ditames legais pertinentes ou, ao fazê-lo, se equivoca. Não porém, como *in casu*, quando simplesmente narra um fato sem estabelecer qualquer nexo de causalidade ou inter-relação com o pedido".

"A indicação que se dispensa é a do art. 485, V; pouco importa que o autor, na inicial, deixe de mencioná-lo, ou que, por engano, mencione texto diverso. Precisa ele, ao contrário, indicar a norma (ou as normas) que, a seu ver, a sentença rescindenda violou, como elemento(s) que é (ou são) da sua causa de pedir" (RSTJ 47/181; a citação é do voto do relator, reproduzindo lições de Barbosa Moreira).

"A indicação do dispositivo de lei violado é ônus do requerente, haja vista constituir a causa de pedir da ação rescisória, vinculando, assim, o exercício da jurisdição pelo órgão competente para sua apreciação. Não é possível ao tribunal, a pretexto da iniciativa do autor, reexaminar toda a decisão rescindenda, para verificar se nela haveria outras violações à lei não alegadas pelo demandante, mesmo que se trate de questão de ordem pública" (STJ-3ª T., REsp 1.663.326, Min. Nancy Andrighi, j. 11.2.20, DJ 13.2.20).

"Se a ação rescisória é ajuizada com fundamento em violação de literal disposição de lei, não cabe ao julgador acolher o pedido e afastar a autoridade da coisa julgada ao argumento de que violada disposição diversa daquela que alegada pelo autor" (RSTJ 181/231).

Art. 966: 26. Considerando incabível rescisória de sentença proferida "contra o **costume, a analogia, os princípios gerais de direito e a jurisprudência**" (JTA 98/228). No mesmo sentido, quanto ao princípio geral de direito: STJ-1ª T., REsp 174.383, Min. Gomes de Barros, j. 11.5.99, DJU 14.6.99.

Contra: "A interpretação do art. 485, inciso V, do CPC deve ser ampla e abarca a analogia, os costumes e os princípios gerais de direito" (RSTJ 135/49). Ainda: "A ação rescisória, diante de objetivas circunstâncias da ordem social e econômica, liberta a interpretação construtiva da norma legal na aplicação dinâmica do direito, não se constituindo como instrumento restrito só ao exame de literal violação à disposição de lei, escravizando a ordem jurídica ao formalismo impiedoso ou tecnicista" (RSTJ 45/129).

V. tb. nota 20.

Art. 966: 27. A **lei superveniente** não abre ensejo à rescisória, pela razão muito simples de que não poderia ter sido violada pela sentença (RJTJESP 110/394; JTJ 356/640: AR 994.09.235715-9).

Art. 966: 28. **Súmula** não é norma jurídica. A mera alegação de sua violação, sem que se indique qualquer ofensa a lei, não autoriza ação rescisória. Nesse sentido: RTJ 107/19, 116/24, 117/41, 123/10, RSTJ 84/31, RT 597/133, RJTJERGS 148/198.

Art. 966: 28a. "A questão relacionada à **prescrição,** embora fosse possível, **não** foi **tratada,** de ofício, pelo juiz, tampouco foi suscitada, como seria de rigor, pela parte a que beneficiaria com o seu reconhecimento, caso fosse de seu interesse, não havendo, assim, nenhuma deliberação sobre a matéria **no bojo da ação rescindenda.** De todo inconcebível, assim, o manejo de ação rescisória, sob a tese de violação literal de lei, se a questão — a qual o preceito legal apontado na ação rescisória deveria supostamente regular — não foi objeto de nenhuma deliberação na ação originária" (STJ-3ª T., REsp 1.749.812, Min. Marco Bellizze, j. 17.9.19, DJ 19.9.19).

Art. 966: 29. "Se a violação de literal disposição de lei pelo acórdão decorre de **omissão ardilosa de uma das partes,** não pode esta, depois, pela via da ação rescisória, alegar a nulidade a seu favor" (RT 625/125).

Art. 966: 30. Para que a rescisória proceda, é necessário que, sem a prova falsa, **não pudesse subsistir a sentença** (RTJ 82/333, RSTJ 106/153, RT 502/161, RF 247/161; RJM 192/188: AR 1.0000.00.335284-6/000).

É viável ação rescisória fundada em prova falsa ajuizada por quem foi **revel** no processo anterior (STJ-3ª T., REsp 723.083, Min. Nancy Andrighi, j. 9.8.07, DJU 27.8.07).

Art. 966: 31. "O **laudo técnico** incorreto, incompleto ou inadequado que tenha servido de base para a decisão rescindenda, embora não se inclua perfeitamente no conceito de 'prova falsa' a que se refere o art. 485, inciso VI, do CPC, pode ser impugnado ou refutado na ação rescisória, por falsidade ideológica" (STJ-RJTJERGS 215/39). No mesmo sentido: STJ-1ª Seção, AR 1.291, Min. Luiz Fux, j. 23.4.08, DJU 2.6.08 (caso em que a área objeto da perícia não correspondia à área objeto da demanda).

"A eventual falsidade das premissas adotadas pelo perito implica falsidade do próprio laudo, sobretudo se ficar comprovado que seus cálculos foram realizados com base em área de fato inexistente ou, ao menos, jamais inundada. Considerando que, na presente ação, é da recorrente o ônus da prova relativo à falsidade do laudo que embasou a sentença rescindenda, não lhe pode ser tolhido o direito de produzir essa prova. Ao indeferir a produção de provas destinadas a demonstrar a real situação da área supostamente inundada, o Tribunal de origem acaba por tolher o direito da recorrente ao devido processo legal e à ampla defesa, ofendendo o quanto disposto no art. 485, VI, do CPC, que admite seja a falsidade da prova apurada na própria ação rescisória" (STJ-3ª T., REsp 1.290.177, Min. Nancy Andrighi, j. 27.11.12, DJ 18.12.12).

Art. 966: 31a. Rescindindo sentença fundada em depoimentos testemunhais indicativos da paternidade, mas que ulteriormente revelaram-se como "prova falsa", em razão de **superveniente exame de DNA:** RBDF 22/66.

V. tb. nota 33.

Art. 966: 31b. "O Código de Processo Civil de 2015, com o nítido propósito de alargar o espectro de abrangência do cabimento da ação rescisória, passou a prever, no inciso VII do artigo 966, a possibilidade de desconstituição do julgado pela obtenção de 'prova nova' em substituição à expressão 'documento novo' disposta no mesmo inciso do artigo 485 do código revogado. No novo ordenamento jurídico processual, **qualquer modalidade de prova, inclusive a testemunhal,** é apta a amparar o pedido de desconstituição do julgado rescindendo" (STJ-3ª T., REsp 1.770.123, Min. Ricardo Cueva, j. 26.3.19, DJ 2.4.19).

Art. 966: 32. "Para os efeitos do inciso VII do art. 485 do C.P.C., por documento novo não se deve entender aquele que, só posteriormente à sentença, veio a formar-se, mas o **documento já constituído cuja existência o autor da ação rescisória ignorava ou do qual não pôde fazer uso,** no curso do processo de que resultou o aresto rescindendo" (STF-Pleno, AR 1.063, Min. Néri da Silveira, j. 28.4.94, maioria, RTJ 158/774). Ou seja, "é aquele que já existia ao tempo da prolação do julgado rescindendo, mas que não foi apresentado em juízo por não ter o autor da rescisória conhecimento da existência do documento ao tempo do processo primitivo ou por não lhe ter sido possível juntá-lo aos autos em virtude de motivo estranho a sua vontade" (STJ-3ª Seção, AR 3.450, Min. Hamilton Carvalhido, j. 12.12.07, DJU 25.3.08). No mesmo sentido: STJ-3ª T., REsp 743.011, Min. Gomes de Barros, j. 14.2.08, DJU 5.3.08; STJ-RT 652/159, RT 675/151.

"O adjetivo 'novo' expressa o fato de só agora ser ele utilizado, não a ocasião em que veio a formar-se. Ao contrário: em princípio, para admitir-se a rescisória, é preciso que o documento já existisse ao tempo do processo em que se proferiu a sentença" (STJ-1ª T., REsp 240.949, Min. José Delgado, j. 15.2.00, DJU 13.3.00; a citação é de Barbosa Moreira, contida no voto do relator). No mesmo sentido: STJ-3ª Seção, AR 3.380, Min. Arnaldo Esteves, j. 27.5.09, maioria, DJ 22.6.09; JTJ 327/623 (AR 1.103.231-0/5).

"O documento novo é aquele que ao tempo do julgamento já existia, mas dele o autor não tinha conhecimento, não valendo para desqualificá-lo o fato de ter sido produzido após a sentença, desde que antes do julgamento da apelação" (STJ-3ª T., REsp 255.077, Min. Menezes Direito, j. 16.3.04, DJU 3.5.04).

"Não pode ser considerado documento novo aquele **produzido após o trânsito em julgado** do acórdão rescindendo" (STJ-3ª T., AI 569.546-AgRg, Min. Pádua Ribeiro, j. 24.8.04, DJU 11.10.04). No mesmo sentido: JTJ 157/267 (com farta jurisprudência).

A impossibilidade de uso da prova há de ser estranha à vontade da parte e não oriunda da sua desídia, o que deve ser aferido à luz da situação fático-jurídica em que ela se encontrava (STJ-RT 773/188). No mesmo sentido: RT 674/149, RJTJESP 97/416, JTA 100/206, Lex-JTA 147/413.

Assim, não se aceita em ação rescisória fundada no inciso VII documento que já constava de registro público (RTJ 125/439, v. p. 452; RSTJ 26/504), como, p. ex., o extraído dos autos de uma ação anterior (STJ-4ª T., REsp 3.684, Min. Athos Carneiro, j. 10.3.92, DJU 6.4.92).

Em síntese: "O documento novo apto a dar ensejo à rescisão, segundo doutrina e jurisprudência dominante, é aquele: a) existente à época da decisão rescindenda; b) ignorado pela parte ou que dele ela não poderia fazer uso; c) por si só apto a assegurar pronunciamento favorável; d) guarde relação com fato alegado no curso da demanda em que se originou a coisa julgada que se quer desconstituir" (STJ-3ª T., REsp 1.293.837, Min. Paulo Sanseverino, j. 2.4.13, DJ 6.5.13).

Art. 966: 32a. "A **absolvição no juízo criminal,** por reconhecimento de motivo excludente de antijuridicidade (legítima defesa), ainda que passada em julgado após a prolação do acórdão proferido na ação rescisória, mas antes da apreciação dos declaratórios, é de ser tida como causa superveniente extintiva da obrigação" (STJ-4ª T., REsp 51.811-3, Min. Barros Monteiro, j. 3.11.98, DJU 14.12.98).

No mesmo sentido, equiparando a documento novo a sentença posterior que altera a situação jurídica, porque *sublata causa, tollitur effectus*: STJ-RP 114/257 (4ª T.), JTA 94/361, JTAERGS 92/363.

Todavia, "não se justifica a rescisão da sentença proferida na ação de indenização por ato ilícito se a posterior absolvição no juízo criminal fundamentou-se na **insuficiência de provas**" (STJ-2ª T., REsp 662.092, Min. Franciulli Netto, j. 15.2.05, DJU 2.5.05). Do mesmo modo: "A ocorrência de **decisões contraditórias no cível e no juízo criminal** não induz necessariamente a uma ação rescisória, se nenhum dos incisos do art. 485 do CPC se subsumem à espécie" (STJ-3ª T., AI 93.815-AgRg, Min. Waldemar Zveiter, j. 11.3.96, DJU 17.6.96).

Semelhantemente: nota 18a. Cf. art. 493, nota 7, e art. 525, nota 21.

Art. 966: 32b. "Para fins do art. 485, VII, do CPC, deve ser considerado documento novo **decisão judicial pretérita,** até então desconhecida da parte, que influi diretamente no valor de bem imóvel que foi adotado como base de cálculo em perícia levada a efeito em processo de liquidação" (STJ-4ª T., REsp 476.680, Min. Antonio Ferreira, j. 18.12.12, maioria, DJ 2.8.13).

Art. 966: 32c. "Microfilmes de cheques nominais emitidos por empresa de consórcio configuram documentos novos, nos termos do art. 485, VII, do CPC, aptos a respaldar o pedido rescisório por comprovarem que a restituição das parcelas pagas pelo consorciado desistente já havia ocorrido antes do julgamento do processo originário" (STJ-2ª Seção, REsp 1.114.605, Min. Paulo Sanseverino, j. 12.6.13, DJ 17.6.13).

Art. 966: 33. "O **laudo do exame de DNA,** mesmo posterior ao exercício da ação de investigação de paternidade, considera-se 'documento novo' para aparelhar ação rescisória. É que tal exame revela prova já existente, mas desconhecida até então. A prova do parentesco existe no interior da célula. Sua obtenção é que apenas se tornou possível quando a evolução científica concebeu o exame intracitológico" (STJ-RF 378/273: 2ª Seção, REsp 300.084). No mesmo sentido: RT 845/397, 859/225, RF 383/392, maioria.

V. tb. nota 31a.

Art. 966: 34. "Documentos novos. Necessário que a **inicial da rescisória** explicite por que seriam capazes, por si, de assegurar pronunciamento favorável, esclarecendo, outrossim, o que teria impedido a parte de apresentá-los na instrução do processo em que proferida a sentença rescindenda" (STJ-2ª Seção, AR 05, Min. Eduardo Ribeiro, j. 29.11.89, DJU 5.2.90; *apud* Bol. AASP 1.628/59, em. 01).

Art. 966: 34a. "Na ação rescisória fundada no art. 485, VII, do CPC, os **juros** apenas são devidos a partir da citação para esta demanda" (STJ-3ª Seção, AR 1.373-EDcl, Min. Fernando Gonçalves, j. 18.2.02, DJU 4.3.02).

Art. 966: 34b. v. § 1º.

Art. 966: 35. **Não cabe** rescisória para corrigir **erro material** de decisão, porque o erro não transita em julgado (STJ-1ª Seção, AR 3.516, Min. Teori Zavascki, j. 27.5.09, DJ 29.6.09; no caso, o revisor ponderou que, malgrado o descabimento da ação rescisória, o erro material poderia ser corrigido naquela oportunidade; STJ-Bol. AASP 1.657/226; RT 727/156).

Art. 966: 35a. **Requisitos para a rescisão do julgado com fundamento em erro de fato:** "i) que o erro de fato seja relevante para o julgamento da questão, ou seja, que sem ele a conclusão do julgamento necessariamente houvesse de ser diferente; ii) que seja apurável mediante simples exame das provas já constantes dos autos da ação matriz, sendo inadmissível a produção, na rescisória, de novas provas para demonstrá-lo; e iii) que não tenha havido controvérsia nem pronunciamento judicial sobre o fato" (STJ-2ª Seção, AR 1.421, Min. Massami Uyeda, j. 26.5.10, um voto vencido, DJ 8.10.10). Em sentido semelhante: JTJ 371/26 (AR 147817-30.2007.8.26.0000).

Art. 966: 36. **"Não cabe ação rescisória para 'melhor exame da prova dos autos'"** (STJ-1ª Seção, AR 3.731-AgRg, Min. Teori Zavascki, j. 23.5.07, DJU 4.6.07).

Se o juiz, "errando na apreciação da prova, disse que decidia como decidiu porque o fato ocorrera (apesar de provada nos autos a não ocorrência), ou porque o fato não ocorrera (apesar de provada a ocorrência), não se configura o caso do inciso IX. A sentença, conquanto injusta, não será rescindível" (Bol. AASP 1.600/197, citando Barbosa Moreira).

"O erro autorizador da rescisória é aquele decorrente da desatenção ou omissão do julgador quanto à prova, não, pois, o decorrente do acerto ou desacerto do julgado em decorrência da apreciação dela" (Bol. AASP 1.678/supl., p. 6, com farta jurisprudência). No mesmo sentido: RF 331/300.

V. nota 19.

Art. 966: 36a. "O erro de fato que dá margem à rescisória é aquele que, observados os requisitos do inciso IX do art. 485, CPC, **serve de fundamento a sentença rescindível,** que teria chegado a conclusão diversa não fora ele" (RTJ 136/55).

É preciso que o erro de fato tenha sido "capaz, por si só, de (...) assegurar pronunciamento favorável" à parte contrária (v. inciso VII; neste sentido: STJ-RT 681/199), de sorte a ser "razoável presumir que o juiz não teria julgado como o fez se tivesse atentado para a prova" (STF-Pleno, AR 991-6, Min. Cunha Peixoto, j. 5.9.79, DJU 21.3.80). No mesmo sentido: STJ-RT 681/199, RTJ 128/1.028, RT 654/137 (julgando procedente a rescisória), Bol. AASP 1.468/27.

Art. 966: 37. "Não constitui erro de fato, a autorizar o cabimento da ação rescisória, a existência de irregularidade na representação processual por ausência de procuração ao advogado, porquanto a hipótese prevista no art. 485, inc. IX, do Código de Processo Civil não se refere aos **vícios de atividade (*error in procedendo*),** mas aos vícios do juízo (*error in judicando*), isto é, aos erros fundados na apreciação da prova necessária à demonstração do direito material" (STJ-2ª Seção, AR 4.700-AgRg-EDcl, Min. Luis Felipe, j. 26.3.14, DJ 1.4.14). V., todavia, nota 38.

Art. 966: 37a. "Para que o erro de fato dê causa à rescindibilidade do julgado é necessário que 'o erro seja apurável mediante o simples exame dos documentos e mais peças dos autos, **não se admitindo** de modo algum, **na rescisória, a produção de quaisquer outras provas** tendentes a demonstrar que não existia o fato admitido pelo juiz, ou que ocorrera o fato por ele considerado inexistente' (Barbosa Moreira, Comentários ao Código de Processo Civil, Forense, 7ª Edição, volume V, n. 86, p. 147/148)" (STJ-3ª Seção, AR 2.810, Min. Laurita Vaz, j. 12.12.07, DJU 1.2.08).

"O erro de fato, suscetível de fundamentar a rescisória, é precisamente o averiguável mediante o exame das provas já existentes no processo, não aquele cuja correção requeira a produção de novas provas no juízo rescisório" (RTJ 132/1.119; a citação é do voto do Min. Gallotti).

"... O erro de fato deve ser aferível, na ação rescisória, do exame dos elementos constantes dos autos do processo cuja causa foi decidida pelo aresto rescindendo" (RTJ 147/89, um voto vencido).

Art. 966: 38. **De acordo com a jurisprudência, há erro de fato:**

— se o tribunal, por informação errônea do cartório, não conheceu de agravo de instrumento (RJTJESP 33/187);

— "a autorizar a procedência do pedido rescisório, qual seja, o equívoco perpetrado tanto pelo Tribunal de origem quanto pelo *decisum* rescindendo com relação à data real do trânsito em julgado da sentença exequenda, para fins de aplicação do disposto no art. 741, parágrafo único, do Código de Processo Civil. Outrossim, não houve controvérsia entre as partes sobre o dia em que realmente operou-se o trânsito em julgado, nem pronunciamento judicial acerca da data efetiva" (STJ-3ª Seção, AR 4.876, Min. Maria Thereza, j. 12.3.14, maioria, DJ 24.3.14);

— em acórdão que decretou a falência do devedor, apesar de desistência do pedido pelo credor (RJTJESP 64/253, maioria);

— se o fato ficou evidentíssimo nos autos e foi negado pela decisão rescindenda (RF 293/246);

— se "o Tribunal afirmou que não existia um fato (regra contratual) quando, pelo contrato, a existência da cláusula era inegável" (RP 150/250);

— se o acórdão rescindendo afirmou inexistir prova material, "quando esta se encontra efetivamente acostada à peça inicial da ação originária e não foi considerada" (STJ-RT 816/163: 3ª Seção);

— se a sentença, "ao considerar verdadeiro documento que foi expedido, não examinar prova depositada nos autos reveladora do contrário, isto é, da falsidade nele contida. A relevância da prova não examinada presume que, se o juiz a tivesse considerado, outro teria sido o seu julgamento" (TRF-5ª Reg.-RF 321/167);

— se o tribunal de origem, além de "não ter percebido que a perícia produzida não era capaz de conduzir ao montante buscado com a propositura da ação, haja vista estar flagrantemente viciada, também não observou que já se encontravam presentes, nos próprios autos, documentos que poderiam fornecer os elementos capazes de liquidar o montante realmente devido" (STJ-3ª T., REsp 1.812.083, Min. Ricardo Cueva, j. 15.12.20, DJ 18.12.20);

— se a decisão rescindenda dá como conclusivo laudo pericial inconclusivo (RT 614/99);

— se o acórdão rescindendo considera que a sentença penal absolvera o acusado em razão da "inexistência de autoria, quando na realidade a absolvição deu-se por ausência de provas" (STJ-6ª T., REsp 879.734, Min. Maria Thereza, j. 5.10.10, DJ 18.10.10);

— quando se aplica para o servidor público lei que entrou em vigor depois da sua aposentadoria (STJ-1ª Seção, AR 3.458, Min. Eliana Calmon, j. 13.2.08, DJU 3.3.08);

— quando a decisão rescindenda ignora "o padrão monetário vigente" à época dos fatos [RSDCPC 69/149: TRF-2ª Reg., AR 2007.02.01.012109-4; no caso, trocou-se Cruzeiro Real (CR$) por Real (R$)].

Art. 966: 38a. "'Preexclui o Código a possibilidade de rescindir sentença em cuja fundamentação se depare a expressa (e errônea) consideração do fato como existente ou como inexistente. Deve tratar-se, pois, de uma **questão não resolvida pelo juiz** — ou, consoante às vezes se diz com fórmula criticável, de uma questão apenas implicitamente resolvida. Havia nos autos elementos bastantes para convencer o juiz de que o fato ocorreu; apesar disso, revela o teor do *decisum* que não se levou em conta a respectiva existência, sem que na motivação tenha ela sido negada. Ou, inversamente: havia nos autos elementos bastantes para demonstrar que o fato não ocorrera; no entanto, a maneira como julgou evidencia que o magistrado não o reputou inexistente, embora silenciando, aqui também, na motivação' (Barbosa Moreira. Comentários ao Código de Processo Civil. Volume V. Rio de Janeiro, Forense, 2003, p. 148/152)" (STJ-1ª T., REsp 804.624, Min. Luiz Fux, j. 13.2.07, DJU 12.3.07). No mesmo sentido: STJ-2ª Seção, AR 1.421, Min. Massami Uyeda, j. 26.5.10, um voto vencido, DJ 8.10.10.

"Não é rescindível a sentença em que o juiz, ainda quando errando na apreciação da prova, declarou expressamente que decidia como o fez porque determinado fato ocorrera" (RTJ 98/972). No mesmo sentido: RSTJ 3/682, à p. 684, RT 627/83, 632/123, à p. 126. V. tb. nota 19.

Mais rigoroso: "Se o tema foi **discutido** no processo cujo acórdão se quer rescindir, não há erro de fato, nada importando que o julgado tenha se omitido a respeito" (RSTJ 146/247).

Todavia: "Admitido sem controvérsia fato que os autos evidenciam inexistente, ou julgado inexistente fato que evidentemente existiu, cabe a rescisória fundada no inciso IX, embora constando esse enunciado da sentença, pois tal pronunciamento é indispensável para o reconhecimento da existência do erro como um fato do processo, e não como simples estado da consciência do juiz. O que a lei considera imprescindível é que não tenha havido pronunciamento judicial a respeito da controvérsia sobre ponto relevante para a solução da causa" (RSTJ 84/259: 4ª T., REsp 57.501).

Art. 966: 39. "A sentença, que decreta o despejo para reparos urgentes, sem base em documento público, admite como existente algo inexistente e é rescindível por erro de fato; matéria não apreciada em ato judicial, admite a rescisão" (JTAERGS 70/187).

Art. 966: 39a. No sentido de que é passível de rescisão acórdão apoiado em matéria de **legitimidade de parte** (STJ-2ª Seção, AR 336, Min. Aldir Passarinho Jr., j. 24.8.05, três votos vencidos, DJU 24.4.06). No caso, não se estava diante de matéria de mérito indevidamente rotulada como legitimidade *ad causam*, mas de pronunciamento efetivamente vinculado às condições da ação. Consignou o Min. Barros Monteiro em seu voto preliminar: "O tema alusivo à legitimidade da parte encontra-se imbricado com o mérito do litígio, a tal ponto que, se se considerar que não houve abordagem do *meritum causae*, a parte vencida não terá como arguir, em ação rescisória, esse ponto concernente à admissibilidade da ação declaratória". Também em voto preliminar, o Min. Gomes de Barros expôs o seguinte raciocínio: "É possível reabrir a questão resolvida pelo acórdão? Se não é possível a reabertura, cabe a rescisória. Possível a reabertura não há coisa julgada material e a rescisória não cabe". No sentido da rescindibilidade de sentença apoiada na ilegitimidade ativa: JTAERGS 70/190. Esse entendimento se afina com a indiscutível imutabilidade de sentenças apoiadas em carência de ação. S/ o tema, v. tb. art. 486, nota 1.

Art. 966: 40. Cabe ação rescisória contra decisão que **extingue o processo pela ocorrência de coisa julgada** porque, embora não se trate de sentença de mérito, impede que seja novamente ajuizada a demanda (STJ-1ª T., REsp 395.139, Min. José Delgado, j. 7.5.02, DJU 10.6.02; o acórdão rescindendo havia confirmado sentença que decretara extinto o processo sob alegação de coisa julgada, mas esta não havia ocorrido).

Art. 966: 41. **Admitindo a rescisória contra acórdão que indevidamente rotulou como intempestivo recurso tempestivo:** "Comprovada a tempestividade do recurso por certidão, cujo conteúdo foi admitido pelo réu, caracteriza-se o erro de fato, autorizando a rescisão do julgado" (RSTJ 14/25: 1ª Seção). Também admitindo a ação rescisória "quando não conhecido o recurso por intempestividade, para corrigir erro e dar margem ao reexame da decisão de mérito": STJ-3ª T., REsp 122.413, Min. Menezes Direito, j. 20.6.00, dois votos vencidos, DJU 9.10.00. No mesmo sentido: STJ-RF 376/275: 1ª T., REsp 562.334, dois votos vencidos; RT 604/175, RJTJESP 33/187, RJTAMG 22/4.

Admitindo a rescisória contra acórdão que indevidamente rotulou como deserto recurso devidamente preparado: "Precedentes da Corte considerando admissível a rescisória quando não conhecido o recurso por intempestividade, autorizam o mesmo entendimento em caso de não conhecimento da apelação por deserção" (STJ-3ª T., REsp 636.251, Min. Menezes Direito, j. 3.2.05, DJU 11.4.05).

Art. 966: 42. "Descabe colar à ação rescisória conceito linear de indivisibilidade. Contando o acórdão rescindendo, sob o ângulo subjetivo, com **capítulos distintos,** possível é o ajuizamento limitado, desde que não se tenha o envolvimento, no processo que desaguou na decisão, de litisconsórcio necessário" (STF-Pleno, AR 1.699-AgRg, Min. Marco Aurélio, j. 23.6.05, DJU 9.9.05).

Art. 966: 43. s/ transação, v. Índice, bem como o art. 487-III-*b* (sentença homologatória de transação). V. tb. CC 840 a 850.

Art. 966: 44. Os vícios existentes na transação devem ser discutidos em ação anulatória, e não em impugnação à execução fundada na sentença homologatória (v. art. 525, nota 6).

S/ ação popular e desconstituição de acordo homologado judicialmente, v. LAP 1º, nota 1f.

Art. 966: 45. "A **anulação de transação com base em vício de vontade** pode ser postulada no mesmo processo e **mediante apelação** contra a sentença homologatória. Atenta contra o princípio da economia processual exigir que a parte ingresse com outra ação, onde será movimentada novamente a máquina judiciária, com os custos que isso implica, inclusive para a sociedade, quando a sentença homologatória foi atacada tempestivamente por recurso e por isso mesmo ainda não transitou em julgado" (RSTJ 139/286).

V. tb. art. 657, nota 2.

Art. 966: 46. Para sentenças meramente homologatórias, v., no índice, Homologação.

S/ ação anulatória e: competência, v. art. 61, nota 2; citação, v. art. 239, notas 3 e segs.

Art. 966: 47. "Não cabe a ação do art. 486 do CPC para anular a sentença **homologatória do auto de demarcação"** (STJ-3ª T., REsp 776.242, Min. Menezes Direito, j. 7.12.06, DJU 26.2.07).

Art. 966: 47a. "A decisão que **homologa a renúncia ao direito em que se funda a ação** tem natureza de sentença de mérito, desafiando, para a sua impugnação, o ajuizamento de ação rescisória" (STJ-3ª T., REsp 1.674.240, Min. Nancy Andrighi, j. 5.6.18, DJ 7.6.18).

Art. 966: 47b. "A **sentença** que decide o processo de **adoção** possui natureza jurídica de provimento judicial constitutivo, fazendo coisa julgada material, não sendo a ação anulatória de atos jurídicos em geral, prevista no art. 486, do CPC/1973, meio apto à sua desconstituição, medida permitida somente pela via da ação rescisória prevista no art. 485, do CPC/1973" (STJ-3ª T., REsp 1.616.050, Min. Paulo Sanseverino, j. 15.5.18, DJ 18.5.18).

Art. 966: 48. Quando arguido no próprio processo de execução o vício na **arrematação** e decidida a matéria pelo juiz nos termos do art. 903 § 2º, tal decisão, quando transitada em julgado, deve ser impugnada por ação rescisória.

Não arguido tal vício no próprio processo de execução, a desconstituição da arrematação deve ser buscada por ação própria (v. art. 903 § 4º).

Art. 966: 49. Redação do § 5º de acordo com a Lei 13.256, de 4.2.16.

Art. 966: 49a. v. art. 489 § 1º-V.

Art. 966: 50. Redação do § 6º de acordo com a Lei 13.256, de 4.2.16.

Art. 967. Têm legitimidade[1 a 1c] para propor a ação rescisória: [Dispositivo correspondente no CPC/1973: art. 487-*caput*]

I — quem foi parte no processo[2 a 2b] ou o seu sucessor a título universal ou singular;[2c] [Dispositivo correspondente no CPC/1973: art. 487-I]

II — o terceiro juridicamente interessado;[2d a 3] [Dispositivo correspondente no CPC/1973: art. 487-II]

III — o Ministério Público: [Dispositivo correspondente no CPC/1973: art. 487-III]

a) se não foi ouvido no processo em que lhe era obrigatória a intervenção;[4] [Dispositivo correspondente no CPC/1973: art. 487-III-*a*]

b) quando a decisão rescindenda é o efeito de simulação ou de colusão das partes, a fim de fraudar a lei; [Dispositivo correspondente no CPC/1973: art. 487-III-*b*]

c) em outros casos em que se imponha sua atuação;[4a] [Sem dispositivo correspondente no CPC/1973]

IV — aquele que não foi ouvido no processo em que lhe era obrigatória a intervenção.[5] [Sem dispositivo correspondente no CPC/1973]

Parágrafo único. Nas hipóteses do art. 178, o Ministério Público será intimado para intervir como fiscal da ordem jurídica quando não for parte. [Sem dispositivo correspondente no CPC/1973]

Art. 967: 1. Legitimidade passiva em ação rescisória. Em regra, devem participar da ação rescisória todos aqueles que figuraram como parte no processo em que foi proferida a sentença rescindenda.

"Na ação rescisória é indispensável a citação de todas as partes que figuraram no polo ativo da ação originária cujo julgado se pretende desconstituir. Não sendo demandada, e consequentemente citada, uma das partes que foi coautora na ação originária, fica caracterizada a inexistência do litisconsórcio passivo necessário, ocorrendo a decadência em virtude do transcurso do prazo previsto no art. 495 do CPC" (STJ-3ª Seção, AR 505, Min. Paulo Gallotti, j. 12.2.03, DJU 13.10.03).

"O réu da ação em que se proferiu o acórdão rescindendo é parte passiva indispensável na ação rescisória do respectivo julgado. Proposta a rescisória contra o assistente litisconsorcial, o réu, assistido, deve figurar como litisconsorte passivo necessário" (STJ-RF 378/266: 1ª Seção, AR 2.009).

"Sendo necessário o litisconsórcio formado na ação originária, na ação rescisória forma-se, no polo passivo, também litisconsórcio necessário" (STJ-Corte Especial, ED no Ag 1.308.611, Min. Og Fernandes, j. 1.10.14, DJ 13.10.14).

Nos casos em que a sentença rescindenda for composta por mais de um capítulo e a ação rescisória objetivar a desconstituição de apenas um ou alguns deles, **somente as pessoas vinculadas aos capítulos** inseridos no objeto dessa ação é que devem dela participar.

"Tratando-se de sentença proferida em ação proposta mediante litisconsórcio ativo facultativo comum, em que há mera cumulação de demandas suscetíveis de propositura separada, é admissível sua rescisão parcial, para atingir uma ou algumas das demandas cumuladas. Em casos tais, qualquer um dos primitivos autores poderá promover a ação rescisória em relação à sua própria demanda, independentemente da formação de litisconsórcio ativo necessário com os demais demandantes; da mesma forma, nada impede que o primitivo demandado promova a rescisão parcial da sentença, em relação apenas a alguns dos primitivos demandantes, sem necessidade de formação de litisconsórcio passivo necessário em relação aos demais" (STJ-RT 911/509: 1ª T., REsp 1.111.092).

Se o acórdão rescindendo apreciou apelação interposta apenas por um dos corréus, somente contra este deve ser proposta a rescisória (Lex-JTA 162/10).

Acontecendo a sucessão *mortis causa* ou *inter vivos* em relação a um dos participantes do processo em que proferida a sentença rescindenda, a ação rescisória deve ser dirigida ao sucessor (STF-RTJ 83/390; STJ-3ª T., REsp 1.667.576, Min. Nancy Andrighi, j. 10.9.19, DJ 13.9.19; RT 515/254).

"Quem não figurou como parte no processo que deu origem à rescisória não tem legitimidade *ad causam* para nesta última figurar" (RSTJ 12/25).

Art. 967: 1a. "O **Corregedor-Geral da Justiça,** mesmo tendo sido parte em mandado de segurança como autoridade coatora, não detém legitimidade para responder, como réu, à ação rescisória em que se pretende rescindir a decisão confirmatória da denegação da ordem" (STF-Pleno: RTJ 128/548; diz o voto do relator: "Correto teria sido propor a ação contra o Estado", p. 549).

Art. 967: 1b. O **Ministério Público** tem legitimidade passiva para a ação rescisória de decisão proferida em processo no qual ele figura como autor (RJTJERGS 216/223, com fundamentado voto do Des. Araken de Assis). Reconhecendo a legitimidade passiva do MP para ação rescisória ajuizada contra decisão proferida em processo no qual ele atuara como fiscal da lei: STJ-2ª Seção, AR 539, Min. Luis Felipe, j. 11.3.09, DJ 19.5.09.

Todavia, para a generalidade dos casos, v. art. 177, nota 5.

Art. 967: 1c. "Se tanto o **advogado** quanto a parte por ele representada detêm legitimidade para executar os honorários advocatícios de sucumbência, pelas mesmas razões ambas as partes também são partes legítimas para integrar a ação rescisória em que se discutem os próprios honorários" (STJ-1ª Seção, AR 3.273, Min. Mauro Campbell, j. 9.12.09, DJ 18.12.09; a citação é do voto do relator).

"Tratando-se de direito autônomo, o advogado é parte legítima para defender os honorários que titulariza quando ameaçados em razão da propositura de demanda rescisória. O capítulo da sentença referente aos honorários está indiscutivelmente atrelado ao resultado da lide consagrado no respectivo título judicial, de modo que a desconstituição da coisa julgada atingirá não apenas a relação jurídica travada entre vencedor e vencido da demanda original, mas também aquela estabelecida entre o advogado e a parte anteriormente vencida, agora vencedora da ação rescisória. Fere os postulados básicos do devido processo legal permitir que o acórdão rescindendo seja desconstituído, e sustado o precatório que inclui os honorários advocatícios, sem franquear aos advogados, titulares de direito autônomo sobre essa verba, a possibilidade de contraditar a pretensão externada na ação rescisória" (STJ-1ª Seção, AR 3.290-AgRg, Min. Castro Meira, j. 25.5.11, DJ 2.6.11; no caso, os advogados foram admitidos na ação rescisória na condição de assistentes).

"A ação rescisória, quando busca desconstituir sentença condenatória que fixou honorários advocatícios sucumbenciais deve ser proposta não apenas contra o titular do crédito principal formado em juízo, mas também contra o advogado em favor de quem foi fixada a verba honorária de sucumbência, porque detém, com exclusividade, a sua titularidade" (STJ-3ª T., REsp 1.651.057, Min. Moura Ribeiro, j. 16.5.17, DJ 26.5.17).

"Ação rescisória. Violação à coisa julgada. Reflexo no capítulo dos honorários. Cabimento. Legitimidade passiva dos advogados" (STJ-3ª T., REsp 1.457.328, Min. Paulo Sanseverino, j. 26.6.18, DJ 29.6.18).

Todavia: "O advogado não é parte legítima para figurar no polo passivo de ação rescisória ajuizada sob fundamentos que só alcançam a relação jurídica formada entre as partes da demanda originária, revelando-se insuficientes para atingir o direito autônomo do profissional aos honorários sucumbenciais" (STJ-2ª Seção, AR 5.311, Min. Raul Araújo, j. 28.2.18, maioria, DJ 18.4.18; a citação é do voto do Min. Antonio Ferreira).

V. tb. EA 23, notas 1b e 4a.

Art. 967: 2. Assim, p. ex., "não tem a **União** legitimidade para propor ação rescisória de sentença proferida em processo onde não figurou como parte, ainda que tenha a condenação sido proferida contra **uma de suas autarquias** (DNOCS)" (RSTJ 147/502 e STJ-RT 795/176).

Art. 967: 2a. "A circunstância de o **denunciado intentar ação rescisória não impede que outra o seja pelo denunciante,** réu na ação em que proferida a sentença atacada — CPC, art. 472. Baseando-se a primeira rescisória apenas em que o julgado fundara-se em falsa prova, não existe óbice ao prosseguimento da segunda, em que se cumulam outras causas de pedir. Apenas, aquela mesma causa de pedir não poderia em tese ser reexaminada" (STJ-3ª T., REsp 1.019, Min. Eduardo Ribeiro, j. 7.11.89, DJU 11.12.89).

Art. 967: 2b. "A **revelia** da parte-ré não a impede de propor ação rescisória" (RSTJ 74/229 e STJ-RT 724/187: 4ª T., REsp 19.992). No mesmo sentido: RSTJ 128/263 (3ª T., REsp 178.321). V. tb. art. 966, nota 19.

Art. 967: 2c. **Extinta a sociedade** que foi parte na ação principal, a rescisória deve ser proposta pelos ex-sócios individualmente, como sucessores desta (RT 627/117).

Art. 967: 2d. s/ competência para a ação rescisória movida pela União Federal, na condição de terceiro interessado, tendo como objeto acórdão da Justiça Estadual, v. art. 968, nota 15.

Art. 967: 2e. É preciso ser juridicamente interessado; não basta o **simples interesse econômico** para legitimar o terceiro a propor ação rescisória (STJ-1ª Seção, AR 3.185, Min. Luiz Fux, j. 25.10.06, DJU 26.2.07; JTAERGS 100/200, Bol. AASP 1.516/1).

"Segundo escorreita doutrina, 'têm interesse para a ação rescisória ou o terceiro que, por extensão, sofreu a imutabilidade da coisa julgada, como, por exemplo, o substituído, nos casos de substituição processual, ou aqueles que, em virtude da natureza do inter-relacionamento entre as relações jurídicas (a decidida pela sentença e a sua), não têm, perante o direito material, fundamento para recompor a situação anterior por meio de ação própria'" (STJ-4ª T., REsp 10.220-0, Min. Sálvio de Figueiredo, j. 23.6.92, DJU 3.8.92).

Art. 967: 3. O **promissário comprador** tem legitimidade para propor rescisória contra sentença em ação de reivindicação contrária ao promitente vendedor (RJTJESP 131/407).

Art. 967: 4. v. arts. 178 e 279.

Art. 967: 4a. "O MP também está legitimado a pedir a rescisão de sentença em que há comprometimento de **interesses públicos indisponíveis**" (RSTJ 98/23 e STJ-RF 342/323, maioria).

Art. 967: 5. "O **litisconsorte necessário não citado** para a ação tem legitimidade *ad causam* para propor rescisória, contra a sentença proferida" (RT 635/272). Também admitindo a ação rescisória do litisconsorte necessário não citado: STJ-1ª Seção, AR 4.847, Min. Sérgio Kukina, j. 8.10.14, maioria, DJ 4.11.14; STJ-RDDP 94/128 (3ª T., REsp 1.028.503).

Nessas circunstâncias, deve-se admitir tanto a ação rescisória quanto a ação de nulidade (STJ-2ª Seção, AR 3.234, Min. Luis Felipe, j. 27.11.13, DJ 14.2.14). V. tb. art. 239, nota 3b.

S/ ação de nulidade no caso de litisconsorte necessário não citado, v. art. 115, nota 1.

Art. 968. A petição inicial será elaborada com observância dos requisitos essenciais do art. 319, devendo o autor:[1] [Dispositivo correspondente no CPC/1973: art. 488-*caput*]

I — cumular ao pedido de rescisão, se for o caso,[1a] o de novo julgamento do processo;[2-3] [Dispositivo correspondente no CPC/1973: art. 488-I]

II — depositar[4-5] a importância de cinco por cento sobre o valor da causa,[6-7] que se converterá em multa caso a ação seja, por unanimidade de votos, declarada inadmissível ou improcedente.[8] [Dispositivo correspondente no CPC/1973: art. 488-II]

§ 1º Não se aplica o disposto no inciso II à União,[9] aos Estados, ao Distrito Federal, aos Municípios, às suas respectivas autarquias e fundações de direito público, ao Ministério Público, à Defensoria Pública e aos que tenham obtido o benefício de gratuidade da justiça.[9a] [Dispositivo correspondente no CPC/1973: art. 488 § ún.]

§ 2º O depósito previsto no inciso II do *caput* deste artigo não será superior a 1.000 (mil) salários mínimos. [Sem dispositivo correspondente no CPC/1973]

§ 3º Além dos casos previstos no art. 330, a petição inicial será indeferida[10] quando não efetuado o depósito[11-12] exigido pelo inciso II do *caput* deste artigo. [Dispositivos correspondentes no CPC/1973: art. 490-I e II]

§ 4º Aplica-se à ação rescisória o disposto no art. 332. [Sem dispositivo correspondente no CPC/1973]

§ 5º Reconhecida a incompetência do tribunal para julgar a ação rescisória,[13 a 15] o autor será intimado para emendar a petição inicial, a fim de adequar o objeto da ação rescisória, quando a decisão apontada como rescindenda: [Sem dispositivo correspondente no CPC/1973]

I — não tiver apreciado o mérito e não se enquadrar na situação prevista no § 2º do art. 966; [Sem dispositivo correspondente no CPC/1973]

II — tiver sido substituída por decisão posterior. [Sem dispositivo correspondente no CPC/1973]

§ 6º Na hipótese do § 5º, após a emenda da petição inicial, será permitido ao réu complementar os fundamentos de defesa, e, em seguida, os autos serão remetidos ao tribunal competente. [Sem dispositivo correspondente no CPC/1973]

Art. 968: 1. "Não há nos autos cópia do acórdão rescindendo, bem como da certidão de trânsito em julgado, **peças indispensáveis** à compreensão da controvérsia e imprescindíveis à verificação do prazo decadencial da ação" (STJ-2ª Seção, AR 5.405-EDcl, Min. Paulo Sanseverino, j. 22.10.14, DJ 28.10.14; a citação é do voto do relator).

Código de Processo Civil

Todavia: "Falta de certidão do trânsito em julgado da decisão rescindenda. Possibilidade, entretanto, de este ser inferido pelos demais atos certificatórios constantes dos autos. Suficiência à propositura" (JTJ 321/1.137: AR 376.102-4/9-00, maioria).

V. art. 321 (emenda da petição inicial).

Art. 968: 1a. Se a rescisória for julgada procedente, poderá acarretar:

a) a desnecessidade de novo julgamento da causa principal (ex.: quando fundada no art. 966-IV, voltará a prevalecer a *res judicata* formada anteriormente à sentença rescindida, hipótese em que, o mais das vezes, nada remanescerá para nova decisão). Acolhendo expressamente esses argumentos: "Na hipótese de ação rescisória proposta com fulcro no art. 485, IV, do CPC, não é imprescindível o pedido de novo julgamento" (STJ-2ª Seção, AR 4.836, Min. Nancy Andrighi, j. 25.9.13, DJ 10.12.13);

b) a necessidade de novo julgamento da causa principal. É competente para proferir o novo julgamento a mesma turma julgadora do *judicium rescindens* (v. art. 974, nota 6), quer anule sentença, quer desconstitua acórdão de Câmara isolada. Excetua-se unicamente a hipótese de não ser (ao tempo da ação principal) ou já não ser (por motivo posterior) competente, em grau de recurso ou originariamente, para apreciar o *judicium rescissorium*, caso em que se limitará a rescindir o acórdão ou a sentença e remeter os autos ao Tribunal competente para o novo julgamento.

Às vezes, a rescisão ocorre por motivo de nulidade preexistente à sentença ou ao acórdão. Nesta hipótese, reinicia-se o processo principal e, sanada a nulidade, prossegue (RT 810/316, JTA 44/201).

A expressão "se for o caso" destina-se também a evitar a supressão de um grau de jurisdição (RT 471/178, JTA 34/299, RJTAMG 40/61, maioria) e se refere à hipótese em que, rescindindo o acórdão, o tribunal possa proferir desde logo outro, em substituição, o que fará em seguida, no mesmo julgamento.

Art. 968: 2. "Embora preveja expressamente o art. 488, I, do CPC a obrigatoriedade do autor de cumular o pedido de rescisão e, se for o caso, de novo julgamento, **a cumulação de pedidos não é exigência formal absoluta,** devendo ser abrandado o rigor do referido dispositivo. Considera-se implicitamente requerido o novo julgamento da causa, desde que seja decorrência lógica da desconstituição da sentença ou do acórdão rescindendo" (STJ-2ª T., REsp 783.516, Min. Eliana Calmon, j. 19.6.07, DJU 29.6.07).

Também flexibilizando a exigência de cumulação do pedido de novo julgamento: RT 646/136, RJTJESP 110/396, 117/361, 119/395, Lex-JTA 146/407, JTJ 367/23 (AR 9002836-46.2007.8.26.0000).

Contra: "A cumulação dos pedidos do *iudicium rescindens* e do *iudicium rescissorium*, prevista no art. 488, I, do CPC, ressalvados os casos em que não é cabível (como, por exemplo, os de ação rescisória proposta com fulcro nos incisos II ou IV do art. 485 do CPC), é obrigatória, não se podendo considerar como implícito o pedido de novo julgamento, tendo em vista que o *caput* daquele dispositivo dispõe, expressamente, que o autor deve formular ambos os requerimentos na inicial" (STJ-RF 377/337: 5ª T., REsp 386.410). Nesse sentido: STJ-1ª Seção, AR 2.677, Min. Denise Arruda, j. 14.11.07, um voto vencido, DJU 7.2.08; STJ-3ª T., REsp 1.184.763-AgRg-EDcl, Min. Ricardo Cueva, j. 15.5.14, DJ 22.5.14; RT 498/112 e JTA 43/99, maioria.

Nas situações em que for indispensável a cumulação do pedido de novo julgamento da causa, o juiz não deve simplesmente extinguir o processo ante a sua falta, mas sim abrir oportunidade para a **emenda da petição inicial** (art. 321). "Apenas após o transcurso do prazo estabelecido para que o autor emende a inicial, sem que este o tenha feito, é que poderá o relator indeferir a petição inicial" (STJ-RMDCPC 41/103: 2ª T., REsp 1.227.735). **Todavia,** no sentido de que, uma vez contestada a ação rescisória, essa emenda não pode ter lugar: STJ-3ª T., REsp 1.184.763-AgRg-EDcl, Min. Ricardo Cueva, j. 15.5.14, DJ 22.5.14.

Art. 968: 3. "Reaberto o litígio com a procedência da rescisória, o juízo rescisório pode ser exercido, no rejulgamento do recurso especial, pela Seção, sem retorno à Turma, pelo fenômeno da afetação" (STJ-1ª Seção, AR 1.371, Min. Eliana Calmon, j. 12.3.04, DJU 4.10.04).

Contra, entendendo que, se o Grupo de Câmaras julga procedente ação rescisória contra acórdão que decretou a prescrição, os autos devem, sob pena de supressão de um grau de jurisdição, retornar à Câmara, para que prossiga no julgamento da ação principal: RJTJESP 130/396.

Art. 968: 4. v. § 3º e notas 11 e 12.

Art. 968: 5. **Res. 660 do STF, de 9.2.20** — Dispõe sobre o depósito prévio em ação rescisória e as multas processuais em agravo interno e embargos de declaração.

Art. 968: 6. s/ valor da causa, v. art. 292, nota 17.

Art. 968: 7. **Controlando de ofício** o valor da causa e do depósito: "Admitir depósito irrisório é afastar, pela porta dos fundos, a multa na hipótese de a ação ser declarada inadmissível ou improcedente" (STJ-1ª Seção, AR 3.466-AgRg, Min. Herman Benjamin, j. 8.8.07, DJ 15.6.09).

Todavia: "Não é possível ao Tribunal determinar o aumento do depósito sem que, antes, tenha sido formalmente retificado o valor da causa da ação rescisória. Ordenar uma providência, sem que a outra tenha sido tomada, gera uma discrepância jurídica. A complementação do valor da causa é condição de procedibilidade da ação rescisória. Tal medida, portanto, não pode ser determinada concomitantemente ao julgamento de mérito" (STJ-3ª T., REsp 1.246.085, Min. Nancy Andrighi, j. 19.6.12, DJ 26.6.12).

Art. 968: 8. s/ destino do valor depositado e questões correlatas, v. art. 974, especialmente notas 8 e segs.

Art. 968: 9. **Med. Prov. 2.180-35, de 24.8.01: "Art. 24-A.** A União, suas autarquias e fundações, são isentas de custas e emolumentos e demais taxas judiciárias, bem como de depósito prévio e multa em ação rescisória, em quaisquer foros e instâncias. **Parágrafo único.** Aplica-se o disposto neste artigo a todos os processos administrativos e judiciais em que for parte o Fundo de Garantia do Tempo de Serviço — FGTS, seja no polo ativo ou passivo, extensiva a isenção à pessoa jurídica que o representar em Juízo ou fora dele".

Súmula 175 do STJ: "Descabe o depósito prévio nas ações rescisórias propostas pelo **INSS**" (v. jurisprudência s/ esta Súmula em RSTJ 91/211).

A Súmula 175 do STJ faz aplicação do art. 8º da Lei 8.620, de 8.1.93, deste teor: "O Instituto Nacional do Seguro Social — INSS, nas causas em que seja interessado na condição de autor, réu, assistente ou opoente, gozará das mesmas prerrogativas e privilégios assegurados à Fazenda Pública, inclusive quanto à inalienabilidade e impenhorabilidade de seus bens".

Art. 968: 9a. v. art. 974, nota 13.

Art. 968: 10. "Da decisão monocrática que indefere, liminarmente, pedido de ação rescisória, cabe **agravo interno** ou regimental e não a apelação referida no art. 296 do CPC, que não se aplica às ações rescisórias" (RSTJ 148/511).

S/ recurso especial contra decisão do relator que extingue a ação rescisória, v. RISTJ 255, nota 4-Rescisória.

Art. 968: 11. "De acordo com o art. 490 do CPC, a **falta ou insuficiência do depósito** prévio motiva o indeferimento da petição inicial, conduzindo à extinção da ação rescisória sem apreciação do mérito, nos termos do art. 267, I, do CPC, situação que dispensa a prévia intimação pessoal da parte, visto que o § 1º desse mesmo dispositivo legal somente exige essa providência nas hipóteses dos incisos II e III" (STJ-2ª Seção, AR 3.223-AgRg, Min. Nancy Andrighi, j. 10.11.10, DJ 18.11.10).

Art. 968: 12. "Conforme o inciso II do art. 490 do CPC, a petição inicial será indeferida 'quando não efetuado o depósito, exigido pelo art. 488, II'. Assim sendo, mostra-se descabido abrir-se o prazo previsto no art. 284 do CPC, para a hipótese de ausência de depósito em rescisória. Na espécie, contudo, não se mostra possível a pronta aplicação da norma processual tratada, pois, já na inicial da ação rescisória, houve pedido expresso de dispensa do depósito, o que foi deferido pelo Tribunal *a quo*. O acolhimento desse pedido implicou em que, até esta parte, a ora recorrida ficou dispensada do mencionado depósito, pelo que não pode ser agora surpreendida com o indeferimento da inicial, sob pena de violação ao devido processo legal. No contexto, faz-se necessária a intimação da parte promovente para realização do depósito prévio da ação rescisória" (STJ-4ª T., REsp 1.028.519, Min. Raul Araújo, j. 10.9.13, DJ 17.11.14).

"Ação rescisória. Acolhimento de impugnação ao valor da causa. Complementação do depósito. Intimação da parte. A ausência de intimação, nos autos do incidente de impugnação ao valor da causa, acarretou evidente prejuízo à parte, tendo em vista a extinção da ação rescisória sem resolução do mérito pela não complementação do depósito. Recurso especial provido para determinar o retorno dos autos à origem, com reabertura do prazo para complementação do depósito do art. 488, II, do CPC/1973, após a devida intimação da parte" (STJ-4ª T., REsp 1.453.422, Min. Antonio Ferreira, j. 3.12.19, maioria, DJ 3.2.20).

Art. 968: 13. "A **competência** para processar e julgar ação rescisória é do **último órgão que julgou o mérito** da demanda" (STJ-2ª T., REsp 1.240.353-AgRg, Min. Herman Benjamin, j. 19.5.11, DJ 30.5.11).

"Constatada a incompetência absoluta do tribunal perante o qual a rescisória foi ajuizada (pois indicada como rescindível decisão de mérito que fora substituída por outra de tribunal superior), deve o relator determinar a emenda da inicial para adequação do objeto da ação e a posterior remessa dos autos ao juízo competente para apreciação da demanda" (STJ-4ª T., REsp 1.611.431-EDcl-AgInt, Min. Luis Felipe, j. 28.11.17, DJ 1.12.17).

V. tb. nota 14 e art. 966, nota 4.

Art. 968: 14. A **competência** para julgamento da ação rescisória de **sentença** é do **tribunal competente para conhecer do recurso** contra ela.

Apura-se esta competência na data em que a sentença foi proferida.

Por isso, alterações de competência ulteriores à sentença não interferem no órgão competente para a rescisão do julgado. Ainda que o tribunal não mais esteja vinculado ao julgamento da matéria, é ele o encarregado da apreciação da ação rescisória (STJ-1ª Seção, CC 74.683, Min. Castro Meira, j. 9.5.07, DJU 21.5.07).

A mesma ideia vale para a rescisão de acórdão: ainda que o tribunal que o prolatou não mais seja encarregado do julgamento da matéria, por superveniente modificação nas regras de competência, é ele o órgão competente para a respectiva ação rescisória (STJ-2ª Seção, CC 88.469, Min. Aldir Passarinho Jr., j. 12.3.08, DJU 16.4.08; JTJ 321/1.137: AR 376.102-4/9-00, maioria).

V. tb. art. 43, nota 7.

Art. 968: 15. "Ação rescisória. Demanda rescindenda transitada em julgado na **Justiça Comum estadual.** Demanda rescisória ajuizada pela **União.** Deslocamento da competência para a Justiça Federal" (STJ-1ª Seção, CC 104.947, Min. Luiz Fux, j. 23.6.10, um voto vencido, DJ 1.7.10). Em sentido semelhante: "Comparecendo à lide como litisconsorte necessária a empresa pública federal, competente para apreciar a ação rescisória, intentada com o objetivo de desconstituir julgado de Corte Estadual, é o Tribunal Regional Federal e não o prolator do acórdão rescindendo" (RSTJ 30/66). Determinando a remessa do processo à Justiça Federal mesmo em caso de intervenção da União na ação rescisória com fundamento no art. 5º da Lei 9.469, de 10.7.97: STJ-3ª T., REsp 843.924, Min. Paulo Sanseverino, j. 20.9.11, DJ 26.9.11.

Contra: "O Tribunal de Justiça do Distrito Federal é competente para a ação rescisória de seus acórdãos, mesmo em sendo autora a União Federal" (STJ-1ª Seção, AR 338-1, Min. José de Jesus Filho, j. 12.6.96, 4 votos vencidos, DJU 12.5.97).

Art. 969. A propositura da ação rescisória não impede o cumprimento da decisão rescindenda,[1] ressalvada a concessão de tutela provisória.[2 a 4a]

[Dispositivo correspondente no CPC/1973: art. 489]

Art. 969: 1. nem torna provisória a execução.

Art. 969: 2. **Lei 8.212, de 24.7.91** — Dispõe sobre a organização da Seguridade Social, institui Plano de Custeio, e dá outras providências: **"Art. 71 § ún.** Será cabível a concessão de liminar nas ações rescisória e revisional, para suspender a execução do julgado rescindendo ou revisando, em caso de fraude ou erro material comprovado".

Med. Prov. 2.180-35, de 24.8.01: "Art. 15. Aplica-se à ação rescisória o poder geral de cautela de que trata o art. 798 do Código de Processo Civil".

Art. 969: 3. "A **competência** para determinar a suspensão da execução do julgado, com fundamento no ajuizamento de ação rescisória, é exclusiva do Tribunal competente para apreciar a referida ação" (STJ-2ª T., REsp 742.644, Min. Franciulli Netto, j. 1.9.05, DJU 6.3.06).

Contra, no sentido de que o juiz que está à frente da execução pode determinar a suspensão do cumprimento da sentença: STJ-RP 162/254 (1ª Seção, ED no REsp 770.847).

Art. 969: 4. Decisão do **STF** que suspendeu a execução da decisão rescindenda: "Cautelar. Ação rescisória. Efeito suspensivo. Excepcionalidade. Estação ecológica. Impedimento de exploração econômica. Indenização. Avaliação desproporcional ao valor de mercado. Fraude. Suspensão de exigibilidade de precatório" (RTJ 183/531: Pleno, Pet 1.347, maioria).

No STJ: "Somente em casos excepcionalíssimos a jurisprudência desta Corte tem admitido a concessão de medida de urgência visando a sustação dos efeitos do julgado rescindendo, porque não é razoável presumir-se a existência da aparência do bom direito contra quem tem a seu favor uma coisa julgada obtida em processo de cognição exauriente" (STJ-3ª Seção, AR 3.154-AgRg, Min. Laurita Vaz, j. 11.5.05, DJU 6.6.05).

Exigindo para tanto "a plausibilidade jurídica concernente à rescisória e o *periculum in mora*": STJ-2ª Seção, MC 4.170-AgRg, Min. Castro Filho, j. 10.4.02, DJU 25.8.03. No sentido de que o efeito suspensivo pode ser concedido "em caso de evidente teratologia do acórdão rescindendo e da irreversibilidade de sua execução": RSTJ 163/37.

Em um caso qualificado como de "atitudes indignas, espúrias, fraudulentas", decidiu o STJ que, "constatada a trapaça, durante a liquidação, cumpre expedir medida cautelar, suspendendo-a por prazo certo. Nesse período deverá ser proposta ação rescisória para que, também com a garantia constitucional, seja esclarecido fato tão grave" (STJ-6ª T., REsp 45.174-4-EDcl, Min. Vicente Cernicchiaro, j. 13.6.94, DJU 26.9.94).

Em outra hipótese, concedeu-se efeito suspensivo à ação rescisória, a qual visava "anular acórdão que fixou o valor de R$ 21.500.000,00, para cobrir indenização referente a um terreno de 150m de frente por 150m de fundo, situado no Município de Belém/PA" (STJ-1ª T., REsp 567.527-AgRg, Min. José Delgado, j. 1.6.04, DJU 5.8.04).

Casos em que se antecipou a tutela pretendida com a ação rescisória: STJ-3ª Seção, AR 2.995-AgRg, Min. Gilson Dipp, j. 10.3.04, DJU 19.4.04; STJ-1ª Seção, AR 1.291-AgRg, Min. Luiz Fux, j. 25.8.04, DJU 27.9.04; STJ-3ª T., REsp 184.311, Min. Ari Pargendler, j. 8.4.02, DJU 27.5.02; RSTJ 157/390 (4ª T.).

Há um acórdão da 1ª Turma do STJ em que não se suspendeu a execução do julgado rescindendo, mas condicionou-se o levantamento do dinheiro penhorado à prestação de caução idônea (STJ-1ª T., MC 1.372-AgRg, Min. Gomes de Barros, j. 25.8.98, DJU 13.10.98).

Outros tribunais: Em um caso de rescisória por prova falsa já apurada criminalmente, o TJMS, muito justamente, suspendeu a execução da sentença rescindenda (RT 687/148). Outros casos de concessão de medida de urgência em sede de ação rescisória: RF 345/266, RTRF-3ª Reg. 35/125, Bol. AASP 1.973/329j, 2.066/657j.

Art. 969: 4a. Não cabe **mandado de segurança** para dar efeito suspensivo à rescisória (STJ-3ª T., RMS 306, Min. Gueiros Leite, j. 28.6.90, DJU 10.9.90; JTA 89/275).

Art. 970. O relator ordenará a citação do réu,[1] designando-lhe prazo nunca inferior a 15 (quinze) dias nem superior a 30 (trinta) dias para, querendo, apresentar resposta,[2 a 8] ao fim do qual, com ou sem contestação, observar-se-á, no que couber, o procedimento comum.[8a-9] [Dispositivo correspondente no CPC/1973: art. 491]

Art. 970: 1. Quem é réu na rescisória? v. art. 967, notas 1 e segs.

Art. 970: 2. Na ação rescisória, **não se verifica o efeito da revelia** (STJ-1ª Seção, AR 193, Min. Adhemar Maciel, j. 28.11.89, DJU 5.3.90; STJ-3ª Seção, AR 3.341, Min. Arnaldo Esteves, j. 14.12.09, DJ 1.2.10; STJ-2ª Seção, AR 3.867-AgRg, Min. Marco Buzzi, j. 12.11.14, DJ 19.11.14; RSTJ 19/93, RT 571/163, 626/120, JTA 49/56, 99/343), cabendo ao autor o ônus de provar os fatos alegados (JTJ 180/252).

Art. 970: 3. "A falta de **impugnação específica** dos fatos deduzidos na inicial da rescisória não conduz a que se devam reputar verdadeiros" (STJ-3ª T., REsp 23.596-4, Min. Eduardo Ribeiro, j. 12.3.96, DJU 22.4.96).

Art. 970: 4. Cabe **denunciação da lide,** em rescisória? Em tese, sim, decidiu acórdão em Bol. AASP 1.404/277, embora não a tenha admitido, na hipótese.

Art. 970: 5. É cabível **reconvenção** em rescisória, somente se também tiver caráter rescisório (RJTJESP 110/396, RP 19/258, em., com extensa anotação de doutrina nesse sentido).

Art. 970: 6. Não cabe **oposição** em ação rescisória (TFR-1ª Seção, Pet de Oposição 45, Min. Carlos Madeira, j. 14.3.84, DJU 26.4.84; RJTJESP 80/322, acórdão não fundamentado).

Art. 970: 7. Aplica-se para contestar ação rescisória o **benefício do prazo alargado** (arts. 180, 183, 186)?

Sim: STF-1ª T., RE 94.960-7, Min. Rafael Mayer, j. 24.11.81, dois votos vencidos, DJU 8.10.82; STJ-2ª Seção, AR 250-AgRg, Min. Barros Monteiro, j. 13.6.90, DJU 6.8.90; STJ-6ª T.: RSTJ 165/569; Bol. AASP 1.330/140, maioria (impugnação ao valor da causa).

Não: RT 547/177 e RP 22/250 (acórdão do Des. Barbosa Moreira, reformado pela decisão do STF, citada acima), RT 571/163, 603/90 (impugnação ao valor da causa), RJTJESP 96/399, 104/380, maioria, RTJE 181/188, Lex-JTA 71/280, Bol. AASP 1.405/281.

Art. 970: 8. Os **litisconsortes com procuradores diferentes** têm o benefício do prazo em dobro (art. 229)?

Não: JTA 80/276.

Sim: JTA 99/343.

Art. 970: 8a. v. arts. 318 e segs.

Art. 970: 9. "Ação rescisória. A **intimação do autor para falar sobre a contestação** não é defeito de procedimento, e sim necessidade imperiosa" (STJ-1ª Seção, AR 729, Min. Eliana Calmon, j. 22.11.00, DJU 12.11.01). V. art. 351.

Art. 971. Na ação rescisória, devolvidos os autos pelo relator, a secretaria do tribunal expedirá cópias do relatório e as distribuirá entre os juízes que compuserem o órgão competente para o julgamento. [Dispositivo correspondente no CPC/1973: art. 553]

Parágrafo único. A escolha de relator recairá, sempre que possível, em juiz que não haja participado do julgamento rescindendo. [Sem dispositivo correspondente no CPC/1973]

Art. 972. Se os fatos alegados pelas partes dependerem de prova, o relator poderá delegar a competência ao órgão que proferiu a decisão rescindenda, fixando prazo de 1 (um) a 3 (três) meses para a devolução dos autos. [Dispositivo correspondente no CPC/1973: art. 492]

Art. 973. Concluída a instrução, será aberta vista ao autor e ao réu para razões finais,[1-1a] sucessivamente, pelo prazo de 10 (dez) dias. [Dispositivo correspondente no CPC/1973: art. 493-*caput*]

Parágrafo único. Em seguida, os autos serão conclusos ao relator, procedendo-se ao julgamento pelo órgão competente.[1b a 3] [Dispositivo correspondente no CPC/1973: art. 493-*caput*]

Art. 973: 1. "Na ação rescisória, como nas demais demandas, inexistindo produção de prova no curso da demanda, sendo o **processo julgado de forma antecipada,** não há necessidade de abrir-se prazo para que as partes apresentem razões finais ou memoriais, conforme decidiu a Seção" (STJ-1ª Seção, AR 729, Min. Eliana Calmon, j. 22.11.00, DJU 12.11.01). No mesmo sentido: STJ-3ª T., REsp 4.826-AgRg, Min. Waldemar Zveiter, j. 10.9.90, DJU 9.10.90; JTJ 328/23 (AR 1.078.295-0/1, v. p. 26).

Art. 973: 1a. "O acórdão proferido em ação rescisória, sem prévia oportunidade às partes para as **razões finais,** não induz a nulidade do processo, se o defeito deixou de ser arguido a tempo, isto é, até a sustentação oral na sessão de julgamento" (STJ-3ª T., REsp 589.970, Min. Ari Pargendler, j. 14.3.06, DJU 29.5.06).

Art. 973: 1b. s/ competência, v. art. 968 §§ 5º e 6º e notas. S/ poder do relator para julgar monocraticamente a ação rescisória, v. arts. 932, nota 1a, 968, nota 10, e 974, nota 8. S/ revisão prévia ao julgamento, v. LR 40, nota 2.

Art. 973: 2. Súmula 252 do STF: "Na ação rescisória, **não estão impedidos** juízes que participaram do **julgamento rescindendo".**

Art. 973: 3. Compete ao tribunal que proferiu o acórdão na rescisória **executá-lo** (art. 516-I). Os tribunais não podem delegar a execução da ação rescisória; excepcionado o STF, cuja faculdade está prevista na CF (art. 102-I-*m*). Nesse sentido: STJ-3ª T., REsp 264.291, Min. Ari Pargendler, j. 27.8.02, DJU 2.12.02.

Todavia, excepcionalmente, admite-se que os autos da ação rescisória sejam remetidos ao juízo da ação originária, para execução, se a medida mostrar-se substancial à pretensão executória. Nesse sentido: "Malgrado o disposto no art. 575, I, do CPC, cabe a remessa dos autos à Vara de origem, para execução, favorecendo o beneficiário da Previdência Social, eis que é lá que se encontram dados pertinentes à pretensão e não detém ele condições de patrocinar mandatário judicial para atuar em defesa dos seus direitos longe da comarca de seu domicílio" (STJ-3ª Seção, AR 1.268-QO, Min. Gilson Dipp, j. 8.5.02, DJU 21.10.02).

Art. 974. Julgando procedente o pedido,[1] o tribunal rescindirá a decisão,[1a] proferirá, se for o caso,[2 a 5] novo julgamento[6-7] e determinará a restituição do depósito a que se refere o inciso II do art. 968. [Dispositivo correspondente no CPC/1973: art. 494]

Parágrafo único. Considerando, por unanimidade,[8] inadmissível ou improcedente o pedido,[9] o tribunal determinará a reversão, em favor do réu, da importância do depósito,[9a a 13] sem prejuízo do disposto no § 2º do art. 82. [Dispositivo correspondente no CPC/1973: art. 494]

Art. 974: 1. O réu será condenado a pagar **honorários de advogado** (RSTJ 64/163). No caso de extinção do processo sem julgamento do mérito ou de improcedência da ação rescisória, também deve haver condenação ao pagamento de honorários, dessa vez, do autor.

"Sagrou-se o autor da ação rescisória vencedor tanto no juízo rescindente como no juízo rescisório. A despeito de ser possível a dupla fixação de honorários advocatícios sucumbenciais no âmbito da ação rescisória, no caso, recomendável a fixação de uma só vez" (STJ-1ª Seção, AR 4.987-EDcl, Min. Mauro Campbell, j. 8.5.19, DJ 14.5.19).

Art. 974: 1a. "É da própria natureza da ação rescisória desconstituir a sentença transitada em julgado (*jus rescindens*) e restabelecer o *status quo ante* da relação jurídica discutida, pelo que **não se deve conferir efeitos *ex nunc*** ao juízo rescisório" (STJ-2ª T., REsp 1.367.361, Min. Og Fernandes, j. 8.6.17, DJ 14.6.17).

Art. 974: 2. v. art. 968-I e notas.

Art. 974: 3. "Não está o tribunal, ao rescindir a sentença, obrigado a proferir um novo julgamento, se este importar na **supressão de um grau de jurisdição"** (RF 312/147, maioria). No mesmo sentido: JTJ 318/498 (AR 7.065.853-6).

Art. 974: 4. "Na ação rescisória, em regra, o juízo competente para o julgamento do *judicium rescindens* é também competente para o *judicium rescissorium*, nos termos do art. 494 do CPC. Hipótese em que, todavia, o acórdão foi rescindido por ter decidido a lide fora do pedido, razão pela qual se mostra necessário o retorno dos autos à Turma julgadora para que examine a questão nos termos em que foi postulada. O **julgamento *extra petita*** constitui *error in procedendo*, que acarreta a nulidade da decisão, razão pela qual deve ela ser cassada" (STJ-5ª T., REsp 546.137, Min. Arnaldo Esteves, j. 7.11.06, DJU 27.11.06).

Art. 974: 5. Rescindida a sentença em razão de violação aos dispositivos legais que tutelam o direito à prova (*iudicium rescindens*), na medida em que é vedado julgar antecipadamente a causa com fundamento justamente na **falta das provas** que não puderam ser produzidas, não pode o tribunal passar diretamente a novo julgamento da causa (*iudicium rescissorium*); é preciso reabrir a instrução, para que sejam produzidas as provas cuja ausência ensejou a própria rescisão do julgado (STJ-3ª T., REsp 960.868, Min. Nancy Andrighi, j. 26.2.08, DJU 13.3.08).

Art. 974: 6. Normalmente, a turma competente para o julgamento do *judicium rescindens* é também competente para o *judicium rescissorium* (RTJ 97/322, RTFR 104/137, JTA 105/271, maioria; TFR-1ª Seção, AR 858-EI, Min. Carlos Thibau, j. 7.12.88, maioria, DJU 7.3.89), a menos que haja **incompatibilidade** entre o que foi julgado no primeiro e o que terá de ser decidido no segundo, v. g., se o tribunal rescinde acórdão com fundamento em sua incompetência absoluta.

V. art. 968, nota 1a, letra *b*.

Art. 974: 7. dentro dos **limites do pedido constante da ação principal,** que não podem ser ultrapassados ou extrapolados (TFR-1ª Seção, AR 1.237, Min. Costa Lima, j. 11.6.86, DJU 4.9.86).

Art. 974: 8. Se a ação rescisória é **julgada monocraticamente** pelo relator em desfavor do autor, o valor do depósito lhe é restituído, na medida em que não há contra ele um julgamento unânime de órgão colegiado (STF-RT 804/148; STF-Pleno: RTJ 183/67; STJ-1ª Seção, AR 839-AgRg, Min. Nancy Andrighi, j. 19.6.00, DJU 1.8.00; STJ-2ª Seção, AR 3.915-EDcl-AgRg, Min. João Otávio, j. 12.2.14, DJ 17.2.14). **Todavia,** se a decisão monocrática do relator é objeto de agravo e o órgão colegiado unanimemente ratifica a improcedência ou a inadmissibilidade da ação rescisória, o valor do depósito é entregue ao réu (STJ-2ª T., REsp 1.120.858, Min. Mauro Campbell, j. 25.8.09, DJ 10.9.09; STJ-2ª Seção, AR 3.756-Pet-AgRg, Min. Sidnei Beneti, j. 9.10.13, DJ 14.10.13).

Se o tribunal local julga a ação rescisória improcedente por maioria de votos e o STJ ulteriormente nega provimento ao correlato recurso especial do autor por unanimidade, examinando o *meritum causae* e proferindo acórdão substitutivo do anterior, o valor do depósito deve ser destinado ao réu, na medida em que o julgamento de improcedência da ação passou a ser unânime (RT 919/1.164: TJRO, AR 1102591-54.2002.8.22.0005-AgRg).

Art. 974: 9. Em caso de **desistência da ação,** que não se confunde com improcedência nem com inadmissibilidade, o valor do depósito retorna para o autor (RTJ 89/374; STJ-2ª Seção, AR 5.102-AgRg, Min. Luis Felipe, j. 12.2.14, DJ 17.2.14; TFR-2ª Seção, AR 1.366, Min. Armando Rollemberg, j. 24.2.87, DJU 18.6.87; RT 639/54, maioria, JTA 94/413). O mesmo acontece no caso de **renúncia ao direito** em que se funda a ação rescisória (STJ-RDDP 77/165: 2ª T., REsp 754.254).

No sentido de que, se o processo foi extinto **antes da citação do réu,** o valor do depósito é devolvido ao autor, uma vez que a lei não prevê seu recolhimento ao erário: STF-RTJ 112/989 e RT 596/233 (Pleno, 3 votos vencidos neste ponto).

Todavia: "Abandonada a causa, julga-se extinto o processo, sem apreciação do mérito, condenado o autor em honorários e perda do valor do depósito prévio" (STF-Pleno, AR 1.035-3, Min. Carlos Madeira, j. 15.3.89, DJU 14.4.89).

Em caso no qual o autor deixou de tomar providências para o regular desenvolvimento do processo (não complementou o valor do depósito após o acolhimento de impugnação ao valor da causa), este foi extinto sem julgamento do mérito, com a reversão do valor do depósito em favor do réu (STJ-1ª Seção, AR 1.885, Min. Humberto Martins, j. 27.2.08, DJ 20.4.09).

Art. 974: 9a. O valor do **depósito prévio** pode ser objeto de **penhora** (STJ-2ª Seção, AR 5.102-AgRg, Min. Luis Felipe, j. 12.2.14, DJ 17.2.14).

Art. 974: 10. Caso em que o autor foi sucumbente, mas teria direito ao levantamento do depósito prévio: "O **valor da sucumbência,** com seus acréscimos, a cargo da autora, deve ser retirado do valor do depósito inicial" (STJ-2ª Seção, AR 4.082-AgRg, Min. Sidnei Beneti, j. 23.6.10, DJ 1.2.11). **Contra:** "A taxatividade da destinação do depósito prévio, coadjuvado pela *ratio essendi* da instituição do depósito prévio (art. 488, II, do CPC), impede a utilização do valor depositado, para pagamento de honorários advocatícios fixados no feito rescisório" (STJ-1ª T., REsp 943.796, Min. Luiz Fux, j. 1.12.09, DJ 17.12.09).

Art. 974: 10a. "O pronunciamento judicial acerca da restituição do depósito previsto no art. 488, inciso II, do Código de Processo Civil ao autor da ação rescisória, no caso de procedência (parcial ou total), ou da reversão em favor do réu, no caso de improcedência ou inadmissibilidade da ação rescisória, à unanimidade, **independe de provocação da parte,** por se tratar, na verdade, de providência emanada da própria lei. Ainda que assim seja, revela-se oportuna a oposição dos embargos de declaração para que, sobre a questão, não remanesçam dúvidas" (STJ-3ª T., REsp 1.105.134-EDcl, Min. Massami Uyeda, j. 2.6.11, DJ 15.6.11).

"Apesar de os julgados desta Corte não terem determinado expressamente a reversão do depósito prévio ao réu, nada obsta que, após o trânsito em julgado, a parte interessada requeira, nos próprios autos, a expedição de alvará de levantamento da quantia depositada, por força do que dispõe o próprio art. 494 do CPC. Assim, **não há** que se falar em **preclusão do direito do réu**" (STJ-2ª Seção, AR 3.756-Pet-AgRg, Min. Sidnei Beneti, j. 9.10.13, DJ 14.10.13; a citação é do voto do relator).

Art. 974: 11. "A destinação a ser dada ao depósito prévio depende do cômputo dos votos de todos os membros do órgão colegiado responsável pelo julgamento da ação rescisória. Trata-se de circunstância apurável somente **após o encerramento do julgamento** e que, portanto, não pode ser consignada no respectivo acórdão" (STJ-3ª T., REsp 1.128.929-EDcl, Min. Nancy Andrighi, j. 4.11.10, DJ 16.11.10). Em sentido semelhante: STJ-1ª Seção, AR 3.667, Min. Humberto Martins, j. 27.4.16, DJ 23.5.16.

Art. 974: 12. "Os recorrentes dizem terem feito o depósito necessário para o ajuizamento da ação rescisória. Admitem, todavia, que o **depósito foi feito mediante guia errada.** Na fase de execução, os recorridos buscaram haver o valor do depósito, ao qual faziam jus por terem sido vencedores na demanda julgada improcedente. Desse modo, não é razoável impor aos recorridos a consequência do equívoco. Ressalva-se, contudo, a possibilidade de os recorrentes reaverem o valor do depósito realizado por engano" (STJ-3ª T., REsp 1.005.401, Min. Sidnei Beneti, j. 20.9.11, DJ 6.10.11).

Art. 974: 13. "O depósito previsto no inciso II do art. 488 do CPC de 1973 — vigente à época da propositura da ação — e mantido no novel Código de Processo Civil no art. 968, II —, por se reverter em multa a favor do réu nas hipóteses em que a ação rescisória é julgada inadmissível ou improcedente por unanimidade de votos, ostenta nítido caráter sancionatório e tem por escopo desestimular o ajuizamento temerário de ações rescisórias, constituindo instrumento repressivo ao abuso no exercício do direito de ação. Assim, a **concessão da gratuidade de justiça não exonera** o autor do pagamento dessa quantia ao réu, consoante expressa previsão no parágrafo 4º do art. 98 do CPC de 2015" (STJ-2ª Seção, AR 4.522, Min. Luis Felipe, j. 24.5.17, DJ 2.8.17).

Art. 975. O direito à rescisão se extingue em 2 (dois) anos contados do trânsito em julgado da última decisão proferida no processo.[1 a 9] [Dispositivo correspondente no CPC/1973: art. 495]

§ 1º Prorroga-se até o primeiro dia útil imediatamente subsequente o prazo a que se refere o *caput*, quando expirar durante férias forenses, recesso, feriados ou em dia em que não houver expediente forense.[10-11] [Sem dispositivo correspondente no CPC/1973]

§ 2º Se fundada a ação no inciso VII do art. 966, o termo inicial do prazo será a data de descoberta da prova nova, observado o prazo máximo de 5 (cinco) anos, contado do trânsito em julgado da última decisão proferida no processo. [Sem dispositivo correspondente no CPC/1973]

§ 3º Nas hipóteses de simulação ou de colusão das partes,[12] o prazo começa a contar, para o terceiro prejudicado e para o Ministério Público, que não interveio no processo, a partir do momento em que têm ciência da simulação ou da colusão. [Sem dispositivo correspondente no CPC/1973]

Art. 975: 1. v. arts. 240 (efeitos da citação válida), 525 § 15 e 535 § 8º (decisão fundada em lei ou ato normativo considerado inconstitucional).

S/ termo *a quo* e: prova nova, v. § 2º; simulação ou colusão, v. § 3º.

Art. 975: 2. Súmula 264 do STF: "Verifica-se a **prescrição intercorrente** pela paralisação da **ação rescisória** por mais de cinco anos".

O prazo previsto nesta Súmula deve ser reduzido para dois anos, em virtude da correspondente diminuição do prazo para a propositura de rescisória. Quanto ao mais, a Súmula 264 continua em vigor (RTJ 115/315 e STF-RAMPR 43/91).

S/ prescrição intercorrente, v. art. 487, nota 8b.

Art. 975: 3. A constatação da falta de **litisconsorte necessário** na ação rescisória quando já decorrido o prazo decadencial fulmina o direito à rescisão do julgado (STJ-RP 196/523: Corte Especial, ED no REsp 676.159, dois votos vencidos). No mesmo sentido: JTJ 367/30 (AR 54790-85.2010.8.26.0000).

"No âmbito da ação rescisória, a admissibilidade de modificações no polo passivo, seja para inclusão de litisconsortes passivos necessários, seja para a substituição de parte ilegítima, deve ser realizada, obrigatoriamente, até o escoamento do prazo bienal para o ajuizamento da ação rescisória, sob pena de se operar a decadência" (STJ-3ª T., REsp 1.667.576, Min. Nancy Andrighi, j. 10.9.19, DJ 13.9.19).

Art. 975: 4. O prazo para a propositura da ação rescisória é de **decadência** e não se suspende, nem se interrompe (CC 207).

S/ prorrogação, v. § 1º e notas.

Art. 975: 4a. "O prazo para o ajuizamento da ação rescisória é de decadência (art. 495, CPC), por isso aplica-se-lhe a exceção prevista no art. 208 do Código Civil de 2002, segundo a qual os **prazos decadenciais não correm contra os absolutamente incapazes**" (STJ-4ª T., REsp 1.165.735, Min. Luis Felipe, j. 6.9.11, DJ 6.10.11). No mesmo sentido: STJ-3ª T., REsp 1.403.256, Min. Ricardo Cueva, j. 7.10.14, DJ 10.10.14.

Art. 975: 4b. Indeferimento da inicial da rescisória: "Indeferida a inicial, se bem que se permita renovar a rescisória, o prazo decadencial não se interrompe ou suspende pela citação para a ação incidentalmente frustrada" (TFR-1ª Seção, AR 1.416, Min. José Dantas, j. 17.8.88, DJU 12.9.88).

"Em se tratando de prazo decadencial, o ajuizamento da ação rescisória em Tribunal incompetente não suspende ou interrompe o lapso temporal em que deve ser exercido esse direito" (STJ-3ª Seção, AR 1.435, Min. Gilson Dipp, j. 14.4.04, um voto vencido, DJU 10.5.04). S/ incompetência do tribunal e emenda da petição inicial, v. art. 968 §§ 5º e 6º.

Art. 975: 5. Termo inicial do prazo. Súmula 401 do STJ: "O prazo decadencial da ação rescisória só se inicia quando não for cabível qualquer recurso do último pronunciamento judicial".

O direito de propor ação rescisória nasce com o trânsito em julgado do pronunciamento rescindendo (RT 636/167). "É de se considerar que tem início a contagem do prazo, para efeito da propositura da ação rescisória, no momento em que já não cabe qualquer recurso da decisão rescindenda, por não ter sido exercitado, ou por não ser mais exercitável" (STF-Pleno: RTJ 120/958, a citação é do voto do Min. Djaci Falcão).

Enquanto for recorrível a decisão, o prazo para a ação rescisória não se inicia. Veja-se o caso seguinte, em que, em tese, eram cabíveis embargos de divergência no STF, mas se sabia que tais embargos não seriam conhecidos, caso opostos: denegado seguimento a recurso extraordinário, a parte agravou, e o STF negou provimento ao agravo de instrumento e, em seguida, ao agravo regimental e, finalmente, aos embargos de declaração, cujo acórdão foi publicado no DJU 6.3.81. O vencido ingressou com ação rescisória em 16.3.83, e o TJSP decidiu pela decadência da ação. A 4ª Turma do STJ deu provimento ao recurso especial do autor da rescisória para afastar a decadência, sob o fundamento de que a parte ainda podia recorrer no processo anterior, embora parecesse que "os embargos de divergência, se tivessem sido interpostos, não seriam conhecidos, por incabíveis" (RSTJ 92/242).

A parte não é obrigada a esgotar todos os recursos para só depois propor a rescisória (v. art. 966, nota 5).

"Sendo ônus da parte a contagem do prazo de decadência para o manejo da ação rescisória, a interpretação errônea de certidão, que apenas ateste a ocorrência do trânsito em julgado, sem especificar a data em que se teria consumado o biênio, deve ser suportada pelo próprio interessado. Todavia, a certidão emitida pelo Tribunal atestando não só o trânsito em julgado, mas também a data exata do trânsito em julgado do acórdão, confere à parte prejudicada por eventual equívoco a justa expectativa do manejo tempestivo da ação rescisória dentro do prazo certificado, em vista do princípio da fé pública que emana das certidões e dos documentos públicos em geral. Mesmo em se tratando de prazo decadencial, há situações em que excepcionalmente se admite sua prorrogação, como no caso dos autos, em que se justifica a dilação em vista do equívoco cometido pelo Judiciário" (STJ-2ª Seção, AR 4.374-EDcl, Min. Raul Araújo, j. 8.5.13, maioria, DJ 1.8.13). "Ação rescisória. Prazo do art. 495 do CPC. Falha do cartório (equívoco na certificação do trânsito em julgado). Fato que não pode ensejar prejuízo à parte" (STJ-2ª T., REsp 956.978, Min. Mauro Campbell, j. 6.12.12, DJ 12.12.12). **Todavia:** "Comprova-se a decadência da ação rescisória pelo trânsito em julgado da última decisão proferida no processo de conhecimento, aferido pelo transcurso do prazo recursal, e não pela certidão de trânsito em julgado que, ademais, não aponta o trânsito naquela data, mas tão somente certifica que a decisão transitou em julgado" (STJ-3ª Seção, AR 1.422, Min. Sebastião Reis Jr., j. 26.9.12, DJ 9.10.12). No mesmo sentido: STJ-1ª Seção, AR 5.263-AgRg, Min. Benedito Gonçalves, j. 23.10.13, DJ 29.10.13.

Art. 975: 6. Termo inicial do prazo e recurso não conhecido. V. tb. **Súmula 401 do STJ,** na nota anterior.

— **Recurso extraordinário ou especial.** O prazo para a propositura da ação rescisória conta-se a partir do trânsito em julgado da decisão que não conheceu do recurso extraordinário (RTJ 84/684, 109/180, 116/605; STF-RT 554/258, 592/240) ou do recurso especial, porque não configurados seus pressupostos (STJ-3ª T., REsp 13.415, Min. Nilson Naves, j. 25.5.92, DJU 29.6.92; RSTJ 73/239, 89/243, STJ-RT 717/270; TJSP-Pleno: RT 627/83, v.u.; RT 544/195, maioria, RF 294/214, em que a ementa afirma exatamente o contrário do que foi julgado, JTA 105/271, bem fundamentado).

Considerando que a contagem do prazo decadencial somente começa depois do trânsito em julgado da "decisão do STF que julga prejudicado o recurso extraordinário, ante o trânsito em julgado de decisão do STJ que proveu recurso especial": STJ-1ª Seção, AR 5.256-AgRg, Min. Assusete Magalhães, j. 10.4.19, DJ 15.4.19.

Todavia: "A pendência de recurso extraordinário já prejudicado, em virtude de anterior acolhimento da pretensão postulada pelo Superior Tribunal de Justiça em sede de recurso especial, não impede a ocorrência do trânsito em julgado, que se sucede quando preclusa a decisão que se busca rescindir. Uma vez que a solução jurídica apresentada no recurso especial, que é o que substancialmente importa para fins de rescisão do julgado, já estava preclusa, os dois despachos posteriores do Supremo Tribunal Federal acerca da prejudicialidade do recurso extraordinário apenas reconheceram algo que já havia ocorrido, não obstando o início da contagem do prazo para ajuizamento de eventual ação rescisória" (STJ-3ª Seção, AR 4.162-AgRg, Min. Napoleão Maia Filho, j. 28.10.09, DJ 18.11.09). No mesmo sentido: STJ-2ª Seção, AR 4.567-AgRg, Min. João Otávio, j. 13.4.11, DJ 19.4.11.

— **Embargos de divergência.** O prazo conta-se a partir do trânsito em julgado do acórdão que não conheceu dos embargos de divergência (STF-Pleno: RTJ 105/466 e RT 567/215). **Contra,** entendendo que, nessa hipótese, os embargos não podem alongar o início do prazo decadencial: "Recurso inadmissível não tem o efeito de empecer a preclusão" (STF-RT 870/149 e RDDP 61/133: Pleno, AR 1.472, dois votos vencidos).

— **Recurso intempestivo.** "Mesmo que a matéria a ser apreciada pelas instâncias superiores refira-se tão somente à intempestividade do apelo — existindo controvérsia acerca deste requisito de admissibilidade —, não há que se falar no trânsito em julgado da sentença rescindenda até que o último órgão jurisdicional se manifeste sobre o derradeiro recurso. Desconsiderar a interposição de recurso intempestivo para fins de contagem do prazo decadencial para a propositura de ação rescisória seria descartar, por completo, a hipótese de reforma do julgado que declarou a intempestividade pelas instâncias superiores, negando-se a existência de dúvida com relação à admissibilidade do recurso" (STJ-Corte Especial, ED no REsp 441.252, Min. Gilson Dipp, j. 29.6.05, dois votos vencidos, DJU 18.12.06). "Não demonstrada a má-fé do recorrente, que visa reabrir prazo recursal já vencido, o início do prazo decadencial se dará após o julgamento do recurso tido por intempestivo" (STJ-3ª T., AI 1.218.222-AgRg, Min. Sidnei Beneti, j. 22.6.10, DJ 1.7.10).

Contra, no sentido de que o prazo para a ação rescisória se inicia já com a ocorrência da preclusão temporal, ou seja, não se leva em conta a interposição do recurso intempestivo, que não seria apto a obstar a formação da coisa julgada: RTJ 104/1.265, 110/880, 112/989, 117/1.361, 121/209 (agravo intempestivo contra decisão denegatória de recurso extraordinário), STF-RT 596/233, 609/153, em., 609/261, em.; STJ-1ª Seção, AR 3.758-EDcl-AgRg, Min. Herman Benjamin, j. 28.4.10, DJ 30.6.10 (caso de recurso extraordinário intempestivo); STJ-RF 379/284 (1ª T., REsp 611.506; caso de apelação intempestiva), RJTJESP 89/430, 113/489, JTA 93/128.

"Quando a intempestividade do recurso extraordinário consubstanciar erro grosseiro, como na hipótese dos autos, o prazo decadencial da rescisória deve ser contado do dia seguinte ao trânsito em julgado do acórdão do Tribunal *a quo* intempestivamente recorrido" (STJ-1ª T., REsp 841.592, Min. Luiz Fux, j. 7.5.09, DJ 25.5.09).

— **Recurso julgado deserto.** "O prazo decadencial para proposição de ação rescisória é de 2 (dois) anos, contados a partir do trânsito em julgado do acórdão rescindendo, mesmo que este se limite a julgar deserto o recurso, por falta de preparo" (STJ-1ª T., REsp 654.368-AgRg, Min. Luiz Fux, j. 15.3.05, DJU 25.4.05). No mesmo sentido: RSTJ 113/419 (6ª T., REsp 170.636). Assim, "a contagem do biênio terá início com o fim do prazo para se impugnar o acórdão que não conheceu do apelo" (STJ-5ª T., REsp 203.067, Min. Felix Fischer, j. 14.12.99, DJU 14.2.00).

"O prazo de dois anos conta-se do trânsito em julgado. Tal não se verifica pendendo recurso, cabível e tempestivamente ofertado. Não faz retrotrair aquele termo a circunstância de haver sido julgado deserto. O termo *a quo* coincidirá com o momento em que se exaurir o prazo para impugnar o provimento que reconheceu a deserção" (STJ-3ª T., REsp 5.722, Min. Eduardo Ribeiro, j. 22.10.91, DJU 25.11.91).

Art. 975: 7. Termo inicial do prazo. Capítulos distintos, com diferentes momentos de trânsito em julgado. V. tb. **Súmula 401 do STJ,** em nota 5.

Ocorrendo o trânsito em julgado parcial de capítulo autônomo da decisão, conforme aceito expressamente pelo art. 356 § 3º, a parte pode propor desde logo a ação rescisória. No entanto, o direito à rescisão só se extinguirá dois anos após o trânsito em julgado da última decisão proferida no processo.

Art. 975: 8. Termo inicial do prazo. Trânsito em julgado da sentença ou acórdão, em momentos distintos para cada uma das partes. V. tb. **Súmula 401 do STJ,** em nota 5.

Uma sentença pode transitar em julgado para as partes em diferentes momentos. Isso pode ocorrer, p. ex., nas ações em que é parte a Fazenda Pública, com prazo em dobro para recorrer, e um particular, com prazo simples, ou, também, se as partes foram intimadas da sentença em datas diferentes. Nessas hipóteses, tem se entendido que o prazo para propositura da ação rescisória se conta da data do último trânsito em julgado da decisão rescindenda, ainda que o trânsito em julgado da sentença ou acórdão tenha ocorrido antes para o autor da ação rescisória. Assim: "O trânsito em julgado da decisão ocorre quando não é mais passível de qualquer recurso. Se uma das partes possui o *privilégio* de prazo em dobro, tão somente após o escoamento deste é que se poderá falar em coisa julgada, ocasião em que começará a fluir o prazo para ambas as partes pleitearem a rescisão do julgamento" (STJ-RF 376/273: 1ª T., REsp 551.812). No mesmo sentido: STJ-2ª T., REsp 718.164, Min. Mauro Campbell, j. 18.12.08, DJ 13.2.09; STJ-1ª T., Ag em REsp 79.082-AgRg, Min. Arnaldo Esteves, j. 5.2.13, DJ 8.2.13.

Art. 975: 8a. "O manejo de **reclamação constitucional,** que não tem natureza de recurso, não se constitui 'decisão proferida no processo', como requer o art. 975 do CPC, **não** se prestando, também por isso, para **retardar o início do prazo** decadencial de ajuizamento da ação rescisória" (STJ-1ª Seção, AR 6.351-AgInt, Min. Sérgio Kukina, j. 24.4.19, DJ 26.4.19).

Art. 975: 8b. Se o autor da rescisória não foi citado ou o foi irregularmente para a ação originária, deve-se considerá-lo intimado da sentença rescindenda no dia em que tomou ciência inequívoca do seu teor (STJ-3ª T., REsp 4.825, Min. Nilson Naves, j. 13.11.90, DJU 10.12.90; RTJ 95/852, 98/840, RJTJESP 106/376, RP 4/375, em. 11).

Art. 975: 9. "O **termo 'a quo'** para o ajuizamento da ação rescisória coincide com a data do trânsito em julgado da decisão rescindenda" (STJ-Corte Especial, REsp 1.112.864, Min. Laurita Vaz, j. 19.11.14, DJ 17.12.14). "O **prazo** decadencial para propositura de ação rescisória começa a correr da data do trânsito em julgado da sentença rescindenda, incluindo-se-lhe no **cômputo** o dia do começo" (STF-RDDP 78/144 e RF 405/405: Pleno, AR 1.412). "Os prazos em anos expiram no dia de igual número do de início (CC, art. 132, § 3º). Ademais, na contagem dos prazos, exclui-se o dia do começo e inclui-se o do vencimento (CC, art. 132, *caput*; CPC, art. 224). Logo, datando o trânsito em julgado da decisão rescindenda de 17/3/2015, o ajuizamento da ação rescisória deveria ocorrer até o dia 17/3/2017, mas se deu apenas em 18/3/2017. Decadência reconhecida" (STJ-Corte Especial, AR 6.000, Min. Francisco Falcão, j. 15.5.19, DJ 23.5.19). **Contra,** no sentido de que o prazo decadencial para a propositura da ação rescisória é deflagrado a partir do primeiro dia útil seguinte ao do trânsito em julgado e não a partir do próprio dia do trânsito em julgado: STJ-Corte Especial, ED no REsp 341.655, Min. Luiz Fux, j. 30.6.08, dois votos vencidos, DJU 4.8.08.

Art. 975: 10. v. arts. 214 e notas, e 224, nota 5.

Art. 975: 11. "O termo final do prazo para o ajuizamento da ação rescisória, embora decadencial, prorroga-se para o primeiro dia útil subsequente, se recair em dia de não funcionamento da secretaria do juízo competente" (STJ-Corte Especial, REsp 1.112.864, Min. Laurita Vaz, j. 19.11.14, DJ 17.12.14).

Art. 975: 12. v. art. 966-III.

Capítulo VIII | DO INCIDENTE DE RESOLUÇÃO DE DEMANDAS REPETITIVAS[1]

CAP. VIII: 1. s/ incidente de resolução de demandas repetitivas e: ordem cronológica para decisão, v. art. 12 § 2º-III; legitimidade recursal do *amicus curiae*, v. art. 138 § 3º; suspensão do processo, v. arts. 313-IV e 1.029 § 4º; improcedência liminar do pedido, v. art. 332-III; remessa necessária, v. art. 496 § 4º-III; eficácia persuasiva, v. art. 927-III; deveres do relator, v. art. 932-IV-*c* e V-*c*; prolongamento de julgamento não unânime, v. art. 942 § 4º-I; reclamação, v. art. 988-IV.

Art. 976. É cabível a instauração do incidente de resolução de demandas repetitivas quando houver, simultaneamente:[1] [Sem dispositivo correspondente no CPC/1973]

I — efetiva repetição de processos que contenham controvérsia sobre a mesma questão unicamente de direito;[1a]

II — risco de ofensa à isonomia e à segurança jurídica.

§ 1º A desistência ou o abandono do processo não impede o exame de mérito do incidente.

§ 2º Se não for o requerente, o Ministério Público intervirá obrigatoriamente no incidente e deverá assumir sua titularidade em caso de desistência ou de abandono.

§ 3º A inadmissão do incidente de resolução de demandas repetitivas por ausência de qualquer de seus pressupostos de admissibilidade não impede que, uma vez satisfeito o requisito, seja o incidente novamente suscitado.[1b]

§ 4º É incabível o incidente de resolução de demandas repetitivas quando um dos tribunais superiores, no âmbito de sua respectiva competência, já tiver afetado recurso para definição de tese sobre questão de direito material ou processual repetitiva.[2]

§ 5º Não serão exigidas custas processuais no incidente de resolução de demandas repetitivas.

Art. 976: 1. "O cabimento do IRDR, condiciona-se à **pendência de julgamento,** no tribunal, de uma causa recursal ou originária. Se já encerrado o julgamento, não caberá mais a instauração do IRDR, senão em outra causa pendente; mas não naquela que já foi julgada", ainda que se esteja no aguardo da apreciação de embargos de declaração nesta causa (STJ-2ª T., Ag em REsp 1.470.017, Min. Francisco Falcão, j. 15.10.19, DJ 18.10.19).

Art. 976: 1a. p/ julgamento que envolver questão de direito com grande repercussão social, mas sem repetição em múltiplos processos, v. art. 947 (incidente de assunção de competência).

Art. 976: 1b. v. art. 987, nota 3.

Art. 976: 2. s/ recursos extraordinário e especial repetitivos, v. arts. 1.036 e segs. (especialmente, art. 1.037).

Art. 977. O pedido de instauração do incidente será dirigido ao presidente de tribunal:[1] [Sem dispositivo correspondente no CPC/1973]

I — pelo juiz ou relator, por ofício;

II — pelas partes, por petição;

III — pelo Ministério Público ou pela Defensoria Pública, por petição.

Parágrafo único. O ofício ou a petição será instruído com os documentos necessários à demonstração do preenchimento dos pressupostos para a instauração do incidente.[2]

Art. 977: 1. de **Justiça, Regional** Federal, Regional do Trabalho ou Regional Eleitoral.

Em regra, cabe ao STJ e ao STF atuarem no âmbito do incidente de resolução de demandas repetitivas como instâncias de controle ou recursais (v. arts. 982 § 3º e 987).

Todavia: "A instauração de incidente de resolução de demandas repetitivas **diretamente no Superior Tribunal de Justiça** é cabível apenas nos casos de competência recursal ordinária e de competência originária e desde que preenchidos os requisitos do art. 976 do CPC. Quando a reclamação não ultrapassa o juízo de admissibilidade, não cabe a instauração do incidente de demandas repetitivas no Superior Tribunal de Justiça" (STJ-Corte Especial, Pet 11.838-AgInt, Min. João Otávio, j. 7.8.19, maioria, DJ 10.9.19).

Art. 977: 2. v. art. 976 § 3º (inadmissão do incidente).

Art. 978. O julgamento do incidente caberá ao órgão indicado pelo regimento interno dentre aqueles responsáveis pela uniformização de jurisprudência do tribunal. [Sem dispositivo correspondente no CPC/1973]

Parágrafo único. O órgão colegiado incumbido de julgar o incidente e de fixar a tese jurídica julgará igualmente o recurso, a remessa necessária ou o processo de competência originária de onde se originou o incidente.[1]

Art. 978: 1. v. art. 976, nota 1.

Art. 979. A instauração e o julgamento do incidente serão sucedidos da mais ampla e específica divulgação e publicidade, por meio de registro eletrônico no Conselho Nacional de Justiça. [Sem dispositivo correspondente no CPC/1973]

§ 1º Os tribunais manterão banco eletrônico de dados atualizados com informações específicas sobre questões de direito submetidas ao incidente, comunicando-o imediatamente ao Conselho Nacional de Justiça para inclusão no cadastro.

§ 2º Para possibilitar a identificação dos processos abrangidos pela decisão do incidente, o registro eletrônico das teses jurídicas constantes do cadastro conterá, no mínimo, os fundamentos determinantes da decisão e os dispositivos normativos a ela relacionados.

§ 3º Aplica-se o disposto neste artigo ao julgamento de recursos repetitivos e da repercussão geral em recurso extraordinário.

Art. 980. O incidente será julgado no prazo de 1 (um) ano e terá preferência sobre os demais feitos, ressalvados os que envolvam réu preso e os pedidos de *habeas corpus*. [Sem dispositivo correspondente no CPC/1973]

Parágrafo único. Superado o prazo previsto no *caput*, cessa a suspensão dos processos prevista no art. 982, salvo decisão fundamentada do relator em sentido contrário.

Art. 981. Após a distribuição, o órgão colegiado competente para julgar o incidente procederá ao seu juízo de admissibilidade, considerando a presença dos pressupostos do art. 976. [Sem dispositivo correspondente no CPC/1973]

Art. 982. Admitido o incidente, o relator: [Sem dispositivo correspondente no CPC/1973]

I — suspenderá os processos pendentes, individuais ou coletivos, que tramitam no Estado ou na região, conforme o caso;[1-1a]

II — poderá requisitar informações a órgãos em cujo juízo tramita processo no qual se discute o objeto do incidente, que as prestarão no prazo de 15 (quinze) dias;

III — intimará o Ministério Público para, querendo, manifestar-se no prazo de 15 (quinze) dias.

§ 1º A suspensão será comunicada aos órgãos jurisdicionais competentes.

§ 2º Durante a suspensão, o pedido de tutela de urgência[2] deverá ser dirigido ao juízo onde tramita o processo suspenso.

§ 3º Visando à garantia da segurança jurídica, qualquer legitimado mencionado no art. 977, incisos II e III, poderá requerer, ao tribunal competente para conhecer do recurso extraordinário ou especial, a suspensão de todos os processos individuais ou coletivos em curso no território nacional que versem sobre a questão objeto do incidente já instaurado.[2a]

§ 4º Independentemente dos limites da competência territorial, a parte no processo em curso no qual se discuta a mesma questão objeto do incidente é legitimada para requerer a providência prevista no § 3º deste artigo.

§ 5º Cessa a suspensão a que se refere o inciso I do *caput* deste artigo[3] se não for interposto recurso especial ou recurso extraordinário contra a decisão proferida no incidente.

Art. 982: 1. v. art. 313-IV.

Art. 982: 1a. "Suspensão do processo em 1º grau em razão de instauração de IRDR. O procedimento de **alegação de distinção** (*distinguishing*) entre a questão debatida no processo e a questão submetida ao julgamento sob o rito dos recursos repetitivos, previsto no art. 1.037, §§ 9º a 13, do novo CPC, aplica-se também ao incidente de resolução de demandas repetitivas — IRDR. Considerando que a **decisão** interlocutória que resolve o pedido de distinção em relação a matéria submetida ao rito dos recursos repetitivos é **impugnável** imediatamente **por agravo de instrumento** (art. 1.037, § 13, I, do novo CPC), é igualmente cabível o referido recurso contra a decisão interlocutória que resolve o pedido de distinção em relação a matéria objeto de IRDR. A decisão interlocutória que versa sobre a distinção entre a questão debatida no processo e a questão submetida ao IRDR é impugnável imediatamente também porque, se indeferido o requerimento de distinção e mantida a suspensão do processo, essa questão jamais poderia ser submetida ao tribunal se devolvida apenas em apelação ou em contrarrazões quando já escoado o prazo de suspensão. Examinado detalhadamente o procedimento de distinção previsto no art. 1.037, §§ 9º a 13, constata-se que o legislador estabeleceu detalhado procedimento para essa finalidade, dividido em cinco etapas: (i) intimação da decisão de suspensão; (ii) requerimento da parte, demonstrando a distinção entre a questão debatida no processo e àquela submetida ao julgamento repetitivo, endereçada ao juiz em 1º grau; (iii) abertura de contraditório, a fim de que a parte adversa se manifeste sobre a matéria em 5 dias; (iv) prolação de decisão interlocutória resolvendo o requerimento; (v) cabimento do agravo de instrumento em face da decisão que resolve o requerimento. Hipótese em que a parte, ao interpor agravo de instrumento diretamente em face da decisão de suspensão, saltou quatro das cinco etapas acima descritas, sem observar todas as demais prescrições legais. O detalhado rito instituído pelo novo CPC não pode ser reputado como mera e irrelevante formalidade, mas, sim, é procedimento de observância obrigatória, na medida em que visa, a um só tempo, densificar o contraditório em 1º grau acerca do requerimento de distinção, evitar a interposição de recursos prematuros e gerar a decisão interlocutória a ser impugnada (a que resolve a alegação de distinção), sob pena de violação ao duplo grau de jurisdição e supressão de instância" (STJ-3ª T., REsp 1.846.109, Min. Nancy Andrighi, j. 10.12.19, DJ 13.12.19).

Art. 982: 2. v. arts. 294 e segs. e 1.037, nota 1b.

Art. 982: 2a. v. art. 1.029 § 4º.

Art. 982: 3. v. tb. art. 980 § ún.

Art. 983. O relator ouvirá as partes e os demais interessados, inclusive pessoas, órgãos e entidades com interesse na controvérsia,[1] que, no prazo comum de 15 (quinze) dias, poderão requerer a juntada de documentos, bem como as diligências necessárias para a elucidação da questão de direito controvertida, e, em seguida, manifestar-se-á o Ministério Público, no mesmo prazo. [Sem dispositivo correspondente no CPC/1973]

§ 1º Para instruir o incidente, o relator poderá designar data para, em audiência pública, ouvir depoimentos de pessoas com experiência e conhecimento na matéria.

§ 2º Concluídas as diligências, o relator solicitará dia para o julgamento do incidente.

Art. 983: 1. s/ legitimidade do *amicus curiae* para recorrer do julgamento do incidente, v. art. 138 § 3º.

Art. 984. No julgamento do incidente, observar-se-á a seguinte ordem: [Sem dispositivo correspondente no CPC/1973]

I — o relator fará a exposição do objeto do incidente;

II — poderão sustentar suas razões,[1] sucessivamente:

a) o autor e o réu do processo originário e o Ministério Público, pelo prazo de 30 (trinta) minutos;

b) os demais interessados, no prazo de 30 (trinta) minutos, divididos entre todos, sendo exigida inscrição com 2 (dois) dias de antecedência.

§ 1º Considerando o número de inscritos, o prazo poderá ser ampliado.

§ 2º O conteúdo do acórdão abrangerá a análise de todos os fundamentos suscitados concernentes à tese jurídica discutida, sejam favoráveis ou contrários.[2]

Art. 984: 1. v. art. 937, em especial, § 1º.

Art. 984: 2. v. art. 489 §§ 1º e 2º.

Art. 985. Julgado o incidente, a tese jurídica será aplicada:[1] [Sem dispositivo correspondente no CPC/1973]

I — a todos os processos individuais ou coletivos que versem sobre idêntica questão de direito e que tramitem na área de jurisdição do respectivo tribunal, inclusive àqueles que tramitem nos juizados especiais do respectivo Estado ou região;

II — aos casos futuros que versem idêntica questão de direito e que venham a tramitar no território de competência do tribunal, salvo revisão na forma do art. 986.

§ 1º Não observada a tese adotada no incidente, caberá reclamação.[2]

§ 2º Se o incidente tiver por objeto questão relativa a prestação de serviço concedido, permitido ou autorizado, o resultado do julgamento será comunicado ao órgão, ao ente ou à agência reguladora competente para fiscalização da efetiva aplicação, por parte dos entes sujeitos a regulação, da tese adotada.

Art. 985: 1. v. art. 332-III (improcedência liminar do pedido).

Art. 985: 2. v. arts. 988 e segs.

Art. 986. A revisão da tese jurídica firmada no incidente far-se-á pelo mesmo tribunal,[1] de ofício ou mediante requerimento dos legitimados mencionados no art. 977, inciso III. [Sem dispositivo correspondente no CPC/1973]

Art. 986: 1. v. art. 927 §§ 2º a 4º.

Art. 987. Do julgamento do mérito do incidente caberá recurso extraordinário ou especial, conforme o caso.[1 a 3] [Sem dispositivo correspondente no CPC/1973]

§ 1º O recurso tem efeito suspensivo, presumindo-se a repercussão geral de questão constitucional eventualmente discutida.

§ 2º Apreciado o mérito do recurso, a tese jurídica adotada pelo Supremo Tribunal Federal ou pelo Superior Tribunal de Justiça será aplicada no território nacional a todos os processos individuais ou coletivos que versem sobre idêntica questão de direito.

Art. 987: 1. s/ legitimidade do *amicus curiae* para recorrer do julgamento do incidente, v. art. 138 § 3º. Em matéria de recurso especial, v. RISTJ 256-H.

Art. 987: 2. Naturalmente, também cabem **embargos de declaração** contra a decisão que julga o incidente.

Art. 987: 3. "**Não é cabível recurso especial** em face do acórdão que **inadmite a instauração do IRDR** por falta de interesse recursal do requerente, pois, apontada a ausência de determinado pressuposto, será possível a instauração de um novo IRDR após o preenchimento do requisito inicialmente faltante, sem que tenha ocorrido preclusão, conforme expressamente autoriza o art. 976, § 3º, do CPC/15. De outro lado, o descabimento do recurso especial na hipótese decorre ainda do fato de que o novo CPC previu a recorribilidade excepcional ao Superior Tribunal de Justiça e ao Supremo Tribunal Federal apenas contra o acórdão que resolver o mérito do incidente, conforme se depreende do art. 987, *caput*, do CPC/15, mas não do acórdão que admite ou que inadmite a instauração do IRDR. O acórdão que inadmite a instauração do IRDR não preenche o pressuposto constitucional da causa decidida apto a viabilizar o conhecimento de quaisquer recursos excepcionais, uma vez que ausente, na hipótese, o caráter de definitividade no exame da questão litigiosa, especialmente quando o próprio legislador previu expressamente a inexistência de preclusão e a possibilidade de o requerimento de instauração do IRDR ser novamente realizado quando satisfeitos os pressupostos inexistentes ao tempo do primeiro pedido" (STJ-3ª T., REsp 1.631.846, Min. Nancy Andrighi, j. 5.11.19, maioria, DJ 22.11.19).

Capítulo IX | DA RECLAMAÇÃO

Art. 988. Caberá reclamação[1 a 3b] da parte interessada[4-4a] ou do Ministério Público para: [Sem dispositivo correspondente no CPC/1973]

I — preservar a competência do tribunal;[5-5a]

II — garantir a autoridade das decisões do tribunal;[5b a 6]

III — garantir a observância de enunciado de súmula vinculante[6a-6b] e de decisão do Supremo Tribunal Federal em controle concentrado de constitucionalidade;[6c-6d]

IV — garantir a observância de acórdão proferido em julgamento de incidente de resolução de demandas repetitivas[7] ou de incidente de assunção de competência.[7a-7b]

§ 1º A reclamação pode ser proposta perante qualquer tribunal, e seu julgamento compete ao órgão jurisdicional cuja competência se busca preservar ou cuja autoridade se pretenda garantir.[7c]

§ 2º A reclamação deverá ser instruída com prova documental e dirigida ao presidente do tribunal.[8]

§ 3º Assim que recebida, a reclamação será autuada e distribuída ao relator do processo principal, sempre que possível.

§ 4º As hipóteses dos incisos III e IV compreendem a aplicação indevida da tese jurídica e sua não aplicação aos casos que a ela correspondam.

§ 5º É inadmissível a reclamação:[8a]

I — proposta após o trânsito em julgado da decisão reclamada;[9]

II — proposta para garantir a observância de acórdão de recurso extraordinário com repercussão geral reconhecida ou de acórdão proferido em julgamento de recursos extraordinário ou especial repetitivos, quando não esgotadas as instâncias ordinárias.[10 a 12]

§ 6º A inadmissibilidade ou o julgamento do recurso interposto contra a decisão proferida pelo órgão reclamado não prejudica a reclamação.

Art. 988: 1. v. CF 102-I-*l* e 105-I-*f*; RISTF 156 a 162; RISTJ 187 a 192.

Art. 988: 1a. Casos em que **cabe reclamação:**

— art. 537, nota 12 (execução provisória da multa coercitiva);

— art. 1.028, nota 3 (trancamento na origem de recurso ordinário);

— art. 1.042, nota 4 (trancamento pelo tribunal local de agravo em recurso especial ou extraordinário);

— LADIN 28, nota 2b (desrespeito à declaração de constitucionalidade ou inconstitucionalidade);

— LJEFP 18, nota 3 (pedido de uniformização de interpretação de lei);

— LMS 5º, nota 12 (mandado de segurança impetrado concomitantemente com recurso especial);

— LMS 15, nota 3a (avocação de suspensão de segurança);

— RISTJ 271, nota 2 (avocação de suspensão de segurança);

— RISTF 297, nota 1 (avocação de suspensão de segurança);

— RISTF 321, nota 3-Execução de acórdão do STF;

— Lei 11.417, de 19.12.06, art. 7º, no tít. SUPREMO TRIBUNAL FEDERAL (desrespeito à súmula vinculante).

Casos em que **não cabe reclamação:**

— LJE 41, nota 4 (controle de competência dos Juizados Especiais);

— LJEF 14, nota 2b (pedido de uniformização de interpretação de lei).

Art. 988: 1b. "Não apenas as **interlocutórias,** senão também as **decisões definitivas,** e principalmente estas, são suscetíveis de ser cassadas por via de reclamação" (STF-Pleno, Rcl 377-2-EDcl, Min. Ilmar Galvão, j. 18.6.93, maioria, DJU 20.8.93).

Art. 988: 1c. Cabe reclamação para impedir que a Justiça de primeiro grau aprecie ação que não visa ao julgamento de uma relação jurídica concreta, mas ao da validade de **lei em tese,** o que, nos termos da CF 102-I-*a*, é da competência exclusiva do STF (STF-Pleno: RF 336/231).

Art. 988: 1d. Cabe reclamação para fazer cumprir **mandado de segurança concedido pelo STJ** e não cumprido por outro Tribunal (RSTJ 50/63 e STJ-Bol. AASP 1.835/57); não cabe, porém, se a execução compete ao próprio STJ, como, p. ex., se um Ministro de Estado se nega a cumprir liminar concedida por esse Tribunal (STJ-3ª Seção, Rcl 198-9, Min. Vicente Cernicchiaro, j. 9.4.97, DJU 25.8.97).

Art. 988: 2. Cabe reclamação, e não mandado de segurança, para fazer cumprir **decisão de Tribunal não obedecida por juiz** a ele subordinado (STJ-3ª Seção, MS 2.904-5, Min. Adhemar Maciel, j. 7.10.93, DJU 22.11.93).

"O princípio da fungibilidade recursal deve ser aplicado com parcimônia, sob pena de comprometer-se o sistema recursal previsto no Código de Processo Civil, principalmente quando há erro grosseiro na escolha do recurso cabível. **Não há fungibilidade entre reclamação e mandado de segurança.** Trata-se de institutos processuais diversos, com ritos próprios" (STF-RT 845/168: Pleno, MS 23.605-AgRg-EDcl).

Todavia: "Mandado de segurança dirigido originariamente ao STF que, invocando o art. 102, I, *n*, da Constituição, requer avocação de outra impetração de segurança em curso no Tribunal de Justiça; conversão em reclamação, dado o verdadeiro objeto do pedido" (STF-Pleno: RTJ 143/386).

Art. 988: 2a. "É incabível a reclamação com a finalidade de obter a tutela jurisdicional negada na origem, sendo inaplicável o princípio da fungibilidade para recebê-la como **medida cautelar**" (STJ-3ª Seção, Rcl 1.897-AgRg-AgRg, Min. Arnaldo Esteves, j. 14.3.07, DJU 2.4.07).

Art. 988: 2b. "A reclamação não pode ser utilizada como mera **substituta da execução do julgado**" (STJ-1ª Seção, Rcl 1.343, Min. Luiz Fux, j. 10.12.03, DJU 16.2.04). **Todavia:** "Havendo injustificável demora na execução do julgado, julga-se procedente a reclamação" (STJ-1ª Seção, Rcl 276-4, Min. Cesar Rocha, j. 16.5.95, DJU 5.6.95).

Art. 988: 2c. "Não cabe reclamação para combater eventual descumprimento de ordem judicial por **autoridade administrativa,** exceto nos casos expressamente previstos em lei (arts. 28, § ún., da Lei 9.868/99, e 10, § 3º, da Lei 9.882/99) ou na Constituição (art. 103-A, § 3º)" (STJ-1ª Seção, Rcl 2.918-AgRg, Min. Denise Arruda, j. 8.10.08, DJ 28.10.08). **Contra:** "Para o fim de reclamação, é irrelevante se a autoridade que está desrespeitando julgado desta Corte é judiciária ou administrativa" (STJ-1ª Seção, Rcl 502, Min. Adhemar Maciel, j. 14.10.98, um voto vencido, DJU 22.3.99).

Art. 988: 2d. **Reclamação contra decisão monocrática.** Não se conhece de reclamação apresentada contra ato de relator se, no Tribunal a que pertence, cabia agravo regimental contra esse ato (STJ-2ª Seção, Rcl 10, Min. Nilson Naves, j. 25.4.90, DJU 28.5.90).

É incabível reclamação para o STJ contra decisão unipessoal, proferida por juiz de Tribunal, que concede liminar em mandado de segurança (STJ-2ª Seção, Rcl 1.202-AgRg, Min. Nancy Andrighi, j. 13.8.03, DJU 8.9.03).

Art. 988: 3. Deve ser indeferida liminarmente, por inepta, a **reclamação contra acórdão do próprio Tribunal** (RTJ 91/379).

"A reclamação, quando dirigida ao STJ, é incabível se tem como objeto acórdão proferido por um de seus órgãos julgadores" (STJ-Corte Especial, Rcl 1.455-AgRg, Min. Ari Pargendler, j. 17.3.04, DJU 21.2.05).

Art. 988: 3a. "A **pendência de recurso** ordinário no Tribunal local contra a decisão reclamada não impede que, contra ela, se oponha reclamação ao Supremo Tribunal Federal" (STF-Pleno, Rcl 655-AgRg, Min. Sepúlveda Pertence, j. 10.4.97, DJ 27.6.97).

"A recorribilidade ou a efetiva interposição de recurso para o STF da decisão reclamada não elide o cabimento da reclamação" (RTJ 132/620 e STF-RTJE 81/185).

"A reclamação pode ser ajuizada para garantir a autoridade de acórdão desta Corte, impugnado via recurso para o STF, pois tanto o recurso extraordinário como o agravo de instrumento não produzem efeito suspensivo. Sob outro prisma, ao contrário da ação rescisória, a reclamação não pressupõe o trânsito em julgado da decisão supostamente desrespeitada" (STJ-1ª Seção, Rcl 502, Min. Adhemar Maciel, j. 14.10.98, maioria, DJU 22.3.99).

Todavia: "Não se conhece de reclamação quando a decisão, que se diz haver descumprido acórdão deste STJ, se acha submetida a recurso regularmente interposto" (STJ-2ª Seção, Rcl 175-1, Min. Dias Trindade, j. 30.6.93, DJU 30.8.93). No mesmo sentido: STJ-1ª Seção, Rcl 2.136-AgRg, Min. José Delgado, j. 8.11.06, DJU 27.11.06.

V. tb. §§ 5º-II e 6º.

Art. 988: 3b. Não há **prazo para a apresentação** da reclamação (STF-Pleno: RTJ 133/526 e RT 673/205). Mas ela deve ser protocolada antes do trânsito em julgado da decisão reclamada (v. § 5º, nota 9).

Art. 988: 4. A expressão "parte interessada, embora assuma conteúdo amplo no âmbito do processo subjetivo, abrangendo, inclusive, os terceiros juridicamente interessados, deverá, no processo objetivo de **fiscalização normativa abstrata,** limitar-se apenas aos órgãos ativa ou passivamente legitimados à sua instauração (CF, art. 103). Reclamação que não é de ser conhecida, eis que formulada por magistrados, estranhos ao rol taxativo do art. 103 da Constituição" (STF-Pleno: RTJ 147/31 e RT 702/210).

Não obstante, esse mesmo acórdão acentua: "A natureza eminentemente objetiva do controle normativo abstrato afasta o cabimento do instituto da reclamação por inobservância de decisão proferida em ação direta (Rcl 354, rel. Min. Celso de Mello). Coloca-se, contudo, a questão da conveniência de que se atenue o rigor dessa vedação jurisprudencial, notadamente em face da notória insubmissão de alguns Tribunais judiciários às teses jurídicas consagradas pelo STF em ações diretas de inconstitucionalidade".

V. tb. CF 102 § 2º.

Art. 988: 4a. "É cabível a reclamação ajuizada por terceiro interessado, cuja participação em **mandado de segurança** é vedada, como na presente hipótese, em face de jurisprudência desta Corte, que é firme no sentido de vedar ingresso de terceiro, por falta de previsão no art. 24 da lei 12.016/2009" (STF-1ª T., Rcl 31.937, Min. Alexandre de Moraes, j. 13.8.19, um voto vencido, DJ 4.10.19).

Art. 988: 5. A reclamação se presta não só a garantir o cumprimento das decisões do tribunal, mas também a impedir a invasão da sua competência (STJ-2ª Seção, Rcl 3-DF, Min. Eduardo Ribeiro, j. 13.9.89, DJU 2.10.89).

P. ex., na medida em que compete ao STJ apreciar *habeas corpus* contra ato de desembargador de tribunal local (CF 105-I-*a* e *c*) e o impetrante pede o *writ* perante o próprio tribunal local, que concede a medida liminar solicitada, tem cabimento a reclamação (STJ-2ª Seção, Rcl 1.163, Min. Pádua Ribeiro, j. 22.8.07, DJU 13.9.07).

Art. 988: 5a. "Simples referência do acórdão (do STJ) a dispositivo constitucional necessário à sua fundamentação não pode ser considerada como se a matéria constitucional do recurso extraordinário tivesse sido formalmente decidida, em desrespeito frontal à competência desta Corte Suprema. Improcedência da reclamação" (STF-Pleno: RTJ 132/103).

Art. 988: 5b. "Tendo a **anterior decisão** do STJ **delimitado,** com precisão, os **temas** que haveriam de ser apreciados em apelação submetida ao Tribunal de origem, não mais era dado a este último, ainda que sob ponderável argumentação jurídica, avançar no julgamento de temas outros que, também de forma expressa e pela mesma decisão, haviam sido expressamente excluídos do âmbito da apreciação do apelo" (STJ-1ª Seção, Rcl 9.152, Min. Sérgio Kukina, j. 27.4.16, maioria, DJ 5.9.16).

Art. 988: 5c. Descabimento da reclamação. "Não se tem a afronta ao julgado. O que se tem é a **mera diversidade de interpretação** da extensão do julgado do STJ, de modo que necessário o provimento jurisdicional na origem para acertamento do efeito prático e concreto da decisão, cabendo recurso para os órgãos recursais do próprio Tribunal a que pertence o Juízo, para eventual reforma da decisão tomada" (STJ-2ª Seção, Rcl 2.861, Min. Sidnei Beneti, j. 14.10.09, um voto vencido, DJ 4.12.09).

V. § 4º.

Art. 988: 5d. "Descabe a reclamação se não há decisão da Corte a ser resguardada, nem cuja autoridade esteja sendo desrespeitada. Argumentar que a questão controvertida na execução é contrária à jurisprudência do STF não basta para o cabimento da medida" (STF-Rcl 726-1-AgRg, Min. Ilmar Galvão, j. 12.3.98, DJU 17.4.98).

Art. 988: 6. "Assegurar o cumprimento de **decisão** do STJ que se mostra **incompatível** com entendimento exposto pela Suprema Corte em sede de **controle concentrado de constitucionalidade** implicaria em contrassenso, indo de encontro aos princípios constitucionais da duração razoável do processo e da força normativa da Constituição" (STJ-1ª Seção, Rcl 3.327, Min. Eliana Calmon, j. 13.5.09, DJ 25.5.09).

Art. 988: 6a. v. CF 103-A; Lei 11.417, de 19.12.06 (no tít. SUPREMO TRIBUNAL FEDERAL).

Art. 988: 6b. A prolação de decisão contrária a **súmula não vinculante** editada pelo STF não autoriza a oferta de reclamação (STF-RT 863/134: Pleno, Rcl 5.082).

"As súmulas do STJ não se enquadram no conceito de súmula vinculante, a que se refere o inciso III do art. 988 do CPC/2015" (STJ-1ª Seção, Rcl 32.276-AgInt, Min. Assusete Magalhães, j. 14.6.17, DJ 27.6.17). No mesmo sentido: STJ-3ª Seção, Rcl 35.887-EDcl-AgRg, Min. Reynaldo da Fonseca, j. 13.6.18, DJ 25.6.18.

Art. 988: 6c. Redação do inc. III de acordo com a Lei 13.256, de 4.2.16.

Art. 988: 6d. v. nota 4.

Art. 988: 7. v. arts. 976 e segs.

Art. 988: 7a. Redação do inc. IV de acordo com a Lei 13.256, de 4.2.16.

Art. 988: 7b. v. art. 947.

Art. 988: 7c. Res. 3 do STJ, de 7.4.16 (DJ 8.4.16): "Art. 1º Caberá às Câmaras Reunidas ou à Seção Especializada dos Tribunais de Justiça a competência para processar e julgar as Reclamações destinadas a dirimir divergência entre acórdão prolatado por Turma Recursal Estadual e do Distrito Federal e a jurisprudência do Superior Tribunal de Justiça, consolidada em incidente de assunção de competência e de resolução de demandas repetitivas, em julgamento de recurso especial repetitivo e em enunciados das Súmulas do STJ, bem como para garantir a observância de precedentes.

"Art. 2º Aplica-se, no que couber, o disposto nos arts. 988 a 993 do Código de Processo Civil, bem como as regras regimentais locais, quanto ao procedimento da Reclamação.

"Art. 3º O disposto nesta resolução não se aplica às reclamações já distribuídas, pendentes de análise no Superior Tribunal de Justiça".

Art. 988: 8. "Para o conhecimento da reclamação não se exige a juntada de **cópia do acórdão** do STF que teria sido desrespeitado. Dispensabilidade da peça em virtude de o acórdão ter sido proferido pela própria Suprema Corte" (STF-Pleno, Rcl 6.167-AgRg, Min. Menezes Direito, j. 18.9.08, um voto vencido, DJ 14.11.08).

Art. 988: 8a. Redação do § 5º de acordo com a Lei 13.256, de 4.2.16.

Art. 988: 9. Súmula 734 do STF: "Não cabe reclamação quando já houver **transitado em julgado** o ato judicial que se alega tenha desrespeitado decisão do Supremo Tribunal Federal". Isso porque "a reclamação não é sucedâneo de ação rescisória" (RTJ 142/385). No mesmo sentido: RTJ 56/539, 132/620.

"A reclamação para preservar a autoridade do julgado é providência de natureza pronta e eficiente; não constitui, porém, via adequada para reabrir litígio da competência do tribunal, já encerrado, com a provocação de questões e fatos estranhos à causa julgada, suscetíveis, quiçá, de discussão em ação nova" (STF-RT 652/195).

"Não cabe reclamação quando já houver transitado em julgado o ato judicial que se alega tenha desrespeitado decisão do STJ" (STJ-2ª Seção, Rcl 2.661, Min. Ari Pargendler, j. 14.5.08, DJU 9.6.08). No mesmo sentido: STJ-1ª Seção, Rcl 758, Min. Teori Zavascki, j. 23.6.04, DJU 1.7.04.

Para situação em que o ato judicial atacado pela reclamação fica coberto pela coisa julgada depois do ajuizamento desta, v. art. 992, nota 3.

Art. 988: 10. "Recurso especial ao qual o tribunal de origem negou seguimento, com fundamento na conformidade entre o acórdão recorrido e a orientação firmada pelo STJ em **recurso especial repetitivo.** Interposição de agravo interno no tribunal local. Desprovimento. **Reclamação** que sustenta a **indevida aplicação da tese,** por se tratar de hipótese fática distinta. **Descabimento.** Petição inicial. Indeferimento. Extinção do processo sem resolução do mérito" (STJ-Corte Especial, Rcl 36.476, Min. Nancy Andrighi, j. 5.2.20, maioria, DJ 6.3.20).

Contra, a nosso ver com razão, admitindo e julgando procedente a reclamação nessas circunstâncias: "Hipótese em que deve ser cassado o acórdão reclamado que negou seguimento ao recurso especial (art. 1.030, I, 'b', do CPC) e, em substituição, determinado que os autos do processo principal retornem à 9ª Câmara de Direito Público, para que proceda ao juízo de conformação" (STJ-1ª Seção, Rcl 37.081, Min. Gurgel de Faria, j. 10.4.19, DJ 23.4.19).

Art. 988: 11. Inadmite-se reclamação contra o sobrestamento de recurso fundado na afetação da correlata questão para julgamento nos termos dos arts. 1.036 e segs., visto que ainda não formado nesse momento o precedente em sede de recursos extraordinários ou especiais repetitivos. Nesse sentido: STJ-2ª Seção, Rcl 32.709-EDcl-AgInt, Min. Ricardo Cueva, j. 26.4.17, DJ 2.5.17.

Art. 988: 12. Não se admite reclamação contra a decisão que simplesmente nega seguimento ao recurso especial com fundamento no art. 1.030-V, ainda que o recorrente **tencione o sobrestamento** para aguardar julgamento de recurso especial repetitivo.

V. tb. art. 1.030, nota 6a.

Art. 989. Ao despachar a reclamação, o relator:[1] [Sem dispositivo correspondente no CPC/1973]

I — requisitará informações[1a] da autoridade a quem for imputada a prática do ato impugnado, que as prestará no prazo de 10 (dez) dias;[2]

II — se necessário, ordenará a suspensão do processo[3] ou do ato impugnado para evitar dano irreparável;[4]

III — determinará a citação do beneficiário da decisão impugnada, que terá prazo de 15 (quinze) dias para apresentar a sua contestação.

Art. 989: 1. s/ poder do relator para julgar monocraticamente a reclamação, v. art. 932, nota 1a.

Art. 989: 1a. v. RISTF 157 e 105 § 3º; RISTJ 188-I e 106 § 3º.

Art. 989: 2. cf. RISTF 157; RISTJ 188-I.

Art. 989: 3. cf. RISTF 158; RISTJ 188-II.

Art. 989: 4. Esta decisão comporta agravo interno (v. art. 1.021).

Art. 990. Qualquer interessado poderá impugnar o pedido do reclamante.[1-2] [Sem dispositivo correspondente no CPC/1973]

Art. 990: 1. cf. RISTF 159; RISTJ 189.

Art. 990: 2. "A intervenção do interessado no processo de reclamação é caracterizada pela nota da simples facultatividade. Isso significa que não se impõe, para efeito de integração necessária e de válida composição da relação processual, o **chamamento formal do interessado,** pois este, para ingressar no processo de reclamação, deverá fazê-lo espontaneamente, recebendo a causa no estado em que se encontra. O interessado, uma vez admitido no processo de reclamação, e observada a fase procedimental em que este se acha, tem o direito de ser intimado dos atos e termos processuais, assistindo-lhe, ainda, a prerrogativa de fazer sustentação oral, quando do julgamento final da causa" (STF-Pleno: RTJ 163/5 e RT 741/173).

Art. 991. Na reclamação que não houver formulado, o Ministério Público terá vista do processo por 5 (cinco) dias, após o decurso do prazo para informações e para o oferecimento da contestação pelo beneficiário do ato impugnado.[1] [Sem dispositivo correspondente no CPC/1973]

Art. 991: 1. cf. RISTF 160; RISTJ 190.

Art. 992. Julgando procedente a reclamação,[1 a 4] o tribunal cassará a decisão exorbitante de seu julgado ou determinará medida adequada à solução da controvérsia. [Sem dispositivo correspondente no CPC/1973]

Art. 992: 1. cf. RISTF 161; RISTJ 191.

Art. 992: 2. "**Não estão impedidos** de julgar a reclamação os integrantes da Corte que votaram no julgamento cuja autoridade se pretende garantir" (RTJ 148/352).

Art. 992: 3. "Ajuizada a reclamação antes do trânsito em julgado da decisão reclamada, e não suspenso liminarmente o processo principal, a **eficácia de tudo** quanto nele se decidir ulteriormente, incluído o eventual trânsito em julgado do provimento que se tacha de contrário à autoridade de acórdão do STF, será desconstituída pela procedência da reclamação" (STF-Pleno, Rcl 509, Min. Sepúlveda Pertence, j. 17.12.99, um voto vencido, DJU 4.8.00).

Art. 992: 4. "São **devidos honorários advocatícios** nas reclamações julgadas a partir da vigência do CPC/2015, quando angularizada a relação processual" (STJ-1ª Seção, Rcl 28.431-EDcl-EDcl, Min. Francisco Falcão, j. 12.9.18, DJ 20.9.18). No mesmo sentido: "Hipótese em que, apesar de frustrada a tentativa de citação, o beneficiário do ato reclamado compareceu espontaneamente nos autos, com efetiva atuação na defesa dos seus interesses, a caracterizar o aperfeiçoamento da relação processual. Assim, diante do julgamento de improcedência da reclamação, é impositiva a condenação da parte reclamante, vencida, ao pagamento de honorários advocatícios" (STJ-2ª Seção, Rcl 33.747-EDcl, Min. Nancy Andrighi, j. 12.12.18, DJ 14.12.18).

No sentido de que a improcedência da reclamação leva à majoração dos honorários previamente fixados na causa original, nos termos do art. 85 § 11: STJ-2ª Seção, Rcl 35.376-AgInt-EDcl, Min. Ricardo Cueva, j. 17.12.19, DJ 3.2.20.

Todavia: "A reclamação teve sua petição inicial indeferida liminarmente, não havendo falar em condenação nos honorários" (STJ-2ª Seção, Rcl 37.497-EDcl-AgInt-EDcl, Min. Luis Felipe, j. 12.2.20, DJ 18.2.20).

Negando os honorários quando o trabalho do patrono do interessado tenha ficado circunscrito à resposta ao agravo interno interposto contra a inadmissão liminar da reclamação: STJ-2ª Seção, Rcl 33.971-AgInt-EDcl, Min. Paulo Sanseverino, j. 23.5.18, DJ 28.5.18.

"Reclamação. Honorários advocatícios. Caso concreto. Não cabimento. Hipótese em que, além de a parte adversa não ter oferecido resistência à pretensão do reclamante (já que não houve a apresentação de contestação), não deu causa à presente reclamação, que originou-se em razão da ocorrência de usurpação de competência do STJ pela Turma da Fazenda do Colégio Recursal de São Bernardo do Campo/SP, não havendo que se falar em condenação em honorários advocatícios" (STJ-1ª Seção, Rcl 33.715-EDcl, Min. Gurgel de Faria, j. 26.6.19, DJ 12.8.19).

Contra: "É vedada a condenação em verba de patrocínio em reclamação" (STJ-1ª Seção, Rcl 502, Min. Adhemar Maciel, j. 14.10.98, um voto vencido, DJU 22.3.99). No mesmo sentido: STJ-3ª Seção, Rcl 2.017, Min. Jane Silva, j. 8.10.08, DJ 15.10.08.

Art. 993. O presidente do tribunal determinará o imediato cumprimento da decisão, lavrando-se o acórdão posteriormente.[1] [Sem dispositivo correspondente no CPC/1973]

Art. 993: 1. cf. RISTF 162; RISTJ 192.

Título II | DOS RECURSOS[1-2]

TÍT. II: 1. s/ direito intertemporal, em matéria de recursos, v. art. 1.046, notas 2 e 3.

TÍT. II: 2. Na clássica lição de Barbosa Moreira, são **requisitos de admissibilidade dos recursos:**

— cabimento, analisado tanto do ponto de vista da previsão do recurso no ordenamento jurídico (v. art. 994) quanto da pertinência em relação à decisão impugnada (v., p. ex., arts. 1.009-*caput* e 1.015-*caput*);

— legitimidade (v. art. 996);

— interesse, consistente na possibilidade de se alcançar com o recurso uma situação mais vantajosa do ponto de vista prático;

— ausência de fato impeditivo ou extintivo do poder de recorrer (v. arts. 998 a 1.000);

— tempestividade (v. art. 1.003);

— regularidade formal (v., p. ex., arts. 1.010-*caput* e 1.016);

— preparo, quando exigido exigível (v. art. 1.007).

"Os pressupostos recursais, notadamente aquele concernente ao requisito da tempestividade, traduzem matéria de ordem pública, razão pela qual mostra-se **insuscetível de preclusão** o exame de sua ocorrência pelo tribunal *ad quem*, ainda que tenha sido provisoriamente admitido o recurso pelo juízo *a quo*" (RTJ 133/475 e STF-RT 661/231). Em sentido semelhante: RTJ 86/596, 172/639, RSTJ 149/143, JTJ 332/688 (AP 569.846-4/5-00), 336/595 (AP 481.922-5/5-00).

V. tb. arts. 1.003, nota 16, 1.007, notas 3 e 21, e 1.022, nota 4.

S/ incapacidade processual ou irregularidade da representação do recorrente, v. art. 76, em especial § 2º.

Capítulo I | DISPOSIÇÕES GERAIS

Art. 994. São cabíveis os seguintes recursos:[1 a 7] [Dispositivo correspondente no CPC/1973: art. 496-*caput*]

I — apelação;[8] [Dispositivo correspondente no CPC/1973: art. 496-I]

II — agravo de instrumento;[9] [Dispositivo correspondente no CPC/1973: art. 496-II]

III — agravo interno;[10] [Dispositivo correspondente no CPC/1973: art. 496-II]

IV — embargos de declaração;[11] [Dispositivo correspondente no CPC/1973: art. 496-IV]

V — recurso ordinário;[12] [Dispositivo correspondente no CPC/1973: art. 496-V]

VI — recurso especial;[13] [Dispositivo correspondente no CPC/1973: art. 496-VI]

VII — recurso extraordinário;[14] [Dispositivo correspondente no CPC/1973: art. 496-VII]

VIII — agravo em recurso especial ou extraordinário;[15] [Dispositivo correspondente no CPC/1973: art. 496-II]

IX — embargos de divergência.[16] [Dispositivo correspondente no CPC/1973: art. 496-VIII]

Art. 994: 1. Recurso não mencionado no art. 994 é o **recurso inominado** previsto contra a sentença proferida no Juizado Especial (LJE 41 a 46).

Os regimentos internos dos tribunais costumam prever **"agravo regimental"** contra decisão de relator ou presidente (v. RISTF 317). Porém, a lei foi aos poucos se encarregando de ocupar esse espaço, com o **agravo interno** (v. inc. III e art. 1.021) **ou inominado** (v. LR 39).

Art. 994: 2. De acordo com o princípio da **unirrecorribilidade** ou unicidade do recurso, contra a mesma decisão não se admite a interposição de mais de um recurso (RSTJ 153/169, 157/160, RT 601/66); "o desrespeito ao postulado da singularidade dos recursos torna insuscetível de conhecimento o segundo recurso, quando interposto contra a mesma decisão" (STF-RT 806/123).

V. arts. 294, nota 1b, 1.009 § 3º, 1.013 § 5º.

Código de Processo Civil

Exceção ao princípio da unirrecorribilidade são os **embargos de declaração,** cabíveis contra toda e qualquer decisão, independentemente de o legislador prever outro recurso para a específica impugnação desta. Mais uma exceção são os **embargos de divergência** no STJ, cabíveis concomitantemente com o recurso extraordinário. No caso, incentiva-se a apresentação de um recurso apenas depois do desfecho do outro, por meio do efeito interruptivo (v., respectivamente, arts. 1.026-*caput* e 1.044 § 1º).

Art. 994: 3. **"Não é admissível a interposição alternativa de recursos,** máxime quando é indubitável o cabimento de um deles, a impedir essa alternatividade tácita (conversão *ex officio*) ou expressa (conversão por pedido alternativo), uma vez que inadmissível a conversão de recursos quando há erro grosseiro na interposição de um deles, como ocorre no caso concreto em que o recurso interposto foi o extraordinário, o que levou a recorrida a defender-se dele com base nos pressupostos de sua admissibilidade, que inexistem em se tratando de recurso ordinário" (RTJ 142/472).

Art. 994: 4. "A adoção do **princípio da fungibilidade** exige sejam presentes: a) dúvida objetiva sobre qual o recurso a ser interposto; b) inexistência de erro grosseiro, que se dá quando se interpõe recurso errado quando o correto encontre-se expressamente indicado na lei e sobre o qual não se opõe nenhuma dúvida; c) que o recurso erroneamente interposto tenha sido agitado no prazo do que se pretende transformá-lo" (RSTJ 58/209). No mesmo sentido: RSTJ 109/77.

Art. 994: 5. **É possível admitir como** apelação os embargos de declaração opostos? v. art. 1.009, nota 3.

E como agravo interno os embargos de declaração opostos? v. art. 1.024 § 3º.

E como embargos de declaração o agravo interno interposto? v. art. 1.024, nota 8a.

E como recurso ordinário o recurso especial ou extraordinário interposto pelo impetrante? v. art. 1.027, nota 7 (Súmula 272 do STF). S/ fungibilidade em matéria de recurso ordinário, v. tb. art. 1.027, nota 7a.

E como agravo interno os embargos de divergência opostos? v. art. 1.043, nota 4.

E como embargos infringentes a apelação interposta? v. LEF 34, nota 13.

E como recurso especial o recurso extraordinário interposto? v. RISTJ 255, nota 3 (Súmula 322 do STF).

E como recurso especial o recurso ordinário interposto? v. RISTJ 255, nota 4-Recurso ordinário interposto em lugar do especial cabível.

E como recurso especial os embargos de divergência opostos? v. RISTJ 255, nota 5.

E como recurso extraordinário o recurso especial interposto? v. RISTF 321, nota 3-Recurso especial interposto em vez do extraordinário cabível.

E como recurso extraordinário o recurso ordinário interposto? v. RISTF 321, nota 3-Recurso ordinário interposto em lugar do extraordinário cabível.

Art. 994: 5a. **É possível conhecer do agravo de instrumento como apelação e vice-versa?**

Sim, desde que não haja erro grosseiro, i. e., haja dúvida objetiva acerca do recurso cabível.

"Para que seja aplicado o princípio da fungibilidade recursal é necessário que o recorrente não tenha incidido em erro grosseiro" (RSTJ 37/464), e este "se configura pela interposição de recurso impertinente, em lugar daquele expressamente previsto em norma jurídica própria" (RTJ 132/1.374).

"Se a jurisprudência ainda não se tornou perfeitamente uniforme, o erro da parte pode apresentar-se escusável e assim ser relevado, ainda que o recurso impróprio haja sido interposto após findo o prazo para o recurso próprio" (RSTJ 43/348).

"Se a lei é dúbia, se os doutrinadores se atritam entre si, e a jurisprudência não é uniforme, o erro da parte apresenta-se escusável e relevável, ainda que o recurso dito impróprio tenha sido interposto após findo o prazo assinado para o recurso dito próprio" (RSTJ 30/474; tratava-se de apelação interposta, fora do prazo de agravo, de decisão que havia indeferido o pedido de remição).

"Havendo, por menor que seja, discrepância jurisprudencial, a hipótese não se configura como erro grosseiro" (RJTJERGS 163/231). "Há erro grosseiro se não existe dúvida objetiva, ou seja, dúvida atual na doutrina ou na jurisprudência acerca do recurso cabível" (RSTJ 180/394).

Determinando que se receba como apelação o agravo de instrumento dirigido contra o ato do juiz que reconhecera a prescrição e determinara o arquivamento da execução: STJ-RF 379/309 (1ª T., REsp 641.431).

Admitindo apelação contra a decisão que, em sede de exceção de pré-executividade, limitou-se a excluir um dos litisconsortes do processo, por entender que houve "indução a erro pelo juízo": STJ-2ª Seção, ED no Ag em REsp 230.380, Min. Paulo Sanseverino, j. 13.9.17, DJ 11.10.17.

V. tb. arts. 1.009, nota 2, e 1.015, nota 1.

Art. 994: 6. **"Pedido de reconsideração** de que se conhece como sendo **agravo regimental"** (STF-1ª T., AI 200.215-9-AgRg, Min. Moreira Alves, j. 9.9.97, DJU 31.10.97).

"Pelo princípio da fungibilidade, admite-se o recebimento de pedido de reconsideração como agravo regimental" (STJ-4ª T., AI 893.794-AgRg, Min. Massami Uyeda, j. 11.12.07, DJU 11.2.08). No mesmo sentido: STJ-2ª T., AI 894.244-AgRg, Min. Herman Benjamin, j. 21.8.07, DJU 8.2.08.

No sentido de que o mero pedido de reconsideração não pode ser conhecido quando apresentado diante de acórdão, já que, nesse caso, ele não pode ser recebido como agravo regimental, incabível contra decisão colegiada, nem como embargos de declaração, na medida em que não ventila nenhum vício autorizador destes: STJ-5ª T., REsp 827.619-AgRg-RcDesp, Min. Arnaldo Esteves, j. 13.9.07, DJU 22.10.07; STJ-1ª T., AI 795.560-AgRg-RcDesp, Min. Teori Zavascki, j. 20.11.07, DJ 3.12.07; STJ-3ª T., AI 1.029.397-AgRg-RcDesp, Min. Sidnei Beneti, j. 18.9.08, DJ 8.10.08; STJ-4ª T., MC 15.425-AgRg-AgRg-RcDesp, Min. Fernando Gonçalves, j. 13.4.10, DJ 26.4.10.

Caso em que se conheceu do pedido de reconsideração contra acórdão como **embargos de declaração,** "levando-se em consideração a natureza de seus fundamentos e do requerimento formulado": STJ-4ª T., REsp 776.738-AgRg-EDcl-EDcl-EDcl-RcDesp, Min. João Otávio, j. 25.5.10, DJ 2.6.10.

S/ pedido de reconsideração, v. tb. art. 1.003, nota 1c.

Art. 994: 7. "Da decisão proferida por TRF, em matéria trabalhista, cabe **recurso especial** para o STJ. A interposição, no entanto, do **recurso de revista,** em lugar do recurso especial, não constitui, ao ver da 3ª Turma do STJ, erro grosseiro, podendo um recurso ser tomado por outro" (RSTJ 46/267).

Art. 994: 8. v. arts. 1.009 a 1.014.

Art. 994: 9. v. arts. 1.015 a 1.020.

Art. 994: 10. v. art. 1.021.

Art. 994: 11. v. arts. 1.022 a 1.026.

Art. 994: 12. v. arts. 1.027 e 1.028, CF 102-II e 105-II, RISTJ 247 e segs.

Art. 994: 13. v. arts. 1.029 a 1.041, CF 105-III, RISTJ 255 e segs.

Art. 994: 14. v. arts. 1.029 a 1.041, CF 102-III, RISTF 321 a 329.

Art. 994: 15. v. art. 1.042, RISTJ 253 e 254.

Art. 994: 16. v. arts. 1.043 e 1.044, RISTJ 266 e 267, RISTF 330 a 332 e 334 a 336.

Art. 995. Os recursos não impedem a eficácia da decisão, salvo disposição legal[1] ou decisão judicial em sentido diverso.[1a-2] [Dispositivo correspondente no CPC/1973: art. 497]

Parágrafo único. A eficácia da decisão recorrida poderá ser suspensa por decisão do relator, se da imediata produção de seus efeitos houver risco de dano grave, de difícil ou impossível reparação, e ficar demonstrada a probabilidade de provimento do recurso.[3] [Dispositivo correspondente no CPC/1973: art. 497]

Art. 995: 1. p. ex., art. 1.012-*caput* (apelação).

Art. 995: 1a. v. § ún.

Art. 995: 2. Na pendência de recurso sem efeito suspensivo, a **execução** da decisão é **provisória** (v. arts. 520 a 522).

Art. 995: 3. v. arts. 1.012 §§ 3º e 4º (apelação desprovida de efeito suspensivo), 1.019-I (agravo de instrumento), 1.026 § 1º (embargos de declaração), 1.029 § 5º (recurso extraordinário ou especial).

Art. 996. O recurso pode ser interposto pela parte vencida,[1 a 7a] pelo terceiro prejudicado[8 a 14] e pelo Ministério Público,[15 a 18] como parte ou como fiscal da ordem jurídica. [Dispositivos correspondentes no CPC/1973: art. 499-*caput* e § 2º]

Parágrafo único. Cumpre ao terceiro demonstrar a possibilidade de a decisão sobre a relação jurídica submetida à apreciação judicial atingir direito de que se afirme titular[18a-19] ou que possa discutir em juízo como substituto processual.[19a] [Dispositivo correspondente no CPC/1973: art. 499 § 1º]

Art. 996: 1. s/ interposição de recurso pela sociedade contra a decisão de desconsideração da personalidade jurídica ou de redirecionamento da execução fiscal ou de indisponibilidade de bem de sócio, v. art. 137, nota 1, LEF 4º, nota 8b, e LRF 103, nota 2; s/ legitimidade do *amicus curiae* para recorrer, v. art. 138 §§ 1º e 3º.

Art. 996: 2. tb. pelo **assistente** (JTA 37/157), seja assistente simples, seja litisconsorcial (RSTJ 128/295, dois votos vencidos).

S/ recurso interposto por assistente: simples, v. art. 121, nota 2; litisconsorcial, v. art. 124, nota 6.

Art. 996: 2a. Não se admite recurso de quem não sucumbiu. Para recorrer, não basta ter legitimidade: é preciso também ter **interesse** (RT 471/167), e este se afere pelo prejuízo que a decisão possa ter causado ao recorrente e pela situação mais favorável em que este ficará, em razão do provimento de seu recurso (RTJ 66/204, 71/749, 72/574, 74/391, 76/512, 104/779, 148/928, 156/1.018; STF-JTA 62/220; RTFR 71/102, RT 604/78, RF 306/101, JTA 94/295).

Em regra, só a sucumbência justifica o recurso, não a diversidade dos fundamentos pelos quais a demanda foi acolhida (RP 22/235). Daí, não ter interesse em recorrer quem ganhou por um fundamento, visando a que os outros também sejam acolhidos (RSTJ 83/71, RTFR 113/39, 114/10, 120/135, JTJ 157/165, 158/143, JTA 97/207, 108/39, 108/323). Assim: "O interesse em recorrer está subordinado aos critérios de utilidade e necessidade. No direito brasileiro, o recurso é admitido contra o dispositivo, não contra a motivação. Havendo sentença inteiramente favorável, obtendo a parte tudo o que pleiteado na inicial, não há interesse em recorrer" (STJ-RF 382/340: 3ª T., REsp 623.854). "O interesse de recorrer é requisito intrínseco aos recursos, sendo sua presença fundamental para a admissibilidade das súplicas. O provimento do recurso deve proporcionar ao recorrente benefícios do ponto de vista prático, e não apenas teórico e genérico, como se almeja no presente caso" (STJ-4ª T., REsp 806.093, Min. Raul Araújo, j. 20.5.14, DJ 30.5.14).

Mas: "Nos termos da melhor doutrina, ao réu assiste interesse em apelar da sentença que extingue o processo sem julgamento do mérito, objetivando obter com o processo a sentença de improcedência" (STJ-RT 717/252: 4ª T.). No mesmo sentido: STJ-3ª T., REsp 656.119, Min. Nancy Andrighi, j. 29.11.05, DJU 6.11.06. **Contra,** a nosso ver sem razão: "O réu não tem interesse de recorrer contra acórdão que decretou a extinção do processo sem exame do mérito, visando a obter decisão de improcedência do pedido" (STJ-4ª T., REsp 1.547.777, rel. Min. Isabel Gallotti, j. 3.12.15, maioria, DJ 1.2.16).

Ainda, há situações especiais em que a fundamentação interfere decisivamente na coisa julgada. É pensar, p. ex., no LACP 16. Logo, em ação civil pública, há interesse do réu em recorrer da sentença que julga a demanda improcedente por insuficiência de provas para tentar obter decisão que efetivamente negue a pretensão do autor.

Por fim, no caso de embargos de declaração, a sucumbência não é requisito para sua admissão.

Art. 996: 2b. "Existe interesse de recorrer quando a substituição da decisão, nos termos pretendidos, importe melhoria na situação do recorrente, em relação ao recurso. Não se justifica o recurso se se pretende, apenas, **evitar a formação de um precedente** jurisprudencial, sem qualquer modificação no resultado prático do julgamento" (STJ-2ª Seção, AgRg nos ED no REsp 150.312, Min. Eduardo Ribeiro, j. 23.2.00, DJU 29.5.00).

Art. 996: 2c. Considera-se prejudicado o recurso manifestado pela parte se, posteriormente, o **provimento de outro recurso** por ela interposto lhe assegura situação mais favorável (RSTJ 73/336).

Art. 996: 3. Por força da **profundidade do efeito devolutivo** (v. art. 1.013 §§ 1º e 2º), a parte vencedora não fica prejudicada se não recorrer quando a sentença tenha deixado de acolher algum tema preliminar ou **fundamento** que lhe seja favorável (RSTJ 142/283), invocado na petição inicial ou na contestação (JTA 106/312), como, p. ex.:

— falta de condições da ação (STJ-4ª T., REsp 55.361-0, Min. Ruy Rosado, j. 10.4.95, DJU 29.5.95);

— coisa julgada (RSTJ 84/98);

— prescrição (RTJ 72/449; STJ-4ª T., REsp 176.887, Min. Cesar Rocha, j. 23.9.98, DJU 9.11.98; Bol. AASP 1.512/291);

— decadência (RTJ 85/718).

V. tb. art. 1.013, nota 11.

Art. 996: 4. Pode recorrer quem formulou **pedido principal e subsidiário** e só teve acolhido o segundo (v. art. 326, nota 4).

Art. 996: 5. "Dano moral. Ordinariamente, o demandante tem duas oportunidades, dois momentos em que, amplamente, suscitam-se, discutem-se e se decidem as questões. De tal sorte, admite-se, sempre, que a princípio o pedido formulado seja apreciado e julgado em ambos os graus de jurisdição. Daí, se se pediu que o juiz arbitrasse a indenização, era lícito ao autor, inconformado com o arbitramento, pedir ao Tribunal que **revisse o valor arbitrado** pelo juiz. Em tal caso, não faltava, como não falta, interesse para recorrer (CPC, arts. 3º e 499)" (RSTJ 126/242, 3ª T.).

"Não carece de interesse recursal a parte que, em ação de indenização por danos morais, deixa a fixação do *quantum* ao prudente arbítrio do juiz, e posteriormente apresenta apelação discordando do valor arbitrado. Nem há alteração do pedido quando a parte, apenas em sede de apelação, apresenta valor que, a seu ver, se mostra mais justo" (RSTJ 137/485, 4ª T.).

Todavia: "Havendo pedido genérico de indenização por danos morais, deixado o valor ao prudente arbítrio do Magistrado, a petição do autor especificando valor certo, mesmo após a citação, favorece ao réu, retirando-lhe o interesse em recorrer" (STJ-3ª T., REsp 506.658, Min. Menezes Direito, j. 4.11.03, DJU 16.2.04).

Art. 996: 5a. "Se a ação é proposta contra **vários réus,** a decisão judicial que **exclui um deles** do processo só pode ser atacada por recurso do autor — salvo se for o caso de litisconsórcio necessário" (STJ-2ª T., REsp 154.527-AgRg, Min. Ari Pargendler, j. 18.12.97, DJU 16.2.98).

"Tratando-se de litisconsórcio passivo facultativo, uma vez **julgado improcedente o pedido em relação ao terceiro réu,** ora recorrente — o qual, devido à sua condição de médico residente, não foi considerado responsável pelos atos que provocaram o falecimento do menor —, a ausência de recurso por parte dos autores da demanda torna a questão preclusa, pelo que a apelação interposta por um dos demais corréus não poderia ter sido provida para permitir a condenação em relação ao excluído, à mingua da devida legitimidade recursal" (STJ-3ª T., REsp 1.328.457, Min. Marco Bellizze, j. 11.9.18, DJ 17.9.18).

V. tb. art. 1.013, nota 3a.

Art. 996: 6. "O **litisconsorte** não possui legitimidade recursal para interpor agravo regimental objetivando o processamento de **recurso** especial **interposto por outrem.** Assim, ele somente é legítimo para recorrer de decisão que nega provimento a seu próprio agravo de instrumento" (STJ-3ª T., AI 1.048.665-AgRg, Min. Vasco Della Giustina, j. 16.6.09, DJ 24.6.09). No mesmo sentido: STJ-4ª T., Ag em REsp 642.396-AgInt, Min. Antonio Ferreira, j. 21.3.17, DJ 30.3.17.

V. tb. art. 1.005, nota 3.

Art. 996: 6a. "Provido o recurso especial da companhia **seguradora denunciada à lide,** para limitar sua responsabilidade em relação ao valor a ser ressarcido à sociedade ré segurada, relativamente à condenação por danos morais, os agravantes, autores da ação de indenização, não têm interesse recursal na interposição do presente agravo interno, uma vez que a limitação contratual reconhecida por esta Corte não importa diminuição do valor da condenação estabelecida em seu favor" (STJ-4ª T., REsp 1.790.959-AgInt, Min. Raul Araújo, j. 11.6.19, DJ 27.6.19).

V. tb. art. 128, notas 5 e segs.

Art. 996: 7. Se a sentença não concede **honorários de advogado** no máximo legal permitido, o vencedor pode apelar quanto a esta parte, inclusive através de recurso adesivo (v. art. 997, nota 17).

Art. 996: 7a. "O **adversário do assistido** não tem legitimidade recursal para provocar o reexame da questão relacionada a **reserva dos honorários** pactuados entre o assistido e o assistente, na medida em que a referida questão diz respeito a relação jurídica distinta da que originou o processo" (STJ-3ª T., REsp 1.798.937, Min. Nancy Andrighi, j. 13.8.19, DJ 15.8.19).

Art. 996: 8. v. tb. § ún. S/ recurso do advogado em matéria sancionatória, v. arts. 104, nota 11, e 234, nota 4c; s/ apelação de terceiro prejudicado, em inventário, v. art. 654, nota 2; s/ recurso adesivo e terceiro prejudicado, v. art. 997, nota 16; s/ extensão do efeito interruptivo dos embargos de declaração ao prazo para o recurso de terceiro, v. art. 1.026 nota 5; s/ recurso do advogado contra a decisão que fixa honorários advocatícios, v. EA 23, nota 4; s/ apelação do fiador, como terceiro, contra sentença proferida na ação de despejo de que não participou, v. LI 62, nota 8d; s/ mandado de segurança de terceiro prejudicado contra ato judicial, v. LMS 5º, notas 8 e 9; s/ recurso especial do litisconsorte necessário que não participou do processo, v. RISTJ 255, nota 3-Súmula 282 do STF (Prequestionamento e recurso especial de terceiro prejudicado).

Art. 996: 9. "Ao permitir o recurso de terceiro prejudicado, o art. 499 do CPC outorga **direito potestativo,** a ser exercido a critério do prejudicado, cuja inércia não gera preclusão. É lícito ao terceiro prejudicado requerer **mandado de segurança** contra ato judicial, **em lugar de interpor,** contra ele, o **recurso** cabível. A circunstância de a sentença estar sob desafio de recurso com efeito suspensivo não lhe retira o potencial ofensivo, nem a imuniza contra mandado de segurança em favor de terceiro prejudicado" (STJ-1ª T., RMS 12.193, Min. Gomes de Barros, j. 16.4.02, DJU 24.6.02). No mesmo sentido: STJ-3ª T., RMS 20.871, Min. Gomes de Barros, j. 21.11.06, um voto vencido, DJU 1.8.07; STJ-5ª T., RMS 23.430, Min. Jorge Mussi, j. 29.9.09, DJ 19.10.09. "A escolha, nesta hipótese, é faculdade do interessado que, na maioria das vezes, não pretende discutir os méritos da lide, mas apenas livrar-se dos efeitos do ato judicial que lhe prejudicou e atingiu seus direitos" (RSTJ 186/459: 4ª T., RMS 14.995).

V. tb. LMS 5º, nota 9.

Art. 996: 10. "A **decisão** relativa à declaração da **ilegitimidade *ad causam*** da recorrente, para ser parte, ainda que transitada em julgado, em nada poderá atingir sua legitimidade recursal ativa como terceira prejudicada" (STJ-4ª T., REsp 696.934, Min. Quaglia Barbosa, j. 15.5.07, DJU 4.6.07).

Art. 996: 11. "Terceiro alheio à relação processual originalmente estabelecida, em busca de proteção a suposto direito seu que vai de encontro às pretensões das partes, não tem interesse para interpor recurso de apelação em face de **sentença homologatória de acordo** firmado" (STJ-3ª T., REsp 906.449, Min. Nancy Andrighi, j. 5.8.10, DJ 9.11.10).

Art. 996: 12. Afirmando a legitimidade para recorrer como terceiro prejudicado:

— de quem é afetado pela constrição judicial de seus bens, com legitimidade para opor embargos de terceiro. "Em processo de execução, o terceiro afetado pela constrição judicial de seus bens poderá opor embargos de terceiro à execução ou interpor recurso contra a decisão constritiva, na condição de terceiro prejudicado, exegese conforme a instrumentalidade do processo e o escopo de economia processual" (STJ-RP 131/194: REsp 329.513, 3ª T.). No mesmo sentido: STJ-Corte Especial, REsp 1.091.710, Min. Luiz Fux, j. 17.11.10, DJ 25.3.11;

— do sócio atingido pela decisão que "estende efeitos de falência e desconsidera a personalidade jurídica da empresa" (STJ-3ª T., REsp 921.596, Min. Gomes de Barros, j. 12.2.08, DJU 13.3.08);

— do codevedor, em caso de embargos opostos por outro devedor (STJ-3ª T., REsp 19.682, Min. Nilson Naves, j. 26.5.92, DJU 29.6.92);

— do avalista, em embargos opostos pelo devedor (STJ-3ª T., Ag 48.873-0-AgRg-EDcl, Min. Eduardo Ribeiro, j. 7.6.94, DJU 27.6.94; JTA 118/227);

— do endossatário de duplicata, em caso de decisão que ameace crédito seu representado pela cártula comercial, embora não tendo figurado como parte em ação anulatória de duplicata (RSTJ 62/364);

— "O proprietário de unidades autônomas tem direito de recorrer, como terceiro interessado, do acórdão desfavorável ao condomínio, ainda que em sede de embargos de declaração. Os embargos e, consequentemente, este ponto do recurso especial, têm de ser admitidos" (STJ-3ª T., REsp 1.124.506, Min. Nancy Andrighi, j. 19.6.12, DJ 14.11.12; a citação é do voto da relatora);

— "quando ele integra a relação jurídica objeto do litígio e porque a decisão judicial impugnada poderá afetar a própria manutenção e a continuidade do contrato de locação do qual figura como colocador" (STJ-3ª T., REsp 1.565.854-AgInt, Min. Ricardo Cueva, j. 15.10.18, DJ 17.10.18);

— "A avó paterna alimentante reúne legitimidade e interesse para interpor agravo de instrumento contra decisão exarada em sede de prestação de contas dos alimentos, pois tem interesse em intervir no processo no qual se analisam as contas abrangendo a administração, pela curadora, dos alimentos que presta ao neto, declarado absolutamente incapaz" (STJ-4ª T., REsp 702.434, Min. Raul Araújo, j. 6.2.14, DJ 16.6.14).

Art. 996: 13. Negando a legitimidade para recorrer como terceiro prejudicado:

— do perito, de decisão que fixa a sua remuneração (RSTJ 46/188, STJ-RT 714/248, RT 616/129, 709/123, RJTJESP 134/323, JTA 105/254, 106/347, 107/222, Lex-JTA 149/273, JTJ 144/87) ou lhe impõe multa (STJ-2ª T., RMS 21.546, Min. Castro Meira, j. 5.5.09, DJ 15.5.09). Entendendo que o perito deve "buscar a defesa de seus interesses contra atos do juiz por meio de mandado de segurança": STJ-3ª T., REsp 166.976, Min. Eduardo Ribeiro, j. 6.6.00, DJU 28.8.00. No mesmo sentido: STJ-4ª T., REsp 187.997, Min. Sálvio de Figueiredo, j. 20.11.01, DJU 18.2.02; STJ-2ª T., RMS 21.546, Min. Castro Meira, j. 5.5.09, DJ 15.5.09. **Contra,** no sentido de reconhecer legitimidade recursal ao perito nessas circunstâncias: RT 700/83, Lex-JTA 188/442 (admitindo apelação), RJTJESP 104/313 e RJTAMG 51/69 (ambos conhecendo de agravo de instrumento);

— do leiloeiro, para recorrer de decisão que determina a devolução de parte da comissão (STJ-3ª T., REsp 513.573, Min. Menezes Direito, j. 20.11.03, DJU 1.3.04; RJTJERGS 154/323), ou que lhe impõe multa (STJ-4ª T., REsp 187.997, Min. Sálvio de Figueiredo, j. 20.11.01, DJU 8.2.02);

— do depositário judicial (JTJ 159/227), ou o banco que exerça essa função, para recorrer de decisão que determina o pagamento do depósito com correção monetária (RJTJESP 106/311, JTJ 141/273, 315/410: AI 462.832-4/1-00). "A impetrante, na qualidade de depositário judicial, ao desempenhar a função de auxiliar do juízo, possui legitimidade para impetrar mandado de segurança" (STJ-3ª T., RMS 25.553, Min. Massami Uyeda, j. 3.8.10, DJ 25.11.10);

— da pessoa física, para recorrer de decisões proferidas contra pessoa jurídica de que faz parte como sócio (RTJE 120/188; JTJ 353/675: AI 990.10.062701-5).

V. tb. LADIN 26, nota 3.

Art. 996: 14. O **prazo para o recurso do terceiro prejudicado** é igual ao da parte (STJ-3ª T., REsp 74.597, Min. Costa Leite, j. 30.10.95, DJU 18.12.95; STJ-4ª T., Ag em REsp 1.308.727-AgInt, Min. Isabel Gallotti, j. 12.2.19, DJ 19.2.19; RT 476/197, 477/116, 496/204, RJTJESP 65/170, 104/316, RF 258/291, 291/244, Bol. AASP 1.466/314).

O prazo das partes, para recorrer, nem sempre se vence no mesmo dia, ou porque foram intimadas em ocasião diferente, ou porque têm prazo diverso, ou porque o prazo se suspendeu apenas em relação a uma delas. Em qualquer destas hipóteses, o prazo para o terceiro recorrer se conta da última intimação (cf. RSTJ 46/212), não podendo invocar circunstâncias que não lhe são pessoais (RT 666/142) e podendo invocá-las, em caso contrário. Assim, p. ex., a Fazenda Pública, como terceiro, tem prazo em dobro para recorrer, embora as partes não o tenham. Inversamente, o terceiro não terá prazo em dobro para recorrer, no processo em que a Fazenda Pública figure como parte (JTA 118/229).

Art. 996: 15. s/ recurso de Promotor de Justiça contra decisão proferida por tribunal, v. art. 177, nota 3; s/ prazo para o MP recorrer, v. art. 180, nota 3, e LMS 14, nota 2d; s/ recurso adesivo do MP, v. art. 997, nota 15; s/ recurso contra sentença que julga separação litigiosa, v. LDi 17, nota 1; s/ recurso no âmbito de recuperação judicial, v. LRF 52, nota 2b, e 58, nota 3.

S/ legitimidade dos Ministérios Públicos Estaduais e do Distrito Federal e Territórios para interpor recurso extraordinário contra acórdão do STJ, v. RISTF 321, nota 3-Ministério Público.

Art. 996: 16. Súmula 99 do STJ: "O Ministério Público tem legitimidade para recorrer no processo em que oficiou como **fiscal da lei,** ainda que não haja recurso da parte" (v. jurisprudência s/ esta Súmula em RSTJ 61/327 a 361).

"O Ministério Público detém legitimidade para recorrer nas causas em que atua como *custos legis*, ainda que se trate de discussão a respeito de **direitos individuais disponíveis** e mesmo que as partes estejam bem representadas" (STJ-2ª T., REsp 434.535, Min. Franciulli Netto, j. 16.12.04, DJU 2.5.05). No mesmo sentido: STJ-5ª T., RMS 27.455, Min. Laurita Vaz, j. 3.11.11, DJ 21.11.11; RSTJ 119/473 (4ª T., REsp 160.125).

Súmula 226 do STJ: "O Ministério Público tem legitimidade para recorrer na **ação de acidente do trabalho,** ainda que o segurado esteja assistido por advogado".

Art. 996: 17. De modo geral, **não se admite recurso do MP contra** decisão que favorece **quem ele deve defender** (RJTJESP 134/171, RT 671/93).

"A legitimidade recursal do Ministério Público nos processos em que sua intervenção é obrigatória não chega a ponto de lhe permitir recorrer contra o interesse do incapaz, o qual legitimou a sua intervenção no feito" (STJ-RT 856/152: 6ª T., REsp 604.719).

Todavia: "A legitimidade do Ministério Público para apelar das decisões tomadas em ação de investigação de paternidade, onde atua na qualidade de *custos legis* (CPC, art. 499, § 2º), não se limita à defesa do menor investigado, mas do interesse público, na busca da verdade real, que pode não coincidir, necessariamente, com a da parte autora. Destarte, decretada em 1º grau a revelia do investigado, mas sem que qualquer prova da paternidade ou elementos de convicção a respeito tenham sido produzidos nos autos, tem legitimidade e interesse em recorrer da sentença o Ministério Público" (RSTJ 200/359: 4ª T., REsp 172.968).

V. tb. art. 178, nota 14.

Art. 996: 17a. "Recurso especial que discute se, em homologação, por sentença, de acordo firmado pelo pai-alimentante e pela mãe, representante da alimentada, onde se transige com parte dos valores devidos pelo alimentante à filha impúbere, o Ministério Público tem interesse em interpor recurso. São hialinos, tanto o texto de lei como a redação do Enunciado 99 da Súmula do STJ, no sentido da declaração de reconhecimento de interesse do Ministério Público para recorrer, quando imbuído da função de *custos legis*. Essa função não é limitada, pois não se questiona a independência do órgão ministerial, nem tampouco os limites de suas atribuições ao zelar pela ordem pública. O interesse de recorrer, *in casu*, é dado *in abstrato*, para ser exercido a talante do órgão ministerial. Possível ausência de 'interesse' *in concreto*, é matéria afeta ao mérito do recurso apresentado, não podendo este fenecer por negativa de seguimento, ou não conhecimento, como se deu na espécie. Refoge, no entanto, à logica do razoável, admitir que a representante legal pode, a seu talante, e desde que não inflija à sua prole uma carência material intolerável, deixar de exercer o direito a **alimentos** — bem jurídico maior —, porém não lhe é dado, caso opte pelo exercício do direito-gênese, dispor de uma fração do *quantum* total passível de ser amealhado — bem jurídico menor. Assim, embora se reconheça o interesse recursal do Ministério Público, fenece o pleito recursal, na essência, pelo reconhecimento de que o acordo, tal qual homologado em 1º grau, não desbordou dos limites possíveis de atuação da representante legal da menor, posto que fruto de equilibrado exercício do poder familiar" (STJ-3ª T., REsp 1.246.711, Min. Nancy Andrighi, j. 20.8.13, DJ 28.2.14).

"O Ministério Público não detém legitimidade para recorrer contra decisão em que se discutem alimentos quando o alimentando houver alcançado a maioridade" (STJ-4ª T., REsp 712.175, Min. Cesar Rocha, j. 18.10.05, DJU 8.5.06).

V. tb. art. 731, nota 11a.

Art. 996: 18. "Em se cuidando de **ação indenizatória** por dano moral, proposta **contra promotor de justiça,** não há falar na intervenção do Ministério Público Estadual como *custos legis*, faltando-lhe, assim, legitimidade para recorrer, eis que também não ostenta a qualidade de parte" (STJ-1ª T., REsp 880.049, Min. Hamilton Carvalhido, j. 15.2.11, maioria, DJ 31.3.11).

Art. 996: 18a. v. art. 109 § 3º.

Art. 996: 19. Não basta o mero interesse econômico: é preciso ter interesse jurídico para poder recorrer como terceiro (STJ-6ª T., REsp 782.360-AgRg, Min. Maria Thereza, j. 17.11.09, DJ 7.12.09; STJ-3ª T., REsp 1.121.709, Min. João Otávio, j. 5.11.13, DJ 11.11.13; RT 647/159, bem fundamentado, RJTAMG 53/117; RJTJERGS 264/322: AP 70016936205).

"Recurso. Terceiro prejudicado. Para que seja admissível, necessário se demonstre que a decisão recorrida afetará, direta ou indiretamente, relação jurídica de que o terceiro é titular" (STJ-3ª T., REsp 19.802-0, Min. Eduardo Ribeiro, j. 5.5.92, DJU 25.5.92).

"O terceiro, estranho ao processo, também pode ter legitimidade para recorrer de uma determinada decisão proferida em ação na qual não é parte, mas, para tanto, ele deve ter interesse jurídico no processo, de natureza análoga ao do assistente. Na presente hipótese, a sentença tem capacidade de influenciar a relação jurídica que o recorrente possui com os consumidores, os quais, na pessoa do substituto processual, são adversários do assistido, havendo, portanto, interesse jurídico de recorrer da sentença" (STJ-3ª T., REsp 1.570.698, Min. Nancy Andrighi, j. 11.9.18, DJ 13.9.18).

"A sentença não limita seus efeitos às partes, mas se estende também a terceiros que, embora não alcançados pela coisa julgada, podem ser atingidos pela eficácia natural da sentença, causando-lhes prejuízo. É justamente o prejuízo que o terceiro, estranho ao processo, venha a sofrer em decorrência da sentença que legitima sua intervenção recursal, devendo demonstrar esse interesse, que repousa sempre no binômio utilidade mais necessidade: utilidade da providência judicial pleiteada, necessidade da via que se escolhe para obter essa providência" (RT 632/90).

Abrindo a via do mandado de segurança para o terceiro com interesse meramente econômico: STJ-3ª T., RMS 38.987, Min. Nancy Andrighi, j. 13.8.13, DJ 22.8.13.

Art. 996: 19a. v. art. 18.

Art. 997. Cada parte interporá o recurso independentemente, no prazo e com observância das exigências legais. [Dispositivo correspondente no CPC/1973: art. 500-*caput*]

§ 1º Sendo vencidos autor e réu, ao recurso interposto por qualquer deles poderá aderir o outro. [Dispositivo correspondente no CPC/1973: art. 500-*caput*]

§ 2º O recurso adesivo[1 a 1b] fica subordinado ao recurso independente, sendo-lhe aplicáveis as mesmas regras deste quanto aos requisitos de admissibilidade[2 a 5] e julgamento no tribunal,[5a a 7] salvo disposição legal diversa, observado, ainda, o seguinte:[8 a 17] [Dispositivos correspondentes no CPC/1973: art. 500-*caput* e § ún.]

I — será dirigido ao órgão perante o qual o recurso independente fora interposto, no prazo de que a parte dispõe para responder;[18 a 19] [Dispositivo correspondente no CPC/1973: art. 500-I]

II — será admissível na apelação, no recurso extraordinário e no recurso especial;[20 a 21d] [Dispositivo correspondente no CPC/1973: art. 500-II]

III — não será conhecido, se houver desistência do recurso principal[22 a 23a] ou se for ele considerado inadmissível.[24-25] [Dispositivo correspondente no CPC/1973: art. 500-III]

Art. 997: 1. A **denominação** "recurso adesivo" é inadequada. Melhor seria denominá-lo recurso subordinado ou dependente. Também seria melhor chamá-lo de recurso contraposto (RT 633/103).

Art. 997: 1a. "O **recurso** especial interposto **sem qualquer menção** ao art. 500, I, do Código de Processo Civil, ou referência em seu próprio conteúdo, não pode ser admitido como recurso adesivo, tendo em vista que a deficiência na sua identificação traduz erro grosseiro, afastando a aplicação do princípio da fungibilidade recursal" (STJ-RT 857/201: 5ª T., REsp 608.109-AgRg). No mesmo sentido: STJ-3ª T., REsp 729.053, Min. Gomes de Barros, j. 17.5.05, DJU 27.6.05, STJ-2ª T., AI 556.827-AgRg, Min. Castro Meira, j. 23.3.04, DJU 31.5.04; STJ-1ª T., REsp 1.178.060-AgRg, Min. Luiz Fux, j. 19.10.10, DJ 17.11.10.

Todavia: "Não obsta o conhecimento do recurso adesivo o simples fato de haver o apelante deixado de empregar o vocábulo 'adesivo' para designar o apelo interposto" (RSTJ 138/366: 4ª T., REsp 173.747). No mesmo sentido: STJ-3ª T., REsp 304.638, Min. Nancy Andrighi, j. 17.4.01, DJU 25.6.01; STJ-2ª T., REsp 691.653-EDcl, Min. Mauro Campbell, j. 5.3.09, DJ 7.4.09.

Art. 997: 1b. "**Qualificado** expressamente um recurso **como adesivo** na peça de interposição, afigura-se inviável tratá-lo como principal, pois, em tal hipótese, se tem erro inescusável a afastar o princípio da fungibilidade. O direito processual brasileiro somente admite a interposição de recurso adesivo no prazo da apresentação de contrarrazões. Dessarte, caso o manejo de recurso adesivo seja anterior ao recurso principal, mister se torna o seu não conhecimento, por manifesta extemporaneidade" (STJ-3ª T., REsp 1.105.923, Min. Massami Uyeda, j. 4.8.09, DJ 25.8.10).

Art. 997: 2. v. art. 1.010, nota 1a.

Art. 997: 3. O recurso adesivo somente será **cabível** nos mesmos casos em que teria lugar **se interposto como recurso principal.**

Art. 997: 4. O **preparo do recurso principal não dispensa** o preparo do recurso adesivo (STJ-4ª T., AI 619.684-AgRg, Min. Fernando Gonçalves, j. 18.9.07, DJU 1.10.07; RT 866/298, RJTJESP 137/253) e vice-versa (STJ-1ª T., AI 405.852-AgRg, Min. Garcia Vieira, j. 6.12.01, DJU 11.3.02; JTJ 164/223).

V. tb. art. 1.007, nota 4.

Art. 997: 5. A **isenção de preparo** do recorrente principal (p. ex., por se tratar de beneficiário da assistência judiciária ou entidade de direito público) não aproveita ao recorrente adesivo (STJ-1ª Seção, ED no REsp 989.494, Min. Benedito Gonçalves, j. 28.10.09, DJ 6.11.09; STJ-4ª T., REsp 912.336, Min. Aldir Passarinho Jr., j. 2.12.10, DJ 15.12.10; RT 751/333, 826/287; 929/917: TJSP, AP 0085599-31.2011.8.26.0224; RJTJESP 113/261, JTA 118/389, 129/310).

Contra: "O preparo do recurso adesivo só será devido quando também o for para o apelo principal" (STJ-2ª T., REsp 511.162, Min. Eliana Calmon, j. 19.10.04, DJU 13.12.04; no caso, o recurso principal era isento de preparo por ter sido interposto pela Fazenda Pública).

Art. 997: 5a. Não há prejuízo se a **parte, não intimada da sentença,** manifesta recurso adesivo e este é conhecido (STJ-3ª T., REsp 16.545, Min. Dias Trindade, j. 24.2.92, DJU 23.3.92).

Art. 997: 6. O recurso adesivo pode ser recebido em **efeitos diversos** do principal, como, p. ex., nas desapropriações (LD 28-*caput*).

Assim, é possível o recebimento da apelação sem efeito suspensivo e do recurso adesivo com tal efeito, inclusive, impedindo a execução provisória da sentença no capítulo que lhe diz respeito (RJTJESP 79/296).

Art. 997: 7. No recurso adesivo, constitui formalidade essencial a **abertura de vista ao recorrido** (STJ-3ª T., REsp 178.822, Min. Waldemar Zveiter, j. 16.2.01, DJU 2.4.01; STJ-4ª T., REsp 24.250, Min. Sálvio de Figueiredo, j. 3.8.93, DJ 20.9.93), podendo a correlata nulidade ser reconhecida em embargos de declaração com efeito modificativo (v. art. 1.022, nota 11).

V. tb. art. 1.010 § 2º. S/ prazo para resposta, v. nota 19.

Art. 997: 8. "O recurso adesivo **não** está **condicionado** à apresentação de **contrarrazões** ao recurso principal, porque são independentes ambos os institutos de direito processual" (RSTJ 137/185).

Art. 997: 8a. Não conhecendo do recurso adesivo manifestado no **corpo das contrarrazões** de apelação, e não como peça independente: RT 471/237, RTFR 128/269.

Art. 997: 8b. Não impede o conhecimento do recurso adesivo a circunstância de nele haver sido suscitada **matéria preliminar** ao julgamento do recurso principal (RJTJESP 98/237, JTA 89/65, maioria).

Art. 997: 9. A parte que, no prazo legal, **apresentou recurso autônomo,** não pode mais interpor recurso adesivo (RTJ 83/218, RTFR 88/130, RJTJESP 84/227, 104/309, 105/146, 111/216, RJTJERGS 176/510, JTA 52/154, 104/391, RJM 169/59; RT 925/794: TRF-2ª Reg., AP 2007.51.03.003335-8). "Ao interpor recurso extraordinário seu, a parte renuncia a recurso adesivo subsequente ao apelo extremo da outra parte" (STF-2ª T., RE 90.889-7, Min. Decio Miranda, j. 1.6.79, DJU 3.7.79). "Não cabe recurso adesivo quando a parte já tenha manifestado recurso autônomo" (STJ-2ª T., AI 487.381-AgRg, Min. João Otávio, j. 12.8.03, DJU 15.9.03).

Há um acórdão admitindo a interposição do recurso adesivo pela parte que já se utilizou do principal (RT 567/72, maioria), o qual, entretanto, foi ulteriormente reformado (RJTJESP 84/227).

Art. 997: 10. Quem interpôs **fora de prazo o recurso principal** não pode interpor o recurso adesivo (STJ-4ª T., REsp 9.806, Min. Sálvio de Figueiredo, j. 10.3.92, DJU 30.3.92; STJ-5ª T., REsp 39.303-5, Min. Assis Toledo, j. 5.12.94, DJU 6.2.95; STJ-1ª T., AI 153.104-AgRg, Min. Garcia Vieira, j. 13.11.97, DJU 2.3.98; RT 597/124, RJTJESP 102/168, 111/404, 129/326, JTA 88/271, 94/116).

Contra: "Conquanto fique patente a manobra da recorrente para contornar a perda de prazo para interposição de recurso de apelação autônomo, preenchidos os requisitos legais do art. 500 do CPC, não pode o Tribunal deixar de analisar o recurso adesivo" (STJ-2ª T., REsp 864.579, Min. Eliana Calmon, j. 8.5.07, DJU 29.5.07). No mesmo sentido: JTA 80/136.

Art. 997: 11. "A parte que ingressa com **apelação** — que vem a ser julgada **deserta** — não pode ajuizar recurso adesivo, porque este pressupõe a falta da apelação" (STJ-4ª T., REsp 245.768, Min. Ruy Rosado, j. 28.3.00, DJU 22.5.00). No mesmo sentido: Lex-JTA 162/375, RJTJERGS 260/345 (AP 70012378618).

Art. 997: 12. Não cabe recurso adesivo que não seja **contraposto ao do recorrente principal** (RJTJESP 131/247, bem fundamentado, JTA 129/311). Assim, não pode o expropriado manifestar recurso adesivo ao de outro expropriado (JTA 63/268). Também não pode o litisconsorte aderir ao recurso de seu colitigante (RT 546/206).

Por outro lado, desde que satisfeito o requisito de que o recurso adesivo seja dirigido contra o recorrente principal, "a lei **não exige** que a **matéria** objeto do adesivo esteja **relacionada** com a do recurso principal" (STJ-4ª T., REsp 235.156, Min. Ruy Rosado, j. 2.12.99, DJU 14.2.00). No mesmo sentido: "Descabida a exigência da vinculação de mérito entre os recursos adesivos e principal" (STJ-4ª T., REsp 332.826, Min. Aldir Passarinho Jr., j. 7.2.02, DJU 8.4.02). Ainda: STJ-2ª T., REsp 977.361, Min. Eliana Calmon, j. 12.2.08, DJU 22.2.08; STJ-3ª T., REsp 41.398-2, Min. Eduardo Ribeiro, j. 19.4.94, DJU 23.5.94; RT 865/177, JTA 94/170, maioria.

"Se a parte restou vencida nos danos materiais, podia aviar recurso adesivo para postular a elevação dos morais, fixados em patamar que reputou insatisfatório, ainda que, na exordial, houvesse deixado ao arbítrio do juízo o estabelecimento do *quantum* respectivo" (STJ-4ª T., REsp 543.133, Min. Aldir Passarinho Jr., j. 5.5.09, DJ 28.9.09).

O fato de a apelação do autor estar circunscrita ao julgamento da demanda inicial não inviabiliza o apelo adesivo do réu-reconvinte limitado ao capítulo da sentença que julgou a reconvenção (STJ-4ª T., REsp 1.109.249, Min. Luis Felipe, j. 7.3.13, DJ 19.3.13). Em sentido semelhante: STJ-3ª T., REsp 1.675.996, Min. Paulo Sanseverino, j. 27.8.19, DJ 3.9.19.

Todavia, há acórdãos no sentido de que, se foram julgadas conjuntamente duas ações e o recurso principal incidiu apenas sobre uma, a parte contrária não pode manifestar recurso adesivo quanto à ação em que não houve recurso principal: RT 497/196, maioria, RJTJESP 93/205, 122/384, maioria, JTA 88/189.

V. tb. notas 13 e 17.

Art. 997: 13. **"Não cabe** recurso adesivo **quando não há mútua sucumbência"** (STJ-3ª T., REsp 5.548, Min. Dias Trindade, j. 29.4.91, DJU 1.7.91).

"Se inocorre sucumbência recíproca entre as partes, carece o recurso adesivo do seu pressuposto mais característico" (STJ-4ª T., REsp 6.488, Min. Sálvio de Figueiredo, j. 1.10.91, DJU 11.11.91).

"O recurso adesivo pode ser interposto pelo autor da demanda indenizatória, julgada procedente, quando arbitrado, a título de danos morais, valor inferior ao que era almejado, uma vez configurado o interesse recursal do demandante em ver majorada a condenação, hipótese caracterizadora de sucumbência material. Ausência de conflito com a Súmula 326/STJ, a qual se adstringe à sucumbência ensejadora da responsabilidade pelo pagamento das despesas processuais e honorários advocatícios" (STJ-Corte Especial, REsp 1.102.479, Min. Marco Buzzi, j. 4.3.15, DJ 25.5.15).

Não obstante o julgamento da causa tenha sido integralmente favorável a uma das partes, se o vencedor recorre para a majoração dos honorários sucumbenciais, cabe recurso adesivo do vencido para impugnar aquele julgamento (STJ-4ª T., Ag em REsp 364.820-AgRg, Min. Marco Buzzi, j. 27.2.18, DJ 2.3.18).

V. tb. notas 12 e 17.

Art. 997: 14. Contra a sentença que julga a ação e indefere pedido de **denunciação da lide,** pode o litisdenunciante, não obstante vencedor quanto à demanda principal, interpor recurso adesivo para que, na hipótese de provimento da apelação da outra parte, o tribunal reveja a questão do cabimento da denunciação. Nesse sentido: "Recurso adesivo. Hipótese em que se justificava, sem embargo de que a sentença aproveitasse ao recorrente. Sentença que, decidindo antecipadamente a causa, indeferiu o pedido de denunciação da lide e julgou improcedente a ação, seguida de apelação, atacando o modo como foi resolvido o mérito, e de recurso adesivo, impugnando o desfecho dado à demanda secundária. Recurso adesivo não conhecido, a despeito de ter sido provida a apelação, com a consequente procedência da ação. Necessidade do conhecimento do recurso adesivo, que se justificava não obstante a sentença fosse, quanto ao mérito, favorável a quem o interpôs; é que a apelação da contraparte criou fato novo, a possibilidade de a sentença de 1º grau ser reformada (o que efetivamente ocorreu), só impugnável pelo recurso adesivo" (RSTJ 140/264).

Todavia: "Ação de indenização por acidente de trânsito julgada parcialmente procedente contra um dos réus, e improcedente contra o segundo réu, este denunciante da lide em face da ora recorrente. Denunciação que fora julgada improcedente, por sentença, sem recurso da denunciante. Interposição pela denunciada de recurso adesivo ao do autor, objetivando apenas aumentar o valor dos honorários que lhe são devidos pela denunciante. Correto o não conhecimento do recurso adesivo. Diante do trânsito em julgado da sentença de improcedência da denunciação, a denunciada não tinha interesse no julgamento do recurso do autor contra denunciante e, portanto, não tinha legitimidade para recorrer adesivamente. Não eram o apelante (autor da ação) e a ora recorrente (denunciada) 'vencedor' e 'vencido' um em relação ao outro, de forma a legitimar a denunciada à interposição do recurso adesivo ao do autor, na forma do art. 500, *caput,* do CPC" (STJ-4ª T., REsp 1.002.237, Min. Isabel Gallotti, j. 2.6.11, DJ 19.8.11).

Art. 997: 15. O **MP,** quando age como ***custos legis,* não pode** recorrer adesivamente (RT 611/163).

Art. 997: 16. No sentido de que o recurso principal interposto por **terceiro prejudicado não admite** recurso adesivo: RT 498/116 e JTA 43/91.

Art. 997: 17. Cabe recurso adesivo para a concessão ou majoração da verba de **honorários de advogado** (STJ-4ª T., REsp 1.056.985, Min. Aldir Passarinho Jr., j. 12.8.08, DJ 29.9.08; STJ-3ª T., REsp 162.711, Min. Eduardo Ribeiro, j. 29.6.98, DJU 1.3.99; STJ-1ª T., REsp 936.690, Min. José Delgado, j. 18.12.07, DJU 27.2.08; STJ-JTAERGS 77/337; RT 487/105, 497/157, 506/96, RF 309/137, JTA 35/197, 42/49, RP 39/300, com comentário de Jeremias Alves Pereira Filho, 57/250). **Contra:** RT 495/221, RJTJESP 38/61, 90/396, 121/53.

Não é de se exigir para a admissibilidade do recurso adesivo interposto para concessão ou majoração de honorários que o recurso da parte contrária também verse sobre honorários.

V. tb. notas 12 e 13.

Art. 997: 18. O prazo de 15 dias para responder o recurso principal (v. art. 1.003 § 5º) e consequentemente para interpor o recurso adesivo **dobra-se** no caso dos arts. 180 (MP), 183 (Fazenda Pública), 186 (Defensoria Pública) e 229 (litisconsortes com procuradores diferentes).

Art. 997: 18a. "É tempestivo o recurso adesivo interposto **antes de** ser a parte **formalmente intimada** para apresentar contrarrazões ao apelo principal, desde que o faça até o fim do prazo de resposta ao apelo principal" (STJ-3ª T., Ag em REsp 840.089-AgInt, rel. Min. Ricardo Cueva, j. 16.2.17, DJ 2.3.17).

V. tb. art. 218 § 4º.

Art. 997: 19. O **prazo para contra-arrazoar** o recurso adesivo é de **15 dias** (v. art. 1.003 § 5º).

Art. 997: 20. s/ recurso adesivo e: recurso ordinário em mandado de segurança, v. art. 1.027, nota 6a; Juizados Especiais, v. LJE 42, nota 6; recurso especial, v. RISTJ 255, nota 4-Recurso adesivo; recurso extraordinário, v. RISTF 321, notas 7 e segs.

Art. 997: 21. "Não há previsão legal para a interposição de **agravo de instrumento adesivo**" (STJ-3ª T., REsp 336.135-AgRg, Min. Menezes Direito, j. 19.12.00, DJU 19.3.01).

Art. 997: 21a. "Não se conhece dos **embargos de declaração** opostos na forma adesiva, pois o rol do art. 500, inciso II, do CPC é taxativo" (STJ-1ª T., RMS 37.699-EDcl, Min. Benedito Gonçalves, j. 18.6.13, DJ 25.6.13).

Art. 997: 21b. "É incabível recurso adesivo a **embargos de divergência**" (STJ-Corte Especial, ED no REsp 195.819, Min. Peçanha Martins, j. 1.8.03, DJU 3.12.03).

Art. 997: 21c. **"Agravo regimental** adesivo é recurso inexistente, do qual, para efeito de técnica de julgamento, não se conhece" (STJ-2ª T., REsp 1.403.650-AgRg, Min. Mauro Campbell, j. 7.8.14, DJ 18.8.14). No mesmo sentido: STJ-4ª T., REsp 1.224.428-AgRg-EDcl, Min. Raul Araújo, j. 12.8.14, DJ 1.9.14.

Art. 997: 21d. No sentido de que, se o acórdão do tribunal local foi objeto unicamente de recurso extraordinário, o recorrido somente pode interpor recurso extraordinário adesivo, razão pela qual não se conhece do recurso especial adesivo nessas circunstâncias: STJ-1ª T., AI 974.045-AgRg, Min. Francisco Falcão, j. 17.4.08, DJU 15.5.08. No mesmo sentido: "Necessidade de o recurso adesivo ser da mesma espécie do apelo principal, **refutando-se** a tese do **recurso adesivo cruzado"** (STJ-2ª T., REsp 1.645.625, Min. Herman Benjamin, j. 7.3.17, DJ 20.4.17).

Art. 997: 22. v. art. 998.

Art. 997: 23. Se a parte a quem favorece a **remessa necessária** determinada no art. 496 desistir do recurso que interpôs, fica prejudicado o recurso adesivo da parte contrária, e o tribunal conhecerá unicamente da remessa *ex officio* (JTA 34/118); e isso porque o cabimento do recurso adesivo depende da existência de um recurso principal, não podendo como tal ser considerado o reexame necessário (RJTJESP 98/236, JTJ 159/149).

Art. 997: 23a. A **desistência** do recurso principal, **a qualquer tempo** (v. art. 998), leva ao não conhecimento do recurso adesivo.

"A lei faculta ao recorrente desistir do recurso, independentemente da anuência da parte contrária. Isso ocorrendo, fica sem objeto o recurso adesivo" (STJ-2ª T., REsp 1.494.486-Desis-AgInt, Min. Og Fernandes, j. 21.2.17, DJ 2.3.17).

Todavia, a nosso ver sem razão: "Na hipótese, a apresentação da petição de desistência logo após a concessão dos efeitos da tutela recursal, reconhecendo à autora o direito de receber 2/3 de um salário mínimo a título de pensão mensal, teve a nítida intenção de esvaziar o cumprimento da determinação judicial, no momento em que o réu anteviu que o julgamento final da apelação lhe seria desfavorável, sendo a pretensão, portanto, incompatível com o princípio da boa-fé processual e com a própria regra que lhe faculta não prosseguir com o recurso, a qual não deve ser utilizada como forma de obstaculizar a efetiva proteção ao direito lesionado. Embora, tecnicamente, não se possa afirmar que a concessão da antecipação da tutela tenha representado o início do julgamento da apelação, é iniludível que a decisão proferida pelo relator, ao satisfazer o direito material reclamado, destinado a prover os meios de subsistência da autora, passou a produzir efeitos de imediato na esfera jurídica das partes, evidenciada a presença dos seus requisitos (prova inequívoca e verossimilhança da alegação), a qual veio a ser confirmada no julgamento final do recurso pelo Tribunal estadual" (STJ-3ª T., REsp 1.285.405, Min. Marco Bellizze, j. 16.12.14, DJ 19.12.14).

Art. 997: 24. Não será conhecido o recurso adesivo se não for conhecido o principal, por estar **fora de prazo** (JTA 105/86) ou por **qualquer outro motivo** (RSTJ 145/514, RJTJESP 105/229, 113/268, JTA 107/236).

Art. 997: 25. "Acolhida pelo tribunal local, em **juízo de adequação a repetitivo** (art. 543-C, § 7º, II, do CPC), a tese veiculada no recurso especial principal, desaparece o interesse recursal da parte que o interpusera. Malogrado, em tal contexto, o trânsito do recurso principal, descabe cogitar do conhecimento da súplica adesiva que lhe seja subordinada, consoante exegese do art. 500, III, do CPC" (STJ-1ª T., REsp 1.255.397, Min. Sérgio Kukina, j. 11.11.14, DJ 14.11.14).

Art. 998. O recorrente poderá, a qualquer tempo, sem a anuência do recorrido ou dos litisconsortes,[1] desistir do recurso.[2 a 7] [Dispositivo correspondente no CPC/1973: art. 501]

Parágrafo único. A desistência do recurso não impede a análise de questão cuja repercussão geral já tenha sido reconhecida e daquela objeto de julgamento de recursos extraordinários ou especiais repetitivos.[8] [Sem dispositivo correspondente no CPC/1973]

Art. 998: 1. mesmo no caso de **litisconsórcio unitário** (v. arts. 116, 117 e 1.005, especialmente nota 3). Assim, com a desistência, a decisão recorrida transita em julgado (TFR-2ª T., AC 102.206, Min. Costa Lima, j. 25.11.86, DJU 5.2.87).

Art. 998: 2. s/ desistência da ação na fase recursal, v. art. 485, nota 57; s/ desistência do recurso principal em relação ao adesivo, v. art. 997 § 2º-III, inclusive notas 23 e 23a; s/ desistência de recurso pela Procuradoria-Geral da Fazenda Nacional, v. **Lei 10.522, de 19.7.02,** art. 19.

Art. 998: 2a. "O direito de desistência do recurso somente pode ser exercido até o **momento** imediatamente anterior ao **julgamento**" (STJ-2ª T., REsp 433.290-AgRg, Min. Eliana Calmon, j. 1.4.03, DJU 16.6.03). Ou seja: "Após o julgamento do recurso, não pode o tribunal homologar a sua desistência" (STJ-1ª Seção, ED no REsp 234.683-AgRg, Min. Eliana Calmon, j. 14.2.01, DJU 29.4.02).

"Enquanto não ultimado o julgamento do apelo aqui em trâmite, pode a parte desistir do recurso. Havendo embargos de declaração ainda pendentes de apreciação, a desistência alcança apenas esse último recurso, ainda não julgado" (STF-1ª T., AI 773.754-AgRg-EDcl-AgRg, Min. Dias Toffoli, j. 10.4.12, DJ 21.5.12).

Admitindo a desistência de recurso cujo julgamento já se tenha iniciado e se encontrava interrompido por pedido de vista: STF-Pleno, RE 113.682, Min. Ilmar Galvão, j. 30.8.01, DJU 11.10.01, seç. 1; STJ-4ª T., REsp 63.702, Min. Sálvio de Figueiredo, j. 18.6.96, DJU 26.8.96; STJ-2ª T., REsp 689.439, Min. Mauro Campbell, j. 4.3.10, DJ 22.3.10; STJ-1ª T., RMS 20.582, Min. Luiz Fux, j. 18.9.07, um voto vencido, DJU 18.10.07.

Afirmando o direito da parte de desistir do recurso especial na véspera da sessão de julgamento: STJ-3ª T., REsp 1.370.698, Min. João Otávio, j. 21.11.13, maioria, DJ 1.4.14.

"A petição de desistência foi protocolizada em 19.10.11, às 17:31:24, na data anterior à data em que proferido o julgamento do agravo regimental pela Terceira Turma. Embargos de declaração acolhidos para anular o julgamento do agravo regimental, declarando-se, por conseguinte, a extinção do procedimento recursal, por falta de objeto" (STJ-3ª T., Ag 1.334.709-AgRg-EDcl, Min. Sidnei Beneti, j. 22.11.11, DJ 6.12.11). Do voto do relator: "No caso deste Tribunal, que é informatizado *on-line*, com conhecimento, portanto, de todas as ocorrências processuais em tempo real — e sem prejuízo de outra análise relativamente a ocorrência em outros tribunais não informatizados, ou informatizados apenas em parte — deve-se ter por válida a desistência apenas protocolada, sem exigência de que seja trazida a petição, ou informação a respeito dela, a sessão de julgamento, para que não se realize o julgamento".

"Chama-se o feito à ordem para anular o acórdão embargado, quando a petição de desistência do agravo regimental, embora juntada aos autos depois do julgamento do recurso, tenha sido recebida no Tribunal, anteriormente à data da respectiva sessão" (STJ-Corte Especial, ED no REsp 1.118.946-AgRg-EDcl, Min. João Otávio, j. 7.11.12, DJ 21.11.12).

"Comunicado, depois do julgamento do recurso especial, o fato anterior da transação acordada entre as partes, com desistência do recurso, são acolhidos os embargos de declaração, com efeito modificativo, para desfazer aquele julgamento e homologar a desistência" (STJ-4ª T., REsp 98.473-EDcl, Min. Ruy Rosado, j. 10.3.97, DJU 14.4.97).

Todavia, em sentido mais restritivo, indeferindo pedido de desistência formulado às vésperas da sessão de julgamento: "Se uma tese jurídica, que em princípio poderia ser replicada a inúmeros outros processos, pode ser estabelecida, independentemente de não se tratar de um julgamento de controvérsia repetitiva, o interesse público no estabelecimento dessa tese não pode ser manipulado por um pedido de desistência apresentado pela parte, às vésperas da sessão. Tal conduta beiraria a má-fé processual e deve, necessariamente, ser reprimida" (STJ-RDDP 108/130: 3ª T., REsp 1.091.044; a citação é do voto da relatora). No mesmo sentido, mais recentemente: STJ-3ª T., REsp 1.721.705, Min. Nancy Andrighi, j. 28.8.18, DJ 6.9.18.

"Deve prevalecer, como regra, o direito da parte à desistência, mas, verificada a existência de relevante interesse público, pode o relator, mediante decisão fundamentada, promover o julgamento do recurso especial para possibilitar a apreciação da respectiva questão de direito, sem prejuízo de, ao final, conforme o caso, considerar prejudicada a sua aplicação à hipótese específica dos autos" (STJ-3ª T., REsp 1.308.830, Min. Nancy Andrighi, j. 8.5.12, RT 923/637; da manifestação da relatora em sede de questão de ordem).

Art. 998: 3. "Em geral, a desistência do recurso manifesta-se por **petição escrita,** conforme o caso, ao órgão perante o qual se o interpôs ou ao relator do Tribunal, mas nada impede que tal se faça, **oralmente, na própria sessão** de julgamento, ainda que iniciada a votação" (STJ-3ª T., REsp 21.323-3, Min. Waldemar Zveiter, j. 16.6.92, DJU 24.8.92).

Art. 998: 3a. "A **desistência parcial** de um recurso só não comporta deferimento nas hipóteses em que, pela análise do apelo, os fundamentos ou os pedidos são indissociáveis. Fora dessas hipóteses, a desistência parcial consubstancia direito da parte (arts. 26, § 1º, c/c 501, ambos do CPC), de modo que deve ser deferida" (STJ-3ª T., REsp 337.572, Min. Nancy Andrighi, j. 13.11.08, DJ 20.2.09).

Art. 998: 4. A desistência do recurso produz **efeitos desde logo, independentemente de homologação.** A exigência de homologação, prevista em matéria de desistência da ação (art. 200 § ún.), não se aplica para a desistência do recurso, que é incondicional e possível mesmo sem a anuência do recorrido ou dos litisconsortes.

O RISTF (art. 21-VIII) e o RISTJ (art. 34-IX) inserem a homologação da desistência do recurso no rol de atribuições do relator do recurso. Todavia, isso não tem o condão de transformar a homologação em condição para a desistência do recurso.

Art. 998: 4a. A desistência do recurso **não admite retratação** (STJ-1ª T., REsp 7.243, Min. Milton Luiz Pereira, j. 7.6.93, DJU 2.8.93; STJ-RP 123/191: 2ª T., REsp 246.062; STJ-3ª T., AI 494.724-AgRg, Min. Nancy Andrighi, j. 23.9.03, DJU 10.11.03; Lex-JTA 148/227).

Art. 998: 5. "Havendo expressa **desistência anterior** dos agravantes de recorrer de uma decisão, não podem, posteriormente, interpor novo recurso discutindo a mesma matéria apenas porque houve novo julgamento de embargos de declaração interpostos pela parte contrária, mas que foram rejeitados, sem alteração, portanto, do conteúdo da decisão primitiva" (STJ-RT 856/155: 3ª T., REsp 651.931-EDcl-EDcl-AgRg).

Art. 998: 6. Ainda que o cliente declare expressamente haver **desautorizado a interposição** de recurso pelo seu advogado, deve ele ser conhecido, desde que não tenha havido desistência regular (RJTJESP 92/210).

Art. 998: 6a. "Não se conferem efeitos ao pedido de desistência recursal protocolado por advogado, em flagrante **excesso de mandato,** e que visa a defender interesse dele próprio" (STJ-3ª T., REsp 1.339.279, Min. Sidnei Beneti, j. 19.2.13, DJ 27.2.13).

Art. 998: 7. "A mera **informação,** prestada pelo recorrente no recurso especial, de que teria **perdido o objeto o recurso,** não se equipara a pedido de desistência. Assim, se o recorrente não demonstra a perda do objeto e solicita, em vez disso, preferência no julgamento, o recurso especial deve ser apreciado" (STJ-3ª T., REsp 819.524, Min. Nancy Andrighi, j. 1.9.09, DJ 11.9.09).

Art. 998: 8. Afirmando que a **desistência da demanda** não inibe o enfrentamento da tese objeto do recurso especial repetitivo, mas ponderando que o que vier a ser decidido a respeito **não se aplica** para o caso concreto: STJ-2ª Seção, REsp 1.067.237, Min. Luis Felipe, j. 24.6.09, DJ 23.9.09.

Art. 999. A renúncia ao direito de recorrer[1 a 3] independe da aceitação da outra parte. [Dispositivo correspondente no CPC/1973: art. 502]

Art. 999: 1. Pode a parte renunciar ao recurso sem assistência de advogado? v. art. 103, nota 5.

Art. 999: 2. "A renúncia validamente manifestada, como fato extintivo do direito de recorrer, torna **inadmissível o recurso** que porventura interponha o renunciante contra a decisão" (JTJ 172/136). No mesmo sentido: JTJ 326/235 (AI 527.942.4-6/00).

Art. 999: 3. **"Inexiste** na sistemática processual vigente a figura da renúncia à pretensão recursal, **anterior ao ato judicial** passível de impugnação" (RSTJ 69/351).

Art. 1.000. A parte que aceitar expressa ou tacitamente a decisão não poderá recorrer.[1 a 5] [Dispositivo correspondente no CPC/1973: art. 503-*caput*]

Parágrafo único. Considera-se aceitação tácita a prática, sem nenhuma reserva, de ato incompatível com a vontade de recorrer. [Dispositivo correspondente no CPC/1973: art. 503 § ún.]

Art. 1.000: 1. s/ agravo de instrumento pendente de julgamento e sentença não recorrida, v. art. 1.015, nota 3; s/ entrega de chaves e apelação contra sentença de despejo, v. LI 66, nota 1a.

Art. 1.000: 2. Na **dúvida,** deve-se entender que **não houve aquiescência** (STF-RTJ 81/993; STJ-2ª T., REsp 896.385, Min. Eliana Calmon, j. 12.8.08, DJ 5.9.08; STJ-3ª T., REsp 37.593-2, Min. Nilson Naves, j. 12.4.94, DJU 16.5.94; RSTJ 156/191 e JTA 46/39).

Art. 1.000: 2a. **Manifestação anterior à decisão,** naturalmente, **não caracteriza aceitação** do pronunciamento judicial (STJ-3ª T., REsp 37.593-2, Min. Nilson Naves, j. 12.4.94, DJU 16.5.94; RT 592/140, RJTJESP 65/169, JTA 94/72).

Art. 1.000: 2b. "A recorrente, ao **cumprir o julgado** e **postular a extinção da ação,** fez desaparecer o interesse processual no recurso, o que impede o seu conhecimento" (STJ-2ª T., REsp 8.843, Min. José de Jesus Filho, j. 28.8.91, DJU 23.9.91).

Art. 1.000: 2c. "Ao **requerer o arquivamento** do feito, uma vez que liquidado o débito, a exequente aceitou tacitamente, sem qualquer reserva, a sentença que acolheu o seu requerimento, julgando extinto o processo. Ao assim proceder, praticou ato incompatível com a vontade de recorrer" (RSTJ 75/311; citação da p. 313).

Art. 1.000: 3. "O **pedido de parcelamento** do débito representa aceitação tácita da decisão que anulou a adjudicação efetuada em execução fiscal. Assim, não merece ser conhecido o recurso interposto pelo devedor em face dessa decisão" (STJ-1ª T., REsp 722.997, Min. Teori Zavascki, j. 25.8.09, DJ 3.9.09).

Art. 1.000: 3a. A **transação** firmada pelo recorrente posteriormente à interposição do recurso envolve aceitação da decisão, acarretando o não conhecimento daquele recurso (STJ-4ª T., Ag em REsp 154.578-EDcl, Min. Luis Felipe, j. 4.10.12, DJ 19.10.12; JTA 118/148).

Art. 1.000: 3b. "Se o réu, após interposta a apelação, **reconhece parcialmente o pedido,** não pode o tribunal julgar prejudicado o recurso. Impõe-se-lhe o julgamento da apelação, na parte remanescente, não atingida pelo reconhecimento" (STJ-1ª T., REsp 13.678, Min. Gomes de Barros, j. 2.10.91, DJU 4.11.91).

Art. 1.000: 3c. "O **cumprimento de liminar** deferida não é incompatível com a vontade de recorrer" (RT 601/190). "A revogação do ato coator, em cumprimento à decisão proferida no acórdão combatido na via especial, mantém hígido o interesse recursal, uma vez que a retirada do ato não descaracteriza sua ilegalidade originária, cuja correção é justamente o objeto de análise no apelo extremo. O **cumprimento de ordem coercitiva** retira qualquer nota de espontaneidade na edição da portaria que revogou o ato coator, o que seria imprescindível para concluir-se pela aquiescência tácita, e, por conseguinte, a preclusão lógica pela prática de ato incompatível com o direito de recorrer, a teor do que dispõe o parágrafo único do art. 503 do CPC" (STJ-2ª T., REsp 1.213.226-EDcl, Min. Mauro Campbell, j. 9.12.14, DJ 18.12.14).

Art. 1.000: 3d. A apresentação de **embargos à execução** não configura aceitação tácita da decisão anterior que incluíra os embargantes no polo passivo da execução, de modo que não prejudica o agravo de instrumento interposto contra esse pronunciamento judicial (STJ-3ª T., REsp 1.655.655, Min. Ricardo Cueva, j. 25.6.19, DJ 1.7.19).

Art. 1.000: 4. O **depósito, sem ressalva, do valor da condenação,** caracteriza aquiescência à decisão (RSTJ 15/329, JTJ 173/157), especialmente se, depois disso, o juiz julgou extinto o processo (RSTJ 99/243).

Todavia, v. art. 520 § 3º.

Art. 1.000: 5. "Na ação de reintegração de posse, a **restituição de imóvel** pelo réu apelante, após a interposição de apelação, constitui fato superveniente relevante, implicando em reconhecimento tácito do pedido, ficando, portanto, prejudicado o recurso" (RJTAMG 33/114).

Art. 1.001. Dos despachos não cabe recurso.[1-2] [Dispositivo correspondente no CPC/1973: art. 504]

Art. 1.001: 1. v. art. 203 § 3º. V. tb. art. 1.003, nota 3, e LMS 5º, nota 10a.

Art. 1.001: 2. "A distinção entre os despachos e as decisões interlocutórias impugnáveis via agravo de instrumento reside na existência ou não de conteúdo decisório e de gravame à parte. A regra do art. 504 do CPC não é absoluta. Deve-se reconhecer a possibilidade de interposição de recurso em face de ato judicial capaz de provocar **prejuízos** às partes" (STJ-3ª T., REsp 215.170, Min. Nancy Andrighi, j. 16.11.10, DJ 24.11.10). "Independentemente do nome que se dê ao provimento jurisdicional, é importante deixar claro que, para que ele seja recorrível, basta que possua algum conteúdo decisório capaz de gerar prejuízo às partes. Na hipótese, o provimento judicial impugnado por meio de agravo possui carga decisória, não se tratando de mero impulso processual consubstanciado pelo cumprimento da sentença transitada em julgado" (STJ-3ª T., REsp 1.219.082, Min. Nancy Andrighi, j. 2.4.13, RP 222/367).

A jurisprudência tem entendido que não cabe recurso contra o pronunciamento que determina:

— a emenda da petição inicial da execução (v. art. 801, nota 2a);

— a citação no processo de execução (v. arts. 802, nota 1a, e 815, nota 3);

— a remessa dos autos ao contador (STJ-3ª T., RMS 695, Min. Nilson Naves, j. 11.12.90, DJU 18.2.91; RTFR 130/121, RJTJESP 84/164, JTJ 142/216, JTA 74/382, 87/275) ou ao partidor (RJTJESP 124/359) ou ao perito contábil (STJ-3ª T., Ag em REsp 102.653-AgRg, Min. Sidnei Beneti, j. 5.2.13, DJ 22.2.13). **Todavia,** no sentido de que se o pronunciamento não se limita a remeter os autos ao contador, traçando diretrizes para a elaboração dos cálculos, ele tem conteúdo decisório e é recorrível: STJ-RJ 381/155 (Corte Especial, ED no REsp 519.381, maioria);

— a expedição de mandado de imissão de posse de bem adjudicado ou arrematado (v. art. 901, nota 3b);

— o julgamento virtual de recurso (STJ-Corte Especial, REsp 1.141.490-EDcl-RE-Pet-AgInt, Min. Maria Thereza, j. 11.2.20, DJ 17.2.20);

— o recolhimento dobrado ou a regularização do preparo (v. arts. 1.007, nota 14a, e 1.022, nota 5a);

— a segregação (JTA 98/72) ou o apensamento de execuções fiscais (v. LEF 28, nota 4).

S/ natureza do ato que indefere a citação por edital, v. art. 203, nota 4; s/ agravo contra a decisão que impõe multa em razão do não cumprimento da sentença condenatória ao pagamento de quantia, v. art. 523, nota 8; s/ recorribilidade de outros pronunciamentos judiciais, v. art. 1.015, notas 21a e 22a.

Art. 1.002. A decisão pode ser impugnada no todo ou em parte.[1 a 4] [Dispositivo correspondente no CPC/1973: art. 505]

Art. 1.002: 1. v. arts. 1.008, notas 4b e segs. (*reformatio in pejus*), e 1.013 (*tantum devolutum quantum appellatum*), inclusive notas.

Art. 1.002: 2. "O tribunal decidirá sobre a **matéria impugnada.** Para fazê-lo, entretanto, não se acha adstrito ao deduzido no recurso, podendo considerar fundamentos nele não apresentados, desde que não exista a vedação constante do art. 128, parte final, do CPC" (STJ-3ª T., REsp 31.023-8, Min. Eduardo Ribeiro, j. 9.5.94, DJU 13.6.94).

V. art. 1.013.

Art. 1.002: 3. Presume-se total a impugnação, se a parte não a limitou (STJ-4ª T., REsp 5.057-0, Min. Fontes de Alencar, j. 10.8.93, DJU 13.9.93; TFR-1ª Seção, AR 1.375, Min. Costa Leite, j. 3.9.86, DJU 4.12.86; JTA 93/404).

V. tb. art. 1.013, nota 3.

Art. 1.002: 4. "No **pedido mais abrangente** se inclui o de menor abrangência" (STF-2ª T., RE 100.894-6, Min. Moreira Alves, j. 4.11.83, DJU 10.2.84).

Assim, no pedido de improcedência da ação se compreende o de redução da condenação, que tem menor extensão do que aquele (STJ-3ª T., REsp 1.203.052, Min. Nancy Andrighi, j. 1.3.11, DJ 14.3.11). "O objeto do pedido exposto na peça recursal se concentra na total improcedência do pedido postulado pelo autor. Desta forma, ainda que não haja pedido específico do apelante, permite-se ao Tribunal a redução do valor indenizatório" (STJ-4ª T., REsp 685.266, Min. Quaglia Barbosa, j. 27.2.07, DJU 26.3.07). No mesmo sentido: STJ-2ª T., REsp 1.123.943, Min. Castro Meira, j. 13.10.09, DJ 23.10.09; JTA 96/307, Bol. AASP 1.406/91.

Art. 1.003. O prazo[1] para interposição de recurso conta-se[1a a 1c] da data em que os advogados, a sociedade de advogados, a Advocacia Pública, a Defensoria Pública ou o Ministério Público são intimados[2 a 2c] da decisão.[3-3a] [Dispositivos correspondentes no CPC/1973: arts. 242-*caput* e 506]

§ 1º Os sujeitos previstos no *caput* considerar-se-ão intimados em audiência[4 a 5a] quando nesta for proferida a decisão. [Dispositivo correspondente no CPC/1973: art. 242 § 1º]

§ 2º Aplica-se o disposto no art. 231, incisos I a VI, ao prazo de interposição de recurso pelo réu contra decisão proferida anteriormente à citação.[5b] [Sem dispositivo correspondente no CPC/1973]

§ 3º No prazo para interposição de recurso, a petição será protocolada em cartório ou conforme as normas de organização judiciária, ressalvado o disposto em regra especial.[6 a 11] [Dispositivo correspondente no CPC/1973: art. 506 § ún.]

§ 4º Para aferição da tempestividade do recurso remetido pelo correio, será considerada como data de interposição a data de postagem.[12 a 13] [Sem dispositivo correspondente no CPC/1973]

§ 5º Excetuados os embargos de declaração, o prazo para interpor os recursos e para responder-lhes é de 15 (quinze) dias.[14 a 17a] [Dispositivo correspondente no CPC/1973: art. 508]

§ 6º O recorrente comprovará[18-18a] a ocorrência de feriado local[18b] no ato de interposição do recurso.[19] [Sem dispositivo correspondente no CPC/1973]

Art. 1.003: 1. v. § 5º e arts. 218 e segs. V. em especial art. 218 § 4º (tempestividade do ato praticado antes do termo inicial do prazo).

Art. 1.003: 1a. v. em especial arts. 219 e 224. S/ suspensão do curso do prazo, v. em especial arts. 220, 221 e 1.004.

Art. 1.003: 1b. O **pedido de vista** dos autos não suspende o prazo para recorrer (JTA 110/389).

Art. 1.003: 1c. O **pedido de reconsideração** não interrompe nem suspende o prazo para a interposição do recurso cabível (RSTJ 95/271, RTFR 134/13, RT 595/201, 808/348, 833/220; JTJ 331/120: AI 7.239.589-2; JTA 97/251, RTJE 156/244), inclusive o do agravo regimental (RTJ 123/470).

Não é possível pedir reconsideração e, na mesma petição, agravar de instrumento, porque o pedido de reconsideração é dirigido ao juiz e o agravo, ao relator, em segundo grau de jurisdição. Nesse sentido: JTJ 235/150. Ainda, ponderando que "não se pode transformar o pedido de reconsideração em agravo": STJ-4ª T., REsp 13.026, Min. Athos Carneiro, j. 31.10.91, DJU 2.12.91.

Sentença não admite pura e simples reconsideração (v. art. 494, nota 5).

Nos tribunais, o pedido de reconsideração da decisão do relator que isoladamente julga recurso tem sido recebido como agravo interno, ao passo que o endereçado a acórdão não tem sido conhecido (v. art. 994, nota 6).

S/ pedido de reconsideração e prazo para mandado de segurança, v. LMS 23, notas 3 e 3a.

Art. 1.003: 2. v. arts. 205, nota 2 (sentença estenotipada), 231, notas 4 e segs. (ciência inequívoca), 10 (intimação da decisão recorrida por carta) e 12 e 16 (intimação da decisão recorrida por mandado), 996, nota 14 (terceiro prejudicado).

Art. 1.003: 2a. Aplicam-se aqui as normas dos **arts. 231, 270, 272 e 273** (v. tb. notas a esses artigos).

Art. 1.003: 2b. A **intimação** deve ser feita ao **advogado**, e não à parte (v. art. 274, nota 1).

Art. 1.003: 2c. "O prazo para recurso do **litisconsorte** passivo necessário e **ainda não citado** não corre da publicação da decisão recorrida — que só é forma de intimação das partes já integradas na relação processual — mas do momento em que dela tenha ciência" (STF-RT 795/136).

Art. 1.003: 3. Se existe **simples despacho** que apenas impulsiona o processo e não resolve questão alguma, à parte cabe provocar a discussão, impugnando o ato processual de simples expediente. Da intimação da decisão que se proferir então, neste ou naquele sentido, é que começará a correr o prazo para o recurso eventualmente cabível (RT 479/158).

"O pronunciamento judicial que, visando dar impulso ao processo, determina a intimação da parte credora para que apresente certidões negativas de débitos, previamente ao levantamento de precatório judicial, possui natureza jurídica de despacho, por não resolver qualquer questão incidente, consoante exige o art. 162, § 2º, do CPC, ao conceituar as decisões interlocutórias. Diversamente, o pronunciamento que indefere pedido de reconsideração em tal hipótese, por entender constitucional a exigência do art. 19 da Lei n. 11.033/2004, possui natureza jurídica de decisão interlocutória, e o agravo de instrumento contra ela interposto não pode ser considerado intempestivo, se apresentado no decênio legal" (STJ-2ª T., REsp 951.499, Min. Eliana Calmon, j. 24.11.09, maioria, DJ 23.4.10).

S/ pedido de reconsideração, v. tb. nota 1c.

Art. 1.003: 3a. Em matéria de **ato de serventuário da justiça** com conteúdo decisório, o prazo para recorrer tem início com a publicação da decisão do juiz que o referendou, e não com a publicação daquele ato, que inexiste. Nesse sentido: STJ-1ª T., REsp 905.681, Min. Luiz Fux, j. 16.9.10, DJ 26.9.10.

V. tb. art. 203, nota 6.

Art. 1.003: 4. "**Procurador** do INSS **intimado da audiência. Não comparecimento.** Intimado o procurador para a audiência na qual foi proferida a sentença, está presumida a ciência quanto ao teor do julgado, nos termos do art. 242, § 1º, do Código de Processo Civil" (STJ-2ª T., Ag em REsp 134.962-AgRg, Min. Herman Benjamin, j. 29.5.12, DJ 26.6.12). No mesmo sentido: STJ-1ª T., Ag em REsp 186.478-AgRg, Min. Teori Zavascki, j. 14.8.12, DJ 21.8.12.

"Prolatada a decisão em audiência, o prazo para a interposição de recurso tem seu termo neste ato, independentemente de nova intimação, a teor do que dispõem os arts. 242, § 1º, e 506, I, ambos do CPC. A ausência do advogado constituído no momento da audiência, ainda que por motivo justificante de doença, por si só não configura justa causa para a reabertura do prazo recursal, quando a procuração é outorgada para diversos causídicos" (RT 847/338). V. tb. arts. 223, nota 2a (justa causa), 1.004, nota 3 (prazo para recorrer) e 1.007, nota 15a (preparo).

Art. 1.003: 4a. O prazo para recorrer se conta da publicação em audiência da sentença, com prévia ciência aos litigantes, **estejam ou não as partes presentes** ao ato (RTJ 92/927, RTFR 161/27, RT 696/136, RJTJESP 37/47, JTA 117/292, Lex-JTA 145/64, 147/106). Porém, é imprescindível que tenham sido previamente cientificadas da sua realização, sendo desnecessária qualquer outra intimação (RSTJ 17/366, 67/347, RJTAMG 34/286, 52/85).

Art. 1.003: 4b. Nos casos em que a sentença é emitida em **audiência outra que a de instrução e julgamento,** a parte que a ela não compareceu não é reputada intimada em audiência. A emissão da sentença não é algo ordinariamente programado para tal oportunidade, o que torna necessária a ulterior intimação da parte ausente. Dessa ulterior intimação é que se conta o prazo para ela apelar da sentença (STJ-3ª T., REsp 992.411, Min. Nancy Andrighi, j. 17.4.08, DJU 30.4.08; STJ-4ª T., RMS 14.828, Min. Aldir Passarinho Jr., j. 4.3.08, DJU 5.5.08; JTJ 325/167: AI 7.219.087-7).

Art. 1.003: 5. Nos casos em que a sentença é proferida em audiência, mas fica na **dependência da efetivação de determinadas formalidades** para realmente vir a existir nos autos, o prazo para a interposição do recurso não pode ser contado da data da audiência (STJ-4ª T., REsp 714.810, Min. Cesar Rocha, j. 28.3.06, DJU 29.5.06). "Nessas situações, o prazo recursal deve começar a fluir no momento de concretização de tais formalidades. No caso, tendo sido determinada a juntada da transcrição do termo de audiência com a sentença nele proferida, bem como oportunizada a impugnação dessa transcrição, o prazo para interposição de recurso tem início na conclusão dessas diligências e não da data da audiência" (STJ-1ª T., REsp 692.819, Min. Teori Zavascki, j. 11.3.08, DJU 2.4.08). No mesmo sentido: STJ-3ª T., REsp 1.257.713, Min. Nancy Andrighi, j. 18.4.13, RP 223/433.

Art. 1.003: 5a. "Proferida a sentença em audiência, desde então inicia-se o prazo para recorrer. A **contagem do prazo,** todavia, segue a regra do artigo 184 do Código de Processo Civil, que determina a exclusão do dia do começo e a inclusão do dia de vencimento" (STJ-3ª T., REsp 513.016, Min. Castro Filho, j. 26.8.04, DJU 27.9.04). No caso, lida a sentença em audiência realizada em 6.11.01, o cômputo do prazo quinzenal teve início em 7.11.01, razão pela qual se considerou tempestiva a apelação interposta em 21.11.01.

V. tb. art. 224, nota 2.

Art. 1.003: 5b. v. arts. 231, notas 16 e 26, 303, nota 3a, e 306, nota 3 (agravo contra decisão liminar).

Art. 1.003: 6. v. arts. 212 e 213, bem como respectivas notas.

Art. 1.003: 6a. Súmula 320 do STF: "A apelação **despachada pelo juiz no prazo legal** não fica prejudicada pela demora da juntada, por culpa do cartório".

Súmula 425 do STF: "O agravo despachado no prazo legal não fica prejudicado pela demora da juntada, por culpa do cartório; nem o agravo entregue em cartório no prazo legal, embora despachado tardiamente".

Súmula 428 do STF: "Não fica prejudicada a apelação **entregue em cartório no prazo legal,** embora despachada tardiamente".

Art. 1.003: 7. Considerando tempestivo o recurso apresentado no prazo legal, ainda que em **cartório diverso** daquele em que corre o feito: STJ-3ª T., REsp 11.240, Min. Menezes Direito, j. 13.9.01, DJU 4.2.02; STJ-RP 180/341 (2ª T., AI 775.617-AgRg), RSTJ 130/352, RT 494/140, RJTJESP 91/218, 126/328, JTA 76/222, RP 3/348, em. 174.

"Não se vislumbrando má-fé da parte interessada, o encaminhamento equivocado da petição a outro juízo, na mesma comarca, não obsta o reconhecimento da tempestividade do pleito ou recurso" (STJ-4ª T., REsp 187.117, Min. Barros Monteiro, j. 22.8.00, DJU 16.10.00).

Todavia: "A jurisprudência tolera o erro no encaminhamento do recurso, quando é entregue em cartório diverso daquele em que tramita o processo; não é esse o caso, quando o recurso é deixado na **Contadoria do Foro,** que evidentemente não tem atribuição para esse efeito" (STJ-3ª T., REsp 690.545, Min. Ari Pargendler, j. 18.12.07, maioria, DJU 27.6.08).

Contra: "O protocolo que efetivamente conta para a verificação do prazo é o da Secretaria deste Tribunal, sendo considerado intempestivo o recurso apresentado equivocadamente perante **Tribunal diverso** e recebido no Supremo somente após o trânsito em julgado da decisão recorrida" (STF-RT 864/180: 2ª T., AI 612.975-AgRg-AgRg). Em sentido semelhante: STF-Pleno, ED no RE 436.029-AgRg-AgRg, Min. Ricardo Lewandowski, j. 15.4.09, um voto vencido, DJ 5.6.09 (caso de recurso encaminhado pelo correio, em envelope endereçado à Presidência e não à Secretaria do STF).

"O protocolo no STF não serve para demonstrar a tempestividade de recurso dirigido ao STJ, que somente se considera tempestivo se interposto no prazo legal nesta Corte" (STJ-3ª T., REsp 990.155-AgRg-AgRg, Min. Nancy Andrighi, j. 19.8.08, DJ 3.9.08). Na mesma linha, considerando intempestivo o recurso de decisão proferida no STJ, protocolizado, "ainda que por engano e dentro do prazo", em outro tribunal: STJ-2ª T., REsp 97.306-AgRg, Min. João Otávio, j. 4.9.03, DJU 13.10.03.

"Em atenção ao princípio da segurança jurídica, que deve plasmar os atos judiciais, não se pode considerar tempestivo o recurso protocolizado — ainda que por engano e dentro do prazo — em Tribunal diverso daquele ao qual se dirigia" (RSTJ 182/173: 2ª T., AI 406.473-AgRg). No mesmo sentido: RTJ 143/1.005 (recurso protocolado em tribunal errado), RT 826/258 (endereçamento errôneo da apelação no tocante a comarca, juízo e número de processo), RJTJESP 49/173.

Não conhecendo de recurso protocolado na Justiça Federal, em feito que se processa na Estadual, se somente veio ter a esta fora de prazo: RT 644/92, JTA 120/100.

V. tb. art. 1.017, nota 10 (agravo de instrumento). V. ainda arts. 335, nota 5a (contestação), e 915, nota 10 (embargos à execução).

Art. 1.003: 7a. Considerando inadmissível o recurso protocolado fisicamente, quando as normas de organização judiciária **exigem o protocolo eletrônico:** STJ-3ª T., Ag em REsp 735.629-AgRg, Min. Moura Ribeiro, j. 26.4.16, DJ 10.5.16.

Art. 1.003: 8. Os recursos podem ser apresentados por meio do **protocolo integrado,** ainda quando se trate de recurso dirigido a Tribunal Superior. V. art. 929 § ún., inclusive nota 2.

"A interposição de recurso, no Estado de São Paulo, em comarca diversa, pelo sistema de protocolo integrado, dentro do prazo legal, considera-se tempestiva mesmo que a petição tenha sido juntada aos autos posteriormente. Precedentes deste Tribunal (REsp 20.845 e 28.487)" (RSTJ 57/377). No mesmo sentido: RT 797/278, 809/241.

V. tb. art. 1.017, nota 11 (agravo de instrumento). V. ainda arts. 335, nota 5a (contestação), e 915, nota 9 (embargos à execução).

Art. 1.003: 9. Afirmando que, se no último dia do prazo houve **expediente na comarca** por onde tramitava o feito, está fora de prazo o recurso apresentado ao protocolo integrado de outra comarca no dia seguinte, ainda que no vencimento do prazo não tenha havido expediente nesta: Lex-JTA 145/80.

S/ falta de expediente na comarca em que tramitava o feito, em razão de greve, e uso do protocolo integrado, v. art. 221, nota 6.

Art. 1.003: 10. Protocolado o recurso com as razões, no prazo legal, a **demora na devolução dos autos** pelo advogado acarreta apenas as sanções do art. 234, entre as quais não se inclui a de intempestividade do recurso.

V. art. 234, nota 2.

Art. 1.003: 11. Em caso no qual o MP **devolveu os autos** à Coordenadoria da Turma com a petição recursal neles encartada, dentro do prazo do recurso, mas **sem protocolar** tal petição, a 1ª Turma do STJ deu pela sua tempestividade (STJ-1ª T., REsp 861.433-AgRg-EDcl-AgRg, Min. Luiz Fux, j. 26.6.07, um voto vencido, DJU 25.10.07).

Art. 1.003: 12. v. art. 1.017 § 2º-III (agravo de instrumento).

Art. 1.003: 12a. Está **superada a Súmula 216 do STJ,** no sentido de que "a tempestividade de recurso interposto no Superior Tribunal de Justiça é aferida pelo registro no protocolo da Secretaria e não pela data de entrega na agência do correio".

Art. 1.003: 13. "Tendo havido razoável comprovação de envio de sedex a este Tribunal com os originais do recurso antecipado por fax, e tendo esses originais sido entregues por engano dos Correios no Supremo Tribunal Federal e posteriormente encaminhados a este Tribunal, reconhece-se a tempestividade, dada a ausência de responsabilidade da parte recorrente pelo extravio, em sistema de envio de correspondência pelos correios autorizado pelo sistema processual" (STJ-2ª Seção, ED no AI 978.281-AgRg-EDcl-EDcl, Min. Sidnei Beneti, j. 8.9.10, DJ 15.9.10).

S/ responsabilidade civil dos Correios no caso, v., no nosso CCLCV, CDC 14, nota 7a.

Art. 1.003: 14. Em matéria de agravo interno, v. tb. art. 1.070.

Art. 1.003: 14a. Prazos para a interposição de outros recursos:

— embargos infringentes para o mesmo juiz, nas causas de alçada: 10 dias (LEF 34);

— no Juizado Especial: 10 dias (LJE 42); embargos de declaração: 5 dias (LJE 49);

— recurso ordinário para o STJ de decisão denegatória de *habeas corpus*: 5 dias (LR 30, inclusive nota 1).

Art. 1.003: 15. O **prazo para interpor** recurso **e responder-lhe dobra-se** no caso dos arts. 180 (MP), 183 (Fazenda Pública), 186 (Defensoria Pública) e 229 (litisconsortes com procuradores diferentes).

Art. 1.003: 15a. O recurso é de direito natural; na **dúvida quanto à sua tempestividade,** deve ser conhecido (JTA 48/65).

"Em se tratando de prazos, o intérprete, sempre que possível, deve orientar-se pela exegese mais liberal, atento às tendências do processo civil contemporâneo — calcado nos princípios da efetividade e da instrumentalidade — e à advertência da doutrina de que as sutilezas da lei nunca devem servir para impedir o exercício de um direito" (RSTJ 34/362).

Art. 1.003: 16. "A **intempestividade** é **matéria de ordem pública,** declarável de ofício pelo tribunal" (RSTJ 34/456). No mesmo sentido: RTJ 159/965 (recurso extraordinário), RTJ 164/1.065 (idem), 172/337, STF-RT 777/210.

"A tempestividade é um dos pressupostos recursais extrínsecos e, tratando-se de matéria de ordem pública, pode ser reconhecida a qualquer tempo pelo órgão julgador, não se sujeitando à preclusão. Verificada pelo Tribunal a intempestividade dos embargos de declaração julgados em 1º grau, e, portanto, a ausência de interrupção do prazo para interposição do agravo de instrumento, correta a decisão que negou seguimento a este recurso porque extemporâneo" (STJ-2ª Seção, ED no AI 1.297.346, Min. Nancy Andrighi, j. 14.8.13, DJ 21.8.13).

"Os requisitos de admissibilidade são matéria de ordem pública, portanto, conhecível de ofício, em qualquer grau de jurisdição e sujeito ao duplo exame. A ausência de vinculação ao prévio exame de admissibilidade garante ao Tribunal *ad quem* apreciar a legitimidade das decisões que interfiram na contagem do prazo recursal" (STJ-3ª T., REsp 1.300.152, Min. Nancy Andrighi, j. 13.8.13, DJ 23.8.13).

"Verificada a intempestividade do recurso especial em petição prejudicial aos embargos de declaração, impõe-se a anulação da decisão que analisou o mérito recursal. Por consequência, resta prejudicada a análise dos embargos declaratórios" (STJ-3ª T., REsp 884.009-EDcl, Min. Nancy Andrighi, j. 27.9.11, DJ 30.9.11).

"A tempestividade, condição de admissibilidade dos recursos, deve ser conhecida de ofício, de modo que sua alegação em agravo interno não constitui inovação e merece ser apreciada" (STJ-4ª T., Ag em REsp 288.314-AgInt-EDcl-EDcl, Min. Isabel Gallotti, j. 30.3.20, DJ 2.4.20).

"Hipótese em que, contra o acórdão que julgou o agravo de instrumento, o recorrente interpôs agravo interno, recurso manifestamente incabível contra decisão colegiada, sendo inviável aplicar o princípio da fungibilidade para recebê-lo como embargos de declaração, por representar erro grosseiro. Interposto o recurso especial seis meses depois de a recorrente ter ciência do julgamento colegiado do agravo de instrumento, é de se reconhecer a intempestividade do apelo nobre" (STJ-1ª T., Ag em REsp 731.758-AgInt, Min. Gurgel de Faria, j. 13.6.17, DJ 10.8.17).

Porém: "Não há dúvida de que, ao julgar qualquer recurso, cumpre ao órgão julgador apreciar, inclusive de ofício, seus requisitos de admissibilidade, como é o da tempestividade. Isso, todavia, não faculta a esse órgão nem lhe impõe o dever de controlar, de ofício, a tempestividade da **cadeia recursal anterior,** objeto de outros julgamentos, coberta por preclusão. No caso, a decisão que julgou o recurso alegadamente intempestivo foi a de fls. 297/303. Contra ela é que caberia, portanto, a alegação de omissão, e não contra o acórdão ora embargado, que julgou outro recurso, cuja tempestividade não foi posta em dúvida" (STF-2ª T., RE 634.732-AgRg-AgRg-EDcl, Min. Teori Zavascki, j. 17.9.13, DJ 1.10.13).

"A suposta intempestividade do recurso especial interposto pela parte ora embargada só foi alegada pelo embargante na ocasião da oposição dos embargos de declaração contra a decisão que indeferira liminarmente os embargos de divergência, circunstância que evidencia nítida inovação recursal, terminantemente vedada nesta fase processual" (STJ-2ª Seção, ED no REsp 1.177.933-EDcl-AgRg, Min. Raul Araújo, j. 10.9.14, DJ 9.10.14).

"Não cabe, quando do julgamento do recurso especial, reexaminar de ofício a tempestividade do agravo de instrumento anteriormente provido (e, portanto, implícita ou explicitamente conhecido) para determinar o processamento do recurso especial. Não tendo sido interposto o recurso pertinente contra essa decisão, está preclusa a matéria (CPC, art. 473). Assim, o juízo de admissibilidade, nesse momento, é apenas do próprio recurso especial" (STJ-Corte Especial, ED no REsp 1.414.755, Min. João Otávio, j. 18.5.16, maioria, DJ 6.9.16).

V. TÍT. II, nota 2, que antecede o art. 994. V. tb. arts. 1.007, notas 3 e 21, 1.022, nota 4, e 1.026, nota 2a.

Art. 1.003: 17. A **falta de contrarrazões não inibe** o julgador de examinar a tempestividade do recurso da parte contrária (RTJ 155/989, STF-RT 724/234).

Art. 1.003: 17a. "O **não conhecimento de recurso tempestivamente** interposto resulta em violação ao art. 508 do CPC" (STJ-2ª T., REsp 9.458, Min. Américo Luz, j. 3.6.91, DJU 24.6.91).

"Acórdão que tem como **tempestiva apelação extemporaneamente** interposta viola a regra do art. 508 do CPC" (STJ-2ª T., REsp 11.165, Min. Américo Luz, j. 26.6.91, DJU 26.8.91).

"O exame da tempestividade do recurso de apelação não corresponde a reexame da prova. Recurso conhecido para declarar a manifestação a desoras da apelação" (STJ-3ª T., REsp 18.211-0, Min. Cláudio Santos, j. 16.6.92, DJU 3.8.92).

O erro material na contagem do prazo para recurso viola lei federal e enseja recurso especial (STJ-3ª T., REsp 2.406, Min. Cláudio Santos, j. 26.6.90, DJU 20.8.90).

Todavia: "O reconhecimento, pelo juiz, de obstáculo ao curso do prazo recursal, certificado pelo escrivão, constitui matéria de fato, irrevisível na via do recurso especial (Súmula 7-STJ)" (RSTJ 69/303).

Art. 1.003: 18. Forma da comprovação. "As **cópias** de atos relativos à suspensão dos prazos processuais, no Tribunal de origem, obtidas **a partir de sítios eletrônicos** da Justiça, contendo identificação da procedência do documento, ou seja, endereço eletrônico de origem e data de reprodução no rodapé da página eletrônica, e cuja veracidade é facilmente verificável, juntadas no instante da interposição do recurso especial, possuem os requisitos necessários para caracterizar prova idônea, podendo ser admitidas como documentos hábeis para demonstrar a tempestividade do recurso, salvo impugnação fundamentada da parte contrária" (STJ-RT 906/638: Corte Especial, AI 1.251.998-AgRg). **Todavia:** "Embora o agravante alegue que juntou aos autos documento indicando a ocorrência de feriado local, verifica-se que a peça juntada é cópia de notícia divulgada no sítio do Tribunal de Justiça do Distrito Federal e Territórios — TJDFT, o que não se constitui meio idôneo para a comprovação de tempestividade recursal. A jurisprudência desta Corte Superior é no sentido de que a ocorrência de feriado local ou suspensão do expediente forense deve ser demonstrada por certidão expedida pelo Tribunal de origem ou documento oficial" (STJ-2ª T., Ag em REsp 285.189-AgRg, Min. Mauro Campbell, j. 12.3.13, DJ 18.3.13). "O art. 1.003, § 6º, do CPC/2015 exige que os recorrentes comprovem a ocorrência de feriado local no ato de interposição do recurso, não sendo suficiente a mera remissão a *link* de site do Tribunal de origem em nota de rodapé do recurso considerado intempestivo. Indispensável a juntada de documento idôneo" (STJ-2ª T., Ag em REsp 1.237.711-AgInt, Min. Herman Benjamin, j. 7.6.18, DJ 28.11.18). "Para efeito de tempestividade, a prova do feriado local deve ser feita pela parte interessada por meio de documento idôneo, não servindo *print* de tela de computador na qual consta a cópia do calendário do judiciário extraído da *internet*" (STJ-4ª T., Ag em REsp 1.325.535, Min. Marco Buzzi, j. 27.11.18, DJ 5.12.18).

"A falta de expediente deve ser comprovada por certidão expedida pelo cartório do próprio tribunal ou por **outro documento oficial,** o que se satisfaz pela juntada de ato emanado do Poder Executivo, reconhecendo como ponto facultativo o último dia do prazo recursal" (STJ-3ª T., AI 640.664-EDcl-AgRg, Min. Castro Filho, j. 16.8.07, DJU 10.9.07).

"Para efeitos de tempestividade, a prova do feriado local ou recesso forense deve ser feita pela parte interessada por meio de documento idôneo (cópia da lei, ato normativo ou certidão exarada por servidor habilitado)" (STJ-3ª T., Ag em REsp 788.441-AgRg, Min. Ricardo Cueva, j. 5.5.16, DJ 16.5.16).

"Se o termo inicial ou final do prazo recursal recai em feriado local, o fato precisa ser provado; **não basta** a respectiva **menção** nas razões do recurso especial" (STJ-Corte Especial, ED no REsp 884.009, Min. Ari Pargendler, j. 18.12.13, maioria, DJ 11.4.14). **Todavia,** entendendo suficiente menção na peça recursal à portaria do tribunal local que dispôs sobre a ausência de expediente forense: STJ-2ª T., AI 1.054.151-AgRg-EDcl, Min. Humberto Martins, j. 17.3.09, DJ 14.4.09.

V. tb. art. 216, nota 3.

Art. 1.003: 18a. "Agravo de instrumento. Intempestividade. Prazo. Suspensão, em razão da **greve dos servidores do Poder Judiciário.** Medida determinada por ato da Justiça local. Hipótese em que, para a Corte dele conhecer, é exigida a apresentação de prova do evento pelo agravante" (STJ-RT 845/208: 4ª T., AI 666.034-EDcl).

S/ prazo e greve nos serviços judiciários, v. arts. 221, nota 6, e 224, nota 11.

Art. 1.003: 18b. "Os feriados de **segunda e terça-feira de carnaval,** por constarem de previsão expressa na Lei 5.010/66, não precisam ser comprovados pelo recorrente" (STJ-2ª T., REsp 856.853-AgRg-EDcl-EDcl, Min. Mauro Campbell, j. 16.3.10, DJ 30.3.10). **Todavia,** limitando a dispensa de comprovação à terça-feira: "A terça-feira de Carnaval é feriado judiciário em todo o País por força do art. 5º da Lei Federal 1.408/51, dispensando, portanto, comprovação" (STJ-3ª T., Ag em REsp 1.381.670-AgInt-EDcl, Min. Moura Ribeiro, j. 24.8.20, DJ 27.8.20). Ainda, circunscrevendo a dispensa de comprovação nessas circunstâncias à Justiça Federal e ao Tribunal de Justiça do Distrito Federal: "Os feriados de segunda e terça-feira de Carnaval, assim previstos nas Leis Federais 5.010/66 e 11.697/2008, aplicam-se, restritivamente, à Justiça Federal e ao Tribunal de Justiça do Distrito Federal e Territórios (TJDFT), respectivamente. É obrigatória a comprovação de feriado local no ato de interposição do recurso, sob pena de não conhecimento, por intempestividade" (STJ-4ª T., Ag em REsp 1.099.312-AgInt, Min. Lázaro Guimarães, j. 5.12.17, DJ 12.12.17). No mesmo sentido: STJ-3ª T., Ag em REsp 1.098.319-AgInt, Min. Moura Ribeiro, j. 12.12.17, DJ 2.2.18.

"Ainda que desnecessária a comprovação, no momento oportuno, da ausência de expediente forense no dia do feriado de **Corpus Christi,** o mesmo não se aplica em relação ao dia seguinte, 8.6.07, termo *a quo* do prazo recursal, pois inexigível qualquer dedução nesse sentido" (STJ-3ª T., AI 1.010.743-AgRg, Min. Sidnei Beneti, j. 13.5.08, DJU 2.6.08). **Todavia,** no sentido de que a ausência de expediente no próprio dia do feriado de *Corpus Christi* depende de comprovação: "O feriado nacional deve estar previsto em lei federal, contudo, o dia de Corpus Christi (Corpo de Cristo) é feriado local, uma vez que não previsto em qualquer legislação federal e, portanto, sua eventual ocorrência na instância de origem exige comprovação nos autos pela parte interessada por meio de documento idôneo, no ato de interposição" (STJ-4ª T., Ag em REsp 1.133.351-AgInt, Min. Luis Felipe, j. 7.12.17, DJ 14.12.17). No mesmo sentido: STJ-2ª T., Ag em REsp 1.113.604-AgInt, Min. Assusete Magalhães, j. 7.12.17, DJ 15.12.17; STJ-3ª T., Ag em REsp 1.079.762-EDcl-AgInt, Min. Moura Ribeiro, j. 12.12.17, DJ 2.2.18.

"O **dia do servidor público** não é previsto como feriado nacional em lei federal e, por isso, se eventualmente for feriado local, necessita ser comprovado" (STJ-4ª T., Ag em REsp 1.089.891-AgInt, Min. Lázaro Guimarães, j. 5.12.17, DJ 12.12.17).

Art. 1.003: 19. "Seja em função de previsão expressa do atual Código de Processo Civil, seja em atenção à nova orientação do STF, a jurisprudência construída pelo STJ à luz do CPC/73 não subsiste ao CPC/15: ou se comprova o feriado local **no ato da interposição do** respectivo **recurso,** ou se considera intempestivo o recurso, operando-se, em consequência, a coisa julgada" (STJ-Corte Especial, Ag em REsp 957.821-AgInt, Min. Nancy Andrighi, j. 20.11.17, maioria, DJ 19.12.17).

Todavia, com a devida vênia, o § 6º não prevê qualquer sanção para o descumprimento do seu comando. A simples prova da tempestividade, que não se confunde com a tempestividade em si, pode perfeitamente ser produzida ulteriormente, sem que haja qualquer obstáculo para tanto, quer por ocasião da manifestação prevista no art. 932 § ún., quer em recurso subsequente (p. ex., agravo interno).

Assim, deve continuar a haver espaço para a ulterior comprovação da tempestividade do recurso, tal qual anteriormente sedimentado pela jurisprudência do STF (STF-Pleno, RE 626.358-AgRg) e do STJ (STJ-Corte Especial, Ag em REsp 137.141-AgRg).

Art. 1.004. **Se, durante o prazo para a interposição do recurso, sobrevier o falecimento da parte ou de seu advogado**[1-2] **ou ocorrer motivo de força maior que suspenda o curso do processo,**[2a a 6] **será tal prazo restituído em proveito da parte, do herdeiro ou do sucessor, contra quem começará a correr novamente depois da intimação.** [Dispositivo correspondente no CPC/1973: art. 507]

Art. 1.004: 1. v. art. 313-I e §§ 1º a 3º, bem como respectivas notas. V. tb. art. 221.

Art. 1.004: 2. Sustenta um acórdão que a suspensão do prazo somente ocorre quando denunciada em juízo a causa, de modo que a **morte do advogado** não suspende automaticamente o prazo para recorrer (JTA 38/337). Para esse acórdão, a lei não permite ao advogado nem mesmo morrer em paz... Felizmente, em sentido contrário, v. acórdãos mencionados na nota 18 ao art. 313.

Art. 1.004: 2a. v. art. 313-VI, bem como respectivas notas. V. tb. arts. 221, em especial notas 6 (greve no serviço judiciário) e 7 (greve no serviço postal), e 223 § 1º, bem como respectivas notas.

Art. 1.004: 3. Considera-se que a **doença do advogado** não constitui motivo de força maior (RTJ 72/221), a menos que o tenha impedido até de substabelecer a procuração (RTJ 96/634, 156/17). No mesmo sentido: RTJ 111/702, STF-RT 615/241, RT 606/218, em., RJTJESP 100/364 (crise asmática), JTA 105/302 (tratamento ortopédico), JTJ 305/481 (lombociatalgia).

"A doença que acomete o advogado somente se caracteriza como motivo de força maior quando o impossibilita totalmente de exercer a profissão ou de substabelecer o mandato a colega seu para recorrer da decisão" (STJ-4ª T., AI 511.647-AgRg, Min. Jorge Scartezzini, j. 16.9.04, DJU 8.11.04). No mesmo sentido: STJ-3ª T., Ag em REsp 696.965-AgInt-Pet-AgInt, Min. Ricardo Cueva, j. 27.8.18, DJ 30.8.18; STJ-2ª T., Ag em REsp 1.101.207-Pet, Min. Francisco Falcão, j. 14.5.19, DJ 21.5.19; STJ-1ª T., Ag em REsp 946.094-Pet-AgInt, Min. Gurgel de Faria, j. 25.11.19, DJ 4.12.19.

"Não caracteriza justa causa o fato de a advogada da causa ter perdido o prazo recursal em razão de ter ido, no último dia do prazo, acompanhar seu marido para ser submetido a procedimento cirúrgico" (STJ-3ª T., Ag em REsp 102.544-AgRg-AgRg, Min. Sidnei Beneti, j. 15.5.12, DJ 28.5.12).

Afirmando descaber a devolução do prazo recursal "se o advogado impedido por motivo de saúde não é o único procurador da parte constituído nos autos": STJ-5ª T., AI 386.054-AgRg, Min. Felix Fischer, j. 27.11.01, DJU 4.2.02. No mesmo sentido: STJ-3ª T., AI 1.049.633-AgRg, Min. Ari Pargendler, j. 2.9.08, DJ 18.11.08; STJ-1ª T., REsp 1.236.902-AgInt, Min. Regina Costa, j. 19.9.17, maioria, DJ 27.9.17.

Todavia: "Não se pode indeferir, a partir do fundamento de que é possível o substabelecimento de poderes a outro causídico, o pedido de restituição de prazo recursal a advogado que, no curso do prazo para veicular a insurgência, comprova enfermidade nos autos que o impede de tomar a esperada providência processual" (STJ-1ª T., Ag em REsp 831.004-AgInt, Min. Napoleão Maia Filho, j. 28.3.17, DJ 7.4.17).

"A impossibilidade de exercício profissional comprovada nos autos mediante atestado médico apresentado junto ao recurso especial constitui justificativa idônea à suspensão do prazo recursal" (STJ-RDDP 65/143: 2ª T., REsp 1.015.392-AgRg).

V. tb. arts. 223, nota 2a (justa causa), 1.003, nota 4 (intimação em audiência), e 1.007, nota 15a (preparo).

Art. 1.004: 4. "Suspende-se o prazo recursal se a parte ficou **sem representante legal** no curso do lapso recursal, reiniciando-se a contagem a partir da juntada da nova procuração" (RT 639/61 e RJTJESP 117/255).

Todavia, afirmando que a **constituição de novo advogado,** após a intimação da sentença, não constitui força maior, que determine a restituição do prazo para recorrer: RP 50/268.

Art. 1.004: 5. Afirmando que não interfere no prazo para a interposição do recurso o fato de a **entidade de classe,** encarregada do **serviço de leitura** do Diário da Justiça, não remeter o recorte contendo a intimação: JTA 37/97, maioria.

V. tb. arts. 221, nota 9, e 272, nota 5.

Art. 1.004: 6. "É cabível a devolução de prazo para recorrer, quando o escrivão certifica que, no seu interregno, os **autos não** estiveram **disponíveis** à parte prejudicada" (STJ-4ª T., REsp 1.002.702, Min. Luis Felipe, j. 26.10.10, DJ 4.11.10).

Art. 1.005. O recurso interposto por um dos litisconsortes[1-2] a todos aproveita,[3 a 5a] salvo se distintos ou opostos os seus interesses. [Dispositivo correspondente no CPC/1973: art. 509-*caput*]

Parágrafo único. Havendo solidariedade passiva,[6] o recurso interposto por um devedor aproveitará aos outros quando as defesas opostas ao credor lhes forem comuns.[7-8] [Dispositivo correspondente no CPC/1973: art. 509 § ún.]

Art. 1.005: 1. v. arts. 116, 117 e 998, especialmente nota 1. S/ preparo do recurso no STJ, v. RCSTJ 6º §§ 1º e 2º; na Justiça Federal, v. RCJF 14.

Art. 1.005: 2. "O recurso interposto por um litisconsorte, quando não logre êxito, **não** pode ter o condão de **privar o outro litisconsorte** de igualmente provocar o reexame da matéria" (JTA 112/59).

Art. 1.005: 3. "O recurso, em regra, produz efeitos tão somente para o litisconsorte que recorre. Apenas na hipótese de **litisconsórcio unitário,** ou seja, nas palavras de José Carlos Barbosa Moreira, 'quando o julgamento haja de ter, forçosamente, igual teor para todos os litisconsortes', mostra-se aplicável a norma de extensão da decisão, prevista no art. 509, *caput*" (STJ-5ª T., RMS 15.354, Min. Arnaldo Esteves, j. 26.4.05, DJU 1.7.05). No mesmo sentido: STF-1ª Turma, RE 149.787-4, Min. Sepúlveda Pertence, j. 3.3.95, DJU 1.9.95; STJ-1ª T., REsp 827.935, Min. Teori Zavascki, j. 15.5.08, DJ 27.8.08 (bem fundamentado); RSTJ 40/367, 107/269; RP 46/224 e 232, maioria, com comentário de Gisele Heloísa Cunha e Josephina Boralli.

"Trata-se de litisconsórcio simples, tendo cada corréu sido processado por condutas distintas, na medida da respectiva participação nos suscitados atos de improbidade administrativa. Nesse contexto, deve prevalecer a regra contida no art. 48 do CPC, que consagra a autonomia entre os litisconsortes" (STJ-2ª T., REsp 1.228.306-EDcl, Min. Castro Meira, j. 4.12.12, DJ 4.2.13). V. tb. nota 7.

"O aproveitamento de um recurso interposto por um dos litisconsortes não produz efeitos para os demais, exceto em caso de litisconsórcio unitário, o que não é o caso desta ação civil coletiva, que não trata de uma relação jurídica indivisível, mas de várias relações que podem ser consideradas individualmente quanto a cada réu e sua respectiva clientela, como se várias ações tivessem sido propostas conjuntamente, de forma independente" (STJ-4ª T., REsp 609.329, Min. Raul Araújo, j. 18.12.12, DJ 7.2.13).

"Por não ser hipótese de litisconsórcio unitário, o recurso interposto por um dos litigantes não aproveita aos demais, o que retira da agravante qualquer interesse no seguimento do recurso especial interposto pelo outro litisconsorte" (STJ-1ª T., AI 702.365-EDcl, Min. Teori Zavascki, j. 20.11.07, DJU 3.12.07). Em sentido semelhante: STJ-2ª T., Ag em REsp 131.294-AgRg-EDcl, Min. Mauro Campbell, j. 25.9.12, DJ 28.9.12. V. tb. art. 996, nota 6.

"Não é pela característica de ser necessário o litisconsórcio que o recurso de um a todos os outros aproveita. O ponto nodal da questão está no caráter unitário do litisconsórcio, de modo que, se a situação jurídica tiver de ser decidida uniformemente para vários litigantes em determinado polo da demanda, a insurgência de um deles beneficiará os demais" (STJ-4ª T.: RSTJ 107/269).

"Ainda que necessário o litisconsórcio, nem sempre o recurso de um a todos os outros aproveita. O ponto essencial da questão reside no caráter unitário do litisconsórcio; somente se a situação jurídica tiver de ser decidida uniformemente para vários litigantes em determinado polo da demanda, é que a insurgência de um deles beneficiará os demais. Uma vez que a impugnação da verba honorária advocatícia não concerne ao próprio mérito da causa, e não se sujeita ao regime especial do litisconsórcio, posto que não repercute na disciplina da situação em litígio, o apelo de uma parte não aproveita às demais" (RSTJ 185/372).

Todavia, o § ún. contempla caso de litisconsórcio não unitário em que o recurso interposto por um dos litisconsortes aproveita aos demais, qual seja, o da solidariedade passiva (v. nota 7).

V. tb. art. 1.013, nota 3a.

Se, por esquecimento, o advogado só mencionou, na petição de recurso, o nome de um dos clientes, não acrescentando "e outros", v. art. 1.010, nota 6.

Art. 1.005: 4. "A **correção monetária de diferenças de aluguеres** determinada no acórdão deve ser feita sobre o todo, muito embora somente o recurso especial de um dos condôminos-locadores tenha sido conhecido e provido" (STJ-3ª T., REsp 5.962-EDcl, Min. Cláudio Santos, j. 7.5.91, DJU 17.6.91).

Art. 1.005: 5. "Denunciação da lide. Litisconsórcio unitário entre denunciante e denunciado, na medida em que se opõem ao pedido do autor. Incidência do disposto no artigo 509 do Código de Processo Civil. Provido o **recurso do denunciado,** para reconhecer que a condenação extrapolara do pedido, a decisão aproveita também ao réu denunciante" (STJ-3ª T., REsp 226.326-EDcl, Min. Eduardo Ribeiro, j. 17.2.00, DJU 12.6.00). No mesmo sentido: RJTJESP 124/173.

"Apelação de seguradora, para retirar ou diminuir condenação da segurada, corta a eficácia de coisa julgada material da sentença, mesmo que tenha havido coisa julgada formal em relação à ré segurada" (RP 59/277, com comentário de Roberto E. Schmidt Jr.).

Art. 1.005: 5a. Afirmando que, em matéria de **desconsideração da personalidade jurídica,** o sócio que não recorreu da respectiva decisão não se beneficia pelo recurso interposto pelo outro sócio: "Na hipótese de desconsideração da personalidade jurídica, somente os sócios que praticaram o ato ilícito ou dele se beneficiaram terão seu patrimônio atingido pela medida, de modo que a decisão não é necessariamente uniforme em relação a todos os sócios, sendo perfeitamente possível que a extensão dos efeitos da desconsideração atinja um, alguns ou todos eles, o que ratifica a ausência de litisconsórcio unitário" (STJ-4ª T., Ag em REsp 375.102-AgInt, Min. Isabel Gallotti, j. 12.6.18, DJ 19.6.18; a citação é do voto da relatora).

Art. 1.005: 6. v. CC 275 a 285.

Art. 1.005: 7. Malgrado a **solidariedade passiva** não remeta a caso de litisconsórcio unitário, as disposições expressas do legislador neste § ún. fazem com que o recurso interposto por um litisconsorte aproveite ao outro, quando a defesa for comum. Em sentido semelhante: JTJ 345/28 (AI 619.867-4/9-00).

"Ainda que não haja litisconsórcio passivo unitário, há o efeito expansivo subjetivo do recurso interposto por um dos litisconsortes, quando a defesa deles for comum" (STJ-1ª T., REsp 1.196.451, Min. Napoleão Maia Filho, j. 13.8.13, DJ 30.8.13). No caso, tratava-se de processo fundado em improbidade administrativa. **Todavia:** "Efeito extensivo recursal aos corréus. Impossibilidade. Condutas distintas. Dosimetria das penas. O efeito expansivo subjetivo, por ser medida excepcionalíssima, só poderia incidir para o caso de defesa comum. No presente caso, não foi negada a ocorrência dos próprios fatos ímprobos, unicamente se reconheceu a desproporcionalidade da sanção aplicada à parte recorrente" (STJ-2ª T., Ag em REsp 1.384.217, Min. Francisco Falcão, j. 7.5.19, DJ 13.5.19). V. tb. nota 3.

"Devedores solidários. Defesa comum. Provimento da apelação. Extensão dos efeitos ao litisconsorte que não apelou. Cabimento. Extensão subjetiva da eficácia do recurso de apelação. Aplicação do art. 509, parágrafo único, do Código de Processo Civil" (STJ-3ª T., REsp 1.366.676, Min. Paulo Sanseverino, j. 11.2.14, DJ 24.2.14). Do voto do relator: "Quanto à comunhão de defesas, verifica-se, na sentença, que ambas as rés da ação indenizatória alegaram, em contestação, que o mero atraso na prestação de serviço não seria capaz de gerar abalo moral indenizável. Assim, tratando-se de devedoras solidárias e verificando-se a comunhão das defesas apresentadas, é de rigor a aplicação do disposto no art. 509, parágrafo único".

"Não há indivisibilidade na relação jurídica de direito material entre os réus, administrador e gestor do fundo de investimento derivativo. Portanto, não havendo litisconsórcio unitário, não é aplicável o *caput* do art. 509 do CPC. Mas há entre eles solidariedade passiva, com fundamento no art. 942 do Código Civil e no art. 7º, parágrafo único, do CDC, e comunhão de defesas, de maneira que é aplicável a extensão dos efeitos da decisão que julga recurso interposto por um dos litisconsortes prevista no parágrafo único do art. 509 do CPC" (STJ-4ª T., REsp 799.241-EDcl, Min. Raul Araújo, j. 24.11.15, DJ 17.12.15).

Art. 1.005: 8. "Condenados solidariamente ao pagamento do saldo verificado em ação de prestação de contas, o **recurso interposto por um dos réus** que veicula argumentos comuns a ambos aproveita, nos termos do art. 509, do CPC. Recebida, pois, a apelação interposta por um dos litisconsortes no duplo efeito, **não tem espaço a execução provisória,** como diz o art. 521, do CPC" (STJ-4ª T., REsp 635.942-EDcl, Min. Isabel Gallotti, j. 2.8.12, DJ 9.8.12).

Art. 1.006. Certificado o trânsito em julgado, com menção expressa da data de sua ocorrência, o escrivão ou o chefe de secretaria, independentemente de despacho, providenciará a baixa dos autos ao juízo de origem, no prazo de 5 (cinco) dias. [Dispositivo correspondente no CPC/1973: art. 510]

Art. 1.007. No ato de interposição do recurso,[1 a 1c] o recorrente comprovará, quando exigido pela legislação pertinente, o respectivo preparo,[2 a 4c] inclusive porte de remessa e de retorno,[4d a 6] sob pena de deserção.[7] [Dispositivo correspondente no CPC/1973: art. 511-*caput*]

§ 1º São dispensados de preparo, inclusive porte de remessa e de retorno, os recursos interpostos pelo Ministério Público, pela União,[8] pelo Distrito Federal, pelos Estados, pelos Municípios, e respectivas autarquias,[9 a 9c] e pelos que gozam de isenção legal.[10 a 11] [Dispositivo correspondente no CPC/1973: art. 511 § 1º]

§ 2º A insuficiência no valor do preparo, inclusive porte de remessa e de retorno, implicará deserção se o recorrente, intimado na pessoa de seu advogado, não vier a supri-lo no prazo de 5 (cinco) dias.[11a a 12] [Dispositivo correspondente no CPC/1973: art. 511 § 2º]

§ 3º É dispensado o recolhimento do porte de remessa e de retorno no processo em autos eletrônicos.[13] [Sem dispositivo correspondente no CPC/1973]

§ 4º O recorrente que não comprovar, no ato de interposição do recurso, o recolhimento do preparo, inclusive porte de remessa e de retorno, será intimado, na pessoa de seu advogado, para realizar o recolhimento em dobro, sob pena de deserção.[13a a 14a] [Sem dispositivo correspondente no CPC/1973]

§ 5º É vedada a complementação se houver insuficiência parcial do preparo, inclusive porte de remessa e de retorno, no recolhimento realizado na forma do § 4º. [Sem dispositivo correspondente no CPC/1973]

§ 6º Provando o recorrente justo impedimento,[15 a 19] **o relator relevará a pena de deserção,**[20] **por decisão irrecorrível,**[21-22] **fixando-lhe prazo de 5 (cinco) dias para efetuar o preparo.**[22a a 24] [Dispositivo correspondente no CPC/1973: art. 519]

§ 7º O equívoco no preenchimento da guia de custas[25-26] **não implicará a aplicação da pena de deserção, cabendo ao relator, na hipótese de dúvida quanto ao recolhimento, intimar o recorrente para sanar o vício no prazo de 5 (cinco) dias.** [Sem dispositivo correspondente no CPC/1973]

Art. 1.007: 1. S/ possibilidade de aproveitamento de custas iniciais recolhidas a mais como preparo de eventual apelação, v. RCJF 14, nota 1.

Art. 1.007: 1a. "Comprovado que o preparo foi efetuado tempestivamente, não enseja a aplicação da pena de deserção a **juntada tardia do comprovante de recolhimento**" (STJ-4ª T., Ag em REsp 643.116-AgRg, Min. Isabel Gallotti, j. 17.12.15, DJ 1.2.16). Do voto da relatora: "Nada de irregular há no preparo do recurso especial, que foi interposto em 2.4.2014, sendo que em 10.4.2014 o banco juntou o 'comprovante de pagamento do valor referente ao porte e remessa dos autos', recolhimento esse que ocorreu em 24.3.2014, antes, portanto, da interposição do recurso especial".

"Não há como declarar deserção, se o recorrente — embora tenha apresentado guia de recolhimento referente a outro processo — comprova que efetivamente efetuou corretamente o preparo" (STJ-3ª T., REsp 867.005, Min. Gomes de Barros, j. 9.8.07, DJU 17.9.07). No caso, "a ora recorrente recolheu tempestivamente as custas processuais de dois processos; entretanto, equivocou-se e juntou a guia de depósito de um processo em outro". No mesmo sentido: JTJ 338/174 (AI 7.332.984-1).

Art. 1.007: 1b. Súmula 484 do STJ: "Admite-se que o preparo seja efetuado no primeiro dia útil subsequente, quando a interposição do recurso ocorrer **após o encerramento do expediente bancário**".

"O encerramento do expediente bancário antes do encerramento do expediente forense constitui causa de justo impedimento, a afastar a deserção, nos termos do art. 519 do Código de Processo Civil, desde que, comprovadamente, o recurso seja protocolizado durante o expediente forense, mas após cessado o expediente bancário, e que o preparo seja efetuado no primeiro dia útil subsequente de atividade bancária" (STJ-RDDP 93/159: Corte Especial, REsp 1.122.064). No mesmo sentido: RT 845/373, 864/298.

Mais liberal ainda: "Se o órgão arrecadador do preparo encerra seu expediente antes da hora legalmente fixada em lei (CPC, art. 172) para realização dos atos processuais, o prazo de recurso prorroga-se até o primeiro dia útil subsequente (CPC, art. 184, § 1º, II)" (STJ-1ª T., REsp 155.772, Min. Gomes de Barros, j. 5.3.98, maioria, DJU 27.4.98).

Contra: "Conjugam-se os arts. 59 do RISTF e 511 do CPC. Impõe-se a comprovação do preparo do extraordinário no prazo relativo à interposição deste. O fato de não haver coincidência entre o expediente forense e o de funcionamento das agências bancárias longe fica de projetar o termo final do prazo concernente ao preparo para o dia subsequente ao do término do prazo recursal" (STF-RJ 305/103: Pleno, AI 209.885, cinco votos vencidos). Após essa decisão, as duas turmas do STF passaram a decidir no mesmo sentido, por votação unânime: STF-1ª T., AI 325.661-AgRg, Min. Ellen Gracie, j. 5.2.02, DJU 15.3.02; STF-2ª T., AI 364.669-AgRg, Min. Carlos Velloso, j. 30.4.02, DJU 14.6.02. No mesmo sentido: Bol. AASP 2.652 (TJSP, AI 7.188.742-8), JTJ 332/376 (AP 7.169.904-6).

Art. 1.007: 1c. "Não está deserto o apelo cujo **numerário** para preparo é **entregue ao serventuário da justiça** no último dia do prazo, depois de encerrado o expediente bancário" (STJ-RT 727/140).

"Não caracterizada deserção se ou quando o recorrente, no ato de interposição do recurso, efetua o recolhimento das custas devidas no cartório, dentro do prazo legal; ainda que seu depósito, pelo escrivão, no órgão arrecadador, haja ocorrido fora dele" (STJ-3ª T., REsp 149.252, Min. Waldemar Zveiter, j. 3.3.98, DJ 11.5.98).

Art. 1.007: 2. s/ preparo e: assistência judiciária, v. arts. 98 § 1º-I e VIII, 99 §§ 5º e 7º e nota 4, 101 e 102; limite da taxa judiciária, v. art. 290, nota 3 **(Súmula 667 do STF);** recurso adesivo, v. art. 997, notas 4 e 5; processo ou recurso de competência do STJ, v. RISTJ 112 e 255, nota 3-Súmula 280 do STF e RCSTJ (no tít. SUPERIOR TRIBUNAL DE JUSTIÇA); processo ou recurso de competência do STF, v. RISTF 57 e segs.

V., ainda, no índice, Preparo.

Art. 1.007: 2a. A **apelação,** na **Justiça Federal,** está sujeita a preparo (RCJF 14-II).

Todavia: "A Lei 9.289/96 não prevê o recolhimento das custas nos **embargos à execução** (art. 7º). Tal inexigibilidade estende-se, também, à apelação apresentada contra a sentença proferida nesses embargos" (STJ-1ª T., REsp 760.477, Min. Teori Zavascki, j. 5.8.08, DJ 18.8.08). No mesmo sentido: STJ-2ª T., REsp 193.711, Min. João Otávio, j. 17.2.05, DJU 23.5.05; STJ-6ª T., REsp 890.918-AgRg, Min. Jane Silva, j. 25.9.08, DJ 13.10.08.

Mas: "A Lei 9.289/96, ao dispor sobre as custas devidas à União na Justiça Federal de primeiro e segundo graus, previu, em seu art. 7º, que estariam isentos do recolhimento de custas os embargos à execução no âmbito da Justiça Federal. Essa isenção de custas abrange todos os atos processuais decorrentes do ajuizamento dos embargos à execução no âmbito da Justiça Federal de primeiro e segundo graus. Todavia, não é razoável que tal isenção alcance os **recursos dirigidos aos Tribunais Superiores,** notadamente o recurso especial. Isto porque há lei específica — Lei 11.636/07, que se destina a regular o recolhimento de custas judiciais no âmbito do Superior Tribunal de Justiça, e que não traz qualquer isenção no caso de recolhimento do preparo do recurso especial interposto nos autos de embargos à execução" (STJ-2ª T., AI 1.403.116-EDcl-AgRg-AgRg, Min. Mauro Campbell, j. 22.11.11, DJ 1.12.11). No mesmo sentido: STJ-1ª T., Ag em REsp 68.467-AgRg, Min. Ari Pargendler, j. 5.3.13, DJ 12.3.13.

Na **Justiça dos Estados,** o preparo é exigível em matéria de apelação "quando devido pela legislação pertinente" (art. 1.007-*caput*), isto é, pela legislação estadual.

Art. 1.007: 2b. O **agravo de instrumento** está sujeito a preparo "quando devido pela legislação pertinente" (art. 1.007-*caput*), isto é, "conforme tabela publicada pelos tribunais" (art. 1.017 § 1º).

Art. 1.007: 2c. Chancelando lei local que prevê preparo para o **agravo interno** e a consequente deserção do recurso não preparado: STJ-2ª Seção, Pet 5.153, Min. Gomes de Barros, j. 8.8.07, DJU 10.12.07; STJ-1ª T., AI 1.344.973-AgRg-EDcl, Min. Arnaldo Esteves, j. 5.6.14, DJ 4.8.14.

Contra: "O agravo interno, previsto no art. 557, § 1º, não justifica preparo, que, se imposto por lei local, não terá o condão de provocar deserção, que é instituto de direito processual e, portanto, de competência legislativa da União" (STJ-3ª T., REsp 435.727, Min. Castro Filho, j. 14.6.04, DJU 1.7.04). "Inexigibilidade de preparo do agravo interno que impugna decisão monocrática denegatória de apelação. Recolhidas as custas da apelação, o recurso deve ser julgado pelo respectivo tribunal, por meio dos seus órgãos fracionários; decidido monocraticamente pelo relator, o recorrente pode provocar a manifestação do órgão colegiado, mediante o agravo previsto no art. 557, § 1º do Código de Processo Civil, sem novo preparo" (STJ-1ª T., REsp 1.468.267, Min. Ari Pargendler, j. 19.8.14, DJ 27.8.14).

Art. 1.007: 2d. Os **embargos de declaração** não estão sujeitos a preparo (v. art. 1.023-*caput*).

Art. 1.007: 2e. O **recurso extraordinário** está sujeito a preparo (RTJ 157/1.030, 158/224, 160/721, 163/776, 164/742, STF-RT 723/242, 733/135), "do qual a parte não está exonerada, mesmo em face da insignificância de seu valor" (STF-RT 738/220).

O **recurso especial** também está sujeito a preparo (v. RCSTJ, no tít. SUPERIOR TRIBUNAL DE JUSTIÇA).

Afirmando que a exigência do preparo em sede de recurso especial não é afetada por lei estadual de diferimento de custas: "O diferimento de custas, regulamentado pela Lei Estadual 11.608/03, atinge apenas a taxa judiciária, que tem por fato gerador a prestação de serviços públicos de natureza forense, devida pelas partes ao Estado de São Paulo, jamais abarcando uma taxa de competência federal" (STJ-3ª T., REsp 1.750.646-AgInt, Min. Paulo Sanseverino, j. 1.7.19, DJ 2.8.19).

Art. 1.007: 2f. O **agravo em recurso especial ou extraordinário** não depende do pagamento de custas ou despesas postais (v. art. 1.042 § 2º).

Art. 1.007: 2g. Os **embargos de divergência** em recurso especial sujeitam-se a preparo (v. RCSTJ, no tít. SUPERIOR TRIBUNAL DE JUSTIÇA), que deve ser recolhido no momento da sua oposição (STJ-Corte Especial, ED no REsp 930.225, Min. Laurita Vaz, j. 18.3.09, DJ 14.5.09).

Art. 1.007: 3. "O preparo do recurso é **matéria** cujo conhecimento independe da provocação da parte e, sendo **de ordem pública,** não se sujeita à preclusão" (STJ-Corte Especial, ED no REsp 978.782, Min. Ari Pargendler, dois votos vencidos, j. 20.5.09, DJ 15.6.09).

V. tb. nota 21. V. ainda TÍT. II, nota 2, que antecede o art. 994, e arts. 1.003, nota 16, e 1.022, nota 4.

Art. 1.007: 3a. O **novo recurso,** interposto contra decisão proferida em razão da anulação, pelo órgão *ad quem*, de outra anterior, sujeita-se a novo preparo. Neste sentido, em caso de apelação: RSTJ 174/387.

Art. 1.007: 3b. O preparo deve ser feito sobre o **valor atualizado da causa** (RSTJ 95/122, RT 695/105, 707/79, 711/153, 713/159, 723/377, maioria, 724/345, JTJ 158/184, JTA 124/82, 165/179, Lex-JTA 145/56, 145/81, 146/27, 147/69, 147/245, 151/14, 151/38, RTJE 129/196, Bol. AASP 1.777/16). **Contra,** considerando inexigível a atualização: RT 721/155, 813/314, JTJ 158/121, 162/211, 170/242, 212/157, Lex-JTA 151/11, maioria.

Art. 1.007: 3c. Nos recursos em que se impugna apenas **parte dos capítulos da decisão,** é permitido que o dimensionamento do preparo tenha como **base de cálculo** exclusivamente os valores atrelados à parcela impugnada (RF 381/359). No caso, permitiu-se que o preparo da apelação apresentada com o escopo único de majoração da condenação ao pagamento de honorários advocatícios fosse calculado com base no valor dos honorários fixados pelo juiz, e não com base no valor da causa. No mesmo sentido: JTJ 306/438, 317/436 (AI 7.112.291-1), 321/1.258 (AI 7.183.319-9), 357/205 (AI 990.10.397957-5).

Art. 1.007: 4. Interposição de mais de um recurso contra a mesma decisão. "Quando autor e réu recorrerem, cada recurso estará sujeito a preparo integral e distinto, composto de custas e porte de remessa e retorno" (RCSTJ 6º-*caput*). "Se houver litisconsortes necessários, bastará que um dos recursos seja preparado para que todos sejam julgados, ainda que não coincidam suas pretensões" (RCSTJ 6º § 1º). Para essa finalidade, "o assistente é equiparado ao litisconsorte" (RCSTJ 6º § 2º).

O preparo do recurso por um dos recorrentes "não aproveita aos demais, salvo se representados pelo mesmo advogado" (RCJF 14 § 5º).

"O princípio da autonomia impõe que cada recurso atenda a seus próprios requisitos de admissibilidade, independentemente dos demais recursos eventualmente interpostos, inclusive no que se refere ao preparo correspondente, que é individual" (STJ-1ª T., REsp 1.003.179, Min. Teori Zavascki, j. 5.8.08, DJ 18.8.08).

"Quando cada um dos réus recorre da sentença, para cada apelação deve ser efetuado o preparo" (STJ-3ª T., AI 440.078-AgRg, Min. Pádua Ribeiro, j. 5.9.02, DJU 28.10.02).

"Mesmo recorrendo por meio de uma mesma peça processual, se forem representados por diferentes advogados, cada réu fica sujeito ao recolhimento de um preparo" (STJ-3ª T., REsp 1.120.504-EDcl-EDcl, Min. Nancy Andrighi, j. 3.5.11, DJ 12.5.11). V. tb. art. 229, nota 10.

Assim, ressalvada disposição de lei especial, havendo mais de um recorrente, cada recurso está sujeito a preparo por inteiro (JTJ 182/213, 190/232, Bol. AASP 2.043/477), inclusive quando se tratar de recurso adesivo (v. art. 997, nota 4).

Quanto ao porte de retorno: "O porte de retorno feito por um dos recorrentes justifica a dispensa da sua realização pelo outro, uma vez já assegurado o numerário da devolução dos autos" (STJ-4ª T., REsp 192.727, Min. Sálvio de Figueiredo, j. 3.12.98, DJU 15.3.99).

Art. 1.007: 4a. "A falta de conhecimento sobre como calcular o valor do preparo em hipótese alguma pode ser caracterizada como justo impedimento a relevar a pena de deserção acertadamente decretada" (RT 720/188).

"A alegação de justo impedimento por **desconhecimento do valor do preparo** deve ser suscitada dentro do prazo recursal, e não após a decretação da deserção" (STJ-2ª T., REsp 114.221, Min. Adhemar Maciel, j. 26.6.97, DJU 25.8.97).

Art. 1.007: 4b. "O recolhimento das custas processuais fora realizado por ocasião do protocolo do recurso especial, ou seja, em agosto de 2010, motivo pelo qual houve um desgaste natural do **comprovante bancário,** cuja ilegibilidade, a toda evidência, não pode ser imputável ao agravante" (STJ-2ª T., Ag em REsp 72.081-AgRg, Min. Mauro Campbell, j. 26.6.12, DJ 6.8.12).

"Admite-se o recolhimento e a **comprovação do preparo** processual realizados **pela Internet,** desde que possível, por esse meio, aferir a regularidade do pagamento das custas processuais e do porte de remessa e de retorno. A guia eletrônica de pagamento via Internet constitui meio idôneo à comprovação do recolhimento do preparo, desde que preenchida com a observância dos requisitos regulamentares, permitindo-se ao interessado a impugnação fundamentada" (STJ-2ª Seção, ED no Ag em REsp 423.679, Min. Raul Araújo, j. 24.6.15, DJ 3.8.15). **Todavia:** "O comprovante de pagamento não é válido por não ser o documento oficial fornecido pelo banco, mas um *print* da tela fornecida pelo *internet banking*" (STJ-2ª T., Ag em REsp 1.596.972-AgInt, Min. Herman Benjamin, j. 16.11.20, DJ 24.11.20). **Contra:** "Recibo impresso da Internet não possui fé pública necessária à comprovação do preparo, haja vista a possibilidade de ser adulterado, pelo próprio interessado, por meio de editor de texto" (STJ-3ª T., Ag em REsp 2.435-AgRg, Min. Paulo Sanseverino, j. 5.2.13, DJ 14.2.13). Em sentido semelhante: STJ-4ª T., REsp 1.103.021-AgRg, Min. Luis Felipe, j. 26.5.09, um voto vencido, DJ 8.6.09; STJ-2ª T., Ag em REsp 444.076-AgRg-AgRg, Min. Humberto Martins, j. 24.4.14, DJ 2.5.14.

"Não constitui deficiência na comprovação do preparo a juntada da **cópia** do pagamento das guias de recolhimento da União (GRU) devidamente preenchidas, constando corretamente os códigos do recolhimento e o número do processo a que se referem" (STJ-3ª T., Ag em REsp 315.449-AgRg, Min. João Otávio, j. 13.8.13, DJ 23.8.13). No mesmo sentido: STJ-2ª T., REsp 1.474.725-AgRg, Min. Mauro Campbell, j. 11.11.14, DJ 18.11.14.

"Nada obstante a **ausência da GRU,** os **comprovantes de pagamento bancário** contêm informações tais como o número do processo — o número de referência corresponde ao número do processo no Tribunal de origem —; a identificação da empresa recorrente por meio do número do CNPJ constante da guia de recolhimento; e a adequação dos valores recolhidos", o que fez possível a admissão do recurso (STJ-3ª T., Ag em REsp 589.117-AgRg, Min. João Otávio, j. 18.8.16, maioria, DJ 5.9.16).

Art. 1.007: 4c. "Não se pode considerar cumprido o requisito do art. 511 do CPC se não consta dos autos a guia do efetivo pagamento do porte de remessa e retorno do apelo especial, mas tão somente **o comprovante do** respectivo **agendamento,** que traz em si a advertência de que não representa a efetiva quitação da transação" (STJ-1ª T., Ag em REsp 162.816-AgRg, Min. Sérgio Kukina, j. 9.4.13, DJ 15.4.13). Em sentido semelhante: STJ-3ª T., Ag em REsp 343.904-AgRg, Min. Ricardo Cueva, j. 21.11.13, DJ 29.11.13; STJ-4ª T., Ag em REsp 861.978-EDcl-AgInt, Min. Raul Araújo, j. 4.10.16, DJ 20.10.16; STJ-2ª T., REsp 1.716.434-AgInt, Min. Herman Benjamin, j. 23.8.18, DJ 16.11.18.

"Sempre que a parte apresentar, no ato de interposição do recurso, mero comprovante de agendamento do pagamento das custas processuais, deverá diligenciar para que, no primeiro dia útil subsequente, chegue aos autos o demonstrativo de conclusão da operação agendada, confirmando o recolhimento das mencionadas custas. Entendimento derivado da interpretação sistemática do enunciado 484 da Súmula/STJ. Destaque para o fato de que, apresentado comprovante de agendamento, no dia seguinte deve ser demonstrada a conclusão dessa mesma operação de agendamento, não sendo possível à parte, no dia seguinte, realizar um novo procedimento de pagamento das custas processuais, sob pena de se viabilizar um meio transverso de prorrogação do prazo para recolhimento do preparo" (STJ-3ª T., REsp 1.425.764, Min. Nancy Andrighi, j. 11.2.14, maioria, RP 237/559).

Art. 1.007: 4d. v. § 3º.

Art. 1.007: 5. **LR: "Art. 41-B.** As despesas do porte de remessa e retorno dos autos serão recolhidas mediante documento de arrecadação, de conformidade com instruções e tabela expedidas pelo Supremo Tribunal Federal e pelo Superior Tribunal de Justiça. **Parágrafo único.** A secretaria do tribunal local zelará pelo recolhimento das despesas postais".

Art. 1.007: 5a. "O preparo do recurso diz respeito ao pagamento de todas as despesas processuais para que ele possa prosseguir, inserindo-se também nesse conceito genérico o valor correspondente ao porte de remessa e retorno" (RSTJ 169/31: Corte Especial, ED no REsp 202.682).

V. tb. nota 11a.

Art. 1.007: 6. Está **superada a Súmula 187 do STJ,** no sentido de que "é deserto o recurso interposto para o Superior Tribunal de Justiça, quando o recorrente não recolhe, na origem, a importância das despesas de remessa e retorno dos autos".

É sempre preciso dar ao recorrente oportunidade para a correção de falha relacionada ao preparo; apenas a persistência na falha implicará deserção.

Art. 1.007: 7. Não é bem assim. A **pena** para quem não comprova o preparo oportuno do recurso não é o decreto imediato de deserção, mas sim o **recolhimento em dobro** (v. § 4º). Apenas quando há uma nova falha do recorrente é que se pune com a deserção.

Art. 1.007: 8. **Lei 9.028, de 12.4.95: "Art. 24-A** (*na redação da Med. Prov. 2.180-35, de 24.8.01*). A União, suas autarquias e fundações, são isentas de custas e emolumentos e demais taxas judiciárias, bem como de depósito prévio e multa em ação rescisória, em quaisquer foros e instâncias".

Art. 1.007: 9. s/ INSS, especificamente, v. art. 91, nota 2a (Súmula 483 do STJ), e RCJF 1º, nota 2 (Súmula 178 do STJ).

Art. 1.007: 9a. inclusive as **fundações públicas** (RT 751/410).

Art. 1.007: 9b. "O § 1º do art. 511 do CPC dispensa de preparo as autarquias, contudo a Lei 9.289/96, a qual é especial em relação ao CPC, dispõe que a isenção do preparo não alcança as **entidades fiscalizadoras do exercício profissional,** onde inclui-se o Conselho Federal de Medicina, devendo, por esta razão, prevalecer sobre a lei geral" (STJ-2ª T., AI 1.077.600-AgRg, Min. Mauro Campbell, j. 2.4.09, DJ 27.4.09).

Art. 1.007: 9c. **"Empresa pública. Exclusão** do conceito de Fazenda Pública para fins de isenção do recolhimento do preparo recursal" (STJ-2ª T., Ag em REsp 1.090.477-AgInt, Min. Mauro Campbell, j. 3.10.17, DJ 11.10.17). No mesmo sentido: STJ-1ª T., Ag em REsp 1.638.225-AgInt, Min. Napoleão Maia Filho, j. 7.12.20, DJ 14.12.20.

Art. 1.007: 10. **Lei 9.494, de 10.9.97: "Art. 1º-A** (*introduzido pela Med. Prov. 2.180-35, de 24.8.01*). Estão dispensadas de depósito prévio, para interposição de recurso, as pessoas jurídicas de direito público federais, estaduais, distritais e municipais".

Art. 1.007: 10a. "Tendo em vista os princípios do contraditório e da ampla defesa, o recurso interposto pela Defensoria Pública, na qualidade de **curadora especial,** está dispensado do pagamento de preparo" (STJ-Corte Especial, ED no Ag em REsp 978.895, Min. Maria Thereza, j. 18.12.18, DJ 4.2.19). No mesmo sentido: RJTAMG 52/206.

"O advogado dativo e a defensoria pública, no exercício da curadoria especial prevista no inciso II do art. 72 do CPC, estão dispensados do recolhimento de preparo recursal, independentemente do deferimento de gratuidade de justiça em favor do curatelado especial, sob pena de limitação, de um ponto de vista prático, da defesa dos interesses do curatelado ao primeiro grau de jurisdição, porquanto não se vislumbra que o curador especial se disporia em custear esses encargos por sua própria conta e risco. As despesas relativas aos atos processuais praticados pelo curador especial — dentre elas o preparo recursal — serão custeadas pelo vencido ao final do processo, consoante disposto no *caput* do art. 91 do Código de Processo Civil de 2015, observado o regramento relativo à gratuidade de justiça" (STJ-4ª T., Ag em REsp 738.813-AgRg-EDcl, Min. Luis Felipe, j. 15.8.17, DJ 18.8.17). Esse acórdão foi endossado no julgamento dos seguintes embargos de divergência, no qual fora invocado como paradigma: STJ-2ª Seção, ED no REsp 1.655.686, Min. Isabel Gallotti, j. 12.12.18, DJ 18.12.18.

Todavia: "Em caso de nomeação de curador especial, o preparo do recurso somente pode ser relevado se o nomeado for a Defensoria Pública ou se deferido o benefício da gratuidade de justiça ao réu revel" (STJ-3ª T., REsp 817.621-AgRg, Min. Paulo Sanseverino, j. 23.8.11, DJ 31.8.11). No mesmo sentido: "Hipótese em que o curador especial, inscrito na OAB, não é membro da Defensoria Pública, bem como não foi provada a concessão da Justiça Gratuita" (STJ-2ª T., REsp 1.345.670-AgRg, Min. Herman Benjamin, j. 20.11.12, DJ 18.12.12).

Art. 1.007: 11. **Sociedade de economia mista não está isenta** de preparo, a menos que haja disposição legal liberando-a expressamente (RJTJESP 112/377, maioria).

Art. 1.007: 11a. O **não pagamento circunscrito ao porte de remessa e retorno** é caso de insuficiência de preparo, e não de inexistência, ensejando a abertura de oportunidade para complementação (RSTJ 169/31: Corte Especial, ED no REsp 202.682). No mesmo sentido: RT 834/417, JTJ 299/433, Bol. AASP 2.497/4.105.

"Recolhido integralmente o 'porte de remessa e retorno' e **ausente o pagamento das 'custas judiciais'** devidas na origem para o processamento do recurso especial, tem-se como correto o posterior recolhimento das referidas custas a título de complementação de preparo, na forma do art. 511, § 2º, do CPC" (STJ-Corte Especial, REsp 844.440, Min. Antonio Ferreira, j. 6.5.15, maioria, DJ 11.6.15).

"É possível a abertura de prazo para complementação do preparo nos casos em que for recolhida apenas uma das guias exigidas, seja federal ou local, por tratar-se de insuficiência, e não de falta de recolhimento" (STJ-3ª T., Ag em REsp 490.138-AgRg, Min. João Otávio, j. 17.3.16, DJ 28.3.16).

Contra: "Se a parte deixa de recolher quaisquer dos valores exigidos para a interposição do recurso especial (custas, porte de remessa e retorno e despesas previstas em lei local), o caso é de ausência, e não de insuficiência, do preparo" (STJ-1ª T., Ag em REsp 414.320-AgRg, Min. Ari Pargendler, j. 19.8.14, DJ 27.8.14). Em sentido semelhante: STJ-4ª T., Ag em REsp 478.309-AgRg, Min. Marco Buzzi, j. 18.9.14, DJ 24.9.14. Com a devida vênia, não concordamos com esse entendimento. O preparo é uma coisa só; o não recolhimento de uma das verbas que o integram é caso de insuficiência, e não de ausência.

V. tb. nota 5a.

Art. 1.007: 11b. A oportunidade para **mero suprimento** do preparo tem lugar apenas nos casos de **insuficiência,** não tendo aplicação nas situações de inexistência (STJ-Corte Especial, ED no AI 1.173.621-AgRg, Min. Cesar Rocha, j. 12.5.11, DJ 22.6.11).

Art. 1.007: 12. Se o recorrente intimado para suprir a insuficiência no valor do preparo recolhe **valor novamente insuficiente,** deve ser decretada a deserção (STJ-3ª T., AI 916.532-AgRg, Min. Sidnei Beneti, j. 20.5.08, DJU 16.6.08).

Todavia, autorizando excepcionalmente uma **nova complementação,** em situação na qual se entendeu que o valor do preparo deveria ser atualizado até o momento do seu efetivo pagamento, mas a decisão de suprimento não fora explícita a esse respeito: STJ-3ª T., REsp 1.725.225, Min. Paulo Sanseverino, j. 13.3.18, DJ 26.3.18.

Daí ser salutar que a decisão de suprimento explicite o preciso valor faltante e as exatas diretrizes para o aperfeiçoamento do preparo.

Art. 1.007: 13. v. arts. 8º e segs. da Lei 11.419/06, no tít. PROCESSO ELETRÔNICO.

Art. 1.007: 13a. v. § 5º. Em matéria de indeferimento de pleito de gratuidade da justiça formulado em sede recursal, v. art. 99, nota 19.

Art. 1.007: 14. "A **oportunidade** dada à parte para realizar o recolhimento em dobro das custas **não se renova,** não sendo possível nova intimação para recolhimento das custas em dobro ou novas intimações para complementação em caso de descumprimento de tal determinação até que se integralize o valor faltante, eis que o descumprimento da determinação de recolhimento das custas em dobro acarreta a deserção do recurso" (STJ-2ª T., Ag em REsp 1.392.882-AgInt, Min. Mauro Campbell, j. 23.5.19, DJ 28.5.19).

Art. 1.007: 14a. "O **despacho** que determina a intimação da parte recorrente para realizar o recolhimento do preparo nos moldes do art. 1.007, § 4º, do CPC **não** é ato decisório passível de ser atacado por meio de **recurso,** já que a sua natureza jurídica é de mero impulso oficial, e não de decisão, a teor do que dispõe o art. 1.001 do CPC" (STJ-4ª T., Ag em REsp 1.330.266-AgInt, Min. Isabel Gallotti, j. 2.4.19, DJ 8.4.19).

V. tb. art. 1.022, nota 5a.

Art. 1.007: 15. v. art. 223 § 1º.

Art. 1.007: 15a. Considerando "justificada a demora no preparo do recurso, à vista de comprovação idônea de **doença do advogado** do embargante": RTJ 95/855.

Contra, no sentido de que não constitui justa causa para a falta de preparo do recurso a doença de um dos advogados do recorrente, "visto que competiria ao outro praticar o ato de interesse do constituinte": JTJ 163/103. Em sentido semelhante: RT 606/174.

V. tb. arts. 223, nota 2a (justa causa), 1.003, nota 4 (intimação em audiência), e 1.004, nota 3 (prazo para recorrer).

Art. 1.007: 15b. "Constitui justo impedimento, capaz de afastar a aplicação da pena processual de deserção, de tão graves repercussões sobre o direito material da parte, a circunstância de os **autos** se encontrarem **fora de cartório,** eis que remetidos à Contadoria os autos principais onde anexados os de medida cautelar. Pagamento realizado com alguns dias de atraso. Deserção relevada" (STJ-4ª T., REsp 23.423-6, Min. Athos Carneiro, j. 27.10.92, DJU 7.12.92).

Art. 1.007: 16. "Havendo **fundada dúvida,** em face do disposto em **lei estadual sobre custas,** que tem ensejado decisões conflitantes sobre a necessidade de ser efetuado o preparo referente à apelação em sede de embargos à execução, é de ser relevada a pena de deserção, nos termos do art. 519 do CPC, em homenagem ao princípio do amplo acesso à Justiça sob duplo grau de jurisdição" (STJ-Corte Especial, REsp 331.561, Min. Cesar Rocha, j. 17.11.04, DJU 7.11.05).

"A indefinição da Corte local a respeito da obrigatoriedade do preparo ou não — como ficou óbvio a partir da leitura do acórdão atacado pelo recurso especial — e a data da uniformização por esta Corte Superior do tema são motivos bastantes para configurar o justo impedimento a que se refere o art. 519, § ún., do CPC" (STJ-2ª T., REsp 1.097.824-EDcl, Min. Mauro Campbell, j. 23.6.09, maioria, DJ 9.10.09).

Art. 1.007: 17. "Considerando ter havido uma **primeira publicação** intimando o apelante para pagamento do preparo, não procede a alegação de defeito na **publicação posterior,** com a finalidade de relevar a deserção por justo impedimento" (RSTJ 98/175).

Art. 1.007: 18. "A **greve dos bancários** constitui justo impedimento ao recolhimento do preparo, desde que efetivamente impeça a parte de assim proceder, circunstância que deve ser manifestada e comprovada no ato da interposição do respectivo recurso, com o posterior pagamento das custas e a juntada da respectiva guia aos autos, no dia subsequente ao término do movimento grevista (ou no prazo eventualmente fixado pelo respectivo Tribunal via portaria), sob pena de preclusão" (STJ-2ª Seção, ED no REsp 1.002.237-AgRg, Min. Nancy Andrighi, j. 14.11.12, DJ 20.11.12). No mesmo sentido: STJ-1ª T., Ag em REsp 922.558-AgInt, Min. Sérgio Kukina, j. 15.12.16, DJ 3.2.17.

Art. 1.007: 19. "Deve a parte, **ao interpor recurso, informar da impossibilidade de efetivação do preparo** e requerer a dilação do prazo ou fazê-lo assim que possível" (STJ-Corte Especial, ED no REsp 1.135.689-AgRg, Min. João Otávio, j. 31.8.11, DJ 26.9.11).

"É na constância do prazo recursal que se deve apresentar a justificativa de não ter sido feito o preparo" (STJ-5ª T., RMS 6.126-AgRg, Min. José Arnaldo, j. 17.12.96, DJU 10.3.97).

Art. 1.007: 20. Deve-se **ouvir o recorrido** antes de deliberar sobre a superação da deserção.

Art. 1.007: 21. A decisão do relator que releva a deserção é **impugnável por embargos de declaração.**

Ainda que o relevamento monocrático da deserção não seja impugnado pelo recorrido, o tema do preparo pode ser ulteriormente **enfrentado** no julgamento do recurso pelo **órgão colegiado,** inclusive no tocante a tal relevamento, visto que se trata aqui de requisito de admissibilidade, matéria cognoscível de ofício e imune a preclusão. Uma vez derrubado o relevamento pelo órgão colegiado, deve-se abrir oportunidade para o recolhimento dobrado, nos termos do § 4º.

V. tb. nota 3. V. ainda TÍT. II, nota 2, que antecede o art. 994, e arts. 1.003, nota 16, e 1.022, nota 4.

Art. 1.007: 22. A **decisão do relator que nega o justo impedimento** deve determinar o recolhimento dobrado do preparo, nos termos do § 4º. Na medida em que isso expõe o recorrente a dano e que a irrecorribilidade prevista no § 6º é circunscrita ao relevamento da deserção, a negativa do justo impedimento é atacável por **agravo interno.** Naturalmente, essa negativa também pode ser objeto de embargos de declaração.

Art. 1.007: 22a. Reconhecido o justo impedimento, o preparo se orienta pelo seu **valor original;** não incide aqui a sanção do recolhimento dobrado.

Art. 1.007: 23. Se no curso do quinquídio assinado para a efetivação do preparo sobrevier **novo justo impedimento,** nada impede que o juiz mais uma vez releve a deserção e assine outro prazo de 5 dias para o preparo.

Art. 1.007: 24. O reconhecimento do **justo impedimento não tira** do recorrente a **prerrogativa** de ulteriormente suprir o preparo insuficiente (§ 2º) ou recolher dobrado o preparo inexistente (§ 4º), caso venha a falhar no quinquídio assinado pelo juiz. O que o legislador não tolera é a duplicidade de falhas em sequência (p. ex., inexistência de preparo num primeiro momento e insuficiência no segundo — § 5º). O justo impedimento inibe a caracterização de deslize prévio do recorrente.

Art. 1.007: 25. O fato de constar da guia o nome de patrono da parte e haver referência equivocada ao juízo em que tramita o processo **não afeta o preparo do recurso** (JTJ 314/465: AI 465.224-4/9-00).

"A circunstância de que o preparo tenha sido recolhido por meio de guia imprópria não implica deserção" (STJ-3ª T., REsp 174.733, Min. Ari Pargendler, j. 21.6.01, DJU 17.9.01). Em sentido semelhante: STJ-Corte Especial, ED no REsp 648.472, Min. Teori Zavascki, j. 9.6.11, DJ 24.6.11; JTJ 336/290 (AP 7.203.925-5).

"A existência de erro na digitação do último número de referência do processo na GRU não tem o condão de inviabilizar o conhecimento do recurso, porquanto, no presente caso, mostrou-se possível a vinculação do processo à respectiva guia de recolhimento, mormente pela indicação correta do nome do contribuinte. Ademais, na própria certidão de julgamento do acórdão recorrido, bem como na certidão de abertura de volume, lançada pela Secretaria Judiciária do Tribunal de origem, constou como número do processo o mesmo que foi lançado na guia de recolhimento, fato que, por si só, explica a indução dos recorrentes, ora agravados, ao erro" (STJ-3ª T., REsp 1.113.776-EDcl-AgRg, Min. Sidnei Beneti, j. 15.9.11, DJ 22.9.11).

Art. 1.007: 26. "A falta de correspondência entre o código de barras da Guia de Recolhimento da União (GRU) e o do comprovante bancário demonstra **irregularidade no preparo** do recurso especial" (STJ-4ª T., AI 1.001.066-EDcl-EDcl-EDcl, Min. Isabel Gallotti, j. 6.6.13, DJ 18.6.13). No mesmo sentido: STJ-3ª T., Ag em REsp 744.478-AgRg, Min. João Otávio, j. 17.5.16, DJ 23.5.16.

Apontando falha no preparo em caso no qual o "número de referência do processo indicado na GRU não corresponde ao processo de origem": STJ-4ª T., Ag em REsp 385.100-AgRg, Min. Isabel Gallotti, j. 12.11.13, DJ 29.11.13. **Todavia:** "Embora incorreto o número do processo na GRU, observa-se que a parte fez juntada do comprovante original, denotando que o valor correspondente às custas e porte de remessa e retorno adentrou aos cofres públicos, presumindo-se a boa-fé do recorrente e não o inverso" (STJ-Corte Especial, ED no Ag em REsp 665.717, Min. Felix Fischer, j. 7.12.16, DJ 14.12.16; a citação é do voto do relator).

Afirmando que a falta do número do processo no documento próprio para o preparo vicia este: STJ-Corte Especial, REsp 924.942, Min. Mauro Campbell, j. 3.2.10, dois votos vencidos, DJ 18.3.10. **Todavia,** relevando a ausência do número do processo nas seguintes circunstâncias: "Estando a guia devidamente preenchida, nos termos da respectiva resolução do STJ, inclusive com a devida anotação do número de referência, a correspondência entre o seu código de barras e aquele constante no comprovante de pagamento juntado aos autos permite demonstrar a que processo se refere o pagamento das custas e do porte de remessa e retorno, ainda que não conste, no comprovante, o número do processo" (STJ-4ª T., Ag em REsp 81.985-EDcl, Min. Antonio Ferreira, j. 20.11.12, DJ 28.11.12). Também relevando tal ausência: STJ-1ª T., REsp 978.184-AgRg, Min. Denise Arruda, j. 16.6.09, DJ 5.8.09.

Art. 1.008. O julgamento proferido pelo tribunal[1-1a] substituirá[1b a 4] a decisão impugnada no que tiver sido objeto de recurso.[4a a 8] [Dispositivo correspondente no CPC/1973: art. 512]

Art. 1.008: 1. No julgamento do recurso, para que o tribunal possa deliberar sobre qualquer matéria a ele devolvida, inclusive as de **ordem pública,** é indispensável que aquele tenha rompido a barreira da **admissibilidade.** Não rompida tal barreira, tudo o que cabe ao tribunal fazer é atestar a inadmissibilidade do recurso. Nesses casos, não se opera a substituição da decisão recorrida.

"O exame do mérito do recurso pelo órgão de segundo grau, incluindo as matérias de ordem pública, somente ocorre se ultrapassado o juízo de admissibilidade" (STJ-4ª T., REsp 195.848-EDcl, Min. Sálvio de Figueiredo, j. 18.4.02, DJU 12.8.02).

"Ainda que as matérias de ordem pública, notadamente as condições da ação e os pressupostos processuais, possam ser conhecidas de ofício no segundo grau de jurisdição em decorrência do aspecto da profundidade do efeito devolutivo, esse conhecimento está vinculado à presença do pressupostos de admissibilidade do recurso. Ausente o pressuposto extrínseco da tempestividade do recurso de apelação, a matéria de ordem pública nele alegada pela parte apelante não poderia ser conhecida" (STJ-2ª T., REsp 1.633.948, Min. Francisco Falcão, j. 5.12.17, DJ 12.12.17).

Art. 1.008: 1a. Tribunal competente para o julgamento do recurso. "Cumpre distinguir a competência para o julgamento da causa da competência para o julgamento do recurso. Ainda que a causa seja da competência trabalhista, cabe ao Tribunal de Justiça, e não ao Tribunal Regional do Trabalho, julgar agravo de instrumento de decisão proferida por Juiz de Direito a ele vinculado (ao qual a causa foi equivocadamente distribuída), ainda que seja para anular a decisão e remeter os autos à Justiça competente" (STJ-1ª Seção, CC 58.029, Min. Teori Zavascki, j. 22.3.06, DJU 10.4.06). "Nenhum tribunal, salvante em casos de jurisdição delegada, pode rever atos de juízes que lhe não são vinculados" (STJ-2ª Seção, CC 2.312, Min. Athos Carneiro, j. 29.4.92, DJU 25.5.92). V. tb. art. 43, nota 7.

Art. 1.008: 1b. Para que a **substituição** se opere, é necessário que se trate de recurso fundado em ***error in judicando*** e que ele seja conhecido. Não interessa para fins de substituição o provimento do recurso nessas circunstâncias: mesmo quando o tribunal rejeita a pretensão recursal, seu pronunciamento substitui a decisão recorrida.

No caso de recurso fundado em *error in procedendo*, não se fala de substituição, quando o tribunal simplesmente acolhe a pretensão recursal, sem colocar outra decisão no lugar do pronunciamento recorrido.

Nesse sentido: STJ-4ª T., REsp 963.220, Min. João Otávio, j. 7.4.11, DJ 15.4.11.

S/ substituição e objeto da ação rescisória, v. art. 966, nota 4.

Art. 1.008: 2. "Declarado extinto o processo pelo STJ, em decisão irrecorrida, ao apreciar o **recurso especial,** não há como ter seguimento o **recurso extraordinário** que, pela mesma parte, havia sido interposto contra a decisão do TRF" (STF-1ª T., RE 182.317-8-AgRg, Min. Octavio Gallotti, j. 5.12.97, DJU 3.4.98).

Art. 1.008: 3. O efeito substitutivo produzido pelo julgamento do mérito do **recurso especial** não alcança os fundamentos constitucionais do acórdão recorrido, que ficam excluídos do efeito devolutivo daquele recurso.

S/ interposição simultânea de recurso especial e extraordinário contra o mesmo acórdão, v. arts. 1.029, nota 4, e 1.031, nota 2, e RISTF 321, nota 3-Recurso extraordinário e recurso especial simultaneamente interpostos; s/ cabimento de recurso extraordinário contra acórdão em recurso especial, v. RISTJ 268, nota 3.

Art. 1.008: 4. "A decisão proferida em grau de **embargos declaratórios** (tenha ou não efeito modificativo) é meramente integrativa do acórdão embargado, não possuindo natureza autônoma, sem liame com este" (STJ-Bol. AASP 1.797/217).

V. tb. art. 1.024, nota 1.

Art. 1.008: 4a. v. arts. 1.002 (recurso integral ou parcial) e 1.013 (*tantum devolutum quantum appellatum*), bem como respectivas notas.

Art. 1.008: 4b. É **vedada a *reformatio in pejus*:** não pode o tribunal modificar a sentença a fim de beneficiar quem não recorreu (RTJ 94/345, RT 610/156).

"Na falta de específica impugnação, não se admite que se altere a sentença" (RSTJ 142/233).

"Apelação. *Reformatio in pejus*. A regra acolhida pelo art. 515 do CPC aplica-se tanto ao processo de conhecimento como ao de execução e também não permite exceção, pelo fato de as normas tidas como incidentes, em segundo grau, serem de ordem pública. A aplicação dessas haverá de fazer-se consoante determinado pelas leis de processo, não se podendo modificar situação consolidada em virtude da ausência de recurso da parte contrária" (STJ-3ª T., REsp 44.460-8, Min. Eduardo Ribeiro, j. 22.3.94, DJU 9.5.94).

Art. 1.008: 4c. Casos em que se afirmou haver *reformatio in pejus*:

— "Provocado por agravo de instrumento para decidir sobre o cabimento de exceção de pré-executividade (que fora negado pelo juízo de primeiro grau), o Tribunal reformou a decisão e, indo além, decidiu o mérito, contra o recorrente. Houve, portanto, duplo *error in procedendo*: o do julgamento *ultra petita* e o da *reformatio in pejus*, o que acarreta sua nulidade" (STJ-RDDP 60/142: 1ª T., REsp 869.534);

— "Sem recurso da parte adversa, a majoração dos juros de mora de 0,5% ao mês para 1%, efetuada pelo Tribunal estadual, configura reforma para pior, o que é vedado pelo ordenamento jurídico" (STJ-4ª T., REsp 995.504, Min. Aldir Passarinho Jr., j. 22.4.08, DJU 26.5.08). "Por força do princípio da vedação da *reformatio in pejus*, deve prevalecer o entendimento esposado no acórdão recorrido, que aplicou juros no percentual de 1% ao mês, excluída a SELIC" (STJ-1ª T., REsp 925.533, Min. Teori Zavascki, j. 12.6.07, DJ 21.6.07). No mesmo sentido: STJ-2ª T., REsp 882.500, Min. Mauro Campbell, j. 14.9.10, DJ 6.10.10; STJ-3ª T., Ag 1.370.108-AgRg, Min. Sidnei Beneti, j. 12.4.11, DJ 27.4.11. Também configura *reformatio in pejus* a fixação de outro termo inicial para os juros moratórios, mais prejudicial para o réu e sem que haja recurso por parte do autor (STJ-3ª T., REsp 1.004.834, Min. Nancy Andrighi, j. 4.9.08, DJ 16.9.08). V. tb. art. 322, nota 4. Todavia, v. abaixo REsp 875.919, REsp 998.935-EDcl-EDcl e AI 1.114.664-AgRg;

— "Há *reformatio in pejus* quando o Tribunal *a quo* altera o termo final da pensão a ser paga ao filho da vítima, não tendo havido apelação da parte contrária no ponto" (STJ-1ª T., REsp 1.006.099, Min. Teori Zavascki, j. 18.12.08, DJ 4.2.09);

— "O acórdão que altera o critério de fixação da multa cominatória, piorando a situação da recorrente, violenta a disciplina dos arts. 512 e 515 do CPC" (RSTJ 87/204). "Negado provimento ao agravo de instrumento interposto pela devedora (locatária) em face da decisão que fixara as *astreintes* e sem que haja pretensão de reforma da parte credora (locadora), beneficiária da multa diária, não pode o tribunal extrapolar os limites traçados no recurso e a ele devolvidos para afastar completamente o limite de dias-multa estabelecido na decisão recorrida, agravando sensivelmente a situação da parte recorrente. Violação do princípio da vedação da reforma em prejuízo da parte recorrente ('non reformatio in pejus'), orientado pelos princípios do dispositivo, da congruência e do devido processo legal" (STJ-3ª T., REsp 1.753.224, Min. Paulo Sanseverino, j. 16.10.18, DJ 19.10.18). V. tb. art. 537, nota 9a;

— "O Tribunal não pode, de ofício, ao julgar apelação do réu, majorar a verba relativa ao dano moral, a que este fora condenado em primeira instância, tendo o autor se conformado com a sentença" (STJ-4ª T., REsp 191.188, Min. Cesar Rocha, j. 21.2.02, DJU 20.5.02). No mesmo sentido: STJ-2ª T., Ag em REsp 470.606-AgRg-EDcl, Min. Humberto Martins, j. 16.10.14, DJ 28.10.14. V. tb. art. 1.013, nota 4. Todavia, v. abaixo REsp 537.687-EDcl;

— "Importa em *reformatio in pejus*, violadora do art. 515 do CPC, a decisão colegiada que em sede de apelação eleva, por compensação à redução que fez no montante dos danos morais, o valor da indenização por danos materiais já fixada em 1º grau por sentença, no ponto, preclusa" (STJ-4ª T., REsp 534.657, Min. Aldir Passarinho Jr., j. 16.3.04, DJU 3.5.04);

— "Hipótese em que o Tribunal *a quo* agravou a situação do apelante ao condená-lo ao pagamento de honorários advocatícios expressamente afastados na sentença, extrapolando os limites da matéria devolvida no recurso de apelação" (STJ-5ª T., REsp 893.218, Min. Arnaldo Esteves, j. 20.11.08, DJ 9.12.08).

Casos em que se afirmou não haver *reformatio in pejus*:

— "Recurso de apelação. *Reformatio in pejus*. Não pode esse vício ser imputado à decisão de 2ª instância que, reformando a sentença, reconhece a ilegitimidade passiva de parte, enquanto esta deu pela improcedência de ação, vez que o acórdão recorrido foi mais favorável ao autor" (RTJ 92/821);

— "Os juros, bem como a correção monetária, integram o pedido de forma implícita, sendo desnecessária sua menção expressa no pedido formulado em juízo, a teor do que dispõe o art. 293 do CPC, razão pela qual não há que se falar em *reformatio in pejus* quando o Tribunal reconhece a aplicação da taxa SELIC no julgamento de irresignação recursal que objetivava a fixação dos referidos juros em patamar diverso" (STJ-1ª Seção, REsp 875.919, Min. Luiz Fux, j. 13.6.07, DJU 26.11.07). "A alteração do termo inicial dos juros moratórios pelo Tribunal estadual, ainda que inexistente impugnação da outra parte, não caracteriza julgamento *extra petita* ou *reformatio in pejus*" (STJ-4ª T., AI 1.114.664-AgRg, Min. Aldir Passarinho Jr., j. 2.12.10, DJ 15.12.10). No mesmo sentido: STJ-3ª T., REsp 998.935-EDcl-EDcl, Min. Vasco Della Giustina, j. 22.2.11, DJ 4.3.11. Todavia, v. acima REsp 995.504, REsp 925.533, REsp 882.500, Ag 1.370.108-AgRg e REsp 1.004.834, que, com a devida vênia, expressam o entendimento que nos parece correto;

— para reduzir o valor da indenização por danos morais, no julgamento de recurso especial que tencionava o aumento de tal valor: STJ-4ª T., REsp 537.687-EDcl, Min. Jorge Scartezzini, j. 15.8.06, DJU 18.9.06. Com a devida vênia, aqui há *reformatio in pejus*. Se não houve recurso do réu, cabe ao tribunal apenas negar provimento ao recurso do autor, ante a improcedência do pleito recursal. Mesmo que entenda que o valor fixado para a indenização devesse ser menor, o tribunal nada pode fazer se o réu não recorreu. A possibilidade de revisão do valor da indenização do dano moral pelo STJ não autoriza extrapolação nos limites do efeito devolutivo do recurso. V. acima REsp 191.188 e Ag em REsp 470.606-AgRg-EDcl.

Art. 1.008: 5. "Se, ao julgar o recurso de apelação, o tribunal **reconhece** a **culpa** de réu contra quem fora julgado improcedente o pedido em primeiro grau, pode o órgão julgador arbitrar **novo valor da indenização** por danos morais mesmo que a parte não tenha requerido o aumento. Nesse caso, a majoração é mera consequência da inclusão de novo responsável pelo pagamento da reparação, uma vez que a fixação do *quantum* deve levar em conta, entre outros aspectos, a capacidade financeira dos causadores do dano" (STJ-3ª T., REsp 1.182.182-AgRg, Min. João Otávio, j. 15.8.13, DJ 23.8.13).

Art. 1.008: 6. "A **inversão** da condenação ao pagamento da **verba honorária** quando há reforma da sentença apresenta-se inerente à sucumbência. No entanto, se não houve reforma do julgado, a **redução** da verba honorária de ofício pelo Tribunal, com base no pedido de procedência integral, por si só, apresenta-se incabível. Impõe-se a existência de pedido expresso da parte recorrente nesse sentido. Entendimento contrário conduz à prolação de sentença com ofensa aos arts. 128, 460 e 515, *caput*, do CPC" (STJ-Corte Especial, ED no REsp 1.082.374, Min. Arnaldo Esteves, j. 19.9.12, RP 218/385).

"Alterada a condenação pelo Tribunal *a quo*, com a exclusão de parcelas originariamente impostas na sentença, cabível o reequacionamento da sucumbência, o que se dá de ofício, como natural consequência da decisão, sem necessidade de pedido expresso da apelante" (STJ-4ª T., REsp 265.066, Min. Aldir Passarinho Jr., j. 15.8.06, DJU 18.9.06).

Súmula 16 do TRF-4ª Região: "A apelação genérica, pela improcedência da ação, não devolve ao Tribunal o exame da fixação dos honorários advocatícios, se esta deixou de ser atacada no recurso".

Contra: "Mesmo não havendo na apelação impugnação explícita da condenação sobre os honorários advocatícios, mas havendo pedido pela procedência integral do pedido, é permitido ao órgão julgador *ad quem* reduzir o percentual de tal verba, porque se considera que houve devolução de toda a matéria discutida nos autos" (STJ-5ª T., REsp 199.500, Min. Felix Fischer, j. 4.4.00, DJU 2.5.00; nota: esse acórdão foi trazido como paradigma no ED no REsp 1.082.374 e sua tese restou rechaçada). No mesmo sentido: STJ-4ª T., REsp 469.921, Min. Sálvio de Figueiredo, j. 6.5.03, DJU 26.5.03; STJ-3ª T., REsp 503.443, Min. Menezes Direito, j. 4.11.03, DJU 16.2.04.

V. tb. art. 1.013, nota 4c.

Art. 1.008: 6a. "Sentença que reconhece haver **sucumbência recíproca,** determinando que cada parte arcará com os honorários de seu advogado e com metade das custas processuais. Recurso apenas da ré. Acórdão recorrido que impõe à recorrente que arque com honorários advocatícios, em favor do patrono do autor e com todo o montante, relativo às custas processuais. *Reformatio in pejus*" (STJ-4ª T., REsp 967.449, Min. Luis Felipe, j. 2.10.12, DJ 31.10.12).

Contra: "Compensação de honorários afastada pelo tribunal estadual. Fixação dos honorários advocatícios em conformidade com o disposto no art. 85, §§ 2º e 14, do CPC/2015. *Reformatio in pejus*. Não configuração. Matéria de ordem pública" (STJ-3ª T., Ag em REsp 1.336.265-EDcl-AgInt, Min. Marco Bellizze, j. 25.3.19, DJ 28.3.19).

Art. 1.008: 6b. "No caso dos autos, as autoras alegavam ilícita rescisão de contrato de credenciamento com cláusula de exclusividade, tendo a sentença julgado extinto o processo sem julgamento do mérito com fundamento em anterior coisa julgada. O Tribunal, mantendo o insucesso da ação, substituiu a sentença terminativa (sem julgamento do mérito) e, julgando o mérito, concluiu pela improcedência do pedido, mas, sem recurso adesivo, **majorou a verba honorária** a que tinham sido condenadas as autoras, agravando, assim, em evidente 'reformatio in pejus', a situação das apelantes" (STJ-3ª T., REsp 1.370.263, Min. Sidnei Beneti, j. 20.2.14, maioria, DJ 25.9.14).

Art. 1.008: 7. "A **supressão *ex officio* dos honorários advocatícios** fixados na execução, sem que tenha havido recurso da parte interessada com esse objetivo, caracteriza *reformatio in pejus*" (STJ-3ª T., REsp 1.051.339, Min. Nancy Andrighi, j. 27.9.11, DJ 6.10.11).

Contra: "Ação civil pública. Honorários advocatícios fixados em desfavor do Ministério Público. Art. 18 da Lei 7.347/1985. Descabimento. *Reformatio in pejus.* Inocorrência. Os honorários advocatícios, como consectários legais da condenação principal, possuem natureza de ordem pública, podendo ser revistos a qualquer momento e até mesmo de ofício, sem que isso configure *reformatio in pejus*" (STJ-2ª T., REsp 1.847.229, Min. Herman Benjamin, j. 10.12.19, DJ 19.12.19).

Art. 1.008: 8. "Como a matéria da condenação dos **honorários advocatícios** não foi objeto de recurso de apelação das partes recorridas, o que devolveria o seu conhecimento para o tribunal, **não poderia** a Corte de origem **alterá-la de ofício**" (STJ-2ª T., REsp 1.755.107, Min. Herman Benjamin, j. 21.8.18, DJ 16.11.18).

Capítulo II | DA APELAÇÃO

Art. 1.009. Da sentença cabe apelação.[1 a 3] [Dispositivo correspondente no CPC/1973: art. 513]

§ 1º As questões resolvidas na fase de conhecimento, se a decisão a seu respeito não comportar agravo de instrumento, não são cobertas pela preclusão e devem ser suscitadas em preliminar de apelação, eventualmente interposta contra a decisão final, ou nas contrarrazões.[3a-3b] [Sem dispositivo correspondente no CPC/1973]

§ 2º Se as questões referidas no § 1º forem suscitadas em contrarrazões, o recorrente será intimado para, em 15 (quinze) dias, manifestar-se a respeito delas.[3c] [Sem dispositivo correspondente no CPC/1973]

§ 3º O disposto no *caput* deste artigo aplica-se mesmo quando as questões mencionadas no art. 1.015 integrarem capítulo da sentença.[4] [Sem dispositivo correspondente no CPC/1973]

Art. 1.009: 1. Para casos expressos de apelação, v. arts. 101-*caput* (gratuidade da justiça), 331-*caput* (indeferimento da petição inicial), 332 § 3º (julgamento liminar de improcedência), 702 § 9º (embargos à ação monitória), 706 § 2º (homologação do penhor legal), 724 (procedimentos de jurisdição voluntária).

S/ apelação, v. arts. 937, em especial inc. I (sustentação oral), 942 (desdobramento do julgamento não unânime), 997, em especial § 2º-II (apelação adesiva) e 1.007, nota 2a (preparo).

Art. 1.009: 1a. A apelação deve ser interposta no **prazo** de 15 dias (art. 1.003 § 5º).

Art. 1.009: 2. Na realidade, o *caput* deve ser lido no seguinte sentido: **no momento da sentença** cabe apelação. Explica-se. Por ocasião da prolação da sentença, está programada a impugnação das "questões resolvidas na fase de conhecimento, se a decisão a seu respeito não comportar agravo de instrumento" (§ 1º). E é possível que a parte tencione impugnar apenas uma dessas questões, sem colocar em discussão a sentença, inclusive por não ter interesse para recorrer contra esta. P. ex., diante de uma sentença de improcedência da demanda, o réu apela apenas para discutir a litigância de má-fé imposta por pretérita decisão interlocutória, que não é recorrível por agravo de instrumento.

Continua sendo importante para o cabimento da apelação a **identificação da sentença** no processo, pois apenas quando se está diante de um pronunciamento com essas características é que se pode lançar mão do recurso previsto no art. 1.009. De acordo com o art. 203 § 1º, "ressalvadas as disposições expressas dos procedimentos especiais, sentença é o pronunciamento por meio do qual o juiz, com fundamento nos arts. 485 e 487, põe fim à fase cognitiva do procedimento comum, bem como extingue a execução".

Assim, consiste em decisão interlocutória, passível de agravo, o pronunciamento que decreta apenas parcialmente a inviabilidade do julgamento do mérito (v. art. 354 § ún.) ou que julga desde logo apenas parte do mérito (v. art. 356 § 5º).

Ainda existem situações duvidosas quanto ao cabimento de apelação ou agravo de instrumento para a impugnação de determinados pronunciamentos do juiz. Fala-se, p. ex., da decisão que julga a liquidação de sentença (v. arts. 510, nota 5, e 511, nota 4) e da que julga procedente o pedido de exigir contas (v. art. 550, nota 10). Por isso, até que se dissipem todas as dúvidas, é recomendável o recrudescimento da fungibilidade entre apelação e agravo.

"Eficácia executiva de sentença declaratória. Execução imprópria do julgado. Expedição de mandado ao oficial de registro de imóveis para averbação da decisão. Indeferimento pelo juízo singular. Natureza da decisão. Dúvida objetiva. Erro grosseiro. Inexistência. Princípio da fungibilidade recursal. Aplicação. Recurso provido" (STJ-4ª T., REsp 890.855, Min. Raul Araújo, j. 1.9.16, DJ 23.9.16).

S/ fungibilidade, v. art. 994, nota 5a.

S/ a questão do recurso cabível, v. tb. arts. 129, nota 3, 203, nota 2, 485, notas 2 e 53, 487, nota 1, 525, nota 5, 624, nota 2, 627, notas 2a e 4, 803, nota 3, 924, nota 11, 925, nota 1, 1.015, nota 1, 1.024, nota 4a, LA 13, nota 6.

V. tb., no nosso CCLCV, Lei 12.318, de 26.8.10, art. 6º, nota 1 (no tít. CRIANÇA, ADOLESCENTE E JOVEM).

Art. 1.009: 2a. "Nos casos de **conexão** de ações, com julgamento simultâneo, proferida **sentença única,** pode a parte interpor **apenas um recurso** abrangendo todas as ações, pois, o que se ataca é a decisão que é una" (STJ-3ª T., REsp 1.407.677, Min. Nancy Andrighi, j. 12.12.17, DJ 18.12.17).

Art. 1.009: 3. "Não é admissível o recebimento de embargos de declaração como apelação, por invocação do princípio da fungibilidade dos recursos" (JTJ 173/194).

Art. 1.009: 3a. "O **cabimento do agravo de instrumento** na hipótese de haver **urgência** no reexame da questão em decorrência da inutilidade do julgamento diferido do recurso de apelação está sujeito a um duplo juízo de conformidade: um, da parte, que interporá o recurso com a demonstração de seu cabimento excepcional; outro, do tribunal, que reconhecerá a necessidade de reexame com o juízo positivo de admissibilidade. Somente nessa hipótese a questão, quando decidida, estará acobertada pela preclusão. Significa dizer que, quando ausentes quaisquer dos requisitos acima mencionados, estará mantido o estado de imunização e de inércia da questão incidente, possibilitando que seja ela examinada, **sem preclusão,** no momento do julgamento do recurso de apelação" (STJ-Corte Especial, REsp 1.696.396, Min. Nancy Andrighi, j. 5.12.18, 7 votos a 5, DJ 19.12.18; a citação é do voto da relatora).

V. tb. art. 1.015, nota 1a.

Art. 1.009: 3b. Dando pela preclusão em caso de não interposição de agravo contra a **decisão de rejeição da prescrição:** STJ-4ª T., REsp 1.778.237, Min. Luis Felipe, j. 19.2.19, DJ 28.3.19.

V. tb. art. 1.015, nota 7a. V. ainda art. 507, nota 5.

Art. 1.009: 3c. Esse prazo **dobra-se** no caso dos arts. 180 (MP), 183 (Fazenda Pública), 186 (Defensoria Pública) e 229 (litisconsortes com procuradores diferentes).

Art. 1.009: 4. v. tb. art. 1.013 § 5º.

Art. 1.010. A apelação, interposta por petição dirigida ao juízo de primeiro grau, conterá:[1 a 5] [Dispositivo correspondente no CPC/1973: art. 514-*caput*]

I — os nomes[6 a 7a] e a qualificação das partes;[8] [Dispositivo correspondente no CPC/1973: art. 514-I]

II — a exposição do fato e do direito;[9 a 10a] [Dispositivo correspondente no CPC/1973: art. 514-II]

III — as razões do pedido de reforma ou de decretação de nulidade;[10b] [Dispositivo correspondente no CPC/1973: art. 514-II]

IV — o pedido de nova decisão.[10c a 12] [Dispositivo correspondente no CPC/1973: art. 514-III]

§ 1º O apelado será intimado para apresentar contrarrazões no prazo de 15 (quinze) dias.[13-14] [Dispositivo correspondente no CPC/1973: art. 518-*caput*]

§ 2º Se o apelado interpuser apelação adesiva, o juiz intimará o apelante para apresentar contrarrazões.[15] [Sem dispositivo correspondente no CPC/1973]

§ 3º Após as formalidades previstas nos §§ 1º e 2º, os autos serão remetidos ao tribunal pelo juiz, independentemente de juízo de admissibilidade. [Dispositivo correspondente no CPC/1973: art. 518 § 2º]

Art. 1.010: 1. v. art. 1.003 § 3º, bem como respectivas notas.

Art. 1.010: 1a. À **apelação adesiva** também se aplica o art. 1.010. Em sentido semelhante: RT 489/122, JTA 78/184.

Art. 1.010: 2. "O **equívoco** da parte **em denominar a peça** de interposição recursal — recurso inominado, em vez de apelação — não é suficiente para o não conhecimento da irresignação se atendidos todos os pressupostos recursais do recurso adequado, como ocorreu na espécie" (STJ-3ª T., REsp 1.822.640, Min. Nancy Andrighi, j. 12.11.19, DJ 19.11.19). No mesmo sentido: STJ-2ª T., REsp 1.544.983, Min. Og Fernandes, j. 3.5.18, DJ 18.5.18.

Art. 1.010: 1a. "A **juntada** aos autos **de recurso incompleto,** faltando notoriamente a folha final, é responsabilidade do escrivão, que não pode ser transferida para o advogado. A prática da advocacia se inviabilizaria, comprometendo inteiramente a atuação do Poder Judiciário, se o advogado fosse obrigado a controlar a juntada de petições entregues em cartório. Hipótese em que isso seria ainda mais injustificado, porque se trata de recurso de apelação, que é encaminhado à instância superior, sem a intimação das partes, tão logo oferecidas as contrarrazões, impossibilitando a pretendida fiscalização" (STJ-3ª T., REsp 390.741, Min. Ari Pargendler, j. 25.9.06, DJU 18.12.06).

Art. 1.010: 4. "O agravante, que demonstrou agir de boa-fé, não pode ser prejudicado por ter, equivocadamente, anotado **número de processo diverso na peça** de interposição de apelação. Assim, é de se deferir a regularização do alegado erro material" (JTJ 304/454).

Art. 1.010: 5. "O recurso interposto perante as instâncias ordinárias mediante **petição sem assinatura** do advogado não é, *a priori*, inexistente, sendo cabível a abertura de oportunidade à parte recorrente para sanar tal falha" (STJ-5ª T., REsp 293.043, Min. Felix Fischer, j. 6.3.01, DJU 26.3.01). No mesmo sentido: STJ-RT 795/184, RSTJ 163/207 (2ª T.), STJ-Bol. AASP 1.746/196; STJ-4ª T., REsp 142.022, Min. Sálvio de Figueiredo, j. 23.9.97, DJU 3.11.97; STJ-6ª T., REsp 26.533-6, Min. Vicente Cernicchiaro, j. 8.9.92, DJU 28.9.92.

Constitui mera irregularidade, que não impede o conhecimento do recurso:

— a falta de assinatura do advogado, na petição de interposição, desde que lançada esta em papel com seu timbre (STF-RT 546/243, RSTJ 102/495);

— a falta de assinatura do advogado na petição de interposição, estando assinadas as razões que a acompanhavam (RJTJESP 138/317);

— não estarem assinadas pelo advogado as razões que acompanham a petição de interposição, embora esta última esteja assinada (STJ-1ª T., REsp 116.780, Min. Milton Luiz Pereira, j. 6.11.97, DJU 15.12.97; STJ-3ª T., REsp 422.177-AgRg, Min. Ari Pargendler, j. 13.12.05, DJU 1.2.06; STJ-6ª T., REsp 418.728, Min. Vicente Leal, j. 4.6.02, DJU 1.7.02; RT 469/99, 740/333, RJTJESP 104/231, JTJ 149/30, 191/178, Lex-JTA 143/285, JTAERGS 105/298, RF 251/218, RJTAMG 50/182).

Solução bem liberal: apresentada a petição de apelação sem assinatura do advogado, foi este intimado a regularizá-la no prazo de cinco dias, o que fez, porém, depois de decorrido esse prazo, tendo o Tribunal conhecido do recurso (Lex-JTA 160/28).

V. tb. art. 932 § ún., RISTJ 255, nota 4-Recurso sem assinatura, e RISTF 321, nota 3-Recurso sem assinatura. V. ainda arts. 319, nota 2 (petição inicial) e 335, nota 5 (contestação).

Art. 1.010: 6. "Se no **corpo da apelação** há registro expresso de que **todos os vencidos** estão recorrendo, é prestar-se culto extremo ao formalismo, em prejuízo da entrega da prestação jurisdicional, deixar de recebê-la, apenas porque, na parte preambular, consta o nome de um só dos litisconsortes facultativos" (STJ-1ª T., REsp 158.622, Min. José Delgado, j. 19.2.98, DJU 25.5.98).

"O esquecimento das palavras **'e outros',** na interposição de recurso em favor de integrantes de consórcio voltado ao exercício de ação plurissubjetiva, não traduz abandono dos constituintes, pelo advogado. Tanto mais, quando as razões do apelo fazem referência a 'apelantes' (no plural)" (RSTJ 111/64, dois votos vencidos). No mesmo sentido: STJ-1ª T., REsp 225.462, Min. Gomes de Barros, j. 16.12.99, DJU 8.3.00.

Há, porém, uma decisão não conhecendo do recurso, em relação aos "e outros", não especificados nominalmente na petição de apelação (RT 478/159 e RF 253/345), o que parece excessivamente rigoroso, pois "o art. 514, I, do CPC visa apenas ao caso de interessados que ainda não estejam regularmente qualificados" (RT 488/91).

Art. 1.010: 7. Sendo **vários os adversários do apelante** e omitindo a petição o nome dos apelados, entender-se-á que como tais se compreendem todos (JTA 93/353, 128/141).

Art. 1.010: 7a. "A **indicação errônea do nome** da parte na petição recursal representa simples erro material que não inviabiliza o julgamento do apelo" (STJ-4ª T., AI 1.081.347-AgRg-AgRg, Min. João Otávio, j. 6.4.10, DJ 19.4.10). "Em prestígio ao princípio da instrumentalidade das formas, na hipótese de constar na petição de interposição do recurso de apelação nome que não seja o da parte que ajuizou a ação, deve ser admitido o processamento do recurso caso preenchidos os demais pressupostos recursais e se for possível identificar a decisão a qual se pretende atacar" (STJ-2ª T., REsp 571.775, Min. João Otávio, j. 24.10.06, DJU 6.12.06). "Desde que as razões apresentadas sejam compatíveis com a defesa daquele cujo nome deveria constar, é escusável o equívoco da parte de inserir na peça recursal, no espaço destinado à identificação do recorrente, o nome do procurador da parte adversa" (STJ-1ª T., Ag em REsp 60.132-AgRg-EDcl, Min. Arnaldo Esteves, j. 18.3.14, maioria, DJ 5.8.14). O equívoco na designação do nome do recorrente (interposição em nome de parte falecida e sucedida pelos herdeiros, no curso da demanda) não impede o conhecimento do recurso (RJTJESP 39/27).

V. tb. art. 1.023, nota 4a (embargos de declaração).

Art. 1.010: 8. A **qualificação** das partes **não é essencial,** quando já consta de outras peças dos autos (RJTJESP 60/143, Bol. AASP 1.054/43).

Art. 1.010: 9. Os **fundamentos de fato e de direito** da apelação devem ser expostos **na própria petição** do recurso. Assim: "O protesto por oportuna apresentação de razões não é admissível nos recursos cíveis, segundo a sistemática processual vigente" (STJ-4ª T., RMS 751, Min. Sálvio de Figueiredo, j. 9.4.91, DJU 13.5.91).

Não conhecendo de apelação desacompanhada das razões: RT 475/167, 479/131, 487/144, 500/79, 548/139, 594/75, 624/100, RJTJESP 51/124, 101/211, JTJ 160/187, RJTJERGS 165/271, JTA 36/536, 60/111, 91/311, 94/388, 97/9, 118/49, Bol. AASP 958/49. Ainda: VI ENTA-concl. 62, aprovada por unanimidade, e **Súmula 4 do 1º TASP:** "Não se conhece de apelação quando não é feita a exposição do direito e das razões do pedido de nova decisão".

Todavia, a apresentação de razões ainda no prazo do recurso regulariza a apelação interposta sem elas (RT 516/106, RJTAMG 28/125).

V. tb. art. 1.027, nota 2 (recurso ordinário).

Art. 1.010: 10. Não se deve conhecer da apelação:

— interposta sem razões (RTJ 85/722, RT 486/60, 491/67, 499/144, 507/131, 508/223, RF 255/300, RJTJESP 39/92, 39/109, 64/207, 110/218, JTA 47/69, 60/144, 60/236, 103/278, 106/172, RJTAMG 20/187, Bol. AASP 918/36; 1º TASP, JTA 60/111, un. de jur., 18 votos a 7);

— apresentada por simples cota lançada nos autos, e não por petição (RTJ 87/690, RTFR 153/45, 157/359, à p. 361, RT 508/223, RF 265/177, RJTJESP 92/208, 96/210, JTJ 166/137, JTA 90/314, 95/266, 99/112, bem fundamentado, Bol. AASP 1.012/80). **Contra,** conhecendo do recurso: RT 613/119, RJTJESP 44/147, maioria, JTA 104/39;

— em que as razões são inteiramente dissociadas do que a sentença decidiu (RT 849/251, RJTJESP 119/270, 135/230, JTJ 165/155, 259/124, JTA 94/345, Bol. AASP 1.679/52; RSDA 63/122: TRF-3ª Reg., AP 2007.61.10.003090-3).

V. tb. art. 1.023, nota 4 (embargos de declaração), e LJEF 5º, nota 6 (recurso inominado).

Art. 1.010: 10a. "O CPC (arts. 514 e 515) impõe às partes a observância da forma segundo a qual deve se revestir o recurso apelatório. Não é suficiente mera menção a qualquer peça anterior à sentença (petição inicial, contestação ou arrazoados), à guisa de fundamentos com os quais se almeja a reforma do decisório monocrático. À luz do ordenamento jurídico processual, tal atitude traduz-se em comodismo inaceitável, devendo ser afastado. **O apelante deve atacar, especificamente, os fundamentos da sentença** que deseja rebater, mesmo que, no decorrer das razões, utilize-se, também, de argumentos já delineados em outras peças anteriores. No entanto, só os já desvendados anteriormente não são por demais suficientes, sendo necessário o ataque específico à sentença. Procedendo dessa forma, o que o apelante submete ao julgamento do Tribunal é a própria petição inicial, desvirtuando a competência recursal originária do Tribunal" (STJ-1ª T., REsp 359.080, Min. José Delgado, j. 11.12.01, DJU 4.3.02). No mesmo sentido: STJ-3ª T., REsp 1.320.527, Min. Nancy Andrighi, j. 23.10.12, DJ 29.10.12; JTJ 335/40 (AI 564.015-4/7-00), 354/262 (AP 990.10.132541-1); RJTJERGS 288/327 (AP 70049403504).

"As razões do recurso apelatório são deduzidas a partir do provimento judicial recorrido, e devem profligar os argumentos deste, insubstituíveis (as razões) pela simples referência a atos processuais anteriores, quando a sentença inexistia, ainda. Impende, ademais, que o Tribunal *ad quem*, pelos fundamentos, se aperceba, desde logo, de quais as razões efetivamente postas, pelo apelante, acerca do novo julgamento que lhe seja mais favorável" (RSTJ 54/192).

No mesmo sentido, não conhecendo de apelação que, "limitando-se a reproduzir *ipsis litteris* a petição inicial, não faz qualquer menção ao decidido na sentença, abstendo-se de impugnar o fundamento que embasou a improcedência do pedido": STJ-1ª T., REsp 553.242, Min. Luiz Fux, j. 9.12.03, DJU 9.2.04. Ainda: RT 834/248, Bol. AASP 2.578.

Todavia: "Não obsta o conhecimento da apelação o fato de a recorrente **reiterar os argumentos** anteriormente articulados quando **da contestação,** uma vez que presentes, em linhas gerais, os requisitos insertos no art. 514 do CPC" (RSTJ 142/233). "A reprodução na apelação das razões articuladas na defesa não acarreta a inadmissibilidade do recurso, especialmente quando as alegações são suficientes à demonstração do interesse da parte pela reforma da sentença" (STJ-4ª T., REsp 512.969, Min. Barros Monteiro, j. 14.6.05, DJU 19.9.05). No mesmo sentido: STJ-2ª T., REsp 1.038.904, Min. Eliana Calmon, j. 16.10.08, DJ 10.11.08; STJ-1ª T., REsp 1.186.400, Min. Luiz Fux, j. 14.9.10, DJ 30.9.10.

"Mesmo que as razões recursais limitem-se a repetir os termos da contestação, sem atacar os fundamentos da sentença, mas suscitem questões que devam ser conhecidas até mesmo de ofício a qualquer tempo e grau de jurisdição, o recurso deve ser conhecido" (STJ-3ª T., REsp 924.378, Min. Nancy Andrighi, j. 25.3.08, DJU 11.4.08).

"O fato de a parte reiterar no recurso fundamentos da **petição inicial,** por si só, não é motivo para o não conhecimento da apelação. A reprodução se justifica na medida em que eles não foram acolhidos pela sentença, o que demonstra seu interesse em reafirmá-los na segunda instância" (RJM 200/142: AP 1.0701.10.041301-5/001). Em sentido semelhante: STJ-4ª T., REsp 1.551.747-AgInt, Min. Luis Felipe, j. 29.6.20, DJ 3.8.20.

No mesmo sentido, também quanto a outras peças dos autos, desde que pertinente a invocação: RT 680/166 (TJSC, AP 33.366), RJTJESP 63/140, 107/210, 120/254, maioria, JTA 102/67, 114/400.

Em síntese: "A mera circunstância de terem sido reiteradas, na petição da apelação, as razões anteriormente apresentadas na inicial da ação ou na contestação, não é suficiente para o não conhecimento do recurso, eis que a repetição dos argumentos não implica, por si só, ofensa ao princípio da dialeticidade. É essencial, todavia, que as razões recursais da apelação guardem alguma pertinência com a matéria decidida na sentença. Na hipótese concreta, do cotejo entre as razões da apelação e a fundamentação da sentença, infere-se, no que diz respeito ao capítulo referente ao pedido de restituição dos valores pagos a título de despesas condominiais extraordinárias, que o recorrente logrou aduzir argumentos suficientes, ainda que em tese, para impugnar os correspondentes fundamentos da decisão judicial de mérito. Quanto ao capítulo referente à imissão na posse, contudo, a apelação sequer minimamente indica a irresignação do apelante quanto à fundamentação da sentença, tampouco seu propósito de obter novo julgamento a respeito da matéria" (STJ-3ª T., REsp 1.665.741, Min. Nancy Andrighi, j. 3.12.19, DJ 5.12.19).

V. tb. art. 1.016, nota 2 (agravo de instrumento). S/ condenação em litigância de má-fé por manejo de apelação que reproduza *ipsis litteris* outra peça processual, v. art. 80, nota 25.

Art. 1.010: 10b. As **razões do pedido** de reforma ou de decretação de nulidade nada mais são do que os argumentos de fato e de direito com que se impugnam a decisão (v. inc. II).

Art. 1.010: 10c. s/ formulação de pedido sucessivo em apelação, v. art. 326, nota 7.

Art. 1.010: 11. Quando se busca apenas a decretação de nulidade da sentença, o **pedido de nova decisão é dispensável.**

Art. 1.010: 11a. "É **inadmissível inovar o pedido** em sede de recurso, visto que não se pode recorrer do que não foi objeto de discussão e decisão em primeira instância" (RT 811/282). No mesmo sentido: JTJ 349/292 (AP 991.07.017653-4).

Art. 1.010: 12. "Não é *extra petita* o acórdão que se atém aos limites traçados em recurso de apelação. Não obstante a necessidade de exposição clara, organizada e objetiva de fatos e teses, as razões de apelação devem ser consideradas como um todo harmônico, de modo que não se deve **entender como pedido** apenas o que a parte elencou como tal em tópico com o título 'pedidos'" (STJ-4ª T., Ag em REsp 522.608-AgRg, Min. Isabel Gallotti, j. 4.9.14, DJ 16.9.14).

V. tb. art. 322 § 2º, especialmente nota 11.

Art. 1.010: 13. O prazo para oferta de contrarrazões **dobra-se** no caso dos arts. 180 (MP), 183 (Fazenda Pública), 186 (Defensoria Pública) e 229 (litisconsortes com procuradores diferentes).

Art. 1.010: 14. "Interposta a apelação, a **abertura de vista** ao apelado para responder constitui **formalidade essencial,** sob pena de violação do art. 518 do CPC" (STJ-1ª T., REsp 80.293, Min. Demócrito Reinaldo, j. 7.3.96, DJU 8.4.96). No mesmo sentido: STJ-3ª T., REsp 239.943, Min. Eduardo Ribeiro, j. 10.4.00, DJ 14.8.00.

"Padece de nulidade absoluta o julgamento da apelação, na hipótese de ausência ou irregularidade da intimação do patrono da parte *ex adversa* para o oferecimento das contrarrazões" (STJ-3ª T., REsp 908.623, Min. Massami Uyeda, j. 1.10.09, DJ 28.10.09). No mesmo sentido: STJ-2ª T., REsp 1.141.314, Min. Castro Meira, j. 5.11.09, DJ 17.11.09.

"A mera publicação da pauta de julgamento pelo Tribunal *a quo* não supre a ausência de intimação para apresentação de resposta ao apelo da parte adversa, formalidade essencial à efetivação do princípio do contraditório" (STJ-5ª T., REsp 845.759, Min. Arnaldo Esteves, j. 19.6.08, DJ 15.9.08).

Art. 1.010: 15. no **prazo de 15 dias** (v. art. 1.003 § 5º), que se **dobra** no caso dos arts. 180 (MP), 183 (Fazenda Pública), 186 (Defensoria Pública) e 229 (litisconsortes com procuradores diferentes).

Art. 1.011. Recebido o recurso de apelação no tribunal e distribuído imediatamente, o relator: [Sem dispositivo correspondente no CPC/1973]

I — decidi-lo-á monocraticamente apenas nas hipóteses do art. 932, incisos III a V;

II — se não for o caso de decisão monocrática, elaborará seu voto para julgamento do recurso pelo órgão colegiado.

Art. 1.012. A apelação terá efeito suspensivo.[1 a 7] [Dispositivo correspondente no CPC/1973: art. 520-*caput*]

§ 1º Além de outras hipóteses previstas em lei,[8-9] começa a produzir efeitos imediatamente após a sua publicação a sentença que:[10] [Dispositivo correspondente no CPC/1973: art. 520-*caput*]

I — homologa divisão[11] ou demarcação[12] de terras; [Dispositivo correspondente no CPC/1973: art. 520-I]

II — condena a pagar alimentos;[13 a 18] [Dispositivo correspondente no CPC/1973: art. 520-II]

III — extingue sem resolução do mérito ou julga improcedentes os embargos do executado;[19 a 22] [Dispositivo correspondente no CPC/1973: art. 520-V]

IV — julga procedente o pedido de instituição de arbitragem; [Dispositivo correspondente no CPC/1973: art. 520-VI]

V — confirma, concede ou revoga tutela provisória;[23-24] [Dispositivo correspondente no CPC/1973: art. 520-VII]

VI — decreta a interdição. [Dispositivo correspondente no CPC/1973: art. 1.184]

§ 2º Nos casos do § 1º, o apelado poderá promover o pedido de cumprimento provisório depois de publicada a sentença.[25-25a] [Dispositivo correspondente no CPC/1973: art. 521]

§ 3º O pedido de concessão de efeito suspensivo[26] nas hipóteses do § 1º poderá ser formulado por requerimento[26a] dirigido ao: [Sem dispositivo correspondente no CPC/1973]

I — tribunal, no período compreendido entre a interposição da apelação e sua distribuição,[26b] ficando o relator designado para seu exame prevento para julgá-la; [Sem dispositivo correspondente no CPC/1973]

II — relator, se já distribuída a apelação. [Sem dispositivo correspondente no CPC/1973]

§ 4º Nas hipóteses do § 1º, a eficácia da sentença poderá ser suspensa pelo relator se o apelante demonstrar a probabilidade de provimento do recurso ou se, sendo relevante a fundamentação, houver risco de dano grave ou de difícil reparação.[27 a 29] [Dispositivo correspondente no CPC/1973: art. 558]

Art. 1.012: 1. v., no índice, Apelação com efeito suspensivo.

S/ efeitos da apelação e: restauração de autos, v. art. 716, nota 2; condenação solidária de litisconsortes, v. art. 1.005, nota 8; arrendamento rural ou parceria, v. Dec. 59.566/66, art. 32, nota 3, no tít. LOCAÇÃO.

Art. 1.012: 2. Os **casos excepcionais** de recebimento da apelação no efeito apenas devolutivo são unicamente os previstos no art. 1.012 (RF 251/232, RJTJESP 49/203) e em outros **dispositivos legais** expressos a respeito (v. § 1º). Nessas condições, tem efeito suspensivo a apelação interposta:

— na hipótese de sentença que decreta dissolução de sociedade comercial (RT 470/164, JTA 33/35);

— em ação de retificação de registro imobiliário (RT 844/250).

Art. 1.012: 3. "Ainda que se admita efeito suspensivo da apelação contra sentença que **rejeite liminarmente embargos de terceiro,** tal efeito não alcança a execução" (STJ-3ª T., MC 8.930-EDcl-AgRg, Min. Menezes Direito, j. 16.11.04, DJU 17.12.04). Em sentido semelhante: STJ-2ª T., Ag em REsp 249.264-AgRg, Min. Humberto Martins, j. 5.2.13, DJ 19.2.13; STJ-4ª T., RMS 3.776-2, Min. Fontes de Alencar, j. 13.6.94, DJU 28.8.95; RTFR 138/335 (caso de embargos intempestivos), RT 550/100, RJTJESP 128/344 (caso de petição inicial inepta), JTA 66/52, 111/439, RP 21/320.

Todavia: "Quando os embargos são admitidos, com o efeito suspensivo, a sentença definitiva que os rejeita somente poderá interferir com a execução paralisada após obter confirmação pelo Tribunal *ad quem*. Equivale a afirmar que o recurso de apelação contra sentença que **julga improcedentes os embargos de terceiro, com exame de mérito,** merece processamento no efeito suspensivo, exatamente porque essa suspensão integrou-se no âmbito da lide e não está excluída pelo art. 520 do CPC, que comporta interpretação restritiva" (RF 381/357: TJSP, AI 369.660-4/8-00; a citação é do voto do relator, Des. Ênio Zuliani, à p. 359). Em sentido semelhante: JTJ 329/185 (AI 1.172.370-0/0), 334/286 (Rcl 154.854-0/6-00).

Contra, no sentido de que a apelação do embargante deve ser sempre recebida em ambos os efeitos, com a suspensão do processo de execução: RT 766/274.

Art. 1.012: 4. Deve ser recebida em ambos os efeitos a apelação contra a sentença que **converte a separação em divórcio** (RJTJESP 108/354).

Art. 1.012: 5. **"Causas conexas.** Julgamento simultâneo. Apelação. Efeitos. Se a apelação relativa a uma das causas deve ser recebida apenas no efeito devolutivo, não se há de emprestar-lhe duplo efeito, em virtude de ser esse o próprio para a outra causa, julgada na mesma sentença" (STJ-3ª T., REsp 61.609-3, Min. Eduardo Ribeiro, j. 23.4.96, DJU 3.6.96).

"Ações conexas. Havendo duas ou mais ações conexas, e sobrevindo apelações distintas no curso de cada uma delas, tem-se que o duplo efeito impingido a um dos apelos não se estende ao outro em razão da conexão" (RSTJ 138/307). No mesmo sentido: STJ-3ª T., REsp 162.242, Min. Eduardo Ribeiro, j. 1.6.00, DJU 28.8.00; STJ-4ª T.: RF 339/298; STJ-2ª T., RMS 8.388, Min. Peçanha Martins, j. 13.11.97, DJU 23.3.98; RT 628/192, 784/278, Lex-JTA 155/63.

Apelação contra sentença proferida em ação de despejo cumulada com cobrança de aluguéis deve ser recebida em ambos os efeitos? v. LI 58, nota 7.

Art. 1.012: 6. "Não é possível conceder-se efeito suspensivo à apelação interposta de **sentença que extinguiu o feito sem julgamento do mérito,** uma vez que não há o que se suspender, pois nada de concreto foi reconhecido ou imposto às partes" (STJ-RT 684/169).

Art. 1.012: 7. A sentença, ainda que pendente recurso com efeito suspensivo, produz **hipoteca judiciária** (art. 495 § 1º-III).

Art. 1.012: 8. v., no índice, Apelação com efeito apenas devolutivo.

Para agregação de efeito suspensivo à apelação dele desprovida, v. §§ 3º e 4º.

S/ efeitos da apelação e: ação monitória, v. art. 702, nota 7; ação civil pública, v. LACP 14; alienação fiduciária, v. Dec. lei 911/69, art. 3º § 5º; execução contra devedor insolvente, CPC/73 art. 761, nota 2; ação de cobrança de cédula de crédito industrial, v. Dec. lei 413, de 9.1.69, art. 41-7º, no tít. EXECUÇÕES ESPECIAIS; *habeas data*, v. LHD 15 § ún.; ações locatícias, LI 58-V; mandado de segurança, v. LMS 14 § 3º c/c 7º § 2º; pedido de restituição em falência, v. LRF 90.

Em matéria de processo para pagamento de renda ou indenização ao proprietário do solo, pelo titular da autorização de pesquisa, v. Dec. lei 227, de 28.2.67, art. 27-IX; Dec. lei 1.864, de 26.2.81, art. 7º § 1º; Dec. lei 1.865, de 26.2.81, art. 8º.

Em matéria de processo para discriminação das terras devolutas da União, v. art. 21 da Lei 6.383, de 7.12.76.

Art. 1.012: 9. **Dec. 1.102, de 21.11.1903** — institui regras para o estabelecimento de empresas de armazéns gerais, determinando os direitos e as obrigações dessas empresas: **"Art. 27 § 2º** (...) Se, porém, aparecer reclamação, o juiz marcará o prazo de dez dias para prova, e, findo estes, arrazoando o embargante e o embargado em cinco dias cada um, julgará afinal com apelação sem efeito suspensivo".

Lei 9.140, de 4.12.95 — Reconhece como mortas pessoas desaparecidas em razão de participação, ou acusação de participação, em atividades políticas, no período de 2 de setembro de 1961 a 15 de agosto de 1979, e dá outras providências: **"Art. 14.** Nas ações judiciais indenizatórias fundadas em fatos decorrentes da situação política mencionada no art. 1º, os recursos das sentenças condenatórias serão recebidos somente no efeito devolutivo".

Art. 1.012: 10. A **enumeração** a seguir é demasiado **restrita,** porque deixa de lado diversas hipóteses em que a apelação deveria ser recebida tão só no efeito devolutivo, p. ex., quando voltada contra a sentença que declara a insolvência (CPC/73 art. 761), da que julga os créditos na insolvência (CPC/73 arts. 771 e 772) etc.

Art. 1.012: 11. v. art. 597.

Art. 1.012: 12. v. art. 587.

Art. 1.012: 13. v. LA 14.

Art. 1.012: 14. A apelação contra a **sentença que majora** a prestação alimentícia deve ser recebida somente no efeito devolutivo (RSTJ 30/422, STJ-RT 674/238). V. tb. STJ-3ª T., REsp 595.209, Min. Nancy Andrighi, j. 8.3.07, DJU 2.4.07.

Art. 1.012: 15. "Deve ser recebido apenas no efeito devolutivo o recurso de apelação interposto contra sentença que decida pedido revisional de **alimentos,** seja para majorar, **diminuir ou exonerar** o alimentante do encargo. Valoriza-se, dessa forma, a convicção do juiz que, mais próximo das provas produzidas, pode avaliar com maior precisão as necessidades do alimentando conjugadas às possibilidades do alimentante, para uma adequada fixação ou até mesmo exoneração do encargo. Com a atribuição do duplo efeito, há potencial probabilidade de duplo dano ao alimentante quando a sentença diminuir o encargo alimentar: (i) dano patrimonial, por continuar pagando a pensão alimentícia que a sentença reconhece indevida e por não ter direito à devolução da quantia despendida, caso a sentença de redução do valor do pensionamento seja mantida, em razão do postulado da irrepetibilidade dos alimentos; (ii) dano pessoal, pois o provável inadimplemento ditado pela ausência de condições financeiras poderá levar o alimentante à prisão" (STJ-3ª T., REsp 595.209, Min. Nancy Andrighi, j. 8.3.07, DJU 2.4.07). No mesmo sentido: RJTJESP 82/274, JTJ 309/452.

Assim, determinando que se receba apenas no efeito devolutivo a apelação interposta contra a sentença de exoneração do alimentante: STJ-3ª T., REsp 1.280.171, Min. Massami Uyeda, j. 2.8.12, DJ 15.8.12.

Contra: "A apelação contra a sentença que determina a redução dos alimentos deve ser recebida também no efeito suspensivo, em obséquio ao princípio que privilegia o interesse dos menores em detrimento do direito dos adultos" (STJ-4ª T., REsp 332.897-AgRg, Min. Sálvio de Figueiredo, j. 23.4.02, DJU 12.8.02). No mesmo sentido: RJTJESP 130/342, RT 810/219, JTJ 214/228, Bol. AASP 1.672/10.

Ainda contra, no sentido de que deve ser recebida em ambos os efeitos a apelação contra sentença que exonera da prestação alimentícia: RSTJ 30/422, STJ-RT 674/238, STJ-RTJE 97/108 e STJ-Bol. AASP 1.729/39; STJ-JTJ 247/125; RT 710/130, 718/127, JTJ 173/143; Bol. AASP 2.426/3.537.

"Mesmo considerando sentença de procedência da ação exoneratória, importa que, até a data de seu trânsito em julgado, os alimentos são devidos" (STJ-3ª T., HC 41.074, Min. Nancy Andrighi, j. 5.4.05, DJU 18.4.05). Em outras palavras: "Os efeitos da exoneração da pensão alimentícia não retroagem à data da citação, mas apenas têm incidência a partir do trânsito em julgado da decisão" (STJ-3ª T., REsp 886.537, Min. Sidnei Beneti, j. 8.4.08, DJU 25.4.08). No mesmo sentido: STJ-RT 793/198, dois votos vencidos (4ª T.).

S/ termo *a quo* da nova disciplina sobre alimentos, em matéria de revisão ou exoneração de pensão, v. LA 13, nota 11b.

Art. 1.012: 16. "A apelação contra **improcedência de pedido alimentar** não restabelece liminar de alimentos provisórios, revogada pela sentença" (STJ-3ª T., REsp 746.760, Min. Gomes de Barros, j. 6.11.07, DJU 14.11.07).

V. tb. LA 13 § 3º e notas (especialmente nota 13a).

Art. 1.012: 17. Na ação de **separação cumulada com pedido de alimentos,** o efeito suspensivo da apelação não atinge o pedido de alimentos (RJTJESP 109/341).

"Na ação de investigação de paternidade cumulada com pedido de alimentos, a apelação interposta, quanto à condenação à prestação alimentícia, será recebida tão somente no efeito devolutivo" (STJ-4ª T., REsp 214.835, Min. Barros Monteiro, j. 23.11.99, DJU 21.2.00), ainda que tenham sido negados *initio litis* os alimentos provisórios (RJTJESP 91/336). **Contra:** RT 665/153, maioria.

Nessas condições, julgada procedente a ação de investigação de paternidade cumulada com alimentos, "pode imediatamente ser efetuado, a partir daí, o desconto em folha da pensão mensal concedida" (STJ-4ª T., REsp 92.425, Min. Ruy Rosado, j. 26.8.96, DJU 16.9.96). No mesmo sentido: JTJ 165/199. **Contra:** RJTJERGS 175/312, maioria.

Art. 1.012: 18. Afirmando o duplo efeito da apelação interposta contra a sentença condenatória ao pagamento de alimentos em ação de **indenização por ato ilícito:** JTJ 185/241.

V. tb. art. 14 da Lei 9.140, de 4.12.95 (em nota 9).

Art. 1.012: 19. s/ execução contra a Fazenda Pública, v. art. 910, nota 2; s/ execução fiscal, v. LEF 16, nota 5.

Art. 1.012: 20. **Súmula 317 do STJ:** "É **definitiva** a **execução de título extrajudicial,** ainda que pendente apelação contra sentença que julgue improcedentes os embargos".

A definitividade da execução abrange todos os atos, inclusive a arrematação (STJ-4ª T., REsp 347.455, Min. Sálvio de Figueiredo, j. 6.7.02, um voto vencido, DJU 24.3.03) e a expedição da respectiva carta (STJ-3ª T., REsp 144.127, Min. Waldemar Zveiter, j. 15.10.98, DJU 1.2.99). No mesmo sentido: STJ-RF 365/228, RTJE 181/220, JTJ 324/108 (AI 7.200.153-7).

V. tb. art. 523, nota 1b.

Art. 1.012: 21. "A apelação manejada pelo embargante contra **parcial procedência** de embargos à execução deve ser recebida apenas com efeito devolutivo na parte improcedente, prosseguindo a execução, nessa fração, como definitiva" (STJ-3ª T., AI 952.879-AgRg, Min. Gomes de Barros, j. 6.12.07, DJU 18.12.07). No mesmo sentido: STJ-4ª T., REsp 1.040.305, Min. Fernando Gonçalves, j. 19.8.08, DJ 8.9.08; STJ-2ª T., REsp 1.342.535-AgRg, Min. Mauro Campbell, j. 11.4.13, DJ 17.4.13.

Art. 1.012: 22. A apelação contra sentença que rejeita liminarmente os **embargos de retenção** por benfeitorias ou os julga improcedentes deve ser recebida somente no efeito devolutivo (RT 733/251).

Art. 1.012: 23. v. arts. 294, notas 2, 2a e 5, 296, nota 1, e 309, nota 7.

S/ tutela provisória e Fazenda Pública, v. arts. 1º e 2º-B da Lei 9.494, de 10.9.97, no tít. FAZENDA PÚBLICA, e 1º e 3º da Lei 8.437, de 30.6.92, no tít. MEDIDA CAUTELAR.

Art. 1.012: 24. Se a sentença que **confirma a antecipação de tutela tem mais de um capítulo,** a apelação interposta contra ela deve ter seus efeitos cindidos: meramente devolutivo em relação ao capítulo confirmatório e devolutivo e suspensivo em relação aos demais (JTJ 329/33: AI 1.185.590-0/6; 345/35: AI 649.422-4/3).

Art. 1.012: 25. s/ cumprimento provisório da sentença, v. arts. 520 a 522, bem como respectivas notas.

Art. 1.012: 25a. No caso da **execução fundada em título extrajudicial,** a sequência dos atos executivos após o julgamento dos embargos é marcada pela definitividade (v. nota 20, inclusive **Súmula 317 do STJ).** Lembre-se de que, aqui, o título executivo não é a sentença, mas sim documento previsto no art. 784.

Art. 1.012: 26. ou de **antecipação da tutela recursal.**

V. tb. art. 299 § ún.

Art. 1.012: 26a. O requerimento de efeito suspensivo é apresentado ao tribunal ou ao relator por **simples petição.**

Art. 1.012: 26b. Iniciada a execução provisória logo após a publicação da sentença, o executado pode requerer ao tribunal a suspensão dos seus efeitos **mesmo antes da interposição da apelação;** ele não pode ficar desprotegido no período em que prepara o seu recurso (CF 5º-XXXV).

Art. 1.012: 27. v. art. 995 § ún.

Art. 1.012: 28. "Havendo **risco de irreversibilidade da execução** definitiva, tornando inútil o eventual êxito do executado no julgamento final dos embargos, poderá o embargante, desde que satisfeitos os requisitos genéricos da antecipação de tutela (*fumus boni juris* e *periculum in mora*), socorrer-se de uma peculiar medida antecipatória, oferecida pelo art. 558 do CPC: a atribuição de efeito suspensivo ao recurso" (STJ-1ª T., REsp 652.346, Min. Teori Zavascki, j. 21.10.04, DJU 16.11.04). No mesmo sentido: STJ-2ª T., REsp 450.259, Min. Castro Meira, j. 21.10.04, DJU 16.11.04. Ainda: "Hipótese em que o Tribunal de origem corretamente atribuiu o efeito suspensivo ao apelo, com fundamento de que é plausível a tese de que o crédito tributário foi atingido pela prescrição, e de que, por esse motivo, seria desarrazoado permitir o prosseguimento da ação principal, com **alienação da sede da empresa**" (STJ-2ª T., REsp 1.349.034, Min. Herman Benjamin, j. 13.11.12, DJ 15.2.13).

Art. 1.012: 29. Cabe **agravo interno** contra a decisão do relator que delibera sobre efeito suspensivo ou tutela antecipada recursal, quer para concedê-lo, quer para negá-lo.

V. art. 1.021.

Art. 1.013. A apelação devolverá ao tribunal o conhecimento da matéria impugnada.[1 a 6] [Dispositivo correspondente no CPC/1973: art. 515-*caput*]

§ 1º Serão, porém, objeto de apreciação e julgamento pelo tribunal todas as questões suscitadas e discutidas[7] no processo, ainda que não tenham sido solucionadas,[8 a 10] desde que relativas ao capítulo impugnado. [Dispositivo correspondente no CPC/1973: art. 515 § 1º]

§ 2º Quando o pedido ou a defesa tiver mais de um fundamento e o juiz acolher apenas um deles, a apelação devolverá ao tribunal o conhecimento dos demais.[10a-11] [Dispositivo correspondente no CPC/1973: art. 515 § 2º]

§ 3º Se o processo estiver em condições de imediato julgamento, o tribunal deve decidir desde logo o mérito quando:[11a a 14] [Dispositivo correspondente no CPC/1973: art. 515 § 3º]

I — reformar sentença fundada no art. 485; [Dispositivo correspondente no CPC/1973: art. 515 § 3º]

II — decretar a nulidade da sentença por não ser ela congruente com os limites do pedido ou da causa de pedir;[15] [Sem dispositivo correspondente no CPC/1973]

III — constatar a omissão no exame de um dos pedidos, hipótese em que poderá julgá-lo; [Sem dispositivo correspondente no CPC/1973]

IV — decretar a nulidade de sentença por falta de fundamentação. [Sem dispositivo correspondente no CPC/1973]

§ 4º Quando reformar sentença que reconheça a decadência ou a prescrição, o tribunal, se possível, julgará o mérito, examinando as demais questões, sem determinar o retorno do processo ao juízo de primeiro grau.[15a-16] [Sem dispositivo correspondente no CPC/1973]

§ 5º O capítulo da sentença que confirma, concede ou revoga a tutela provisória é impugnável na apelação.[17] [Sem dispositivo correspondente no CPC/1973]

Art. 1.013: 1. s/ conversão do julgamento em diligência para produção de prova, v. arts. 370, nota 1, e 938 § 3º; s/ modificação, pelo tribunal, do prazo imposto na sentença para a cobrança de multa cominatória, sem que tenha havido recurso quanto a esta parte, v. art. 537, nota 4c; s/ recurso integral ou parcial, v. art. 1.002 e notas; s/ *reformatio in pejus*, v. art. 1.008, notas 4b e segs.; s/ devolução de questões resolvidas na fase de conhecimento, v. art. 1.009 § 1º; s/ interpretação do pedido do apelante, v. art. 1.010, nota 12; s/ alteração de ofício pelo tribunal das sanções impostas por improbidade administrativa, v. LIA 12, nota 4b, *in fine*.

Art. 1.013: 1a. "Deve-se distinguir entre a **extensão do efeito devolutivo** da apelação, limitada pelo pedido daquele que recorre, e a sua **profundidade,** que abrange os antecedentes lógico-jurídicos da decisão impugnada. Estabelecida a extensão do objeto do recurso pelo requerimento formulado pelo apelante, todas as questões surgidas no processo, que possam interferir no seu acolhimento ou rejeição, devem ser levadas em conta pelo Tribunal" (STJ-3ª T., REsp 714.068, Min. Nancy Andrighi, j. 1.4.08, DJU 15.4.08).

Art. 1.013: 2. "A apelação transfere ao conhecimento do tribunal a matéria impugnada, **nos limites dessa impugnação,** salvo matérias examináveis de ofício" (RSTJ 128/366 e RF 359/236). No mesmo sentido: RSTJ 145/479; STJ-1ª T., REsp 7.143-0, Min. Cesar Rocha, j. 16.6.93, DJU 16.8.93.

Art. 1.013: 2a. Não pode o tribunal **conceder** ao apelante **mais do que o pleiteado** por ele (RTJ 85/1.066, 92/773, RT 499/159), **ou aquilo que não pleiteou.**

"Devolvendo a apelação ao tribunal apenas o conhecimento da matéria impugnada (*tantum devolutum quantum appellatum*), ressalvadas as hipóteses de matéria apreciável de ofício, ofende a regra *sententia debet esse conformis libello* a decisão que faz a entrega de prestação jurisdicional em desconformidade com a postulação" (STJ-4ª T., REsp 4.530, Min. Sálvio de Figueiredo, j. 23.10.90, DJU 19.11.90).

"Da mesma forma que se faz necessária a impugnação específica na contestação, deve o apelante impugnar ponto por ponto da sentença, sob pena de não se transferir ao juízo *ad quem* o conhecimento da matéria em discussão (*tantum devolutum quantum appellatum*)" (STJ-4ª T., REsp 50.036, Min. Sálvio de Figueiredo, j. 8.5.96, DJU 3.6.96).

"A apelação devolverá ao tribunal o conhecimento da matéria impugnada, art. 515 do CPC. Ampliando o efeito devolutivo da apelação, o tribunal *a quo* afrontou a regra inscrita no art. 515 do CPC" (STJ-2ª T., REsp 3.346-0, Min. José de Jesus Filho, j. 24.6.92, DJU 10.8.92).

Art. 1.013: 3. "Se o autor, vencido em primeiro grau de jurisdição, apelou da sentença, pleiteando de maneira inequívoca a sua **reforma,** claro está que buscou por igual a improcedência da reconvenção, por incindíveis as questões envolvidas na **ação e** no **pedido reconvencional**" (RSTJ 30/17).

V. tb. art. 1.002, nota 3.

Art. 1.013: 3a. Em caso de **litisconsórcio comum e facultativo,** se o autor não apela do capítulo da sentença que julgou improcedente a demanda com relação a um dos litisconsortes, a apelação interposta pelos demais réus não é apta a interferir na parcela da decisão que decretou tal improcedência (coisa julgada material) (STJ-4ª T., REsp 259.732, Min. Aldir Passarinho Jr., j. 5.9.06, DJU 16.10.06).

V. tb. art. 996, nota 5a.

Art. 1.013: 4. "A **alteração *ex officio* do valor da compensação por danos morais,** sem que tenha havido recurso da parte interessada com esse objetivo configura violação dos arts. 128, 460 e 515 do CPC" (STJ-3ª T., REsp 1.327.093, Min. Nancy Andrighi, j. 10.6.14, DJ 18.6.14).

V. tb. art. 1.008, nota 4c.

Art. 1.013: 4a. "A **apelação genérica** pela improcedência da demanda **não** tem o condão de **devolver** ao órgão *ad quem* o exame de todas as questões decididas pelo órgão *a quo* e não impugnadas especificamente pelo recorrente, exceto quando decorrentes da incidência do efeito extensivo ou expansivo no seu julgamento. Interpretação do § 1º do art. 1.013 do CPC/15. Hipótese em que, tendo havido a manutenção do único capítulo impugnado da sentença — reconhecimento da abusividade da cláusula contratual de reajuste anual — estava o julgador impedido de examinar o outro capítulo relativo à questão decidida pelo juízo de primeiro grau e não impugnada oportunamente pelo apelante — **termo inicial da obrigação de restituir** as quantias indevidamente pagas —, ainda que relacionada ao objeto da apelação" (STJ-3ª T., REsp 1.793.446, Min. Nancy Andrighi, j. 22.9.20, DJ 28.9.20).

Art. 1.013: 4b. Exigindo a interposição de recurso para "discussões em que se busca apenas uma **declaração incidental do prazo prescricional,** cuja definição não terá o condão de acarretar a extinção da ação. Nessa hipótese, não se admitirá a intervenção de ofício do juiz, de modo que, inexistente recurso abordando o tema, será defeso ao Tribunal manifestar-se, sob pena de violação do princípio contido no art. 515 do CPC, que veda a *reformatio in pejus*": STJ-3ª T., REsp 1.304.953, Min. Nancy Andrighi, j. 26.8.14, DJ 8.9.14.

Art. 1.013: 4c. Se a **sentença** é **omissa em matéria de honorários advocatícios,** o interessado deve interpor apelação para que o tribunal condene o adversário ao seu pagamento; não basta ventilar essa omissão em sede de contrarrazões de apelação (STJ-2ª T., REsp 905.403, Min. Eliana Calmon, j. 16.10.08, DJ 10.11.08).

V. tb. art. 1.008, nota 6.

Art. 1.013: 4d. "Execução. **Ausência dos requisitos legais do título executivo extrajudicial.** Revisão. O efeito devolutivo dos recursos reclama o conhecimento da abrangência dos antecedentes lógico-jurídicos da decisão impugnada. Portanto, contestada a executividade do título apresentado, o reconhecimento da inexistência do negócio jurídico que o subsidia não ofende o brocardo *tantum devolutum quantum appellatum*" (STJ-3ª T., Ag em REsp 386.144-AgInt, Min. João Otávio, j. 16.6.16, DJ 27.6.16).

Art. 1.013: 5. "No tribunal de apelação é possível reconhecer de ofício **nulidade absoluta**" (STJ-2ª T., REsp 600.771-AgRg, Min. Eliana Calmon, j. 15.2.05, DJU 14.3.05).

"Em caso de sentença ***citra petita***, o Tribunal, de ofício, pode anulá-la, determinando que uma outra seja proferida" (STJ-6ª T., REsp 233.882, Min. Maria Thereza, j. 8.3.07, DJU 26.3.07). No mesmo sentido: STJ-2ª T., REsp 437.877-AgRg, Min. Herman Benjamin, j. 4.11.08, DJ 9.3.09. V. tb. nota 15.

Todavia, descabe ao tribunal reconhecer **nulidade relativa,** que não tenha sido invocada pela parte a quem aproveita (RT 475/85).

S/ sentença nula, v. arts. 489, notas 9 e segs. (sentença *citra petita*), e 492, notas 2 (sentenças *extra* e *ultra petita*) e 20 e segs. (sentença condicional).

Art. 1.013: 5a. **Nulidade de cláusula** contratual prevista no **CDC** não pode ser declarada de ofício e de forma inédita pelo tribunal no julgamento da apelação (STJ-2ª Seção, REsp 541.153, Min. Cesar Rocha, j. 8.6.05, DJU 14.9.05). Mais recentemente: "É vedado aos juízes de primeiro e segundo graus de jurisdição julgar, com fundamento no art. 51 do CDC, sem pedido expresso, a abusividade de cláusulas nos contratos bancários" (STJ-2ª Seção, REsp 1.061.530, Min. Nancy Andrighi, j. 22.10.08, dois votos vencidos, DJ 10.3.09). No mesmo sentido: RSDCPC 76/167 (TRF-1ª Reg., AI 0010926-26.2010.4.01.0000).

V. tb. art. 492, nota 4 (Súmula 381 do STJ).

Art. 1.013: 6. Além da matéria "impugnada" (*tantum devolutum quantum appellatum*) e de certas nulidades (v. notas anteriores), devolve-se para o tribunal **tudo que ele puder conhecer de ofício.** É o que se conhece por **efeito translativo** do recurso. Assim:

a) "O tribunal da apelação, ainda que decidido o mérito na sentença, poderá conhecer de ofício da matéria concernente aos **pressupostos processuais** e às **condições da ação"** (RSTJ 64/156). No mesmo sentido: STJ-5ª T., AI 879.865-AgRg, Min. Arnaldo Esteves, j. 18.9.07, DJU 22.10.07; STJ-3ª T., REsp 641.257, Min. Nancy Andrighi, j. 27.5.08, DJU 23.6.08. "O tribunal da apelação, ainda que anule a sentença, poderá conhecer de ofício da matéria concernente aos pressupostos processuais e às condições da ação" (STJ-2ª T., REsp 391.826, Min. João Otávio, j. 14.2.06, DJU 21.3.06). V. tb. art. 485, notas 48 e 49;

b) "É lícito ao Tribunal *a quo*, enfrentando resolução de mérito em grau de apelação, identificar ***error in procedendo*** consubstanciado no julgamento antecipado da lide e determinar o retorno dos autos à instância inferior para julgamento com **dilação probatória,** tanto mais que sobre esse tema não há preclusão *pro judicato*" (STJ-1ª T., REsp 684.331, Min. Luiz Fux, j. 19.10.06, DJU 13.11.06). No mesmo sentido: STJ-2ª T., Ag 1.378.642-AgRg, Min. Mauro Campbell, j. 26.4.11, DJ 5.5.11. **Todavia,** no sentido de que "não é possível, ao Tribunal de origem, reconhecer, de ofício, cerceamento de defesa, sem a prévia manifestação da parte interessada, na oportunidade de apresentação do recurso de apelação": STJ-3ª T., REsp 1.261.943, Min. Massami Uyeda, j. 22.11.11, DJ 27.2.12. V. tb. arts. 355, nota 8, 370, nota 1, e 938 § 3º;

c) pode o tribunal, de ofício, decretar a prescrição ou a decadência (v. art. 487-II);

d) autorizando que o tribunal, de ofício, estabeleça **forma de liquidação diversa** da prevista na sentença: STJ-3ª T., REsp 714.068, Min. Nancy Andrighi, j. 1.4.08, DJU 15.4.08.

Todavia, esse efeito translativo de que se fala é sempre **limitado pelos capítulos do decisório objeto do recurso** (v. arts. 1.002 e 1.008). A cognoscibilidade de ofício da matéria não alarga a dimensão horizontal do efeito devolutivo. Por exemplo, se uma demanda com pedidos de indenização por danos materiais e morais é julgada integralmente procedente e o réu apela apenas para impugnar a ocorrência dos danos morais, o reconhecimento pelo tribunal de que o autor é parte ilegítima não alcança a parcela da sentença que deliberou sobre os danos materiais, na medida em que contra ela não foi dirigida qualquer impugnação (coisa julgada material). V., nesse sentido, STF-RP 123/183 (Pleno, MC 112-9). V. tb. § 1º *in fine*.

"Tratando o recurso de apelação apenas do tema dos honorários de advogado, viola o art. 515, *caput*, do Código de Processo Civil a decisão que extinguir o processo sem julgamento de mérito, matéria que sequer foi suscitada ou discutida nos autos" (STJ-3ª T., REsp 685.817, Min. Menezes Direito, j. 16.11.06, DJU 19.3.07).

Ainda, é preciso ter cuidado com matérias que, malgrado rotuladas como requisitos de admissibilidade para o julgamento do mérito, na verdade, dizem respeito ao próprio mérito. Essas matérias não podem ser conhecidas de ofício no julgamento do recurso (STJ-1ª T., REsp 716.391, Min. Teori Zavascki, j. 17.6.08, DJU 25.6.08). Assim: "A indevida qualificação de defesa de mérito como condição da ação não transforma sua natureza jurídica. No caso, a ré não interpôs apelação contra a sentença que acolheu o pedido do autor. Após, em petição avulsa, apresentou documentos e alegou ser parte ilegítima para figurar no polo passivo da demanda, sustentando tratar-se de matéria de ordem pública. Aplicando-se a teoria da asserção, não se está diante de argumentos relativos à falta de legitimidade (condição da ação), mas, sim, de defesa de mérito, pois, à luz das afirmações contidas na petição inicial, há pertinência entre as partes da relação jurídica de direito processual e as da relação jurídica de direito material. Tratando-se de argumento de mérito, ocorre a preclusão" (STJ-4ª T., Ag em REsp 10.643-AgRg, Min. Antonio Ferreira, j. 2.5.13, DJ 22.5.13).

V. tb. art. 1.008, nota 1.

Em matéria de embargos à execução, v. art. 915, nota 12.

Art. 1.013: 7. Limitando a apelação do **réu revel** às questões que a sentença efetivamente apreciou ou que possam ser conhecidas de ofício, sob o argumento de que o réu não discutiu coisa alguma no processo: JTA 90/320. Em sentido semelhante, vedando que o réu revel traga matéria nova no seu apelo: RT 610/86, JTJ 156/155.

Art. 1.013: 8. Em matéria de: cumulação subsidiária de pedidos, v. art. 326, nota 6; agravo de instrumento, v. art. 1.020, nota 3.

S/ sentença omissa, v. arts. 491, nota 1a, e 1.022, nota 1a.

Art. 1.013: 9. "É integral o efeito devolutivo da apelação: **não se cinge às questões efetivamente resolvidas** na instância inferior; abrange também as que deveriam tê-lo sido" (RSTJ 129/328).

"A amplitude de devolução do § 1º do art. 515 do CPC é limitada à matéria impugnada, ainda que, embora discutida na causa, não tenha sido objeto do julgamento da instância monocrática" (STJ-3ª T., REsp 5.803, Min. Dias Trindade, j. 30.4.91, DJU 27.5.91).

"Tratando-se de caso de apelação com impugnação da sentença em seu todo, impunha-se à Corte de Cassação o reexame, não apenas das questões decididas pelo juízo de primeiro grau, mas também daquelas que, podendo ter sido apreciadas, não o foram" (STJ-2ª T., REsp 7.121, Min. Ilmar Galvão, j. 13.3.91, DJU 8.4.91).

"Quando a ação é julgada improcedente, havendo apelação da parte vencida, não está o vencedor obrigado a suscitar, em sede de contrarrazões, as questões já arguidas na contestação para que o tribunal conheça dos argumentos veiculados" (STJ-3ª T., REsp 1.203.776, Min. Nancy Andrighi, j. 17.11.11, DJ 24.11.11).

Art. 1.013: 10. "Se o Tribunal reforma sentença que julgou improcedente a **ação de reivindicação,** deve avançar no exame das questões correlatas (v. g., retenção por benfeitorias)" (RSTJ 133/223). Em sentido semelhante: STJ-3ª T., REsp 655.939-AgRg, Min. Ricardo Cueva, j. 11.12.12, DJ 19.12.12.

Art. 1.013: 10a. A profundidade do efeito devolutivo permite que o tribunal **modifique a fundamentação da sentença** (STF-1ª T., Ag 71.473-1-AgRg, Min. Rodrigues Alckmin, j. 25.4.78, DJU 12.5.78; STF-2ª T., Ag 72.588-1-AgRg, Min. Cordeiro Guerra, j. 14.3.78, DJU 5.5.78; JTA 38/116).

Art. 1.013: 11. "Conforme anota Barbosa Moreira, se o autor invocara **dois fundamentos** para o pedido, e o juiz o julgou procedente apenas por um deles, silenciando sobre o outro ou repelindo-o, a apelação do réu, que pleiteia a declaração de improcedência, basta para devolver ao tribunal o **conhecimento de ambos** os fundamentos" (RSTJ 100/153, citação da p. 154).

"Se o juízo de primeiro grau examina apenas um dos dois fundamentos do pedido do autor para acolhê-lo, a apelação do réu devolve ao tribunal o conhecimento de ambos os fundamentos, ainda que o autor não tenha apresentado apelação adesiva ou contrarrazões ao apelo do réu; daí por que pode o tribunal, estando a lide em condições de ser apreciada, reformar a sentença e acolher o pedido do autor pelo outro fundamento que o juiz de primeiro grau não chegou a apreciar" (RSTJ 130/343).

"Quando a ação é julgada improcedente, havendo apelação da parte vencida, não está o vencedor obrigado a suscitar, em sede de contrarrazões, as questões já arguidas na contestação para que o tribunal conheça dos argumentos veiculados. Também não está obrigado a recorrer, mesmo que adesivamente, para que o Tribunal conheça dos demais argumentos de defesa, pois a apelação devolve ao tribunal todos os fundamentos nos termos do artigo 515, § 2º, do Código de Processo Civil" (STJ-3ª T., REsp 1.203.776, Min. Nancy Andrighi, j. 17.11.11, DJ 24.11.11). No mesmo sentido: STJ-4ª T., REsp 1.121.780-AgInt-AgInt, Min. Lázaro Guimarães, j. 17.4.18, DJ 23.4.18.

"Julgada improcedente a ação, ainda que rejeitado um dos fundamentos da defesa, pode este ser examinado, ao apreciar-se a apelação, sem que deva o vencedor recorrer (CPC, art. 515, § 2º). Não o impede a circunstância de a mesma questão jurídica haver sido decidida, sem recurso, no julgamento de causa conexa" (RSTJ 30/433).

Se a sentença deu pela improcedência da ação, nada obsta a que, em apelação, seja decretada a prescrição da pretensão, porque "é integral, em profundidade, o efeito da apelação: não se cinge às questões efetivamente resolvidas na instância inferior; abrange também as que poderiam tê-lo sido" (RSTJ 75/396).

"As **questões preliminares** veiculadas na contestação, que não foram examinadas em razão de ter o magistrado acolhido alegação de mérito, para julgar improcedente o pedido, devem ser enfrentadas no segundo grau, em observância ao que dispõe o art. 515, § 2º, do CPC. Não se exige a interposição de apelação, por parte do réu, que para isso careceria de interesse" (STJ-3ª T., REsp 200.367, Min. Eduardo Ribeiro, j. 29.6.00, DJU 21.8.00).

V. tb. art. 996, nota 3.

Art. 1.013: 11a. v. arts. 331, notas 4 e 4a (indeferimento da petição inicial), e 1.027 § 2º (recurso ordinário).

Art. 1.013: 11b. Autorizando o julgamento direto do *meritum causae* também em sede de **agravo de instrumento:** "Como não existe dúvida da separação de fato há mais de dois anos, com certeza da irreversibilidade da ruptura da coabitação, nada obsta que o Tribunal aplique o art. 515, § 3º, do CPC e decrete o divórcio, relegando, para etapa seguinte, definição da partilha e alimentos" (JTJ 299/445 e RIDF 44/180: AI 496.269-4/5, bem fundamentado).

Art. 1.013: 11c. Permitindo o julgamento direto do *meritum causae* também em sede de **recurso especial:** "Uma vez conhecido o recurso, passa-se à aplicação do direito à espécie, nos termos do art. 257, RISTJ e também em observância à regra do § 3º do art. 515, CPC, que procura dar efetividade à prestação jurisdicional, sem deixar de atentar para o devido processo legal" (STJ-4ª T., REsp 469.921, Min. Sálvio de Figueiredo, j. 6.5.03, DJU 26.5.03). No mesmo sentido: STJ-1ª T., REsp 761.379, Min. José Delgado, j. 16.8.05, DJU 12.9.05; STJ-3ª T., REsp 337.094, Min. Gomes de Barros, j. 29.11.05, DJU 19.12.05.

Contra: "O STJ, ao examinar recurso especial, não está autorizado a prosseguir no julgamento do mérito da causa, mesmo se tratando de questão meramente de direito. Inaplicabilidade do art. 515, § 3º, do CPC" (STJ-2ª T., REsp 524.889-EDcl, Min. Eliana Calmon, j. 6.4.06, DJU 22.5.06). No mesmo sentido: STJ-1ª T., REsp 988.034-AgRg, Min. Luiz Fux, j. 22.4.08, um voto vencido, DJ 8.10.08; STJ-3ª T., REsp 1.200.993-AgRg, Min. Paulo Sanseverino, j. 26.2.13, DJ 1.3.13.

Art. 1.013: 12. "A regra do art. 515, § 3º, do CPC deve ser interpretada em consonância com a preconizada pelo art. 330, I, do CPC, razão pela qual, **ainda que a questão seja de direito e de fato,** não havendo necessidade de produzir prova (causa madura), poderá o Tribunal julgar desde logo a lide, no exame da apelação interposta contra a sentença que julgara extinto o processo sem resolução de mérito" (STJ-Corte Especial, ED no REsp 874.507, Min. Arnaldo Esteves, j. 19.6.13, RT 940/546). No mesmo sentido: RT 829/210, JTJ 324/284 (AP 526.062-4/2-00), 346/319 (AP 991.09.052706-3), RJM 189/194 (AP 1.0024.04.518170-8/001, maioria), RJTJERGS 261/228 (AP 70015424336). **Contra,** em sentido restritivo, afirmando que o tribunal não pode, ao aplicar o art. 515 § 3º, avançar em "matéria fática relevante, não abordada no grau monocrático", em respeito ao princípio do duplo grau de jurisdição: STJ-4ª T., REsp 611.149, Min. Aldir Passarinho Jr., j. 2.12.08, DJ 2.2.09.

Art. 1.013: 12a. Cassada a sentença terminativa, mas havendo no processo outros fundamentos de defesa dependentes de **prova ainda não produzida,** não pode o tribunal passar diretamente ao julgamento do *meritum causae*; deve simplesmente determinar a abertura da fase instrutória e encaminhar os autos à primeira instância (STJ-3ª T., REsp 828.342, Min. Nancy Andrighi, j. 15.5.08, DJ 23.9.08).

Por isso, não pode o tribunal, ao mesmo tempo em que cassa a sentença terminativa, julgar a demanda improcedente por **falta de provas** (STJ-2ª T., REsp 930.920, Min. Mauro Campbell, j. 1.6.10, DJ 23.6.10). V. tb. art. 355, nota 8.

Art. 1.013: 12b. "Se o tribunal pode analisar diretamente o mérito da causa, afastada a alegação de julgamento *ultra* ou *extra petita,* por força da autorização contida no art. 515, § 3º, do CPC, igualmente pode **determinar a baixa dos autos** ao juízo singular, ainda que o apelante não tenha requerido, sem que isso importe em violação ao postulado do devido processo legal" (STJ-2ª T., REsp 657.407, Min. Castro Meira, j. 21.6.05, DJU 5.9.05). No mesmo sentido: STJ-1ª T., REsp 701.569, Min. Teori Zavascki, j. 27.2.07, DJU 26.3.07.

Art. 1.013: 13. O julgamento direto do *meritum causae* **independe de pedido expresso do apelante;** basta que o tribunal considere a causa pronta para julgamento (STJ-4ª T., REsp 836.932, Min. Fernando Gonçalves, j. 6.11.08, DJ 24.11.08). No mesmo sentido: JTJ 351/252 (AP 990.10.041403-8).

"O Tribunal revisor, ao reformar a sentença que extingue o processo sem exame do mérito, tem o dever-poder de julgar imediatamente o mérito do litígio, quando o feito encontrar-se em condições de pronto julgamento" (STJ-3ª T., AI 836.287-AgRg, Min. Gomes de Barros, j. 18.10.07, DJU 31.10.07).

Art. 1.013: 14. No julgamento do mérito subsequente à cassação da sentença terminativa, é permitido ao tribunal **decretar a improcedência da demanda,** sem que isso esbarre nas vedações à *reformatio in peius* (STJ-2ª T., REsp 859.595, Min. Eliana Calmon, j. 21.8.08, DJ 14.10.08; STJ-5ª T., REsp 645.213, Min. Laurita Vaz, j. 18.10.05, DJU 14.11.05; STJ-1ª T., REsp 1.261.397-AgRg, Min. Arnaldo Esteves, j. 20.9.12, DJ 3.10.12).

Art. 1.013: 15. Pode o tribunal conhecer diretamente dos pedidos ignorados em primeira instância, no caso de **sentença *citra petita*** (STJ-1ª T., REsp 1.085.925-AgRg, Min. Francisco Falcão, j. 19.2.09, DJ 12.3.09).

V. tb. nota 5.

Art. 1.013: 15a. v. art. 332, notas 10 e 11 (improcedência liminar).

Art. 1.013: 16. "O Tribunal, em apelação, possui a faculdade de apreciar o mérito da demanda, após ter afastado a **preliminar de decadência** imposta pela sentença. Não está jungido ao dever de imediatamente solucionar o *meritum causae,* podendo, caso lhe pareça mais prudente, determinar o retorno dos autos à origem" (STJ-5ª T., REsp 409.811, Min. Felix Fischer, j. 13.4.04, DJU 2.8.04). Em sentido semelhante, no caso de **prescrição:** "Ante a ocorrência de dúvida plausível acerca da efetiva existência do crédito pleiteado, impõe-se a remessa dos autos à instância primeva para que possibilite ao réu o exercício do direito de defesa, o qual foi prejudicado pela prematura extinção do processo monitório em razão da decretação da prescrição pelo juízo de piso" (STJ-4ª T., REsp 1.082.964, Min. Luis Felipe, j. 5.3.13, DJ 1.4.13).

Art. 1.013: 17. v. tb. art. 1.009 § 3º.

Art. 1.014. As questões de fato não propostas no juízo inferior poderão ser suscitadas na apelação,[1 a 4] se a parte provar que deixou de fazê-lo por motivo de força maior.[5-6] [Dispositivo correspondente no CPC/1973: art. 517]

Art. 1.014: 1. s/ fato superveniente, v. art. 493.

Art. 1.014: 2. Afirmando que são as **questões de fato novas** que podem ser suscitadas na apelação: RT 639/104, RJTAMG 19/194, RP 4/393, em. 113.

"Somente os fatos ainda não ocorridos até o último momento em que a parte poderia tê-los eficazmente arguido em primeiro grau de jurisdição, ou os de que a parte não tinha conhecimento é que podem ser suscitados em apelação ou durante o seu processamento. Inocorrendo qualquer exceção ou força maior, de se concluir pela inadmissibilidade de apreciação dos fatos novos arguidos" (RT 638/159 e Bol. AASP 1.622/21).

V. tb. nota 5.

Art. 1.014: 3. As **questões exclusivamente de direito** podem ser suscitadas a qualquer tempo, em segundo grau de jurisdição, de acordo com o princípio *iura novit curia*, desde que não alterada a causa de pedir.

Art. 1.014: 4. "O Direito Brasileiro veda o *novorum iudicium* na apelação, porquanto o juízo recursal é de controle e não de criação (*revisioprioriae instantiae*). Em consequência, o art. 517 do CPC interdita a arguição superveniente no segundo grau de jurisdição de **fato novo,** que **não se confunde com documento novo** acerca de fato alegado. A juntada de documentos com a apelação é possível, desde que respeitado o contraditório e inocorrente a má-fé, com fulcro no art. 397 do CPC" (STJ-1ª T., REsp 466.751, Min. Luiz Fux, j. 3.6.03, DJU 23.6.03).

"Juntada de documentos em sede de apelação. Comprovação de fato não suscitado no momento oportuno. Impossibilidade de inovação. Juízo de controle e de revisão" (STJ-4ª T., Ag em REsp 294.057-AgRg, Min. Luis Felipe, j. 19.9.13, DJ 24.9.13).

V. tb. art. 435, especialmente nota 1.

Art. 1.014: 5. Se a questão de fato não foi proposta no juízo inferior porque a parte a **desconhecia,** caracteriza-se a força maior (RT 719/157).

V. tb. nota 2.

Art. 1.014: 6. A **prescrição** pode ser alegada ineditamente em apelação ou contrarrazões (CC 193), independentemente da prova de motivo de força maior.

"A prescrição pode ser levantada em qualquer instância. Não deduzida em primeira, pode ser alegada em segunda instância, nas razões de recurso. E se pode, nas razões de recurso, pode também ser deduzida nas contrarrazões, em homenagem ao princípio da igualdade de tratamento às partes (CPC, art. 125, I)" (STJ-5ª T., REsp 204.276, Min. José Arnaldo, j. 5.10.99, DJU 8.11.99). No mesmo sentido: STJ-1ª T., REsp 422.159, Min. Francisco Falcão, j. 28.9.04, DJU 3.11.04; RTJ 72/449, JTA 97/207, 98/266, 108/398.

Súmula 5 do TJSC: "Renovada a alegação de prescrição no recurso de apelação, a matéria é devolvida ao tribunal, ainda que a sentença não a tenha enfrentado" (RT 629/205).

Aliás, mesmo que não ventilada por qualquer das partes, a prescrição pode ser reconhecida por ocasião do julgamento da apelação (v. art. 1.013, nota 6).

O tema da prescrição não exige, por si, o retorno dos autos à primeira instância, podendo ser enfrentado diretamente pelo tribunal no exame do apelo.

S/ possibilidade de ser alegada prescrição, como matéria nova em recurso especial, v. RISTJ 255, nota 4-Prescrição e decadência.

Capítulo III | DO AGRAVO DE INSTRUMENTO[1]

CAP. III: 1. s/ agravo de instrumento, fora do Capítulo, v. arts. 64, nota 6 (deliberação sobre competência em agravo sobre outro tema), 101-*caput* (gratuidade da justiça), 231, notas 16 e 26, 303, nota 3a, e 306, nota 3 (termo inicial do prazo para agravo contra decisão liminar), 296, nota 2 (deliberação acerca de tutela antecipada em agravo sobre outro tema), 343, nota 13 (inadmissão da reconvenção), 354 § ún. (inadmissibilidade parcial do processo), 356 § 5º (julgamento parcial do mérito), 485, nota 48 (controle dos requisitos de admissibilidade do julgamento do mérito em agravo de instrumento), 937-VIII (sustentação oral), 942 § 3º-II (desdobramento do julgamento não unânime), 946 (julgamento antes da apelação no mesmo processo), 997, nota 21 (recurso adesivo), 1.003, nota 1c (petição com pedido de reconsideração e agravo), 1.013, nota 11b (julgamento direto do *meritum causae*) e 1.027 § 1º (agravo de instrumento para o STJ).

Art. 1.015. Cabe agravo de instrumento contra as decisões interlocutórias que versarem sobre:[1 a 4] [Dispositivo correspondente no CPC/1973: art. 522-*caput*]

I — tutelas provisórias;[5 a 6d] [Sem dispositivo correspondente no CPC/1973]

II — mérito do processo;[7 a 7f] [Sem dispositivo correspondente no CPC/1973]

III — rejeição da alegação de convenção de arbitragem;[8 a 9a] [Sem dispositivo correspondente no CPC/1973]

IV — incidente de desconsideração da personalidade jurídica;[10-11] [Sem dispositivo correspondente no CPC/1973]

V — rejeição do pedido de gratuidade da justiça ou acolhimento do pedido de sua revogação;[12-12a] [Sem dispositivo correspondente no CPC/1973]

VI — exibição ou posse de documento ou coisa;[13 a 13b] [Sem dispositivo correspondente no CPC/1973]

VII — exclusão de litisconsorte;[14 a 14b] [Sem dispositivo correspondente no CPC/1973]

VIII — rejeição do pedido de limitação do litisconsórcio;[15-16] [Sem dispositivo correspondente no CPC/1973]

IX — admissão ou inadmissão de intervenção de terceiros;[17 a 18a] [Sem dispositivo correspondente no CPC/1973]

X — concessão, modificação ou revogação do efeito suspensivo aos embargos à execução;[19-19a] [Sem dispositivo correspondente no CPC/1973]

XI — redistribuição do ônus da prova nos termos do art. 373, § 1º;[19b-19c] [Sem dispositivo correspondente no CPC/1973]

XII — (VETADO)

XIII — outros casos expressamente referidos em lei.[19d-20] [Sem dispositivo correspondente no CPC/1973]

Parágrafo único. Também caberá agravo de instrumento contra decisões interlocutórias proferidas na fase de liquidação de sentença[20a-20b] ou de cumprimento de sentença,[21-21a] no processo de execução[21b a 22c] e no processo de inventário.[23 a 24] [Sem dispositivo correspondente no CPC/1973]

Art. 1.015: 1. O agravo de instrumento é cabível apenas contra decisão interlocutória. De acordo com o art. 203 § 2º, "decisão interlocutória é todo pronunciamento judicial de natureza decisória que não se enquadre no § 1º", isto é, que não seja sentença.

Assim, consiste em decisão interlocutória, passível de agravo, o pronunciamento que decreta apenas parcialmente a inviabilidade do julgamento do mérito (v. art. 354 § ún.) ou que julga desde logo apenas parte do mérito (v. art. 356 § 5º).

Ainda existem situações duvidosas quanto ao cabimento de apelação ou agravo de instrumento para a impugnação de determinados pronunciamentos do juiz. Fala-se, p. ex., da decisão que julga a liquidação de sentença (v. arts. 510, nota 5, e 511, nota 4) e da que julga procedente o pedido de exigir contas (v. art. 550, nota 10). Por isso, até que se dissipem todas as dúvidas, é recomendável o recrudescimento da fungibilidade entre apelação e agravo.

S/ fungibilidade, v. art. 994, nota 5a.

S/ a questão do recurso cabível, v. tb. arts. 129, nota 3, 203, notas 2 e 4, 485, notas 2 e 53, 487, nota 1, 525, nota 5, 624, nota 2, 627, notas 2a e 4, 803, nota 3, 924, nota 11, 925, nota 1, 1.009, nota 2, 1.024, nota 4a, LA 13, nota 6.

V. tb., no nosso CCLCV, Lei 12.318, de 26.8.10, art. 6º, nota 1 (no tít. CRIANÇA, ADOLESCENTE E JOVEM).

Art. 1.015: 1a. O **rol** deste art. 1.015 foi concebido pelo legislador para ser **taxativo:** se a decisão interlocutória está arrolada nos incisos ou no § ún., contra ela cabe agravo de instrumento; se não está listada, não cabe.

Todavia, prevaleceu no âmbito do STJ tese no sentido da **mitigação da taxatividade,** passando por cima da concepção legislativa: "O rol do art. 1.015 do CPC é de taxatividade mitigada, por isso admite a interposição de agravo de instrumento quando verificada a **urgência** decorrente da **inutilidade** do julgamento da questão no recurso **de apelação"** (STJ-Corte Especial, REsp 1.696.396, Min. Nancy Andrighi, j. 5.12.18, 7 votos a 5, DJ 19.12.18). No caso, tal mitigação permitiu o reexame imediato em sede de agravo de instrumento da **competência** para o julgamento da causa, **mas não** autorizou que se reexaminasse nessa sede **o valor da causa.**

Admitindo agravo de instrumento contra a decisão de indeferimento do **aditamento à petição inicial** previsto no art. 308: STJ-4ª T., Ag em REsp 1.431.944-AgInt, Min. Raul Araújo, j. 15.10.19, DJ 6.11.19. Em sentido semelhante, no caso de indeferimento da sugestão de aditamento à petição inicial feita pelo MP como fiscal da ordem jurídica em favor do autor incapaz: STJ-2ª T., REsp 1.820.166, Min. Herman Benjamin, j. 12.11.19, DJ 19.12.19.

"Deve ser **afastada** a possibilidade de **interpretação extensiva ou analógica** das hipóteses listadas no art. 1.015 do CPC, pois, além de não haver parâmetro minimamente seguro e isonômico quanto aos limites que deverão ser observados na interpretação de cada conceito, texto ou palavra, o uso dessas técnicas hermenêuticas também não será suficiente para abarcar todas as situações em que a questão deverá ser reexaminada de imediato — o exemplo do indeferimento do segredo de justiça é a prova cabal desse fato" (STJ-Corte Especial, REsp 1.696.396, Min. Nancy Andrighi, j. 5.12.18, 7 votos a 5, DJ 19.12.18; a citação é do voto da relatora).

Quando incabível o agravo de instrumento, cabe ao interessado impugnar a decisão interlocutória **ulteriormente, por ocasião da apelação** ou das contrarrazões de apelação (v. art. 1.009 § 1º, inclusive nota 3a).

"Requerimento consensual de **designação da audiência de conciliação** prevista no art. 334 do CPC. Impugnação imediata. Possibilidade. Inutilidade do exame da questão apenas em apelação. Via adequada. Agravo de instrumento. **Não é admissível,** nem mesmo excepcionalmente, a impugnação de decisões interlocutórias por **mandado de segurança"** (STJ-3ª T., RMS 63.202, Min. Nancy Andrighi, j. 1.12.20, maioria, DJ 18.12.20).

V. tb. notas 1b e 24.

Art. 1.015: 1b. "O não cabimento de agravo de instrumento em face da decisão que **indefere** o pedido de **produção de prova** já constituía regra desde a vigência da Lei 11.187/2005 que, reformando o CPC/1973, previu o agravo retido como recurso cabível, não havendo motivos para que se altere o posicionamento em razão do advento do CPC/2015 que, extinguindo o agravo retido, levou suas matérias para preliminar de apelação" (STJ-2ª T., REsp 1.729.794, Min. Mauro Campbell, j. 3.5.18, DJ 9.5.18).

"Agravo de instrumento. **Substituição de perito** judicial. Descabimento" (STJ-1ª T., REsp 1.867.817-AgInt, Min. Gurgel de Faria, j. 26.10.20, DJ 26.11.20).

Afirmando o descabimento do agravo de instrumento contra decisão que delibera sobre **honorários periciais:** STJ-2ª T., REsp 1.740.305, Min. Herman Benjamin, j. 14.8.18, DJ 26.11.18; STJ-3ª T., REsp 1.782.502-AgInt, Min. Marco Bellizze, j. 24.8.20, DJ 1.9.20.

V. tb. nota 1a e 7d.

Art. 1.015: 1c. "A decisão interlocutória que, na **segunda fase da ação de prestação de contas, defere** a produção de **prova pericial** contábil, nomeia perito e defere prazo para apresentação de documentos, formulação de quesitos e nomeação de assistentes, não se submete ao regime recursal estabelecido para as fases de liquidação e cumprimento da sentença (art. 1.015, parágrafo único, do CPC/15), mas, sim, aplica-se o regime recursal aplicável à fase de conhecimento (art. 1.015, *caput* e incisos, CPC/15), que não admite a recorribilidade imediata da decisão interlocutória com o referido conteúdo, não se aplicando, ademais, a tese da taxatividade mitigada por se tratar de decisão interlocutória publicada anteriormente a publicação do acórdão que fixou a tese e modulou os seus efeitos" (STJ-3ª T., REsp 1.821.793, Min. Nancy Andrighi, j. 20.8.19, DJ 22.8.19).

Art. 1.015: 1d. O agravo de instrumento deve ser interposto no **prazo** de 15 dias (art. 1.003 § 5º).

Art. 1.015: 2. Quando cabível agravo de instrumento, a **falta de recurso** contra a decisão interlocutória conduz à **preclusão.**

V. tb. arts. 357, nota 8, e 1.009 § 1º.

Art. 1.015: 3. Em regra, o agravo de instrumento **não tem efeito suspensivo** (v. arts. 995 e 1.019-I) e, por isso, não impede o andamento do processo, com prolação, inclusive, de sentença (JTA 89/333). Se for provido, ficará sem efeito tudo quanto tiver ocorrido posteriormente à sua interposição e que seja incompatível com o seu acolhimento. "O agravo, recebido apenas no efeito devolutivo, **condiciona os atos subsequentes** à sua interposição **ao seu resultado.** Se provido, estes atos, no que forem incompatíveis com o provimento do recurso, deverão ser anulados, inclusive a sentença" (STJ-5ª T.: RSTJ 105/396).

Assim, julgando nula a sentença, em razão de posterior provimento de agravo, interposto contra anterior decisão interlocutória: "A interposição do agravo impede a preclusão da decisão impugnada, ficando a eficácia dos demais atos, que a ela se vinculem, condicionada ao resultado de seu julgamento. Não estando preclusa a decisão, cujo conteúdo condiciona a sentença, o provimento do agravo levará a que seja desconstituída" (STJ-3ª T.: RSTJ 136/254). "A prolatação de sentença não provoca a perda do objeto do recurso especial originado da interlocutória" (STJ-3ª T., REsp 1.153.849, Min. Nancy Andrighi, j. 9.11.10, um voto vencido, DJ 11.3.11). Também considerando sem efeito a sentença incompatível com o resultado de agravo: STF-RTJ 91/320 e JTA 55/165 (p. 166); STJ-2ª Seção, Rcl 6.749, Min. João Otávio, j. 8.5.13, DJ 31.5.13; RSTJ 95/142, 105/396, RT 142/220, 593/122, 666/131, JTJ 291/578, JTA 105/27, 126/109, Lex-JTA 163/82, v. p. 86, Bol. AASP 1.682/supl., p. 4.

"Ainda que a sentença tenha sido proferida com antecedência em relação ao julgamento de agravo de instrumento pelo Tribunal de Justiça, certo é que a matéria discutida no agravo julgado — legitimidade das partes —, uma vez acolhida, sem reforma ulterior por superior instância, como aqui sucede, preclui de forma consumativa, produzindo coisa julgada, resolvendo em definitivo a questão" (STJ-4ª T., REsp 843.616, Min. Raul Araújo, j. 6.12.12, DJ 25.6.13).

"Não há que se falar em perda superveniente do objeto (ou da utilidade ou do interesse no julgamento) do agravo de instrumento que impugna decisões interlocutórias que versaram sobre prescrição e sobre distribuição judicial do ônus da prova quando sobrevém sentença de mérito que é objeto de apelação, na medida em que ambas são questões antecedentemente lógicas ao mérito da causa, seja porque a prescrição tem aptidão para fulminar, total ou parcialmente, a pretensão deduzida pelo autor, de modo a impedir o julgamento do pedido ou, ao menos, a direcionar o modo pelo qual o pedido deverá ser julgado, seja porque a correta distribuição do ônus da prova poderá, de igual modo, influenciar o modo de julgamento do pedido, sobretudo nas hipóteses em que o desfecho da controvérsia se der pela insuficiência de provas e pela impossibilidade de elucidação do cenário fático" (STJ-3ª T., REsp 1.831.257, Min. Nancy Andrighi, j. 19.11.19, DJ 22.11.19). Em sentido semelhante, em matéria de inversão do ônus da prova: STJ-4ª T., Ag em REsp 1.345.965-AgInt, Min. Isabel Gallotti, j. 19.2.19, maioria, DJ 15.3.19.

Todavia: "Há dois critérios para solucionar o impasse relativo à ocorrência de esvaziamento do conteúdo do recurso de agravo de instrumento, em virtude da superveniência da sentença de mérito, quais sejam: a) o da cognição, segundo o qual o conhecimento exauriente da sentença absorve a cognição sumária da interlocutória, havendo perda de objeto do agravo; e b) o da hierarquia, que pressupõe a prevalência da decisão de segundo grau sobre a singular, quando então o julgamento do agravo se impõe. Contudo, o juízo acerca do destino conferido ao agravo após a prolatação da sentença não pode ser engendrado a partir da escolha isolada e simplista de um dos referidos critérios, fazendo-se mister o cotejo com a situação fática e processual dos autos, haja vista que a pluralidade de conteúdos que pode assumir a decisão impugnada, além de ensejar consequências processuais e materiais diversas, pode apresentar prejudicialidade em relação ao exame do mérito. A pedra angular que põe termo à questão é a averiguação da realidade fática e o momento processual em que se encontra o feito, de modo a sempre perquirir acerca de eventual e remanescente interesse e utilidade no julgamento do recurso. Ademais, na específica hipótese de deferimento ou indeferimento da antecipação de tutela, a prolatação de sentença meritória implica a perda de objeto do agravo de instrumento por ausência superveniente de interesse recursal" (STJ-Corte Especial, ED no Ag em REsp 488.188, Min. Luis Felipe, j. 7.10.15, RP 252/473).

"Conquanto a questão da produção de provas seja antecedente lógico da solução do mérito da lide, é certo que, pelas peculiaridades da situação fática e processual dos autos, não se revela nenhuma utilidade nem justo interesse no julgamento do agravo de instrumento, que perdeu, assim, o seu objeto" (STJ-4ª T., REsp 1.389.194, Min. Luis Felipe, j. 20.11.14, DJ 19.12.14).

Dando por prejudicado o agravo interposto contra a decisão interlocutória que estabeleceu critérios para a realização da prova pericial em liquidação de sentença, em razão do julgamento desta: STJ-3ª T., Ag em REsp 911.300-AgInt, Min. Paulo Sanseverino, j. 14.3.17, DJ 24.3.17.

Contra: "A eficácia do comando da sentença não pode subordinar-se ao julgamento de agravo interposto anteriormente, seja pela inadmissibilidade da sentença condicional, seja pela sua finalidade de resolver definitivamente o conflito de interesses" (STJ-4ª T., REsp 292.565, Min. Sálvio de Figueiredo, j. 27.11.01, DJU 5.8.02).

"Inadmissível que o juiz deva aguardar o julgamento do agravo para que seja proferida a sentença, já que ausente o efeito suspensivo daquele. A não interposição do recurso de apelação contra a sentença faz coisa julgada material, não obstante pendente de julgamento ou provido o agravo, já que a situação determinada pela sentença permanecerá imutável" (RSTJ 181/147: 2ª T., REsp 204.348).

"A superveniência de sentença, sem que a parte interessada manifeste nenhum recurso, enseja a perda de objeto das questões referentes à decisão interlocutória combatida via agravo de instrumento" (STJ-4ª T., Ag em REsp 47.157-AgRg, Min. Marco Buzzi, j. 14.8.12, DJ 20.8.12).

"A pretensão recursal fica prejudicada, em recurso especial que se origina em autos de agravo de instrumento, no qual se discute e se decide a respeito de competência absoluta, quando, à míngua de suspensão do processo, é proferida sentença de mérito. É que, em razão de o recurso de apelação devolver à análise de tema não sujeito à preclusão ao Poder Judiciário, este pode, novamente, apreciá-lo, de forma definitiva" (STJ-1ª T., REsp 1.492.994, Min. Benedito Gonçalves, j. 25.11.14, DJ 2.12.14).

S/ sentença de mérito superveniente a agravo de instrumento interposto contra decisões liminares, v. arts. 294, nota 2 e 309, nota 7.

Art. 1.015: 4. **Interposição de agravo único contra decisões interlocutórias proferidas no mesmo processo.** "Em se tratando de decisões proferidas no mesmo processo, das quais teve a parte ciência na mesma ocasião, ambas sujeitas à mesma modalidade recursal, não há por que exigir que sejam protocolados dois recursos distintos, um para cada decisão impugnada, porquanto tal procedimento não se coadunaria com a celeridade e economia processuais" (STJ-5ª T., REsp 595.316, Min. Felix Fischer, j. 9.3.04, DJU 26.4.04). No mesmo sentido: STJ-2ª T., REsp 907.603, Min. Castro Meira, j. 16.6.09, DJ 1.7.09; STJ-3ª T., REsp 1.112.599, Min. Nancy Andrighi, j. 28.8.12, RT 927/710.

Art. 1.015: 5. v. arts. 294 e segs.

Art. 1.015: 6. O agravo de instrumento é cabível tanto no caso de **tutela de urgência,** antecipada ou cautelar, quanto no caso de **tutela da evidência,** quer quando concessiva, quer quando denegatória a decisão interlocutória.

Art. 1.015: 6a. "O conceito de 'decisão interlocutória que versa sobre tutela provisória' abrange as decisões que examinam a presença ou não dos pressupostos que justificam o deferimento, indeferimento, revogação ou alteração da tutela provisória e, também, as decisões que dizem respeito ao prazo e ao modo de cumprimento da tutela, a adequação, suficiência, proporcionalidade ou razoabilidade da técnica de efetivação da tutela provisória e, ainda, a necessidade ou dispensa de garantias para a concessão, revogação ou alteração da tutela provisória, motivo pelo qual o art. 1.015, I, do CPC/15, deve ser lido e interpretado como uma cláusula de cabimento de amplo espectro, de modo a permitir a recorribilidade imediata das decisões interlocutórias que digam respeito não apenas ao núcleo essencial da tutela provisória, mas também que se refiram aos **aspectos acessórios** que estão umbilicalmente vinculados a ela. Hipótese em que, após a prolação da primeira decisão interlocutória que deferiu a tutela de urgência sob pena de multa, sobreveio a notícia de descumprimento da ordem judicial, motivando a prolação de subsequente decisão interlocutória que, ao **majorar a multa** fixada anteriormente, modificou o conteúdo da primeira decisão e, consequentemente, também versou sobre tutela provisória, nos moldes da hipótese de cabimento descrita no art. 1.015, I, do CPC/15" (STJ-3ª T., REsp 1.827.553, Min. Nancy Andrighi, j. 27.8.19, DJ 29.8.19).

Todavia, inadmitindo o agravo nas seguintes circunstâncias: "Na hipótese, a decisão interlocutória que **impõe ao beneficiário** o dever de arcar com as **despesas da estadia do bem móvel objeto da apreensão** em pátio de terceiro não se relaciona de forma indissociável com a tutela provisória, mas, sim, diz respeito a aspectos externos e dissociados do conceito elementar desse instituto, relacionando-se com a executoriedade, operacionalização ou implementação fática da medida" (STJ-3ª T., REsp 1.752.049, Min. Nancy Andrighi, j. 12.3.19, DJ 15.3.19).

Art. 1.015: 6b. "A decisão que trata do pedido de **imissão provisória na posse** do imóvel deduzido em ação de desapropriação por utilidade pública cuida de controvérsia com natureza de tutela provisória, a desafiar o recurso de agravo de instrumento, com apoio no art. 1.015, inciso I, do CPC/2015" (STJ-2ª T., Ag em REsp 1.389.967, Min. Mauro Campbell, j. 19.3.19, DJ 22.3.19).

"O ato judicial que trata do pedido de imissão provisória na posse do imóvel deduzido em ação de desapropriação por utilidade pública, ainda que se restrinja a **'postergar' o seu exame** para outro momento oportuno, cuida de controvérsia com natureza de tutela provisória, a desafiar o recurso de agravo de instrumento, com apoio no art. 1.015, inciso I, do CPC/2015" (STJ-2ª T., Ag em REsp 1.365.318, Min. Mauro Campbell, j. 14.5.19, DJ 21.5.19).

Art. 1.015: 6c. "Ação de despejo e cobrança de aluguéis. Agravo de instrumento. Cabimento. A decisão interlocutória que acolhe pretensão de **bloqueio de valores e bens do réu,** deduzida ao fundamento de que há risco de inadimplemento em virtude da renitência do locatário e de que é necessário garantir o recebimento futuro do bem da vida pretendido, versa sobre tutela provisória de urgência na modalidade cautelar, pois resguardará o resultado útil da ação de despejo e cobrança dos aluguéis" (STJ-3ª T., REsp 1.811.976, Min. Nancy Andrighi, j. 25.6.19, DJ 28.6.19).

Art. 1.015: 6d. "Embora o conceito de 'decisão interlocutória que versa sobre tutela provisória' seja bastante amplo e abrangente, **não** se **pode incluir** nessa cláusula de cabimento do recurso de agravo de instrumento questões relacionadas a institutos jurídicos ontologicamente distintos, como a **suspensão do processo por prejudicialidade externa.** Da existência de natural relação de prejudicialidade entre a ação de conhecimento em que se impugna a existência do título e a ação executiva fundada nesse mesmo não decorre a conclusão de que a suspensão do processo executivo em virtude dessa prejudicialidade externa esteja fundada em urgência, nem tampouco a decisão que versa sobre essa matéria diz respeito à tutela de urgência, na medida em que o valor que se pretende tutelar nessa hipótese é a segurança jurídica, a fim de evitar a prolação de decisões conflitantes, sem, contudo, descuidar dos princípios constitucionais da celeridade e da razoável duração do processo. Cabe ao executado, na ação de conhecimento por ele ajuizada, demonstrar a presença dos requisitos processuais para a concessão de tutela provisória que suste a produção de efeitos do título em que se funda a execução, sendo essa decisão interlocutória — a que conceder ou não a tutela provisória pretendida — que poderá ser impugnada pelo agravo de instrumento com base no art. 1.015, I, do CPC/15" (STJ-3ª T., REsp 1.759.015, Min. Nancy Andrighi, j. 17.9.19, DJ 20.9.19).

Art. 1.015: 7. v. art. 356 § 5º.

Art. 1.015: 7a. **"Decisão que afasta a prescrição e a decadência.** Possibilidade de interposição do recurso. A decisão sobre prescrição e decadência é, consoante o art. 487, II, de mérito, não havendo razão para somente permitir a interposição de agravo de instrumento da decisão que reconhece os dois institutos" (STJ-2ª T., REsp 1.695.936, Min. Herman Benjamin, j. 21.11.17, DJ 19.12.17). No mesmo sentido: STJ-3ª T., REsp 1.738.756, Min. Nancy Andrighi, j. 19.2.19, DJ 22.2.19; STJ-4ª T., REsp 1.778.237, Min. Luis Felipe, j. 19.2.19, DJ 28.3.19.

"Ação de reparação de danos. Decisão interlocutória que define como consumerista a relação jurídica mantida entre as partes e afasta a tese de prescrição suscitada pelo réu. Recorribilidade imediata por agravo de instrumento. Art. 1.015, II, do CPC/2015. O simples enquadramento fático-normativo da relação de direito substancial havida entre as partes, por si só, não diz respeito ao mérito do processo, embora induza a uma série de consequências jurídicas que poderão influenciar o resultado da controvérsia, mas, se a partir da subsunção entre fato e norma, houver pronunciamento judicial também sobre questão de mérito, como é a prescrição da pretensão deduzida pela parte, a definição da lei aplicável à espécie se incorpora ao mérito do processo, na medida em que não é possível examinar a prescrição sem que se examine, igual e conjuntamente, se a causa se submete à legislação consumerista ou à legislação civil, devendo ambas as questões, na hipótese, ser examinadas conjuntamente" (STJ-3ª T., REsp 1.702.725, Min. Nancy Andrighi, j. 25.6.19, DJ 28.6.19).

V. tb. art. 1.009, nota 3b.

Art. 1.015: 7b. "A **possibilidade jurídica do pedido** após o CPC/15 compõe uma parcela do mérito em discussão no processo, suscetível de decomposição e que pode ser examinada em separado dos demais fragmentos que o compõem, de modo que a decisão interlocutória que versar sobre essa matéria, seja para acolher a alegação, seja também para afastá-la, poderá ser objeto de impugnação imediata por agravo de instrumento com base no art. 1.015, II, CPC/15" (STJ-3ª T., REsp 1.757.123, Min. Nancy Andrighi, j. 13.8.19, DJ 15.8.19). No mesmo sentido: STJ-2ª T., REsp 1.864.430, Min. Mauro Campbell, j. 26.5.20, DJ 1.6.20.

Art. 1.015: 7c. "A **decisão que fixou a data da separação de fato** do casal **para fins de partilha de bens** versa sobre o mérito do processo, na medida em que se refere a um diferente fragmento de um mesmo pedido e de um mesmo objeto litigioso — a partilha de bens das partes —, especialmente porque a pretensão de partilha de bens deduzida em juízo pressupõe a exata definição 'do quê' se partilha, o que somente se pode delimitar a partir do exame dos bens suscetíveis de divisão em um determinado lapso temporal" (STJ-3ª T., REsp 1.798.975, Min. Nancy Andrighi, j. 2.4.19, DJ 4.4.19).

Art. 1.015: 7d. Não versa sobre o mérito e, portanto, não é agravável decisão que **indefere o pedido de julgamento antecipado** e abre a fase instrutória (STJ-3ª T., Ag em REsp 1.411.485-AgInt, Min. Marco Bellizze, j. 1.7.19, DJ 6.8.19).

V. tb. nota 1b.

Art. 1.015: 7e. **"Rejeição da preliminar de ilegitimidade passiva** da ora agravante. Agravo de instrumento. Art. 1.015, II, do CPC/2015. Não cabimento. A questão acerca da ilegitimidade passiva da parte ora agravante, dependente de produção de provas, não ostenta 'urgência decorrente da inutilidade do julgamento da questão no recurso de apelação'" (STJ-2ª T., Ag em REsp 1.063.181-AgInt, Min. Assusete Magalhães, j. 17.9.19, DJ 24.9.19).

S/ rejeição de preliminar de ilegitimidade em matéria de litisconsórcio, v. nota 14a.

Art. 1.015: 7f. "A decisão cominatória da **multa do art. 334, § 8º, do CPC,** à parte que deixa de comparecer à audiência de conciliação, sem apresentar justificativa adequada, não é agravável, não se inserindo na hipótese prevista no art. 1.015, II, do CPC, podendo ser, no futuro, objeto de recurso de apelação, na forma do art. 1.009, § 1º, do CPC" (STJ-3ª T., REsp 1.762.957, Min. Paulo Sanseverino, j. 10.3.20, DJ 18.3.20).

Art. 1.015: 8. v. art. 337-X e §§ 5º e 6º.

Art. 1.015: 9. O pronunciamento que **acolhe a alegação de convenção de arbitragem** e extingue o processo consiste em sentença. Assim, deve ser impugnada por apelação.

Acolhida em parte a alegação de convenção de arbitragem, a decisão é impugnável por agravo de instrumento, tanto pelo autor (v. art. 354 § ún.) quanto pelo réu.

Art. 1.015: 9a. "Na hipótese, não houve a rejeição da alegação de convenção de arbitragem, mas foi apenas **postergada a análise** dessa preliminar suscitada em embargos monitórios para o julgamento do mérito, porquanto o próprio alcance da referida cláusula seria controvertido e, assim, dependeria de dilação probatória. Logo, o caso não está previsto no rol e também não configura situação de urgência que justifique a imediata análise da questão por meio de agravo de instrumento" (STJ-4ª T., REsp 1.771.616-AgInt, Min. Raul Araújo, j. 20.4.20, DJ 4.5.20).

Art. 1.015: 10. v. art. 136.

Art. 1.015: 11. Tanto a decisão interlocutória que **acolhe** o pedido de **desconsideração da personalidade jurídica** quanto a que **rejeita** esse pedido são impugnáveis por agravo de instrumento.

Art. 1.015: 12. v. art. 101-*caput*. Em matéria de execução, v. nota 22.

Art. 1.015: 12a. O **deferimento da gratuidade da justiça** por decisão interlocutória não comporta agravo de instrumento.

V. art. 101, inclusive nota 1a.

Art. 1.015: 13. s/ exibição de documento ou coisa, v. arts. 396 e segs.

Art. 1.015: 13a. Tanto a decisão interlocutória que **determina** quanto a que **nega o pedido de exibição de documento ou coisa** são agraváveis.

Art. 1.015: 13b. "Decisão interlocutória que **indefere** pedido de **expedição de ofício a terceiro** para apresentação de documentos em seu poder. Recorribilidade imediata por agravo de instrumento com base no art. 1.015, VI, do CPC/15. Possibilidade. A regra do art. 1.015, VI, do CPC/15, tem por finalidade permitir que a parte a quem a lei ou o juiz atribuiu o ônus de provar possa dele se desincumbir integralmente, inclusive mediante a inclusão, no processo judicial, de documentos ou de coisas que sirvam de elementos de convicção sobre o referido *fato probandi* e que não possam ser voluntariamente por ela apresentados. Partindo dessa premissa, a referida hipótese de cabimento abrange a decisão que resolve o incidente processual de exibição instaurado em face de parte, a decisão que resolve a ação incidental de exibição instaurada em face de terceiro e, ainda, a decisão interlocutória que versou sobre a exibição ou a posse de documento ou coisa, ainda que fora do modelo procedimental delineado pelos arts. 396 e 404 do CPC/15, ou seja, deferindo ou indeferindo a exibição por simples requerimento de expedição de ofício feito pela parte no próprio processo, sem a instauração de incidente processual ou de ação incidental" (STJ-3ª T., REsp 1.798.939, Min. Nancy Andrighi, j. 12.11.19, DJ 21.11.19).

Art. 1.015: 14. s/ litisconsórcio, v. arts. 113 e segs.

Art. 1.015: 14a. A decisão interlocutória que **mantém o litisconsorte** no processo é agravável, pois versa sobre exclusão — consiste na faceta negativa desta.

Contra: "A decisão interlocutória que rejeita excluir o litisconsorte, mantendo no processo a parte alegadamente ilegítima, não é capaz de tornar nula ou ineficaz a sentença de mérito, podendo a questão ser reexaminada, sem grande prejuízo, por ocasião do julgamento do recurso de apelação. Por mais que o conceito de 'versar sobre' previsto no art. 1.015, *caput*, do CPC/15 seja abrangente, não se pode incluir no cabimento do agravo de instrumento uma hipótese ontologicamente distinta daquela expressamente prevista pelo legislador, especialmente quando a distinção está teoricamente justificada pelas diferentes consequências jurídicas causadas pela decisão que exclui o litisconsorte e pela decisão que rejeita excluir o litisconsorte" (STJ-3ª T., REsp 1.724.453, Min. Nancy Andrighi, j. 19.3.19, DJ 22.3.19).

S/ rejeição de preliminar de ilegitimidade quando não há litisconsórcio, v. nota 7e.

Art. 1.015: 14b. Afirmando o cabimento do agravo de instrumento contra a decisão que determina a **retificação do nome** do ocupante do polo passivo do processo, em situação na qual isso implica a substituição de uma pessoa pela outra na relação jurídica processual: STJ-4ª T., REsp 1.772.839, Min. Antonio Ferreira, j. 14.5.19, DJ 23.5.19.

Art. 1.015: 15. v. art. 113 §§ 1º e 2º.

Art. 1.015: 16. A decisão interlocutória que **acolhe o pedido de limitação** do litisconsórcio é agravável, pois versa sobre "exclusão de litisconsorte" (inc. VII).

Art. 1.015: 17. s/ intervenção de terceiros, v. arts. 119 e segs. S/ agravo de instrumento contra a decisão que delibera sobre a intervenção do MP no processo, v. art. 178, nota 3.

Art. 1.015: 18. A decisão que delibera sobre a intervenção do ***amicus curiae*** no processo é **irrecorrível** (v. art. 138-*caput*).

Art. 1.015: 18a. "Decisão interlocutória que **admite a intervenção de terceiro e declina da competência** para a Justiça Federal. Recorribilidade imediata. Art. 1.015, IX, do CPC/15. Pronunciamento judicial de duplo conteúdo. Critérios de exame. Intervenção de terceiro que é o elemento preponderante da decisão judicial. Estabelecimento de relação de antecedente-consequente. Impugnação adequada da parte, que se volta essencialmente aos motivos pelos quais a intervenção é necessária em relação a todas as partes. Deliberação sobre o deslocamento da competência que é decorrência lógica, evidente e automática do exame da questão preponderante" (STJ-3ª T., REsp 1.797.991, Min. Nancy Andrighi, j. 18.6.19, DJ 21.6.19).

Art. 1.015: 19. v. art. 919.

Art. 1.015: 19a. "Deve ser dada interpretação extensiva ao comando contido no inciso X do art. 1.015 do CPC/2015, para que se reconheça a possibilidade de interposição de agravo de instrumento nos casos de decisão que **indefere o pedido de efeito suspensivo** aos embargos à execução" (STJ-2ª T., REsp 1.694.667, Min. Herman Benjamin, j. 5.12.17, DJ 18.12.17). No mesmo sentido: STJ-3ª T., REsp 1.745.358, Min. Nancy Andrighi, j. 26.2.19, DJ 1.3.19; STJ-4ª T., Ag em REsp 1.311.171-EDcl-AgInt, Min. Isabel Gallotti, j. 26.11.19, DJ 9.12.19.

Art. 1.015: 19b. "O art. 373, § 1º, do CPC/15, contempla duas regras jurídicas distintas, ambas criadas para excepcionar a regra geral, sendo que a primeira diz respeito à atribuição do ônus da prova, pelo juiz, em hipóteses previstas em lei, de que é exemplo a **inversão do ônus da prova** prevista no art. 6º, VIII, do CDC, **e** a segunda diz respeito à teoria da **distribuição dinâmica do ônus da prova,** incidente a partir de peculiaridades da causa que se relacionem com a impossibilidade ou com a excessiva dificuldade de se desvencilhar do ônus estaticamente distribuído ou, ainda, com a maior facilidade de obtenção da prova do fato contrário. Embora ontologicamente distintas, a distribuição dinâmica e a inversão do ônus têm em comum o fato de excepcionarem a regra geral do art. 373, I e II, do CPC/15, de terem sido criadas para superar dificuldades de natureza econômica ou técnica e para buscar a maior justiça possível na decisão de mérito e de se tratar de regras de instrução que devem ser implementadas antes da sentença, a fim de que não haja surpresa à parte que recebe o ônus no curso do processo e também para que possa a parte se desincumbir do ônus recebido. Nesse cenário, é **cabível a impugnação imediata** da decisão interlocutória que verse sobre quaisquer das exceções mencionadas no art. 373, § 1º, do CPC/15, pois somente assim haverá a oportunidade de a parte que recebe o ônus da prova no curso do processo dele se desvencilhar, seja pela possibilidade de provar, seja ainda para demonstrar que não pode ou que não deve provar, como, por exemplo, nas hipóteses de prova diabólica reversa ou de prova duplamente diabólica" (STJ-3ª T., REsp 1.729.110, Min. Nancy Andrighi, j. 2.4.19, DJ 4.4.19).

Art. 1.015: 19c. "As decisões interlocutórias que deferem e **também as decisões que indeferem a modificação** judicial **do ônus da prova** são imediatamente recorríveis por agravo de instrumento, tendo em vista que o conteúdo normativo da referida hipótese de cabimento — 'versar sobre redistribuição do ônus da prova nos termos do art. 373, § 1º' — não foi objeto de limitação pelo legislador" (STJ-3ª T., REsp 1.802.025, Min. Nancy Andrighi, j. 17.9.19, DJ 20.9.19).

Art. 1.015: 19d. v. arts. 354 § ún. (inviabilidade parcial do processo) e 1.037 § 13-I (requerimento de distinção para prosseguimento do processo) e LAP 19 § 1º, inclusive nota 3a (ação popular).

Art. 1.015: 20. "**Ação civil pública.** Decisão interlocutória. **Agravo de instrumento. Cabimento.** Lacuna existente na Lei 7.347/85. Aplicação do art. 19, § 1º, da Lei 4.717/65. Analogia. Colmatação empreendida no âmbito do microssistema legal de tutela dos interesses transindividuais. Art. 1.015, XIII, do CPC" (STJ-1ª T., REsp 1.828.295, Min. Sérgio Kukina, j. 11.2.20, DJ 20.2.20).

V. tb. LAP 19, nota 3a.

Art. 1.015: 20a. v. arts. 509 e segs.

Art. 1.015: 20b. "Liquidação de sentença. Pronunciamento judicial que indeferiu pedido de **parcelamento** de pagamento **dos honorários** periciais. Conteúdo decisório. Gravame à parte. Decisão interlocutória. Agravo. Recorribilidade. Cabimento do recurso em face de todas as decisões interlocutórias proferidas em liquidação e cumprimento de sentença, execução e inventário, independentemente do conteúdo da decisão" (STJ-3ª T., REsp 1.747.035, Min. Nancy Andrighi, j. 4.6.19, DJ 7.6.19).

"A decisão interlocutória que defere a **reserva de honorários contratuais** em fase de liquidação de sentença é recorrível de imediato, por agravo de instrumento, em razão da regra contida no art. 1.015, parágrafo único, do CPC/2015" (STJ-3ª T., REsp 1.798.937, Min. Nancy Andrighi, j. 13.8.19, DJ 15.8.19).

Art. 1.015: 21. v. arts. 513 e segs.

Art. 1.015: 21a. "Ação declaratória. Decisão interlocutória que indeferiu o **pedido de nulidade das intimações** ocorridas **após a** prolatação da **sentença.** Cabimento do recurso em face de todas as decisões interlocutórias proferidas em liquidação e cumprimento de sentença, execução e inventário, independentemente do conteúdo da decisão. Incidência específica do art. 1.015, parágrafo único, do CPC/2015" (STJ-3ª T., REsp 1.736.285, Min. Nancy Andrighi, j. 21.5.19, DJ 24.5.19).

"Cumprimento de sentença. Pronunciamento judicial que **suspendeu o processo.** Incidência específica do art. 1.015, parágrafo único, do CPC/2015. Cabimento do agravo de instrumento contra todas as decisões interlocutórias proferidas em liquidação e cumprimento de sentença, execução e inventário, independentemente do conteúdo da decisão" (STJ-2ª T., REsp 1.762.071, Min. Herman Benjamin, j. 10.9.19, DJ 11.10.19).

"Discussão que envolve impugnação de cálculos e possibilidade de pagamento via RPV. Cabimento do recurso de agravo de instrumento. Hipótese prevista no art. 1.015, parágrafo único, do CPC" (STJ-2ª T., REsp 1.807.401, Min. Herman Benjamin, j. 20.8.19, DJ 11.10.19).

"Cumprimento provisório de sentença. Pronunciamento judicial. **Intimação para pagamento.** Natureza. Despacho. Art. 203 do CPC/15. **Embargos de declaração.** Matéria. Liquidez da obrigação. Requisito de exequibilidade. Art. 783 do CPC/15. Conteúdo do ato judicial. Carga decisória. Agravo de instrumento. Cabimento" (STJ-3ª T., REsp 1.725.612, Min. Nancy Andrighi, j. 2.6.20, DJ 4.6.20).

Art. 1.015: 21b. v. arts. 771 e segs.

Art. 1.015: 22. "Decisão interlocutória que **indefere** o pedido de **revogação do benefício da gratuidade da justiça** em processo executivo. Recorribilidade imediata por agravo de instrumento. Possibilidade. Cabimento do recurso em face de todas as decisões interlocutórias proferidas em liquidação e cumprimento de sentença, execução e inventário, independentemente do conteúdo da decisão. Incidência específica do art. 1.015, parágrafo único, do CPC/2015" (STJ-Corte Especial, REsp 1.803.925, Min. Nancy Andrighi, j. 1.8.19, DJ 6.8.19).

Para o indeferimento do pedido de revogação do benefício na generalidade dos casos, v. inc. V e art. 101-*caput*.

Art. 1.015: 22a. "O ato do juiz que aprecia o pedido de **redirecionamento da execução fiscal** consiste em decisão interlocutória, e desafia agravo de instrumento, nos termos dos arts. 162, § 2º, e 522 do CPC" (STJ-2ª T., REsp 1.186.430, Min. Eliana Calmon, j. 19.8.10, DJ 30.8.10).

"Ainda que seja lacônico e faça simples remissão à decisão anterior, o ato jurisdicional que **rejeita** novo fundamento trazido pela parte objetivando **sobrestar a execução fiscal,** com base em acontecimento superveniente, acarreta gravame e reveste-se da natureza de decisão interlocutória, e não de despacho de mero expediente, sendo cabível a interposição de agravo de instrumento" (STJ-2ª T., REsp 1.196.456, Min. Castro Meira, j. 19.8.10, DJ 30.8.10).

Art. 1.015: 22b. No sentido de ser **incabível agravo** de instrumento contra decisão que determinou o **envio** dos autos ao **contador judicial** para atualização do valor da execução, estabelecendo **parâmetros para** a realização dos **cálculos:** STJ-2ª T., REsp 1.700.305, Min. Herman Benjamin, j. 25.9.18, DJ 27.11.18.

Art. 1.015: 22c. "Decisão interlocutória que determina a emenda à petição inicial dos **embargos à execução** para permitir a inclusão de memória de cálculo atualizada pelo embargado. Natureza jurídica dos embargos à execução. **Ação de conhecimento incidental.** Recorribilidade das interlocutórias por meio de agravo de instrumento que se submete ao regime previsto no art. 1.015, incisos, do CPC/15. Inaplicabilidade do regime recursal que orienta o processo de execução e, consequentemente, do art. 1.015, parágrafo único, do CPC/2015" (STJ-3ª T., REsp 1.682.120, Min. Nancy Andrighi, j. 26.2.19, DJ 1.3.19). No mesmo sentido: STJ-2ª T., REsp 1.797.293, Min. Og Fernandes, j. 1.10.19, DJ 9.10.19; STJ-4ª T., REsp 1.836.038-AgInt, Min. Antonio Ferreira, j. 1.6.20, DJ 5.6.20.

Art. 1.015: 23. v. arts. 610 e segs.

Art. 1.015: 23a. No sentido de que "a determinação **do pagamento das custas** iniciais **e** da **taxa** previdenciária em pedido de habilitação de crédito **em inventário** não é matéria prevista no rol taxativo do art. 1.015 do CPC/2015": STJ-3ª T., REsp 1.794.606-AgInt, Min. Ricardo Cueva, j. 19.8.19, DJ 27.8.19.

Art. 1.015: 24. "Cabimento de agravo de instrumento contra todas as decisões interlocutórias proferidas nos **processos recuperacionais e falimentares.** Tendo o processo recuperacional a natureza jurídica de liquidação e de execução negocial das dívidas da pessoa jurídica em recuperação e tendo o processo falimentar a natureza jurídica de liquidação e de execução coletiva das dívidas da pessoa jurídica falida, a esses processos deve ser aplicada a regra do art. 1.015, parágrafo único, do CPC/15" (STJ-2ª Seção, REsp 1.707.066, Min. Nancy Andrighi, j. 3.12.20, DJ 10.12.20).

V. tb. nota 1a.

Art. 1.016. O agravo de instrumento será dirigido diretamente ao tribunal competente, por meio de petição com os seguintes requisitos:[1] [Dispositivo correspondente no CPC/1973: art. 524-*caput*]

I — os nomes das partes; [Sem dispositivo correspondente no CPC/1973]

II — a exposição do fato e do direito;[2-3] [Dispositivo correspondente no CPC/1973: art. 524-I]

III — as razões do pedido de reforma ou de invalidação da decisão[4] e o próprio pedido; [Dispositivo correspondente no CPC/1973: art. 524-II]

IV — o nome e o endereço completo dos advogados constantes do processo.[5-6] [Dispositivo correspondente no CPC/1973: art. 524-III]

Art. 1.016: 1. Para disposições semelhantes em matéria de apelação, v. art. 1.010-*caput*.

Art. 1.016: 2. Há decisões não conhecendo do agravo porque o recorrente, em vez de combater a argumentação da decisão agravada, se limitou a reportar-se ao que havia escrito antes desta (RJTJESP 111/358, JTJ 157/230), ou na contestação (Lex-JTA 152/54).

Todavia: "A repetição ou a reiteração de argumentos anteriores, por si só, ainda que possa constituir praxe desaconselhável, não implica na inépcia do recurso, salvo se as razões do inconformismo não guardarem relação com os fundamentos da decisão recorrida" (STJ-3ª T., REsp 536.581, Min. Castro Filho, j. 16.12.03, DJU 10.2.04).

V. tb. art. 1.010, nota 10a (apelação).

Art. 1.016: 3. O requisito da exposição do direito **não exige** do agravante que decline os **artigos de lei** em que se funda a pretensão recursal (*iura novit curia e da mihi factum dabo tibi ius*) (STJ-3ª T., REsp 818.738, Min. Sidnei Beneti, j. 19.8.10, DJ 16.11.10).

Art. 1.016: 4. As **razões do pedido** de reforma ou de invalidação da decisão nada mais são do que os argumentos de fato e de direito com que se impugnam a decisão (v. inc. II).

Art. 1.016: 5. A falta de indicação dos nomes e endereços dos advogados tem sido atenuada pela jurisprudência. Assim, é **desnecessária a indicação:**

— dos nomes e endereços dos advogados, se os mesmos podem ser verificados nas **cópias das procurações** juntadas [STJ-Corte Especial, ED no REsp 181.631, Min. Peçanha Martins, j. 16.2.00, DJU 5.6.00; STJ-3ª T., REsp 117.322, Min. Menezes Direito, j. 15.12.97, DJU 16.3.98 (determinando, porém, a abertura de prazo, para suprimento da omissão pelo agravante); RSTJ 110/157, RT 789/273];

— dos nomes e endereços dos advogados dos **litisconsortes do agravante** (STJ-2ª T., REsp 132.964, Min. João Otávio, j. 7.12.04, DJU 21.2.05);

— do endereço do advogado, "em se tratando de comarca na qual a **intimação se faz pela imprensa**" (RSTJ 110/327).

No mesmo sentido, quanto ao **órgão do MP:** "Tem-se desnecessária a indicação de nome e endereço do representante do *Parquet*, pois, à sombra dos princípios da unicidade e indivisibilidade do Ministério Público, a norma citada não alcança os membros desse órgão, porquanto, segundo o disposto no art. 236, § 2º, do CPC, a intimação do MP, em qualquer caso, será feita pessoalmente" (STJ-4ª T., REsp 254.087, Min. Sálvio de Figueiredo, j. 20.2.03, DJU 17.3.03).

Art. 1.016: 6. No agravo de instrumento em **mandado de segurança,** deve ser indicado o endereço da autoridade coatora, para que seja atendida a disposição supra (Bol. AASP 2.001/137j).

Art. 1.017. A petição de agravo de instrumento será instruída:[1] [Dispositivo correspondente no CPC/1973: art. 525]

I — obrigatoriamente, com cópias[1a a 2a] da petição inicial, da contestação, da petição que ensejou a decisão agravada, da própria decisão agravada, da certidão da respectiva intimação ou outro documento oficial que comprove a tempestividade[2b a 2d] e das procurações[2e a 3a] outorgadas aos advogados do agravante e do agravado;[4 a 5a] [Dispositivo correspondente no CPC/1973: art. 525-I]

II — com declaração de inexistência de qualquer dos documentos referidos no inciso I, feita pelo advogado do agravante, sob pena de sua responsabilidade pessoal;[6] [Sem dispositivo correspondente no CPC/1973]

III — facultativamente, com outras peças que o agravante reputar úteis.[6a a 8] [Dispositivo correspondente no CPC/1973: art. 525-II]

§ 1º Acompanhará a petição o comprovante do pagamento das respectivas custas e do porte de retorno, quando devidos, conforme tabela publicada pelos tribunais.[9] [Dispositivo correspondente no CPC/1973: art. 525 § 1º]

§ 2º No prazo do recurso, o agravo será interposto por: [Dispositivo correspondente no CPC/1973: art. 525 § 2º]

I — protocolo realizado diretamente no tribunal competente para julgá-lo;[10] [Dispositivo correspondente no CPC/1973: art. 525 § 2º]

II — protocolo realizado na própria comarca, seção ou subseção judiciárias;[11] [Sem dispositivo correspondente no CPC/1973]

III — postagem, sob registro, com aviso de recebimento;[12] [Dispositivo correspondente no CPC/1973: art. 525 § 2º]

IV — transmissão de dados tipo fac-símile, nos termos da lei;[13] [Sem dispositivo correspondente no CPC/1973]

V — outra forma prevista em lei. [Dispositivo correspondente no CPC/1973: art. 525 § 2º]

§ 3º Na falta da cópia de qualquer peça[14] ou no caso de algum outro vício que comprometa a admissibilidade do agravo de instrumento, deve o relator aplicar o disposto no art. 932, parágrafo único. [Sem dispositivo correspondente no CPC/1973]

§ 4º Se o recurso for interposto por sistema de transmissão de dados tipo fac-símile ou similar, as peças devem ser juntadas no momento de protocolo da petição original. [Sem dispositivo correspondente no CPC/1973]

§ 5º Sendo eletrônicos os autos do processo,[15] dispensam-se as peças referidas nos incisos I e II do *caput*, facultando-se ao agravante anexar outros documentos que entender úteis para a compreensão da controvérsia. [Sem dispositivo correspondente no CPC/1973]

Art. 1.017: 1. v. §§ 3º a 5º.

Art. 1.017: 1a. "Agravo de instrumento. O **impedimento cartorário para a obtenção de cópia de peças obrigatórias** justifica o pedido de devolução do prazo, que recomeça a correr da publicação da decisão que deferiu o pedido. Embora a parte tivesse ciência da decisão agravada, não se lhe podia exigir que desde logo ingressasse com o agravo sem as peças obrigatórias, sob risco de não conhecimento do recurso" (STJ-4ª T., REsp 445.950, Min. Ruy Rosado, j. 25.11.02, DJU 19.12.02).

Art. 1.017: 1b. "A **ordem das peças** que instruem o agravo não é determinante para o seu conhecimento. A sequência de juntada dos documentos é realizada a partir de um juízo absolutamente subjetivo" (STJ-3ª T., REsp 1.184.975, Min. Nancy Andrighi, j. 2.12.10, DJ 13.12.10).

Art. 1.017: 2. O agravo pode ser instruído com **cópia extraída da Internet,** uma vez certificada a sua origem (STJ-RDDP 72/143: 3ª T., REsp 1.073.015). Do voto da relatora: "Em que pese inexistir a certificação digital propriamente dita, nos moldes da que se exige dos advogados para recebimento de Recurso Especial via Internet, é perfeitamente possível nesse julgamento aferir a origem das peças impressas, porque expresso no documento o endereço eletrônico do TJ/RS".

Art. 1.017: 2a. "A **autenticação das peças** que instruem o agravo de instrumento, previsto no art. 525, I, do CPC, não é requisito de admissibilidade recursal" (STJ-RDDP 83/162: Corte Especial, REsp 1.111.001).

"Inexistindo impugnação relativa à autenticidade das peças que instruem o agravo de instrumento, e sendo sempre possível, na instância ordinária, o suprimento da exigência de autenticação, descabe o não conhecimento do recurso por tal motivo" (STJ-4ª T., REsp 710.165, Min. Aldir Passarinho Jr., j. 8.3.05, DJU 25.4.05). No mesmo sentido: RSTJ 141/474 e STJ-RJTJERGS 201/55.

Súmula 24 do TJRS: "É desnecessária a autenticação do instrumento do agravo não impugnado pela parte adversa". No mesmo sentido: RJ 268/100, JTJ 238/200, JTA 171/315.

Aceitando as cópias sem autenticação porque o agravado não questionou a sua autenticidade, apesar de ter pedido o não conhecimento do recurso por esse motivo: JTJ 213/242.

Art. 1.017: 2b. "É **dispensável a certidão** da intimação da decisão recorrida, **quando evidente a tempestividade** do recurso" (2ª conclusão do CETARS). "Embora a certidão de publicação da decisão agravada constitua peça obrigatória na instrução do agravo de instrumento (art. 525 do CPC), a sua ausência pode ser relevada quando patente a tempestividade do recurso" (STJ-4ª T., REsp 573.065, Min. Fernando Gonçalves, j. 13.4.04, DJU 26.4.04). No mesmo sentido: STJ-2ª T., REsp 162.599, Min. Castro Meira, j. 19.10.04, um voto vencido, DJU 21.2.05; STJ-1ª T., REsp 756.213, Min. Teori Zavascki, j. 14.2.06, DJU 6.3.06; STJ-RT 779/195 (3ª T., REsp 205.846), Lex-JTA 165/70, maioria (agravante que recorre antes de ser intimado).

Art. 1.017: 2c. "A ausência da certidão de intimação da decisão agravada pode ser suprida por **outro instrumento hábil** a comprovar a tempestividade do agravo de instrumento" (STJ-3ª T., REsp 1.187.970-AgRg-AgRg, Min. Nancy Andrighi, j. 5.8.10, DJ 16.8.10). No caso, ponderou-se que "a notificação remetida por uma das partes à outra, em atenção à determinação judicial e nos termos da Lei 6.015/73, supre a intimação de que trata o art. 525, I, do CPC."

"A carga dos autos por estagiário de direito não importa em intimação da parte, de modo que a respectiva certidão não equivale à peça obrigatória prevista no art. 525, I, do CPC. A mera alegação de que foi apresentada cópia integral dos autos não supre a ausência de peça obrigatória. Tendo em vista o princípio da instrumentalidade das formas, a falta de certidão de intimação da decisão agravada pode ser suprida pelo oferecimento de cópia de petição, assinada por advogado, tomando ciência da referida decisão" (STJ-3ª T., REsp 1.212.874, Min. Nancy Andrighi, j. 26.4.11, maioria, DJ 1.9.11).

"A página do Diário Oficial, juntada aos autos, é meio hábil para comprovar a intimação do agravante e apurar-se a tempestividade do recurso, tendo o mesmo valor probatório que a certidão de intimação" (STJ-5ª T., REsp 160.123, Min. Jorge Scartezzini, j. 21.9.99, DJU 6.12.99). Nesse sentido: Bol. AASP 2.042/1, maioria (o recorrente juntou, posteriormente, certidão da intimação do acórdão).

"A juntada de cópia reduzida da página do Diário Oficial em que foi publicada a decisão agravada, devidamente autenticada, supre a ausência da respectiva certidão de intimação" (STJ-4ª T., AI 309.068, Min. Sálvio de Figueiredo, j. 14.12.00, DJU 19.3.01).

"A certidão assinada pela escrivã competente indicando que a decisão agravada foi publicada no Diário da Justiça com circulação no mesmo dia cumpre a exigência do art. 525, I, do CPC" (STJ-3ª T., REsp 678.088, Min. Menezes Direito, j. 29.11.06, DJU 2.4.07).

Admitindo, como prova da tempestividade do recurso, a cópia da intimação, enviada por serviço de remessa de recortes do Diário Oficial (no caso, a AASP): Bol. AASP 2.238/2.036. No mesmo sentido, para agravo instruído com "reprodução de texto publicado no Diário da Justiça, transmitido por via eletrônica à AASP": JTJ 299/427. Ainda: JTJ 322/2.271 (AI 504.347-4/2-00). **Contra:** STJ-4ª T., REsp 1.035.038-AgRg, Min. João Otávio, j. 28.4.09, DJ 11.5.09. **Ainda contra:** "A mensagem eletrônica enviada por seccional da Ordem dos Advogados do Brasil, destinada a auxiliar os advogados no acompanhamento das causas, não constitui meio hábil para suprir a certidão de intimação, peça obrigatória para comprovar a tempestividade do agravo de instrumento" (STJ-4ª T., Ag em REsp 256.293-AgRg, Min. Antonio Ferreira, j. 19.2.13, DJ 27.2.13).

Art. 1.017: 2d. "Sendo a intimação da **Fazenda Nacional,** por expressa previsão legal, pessoal mediante remessa dos autos (a qual será o termo inicial do prazo recursal), tem-se que, nos agravos de instrumento opostos pelo ente público, o **termo de abertura de vista e remessa dos autos** é suficiente para a demonstração da tempestividade do recurso, podendo, assim, substituir a certidão de intimação da decisão agravada" (STJ-Corte Especial, REsp 1.376.656, Min. Benedito Gonçalves, j. 17.12.14, DJ 2.2.15).

Art. 1.017: 2e. Cópia do **contrato social** de pessoa jurídica **não é peça obrigatória** para a formação do instrumento (STJ-2ª T., REsp 662.557-AgRg, Min. Humberto Martins, j. 24.6.08, DJ 8.8.08).

"Agravo de Instrumento na origem. Representação processual. Comprovação da **legitimidade do representante legal. Desnecessidade"** (STJ-3ª T., REsp 1.323.417, Min. Nancy Andrighi, j. 5.2.13, DJ 15.2.13). Do voto da relatora: "Diante da ausência de exigência legal, nos termos da redação taxativa do art. 525, I, do CPC, que não exige a juntada de qualquer outro documento que não a própria procuração constituindo advogado, bem como da inexistência de dúvida suscitada pelas partes, concluo pela necessidade de reforma do acórdão recorrido".

Art. 1.017: 3. "A juntada de instrumento procuratório, como requisito para admissibilidade do agravo de instrumento, é **desnecessária** quando comprovada a condição de **servidor público** municipal do representante judicial" (STJ-1ª T., REsp 925.032, Min. Teori Zavascki, j. 2.8.11, DJ 9.8.11).

"A denominada 'delegação de poderes' do Procurador-Geral aos procuradores é simples ato de efeitos internos, destinado apenas a distribuir encargos entre os integrantes do quadro de procuradores. Ela não aumenta nem amplia a competência do 'delegado'. Não faz sentido a exigência de que o instrumento de agravo seja instruído com a prova da 'delegação'" (RSTJ 171/88: 1ª T.).

V. tb. art. 104, nota 1b.

Art. 1.017: 3a. "O **substabelecimento** sem a correspondente procuração, ainda que lavrado por instrumento público, não satisfaz a exigência do art. 525, I, do CPC; teria esse efeito se na escritura pública de substabelecimento o tabelião tivesse registrado os poderes que o outorgante da procuração originária conferiu ao substabelecente" (STJ-3ª T., AI 719.868-AgRg-EDcl, Min. Ari Pargendler, j. 21.11.06, DJU 19.3.07). No mesmo sentido: STJ-2ª T., REsp 894.012-AgRg, Min. Humberto Martins, j. 13.11.07, DJU 26.11.07.

Exigindo que conste do instrumento do agravo cópia da cadeia de substabelecimentos: STJ-Corte Especial, ED no REsp 1.056.295, Min. Eliana Calmon, j. 25.2.10, 6 votos a 4, DJ 25.8.10.

Art. 1.017: 4. "Se a circunstância do processo aponta para a certeza de **inexistência de procuração ao advogado do agravado,** porquanto este ainda não foi citado, desnecessária a exigência de juntada da peça, que inexiste, ou mesmo de certidão do cartório que venha a atestar o que já se concluiu certo" (STJ-3ª T., REsp 542.392, Min. Nancy Andrighi, j. 20.11.03, DJU 10.2.04). No mesmo sentido: RJM 173/265.

V. tb. inc. II.

Art. 1.017: 4a. "A **ausência** de juntada do **instrumento de mandato** no momento do protocolo do agravo, quando em curso o prazo do art. 37 do CPC/73 **(art. 104, § 1º do CPC/2015),** não representa defeito do traslado (no qual inserida certidão comprobatória do protesto por prazo para apresentação da procuração), pois não seria possível trasladar peça inexistente nos autos de origem. A regularização da representação processual do **autor/agravante** se dará com o posterior traslado do instrumento de procuração a ser juntado na origem no prazo assinado em lei" (STJ-2ª Seção, ED no REsp 1.265.639, Min. Isabel Gallotti, j. 12.12.18, DJ 18.12.18).

Art. 1.017: 5. Superando a falta de cópia da **procuração** outorgada ao advogado **do agravado,** em razão da apresentação da contraminuta subscrita por ele: RT 861/204, JTJ 213/246.

Art. 1.017: 5a. "A **ausência** da cópia da **procuração de um dos agravantes,** na formação do instrumento, não implica, por si só, o não conhecimento do recurso, porquanto os litisconsortes, em sua relação com a parte adversa, são considerados como litigantes distintos, admitindo-se o conhecimento do recurso em relação ao agravante cujo instrumento procuratório foi devidamente trasladado" (STJ-Corte Especial, REsp 1.091.710, Min. Luiz Fux, j. 17.11.10, DJ 25.3.11).

A formação do instrumento com a procuração outorgada por apenas **um dos agravados** não prejudica o conhecimento do agravo, nas situações em que os litisconsortes estejam representados por um mesmo advogado, que cuidou de ofertar as contrarrazões para eles (STJ-1ª T., REsp 614.766, Min. Luiz Fux, j. 5.9.06, DJU 21.9.06).

"Se os recorridos, mais de 900, encontram-se em litisconsórcio unitário e patrocinados pelo mesmo advogado, despicienda se afigura, na formação do instrumento de agravo, a juntada de todas as procurações outorgadas" (STJ-Corte Especial, ED no REsp 902.098, Min. Fernando Gonçalves, j. 12.4.10, DJ 28.4.10).

"Os litisconsortes passivos não figuraram no agravo de instrumento interposto pela corré como agravantes, sendo **meros interessados** no resultado do julgamento do recurso. Assim, os documentos mencionados na contraminuta são peças facultativas, motivo pelo qual a falta de juntada das procurações outorgadas aos advogados dos litisconsortes passivos não pode acarretar o não conhecimento do agravo de instrumento" (STJ-4ª T., Ag em REsp 371.387-AgInt, Min. Raul Araújo, j. 18.6.19, DJ 27.6.19).

"Se o agravo de instrumento dirige-se à parte da decisão relativa apenas a um dos litisconsortes facultativos, não há necessidade de juntada da procuração outorgada aos advogados dos demais litigantes" (STJ-2ª T., REsp 412.327, Min. Laurita Vaz, j. 2.5.02, DJ 10.6.02).

Todavia, exigindo que conste do instrumento "cópia da procuração de partes executadas que, embora não envolvidas diretamente na deflagração da discussão objeto do recurso, possuem interesse direto na sua resolução final": STJ-3ª T., REsp 1.088.837, Min. Massami Uyeda, j. 6.10.09, DJ 22.10.09.

Art. 1.017: 6. v. tb. nota 4.

Art. 1.017: 6a. "Necessidade de **indicação, pelo Tribunal** de origem, das peças facultativas que entende necessárias à compreensão da controvérsia, ressalvada a possibilidade de se entender, fundamentadamente, pela necessidade de juntada e indexação do inteiro teor dos autos" (STJ-3ª T., REsp 1.810.437, Min. Paulo Sanseverino, j. 25.6.19, DJ 1.7.19).

Art. 1.017: 7. O agravante pode instruir a petição de agravo não só com peças, mas também com **outros documentos** que reputar úteis. O mesmo pode fazer o agravado, na sua resposta (art. 1.019-II).

V. tb. § 5º.

Art. 1.017: 8. "A **juntada de documentos, após as contrarrazões** do agravo de instrumento, que influenciam no julgamento do recurso, sem a intimação da parte contrária para se manifestar, impõe o reconhecimento da nulidade do julgado por cerceamento de defesa. A regra prevista no art. 398 do Código de Processo Civil tem aplicação em sede recursal, conforme lição de Pontes de Miranda" (STJ-1ª T., REsp 601.309, Min. Denise Arruda, j. 12.12.06, DJU 1.2.07).

V. tb. art. 1.019, nota 4.

Art. 1.017: 9. "O **preparo do agravo de instrumento,** a partir da vigência da Lei n. 8.950/94, deve ser feito com a interposição do recurso, conforme preceitua o art. 511 do CPC, que é regra geral para todos os recursos" (RJTJERGS 179/248, maioria).

V. art. 1.007-*caput*, inclusive notas 1 e segs. e 2b.

Art. 1.017: 10. É tempestivo o agravo de instrumento protocolado dentro do prazo em **tribunal errado,** pouco importando que sua chegada ao tribunal correto se dê fora daquele prazo (RTJERGS 179/273).

V. tb. art. 1.003, nota 7.

Art. 1.017: 11. "A parte pode utilizar o sistema de **protocolo integrado** para interpor agravo de instrumento dirigido a Tribunal Estadual" (STJ-4ª T., REsp 175.225, Min. Ruy Rosado, j. 15.9.98, DJU 26.10.98). No mesmo sentido: Lex-JTA 165/66, maioria.

"A **data** para aferição da tempestividade do agravo é a de entrega no protocolo integrado" (JTJ 299/441).

V. tb. art. 1.003, nota 8.

Art. 1.017: 12. s/ aferição de tempestividade do recurso postado pelo correio, v. art. 1.003 § 4º.

Art. 1.017: 13. v. § 4º e Lei 9.800, de 26.5.99, no tít. FAX.

Art. 1.017: 14. v. nota 6a.

Art. 1.017: 15. "A disposição constante do art. 1.017, § 5º, do CPC/2015, que dispensa a juntada das peças obrigatórias à formação do agravo de instrumento em se tratando de **processo eletrônico,** exige, para sua aplicação, que os autos tramitem por meio digital **tanto no primeiro quanto no segundo grau de jurisdição.** Hipótese em que, a despeito da tramitação eletrônica do processo na primeira instância, ainda não dispunha o Tribunal de origem da infraestrutura necessária para receber o recurso de agravo de instrumento por meio eletrônico e ter acesso aos autos na origem. De acordo com a disciplina da Lei 11.419/2006, os autos de processos eletrônicos que tiverem de ser remetidos a outro juízo ou instância superior que não disponham de sistema compatível deverão ser impressos em papel e, tão logo autuados, seguirão a tramitação legalmente estabelecida para os processos físicos (art. 12, §§ 2º e 4º). Não dispondo o Tribunal dos meios formais necessários à consulta dos autos eletrônicos na origem, não há outra alternativa a não ser condicionar o conhecimento do agravo de instrumento à juntada das peças de caráter obrigatório" (STJ-3ª T., REsp 1.643.956, Min. Ricardo Cueva, j. 9.5.17, DJ 22.5.17).

Art. 1.018. O agravante poderá requerer a juntada, aos autos do processo, de cópia da petição do agravo de instrumento, do comprovante de sua interposição e da relação dos documentos que instruíram o recurso.[1] [Dispositivo correspondente no CPC/1973: art. 526-*caput*]

§ 1º Se o juiz comunicar que reformou inteiramente a decisão,[1a a 1d] o relator considerará prejudicado o agravo de instrumento.[2] [Dispositivo correspondente no CPC/1973: art. 529]

§ 2º Não sendo eletrônicos os autos,[2a] o agravante tomará a providência prevista no *caput*, no prazo de 3 (três) dias[3-3a] a contar da interposição do agravo de instrumento. [Dispositivo correspondente no CPC/1973: art. 526-*caput*]

§ 3º O descumprimento da exigência de que trata o § 2º, desde que arguido[4-4a] e provado[5-5a] pelo agravado,[5b] importa inadmissibilidade do agravo de instrumento.[6 a 7] [Dispositivo correspondente no CPC/1973: art. 526 § ún.]

Art. 1.018: 1. "O art. 526 do CPC exige apenas que a parte junte, em primeiro grau, cópia do agravo de instrumento interposto e da respectiva relação de documentos. A juntada de **cópia das peças** que acompanharam o recurso **não é disposta em lei** e, portanto, não pode ser exigida pelo intérprete" (STJ-RT 900/195 e RMDCPC 37/122: 3ª T., REsp 944.040).

"O agravante, muito embora não tenha individualizado as peças que formaram o instrumento recursal, indicou, de modo satisfatório, qual o conteúdo das peças que instruíram o agravo, de maneira que não houve prejuízo à defesa do agravado" (STJ-4ª T., REsp 1.207.287, Min. Raul Araújo, j. 6.12.11, DJ 1.2.12).

Art. 1.018: 1a. Não há um **prazo** inflexível para que o juiz possa lançar mão do **juízo de retratação** da decisão agravada. Todavia, é certo que, uma vez julgado o agravo de instrumento, essa prerrogativa desaparece: "A retratação do despacho agravado sobre a intempestividade torna, em princípio, prejudicado o recurso dele interposto, porém não quando o órgão *ad quem*, ao qual foi devolvida a matéria, já houver se manifestado pela sua manutenção, improvendo o agravo de instrumento por decisão do relator, porquanto, aí, a jurisdição não mais pertence à 1ª instância e implicaria em subversão à hierarquia dos órgãos judicantes" (STJ-4ª T., REsp 679.351, Min. Aldir Passarinho Jr., j. 19.4.05, DJU 23.5.05).

Art. 1.018: 1b. Comunicação do juízo de retratação. "O ônus da comunicação ao tribunal da retratação da decisão objeto de agravo de instrumento é do juízo que se retratou, e não da parte, sendo que referida comunicação torna imediatamente prejudicado o agravo de instrumento, independentemente da existência ou não de julgamento anterior do tribunal" (STJ-3ª T., REsp 1.096.128, Min. Massami Uyeda, j. 20.10.11, DJ 18.11.11). No mesmo sentido: STJ-1ª T., REsp 1.454.925, Min. Regina Costa, j. 16.10.18, DJ 25.10.18.

Em outras palavras, a eficácia do juízo de retratação é imediata, não ficando condicionada à comunicação do tribunal.

Art. 1.018: 1c. "Não pode prevalecer, em face do óbice da preclusão *pro judicato*, a decisão do magistrado de primeira instância que tenha por fim retratar decisão interlocutória objeto de **agravo de instrumento não conhecido** pelo Tribunal *ad quem*" (STJ-2ª T., REsp 861.270, Min. Castro Meira, j. 5.10.06, DJU 16.10.06).

"Agravo provido para afastar o efeito produzido em juízo de retratação, por decorrente de recurso intempestivo" (JTAERGS 100/291).

Art. 1.018: 1d. "Havendo **retratação parcial** de decisão, o recurso de agravo não ficará prejudicado, sendo cabível que se dê prosseguimento ao seu julgamento. Interpretação do art. 529 do CPC" (STJ-4ª T., REsp 968.432, Min. João Otávio, j. 4.8.11, DJ 5.9.11).

Art. 1.018: 2. Com a reforma, ainda que parcial, da decisão agravada, surge um **novo pronunciamento** no processo, também **recorrível**.

"A nova disciplina do agravo de instrumento não mais prevê a possibilidade do agravo reverso, de tornar-se o agravado originário em agravante se o juiz reconsiderar a decisão recorrida" (Lex-JTA 619/328).

A ausência de recurso contra a reforma da decisão agravada leva à preclusão.

Art. 1.018: 2a. v. nota 3a e arts. 8º e segs. da Lei 11.419/06, no tít. PROCESSO ELETRÔNICO.

Art. 1.018: 3. "Descumpre o art. 526 do CPC, não só quem deixa de juntar aos autos do processo a cópia da petição do agravo de instrumento, mas também quem requer essa juntada **fora do prazo**" (STJ-3ª T., MC 6.449-AgRg, Min. Ari Pargendler, j. 27.5.03, DJU 4.8.03). No mesmo sentido: JTJ 336/61 (AI 601.517-4/6-00).

Art. 1.018: 3a. Tratando-se de **autos eletrônicos, não incide a pena** de inadmissão do agravo, em caso de falha na comunicação da sua interposição ao juiz.

"A melhor interpretação do alcance da norma contida no § 2º do art. 1.018 do NCPC, considerando-se a possibilidade de ainda se ter autos físicos em algumas comarcas e tribunais pátrios, parece ser a de que, se **ambos tramitarem na forma eletrônica,** na primeira instância e no TJ, não terá o agravante a obrigação de juntar a cópia do inconformismo na origem" (STJ-3ª T., REsp 1.708.609, Min. Moura Ribeiro, j. 21.8.18, DJ 24.8.18). No mesmo sentido: STJ-2ª T., REsp 1.753.502, Min. Francisco Falcão, j. 6.12.18, DJ 13.12.18.

"Agravo de instrumento. Autos físicos da ação e autos eletrônicos do instrumento. Ausência de comprovação da interposição do recurso perante o primeiro grau de jurisdição. Ônus processual do agravante não observado. Vício arguido e provado pelo agravado em contrarrazões" (STJ-3ª T., REsp 1.749.958, Min. Nancy Andrighi, j. 18.9.18, DJ 21.9.18).

Art. 1.018: 4. Para o não conhecimento do agravo, é indispensável que o descumprimento do art. 526 seja "arguido e provado pelo agravado, **não se admitindo o conhecimento da matéria de ofício,** mesmo não tendo os agravados procurador constituído nos autos" (STJ-3ª T., REsp 577.655, Min. Castro Filho, j. 7.10.04, DJU 22.11.04). No mesmo sentido: STJ-2ª T., REsp 834.089, Min. Herman Benjamin, j. 4.9.08, DJ 11.3.09.

"Doutrina clássica sobre o tema leciona que: 'No parágrafo, introduzido pela Lei n. 10.352, optou-se por solução de compromisso. A omissão do agravante nem é de todo irrelevante quanto ao não conhecimento do recurso, nem acarreta, por si só, esse desenlace. Criou-se para o agravado o ônus de arguir e provar o descumprimento do disposto no art. 526. Conquanto não o diga o texto *expressis verbis*, deve entender-se que a arguição há de vir na resposta do agravado, pois essa é a única oportunidade que a lei lhe abre para manifestar-se. A prova será feita, ao menos no comum dos casos, por certidão do cartório ou da secretaria, que ateste haver o prazo decorrido *in albis*. Na falta de arguição e prova por parte do agravado, o tribunal não poderá negar-se a conhecer do agravo — salvo, é claro, com fundamento diverso —, ainda que lhe chegue por outro meio a informação de que o agravante se omitiu. A disposição expressa do parágrafo afasta a incidência do princípio geral segundo o qual o órgão *ad quem* controla *ex officio* a admissibilidade do recurso' (José Carlos Barbosa Moreira, 'Comentários ao Código de Processo Civil', v. 5, Ed. Forense, Rio de Janeiro, 2005, págs. 511/512)" (STJ-Corte Especial, REsp 1.008.667, Min. Luiz Fux, j. 18.11.09, DJ 17.12.09).

Art. 1.018: 4a. "A faculdade concedida à parte agravada no art. 526, § ún., do CPC, deve ser exercida **quando** do oferecimento **da contraminuta** ao agravo de instrumento, sob pena de preclusão" (STJ-5ª T., REsp 595.649, Min. Felix Fischer, j. 18.3.04, DJU 10.5.04). No mesmo sentido: STJ-3ª T., REsp 870.283, Min. Gomes de Barros, j. 6.3.08, DJU 24.3.08; STJ-6ª T., REsp 556.711, Min. Maria Thereza, j. 3.5.07, DJU 21.5.07; STJ-2ª T., REsp 834.089, Min. Herman Benjamin, j. 4.9.08, DJ 11.3.09.

Art. 1.018: 5. "Não basta que o agravado argúa o desatendimento da providência, sendo necessário, também, que este **prove o alegado,** por meio de certidão passada pelo escrivão" (RT 808/277; ementa da redação). No mesmo sentido: RT 896/204 (TJSP, AI 992.09.087546-9), JTJ 332/187 (AI 7.268.838-5), 341/102 (AI 1.275.460-0/8; v. p. 104).

Todavia, a certidão cartorária não é o único meio de prova da falta de comunicação acerca da interposição do agravo (STJ-4ª T., AI 1.276.253-AgRg, Min. João Otávio, j. 14.9.10, DJ 21.9.10; STJ-2ª T., Ag em REsp 15.561-EDcl-AgRg, Min. Herman Benjamin, j. 2.2.12, DJ 13.4.12).

Art. 1.018: 5a. "**Não cabe recurso especial** se o tribunal *a quo*, louvado nas provas, considera não provado o descumprimento do art. 526 do CPC (Súmula 7)" (STJ-3ª T., REsp 910.122, Min. Gomes de Barros, j. 17.5.08, DJU 4.6.08).

Art. 1.018: 5b. A **arguição pelo MP,** na condição de *custos legis*, de descumprimento do disposto no art. 526 não impede o conhecimento do recurso (STJ-2ª T., REsp 664.824, Min. Mauro Campbell, j. 27.10.09, DJ 9.11.09).

Art. 1.018: 6. "Após a vigência da alteração promovida pela Lei 10.352/01, o procedimento previsto no art. 526 do CPC não representa uma faculdade, mas sim uma **obrigação para o agravante,** e seu descumprimento constitui motivo legal para o não conhecimento do agravo de instrumento" (STJ-1ª T., REsp 733.228, Min. Teori Zavascki, j. 2.8.05, DJU 22.8.05). No mesmo sentido: STJ-2ª T., REsp 586.211-AgRg, Min. Humberto Martins, j. 3.4.08, DJU 14.4.08; STJ-3ª T., REsp 996.104, Min. Nancy Andrighi, j. 20.5.08, DJ 5.8.08.

Todavia: "O agravo de instrumento deve ser inadmitido **apenas no caso de prova do prejuízo** causado à parte agravada em decorrência da não juntada, aos autos originários, da comprovação da interposição do recurso. Tendo a agravada apresentado contrarrazões ao agravo de instrumento e exercido seu direito de defesa, não há que se falar na inadmissibilidade do agravo de instrumento pelo descumprimento da exigência do art. 1.018, §§ 2º e 3º do CPC/2015" (STJ-2ª T., REsp 1.753.502, Min. Francisco Falcão, j. 6.12.18, DJ 13.12.18). No mesmo sentido: STJ-2ª Seção, ED no REsp 1.727.899-AgInt, Min. Ricardo Cueva, j. 18.8.20, DJ 24.8.20; JTJ 292/479, 309/385, 326/225 (AI 7.198.436-8), 328/148 (AI 558.458-4/9-00), 341/164 (AI 7.361.254-3; v. p. 165).

Art. 1.018: 6a. Se o agravante ao menos **comunica a interposição** do agravo em primeira instância, ainda que **sem cópia** da petição de agravo, do comprovante de tal interposição ou da relação de seus documentos (*caput*), o caso não é de inadmissão direta do recurso; deve-se num primeiro momento abrir prazo de 5 dias para a sanação dessa irregularidade (art. 932 § ún.) para somente num segundo momento, se não sanado o vício, inadmitir-se o agravo (STJ-3ª T., REsp 1.708.609, Min. Moura Ribeiro, j. 21.8.18, DJ 24.8.18).

Art. 1.018: 7. É irrelevante para a admissão do agravo o fato de o agravante ter feito **carga dos autos** e ficado com eles em seu poder nos dias subsequentes à interposição do agravo e ao protocolo da petição informando tal interposição (STJ-3ª T., REsp 1.021.085, Min. Nancy Andrighi, j. 25.3.08, DJU 11.4.08; no caso, os autos ficaram com o agravante nos 13 dias que se seguiram à interposição do agravo; STJ-2ª T., REsp 1.245.515, Min. Mauro Campbell, j. 2.6.11, DJ 9.6.11).

Art. 1.019. Recebido o agravo de instrumento no tribunal e distribuído imediatamente, se não for o caso de aplicação do art. 932, incisos III e IV, o relator,[1] no prazo de 5 (cinco) dias: [Dispositivos correspondentes no CPC/1973: art. 527-*caput* e I]

I — poderá atribuir efeito suspensivo ao recurso[1a] ou deferir, em antecipação de tutela, total ou parcialmente, a pretensão recursal, comunicando ao juiz sua decisão;[2] [Dispositivo correspondente no CPC/1973: art. 527-III]

II — ordenará a intimação do agravado pessoalmente, por carta com aviso de recebimento, quando não tiver procurador constituído, ou pelo Diário da Justiça ou por carta com aviso de recebimento dirigida ao seu advogado, para que responda no prazo de 15 (quinze) dias,[3 a 3b] facultando-lhe juntar a documentação que entender necessária ao julgamento do recurso;[4] [Dispositivo correspondente no CPC/1973: art. 527-V]

III — determinará a intimação do Ministério Público,[5] preferencialmente por meio eletrônico, quando for o caso de sua intervenção,[6] para que se manifeste no prazo de 15 (quinze) dias.[7] [Dispositivo correspondente no CPC/1973: art. 527-VI]

Art. 1.019: 1. i. e., se não for o caso de **deixar de conhecer** do recurso ou de **negar-lhe provimento.**

Art. 1.019: 1a. v. art. 995 § ún.

Art. 1.019: 2. Cabe **agravo interno** contra a decisão do relator que delibera sobre efeito suspensivo ou tutela antecipada recursal, quer para concedê-lo, quer para negá-lo.

V. art. 1.021.

Art. 1.019: 3. "É imprescindível a **intimação do agravado para contra-arrazoar** o recurso" (STJ-2ª T., AI 509.352-AgRg, Min. João Otávio, j. 2.8.05, DJU 29.8.05). No mesmo sentido: STJ-5ª T., REsp 629.441, Min. Felix Fischer, j. 17.6.04, DJU 13.9.04.

A intimação do agravado é indispensável nos casos de provimento do agravo de instrumento por decisão monocrática. Todavia, tal intimação pode ser dispensada nas situações em que o relator deixa de conhecer ou nega provimento ao recurso.

Em síntese: "A intimação do recorrido para apresentar contrarrazões é o procedimento natural de preservação do princípio do contraditório, previsto em qualquer recurso, inclusive no de agravo de instrumento (CPC, art. 527, V). Justifica-se a sua dispensa quando o relator nega seguimento ao agravo (art. 527, I), já que a decisão vem em benefício do agravado. Todavia, a intimação para a resposta é condição de validade da decisão monocrática que vem em prejuízo do agravado, ou seja, quando o relator acolhe o recurso" (STJ-1ª T., REsp 892.320, Min. Teori Zavascki, j. 13.3.07, DJU 23.4.07).

V. tb. art. 932, nota 9b.

Art. 1.019: 3a. "Os ora recorrentes — que são litisconsortes dos demais herdeiros na discussão quanto ao valor dos honorários arbitrados em favor da procuradora da inventariante —, ressentem-se de interesse recursal que obrigue o relator a intimá-los na forma do art. 527, V, do CPC, uma vez que esse dispositivo é voltado exclusivamente à necessidade de manifestação da **parte contrária** àquela que interpôs o agravo de instrumento. Quando muito, poderiam ter peticionado solicitando intervenção no processo na condição de assistentes (CPC, art. 50), tendo em vista a convergência dos seus interesses com o dos agravantes, caso em que alcançariam o processo no estado em que se encontra, mas sem poder praticar atos a cujo respeito já se operou a preclusão" (STJ-3ª T., REsp 1.424.509-AgRg, Min. Sidnei Beneti, j. 5.8.14, DJ 2.9.14).

Art. 1.019: 3b. "A **publicação da decisão interlocutória em agravo** de instrumento, em cujo dispositivo constou expressamente a ordem de cumprimento do disposto no art. 527, V, do CPC, é suficiente para que a parte agravada tenha conhecimento de que está aberto o prazo para apresentação de contrarrazões" (STJ-3ª T., REsp 795.594-AgRg, Min. Isabel Gallotti, j. 23.10.12, DJ 31.10.12).

Art. 1.019: 4. O agravado pode juntar **cópias de peças** que já constem do processo e, neste caso, não há necessidade de audiência do agravante. Pode, também, juntar **documentos novos,** mas, nesse caso: "No agravo de instrumento, se o agravado juntar documento novo à contraminuta, será oportunizada vista ao agravante" (9ª conclusão do CETARS).

V. tb. art. 1.017, nota 8.

Art. 1.019: 5. LOMP 31: "Cabe aos Procuradores de Justiça exercer as atribuições junto aos Tribunais, desde que não cometidas ao Procurador-Geral de Justiça, e inclusive por delegação deste". Nesse sentido, considerando que cabe à **Procuradoria de Justiça** manifestar-se em agravo de instrumento: JTJ 191/250, Lex-JTA 161/291.

Art. 1.019: 6. v. art. 178 e notas.

Art. 1.019: 7. Esse prazo quinzenal **não se dobra** (v. art. 180 § 2º).

Art. 1.020. **O relator solicitará dia para julgamento em prazo não superior a 1 (um) mês da intimação do agravado.**[1 a 3] [Dispositivo correspondente no CPC/1973: art. 528]

Art. 1.020: 1. s/ julgamento do agravo antes da apelação no mesmo processo, v. art. 946.

Art. 1.020: 2. "É obrigatório tornar pública a **inclusão em pauta** do agravo de instrumento, sob pena de afrontado o princípio da publicidade dos julgamentos" (RSTJ 133/191). No mesmo sentido: STJ-3ª T., REsp 493.854, Min. Menezes Direito, j. 18.9.03, DJU 24.11.03; STJ-4ª T., REsp 505.088, Min. Aldir Passarinho Jr., j. 17.6.08, DJ 25.8.08; STJ-2ª T., REsp 1.131.745, Min. Eliana Calmon, j. 15.10.09, DJ 28.10.09.

Contra: "O julgamento do agravo de instrumento independe de pauta, salvo disposição regimental em contrário" (RSTJ 54/77). No mesmo sentido: JTJ 171/251, Bol. AASP 1.918/313j.

"A ausência de publicação de pauta de julgamento, conquanto caracterize irregularidade processual (art. 552 do CPC), somente acarretará nulidade se demonstrado efetivo prejuízo à parte. O julgamento do agravo de instrumento na origem não comporta a possibilidade de sustentação oral, afastando-se, portanto, a existência de prejuízo em virtude da ausência de publicação da pauta de julgamento" (STJ-3ª T., REsp 1.183.774, Min. Nancy Andrighi, j. 18.6.13, DJ 27.6.13).

Art. 1.020: 3. "Observada a matéria efetivamente devolvida pela parte, a cognição exercida pelo tribunal por ocasião do julgamento de agravo de instrumento é ampla, admitindo-se, em razão do **efeito devolutivo** do recurso em sua perspectiva de **profundidade,** que o 2º grau de jurisdição examine quaisquer questões relacionadas à matéria devolvida, decidindo a controvérsia mediante fundamentação distinta daquela expendida pelo juízo de 1º grau. Na hipótese, não há vício no acórdão que, afastando-se da fundamentação adotada pelo juízo de 1º grau no sentido de que a parte foi garantidora de negócio jurídico mediante aval ao título de crédito e que se aplicaria à hipótese uma das exceções previstas no art. 3º da Lei nº 8.009/90, conclui que deve ser mantida a penhorabilidade do bem ao fundamento de que não teria a parte produzido a prova de que o bem penhorado seria o único de sua propriedade, especialmente quando observada a regra do art. 10 do CPC/15 de modo a facultar à parte a produção de prova acerca da referida circunstância fática" (STJ-3ª T., REsp 1.762.249, Min. Nancy Andrighi, j. 4.12.18, DJ 7.12.18).

Capítulo IV | DO AGRAVO INTERNO

Art. 1.021. **Contra decisão proferida pelo relator caberá agravo interno para o respectivo órgão colegiado, observadas, quanto ao processamento, as regras do regimento interno do tribunal.**[1 a 4] [Dispositivo correspondente no CPC/1973: art. 557 § 1º]

§ 1º Na petição de agravo interno, o recorrente impugnará especificadamente os fundamentos da decisão agravada.[5-5a] [Sem dispositivo correspondente no CPC/1973]

§ 2º O agravo será dirigido ao relator, que intimará o agravado para manifestar-se sobre o recurso no prazo de 15 (quinze) dias,[6] ao final do qual, não havendo retratação,[7 a 7b] o relator levá-lo-á a julgamento pelo órgão colegiado,[8-9] com inclusão em pauta.[9a-10] [Dispositivo correspondente no CPC/1973: art. 557 § 1º]

§ 3º É vedado ao relator limitar-se à reprodução dos fundamentos da decisão agravada para julgar improcedente o agravo interno. [Sem dispositivo correspondente no CPC/1973]

§ 4º Quando o agravo interno for declarado manifestamente inadmissível ou improcedente[10a a 11a] em votação unânime, o órgão colegiado, em decisão fundamentada, condenará o agravante a pagar ao agravado[11b] multa[12 a 14] fixada entre um e cinco por cento do valor atualizado da causa.[15 a 15b] [Dispositivo correspondente no CPC/1973: art. 557 § 2º]

§ 5º A interposição de qualquer outro recurso está condicionada ao depósito prévio do valor da multa prevista no § 4º,[16 a 18] à exceção da Fazenda Pública e do beneficiário de gratuidade da justiça,[19] que farão o pagamento ao final. [Dispositivo correspondente no CPC/1973: art. 557 § 2º]

Art. 1.021: 1. s/ agravo interno e: recurso adesivo, v. art. 997, nota 21c; preparo, v. art. 1.007, nota 2c; decisão do relator sobre efeito suspensivo ou tutela antecipada recursal, v. arts. 1.012, nota 29 (apelação), 1.019, nota 2 (agravo de instrumento), 1.026, nota 5c (embargos de declaração), e 1.029, nota 14 (recurso extraordinário ou especial); fungibilidade com embargos de declaração, v. art. 1.024 § 3º, bem como respectivas notas; decisão de negativa de seguimento ou sobrestamento de recurso extraordinário ou especial, v. art. 1.030 § 2º; decisão de sobrestamento de recurso especial em matéria de prejudicialidade, v. art. 1.031, nota 3; decisão que indefere pedido de exclusão do sobrestamento ou pronto reconhecimento de intempestividade de recurso extraordinário ou especial ou ainda aplica entendimento sedimentado pelos tribunais superiores, v. arts. 1.030 § 2º, 1.035 § 7º e 1.036 § 3º; tribunais superiores, v. RISTJ 259 e RISTF 317.

Art. 1.021: 1a. O agravo interno deve ser interposto no **prazo** de 15 dias (arts. 1.003 § 5º e 1.070).

Todavia, v. LR 39, nota 1.

Art. 1.021: 2. **"Agravo regimental** no mandado de segurança. Vigência do CPC de 2015. **Recebimento do recurso como agravo interno,** privilegiando a finalidade do recurso, e não o seu *nomen juris*" (STJ-Corte Especial, MS 22.615-AgRg, Min. Raul Araújo, j. 15.3.17, DJ 28.3.17).

"A invocação da denominação 'agravo regimental', a despeito de expressa previsão legal do recurso (art. 557, § 1º, do CPC), é praxe que se verifica nos Tribunais pátrios, não configurando, assim, a prática de erro grosseiro" (STJ-3ª T., REsp 294.695, Min. Nancy Andrighi, j. 26.3.01, DJU 28.5.01). Por isso, "denominar de 'agravo regimental' o agravo previsto no art. 557, § 1º, do CPC, não impede o conhecimento do recurso" (STJ-4ª T., REsp 419.230, Min. Ruy Rosado, j. 3.9.02, DJU 7.10.02).

"O recurso cabível contra decisão monocrática que nega seguimento a agravo de instrumento é o agravo interno. Art. 557, § 1º, do CPC. Agravo regimental recebido como agravo interno. Aplicação do princípio da fungibilidade" (RJTJERGS 255/149).

Art. 1.021: 3. **"Não cabe** agravo regimental **para impugnar acórdão** de Turma" (STJ-2ª T., REsp 9.588-AgRg, Min. Pádua Ribeiro, j. 23.10.91, DJU 11.11.91). No mesmo sentido: STJ-3ª T., REsp 36.604-6-AgRg, Min. Eduardo Ribeiro, j. 25.10.93, DJU 22.11.93.

"É erro grosseiro interpor agravo regimental contra acórdão" (RSTJ 148/514).

V. tb. RISTJ 259, nota 1b.

Art. 1.021: 3a. A interposição do agravo **interrompe o prazo** para outros recursos (argumento do art. 1.026-*caput*).

Todavia, cassando o efeito interruptivo do agravo, em caso de manifesto descabimento do agravo: STJ-2ª Seção, ED no REsp 233.128-AgRg, Min. Aldir Passarinho Jr., j. 24.10.07, DJU 20.11.07 (no caso, tratava-se de agravo interposto contra acórdão).

Art. 1.021: 4. "Sendo a decisão proferida no julgamento de apelação tomada monocraticamente, em observância ao art. 557 do CPC deveria a recorrente, antes de interpor recurso especial, **esgotar os recursos ordinários** cabíveis na instância de origem; *in casu*, o agravo previsto no § 1º do mencionado dispositivo" (STJ-5ª T., REsp 284.152, Min. Felix Fischer, j. 13.12.00, DJU 12.2.01). No mesmo sentido: RSTJ 147/178, 149/396.

V. RISTJ 255, nota 4-Decisão recorrível.

Art. 1.021: 5. **Súmula 182 do STJ:** "É **inviável** o agravo do art. 545 do CPC que **deixa** de **atacar** especificamente os **fundamentos** da decisão agravada" (v. jurisprudência s/ esta Súmula em RSTJ 91/401).

É condição de êxito do agravo a impugnação de todos os fundamentos da decisão a qual se opõe (RTJ 160/347, 161/689, 161/995, 161/1.026, 171/275, 175/1.210, STF-RT 775/183).

"Para a satisfação do princípio da dialeticidade, as razões do recurso devem demonstrar o desacerto dos fundamentos da decisão recorrida, independentemente de rígidas formalidades. Assim, não basta, meramente, alegar que não incide a súmula 83, se não houver demonstração de que a jurisprudência do STJ não está consolidada no sentido da decisão recorrida. O princípio é atendido, todavia, mesmo sem a alegação expressa de não incidir a súmula 83, mas sendo demonstrado que a jurisprudência do STJ conforta a tese da parte recorrente" (STJ-4ª T., Ag em REsp 1.106.545-AgInt, Min. Isabel Gallotti, j. 22.5.18, maioria, DJ 15.6.18).

"Afasta-se a incidência da Súmula 182/STJ quando, embora o agravo interno não impugne todos os fundamentos da decisão recorrida, a parte recorrente manifesta, expressamente, a concordância com a solução alcançada pelo julgador, desde que o capítulo em relação ao qual a desistência foi manifestada seja independente e não interfira na análise do mérito da irresignação" (STJ-1ª T., REsp 1.695.426-AgInt, Min. Regina Costa, j. 18.9.18, DJ 21.9.18).

"Agravo interno. Impugnação parcial. Possibilidade. Apenas a decisão de inadmissão do recurso especial é incindível em capítulos autônomos, tornando imprescindível a impugnação específica de todos os seus fundamentos. A ausência de impugnação, no agravo interno, de capítulo independente da decisão singular de mérito, proferida em recurso especial ou agravo, apenas acarreta a preclusão da matéria não impugnada, não atraindo a incidência da Súmula 182/STJ" (STJ-4ª T., Ag em REsp 969.514-AgInt-AgInt, Min. Antonio Ferreira, j. 29.6.20, DJ 1.7.20).

Art. 1.021: 5a. "A jurisprudência do STF não admite que em agravo regimental se introduza o debate sobre matéria não veiculada no recurso extraordinário" (RTJ 161/661, 161/689). V. tb. RISTF 317, nota 4, e RISTJ 259, nota 2b.

Não é possível acrescentar, em agravo interno, novo fundamento para a admissão do recurso especial denegado, mesmo que se trate de dissídio jurisprudencial superveniente ao acórdão recorrido (STJ-2ª T., AI 458.012-AgRg, Min. Franciulli Netto, j. 3.4.03, DJU 23.6.03). V. tb. RISTJ 255, nota 7e.

Art. 1.021: 6. O prazo para resposta ao agravo **dobra-se** no caso dos arts. 180 (MP), 183 (Fazenda Pública), 186 (Defensoria Pública) e 229 (litisconsortes com procuradores diferentes).

Art. 1.021: 7. A retratação pode limitar-se a trazer **novos fundamentos** para a decisão monocrática. Para tanto, não é necessário levar o agravo ao órgão colegiado. Todavia, após a retratação unipessoal nessas condições, abre-se oportunidade para a apresentação de novo agravo (STJ-1ª T., REsp 681.546-AgRg-AgRg, Min. Francisco Falcão, j. 9.8.05, DJU 7.11.05).

Art. 1.021: 7a. "**Não cabe agravo** regimental contra a decisão do relator que, **reconsiderando decisão anterior, determina a inclusão em pauta** do recurso especial para que determinada questão seja apreciada pelo colegiado. O exame isolado do recurso, na forma permitida pelo art. 557 do CPC, é faculdade do relator" (STJ-3ª T., REsp 887.243-AgRg-AgRg, Min. Gomes de Barros, j. 18.10.07, DJU 5.11.07). No mesmo sentido: STJ-1ª T., REsp 1.063.076-AgRg-AgRg-AgRg, Min. Denise Arruda, j. 27.10.09, DJ 20.11.09. Ainda, mas com a pertinente ressalva de que seria possível agravar da reconsideração para questionar a admissibilidade do agravo interno (p. ex., sua tempestividade) que ensejou tal reconsideração: STJ-2ª T., REsp 802.872-AgRg-AgRg, Min. Mauro Campbell, j. 24.8.10, DJ 24.9.10.

Art. 1.021: 7b. "Quando o relator, aplicando o artigo 557, § 1º do CPC, **reconsidera parcialmente** a decisão a ele submetida, é pertinente que seja o agravo regimental, interposto por força da parcial reconsideração, submetido a julgamento colegiado. Reconsideração parcial que atende a pedido subsidiário do agravante, mas não dispensável a submissão ao colegiado, como juiz natural. Decisão tornada sem efeito pela relatora para exame do agravo regimental pela turma julgadora" (STJ-2ª T., RMS 32.091-AgRg-AgRg, Min. Eliana Calmon, j. 14.5.13, DJ 20.5.13).

Art. 1.021: 8. Se não houver retratação do relator, o agravo interno **deve ser submetido ao órgão colegiado.** Em caso no qual o relator julgara isoladamente o agravo, por considerá-lo intempestivo, a Corte Especial do STJ cassou a respectiva decisão: "O agravo regimental não pode ser trancado pelo relator; é da natureza do recurso que, mantida a decisão, o órgão colegiado se pronuncie a respeito dela" (STJ-Corte Especial, MS 12.220, Min. Ari Pargendler, j. 19.9.07, DJU 22.10.07).

O **mandado de segurança** parece ser o remédio mais adequado no caso, dada a teratologia da decisão monocrática. Nesse sentido: STJ-3ª T., RMS 26.867, Min. Massami Uyeda, j. 15.10.09, DJ 23.11.09. Todavia, há acórdão que, a nosso ver sem razão, extinguiu o mandado de segurança sem julgamento do mérito nessas circunstâncias, por entender que deveria a parte ter interposto novo agravo interno contra a decisão do relator que isoladamente julgara seu anterior agravo interno (STJ-Corte Especial, MS 12.441, Min. Luiz Fux, j. 1.2.08, DJU 6.3.08).

A teratologia da decisão monocrática que julga o agravo interno já fez com que o STJ determinasse o processamento de recurso especial interposto diretamente contra essa decisão: "Esgotados os recursos cabíveis na via ordinária, deve ser admitido o recurso especial, mesmo que se volte contra decisão indevidamente proferida por relator" (STJ-2ª T., AI 523.755-AgRg, Min. Castro Meira, j. 4.12.03, DJU 25.2.04).

Contra, no sentido de que o próprio relator pode julgar o agravo interno, "se há grave vício formal na sua interposição, como a intempestividade, por exemplo": STJ-1ª T., REsp 925.213-AgRg-AgRg, Min. Francisco Falcão, j. 6.9.07, DJU 8.10.07.

V. tb. RISTJ 259, nota 1c.

Art. 1.021: 9. "Eventual **nulidade** da decisão monocrática resta **superada com a reapreciação** do recurso **pelo órgão colegiado,** na via de agravo regimental" (STJ-Corte Especial, REsp 1.049.974, Min. Luiz Fux, j. 2.6.10, DJ 3.8.10).

Art. 1.021: 9a. s/ inclusão em pauta, v. art. 934, nota 1a *in fine.*

Art. 1.021: 10. "Não cabe **sustentação oral** no julgamento de agravo interposto contra decisão do relator que dá provimento a recurso extraordinário com base no art. 557 § 1º-A do CPC" (RTJ 188/310: Pleno, maioria). V. tb. RISTJ 259, nota 7, e RISTF 317, nota 9.

Foi vetado o inciso VII ao art. 937, que previa sustentação oral "no agravo interno originário de recurso de apelação, de recurso ordinário, de recurso especial ou de recurso extraordinário".

Todavia, é prevista sustentação oral no agravo interno contra a decisão monocrática que extingue ação rescisória, mandado de segurança ou reclamação (v. art. 937 § 3º).

Art. 1.021: 10a. "É **inadmissível agravo** regimental em face de acórdão, por se tratar de via recursal adequada para impugnar decisão monocrática (arts. 557, § 1º, do CPC, 39 da Lei n. 8.038/90 e 258 do RISTJ). Em face do caráter infundado e protelatório do agravo, impõe-se a incidência da pena pecuniária prevista no art. 557, § 2º, do CPC" (STJ-2ª Seção, CC 106.525-AgRg, Min. João Otávio, j. 25.8.10, DJ 3.9.10). No mesmo sentido: STJ-2ª T., REsp 1.610.766-AgInt, Min. Herman Benjamin, j. 15.12.16, DJ 2.2.17.

"O recurso que alega simplisticamente que o tema não foi abordado revela-se **manifestamente infundado,** protelando a rápida solução do litígio, estando sujeito à multa prevista no art. 557, § 2º, do CPC, de 1%" (STJ-4ª T., REsp 907.411-AgRg, Min. Aldir Passarinho Jr., j. 17.4.07, DJU 28.5.07).

"Equivocando-se o recorrente quanto a qual especial encontra-se em julgamento, as razões recursais ficam dissociadas da realidade dos autos. Tal desatenção torna manifestamente improcedente e procrastinatório o agravo, razão por que aplicável a multa prevista no art. 557, § 2º, do CPC, de 3%" (STJ-4ª T., REsp 878.000-AgRg, Min. Aldir Passarinho Jr., j. 26.6.07, DJU 8.10.07).

"A interposição de recurso que distorce, de modo artificioso, a realidade das premissas utilizadas no julgamento — afirmou-se que a Corte local reconheceu a dissolução irregular — deve ser coibida, nos termos do art. 557, § 2º, parte final, do CPC" (STJ-2ª T., REsp 1.077.982-AgRg, Min. Herman Benjamin, j. 2.12.08, DJ 13.3.09).

"O inconformismo sistemático, manifestado em recursos carentes de fundamentos novos, não pode deixar de ser visto senão como abuso do poder recursal" (STF-RT 834/184).

Estando a decisão monocrática apoiada em julgamento de recurso especial repetitivo e não trazendo o agravante nenhum fundamento novo, que pudesse colocar em xeque referido precedente, reputa-se manifestamente infundado o agravo, com imposição de multa (STJ-1ª T., AI 1.070.868-AgRg, Min. Teori Zavascki, j. 5.2.09, DJ 18.2.09). "O trânsito em julgado do recurso representativo da controvérsia não é condição para a aplicação da multa prevista no § 2º do art. 557 do CPC" (STJ-2ª T., AI 1.254.140-AgRg-EDcl, Min. Mauro Campbell, j. 26.10.10, DJ 10.11.10). **Todavia:** "A interposição do agravo na apelação ocorreu antes da decisão definitiva do STJ no mencionado recurso repetitivo. E não deve ser considerado manifestamente infundado agravo em que a parte recorrente fundamenta sua pretensão em precedentes jurisprudenciais do STJ relativamente recentes e favoráveis à sua tese, ainda que tais precedentes se encontrem superados pela orientação jurisprudencial predominante em sede de recurso repetitivo" (STJ-2ª T., REsp 1.306.098, Min. Mauro Campbell, j. 27.3.12, DJ 10.4.12).

V. tb. art. 80, nota 25.

Art. 1.021: 11. "A aplicação da multa prevista no § 4º do art. 1.021 do CPC/2015 **não é automática,** não se tratando de mera decorrência lógica do não provimento do agravo interno em votação unânime. A **condenação do agravante** ao pagamento da aludida multa, a ser analisada em cada caso concreto, em decisão fundamentada, pressupõe que o agravo interno mostre-se manifestamente inadmissível ou que sua improcedência seja de tal forma evidente que a simples interposição do recurso possa ser tida, de plano, como abusiva ou protelatória, o que, contudo, não ocorreu na hipótese examinada" (STJ-2ª Seção, ED no REsp 1.120.356-AgInt, Min. Marco Bellizze, j. 24.8.16, DJ 29.8.16). "O mero inconformismo com a decisão agravada não enseja a necessária imposição da multa, prevista no § 4º do art. 1.021 do CPC/2015, quando não configurada a manifesta inadmissibilidade ou improcedência do recurso, por decisão unânime do colegiado" (STJ-1ª Seção, ED no REsp 1.311.383-AgInt, Min. Assusete Magalhães, j. 14.9.16, DJ 27.9.16).

Código de Processo Civil

Art. 1.021: 11a. A rotulação do agravo interno como manifestamente infundado ou inadmissível e a consequente condenação do agravante requerem cautela nas situações em que seja ulteriormente cabível recurso especial ou extraordinário. A exigência reiterada do esgotamento prévio das instâncias ordinárias e o consolidado entendimento de que esses recursos para os tribunais superiores não são cabíveis contra decisões monocráticas praticamente obrigam a interposição do agravo interno para a discussão da causa nessas cortes, o que é um direito constitucionalmente assegurado. Acolhendo expressamente essas ponderações: STJ-1ª T., REsp 982.341, Min. Luiz Fux, j. 15.5.08, DJ 4.8.08. **"Não é manifestamente inadmissível ou infundado** o agravo regimental interposto contra decisão monocrática, ainda que só visando ao **exaurimento da instância recursal** ordinária, para acesso à via excepcional" (STJ-Corte Especial, ED no REsp 1.078.701, Min. Hamilton Carvalhido, j. 1.4.09, DJ 23.4.09).

Art. 1.021: 11b. "As sanções impostas ao recorrente de má-fé têm como função principal a punição, e não o efeito de proporcionar vantagem à parte contrária. Ante a **inexistência de parte adversa,** a multa deverá ser revertida em custas e direcionada aos cofres públicos" (STJ-4ª T., Ag 1.306.830-EDcl-AgRg-EDcl, Min. João Otávio, j. 10.5.11, DJ 20.5.11).

Art. 1.021: 12. Res. 186 do STF, de 24.11.99 — Dispõe sobre o pagamento, no âmbito do Supremo Tribunal Federal, da multa prevista no art. 557, § 2º, do Código de Processo Civil (DJU 29.11.99, p. 1). Alterada pela Res. 446 do STF, de 26.11.10.

Art. 1.021: 12a. "As isenções constantes do **art. 18 da Lei 7.347/85** não desobrigam a associação do recolhimento da multa inserta no art. 557, § 2º do Código de Processo Civil" (STJ-4ª T., AI 1.196.309-AgRg-EDcl, Min. Luis Felipe, j. 3.8.10, DJ 16.8.10).

Art. 1.021: 13. A **multa** prevista neste artigo tem finalidade **punitiva,** o que impede sua cumulação com outras sanções igualmente punitivas, caso das multas previstas nos arts. 77 § 2º e 81-*caput*.

Nesse sentido, afastando a **cumulação entre as sanções** punitivas para a litigância de má-fé e para o agravo inadmissível ou infundado, com a prevalência desta no caso concreto, em razão da sua maior especificidade: STJ-1ª Seção, ED no REsp 584.808, Min. Humberto Martins, j. 9.5.07, DJU 21.5.07. **Contra,** a nosso ver sem razão, cumulando multa por ato atentatório ao exercício da jurisdição e por agravo inadmissível ou infundado: STJ-2ª T., REsp 917.335-AgRg, Min. Castro Meira, j. 19.8.10, DJ 30.8.10.

Todavia, não há óbices para a cumulação da multa prevista neste artigo com o pagamento das demais verbas previstas no art. 81-*caput* (escopo reparatório) nem com a multa prevista nos arts. 537-*caput*, 806 § 1º e 814-*caput* (finalidade coercitiva). A imposição da multa do art. 1.021 § 4º não fica prejudicada em razão da prática de outro ato passível de punição, que será objeto de sanção própria.

Cumulando a multa por agravo inadmissível ou infundado com a indenização por litigância de má-fé: STJ-4ª T., REsp 1.148.585-EDcl, Min. Luis Felipe, j. 15.4.10, DJ 11.5.10.

S/ requisitos para a cumulação de sanções, v. art. 81, nota 9.

Art. 1.021: 14. "A **multa** a que se refere o § 2º do art. 557, do CPC, só é aplicável nas decisões colegiadas que apreciam o agravo regimental manejado contra a decisão do relator que negou seguimento a agravo de instrumento, **não se cogitando** de sua incidência por ocasião do aludido **provimento monocrático"** (STJ-2ª T., AI 290.731-AgRg-EDcl, Min. Paulo Gallotti, j. 6.2.01, DJU 3.9.01).

Art. 1.021: 15. "Se, perante o valor elevado da causa, é demasiada a multa imposta com base no art. 557, § 2º, c.c. arts. 14, II e III, e 17, VII, do CPC, pode esta ser reduzida a **valor inferior ao mínimo,** nos termos do seu art. 18" (STF-RT 854/124: 1ª T., AI 534.564-AgRg-EDcl). No mesmo sentido, com a seguinte ponderação: "O valor excessivo da sanção pecuniária, como na hipótese, implica a mitigação do princípio constitucional do amplo acesso à justiça, previsto no art. 5º, XXXV, da Constituição Federal, pois o não pagamento da multa obsta o direito de recorrer" (STJ-4ª T., Ag 1.357.956-AgRg-EDcl, Min. Luis Felipe, j. 2.8.11, DJ 10.8.11). Ainda: STF-RT 860/181 (2ª T., AI 564.963-AgRg-EDcl).

Art. 1.021: 15a. A **base de cálculo** da multa é o valor da causa corrigido monetariamente, e não o valor da condenação (STJ-1ª Seção, ED no REsp 794.079-AgRg-EDcl, Min. Castro Meira, j. 9.2.11, DJ 22.2.11).

Art. 1.021: 15b. "Não tendo a parte atribuído valor à causa na **reclamação,** não há ilegalidade na incidência da multa sobre o **valor** atualizado **da causa em que tirada** a reclamação, na medida em que representa o conteúdo econômico ou o benefício que a parte pretende obter com a demanda" (STJ-Corte Especial, MS 25.014-AgInt, Min. Jorge Mussi, j. 27.8.19, DJ 2.9.19).

Art. 1.021: 16. "O depósito prévio da multa e sua comprovação constituem óbice à análise de mérito de **recurso subsequente** que vise a impugnar a mesma matéria já decidida e em razão da qual foi imposta a sanção, não o recurso interposto em outra fase processual e impugnando matéria diversa. No caso concreto, a multa foi aplicada em sede de agravo regimental em recurso especial e o presente agravo de instrumento foi intentado contra decisão que, em fase de cumprimento de sentença, arbitrou honorários advocatícios de 10% sobre o valor da condenação, merecendo reforma o acórdão recorrido ao exigir o prévio recolhimento da multa para conhecimento do novo recurso" (STJ-4ª T., REsp 1.354.977, Min. Luis Felipe, j. 2.5.13, DJ 20.5.13).

V. tb. art. 1.026, nota 12b.

Art. 1.021: 17. "O prévio recolhimento da multa constitui pressuposto de admissibilidade de qualquer recurso que venha a ser interposto. Hipótese em que o **vício** apontado pela embargante **impossibilita o próprio recolhimento da multa,** não se podendo deixar de conhecê-lo sob o fundamento de que não teria havido comprovação do recolhimento. As demais questões suscitadas nos embargos, por não guardarem relação de prejudicialidade com o recolhimento da multa, têm seu conhecimento condicionado à sua comprovação" (STJ-3ª T., REsp 1.689.528-AgInt-EDcl, Min. Paulo Sanseverino, j. 24.4.18, DJ 30.4.18).

"A multa imposta como requisito de admissibilidade para novos recursos somente obsta o conhecimento das irresignações supervenientes que tenham por objetivo discutir matéria já apreciada e com relação à qual tenha ficado reconhecida a existência de abuso no direito de recorrer. No caso dos autos, os embargos de declaração manejados discutem, unicamente, a multa anteriormente cominada, o que constitui matéria inteiramente nova. Impossível, assim, negar conhecimento aos embargos por falta de pagamento da multa" (STJ-3ª T., Ag em REsp 1.161.064-AgInt-EDcl-EDcl, Min. Moura Ribeiro, j. 1.7.19, DJ 6.8.19).

Caso em que se acolheram embargos de declaração para a explicitação da base de cálculo para a multa, sem exigência de depósito prévio, até porque não se sabia até então se a sanção deveria ser calculada à luz do valor atribuído à demanda inicial ou à reconvenção: STJ-3ª T., Ag em REsp 1.424.121-AgInt-EDcl, Min. Paulo Sanseverino, j. 14.10.19, DJ 18.10.19.

V. tb. art. 1.026, nota 12c.

Art. 1.021: 18. Aceitando a oferta de **fiança bancária** no lugar do depósito do valor da multa: STJ-4ª T., REsp 1.734.402-AgInt-EDcl, Min. Isabel Gallotti, j. 11.9.18, maioria, DJ 23.11.18. Do voto da relatora: "Há, no caso, relevante razão para a aceitação da carta de fiança, especialmente considerando-se o valor elevadíssimo da multa, a ausência de prejuízo para a parte adversária, e a relevância das razões da recorrente".

Art. 1.021: 19. v. art. 99, nota 18.

Capítulo V | DOS EMBARGOS DE DECLARAÇÃO

Art. 1.022. Cabem embargos de declaração[1 a 5] contra qualquer decisão judicial[5a a 10a] para:[11 a 12] [Dispositivo correspondente no CPC/1973: art. 535-*caput*]

I — esclarecer obscuridade[13-13a] ou eliminar contradição;[14 a 15] [Dispositivo correspondente no CPC/1973: art. 535-I]

II — suprir omissão[16 a 18] de ponto ou questão sobre o qual devia se pronunciar o juiz de ofício ou a requerimento; [Dispositivo correspondente no CPC/1973: art. 535-II]

III — corrigir erro material.[19-19a] [Sem dispositivo correspondente no CPC/1973]

Parágrafo único. Considera-se omissa a decisão que: [Sem dispositivo correspondente no CPC/1973]

I — deixe de se manifestar sobre tese firmada em julgamento de casos repetitivos[20] ou em incidente de assunção de competência[21] aplicável ao caso sob julgamento; [Sem dispositivo correspondente no CPC/1973]

II — incorra em qualquer das condutas descritas no art. 489, § 1º. [Sem dispositivo correspondente no CPC/1973]

Art. 1.022: 1. s/ embargos de declaração, v. arts. 85, notas 56 e 57 (embargos de declaração contra decisão omissa acerca de honorários), 138 § 1º (embargos de declaração do *amicus curiae*), 435, nota 1 (juntada de documento novo com embargos de declaração), 941, nota 5 (embargos de declaração sobre tema relativo à composição da turma julgadora), 994, nota 2 (princípio da unirrecorribilidade), 997, nota 21a (embargos de declaração adesivos), 1.008, nota 4 (natureza complementar do acórdão de embargos de declaração), 1.009, nota 3 (fungibilidade com apelação), LJE 48 a 50 (Juizado Especial), RISTJ 263 a 265, RISTF 337 a 339.

Art. 1.022: 1a. Em regra, a parte é livre para decidir se oporá **embargos de declaração** para a sanação do vício embargável **ou** se lançará mão de **outro recurso** para tanto, talhado para a cassação ou a substituição da decisão viciada. No caso do erro material, a rigor, sequer é preciso embargar ou por outra forma recorrer do pronunciamento imperfeito; o vício pode ser sanado até mesmo depois do trânsito em julgado, de ofício ou por simples requerimento (v. art. 494-I, em especial, nota 8).

"Omissa a sentença, no que tange ao ônus da sucumbência, não necessitará a parte de lhe opor embargos de declaração, pois que a matéria se inclui na amplitude da devolução contida no art. 515, § 1º, do CPC" (STJ-3ª T., REsp 32.841-3, Min. Dias Trindade, j. 4.5.93, maioria, DJU 31.5.93). "Em se tratando de honorários, irrelevante que a parte apelante não tenha anteriormente manifestado declaratórios a fim de que fosse sanada a omissão. Segundo boa doutrina, a parte pode pedir ao tribunal que, nos termos do art. 515, § 1º, CPC, aprecie essa questão, sobre a qual o juiz não se pronunciou" (STJ-RF 353/281 e Ajuris 78/391). No mesmo sentido: JTA 70/172, RJTAMG 60/111.

Todavia, no caso de pronunciamento omisso impugnável por recurso extraordinário ou especial, a oposição dos embargos de declaração é mandatória, sob pena de se comprometer o acesso aos tribunais superiores, dada a exigência do prequestionamento.

V. tb. art. 1.025.

Art. 1.022: 2. "O interesse em recorrer na via dos embargos declaratórios **prescinde da sucumbência**" (STF-2ª T., RE 221.196-5-EDcl, Min. Marco Aurélio, j. 30.6.98, DJU 23.10.98). No mesmo sentido: RTRF-3ª Reg. 24/213.

"Pedir declaração não é ônus de quem foi vencido, mas de qualquer das partes a que interesse o esclarecimento ou integração do julgado" (RSTJ 136/227; do voto do Min. Eduardo Ribeiro, à p. 233).

Se não foi apreciado integralmente pedido formulado, qualquer das partes pode embargar de declaração, e não apenas a que deduziu o pedido, porque o julgamento integral da demanda a ambas interessa (TFR-6ª T., Ag 57.702, Min. Eduardo Ribeiro, j. 26.10.88, Bol. do TFR 160/21).

Art. 1.022: 2a. "Os embargos declaratórios **não consubstanciam crítica** ao ofício judicante, **mas** servem-lhe ao **aprimoramento.** Ao apreciá-los, o órgão deve fazê-lo com espírito de compreensão, atentando para o fato de consubstanciarem verdadeira contribuição da parte em prol do devido processo legal" (STF-2ª T., AI 163.047-5-AgRg-EDcl, Min. Marco Aurélio, j. 18.12.95, DJU 8.3.96).

Art. 1.022: 3. "O órgão judicial, para expressar a sua convicção, não precisa aduzir **comentários sobre todos os argumentos** levantados pelas partes. Sua fundamentação pode ser sucinta, pronunciando-se acerca do motivo que, por si só, achou suficiente para a composição do litígio" (STJ-1ª T., AI 169.073-AgRg, Min. José Delgado, j. 4.6.98, DJU 17.8.98). No mesmo sentido: RSTJ 148/356, RT 797/332, RJTJESP 115/207, JTJ 349/638 (AP 991.09.051344-5-EDcl).

Não é bem assim. O exame exauriente de um aspecto da causa que dê sustento ao dispositivo nem sempre será suficiente para a completeza da motivação. Afinal, podem existir outros aspectos influentes na solução da controvérsia. Por isso, toda vez que o julgador houver deixado de enfrentar **argumentos autonomamente suficientes** para o acolhimento de pretensão deduzida em juízo, ele deverá apreciá-los quando provocado por meio de embargos de declaração. Tal apreciação ganha ainda mais relevo quando se tratar de argumentos apresentados pela parte vencida no julgamento.

Em síntese: "O Tribunal não está obrigado a responder questionário das partes. Entretanto, deve examinar questões, oportunamente suscitadas, e que, se acolhidas, poderiam levar o julgamento a um resultado diverso do ocorrido" (STJ-2ª T., REsp 696.755, Min. Eliana Calmon, j. 16.3.06, DJU 24.4.06).

V. tb. nota 16a.

Art. 1.022: 4. "Descabem embargos de declaração para suscitar **questões novas,** anteriormente não ventiladas" (STJ-4ª T., REsp 1.757, Min. Sálvio de Figueiredo, j. 13.3.90, DJU 9.4.90). Em sentido semelhante: RTFR 148/159, RT 592/176, RJTJESP 67/250, JTA 85/276, 91/108, 91/384, 94/275, 99/351, 100/364, Lex-JTA 72/357, 75/330.

"**À exceção das questões de ordem pública** (*verbi gratia*, previstas no § 3º do art. 267 do CPC), não pode a parte suscitar questão nova (ou seja, que não constou das razões de apelação) em embargos de declaração" (STJ-2ª T., REsp 127.643, Min. Adhemar Maciel, j. 4.8.98, DJU 8.9.98).

"Questão de ordem pública (coisa julgada) suscitada em sede de embargos declaratórios. Ainda que suscitadas tão somente em sede de embargos de declaração, deve o tribunal pronunciar-se sobre as questões de ordem pública **apreciáveis de ofício**" (STJ-2ª T., REsp 122.003, Min. Adhemar Maciel, j. 1.9.97, DJU 29.9.97). No mesmo sentido: STJ-4ª T., REsp 487.927, Min. Aldir Passarinho Jr., j. 25.2.03, maioria, DJU 5.5.03.

Veiculado ineditamente em embargos de declaração o tema da ilegitimidade *ad causam*, que é cognoscível de ofício, a matéria deve ser enfrentada no julgamento dos embargos (STJ-5ª T., REsp 711.227, Min. Laurita Vaz, j. 23.8.05, DJU 26.9.05; STJ-3ª T., Ag em REsp 604.385-EDcl-AgRg, Min. Moura Ribeiro, j. 1.3.16, DJ 7.3.16). No mesmo sentido, para: inadmissibilidade de recurso (STJ-2ª T., REsp 1.177.677-EDcl, Min. Mauro Campbell, j. 4.8.11, DJ 15.8.11; STJ-3ª T., REsp 1.291.233, Min. Sidnei Beneti, j. 13.12.11, DJ 19.12.11); prescrição (STJ-2ª T., REsp 1.225.624, Min. Castro Meira, j. 18.10.11, DJ 3.11.11); decadência (STJ-1ª T., Ag em REsp 111.356-AgRg, Min. Ari Pargendler, j. 4.4.13, DJ 10.4.13); impenhorabilidade do bem de família (v. LBF 3º, nota 1).

V. nota 17. V. tb. TÍT. II, nota 2, que antecede o art. 994, e arts. 1.003, nota 16, e 1.007, notas 3 e 21 (requisitos de admissibilidade dos recursos). V. ainda art. 493, nota 13 (fato superveniente).

Art. 1.022: 5. "Os **segundos embargos declaratórios** devem alegar obscuridade, omissão, dúvida, ou evidente erro material do acórdão prolatado nos primeiros embargos, não cabendo atacar aspectos já resolvidos nesta decisão declaratória precedente e, muito menos, questões situadas no acórdão primitivamente embargado" (STF-2ª T., RE 229.328-AgRg-EDcl-EDcl, Min. Ellen Gracie, j. 10.6.03, DJU 1.8.03). No mesmo sentido: RTJ 97/328, 97/1.113, 115/372, 116/234, 177/440; STJ-4ª T., Ag em REsp 1.395.979-AgInt-EDcl-EDcl, Min. Raul Araújo, j. 3.12.19, DJ 19.12.19; RSTJ 88/28, 111/246; RT 629/123, 634/126; RJTJESP 113/382; RP 21/299.

"Os segundos embargos de declaração se prestam para sanar eventual vício existente no julgamento do primeiro incidente declaratório, não para suscitar questão relativa a julgado anterior e que não foi arguida nos primeiros embargos declaratórios" (STJ-3ª Seção, MS 7.728-EDcl-EDcl, Min. Felix Fischer, j. 23.6.04, DJU 23.8.04).

Art. 1.022: 5a. Cabem embargos de declaração contra todo e qualquer pronunciamento judicial, inclusive contra **despacho,** que pode conter vícios embargáveis prejudiciais ao andamento do processo.

Contra: "É incabível a oposição de embargos de declaração em face de ato judicial que determina a intimação da parte para regularizar o preparo. Isso porque esse ato possui natureza jurídica de despacho e não de decisão, sendo portanto, irrecorrível, nos termos do art. 1.001 do CPC/15" (STJ-4ª T., Ag em REsp 1.381.749-EDcl-AgInt-EDcl, Min. Marco Buzzi, j. 26.11.19, DJ 27.11.19).

V. tb. art. 1.007, nota 14a.

Art. 1.022: 6. **"Decisão interlocutória.** Os embargos declaratórios são cabíveis contra qualquer decisão judicial e, uma vez interpostos, interrompem o prazo recursal" (STJ-RF 349/235 e RP 103/327: Corte Especial, 10 votos a 4). Mais recentemente: STJ-2ª T., REsp 1.017.135, Min. Carlos Mathias, j. 17.4.08, DJU 13.5.08. No mesmo sentido: RT 739/313, 799/271, JTJ 204/222, JTA 66/178, 114/55, 121/59, Lex-JTA 155/264, 161/73, RJ 250/87, RJTAMG 65/56, RTJE 165/224.

Art. 1.022: 7. "As **decisões exaradas pelo relator** expõem-se a embargos declaratórios, opostos no escopo de obviar omissões e contradições ou obscuridades — tudo em homenagem ao princípio da motivação" (STJ-1ª T., REsp 190.488, Min. Gomes de Barros, j. 1.12.98, dois votos vencidos, DJU 22.3.99). No mesmo sentido, ponderando que, como todo ato judicial, a decisão de relator deve ser fundamentada e, por ser "recorrível, deve exaurir a questão, sem omissão ou contradição, para permitir o recurso": STJ-4ª T., RMS 12.172, Min. Ruy Rosado, j. 15.2.01, DJU 2.4.01.

V. tb. art. 1.024 § 2º. V. ainda art. 932, nota 2, com acórdãos que reforçam a competência do prolator da decisão embargada para apreciar os subsequentes embargos de declaração e, consequentemente, o cabimento destes no caso.

S/ fungibilidade entre embargos de declaração e agravo interno, v. art. 1.024 § 3º.

Art. 1.022: 8. Cabem embargos de declaração para a juntada aos autos ou elucidação de **voto vencido.**

"Caracterizada a omissão de não haver sido juntado aos autos o teor do voto vencido, acolhem-se os embargos de declaração" (STJ-4ª T., REsp 110.336-EDcl, Min. Sálvio de Figueiredo, j. 17.10.02, DJU 1.9.03).

"Tendo sido contraditório o voto de um dos desembargadores que participaram do julgamento da apelação, havendo incerteza sobre se vencido ou vencedor e, via de consequência, se majoritária ou unânime a decisão colegiada, impunha-se à parte buscar dissipar a indefinição pela via própria dos embargos declaratórios" (STJ-4ª T., REsp 18.461, Min. Sálvio de Figueiredo, j. 14.6.93, DJU 2.8.93).

Ponderando que os embargos, nesse caso, devem ser dirigidos ao prolator do voto vencido: "Cabem embargos declaratórios, dirigidos ao prolator, contra voto-vencido proferido em apelação ou rescisória para viabilizar a oposição de embargos infringentes — tudo em homenagem ao princípio da ampla defesa" (RSTJ 191/277 e RP 121/218: 3ª T., REsp 242.100).

V. tb. arts. 941 § 3º, em especial nota 7, e 942, nota 3.

Art. 1.022: 9. Embargos de declaração dirigidos **concomitantemente ao acórdão e ao voto vencido:** "Decisão proferida por um colegiado é una, ainda que não unânime. O entendimento ali manifestado reflete o que foi decidido pelo que incabível dividir-se os embargos de declaração em partes distintas, atribuindo-os a Ministros diversos" (STJ-2ª Seção, AR 1.228-EDcl, Min. Pádua Ribeiro, j. 23.2.05, DJU 20.4.05).

Art. 1.022: 10. "Constatado erro material no **relatório do acórdão** ora embargado, devem ser acolhidos os embargos aclaratórios" (STJ-1ª T., AI 1.056.081-AgRg-EDcl, Min. Benedito Gonçalves, j. 5.2.09, DJ 2.3.09).

"Evidenciada a carência de relato das razões recursais essenciais, há omissão sanável por embargos declaratórios" (STJ-3ª T., AI 828.826-AgRg-EDcl, Min. Gomes de Barros, j. 20.9.07, DJU 8.10.07).

Art. 1.022: 10a. Cabem embargos de declaração contra a **decisão** do tribunal recorrido **que admite ou denega o recurso especial** (RSTJ 46/548, maioria).

Contra: "Não cabem embargos de declaração da decisão que não admite o recurso extraordinário" (STF-1ª T., AI 588.190-AgRg, Min. Ricardo Lewandowski, j. 3.4.07, DJU 8.6.07). No mesmo sentido: STJ-2ª T., AI 1.221.274-AgRg, Min. Humberto Martins, j. 23.2.10, DJ 8.3.10; STJ-4ª T., Ag 734.465-AgRg, Min. Isabel Gallotti, j. 7.4.11, DJ 28.4.11; Lex-JTA 141/200.

Com a devida vênia, as decisões que negam o cabimento dos embargos nesse caso não se coadunam com a ideia de que todo pronunciamento judicial é embargável.

V. tb. art. 1.026, nota 2b.

Art. 1.022: 11. Malgrado não contemplado pelo legislador no rol de vícios embargáveis, o chamado **erro evidente,** que não se confunde com o erro material e consiste em manifesto equívoco na análise dos fatos ou na aplicação do direito, também autoriza a oposição de embargos de declaração.

Assim, a jurisprudência tem permitido em sede de embargos de declaração a correção de erro relativo:

— a **nulidades *pleno jure,*** tais as que decorrem da falta de regular formação da relação processual (STJ-RF 323/179);

— à **tempestividade da contestação** (STJ-4ª T., REsp 13.100, Min. Athos Carneiro, j. 29.6.92, DJU 3.8.92);

— à fixação do **valor da causa** (STJ-1ª T., REsp 591.351-AgRg-EDcl-EDcl, Min. Luiz Fux, j. 5.9.06, DJU 21.9.06);

— à participação de **juiz impedido** no julgamento embargado (RTJ 89/548);

— a uma **premissa equivocada** de que haja partido a decisão embargada (STF-1ª T., RE 207.928-6-EDcl, Min. Sepúlveda Pertence, j. 14.4.98, DJU 15.5.98). No mesmo sentido: RSTJ 39/289 e STJ-RJ 185/554, maioria; RSTJ 47/275, maioria; STJ-3ª T., AI 632.184-AgRg-EDcl-EDcl-EDcl, Min. Nancy Andrighi, j. 19.9.06, DJU 2.10.06; STJ-1ª T., REsp 912.564-EDcl, Min. Teori Zavascki, j. 21.8.07, dois votos vencidos, DJU 27.9.07; STJ-2ª T., REsp 1.051.059-AgRg-EDcl-EDcl-EDcl, Min. Og Fernandes, j. 17.12.13, DJ 3.2.14;

— à **qualificação jurídica do fato** (JTA 93/385);

— à falta de **exame da prova** pela decisão embargada (STJ-3ª T., Ag 19.937-AgRg, Min. Nilson Naves, j. 25.5.92, DJU 15.6.92). No caso, tratava-se de ação renovatória de locação, em que o acórdão da apelação se limitou a dizer que o locador gozava da presunção de sinceridade para a retomada, omitindo-se a respeito das provas dos autos; em embargos de declaração, a turma julgadora analisou a prova produzida pelo locador, concluiu que a insinceridade do pedido de retomada restara demonstrada e mudou o resultado do julgamento. **Contra,** no sentido de que os embargos de declaração não se prestam à correção de errônea apreciação de prova: STJ-3ª T., REsp 45.676-2, Min. Costa Leite, j. 10.5.94, DJU 27.6.94;

— a **"documento juntado** aos autos **após a sentença, por falha cartorária.** Fato que levou o julgador a declarar extinto o processo sem apreciação do mérito. Embargos declaratórios acolhidos pelo magistrado para declarar nulas as partes motivadora e dispositiva da sentença e, por via de consequência, julgar elidido o pedido de falência" (JTJ 259/210);

— à **decisão *ultra petita,*** assim reconhecida por ocasião do julgamento dos embargos (STJ-1ª T., REsp 716.415-EDcl-EDcl, Min. Luiz Fux, j. 4.12.08, DJ 15.12.08; RSTJ 50/556);

— a **"julgamento *extra petita*",** assim reconhecido por ocasião da apreciação dos embargos (STJ-3ª T., REsp 400.401-EDcl, Min. Gomes de Barros, j. 25.9.06, DJU 16.10.06);

— à **"parte dispositiva** do julgado" (STJ-2ª T., REsp 942.628-EDcl, Min. Eliana Calmon, j. 14.10.08, DJ 6.11.08);

— à fixação dos **honorários advocatícios** (STJ-2ª T., REsp 942.887-EDcl, Min. Herman Benjamin, j. 11.12.07, DJ 25.8.08) ou à condenação no seu pagamento (STJ-2ª Seção, ED no REsp 1.354.963-EDcl, Min. Luis Felipe, j. 22.10.14, DJ 29.10.14);

— à imposição de sanção por **litigância de má-fé,** quando, na verdade, não se fazia presente comportamento desleal (STF-RDDP 56/152 e RT 865/125: 2ª T., RE 470.135-AgRg-EDcl);

— à falta de abertura de **vista** para **contra-arrazoar recurso adesivo** (RJTJERGS 168/153);

— ao esquecimento do prévio deferimento do pedido de **adiamento do julgamento** do recurso equivocadamente julgado (STJ-4ª T., REsp 19.564, Min. Barros Monteiro, j. 18.5.92, DJU 22.6.92);

— à publicação da **pauta** para **julgamento** (STF-Pleno, RE 89.293-1-EDcl, Min. Leitão de Abreu, j. 21.2.79, DJU 6.4.79; STJ-4ª T., REsp 888.044, Min. Luis Felipe, j. 8.11.11, DJ 29.11.11; RJTJESP 104/337). V. tb. art. 934, nota 1a *in fine;*

— à **tempestividade de recurso** não conhecido (STF-RT 600/238; STJ-1ª T., REsp 799.564-EDcl-EDcl, Min. Teori Zavascki, j. 13.5.08, DJU 21.5.08; STJ-2ª T., REsp 1.157.849-EDcl, Min. Herman Benjamin, j. 1.3.11, DJ 26.5.11; STJ-4ª T., AI 387.132-AgRg-EDcl, Min. Cesar Rocha, j. 5.3.02, DJU 29.4.02; STJ-6ª T., AI 595.036-AgRg-EDcl, Min. Nilson Naves, j. 20.8.09, DJ 16.11.09; RT 618/194, 633/163, RJTJESP 50/25, 96/366, JTA 38/389, 55/168, 59/313, 94/352, Lex-JTA 73/257, 74/215, Bol. AASP 1.290/213, 1.436/154, RP 39/317). V. tb. art. 494, nota 11;

— à **intempestividade de recurso** conhecido (STJ-1ª T., REsp 902.353-AgRg-EDcl, Min. Luiz Fux, j. 17.6.08, DJ 7.8.08);

— à desatenção para com a **prévia desistência do recurso,** que acabou sendo julgado (STF-RTJ 97/1.213). V. tb. art. 998, nota 2a;

— à existência de **assinatura** na petição (STJ-2ª T., AI 977.163-EDcl, Min. Eliana Calmon, j. 16.10.08, DJ 10.11.08; no caso, o acórdão embargado entendera ausente a assinatura que, na verdade, fazia-se presente);

— à **desatenção** para com a **deserção,** que fora ignorada no julgamento do recurso (RTJ 160/666);

— à rotulação do recurso como **deserto** (STJ-5ª T., RMS 12.469, Min. Arnaldo Esteves, j. 15.12.05, DJU 10.4.06; no caso, o recorrente era beneficiário da assistência judiciária gratuita e o acórdão embargado desconsiderou esse fato). No mesmo sentido: STJ-2ª T., REsp 1.024.061-AgRg, Min. Eliana Calmon, j. 17.6.08, DJ 6.8.08 (no caso, a guia de recolhimento fora preenchida corretamente, ao contrário do suposto pelo acórdão embargado);

— à "aferição das **peças** que instruem o **agravo de instrumento,** conhecendo-se, por conseguinte, deste agravo" (STJ-2ª T., AI 841.403-AgRg-EDcl, Min. Eliana Calmon, j. 19.6.07, DJU 29.6.07). No mesmo sentido: STJ-3ª T., AI 624.704-AgRg-EDcl, Min. Castro Filho, j. 28.6.07, DJ 5.8.08; STJ-4ª T., AI 1.004.937-AgRg-EDcl, Min. Aldir Passarinho Jr., j. 21.8.08, DJ 29.9.08. Ainda, também sanando erro no exame das peças do agravo, mas para considerar ausente o que antes se reputou presente e não conhecer do recurso anteriormente conhecido: STJ-3ª T., AI 844.522-AgRg-AgRg-EDcl, Min. Nancy Andrighi, j. 13.5.08, DJU 28.5.08;

— ao **prequestionamento em recurso especial,** o qual, por equívoco, havia sido afastado pelo acórdão embargado (STF-2ª T., Ag 97.807-1-AgRg-EDcl, Min. Aldir Passarinho, j. 31.10.86, DJU 28.11.86; STF-1ª T., RE 113.005-9-EDcl, Min. Néri da Silveira, j. 16.6.87, DJU 16.10.87; STJ-1ª T., REsp 412.634, Min. José Delgado, j. 20.3.03, DJU 9.6.03; STJ-2ª T., AI 696.509-AgRg-EDcl, Min. Humberto Martins, j. 18.11.08, DJ 12.12.08; STJ-3ª T., REsp 681.740-EDcl-EDcl, Min. Nancy Andrighi, j. 14.12.06, DJU 5.2.07);

— à **desatenção** para com a **interposição de recurso extraordinário,** que impedia o trancamento do recurso especial sob o argumento de falta de impugnação aos fundamentos constitucionais do acórdão recorrido (STJ-2ª T., REsp 762.469-EDcl, Min. Castro Meira, j. 21.2.06, DJU 13.3.06);

— à falta de atenção para com a **não interposição** de **recurso extraordinário,** que impedia o conhecimento do recurso especial anteriormente conhecido, à luz da Súmula 126 do STJ (STJ-2ª T., REsp 900.130-AgRg-EDcl, Min. Humberto Martins, j. 12.8.08, DJ 22.8.08);

— ao exame do **dissídio jurisprudencial,** que estava caracterizado, em vez do que dissera o acórdão embargado (STF-1ª T., RE 92.200-8-EDcl, Min. Oscar Corrêa, j. 21.9.82, DJU 22.10.82; STJ-5ª T., REsp 408.478-EDcl, Min. Arnaldo Esteves, j. 7.12.06, DJU 5.2.07; STJ-2ª T., AI 431.715-AgRg-EDcl, Min. Humberto Martins, j. 15.4.08, DJU 25.4.08);

— à "decisão que, incorrendo em **erro de fato, julgou o recurso** como se a **matéria** deste fosse **outra"** (STF-2ª T., RE 173.691-1-EDcl, Min. Carlos Velloso, j. 23.2.96, DJU 3.5.96). "Verificada a ocorrência de erro de premissa fática no julgamento do recurso especial, consistente no julgamento de matéria diversa da constante nos autos, acolhem-se os embargos de declaração para anular o acórdão exarado e, posteriormente, reincluir o feito em pauta" (STJ-2ª T., REsp 1.237.176-EDcl, Min. Eliana Calmon, j. 20.8.13, DJ 28.8.13). Também em situação na qual o julgamento se apoiou em matéria que nada tinha a ver com o objeto do recurso, a 1ª Turma do STJ, provocada por embargos de declaração, entendeu estar diante de erro material e anulou, de ofício, o acórdão embargado (STJ-1ª T., REsp 946.509-AgRg-EDcl, Min. Luiz Fux, j. 25.3.08, DJU 14.4.08). Ainda: "Com a constatação da existência de **erro material** no acórdão embargado, cujos fundamentos não se referem à presente causa, deve ser anulado o julgamento dos primeiros embargos, para que se aprecie as razões dos aclaratórios" (STJ-Corte Especial, Ag em REsp 368.525-AgRg-EDcl-RE-AgRg-EDcl-EDcl, Min. Laurita Vaz, j. 1.10.14, DJ 28.10.14). V. tb. art. 494, nota 7a.

Art. 1.022: 11a. Alteração no entendimento jurisprudencial. "Os embargos de declaração não são o instrumento adequado para revisar orientação do órgão julgador que, à época da sua prolação, mostrava-se escorreita; por isso que não é autorizada a atribuição de efeito infringente ao referido recurso, com o escopo de adaptar as decisões judiciais às teses jurídicas posteriormente consolidadas pelos Tribunais" (STJ-Corte Especial, ED no AI 930.766, Min. Luiz Fux, j. 29.6.10, DJ 19.8.10). No mesmo sentido, ainda que a alteração de entendimento jurisprudencial decorra de ulterior julgamento de recurso especial repetitivo: STJ-Corte Especial, ED no REsp 1.019.717-AgRg-EDcl-EDcl-EDcl, Min. Nancy Andrighi, j. 20.9.17, maioria, DJ 27.11.17.

"Não tendo ocorrido erro material, omissão, contradição ou obscuridade no acórdão de agravo de instrumento, a simples mudança de entendimento do Tribunal *a quo* a respeito de matéria já apreciada anteriormente não autoriza a atribuição de efeitos infringentes aos embargos de declaração" (STJ-3ª T., REsp 1.016.848, Min. Massami Uyeda, j. 2.6.11, DJ 14.6.11). No caso, o acórdão dos embargos de declaração foi corretamente cassado no julgamento do recurso especial. Também cassando no julgamento de recurso especial acórdão de embargos de declaração proferido em circunstâncias semelhantes: STJ-2ª T., REsp 6.276, Min. Ilmar Galvão, j. 12.12.90, DJU 4.2.91; RSTJ 21/289, 24/400.

Acórdão de embargos de declaração que indevidamente modifica o acórdão embargado pode ser desconstituído por meio de ação rescisória (JTA 108/390).

Contra, acolhendo os embargos nessas circunstâncias para conformar o julgado à alteração no entendimento jurisprudencial: STJ-1a T., AI 668.689-AgRg-EDcl, Min. Denise Arruda, j. 27.2.07, DJU 15.3.07; STJ-6ª T., AI 1.014.344-AgRg-EDcl, Min. Og Fernandes, j. 2.12.08, DJ 19.12.08; STJ-5a T., AI 547.987-AgRg-EDcl, Min. Arnaldo Esteves, j. 10.5.07, DJU 28.5.07; STJ-2ª T., AI 643.552-AgRg-EDcl, Min. Humberto Martins, j. 25.11.08, DJ 16.12.08; STJ-4ª T., AI 1.016.672-AgRg-EDcl, Min. Aldir Passarinho Jr., j. 4.9.08, DJ 20.10.08.

Ainda contra, endossando acórdão de tribunal local que acolheu embargos para "conformar o julgado à pacífica jurisprudência do STJ quanto à matéria": STJ-Bol. AASP 2.593 (3ª T., REsp 970.190).

"O precedente jurisprudencial submetido ao rito do art. 543-C é dotado de carga valorativa qualificada. Dessa forma, mesmo quando não estão presentes as hipóteses previstas no art. 535 do CPC, é possível, excepcionalmente, acolher os embargos declaratórios com efeitos modificativos, a fim de se adequar o julgamento da matéria ao que restou pacificado pela Corte no âmbito dos recursos repetitivos" (STJ-2ª T., REsp 1.167.079-AgRg-EDcl, Min. Mauro Campbell, j. 22.2.11, DJ 4.3.11). Em sentido semelhante: STF-Pleno, RE 631.102-EDcl, Min. Dias Toffoli, j. 14.12.11, maioria, DJ 2.5.12; STJ-1ª T., Ag em REsp 20.565-AgRg-EDcl, Min. Ari Pargendler, j. 18.2.14, DJ 27.2.14.

Acolhendo embargos fundados no ulterior cancelamento da súmula que servira de apoio para o acórdão embargado: STJ-Corte Especial, AI 737.123-AgRg-EDcl, Min. Nancy Andrighi, j. 19.8.09, DJ 14.9.09.

Art. 1.022: 12. Acolhendo embargos fundados na posterior edição de **súmula vinculante,** que firmou diretriz contrária à do acórdão embargado: STJ-1ª T., RMS 21.719-EDcl, Min. Benedito Gonçalves, j. 18.9.08, DJ 13.10.08.

Art. 1.022: 13. "A decisão adotada nos embargos declaratórios **completa e explicita o real sentido** daquela que se pediu fosse aclarada" (RSTJ 32/227), ainda que o acórdão de embargos declare que estes não foram conhecidos (v. p. 255, voto do Min. Athos Carneiro).

Art. 1.022: 13a. "Em caso de acolhimento dos embargos de declaração interpostos para sanar obscuridade, o **esclarecimento cabível** está rigorosamente **adstrito à questão debatida** e definida no acórdão embargado, cuja executoriedade não é absoluta por deficiência de elementos inerentes ao que já foi decidido. É totalmente descabido, pois, retomar o debate sobre tema já superado e precluso. Uma coisa é decidir de forma insuficiente para solucionar uma questão; outra coisa é voltar atrás no debate para ceder a novo posicionamento sobre o tema em momento posterior" (STJ-3ª T., REsp 1.200.794, Min. Nancy Andrighi, j. 7.6.11, DJ 15.6.11; a citação é do voto da relatora).

Art. 1.022: 14. S/ contradição e erro material, v. art. 494, nota 10; s/ efeito modificativo decorrente da sanação de contradição, v. art. 1.024, nota 3.

S/ embargos de declaração para corrigir contradição: entre o acórdão e a ementa, v. art. 943, nota 6; entre o acórdão e as notas taquigráficas, v. art. 943, nota 9.

Art. 1.022: 14a. "A **contradição** que autoriza os embargos de declaração é **do julgado com ele mesmo,** jamais a contradição com a lei ou com o entendimento da parte" (STJ-4ª T., REsp 218.528-EDcl, Min. Cesar Rocha, j. 7.2.02, DJU 22.4.02).

"Cabe ao embargante, ao denunciar o vício, fazer a indicação dos pontos inconciliáveis contidos no ato recorrido" (STJ-3ª T., REsp 254.413-EDcl, Min. Castro Filho, j. 27.8.01, DJU 24.9.01). No mesmo sentido: RF 315/202.

Exemplo de contradição embargável: "É contraditório o julgamento cuja fundamentação conduz à negativa de provimento do recurso especial, mas que conclui pelo parcial provimento da irresignação" (STJ-2ª T., REsp 1.062.475-EDcl, Min. Eliana Calmon, j. 1.10.09, DJ 14.10.09).

Não são admissíveis os embargos de declaração por alegação de contradição da decisão embargada com:

— outra decisão proferida no mesmo processo (STJ-4ª T., REsp 36.405-1-EDcl, Min. Dias Trindade, j. 29.3.94, DJU 23.5.94; no caso, alegou-se contradição entre a decisão que determinou a subida do recurso para melhor exame e aquela que não conheceu do recurso especial);

— outra decisão do mesmo juízo ou tribunal, proferida em outro processo ou mesmo objeto de súmula de jurisprudência (STJ-3ª T., REsp 1.501.640-EDcl, Min. Moura Ribeiro, j. 10.12.19, maioria, DJ 13.12.19; RSTJ 182/79).

Art. 1.022: 15. "A **fundamentação diferente entre os votos vencedores** não rende ensejo à interposição dos embargos de declaração, porquanto não houve divergência na conclusão" (RTJ 157/1.036; do voto do relator).

Art. 1.022: 16. v. § ún.

S/ efeito modificativo decorrente da sanação de omissão, v. art. 1.024, nota 3.

Art. 1.022: 16a. A omissão consiste na **falta de pronunciamento** sobre matéria que devia ter sido enfrentada pelo julgador. Pode estar relacionada à ementa (v. art. 943, nota 4), ao relatório (v. nota 10), à fundamentação ou ao dispositivo.

"Embargos declaratórios. Omissão. Tanto podem referir-se à parte dispositiva como aos motivos da decisão. Sentença e acórdão haverão de examinar os vários fundamentos relevantes deduzidos na inicial e na contestação, justificando por que são desacolhidos" (STJ-3ª T., REsp 30.220-5, Min. Eduardo Ribeiro, j. 8.2.93, DJU 8.3.93).

"Não examinadas por inteiro as provas e circunstâncias da causa, cabe suprir, em embargos de declaração, a omissão" (RSTJ 55/269, maioria).

"Há omissão no julgamento se o órgão julgador não aprecia aspectos importantes da causa que possam influenciar no resultado da demanda" (STJ-1ª T., REsp 690.919, Min. Teori Zavascki, j. 16.2.06, DJU 6.3.06). No mesmo sentido:

STJ-2ª T., REsp 678.277, Min. Eliana Calmon, j. 2.2.06, DJU 6.3.06; STJ-3ª T., REsp 1.061.726, Min. Sidnei Beneti, j. 16.12.08, DJ 17.2.09.

"Os embargos declaratórios visam ao aperfeiçoamento da prestação jurisdicional. Cumpre julgá-los com espírito de compreensão. Deixando de ser afastada omissão, tem-se o vício de procedimento a desaguar em nulidade" (STF-1ª T., RE 428.991, Min. Marco Aurélio, j. 26.8.08, DJ 31.10.08).

Todavia: "A nulidade do julgamento por omissão tem por pressuposto a necessidade de a Câmara pronunciar-se sobre o ponto. Se a fundamentação da conclusão a que chegou independe do enfrentamento dos dispositivos legais citados pela parte, inexiste omissão sanável através de embargos de declaração" (STJ-4ª T., REsp 88.365, Min. Ruy Rosado, j. 14.5.96, DJU 17.6.96).

V. tb. nota 3.

Art. 1.022: 16b. Não há omissão "sobre questão que, **motivadamente,** o acórdão embargado **reputou impertinente** ao caso concreto" (RTJ 152/960).

Art. 1.022: 17. "Inexiste omissão se a alegação de ofensa a determinada norma legal **só se fez no pedido de declaração"** (STJ-3ª T., REsp 7.891-0-EDcl, Min. Eduardo Ribeiro, j. 13.4.92, DJU 4.5.92).

Todavia, o silêncio em torno de **matéria cognoscível de ofício** configura omissão sanável pela via dos embargos de declaração, ainda que este a ventile ineditamente.

V. tb. nota 4.

Art. 1.022: 17a. "Não pratica omissão, suprível pelos embargos declaratórios, o acórdão que deixa de manifestar-se sobre **matéria não versada no recurso"** (STJ-4ª T., Ag 36.426-9-AgRg-EDcl, Min. Sálvio de Figueiredo, j. 18.10.93, DJU 22.11.93).

Assim, omitidos no recurso extraordinário os temas da correção monetária e dos juros de mora, a falta de deliberação a respeito no acórdão não configura vício embargável (STF-1ª T., RE 212.003-1-EDcl, Min. Octavio Gallotti, j. 18.11.97, DJU 17.4.98).

Art. 1.022: 18. "Não há omissão na decisão judicial se o **fundamento** nela acolhido **prejudica** a questão da qual não tratou" (RTJ 160/354).

"Impossível receber embargos de declaração, opostos com fundamento em omissão sobre questões pertencentes ao mérito, se o acórdão embargado não conheceu do recurso, tendo em vista a ausência de pressupostos de admissibilidade" (STJ-1ª T., REsp 22.727-0-EDcl, Min. Demócrito Reinaldo, j. 6.6.94, DJU 27.6.94).

Art. 1.022: 19. v. nota 1a e art. 494-I, bem como respectivas notas, em especial nota 8.

Art. 1.022: 19a. "Ofensa ao art. 1.022 do CPC não configurada. Rediscussão da matéria de mérito. Impossibilidade. A embargante aduz que houve erro material no acórdão recorrido, porquanto teria apontado os dispositivos que teriam sido violados pela Corte de origem. Contudo, **não se trata de erro material,** porquanto esse tipo de erro se caracteriza pela 'dissonância flagrante entre a vontade do julgador e a sua exteriorização; num defeito mínimo de expressão, que não interfere no julgamento da causa e na ideia nele veiculada', nas precisas lições do professor Luis Guilherme Aidar Bondioli (Comentários ao Código de Processo Civil, ed. Saraiva, pag. 154, 2016), o que não aconteceu na hipótese *sub judice*" (STJ-2ª T., REsp 1.669.794-AgInt-EDcl, Min. Herman Benjamin, j. 15.3.18, DJ 14.11.18).

Art. 1.022: 20. v. art. 928.

Art. 1.022: 21. v. art. 947.

Art. 1.023. Os embargos serão opostos, no prazo de 5 (cinco) dias,[1 a 3] em petição[4-4a] dirigida ao juiz,[5] com indicação do erro, obscuridade, contradição ou omissão, e não se sujeitam a preparo. [Dispositivo correspondente no CPC/1973: art. 536]

§ 1º Aplica-se aos embargos de declaração o art. 229. [Sem dispositivo correspondente no CPC/1973]

§ 2º O juiz intimará o embargado para, querendo, manifestar-se, no prazo de 5 (cinco) dias,[6] sobre os embargos opostos, caso seu eventual acolhimento implique a modificação da decisão embargada.[7-8] [Sem dispositivo correspondente no CPC/1973]

Art. 1.023: 1. contados da data do aperfeiçoamento da **intimação** do pronunciamento a ser embargado (v. art. 1.003).

Código de Processo Civil

Art. 1.023: 2. Esse prazo **dobra-se** no caso dos arts. 180 (MP), 183 (Fazenda Pública), 186 (Defensoria Pública) e 229 (litisconsortes com procuradores diferentes).

V. tb. § 1º.

Art. 1.023: 3. Pode ser cassado em recurso especial o acórdão de embargos de declaração opostos **após o quinquídio** (STJ-RT 659/190).

Art. 1.023: 4. Não se conhece de embargos de declaração interpostos mediante **simples cota** lançada nos autos (RJTJESP 109/320).

V. tb. art. 1.010, nota 10 (apelação).

Art. 1.023: 4a. "O **equívoco na indicação da parte embargante** não enseja o não conhecimento dos embargos de declaração quando ficar evidente, pela fundamentação, indicação do número do processo e identificação da embargada, a ocorrência de erro material" (STJ-2ª T., REsp 1.085.694, Min. Eliana Calmon, j. 16.12.08, DJ 18.2.09).

V. tb. art. 1.010, nota 7a (apelação).

Art. 1.023: 5. Sempre que possível, **quem proferiu a decisão embargada** é que deve julgar os embargos de declaração (JTA 123/280).

Todavia: "O exame dos embargos de declaração por juiz diverso ao prolator do *decisum* embargado, na hipótese de afastamento do magistrado, com supedâneo no art. 132 do CPC, não ofende o princípio da identidade física do juiz" (STJ-1ª T., REsp 896.997, Min. Luiz Fux, j. 2.12.08, DJ 27.4.09). No mesmo sentido: STJ-4ª T., REsp 198.767, Min. Sálvio de Figueiredo, j. 2.12.99, DJU 8.3.00; JTJ 312/504; JTA 92/140; Lex-JTA 148/46.

"Alteração da Turma julgadora por ocasião dos embargos declaratórios. Juiz-relator convocado para o Tribunal de Justiça. Não obstante esteja vinculado o juiz relator da apelação para o julgamento dos embargos de declaração, a lei processual, no art. 132, aplicável, dispõe sobre situações extraordinárias em que se excepciona a regra, com o escopo de se atingir o resultado pretendido pelas partes (julgamento) e uma rápida e efetiva prestação jurisdicional" (STJ-4ª T., REsp 63.850-0, Min. Sálvio de Figueiredo, j. 28.11.95, DJU 18.12.95).

Art. 1.023: 6. Esse prazo **dobra-se** no caso dos arts. 180 (MP), 183 (Fazenda Pública), 186 (Defensoria Pública) e 229 (litisconsortes com procuradores diferentes — v. § 1º).

Art. 1.023: 7. s/ efeito modificativo, v. art. 1.024, nota 3.

Art. 1.023: 8. A **intimação do embargado para resposta** não é obrigatória (STJ-5ª T., REsp 131.883-EDcl-EDcl, Min. José Arnaldo, j. 10.3.98, DJU 27.4.98), mas não se tolera que se modifique a decisão embargada sem que se franqueie oportunidade para prévia reação diante dos embargos, sob pena de violação do princípio do devido processo legal (STF-2ª T., RE 250.396-7, Min. Marco Aurélio, j. 14.12.99, DJU 12.5.00). Assim: "A atribuição de efeitos infringentes aos embargos de declaração supõe a prévia intimação da contraparte; sem o contraditório, o respectivo julgamento é nulo" (STJ-RDDP 69/163: Corte Especial, AR 1.228-EDcl-EDcl).

"Não se configura cerceamento de defesa ou afronta aos princípios do contraditório e do devido processo legal a ausência de intimação da parte adversa, quando os embargos de declaração são acolhidos para mera correção de erro material, sem que haja fato novo trazido unilateralmente pela parte contrária" (STJ-3ª T., REsp 1.007.692, Min. Nancy Andrighi, j. 17.8.10, DJ 14.10.10).

"O Tribunal *a quo* acolheu os embargos de declaração sem efeitos infringentes apenas para afastar dúvidas no cumprimento do julgado. Não houve, no caso, modificação no julgamento. É desnecessária, pois, a intimação da contraparte para responder ao recurso" (STJ-2ª T., Ag em REsp 143.303-AgRg, Min. Herman Benjamin, j. 17.5.12, DJ 15.6.12).

"A atribuição de efeitos infringentes aos embargos de declaração supõe a prévia intimação da parte embargada, em respeito aos princípios constitucionais do contraditório e da ampla defesa, sob pena do julgamento padecer de nulidade absoluta. A regra acima admite mitigação na hipótese em que o acórdão seja objeto de embargos de declaração interpostos por ambas as partes, impugnando o mesmo tema (valor dos honorários advocatícios), bem como objeto de recurso especial das duas partes, possibilitando que a matéria seja amplamente revista, assegurando a observância do devido processo legal e da ampla defesa. Em consonância com o art. 219, § 1º, do CPC e com o princípio da instrumentalidade das formas, a decretação de nulidade de atos processuais depende da efetiva demonstração de prejuízo da parte interessada, prevalecendo o princípio *pas de nulitté sans grief*" (STJ-3ª T., REsp 1.395.289, Min. Nancy Andrighi, j. 22.4.14, DJ 29.4.14).

Art. 1.024. O juiz julgará os embargos em 5 (cinco) dias.[1 a 5] [Dispositivo correspondente no CPC/1973: art. 537]

§ 1º Nos tribunais, o relator[6] apresentará os embargos em mesa na sessão subsequente, proferindo voto, e, não havendo julgamento nessa sessão, será o recurso incluído em pauta automaticamente.[6a-7] [Dispositivo correspondente no CPC/1973: art. 537]

§ 2º Quando os embargos de declaração forem opostos contra decisão de relator ou outra decisão unipessoal proferida em tribunal, o órgão prolator da decisão embargada decidi-los-á monocraticamente.[7a] [Sem dispositivo correspondente no CPC/1973]

§ 3º O órgão julgador conhecerá dos embargos de declaração como agravo interno se entender ser este o recurso cabível,[8-8a] desde que determine previamente a intimação do recorrente para, no prazo de 5 (cinco) dias, complementar as razões recursais, de modo a ajustá-las às exigências do art. 1.021, § 1º.[8b-8c] [Sem dispositivo correspondente no CPC/1973]

§ 4º Caso o acolhimento dos embargos de declaração implique modificação da decisão embargada, o embargado que já tiver interposto outro recurso contra a decisão originária tem o direito de complementar ou alterar suas razões, nos exatos limites da modificação,[9] no prazo de 15 (quinze) dias, contado da intimação da decisão dos embargos de declaração. [Sem dispositivo correspondente no CPC/1973]

§ 5º Se os embargos de declaração forem rejeitados ou não alterarem a conclusão do julgamento anterior, o recurso interposto pela outra parte antes da publicação do julgamento dos embargos de declaração será processado e julgado independentemente de ratificação.[10-11] [Sem dispositivo correspondente no CPC/1973]

Art. 1.024: 1. A decisão que julga os embargos de declaração se **integra à decisão embargada,** mesmo no caso de rejeição daqueles (STF-RT 679/255), e ambas passam a constituir um **único ato decisório.** Se a parte tenciona recorrer contra o julgamento dos embargos de declaração, ela deve fazê-lo por meio do recurso programado para a impugnação da decisão embargada. Assim, p. ex., não cabe agravo contra a decisão que rejeita os embargos de declaração opostos contra a sentença; tal decisão é impugnável por meio de apelação (JTJ 328/155: AI 7.252.810-0). Ainda: "A apelação é o recurso cabível para enfrentar pedido de afastamento da multa do art. 538, parágrafo único, do CPC/73, aplicada em embargos de declaração opostos contra sentença" (STJ-4ª T., REsp 1.263.237-AgInt, Min. Lázaro Guimarães, j. 15.5.18, DJ 21.5.18).

V. tb. art. 1.008, nota 4.

Art. 1.024: 1a. "Sendo tempestivo o recurso e tendo o embargante apontado um dos vícios elencados no art. 535 do CPC, devem ser os **embargos rejeitados,** reservando-se o **não conhecimento** apenas para as hipóteses de intempestividade ou ausência de indicação de um dos vícios processuais que autorizam a sua oposição" (STJ-2ª T., REsp 890.807-EDcl-EDcl-EDcl, Min. Castro Meira, j. 21.8.07, DJU 3.9.07).

Art. 1.024: 1b. "Não cabe recurso extraordinário para a revisão dos pressupostos da interposição de embargos declaratórios" (STF-1ª T., AI 229.136-1-AgRg, Min. Octavio Gallotti, j. 14.12.98, DJU 4.6.99).

Art. 1.024: 1c. O **efeito devolutivo** dos embargos de declaração fica circunscrito à **matéria embargada.**

"Viola o art. 535 do Código de Processo Civil de 1973 o acórdão que, apreciando embargos de declaração, procede ao rejulgamento do recurso, realizando nova cognição, não necessária à correção de alguma omissão ou obscuridade porventura existente no acórdão embargado, para chegar à inversão do resultado do julgamento da apelação" (STJ-4ª T., REsp 1.163.345-AgRg, Min. Isabel Gallotti, j. 16.6.16, maioria, DJ 24.8.16).

"Uma vez julgada a remessa, cessa a aplicação do art. 475 do CPC/1973 e inicia-se a aplicação do art. 463 do CPC/1973 que somente permite a alteração de ofício do julgado publicado (sentença, acórdão em apelação ou remessa) para a correção de inexatidões materiais, ou erros de cálculo. Se a alteração do acórdão não se deu nessas hipóteses, não poderia ter sido feita de ofício, mas somente em razão do que devolvido nos aclaratórios" (STJ-2ª T., REsp 1.612.917, Min. Mauro Campbell, j. 21.9.17, DJ 28.9.17).

Art. 1.024: 2. "Os embargos declaratórios produzem **efeito translativo,** o qual autoriza que regressem ao órgão prolator da decisão embargada as questões apreciáveis de ofício, como, por exemplo, as questões relacionadas aos requisitos de admissibilidade dos recursos" (STJ-1ª T., REsp 768.475-EDcl, Min. Denise Arruda, j. 21.10.08, DJ 12.11.08). No mesmo sentido: STJ-2ª T., REsp 1.054.269-EDcl, Min. Mauro Campbell, j. 15.6.10, DJ 28.6.10.

Assim, são examináveis em sede de embargos de declaração também os requisitos de admissibilidade do julgamento do mérito, na medida dos capítulos decisórios trazidos pelos embargos.

V. tb. art. 485, notas 48 e 49.

Art. 1.024: 3. Efeito modificativo. Os embargos de declaração não são palco para a parte simplesmente se insurgir contra o julgado e requerer sua alteração. Por isso, "não se admite embargos de declaração com efeitos modificativos quando ausente qualquer dos requisitos do art. 535 do Código de Processo Civil" (STJ-Corte Especial, ED no REsp 437.380, Min. Menezes Direito, j. 20.4.05, DJU 23.5.05). Todavia, é inegável que modificações poderão ocorrer no julgamento dos embargos, como consequência indissociável da extirpação do vício autorizador da sua oposição.

"Embargos declaratórios não se prestam a modificar capítulo decisório, salvo quando a modificação figure consequência inarredável da sanação de vício de omissão, obscuridade ou contradição do ato embargado" (STF-1ª T., AI 495.880-AgRg-EDcl, Min. Cezar Peluso, j. 28.3.06, DJU 28.4.06). Também: "A obtenção de efeitos infringentes, como pretende a embargante, somente é possível, excepcionalmente, nos casos em que, reconhecida a existência de um dos defeitos elencados nos incisos do mencionado art. 535, a alteração do julgado seja consequência inarredável da correção do referido vício" (STJ-3ª Seção, MS 11.760-EDcl, Min. Laurita Vaz, j. 27.9.06, DJU 30.10.06).

"Os embargos declaratórios têm efeito infringente se da correção do vício surgir premissa incompatível com aquela estabelecida no julgamento embargado" (STJ-3ª T., AI 568.934-AgRg-EDcl, Min. Gomes de Barros, j. 13.2.07, DJU 30.4.07).

O efeito modificativo faz-se presente com toda a força no caso de **erro evidente,** que sobretudo a jurisprudência se encarregou de integrar ao rol de vícios embargáveis (v. art. 1.022, nota 11). Assim: "Mandado de segurança contra ato judicial. Embargos de declaração. Efeito modificativo. Falta de citação de litisconsorte (beneficiária do ato impugnado). Extinção do processo sem julgamento do mérito. Art. 267, IV, CPC. No mandado de segurança contra ato judicial incumbe ao impetrante promover a citação dos beneficiários do ato impugnado para integrar a relação processual, acarretando a falta dessa providência a extinção do processo por ausência de pressuposto para seu desenvolvimento válido. A moderna ciência processual, autorizada pela doutrina e pela jurisprudência, admite a comunicação de efeitos modificativos aos embargos de declaração, em caráter excepcional, desde que manifesto o equívoco e inexistindo no sistema legal outro recurso para a correção do erro" (STJ-4ª T., RMS 6.487-EDcl, Min. Sálvio de Figueiredo, j. 25.2.97, DJU 24.3.97).

Reconhecendo a possibilidade de efeito modificativo em caso de:

— **omissão:** RTJ 86/359, 88/325, 112/314, 119/439, STF-RT 569/222; STJ-3ª T., REsp 3.192, Min. Waldemar Zveiter, j. 13.8.90, DJU 3.9.90; RSTJ 36/435, 40/459, RT 569/172, 578/185, 606/210, JTJ 171/246, JTA 88/405.

"Embargos declaratórios não podem conduzir a novo julgamento, com reapreciação do que ficou decidido. Não há óbice, entretanto, que o suprimento de omissão leve a modificar-se a conclusão do julgado" (RSTJ 103/187, maioria).

— **contradição:** STJ-4ª T., REsp 2.450, Min. Barros Monteiro, j. 11.12.90, DJU 25.2.91; STJ-2ª T., REsp 866.627-EDcl, Min. Herman Benjamin, j. 8.4.08, DJ 29.8.08; Bol. AASP 1.514/303, com voto bem fundamentado.

— **obscuridade:** STJ-3ª T., REsp 1.455.296-EDcl, Min. Nancy Andrighi, j. 10.10.17, DJ 16.10.17.

S/ efeito modificativo e: aditamento a recurso já interposto, v. § 4º; prévia intimação do embargado, v. art. 1.023 § 2º.

Art. 1.024: 4. "Do exame de questões relacionadas aos requisitos de admissibilidade dos recursos cujos julgamentos são impugnados em sede de embargos declaratórios, **pode ocorrer *reformatio in pejus*"** (STJ-1ª T., REsp 768.475-EDcl, Min. Denise Arruda, j. 21.10.08, DJ 12.11.08; a citação é do voto da relatora).

"Efeitos infringentes decorrentes de simples suprimento de vício declaratório não configuram *reformatio in pejus*, pois a modificação, antes de causar agravamento em razão de recurso exclusivo, apenas declara o verdadeiro resultado do julgamento livre das falhas de manifestação do órgão julgador apontadas pelo próprio embargante" (STJ-3ª T., REsp 404.294-EDcl, Min. Gomes de Barros, j. 15.2.07, DJU 19.3.07).

Contra: "Merece censura o entendimento do Tribunal de Justiça de origem firmado no acórdão ora impugnado de ser possível a *reformatio in pejus* em sede de embargos declaratórios" (STJ-3ª T., REsp 1.553.663-AgInt, Min. Nancy Andrighi, j. 22.10.18, DJ 25.10.18).

Art. 1.024: 4a. "Na hipótese, os embargos de declaração foram opostos em face de sentença que pronunciou a prescrição e foram acolhidos com efeito infringente, reconhecendo-se a omissão relacionada a existência de causa interruptiva da prescrição, motivando a anulação da sentença e determinação de prosseguimento da ação, de modo que o pronunciamento judicial que resolveu os aclaratórios não se enquadra no conceito de sentença, mas, ao revés, trata-se de decisão interlocutória **suscetível de impugnação pelo recurso** de agravo" (STJ-3ª T., REsp 1.726.108, Min. Nancy Andrighi, j. 25.6.19, DJ 28.6.19).

Art. 1.024: 5. Nos casos em que o acolhimento dos embargos de declaração conduzem à **anulação do julgado embargado** (p. ex., afirmação da admissibilidade de recurso anteriormente rotulado como inadmissível) e há espaço para sustentação oral no novo julgamento a ser realizado, não é possível levá-lo adiante desde logo, na mesma sessão em que sanado o equívoco: há necessidade de publicação de nova pauta (v., a propósito, RTJ 123/257). "Recebidos os embargos, para anular o acórdão gerado em erro, efetua-se, desde logo, novo julgamento, se o julgamento anulado não depende de inclusão em pauta" (STJ-RT 702/196). Segue-se daí, *a contrario sensu*, que, se o julgamento anulado comportava sustentação oral, o feito deve ser reincluído em pauta. Nesse sentido: STJ-3ª T., REsp 528.348, Min. Nancy Andrighi, j. 29.10.03, DJU 1.12.03; STJ-2ª T., REsp 1.235.138, Min. Mauro Campbell, j. 1.3.12, DJ 9.3.12.

"É prematuro e contrário aos princípios informadores do Processo Civil aproveitar a via estreita dos aclaratórios para avançar no próprio mérito do recurso especial. Assim, em atenção aos princípios da segurança jurídica, do devido processo legal, do contraditório e da ampla defesa, o acórdão embargado deve ser anulado a fim de que o agravo regimental interposto pela União seja julgado novamente, franqueando-se à parte contrária a oportunidade de defesa" (STJ-2ª T., REsp 1.255.793-AgRg-EDcl, Min. Herman Benjamin, j. 18.10.12, DJ 18.12.12).

Art. 1.024: 6. s/ julgamento pelo relator de embargos opostos contra acórdão, v. art. 932, nota 2.

Art. 1.024: 6a. s/ publicação da pauta, v. arts. 934 e 935, bem como respectivas notas.

Art. 1.024: 7. "A interpretação conjugada dos arts. 537 e 554 do CPC e 91, I, e 159 do RISTJ indica que os embargos de declaração devem ser levados em mesa, **não sendo cabível a sustentação oral**" (STJ-3ª T., REsp 830.577-Pet, Min. Nancy Andrighi, j. 8.2.11, DJ 2.3.11). No mesmo sentido: STJ-4ª T., AI 1.370.615-AgRg-EDcl-EDcl, Min. Marco Buzzi, j. 12.11.13, DJ 25.11.13.

V. tb. art. 937.

Art. 1.024: 7a. Deve ser **anulado o julgamento colegiado** dos embargos de declaração opostos contra decisão monocrática (STJ-3ª Seção, Rcl 37.966-EDcl-EDcl, Min. Nefi Cordeiro, j. 25.11.20, DJ 15.12.20).

Art. 1.024: 8. A rigor, sendo os embargos de declaração cabíveis contra decisão monocrática do relator, somente tem sentido cogitar da **conversão em agravo interno** se a petição de embargos não invocar nenhum vício embargável. Se houver na petição do embargante alusão a qualquer imperfeição extirpável por meio de embargos, não deve ter lugar referida conversão, ainda que tal imperfeição, na verdade, inexista.

Art. 1.024: 8a. Entendendo possível a **conversão em embargos de declaração** do agravo interno interposto: "O princípio da fungibilidade recursal autoriza o acolhimento do agravo regimental como embargos de declaração quando as razões recursais apontam suposta omissão do julgado" (STJ-6ª T., REsp 475.182-AgRg, Min. Hamilton Carvalhido, j. 18.8.05, um voto vencido, DJ 25.8.08). No mesmo sentido: STJ-3ª T., AI 519.454-AgRg, Min. Castro Filho, j. 28.10.04, DJU 17.12.04.

Todavia, no sentido de que a fungibilidade entre agravo interno e embargos de declaração não chega ao ponto de permitir o conhecimento como embargos de agravo interposto contra acórdão, pois constitui erro grosseiro a impugnação de decisão colegiada por essa via: STF-1ª T., RE 298.695-AgRg, Min. Menezes Direito, j. 20.5.08, DJ 1.8.08; STJ-5ª T., REsp 254.881-AgRg, Min. Arnaldo Esteves, j. 17.11.05, DJU 10.4.06; STJ-3ª T., REsp 685.322-AgRg, Min. Nancy Andrighi, j. 15.5.07, DJU 28.5.07; STJ-4ª T., REsp 655.991-EDcl-AgRg-AgRg, Min. Massami Uyeda, j. 6.9.07, DJU 17.9.07; STJ-2ª T., AI 601.871-AgRg-AgRg-AgRg, Min. Herman Benjamin, j. 16.10.08, DJ 29.10.08.

Art. 1.024: 8b. "Inexistindo outros fundamentos na decisão recorrida que reclamem impugnação, é **desnecessária** a **intimação** prévia do recorrente prevista no § 3º do art. 1.024 do novo CPC para aditar seu recurso e ajustá-lo às exigências do art. 1.021, § 1º, do mesmo diploma legal" (STJ-3ª T., REsp 1.311.093-EDcl-EDcl, Min. João Otávio, j. 2.6.16, DJ 9.6.16).

"Não há cerceamento de defesa, ilegalidade, irregularidade procedimental ou prejuízo no recebimento dos aclaratórios como agravo interno sem prévia intimação para complementação de razões na hipótese em que não há deficiência da impugnação recursal, tanto que o recurso foi regularmente conhecido e apreciado" (STJ-Corte Especial, RMS 56.730-EDcl-RE-EDcl-EDcl, Min. Maria Thereza, j. 27.8.19, DJ 2.9.19).

Art. 1.024: 8c. "Quando adotada a técnica prevista no art. 1.024, § 3º, CPC/2015, conhecendo-se dos embargos de declaração como agravo interno, com a determinação de complementação das razões recursais, devem ser examinados os argumentos de **ambas as peças.** Hipótese em que as razões recursais contidas nos aclaratórios (posteriormente complementadas) servem como efetiva impugnação à decisão monocrática" (STJ-1ª T., Ag em REsp 1.171.401-AgInt-AgInt-EDcl, Min. Gurgel de Faria, j. 16.9.19, DJ 20.9.19).

Art. 1.024: 9. "O julgamento dos embargos declaratórios **não alterou o acórdão** objurgado, mas tão somente impôs multa prevista no art. 538, parágrafo único, do Código de Processo Civil, razão pela qual não poderia o recorrente modificar o recurso especial outrora interposto, salvo para acrescentar sua irresignação com a multa imposta, o que não ocorreu na espécie, uma vez que o novo recurso inovou também quanto às matérias preclusas" (STJ-4ª T., Ag em REsp 354.291-AgRg, Min. Raul Araújo, j. 18.3.14, DJ 25.4.14).

"Não é possível, em aditamento de apelação, oportunizado, no caso, pelo acolhimento de embargos declaratórios, a inserção de temas não relacionados com as alterações realizadas pela decisão integrativa dos embargos declaratórios. Constitui inovação recursal a arguição de temas que já podiam ter sido apresentados quando da interposição da própria apelação" (STJ-3ª T., REsp 1.432.859, Min. Sidnei Beneti, j. 15.5.14, DJ 25.6.14).

Art. 1.024: 10. Súmula 579 do STJ: "Não é necessário ratificar o recurso especial interposto na pendência do julgamento dos embargos de declaração, quando inalterado o resultado anterior".

Foi **cancelada a Súmula 418 do STJ,** no sentido de que "é inadmissível o recurso especial interposto antes da publicação do acórdão dos embargos de declaração, sem posterior ratificação".

Art. 1.024: 11. **Mesmo no caso de acolhimento** dos embargos de declaração **com efeitos modificativos,** o silêncio do recorrente precoce, por si, não é causa de inadmissão do recurso previamente interposto. Logicamente, tudo o que ficou prejudicado pelo acolhimento dos embargos cai por terra. Porém, havendo ao menos parcela do recurso prévio não afetada pelo julgamento dos embargos, subsiste a admissibilidade da pretensão recursal, que deve ser enfrentada independentemente de reiteração.

Art. 1.025. Consideram-se incluídos no acórdão os elementos que o embargante suscitou, para fins de prequestionamento, ainda que os embargos de declaração sejam inadmitidos ou rejeitados, caso o tribunal superior considere existentes erro, omissão, contradição ou obscuridade.[1-2] [Sem dispositivo correspondente no CPC/1973]

Art. 1.025: 1. **Súmula 356 do STF:** "O ponto omisso da decisão, sobre o qual não foram opostos **embargos declaratórios,** não pode ser objeto de recurso extraordinário, por faltar o requisito do **prequestionamento".**

Está **superada a Súmula 211 do STJ, no sentido de que é** "inadmissível **recurso especial** quanto à questão que, a despeito da oposição de **embargos declaratórios,** não foi apreciada pelo tribunal *a quo*".

Assim, para a caracterização do prequestionamento e a consequente abertura da instância superior, basta o diligente comportamento da parte no prévio debate da matéria, por meio dos embargos de declaração.

Todavia: "Não obstante a previsão do art. 1.025 do CPC/2015 de que 'consideram-se incluídos no acórdão os elementos que o embargante suscitou', tal dispositivo legal merece interpretação conforme a Constituição Federal (art. 105, III) para que o chamado prequestionamento ficto se limite às questões de direito, e não às questões de fato" (STJ-2ª T., REsp 1.644.163, Min. Herman Benjamin, j. 28.3.17, DJ 19.4.17).

Ainda, a nosso ver sem razão: "Inviável a análise de violação de dispositivos de lei não prequestionados na origem, apesar da interposição de embargos de declaração. A admissão de prequestionamento ficto (art. 1.025 do CPC/15), em recurso especial, exige que no mesmo recurso seja indicada violação ao art. 1.022 do CPC/15, para que se possibilite ao órgão julgador verificar a existência do vício inquinado ao acórdão, que uma vez constatado, poderá dar ensejo à supressão de grau facultada pelo dispositivo de lei" (STJ-3ª T., REsp 1.639.314, Min. Nancy Andrighi, j. 4.4.17, DJ 10.4.17). No mesmo sentido: STJ-4ª T., Ag em REsp 1.146.440-AgInt, Min. Antonio Ferreira, j. 8.10.18, DJ 18.10.18; STJ-2ª T., Ag em REsp 1.232.944-AgInt, Min. Assusete Magalhães, j. 8.11.18, DJ 16.11.18; STJ-1ª T., AREsp 995.156-EDcl-AgInt, Min. Gurgel de Faria, j. 16.9.19, DJ 20.9.19.

S/ Súmula 356 do STF, v. tb. RISTF 321, nota 2, e RISTJ 255, notas 2 e 3.

Art. 1.025: 2. "Deixando o acórdão recorrido de se pronunciar sobre questão relevante oportunamente arguida pela parte em embargos de declaração, deve ser reconhecida a existência de omissão, com a consequente incorporação, ao acórdão, da matéria suscitada pela parte. Inteligência dos arts. 1.022 e 1.025 do CPC/15. O reconhecimento da existência de omissão no acórdão conduz logicamente ao reconhecimento de que os embargos de declaração opostos em 2º grau de jurisdição não eram manifestamente protelatórios, devendo ser afastada a multa aplicada à parte a esse título" (STJ-3ª T., REsp 1.660.916, Min. Nancy Andrighi, j. 7.8.18, DJ 9.8.18).

Art. 1.026. Os embargos de declaração não possuem efeito suspensivo e interrompem o prazo para a interposição de recurso.[1 a 5a] [Dispositivo correspondente no CPC/1973: art. 538-*caput*]

§ 1º A eficácia da decisão monocrática ou colegiada poderá ser suspensa pelo respectivo juiz ou relator se demonstrada a probabilidade de provimento do recurso ou, sendo relevante a fundamentação, se houver risco de dano grave ou de difícil reparação.[5b-5c] [Sem dispositivo correspondente no CPC/1973]

§ 2º Quando manifestamente protelatórios[6 a 9a] os embargos de declaração, o juiz ou o tribunal, em decisão fundamentada, condenará o embargante[9b] a pagar ao embargado multa[10 a 11c] não excedente a dois por cento sobre o valor atualizado da causa.[11d-11e] [Dispositivo correspondente no CPC/1973: art. 538 § ún.]

§ 3º Na reiteração de embargos de declaração manifestamente protelatórios,[11f] a multa será elevada a até dez por cento[12-12a] sobre o valor atualizado da causa, e a interposição de qualquer recurso[12b] ficará condicionada ao depósito[12c] prévio do valor da multa, à exceção da Fazenda Pública e do beneficiário de gratuidade da justiça, que a recolherão ao final. [Dispositivo correspondente no CPC/1973: art. 538 § ún.]

§ 4º Não serão admitidos novos embargos de declaração se os 2 (dois) anteriores houverem sido considerados protelatórios.[13-14] [Sem dispositivo correspondente no CPC/1973]

Art. 1.026: 1. s/ interrupção de prazo e pedido de retificação de inexatidão material ou erro de cálculo, v. art. 494, nota 8.

Art. 1.026: 1a. **"Não se confunde a interrupção dos prazos recursais** em razão da oposição tempestiva de embargos declaratórios **com o efeito suspensivo de que são dotados alguns recursos,** ou que a eles possa ser atribuído pelo relator, nos termos da lei" (STJ-4ª T., AI 1.161.856-AgRg, Min. Aldir Passarinho Jr., j. 7.12.10, DJ 16.12.10).

Em outras palavras, a aptidão dos embargos de declaração para interromper o prazo para a interposição de outros recursos não significa que os embargos, por si, sejam aptos a conter a eficácia da decisão embargada. É verdade que, na medida em que os embargos alongam o período pelo qual a decisão fica sujeita a um outro recurso, eles podem indiretamente contribuir para a suspensão dos efeitos dessa decisão, desde que o recurso ulteriormente cabível seja dotado de efeito suspensivo. Todavia, se o recurso ulteriormente cabível não é dotado de efeito suspensivo, os embargos não suspendem, sequer indiretamente, a eficácia da decisão embargada. Em síntese: embargos de declaração interrompem o prazo para a interposição de outros recursos, mas são desprovidos de efeito suspensivo.

Eventual efeito suspensivo aos embargos de declaração pode ser requerido com apoio no § 1º.

Art. 1.026: 2. Os embargos de declaração **rejeitados** pela inexistência de vício embargável interrompem o prazo para outros recursos (RSTJ 182/303).

A interrupção também ocorre no caso de novos embargos declaratórios, "mesmo que sejam mera reiteração dos primeiros" (STJ-3ª T., REsp 283.614, Min. Ari Pargendler, j. 15.12.00, DJU 19.2.01). No mesmo sentido: RSTJ 67/362 (1ª T., REsp 34.412), JTJ 355/110 (AI 990.10.140537-7).

Segundos embargos de declaração interrompem novamente o prazo para outros recursos (STF-RT 636/207, especialmente p. 212), ainda que sejam **protelatórios** (STJ-3ª T., REsp 187.525, Min. Waldemar Zveiter, j. 16.12.99, DJU 3.4.00; STJ-4ª T., REsp 334.972, Min. Aldir Passarinho Jr., j. 26.2.02, DJU 15.4.02; RT 743/259, Lex-JTA 163/369).

"Consoante regra inserta no art. 538 do CPC, os embargos de declaração, ainda que considerados **incabíveis,** interrompem o prazo para a interposição de outros recursos; a penalidade prevista pela protelação é apenas pecuniária" (RSTJ 183/21: Corte Especial, ED no REsp 302.177). No mesmo sentido: Bol. AASP 2.627 (TJSP, AI 7.220.824-7, maioria), JTJ 369/136 (AI 236803-18.2011.8.26.0000).

Em síntese: "Se não forem manifestamente intempestivos, os embargos de declaração interrompem o prazo para interposição de outro recurso, por qualquer das partes (art. 538, *caput*, do CPC). Não é o conteúdo dos embargos de declaração que regula a sua tempestividade ou a aplicação do efeito interruptivo do prazo recursal. Ainda que os segundos embargos de declaração não possam ser acolhidos, porque o embargante aponta vícios existentes no ato anteriormente embargado, não na decisão que julgou os primeiros declaratórios (preclusão consumativa), haverá a interrupção do prazo para a interposição de outros recursos" (STJ-3ª T., REsp 816.537-AgRg, Min. Gomes de Barros, j. 25.9.07, DJU 15.10.07).

Mas, havendo dois embargos na sequência considerados manifestamente protelatórios, os **terceiros embargos não** produzirão efeito interruptivo (v. § 4º, em especial nota 13).

Art. 1.026: 2a. Os embargos de declaração **intempestivos** não interrompem o prazo para a interposição de outros recursos (STJ-3ª T., REsp 434.913-EDcl-AgRg, Min. Pádua Ribeiro, j. 12.8.03, DJU 8.9.03; STJ-4ª T., REsp 230.750, Min. Sálvio de Figueiredo, j. 9.11.99, DJU 14.2.00; STJ-5ª T., REsp 227.820, Min. Felix Fischer, j. 26.10.99, DJU 22.11.99; STJ-RT 777/239).

No caso de embargos de declaração apresentados por meio de fac-símile, a entrega dos originais depois de vencido o prazo quinquenal assinado pelo art. 2º da Lei 9.800, de 26.5.99, acarreta a intempestividade dos embargos e a consequente não interrupção do prazo para a interposição de outros recursos (STJ-3ª T., Ag 1.155.105-AgRg, Min. Vasco Della Giustina, j. 14.4.11, DJ 25.4.11).

Todavia, no que diz respeito ao **embargado,** considera-se que mesmo embargos de declaração julgados intempestivos produzem efeito interruptivo, tendo em vista que aquele "não tem como verificar de plano a referida intempestividade" (STJ-3ª T., REsp 869.366, Min. Sidnei Beneti, j. 17.6.10, DJ 30.6.10).

V. tb. art. 1.003, nota 16.

Art. 1.026: 2b. Há acórdão no STF que, a nosso ver sem razão, entendeu incabíveis embargos de declaração contra a **decisão do Tribunal *a quo* denegatória de seguimento ao recurso extraordinário** e, consequentemente, julgou não interrompido o prazo para o ulterior agravo, que, assim, não foi conhecido, por intempestivo (STF-1ª T., AI 588.190-AgRg, Min. Ricardo Lewandowski, j. 3.4.07, DJU 8.6.07). No mesmo sentido, no STJ, em matéria de recurso especial: STJ-2ª T., AI 1.221.274-AgRg, Min. Humberto Martins, j. 23.2.10, DJ 8.3.10; STJ-4ª T., Ag em REsp 1.888-AgRg, Min. Luis Felipe, j. 4.8.11, DJ 16.8.11; STJ-3ª T., Ag em REsp 241.465-AgRg, Min. Ricardo Cueva, j. 18.12.12, DJ 27.2.13.

Contra, em caso no qual o Tribunal *a quo* acertadamente conhecera dos embargos de declaração: STJ-1ª T., Ag em REsp 37.144-AgRg, Min. Teori Zavascki, j. 17.5.12, DJ 24.5.12. Do voto do relator: "Dada a existência de justa expectativa da parte de que os embargos de declaração opostos haviam interrompido o prazo para a interposição do agravo em recurso especial, esta não pode ser penalizada com a declaração da intempestividade de seu recurso". "No caso, os aclaratórios foram acolhidos, para reconsiderar a decisão que não conhecera do apelo nobre e determinar o seu processamento, com intimação para contrarrazões. Assim, somente após a nova decisão teve início o prazo para interposição do agravo em recurso especial — que, portanto, foi apresentado tempestivamente" (STJ-4ª T., Ag em REsp 945.949-AgInt-AgInt-EDcl, Min. Marco Buzzi, j. 4.11.19, DJ 11.11.19).

Ainda contra: "Salvo melhor juízo, todas as decisões judiciais podem ser objeto de embargos de declaração, mas a jurisprudência do Superior Tribunal de Justiça, sem explicitar a respectiva motivação, tem se orientado no sentido de que os embargos de declaração opostos contra a decisão que, no tribunal *a quo*, nega seguimento a recurso especial não interrompem o prazo para a interposição do agravo previsto no art. 544 do Código de Processo Civil. Excepcionalmente, atribui-se esse efeito interruptivo quando, como evidenciado na espécie, a decisão é tão genérica que sequer permite a interposição do agravo" (STJ-Corte Especial, ED no Ag em REsp 275.615, Min. Ari Pargendler, j. 13.3.14, DJ 24.3.14). "Mostram-se plausíveis os argumentos trazidos para justificar a tempestividade recursal, na medida em que o juízo negativo de admissibilidade, realizado pelo Tribunal de origem, foi omisso quanto à admissibilidade do recurso pela alínea 'c' do permissivo constitucional, limitando-se a analisar o recurso pela alínea 'a', circunstância que justificou a oposição de embargos de declaração perante o Tribunal *a quo*" (STJ-4ª T., Ag em REsp 380.336-AgRg-EDcl-EDcl, Min. Raul Araújo, j. 7.3.17, DJ 20.3.17).

"Configura hipótese de exceção ao princípio da unirrecorribilidade o oferecimento de embargos de declaração contra decisão que inadmite recurso especial, não ficando obstada a interposição do agravo em recurso especial, desde que observado o prazo decenal" (STJ-3ª T., Ag em REsp 265.609-AgRg-EDcl, Min. João Otávio, j. 17.11.15, DJ 17.2.16).

V. tb. art. 1.022, nota 10a.

Art. 1.026: 2c. "Os embargos de declaração **não conhecidos por falta de recolhimento da multa** prevista no art. 557, § 2º, do CPC/73 não têm o condão de interromper o prazo para a interposição de novos recursos. Assim, muito embora a multa tenha sido recolhida após a inadmissão dos declaratórios, o recurso especial manejado em seguida não pode ser conhecido, porque intempestivo" (STJ-3ª T., REsp 1.504.956, Min. Moura Ribeiro, j. 25.4.17, DJ 2.5.17).

Art. 1.026: 3. "Não interrompe o prazo para interposição de recurso especial a oposição de embargos declaratórios por **terceiro estranho ao feito,** que restaram não conhecidos pelo Tribunal de origem. Recurso especial intempestivo" (STJ-2ª T., REsp 919.427, Min. Eliana Calmon, j. 17.12.13, DJ 14.2.14).

No STJ, há acórdão que entendeu não interrompido o prazo para a interposição de ulterior recurso, em caso no qual os prévios embargos de declaração não foram conhecidos, em razão de divergência entre as peças transmitidas via **fax** e as originais (STJ-Corte Especial, ED no REsp 858.910-AgRg, Min. Eliana Calmon, j. 1.4.09, DJ 4.5.09).

Art. 1.026: 4. "Os embargos de declaração **não interrompem o prazo para** a oposição de **embargos declaratórios** à decisão já embargada pela parte contrária" (STF-1ª T., RE 209.288-EDcl-EDcl, Min. Ilmar Galvão, j. 16.6.98, DJU 20.11.98).

"O prazo para a oposição dos embargos de declaração é comum a ambas as partes, esgotando-se tão logo decorrido o prazo de cinco dias contado da publicação do julgado; consequentemente, ainda que opostos embargos de declaração por uma das partes, o curso desse prazo não se interrompe, devendo a outra aproveitá-lo se o acórdão se ressentir de um dos defeitos previstos no art. 535, I e II, do Código de Processo Civil, sob pena de preclusão" (STJ-RDDP 48/163: Corte Especial, REsp 330.090, 7 votos a 4). No mesmo sentido, com votação unânime: STJ-Corte Especial, ED no REsp 722.524, Min. Teori Zavascki, j. 9.11.06, DJU 18.12.06.

Art. 1.026: 4a. Esgotado previamente **o prazo** para a interposição **do recurso** para uma das partes, os embargos de declaração ulteriormente apresentados pela parte contrária, que contava com **prazo diferenciado** para tanto (no caso, contado a partir da posterior intimação pessoal da Defensoria Pública), não interferem naquele prazo previamente exaurido (STJ-3ª T., REsp 1.751.619, Min. Paulo Sanseverino, j. 15.9.20, DJ 18.9.20).

Art. 1.026: 5. "A oposição de embargos de declaração por qualquer das partes **interrompe o prazo** recursal tanto para as partes, como **para** eventuais **terceiros,** pois, com o julgamento dos embargos, a decisão anterior pode ser alterada e, com isso, poderá surgir interesse recursal diverso daquele que existia com a decisão anterior, na hipótese da decisão dos embargos vir a prejudicar terceiros" (STJ-3ª T., REsp 712.319, Min. Nancy Andrighi, j. 25.9.06, DJU 16.10.06).

Art. 1.026: 5a. "A contestação possui natureza jurídica de defesa. O recurso, por sua vez, é uma continuação do exercício do direito de ação, representando remédio voluntário idôneo a ensejar a reanálise de decisões judiciais proferidas dentro de um mesmo processo. Denota-se, portanto, que a contestação e o recurso possuem naturezas jurídicas distintas. Os embargos de declaração interrompem o prazo para a interposição de outros recursos, por qualquer das partes, nos termos do art. 538 do CPC/73. Tendo em vista a natureza jurídica diversa da contestação e do recurso, **não se aplica a interrupção do prazo para** oferecimento da **contestação,** estando configurada a revelia" (STJ-3ª T., REsp 1.542.510, Min. Nancy Andrighi, j. 27.9.16, DJ 7.10.16).

Art. 1.026: 5b. v. art. 995 § ún.

Art. 1.026: 5c. Cabe **agravo interno** contra a decisão do relator que delibera sobre efeito suspensivo, quer para concedê-lo, quer para negá-lo.

V. art. 1.021.

Art. 1.026: 6. Súmula 98 do STJ: "Embargos de declaração manifestados com notório propósito de **prequestionamento não têm caráter protelatório"** (v. jurisprudência s/ esta Súmula em RSTJ 61/307 a 324). Igualmente: RTJ 113/830, 130/401, STF-RT 578/281.

Art. 1.026: 7. "Os embargos declaratórios devem ser encarados como instrumento de aperfeiçoamento da prestação jurisdicional. A multa cominada no art. 538, parágrafo único, do CPC reserva-se a hipóteses em que se faz **evidente o abuso"** (RSTJ 30/378); a hipóteses em que "os embargos foram opostos com a **intenção de retardar** a solução do litígio" (STJ-1ª T., RMS 27.446, Min. Teori Zavascki, j. 19.3.09, DJ 30.3.09). Assim, a mera ausência do vício invocado nos embargos não dá azo à imposição da multa (RT 866/277). *A fortiori*, "não são protelatórios os embargos de declaração interpostos com o fito de eliminar contradição existente entre o voto condutor e a ementa do acórdão" (RSTJ 96/216).

"A pretensão de atribuir-se efeito infringente aos embargos de declaração, mesmo ausentes as hipóteses do art. 535 do CPC, não importa, automaticamente, intuito protelatório, ainda mais se considerando que a então embargante fundou sua pretensão infringente em jurisprudência deste STJ" (STJ-1ª T., REsp 1.066.806, Min. Benedito Gonçalves, j. 15.9.09, DJ 23.9.09).

"Mostra-se desproporcional a aplicação da multa prevista no art. 538 § ún. do CPC, quando o recorrente incorre apenas em falta de técnica processual, sem que tenha violado algum dos deveres processuais de lealdade, previstos nos arts. 14 e 17 do CPC" (STJ-2ª T., REsp 1.216.125, Min. Castro Meira, j. 3.2.11, DJ 18.2.11).

Art. 1.026: 8. "É nulo o acórdão que, sem **motivação explícita,** aplica ao embargante a multa cominada no art. 538, § ún., do CPC (arts. 165 e 458)" (RSTJ 27/470). No mesmo sentido: RSTJ 11/405, 11/415, 37/433, 43/448, 45/549, 59/178, maioria, 75/300, STJ-RT 681/217, 735/213, STJ-RF 359/243.

"A aplicação da multa prevista no art. 538, § ún., do CPC condiciona-se a que o Tribunal fundamente o cunho meramente protelatório dos embargos de declaração" (RSTJ 153/330, 128/355, 153/297).

Art. 1.026: 8a. "Não é lícito presumir intuito protelatório em atitude da parte **a quem não interessa a perpetuação** da lide" (RSTJ 37/433). No mesmo sentido: STJ-1ª T., RMS 22.011, Min. Denise Arruda, j. 13.3.07, DJU 16.4.07.

Mas: "Os embargos de declaração podem ser protelatórios, ainda que opostos pela parte bem-sucedida na demanda, porque o texto legal não faz distinção a esse respeito (CPC, art. 538, § ún.); a resistência ao que foi decidido protela, objetivamente, a lide, qualquer que tenha sido a intenção da parte, com mais um efeito perverso além da demora na prestação jurisdicional definitiva: o de que o tempo de estudo e julgamento de tais embargos de declaração poderia ter sido consumido no exame e na decisão de outro processo" (STJ-Corte Especial, ED no AI 490.894, Min. Ari Pargendler, j. 21.6.06, DJU 25.9.06).

"Mesmo a parte credora ou a 'principal interessada' no julgamento rápido pode protelar a solução da lide, insistindo com recurso manifestamente incabível, o que enseja a imposição de multa do § ún. do art. 538 do Código de Processo Civil, pelo inadmissível retardo do fim do processo, atentando contra a própria administração da justiça" (STJ-Corte Especial, ED no REsp 886.524, Min. Laurita Vaz, j. 14.6.12, DJ 29.6.12).

"A circunstância de ser a embargante credora da indenização não afasta a imposição da pena prevista no art. 538, § ún., do CPC, quando manifesta a intenção de ver reexaminada, pela terceira vez, a questão da divergência que justificou o conhecimento do recurso especial, já amplamente debatida quando do julgamento do recurso e também dos primeiros embargos de declaração. O devedor igualmente tem direito à célere composição do litígio e a reiteração de recursos manifestamente descabidos deve ser coibida também em prol dos serviços judiciários" (STJ-4ª T., REsp 764.735-EDcl-EDcl, Min. Isabel Gallotti, j. 16.12.10, DJ 4.2.11).

Art. 1.026: 8b. "É **protelatória a conduta** processual que i) renova embargos de declaração sem causa jurídica ou fundamentação adequada; ii) não apontam nenhuma omissão ou vício no julgamento anterior; iii) visam modificar os fundamentos da decisão embargada; iv) são reiteração de anteriores embargos de declaração, no qual a matéria foi expressa e fundamentadamente aclarada; v) retarda indevidamente o desfecho do processo; e vi) há recurso cabível para a finalidade colimada" (STJ-2ª T., REsp 859.977-EDcl-EDcl, Min. Eliana Calmon, j. 8.9.09, DJ 24.9.09).

Art. 1.026: 8c. "Caracterizam-se como protelatórios os embargos de declaração que visam **rediscutir matéria** já apreciada e decidida pela Corte de origem em conformidade com súmula do STJ ou STF ou, ainda, precedente julgado pelo rito dos artigos 543-C e 543-B do CPC" (STJ-2ª Seção, REsp 1.410.839, Min. Sidnei Beneti, j. 14.5.14, RP 233/408).

Art. 1.026: 9. "A **reiteração de alegações** é conduta reprovável e demonstra o caráter exclusivamente protelatório do presente recurso" (STJ-5ª T., RMS 14.990-EDcl-EDcl, Min. Arnaldo Esteves, j. 10.5.07, DJU 28.5.07). No mesmo sentido: STJ-1ª T., REsp 898.096-AgRg-EDcl-EDcl, Min. Denise Arruda, j. 18.11.08, DJ 18.12.08.

Art. 1.026: 9a. "Se a própria recorrente afirma serem **incabíveis os embargos** declaratórios, mesmo alegando que a interposição equivocada deu-se em razão de acúmulo de serviço, o v. aresto que decidiu pela aplicação da multa legal não contrariou o disposto no art. 538, § ún., do CPC" (STJ-5ª T., REsp 30.726-4, Min. Flaquer Scartezzini, j. 10.2.93, DJU 22.3.93, rep.).

Art. 1.026: 9b. i. e., **qualquer embargante** (p. ex., autarquia — RTJ 154/203, 156/631, 156/633).

Todavia: "O intuito protelatório dá ensanchas à aplicação da multa processual cabível, que, no entanto, deixa-se de aplicar por se tratar de recurso da **Defensoria Pública"** (STJ-Corte Especial, AI 378.377-QO-EDcl-EDcl, Min. Nancy Andrighi, j. 15.9.04, DJU 11.10.04).

Art. 1.026: 10. "Não tem cabimento a aplicação da **sanção ao advogado,** o que impõe a exclusão da condenação imposta ao procurador do Estado" (STJ-6ª T., AI 392.932-AgRg-EDcl-EDcl, Min. Nilson Naves, j. 11.9.08, DJ 17.11.08). **Contra:** "Quando de todo sem cabimento os embargos, donde a conclusão de que pretendem retardar se faça, de uma vez por todas, a coisa julgada, ou que não seja ela cumprida a bom tempo e a boa hora (modalidade, tempo, lugar, etc.), os embargos têm caráter protelatório; nesse caso, o embargante está sujeito a sanção processual. É lícito que a sanção alcance não só a parte (o litigante), mas também o seu procurador, uma vez que a ambos compete proceder com lealdade e boa-fé. Embargos rejeitados; declarados, porém, manifestamente protelatórios, a Turma decidiu condenar o embargante (o Estado) e o seu procurador (o Procurador do Estado) a, solidariamente, pagarem aos embargados a multa de 1% sobre o valor da causa" (STJ-6ª T., Ag 421.626-AgRg-EDcl, Min. Nilson Naves, j. 23.11.04, DJU 7.3.05).

Art. 1.026: 11. Imposta a multa a **vários embargantes,** a quantia deve ser rateada em partes iguais entre todos (RSTJ 59/41). Naturalmente, o litisconsorte que não embargou não é atingido pela multa imposta aos que opuseram embargos manifestamente protelatórios (STJ-3ª Seção, AR 477-EDcl, Min. Laurita Vaz, j. 10.12.08, DJ 4.2.09).

Art. 1.026: 11a. "O fato de ser a parte recorrente **beneficiária da justiça gratuita** não retira a obrigatoriedade do pagamento da multa, porquanto esta tem natureza de penalidade processual" (STJ-Corte Especial, ED no REsp 765.878-AgRg, Min. João Otávio, j. 7.5.12, DJ 22.5.12).

V. tb. § 3º.

Art. 1.026: 11b. A multa prevista neste artigo tem **finalidade punitiva,** o que impede sua **cumulação** com outras sanções igualmente punitivas, caso das multas previstas nos arts. 77 § 2º e 81-*caput*. Todavia, não há óbices para a cumulação da multa em comento com o pagamento das demais verbas previstas no art. 81-*caput* (escopo reparatório) nem com a multa prevista nos arts. 537-*caput*, 806 § 1º e 814-*caput* (finalidade coercitiva). Sua efetiva incidência não fica prejudicada em razão da prática de outro ato passível de punição, que será objeto de nova sanção.

"Não deve prevalecer a imposição cumulativa das multas do art. 18 e do art. 538 do CPC em razão do mesmo fato (oposição de embargos declaratórios com efeito procrastinatório), devendo subsistir, na hipótese, esta última" (STJ-Corte Especial, ED no REsp 511.378, Min. José Arnaldo, j. 17.11.04, DJU 21.2.05).

"Não se admite a incidência simultânea das penalidades processuais contidas nos arts. 18 e 538, § ún., ambos do CPC. Em verdade, tendo em vista a regra específica dos embargos de declaração, há de prevalecer a multa do art. 538, § ún., do CPC. Diante desse desate, fica afastada a multa imposta com base na regra geral do art. 18 do CPC" (STJ-1ª Seção, ED no REsp 510.504, Min. Franciulli Netto, j. 14.9.04, DJU 1.2.06).

Acolhendo expressamente nossos argumentos para cumular a multa por embargos protelatórios com a indenização por litigância de má-fé: STJ-Corte Especial, REsp 1.250.739, Min. Luis Felipe, j. 4.12.13, maioria, DJ 17.3.14.

S/ requisitos para a cumulação de sanções, v. art. 81, nota 9.

Art. 1.026: 11c. No sentido de que para a **pretensão de receber** o valor da **multa** "é inaplicável ao caso o § 1º, III, do art. 206 do Código Civil, segundo o qual **prescreve** em um ano 'a pretensão dos tabeliães, auxiliares da justiça, serventuários judiciais, árbitros e peritos, pela percepção de emolumentos, custas e honorários'. Tendo em vista que a multa em questão também não se confunde com despesas despendidas pelo vencedor em juízo, é igualmente inaplicável o § 5º, III, do art. 206 do Código Civil, o qual estabelece que prescreve em cinco anos 'a pretensão do vencedor para haver do vencido o que despendeu em juízo': STJ-2ª T., REsp 1.264.508, Min. Mauro Campbell, j. 18.12.12, DJ 8.2.13.

Art. 1.026: 11d. "A multa aplicável nos embargos de declaração considerados protelatórios deve recair tão somente sobre o **valor da causa,** nos termos do art. 538, parágrafo único, do Código de Processo Civil. Por conseguinte, é incabível sua incidência sobre o valor da condenação ou qualquer outra base de cálculo, considerando que, como qualquer penalidade, a multa de natureza processual deve ser interpretada restritivamente (STJ-5ª T., REsp 711.221, Min. Esteves Lima, j. 24.5.05, DJU 1.7.05).

"A multa do art. 538, parágrafo único, do CPC tem como base de cálculo o valor da causa, mesmo quando aplicada em liquidação e cumprimento de sentença, porquanto não se estabelece novo valor da causa nessas fases processuais, mas apenas apuração do valor da condenação" (STJ-3ª T., REsp 1.550.963, Min. João Otávio, j. 17.5.16, DJ 10.6.16).

Art. 1.026: 11e. **Superando o teto legal:** "À vista do número de recorrentes e do valor atribuído à causa (R$ 10.000,00), o percentual a incidir sobre esse *quantum* não atingirá o escopo pretendido no preceito sancionador, pelo que cabível o arbitramento daquela multa em R$ 3.000,00" (STJ-1ª T., REsp 1.348.817-AgRg-EDcl, Min. Gurgel de Faria, j. 13.12.16, DJ 17.2.17).

V. tb. nota 12a.

Art. 1.026: 11f. Para a caracterização da reiteração de embargos protelatórios, não se exige identidade entre as petições, mas é necessário que os primeiros embargos sejam **imediatamente seguidos** dos segundos.

Contra, no sentido de que, "após a imposição da multa de 1% por embargos procrastinatórios, fica a parte, **ao longo do resto do processo,** automaticamente sujeita à multa de 10% por reiteração dos embargos protelatórios" (STJ-3ª T., REsp 1.006.824, Min. Nancy Andrighi, j. 2.9.10, DJ 15.9.10).

Art. 1.026: 12. "A multa de 10% sobre o valor da causa prevista no art. 538 § ún. do CPC encontra incidência nos casos em que ocorre **reiteração de embargos** declaratórios considerados **protelatórios** e desde que tenha havido aplicação da primeira multa de 1%" (STJ-Corte Especial, ED no REsp 423.250, Min. Eliana Calmon, j. 10.12.09, DJ 22.2.10).

"Se o Tribunal, ao rejeitar os primeiros embargos, nada diz quanto ao escopo procrastinatório do embargante, não há como aplicar a multa de 10% em relação aos seguidos embargos. Redução da multa para 1%" (STJ-3ª T., REsp 430.408, Min. Gomes de Barros, j. 25.4.06, DJU 22.5.06). No mesmo sentido: STJ-2ª T., REsp 1.593.854, Min. Herman Benjamin, j. 15.12.16, DJ 27.4.17.

Art. 1.026: 12a. "Diante da reiteração de embargos protelatórios, e em sendo o **valor atribuído à causa meramente simbólico** (R$ 100,00), de modo que nenhum percentual incidente sobre ele teria aptidão dissuasória, cabe a exasperação da multa prevista no art. 538, parágrafo único, *in fine*, do CPC, a patamares superiores (no caso, R$ 2.000,00), ficando condicionada a interposição de qualquer outro recurso ao depósito do valor" (STJ-4ª T., REsp 1.204.425-EDcl-EDcl, Min. Luis Felipe, j. 5.8.14, DJ 12.8.14).

V. tb. nota 11e.

Art. 1.026: 12b. "A parte final do parágrafo único do art. 538 do CPC, que condiciona ao prévio depósito da multa 'a interposição de qualquer outro recurso', deve ser interpretado restritivamente, alcançando apenas 'qualquer outro recurso' da **mesma cadeia recursal.** É que a sanção prevista pela norma tem a evidente finalidade de inibir a reiteração de recursos sucessivos sobre a questão já decidida no processo. Não é legítima, portanto, a sua aplicação à base de interpretação ampliativa, para inibir também a interposição de recursos contra novas decisões que venham a ser proferidas no processo. No caso, a falta de depósito da multa imposta em face de reiteração de embargos declaratórios de acórdão que julgou decisão interlocutória não inibe a interposição de apelação contra a superveniente sentença que julgou a causa" (STJ-1ª T., REsp 1.129.590, Min. Teori Zavascki, j. 20.10.11, DJ 25.10.11). No mesmo sentido: STJ-3ª T., REsp 1.591.178, Min. Ricardo Cueva, j. 25.4.17, DJ 2.5.17.

V. tb. art. 1.021, nota 16.

Art. 1.026: 12c. O prévio depósito do valor da multa somente passa a ser requisito de admissibilidade de recurso quando se trata de sanção imposta a embargos **reiteradamente** protelatórios. Se a parte teve um único embargos de declaração considerados protelatórios, a admissão do ulterior recurso independe do recolhimento do valor da multa (STJ-Corte Especial, ED no REsp 389.408, Min. Francisco Falcão, j. 15.10.08, DJ 13.11.08).

Em caso no qual se impôs ilegalmente a sanção de depósito prévio a um único embargos de declaração considerados protelatórios, ponderou a Corte Especial do STJ: "Quando ilegalmente imposta a condição de recorribilidade, duas possibilidades se abrem à parte: a primeira, a de demonstrar, em embargos de divergência, que o acórdão, ao impor o depósito como condição para recorrer, diverge de outros julgados do Tribunal. Para tanto, todavia, é necessário que, antes, seja a multa recolhida. A segunda, a única que dispensaria o recolhimento da multa, é a de opor novos embargos de declaração como forma de instar o colegiado a se pronunciar sobre o evidente equívoco de condicionar a apresentação de novos recursos ao depósito da multa" (STJ-RDDP 67/157: Corte Especial, ED no REsp 624.623-AgRg). Com a devida vênia, interposto ulterior recurso que tem como objeto unicamente a imposição da multa, o prévio depósito desta não deve ser exigido, mormente em situações de flagrante ilegalidade na aplicação da sanção, como a descrita acima. V. tb. art. 1.021, nota 17.

Art. 1.026: 13. Para que se considerem **incabíveis novos embargos de declaração,** inclusive com a negativa de efeito interruptivo e atestado de trânsito em julgado, é preciso que os dois embargos imediatamente anteriores tenham sido considerados meramente protelatórios, inclusive com a ampliação da respectiva multa.

"A oposição de três embargos declaratórios seguidos, mesmo após a condenação às multas previstas no artigo 538, parágrafo único, do CPC, caracteriza novo abuso de direito, distinto do anterior, que deve ser repelido, agora, com as sanções do artigo 18 do CPC, que comina penas mais severas e mais extensas ao litigante desleal. Seguindo a *ratio* da jurisprudência do Pretório Excelso e de precedente da Corte Especial, determina-se o imediato cumprimento do acórdão e reconhece-se, independentemente do trânsito em julgado, o exaurimento da jurisdição quanto aos embargos de divergência" (STJ-Corte Especial, ED no REsp 1.100.732-AgRg-EDcl-EDcl-EDcl, Min. Castro Meira, j. 29.8.12, DJ 16.11.12).

"Determinação da turma de baixa imediata dos autos depois de julgada a terceira série de embargos de declaração. Providência devidamente fundamentada. Interposição sucessiva de recursos manifestamente protelatórios. Poderia o causídico ter oposto os embargos de divergência, no entanto, se preferiu reiterar embargos de declaração, com o nítido propósito protelatório, assumiu o risco de perder a oportunidade do recurso, em tese, cabível. Nesse cenário, não se verifica a alegada violação do direito de recorrer, ao revés, constata-se a adequada resposta do órgão julgador à postura atentatória à atividade jurisdicional (*contempt of court*), conduta que era passível até de condenação por litigância de má-fé, sanção da qual foi poupado o recorrente" (STJ-Corte Especial, MS 20.873, Min. Laurita Vaz, j. 5.11.14, DJ 27.11.14).

V. tb. art. 943, nota 12.

Art. 1.026:14. "Caracterizado o abuso do direito de recorrer, determina-se a **expedição de ofício à OAB/SP,** com cópias das decisões proferidas por este Tribunal no curso do presente agravo" (STJ-1ª T., AI 793.123-AgRg-EDcl-EDcl-AgRg-EDcl-EDcl, Min. Denise Arruda, j. 6.11.07, DJU 29.11.07). Em sentido semelhante: STF-2ª T., RMS 28.295-AgRg-EDcl-EDcl-EDcl-EDcl, j. 17.12.13, DJ 30.10.14.

Capítulo VI — DOS RECURSOS PARA O SUPREMO TRIBUNAL FEDERAL E PARA O SUPERIOR TRIBUNAL DE JUSTIÇA

Seção I — DO RECURSO ORDINÁRIO[1]

SEÇ. I: 1. CF 102-II, 105-II, RISTJ 247 e segs.

Art. 1.027. Serão julgados em recurso ordinário:[1 a 9] [Dispositivo correspondente no CPC/1973: art. 539-*caput*]

I — pelo Supremo Tribunal Federal,[9a] os mandados de segurança, os *habeas data*[9b] e os mandados de injunção[10] decididos em única instância pelos tribunais superiores,[10a] quando denegatória a decisão;[11] [Dispositivo correspondente no CPC/1973: art. 539-I]

II — pelo Superior Tribunal de Justiça:[12] [Dispositivo correspondente no CPC/1973: art. 539-II]

a) os mandados de segurança decididos em única instância pelos tribunais regionais federais ou pelos tribunais de justiça dos Estados e do Distrito Federal e Territórios, quando denegatória a decisão;[12a] [Dispositivo correspondente no CPC/1973: art. 539-II-*a*]

b) os processos em que forem partes, de um lado, Estado estrangeiro[13] ou organismo internacional e, de outro, Município ou pessoa residente ou domiciliada no País. [Dispositivo correspondente no CPC/1973: art. 539-II-*b*]

§ 1º Nos processos referidos no inciso II, alínea *b*, contra as decisões interlocutórias caberá agravo de instrumento dirigido ao Superior Tribunal de Justiça,[14] nas hipóteses do art. 1.015. [Dispositivo correspondente no CPC/1973: art. 539 § ún.]

§ 2º Aplica-se ao recurso ordinário o disposto nos arts. 1.013, § 3º, e 1.029, § 5º. [Sem dispositivo correspondente no CPC/1973]

Art. 1.027: 1. O recurso ordinário deve ser interposto no **prazo** de 15 dias (art. 1.003 § 5º).

Art. 1.027: 2. Não se conhece de recurso ordinário em que as **razões do pedido de reforma** da decisão foram apresentadas fora do prazo (STJ-1ª T., RMS 468, Min. Demócrito Reinaldo, j. 30.10.91, DJU 18.11.91).

"Não é suscetível de conhecimento o recurso ordinário interposto de decisão denegatória do mandado de segurança, quando esse meio de impugnação recursal vem desacompanhado das razões do pedido de reforma do acórdão questionado, ou quando, embora presentes as razões recursais, estas não infirmam a motivação do ato decisório proferido, nem guardam qualquer relação de pertinência com o conteúdo material da decisão recorrida" (STF-1ª T.: RTJ 186/217).

S/ o assunto, em apelação, v. art. 1.010, nota 9.

Art. 1.027: 3. "O recurso ordinário em mandado de segurança é apelo que possui **natureza similar à apelação**" (STJ-RT 813/205).

No mesmo sentido, considerando que o prequestionamento não é requisito de admissibilidade do recurso ordinário: STF-RT 712/307.

Assim: "A circunstância de o direito local estar na base do pedido não é óbice ao recurso ordinário contra denegação do mandado de segurança" (STJ-6ª T., RMS 6.682, Min. Fontes de Alencar, j. 20.5.03, um voto vencido, DJU 2.5.05).

"Em sede de recurso ordinário, esta Corte pode fixar a interpretação de cláusulas contratuais" (STJ-2ª T., RMS 22.369, Min. Herman Benjamin, j. 5.10.06, um voto vencido, DJU 3.4.07).

"Em sede de recurso ordinário em mandado de segurança não incide a limitação imposta pelo enunciado 7 da Súmula/STJ" (STJ-3ª T., RMS 34.098, Min. Nancy Andrighi, j. 5.6.12, DJ 14.6.12).

V. tb. nota 8a.

Art. 1.027: 4. Não cabe recurso ordinário contra **decisão concessiva** de mandado de segurança originário de tribunal (RSTJ 55/334, STJ-RJTJERGS 213/41), constituindo erro grosseiro a sua interposição (STJ-RT 711/196, 730/198).

Art. 1.027: 4a. Não cabe recurso ordinário contra acórdão que, em mandado de segurança originário, reconhece a **incompetência do tribunal** (STJ-1ª T., RMS 16.294, Min. Gomes de Barros, j. 4.11.03, DJU 1.12.03).

Art. 1.027: 4b. Se o Tribunal estadual denegou em única instância o mandado de segurança, "o recurso cabível, **independentemente de versar ou não matéria constitucional,** é o ordinário, para o STJ, de acordo com o art. 105, II, *b*, da CF" (RTJ 146/665).

"Tendo sido a segurança denegada originariamente pelo Tribunal de Justiça estadual, cabível era o recurso ordinário. A interposição de recurso extraordinário, mesmo que a causa esteja adstrita a questões constitucionais, é inadmissível e configura evidente erro grosseiro. Não há como aplicar-se o princípio da fungibilidade" (STF-1ª T., AI 145.553-AgRg, Min. Ilmar Galvão, j. 9.2.93, DJU 26.2.93). No mesmo sentido: RTJ 142/472, 158/976.

V. tb. nota 7.

Art. 1.027: 5. "A locução constitucional — 'quando **denegatória a decisão**' — tem **sentido amplo,** pois não só compreende as decisões dos tribunais que, apreciando o *meritum causae*, indeferem o pedido de mandado de segurança, como também abrange aquelas que, sem julgamento do mérito, operam a extinção do processo" (RTJ 132/718).

Assim, **cabe recurso ordinário ao STF ou ao STJ** (v. incisos I e II) contra decisão de Tribunal Superior, de TRF ou de Tribunal de Justiça que, em mandado de segurança julgado em única instância:

— julga extinto o processo, sem apreciação do mérito (STJ-1ª T., RMS 21.721, Min. Teori Zavascki, j. 6.2.07, DJU 22.2.07; STJ-4ª T., RMS 37.775, Min. Marco Buzzi, j. 6.6.13, DJ 2.9.13; STJ-RTJ 160/472; RSTJ 9/187, bem fundamentado, 14/157, 60/181, 69/151, 71/163, 92/378; STJ-Bol. AASP 1.655/218, em. 13);

— pronuncia a decadência (STF-1ª T., RMS 21.363-9, Min. Sepúlveda Pertence, j. 8.9.92, DJU 25.9.92; STJ-3ª T., RMS 470, Min. Cláudio Santos, j. 28.8.90, DJU 5.11.90);

— não conhece do mandado de segurança, por entendê-lo incabível (RTJ 144/485; STJ-2ª T., RMS 11.537, Min. Eliana Calmon, j. 6.2.01, maioria, DJU 29.10.01);

— concede parcialmente a segurança (STJ-5ª T., RMS 17.650, Min. Esteves Lima, j. 1.3.05, DJU 11.4.05; STJ-2ª T., RMS 3.826-2, Min. Peçanha Martins, j. 11.5.94, DJU 27.6.94; STJ-4ª T., RMS 30.781, Min. Raul Araújo, j. 18.4.13, DJ 26.4.13), considerando-se, neste caso, erro grosseiro a interposição de recurso especial no lugar de recurso ordinário (STJ-3ª T., RMS 7.647, Min. Menezes Direito, j. 4.12.97, DJU 16.2.98).

Nessas hipóteses, o tribunal *ad quem*, ao apreciar o recurso ordinário interposto contra o acórdão do tribunal local, pode julgar desde logo o mérito (v. § 2º c.c. art. 1.013 § 3º).

Art. 1.027: 5a. **Indeferimento liminar e monocrático.** Cabe agravo (LMS 10 § 1º) e não recurso ordinário, contra a decisão monocrática que indefere, liminarmente, mandado de segurança em processo de competência originária de tribunal (RSTJ 11/191, 32/141, 32/169, 34/176, 48/543, 87/379; STJ-RT 699/175, STJ-RJTJERGS 200/43, STJ-JTAERGS 91/389). "A hipótese não comporta a aplicação do princípio da fungibilidade recursal" (STJ-4ª T., RMS 12.117, Min. Jorge Scartezzini, j. 26.10.04, DJU 6.12.04), por estar-se diante de erro grosseiro (RSTJ 147/79).

Então, não provido o agravo contra a decisão do relator que denegou liminarmente a segurança, caberá recurso ordinário para o STJ (STJ-4ª T., RMS 11.654, Min. Aldir Passarinho Jr., j. 28.8.01, DJU 4.2.02; STJ-6ª T., RMS 5.921, Min. Fernando Gonçalves, j. 4.2.97, DJU 10.3.97; STJ-3ª T., RMS 13.574, Min. Menezes Direito, j. 28.5.02, DJU 26.8.02).

Há acórdãos exigindo a prévia interposição de agravo interno para o conhecimento do recurso ordinário mesmo quando o mandado de segurança tenha sido julgado pelo órgão colegiado e apenas os subsequentes embargos de declaração tenham sido julgados monocraticamente (STJ-6ª T., RMS 11.659, Min. Maria Thereza, j. 30.8.07, DJU 17.9.07; STJ-2ª T., RMS 15.050, Min. Franciulli Netto, j. 1.4.04, DJU 9.8.04). Com a devida vênia, esse entendimento não nos parece ser o mais correto. A prévia interposição de agravo interno somente deve ser colocada como exigência para o conhecimento de ulterior recurso quando o próprio mandado de segurança houver sido julgado monocraticamente, e não quando os subsequentes embargos o tenham sido. V. tb. RISTJ 255, nota 4-Decisão recorrível.

Art. 1.027: 6. "Não cabe recurso ordinário constitucional das decisões denegatórias de mandado de segurança proferidas por turmas recursais de **juizados especiais**" (STJ-4ª T., RMS 1.905-6, Min. Sálvio de Figueiredo, j. 24.5.94, DJU 20.6.94). No mesmo sentido: STJ-3ª T., RMS 315, Min. Gueiros Leite, j. 11.9.90, DJU 12.11.90.

Art. 1.027: 6a. "Não é cabível **recurso adesivo** no recurso ordinário em mandado de segurança" (STJ-5ª T., RMS 18.515, Min. Laurita Vaz, j. 3.11.09, DJ 30.11.09).

"O recurso ordinário em mandado de segurança, por ser privativo do impetrante, não admite 'apelo adesivo'" (RSTJ 156/68).

Art. 1.027: 6b. Não cabe recurso ordinário contra acórdão que confirma a **sentença denegatória da segurança** em apelação (STJ-2ª T., RMS 15.121, Min. Peçanha Martins, j. 17.8.04, DJU 18.10.04), ou em remessa *ex officio* (RSTJ 105/393). Em ambos os casos, o equívoco foi considerado erro grosseiro e não se aplicou o princípio da fungibilidade.

Há um acórdão mais antigo em que o recurso ordinário indevidamente interposto foi conhecido como recurso especial (STJ-2ª T., RMS 2.362-0, Min. Pádua Ribeiro, j. 20.10.93, DJU 22.11.93).

Art. 1.027: 6c. "É incabível a interposição de recurso ordinário contra **acórdão que julgou recurso ordinário**" (STJ-Corte Especial, RMS 28.625-RO-AgRg, Min. Ari Pargendler, j. 1.9.10, DJ 25.10.10).

Art. 1.027: 7. **Súmula 272 do STF: "Não se admite como recurso ordinário recurso extraordinário** de decisão denegatória de mandado de segurança". Esta Súmula continua em vigor (RTJ 142/472, 144/187, 158/76, maioria).

Nesta hipótese, não se aplica o princípio da fungibilidade porque o cabimento do recurso ordinário é expresso (CF 102-II-*a* e 105-II-*b*; CPC 539 I e II-*a*).

Todavia, flexibilizando o entendimento sumular, porque se tratava de acórdão que não conhecera do mandado de segurança: "Pode ser convertido em recurso ordinário o extraordinário interposto contra acórdão que não conheceu de mandado de segurança, ao invés de denegá-lo, porque, nesse caso, o erro na interposição do recurso não é grosseiro" (RTJ 144/187).

No STJ, acórdão afinado com a Súmula 272 do STF (STJ-RT 732/166: 1ª T., RMS 888, dois votos vencidos) acabou modificado em sede de embargos declaratórios: "Interpondo a parte recurso extraordinário no lugar de ordinário, haja vista tratar-se de decisão denegatória de mandado de segurança pelo Tribunal de Justiça do Distrito Federal, e havendo a conversão do recurso interposto para o adequado pelo presidente do tribunal, admitindo-o corretamente, não há de se deixar de recebê-lo, sob alegação de erro grosseiro" (STJ-1ª T., RMS 888-EDcl, Min. Gomes de Barros, j. 22.8.96, DJU 7.10.96). **Todavia:** "É impossível aproveitar-se recurso em mandado de segurança desafiando acórdão de tribunal estadual, mas dirigido ao STF" (STJ-1ª T., RMS 1.942, Min. Gomes de Barros, j. 11.5.94, DJU 6.6.94).

Ainda no STJ, verifica-se tendência pelo não conhecimento de recurso especial interposto contra decisão de tribunal denegatória da segurança (RSTJ 27/241, 56/395, 75/153, 129/291; RT 835/162). Mais recentemente: "Considera-se erro grosseiro e inescusável a interposição de recurso especial no lugar de recurso ordinário constitucionalmente previsto, razão pela qual não há como ser aplicado o princípio da fungibilidade" (STJ-5ª T., AI 1.167.840-AgRg, Min. Arnaldo Esteves, j. 20.10.09, DJ 16.11.09). Também: STJ-2ª T., Ag em REsp 78.698-AgRg, Min. Herman Benjamin, j. 29.5.12, DJ 26.6.12. **Contra:** "Se, embora sob denominação equivocada, o recurso tem como destinatário o órgão competente para conhecer de recurso cabível, e satisfaz todos os requisitos de admissibilidade, não há como desconhecê-lo" (RSTJ 181/69: RMS 15.178).

Art. 1.027: 7a. "O **simples erro material** de grafia — apelação ao invés de recurso — não é suficiente para configurar erro grosseiro, uma vez que o recurso apresentado não invocou os dispositivos referentes à apelação (arts. 513 e s., CPC)" (STF-1ª T., RMS 26.371, Min. Sepúlveda Pertence, j. 26.4.07, DJU 18.5.07).

"Cabível, em observância ao princípio da fungibilidade recursal, o recebimento como recurso ordinário de apelação interposta contra acórdão que denega segurança em única instância" (STJ-5ª T., RMS 20.652, Min. Arnaldo Esteves, j. 3.4.07, DJU 7.5.07). No mesmo sentido: STJ-2ª T., RMS 12.550, Min. Eliana Calmon, j. 15.3.01, DJU 12.8.02; STJ-1ª T., RMS 2.211-0, Min. Garcia Vieira, j. 28.10.92, DJU 12.4.93; STJ-4ª T., Ag 13.961, Min. Athos Carneiro, j. 5.11.91, DJU 9.12.91.

Contra: "A interposição de recurso de apelação configura erro inescusável, tendo em vista a previsão na Constituição Federal do cabimento de recurso ordinário contra decisão denegatória de mandado de segurança decidido em única instância pelos Tribunais Superiores" (STJ-Corte Especial, MS 15.436-Pet-AgRg, Min. Felix Fischer, j. 12.5.11, DJ 6.6.11).

"Constitui erro grosseiro a interposição de apelação cível, dirigida ao Tribunal Regional Federal, quando se trata de hipótese de cabimento de recurso ordinário" (STJ-4ª T., RO 130-AgRg, Min. Isabel Gallotti, j. 16.10.14, DJ 28.10.14). No mesmo sentido: STJ-2ª T., AP 47, Min. Herman Benjamin, j. 20.2.18, DJ 14.11.18.

Art. 1.027: 8. Conhece-se de recurso ordinário interposto, por engano, com fundamento no art. 105, II, *a*, e não na alínea *b*, da CF (RSTJ 63/144).

Art. 1.027: 8a. Efeito devolutivo. "O recurso em mandado de segurança tem natureza similar à apelação, devolvendo o conhecimento de toda a matéria alegada na impetração" (RSTJ 94/362). Na mesma linha, afirmando a devolução "de toda a matéria impugnada, que pode abranger todas as questões suscitadas e discutidas no processo, de natureza constitucional ou não, e ainda que a sentença não as tenha julgado por inteiro": RTJ 131/115. Assim, não há aqui as limitações do recurso especial (RSTJ 4/1.414: 4ª T., RMS 32).

"O recurso ordinário em mandado de segurança é apelo que possui natureza similar à apelação, devolvendo ao Tribunal o conhecimento de toda a matéria alegada na impetração, independentemente de eventual análise pelo Tribunal de origem, principalmente quando se tratar de matéria de ordem pública, que pode ser reconhecida a qualquer tempo" (STJ-5ª T., RMS 21.690-AgRg, Min. Gilson Dipp, j. 17.10.06, DJU 13.11.06).

O recurso ordinário tem efeito translativo e permite ao tribunal *ad quem* enfrentar as matérias cognoscíveis de ofício, p. ex., para extinguir o processo em razão da ilegitimidade *ad causam* (STJ-2ª T., RMS 23.571, Min. Castro Meira, j. 6.11.07, DJU 21.11.07) ou determinar a integração ao processo de litisconsorte necessário (STF-1ª T., RMS 28.256, Min. Marco Aurélio, j. 24.4.12, maioria, DJ 14.6.12).

V. tb. nota 3. V. ainda art. 485, nota 48.

Art. 1.027: 9. "Decreta-se, de ofício, em grau de recurso ordinário em mandado de segurança, a nulidade de acórdão ***extra petita,*** pois, tratando-se de questão de ordem pública, deve ser conhecida na ampla devolutividade do recurso ordinário constitucional, independentemente de pedido da parte" (STJ-6ª T., RMS 4.900, Min. Adhemar Maciel, j. 13.5.96, DJU 24.6.96).

Art. 1.027: 9a. v. CF 102-II-*a*.

Art. 1.027: 9b. v. LHD 20-II-*a*.

Em matéria de *habeas data* e recurso ordinário, v. tb. CF 105, nota 13a, e LHD 20, nota 2a.

Art. 1.027: 10. "Incabível o recurso ordinário interposto contra decisão denegatória de mandado de injunção, proferida por **Tribunal de Justiça Estadual.** A irresignação poderia ser manifestada através de recurso extraordinário ou especial, conforme previsto na Constituição" (RSTJ 65/149).

Art. 1.027: 10a. i. e., pelo Superior Tribunal de Justiça, pelo Tribunal Superior Eleitoral, pelo Tribunal Superior do Trabalho ou pelo Superior Tribunal Militar. Assim, ainda que se discuta **matéria constitucional,** das decisões de única instância denegatórias de segurança, proferidas pelos Tribunais Regionais Federais, pelos Tribunais dos Estados ou pelo do Distrito Federal e Territórios, caberá, nos termos da CF 105-II-*b*, recurso ordinário para o STJ, e não para o STF (STF-RT 712/307).

Art. 1.027: 11. v. nota 5 (significado da locução "quando denegatória a decisão").

Art. 1.027: 12. v. CF 105-II-*b* e *c*.

Art. 1.027: 12a. s/ o significado da locução "quando denegatória a decisão", v. nota 5; s/ recurso contra decisão monocrática, proferida em mandado de segurança de competência originária de tribunal, v. nota 5a.

Art. 1.027: 13. s/ representação do Estado estrangeiro, v. art. 75, nota 24.

Art. 1.027: 14. v. RISTJ 254.

Art. 1.028. Ao recurso mencionado no art. 1.027,[1] inciso II, alínea *b*, aplicam-se, quanto aos requisitos de admissibilidade e ao procedimento, as disposições relativas à apelação[1a] e o Regimento Interno do Superior Tribunal de Justiça. [Dispositivo correspondente no CPC/1973: art. 540]

§ 1º Na hipótese do art. 1.027, § 1º, aplicam-se as disposições relativas ao agravo de instrumento[2] e o Regimento Interno do Superior Tribunal de Justiça. [Dispositivo correspondente no CPC/1973: art. 540]

§ 2º O recurso previsto no art. 1.027, incisos I e II, alínea *a*, deve ser interposto perante o tribunal de origem, cabendo ao seu presidente ou vice-presidente determinar a intimação do recorrido para, em 15 (quinze) dias, apresentar as contrarrazões. [Sem dispositivo correspondente no CPC/1973]

§ 3º Findo o prazo referido no § 2º, os autos serão remetidos ao respectivo tribunal superior, independentemente de juízo de admissibilidade.[3] [Sem dispositivo correspondente no CPC/1973]

Art. 1.028: 1. s/ sustentação oral, v. art. 937-II.

Art. 1.028: 1a. v. arts. 1.009 a 1.014.

Art. 1.028: 2. v. arts. 1.015 a 1.020.

Art. 1.028: 3. "Diante da determinação legal de imediata remessa dos autos do recurso ordinário ao Tribunal Superior, independentemente de juízo prévio de admissibilidade, a **negativa de seguimento** ao recurso pelo Tribunal *a quo* configura indevida invasão na esfera de competência do STJ, atacável, portanto, pela via da **reclamação** constitucional" (STJ-2ª Seção, Rcl 35.958, Min. Marco Bellizze, j. 10.4.19, DJ 12.4.19).

Seção II | DO RECURSO EXTRAORDINÁRIO E DO RECURSO ESPECIAL[1]

Subseção I | DISPOSIÇÕES GERAIS

SEÇ. II: 1. As informações relativas aos recursos extraordinário e especial estão concentradas, respectivamente, nas notas ao RISTF 321 e ao RISTJ 255.

Art. 1.029. O recurso extraordinário[1] e o recurso especial,[2] nos casos previstos na Constituição Federal, serão interpostos[3 a 5] perante o presidente ou o vice-presidente[6] do tribunal recorrido,[6a] em petições distintas[7] que conterão:[8] [Dispositivo correspondente no CPC/1973: art. 541-*caput*]

I — a exposição do fato e do direito; [Dispositivo correspondente no CPC/1973: art. 541-I]

II — a demonstração do cabimento do recurso interposto; [Dispositivo correspondente no CPC/1973: art. 541-II]

III — as razões do pedido de reforma ou de invalidação da decisão recorrida.[9] [Dispositivo correspondente no CPC/1973: art. 541-III]

§ 1º Quando o recurso fundar-se em dissídio jurisprudencial, o recorrente fará a prova da divergência com a certidão, cópia ou citação do repositório de jurisprudência, oficial ou credenciado, inclusive em mídia eletrônica, em que houver sido publicado o acórdão divergente, ou ainda com a reprodução de julgado disponível na rede mundial de computadores, com indicação da respectiva fonte, devendo-se, em qualquer caso, mencionar as circunstâncias que identifiquem ou assemelhem os casos confrontados.[10] [Dispositivo correspondente no CPC/1973: art. 541 § ún.]

§ 2º (Revogado).[10a]

§ 3º O Supremo Tribunal Federal ou o Superior Tribunal de Justiça poderá desconsiderar vício formal de recurso tempestivo ou determinar sua correção, desde que não o repute grave.[10b] [Sem dispositivo correspondente no CPC/1973]

§ 4º Quando, por ocasião do processamento do incidente de resolução de demandas repetitivas, o presidente do Supremo Tribunal Federal ou do Superior Tribunal de Justiça receber requerimento de suspensão de processos em que se discuta questão federal constitucional ou infraconstitucional,[11] poderá, considerando razões de segurança jurídica ou de excepcional interesse social, estender a suspensão a todo o território nacional, até ulterior decisão do recurso extraordinário ou do recurso especial a ser interposto.[12] [Sem dispositivo correspondente no CPC/1973]

§ 5º O pedido de concessão de efeito suspensivo[12a] a recurso extraordinário ou a recurso especial poderá ser formulado por requerimento[12b] dirigido:[13-14] [Sem dispositivo correspondente no CPC/1973]

I — ao tribunal superior respectivo, no período compreendido entre a publicação da decisão de admissão do recurso e sua distribuição, ficando o relator designado para seu exame prevento para julgá-lo;[15 a 15b] [Sem dispositivo correspondente no CPC/1973]

II — ao relator, se já distribuído o recurso; [Sem dispositivo correspondente no CPC/1973]

III — ao presidente ou ao vice-presidente do tribunal recorrido, no período compreendido entre a interposição do recurso e a publicação da decisão de admissão do recurso,[16-16a] assim como no caso de o recurso ter sido sobrestado, nos termos do art. 1.037.[17] [Sem dispositivo correspondente no CPC/1973]

Art. 1.029: 1. v. CF 102-III e RISTF 321 a 329.

V. notas ao RISTF 321.

Art. 1.029: 2. v. CF 105-III e RISTJ 255 e segs.

V. notas ao RISTJ 255.

Art. 1.029: 3. s/ protocolo integrado, v. arts. 929, § ún., inclusive nota 2, e 1.003, nota 8; s/ preparo, v. art. 1.007, notas 2a, 2e e 6;

Art. 1.029: 3a. O recurso extraordinário e o recurso especial deverão ser interpostos no **prazo** de 15 dias (art. 1.003 § 5º).

S/ oportunidade para o exame da tempestividade do recurso, v. art. 1.003, nota 16; s/ prova da ocorrência de feriado local influente na sua tempestividade, v. art. 1.003 § 6º e notas.

Art. 1.029: 4. A **interposição** dos dois recursos deve ser **simultânea.** Nos casos em que o acórdão recorrido traz fundamentos legais e constitucionais para apreciar a pretensão da parte e ela apenas interpõe recurso especial, este carecerá de requisito de admissibilidade (v. Súmula 126 do STJ, em nota 2 ao RISTJ 255). Situação parecida se verifica se a parte apenas interpõe recurso extraordinário contra esse acórdão (aplicação da Súmula 283 do STF, em nota 2 ao RISTF 321).

Nas situações em que a parte interpõe desde logo ambos os recursos, o julgamento do recurso especial pode ter repercussão na sorte do recurso extraordinário já interposto: se o recurso especial não é conhecido ou não é provido pelo STJ, esse recurso extraordinário é processado normalmente; se o recurso especial é provido pelo STJ, tal recurso extraordinário fica prejudicado, na exata medida da coincidência entre os fins perseguidos pelo recorrente numa e noutra via (art. 1.031 § 1º). Em outras palavras, o julgamento do recurso especial torna prejudicado o recurso extraordinário quando houver trazido para o recorrente o preciso resultado que ele tencionava obter com o provimento deste.

"Assentando-se o acórdão do Tribunal inferior em duplo fundamento, impõe-se à parte interessada o dever de interpor tanto o recurso especial para o STJ (para exame da controvérsia de caráter meramente legal) quanto o recurso extraordinário para o STF (para apreciação do litígio de índole essencialmente constitucional), sob pena de, em não se deduzindo qualquer desses recursos, o recorrente sofrer as consequências indicadas na Súm. 283/STF, motivadas pela existência de **fundamento inatacado,** apto a dar, à decisão recorrida, condições suficientes para subsistir autonomamente. A circunstância de o STJ haver examinado o mérito da causa, negando provimento ao recurso especial — e, assim, resolvendo a controvérsia de mera legalidade instaurada nessa via excepcional — não prejudica o conhecimento do recurso extraordinário, que, visando à solução de litígio de índole essencialmente constitucional, foi interposto, simultaneamente, pela mesma parte recorrente, contra o acórdão por ela também impugnado em sede recursal especial" (STF-RT 783/212: 2ª T., RE 250.710-AgRg, maioria).

Código de Processo Civil

"Tendo o STJ atendido integralmente à pretensão do recorrente, fica prejudicado o julgamento de recurso extraordinário com idêntico objeto" (STF-2ª T., RE 347.826-EDcl, Min. Cezar Peluso, j. 24.4.07, DJU 18.5.07).

V. art. 1.031, nota 2, e RISTF 321, nota 3-Recurso extraordinário e recurso especial simultaneamente interpostos. V. tb. art. 1.008, nota 3 (limites da substituição do acórdão do tribunal local por ocasião do julgamento do recurso especial), e RISTJ 268, nota 3 (recurso extraordinário contra acórdão do STJ).

Art. 1.029: 5. Nas **causas de alçada** em que haja matéria constitucional, o recurso extraordinário é processado e interposto perante o próprio juiz.

V. RISTF 321, nota 2-Súmula 640 do STF.

Art. 1.029: 6. De acordo com o que dispuser **lei estadual ou o regimento interno do tribunal,** os recursos extraordinário e especial poderão ser interpostos perante o Presidente ou o Vice-Presidente do Tribunal recorrido.

Art. 1.029: 6a. "Recurso especial. **Interposição** diretamente nesta corte. Inviabilidade" (STJ-3ª T., REsp 1.709.944-AgInt, Min. Ricardo Cueva, j. 26.6.18, DJ 2.8.18).

Art. 1.029: 7. "Não podem cumular-se, em **petição única,** os recursos especial e extraordinário, pena de vulneração do art. 26 da Lei 8.038" (STJ-4ª T., Ag 22.080-6-AgRg, Min. Sálvio de Figueiredo, j. 29.9.92, DJU 26.10.92). No mesmo sentido: STJ-2ª T., REsp 745.601-AgRg, Min. Herman Benjamin, j. 10.2.09, DJ 19.3.09.

Contra, a nosso ver com razão, conhecendo, neste caso, do recurso especial: RSTJ 48/169.

Art. 1.029: 8. também o **pedido do recorrente.**

Art. 1.029: 9. As **razões do pedido** de reforma ou de invalidação nada mais são do que os argumentos de fato e de direito com que se impugnam a decisão (v. inc. I).

Art. 1.029: 10. Para a comprovação e demonstração da divergência, v. RISTJ 255 §§ 1º e 3º e notas.

Art. 1.029: 10a. O § 2º foi expressamente revogado pela Lei 13.256, de 4.2.16.

Art. 1.029: 10b. v. art. 932 § ún.

Art. 1.029: 11. v. art. 982 § 3º.

Art. 1.029: 12. v. art. 987.

Art. 1.029: 12a. ou de **antecipação da tutela recursal.**

V. tb. art. 299 § ún.

Art. 1.029: 12b. O requerimento de efeito suspensivo é apresentado ao tribunal ou ao relator por **simples petição.**

Art. 1.029: 13. v. art. 995 § ún. S/ medida cautelar no STJ, v. RISTJ 288.

Art. 1.029: 14. Cabe **agravo interno** contra a decisão do relator que delibera sobre efeito suspensivo ou tutela antecipada recursal, quer para concedê-lo, quer para negá-lo.

V. art. 1.021.

Art. 1.029: 15. Redação do inc. I do § 5º de acordo com a Lei 13.256, de 4.2.16.

Art. 1.029: 15a. Também compete ao tribunal superior conceder medida cautelar para suspender a "eficácia do acórdão objeto do recurso extraordinário **não admitido,** se, deduzido o pertinente **agravo** de instrumento, o apelo extremo insurgir-se contra decisão que se revele incompatível com a jurisprudência prevalecente no Supremo Tribunal Federal" (STF-2ª T., MC 1.566-QO, Min. Celso de Mello, j. 6.3.07, DJU 27.4.07). No mesmo sentido: STF-RT 864/173 (1ª T., MC 1.546-AgRg).

Art. 1.029: 15b. "Ao pleitear tutela provisória voltada à concessão de efeito suspensivo a recurso especial inadmitido na origem (e cujos autos sequer ascenderam a esta Corte, malgrado a interposição de agravo), deve a parte requerente instruir a petição com as **cópias de** todas as **peças** que viabilizem a compreensão da controvérsia, em especial o acórdão recorrido, entre outros" (STJ-4ª T., Pet 11.383-AgInt, Min. Luis Felipe, j. 19.9.17, DJ 25.9.17).

Art. 1.029: 16. Súmula 634 do STF: "Não compete ao Supremo Tribunal Federal conceder medida cautelar para dar efeito suspensivo a recurso extraordinário que ainda não foi objeto de juízo de admissibilidade na origem".

Súmula 635 do STF: "Cabe ao Presidente do Tribunal de origem decidir o pedido de medida cautelar em recurso extraordinário ainda pendente do seu juízo de admissibilidade".

Art. 1.029: 16a. "O art. 1.029, § 5º, III, do novo CPC apenas incorporou os enunciados das Súmulas 634 e 635 do STF, aplicados, por analogia, ao STJ, segundo os quais compete ao presidente do tribunal de origem examinar o pedido de atribuição de efeito suspensivo ao recurso extremo quando pendente juízo de admissibilidade. Ante a competência constitucional atribuída ao Superior Tribunal de Justiça para o exame definitivo da admissibilidade do apelo extremo, a inovação legislativa não obsta a que, em **casos excepcionais,** seja mitigada a regra agora inserta no inciso III do § 5º do art. 1.029 do novo CPC, possibilitando o exame e **deferimento de tutela de urgência recursal pelo STJ.** Admitida a competência do STJ, fica prejudicada a medida cautelar oferecida na origem" (STJ-3ª T., Pet 11.435-RCD-AgInt, Min. João Otávio, j. 16.8.16, DJ 23.8.16).

"Embora ainda não tenha sido realizado o juízo de admissibilidade do apelo especial, a Vice-Presidência do Tribunal estadual já analisou o pedido de atribuição de efeito suspensivo ao recurso especial, indeferindo-o, razão pela qual, a princípio, não há óbice a que o presente pedido de tutela provisória de urgência possa ser deduzido perante esta Corte Superior" (STJ-3ª T., TP 1.740-AgInt, Min. Marco Bellizze, j. 18.3.19, DJ 22.3.19).

Art. 1.029: 17. Redação do inc. III do § 5º de acordo com a Lei 13.256, de 4.2.16.

Art. 1.030. Recebida a petição do recurso pela secretaria do tribunal, o recorrido será intimado para apresentar contrarrazões[1-1a] no prazo de 15 (quinze) dias,[2] findo o qual os autos serão conclusos ao presidente ou ao vice-presidente do tribunal recorrido, que deverá:[2a-2b] [Dispositivo correspondente no CPC/1973: art. 542-*caput* e § 1º]

I — negar seguimento:[2c] [Sem dispositivo correspondente no CPC/1973]

a) a recurso extraordinário que discuta questão constitucional à qual o Supremo Tribunal Federal não tenha reconhecido a existência de repercussão geral ou a recurso extraordinário interposto contra acórdão que esteja em conformidade com entendimento do Supremo Tribunal Federal exarado no regime de repercussão geral;[3] [Sem dispositivo correspondente no CPC/1973]

b) a recurso extraordinário ou a recurso especial interposto contra acórdão que esteja em conformidade com entendimento do Supremo Tribunal Federal ou do Superior Tribunal de Justiça, respectivamente, exarado no regime de julgamento de recursos repetitivos;[3a] [Sem dispositivo correspondente no CPC/1973]

II — encaminhar o processo ao órgão julgador para realização do juízo de retratação, se o acórdão recorrido divergir do entendimento do Supremo Tribunal Federal ou do Superior Tribunal de Justiça exarado, conforme o caso, nos regimes de repercussão geral ou de recursos repetitivos;[3b] [Sem dispositivo correspondente no CPC/1973]

III — sobrestar o recurso que versar sobre controvérsia de caráter repetitivo ainda não decidida pelo Supremo Tribunal Federal ou pelo Superior Tribunal de Justiça, conforme se trate de matéria constitucional ou infraconstitucional;[3c] [Sem dispositivo correspondente no CPC/1973]

IV — selecionar o recurso como representativo de controvérsia constitucional ou infraconstitucional, nos termos do § 6º do art. 1.036; [Sem dispositivo correspondente no CPC/1973]

V — realizar o juízo de admissibilidade[3d-3e] e, se positivo,[3f] remeter o feito ao Supremo Tribunal Federal ou ao Superior Tribunal de Justiça, desde que:[3g-4] [Sem dispositivo correspondente no CPC/1973]

a) o recurso ainda não tenha sido submetido ao regime de repercussão geral ou de julgamento de recursos repetitivos;[4a] [Sem dispositivo correspondente no CPC/1973]

b) o recurso tenha sido selecionado como representativo da controvérsia;[4b] ou [Sem dispositivo correspondente no CPC/1973]

c) o tribunal recorrido tenha refutado o juízo de retratação.[5] [Sem dispositivo correspondente no CPC/1973]

§ 1º Da decisão de inadmissibilidade proferida com fundamento no inciso V caberá agravo ao tribunal superior, nos termos do art. 1.042.[6-6a] [Sem dispositivo correspondente no CPC/1973]

§ 2º Da decisão proferida com fundamento nos incisos I e III caberá agravo interno, nos termos do art. 1.021.[7 a 9] [Sem dispositivo correspondente no CPC/1973]

Art. 1.030: 1. Se forem de natureza diferente os recursos (extraordinário e especial), a impugnação deve ser feita em **peças distintas,** por simetria com o disposto no art. 1.029. Se da mesma natureza (só extraordinários, ou só especiais, interpostos por diferentes litisconsortes), em uma **única peça.**

Art. 1.030: 1a. "A **ausência de intimação** da parte para apresentar contrarrazões gera nulidade de natureza absoluta, em virtude do desrespeito aos princípios da ampla defesa e do contraditório" (STJ-1ª T., REsp 1.118.770-EDcl-AgRg-EDcl-EDcl, Min. Regina Costa, j. 19.9.17, DJ 27.9.17).

Art. 1.030: 2. O prazo para oferta de contrarrazões **dobra-se** no caso dos arts. 180 (MP), 183 (Fazenda Pública), 186 (Defensoria Pública) e 229 (litisconsortes com procuradores diferentes).

Art. 1.030: 2a. Redação de acordo com a Lei 13.256, de 4.2.16.

Art. 1.030: 2b. s/ tribunal recorrido e: exame da litigância de má-fé, v. art. 81, nota 8a; embargos de declaração contra o seu pronunciamento sobre o recurso extraordinário ou especial, v. art. 1.022, nota 10a.

Art. 1.030: 2c. v. § 2º.

Art. 1.030: 3. v. art. 1.035, especialmente § 8º.

Art. 1.030: 3a. v. arts. 1.036 e segs., especialmente art. 1.040-I.

Art. 1.030: 3b. v. arts. 1.040-II e 1.041 § 2º.

Art. 1.030: 3c. v. § 2º e arts. 1.036 § 1º e 1.037-II.

Art. 1.030: 3d. Súmula 123 do STJ: "A **decisão** que admite, ou não, o recurso especial deve ser **fundamentada,** com o exame dos seus pressupostos gerais e constitucionais".

Art. 1.030: 3e. "A decisão do Tribunal de origem que admite, ou não, o recurso especial não vincula o juízo de admissibilidade desta Corte Superior. Registre-se que a apreciação da instância *a quo* é **provisória,** recaindo o juízo definitivo sobre este Sodalício, quanto aos requisitos de admissibilidade e em relação ao mérito" (STJ-4ª T., REsp 1.613.939-AgInt, Min. Luis Felipe, j. 20.10.16, DJ 28.10.16).

Art. 1.030: 3f. É **irrecorrível a decisão que admite** o recurso extraordinário ou especial.

"A decisão que admite o recurso extraordinário não está sujeita ao agravo interno por ausência de previsão legal" (STJ-Corte Especial, REsp 1.569.439-AgRg-EDcl-RE-EDcl-AgInt, Min. Humberto Martins, j. 17.5.17, DJ 26.5.17).

Art. 1.030: 3g. v. § 1º.

Art. 1.030: 4. O recurso também é remetido aos tribunais superiores quando reconhecida a distinção nos termos do art. 1.037 § 12-II.

V. art. 1.037, nota 5.

Art. 1.030: 4a. v. arts. 1.035 e segs.

Art. 1.030: 4b. v. art. 1.036 § 1º.

Art. 1.030: 5. v. art. 1.041.

Art. 1.030: 6. Súmula 292 do STF: "Interposto o **recurso extraordinário** por **mais de um dos fundamentos** indicados no art. 101, n. III, da Constituição, a admissão apenas por um deles não prejudica o seu conhecimento por qualquer dos outros".

O art. 101-III, citado na Súmula, refere-se à Constituição de 1946 e equivale aos arts. 102-III e 105-III da CF atual. Entende o STF que, nesse caso, não há necessidade de manifestação de agravo para que seja apreciado também o fundamento não aceito pela decisão que ordenou o processamento do recurso extraordinário (RTJ 46/700 e STF-RF 227/53).

"A admissibilidade apenas parcial do extraordinário não impede o seu total conhecimento, independentemente de agravo, quer quanto aos fundamentos recusados, quer quanto às questões autonomamente contidas na decisão, visto que subsistem como matérias impreclusas" (RSTJ 18/440, do voto do relator, p. 443).

Súmula 528 do STF: "Se a decisão contiver partes autônomas, a **admissão parcial, pelo Presidente do Tribunal *a quo*,** de recurso extraordinário que sobre qualquer delas se manifestar, não limitará a apreciação de todas pelo Supremo Tribunal Federal, independentemente de interposição de agravo de instrumento".

"É incabível o agravo interposto contra a decisão que admite parcialmente o recurso especial, porquanto, nesta hipótese, o juízo de admissibilidade é integralmente devolvido ao STJ" (STJ-2ª T., REsp 464.539, Min. Eliana Calmon, j. 20.5.03, DJU 9.6.03). Também aplicando, no STJ, a Súmula 528 do STF: RSTJ 40/363, 81/132, 137/212.

Art. 1.030: 6a. Se o recorrente se insurge contra a inadmissão do seu recurso sob o argumento de que este deveria ter sido **sobrestado,** cabe-lhe apenas interpor o agravo do art. 1.042, "veiculando na petição, além dos argumentos próprios do agravo em recurso especial e do recurso especial, o argumento de **equiparação a repetitivo pendente** que será analisado pelo Superior Tribunal de Justiça, podendo até ser requerido o efeito suspensivo ao recurso, acaso cumpridos os requisitos próprios. Dito de outra forma, se há recurso cabível em tese para se pedir a equiparação ao repetitivo (agravo em recurso especial do art. 1.042, do CPC/2015), não pode ser o caso de reclamação constitucional" (STJ-1ª Seção, Rcl 32.391, Min. Mauro Campbell, j. 13.12.17, DJ 18.12.17).

V. tb. art. 988, nota 12.

Art. 1.030: 7. v. art. 1.042, notas 2c e segs.

Art. 1.030: 7a. A decisão que se funda tanto no inc. I quanto no inc. V do art. 1.030 expõe-se a **dois recursos distintos:** agravo interno para a impugnação do capítulo que nega seguimento a recurso extraordinário ou especial e agravo ao tribunal superior para a insurgência contra o capítulo que inadmite recurso extraordinário ou especial (STJ-Corte Especial, RHC 49.968-RE-AgRg, Min. Humberto Martins, j. 19.4.17, DJ 3.5.17).

V. tb. art. 1.042, nota 2e.

Art. 1.030: 8. "Revela-se **manifestamente inadmissível a interposição de novo recurso especial** contra acórdão que, no julgamento de agravo regimental, manteve a decisão de negativa de seguimento de anterior recurso especial (art. 543-C, § 7º, I, do CPC/1973), por considerar que o entendimento está de acordo com a orientação firmada no julgamento do recurso repetitivo" (STJ-1ª T., Ag em REsp 661.759-AgInt, Min. Regina Costa, j. 17.11.16, DJ 7.12.16). No mesmo sentido: STJ-2ª T., Ag em REsp 982.902-AgInt, Min. Mauro Campbell, j. 28.3.17, DJ 3.4.17.

V. tb. art. 1.042, nota 2c.

Art. 1.030: 9. Cabe reclamação contra o julgamento do agravo interno, sob o argumento de que se aplicou de forma errada precedente qualificado do STF ou do STJ ou de que houve deliberação equivocada sobre o sobrestamento do recurso? V. art. 988, notas 10 e 11.

Art. 1.031. Na hipótese de interposição conjunta de recurso extraordinário e recurso especial, os autos serão remetidos ao Superior Tribunal de Justiça. [Dispositivo correspondente no CPC/1973: art. 543-*caput*]

§ 1º Concluído o julgamento do recurso especial, os autos serão remetidos ao Supremo Tribunal Federal para apreciação do recurso extraordinário, se este não estiver prejudicado.[1-2] [Dispositivo correspondente no CPC/1973: art. 543 § 1º]

§ 2º Se o relator do recurso especial considerar prejudicial o recurso extraordinário, em decisão irrecorrível,[3] sobrestará o julgamento e remeterá os autos ao Supremo Tribunal Federal.[3a a 6] [Dispositivo correspondente no CPC/1973: art. 543 § 2º]

§ 3º Na hipótese do § 2º, se o relator do recurso extraordinário, em decisão irrecorrível, rejeitar a prejudicialidade, devolverá os autos ao Superior Tribunal de Justiça para o julgamento do recurso especial. [Dispositivo correspondente no CPC/1973: art. 543 § 3º]

Art. 1.031: 1. "Concluído o julgamento do recurso especial, os autos serão remetidos ao STF para apreciação do recurso extraordinário, **não** podendo, o processo, permanecer **retido** em qualquer órgão julgador do STJ" (STJ-1ª T., REsp 24.804-EDcl, Min. Demócrito Reinaldo, j. 25.11.92, DJU 1.2.93).

"É desnecessário qualquer ato do relator, determinando a remessa ao STF de recurso extraordinário sobrestado. Se o STJ não declarou prejudicado o recurso extraordinário, o processo vai por inércia ao STF" (STJ-1ª T., REsp 40.430-4-AgRg, Min. Gomes de Barros, j. 13.4.94, DJU 30.5.94).

Art. 1.031: 2. "Tendo a recorrente conseguido, com o desfecho do recurso especial junto ao STJ, o mesmo resultado objetivado no **recurso extraordinário,** resta este **prejudicado,** por falta de objeto" (RTJ 160/652). No mesmo sentido: RTJ 158/658, 170/962.

V. art. 1.029, nota 4, e RISTF 321, nota 3-Recurso extraordinário e recurso especial simultaneamente interpostos. V. tb. art. 1.008, nota 3 (limites da substituição do acórdão do tribunal local por ocasião do julgamento do recurso especial), e RISTJ 268, nota 3 (recurso extraordinário contra acórdão do STJ).

Art. 1.031: 3. "Afigura-se manifestamente **incabível agravo regimental** interposto contra decisão monocrática, fundada no art. 543, § 2º, do CPC, que determina o sobrestamento do recurso especial" (STJ-1ª T., REsp 836.014-AgRg, Min. Teori Zavascki, j. 3.8.06, DJU 21.8.06).

Art. 1.031: 3a. "O **sobrestamento não é uma obrigação** que se impõe ao julgador, mas sim uma faculdade que lhe é atribuída, ficando a seu exclusivo critério decidir sobre a prejudicialidade do recurso extraordinário em relação ao especial" (STJ-Corte Especial, ED no REsp 697.964-EDcl, Min. João Otávio, j. 22.5.06, DJU 25.9.06).

Art. 1.031: 4. "A decisão proferida pelo STJ reconhecendo, na causa, a existência de uma questão prejudicial de constitucionalidade **não vincula o STF,** a quem compete o monopólio da última palavra sobre esse tema" (STF-2ª T., RE 250.716-4-AgRg, Min. Celso de Mello, j. 26.10.99, DJU 1.12.99).

Art. 1.031: 5. "Não cabe sobrestar o julgamento do recurso especial até a decisão do extraordinário quando se evidencia desde logo que aquele **não tem aptidão para** ultrapassar o juízo de **admissibilidade**" (STJ-1ª T., AI 454.025-AgRg, Min. Teori Zavascki, j. 5.8.03, DJU 25.8.03).

Art. 1.031: 6. "A regra do art. 1.031, § 2º, do CPC/2015 não foi aplicada na hipótese dos autos porque o recurso especial foi parcialmente conhecido, ocasião em que as **questões** de cunho infraconstitucional foram analisadas, não conhecidas somente aquelas **de cunho eminentemente constitucional** que, se eventualmente acolhidas pelo Supremo Tribunal Federal **quando do exame do recurso extraordinário,** não demandarão, em tese, retorno dos autos do STJ" (STJ-2ª T., REsp 1.632.254, Min. Mauro Campbell, j. 18.5.17, DJ 23.5.17).

Art. 1.032. Se o relator, no Superior Tribunal de Justiça, entender que o recurso especial versa sobre questão constitucional, deverá conceder prazo de 15 (quinze) dias para que o recorrente demonstre a existência de repercussão geral[1] e se manifeste sobre a questão constitucional.[1a a 1c]
[Sem dispositivo correspondente no CPC/1973]

Parágrafo único. Cumprida a diligência de que trata o *caput,* o relator remeterá o recurso ao Supremo Tribunal Federal,[2] que, em juízo de admissibilidade, poderá devolvê-lo ao Superior Tribunal de Justiça.

Art. 1.032: 1. v. art. 1.035.

Art. 1.032: 1a. "**Desnecessária a providência** contida no art. 1.032 do CPC/2015, haja vista a interposição e admissão de recurso extraordinário na origem" (STJ-2ª T., REsp 1.619.057-AgInt, Min. Og Fernandes, j. 25.4.17, DJ 3.5.17).

Art. 1.032: 1b. "O CPC/15 criou a possibilidade de conversão do recurso especial em recurso extraordinário, desde que: i) haja interposição de apenas um recurso, em vez da interposição simultânea de recurso especial e extraordinário; ii) as razões de decidir do acórdão recorrido e as razões recursais tenham verdadeiro fundamento constitucional, de modo a afastar a incidência da Súmula 126/STJ. Na hipótese, o acórdão recorrido está fundamentado exclusivamente no alcance da imunidade parlamentar conferida ao vereador-recorrido. As razões recursais, igualmente, estão assentadas na suposta violação de dispositivo constitucional, entretanto, a petição foi equivocadamente identificada como 'recurso especial' e dirigida ao STJ pelo recorrente. Conversão de REsp em RE autorizada" (STJ-3ª T., REsp 1.783.066, Min. Nancy Andrighi, j. 3.12.19, DJ 5.12.19).

Art. 1.032: 1c. Todavia, quando o caso é de **fundamento constitucional autônomo não impugnado,** "a hipótese não é de equívoco quanto ao recurso, mas de ausência do recurso apto a refutar a matéria", o que faz incidir a Súmula 126 do STJ (STJ-4ª T., REsp 1.886.892-AgInt, Min. Antonio Ferreira, j. 10.12.20, DJ 18.12.20).

Art. 1.032: 2. Antes, contudo, deve o relator abrir oportunidade para que o **recorrido,** também **em 15 dias, manifeste-se** sobre o aditamento ao recurso.

"Apesar do silêncio da lei nova, por força do princípio do contraditório, o recorrido também deverá ter a oportunidade de oferecer aditamento às suas contrarrazões" (STJ-3ª T., REsp 1.783.066, Min. Nancy Andrighi, j. 3.12.19, DJ 5.12.19).

Art. 1.033. Se o Supremo Tribunal Federal considerar como reflexa[1] a ofensa à Constituição afirmada no recurso extraordinário, por pressupor a revisão da interpretação de lei federal ou de tratado, remetê-lo-á ao Superior Tribunal de Justiça para julgamento como recurso especial.
[Sem dispositivo correspondente no CPC/1973]

Art. 1.033: 1. v. RISTF 321, nota 3-Ofensa a preceito constitucional.

Art. 1.034. Admitido o recurso extraordinário ou o recurso especial, o Supremo Tribunal Federal ou o Superior Tribunal de Justiça julgará o processo, aplicando o direito.[1 a 2b] [Sem dispositivo correspondente no CPC/1973]

Parágrafo único. Admitido o recurso extraordinário ou o recurso especial por um fundamento, devolve-se ao tribunal superior o conhecimento dos demais fundamentos para a solução do capítulo impugnado.[3-3a]

Art. 1.034: 1. v. RISTJ 255 § 5º.

Art. 1.034: 1a. **Súmula 456 do STF:** "O Supremo Tribunal Federal, conhecendo do recurso extraordinário, **julgará a causa,** aplicando o direito à espécie".

Art. 1.034: 2. "Em nosso sistema processual, o recurso extraordinário tem **natureza revisional,** e não de cassação, a significar que 'o Supremo Tribunal Federal, conhecendo o recurso extraordinário, julgará a causa, aplicando o direito à espécie' (Súmula 456). Conhecer, na linguagem da Súmula, significa não apenas superar positivamente os requisitos extrínsecos e intrínsecos de admissibilidade, mas também afirmar a existência de violação, pelo acórdão recorrido, da norma constitucional invocada pelo recorrente. Sendo assim, o julgamento do recurso do extraordinário comporta, a rigor, três etapas sucessivas, cada uma delas subordinada à superação positiva da que lhe antecede: (a) a do juízo de admissibilidade, semelhante à dos recursos ordinários; (b) a do juízo sobre a alegação de ofensa a direito constitucional (que na terminologia da Súmula 456/STF também compõe o juízo de conhecimento); e, finalmente, se for o caso, (c) a do julgamento da causa, 'aplicando o direito à espécie'. Esse 'julgamento da causa' consiste na apreciação de outros fundamentos que, invocados nas instâncias ordinárias, não compuseram o objeto do recurso extraordinário, mas que, 'conhecido' o recurso (vale dizer, acolhido o fundamento constitucional nele invocado pelo recorrente), passam a constituir matéria de apreciação inafastável, sob pena de não ficar completa a prestação jurisdicional. Nada impede que, em casos assim, o STF, ao invés de ele próprio desde logo 'julgar a causa, aplicando o direito à espécie', opte por remeter esse julgamento ao juízo recorrido, como frequentemente o faz. No caso, a parte demandada invocou, em contestação, dois fundamentos aptos, cada um deles, a levar a um juízo de improcedência: (a) a inexistência do direito afirmado na inicial e (b) a prescrição da ação. Nas instâncias ordinárias, a improcedência foi reconhecida pelo primeiro fundamento, tornando desnecessário o exame do segundo. Todavia, em recurso extraordinário, o Tribunal afastou o fundamento adotado pelo acórdão recorrido, razão pela qual se impunha que, nos termos da Súmula 456, enfrentasse a questão prescricional, ou, pelo menos, que remetesse o respectivo exame ao tribunal recorrido. A falta dessa providência, que deixou inconclusa a prestação jurisdicional, importou omissão, sanável por embargos declaratórios" (STF-2ª T., RE 346.736-AgRg-EDcl, Min. Teori Zavascki, j. 4.6.13, RP 223/405).

"Superado o juízo de admissibilidade, o recurso especial comporta efeito devolutivo amplo, o que implica o julgamento da causa. A aplicação do direito à espécie não implica ofensa ao duplo grau de jurisdição, que, na condição de regra técnica de processo, admite que o ordenamento jurídico apresente soluções mais condizentes com a efetividade do processo. Não há como limitar as funções deste Tribunal aos termos de um modelo restritivo de prestação jurisdicional, compatível apenas com uma eventual Corte de Cassação" (STJ-3ª T., REsp 967.623-EDcl, Min. Nancy Andrighi, j. 1.9.09, DJ 16.10.09).

Art. 1.034: 2a. "Impossível a aplicação do direito à espécie, no julgamento desta Corte, **se não há no processo dados seguros e se tal pleito vem apenas em memorial,** impossibilitando estabelecimento de contraditório constitucional necessário com a parte contrária" (STJ-3ª T., REsp 1.349.894, Min. Sidnei Beneti, j. 4.4.13, DJ 11.4.13).

Art. 1.034: 2b. "Deve o órgão julgador limitar-se ao exame da questão federal colacionada, mas, se, ao assim proceder, tiver de julgar o mérito da controvérsia, pode, de ofício, conhecer das matérias atinentes às **condições da ação e aos pressupostos processuais"** (RSTJ 54/330).

Art. 1.034: 3. "Recurso especial. Conhecimento. Julgamento da causa. Conhecido o recurso especial, a ele pode-se negar provimento com base em **fundamento, exposto na causa, mas não considerado no acórdão** recorrido, que teve outro como bastante. Ao litigante que obteve tudo que poderia obter não será dado recorrer, por falta de interesse. Entretanto, não se reformará decisão, cuja conclusão é correta, apenas porque acolhido fundamento errado" (RSTJ 34/423).

"Ao conhecer do recurso especial, o STJ aplica o direito à espécie, examinando e decidindo as questões versadas no acórdão, podendo adotar fundamento diverso do que foi utilizado no tribunal estadual, sendo-lhe **vedado, tão somente, o reexame das circunstâncias fáticas** da causa, **soberanamente apreciadas nas instâncias ordinárias"** (RSTJ 157/267).

"Conhecido o recurso, o Tribunal procederá ao julgamento da causa, posto que **não se trata de Corte de cassação.** Para fazê-lo poderá ser necessário o exame, em favor do recorrido, de temas não versados no acórdão. Assim é que, tendo a defesa dois fundamentos, capazes, por si, de assegurar a vitória a quem os deduziu, sendo acolhido um, não poderá o vencedor recorrer, por falta de interesse. Considerado este insubsistente, no julgamento do recurso, o outro haverá de ser objeto de exame, ainda que não o tenha sido na decisão recorrida" (RSTJ 46/583). No mesmo sentido: RSTJ 105/197.

Art. 1.034: 3a. "Alegados pela parte recorrida, perante a instância ordinária, dois fundamentos autônomos e suficientes para embasar sua pretensão, e tendo-lhe sido o acórdão recorrido integralmente favorável mediante a análise de apenas um dele, não se há de cogitar da oposição de embargos de declaração pelo vitorioso apenas para prequestionar o fundamento não examinado, a fim de preparar recurso especial do qual não necessita **(falta de interesse de recorrer)** ou como medida preventiva em face de eventual recurso especial da parte adversária. Reagitado o fundamento nas contrarrazões ao recurso especial do vencido, caso seja este conhecido e afastado o fundamento ao qual se apegara o tribunal de origem, cabe ao STJ, no julgamento do causa (Regimento Interno, art. 257), enfrentar as demais teses de defesa suscitadas na origem" (STJ-2ª Seção, ED no REsp 595.742, Min. Isabel Gallotti, j. 14.12.11, maioria, RP 209/481). No mesmo sentido: STJ-Corte Especial, ED no Ag em REsp 227.767, Min. Francisco Falcão, j. 17.6.20, DJ 29.6.20.

Da mesma forma, se a petição inicial se apoia em mais de um fundamento e o STJ afasta o que estava na base do acórdão recorrido na apreciação do recurso especial, ele deve analisar os demais na sequência do julgamento desse recurso (STJ-Corte Especial, ED no REsp 58.265, Min. Barros Monteiro, j. 5.12.07, maioria, DJ 7.8.08).

Ponderando que "a regra do art. 257 do RISTJ — segundo a qual, se a Turma conhecer do recurso especial, aplicará o direito à espécie — só obriga o julgamento da causa na sua integralidade, em se tratando da letra *a*, se a norma legal a ser aplicada ou afastada influenciar a decisão do mérito da lide. Não teria sentido, por exemplo, que um recurso especial conhecido apenas por violação do art. 21 do CPC devolvesse ao STJ o exame das demais questões. Hipótese em que a aplicação do art. 538, § ún., do CPC teve como cenário o julgamento dos embargos de declaração, sem qualquer repercussão nos temas decididos no julgamento da apelação": STJ-Corte Especial, ED no REsp 276.231, Min. Ari Pargendler, j. 1.9.04, DJU 1.2.06.

Art. 1.035. O Supremo Tribunal Federal,[1] em decisão irrecorrível,[1a-2] não conhecerá[3-4] do recurso extraordinário quando a questão constitucional nele versada não tiver repercussão geral,[4a-5] nos termos deste artigo.[5a] [Dispositivo correspondente no CPC/1973: art. 543-A-*caput*]

§ 1º Para efeito de repercussão geral, será considerada a existência ou não de questões relevantes do ponto de vista econômico, político, social ou jurídico que ultrapassem os interesses subjetivos do processo. [Dispositivo correspondente no CPC/1973: art. 543-A § 1º]

§ 2º O recorrente deverá demonstrar[6] a existência de repercussão geral para apreciação exclusiva pelo Supremo Tribunal Federal. [Dispositivo correspondente no CPC/1973: art. 543-A § 2º]

§ 3º Haverá repercussão geral sempre que o recurso impugnar acórdão que:[7 a 7b] [Dispositivo correspondente no CPC/1973: art. 543-A § 3º]

I — contrarie súmula ou jurisprudência dominante do Supremo Tribunal Federal;[8] [Dispositivo correspondente no CPC/1973: art. 543-A § 3º]

II — (Revogado);[8a]

III — tenha reconhecido a inconstitucionalidade de tratado ou de lei federal, nos termos do art. 97 da Constituição Federal. [Sem dispositivo correspondente no CPC/1973]

§ 4º O relator poderá admitir, na análise da repercussão geral, a manifestação de terceiros, subscrita por procurador habilitado, nos termos do Regimento Interno do Supremo Tribunal Federal.[8b] [Dispositivo correspondente no CPC/1973: art. 543-A § 6º]

§ 5º Reconhecida a repercussão geral,[8c-8d] o relator no Supremo Tribunal Federal determinará a suspensão[8e a 9a] do processamento de todos os processos pendentes, individuais ou coletivos, que versem sobre a questão e tramitem no território nacional. [Sem dispositivo correspondente no CPC/1973]

§ 6º O interessado pode requerer, ao presidente ou ao vice-presidente do tribunal de origem, que exclua da decisão de sobrestamento e inadmita o recurso extraordinário que tenha sido interposto intempestivamente, tendo o recorrente o prazo de 5 (cinco) dias para manifestar-se sobre esse requerimento. [Sem dispositivo correspondente no CPC/1973]

§ 7º Da decisão que indeferir o requerimento referido no § 6º ou que aplicar entendimento firmado em regime de repercussão geral ou em julgamento de recursos repetitivos caberá agravo interno.[9b-9c] [Sem dispositivo correspondente no CPC/1973]

§ 8º Negada a repercussão geral,[9d] o presidente ou o vice-presidente do tribunal de origem negará seguimento[10] aos recursos extraordinários sobrestados na origem[10a] que versem sobre matéria idêntica. [Dispositivos correspondentes no CPC/1973: arts. 543-A § 5º e 543-B § 2º]

§ 9º O recurso que tiver a repercussão geral reconhecida deverá ser julgado no prazo de 1 (um) ano e terá preferência sobre os demais feitos, ressalvados os que envolvam réu preso e os pedidos de *habeas corpus*. [Sem dispositivo correspondente no CPC/1973]

§ 10. (Revogado).[10b]

§ 11. A súmula da decisão sobre a repercussão geral constará de ata, que será publicada no diário oficial e valerá como acórdão.[11] [Dispositivo correspondente no CPC/1973: art. 543-A § 7º]

Art. 1.035: 1. v. CF 102 § 3º.

Art. 1.035: 1a. mas sujeita a **embargos de declaração** (arts. 1.022 a 1.026).

Art. 1.035: 2. Irrecorrível é **apenas a decisão do Plenário** que deixa de conhecer o recurso extraordinário em razão da ausência de repercussão geral. Nos casos em que a negativa da repercussão geral é objeto de decisão unipessoal, cabe agravo (v. RISTF 327 § 2º).

Art. 1.035: 3. i. e., não se pronunciará sobre o **mérito do recurso**.

S/ o objeto de ação rescisória em processo no qual há decisão que não conhece de recurso, v. art. 966, nota 4.

Art. 1.035: 4. Também não é conhecido pelo Supremo Tribunal Federal recurso extraordinário por qualquer forma **inadmissível** (p. ex., recurso intempestivo). Inclusive, tem o relator a prerrogativa de isoladamente negar seguimento a recurso manifestamente inadmissível (art. 932-III). Uma vez atestada a inadmissibilidade do recurso extraordinário por qualquer outro motivo, não se discute a existência da repercussão geral (RISTF 323-*caput*).

"Não preenchidos os requisitos de admissibilidade do recurso extraordinário, tornam-se inaplicáveis os efeitos do reconhecimento da repercussão geral do tema (art. 323, RISTF)" (STF-2ª T., AI 561.726-AgRg, Min. Joaquim Barbosa, j. 22.5.12, DJ 14.6.12). No mesmo sentido: STF-1ª T., RE 538.000-AgRg, Min. Luiz Fux, j. 22.5.12, DJ 21.6.12.

Art. 1.035: 4a. A exigência da repercussão geral vale para todos os recursos extraordinários, independentemente da **natureza da matéria** neles veiculada (cível, criminal, trabalhista ou eleitoral) (STF-Pleno, AI 664.567-QO, Min. Gilmar Mendes, j. 18.6.07, DJU 6.9.07).

Art. 1.035: 5. A existência no recurso de **uma única questão dotada de repercussão geral** já é suficiente para o rompimento da barreira da admissibilidade. Uma vez rompida essa barreira, mesmo questões desprovidas de repercussão geral podem ser apreciadas, na medida em que, conhecido o recurso, deve o STF julgar a causa (v. art. 1.034).

Art. 1.035: 5a. e do RISTF 322 a 329.

Art. 1.035: 6. "O simples fato de haver outros recursos extraordinários sobrestados, aguardando a conclusão do **julgamento de ação direta de inconstitucionalidade,** não exime o recorrente de demonstrar o cabimento do recurso interposto" (STF-Pleno, RE 569.476-AgRg, Min. Ellen Gracie, j. 2.4.08, DJU 25.4.08). Do voto da Relatora: "Mesmo nas hipóteses de presunção de existência de repercussão geral, previstas no art. 323 § 1º do RISTF, o recorrente também terá que demonstrar, em tópico destacado na petição de seu apelo extremo, que a matéria constitucional nele suscitada já teve a repercussão geral reconhecida, ou que a decisão recorrida contraria súmula ou a jurisprudência dominante do STF".

No sentido de que o **anterior reconhecimento da repercussão geral em determinado processo** não exime o recorrente de demonstrá-la no seu próprio caso: STF-Pleno, Ag em RE 663.637-AgRg-QO, Min. Ayres Britto, j. 12.9.12, DJ 6.5.13.

"De acordo com a orientação firmada por esta Suprema Corte, cabe à parte recorrente demonstrar de forma expressa e acessível as circunstâncias que poderiam configurar a relevância — do ponto de vista econômico, político, social ou jurídico — das questões constitucionais invocadas no recurso extraordinário. A **deficiência na fundamentação** inviabiliza o recurso interposto. No caso em exame, a então recorrente se limitou a indicar genericamente a existência de risco ao erário, sem identificar no que exatamente consistiria a lesão, nem suas dimensões quantitativas" (STF-2ª T., RE 611.023-AgRg, Min. Joaquim Barbosa, j. 15.5.12, DJ 4.6.12).

Art. 1.035: 7. v. art. 932-V-*a* e *b* (dever do relator).

Art. 1.035: 7a. Também haverá repercussão geral "quando o recurso versar questão cuja repercussão já houver sido reconhecida pelo Tribunal" (v. RISTF 323 § 2º).

Art. 1.035: 7b. Este § 3º não comporta **interpretação *a contrario sensu*.** Assim, p. ex., "não se presume a ausência de repercussão geral quando o recurso extraordinário impugnar decisão que esteja de acordo com a jurisprudência do Supremo Tribunal Federal" (STF-Pleno, RE 563.965-RG, Min. Cármen Lúcia, j. 22.3.08, maioria, DJU 18.4.08).

Art. 1.035: 8. Nos casos em que o recurso envolve matéria atrelada a súmula ou jurisprudência dominante, decidiu o STF que, **antes da sua distribuição,** a Presidência pode trazer ao Plenário **questão de ordem** na qual se ateste a repercussão geral. "Em seguida, o Tribunal poderá, quanto ao mérito, (a) manifestar-se pela subsistência do entendimento já consolidado ou (b) deliberar pela renovação da discussão do tema. Na primeira hipótese, fica a Presidência autorizada a negar distribuição e a devolver à origem todos os feitos idênticos que chegarem ao STF, para a adoção, pelos órgãos judiciários *a quo*, dos procedimentos previstos no art. 543-B, § 3º, do CPC. Na segunda situação, o feito deverá ser encaminhado à normal distribuição para que, futuramente, tenha o seu mérito submetido ao crivo do Plenário" (STF-Pleno, RE 579.431-QO, Min. Ellen Gracie, j. 11.6.08, um voto vencido, DJ 24.10.08). Do voto do Min. Cezar Peluso: "Quando o Tribunal reconhece que aquela postura jurisprudencial deve ser mantida, que aquela jurisprudência deva subsistir, é mais prático devolver o recurso para que o Tribunal de origem se retrate do que distribuir e julgar, provocando eventuais agravos, embargos de declaração etc.".

Art. 1.035: 8a. O inc. II do § 3º foi expressamente revogado pela Lei 13.256, de 4.2.16.

Art. 1.035: 8b. **RISTF: "Art. 13.** São atribuições do Presidente: ... **XVII** — convocar audiência pública para ouvir o depoimento de pessoas com experiência e autoridade em determinada matéria, sempre que entender necessário o esclarecimento de questões ou circunstâncias de fato, com repercussão geral e de interesse público relevante, debatidas no âmbito do Tribunal; **XVIII** — decidir, de forma irrecorrível, sobre a manifestação de terceiros, subscrita por procurador habilitado, em audiências públicas ou em qualquer processo em curso no âmbito da Presidência". Semelhantes atribuições são conferidas ao **relator (v. RISTF 21-XVII e XVIII).**

V. tb. RISTF 323 § 3º.

S/ procedimento para designação e realização da audiência pública, v. RISTF 154 § ún. e incisos.

Art. 1.035: 8c. s/ desistência do recurso afetado, v. art. 998 § ún.

Art. 1.035: 8d. "O reconhecimento da repercussão geral da matéria pelo **Plenário Virtual** não obstaculiza o superveniente julgamento pelo Pleno desta Corte no sentido do não conhecimento do Recurso Extraordinário com fundamento na exigência de interpretação da legislação infraconstitucional e do direito local" (STF-Pleno, RE 607.607-EDcl, Min. Luiz Fux, j. 2.10.13, DJ 12.5.14). No mesmo sentido: "Embora reconhecida a repercussão geral da matéria em exame no Plenário Virtual, nada impede a rediscussão do assunto em deliberação presencial, notadamente quando tal reconhecimento tenha ocorrido por falta de manifestações suficientes" (STF-Pleno, RE 584.247-QO, Min. Roberto Barroso, j. 27.10.16, maioria, DJ 2.5.17).

Art. 1.035: 8e. "A suspensão de processamento prevista no § 5º do art. 1.035 do CPC não é consequência automática e necessária do reconhecimento da repercussão geral realizada com fulcro no *caput* do mesmo dispositivo, sendo da **discricionariedade** do relator do recurso extraordinário paradigma determiná-la ou modulá-la" (STF--Pleno, RE 966.177-QO, Min. Luiz Fux, j. 7.6.17, maioria, DJ 1.2.19). No mesmo sentido: STJ-Corte Especial, REsp 1.202.071-QO, Min. Herman Benjamin, j. 1.2.19, DJ 3.6.19.

Art. 1.035: 9. O reconhecimento de repercussão geral em outro processo **não atinge os recursos extraordinários já julgados naquela data,** ainda que eles versem sobre a mesma questão constitucional (STF-RF 409/413: 1ª T., RE 381.843-AgRg-EDcl).

Todavia, em caso no qual o recurso extraordinário fora julgado monocraticamente e já haviam sido apreciados os subsequentes agravo interno e embargos de declaração, no julgamento dos segundos embargos de declaração foi determinado o sobrestamento do feito, em razão do reconhecimento da repercussão geral (STF-1ª T., RE 511.696-AgRg-EDcl-EDcl, Min. Marco Aurélio, j. 1.2.11, um voto vencido, DJ 18.4.11).

Art. 1.035: 9a. "Podendo a ulterior decisão do STF, em repercussão geral já reconhecida, influenciar no julgamento da matéria veiculada no **recurso especial,** conveniente se faz que o STJ, em homenagem aos princípios processuais da celeridade e da efetividade, determine o **sobrestamento** do especial e devolva os autos ao Tribunal de origem, para que nele se realize eventual juízo de retratação frente ao que vier a ser decidido na Excelsa Corte. Ainda que parte das questões impugnadas no recurso especial sejam distintas daquela objeto da afetação pelo STF, aplicável se mostra, *mutatis mutandis*, o comando previsto no art. 1.037, § 7º, do CPC/2015, cujo regramento determina seja julgada em primeiro lugar a matéria afetada, para apenas depois se prosseguir na resolução do especial apelo, relativamente ao resíduo não alcançado pela decisão dada em repercussão geral. Questão de ordem encaminhada no sentido de que, presente a situação descrita nos itens anteriores, tendo sido determinada por este STJ a devolução dos autos à Corte recorrida, esta última, em sendo o caso, faça retornar os autos ao STJ somente após ter exercido o juízo de conformação frente ao que vier a ser decidido pelo STF na repercussão geral" (STJ-1ª T., REsp

1.653.884-QO, Min. Sérgio Kukina, j. 28.9.17, DJ 6.11.17). Em sentido semelhante: STJ-2ª T., REsp 1.621.316-EDcl-EDcl, Min. Mauro Campbell, j. 16.11.17, DJ 21.11.17.

"Havendo discussão, no recurso especial, sobre a matéria cuja repercussão geral tenha sido reconhecida pelo Supremo Tribunal Federal, é necessário o sobrestamento do julgamento do recurso especial, ainda que não haja recurso extraordinário interposto na Corte de origem" (STJ-Corte Especial, ED no Ag 1.409.814-ED-AgInt, Min. Francisco Falcão, j. 4.12.19, DJ 9.12.19).

Art. 1.035: 9b. Redação do § 7º de acordo com a Lei 13.256, de 4.2.16.

Art. 1.035: 9c. v. art. 1.021.

Art. 1.035: 9d. Para que a falta de repercussão geral fundamente o não conhecimento do recurso extraordinário, é preciso que **dois terços dos ministros** do Supremo Tribunal Federal se manifestem nesse sentido (CF 102 § 3º), ou seja, que oito dos onze ministros assim se pronunciem.

Art. 1.035: 10. Contra essa decisão cabe **agravo interno** (v. § 7º).

Art. 1.035: 10a. Além dos recursos extraordinários previamente sobrestados, o tribunal local pode inadmitir com apoio na prévia negativa da repercussão geral **outros recursos extraordinários que vierem a ser interpostos** (v. art. 1.030-I-*a*).

Art. 1.035: 10b. O § 10 foi expressamente revogado pela Lei 13.256, de 4.2.16.

Art. 1.035: 11. v. RISTF 325 § ún. e 329.

Subseção II | DO JULGAMENTO DOS RECURSOS EXTRAORDINÁRIO E ESPECIAL REPETITIVOS[1]

SEÇ. II: 1. s/ divulgação do julgamento de recursos repetitivos, v. art. 979 § 3º.

Art. 1.036. Sempre que houver multiplicidade de recursos extraordinários ou especiais[1] com fundamento em idêntica questão de direito, haverá afetação para julgamento de acordo com as disposições desta Subseção, observado o disposto no Regimento Interno do Supremo Tribunal Federal[2] e no do Superior Tribunal de Justiça.[2a] [Dispositivos correspondentes no CPC/1973: arts. 543-B-*caput* e 543-C-*caput*]

§ 1º O presidente ou o vice-presidente de tribunal de justiça ou de tribunal regional federal selecionará 2 (dois) ou mais recursos representativos da controvérsia,[3-3a] que serão encaminhados ao Supremo Tribunal Federal ou ao Superior Tribunal de Justiça para fins de afetação, determinando a suspensão[4-4a] do trâmite de todos os processos pendentes, individuais ou coletivos, que tramitem no Estado ou na região,[5] conforme o caso. [Dispositivos correspondentes no CPC/1973: arts. 543-B § 1º e 543-C § 1º]

§ 2º O interessado pode requerer, ao presidente ou ao vice-presidente, que exclua da decisão de sobrestamento e inadmita o recurso especial ou o recurso extraordinário que tenha sido interposto intempestivamente, tendo o recorrente o prazo de 5 (cinco) dias para manifestar-se sobre esse requerimento. [Sem dispositivo correspondente no CPC/1973]

§ 3º Da decisão que indeferir o requerimento referido no § 2º caberá apenas agravo interno.[5a-5b] [Sem dispositivo correspondente no CPC/1973]

§ 4º A escolha feita pelo presidente ou vice-presidente do tribunal de justiça ou do tribunal regional federal não vinculará o relator no tribunal superior, que poderá selecionar outros recursos representativos da controvérsia. [Sem dispositivo correspondente no CPC/1973]

§ 5º O relator em tribunal superior também poderá selecionar 2 (dois) ou mais recursos representativos da controvérsia para julgamento da questão de direito independentemente da iniciativa do presidente ou do

vice-presidente do tribunal de origem. [Sem dispositivo correspondente no CPC/1973]

§ 6º Somente podem ser selecionados recursos admissíveis[6] que contenham abrangente argumentação e discussão a respeito da questão a ser decidida.[6a-7] [Sem dispositivo correspondente no CPC/1973]

Art. 1.036: 1. s/ desistência, v. art. 998 § ún., nota 8.

Art. 1.036: 2. v. RISTF 21 §§ 1º e 4º e 322 a 329, em especial RISTF 328 e 328-A.

Art. 1.036: 2a. v. RISTJ 256 e segs.

Art. 1.036: 3. v. § 6º e notas.

Art. 1.036: 3a. v. RISTJ 256 §§ 1º e 2º.

Art. 1.036: 4. v. art. 1.037 § 1º.

Art. 1.036: 4a. O recorrente pode se voltar contra a decisão que sobresta seu recurso por meio de **simples petição** (v. art. 1.037 §§ 9º a 13).

Art. 1.036: 5. "A decisão proferida por autoridade local não pode ter **eficácia nacional** de forma a determinar a suspensão de processos semelhantes em todo o país. A adoção de entendimento contrário ofenderia o pacto federativo" (STJ-2ª Seção, Rcl 3.652, Min. Nancy Andrighi, j. 14.10.09, DJ 4.12.09).

S/ suspensão determinada pelo tribunal de superposição, v. art. 1.037-II.

Art. 1.036: 5a. Redação do § 3º de acordo com a Lei 13.256, de 4.2.16.

Art. 1.036: 5b. v. art. 1.021.

Art. 1.036: 6. i. e., o recurso deve reunir todos os requisitos para a sua admissibilidade (STJ-5ª T., REsp 1.148.231-AgRg-EDcl, Min. Laurita Vaz, j. 1.6.10, DJ 28.6.10; v. tb. art. 1.040, nota 3a). Sendo inadmissível o recurso selecionado, tal **inadmissibilidade** pode ser declarada até por decisão monocrática do relator (art. 932-III), sem que se deflagre o complexo procedimento para o julgamento de recursos repetitivos. Nessas condições, deve o julgador comunicar o tribunal *a quo* para a **pronta revogação do sobrestamento** dos recursos represados na origem (STJ-RP 170/200: 2ª Seção, REsp 1.087.108-QO) ou tomar as providências necessárias para a seleção de novos recursos.

Art. 1.036: 6a. v. art. 1.030-IV.

Art. 1.036: 7. O tribunal *ad quem* deve fiscalizar se os recursos selecionados pelo tribunal *a quo* **efetivamente representam a controvérsia.** Caso se entenda que a controvérsia não esteja devidamente representada por tais recursos, o procedimento programado para o julgamento de recursos repetitivos não deve seguir adiante. Nessas circunstâncias, deve o julgador comunicar o tribunal *a quo* para a pronta revogação do sobrestamento dos recursos represados na origem **ou tomar as providências necessárias para a seleção de novos recursos.**

Art. 1.037. Selecionados os recursos, o relator, no tribunal superior, constatando a presença do pressuposto do *caput* do art. 1.036, proferirá decisão de afetação, na qual:[1] [Sem dispositivo correspondente no CPC/1973]

I — identificará com precisão a questão a ser submetida a julgamento;

II — determinará a suspensão do processamento de todos os processos pendentes, individuais ou coletivos, que versem sobre a questão e tramitem no território nacional;[1a-1b]

III — poderá requisitar aos presidentes ou aos vice-presidentes dos tribunais de justiça ou dos tribunais regionais federais a remessa de um recurso representativo da controvérsia.

§ 1º Se, após receber os recursos selecionados pelo presidente ou pelo vice-presidente de tribunal de justiça ou de tribunal regional federal, não se proceder à afetação, o relator, no tribunal superior, comunicará o fato ao presidente ou ao vice-presidente que os houver enviado, para que seja revogada a decisão de suspensão referida no art. 1.036, § 1º.[2]

§ 2º .... [3]

§ 3º Havendo mais de uma afetação, será prevento o relator que primeiro tiver proferido a decisão a que se refere o inciso I do *caput*.

§ 4º Os recursos afetados deverão ser julgados no prazo de 1 (um) ano[3a] e terão preferência sobre os demais feitos, ressalvados os que envolvam réu preso e os pedidos de *habeas corpus*.

§ 5º ....[4]

§ 6º Ocorrendo a hipótese do § 5º, é permitido a outro relator do respectivo tribunal superior afetar 2 (dois) ou mais recursos representativos da controvérsia na forma do art. 1.036.

§ 7º Quando os recursos requisitados na forma do inciso III do *caput* contiverem outras questões além daquela que é objeto da afetação, caberá ao tribunal decidir esta em primeiro lugar e depois as demais, em acórdão específico para cada processo.

§ 8º As partes deverão ser intimadas da decisão de suspensão de seu processo, a ser proferida pelo respectivo juiz ou relator quando informado da decisão a que se refere o inciso II do *caput*.

§ 9º Demonstrando distinção entre a questão a ser decidida no processo e aquela a ser julgada no recurso especial ou extraordinário afetado, a parte poderá requerer o prosseguimento do seu processo.[4a]

§ 10. O requerimento a que se refere o § 9º será dirigido:

I — ao juiz, se o processo sobrestado estiver em primeiro grau;

II — ao relator, se o processo sobrestado estiver no tribunal de origem;

III — ao relator do acórdão recorrido, se for sobrestado recurso especial ou recurso extraordinário no tribunal de origem;

IV — ao relator, no tribunal superior, de recurso especial ou de recurso extraordinário cujo processamento houver sido sobrestado.

§ 11. A outra parte deverá ser ouvida sobre o requerimento a que se refere o § 9º, no prazo de 5 (cinco) dias.

§ 12. Reconhecida a distinção no caso:

I — dos incisos I, II e IV do § 10, o próprio juiz ou relator dará prosseguimento ao processo;

II — do inciso III do § 10, o relator comunicará a decisão ao presidente ou ao vice-presidente que houver determinado o sobrestamento, para que o recurso especial ou o recurso extraordinário seja encaminhado ao respectivo tribunal superior, na forma do art. 1.030, parágrafo único.[5]

§ 13. Da decisão que resolver o requerimento a que se refere o § 9º caberá:

I — agravo de instrumento, se o processo estiver em primeiro grau;[6]

II — agravo interno, se a decisão for de relator.

Art. 1.037: 1. v. RISTJ 256-E e segs.

Art. 1.037: 1a. "Deverá o juiz deixar de proferir decisão sobre as teses afetadas, sobrestando o processo quanto aos capítulos relacionados, sem prejuízo de decisão e **seguimento do feito** no que diga respeito às **demais questões"** (STJ-1ª Seção, REsp 1.328.993-EDcl, Min. Og Fernandes, j. 26.6.19, DJ 27.6.19).

Todavia: "Ainda que a matéria afetada à sistemática dos recursos repetitivos trate de questão referente aos consectários legais da condenação, o recurso especial não deve ser apreciado pelo STJ, quanto ao mérito, devendo os autos ser devolvidos à origem, para que, após a publicação do acórdão representativo da controvérsia, o recurso, nos termos do art. 1.040 do CPC/2015: (a) tenha seguimento negado, no que respeita ao art. 1º-F da Lei 9.494/97, caso o acórdão recorrido se harmonize com a orientação proferida pelo Superior Tribunal de Justiça; ou (b) tenha novo exame, pelo Tribunal de origem, caso o acórdão recorrido divirja do entendimento firmado pelo Superior Tribunal de Justiça. Apenas depois de atendidos os procedimentos referentes aos recursos repetitivos, no Tribunal de origem, devem as demais questões, objeto do recurso especial, ser analisadas por esta Corte, em face da disposição do art. 1.041, § 2º, do CPC/2015" (STJ-2ª T., REsp 1.319.193-AgRg, Min. Assusete Magalhães, j. 16.8.16, maioria, DJ 2.2.17).

Art. 1.037: 1b. "A suspensão do processamento dos processos pendentes, determinada no art. 1.037, II, do CPC/2015, não impede que os juízos concedam, em qualquer fase do processo, **tutela provisória de urgência,** desde que satisfeitos os requisitos contidos no art. 300 do CPC/2015, e deem cumprimento àquelas que já foram deferidas" (STJ-1ª Seção, REsp 1.657.156-ProAf-QO, Min. Benedito Gonçalves, j. 24.5.17, DJ 31.5.17).

V. tb. art. 982 § 2º.

Art. 1.037: 2. v. RISTJ 256-F § 4º, 256-G e 256-O.

Art. 1.037: 3. O § 2º foi expressamente revogado pela Lei 13.256, de 4.2.16.

Art. 1.037: 3a. v. RISTJ 256-N § 2º e 256-P.

Art. 1.037: 4. O § 5º foi expressamente revogado pela Lei 13.256, de 4.2.16.

Art. 1.037: 4a. v. art. 982, nota 1a.

Art. 1.037: 5. O art. 1.030 recebeu nova redação da Lei 13.256, de 4.2.16, e nele não mais há a previsão de encaminhamento automático dos autos para os tribunais superiores. Assim, reconhecida a distinção no caso, o presidente ou o vice-presidente do tribunal de origem deve proceder ao juízo de admissibilidade do recurso, nos termos do art. 1.030-V.

Art. 1.037: 6. v. art. 982, nota 1a.

Art. 1.038. O relator poderá: [Dispositivos correspondentes no CPC/1973: art. 543-C §§ 3º e 4º]

I — solicitar ou admitir manifestação de pessoas, órgãos ou entidades com interesse na controvérsia, considerando a relevância da matéria e consoante dispuser o regimento interno;[1 a 3] [Dispositivo correspondente no CPC/1973: art. 543-C § 4º]

II — fixar data para, em audiência pública, ouvir depoimentos de pessoas com experiência e conhecimento na matéria, com a finalidade de instruir o procedimento;[3a] [Sem dispositivo correspondente no CPC/1973]

III — requisitar informações aos tribunais inferiores a respeito da controvérsia e, cumprida a diligência, intimará o Ministério Público para manifestar-se.[4] [Dispositivos correspondentes no CPC/1973: art. 543-C §§ 3º e 5º]

§ 1º No caso do inciso III, os prazos respectivos são de 15 (quinze) dias, e os atos serão praticados, sempre que possível, por meio eletrônico. [Dispositivos correspondentes no CPC/1973: art. 543-C §§ 3º e 5º]

§ 2º Transcorrido o prazo para o Ministério Público e remetida cópia do relatório aos demais ministros, haverá inclusão em pauta, devendo ocorrer o julgamento com preferência sobre os demais feitos, ressalvados os que envolvam réu preso e os pedidos de *habeas corpus*.[5] [Dispositivo correspondente no CPC/1973: art. 543-C § 6º]

§ 3º O conteúdo do acórdão abrangerá a análise dos fundamentos relevantes da tese jurídica discutida.[6-7] [Sem dispositivo correspondente no CPC/1973]

Art. 1.038: 1. s/ *amicus curiae*, v. art. 138 e RISTJ 256-J. S/ sustentação oral pelo *amicus curiae*, v. nota 5.

Art. 1.038: 1a. "Recurso especial representativo de controvérsia. Execução de sentença contra a Fazenda Pública. Influência da demora ou dificuldade no fornecimento de fichas financeiras no curso do prazo prescricional. Conselho Federal da Ordem dos Advogados do Brasil. Pleito de ingresso como *amicus curiae*. Indeferimento. **Defesa de interesse de uma das partes.** Ademais, a participação de 'amigo da Corte' visa ao aporte de informações relevantes ou dados técnicos (STF, ADI ED 2.591/DF, Rel. Ministro Eros Grau, DJ 13/4/2007), situação que não se configura no caso dos autos, porquanto o **tema** repetitivo é de natureza eminentemente **processual"** (STJ-1ª Seção, REsp 1.336.026-Pet-AgRg, Min. Og Fernandes, j. 22.3.17, DJ 28.3.17).

"A participação do *amicus curiae* tem por escopo a prestação de elementos informativos à lide, a fim de melhor respaldar a decisão judicial que irá dirimir a controvérsia posta nos autos. No caso em foco, o agravante **não ostenta representatividade em âmbito nacional.** A ausência de tal requisito prejudica a utilidade e a conveniência da sua intervenção. A admissão de *amicus curiae* no feito é uma **prerrogativa do órgão julgador,** na pessoa do relator, razão pela qual não há que se falar em direito subjetivo ao ingresso" (STJ-1ª Seção, REsp 1.657.156-Pet-EDcl-AgInt, Min. Benedito Gonçalves, j. 11.4.18, DJ 18.4.18).

Art. 1.038: 2. A pessoa com interesse na controvérsia deve se manifestar nos autos **antes da liberação do processo pelo relator para a pauta de julgamento,** sob pena de inadmissão da sua participação no feito (STJ-Corte Especial, REsp 1.143.677-EDcl, Min. Luiz Fux, j. 29.6.10, DJ 2.9.10).

V. tb. LADIN 7º, nota 3.

Art. 1.038: 2a. "O *amicus curiae* **não possui legitimidade para recorrer** da decisão de mérito" (STJ-2ª Seção, REsp 1.110.549-EDcl, Min. Sidnei Beneti, j. 14.4.10, DJ 30.4.10). V. art. 138 § 1º.

Art. 1.038: 3. Indeferindo a participação de *amicus curiae* no processamento de recurso especial não submetido ao rito dos recursos repetitivos: STJ-2ª Seção, REsp 1.023.053, Min. Isabel Gallotti, j. 23.11.11, DJ 16.12.11.

Art. 1.038: 3a. v. RISTF 13-XVII e XVIII, 21-XVII e XVIII e 154 § ún. e RISTJ 185, 186 e 256-K.

Art. 1.038: 4. v. § 1º e RISTJ 256-J.

Art. 1.038: 5. v. RISTJ 256-N e segs. Em matéria de sustentação oral por pessoa com interesse na controvérsia, v. RISTJ 160 § 8º.

Art. 1.038: 6. Redação do § 3º de acordo com a Lei 13.256, de 4.2.16.

Art. 1.038: 7. v. art. 489 § 1º-IV e RISTJ 104-A e 256-Q.

Art. 1.039. Decididos os recursos afetados,[1] os órgãos colegiados declararão prejudicados[1a] os demais recursos versando sobre idêntica controvérsia ou os decidirão aplicando a tese firmada.[1b a 2a] [Dispositivos correspondentes no CPC/1973: arts. 543-B § 3º e 543-C § 7º]

Parágrafo único. Negada a existência de repercussão geral no recurso extraordinário afetado, serão considerados automaticamente inadmitidos[3 a 3b] os recursos extraordinários cujo processamento tenha sido sobrestado. [Dispositivo correspondente no CPC/1973: art. 543-B § 2º]

Art. 1.039: 1. Não é preciso aguardar a publicação do acórdão nem o trânsito em julgado para a replicação no âmbito do STF ou do STJ do julgamento paradigmático.

"O pronunciamento definitivo acerca de uma matéria submetida ao regime dos recursos representativos de controvérsia perfectibiliza-se com o desfecho do julgamento no órgão colegiado competente — seja alguma das seções especializadas, seja a própria Corte Especial —, isto é, com a **proclamação do resultado** durante a sessão, sendo que a publicação do aresto guarda como principal corolário a autorização para que os tribunais de segunda instância retomem o exame dos feitos de acordo com a orientação consagrada por este STJ" (STJ-1ª Seção, ED no REsp 794.079-AgRg, Min. Castro Meira, j. 28.4.10, DJ 10.5.10).

V. art. 1.040, nota 2.

V. tb. art. 932, nota 11, e RISTF 101, nota 1a.

Art. 1.039: 1a. no caso de a **tese jurídica alegada no recurso sobrestado contrastar** com o entendimento firmado no julgamento dos recursos selecionados.

Art. 1.039: 1b. v. art. 1.040 e notas e RISTJ 256-R.

Art. 1.039: 2. no caso de o **acórdão objeto do recurso sobrestado contrastar** com o entendimento firmado no julgamento dos recursos selecionados.

Art. 1.039: 2a. "Não há que se falar em retorno dos autos ao Tribunal de origem para aplicação do entendimento firmado em recurso repetitivo, pois o inciso II do art. 1.040 do atual Código de Processo Civil se aplica apenas aos processos ali suspensos aguardando a publicação do acórdão paradigma, não aos processos que já se encontram nesta Corte" (STJ-4ª T., REsp 1.416.614-AgInt, Min. Isabel Gallotti, j. 18.8.16, DJ 24.8.16).

Art. 1.039: 3. s/ inadmissão de futuros recursos extraordinários que vierem a ser interpostos, v. art. 1.035, nota 10a.

Art. 1.039: 3a. Contra essa decisão, cabe **agravo interno** (v. art. 1.035 § 7º).

Art. 1.039: 3b. Considerando automaticamente não admitidos os recursos sobrestados também no caso em que, malgrado reconhecida anteriormente a repercussão geral, foi ao final **negada a existência de questão constitucional** no recurso extraordinário: STF-Pleno, RE 607.607-EDcl, Min. Luiz Fux, j. 2.10.13, DJ 12.5.14.

Art. 1.040. Publicado o acórdão paradigma:[1 a 3a] [Dispositivos correspondentes no CPC/1973: arts. 543-B § 3º e 543-C § 7º]

I — o presidente ou o vice-presidente do tribunal de origem negará seguimento[4] aos recursos especiais ou extraordinários sobrestados na origem, se o acórdão recorrido coincidir com a orientação do tribunal superior; [Dispositivo correspondente no CPC/1973: art. 543-C § 7º-I]

II — o órgão que proferiu o acórdão recorrido, na origem, reexaminará o processo de competência originária, a remessa necessária ou o recurso anteriormente julgado, se o acórdão recorrido contrariar a orientação do tribunal superior;[4a] [Dispositivos correspondentes no CPC/1973: art. 543-B § 3º e art. 543-C § 7º-II]

III — os processos suspensos em primeiro e segundo graus de jurisdição retomarão o curso para julgamento e aplicação da tese firmada pelo tribunal superior; [Sem dispositivo correspondente no CPC/1973]

IV — se os recursos versarem sobre questão relativa a prestação de serviço público objeto de concessão, permissão ou autorização, o resultado do julgamento será comunicado ao órgão, ao ente ou à agência reguladora competente para fiscalização da efetiva aplicação, por parte dos entes sujeitos a regulação, da tese adotada. [Sem dispositivo correspondente no CPC/1973]

§ 1º A parte poderá desistir da ação em curso no primeiro grau de jurisdição, antes de proferida a sentença, se a questão nela discutida for idêntica à resolvida pelo recurso representativo da controvérsia. [Sem dispositivo correspondente no CPC/1973]

§ 2º Se a desistência ocorrer antes de oferecida contestação, a parte ficará isenta do pagamento de custas e de honorários de sucumbência. [Sem dispositivo correspondente no CPC/1973]

§ 3º A desistência apresentada nos termos do § 1º independe de consentimento do réu, ainda que apresentada contestação.[5] [Sem dispositivo correspondente no CPC/1973]

Art. 1.040: 1. v. art. 1.039 e notas.

Art. 1.040: 2. **Não é preciso aguardar o trânsito em julgado do acórdão** que julga o recurso representativo da controvérsia para a tomada das medidas previstas neste dispositivo; basta sua publicação, "sendo irrelevante a pendência de julgamento de embargos de declaração" (STJ-Corte Especial, Ag em REsp 59.513-EDcl-AgRg-AgRg-RE-AgInt, Min. Laurita Vaz, j. 15.8.18, DJ 24.8.18).

Todavia: "Matéria decidida sob o rito da repercussão geral. Aclaratórios pendentes no STF com pedido de modulação de efeitos. Sobrestamento do presente julgamento. Acolhimento excepcional" (STJ-2ª T., REsp 1.425.939-EDcl, Min. Herman Benjamin, j. 21.5.19, DJ 19.6.19).

V. art. 1.039, nota 1.

V. tb. art. 932, nota 11, e RISTF 101, nota 1a.

Art. 1.040: 3. Na hipótese de se considerar **inadmissível** o recurso afetado (v. art. 1.036, nota 6), os recursos especiais sobrestados na origem devem simplesmente seguir adiante, até que novo recurso seja selecionado.

Art. 1.040: 3a. Para que o julgamento do recurso afetado produza os efeitos programados na lei, "a questão de direito idêntica, além de estar selecionada na decisão que instaurou o incidente de processo repetitivo, deve ter sido expressamente **debatida no acórdão recorrido e nas razões do recurso especial,** preenchendo todos os requisitos de admissibilidade" (STJ-2ª Seção, REsp 1.061.530, Min. Nancy Andrighi, j. 22.10.08, DJ 10.3.09). V. art. 1.036 § 6º e notas.

Art. 1.040: 4. Contra essa decisão cabe **agravo interno** (v. art. 1.030 § 2º).

Art. 1.040: 4a. v. arts. 1.039, nota 2a, e 1.041 § 2º.

Art. 1.040: 5. s/ desistência e: despesas e honorários, v. tb. art. 90; procuração com cláusula específica, v. art. 105; assistência simples, v. art. 122; homologação judicial, v. art. 200, § ún., reconvenção, v. art. 343 § 2º; resolução do mérito, v. art. 485-VIII; momento para sua apresentação, v. art. 485 § 5º; incidente de resolução de demandas repetitivas, v. art. 976 § 1º.

Art. 1.041. Mantido o acórdão divergente[1] pelo tribunal de origem, o recurso especial ou extraordinário será remetido ao respectivo tribunal superior, na forma do art. 1.036, § 1º.[1a] [Dispositivos correspondentes no CPC/1973: arts. 543-B § 4º e 543-C § 8º]

§ 1º Realizado o juízo de retratação, com alteração do acórdão divergente, o tribunal de origem, se for o caso, decidirá as demais questões ainda não decididas cujo enfrentamento se tornou necessário em decorrência da alteração. [Sem dispositivo correspondente no CPC/1973]

§ 2º Quando ocorrer a hipótese do inciso II do *caput* do art. 1.040 e o recurso versar sobre outras questões, caberá ao presidente ou ao vice-presidente do tribunal recorrido, depois do reexame pelo órgão de origem e independentemente de ratificação do recurso, sendo positivo o juízo de admissibilidade, determinar a remessa do recurso ao tribunal superior para julgamento das demais questões.[2] [Sem dispositivo correspondente no CPC/1973]

Art. 1.041: 1. i. e., não tendo o tribunal de origem dado o recurso por prejudicado nem se retratado após o julgamento dos recursos selecionados.

Art. 1.041: 1a. A remissão ao art. 1.036 § 1º está equivocada, ainda mais após a edição da Lei 13.256, de 4.2.16, que revogou o encaminhamento automático dos autos aos tribunais superiores. A rigor, mantido o acórdão divergente, o presidente ou o vice-presidente do tribunal de origem deve proceder ao juízo de admissibilidade do recurso, nos termos do art. 1.030-V-*c*.

Art. 1.041: 2. Redação do § 2º de acordo com a Lei 13.256, de 4.2.16.

Seção III — DO AGRAVO EM RECURSO ESPECIAL E EM RECURSO EXTRAORDINÁRIO[1]

SEÇ. III: 1. v. RISTJ 253.

Art. 1.042. Cabe agravo[1 a 2a] contra decisão do presidente ou do vice-presidente do tribunal recorrido que inadmitir recurso extraordinário ou recurso especial, salvo quando fundada na aplicação de entendimento firmado em regime de repercussão geral ou em julgamento de recursos repetitivos.[2b a 2e] [Dispositivo correspondente no CPC/1973: art. 544-*caput*]

I — (Revogado);

II — (Revogado);

III — (Revogado).

§ 1º (Revogado):

I — (Revogado);

II — (Revogado):

a) (Revogada);

b) (Revogada).

§ 2º A petição de agravo será dirigida ao presidente ou ao vice-presidente do tribunal de origem e independe do pagamento de custas e despesas postais, aplicando-se a ela o regime de repercussão geral e de recursos repetitivos, inclusive quanto à possibilidade de sobrestamento e do juízo de retratação. [Dispositivo correspondente no CPC/1973: art. 544 § 2º]

§ 3º O agravado será intimado, de imediato, para oferecer resposta no prazo de 15 (quinze) dias.[3] [Dispositivos correspondentes no CPC/1973: art. 544 §§ 2º e 3º]

§ 4º Após o prazo de resposta, não havendo retratação, o agravo será remetido ao tribunal superior competente.[3a a 5] [Dispositivos correspondentes no CPC/1973: art. 544 §§ 2º e 3º]

§ 5º O agravo poderá ser julgado, conforme o caso, conjuntamente com o recurso especial ou extraordinário, assegurada, neste caso, sustentação oral, observando-se, ainda, o disposto no regimento interno do tribunal respectivo. [Sem dispositivo correspondente no CPC/1973]

§ 6º Na hipótese de interposição conjunta de recursos extraordinário e especial, o agravante deverá interpor um agravo para cada recurso não admitido.[6] [Dispositivo correspondente no CPC/1973: art. 544 § 1º]

§ 7º Havendo apenas um agravo, o recurso será remetido ao tribunal competente, e, havendo interposição conjunta, os autos serão remetidos ao Superior Tribunal de Justiça.[7] [Sem dispositivo correspondente no CPC/1973]

§ 8º Concluído o julgamento do agravo pelo Superior Tribunal de Justiça e, se for o caso, do recurso especial, independentemente de pedido, os autos serão remetidos ao Supremo Tribunal Federal para apreciação do agravo a ele dirigido, salvo se estiver prejudicado. [Sem dispositivo correspondente no CPC/1973]

Art. 1.042: 1. v. art. 1.030 § 1º.

S/ pedido de efeito suspensivo, v. art. 1.029, nota 15a.

Art. 1.042: 1a. O agravo deve ser interposto no **prazo** de 15 dias (arts. 1.003 § 5º e 1.070).

S/ protocolo integrado, v. arts. 929, nota 2, e 1.003, nota 8; s/ oportunidade para o exame da tempestividade do agravo, v. art. 1.003, nota 16; s/ prova da ocorrência de feriado local influente na tempestividade do recurso, v. art. 1.003 § 6º e notas.

Art. 1.042: 1b. **"Não cabe o benefício da contagem em dobro do prazo** para opor agravo, se o recurso extraordinário não admitido foi **interposto apenas por um dos litisconsortes,** não sendo cabível ao outro" (RTJ 159/337, STF-RT 722/356). No mesmo sentido: STJ-4ª T., Ag 338.498-AgRg, Min. Cesar Rocha, j. 3.5.01, DJU 13.8.01.

"O prazo em dobro previsto no art. 191 do CPC não se aplica para o agravo interposto contra a decisão que nega seguimento a recurso especial, mesmo que haja litisconsortes com procuradores diversos, porquanto somente o autor dessa irresignação possuirá interesse e legitimidade para recorrer" (STJ-2ª T., Ag em REsp 1.124.819-AgInt, Min. Herman Benjamin, j. 20.2.18, DJ 14.11.18).

Mais rigoroso, a nosso ver sem razão: "Inaplicável a regra do art. 191 do Código de Processo Civil ao agravo de instrumento interposto contra o despacho que não admitiu o recurso especial do ora agravante, sendo irrelevante que o especial de litisconsorte, igualmente, não tenha sido admitido na mesma decisão" (STJ-3ª T., AI 705.848-AgRg, Min. Menezes Direito, j. 7.11.06, DJU 19.3.07).

Todavia, a nosso ver com razão, contando o prazo em dobro para agravar da decisão de inadmissão, no caso em que mais de um recurso especial foi interposto por litisconsortes com procuradores diferentes: STJ-3ª T., AI 616.780-AgRg-EDcl, Min. Nancy Andrighi, j. 10.6.08, um voto vencido, DJ 8.8.08; STJ-4ª T., AI 935.867-AgRg-EDcl, Min. Luis Felipe, j. 25.11.08, DJ 11.5.09.

V. tb. art. 229, nota 4a, especialmente **Súmula 641 do STF.**

Art. 1.042: 2. **Súmula 287 do STF:** "Nega-se provimento a agravo, quando a **deficiência na sua fundamentação,** ou na do recurso extraordinário, não permitir a exata compreensão da controvérsia".

Art. 1.042: 2a. "A decisão que não admite o recurso especial tem como escopo exclusivo a apreciação dos pressupostos de admissibilidade recursal. Seu dispositivo é único, ainda quando a fundamentação permita concluir pela presença de uma ou de várias causas impeditivas do julgamento do mérito recursal, uma vez que registra, de forma unívoca, apenas a inadmissão do recurso. Não há, pois, capítulos autônomos nesta decisão. A decomposição do provimento judicial em unidades autônomas tem como parâmetro inafastável a sua parte dispositiva, e não a fundamentação como um elemento autônomo em si mesmo, ressoando inequívoco, portanto, que **a decisão agravada é incindível** e, assim, deve ser **impugnada em sua integralidade,** nos exatos termos das disposições legais e regimentais" (STJ-Corte Especial, ED no Ag em REsp 701.404, Min. Luis Felipe, j. 19.9.18, maioria, DJ 30.11.18).

"Falta de impugnação a todos os fundamentos da decisão recorrida. Manifesta inadmissibilidade. Desistência parcial. Impossibilidade. Não há como o agravante restringir o efeito devolutivo horizontal do agravo porque esse efeito já foi previamente delimitado pelos fundamentos da decisão exarada pelo Tribunal de origem. O ordenamento jurídico admite que a parte inconformada recorra, parcialmente, de uma decisão, e, ainda, que o órgão julgador conheça, em parte, do recurso interposto. Não há, entretanto, qualquer previsão que autorize a desistência parcial, tácita ou expressa, do recurso especial após sua interposição. É manifestamente inadmissível o agravo que não impugna, de maneira consistente, todos os fundamentos da decisão agravada" (STJ-3ª T., Ag em REsp 1.294.103-AgInt, Min. Nancy Andrighi, j. 11.9.18, DJ 18.9.18).

Com a devida vênia, esse entendimento não se sustenta. Se o recorrente podia na origem recorrer de apenas parte da decisão, nada o impede de reduzir as dimensões da sua pretensão recursal após sua formulação. No caso, era perfeitamente possível que o recorrente, por ocasião do agravo contra a decisão denegatória, desistisse de lutar pelo reconhecimento da violação da lei no trato da prescrição, inclusive por se convencer do acerto do pronunciamento judicial a seu respeito, e insistisse apenas na viabilidade dos demais temas trazidos no seu recurso especial, todos eles independentes e desvinculados da matéria prescricional. Infelizmente, a única explicação para o acórdão referido acima é a jurisprudência defensiva, que, paradoxalmente, fortaleceu-se após o advento da Lei 13.105, de 16.3.15, e não parece mais encontrar limites...

Art. 1.042: 2b. Redação de acordo com a Lei 13.256, de 4.2.16, que alterou o *caput* e o § 2º, bem como revogou o § 1º.

Art. 1.042: 2c. Quando aplica entendimento firmado em regime de repercussão geral ou em julgamento de recursos repetitivos, a decisão é impugnável por **agravo interno** (v. arts. 1.030 § 2º e 1.035 § 7º).

"Caberá agravo interno contra decisão que negar seguimento a recurso extraordinário que discuta questão constitucional sobre a qual o Supremo Tribunal Federal não tenha reconhecido a existência de repercussão geral ou que esteja em conformidade com entendimento daquela Corte exarado no regime de repercussão geral (§ 2º do art. 1.030 do CPC). No caso dos autos, o agravo regimental — único recurso cabível — já foi interposto e julgado pela Corte Especial. Desse modo, a interposição do agravo em recurso extraordinário consubstancia erro grave" (STJ-Corte Especial, Ag em REsp 749.097-AgRg-RE-AgRg-Ag em RE-AgRg, Min. Humberto Martins, j. 7.12.16, DJ 16.12.16).

V. tb. art. 1.030, nota 8.

Art. 1.042: 2d. "Com o advento do Código de Processo Civil de 2015 passou a existir expressa previsão legal no sentido do não cabimento de agravo contra **decisão que não admite recurso especial** quando a matéria nele veiculada já houver sido decidida pela Corte de origem em conformidade com recurso **repetitivo** (art. 1.042, *caput*). Tal disposição legal aplica-se aos agravos apresentados contra decisão publicada após a entrada em vigor do Novo CPC, em conformidade com o princípio *tempus regit actum*. A interposição do agravo previsto no art. 1.042, *caput*, do CPC/2015 quando a Corte de origem o inadmitir com base em recurso repetitivo constitui erro grosseiro, não sendo mais devida a determinação de outrora de retorno dos autos ao Tribunal *a quo* para que o aprecie como agravo interno" (STJ-3ª T., Ag em REsp 959.991, Min. Marco Bellizze, j. 16.8.16, DJ 26.8.16).

Art. 1.042: 2e. "Embora o suscitado malferimento do art. 538 do CPC/73 tenha sido obstado com base na suposta adequação do aresto recorrido à orientação contemplada no REsp 1.410.839/SC, sob o regime do art. 543-C do CPC/73, os **demais pontos** impugnados no apelo especial **não foram admitidos sob fundamentação diversa.** Ou seja, o juízo de origem afastou a existência de afronta ao art. 535 do CPC/73 e, quanto aos demais dispositivos tidos por aviltados, o Tribunal aplicou os óbices contidos nas Súmulas 7/STJ e 284/STF. Logo, não poderia ter o juízo reclamado indeferido a subida do agravo em recurso especial, obstaculizando o exercício da competência do Superior Tribunal de Justiça a respeito dos requisitos de admissibilidade do apelo nobre, mormente no que diz respeito à incidência da Súmula 7/STJ e 284/STF" (STJ-1ª Seção, Rcl 30.906, Min. Og Fernandes, j. 22.3.17, DJ 28.3.17).

V. tb. art. 1.030, nota 7a.

Art. 1.042: 3. O prazo para oferta de contrarrazões **dobra-se** no caso dos arts. 180 (MP), 183 (Fazenda Pública), 186 (Defensoria Pública) e 229 (litisconsortes com procuradores diferentes).

Art. 1.042: 3a. Súmula 727 do STF: "Não pode o magistrado deixar de encaminhar ao Supremo Tribunal Federal o agravo de instrumento interposto da decisão que não admite recurso extraordinário, ainda que referente a causa instaurada no âmbito dos juizados especiais".

"Prevalece a regra, ínsita à natureza do agravo de instrumento de despacho denegatório de recurso extraordinário, no sentido de que, **mesmo reputado intempestivo aquele agravo,** não pode ele deixar de ser remetido, pelo Presidente do Tribunal *a quo*, ao conhecimento do Supremo Tribunal" (STF-Plenário, Rcl 645-0, Min. Octavio Gallotti, j. 25.9.97, DJU 7.11.97).

"Sendo interposto agravo de instrumento contra a denegação de seguimento do apelo especial, não pode o tribunal de origem obstar sua remessa ao tribunal *ad quem*, sob qualquer pretexto" (STJ-1ª Seção, Rcl 971, Min. Francisco Falcão, j. 9.5.02, DJU 16.9.02). No mesmo sentido: STJ-2ª Seção, Rcl 445, Min. Sálvio de Figueiredo, j. 24.9.97, DJU 3.11.97.

Art. 1.042: 4. Nos casos em que o **tribunal de origem nega seguimento a agravo** contra decisão denegatória de recurso extraordinário ou especial, independentemente do motivo (p. ex., intempestividade), cabe **reclamação** (STF-Plenário, Rcl 645-0, Min. Octavio Gallotti, j. 25.9.97, DJU 7.11.97; RTJ 76/667; STJ-1ª Seção, Rcl 1.226, Min. Francisco Falcão, j. 26.3.03, DJU 5.5.03; STJ-2ª Seção, Rcl 1.453, Min. Fernando Gonçalves, j. 26.9.07, DJU 11.10.07; STJ-3ª Seção, Rcl 40.302, Min. Reynaldo da Fonseca, j. 23.9.20, DJ 28.9.20; RT 484/217, RF 254/237, STJ-RF 350/230).

"A interposição de agravo em recurso especial, sem a menção ao dispositivo legal embasador da irresignação — art. 544 do CPC/1973 —, não enseja o julgamento pelo Tribunal de origem como agravo regimental, quando constatado que foi cumprido o comando normativo contido no § 2º do mencionado dispositivo, com o correto endereçamento do recurso à Presidência do Tribunal de origem e apresentação das razões recursais dirigidas ao Superior Tribunal de Justiça. Nos termos do art. 544, § 2º, do CPC/1973, a competência para o julgamento de agravo em recurso especial é do Superior Tribunal de Justiça. Reclamação julgada procedente" (STJ-1ª Seção, Rcl 29.379, Min. Gurgel de Faria, j. 10.8.16, DJ 12.9.16).

"A irresignação contida no agravo em recurso especial não se limita ao acerto ou desacerto da aplicação da jurisprudência do STJ firmada sob o rito dos recursos repetitivos. Discute-se no apelo temática diversa, a qual foi obstada ao crivo desta Corte Superior com base em óbices sumulares. Nesse contexto, está caracterizada a usurpação da competência do STJ, a quem cumpre apreciar o agravo em recurso especial" (STJ-1ª Seção, Rcl 30.906, Min. Og Fernandes, j. 22.3.17, DJ 28.3.17).

Contra: "Quando o agravo obstado na origem é manifestamente incabível, não se verifica hipótese de usurpação de competência deste Tribunal Superior, sendo inadmitido o manejo da via reclamatória" (STJ-2ª Seção, Rcl 32.132-AgInt, Min. Luis Felipe, j. 14.12.16, DJ 1.2.17).

V. art. 988-I.

S/ reclamação contra decisão do Juizado Especial Cível que negou seguimento a agravo contra decisão denegatória de recurso extraordinário, v. tb. LJE 46, nota 4.

Art. 1.042: 5. "Não há como se impor ao agravante a responsabilidade por eventual ilegibilidade ou incompletude do processo original que fora remetido a esta Corte, até porque eventual **falha no sistema de digitalização dos autos físicos** somente poderá ser atribuída à Secretaria do órgão" (STJ-2ª T., Ag em REsp 72.081-AgRg, Min. Mauro Campbell, j. 26.6.12, DJ 6.8.12).

Art. 1.042: 6. Analogia com o *caput* do art. 1.029 recomenda a oferta dos agravos em **petições distintas.**

"Na hipótese em exame, o agravante cumulou em uma única peça as razões do agravo em recurso especial e do agravo em recurso extraordinário, o que impede o conhecimento da irresignação" (STJ-4ª T., Ag em REsp 1.136.569-AgInt, Min. Antonio Ferreira, j. 19.8.19, DJ 21.8.19).

Art. 1.042: 7. v. art. 1.031.

Seção IV | DOS EMBARGOS DE DIVERGÊNCIA[1]

SEÇ. IV: 1. v. tb. RISTJ 266 e 267 e RISTF 330 a 332 e 334 a 336, bem como respectivas notas.

Art. 1.043. É embargável[1 a 3b] o acórdão[4 a 4c] de órgão fracionário[5] que: [Dispositivo correspondente no CPC/1973: art. 546-*caput*]

I — em recurso extraordinário ou em recurso especial, divergir do julgamento de qualquer outro órgão do mesmo tribunal, sendo os acórdãos, embargado e paradigma, de mérito; [Dispositivos correspondentes no CPC/1973: art. 546-I e II]

II — ....[5a]

III — em recurso extraordinário ou em recurso especial, divergir do julgamento de qualquer outro órgão do mesmo tribunal, sendo um acórdão de mérito e outro que não tenha conhecido do recurso, embora tenha apreciado a controvérsia;[5b] [Dispositivos correspondentes no CPC/1973: art. 546-I e II]

IV — ....[5c]

§ 1º Poderão ser confrontadas teses jurídicas[6 a 7c] contidas em julgamentos de recursos e de ações de competência originária.[8 a 8d] [Sem dispositivo correspondente no CPC/1973]

§ 2º A divergência que autoriza a interposição de embargos de divergência pode verificar-se na aplicação do direito material ou do direito processual.[8e-9] [Sem dispositivo correspondente no CPC/1973]

§ 3º Cabem embargos de divergência quando o acórdão paradigma for da mesma turma que proferiu a decisão embargada, desde que sua composição tenha sofrido alteração em mais da metade de seus membros.[10] [Sem dispositivo correspondente no CPC/1973]

§ 4º O recorrente provará a divergência com certidão, cópia ou citação de repositório oficial ou credenciado de jurisprudência, inclusive em mídia eletrônica, onde foi publicado o acórdão divergente, ou com a reprodução de julgado disponível na rede mundial de computadores, indicando a respectiva fonte, e mencionará as circunstâncias que identificam ou assemelham os casos confrontados.[11 a 12] [Sem dispositivo correspondente no CPC/1973]

§ 5º .... [13]

Art. 1.043: 1. s/ recurso adesivo nos embargos de divergência, v. art. 997, nota 21b.

Art. 1.043: 2. É de quinze dias o **prazo** para oposição dos embargos de divergência (art. 1.003 § 5º).

Art. 1.043: 3. Cabem embargos de divergência contra o acórdão proferido em **agravo regimental** nas situações em que este tenha julgado também o recurso extraordinário (STF-RDDP 63/129: Pleno, ED no RE 283.240-AgRg-EDcl-AgRg, três votos vencidos). No mesmo julgamento, o STF **cancelou,** por unanimidade, a **Súmula 599,** que dispunha: "São incabíveis embargos de divergência de decisão de Turma, em agravo regimental".

Súmula 315 do STJ: "Não cabem embargos de divergência no âmbito do agravo de instrumento que não admite recurso especial".

Súmula 316 do STJ: "Cabem embargos de divergência contra acórdão que, em agravo regimental, decide recurso especial".

No STJ está consolidado o entendimento de que cabem embargos de divergência nas situações em que o **mérito do recurso especial** tenha sido apreciado (STJ-1ª Seção, ED no REsp 271.295, Min. Eliana Calmon, j. 18.2.02, DJU 8.4.02; STJ-RT 825/188: Corte Especial), não importando que tal apreciação haja acontecido em sede de agravo regimental (STJ-Corte Especial, ED no REsp 172.821-AgRg, Min. Cesar Rocha, j. 18.8.01, três votos vencidos, DJU 17.3.03), ainda que este tenha sido tirado contra o julgamento monocrático de agravo que dera provimento a recurso especial (STJ-Corte Especial, Pet 2.482, Min. Ari Pargendler, j. 1.7.04, voto vencido, DJU 27.9.04; STJ-3ª Seção, Pet 1.590-AgRg, Min. Quaglia Barbosa, j. 9.3.05, DJU 21.3.05).

Todavia: "Inadmitido o recurso especial na origem e desprovidos o agravo de instrumento (atual agravo em REsp) e o respectivo agravo regimental nesta Corte, mesmo que adotada fundamentação que passe pelo exame do mérito do apelo extremo, descabe a interposição de embargos de divergência, incidindo a vedação contida no enunciado 315 da Súmula/STJ" (STJ-Corte Especial, ED no AI 1.186.352, Min. Cesar Rocha, j. 21.3.12, maioria, DJ 10.5.12).

Art. 1.043: 3a. "Os embargos de divergência não se prestam à discussão de questão atinente às **regras de admissibilidade** do próprio recurso especial embargado" (STJ-Corte Especial, ED no REsp 723.655-AgRg, Min. Nancy Andrighi, j. 2.9.09, DJ 17.9.09). No mesmo sentido, quanto ao recurso extraordinário: RTJ 86/148, 88/873, 101/1.223 (Pleno, ED em RE 93.861-AgRg), 113/159, 113/226, 117/118, 122/262, 122/1.073, 123/234, 134/397, 135/725.

"A Lei 13.256/2016, ao revogar o inciso II do artigo 1.043 do Código de Processo Civil de 2015, aboliu expressamente a possibilidade do cabimento de embargos de divergência para discussão em torno do juízo de admissibilidade do recurso especial" (STJ-2ª Seção, ED no REsp 1.114.692-AgInt, Min. Ricardo Cueva, j. 8.3.17, DJ 13.3.17).

Todavia, temperando esse entendimento: "A jurisprudência do STJ não impede a interposição de embargos de divergência para dirimir dissenso interno sobre a interpretação de norma processual, em sua moldura abstrata. O que se considera incabível é questionar, em embargos, a correta aplicação de regra técnica ao caso concreto, já que essa espécie de juízo supõe exame das peculiaridades de cada caso" (STJ-RP 200/433: Corte Especial, ED no REsp 547.653, dois votos vencidos).

Outros casos em que os embargos foram conhecidos e acolhidos, em situações de divergência quanto ao conhecimento do recurso especial: STJ-Corte Especial, ED no REsp 161.419, Min. Ari Pargendler, j. 15.8.07, DJ 10.11.08 (divergência acerca da noção de prequestionamento); STJ-1ª Seção, ED no REsp 357.415, Min. Eliana Calmon, j. 24.3.04, maioria, DJ 14.6.04 (divergência sobre a Súmula 126 do STJ); STJ-Corte Especial, ED no REsp 966.746, Min. Maria Thereza, j. 6.2.13, DJ 25.3.13 (divergência sobre a aplicação da Súmula 7 do STJ).

V. tb. nota 9.

Art. 1.043: 3b. Não cabem embargos de divergência:

— em recurso ordinário em mandado de segurança (STF-Pleno, ED no RMS 22.926-3-EDcl, Min. Gilmar Mendes, j. 19.2.03, maioria, DJU 11.2.05; STJ-Corte Especial, Pet 8.477-AgRg, Min. Gilson Dipp, j. 5.12.11, DJ 2.2.12);

— contra acórdão proferido em embargos de divergência (STJ-1ª Seção, ED no REsp 991.474-ED-AgRg, Min. Hamilton Carvalhido, j. 27.10.10, DJ 19.11.10);

— em ação rescisória originária (STJ-1ª Seção, ED na AR 3.634, Min. Napoleão Maia Filho, j. 10.4.13, DJ 30.4.13);

— em conflito de competência (STJ-Corte Especial ED no REsp 442.634-AgRg, Min. Felix Fischer, j. 25.10.04, DJU 6.12.04);

— "contra acórdão que julga ação cautelar ajuizada nesta Corte" (STJ-Corte Especial, Pet 6.382-AgRg, Min. Hamilton Carvalhido, j. 30.6.08, DJ 14.8.08).

Art. 1.043: 4. "Não são admissíveis embargos de divergência contra **decisão monocrática** de Relator que julgar recurso especial, que deverá ser atacada via agravo interno, cujo julgamento — aí sim — poderá ser hostilizado pelos divergentes" (STJ-Corte Especial, ED no REsp 295.902-AgRg, Min. Cesar Rocha, j. 11.4.02, DJU 22.4.03).

"É impossível a aplicação do princípio da fungibilidade para que sejam os embargos de divergência convertidos em agravo interno diante da ausência de dúvida objetiva sobre qual o recurso cabível, caracterizando-se, portanto, a ocorrência de erro grosseiro" (STJ-Corte Especial, ED no REsp 1.660.520-AgInt, Min. Nancy Andrighi, j. 13.12.17, DJ 15.12.17).

Art. 1.043: 4a. "Não se conhece dos embargos de divergência se o **paradigma** colacionado **diverge de apenas um dos fundamentos do aresto embargado,** sendo o outro, não objeto do dissídio, suficiente, por si só, para mantê-lo" (STJ-1ª Seção, ED no REsp 3.274-4, Min. Pádua Ribeiro, j. 12.3.97, DJU 7.4.97). No mesmo sentido: STF-Pleno, ED em RE 72.505, j. 13.12.79, DJU 8.2.80.

Art. 1.043: 4b. "Embargos de divergência fundados em alegada **omissão do acórdão embargado.** Alegação imprópria, pois a omissão deveria ter sido suprida através de embargos declaratórios" (RTJ 89/128: Pleno, RE 76.232).

Art. 1.043: 4c. **Matéria não decidida no acórdão embargado** não pode constituir objeto dos embargos de divergência (RTJ 65/677, 74/95, 125/795, STF-RT 460/211).

Art. 1.043: 5. ou seja, não são cabíveis contra acórdão proferido pelo Plenário do STF nem pela Corte Especial do STJ.

Art. 1.043: 5a. O inc. II foi expressamente revogado pela Lei 13.256, de 4.2.16.

Art. 1.043: 5b. "Não são cabíveis embargos de divergência entre **acórdão que conheceu do recurso especial e apreciou seu mérito** e **acórdão que** não conheceu do recurso especial por algum óbice processual e, portanto, **não analisou seu mérito**" (STJ-2ª Seção, ED no REsp 445.904-AgRg, Min. Nancy Andrighi, j. 25.8.04, DJU 6.9.04).

Art. 1.043: 5c. O inc. IV foi expressamente revogado pela Lei 13.256, de 4.2.16.

Art. 1.043: 6. **Súmula 168 do STJ:** "Não cabem embargos de divergência, quando a **jurisprudência** do Tribunal se firmou **no mesmo sentido** do acórdão embargado" (v. jurisprudência s/ esta Súmula em RSTJ 91/31).

Súmula 247 do STF: "O relator não admitirá os embargos da Lei 623, de 19.2.49, nem deles conhecerá o Supremo Tribunal Federal, quando houver **jurisprudência firme** do Plenário **no mesmo sentido da decisão embargada**". V. tb. RISTF 332.

Art. 1.043: 6a. "Uma vez que o aresto turmário colacionado como paradigma foi, antes mesmo da oposição dos embargos de divergência, reformado pela Seção em linha do entendimento firmado pelo acórdão impugnado, deixou de existir o dissenso pretoriano que ensejava os embargos de divergência" (STJ-Corte Especial, ED no REsp 970.339, Min. João Otávio, j. 3.3.10, DJ 26.4.10).

Art. 1.043: 6b. Não basta, para a demonstração da divergência, a **transcrição das ementas** de acórdãos dados como dissidentes; é necessário fazer o confronto analítico entre o seu texto e o do acórdão embargado (STF-RT 712/313).

Art. 1.043: 6c. "Não se admite que, em embargos de divergência, se peça, primeiro, a correção da **premissa de fato** de que partiu o acórdão embargado, para, após feita a correção, estabelecer a semelhança dos pressupostos de fato, e, então, surgir a diversidade de teses jurídicas" (STJ-Corte Especial, Pet 4.754-AgRg, Min. Gomes de Barros, j. 23.11.06, DJU 18.12.06).

V. tb. RISTJ 267, nota 4.

Art. 1.043: 6d. "Para que exista dissídio que dê margem ao conhecimento dos embargos de divergência, é necessário que as teses jurídicas sustentadas pelos acórdãos postos em confronto sejam conflitantes, e não, apenas, que os fatos das causas, de que emanaram tais decisões, sejam análogos" (RTJ 158/576). No mesmo sentido: RTJ 172/199.

Art. 1.043: 7. "Embargos de divergência. Descabimento se se pretende solver contradição entre a *ratio decidendi* do acórdão padrão e simples ***obiter dictum*** constante da decisão embargada. Questão de validade das elevações da alíquota da contribuição exigível das empresas exclusivamente prestadoras de serviço não resolvida pelo acórdão embargado que — embora incluindo *obiter dictum* a respeito — decidiu a causa como se se tratasse somente de empresas vendedoras de mercadorias" (STF-Pleno, ED em RE 176.437-EDcl, Min. Sepúlveda Pertence, j. 5.3.98, DJU 3.4.98). "O fundamento de mérito contido no acórdão embargado, mas proferido em *obiter dictum*, não caracteriza a divergência jurisprudencial, para o fim de autorizar a interposição de embargos de divergência" (STJ-Corte Especial, ED no REsp 1.264.848-AgInt, Min. Raul Araújo, j. 26.11.19, DJ 11.12.19).

Art. 1.043: 7a. Admitem-se os embargos de divergência fundados em acórdão divergente que se **baseia em lei anterior à aplicada pela decisão embargada,** se ambos os diplomas legislativos eram substancialmente idênticos (STF-RT 682/244).

Art. 1.043: 7b. Súmula 420 do STJ: "Incabível, em embargos de divergência, discutir o **valor** de indenização por **danos morais".**

Isso porque "na fixação ou alteração deste valor são consideradas as peculiaridades de cada hipótese" (STJ-Corte Especial, ED no REsp 866.458-AgRg, Min. Teori Zavascki, j. 11.2.08, DJU 3.3.08).

Art. 1.043: 7c. Divergência acerca de honorários advocatícios. "Não se mostra possível, em sede de embargos de divergência, rever os honorários advocatícios arbitrados pelos órgãos fracionários deste Tribunal, visto que fixados de acordo com as peculiaridades de cada demanda identificadas no julgamento do recurso especial" (STJ-Corte Especial, ED no REsp 576.234-AgRg, Min. Paulo Gallotti, j. 4.10.06, DJU 11.12.06). **Todavia,** se os embargos "têm por objeto dissidência relativa à norma regente" da fixação dos honorários, eles são cabíveis (STJ-Corte Especial, ED no REsp 637.565, Min. Hamilton Carvalhido, j. 3.12.08, DJ 16.3.09). **Indo além:** "Excepcionalmente, admitem-se os embargos de divergência para controlar excessos no arbitramento da verba honorária quando, à evidência, exorbitam da razoabilidade" (STJ-Corte Especial, ED no REsp 1.174.851, Min. Ari Pargendler, j. 16.10.13, DJ 30.10.13).

Art. 1.043: 8. Súmula 273 do STF: "Nos embargos da Lei 623, de 19.2.49, a divergência sobre **questão prejudicial ou preliminar, suscitada após a interposição do recurso extraordinário,** ou do agravo, somente será acolhida se o acórdão padrão for anterior à decisão embargada".

"Para caracterizar a divergência, a decisão embargada há de ser posterior ao acórdão paradigma" (STF-Pleno, RE 233.766-ED-AgRg, Min. Maurício Corrêa, j. 23.5.01, DJU 24.8.01).

Art. 1.043: 8a. Súmula 158 do STJ: "Não se presta a justificar embargos de divergência o dissídio com acórdão de **Turma ou Seção que não mais tenha competência** para a matéria neles versada".

"A vigência do Novo Código de Processo Civil não revogou o disposto na Súmula 158/STJ, uma vez que não há incompatibilidade entre eles, sendo o enunciado um meio interpretativo da norma" (STJ-Corte Especial, ED no REsp 1.347.966-AgInt, Min. Felix Fischer, j. 15.3.17, DJ 27.3.17).

Todavia, propondo a revogação dessa Súmula: "Embargos de divergência interpostos contra acórdão da Quarta Turma, cujos paradigmas são oriundos da Quinta e Sexta Turmas, componentes da Terceira Seção, as quais não mais detêm competência para exame da questão de fundo (locação não residencial); antes do advento do Novo Código de Processo Civil, não seria possível a cognição do recurso em razão da Súmula 158/STJ. O Novo Código de Processo Civil determina ser possível a utilização de julgado paradigma oriundo de qualquer órgão fracionário nos termos expresso do seu art. 1.043, I. Questão de ordem para revogar a Súmula 158/STJ, em razão de sua desconformidade com a novel legislação que rege o processo civil brasileiro" (STJ-Corte Especial, ED no REsp 1.411.420-AgInt, Min. Humberto Martins, j. 5.10.16, DJ 14.10.16).

Art. 1.043: 8b. A divergência há de ser entre acórdãos do **mesmo tribunal** (STJ-2ª Seção, REsp 4.035-ED-AgRg, Min. Fontes de Alencar, j. 8.5.91, DJU 2.9.91; STJ-2ª Seção, REsp 616, Min. Dias Trindade, j. 27.2.91, DJU 1.4.91). Para esse efeito, não serve divergência entre acórdão do STJ e acórdão do extinto TFR (STJ-1ª Seção, ED no REsp 932-2, Min. Américo Luz, j. 19.4.94, DJU 23.5.94), nem do STF (STJ-2ª Seção, REsp 12.811-9-ED-AgRg, Min. Cláudio Santos, j. 9.2.94, DJU 18.4.94).

Art. 1.043: 8c. Não é requisito para a invocação do acórdão paradigma que ele já esteja coberto pela **coisa julgada** (STJ-1ª Seção, ED no REsp 1.575.846, Min. Og Fernandes, j. 26.6.19, maioria, DJ 30.9.19).

Art. 1.043: 8d. Todavia, a nosso ver sem razão, pois o texto da lei não comporta a seguinte interpretação restritiva: "Mesmo sob a égide do CPC/2015, **não** é possível haver **paradigmas,** em embargos de divergência, de acórdão proferido em **ações** que possuem natureza jurídica de **garantia constitucional** como *habeas corpus,* recurso ordinário em *habeas corpus,* mandado de segurança, recurso ordinário em mandado de segurança, *habeas data* e mandado de injunção" (STJ-1ª Seção, ED no REsp 1.321.632-AgInt, Min. Herman Benjamin, j. 26.6.19, DJ 11.9.19).

Art. 1.043: 8e. v. nota 12.

Art. 1.043: 9. Admitindo e acolhendo embargos de divergência, em caso envolvendo "divergência acerca de questão de direito processual civil relativa aos **limites da devolutividade do recurso especial** após o seu conhecimento, quando o STJ passa a julgar o mérito da causa": STJ-2ª Seção, ED no REsp 595.742, Min. Isabel Gallotti, j. 14.12.11, maioria, RP 209/481.

Art. 1.043: 10. Está **superada, em termos, a Súmula 353 do STF,** no sentido de que "são incabíveis os embargos da Lei 623, de 19.2.49, com fundamento em divergência entre decisões da mesma Turma do Supremo Tribunal Federal".

Art. 1.043: 11. Demonstração da divergência. "O dissídio jurisprudencial invocado em embargos de divergência, de acordo com o art. 266, § 1º, do RISTJ, deve ser demonstrado da mesma maneira que no recurso especial interposto sob o fundamento da alínea *c* do permissivo constitucional" (STJ-Corte Especial, ED no REsp 167.529-AgRg, Min. Felix Fischer, j. 7.11.01, DJU 4.2.02).

S/ comprovação da divergência, v. notas ao RISTJ 255 §§ 1º e 3º.

Art. 1.043: 11a. "*Mutatis mutandis*, aplica-se aos embargos de divergência o entendimento pacificado neste Sodalício segundo o qual 'o **dissídio jurisprudencial com Súmula não autoriza** a interposição do recurso especial fundado na letra *c* do permissivo constitucional, impondo-se a demonstração do dissenso com os julgados que originaram o verbete indicado como divergente'" (STJ-Corte Especial, ED no REsp 180.792-AgRg, Min. Franciulli Netto, j. 3.8.05, DJU 27.3.06).

V. tb. RISTJ 124, nota 1, e 255, nota 7f.

Art. 1.043: 11b. Não são admitidos embargos de divergência quando a decisão paradigma é **monocrática** (STJ-Corte Especial, ED no REsp 711.191-AgRg, Min. Menezes Direito, j. 20.3.06, DJU 24.4.06; STF-Pleno, ED no RE 138.717, Min. Moreira Alves, j. 18.10.95, DJU 23.2.96; RTJ 157/975).

Art. 1.043: 12. "A existência de **diferenças pontuais entre os acórdãos** não impede a admissibilidade dos embargos de divergência, se a questão nuclear foi abordada pelos julgados confrontados, exibindo clara a divergência" (STJ-2ª Seção, ED no REsp 525.796, Min. Quaglia Barbosa, j. 25.10.06, DJU 19.3.07).

"Tratando-se de divergência a propósito de regra de direito processual (inversão do ônus da prova) não se exige que os fatos em causa no acórdão recorrido e paradigma sejam semelhantes, mas apenas que divirjam as Turmas a propósito da interpretação do dispositivo de lei federal controvertido no recurso. Hipótese em que o acórdão recorrido considera a inversão do ônus da prova prevista no art. 6º, inciso VIII, do CDC regra de julgamento e o acórdão paradigma trata o mesmo dispositivo legal como regra de instrução. Divergência configurada" (STJ-2ª Seção, ED no REsp 422.778, Min. Isabel Gallotti, j. 29.2.12, maioria, DJ 21.6.12).

Art. 1.043: 13. O § 5º foi expressamente revogado pela Lei 13.256, de 4.2.16.

Art. 1.044. No recurso de embargos de divergência, será observado o procedimento estabelecido no regimento interno do respectivo tribunal superior.[1] [Dispositivo correspondente no CPC/1973: art. 546 § ún.]

§ 1º A interposição de embargos de divergência no Superior Tribunal de Justiça interrompe o prazo para interposição de recurso extraordinário por qualquer das partes.[2-2a] [Sem dispositivo correspondente no CPC/1973]

§ 2º Se os embargos de divergência forem desprovidos ou não alterarem a conclusão do julgamento anterior, o recurso extraordinário interposto pela outra parte antes da publicação do julgamento dos embargos de divergência será processado e julgado independentemente de ratificação.[3] [Sem dispositivo correspondente no CPC/1973]

Art. 1.044: 1. v. RISTJ 266 a 267 e RISTF 330 a 332 e 334 a 336, bem como respectivas notas.

Art. 1.044: 2. v. art. 994, nota 2. S/ efeito interruptivo dos embargos de declaração, v. art. 1.026, notas 1 a 5.

Art. 1.044: 2a. "A interposição de **recurso extraordinário antes dos embargos de divergência,** pela mesma parte e contra a mesma decisão, obsta o conhecimento dos embargos de divergência, posteriormente interpostos, não só em virtude do princípio da unirrecorribilidade, que preconiza que, para cada decisão será interposto apenas um recurso, mas também em consequência da preclusão consumativa" (STJ-1ª Seção, ED no Ag em REsp 62.584, Min. Herman Benjamin, j. 8.5.19, maioria, DJ 2.8.19).

Art. 1.044: 3. Em matéria de embargos de declaração, v. art. 1.024 § 5º e notas.

S/ direito de complementar as razões do recurso, v. art. 1.024 § 4º.

Livro Complementar | DISPOSIÇÕES FINAIS E TRANSITÓRIAS

Art. 1.045. Este Código entra em vigor após decorrido 1 (um) ano da data de sua publicação oficial.[1-2] [Dispositivo correspondente no CPC/1973: art. 1.220]

Art. 1.045: 1. **LC 95, de 26.2.98** — Dispõe sobre a elaboração, a redação, a alteração e a consolidação das leis, conforme determina o § ún. do art. 59 da CF, e estabelece normas para a consolidação dos atos normativos que menciona: **"Art. 8º § 1º** *(introduzido pela LC 107, de 26.4.01)*. A contagem do prazo para entrada em vigor das leis que estabeleçam período de vacância far-se-á com a inclusão da data da publicação e do último dia do prazo, entrando em vigor no dia subsequente à sua consumação integral".

Art. 1.045: 2. "Observando o disposto na Lei n. 810/1949 c/c Lei Complementar 95/1998, a vigência do novo Código de Processo Civil, instituído pela Lei n. 13.105, de 16 de março de 2015, iniciou-se em 18 de março de 2016 (Enunciado Administrativo n. 1, aprovado pelo Plenário do Superior Tribunal de Justiça em 2/3/2016)" (STJ-4ª T., Ag em REsp 814.494-AgRg, Min. Luis Felipe, j. 12.4.16, DJ 18.4.16).

Art. 1.046. Ao entrar em vigor este Código, suas disposições se aplicarão desde logo aos processos pendentes, ficando revogada a Lei n. 5.869, de 11 de janeiro de 1973.[1 a 7] [Dispositivo correspondente no CPC/1973: art. 1.211]

§ 1º As disposições da Lei n. 5.869, de 11 de janeiro de 1973, relativas ao procedimento sumário e aos procedimentos especiais que forem revogadas aplicar-se-ão às ações propostas e não sentenciadas até o início da vigência deste Código. [Sem dispositivo correspondente no CPC/1973]

§ 2º Permanecem em vigor as disposições especiais dos procedimentos regulados em outras leis, aos quais se aplicará supletivamente este Código. [Sem dispositivo correspondente no CPC/1973]

§ 3º Os processos mencionados no art. 1.218 da Lei n. 5.869, de 11 de janeiro de 1973, cujo procedimento ainda não tenha sido incorporado por lei submetem-se ao procedimento comum[8] previsto neste Código. [Dispositivo correspondente no CPC/1973: art. 1.218]

§ 4º As remissões a disposições do Código de Processo Civil revogado, existentes em outras leis, passam a referir-se às que lhes são correspondentes neste Código. [Sem dispositivo correspondente no CPC/1973]

§ 5º A primeira lista de processos para julgamento em ordem cronológica[9] observará a antiguidade da distribuição entre os já conclusos na data da entrada em vigor deste Código. [Sem dispositivo correspondente no CPC/1973]

Art. 1.046: 1. v. CF 5º-XXXVI. V. tb. art. 14 (aplicação das normas processuais).

Art. 1.046: 2. "Segundo princípio de direito intertemporal, salvo alteração constitucional, o **recurso** próprio é o existente à data em que publicada a decisão" (STJ-2ª Seção, CC 1.133, Min. Sálvio de Figueiredo, j. 11.3.92, DJU 13.4.92).

No mesmo sentido: **Súmula 26 do TRF-1ª Reg.:** "A lei regente do recurso é a em vigor na data da publicação da sentença ou decisão" (RT 732/424).

Mais recentemente, o STJ explicitou a noção de publicação que orienta o modo de ser da recorribilidade das decisões colegiadas: "O recurso rege-se pela lei do tempo em que proferida a decisão, assim considerada nos órgãos colegiados a **data da sessão de julgamento** em que anunciado pelo Presidente o resultado, nos termos do art. 556 do CPC. É nesse momento que nasce o direito subjetivo à impugnação" (STJ-RF 385/263: Corte Especial, ED no REsp 649.526, um voto vencido). Subsiste tal orientação mesmo nas situações em que "a intimação do acórdão se dê após a entrada em vigor da nova legislação" (STJ-3ª T., AI 566.108-AgRg, Min. Castro Filho, j. 21.3.06, DJU 10.4.06).

"Na ocorrência de sessão de julgamento em data anterior à entrada em vigor da Lei 10.352/01, mas tendo o teor dos votos sido juntado aos autos em data posterior, não caracteriza supressão de instância a não interposição de embargos infringentes, porquanto, na hipótese, a lei vigente à época da publicação rege a interposição do recurso" (STJ-Corte Especial, ED no REsp 740.530, Min. Nancy Andrighi, j. 1.12.10, DJ 3.6.11).

"Havendo diferença ontológica entre o recurso de embargos infringentes (art. 530 do CPC/73) e a técnica de julgamento consistente na ampliação de colegiado na hipótese de divergência (art. 942 do CPC/15), a fixação da data da intimação do acórdão pelo recorrido como elemento definidor do cabimento e do regime recursal aplicável resultaria em retroatividade da lei nova para apanhar ato jurídico que lhe é pretérito, o que não se admite a teor do art. 14 do CPC/15, motivo pelo qual o cabimento e o regime recursal devem ser regidos, na hipótese, pela lei vigente ao tempo da proclamação do resultado do julgamento" (STJ-3ª T., REsp 1.720.309, Min. Nancy Andrighi, j. 7.8.18, DJ 9.8.18). No mesmo sentido: STJ-2ª T., REsp 1.846.670, Min. Herman Benjamin, j. 17.12.19, DJ 19.12.19.

"Para a aferição da possibilidade de utilização de recurso suprimido ou cujas hipóteses de admissibilidade foram restringidas, a lei a ser aplicada é aquela vigente quando surge para a parte o direito subjetivo ao recurso, ou seja, a partir da emissão do provimento judicial a ser impugnado. No caso dos embargos infringentes, o que se visa impugnar é precipuamente o acórdão proferido em sede de apelação, nascendo, nesse momento, para a parte, o direito de interpor o recurso, razão pela qual este deve ser o marco temporal considerado para fins de definir qual será a legislação aplicada à espécie. O fato de terem sido opostos **embargos de declaração,** julgados após a alteração da lei processual, a qual restringiu as hipóteses de cabimento dos embargos infringentes, não tem o condão de extirpar da parte o direito constituído a interpor o aludido recurso, que se perfectibilizou no momento do julgamento da apelação" (STJ-Corte Especial, ED no REsp 1.114.110-AgRg-AgRg-AgRg, Min. Og Fernandes, j. 2.4.14, DJ 8.4.14). **Contra:** "A oposição de declaratórios interrompe o prazo para outros recursos posteriores. Com tal interrupção, o momento de apuração do recurso cabível contra o julgado embargado é fixado na ocasião da proclamação do julgamento dos embargos declaratórios. Vale dizer: recurso dirigido a julgado embargado deve observar a lei da época do julgamento dos declaratórios" (STJ-3ª T., REsp 897.456, Min. Gomes de Barros, j. 14.12.06, DJU 5.2.07; a citação é do voto do relator).

No sentido de que o cabimento do recurso orienta-se pela lei vigente ao tempo da **intimação da decisão** recorrida: STJ-3ª T., Ag em REsp 927.154-AgInt, Min. Ricardo Cueva, j. 22.9.16, DJ 4.10.16; RSTJ 4/1.211, 5/43, 12/38, 141/427, maioria; STF-RTJ 68/879, 79/569, 81/267, 81/862, 105/197; RF 246/341; TJSP-RJTJESP 32/152; 1º TASP-RF 251/220, JTA 31/38, 31/199; TAGB-RF 246/356; TJMG-RT 478/176, RF 246/364.

Diversamente, entendendo que o recurso deve ser apreciado à luz da legislação vigente à época de sua interposição: RSTJ 84/152.

Art. 1.046: 2a. "'Aos recursos interpostos com fundamento no CPC/1973 (relativos a decisões publicadas até 17 de março de 2016) devem ser exigidos os **requisitos de admissibilidade** na forma nele prevista, com as interpretações dadas, até então, pela jurisprudência do Superior Tribunal de Justiça' (Enunciado Administrativo n. 2, aprovado pelo Plenário do Superior Tribunal de Justiça em 9/3/2016). 'Nos recursos tempestivos interpostos com fundamento no CPC/1973 (relativos a decisões publicadas até 17 de março de 2016), não caberá a abertura de prazo prevista no art. 932, parágrafo único, c/c o art. 1.029, § 3º, do novo CPC' (Enunciado Administrativo n. 5, aprovado pelo Plenário do Superior Tribunal de Justiça em 9/3/2016)" (STJ-4ª T., Ag em REsp 814.494-AgRg, Min. Luis Felipe, j. 12.4.16, DJ 18.4.16).

"A ausência da cadeia completa de procurações impossibilita o conhecimento do recurso interposto para as instâncias superiores, sendo incabível a juntada posterior do instrumento procuratório, em razão da preclusão consumativa. Não tem aplicação, ao caso examinado, a dinâmica processual estabelecida pelo novo Código de Processo Civil como pretende o agravante, pois, à época de interposição do agravo em recurso especial, ainda não vigia o novo CPC. Há que se prestigiar a teoria do isolamento dos atos processuais segundo a qual, sobrevindo lei processual nova, os atos ainda pendentes dos processos em curso sujeitar-se-ão aos seus comandos, respeitada, porém, a eficácia daqueles já praticados de acordo com a legislação revogada" (STJ-3ª T., Ag em REsp 861.247-AgRg, Min. Marco Bellizze, j. 26.4.16, DJ 29.4.16).

Art. 1.046: 2b. "A expressão 'decisão recorrida', ao menos para fins de definição do critério de **contagem do prazo recursal,** diz respeito à última decisão proferida anteriormente à interposição do recurso, devendo ser observado, na espécie, o disposto no art. 538 do CPC/1973, no sentido de que os embargos de declaração interrompem o prazo para a interposição de outros recursos, por qualquer das partes, e a regra do art. 498 do mesmo diploma processual, segundo o qual, havendo a interposição de embargos infringentes, o prazo para recurso especial relativamente ao julgamento unânime ficará sobrestado até a intimação da decisão nos embargos. Publicada a última decisão já na vigência do Código de Processo Civil/2015, deve ser aplicada a regra de contagem dos prazos processuais nele contida, que leva em conta apenas os dias úteis (art. 219)" (STJ-3ª T., REsp 1.628.018-EDcl, Min. Ricardo Cueva, j. 4.4.17, DJ 19.4.17).

Com a determinação de republicação da sentença, por falha na publicação original, é a lei vigente no momento da segunda publicação que orienta a contagem do prazo para a interposição da apelação (STJ-4ª T., REsp 1.691.009-AgInt, Min. Luis Felipe, j. 19.10.20, DJ 26.10.20).

Art. 1.046: 3. "A lei nova que impõe exigência formal para a interposição de apelação, antes inexistente — comprovação do preparo no momento de protocolar a petição de recurso — não incide sobre os casos em que o **prazo** recursal já está **em curso"** (STJ-RF 337/230, maioria).

Art. 1.046: 4. "A lei em vigor, no momento da prolação da sentença, regula os recursos cabíveis contra ela, bem como a sua sujeição ao **duplo grau obrigatório,** repelindo-se a retroatividade da norma nova" (STJ-Corte Especial, ED no REsp 600.874, Min. José Delgado, j. 1.8.06, DJU 4.9.06).

Art. 1.046: 5. Em matéria de **honorários sucumbenciais,** aplica-se a lei em vigor no momento de sua fixação (STF-1ª T., AI 64.356-AgRg, Min. Antonio Neder, j. 21.9.76, RTJ 79/1.022; STF-2ª T., RE 85.043, Min. Moreira Alves, j. 13.8.76, RTJ 80/764; TFR-Pleno, EAC 34.661, Min. Décio Miranda, j. 22.9.77, DJU 22.3.78).

"A sucumbência rege-se pela lei vigente à data da sentença que a impõe" (STJ-1ª T., REsp 770.559, Min. Teori Zavascki, j. 17.8.06, DJU 25.9.06). No mesmo sentido: STJ-2ª T., REsp 1.636.124, Min. Herman Benjamin, j. 6.12.16, DJ 27.4.17.

"O marco temporal para a aplicação das normas do CPC/2015 a respeito da fixação e distribuição dos ônus sucumbenciais é a data da prolação da sentença ou, no caso dos feitos de competência originária dos tribunais, do ato jurisdicional equivalente à sentença" (STJ-Corte Especial, MC 17.411-EDcl, Min. Benedito Gonçalves, j. 20.11.17, DJ 27.11.17).

"Se o capítulo acessório da sentença, referente aos honorários sucumbenciais, foi prolatado em consonância com o CPC/1973, serão aplicadas essas regras até o trânsito em julgado. Por outro lado, nos casos de sentença proferida a partir do dia 18.3.2016, as normas do novel diploma processual relativas a honorários sucumbenciais é que serão utilizadas. No caso concreto, a sentença fixou os honorários em consonância com o CPC/1973. Dessa forma, não obstante o fato de o Tribunal de origem ter reformado a sentença já sob a égide do CPC/2015, incidem, quanto aos honorários, as regras do diploma processual anterior" (STJ-Corte Especial, ED no Ag em REsp 1.255.986, Min. Luis Felipe, j. 20.3.19, DJ 6.5.19). **Contra,** no sentido de aplicar a lei nova em vigor no momento da reforma da decisão recorrida na instância recursal: STJ-4ª T., REsp 1.449.289, Min. Marco Buzzi, j. 14.11.17, maioria, DJ 13.12.17.

Em matéria de **honorários recursais:** "Deve haver incidência imediata, ao processo em curso, da norma do art. 85, § 11, do CPC de 2015, observada a data em que o ato processual de recorrer tem seu nascedouro, ou seja, a publicação da decisão recorrida, nos termos do Enunciado 7 do Plenário do STJ: 'Somente nos recursos interpostos contra decisão publicada a partir de 18 de março de 2016, será possível o arbitramento de honorários sucumbenciais recursais, na forma do art. 85, § 11, do novo CPC'" (STJ-3ª T., Ag em REsp 975.869-AgInt-EDcl, Min. Marco Bellizze, j. 8.10.18, DJ 10.10.18). Em sentido semelhante: "Recurso interposto sob a égide do novo Código de Processo Civil. Aplicação de nova sucumbência" (STF-1ª T., Ag em RE 953.221-AgRg, Min. Luiz Fux, j. 7.6.16, DJ 5.8.16). Ainda: STJ-1ª Seção, ED no Ag em REsp 1.402.331, Min. Mauro Campbell, j. 9.9.20, DJ 15.9.20.

"No caso concreto, a sentença que fixou a verba honorária foi publicada ainda na vigência do antigo CPC/1973. O acórdão que julgou a apelação foi publicado na vigência do CPC/2015, o que torna possível a fixação de honorários sucumbenciais recursais no julgamento do recurso da decisão de segundo grau (julgamento do presente recurso especial)" (STJ-2ª T., REsp 1.729.158-EDcl, Min. Herman Benjamin, j. 11.6.19, DJ 1.7.19). Em sentido semelhante: STJ-4ª T., Ag em REsp 1.561.931-AgInt, Min. Luis Felipe, j. 10.12.19, DJ 17.12.19.

"No caso de parte da cadeia recursal haver sido interposta sob a vigência do CPC/1973 e a outra parte ter se orientado pelo CPC/2015, deve ser observado como parâmetro o recurso que efetivamente instou o 'grau recursal'. Nesse sentido, uma vez interposto recurso especial pelo CPC/1973, não haverá condenação em honorários recursais, ainda que o consequente agravo em recurso especial já tenha observado o novo diploma processual" (STJ-2ª T., Ag em REsp 1.108.712 Min. Mauro Campbell, j. 3.10.17, DJ 11.10.17). No mesmo sentido: STJ-4ª T., REsp 1.358.232-AgInt, Min. Marco Buzzi, j. 26.6.18, DJ 29.6.18.

Todavia, no sentido de que a deliberação sobre honorários sucumbenciais na instância recursal é orientada pela lei em vigor no momento da prolação da sentença em primeira instância: STJ-4ª T., REsp 1.465.535, Min. Luis Felipe, j. 21.6.16, DJ 22.8.16; STJ-2ª T., REsp 1.703.244, Min. Og Fernandes, j. 28.11.17, DJ 5.12.17; STJ-3ª T., REsp 1.691.008, Min. Ricardo Cueva, j. 8.5.18, DJ 18.5.18.

Art. 1.046: 6. As **condições de admissibilidade da ação rescisória** são as da lei sob cujo império transitou em julgado a sentença rescindenda (STJ-2ª Seção, AR 48, Min. Fontes de Alencar, j. 25.4.90, DJU 28.5.90; STF-RTJ 81/978, 82/982, 120/969; STF-RT 504/259; TJSP-RT 503/118; RJTJESP 32/190, 35/182, 45/284, 48/241; 1º TASP-JTA 40/62; 2º TASP-RT 494/153; TAPR-RT 497/209).

Art. 1.046: 7. "Para a incidência da **correção monetária** nos créditos habilitados em concordata, não importa o fato de a obrigação ter sido contraída antes da Lei n. 7.274/84. As leis tidas como de ordem pública são aplicáveis aos atos e fatos que encontram, sem ofensa ao ato jurídico perfeito" (RSTJ 17/430 e STJ-RF 310/125).

Art. 1.046: 8. v. arts. 318 e segs.

Art. 1.046: 9. v. art. 12.

Art. 1.047. As disposições de direito probatório adotadas neste Código[1] aplicam-se apenas às provas requeridas ou determinadas de ofício a partir da data de início de sua vigência. [Sem dispositivo correspondente no CPC/1973]

Art. 1.047: 1. v. arts. 369 e segs.

Art. 1.048. Terão prioridade de tramitação, em qualquer juízo ou tribunal,[1] os procedimentos judiciais: [Dispositivo correspondente no CPC/1973: art. 1.211-A-*caput*]

I — em que figure como parte ou interessado[1a] pessoa[1b] com idade igual ou superior a 60 (sessenta) anos[2 a 3] ou portadora de doença grave, assim compreendida qualquer das enumeradas no art. 6º, inciso XIV, da Lei n. 7.713, de 22 de dezembro de 1988;[4] [Dispositivo correspondente no CPC/1973: art. 1.211-A-*caput*]

II — regulados pela Lei n. 8.069, de 13 de julho de 1990 (Estatuto da Criança e do Adolescente). [Sem dispositivo correspondente no CPC/1973]

III — em que figure como parte a vítima de violência doméstica e familiar, nos termos da Lei n. 11.340, de 7 de agosto de 2006 (Lei Maria da Penha).[5] [Sem dispositivo correspondente no CPC/1973]

§ 1º A pessoa interessada na obtenção do benefício, juntando prova de sua condição, deverá requerê-lo à autoridade judiciária competente para decidir o feito, que determinará ao cartório do juízo as providências a serem cumpridas. [Dispositivo correspondente no CPC/1973: art. 1.211-B-*caput*]

§ 2º Deferida a prioridade, os autos receberão identificação própria que evidencie o regime de tramitação prioritária. [Dispositivo correspondente no CPC/1973: art. 1.211-B § 1º]

§ 3º Concedida a prioridade, essa não cessará com a morte do beneficiado, estendendo-se em favor do cônjuge supérstite ou do companheiro em união estável. [Dispositivo correspondente no CPC/1973: art. 1.211-C]

§ 4º A tramitação prioritária independe de deferimento pelo órgão jurisdicional e deverá ser imediatamente concedida diante da prova da condição de beneficiário. [Sem dispositivo correspondente no CPC/1973]

Art. 1.048: 1. **Lei 9.784, de 29.1.99** — Regula o processo administrativo no âmbito da Administração Pública Federal: "**Art. 69-A** (*redação da Lei 12.008, de 29.7.09*). Terão prioridade na tramitação, em qualquer órgão ou instância, os procedimentos administrativos em que figure como parte ou interessado: **I** — pessoa com idade igual ou superior a 60 (sessenta) anos; **II** — pessoa portadora de deficiência, física ou mental; **III** — (VETADO); **IV** — pessoa portadora de tuberculose ativa, esclerose múltipla, neoplasia maligna, hanseníase, paralisia irreversível e incapacitante, cardiopatia grave, doença de Parkinson, espondiloartrose anquilosante, nefropatia grave, hepatopatia grave, estados avançados da doença de Paget (osteíte deformante), contaminação por radiação, síndrome de imunodeficiência adquirida, ou outra doença grave, com base em conclusão da medicina especializada, mesmo que a doença tenha sido contraída após o início do processo. **§ 1º** A pessoa interessada na obtenção do benefício, juntando prova de sua condição, deverá requerê-lo à autoridade administrativa competente, que determinará as providências a serem cumpridas. **§ 2º** Deferida a prioridade, os autos receberão identificação própria que evidencie o regime de tramitação prioritária".

Art. 1.048: 1a. Ficam compreendidas, assim, as pessoas que ingressam no processo por meio de **"intervenção de terceiros** na forma de assistência, oposição, nomeação à autoria, denunciação da lide ou chamamento ao processo" (STJ-RP 131/200: 2ª T., REsp 664.899).

Art. 1.048: 1b. A prioridade na tramitação dos processos não beneficia **pessoa jurídica,** ainda que seus sócios tenham direito à tramitação prioritária (RSTJ 175/301: 3ª Seção; STJ-3ª T., AI 468.648-AgRg, Min. Pádua Ribeiro, j. 6.11.03, DJU 1.12.03; RT 831/297, JTJ 316/489: AI 7.100.223-2/01-AgRg).

Art. 1.048: 2. v. EId 71. No STF, v. Res. 408, de 21.8.09.

Art. 1.048: 2a. **EId 71 § 5º** "Dentre os processos de idosos, dar-se-á prioridade especial aos maiores de oitenta anos".

Art. 1.048: 3. A existência de **litisconsortes com menos de 60 anos** não obsta a tramitação prioritária do feito nem impõe o desmembramento da demanda para a concessão do benefício (JTJ 291/484; 330/55: AI 797.601-5/0-00).

Art. 1.048: 4. v. Lei 13.146, de 6.7.15, art. 9º-VII.

Art. 1.048: 5. O inciso III foi acrescido pela Lei 13.894, de 29.10.19.

Art. 1.049. Sempre que a lei remeter a procedimento previsto na lei processual sem especificá-lo, será observado o procedimento comum previsto neste Código.[1] [Sem dispositivo correspondente no CPC/1973]

Parágrafo único. Na hipótese de a lei remeter ao procedimento sumário, será observado o procedimento comum previsto neste Código, com as modificações previstas na própria lei especial, se houver.

Art. 1.049: 1. v. arts. 318 e segs.

Art. 1.050. A União, os Estados, o Distrito Federal, os Municípios, suas respectivas entidades da administração indireta, o Ministério Público, a Defensoria Pública e a Advocacia Pública, no prazo de 30 (trinta) dias a contar da data da entrada em vigor deste Código, deverão se cadastrar perante a administração do tribunal no qual atuem para cumprimento do disposto nos arts. 246, § 2º, e 270, parágrafo único. [Sem dispositivo correspondente no CPC/1973]

Art. 1.051. As empresas públicas e privadas devem cumprir o disposto no art. 246, § 1º, no prazo de 30 (trinta) dias, a contar da data de inscrição do ato constitutivo da pessoa jurídica, perante o juízo onde tenham sede ou filial. [Sem dispositivo correspondente no CPC/1973]

Parágrafo único. O disposto no *caput* não se aplica às microempresas e às empresas de pequeno porte.

Art. 1.052. Até a edição de lei específica, as execuções contra devedor insolvente, em curso ou que venham a ser propostas, permanecem reguladas pelo Livro II, Título IV, da Lei n. 5.869, de 11 de janeiro de 1973. [Sem dispositivo correspondente no CPC/1973]

Art. 1.053. Os atos processuais praticados por meio eletrônico até a transição definitiva para certificação digital ficam convalidados, ainda que não tenham observado os requisitos mínimos estabelecidos por este Código, desde que tenham atingido sua finalidade e não tenha havido prejuízo à defesa de qualquer das partes.[1] [Sem dispositivo correspondente no CPC/1973]

Art. 1.053: 1. v. arts. 282 e 283.

Art. 1.054. O disposto no art. 503, § 1º, somente se aplica aos processos iniciados após a vigência deste Código, aplicando-se aos anteriores o disposto nos arts. 5º, 325 e 470 da Lei n. 5.869, de 11 de janeiro de 1973. [Sem dispositivo correspondente no CPC/1973]

Art. 1.055. (VETADO)

Art. 1.056. Considerar-se-á como termo inicial do prazo da prescrição prevista no art. 924, inciso V, inclusive para as execuções em curso, a data de vigência deste Código.[1] [Sem dispositivo correspondente no CPC/1973]

Art. 1.056: 1. "O termo inicial do art. 1.056 do CPC/2015 tem incidência apenas nas hipóteses em que o processo se encontrava suspenso na data da entrada em vigor da novel lei processual, uma vez que não se pode extrair interpretação que viabilize o reinício ou a reabertura de prazo prescricional ocorridos na vigência do revogado

CPC/1973 (aplicação irretroativa da norma processual)" (STJ-2ª Seção, REsp 1.604.412, Min. Marco Bellizze, j. 27.6.18, maioria, DJ 22.8.18).

Art. 1.057. O disposto no art. 525, §§ 14 e 15, e no art. 535, §§ 7º e 8º, aplica-se às decisões transitadas em julgado após a entrada em vigor deste Código, e, às decisões transitadas em julgado anteriormente, aplica-se o disposto no art. 475-L, § 1º, e no art. 741, parágrafo único,[1] da Lei n. 5.869, de 11 de janeiro de 1973. [Sem dispositivo correspondente no CPC/1973]

Art. 1.057: 1. **Súmula 487 do STJ:** "O § ún. do art. 741 do CPC não se aplica às **sentenças transitadas em julgado em data anterior** à da sua vigência".

Art. 1.058. Em todos os casos em que houver recolhimento de importância em dinheiro, esta será depositada[1-2] em nome da parte ou do interessado, em conta especial movimentada por ordem do juiz, nos termos do art. 840, inciso I. [Dispositivo correspondente no CPC/1973: art. 1.219]

Art. 1.058: 1. "Em execução provisória, efetuando o executado o depósito da importância devida, em obediência ao disposto no art. 1.219 do CPC, não poderá ser responsabilizado por eventuais diferenças entre os valores creditados, a título de correção, e os que, segundo se alega, corresponderiam à real depreciação da moeda" (STJ-3ª T., REsp 26.487-3, Min. Eduardo Ribeiro, j. 13.10.92, DJU 9.11.92).

Art. 1.058: 2. Na Justiça Federal, v. RCJF 11.

Art. 1.059. À tutela provisória requerida contra a Fazenda Pública aplica-se o disposto nos arts. 1º a 4º da Lei n. 8.437, de 30 de junho de 1992, e no art. 7º, § 2º, da Lei n. 12.016, de 7 de agosto de 2009. [Sem dispositivo correspondente no CPC/1973]

Art. 1.060. O inciso II do art. 14 da Lei n. 9.289, de 4 de julho de 1996, passa a vigorar com a seguinte redação: [Sem dispositivo correspondente no CPC/1973]

"Art. 14. ....

II — aquele que recorrer da sentença adiantará a outra metade das custas, comprovando o adiantamento no ato de interposição do recurso, sob pena de deserção, observado o disposto nos §§ 1º a 7º do art. 1.007 do Código de Processo Civil;"

Art. 1.061. O § 3º do art. 33 da Lei n. 9.307, de 23 de setembro de 1996 (Lei de Arbitragem), passa a vigorar com a seguinte redação: [Sem dispositivo correspondente no CPC/1973]

"Art. 33. ....

§ 3º A decretação da nulidade da sentença arbitral também poderá ser requerida na impugnação ao cumprimento da sentença, nos termos dos arts. 525 e seguintes do Código de Processo Civil, se houver execução judicial."

Art. 1.062. O incidente de desconsideração da personalidade jurídica aplica-se ao processo de competência dos juizados especiais. [Sem dispositivo correspondente no CPC/1973]

Art. 1.063. Até a edição de lei específica, os juizados especiais cíveis previstos na Lei n. 9.099, de 26 de setembro de 1995, continuam competentes para o processamento e julgamento das causas previstas no art. 275, inciso II, da Lei n. 5.869, de 11 de janeiro de 1973. [Sem dispositivo correspondente no CPC/1973]

Art. 1.064. O *caput* do art. 48 da Lei n. 9.099, de 26 de setembro de 1995, passa a vigorar com a seguinte redação: [Sem dispositivo correspondente no CPC/1973]

"Art. 48. Caberão embargos de declaração contra sentença ou acórdão nos casos previstos no Código de Processo Civil."

Art. 1.065. O art. 50 da Lei n. 9.099, de 26 de setembro de 1995, passa a vigorar com a seguinte redação: [Sem dispositivo correspondente no CPC/1973]

"Art. 50. Os embargos de declaração interrompem o prazo para a interposição de recurso."

Art. 1.066. O art. 83 da Lei n. 9.099, de 26 de setembro de 1995, passam[1] a vigorar com a seguinte redação: [Sem dispositivo correspondente no CPC/1973]

"Art. 83. Cabem embargos de declaração quando, em sentença ou acórdão, houver obscuridade, contradição ou omissão.

....

§ 2º Os embargos de declaração interrompem o prazo para a interposição de recurso.

...."

Art. 1.066: 1. *sic*; deve ser: "passa".

Art. 1.067. O art. 275 da Lei n. 4.737, de 15 de julho de 1965 (Código Eleitoral), passa a vigorar com a seguinte redação: [Sem dispositivo correspondente no CPC/1973]

"Art. 275. São admissíveis embargos de declaração nas hipóteses previstas no Código de Processo Civil.

§ 1º Os embargos de declaração serão opostos no prazo de 3 (três) dias, contado da data de publicação da decisão embargada, em petição dirigida ao juiz ou relator, com a indicação do ponto que lhes deu causa.

§ 2º Os embargos de declaração não estão sujeitos a preparo.

§ 3º O juiz julgará os embargos em 5 (cinco) dias.

§ 4º Nos tribunais:

I — o relator apresentará os embargos em mesa na sessão subsequente, proferindo voto;

II — não havendo julgamento na sessão referida no inciso I, será o recurso incluído em pauta;

III — vencido o relator, outro será designado para lavrar o acórdão.

§ 5º Os embargos de declaração interrompem o prazo para a interposição de recurso.

§ 6º Quando manifestamente protelatórios os embargos de declaração, o juiz ou o tribunal, em decisão fundamentada, condenará o embargante a pagar ao embargado multa não excedente a 2 (dois) salários mínimos.

§ 7º Na reiteração de embargos de declaração manifestamente protelatórios, a multa será elevada a até 10 (dez) salários mínimos."

Art. 1.068. O art. 274 e o *caput* do art. 2.027 da Lei n. 10.406, de 10 de janeiro de 2002 (Código Civil), passam a vigorar com a seguinte redação: [Sem dispositivo correspondente no CPC/1973]

"Art. 274. O julgamento contrário a um dos credores solidários não atinge os demais, mas o julgamento favorável aproveita-lhes, sem prejuízo de exceção pessoal que o devedor tenha direito de invocar em relação a qualquer deles."

"Art. 2.027. A partilha é anulável pelos vícios e defeitos que invalidam, em geral, os negócios jurídicos."

Art. 1.069. O Conselho Nacional de Justiça promoverá, periodicamente, pesquisas estatísticas para avaliação da efetividade das normas previstas neste Código. [Sem dispositivo correspondente no CPC/1973]

Art. 1.070. É de 15 (quinze) dias o prazo para a interposição de qualquer agravo,[1] previsto em lei ou em regimento interno de tribunal, contra decisão de relator ou outra decisão unipessoal proferida em tribunal. [Sem dispositivo correspondente no CPC/1973]

Art. 1.070: 1. Em matéria penal, v. LR 39, nota 1.

Art. 1.071. O Capítulo III do Título V da Lei n. 6.015, de 31 de dezembro de 1973 (Lei de Registros Públicos), passa a vigorar acrescida[1] do seguinte art. 216-A: (...) [Sem dispositivo correspondente no CPC/1973]

Art. 1.071: 1. *sic*; deve ser: "acrescido".

Art. 1.072. Revogam-se: [Sem dispositivo correspondente no CPC/1973]

I — o art. 22 do Decreto-Lei n. 25, de 30 de novembro de 1937;

II — os arts. 227, *caput*, 229, 230, 456, 1.482, 1.483 e 1.768 a 1.773 da Lei n. 10.406, de 10 de janeiro de 2002 (Código Civil);

III — os arts. 2º, 3º, 4º, 6º, 7º, 11, 12 e 17 da Lei n. 1.060, de 5 de fevereiro de 1950;

IV — os arts. 13 a 18, 26 a 29 e 38 da Lei n. 8.038, de 28 de maio de 1990;

V — os arts. 16 a 18 da Lei n. 5.478, de 25 de julho de 1968; e

VI — o art. 98, § 4º, da Lei n. 12.529, de 30 de novembro de 2011.

Brasília, 16 de março de 2015; 194º da Independência e 127º da República.

DILMA ROUSSEFF

José Eduardo Cardozo

Jaques Wagner

Joaquim Vieira Ferreira Levy

Luís Inácio Lucena Adams

Ementário

Ação Civil Pública

— v. CF 129-III e § 1º, 24-VI e VII, 216, 225; v. tb. tít. AÇÃO POPULAR.

Lei 7.347, de 24.7.85 — Disciplina a ação civil pública de responsabilidade por danos causados ao meio ambiente, ao consumidor, a bens e direitos de valor artístico, estético, histórico, turístico e paisagístico (VETADO), e dá outras providências (v. adiante, texto integral). Alterada pelas **Leis 8.078, de 11.9.90, 8.884, de 11.6.94, 9.494, de 10.9.97** (v. adiante), e **12.529, de 30.11.11.** O art. 13 da Lei 7.347 está, atualmente, regulamentado pelo **Dec. 407, de 27.12.91** (Lex 1991/1.006, RF 316/413).

Lei 7.853, de 24.10.89 — Dispõe sobre o apoio às pessoas portadoras de deficiência, sua integração social, sobre a Coordenadoria Nacional para Integração da Pessoa Portadora de Deficiência (CORDE), institui a tutela jurisdicional de interesses coletivos ou difusos dessas pessoas, disciplina a atuação do Ministério Público, define crimes, e dá outras providências (Lex 1989/760, RDA 178/146, RF 308/305, Just. 148/228). Os arts. 3º a 5º dispõem s/ ação civil pública para proteção de interesses coletivos ou difusos de pessoas portadoras de deficiência. O art. 11 da Lei 7.853 foi revogado e o art. 10 foi alterado pela **Lei 11.958, de 26.6.09.** O art. 13 foi alterado pela **Med. Prov. 2.183-56, de 24.8.01.** V. **Dec. 3.298, de 20.12.99,** abaixo.

Lei 7.913, de 7.12.89 — Dispõe sobre a ação civil pública de responsabilidade por danos causados aos investidores no mercado de valores mobiliários (Lex 1989/938, RDA 178/151, RF 308/311, Just. 148/238). O art. 2º § 2º foi alterado pela **Lei 9.008, de 21.3.95** (v. abaixo).

Lei 8.069, de 13.7.90 — Dispõe sobre o Estatuto da Criança e do Adolescente, e dá outras providências (no CCLCV, tít. CRIANÇA, ADOLESCENTE E JOVEM, ínt.). Os arts. 208 a 224 dispõem s/ ação civil pública para a proteção de interesses difusos e coletivos de crianças e adolescentes.

Lei 8.078, de 11.9.90 — Dispõe sobre a proteção do consumidor e dá outras providências (no CCLCV, tít. CONSUMIDOR, ínt.). Os arts. 81 a 90 dispõem s/ a defesa do consumidor em juízo, reportando-se à Lei 7.347 (art. 90). Textos da Lei 7.347 alterados pela Lei 8.078: art. 1º (incluído inciso IV), art. 5º (modificados o inciso II e o § 3º; acrescidos §§ 4º a 6º), art. 15, art. 17-*caput* (suprimido, também, o § ún.) e art. 18; acrescentado novo art. 21, com renumeração dos subsequentes.

Lei 8.884, de 11.6.94 — Transforma o Conselho Administrativo de Defesa Econômica — CADE em autarquia, dispõe sobre a prevenção e a repressão às infrações contra a ordem econômica e dá outras providências. Alterada pela **Lei 12.529, de 30.11.11.**

Lei 9.008, de 21.3.95 — Cria, na estrutura organizacional do Ministério da Justiça, o Conselho Federal de que trata o art. 13 da Lei 7.347, de 24.7.85, altera os arts. 4º, 39, 82, 91 e 98 da Lei 8.078, de 11.9.90, e dá outras providências (Lex 1995/474).

Lei 9.494, de 10.9.97 — Disciplina a aplicação da tutela antecipada contra a Fazenda Pública, altera a Lei 7.347, de 24.7.1985, e dá outras providências (no tít. FAZENDA PÚBLICA). Alterou o art. 16 da Lei 7.347.

Dec. 3.298, de 20.12.99 — Regulamenta a Lei 7.853, de 24 de outubro de 1989, dispõe sobre a Política Nacional para a Integração da Pessoa Portadora de Deficiência, consolida as normas de proteção, e dá outras providências (Lex 1999/7.228).

Lei 10.257, de 10.7.01 — Regulamenta os arts. 182 e 183 da Constituição Federal, estabelece diretrizes gerais da política urbana e dá outras providências (Lex 2001/3.153). Acrescentou novo inciso III ao art. 1º e alterou o art. 4º da Lei 7.347.

Med. Prov. 2.180-35, de 24.8.01 (em Lex 2001/3.546) — Alterou, na Lei 7.347: o art. 1º, incisos V, VI e § ún.; o art. 2º § ún.

Lei 11.448, de 15.1.07 — Altera o art. 5º da Lei 7.347, de 24.7.85, que disciplina a ação civil pública, legitimando para sua propositura a Defensoria Pública.

Lei 12.288, de 20.7.10 — Na LACP: renumerou o § 1º e acrescentou § 2º ao art. 13.

Lei 12.529, de 30.11.11 — Estrutura o Sistema Brasileiro de Defesa da Concorrência; dispõe sobre a prevenção e repressão às infrações contra a ordem econômica; e dá outras providências. Na LACP: altera o art. 1º-*caput* e inc. V.

Lei 12.966, de 24.4.14 — Altera a Lei 7.347, de 24.7.85, para incluir a proteção à honra e à dignidade de grupos raciais, étnicos ou religiosos.

Lei 13.004, de 24.6.14 — Altera os arts. 1º, 4º e 5º da Lei n. 7.347, de 24 de julho de 1985, para incluir, entre as finalidades da ação civil pública, a proteção do patrimônio público e social. **Nota:** em vigor 60 dias após sua publicação (DOU 25.6.14).

Lei n. 7.347, de 24 de julho de 1985

Disciplina a ação civil pública[1] de responsabilidade por danos causados ao meio ambiente, ao consumidor, a bens e direitos de valor artístico, estético, histórico, turístico e paisagístico (VETADO), e dá outras providências.

O Presidente da República

Faço saber que o Congresso Nacional decreta e eu sanciono a seguinte lei:

LEI 7.347: 1. "Ação civil pública: litisconsórcio de MPs", por José Antonio Lisbôa Neiva (RT 707/238, Just. 167/40); "Defesa de direitos coletivos e defesa coletiva de direitos", por Teori Albino Zavascki (RF 329/147, RJ 212/16, RTJE 159/53, Just. 167/40); "Usos e abusos da ação civil pública", por Arnoldo Wald (RF 329/3, Ajuris 61/75); "Ação civil pública e taxas municipais", por Raul de Mello Franco Júnior (Just. 164/69); "Provimentos antecipatórios na ação civil pública", por Sergio Ferraz (RDA 202/81); "Ação civil pública: defesa do patrimônio público e da moralidade administrativa", por Nilo Spinola Salgado Filho e Wallace Paiva Martins Jr. (RT 735/161); "Tutela de urgência e demandas coletivas", por José Rubens Morato Leite (Ajuris 69/323); "Instrumentos processuais de defesa coletiva", por Milton Flaks (RCDUFU 21/239; s/ ação civil pública: p. 243); "Utilidade social da ação civil pública", por Wallace Paiva Martins Jr. (Just. 173/82); "Da ação civil pública. Instrumento de cidadania. Inconstitucionalidade da Lei 9.494, de 10.9.97", por Francisco Antonio de Oliveira (RT 744/31); "Ações coletivas", por Salvador Pompeu de Barros Filho (RTJE 162/9); "O controle cautelar de inconstitucionalidade nas ações de interesse difuso", por Luiz Fabião Guasque (RT 746/56); "Ação civil pública 'versus' ação penal pública", por Pedro Krebs (Ajuris 74/121); "Ação civil pública não é veículo processual para contestar a ilegalidade de taxas", por Ives Gandra da Silva Martins e Marilene Talarico Martins Rodrigues (RTJE 168/137); "Ação civil pública de fazer ou não fazer", por Toshio Mukai (RDA 215/109); "A ação civil pública, refém do autoritarismo", por Ada Pellegrini Grinover (RF 349/3); "Algumas observações sobre a ação civil pública e outras ações coletivas", por Humberto Theodoro Jr. (RT 788/57); "Direitos individuais homogêneos. Limitações à sua tutela pelo MP", pelo Min. Athos Gusmão Carneiro (RF 356/21); "A projetada 'participação equânime' dos colegitimados à propositura da ação civil pública", por Rodolfo de Camargo Mancuso (RT 796/11); "Ações civis públicas simultâneas. Inexistência de prejudicialidade em relação a demanda individual", por José Rogério Cruz e Tucci (RJ 296/19); "Tutela jurisdicional dos direitos individuais homogêneos", por Luiz Paulo da Silva Araújo Filho (RF 360/363); "Ação civil pública. Tutela de direitos difusos. Jurisdição ou administração", por José Maria Rosa Tesheiner (Ajuris 92/201); "Tutela dos interesses difusos, coletivos em sentido estrito e individuais homogêneos no Brasil e em Portugal", por Aluisio Gonçalves de Castro Mendes (RF 373/29); "Ação civil pública 'ex delicto'", por Anastácio Nóbrega Tahim Júnior (RP 115/28); "A tutela coletiva no direito argentino", por Júnior Alexandre Moreira Pinto (RP 124/157); "A tutela jurisdicional dos interesses difusos no direito português", por Miguel Teixeira de Sousa (RP 128/79); "Aspectos polêmicos da ação civil pública", por Hugo Nigro Mazzilli (RJ 337/9); "A proteção coletiva dos direitos no Brasil e alguns aspectos da 'class action' norte-americana", por Luís Roberto Barroso (RF 381/103 e RP 130/131); "Mauro Cappelletti e altri: davvero impossibile la 'class action' in Itália?", por Vincenzo Vigoriti (RP 131/83); "Ações coletivas: nota sobre competência, liquidação e execução", por Ricardo de Barros Leonel (RP 132/30); "Ação civil pública e acesso à justiça", por Hugo Filardi (RP 133/27); "A ação civil pública como instrumento de controle das políticas públicas", por Fábio Luis Franco e Antonio Darienso Martins (RP 135/34); "Ação civil pública: abusiva utilização pelo Ministério Público e distorção pelo Poder Judiciário", por Rogério Lauria Tucci (RMDCPC 2/49); "Novas tendências em matéria de ações coletivas nos países de *civil law*", por Ada Pellegrini Grinover (RP 157/147); "Ações coletivas ibero-americanas: novas questões sobre a legitimação e a coisa julgada", por Ada Pellegrini Grinover (RF 361/3); "Processo coletivo passivo", por Fredie Didier Jr. e Hermes Zaneti Jr. (RP 165/29); "*Class actions*: algumas premissas para comparação", por Carlos Alberto de Salles (RP 174/215); "Ação civil pública: competência para a causa e repartição de atribuições entre os órgãos do Ministério Público", por Teori Albino Zavascki (RJ 398/11); "Tutela do meio ambiente: *class actions* do direito norte-americano. Aproximações e distinções da ação civil pública e ação popular do direito brasileiro", por Liane Tabarelli Zavascki (RJ 414/9).

Art. 1º Regem-se pelas disposições desta Lei,[1 a 1c] sem prejuízo da ação popular,[1d-2] as ações[2a-3] de responsabilidade por danos morais[3a] e patrimoniais causados:[3b a 4d]

I — ao meio ambiente;[5 a 6b]
II — ao consumidor;[7-7a]
III — a bens e direitos de valor[7b] artístico, estético, histórico,[8] turístico e paisagístico;[8a a 8c]
IV — a qualquer outro interesse difuso ou coletivo;[9 a 11]
V — por infração da ordem econômica;[12]
VI — à ordem urbanística.[13]
VII — à honra e à dignidade de grupos raciais, étnicos ou religiosos;[13a]
VIII — ao patrimônio público e social.[13b-13c]
Parágrafo único. Não será cabível ação civil pública para veicular pretensões que envolvam tributos, contribuições previdenciárias, o Fundo de Garantia do Tempo de Serviço — FGTS ou outros fundos de natureza institucional cujos beneficiários podem ser individualmente determinados.[14 a 18]

Art. 1º: 1. "O direito individual há que ser indisponível, a fim de dar ensejo à sua defesa pela via da ação civil pública" (STJ-RF 355/205 e 359/215, dois votos vencidos).

Art. 1º: 1a. "Ação civil pública que, de resto, não inibe o titular do direito de propor ação individual para a tutela de seus interesses pessoais" (RSTJ 182/233: 2ª Seção). Nesta hipótese, "para serem evitadas decisões contraditórias entre a ação civil pública e a ação individual, no caso de optar a parte pelo prosseguimento do processo desencadeado particularmente, devem ser utilizados os mecanismos processuais próprios, adequados a resolver essas situações, e que estão expressos na conexão ou na continência, dependendo do caso, com a consequente reunião dos processos para julgamento simultâneo" (Bol. AASP 1.986/19j).

Art. 1º: 1b. "Não há litispendência entre ação civil pública e as ações individuais" (STJ-1ª T., REsp 192.322, Min. Garcia Vieira, j. 4.2.99, DJU 29.3.99). No mesmo sentido: STJ-5ª T., REsp 246.242, Min. Edson Vidigal, j. 28.3.00, DJU 2.5.00.

V. CDC 104.

Art. 1º: 1c. Súmula 618 do STJ: "**A inversão do ônus da prova** aplica-se às ações de degradação ambiental".

"Justifica-se a inversão do ônus da prova, transferindo para o empreendedor da atividade potencialmente perigosa o ônus de demonstrar a segurança do empreendimento, a partir da interpretação do art. 6º, VIII, da Lei 8.078/90 c/c o art. 21 da Lei 7.347/85, conjugado ao princípio ambiental da precaução" (STJ-2ª T., REsp 972.902, Min. Eliana Calmon, j. 25.8.09, DJ 14.9.09).

"Não há óbice a que seja invertido o ônus da prova em ação coletiva — providência que, em realidade, beneficia a coletividade consumidora —, ainda que se cuide de ação civil pública ajuizada pelo Ministério Público" (STJ-4ª T., REsp 951.785, Min. Luis Felipe, j. 15.2.11, DJ 18.2.11). No mesmo sentido: STJ-2ª T., REsp 1.253.672, Min. Mauro Campbell, j. 2.8.11, DJ 9.8.11; STJ-3ª T., REsp 1.241.076-AgRg, Min. Paulo Sanseverino, j. 4.10.12, DJ 9.10.12.

Art. 1º: 1d. v. Lei 4.717, de 29.6.65 (LAP), no tít. AÇÃO POPULAR, ínt.

S/ conexão entre ação civil pública e ação popular, v. CPC 55, nota 2a.

Art. 1º: 2. e sem prejuízo, também, da ação privada de ressarcimento de dano especificamente causado ao particular.

Art. 1º: 2a. Como se regula a prescrição em matéria de ação civil pública?

Pela prescrição em 5 anos: "À míngua de previsão do prazo prescricional para a propositura da Ação Civil Pública, inafastável a incidência da *analogia legis*, recomendando o prazo quinquenal para a prescrição das ações civis públicas, tal como ocorre com a prescritibilidade da ação popular, porquanto *ubi eadem ratio ibi eadem legis dispositio*" (RSTJ 169/214: 1ª T., REsp 406.545). Ainda: "A pretensão de ressarcimento de danos ao erário não decorrente de ato de improbidade prescreve em cinco anos" (STJ-1ª Seção, ED no REsp 662.844, Min. Hamilton Carvalhido, j. 13.12.10, DJ 1.2.11). Também: STJ-RP 207/327 (2ª Seção, REsp 1.070.896; esse acórdão foi mantido no julgamento dos subsequentes embargos de divergência: STJ-Corte Especial, ED no REsp 1.070.896-AgRg, Min. Laurita Vaz, j. 25.4.13, DJ 10.5.13); STJ-5ª T., REsp 912.612, Min. Arnaldo Esteves, j. 12.8.08, DJ 15.9.08; RT 901/222 (TJSP, AP 992.08.087142-8), 908/848 (TJSP, AP 9210851-54.2006.8.26.0000), JTJ 300/240.

"O prazo de prescrição, tanto para a propositura da ação civil pública quanto para o pedido de cumprimento da respectiva sentença, é de cinco anos, por aplicação analógica do regime da ação popular" (STJ-Corte Especial, ED no Ag em REsp 106.018-AgRg, Min. Ari Pargendler, j. 17.4.13, DJ 29.4.13).

Pela prescrição nos termos do Código Civil: "Na ação civil pública aplica-se o prazo prescricional vintenário do art. 177 do CC, como regra geral, devido à falta de lei que regule a matéria, não sendo caso de incidência dos prazos trienal ou quinquenal, por incompatibilidade dos dispositivos que os preveem" (STJ-1ª T., REsp 331.374, Min. Francisco Falcão, j. 17.6.03, DJU 8.9.03; o art. 177 do CC rev. corresponde ao CC 205).

Pela imprescritibilidade da ação: "A ação civil pública é imprescritível, porquanto inexiste disposição legal prevendo o seu prazo prescricional, não se aplicando a ela os ditames previstos na Lei n. 4.717/65, específica para a ação popular" (STJ-1ª T., REsp 586.248, Min. Francisco Falcão, j. 6.4.06, DJU 4.5.06). "A ação de ressarcimento dos prejuízos causados ao erário é imprescritível (art. 37, § 5º, da CF)" (STJ-RT 903/208: 2ª T., REsp 1.187.297). "Ação civil pública. Dano ambiental. Imprescritibilidade da ação. As infrações ao meio ambiente são de caráter continuado, motivo pelo qual as ações de pretensão de cessação dos danos ambientais são imprescritíveis" (STJ-2ª T., REsp 1.421.163-AgRg, Min. Humberto Martins, j. 6.11.14, DJ 17.11.14).

V. tb. LIA 23, notas 2 e 3.

S/ prescrição e execução individual de sentença proferida em ação civil pública, v. CDC 97, nota 3.

"A prescrição das ações indenizatórias por danos causados ao erário", por Jesualdo Eduardo de Almeida Júnior (RIDA 3/113); "Prescrição, decadência e imprescritibilidade no direito material coletivo: análise crítica da recente jurisprudência do STJ", por Tereza Cristina Sorice Baracho Thibau e Marcelo Malheiros Cerqueira (RBDP 81/47).

Art. 1º: 3. Tanto pode ser réu desta ação o particular como a administração pública, pois a lei não distingue.

"É parte legítima para figurar no polo passivo da ação civil pública, solidariamente, o responsável direto pela violação às normas de preservação do meio ambiente, bem assim a pessoa jurídica que aprova o projeto danoso. Na realização de obras e loteamentos, é o município responsável solidário pelos danos ambientais que possam advir do empreendimento, juntamente com o dono do imóvel. Se o imóvel causador do dano é adquirido por terceira pessoa, esta ingressa na solidariedade, como responsável" (RSTJ 170/195). Trata-se de caso de responsabilidade solidária, ensejadora do litisconsórcio facultativo (CPC, art. 46, I) e não do litisconsórcio necessário (CPC, art. 47)" (RSTJ 82/124).

"O regime da coisa julgada nas ações difusas não dispensa a formação do **litisconsórcio passivo necessário** quando o capítulo da decisão atinge diretamente a esfera individual. Isto porque consagra a Constituição que ninguém deve ser privado de seus bens sem a obediência ao princípio do devido processo legal" (STJ-1ª T., REsp 405.706, Min. Luiz Fux, j. 6.8.02, DJU 23.9.02). No caso, considerou-se que os adquirentes de lotes de condomínio cujo desfazimento se pretendia pela ação civil pública deviam ser citados como litisconsortes passivos necessários. **Todavia,** afastando o litisconsórcio necessário em ação civil pública proposta "com o único objetivo de compelir o Município de Governador Celso Ramos/SC e a União ao cumprimento de obrigação de fazer, consistente na adoção de medidas administrativas para o uso e ocupação regular do solo, em observância às leis ambiental e urbanística. Embora os proprietários dos imóveis em litígio possam ser afetados com a sentença proferida nos presentes autos, não há uma relação de direito material, única e incindível entre as partes e os envolvidos, pois a natureza da relação jurídica invocada no pedido e na causa de pedir da presente ação não traz qualquer obrigação de decisão uniforme entre os inúmeros ocupantes da área litigiosa, sendo certo que o provimento judicial não perderá a sua eficácia se não forem chamados a ingressar na lide, na condição de litisconsortes necessários": STJ-1ª T., REsp 1.699.488, Min. Gurgel de Faria, j. 13.12.18, DJ 19.2.19. Ainda: "A ação coletiva pode ser ajuizada em face de um único fornecedor de produtos ou serviços, pois, entre ele e os demais, não há uma relação jurídica única e incindível que demande julgamento uniforme, não havendo, assim, litisconsórcio necessário" (STJ-3ª T., REsp 1.586.515, Min. Nancy Andrighi, j. 22.5.18, DJ 29.5.18).

Art. 1º: 3a. Reconhecendo a ocorrência de **dano moral coletivo:** STJ-RT 919/515 (3ª T., REsp 1.221.756, com comentário de Leonardo Roscoe Bessa).

"Ação civil pública. Cumprimento de medidas de internação por adolescentes em celas com adultos. Dano moral coletivo *in re ipsa*. Indenização vinculada à proteção dos menores em situação de vulnerabilidade" (STJ-2ª T., REsp 1.793.332, Min. Herman Benjamin, j. 5.9.19, DJ 26.8.20).

"Ação civil pública. Ambiental. Irregularidade no fornecimento de água potável encanada. Dano moral coletivo caracterizado. A privação do fornecimento de água e a irregularidade de tal serviço, lesa não só o indivíduo prejudicado pela falta de bem vital e pelo serviço deficiente, como também toda coletividade cujos diversos direitos são violados: dignidade da pessoa humana, saúde pública, meio ambiente equilibrado" (STJ-2ª T., REsp 1.820.000, Min. Herman Benjamin, j. 17.9.19, DJ 11.10.19).

"Ação civil pública. Meio ambiente. Depósito de resíduo sólido a céu aberto. O dano moral coletivo atinge interesse não patrimonial de classe específica ou não de pessoas, afronta ao sentimento geral dos titulares da relação jurídica-base, sendo desnecessária demonstração de que a coletividade sinta dor, repulsa, indignação, tal qual fosse indivíduo isolado" (STJ-2ª T., REsp 1.334.421, Min. Herman Benjamin, j. 19.5.16, DJ 6.11.19).

"Ainda que de forma reflexa, a degradação ao meio ambiente dá ensejo ao dano moral coletivo" (STJ-2ª T., REsp 1.367.923, Min. Humberto Martins, j. 27.8.13, RT 939/428). No mesmo sentido: STJ-1ª Seção, ED no REsp 1.410.698, Min. Napoleão Maia Filho, j. 14.11.18, DJ 3.12.18.

"É fato notório (art. 374, I, do CPC) que o tráfego de veículos com excesso de peso provoca sérios danos materiais às vias públicas, ocasionando definhamento da durabilidade e da vida útil da camada que reveste e dá estrutura ao pavimento e ao acostamento, o que resulta em buracos, fissuras, lombadas e depressões, imperfeições no escoamento da água, tudo a ampliar custos de manutenção e de recuperação, consumindo preciosos e escassos recursos públicos. Ademais, acelera a depreciação dos veículos que utilizam a malha viária, impactando, em particular, nas condições e desempenho do sistema de frenagem da frota do embarcador/expedidor. Mais inquietante, afeta as condições gerais de segurança das vias e estradas, o que aumenta o número de acidentes, inclusive fatais. Em consequência, provoca dano moral coletivo consistente no agravamento dos riscos à saúde e à segurança de todos, prejuízo esse atrelado igualmente à redução dos níveis de fluidez do tráfego e de conforto dos usuários" (STJ-2ª T., REsp 1.574.350, Min. Herman Benjamin, j. 3.10.17, DJ 6.3.19).

"Ação civil pública. Contratação de servidor sem concurso público. Ação julgada procedente nas instâncias ordinárias. Condenação em danos morais coletivos. Possibilidade. Havendo contratação de servidores sem concurso, há presunção legal de ilegitimidade dessa conduta e também de lesividade que ultrapassa a simples esfera da Administração Pública para atingir, concomitantemente, valores da coletividade, que, com razão, espera e exige dos administradores a correta gestão da coisa pública e, sobretudo, o estrito cumprimento das leis e da Constituição" (STJ-1ª T., Ag em REsp 538.308-AgInt, Min. Sérgio Kukina, j. 31.8.20, DJ 4.9.20).

"Vício de quantidade. Danos morais coletivos. Ocorrência. O dano moral coletivo é categoria autônoma de dano que não se identifica com aqueles tradicionais atributos da pessoa humana (dor, sofrimento ou abalo psíquico), mas com a violação injusta e intolerável de valores fundamentais titularizados pela coletividade (grupos, classes ou categorias de pessoas). Tem a função de: a) proporcionar uma reparação indireta à lesão de um direito extrapatrimonial da coletividade; b) sancionar o ofensor; e c) inibir condutas ofensivas a esses direitos transindividuais. A grave lesão de interesses individuais homogêneos acarreta o comprometimento de bens, institutos ou valores jurídicos superiores, cuja preservação é cara a uma comunidade maior de pessoas, razão pela qual é capaz de reclamar a compensação de danos morais coletivos. Na hipótese concreta, foram indicadas vulnerações graves à moralidade pública contratual, de significância razoável que ultrapassa os limites da tolerabilidade, razão pela qual foram verificados os requisitos necessários à condenação da recorrente à compensação de danos morais coletivos" (STJ-3ª T., REsp 1.586.515, Min. Nancy Andrighi, j. 22.5.18, DJ 29.5.18).

"Exposição a venda de produtos deteriorados em rede de supermercados. Publicidade enganosa. Sobreposição de etiquetas com alteração da data de validade do produto. Quebra da confiança da coletividade de consumidores. Vícios e defeitos. Danos morais coletivos" (STJ-3ª T., REsp 1.799.346, Min. Nancy Andrighi, j. 3.12.19, DJ 13.12.19).

"Tempo de atendimento presencial em agências bancárias. A instituição financeira recorrida optou por não adequar seu serviço aos padrões de qualidade previstos em lei municipal e federal, impondo à sociedade o desperdício de tempo útil e acarretando violação injusta e intolerável ao interesse social de máximo aproveitamento dos recursos produtivos, o que é suficiente para a configuração do dano moral coletivo" (STJ-3ª T., REsp 1.737.412, Min. Nancy Andrighi, j. 5.2.19, DJ 8.2.19).

"A prática de venda casada por parte de operadora de telefonia é capaz de romper com os limites da tolerância. No momento em que oferece ao consumidor produto com significativas vantagens — no caso, o comércio de linha telefônica com valores mais interessantes do que a de seus concorrentes — e de outro, impõe-lhe a obrigação de aquisição de um aparelho telefônico por ela comercializado, realiza prática comercial apta a causar sensação de repulsa coletiva a ato intolerável, tanto intolerável que encontra proibição expressa em lei. Afastar, da espécie, o dano moral difuso, é fazer tábula rasa da proibição elencada no art. 39, I, do CDC e, por via reflexa, legitimar práticas comerciais que afrontem os mais basilares direitos do consumidor" (STJ-2ª T., REsp 1.397.870, Min. Mauro Campbell, j. 2.12.14, DJ 10.12.14).

"Em razão da inexistência de uma mensagem clara, direta que pudesse conferir ao consumidor a sua identificação imediata (no momento da exposição) e fácil (sem esforço ou capacitação técnica), reputa-se que a publicidade ora em debate, de fato, malferiu a redação do art. 36, do CDC e, portanto, cabível e devida a reparação dos danos morais coletivos" (STJ-4ª T., REsp 1.101.949, Min. Marco Buzzi, j. 10.5.16, maioria, DJ 30.5.16).

"Tendo o acórdão recorrido reconhecido a reprovabilidade do conteúdo da publicidade, considerando-a abusiva, não poderia ter deixado de condenar a recorrida a ressarcir danos morais coletivos, sob pena de tornar inepta a proteção jurídica à indevida lesão de interesses transindividuais, deixando de aplicar a função preventiva e pedagógica típica de referidos danos e permitindo a apropriação individual de vantagens decorrentes da lesão de interesses sociais" (STJ-3ª T., REsp 1.655.731, Min. Nancy Andrighi, j. 14.5.19, DJ 16.5.19).

"Ação civil pública. Propaganda enganosa. Veículo automotor. Introdução no mercado nacional. Difusão de informações equivocadas. Itens de série. Modelo básico. Dano moral difuso. Configuração" (STJ-3ª T., REsp 1.546.170, Min. Ricardo Cueva, j. 18.2.20, DJ 5.3.20).

"A infidelidade de bandeira constitui prática comercial intolerável, consubstanciando, além de infração administrativa, conduta tipificada como crime à luz do código consumerista (entre outros), motivo pelo qual a condenação do ofensor ao pagamento de indenização por dano extrapatrimonial coletivo é medida de rigor, a fim de evitar a banalização do ato reprovável e inibir a ocorrência de novas lesões à coletividade" (STJ-4ª T., REsp 1.487.046, Min. Luis Felipe, j. 28.3.17, DJ 16.5.17).

"Jogo de azar ilegal. Bingo. Indenização por dano moral coletivo. Cabimento. Dano *in re ipsa*" (STJ-2ª T., REsp 1.567.123, Min. Herman Benjamin, j. 14.6.16, DJ 28.8.20). No mesmo sentido: "O dano moral sofrido difusamente pela coletividade encontra-se demonstrado em razão do caráter altamente viciante dos jogos de azar, passíveis de afetar o equilíbrio doméstico e comprometer o bem-estar do jogador e de suas famílias pela compulsão de jogar" (RT 920/836: TRF-1ª Reg., AP 2007.33.11.004852-0).

Todavia, negando sua ocorrência no caso concreto: "Na hipótese em julgamento, não se vislumbram danos coletivos, difusos ou sociais. Da ilegalidade constatada nos contratos de consumo não decorreram consequências lesivas além daquelas experimentadas por quem, concretamente, teve o tratamento embaraçado ou por aquele que desembolsou os valores ilicitamente sonegados pelo plano. Tais prejuízos, todavia, dizem respeito a direitos individuais homogêneos" (STJ-4ª T., REsp 1.293.606, Min. Luis Felipe, j. 2.9.14, DJ 26.9.14).

"Não basta a mera infringência à lei ou ao contrato para a caracterização do dano moral coletivo. É essencial que o ato antijurídico praticado atinja alto grau de reprovabilidade e transborde os lindes do individualismo, afetando, por sua gravidade e repercussão, o círculo primordial de valores sociais. Com efeito, para não haver o seu desvirtuamento, a banalização deve ser evitada. Na hipótese dos autos, até o início de 2008 havia dúvida jurídica razoável quanto à abusividade da negativa de cobertura das próteses ligadas à facectomia nos contratos de assistência à saúde anteriores à edição da Lei 9.656/1998, somente superada com a revisão de entendimento da ANS sobre o tema, de forma que a operadora, ao ter optado pela restrição contratual, não incorreu em nenhuma prática socialmente execrável; tampouco foi atingida, de modo injustificável, a esfera moral da comunidade. Descaracterização, portanto, do dano moral coletivo: não houve intenção deliberada da demandada em violar o ordenamento jurídico com vistas a obter lucros predatórios em detrimento dos interesses transindividuais dos usuários de plano de saúde" (STJ-3ª T., REsp 1.473.846, Min. Ricardo Cueva, j. 21.2.17, DJ 24.2.17).

"As condutas das operadoras de plano de saúde, ao negarem cobertura às cirurgias de mamoplastia e dermolipectomia após a bariátrica, estavam numa zona cinzenta de aparente legalidade, que só veio a ser esclarecida pela jurisprudência ao definir sua natureza reparadora e não meramente estética. Ausência de violação aos valores essenciais da sociedade em matéria de saúde suplementar. Danos morais coletivos não configurados" (STJ-3ª T., REsp 1.832.004, Min. Nancy Andrighi, j. 3.12.19, DJ 5.12.19).

"Ação civil pública. Plano de saúde. A conduta perpetrada pela ré, a despeito de ser antijurídica, não foi capaz de abalar, de forma intolerável, a tranquilidade social do grupo de beneficiários, assim como os seus valores e interesses fundamentais, já que não houve interrupção no atendimento do serviço de apoio médico, ainda que realizado por outras clínicas, bem como houve o cumprimento das exigências legais para o descredenciamento no transcurso da presente demanda" (STJ-3ª T., REsp 1.823.072, Min. Marco Bellizze, j. 5.11.19, DJ 8.11.19).

"O simples fato de a mantenedora do 'cadastro de passagem' não ter se desincumbido do ônus de providenciar a comunicação prévia do consumidor que teve seus dados ali incluídos, ainda que tenha representado ofensa ao comando legal do § 2º do art. 43 do CDC, passou ao largo de produzir sofrimentos, intranquilidade social ou alterações relevantes na ordem extrapatrimonial coletiva, descaracterizando, assim, o dano moral coletivo" (STJ-3ª T., REsp 1.726.270, Min. Ricardo Cueva, j. 27.11.18, maioria, DJ 7.2.19).

"A lesão ao direito previsto no art. 52, § 2º, do CDC não acarreta a violação de valores essenciais da sociedade e o não envio dos boletos necessários à quitação do débito, ainda que possa configurar negativa de vigência à lei de regência, não configura lesão intolerável a interesse individual homogêneo, razão pela qual não há dano moral coletivo a ser indenizado" (STJ-3ª T., REsp 1.643.365, Min. Nancy Andrighi, j. 5.6.18, DJ 7.6.18).

"A violação verificada pelo Tribunal de origem — a exigência de uma tarifa bancária considerada indevida — não infringe valores essenciais da sociedade, tampouco possui os atributos da gravidade e intolerabilidade, configurando a mera infringência à lei ou ao contrato, o que é insuficiente para a caracterização do dano moral coletivo" (STJ-3ª T., REsp 1.502.967, Min. Nancy Andrighi, j. 7.8.18, DJ 14.8.18).

"Direito do consumidor. Espetáculos culturais. Disponibilização de ingressos na *internet*. Cobrança de 'taxa de conveniência'. Abusividade das cláusulas. Dano moral coletivo. Lesão ao patrimônio imaterial da coletividade. Gravidade e intolerância. Inocorrência" (STJ-3ª T., REsp 1.737.428, Min. Nancy Andrighi, j. 12.3.19, DJ 15.3.19).

"Ação civil pública. Responsabilidade civil. 'Máfia do apito'. Jogos de futebol. Arbitragem. Fraude. Dano moral coletivo. Não configuração. Em regra, as adversidades sofridas por espectadores de determinada modalidade esportiva não costumam interferir intensamente em seu bem-estar. Até podem causar aborrecimentos, dissabores e contratempos, sentimentos de caráter efêmero que tendem a desaparecer em um curto espaço de tempo. Hipótese em que os jogos nos quais se constatou a prática de fraude por parte da arbitragem foram anulados, com a realização de novas partidas" (STJ-3ª T., REsp 1.664.186, Min. Ricardo Cueva, j. 27.10.20, maioria, DJ 17.11.20).

Contra: "Dano moral coletivo. Necessária vinculação do dano moral à noção de dor, de sofrimento psíquico, de caráter individual. Incompatibilidade com a noção de transindividualidade (indeterminabilidade do sujeito passivo e indivisibilidade da ofensa e da reparação)" (STJ-RDDP 41/134: 1ª T., REsp 598.281, dois votos vencidos).

V. tb. LIA 12, nota 2.

"Dano moral coletivo: uma análise econômica", por Leandro Martins Zanitelli e Gustavo Brum (Ajuris 114/169); "A indefinição jurisprudencial em face do dano moral coletivo", por Sérgio Augustin e Ângela Almeida (Ajuris 115/269).

Art. 1º: 3b. Redação do *caput* de acordo com a Lei 12.529, de 30.11.11, em vigor 180 dias após a sua publicação (DOU 1.12.11).

Art. 1º: 3c. **Lei 12.846, de 1º.8.13** — Dispõe sobre a responsabilização administrativa e civil de pessoas jurídicas pela prática de atos contra a administração pública, nacional ou estrangeira, e dá outras providências: **"Art. 21.** Nas ações de responsabilização judicial, será adotado o rito previsto na Lei n. 7.347, de 24 de julho de 1985. **Parágrafo único.** A condenação torna certa a obrigação de reparar, integralmente, o dano causado pelo ilícito, cujo valor será apurado em posterior liquidação, se não constar expressamente da sentença".

Art. 1º: 4. "A lei de improbidade administrativa, juntamente com a lei da ação civil pública, da ação popular, do mandado de segurança coletivo, do Código de Defesa do Consumidor e do Estatuto da Criança e do Adolescente e do Idoso, compõem um microssistema de tutela dos interesses transindividuais e, sob esse enfoque interdisciplinar, interpenetram-se e subsidiam-se" (STJ-RP 132/186: REsp 510.150, 1ª T.).

"A ação de improbidade administrativa ou a ação civil pública, através de seus legitimados, são as vias apropriadas para pleitear a apuração e ressarcimento de dano causado ao erário público, sendo, pois, inviável a formalização do pedido através de ação ordinária de ressarcimento de dano" (RT 871/250).

S/ a dedução de pretensões reguladas pela Lei 8.429, de 2.6.92, em sede de ação civil pública, v. art. 5º, nota 3a.

Art. 1º: 4a. "Se a lesividade ou a ilegalidade do ato administrativo atinge o interesse difuso, passível é a propositura da Ação Civil Pública fazendo as vezes de uma Ação Popular multilegitimária" (STJ-1ª T., REsp 427.140, Min. Luiz Fux, j. 20.5.03, dois votos vencidos, DJU 25.8.03).

Contra: "Para se obter a restituição ao erário municipal de dinheiro desviado por prefeito, a via processual cabível é a ação popular e não a ação civil pública, porquanto a primeira visa à declaração de nulidade ou à anulação dos atos lesivos ao patrimônio público e à moralidade administrativa, e a segunda destina-se à proteção de determinados direitos e interesses difusos ou coletivos previstos em lei específica" (RT 716/253).

Art. 1º: 4b. Não é possível ação civil pública com o objetivo do exercício de **controle concentrado de constitucionalidade** de leis e atos normativos do Poder Público.

Todavia, admite-se a utilização da ação civil pública com a finalidade do exercício de **controle incidental de constitucionalidade,** pela via difusa, de quaisquer leis ou atos normativos do Poder Público, mesmo quando contestados em face da CF. Assim: "Nas ações coletivas, não se nega, à evidência, também, a possibilidade de declaração de inconstitucionalidade, *incidenter tantum*, de lei ou ato normativo federal ou local" (STF-Pleno, Rcl 600, Min. Néri da Silveira, j. 3.9.97, um voto vencido, DJU 5.12.03). No mesmo sentido: RTJ 186/690.

"É possível a declaração incidental de inconstitucionalidade, na ação civil pública, de quaisquer leis ou atos normativos do Poder Público, desde que a controvérsia constitucional não figure como pedido, mas sim como causa de pedir, fundamento ou simples questão prejudicial, indispensável à resolução do litígio principal, em torno da tutela do interesse público. A declaração incidental de inconstitucionalidade na ação civil pública não faz coisa julgada material, pois se trata de controle difuso de constitucionalidade, sujeito ao crivo do STF, via recurso extraordinário, sendo insubsistente, portanto, a tese de que tal sistemática teria os mesmos efeitos da ação declaratória de inconstitucionalidade" (RSTJ 180/290: 2ª T., REsp 403.280). Em sentido semelhante: STJ-1ª Seção, ED no REsp 303.174, Min. Franciulli Netto, j. 25.6.03, DJU 1.9.03. Ainda, mais recentemente: STJ-2ª T., REsp 1.326.437, Min. Castro Meira, j. 25.6.13, DJ 5.8.13.

Contra: "Não pode a ação civil pública ser utilizada como meio de se declarar inconstitucionalidade de lei municipal, nem mesmo para declaração incidental" (STJ-1ª T., REsp 197.826, Min. Milton Luiz Pereira, j. 24.4.01, DJU 4.2.02). No mesmo sentido: STJ-2ª T., REsp 229.526, Min. Peçanha Martins, j. 25.9.01, DJU 4.2.02.

"O Ministério Público, a ação civil pública e a possibilidade, nesta sede, de controle incidental de constitucionalidade: uma trilogia democrática", por Alexandre Araújo de Souza (RF 369/3); "Ação civil pública e controle de constitucionalidade", por Eduardo de Albuquerque Parente (RDDP 55/69).

Art. 1º: 4c. "A ação civil pública não pode ser utilizada para evitar o **pagamento de tributos,** porque, nesse caso, funcionaria como verdadeira ação direta de inconstitucionalidade; ademais, o beneficiário não seria o consumidor, e sim o contribuinte — categorias afins, mas distintas" (STJ-RT 749/233: 2ª T., REsp 113.326).

V. tb. nota 15.

Art. 1º: 4d. Não cabe ação civil pública voltada contra a cobrança de **multas de trânsito** (STJ-1ª T., REsp 727.092, Min. Francisco Falcão, j. 13.2.07, DJU 14.6.07).

Art. 1º: 5. **s/ ação civil pública ambiental:** "O Poder Judiciário e a tutela do meio ambiente", pelo Min. Sydney Sanches (RT 706/211, JTA 110/9, Ajuris 43/18, RCDUFU 19/265); "O MP e a ação civil pública ambiental no controle dos atos administrativos", por Luiz Renato Topan (Just. 165/46); "Lineamentos da responsabilidade civil ambiental", por Darlan Rodrigues Bittencourt e outro (RT 740/53); "Despoluição das águas", por Wallace Paiva Martins Jr. (Just. 172/88); "Ação civil pública por poluição sonora. Cabimento e legitimidade do MP", por Fernando Célio de Brito Nogueira (RJ 239/21); "Novas questões de direito ambiental", por Sebastião Valdir Gomes (RT 744/69); "Responsabilidade civil por dano causado ao meio ambiente", por Adriana Fagundes Burger (RJ 241/5); "Responsabilidade da administração pública por dano ambiental", por Paulo Antônio Callendo Velloso da Silveira (Ajuris 72/162); "A competência jurisdicional na ação civil pública ambiental", por Hamilton Alonso Jr. (Just. 178/43); "O papel do juiz na defesa do meio ambiente", por Vera Lucia R. C. Jukovsky (RTRF-3ª Região 42/56); "Responsabilidade da pessoa moral por danos ao meio ambiente", por Gilson Sidney Amancio de Souza (Just. 181/177); "A proteção jurisdicional do meio ambiente: uma relação jurídica comunitária", por Délton Winter de Carvalho (Ajuris 83/112); "Ação civil pública em matéria ambiental e denunciação da lide", por Ada Pellegrini Grinover (RJ 292/7); "Da denunciação da lide e do chamamento ao processo na ação civil pública por dano ao meio ambiente", por Voltaire de Lima Moraes (RJ 313/41); "Fundamentos jurídicos para a inversão do ônus da prova nas ações civis públicas por danos ambientais", por Ana Maria Moreira Marchesan e Annelise Steigleder (Ajuris 90/9); "As tutelas de urgência no âmbito da ação civil pública ambiental. Tutelas antecipada e cautelar", por Bruno Campos Silva (RJ 323/68); "Responsabilidade civil e administrativa em matéria ambiental", por Evandro Alves da Silva Grili (RSDCPC 29/59); "O meio ambiente e a efetividade da tutela judicial em sede de mandado de injunção e de outras ações constitucionais", por Elaine Harzheim Macedo (Ajuris 97/69); "O meio ambiente na visão do STJ", pelo Min. Gilson Dipp (RIASP 6/17); "A proteção jurídica do bem ambiental", por Antonio Carlos Morato (RIASP, ano 5, 9/24).

Art. 1º: 5a. s/ antecipação de tutela em ação civil pública proposta contra a Fazenda Pública, com o objetivo de preservação do meio ambiente, v. Lei 9.494, de 10.9.97, art. 1º, nota 4, no tít. FAZENDA PÚBLICA.

Art. 1º: 5b. "O direito ao pedido de reparação de danos ambientais, dentro da logicidade hermenêutica, está protegido pelo manto da **imprescritibilidade,** por se tratar de direito inerente à vida, fundamental e essencial à afirmação dos povos, independentemente de não estar expresso em texto legal" (STJ-2ª T., REsp 1.120.117, Min. Eliana Calmon, j. 10.11.09, DJ 19.11.09).

Art. 1º: 5c. "O novo adquirente do imóvel é parte legítima passiva para responder por ação de dano ambiental, pois assume a propriedade do bem rural com a imposição das limitações ditadas pela lei federal" (STJ-RT 792/227).

Art. 1º: 6. Cabe ação civil pública para obrigar o Estado a promover obras com a finalidade de eliminar danos causados ao meio ambiente pela própria administração pública (STJ-2ª T., REsp 88.776, Min. Ari Pargendler, j. 19.5.97, DJU 9.6.97).

Art. 1º: 6a. Em tese, é cabível ação civil pública com a finalidade de transferência das instalações de empresa apontada como poluidora (RT 634/63).

Art. 1º: 6b. "**Meio ambiente. Ato administrativo discricionário.** Na atualidade, a Administração pública está submetida ao império da lei, inclusive quanto à conveniência e oportunidade do ato administrativo. Comprovado tecnicamente ser imprescindível, para o meio ambiente, a realização de obras de recuperação do solo, tem o Ministério Público legitimidade para exigi-la. O Poder Judiciário não mais se limita a examinar os aspectos extrínsecos da administração, pois pode analisar, ainda, as razões de conveniência e oportunidade, uma vez que essas razões devem observar critérios de moralidade e razoabilidade. Outorga de tutela específica para que a Administração destine do orçamento verba própria para cumpri-la" (RSTJ 187/219: 2ª T., um voto vencido).

"Liminar em ação civil pública obriga a Municipalidade a recuperar área verde degradada e a urbanizá-la. Evidência dos requisitos ensejadores da concessão. O Estado-juiz existe exatamente para conferir concreta e correta aplicação da lei quando chamado a decidir uma lide. Ao fazê-lo, não invade esfera alguma de atribuições alheia. O Judiciário existe para compelir o renitente a cumprir a lei. Função assegurada pelo sistema de freios e contrapesos adotado pelo direito brasileiro" (RT 850/263).

Afirmando a possibilidade jurídica do pedido em ação civil pública ajuizada para compelir o município a tratar o esgoto lançado em rio: STF-1ª T., RE 254.764, Min. Marco Aurélio, j. 24.8.10, DJ 21.2.11.

V., todavia, nota 10.

✎ **Art. 1º: 7.** "Ação civil pública consumerista", por José Geraldo Brito Filomeno (RJ 305/40); "Ação civil pública e defesa do consumidor de serviços públicos", por Alice Gonzalez Borges (IP 27/13).

Art. 1º: 7a. v. tb. CDC (no CCLCV, tít. CONSUMIDOR, ínt.).

S/ competência para a ação civil pública de responsabilidade por danos causados a consumidores, v. CDC 93, especialmente nota 3.

Art. 1º: 7b. O reconhecimento de que determinada coisa tem valor estético, histórico, turístico ou paisagístico pode ser feito pelo Poder Judiciário e não é privativo do Poder Legislativo ou do Executivo (RJTJESP 122/50).

"Cabe ao Judiciário identificar o valor histórico e estético do bem, independentemente do critério administrativo" (RJTJESP 114/38, maioria).

Art. 1º: 8. A denominação de uma rua tem valor histórico, suscetível de ser amparado pela ação civil pública (RT 657/144).

Art. 1º: 8a. O art. 53 da Lei 10.257, de 10.7.01, acrescentou novo inc. III a este artigo e renumerou os primitivos incs. III a V; posteriormente, o referido inc. III foi revogado pela Med. Prov. 2.180-35, de 24.8.01.

Art. 1º: 8b. "Ação civil pública. Restauração de área livre, de lazer do povo, prejudicada por iniciativa administrativa tendente à construção de monumento lesivo à unidade e simplicidade da paisagem. Demanda procedente. Sentença mantida em reexame" (RJTJERGS 139/70).

Art. 1º: 8c. "Ação civil pública para proteção do patrimônio cultural. Legitimidade do Ministério Público. Possibilidade da propositura da ação ainda que o bem que pretenda proteger seja particular e não tenha sido tombado" (STJ-2ª T., REsp 1.538.384, Min. Herman Benjamin, j. 8.11.16, DJ 28.8.20). Do voto do relator: "Os vários bens e direitos referenciados no inciso III, em seu conjunto, constituem o patrimônio cultural".

Art. 1º: 9. O inciso IV foi acrescentado pelo art. 110 do CDC.

Art. 1º: 9a. s/ ação civil pública destinada à proteção de interesses coletivos ou difusos das **pessoas portadoras de deficiência,** v. Lei 7.853, de 24.10.89, arts. 3º a 7º, e Dec. 3.298, de 20.12.99; s/ ação civil pública por danos causados aos **investidores no mercado de valores mobiliários,** v. Lei 7.913, de 7.12.89; s/ ação civil pública para a proteção de interesses difusos e coletivos de **crianças e adolescentes,** v. Lei 8.069, de 13.7.90, arts. 208 a 224 (no CCLCV, tít. CRIANÇA, ADOLESCENTE E JOVEM, ínt.); s/ ação civil pública por ofensa aos direitos assegurados ao **idoso,** v. Lei 10.741, de 1.10.03 (EId), arts. 78 a 92.

✎ **Art. 1º: 9b.** "Aspectos jurídicos da chamada 'pichação' e sobre a utilização da ação civil pública para tutela do interesse difuso à proteção da estética urbana", por Rodolfo de Camargo Mancuso (RT 679/62); "Ação civil pública e contrato de depósito em caderneta de poupança", por Galeno Lacerda (RT 715/108-parecer); "Ação civil pública urbanística. Inexecução de obras em loteamento residencial. Perdas e danos da coletividade. Desconsideração da personalidade jurídica da loteadora. Responsabilidade solidária do município", por José Jesus Cazetta Júnior (Just. 164/51); "Ação civil pública e programação da TV", por José Carlos Barbosa Moreira (RDA 201/45); "Ação civil pública por poluição sonora. Cabimento e legitimidade do MP", por Fernando Célio de Brito Nogueira (RJ 239/21); "Descabimento da ação civil pública para pleitear eventuais diferenças de correção monetária em decorrência de depósitos em cadernetas de poupança", por Arnoldo Wald (RF 354/219-parecer).

Art. 1º: 10. **"Ao Poder Executivo cabe a conveniência e a oportunidade de realizar atos físicos de administração** (construção de conjuntos habitacionais, etc.). O Judiciário não pode, sob o argumento de que está protegendo direitos coletivos, ordenar que tais realizações sejam consumadas" (RSTJ 114/98).

"Com fulcro no princípio da discricionariedade, a Municipalidade tem liberdade para, com a finalidade de assegurar o interesse público, escolher onde devem ser aplicadas as verbas orçamentárias e em quais obras deve investir. Não cabe, assim, ao Poder Judiciário interferir nas prioridades orçamentárias do Município e determinar a construção de obra especificada" (STJ-2ª T., REsp 208.893, Min. Franciulli Netto, j. 19.12.03, DJU 22.3.04). Tratava-se de ação para obrigar o Município a destinar imóvel para a instalação de abrigo de menores carentes.

No mesmo sentido, em caso de:

— ação "objetivando a construção de unidades da FEBEM para o correto abrigo de menores em conformidade com os preceitos do ECA" (JTJ 315/23: AP 140.995-0/1-00);

— ação movida para que a administração municipal tomasse determinadas providências em jardim zoológico (JTJ 145/25);

— ação visando ao tratamento prévio dos detritos lançados nas águas de rios (JTJ 143/14).

Todavia, admite-se ação civil pública para:

— "impor à Administração Pública obrigação de fazer, consistente na promoção de medidas ou na execução de obras emergenciais em estabelecimentos prisionais" (STF-Pleno, RE 592.581, Min. Ricardo Lewandowski, j. 13.8.15, DJ 1.2.16). Em sentido semelhante, determinando a adoção de providências administrativas e respectiva previsão orçamentária para "realizar ampla reforma física e estrutural no prédio que abriga a cadeia pública" (STJ-2ª T., REsp 1.389.952, Min. Herman Benjamin, j. 3.6.14, DJ 7.11.16);

— obrigar a Administração Pública a realizar obras em rodovia, tendo em vista que "a exposição ou a fragilização da saúde e da segurança dos usuários é inequivocamente manifesta e atinge níveis intoleráveis" (RP 147/265, maioria);

— "compelir a municipalidade a usar os meios judiciais e extrajudiciais para repelir a turbação, o esbulho e a indevida utilização de áreas públicas invadidas" (JTJ 178/13);

— "implementação das obras de saneamento básico. A não observância de tal política pública fere aos princípios da dignidade da pessoa humana, da saúde e do meio ambiente equilibrado. Mera alegação de ausência de previsão orçamentária não afasta a obrigação de garantir o mínimo existencial. O município não provou a inexequibilidade dos pedidos da ação civil pública. Utilizando-se da técnica hermenêutica da ponderação de valores, nota-se que, no caso em comento, a tutela do mínimo existencial prevalece sobre a reserva do possível" (STJ-2ª T., REsp 1.366.331, Min. Humberto Martins, j. 16.12.14, DJ 19.12.14);

— condenar a municipalidade a custear o atendimento educacional especializado para criança autista (JTJ 316/21: AP 138.002-0/1-00);

— "determinar, ainda que em bases excepcionais, especialmente nas hipóteses de políticas públicas definidas pela própria Constituição, sejam estas implementadas pelos órgãos estatais inadimplentes, cuja omissão — por importar em descumprimento dos encargos político-jurídicos que sobre eles incidem em caráter mandatório — mostra-se apta a comprometer a eficácia e a integridade de direitos sociais e culturais impregnados de estatura constitucional" (STF-2ª T., RE 410.715-AgRg, Min. Celso de Mello, j. 22.11.05, DJU 3.2.06; no caso, tratava-se de ação civil pública para o cumprimento de obrigação de fazer, pelo Município, relativa ao direito à creche). Em sentido semelhante, para compelir o Município "a incluir, no orçamento seguinte, percentual que completaria o mínimo de 25% de aplicação no ensino. CF, art. 212": STF-2ª T., RE 190.938, Min. Carlos Velloso, j. 14.3.06, DJ 22.5.09. Também, em caso de reforma de estabelecimento de ensino: STF-1ª T., AI 809.018-AgRg, Min. Dias Toffoli, j. 25.9.12, DJ 10.10.12. Ainda: STJ-1ª Seção, ED no REsp 485.969, Min. José Delgado, j. 23.8.06, DJU 11.9.06; RT 867/270. Enfim: "O direito de ingresso e permanência de crianças com até seis anos em creches e pré-escolas encontra respaldo no art. 208 da Constituição Federal. Por seu turno, a Lei de Diretrizes e Bases da Educação, em seu art. 11, V, bem como o ECA, em seu art. 54, IV, atribui ao ente público o dever de assegurar o atendimento de crianças de zero a seis anos de idade em creches e pré-escolas. No campo dos direitos individuais e sociais de absoluta prioridade, o juiz não deve se impressionar nem se sensibilizar com alegações de conveniência e oportunidade trazidas pelo administrador relapso. A ser diferente, estaria o Judiciário a fazer juízo de valor ou político em esfera na qual o legislador não lhe deixou outra possibilidade de decidir que não seja a de exigir o imediato e cabal cumprimento dos deveres, completamente vinculados, da Administração Pública. Se um direito é qualificado pelo legislador como absoluta prioridade, deixa de integrar o universo de incidência da reserva do possível, já que a sua possibilidade é, preambular e obrigatoriamente, fixada pela Constituição ou pela lei. Se é certo que ao Judiciário recusa-se a possibilidade de substituir-se à Administração Pública, o que contaminaria ou derrubaria a separação mínima das funções do Estado moderno, também não é menos correto que, na nossa ordem jurídica, compete ao juiz interpretar e aplicar a delimitação constitucional e legal dos poderes e deveres do administrador, exigindo, de um lado, cumprimento integral e tempestivo dos deveres vinculados e, quanto à esfera da chamada competência discricionária, respeito ao *due process* e às garantias formais dos atos e procedimentos que pratica" (STJ-2ª T., REsp 1.710.675, Min. Herman Benjamin, j. 5.4.18, DJ 25.5.18);

— "ampliação e melhoria no atendimento de gestantes em maternidades estaduais. A questão da reserva do possível: reconhecimento de sua inaplicabilidade, sempre que a invocação dessa cláusula puder comprometer o núcleo básico que qualifica o mínimo existencial" (STF-2ª T., RE 581.352-AgRg, Min. Celso de Mello, j. 29.10.13, RT 942/264);

— disponibilização de leitos hospitalares (STJ-2ª T., REsp 1.068.731, Min. Herman Benjamin, j. 17.2.11, DJ 8.3.12).

S/ ação civil pública para obrigar a administração pública para a prática de ato administrativo discricionário, relativo ao meio ambiente, v. nota 6b.

Art. 1º: 11. s/ a possibilidade de transação em ação civil pública envolvendo direitos difusos, v. CDC 81, nota 3.

Art. 1º: 12. Redação do inciso V de acordo com a Lei 12.529, de 30.11.11, em vigor 180 dias após a sua publicação (DOU 1.12.11).

Art. 1º: 13. Inciso VI acrescido pela Med. Prov. 2.180-35, de 24.8.01.

Art. 1º: 13a. Inciso VII acrescido pela Lei 12.966, de 24.4.14.

Art. 1º: 13b. Inciso VIII acrescido pela Lei 13.004, de 24.6.14, em vigor 60 dias após sua publicação (DOU 25.6.14).

Art. 1º: 13c. v. notas 17 e 17a.

Art. 1º: 14. § ún. introduzido pela Med. Prov. 2.180-35, de 24.8.01.

Art. 1º: 15. Não se admite ação civil pública proposta pelo MP para **impedir cobrança de tributo:** "Ausência de legitimação do MP para ações da espécie, por não configurada, no caso, a hipótese de interesses difusos, como tais considerados os pertencentes concomitantemente a todos e a cada um dos membros da sociedade, como um bem não individualizável ou divisível, mas, ao revés, interesses de grupo ou classe de pessoas, sujeitos passivos de uma exigência tributária cuja impugnação, por isso, só pode ser promovida por eles próprios de forma individual ou coletiva" (STF-Pleno: RTJ 173/288). No mesmo sentido: STJ-RF 362/212, RF 342/359, RTRF-1ª Reg., v. 9/n. 2, p. 316.

"Reconhecimento da ilegitimidade do Ministério Público para ajuizar ação civil pública objetivando afastar a retenção dos recursos de natureza jurídica tributária (contribuição sindical), bem como restituição dos valores retidos, pretensão referente a direito individual homogêneo disponível" (STJ-1ª T., REsp 1.502.258-AgInt, Min. Benedito Gonçalves, j. 23.9.19, DJ 25.9.19).

"Da mesma forma, a associação de defesa do consumidor não tem legitimidade para propor ação civil pública na defesa de contribuintes" (STF-2ª T., AI 382.298-2-AgRg, Min. Gilmar Mendes, j. 4.5.04, maioria, DJU 28.5.04).

Ação Civil Pública

V. tb. nota 4c.

Art. 1º: 16. "É cabível o ajuizamento de ação civil pública, pelo *Parquet*, para a defesa de interesses ou direitos individuais homogêneos, ainda que não envolvam relação de consumo e não sejam indisponíveis, desde que demonstrada a presença de interesse social relevante. O Ministério Público tem legitimidade para propor ação civil pública que veicule pretensões relativas a **benefícios previdenciários"** (STJ-6ª T., REsp 946.533, Min. Maria Thereza, j. 10.5.11, DJ 13.6.11). No mesmo sentido: STJ-5ª T., REsp 1.142.630, Min. Laurita Vaz, j. 7.12.10, DJ 1.2.11; RP 153/264, maioria. **Contra,** não admitindo a ação civil pública proposta pelo MP nessas circunstâncias, sob o argumento de que "não há interesse individual indisponível, mas, sim, direito patrimonial disponível, suscetível de renúncia pelo respectivo titular": STJ-3ª Seção, ED no REsp 448.684, Min. Laurita Vaz, j. 28.6.06, DJU 2.8.06.

Art. 1º: 16a. "O Ministério Público tem legitimidade para a propositura de ação civil pública em defesa de direitos sociais relacionados ao **FGTS"** (STF-Pleno, RE 643.978, Min. Alexandre de Moraes, j. 9.10.19, DJ 25.10.19; no caso, a demanda versava "sobre o modelo organizacional dispensado ao FGTS, máxime no que se refere à unificação das contas fundiárias dos trabalhadores").

Art. 1º: 17. Admitindo ação civil pública "visando a **anulação de atos administrativos concessivos de benefícios fiscais** alegadamente ilegítimos e prejudiciais ao patrimônio público": STJ-1ª T., REsp 760.034, Min. Teori Zavascki, j. 5.3.09, DJ 18.3.09. Em sentido semelhante: "O *Parquet* tem legitimidade para propor ação civil pública com o objetivo de anular Termo de Acordo de Regime Especial — TARE, em face da legitimação *ad causam* que o texto constitucional lhe confere para defender o erário. Não se aplica à hipótese o parágrafo único do art. 1º da Lei 7.347/85" (STF-Pleno, RE 576.155, Min. Ricardo Lewandowski, j. 12.8.10, maioria, DJ 1.2.11). Do voto do Min. Cezar Peluso: "O dano, aqui, diz respeito a uma renúncia fiscal inconstitucional, ou seja, renúncia fiscal que não corresponde ao padrão autorizado por lei, que deve ser válida. Noutras palavras, é dano que ofende a Constituição porque atinge, no contexto da guerra fiscal, a dinâmica da economia nacional, ao subtrair recursos públicos destinados a prover a serviços públicos e proteger certos contribuintes em dano da concorrência pública, da concorrência comercial com todas as suas óbvias consequências gravosas para a economia. Por isso mesmo acho que está em jogo o interesse superior da própria sociedade, não é um interesse subjetivo e específico". Também: STJ-2ª T., REsp 818.928, Min. Mauro Campbell, j. 11.10.11, DJ 18.10.11.

Todavia, no sentido de que "alforria fiscal indevida é objeto de ação popular, que não se confunde com ação civil pública": STJ-1ª T., REsp 780.320, Min. Luiz Fux, j. 19.4.07, DJU 17.5.07.

Art. 1º: 17a. "O Ministério Público tem legitimidade para ajuizar Ação Civil Pública que vise **anular ato administrativo de aposentadoria** que importe em lesão patrimônio público" (STF-Pleno, RE 409.356, Min. Luiz Fux, j. 25.10.18, DJ 29.7.20).

Art. 1º: 18. "Hipótese de ação civil pública que se encontra fora do alcance da vedação prevista no parágrafo único do art. 1º da Lei 7.347/85, porquanto a matéria tributária figura como causa de pedir, e não como pedido principal, sendo sua análise indispensável para que se constate eventual ofensa ao princípio da legalidade imputado na inicial ao agente político tido como ímprobo. No entanto, os demais pedidos veiculados na ação civil pública — **ressarcimento dos contribuintes** no valor equivalente ao excesso cobrado a título de taxa de lixo, por meio da constituição de fundo próprio, a ser posteriormente dividido entre os prejudicados — revela que se trata de pretensões insertas na vedação prevista na Lei de Ação Civil Pública quanto ao uso da referida medida judicial na defesa de interesses individuais e de questões tributárias" (STJ-2ª T., REsp 1.387.960, Min. Og Fernandes, j. 22.5.14, DJ 13.6.14).

Art. 2º As ações previstas nesta lei serão propostas no foro do local onde ocorrer o dano, cujo juízo terá competência funcional para processar e julgar a causa.[1 a 3]

Parágrafo único. A propositura da ação prevenirá a jurisdição do juízo para todas as ações posteriormente intentadas que possuam a mesma causa de pedir ou o mesmo objeto.[4]

✎ **Art. 2º: 1.** "A competência na ação civil pública e na ação popular", por José Antonio Lisbôa Neiva (Just. 171/38); "Direito ambiental. Órgão jurisdicional competente para apreciar, em primeiro grau, ação civil pública em que o MP federal é parte e o dano se verificou ou se verificará em local onde inexiste Vara Federal", por Rui Costa Gonçalves (RT 741/148); "A expressão 'competência funcional' no art. 2º da Lei da Ação Civil Pública", por José Carlos Barbosa Moreira (RF 380/179).

Art. 2º: 1a. LC 75, de 20.5.93 — Dispõe sobre a organização, as atribuições e o estatuto do Ministério Público da União: **"Art. 83.** Compete ao Ministério Público do Trabalho o exercício das seguintes atribuições junto aos órgãos da Justiça do Trabalho: ... **III** — Promover a ação civil pública no âmbito da Justiça do Trabalho, para a defesa dos interesses coletivos, quando desrespeitados os direitos sociais constitucionalmente garantidos".

Art. 2º: 1b. "Tendo a ação civil pública como causas de pedir disposições trabalhistas e pedidos voltados à **preservação do meio ambiente do trabalho** e, portanto, aos interesses dos empregados, a competência para julgá-la é da **Justiça do Trabalho**" (RTJ 171/330). Conforme o relator, Min. Marco Aurélio, o fundamento da ação era exclusivamente a legislação do trabalho: "Em momento algum, apontou-se o que se poderia ter como acidente do trabalho, nem se reivindicou, relativamente a empregados individualizados, este ou aquele benefício previdenciário".

No mesmo sentido: "Compete à **Justiça do Trabalho** instruir e julgar ação civil pública em que se pretende a tutela coletiva de cumprimento das normas de segurança e medicina do trabalho" (STJ-RSTJ 176/291: 2ª Seção). Nesse caso, o fundamento da ação era o impacto no ambiente de trabalho e na saúde dos trabalhadores, ante o aumento de suas atividades.

S/ competência da Justiça do Trabalho para as ações que tenham como causa de pedir o descumprimento de normas trabalhistas relativas à segurança, higiene e saúde dos trabalhadores, v. CF 114, nota 5b **(Súmula 736 do STF).**

Art. 2º: 1c. "A ação civil pública cujo objeto é o cumprimento de lei que reserva percentual mínimo de vagas a serem preenchidas, no quadro de pessoal de empresas privadas, por portadores de deficiência física ou pessoas reabilitadas ao trabalho deve ser processada e julgada pela Justiça do Trabalho" (STJ-2ª Seção, CC 34.634, Min. Ari Pargendler, j. 23.10.02, DJU 21.2.05).

Art. 2º: 2. Atribuições dos Ministérios Públicos Federal e Estadual e competência para a ação civil pública. "Figurando como autor da ação o MP Federal, que é órgão da União, a competência para a causa é da Justiça Federal. Não se confunde competência com legitimidade das partes. A questão competencial é logicamente antecedente e, eventualmente, prejudicial à da legitimidade. Fixada a competência, cumpre ao juiz apreciar a legitimação ativa do MP Federal para promover a demanda, consideradas as suas características, as suas finalidades e os bens jurídicos envolvidos. À luz do sistema e dos princípios constitucionais, nomeadamente o princípio federativo, é atribuição do MP da União promover as ações civis públicas de interesse federal e ao MP Estadual as demais. Considera-se que há interesse federal nas ações civis públicas que (a) envolvam matéria de competência da Justiça Especializada da União (Justiça do Trabalho e Eleitoral); (b) devam ser legitimamente promovidas perante os Órgãos Judiciários da União (Tribunais Superiores) e da Justiça Federal (Tribunais Regionais Federais e Juízes Federais); (c) sejam da competência federal em razão da matéria — as fundadas em tratado ou contrato da União com Estado estrangeiro ou organismo internacional (CF, art. 109, III) e as que envolvam disputa sobre direitos indígenas (CF, art. 109, XI); (d) sejam da competência federal em razão da pessoa — as que devam ser propostas contra a União, suas entidades autárquicas e empresas públicas federais, ou em que uma dessas entidades figure entre os substituídos processuais no polo ativo (CF, art. 109, I); e (e) as demais causas que envolvam interesses federais em razão da natureza dos bens e dos valores jurídicos que se visa tutelar" (RSTJ 187/139: 1ª T., REsp 440.002).

"Ação civil pública. Fiscalização de recursos federais transferidos a entes municipais. Portal da transparência. Interesse de ente federal. Ministério Público Federal no polo ativo da demanda. Legitimidade ativa. Competência da Justiça Federal" (STJ-2ª T., REsp 1.804.943, Min. Herman Benjamin, j. 25.6.19, DJ 1.7.19). Do voto do relator: "A presença do Ministério Público Federal é suficiente, por si só, para assegurar a competência da Justiça Federal, mas não basta para assegurar que o processo receba sentença de mérito nesse ramo da Justiça, pois, se não existir atribuição do *Parquet* Federal, o processo deverá ser extinto sem julgamento do mérito por ilegitimidade ativa ou, vislumbrando-se a legitimidade do Ministério Público Estadual, ser remetido à Justiça Estadual para que ali prossiga com a substituição do MPF pelo MPE, o que seria viável diante do princípio constitucional da unidade do Ministério Público".

"Ação civil pública. Improbidade administrativa. SENAC. Pessoa jurídica de direito privado. Ilegitimidade ativa do Ministério Público Federal. Não se confunde competência com legitimidade da parte. A definição do órgão judicante competente para processar e julgar a causa precede a análise de qual órgão ministerial deve atuar na ação de improbidade administrativa. Recurso Especial conhecido em parte e, nessa parte, provido para que sejam os autos remetidos à Justiça Estadual e intimado o Ministério Público Estadual para demonstrar ou não o seu interesse no processamento da causa, ratificando ou não a petição inicial" (STJ-2ª T., REsp 1.412.480, Min. Herman Benjamin, j. 2.10.18, DJ 23.11.18).

"É atribuição do Ministério Público estadual atuar em ação de reparação de dano ao erário, por improbidade administrativa concernente a desvio de recursos do FUNDEF, quando não tenha havido complementação de verbas federais" (STF-Pleno, ACOr 1.156, Min. Cezar Peluso, j. 1.7.09, DJ 12.3.10).

"O Ministério Público Federal tem legitimidade para o ajuizamento de ações civis públicas sempre que ficar evidenciado o envolvimento de interesses nitidamente federais, assim considerados em virtude dos bens e valores a que se visa tutelar. As atividades desenvolvidas pelas instituições financeiras, sejam elas públicas ou privadas, subordinam-se ao conteúdo de normas regulamentares editadas por órgãos federais e de abrangência nacional, estando a fiscalização quanto à efetiva observância de tais normas a cargo dessas mesmas instituições, a revelar a presença de interesse nitidamente federal, suficiente para conferir legitimidade ao Ministério Público Federal para o ajuizamento da ação civil pública" (STJ-3ª T., REsp 1.573.723, Min. Ricardo Cueva, j. 10.12.19, maioria, DJ 13.12.19).

"O Ministério Público Federal possui legitimidade para propor ação civil pública contra cobrança de taxa de expedição ou registro de diplomas, tendo em vista que o direito que se buscar proteger é de todos os estudantes" (STJ-2ª T., REsp 1.815.281-AgInt, Min. Francisco Falcão, j. 3.3.20, DJ 10.3.20).

"Figurando como autor da ação o Ministério Público Federal, que é órgão da União, a competência para a causa é da Justiça Federal" (STJ-4ª T., REsp 1.283.737, Min. Luis Felipe, j. 22.10.13, DJ 25.3.14).

S/ conflito de atribuições entre MP Federal e MP Estadual, v. CF 102, nota 17; s/ competência, v. CPC 45, nota 2, e 177, nota 3b, e LIA 17, nota 1f; litispendência ou coisa julgada, v. CPC 337, nota 20b.

Art. 2º: 2a. "É inadmissível a exclusão da **competência da Justiça Federal** para julgamento das ações civis públicas intentadas pela União ou contra ela (...), pois o afastamento da jurisdição federal somente pode dar-se por meio de referência expressa à Justiça Estadual, como a que fez o constituinte na primeira parte do art. 109, § 3º, da Constituição Federal, em relação às causas de natureza previdenciária" (STF-RT 779/167, ementa da redação).

"Interesse da União na causa, na medida em que toda a questão perpassa pela degradação de bem público federal, qual seja, o Rio Doce, e suas consequências sociais e ambientais, além de que o acidente decorreu da exploração de atividade minerária, cuja outorga cabe à União. A Justiça Federal é, pois, competente para conhecer e julgar demandas relacionadas aos impactos ambientais ocorridos e aos que ainda venham a ocorrer sobre o ecossistema do Rio Doce, sua foz e sobre a área costeira" (STJ-1ª Seção, CC 144.922, Min. Diva Malerbi, j. 22.6.16, maioria, DJ 9.8.16).

"Compete à Justiça Federal processar e julgar a ação civil pública movida com a finalidade de reparar os danos ao meio ambiente ocasionados pelo vazamento de óleo no mar territorial, bem de propriedade da União. Consolida-se ainda a competência do juízo federal por tratar-se de causa fundada em Convenção Internacional" (STJ-1ª Seção, CC 16.863, Min. Demócrito Reinaldo, j. 26.6.96, DJU 19.8.96).

Art. 2º: 2b. O STJ, em sessão de 8.11.00, julgando os EDcl no CC 27.676-BA, resolveu cancelar a Súmula 183 (DJU 28.11.00, p. 170), que era do teor seguinte: "Compete ao Juiz Estadual, nas comarcas que não sejam sede de vara da Justiça Federal, processar e julgar ação civil pública, ainda que a União figure no processo" (v. jurisprudência s/ esta Súmula em RSTJ 101/17).

Art. 2º: 3. "A 12ª Vara Federal da Secção Judiciária de Minas Gerais possui melhores condições de dirimir as controvérsias aqui postas, decorrentes do acidente ambiental de Mariana, pois além de ser a **Capital de um dos Estados** mais atingidos pela tragédia, já tem sob sua análise processos outros, visando não só a reparação ambiental *stricto sensu*, mas também a distribuição de água à população dos Municípios atingidos, entre outras providências, o que lhe propiciará, diante de uma **visão macroscópica dos danos** ocasionados pelo desastre ambiental do rompimento da barragem de Fundão e do conjunto de imposições judiciais já direcionadas à empresa Samarco, tomar medidas dotadas de mais efetividade, que não corram o risco de ser neutralizadas por outras decisões judiciais provenientes de juízos distintos, além de contemplar o maior número de atingidos" (STJ-1ª Seção, CC 144.922, Min. Diva Malerbi, j. 22.6.16, maioria, DJ 9.8.16).

V. tb. CPC 55, nota 3d, e 66, nota 1b, LAP 5º, nota 1b, e CDC 93-II e notas.

Art. 2º: 4. § ún. introduzido pela Med. Prov. 2.180-35, de 24.8.01.

Art. 3º A ação civil poderá ter por objeto a condenação em dinheiro[1-1a] ou o cumprimento de obrigação de fazer ou não fazer.[2 a 4]

Art. 3º: 1. v. art. 13.

Art. 3º: 1a. "A reparação de danos, mediante indenização de caráter compensatório, deve se realizar com a entrega de dinheiro, o qual reverterá para o fundo a que alude o art. 13 da Lei 7.345/85. Destarte, não é permitido em ação civil pública a condenação, a título de indenização, à entrega de bem móvel para uso de órgão da Administração Pública" (STJ-1ª T., REsp 802.060, Min. Luiz Fux, j. 17.12.09, DJ 22.2.10).

Art. 3º: 2. "O art. 3º da Lei 7.347/85, a ser aplicado contra a administração pública, há de ser interpretado como vinculado aos princípios constitucionais que regem a administração pública, especialmente o que outorga ao Poder Executivo o gozo de total liberdade e discricionariedade para eleger as obras prioritárias a serem realizadas, ditando a oportunidade e conveniência desta ou daquela obra, não sendo dado ao Poder Judiciário obrigá-lo a dar prioridade a determinada tarefa do poder público" (STJ-1ª T., AI 138.901-AgRg, Min. José Delgado, j. 15.9.97, DJU 17.11.97). No mesmo sentido: RSTJ 114/98 (1ª T.), 166/160 (2ª T.), RTJE 173/103, Bol. AASP 2.238/2.034.

Art. 3º: 3. Súmula 629 do STJ: "Quanto ao dano ambiental, é admitida a condenação do réu à obrigação de fazer ou à de não fazer cumulada com a de indenizar".

Em ação civil pública é possível **cumular pedido** condenatório ao pagamento de dinheiro com outro voltado ao cumprimento de obrigação de fazer ou não fazer: "a conjunção 'ou' deve ser considerada com o sentido de adição (permitindo, com a cumulação dos pedidos, a tutela integral do meio ambiente) e não o de alternativa excludente (o que tornaria a ação civil pública instrumento inadequado a seus fins). É conclusão imposta, outrossim, por interpretação sistemática do art. 21 da mesma lei, combinado com o art. 83 do CDC" (STJ-1ª T., REsp 605.323, Min. Teori Zavascki, j. 18.8.05, um voto vencido, DJU 17.10.05). No mesmo sentido: STJ-2ª T., REsp 1.114.893, Min. Herman Benjamin, j. 16.3.10, DJ 28.2.12; STJ-RP 191/454 e RMDAU 32/123 (3ª T., REsp 1.181.820); RT 887/370 (TRF-5ª Reg., AP 2000.81.00.013164-3).

"Ação civil pública. Meio ambiente. Depósito de resíduo sólido a céu aberto. Prova técnica da lesividade da conduta. Obrigação de fazer e pagar quantia. Possibilidade de cumulação. A cumulação de obrigação de fazer, não fazer e pagar não configura *bis in idem*, porquanto a indenização, em vez de considerar lesão específica já ecologicamente restaurada ou a ser restaurada, põe o foco em parcela do dano que, embora causada pelo mesmo comportamento pretérito do agente, apresenta efeitos deletérios de cunho futuro, irreparável ou intangível" (STJ-2ª T., REsp 1.334.421, Min. Herman Benjamin, j. 19.5.16, DJ 6.11.19).

Contra, a nosso ver sem razão: "Não pode a ação civil pública ter por objeto a condenação cumulativa de cumprimento de obrigação de fazer ou não fazer e dinheiro" (RSTJ 139/55: 1ª T., REsp 205.153).

Art. 3º: 4. O objeto da ação civil pública não se resume a isso: nela pode ser formulado qualquer pedido apto à proteção dos direitos tuteláveis por essa via, v.g., desconstituição de atos jurídicos lesivos ao patrimônio público (STJ-1ª T., REsp 592.693, Min. Teori Zavascki, j. 7.8.07, DJU 27.8.07).

V. tb. art. 5º, nota 3a.

Art. 4º Poderá ser ajuizada ação cautelar[1] para os fins desta Lei, objetivando, inclusive, evitar dano ao patrimônio público e social, ao meio ambiente, ao consumidor, à honra e à dignidade de grupos raciais, étnicos ou religiosos, à ordem urbanística ou aos bens e direitos de valor artístico, estético, histórico, turístico e paisagístico.[2]

Art. 4º: 1. v. CPC 294 e segs. (tutela provisória) e 381 a 383 (produção antecipada da prova).

A medida liminar está prevista no art. 12 da LACP.

Art. 4º: 2. Redação da Lei 13.004, de 24.6.14, em vigor 60 dias após sua publicação (DOU 25.6.14).

Art. 5º Têm legitimidade para propor[1-1a] a ação principal e a ação cautelar:[1b]

I — o Ministério Público;[1c a 3c]

II — a Defensoria Pública;[3d a 4]

III — a União, os Estados, o Distrito Federal e os Municípios;[4a a 4c]

IV — a autarquia, empresa pública, fundação ou sociedade de economia mista;[4d-4e]

V — a associação[5 a 5b] que, concomitantemente:[5c]

a) esteja constituída há pelo menos 1 (um) ano nos termos da lei civil;[5d-5e]

b) inclua, entre suas finalidades institucionais, a proteção ao patrimônio público e social, ao meio ambiente, ao consumidor, à ordem econômica, à livre concorrência, aos direitos de grupos raciais, étnicos ou religiosos ou ao patrimônio artístico, estético, histórico, turístico e paisagístico.[6-6a]

§ 1º O Ministério Público, se não intervier no processo como parte, atuará obrigatoriamente como fiscal da lei.[6b a 7]

§ 2º Fica facultado ao Poder Público e a outras associações legitimadas nos termos deste artigo habilitar-se como litisconsortes[7a] de qualquer das partes.

§ 3º Em caso de desistência infundada ou abandono da ação por associação legitimada, o Ministério Público ou outro legitimado assumirá a titularidade ativa.[7b-7c]

§ 4º O requisito da pré-constituição poderá ser dispensado pelo juiz, quando haja manifesto interesse social evidenciado pela dimensão ou característica do dano, ou pela relevância do bem jurídico a ser protegido.[7d-7e]

§ 5º Admitir-se-á o litisconsórcio facultativo entre os Ministérios Públicos da União, do Distrito Federal e dos Estados na defesa dos interesses e direitos de que cuida esta lei.[8 a 8b]

§ 6º Os órgãos públicos legitimados poderão tomar dos interessados compromisso de ajustamento[8c a 8f] de sua conduta às exigências legais, mediante cominações, que terá eficácia de título executivo extrajudicial.[9-10]

Art. 5º: 1. s/ atribuições do MP Federal e ação civil pública, v. art. 2º, nota 2; s/ **legitimidade ativa** para a ação civil pública: para a defesa dos interesses e direitos dos **consumidores,** v. CDC 82; por ofensa aos direitos assegurados aos **idosos,** v. EId 81.

"Políticas públicas e a legitimidade para defesa de interesses difusos e coletivos", por Carlos Alberto de Salles (RP 121/38); "Direitos transindividuais: conceito e legitimidade para agir", por José Rogério Cruz e Tucci (RJ 331/9); "Ação civil pública. Legitimidade. Principais aspectos", por Oswaldo Bertogna Júnior (RP 133/7).

Art. 5º: 1a. s/ a necessidade de instrução da petição inicial com a ata autorizadora do ingresso em juízo nos casos de ação coletiva movida por associação em face de pessoas jurídicas de direito público, v. art. 2º-A § ún. da Lei 9.494, de 10.9.97, no tít. FAZENDA PÚBLICA.

Art. 5º: 1b. Redação do *caput* de acordo com a Lei 11.448, de 15.1.07 (DOU 16.1.07), que deslocou para os incs. do art. 5º o rol de entes legitimados para a propositura de ação civil pública, antes constante do próprio *caput.*

Art. 5º: 1c. Redação do inc. I de acordo com a Lei 11.448, de 15.1.07 (DOU 16.1.07), que deslocou o conteúdo do antigo inc. I para a alínea *a* do inc. V.

Art. 5º: 1d. s/ MP: "Ação civil pública. Litisconsórcio de MPs", por José Antonio Lisbôa Neiva (RT 707/238, Just. 167/40); "Ministério Público, Ação civil pública e defesa de interesses individuais homogêneos", por Teori Albino Zavascki (RF 333/123); "Limites à atuação do Ministério Público, no que concerne ao inquérito civil e à ação civil pública", por Galeno Lacerda (RF 333/193-parecer); "Ação civil pública. Ação popular. A defesa dos interesses difusos e coletivos. Posição do MP", por Lucia Valle Figueiredo (RDA 208/35); "Ação civil pública: falta de legitimidade e de interesse do Ministério Público", por Rogério Lauria Tucci (RT 745/75); "A questão ambiental, o MP e as ações civis públicas", por Gustavo Tepedino (RF 342/87); "A concomitância de ações coletivas, entre si, e em face das ações individuais", por Rodolfo de Camargo Mancuso (RT 782/21); "Legitimidade para a defesa dos interesses coletivos *lato sensu,* decorrentes de questões de massa", por Paulo Valério Dal Pai Moraes (RJ 293/52); "Ação civil pública: abusiva utilização pelo MP e distorção pelo Poder Judiciário", por Rogério Lauria Tucci (RT 802/27, RF 365/143); "O *Parquet* na defesa dos direitos individuais homogêneos", por Renato Franco de Almeida (RT 790/114 e RF 362/143); "Tutela coletiva de direitos individuais pelo Ministério Público: breve estudo de sua legitimidade à luz de conceitos de teoria geral do direito", por Luciano de Camargo Penteado (RDPr 19/130); "Ministério Público. Direitos individuais disponíveis e ação civil pública", por Ives Gandra da Silva Martins (RF 330/251); "A legitimidade processual do Ministério Público e das associações na tutela do investidor de fundos", por Sergio Bermudes (RTDC 27/117); "Legitimação do Ministério Público para tutela de direitos individuais homogêneos disponíveis", por Teori Albino Zavascki (IP 86/15).

Art. 5º: 1e. s/ funções institucionais do MP, v. CF 129, em especial inc. III e § 1º.

Art. 5º: 2. LOMP 25: "Além das funções previstas nas Constituições Federal e Estadual, na Lei Orgânica e em outras leis, incumbe, ainda, ao Ministério Público: ... **IV** — promover o inquérito civil e a ação civil pública, na forma da lei: **a)** para a proteção, prevenção e reparação dos danos causados ao meio ambiente, ao consumidor, aos bens e direitos de valor artístico, estético, histórico, turístico e paisagístico, e a outros interesses difusos, coletivos e individuais indisponíveis e homogêneos".

Art. 5º: 2a. Lei 8.069, de 13.7.90 (Estatuto da Criança e do Adolescente, no CCLCV, tít. CRIANÇA, ADOLESCENTE E JOVEM, ínt.): **"Art. 201.** Compete ao Ministério Público: ... **V** — promover o inquérito civil e a ação civil pública para a proteção dos interesses individuais, difusos ou coletivos, relativos à infância e à adolescência, inclusive os definidos no art. 220, § 3º, inciso II, da Constituição Federal".

Art. 5º: 2b. "O MP só tem legitimidade para promover ação pública civil na defesa de interesses difusos ou coletivos, sendo-lhe vedado valer-se desse instrumento para porfiar na defesa de direitos individuais afetos a determinado grupo. As atribuições do MP são as previstas na Constituição ou na lei, sendo defeso ao Estado conferir-lhe outras atribuições através de Convênio" (STJ-RF 332/281, maioria).

"A defesa dos interesses de meros grupos determinados de pessoas só se pode fazer pelo MP quando isso convenha mais à coletividade como um todo" (JTJ 158/9).

"O *Parquet* somente tem legitimidade para promover ação civil pública visando à defesa de direitos individuais homogêneos e disponíveis em casos restritos, quando houver interesse público relevante, o que não se configura na situação em tela, porquanto essa traz consequências tão somente a um grupo específico de indivíduos, os contribuintes que entregaram a declaração do imposto de renda sob a forma de formulário" (STJ-RT 851/177: 1ª T., REsp 776.639).

Art. 5º: 2c. "O art. 21 da Lei 7.347, de 1985 (inserido pelo art. 117 da Lei 8.078/90), estendeu, de forma expressa, o alcance da ação civil pública à defesa dos interesses e direitos individuais homogêneos, legitimando o MP, extraordinariamente e como substituto processual, para exercitá-la (art. 81, § ún., III, da Lei 8.078/90)" (STJ-RT 720/289, acórdão de 21.9.94).

Art. 5º: 3. A jurisprudência tem entendido que **o MP tem legitimidade** para mover ação civil pública:

— "em defesa de direitos individuais homogêneos, desde que esteja configurado interesse social relevante" (STJ-RDA 207/282: 3ª T., REsp 58.682), "ainda que o objeto da demanda seja referente a direitos disponíveis" (STF-2ª T., RE 401.482-AgRg, Min. Teori Zavascki, j. 4.6.13, DJ 21.6.13). No mesmo sentido: STJ-2ª T., REsp 1.281.023, Min. Humberto Martins, j. 16.10.14, DJ 11.11.14. "Se o interesse individual homogêneo possuir relevância social e transcender a esfera de interesses dos efetivos titulares da relação jurídica de consumo, tendo reflexos práticos em uma universalidade de potenciais consumidores que, de forma sistemática e reiterada, sejam afetados pela prática apontada como abusiva, a legitimidade ativa do Ministério Público estará caracterizada" (STJ-3ª T., REsp 1.502.967, Min. Nancy Andrighi, j. 7.8.18, DJ 14.8.18). Mais flexível, em matéria de legitimidade do MP e direitos individuais homogêneos: "Os interesses individuais homogêneos são considerados relevantes por si mesmos, sendo desnecessária a comprovação desta relevância" (STJ-3ª T., REsp 797.963, Min. Nancy Andrighi, j. 7.2.08, DJU 5.3.08). No mesmo sentido: JTJ 350/376 (AP 992.07.008716-3). **"Todavia,** na espécie, apesar da natureza individual homogênea dos direitos dos consumidores, não se vislumbra relevância social nos interesses defendidos, na medida em que a ação civil pública intentada teve início em virtude da insurgência de um consumidor quanto às taxas cobradas em razão da desistência da compra de bilhete aéreo, o que significa dizer que o direito lesionado pertence à pessoa certa e determinada, isto é, diz com a defesa de direito individual homogêneo, sem demonstração de relevância social. Ilegitimidade ativa do *Parquet* reconhecida" (STJ-3ª T., REsp 1.298.449-AgRg, Min. Marco Bellizze, j. 14.6.16, DJ 22.6.16);

— tendo por objeto cláusulas de contratos de adesão (STJ-4ª T., REsp 175.645, Min. Ruy Rosado, j. 7.12.00, DJU 30.4.01);

— para tutelar o recebimento do seguro obrigatório DPVAT por particulares (STF-Pleno, RE 631.111, Min. Teori Zavascki, j. 7.8.14, DJ 30.10.14). À luz desse julgado, a 2ª Seção do STJ decidiu **cancelar a Súmula 470** (STJ-2ª Seção, REsp 858.056, Min. Marco Buzzi, j. 27.5.15, DJ 5.6.15), que era no seguinte sentido: "O Ministério Público não tem legitimidade para pleitear, em ação civil pública, a indenização decorrente do DPVAT em benefício do segurado";

— contra aumento de mensalidades escolares. Nesse sentido é a **Súmula 643 do STF:** "O Ministério Público tem legitimidade para promover ação civil pública cujo fundamento seja a ilegalidade de reajuste de mensalidades escolares";

— contra a cobrança de taxa para "expedição/registro do diploma de curso superior" (STJ-1ª Seção, ED no REsp 1.185.867, Min. Benedito Gonçalves, j. 24.4.13, DJ 7.5.13);

— "para questionar relação de consumo resultante de ajuste a envolver cartão de crédito" (STF-1ª T., RE 441.318, Min. Marco Aurélio, j. 25.10.05, DJU 24.2.06);

— "tutelando direitos coletivos de correntistas, que, na qualidade de consumidores, firmam contrato de abertura de crédito com instituições financeiras e são submetidos a cláusulas abusivas" (STJ-4ª T., REsp 537.652, Min. João Otávio, j. 8.9.09, DJ 21.9.09);

— "de proteção ao consumidor, em cumulação de demandas, visando: a) à nulidade de cláusula contratual inquinada de nula (juros mensais); b) à indenização pelos consumidores que já firmaram os contratos em que constava tal cláusula; c) à obrigação de não mais inserir nos contratos futuros a referida cláusula" (RSTJ 98/311). No mesmo sentido, tratando-se de cláusula de reajuste de prestações pela variação cambial: RT 797/389, 799/335;

— contra sorteios veiculados por empresa de televisão, a fim de proteger os consumidores de eventual propaganda enganosa (STJ-3ª T., REsp 332.331, Min. Castro Filho, j. 26.11.02, DJU 19.12.02);

— em defesa de consumidores de serviços de televisão por assinatura (STJ-RF 367/241; STJ-3ª T., REsp 308.486, Min. Menezes Direito, j. 24.6.02, DJU 2.9.02);

— "em defesa de interesses sociais homogêneos, de relevante interesse social, em contratos por adesão, como no caso, os contratos de arrendamento mercantil" (STJ-3ª T., REsp 627.495-AgRg, Min. Gomes de Barros, j. 9.8.07, DJU 27.8.07);

— visando à anulação de cláusulas consideradas abusivas de contrato de prestação de serviços de assistência médico-hospitalar (RSTJ 151/343, RT 752/293, 850/213, JTJ 193/26);

— "em tutela de interesses individuais homogêneos dotados de alto relevo social, como os de mutuários em contratos de financiamento pelo Sistema Financeiro da Habitação" (STF-RDDP 56/152 e RT 865/125: 2ª T., RE

470.135-AgRg-EDcl), p. ex., quando se alegam "abusivas cláusulas de contratos de financiamento para aquisição da casa própria" (STJ-RT 828/172). No mesmo sentido: STJ-Corte Especial, ED no REsp 644.821, Min. Castro Meira, j. 4.6.08, DJ 4.8.08;

— para postular "o reconhecimento de abusividade de cláusula contida em contrato de compra e venda de imóvel celebrado entre as embargadas e seus consumidores" (STJ-Corte Especial, ED no REsp 1.378.938, Min. Benedito Gonçalves, j. 20.6.18, DJ 27.6.18).

— para o reconhecimento da abusividade de critérios de reajuste das obrigações previstas em contrato de adesão estipulado por empresa que explora os serviços de concessão de lotes e jazigos em cemitério (RSTJ 179/367);

— versando sobre "questão referente a contrato de locação, formulado como contrato de adesão pelas empresas locadoras, com exigência de taxa imobiliária para inquilinos", por se tratar de assunto "de interesse público pela repercussão das locações na sociedade" (STJ-Corte Especial, ED no REsp 114.908, Min. Eliana Calmon, j. 7.11.01, dez votos a três, DJU 20.5.02). **Todavia,** no sentido de que não cabe ação civil pública "objetivando a declaração de nulidade de cláusulas abusivas constantes de contratos de locação realizados com apenas uma administradora do ramo imobiliário": STJ-5ª T., REsp 605.295, Min. Laurita Vaz, j. 20.10.09, dois votos vencidos, DJ 2.8.10;

— em defesa de interesses de adquirentes de unidades de conjunto habitacional, ameaçadas de ruína, com risco à integridade física de seus moradores (JTJ 192/227, 203/9, 260/32);

— "visando à regularização de loteamentos urbanos destinados à moradia popular" (STJ-2ª T., REsp 601.981, Min. Eliana Calmon, j. 23.8.05, DJU 19.9.05). V. tb. nota 3b;

— "para pleitear nulidade de contratos imobiliários relativos a loteamento irregular. No campo de loteamentos clandestinos ou irregulares, o Ministério Público é duplamente legitimado, tanto pela presença de interesse difuso (= tutela da ordem urbanística e/ou do meio ambiente) como de interesses individuais homogêneos (= compradores prejudicados pelo negócio jurídico ilícito e impossibilidade do objeto)" (STJ-RP 185/373: 2ª T., REsp 897.141);

— contra Prefeitura Municipal, objetivando o cumprimento de exigências das legislações federal, estadual e municipal pertinentes ao uso e ocupação do solo (STJ-1ª T., REsp 292.846, Min. Gomes de Barros, j. 7.3.02, DJU 15.4.02; STJ-2ª T., REsp 432.531, Min. Franciulli Netto, j. 18.12.04, DJU 25.4.05; JTJ 189/11);

— contra loteador, visando ao cumprimento das obrigações assumidas no empreendimento (RSTJ 134/176, RT 742/256, 811/218, JTJ 193/127, 203/9). V. tb. nota 3b;

— contra empresa poluidora do ambiente, emissora de ruídos acima dos níveis permitidos (STJ-1ª T., REsp 858.547, Min. Luiz Fux, j. 12.2.08, DJ 4.8.08; STJ-2ª T., REsp 170.958-AgRg, Min. Franciulli Netto, j. 18.3.04, DJU 30.6.04; RSTJ 94/265, RT 796/233; 904/333: TJMG, AP 1.0439.09.099537-4/002; JTJ 232/24). **Contra:** RT 694/78, 838/217 (entendendo tratar-se de questão de interesse estritamente dos vizinhos da empresa);

— "para preservar padrão urbanístico", "não obstante possa ter reflexos em interesses privados" (STJ-3ª T., REsp 166.714, Min. Ari Pargendler, j. 21.8.01, DJU 1.10.01); a ação objetivava impedir o parcelamento de solo, não aprovado pelos órgãos competentes nem registrado no Registro de Imóveis (v. art. 1º, nota 3);

— "na defesa da segurança do trânsito, matéria relativa à ordem urbanística" (STJ-1ª T., REsp 725.257, Min. José Delgado, j. 10.4.07, DJU 14.5.07);

— para "pleitear a proteção do direito do cidadão de transitar livremente por rodovia federal, sem pagar pedágio, mormente quando não construída rodovia alternativa" (STJ-2ª T., REsp 512.074, Min. Franciulli Netto, j. 16.11.04, DJU 4.4.05; no mesmo sentido: STJ-1ª T., REsp 417.804, Min. Teori Zavascki, j. 19.4.05, DJU 16.5.05);

— "visando à interdição de cadeia pública para reforma do prédio" (RT 850/309);

— para a tutela dos usuários de serviços públicos. Nesse sentido é a **Súmula 601 do STJ:** "O Ministério Público tem legitimidade ativa para atuar na defesa de direitos difusos, coletivos e individuais homogêneos dos consumidores, ainda que decorrentes da prestação de serviço público". Ainda no mesmo sentido: STJ-RT 862/187 (2ª T., REsp 591.916; no caso, impugnava-se a cobrança de tarifa para religação de energia elétrica); STJ-2ª T., REsp 856.378, Min. Mauro Campbell, j. 17.3.09, DJ 16.4.09 (no caso, discutia-se o preço cobrado pelos serviços de água e esgoto); STJ-1ª T., REsp 806.304, Min. Luiz Fux, j. 2.12.08, DJ 17.12.08 (defesa dos direitos dos consumidores do serviço de telefonia celular pré-pago); STF-1ª T., RE 379.495, Min. Marco Aurélio, j. 11.10.05, DJU 20.4.06 (caso no qual se buscava "infirmar preço de passagem em transporte coletivo"; STF-RP 189/363 (2ª T., RE 228.177; no caso, discutia-se tarifa de transporte público);

— para tutelar "o direito de petição e o direito de obtenção de certidão em repartições públicas" (STF-RT 878/125 e RP 164/315-2ª T., RE 472.489-AgRg);

— para "fornecimento de histórico escolar de aluno" (RSTJ 93/296);

— para que seja mantido o curso de ensino médio no período noturno oferecido por determinada instituição de ensino (STJ-RT 888/173: 2ª T., REsp 933.002);

— com o objetivo de incluir percentual da arrecadação de impostos na verba destinada à educação (JTJ 155/98);

— "em defesa dos princípios que devem reger o acesso aos cargos públicos por meio de concurso, configurado o interesse social relevante" (STJ-Corte Especial, ED no REsp 547.704, Min. Menezes Direito, j. 15.2.06, DJU 17.4.06);

— visando à decretação de nulidade de concurso público: "Propugnando-se, na ação civil pública, a anulação de concurso público ante a inobservância de princípios atinentes à administração pública, o interesse em tutela é metaindividual difuso. Em sentido inverso, houvesse a intenção de assegurar eventuais direitos dos candidatos inscritos no certame, presentes estariam interesses individuais homogêneos" (STJ-2ª T., REsp 191.751, Min. João Otávio, j. 5.4.05, DJU 6.6.05). No mesmo sentido: STJ-1ª T., REsp 180.350, Min. Garcia Vieira, j. 22.9.98, maioria, DJU 9.11.98;

— "para defesa dos direitos individuais indisponíveis, mesmo quando a ação vise à tutela de pessoa individualmente considerada. Tem natureza de interesse indisponível a tutela jurisdicional do direito à vida e à saúde de que tratam os arts. 5º, *caput*, e 196 da Constituição" (STJ-RDDP 79/160: 1ª Seção, ED no REsp 819.010, um voto vencido). No mesmo sentido: STF-RF 405/409 (1ª T., RE 407.902); STJ-3ª T., REsp 976.021, Min. Nancy Andrighi, j. 14.12.10, maioria, DJ 3.2.11; RT 866/212, JTJ 331/571 (AP 748.451-5/0-00). Assim: "O Ministério Público possui legitimidade para ajuizar ação civil pública com objetivo de compelir entes federados a entregarem medicamentos a portadores de certa doença" (STF-Pleno, RE 605.533, Min. Marco Aurélio, j. 15.8.18, DJ 12.2.20). Ainda: "O Ministério Público é parte legítima para pleitear tratamento médico ou entrega de medicamentos nas demandas de saúde propostas contra os entes federativos, mesmo quando se tratar de feitos contendo beneficiários individualizados, porque se trata de direitos individuais indisponíveis, na forma do art. 1º da Lei 8.625/1993 (Lei Orgânica Nacional do Ministério Público)" (STJ-1ª Seção, REsp 1.681.690, Min. Og Fernandes, j. 25.4.18, DJ 3.5.18). **Todavia,** em caso de pessoa individualmente considerada: "Essa legitimação extraordinária só existe quando a lei assim determina, como ocorre no ECA e no Estatuto do Idoso, sendo insuficiente falar, de forma genérica, em interesse público" (STJ-IP 43/295: 2ª T., REsp 920.217). Em sentido ainda mais restritivo, afirmando, sem ressalvas, que o MP não tem legitimidade para pedir a tutela da saúde de um único indivíduo: JTJ 293/123, maioria;

— para defesa dos direitos de criança ao atendimento em creche: "Tem natureza de interesse indisponível a tutela jurisdicional do direito assegurado às crianças, menores de seis anos, de receber atendimento em creche ou pré-escola (CF, art. 208, IV; Lei 8.069/90, art. 54, IV), notadamente em se tratando de crianças carentes. É por serem indisponíveis (e não por serem homogêneos) que tais interesses individuais podem ser tutelados pelo MP" (STJ-1ª Seção, ED no REsp 466.861, Min. Teori Zavascki, j. 28.3.07, DJU 7.5.07). **Contra,** no sentido de negar a legitimidade do MP para a tutela de uma única criança: STJ-2ª T., REsp 488.427, Min. Eliana Calmon, j. 21.6.07, DJU 6.8.07;

— "postulando a declaração da responsabilidade civil dos demandados em virtude de suposta exploração sexual de adolescentes indígenas e a sua condenação ao pagamento de indenização por danos morais coletivos em favor das respectivas comunidades indígenas" (STJ-3ª T., REsp 1.835.867, Min. Marco Bellizze, j. 10.12.19, DJ 17.12.19; a citação é do voto do relator).

No que diz respeito às **relações de trabalho,** tem-se admitido a propositura de ação civil pública pelo MP:

— contra empresa, "para que esta corrija ou evite condições do ambiente de trabalho, de molde a impedir a ocorrência de acidentes, quando imprecisos os trabalhadores que nela atuam e imprecisas, também, as situações de risco que possam ocorrer" (RT 752/255);

— "com o objetivo de afastar danos físicos a empregados de empresa, em que muitos deles já ostentam lesões decorrentes de esforços repetitivos" (RSTJ 146/276);

— "em proteção de trabalhadores submetidos a condições insalubres, acarretando danos à saúde" (STJ-RF 340/251); no mesmo sentido: STF-RT 804/159;

— "destinada a evitar acidentes de trabalho" (RSTJ 159/478), "desde que presente interesse social relevante" (STJ-3ª T., RMS 8.785, Min. Eduardo Ribeiro, j. 2.3.00, DJU 22.5.00). **Contra,** ponderando descaber ao MP investigar "o descumprimento de normas relativas à higiene e à segurança do trabalho" (STJ-1ª T., RMS 5.563-9, Min. Cesar Rocha, j. 21.8.95, DJU 16.10.95).

S/ competência para a ação civil pública, proposta com esses objetivos, v. art. 2º, nota 1b, e CF 114, nota 5b **(Súmula 736 do STF).**

Art. 5º: 3a. Patrimônio público e probidade administrativa.

"O Ministério Público detém legitimidade para o ajuizamento de ação civil pública intentada com o fito de obter condenação de agente público ao ressarcimento de alegados prejuízos que sua atuação teria causado ao erário" (STF-RP 204/395: Pleno, RE 225.777, maioria).

Súmula 329 do STJ: "O Ministério Público tem legitimidade para propor ação civil pública em defesa do patrimônio público".

No mesmo sentido: RT 721/222, 722/139, JTJ 156/127, 173/246. **Contra:** RT 730/234.

Na medida em que "a probidade administrativa é consectário da moralidade administrativa, anseio popular e, *a fortiori*, difuso", tem o MP legitimidade para ingressar em juízo em sua defesa (STJ-1ª T., REsp 510.150, Min. Luiz Fux, j. 17.2.04, DJU 29.3.04). Por isso, "a ação civil pública, regulada pela Lei 7.347/85, pode ser cumulada com pedido de reparação de danos por improbidade administrativa, com fulcro na Lei 8.429/92" (STJ-2ª T., REsp 434.661, Min. Eliana Calmon, j. 24.6.03, DJU 25.8.03). No mesmo sentido: RT 869/230, 870/233, JTJ 260/47. Ainda: "Mostra-se lícita, também, a cumulação de pedidos de natureza condenatória, declaratória e constitutiva pelo *Parquet* por meio dessa ação" (STJ-2ª T., REsp 507.142, Min. João Otávio, j. 15.12.05, DJU 13.3.06).

Reconhece-se a legitimidade do MP para mover ação civil pública:

— em defesa de patrimônio de fundação pública (JTJ 192/9, maioria);

— "na defesa de pessoas jurídicas que integravam a Administração Pública Indireta e posteriormente foram submetidas a processo de privatização, não ocorrendo, nessas situações, a perda superveniente da legitimidade *ad causam*" (STJ-2ª T., REsp 1.660.381, Min. Herman Benjamin, j. 21.8.18, DJ 26.11.18);

— contra a indevida concessão de vantagem pecuniária a servidores públicos (STJ-5ª T., REsp 468.292, Min. Hamilton Carvalhido, j. 10.2.04, DJU 15.3.04);

— para postular a invalidação de contrato celebrado pela Administração Pública sem a realização de prévia licitação (STF-RT 860/174: 2ª T., RE 262.134; RT 829/387);

— para "exigir a devolução de remuneração a maior recebida por vice-prefeito, conforme decisão de Tribunal de Contas" (RSTJ 128/81), ou de verbas de representação recebidas indevidamente (STF-Pleno, RE 208.790-4, Min. Ilmar Galvão, j. 27.9.00, DJU 15.12.00). No mesmo sentido: RJM 168/86.

Todavia: "A função institucional do Ministério Público, de promover ação civil pública em defesa do patrimônio público, prevista no art. 129, III, da CF, deve ser interpretada em harmonia com a norma do inc. IX do mesmo artigo, que veda a esse órgão assumir a condição de representante judicial ou de consultor jurídico das pessoas de direito público. Ordinariamente, a defesa judicial do patrimônio público é atribuição dos órgãos da advocacia e da consultoria dos entes públicos, que a promovem pelas vias procedimentais e nos limites da competência estabelecidos em lei. A intervenção do MP, nesse domínio, somente se justifica em situações especiais, em que se possa identificar, no patrocínio judicial em defesa do patrimônio público, mais que um interesse ordinário da pessoa jurídica titular do direito lesado, um interesse superior, da própria sociedade. No caso, a defesa judicial do direito à reversão de bem imóvel ao domínio municipal, por alegada configuração de condição resolutória da sua doação a clube recreativo, é hipótese que se situa no plano dos interesses ordinários do Município, não havendo justificativa para que o MP, por ação civil pública, atue em substituição dos órgãos e das vias ordinárias de tutela" (STJ-1ª T., REsp 246.698, Min. Teori Zavascki, j. 15.3.05, DJU 18.4.05).

Também negando legitimidade ao MP em ação civil pública que busca "reaver indenização supostamente indevida, paga a trabalhador portuário avulso": STJ-1ª T., REsp 799.883, Min. Luiz Fux, j. 17.5.07, DJU 4.6.07.

Art. 5º: 3b. De acordo com a jurisprudência, o **MP não tem legitimidade** para propor ação civil pública:

— voltada ao combate de gestão fraudulenta de clube de futebol (STJ-RT 891/260: 2ª T., REsp 1.041.765);

— "na qual busca a suposta defesa de um pequeno grupo de pessoas — no caso, dos associados de um clube, numa óptica predominantemente individual" (STJ-4ª T., REsp 1.109.335, Min. Luis Felipe, j. 21.6.11, DJ 1.8.11);

— "para defesa de direitos individuais que visam a responsabilização de danos sofridos, fundada na responsabilidade aquiliana" (RT 712/224). Esse acórdão foi confirmado pelo STJ: "Não tem o Ministério Público legitimidade ativa para propor ação civil pública para defesa de interesses individuais plúrimos, que não se confundem com interesses coletivos" (RSTJ 78/114: 1ª T., REsp 59.164; ação proposta pelo MP em defesa de vítimas de desmoronamento de terras);

— "objetivando o recebimento de indenização pelo atraso na entrega da obra de imóveis compromissados à venda, mormente quando se identifica verdadeira hipótese de invasão da seara da advocacia particular e, inobstante o limitado grupo de possíveis interessados, de fácil identificação, a instrução da inicial traz à colação apenas dois contratos, sem esforço prévio relevante para a congregação do todo ou de um número mais expressivo, ensejando interpretação de que, na espécie, a lide foi proposta para atender apenas alguns descontentes" (STJ-4ª T., REsp 236.161, Min. Aldir Passarinho Jr., j. 6.4.06, DJU 2.5.06);

— "que objetiva promover a suspensão de comercialização e obter a rescisão de contrato de compra e venda de imóveis em empreendimento habitacional" (STJ-4ª T., REsp 198.223, Min. Aldir Passarinho Jr., j. 12.4.05, dois votos vencidos, DJU 27.6.05). V. tb. nota 3;

— "visando o pagamento de correção monetária de vencimentos de servidores públicos" (STJ-RF 347/308);

— contra decreto municipal que alterou a destinação de área pública (JTJ 197/216).

S/ ação civil pública contra a cobrança de tributo, v. art. 1º, nota 15.

Art. 5º: 3c. Proposta a ação civil pública pelo MP, os terceiros que eventualmente serão favorecidos pela procedência da ação podem participar do processo como assistentes simples (JTJ 201/14). V. nota 5b.

Art. 5º: 3d. Redação do inc. II de acordo com a Lei 11.448, de 15.1.07 (DOU 16.1.07), que deslocou o conteúdo do antigo inc. II para a alínea *b* do inc. V.

✎ **Art. 5º: 3e.** "Contribuição esperada do Ministério Público e da Defensoria Pública na prevenção da atomização judicial dos megaconflitos", por Rodolfo de Camargo Mancuso (RP 164/152); "Legitimidade da Defensoria Pública para ação civil pública", por Ada Pellegrini Grinover (RP 165/299-parecer).

Art. 5º: 4. "Legitimidade da **Defensoria Pública** para a propositura de ação civil pública em favor de **idosos. Plano de saúde.** Reajuste em razão da idade tido por abusivo. Tutela de interesses individuais homogêneos. Defesa de necessitados, não só os carentes de recursos econômicos, mas também os hipossuficientes jurídicos" (STJ-Corte Especial, ED no REsp 1.192.577, Min. Laurita Vaz, j. 21.10.15, DJ 13.11.15).

"Deve ser conferido ao termo 'necessitados' uma interpretação ampla no campo da ação civil pública para fins de atuação inicial da Defensoria Pública, de modo a incluir, para além do necessitado econômico (em sentido estrito), o **necessitado organizacional,** ou seja, o indivíduo ou grupo em situação especial de vulnerabilidade existencial. O juízo prévio acerca da coletividade de pessoas necessitadas deve ser feito de forma abstrata, em tese, bastando que possa haver, para a extensão subjetiva da legitimidade, o favorecimento de grupo de indivíduos pertencentes à classe dos hipossuficientes, mesmo que, de forma indireta e eventual, venha a alcançar outros economicamente mais favorecidos" (STJ-3ª T., REsp 1.449.416, Min. Ricardo Cueva, j. 15.3.16, DJ 29.3.16).

"A Defensoria Pública tem legitimidade ativa para propor ação civil pública na defesa dos direitos individuais homogêneos dos beneficiários contra abusividades praticadas pelas operadoras de plano de saúde e administradoras de benefícios, nas relações contratuais envolvendo a saúde suplementar" (STJ-3ª T., REsp 1.832.004, Min. Nancy Andrighi, j. 3.12.19, DJ 5.12.19).

Art. 5º: 4a. O inc. III foi acrescido pela Lei 11.448, de 15.1.07 (DOU 16.1.07), que deslocou para os incs. do art. 5º o rol de entes legitimados para a propositura de ação civil pública, antes constante do próprio *caput.*

✎ **Art. 5º: 4b.** "*Parens patriae* — A doutrina da legitimação dos órgãos do Estado para tutela coletiva", por Hermes Zaneti Jr. e Claudio Ferreira Ferraz (RP 212/135).

Art. 5º: 4c. Para a propositura de ação civil pública pelo Município exige-se que a tutela pretendida tenha **pertinência temática** com a competência municipal, tal como dispõem os arts. 23 e 30 da CF. Assim, o Município carece de legitimidade para a ação civil pública com o objetivo de alterar a sistemática de cobrança de contas telefônicas (RT 805/135, acórdão bem fundamentado, relatado pelo Juiz Campos Mello, com comentário, em sentido contrário, de Luiz Manoel Gomes Junior).

Contra: "Em relação ao Ministério Público e aos entes políticos, que tem como finalidades institucionais a proteção de valores fundamentais, como a defesa coletiva dos consumidores, não se exige pertinência temática e representatividade adequada" (STJ-3ª T., REsp 1.509.586, Min. Nancy Andrighi, j. 15.5.18, DJ 18.5.18; no caso, foi fixada a legitimidade do Município para questionar cobrança de tarifas bancárias).

Art. 5º: 4d. O inc. IV foi acrescido pela Lei 11.448, de 15.1.07 (DOU 16.1.07), que deslocou para os incs. do art. 5º o rol de entes legitimados para a propositura de ação civil pública, antes constante do próprio *caput.*

Art. 5º: 4e. Autarquia, empresa pública, fundação e sociedade de economia mista não estão sujeitas às exigências contidas nas alíneas *a* e *b* do inc. V, que agora deixou bem claro tratar-se de disposições circunscritas às associações. Nesse sentido, mesmo antes da Lei 11.448/07: STJ-1ª T., REsp 236.499, Min. Gomes de Barros, j. 13.4.00, maioria, DJU 5.6.00.

"A legitimidade ativa — fixada no art. 54, XIV, da Lei n. 8.906/94 — para propositura de ações civis públicas por parte da Ordem dos Advogados do Brasil, seja pelo Conselho Federal, seja pelos conselhos seccionais, deve ser lida de forma abrangente, em razão das finalidades outorgadas pelo legislador à entidade — que possui caráter peculiar no mundo jurídico — por meio do art. 44, I, da mesma norma; não é possível limitar a atuação da OAB em razão de pertinência temática, uma vez que a ela corresponde a defesa, inclusive judicial, da Constituição Federal, do Estado de Direito e da justiça social, o que, inexoravelmente, inclui todos os direitos coletivos e difusos" (STJ-2ª T., REsp 1.351.760, Min. Humberto Martins, j. 26.11.13, RP 229/491). No mesmo sentido: STJ-4ª T., REsp 1.423.825, Min. Luis Felipe, j. 7.11.17, DJ 18.12.17.

Contra, no sentido de que ação civil pública ajuizada pela OAB somente é admissível "dentro dos limites cabíveis a sua atuação institucional, ou seja, para defender os interesses coletivos ou individuais dos advogados, mas não cabe para proteger direito do consumidor relativo a benefício social de tarifa de energia elétrica": RT 913/758 (TRF-5ª Reg., AP 2007.81.00.017281-0).

S/ OAB e ação civil pública, v. tb. EA 54-XIV, especialmente nota 3a.

Art. 5º: 5. s/ ação coletiva proposta por associação consumerista em prol do contribuinte, v. art. 1º, nota 15;

s/ ação coletiva proposta por associação para defesa dos direitos dos consumidores, v. CDC 82, notas 3 a 3c; s/ ações coletivas propostas por associação contra entidades da administração direta, autárquica e fundacional da União, dos Estados, do Distrito Federal e dos Municípios, v. Lei 9.494, de 10.9.97, art. 2º-A, no tít. FAZENDA PÚBLICA.

Art. 5º: 5a. "A jurisprudência desta Corte sofreu acentuada evolução e, atualmente, considera que as modificações introduzidas no art. 21 da Lei 7.347/85 pela Lei 8.078/90 alargaram o alcance da ação civil pública, abrangendo a defesa de direitos individuais homogêneos não relacionados a direitos do consumidor. Reconhecimento da legitimidade da associação de servidores públicos para a propositura de ação civil pública por meio da qual se almeja a proteção de direitos individuais homogêneos de seus membros" (STJ-2ª T., REsp 1.265.463, Min. Castro Meira, j. 15.3.12, DJ 28.3.12).

"Associações civis gozam de legitimidade ativa para representar mutuários do Sistema Financeiro da Habitação e questionar a incidência de índices de inflação, mesmo que tais interesses não digam respeito a relações de consumo" (STJ-3ª T., REsp 818.943, Min. Nancy Andrighi, j. 2.8.07, DJU 13.8.07).

"A ação civil pública pode ser ajuizada tanto pelas associações exclusivamente constituídas para a defesa do meio ambiente quanto por aquelas que, formadas por moradores de bairro, visam ao bem-estar coletivo, incluída, evidentemente, nessa cláusula a qualidade de vida, só preservada enquanto favorecida pelo meio ambiente" (STJ-2ª T., REsp 31.150, Min. Ari Pargendler, j. 20.5.96, DJU 10.6.96).

Afirmando a legitimidade de associação para a tutela de direitos comunitários, no caso, relacionados com o pagamento da taxa de aforamento, da taxa de ocupação e do laudêmio sobre os valores correspondentes às benfeitorias existentes em imóveis: STJ-2ª T., REsp 667.939, Min. Eliana Calmon, j. 20.3.07, DJU 13.8.07.

Todavia: "Inexiste previsão de substituição processual extraordinária para que associações de defesa do consumidor ajuízem, em nome próprio, ação de cunho coletivo para defesa de interesses particulares" (STJ-4ª T., REsp 184.986, Min. João Otávio, j. 17.11.09, maioria, DJ 14.12.09; no caso, a ação foi ajuizada para discussão do valor da mensalidade escolar paga por dois pais).

"Não se confundem os institutos da substituição e da representação processual. Na substituição a associação age em nome próprio e não depende de autorização de seus filiados para ajuizar ação na defesa de seus direitos coletivos e individuais homogêneos. Já na representação, os filiados integram o polo ativo da ação, dependendo o seu ajuizamento, pela associação, da autorização daqueles. Impossibilidade de ajuizar-se ação civil pública para a defesa de direitos individuais disponíveis de parcela dos associados" (STJ-3ª T., REsp 1.213.290-AgRg, Min. Sidnei Beneti, j. 19.8.14, DJ 1.9.14).

Art. 5º: 5b. Eficácia da sentença em relação a não associados. "Sentença proferida em ação coletiva ajuizada por associação gera efeitos perante todos aqueles que se encontrem em situação alcançada pelos fins institucionais, ainda que não sejam associados" (STJ-3ª T., REsp 641.222, Min. Gomes de Barros, j. 5.8.04, DJU 23.8.04). V. nota 3c. V. tb. CPC 75, nota 2a, CDC 97, nota 4, e 98, nota 1b, e Lei 9.494, de 10.9.97, art. 2º-A, nota 2, no tít. FAZENDA PÚBLICA.

Art. 5º: 5c. O inc. V e suas alíneas foram acrescidos pela Lei 11.448, de 15.1.07 (DOU 16.1.07), que deslocou para os incs. do art. 5º o rol de entes legitimados para a propositura de ação civil pública, antes constante do próprio *caput*, e transferiu para as alíneas do inc. V as disposições antes alocadas nos incs. I e II do art. 5º.

Art. 5º: 5d. v. § 4º.

Art. 5º: 5e. "Em observância aos princípios da economia processual e efetividade da jurisdição, deve ser reconhecida a legitimidade ativa da associação que **complete um ano** de constituição **durante o** curso do **processo"** (STJ-3ª T., REsp 1.443.263, Min. Nancy Andrighi, j. 21.3.17, DJ 24.3.17). No mesmo sentido: STJ-4ª T., REsp 1.357.618, Min. Luis Felipe, j. 26.9.17, DJ 24.11.17.

Art. 5º: 6. Redação da Lei 13.004, de 24.6.14, em vigor 60 dias após sua publicação (DOU 25.6.14).

Art. 5º: 6a. "A **pertinência temática** exigida pela legislação, para a configuração da legitimidade em ações coletivas, consiste no nexo material entre os fins institucionais do demandante e a tutela pretendida naquela ação. É o vínculo de afinidade temática entre o legitimado e o objeto litigioso, a harmonização entre as finalidades institucionais dos legitimados e o objeto a ser tutelado na ação civil pública. Entretanto, não é preciso que uma **associação civil** seja constituída para defender em juízo especificamente aquele exato interesse controvertido na hipótese concreta. O juízo de verificação da pertinência temática há de ser responsavelmente flexível e amplo, em contemplação ao princípio constitucional do acesso à justiça, mormente a considerar-se a máxima efetividade dos direitos fundamentais" (STJ-4ª T., REsp 1.357.618, Min. Luis Felipe, j. 26.9.17, DJ 24.11.17).

Todavia: "Ausente, sequer tangencialmente, relação de consumo, não se afigura correto atribuir a uma associação, com fins específicos de proteção ao consumidor, legitimidade para tutelar interesses diversos, como é o caso dos que se referem ao seguro DPVAT, sob pena de desvirtuar a exigência da representatividade adequada, própria das ações coletivas. A ausência de pertinência temática é manifesta" (STJ-2ª Seção, REsp 1.091.756, Min. Marco Bellizze, j. 13.12.17, maioria, DJ 5.2.18).

Art. 5º: 6b. cf. CF 129-III, acima, LAP 6º § 4º.

Art. 5º: 6c. "Ação civil pública. Proposta a ação pelo Ministério Público, não há necessidade de oficiar outro órgão da mesma Instituição como fiscal da lei" (STJ-2ª T., AI 95.537-AgRg, Min. Hélio Mosimann, j. 22.8.96, maioria, DJU 16.9.96).

Art. 5º: 7. Intervindo na ação civil pública como fiscal da lei, o MP não pode exigir que o autor adite a inicial (JTJ 194/177).

Art. 5º: 7a. v. art. 1º, nota 3; v. tb. CPC 113 a 118 e 1.005.

Art. 5º: 7b. Redação do § 3º de acordo com o art. 112 do CDC (Lei 8.078, de 11.9.90).

Art. 5º: 7c. Dando interpretação extensiva a este § 3º para possibilitar o ingresso do MP no polo ativo também em caso de irregularidade na representação da associação-autora: STJ-2ª T., REsp 1.372.593, Min. Humberto Martins, j. 7.5.13, DJ 17.5.13.

Também propondo interpretação extensiva para contornar a ilegitimidade ativa *ad causam*: "Diante do microssistema processual das ações coletivas, em interpretação sistemática de seus dispositivos (art. 5º, § 3º, da Lei 7.347/1985 e art. 9º da Lei 4.717/1965), deve ser dado aproveitamento ao processo coletivo, com a substituição (sucessão) da parte tida por ilegítima para a condução da demanda" (STJ-4ª T., REsp 1.192.577, Min. Luis Felipe, j. 15.5.14, RT 949/373). No mesmo sentido: STJ-2ª T., REsp 1.685.414-AgInt, Min. Og Fernandes, j. 14.5.19, DJ 21.5.19.

"A assunção do polo ativo por outro colegitimado deve ser aceita, por aplicação analógica dos arts. 9º da Lei 4.717/65 e 5º, § 3º, da Lei 7.347/85, na hipótese de dissolução da associação autora original, por aplicação dos princípios da interpretação pragmática e da primazia do julgamento de mérito" (STJ-3ª T., REsp 1.800.726, Min. Nancy Andrighi, j. 2.4.19, DJ 4.4.19).

Enfim: "O Ministério Público está autorizado a assumir a titularidade ativa da ação coletiva já em curso. Esta possibilidade não se restringe às hipóteses de desistência infundada ou de abandono da causa pela associação legitimada, mencionadas a título exemplificativo pelo legislador. Exegese do art. 5º, § 3º, da Lei 7.347/85" (STJ-3ª T., REsp 1.635.238, Min. Nancy Andrighi, j. 11.12.18, DJ 13.12.18).

Art. 5º: 7d. O § 4º foi acrescido pelo art. 113 do CDC.

Art. 5º: 7e. "Ação civil pública. Associação civil. **Direito de informação.** Glúten. Legitimidade ativa. **Requisito temporal. Dispensa.** Possibilidade" (STJ-3ª T., REsp 1.443.263, Min. Nancy Andrighi, j. 21.3.17, DJ 24.3.17). No mesmo sentido: STJ-4ª T., REsp 1.357.618, Min. Luis Felipe, j. 26.9.17, DJ 24.11.17.

Art. 5º: 8. Os §§ 5º e 6º foram acrescidos pelo art. 113 do Código de Defesa do Consumidor.

Acontece, porém, que, ao vetar o art. 92, § ún., do CDC, o Presidente da República também vetou, expressamente (e não implicitamente), esses §§ 5º e 6º (v. DOU 12.9.90, supl., p. 11). Provavelmente, como este veto foi feito *incidenter tantum*, no meio das considerações relativas ao art. 92, § ún., não se prestou atenção ao fato de que aí também se vetavam os §§ 5º e 6º do art. 5º da Lei 7.347. Assim, **por engano, a publicação oficial do Código de Defesa do Consumidor os deu como sancionados, quando, em realidade, foram vetados.**

A publicação, no Diário Oficial, do texto vetado, como se tivesse sido aprovado, obviamente não pode trazer como consequência ser considerado em vigor, pois o Congresso jamais rejeitou o veto, que, portanto, ainda subsiste, à espera de ser aprovado ou rejeitado.

V. nota seguinte.

Art. 5º: 8a. O eminente Min. Ruy Rosado, em voto acompanhado por todos os seus ilustres pares, diz o seguinte, com relação à nota anterior:

"Procurei obter na Câmara dos Deputados a documentação sobre a tramitação e votação da referida mensagem, pela qual verifiquei que realmente não existe veto ao art. 113. Faltou na mensagem da Presidência da República a expressa menção ao art. 113 do CDC, que assim **não foi objeto de veto;** nem a referência constante daquele documento, quando se tratava de justificar o veto ao art. 92, veio a ser votada no Congresso Nacional como compreensiva do tal veto" (RSTJ 134/401; citação da p. 406).

A informação que deram na Câmara dos Deputados ao ilustre Ministro não é exata. **Houve veto expresso,** conforme se pode ver do DOU 12.9.90, suplemento, p. 11, 2ª col. (pomos à disposição dos interessados cópia xerográfica desta publicação), onde se lê:

"Assim também, **vetam-se,** no aludido art. 113, as redações dos §§ 5º e 6º".

Sem a expressa rejeição desse veto, portanto, os referidos parágrafos não podem ser considerados em vigor.

Em sentido contrário: "O veto presidencial aos arts. 82, § 3º, e 92, § único, do CDC, não atingiu o § 5º do art. 5º da Lei da Ação Civil Pública. Não há veto implícito. Ainda que o dispositivo não estivesse em vigor, o litisconsórcio facultativo seria possível sempre que as circunstâncias do caso o recomendassem (CPC, art. 46)" (STJ-1ª T., REsp 382.659, Min. Gomes de Barros, j. 2.12.03, DJU 19.12.03). No mesmo sentido: STJ-3ª T., REsp 1.254.428, Min. João Otávio, j. 2.6.16, DJ 10.6.16; RT 796/385, JTJ 240/10.

Art. 5º: 8b. "No caso, além de visar o preenchimento de cargos de anestesiologistas, em caráter definitivo, junto ao Complexo Hospitalar Universitário, mediante a disponibilização de vagas pela Administração Federal, e a possível intervenção do CADE, a presente demanda objetiva, também, o restabelecimento da normalidade na prestação de tais serviços no Estado do Rio Grande do Norte, em virtude da prática de graves infrações à ordem econômica, com prejuízo ao consumidor, à livre concorrência, domínio de mercado relevante, aumento arbitrário de preços, exercício abusivo de posição dominante, cartelização e terceirização ilícita de serviço público essencial. A tutela dos direitos transindividuais de índole trabalhista encontra-se consubstanciada, no caso em apreço, pelo combate de irregularidades trabalhistas no âmbito da Administração Pública (terceirização ilícita de serviço público), nos termos da Súmula n. 331 do TST, em razão da lesão a direitos difusos, que atingem o interesse de trabalhadores e envolvem relação fraudulenta entre cooperativa de mão de obra e o Poder Público, além de interesses metaindividuais relativos ao acesso, por concurso público, aos empregos estatais. Dessa forma, diante da pluralidade de direitos que a presente demanda visa proteger, quais sejam, direitos à ordem econômica, ao trabalho, à saúde e ao consumidor, é viável o litisconsórcio ativo entre o MPF, MPE e MPT" (STJ-1ª T., REsp 1.444.484, Min. Benedito Gonçalves, j. 18.9.14, DJ 29.9.14).

Art. 5º: 8c. "O compromisso de ajustamento", por Paulo Valério Dal Pai Moraes (Ajuris 83/284); "Compromisso de ajustamento de conduta: evolução e fragilidades. Atuação do Ministério Público", por Hugo Nigro Mazzilli (RJ 342/11); "Compromisso de ajustamento de conduta. Um eficaz instrumento à disposição do Ministério Público para a implementação de políticas públicas e à efetivação de direitos fundamentais sociais", por Eduardo Cambi e Thadeu Augimeri de Goes Lima (RT 908/113).

Art. 5º: 8d. "O ordenamento jurídico brasileiro não confere ao Termo de Ajustamento de Conduta caráter obrigatório, a ponto de exigir que o MP o proponha antes do ajuizamento da ação civil pública" (STJ-2ª T., REsp 895.443, Min. Eliana Calmon, j. 20.11.08, DJ 17.12.08).

"Do mesmo modo que o MP não pode obrigar qualquer pessoa física ou jurídica a assinar termo de cessação de conduta, o *Parquet* também não é obrigado a aceitar a proposta de ajustamento formulada pelo particular. O compromisso de ajustamento de conduta é um acordo semelhante ao instituto da conciliação e, como tal, depende da convergência de vontades entre as partes" (STJ-4ª T., REsp 596.764, Min. Antonio Ferreira, j. 17.5.12, DJ 23.5.12).

Art. 5º: 8e. "É nulo o título subjacente ao termo de ajustamento de conduta cujas obrigações não foram livremente pactuadas" (STJ-1ª T., REsp 802.060, Min. Luiz Fux, j. 17.12.09, DJ 22.2.10).

Art. 5º: 8f. No termo de ajustamento de conduta não podem ser estabelecidas obrigações diversas daquilo que pode ser objeto de ação civil pública (art. 3º) (STJ-1ª T., REsp 802.060, Min. Luiz Fux, j. 17.12.09, DJ 22.2.10).

Art. 5º: 9. O § 6º foi acrescido pelo art. 113 do CDC. Este § 6º, bem como o § 5º, foram vetados (v. DOU 12.9.90, supl., p. 11) mas, por engano, a publicação oficial do CDC não os suprimiu.

Ora, projeto de lei, vetado, não é lei; e o CPC 784-XII é expresso em declarar que só é título executivo extrajudicial aquele "a que, por disposição expressa, **a lei** atribui força executiva". Logo, como não existe lei, porque a disposição do § 6º foi vetada, também não é possível falar, neste caso, em título executivo.

Mesmo assim, os tribunais têm se pronunciado reiteradamente pela vigência desse dispositivo legal: "Encontra-se em plena vigência o § 6º do art. 5º da Lei n. 7.347/85, de forma que o descumprimento de compromisso de ajustamento de conduta celebrado com o Ministério Público viabiliza a execução da multa nele prevista. A Mensagem n. 664/90, do Presidente da República — a qual vetou parcialmente o Código de Defesa do Consumidor —, ao tratar do veto aos arts. 82, § 3º, e 92, § ún., fez referência ao art. 113, mas não o vetou, razão por que esse dispositivo é aplicável à tutela dos interesses e direitos do consumidor" (STJ-2ª T., REsp 443.407, Min. João Otávio, j. 16.3.06, DJU 25.4.06). Ainda: STJ-3ª T., REsp 440.205, Min. Menezes Direito, j. 29.3.05, DJU 13.6.05; STJ-4ª T., REsp 418.395, Min. Barros Monteiro, j. 28.5.02, DJU 16.9.02; STJ-1ª T., REsp 222.582, Min. Milton Pereira, j. 12.3.02, DJU 29.4.02; RJTJERGS 248/218, JTJ 311/446, dois votos vencidos (bem fundamentado).

V. nota 8a.

Art. 5º: 10. "Se apenas os legitimados ao ajuizamento da ação civil pública que detenham condição de órgão público podem tomar das partes termos de ajustamento de conduta (arts. 5º e 6º da Lei 7.347/85), não há como se chegar a outra conclusão que não a de que somente esses órgãos poderão executar o referido termo, em caso de descumprimento do nele avençado. Assim, não há como admitir a legitimidade do Sindicato em requerer a execução de compromisso de ajustamento de conduta, ainda que signatário, tendo em vista que não possui competência para firmá-lo" (STJ-1ª T., REsp 1.020.009, Min. Benedito Gonçalves, j. 6.3.12, RP 209/497).

Art. 6º Qualquer pessoa poderá e o servidor público deverá provocar a iniciativa do Ministério Público, ministrando-lhe informações sobre fatos que constituam objeto da ação civil e indicando-lhe os elementos de convicção.

Art. 7º Se, no exercício de suas funções, os juízes e tribunais tiverem conhecimento de fatos que possam ensejar a propositura da ação civil, remeterão peças ao Ministério Público para as providências cabíveis.

Art. 8º Para instruir a inicial, o interessado poderá requerer às autoridades competentes as certidões e informações que julgar necessárias, a serem fornecidas no prazo de 15 (quinze) dias.

§ 1º O Ministério Público poderá instaurar, sob sua presidência, inquérito civil,[1 a 2] ou requisitar, de qualquer organismo público ou particular, certidões, informações, exames ou perícias, no prazo que assinalar, o qual não poderá ser inferior a 10 (dez) dias úteis.[2a]

§ 2º Somente nos casos em que a lei impuser sigilo,[3 a 4] poderá ser negada certidão ou informação, hipótese em que a ação poderá ser proposta desacompanhada daqueles documentos, cabendo ao juiz requisitá-los.

Art. 8º: 1. "A natureza do inquérito civil, como atribuição constitucional do MP", por José Emmanuel Burle Filho (Just. 166/34); "Inquérito civil. Princípio do contraditório", por Rogério Lauria Tucci (RF 346/239); "O contraditório no inquérito civil", por Edgard Fiore (RT 811/35); "Inquérito civil: aspectos práticos e sua regulação normativa federal e no âmbito do Estado de Minas Gerais", por Marcus Paulo Queiroz Macedo (RP 128/109).

Art. 8º: 1a. LOMP 26: "No exercício de suas funções, o Ministério Público poderá:

"I — instaurar inquéritos civis e outras medidas e procedimentos administrativos pertinentes e, para instruí-los:

"a) expedir notificações para colher depoimento ou esclarecimentos e, em caso de não comparecimento injustificado, requisitar condução coercitiva, inclusive pela Polícia Civil ou Militar, ressalvadas as prerrogativas previstas em lei;

"b) requisitar informações, exames periciais e documentos de autoridades federais, estaduais e municipais, bem como dos órgãos e entidades da administração direta, indireta ou fundacional, de qualquer dos Poderes da União, dos Estados, do Distrito Federal e dos Municípios;

"c) promover inspeções e diligências investigatórias junto às autoridades, órgãos e entidades a que se refere a alínea anterior;

"II — requisitar informações e documentos a entidades privadas, para instruir procedimentos ou processo em que oficie;

"III — requisitar à autoridade competente a instauração de sindicância ou procedimento administrativo cabível;

...

"§ 1º As notificações e requisições previstas neste artigo, quando tiverem como destinatários o Governador do Estado, os membros do Poder Legislativo e os desembargadores, serão encaminhadas pelo Procurador-Geral de Justiça.

"§ 2º O membro do Ministério Público será responsável pelo uso indevido das informações e documentos que requisitar, inclusive nas hipóteses legais de sigilo.

"§ 3º Serão cumpridas gratuitamente as requisições feitas pelo Ministério Público às autoridades, órgãos e entidades da Administração Pública direta, indireta ou fundacional, de qualquer dos Poderes da União, dos Estados, do Distrito Federal e dos Municípios.

"§ 4º A falta ao trabalho, em virtude de atendimento à notificação ou requisição, na forma do inciso I deste artigo, não autoriza desconto de vencimentos ou salário, considerando-se de efetivo exercício, para todos os efeitos, mediante comprovação escrita do membro do Ministério Público.

"§ 5º Toda representação ou petição formulada ao Ministério Público será distribuída entre os membros da instituição que tenham atribuições para apreciá-la, observados os critérios fixados pelo Colégio de Procuradores".

Art. 8º: 1b. "A abertura de inquérito civil não é condição preliminar ao ajuizamento de ação civil pública" (STJ-1ª T., REsp 162.377, Min. Francisco Falcão, j. 13.3.01, DJU 25.6.01). No mesmo sentido: JTJ 167/9.

Trata-se de procedimento "informal e unilateral", que se destina apenas a conhecer melhor os fatos que serão objeto da ação civil pública; por isso, cabe exclusivamente à Promotoria de Justiça dispor sobre a necessidade, ou não, de sua instauração (JTJ 159/189). Assim, "pode o MP dispor de todos os elementos arrecadados no inquérito civil, ou de parte deles, quando assim entender pertinente" (STJ-2ª T., REsp 448.023, Min. Eliana Calmon, j. 20.5.03, DJU 9.6.03).

"O inquérito civil, como peça informativa, tem por fim embasar a propositura da ação, que independe da prévia instauração do procedimento administrativo. Eventual irregularidade praticada na fase pré-processual não é capaz de inquinar de nulidade a ação civil pública, assim como ocorre na esfera penal, se observadas as garantias do devido processo legal, da ampla defesa e do contraditório" (STJ-1ª T., REsp 1.119.568, Min. Arnaldo Esteves, j. 2.9.10, DJ 23.9.10). Em sentido semelhante: STJ-2ª T., RMS 11.537, Min. Eliana Calmon, j. 6.2.01, maioria, DJU 29.10.01.

Art. 8º: 1c. "Inquérito civil aberto pelo Ministério Público com base em denúncia anônima. Possibilidade" (STJ-1ª T., RMS 37.166, Min. Benedito Gonçalves, j. 9.4.13, DJ 15.4.13). No mesmo sentido: STJ-2ª T., RMS 38.010, Min. Herman Benjamin, j. 2.5.13, DJ 16.5.13.

Art. 8º: 1d. "Ação civil pública. As provas colhidas no inquérito têm valor probatório relativo, porque colhidas sem a observância do contraditório, mas só devem ser afastadas quando há contraprova de hierarquia superior, ou seja, produzida sob a vigilância do contraditório. A prova colhida inquisitorialmente não se afasta por mera negativa, cabendo ao juiz, no seu livre conhecimento, sopesá-la" (STJ-2ª T., REsp 476.660, Min. Eliana Calmon, j. 20.5.03, DJU 4.8.03).

Art. 8º: 2. "O inquérito civil, procedimento administrativo, de natureza inquisitiva e informativa, destinado à formação da convicção do Ministério Público a respeito de fatos determinados, deve obediência ao princípio constitucional da **publicidade.** Porém, o princípio da publicidade dos atos administrativos não é absoluto, podendo ser mitigado quando haja fatos ou atos protegidos pelos direitos relacionados à intimidade e à privacidade do investigado, a exemplo do comando inserto no § 2º do art. 8º da Lei 7.347/85. No caso dos autos, o acesso ao inquérito civil foi obstado por conta do conteúdo dos dados coletados pelo *Parquet*, que são protegidos pelo direito constitucional à intimidade e à privacidade, a exemplo dos dados bancários dos investigados, conseguidos, judicialmente, por meio da quebra de **sigilo**" (STJ-1ª T., RMS 28.989, Min. Benedito Gonçalves, j. 23.3.10, DJ 26.8.10).

V. tb. EA 7º, nota 9.

Art. 8º: 2a. "A 'análise prévia' (conforme referiu a Corte de origem) a respeito da necessidade das informações requisitas pelo Ministério Público é da competência exclusiva dessa instituição, que tem autonomia funcional garantida constitucionalmente, não sendo permitido ao Poder Judiciário ingressar no mérito a respeito do ato de requisição, sob pena de subtrair do *parquet* uma das prerrogativas que lhe foi assegurada pela Constituição Federal de 1988" (STJ-1ª T., RMS 33.392, Min. Benedito Gonçalves, j. 7.6.11, DJ 10.6.11).

Art. 8º: 3. s/ sigilo em inquérito civil, v. nota 2; s/ sigilos bancário e profissional, v. CPC 380, notas 1a a 3a.

Art. 8º: 3a. LSA 155: "§ 1º Cumpre, ademais, ao administrador de companhia aberta, guardar sigilo sobre qualquer informação que ainda não tenha sido divulgada para conhecimento do mercado, obtida em razão do cargo e capaz de influir de modo ponderável na cotação de valores mobiliários, sendo-lhe vedado valer-se da informação para obter, para si ou para outrem, vantagem mediante compra ou venda de valores mobiliários. **§ 2º** O administrador deve zelar para que a violação do disposto no § 1º não possa ocorrer através de subordinados ou terceiros de sua confiança".

Art. 8º: 4. "O art. 155, § 1º, da Lei das Sociedades Anônimas, ao apontar como sigilosas as informações que ainda não tenham sido divulgadas para o mercado, não dirigiu esse sigilo ao Ministério Público, não havendo superposição da norma em relação à Lei n. 8.625/93. Não existindo lei que imponha sigilo em relação aos dados em tela, prevalece a determinação legal que autoriza o Ministério Público a requisitar tais informações" (STJ-1ª T., REsp 657.037, Min. Francisco Falcão, j. 2.12.04, DJU 28.3.05).

Art. 9º Se o órgão do Ministério Público, esgotadas todas as diligências, se convencer da inexistência de fundamento para a propositura da ação civil, promoverá o arquivamento dos autos do inquérito civil ou das peças informativas, fazendo-o fundamentadamente.

§ 1º Os autos do inquérito civil ou das peças de informação arquivadas serão remetidos, sob pena de se incorrer em falta grave, no prazo de 3 (três) dias, ao Conselho Superior do Ministério Público.

§ 2º Até que, em sessão do Conselho Superior do Ministério Público, seja homologada ou rejeitada a promoção de arquivamento, poderão as associações legitimadas[1] apresentar razões escritas ou documentos, que serão juntados aos autos do inquérito ou anexados às peças de informação.

§ 3º A promoção de arquivamento será submetida a exame e deliberação do Conselho Superior do Ministério Público, conforme dispuser o seu regimento.

§ 4º Deixando o Conselho Superior de homologar a promoção de arquivamento, designará, desde logo, outro órgão do Ministério Público para o ajuizamento da ação.

Art. 9º: 1. v. art. 5º-*caput*-2ª parte.

Art. 10. Constitui crime, punido com pena de reclusão de 1 (um) a 3 (três) anos, mais multa de 10 (dez) a 1.000 (mil) Obrigações Reajustáveis do Tesouro Nacional — ORTN, a recusa, o retardamento ou a omissão de dados técnicos indispensáveis à propositura da ação civil, quando requisitados pelo Ministério Público.

Art. 11. Na ação que tenha por objeto o cumprimento de obrigação de fazer ou não fazer, o juiz determinará o cumprimento da prestação da atividade devida ou a cessação da atividade nociva, sob pena de execução específica, ou de cominação de multa diária, se esta for suficiente ou compatível, independentemente de requerimento do autor.

Art. 12. Poderá o juiz conceder mandado liminar,[1-1a] com ou sem justificação prévia,[1b] em decisão[1c] sujeita a agravo.[1d a 2a]

§ 1º A requerimento de pessoa jurídica de direito público interessada,[3] e para evitar grave lesão à ordem, à saúde, à segurança e à economia pública, poderá o Presidente do Tribunal a que competir o conhecimento do respectivo recurso suspender[3a-3b] a execução da liminar, em decisão fundamentada, da qual caberá agravo[3c] para uma das turmas julgadoras, no prazo de 5 (cinco) dias[4] a partir da publicação do ato.

§ 2º A multa cominada liminarmente só será exigível do réu após o trânsito em julgado da decisão favorável ao autor, mas será devida desde o dia em que se houver configurado o descumprimento.

Art. 12: 1. v. CPC 297, notas 1a e 1b.

Art. 12: 1a. A medida liminar pode ser concedida em ação cautelar (preparatória ou incidental) ou nos próprios autos da ação civil pública (RT 799/377, RJTJESP 113/312).

Art. 12: 1b. s/ concessão de medidas cautelares contra atos do Poder Público, v. Lei 8.437, de 30.6.92, art. 2º, no tít. MEDIDA CAUTELAR.

Art. 12: 1c. fundamentada, tanto para conceder, como para denegar (JTJ 190/177) a liminar.

Art. 12: 1d. v. CPC 1.015-I. O agravo poderá ter efeito suspensivo (art. 14).

Art. 12: 2. "Conta-se o prazo para a interposição de agravo de instrumento contra deferimento de liminar em ação civil pública da juntada aos autos do mandado de execução da medida" (STJ-1ª T., REsp 152.041, Min. Milton Luiz Pereira, j. 1.3.01, DJU 19.11.01).

Art. 12: 2a. "Não cabe mandado de segurança contra liminar deferida com fundamento no art. 12 da Lei 7.347/85. O amparo constitucional não se presta a substituir o agravo previsto no art. 12" (RSTJ 62/210, maioria de votos; no mesmo sentido: RF 328/173, maioria). Do mesmo modo: "Não cabe mandado de segurança requerido por entidade de direito público ou ente a ela equiparado, para obter a suspensão de liminar concedida em ação civil pública. Com efeito, o remédio adequado é a suspensão da liminar, a ser requerida ao Presidente do Tribunal a que competir o conhecimento do respectivo recurso" (RSTJ 54/427).

No sentido de que nem mesmo o terceiro prejudicado pode impetrar mandado de segurança contra a concessão de liminar em ação civil pública, cabendo-lhe agravar dessa decisão: STJ-2ª T., RMS 14.381, Min. Laurita Vaz, j. 19.9.02, DJU 28.10.02.

Art. 12: 3. "Do exame do artigo 12 da LACP, conclui-se que, para suspender a execução da liminar concedida pelo juiz de primeiro grau contra o Poder Público, e evitar grave lesão à ordem, à saúde, à segurança e à economia pública, o remédio processual cabível é o pedido de suspensão da liminar, que difere do pedido de sua cassação e independe da prévia interposição do recurso de agravo. O § 1º do artigo 12 da LACP prevê meio específico de impugnação do ato concessivo da liminar, razão pela qual o pedido de suspensão da liminar somente pode ser feito por pessoa jurídica de direito público ou pelo MP. Dessa forma, aos demais interessados que queiram atacar a concessão de liminar em ação civil pública ou coletiva, resta-lhes interpor o agravo e pedir ao juiz confira-lhe efeito suspensivo" (STJ-2ª T., REsp 208.728, Min. Franciulli Netto, j. 3.2.04, DJU 5.4.04).

Art. 12: 3a. v. Lei 8.437, de 30.6.92, art. 4º, no tít. MEDIDA CAUTELAR.

Art. 12: 3b. "É excepcional a suspensão da execução de liminar em ação civil pública, só conferida essa prerrogativa aos entes de direito público legitimados pelo art. 12, § 1º, da Lei n. 7.437/85. A suspensão de decisão que afasta prefeito do exercício de mandato eletivo é medida que não pode ser alcançada pela via transversa do mandado de segurança, se já submetida ao conhecimento do juízo natural competente, pela interposição do agravo de instrumento" (RSTJ 135/57, maioria).

Art. 12: 3c. e não mandado de segurança (RSTJ 69/194, RT 700/159).

Art. 12: 4. Esse prazo agora é de **15 dias** (v. CPC 1.003 § 5º e 1.070).

S/ dobra do prazo, v. Súmula 116 do STJ em CPC 180, nota 1, e 183, nota 2. V. ainda LMS 15, nota 7.

Art. 13. Havendo condenação em dinheiro, a indenização pelo dano causado reverterá a um fundo[1-2] gerido por um Conselho Federal ou por Conselhos Estaduais de que participarão necessariamente o Ministério Público e representantes da comunidade, sendo seus recursos destinados à reconstituição dos bens lesados.

§ 1º Enquanto o fundo não for regulamentado, o dinheiro ficará depositado em estabelecimento oficial de crédito, em conta com correção monetária.[3]

§ 2º Havendo acordo ou condenação com fundamento em dano causado por ato de discriminação étnica nos termos do disposto no art. 1º desta Lei, a prestação em dinheiro reverterá diretamente ao fundo de que trata o *caput* e será utilizada para ações de promoção da igualdade étnica, conforme definição do Conselho Nacional de Promoção da Igualdade Racial, na hipótese de extensão nacional, ou dos Conselhos de Promoção de Igualdade Racial estaduais ou locais, nas hipóteses de danos com extensão regional ou local, respectivamente.[4]

✎ **Art. 13: 1.** "Algumas considerações acerca do fundo para reconstituição dos bens lesados", por José Rubens Morato Leite e Marcelo Buzaglo Dantas (RT 726/70).

Art. 13: 2. s/ Fundo de Defesa de Direitos Difusos, v. Lei 9.008, de 21.3.95 (Lex 1995/474).

O Fundo de Defesa de Direitos Difusos está regulamentado pelo **Dec. 1.306, de 9.11.94** (Lex 1994/1.451, RF 328/371).

Art. 13: 3. O § 1º foi renumerado pela Lei 12.288, de 20.7.10.

Art. 13: 4. O § 2º foi acrescentado pela Lei 12.288, de 20.7.10.

Art. 14. O juiz[1] poderá conferir efeito suspensivo aos recursos,[1a a 4] para evitar dano irreparável à parte.

Art. 14: 1. i. e., o **relator** da apelação.

V. CPC 1.012 § 3º.

Art. 14: 1a. "Ação civil pública. A referida lei não regula prazo para apelação. Este deve, portanto, ser o previsto no CPC — 15 dias — contado em dobro (art. 188, CPC)", quando a parte for a Fazenda Pública ou o Ministério Público (RSTJ 111/61).

Art. 14: 2. Se o juiz pode conceder efeito suspensivo ao recurso, não cabe mandado de segurança para conseguir esse objetivo (STJ-6ª T., RMS 2.585-8, Min. Vicente Cernicchiaro, j. 28.6.93, DJU 11.10.93).

Art. 14: 3. O texto abrange todos os recursos, inclusive a apelação, que aqui não conta automaticamente com efeito suspensivo.

Art. 14: 4. O juiz também pode conferir ao recurso efeito suspensivo apenas quanto a parte da condenação (JTJ 194/145).

Art. 15. Decorridos sessenta dias do trânsito em julgado da sentença condenatória, sem que a associação autora lhe promova a execução,[1-2] deverá fazê-lo o Ministério Público,[2a] facultada igual iniciativa aos demais legitimados.[3]

Art. 15: 1. "Execução na ação civil pública", por Araken de Assis (Ajuris 65/132, RJ 222/5); "Execução nas ações coletivas", por Leonardo Greco (RF 369/119).

Art. 15: 2. definitiva. A execução provisória não é obrigatória, mas é admitida.

"Admite-se a execução provisória de tutela coletiva. Em relação à prestação de caução, diante da omissão da legislação específica do processo coletivo, aplicam-se subsidiariamente as regras do CPC. Portanto, para o levantamento de quantias, em regra, há necessidade de prestação de caução. Todavia, se presentes concomitantemente os requisitos elencados no art. 475-O, § 2º, I (crédito alimentar, quantia de até sessenta salários, exequente em estado de necessidade), é possível a dispensa de caucionamento. Regra aplicável considerando cada um dos beneficiários, sob pena de tornar menos efetiva a tutela coletiva. O risco de irreversibilidade será maior caso não haja o pagamento da quantia em favor do hipossuficiente" (STJ-4ª T., REsp 1.318.917, Min. Antonio Ferreira, j. 12.3.13, maioria, DJ 23.4.13).

Art. 15: 2a. "O Ministério Público tem plena legitimidade para proceder à execução das sentenças condenatórias provenientes das ações civis públicas que move para proteger o patrimônio público, sendo certo, outrossim, que é inadmissível conferir-se à Fazenda Pública Municipal a exclusividade na defesa de seu erário" (STJ-2ª T., REsp 1.162.074, Min. Castro Meira, j. 16.3.10, DJ 26.3.10).

Art. 15: 3. Redação do art. 15 de acordo com o art. 114 do CDC.

Art. 16. A sentença civil[1] fará coisa julgada[1a-2] *erga omnes*, nos limites da competência territorial do órgão prolator,[2a] exceto se o pedido for julgado improcedente por insuficiência de provas, hipótese em que qualquer legitimado poderá intentar outra ação com idêntico fundamento, valendo-se de nova prova.[3-4]

Art. 16: 1. "Por aplicação analógica da primeira parte do art. 19 da Lei 4.717/65, as sentenças de improcedência de ação civil pública sujeitam-se indistintamente ao **reexame necessário"** (STJ-2ª T., REsp 1.108.542, Min. Castro Meira, j. 19.5.09, DJ 29.5.09). No mesmo sentido: RSDA 96/158 (TRF-3ª Reg., AP 0001906-71.2007.4.03.6107).

"Ação coletiva. **Direitos difusos dos consumidores.** Remessa necessária. Aplicação analógica do art. 19 da Lei n. 4.717/1965. Possibilidade" (STJ-3ª T., REsp 1.690.987-AgInt, Min. Marco Bellizze, j. 21.8.18, DJ 30.8.18).

Todavia: "O fundamento da remessa ou reexame necessário consiste em uma precaução com litígios que envolvam bens jurídicos relevantes, de forma a impor o duplo grau de jurisdição independentemente da vontade das partes. Ações coletivas que versam direitos individuais homogêneos integram subsistema processual com um conjunto de regras, modos e instrumento próprios, por tutelarem situação jurídica heterogênea em relação aos direitos transindividuais. Limites à aplicação analógica do instituto da remessa necessária, pois a coletivização dos **direitos individuais homogêneos** tem um sentido meramente instrumental, com a finalidade de permitir uma tutela mais efetiva em juízo; **não se deve admitir,** portanto, o cabimento da **remessa necessária,** tal como prevista no art. 19 da Lei 4.717/65" (STJ-3ª T., REsp 1.374.232, Min. Nancy Andrighi, j. 26.9.17, DJ 2.10.17).

Afastando o reexame necessário em matéria de extinção do procedimento de **cumprimento da sentença** proferida em ação civil pública: STJ-1ª T., REsp 1.578.981, Min. Napoleão Maia Filho, j. 13.12.18, DJ 4.2.19.

V. tb. LAP 19 e LIA 18, nota 3.

Art. 16: 1a. "A Lei 9.494, de 10 de setembro de 1997, e a nova disciplina da coisa julgada nas ações coletivas: inconstitucionalidade", por José Marcelo Menezes Vigliar (RT 745/67); "A abrangência nacional de decisão judicial em ações coletivas: o caso da Lei 9.494/97", por André de Carvalho Ramos (RT 755/113); "Coisa julgada e execução no processo coletivo", por Leonardo José Carneiro da Cunha (RT 784/68); "A coisa julgada *erga omnes* nas ações coletivas (Código do Consumidor) e a Lei 9.494/97", por Paulo Valério Dal Pai Morais (RJ 264/56); "Coisa julgada sob o enfoque territorial na ação civil pública. Uma visão crítica à Lei n. 9.494/97", por Geandro Luiz Scopel (RSDCPC 33/70); "Coisa julgada nas ações coletivas", por Eurico Zecchin Maiolino (RP 123/60); "Notas sobre a mitigação da coisa julgada no processo coletivo", por Hugo Nigro Mazzilli (RSDCPC 36/38, RMDCPC 7/23 e RP 125/9); "Notas sobre a coisa julgada no processo individual e no processo coletivo", por Nelson Rodrigues Netto (RDDP 34/91); "Relação entre demanda coletiva e demandas individuais", por Kazuo Watanabe (RP 139/28); "Ação civil pública. Competência de foro, nos danos de âmbito nacional", por Athos Gusmão Carneiro (RDDP 115/9).

Art. 16: 2. cf. LAP 18, CDC 103 § 3º.

Art. 16: 2a. "É possível a atribuição de **eficácia nacional à decisão** proferida em ação civil pública, não se aplicando a limitação do art. 16 da Lei 7.347/85 (redação da Lei 9.494/97), em virtude da natureza do direito pleiteado e das graves consequências da restrição espacial para outros bens jurídicos constitucionais" (RT 869/115). No mesmo sentido, afirmando "ser indevido limitar, aprioristicamente, a eficácia de decisões proferidas em ações civis públicas coletivas ao território da competência do órgão judicante": STJ-Corte Especial, ED no REsp 1.134.957, Min. Laurita Vaz, j. 24.10.16, DJ 30.11.16.

"Coisa julgada que, no caso em comento, deve se estender com eficácia *erga omnes* sobre todo o território nacional, considerando a natureza consumerista da demanda, a jurisdição nacional deste Superior Tribunal, bem como a própria impossibilidade fática de, na presente hipótese, se limitar a eficácia do julgado aos consumidores residentes em apenas um estado da Federação" (STJ-3ª T., REsp 1.493.031, Min. Paulo Sanseverino, j. 2.2.16, maioria, DJ 10.3.16).

"Os efeitos e a eficácia da sentença, na ação coletiva, não estão circunscritos a lindes geográficos, mas aos limites objetivos e subjetivos do que foi decidido, levando-se em conta, para tanto, sempre a extensão do dano e a qualidade dos interesses metaindividuais postos em juízo. A sentença prolatada na presente ação civil pública, destinada a tutelar direitos difusos e coletivos *stricto sensu*, deve produzir efeitos em relação a todos os consumidores portadores de deficiência visual que litiguem ou venham a litigar com a instituição financeira demandada, em todo o território nacional" (STJ-4ª T., REsp 1.349.188, Min. Luis Felipe, j. 10.5.16, DJ 22.6.16).

Contra: "A eficácia *erga omnes* circunscreve-se aos limites da jurisdição do tribunal competente para julgar o recurso ordinário" (STJ-4ª T., REsp 293.407, Min. Ruy Rosado, j. 22.10.02, maioria, DJ 7.4.03). No mesmo sentido: "A decisão proferida em ação civil pública fará coisa julgada *erga omnes* nos limites da competência territorial do órgão prolator, no caso, no Estado do Rio de Janeiro" (STJ-3ª T., REsp 944.464, Min. Sidnei Beneti, j. 16.12.08, DJ 11.2.09).

Ainda contra e mais restritivo: "A sentença na ação civil pública faz coisa julgada *erga omnes* nos limites da competência territorial do órgão prolator" (STJ-1ª T., REsp 736.265, Min. Luiz Fux, j. 15.5.08, DJ 7.8.08). No caso, os efeitos da sentença ficaram circunscritos à área de competência do juízo de primeiro grau de jurisdição. No mesmo sentido: STJ-3ª T., REsp 1.331.948, Min. Ricardo Cueva, j. 14.6.16, maioria, DJ 5.9.16.

"A sentença na ação civil pública faz coisa julgada *erga omnes* nos limites da competência territorial do órgão prolator" (STJ-Corte Especial, ED no REsp 253.589-AgRg, Min. Luiz Fux, j. 4.6.08, DJ 1.7.08).

Art. 16: 3. Redação do art. 16 de acordo com a Lei 9.494, de 10.9.97.

Art. 16: 4. s/ a abrangência da sentença em ação coletiva movida por associação em face de pessoas jurídicas de direito público, v. art. 2º-A-*caput* da Lei 9.494, de 10.9.97, no tít. FAZENDA PÚBLICA.

Art. 17. Em caso de litigância de má-fé, a associação autora e os diretores responsáveis pela propositura da ação serão solidariamente condenados em honorários advocatícios e ao décuplo das custas, sem prejuízo da responsabilidade por perdas e danos.[1]

Parágrafo único. .... [2]

Art. 17: 1. Redação do art. 17 de acordo com o art. 115 do CDC, o qual sofreu retificação publicada no DOU 10.1.07, p. 1.

Art. 17: 2. Suprimido pelo art. 115 do CDC.

Art. 18. Nas ações de que trata esta lei, não haverá adiantamento[1 a 1e] de custas, emolumentos, honorários periciais e quaisquer outras despesas, nem condenação da associação autora, salvo comprovada má-fé, em honorários de advogado,[1f a 2b] custas e despesas processuais.[3 a 4]

Art. 18: 1. s/ depósito prévio da multa em agravo interno, v. CPC 1.021, nota 12a.

Art. 18: 1a. "A regra da isenção de custas prevista no art. 18 da Lei da Ação Civil Pública **somente** se aplica **ao autor**" (STJ-Corte Especial, ED no REsp 1.003.179-AgRg, Min. Francisco Falcão, j. 29.6.10, DJ 19.8.10). "Não se mostra razoável estender o benefício àqueles que se encontram no polo passivo da relação processual. Seria fora de propósito, no caso concreto, dar incentivo àquele que é condenado por improbidade administrativa, causando danos à sociedade" (STJ-2ª T., REsp 193.815, Min. Castro Meira, j. 24.8.05, DJU 19.9.05). No mesmo sentido: JTJ 327/23 (AI 727.395-5/0-00), 335/338 (AP 305.791-5/0-00).

Contra, a nosso ver acertadamente, com forte apelo para a isonomia: JTJ 260/9, 301/443, 316/454 (AI 631.026-5/3-00).

Existe acórdão que conheceu de recurso desacompanhado de preparo nessas circunstâncias, sob o argumento de que "há justo impedimento na efetivação do preparo se a Secretaria Judiciária induz a parte a erro, informando não ser devido o recolhimento em face de isenção" (STJ-2ª T., REsp 622.918, Min. Eliana Calmon, j. 3.5.05, DJU 6.6.05).

Art. 18: 1b. "Ação civil pública. Defesa de direitos individuais homogêneos de servidores públicos. Cabimento. Legitimidade do **sindicato. Isenção de custas.** Aplicação do art. 18 da Lei 7.347/85" (STJ-Corte Especial, ED no REsp 1.322.166, Min. Mauro Campbell, j. 4.3.15, DJ 23.3.15).

Art. 18: 1c. Como fica o adiantamento dos honorários periciais em ação civil pública?

— **"Se por um lado não há como exigir do autor** da ação civil pública o adiantamento das custas da perícia judicial, sem declarar a inconstitucionalidade do art. 18 da Lei 7.347/85, **por outro lado não se pode compelir o réu** a arcar com o adiantamento desses valores para a produção de prova contra si mesmo, por ausência de previsão legal ('terceira tese')" (STJ-1ª Seção, ED no REsp 981.949, Min. Herman Benjamin, j. 24.2.10, DJ 15.8.11). Do voto do Min. Teori Zavascki: "Em face dos debates aqui travados, chega-se às seguintes conclusões: a) a teor do disposto no art. 18 da Lei 7.347/85, o Ministério Público não está obrigado a adiantar honorários de perito, mesmo quanto a perícias por ele mesmo requeridas; b) isso, todavia, não significa que esse ônus financeiro deva ser suportado pela parte contrária".

"A dispensa de adiantamento de honorários periciais abrange tanto o Ministério Público quanto os demais legitimados" (RT 867/221).

Acórdão do TJSP entendeu que não há brechas para a antecipação dos honorários periciais em ação civil pública, o que deixaria abertas três alternativas, quais sejam, o perito aguardar até o final do processo para receber, o *expert* aceitar a incumbência como *munus* público ou recorrer-se a técnico integrante do funcionalismo público para a produção da prova (JTJ 286/175).

Outro acórdão, também do TJSP, determinou que os honorários periciais sejam antecipadamente custeados pelo Fundo Estadual de Reparação de Interesses Difusos Lesados (JTJ 327/663: AI 727.317-5/6-00, maioria). Afirmando a plausibilidade dessa solução: STJ-2ª T., RMS 30.812, Min. Eliana Calmon, j. 4.3.10, DJ 18.3.10.

— "Não se sustenta a tese de aplicação das disposições contidas no art. 91 do Novo CPC, as quais alteraram a responsabilidade pelo adiantamento dos honorários periciais; isto porque a Lei 7.347/1985 dispõe de regime especial de custas e despesas processuais, e, por conta de sua especialidade, a referida norma se aplica à ação civil pública, derrogadas, no caso concreto, as normas gerais do Código de Processo Civil. O Superior Tribunal de Justiça, no REsp 1.253.844, Ministro Mauro Campbell Marques, Primeira Seção, DJ 17.10.2013, submetido à sistemática do art. 543-C do Código de Processo Civil, consignou que 'não é possível se exigir do Ministério Público o adiantamento de honorários periciais em ações civis públicas'. Obtempera-se que não foi superado o entendimento firmado no retromencionado julgamento, tendo sido seguido por recentes julgados do STJ (AgInt no REsp 1.420.102, Ministra Regina Helena Costa, Primeira Turma, DJe 30/3/2017). Ocorre que a isenção conferida ao Ministério Público em relação ao adiantamento dos honorários periciais não pode obrigar que o perito exerça seu ofício gratuitamente. Dessa forma, considera-se aplicável, por analogia, a Súmula 232 do STJ, a determinar que a **Fazenda Pública ao qual se acha vinculado o *Parquet* arque com tais despesas"** (STJ-2ª T., RMS 55.663, Min. Herman Benjamin, j. 1.3.18, DJ 23.11.18). No mesmo sentido: STJ-1ª T., RMS 59.235-AgInt, Min. Regina Costa, j. 25.3.19, DJ 29.3.19.

— "Não existe, mesmo em se tratando de ação civil pública, qualquer previsão normativa que imponha ao demandado a obrigação de adiantar recursos necessários para custear a produção de prova requerida pela parte autora. A teor da Súmula 232/STJ, 'A Fazenda Pública, quando parte no processo, fica sujeita à exigência do depósito prévio dos honorários do perito'. O mesmo entendimento deve ser aplicado ao Ministério Público, nas demandas em que figura como autor, inclusive em ações civis públicas" (STJ-1ª T., REsp 846.529, Min. Teori Zavascki, j. 19.4.07, DJU 7.5.07). "Em relação ao adiantamento das despesas com a prova pericial, a isenção inicial do MP não é aceita pela jurisprudência de ambas as turmas, diante da dificuldade gerada pela adoção da tese. Abandono da interpretação literal para **impor ao *parquet* a obrigação de antecipar honorários de perito,** quando figure como autor na ação civil pública" (STJ-2ª T., REsp 933.079, Min. Eliana Calmon, j. 12.2.08, um voto vencido, DJ 24.11.08). No mesmo sentido: RT 896/222 (TJAC, AI 2009.003726-2, maioria).

— No sentido de que o **réu da ação civil pública é quem deve custear a perícia** requerida pelo MP: STJ-RF 404/358 e RJTJERGS 277/41 (1ª T., REsp 1.049.822, dois votos vencidos).

Art. 18: 1d. "Art. 18 da Lei 7.347/85. Isenção que alcança **custas com a publicação de edital de citação** na imprensa local" (STJ-2ª T., REsp 1.176.460, Min. Mauro Campbell, j. 19.10.10, DJ 28.10.10).

Art. 18: 1e. O prévio recolhimento de **taxa judiciária** não tem lugar em ação civil pública (STJ-4ª T., REsp 978.706, Min. Luis Felipe, j. 20.9.12, DJ 5.10.12). No mesmo sentido: "A taxa judiciária cobrada, com natureza tributária, pela prestação do serviço jurisdicional, enquadra-se no conceito de custas judiciais, em sentido amplo" (STJ-3ª T., REsp 1.288.997, Min. Nancy Andrighi, j. 16.10.12, DJ 25.10.12).

Art. 18: 1f. "Do cabimento de verba honorária em ação civil pública proposta pelo MP", por Motauri Ciocchetti de Souza (Just. 168/54); "Ação civil pública de responsabilidade por dano ecológico promovida pelo Ministério Público. Ônus da sucumbência", por Evandro Ferreira de Viana Bandeira (RJ 218/28); "Os efeitos da sucumbência ao MP na ação civil pública", por Cláudio Barros Silva (Just. 173/70); "Ação civil pública promovida pelo MP e ônus da sucumbência", por José Emmanuel Burle Filho e outro (Just. 174/56).

Art. 18: 2. Vencido na ação civil pública, o MP não está sujeito ao pagamento de honorários de advogado (STJ-RT 756/198, STJ-RJTJERGS 168/28; STJ-1ª T., REsp 28.715-0, Min. Milton Luiz Pereira, j. 31.8.94, DJU 19.9.94; RT 714/122, JTJ 160/189, 177/21, RJTJERGS 168/175, 179/283, bem fundamentado), salvo o caso de comprovada má-fé (STJ-1ª T., REsp 261.593, Min. Garcia Vieira, j. 25.9.00, DJU 30.10.00) e a execução de sentença (STJ-6ª T., REsp 358.884, Min. Fernando Gonçalves, j. 23.4.02, DJU 13.5.02). Nessas hipóteses, os ônus da sucumbência deverão ser carreados à Fazenda Pública (RSTJ 81/168; no mesmo sentido, de certo modo: Bol. AASP 1.806/317).

Condenando a Fazenda Pública a pagar honorários, no caso de sucumbência do MP: STJ-2ª T., REsp 1.105.782, Min. Castro Meira, j. 5.5.09, DJ 16.5.09; RSTJ 149/233, maioria, JTJ 189/17, 196/14, RTJE 141/129.

V. tb. LIA 18, nota 2.

Art. 18: 2a. "Em razão da simetria, **descabe a condenação em honorários advocatícios da parte requerida** em ação civil pública, quando inexistente má-fé, de igual sorte como ocorre com a parte autora, por força da aplicação do art. 18 da Lei 7.347/1985" (STJ-Corte Especial, ED no Ag em REsp 962.250, Min. Og Fernandes, j. 15.8.18, DJ 21.8.18). Em sentido semelhante: RT 729/202, 866/212, 899/261 (TJMS, AP 2010.012415-0/0000-00), JTJ 175/90.

"O art. 128 § 5º-II da Carta Magna veda expressamente a percepção de honorários pelos membros do Ministério Público" (RT 872/395: TRF 1ª Reg., AP 1997.35.00.005705-9). "A Lei 8.906/94, a seu turno, dispõe que os honorários sucumbenciais pertencem aos advogados, constituindo-se direito autônomo (art. 23), determinação que está na base da Súmula STJ/306. Nessa linha, não há título jurídico que justifique a condenação da parte sucumbente à remessa dos honorários para o Estado quando não se verifica a atuação de advogados no polo vencedor. A par de não exercer advocacia, o Ministério Público é financiado com recursos provenientes dos cofres públicos, os quais são custeados, por entre outras receitas, por tributos que a coletividade já suporta" (STJ-3ª T., REsp 1.034.012, Min. Sidnei Beneti, j. 22.9.09, DJ 7.10.09). No mesmo sentido: STF-1ª T., RE 428.324, Min. Marco Aurélio, j. 15.9.09, DJ 6.11.09.

Todavia, em ação civil pública movida pelo MP, decidiu a 3ª Turma do STJ: "Ação civil pública que perdeu o objeto no curso do processo, em razão de diligências assumidas pelo réu. Responsabilidade deste pelos honorários de advogado, porque deu causa à demanda" (STJ-3ª T., REsp 237.767, Min. Ari Pargendler, j. 3.10.00, DJU 30.10.00).

Condenando o réu de ação civil pública julgada procedente ao pagamento de honorários: STJ-RP 157/323 (1ª T., REsp 845.339).

Art. 18: 2b. Súmula 345 do STJ: "São devidos honorários advocatícios pela Fazenda Pública nas **execuções individuais** de sentença proferida em ações coletivas, ainda que não embargadas". Esse entendimento foi firmado já à luz do art. 1º-D da Lei 9.494, de 10.9.97, com a redação dada pela Med. Prov. 2.180-35, de 24.8.01 (Lei 9.494/97, no tít. FAZENDA PÚBLICA, int.).

Súmula 70 do TRF-4ª Reg.: "São devidos honorários advocatícios em execução de título judicial, oriundo de ação civil pública".

E isso porque "o procedimento de cumprimento de sentença pressupõe cognição exauriente — a despeito do nome a ele dado, que induz à indevida compreensão de se estar diante de mera fase de execução —, sendo indispensável a contratação de advogado, uma vez que é necessária a identificação da titularidade do exequente em relação ao direito pleiteado, promovendo-se a liquidação do valor a ser pago e a individualização do crédito, o que torna induvidoso o conteúdo cognitivo dessa execução específica. Para o fim preconizado no art. 1.039 do CPC/2015, firma-se a seguinte tese: 'O art. 85, § 7º, do CPC/2015 não afasta a aplicação do entendimento consolidado na Súmula 345 do STJ, de modo que são devidos honorários advocatícios nos procedimentos individuais de cumprimento de sentença decorrente de ação coletiva, ainda que não impugnados e promovidos em litisconsórcio'" (STJ-Corte Especial, REsp 1.648.238, Min. Gurgel de Faria, j. 20.6.18, DJ 27.6.18). No mesmo sentido, também "é devida a verba honorária nas execuções individuais de sentença proferida em ação coletiva, ainda que proveniente de mandado de segurança" (STJ-1ª T., Ag em REsp 933.746-AgInt, Min. Benedito Gonçalves, j. 23.10.18, DJ 31.10.18).

"Redução de honorários pela metade em cumprimento de sentença contra a Fazenda Pública não impugnado. Art. 90, § 4º, do CPC/2015. Impossibilidade. Norma incompatível com a sistemática dos precatórios" (STJ-2ª T., REsp 1.691.843, Min. Og Fernandes, j. 11.2.20, DJ 17.2.20).

"O advogado do liquidante/exequente de sentença genérica prolatada em sede de ação coletiva tem direito a honorários tendo em conta a litigiosidade estabelecida, a causalidade e o efetivo labor por ele desempenhado no curso da fase liquidatória de elevada carga cognitiva, em face da necessidade de definir, além do valor devido a mais de setecentos exequentes, a titularidade destes em relação ao direito material. Independência e autonomia entre as verbas fixadas na fase cognitiva e, agora, liquidatória/executiva, de modo a se manter o dever de pagamento dos honorários arbitrados na sentença, reconhecendo-se o direito à fixação de honorários nesta segunda fase processual" (STJ-3ª T., REsp 1.602.674, Min. Paulo Sanseverino, j. 13.9.16, DJ 21.9.16).

Também deve haver condenação ao pagamento de honorários na demanda individual que se segue à "ação ordinária coletiva ajuizada por **sindicato** na qualidade de substituto processual porque necessária a execução individualizada dos substituídos, o que demandará uma cognição exauriente e contraditório amplo sobre a existência do direito reconhecido na ação coletiva" (STJ-Corte Especial, ED no AI 654.254, Min. Eliana Calmon, j. 19.12.07, DJU 25.2.08).

Contra: "São indevidos honorários advocatícios quando a execução não tiver sido embargada. Exceção quanto às obrigações de pequeno valor. Nos termos da jurisprudência da Corte, essa orientação também se aplica aos títulos executivos emanados de ações coletivas" (STF-2ª T., AI 643.549-AgRg, Min. Joaquim Barbosa, j. 28.8.12, DJ 8.10.12).

Art. 18: 3. Redação do art. 18 de acordo com o art. 116 do CDC.

Art. 18: 3a. v. CDC 87.

Art. 18: 4. "Diante da **sucumbência do Ministério Público,** foi correta a determinação do juízo no sentido de que o **Estado** de São Paulo arque com o pagamento dos **honorários periciais**" (STJ-1ª T., Ag em REsp 1.444.260-AgInt, Min. Napoleão Maia Filho, j. 3.12.19, DJ 9.12.19).

Art. 19. Aplica-se à ação civil pública, prevista nesta lei, o Código de Processo Civil,[1 a 4] aprovado pela Lei n. 5.869, de 11 de janeiro de 1973, naquilo em que não contrarie suas disposições.

Art. 19: 1. Não cabe denunciação da lide (RT 620/69, 718/109, JTJ 168/197). V. CPC 125, nota 4.

"Ação civil pública em matéria ambiental e denunciação da lide", por Ada Pellegrini Grinover (RP 124/9).

Art. 19: 2. O prazo para apelação, na ação civil pública, é regulado pelo CPC e não pela Lei 8.069, de 13.7.90, que dispõe sobre o Estatuto da Criança e do Adolescente (RSTJ 111/61).

Art. 19: 3. Não pode o MP desistir de ação civil pública por ele proposta (RT 635/201).

Art. 19: 4. O valor da causa em ação civil pública para ressarcimento de dano causado ao meio ambiente deve ser fixado por estimativa e pode ser superior ao da propriedade onde ocorreu o fato (JTJ 208/178).

"Tendo em vista a inexistência, nos autos, de qualquer elemento que demonstre o montante correspondente aos danos pretendidos, o valor da causa, que independe do valor final da condenação, deve equivaler a um *quantum* que permita às partes utilizar os recursos cabíveis e realizar o pagamento das custas devidas. Ademais, considerando a diversidade da natureza dos diferentes pedidos, nem todos de conteúdo econômico imediato, e o já destacado caráter indeterminável dos beneficiários, impossibilitando a exatidão do valor econômico da pretensão, que não autoriza, por consequência, sua fixação em quantia exorbitante, e tendo ainda como vetor os princípios da razoabilidade e da proporcionalidade, dou parcial provimento ao recurso especial para fixar o valor da causa em R$ 160.000,00, em caráter provisório e meramente estimativo" (STJ-4ª T., REsp 1.712.504, Min. Luis Felipe, j. 10.4.18, DJ 14.6.18; a citação é do voto do relator).

Art. 20. O fundo de que trata o art. 13 desta lei será regulamentado pelo Poder Executivo no prazo de 90 (noventa) dias.[1]

Art. 20: 1. O art. 20 foi regulamentado pelo Dec. 92.302, de 16.1.86 (v. ementário).

Art. 21. Aplicam-se à defesa dos direitos e interesses difusos, coletivos e individuais, no que for cabível, os dispositivos do Tít. III[1] da lei que instituiu o Código de Defesa do Consumidor.[2-3]

Art. 21: 1. O Tít. III do CDC vai do art. 81 ao art. 104 (v. esses arts. no tít. CONSUMIDOR).

Art. 21: 2. O art. 21 foi incluído na Lei 7.347 pelo art. 117 do CDC.

Art. 21: 3. s/ o alcance deste dispositivo, v. art. 5º, notas 2c e 5a.

Art. 22. Esta lei entra em vigor na data de sua publicação.[1]

Art. 22: 1. Era, primitivamente, o art. 21. Foi renumerado pelo CDC.

Art. 23. Revogam-se as disposições em contrário.[1]

Art. 23: 1. Era, primitivamente, o art. 22. Foi renumerado pelo CDC.

Brasília, em 24 de julho de 1985; 164º da Independência e 97º da República — JOSÉ SARNEY — **Fernando Lyra.**

Ementário

Ação Popular

— v. CF 5º-LXXIII; v. tb. tít. AÇÃO CIVIL PÚBLICA.

Lei 4.717, de 29.6.65 — Regula a ação popular (v. adiante, texto integral, conferido com a republicação feita no DOU 8.4.74, supl., em obediência ao art. 20 da Lei 6.014, de 27.12.73).

Lei 6.014, de 27.12.73 — Adapta ao novo Código de Processo Civil as leis que menciona (RT 458/496, Lex 1973/1.992, RF 245/465, Bol. AASP 787/supl.). O art. 17 desta lei alterou o art. 19 e seus §§ da Lei 4.717/65.

Lei 6.513, de 20.12.77 — Dispõe sobre a criação de áreas especiais e de locais de interesse turístico; sobre o inventário com finalidades turísticas dos bens de valor cultural e natural; acrescenta inciso ao art. 2º da Lei n. 4.132, de 10 de setembro de 1962; altera a redação e acrescenta dispositivo à Lei n. 4.717, de 29 de junho de 1965; e dá outras providências (Lex 1977/985, RDA 132/304, RF 260/452). Alterou o art. 1º § 1º e o art. 5º (mediante acréscimo de § 4º) da Lei 4.717.

Lei n. 4.717, de 29 de junho de 1965

Regula a ação popular.[1 a 4]

O Presidente da República
Faço saber que o Congresso Nacional decreta e eu sanciono a seguinte lei:

Da Ação Popular

✎ **LEI 4.717: 1.** "A ação popular e a Constituição de 1988", por José Luiz Gavião de Almeida (RT 729/75); "Ação popular tributária", por Hugo Barroso Uelze (RTJE 136/59); "Instrumentos processuais de defesa coletiva", por Milton Flaks (RCDUFU 21/239; s/ ação popular: p. 241); "Ações coletivas", por Salvador Pompeu de Barros Filho (RTJE 162/9); "Ação popular. A ação popular como instrumento de defesa dos direitos difusos. As condições da ação popular. A lesividade e ilegalidade como condições da ação popular constitucional", por Humberto Theodoro Jr. (RJ 272/68); "Ação popular", por Nelson Oscar de Souza (Ajuris 75/29); "Ação popular e legitimação do indivíduo: instrumento de concretização do escopo político do processo", por Marcelo Pacheco Machado (RDDP 55/101); "O Ministério Público na ação popular", por Pedro Roberto Decomain (RDDP 67/99); "Antecipação da tutela ou dos seus efeitos em ação popular", por Pedro Roberto Decomain (RDDP 72/95); "Recursos na ação popular", por Pedro Roberto Decomain (RDDP 73/107); "Cumprimento de sentença em ação popular: concurso de preferências e de credores", por Pedro Roberto Decomain (RDDP 78/109); "A ação popular como instrumento de controle do mérito do ato administrativo", por Rafael José Nadim de Lazari e Francielly Schmeiske (RDDP 125/109).

LEI 4.717: 2. s/ ação popular e ação civil pública, v. CPC 55, nota 2a (conexão); ação direta de inconstitucionalidade, v. LADIN 1º, nota 5; mandado de segurança, v. LMS 1º, nota 4a.

LEI 4.717: 3. **CF 5º: "LXXIII** — qualquer cidadão é parte legítima para propor ação popular que vise a anular ato lesivo ao patrimônio público ou de entidade de que o Estado participe, à moralidade administrativa, ao meio ambiente e ao patrimônio histórico e cultural, ficando o autor, salvo comprovada má-fé, isento de custas judiciais e do ônus da sucumbência".

LEI 4.717: 4. v. ementário de jurisprudência s/ ação popular, por Arruda Alvim e Antônio Alberti Netto, em RP 45/308.

Art. 1º Qualquer cidadão[1 a 1b] será parte legítima[1c] para pleitear a anulação ou a declaração de nulidade de atos[1d a 2] lesivos[2a-3] ao patrimônio da União, do Distrito Federal, dos Estados, dos Municípios, de entidades autárquicas, de sociedades de economia mista (Constituição, art. 141, § 38),[4-4a] de sociedades mútuas de seguro nas quais a União represente os segurados ausentes, de empresas públicas, de serviços sociais autônomos, de instituições ou fundações para cuja criação ou custeio o tesouro público haja concorrido ou concorra com mais de cinquenta por cento do patrimônio ou da receita ânua, de empresas incorporadas ao patrimônio da União, do Distrito Federal, dos Estados e dos Municípios, e de quaisquer pessoas jurídicas ou entidades subvencionadas pelos cofres públicos.

§ 1º Consideram-se patrimônio público, para os fins referidos neste artigo, os bens e direitos de valor econômico, artístico, estético, histórico ou turístico.[5]

§ 2º Em se tratando de instituições ou fundações, para cuja criação ou custeio o tesouro público concorra com menos de cinquenta por cento do patrimônio ou da receita ânua, bem como de pessoas jurídicas ou entidades subvencionadas, as consequências patrimoniais da invalidez dos atos lesivos terão por limite a repercussão deles sobre a contribuição dos cofres públicos.

§ 3º A prova da cidadania, para ingresso em juízo, será feita com o título eleitoral, ou com documento que a ele corresponda.[5a]

§ 4º Para instruir a inicial, o cidadão poderá requerer às entidades, a que se refere este artigo, as certidões e informações[5b-6] que julgar necessárias, bastando para isso indicar a finalidade das mesmas.[7]

§ 5º As certidões e informações, a que se refere o parágrafo anterior, deverão ser fornecidas dentro de 15 (quinze) dias da entrega, sob recibo, dos respectivos requerimentos, e só poderão ser utilizadas para a instrução de ação popular.

§ 6º Somente nos casos em que o interesse público, devidamente justificado, impuser sigilo, poderá ser negada certidão ou informação.

§ 7º Ocorrendo a hipótese do parágrafo anterior, a ação poderá ser proposta desacompanhada das certidões ou informações negadas, cabendo ao juiz, após apreciar os motivos do indeferimento, e salvo em se tratando de razão de segurança nacional, requisitar umas e outras; feita a requisição, o processo correrá em segredo de justiça, que cessará com o trânsito em julgado de sentença condenatória.

Art. 1º: 1. s/ domicílio eleitoral e legitimidade ativa do cidadão, v. nota 5a.

Art. 1º: 1a. Súmula 365 do STF: "Pessoa jurídica não tem **legitimidade** para propor ação popular". Esta Súmula é anterior à Lei 4.717, que manteve a mesma orientação.

"Ainda quando se trate de ação popular, não basta a legitimidade *ad causam* e *ad processum*, mas há necessidade, também, da observância da capacidade de postular em juízo" (RTJ 89/240).

Art. 1º: 1b. "A exigência da assistência para o relativamente incapaz, na ação popular, não implica restrição ao direito constitucional, nem contraria as disposições da Lei n. 4.717/65" (Bol. AASP 1.597/180).

Art. 1º: 1c. "Direitos transindividuais: conceito e legitimidade para agir", por José Rogério Cruz e Tucci (RJ 331/9); "A legitimação do autor da ação popular", por Rosmar Antonni Rodrigues Cavalcanti de Alencar (RP 132/52).

Art. 1º: 1d. Na ação popular, é possível "declarar a **inconstitucionalidade incidental** de lei como meio e modo de anular o ato administrativo praticado com base em seus preceitos" (Bol. AASP 2.245/2.090).

Art. 1º: 1e. "A ação popular pode impugnar ato administrativo e lei de efeito concreto. Como ação *erga omnes*, não admite impugnação de lei em abstrato" (STJ-2ª T., REsp 519.356, Min. Eliana Calmon, j. 1.4.04, DJU 21.6.04).

No mesmo sentido, não admitindo a ação popular contra lei em tese: RT 796/392, JTJ 200/9, maioria. V. tb. LMS 1º, nota 5-Súmula 266 do STF e comentários.

Admitindo a ação popular contra lei que produza, por si só, efeitos concretos, lesivos ao patrimônio das entidades mencionadas na LAP: RF 364/361, RJTJESP 103/169.

Art. 1º: 1f. "A ação popular é via própria para obstar acordo judicial transitado em julgado em que o cidadão entende ter havido dano ao erário" (STJ-RF 392/403: 2ª T., REsp 906.400). No mesmo sentido: RSTJ 180/94 (1ª T., REsp 450.431, um voto vencido).

Todavia: é "incabível a ação popular para modificar decisão judicial com força de coisa julgada" (TFR-3ª T., REO 106.916, Min. Assis Toledo, j. 18.8.87, DJU 1.10.87).

Art. 1º: 1g. "A ação popular é o instrumento jurídico que deve ser utilizado para impugnar atos administrativos omissivos ou comissivos que possam causar danos ao meio ambiente. Pode ser proposta ação popular ante a omissão do Estado em promover condições de melhoria na coleta do esgoto" (STJ-RDDP 58/105: 2ª T., REsp 889.766).

Todavia: "A ação popular se presta a anulação ou declaração de nulidade de atos lesivos ao patrimônio público, de forma que a inexistência de um ato a combater demonstra ter sido inábil a via eleita aos fins colimados" (RT 850/265). Consta do voto da relatora: "a mera inércia quanto à fiscalização ou a falta de resposta a ofícios formulados não configura o ato ilegal gizado pela Lei 4.717/65".

Art. 1º: 1h. A ação popular pode trazer pedido para a invalidação de cláusula contratual: "Cabendo a citada ação contra todo o contrato lesivo, nada impede a impugnação de apenas uma cláusula contratual lesiva" (STJ-2ª T., REsp 1.225.901, Min. Mauro Campbell, j. 26.4.11, DJ 5.5.11).

Art. 1º: 2. "O cidadão, autor da ação popular, há de fundamentar o seu pedido em causa jurídica expressa determinante de nulidade ou de anulabilidade do ato administrativo. É inepta, consequentemente, a petição inicial que não apresenta razão alguma determinante da pretensa nulidade e anulabilidade, nem formula pedido nesse sentido" (STJ-1ª T., REsp 740.803, Min. José Delgado, j. 21.9.06, DJU 16.10.06).

Art. 1º: 2a. "O fato de a Constituição Federal de 1988 ter alargado as hipóteses de cabimento da ação popular não tem o efeito de eximir o autor de comprovar a **lesividade do ato,** mesmo em se tratando de lesão à moralidade administrativa, ao meio ambiente ou ao patrimônio histórico e cultural. Não há por que cogitar de dano à moralidade administrativa que justifique a condenação do administrador público a restituir os recursos auferidos por meio de crédito aberto irregularmente de forma extraordinária, quando incontroverso nos autos que os valores em questão foram utilizados em benefício da comunidade" (STJ-RP 140/205 e RF 389/278: 1ª Seção, ED no REsp 260.821, um voto vencido).

Mas: "A ação popular é cabível quando violados os princípios da Administração Pública (art. 37 da CF/1988), como a moralidade administrativa, ainda que inexistente o dano material ao patrimônio público. A lesão tanto pode ser efetiva quanto legalmente presumida, visto que a Lei 4.717/1965 estabelece casos de presunção de lesividade (art. 4º), para os quais basta a prova da prática do ato naquelas circunstâncias para considerá-lo lesivo e nulo de pleno direito. A dispensa indevida de licitação configura dano *in re ipsa*, permitindo a configuração do ato de improbidade que causa prejuízo ao erário" (STJ-1ª Seção, ED no REsp 1.192.563, Min. Herman Benjamin, j. 27.2.19, maioria, DJ 1.8.19). S/ dispensa de licitação e dano *in re ipsa*, v. tb. LIA 10, nota 2.

"O art. 4º, III, *c*, da Lei 4.717/65 registra como nulos os atos relativos à concorrência administrativa processada em condições que impliquem a limitação das possibilidades normais de competição. Assim, mesmo não havendo lesão no sentido pecuniário, de prejuízo econômico para o Estado, a ação popular é cabível, uma vez que visa proteger não apenas o patrimônio pecuniário, mas também o patrimônio moral e cívico da administração. Nesse contexto, não há que se cogitar em lesão somente quando da celebração do contrato de concessão e, pois, em ausência de interesse processual" (STJ-2ª T., REsp 849.297, Min. Mauro Campbell, j. 2.10.12, DJ 8.10.12).

"Pode ser manejada ação popular assentada na contrariedade aos princípios da moralidade e da legalidade, independentemente de alegação e de comprovação de dano ao erário, com o propósito de anular contratações efetuadas sem concurso público por eventual descumprimento de lei" (STJ-2ª T., REsp 1.127.483, Min. Castro Meira, j. 2.10.12, DJ 9.10.12).

Em ação popular julgada procedente, foi invalidada a contratação irregular de servidores municipais, mas se declarou inexigível "a devolução dos valores — pelo Prefeito e pelos servidores —, em decorrência de ter havido, na espécie, efetiva prestação de serviço, não se podendo cogitar nenhum prejuízo à Administração Pública. A pena aplicada, portanto, deve ficar restrita à nulidade do ato de contratação" (STJ-1ª T., REsp 575.551, Min. José Delgado, j. 6.2.07, um voto vencido, DJU 12.4.07). Esse acórdão foi mantido no julgamento dos subsequentes embargos de divergência (STJ-Corte Especial, ED no REsp 575.551, Min. Nancy Andrighi, j. 1.4.09, DJ 30.4.09).

S/ lesividade, v. tb. arts. 2º, nota 1, e 14, nota 1.

Art. 1º: 3. "Obras de urbanização são atos discricionários do administrador (...) A administração pode praticar tais atos com liberdade de escolha de seu conteúdo, de seu destinatário, de sua conveniência, de sua oportunidade e do modo de sua realização" (Bol. AASP 1.802/275).

Art. 1º: 4. v. CF 5º-LXXIII.

Art. 1º: 4a. "A ação popular não é servil à defesa dos consumidores, porquanto instrumento flagrantemente inadequado mercê de evidente *ilegitimatio ad causam* (art. 1º da Lei 4.717/65 c/c art. 5º, LXXIII, da CF) do autor popular, o qual não pode atuar em prol da coletividade nessas hipóteses" (STJ-1ª T., REsp 818.725, Min. Luiz Fux, j. 13.5.08, DJU 16.6.08).

Art. 1º: 5. A redação do § 1º está de acordo com a Lei 6.513, de 20.12.77.

Art. 1º: 5a. "Ação popular. **Eleitor com domicílio eleitoral em município estranho** àquele em que ocorreram os fatos controversos. Irrelevância. Legitimidade ativa" (STJ-2ª T., REsp 1.242.800, Min. Mauro Campbell, j. 7.6.11, DJ 14.6.11).

Art. 1º: 5b. "A Lei 4.717/1965, no seu art. 1º, §§ 4º e 5º, respalda, expressamente, a pretensão do impetrante de requerer cópia das informações que reputa necessárias ao posterior ajuizamento da ação popular, as quais devem ser fornecidas no prazo de 15 dias a partir do protocolo do requerimento administrativo. Entende-se razoável a utilização do **mandado de segurança** para corrigir a postura omissiva da autoridade coatora, não se devendo condicionar o acesso a documentos públicos — garantido pela Constituição Federal — ao ajuizamento **prévio** da ação popular, mesmo porque somente a partir da análise dos documentos solicitados é que se verificará a ocorrência, ou não, de ato lesivo ao patrimônio da Administração Pública apto a subsidiar o ajuizamento de eventual ação popular" (STJ-2ª T., RMS 60.396, Min. Herman Benjamin, j. 14.5.19, DJ 29.5.19).

Art. 1º: 6. "Ao ajuizar a ação popular, o autor poderá, até mesmo no contexto da inicial, requerer que o juiz processante requisite, de órgãos públicos, documentos necessários a instruir o pedido inaugural, podendo, o magistrado, fazê-lo de ofício. Uma vez postulada, pelo autor, de forma expressa, a requisição de documento essencial à propositura da ação, não se há falar em inépcia da inicial, por ausência da documentação necessária" (STJ-1ª T., REsp 152.925, Min. Demócrito Reinaldo, j. 7.5.98, maioria, DJU 13.10.98).

Contra: "Não diligenciando nesse sentido, não pode pretender que o Poder Judiciário substitua-o nessa tarefa, pois a requisição só poderá ser feita se o autor comprovar que a entidade se recusou a fornecê-las" (STJ-1ª T., REsp 13.356-0-EDcl, Min. Cesar Rocha, j. 17.11.93, maioria, DJU 13.12.93).

Art. 1º: 7. "O pedido de informações às entidades e aos órgãos públicos para a defesa de direitos deve ser acompanhado de alguns esclarecimentos a respeito de sua finalidade, não bastando para tanto a simples alegação de que tais informações serão utilizadas para a instrução de ação popular, ou que há suspeita de exorbitância em eventuais valores cotados em procedimento licitatório, como no caso" (STJ-1ª T., RMS 33.558, Min. Benedito Gonçalves, j. 26.4.11, DJ 2.5.11).

Art. 2º São nulos os atos lesivos[1] ao patrimônio das entidades mencionadas no artigo anterior, nos casos de:

a) incompetência;

b) vício de forma;

c) ilegalidade do objeto;

d) inexistência dos motivos;

e) desvio de finalidade.[2]

Parágrafo único. Para a conceituação dos casos de nulidade observar-se-ão as seguintes normas:

a) a incompetência fica caracterizada quando o ato não se incluir nas atribuições legais do agente que o praticou;

b) o vício de forma consiste na omissão ou na observância incompleta ou irregular de formalidades indispensáveis à existência ou seriedade do ato;

c) a ilegalidade do objeto ocorre quando o resultado do ato importa em violação de lei, regulamento ou outro ato normativo;

d) a inexistência dos motivos se verifica quando a matéria de fato ou de direito, em que se fundamenta o ato, é materialmente inexistente ou juridicamente inadequada ao resultado obtido;

e) o desvio de finalidade se verifica quando o agente pratica o ato visando a fim diverso daquele previsto, explícita ou implicitamente, na regra de competência.

Art. 2º: 1. Improcede a ação popular se os atos impugnados não são nulos e lesivos (v., p. ex., RT 623/41, 623/155, RJTJESP 96/35, 96/36, 96/38, 96/39).

"A Lei n. 4.717/65 condiciona a declaração de nulidade dos atos administrativos à conjunção de dois requisitos: a irregularidade e a lesão ao Estado. Irregularidades formais — meros pecados veniais que não comprometem o equilíbrio entre os licitantes nem causam prejuízo ao Estado — não conduzem à declaração de nulidade" (RSTJ 34/143, maioria).

S/ lesividade, v. tb. arts. 1º, nota 2a, e 14, nota 1.

Art. 2º: 2. "O desvio de poder pode ser aferido pela ilegalidade explícita (frontal ofensa ao texto da lei) ou por censurável comportamento do agente, valendo-se de competência própria para atingir finalidade alheia àquela abonada pelo interesse público, em seu maior grau de compreensão e amplitude" (RSTJ 73/191).

Art. 3º Os atos lesivos ao patrimônio das pessoas de direito público ou privado, ou das entidades mencionadas no art. 1º, cujos vícios não se compreendam nas especificações do artigo anterior, serão anuláveis, segundo as prescrições legais, enquanto compatíveis com a natureza deles.

Art. 4º São também nulos os seguintes atos ou contratos, praticados ou celebrados por quaisquer das pessoas ou entidades referidas no art. 1º:[1]

I — A admissão ao serviço público remunerado, com desobediência, quanto às condições de habilitação, das normas legais, regulamentares ou constantes de instruções gerais.

II — A operação bancária ou de crédito real, quando:

a) for realizada com desobediência a normas legais, regulamentares, estatutárias, regimentais ou internas;

b) o valor real do bem dado em hipoteca ou penhor for inferior ao constante de escritura, contrato ou avaliação.

III — A empreitada, a tarefa e a concessão do serviço público, quando:

a) o respectivo contrato houver sido celebrado sem prévia concorrência pública ou administrativa, sem que essa condição seja estabelecida em lei, regulamento ou norma geral;

b) no edital de concorrência forem incluídas cláusulas ou condições, que comprometam o seu caráter competitivo;

c) a concorrência administrativa for processada em condições que impliquem na limitação das possibilidades normais de competição.

IV — As modificações ou vantagens, inclusive prorrogações que forem admitidas, em favor do adjudicatário, durante a execução dos contratos de empreitada, tarefa e concessão de serviço público, sem que estejam previstas em lei ou nos respectivos instrumentos.

V — A compra e venda de bens móveis ou imóveis, nos casos em que não cabível concorrência pública ou administrativa, quando:

a) for realizada com desobediência a normas legais, regulamentares, ou constantes de instruções gerais;

b) o preço de compra dos bens for superior ao corrente no mercado, na época da operação;

c) o preço de venda dos bens for inferior ao corrente no mercado, na época da operação.

VI — A concessão de licença de exportação ou importação, qualquer que seja a sua modalidade, quando:

a) houver sido praticada com violação das normas legais e regulamentares ou de instruções e ordens de serviço;

b) resultar em exceção ou privilégio, em favor de exportador ou importador.

VII — A operação de redesconto quando, sob qualquer aspecto, inclusive o limite de valor, desobedecer a normas legais, regulamentares ou constantes de instruções gerais.

VIII — O empréstimo concedido pelo Banco Central da República, quando:

a) concedido com desobediência de quaisquer normas legais, regulamentares, regimentais ou constantes de instruções gerais;

b) o valor dos bens dados em garantia, na época da operação, for inferior ao da avaliação.

IX — A emissão, quando efetuada sem observância das normas constitucionais, legais e regulamentadoras que regem a espécie.

Art. 4º: 1. s/ requisitos para a procedência da ação popular, v. arts. 1º, nota 2a, 2º, nota 1, e 14, nota 1.

Da Competência[1-2]

✎ **COMP.: 1.** "A competência na ação civil pública e na ação popular", por José Antonio Lisbôa Neiva (Just. 171/38).

COMP.: 2. Na Justiça Federal: CF 109-I e 108-II.

Art. 5º Conforme a origem do ato impugnado, é competente[1 a 1d] para conhecer da ação, processá-la e julgá-la o juiz que, de acordo com a organização judiciária de cada Estado, o for para as causas que interessem à União, ao Distrito Federal, ao Estado ou ao Município.

§ 1º Para fins de competência, equiparam-se a atos da União, do Distrito Federal, do Estado ou dos Municípios os atos das pessoas criadas ou mantidas por essas pessoas jurídicas de direito público, bem como os atos das sociedades de que elas sejam acionistas e os das pessoas ou entidades por elas subvencionadas ou em relação às quais tenham interesse patrimonial.

§ 2º Quando o pleito interessar simultaneamente à União e a qualquer outra pessoa ou entidade, será competente o juiz das causas da União, se houver; quando interessar simultaneamente ao Estado e ao Município, será competente o juiz das causas do Estado, se houver.

§ 3º A propositura da ação prevenirá a jurisdição do juízo para todas as ações, que forem posteriormente intentadas contra as mesmas partes e sob os mesmos fundamentos.[1e]

§ 4º Na defesa do patrimônio público caberá a suspensão liminar do ato lesivo impugnado.[2 a 4]

Art. 5º: 1. "É da competência do STF o julgamento de ação popular em que se tem um conflito entre a União e Estado-membro, onde os autores pretendem agir no interesse do Estado, postulando a anulação de decreto do Presidente da República, ou seja, de ato imputável à União" (STJ-RT 738/206).

Mas é competente para julgar ação popular contra o Presidente da República o juízo de primeiro grau de jurisdição (RTJ 121/17). No mesmo sentido, fundamentada decisão do Min. Celso de Mello, publicada em Inf. STF 121, de 31.8.98, p. 3, e no DJU 17.8.98 (Pet 1.546).

Art. 5º: 1a. "O juízo da ação popular é universal. A propositura da primeira ação previne a jurisdição do juízo para as subsequentemente intentadas contra as mesmas partes e sob a égide de iguais ou aproximados fundamentos" (RSTJ 106/15).

"Conflito positivo de competência. Ações populares análogas, movidas contra os mesmos réus, perante juízos de competência territorial diversa. Caso em que a competência se define pela prevenção, apurada na forma prevista no art. 219 do CPC" (STJ-1ª Seção, CC 433, Min. Ilmar Galvão, j. 29.5.90, maioria, DJU 25.6.90).

V. ainda CPC 66, nota 1b.

Art. 5º: 1b. "Direito ambiental. Desastre de Brumadinho. Rompimento de barragem da empresa Vale do Rio Doce. Ação popular. Lei 4.717/1965. Competência para julgar a ação popular quando já em andamento ação civil pública com objeto assemelhado. *Distinguishing.* **Tema ambiental. Foro do local do fato.** Aplicação subsidiária da Lei da Ação Civil Pública" (STJ-1ª Seção, CC 164.362, Min. Herman Benjamin, j. 12.6.19, DJ 19.12.19).

V. tb. CPC 55, nota 3d, e 66, nota 1b, e LACP 2º, nota 3.

Art. 5º: 1c. "Reclamação trabalhista e ação popular. Discussão relativa aos mesmos contratos de trabalho. Competência da Justiça Trabalhista para julgar a reclamatória e do Juízo de Direito para a ação popular" (RSTJ 106/208, um voto vencido).

Art. 5º: 1d. "A competência para o processo de ação popular está determinada pela origem do ato a ser anulado. Assim, se o ato é do Prefeito, acusado de má aplicação de dinheiro, a competência é da Justiça Comum, embora a verba seja proveniente do Governo Federal, porque já incorporada ao patrimônio da Prefeitura, passando para a disponibilidade do Município" (STJ-1ª Seção, CC 2.273, Min. Hélio Mosimann, j. 29.10.91, DJU 25.11.91).

Art. 5º: 1e. v. nota 1a.

Art. 5º: 2. O § 4º foi acrescentado pela Lei 6.513, de 20.12.77.

Art. 5º: 2a. Cabe liminar nas ações populares? v. Lei 8.437/92, art. 1º, nota 3, no tít. MEDIDA CAUTELAR.

Art. 5º: 2b. s/ suspensão de liminar ou de sentença em ação popular, a requerimento do MP ou de pessoa jurídica de direito público, v. Lei 8.437, de 30.6.92, art. 4º (no tít. MEDIDA CAUTELAR).

Art. 5º: 2c. É obrigatória a audiência do representante judicial da pessoa jurídica de direito público? v., no tít. MEDIDA CAUTELAR, Lei 8.437/92, art. 2º, nota 1.

Art. 5º: 3. "O enunciado da Súmula 405 do STF deve ser aplicado à suspensão liminar concedida em ação popular, porque idênticos os pressupostos de tal concessão com os da medida em mandado de segurança" (STJ-1ª T., RMS 190, Min. Armando Rollemberg, j. 4.6.90, DJU 20.8.90). V. Súmula 405 do STF em LMS 14, nota 1b.

Há, porém, um acórdão entendendo que, ao proferir sentença julgando improcedente a ação, o juiz pode determinar expressamente que a liminar subsista até o trânsito em julgado da decisão (RT 639/80 e RJTJESP 118/410).

Art. 5º: 4. "Concede-se a segurança, parcialmente, para que seja dado efeito suspensivo ao agravo de instrumento interposto pela Prefeitura impetrante, sem prejuízo do prosseguimento da ação popular, face ao dano irreparável que seria sofrido pela Municipalidade e à flagrante ilegalidade, consistente no não chamamento da União Federal para integrar a lide popular" (RTFR 148/325).

Dos Sujeitos Passivos da Ação e dos Assistentes

Art. 6º A ação será proposta contra[1-1a] as pessoas públicas ou privadas e as entidades referidas no art. 1º, contra as autoridades,[1b] funcionários ou administradores que houverem autorizado, aprovado, ratificado ou praticado o ato impugnado, ou que, por omissas, tiverem dado oportunidade à lesão, e contra os beneficiários diretos do mesmo.

§ 1º Se não houver beneficiário direto do ato lesivo, ou se for ele indeterminado ou desconhecido, a ação será proposta somente contra as outras pessoas indicadas neste artigo.

§ 2º No caso de que trata o inciso II, item *b*, do art. 4º, quando o valor real do bem for inferior ao da avaliação, citar-se-ão como réus, além das pessoas públicas ou privadas e entidades referidas no art. 1º, apenas os responsáveis pela avaliação inexata e os beneficiários da mesma.

§ 3º A pessoa jurídica de direito público ou de direito privado, cujo ato seja objeto de impugnação, poderá abster-se de contestar o pedido, ou poderá atuar ao lado do autor,[1c] desde que isso se afigure útil ao interesse público, a juízo do respectivo representante legal ou dirigente.

§ 4º O Ministério Público[1d a 2] acompanhará a ação,[2a] cabendo-lhe apressar a produção da prova e promover a responsabilidade, civil ou criminal, dos que nela incidirem, sendo-lhe vedado, em qualquer hipótese, assumir a defesa do ato impugnado ou dos seus autores.

§ 5º É facultado a qualquer cidadão habilitar-se como litisconsorte[3-3a] ou assistente[4] do autor da ação popular.[5]

Art. 6º: 1. "O texto legal objetivou alcançar todos os que, por qualquer forma, hajam participado do ato impugnado" (RTJ 123/1.203). Assim, na ação popular, devem integrar a lide, como litisconsortes passivos necessários:

— os **donatários,** na ação em que se pretende desconstituir doações feitas pelo poder público (RSTJ 30/378 e STJ-RDA 188/172);

— os **integrantes do Tribunal de Contas** que participaram do acórdão que aprovou ato sujeito à ação popular (RSTJ 30/378);

— **"qualquer beneficiário** cuja identidade (ou existência) se torne conhecida no curso da lide e antes da prolação da sentença, no primeiro grau de jurisdição, o qual deverá ser citado para a integração do contraditório, concedendo-se-lhe prazo para o oferecimento da defesa" (RSTJ 43/332);

— o **Município,** na ação popular pugnada contra a Câmara de Vereadores, pugnando pela anulação de resolução edilícia (STJ-2ª T., REsp 29.746-5, Min. Peçanha Martins, j. 15.5.95, dois votos vencidos, DJU 19.6.95). Entendendo que a legitimidade passiva é apenas do município, quando o ato impugnado proceder de sua Câmara Municipal ou da Prefeitura: STJ-1ª T., REsp 125.841, Min. Demócrito Reinaldo, j. 1.9.97, DJU 29.9.97;

— a **Câmara Municipal,** no caso de o ato por ela editado, tido como lesivo ao patrimônio, ter efeitos concretos (RT 660/89).

Não é necessária a citação, como litisconsortes passivos, dos **membros do Poder Legislativo** que atuaram no processo legislativo da lei em que se fundamentou o ato lesivo ao patrimônio público. Nesse sentido: STJ-1ª Seção, ED no REsp 188.873, Min. Gomes de Barros, j. 10.10.01, dois votos vencidos, DJU 5.8.02.

Art. 6º: 1a. "Sendo, o beneficiário, litisconsorte necessário do ato de provimento que se pretende ineficacizar, é nulo, *ab initio*, o processo em que não foi citado para o contraditório e defesa, podendo essa nulidade ser postulada pelo Ministério Público" (RSTJ 43/332).

Art. 6º: 1b. "No processo de ação popular, as autoridades que contribuíram para o ato impugnado integram o processo, como pessoas físicas. Por isso, carece de eficácia intimatória a publicação que não declina seus respectivos nomes, limitando-se em chamar tais pessoas pelo cargo que exercem ou exerciam" (STJ-1ª T., REsp 97.610, Min. Gomes de Barros, j. 7.10.96, DJU 11.11.96).

Art. 6º: 1c. Com relação à oportunidade da adesão ao polo ativo, "não há falar em preclusão do direito, pois, além de a mencionada lei não trazer limitação quanto ao momento em que deve ser realizada a migração, o seu art. 17 preceitua que a entidade pode, ainda que tenha contestado a ação, proceder à execução da sentença na parte que lhe caiba, ficando evidente a viabilidade de composição do polo ativo a qualquer tempo" (STJ-2ª T., REsp 945.238, Min. Herman Benjamin, j. 9.12.08, DJ 20.4.09).

✎ "Da ação popular. Retratabilidade da posição assumida pela pessoa jurídica no processo. Possibilidade", por Alexander dos Santos Macedo (RF 328/3).

✎ **Art. 6º: 1d.** "Ação civil pública — Ação popular — A defesa dos interesses difusos e coletivos. Posição do MP", por Lucia Valle Figueiredo (RDA 208/35).

Art. 6º: 1e. **LOMP 25:** "Além das funções previstas nas Constituições Federal e Estadual, na Lei Orgânica e em outras leis, incumbe, ainda, ao Ministério Público: ... **IV** — promover o inquérito civil e a ação civil pública, na forma da lei: ... **b)** para a anulação ou declaração de nulidade de atos lesivos ao patrimônio público ou à moralidade administrativa do Estado ou de Município, de suas administrações indiretas ou fundacionais ou de entidades privadas de que participem".

Art. 6º: 2. O MP pode aditar a inicial (RJTJESP 105/316).

Art. 6º: 2a. Anula-se o processo desde o momento em que deixou de ser intimado o MP (RJTJESP 114/188).

Art. 6º: 3. v. CPC 113 a 118.

Art. 6º: 3a. No sentido de que o ingresso do litisconsorte ulterior pode se dar a qualquer tempo, sem atritar com o princípio do juiz natural: STJ-1ª T., REsp 776.848-AgRg, Min. Luiz Fux, j. 22.6.10, DJ 3.8.10.

Art. 6º: 4. v. CPC 119 a 124.

Art. 6º: 5. "Ação popular. Julgamento já acontecido. Fase de apelação da sentença. Ingresso de litisconsorte. Ausência de interesse processual ou econômico. Descabimento. Absoluta desnecessidade da intervenção. Preservação do interesse público" (RP 152/310). Em sentido semelhante: RT 635/206.

Do Processo

Art. 7º A ação obedecerá ao procedimento ordinário, previsto no Código de Processo Civil,[1] observadas as seguintes normas modificativas:

I — Ao despachar a inicial, o juiz ordenará:[1a-1b]

a) além da citação[1c] dos réus, a intimação do representante do Ministério Público;[1d]

b) a requisição,[1e] às entidades indicadas na petição inicial, dos documentos que tiverem sido referidos pelo autor (art. 1º, § 6º), bem como a de outros que se lhe afigurem necessários ao esclarecimento dos fatos, fixando prazos de 15 (quinze) a 30 (trinta) dias para o atendimento.

§ 1º O representante do Ministério Público providenciará para que as requisições, a que se refere o inciso anterior, sejam atendidas dentro dos prazos fixados pelo juiz.

§ 2º Se os documentos e informações não puderem ser oferecidos nos prazos assinalados, o juiz poderá autorizar prorrogação dos mesmos, por prazo razoável.

II — Quando o autor o preferir, a citação dos beneficiários far-se-á por edital[2] com o prazo de 30 (trinta) dias, afixado na sede do juízo e publicado três vezes no jornal oficial do Distrito Federal, ou da Capital do Estado ou Território em que seja ajuizada a ação. A publicação será gratuita e deverá iniciar-se no máximo 3 (três) dias após a entrega, na repartição competente, sob protocolo, de uma via autenticada do mandado.

III — Qualquer pessoa, beneficiada ou responsável pelo ato impugnado, cuja existência ou identidade se torne conhecida no curso do processo e antes de proferida a sentença final de primeira instância, deverá ser citada para a integração do contraditório, sendo-lhe restituído o prazo para contestação e produção de provas. Salvo, quanto a beneficiário, se a citação se houver feito na forma do inciso anterior.

IV — O prazo de contestação[2a] é de 20 (vinte) dias,[2b-2c] prorrogáveis por mais 20 (vinte), a requerimento do interessado, se particularmente difícil a produção de prova documental, e será comum a todos os interessados, correndo da entrega em cartório do mandado cumprido, ou, quando for o caso, do decurso do prazo assinado em edital.

V — Caso não requerida, até o despacho saneador,[3] a produção de prova testemunhal ou pericial, o juiz ordenará vista às partes por 10 (dez) dias, para alegações, sendo-lhe os autos conclusos, para sentença, 48 (quarenta e oito) horas após a expiração desse prazo; havendo requerimento de prova, o processo tomará o rito ordinário.[4]

VI — A sentença, quando não prolatada em audiência de instrução e julgamento, deverá ser proferida dentro de 15 (quinze) dias do recebimento dos autos pelo juiz.

Parágrafo único. O proferimento da sentença além do prazo estabelecido privará o juiz da inclusão em lista de merecimento para promoção, durante 2 (dois) anos, e acarretará a perda, para efeito de promoção por antiguidade, de tantos dias quantos forem os do retardamento, salvo motivo justo, declinado nos autos e comprovado perante o órgão disciplinar competente.

Art. 7º: 1. v. CPC 318 e segs. (procedimento comum).

Art. 7º: 1a. s/ suspensão do ato impugnado, v. art. 5º § 4º.

Art. 7º: 1b. "Inexistindo qualquer impedimento ou incompatibilidade flagrante com a Lei 4.717/1965, é plenamente cabível, em tese, com base no art. 22 do referido diploma, a postulação de tutelas urgentes, de natureza cautelar nominada ou inominada, previstas nos artigos 798, 799 e seguintes do Código de Processo Civil, tal como a **indisponibilidade de bens para garantir o ressarcimento do erário,** um dos principais objetivos da ação popular (art. 11 da Lei 4.717/1965)" (STJ-2ª T., REsp 957.878-AgRg, Min. Castro Meira, j. 11.12.12, DJ 4.2.13).

Art. 7º: 1c. "Ação popular. Aos réus citados por edital e revéis tem que se nomear curador especial, pena de ofensa ao princípio constitucional da ampla defesa" (RJTJERGS 179/289).

Art. 7º: 1d. "Se ao Ministério Público é outorgada a possibilidade de prosseguir com a ação popular em caso de desistência e de interpor apelação, nos termos da Lei 4.717/65, arts. 9º e 19, § 2º, também se admite **aditar a petição inicial**" (STJ-2ª T., Ag em REsp 12.962-AgRg, Min. Herman Benjamin, j. 6.10.11, DJ 14.10.11).

Art. 7º: 1e. "Ação popular. A falta de inclusão dos documentos indispensáveis ao processo na exordial, que dependem de autorização de entidades públicas, não impõe a inépcia da peça vestibular, porquanto o juiz tem a faculdade de requisitá-los aos órgãos, durante a instrução do processo, quando houver requerimento para tanto, no teor do art. 7º, inciso I, alínea *b*, da Lei n. 4.717/65. Tratando-se de ação popular, em que se defende o patrimônio público, o erário, a moralidade administrativa e o meio ambiente, onde o autor está representando a sociedade como um todo, no intuito de salvaguardar o interesse público, está o juiz autorizado a requisitar provas às entidades públicas, máxime na hipótese dos autos, na qual existe requisição expressa nesse sentido" (STJ-1ª T., REsp 439.180, Min. Francisco Falcão, j. 21.9.04, DJU 3.11.04).

Art. 7º: 2. A citação dos beneficiários do ato, como litisconsortes passivos, pode ser feita por edital, independentemente de esgotados os meios previstos no CPC (RSTJ 128/160). Todavia, se os beneficiários são conhecidos e seus endereços certos, "não há por que substituir-se a citação por mandado pela citação-edital" (RT 796/392).

Art. 7º: 2a. Reconvenção. "Na ação popular, o autor não ostenta posição jurídica própria, nem titulariza o direito discutido na ação, que é de natureza indisponível. Defendem-se, em verdade, interesses pertencentes a toda sociedade. É de se aplicar, assim, o § ún. do art. 315 do CPC, que não permite ao réu, 'em seu próprio nome, reconvir ao autor, quando este demandar em nome de outrem'" (STJ-RP 137/201: 2ª T., REsp 72.065).

Art. 7º: 2b. "Conta-se esse prazo, todavia, a partir da juntada aos autos do mandado de citação de todos os litisconsortes necessários" (JTJ 343/74: AI 781.778-5/4-00).

Art. 7º: 2c. "A indicação equivocada, na 'carta de AR citatória', do prazo de 15 dias para contestar, ao invés de 20 dias (art. 7º, IV, da Lei 4.717/65), não implica nulidade no caso concreto diante da efetiva ausência de prejuízo ao contraditório, cabendo ressaltar que a peça contestatória foi deduzida de forma ampla e minuciosa quanto às questões meritórias de direito, de fato e de prova, sem qualquer indicação de dificuldade à apresentação da defesa" (STJ-2ª T., REsp 986.752, Min. Castro Meira, j. 27.11.12, DJ 6.12.12).

Art. 7º: 3. "Deve o juiz, antes do saneador, determinar às partes que especifiquem as provas desejadas, para definir o rito a ser dado ao processo" (RTFR 126/47), como se vê deste inciso, *in fine*.

Art. 7º: 4. v. CPC 318 e segs. (procedimento comum).

Art. 8º Ficará sujeita à pena de desobediência,[1] salvo motivo justo devidamente comprovado, a autoridade, o administrador ou o dirigente, que deixar de fornecer, no prazo fixado no art. 1º, § 5º, ou naquele que tiver sido estipulado pelo juiz (art. 7º, n. I, letra *b*), informações e certidão ou fotocópia de documentos necessários à instrução da causa.

Parágrafo único. O prazo contar-se-á do dia em que entregue, sob recibo, o requerimento do interessado ou o ofício de requisição (art. 1º, § 5º, e art. 7º, n. I, letra *b*).

Art. 8º: 1. v. CP 330.

Art. 9º Se o autor desistir da ação ou der motivo à absolvição da instância,[1] serão publicados editais nos prazos e condições previstos no art. 7º, inciso II, ficando assegurado a qualquer cidadão, bem como ao representante do Ministério Público,[2] dentro do prazo de 90 (noventa) dias da última publicação feita, promover o prosseguimento da ação.[2a a 4]

Art. 9º: 1. A absolvição de instância, regulada no art. 201 do CPC/39, consistia no julgamento sem resolução do mérito (CPC 485).

Art. 9º: 2. "Tendo o Ministério Público requerido explicitamente o arquivamento da ação popular, quando instado a assumir a autoria do feito em face da inércia do autor, não deve ser acolhida posterior postulação sua em sentido contrário" (STJ-1ª T., REsp 65.367-3, Min. Cesar Rocha, j. 16.10.95, DJU 11.12.95).

Art. 9º: 2a. s/ prosseguimento da ação civil pública por iniciativa de outro legitimado, v. LACP 5º, § 3º, especialmente, nota 7c.

Art. 9º: 3. "Não configura violação do art. 9º da Lei n. 4.717/65 a ausência de publicação dos editais, nos casos em que não há desistência da ação nem absolvição de instância, mas, apenas, o pedido de extinção do processo sem julgamento do mérito em relação a alguns réus" (STJ-RF 395/434: 2ª T., REsp 556.368).

Art. 9º: 4. Caracterizada situação de desistência da ação ou de absolvição da instância, o juiz, antes de decretar a extinção do processo, deve necessariamente adotar as providências previstas neste art. 9º, a fim de permitir que a ação popular siga adiante, ainda que com uma nova pessoa no seu polo ativo (STJ-2ª T., REsp 554.532, Min. Castro Meira, j. 11.3.08, DJU 28.3.08; no caso, o autor havia deixado de promover citações necessárias para o desenvolvimento do processo).

"A não observância do disposto no art. 9º da Lei 4.717/65 resulta em prejuízo à sociedade e ao MP, como órgão garantidor da ordem jurídica, uma vez que não lhes foi dado suceder o autor popular desistente no prosseguimento do feito" (STJ-2ª T., REsp 771.859, Min. Eliana Calmon, j. 15.8.06, DJU 30.8.06).

Art. 10. As partes só pagarão custas e preparo a final.[1-2]

Art. 10: 1. v. RCJF 4º-IV.

Art. 10: 2. O autor da ação popular está dispensado de antecipar os honorários periciais (STJ-RT 912/636: 2ª T., REsp 1.225.103; JTJ 172/167). **Contra:** JTJ 200/223.

Art. 11. A sentença[1] que, julgando procedente a ação popular, decretar a invalidade do ato impugnado, condenará[1a] ao pagamento de perdas e danos[2] os responsáveis pela sua prática e os beneficiários dele, ressalvada a ação regressiva contra os funcionários causadores de dano, quando incorrerem em culpa.

Art. 11: 1. "Pode haver o julgamento antecipado da ação popular, desde que obedecidas as condições exigidas pelo art. 330, inc. I, do CPC" (STJ-1ª T., REsp 97.308, Min. Garcia Vieira, j. 19.2.98, DJU 20.4.98).

Art. 11: 1a. Não pode a sentença condenar o autor nas sanções previstas na Lei de Improbidade Administrativa, por não serem compatíveis com a ação popular (STJ-1ª T., REsp 704.570, Min. Luiz Fux, j. 17.5.07, um voto vencido, DJU 4.6.07). No mesmo sentido: RP 115/297.

Art. 11: 2. com correção monetária a partir da data do ato ilícito (STF-RT 639/235).

Art. 12. A sentença incluirá sempre, na condenação dos réus, o pagamento, ao autor, das custas e demais despesas, judiciais e extrajudiciais, diretamente relacionadas com a ação e comprovadas, bem como o dos honorários de advogado.[1]

Art. 12: 1. Os honorários são devidos ainda que o ato impugnado tenha sido revogado (RDA 123/290, maioria de votos).

"O só fato de o ato atacado em sede de ação popular ter sido administrativamente desconstituído, mesmo no curso da demanda, não importa em reconhecimento do pedido formulado pelo autor. Destarte, tendo sido extinto o feito por falta de objeto, a tanto conformando-se o autor, não há que se falar em sucumbência, tanto mais quando as instâncias ordinárias não configuraram a existência de ilegalidade e de lesividade no ato desfeito" (RSTJ 54/203, maioria).

Art. 13. A sentença que, apreciando o fundamento de direito do pedido,[1] julgar a lide manifestamente temerária, condenará o autor ao pagamento do décuplo das custas.[2]

Art. 13: 1. Se o processo foi extinto sem julgamento do mérito, não cabe a imposição da pena do art. 13 (RT 605/37).

Art. 13: 2. No caso de improcedência da ação, fica o autor, "salvo comprovada má-fé, isento de custas judiciais e do ônus da sucumbência" (CF 5º-LXXIII).

Idem, no caso de medida cautelar preparatória de ação popular (STF-RP 190/357:1ª T., RE 335.428; STJ-2ª T., REsp 18.996-0, Min. Américo Luz, j. 29.4.92, DJU 25.5.92).

Art. 14. Se o valor da lesão ficar provado no curso da causa, será indicado na sentença; se depender de avaliação ou perícia, será apurado na execução.[1]

§ 1º Quando a lesão resultar da falta ou isenção de qualquer pagamento, a condenação imporá o pagamento devido, com acréscimo de juros de mora e multa legal ou contratual, se houver.

§ 2º Quando a lesão resultar da execução fraudulenta, simulada ou irreal de contratos, a condenação versará sobre a reposição do débito, com juros de mora.

§ 3º Quando o réu condenado perceber dos cofres públicos, a execução far-se-á por desconto em folha até o integral ressarcimento do dano causado, se assim mais convier ao interesse público.

§ 4º A parte condenada a restituir bens ou valores ficará sujeita a sequestro e penhora,[2] desde a prolação da sentença condenatória.

Art. 14: 1. "Faz-se imprescindível constar na sentença que julga procedente a ação popular a comprovação da existência da lesão. Não se mostra necessário, portanto, quantificar o dano sofrido, o qual pode ser objeto de posterior liquidação. Tal providência, contudo, não qualifica o referido decisório como sentença condicional" (STJ-2ª T., REsp 146.756, Min. João Otávio, j. 9.12.03, DJU 9.2.04).

S/ lesividade, v. tb. arts. 1º, nota 2a, e 2º, nota 1.

Art. 14: 2. v. CPC 831 e segs.

Art. 15. Se, no curso da ação, ficar provada a infringência da lei penal ou a prática de falta disciplinar a que a lei comine a pena de demissão ou a de rescisão de contrato de trabalho, o juiz, *ex officio*, determinará a remessa de cópia autenticada das peças necessárias às autoridades ou aos administradores a quem competir aplicar a sanção.

Art. 16. Caso decorridos 60 (sessenta) dias da publicação da sentença condenatória de segunda instância, sem que o autor ou terceiro promova a respectiva execução,[1] o representante do Ministério Público a promoverá nos 30 (trinta) dias seguintes, sob pena de falta grave.

Art. 16: 1. O autor, na ação popular, é substituto processual do Poder Público. Como este não está sujeito a prestar caução na execução provisória, o mesmo ocorre com o autor (STJ-2ª T., RMS 2.366, Min. Peçanha Martins, j. 2.10.95, DJU 11.3.96; RJTJESP 93/234).

Art. 17. É sempre permitido às pessoas ou entidades referidas no art. 1º, ainda que hajam contestado a ação, promover, em qualquer tempo, e no que as beneficiar, a execução da sentença contra os demais réus.

Art. 18. A sentença terá eficácia de coisa julgada oponível *erga omnes*, exceto no caso de haver sido a ação julgada improcedente por deficiência de prova; neste caso, qualquer cidadão poderá intentar outra ação com idêntico fundamento, valendo-se de nova prova.[1]

Art. 18: 1. v. LACP 16 e CDC 103.

Art. 19. A sentença que concluir pela carência ou pela improcedência da ação está sujeita ao duplo grau de jurisdição, não produzindo efeito[1 a 1b] senão depois de confirmada pelo tribunal; da que julgar a ação procedente, caberá apelação, com efeito suspensivo.[2]

§ 1º Das decisões interlocutórias cabe agravo de instrumento.[3-3a]

§ 2º Das sentenças e decisões proferidas contra o autor da ação e suscetíveis de recurso, poderá recorrer qualquer cidadão e também o Ministério Público.[4]

Art. 19: 1. s/ reexame necessário e: ação civil pública, v. LACP 16, nota 1; ação de improbidade administrativa, v. LIA 18, nota 3.

Art. 19: 1a. Não está sujeita ao duplo grau de jurisdição obrigatório a sentença que julga procedente a ação popular (RJTJESP 106/219).

Art. 19: 1b. "Remessa necessária apenas na hipótese de carência de ação ou improcedência dos pedidos. Art. 19 da Lei 4.717/1965. **Carência de ação não abrange** os casos de extinção com fulcro no art. 267, I e IV, do CPC de 1973" (STJ-2ª T., AP 47, Min. Herman Benjamin, j. 20.2.18, DJ 14.11.18).

Art. 19: 2. Redação de acordo com a Lei 6.014, de 27.12.73, art. 17.

Art. 19: 3. Redação dada pela Lei 6.014, de 27.12.73, art. 17.

Art. 19: 3a. "Ação popular. Decisão declinatória da competência. **Agravo de instrumento. Cabimento.** Microssistema de direito coletivo. A norma específica inserida no microssistema de tutela coletiva, prevendo a impugnação de decisões interlocutórias mediante agravo de instrumento (art. 19 da Lei n. 4.717/65), não é afastada pelo rol taxativo do art. 1.015 do CPC/2015, notadamente porque o inciso XIII daquele preceito contempla o cabimento daquele recurso em 'outros casos expressamente referidos em lei'" (STJ-1ª T., REsp 1.733.540-AgInt, Min. Gurgel de Faria, j. 25.11.19, DJ 4.12.19).

V. tb. CPC 1.015, nota 20.

Art. 19: 4. Redação de acordo com a Lei 6.014, de 27.12.73, art. 17.

Disposições Gerais

Art. 20. Para os fins desta lei, consideram-se entidades autárquicas:

a) o serviço estatal descentralizado com personalidade jurídica, custeado mediante orçamento próprio, independente do orçamento geral;

b) as pessoas jurídicas especialmente instituídas por lei, para a execução de serviços de interesse público ou social, custeados por tributos de qualquer natureza ou por outros recursos oriundos do Tesouro Público;

c) as entidades de direito público ou privado a que a lei tiver atribuído competência para receber e aplicar contribuições parafiscais.[1]

Art. 20: 1. "O SEBRAE possui natureza de entidade paraestatal, constituído na forma de serviço social autônomo mantido por contribuições parafiscais, sujeitando-se ao controle do bom uso de seus recursos pela via da ação popular. Tal equiparação legal, porém, não tem o condão de conferir à Justiça Federal a competência para processar e julgar o feito" (RSTJ 183/115: REsp 530.206). No mesmo sentido: STJ-2ª T., REsp 413.581, Min. Castro Meira, j. 17.6.04, DJU 16.8.04.

V. CF 109, nota 3-Sesi. Súmula 516 do STF.

Art. 21. A ação prevista nesta lei prescreve[1 a 4] em 5 (cinco) anos.

Art. 21: 1. "Todavia, trata-se de **prazo decadencial,** visto que o pronunciamento jurisdicional proferido na ação popular se reveste de eficácia constitucional negativa e condenatória, mas aquele aspecto precede a este, na medida em que a condenação se apresenta como efeito subsequente e dependente da desconstitutividade" (STJ-2ª T., REsp 258.122, Min. João Otávio, j. 27.2.07, DJU 5.6.07).

Art. 21: 2. "A ação popular prescreve em cinco anos (art. 21 da Lei 4.717/65), tendo como **termo *a quo*** da contagem do prazo a data da publicidade do ato lesivo ao patrimônio" (STJ-2ª T., AI 636.917-AgRg, Min. João Otávio, j. 16.10.07, DJU 9.11.07; "no caso em análise, o prazo iniciou-se no momento da lavratura da escritura pública de compra e venda").

"O termo inicial da fluência do prazo prescricional da referida ação, como em todos os casos, está diretamente relacionado com o princípio da *actio nata*, à luz do qual o prazo de prescrição começa a correr a partir do momento em que nasce o direito que se pretende discutir em juízo, ou seja, no caso em análise, notadamente, a publicação do contrato" (STJ-1ª T., REsp 1.470.568, Min. Napoleão Maia Filho, j. 1.10.19, maioria, DJ 25.10.19).

Art. 21: 3. Em ação popular contra o ato de concessão de uso de imóvel, **"conta-se o prazo** prescricional **a partir** da lavratura da escritura de concessão de uso sobre terreno público, e não da edição da lei" (STJ-1ª T., REsp 337.447, Min. Gomes de Barros, j. 4.12.03, DJU 19.12.03).

Art. 21: 4. "Interrompendo-se a prescrição com relação a alguns **litisconsortes,** em razão da regular citação destes dentro do prazo quinquenal do art. 21 da Lei n. 4.717/65, o fato interruptivo retroage à propositura da ação (art. 219, § 1º, CPC); e, se necessária for a citação de outro litisconsorte passivo, que não constou inicialmente do polo passivo da ação popular, tão somente contra ele continuou a correr o prazo prescricional" (STJ-2ª T., REsp 1.366.280-AgRg, Min. Humberto Martins, j. 26.8.14, DJ 1.9.14).

Art. 22. Aplicam-se à ação popular as regras do Código de Processo Civil,[1] naquilo em que não contrariem os dispositivos desta lei, nem a natureza específica da ação.

Art. 22: 1. s/ medida cautelar para indisponibilidade de bens do réu, v. art. 7º, nota 1b.

Brasília, 29 de junho de 1965; 144º da Independência e 77º da República — H. CASTELLO BRANCO — **Milton Soares Campos.**

Ementário

Advogado

— v. CF 133; CPC 103 a 107.

Lei 8.906, de 4.7.94 — Dispõe sobre o Estatuto da Advocacia e a Ordem dos Advogados do Brasil — OAB (v. adiante, texto integral).

Regulamento Geral do Estatuto da Advocacia e da OAB — Aprovado em 16.10 e 6.11.94.

Lei 11.179, de 22.9.05 — Altera os arts. 53 e 67 da Lei n. 8.906, de 4.7.94, que dispõe sobre o Estatuto da Advocacia e da Ordem dos Advogados do Brasil — OAB.

Lei 11.902, de 12.1.09 — Acrescenta art. 25-A à Lei 8.906, de 4.7.94, que dispõe sobre o Estatuto da Advocacia e a Ordem dos Advogados do Brasil.

Código de Ética e Disciplina — Aprovado em 19.10.15.

Lei 13.245, de 12.1.16 — Altera o art. 7º do Estatuto da Advocacia.

Lei 13.247, de 12.1.16 — Altera os arts. 15, 16 e 17 do Estatuto da Advocacia.

Lei 13.363, de 25.11.16 — Altera a Lei n. 8.906, de 4 de julho de 1994, e o Código de Processo Civil, para estipular direitos e garantias para a advogada gestante, lactante, adotante ou que der à luz e para o advogado que se tornar pai.

Lei 13.688, de 3.7.18 — Institui o Diário Eletrônico da Ordem dos Advogados do Brasil e altera a Lei n. 8.906, de 4 de julho de 1994 (Estatuto da OAB), para dispor sobre a publicação de atos, notificações e decisões no Diário Eletrônico da Ordem dos Advogados do Brasil.

Lei 13.725, de 4.10.18 — Acrescenta §§ 6º e 7º ao art. 22 do Estatuto da Advocacia.

Lei 13.793, de 3.1.19 — Altera as Leis n. 8.906, de 4 de julho de 1994, 11.419, de 19 de dezembro de 2006, e 13.105, de 16 de março de 2015 (Código de Processo Civil), para assegurar a advogados o exame e a obtenção de cópias de atos e documentos de processos e de procedimentos eletrônicos.

Lei 13.869, de 5.9.19 — Dispõe sobre os crimes de abuso de autoridade. No Estatuto da Advocacia: acrescenta o art. 7º-B.

Lei 13.875, de 20.9.19 — Alterou o § 2º do art. 63 do Estatuto da Advocacia, para tratar dos prazos de exercício da profissão para participação nas eleições dos membros dos órgãos da OAB.

Lei 14.039, de 17.8.20 — Acrescenta o art. 3º-A ao Estatuto da Advocacia.

Lei n. 8.906, de 4 de julho de 1994

Dispõe sobre o Estatuto da Advocacia e a Ordem dos Advogados do Brasil — OAB.

O Presidente da República

Faço saber que o Congresso Nacional decreta e eu sanciono a seguinte lei:

Título I | DA ADVOCACIA[1]

Capítulo I | DA ATIVIDADE DE ADVOCACIA

TÍT. I: 1. "O novo estatuto dos advogados. Açodamento legislativo", por Caetano Lagrasta Neto e Sônia das Dores Dionísio (Lex-JTA 148/14); "A Constituição e o novo Estatuto da OAB", por William Douglas (RT 707/261); "A Constituição, a advocacia e o advogado", por Roberto J. Pugliese (RT 713/293); "Estatuto da advocacia: dos dispositivos inovadores e sua inaplicabilidade após três anos de vigência", por Domingos David Júnior (RJ 249/25); "A advocacia pública", por Roberto Luís Luchi Demo (RT 801/697); "A linguagem do advogado", por Theotonio Negrão (RP 49/83); "Técnica de arrazoar recursos", por Ronaldo Brêtas de Carvalho Filho (RTJE 162/59); "O advogado nos juízos, tribunais e órgãos da administração pública", por José Guilherme Villela (RDA 227/349); "Advogado: novas dimensões da organização profissional", por Pedro Gordilho (RDA 238/147); "Advocacia nos tribunais superiores", por José Guilherme Villela (RDA 239/389); "A ética profissional do advogado de família", por Cristian Fetter Mold (RBDF 30/26); "O advogado em Roma", por João Francisco Naves da Fonseca (RJ-Lex 54/161, RMDCPC 45/81).

Art. 1º São atividades privativas de advocacia:[1 a 1b]

I — a postulação a qualquer órgão do Poder Judiciário e aos juizados especiais;[2 a 4a]

II — as atividades de consultoria, assessoria e direção jurídicas.

§ 1º Não se inclui na atividade privativa de advocacia a impetração de *habeas corpus* em qualquer instância ou tribunal.[5]

§ 2º Os atos e contratos constitutivos de pessoas jurídicas, sob pena de nulidade, só podem ser admitidos a registro, nos órgãos competentes, quando visados por advogados.[5a-5b]

§ 3º É vedada a divulgação de advocacia em conjunto com outra atividade.[6]

Art. 1º: 1. "Inexigência de defensor inscrito na OAB nos procedimentos administrativos disciplinares", por Rui Stoco (RT 708/271).

Art. 1º: 1a. v. art. 4º.

Art. 1º: 1b. **Súmula Vinculante 5 do STF:** "A falta de defesa técnica por advogado no processo administrativo disciplinar não ofende a Constituição". Aplicando a Súmula Vinculante 5 no STJ: STJ-3ª Seção, MS 13.529-AgRg, Min. Jane Silva, j. 28.5.08, DJU 3.6.08.

Súmula 343 do STJ: "É obrigatória a presença de advogado em todas as fases do processo administrativo disciplinar".

Art. 1º: 2. O STF declarou **inconstitucional** a expressão **"qualquer"**: "O advogado é indispensável à administração da Justiça. Sua presença, contudo, pode ser dispensada em certos atos jurisdicionais" (STF-Pleno, ADI 1.127, Min. Ricardo Lewandowski, j. 17.5.06, dois votos vencidos, DJ 11.6.10).

V. LJE 9º, nota 1b.

Art. 1º: 3. Assim, desacompanhada de advogado a parte não pode desistir da ação (CPC 103, nota 4) ou renunciar ao recurso (CPC 103, nota 3); mas pode firmar transação extrajudicial, ainda que com efeitos em juízo (CPC 103, nota 3).

Art. 1º: 4. "Se os expropriados não residem, regularmente, nos autos, devidamente representados por advogado, não pode o juiz homologar acordo, por instrumento particular, havido entre eles e a entidade expropriante" (TFR-6ª T., Ag 53.773, Min. Carlos Velloso, j. 14.9.87, DJU 8.10.87).

Art. 1º: 4a. "O patrocínio de interesses de terceiros junto ao INPI, constituindo advocacia, somente é permitido aos inscritos nos quadros da OAB" (RSTJ 51/320).

Art. 1º: 5. "O recorrente deve possuir capacidade postulatória para interpor **recurso** ordinário em *habeas corpus*, ainda que tenha sido o impetrante originário, por tratar-se de ato privativo de advogado" (STF-2ª T., RHC 121.722, Min. Ricardo Lewandowski, j. 20.5.14, maioria, DJ 6.10.14). "Agravo interno interposto pelo impetrante desprovido de capacidade postulatória. Impossibilidade, pois apenas no remédio constitucional consubstanciado no *habeas corpus* a parte que não ostenta OAB possui capacidade postulatória" (STJ-3ª T., HC 572.914-AgInt, Min. Paulo Sanseverino, j. 8.6.20, DJ 12.6.20).

Todavia: "Em sede de *habeas corpus*, o fato de a parte não possuir capacidade postulatória não impede o conhecimento do agravo regimental" (STF-1ª T., HC 123.837, Min. Dias Toffoli, j. 11.11.14, DJ 19.12.14).

Art. 1º: 5a. LC 123, de 14.12.06 — Institui o Estatuto da Microempresa e da Empresa de Pequeno Porte: **"Art. 9º § 2º** Não se aplica às microempresas e às empresas de pequeno porte o disposto no § 2º do art. 1º da Lei n. 8.906, de 4 de julho de 1994".

Art. 1º: 5b. "A obrigatoriedade do visto de advogado para o registro de atos e contratos constitutivos de pessoas jurídicas (art. 1º § 2º da Lei 8.906/94) não ofende os princípios constitucionais da isonomia e da liberdade associativa" (STF-Pleno, ADI 1.194, Min. Cármen Lúcia, j. 20.5.09, maioria, DJ 11.9.09).

Art. 1º: 6. v. art. 16-*caput* e § 2º.

Art. 2º O advogado é indispensável à administração da justiça.[1]

§ 1º No seu ministério privado, o advogado presta serviço público e exerce função social.

§ 2º No processo judicial, o advogado contribui, na postulação de decisão favorável ao seu constituinte, ao convencimento do julgador, e seus atos constituem múnus público.

§ 3º No exercício da profissão, o advogado é inviolável por seus atos e manifestações, nos limites desta lei.[2-3]

Art. 2º: 1. CF 133: "O advogado é indispensável à administração da justiça, sendo inviolável por seus atos e manifestações no exercício da profissão, nos limites da lei".

Art. 2º: 2. v. art. 7º-II, IV, V e XIX e §§ 2º, 3º, 6º e 7º.

Art. 2º: 3. O STF declarou constitucional este § 3º: "A imunidade profissional é indispensável para que o advogado possa exercer condigna e amplamente seu múnus público" (STF-Pleno, ADI 1.127, Min. Ricardo Lewandowski, j. 17.5.06, DJ 11.6.10).

Art. 3º O exercício da atividade de advocacia no território brasileiro e a denominação de advogado são privativos dos inscritos[1] na Ordem dos Advogados do Brasil — OAB.

§ 1º Exercem atividade de advocacia, sujeitando-se ao regime desta lei, além do regime próprio a que se subordinem, os integrantes da Advocacia-Geral da União, da Procuradoria da Fazenda Nacional, da Defensoria Pública[1a] e das Procuradorias e Consultorias Jurídicas dos Estados, do Distrito Federal, dos Municípios e das respectivas entidades de administração indireta e fundacional.[1b]

§ 2º O estagiário de advocacia, regularmente inscrito,[2] pode praticar os atos previstos no art. 1º, na forma do Regulamento Geral, em conjunto com advogado e sob responsabilidade deste.[2a a 6]

Art. 3º: 1. v. arts. 8º a 14.

Art. 3º: 1a. "Defensores Públicos exercem atividades de representação judicial e extrajudicial, de advocacia contenciosa e consultiva, o que se assemelha bastante à Advocacia, tratada em Seção à parte no texto constitucional. Ao lado de tal semelhança, há inúmeras diferenças, pois a carreira está sujeita a regime próprio e a estatutos específicos; submetem-se à fiscalização disciplinar por órgãos próprios, e não pela OAB; necessitam aprovação prévia em concurso público, sem a qual, ainda que se possua inscrição na Ordem, não é possível exercer as funções do cargo, além de não haver necessidade da apresentação de instrumento do mandato em sua atuação. À vista dessas premissas, e promovendo o necessário diálogo das fontes, tem-se que o Estatuto da Advocacia não é de todo inaplicável aos Defensores Públicos, dada a similitude com a advocacia privada das atividades que realizam. Dessa forma, impensável afastar, por exemplo, a inviolabilidade por atos e manifestações (art. 2º, § 3º, da Lei 8.906/1994) ou o sigilo da comunicação (art. 7º, III). Entretanto, por todas as diferenças, aceita-se regime díspar previsto em legislação especial. Em conclusão, o art. 3º, § 1º, da Lei 8.906/1994 merece interpretação conforme à Constituição para obstar a necessidade de **inscrição na OAB** dos membros das carreiras da Defensoria Pública, não obstante se exija a inscrição do candidato em concurso público. Ademais, a inscrição obrigatória não pode ter fundamento nesse comando em razão do posterior e específico dispositivo presente no art. 4º, § 6º, da Lei Complementar 80/1994" (STJ-2ª T., REsp 1.710.155, Min. Herman Benjamin, j. 1.3.18, DJ 2.8.18).

✎ **Art. 3º: 1b.** "Advocacia do setor público: riscos e obstáculos no limiar do novo milênio", por Rodolfo de Camargo Mancuso (RT 807/27).

Art. 3º: 2. v. art. 9º-*caput*.

Art. 3º: 2a. s/ conduta incompatível com a habilitação de estagiário, v. art. 34-XXIX.

Art. 3º: 3. Lei 11.788, de 25.9.08 — Dispõe sobre o estágio de estudantes.

Art. 3º: 3a. "O estagiário é um advogado em potencial, de modo que o mandato conjunto confere-lhe todos os poderes outorgados pelo constituinte, podendo exercer alguns desde logo, e outros a partir da titulação exigida" (STJ-3ª T., REsp 147.206, Min. Ari Pargendler, j. 21.10.99, DJU 29.11.99).

"A posterior graduação do advogado e consequente registro na Ordem dos Advogados habilita-o a praticar todos os atos inerentes à profissão, independentemente de novo mandato" (STJ-4ª T., REsp 114.534, Min. Ruy Rosado, j. 28.4.97, DJU 19.5.97).

No mesmo sentido: STJ-2ª T., REsp 613.422, Min. Eliana Calmon, j. 3.2.05, DJU 28.2.05; STJ-1ª T., REsp 38.246, Min. Cesar Rocha, j. 4.10.93, DJU 25.10.93; STJ-Bol. AASP 2.477/3.945, JTJ 308/488.

Art. 3º: 4. Não deve ser considerada válida a **intimação** feita a estagiário pela imprensa (JTJ 171/159, Bol. AASP 1.913/273j), além do mais porque é sabido que as entidades de classe dos advogados, quando se encarregam do serviço de leitura dessa publicação, geralmente não admitem os estagiários como seus associados e, portanto, não lhes remetem os recortes de jornal.

Assim: "Anula-se o julgamento do recurso especial e o respectivo acórdão, porque na pauta publicada no Diário da Justiça figura como advogado da ora embargante o nome de um estagiário de direito, que não tem poderes para postular, sozinho, nos autos de processo judicial" (STJ-3ª T., REsp 400.203-EDcl, Min. Menezes Direito, j. 14.6.04, DJU 30.8.04).

"Intimação. Ausência do nome do advogado da parte na publicação. Nulidade absoluta. Havendo advogados regularmente constituídos nos autos, não se justifica que o serventuário tenha procedido a todas as intimações da fase de liquidação em nome dos antigos estagiários" (STJ-4ª T., Ag em REsp 1.065.681-AgInt-EDcl-AgInt, Min. Isabel Gallotti, j. 3.9.19, maioria, DJ 24.9.19).

Todavia, há um acórdão do STJ em que se considerou válida intimação feita a estagiário, sob o argumento de que este, no momento daquele ato, já havia se graduado e estava inscrito como advogado na OAB (STJ-4ª T., REsp 114.534, Min. Ruy Rosado, j. 28.4.97, DJU 19.5.97).

Art. 3º: 4a. A **retirada de autos** do cartório exclusivamente por estagiário **não caracteriza ciência inequívoca** e, consequentemente, não dá início a prazo processual, na medida em que não se trata de ato praticado em conjunto com advogado (STJ-2ª T., REsp 510.468, Min. João Otávio, j. 5.12.06, DJU 7.2.07; STJ-3ª T., REsp 830.154, Min. Gomes de Barros, j. 19.12.07, DJU 9.4.08; STJ-1ª T., REsp 1.296.317, Min. Benedito Gonçalves, j. 23.4.13, DJ 16.9.13; STJ-4ª T., REsp 1.550.141-AgInt, Min. Raul Araújo, j. 11.6.19, DJ 27.6.19).

Contra, no sentido de que há ciência inequívoca e deflagração do respectivo prazo nessas circunstâncias: JTJ 151/106, Bol. AASP 1.893/113j.

Art. 3º: 5. A despeito do que dispõe o art. 791 § 1º da CLT, o estagiário **não pode representar as partes em juízo** nos dissídios trabalhistas individuais (RTJ 106/746, 110/1.122).

Art. 3º: 5a. "O art. 18 da Lei 1.060/50 é claro ao prescrever que o acadêmico de direito poderá, tão somente, **auxiliar o patrocínio** e não, como quer fazer crer o recorrente, patrocinar sozinho a causa. Esse entendimento não escapou da atenção do legislador ao elaborar a Lei 8.906/94, a qual prescreve que os atos praticados por estagiário de advocacia, regularmente inscrito, só são considerados válidos quando praticados em conjunto com advogado e sob a responsabilidade deste, a teor do § 2º do art. 3º do referido diploma legal" (STJ-4ª T., Ag em REsp 80.432-EDcl, Min. Luis Felipe, j. 2.2.12, DJ 7.2.12).

Art. 3º: 6. Em princípio, não se conhece de recurso **subscrito apenas por estagiário** (Bol. AASP 1.989/44j). Nem pode este subscrever, sozinho, emenda à petição inicial (STJ-3ª T., AI 100.313-AgRg, Min. Waldemar Zveiter, j. 27.8.96, DJU 21.10.96).

Todavia: "Há que se oportunizar à parte, antes de qualquer providência, o suprimento da irregularidade, mormente quando se trata de petição assinada por **estagiário** com procuração nos autos, nos moldes do art. 13, do CPC" (STJ-6ª T., REsp 286.329, Min. Fernando Gonçalves, j. 28.6.01, DJU 20.8.01). No mesmo sentido: STJ-3ª T., REsp 291.550, Min. Ari Pargendler, j. 20.4.01, DJU 4.6.01; STJ-3ª T., Ag 178.824-AgRg, Min. Menezes Direito, j. 17.9.98, DJU 30.11.98.

Advogado

Art. 3º-A. Os serviços profissionais de advogado são, por sua natureza, técnicos e singulares, quando comprovada sua notória especialização, nos termos da lei.[1]

Parágrafo único. Considera-se notória especialização o profissional ou a sociedade de advogados cujo conceito no campo de sua especialidade, decorrente de desempenho anterior, estudos, experiências, publicações, organização, aparelhamento, equipe técnica ou de outros requisitos relacionados com suas atividades, permita inferir que o seu trabalho é essencial e indiscutivelmente o mais adequado à plena satisfação do objeto do contrato.

Art. 3º-A:1. Redação de acordo com a Lei 14.039, de 17.8.20.

Art. 4º São nulos os atos privativos de advogado praticados por pessoa não inscrita na OAB,[1-1a] sem prejuízo das sanções civis, penais e administrativas.

Parágrafo único. São também nulos os atos praticados por advogado impedido, no âmbito do impedimento, suspenso, licenciado ou que passar a exercer atividade incompatível com a advocacia.[2-3]

Art. 4º: 1. "São nulos de pleno direito os atos processuais que, privativos de advogado, venham a ser praticados por quem não dispõe de capacidade postulatória" (RTJ 176/99).

Art. 4º: 1a. "Embora o art. 4º do EOAB disponha que são nulos os atos praticados por pessoa não inscrita na OAB ou por advogado impedido, suspenso, licenciado ou que passar a exercer atividade incompatível com a advocacia, o defeito de representação processual não acarreta, de imediato, a nulidade absoluta do ato processual ou mesmo de todo o processo, porquanto tal defeito é sanável nos termos dos arts. 13 e 36 do CPC. Primeiro, porque isso não compromete o ordenamento jurídico; segundo, porque não prejudica nenhum interesse público, nem o interesse da outra parte; e, terceiro, porque o direito da parte representada não pode ser prejudicado por esse tipo de falha do seu advogado. A nulidade só advirá se, cabendo à parte reparar o defeito ou suprir a omissão, não o fizer no prazo marcado. Se a parte comparece a juízo não representada por advogado habilitado, ou se este, no curso do processo, perde a capacidade postulatória (por impedimento, licença, suspensão ou exclusão da OAB), ou renuncia ao mandato, ou morre, o juiz deve, antes de extinguir o processo, sem resolução de mérito, nos termos do art. 267, IV, do CPC, por irregularidade de representação processual, intimar a parte para que, no prazo por ele estipulado: (i) constitua novo patrono legalmente habilitado a procurar em juízo; ou (ii) já havendo outro advogado legalmente habilitado, que este ratifique os atos praticados pelo procurador inabilitado" (STJ-3ª T., REsp 833.342, Min. Nancy Andrighi, j. 25.9.06, DJU 9.10.06). No mesmo sentido: STJ-4ª T., REsp 1.317.835, Min. Luis Felipe, j. 25.9.12, DJ 10.10.12.

É nulo o substabelecimento outorgado, ainda que sem reserva de poderes, após o outorgante ter sido eliminado dos quadros da OAB (Lex-JTA 147/24).

V. arts. 28 e 30.

Art. 4º: 2. s/ atos praticados por advogado excluído, suspenso ou licenciado da OAB, ou impedido de advogar contra a parte adversa, v. CPC 103, notas 10a a 10d.

Art. 4º: 3. "O ato praticado por advogado, em causa própria, simplesmente impedido para o exercício da profissão, é passível de anulabilidade, logo sanada por tempestiva ratificação" (RTJ 98/293 e RP 26/258).

Art. 5º O advogado postula, em juízo ou fora dele, fazendo prova do mandato.[1]

§ 1º O advogado, afirmando urgência, pode atuar sem procuração, obrigando-se a apresentá-la no prazo de quinze dias, prorrogável por igual período.[2]

§ 2º A procuração para o foro em geral habilita o advogado a praticar todos os atos judiciais, em qualquer juízo ou instância, salvo os que exijam poderes especiais.[3]

§ 3º O advogado que renunciar[4] ao mandato continuará, durante os dez dias seguintes à notificação da renúncia, a representar o mandante,[5] salvo se for substituído antes do término desse prazo.

Art. 5º: 1. v. CPC 104; LAJ 16.

Art. 5º: 2. No mesmo sentido: CPC 104 § 1º.

Art. 5º: 3. v. art. 7º-VI-*d*; CPC 105, *in fine*, 618-III.

Art. 5º: 4. cf. CPC 112.

Art. 5º: 5. v. art. 34-XI.

Capítulo II | DOS DIREITOS DO ADVOGADO[1]

CAP. II: 1. "O advogado e as prerrogativas profissionais", por Wagner Brússolo Pacheco (RT 570/273); "Capacidade postulatória, mandato e direitos do advogado", por Edson Prata (RBDP 32/11).

Art. 6º Não há hierarquia nem subordinação entre advogados, magistrados e membros do Ministério Público, devendo todos tratar-se com consideração e respeito recíprocos.

Parágrafo único. As autoridades, os servidores públicos e os serventuários da justiça devem dispensar ao advogado, no exercício da profissão, tratamento compatível com a dignidade da advocacia e condições adequadas a seu desempenho.

Art. 7º São direitos do advogado:[1-1a]

I — exercer, com liberdade, a profissão em todo o território nacional;

II — a inviolabilidade de seu escritório ou local de trabalho, bem como de seus instrumentos de trabalho, de sua correspondência escrita, eletrônica, telefônica e telemática, desde que relativas ao exercício da advocacia;[1b a 1e]

III — comunicar-se com seus clientes, pessoal e reservadamente, mesmo sem procuração, quando estes se acharem presos, detidos ou recolhidos em estabelecimentos civis ou militares, ainda que considerados incomunicáveis;

IV — ter a presença de representante da OAB, quando preso em flagrante,[2] por motivo ligado ao exercício da advocacia, para lavratura do auto respectivo, sob pena de nulidade[3] e, nos demais casos, a comunicação expressa à seccional da OAB;

V — não ser recolhido preso, antes de sentença transitada em julgado, senão em sala de Estado-Maior,[3a] com instalações e comodidades condignas,[3b] assim reconhecidas pela OAB,[4] e, na sua falta, em prisão domiciliar;[4a]

VI — ingressar livremente:

a) nas salas de sessões dos tribunais, mesmo além dos cancelos que separam a parte reservada aos magistrados;

b) nas salas e dependências[5] de audiências, secretarias, cartórios, ofícios de justiça,[5a] serviços notariais e de registro, e, no caso de delegacias e prisões, mesmo fora da hora de expediente e independentemente da presença de seus titulares;

c) em qualquer edifício ou recinto em que funcione repartição judicial ou outro serviço público onde o advogado deva praticar ato ou colher prova ou informação útil ao exercício da atividade profissional,[5b] dentro do expediente ou fora dele, e ser atendido,[6] desde que se ache presente qualquer servidor ou empregado;

d) em qualquer assembleia ou reunião de que participe ou possa participar o seu cliente, ou perante a qual este deva comparecer, desde que munido de poderes especiais;

VII — permanecer sentado ou em pé[7] e retirar-se de quaisquer locais indicados no inciso anterior, independentemente de licença;

VIII — dirigir-se diretamente aos magistrados nas salas e gabinetes de trabalho, independentemente de horário previamente marcado ou outra condição,[7a] observando-se a ordem de chegada;

IX — sustentar oralmente[7b] as razões de qualquer recurso ou processo, nas sessões de julgamento, após o voto do relator, em instância judicial ou administrativa, pelo prazo de quinze minutos, salvo se prazo maior for concedido;[8]

X — usar da palavra, pela ordem, em qualquer juízo ou tribunal, mediante intervenção sumária, para esclarecer equívoco ou dúvida surgida em relação a fatos, documentos ou afirmações que influam no julgamento, bem como para replicar acusação ou censura que lhe forem feitas;

XI — reclamar, verbalmente ou por escrito, perante qualquer juízo, tribunal ou autoridade, contra a inobservância de preceito de lei, regulamento ou regimento;

XII — falar, sentado ou em pé,[8a] em juízo, tribunal ou órgão de deliberação coletiva da Administração Pública ou do Poder Legislativo;

XIII — examinar, em qualquer órgão dos Poderes Judiciário e Legislativo, ou da Administração Pública em geral, autos de processos findos ou em andamento, mesmo sem procuração, quando não estiverem sujeitos a sigilo ou segredo de justiça, assegurada a obtenção de cópias, com possibilidade de tomar apontamentos;[8b a 9]

XIV — examinar, em qualquer instituição responsável por conduzir investigação, mesmo sem procuração, autos de flagrante e de investigações de qualquer natureza, findos ou em andamento, ainda que conclusos à autoridade, podendo copiar peças e tomar apontamentos, em meio físico ou digital;[9a a 9c]

XV — ter vista[10] dos processos judiciais ou administrativos[11] de qualquer natureza, em cartório ou na repartição competente, ou retirá-los[12-12a] pelos prazos legais;

XVI — retirar autos de processos findos, mesmo sem procuração, pelo prazo de dez dias;[13]

XVII — ser publicamente desagravado, quando ofendido no exercício da profissão ou em razão dela;[14]

XVIII — usar os símbolos privativos da profissão de advogado;

XIX — recusar-se a depor como testemunha[15-16] em processo no qual funcionou ou deva funcionar, ou sobre fato relacionado com pessoa de quem seja ou foi advogado, mesmo quando autorizado ou solicitado pelo constituinte, bem como sobre fato que constitua sigilo profissional;

XX — retirar-se do recinto onde se encontre aguardando pregão para ato judicial, após trinta minutos do horário designado e ao qual ainda não tenha comparecido a autoridade que deva presidir a ele, mediante comunicação protocolizada em juízo;[16a]

XXI — assistir a seus clientes investigados durante a apuração de infrações, sob pena de nulidade absoluta do respectivo interrogatório ou depoimento e, subsequentemente, de todos os elementos investigatórios e probatórios dele decorrentes ou derivados, direta ou indiretamente, podendo, inclusive, no curso da respectiva apuração:[16b]

a) apresentar razões e quesitos;

b) (VETADO).

§ 1º Não se aplica o disposto nos incisos XV e XVI:

1) aos processos sob regime de segredo de justiça;[17]

2) quando existirem nos autos documentos originais de difícil restauração ou ocorrer circunstância relevante que justifique a permanência dos autos no cartório, secretaria ou repartição, reconhecida pela autoridade em despacho motivado, proferido de ofício, mediante representação ou a requerimento da parte interessada;

3) até o encerramento do processo, ao advogado que houver deixado de devolver os respectivos autos no prazo legal,[18] e só o fizer depois de intimado.

§ 2º O advogado tem imunidade profissional,[18a-18b] não constituindo injúria, difamação ou desacato[19 a 19b] puníveis qualquer manifestação de sua parte, no exercício de sua atividade, em juízo ou fora dele, sem prejuízo das sanções disciplinares perante a OAB, pelos excessos que cometer.

§ 3º O advogado somente poderá ser preso em flagrante, por motivo de exercício da profissão, em caso de crime inafiançável, observado o disposto no inciso IV deste artigo.[20]

§ 4º O Poder Judiciário e o Poder Executivo devem instalar, em todos os juizados, fóruns, tribunais, delegacias de polícia e presídios, salas especiais permanentes para os advogados, com uso e controle[21] assegurados à OAB.

§ 5º No caso de ofensa a inscrito na OAB, no exercício da profissão ou de cargo ou função de órgão da OAB, o conselho competente deve promover o desagravo[22] público do ofendido, sem prejuízo da responsabilidade criminal em que incorrer o infrator.

§ 6º Presentes indícios de autoria e materialidade da prática de crime por parte de advogado, a autoridade judiciária competente poderá decretar a quebra da inviolabilidade de que trata o inciso II do *caput* deste artigo, em decisão motivada, expedindo mandado de busca e apreensão, específico e pormenorizado, a ser cumprido na presença de representante da OAB,[23] sendo, em qualquer hipótese, vedada a utilização dos documentos, das mídias e dos objetos pertencentes a clientes do advogado averiguado, bem como dos demais instrumentos de trabalho que contenham informações sobre clientes.[24]

§ 7º A ressalva constante do § 6º deste artigo não se estende a clientes do advogado averiguado que estejam sendo formalmente investigados como seus partícipes ou coautores pela prática do mesmo crime que deu causa à quebra da inviolabilidade.[25]

§ 8º (VETADO)

§ 9º (VETADO)

§ 10. Nos autos sujeitos a sigilo, deve o advogado apresentar procuração para o exercício dos direitos de que trata o inciso XIV.[26]

§ 11. No caso previsto no inciso XIV, a autoridade competente poderá delimitar o acesso do advogado aos elementos de prova relacionados a diligências em andamento e ainda não documentados nos autos, quando houver risco de comprometimento da eficiência, da eficácia ou da finalidade das diligências.[27]

§ 12. A inobservância aos direitos estabelecidos no inciso XIV, o fornecimento incompleto de autos ou o fornecimento de autos em que houve a retirada de peças já incluídas no caderno investigativo implicará responsabilização criminal e funcional por abuso de autoridade do responsável que impedir o acesso do advogado com o intuito de prejudicar o exercício da defesa, sem prejuízo do direito subjetivo do advogado de requerer acesso aos autos ao juiz competente.[28]

§ 13. O disposto nos incisos XIII e XIV do *caput* deste artigo aplica-se integralmente a processos e a procedimentos eletrônicos, ressalvado o disposto nos §§ 10 e 11 deste artigo.[29]

Art. 7º: 1. v. art. 7º-B.

Art. 7º: 1a. "A Comissão Parlamentar de Inquérito, como qualquer outro órgão do Estado, não pode, sob pena de grave transgressão à Constituição e às leis da República, impedir, dificultar ou frustrar o exercício, pelo advogado, das prerrogativas de ordem profissional que lhe foram outorgadas pela Lei n. 8.906/94" (STF-Decisão do Min. Celso de Mello no MS 23.576-4, em RF 350/215).

A Comissão Parlamentar de Inquérito somente pode executar busca e apreensão em escritório de advocacia, se esta for previamente autorizada por decisão judicial (RTJ 176/734).

Art. 7º: 1b. Redação do inciso II de acordo com a Lei 11.767, de 7.8.08.

✎ **Art. 7º: 1c.** "Inviolabilidade do escritório do advogado", por Elias Farah (RIASP 5/254); "O sigilo profissional do advogado", por Benedito Édison Trama (RIASP 7/22); "Do sigilo profissional do advogado: natureza jurídica, extensão, limites e restrições", por Rodrigo Octávio de Godoy Bueno Caldas Mesquita (RT 869/66).

Art. 7º: 1d. v. § 6º.

Art. 7º: 1e. "A inviolabilidade do escritório ou do local de trabalho é consectário da inviolabilidade assegurada ao advogado no exercício profissional" (STF-Pleno, ADI 1.127, Min. Ricardo Lewandowski, j. 17.5.06, DJ 11.6.10).

Art. 7º: 2. v. § 3º.

Art. 7º: 3. O STF declarou constitucional este inciso IV: "A presença de representante da OAB em caso de prisão em flagrante de advogado constitui garantia da inviolabilidade da atuação profissional. A cominação de nulidade da prisão, caso não se faça a comunicação, configura sanção para tornar efetiva a norma" (STF-Pleno, ADI 1.127, Min. Ricardo Lewandowski, j. 17.5.06, DJ 11.6.10).

Art. 7º: 3a. "Por Estado-Maior se entende o grupo de oficiais que assessoram o Comandante de uma organização militar (Exército, Marinha, Aeronáutica, Corpo de Bombeiros e Polícia Militar); assim sendo, 'sala de Estado-Maior' é o compartimento de qualquer unidade militar que, ainda que potencialmente, possa por eles ser utilizado para exercer suas funções. A distinção que se deve fazer é que, enquanto uma 'cela' tem como finalidade típica o aprisionamento de alguém — e, por isso, de regra contém grades —, uma 'sala' apenas ocasionalmente é destinada para esse fim" (STF-Pleno, Rcl 4.535, Min. Sepúlveda Pertence, j. 7.5.07, DJ 15.6.07).

"A regra da prisão especial para advogados objetiva protegê-los do convívio com presos comuns. A privação da liberdade da advogada em dependência especial do presídio não supre a exigência de prisão especial" (STJ-Bol. AASP 1.943/89j).

Todavia: "Encontrando-se a paciente em cela especial individual, com instalações e comodidades condignas, que cumpre a mesma função da sala de Estado-Maior, não resta configurado qualquer constrangimento ilegal na segregação cautelar" (STJ-5ª T., HC 149.056, Min. Felix Fischer, j. 27.5.10, DJ 30.8.10).

Art. 7º: 3b. "ou seja, condições adequadas de higiene e segurança" (STF-Pleno, Rcl 4.535, Min. Sepúlveda Pertence, j. 7.5.07, DJ 15.6.07).

Art. 7º: 4. O STF declarou **inconstitucional** a expressão **"assim reconhecidas pela OAB"**: "A prisão do advogado em sala de Estado Maior é garantia suficiente para que fique provisoriamente detido em condições compatíveis com o seu múnus público. A administração de estabelecimentos prisionais e congêneres constitui uma prerrogativa indelegável do Estado" (STF-Pleno, ADI 1.127, Min. Ricardo Lewandowski, j. 17.5.06, três votos vencidos, DJ 11.6.10).

Art. 7º: 4a. "Além de estar regularmente inscrito na OAB, deve o acusado **efetivamente exercer a advocacia** à época dos fatos, para que faça jus à benesse legal" (STJ-RT 906/520: 6ª T., RHC 27.152).

Art. 7º: 5. Este direito não é absoluto (RT 612/47), mas: "A regulação da locomoção e acesso, em determinado recinto, se torna ilegítima quando contém restrições que embaracem o exercício do direito. Apreciação de complexa e cambiante matéria de fato, que é incomportável na via heroica" (RTJ 121/296 e STF-RT 619/250).

"Não constitui nenhuma ilegalidade a restrição de acesso dos advogados e das respectivas partes além do balcão destinado ao atendimento, observados, contudo, o direito livre e irrestrito aos autos, papéis e documentos específicos, inerentes ao mandato. Disciplinar a forma de acesso aos autos e papéis não é cercear o exercício do direito" (STJ-1ª T., RMS 1.686-9, Min. Garcia Vieira, j. 8.9.93, maioria, DJU 18.10.93).

Não é ilegal o ato do Corregedor recomendando aos escrivães que o atendimento aos advogados seja feito "única e exclusivamente no balcão da serventia, para o que deverão manter sempre fechadas as cancelas e portas de acesso às partes internas do cartório, que são de uso exclusivo dos servidores nele em exercício" (TJMG-Câms. Reunidas: RT 651/143, 1 voto vencido). Este acórdão foi confirmado pelo STJ, por maioria (RSTJ 18/314). Tratava-se de mandado de segurança requerido pela OAB-Seção de Minas Gerais.

"Inocorre ilegalidade na prática de ato do magistrado disciplinando o ingresso de advogado no interior do cartório, mas assegurando o direito livre e irrestrito de acesso aos autos, no exercício da nobre profissão" (RSTJ 99/116, maioria).

O direito de ingresso é livre, porém não sem limite; ao advogado não se outorgou "uma irrestrita incursão pelo recinto da serventia, com consulta livre e direta aos papéis e autos ali conservados", embora tenha direito ao "irrestrito exame dos documentos respeitantes às suas causas", "em dependência própria e digna, que lhe seja reservada no cartório" (RJTJESP 104/342).

"O que de fato há de ser limitado é o acesso injustificado do advogado no interior das serventias judiciais, quando os préstimos oferecidos no balcão são, deveras, eficientes e hábeis a propiciar ao causídico comodidade ao desenvolvimento de sua profissão. Na hipótese examinada, o **diminuto guichê de atendimento** não propicia o pleno exercício da atividade do profissional liberal do direito" (RSTJ 149/139, STJ-Bol. AASP 2.246/2.097 e 2.372/3.105).

É ilegal a portaria que proíbe o livre trânsito de advogados nas dependências cartorárias antes de 12 horas (RT 722/146, maioria).

Art. 7º: 5a. O acesso aos cartórios e ofícios de justiça não pode ser restringido aos advogados em determinado horário do expediente forense, sob o pretexto de reservá-lo "ao expediente interno das unidades cartorárias" (STJ-Bol. AASP 2.533/4.393: 1ª T., RMS 21.524).

Art. 7º: 5b. v. nota 5a.

Art. 7º: 6. "O advogado tem o direito de ser atendido nas repartições públicas sem a necessidade de prévio **agendamento ou limitações no número de atendimentos**" (STJ-1ª T., Ag em REsp 679.379-AgInt, Min. Sérgio Kukina, j. 14.8.18, DJ 23.8.18). No mesmo sentido: STF-1ª T., RE 277.065, Min. Marco Aurélio, j. 8.4.14, maioria, RT 945/358; STJ-2ª T., Ag em REsp 659.677-AgInt, Min. Herman Benjamin, j. 4.5.17, DJ 17.5.17; Bol. AASP 1.699/2.

Art. 7º: 7. v. inciso XII.

Art. 7º: 7a. "A delimitação de horário para atendimento a advogados pelo magistrado viola o art. 7º-VIII da Lei 8.906/94" (STJ-2ª T., RMS 15.706, Min. João Otávio, j. 1.9.05, DJU 7.11.05). No mesmo sentido: STJ-1ª T., RMS 18.296, Min. Denise Arruda, j. 28.8.07, DJU 4.10.07. A ementa deste acórdão reproduz orientação fixada pelo CNJ: "O magistrado é sempre obrigado a receber advogados em seu gabinete de trabalho, a qualquer momento durante o expediente forense, independentemente da urgência do assunto, e independentemente de estar em meio à elaboração de qualquer despacho, decisão ou sentença, ou mesmo em meio a uma reunião de trabalho. Essa obrigação constitui um dever funcional previsto na LOMAN e a sua não observância poderá implicar responsabilização administrativa".

✎ **Art. 7º: 7b.** "O advogado e o relator nos Tribunais", por Agapito Machado (RT 710/224).

Art. 7º: 8. O STF declarou **inconstitucional** este **inciso IX**: "A sustentação oral pelo advogado, após o voto do Relator, afronta o devido processo legal, além de poder causar tumulto processual, uma vez que o contraditório se estabelece entre as partes" (STF-RP 185/359 e RDDP 89/172: Pleno, ADI 1.105, dois votos vencidos).

Art. 7º: 8a. v. inciso VII.

Art. 7º: 8b. Redação do inciso XIII de acordo com a Lei 13.793, de 3.1.19.

Art. 7º: 8c. v. § 13.

Art. 7º: 9. "Não é lícito negar ao advogado constituído o direito de ter acesso aos autos de inquérito civil, embora trate-se de procedimento meramente informativo, no qual não há necessidade de se atender aos princípios do contraditório e da ampla defesa, porquanto tal medida poderia subtrair do investigado o acesso a informações que lhe interessam diretamente" (STJ-RDDP 84/152: 1ª T., RMS 28.949).

V. tb. LACP 8º, nota 2.

Art. 7º: 9a. Redação do inc. XIV de acordo com a Lei 13.245, de 12.1.16.

Art. 7º: 9b. v. §§ 10 a 13.

Art. 7º: 9c. **Súmula Vinculante 14 do STF:** "É direito do defensor, no interesse do representado, ter acesso amplo aos elementos de prova que, já documentados em procedimento investigatório realizado por órgão com competência de polícia judiciária, digam respeito ao exercício do direito de defesa".

"O Verbete n. 14 da Súmula Vinculante do Supremo não alcança sindicância administrativa objetivando elucidar fatos sob o ângulo do cometimento de infração administrativa" (STF-1ª T., Rcl 10.771-AgRg, Min. Marco Aurélio, j. 4.2.14, DJ 18.2.14).

Art. 7º: 10. v. § 1º; v. tb. CPC 107-II.

Art. 7º: 11. "Se no processo administrativo alguém é intimado como testemunha, o advogado de tal pessoa não tem o direito de acesso com vista do processo, porque a testemunha não tem legítimo interesse na lide" (JTJ 143/16).

Art. 7º: 12. v. § 1º; v. tb. CPC 107-III.

Art. 7º: 12a. "A retirada dos autos do cartório é direito do advogado, extensivo aos estagiários inscritos na OAB, nos termos dos arts. 40, III, do CPC, e 7º, XV, do Estatuto da Advocacia. Não cerceia este direito portaria de juiz que veta a entrega dos autos aos auxiliares de escritório, secretárias e estagiários sem procuração nos autos, ainda que portem recibo do advogado patrono da causa" (STJ-RT 736/159).

Art. 7º: 13. v. § 1º.

Art. 7º: 14. v. § 5º.

Art. 7º: 15. "Tem o advogado o direito-dever de negar-se a depor quando em jogo questão e/ou pessoa postos sob seu patrocínio" (RSTJ 57/125, maioria).

Mas: "A proibição do advogado que assiste ou assistiu a parte de testemunhar se dá, no direito processual, pela proximidade de ambos em decorrência do vínculo contratual que os une, o que levaria a colher depoimento que nada mais seria que a assertiva da parte com força de testemunho. Nada obsta, contudo, que o advogado, por si e não por ouvir dizer de seu constituinte, preste depoimento em juízo a respeito de fatos que ele próprio presenciou" (RSTJ 83/258 e STJ-RJ 223/52).

Art. 7º: 16. Não pode escusar-se de depor o advogado que é chamado a fazê-lo não na qualidade de profissional, porém na de sócio de firma interessada no litígio (RT 653/115).

Art. 7º: 16a. Afastando a incidência do art. 7º-XX: "Não estava a juíza ausente, mas presente no fórum, realizando outra audiência, daí o atraso, não sendo, pois, aceitável a invocação do mencionado dispositivo pelo advogado para ir embora, levando consigo o acusado" (STJ-6ª T., HC 97.645, Min. Maria Thereza, j. 22.6.10, DJ 2.8.10).

Art. 7º: 16b. O inc. XXI foi incluído pela Lei 13.245, de 12.1.16.

Art. 7º: 17. "O advogado constituído da parte tem o direito de vista dos autos fora de cartório, ainda que se trate de processo em segredo de justiça. A única exigência legal é que apresente o instrumento de mandato" (RT 636/90).

Art. 7º: 18. v. art. 34-XXII; v. tb. CPC 234.

✎ **Art. 7º: 18a.** "Imunidade profissional do advogado", por Heráclito Antônio Mossin (RJ 209/42).

Art. 7º: 18b. v. CF 133 e notas.

Art. 7º: 19. O STF declarou **inconstitucional** a expressão **"ou desacato"**: "A imunidade profissional do advogado não compreende o desacato, pois conflita com a autoridade do magistrado na condução da atividade jurisdicional" (STF-Pleno, ADI 1.127, Min. Ricardo Lewandowski, j. 17.5.06, dois votos vencidos, DJ 11.6.10).

Art. 7º: 19a. "O advogado que utiliza linguagem excessiva e desnecessária, fora de limites razoáveis da discussão da causa e da defesa de direitos, continua responsável penalmente. Seria odiosa qualquer interpretação da legislação vigente conducente à conclusão absurda de que o novo Estatuto da OAB teria instituído, em favor da nobre classe dos advogados, imunidade penal ampla e absoluta, nos crimes contra a honra e até no desacato, imunidade essa não conferida ao cidadão brasileiro, às partes litigantes, nem mesmo aos juízes e promotores. O nobre exercício da advocacia não se confunde com um ato de guerra em que todas as armas, por mais desleais que sejam, possam ser utilizadas" (RSTJ 69/129).

Assim: "A imunidade conferida ao advogado no exercício da sua bela e árdua profissão não constitui um *bill of indemnity*" (STJ-RF 358/237).

"A imunidade profissional, garantida ao advogado pelo Estatuto da Advocacia, não é de caráter absoluto, não tolerando os excessos cometidos pelo profissional em afronta à honra de quaisquer das pessoas envolvidas no processo, seja o Juiz, a parte, o membro do Ministério Público, o serventuário ou o advogado da parte contrária"

Advogado

(STJ-3ª T., REsp 1.022.103, Min. Nancy Andrighi, j. 17.4.08, DJU 16.4.08). No mesmo sentido: STJ-4ª T., REsp 988.380, Min. Luis Felipe, j. 20.11.08, DJ 15.12.08.

Art. 7º: 19b. "Respaldado nas disposições do § 2º do art. 7º da Lei n. 8.906/94, pode o advogado manifestar-se, quando no exercício profissional, sobre decisões judiciais, mesmo que seja para criticá-las. O que não se permite, até porque nenhum proveito advém para as partes representadas pelo advogado, é crítica pessoal ao Juiz" (STJ-3ª T., REsp 531.335, Min. João Otávio, j. 2.9.08, dois votos vencidos, DJ 19.12.08).

Art. 7º: 20. O STF declarou constitucional este § 3º: "O múnus constitucional exercido pelo advogado justifica a garantia de somente ser preso em flagrante e na hipótese de crime inafiançável" (STF-Pleno, ADI 1.127, Min. Ricardo Lewandowski, j. 17.5.06, DJ 11.6.10).

Art. 7º: 21. O STF declarou **inconstitucional** a expressão **"e controle"**: "O controle das salas especiais para advogados é prerrogativa da Administração forense" (STF-Pleno, ADI 1.127, Min. Ricardo Lewandowski, j. 17.5.06, maioria, DJ 11.6.10).

Art. 7º: 22. v. inciso XVII.

Art. 7º: 23. O STF declarou constitucional a expressão "e acompanhada de representante da OAB", quando ela ainda constava do inciso II deste artigo (STF-Pleno, ADI 1.127, Min. Marco Aurélio, j. 17.5.06, acórdão pendente de publicação).

Art. 7º: 24. O § 6º foi acrescido pela Lei 11.767, de 7.8.08.

Art. 7º: 25. O § 7º foi acrescido pela Lei 11.767, de 7.8.08.

Art. 7º: 26. O § 10 foi incluído pela Lei 13.245, de 12.1.16.

Art. 7º: 27. O § 11 foi incluído pela Lei 13.245, de 12.1.16.

Art. 7º: 28. O § 12 foi incluído pela Lei 13.245, de 12.1.16.

Art. 7º: 29. Redação do § 13 de acordo com a Lei 13.793, de 3.1.19.

Art. 7º-A. São direitos da advogada:[1]

I — gestante:

a) entrada em tribunais sem ser submetida a detectores de metais e aparelhos de raios X;

b) reserva de vaga em garagens dos fóruns dos tribunais;

II — lactante, adotante ou que der à luz, acesso a creche, onde houver, ou a local adequado ao atendimento das necessidades do bebê;

III — gestante, lactante, adotante ou que der à luz, preferência na ordem das sustentações orais e das audiências a serem realizadas a cada dia, mediante comprovação de sua condição;

IV — adotante ou que der à luz, suspensão de prazos processuais quando for a única patrona da causa, desde que haja notificação por escrito ao cliente.

§ 1º Os direitos previstos à advogada gestante ou lactante aplicam-se enquanto perdurar, respectivamente, o estado gravídico ou o período de amamentação.

§ 2º Os direitos assegurados nos incisos II e III deste artigo à advogada adotante ou que der à luz serão concedidos pelo prazo previsto no art. 392 do Decreto-Lei n. 5.452, de 1º de maio de 1943 (Consolidação das Leis do Trabalho).

§ 3º O direito assegurado no inciso IV deste artigo à advogada adotante ou que der à luz será concedido pelo prazo previsto no § 6º do art. 313 da Lei n. 13.105, de 16 de março de 2015 (Código de Processo Civil).

Art. 7º-A: 1. O art. 7º-A foi acrescido pela Lei 13.363, de 25.11.16.

Art. 7º-B. Constitui crime violar direito ou prerrogativa de advogado previstos nos incisos II, III, IV e V do *caput* do art. 7º desta Lei:[1]

Pena — detenção, de 3 (três) meses a 1 (um) ano, e multa.

Art. 7º-B: 1. O art. 7º-B foi acrescido pela Lei 13.869, de 5.9.19, em vigor 120 dias após a sua publicação (DOU 5.9.19 — ed. extra).

Capítulo III | DA INSCRIÇÃO

Art. 8º Para inscrição como advogado é necessário:[1 a 1b]

I — capacidade civil;

II — diploma ou certidão de graduação em direito, obtido em instituição de ensino oficialmente autorizada e credenciada;[1c]

III — título de eleitor e quitação do serviço militar, se brasileiro;

IV — aprovação em Exame de Ordem;[1d a 2a]

V — não exercer atividade incompatível com a advocacia;[3]

VI — idoneidade moral;[4]

VII — prestar compromisso perante o Conselho.

§ 1º O Exame de Ordem é regulamentado em provimento do Conselho Federal da OAB.[5]

§ 2º O estrangeiro ou brasileiro, quando não graduado em direito no Brasil, deve fazer prova do título de graduação, obtido em instituição estrangeira, devidamente revalidado, além de atender aos demais requisitos previstos neste artigo.

§ 3º A inidoneidade moral, suscitada por qualquer pessoa,[5a] deve ser declarada mediante decisão que obtenha no mínimo dois terços dos votos de todos os membros do conselho competente, em procedimento que observe os termos do processo disciplinar.

§ 4º Não atende ao requisito de idoneidade moral aquele que tiver sido condenado por crime infamante, salvo reabilitação judicial.[6-7]

Art. 8º: 1. v. arts. 34-XXVI e 61 § ún.-*d*.

Art. 8º: 1a. "A Lei n. 8.906/94 não exige a comprovação de domicílio na área da seccional para fins de inscrição como advogado" (STJ-2ª T., REsp 1.065.727-AgRg, Min. Humberto Martins, j. 16.6.09, DJ 29.6.09).

Art. 8º: 1b. "Não se pode exigir que o preenchimento dos requisitos elencados no art. 8º da Lei n. 8.906/94 se dê no momento das inscrições em quaisquer das fases do certame. Tal exigência só pode ser feita por conta da inscrição final nos quadros do conselho profissional. Incidência, com adaptações, da Súmula n. 266 desta Corte" (STJ-2ª T., REsp 984.193, Min. Mauro Campbell, j. 21.8.08, DJ 12.9.08).

Art. 8º: 1c. "O diploma ou certidão de graduação em direito será cobrado na oportunidade de inscrição como advogado", e não no momento em que a pessoa se candidata para o Exame de Ordem (STJ-2ª T., REsp 1.099.464, Min. Mauro Campbell, j. 23.3.10, DJ 12.4.10).

V. nota anterior.

✎ **Art. 8º: 1d.** "Exame de ordem. A quem interessa sua extinção?", por Leon Frejda Szklarowsky (RP 159/198).

Art. 8º: 2. v. § 1º e art. 84 (disp. trans.).

Art. 8º: 2a. O Exame de Ordem é constitucional, considerada a repercussão que a atuação do advogado tem junto à coletividade (STF-Pleno, RE 603.583, Min. Marco Aurélio, j. 26.10.11, RT 927/399).

Art. 8º: 3. v. arts. 27 e 28.

Art. 8º: 4. v. §§ 3º e 4º, bem como art. 34-XXVII.

Art. 8º: 5. e sua realização é da competência dos Conselhos Seccionais (art. 58-VI).

Art. 8º: 5a. "Constatado, portanto, que o incidente de inidoneidade decorreu exclusivamente de **denúncia anônima,** é de ser reconhecida a ilegitimidade desse ato administrativo por falta de motivação" (STJ-1ª T., REsp 1.074.302, Min. Benedito Gonçalves, j. 20.4.10, maioria, DJ 3.8.10).

Art. 8º: 6. "A interpretação do disposto no § 4º do art. 8º conduz à inarredável conclusão de que a inidoneidade, nesse caso, circunscreve-se à existência de condenação por crime infamante, fato que, evidentemente, não pode ser confundido com decisão proferida em procedimento administrativo disciplinar, consubstanciada na sanção de disponibilidade, sob pena de configurar crime de exegese" (STJ-1ª T., REsp 930.596, Min. Luiz Fux, j. 17.12.09, dois votos vencidos, DJ 10.2.10). Com a devida vênia, a nosso ver, a razão está com os votos vencidos, que podem ser sintetizados nas seguintes ponderações do voto do Min. Teori Zavascki: "Crime infamante é uma situação de inidoneidade necessária, vinculativa para a OAB, mas não exclui outras hipóteses. A lei trata a inidoneidade de uma maneira que não se subsume ao conceito de condenação por crime infamante".

Art. 8º: 7. "A inscrição como advogado requer, entre outros requisitos, idoneidade moral, a qual não será atendida se houver condenação por crime infamante, ressalvada a reabilitação judicial (art. 8º, VI e § 4º, do Estatuto da OAB). Por ora, não há sentença penal condenatória transitada em julgado contra o recorrido, e sim ação penal de competência do júri na fase de instrução, de modo que não se pode predizer sua culpa. No ordenamento jurídico pátrio, tem primazia o princípio da presunção de inocência, segundo o qual 'ninguém será considerado culpado até o trânsito em julgado de sentença penal condenatória' (art. 5º, LVII, da CF/1988). A OAB, dentro da capacidade de autotutela que lhe é conferida, tem autoridade para cancelar, posteriormente, a inscrição do profissional que vier a perder qualquer um dos requisitos para a inscrição (art. 11, V, do Estatuto da OAB)" (STJ-2ª T., REsp 1.482.054, Min. Humberto Martins, j. 4.11.14, DJ 14.11.14).

Art. 9º Para inscrição[1] como estagiário é necessário:

I — preencher os requisitos mencionados nos incisos I, III, V, VI e VII do art. 8º;

II — ter sido admitido em estágio profissional de advocacia.

§ 1º O estágio profissional de advocacia, com duração de dois anos, realizado nos últimos anos do curso jurídico, pode ser mantido pelas respectivas instituições de ensino superior, pelos Conselhos da OAB, ou por setores, órgãos jurídicos e escritórios de advocacia credenciados pela OAB, sendo obrigatório o estudo deste Estatuto e do Código de Ética e Disciplina.

§ 2º A inscrição do estagiário é feita no Conselho Seccional em cujo território se localize seu curso jurídico.

§ 3º O aluno de curso jurídico que exerça atividade incompatível com a advocacia[2] pode frequentar o estágio ministrado pela respectiva instituição de ensino superior, para fins de aprendizagem, vedada a inscrição na OAB.

§ 4º O estágio profissional poderá ser cumprido por bacharel em direito que queira se inscrever na Ordem.

Art. 9º: 1. v. art. 61 § ún.-*d*.

Art. 9º: 2. v. arts. 27 a 29.

Art. 10. A inscrição principal do advogado deve ser feita no Conselho Seccional em cujo território pretende estabelecer o seu domicílio profissional, na forma do Regulamento Geral.

§ 1º Considera-se domicílio profissional a sede principal da atividade de advocacia, prevalecendo, na dúvida, o domicílio da pessoa física do advogado.

§ 2º Além da principal, o advogado deve promover a inscrição suplementar nos Conselhos Seccionais em cujos territórios passar a exercer habitualmente a profissão, considerando-se habitualidade a intervenção judicial que exceder de cinco causas por ano.

§ 3º No caso de mudança efetiva de domicílio profissional para outra unidade federativa, deve o advogado requerer a transferência de sua inscrição para o Conselho Seccional correspondente.[1]

§ 4º O Conselho Seccional[2] deve suspender o pedido de transferência ou de inscrição suplementar, ao verificar a existência de vício ou ilegalidade na inscrição principal, contra ela representando ao Conselho Federal.

Art. 10: 1. A transferência é para a Seção, e não para o Conselho Seccional. O requerimento é que é para o Conselho Seccional *ad quem*.

Art. 10: 2. *ad quem*.

Art. 11. Cancela-se[1] a inscrição do profissional que:

I — assim o requerer;

II — sofrer penalidade de exclusão;[2]

III — falecer;

IV — passar a exercer, em caráter definitivo, atividade incompatível[3] com a advocacia;

V — perder qualquer um dos requisitos necessários para inscrição.[4]

§ 1º Ocorrendo uma das hipóteses dos incisos II, III e IV, o cancelamento deve ser promovido, de ofício, pelo Conselho competente ou em virtude de comunicação por qualquer pessoa.

§ 2º Na hipótese de novo pedido de inscrição — que não restaura o número de inscrição anterior — deve o interessado fazer prova dos requisitos dos incisos I, V, VI e VII do art. 8º.[4a-5]

§ 3º Na hipótese do inciso II deste artigo, o novo pedido de inscrição também deve ser acompanhado de provas de reabilitação.

Art. 11: 1. "É arbitrário o cancelamento sumário de inscrição de advogado junto aos quadros da Ordem sem se assegurar plena defesa ao interessado" (TFR-1ª T., REO 107.186, Min. Carlos Thibau, j. 25.11.86, DJU 27.2.87).

Art. 11: 2. v. art. 38.

Art. 11: 3. v. arts. 27 e 28.

Art. 11: 4. v. art. 8º.

Art. 11: 4a. "A Lei 8.906/94 não assegura a restauração do número de inscrição anterior. O cancelamento é ato desconstitutivo que afeta definitivamente a existência da inscrição. Mesmo quando o ex-inscrito deseje e possa retornar à atividade da advocacia, cessando-se o óbice legal, sua inscrição anterior jamais se restaura, em nenhum de seus efeitos" (STJ-RT 858/220: 1ª Seção, ED no REsp 475.616, um voto vencido; o voto vencido garantia o direito ao número de inscrição para os inscritos sob a égide da Lei 4.215/63).

Art. 11: 5. "Não pode advogar em causa própria o bacharel cuja inscrição na OAB fora cancelada, cabendo-lhe o ônus de comunicar ao colegiado de segundo grau, pendente a apelação, que obtivera sua reinscrição na corporação de ofício" (STJ-4ª T., REsp 9.622, Min. Athos Carneiro, j. 1.9.92, DJU 21.9.92).

Art. 12. Licencia-se o profissional que:

I — assim o requerer, por motivo justificado;

II — passar a exercer, em caráter temporário, atividade incompatível[1] com o exercício da advocacia;

III — sofrer doença mental considerada curável.

Art. 12: 1. v. arts. 27 e 28.

Art. 13. O documento de identidade profissional, na forma prevista no Regulamento Geral, é de uso obrigatório no exercício da atividade de advogado ou de estagiário e constitui prova de identidade civil para todos os fins legais.

Art. 14. É obrigatória a indicação do nome e do número de inscrição em todos os documentos assinados pelo advogado, no exercício de sua atividade.

Parágrafo único. É vedado anunciar ou divulgar qualquer atividade relacionada com o exercício da advocacia ou o uso da expressão "escritório de advocacia", sem indicação expressa do nome e do número de inscrição dos advogados que o integrem ou o número de registro da sociedade de advogados[1] na OAB.

Art. 14: 1. v. arts. 15 a 17.

Capítulo IV | DA SOCIEDADE DE ADVOGADOS

Art. 15. Os advogados podem reunir-se em sociedade[1] simples de prestação de serviços de advocacia ou constituir sociedade unipessoal de advocacia, na forma disciplinada nesta Lei[1a] e no regulamento geral.[1b]

§ 1º A sociedade de advogados[2] e a sociedade unipessoal de advocacia adquirem personalidade jurídica com o registro aprovado dos seus atos constitutivos no Conselho Seccional da OAB em cuja base territorial tiver sede.[2a]

§ 2º Aplica-se à sociedade de advogados e à sociedade unipessoal de advocacia o Código de Ética e Disciplina, no que couber.[2b]

§ 3º As procurações devem ser outorgadas individualmente aos advogados e indicar a sociedade de que façam parte.

§ 4º Nenhum advogado pode integrar mais de uma sociedade de advogados, constituir mais de uma sociedade unipessoal de advocacia, ou integrar, simultaneamente, uma sociedade de advogados e uma sociedade unipessoal de advocacia, com sede ou filial na mesma área territorial do respectivo Conselho Seccional.[2c]

§ 5º O ato de constituição de filial deve ser averbado no registro da sociedade e arquivado no Conselho Seccional onde se instalar, ficando os sócios, inclusive o titular da sociedade unipessoal de advocacia, obrigados à inscrição suplementar.[2d]

§ 6º Os advogados sócios de uma mesma sociedade profissional não podem representar em juízo clientes de interesses opostos.[2e-3]

§ 7º A sociedade unipessoal de advocacia pode resultar da concentração por um advogado das quotas de uma sociedade de advogados, independentemente das razões que motivaram tal concentração.[4]

Art. 15: 1. "Sociedade de advogados. Reflexões sobre a responsabilidade do sócio", por Elias Farah (RIASP 6/145).

Art. 15: 1a. v. art. 34-II.

Art. 15: 1b. Redação do *caput* de acordo com a Lei 13.247, de 12.1.16.

Art. 15: 2. s/ honorários advocatícios, v. CPC 85 § 15, nota 55a.

Art. 15: 2a a 2d. Redação da Lei 13.247, de 12.1.16.

Art. 15: 2e. v. CP 355 § ún. (patrocínio simultâneo ou tergiversação).

Art. 15: 3. É nulo o processo em que advogados de uma mesma sociedade profissional patrocinam, simultaneamente, direitos antagônicos (STJ-RJM 188/330: 3ª T., REsp 1.046.068, Min. Sidnei Beneti). No mesmo sentido, anulando processo em que o mesmo advogado patrocinou interesses opostos: RT 888/335 (TJSC, AP 2007.028472-4, maioria).

Mas: "A litisdenunciante e a litisdenunciada podem constituir o mesmo advogado sem que haja contrariedade ao art. 15 da Lei n. 8.906/94, na hipótese em que a denunciada se apresenta e assume a posição de litisconsorte da denunciante" (STJ-4ª T., REsp 783.801, Min. João Otávio, j. 15.10.09, DJ 26.10.09). No mesmo sentido: "A partir do momento em que o denunciado aceita a denunciação da lide e se limita a impugnar o pedido do autor, demonstra ter admitido a existência da relação jurídica que o obriga regressivamente frente ao denunciante, optando apenas por, junto com o denunciante, resistir à pretensão contida na petição inicial. Numa situação como esta, em que há convergência — e não conflito — de interesses, nada impede que as partes, que inclusive compõem o mesmo polo da ação, sejam representadas pelo mesmo advogado, sem que isso implique restrição do direito de ambas à ampla defesa e ao devido processo legal, tampouco qualquer manipulação do resultado final da ação" (STJ-3ª T., REsp 1.249.029, Min. Nancy Andrighi, j. 15.12.11, DJ 1.2.12). **Todavia,** entendendo que o litisdenunciante e o litisdenunciado não podem ter o mesmo advogado para defender seus interesses na demanda, em razão de serem eventualmente contrários os seus interesses — convergentes, em relação à defesa na ação, mas divergentes, se esta for julgada procedente: JTA 122/36.

Art. 15: 4. O § 7º foi acrescido pela Lei 13.247, de 12.1.16.

Art. 16. Não são admitidas a registro nem podem funcionar todas as espécies de sociedades de advogados que apresentem forma ou características de sociedade empresária, que adotem denominação de fantasia, que realizem atividades estranhas à advocacia, que incluam como sócio ou titular de sociedade unipessoal de advocacia pessoa não inscrita como advogado ou totalmente proibida de advogar.[1]

§ 1º A razão social deve ter, obrigatoriamente, o nome de, pelo menos, um advogado responsável pela sociedade, podendo permanecer o de sócio falecido, desde que prevista tal possibilidade no ato constitutivo.

§ 2º O licenciamento do sócio para exercer atividade incompatível[1a] com a advocacia em caráter temporário deve ser averbado no registro da sociedade, não alterando sua constituição.

§ 3º É proibido o registro, nos cartórios de registro civil de pessoas jurídicas e nas juntas comerciais, de sociedade que inclua, entre outras finalidades, a atividade de advocacia.

§ 4º A denominação da sociedade unipessoal de advocacia deve ser obrigatoriamente formada pelo nome do seu titular, completo ou parcial, com a expressão "Sociedade Individual de Advocacia".[2]

Art. 16: 1. Redação do *caput* de acordo com a Lei 13.247, de 12.1.16.

Art. 16: 1a. v. arts. 27 e 28.

Art. 16: 2. O § 4º foi acrescido pela Lei 13.247, de 12.1.16.

Art. 17. Além da sociedade, o sócio e o titular da sociedade individual de advocacia respondem subsidiária e ilimitadamente pelos danos causados aos clientes por ação ou omissão no exercício da advocacia, sem prejuízo da responsabilidade disciplinar em que possam incorrer.[1-2]

Art. 17: 1. Redação de acordo com a Lei 13.247, de 12.1.16.

Art. 17: 2. "A condição de responsável subsidiário (EOAB, art. 17) outorga legitimidade passiva a cada sócio de escritório de advocacia para responder ação de reparação por fato do serviço. O benefício da subsidiariedade só os protege na execução" (STJ-3ª T., REsp 645.662, Min. Gomes de Barros, j. 28.6.07, DJU 1.8.07). Assim, nessas circunstâncias, fica autorizada demanda desde logo dirigida contra a sociedade e os sócios. E a estes se garante que, em eventual execução da sentença, os bens da sociedade sejam expropriados em primeiro lugar.

Capítulo V | DO ADVOGADO EMPREGADO[1-2]

CAP. V: 1. Lei 9.527, de 10.12.97 — Altera dispositivos das Leis ns. 8.112, de 11 de dezembro de 1990, 8.460, de 17 de setembro de 1992, e 2.180, de 5 de fevereiro de 1954, e dá outras providências (DOU 11.12.97): **"Art. 4º** As disposições constantes do Cap. V, Tít. I (nota nossa: arts. 18 a 21) da Lei n. 8.906, de 4 de julho de 1994, não se aplicam à administração pública direta da União, dos Estados, do Distrito Federal e dos Municípios, bem como às autarquias, às fundações instituídas pelo Poder Público, às empresas públicas e às sociedades de economia mista".

V. tb. art. 23, nota 2.

CAP. V: 2. v. Código de Ética e Disciplina, art. 4º.

Art. 18. A relação de emprego, na qualidade de advogado, não retira a isenção técnica nem reduz a independência profissional inerentes à advocacia.

Parágrafo único. O advogado empregado não está obrigado à prestação de serviços profissionais de interesse pessoal dos empregadores, fora da relação de emprego.

Art. 19. O salário mínimo profissional do advogado será fixado em sentença normativa, salvo se ajustado em acordo ou convenção coletiva de trabalho.

Art. 20. A jornada de trabalho do advogado empregado, no exercício da profissão, não poderá exceder a duração diária de quatro horas contínuas e a de vinte horas semanais, salvo acordo ou convenção coletiva ou em caso de dedicação exclusiva.

§ 1º Para efeitos deste artigo, considera-se como período de trabalho o tempo em que o advogado estiver à disposição do empregador, aguardando ou executando ordens, no seu escritório ou em atividades externas, sendo-lhe reembolsadas as despesas feitas com transporte, hospedagem e alimentação.

§ 2º As horas trabalhadas que excederem a jornada normal são remuneradas por um adicional não inferior a cem por cento sobre o valor da hora normal, mesmo havendo contrato escrito.

§ 3º As horas trabalhadas no período das vinte horas de um dia até as cinco horas do dia seguinte são remuneradas como noturnas, acrescidas do adicional de vinte e cinco por cento.

Art. 21. Nas causas em que for parte o empregador, ou pessoa por este representada, os honorários de sucumbência são devidos aos advogados empregados.[1-1a]

Parágrafo único. Os honorários de sucumbência, percebidos por advogado empregado de sociedade de advogados[2] são partilhados entre ele e a empregadora, na forma estabelecida em acordo.

Art. 21: 1. "O art. 21 e seu § ún. da Lei 8.906/94 deve ser interpretado no sentido da **preservação da liberdade contratual** quanto à destinação dos honorários de sucumbência fixados judicialmente" (STF-Pleno, ADI 1.194, Min. Cármen Lúcia, j. 20.5.09, maioria, DJ 11.9.09).

Art. 21: 1a. "Implica violência ao art. 37, cabeça, da Constituição Federal a óptica segundo a qual, ante o princípio da moralidade, surge insubsistente acordo homologado em juízo, no qual previsto o direito de profissional da advocacia, detentor de vínculo empregatício com uma das partes, aos honorários advocatícios" (STF-1ª T., RE 407.908, Min. Marco Aurélio, j. 13.4.11, maioria, DJ 3.6.11).

Art. 21: 2. "Os honorários dos advogados que trabalham como empregados de um estabelecimento são de natureza disponíveis, por isso a respectiva divisão deve ser feita entre todos os integrantes do departamento jurídico com base no acordo escrito firmado entre eles. Na ausência de acordo escrito, deve ser adotado o critério da participação do trabalho efetivo desenvolvido no processo. Para apuração dessa participação, é necessário procurar elementos que, concretamente, permitam avaliar o trabalho, ainda que prestado indiretamente, como por exemplo a pesquisa, o acompanhamento processual ou mesmo a atuação em outros processos para possibilitar dedicação maior por um dos advogados ao processo mais complexo ou relevante. Ausentes, todavia, elementos que permitam provar a dimensão do trabalho advocatício além do processo, o critério que deve ser adotado é o da consideração do que está contido nos autos" (STJ-RT 844/209: 3ª T., REsp 659.901).

Capítulo VI | DOS HONORÁRIOS ADVOCATÍCIOS[1-2]

CAP. VI: 1. "Honorários advocatícios. Lei 8.906/94 e seus reflexos no CPC", por João Paulo de Oliveira (RT 792/173); "Honorários advocatícios. Contrato *quota litis*. Ação de cobrança. Prescrição", pelo Min. Carlos Thompson Flores (RF 359/181); "Honorários de advogado: aspectos éticos, sucumbência e assistência judiciária", por Carlos Roberto Faleiros Diniz (RSDCPC 28/25); "O ônus do pagamento dos honorários advocatícios e o princípio da causalidade", por Orlando Venâncio dos Santos Filho (RTJE 169/99); "Natureza alimentar dos honorários advocatícios", por Dirceu Galdino Cardin (RIDCPC 43/7); "Honorários advocatícios e sua natureza jurídica", por Kiyoshi Harada (RIDCPC 43/10); "Honorários de sucumbência na nova fase de cumprimento de sentença estruturada pela Lei 11.232/2005", por Dierle José Coelho Nunes (RP 140/107, RIDCPC 57/7); "Honorários de advogado da consulta verbal e escrita — e o parecer", por Carlos Roberto Faleiros Diniz (RMDCPC 18/49).

CAP. VI: 2. s/ honorários, v. arts. 48 a 54 do Código de Ética e Disciplina. Em matéria de advogado da União e respectivas autarquias e fundações, v. Lei 13.327, de 29.7.16, arts. 27 e segs.

Art. 22. A prestação de serviço profissional assegura aos inscritos na OAB[1] o direito aos honorários convencionados,[2 a 5] aos fixados por arbitramento judicial[6] e aos de sucumbência.[7]

§ 1º O advogado, quando indicado para patrocinar causa de juridicamente necessitado,[7a] no caso de impossibilidade da Defensoria Pública no local da prestação de serviço, tem direito aos honorários fixados pelo juiz, segundo tabela organizada pelo Conselho Seccional da OAB,[7b] e pagos pelo Estado.[8-8a]

§ 2º Na falta de estipulação ou de acordo, os honorários são fixados por arbitramento judicial,[8b a 10b] em remuneração compatível com o trabalho e o valor econômico da questão, não podendo ser inferiores aos estabelecidos na tabela organizada pelo Conselho Seccional da OAB.[10c]

§ 3º Salvo estipulação em contrário, um terço dos honorários é devido no início do serviço, outro terço até decisão de primeira instância e o restante no final.

§ 4º Se o advogado fizer juntar aos autos o seu contrato de honorários antes de expedir-se o mandado de levantamento ou precatório, o juiz deve determinar que lhe sejam pagos diretamente, por dedução da quantia a ser recebida pelo constituinte, salvo se este provar que já os pagou.[11 a 15]

§ 5º O disposto neste artigo não se aplica quando se tratar de mandato outorgado por advogado para defesa em processo oriundo de ato ou omissão praticada no exercício da profissão.

§ 6º O disposto neste artigo aplica-se aos honorários assistenciais, compreendidos como os fixados em ações coletivas propostas por entidades de classe em substituição processual, sem prejuízo aos honorários convencionais.[16]

§ 7º Os honorários convencionados com entidades de classe para atuação em substituição processual poderão prever a faculdade de indicar os beneficiários que, ao optarem por adquirir os direitos, assumirão as obrigações decorrentes do contrato originário a partir do momento em que este foi celebrado, sem a necessidade de mais formalidades.[17]

Art. 22: 1. no que se incluem as sociedades de advogados. Nesse caso, v. CPC 85, nota 55a.

Art. 22: 2. v. § 4º e art. 24 § 4º.

Art. 22: 3. "Honorários de advogado. **Contrato cotalício.** Defeso ao advogado associar-se ao cliente, não lhe é vedado, entretanto, convencionar honorários proporcionais ao proveito econômico que advier para seu constituinte. A circunstância de serem pactuados em percentual sensivelmente superior ao usual não conduz, por si, à nulidade da avença, uma vez não demonstrado tenha havido abuso da 'premente necessidade, inexperiência ou leviandade da outra parte' (Lei 1.521/51, art. 4º, letra *b*)" (STJ-3ª T., REsp 1.883, Min. Eduardo Ribeiro, j. 8.5.90, DJU 28.5.90).

É válida a estipulação de ***quota litis,*** pela qual o pagamento dos honorários fica condicionado ao sucesso da demanda (JTA 72/54, RJTJERGS 159/380, Bol. AASP 2.356/2.981).

"Execução de contrato de prestação de serviços advocatícios. Adoção de cláusula *quota litis.* Remuneração *ad exitum* fixada em percentual sobre o benefício econômico. Realização de acordo na fase de cumprimento de sentença. Devedora falida. Honorários calculados sobre a vantagem econômica efetivamente auferida. Uma vez celebrado o contrato de prestação de serviços advocatícios com emprego de cláusula *quota litis,* deve a remuneração *ad exitum,* ali fixada em percentual, ser calculada com base no benefício efetivamente alcançado pela parte com a cessão de crédito, e não com base no valor total do crédito reconhecido na demanda trabalhista e não satisfeito, ante a manifesta insolvência da devedora falida" (STJ-4ª T., REsp 1.354.338, Min. Raul Araújo, j. 19.3.19, maioria, DJ 24.5.19).

Todavia: "A norma inserta no art. 38 do Código de Ética e Disciplina da OAB sugere um limite para a cláusula de êxito, não um percentual que deva obrigatoriamente ser aplicado, cabendo às partes fixar, observado esse limite, o montante que lhes soa razoável à hipótese. O contexto delineado nos autos evidencia a manifesta abusividade da cláusula de êxito que estabeleceu os honorários advocatícios em 50% do valor do imóvel dos recorridos" (STJ-3ª T., REsp 1.731.096, Min. Nancy Andrighi, j. 8.5.18, DJ 11.5.18).

V. tb., no nosso CCLCV, CC 157, nota 1d.

Art. 22: 4. Constitui condição suspensiva (CC 199-I) a cláusula contratual que subordina a percepção de honorários pelo advogado à vitória na causa (STF-1ª T., RE 83.942, Min. Cunha Peixoto, j. 19.10.76, DJU 1.4.77). V. tb. CC 125 e 126.

Art. 22: 5. "Se o contrato prevê que os advogados podem optar por receber os honorários contratuais de dez por cento sobre o proveito econômico da causa, ou por receber os honorários de sucumbência fixados no processo, a manifestação por uma ou por outra opção deve ser inequívoca. Se os advogados propõem ação cobrando os honorários contratuais, afirmando expressamente sua intenção de os receber, o protocolo de petição no processo originário, em nome da parte, requerendo expedição de alvará para levantamento de honorários de sucumbência não pode ser interpretado como renúncia àquele direito. Não se pode dar mais valor a uma intenção deduzida que a uma manifestação expressa. Se o contrato fixa os honorários, para atuação de advogados em ação rescisória proposta contra seu cliente, em percentual sobre o proveito econômico da causa, essa base de cálculo deve ser respeitada para a apuração dos honorários. Proveito econômico e valor da causa são conceitos que não podem ser confundidos, conquanto muitas vezes conduzam, na prática, ao mesmo resultado" (STJ-3ª T., REsp 1.344.678, Min. Nancy Andrighi, j. 23.10.12, DJ 6.11.12).

Art. 22: 6. v. § 2º, bem como arts. 23 e 24 § 4º.

Art. 22: 7. Quanto aos honorários de sucumbência, v. art. 24 § 3º e decisão do STF sobre o tema, em nota 2a a esse artigo. Em matéria de prestação de serviço advocatício em prol de ente estatal, v. art. 23, nota 2.

Art. 22: 7a. O beneficiário da assistência judiciária gratuita não fica liberado de pagar os honorários combinados com o seu patrono: "Se o beneficiário da assistência judiciária gratuita opta por um determinado profissional em detrimento daqueles postos à sua disposição gratuitamente pelo Estado, deverá ele arcar com os ônus decorrentes desta escolha" (STJ-RP 175/297: 3ª T., REsp 965.350).

S/ honorários e assistência judiciária, v. tb. CPC 98, nota 7a.

Art. 22: 7b. "As **tabelas** de honorários elaboradas unilateralmente pelos Conselhos Seccionais da OAB **não vinculam** o magistrado no momento de arbitrar o valor da remuneração a que faz jus o defensor dativo que atua no processo penal; servem como referência para o estabelecimento de valor que seja justo e que reflita o labor despendido pelo advogado. Nas hipóteses em que o juiz da causa considerar desproporcional a quantia indicada na tabela da OAB em relação aos esforços despendidos pelo defensor dativo para os atos processuais praticados, poderá, motivadamente, arbitrar outro valor. São, **porém, vinculativas,** quanto aos valores estabelecidos para os atos praticados por defensor dativo, as tabelas produzidas mediante acordo entre o **Poder Público,** a Defensoria Pública e a seccional da OAB. Dado o disposto no art. 105, parágrafo único, II, da Constituição da República, possui caráter vinculante a tabela de honorários da **Justiça Federal,** assim como tabelas similares instituídas, eventualmente, pelos órgãos competentes das Justiças dos Estados e do Distrito Federal, na forma dos arts 96, I, e 125, § 1º, parte final, da Constituição da República" (STJ-3ª Seção, REsp 1.656.322, Min. Rogerio Cruz, j. 23.10.19, DJ 4.11.19).

"A tabela organizada pelo Conselho Seccional da OAB tem natureza orientadora, não vinculando o julgador, devendo ser ajustável à realidade fática de cada caso" (STJ-2ª T., REsp 1.347.595-AgRg, Min. Humberto Martins, j. 20.11.12, DJ 28.11.12). Em sentido semelhante: STJ-3ª T., REsp 1.745.706, Min. Paulo Sanseverino, j. 12.11.19, DJ 21.11.19.

Todavia, no sentido de que "o arbitramento judicial dos honorários advocatícios ao defensor dativo, nomeado para oficiar em processos criminais, deve observar os valores mínimos estabelecidos na tabela da OAB": STJ-1ª T., REsp 1.400.185-AgInt, Min. Napoleão Maia Filho, j. 21.3.17, DJ 31.3.17.

V. tb. nota 10c.

Art. 22: 8. "A sentença que determina o pagamento de honorários advocatícios ao defensor dativo, nomeado pelo juiz ao réu necessitado, constitui **título executivo judicial** a ser suportado pelo Estado, quando inexistente ou insuficiente a atuação da Defensoria Pública na respectiva comarca" (STJ-2ª T., REsp 875.770, Min. Carlos Mathias, j. 10.6.08, DJ 4.8.08). Em sentido semelhante: STJ-4ª T., Ag 1.264.705-AgRg, Min. João Otávio, j. 16.12.10, DJ 1.2.11; STJ-1ª T., REsp 1.367.852-AgRg, Min. Sérgio Kukina, j. 19.11.13, DJ 28.11.13; STJ-3ª T., Ag em REsp 416.168-AgRg, Min. Sidnei Beneti, j. 25.2.14, DJ 18.3.14.

Art. 22: 8a. "Havendo convênio entre a Defensoria Pública e a Ordem dos Advogados do Brasil possibilitando a atuação dos causídicos quando não houver defensor público para a causa, mediante remuneração previamente estipulada em tabela, os honorários advocatícios podem ser **executados nos próprios autos"** (STJ-Corte Especial, ED no REsp 1.698.526, Min. Maria Thereza, j. 5.2.20, maioria, DJ 22.5.20).

Art. 22: 8b. s/ ação de arbitramento de honorários e: foro competente, v. CPC 53, nota 18a; competência dos Juizados Especiais, v. LJE 3º, nota 8b.

Art. 22: 8c. Está superada, com o advento do vigente Estatuto da Advocacia, a ideia de um "processo preparatório" (Lei 4.215/63, art. 100 § ún.) para o arbitramento dos honorários. O arbitramento judicial corresponde a um processo de conhecimento, sendo que a sentença nele proferida constitui título executivo judicial (CPC 515-I).

Por ocasião da execução de tal sentença, o executado não pode reavivar discussões relativas ao *quantum* arbitrado, que ficam cobertas pela coisa julgada material. Nesse sentido: RT 787/387, 826/281.

V. art. 24, nota 1.

Art. 22: 8d. O processo de arbitramento não é acessório da ação onde os serviços foram prestados, não se lhe aplicando a regra do art. 61 do CPC (STJ-RTJE 112/197).

Art. 22: 9. "Admite-se o arbitramento judicial de honorários contratuais, quando as cláusulas previstas não contenham critérios suficientes para auferir, por mero cálculo aritmético, o valor devido na hipótese de cumprimento parcial dos serviços contratados" (STJ-3ª T., REsp 1.290.109, Min. Nancy Andrighi, j. 16.4.13, DJ 15.5.13).

"Não é possível a estipulação de multa no contrato de honorários para as hipóteses de renúncia ou revogação unilateral do mandato do advogado, independentemente de motivação, respeitado o direito de recebimento dos honorários proporcionais ao serviço prestado", a serem fixados em "ação de conhecimento para arbitramento de honorários" (STJ-3ª T., REsp 1.882.117, Min. Nancy Andrighi, j. 27.10.20, DJ 12.11.20; a segunda citação é do voto da relatora).

Art. 22: 9a. "O Estatuto da Advocacia assegura o direito do advogado ao recebimento dos honorários da sucumbência. Rompido pelo cliente o contrato de prestação de serviços, impedindo o advogado de levar até o fim a causa sob seu patrocínio, não encerrado, portanto, o processo, cabível o pleito de arbitramento de honorários na proporção dos serviços prestados até então" (STJ-3ª T., REsp 782.873, Min. Menezes Direito, j. 6.4.06, DJU 12.6.06).

"Mesmo quando atua apenas pela verba de sucumbência (contrato de risco), é lícito ao advogado que tem seu mandato revogado antes do término da lide ajuizar ação de arbitramento, contra seu cliente, para receber honorários proporcionalmente à sua atuação" (STJ-3ª T., REsp 911.441, Min. Gomes de Barros, j. 18.10.07, DJU 31.10.07).

"Salvo quando houver estipulação contratual que a autorize ou quando ocorrer fato superveniente que a justifique, inclusive relacionado à atuação do profissional, a denúncia imotivada, pelo cliente, do contrato de prestação de serviços advocatícios firmado com cláusula de êxito, antes do resultado final do processo, configura abuso do direito, nos termos do art. 187 do CC/02. Ademais, com esse comportamento, o cliente impõe infundado obstáculo ao implemento da condição — êxito na demanda — estipulada no contrato de prestação de serviços advocatícios, impedindo que o advogado faça jus à devida remuneração. Ainda que pendente de julgamento o processo no qual atuaram, fazem jus os recorrentes ao imediato arbitramento dos honorários devidos pelos recorridos" (STJ-3ª T., REsp 1.724.441, Min. Nancy Andrighi, j. 19.2.19, DJ 6.3.19).

Todavia: "Nas hipóteses em que estipulado o êxito como condição remuneratória dos serviços advocatícios prestados, a renúncia do patrono originário, antes do julgamento definitivo da causa, não lhe confere o direito imediato ao arbitramento de verba honorária proporcional ao trabalho realizado, revelando-se necessário aguardar o desfecho processual positivo para a apuração do *quantum* devido, observado o necessário rateio dos valores com o advogado substituto (aquele que veio a assumir a condução da demanda). Com efeito, sobressai o comportamento contraditório do advogado, que celebrou contrato de risco (*ad exitum*) com o banco, limitando sua remuneração aos honorários sucumbenciais, mas, após ter renunciado ao mandato, deduziu pretensão de arbitramento da verba honorária proporcional ao serviço prestado nas causas pendentes. Ademais, parece incoerente e injusta a interpretação que venha a colocar em situação menos vantajosa o causídico que, malgrado não tenha obtido sucesso na demanda, envidou esforços em prol dos interesses do mandante até a conclusão da lide. De outra parte, é certo que, nos contratos de prestação de serviços advocatícios *ad exitum*, a vitória processual constitui condição suspensiva (artigo 125 do Código Civil), cujo implemento é obrigatório para que o advogado faça jus à devida remuneração. Ou seja, o direito aos honorários somente é adquirido com a ocorrência do sucesso na demanda. Diante desse quadro, a rescisão unilateral do contrato, promovida pelo próprio mandatário — no exercício do direito potestativo de renúncia ao mandato —, não tem o condão de ilidir a supracitada condição, ficando os efeitos remuneratórios do pacto subordinados ao seu efetivo implemento, ressalvadas as hipóteses expressamente convencionadas. O fato jurídico delineado nos autos não se amolda sequer à norma disposta na primeira parte do artigo 129 do Código Civil, segundo a qual se reputa verificada, quanto aos efeitos jurídicos, a condição cujo implemento for maliciosamente obstado pela parte a quem desfavorecer. Cuida-se de ficção legal, que condena o dolo daquele que impede ou força o implemento da condição em proveito próprio. Nessa esteira, encontra-se compreendida a rescisão unilateral imotivada perpetrada pelo cliente, que configura, por óbvio, obstáculo ao implemento da condição estipulada no contrato de prestação de serviços advocatícios — vitória na causa —, autorizando o arbitramento judicial da verba honorária devida ao causídico, cuja plena atuação quedara frustrada por culpa do mandante. Por outro turno, em se tratando de renúncia do advogado, é certo que a não ocorrência da condição prevista no contrato *ad exitum* impede a aquisição do direito remuneratório pretendido, não se podendo cogitar da incidência de qualquer presunção legal na hipótese de rescisão antecipada. O exercício da pretensão de arbitramento dos honorários advocatícios será viável, contudo, após concretizada a vitória do antigo cliente nas demandas pendentes, devendo ser observado o critério de rateio (com o advogado substituto) previsto no contrato" (STJ-4ª T., REsp 1.337.749, Min. Luis Felipe, j. 14.2.17, DJ 6.4.17).

Para situações em que há mais de um advogado atuando no processo, v. tb. nota 10, arts. 23, nota 3a, e 26 e notas.

Art. 22: 9b. "Na ação de arbitramento, não cabe ao advogado autor provar que contratou os honorários por determinado valor. É dever do juiz declarar o valor dos serviços comprovadamente prestados. Ao advogado incumbe provar, apenas, que prestou o serviço a ser remunerado" (STJ-3ª T., REsp 799.739, Min. Gomes de Barros, j. 16.8.07, DJU 17.9.07).

"Presume-se oneroso o contrato de prestação de serviços advocatícios" (RT 894/269: TJPR, AP 589.449-7).

Todavia: "Na ação de arbitramento, quando não houver contrato formal e escrito convencionando honorários advocatícios, é perfeitamente cabível exigir do autor (advogado) prova do fato constitutivo do seu direito, ou seja, da própria avença verbal. Convenção (pacto), ainda que verbal, é exteriorização livre da vontade e, portanto, não se presume, prova-se, notadamente em se tratando de contraprestação por serviços (atuação profissional)" (STJ-4ª T., REsp 410.189, Min. Fernando Gonçalves, j. 22.4.08, DJU 5.5.08). Esse acórdão foi mantido no julgamento dos subsequentes embargos de divergência (STJ-2ª Seção, ED no REsp 410.189, Min. Massami Uyeda, j. 9.6.10, DJ 21.6.10).

Art. 22: 10. "Na ação de arbitramento, quando não houver contrato formal e escrito convencionando honorários advocatícios, o destinatário do *quantum* encontrado é o advogado contratado (verbalmente). A relação entre ele e os colegas **substabelecidos** é pessoal e, portanto, o valor que cabe a cada um depende da estipulação entre os causídicos e não se inscreve no âmbito do arbitramento" (STJ-4ª T., REsp 525.671, Min. Fernando Gonçalves, j. 13.5.08, DJU 26.5.08).

Para situações em que há mais de um advogado atuando no processo, v. tb. nota 9a, arts. 23, nota 3a, e 26 e notas.

Art. 22: 10a. "Muito embora seja admissível, a **nomeação de perito técnico** para a precisa avaliação do trabalho advocatício prestado não exsurge como obrigação imposta ao magistrado, até mesmo porque ao juiz da causa recai a melhor experiência para tal aferição, uma vez que é profissional do direito, expectador e destinatário de toda prova e de toda atividade vertida nas demandas judiciais" (STJ-3ª T., AI 1.206.781-AgRg, Min. Vasco Della Giustina, j. 28.9.10, DJ 14.10.10). No mesmo sentido: STJ-4ª T., Ag 1.206.668-AgRg, Min. Luis Felipe, j. 6.12.11, DJ 14.12.11.

Art. 22: 10b. Utilizando o valor da condenação nos processos em que o advogado atuou como parâmetro para o cálculo dos honorários advocatícios: STJ-3ª T., REsp 1.166.680, Min. Nancy Andrighi, j. 4.11.10, DJ 16.11.10.

Art. 22: 10c. Afirmando o "caráter informativo das tabelas de honorários instituídas pelas seccionais da OAB, razão pela qual não há necessária vinculação para efeito de arbitramento da verba honorária contratual, devendo o magistrado, em observância aos critérios de apuração da complexidade do trabalho desenvolvido pelo profissional e do valor econômico da questão, fixar remuneração com eles compatível, procurando aproximá-la, sempre que possível, dos valores recomendados pela entidade profissional": STJ-3ª T., REsp 799.230, Min. Vasco Della Giustina, j. 10.11.09, DJ 1.12.09. No mesmo sentido: STJ-4ª T., Ag em REsp 33.204-AgRg, Min. Isabel Gallotti, j. 2.8.12, DJ 7.8.12. **Todavia,** no sentido de que as tabelas organizadas pelo Conselho Seccional da OAB têm caráter vinculante: Bol. AASP 1.932/425j.

V. tb. nota 7b.

Art. 22: 11. v. CF 100, nota 9c (fracionamento de precatório), e 114, nota 3d (competência da Justiça do Trabalho).

Art. 22: 11a. "É facultado ao julgador fixar **prazo para que a parte** exequente/constituinte **se manifeste** acerca do requerimento de destaque das verbas honorárias formulado pelo causídico" (STJ-2ª T., REsp 1.732.018, Min. Herman Benjamin, j. 17.5.18, DJ 21.11.18; a citação é do voto do relator).

Art. 22: 11b. "Cabe ao magistrado examinar o contrato e verificar se efetivamente o **advogado** faz jus aos **honorários** pleiteados; não simplesmente remetê-lo para ação de cobrança. O objetivo da lei foi exatamente **agilizar** o **recebimento** pelo advogado dos honorários contratados com o seu cliente" (Bol. AASP 2.420/3.492; a citação é do voto do relator, Juiz Luís de Carvalho).

"O advogado pode requerer ao juiz, nos autos da causa em que atue, o **pagamento, diretamente** a ele, dos honorários contratados, descontados da quantia a ser recebida pelo cliente, desde que apresente o respectivo contrato. As questões que digam respeito à validade e eficácia do contrato devem ser dirimidas nos próprios autos em que requerido o pagamento" (STJ-3ª T., REsp 403.723, Min. Nancy Andrighi, j. 3.9.02, DJU 14.10.02).

No mesmo sentido, considerando que, "se alguma questão surgir quanto a serem ou não devidos os honorários, é tema a ser decidido no próprio feito, não podendo o juiz, alegando complexidade, remeter a cobrança a uma outra ação a ser ajuizada": STJ-4ª T., REsp 114.365, Min. Cesar Rocha, j. 2.5.00, RSTJ 138/350.

"É admissível o destacamento dos honorários contratuais por êxito devidos ao patrono destituído, no bojo do processo em que atuou, quando não houver litígio entre ele e o ex-cliente, dúvida sobre o valor, risco de tumulto ou formação de lides paralelas, circunstâncias que não se presumem ou se inferem, mas, ao revés, devem ser provadas" (STJ-3ª T., REsp 1.798.937, Min. Nancy Andrighi, j. 13.8.19, DJ 15.8.19).

Todavia: "A **discordância entre a parte** exequente e **o advogado** em relação ao *quantum* que pretende ver destacado a título de honorários contratuais, como, no caso de **sucessão de procuradores,** revela a instauração de novo litígio, por isso que a satisfação do direito consagrado no vínculo contratual deve ser perquirida por meio de ação autônoma; vale dizer, em sede de execução de título extrajudicial" (STJ-1ª T., REsp 1.087.135, Min. Luiz Fux, j. 3.11.09, DJ 17.11.09).

"A reserva dos honorários contratuais a favor do advogado, nos mesmos autos da execução, é permitida, desde que inexista litígio com o outorgante. Revela-se inaplicável o art. 22, § 4º, do Estatuto da Advocacia, na hipótese de o **advogado não mais representar a parte,** devendo pleitear os honorários em ação autônoma" (STJ-3ª T., REsp 1.598.579-AgInt, Min. Marco Bellizze, j. 18.8.16, DJ 24.8.16). No mesmo sentido: STJ-4ª T., Ag em REsp 1.325.734-AgInt, Min. Antonio Ferreira, j. 16.5.19, DJ 23.5.19.

"Conquanto o art. 22, § 4º, da Lei n. 8.906/1994 possibilite a reserva nos próprios autos dos honorários advocatícios contratuais e sucumbenciais, tal dispositivo não se aplica quando o advogado não mais representa a parte, sobretudo no presente caso em que o causídico está com a carteira da OAB suspensa em virtude de responder a ação penal por supostas apropriações indevidas de valores pertencentes a seus clientes, devendo, dessa forma, ajuizar ação autônoma para cobrança dos valores" (STJ-3ª T., Ag em REsp 795.770-AgRg, Min. Marco Bellizze, j. 18.2.16, DJ 25.2.16).

Advogado

Art. 22: 12. "Todavia, eventual execução forçada, do advogado contra o seu cliente, deve ser promovida pelas vias próprias, inclusive, se for o caso, a da execução baseada em título executivo extrajudicial (art. 585, VII, do CPC c/c art. 24, *caput*, da Lei 8.906/94) e observado o regime de competência estabelecido em lei" (STJ-1ª T., REsp 641.146, Min. Teori Zavascki, j. 21.9.06, DJU 5.10.06).

Art. 22: 12a. "Não se podem confundir honorários advocatícios decorrentes de sucumbência com honorários advocatícios estabelecidos por contrato entre o advogado e seu constituinte. Relativamente aos contratuais, ante o caráter personalíssimo do direito garantido no Estatuto da Advocacia (art. 22, § 4º), é do advogado, e só dele, a legitimidade para pleitear, nos autos da execução, a reserva de valor. No caso, havendo os exequentes pleiteado a reserva de valor, correto o Tribunal de origem ao concluir pela ilegitimidade da parte" (STJ-6ª T., REsp 909.636, Min. Nilson Naves, j. 21.2.08, DJU 19.5.08).

Art. 22: 12b. "Na omissão do contrato, a dedução dos honorários deverá ocorrer de acordo com a quantia efetivamente recebida pelo cliente, ou seja, sobre seu **valor líquido.** Deveras, o destaque da remuneração do advogado dar-se-á após a exata definição do crédito a ser recebido pelo credor, posteriormente ao desconto dos consectários legais" (STJ-4ª T., REsp 1.376.513, Min. Luis Felipe, j. 3.10.17, maioria, DJ 22.11.17).

Art. 22: 13. Preservando o direito do advogado aos honorários, mesmo quando haja **penhora** no rosto dos autos em razão de **execução fiscal** ajuizada contra o cliente: STJ-1ª T., REsp 715.946, Min. José Delgado, j. 5.4.05, DJU 2.5.05; STJ-2ª T., REsp 1.673.940, Min. Herman Benjamin, j. 26.9.17, DJ 11.10.17. **Contra:** "Nos arts. 22, 23 e 24 da Lei 8.906/94, chega-se a estabelecer um certo grau de privilégio para os créditos relativos à fixação de honorários advocatícios, bem como uma cobrança facilitada da verba honorária, mediante sua dedução do montante oriundo da condenação judicial. Contudo, tais previsões não operam — de modo algum — o efeito de superar a preferência dos créditos de natureza tributária, especialmente quando já são objeto de constrição judicial" (STJ-1ª T., REsp 722.197, Min. Denise Arruda, j. 23.10.07, DJU 22.11.07).

V. tb. EA 24, nota 1g.

Art. 22: 14. "Em face da disciplina do **FGTS,** conclui-se ser **inviável** a liberação dos saldos das contas vinculadas para pagamento de **honorários advocatícios,** uma vez que estes valores são indisponíveis, com exceção das hipóteses constantes do art. 20 da Lei n. 8.036/90" (STJ-1ª T., REsp 706.600, Min. José Delgado, j. 6.4.06, DJU 22.5.06).

Art. 22: 14a. "**Não é possível** o destaque dos honorários advocatícios em **crédito do FUNDEB/FUNDEF** concedido por via judicial, em face da vinculação constitucional e legal específica dos referidos recursos para investimentos na área da educação. Hipótese em que a aplicação do art. 22, § 4º, do Estatuto da OAB fica inviabilizada, visto que o título executivo judicial se refere a verbas que possuem destinação constitucional e legal específica" (STJ-1ª T., REsp 1.674.131, Min. Gurgel de Faria, j. 8.11.18, DJ 5.2.19). No mesmo sentido: STJ-2ª T., REsp 1.738.180-AgInt, Min. Mauro Campbell, j. 26.2.19, DJ 1.3.19.

Art. 22: 15. "A regra contida no art. 22 § 4º da Lei 8.906/94 — que permite ao advogado, apresentando o respectivo contrato, requerer ao juiz da causa o pagamento, diretamente a ele, dos honorários contratados — é aplicável apenas nos casos em que exista depósito judicial ou precatório a ser expedido nos autos. Não permite que o juiz determine o desconto de tais valores nos contracheques dos constituintes que firmaram acordo no curso do processo" (STJ-5ª T., REsp 737.440, Min. Arnaldo Esteves, j. 9.8.05, DJ 19.9.05).

"Reserva de valores nos autos de mandado de segurança. Inadmissibilidade. Norma do art. 22 § 4º da Lei 8.906/94 que limita a reserva de valores a depósito judicial ou precatório. Impossibilidade de descontar-se do contracheque da parte o valor objeto do contrato de honorários. Questão que deve ser suscitada e decidida em via ordinária" (JTJ 325/116: AI 690.254-5/5-00).

Art. 22: 16 e 17. Os §§ 6º e 7º foram acrescidos pela Lei 13.725, de 4.10.18.

Art. 23. Os honorários incluídos na condenação, por arbitramento ou sucumbência, pertencem ao advogado, tendo este direito autônomo para executar a sentença nesta parte, podendo requerer que o precatório, quando necessário, seja expedido em seu favor.[1 a 7]

Art. 23: 1. s/ sucumbência recíproca, v. CPC 85, nota 55, e 86, nota 11; expedição de guia de levantamento em nome da sociedade de advogados, v. CPC 85, nota 55a; gratuidade da justiça, v. CPC 99 § 5º; s/ convenção que retira os honorários de sucumbência do advogado, v. art. 24 § 3º, especialmente nota 2a.

Art. 23: 1a. "A verba honorária constitui direito autônomo do advogado, integra o seu patrimônio, não podendo ser objeto de **transação** entre as partes **sem a sua aquiescência**" (STJ-4ª T., REsp 468.949, Min. Barros Monteiro, j. 18.2.03, DJU 14.4.03). No mesmo sentido: RJTAMG 58/346, maioria. V. tb. art. 24 § 4º.

Art. 23: 1b. "É possível e razoável a cobrança dos valores atinentes aos honorários advocatícios de sucumbência já levantados pelo causídico se a decisão que deu causa ao montante foi posteriormente rescindida, inclusive com redução da verba. O princípio da irrepetibilidade das verbas de natureza alimentar não é absoluto e, no caso, deve ser flexibilizado para viabilizar a **restituição dos honorários de sucumbência já levantados,** tendo em vista que, com o **provimento** parcial **da ação rescisória,** não mais subsiste a decisão que lhes deu causa. Aplicação dos princípios da vedação ao enriquecimento sem causa, da razoabilidade e da máxima efetividade das decisões judiciais" (STJ-3ª T., REsp 1.549.836, Min. João Otávio, j. 17.5.16, maioria, DJ 6.9.16).

"Ação rescisória. Desconstituição do título executivo. Honorários contratuais e sucumbenciais. Tendo sido a ação rescisória julgada procedente, com a desconstituição do título executivo que previa o *quantum* devido, por consequência lógica deixam de ser devidos o valor da parte e os honorários que decorreriam de tal valor" (STJ-2ª T., REsp 1.767.936, Min. Herman Benjamin, j. 4.12.18, DJ 1.7.19).

V. tb. nota 4a e CPC 967, nota 1c.

Art. 23: 2. "Diversamente do demandante privado vencedor, quando os honorários profissionais, de regra, constituem direito patrimonial do advogado, tratando-se de **ente estatal** não pertencem ao seu procurador ou representante judicial. Os honorários advenientes integram o patrimônio público" (RSTJ 111/74, dois votos vencidos). No mesmo sentido: STJ-2ª T., REsp 1.213.051, Min. Mauro Campbell, j. 14.12.10, DJ 8.2.11.

"Os honorários de sucumbência, quando vencedor o ente público, não constituem direito autônomo do advogado público, porque integram o patrimônio da entidade, não pertencendo ao procurador ou representante judicial. Logo, é legítima a determinação do juízo de origem quanto à compensação dos honorários devidos ao ente público com o crédito objeto da execução promovida contra o mesmo" (STJ-1ª T., Ag em REsp 5.466-AgRg, Min. Benedito Gonçalves, j. 23.8.11, DJ 26.8.11).

"Cumprimento de sentença. Reserva de honorários advocatícios em favor do causídico da ECT. Vedação contida no art. 4º da Lei 9.527/97 que alcança também o advogado que não integra os quadros profissionais da empresa pública" (STJ-1ª T., REsp 1.222.200-AgRg-AgRg, Min. Sérgio Kukina, j. 8.8.17, maioria, DJ 11.9.17). Do voto do relator: "A exceção prevista no art. 4º da Lei 9.527/97 abrange também os contratos de prestação de serviços advocatícios firmados entre a ECT e patronos particulares".

Art. 23: 3. A disposição somente se aplica aos honorários provenientes da sucumbência; **não aos contratados** (Lex-JTA 161/308).

"Descabe, ao advogado que teve sua procuração cassada, pleitear, na fase de execução da ação que patrocinava, o recebimento de honorários decorrentes de contrato particular, cujo direito deverá ser defendido nas vias ordinárias" (STJ-1ª T., RMS 1.012-0, Min. Garcia Vieira, j. 21.6.93, maioria, DJU 23.8.93). No mesmo sentido: RT 825/296.

Art. 23: 3a. Direito aos honorários quando há mais de um advogado constituído nos autos. "Constando do instrumento da procuração autorização para que os advogados possam agir em conjunto ou separadamente, qualquer deles é parte legítima para pleitear o arbitramento dos honorários, bem como para ajuizar a ação de execução da verba incluída na condenação por arbitramento ou sucumbência" (STJ-3ª T., REsp 246.124, Min. Pádua Ribeiro, j. 25.11.02, maioria, DJU 7.4.03). No mesmo sentido: STJ-4ª T., REsp 1.149.574, Min. Antonio Ferreira, j. 17.11.16, DJ 8.2.17.

"A outorga independente de mandatos, pela mesma pessoa, a dois ou mais advogados, para a mesma causa, relaciona individualmente cada mandatário à outorgante no direito de reclamar-lhe honorários, quando de outro modo não for estipulado" (RF 303/199).

Todavia: "A **controvérsia quanto ao percentual de honorários** advocatícios que cada advogado que atuou na causa deve receber, tendo em vista a **revogação do mandato** e substituição dos causídicos, deve ser solucionada em **ação autônoma**" (STJ-1ª T., REsp 766.279, Min. Teori Zavascki, j. 20.10.05, um voto vencido, DJU 18.9.06).

"Extinto o mandato advocatício antes de integralmente realizada a prestação profissional, que, no caso da condenação judicial, se completa com a disponibilização do devido em prol do cliente, os honorários são proporcionais à parte efetiva da prestação profissional e não ao todo, integrado pelo trabalho de novo advogado. Inadmissível a promoção, por ex-advogado, de execução autônoma de honorários, em novo processo de execução sem o prévio arbitramento judicial do valor proporcional à prestação profissional realizada, quando concomitantemente se desenvolvia a execução, promovida por novo advogado, em prol da parte" (STJ-3ª T., REsp 930.035, Min. Sidnei Beneti, j. 19.10.10, DJ 9.12.10). Em sentido semelhante: STJ-RDDP 97/138 (2ª T., REsp 1.207.216).

"Inexiste óbice a que o advogado o qual assume processo em trâmite venha a negociar e cobrar os honorários sucumbenciais, sendo dispensável a intervenção do antigo patrono da parte, cujos poderes foram revogados no decorrer da ação, cabendo a este pleitear seus direitos diretamente do seu ex-cliente, mediante ação autônoma" (STJ-3ª T., REsp 1.093.648, Min. Nancy Andrighi, j. 15.12.11, DJ 1.2.12).

Para situações em que há mais de um advogado atuando no processo, v. tb. arts. 22, notas 9a e 10, e 26 e notas.

Para execução e revogação de mandato, v. ainda nota 5.

Art. 23: 3b. Só o **advogado substabelecente,** não o substabelecido, à falta de combinação entre ambos, é que tem o direito autônomo contemplado neste artigo (JTA 44/188). V. art. 26.

Art. 23: 4. Legitimidade para recorrer, no processo de conhecimento, quanto à verba honorária. "Têm legitimidade, para recorrer da sentença, no ponto alusivo aos honorários advocatícios, **tanto a parte como o seu patrono**" (STJ-4ª T., REsp 361.713, Min. Barros Monteiro, j. 17.2.04, DJU 10.5.04). No mesmo sentido: STJ-3ª T., REsp 457.753, Min. Ari Pargendler, j. 29.11.02, DJU 24.3.03, STJ-2ª T., REsp 763.030, Min. Peçanha Martins, j. 8.11.05, DJU 19.12.05; STJ-5ª T., REsp 648.328, Min. Felix Fischer, j. 26.10.04, DJU 29.11.04.

Nesse caso, "o advogado possui legitimidade para recorrer acerca da verba honorária na qualidade de terceiro interessado" (STJ-4ª T., REsp 311.092, Min. Barros Monteiro, j. 19.2.04, DJU 3.5.04). No mesmo sentido: STJ-3ª T., REsp 586.337, Min. Menezes Direito, j. 26.8.04, DJU 11.10.04; RF 284/252, JTJ 321/1.458 (AP 1.041.803-0/0).

Afirmando que **a legitimidade recursal é do advogado,** mas admitindo o recurso em nome da parte: "Embora tenha o advogado direito autônomo de executar a verba honorária, não fica excluída a possibilidade da parte, em seu nome, mas representada pelo mesmo advogado, insurgir-se contra o *quantum* fixado a título de honorários advocatícios" (STJ-4ª T., REsp 135.546, Min. Sálvio de Figueiredo, j. 3.12.98, DJU 15.3.99).

Entendendo que a legitimidade é, exclusivamente, do advogado: "Consoante o art. 23 da Lei 8.906/94, o detentor do direito à percepção aos honorários fixados judicialmente será sempre o advogado constituído pela parte. Desta assertiva, extrai-se a conclusão de que o advogado, em nome próprio, não em nome do cliente, pode pleitear a revisão, via recurso, da fixação da verba honorária arbitrada em seu prol. O interesse e a legitimidade recursal, neste caso, não se estendem à parte que logrou êxito na demanda, à míngua de sua sucumbência e também por restar desconfigurada a utilidade e a necessidade do recurso" (STJ-3ª T., REsp 244.802, Min. Waldemar Zveiter, j. 16.2.01, DJU 16.4.01).

Afirmando que **apenas a parte** está autorizada a recorrer da decisão: "O advogado não tem legitimidade para discutir a verba honorária, no processo de conhecimento" (STJ-2ª T., REsp 605.437-AgRg, Min. Eliana Calmon, j. 6.4.04, DJU 30.8.04). No mesmo sentido: RTJ 85/233, JTJ 170/180, 204/11, 259/74, 288/269, Lex-JTA 145/324.

Art. 23: 4a. O advogado tem legitimidade para propor **ação rescisória** voltada à desconstituição do capítulo da sentença que deliberou sobre os honorários advocatícios. **Contra:** RJTJESP 121/252, maioria, e 129/353.

V. tb. nota 1b e CPC 967, nota 1c.

Art. 23: 5. Legitimidade para promover a execução dos honorários. Conforme assentado na **parte final da Súmula 306 do STJ** para fins de sucumbência recíproca, em orientação válida para a generalidade dos casos, assegura-se "o direito autônomo do advogado à execução do saldo sem excluir a legitimidade da própria parte". Assim: "A execução da sentença, na parte alusiva aos honorários resultantes da sucumbência, pode ser promovida tanto pela parte como pelo advogado" (RSTJ 151/414). No mesmo sentido: STJ-1ª T., REsp 766.105, Min. Luiz Fux, j. 5.10.06, DJU 30.10.06; STJ-2ª Seção, ED no REsp 134.778, Min. Cesar Rocha, j. 27.11.02, DJU 28.4.03; STJ-6ª T., REsp 252.141, Min. Vicente Leal, j. 25.9.01, DJU 15.10.01.

"A execução pelo advogado, em nome próprio, da parcela da condenação referente aos honorários advocatícios constitui simples faculdade" (Lex-JTA 168/413).

"O art. 23 da Lei 8.906/94 prescreve o direito de execução autônoma, que não exclui a possibilidade de a execução da sentença na parte relativa aos honorários ser promovida em conjunto com a da condenação principal, reclamada na inicial" (STJ-3ª T., REsp 124.202, Min. Menezes Direito, j. 17.2.98, DJU 6.4.98). No mesmo sentido: RJTAMG 64/162.

"Execução de sentença para cobrança de honorários de sucumbência. Legitimidade ativa de associação de advogados empregados. Representação dos interesses comuns dos filiados. Autorização legal, regulamentar e estatutária (Lei 8.906/94, arts. 21 e 23; Regulamento Geral do EAOAB, art. 14, parágrafo único)" (STJ-4ª T., REsp 634.096, Min. Raul Araújo, j. 20.8.13, DJ 29.8.13).

Todavia: "A jurisprudência desta Corte Superior de Justiça é pela impossibilidade da execução de honorários advocatícios sucumbenciais nos próprios autos da ação principal em relação a advogado que teve seu **mandato revogado**" (STJ-4ª T., REsp 1.546.305-AgInt, Min. Raul Araújo, j. 16.6.16, DJ 3.8.16). **Contra,** no sentido de que a legitimidade do advogado para essa execução subsiste mesmo após a revogação do mandato: RT 850/272, Bol. AASP

2.454/3.763. Também afirmando a legitimidade do advogado destituído, nas seguintes circunstâncias: "Execução de título extrajudicial. Honorários fixados no despacho inicial. Acordo homologado no dia subsequente à destituição dos patronos. Sucumbência. Existência. Execução da verba honorária nos próprios autos. Possibilidade" (STJ-3ª T., REsp 1.819.875, Min. Marco Bellizze, j. 10.12.19, maioria, DJ 19.12.19).

V. tb. nota 3a.

Art. 23: 6. O **precatório de verba correspondente a honorários de advogado** deve ser expedido em nome do advogado que patrocinou a causa (STJ-1ª T., REsp 487.535, Min. Teori Zavascki, j. 3.2.05, DJU 28.2.05). Mesmo nos casos em que a parte promove a execução, "é possível o levantamento ou expedição de precatório dos honorários em nome do advogado, independentemente da apresentação de procuração com poderes especiais" (STJ-2ª T., REsp 874.462, Min. Eliana Calmon, j. 21.10.08, DJ 18.11.08). "O fato de o precatório ter sido expedido em nome da parte não exclui a titularidade do advogado para o recebimento dos créditos oriundos dos honorários de sucumbência" (STJ-2ª T., REsp 1.220.914, Min. Herman Benjamin, j. 22.2.11, DJ 16.3.11). "O fato de o precatório ter sido expedido em nome da parte não repercute na disponibilidade do crédito referente aos honorários advocatícios sucumbenciais, tendo o advogado o direito de executá-lo ou cedê-lo a terceiro. Comprovada a validade do ato de cessão dos honorários advocatícios sucumbenciais, realizado por escritura pública, bem como discriminado no precatório o valor devido a título da respectiva verba advocatícia, deve-se reconhecer a legitimidade do cessionário para se habilitar no crédito consignado no precatório" (STJ-Corte Especial, REsp 1.102.473, Min. Maria Thereza, j. 16.5.12, maioria, DJ 27.8.12). **Todavia,** no sentido de que, "não tendo sido expedido em nome do patrono, carece ele de legitimidade para requerer intervenção no Município por ausência de pagamento da dívida": RSTJ 135/139. **Ainda, em outro sentido:** "Exige-se que o valor dos honorários advocatícios seja especificado no próprio requisitório, o que, contudo, não ocorreu, impossibilitando a cessão da verba honorária a terceiros e a consequente habilitação do cessionário na demanda executória" (STJ-Corte Especial, ED no REsp 1.099.318, Min. Og Fernandes, j. 19.4.17, DJ 25.4.17).

S/ sujeição do precatório para pagamento de verba honorária à ordem cronológica, v. CPC 910, nota 11.

Art. 23: 7. Quem pode impugnar a cobrança feita pelo advogado é o cliente, não o devedor (Bol. AASP 1.404/277). Por isso, a parte vencida na ação não tem interesse em recorrer contra decisão que reconheceu o direito autônomo do advogado de levantar os honorários por ela depositados (RTJE 112/200).

Art. 24. A decisão judicial que fixar ou arbitrar honorários[1 a 1b] e o contrato escrito[1c] que os estipular são títulos executivos e constituem crédito privilegiado na falência,[1d-1e] concordata,[1f] concurso de credores,[1g] insolvência civil e liquidação extrajudicial.[1h]

§ 1º A execução dos honorários pode ser promovida nos mesmos autos da ação em que tenha atuado o advogado, se assim lhe convier.[1i-2]

§ 2º Na hipótese de falecimento ou incapacidade civil do advogado, os honorários de sucumbência, proporcionais ao trabalho realizado, são recebidos por seus sucessores ou representantes legais.

§ 3º É nula qualquer disposição, cláusula, regulamento ou convenção individual ou coletiva que retire do advogado o direito ao recebimento dos honorários de sucumbência.[2a]

§ 4º O acordo feito pelo cliente do advogado e a parte contrária, salvo aquiescência do profissional,[2b] não lhe prejudica os honorários,[3] quer os convencionados, quer os concedidos por sentença.[4]

Art. 24: 1. A sentença de arbitramento é título executivo judicial (CPC 515-I).

V. art. 22, nota 8c.

Art. 24: 1a. "Na dependência de pronunciamento judicial definitivo acerca do valor da dívida principal, não é possível estabelecer a quantia devida a título de honorários advocatícios de sucumbência fixados sobre o valor da condenação, o que inviabiliza a execução desse numerário, a despeito de constituir direito autônomo do advogado, conforme dispõem os arts. 22 a 24 da Lei 8.906/94. Enquanto não apurada em definitivo a dívida principal, não há certeza quanto ao valor dos honorários, exigindo o art. 586 do CPC, para cobrança de crédito, obrigação certa, líquida e exigível" (STJ-2ª T., REsp 1.292.548, Min. Diva Malerbi, j. 13.11.12, DJ 23.11.12).

V. tb. CPC 783, nota 1a.

Art. 24: 1b. "A sentença proferida em processo-crime transitada em julgado que fixa honorários advocatícios em favor de defensor dativo constitui, nos termos do disposto nos arts. 24 da Lei 8.906/94 e 585, V, do CPC, título executivo líquido, certo e exigível. Logo, impossível revisar, em embargos à execução, o valor da verba honorária fixada na sentença transitada em julgado" (STJ-2ª T., REsp 1.365.166-AgRg, Min. Herman Benjamin, j. 16.4.13, DJ 8.5.13). No mesmo sentido: STJ-1ª T., REsp 1.407.469-AgInt, Min. Benedito Gonçalves, j. 15.12.16, DJ 3.2.17.

Art. 24: 1c. "O contrato escrito estipulando honorários advocatícios é título executivo. Por sua vez, o contrato escrito pode assumir diferentes formas de apresentação, pois não há, na lei, forma prescrita ou defesa, nem exigência de requisitos específicos. Reconhecida a existência do contrato de honorários advocatícios, a característica de este apresentar-se por forma epistolar não lhe subtrai a possibilidade de ter força executiva, desde que constitui contrato escrito, única exigência legal. No caso dos autos, as cartas enviadas pelo advogado à possível contratante continham, por escrito, propostas de honorários por serviços a serem prestados e foram respondidas com a devida aceitação. Tais anuências recíprocas e espontâneas, postas por escrito nas cartas, constituem contratos escritos de honorários advocatícios, podendo, ao menos em tese, ser considerados títulos executivos, a embasar execução nos termos do mencionado art. 24 e do art. 585, VIII, do CPC. A ausência de duas testemunhas tampouco macula a validade do contrato de honorários advocatícios, nem lhe retira eventual força executiva. A exigência constante da regra geral do inciso II do art. 585 do CPC não se aplica ao contrato escrito de honorários advocatícios, por ser este regido pelas disposições especiais do art. 24 do EAOAB, c/c o art. 585, VIII, do CPC" (STJ-4ª T., REsp 1.070.661, Min. Raul Araújo, j. 5.12.13, DJ 15.8.14).

"O art. 24 da Lei 8.906/94 não exige a assinatura de duas testemunhas para que o contrato de honorários seja considerado título executivo" (STJ-3ª T., REsp 226.998, Min. Menezes Direito, j. 3.12.99, DJU 7.2.00). No mesmo sentido: STJ-RP 147/259 (4ª T., REsp 400.687), RJ 262/96.

S/ exequibilidade do contrato de honorários, v. tb. CPC 783, nota 1a; s/ a pertinência da ação monitória nos casos de contrato ilíquido, v. CPC 700, nota 6a.

Art. 24: 1d. "Os honorários devidos às **sociedades de advogados** instituídas na forma do art. 15 do Estatuto da OAB têm caráter alimentar, constituindo crédito com privilégio geral na falência da empresa para a qual prestados os serviços, descabida a pretensão de afastamento da norma do art. 24 da mesma Lei n. 8.906/94, que não se limita, na interpretação que se lhe dá, à verba devida apenas aos patronos contratados como pessoas físicas" (STJ-Bol. AASP 2.590: 4ª T., REsp 293.552). **Contra:** JTJ 314/148 (AP 407.722-4/7-00).

S/ natureza alimentar dos honorários advocatícios, v. notas seguintes e CPC 85 § 14, 833, nota 25c, e 910, nota 11.

Art. 24: 1e. "Os créditos resultantes de honorários advocatícios têm natureza alimentar e equiparam-se aos trabalhistas para efeito de habilitação em **falência,** seja pela regência do Decreto-Lei n. 7.661/1945, seja pela forma prevista na Lei n. 11.101/2005, observado, neste último caso, o limite de valor previsto no artigo 83, inciso I, do referido diploma legal" (STJ-Corte Especial, REsp 1.152.218, Min. Luis Felipe, j. 7.5.14, maioria, DJ 9.10.14).

Art. 24: 1f. Agora, recuperação judicial ou extrajudicial.

Equiparando os créditos resultantes de honorários advocatícios aos trabalhistas, em sede de recuperação judicial: STJ-3ª T., REsp 1.649.774, Min. Marco Bellizze, j. 12.2.19, DJ 15.2.19.

V. tb. LRF 49, nota 1a, e 83, nota 1g.

Art. 24: 1g. Concurso de credores. "Os honorários advocatícios inserem-se na categoria de crédito privilegiado, dada a sua natureza alimentar, sobrepondo-se, portanto, ao crédito real hipotecário" (STJ-3ª T., REsp 877.664, Min. Nancy Andrighi, j. 3.9.09, DJ 18.9.09). No mesmo sentido: STJ-RF 411/376 (4ª T., REsp 511.003). "Sendo alimentar a natureza dos honorários, estes devem ser equiparados aos créditos trabalhistas, para fins de habilitação em concurso de credores" (STJ-3ª T., REsp 988.126, Min. Nancy Andrighi, j. 20.4.10, DJ 6.5.10). Também reconhecendo a natureza alimentar do crédito fundado em honorários advocatícios e equiparando-o ao crédito trabalhista em concurso de credores instaurado em sede de execução fiscal: STJ-Corte Especial, ED no REsp 1.351.256-EDcl, Min. Mauro Campbell, j. 4.3.15, DJ 20.3.15.

Todavia: "Não obstante possua natureza alimentar e detenha privilégio geral em concurso de credores, o crédito decorrente de honorários advocatícios não precede ao crédito tributário, que sequer se sujeita a concurso de credores e prefere a qualquer outro, seja qual for o tempo de sua constituição ou a sua natureza (arts. 24 da Lei 8.906/94 e 186 do CTN)" (STJ-Corte Especial, ED no REsp 1.146.066, Min. Francisco Falcão, j. 24.11.11, maioria, DJ 13.4.12).

Caso de concurso entre o crédito do alimentando e o crédito do advogado que o patrocinou na ação de alimentos: "Crédito alimentar. Sobreposição ao crédito decorrente do exercício da advocacia. Não é razoável que o advogado concorra com a parte que o constituiu ao direito a esta devido e por ele defendido. É princípio do direito alimentar que, observado o caso concreto, tanto quanto possível, os alimentos se sobreponham a qualquer outro crédito" (STJ-3ª T., REsp 1.380.800, Min. João Otávio, j. 12.11.13, maioria, DJ 24.3.14).

V. tb. notas 1d e 1e e art. 22, nota 13. V. tb. CPC 85 § 14, 833, nota 25c, e 910, nota 11.

Art. 24: 1h. s/ honorários advocatícios e impenhorabilidade do bem de família, v. LBF 3º, nota 1h.

Art. 24: 1i. "Se a execução nos próprios autos é faculdade conferida ao advogado, é de se entender possível a execução em ação autônoma" (STJ-RP 139/198: 2ª T., REsp 595.242).

S/ competência para essa execução autônoma, v. CPC 516, nota 4b.

Art. 24: 2. A execução prevista neste parágrafo fica prejudicada se o advogado requerer arbitramento judicial de seus honorários (RSTJ 58/442), porque nesta hipótese seu crédito deixa de ser líquido e certo.

Art. 24: 2a. "Pela interpretação conforme conferida ao art. 21 e seu § ún., declara-se **inconstitucional** o § 3º do art. 24 da Lei 8.906/94" (STF-Pleno, ADI 1.194, Min. Cármen Lúcia, j. 20.5.09, DJ 11.9.09).

Art. 24: 2b. "A 'aquiescência do profissional' não se configura com a mera participação do advogado no acordo celebrado entre as partes do processo, sendo necessário investigar, em cada caso, o sentido e o alcance da cláusula avençada" (STJ-3ª T., REsp 1.008.025-AgRg, Min. Sidnei Beneti, j. 17.2.09, DJ 9.3.09).

Art. 24: 3. Transação judicial e honorários. "O advogado não pode obstar a transação entre as partes, máxime se não envolve condenação a honorários de advogado. A transação feita à sua revelia não abrange o seu direito aos honorários contratados, nem anula a penhora feita em ação executiva para a sua cobrança, pois, neste caso, a alienação é feita em fraude à execução e, portanto, não pode prejudicar os direitos do advogado, que não é, entretanto, terceiro prejudicado para recorrer da transação a ele inoponível" (RTJ 90/686).

"A transação realizada pelas partes não pode, sem o consentimento do advogado, alcançar o direito deste aos honorários de sucumbência arbitrados pela sentença, por se tratar de direito autônomo" (STJ-3ª T., REsp 437.185, Min. Menezes Direito, j. 21.10.03, dois votos vencidos, DJU 9.12.03; a citação é do voto vencedor da Min. Nancy Andrighi). No mesmo sentido: RT 661/125, 826/381, RF 322/200, RJ 218/84, maioria. **Contra:** RF 316/161.

"Os honorários constituem parcela autônoma do *decisum*, não havendo espaço para as partes transacionarem nessa extensão, sem que o advogado tenha expressamente consentido para tal acordo" (STJ-RDDP 49/167: 3ª Seção, ED no REsp 542.166).

"O acordo firmado pelas partes, sem a presença do advogado, não pode afetar o seu crédito em relação aos honorários advocatícios já arbitrados na sentença anteriormente proferida. Correta a homologação judicial de transação que ressalva os honorários advocatícios em conformidade com o art. 24, § 4º, da Lei 8.906/94" (Bol. AASP 2.397/3.308).

"Sendo ineficaz o acordo firmado entre as partes sem a aquiescência do advogado, este poderá exercer o seu direito autônomo contra o vencido, se houver sentença condenatória em honorários, podendo, assim, requerer o prosseguimento da execução, obstada a extinção do processo" (RT 720/132).

S/ transação judicial e honorários, v. tb. CPC 90, notas 5a a 8.

Art. 24: 4. "Concedidos por sentença", mesmo que esta não haja transitado em julgado (STJ-3ª T., REsp 1.851.329, Min. Nancy Andrighi, j. 22.9.20, DJ 28.9.20). *A fortiori*, se transitou em julgado (JTA 100/106) ou se os honorários foram incluídos em conta de liquidação judicialmente homologada, seu direito não é afetado pela transação posterior que o cliente celebrou (RT 544/69, maioria).

Todavia: "Desnaturada a cobrança de honorários sucumbenciais fixados no processo de conhecimento entre recorrente e primeiros recorridos, se a sentença foi modificada mediante acordo judicial, antes do trânsito em julgado no segundo grau, com a revogação anterior dos poderes conferidos à advogada segunda recorrida" (STJ-4ª T., REsp 515.684, Min. Aldir Passarinho Jr., j. 6.5.10, DJ 24.5.10).

"Embora seja direito autônomo do advogado a execução da verba honorária de sucumbência, inclusive nos próprios autos, não há como atribuir força executiva à sentença que não transitou em julgado se as partes chegaram a consenso acerca do direito controvertido e celebraram acordo que foi devidamente homologado por sentença. Resguarda-se eventual direito de ex-advogado da parte que, antes do trânsito em julgado da sentença condenatória, celebra acordo com a ré sem nada dispor sobre a verba honorária de sucumbência, devendo o causídico, nessa hipótese, valer-se das vias ordinárias" (STJ-3ª T., REsp 1.524.636, Min. João Otávio, j. 17.5.16, DJ 23.8.16).

"Os honorários de sucumbência somente se incorporam ao patrimônio do advogado após o trânsito em julgado da decisão que os fixou, o que não ocorreu na espécie em que pendente de julgamento a apelação, cujo exame foi transferido para o Tribunal Arbitral, reconhecido como competente por ambas as partes para o exame do mérito da causa" (STJ-2ª Seção, CC 165.678, Min. Isabel Gallotti, j. 14.10.20, DJ 12.11.20).

Art. 25. Prescreve em cinco anos a ação de cobrança de honorários de advogado,[1-1a] contado o prazo:

I — do vencimento do contrato, se houver;

II — do trânsito em julgado da decisão que os fixar;[2]

III — da ultimação do serviço extrajudicial;

IV — da desistência ou transação;

V — da renúncia ou revogação do mandato.[3]

Art. 25: 1. "Embora, com base no princípio da especialidade, a regra específica do art. 25, II, da Lei 8.906/94 deva prevalecer sobre o comando geral do art. 206, § 5º, II, do CC/02, aquela norma legal se refere exclusivamente à prescrição da ação de cobrança de honorários de advogado, inexistindo qualquer alusão à ação de arbitramento. Portanto, ausente no Estatuto da OAB comando específico para a tutela da prescrição da ação de arbitramento de honorários advocatícios, aplica-se a regra geral contida no Código Civil, cuja redação é mais abrangente, comportando inclusive a pretensão de fixação da verba. Embora pormenorizadas, as hipóteses enumeradas no art. 25 da Lei 8.906/94 se subsumem na previsão do art. 206, § 5º, II, do CC/02, de sorte que, independentemente da norma aplicada, o prazo prescricional para exercício da pretensão de arbitramento e/ou cobrança dos honorários advocatícios judiciais verbalmente contratados será sempre de 5 anos, contado do encerramento da prestação do serviço (trânsito em julgado da decisão final ou último ato praticado no processo, conforme o caso)" (STJ-3ª T., REsp 1.358.425, Min. Nancy Andrighi, j. 8.5.14, DJ 26.5.14).

"O termo inicial do prazo prescricional para exercício da pretensão de cobrança dos honorários advocatícios é de 5 (cinco) anos, contado do encerramento da prestação do serviço ou último ato praticado no processo, conforme a jurisprudência desta Corte, o que, neste caso, foi a data do registro da carta de arrematação" (STJ-3ª T., REsp 1.410.387, Min. Ricardo Cueva, j. 21.6.16, DJ 27.6.16).

Art. 25: 1a. "A morte constitui fato jurídico que opera a cessação do mandato (art. 682, inc. II, do CC/02), mas independe da vontade das partes, diferentemente da revogação ou da renúncia do mandato, que dependem de manifestação expressa das partes. É vedada, portanto, a aplicação analógica da regra de prescrição atinente à revogação do mandato, prevista no art. 25, inc. V, da Lei 8.906/94, quando a hipótese é de mandato que se extingue pela morte do advogado, porque manifesta a desigualdade entre as hipóteses, como também porque o emprego da analogia importaria em restrição de direito, considerando que o Estatuto da OAB disciplina tempo prescricional menor que o previsto no Código Civil de 2002. Não cabendo o uso de analogia, por não haver igualdade entre o fato morte e o ato de revogação da procuração, correto é aplicar a regra geral para as hipóteses de omissão da lei, prevista no art. 205 do CC/02" (STJ-3ª T., REsp 665.790, Min. Nancy Andrighi, j. 25.9.06, DJU 30.10.06).

Art. 25: 2. Se os honorários são fixados em percentual de condenação ilíquida, é a partir do encerramento da liquidação de sentença que se conta o prazo prescricional (STJ-2ª T., REsp 1.090.602, Min. Eliana Calmon, j. 3.3.09, DJ 2.4.09).

"Título executivo judicial. Obrigação ilíquida. Fase de liquidação. Destituição dos advogados. Celebração de acordo quanto aos honorários. Recurso dos advogados sucedidos. Definição quanto à titularidade da verba. Cumprimento de sentença. Termo inicial do prazo prescricional da pretensão executória. Quando fixados sobre o valor da condenação ilíquida, o prazo prescricional começa a fluir do trânsito em julgado da sentença de liquidação, pois somente a partir dela é que o título judicial se apresenta líquido e, por conseguinte, capaz de embasar a ação executiva correspondente. Hipótese em que, no que tange à obrigação de pagar os honorários de sucumbência, o título exequendo carecia de liquidez, na medida em que, enquanto pendente o julgamento da apelação e do recurso especial interpostos pelos recorrentes, era incerta a titularidade desse direito. O fato de terem recorrido da sentença homologatória, como terceiros juridicamente interessados, para se certificar da titularidade dos honorários objeto da transação, ao invés de requerer o cumprimento de sentença a partir da liquidação promovida pela autocomposição das partes, afasta a ideia de inércia, que é indispensável ao reconhecimento da prescrição. No particular, o poder de exigir o pagamento dos honorários de sucumbência nasceu, para os recorrentes, com o trânsito em julgado do acórdão em que se afirmou que os honorários abrangidos pelo acordo eram apenas aqueles fixados na liquidação de sentença em favor dos advogados sucessores, resguardando o direito autônomo dos sucedidos de promover a execução dos honorários fixados em seu favor na fase de conhecimento" (STJ-3ª T., REsp 1.769.045, Min. Nancy Andrighi, j. 26.2.19, DJ 1.3.19).

Art. 25: 3. "A contagem do prazo quinquenal a que alude o art. 25, inciso V, da Lei 8.906/94 se inicia da data em que o mandante é cientificado da renúncia" (STJ-4ª T., REsp 864.803, Min. Fernando Gonçalves, j. 2.12.08, DJ 15.12.08). No mesmo sentido: STJ-3ª T., REsp 1.110.269, Min. Sidnei Beneti, j. 7.4.11, DJ 19.4.11.

"Ocorrida a rescisão unilateral do contrato (escrito ou verbal) de prestação de serviços advocatícios, o termo inicial do prazo prescricional quinquenal da pretensão de arbitramento e/ou de cobrança da remuneração correspondente (Lei 4.215/63, Lei 8.906/94 ou Código Civil de 2002) passa a ser a data da ciência inequívoca: (i) do mandante sobre a renúncia dos poderes pelo advogado; ou (ii) do causídico sobre a revogação de seus poderes por iniciativa do cliente. Tais marcos somente são postergados quando existente condição suspensiva de exigibilidade da verba honorária, como a cláusula *ad exitum*, exegese inaplicável aos presentes autos, que versam, como visto, sobre pacto verbal" (STJ-4ª T., Ag em REsp 1.122.564-AgInt, Min. Luis Felipe, j. 26.6.18, DJ 1.8.18; a citação é do voto do relator).

Todavia: "Ainda que tenha havido renúncia do mandato, a *actio nata* é o ponto central da teoria da prescrição; sendo assim, o trânsito em julgado da decisão que fixa os honorários é o marco inicial da prescrição da sua cobrança, pois apenas nesse momento o advogado torna-se titular do direito" (STJ-1ª Seção, AR 4.718, Min. Napoleão Maia Filho, j. 11.12.13, maioria, DJ 24.3.14).

"Honorários advocatícios contratuais. Cláusula de sucesso. Revogação do mandato antes de configurada a condição estipulada pelas partes para pagamento. Termo inicial da prescrição. Princípio da *actio nata*. No caso concreto, a remuneração pela prestação dos serviços advocatícios foi condicionada ao sucesso da demanda judicial. Em tal hipótese, a revogação do mandato, por ato unilateral do mandante, antes de ocorrida a condição estipulada, não implica início da contagem do prazo prescricional" (STJ-4ª T., REsp 805.151, Min. Antonio Ferreira, j. 12.8.14, maioria, DJ 28.4.15). No mesmo sentido: STJ-3ª T., REsp 1.632.766, Min. Nancy Andrighi, j. 6.6.17, DJ 12.6.17.

Art. 25-A. Prescreve em cinco anos a ação de prestação de contas pelas quantias recebidas pelo advogado de seu cliente, ou de terceiros por conta dele (art. 34, XXI).[1]

Art. 25-A: 1. O art. 25-A foi acrescido pela Lei 11.902, de 12.1.09 (DOU 13.1.09).

Art. 26. O advogado substabelecido, com reserva de poderes, não pode cobrar honorários sem a intervenção daquele que lhe conferiu o substabelecimento.[1 a 3]

Art. 26: 1. s/ ação de arbitramento e advogados substabelecidos com reservas de poderes, v. art. 22, nota 10; s/ substabelecimento, v. CPC 103, notas 7 e segs.

Art. 26: 2. "Extrai-se, a *contrario sensu*, que não há óbice para que o advogado substabelecido, **sem reserva de poderes,** efetue a cobrança de honorários, sendo descabida a intervenção do advogado substabelecente" (STJ-RDDP 97/138: 2ª T., REsp 1.207.216).

Art. 26: 2a. "O fato de o advogado substabelecido ser o único a peticionar pelo cliente nos autos não tem o condão de excepcionar a regra do art. 26 da Lei 8.906/94. A assinatura das peças não atesta que o signatário foi o único a atuar no processo, sendo comum a existência de atividades paralelas, como reuniões, pesquisas e revisões, que podem ter sido realizadas por outros profissionais nomeados pelo cliente e que compõem o trabalho como um todo, participando da verba honorária. O substabelecimento outorgado com reservas permite inferir, como faz o próprio art. 26 da Lei 8.906/94, que ambos os advogados — substabelecido e substabelecente — mantêm direito e interesse na verba" (STJ-3ª T., REsp 1.374.573, Min. Nancy Andrighi, j. 25.3.14, DJ 28.3.14).

Art. 26: 3. "O art. 26 da Lei n. 8.906/94 visa impedir o locupletamento ilícito por parte do advogado substabelecido, pois a aquiescência do procurador substabelecente mostra-se fundamental para o escorreito cumprimento do pacto celebrado entre os causídicos, a fim de que o patrono substabelecido, ao cobrar os honorários advocatícios, não o faça sem dar saber ao outro profissional que manteve reserva de poderes. Independente da razão pela qual o advogado substabelecente não tenha composto inicialmente o polo ativo da demanda, sua ausência não enseja a imediata extinção do feito, sem julgamento de mérito. Nos termos do parágrafo único do artigo 47 do Código de Processo Civil, deve o juiz, ainda que de ofício, determinar a citação daquele" (STJ-4ª T., REsp 1.068.355, Min. Marco Buzzi, j. 15.10.13, DJ 6.12.13).

Capítulo VII | DAS INCOMPATIBILIDADES E IMPEDIMENTOS

Art. 27. A incompatibilidade[1] determina a proibição total, e o impedimento,[2] a proibição parcial do exercício da advocacia.[3]

Art. 27: 1. v. arts. 4º § ún., 16 § 2º e 28.

Art. 27: 2. v. arts. 4º § ún., 29 e 30.

Art. 27: 3. "Compete exclusivamente à OAB averiguar se o caso é de incompatibilidade ou de impedimento para o exercício da advocacia e decidir em qual situação devem ser enquadrados os ocupantes de cargos ou funções referidos nos arts. 27 a 30 do Estatuto da Advocacia" (STJ-2ª T., REsp 1.448.577-AgRg, Min. Herman Benjamin, j. 7.8.14, DJ 9.10.14).

Art. 28. A advocacia é incompatível, mesmo em causa própria, com as seguintes atividades:

I — chefe do Poder Executivo e membros da Mesa do Poder Legislativo e seus substitutos legais[1];

II — membros de órgãos do Poder Judiciário,[1a] do Ministério Público,[1b-1c] dos tribunais e conselhos de contas, dos juizados especiais, da justiça de paz, juízes classistas, bem como de todos os que exerçam função de julgamento em órgãos de deliberação coletiva da administração pública direta ou indireta;[2]

III — ocupantes de cargos ou funções de direção em órgãos da Administração Pública direta ou indireta, em suas fundações e em suas empresas controladas ou concessionárias de serviço público;[2a-2b]

IV — ocupantes de cargos ou funções vinculados direta ou indiretamente a qualquer órgão do Poder Judiciário[2c a 3b] e os que exercem serviços notariais e de registro;

V — ocupantes de cargos ou funções vinculados direta ou indiretamente a atividade policial de qualquer natureza;[4]

VI — militares de qualquer natureza, na ativa;

VII — ocupantes de cargos ou funções que tenham competência de lançamento, arrecadação ou fiscalização de tributos e contribuições parafiscais;[4a]

VIII — ocupantes de funções de direção e gerência em instituições financeiras, inclusive privadas.

§ 1º A incompatibilidade permanece mesmo que o ocupante do cargo ou função deixe de exercê-lo temporariamente.[5]

§ 2º Não se incluem nas hipóteses do inciso III os que não detenham poder de decisão relevante sobre interesses de terceiro, a juízo do Conselho competente da OAB, bem como a administração acadêmica diretamente relacionada ao magistério jurídico.

Art. 28: 1. como, p. ex., o vice-prefeito (STJ-RJTJERGS 250-251/37: 1ª T., REsp 685.470; STJ-2ª T., REsp 703.931, Min. Herman Benjamin, j. 18.8.09, DJ 25.8.09).

Art. 28: 1a. s/ exercício da advocacia por conciliador e juiz leigo, v. LJE 7º § ún.

Art. 28: 1b. v. art. 83 (disp. trans.).

Art. 28: 1c. "A regra descrita no art. 28, II, da Lei 8.906/94 não se aplica aos servidores administrativos do Ministério Público Estadual. Isso porque a restrição nela contida abarca apenas os 'membros' daquela instituição, compreendendo os Promotores de Justiça, os Subprocuradores-Gerais de Justiça e o Procurador-Geral de Justiça. Não é possível conferir uma interpretação extensiva à norma restritiva de direito. Fica ressalvada a hipótese de a atividade do servidor ser considerada incompatível com a advocacia, nos termos da legislação estadual de regência" (STJ-2ª T., REsp 1.229.833, Min. Castro Meira, j. 5.5.11, DJ 12.5.11).

"Deve ser assegurada a inscrição na OAB de servidor ocupante de cargo de vigia do Ministério Público Estadual, por enquadrar-se na hipótese descrita no art. 30, I, da Lei 8.906/94 (impedimento do exercício da advocacia contra a Fazenda Pública que o remunera ou à qual seja vinculada a entidade empregadora), não figurando caso de incompatibilidade, prevista no art. 28, III, do referido diploma legal" (STJ-2ª T., REsp 1.419.955-AgRg, Min. Mauro Campbell, j. 8.4.14, DJ 23.4.14).

Todavia: "Os servidores do Ministério Público estão inseridos na regra de impedimento a que alude a primeira parte do inciso IV do art. 28 da Lei 8.906/94" (STJ-1ª T., REsp 997.714, Min. Benedito Gonçalves, j. 25.10.11, DJ 14.11.11). No mesmo sentido: STJ-2ª T., REsp 1.659.045, Min. Herman Benjamin, j. 13.6.17, DJ 30.6.17.

"Não importa em ilegalidade, abuso de poder ou desvio de finalidade o ato do Procurador-Geral de Justiça que determina aos assessores jurídicos do Ministério Público Estadual inscritos na OAB que firmem declaração de que não exercem a advocacia, com base em acórdão do Conselho Pleno do Conselho Federal da Ordem dos Advogados do Brasil na Consulta 12/2005, que decide ser incompatível o exercício da advocacia por servidor do Ministério Público. O rol contido na Lei 8.906/94, ainda que taxativo, é dirigido aos advogados, inexistindo óbice a que outras normas, destinadas aos servidores públicos, estabeleçam restrições ou vedações ao exercício da função pública quando concomitante com a advocacia, em obséquio aos princípios que regem a Administração Pública insertos no art. 37, *caput*, da Constituição Federal, notadamente os da moralidade e da eficiência" (STJ-6ª T., RMS 26.851, Min. Maria Thereza, j. 13.12.11, DJ 19.12.11).

Art. 28: 2. "A incompatibilidade com o exercício da advocacia **não alcança os juízes eleitorais e seus suplentes,** em face da composição da Justiça eleitoral estabelecida na Constituição" (STF-Pleno, ADI 1.127, Min. Ricardo Lewandowski, j. 17.5.06, um voto vencido, DJ 11.6.10).

Art. 28: 2a. "O recorrido, na condição de Procurador-Chefe de autarquia municipal, dirige o órgão jurídico da entidade, de modo que não pode exercer a advocacia privada, nem mesmo em causa própria, porque a legitimidade para advogar restringe-se à advocacia vinculada ao cargo que ocupa, durante o período da investidura (Lei 8.906/94, art. 29)" (STJ-RT 851/158: 1ª T., REsp 515.321).

Art. 28: 2b. "É devida a inscrição na OAB de **médico-perito do INSS,** cujas funções no aludido órgão se enquadrem na hipótese de impedimento descrita no art. 30, I da Lei 8.906/1994, não figurando caso de incompatibilidade ao exercício da advocacia, prevista no art. 28, III, do referido diploma legal" (STJ-1ª T., REsp 1.420.422-AgInt, Min. Napoleão Maia Filho, j. 27.6.17, DJ 3.8.17). No mesmo sentido, assegurando a inscrição na OAB para **analista do seguro social do INSS:** STJ-2ª T., Ag em REsp 1.170.560, Min. Herman Benjamin, j. 21.11.17, DJ 19.12.17.

Art. 28: 2c. v. nota 1c.

Art. 28: 3. "A posse do advogado no cargo de assessor de magistrado acarreta incompatibilidade com o exercício da advocacia e não mero impedimento de advogar contra a pessoa jurídica que o remunera" (STF-2ª T., RE 199.088, Min. Carlos Velloso, j. 1.10.96, DJU 16.4.99).

Art. 28: 3a. "Tanto à luz do antigo (art. 84, VIII), como do novo Estatuto da OAB (art. 28, IV), o serventuário da Justiça do Trabalho não possui capacidade postulatória, por exercer função incompatível com a advocacia" (RSTJ 149/400).

Art. 28: 3b. Diretor de Tribunal Regional Eleitoral ocupa cargo incompatível com o exercício da advocacia (STF-RT 853/149 — 2ª T., RE 464.963).

Art. 28: 4. "A recorrente é servidora pública estadual que exerce o cargo de agente de execução, na função de técnico-administrativo, lotada na **penitenciária estadual,** vinculada à Secretaria do Estado e Justiça do Paraná. Assim, por razões de ordem ética e para prevenir o desrespeito às normas proibitivas, é justo que seja obstado o exercício da advocacia a tais pessoas, evitando-se, dessa forma, captação imprópria de clientela" (STJ-RP 180/344: 2ª T., REsp 981.410).

"O exercício do cargo de **fiscal federal agropecuário,** por compreender prerrogativas e atribuições de fiscalização, autuação, apreensão e interdição, atividades típicas de polícia administrativa, com poder de decisão sobre interesses de terceiros, é incompatível com o exercício da advocacia" (STJ-1ª T., REsp 1.377.459, Min. Benedito Gonçalves, j. 20.11.14, DJ 27.11.14).

"A atividade exercida por ocupante do cargo de **assistente de trânsito,** por envolver fiscalização e poder decisório sobre interesses de terceiro, inerentes ao poder de polícia, é incompatível com o exercício da advocacia, nos termos do art. 28, V, da Lei 8.906/94" (STJ-1ª T., REsp 1.631.637-AgInt-AgInt, Min. Sérgio Kukina, j. 30.11.17, DJ 7.12.17). No mesmo sentido: STJ-2ª T., REsp 1.574.587-AgInt, Min. Assusete Magalhães, j. 20.2.18, DJ 27.2.18.

"Inscrição na Ordem dos Advogados do Brasil. Art. 28, V, da Lei 8.906/94. Cargo de **vigilante municipal.** Incompatibilidade" (STJ-2ª T., REsp 1.754.565, Min. Assusete Magalhães, j. 28.9.20, DJ 2.10.20).

Art. 28: 4a. "As normas restritivas de direito fundamental ao exercício profissional demandam interpretação restritiva, de modo que a atividade de **técnico administrativo da Receita Federal** não se enquadra na regra de incompatibilidade prevista no art. 28 do Estatuto da OAB, configurando apenas impedimento do exercício da advocacia contra a Fazenda Pública que o remunera ou à qual seja vinculada a entidade empregadora, a teor do disposto no art. 30, I, do mesmo estatuto" (STJ-2ª T., REsp 1.589.174-AgInt, Min. Francisco Falcão, j. 18.5.17, DJ 26.5.17).

Art. 28: 5. v. art. 16 § 2º.

Art. 29. Os Procuradores-Gerais, Advogados-Gerais, Defensores-Gerais e dirigentes de órgãos jurídicos da Administração Pública direta, indireta e fundacional são exclusivamente legitimados para o exercício da advocacia vinculada à função que exerçam, durante o período da investidura.

Art. 30. São impedidos de exercer a advocacia:[1]

I — os servidores da administração direta, indireta e fundacional, contra a Fazenda Pública que os remunere ou à qual seja vinculada a entidade empregadora;[1a-1b]

II — os membros do Poder Legislativo,[2] em seus diferentes níveis, contra ou a favor das pessoas jurídicas de direito público, empresas públicas, sociedades de economia mista, fundações públicas, entidades paraestatais ou empresas concessionárias ou permissionárias de serviço público.

Parágrafo único. Não se incluem nas hipóteses do inciso I os docentes dos cursos jurídicos.

Art. 30: 1. s/ nulidade do ato praticado, v. art. 4º § ún.; s/ possibilidade de ser sanada a nulidade, v. CPC 103, notas 10a a 10d.

Art. 30: 1a. p. ex., assessor parlamentar da câmara de vereadores não pode advogar contra a respectiva municipalidade (STJ-1ª T., REsp 1.109.182, Min. Denise Arruda, j. 17.11.09, DJ 9.12.09).

Art. 30: 1b. "As normas que restringem direitos devem ser interpretadas restritivamente, o que, aplicado ao caso concreto, recomenda que o impedimento parcial do exercício da advocacia incida apenas em relação aos **servidores ativos.** Ademais, o dispositivo legal em análise visa a evitar conflito de ordem moral e ética que haveria se o servidor pudesse se valer das informações a que tem acesso, pela sua condição, e, simultaneamente, atuasse no sentido de promover suas atividades profissionais como órgão integrante do Poder Público e de, contraditoriamente, patrocinar causas contra o respectivo ente federativo. A extinção do vínculo estatutário, decorrente da aposentadoria, faz cessar esse conflito" (STJ-2ª T., REsp 1.471.391, Min. Herman Benjamin, j. 18.11.14, DJ 26.11.14).

Art. 30: 2. "O desempenho de mandato eletivo do Poder Legislativo impede o exercício da advocacia contra ou a favor das pessoas de direito público, independentemente da esfera a que pertença o parlamentar" (STJ-2ª T., REsp 591.157, Min. Castro Meira, j. 2.8.05, DJU 5.9.05). No mesmo sentido: STJ-1ª Seção, ED no Ag em REsp 519.194, Min. Og Fernandes, j. 14.6.17, DJ 23.6.17.

Capítulo VIII | DA ÉTICA DO ADVOGADO[1]

CAP. VIII: 1. v. Código de Ética e Disciplina, arts. 1º a 7º.

Art. 31. O advogado deve proceder de forma que o torne merecedor de respeito e que contribua para o prestígio da classe e da advocacia.

§ 1º O advogado, no exercício da profissão, deve manter independência em qualquer circunstância.

§ 2º Nenhum receio de desagradar a magistrado ou a qualquer autoridade, nem de incorrer em impopularidade, deve deter o advogado no exercício da profissão.

Art. 32. O advogado é responsável pelos atos que, no exercício profissional, praticar com dolo ou culpa.[1 a 6a]

Parágrafo único. Em caso de lide temerária,[7] o advogado será solidariamente responsável com seu cliente, desde que coligado com este para lesar a parte contrária, o que será apurado em ação própria.

Art. 32: 1. "Responsabilidade civil do advogado à luz das recentes alterações legislativas", por Rui Stoco (RT 797/60); "Natureza jurídica dos pareceres e das consultas: responsabilidade civil, administrativa e penal do advogado", por Carlos Roberto Faleiros Diniz (RSDCPC 37/36); "Responsabilidade civil do advogado", por Ênio Santarelli Zuliani (RF 374/79 e RSDCPC 21/127); "Responsabilidade civil do advogado", por Fábio Siebeneichler de Andrade (RT 697/22); "Aspectos da responsabilidade civil do advogado", por Justino Magno Araújo (RJ 337/37).

Art. 32: 1a. "Malgrado o debate em torno da doutrina da **'perda de uma chance'**, de forte influência francesa, é devida a indenização em valor exatamente proporcional ao proveito econômico baldado, em ação anterior, pela incúria do advogado. Mormente no caso dos autos em que o direito vindicado, desde a época do ajuizamento da pretensão, já encontrava manifesta procedência jurisprudencial" (RDDP 43/141: TJDFT, AP 2004.01.1.090484-7). "Responsabilidade civil do advogado, diante de conduta omissiva e culposa, pela impetração de mandado de segurança fora do prazo e sem instruí-lo com os documentos necessários, frustrando a possibilidade da cliente, aprovada em concurso público, de ser nomeada ao cargo pretendido. Aplicação da teoria da 'perda de uma chance'. Valor da indenização por danos morais decorrentes da perda de uma chance que atende aos princípios da razoabilidade e da proporcionalidade, tendo em vista os objetivos da reparação civil" (STJ-4ª T., REsp 1.321.606-EDcl, Min. Antonio Ferreira, j. 23.4.13, RSDCPC 85/52). **Todavia,** julgando improcedente a demanda indenizatória ajuizada pelo cliente, malgrado o deslize do advogado na interposição do recurso quando já esgotado o prazo para tanto: "Reconhecida a falha na prestação do serviço pelos causídicos, não se pode deixar de considerar que a pretensão indenizatória formulada com base na perda de uma chance exige que se analise a efetiva probabilidade de sucesso do recurso considerado intempestivo. No caso dos autos, como já explicitado, não se exige a prova da certeza do dano, mas a prova da certeza da chance perdida, ou seja, a certeza da probabilidade. O recurso especial cuja inadmissão vedou o acesso da ora recorrente à obtenção de futura reforma do acórdão que afastou o direito ao benefício previdenciário, como afirma o acórdão recorrido e a sentença, em dupla conformidade, estava fadado ao não conhecimento" (STJ-3ª T., REsp 1.758.767, Min. Paulo Sanseverino, j. 9.10.18, DJ 15.10.18). No mesmo sentido: STJ-4ª T., Ag em REsp 878.524-AgInt, Min. Antonio Ferreira, j. 16.5.19, DJ 23.5.19.

Art. 32: 2. O advogado está obrigado a **interpor os recursos ordinários** cabíveis contra a decisão prejudicial ao seu cliente. "Assim, estando convencido da falta de direito do constituinte, pode aconselhá-lo a desistir da demanda e a deixar de interpor o recurso cabível. Todavia não pode, por si só, desistir ou permanecer inerte sem seu devido consentimento, sob pena de sacrificar o direito da parte. Obviamente, caso não acatada pelo cliente a orientação, a quem cumpre decisão final sobre eventual desistência, resta ao advogado renunciar ao mandato ou proceder conforme determinado pelo mandante. Ou seja, é imprescindível a anuência prévia da parte, ciente das respectivas consequências, quanto aos atos ordinários que importem perda de seu direito. O mesmo não ocorre com o recurso extraordinário, ou especial, que tem caráter eminentemente técnico e de cabimento restrito, devendo o advogado, ao manifestá-lo, justificar a sua idoneidade" (RSTJ 181/330: 4ª T., REsp 596.613; a citação é do voto do relator). No mesmo sentido: Bol. AASP 2.574. Também afirmando o dever de recorrer da sentença desfavorável: RDDP 51/139, JTJ 374/309 (AP 9159703-67.2007.8.26.0000).

Todavia: "Nada obstante considere-se culposa a omissão perpetrada pelos apelados, porquanto cientes da chance de sucesso do recurso cabível contra a decisão desfavorável à sua cliente, não há como aferir — sob pena de incorrer em temeroso e reprovável exercício de adivinhação — a ocorrência de danos materiais efetivos, verba à qual se restringiu o pedido indenizatório" (RT 860/374). Em sentido semelhante: "Contratação para ajuizamento de reclamação trabalhista. Falta de comunicação sobre a redesignação de audiência de instrução e julgamento. Aplicação da pena de confissão ficta quanto à matéria fática. Julgamento desfavorável. Ausência de demonstração de nexo causal entre o comportamento negligente das advogadas e o fracasso da demanda trabalhista. Incidência da teoria da causalidade adequada. Indenização indevida. Falta de interposição de recurso contra a sentença desfavorável. Necessidade de demonstração de que o recurso não interposto teria razoável probabilidade de êxito" (RJ-Lex 61/272 e RMDCPC 52/151: TJSP, AP 9081989-60.2009.8.26.0000). Ainda: "Ação de indenização. Dano material e moral. Responsabilidade civil de advogado. Teoria da perda de uma chance. Inaplicabilidade. Ausência de probabilidade de sucesso em apelação não interposta. Acórdão recorrido mantido" (STJ-4ª T., Ag em REsp 1.333.056-AgInt, Min. Raul Araújo, j. 17.12.19, DJ 3.2.20).

Art. 32: 3. O advogado que deixa de se pronunciar sobre **laudo** de liquidação confeccionado com **erro grosseiro** pelo perito responde sozinho pelos danos daí decorrentes ao seu cliente, sem dividir tal responsabilidade com o perito nem com o juiz (STJ-3ª T., REsp 402.182, Min. Gomes de Barros, j. 18.5.06, DJU 12.6.06). No caso, determinou-se que o advogado pagasse ao cliente tudo o que ele deixou de ganhar no anterior processo, em razão daquele erro grosseiro não impugnado.

Art. 32: 4. O advogado que, após determinação do juiz, **não emenda a inicial** e posterga o ajuizamento de outra demanda, deixando advir a prescrição da pretensão de seu cliente, deve indenizá-lo (RMDCPC 17/129). No mesmo sentido: RT 891/354 (TJMS, AP 2009.024081-4/0000-00).

Art. 32: 5. "O advogado contratado para aforar ação judicial que se mostra negligente ou quebra o dever de prudência ao quedar-se **inerte** por longo período, mesmo de posse de mandato e documentos necessários ao **ajuizamento da *actio*,** causa aos clientes dano moral indenizável, sobretudo na hipótese em que ele, em flagrante contradição, informa aos clientes já haver ajuizado a ação, quando sequer protocolara a petição inicial" (RDDP 53/131).

Art. 32: 6. "O advogado que, atuando de forma livre e independente, lesa terceiros no exercício de sua profissão responde diretamente pelos danos causados" (STJ-3ª T., REsp 1.022.103, Min. Nancy Andrighi, j. 17.4.08, DJU 16.5.08; no caso, o advogado foi condenado a indenizar danos morais causados ao juiz por alegações desonrosas feitas em juízo). No mesmo sentido: STJ-4ª T., REsp 988.380, Min. Luis Felipe, j. 20.11.08, DJ 15.12.08.

Todavia: "Não constituem ato ilícito as expressões ofensivas utilizadas em juízo pela parte ou por seu procurador, desde que sejam compatíveis com os fatos discutidos no processo e não tenham sido escritas ou pronunciadas com a intenção de ofender" (RT 781/355: TJPR, AP 84.551-2). No mesmo sentido: JTJ 315/180 (AP 466.643-4/8-00). "Se as alegações imputadas de caluniosas estiverem no contexto da defesa dos interesses e direitos do constituinte em juízo, havendo boa-fé, evidencia-se a ausência de dolo, razão pela qual não há crime, tampouco responsabilidade civil por danos morais. Na espécie, constata-se que inexistiu imputação direta de crime ao juiz. As afirmações surgiram no encadeamento de ideias da peça recursal, com o claro intuito de reforçar a alegação de que o juiz vinha desrespeitando decisão do tribunal, fato esse que, se confirmado, implicaria inclusive no provimento do recurso. Tratou-se, se tanto, de forma impolida de expressão, mas que constitui excesso admissível no cotidiano forense" (STJ-3ª T., REsp 854.452, Min. Gomes de Barros, j. 26.6.08, um voto vencido, DJ 22.8.08).

S/ responsabilidade civil do advogado pelo uso de expressões injuriosas no processo, v. CPC 78, nota 2.

Art. 32: 6a. s/ litigância de má-fé, v. CPC 80.

Art. 32: 7. cf. CPC 80-V.

Art. 33. O advogado obriga-se a cumprir rigorosamente os deveres consignados no Código de Ética e Disciplina.

Parágrafo único. O Código de Ética e Disciplina regula os deveres do advogado para com a comunidade, o cliente, o outro profissional e, ainda, a publicidade,[1] a recusa do patrocínio, o dever de assistência jurídica, o dever geral de urbanidade e os respectivos procedimentos disciplinares.

Art. 33: 1. "A publicidade na advocacia", por Clito Fornaciari Jr. (RT 780/86).

Capítulo IX | DAS INFRAÇÕES E SANÇÕES DISCIPLINARES

Art. 34. Constitui infração disciplinar:

I — exercer a profissão, quando impedido de fazê-lo, ou facilitar, por qualquer meio, o seu exercício aos não inscritos, proibidos[1] ou impedidos;[2-3]

II — manter sociedade profissional fora das normas e preceitos estabelecidos nesta lei;[4]

III — valer-se de agenciador de causas, mediante participação nos honorários a receber;

IV — angariar ou captar causas, com ou sem a intervenção de terceiros;

V — assinar qualquer escrito destinado a processo judicial ou para fim extrajudicial que não tenha feito, ou em que não tenha colaborado;

VI — advogar contra literal disposição de lei, presumindo-se a boa-fé quando fundamentado na inconstitucionalidade, na injustiça da lei ou em pronunciamento judicial anterior;[5]

VII — violar, sem justa causa, sigilo profissional;[6-6a]

VIII — estabelecer entendimento com a parte adversa sem autorização do cliente ou ciência do advogado contrário;

IX — prejudicar, por culpa grave, interesse confiado ao seu patrocínio;[7]

X — acarretar, conscientemente, por ato próprio, a anulação ou a nulidade do processo em que funcione;

XI — abandonar a causa sem justo motivo ou antes de decorridos dez dias da comunicação da renúncia;[8]

XII — recusar-se a prestar, sem justo motivo, assistência jurídica, quando nomeado em virtude de impossibilidade da Defensoria Pública;[9]

XIII — fazer publicar na imprensa, desnecessária e habitualmente, alegações forenses ou relativas a causas pendentes;

XIV — deturpar o teor de dispositivo de lei, de citação doutrinária ou de julgado, bem como de depoimentos, documentos e alegações da parte contrária, para confundir o adversário ou iludir o juiz da causa;[10]

XV — fazer, em nome do constituinte, sem autorização escrita deste, imputação a terceiro de fato definido como crime;

XVI — deixar de cumprir, no prazo estabelecido, determinação emanada do órgão ou autoridade da Ordem, em matéria da competência desta, depois de regularmente notificado;

XVII — prestar concurso a clientes ou a terceiros para realização de ato contrário à lei ou destinado a fraudá-la;

XVIII — solicitar ou receber de constituinte qualquer importância para aplicação ilícita ou desonesta;

XIX — receber valores, da parte contrária ou de terceiro, relacionados com o objeto do mandato, sem expressa autorização do constituinte;

XX — locupletar-se, por qualquer forma, à custa do cliente ou da parte adversa, por si ou interposta pessoa;

XXI — recusar-se, injustificadamente, a prestar contas[11-12] ao cliente de quantias recebidas dele ou de terceiros por conta dele;

XXII — reter, abusivamente,[13] ou extraviar autos recebidos com vista ou em confiança;

XXIII — deixar de pagar as contribuições,[13a] multas e preços de serviços devidos à OAB, depois de regularmente notificado a fazê-lo;[13b]

XXIV — incidir em erros reiterados que evidenciem inépcia profissional;[13c]

XXV — manter conduta incompatível com a advocacia;[14]
XXVI — fazer falsa prova de qualquer dos requisitos[15] para inscrição na OAB;
XXVII — tornar-se moralmente inidôneo para o exercício da advocacia;[15a]
XXVIII — praticar crime infamante;[16]
XXIX — praticar, o estagiário, ato excedente de sua habilitação.[17]
Parágrafo único. Inclui-se na conduta incompatível:
a) prática reiterada de jogo de azar, não autorizado por lei;
b) incontinência pública e escandalosa;
c) embriaguez ou toxicomania habituais.

Art. 34: 1. v. art. 28.

Art. 34: 2. v. arts. 29 e 30.

Art. 34: 3. e aos advogados suspensos?

Art. 34: 4. v. arts. 15 a 17.

Art. 34: 5. v. art. 32 § ún., CPC 80-I.

Art. 34: 6. v. art. 7º-XIX.

Art. 34: 6a. v. Código de Ética e Disciplina, arts. 20, 21 e 35 a 38.

Art. 34: 7. v. CP 355-*caput*.

Art. 34: 8. v. art. 5º § 3º, CPC 112.

Art. 34: 9. v. art. 22 § 1º.

Art. 34: 10. v. CPC 80-II.

Art. 34: 11. v. art. 37 § 2º.

Art. 34: 12. "Se o advogado firma acordo em nome de seu constituinte e recebe valores, deve de tudo prestar-lhe contas, principalmente se entre o profissional e o cliente lavra conflito sobre o quanto devido. A ação consignatória só é própria para oferta ou depósito de *quantum* líquido e certo, não assim para inviabilizar o dever de prestar contas" (TJDFT-1ª T. Cível, AC 15.278, Des. Irajá Pimentel, DJU 16.3.87, *apud* Bol. AASP 1.480/104, em. 17).

O advogado não pode pretender transformar a prestação de contas que lhe é movida pelo cliente em ação de arbitramento de honorários, com o fim de compensá-los (RT 659/98).

Na consignação em pagamento feita pelo advogado contra o cliente, este não pode descontar a verba para honorários de advogado, se não provar a existência de contrato escrito autorizando-o a embolsar essa verba judicial; se algum direito tiver a ela, deverá pleiteá-la, conforme o art. 22 § 2º do EA (v., especialmente, nota 8c a esse artigo). V. RT 624/106.

V. tb. CPC 550, nota 4.

Art. 34: 13. v. art. 7º § 1º, item 3; v. tb. CPC 234-*caput* e §§ 1º e 2º.

Art. 34: 13a. s/ execução fiscal para a cobrança das contribuições compulsórias devidas à OAB, v. LEF 1º, nota 4a.

Art. 34: 13b. "É inconstitucional a suspensão realizada por conselho de fiscalização profissional do exercício laboral de seus inscritos por inadimplência de anuidades, pois a medida consiste em sanção política em matéria tributária. Recurso extraordinário a que se dá provimento, com **declaração de inconstitucionalidade** dos arts. 34, XXIII, e 37, § 2º, da Lei 8.906/1994" (STF-Pleno, RE 647.885, Min. Edson Fachin, j. 27.4.20, maioria, DJ 19.5.20).

Art. 34: 13c. v. art. 37 § 3º.

Art. 34: 14. v. § ún. e art. 8º-*caput*.

Art. 34: 15. v. art. 8º.

Art. 34: 15a. v. art. 8º § 3º.

Art. 34: 16. v. art. 8º § 4º.

Art. 34: 17. v. art. 3º § 2º.

Art. 35. As sanções disciplinares consistem em:[1]

I — censura;[2]

II — suspensão;[3]

III — exclusão;[4]

IV — multa.[5]

Parágrafo único. As sanções devem constar dos assentamentos do inscrito, após o trânsito em julgado da decisão, não podendo ser objeto de publicidade a de censura.

Art. 35: 1. s/ advertência, v. art. 36 § ún.

Art. 35: 2. v. § ún. e art. 36.

Art. 35: 3. v. art. 37.

Art. 35: 4. v. art. 38.

Art. 35: 5. v. art. 39.

Art. 36. A censura é aplicável nos casos de:

I — infrações definidas nos incisos I a XVI e XXIX do art. 34;

II — violação a preceito do Código de Ética e Disciplina;

III — violação a preceito desta lei, quando para a infração não se tenha estabelecido sanção mais grave.

Parágrafo único. A censura pode ser convertida em advertência, em ofício reservado, sem registro nos assentamentos do inscrito, quando presente circunstância atenuante.

Art. 37. A suspensão é aplicável nos casos de:

I — infrações definidas nos incisos XVII a XXV do art. 34;

II — reincidência em infração disciplinar.

§ 1º A suspensão acarreta ao infrator a interdição do exercício profissional, em todo o território nacional, pelo prazo de trinta dias a doze meses, de acordo com os critérios de individualização previstos neste capítulo.[1]

§ 2º Nas hipóteses dos incisos XXI e XXIII do art. 34, a suspensão perdura até que satisfaça integralmente a dívida, inclusive com correção monetária.[2]

§ 3º Na hipótese do inciso XXIV do art. 34, a suspensão perdura até que preste novas provas de habilitação.

Art. 37: 1. v. art. 40.

Art. 37: 2. "É inconstitucional a suspensão realizada por conselho de fiscalização profissional do exercício laboral de seus inscritos por inadimplência de anuidades, pois a medida consiste em sanção política em matéria tributária. Recurso extraordinário a que se dá provimento, com **declaração de inconstitucionalidade** dos arts. 34, XXIII, e 37, § 2º, da Lei 8.906/1994" (STF-Pleno, RE 647.885, Min. Edson Fachin, j. 27.4.20, maioria, DJ 19.5.20).

Art. 38. A exclusão é aplicável nos casos de:

I — aplicação, por três vezes, de suspensão;

II — infrações definidas nos incisos XXVI a XXVIII do art. 34.

Parágrafo único. Para a aplicação da sanção disciplinar de exclusão é necessária a manifestação favorável de dois terços dos membros do Conselho Seccional competente.

Art. 39. A multa, variável entre o mínimo correspondente ao valor de uma anuidade e o máximo de seu décuplo, é aplicável cumulativamente com a censura ou suspensão, em havendo circunstâncias agravantes.[1]

Art. 39: 1. v. art. 40 § ún.

Art. 40. Na aplicação das sanções disciplinares são consideradas, para fins de atenuação, as seguintes circunstâncias, entre outras:

I — falta cometida na defesa de prerrogativa profissional;

II — ausência de punição disciplinar anterior;

III — exercício assíduo e proficiente de mandato ou cargo em qualquer órgão da OAB;

IV — prestação de relevantes serviços à advocacia ou à causa pública.

Parágrafo único. Os antecedentes profissionais do inscrito, as atenuantes, o grau de culpa por ele revelada, as circunstâncias e as consequências da infração são considerados para o fim de decidir:

a) sobre a conveniência da aplicação cumulativa da multa e de outra sanção disciplinar;

b) sobre o tempo de suspensão e o valor da multa aplicáveis.

Art. 41. É permitido ao que tenha sofrido qualquer sanção disciplinar requerer, um ano após seu cumprimento, a reabilitação, em face de provas efetivas de bom comportamento.

Parágrafo único. Quando a sanção disciplinar resultar da prática de crime, o pedido de reabilitação depende também da correspondente reabilitação criminal.

Art. 42. Fica impedido de exercer o mandato o profissional a quem forem aplicadas as sanções disciplinares de suspensão[1-2] ou exclusão.

Art. 42: 1. v. art. 4º § ún.

Art. 42: 2. É nulo o ato praticado por advogado suspenso (art. 4º § ún.).

Neste caso, "se o autor, regularmente intimado, não regularizar sua representação processual, impõe-se a extinção do processo, sem julgamento do mérito" (RT 612/138). Se for o réu, o feito prosseguirá, como se fosse revel (CPC 76 § 1º-II).

Art. 43. A pretensão à punibilidade das infrações disciplinares prescreve em cinco anos, contados da data da constatação oficial do fato.

§ 1º Aplica-se a prescrição a todo processo disciplinar paralisado por mais de três anos, pendente de despacho ou julgamento, devendo ser arquivado de ofício, ou a requerimento da parte interessada, sem prejuízo de serem apuradas as responsabilidades pela paralisação.

§ 2º A prescrição interrompe-se:[1]

I — pela instauração de processo disciplinar ou pela notificação válida feita diretamente ao representado;

II — pela decisão condenatória recorrível de qualquer órgão julgador da OAB.

Art. 43: 1. e recomeça a correr integralmente.

Título II | DA ORDEM DOS ADVOGADOS DO BRASIL

Capítulo I | DOS FINS E DA ORGANIZAÇÃO

Art. 44. A Ordem dos Advogados do Brasil — OAB,[1] serviço público,[1a] dotada de personalidade jurídica e forma federativa, tem por finalidade:

I — defender a Constituição, a ordem jurídica do Estado democrático de direito, os direitos humanos, a justiça social, e pugnar pela boa aplicação das leis, pela rápida administração da justiça e pelo aperfeiçoamento da cultura e das instituições jurídicas;

II — promover, com exclusividade, a representação,[2] a defesa, a seleção e a disciplina dos advogados em toda a República Federativa do Brasil.

§ 1º A OAB não mantém com órgãos da Administração Pública qualquer vínculo funcional ou hierárquico.

§ 2º O uso da sigla "OAB" é privativo da Ordem dos Advogados do Brasil.

Art. 44: 1. "Natureza legal e regime jurídico da OAB", por Arnoldo Wald (RF 358/187 e RDA 227/413).

Art. 44: 1a. O art. 58 da Lei 9.649, de 27.5.98 (Lex 1998/1.875, RDA 212/402, RF 342/615, RT 751/777), dispõe sobre os conselhos de fiscalização de profissões regulamentadas; mas, segundo seu § 9º, não se aplica à OAB.

Art. 44: 2. v. CPC 75, nota 5.

Art. 45. São órgãos da OAB:

I — o Conselho Federal;[1]

II — os Conselhos Seccionais;[2]

III — as Subseções;[3]

IV — as Caixas de Assistência dos Advogados.[4]

§ 1º O Conselho Federal, dotado de personalidade jurídica própria, com sede na capital da República, é o órgão supremo da OAB.

§ 2º Os Conselhos Seccionais, dotados de personalidade jurídica própria, têm jurisdição sobre os respectivos territórios dos Estados-membros, do Distrito Federal e dos Territórios.

§ 3º As Subseções são partes autônomas do Conselho Seccional, na forma desta lei e de seu ato constitutivo.

§ 4º As Caixas de Assistência dos Advogados, dotadas de personalidade jurídica própria, são criadas pelos Conselhos Seccionais, quando estes contarem com mais de mil e quinhentos inscritos.

§ 5º A OAB, por constituir serviço público, goza de imunidade tributária total em relação a seus bens, rendas e serviços.

§ 6º Os atos, as notificações e as decisões dos órgãos da OAB, salvo quando reservados ou de administração interna, serão publicados no Diário Eletrônico da Ordem dos Advogados do Brasil, a ser disponibilizado na internet, podendo ser afixados no fórum local, na íntegra ou em resumo.[5]

Art. 45: 1. v. § 1º e arts. 51 a 55.

Art. 45: 2. v. § 2º e arts. 56 a 59.

Art. 45: 3. v. § 3º e arts. 60 a 61.

Advogado

Art. 45: 4. v. § 4º e art. 62.

Art. 45: 5. Redação de acordo com a Lei 13.688, de 3.7.18, em vigor 180 dias após a sua publicação (DOU 4.7.18).

Art. 46. Compete à OAB fixar e cobrar, de seus inscritos, contribuições,[1-1a] preços de serviços e multas.

Parágrafo único. Constitui título executivo extrajudicial[2 a 3] a certidão passada pela diretoria do Conselho competente, relativa a crédito previsto neste artigo.

Art. 46: 1. v. STJ-RT 707/173.

Art. 46: 1a. "A Lei 8.906/94 não prevê a cobrança de anuidade dos escritórios de advocacia, mas tão somente de seus inscritos (advogados e estagiários). Essa conclusão decorre da interpretação sistemática e teleológica do Estatuto da Advocacia e da OAB, pois quando o legislador fez uso do substantivo inscrição ou do adjetivo inscrito(s), referiu-se, sempre, ao(s) sujeito(s) advogado e/ou estagiário, e não à sociedade civil (pessoa jurídica)" (STJ-1ª T., REsp 793.201, Min. Denise Arruda, j. 3.10.06, DJU 26.10.06). No mesmo sentido: STJ-2ª T., REsp 831.618, Min. Eliana Calmon, j. 13.3.07, DJU 13.2.08.

Art. 46: 2. O processo de execução das contribuições devidas à OAB rege-se pelo CPC ou pela LEF? v. LEF 1º, nota 4a.

Art. 46: 2a. "Despicienda a assinatura do suposto devedor, bem como a instauração de procedimento administrativo disciplinar com a garantia do devido processo legal para a constituição do título, já que a lei nem sequer faz menção a tais requisitos" (STJ-2ª T., REsp 994.973, Min. Castro Meira, j. 17.6.08, DJU 27.6.08).

Art. 46: 3. "Enquanto vigorava o Código Civil de 1916, o prazo prescricional aplicável à cobrança das anuidades da OAB era o vintenário, diante da falta de norma específica a regular essa espécie de pretensão. Com a entrada em vigor do Código Civil de 2003, em 11.1.2003, deve incidir a prescrição quinquenal na cobrança dessas anuidades, uma vez que esses créditos são exigidos após formação de título executivo extrajudicial. Este é espécie de instrumento particular, que veicula dívida líquida, segundo preceitua o art. 206, § 5º, I, do Código Civil" (STJ-2ª T., REsp 1.267.721-EDcl-AgRg, Min. Castro Meira, j. 11.12.12, DJ 4.2.13).

Art. 47. O pagamento da contribuição anual à OAB isenta os inscritos nos seus quadros do pagamento obrigatório da contribuição sindical.[1]

Art. 47: 1. "O texto hostilizado não consubstancia violação da independência sindical, visto não ser expressivo de interferência e/ou intervenção na organização dos sindicatos. Não se sustenta o argumento de que o preceito impugnado retira do sindicato sua fonte essencial de custeio. Deve ser afastada a afronta ao preceito da liberdade de associação. O texto atacado não obsta a liberdade dos advogados" (STF-Pleno, ADI 2.522, Min. Eros Grau, j. 8.6.06, DJU 18.8.06).

Art. 48. O cargo de conselheiro ou de membro de diretoria de órgão da OAB é de exercício gratuito e obrigatório, considerado serviço público relevante, inclusive para fins de disponibilidade e aposentadoria.

Art. 49. Os Presidentes dos Conselhos e das Subseções da OAB têm legitimidade para agir, judicial e extrajudicialmente, contra qualquer pessoa que infringir as disposições ou os fins desta lei.

Parágrafo único. As autoridades mencionadas no *caput* deste artigo têm, ainda, legitimidade para intervir, inclusive como assistentes, nos inquéritos e processos em que sejam indiciados, acusados ou ofendidos os inscritos na OAB.

Art. 50. Para os fins desta lei, os Presidentes dos Conselhos da OAB e das Subseções podem requisitar cópias de peças de autos e documentos a qualquer tribunal, magistrado, cartório e órgão da Administração Pública direta, indireta e fundacional.[1]

Art. 50: 1. "A requisição de cópias de peças e documentos a qualquer tribunal, magistrado, cartório ou órgão da Administração Pública direta, indireta ou fundacional pelos Presidentes do Conselho da OAB e das Subseções deve ser motivada, compatível com as finalidades da lei e precedida, ainda, do recolhimento dos respectivos custos, não sendo possível a requisição de documentos cobertos pelo sigilo" (STF-Pleno, ADI 1.127, Min. Ricardo Lewandowski, j. 17.5.06, quatro votos vencidos, DJ 11.6.10).

Capítulo II | DO CONSELHO FEDERAL

Art. 51. O Conselho Federal compõe-se:

I — dos conselheiros federais, integrantes das delegações de cada unidade federativa;

II — dos seus ex-presidentes, na qualidade de membros honorários vitalícios.

§ 1º Cada delegação é formada por três conselheiros federais.

§ 2º Os ex-presidentes têm direito apenas a voz nas sessões.[1]

Art. 51: 1. v. art. 81 (disp. trans.).

Art. 52. Os presidentes dos Conselhos Seccionais, nas sessões do Conselho Federal, têm lugar reservado junto à delegação respectiva e direito somente a voz.

Art. 53. O Conselho Federal tem sua estrutura e funcionamento definidos no Regulamento Geral da OAB.

§ 1º O Presidente, nas deliberações do Conselho, tem apenas o voto de qualidade.[1]

§ 2º O voto é tomado por delegação, e não pode ser exercido nas matérias de interesse da unidade que represente.

§ 3º Na eleição para a escolha da Diretoria do Conselho Federal, cada membro da delegação terá direito a 1 (um) voto, vedado aos membros honorários vitalícios.[2]

Art. 53: 1. v. art. 55 § 3º.

Art. 53: 2. § 3º acrescido pela Lei 11.179, de 22.9.05.

Art. 54. Compete ao Conselho Federal:

I — dar cumprimento efetivo às finalidades da OAB;

II — representar, em juízo ou fora dele, os interesses coletivos ou individuais dos advogados;

III — velar pela dignidade, independência, prerrogativas e valorização da advocacia;

IV — representar, com exclusividade, os advogados brasileiros nos órgãos e eventos internacionais da advocacia;

V — editar e alterar o Regulamento Geral, o Código de Ética e Disciplina, e os provimentos que julgar necessários;

VI — adotar medidas para assegurar o regular funcionamento dos Conselhos Seccionais;

VII — intervir nos Conselhos Seccionais,[1] onde e quando constatar grave violação desta lei ou do Regulamento Geral;

VIII — cassar ou modificar, de ofício ou mediante representação, qualquer ato, de órgão ou autoridade da OAB, contrário a esta lei, ao Regulamento Geral, ao Código de Ética e Disciplina, e aos provimentos, ouvida a autoridade ou o órgão em causa;

IX — julgar, em grau de recurso, as questões decididas pelos Conselhos Seccionais, nos casos previstos neste estatuto e no Regulamento Geral;

X — dispor sobre a identificação dos inscritos na OAB e sobre os respectivos símbolos privativos;

XI — apreciar o relatório anual e deliberar sobre o balanço e as contas de sua diretoria;

XII — homologar ou mandar suprir relatório anual, o balanço e as contas dos Conselhos Seccionais;

XIII — elaborar as listas constitucionalmente previstas, para o preenchimento dos cargos nos tribunais judiciários de âmbito nacional ou interestadual, com advogados[2] que estejam em pleno exercício da profissão, vedada a inclusão de nome de membro do próprio Conselho ou de outro órgão da OAB;

XIV — ajuizar ação direta de inconstitucionalidade[3] de normas legais e atos normativos, ação civil pública,[3a] mandado de segurança coletivo, mandado de injunção e demais ações cuja legitimação lhe seja outorgada por lei;

XV — colaborar com o aperfeiçoamento dos cursos jurídicos, e opinar, previamente, nos pedidos apresentados aos órgãos competentes para criação, reconhecimento ou credenciamento desses cursos;

XVI — autorizar, pela maioria absoluta das delegações, a oneração ou alienação de seus bens imóveis;

XVII — participar de concursos públicos, nos casos previstos na Constituição[4] e na lei, em todas as suas fases, quando tiverem abrangência nacional ou interestadual;

XVIII — resolver os casos omissos neste Estatuto.

Parágrafo único. A intervenção referida no inciso VII deste artigo depende de prévia aprovação por dois terços das delegações, garantido o amplo direito de defesa do Conselho Seccional respectivo, nomeando-se diretoria provisória para o prazo que se fixar.

Art. 54: 1. v. § ún.

Art. 54: 2. v. art. 58-XIV; CF 94-*caput*.

Art. 54: 3. v. CF 103-VII.

Art. 54: 3a. "Os **conselhos seccionais** da Ordem dos Advogados do Brasil podem ajuizar as ações previstas — inclusive as ações civis públicas — no art. 54, XIV, em relação aos temas que afetem a sua esfera local, restringidos territorialmente pelo art. 45, § 2º, da Lei n. 8.906/84" (STJ-2ª T., REsp 1.351.760, Min. Humberto Martins, j. 26.11.13, RP 229/491).

S/ OAB e ação civil pública, v. tb. LACP 5º, nota 4e.

Art. 54: 4. v. tb. art. 54-XIV; v. CF 94-*caput*.

Art. 55. A diretoria do Conselho Federal é composta de um Presidente, de um Vice-Presidente, de um Secretário-Geral, de um Secretário-Geral Adjunto e de um Tesoureiro.

§ 1º O Presidente exerce a representação nacional e internacional da OAB, competindo-lhe convocar o Conselho Federal, presidi-lo, representá-lo ativa e passivamente, em juízo ou fora dele, promover-lhe a administração patrimonial e dar execução às suas decisões.

§ 2º O Regulamento Geral define as atribuições dos membros da diretoria e a ordem de substituição em caso de vacância, licença, falta ou impedimento.

§ 3º Nas deliberações do Conselho Federal, os membros da diretoria votam como membros de suas delegações, cabendo ao Presidente, apenas, o voto de qualidade[1] e o direito de embargar a decisão, se esta não for unânime.

Art. 55: 1. v. art. 53 § 1º.

Capítulo III | DO CONSELHO SECCIONAL[1]

CAP. III: 1. s/ legitimidade do Conselho Seccional para a propositura de ação civil pública, v. art. 54, nota 3a.

Art. 56. O Conselho Seccional compõe-se de conselheiros em número proporcional ao de seus inscritos, segundo critérios estabelecidos no Regulamento Geral.

§ 1º São membros honorários vitalícios os seus ex-presidentes, somente com direito a voz em suas sessões.[1]

§ 2º O Presidente do Instituto dos Advogados local é membro honorário, somente com direito a voz nas sessões do Conselho.

§ 3º Quando presentes às sessões do Conselho Seccional, o Presidente do Conselho Federal, os Conselheiros Federais integrantes da respectiva delegação, o Presidente da Caixa de Assistência dos Advogados e os Presidentes das Subseções têm direito a voz.

Art. 56: 1. v. art. 81 (disp. trans.).

Art. 57. O Conselho Seccional exerce e observa, no respectivo território, as competências, vedações e funções atribuídas ao Conselho Federal, no que couber e no âmbito de sua competência material e territorial, e as normas gerais estabelecidas nesta lei, no Regulamento Geral, no Código de Ética e Disciplina, e nos Provimentos.

Art. 58. Compete privativamente ao Conselho Seccional:

I — editar seu Regimento Interno e Resoluções;

II — criar as Subseções e a Caixa de Assistência dos Advogados;

III — julgar, em grau de recurso, as questões decididas por seu Presidente, por sua diretoria, pelo Tribunal de Ética e Disciplina, pelas diretorias das Subseções e da Caixa de Assistência dos Advogados;

IV — fiscalizar a aplicação da receita, apreciar o relatório anual e deliberar sobre o balanço e as contas de sua diretoria, das diretorias das Subseções e da Caixa de Assistência dos Advogados;

V — fixar a tabela de honorários, válida para todo o território estadual;

VI — realizar o Exame de Ordem;

VII — decidir os pedidos de inscrição nos quadros de advogados e estagiários;

VIII — manter cadastro de seus inscritos;

IX — fixar, alterar e receber contribuições obrigatórias, preços de serviços e multas;

X — participar da elaboração dos concursos públicos,[1] em todas as suas fases, nos casos previstos na Constituição e nas leis, no âmbito do seu território;

XI — determinar, com exclusividade, critérios para o traje dos advogados, no exercício profissional;

XII — aprovar e modificar seu orçamento anual;

XIII — definir a composição e o funcionamento do Tribunal de Ética e Disciplina, e escolher seus membros;

XIV — eleger as listas, constitucionalmente previstas, para preenchimento dos cargos nos tribunais judiciários,[2] no âmbito de sua competência e na forma do Provimento do Conselho Federal, vedada a inclusão de membros do próprio Conselho e de qualquer órgão da OAB;

XV — intervir nas Subseções[3] e na Caixa de Assistência dos Advogados;[4]

XVI — desempenhar outras atribuições previstas no Regulamento Geral.

Art. 58: 1. v. art. 54-XVII; CF 93-I.

Art. 58: 2. v. art. 54-XIII; CF 94-*caput*.

Art. 58: 3. v. art. 60 § 6º.

Art. 58: 4. v. art. 62 § 7º.

Art. 59. A diretoria do Conselho Seccional tem composição idêntica[1] e atribuições equivalentes[2] às do Conselho Federal, na forma do Regimento Interno daquele.

Art. 59: 1. v. art. 55.

Art. 59: 2. v. art. 55 § 2º.

Capítulo IV | DA SUBSEÇÃO

Art. 60. A Subseção pode ser criada pelo Conselho Seccional, que fixa sua área territorial e seus limites de competência e autonomia.

§ 1º A área territorial da Subseção pode abranger um ou mais municípios, ou parte de município, inclusive da capital do Estado, contando com um mínimo de quinze advogados, nela profissionalmente domiciliados.

§ 2º A Subseção é administrada por uma diretoria, com atribuições e composição equivalentes às da diretoria do Conselho Seccional.[1]

§ 3º Havendo mais de cem advogados, a Subseção pode ser integrada, também, por um Conselho em número de membros fixado pelo Conselho Seccional.

§ 4º Os quantitativos referidos nos parágrafos primeiro e terceiro deste artigo podem ser ampliados, na forma do Regimento Interno do Conselho Seccional.

§ 5º Cabe ao Conselho Seccional fixar, em seu orçamento, dotações específicas destinadas à manutenção das Subseções.

§ 6º O Conselho Seccional, mediante o voto de dois terços de seus membros, pode intervir nas Subseções,[2] onde constatar grave violação desta lei ou do Regimento Interno daquele.

Art. 60: 1. v. art. 59 c/c art. 55 § 2º.

Art. 60: 2. v. art. 58-XIV.

Art. 61. Compete à Subseção, no âmbito de seu território:[1]

I — dar cumprimento efetivo às finalidades da OAB;

II — velar pela dignidade, independência e valorização da advocacia, e fazer valer as prerrogativas do advogado;

III — representar a OAB perante os poderes constituídos;

IV — desempenhar as atribuições previstas no Regulamento Geral ou por delegação de competência do Conselho Seccional.

Parágrafo único. Ao Conselho da Subseção, quando houver, compete exercer as funções e atribuições do Conselho Seccional,[1a] na forma do Regimento Interno deste, e ainda:

a) editar seu Regimento Interno, a ser referendado pelo Conselho Seccional;

b) editar resoluções, no âmbito de sua competência;

c) instaurar e instruir processos disciplinares, para julgamento pelo Tribunal de Ética e Disciplina;

d) receber pedido de inscrição[2] nos quadros de advogado e estagiário, instruindo e emitindo parecer prévio, para decisão do Conselho Seccional.

Art. 61: 1. "A pretensão do *mandamus*, direcionada à proteção, em juízo, dos interesses de sociedade específica de advogados, não está no rol de competências das Subseções da OAB, dispostas no art. 61 da Lei 8.906/1994. Verifique-se que o inciso III ('representar a OAB perante os poderes constituídos') não autoriza o ajuizamento de ações na defesa de sociedade de advogados. Em outra passagem, o legislador, quando quis, abordou expressamente a competência ao atribuí-la ao Conselho Federal, nos termos do art. 54, II, da Lei 8.906/1994" (STJ-2ª T., RMS 58.847-AgInt, Min. Herman Benjamin, j. 11.6.19, DJ 1.7.19).

Art. 61: 1a. v. art. 58.

Art. 61: 2. v. arts. 8º e 9º.

Capítulo V | DA CAIXA DE ASSISTÊNCIA DOS ADVOGADOS

Art. 62. A Caixa de Assistência dos Advogados,[1] com personalidade jurídica própria, destina-se a prestar assistência aos inscritos no Conselho Seccional a que se vincule.

§ 1º A Caixa é criada e adquire personalidade jurídica com a aprovação e registro de seu Estatuto pelo respectivo Conselho Seccional da OAB, na forma do Regulamento Geral.

§ 2º A Caixa pode, em benefício dos advogados, promover a seguridade complementar.

§ 3º Compete ao Conselho Seccional fixar contribuição obrigatória devida por seus inscritos, destinada à manutenção do disposto no parágrafo anterior, incidente sobre atos decorrentes do efetivo exercício da advocacia.

§ 4º A diretoria da Caixa é composta de cinco membros, com atribuições definidas no seu Regimento Interno.

§ 5º Cabe à Caixa a metade da receita das anuidades recebidas pelo Conselho Seccional, considerado o valor resultante após as deduções regulamentares obrigatórias.

§ 6º Em caso de extinção ou desativação da Caixa, seu patrimônio se incorpora ao do Conselho Seccional respectivo.

§ 7º O Conselho Seccional, mediante voto de dois terços de seus membros, pode intervir na Caixa de Assistência dos Advogados,[2] no caso de descumprimento de suas finalidades, designando diretoria provisória, enquanto durar a intervenção.

Art. 62: 1. "É da **competência da Justiça Federal** o julgamento das ações propostas contra a Caixa de Assistência dos Advogados" (STJ-Corte Especial, CC 38.927, Min. Gomes de Barros, j. 23.10.03, dois votos vencidos, DJU 31.5.04).

Art. 62: 2. v. art. 58-XV.

Capítulo VI | DAS ELEIÇÕES E DOS MANDATOS

Art. 63. A eleição dos membros de todos os órgãos da OAB será realizada na segunda quinzena do mês de novembro, do último ano do mandato, mediante cédula única e votação direta dos advogados regularmente inscritos.

§ 1º A eleição, na forma e segundo os critérios e procedimentos estabelecidos no Regulamento Geral, é de comparecimento obrigatório para todos os advogados inscritos na OAB.[1]

§ 2º O candidato deve comprovar situação regular perante a OAB, não ocupar cargo exonerável *ad nutum*, não ter sido condenado por infração disciplinar, salvo reabilitação, e exercer efetivamente a profissão há mais de 3 (três) anos, nas eleições para os cargos de Conselheiro Seccional e das Subseções, quando houver, e há mais de 5 (cinco) anos, nas eleições para os demais cargos.[2]

Art. 63: 1. "A observância do requisito de quitação da anuidade perante a autarquia profissional não é medida desarrazoada ou inviabilizadora da participação massiva dos advogados no pleito eleitoral, porquanto visa a garantir o exercício de um direito condicionado ao cumprimento de um dever" (STJ-1ª T., REsp 907.868, Min. Luiz Fux, j. 16.9.08, DJ 2.10.08). No mesmo sentido: STJ-2ª T., REsp 1.058.871, Min. Mauro Campbell, j. 4.12.08, DJ 19.12.08.

Art. 63: 2. Redação de acordo com a Lei 13.875, de 20.9.19.

Art. 64. Consideram-se eleitos os candidatos integrantes da chapa que obtiver a maioria dos votos válidos.

§ 1º A chapa para o Conselho Seccional deve ser composta dos candidatos ao Conselho e à sua Diretoria e, ainda, à delegação ao Conselho Federal e à Diretoria da Caixa de Assistência dos Advogados para eleição conjunta.

§ 2º A chapa para a Subseção deve ser composta com os candidatos à diretoria, e de seu Conselho quando houver.

Art. 65. O mandato em qualquer órgão da OAB é de três anos, iniciando-se em primeiro de janeiro do ano seguinte ao da eleição, salvo o Conselho Federal.

Parágrafo único. Os conselheiros federais eleitos iniciam seus mandatos em primeiro de fevereiro do ano seguinte ao da eleição.

Art. 66. Extingue-se o mandato automaticamente, antes do seu término, quando:

I — ocorrer qualquer hipótese de cancelamento de inscrição ou de licenciamento do profissional;

II — o titular sofrer condenação disciplinar;

III — o titular faltar, sem motivo justificado, a três reuniões ordinárias consecutivas de cada órgão deliberativo do Conselho ou da diretoria da Subseção ou da Caixa de Assistência dos Advogados, não podendo ser reconduzido no mesmo período de mandato.

Parágrafo único. Extinto qualquer mandato, nas hipóteses deste artigo, cabe ao Conselho Seccional escolher o substituto, caso não haja suplente.

Art. 67. A eleição da Diretoria do Conselho Federal, que tomará posse no dia 1º de fevereiro, obedecerá às seguintes regras:

I — será admitido registro, junto ao Conselho Federal, de candidatura à presidência, desde seis meses até um mês antes da eleição;

II — o requerimento de registro deverá vir acompanhado do apoiamento de, no mínimo, seis Conselhos Seccionais;

III — até um mês antes das eleições, deverá ser requerido o registro da chapa completa, sob pena de cancelamento da candidatura respectiva;

IV — no dia 31 de janeiro do ano seguinte ao da eleição, o Conselho Federal elegerá, em reunião presidida pelo conselheiro mais antigo, por voto secreto e para mandato de 3 (três) anos, sua diretoria, que tomará posse no dia seguinte;[1]

V — será considerada eleita a chapa que obtiver maioria simples dos votos dos Conselheiros Federais, presente a metade mais 1 (um) de seus membros.[2]

Parágrafo único. Com exceção do candidato a Presidente, os demais integrantes da chapa deverão ser conselheiros federais eleitos.

Art. 67: 1. Redação do inciso IV de acordo com a Lei 11.179, de 22.9.05.

Art. 67: 2. Redação do inciso V de acordo com a Lei 11.179, de 22.9.05.

Título III | DO PROCESSO NA OAB

Capítulo I | DISPOSIÇÕES GERAIS

Art. 68. Salvo disposição em contrário, aplicam-se subsidiariamente ao processo disciplinar as regras da legislação processual penal comum e, aos demais processos, as regras gerais do procedimento administrativo comum e da legislação processual civil, nessa ordem.

Art. 69. Todos os prazos necessários à manifestação de advogados, estagiários e terceiros, nos processos em geral da OAB, são de quinze dias, inclusive para interposição de recursos.

§ 1º Nos casos de comunicação por ofício reservado, ou de notificação pessoal, o prazo se conta a partir do dia útil imediato ao da notificação do recebimento.

§ 2º No caso de atos, notificações e decisões divulgados por meio do Diário Eletrônico da Ordem dos Advogados do Brasil, o prazo terá início no primeiro dia útil seguinte à publicação, assim considerada o primeiro dia útil seguinte ao da disponibilização da informação no Diário.[1]

Art. 69: 1. Redação de acordo com a Lei 13.688, de 3.7.18, em vigor 180 dias após a sua publicação (DOU 4.7.18).

Capítulo II | DO PROCESSO DISCIPLINAR[1]

CAP. II: 1. v. Código de Ética e Disciplina, arts. 55 a 69.

Art. 70. O poder de punir disciplinarmente os inscritos na OAB compete exclusivamente ao Conselho Seccional em cuja base territorial tenha ocorrido a infração, salvo se a falta for cometida perante o Conselho Federal.

§ 1º Cabe ao Tribunal de Ética e Disciplina, do Conselho Seccional competente, julgar os processos disciplinares, instruídos pelas Subseções ou por relatores do próprio Conselho.

§ 2º A decisão condenatória irrecorrível deve ser imediatamente comunicada ao Conselho Seccional onde o representado tenha inscrição principal, para constar dos respectivos assentamentos.

§ 3º O Tribunal de Ética e Disciplina do Conselho onde o acusado tenha inscrição principal pode suspendê-lo preventivamente, em caso de repercussão prejudicial à dignidade da advocacia, depois de ouvi-lo em sessão especial para a qual deve ser notificado a comparecer, salvo se não atender à notificação. Neste caso, o processo disciplinar deve ser concluído no prazo máximo de noventa dias.

Art. 71. A jurisdição disciplinar não exclui a comum e, quando o fato constituir crime ou contravenção, deve ser comunicado às autoridades competentes.

Art. 72. O processo disciplinar instaura-se de ofício ou mediante representação[1] de qualquer autoridade ou pessoa interessada.

§ 1º O Código de Ética e Disciplina estabelece os critérios de admissibilidade da representação e os procedimentos disciplinares.

§ 2º O processo disciplinar tramita em sigilo, até o seu término, só tendo acesso às suas informações as partes, seus defensores e a autoridade judiciária competente.[2]

Art. 72: 1. "A representação perante a OAB, ausente o propósito inequívoco de ofender, não constitui dano, mas exercício regular do direito" (RT 861/267).

Art. 72: 2. "O § 2º do art. 72 da Lei 8.906/94 estabeleceu que a obtenção de cópia dos processos ético-disciplinares é matéria submetida à reserva de jurisdição, de modo que somente mediante **autorização judicial** poderá ser dado **acesso a terceiros.** A jurisprudência do Superior Tribunal de Justiça já definiu que o art. 8º da Lei Complementar 73/1995 não exime o Ministério Público de requerer a autorização judicial prévia para que haja o acesso a documentos protegidos por sigilo legalmente estatuído" (STJ-Corte Especial, REsp 1.217.271, Min. Humberto Martins, j. 18.5.16, maioria, DJ 6.9.16).

Art. 73. Recebida a representação, o Presidente deve designar relator, a quem compete a instrução do processo e o oferecimento de parecer preliminar a ser submetido ao Tribunal de Ética e Disciplina.

§ 1º Ao representado deve ser assegurado amplo direito de defesa, podendo acompanhar o processo em todos os termos, pessoalmente ou por intermédio de procurador, oferecendo defesa prévia após ser notificado, razões finais após a instrução e defesa oral perante o Tribunal de Ética e Disciplina, por ocasião do julgamento.

§ 2º Se, após a defesa prévia, o relator se manifestar pelo indeferimento liminar da representação, este deve ser decidido pelo Presidente do Conselho Seccional, para determinar[1] seu arquivamento.

§ 3º O prazo para defesa prévia pode ser prorrogado por motivo relevante, a juízo do relator.

§ 4º Se o representado não for encontrado, ou for revel, o Presidente do Conselho ou da Subseção deve designar-lhe defensor dativo.

§ 5º É também permitida a revisão do processo disciplinar, por erro de julgamento ou por condenação baseada em falsa prova.

Art. 73: 1. ou não.

Art. 74. O Conselho Seccional pode adotar as medidas administrativas e judiciais pertinentes, objetivando a que o profissional suspenso ou excluído devolva os documentos de identificação.

Capítulo III | DOS RECURSOS

Art. 75. Cabe recurso ao Conselho Federal de todas as decisões definitivas proferidas pelo Conselho Seccional, quando não tenham sido unânimes ou, sendo unânimes, contrariem esta lei, decisão do Conselho Federal ou de outro Conselho Seccional e, ainda, o Regulamento Geral, o Código de Ética e Disciplina e os Provimentos.

Parágrafo único. Além dos interessados, o Presidente do Conselho Seccional é legitimado a interpor o recurso referido neste artigo.[1]

Art. 75: 1. v. art. 55 § 3º.

Art. 76. Cabe recurso ao Conselho Seccional de todas as decisões proferidas por seu Presidente, pelo Tribunal de Ética e Disciplina, ou pela diretoria da Subseção ou da Caixa de Assistência dos Advogados.

Art. 77. Todos os recursos têm efeito suspensivo, exceto quando tratarem de eleições (arts. 63 e seguintes), de suspensão preventiva decidida pelo Tribunal de Ética e Disciplina, e de cancelamento da inscrição obtida com falsa prova.

Parágrafo único. O Regulamento Geral disciplina o cabimento de recursos específicos, no âmbito de cada órgão julgador.

Título IV | DAS DISPOSIÇÕES GERAIS E TRANSITÓRIAS

Art. 78. Cabe ao Conselho Federal da OAB, por deliberação de dois terços, pelo menos, das delegações, editar o Regulamento Geral deste Estatuto, no prazo de seis meses, contados da publicação desta lei.

Art. 79. Aos servidores da OAB, aplica-se o regime trabalhista.[1]

§ 1º Aos servidores da OAB, sujeitos ao regime da Lei n. 8.112, de 11 de dezembro de 1990,[2] é concedido o direito de opção pelo regime trabalhista, no prazo de noventa dias a partir da vigência desta lei, sendo assegurado aos optantes o pagamento de indenização, quando da aposentadoria, correspondente a cinco vezes o valor da última remuneração.

§ 2º Os servidores que não optarem pelo regime trabalhista serão posicionados no quadro em extinção, assegurado o direito adquirido ao regime legal anterior.

Art. 79: 1. "Improcede o pedido do requerente no sentido de que se dê interpretação conforme o artigo 37, inciso II, da Constituição do Brasil ao *caput* do artigo 79 da Lei n. 8.906, que determina a aplicação do regime trabalhista aos servidores da OAB. Incabível a exigência de concurso público para admissão dos contratados sob o regime trabalhista pela OAB" (STF-Pleno, ADI 3.026, Min. Eros Grau, j. 8.6.06, dois votos vencidos, DJU 29.9.06).

Art. 79: 2. **Lei 8.112, de 11.12.90** — Dispõe sobre o regime jurídico dos Servidores Públicos Civis da União, das autarquias e das fundações federais.

Art. 80. Os Conselhos Federal e Seccionais devem promover trienalmente as respectivas Conferências, em data não coincidente com o ano eleitoral, e, periodicamente, reunião do colégio de presidentes a eles vinculados, com finalidade consultiva.

Art. 81. Não se aplicam aos que tenham assumido originariamente o cargo de Presidente do Conselho Federal ou dos Conselhos Seccionais, até a data da publicação desta lei, as normas contidas no Título II, acerca da composição desses Conselhos, ficando assegurado o pleno direito de voz e voto em suas sessões.

Art. 82. Aplicam-se as alterações previstas nesta lei, quanto a mandatos, eleições, composição e atribuições dos órgãos da OAB, a partir do término do mandato dos atuais membros, devendo os Conselhos Federal e Seccionais disciplinarem[1] os respectivos procedimentos de adaptação.

Parágrafo único. Os mandatos dos membros dos órgãos da OAB, eleitos na primeira eleição sob a vigência desta lei, e na forma do Capítulo VI do Título II, terão início no dia seguinte ao término dos atuais mandatos, encerrando-se em 31 de dezembro do terceiro ano do mandato e em 31 de janeiro do terceiro ano do mandato, neste caso com relação ao Conselho Federal.

Art. 82: 1. *sic.*

Art. 83. Não se aplica o disposto no art. 28, inciso II, desta lei, aos membros do Ministério Público que, na data de promulgação da Constituição, se incluam na previsão do art. 29, § 3º, do seu Ato das Disposições Constitucionais Transitórias.

Art. 84. O estagiário, inscrito no respectivo quadro, fica dispensado do Exame de Ordem, desde que comprove, em até dois anos da promulgação desta lei, o exercício e resultado do estágio profissional ou a conclusão, com aproveitamento, do estágio de "Prática Forense e Organização Judiciária", realizado junto à respectiva faculdade, na forma da legislação em vigor.

Art. 85. O Instituto dos Advogados Brasileiros e as instituições a ele filiadas têm qualidade para promover perante a OAB o que julgarem do interesse dos advogados em geral ou de qualquer dos seus membros.

Art. 86. Esta lei entra em vigor na data de sua publicação.

Art. 87. Revogam-se as disposições em contrário, especialmente a Lei n. 4.215, de 27 de abril de 1963, a Lei n. 5.390, de 23 de fevereiro de 1968, o Decreto-lei n. 505, de 18 de março de 1969, a Lei n. 5.681, de 20 de julho de 1971, a Lei n. 5.842, de 6 de dezembro de 1972, a Lei n. 5.960, de 10 de dezembro de 1973, a Lei n. 6.743, de 5 de dezembro de 1979, a Lei n. 6.884, de 9 de dezembro de 1980, a Lei n. 6.994, de 26 de maio de 1982, mantidos os efeitos da Lei n. 7.346, de 22 de julho de 1985.

Brasília, 4 de julho de 1994; 173º da Independência e 106º da República — ITAMAR FRANCO — **Alexandre de Paula Dupeyrat Martins.**

Ementário
Alienação Fiduciária

Lei 4.728, de 14.7.65 — Disciplina o mercado de capitais e estabelece medidas para o seu desenvolvimento. O art. 66-B (v. no CCLCV) dispõe sobre o contrato de alienação fiduciária celebrado no âmbito do mercado financeiro e de capitais, bem como em garantia de créditos fiscais e previdenciários.

Dec. lei 911, de 1.10.69 — Altera a redação do art. 66, da Lei n. 4.728, de 14 de julho de 1965, estabelece normas de processo sobre alienação fiduciária e dá outras providências (v. adiante, texto integral, com todas as alterações posteriores).

Lei 6.014, de 27.12.73 — Adapta ao novo Código de Processo Civil as leis que menciona (RT 458/496, Lex 1973/1.992, RF 245/465, Bol. AASP 787/supl.; v. texto integral em CPCLPV, 22ª ed., p. 574). O art. 15 desta lei alterou o art. 3º § 5º do Dec. lei 911/69.

Lei 6.071, de 3.7.74 — Adapta ao Código de Processo Civil as leis que menciona, e dá outras providências (RT 465/414, Lex 1974/836, RF 248/483, RJTJESP 30/528, Bol. AASP 813/supl.; v. texto integral em CPCLPV, 22ª ed., p. 577). Alterou os arts. 4º e 5º § ún. do Dec. lei 911.

Lei 7.565, de 19.12.86 — Cód. Brasileiro de Aeronáutica. Os arts. 148 a 152 dispõem sobre a alienação fiduciária de aeronave.

Lei 9.514, de 20.11.97 — Dispõe sobre o Sistema de Financiamento Imobiliário, institui a alienação fiduciária de coisa imóvel e dá outras providências. V., no CCLCV, texto integral.

Lei 10.406, de 10.1.02 — Institui o Código Civil. Os arts. 1.361 a 1.368 dispõem sobre a propriedade fiduciária.

Lei 10.931, de 2.8.04 — Dispõe sobre o patrimônio de afetação de incorporações imobiliárias, Letra de Crédito Imobiliário, Cédula de Crédito Imobiliário, Cédula de Crédito Bancário, altera o Dec. lei n. 911, de 1º de outubro de 1969, as Leis n. 4.591, de 16 de dezembro de 1964, n. 4.728, de 14 de julho de 1965, n. 9.514, de 20 de novembro de 1997, e n. 10.406, de 10 de janeiro de 2002, e dá outras providências. V., no CCLCV, texto integral.

Lei 11.076, de 30.12.04 — Altera os arts. 22 e 38 da Lei 9.514, de 20 de novembro de 1997.

Lei 12.703, de 7.8.12 — Altera o art. 12 da Lei n. 8.177, de 1º de março de 1991, que estabelece regras para a desindexação da economia e dá outras providências, o art. 25 da Lei n. 9.514, de 20 de novembro de 1997, que dispõe sobre o Sistema de Financiamento Imobiliário, institui a alienação fiduciária de coisa imóvel e dá outras providências, e o inciso II do art. 167 da Lei n. 6.015, de 31 de dezembro de 1973, que dispõe sobre os registros públicos e dá outras providências.

Lei 13.043, de 13.11.14 — No Dec. lei 911, de 1.10.69: alterou os arts. 2º, 3º, 4º e 5º, e acrescentou os arts. 6º-A e 7º-A.

Decreto-lei n. 911, de 1º de outubro de 1969[1]

Altera a redação do art. 66 da Lei n. 4.728, de 14 de julho de 1965, estabelece normas de processo sobre alienação fiduciária e dá outras providências.

DEC. LEI 911: 1. "A alienação fiduciária em garantia e o *leasing* financeiro como supergarantias das obrigações", por Fernando Noronha (RT 845/37).

Os Ministros da Marinha de Guerra, do Exército e da Aeronáutica Militar, usando das atribuições que lhes confere o art. 1º do Ato Institucional n. 12, de 31 de agosto de 1969, combinado com o § 1º do art. 2º do Ato Institucional n. 5, de 13 de dezembro de 1968, decretam:

Art. 1º .... [1]

Art. 1º: 1. O art. 1º deu nova redação ao art. 66 da Lei 4.728, de 14.7.65, que dispunha sobre alienação fiduciária de coisa móvel; este, todavia, foi revogado pela Lei 10.931, de 2.8.04.

Art. 2º (*redação da Lei 13.043, de 13.11.14*) No caso de inadimplemento ou mora nas obrigações contratuais garantidas mediante alienação fiduciária, o proprietário fiduciário ou credor poderá vender[1-1a] a coisa a terceiros, independentemente de leilão, hasta pública, avaliação prévia[1b] ou qualquer outra medida judicial ou extrajudicial, salvo disposição expressa em contrário prevista no contrato, devendo aplicar o preço da venda no pagamento de seu crédito e das despesas decorrentes e entregar ao devedor o saldo apurado, se houver,[1c a 2] com a devida prestação de contas.[2a]

§ 1º O crédito a que se refere o presente artigo abrange o principal, juros e comissões,[2b] além das taxas, cláusula penal e correção monetária, quando expressamente convencionados pelas partes.

§ 2º (*redação da Lei 13.043, de 13.11.14*) A mora decorrerá do simples vencimento do prazo para pagamento[2c-2d] e poderá ser comprovada[3] por carta registrada com aviso de recebimento, não se exigindo que a assinatura constante do referido aviso seja a do próprio destinatário.[4]

§ 3º A mora e o inadimplemento de obrigações contratuais garantidas por alienação fiduciária, ou a ocorrência legal ou convencional de algum dos casos de antecipação de vencimento da dívida facultarão ao credor considerar, de pleno direito, vencidas todas as obrigações contratuais, independentemente de aviso ou notificação judicial ou extrajudicial.

§ 4º (*redação da Lei 13.043, de 13.11.14*) Os procedimentos previstos no *caput* e no seu § 2º aplicam-se às operações de arrendamento mercantil previstas na forma da Lei n. 6.099, de 12 de setembro de 1974.

Art. 2º: 1. s/ responsabilidade do garantidor por eventual saldo devedor, v. nota 2.

Art. 2º: 1a. "Deverá o devedor ser previamente comunicado das condições da alienação para que possa exercer a defesa de seus interesses" (STJ-3ª T., REsp 327.291, Min. Nancy Andrighi, j. 20.9.01, DJU 8.10.01).

"A venda do bem apreendido pode ser feita extrajudicialmente, a critério do credor, nos termos do art. 2º, § 3º, do Dec. lei n. 911/69, mas o **devedor tem o direito de ser previamente comunicado,** a fim de que possa acompanhar a venda e exercer eventual defesa de seus interesses" (STJ-RJ 268/72, 4ª T.).

Art. 2º: 1b. A venda extrajudicial do bem objeto de alienação fiduciária não está condicionada à **prévia avaliação** por oficial de justiça (RSTJ 151/280); nem a prévias avaliações por "revendas idôneas de automóveis" (RMDECC 23/125: TJMT, AP 81060/2008).

Art. 2º: 1c. Saldo apurado em favor do devedor. O devedor tem o direito de receber o eventual saldo apurado, mas não a restituição integral das parcelas pagas (STJ-3ª T., REsp 437.451, Min. Menezes Direito, j. 11.2.03, DJU 10.3.03; STJ-4ª T., REsp 363.810, Min. Barros Monteiro, j. 21.2.02, DJU 17.6.02).

Art. 2º: 1d. O **saldo devedor remanescente** não pode ser cobrado nos mesmos autos da ação de busca e apreensão (RT 765/276, JTA 59/145, Lex-JTA 142/38, maioria, 171/305).

Súmula 384 do STJ: "Cabe ação monitória para haver saldo remanescente oriundo de venda extrajudicial de bem alienado fiduciariamente em garantia".

"A venda extrajudicial do bem, independentemente de prévia avaliação e de anuência do devedor quanto ao preço, retira do eventual crédito remanescente a característica de liquidez, e ao título dele representativo, em consequência, a qualidade de título executivo" (RSTJ 22/330, maioria). No mesmo sentido: RT 661/163, maioria, RF 306/201.

O credor tem direito ao desentranhamento do título, após efetuada a busca e apreensão, para cobrar o saldo em ação apropriada (RTJ 95/868). No mesmo sentido: RTJ 117/1.354.

Art. 2º: 2. Responsabilidade do fiador ou avalista. O STF entendia que, após a venda extrajudicial do bem, não só o devedor principal, mas também o fiador ou o avalista, eram responsáveis por eventual saldo devedor (RTJ 80/934, 82/638, 84/1.068, 85/345, 85/716, 88/726, 94/404, 108/1.078, 111/897; STF-RT 515/273, 524/274, 525/259; STF-Bol. AASP 1.056/51; STF-RF 260/216).

No mesmo sentido: **Súmula 1 do TJSC:** "Alienação fiduciária em garantia. Se, vendida a coisa garantida fiduciariamente, há saldo devedor, pode o credor, por ele, executar o avalista do título emitido em garantia do pagamento da quantia mutuada".

Segundo a jurisprudência do STJ, porém, a responsabilidade dos garantes persiste somente se estes deram anuência à venda promovida pelo credor. Assim:

"Após a venda extrajudicial do bem, sem a participação do devedor, a obrigação de pagamento do saldo é pessoal do devedor, desaparecendo a garantia da fiança" (STJ-2ª Seção, ED no REsp 49.086, Min. Ruy Rosado, j. 25.6.97, três votos vencidos, DJU 10.11.97). No mesmo sentido: STJ-3ª T., REsp 844.778, Min. Nancy Andrighi, j. 8.3.07, DJU 26.3.07; STJ-4ª T., REsp 254.408, Min. Barros Monteiro, j. 1.3.01, DJU 4.6.01; RT 708/147. Assim, no sentido de que o saldo remanescente não pode ser cobrado por execução e, em casos tais, "pelo saldo devedor somente responde pessoalmente, em processo de conhecimento, o devedor principal": RSTJ 22/330, maioria.

"A venda extrajudicial do bem alienado fiduciariamente não leva, por si só, à extinção da responsabilidade dos garantes pelo pagamento do saldo devedor remanescente. Indispensável, entretanto, que o credor dê a eles prévia ciência de que vai alienar o bem, por determinado preço" (STJ-3ª T., REsp 178.255, Min. Eduardo Ribeiro, j. 29.6.00, DJU 28.8.00).

V. CPC 780, nota 1a.

Art. 2º: 2a. v. art. 3º, nota 6 *in fine*.

Art. 2º: 2b. Devem ser incluídos honorários de advogado? v. art. 3º, nota 4g.

Art. 2º: 2c. "Nas dívidas garantidas por alienação fiduciária, a mora constitui-se *ex re*, segundo o disposto no § 2º do art. 2º do Decreto-lei 911/69, com a notificação servindo apenas à sua comprovação, não sendo de exigir-se, para esse efeito, mais do que a referência ao contrato inadimplido" (RSTJ 57/402, STJ-RF 359/236).

Assim, não se exige que a notificação indique o valor atualizado do débito (STJ-4ª T., REsp 469.406, Min. Aldir Passarinho Jr., j. 5.12.02, DJU 24.3.03).

Art. 2º: 2d. Súmula 72 do STJ: "A **comprovação da mora** é imprescindível à busca e apreensão do bem alienado fiduciariamente" (v. jurisprudência s/ esta Súmula em RSTJ 49/17 a 33). V. nota anterior, que complementa a Súmula.

A inicial da busca e apreensão deve ser obrigatoriamente instruída com a comprovação da mora, sob pena de indeferimento (JTA 61/28) ou de extinção do processo (RJTAMG 40/104, maioria).

Não basta a mora; é essencial a comunicação, tal como estabelecida no art. 2º (RTJ 102/682, JTA 96/74), devendo a inicial ser obrigatoriamente instruída, sob pena de indeferimento, com a prova acima exigida (JTA 61/28).

V. tb. art. 3º, notas 3c e 3d.

Art. 2º: 3. "É válida, para efeito de constituição em mora do devedor, a **entrega da notificação em seu endereço,** efetivada por meio de Cartório de Títulos e Documentos, que tem fé pública" (STJ-4ª T., REsp 250.711, Min. Aldir Passarinho Jr., j. 21.8.01, DJU 4.2.02). No mesmo sentido: JTJ 343/415 (AP 992.09.082746-4).

Súmula 29 do 2º TASP: "A comprovação da mora, a que alude o § 2º do art. 2º do Dec. lei 911/69, pode ser feita pela notificação extrajudicial, demonstrada pela entrega da carta no endereço do devedor, ainda que não obtida a assinatura de seu próprio punho".

"Alienação fiduciária. É suficiente para comprovar a notificação da devedora o recibo de entrega da carta registrada no endereço da empresa, onde foi recebida por seu preposto. A presunção é de que o empregado colocado pela empresa para atender ao correio dê à correspondência recebida o devido encaminhamento" (STJ-4ª T., REsp 154.784, Min. Ruy Rosado, j. 5.2.98, maioria, DJU 30.3.98).

No mesmo sentido, sendo o devedor pessoa física: "Alienação fiduciária. Válida a notificação para constituição em mora do devedor efetuada em seu domicílio, ainda que não lhe entregue pessoalmente" (STJ-4ª T., REsp 329.053, Min. Aldir Passarinho Jr., j. 12.3.02, DJU 20.5.02). Ainda: RSTJ 147/280; STJ-3ª T., REsp 343.751, Min. Gomes de Barros, j. 5.2.04, DJU 1.3.04; RT 811/311, Lex-JTA 145/108, 166/210, maioria, 169/280, RJ 264/105, JTAERGS 96/184, 101/134, maioria, RJM 172/146, 174/79.

Indo além: "Constituição em mora. Notificação extrajudicial. Aviso de recebimento (AR) com informação de que o devedor mudou-se. Comprovação do recebimento pessoal. Desnecessidade. O retorno da carta com aviso de recebimento no qual consta que o devedor 'mudou-se' não constitui, por si só, fundamento para dizer que não foi constituído em mora. A bem dos princípios da probidade e boa-fé, não é imputável ao credor fiduciário a desídia do devedor que deixou de informar a mudança do domicílio indicado no contrato, frustrando, assim, a comunicação entre as partes" (STJ-3ª T., REsp 1.828.778, Min. Nancy Andrighi, j. 27.8.19, DJ 29.8.19).

"É válida, para efeito de constituição em mora do devedor, a entrega da notificação em seu endereço, não se exigindo que a assinatura constante do referido aviso seja a do próprio destinatário, sendo imprescindível, **todavia,** a comprovação do efetivo recebimento, o que não ocorreu no caso" (STJ-3ª T., REsp 1.358.155-AgRg, Min. Sidnei Beneti, j. 25.6.13, DJ 1.8.13).

Contra, em casos de devedor pessoa física, exigindo o efetivo recebimento da carta pelo devedor: STJ-3ª T., REsp 100.688, Min. Menezes Direito, j. 27.10.97, DJU 9.12.97; STJ-4ª T., REsp 111.863, Min. Barros Monteiro, j. 19.12.02, DJU 17.3.03; RT 784/384, bem fundamentado, 787/375, 826/316.

Art. 2º: 4. Súmula 245 do STJ: "A notificação destinada a comprovar a mora nas dívidas garantidas por alienação fiduciária dispensa a **indicação do valor do débito**" (v. jurisprudência s/ esta Súmula em RSTJ 144/203).

Art. 3º (*redação da Lei 13.043, de 13.11.14*) O proprietário fiduciário ou credor poderá, desde que comprovada a mora, na forma estabelecida pelo § 2º do art. 2º, ou o inadimplemento, requerer contra o devedor ou terceiro a busca e apreensão[1 a 3e] do bem alienado fiduciariamente, a qual será concedida liminarmente,[3f] podendo ser apreciada em plantão judiciário.[3g]

§ 1º (*redação da Lei 10.931, de 2.8.04*) Cinco dias após executada a liminar[4 a 4c] mencionada no *caput*, consolidar-se-ão a propriedade e a posse plena e exclusiva do bem no patrimônio do credor fiduciário, cabendo às repartições competentes, quando for o caso, expedir novo certificado de registro de propriedade em nome do credor, ou de terceiro por ele indicado, livre do ônus da propriedade fiduciária.

§ 2º (*redação da Lei 10.931, de 2.8.04*) No prazo do § 1º,[4d-4e] o devedor fiduciante poderá pagar a integralidade da dívida[4f a 5a] pendente, segundo os valores apresentados pelo credor fiduciário na inicial, hipótese na qual o bem lhe será restituído livre do ônus.

§ 3º (*redação da Lei 10.931, de 2.8.04*) O devedor fiduciante apresentará resposta[6-6a] no prazo de quinze dias da execução da liminar.[6b]

§ 4º (*redação da Lei 10.931, de 2.8.04*) A resposta poderá ser apresentada ainda que o devedor tenha se utilizado da faculdade do § 2º, caso entenda ter havido pagamento a maior e desejar restituição.

§ 5º (*redação da Lei 10.931, de 2.8.04*) Da sentença[6c-6d] cabe apelação apenas no efeito devolutivo.[7-7a]

§ 6º (*redação da Lei 10.931, de 2.8.04*) Na sentença que decretar a improcedência da ação de busca e apreensão, o juiz condenará o credor fiduciário ao pagamento de multa, em favor do devedor fiduciante, equivalente a cinquenta por cento do valor originalmente financiado, devidamente atualizado, caso o bem já tenha sido alienado.[7b]

§ 7º (*redação da Lei 10.931, de 2.8.04*) A multa mencionada no § 6º não exclui a responsabilidade do credor fiduciário por perdas e danos.[8]

§ 8º A busca e apreensão prevista no presente artigo constitui processo autônomo e independente de qualquer procedimento posterior.[9]

§ 9º (*redação da Lei 13.043, de 13.11.14*) Ao decretar a busca e apreensão de veículo, o juiz, caso tenha acesso à base de dados do Registro Nacional de Veículos Automotores — RENAVAM, inserirá diretamente a restrição judicial na base de dados do Renavam, bem como retirará tal restrição após a apreensão.

§ 10 (*redação da Lei 13.043, de 13.11.14*). Caso o juiz não tenha acesso à base de dados prevista no § 9º, deverá oficiar ao departamento de trânsito competente para que:

I (*redação da Lei 13.043, de 13.11.14*) — registre o gravame referente à decretação da busca e apreensão do veículo; e

II (*redação da Lei 13.043, de 13.11.14*) — retire o gravame após a apreensão do veículo.

§ 11 (*redação da Lei 13.043, de 13.11.14*). O juiz também determinará a inserção do mandado a que se refere o § 9º em banco próprio de mandados.

§ 12 (*redação da Lei 13.043, de 13.11.14*). A parte interessada poderá requerer diretamente ao juízo da comarca onde foi localizado o veículo com vistas à sua apreensão, sempre que o bem estiver em comarca distinta daquela da tramitação da ação, bastando que em tal requerimento conste a cópia da petição inicial da ação e, quando for o caso, a cópia do despacho que concedeu a busca e apreensão do veículo.

§ 13 (*redação da Lei 13.043, de 13.11.14*). A apreensão do veículo será imediatamente comunicada ao juízo, que intimará a instituição financeira para retirar o veículo do local depositado no prazo máximo de 48 (quarenta e oito) horas.

§ 14 (*redação da Lei 13.043, de 13.11.14*). O devedor, por ocasião do cumprimento do mandado de busca e apreensão, deverá entregar o bem e seus respectivos documentos.

§ 15 (*redação da Lei 13.043, de 13.11.14*). As disposições deste artigo aplicam-se no caso de reintegração de posse de veículos referente às operações de arrendamento mercantil previstas na Lei n. 6.099, de 12 de setembro de 1974.

Art. 3º: 1. v. Súmula 72 do STJ, no art. 2º, nota 2d.

S/ propositura de execução contra o devedor-alienante, em vez da ação de busca e apreensão, v. art. 5º, nota 1.

Art. 3º: 1a. **Lei 8.929, de 22.8.94** — Institui a Cédula de Produto Rural, e dá outras providências (no CCLCV, tít. CÉDULA DE PRODUTO RURAL, ínt.): **"Art. 16.** A busca e apreensão do bem alienado fiduciariamente, promovida pelo credor, não elide posterior execução, inclusive da hipoteca e do penhor constituído na mesma cédula, para satisfação do crédito remanescente.

"Parágrafo único. No caso a que se refere o presente artigo, o credor tem direito ao desentranhamento do título, após efetuada a busca e apreensão, para instruir a cobrança do saldo devedor em ação própria".

Art. 3º: 1b. "Aspectos constitucionais e processuais relativos à limitação da cognição horizontal do magistrado: uma breve abordagem ante as situações específicas das expropriações em geral e da busca e apreensão em alienação fiduciária", por José Eulálio Figueiredo de Almeida (RSDCPC 23/48).

Art. 3º: 1c. "O art. 3º do Decreto-Lei n. 911/69 foi **recepcionado** pela Constituição Federal, sendo igualmente válidas as sucessivas alterações efetuadas no dispositivo" (STF-Pleno, RE 382.928, Min. Alexandre de Moraes, j. 22.9.20, maioria, DJ 13.10.20).

Art. 3º: 2. "Extrai-se do perfil processual da ação de busca e apreensão, modelado em lei, que a mesma não se identifica com a medida preventiva cogitada no estatuto processual vigente, tratando-se de ação autônoma, sujeita a procedimento especial" (RTFR 149/77).

Art. 3º: 3. No sentido de que o comprovante de registro do contrato de alienação fiduciária junto ao órgão competente (CC 1.361 § 1º) não é requisito da petição inicial da ação de busca e apreensão: JTJ 315/366 (AI 1.090.215-0/9).

Art. 3º: 3a. "O **valor da causa** na ação de busca e apreensão do bem financiado com garantia de alienação fiduciária corresponde ao saldo devedor em aberto" (STJ-4ª T., REsp 780.054, Min. Aldir Passarinho Jr., j. 14.11.06, DJU 12.2.07). No mesmo sentido: STJ-3ª T., RT 766/209; JTJ 298/488, 302/516, 329/240 (AP 1.187.120-0/5). **Contra,** no sentido de que, mesmo nessas circunstâncias, o valor da causa deve ser o do contrato: JTJ 298/490.

Art. 3º: 3b. O contrato de compra e venda com reserva de domínio não autoriza a ação de busca e apreensão com base no Dec. lei 911. Neste sentido: JTA 104/153.

Art. 3º: 3c. "Ação consignatória em pagamento, proposta pelo devedor em mora, não tem a virtualidade de impedir que se efetive a busca e apreensão do bem alienado" (RSTJ 30/504). No mesmo sentido: STJ-3ª T., REsp 419.032, Min. Menezes Direito, j. 10.12.02, DJU 22.4.03.

Todavia: "Procedente a consignação, desaparece a mora, cuja comprovação é pressuposto da ação de busca e apreensão" (STJ-4ª T., REsp 5.311, Min. Athos Carneiro, j. 15.4.91, DJU 27.5.91).

"Se a parte manifestou a intenção de consignar as prestações que se vencerem até que se decida a ação de revisão em questão, não há óbice em deixá-lo na posse do veículo, objeto do contrato, visto que não se vislumbra a ocorrência de nenhum prejuízo" (RT 869/307).

Art. 3º: 3d. "Não basta o ajuizamento de ação revisional para descaracterização da mora. Admite-se a manutenção dos bens garantidores da alienação fiduciária na posse do devedor se demonstrada a indispensabilidade de tais bens para o exercício da empresa, desde que perfeitamente evidenciado que a postulação esteja envolta na verossimilhança do direito de que se considera detentor" (STJ-2ª Seção, REsp 607.961, Min. Nancy Andrighi, j. 9.3.05, maioria, DJU 1.8.05).

Assim: "A simples propositura de ação revisional do mesmo contrato não suspende o curso da busca e apreensão" (STJ-3ª T., AI 850.325-AgRg, Min. Gomes de Barros, j. 18.10.07, DJU 31.10.07). No mesmo sentido: STJ-4ª T., REsp 1.093.501, Min. João Otávio, j. 25.11.08, DJ 15.12.08; RT 868/313. **Todavia:** "Há relação de prejudicialidade entre as ações de busca e apreensão e revisional relativas ao mesmo contrato de alienação fiduciária, o que justifica a suspensão da ação de busca e apreensão, na hipótese em que as obrigações contratuais, cujo inadimplemento ensejou a mora, estejam em discussão em demanda revisional anteriormente ajuizada" (STJ-3ª T., AI 923.836-AgRg, Min. Sidnei Beneti, j. 23.4.09, DJ 12.5.09). No mesmo sentido: RT 880/240 (TJMS, AP 2008.011920-0).

"Ainda que os bens sejam necessários à atividade empresarial, para evitar a busca e apreensão o devedor deve demonstrar a verossimilhança da tese com amparo na jurisprudência do STF ou STJ e provar o pagamento ou consignação da parcela incontroversa" (STJ-4ª T., REsp 915.049-AgRg, Min. Aldir Passarinho Jr., j. 26.6.07, DJU 8.10.07).

"O bem dado em garantia fiduciária pode ser mantido na posse do devedor, desde que ele deposite em juízo a parte incontroversa da dívida" (STJ-3ª T., REsp 921.194-AgRg, Min. Gomes de Barros, j. 19.12.07, DJU 8.2.08). **Todavia:** "Não indicada concretamente qualquer abusividade, o depósito em desacordo com o contrato não é suficiente para afastar a presunção de inadimplemento das prestações, restando inviabilizada a manutenção de posse do bem" (STJ-4ª T., REsp 1.050.479-AgRg, Min. João Otávio, j. 2.6.09, DJ 29.6.09).

"Não deve o veículo permanecer com o devedor fiduciante, porque evidente, no caso, o prejuízo ao credor, dado o estado de má conservação do veículo e a ausência de demonstração de interesse do devedor no adimplemento da dívida" (RT 864/314).

Art. 3º: 3e. "A cobrança de acréscimos indevidos importa na descaracterização da mora, de forma a tornar inadmissível a busca e apreensão do bem" (STJ-4ª T., REsp 966.165-AgRg, Min. Aldir Passarinho Jr., j. 18.9.07, DJU 19.11.07).

Art. 3º: 3f. "O condicionamento da prestação de caução pelo autor, para a concessão de liminar em ação de busca e apreensão de veículo, sem que haja motivação plausível, destoa do mandamento do art. 3º do Decreto-lei n. 911/69. Atendidos os requisitos, a liminar deve ser concedida" (STJ-4ª T., REsp 788.782, Min. Aldir Passarinho Jr., j. 13.3.07, DJU 16.4.07). Em outras palavras: "A concessão da liminar de busca e apreensão não pode ser condicionada à prestação de caução, sem que haja, no caso concreto, motivo relevante que justifique tal excepcionalidade" (STJ-3ª T., REsp 854.416, Min. Sidnei Beneti, j. 4.8.09, DJ 18.8.09).

Art. 3º: 3g. "No mútuo garantido por alienação fiduciária, o mutuário nem sempre é o alienante depositário. Em casos tais, impõe-se ao credor, que deseja ajuizar ação de busca e apreensão, a comprovação da mora também em relação ao garante" (RSTJ 49/24).

Art. 3º: 4. O fato de o bem encontrar-se com terceiro não impede a execução da liminar na ação de busca e apreensão (RT 811/291).

Art. 3º: 4a. **Desistência da busca e apreensão.** Antes do cumprimento integral da liminar, o autor pode desistir da ação independentemente do consentimento do réu (STJ-3ª T., REsp 203.152, Min. Menezes Direito, j. 18.4.00, DJU 12.6.00).

Art. 3º: 4b. "Havendo a consolidação da propriedade e da posse plena do bem no patrimônio do credor fiduciário, em razão do não pagamento da dívida pelo devedor no prazo estabelecido no Decreto-lei n. 911/1969, **não** se revela possível impor qualquer **restrição ao direito de propriedade do credor,** sendo descabida a determinação no sentido de que a parte autora somente possa alienar, transferir ou retirar o bem da comarca com autorização do juízo" (STJ-3ª T., REsp 1.790.211, Min. Marco Bellizze, j. 2.4.19, DJ 4.4.19).

Art. 3º: 4c. "O pagamento devido pelas **despesas** relativas à **guarda e conservação de veículo** alienado fiduciariamente é de responsabilidade do **credor fiduciário** por ser quem detém a propriedade do automóvel objeto de contrato garantido por alienação fiduciária" (STJ-3ª T., REsp 1.727.180-AgInt, Min. Paulo Sanseverino, j. 15.4.19, DJ 25.4.19). No mesmo sentido: STJ-4ª T., Ag em REsp 1.496.022-AgInt, Min. Raul Araújo, j. 4.2.20, DJ 13.2.20.

Art. 3º: 4d. O termo *a quo* do prazo para o pagamento da integralidade da dívida é a data da execução da medida liminar e não a data da juntada aos autos do mandado de busca e apreensão (STJ-3ª T., REsp 986.517, Min. Massami Uyeda, j. 4.5.10, DJ 20.5.10; STJ-4ª T., REsp 1.148.622, Min. Luis Felipe, j. 1.10.13, DJ 15.10.13).

Art. 3º: 4e. "O prazo para pagamento do art. 3º, § 2º, do Decreto-Lei 911/69 deve ser considerado de direito material, **não** se sujeitando, assim, à **contagem em dias úteis,** prevista no art. 219, *caput*, do CPC/15" (STJ-3ª T., REsp 1.770.863, Min. Nancy Andrighi, j. 9.6.20, DJ 15.6.20).

Art. 3º: 4f. A **integralidade da dívida** vem a ser o total do débito, isto é, o principal e os encargos contratuais, abrangendo comissões e demais despesas. Nesse sentido: JTA 105/185, maioria.

Art. 3º: 4g. Anteriormente às alterações promovidas pela Lei 10.931, de 2.8.04, a jurisprudência dividia-se quanto à inclusão dos **honorários advocatícios** na conta de cálculo para a purgação da mora. Entendendo que a purgação da mora abrangia os honorários: STJ-3ª T., REsp 43.366-5, Min. Eduardo Ribeiro, j. 25.4.94, DJU 23.5.94; Lex-JTA 165/351, devendo ser fixados pelo juiz (RT 760/324). **Contra:** STJ-4ª T., REsp 141.307, Min. Ruy Rosado, j. 10.11.97, DJU 15.12.97; RT 591/143, RF 255/265.

No sentido de que os honorários na ação de busca e apreensão de coisa alienada fiduciariamente "regem-se pelo § 4º, e não pelo § 3º, do art. 20 do CPC": RTJ 81/996 e RT 521/284, retificando a ementa da RT 514/265.

Negando a inclusão dos honorários advocatícios na conta de cálculo para a purgação da mora, já após a Lei 10.931, de 2.8.04: "Inviável a inclusão de outras despesas de cobrança no montante devido para purga da mora, porquanto apenas podem ser incluídas no leito estreito da ação de busca e apreensão as verbas expressamente previstas pelo § 1º, do art. 2º, do Dec. lei 911/69" (STJ-3ª T., REsp 1.249.149-AgRg, Min. Paulo Sanseverino, j. 6.11.12, DJ 9.11.12).

Art. 3º: 5. ou seja, não há espaço para a simples purgação da mora (STJ-2ª Seção, REsp 1.418.593, Min. Luis Felipe, j. 14.5.14, DJ 27.5.14; RT 868/313; 921/961: TJES, AP 035090147204; JTJ 309/350). **Contra:** "Conceito de dívida pendente que afasta a exigência das prestações vincendas" (RT 872/245: TJSP, AI 1.143.664-0/0). "Nos termos do disposto nos incisos XXXV e LV do art. 5º da CF, que atribui ao juiz a função essencial de julgar e aplicar o direito à espécie, não está o magistrado restrito a aceitar a pretensão integral do débito reclamado pelo credor fiduciante; pode, por isso, em sede de prestação jurisdicional examinar e decidir sobre o principal e acessórios reclamados. Por força de interpretação do art. 52, § 2º, do CDC, c/c art. 5º-XXXII da CF, é possível a purga da mora mesmo depois da edição da Lei n. 10.931/04" (JTJ 298/366). No mesmo sentido: RT 920/950 (TJSP, AgRg 0270778-31.2011.8.26.0000/50000).

Art. 3º: 5a. "A aplicação da **teoria do adimplemento substancial,** para obstar a utilização da ação de busca e apreensão, nesse contexto, é um incentivo ao inadimplemento das últimas parcelas contratuais, com o nítido propósito de desestimular o credor — numa avaliação de custo-benefício — de satisfazer seu crédito por outras vias judiciais, menos eficazes, o que, a toda evidência, aparta-se da boa-fé contratual propugnada. A propriedade fiduciária, concebida pelo legislador justamente para conferir segurança jurídica às concessões de crédito, essencial ao desenvolvimento da economia nacional, resta comprometida pela aplicação deturpada da teoria do adimplemento substancial" (STJ-2ª Seção, REsp 1.622.555, Min. Marco Bellizze, j. 22.2.17, maioria, DJ 16.3.17).

Art. 3º: 6. **"Possível a discussão** sobre a legalidade de **cláusulas contratuais** como matéria de defesa na ação de busca e apreensão decorrente de arrendamento mercantil" (STJ-2ª Seção, REsp 267.758, Min. Aldir Passarinho Jr., j. 27.4.05, quatro votos a três, DJU 22.6.05).

"A defesa do réu não é limitada ao pagamento do débito ou cumprimento das obrigações. Pode-se alegar, por exemplo: excesso do valor da dívida, juros não previstos no contrato, contrariedade a lei ou ao contrato" (RSTJ 195/279: 3ª T., REsp 236.497). No mesmo sentido, quanto ao excesso do valor da dívida, correção monetária e juros não previstos no contrato: STJ-4ª T., REsp 302.252, Min. Ruy Rosado, j. 29.5.01, DJU 20.8.01.

Ainda: "Admissível a **ampla defesa** outorgada ao devedor em face da necessidade de verificar-se se caracterizada ou não no caso a *mora debitoris*" (STJ-4ª T., REsp 264.126, Min. Barros Monteiro, j. 8.5.01, DJU 27.8.01).

Todavia: "As questões concernentes à venda extrajudicial do bem, imputação do valor alcançado no pagamento do débito e apuração acerca de eventual saldo remanescente em favor do devedor não podem ser discutidas, incidentalmente, no bojo da ação de busca e apreensão que, como se sabe, visa tão somente à consolidação da propriedade do bem no patrimônio do credor fiduciário. Assiste ao devedor fiduciário o direito à **prestação de contas,** dada a venda extrajudicial do bem, porém tal pretensão **deve ser** perquirida **pela via adequada,** qual seja, a ação de exigir/prestar contas" (STJ-3ª T., REsp 1.866.230, Min. Nancy Andrighi, j. 22.9.20, DJ 28.9.20).

Alienação Fiduciária

Art. 3º: 6a. "Com o advento da Lei 10.931/2004, tornou-se pleno o juízo de cognição da ação de busca e apreensão fundada em propriedade fiduciária. De fato, o referido diploma legal, em harmonia com o CPC, substituiu a expressão 'contestação' por 'resposta' no artigo 3º, § 3º, do Dec. lei n. 911/69, autorizando, por conseguinte, o exercício, pelo réu, de ampla defesa, seja direta ou indireta. Cabíveis, portanto, contestação, **exceções** e **reconvenção** na ação de busca e apreensão decorrente de contrato de alienação fiduciária" (STJ-4ª T., REsp 872.427, Min. Quaglia Barbosa, j. 12.12.06, DJU 5.2.07).

Admitindo a reconvenção "para pleitear a revisão do contrato, bem como a devolução de quantias pagas a maior": STJ-3ª T., REsp 801.374, Min. Nancy Andrighi, j. 6.4.06, DJ 2.5.06.

Contra o cabimento de reconvenção: JTJ 293/58.

Art. 3º: 6b. Considerando que o **prazo para resposta** "deve ser contado a partir da **juntada aos autos do mandado** de citação devidamente cumprido": STJ-3ª T., REsp 1.321.052, Min. Ricardo Cueva, j. 16.8.16, DJ 26.8.16.

Art. 3º: 6c. "A cobrança de encargos considerados abusivos inibe a mora do devedor e leva à improcedência da ação de busca e apreensão" (STJ-3ª T., REsp 786.755-AgRg, Min. Ari Pargendler, j. 28.6.07, DJU 3.9.07).

Art. 3º: 6d. "Há **julgamento *extra petita*** na hipótese em que, julgado procedente o pedido de busca e apreensão de bem alienado fiduciariamente, o juiz, sem o requerimento expresso do autor, extingue o contrato firmado entre o devedor fiduciante e o credor fiduciário" (STJ-3ª T., REsp 1.779.751, Min. Ricardo Cueva, j. 16.6.20, DJ 19.6.20).

Art. 3º: 7. Aplica-se a esta hipótese o disposto no CPC 1.012 § 4º.

Art. 3º: 7a. "Nas ações de busca e apreensão, a apelação interposta contra sentença que julga improcedente o pedido, ou extingue o processo sem resolução do mérito, é recebida apenas no efeito devolutivo, o que ocasiona a cassação da liminar anteriormente concedida" (STJ-3ª T., REsp 1.046.050, Min. Nancy Andrighi, j. 17.9.09, DJ 1.12.09).

Art. 3º: 7b. "A multa em referência **não** será **cabível** quando houver **extinção do processo sem julgamento do mérito,** tendo em vista a necessidade de se interpretar restritivamente a norma sancionatória" (STJ-3ª T., REsp 1.165.903, Min. Sidnei Beneti, j. 1.4.14, DJ 25.6.14). No mesmo sentido: STJ-4ª T., REsp 1.588.151-AgInt, Min. Isabel Gallotti, j. 13.12.18, DJ 19.12.18.

Todavia, a má rotulação da decisão pelo julgador não impede a aplicação da multa: "Uma vez demonstrada, no ajuizamento da ação, a devida constituição em mora do fiduciante, a sua descaracterização — porque reconhecida, a partir da análise das cláusulas pactuadas, a abusividade dos encargos no período de normalidade contratual — implica o julgamento de improcedência do pedido de busca e apreensão e não a extinção do processo sem resolução do mérito" (STJ-3ª T., REsp 1.421.371, Min. Nancy Andrighi, j. 12.12.17, DJ 18.12.17). Do voto da relatora: "Não há confundir a necessidade de notificação do devedor para constituição em mora (pressuposto processual) com a inexistência da mora em si (mérito). A impropriedade técnica no dispositivo do acórdão recorrido não tem o condão de retirar o conteúdo de mérito do julgamento. Então, porque reconhecido o exercício abusivo do direito pelo recorrente, consubstanciado na indevida alienação do bem que lhe foi dado em garantia, é cabível a multa a ele imposta".

Contra, aplicando a multa em caso de extinção do processo sem julgamento do mérito: STJ-3ª T., REsp 1.715.749, Min. Nancy Andrighi, j. 23.10.18, DJ 29.10.18.

Art. 3º: 8. "Ação de busca e apreensão. **Liminar cumprida.** Processo extinto sem julgamento de mérito. **Perdas e danos.** Liquidação nos próprios autos. Inaplicabilidade do parágrafo único do art. 811 do CPC/1973. Possibilidade de reclamar indenização em **ação própria.** Na ação de busca e apreensão amparada no Decreto-Lei 911/1969, o provimento jurisdicional pleiteado tem natureza executiva, fundado em título a que a lei atribui força comprobatória do direito do autor, razão pela qual é o próprio legislador que determina o cumprimento liminar, uma vez preenchidos os requisitos da lei de regência. Não se extrai da dicção do § 7º do art. 3º do DL 911/1969 (redação dada pela Lei 10.931/2004) a imputação clara de responsabilidade ao credor fiduciário por perdas e danos decorrentes da execução da liminar no caso de extinção do feito sem julgamento de mérito, devendo a pretensão indenizatória ser objeto de ação própria" (STJ-3ª T., REsp 1.591.851, Min. João Otávio, j. 9.8.16, DJ 19.8.16).

Art. 3º: 9. Antigo § 6º, renumerado pela Lei 10.931, de 2.8.04.

Art. 4º (*redação da Lei 13.043, de 13.11.14*) Se o bem alienado fiduciariamente não for encontrado[1] ou não se achar na posse do devedor, fica facultado ao credor requerer, nos mesmos autos, a conversão do pedido de busca e apreensão em ação executiva,[2] na forma prevista no Capítulo II do Livro II da Lei n. 5.869, de 11 de janeiro de 1973 — Código de Processo Civil.

Art. 4º: 1. "A localização do bem dado em garantia em estado de sucata pode ser equiparada à sua não localização, o que autoriza a conversão" (STJ-3ª T., REsp 654.741, Min. Nancy Andrighi, j. 13.2.07, um voto vencido, DJU 23.4.07). **Contra:** JTJ 330/53 (AI 1.188.699-1/5).

Art. 4º: 2. v. art. 5º.

Art. 5º (*redação da Lei 13.043, de 13.11.14*) Se o credor preferir recorrer à ação executiva,[1] direta ou a convertida na forma do art. 4º, ou, se for o caso, ao executivo fiscal, serão penhorados, a critério do autor da ação, bens do devedor quantos bastem para assegurar a execução.[2-2a]

Parágrafo único. Não se aplica à alienação fiduciária o disposto nos incisos VI e VIII do art. 649 do Código de Processo Civil.[3-4]

Art. 5º: 1. "**Não pode** o credor, amparado por contrato de alienação fiduciária, **propor ao mesmo tempo** a ação de busca e apreensão e a execução" (STJ-3ª T., REsp 450.990, Min. Menezes Direito, j. 26.6.03, DJU 1.9.03), ainda que haja recebido deste nota promissória como garantia complementar (STJ-4ª T., REsp 316.047-EDcl, Min. Ruy Rosado, j. 27.6.02, DJU 7.10.02). Também vedando a concomitância de ações nessas circunstâncias: Lex-JTA 90/11, 141/15.

Todavia, afirmando a possibilidade de concomitância entre ação de busca e apreensão contra o devedor-alienante e execução contra os avalistas deste: RT 743/278.

S/ cobrança do saldo devedor remanescente, no caso de o produto da venda do bem alienado não bastar para pagar o débito, v. art. 2º, nota 1d; s/ execução simultânea do saldo devedor e pedido de restituição da coisa alienada fiduciariamente, na falência do devedor, v. art. 7º, notas 1 a 4.

Art. 5º: 2. "Contrato de financiamento com cláusula de alienação fiduciária. Busca e apreensão. Bem não localizado. Conversão em ação de execução. **Débito exequendo** que corresponde à **integralidade da dívida.** Inviável admitir que a conversão da ação de busca e apreensão em ação de execução represente apenas a busca pelo valor do 'equivalente em dinheiro' do bem — o que, no caso, representaria o valor do veículo na Tabela FIPE —, impondo ao credor que ajuíze outra ação para o recebimento de saldo remanescente. Ao revés, deve-se reconhecer que o valor executado refere-se, de fato, às parcelas vencidas e vincendas do contrato de financiamento, representado pela cédula de crédito bancário" (STJ-3ª T., REsp 1.814.200, Min. Nancy Andrighi, j. 18.2.20, DJ 20.2.20).

Art. 5º: 2a. "Nos termos expressos do art. 5º do DL 911/69, é facultado ao credor fiduciário, na hipótese de inadimplemento ou mora no cumprimento das obrigações contratuais pelo devedor, optar pela excussão da garantia ou pela ação de execução. De todo modo, independentemente da via eleita pelo credor, a **inscrição dos nomes dos devedores** solidários **em bancos de dados de proteção ao crédito,** em razão do incontroverso inadimplemento do contrato, não se reveste de qualquer ilegalidade, tratando-se de exercício regular do direito de crédito" (STJ-3ª T., REsp 1.833.824, Min. Nancy Andrighi, j. 5.5.20, DJ 11.5.20).

Art. 5º: 3. A redação do § ún. está de acordo com a Lei 6.071, de 3.7.74, art. 4º.

Art. 5º: 4. v. CPC 833-VI e VIII.

Art. 6º O avalista, fiador ou terceiro interessado que pagar a dívida[1] do alienante ou devedor, se sub-rogará,[1a] de pleno direito, no crédito e na garantia constituída pela alienação fiduciária.[2 a 4]

Art. 6º: 1. Para que ocorra a sub-rogação, o pagamento deve ser integral (RJTAMG 31/232).

Art. 6º: 1a. v. CC 346 a 351.

Art. 6º: 2. O avalista pode recusar o pagamento se, por ato ou omissão do credor, se frustrou a sub-rogação legal (STF-RTJ 78/942, JTA 54/143).

Art. 6º: 3. O art. acima "não fornece suporte ao entendimento de que a sub-rogação assegurada ao avalista que paga a dívida esteja condicionada à sua notificação da venda do bem" (STF-1ª T., RE 89.148-0, Min. Soares Muñoz, j. 13.6.78, maioria, DJU 11.9.78).

No mesmo sentido: STF-RTJ 88/726, 93/1.302; RT 528/270; Bol. AASP 1.056/51, acórdãos unânimes da 1ª e da 2ª Turmas.

Contra, mais antigo: STF-RT 514/260, 1ª T., j. 31.5.77.

Art. 6º: 4. "O fornecimento de garantia adicional (nota promissória com aval) não descaracteriza o contrato de alienação fiduciária. O credor não pode, porém, pedir a condenação do avalista na ação de busca e apreensão" (STJ-4ª T., REsp 325.305, Min. Ruy Rosado, j. 5.2.02, DJU 22.4.02). Conforme o voto do relator: "Nada impede que o credor obtenha uma ou mais garantias adicionais, que podem ser de natureza diversa, real ou pessoal. O que não se permite ao credor é, na ação de busca e apreensão cujo fundamento seja o contrato de alienação, pretender cobrar-se também do avalista da nota promissória, que está colocado em outra relação, com regras e procedimentos próprios".

Art. 6º-A *(redação da Lei 13.043, de 13.11.14)*. O pedido de recuperação judicial ou extrajudicial pelo devedor nos termos da Lei n. 11.101, de 9 de fevereiro de 2005, não impede a distribuição e a busca e apreensão do bem.

Art. 7º Na falência do devedor alienante, fica assegurado ao credor ou proprietário fiduciário o direito de pedir, na forma prevista na lei, a restituição[1 a 5] do bem alienado fiduciariamente.

Parágrafo único. Efetivada a restituição, o proprietário fiduciário agirá na forma prevista neste decreto-lei.

Art. 7º: 1. Se, ao ser decretada a falência do devedor alienante, os bens alienados fiduciariamente já se encontravam na posse do credor, em virtude de medida liminar de busca e apreensão, esta prossegue com o síndico, até final, no juízo em que foi proposta (RTJ 81/620).

Se, porém, não foi efetivada a busca, não cabe a conversão desta em ação de depósito, e sim em mero pedido de restituição (JTA 48/53, maioria, 106/234).

"Proposta antes da decretação da falência do devedor a ação de busca e apreensão do bem alienado fiduciariamente em garantia, continuará ela a ter curso, e posterior seguimento na ação de depósito, com eventual prisão do depositário, sem necessidade de prévio pedido de restituição da coisa no juízo falimentar, o qual somente será de exigir-se se a decretação da quebra for anterior ao ajuizamento da busca e apreensão" (RTJ 95/176). No mesmo sentido: RT 657/117, 764/327.

Art. 7º: 2. O pedido de restituição somente é cabível na hipótese de falência, não na de insolvência, com arrecadação pela massa do bem alienado fiduciariamente (RJTJERGS 146/235).

Art. 7º: 2a. "Bens, objeto de alienação fiduciária, que foram vendidos em leilão pelo síndico. A restituição do valor equivalente aos bens, em caso de venda, deve corresponder ao preço recebido pelo síndico (art. 78, § 2º, da Lei de Falências)" (RSTJ 36/330).

Art. 7º: 3. A restituição de bem alienado fiduciariamente só é possível *in natura* (RT 622/64, 622/81, RJTJESP 109/203); por isso, a mesma só será possível se o bem tiver sido arrecadado (RT 765/204). **Contra,** entendendo que, se os bens tiverem sido arrecadados, a restituição deve ser feita *in natura*, mas, se não tiverem sido arrecadados, será feita *in pecunia*: Just. 152/128, com parecer de Márcio Antonio Inacarato.

Art. 7º: 4. É possível ao proprietário fiduciário pedir ao devedor falido a restituição do bem alienado fiduciariamente e simultaneamente ingressar com execução contra os avalistas, pela totalidade do débito?

Em face do art. 5º acima, a resposta deve ser negativa (RT 624/117, 711/132).

Art. 7º: 5. "A circunstância de o credor — proprietário fiduciário — haver exercido ação executiva não desconstitui o direito real resultante da alienação fiduciária" (STJ-3ª T., REsp 791.194, Min. Gomes de Barros, j. 14.12.06, DJU 5.2.07).

Art. 7º-A (*redação da Lei 13.043, de 13.11.14*). Não será aceito bloqueio judicial de bens constituídos por alienação fiduciária nos termos deste Decreto-Lei, sendo que, qualquer discussão sobre concursos de preferências deverá ser resolvida pelo valor da venda do bem, nos termos do art. 2º.

Art. 8º O Conselho Nacional de Trânsito, no prazo máximo de 60 dias, a contar da vigência do presente Decreto-lei, expedirá normas regulamentares relativas à alienação fiduciária de veículos automotores.

Art. 8º-A. O procedimento judicial disposto neste Decreto-lei aplica-se exclusivamente às hipóteses da Seção XIV da Lei n. 4.728, de 14 de julho de 1965, ou quando o ônus da propriedade fiduciária tiver sido constituído para fins de garantia de débito fiscal ou previdenciário.[1-2]

Art. 8º-A: 1. Art. 8º-A acrescido pela Lei 10.931, de 2.8.04.

Art. 8º-A: 2. "É vedada a utilização do rito processual da busca e apreensão, tal qual disciplinado pelo Decreto-Lei 911/1969, ao credor fiduciário que não revista a condição de instituição financeira *lato sensu* ou de pessoa jurídica de direito público titular de créditos fiscais e previdenciários" (STJ-4ª T., REsp 1.101.375, Min. Luis Felipe, j. 4.6.13, DJ 1.7.13). No mesmo sentido: "A organização da sociedade civil de interesse público — OSCIP —, mesmo ligada ao Programa Nacional de Microcrédito Produtivo Orientado — PNMPO, não pode ser classificada ou equiparada à instituição financeira, carecendo, portanto, de legitimidade ativa para requerer busca e apreensão de bens com fulcro no Decreto-Lei n. 911/1969" (STJ-3ª T., REsp 1.311.071, Min. Ricardo Cueva, j. 21.3.17, DJ 24.3.17).

Art. 9º O presente decreto-lei entrará em vigor na data de sua publicação, aplicando-se, desde logo, aos processos em curso, revogadas as disposições em contrário.

Brasília, 1º de outubro de 1969; 148º da Independência e 81º da República — AUGUSTO HAMANN RADEMAKER GRÜNEWALD — AURÉLIO DE LYRA TAVARES — MÁRCIO DE SOUZA E MELLO — **Luís Antônio da Gama e Silva — Antônio Delfim Netto.**

Ementário

Alimentos

— v. CF 229; CC 1.694 a 1.710; CPC 528 a 533 e 911 a 913; LDi 19 a 23; v. tb. o tít. INVESTIGAÇÃO DE PATERNIDADE.

Dec. leg. 10, de 13.11.58 — Aprova a Convenção sobre a Prestação de Alimentos no Estrangeiro.

Dec. 56.826, de 2.9.65 — Promulga a Convenção sobre prestação de alimentos no estrangeiro (RT 362/663, Lex 1965/1.233).

Lei 5.478, de 25.7.68 — Dispõe sobre ação de alimentos e dá outras providências (RT 393/462, Lex 1968/995, RDA 94/421, RF 224/416; v. adiante, texto integral, conferido com a republicação feita no DOU 8.4.74, supl., em obediência ao art. 20 da Lei 6.014, de 27.12.73).

Lei 6.014, de 27.12.73 — Adapta ao novo Código de Processo Civil as leis que menciona (RT 458/496, Lex 1973/1.992, RF 245/465, Bol. AASP 787/supl.; v. texto integral em CPCLPV, 22ª ed., p. 574). O art. 4º desta lei alterou os arts. 5º § 8º, 9º-*caput*, 14, 16, 18 e 19 §§ 1º e 3º da Lei 5.478/68.

Dec. 2.428, de 17.12.97 — Promulga a Convenção Interamericana sobre Obrigação Alimentar, concluída em Montevidéu, em 15 de julho de 1989 (Lex 1997/4.663).

Lei 10.741, de 1.10.03 — Dispõe sobre o Estatuto do Idoso e dá outras providências. Os arts. 11 a 14 dispõem sobre alimentos. V. CCLCV, tít. IDOSO.

Lei 11.804, de 5.11.08 — Disciplina o direito a alimentos gravídicos e a forma como ele será exercido e dá outras providências (v. adiante, texto integral).

Lei 13.105, de 16.3.15 — Código de Processo Civil. Na LA: revogou os arts. 16 a 18.

Lei n. 5.478, de 25 de julho de 1968

Dispõe sobre ação de alimentos e dá outras providências.

O Presidente da República

Faço saber que o Congresso Nacional decreta e eu sanciono a seguinte lei:

Art. 1º A ação de alimentos[1 a 10a] é de rito especial, independe de prévia distribuição e de anterior concessão do benefício de gratuidade.[11]

§ 1º A distribuição será determinada posteriormente por ofício do juízo, inclusive para o fim de registro do feito.

§ 2º A parte que não estiver em condições de pagar as custas do processo, sem prejuízo do sustento próprio ou de sua família, gozará do benefício da gratuidade, por simples afirmativa dessas condições perante o juiz, sob pena de pagamento até o décuplo das custas judiciais.

§ 3º Presume-se pobre, até prova em contrário, quem afirmar essa condição, nos termos desta lei.

§ 4º A impugnação do direito à gratuidade não suspende o curso do processo de alimentos e será feita em autos apartados.

Art. 1º: 1. "Direitos a alimentos e à sucessão entre companheiros", por Segismundo Gontijo (RT 714/37); "A regulamentação infraconstitucional dos alimentos na união estável", por Luis Alberto d'Azevedo Aurvalle (Ajuris 64/244); "Alimentos *ex delicto*", por Maria Berenice Dias (Ajuris 64/289); "Concubinato. Alimentos. Sucessão. Partilha de bens", por José Amir do Amaral (Ajuris 65/141); "Investigação de paternidade. Os alimentos provisórios e a retroatividade dos alimentos definitivos", por Fernando Malheiros (Ajuris 72/199, à p. 203); "Alimentos no concubinato adulterino", por Edison Tetsuzo Namba (RT 778/143); "Alimentos e desconsideração da pessoa jurídica", por Jorge Luis Costa Beber (Ajuris 76/257); "Direito de família. Alimentos. Questões ligadas à atuação do juiz", por Rogério Ribas (RT 796/141); "Alimentos entre cônjuges e ex-cônjuges", por Washington Epaminondas Medeiros Barra (RT 795/113); "Pensão alimentícia entre cônjuges e o conceito de necessidade", por Maria Aracy Menezes da Costa (Ajuris 85/424); "Alimentos: um tema e três questões", por Maria Berenice Dias (RMDCPC 15/87); "Obrigação, dever de assistência, e alimentos transitórios", por Rolf Madaleno (RJ 317/34); "Reconhecer a obrigação alimentar nas uniões homoafetivas: uma questão de respeito à Constituição da República", por Cristiano Chaves de Farias (RDPr 22/30 e RBDF 28/26); "Arbitragem e alimentos, uma conexão possível", por Ilza Andrade Campos Silva (RBDF 35/159); "Paternidade alimentar", por Rolf Madaleno (RBDF 37/133); "Alimentos processuais", por Rolf Madaleno (RBDFS 5/23); "Alimentos", por Ênio Santarelli Zuliani (RMDCPC 29/11); "Dos alimentos decorrentes da união estável e do concubinato", por Ênio Santarelli Zuliani (RJ-Lex 51/46).

Art. 1º: 1a. v. jurisprudência s/ alimentos, por Arruda Alvim e Antonio Alberti Neto (RP 33/284).

Art. 1º: 2. s/ alimentos: CF 5º-LXVII, 100-*caput*; CC 1.694 a 1.710; LDi 19 a 23, 16 e 28 a 30; na separação consensual, CPC 731-II e IV; em ação de investigação de paternidade, v. LIP 7º.

S/ alimentos gravídicos, v. Lei 11.804, de 5.11.08 (adiante, texto integral).

S/ alimentos provisórios a favor de criança ou adolescente que tenha sofrido agressão, v. ECA 130 § ún.

S/ alimentos prestados ao idoso, v. EId 11 a 14.

Art. 1º: 3. s/ ação de alimentos: CPC 53-II (alimentos), 61, nota 2 (competência para a revisional de alimentos), 189-II (segredo de justiça), 292-III (valor da causa), 528, nota 14 (competência para a execução da sentença de alimentos), 528 a 533 e 911 a 913 (execução), 1.012 § 1º-II (efeitos da apelação); LJE 3º § 2º (incompetência do Juizado Especial para conhecer de ações de alimentos).

Art. 1º: 4. A ação de alimentos é **intransmissível** (STJ-3ª T., REsp 1.681.877, Min. Marco Bellizze, j. 19.2.19, DJ 26.2.19; RJTJESP 111/39).

Art. 1º: 4a. "A obrigação alimentar não se presta somente aos casos de necessidade, devendo-se considerar a **condição social do alimentado**" (RT 665/75).

Art. 1º: 4b. Filho entregue à adoção e pai biológico. Reconhecendo o direito do filho adotado de pedir alimentos ao pai biológico, não obstante as disposições do ECA 41: STJ-3ª T., REsp 813.604, Min. Nancy Andrighi, j. 16.8.07, DJU 17.9.07. No caso, levou-se em conta a circunstância de constar do assento de nascimento apenas o nome da mãe biológica e o fato de a adoção ter sido efetivada unicamente por uma mulher.

Reconhecendo a possibilidade jurídica do pedido nessas circunstâncias: STJ — RDDP 80/152 (4ª T., REsp 220.623).

S/ ação de investigação de paternidade ajuizada por filho adotado, v., no CCLCV, ECA 27, nota 3.

Art. 1º: 4c. "O fato de o ex-marido sustentar os filhos unilaterais da ex-mulher ao longo do casamento não se traduz, automaticamente, no seu dever de seguir custeando-lhes o sustento após a separação" (RT 865/191).

Art. 1º: 5. Filho adulterino. O filho havido fora do casamento pode mover ação de alimentos contra o suposto pai, não sendo obrigado a cumulá-la com ação de investigação de paternidade.

Art. 1º: 5a. Alimentos e ação de anulação ou nulidade de casamento. "A mulher que reclama alimentos a eles tem direito, mas até a data da sentença (CC, art. 221, parte final). Anulado ou declarado nulo o casamento, desaparece a condição de cônjuge. Direito a alimentos até o dia da sentença anulatória" (RSTJ 130/226). O art. 221 do CC rev. corresponde ao CC 1.561-*caput*.

Todavia, anulado o casamento, porém declarado putativo, o cônjuge inocente tem direito a alimentos, sem limitação no tempo (STF-RTJ 89/495, RJTJESP 56/40, maioria).

Art. 1º: 5b. Alimentos e coabitação. "A circunstância de os cônjuges residirem na mesma casa não impede que entre eles se verifique a separação de fato com o correlato direito, conforme as circunstâncias, de a mulher exigir alimentos do marido, se este se omite no cumprimento da obrigação de prover o sustento da família" (RTJ 105/848 e STF-RT 574/271). No mesmo sentido: RT 500/74, RJTJESP 114/43, JTJ 300/304.

Art. 1º: 6. Alimentos pedidos pelo marido. O marido pode pedir que a mulher lhe preste alimentos, desde que presentes as condições exigidas em lei (RT 623/60).

Art. 1º: 6a. Súmula 596 do STJ: "A **obrigação alimentar dos avós** tem natureza complementar e subsidiária, somente se configurando no caso de impossibilidade total ou parcial de seu cumprimento pelos pais".

"O fato de o genitor já vir prestando alimentos ao filho não impede que este último possa reclamá-los dos avós paternos, desde que demonstrada a insuficiência do que recebe. A responsabilidade dos avós não é apenas sucessiva em relação à responsabilidade dos progenitores, mas também é complementar para o caso em que os pais não se encontrem em condições de arcar com a totalidade da pensão alimentícia, ostentando os avós, de seu turno, possibilidades financeiras para tanto" (RSTJ 100/195). No mesmo sentido: STJ-RT 771/189, STJ-Bol. AASP 2.410/3.409, STJ-RJM 149/474, RT 722/150, RJTJERGS 165/256, Bol. AASP 2.577. Ainda, mesmo no caso de o credor dos alimentos ser filho adotivo: JTJ 260/40.

Todavia, a obrigação alimentar dos avós não substitui inteiramente a dos pais: "Os avós podem ser instados a pagar alimentos aos netos por obrigação própria, complementar e/ou sucessiva, mas não solidária. Na hipótese de alimentos complementares, a obrigação de prestá-los se dilui entre todos os avós, paternos e maternos, associada à responsabilidade primária dos pais de alimentarem os seus filhos" (STJ-4ª T., REsp 366.837, Min. Cesar Rocha, j. 19.12.02, um voto vencido, DJU 22.9.03; o voto vencido determinava o pagamento da pensão integralmente). No mesmo sentido: STJ-3ª T., REsp 514.356-AgRg, Min. Gomes de Barros, j. 29.11.06, DJU 18.12.06.

Extinguindo sem julgamento do mérito o processo, no caso de demanda proposta diretamente contra os avós, sem que os pais tenham sido previamente acionados: STJ-RP 193/472 (4ª T., REsp 1.077.010).

Julgando improcedente ação contra avós porque não se provou a incapacidade do pai para prestar os alimentos: JTJ 236/36, 314/335 (AP 390.865-4/2-00), RDDP 56/155.

Não provado que o pai está de fato desaparecido, não tem cabimento ação de alimentos dirigida aos avós (JTJ 316/54, AP 462.011-4/5-00).

Em caso de pai preso, decidiu-se que o avô paterno deveria pagar alimentos aos netos apenas até a obtenção do auxílio-reclusão (JTJ 315/29: AP 466.767-4/3-00).

"Documentos indicativos de que o pai passou a efetuar pagamentos regulares. Fato novo, que faz desaparecer a causa dos alimentos avoengos. Ação de exoneração procedente" (Bol. AASP 2.626: TJSP, AP 576.970.4/7-00).

Há acórdãos admitindo a propositura de ação de alimentos contra os avós na pendência de outra ação contra o pai (RT 624/82) ou execução (JTJ 176/22). V. tb., s/ revisional, neste caso, art. 15, nota 2. **Contra,** entendendo que os avós somente podem ser chamados a juízo com a prova de que os genitores estão impossibilitados de prestar alimentos: RT 832/321.

Além da impossibilidade dos pais, deve-se levar em conta para a definição da obrigação alimentar avoenga, naturalmente, a possibilidade dos avós: "A obrigação alimentar avoenga, de caráter sempre complementar e subsidiário, não poderia ser imputada a quem, reconhecidamente, sequer reunia condições de subsistência por si só, dependendo de auxílio material dos filhos para sobreviver dignamente" (STJ-3ª T., REsp 1.698.643, Min. Nancy Andrighi, j. 10.4.18, DJ 13.4.18).

✎ "Direitos e deveres dos avós — alimentos e visitação", por Álvaro Villaça Azevedo (RIDF 45/38 e Rev. AASP 98/39).

Art. 1º: 6b. Litisconsórcio entre os avós. Entendendo ser impositiva a integração dos avós maternos ao polo passivo de demanda por alimentos, requerida pelos réus (pai e avós paternos), à luz do CC 1.698: STJ-RBDF 37/90 (4ª T., REsp 658.139). Em sentido semelhante: RJ-Lex 61/226 (TJAP, AP 0019939-22.2011.8.03.0001).

No sentido de que o credor não está obrigado a mover a ação contra todos os avós, entre os quais, na condição de devedores de alimentos ao neto, não há litisconsórcio passivo necessário: RT 787/242. Todavia, "não se propondo a instauração de litisconsórcio facultativo impróprio entre devedores eventuais, sujeita-se ele às consequências de sua omissão" (RSTJ 71/360). Dentre tais consequências, está a de que os avós demandados somente respondem pelos alimentos na proporção que lhes diz respeito; a não inclusão dos demais avós no polo passivo da demanda não faz variar o montante devido por cada um deles (RT 838/326).

No sentido de que o CC 1.698 autoriza os avós-réus a chamar ao processo os avós não insertos no polo passivo: JTJ 307/345.

V., no CCLCV, CC 1.698, nota 3a.

Art. 1º: 6c. "A **obrigação alimentar entre irmãos** (germanos ou unilaterais) é subsidiária, porque somente ocorre na falta ou incapacidade de ascendentes e descendentes" (RJM 183/139: AP 1.0027.07.118511-3/001). No mesmo sentido: JTJ 327/208 (AP 520.523-4/3-00).

Art. 1º: 6d. O pai pode pedir alimentos à filha casada, sem rendimento próprio e dependente do marido (JTJ 189/29).

"Ação de alimentos. Mãe idosa pleiteia em desfavor da filha maior. O dever de alimentar surge da mera comprovação do parentesco, não podendo ser elidida pela filha, mesmo tendo comprovado que durante toda a sua vida foi a avó quem lhe supriu os laços afetivos, psicológicos e materiais" (RT 939/580: TJDF, AP 20060110542066).

Art. 1º: 6e. Não cabe ação de alimentos contra **tio do autor** (STJ-3ª T., REsp 1.032.846, Min. Nancy Andrighi, j. 18.12.08, DJ 16.6.09; STJ-RT 786/217).

V., no CCLCV, CC 1.697, nota 2.

Art. 1º: 7. Ação de nora contra sogro. "A obrigação alimentar decorre da lei, não se podendo ampliar a pessoas por ela não contempladas. Inexiste esse dever em relação à nora" (STJ-3ª T., RMS 957, Min. Eduardo Ribeiro, j. 9.8.93, DJU 23.8.93). No mesmo sentido: STJ-RT 703/193.

"Inocorrente obrigação alimentar fundada em parentesco por afinidade, ex-sogros não têm obrigação alimentícia para com ex-nora" (RT 845/402).

Art. 1º: 7a. "Tratando-se de **separação de fato** acordada entre os cônjuges, ainda assim subsiste na sua plenitude a obrigação alimentar" (JTJ 172/13).

Art. 1º: 7b. Ação de exoneração. Há um acórdão entendendo que a Lei 5.478 não se aplica às ações que objetivam exoneração total do encargo alimentar (RJTJESP 21/198). V., porém, art. 13.

Art. 1º: 7c. Ação de modificação de cláusula de separação ou divórcio. "Ainda que se cuide de modificação substancial de cláusula estabelecida em separação consensual, aplica-se o rito especial estabelecido na Lei 5.478, de 25.7.68. Posição vencida do Relator" (STJ-4ª T., REsp 33.503-0, Min. Barros Monteiro, j. 5.12.95, DJU 19.8.96). No mesmo sentido, entendendo cabível a ação revisional de alimentos: RT 541/649.

O mesmo se diga quanto à cláusula de renúncia ou dispensa de alimentos (RJTJESP 103/41, RF 311/160).

Contra, considerando, nesses casos, inaplicável a Lei 5.478/68, cabendo ao interessado mover ação de modificação da respectiva cláusula: "Para obter alimentos, a mulher separada deve valer-se da ação ordinária de modificação da cláusula que dispensou ex-marido do encargo. A ação de rito sumário, da Lei n. 5.478/68, destina-se àqueles casos em que se presuma de logo o direito ao pensionamento" (TJRS-RT 662/145 e RJTJERGS 134/262). No mesmo sentido: RT 491/190, 605/189, em., RJTJESP 127/184.

Todavia: "Não se considera modificação das condições estabelecidas em separação judicial, para efeitos de exoneração da obrigação de alimentar, o fato de o alimentando passar a exercer alguma profissão, de acordo com sua formação e condições intelectuais, fato já previsível quando da fixação dos alimentos, não se verificando, pois, qualquer ocorrência de acontecimento extraordinário de modo a justificar a alteração" (RT 610/72).

Art. 1º: 8. "É admissível o pedido reconvencional em ação de alimentos, desde que o pleito seja de feitio ordinário" (RT 517/127). Ainda, a lei não impede a reconvenção na ação ordinária de exoneração de alimentos (RSTJ 99/255, RT 479/92).

Todavia, no sentido de que as ações que seguem o rito da Lei 5.478 não admitem reconvenção: RJTJESP 45/55, 84/263, JTJ 165/15.

S/ reconvenção em ação revisional de alimentos, v. art. 15, nota 1c.

Art. 1º: 9. Sem a **prova pré-constituída** da obrigação alimentar, não cabe, com o rito previsto na Lei 5.478/68, a ação de alimentos (RSTJ 11/268; RTJ 64/526, 69/434, 84/950, 113/675, 115/1.231; STF-Pleno: Amagis 8/459, maioria; RT 461/257, 463/229, 499/155, 501/215, 501/229, 502/73, 505/217, 506/95, 601/194, RF 291/261, RJTJESP 46/36, 50/32, 97/61, 113/48, Bol. AASP 975/101). Todavia, movida indevidamente a ação de alimentos sem a prova pré-constituída do vínculo, admite-se a conversão ao procedimento comum (RTJE 142/118, maioria). V. nota 3 ao art. 2º.

Contra: RT 590/181, RF 246/375, RJTJESP 47/231, 64/44, Bol. AASP 955/40 (entendendo, porém, que, neste caso, não podem ser concedidos alimentos provisórios; e, porque não houve tal concessão, considerou-se válido o processo que seguiu o rito da Lei 5.478/68, embora havido como inadequado: RJTJESP 60/38).

Art. 1º: 10. Admitindo a **antecipação da tutela** quanto a pedido de alimentos, em ação de investigação de paternidade: JTJ 188/188, 214/214. **Contra:** JTJ 187/126.

Art. 1º: 10a. Compensação e repetição de alimentos. Em princípio, não se admite compensação ou repetição de alimentos. "Os valores atinentes à pensão alimentícia são incompensáveis e irrepetíveis, porque restituí-los seria privar o alimentado dos recursos indispensáveis à própria mantença, condenando-o assim a inevitável perecimento. Daí que o credor da pessoa alimentada não pode opor seu crédito, quando exigida a pensão" (STJ-RT 697/202). No mesmo sentido: RT 829/357, RJTJERGS 167/258.

"Alimentos. Embargos à execução. Pagamento *in natura*. Pedido de compensação. Impossibilidade" (STJ-4ª T., REsp 1.257.779-AgRg, Min. Antonio Ferreira, j. 4.11.14, DJ 12.11.14). Do voto do relator: "Uma vez fixados os alimentos, incumbe ao devedor cumprir a obrigação na forma determinada pela sentença e eventual despesa paga em pecúnia ou *in natura*, que extrapole o encargo fixado na sentença, deve ser considerada mera liberalidade". No mesmo sentido: STJ-3ª T., REsp 1.744.597-AgInt, Min. Paulo Sanseverino, j. 16.12.19, DJ 19.12.19.

"A mulher não está obrigada a restituir ao marido os alimentos por ele pagos em favor da criança que, depois se soube, era filha de outro homem" (STJ-4ª T., REsp 412.684, Min. Ruy Rosado, j. 20.8.02, DJU 25.11.02).

Mas, se o pagamento resultou de **erro** de cálculo do contador, podem ser deduzidos nas prestações futuras, para se evitar o enriquecimento sem causa (RJTJESP 123/236, bem fundamentado). No mesmo sentido: Bol. AASP 1.714/278.

Admitindo a repetição por ter o credor ocultado o novo casamento: Bol. AASP 1.810/362.

Considerando cabível a compensação, em razão de ter o credor, involuntariamente, efetuado pagamentos além do *quantum* da pensão alimentícia: RJTJESP 123/236, citando RT 616/147. Também considerando cabível a compensação, em caso no qual o alimentante pagara IPTU e despesas condominiais referentes ao imóvel habitado pelos alimentandos, que não estavam a seu cargo: STJ-4ª T., REsp 1.577.110-EDcl-AgInt, Min. Isabel Gallotti, j. 8.5.18, maioria, DJ 1.8.18; STJ-RJ 372/127 (3ª T., REsp 982.857).

"O desconto indevido realizado nos proventos do alimentante, por erro de terceiro, é passível de compensação nas prestações vincendas relativas à pensão alimentícia, evitando-se o enriquecimento sem causa da parte beneficiária em detrimento da obrigada" (STJ-4ª T., REsp 1.287.950, Min. Raul Araújo, j. 6.5.14, DJ 19.5.14).

Art. 1º: 11. v. §§ 2º a 4º e arts. 2º e 3º; v. tb. tít. ASSISTÊNCIA JUDICIÁRIA.

Art. 2º O credor,[1] pessoalmente,[1a] ou por intermédio de advogado,[2-2a] dirigir-se-á ao juiz competente, qualificando-se, e exporá suas necessidades,[2b-2c] provando,[3] apenas, o parentesco ou a obrigação de alimentar do devedor, indicando seu nome e sobrenome, residência ou local de trabalho, profissão e naturalidade, quanto ganha aproximadamente ou os recursos de que dispõe.

§ 1º Dispensar-se-á a produção inicial de documentos probatórios:

I — quando existente em notas, registros, repartições ou estabelecimentos públicos e ocorrer impedimento ou demora em extrair certidões;

II — quando estiverem em poder do obrigado, as prestações alimentícias ou de terceiro[4] residente em lugar incerto ou não sabido.

§ 2º Os documentos públicos ficam isentos de reconhecimento de firma.

§ 3º Se o credor comparecer pessoalmente e não indicar profissional que haja concordado em assisti-lo, o juiz designará desde logo quem o deva fazer.

Art. 2º: 1. A mãe de filho natural impúbere pode, em nome deste, pedir alimentos, representando-o (RT 505/68).

"Na ação em que se pleiteiam alimentos em favor de filhos menores, é destes a legitimidade ativa, devendo o genitor assisti-los ou representá-los, conforme a idade. A formulação, porém, de pedido de alimentos pela mãe, em nome próprio, em favor dos filhos, em que pese representar má técnica processual, consubstancia mera irregularidade, não justificando o pedido de anulação de todo o processo, se fica claro, pelo teor da inicial, que o valor solicitado se destina à manutenção da família" (STJ-RBDFS 13/137: 3ª T., REsp 1.046.130).

Art. 2º: 1a. "Ajuizada a ação de alimentos com a assistência da mãe, o menor não pode, sem a anuência desta, considerar quitada a obrigação do pai" (STJ-3ª T., REsp 127.652, Min. Ari Pargendler, j. 25.9.00, DJU 23.10.00).

Art. 2º: 2. s/ atribuição do MP para promover e acompanhar as ações de alimentos devidos a pessoas idosas, v. EId 74-II.

Art. 2º: 2a. Súmula 594 do STJ: "O Ministério Público tem legitimidade ativa para ajuizar ação de alimentos em proveito de criança ou adolescente independentemente do exercício do poder familiar dos pais, ou do fato de o menor se encontrar nas situações de risco descritas no art. 98 do Estatuto da Criança e do Adolescente, ou de quaisquer outros questionamentos acerca da existência ou eficiência da Defensoria Pública na comarca".

"O MP é parte legítima tanto para ajuizar ação de alimentos como para postular execuções de prestações alimentícias em favor de criança ou adolescente, independentemente da existência de Assistência Judiciária na comarca, conforme interpretação do art. 201, III, da Lei 8.069/90" (RT 752/189).

Art. 2º: 2b. "As parcelas referentes a medicamentos, vestuário, matrícula e mensalidades escolares constituem necessidades vitais e sociais básicas, que, acordadas em processo de separação do casal, constituem débitos alimentícios. Não pagos, sujeitam o devedor à pena de prisão civil" (STJ-3ª T., HC 33.455-EDcl, Min. Pádua Ribeiro, j. 10.8.04, DJU 4.10.04).

Art. 2º: 2c. "O pedido de alimentos pode ser formulado, quer em ação típica, quer cumulativamente em ação de investigação de paternidade, sem a especificação do *quantum* desejado pelo autor, o que poderá ser apurado durante a fase de conhecimento ou mesmo no juízo sucessivo da execução. Tal permissão não caracteriza infringência ao art. 286 do Código de Processo Civil" (JTJ 142/226).

V. tb. art. 11, nota 8.

Art. 2º: 3. Do modo como está redigida a lei, a prova deve ser feita *initio litis*, o que justifica a conclusão de que o rito da Lei 5.478/68 não é adequado para as ações em que a prova da obrigação alimentar não for feita liminarmente (v. nota 9 ao art. 1º).

Art. 2º: 4. Conforme publicação oficial. Deve ser: "quando estiverem em poder do obrigado às prestações alimentícias, ou de terceiro", etc. (e é assim que consta na rep. pelo DOU 8.4.74, supl.).

Art. 3º O pedido será apresentado por escrito, em 3 (três) vias, e deverá conter a indicação do juiz a quem for dirigido, os elementos referidos no artigo anterior e um histórico sumário dos fatos.[1]

§ 1º Se houver sido designado pelo juiz defensor para assistir o solicitante, na forma prevista no art. 2º, formulará o designado, dentro de 24 (vinte e quatro) horas da nomeação, o pedido, por escrito, podendo, se achar conveniente, indicar seja a solicitação verbal reduzida a termo.

§ 2º O termo previsto no parágrafo anterior será em 3 (três) vias, datadas e assinadas pelo escrivão, observado, no que couber, o disposto no *caput* do presente artigo.

Art. 3º: 1. Valor da causa: CPC 292-III.

Art. 4º Ao despachar o pedido, o juiz fixará[1] desde logo alimentos provisórios[2 a 4c] a serem pagos pelo devedor, salvo se o credor expressamente declarar que deles não necessita.

Parágrafo único. Se se tratar de alimentos provisórios pedidos pelo cônjuge, casado pelo regime da comunhão universal de bens, o juiz determinará igualmente que seja entregue ao credor, mensalmente, parte da renda líquida dos bens comuns, administrados pelo devedor.[5-6]

Art. 4º: 1. A disposição é cogente: "o juiz fixará". Neste sentido: RJTJESP 104/44.

Art. 4º: 2. s/ **alimentos provisórios,** v. art. 13 §§ 1º e 3º. V. tb., em ação de indenização por ato ilícito, art. 13, nota 6a; em ação de separação judicial, LDi 19, nota 4. S/ correção monetária, v., no nosso CCLCV, CC 1.710, inclusive nota 4.

S/ alimentos provisórios, em ação de investigação de paternidade, v. LIP 7º e notas.

Art. 4º: 3. Os alimentos são provisórios ou definitivos.

Alimentos **provisórios** são os fixados *initio litis* nas ações de alimentos que seguem o rito prescrito na Lei 5.478/68 (cf. seu art. 4º). Mas podem também ser concedidos, por expressa disposição do art. 13 dessa mesma lei, nas ações de separação contenciosa, nas de nulidade e anulação de casamento, na revisão de sentenças proferidas em pedidos de alimentos e nas respectivas execuções.

Definitivos são os alimentos que decorrem de sentença transitada em julgado e que, por isso mesmo, substituem os provisórios.

Art. 4º: 4. Admite-se a fixação de alimentos provisórios também em ação revisional, tanto liminarmente (STF-RTJ 100/101, por 4 votos a 1, RT 597/179, JTJ 192/168, RF 293/289, RJTJESP 89/333, 99/348), como no curso da lide (RJTJESP 42/210). **Contra,** não admitindo a fixação liminar: RT 517/54 (concessão de mandado de segurança para cassar a liminar), JTJ 156/262 (segurança concedida unicamente para dar efeito suspensivo a agravo contra liminar deferida em revisional de alimentos), RF 247/160, Bol. AASP 1.036/204, em. 04.

Art. 4º: 4a. "Qualificando-se como interlocutória a decisão que fixa *initio litis* os alimentos provisórios, o recurso dela cabível é o de agravo de instrumento" (RSTJ 30/305). Conta-se o prazo da juntada aos autos do mandado de citação do réu, devidamente cumprido (JTJ 164/220).

Art. 4º: 4b. "Na fase de alimentos provisórios, prioriza-se suprir necessidade imediata, mostrando-se prudente fixar quantia razoável que, de plano, seja compatível com as necessidades do alimentando e as possibilidades do alimentante. Arbitrar valor excessivo implicaria incorrer no risco de fixar-se quantia exorbitante, além da capacidade do devedor, podendo ensejar o descumprimento precoce da obrigação imposta" (RT 870/268, maioria).

Art. 4º: 4c. "As variações positivas na remuneração total do alimentante, de regra, não terão impacto no valor dos alimentos, salvo se as necessidades do alimentado, constatadas inicialmente, não tiverem sido supridas integralmente, ou ainda, quando houver superveniente alteração no elemento necessidade. Supridas as necessidades legalmente preconizadas pelo valor já pago, e não sendo os alimentos provisórios, provisionais ou *pro tempore*, cota de participação no sucesso do alimentante, razão não há para que o aumento dos rendimentos do alimentante, mormente aqueles oriundos de verbas não regulares, tenha reflexos proporcionais no monte destinado aos alimentos" (STJ-3ª T., REsp 1.261.247, Min. Nancy Andrighi, j. 16.4.13, RT 936/447).

S/ base de cálculo, v. tb. art. 11, nota 3.

Art. 4º: 5. "A inadimplência em relação à 'parte da renda líquida dos bens comuns, administrados pelo devedor', prevista no art. 4º, § ún., da Lei de Alimentos, por não cuidar de alimentos em sentido estrito, não enseja a **prisão civil** prevista no art. 733, § 1º, do CPC" (STJ-RT 831/219).

Art. 4º: 6. "Os alimentos provisórios fixados em favor do cônjuge casado sob o regime da comunhão universal não podem ser arbitrados, sob o fundamento de o patrimônio comum do casal encontrar-se sob a administração do devedor da pensão, em quantia que exorbite os critérios de necessidade do alimentando e possibilidade do alimentante. O repasse de parte da renda mensal líquida dos bens comuns administrados pelo devedor dos alimentos (Lei 5.478/68, art. 4º, parágrafo único) não possui as características peculiares da prestação alimentícia. Com efeito, a ausência ou insuficiência de seu pagamento não enseja execução sob pena de prisão, além de ser admissível, em tese, pedido de repetição, caso se apure excesso no valor repassado. Deverá o Tribunal de origem estabelecer a pensão alimentícia mensal, a partir do binômio necessidade/possibilidade, além de determinar o repasse à beneficiária de parte da renda líquida dos bens comuns administrados pelo devedor, caso a metade da renda mensal dos bens comuns ultrapasse o valor da pensão alimentícia" (STJ-4ª T., REsp 1.343.955-EDcl-EDcl, Min. Isabel Gallotti, j. 10.6.14, DJ 12.8.14).

Art. 5º O escrivão, dentro em 48 (quarenta e oito) horas, remeterá ao devedor a segunda via da petição ou do termo, juntamente com a cópia do despacho do juiz, e a comunicação do dia e hora da realização da audiência de conciliação e julgamento.

§ 1º Na designação da audiência, o juiz fixará o prazo razoável que possibilite ao réu a contestação da ação proposta e a eventualidade de citação por edital.

§ 2º A comunicação, que será feita mediante registro postal isento de taxas e com aviso de recebimento, importa em citação, para todos os efeitos legais.

§ 3º Se o réu criar embaraços ao recebimento da citação, ou não for encontrado, repetir-se-á a diligência por intermédio do oficial de justiça, servindo de mandado a terceira via da petição ou do termo.

§ 4º Impossibilitada a citação do réu por qualquer dos modos acima previstos, será ele citado por edital afixado na sede do juízo e publicado 3 (três) vezes consecutivas no órgão oficial do Estado, correndo a despesa por conta do vencido, a final, sendo previamente a conta juntada aos autos.

§ 5º O edital deverá conter um resumo do pedido inicial, a íntegra do despacho nele exarado, a data e a hora da audiência.

§ 6º O autor será notificado da data e hora da audiência no ato de recebimento da petição, ou da lavratura do termo.

§ 7º O juiz, ao marcar a audiência, oficiará ao empregador do réu, ou, se o mesmo for funcionário público, ao responsável por sua repartição, solicitando o envio, no máximo até a data marcada para a audiência, de informações sobre o salário ou os vencimentos do devedor, sob as penas previstas no art. 22 desta lei.

§ 8º A citação do réu, mesmo no caso dos arts. 200 e 201 do Código de Processo Civil, far-se-á na forma do § 2º do art. 5º desta lei.[1]

Art. 5º: 1. O § 8º está de acordo com a redação dada pela Lei 6.014, de 27.12.73, art. 4º.

Art. 6º Na audiência de conciliação e julgamento[1] deverão estar presentes autor e réu, independentemente de intimação e de comparecimento de seus representantes.

Art. 6º: 1. "Em ação de alimentos, regulada pela Lei 5.478/68, a realização da audiência de instrução e julgamento é imprescindível, pouco importando seja revel o demandado" (RT 599/55).

Art. 7º O não comparecimento do autor determina o arquivamento do pedido,[1-1a] e a ausência do réu importa em revelia, além de confissão quanto à matéria de fato.

Art. 7º: 1. e não a sua extinção (STJ-4ª T., REsp 38.170-3, Min. Ruy Rosado, j. 28.3.95, DJU 12.6.95; RJTJESP 89/227, JTJ 288/46). No mesmo sentido, determinando a realização de nova audiência: RJTJESP 106/37, maioria.

Art. 7º: 1a. Afastando o arquivamento do processo em caso de autor domiciliado em outro país: "Peculiaridade do caso concreto, porém, em que o autor é menor e residente na Espanha, presumindo-se o seu interesse na demanda alimentar" (STJ-3ª T., RHC 29.777, Min. Paulo Sanseverino, j. 5.5.11, DJ 11.5.11).

Art. 8º Autor e réu comparecerão à audiência acompanhados de suas testemunhas, 3 (três) no máximo,[1] apresentando, nessa ocasião, as demais provas.

Art. 8º: 1. A republicação no DOU 8.4.74 consigna, erroneamente, "3 (três), no mínimo".

Art. 9º Aberta a audiência, lida a petição, ou o termo, e a resposta, se houver, ou dispensada a leitura, o juiz ouvirá as partes litigantes e o representante do Ministério Público, propondo conciliação.[1-1a]

§ 1º Se houver acordo, lavrar-se-á o respectivo termo, que será assinado pelo juiz, escrivão, partes e representantes do Ministério Público.[2]

§ 2º Não havendo acordo, o juiz tomará o depoimento pessoal das partes e das testemunhas,[2a] ouvidos os peritos se houver,[3] podendo julgar o feito sem a mencionada produção de provas, se as partes concordarem.

Art. 9º: 1. Conforme redação dada ao *caput* pela Lei 6.014, de 27.12.73, art. 4º.

Art. 9º: 1a. s/ transações relativas a alimentos prestados ao idoso, celebradas perante o Promotor de Justiça, v. EId 13.

Art. 9º: 2. "Noticiado acordo extrajudicial entre a representante dos alimentados e o alimentante, é obrigatória a intervenção do Ministério Público para assegurar que os interesses dos menores se acham preservados. *In casu*, sequer a aludida transação foi carreada aos autos" (STJ-4ª T., REsp 896.310, Min. Aldir Passarinho Jr., j. 5.2.09, DJ 26.2.09).

"Legitimado que é, o Ministério Público, para velar pelo interesse do incapaz, e considerado o notório prejuízo à alimentada com a redução dos alimentos, no acordo homologado em Juízo, sem a presença e tampouco a manifestação prévia do fiscal da lei, deve ser anulado o processo, a partir da audiência em que prolatada a sentença homologatória de acordo" (STJ-3ª T., REsp 1.058.689, Min. Nancy Andrighi, j. 12.5.09, DJ 25.5.09).

Art. 9º: 2a. v. CPC 361; tb. 385 a 388 e 456 a 460.

Art. 9º: 3. v. CPC 361-I e 477 § 3º.

Art. 10. A audiência de julgamento será contínua; mas, se não for possível, por motivo de força maior, concluí-la no mesmo dia, o juiz marcará a sua continuação para o primeiro dia desimpedido, independentemente de novas intimações.

Art. 11. Terminada a instrução, poderão as partes e o Ministério Público aduzir alegações finais, em prazo não excedente de 10 (dez) minutos para cada um.

Parágrafo único. Em seguida, o juiz renovará a proposta de conciliação[1] e, não sendo aceita, ditará sua sentença,[1a a 8] que conterá sucinto relatório do ocorrido na audiência.

Art. 11: 1. Embora obrigatória a renovação da proposta de conciliação, sua falta não acarreta a nulidade da sentença (RJTJESP 20/215). No mesmo sentido: RJTJESP 103/36.

Contra, declarando a nulidade: RT 511/243, em., RJTJESP 89/46 (revisional).

Art. 11: 1a. Súmula 226 do STF: "Na ação de **desquite,** os **alimentos** são devidos desde a inicial e não da data da decisão que os concede". Ação de desquite = ação de separação litigiosa.

No sentido de que a atualização monetária desses alimentos tem como termo inicial a data da citação, e não a da sentença: RT 571/69.

Art. 11: 2. "Segundo a jurisprudência dominante no C. Supremo Tribunal Federal e nesta Corte, admissível é fixar-se a prestação alimentícia com base no salário mínimo" (RSTJ 96/322). Essa fixação não ofende a CF de 1988, art. 7º-IV (RTJ 139/971, STF-RT 724/223, STF-RT 741/226).

No mesmo sentido, quanto à possibilidade de fixar a pensão em salários mínimos: STJ-4ª T., REsp 343.517, Min. Aldir Passarinho Jr., j. 23.4.02, maioria, DJU 2.9.02. Constou do voto do relator que as parcelas pretéritas "serão calculadas na data do vencimento, de acordo com o salário mínimo da época e atualizadas desde então". Ainda: STJ-3ª T., AI 861.075-AgRg, Min. Massami Uyeda, j. 5.5.09, DJ 19.5.09.

Todavia: "O salário mínimo não pode mais se prestar para indexar os alimentos, sob pena de, a curto prazo, desestabilizar o equilíbrio do binômio alimentar. E, dentre os indexadores, o IGP-M é o que se mostra mais adequado" (RBDF 38/154).

V. tb. CPC 533, nota 10 (Súmula 490 do STF).

Art. 11: 2a. "Os alimentos arbitrados em valor fixo devem ser analisados de forma diversa daqueles arbitrados em percentuais sobre 'vencimento', 'salário', 'rendimento', 'provento', dentre outros *ad valorem*. No primeiro caso, a dívida se consolida com a fixação do valor e periodicidade em que deve ser paga, não se levando em consideração nenhuma outra base de cálculo. O débito alimentar arbitrado em valor fixo — por sentença transitada em julgado — deve ser pago pelo montante e na exata periodicidade constante no título judicial, revelando-se ofensa à coisa julgada a determinação para que o valor arbitrado seja pago a propósito do recebimento de outras verbas pelo devedor. No caso concreto, as circunstâncias fáticas incontroversas nas quais a sentença foi proferida dão guarida ao pleito recursal, pois não há nenhum vestígio no título de que a verba deveria incidir na forma como entendeu o Tribunal *a quo*. De fato, mostrou-se relevante ao arbitramento em valor fixo o fato de o réu auferir rendimentos por fontes que não empregatícias, fato que reforça a conclusão de que a pensão, na hipótese, não deve incidir sobre verbas outras, como aquelas indicadas pelo acórdão recorrido" (STJ-4ª T., REsp 1.091.095, Min. Luis Felipe, j. 16.4.13, DJ 25.4.13).

Art. 11: 2b. A fixação com indexação não é obrigatória (v. LDi 22: "Salvo decisão judicial", etc.). Diversos critérios podem ser adotados, como o de um percentual sobre os salários do empregado ou sobre os vencimentos do funcionário, etc.

"A Corte guarda algum entendimento de que alimentos em prol de apenas 1 filho, sem necessidades especiais, devem ser fixados em cerca de 20% dos rendimentos líquidos do alimentante" (RMDCPC 41/129: TJRS, AI 85189-53.2011.8.21.7000; dec. mon.).

Art. 11: 2c. Afirmando a "incidência da pensão alimentícia sobre o **décimo terceiro salário** e o **terço constitucional de férias"**: STJ-RT 917/740 (2ª Seção, REsp 1.106.654, um voto vencido).

No mesmo sentido, em relação ao décimo terceiro: RT 727/190, JTJ 284/23.

Contra, no que diz respeito ao terço de férias: JTJ 174/178, 306/42.

Art. 11: 3. "O FGTS não é verba salarial; por isso, à falta de cláusula expressa em acordo, sobre ele não incide a pretensão alimentar fixada com base no salário do devedor" (STJ-4ª T., REsp 99.795, Min. Ruy Rosado, j. 22.10.96, DJU 30.6.97). No mesmo sentido: RT 724/302, JTJ 171/165, 206/168, 260/432.

Mais amplo: "Não integram, normalmente, o débito alimentar, as verbas recebidas pelo devedor na rescisão do pacto laborativo" (JTJ 172/172). No mesmo sentido: JTJ 284/23.

Entendendo devidos os alimentos sobre aviso prévio e férias indenizadas recebidos pelo alimentante, mas não sobre as verbas decorrentes de rescisão de contrato de trabalho, FGTS, abono de um terço das férias e multa por dispensa imotivada: JTJ 174/178. S/ terço de férias, v. nota 2c.

Ponderando que os alimentos devem ter por base "os rendimentos permanentes do alimentante, excluída a incidência sobre o FGTS, horas extras, verbas rescisórias e participação nos lucros": RMDCPC 26/130 (TJSP, AP 537.731-4/1-00).

No sentido de que as horas extras não se incluem na base de cálculo dos alimentos: JTJ 176/25, 306/42. **Contra:** "O valor recebido pelo alimentante a título de horas extras, mesmo que não habituais, embora não ostente caráter salarial para efeitos de apuração de outros benefícios trabalhistas, é verba de natureza remuneratória e integra a base de cálculo para a incidência dos alimentos fixados em percentual sobre os rendimentos líquidos do devedor" (STJ-4ª T., REsp 1.098.585, Min. Luis Felipe, j. 25.6.13, maioria, DJ 29.8.13).

"Alimentos. Inclusão dos valores percebidos pelo devedor a título de participação em lucros e resultados nos alimentos devidos à alimentada. Impossibilidade e desnecessidade" (STJ-3ª T., REsp 1.465.679, Min. Nancy Andrighi, j. 9.11.17, DJ 17.11.17). **Contra:** "Participação nos lucros e resultados. Integração na base de cálculo da verba alimentar. Acréscimo patrimonial decorrente do contrato de trabalho, apto ao incremento da possibilidade do alimentante" (STJ-4ª T., REsp 1.561.097, Min. Marco Buzzi, j. 6.2.18, maioria, DJ 2.3.18).

Excluindo da base de cálculo quaisquer gratificações adicionais: JTJ 284/23, 306/42.

"Os alimentos incidem sobre verbas pagas em caráter habitual, aquelas incluídas permanentemente no salário do empregado. A verba alimentar incide, portanto, sobre vencimentos, salários ou proventos, valores auferidos pelo devedor no desempenho de sua função ou de suas atividades empregatícias, decorrentes dos rendimentos ordinários do devedor. As parcelas denominadas auxílio-acidente, cesta-alimentação e vale-alimentação, que tem natureza indenizatória, estão excluídas do desconto para fins de pensão alimentícia porquanto verbas transitórias" (STJ-3ª T., REsp 1.159.408, Min. Ricardo Cueva, j. 7.11.13, DJ 25.11.13). No mesmo sentido, para "as parcelas denominadas diárias e tempo de espera indenizado": STJ-3ª T., REsp 1.747.540, Min. Ricardo Cueva, j. 10.3.20, DJ 13.3.20.

S/ base de cálculo, v. tb. art. 4º, nota 4c.

S/ bloqueio dos valores depositados no FGTS do alimentante, em razão da suspensão do desconto em folha, v. CPC 529, nota 4a.

"A pensão alimentícia e o FGTS", por Segismundo Gontijo (RF 338/419); "Alimentos e FGTS", por Wallace Paiva Martins Jr. (Just. 166/58).

Art. 11: 3a. "Alimentos. Ruptura do relacionamento que traz uma diminuição na disponibilidade dos envolvidos. Necessidade de conscientização dos filhos, ante as dificuldades decorrentes de um lar desfeito. Fixação dos alimentos definitivos no mesmo montante fixado a título provisório. Valor condizente com a situação do alimentante e suficiente para os filhos" (JTJ 314/33: AP 436.732-4/0-00).

Art. 11: 4. "Quando a pensão alimentícia, em separação judicial, é fixada de maneira global, presume-se que é *intuitu familiae*, existindo direito de acrescer, pois visa o necessário à manutenção da situação familiar como um todo, sob o comando da esposa" (JTJ 172/170).

Art. 11: 5. "A obrigação alimentar é conjunta e solidária dos pais. Todavia, considerando que ambos trabalham e recebem salários, não se pode deixar de valorar, como critério para a fixação dos alimentos, a dupla jornada de quem tem a guarda, via de regra a mãe, para diferenciar o valor da verba alimentar" (RJM 173/324).

S/ a influência da guarda do alimentando no valor da pensão, v., no CCLCV, CC 1.701, nota 1a.

Art. 11: 6. "Despesas comprovadas que favorecem o núcleo familiar e não exclusivamente a alimentanda. Genitora que possui renda equivalente ou superior ao alimentante. Quanto provisório que serviu, ao longo do processo, para o sustento e mantença da alimentanda. Pensão reduzida e fixada em 20% da renda líquida" (RT 867/184: TJSP, AP 462.592.4/5-00). No mesmo sentido: RMDCPC 26/130 (TJSP, AP 537.731-4/1-00).

Art. 11: 7. Na ação de alimentos em que a pensão é arbitrada em valor inferior ao do pedido não há sucumbência recíproca. Assim: "No caso em que o juízo julga procedente o pedido de alimentos mas fixa-os em valor inferior ao requerido na petição inicial, atendendo à capacidade econômica do réu/alimentante, este deve arcar com o pagamento de custas e honorários" (STJ-3ª T., REsp 332.562, Min. Nancy Andrighi, j. 8.10.01, DJU 12.11.01). No mesmo sentido: STJ-4ª T., REsp 343.574, Min. Aldir Passarinho Jr., j. 20.2.03, DJU 7.4.03.

Art. 11: 8. "Nas demandas de caráter alimentar, as regras que proíbem a decisão *ultra petita* merecem exegese menos rigorosa" (RSTJ 29/337). No mesmo sentido: RSTJ 29/317, RT 676/156.

"Ação revisional de alimentos. Não constitui decisão *ultra petita* o eventual arbitramento em montante superior ao do pedido na inicial, uma vez que este serve, apenas, de mera estimativa" (STJ-3ª T., REsp 39.201-2, Min. Waldemar Zveiter, j. 2.8.94, DJU 12.9.94).

Não constitui "julgamento *extra petita* a atualização monetária da pensão alimentícia" (STJ-3ª T., REsp 66.169, Min. Cláudio Santos, j. 19.9.95, DJU 16.10.95).

Todavia, no sentido de que, uma vez requeridos na petição inicial alimentos a partir da sentença, não podem ser eles fixados a partir da citação: STJ-3ª T., REsp 1.079.190, Min. Nancy Andrighi, j. 7.10.08, DJ 23.10.08.

Art. 12. Da sentença serão as partes intimadas, pessoalmente ou através de seus representantes, na própria audiência, ainda quando ausentes, desde que intimadas de sua realização.

Art. 13. O disposto nesta lei aplica-se igualmente, no que couber,[1] às ações ordinárias de desquite,[2-3] nulidade e anulação de casamento, à revisão[4 a 6] de sentenças proferidas em pedidos de alimentos e respectivas execuções.

§ 1º Os alimentos provisórios fixados na inicial poderão ser revistos[7] a qualquer tempo, se houver modificação na situação financeira das partes, mas o pedido será sempre processado em apartado.[8]

§ 2º Em qualquer caso, os alimentos fixados retroagem à data da citação.[9 a 12]

§ 3º Os alimentos provisórios serão devidos até a decisão final, inclusive o julgamento do recurso extraordinário.[13 a 15]

Art. 13: 1. "no que couber", i. e., no que se refere à obrigação alimentar.

Segue-se que os alimentos provisórios podem ser fixados, pelo juiz, ao despachar as iniciais de ações ordinárias de separação judicial e de nulidade ou anulação de casamento (RF 297/244). **Contra,** no sentido de que é inadmissível o arbitramento de alimentos provisórios em ação de separação judicial de rito ordinário: RT 717/140, RJTJESP 135/263.

Art. 13: 2. "desquite": atualmente, separação judicial.

V. LDi 2º, nota 2b.

Art. 13: 3. "Ação de separação judicial cumulada com pedido de alimentos. Fixação *initio litis* dos alimentos provisórios. Ao despachar a inicial, é possível ao magistrado fixar os alimentos provisórios, sendo desnecessária nesse caso a instauração de medida acautelatória em autos apartados. Arts. 4º e 13 da Lei n. 5.478, de 25.7.68" (STJ-4ª T., REsp 9.113-0, Min. Barros Monteiro, j. 12.5.92, maioria, DJU 28.6.93). No mesmo sentido: JTJ 164/220, 204/227.

Art. 13: 4. s/ competência para ação revisional, v. CPC 61, nota 2; s/ sentença que, na ação de exoneração, defere a redução dos alimentos, v. CPC 492, nota 19.

S/ modificação de acordo para prestar alimentos já homologado judicialmente, v. art. 1º, nota 7c.

S/ revisional de alimentos concedidos como indenização de ato ilícito, v. CPC 533 § 3º.

Art. 13: 5. **Súmula 358 do STJ:** "O cancelamento de pensão alimentícia de filho que atingiu a maioridade está sujeito à decisão judicial, mediante contraditório, ainda que nos próprios autos".

Enunciado 344 do CEJ: "A obrigação alimentar originada do poder familiar, especialmente para atender às necessidades educacionais, pode não cessar com a maioridade".

Enunciado 112 do CEJ: "Em acordos celebrados antes do advento do novo Código, ainda que expressamente convencionado que os alimentos cessarão com a maioridade, o juiz deve ouvir os interessados, apreciar as circunstâncias do caso concreto e obedecer ao princípio *rebus sic stantibus*".

Assim: "Com a maioridade cessa o pátrio poder, mas não termina, automaticamente, o dever de prestar alimentos" (STJ-2ª Seção, REsp 442.502, Min. Pádua Ribeiro, j. 6.12.04, dois votos vencidos, DJU 15.6.05). No mesmo sentido: RT 857/248, 868/231, 877/187 (TJSP, AP 560.921-4/2-00, um voto vencido), RF 395/461, RJ 178/64, JTJ 310/37.

Presume-se que o maior já não necessite de alimentos, cabendo-lhe o ônus da prova em contrário (RJTJERGS 168/334, 169/333).

Em síntese: "O advento da maioridade não extingue, de forma automática, o direito à percepção de alimentos, mas esses deixam de ser devidos em face do poder familiar e passam a ter fundamento nas relações de parentesco, em que se exige a prova da necessidade do alimentado. A necessidade do alimentado, na ação de exoneração de alimentos, é fato impeditivo do direito do autor, cabendo àquele a comprovação de que permanece tendo necessidade de receber alimentos" (STJ-3ª T., REsp 1.198.105, Min. Nancy Andrighi, j. 1.9.11, DJ 14.9.11).

Todavia: "Devem os alimentos prosseguir até o evento que ocorrer primeiro, ou a conclusão do curso técnico profissionalizante, ou a idade de 25 anos" (RT 725/227). No mesmo sentido: RMDCPC 16/132, RT 860/284.

"O dever de sustento oriundo do poder familiar cessa com a maioridade ou emancipação, contudo tal regra é afastada quando o alimentando acha-se cursando ensino superior e até que ele perfaça 24 anos, salvo se comprovado que o mesmo é capaz de prover a sua mantença" (RT 864/289, maioria). No mesmo sentido: RT 892/187 (TJSP, AP 679.994-4/7-00).

Contra, entendendo que a obrigação dos pais de prestar alimentos "cessa quando o filho se emancipa ou atinge a maioridade. Neste caso, **a exoneração é automática,** não dependente da propositura de ação própria para o seu reconhecimento": JTJ 260/282 (a citação é do voto do relator). No mesmo sentido: JTJ 173/15, 191/24 (cuja ementa dispõe que "a fixação alimentar de pais para filhos menores, a menos que explicitamente se tenha disposto em contrário ao ser feita, cessa ao ensejo da maioridade"), 286/35, RJTJERGS 168/334.

Sustentando que a exoneração automática também ocorre em razão de emancipação decorrente de casamento: RT 722/153.

Ponderando que "excluem-se do encargo alimentar a filha que completou 25 anos de idade sem estar frequentando escola, bem como a filha menor que se uniu a um companheiro, formando 'entidade familiar'": RJTJERGS 153/354.

"Acolhe-se o pedido de exoneração de alimentos quando as circunstâncias dos autos revelam que o alimentando é maior de 24 anos — termo presumido pela jurisprudência como bastante para o desaparecimento da necessidade que justificaria a extensão da obrigação alimentícia além da maioridade — e deixou de frequentar a instituição de ensino superior em que estava matriculado, bem como que não se encontra impossibilitado de auferir renda para prover o próprio sustento" (RT 876/273: TJDFT, EI 20040110666522, maioria).

"É presumível — presunção *iuris tantum* — a necessidade dos filhos de continuarem a receber alimentos após a maioridade, quando frequentam curso universitário ou técnico, por força do entendimento de que a obrigação parental de cuidar dos filhos inclui a outorga de adequada formação profissional. Porém, o estímulo à qualificação profissional dos filhos não pode ser imposto aos pais de forma perene, sob pena de subverter o instituto da obrigação alimentar oriunda das relações de parentesco, que tem por objetivo, tão só, preservar as condições mínimas de sobrevida do alimentado. Em rigor, a formação profissional se completa com a graduação, que, de regra, permite ao bacharel o exercício da profissão para a qual se graduou, independentemente de posterior especialização, podendo assim, em tese, prover o próprio sustento, circunstância que afasta, por si só, a presunção *iuris tantum* de necessidade do filho estudante. Persistem, a partir de então, as relações de parentesco, que ainda possibilitam a percepção de alimentos, tanto de descendentes quanto de ascendentes, porém desde que haja prova de efetiva necessidade do alimentado" (STJ-3ª T., REsp 1.218.510, Min. Nancy Andrighi, j. 27.9.11, DJ 3.10.11). No mesmo sentido: STJ-4ª T., REsp 1.312.706, Min. Luis Felipe, j. 21.2.13, maioria, DJ 12.4.13; RT 924/986 (TJGO, AI 496656-45.2011.8.09.0000).

V. tb. CC 1.696; s/ alimentos devidos ao filho maior inválido, v. LDi 16.

✎ "Alimentos para filhos maiores", por Ênio Santarelli Zuliani (RIDCPC 45/49, RIDF 44/125).

Art. 13: 5a. "Quando se trata de **filho com doença mental incapacitante,** a necessidade do alimentado se presume, e deve ser suprida nos mesmo moldes dos alimentos prestados em razão do poder familiar. Mesmo que haja variações positivas nos rendimentos do alimentado — *in casu*, recebimento de benefício de prestação continuada —, se o valor auferido não é suficiente para o suprimento das necessidades básicas de filho com doença mental, mantém-se a obrigação alimentar" (STJ-3ª T., REsp 1.642.323, Min. Nancy Andrighi, j. 28.3.17, DJ 30.3.17).

Art. 13: 6. "O recurso cabível contra a decisão que defere pedido de exoneração de alimentos formulado nos próprios autos de alimentos é o de agravo de instrumento, por ser decisão interlocutória (CPC, art. 513), não se podendo falar que o Juízo de 1º grau conferiu à decisão a qualificação jurídica de sentença. Em se tratando de questão alimentar, de evidente caráter determinativo, alterável diante da mudança de condições de alimentante e alimentado, a decisão interlocutória era possível" (STJ-3ª T., AI 819.940-AgRg, Min. Sidnei Beneti, j. 27.5.08, DJU 20.6.08).

Art. 13: 7. v. art. 4º.

Art. 13: 8. "Nada tem de incivil a redução dos alimentos provisórios dentro da própria ação de alimentos" (RT 591/89 e RJTJESP 90/425). Contra essa decisão cabe agravo, e não apelação (RTJ 112/337).

✎ **Art. 13: 9.** "O termo inicial dos alimentos e a ação de investigação de paternidade", por Antônio Carlos Mathias Coltro (RIASP 6/50); "Alimentos e sua restituição judicial", por Rolf Madaleno (RJ 211/5); "Alimentos provisórios e provisionais, desde e até quando?", por Maria Berenice Dias (Ajuris 96/187); "Alimentos, desde quando?", por Maria Berenice Dias (RBDF 33/5).

Art. 13: 10. cf. **Súmula 226 do STF:** "Na ação de **desquite,** os **alimentos** são devidos desde a inicial e não da data da decisão que os concede".

No sentido de que a atualização monetária desses alimentos tem como termo inicial a data da citação, e não a da sentença: RT 571/69.

Art. 13: 10a. Súmula 277 do STJ: "Julgada procedente a **investigação de paternidade,** os alimentos são devidos a partir da citação". V. LIP 7º.

Art. 13: 10b. "Não há razão, portanto, para que o efetivo pagamento inicie-se somente depois do decurso de 30 dias da citação, mesmo porque a verba alimentar, como sói acontecer, é destinada à sobrevivência do alimentando, plasmada, sobretudo, no dever de cuidado à pessoa que dela necessita, não possuindo assim natureza ressarcitória" (STJ-4ª T., REsp 660.731, Min. Luis Felipe, j. 8.6.10, DJ 15.6.10).

Art. 13: 11. "Na ação de alimentos, ainda que não submetida ao procedimento da Lei 5.478/68, serão eles devidos a partir da citação" (STJ-3ª Turma: RJ 184/43).

Art. 13: 11a. Na **ação de alimentos,** "fixados os **alimentos definitivos em valor inferior ao dos provisórios,** retroagirão à data da citação, ressalvadas as possíveis prestações já quitadas em virtude da irrepetibilidade daquilo que já foi pago" (STJ-3ª T., REsp 209.098, Min. Nancy Andrighi, j. 14.12.04, DJU 21.2.05). No mesmo sentido: STJ-4ª T., AI 982.233-AgRg, Min. Aldir Passarinho Jr., j. 17.6.08, DJ 25.8.08. **Contra,** defendendo efeitos prospectivos para a sentença nessas circunstâncias: STJ-3ª T., REsp 1.175.407-AgRg, Min. Massami Uyeda, j. 28.8.12, DJ 4.9.12.

"Os alimentos definitivos, quando fixados em valor inferior ao dos provisórios, não geram para o alimentante o direito de pleitear o que foi pago a maior, tendo em vista irrepetibilidade própria da verba alimentar. Todavia, quando **fixados definitivamente em valor superior ao dos provisórios,** terão efeito retroativo (Lei 5.478/68, art. 13, § 2º), facultando-se ao credor pleitear a diferença" (STJ-3ª T., REsp 1.318.844, Min. Sidnei Beneti, j. 7.3.13, RT 935/450).

V. tb. nota 14.

Art. 13: 11b. Súmula 621 do STJ: "Os efeitos da sentença que reduz, majora ou exonera o alimentante do pagamento retroagem à data da citação, vedadas a compensação e a repetibilidade".

"Nas ações de revisão, os alimentos retroagem à data da citação" (RTJ 90/197), o que também ocorre nas ações de alteração de cláusula fixando pensão em separação consensual (RTJ 119/712).

Acerca do termo *ad quem* dos alimentos fixados anteriormente, em matéria de revisão ou exoneração de pensão, v. CPC 1.012, notas 14 e 15.

Art. 13: 12. Há um acórdão entendendo que, em ação revisional movida pelo alimentando, se a sentença julga procedente reconvenção e reduz os alimentos primitivamente fixados, essa redução é devida a partir da data em que o autor foi intimado para contestar a reconvenção (RJTJERGS 165/346).

Art. 13: 13. s/ o caráter não repetível dos alimentos, v. art. 1º, nota 10a.

Art. 13: 13a. Não é bem assim. Os alimentos provisórios não são imunes a decisões que levam à sua cassação e estão com a eficácia liberada. Assim, julgada improcedente a ação de alimentos e cassados os alimentos provisórios, fica o alimentante desde logo livre do seu pagamento (v. CPC 1.012, nota 16). Esses alimentos apenas voltam a ser devidos se houver no processo pronunciamento que os restabeleça.

Os alimentos provisórios somente serão devidos até o final do processo se as decisões proferidas no seu curso levarem a isso.

Art. 13: 14. Alimentos provisórios atrasados. Sentença posterior que julga improcedente o pedido ou reduz os alimentos provisórios. Efeitos da sentença com relação às verbas em aberto. "Ofende o princípio da irrepetibilidade a retroação, à data da citação, dos efeitos da sentença que fixou os alimentos definitivos em valor inferior ao dos provisórios, anteriormente estabelecidos" (STJ-4ª T., REsp 905.986, Min. Aldir Passarinho Jr., j. 23.11.10, DJ 6.12.10).

"O alimentando poderá executar os alimentos provisórios não pagos correspondentes ao período compreendido entre o momento em que foram fixados na concessão liminar e aquele em que foram cassados pela sentença" (STJ-3ª T., REsp 1.155.653, Min. Sidnei Beneti, j. 26.4.11, DJ 4.5.11; a citação é do voto do relator).

V. tb. nota 11a.

Art. 13: 15. Os pagamentos feitos além do *quantum* da pensão alimentícia, não sendo voluntários, podem ser havidos como adiantamento, a ser considerado nas prestações futuras (RJTJESP 123/236, citando RT 616/147).

Art. 14. Da sentença caberá apelação no efeito devolutivo.[1-2]

Art. 14: 1. Conforme redação dada pela Lei 6.014, de 27.12.73, art. 4º.

Art. 14: 2. No mesmo sentido, CPC 1.012 § 1º-II (v. notas a este inciso).

Art. 15. A decisão judicial sobre alimentos não transita em julgado e pode a qualquer tempo ser revista,[1 a 2c] em face da modificação da situação financeira dos interessados.[3]

Art. 15: 1. "Ação revisional de alimentos", por Jedor Pereira Baleeiro (RCDUFU 15/117, RF 301/326); "Da competência territorial, na ação de revisão de alimentos", por Luiz Antônio Câmara e outro (RP 56/210, RTJE 68/20).

Art. 15: 1a. v. CPC 61, nota 2 (competência para a ação revisional), e 327, nota 10 (cumulação de ações revisionais, propostas uma pela mãe e outra, pelo filho).

Art. 15: 1b. LDi 28: "Os alimentos devidos pelos pais e fixados na sentença de separação poderão ser alterados a qualquer tempo".

A alteração deve ser pleiteada mediante ação revisional.

Art. 15: 1c. Cabe **reconvenção** em ação revisional de alimentos, especialmente se esta seguir o procedimento comum (JTJ 173/116, 202/202, 284/218, RJTJERGS 167/268).

Outros casos de reconvenção: art. 1º, nota 8.

Art. 15: 1d. Em ação revisional, somente se concede redução liminar de alimentos "em circunstâncias excepcionais, quando comprovado, de pronto, que os alimentos antes fixados se colocaram em desacordo com a fortuna das partes" (RJTJERGS 167/275).

Art. 15: 2. "O direito à revisional de alimentos é autônomo, sendo que seu exercício não tem vinculação com a ação de alimentos. Por isso, em princípio, podem os parentes remotos, na linha de devedores, figurar na revisional ainda que não tenham participado da ação primitiva. A mudança da necessidade do alimentando será discutida, como, também, a disponibilidade do obrigado a alimentar, e acrescendo-se o parente remoto para prestar a obrigação conjuntamente" (RT 632/103).

Art. 15: 2a. "Em se tratando de obrigação alimentar fixada *intuitu familiae*, há necessidade da participação de todos os beneficiários na demanda. É caso de **litisconsórcio** passivo **obrigatório,** conforme preceitua o art. 47 do CPC. Considerando a potencialidade da ação revisional, é indispensável que para os autos venham todas as pessoas alimentadas que fazem parte da coletividade de credores solidários" (RJTJERGS 255/192).

Art. 15: 2b. "Os encargos alimentícios podem ser alterados, segundo a necessidade do que os recebe e os recursos do que os presta" (STJ-3ª T., REsp 9.309, Min. Dias Trindade, j. 13.5.91, DJU 10.6.91).

Art. 15: 2c. No sentido de que a ação revisional pode ser proposta antes do trânsito em julgado da sentença na ação de alimentos: JTJ 176/90.

Art. 15: 3. s/ revisão de alimentos e constituição de nova família, v., no nosso CCLCV, CC 1.699, nota 1.

Art. 16. ....[1]

Art. 16: 1. O art. 16 foi expressamente revogado pela Lei 13.105, de 16.3.15, em vigor um ano após sua publicação (DOU 17.3.15).

V. CPC 1.072-V.

Art. 17. .... [1]

Art. 17: 1. O art. 17 foi expressamente revogado pela Lei 13.105, de 16.3.15, em vigor um ano após sua publicação (DOU 17.3.15).

V. CPC 1.072-V.

Art. 18. .... [1]

Art. 18: 1. O art. 18 foi expressamente revogado pela Lei 13.105, de 16.3.15, em vigor um ano após sua publicação (DOU 17.3.15).

V. CPC 1.072-V.

Art. 19. O juiz, para instrução da causa ou na execução da sentença ou do acordo, poderá tomar todas as providências necessárias para seu esclarecimento ou para o cumprimento do julgado ou do acordo, inclusive a decretação de prisão do devedor até 60 (sessenta) dias.[1]

§ 1º O cumprimento integral da pena de prisão não eximirá o devedor do pagamento das prestações alimentícias, vincendas ou vencidas e não pagas.

§ 2º Da decisão que decretar a prisão do devedor, caberá agravo de instrumento.

§ 3º A interposição do agravo não suspende a execução da ordem de prisão.

Art. 19: 1. Entendemos que este artigo está **implicitamente revogado pelo CPC 528 § 3º.**

Art. 20. As repartições públicas, civis ou militares, inclusive do Imposto de Renda, darão todas as informações necessárias à instrução dos processos previstos nesta lei e à execução do que for decidido ou acordado em juízo.

Art. 21. O art. 244 do Código Penal passa a vigorar com a seguinte redação:[1]

"Art. 244. Deixar, sem justa causa, de prover a subsistência do cônjuge, ou de filho menor de 18 anos ou inapto para o trabalho ou de ascendente inválido ou valetudinário, não lhes proporcionando os recursos necessários ou faltando ao pagamento de pensão alimentícia judicialmente acordada, fixada ou majorada; deixar, sem justa causa, de socorrer descendente ou ascendente gravemente enfermo:

Pena — Detenção de 1 (um) ano a 4 (quatro) anos e multa.[2]

Parágrafo único. Nas mesmas penas incide quem, sendo solvente, frustra ou ilide,[3] de qualquer modo, inclusive por abandono injustificado de emprego ou função, o pagamento de pensão alimentícia judicialmente acordada, fixada ou majorada".

Art. 21: 1. **EId 110:** "O Decreto-lei n. 2.848, de 7 de dezembro de 1940, Código Penal, passa a vigorar com as seguintes alterações: ... 'Art. 244. Deixar, sem justa causa, de prover a subsistência do cônjuge, ou de filho menor de 18 (dezoito) anos ou inapto para o trabalho, ou de ascendente inválido ou maior de 60 (sessenta) anos, não lhes proporcionando os recursos necessários ou faltando ao pagamento de pensão alimentícia judicialmente acordada, fixada ou majorada; deixar, sem justa causa, de socorrer descendente ou ascendente, gravemente enfermo:'".

Art. 21: 2. A redação, acima, do art. 244 do CP, quanto à pena, foi por nós **corrigida,** para ficar de acordo com o disposto na Lei 7.209, de 11.7.84 (Lex 1984/350), art. 2º.

Art. 21: 3. No texto oficial, está "ilide"; deve ser "elide" (cf. "Pequeno Vocabulário Ortográfico da Língua Portuguesa": elidir = eliminar, e ilidir = refutar; Séguier: elidir = suprimir, eliminar, e ilidir = rebater, refutar; Aurélio: elidir = eliminar, suprimir, e ilidir = rebater, contestar, refutar).

Art. 22. Constitui crime contra a administração da Justiça deixar o empregador ou funcionário público de prestar ao juízo competente as informações necessárias à instrução de processo ou execução de sentença ou acordo que fixe pensão alimentícia:

Pena — Detenção de 6 (seis) meses a 1 (um) ano, sem prejuízo da pena acessória de suspensão do emprego de 30 (trinta) a 90 (noventa) dias.

Parágrafo único. Nas mesmas penas incide quem, de qualquer modo, ajuda o devedor a eximir-se ao pagamento de pensão alimentícia judicialmente acordada, fixada ou majorada, ou se recusa, ou procrastina a executar ordem de descontos em folhas de pagamento, expedida pelo juiz competente.

Art. 23. A prescrição quinquenal referida no art. 178, § 10, inciso I, do Código Civil[1] só alcança as prestações mensais e não o direito a alimentos, que, embora irrenunciável,[1a-2] pode ser provisoriamente dispensado.

Art. 23: 1. CC rev.: "Art. 178. Prescreve: ... **§ 10.** Em cinco anos: **I** — As prestações de pensões alimentícias".

O art. 178 § 10-I corresponde ao **CC 206 § 2º:** "Prescreve: ... Em dois anos, a pretensão para haver prestações alimentares, a partir da data em que se vencerem".

Art. 23: 1a. v., no CCLCV, CC 1.707 e notas.

Art. 23: 2. O autor pode desistir da ação de alimentos, mas não pode renunciar ao direito a haver alimentos (RTJ 130/1.160).

Art. 24. A parte responsável pelo sustento da família, e que deixar a residência comum por motivo, que não necessitará declarar, poderá tomar a iniciativa de comunicar ao juízo[1] os rendimentos de que dispõe e de pedir a citação do credor, para comparecer à audiência de conciliação e julgamento destinada à fixação dos alimentos a que está obrigado.[2 a 3]

Art. 24: 1. Na republicação do DOU 8.4.74, supl., está: "comunicar ao juiz". O texto primitivo consigna: "comunicar ao juízo".

Art. 24: 2. Na republicação pelo DOU 8.4.74, supl., lê-se: "a que está obrigada"; o texto primitivo reza: "a que está obrigado".

Art. 24: 2a. O companheiro tem legitimidade para ofertar alimentos (RSTJ 147/357).

Art. 24: 3. Ao contrário do que ocorre na hipótese do art. 7º, o não comparecimento do autor à audiência de instrução e julgamento não acarreta o arquivamento do feito (RJTJESP 98/29).

Art. 25. A prestação não pecuniária estabelecida no art. 403 do Código Civil,[1] só pode ser autorizada pelo juiz se a ela anuir o alimentando capaz.

Art. 25: 1. CC rev.: "Art. 403. A pessoa obrigada a suprir alimentos poderá pensionar o alimentando, ou dar-lhe em casa hospedagem e sustento.

"Parágrafo único. Compete, porém, ao juiz, se as circunstâncias exigirem, fixar a maneira da prestação devida".

O art. 403 do CC rev. corresponde ao CC 1.701.

Art. 26. É competente para as ações de alimentos decorrentes da aplicação do Decreto Legislativo n. 10, de 13 de novembro de 1958, e Decreto n. 56.826, de 2 de setembro de 1965,[1 a 3] o juízo federal[3a] da Capital da

Unidade Federativa Brasileira em que reside o devedor, sendo considerada instituição intermediária, para os fins dos referidos decretos, a Procuradoria-Geral da República.[4]

Parágrafo único. Nos termos do inciso III, art. 2º, da Convenção Internacional sobre ações de alimentos, o Governo Brasileiro comunicará, sem demora, ao Secretário-Geral das Nações Unidas, o disposto neste artigo.

Art. 26: 1. **Dec. leg. 10, de 13.11.58** — Aprova a Convenção sobre a prestação de alimentos no estrangeiro.

Dec. 56.826, de 2.9.65 — Promulga a Convenção sobre prestação de alimentos no estrangeiro (RT 362/663, Lex 1965/1.233).

Dec. leg. 1, de 28.2.96 — Aprova a Convenção Interamericana sobre Obrigação Alimentar.

Art. 26: 2. "O art. 26 da Lei 5.478/68 se aplica às hipóteses em que o devedor da prestação alimentícia resida em território nacional e atue a Procuradoria-Geral da República como 'instituição intermediária'. Caso em que os autores da ação residem no Brasil e demandam contra réu domiciliado em Portugal, não tendo funcionado a Procuradoria-Geral da República como 'instituição intermediária'" (STJ-2ª Seção, CC 3.833-8, Min. Sálvio de Figueiredo, j. 10.2.93, DJU 8.3.93).

Art. 26: 3. "*Charges du mariage*. Configurando ter natureza e valor de alimentos a prestação a que foi condenado o cônjuge varão, conclui-se pela legitimidade da Instituição Intermediária, definida pela Convenção de Nova York, promulgada pelo Decreto n. 56.826, de 2.9.65" (STF-Pleno: RTJ 134/611, maioria).

Art. 26: 3a. Mas: "Conforme jurisprudência tranquila desta Corte, compete à Justiça Comum do Estado processar e julgar ação de alimentos pertinente ao Decreto n. 56.826/65, que promulgou a Convenção sobre Prestação de Alimentos no Estrangeiro, quando o devedor esteja domiciliado no exterior" (STJ-2ª Seção, CC 20.175, Min. Menezes Direito, j. 14.10.98, DJU 7.12.98).

"Só é competente a Justiça Federal para processar e julgar a ação de alimentos quando, por residir o demandante no exterior e o devedor em território nacional, atua a Procuradoria-Geral da República como 'instituição intermediária'" (RSTJ 6/127). No mesmo sentido: STJ-2ª Seção, CC 1.594, Min. Nilson Naves, j. 10.4.91, DJU 6.5.91.

Cf. RTFR 149/253, RJTJESP 103/265.

Art. 26: 4. "A competência para processar e julgar ação de alimentos quando o alimentante reside no exterior se determina em razão da matéria, quando não é a mesma proposta pela Procuradoria-Geral da República (Convenção sobre Prestação de Alimentos no Estrangeiro)" (STJ-2ª Seção, CC 6.654-9, Min. Dias Trindade, j. 9.2.94, DJU 28.3.94).

Art. 27. Aplicam-se supletivamente nos processos regulados por esta lei as disposições do Código de Processo Civil.

Art. 28. Esta lei entrará em vigor 30 (trinta) dias depois de sua publicação.

Art. 29. Revogam-se as disposições em contrário.

Brasília, 25 de julho de 1968; 147º da Independência e 80º da República — A. COSTA E SILVA — **Luís Antônio da Gama e Silva.**

Lei n. 11.804, de 5 de novembro de 2008

Disciplina o direito a alimentos gravídicos e a forma como ele será exercido e dá outras providências.

O Presidente da República

Faço saber que o Congresso Nacional decreta e eu sanciono a seguinte Lei:

Art. 1º Esta Lei disciplina o direito de alimentos da mulher gestante e a forma como será exercido.[1]

Art. 1º: 1. "Alimentos gravídicos", por Jesualdo Eduardo de Almeida Júnior (RT 882/9, RJ 374/67); "A tutela jurisdicional do direito a alimentos gravídicos: análise às *técnicas processuais diferenciadas* instituídas pela Lei n. 11.804/08", por Lúcio Delfino (RBDP 68/179); "Os alimentos gravídicos no teatro da vida", por Rozane da Rosa Cachapuz (RBDFS 17/74).

Art. 2º Os alimentos de que trata esta Lei compreenderão os valores suficientes para cobrir as despesas adicionais do período de gravidez e que sejam dela decorrentes, da concepção ao parto, inclusive as referentes a alimentação especial, assistência médica e psicológica, exames complementares, internações, parto, medicamentos e demais prescrições preventivas e terapêuticas indispensáveis, a juízo do médico, além de outras que o juiz considere pertinentes.

Parágrafo único. Os alimentos de que trata este artigo referem-se à parte das despesas que deverá ser custeada pelo futuro pai, considerando-se a contribuição que também deverá ser dada pela mulher grávida, na proporção dos recursos de ambos.

Art. 3º (VETADO)

Art. 4º (VETADO)

Art. 5º (VETADO)

Art. 6º Convencido da existência de indícios da paternidade,[1] o juiz fixará alimentos gravídicos que perdurarão até o nascimento da criança, sopesando as necessidades da parte autora e as possibilidades da parte ré.[1a]

Parágrafo único. Após o nascimento com vida, os alimentos gravídicos ficam convertidos em pensão alimentícia em favor do menor até que uma das partes solicite a sua revisão.[1b-2]

Art. 6º: 1. "Alimentos gravídicos. Ajuizamento da ação que não depende de prova pré-constituída da paternidade. Exegese do art. 6º da Lei n. 11.804/08. Conjunto probatório que, no entanto, ainda não é suficiente para demonstrar a existência de indícios de paternidade. Alimentos provisórios indeferidos. Necessidade de dilação probatória" (JTJ 347/36: AI 657.860-4/5-00).

"O deferimento de alimentos gravídicos à gestante pressupõe a demonstração de fundados indícios da paternidade atribuída ao demandado, não bastando a mera imputação da paternidade. Exegese do art. 6º da Lei n. 11.804/08. Ônus da mulher diante da impossibilidade de se exigir prova negativa por parte do indigitado pai. Ausente comprovação mínima das alegações iniciais, resta inviabilizada, na fase, a concessão dos alimentos reclamados, sem prejuízo de decisão em contrário diante de provas nos autos" (RJTJERGS 275/183: AI 70028646594).

Todavia: "O requisito exigido para a concessão dos alimentos gravídicos, qual seja, 'indícios de paternidade', nos termos do art. 6º da Lei n. 11.804/08, deve ser examinado, em sede de cognição sumária, sem muito rigorismo, tendo em vista a dificuldade na comprovação do alegado vínculo de parentesco já no momento do ajuizamento da ação, sob pena de não se atender à finalidade da lei, que é proporcionar ao nascituro seu sadio desenvolvimento. No caso, a nota fiscal relativa à aquisição de um berço infantil em nome do agravado, juntada ao instrumento, confere certa verossimilhança à indicação da insurgente acerca do suposto pai, o que autoriza, em sede liminar, o deferimento dos alimentos gravídicos postulados, no valor de 30% do salário mínimo, quantia significativamente módica" (RJTJERGS 284/197: AI 70046905147).

Art. 6º: 1a. Para algumas diretrizes na fixação do valor dos alimentos, v. LA 11 e notas. V. tb., no CCLCV, CC 1.694 § 1º e notas.

Art. 6º: 1b. "Em regra, a ação de alimentos gravídicos **não** se extingue ou **perde** seu **objeto com o nascimento da criança,** pois os referidos alimentos ficam convertidos em pensão alimentícia até eventual ação revisional em que se solicite a exoneração, redução ou majoração do valor dos alimentos ou até mesmo eventual resultado em ação de investigação ou negatória de paternidade" (STJ-3ª T., REsp 1.629.423, Min. Marco Bellizze, j. 6.6.17, DJ 22.6.17).

Art. 6º: 2. A previsão de revisão da pensão alimentícia é da maior pertinência, na medida em que os fatores que norteiam a fixação de alimentos gravídicos são absolutamente diferentes daqueles que orientam o dimensionamento dos alimentos em favor do recém-nascido. Enquanto aqueles se pautam pelas necessidades da mãe atreladas à gestação e ao parto, estes se guiam pelas necessidades do menor. E dificilmente haverá coincidência entre os valores requeridos para satisfazer essas distintas necessidades. Pode acontecer tanto de as necessidades da mãe no período de gravidez serem maiores do que as do recém-nascido (p. ex., gravidez com complicações e recém-nascido que se alimenta exclusivamente de leite materno) quanto as deste serem maiores do que as daquela (p. ex., gravidez sem sobressaltos e recém-nascido acometido por alguma doença). Como se isso não bastasse, as necessidades do menor sofrem intensa variação com o passar do tempo, o que desaconselha, definitivamente, a vinculação entre o valor dos alimentos gravídicos e o valor dos alimentos devidos em favor do filho.

Art. 7º O réu será citado para apresentar resposta em 5 (cinco) dias.

Art. 8º (VETADO)

Art. 9º (VETADO)

Art. 10. (VETADO)

Art. 11. Aplicam-se supletivamente nos processos regulados por esta Lei as disposições das Leis n. 5.478, de 25 de julho de 1968, e 5.869, de 11 de janeiro de 1973 — Código de Processo Civil.

Art. 12. Esta Lei entra em vigor na data de sua publicação.

Brasília, 5 de novembro de 2008; 187º da Independência e 120º da República — LUIZ INÁCIO LULA DA SILVA — **Tarso Genro — José Antonio Dias Toffoli — Dilma Rousseff.**

Ementário
Arbitragem e Mediação

Dec. leg. 90, de 6.6.95 — Aprova o texto da Convenção Interamericana sobre Arbitragem Comercial Interamericana, concluída em 30 de janeiro de 1975, na Cidade do Panamá (Diário do Congr. Nacional de 9.6.65). Promulgada pelo **Dec. 1.902, de 9.5.96** (DOU 10.5.96).

Lei 9.307, de 23.9.96 — Dispõe sobre a arbitragem (v. adiante, texto integral).

Dec. 2.411, de 2.12.97 — Promulga a Convenção Interamericana sobre Eficácia Extraterritorial das Sentenças e Laudos Arbitrais Estrangeiros, concluída em Montevidéu em 11 de maio de 1979 (Lex 1997/4.345, RT 746/765).

Dec. leg. 265, de 29.12.00 — Aprova o texto do Acordo sobre Arbitragem Comercial Internacional do Mercosul, concluído em Buenos Aires em 23 de julho de 1998 (Lex 2000/5.698).

Dec. 4.311, de 23.7.02 — Promulga a Convenção sobre o Reconhecimento e a Execução de Sentenças Arbitrais Estrangeiras (Lex 2002/1.426).

Dec. 4.719, de 4.6.03 — Promulga o Acordo sobre Arbitragem Comercial Internacional do Mercosul (DOU 5.6.03).

Lei 13.129, de 26.5.15 — Altera a Lei 9.307, de 23 de setembro de 1996, e a Lei 6.404, de 15 de dezembro de 1976, para ampliar o âmbito de aplicação da arbitragem e dispor sobre a escolha dos árbitros quando as partes recorrem a órgão arbitral, a interrupção da prescrição pela instituição da arbitragem, a concessão de tutelas cautelares e de urgência nos casos de arbitragem, a carta arbitral e a sentença arbitral, e revoga dispositivos da Lei 9.307, de 23 de setembro de 1996. Em vigor 60 dias após a sua publicação (DOU 27.5.15).

Lei 13.140, de 26.6.15 — Dispõe sobre a mediação entre particulares como meio de solução de controvérsias e sobre a autocomposição de conflitos no âmbito da administração pública; altera a Lei 9.469, de 10 de julho de 1997, e o Decreto 70.235, de 6 de março de 1972; e revoga o § 2º do art. 6º da Lei 9.469, de 10 de julho de 1997. V., adiante, texto integral.

Lei n. 9.307, de 23 de setembro de 1996

Dispõe sobre a arbitragem.[1]

O Presidente da República

Faço saber que o Congresso Nacional decreta e eu sanciono a seguinte lei:

Capítulo I | DISPOSIÇÕES GERAIS

✎ **LEI 9.307: 1.** "Lei nova revitaliza a arbitragem", por Maristela Basso (RT 733/11); "A arbitragem no sistema jurídico brasileiro", pelo Min. Sálvio de Figueiredo (RT 735/39, RF 338/181, RTJE 161/91); "Arbitragem como meio de solução de conflitos no âmbito do Mercosul e a imprescindibilidade da Corte comunitária", pelo Min. Sálvio de Figueiredo (RJ 236/15); "Jurisdição e juizado arbitral", por Marco Antonio de Barros (RT 738/56); "Reconhecimento e execução de laudos arbitrais estrangeiros", por José Carlos de Magalhães (RT 740/116); "Juízo arbitral", por Luiz Melíbio Uiraçaba Machado (Ajuris 69/341); "A nova Lei de Arbitragem e os contratos de adesão", por Carlos Alberto Etcheverry (Ajuris 69/347); "Arbitragem ou jurisdição privada?", por Márcio Oliveira Puggina (Ajuris 69/359); "A intervenção do Estado na arbitragem", por Luiz Felipe Azevedo Gomes (Ajuris 69/369); "Aspectos processuais da nova lei de arbitragem", por Paulo Cezar Pinheiro Carneiro (RF 339/127); "A arbitragem nos litígios administrativos", por Caio Tácito (RDA 210/111); "Aspectos do instituto da arbitragem", por Demócrito Ramos Reinaldo Filho (RT 743/64); "Arbitragem nos contratos privados", por Eduardo Grebler (RT 745/59); "Arbitragem: importância do seu aperfeiçoamento. O papel do advogado", por Roberto Rosas (RT 746/78); "Da constitucionalidade dos arts. 6º, 7º, 41 e 42 da Lei de Arbitragem. A questão da inafastabilidade do controle jurisdicional", por Joel Dias Figueira Júnior (RT 752/61, RJ 245/28); "Arbitragem", por Álvaro Villaça Azevedo (RT 753/11); "Juízo arbitral", por Cláudio Armando Couce de Menezes e Leonardo Dias Borges (RF 342/37); "Questões que envolvem a homologação da sentença arbitral estrangeira", por Pedro A. Batista Martins (RF 344/225); "Em busca de um direito comum arbitral: notas sobre o laudo arbitral e a sua impugnação", por Vincenzo Vigoriti (RF 345/155); "Arbitragem", por João Carlos Pestana Aguiar Silva (RT 776/733); "Arbitragem. 'Anno III'", por Carlos Alberto Carmona (RF 350/20); "Arbitragem. Mediação e negociação: a constitucionalidade da Lei de Arbitragem", por Inocêncio Mártires Coelho (RDA 219/11); "A arbitragem no direito brasileiro", por Carmen Tiburcio (RF 351/49); "Arbitragem e interesse de agir", por Domingos Afonso Kriger Filho (RJ 275/25); "Considerações sobre os limites da vinculação da arbitragem (Lei 6.907/96)", por Antonio de Pádua Soubhie Nogueira (RT 780/75 e RJ 281/29); "A arbitragem como meio de solução de controvérsias", por Humberto Theodoro Jr. (RF 353/107); "O STF e a constitucionalidade da cláusula compromissória (Lei 9.307/96)", por Arnoldo Wald (RJ 285/5); "Contrato administrativo e a lei de arbitragem", por Mauro Roberto Gomes de Mattos (RDA 223/115); "O Poder Judiciário e a arbitragem", por Pedro A. Batista Martins (RF 357/113, 1ª parte; RF 358/151, 2ª parte; RF 359/165, 3ª parte); "Lei 9.307. A arbitragem reinstituída", por Paulo de Tarso Santos (RIASP 8/259); "O Poder do Judiciário e a arbitragem: quatro anos da Lei n. 9.307/96", 4ª Parte, por Pedro A. Batista Martins (RF 360/87); "Arbitragem e terceiros. Litisconsórcio fora do pacto arbitral. Outras intervenções de terceiros", por Humberto Theodoro Jr. (RF 362/41); "Arbitragem envolvendo o Estado no direito brasileiro", por Suzana Domingues Medeiros (RDA 233/71); "Arbitragem e prestação de serviços públicos", por Ada Pellegrini Grinover (RDA 233/377, RIDA 7/7 e RSDCPC 26/65); "Arbitragem. Solução de controvérsias no mapa da geografia social", por Marcia Fratari Majadas (RT 813/82); "Juízo arbitral. Uma forma alternativa na solução dos conflitos", por Silvestre Jasson Ayres Torres (Ajuris 92/287); "A arbitragem no Brasil. Evolução histórica e conceitual", pelo Min. José Augusto Delgado (RF 374/127); "Arbitragem em contratos firmados por empresas estatais", por Diogo de Figueiredo Moreira Neto e Marcos Juruena Villela Souto (RDA 236/215); "*Quale fra arbitrato* e processo", por Vincenzo Vigoriti (RP 125/153); "Arbitragem na indústria do petróleo no direito brasileiro", por Carmen Tiburcio e Suzana Medeiros (RDA 241/53); "Sinal verde para a arbitragem nas parcerias público-privadas (a construção de um novo paradigma para os contratos entre o estado e o investidor privado)", por Lauro da Gama e Souza Jr. (RDA 241/121); "A arbitragem e as parcerias público-privadas", por Gustavo Henrique Justino de Oliveira (RDA 241/241); "A nova legislação espanhola em matéria de arbitragem", por Heitor Vitor Mendonça Sica (RP 132/141); "Mediação e arbitragem no setor de telecomunicações", por Floriano de Azevedo Marques Neto (IP 37/65); "A arbitragem comercial como fator de renovação do direito internacional privado brasileiro dos contratos", por Fabio

Morosini (RT 851/63); "Arbitragem", por Álvaro Villaça Azevedo (RMDCPC 6/24); "Notas em torno da arbitragem", por Juvêncio Vasconcelos Viana (RDDP 54/88); "Arbitragem e jurisdição: premissa à homologação de sentença arbitral estrangeira", por Luis Fernando Guerrero (RP 159/9); "Consensualismo na arbitragem e teoria do grupo de sociedades", por Gustavo Tepedino (RT 903/9); "A arbitragem no Brasil", por Pedro A. Batista Martins (RSDCPC 68/21); "Arbitragem", por Leandro Costa Saletti (RSDCPC 68/31); "Arbitragem no Brasil", por Felipe Scripes Wladeck e Paulo Osternack Amaral (RBDP 74/131); "Quão sigilosa é a arbitragem?", por José Cretella Neto (RAM 25/43); "O Brasil como sede de arbitragens internacionais: a capacitação técnica das câmaras arbitrais brasileiras", por Thiago Marinho Nunes, Eduardo Silva da Silva e Luís Fernando Guerrero (RAM 34/119); "A arbitragem — uma visão crítica", por Leon Frejda Szklarowsky (RP 212/204).

Art. 1º As pessoas capazes de contratar poderão valer-se da arbitragem[1 a 1c] para dirimir litígios relativos a direitos patrimoniais disponíveis.[2-2a]

§ 1º A administração pública direta e indireta poderá utilizar-se da arbitragem para dirimir conflitos relativos a direitos patrimoniais disponíveis.[3 a 5]

§ 2º A autoridade ou o órgão competente da administração pública direta para a celebração de convenção de arbitragem é a mesma para a realização de acordos ou transações.[6]

✎ **Art. 1º: 1.** "Dúvidas frequentes na eleição da arbitragem como meio de solução de conflitos. Uma análise da autonomia da vontade e da teoria geral dos contratos", por Luiz Fernando do Vale de Almeida Guilherme (RDPr 23/259).

Art. 1º: 1a. s/ arbitragem nos Juizados Especiais, v. LJE 24 a 26.

Art. 1º: 1b. **LC 80, de 12.1.94** — Organiza a Defensoria Pública da União, do Distrito Federal e dos Territórios e prescreve normas gerais para sua organização nos Estados, e dá outras providências: **"Art. 4º** São funções institucionais da Defensoria Pública, dentre outras: ... **II** (*redação da LC 132, de 7.10.09*) — promover, prioritariamente, a solução extrajudicial dos litígios, visando à composição entre as pessoas em conflito de interesses, por meio de mediação, conciliação, arbitragem e demais técnicas de composição e administração de conflitos".

Art. 1º: 1c. A Lei de Arbitragem é **constitucional** (STF-RTJ 190/908: Pleno, SE 5.206, quatro votos vencidos).

✎ **Art. 1º: 2.** "Direitos patrimoniais disponíveis e indisponíveis à luz da Lei da Arbitragem", por Antonio José de Mattos Neto (RP 122/151 e RF 361/293); "Arbitragem e alimentos, uma conexão possível", por Ilza Andrade Campos Silva (RBDF 35/159).

Art. 1º: 2a. Em matéria de **dissolução parcial de sociedade pretendida por sucessores do sócio falecido,** os direitos em questão, "ainda que adquiridos por sucessão, são exclusivamente societários e, como tal, disponíveis por natureza. Não constitui, portanto, objeto da ação em comento o direito à sucessão da participação societária, de titularidade dos herdeiros, que se dá, naturalmente, no bojo de ação de inventário e partilha. A indisponibilidade do direito atrela-se a aspectos inerentes à personalidade de seu titular (no caso, do sócio falecido), do que, no caso, a toda evidência, não se cogita. Os direitos e interesses discutidos na ação de dissolução parcial de sociedade são exclusivamente societários e, como tal, sujeitos à arbitralidade" (STJ-3ª T., REsp 1.727.979, Min. Marco Bellizze, j. 12.6.18, DJ 19.6.18).

Art. 1º: 3. O § 1º foi acrescido pela Lei 13.129, de 26.5.15, em vigor 60 dias após a sua publicação (DOU 27.5.15).

✎ **Art. 1º: 3a.** "A arbitragem e o Poder Público", por Eliana Calmon (RAM 24/9); "Arbitragem envolvendo a Administração Pública: estado atual no direito brasileiro", por Carmen Tiburcio (RSDA 105/72).

Art. 1º: 4. v. art. 2º § 3º.

Art. 1º: 4a. **Dec. 10.025, de 20.9.19** — Dispõe sobre a arbitragem para dirimir litígios que envolvam a administração pública federal nos setores portuário e de transporte rodoviário, ferroviário, aquaviário e aeroportuário, e regulamenta o inciso XVI do *caput* do art. 35 da Lei n. 10.233, de 5 de junho de 2001, o § 1º do art. 62 da Lei n. 12.815, de 5 de junho de 2013, e o § 5º do art. 31 da Lei n. 13.448, de 5 de junho de 2017.

Art. 1º: 5. **Sociedade de economia mista** pode valer-se da arbitragem para a solução de litígios (STJ-1ª Seção, MS 11.308, Min. Luiz Fux, j. 9.4.08, DJU 13.5.08).

"Não existe óbice legal na estipulação da arbitragem pelo poder público, notadamente pelas sociedades de economia mista, admitindo como válidas as cláusulas compromissórias previstas em editais convocatórios de licitação e contratos. O fato de não haver previsão da arbitragem no edital de licitação ou no contrato celebrado entre as partes não invalida o compromisso arbitral firmado posteriormente. A previsão do juízo arbitral, em vez do foro da sede da administração (jurisdição estatal), para a solução de determinada controvérsia, não vulnera o conteúdo ou as regras do certame" (STJ-3ª T., REsp 904.813, Min. Nancy Andrighi, j. 16.10.12, RAM 33/361 e RSDA 94/40).

Art. 1º: 6. O § 2º foi acrescido pela Lei 13.129, de 26.5.15, em vigor 60 dias após a sua publicação (DOU 27.5.15).

Art. 2º A arbitragem poderá ser de direito ou de equidade,[1] a critério das partes.

§ 1º Poderão as partes escolher, livremente, as regras de direito que serão aplicadas na arbitragem, desde que não haja violação aos bons costumes e à ordem pública.

§ 2º Poderão, também, as partes convencionar que a arbitragem se realize com base nos princípios gerais de direito, nos usos e costumes e nas regras internacionais de comércio.

§ 3º A arbitragem que envolva a administração pública será sempre de direito e respeitará o princípio da publicidade.[2]

Art. 2º: 1. v. arts. 11-II e 26-II; cf. CPC 140 § ún.

Art. 2º: 2. O § 3º foi acrescido pela Lei 13.129, de 26.5.15, em vigor 60 dias após a sua publicação (DOU 27.5.15).

Capítulo II | DA CONVENÇÃO DE ARBITRAGEM E SEUS EFEITOS

Art. 3º As partes interessadas podem submeter a solução de seus litígios ao juízo arbitral mediante convenção de arbitragem, assim entendida a cláusula compromissória e o compromisso arbitral.[1-2]

✎ **Art. 3º: 1.** "Execução específica de cláusula arbitral", por Celso Barbi Filho (RF 331/97).

Art. 3º: 2. s/ convenção de arbitragem e: cláusula de eleição de foro, v. CPC 63, nota 3g; matéria de defesa e cognoscibilidade de ofício, v. CPC 337-X e § 5º e notas; extinção do processo sem julgamento do mérito, v. CPC 485-VII e notas.

S/ adendo à convenção de arbitragem, v. art. 19 § ún.

S/ conflito de competência em matéria de arbitragem, v. CF 105, nota 9b, e CPC 66, nota 3b.

Art. 4º A cláusula compromissória é a convenção através da qual as partes em um contrato comprometem-se a submeter à arbitragem os litígios que possam vir a surgir, relativamente a tal contrato.[1 a 2c]

§ 1º A cláusula compromissória deve ser estipulada por escrito, podendo estar inserta no próprio contrato ou em documento apartado que a ele se refira.[3-3a]

§ 2º Nos contratos de adesão, a cláusula compromissória só terá eficácia se o aderente tomar a iniciativa de instituir a arbitragem ou concordar, expressamente, com a sua instituição, desde que por escrito em documento anexo ou em negrito, com a assinatura ou visto especialmente para essa cláusula.[4 a 6]

§ 3º (VETADO)

§ 4º (VETADO)

✎ **Art. 4º: 1.** "Cumprimento judicial de cláusula compromissória na Lei 9.307/96 e outras intervenções do Judiciário na arbitragem privada", por Celso Barbi Filho (RT 749/104, RF 343/19); "Cláusula compromissória. Autossuficiência da cláusula cheia"; por Adriana Braghetta (RT 800/137); "Considerações sobre os limites da vinculação da arbitragem (Lei n. 9.307/96): breve análise de pontos controvertidos", por Antonio de Pádua Soubhie Nogueira (RF 365/347); "Extensão da cláusula compromissória e grupos de sociedades na prática CCI (de acordo com o Regulamento CCI-2012)", por Leonardo de Campos Melo (RAM 36/255).

Art. 4º: 1a. "Não se pode ter como condição de existência da **cláusula compromissória** que a arbitragem seja a única via de resolução admitida pelas partes, para todos os litígios e em relação a todas as matérias. É válida, assim, a cláusula compromissória constante de acordo que excepcione ou reserve certas situações especiais a serem submetidas ao Judiciário, mormente quando essas demandem tutelas de urgência. Do mesmo modo, a referência à mediação como alternativa para a resolução de conflitos não torna a cláusula compromissória nula. Com efeito, firmada a cláusula compromissória, as partes não estão impedidas de realizar acordo ou conciliação, inclusive por mediação. Apenas questões sobre direitos disponíveis são passíveis de submissão à arbitragem. Então, só se submetem à arbitragem as matérias sobre as quais as partes possam livremente transacionar. Se podem transacionar, sempre poderão resolver seus conflitos por mediação ou por arbitragem, métodos de solução compatíveis. A ausência de maiores detalhes na previsão da mediação ou da arbitragem não invalida a deliberação originária dos contratantes, apenas traduz, em relação à segunda, cláusula arbitral 'vazia', modalidade regular prevista no art. 7º da Lei 9.307/96" (STJ-4ª T., REsp 1.331.100, Min. Raul Araújo, j. 17.12.15, maioria, DJ 22.2.16).

"Não há vedação, na ordem jurídica brasileira, para que a resolução dos conflitos das diversas obrigações de um contrato sejam cindidos, de forma que parte seja resolvida por arbitragem e parte seja submetida ao Poder Judiciário" (STJ-Corte Especial, SE 11.106, Min. Herman Benjamin, j. 17.5.17, DJ 21.6.17).

Art. 4º: 1b. "Havendo previsão da cláusula compromissória, definida pelo art. 4º da Lei 9.307, de 23.09.1996, as questões referentes ao contrato em tela deverão ser resolvidas mediante arbitragem. Não socorre ao apelante a alegação de omissão da referida cláusula, por não ter indicado a eventual câmara competente e a composição dos árbitros competentes" (RAM 34/395: TJSP, AP 0015713-69.2008.8.26.0152; a citação é do voto do relator, Des. José Reynaldo).

Art. 4º: 1c. "Reconhecida a **coligação contratual,** mostra-se possível a **extensão da cláusula compromissória** prevista no contrato principal aos contratos de 'swap', pois integrantes de uma operação econômica única. No sistema de coligação contratual, o contrato reputado como sendo o principal determina as regras que deverão ser seguidas pelos demais instrumentos negociais que a este se ajustam, não sendo razoável que uma cláusula compromissória inserta naquele não tivesse seus efeitos estendidos aos demais" (STJ-3ª T., REsp 1.639.035, Min. Paulo Sanseverino, j. 18.9.18, maioria, DJ 15.10.18).

"Contratação coligada. Inexistência de autonomia das obrigações ajustadas entre os contratos conexos. Reconhecimento. Extensão objetiva da cláusula compromissória arbitral. Necessidade. A coligação contratual pode, eventualmente — e não necessariamente — ensejar a extensão da cláusula compromissória arbitral inserida no contrato principal ao contrato acessório a ele conexo se a indissociabilidade dos ajustes em coligação, evidenciada pela ausência de autonomia das obrigações ajustadas em cada contrato, considerado o elevado grau de interdependência, tornar impositiva a submissão de ambos os contratos à arbitragem, sem descurar, na medida do possível, da preservação da autonomia da vontade das partes contratantes de se submeterem à arbitragem. Na hipótese, sobressai evidenciado que o contrato de cessão de crédito teve por objeto definir o modo pelo qual se daria o cumprimento de parte do pagamento estipulado no contrato principal de compra e venda. Trata-se, pois, de pactuação destinada justamente a dar consecução ao cumprimento de parte da obrigação estabelecida no contrato de compra e venda da universidade em questão. Não há, assim, nenhuma autonomia das obrigações ajustadas no contrato acessório em relação ao principal" (STJ-3ª T., REsp 1.834.338, Min. Marco Bellizze, j. 1.9.20, maioria, DJ 16.10.20).

Art. 4º: 2. **"Cláusula compromissória** estabelecida **em contrato de seguro** empresarial para resolução de conflitos decorrentes da interpretação dos termos e condições da apólice, bem como evolução, ajuste e liquidação de qualquer sinistro, o que inclui a discussão quanto à subsunção do fato concreto aos danos cobertos" (JTJ 315/43: AP 263.009-4/5-00).

Art. 4º: 2a. **"Cautelar de arresto** incidente sobre bens de terceiros, condicionada à **desconsideração da personalidade jurídica** da empresa contratante, para o fim de assegurar o resultado útil da arbitragem. Necessidade de submissão da pretensão ao juízo arbitral, sob pena de a sentença ali proferida não lhes alcançar, a esvaziar a medida assecuratória. Pedido de desconsideração da personalidade jurídica da empresa contratante. Competência do juízo arbitral. Reconhecimento" (STJ-3ª T., REsp 1.698.730, Min. Marco Bellizze, j. 8.5.18, maioria, DJ 21.5.18).

Art. 4º: 2b. "Ação de responsabilidade civil por perdas e danos cumulada com pedido de indenização por danos morais fundada na relação contratual existente entre as partes. Existência de cláusula compromissória no contrato social. **Ajuizamento de anterior ação possessória** que **não implica renúncia** ao compromisso assumido. Extinção do processo sem resolução do mérito" (STJ-4ª T., REsp 1.678.667, Min. Raul Araújo, j. 6.11.18, DJ 12.11.18).

Art. 4º: 2c. "A instauração da arbitragem, no particular, foi decorrência direta de previsão estatutária que obriga a adoção dessa via para a solução de litígios societários. Ainda que a jurisprudência do STJ venha entendendo, consistentemente, que a competência para decidir acerca do destino do acervo patrimonial de sociedades em recuperação judicial é do juízo do soerguimento, a presente hipótese versa sobre situação diversa. A questão submetida ao juízo arbitral diz respeito à análise da higidez da formação da vontade da devedora quanto a disposições expressas no plano de soerguimento. As deliberações da assembleia de credores — apesar de sua soberania — estão sujeitas aos requisitos de validade dos atos jurídicos em geral. Precedente. O art. 50, *caput*, da Lei 11.101/05, ao elencar os meios de recuperação judicial passíveis de integrar o plano de soerguimento, dispõe expressamente que tais meios devem observar a legislação pertinente a cada caso. Seu inciso II é ainda mais enfático ao prever que, em operações societárias, devem ser "respeitados os direitos dos sócios, nos termos da legislação vigente". E, no particular, o objetivo da instauração do procedimento arbitral é justamente garantir o **direito dos acionistas** de deliberar em assembleia geral sobre questões que, supostamente, competem privativamente a eles, mas que passaram a integrar o **plano de recuperação judicial** sem sua anuência" (STJ-2ª Seção, CC 157.099, Min. Nancy Andrighi, j. 10.10.18, maioria, DJ 30.10.18).

✎ **Art. 4º: 3.** "*Agreement in writing* e requisitos formais da cláusula de arbitragem: nova realidade, velhos paradigmas", por Joaquim de Paiva Muniz e Maria da Graça Almeida Prado (RAM 26/59).

Art. 4º: 3a. "Sob o aspecto formal, a única exigência tecida pela lei de regência para o estabelecimento da convenção de arbitragem, por meio de cláusula compromissória — em não se tratando de contrato de adesão —, é que esta se dê por escrito, seja no bojo do próprio instrumento contratual, seja em **documento apartado.** O art. 4º da Lei n. 9.307/96 não especifica qual seria este documento idôneo a veicular a convenção de arbitragem, não se afigurando possível ao intérprete restringir o meio eleito pelas partes, inclusive, v.g., o meio epistolar. Evidenciada a natureza contratual da cláusula compromissória (autônoma em relação ao contrato subjacente), afigura-se indispensável que as partes contratantes, com ela, consintam. De se destacar que a manifestação de vontade das partes contratantes, destinada especificamente a anuir com a convenção de arbitragem, pode se dar, de igual modo, de inúmeras formas, e não apenas por meio da aposição das assinaturas das partes no documento em que inserta. Absolutamente possível, por conseguinte, a partir do contexto das negociações entabuladas entre as partes, aferir se elas, efetivamente, assentiram com a convenção de arbitragem. No caso, para a específica divergência quanto aos valores das ações a serem adquiridas, as partes avençaram que a correlata decisão do terceiro/árbitro seria final, definitiva e aceita pelas partes, o que encerra, inarredavelmente, convenção de arbitragem, ainda que vazia, a merecer, necessariamente, o respaldo do Poder Judiciário. Para tal propósito, é irrelevante o termo utilizado na avença ('avaliador', 'arbitrador' etc.). As demandadas reconhecem, sem qualquer ressalva, a obrigação de adquirir a participação acionária, assumida por ocasião do acordo de unificação das companhias de navegação, nos moldes dispostos na primeira carta a ele anexada, não se eximindo, é certo, de seu cumprimento. Pugnam, tão-somente, que se observe a integralidade das disposições insertas na aludida correspondência, notadamente em relação ao valor das ações a serem adquiridas, no que reside propriamente a controvérsia, cuja solução, como visto, foi atribuída à arbitragem, de modo definitivo e irrevogável, de modo a subtrair do Poder Judiciário o julgamento da questão" (STJ-3ª T., REsp 1.569.422, Min. Marco Bellizze, j. 26.4.16, maioria, DJ 20.5.16).

Art. 4º: 4. Alteração do § 2º, proposta pela Lei 13.129, de 26.5.15, foi **vetada.**

Art. 4º: 4a. Em contrato regido pelo CDC, são nulas as cláusulas que "determinem a utilização compulsória de arbitragem" (CDC 51-VII).

"Com a promulgação da Lei de Arbitragem, passaram a conviver, em harmonia, três regramentos de diferentes graus de especificidade: (i) a regra geral, que obriga a observância da arbitragem quando pactuada pelas partes, com derrogação da jurisdição estatal; (ii) a regra específica, contida no art. 4º, § 2º, da Lei 9.307/96 e aplicável a contratos de adesão genéricos, que restringe a eficácia da cláusula compromissória; e (iii) a regra ainda mais específica, contida no art. 51, VII, do CDC, incidente sobre contratos derivados de **relação de consumo,** sejam eles de adesão ou não, impondo a nulidade de cláusula que determine a utilização compulsória da arbitragem, ainda que satisfeitos os requisitos do art. 4º, § 2º, da Lei 9.307/96. O art. 51, VII, do CDC se limita a vedar a adoção prévia e compulsória da arbitragem, no momento da celebração do contrato, mas não impede que, posteriormente, diante de eventual litígio, havendo consenso entre as partes (em especial a aquiescência do consumidor), seja instaurado o procedimento arbitral. As regras dos arts. 51, VII, do CDC e 34 da Lei 9.514/97 não são incompatíveis. Primeiro porque o art. 34 não se refere exclusivamente a financiamentos imobiliários sujeitos ao CDC e segundo porque, havendo relação de consumo, o dispositivo legal não fixa o momento em que deverá ser definida a efetiva utilização da arbitragem" (STJ-3ª T., REsp 1.169.841, Min. Nancy Andrighi, j. 6.11.12, RAM 37/503). Do voto da relatora: "Na hipótese específica dos autos, o ajuizamento da ação principal evidencia, ainda que de forma implícita, a discordância do recorrido em se submeter ao procedimento arbitral, não podendo, pois, nos termos do art. 51, VII, do CDC, prevalecer a cláusula que impõe sua utilização compulsória".

"Não há incompatibilidade entre os arts. 51, VII, do CDC e 4º, § 2º, da Lei n. 9.307/96. Visando conciliar os normativos e garantir a maior proteção ao consumidor é que entende-se que a cláusula compromissória só virá a ter eficácia caso este aderente venha a tomar a iniciativa de instituir a arbitragem, ou concorde, expressamente, com a sua instituição, não havendo, por conseguinte, falar em compulsoriedade. Ademais, há situações em que, apesar de se tratar de consumidor, não há vulnerabilidade da parte a justificar sua proteção. Dessarte, a instauração da arbitragem pelo consumidor vincula o fornecedor, mas a recíproca não se mostra verdadeira, haja vista que a propositura da arbitragem pelo policitante depende da ratificação expressa do oblato vulnerável, não sendo suficiente a aceitação da cláusula realizada no momento da assinatura do contrato de adesão. Com isso, evita-se qualquer forma de abuso, na medida em que o consumidor detém, caso desejar, o poder de libertar-se da via arbitral para solucionar eventual lide com o prestador de serviços ou fornecedor. É que a recusa do consumidor não exige qualquer motivação. Propondo ele ação no Judiciário, haverá negativa (ou renúncia) tácita da cláusula compromissória. Assim, é possível a cláusula arbitral em contrato de adesão de consumo quando não se verificar presente a sua imposição pelo fornecedor ou a vulnerabilidade do consumidor, bem como quando a iniciativa da instauração ocorrer pelo consumidor ou, no caso de iniciativa do fornecedor, venha a concordar ou ratificar expressamente com a instituição, afastada qualquer possibilidade de abuso. Na hipótese, os autos revelam contrato de adesão de consumo em que fora estipulada cláusula compromissória. Apesar de sua manifestação inicial, a mera propositura da presente ação pelo consumidor é apta a demonstrar o seu desinteresse na adoção da arbitragem — não haveria a exigível ratificação posterior da cláusula —, sendo que o recorrido/fornecedor não aventou em sua defesa qualquer das exceções que afastariam a jurisdição estatal, isto é: que o recorrente/consumidor detinha, no momento da pactuação, condições de equilíbrio com o fornecedor — não haveria vulnerabilidade da parte a justificar sua proteção; ou ainda, que haveria iniciativa da instauração de arbitragem pelo consumidor ou, em sendo a iniciativa do fornecedor, que o consumidor teria concordado com ela. Portanto, é de se reconhecer a ineficácia da cláusula arbitral" (STJ-4ª T., REsp 1.189.050, Min. Luis Felipe, j. 1.3.16, DJ 14.3.16).

Art. 4º: 4b. "Pelo teor do art. 4º, § 2º, da Lei de Arbitragem, **mesmo** que a **cláusula compromissória** esteja **na mesma página de assinatura do contrato,** as formalidades legais devem ser observadas, com os destaques necessários" (STJ-3ª T., REsp 1.785.783, Min. Nancy Andrighi, j. 5.11.19, DJ 7.11.19).

Art. 4º: 4c. "Os contratos de adesão, **mesmo** aqueles que **não** apresentam **relação de consumo,** devem observar o que prescreve o art. 4º, § 2º, da Lei 9.307/96" (STJ-4ª T., Ag em REsp 1.029.480-AgInt-AgInt, Min. Raul Araújo, j. 6.6.17, DJ 20.6.17).

"O **contrato de franquia,** por sua natureza, não está sujeito às regras protetivas previstas no CDC, pois não há relação de consumo, mas de fomento econômico. Todos os contratos de adesão, mesmo aqueles que não consubstanciam relações de consumo, como os contratos de franquia, devem observar o disposto no art. 4º, § 2º, da Lei 9.307/96" (STJ-3ª T., REsp 1.602.076, Min. Nancy Andrighi, j. 15.9.16, DJ 30.9.16). No mesmo sentido: STJ-4ª T., REsp 1.431.391-AgInt-AgInt, Min. Antonio Ferreira, j. 20.4.20, DJ 24.4.20.

Art. 4º: 5. "Corretora filiada à Bovespa que alega ineficácia de cláusula arbitral, inserida no **contrato social,** por ausência de anuência expressa, obrigatória nos contratos de adesão. Inadmissibilidade. Estatuto social que permite a participação, e não a simples aderência, de seus associados para eventuais alterações. Inserção que, ademais, foi deliberada democraticamente pela maioria dos filiados e aceita tacitamente pela corretora" (RAM 33/377: TJSP, AP 0126050-67.2006.8.26.0000; ementa da redação).

"A cláusula compromissória arbitral, inserta no contrato social por ocasião da constituição da sociedade, como *in casu*, ou posteriormente, respeitado o quórum legal para tanto, sujeita a sociedade e a **todos os sócios, atuais e futuros,** tenham estes concordado ou não com tal disposição, na medida em que a vinculação dos sócios ao conjunto de normas societárias (em especial, do contrato social) dá-se de modo unitário e preponderante sobre a vontade individual eventualmente dissonante. Se ao sócio não é dado afastar-se das regras e disposições societárias, em especial, do contrato social, aos sucessores de sua participação societária, pela mesma razão, não é permitido delas se apartar, sob pena de se comprometer os fins sociais assentados no contrato e a vontade coletiva dos sócios, representada pelas deliberações da sociedade" (STJ-3ª T., REsp 1.727.979, Min. Marco Bellizze, j. 12.6.18, DJ 19.6.18).

Art. 4º: 6. "Diante da força coercitiva da **convenção condominial** com cláusula arbitral, **qualquer condômino que ingressar** no agrupamento condominial está obrigado a obedecer às normas ali constantes. Por consequência, os eventuais conflitos condominiais devem ser resolvidos por arbitragem" (STJ-3ª T., REsp 1.733.370, Min. Moura Ribeiro, j. 26.6.18, maioria, DJ 31.8.18).

Art. 5º Reportando-se as partes, na cláusula compromissória, às regras de algum órgão arbitral institucional ou entidade especializada, a arbitragem será instituída e processada de acordo com tais regras, podendo, igualmente, as partes estabelecer na própria cláusula, ou em outro documento, a forma convencionada para a instituição da arbitragem.[1 a 3]

Art. 5º: 1. v. art. 19, nota 2.

Art. 5º: 2. "A contratação de cláusula compromissória 'cheia', espécie admitida pelo art. 5º da Lei de Arbitragem, na qual se convenciona a forma de nomeação dos árbitros ou adoção de regras institucionais, prescinde de complementação *por meio de compromisso arbitral*" (STJ-3ª T., REsp 1.389.763, Min. Nancy Andrighi, j. 12.11.13, RAM 41/346).

Art. 5º: 3. Na hipótese do art. 5º, a cláusula compromissória dispõe sobre a nomeação do órgão arbitral e os contratantes se obrigaram a aceitar as normas estabelecidas contratualmente para a arbitragem, sendo desnecessária a intervenção judicial prevista no art. 7º (Bol. AASP 2.363/3.035). No mesmo sentido: RT 824/211.

Art. 6º Não havendo acordo prévio sobre a forma de instituir a arbitragem, a parte interessada manifestará à outra parte sua intenção de dar início à arbitragem, por via postal ou por outro meio qualquer de comunicação, mediante comprovação de recebimento, convocando-a para, em dia, hora e local certos, firmar o compromisso arbitral.

Parágrafo único. Não comparecendo a parte convocada ou, comparecendo, recusar-se a firmar o compromisso arbitral,[1] poderá a outra parte propor a demanda de que trata o art. 7º desta lei, perante o órgão do Poder Judiciário a que, originariamente, tocaria o julgamento da causa.

Art. 6º: 1. ou não havendo acordo quanto à nomeação de árbitro desempatador (v. art. 13 § 2º, *in fine*).

Art. 7º Existindo cláusula compromissória[1] e havendo resistência quanto à instituição da arbitragem, poderá a parte interessada requerer a citação da outra parte para comparecer em juízo a fim de lavrar-se o compromisso, designando o juiz audiência especial para tal fim.[1a]

§ 1º O autor indicará, com precisão, o objeto da arbitragem, instruindo o pedido com o documento que contiver a cláusula compromissória.

§ 2º Comparecendo as partes à audiência, o juiz tentará, previamente, a conciliação acerca do litígio. Não obtendo sucesso, tentará o juiz conduzir as partes à celebração, de comum acordo, do compromisso arbitral.

§ 3º Não concordando as partes sobre os termos do compromisso, decidirá[2] o juiz, após ouvir o réu, sobre seu conteúdo, na própria audiência ou no prazo de dez dias, respeitadas as disposições da cláusula compromissória e atendendo ao disposto nos arts. 10 e 21, § 2º, desta lei.

§ 4º Se a cláusula compromissória nada dispuser sobre a nomeação de árbitros, caberá ao juiz, ouvidas as partes, estatuir a respeito, podendo nomear árbitro único para a solução do litígio.

§ 5º A ausência do autor, sem justo motivo, à audiência designada para a lavratura do compromisso arbitral, importará a extinção do processo sem julgamento de mérito.

§ 6º Não comparecendo o réu à audiência,[3] caberá ao juiz, ouvido o autor, estatuir a respeito do conteúdo do compromisso, nomeando árbitro único.

§ 7º A sentença que julgar procedente o pedido valerá como compromisso arbitral.[4]

Art. 7º: 1. Se não existir cláusula compromissória previamente convencionada, não cabe o processo judicial estabelecido no art. 7º. Tal circunstância, porém, não impede que o interessado, antes de ajuizar a ação competente, entre em entendimento com a parte contrária, visando a conseguir um compromisso arbitral extrajudicial (art. 9º § 2º); ou, então, que, depois da propositura de tal ação, celebre em juízo o compromisso arbitral judicial (art. 9º § 1º).

✎ **Art. 7º: 1a.** "Execução específica de cláusula arbitral", por Celso Barbi Filho (RT 732/64); "A lei de arbitragem e a pretensa inconstitucionalidade de seu art. 7º", por Carmen Tibúrcio (RDA 218/175).

Art. 7º: 2. v. nota 4.

Art. 7º: 3. s/ revelia, v. art. 22 § 3º.

Art. 7º: 4. e comporta apelação só no efeito devolutivo (CPC 1.012-IV).

Art. 8º A cláusula compromissória é autônoma em relação ao contrato em que estiver inserta, de tal sorte que a nulidade deste não implica, necessariamente, a nulidade da cláusula compromissória.[1]

Parágrafo único. Caberá ao árbitro decidir de ofício, ou por provocação das partes, as questões acerca da existência, validade e eficácia da convenção de arbitragem e do contrato que contenha a cláusula compromissória.[2]

✎ **Art. 8º: 1.** "Arbitragem e autonomia da cláusula compromissória", por Renata Carlos Steiner (RAM 31/131).

Art. 8º: 2. "Nos termos do art. 8º, § ún., da Lei de Arbitragem a alegação de nulidade da cláusula arbitral instituída em acordo judicial homologado e, bem assim, do contrato que a contém, deve ser submetida, em primeiro lugar, à decisão do próprio árbitro, inadmissível a judicialização prematura pela via oblíqua do retorno ao Juízo. Extingue-se, sem julgamento do mérito (CPC, art. 267, VII), ação que visa anular acordo de solução de controvérsias via arbitragem, preservando-se a jurisdição arbitral consensual para o julgamento das controvérsias entre as partes, ante a opção das partes pela forma alternativa de jurisdição" (STJ-3ª T., REsp 1.279.194, Min. Sidnei Beneti, j. 9.10.12, DJ 16.10.12). No mesmo sentido: STJ-4ª T., REsp 1.278.852, Min. Luis Felipe, j. 21.5.13, RAM 39/227 (com comentário de Samantha Mendes Longo); STJ-1ª Seção, CC 156.133-AgInt, Min. Gurgel de Faria, j. 22.8.18, DJ 21.9.18.

"A prioridade da competência arbitral não pode ser afastada pela presunção de que não houve concordância expressa de uma das partes, pelo simples fato de o contrato ser de adesão, ainda mais quando observada a isonomia dos contratantes" (STJ-3ª T., Ag em REsp 975.050-EDcl-AgInt, Min. Ricardo Cueva, j. 10.10.17, DJ 24.10.17).

"Arbitragem. Cláusula compromissória. Competência do juízo arbitral. Princípio *kompetenz-kompetenz*. A hipossuficiência reconhecida na origem não é causa suficiente para caracterização das hipóteses de exceção à cláusula *kompetenz-kompetenz*" (STJ-3ª T., REsp 1.598.220, Min. Paulo Sanseverino, j. 25.6.19, DJ 1.7.19).

Todavia: "O Poder Judiciário pode, nos casos em que *prima facie* é identificado um compromisso arbitral 'patológico', i.e., claramente ilegal, declarar a nulidade dessa cláusula, independentemente do estado em que se encontre o procedimento arbitral" (STJ-3ª T., REsp 1.602.076, Min. Nancy Andrighi, j. 15.9.16, DJ 30.9.16).

"Cláusula compromissória. Previsão no contrato de franquia cuja rescisão é pleiteada. Princípio da competência. Exegese. Ação ajuizada pelo apelante perante o Judiciário. Ausência de qualquer ato para dar início à arbitragem. Inexistência de óbice legal ao Judiciário declarar a validade ou invalidade da cláusula compromissória antes do árbitro. Arts. 8º e 20 da Lei 9.307/96. Ausência de fixação de impedimento para a análise judicial prévia da validade da cláusula compromissória. Interpretação do princípio da competência — competência à luz das doutrinas alemã, suíça, americana e mexicana. Doutrina francesa que se mostra extremamente restritiva. Violação à garantia constitucional da duração razoável do processo e ao princípio da economia processual" (RAM 38/377: TJSP, AP 0183377-82.2011.8.26.0100; com comentário em sentido contrário de Guilherme Leporace e Renato Ferreira dos Santos). Esse acórdão foi confirmado no julgamento do subsequente recurso especial (STJ-4ª T., REsp 1.431.391-AgInt-AgInt, Min. Antonio Ferreira, j. 20.4.20, DJ 24.4.20).

"Submissão da União a procedimento arbitral. Impossibilidade. Discussão acerca da própria condição de existência da cláusula ao ente público. Competência exclusiva da jurisdição estatal. Considerando a discussão prévia acerca da própria existência da cláusula compromissória em relação ao ente público — circunstância em que se evidencia inaplicável a regra da 'competência-competência' — sobressai a competência exclusiva do juízo estatal para o processamento e o julgamento de ações indenizatórias movidas por investidores acionistas da Petrobrás em face da União e da Companhia" (STJ-2ª Seção, CC 151.130, Min. Luis Felipe, j. 27.11.19, maioria, DJ 11.2.20).

V. tb. CPC 485, nota 36a.

Art. 9º O compromisso arbitral é a convenção através da qual as partes submetem um litígio à arbitragem de uma ou mais pessoas, podendo ser judicial ou extrajudicial.

§ 1º O compromisso arbitral judicial celebrar-se-á por termo nos autos, perante o juízo ou tribunal, onde tem curso a demanda.

§ 2º O compromisso arbitral extrajudicial será celebrado por escrito particular, assinado por duas testemunhas, ou por instrumento público.

Art. 10. Constará, obrigatoriamente, do compromisso arbitral:

I — o nome, profissão, estado civil e domicílio das partes;

II — o nome, profissão e domicílio do árbitro, ou dos árbitros,[1-2] ou, se for o caso, a identificação da entidade à qual as partes delegaram a indicação de árbitros;

III — a matéria que será objeto da arbitragem;[3] e

IV — o lugar[4] em que será proferida a sentença arbitral.

Art. 10: 1. e dos respectivos suplentes, se for o caso (arts. 13 § 1º e 16).

Art. 10: 2. s/ árbitros, v. arts. 13 a 18.

Art. 10: 3. v. art. 32-IV.

Art. 10: 4. s/ arguição de incompetência, v. art. 20-*caput* e § 2º.

Art. 11. Poderá, ainda, o compromisso arbitral conter:

I — local, ou locais, onde se desenvolverá a arbitragem;

II — a autorização para que o árbitro ou os árbitros julguem por equidade, se assim for convencionado pelas partes;

III — o prazo[1] para apresentação da sentença arbitral;

IV — a indicação da lei nacional ou das regras corporativas aplicáveis à arbitragem, quando assim convencionarem as partes;

V — a declaração da responsabilidade pelo pagamento dos honorários e das despesas com a arbitragem; e

VI — a fixação dos honorários do árbitro, ou dos árbitros.

Parágrafo único. Fixando as partes os honorários do árbitro, ou dos árbitros, no compromisso arbitral, este constituirá título executivo extrajudicial;[2] não havendo tal estipulação, o árbitro requererá ao órgão do Poder Judiciário que seria competente para julgar, originariamente, a causa que os fixe por sentença.

Art. 11: 1. v. art. 23; v. tb. arts. 12-III e 32-VII.

Art. 11: 2. v. CPC 784-XII.

Art. 12. Extingue-se o compromisso arbitral:[1]

I — escusando-se qualquer dos árbitros, antes de aceitar a nomeação, desde que as partes tenham declarado, expressamente, não aceitar substituto;

II — falecendo ou ficando impossibilitado de dar seu voto algum dos árbitros, desde que as partes declarem, expressamente, não aceitar substituto; e

III — tendo expirado o prazo a que se refere o art. 11, inciso III, desde que a parte interessada tenha notificado o árbitro, ou o presidente do tribunal arbitral, concedendo-lhe o prazo de dez dias para a prolação e apresentação da sentença arbitral.

Art. 12: 1. Proferida a sentença arbitral, está finda a arbitragem (art. 29), podendo, inclusive, terminar por acordo (art. 28).

Capítulo III | DOS ÁRBITROS[1]

✎ **CAP. III: 1.** "Em torno do árbitro", por Carlos Alberto Carmona (RAM 28/47); "Os sete pecados capitais do árbitro", por Carlos Alberto Carmona (RAM 52/391).

Art. 13. Pode ser árbitro qualquer pessoa capaz e que tenha a confiança das partes.

§ 1º As partes nomearão um ou mais árbitros, sempre em número ímpar, podendo nomear, também, os respectivos suplentes.

§ 2º Quando as partes nomearem árbitros em número par, estes estão autorizados, desde logo, a nomear mais um árbitro. Não havendo acordo, requererão as partes ao órgão do Poder Judiciário a que tocaria, originariamente, o julgamento da causa a nomeação do árbitro, aplicável, no que couber, o procedimento previsto no art. 7º desta lei.

§ 3º As partes poderão, de comum acordo, estabelecer o processo de escolha dos árbitros, ou adotar as regras de um órgão arbitral institucional ou entidade especializada.

§ 4º As partes, de comum acordo, poderão afastar a aplicação de dispositivo do regulamento do órgão arbitral institucional ou entidade especializada que limite a escolha do árbitro único, coárbitro ou presidente do tribunal à respectiva lista de árbitros, autorizado o controle da escolha pelos órgãos competentes da instituição, sendo que, nos casos de impasse e arbitragem multiparte, deverá ser observado o que dispuser o regulamento aplicável.[1]

§ 5º O árbitro ou o presidente do tribunal designará, se julgar conveniente, um secretário, que poderá ser um dos árbitros.

§ 6º No desempenho de sua função, o árbitro deverá proceder com imparcialidade,[2] independência, competência, diligência e discrição.

§ 7º Poderá o árbitro ou o tribunal arbitral determinar às partes o adiantamento de verbas para despesas e diligências que julgar necessárias.

Art. 13: 1. Redação do § 4º de acordo com a Lei 13.129, de 26.5.15, em vigor 60 dias após a sua publicação (DOU 27.5.15).

Art. 13: 2. cf. CPC 139-I.

Art. 14. Estão impedidos de funcionar como árbitros as pessoas que tenham, com as partes ou com o litígio que lhes for submetido, algumas das relações que caracterizam os casos de impedimento ou suspeição de juízes, aplicando-se-lhes, no que couber, os mesmos deveres e responsabilidades, conforme previsto no Código de Processo Civil.[1-2]

§ 1º As pessoas indicadas para funcionar como árbitro têm o dever de revelar, antes da aceitação da função, qualquer fato que denote dúvida justificada quanto à sua imparcialidade e independência.[3]

§ 2º O árbitro somente poderá ser recusado por motivo ocorrido após sua nomeação. Poderá, entretanto, ser recusado por motivo anterior à sua nomeação, quando:

a) não for nomeado, diretamente, pela parte; ou

b) o motivo para a recusa do árbitro for conhecido posteriormente à sua nomeação.

Art. 14: 1. v. art. 20 § 1º; CPC 144 a 147.

Art. 14: 2. Entendendo que o árbitro, "por ter sido advogado da empresa apelante e, inclusive, causídico dos sócios proprietários da apelante, encontrava-se impedido de funcionar como árbitro no juízo arbitral na causa entre as partes litigantes": JTJ 334/294 (AP 7.261.884-9).

✎ **Art. 14: 3.** "Suspeição e impedimento em arbitragem: sobre o dever de revelar na Lei 9.307/96", por Tercio Sampaio Ferraz Jr. (RAM 28/65); "Dever de revelação do árbitro: extensão e conteúdo. Inexistência de infração. Impossibilidade de anulação da sentença arbitral", por Luiz Olavo Baptista (RAM 36/199-parecer); "Dever de revelar do árbitro", por Pedro A. Baptista Martins (RAM 36/219-parecer); "O dever de revelação do árbitro, o conceito de dúvida justificada quanto a sua independência e imparcialidade (art. 14, § 1º, da Lei 9.307/1996) e a ação de anulação de sentença arbitral (art. 32, II, da Lei 9.307/1996)", por Selma Maria Ferreira Lemes (RAM 36/231-parecer); "Imparcialidade na arbitragem", por Thamar Cavalieri (RAM 41/117).

Art. 15. A parte interessada em arguir a recusa do árbitro apresentará, nos termos do art. 20, a respectiva exceção, diretamente ao árbitro ou ao presidente do tribunal arbitral, deduzindo suas razões e apresentando as provas pertinentes.

Parágrafo único. Acolhida a exceção, será afastado o árbitro suspeito ou impedido, que será substituído, na forma do art. 16 desta lei.

Art. 16. Se o árbitro escusar-se antes da aceitação da nomeação, ou, após a aceitação, vier a falecer, tornar-se impossibilitado para o exercício da função, ou for recusado, assumirá seu lugar o substituto indicado no compromisso, se houver.[1]

§ 1º Não havendo substituto indicado para o árbitro, aplicar-se-ão as regras do órgão arbitral institucional ou entidade especializada, se as partes as tiverem invocado na convenção de arbitragem.

§ 2º Nada dispondo a convenção de arbitragem e não chegando as partes a um acordo sobre a nomeação do árbitro a ser substituído, procederá a parte interessada da forma prevista no art. 7º desta lei, a menos que as partes tenham declarado, expressamente, na convenção de arbitragem, não aceitar substituto.

Art. 16: 1. v. art. 22 § 5º.

Art. 17. Os árbitros, quando no exercício de suas funções ou em razão delas, ficam equiparados aos funcionários públicos, para os efeitos da legislação penal.

Art. 18. O árbitro é juiz de fato e de direito, e a sentença que proferir não fica sujeita a recurso[1] ou a homologação pelo Poder Judiciário.[1a a 3]

Art. 18: 1. mas comporta a correção de erro material e pedido de esclarecimento (art. 30). E sua nulidade pode ser alegada em ação direta (art. 33-*caput*) ou em impugnação à execução (art. 33 § 3º).

✎ Art. 18: 1a. "Árbitro: juiz de fato e de direito", por Hermes Marcelo Huck e Rodolfo da Costa Manso Real Amadeo (RAM 40/181).

Art. 18: 2. s/ efeitos da sentença arbitral, v. art. 31.

Art. 18: 3. **"Mandado de segurança.** Impetração contra juiz arbitral sob a alegação de ilegalidade da sentença. Inadmissibilidade. Impossibilidade de equiparação do árbitro à autoridade coautora em razão da existência de procedimentos legais específicos para apuração de eventuais nulidades" (RAM 33/387: TJSP, AP 0120145-96.2011.8.26.0100; ementa da redação).

Capítulo IV | DO PROCEDIMENTO ARBITRAL

Art. 19. Considera-se instituída a arbitragem quando aceita a nomeação pelo árbitro, se for único, ou por todos, se forem vários.

§ 1º Instituída a arbitragem e entendendo o árbitro ou o tribunal arbitral que há necessidade de explicitar questão disposta na convenção de arbitragem, será elaborado, juntamente com as partes, adendo firmado por todos, que passará a fazer parte integrante da convenção de arbitragem.[1-2]

§ 2º A instituição da arbitragem interrompe a prescrição, retroagindo à data do requerimento de sua instauração, ainda que extinta a arbitragem por ausência de jurisdição.[3]

Art. 19: 1. Redação do § 1º de acordo com a Lei 13.129, de 26.5.15, em vigor 60 dias após a sua publicação (DOU 27.5.15).

Art. 19: 2. "A 'ata de missão' ou 'termo de arbitragem' não se confunde com a convenção arbitral. Trata-se de instrumento processual próprio, pelo qual se delimita a controvérsia posta e a missão dos árbitros. Diante da liberdade ampla vigente no procedimento arbitral, a manifestação das partes e dos árbitros na ata de missão possibilita a revisão e adequação das regras que serão utilizadas no desenrolar do processo, ainda que resulte em alterações quanto ao anteriormente convencionado, desde que respeitada a igualdade entre as partes e o contraditório" (STJ-3ª T., REsp 1.389.763, Min. Nancy Andrighi, j. 12.11.13, RAM 41/346).

Art. 19: 3. O § 2º foi acrescido pela Lei 13.129, de 26.5.15, em vigor 60 dias após a sua publicação (DOU 27.5.15).

Art. 20. A parte que pretender arguir questões relativas à competência, suspeição ou impedimento[1] do árbitro ou dos árbitros, bem como nulidade, invalidade ou ineficácia da convenção de arbitragem, deverá fazê-lo na primeira oportunidade que tiver de se manifestar, após a instituição da arbitragem.[1a]

§ 1º Acolhida a arguição de suspeição ou impedimento, será o árbitro substituído nos termos do art. 16 desta lei, reconhecida a incompetência do árbitro ou do tribunal arbitral, bem como a nulidade, invalidade ou ineficácia da convenção de arbitragem, serão as partes remetidas ao órgão do Poder Judiciário competente para julgar a causa.

§ 2º Não sendo acolhida a arguição, terá normal prosseguimento a arbitragem, sem prejuízo de vir a ser examinada a decisão pelo órgão do Poder Judiciário competente, quando da eventual propositura da demanda de que trata o art. 33 desta lei.

Art. 20: 1. v. art. 14-*caput*.

Art. 20: 1a. v. art. 8º, nota 2.

Art. 21. A arbitragem obedecerá ao procedimento estabelecido pelas partes na convenção de arbitragem, que poderá reportar-se às regras de um órgão arbitral institucional ou entidade especializada, facultando-se, ainda, às partes delegar ao próprio árbitro, ou ao tribunal arbitral, regular o procedimento.

§ 1º Não havendo estipulação acerca do procedimento, caberá ao árbitro ou ao tribunal arbitral discipliná-lo.

§ 2º Serão, sempre, respeitados no procedimento arbitral os princípios do contraditório, da igualdade das partes, da imparcialidade do árbitro e de seu livre convencimento.

§ 3º As partes poderão postular por intermédio de advogado, respeitada, sempre, a faculdade de designar quem as represente ou assista no procedimento arbitral.[1]

§ 4º Competirá ao árbitro ou ao tribunal arbitral, no início do procedimento, tentar a conciliação das partes, aplicando-se, no que couber, o art. 28 desta lei.

Art. 21: 1. "Breves considerações críticas acerca das diretrizes da *International Bar Association* sobre a representação de parte na arbitragem internacional", por Carlos Alberto Carmona (RAM 40/23).

Art. 22. Poderá o árbitro ou o tribunal arbitral tomar o depoimento das partes, ouvir testemunhas e determinar a realização de perícias[1] ou outras provas que julgar necessárias, mediante requerimento das partes ou de ofício.

§ 1º O depoimento das partes e das testemunhas será tomado em local, dia e hora previamente comunicados, por escrito, e reduzido a termo, assinado pelo depoente, ou a seu rogo, e pelos árbitros.

§ 2º Em caso de desatendimento, sem justa causa, da convocação para prestar depoimento pessoal, o árbitro ou o tribunal arbitral levará em consideração o comportamento da parte faltosa, ao proferir sua sentença; se a ausência for de testemunha, nas mesmas circunstâncias, poderá o árbitro ou o presidente do tribunal arbitral requerer à autoridade judiciária que conduza a testemunha renitente, comprovando a existência da convenção de arbitragem.

§ 3º A revelia da parte não impedirá que seja proferida a sentença arbitral.

§ 4º ....[2]

§ 5º Se, durante o procedimento arbitral, um árbitro vier a ser substituído fica a critério do substituto repetir as provas já produzidas.

Art. 22: 1. "Deveres de imparcialidade e independência dos peritos em arbitragem: uma reflexão sob a perspectiva da prática internacional", por André Chateaubriand Martins (RAM 39/99).

Art. 22: 2. O § 4º foi revogado pela Lei 13.129, de 26.5.15, em vigor 60 dias após a sua publicação (DOU 27.5.15).

Capítulo IV-A | DAS TUTELAS CAUTELARES E DE URGÊNCIA[1]

CAP. IV-A: 1. Capítulo acrescido pela Lei 13.129, de 26.5.15, em vigor 60 dias após a sua publicação (DOU 27.5.15).

Art. 22-A. Antes de instituída a arbitragem, as partes poderão recorrer ao Poder Judiciário para a concessão de medida cautelar ou de urgência.[1 a 2]

Parágrafo único. Cessa a eficácia da medida cautelar ou de urgência se a parte interessada não requerer a instituição da arbitragem no prazo de 30 (trinta) dias, contado da data de efetivação da respectiva decisão.[3]

Art. 22-A: 1. O art. 22-A foi acrescido pela Lei 13.129, de 26.5.15, em vigor 60 dias após a sua publicação (DOU 27.5.15).

Art. 22-A: 1a. s/ cautelar de arresto cumulada com desconsideração de personalidade jurídica, v. art. 4º, nota 2a.

Art. 22-A: 2. "O Tribunal Arbitral é competente para processar e julgar **pedido cautelar** formulado pelas partes, limitando-se, porém, ao deferimento da tutela, estando impedido de dar cumprimento às medidas de natureza coercitiva, as quais, havendo resistência da parte em acolher a determinação do(s) árbitro(s), deverão ser executadas pelo Poder Judiciário, a quem se reserva o poder de *imperium*. Na pendência da constituição do Tribunal Arbitral, admite-se que a parte se socorra do Poder Judiciário, por intermédio de medida de natureza cautelar, para assegurar o resultado útil da arbitragem. Superadas as circunstâncias temporárias que justificavam a intervenção contingencial do Poder Judiciário e considerando que a celebração do compromisso arbitral implica, como regra, a derrogação da jurisdição estatal, os autos devem ser prontamente encaminhados ao juízo arbitral, para que este assuma o processamento da ação e, se for o caso, reaprecie a tutela conferida, mantendo, alterando ou revogando a respectiva decisão" (STJ-3ª T., REsp 1.297.974, Min. Nancy Andrighi, j. 12.6.12, RAM 36/377).

"Arbitragem. Juízo arbitral não constituído. Medida cautelar. Competência. Limites. Em situações nas quais o juízo arbitral esteja momentaneamente impedido de se manifestar, desatende-se provisoriamente as regras de competência, submetendo-se o pedido de tutela cautelar ao juízo estatal; mas essa competência é precária e não se prorroga, subsistindo apenas para a análise do pedido liminar" (STJ-3ª T., MC 19.226-AgRg, Min. Nancy Andrighi, j. 21.6.12, DJ 29.6.12).

"A medida cautelar de arrolamento possui, entre os seus requisitos, a demonstração do direito aos bens e dos fatos em que se funda o receio de extravio ou de dissipação destes, os quais não demandam cognição apenas sobre o risco de redução patrimonial do devedor, mas também um juízo de valor ligado ao mérito da controvérsia principal, circunstância que, aliada ao fortalecimento da arbitragem que vem sendo levado a efeito desde a promulgação da Lei 9.307/96, exige que se preserve a autoridade do árbitro como juiz de fato e de direito, evitando-se, ainda, a prolação de decisões conflitantes" (STJ-2ª Seção, CC 111.230, Min. Nancy Andrighi, j. 8.5.13, maioria, DJ 3.4.14).

"Embora haja cláusula compromissória para o estabelecimento de Juízo arbitral, nada obsta possa vir a parte perante o Judiciário requerer as medidas cautelares que entender cabíveis para evitar possíveis danos, devendo-se ressaltar que o juízo arbitral não tem poder de coerção, como também não está aparelhado para recepcionar medidas preparatórias urgentes, mormente quando ainda não instalado o juízo privado" (RAM 20/277: TJSP, AP 431.916-4/3-00).

"Na pendência da constituição do tribunal arbitral, admite-se que a parte se socorra do Poder Judiciário para assegurar o resultado útil da arbitragem. Destarte, não se operou a derrogação da jurisdição estatal quando há necessidade de se cumprir medidas de natureza coercitiva, as quais só podem ser ordenadas por quem tem a reserva do exercício do poder de *imperium*. Existindo, no caso concreto, controvérsias que podem envolver a constituição de mais de um tribunal (ou painel) arbitral, por inexistir hierarquia ou regras preestabelecidas que possam apresentar soluções para as questões resistidas, impõe-se a definição de critérios que possam garantir que as partes não sejam prejudicadas nos seus direitos. Dessa forma, havendo uma pluralidade de questões dentro de um mesmo objeto, para se eximir do risco de decisões contraditórias, impõe-se a constituição de uma única arbitragem, adotando-se as regras processuais de prevenção e conexão para definir quem assumirá o processamento da ação ou das ações objeto do pacto compromissário" (RAM 39/249: TJRJ, AP 0301553-55.2010.8.19.0001; com comentário de Priscila Knoll Aymone).

S/ conflito de competência no caso, v. CF 105, nota 9b.

Art. 22-A: 3. v. CPC 308, notas 1a e segs.

Art. 22-B. Instituída a arbitragem, caberá aos árbitros manter, modificar ou revogar a medida cautelar ou de urgência concedida pelo Poder Judiciário.[1]

Parágrafo único. Estando já instituída a arbitragem, a medida cautelar ou de urgência será requerida diretamente aos árbitros.

Art. 22-B: 1. O art. 22-B foi acrescido pela Lei 13.129, de 26.5.15, em vigor 60 dias após a sua publicação (DOU 27.5.15).

Capítulo IV-B | DA CARTA ARBITRAL[1]

CAP. IV-B: 1. Capítulo acrescido pela Lei 13.129, de 26.5.15, em vigor 60 dias após a sua publicação (DOU 27.5.15).

Art. 22-C. O árbitro ou o tribunal arbitral poderá expedir carta arbitral para que o órgão jurisdicional nacional pratique ou determine o cumprimento, na área de sua competência territorial, de ato solicitado pelo árbitro.[1-2]

Parágrafo único. No cumprimento da carta arbitral será observado o segredo de justiça, desde que comprovada a confidencialidade estipulada na arbitragem.[3]

Art. 22-C: 1. O art. 22-C foi acrescido pela Lei 13.129, de 26.5.15, em vigor 60 dias após a sua publicação (DOU 27.5.15).

Art. 22-C: 2. v. CPC 69 § 1º, 260 § 3º e 267.

Art. 22-C: 3. v. CPC 189-IV.

Capítulo V | DA SENTENÇA ARBITRAL

Art. 23. A sentença arbitral será proferida no prazo[1] estipulado pelas partes. Nada tendo sido convencionado, o prazo para a apresentação da sentença é de seis meses, contado da instituição da arbitragem ou da substituição do árbitro.

§ 1º Os árbitros poderão proferir sentenças parciais.[2]

§ 2º As partes e os árbitros, de comum acordo, poderão prorrogar o prazo para proferir a sentença final.[3]

Art. 23: 1. v. arts. 11-III, 12-III e 32-VII.

Art. 23: 2. O § 1º foi acrescido pela Lei 13.129, de 26.5.15, em vigor 60 dias após a sua publicação (DOU 27.5.15).

Art. 23: 3. O § 2º foi acrescido pela Lei 13.129, de 26.5.15, em vigor 60 dias após a sua publicação (DOU 27.5.15).

Art. 24. A decisão do árbitro ou dos árbitros será expressa em documento escrito.

§ 1º Quando forem vários os árbitros, a decisão será tomada por maioria. Se não houver acordo majoritário, prevalecerá o voto do presidente do tribunal arbitral.

§ 2º O árbitro que divergir da maioria poderá, querendo, declarar seu voto em separado.

Art. 25. .... [1]

Art. 25: 1. O art. 25 foi revogado pela Lei 13.129, de 26.5.15, em vigor 60 dias após a sua publicação (DOU 27.5.15).

Art. 26. São requisitos[1] obrigatórios da sentença arbitral:

I — o relatório, que conterá os nomes das partes e um resumo do litígio;

II — os fundamentos da decisão, onde serão analisadas as questões de fato e de direito, mencionando-se, expressamente, se os árbitros julgaram por equidade;[2]

III — o dispositivo, em que os árbitros resolverão as questões que lhes forem submetidas e estabelecerão o prazo para o cumprimento da decisão, se for o caso; e

IV — a data e o lugar em que foi proferida.

Parágrafo único. A sentença arbitral será assinada pelo árbitro ou por todos os árbitros. Caberá ao presidente do tribunal arbitral, na hipótese de um ou alguns dos árbitros não poder ou não querer assinar a sentença, certificar tal fato.

Art. 26: 1. Requisitos da sentença arbitral, em caso de acordo: art. 28.

Art. 26: 2. v. arts. 2º e 11-II.

Art. 27. A sentença arbitral decidirá sobre a responsabilidade das partes acerca das custas e despesas[1] com a arbitragem, bem como sobre verba decorrente de litigância de má-fé,[2] se for o caso, respeitadas as disposições da convenção de arbitragem, se houver.

✎ **Art. 27: 1.** "Notas sobre o ressarcimento de despesas com honorários de advogado em procedimentos arbitrais", por Gustavo Tepedino e José Emilio Nunes Pinto (RTDC 34/43).

Art. 27: 2. v. CPC 80.

Art. 28. Se, no decurso da arbitragem, as partes chegarem a acordo quanto ao litígio, o árbitro ou o tribunal arbitral poderá, a pedido das partes, declarar tal fato mediante sentença arbitral, que conterá os requisitos do art. 26 desta lei.

Art. 29. Proferida a sentença arbitral, dá-se por finda a arbitragem,[1] devendo o árbitro, ou o presidente do tribunal arbitral, enviar cópia da decisão às partes, por via postal ou por outro meio qualquer de comunicação, mediante comprovação de recebimento, ou, ainda, entregando-a diretamente às partes, mediante recibo.

✎ **Art. 29: 1.** "Ensaio sobre a sentença arbitral parcial", por Carlos Alberto Carmona (RP 165/9); "Sentenças arbitrais parciais: uma análise prática", por Gilberto Giusti e Ricardo Dalmaso Marques (RAM 26/46).

Art. 30. No prazo de 5 (cinco) dias, a contar do recebimento da notificação ou da ciência pessoal da sentença arbitral, salvo se outro prazo for acordado entre as partes, a parte interessada, mediante comunicação à outra parte, poderá solicitar ao árbitro ou ao tribunal arbitral que:[1 a 3]

I — corrija qualquer erro material da sentença arbitral;

II — esclareça alguma obscuridade, dúvida ou contradição da sentença arbitral, ou se pronuncie sobre ponto omitido a respeito do qual devia manifestar-se a decisão.

Parágrafo único. O árbitro ou o tribunal arbitral decidirá no prazo de 10 (dez) dias ou em prazo acordado com as partes,[4] aditará a sentença arbitral[5] e notificará as partes na forma do art. 29.[6]

Art. 30: 1. Redação do *caput* de acordo com a Lei 13.129, de 26.5.15, em vigor 60 dias após a sua publicação (DOU 27.5.15).

✎ **Art. 30: 1a.** "Embargos de declaração e arbitragem", por Luis Guilherme Aidar Bondioli (RAM 34/181).

Art. 30: 2. cf. CPC 494 e 1.022.

Art. 30: 3. Qualquer que tenha sido o prazo estabelecido para a solicitação de eliminação de vício da sentença arbitral, a regra é a sua **improrrogabilidade,** de modo que, uma vez transcorrido *in albis*, transita em julgado a sentença arbitral.

Art. 30: 4. Se a solicitação de eliminação de vício da sentença arbitral puder conduzir a modificação ou acréscimo substancial ao julgado, o árbitro ou o tribunal arbitral deve abrir **vista para a parte contrária** se manifestar antes do seu julgamento, em prazo idêntico ao estabelecido para tal solicitação.

Art. 30: 5. O julgamento dos embargos de declaração opostos contra a sentença arbitral pode levar a modificações no julgado, decorrentes da eliminação do vício identificado na decisão (RAM 35/463: TJRJ, AP 0051078-79.2010.8.19.0001).

Art. 30: 6. Redação do § ún. de acordo com a Lei 13.129, de 26.5.15, em vigor 60 dias após a sua publicação (DOU 27.5.15).

Art. 31. A sentença arbitral produz, entre as partes e seus sucessores, os mesmos efeitos da sentença proferida pelos órgãos do Poder Judiciário[1-1a] e, sendo condenatória, constitui título executivo.[2]

Art. 31: 1. v. CPC 502 a 508 (coisa julgada).

Art. 31: 1a. "Não é possível a análise do mérito da sentença arbitral pelo Poder Judiciário, sendo, contudo, viável a apreciação de eventual nulidade no procedimento arbitral" (STJ-3ª T., REsp 693.219, Min. Nancy Andrighi, j. 19.4.05, DJU 6.6.05). S/ nulidade da sentença arbitral, v. arts. 32 e 33.

Art. 31: 2. judicial (CPC 515-VII).

S/ fixação de honorários advocatícios em cumprimento de sentença arbitral, v. CPC 85, nota 23.

Art. 32. É nula a sentença arbitral[1-1a] se:

I — for nula a convenção de arbitragem;[1b]

II — emanou de quem não podia ser árbitro;[1c]

III — não contiver os requisitos do art. 26 desta lei;[1d]

IV — for proferida fora dos limites da convenção de arbitragem;[2-2a]

V — ....[2b]

VI — comprovado que foi proferida por prevaricação, concussão ou corrupção passiva;

VII — proferida fora do prazo,[3-3a] respeitado o disposto no art. 12, inciso III, desta lei; e

VIII — forem desrespeitados os princípios de que trata o art. 21, § 2º, desta lei.[4]

Art. 32: 1. "A exemplo do que se dá em relação ao processo jurisdicionalizado, não se deve declarar a invalidade do juízo arbitral quando ele alcança o seu objetivo, não obstante a ocorrência de irregularidades formais" (RSTJ 29/544).

Art. 32: 1a. "O excepcional controle judicial promovido por meio de ação anulatória, prevista no art. 33 da Lei 9.307/1996, **não pode** ser utilizado como subterfúgio para se engendrar o natural inconformismo da parte sucumbente com o desfecho conferido à causa pelo juízo arbitral, como se de recurso tratasse, com o simples propósito de **revisar o mérito arbitral.** A ação anulatória de sentença arbitral há de estar fundada, necessariamente, em uma das específicas hipóteses contidas no art. 32 da Lei 9.307/1996, ainda que a elas seja possível conferir uma interpretação razoavelmente aberta, com o propósito de preservar, em todos os casos, a ordem pública e o devido processo legal e substancial, inafastáveis do controle judicial. A argumentação expendida pela insurgente de que a sentença arbitral violou o princípio da boa-fé objetiva evidencia, às escâncaras, o propósito de revisar a justiça da decisão arbitral, a refugir por completo das restritas e excepcionais hipóteses de cabimento da ação anulatória" (STJ-3ª T., REsp 1.660.963, Min. Marco Bellizze, j. 26.3.19, DJ 29.3.19).

Art. 32: 1b. Redação do inc. I de acordo com a Lei 13.129, de 26.5.15, em vigor 60 dias após a sua publicação (DOU 27.5.15).

Art. 32: 1c. v. arts. 13-*caput*, 14 e 20.

Art. 32: 1d. "Sentença arbitral pautada em princípios basilares do direito civil, **não importando** se houve ou não **referência expressa aos dispositivos legais** que lhes conferem sustentação, não havendo como afirmar que houve julgamento por equidade, em desrespeito às condições estabelecidas no compromisso arbitral. O mero inconformismo quanto ao conteúdo meritório da sentença arbitral não pode ser apreciado pelo Poder Judiciário" (STJ-3ª T., REsp 1.636.102, Min. Ricardo Cueva, j. 13.6.17, DJ 1.8.17).

Art. 32: 2. v. art. 10-III.

Art. 32: 2a. "Aplica-se à arbitragem, à semelhança do processo judicial, a teoria da substanciação, segundo a qual apenas os fatos vinculam o julgador, que poderá atribuir-lhes a **qualificação jurídica** que entender adequada ao acolhimento ou à rejeição do pedido, **não** se podendo afirmar, no caso em exame, que a solução apresentada **desbordou das postulações** inicialmente propostas" (STJ-3ª T., REsp 1.636.102, Min. Ricardo Cueva, j. 13.6.17, DJ 1.8.17).

Art. 32: 2b. O inc. V foi revogado pela Lei 13.129, de 26.5.15, em vigor 60 dias após a sua publicação (DOU 27.5.15).

Art. 32: 3. v. art. 23; v. tb. arts. 11-III e 12-III.

Art. 32: 3a. "No procedimento arbitral, é plenamente admitida a **prorrogação dos prazos** legalmente previstos por livre disposição entre as partes e respectivos árbitros, sobretudo em virtude da maior flexibilidade desse meio alternativo de solução de conflitos, no qual deve prevalecer, em regra, a autonomia da vontade. Se a anulação da sentença proferida fora do prazo está condicionada à prévia notificação do árbitro ou do presidente do tribunal arbitral, concedendo-lhe um prazo suplementar de dez dias (art. 32, VII, da Lei de Arbitragem), não há motivo razoável para não aplicar a mesma disciplina ao **pedido de esclarecimentos,** que, em última análise, visa tão somente aclarar eventuais dúvidas, omissões, obscuridades ou contradições, ou corrigir possíveis erros materiais" (STJ-3ª T., REsp 1.636.102, Min. Ricardo Cueva, j. 13.6.17, DJ 1.8.17).

Art. 32: 4. "O **indeferimento de** realização de **prova** pericial pelo juízo arbitral **não** configura **ofensa ao princípio do contraditório,** mas consagração do princípio do livre convencimento motivado, sendo incabível, portanto, a pretensão de ver declarada a nulidade da sentença arbitral com base em tal argumento, sob pena de configurar invasão do Judiciário no mérito da decisão arbitral" (STJ-3ª T., REsp 1.500.667, Min. João Otávio, j. 9.8.16, DJ 19.8.16).

Art. 33. A parte interessada poderá pleitear ao órgão do Poder Judiciário competente a declaração de nulidade da sentença arbitral, nos casos previstos nesta Lei.[1]

§ 1º A demanda para a declaração de nulidade da sentença arbitral, parcial ou final, seguirá as regras do procedimento comum, previstas na Lei n. 5.869, de 11 de janeiro de 1973 (Código de Processo Civil),[1a a 1d] e deverá ser proposta no prazo de até 90 (noventa) dias[2] após o recebimento da notificação da respectiva sentença, parcial ou final, ou da decisão do pedido de esclarecimentos.[2a]

§ 2º A sentença que julgar procedente o pedido declarará a nulidade da sentença arbitral, nos casos do art. 32, e determinará, se for o caso, que o árbitro ou o tribunal profira nova sentença arbitral.

§ 3º A declaração de nulidade da sentença arbitral também poderá ser arguida mediante impugnação, conforme o art. 475-L e seguintes da Lei n. 5.869, de 11 de janeiro de 1973 (Código de Processo Civil), se houver execução judicial.[3-4]

§ 4º A parte interessada poderá ingressar em juízo para requerer a prolação de sentença arbitral complementar, se o árbitro não decidir todos os pedidos submetidos à arbitragem.

Art. 33: 1. Redação do art. 33 e §§ de acordo com a Lei 13.129, de 26.5.15, em vigor 60 dias após a sua publicação (DOU 27.5.15).

Art. 33: 1a. "Limites da sentença arbitral e de seu controle jurisdicional", por Cândido Rangel Dinamarco (RJ 290/5); "Os meios judiciais do controle da sentença arbitral", por Arnoldo Wald (RF 379/35 e RJ 323/7); "Ação rescisória de sentença arbitral", por Nelmo Versiani (RP 135/90); "Arbitragem: garantias constitucionais do processo e eficácia da sentença arbitral", por José Rogério Cruz e Tucci (RMDCPC 26/43).

Art. 33: 1b. v. CPC 318 e segs. S/ competência para a ação anulatória, v. CPC 63, nota 3g; valor da causa, v. art. 292, nota 17a.

Art. 33: 1c. **Não cabe mandado de segurança** contra a sentença arbitral (v. art. 18, nota 3).

Art. 33: 1d. **Não cabe ação rescisória** contra a sentença arbitral (RAM 36/460: TJRJ, AR 0039850-13.2010.8.19.0000-AgRg).

Art. 33: 2. "Ação anulatória de decisão arbitral que decidiu lide envolvendo a resilição do negócio por ato unilateral. Decadência do direito, uma vez ajuizada a demanda **depois dos 90 dias** assinalados pela lei de regência da arbitragem. Ineficácia do protesto interruptivo" (RAM 29/223: TJSP, AP 990.09.306516-9; com comentário de Donaldo Armelin).

Art. 33: 2a. **"Somente as partes** que submeteram a solução do litígio ao juízo arbitral e se sujeitam aos efeitos da decisão proferida **devem integrar a lide em que se postula a anulação** do procedimento ou da decisão arbitral. Em decorrência da condição de julgadora, a árbitra carece de legitimidade para compor o polo passivo na ação de nulidade de sentença arbitral, tanto mais que nem a causa de pedir nem os pedidos a envolvem" (RT 851/325).

"A instituição arbitral, por ser simples administradora do procedimento arbitral, não possui interesse processual nem legitimidade para integrar o polo passivo da ação que busca a sua anulação" (STJ-3ª T., REsp 1.433.940, Min. Ricardo Cueva, j. 26.9.17, DJ 2.10.17).

Art. 33: 3. O CPC 1.061 dispôs sobre nova redação ao § 3º do art. 33. Ocorre que ulteriormente sobreveio a Lei 13.129, de 26.5.15, dando nova redação à LArb 33 § 3º, que subsiste, por prevalecer, no ponto, a lei posterior (cf. LINDB 2º § 2º).

Art. 33: 4. A autorização para que o executado embuta na oposição à execução da sentença arbitral pedido voltado à decretação da sua nulidade, com fundamento no art. 32, depende de a impugnação ser apresentada **dentro do prazo de 90 dias** previsto no § 1º. Ultrapassado esse prazo, tudo o que o executado pode alegar em seu favor fica circunscrito ao que se pode arguir em sede de impugnação ao cumprimento de sentença.

Contra, reconhecendo a nulidade de sentença proferida por pessoa impedida de funcionar como árbitro em oposição à execução ofertada depois do prazo de 90 dias: "Por se tratar de nulidade absoluta (art. 21 § 2º e 32-II e VIII, ambos da Lei 9.307/96) não incide o prazo de noventa dias (art. 33 § 1º da Lei 9.307/96) e, ainda, o impedimento do árbitro só veio a conhecimento da apelada por ocasião da interposição dos embargos à execução" (JTJ 334/294: AP 7.261.884-9).

Capítulo VI | DO RECONHECIMENTO E EXECUÇÃO DE SENTENÇAS ARBITRAIS ESTRANGEIRAS[1]

CAP. VI: 1. v. "Execução de sentenças arbitrais estrangeiras", por Celso de Tarso Pereira (RJ 262/29); "A (des?) necessidade de homologação de laudos arbitrais estrangeiros após a entrada em vigor, no Brasil, da Convenção de Nova Iorque", por Fabiane Verçosa (RF 372/87).

Art. 34. A sentença arbitral estrangeira será reconhecida ou executada no Brasil de conformidade com os tratados internacionais com eficácia no ordenamento interno[1] e, na sua ausência, estritamente de acordo com os termos desta lei.

Parágrafo único. Considera-se sentença arbitral estrangeira a que tenha sido proferida fora do território nacional.[2]

Art. 34: 1. v. Convenção Interamericana sobre Arbitragem Comercial Internacional (Panamá, 1974), aprovada pelo Dec. leg. 90, de 6.6.95.

Convenção Interamericana sobre Eficácia Extraterritorial das Sentenças e Laudos Arbitrais Estrangeiros (Montevidéu, 1979), aprovada pelo Dec. leg. 93, de 20.6.95.

Convenção sobre o Reconhecimento e a Execução de Sentenças Arbitrais Estrangeiras, promulgada pelo Dec. 4.311, de 23.7.02 (Lex 2002/1.426).

Acordo sobre Arbitragem Comercial Internacional do Mercosul (Buenos Aires, 1998), promulgado pelo Dec. 4.719, de 4.6.03 (DOU 5.6.03).

Art. 34: 2. "A determinação da internacionalidade ou não de sentença arbitral, para fins de reconhecimento, ficou ao alvedrio das legislações nacionais, conforme o disposto no art. 1º da Convenção de Nova Iorque (1958), promulgada pelo Brasil, por meio do Decreto 4.311/02, razão pela qual se vislumbram no cenário internacional diferentes regulamentações jurídicas acerca do conceito de sentença arbitral estrangeira. No ordenamento jurídico pátrio, elegeu-se o critério geográfico (*ius solis*) para determinação da nacionalidade das sentenças arbitrais, baseando-se exclusivamente no local onde a decisão for proferida (art. 34, § ún., da Lei 9.307/96). Na espécie, o fato de o requerimento para instauração do procedimento arbitral ter sido apresentado à Corte Internacional de Arbitragem da Câmara de Comércio Internacional não tem o condão de alterar a nacionalidade dessa sentença, que permanece brasileira. Sendo a sentença arbitral em comento de nacionalidade brasileira, constitui, nos termos dos arts. 475-N, IV, do CPC e 31 da Lei da Arbitragem, título executivo idôneo para embasar a ação de execução da qual o presente recurso especial se origina, razão pela qual é desnecessária a homologação por esta Corte" (STJ-RAM 30/271: 3ª T., REsp 1.231.554; com comentário de Francisco Cláudio de Almeida Santos).

Art. 35. Para ser reconhecida ou executada no Brasil, a sentença arbitral estrangeira está sujeita, unicamente, à homologação do Superior Tribunal de Justiça.[1 a 2]

Art. 35: 1. Redação do art. 35 de acordo com a Lei 13.129, de 26.5.15, em vigor 60 dias após a sua publicação (DOU 27.5.15).

Art. 35: 1a. v. CF 105-I-*i*.

Art. 35: 2. A homologação no Brasil de decisão arbitral estrangeira independe de sua prévia homologação pela Justiça do país de origem (STF-RTJ 190/908: Pleno, quatro votos vencidos).

Art. 36. Aplica-se à homologação para reconhecimento ou execução de sentença arbitral estrangeira, no que couber, o disposto nos arts. 483 e 484 do Código de Processo Civil.[1]

Art. 36: 1. v. CPC 960 a 965. V. tb. RISTJ 216-A e segs.

Art. 37. A homologação de sentença arbitral estrangeira será requerida pela parte interessada, devendo a petição inicial conter as indicações da lei processual, conforme o art. 282 do Código de Processo Civil,[1] e ser instruída, necessariamente, com:

I — o original da sentença arbitral ou uma cópia devidamente certificada, autenticada pelo consulado brasileiro e acompanhada de tradução oficial;[1a]

II — o original da convenção de arbitragem ou cópia devidamente certificada, acompanhada de tradução oficial.[2]

Art. 37: 1. v. CPC 319.

Art. 37: 1a. "Conforme dispõe a Convenção sobre a Eliminação da Exigência de Legalização de Documentos Públicos Estrangeiros (Convenção de Haia), promulgada pelo Decreto 8.660/2016, são considerados documentos públicos os atos notariais (art. 1º, c), sendo dispensada a formalidade pela qual os agentes diplomáticos ou consulares do país no qual o documento deve produzir efeitos atestam a autenticidade da assinatura, a função ou o cargo exercidos pelo signatário do documento e, quando cabível, a autenticidade do selo ou carimbo aposto no documento (art. 2º), sendo **suficiente** para tal finalidade a **aposição de apostila,** emitida pela autoridade competente do Estado no qual o documento é originado (art. 3º), atendendo-se, portanto, o requisito previsto no art. 37, I da Lei 9.307/1996, sendo **desnecessário,** no presente caso, a **autenticação consular** da decisão objeto da homologação" (STJ-Corte Especial, HDE 1.940, Min. Napoleão Maia Filho, j. 5.2.20, DJ 17.2.20).

Art. 37: 2. "Não trazida aos autos a prova da convenção de arbitragem, não é possível homologar-se laudo arbitral. Observância à norma contida no inciso II do art. 37 da Lei 9.307/96" (STJ-Corte Especial, SE 885, Min. Francisco Falcão, j. 18.4.12, um voto vencido, RAM 35/317).

Art. 38. Somente poderá ser negada a homologação para o reconhecimento ou execução de sentença arbitral estrangeira, quando o réu demonstrar que:[1 a 4b]

I — as partes na convenção de arbitragem eram incapazes;

II — a convenção de arbitragem não era válida segundo a lei à qual as partes a submeteram, ou, na falta de indicação, em virtude da lei do país onde a sentença arbitral foi proferida;[4c]

III — não foi notificado da designação do árbitro ou do procedimento de arbitragem, ou tenha sido violado o princípio do contraditório, impossibilitando a ampla defesa;

IV — a sentença arbitral foi proferida fora dos limites da convenção de arbitragem, e não foi possível separar a parte excedente daquela submetida à arbitragem;

V — a instituição da arbitragem não está de acordo com o compromisso arbitral ou cláusula compromissória;

VI — a sentença arbitral não se tenha, ainda, tornado obrigatória para as partes, tenha sido anulada, ou, ainda, tenha sido suspensa por órgão judicial do país onde a sentença arbitral for prolatada.[5]

Art. 38: 1. cf. art. 32.

Art. 38: 2. "O controle judicial da sentença arbitral estrangeira está limitado a aspectos de ordem formal, não podendo ser apreciado o mérito do arbitramento" (STJ-Corte Especial, SE 866, Min. Felix Fischer, j. 17.5.06, DJU 16.10.06).

"O controle judicial da homologação da sentença arbitral estrangeira está limitado aos aspectos previstos nos artigos 38 e 39 da Lei n. 9.307/96, não podendo ser apreciado o mérito da relação de direito material afeto ao objeto da sentença homologanda" (STJ-Corte Especial, SE 507, Min. Gilson Dipp, j. 18.10.06, DJU 13.11.06).

"Decidir sobre a nulidade do contrato neste juízo de delibação corresponderia a invadir o mérito da decisão homologanda, situação defesa pelo procedimento homologatório" (STJ-Corte Especial, SE 9.502, Min. Maria Thereza, j. 1.7.14, DJ 5.8.14).

Art. 38: 2a. "A motivação adotada pela sentença arbitral e seus aspectos formais seguem os padrões do país em que foi proferida, não podendo sua concisão servir de pretexto para inibir a homologação do *decisum*" (STJ-Corte Especial, SE 5.692, Min. Ari Pargendler, j. 20.8.14, DJ 1.9.14).

Art. 38: 3. "Se as partes acordaram solver, por meio de arbitragem, em praça estrangeira, as questões que se apresentassem na execução do contrato, não cabe alegar o requerido incompetência do Tribunal estrangeiro competente, que homologou a decisão arbitral" (RTJ 109/30).

Art. 38: 3a. "No âmbito de processo de homologação de sentença arbitral estrangeira, é inviável a análise da natureza do contrato a ela vinculado, para fins de caracterizá-lo como contrato de adesão" (STJ-Corte Especial, SE 6.335, Min. Felix Fischer, j. 21.3.12, DJ 12.4.12).

Art. 38: 4. Não se homologa sentença arbitral estrangeira quando "não restou caracterizada a manifestação ou a vontade da requerida no tocante à eleição do Juízo arbitral, uma vez que não consta a sua assinatura nos contratos nos quais se estabeleceu a cláusula arbitral" (STJ-Corte Especial, SE 967, Min. José Delgado, j. 15.2.06, DJU 20.3.06).

Da mesma forma, malgrado os contatos verbais entabulados pelos contratantes, não se homologa sentença arbitral estrangeira quando ausente cláusula compromissória elaborada por escrito, ante a falta de elementos seguros quanto à aceitação da arbitragem, mormente quando esse fato tenha sido levantado em caráter preliminar perante o juízo arbitral (STJ-Corte Especial, SE 866, Min. Felix Fischer, j. 17.5.06, DJU 16.10.06).

Por outro lado, "tem-se como satisfeito o requisito da aceitação da convenção de arbitragem quando a parte requerida, de acordo com a prova dos autos, manifestou defesa no juízo arbitral, sem impugnar em nenhum momento a existência da cláusula compromissória" (STJ-RF 384/251: Corte Especial, SE 856).

Ainda: "Não resta configurada a ofensa ao contraditório e à ampla defesa se as requeridas aderiram livremente aos contratos que continham expressamente a cláusula compromissória, bem como tiveram amplo conhecimento da instauração do procedimento arbitral, com a apresentação de considerações preliminares e defesa" (STJ-Corte Especial, SE 507, Min. Gilson Dipp, j. 18.10.06, DJU 13.11.06).

"É descabida a alegação, *in casu*, de necessidade de citação por meio de carta rogatória ou de ausência de citação, ante a comprovação de que o requerido foi comunicado acerca do início do procedimento de arbitragem, bem como dos atos ali realizados, tanto por meio das empresas de serviços de *courier* como também via correio eletrônico e fax" (STJ-Corte Especial, SE 3.660, Min. Arnaldo Esteves, j. 28.5.09, DJ 25.6.09).

Art. 38: 4a. "A propositura de ação, no Brasil, discutindo a validade de cláusula arbitral porque inserida, sem destaque, em contrato de adesão, não impede a homologação de sentença arbitral estrangeira que, em procedimento instaurado de acordo com essa cláusula, reputou-a válida" (STJ-Corte Especial, SE 6.335, Min. Felix Fischer, j. 21.3.12, DJ 12.4.12).

Art. 38: 4b. "Sentença estrangeira contestada. Condenação por juízo arbitral. Demanda na justiça brasileira. Impedimento à homologação. Inexistência. Cuidando-se de competência internacional concorrente, a tramitação de ação no Brasil que possua o mesmo objeto da sentença estrangeira homologanda não impede o processo de homologação, sendo certo que terá validade o *decisum* que primeiro transitar em julgado" (STJ-Corte Especial, SE 9.714, Min. Maria Thereza, j. 21.5.14, DJ 27.5.14).

Art. 38: 4c. "A lei aplicável para disciplinar a representação das partes no procedimento arbitral, bem como a forma como podem manifestar seu ingresso no referido procedimento, é a lei a que as partes se submeteram ou, na falta dela, à do país onde a sentença arbitral foi proferida, cumprindo à parte demandada o ônus de demonstrar a violação a esses preceitos normativos. É o que dispõem a Lei 9.307/96 (art. 38, II) e a Convenção de Nova Iorque (art. V, 1, *a*)" (STJ-RAM 34/363: Corte Especial, SE 3.709; com comentário de Ana Gerdau de Borja).

Art. 38: 5. "A existência de ação anulatória da sentença arbitral estrangeira em trâmite nos tribunais pátrios não constitui impedimento à homologação da sentença alienígena, não havendo ferimento à soberania nacional, hipótese que exigiria a existência de decisão pátria relativa às mesmas questões resolvidas pelo Juízo arbitral" (STJ-Corte Especial, SE 611, Min. João Otávio, j. 23.11.06, DJU 11.12.06).

Art. 39. A homologação para o reconhecimento ou a execução da sentença arbitral estrangeira também será denegada se o Superior Tribunal de Justiça constatar que:[1]

I — segundo a lei brasileira, o objeto do litígio não é suscetível de ser resolvido por arbitragem;

II — a decisão ofende a ordem pública nacional.[1a a 3]

Parágrafo único. Não será considerada ofensa à ordem pública nacional a efetivação da citação da parte residente ou domiciliada no Brasil, nos moldes da convenção de arbitragem ou da lei processual do país onde se realizou a arbitragem, admitindo-se, inclusive, a citação postal com prova inequívoca de recebimento, desde que assegure à parte brasileira tempo hábil para o exercício do direito de defesa.

Art. 39: 1. Redação do *caput* de acordo com a Lei 13.129, de 26.5.15, em vigor 60 dias após a sua publicação (DOU 27.5.15).

Art. 39: 1a. E tb. se ofender a soberania nacional ou os bons costumes (LINDB 17).

Art. 39: 2. s/ ofensa à ordem pública nacional, v. tb. CPC 963, nota 9.

Art. 39: 3. Considera-se ofensiva à ordem pública nacional:

— "a sentença arbitral emanada de árbitro que tenha, com as partes ou com o litígio, algumas das relações que caracterizam os casos de impedimento ou suspeição de juízes (arts. 14 e 32, II, da Lei n. 9.307/1996). Dada a natureza contratual da arbitragem, que põe em relevo a confiança fiducial entre as partes e a figura do árbitro, a violação por este do dever de revelação de quaisquer circunstâncias passíveis de, razoavelmente, gerar dúvida sobre sua imparcialidade e independência, obsta a homologação da sentença arbitral" (STJ-Corte Especial, SE 9.412, Min. João Otávio, j. 19.4.17, maioria, DJ 30.5.17);

— "a cumulação da correção monetária com a variação cambial. Tendo a sentença estrangeira determinado a incidência cumulativa, sobre o débito principal, de correção monetária e variação cambial, se mostra inviável a homologação parcial da sentença para extirpar apenas a incidência da correção monetária. A condenação, composta de um valor principal, acrescido de correção monetária e variação cambial, compreende um único capítulo de mérito da sentença, não sendo passível de desmembramento para efeitos de homologação. Como cada débito principal e o seu reajuste compõem um capítulo incindível da sentença, eventual irregularidade maculará integralmente a condenação, inviabilizando a sua homologação como um todo. Do contrário, estar-se-ia admitindo, por via transversa, a modificação do próprio mérito da sentença estrangeira, conferindo-se ao contrato uma nova exegese, diferente daquela dada pelo Tribunal Arbitral" (STJ-Corte Especial, SE 2.410, Min. Nancy Andrighi, j. 18.12.13, maioria, DJ 19.2.14);

— a sentença que "determina a desistência, sob sanção, de ação anulatória movida no Brasil, dada a preservação da concorrência de jurisdição" (STJ-Corte Especial, SE 854, Min. Sidnei Beneti, j. 16.10.13, maioria, DJ 7.11.13).

Não se considera ofensiva à ordem pública nacional:

— a existência no Brasil de ação voltada à invalidação da cláusula arbitral. V. art. 38, nota 4a;

— a existência no Brasil de ação anulatória da sentença arbitral estrangeira. V. art. 38, nota 5;

— sentença que teria passado ao largo da regra da *exceptio non adimpleti contractus*, tendo em vista que a "discussão acerca da regra da exceção do contrato não cumprido não tem natureza de ordem pública, não se vinculando ao conceito de soberania nacional" (STJ-Corte Especial, SE 507, Min. Gilson Dipp, j. 18.10.06, DJU 13.11.06);

— "o fato de a sentença arbitral alienígena prever condenação em moeda estrangeira, devendo apenas ser observado que, no momento da execução da respectiva sentença homologada no Brasil, o pagamento há de ser efetuado após a devida conversão em moeda nacional. No juízo de delibação próprio do processo de homologação de sentença estrangeira, não é cabível debate acerca de questões de mérito, tampouco averiguação de eventual injustiça do *decisum*, conforme aqui pretendido pelas requeridas que visam a rediscutir a responsabilidade solidária da cedente e da cessionária pelo contrato cedido e a data inicial de incidência dos juros moratórios contratuais" (STJ-Corte Especial, SE 11.969, Min. Raul Araújo, j. 16.12.15, DJ 2.2.16).

Art. 40. A denegação da homologação para reconhecimento ou execução de sentença arbitral estrangeira por vícios formais, não obsta que a parte interessada renove o pedido, uma vez sanados os vícios apresentados.

Capítulo VII | DISPOSIÇÕES FINAIS

Art. 41. Os arts. 267, inciso VII; 301, inciso IX; e 584, inciso III, do Código de Processo Civil passam a ter a seguinte redação: (...)[1]

Art. 41: 1. Os dispositivos mencionados são do CPC rev.

Art. 42. O art. 520 do Código de Processo Civil passa a ter mais um inciso, com a seguinte redação: (...)[1]

Art. 42: 1. O dispositivo mencionado é do CPC rev.

Art. 43. Esta lei entrará em vigor sessenta dias após a data de sua publicação.[1 a 3]

Art. 43: 1. Publicada no DOU 24.9.96.

Art. 43: 2. "Tendo as normas de natureza processual da Lei n. 9.307/96 eficácia imediata, devem ser observados os pressupostos nela previstos para homologação de sentença arbitral estrangeira, independentemente da data de início do respectivo processo perante o juízo arbitral" (RTJ 176/678: Pleno, SE 5.828).

Art. 43: 3. Súmula 485 do STJ: "A Lei de Arbitragem aplica-se aos **contratos** que contenham cláusula arbitral, ainda que **celebrados antes da sua edição**".

Art. 44. Ficam revogados os arts. 1.037 a 1.048 da Lei n. 3.071, de 1º de janeiro de 1916, Código Civil Brasileiro; os arts. 101 e 1.072 a 1.102 da Lei n. 5.869, de 11 de janeiro de 1973, Código de Processo Civil; e demais disposições em contrário.

Brasília, 23 de setembro de 1996; 175º da Independência e 108º da República — FERNANDO HENRIQUE CARDOSO — **Nelson A. Jobim.**

Lei n. 13.140, de 26 de junho de 2015

Dispõe sobre a mediação entre particulares como meio de solução de controvérsias e sobre a autocomposição de conflitos no âmbito da administração pública; altera a Lei n. 9.469, de 10 de julho de 1997, e o Decreto n. 70.235, de 6 de março de 1972; e revoga o § 2º do art. 6º da Lei n. 9.469, de 10 de julho de 1997.[1]

A PRESIDENTA DA REPÚBLICA

Faço saber que o Congresso Nacional decreta e eu sanciono a seguinte Lei:

✎ **LEI 13.140: 1.** "A mediação como forma alternativa de solução de conflitos", por Luiz Guilherme de A. V. Loureiro (RT 751/94); "Sistemas especialistas para mediação", por Hugo Cesar Hoesch (RTJE 165/87); "É a hora e a vez da mediação e da arbitragem", por Oscavo Cordeiro Corrêa Netto (RIASP 8/285); "O moderno conceito de acesso à Justiça e os métodos alternativos de solução de conflitos. A mediação e a escolha do mediador", por José Roberto de Albuquerque Sampaio (RF 376/95 e Ajuris 97/123); "Mediação em direito de família. Um recurso além da semântica", por Ivone M. C. Coelho de Souza (RBDF 27/29); "Mediação e arbitragem no setor de telecomunicações", por Floriano de Azevedo Marques Neto (IP 37/65); "Mediação (instrumento da pacificação social)", por Régis Fernandes de Oliveira (RT 799/88); "A mediação dos conflitos familiares na Justiça: uma saída singular", por Cleide Rocha de Andrade (RBDF 38/26).

Art. 1º Esta Lei dispõe sobre a mediação como meio de solução de controvérsias entre particulares e sobre a autocomposição de conflitos no âmbito da administração pública.

Parágrafo único. Considera-se mediação a atividade técnica exercida por terceiro imparcial sem poder decisório, que, escolhido ou aceito pelas partes, as auxilia e estimula a identificar ou desenvolver soluções consensuais para a controvérsia.

Capítulo I | DA MEDIAÇÃO

Seção I | DISPOSIÇÕES GERAIS

Art. 2º A mediação será orientada pelos seguintes princípios:

I — imparcialidade do mediador;

II — isonomia entre as partes;

III — oralidade;

IV — informalidade;

V — autonomia da vontade das partes;

VI — busca do consenso;

VII — confidencialidade;

VIII — boa-fé.

§ 1º Na hipótese de existir previsão contratual de cláusula de mediação, as partes deverão comparecer à primeira reunião de mediação.

§ 2º Ninguém será obrigado a permanecer em procedimento de mediação.

Art. 3º Pode ser objeto de mediação o conflito que verse sobre direitos disponíveis ou sobre direitos indisponíveis que admitam transação.

§ 1º A mediação pode versar sobre todo o conflito ou parte dele.

§ 2º O consenso das partes envolvendo direitos indisponíveis, mas transigíveis, deve ser homologado em juízo, exigida a oitiva do Ministério Público.

Seção II | DOS MEDIADORES

Subseção I | DISPOSIÇÕES COMUNS

Art. 4º O mediador será designado pelo tribunal ou escolhido pelas partes.

§ 1º O mediador conduzirá o procedimento de comunicação entre as partes, buscando o entendimento e o consenso e facilitando a resolução do conflito.

§ 2º Aos necessitados será assegurada a gratuidade da mediação.

Art. 5º Aplicam-se ao mediador as mesmas hipóteses legais de impedimento e suspeição do juiz.[1]

Parágrafo único. A pessoa designada para atuar como mediador tem o dever de revelar às partes, antes da aceitação da função, qualquer fato ou circunstância que possa suscitar dúvida justificada em relação à sua imparcialidade para mediar o conflito, oportunidade em que poderá ser recusado por qualquer delas.[2]

Art. 5º: 1. v. CPC 144 e 145, bem como respectivas notas.

Art. 5º: 2. v. LArb 14 § 1º.

Art. 6º O mediador fica impedido, pelo prazo de um ano, contado do término da última audiência em que atuou, de assessorar, representar ou patrocinar qualquer das partes.

Art. 7º O mediador não poderá atuar como árbitro nem funcionar como testemunha em processos judiciais ou arbitrais pertinentes a conflito em que tenha atuado como mediador.

Art. 8º O mediador e todos aqueles que o assessoram no procedimento de mediação, quando no exercício de suas funções ou em razão delas, são equiparados a servidor público, para os efeitos da legislação penal.

Subseção II | DOS MEDIADORES EXTRAJUDICIAIS

Art. 9º Poderá funcionar como mediador extrajudicial qualquer pessoa capaz que tenha a confiança das partes e seja capacitada para fazer mediação, independentemente de integrar qualquer tipo de conselho, entidade de classe ou associação, ou nele inscrever-se.

Art. 10. As partes poderão ser assistidas por advogados ou defensores públicos.

Parágrafo único. Comparecendo uma das partes acompanhada de advogado ou defensor público, o mediador suspenderá o procedimento, até que todas estejam devidamente assistidas.

Subseção III | DOS MEDIADORES JUDICIAIS

Art. 11. Poderá atuar como mediador judicial a pessoa capaz, graduada há pelo menos dois anos em curso de ensino superior de instituição reconhecida pelo Ministério da Educação e que tenha obtido capacitação em escola ou instituição de formação de mediadores, reconhecida pela Escola Nacional de Formação e Aperfeiçoamento de Magistrados — ENFAM ou pelos tribunais, observados os requisitos mínimos estabelecidos pelo Conselho Nacional de Justiça em conjunto com o Ministério da Justiça.

Art. 12. Os tribunais criarão e manterão cadastros atualizados dos mediadores habilitados e autorizados a atuar em mediação judicial.

§ 1º A inscrição no cadastro de mediadores judiciais será requerida pelo interessado ao tribunal com jurisdição na área em que pretenda exercer a mediação.

§ 2º Os tribunais regulamentarão o processo de inscrição e desligamento de seus mediadores.

Art. 13. A remuneração devida aos mediadores judiciais será fixada pelos tribunais e custeada pelas partes, observado o disposto no § 2º do art. 4º desta Lei.

Seção III | DO PROCEDIMENTO DE MEDIAÇÃO

Subseção I | DISPOSIÇÕES COMUNS

Art. 14. No início da primeira reunião de mediação, e sempre que julgar necessário, o mediador deverá alertar as partes acerca das regras de confidencialidade aplicáveis ao procedimento.

Art. 15. A requerimento das partes ou do mediador, e com anuência daquelas, poderão ser admitidos outros mediadores para funcionarem no mesmo procedimento, quando isso for recomendável em razão da natureza e da complexidade do conflito.

Art. 16. Ainda que haja processo arbitral ou judicial em curso, as partes poderão submeter-se à mediação, hipótese em que requererão ao juiz ou árbitro a suspensão do processo por prazo suficiente para a solução consensual do litígio.

§ 1º É irrecorrível a decisão que suspende o processo nos termos requeridos de comum acordo pelas partes.

§ 2º A suspensão do processo não obsta a concessão de medidas de urgência pelo juiz ou pelo árbitro.

Art. 17. Considera-se instituída a mediação na data para a qual for marcada a primeira reunião de mediação.

Parágrafo único. Enquanto transcorrer o procedimento de mediação, ficará suspenso o prazo prescricional.

Art. 18. Iniciada a mediação, as reuniões posteriores com a presença das partes somente poderão ser marcadas com a sua anuência.

Art. 19. No desempenho de sua função, o mediador poderá reunir-se com as partes, em conjunto ou separadamente, bem como solicitar das partes as informações que entender necessárias para facilitar o entendimento entre aquelas.

Art. 20. O procedimento de mediação será encerrado com a lavratura do seu termo final, quando for celebrado acordo ou quando não se justificarem novos esforços para a obtenção de consenso, seja por declaração do mediador nesse sentido ou por manifestação de qualquer das partes.

Parágrafo único. O termo final de mediação, na hipótese de celebração de acordo, constitui título executivo extrajudicial e, quando homologado judicialmente, título executivo judicial.

Subseção II | DA MEDIAÇÃO EXTRAJUDICIAL

Art. 21. O convite para iniciar o procedimento de mediação extrajudicial poderá ser feito por qualquer meio de comunicação e deverá estipular o escopo proposto para a negociação, a data e o local da primeira reunião.

Parágrafo único. O convite formulado por uma parte à outra considerar-se-á rejeitado se não for respondido em até trinta dias da data de seu recebimento.

Art. 22. A previsão contratual de mediação deverá conter, no mínimo:

I — prazo mínimo e máximo para a realização da primeira reunião de mediação, contado a partir da data de recebimento do convite;

II — local da primeira reunião de mediação;

III — critérios de escolha do mediador ou equipe de mediação;

IV — penalidade em caso de não comparecimento da parte convidada à primeira reunião de mediação.

§ 1º A previsão contratual pode substituir a especificação dos itens acima enumerados pela indicação de regulamento, publicado por instituição idônea prestadora de serviços de mediação, no qual constem critérios claros para a escolha do mediador e realização da primeira reunião de mediação.

§ 2º Não havendo previsão contratual completa, deverão ser observados os seguintes critérios para a realização da primeira reunião de mediação:

I — prazo mínimo de dez dias úteis e prazo máximo de três meses, contados a partir do recebimento do convite;

II — local adequado a uma reunião que possa envolver informações confidenciais;

III — lista de cinco nomes, informações de contato e referências profissionais de mediadores capacitados; a parte convidada poderá escolher, expressamente, qualquer um dos cinco mediadores e, caso a parte convidada não se manifeste, considerar-se-á aceito o primeiro nome da lista;

IV — o não comparecimento da parte convidada à primeira reunião de mediação acarretará a assunção por parte desta de cinquenta por cento das custas e honorários sucumbenciais caso venha a ser vencedora em procedimento arbitral ou judicial posterior, que envolva o escopo da mediação para a qual foi convidada.

§ 3º Nos litígios decorrentes de contratos comerciais ou societários que não contenham cláusula de mediação, o mediador extrajudicial somente cobrará por seus serviços caso as partes decidam assinar o termo inicial de mediação e permanecer, voluntariamente, no procedimento de mediação.

Art. 23. Se, em previsão contratual de cláusula de mediação, as partes se comprometerem a não iniciar procedimento arbitral ou processo judicial durante certo prazo ou até o implemento de determinada condição, o árbitro ou o juiz suspenderá o curso da arbitragem ou da ação pelo prazo previamente acordado ou até o implemento dessa condição.

Parágrafo único. O disposto no *caput* não se aplica às medidas de urgência em que o acesso ao Poder Judiciário seja necessário para evitar o perecimento de direito.

Subseção III | DA MEDIAÇÃO JUDICIAL

Art. 24. Os tribunais criarão centros judiciários de solução consensual de conflitos, responsáveis pela realização de sessões e audiências de conciliação e mediação, pré-processuais e processuais, e pelo desenvolvimento de programas destinados a auxiliar, orientar e estimular a autocomposição.

Parágrafo único. A composição e a organização do centro serão definidas pelo respectivo tribunal, observadas as normas do Conselho Nacional de Justiça.

Art. 25. Na mediação judicial, os mediadores não estarão sujeitos à prévia aceitação das partes, observado o disposto no art. 5º desta Lei.

Art. 26. As partes deverão ser assistidas por advogados ou defensores públicos, ressalvadas as hipóteses previstas nas Leis ns. 9.099, de 26 de setembro de 1995, e 10.259, de 12 de julho de 2001.

Parágrafo único. Aos que comprovarem insuficiência de recursos será assegurada assistência pela Defensoria Pública.

Art. 27. Se a petição inicial preencher os requisitos essenciais[1] e não for o caso de improcedência liminar do pedido,[2] o juiz designará audiência de mediação.

Art. 27: 1. v. CPC 319 e segs.

Art. 27: 2. v. CPC 332.

Art. 28. O procedimento de mediação judicial deverá ser concluído em até sessenta dias, contados da primeira sessão, salvo quando as partes, de comum acordo, requererem sua prorrogação.

Parágrafo único. Se houver acordo, os autos serão encaminhados ao juiz, que determinará o arquivamento do processo e, desde que requerido pelas partes, homologará o acordo, por sentença, e o termo final da mediação e determinará o arquivamento do processo.

Art. 29. Solucionado o conflito pela mediação antes da citação do réu, não serão devidas custas judiciais finais.

Seção IV | DA CONFIDENCIALIDADE E SUAS EXCEÇÕES

Art. 30. Toda e qualquer informação relativa ao procedimento de mediação será confidencial em relação a terceiros, não podendo ser revelada sequer em processo arbitral ou judicial salvo se as partes expressamente decidirem de forma diversa ou quando sua divulgação for exigida por lei ou necessária para cumprimento de acordo obtido pela mediação.

§ 1º O dever de confidencialidade aplica-se ao mediador, às partes, a seus prepostos, advogados, assessores técnicos e a outras pessoas de sua confiança que tenham, direta ou indiretamente, participado do procedimento de mediação, alcançando:

I — declaração, opinião, sugestão, promessa ou proposta formulada por uma parte à outra na busca de entendimento para o conflito;

II — reconhecimento de fato por qualquer das partes no curso do procedimento de mediação;

III — manifestação de aceitação de proposta de acordo apresentada pelo mediador;

IV — documento preparado unicamente para os fins do procedimento de mediação.

§ 2º A prova apresentada em desacordo com o disposto neste artigo não será admitida em processo arbitral ou judicial.

§ 3º Não está abrigada pela regra de confidencialidade a informação relativa à ocorrência de crime de ação pública.

§ 4º A regra da confidencialidade não afasta o dever de as pessoas discriminadas no *caput* prestarem informações à administração tributária após o termo final da mediação, aplicando-se aos seus servidores a obrigação de manterem sigilo das informações compartilhadas nos termos do art. 198 da Lei n. 5.172, de 25 de outubro de 1966 — Código Tributário Nacional.

Art. 31. Será confidencial a informação prestada por uma parte em sessão privada, não podendo o mediador revelá-la às demais, exceto se expressamente autorizado.

Capítulo II | DA AUTOCOMPOSIÇÃO DE CONFLITOS EM QUE FOR PARTE PESSOA JURÍDICA DE DIREITO PÚBLICO

Seção I | DISPOSIÇÕES COMUNS

Art. 32. A União, os Estados, o Distrito Federal e os Municípios poderão criar câmaras de prevenção e resolução administrativa de conflitos, no âmbito dos respectivos órgãos da Advocacia Pública, onde houver, com competência para:

I — dirimir conflitos entre órgãos e entidades da administração pública;

II — avaliar a admissibilidade dos pedidos de resolução de conflitos, por meio de composição, no caso de controvérsia entre particular e pessoa jurídica de direito público;

III — promover, quando couber, a celebração de termo de ajustamento de conduta.

§ 1º O modo de composição e funcionamento das câmaras de que trata o *caput* será estabelecido em regulamento de cada ente federado.

§ 2º A submissão do conflito às câmaras de que trata o *caput* é facultativa e será cabível apenas nos casos previstos no regulamento do respectivo ente federado.

§ 3º Se houver consenso entre as partes, o acordo será reduzido a termo e constituirá título executivo extrajudicial.

§ 4º Não se incluem na competência dos órgãos mencionados no *caput* deste artigo as controvérsias que somente possam ser resolvidas por atos ou concessão de direitos sujeitos a autorização do Poder Legislativo.

§ 5º Compreendem-se na competência das câmaras de que trata o *caput* a prevenção e a resolução de conflitos que envolvam equilíbrio econômico-financeiro de contratos celebrados pela administração com particulares.

Art. 33. Enquanto não forem criadas as câmaras de mediação, os conflitos poderão ser dirimidos nos termos do procedimento de mediação previsto na Subseção I da Seção III do Capítulo I desta Lei.

Parágrafo único. A Advocacia Pública da União, dos Estados, do Distrito Federal e dos Municípios, onde houver, poderá instaurar, de ofício ou mediante provocação, procedimento de mediação coletiva de conflitos relacionados à prestação de serviços públicos.

Art. 34. A instauração de procedimento administrativo para a resolução consensual de conflito no âmbito da administração pública suspende a prescrição.

§ 1º Considera-se instaurado o procedimento quando o órgão ou entidade pública emitir juízo de admissibilidade, retroagindo a suspensão da prescrição à data de formalização do pedido de resolução consensual do conflito.

§ 2º Em se tratando de matéria tributária, a suspensão da prescrição deverá observar o disposto na Lei n. 5.172, de 25 de outubro de 1966 — Código Tributário Nacional.

Seção II — DOS CONFLITOS ENVOLVENDO A ADMINISTRAÇÃO PÚBLICA FEDERAL DIRETA, SUAS AUTARQUIAS E FUNDAÇÕES

Art. 35. As controvérsias jurídicas que envolvam a administração pública federal direta, suas autarquias e fundações poderão ser objeto de transação por adesão, com fundamento em:

I — autorização do Advogado-Geral da União, com base na jurisprudência pacífica do Supremo Tribunal Federal ou de tribunais superiores; ou

II — parecer do Advogado-Geral da União, aprovado pelo Presidente da República.

§ 1º Os requisitos e as condições da transação por adesão serão definidos em resolução administrativa própria.

§ 2º Ao fazer o pedido de adesão, o interessado deverá juntar prova de atendimento aos requisitos e às condições estabelecidos na resolução administrativa.

§ 3º A resolução administrativa terá efeitos gerais e será aplicada aos casos idênticos, tempestivamente habilitados mediante pedido de adesão, ainda que solucione apenas parte da controvérsia.

§ 4º A adesão implicará renúncia do interessado ao direito sobre o qual se fundamenta a ação ou o recurso, eventualmente pendentes, de natureza administrativa ou judicial, no que tange aos pontos compreendidos pelo objeto da resolução administrativa.

§ 5º Se o interessado for parte em processo judicial inaugurado por ação coletiva, a renúncia ao direito sobre o qual se fundamenta a ação deverá ser expressa, mediante petição dirigida ao juiz da causa.

§ 6º A formalização de resolução administrativa destinada à transação por adesão não implica a renúncia tácita à prescrição nem sua interrupção ou suspensão.

Art. 36. No caso de conflitos que envolvam controvérsia jurídica entre órgãos ou entidades de direito público que integram a administração pública federal, a Advocacia-Geral da União deverá realizar composição extrajudicial do conflito, observados os procedimentos previstos em ato do Advogado-Geral da União.

§ 1º Na hipótese do *caput*, se não houver acordo quanto à controvérsia jurídica, caberá ao Advogado-Geral da União dirimi-la, com fundamento na legislação afeta.

§ 2º Nos casos em que a resolução da controvérsia implicar o reconhecimento da existência de créditos da União, de suas autarquias e fundações em face de pessoas jurídicas de direito público federais, a Advocacia-Geral da União poderá solicitar ao Ministério do Planejamento, Orçamento e Gestão a adequação orçamentária para quitação das dívidas reconhecidas como legítimas.

§ 3º A composição extrajudicial do conflito não afasta a apuração de responsabilidade do agente público que deu causa à dívida, sempre que se verificar que sua ação ou omissão constitui, em tese, infração disciplinar.

§ 4º Nas hipóteses em que a matéria objeto do litígio esteja sendo discutida em ação de improbidade administrativa ou sobre ela haja decisão do Tribunal de Contas da União, a conciliação de que trata o *caput* dependerá da anuência expressa do juiz da causa ou do Ministro Relator.

Art. 37. É facultado aos Estados, ao Distrito Federal e aos Municípios, suas autarquias e fundações públicas, bem como às empresas públicas e sociedades de economia mista federais, submeter seus litígios com órgãos ou entidades da administração pública federal à Advocacia-Geral da União, para fins de composição extrajudicial do conflito.

Art. 38. Nos casos em que a controvérsia jurídica seja relativa a tributos administrados pela Secretaria da Receita Federal do Brasil ou a créditos inscritos em dívida ativa da União:

I — não se aplicam as disposições dos incisos II e III do *caput* do art. 32;

II — as empresas públicas, sociedades de economia mista e suas subsidiárias que explorem atividade econômica de produção ou comercialização de bens ou de prestação de serviços em regime de concorrência não poderão exercer a faculdade prevista no art. 37;

III — quando forem partes as pessoas a que alude o *caput* do art. 36:

a) a submissão do conflito à composição extrajudicial pela Advocacia-Geral da União implica renúncia do direito de recorrer ao Conselho Administrativo de Recursos Fiscais;

b) a redução ou o cancelamento do crédito dependerá de manifestação conjunta do Advogado-Geral da União e do Ministro de Estado da Fazenda.

Parágrafo único. O disposto neste artigo não afasta a competência do Advogado-Geral da União prevista nos incisos VI, X e XI do art. 4º da Lei Complementar n. 73, de 10 de fevereiro de 1993, e na Lei n. 9.469, de 10 de julho de 1997.[1]

Art. 38: 1. Redação do § ún. de acordo com a Lei 13.327, de 29.7.16.

Art. 39. A propositura de ação judicial em que figurem concomitantemente nos polos ativo e passivo órgãos ou entidades de direito público que integrem a administração pública federal deverá ser previamente autorizada pelo Advogado-Geral da União.

Art. 40. Os servidores e empregados públicos que participarem do processo de composição extrajudicial do conflito, somente poderão ser responsabilizados civil, administrativa ou criminalmente quando, mediante dolo ou fraude, receberem qualquer vantagem patrimonial indevida, permitirem ou facilitarem sua recepção por terceiro, ou para tal concorrerem.

Capítulo III | DISPOSIÇÕES FINAIS

Art. 41. A Escola Nacional de Mediação e Conciliação, no âmbito do Ministério da Justiça, poderá criar banco de dados sobre boas práticas em mediação, bem como manter relação de mediadores e de instituições de mediação.

Art. 42. Aplica-se esta Lei, no que couber, às outras formas consensuais de resolução de conflitos, tais como mediações comunitárias e escolares, e àquelas levadas a efeito nas serventias extrajudiciais, desde que no âmbito de suas competências.

Parágrafo único. A mediação nas relações de trabalho será regulada por lei própria.

Art. 43. Os órgãos e entidades da administração pública poderão criar câmaras para a resolução de conflitos entre particulares, que versem sobre atividades por eles reguladas ou supervisionadas.

Art. 44. Os arts. 1º e 2º da Lei n. 9.469, de 10 de julho de 1997, passam a vigorar com a seguinte redação:

"Art. 1º O Advogado-Geral da União, diretamente ou mediante delegação, e os dirigentes máximos das empresas públicas federais, em conjunto com o dirigente estatutário da área afeta ao assunto, poderão autorizar a realização de acordos ou transações para prevenir ou terminar litígios, inclusive os judiciais.

§ 1º Poderão ser criadas câmaras especializadas, compostas por servidores públicos ou empregados públicos efetivos, com o objetivo de analisar e formular propostas de acordos ou transações.

§ 3º Regulamento disporá sobre a forma de composição das câmaras de que trata o § 1º, que deverão ter como integrante pelo menos um membro efetivo da Advocacia-Geral da União ou, no caso das empresas públicas, um assistente jurídico ou ocupante de função equivalente.

§ 4º Quando o litígio envolver valores superiores aos fixados em regulamento, o acordo ou a transação, sob pena de nulidade, dependerá de prévia e expressa autorização do Advogado-Geral da União e do Ministro de Estado a cuja área de competência estiver afeto o assunto, ou ainda do Presidente da Câmara dos Deputados, do Senado Federal, do Tribunal de Contas da União, de Tribunal ou Conselho, ou do Procurador-Geral da República, no caso de interesse dos órgãos dos Poderes Legislativo e Judiciário ou do Ministério Público da União, excluídas as empresas públicas federais não dependentes, que necessitarão apenas de prévia e expressa autorização dos dirigentes de que trata o *caput*.

§ 5º Na transação ou acordo celebrado diretamente pela parte ou por intermédio de procurador para extinguir ou encerrar processo judicial, inclusive os casos de extensão administrativa de pagamentos postulados em juízo, as partes poderão definir a responsabilidade de cada uma pelo pagamento dos honorários dos respectivos advogados."

"Art. 2º O Procurador-Geral da União, o Procurador-Geral Federal, o Procurador-Geral do Banco Central do Brasil e os dirigentes das empresas públicas federais mencionadas no *caput* do art. 1º poderão autorizar, diretamente ou mediante delegação, a realização de acordos para prevenir ou terminar, judicial ou extrajudicialmente, litígio que envolver valores inferiores aos fixados em regulamento.

§ 1º No caso das empresas públicas federais, a delegação é restrita a órgão colegiado formalmente constituído, composto por pelo menos um dirigente estatutário.

§ 2º O acordo de que trata o *caput* poderá consistir no pagamento do débito em parcelas mensais e sucessivas, até o limite máximo de sessenta.

§ 3º O valor de cada prestação mensal, por ocasião do pagamento, será acrescido de juros equivalentes à taxa referencial do Sistema Especial de Liquidação e de Custódia — SELIC para títulos federais, acumulada mensalmente, calculados a partir do mês subsequente ao da consolidação até o mês anterior ao do pagamento e de um por cento relativamente ao mês em que o pagamento estiver sendo efetuado.

§ 4º Inadimplida qualquer parcela, após trinta dias, instaurar-se-á o processo de execução ou nele prosseguir-se-á, pelo saldo."

Art. 45. O Decreto n. 70.235, de 6 de março de 1972, passa a vigorar acrescido do seguinte art. 14-A:

"Art. 14-A. No caso de determinação e exigência de créditos tributários da União cujo sujeito passivo seja órgão ou entidade de direito público da administração pública federal, a submissão do litígio à composição extrajudicial pela Advocacia-Geral da União é considerada reclamação, para fins do disposto no inciso III do art. 151 da Lei n. 5.172, de 25 de outubro de 1966 — Código Tributário Nacional."

Art. 46. A mediação poderá ser feita pela internet ou por outro meio de comunicação que permita a transação à distância, desde que as partes estejam de acordo.

Parágrafo único. É facultado à parte domiciliada no exterior submeter-se à mediação segundo as regras estabelecidas nesta Lei.

Art. 47. Esta Lei entra em vigor após decorridos cento e oitenta dias de sua publicação oficial. [1]

Art. 47: 1. Publicada no DOU de 29.6.15.

Art. 48. Revoga-se o § 2º do art. 6º da Lei n. 9.469, de 10 de julho de 1997.

Brasília, 26 de junho de 2015; 194º da Independência e 127º da República — DILMA ROUSSEFF — José Eduardo Cardozo — Joaquim Vieira Ferreira Levy — Nelson Barbosa — Luís Inácio Lucena Adams.

Ementário
Assistência Judiciária

— v. CF 5º-LXXIV; LOJF 45 a 47; RISTF 62 e 63; RISTJ 114 a 116; LA 1º §§ 2º a 4º e 2º § 3º.

Lei 1.060, de 5.2.50 — Estabelece normas para a concessão de assistência judiciária aos necessitados (v. adiante, texto integral, conferido com a republicação feita no DOU 8.4.74, supl., em obediência ao art. 20 da Lei 6.014, de 27.12.73).

Dec. leg. 1, de 7.2.57 — Aprova a Convenção sobre Assistência Judiciária Gratuita, firmada entre o Brasil e a Bélgica (Lex 1957/101, em.). Promulgada pelo **Dec. 41.908, de 29.7.57** (Lex 1957/467, RF 173/545).

Dec. leg. 23, de 23.10.63 — Aprova a Convenção entre os Estados Unidos do Brasil e o Reino dos Países Baixos, relativa à Assistência Judiciária Gratuita, firmada aos 16 de março de 1959, no Rio de Janeiro (Lex 1963/1.288, em.). Promulgada pelo **Dec. 53.923, de 20.5.64** (Lex 1964/451).

Dec. leg. 53, de 31.8.64 — Aprova a Convenção sobre Assistência Judiciária Gratuita, concluída entre o Brasil e a Argentina (Lex 1964/714, em.). Promulgada pelo **Dec. 62.978, de 11.7.68** (Lex 1968/965).

Lei 6.014, de 27.12.73 — Adapta ao novo Código de Processo Civil as leis que menciona (RT 458/496, Lex 1973/1.992, RF 245/465, Bol. AASP 787/supl.; v. texto integral em CPCLPV, 22ª ed., p. 574). O art. 9º desta lei alterou o art. 17 da Lei 1.060/50.

Lei 6.248, de 8.10.75 — Acrescenta parágrafo ao art. 16 da Lei n. 1.060, de 5 de fevereiro de 1960, que estabelece normas para a concessão de assistência judiciária aos necessitados (RT 480/419, Lex 1975/601, RDA 123/463, RF 253/507, Bol. AASP 879/1).

Lei 6.465, de 14.11.77 — Dá nova redação ao art. 14 da Lei n. 1.060, de 5 de fevereiro de 1950, que estabelece normas para a concessão da assistência judiciária aos necessitados (RT 505/441, Lex 1977/860, RDA 131/361, RF 260/499, Bol. AASP 989/3).

Lei 6.654, de 30.5.79 — Acrescenta parágrafo ao art. 4º da Lei n. 1.060, de 5 de fevereiro de 1950, que estabelece normas para a concessão de assistência judiciária aos necessitados (Lex 1979/465, RF 266/468, Bol. AASP 1.069/3).

Lei 6.707, de 29.10.79 — Dá nova redação ao § 1º do art. 4º da Lei n. 1.060, de 5 de fevereiro de 1950, que estabelece normas para a concessão de assistência judiciária aos necessitados (Lex 1979/837, Bol. AASP 1.091/3).

Lei 7.288, de 18.12.84 — Acrescenta parágrafo único ao art. 3º da Lei n. 1.060, de 5 de fevereiro de 1950, que trata da assistência judiciária aos necessitados (Lex 1984/742, RF 288/514, Ajuris 33/244, Bol. AASP 1.358/5).

Lei 7.510, de 4.7.86 — Dá nova redação a dispositivos da Lei n. 1.060, de 5 de fevereiro de 1950, com as alterações posteriores, que estabelece normas para a concessão de assistência judiciária aos necessitados (Lex 1986/669, RF 295/521, RBDP 52/217, RAMPR 43/309, Just. 135/215, Bol. AASP 1.439/4). Textos alterados da Lei 1.060: arts. 1º e 4º.

Lei 7.871, de 8.11.89 — Acrescenta parágrafo à Lei n. 1.060, de 5 de fevereiro de 1950, que "estabelece normas para a concessão de assistência judiciária aos necessitados" (Lex 1989/829, Just. 148/237, RF 308/309, Bol. AASP 1.612/4). Acrescentou § 5º ao art. 5º.

Lei 10.317, de 6.12.01 — Altera a Lei n. 1.060, de 5 de fevereiro de 1950, que estabelece normas para a concessão de assistência judiciária aos necessitados, para conceder a gratuidade do exame de DNA, nos casos que especifica (DOU 7.12.01, RF 358/405, Bol. AASP 2.247/supl., p. 6). Acrescentou inc. VI ao art. 3º.

LC 132, de 7.10.09 — Altera dispositivos: da LC 80, de 12.1.94, que organiza a Defensoria Pública da União, do Distrito Federal e dos Territórios e prescreve normas gerais para sua organização nos Estados; da Lei n. 1.060, de 5.2.50; e dá outras providências. Na LAJ: acrescentou inc. VII ao art. 3º.

Lei 13.105, de 16.3.15 — Código de Processo Civil. Na LAJ: revogou os arts. 2º, 3º, 4º, 6º, 7º, 11, 12 e 17.

Lei n. 1.060, de 5 de fevereiro de 1950

Estabelece normas para a concessão de assistência judiciária[1-2] *aos necessitados.*

O Presidente da República

Faço saber que o Congresso Nacional decreta e eu sanciono a seguinte lei:

LEI 1.060: 1. "Breves observações acerca da Lei 1.060/50", por Eduardo Bezerra de Medeiros Pinheiro (RT 733/94, RTJE 144/59); "Assistência judiciária, à luz da nova Constituição Federal", por Marilena Fleury de Barros (RJ 231/36); "Assistência jurídica integral e gratuita", por José Marcelo Menezes Vigliar (Just. 170/60); "A purgação da mora nas ações de despejo e o benefício da assistência judiciária", por Milton Sanseverino (Lex-JTA 169/6); "Benefício da gratuidade", por Araken de Assis (Ajuris 73/162); "Uma moderna concepção de assistência judiciária gratuita", por Anselmo Prieto Alvarez (RT 778/42); "Assistência jurídica integral ao necessitado", por Glauco Gumerato Ramos (RT 765/48); "Assistência judiciária gratuita", por Roberto Luis Luchi Demo (RT 797/727, RJ 289/5, Ajuris 83/330); "O direito à assistência jurídica. Evolução no ordenamento brasileiro de nosso tempo", por José Carlos Barbosa Moreira (Ajuris 55/60); "O Estado Social Democrático de Direito no Brasil e a assistência jurídica integral e gratuita", por Anselmo Pietro Alvarez (RT 848/36); "Assistência judiciária gratuita. O princípio da sucumbência como elemento desestimulador de demandas temerárias. Reflexões sobre critérios para sua concessão", por Délio José Rocha Sobrinho (RMDCPC 33/46); "Repensando a assistência jurídica gratuita no processo civil: o excesso no acesso à justiça", por Wendel de Brito Lemos Teixeira (RBDP 70/165); "Acesso à Justiça e gratuidade: uma leitura na perspectiva dos direitos fundamentais", por Lívio Goellner Goron (RP 195/249); "Do benefício da gratuidade da justiça", por José Cretella Neto (RP 235/437).

LEI 1.060: 2. s/ gratuidade da justiça, **v. CPC 98 a 102, bem como respectivas notas.**

Art. 1º Os poderes públicos federal e estadual, independentemente da colaboração que possam receber dos municípios e da Ordem dos Advogados do Brasil — OAB, concederão assistência judiciária[1] aos necessitados,[1a-1b] nos termos desta lei (VETADO).[2]

Art. 1º: 1. v. CF 5º-LXXIV. V. tb. CPC 82 a 97 (despesas, honorários advocatícios e multas) e 98 a 102 (gratuidade da justiça), EA 22 § 1º (fixação dos honorários do advogado indicado para patrocinar a causa do juridicamente necessitado), LA 1º §§ 2º a 4º e 2º § 3º (ação de alimentos), ECA 111-IV e 141 § 1º (assistência judiciária a criança ou adolescente necessitado), EId 51 (assistência judiciária às instituições filantrópicas ou sem fins lucrativos prestadoras de serviços aos idosos), LJE 9º § 1º e 56 (Juizados Especiais), Lei 10.257, de 10.7.01, no tít. USUCAPIÃO ESPECIAL (ação de usucapião especial).

S/ assistência judiciária no STF, v. RISTF 62 e 63; no STJ, RISTJ 114 a 116 e RCSTJ 13; na Justiça Federal, RCJF 4º-II.

S/ pagamento de despesas de porte de remessa e retorno de recurso especial interposto contra acórdão que denega a assistência judiciária, v. RISTJ 255, nota 4-Deserção.

Art. 1º: 1a. **CF 5º: "LXXIV** — O Estado prestará assistência jurídica integral e gratuita aos que comprovarem insuficiência de recursos".

Art. 1º: 1b. "A garantia do art. 5º, LXXIV (da CF) não revogou a de assistência judiciária gratuita da Lei n. 1.060, de 1950, aos necessitados, certo que, para obtenção desta, basta a declaração, feita pelo próprio interessado, de que a sua situação econômica não permite vir a juízo sem prejuízo da sua manutenção ou de sua família. Essa norma infraconstitucional põe-se, ademais, dentro do espírito da Constituição, que deseja que seja facilitado o acesso de todos à Justiça (CF, art. 5º, XXXV)" (RTJ 163/415). V. CPC 99 § 3º.

Art. 1º: 2. Redação de acordo com a Lei 7.510, de 4.7.86.

Art. 2º .... [1]

Art. 2º: 1. O art. 2º foi expressamente revogado pela Lei 13.105, de 16.3.15, em vigor um ano após sua publicação (DOU 17.3.15).

V. CPC 1.072-III.

Art. 3º .... [1]

Art. 3º: 1. O art. 3º foi expressamente revogado pela Lei 13.105, de 16.3.15, em vigor um ano após sua publicação (DOU 17.3.15).

V. CPC 1.072-III.

Art. 4º .... [1]

Art. 4º: 1. O art. 4º foi expressamente revogado pela Lei 13.105, de 16.3.15, em vigor um ano após sua publicação (DOU 17.3.15).

V. CPC 1.072-III.

Art. 5º O juiz, se não tiver fundadas razões para indeferir o pedido, deverá julgá-lo de plano, motivando ou não o deferimento dentro do prazo de setenta e duas horas.

§ 1º Deferido o pedido, o juiz determinará que o serviço de assistência judiciária, organizado e mantido pelo Estado, onde houver, indique, no prazo de dois dias úteis, o advogado que patrocinará a causa do necessitado.

§ 2º Se no Estado não houver serviço de assistência judiciária, por ele mantido, caberá a indicação à Ordem dos Advogados, por suas Seções Estaduais, ou Subseções Municipais.

§ 3º Nos municípios em que não existirem [1] subseções da Ordem dos Advogados do Brasil, o próprio juiz fará a nomeação do advogado que patrocinará a causa do necessitado. [2]

§ 4º Será preferido para a defesa da causa o advogado que o interessado indicar e que declare aceitar o encargo.

§ 5º Nos Estados onde a Assistência Judiciária seja organizada e por eles mantida, o Defensor Público, [3] ou quem exerça cargo equivalente, será intimado pessoalmente de todos os atos do processo, em ambas as instâncias, contando-se-lhes em dobro todos os prazos. [4]

Art. 5º: 1. Conforme primitiva publicação oficial. A republicação no DOU 8.4.74, supl., consigna: "Nos municípios em que não existem", etc.

Art. 5º: 2. Na republicação pelo DOU 8.4.74, supl., lê-se, em desacordo com o texto primitivo: "que patrocinará a causa dos necessitados".

Art. 5º: 3. s/ Defensoria Pública, v. CPC 185 a 187 e notas.

Art. 5º: 4. O § 5º foi acrescido pela Lei 7.871, de 8.11.89, e é constitucional (RSTJ 84/307; STJ-3ª T., REsp 24.196-4, Min. Waldemar Zveiter, j. 27.10.92, DJU 30.11.92).

Art. 6º .... [1]

Art. 6º: 1. O art. 6º foi expressamente revogado pela Lei 13.105, de 16.3.15, em vigor um ano após sua publicação (DOU 17.3.15).

V. CPC 1.072-III.

Art. 7º .... [1]

Art. 7º: 1. O art. 7º foi expressamente revogado pela Lei 13.105, de 16.3.15, em vigor um ano após sua publicação (DOU 17.3.15).

V. CPC 1.072-III.

Art. 8º Ocorrendo as circunstâncias mencionadas no artigo anterior,[1] poderá o juiz, "ex officio", decretar a revogação dos benefícios,[2-3] ouvida a parte interessada dentro de quarenta e oito horas improrrogáveis.

Art. 8º: 1. O artigo anterior, revogado pela Lei 13.105, de 16.3.15, dispunha que requerimento para a revogação dos benefícios deveria vir acompanhado da prova de "inexistência ou o desaparecimento dos requisitos essenciais à sua concessão".

Art. 8º: 2. "A revogação do benefício da assistência judiciária gratuita — importante instrumento de democratização do acesso ao Poder Judiciário — pressupõe prova da inexistência ou do desaparecimento do estado de miserabilidade econômica, **não** estando atrelada à **forma de atuação** da parte no processo" (STJ-3ª T., REsp 1.663.193, Min. Nancy Andrighi, j. 20.2.18, DJ 23.2.18).

Art. 8º: 3. "Execução de sentença. Condenação da credora, beneficiária da gratuidade de justiça, ao pagamento de honorários advocatícios. **Mudança do estado de miserabilidade** em razão do **recebimento do crédito objeto da demanda.** Abrangência do benefício da assistência judiciária gratuita. Revogação do benefício sem intimação do interessado e pautada em fato já conhecido pelo juiz. Impossibilidade. Tal revogação deve estar calcada em fato novo, que altere a hipossuficiência do autor, e não em fato já conhecido pelo juiz, como, no caso em tela, a possibilidade de êxito da demanda. No caso, a revogação do benefício da gratuidade de justiça, como procedido, revela-se indevida" (STJ-1ª T., REsp 1.701.204, Min. Regina Costa, j. 26.2.19, DJ 1.3.19).

Art. 9º Os benefícios da assistência judiciária compreendem todos os atos do processo até decisão final do litígio, em todas as instâncias.[1 a 4]

Art. 9º: 1. s/ retroatividade da concessão dos benefícios, v. CPC 99, nota 1; s/ renovação do pedido de concessão dos benefícios na instância recursal, v. CPC 99, nota 1b.

Art. 9º: 2. O benefício da assistência judiciária concedido na fase cognitiva do processo se estende para a liquidação, a execução e a oposição a esta (STJ-5ª T., REsp 586.793, Min. Arnaldo Esteves, j. 12.9.06, DJU 9.10.06).

Art. 9º: 3. No sentido de que o benefício da assistência judiciária concedido em um processo se estende para os correlatos **embargos de terceiro:** STJ-4ª T., REsp 180.467, Min. Luis Felipe, j. 6.11.08, DJ 1.12.08.

Art. 9º: 4. A sentença desfavorável ao beneficiário da assistência judiciária não importa na revogação desse favor (RSTJ 65/271). V. tb. art. 8º, nota 2.

Art. 10. São individuais e concedidos em cada caso ocorrente os benefícios de assistência judiciária, que se não transmitem ao cessionário de direito e se extinguem pela morte do beneficiário, podendo, entretanto, ser concedidos aos herdeiros que continuarem a demanda e que necessitarem de tais favores, na forma estabelecida nesta lei.

Art. 11. .... [1]

Art. 11: 1. O art. 11 foi expressamente revogado pela Lei 13.105, de 16.3.15, em vigor um ano após sua publicação (DOU 17.3.15).

V. CPC 1.072-III.

Art. 12. .... [1]

Art. 12: 1. O art. 12 foi expressamente revogado pela Lei 13.105, de 16.3.15, em vigor um ano após sua publicação (DOU 17.3.15).

V. CPC 1.072-III.

Art. 13. Se o assistido puder atender, em parte, as despesas do processo, o juiz mandará pagar as custas, que serão rateadas entre os que tiverem direito ao seu recebimento.

Art. 14. Os profissionais liberais designados para o desempenho do encargo de defensor ou de perito, conforme o caso, salvo justo motivo previsto em lei ou, na sua omissão, a critério da autoridade judiciária competente, são obrigados ao respectivo cumprimento, sob pena de multa de Cr$ 1.000 (mil cruzeiros) a Cr$ 10.000 (dez mil cruzeiros), sujeita ao reajustamento estabelecido na Lei n. 6.205, de 29 de abril de 1975, sem prejuízo da sanção disciplinar cabível.[1-2]

§ 1º Na falta de indicação pela assistência ou pela própria parte, o juiz solicitará a do órgão de classe respectivo.[3]

§ 2º A multa prevista neste artigo reverterá em benefício do profissional que assumir o encargo na causa.[4]

Art. 14: 1. A redação do *caput* e dos §§ do art. 14 está de acordo com a Lei 6.465, de 14.11.77.

Art. 14: 2. v. EA 34-XII c/c 36-I.

Art. 14: 3. Redação do § 1º conforme a Lei 6.465, de 14.11.77.

Art. 14: 4. Redação do § 2º de acordo com a Lei 6.465, de 14.11.77.

Art. 15. São motivos para a recusa do mandato pelo advogado designado ou nomeado:

§ 1º estar impedido de exercer a advocacia;

§ 2º ser procurador constituído pela parte contrária ou ter com ela relações profissionais de interesse atual;

§ 3º ter necessidade de se ausentar da sede do juízo para atender a outro mandato anteriormente outorgado ou para defender interesses próprios inadiáveis;

§ 4º já haver manifestado por escrito sua opinião contrária ao direito que o necessitado pretende pleitear;

§ 5º haver dado à parte contrária parecer escrito sobre a contenda.

Parágrafo único. A recusa será solicitada ao juiz, que, de plano, a concederá, temporária ou definitivamente, ou a denegará.

Art. 16. Se o advogado, ao comparecer em juízo, não exibir o instrumento do mandato[1] outorgado pelo assistido, o juiz determinará que se exarem na ata da audiência os termos da referida outorga.[1a]

Parágrafo único. O instrumento de mandato não será exigido, quando a parte for representada em juízo por advogado integrante de entidade de direito público incumbido, na forma da lei, de prestação de assistência judiciária gratuita,[1b] ressalvados:[2]

a) os atos previstos no art. 38 do Código de Processo Civil;

b) o requerimento de abertura de inquérito por crime de ação privada, a proposição de ação penal privada ou o oferecimento de representação por crime de ação pública condicionada.

Art. 16: 1. O mandato escrito, no caso, somente será necessário para os atos que exorbitem da cláusula *ad judicia* (RT 481/113, 718/115, RJTJESP 127/217, JTJ 177/192, JTA 33/203), ainda que o outorgante seja menor impúbere (RT 625/180).

Art. 16: 1a. Neste caso, o mandato vale se, sem culpa da parte, seus termos deixaram de ser consignados na ata da audiência (Bol. AASP 2.056/581j).

Art. 16: 1b. É desnecessária a apresentação, pelo advogado, de certidão da designação (Lex-JTA 139/273).

A procuração também não é necessária se o advogado é nomeado em razão de convênio entre o Estado e a OAB, porque "não se pode obrigar a parte a assinar uma procuração ao causídico, que ela não escolheu, nem nomeou" (JTJ 209/199). **Contra,** exigindo a procuração e determinando a regularização do mandato na audiência, cf. o *caput*: JTJ 260/376.

Art. 16: 2. O § ún. foi acrescentado pela Lei 6.248, de 8.10.75.

Art. 17. .... [1]

Art. 17: 1. O art. 17 foi expressamente revogado pela Lei 13.105, de 16.3.15, em vigor um ano após sua publicação (DOU 17.3.15).

V. CPC 1.072-III.

Art. 18. Os acadêmicos de direito, a partir da 4ª série,[1] poderão ser indicados pela assistência judiciária, ou nomeados pelo juiz para auxiliar o patrocínio das causas dos necessitados, ficando sujeitos às mesmas obrigações impostas por esta lei aos advogados.

Art. 18: 1. v. EA 3º § 2º, especialmente nota 5a.

Art. 19. Esta lei entrará em vigor trinta dias depois da sua publicação no Diário Oficial da União, revogadas as disposições em contrário.

Rio de Janeiro, 5 de fevereiro de 1950; 129º da Independência e 62º da República — EURICO G. DUTRA — **Adroaldo Mesquita da Costa.**

Ementário
Bem de Família

— v. CPC 833, CC 1.711 a 1.722; LRP 260 a 265.

Lei 8.009, de 29.3.90 — Dispõe sobre a impenhorabilidade do bem de família (v. adiante, texto integral).

Lei 8.245, de 18.10.91 — Dispõe sobre as locações dos imóveis urbanos e os procedimentos a elas pertinentes (no tít. LOCAÇÃO). O art. 82 acrescentou inciso VII ao art. 3º da Lei 8.009.

Lei Complementar 150, de 1.6.15 — Dispõe sobre o contrato de trabalho doméstico e dá outras providências. Na LBF: revogou o inc. I do art. 3º.

Lei 13.144, de 6.7.15 — Altera o inciso III do art. 3º da Lei 8.009, de 29 de março de 1990, que disciplina o instituto do bem de família, para assegurar proteção ao patrimônio do novo cônjuge ou companheiro do devedor de pensão alimentícia.

Lei n. 8.009, de 29 de março de 1990

Dispõe sobre a impenhorabilidade do bem de família.

Faço saber que o Presidente da República adotou a Medida Provisória n. 143, de 1990, que o Congresso Nacional aprovou, e eu, Nelson Carneiro, Presidente do Senado Federal, para os efeitos do disposto no parágrafo único do art. 62 da Constituição Federal, promulgo a seguinte lei:

Art. 1º O imóvel residencial próprio do casal, ou da entidade familiar, é impenhorável[1 a 22a] e não responderá por qualquer tipo de dívida civil, comercial, fiscal, previdenciária ou de outra natureza,[22b] contraída pelos cônjuges ou pelos pais ou filhos que sejam seus proprietários e nele residam, salvo nas hipóteses previstas nesta lei.

Parágrafo único. A impenhorabilidade compreende o imóvel[23 a 25] sobre o qual se assentam a construção, as plantações, as benfeitorias de qualquer natureza e todos os equipamentos,[26] inclusive os de uso profissional, ou móveis que guarnecem a casa, desde que quitados.[27]

Art. 1º: 1. "A Lei n. 8.009/90 e a penhorabilidade da unidade condominial familiar", por Alexandre Mars Carneiro (RF 327/3); "Impenhorabilidade do bem de família", por Antônio Dilson Pereira (RJ 243/23); "O bem de família e sua evolução jurisprudencial", por Hélio da Silva Nunes (RT 785/144); "Renúncia ao direito de impenhorabilidade previsto na Lei 8.009/90", por Carlos Alexandre Neves Lima (RJ 262/41); "A transmissão universal do bem de família e a manutenção de sua natureza pela imediata ocupação da família do único herdeiro filho", por Moacir Adiers (RJ 283/49); "Impenhorabilidade do bem de família", por Humberto Theodoro Jr. (RJTAMG 78/33 a 36 e 42 a 44); "A polêmica do bem de família ofertado", por Flávio Tartuce (RIDF 44/15); "Impenhorabilidade do bem de família", por Paulo Osternack Amaral (RDDP 115/65).

Art. 1º: 2. Bens impenhoráveis: CPC 833.

S/ bem de família e: hipoteca judiciária, v. CPC 495, nota 2; embargos de terceiro opostos pelo cônjuge do devedor, v. CPC 674, nota 18a; competência do juízo deprecado para analisar sua impenhorabilidade, v. CPC 914, nota 15b; indisponibilidade dos bens do indiciado por improbidade, v. LIA 7º, nota 3a; medida cautelar fiscal, v. Lei 8.397/92, art. 4º, nota 1 (no tít. MEDIDA CAUTELAR FISCAL); alienação fiduciária, v., no nosso CCLCV, Lei 9.514/97, art. 22, nota 1b (no tít. ALIENAÇÃO FIDUCIÁRIA).

Art. 1º: 2a. "A Lei 8.009/90 foi concebida para garantir a dignidade e funcionalidade do lar. Não foi propósito do legislador permitir que o pródigo e o devedor contumaz se locupletem, tripudiando sobre seus credores. Na interpretação da Lei 8.009/90, não se pode perder de vista seu fim social" (STJ-Corte Especial, REsp 109.351, Min. Gomes de Barros, j. 1.7.97, DJU 25.5.98).

Art. 1º: 3. Súmula 205 do STJ: "A Lei n. 8.009/90 aplica-se a penhora realizada antes da sua **vigência**" (v. jurisprudência s/ esta Súmula em RSTJ 108/145). No mesmo sentido, no STF: RTJ 154/200, 157/321, 158/708, 164/760 (Pleno; um voto vencido), 176/919, STF-RT 713/268, 736/138.

Este entendimento não fere o art. 5º-XXXVI da Constituição Federal (STF-RT 715/322, 755/187; STF-RJ 355/135: 1ª T., RE 497.850).

Anula-se a adjudicação forçada feita já na vigência da Lei 8.009/90, embora a penhora seja anterior a esta (RF 330/311).

"Configurada a constrição sobre imóvel onde habitam o devedor e seus familiares, é de ser ela afastada, nenhuma influência tendo sobre essa orientação o fato de se cuidar de caso de insolvência civil decretada preteritamente ao advento do novel diploma, eis que inexiste restrição legal a propósito" (RSTJ 135/377).

Art. 1º: 3a. A impenhorabilidade do bem de família pode ser declarada ***ex officio*** pelo juiz?

Sim: JTAERGS 84/186, 89/250, RJTAMG 67/227.

Não: STJ-4ª T., REsp 21.253-8, Min. Sálvio de Figueiredo, j. 31.5.93, DJU 28.6.93; RJ 278/116, RTJE 165/271.

S/ oportunidade para o interessado invocar a existência de bem de família, v. art. 3º, notas 1 a 1b.

Art. 1º: 4. Não tem validade a **renúncia ao benefício da impenhorabilidade** do bem de família em cláusula contratual, pela qual o devedor "abre mão do favor legal, que, por se cuidar de norma de ordem pública, é sempre preponderante" (STJ-4ª T., REsp 507.686, Min. Aldir Passarinho Jr., j. 10.2.04, DJU 22.3.04). Em sentido semelhante: STJ-3ª T., REsp 1.115.265, Min. Sidnei Beneti, j. 24.4.12, RT 922/778.

Contra, considerando válida a renúncia, em instrumento particular de confissão de dívida: Lex-JTA 169/190.

Art. 1º: 4a. Nomeação do bem de família à penhora. "Não renuncia à impenhorabilidade prevista na Lei 8.009/90 o devedor que oferta em penhora o bem de família que possui. Se a proteção do bem visa atender à família, e não apenas ao devedor, deve-se concluir que este não poderá, por ato processual individual e isolado, renunciar à proteção, outorgada por lei em norma de ordem pública, a toda a entidade familiar" (STJ-RJ 325/129: 2ª Seção). No mesmo sentido: STJ-RDDP 55/152 (1ª T., REsp 813.546-AgRg, um voto vencido), RSTJ 124/416, RT 826/347. **Todavia:** "Trata-se de situação peculiar, que não se amolda à jurisprudência pacificada. Os proprietários do bem de família, de maneira fraudulenta e com abuso do direito de propriedade e manifesta violação da boa-fé objetiva, obtiveram autorização para ingresso no REFIS ao ofertar, em garantia, bem sabidamente impenhorável, conduta agravada pelo fato de serem reincidentes, pois o bem, em momento anterior, já havia sido dado em hipoteca como garantia de empréstimo bancário. A regra de impenhorabilidade aplica-se às situações de uso regular do direito. O abuso do direito de propriedade, a fraude e a má-fé do proprietário conduzem à ineficácia da norma protetiva, que não pode conviver, tolerar e premiar a atuação do agente em desconformidade com o ordenamento jurídico" (STJ-2ª T., REsp 1.200.112, Min. Castro Meira, j. 7.8.12, DJ 21.8.12). **Contra:** RSTJ 167/380: 3ª T., dois votos vencidos; RT 724/379, 833/247, JTJ 345/335 (AP 992.05.113600-6), JTAERGS 101/307, RJTAMG 70/259, maioria.

Na hipótese de nomeação à penhora de outros **bens impenhoráveis,** v. CPC 835, nota 2.

Art. 1º: 5. "Execução contra sociedade. Penhora de imóvel de propriedade do sócio. Legitimidade para arguir impenhorabilidade com base na Lei 8.009/90. Desconsiderada a personalidade jurídica da empresa devedora, tem ela legitimidade para arguir a impenhorabilidade do imóvel de propriedade do sócio" (STJ-3ª T., REsp 170.034, Min. Eduardo Ribeiro, j. 6.6.00, maioria, DJU 23.10.00).

V. tb. nota 22a.

Art. 1º: 6. "É impenhorável a residência do casal, ainda que de propriedade de **sociedade comercial,** da qual os cônjuges são sócios exclusivos" (STJ-3ª T., REsp 356.077, Min. Nancy Andrighi, j. 30.8.02, DJU 14.10.02). No mesmo sentido: STJ-1ª T., REsp 621.399, Min. Luiz Fux, j. 19.4.05, um voto vencido, DJU 20.2.06; STJ-2ª T., REsp 1.024.394, Min. Humberto Martins, j. 4.3.08, DJU 14.3.08.

Contra: "O conceito de entidade familiar, no direito civil brasileiro, corresponde ao disposto na Constituição da República (art. 226 e parágrafos), não compreendendo a sociedade comercial cujos sócios integram uma mesma família. Trata-se aí de uma empresa familiar, mas não da entidade familiar referida no art. 1º da Lei 8.009/90" (RSTJ 73/261 e STJ-RJ 214/46). No mesmo sentido: Lex-JTA 157/272.

Art. 1º: 7. Diversamente do que ocorre com o bem de família previsto no CC (arts. 1.711 a 1.722) e na LRP (arts. 260 a 265), o benefício da isenção de execução instituído na Lei 8.009/90 independe do registro imobiliário (RSTJ 107/232, RT 725/368), mas ao interessado caberá provar, no processo de execução, que o imóvel tem destinação residencial para o casal ou a entidade familiar. O registro do bem de família instituído conforme o CC tem a função de preconstituir essa prova.

Art. 1º: 8. "Só tem interesse e legitimidade para recorrer, da decisão que determinou a penhora do bem, aquele que alega ser proprietário do imóvel, destinando-o à residência de sua família. Recurso do coexecutado de que não se conhece" (STJ-3ª T., REsp 109.927, Min. Eduardo Ribeiro, j. 9.6.97, DJU 4.8.97). No mesmo sentido: JTAERGS 96/290.

Art. 1º: 9. Súmula 364 do STJ: "O conceito de impenhorabilidade de bem de família abrange também o imóvel pertencente a **pessoas solteiras, separadas e viúvas".**

"A interpretação teleológica do art. 1º, da Lei 8.009/90, revela que a norma não se limita ao resguardo da família. Seu escopo definitivo é a proteção de um direito fundamental da pessoa humana: o direito à moradia. Se assim ocorre, não faz sentido proteger quem vive em grupo e abandonar o indivíduo que sofre o mais doloroso dos sentimentos: a solidão" (STJ-Corte Especial, RSTJ 173/40, RT 818/158 e Bol. AASP 2.394/3.281, cinco votos vencidos). No mesmo sentido: RJTAMG 52/188, maioria, 54/388, maioria.

Assim, tende a ficar superado o entendimento que não considera bem de família o imóvel em que o devedor mora sozinho (p/ esse entendimento, v. STJ-RT 726/203; STJ-4ª T., REsp 174.345; RT 826/345, JTJ 172/124, Lex-JTA 169/35, Bol. AASP 2.088/840j, RTJE 146/227).

Art. 1º: 10. "A Lei n. 8.009/90 merece interpretação ampliativa, conferindo proteção não apenas ao 'imóvel do casal', mas à **entidade familiar como um todo,** protegendo e conferindo legitimidade a todos aqueles que residam no imóvel e que sejam integrantes da entidade familiar para se insurgir contra a sua penhora" (RSTJ 156/282).

Considerando bem de família o imóvel onde moram as duas irmãs do executado, mesmo que ele ali não resida: STJ-2ª T., REsp 377.901, Min. Peçanha Martins, j. 22.2.05, DJU 11.4.05. Em sentido semelhante: STJ-1ª T., REsp 1.095.611, Min. Francisco Falcão, j. 17.3.09, DJ 1.4.09 (no caso, residiam no imóvel a mãe e a irmã do executado). Ainda: STJ-1ª Seção, ED no REsp 1.216.187, Min. Arnaldo Esteves, j. 14.5.14, DJ 30.5.14 (no caso, residiam no imóvel o filho do executado e a mãe e a companheira daquele).

"O prédio habitado pela mãe e pela avó do proprietário, cujas dimensões (48,00 m^2) são insuficientes para também abrigar sua pequena família (ele, a mulher e os filhos), que reside em imóvel alugado, é impenhorável" (STJ-3ª T., REsp 186.210, Min. Ari Pargendler, j. 20.9.01, DJU 15.10.01).

Todavia, em sentido mais restritivo, ponderando que, para ser considerado impenhorável, o imóvel deve se prestar à moradia da própria entidade familiar do devedor e não de outra entidade familiar, no caso, constituída pelo filho maior deste, sua esposa e netos: "Imóvel ocupado por filho, sua esposa e filhas, embora considerado como único bem do devedor, não apresenta as características exigidas para ser tido como bem de família e ser albergado como impenhorável" (STJ-1ª T., REsp 967.137, Min. José Delgado, j. 18.12.07, DJU 3.3.08).

Art. 1º: 11. **Valor do imóvel.** "Ainda que valioso o imóvel, esse fato não retira sua condição de serviente a habitação da família, pois o sistema legal repele a inserção de limites à impenhorabilidade de imóvel residencial" (STJ-4ª T., REsp 715.259, Min. Luis Felipe, j. 5.8.10, DJ 9.9.10). No mesmo sentido: STJ-2ª T., REsp 1.320.370, Min. Castro Meira, j. 5.6.12, DJ 14.6.12; STJ-RT 906/615 (3ª T., REsp 1.178.469).

Art. 1º: 12. "É possível a **penhora da parte comercial do imóvel,** guardadas as peculiaridades do caso, mesmo sem que haja matrículas diferentes" (STJ-3ª T., REsp 515.122, Min. Menezes Direito, j. 16.12.03, DJU 29.3.04). No mesmo sentido: RT 825/274, 838/368, RJM 189/59 (AI 1.0016.98.003992-5/001).

Se o imóvel possui dois andares, um com destinação residencial e outro com destinação comercial, é possível a penhora deste, dada a viabilidade do desmembramento (STJ-3ª T., REsp 968.907, Min. Nancy Andrighi, j. 19.3.09, DJ 1.4.09; RT 873/311: TJRS, EI 70023490113, maioria).

Contra, não admitindo a penhora de parte do bem nessas circunstâncias: "A destinação comercial dentro da residência não descaracteriza o bem de família, porque prevalece a destinação precípua, o local de moradia da entidade familiar" (RT 721/149, RJ 225/69 e Bol. AASP 1.942/88j). No mesmo sentido: STJ-2ª T., REsp 422.332, Min. Eliana Calmon, j. 6.5.04, DJU 23.8.04.

V. tb. nota 25.

Art. 1º: 13. "A **impenhorabilidade da fração de imóvel indivisível** contamina a totalidade do bem, impedindo sua alienação em hasta pública. A Lei 8.009/90 estabeleceu a impenhorabilidade do bem de família com o objetivo de assegurar o direito de moradia e garantir que o imóvel não seja retirado do domínio do beneficiário" (STJ-3ª T., REsp 507.618, Min. Nancy Andrighi, j. 7.12.04, DJU 22.5.06). No mesmo sentido: STJ-4ª T., REsp 56.754, Min. Aldir Passarinho Jr., j. 23.5.00, DJU 21.8.00.

Assim, a impenhorabilidade do bem de família é "proteção que atinge a inteireza do bem, ainda que derivada apenas da meação da esposa, a fim de evitar a frustração do escopo da Lei n. 8.009/90, que é o de evitar o desaparecimento material do lar que abriga a família do devedor" (STJ-4ª T., REsp 480.506-AgRg, Min. Aldir Passarinho Jr., j. 21.11.06, DJU 26.2.07). No mesmo sentido: RT 869/222, JTJ 316/253 (AP 1.090.170-5), 347/351 (AP 991.09.055918-6).

V. tb. art. 3º, nota 8.

Art. 1º: 13a. "O fato de a **propriedade** estar **em condomínio** com outros em nada altera a situação. Na verdade, existindo a propriedade e a destinação, incide a regra da impenhorabilidade, ainda que o domínio não seja do todo. Se penhorada a quota condominial, a executada perderá o título pelo qual ocupa o imóvel e terminará ficando sem morada. É isso o que a lei quer evitar" (RSTJ 147/336: 4ª T., REsp 263.033). No mesmo sentido: JTJ 298/252.

Art. 1º: 13b. "Lei 8.009/1990. Disposições excepcionais acerca de impenhorabilidade do bem de família. Interpretação restrita. **Penhora do segundo imóvel do proprietário do bem de família, ainda que encravado.** Cabimento, com exsurgimento da servidão legal de passagem. É possível a penhora do imóvel encravado, devendo o juízo, para prevenir conflitos e angariar o sucesso da atividade jurisdicional na execução, previamente à expropriação do bem, tomar todas as medidas necessárias para assegurar a cabal indenização — isto, quando o imóvel serviente de passagem não for do próprio executado — e também para delimitar judicialmente a passagem, estabelecendo o rumo, sempre levando em conta, para a fixação de trajeto e largura, a menor onerosidade possível ao prédio vizinho e a finalidade do caminho" (STJ-4ª T., REsp 1.268.998, Min. Luis Felipe, j. 28.3.17, DJ 16.5.17).

Art. 1º: 14. **Súmula 486 do STJ:** "É impenhorável o único **imóvel** residencial do devedor que esteja **locado a terceiros,** desde que a renda obtida com a locação seja revertida para a subsistência ou a moradia da sua família".

No mesmo sentido: RT 749/376, 752/223, 796/291, 846/310, RJ 250/89, JTJ 341/100 (AI 1.268.658-0/5), Lex-JTA 152/52, 168/212, RJTAMG 52/154.

Todavia, se não há prova da relação entre a renda auferida com a locação do imóvel e a subsistência da família, a penhora fica autorizada (STJ-3ª T., REsp 401.518, Min. Menezes Direito, j. 27.6.02, DJU 16.9.02).

"Caso dos autos que não se amolda à hipótese que dera azo à edição do enunciado 486/STJ, sendo comercial o imóvel cuja impenhorabilidade se deseja ver reconhecida. Não se instituiu com a Lei 8.009/90 uma garantia de impenhorabilidade a qualquer bem que possa vir a trazer sustento ao indivíduo. O referido édito trata apenas e unicamente do imóvel residencial em que habite a família ou, ao menos, consoante o enunciado 486/STJ, do imóvel residencial do qual a família extraia renda para habitar ou subsistir" (STJ-3ª T., REsp 1.367.538, Min. Paulo Sanseverino, j. 26.11.13, maioria, DJ 12.3.14).

Art. 1º: 14a. **Imóvel desocupado.** "A jurisprudência do STJ firmou-se no sentido de que o fato de a entidade familiar não utilizar o único imóvel como residência não o descaracteriza automaticamente, sendo suficiente à proteção legal que seja utilizado em proveito da família, como a locação para garantir a subsistência da entidade familiar. Neste processo, todavia, o único imóvel do devedor encontra-se desocupado e, portanto, não há como conceder a esse a proteção legal da impenhorabilidade do bem de família, nos termos do art. 1º da Lei 8.009/90, pois não se destina a garantir a moradia familiar ou a subsistência da família" (STJ-3ª T., REsp 1.005.546, Min. Nancy Andrighi, j. 26.10.10, dois votos vencidos, DJ 3.2.11). No mesmo sentido: STJ-4ª T., REsp 1.035.248, Min. Aldir Passarinho Jr., j. 16.4.09, DJ 18.5.09.

Todavia: "A despeito de não estarem ocupando ininterruptamente o imóvel, o que, aliás, seria impossível, em virtude do trabalho exercido em outro estado da federação, os recorrentes não deixaram de tê-lo como moradia duradoura, definitiva e estável. Assim, o fato de o imóvel encontrar-se desocupado durante todo ou grande parte do tempo em que os recorrentes permaneceram em Campinas/SP não lhe retira a natureza de bem de família, porque o motivo do seu afastamento reside justamente no exercício de trabalho temporário, necessário à manutenção da própria subsistência, o que basta para que se entenda cumpridos os objetivos da Lei 8.009/1990. Convém ressaltar, ainda, que, uma vez extinto o contrato de trabalho temporário, desaparece, como realmente desapareceu, o vínculo que tinham os recorrentes com o imóvel de Campinas/SP, daí a importância de manterem sua residência fixa em Petrópolis/RJ, apesar de distantes" (STJ-3ª T., REsp 1.400.342, Min. Nancy Andrighi, j. 8.10.13, DJ 15.10.13; a citação é do voto da relatora).

Art. 1º: 15. "É impenhorável o exercício do direito ao **usufruto** sobre imóvel que esteja sendo ocupado como moradia pelo usufrutuário, desde que não possua outro" (JTJ 201/67). No mesmo sentido: JTAERGS 83/167.

Afirmando a impenhorabilidade da nua propriedade: "O caso sob análise encarta a peculiaridade de a genitora do proprietário residir no imóvel, na condição de usufrutuária vitalícia, e aquele, por tal razão, habita com sua família imóvel alugado. Forçoso concluir, então, que a Constituição Federal alçou o direito à moradia à condição de desdobramento da própria dignidade humana, razão pela qual, quer por considerar que a genitora do recorrido é membro dessa entidade familiar, quer por vislumbrar que o amparo à mãe idosa é razão mais do que suficiente para justificar o fato de que o nu-proprietário habita imóvel alugado com sua família direta, ressoa estreme de dúvidas que o seu único bem imóvel faz jus à proteção conferida pela Lei 8.009/90" (STJ-4ª T., REsp 950.663, Min. Luis Felipe, j. 10.4.12, DJ 23.4.12).

V. CPC 833, nota 12.

Art. 1º: 15a. "Embora o **dinheiro aplicado em poupança** não seja considerado bem absolutamente impenhorável — ressalvada a hipótese do art. 649, X, do CPC —, a circunstância apurada no caso concreto recomenda a extensão do benefício da impenhorabilidade, uma vez que a constrição do recurso financeiro implicará quebra do contrato, autorizando, na forma do Dec. lei 70/66, a retomada da única moradia familiar" (STJ-RDDP 82/154: 2ª T., REsp 707.623).

Art. 1º: 15b. **Saldo da expropriação de bem de família,** em situação de exceção à impenhorabilidade e pendência de outras execuções: "Destinando-se o produto da arrematação do imóvel ao pagamento de débitos condominiais e uma vez quitada a dívida, o saldo da arrematação não perde sua natureza original de bem de família, sobretudo porque à proteção prevista na Lei 8.009/90, que decorre do direito constitucional à moradia (CF, art. 6º, *caput*), deve ser dada a maior amplitude possível" (STJ-4ª T., Ag 1.094.203-AgRg-AgRg, Min. Raul Araújo, j. 26.4.11, DJ 10.5.11). V. CC 1.715.

Art. 1º: 15c. **Imóvel em construção.** "O único imóvel residencial, ainda que em construção, encontra-se protegido pelo benefício da Lei 8.009/90, na medida em que o devedor e sua família pretendem nele residir permanentemente após a conclusão das obras" (STJ-3ª T., REsp 507.048, Min. Nancy Andrighi, j. 6.6.03, DJU 30.6.03). No mesmo sentido: STJ-4ª T., REsp 1.087.727, Min. Aldir Passarinho Jr., j. 6.10.09, DJ 16.11.09; RSTJ 122/161, RJM 178/81.

Art. 1º: 15d. "Cinge-se a controvérsia a definir se os **direitos** (posse) **do devedor fiduciante** sobre o imóvel objeto do contrato de alienação fiduciária em garantia podem receber a proteção da impenhorabilidade do bem de família legal em execução de título extrajudicial (cheques). Não se admite a penhora do bem alienado fiduciariamente em execução promovida por terceiros contra o devedor fiduciante, haja vista que o patrimônio pertence ao credor fiduciário, permitindo-se, contudo, a constrição dos direitos decorrentes do contrato de alienação fiduciária. A regra da impenhorabilidade do bem de família legal também abrange o imóvel em fase de aquisição, como aqueles decorrentes da celebração do compromisso de compra e venda ou do financiamento de imóvel para fins de moradia, sob pena de impedir que o devedor (executado) adquira o bem necessário à habitação da entidade familiar. Na hipótese, tratando-se de contrato de alienação fiduciária em garantia, no qual, havendo a quitação integral da dívida, o devedor fiduciante consolidará a propriedade para si, deve prevalecer a regra de impenhorabilidade" (STJ-3ª T., REsp 1.677.079, Min. Ricardo Cueva, j. 25.9.18, DJ 1.10.18).

Art. 1º: 15e. **"Penhora anterior ao casamento** do devedor. Imóvel em que residem a esposa e os filhos. Bem de família. Impenhorabilidade. Se é certo que a proteção legal pode desdobrar-se em múltiplos eventos, para alcançar ambos os cônjuges em caso de separação ou divórcio, assim como o novo lar por eles constituído, com mais razão deve-se admitir que a proteção legal alcance a entidade familiar única, ainda que constituída posteriormente à realização da penhora, porquanto tal fato não se mostra relevante aos olhos da lei, que se destina à proteção da família em seu sentido mais amplo" (STJ-4ª T., Ag em REsp 1.158.338-AgInt, Min. Lázaro Guimarães, j. 14.8.18, DJ 22.8.18).

Art. 1º: 16. Em caso de **união estável,** o convivente é parte legítima para, através de embargos de terceiro ou mesmo de embargos à penhora, invocar os benefícios da Lei 8.009/90 (RT 726/286, JTJ 164/136, RJ 199/84, RTJE 165/223, Bol. AASP 1.820/475).

"Configurada a união estável, aplica-se, por inteiro, a disciplina da Lei n. 8.009/90. Assim, guarnecendo os bens móveis residência na qual morou o casal, que vivia em união estável, estão eles, em princípio, afastados da penhora" (STJ-3ª T., REsp 103.011, Min. Menezes Direito, j. 25.3.97, DJU 16.6.97). No mesmo sentido, considerando bem de família o imóvel em que residem a ex-companheira e os filhos do proprietário, ainda que este último não mais resida no imóvel: STJ-3ª T., REsp 272.742, Min. Nancy Andrighi, j. 5.4.01, DJU 28.5.01; STJ-4ª T., REsp 507.686, Min. Aldir Passarinho Jr., j. 10.2.04, DJU 22.3.04.

V. CPC 674, § 2º-I.

Art. 1º: 16a. "O **filho,** integrante da entidade familiar, tem legitimidade para opor embargos de terceiro, objetivando proteger o **imóvel** onde reside com os **pais"** (STJ-4ª T., REsp 1.520.498-AgInt, Min. Lázaro Guimarães, j. 27.2.18, DJ 2.3.18).

V. tb. art. 3º, nota 1a.

Art. 1º: 17. "A unidade familiar é impenhorável por dívidas dos cônjuges, dos pais ou dos filhos, conforme o art. 1º da Lei n. 8.009/90. **O falecimento do chefe de família** e a partilha não alteram essa realidade. Impenhorabilidade do quinhão do filho na unidade residencial familiar" (JTAERGS 100/312).

"A proteção instituída pela Lei 8.009/1990 impede a penhora sobre direitos hereditários no rosto do inventário do único bem de família que compõe o acervo sucessório. A garantia constitucional de moradia realiza o princípio da dignidade da pessoa humana (arts. 1º, III, e 6º da Constituição Federal). A morte do devedor não faz cessar automaticamente a impenhorabilidade do imóvel caracterizado como bem de família nem o torna apto a ser penhorado para garantir pagamento futuro de seus credores" (STJ-3ª T., REsp 1.271.277, Min. Ricardo Cueva, j. 15.3.16, DJ 28.3.16).

Art. 1º: 17a. Estando o casal de devedores **separado** apenas **de fato,** não é possível reconhecer a qualidade de bem de família aos imóveis em que cada um foi morar: "(i) primeiro, porque a sociedade conjugal, do ponto de vista jurídico, só se dissolve pela separação judicial; (ii) segundo, porque antes de realizada a partilha não é possível atribuir a cada cônjuge a propriedade integral do imóvel que reside; eles são coproprietários de todos os bens do casal, em frações-ideais; (iii) terceiro, porque admitir que se estenda a proteção a dois bens de família em decorrência da mera separação de fato dos cônjuges-devedores facilitaria a fraude aos objetivos da Lei" (STJ-RDDP 69/165: 3ª T., REsp 518.711, maioria).

Art. 1º: 18. "Com a **separação judicial,** cada ex-cônjuge constitui uma nova entidade familiar, passando a ser sujeito da proteção jurídica prevista na Lei n. 8.009, de 29.3.90" (RSTJ 143/385).

"O bem atribuído a um dos cônjuges, após a dissolução da sociedade conjugal, não é alcançado por penhora em execução movida contra seu ex-cônjuge, sendo irrelevante o fato de não ter sido registrada a sentença de separação judicial" (STJ-3ª T., REsp 240.934-AgRg, Min. Paulo Sanseverino, j. 21.10.10, DJ 19.11.10).

Mesmo quando já houver sido beneficiado pela impenhorabilidade do bem de família, o ex-cônjuge pode invocar outra vez a proteção legal, para o fim de afastar a penhora do novo lar que constituiu após a separação (STJ-1ª T., REsp 859.937, Min. Luiz Fux, j. 4.12.07, DJU 28.2.08; STJ-4ª T., REsp 121.797, Min. Sálvio de Figueiredo, j. 14.12.00, dois votos vencidos, DJU 2.4.01).

"A impenhorabilidade do bem de família visa resguardar não somente o casal, mas o sentido amplo de entidade familiar. Assim, no caso de separação dos membros da família, como na hipótese em comento, a entidade familiar, para efeitos de impenhorabilidade de bem, não se extingue, ao revés, surge em duplicidade: uma composta pelos cônjuges e outra composta pelas filhas de um dos cônjuges" (STJ-3ª T., REsp 1.126.173, Min. Ricardo Cueva, j. 9.4.13, DJ 12.4.13). Do voto do relator: "Os dois imóveis do executado (o que reside com sua esposa e o outro, no qual residem suas filhas, nascidas de uma relação extraconjugal) podem ser beneficiados, simultaneamente, pela impenhorabilidade prevista na Lei 8.009/90".

Contra, no sentido de que o bem de família somente pode incidir sobre um imóvel do devedor, "não merecendo a mesma proteção legal um segundo imóvel, mesmo que o executado, depois da separação da sua esposa, passou a nele residir": RT 782/287. No mesmo sentido, ainda que, no imóvel, resida com a segunda esposa: RT 797/267.

Art. 1º: 19. "É impenhorável o apartamento que, no acordo de **separação do casal,** foi destinado à moradia da ex-mulher e da filha menor" (STJ-4ª T., REsp 112.665, Min. Ruy Rosado, j. 7.4.99, DJU 31.5.99). Ainda: "O imóvel em que residem a ex-esposa e os filhos do devedor tem o caráter de bem de família" (STJ-3ª T., REsp 931.196, Min. Ari Pargendler, j. 8.4.08, DJU 16.5.08). No mesmo sentido: STJ-2ª T., REsp 1.059.805, Min. Castro Meira, j. 26.8.08, DJ 2.10.08; JTJ 172/123.

Art. 1º: 20. "Para que seja reconhecida a impenhorabilidade do bem de família (Lei n. 8.009/90), não é necessária a **prova** de que o imóvel em que reside a família do devedor é o único. Isso não significa, todavia, que os outros imóveis que porventura o devedor possua não possam ser penhorados no processo de execução" (STJ-1ª T., REsp 790.608, Min. José Delgado, j. 7.2.06, DJU 27.3.06). No mesmo sentido: STJ-3ª T., REsp 435.357, Min. Nancy Andrighi, j. 29.11.02, DJU 3.2.03.

Art. 1º: 21. "Há necessidade de **prova,** através de elementos convincentes e irrefutáveis, de que o imóvel realmente constitui bem de família" (RJM 172/117).

Art. 1º: 21a. "Não há, em nosso sistema jurídico, norma que possa ser interpretada de modo apartado aos cânones da **boa-fé.** Ao alienar todos os seus bens, menos um, durante o curso de processo que poderia levá-lo à insolvência, o devedor não obrou apenas em **fraude** à execução: atuou também com fraude aos dispositivos da Lei 8.009/90, uma vez que procura utilizar a proteção conferida pela Lei com a clara intenção de prejudicar credores. Nessas hipóteses, é possível, com fundamento em **abuso de direito,** afastar a proteção conferida pela Lei 8.009/90" (STJ-3ª T., REsp 1.299.580, Min. Nancy Andrighi, j. 20.3.12, DJ 25.10.12).

Art. 1º: 22. Fraude contra credores. "Se o bem penhorado retorna ao patrimônio do devedor em virtude da procedência de ação pauliana, não tem aplicação a impenhorabilidade preconizada pela Lei 8.009/90, sob pena de prestigiar-se a má-fé do devedor" (STJ-4ª T., REsp 337.222, Min. Quaglia Barbosa, j. 18.9.07, DJU 8.10.07).

Reconhecida a **fraude de execução,** não pode o próprio executado invocar a impenhorabilidade do bem de família alienado, "porque o negócio subsiste a despeito da fraude à execução (é, tão somente, ineficaz em relação ao credor)" (STJ-RT 810/178: 3ª T., REsp 219.036).

"Impenhorabilidade. Lei 8.009/90. Fraude de execução. O reconhecimento da fraude importa ineficácia da alienação, relativamente à execução. Em assim sendo, não pode o adquirente invocar os benefícios daquela lei" (RSTJ 77/194: 3ª T., REsp 65.536). No mesmo sentido: STJ-4ª T., Ag em REsp 334.975-AgRg, Min. Isabel Gallotti, j. 7.11.13, DJ 20.11.13; STJ-2ª T., Ag em REsp 1.468.164-AgInt, Min. Mauro Campbell, j. 20.8.19, DJ 27.8.19.

"A exegese sistemática da Lei 8.009/90 evidencia nítida preocupação do legislador no sentido de impedir a deturpação do benefício legal, vindo a ser utilizado como artifício para viabilizar a aquisição, melhoramento, uso, gozo e/ou disposição do bem de família sem nenhuma contrapartida, à custa de terceiros. Sob essa ótica, é preciso considerar que, em regra, o devedor que aliena, gratuita ou onerosamente, o único imóvel, onde reside com a família, está, ao mesmo tempo, dispondo daquela proteção legal, na medida em que seu comportamento evidencia que o bem não lhe serve mais à moradia ou subsistência. Na espécie, as circunstâncias em que realizada a doação do imóvel estão a revelar que os devedores, a todo custo, tentam ocultar o bem e proteger o seu patrimônio, sacrificando o direito do credor, assim, portanto, obrando, não apenas em fraude de execução, mas também — e sobretudo — com fraude aos dispositivos da própria Lei 8.009/90. Nessas hipóteses, é possível, com fundamento em abuso de direito, reconhecer a fraude de execução e afastar a proteção conferida pela Lei 8.009/90" (STJ-3ª T., REsp 1.364.509, Min. Nancy Andrighi, j. 10.6.14, DJ 17.6.14).

Todavia: "Em se constatando que o imóvel no qual reside a recorrente é um bem de família, ainda que parte dele tenha sido adquirida em suposta fraude à execução, a impenhorabilidade da parte não eivada de vício (os 50% da recorrente) se estenderia à totalidade do bem, salvo se se tratar de imóvel suscetível de divisão" (STJ-4ª T., REsp 1.084.059-EDcl, Min. Isabel Gallotti, j. 11.4.13, DJ 23.4.13).

"Não há fraude à execução na alienação de bem impenhorável nos termos da Lei 8.009/90, tendo em vista que o bem de família jamais será expropriado para satisfazer a execução, não tendo o exequente nenhum interesse jurídico em ter a venda considerada ineficaz" (STJ-RDDP 89/142: 4ª T., REsp 976.566).

"O parâmetro crucial para discernir se há ou não fraude contra credores ou à execução é verificar a ocorrência de alteração na destinação primitiva do imóvel — qual seja, a morada da família — ou de desvio do proveito econômico da alienação (se existente) em prejuízo do credor. Inexistentes tais requisitos, não há falar em alienação fraudulenta. No caso, é fato incontroverso que o imóvel litigioso, desde o momento de sua compra — em 31/5/1995 —, tem servido de moradia à família mesmo após a separação de fato do casal, quando o imóvel foi doado à filha, em 2/10/1998, continuando a nele residir, até os dias atuais, a mãe, os filhos e o neto; de forma que inexiste alteração material apta a justificar a declaração de ineficácia da doação e a penhora do bem" (STJ-4ª T., REsp 1.227.366, Min. Luis Felipe, j. 21.10.14, DJ 17.11.14).

Art. 1º: 22a. "A **desconsideração da personalidade jurídica,** por si só, não afasta a impenhorabilidade do bem de família, salvo se os atos que ensejaram a *disregard* também se ajustarem às exceções legais. Essas devem ser interpretadas restritivamente, não se podendo, por analogia ou esforço hermenêutico, apanhar situações não previstas em lei, de modo a superar a proteção conferida à entidade familiar. A arrecadação, no caso, atingiu imóvel adquirido pelo recorrente em 1989, a quebra da empresa foi decretada em 1999, a *disregard* aplicada em 2005, e levou em consideração apontado desfalque patrimonial tido, no âmbito penal, como insignificante. Portanto, não pode prevalecer a arrecadação, devendo ser protegido o bem de família" (STJ-4ª T., REsp 1.433.636, Min. Luis Felipe, j. 2.10.14, DJ 15.10.14).

V. tb. nota 5.

Art. 1º: 22b. "A Lei n. 8.009/90 tem aplicação imediata, livrando o bem de família da constrição judicial, ainda que esta seja vinculada à indisponibilidade decorrente da liquidação extrajudicial deflagrada nos termos da Lei n. 6.024/74" (STJ-4ª T., REsp 100.658, Min. Cesar Rocha, j. 7.4.99, DJU 10.4.00).

Art. 1º: 23. Súmula 449 do STJ: "A **vaga de garagem** que possui **matrícula própria** no registro de imóveis não constitui bem de família para efeito de penhora".

Assim, mesmo que o imóvel atrelado a essa vaga seja bem de família, ela será penhorável (STJ-RJTAERGS 261/31: Corte Especial, ED no REsp 595.099, um voto vencido; RT 863/257, JTJ 201/152, 285/86, Lex-JTA 153/36, 158/121, 195/726, RJTAERGS 105/308, RTJE 169/262, Bol. AASP 1.913/274j).

Art. 1º: 24. "Terreno sem qualquer benfeitoria, embora único bem do casal, não apresenta características exigidas para ser tido como bem de família" (STJ-1ª T., REsp 619.722, Min. José Delgado, j. 27.4.04, DJU 31.5.04).

Art. 1º: 25. "Como residência do casal, para fins de incidência da Lei 8.009/90, não se deve levar em conta somente o espaço físico ocupado pelo prédio ou casa, mas também suas adjacências, como jardim, horta, pomar, instalações acessórias etc., dado que a lei, em sua finalidade social, procura preservar o imóvel residencial como um todo. Admite-se a penhora de parte do bem de família quando possível o seu **desmembramento sem descaracterizar o imóvel,** levando em consideração, com razoabilidade, as circunstâncias e peculiaridades de cada caso" (RSTJ 128/388, RT 771/196, RF 353/288 e RTJE 176/229). No mesmo sentido: STJ-RT 804/184, RMDCPC 13/134.

A impenhorabilidade da Lei 8.009/90 "não abrange outras áreas da extensa edificação, quando esta é passível de desmembramento sem prejuízo da parte residencial" (STJ-RJ 204/54: 2ª Seção). No mesmo sentido: RT 759/281, Lex-JTA 152/32.

Assim: "Se a residência do devedor abrange vários lotes contíguos e alguns destes suportam apenas acessões voluptuárias (piscina e churrasqueira) é possível fazer com que a penhora incida sobre tais imóveis, resguardando-se apenas aquele em que se encontra a casa residencial" (STJ-RMDCPC 18/109: 3ª T., REsp 624.355). No mesmo sentido: RMDCPC 20/122.

V. tb. nota 12.

Art. 1º: 26. "A Lei n. 8.009/90, ao dispor que são impenhoráveis os equipamentos que guarnecem a residência, inclusive móveis, não abarca tão somente os indispensáveis à moradia, mas também aqueles que usualmente a integram e que não se qualificam como objetos de luxo ou adorno" (RSTJ 129/374).

Art. 1º: 27. "A impenhorabilidade da Lei 8.009/90 não protege os bens que o devedor adquiriu e não pagou, quando a execução é referente a este débito. Os bens móveis que guarnecem a residência do devedor, enquanto não quitados, não se integram ao bem de família protegido pela impenhorabilidade" (STJ-3ª T., REsp 554.768, Min. Gomes de Barros, j. 13.3.07, DJ 4.8.09).

Art. 2º Excluem-se da impenhorabilidade os veículos de transporte, obras de arte e adornos suntuosos.[1]

Parágrafo único. No caso de imóvel locado, a impenhorabilidade aplica-se aos bens móveis quitados que guarneçam a residência[1a a 4] e que sejam de propriedade do locatário, observado o disposto neste artigo.

Art. 2º: 1. "A impenhorabilidade não se estende a objeto de natureza suntuária" (STJ-Corte Especial, RE 109.351, Min. Gomes de Barros, j. 1.7.97, DJU 25.5.98).

"Se a residência é guarnecida com vários utilitários da mesma espécie, a impenhorabilidade cobre apenas aqueles necessários ao funcionamento do lar. Os que excederem o limite da necessidade podem ser objeto de constrição. Se existem, na residência, vários aparelhos de televisão, a impenhorabilidade protege apenas um deles" (STJ-Corte Especial, REsp 109.351, Min. Gomes de Barros, j. 1.7.97, DJU 25.5.98).

"Os bens encontrados em duplicidade na residência são penhoráveis" (STJ-3ª T., AI 821.452-AgRg, Min. Sidnei Beneti, j. 18.11.08, DJ 12.12.08). No mesmo sentido: STJ-1ª T., REsp 533.388, Min. Teori Zavascki, j. 4.11.04, DJ 29.11.04.

Art. 2º: 1a. v. CPC 833-II.

Art. 2º: 2. "Em princípio, consideram-se 'móveis que guarnecem a residência' os que se mostram necessários à regular utilização de uma casa, segundo um critério de essencialidade, dentre os quais camas, armários, mesas, fogão, geladeira. Não se há de forçosamente excluir dos bens protegidos pela Lei 8.009, todavia, eventual arca com oratório" (STJ-4ª T., REsp 30.758-6, Min. Sálvio de Figueiredo, j. 8.2.93, DJU 22.3.93).

"A impenhorabilidade compreende tudo o que, usualmente, se mantém em uma residência, e não apenas o indispensável para fazê-la habitável" (RSTJ 76/294). No mesmo sentido: JTJ 358/270 (AP 9107543-94.2009.8.26.0000).

"Não podem ser objeto da constrição judicial os móveis que guarnecem a casa destinada à moradia do casal ou da entidade familiar. Excluem-se os veículos de transporte, as obras de arte e adornos suntuosos. Não há como ampliar essas exceções, com base em equivocado entendimento de que a impenhorabilidade só alcançaria o indispensável às necessidades básicas, ligadas à sobrevivência" (STJ-3ª T., REsp 162.205, Min. Eduardo Ribeiro, j. 6.6.00, DJU 21.8.00).

"Assentou a jurisprudência das Turmas que formam a 2ª Seção desta Corte que os equipamentos que guarnecem a residência da entidade familiar, entre os quais se incluem o aparelho televisor, a aparelhagem de som comum e o exaustor do fogão, e que não se definem como veículos de transporte, obras de arte e adornos suntuosos, são impenhoráveis, por aplicação da Lei 8.009/90" (STJ-4ª T., REsp 86.303, Min. Sálvio de Figueiredo, j. 27.5.96, DJU 24.6.96).

Art. 2º: 3. De acordo com a Lei 8.009/90, a jurisprudência tem considerado **impenhoráveis,** quando guarnecerem a residência do devedor:

— a antena parabólica (RSTJ 129/261);

— aparelho de ar condicionado (STJ-5ª T., REsp 299.392, Min. Gilson Dipp, j. 20.3.01, DJU 9.4.01; STJ-RT 837/159: 3ª T., REsp 277.976; STJ-1ª T., REsp 488.820, Min. Denise Arruda, j. 8.11.05, DJU 28.11.05). **Contra:** STJ-2ª T., REsp 251.360, Min. Eliana Calmon, j. 19.3.02, DJU 29.4.02; JTJ 308/299; JTAERGS 92/275;

— aparelho de som (STJ-4ª T., REsp 589.849, Min. Jorge Scartezzini, j. 28.6.05, DJU 22.8.05; RSTJ 97/294, 103/401, 148/601; JTJ 325/378: AP 7.208.681-8; 358/270: AP 9107543-94.2009.8.26.0000). **Contra:** STJ-RJ 212/53; STJ-4ª T., REsp 584.188, Min. Aldir Passarinho Jr., j. 4.8.05, DJU 5.9.05;

— aparelho de televisão (STJ-1ª Seção, ED no REsp 111.142-AgRg, Min. José Delgado, j. 11.2.98, DJU 1.6.98; STJ-2ª Seção, Rcl 4.374, Min. Sidnei Beneti, j. 23.2.11, DJ 20.5.11; RSTJ 84/273, maioria, 93/330, 95/184, maioria, 96/439, 97/94, maioria, 103/401; STJ-RJTJERGS 179/42; STJ-RTJE 168/294; RT 688/96, 710/93, 725/310, RJTJESP 138/313, maioria; JTJ 358/270: AP 9107543-94.2009.8.26.0000; JTA 130/292, Lex-JTA 149/49, JTAERGS 88/169, 91/288, 92/73, RJ 196/83). **Contra:** RSTJ 75/303, STJ-RJ 212/53; RT 669/61, 725/311, JTJ 169/232, JTAERGS 85/170, maioria. No sentido de que, se houver dois aparelhos de televisão, um deles é penhorável: STJ-Corte Especial, REsp 109.351, Min. Gomes de Barros, j. 1.7.97, DJU 25.5.98; JTJ 164/135, 308/299;

— aparelho de videocassete (STJ-4ª T., REsp 584.188, Min. Aldir Passarinho Jr., j. 4.8.05, DJU 5.9.05; STJ-1ª T., REsp 488.820, Min. Denise Arruda, j. 8.11.05, DJU 28.11.05; RSTJ 96/439, JTJ 298/442, 308/299; 358/270: AP 9107543-94.2009.8.26.0000; JTAERGS 88/169). **Contra:** RSTJ 97/294, STJ-RJ 212/53, JTJ 165/118, maioria;

— aparelho de DVD (JTJ 358/270: AP 9107543-94.2009.8.26.0000);

— armários de cozinha (JTA 130/292);

— dormitório (JTA 130/292);

— estofados (JTA 130/292);

— fogão (JTA 130/292);

— *freezer* (STJ-2ª T., REsp 691.729, Min. Franciulli Netto, j. 14.12.04, DJU 25.4.05; STJ-1ª T., REsp 488.820, Min. Denise Arruda, j. 8.11.05, DJU 28.11.05; RSTJ 129/374; JTJ 358/270: AP 9107543-94.2009.8.26.0000; JTAERGS 88/169). **Contra:** RJ 196/83;

— geladeira (STJ-RT 775/199, RSTJ 93/330; RT 725/300, JTJ 164/136, 165/118, maioria; 325/378: AP 7.208.681-8; JTA 130/292, Lex-JTA 146/380, 149/49);

— gravador (RSTJ 103/209);

— guarda-roupas (Lex-JTA 149/49);

— impressora (STJ-4ª T., REsp 589.849, Min. Jorge Scartezzini, j. 28.6.05, DJU 22.8.05; STJ-2ª T., REsp 691.729, Min. Franciulli Netto, j. 14.12.04, DJU 25.4.05);

— jogo de jantar (STJ-RJ 212/53, RT 688/96);

— máquina de lavar louças (STJ-2ª T., REsp 691.729, Min. Franciulli Netto, j. 14.12.04, DJU 25.4.05; JTJ 298/442, JTAERGS 88/169, 92/92, maioria). **Contra:** JTJ 165/118, maioria;

— máquina de lavar roupas (STJ-2ª Seção, Rcl 4.374, Min. Sidnei Beneti, j. 23.2.11, DJ 20.5.11; RSTJ 129/374, 148/601, STJ-RT 775/199, STJ-RTJE 168/294, JTJ 165/118, maioria, 298/442, JTAERGS 88/169, maioria). **Contra:** RT 725/300;

— mesa de jantar e cadeiras (STJ-RT 823/162: 2ª T., REsp 300.411);

— microcomputador (STJ-4ª T., REsp 589.849, Min. Jorge Scartezzini, j. 28.6.05, DJU 22.8.05; STJ-2ª T., REsp 691.729, Min. Franciulli Netto, j. 14.12.04, DJU 25.4.05; RT 844/263);

— micro-ondas (STJ-5ª T., REsp 299.392, Min. Gilson Dipp, j. 20.3.01, DJU 9.4.01; STJ-4ª T., REsp 589.849, Min. Jorge Scartezzini, j. 28.6.05, DJU 22.8.05; STJ-RT 837/159: 3ª T., REsp 277.976; STJ-2ª T., REsp 691.729, Min. Franciulli Netto, j. 14.12.04, DJU 25.4.05; STJ-1ª T., REsp 488.820, Min. Denise Arruda, j. 8.11.05, DJU 28.11.05; JTJ 358/270: AP 9107543-94.2009.8.26.0000). **Contra:** RT 852/297, maioria, JTJ 165/118, maioria, RJ 196/83;

— passadora de roupas (JTAERGS 92/73);

— piano (STJ-3ª T., REsp 207.762, Min. Waldemar Zveiter, j. 27.3.00, DJU 5.6.00). **Contra,** em termos, porque, contrariamente ao caso julgado anteriormente, não se provou sua utilização para estudo ou profissão: STJ-3ª T., REsp 198.370, Min. Waldemar Zveiter, j. 16.11.00, maioria, DJU 5.2.01; RSTJ 182/198 (2ª T.);

— secadora de roupas (RSTJ 129/374, STJ-RT 775/199, JTAERGS 88/169);

— sofá (STJ-RT 823/162: 2ª T., REsp 300.411; RJ 196/83);

— teclado musical (RSTJ 129/374);

— toca-fitas (Lex-JTA 149/49).

Art. 2º: 4. São **penhoráveis:**

— aparelho de fax, telefone sem fio, filmadora, máquina fotográfica e binóculo (RT 839/238);

— aparelhos elétricos e eletrônicos sofisticados (JTAERGS 81/360);

— bicicleta (RSTJ 103/209);

— piscina de fibra de vidro (JTAERGS 88/169);

— rádio-gravador (JTJ 165/118, maioria).

Art. 3º A impenhorabilidade é oponível em qualquer processo de execução civil, fiscal, previdenciária, trabalhista ou de outra natureza, salvo se movido:[1 a 1c]

I — ....[1d]

II — pelo titular do crédito decorrente do financiamento destinado à construção ou à aquisição do imóvel, no limite dos créditos e acréscimos constituídos em função do respectivo contrato;[1e]

III — pelo credor da pensão alimentícia,[1f a 1h] resguardados os direitos, sobre o bem, do seu coproprietário que, com o devedor, integre união estável ou conjugal, observadas as hipóteses em que ambos responderão pela dívida;[1i]

IV — para cobrança de impostos, predial ou territorial,[1j] taxas e contribuições[1k a 2b] devidas em função do imóvel familiar;

V — para execução de hipoteca sobre o imóvel, oferecido como garantia real pelo casal ou pela entidade familiar;[2c a 2f]

VI — por ter sido adquirido com produto de crime[2g] ou para execução de sentença penal condenatória a ressarcimento, indenização ou perdimento de bens;[3]

VII — por obrigação decorrente de fiança concedida em contrato de locação.[4 a 9]

Art. 3º: 1. "A impenhorabilidade do bem de família é questão de ordem pública e pode ser arguida até o fim da execução, mesmo sem o ajuizamento de embargos do devedor" (STJ-3ª T., REsp 222.823, Min. Gomes de Barros, j. 16.11.04, DJU 6.12.04). Assim, admite-se a sua alegação em **exceção de pré-executividade,** independentemente de apresentação de embargos à execução (RSTJ 78/228, RT 677/189, 739/321, 759/281, 766/349, 811/458, JTJ 212/216, JTAERGS 84/186, 89/250, RJTAMG 67/227).

Também se admite a alegação da impenhorabilidade do bem de família **ineditamente** em sede de **apelação.** "É possível a arguição de impenhorabilidade do bem de família em sede de apelação contra sentença proferida em embargos à execução. Cumpre fazer uma distinção entre as hipóteses em que a questão já foi alegada e decidida no processo daquelas em que a alegação advém tardiamente, depois de apresentada a defesa de mérito do devedor. Quando não há alegação, tampouco decisão anterior, a impenhorabilidade do bem de família é matéria de ordem pública, dela podendo conhecer o juízo a qualquer momento, antes da arrematação do imóvel" (STJ-4ª T., REsp 981.532, Min. Luis Felipe, j. 7.8.12, DJ 29.8.12). "A impenhorabilidade de bem de família é matéria de ordem pública, suscetível de análise a qualquer tempo e grau de jurisdição" (STJ-3ª T., REsp 1.629.861, Min. Nancy Andrighi, j. 6.8.19, DJ 8.8.19). **Contra:** STJ-4ª T., REsp 21.253, Min. Sálvio de Figueiredo, j. 31.5.93, DJU 28.6.93.

"A impenhorabilidade do bem de família é matéria de ordem pública, motivo pelo qual, se for alegada, na instância ordinária, apenas em sede de **embargos declaratórios,** ainda assim precisa ser analisada" (STJ-4ª T., AI 1.026.523-AgRg-EDcl, Min. Raul Araújo, j. 17.10.13, DJ 4.12.13).

Mas, a possibilidade de arguição a qualquer tempo da impenhorabilidade do bem de família "não pode dar margem a eventual tentativa de perpetuar a discussão, em face do oferecimento de sucessivos pedidos com o mesmo teor" (STJ-RF 390/422: 3ª T., REsp 628.464). Assim: "A alegação de que determinado imóvel consubstancia bem de família está sujeita à preclusão consumativa" (STJ-RDDP 69/175: 3ª T., REsp 880.844). No mesmo sentido: STJ-RDDP 89/142 (4ª T., REsp 976.566), JTJ 345/112 (AI 7.384.584-4).

S/ preclusão e penhorabilidade de bem, v. tb. CPC 507, nota 6, e 833, nota 3.

Art. 3º: 1a. É possível a alegação de impenhorabilidade do bem de família em **embargos de terceiro** opostos pelo **cônjuge** do devedor que não integrou o processo de execução (v. CPC 674, nota 18a).

Todavia: "Decisão transitada em julgado, a envolver os próprios proprietários do bem, não reconhecendo a impenhorabilidade do bem imóvel. Rediscussão, em demanda manejada pelos **filhos.** Inviabilidade. Como os próprios proprietários não podem mais opor impenhorabilidade do bem de família, é descabido o reconhecimento, em benefício de outrem que supostamente reside no imóvel (o que nem mesmo foi reconhecido pelo juízo de primeira instância, no que não infirmado pela Corte local), em vista do vínculo de filiação" (STJ-4ª T., Ag em REsp 1.491.095-AgInt, Min. Luis Felipe, j. 29.10.19, DJ 5.11.19). S/ legitimidade *ad causam* do filho, v. art. 1º, nota 16a.

Art. 3º: 1b. Admite-se a alegação de impenhorabilidade do bem de família após a **arrematação?**

— **Sim:** "A impenhorabilidade de imóvel como bem de família, por constituir proteção de ordem pública instituída pela Lei n. 8.009/90, pode ser arguida até mesmo em fase de embargos à arrematação, arcando, no entanto, o executado, com todas as custas e despesas decorrentes da praça ou leilão, inclusive editais e comissão de leiloeiro" (STJ-4ª T., REsp 467.246, Min. Aldir Passarinho Jr., j. 8.4.03, DJU 12.8.03). No mesmo sentido: STJ-RT 787/215 (4ª T.).

— **Não:** "Embargos à arrematação. Impenhorabilidade de bem de família. Impossibilidade de arguição. Encerrada a execução, não mais é possível a aplicação da Lei 8.009/90" (STJ-3ª T., REsp 586.176-AgRg, Min. Nancy Andrighi, j. 16.6.05, DJU 1.7.05). No mesmo sentido: RT 837/248, JTJ 209/205.

"Arrematado o bem penhorado, impossível a invocação do benefício da Lei 8.009/90" (STJ-4ª T., REsp 468.176, Min. Aldir Passarinho Jr., j. 20.6.06, DJ 14.8.06).

"A impenhorabilidade do bem de família não pode ser arguida, em ação anulatória da arrematação, após o encerramento da execução" (STJ-3ª T., REsp 853.296-AgRg, Min. Gomes de Barros, j. 14.11.07, DJU 28.11.07).

Art. 3º: 1c. "Lei 8.009/90. Caução judicial. Oferecido pelos réus, como **garantia, em caução judicial,** o próprio lote sobre o qual estavam sendo feitas as obras impugnadas na ação de nunciação, pode sobre ele incidir a penhora na execução da sentença que condenou os réus ao pagamento da indenização pelos danos causados à propriedade vizinha. Assumida a dívida como condição para a construção da moradia, não se aplica ao caso a regra geral da impenhorabilidade prevista no art. 1º da Lei 8.009/90, e sim, por analogia, a ressalva prevista no art. 3º do mesmo diploma" (STJ-4ª T., REsp 54.740-7, Min. Ruy Rosado, j. 6.12.94, DJU 13.2.95).

Em sentido semelhante, considerando válido o oferecimento de bem de família, em **garantia de acordo judicial:** RT 723/417.

"Ação de execução de título executivo extrajudicial. Bem imóvel reconhecido como bem de família dado em garantia do cumprimento de acordo homologado judicialmente. Possibilidade. A questão da proteção indiscriminada do bem de família ganha novas luzes quando confrontada com condutas que vão de encontro à própria ética e à boa-fé, que devem permear todas as relações negociais. Não pode o devedor ofertar bem em garantia que é sabidamente residência familiar para, posteriormente, vir a informar que tal garantia não encontra respaldo legal, pugnando pela sua exclusão (vedação ao comportamento contraditório)" (STJ-3ª T., REsp 1.782.227, Min. Nancy Andrighi, j. 27.8.19, DJ 29.8.19).

"Cônjuge que, nos autos de separação consensual, fica com a meação do outro no imóvel que servia de residência para o casal, assumindo o compromisso de pagar-lhe o preço; inadimplida a obrigação, não pode elidir a penhora que recaiu sobre o imóvel alegando tratar-se de bem de família" (STJ-3ª T., REsp 419.430, Min. Ari Pargendler, j. 25.9.06, DJU 4.12.06).

Art. 3º: 1d. O inc. I foi expressamente revogado pela LC 150, de 1.6.15.

Art. 3º: 1e. "O comando do art. 3º, II, da Lei n. 8.009/90, excepcionando a regra geral da impenhorabilidade do bem de família, também alcança os casos em que o proprietário firma contrato de promessa de compra e venda do imóvel assim qualificado e, após receber parte do preço ajustado, se recusa a adimplir com as obrigações avençadas ou a restituir o numerário recebido, e não possui outro bem passível de assegurar o juízo da execução" (STJ-3ª T., REsp 402.489, Min. Castro Filho, j. 26.10.04, DJU 12.12.05). No mesmo sentido: STJ-4ª T., REsp 314.150, Min. Sálvio de Figueiredo, j. 19.6.01, DJU 29.10.01.

"O art. 3º, II, da Lei 8.009/90 deve ser interpretado em termos amplos, de modo a alcançar, por aplicação analógica, tanto os créditos decorrentes de empréstimos bancários, como outras formas de aporte financeiro destinados à construção do imóvel. Importa a circunstância de a dívida ser assumida como instrumento para a construção da moradia" (STJ-3ª T., REsp 927.686, Min. Castro Filho, j. 25.9.07, DJU 31.10.07). No sentido de que o art. 3º-II alcança "o crédito oriundo de contrato de empreitada para a construção, ainda que parcial, de imóvel residencial": STJ-4ª T., REsp 1.221.372, Min. Marco Buzzi, j. 15.10.19, DJ 21.10.19.

"Associação de promitentes compradores constituída para dar continuidade às obras do condomínio após a falência da construtora. Inadimplemento do associado. Instrumento particular de confissão de dívida. Hipótese em que a recorrida é titular de crédito vinculado a negócio jurídico que, embora não implique a transmissão da propriedade, está estritamente ligado à sua aquisição, na medida em que o aporte financeiro vertido à associação é indispensável à efetiva construção do imóvel de todos os associados com suas respectivas áreas comuns, aporte esse sem o qual os recorrentes sequer teriam a expectativa de concretizar a titularidade do bem de família, tendo em vista a falência da construtora originariamente contratada para aquela finalidade" (STJ-3ª T., REsp 1.658.601, Min. Nancy Andrighi, j. 13.8.19, DJ 15.8.19).

Todavia: "A inadimplência dos réus em relação a compras de materiais de construção do imóvel onde residem não autoriza afastar a impenhorabilidade de bem de família, dado que a hipótese excepcional em contrário, prevista no art. 3º, II, da Lei n. 8.009/90, é taxativa, não permitindo elastecimento de modo a abrandar a regra protetiva conferida pelo referenciado diploma legal" (STJ-4ª T., AI 888.313-AgRg, Min. Aldir Passarinho Jr., j. 24.6.08, DJ 8.9.08).

"O crédito discutido no cumprimento de sentença era decorrente de benfeitorias realizadas no respectivo imóvel, não se referindo, portanto, à aquisição ou construção dele. Dessa forma, revela-se correto o entendimento das instâncias ordinárias que reconheceram a impenhorabilidade do imóvel em questão, por se tratar de bem de família" (STJ-3ª T., REsp 1.765.656, Min. Marco Bellizze, j. 4.12.18, DJ 7.12.18).

Negando a penhora do bem no caso de "dívida oriunda da partilha de bens do casal relativamente ao bem financiado, no qual foi reconhecida a participação/contribuição do cônjuge exequente no adimplemento das parcelas do financiamento": STJ-4ª T., REsp 1.862.925, Min. Marco Buzzi, j. 26.5.20, DJ 23.6.20 (a citação é do voto do relator). Ainda do voto do relator: "O exequente/cônjuge varão não é o agente financeiro que concedeu o mútuo para a aquisição do imóvel ou tem qualquer equiparação/equivalência à instituição financiadora que proporciona a compra do imóvel mediante o pagamento parcelado do financiamento habitacional".

Art. 3º: 1f. A impenhorabilidade do bem de família não pode ser alegada contra o credor de pensão alimentícia decorrente de **ato ilícito** (STJ-2ª Seção, ED no REsp 679.456, Min. Sidnei Beneti, j. 8.6.11, DJ 16.6.11; RT 870/224; JTJ 321/1.238: AI 530.767-4/4-00). **Contra,** entendendo que a exceção à impenhorabilidade alcança apenas os casos de pensão alimentícia por vínculos familiares: Ajuris 77/652 e 77/658, maioria.

Art. 3º: 1g. Nas demandas indenizatórias atreladas à prática de ilícito civil, apenas a parcela da condenação vinculada à pensão alimentícia supera a impenhorabilidade do bem de família: "Não infirma a blindagem do bem de família, todavia, à míngua de previsão legal expressa, o crédito decorrente de honorários advocatícios de sucumbência e de indenização por danos materiais e morais decorrentes de ilícito civil" (STJ-3ª T., REsp 1.036.376, Min. Massami Uyeda, j. 10.11.09, DJ 23.11.09). V. tb. nota seguinte.

Naturalmente, se a indenização pelo ato ilícito sequer envolve obrigação de prestar alimentos, simplesmente não se cogita da penhora do bem de família (STJ-RJ 393/119 e RBDFS 17/132: 4ª T., REsp 711.889).

Art. 3º: 1h. "O crédito resultante de contrato de honorários advocatícios (art. 24 da Lei 8.906/94) não se assemelha à pensão alimentícia, de sorte que não se encontra entre as exceções à benesse da Lei 8.009/90, de modo a preservar-se a impenhorabilidade do bem de família" (STJ-4ª T., REsp 1.182.108, Min. Aldir Passarinho Jr., j. 12.4.11, DJ 25.4.11). No mesmo sentido: STJ-3ª T., Ag em REsp 477.776-AgRg, Min. Nancy Andrighi, j. 7.8.14, DJ 18.8.14. Ainda, ponderando que "a exclusão da impenhorabilidade, prevista na lei específica, é a do credor de pensão alimentícia, a qual, sendo espécie do gênero prestação alimentícia (ou crédito alimentar), é mais restrita do que a situação do credor de qualquer outra prestação alimentícia": STJ-4ª T., REsp 1.361.473, Min. Raul Araújo, j. 9.5.17, maioria, DJ 1.8.17.

V. tb. nota anterior.

Art. 3º: 1i. Redação do inc. III de acordo com a Lei 13.144, de 6.7.15.

Art. 3º: 1j. "Contrato de permuta de imóveis entre as partes. Imóvel cedido pelo recorrente com débito de IPTU, o qual foi quitado pelos recorridos junto à municipalidade. Ação de cobrança pleiteando o reembolso do valor

Bem de Família

pago, em fase de cumprimento de sentença. Pretendida penhora do imóvel que fora cedido pelos recorridos ao recorrente, o qual não possuía qualquer débito tributário. Impossibilidade. Bem de família. Hipótese que não se subsume à exceção à impenhorabilidade prevista no art. 3º, inciso IV, da Lei 8.009/1990, por não se tratar de obrigação referente a cobrança de **tributo devido em função do respectivo imóvel familiar,** mas, sim, de reembolso de valores pagos em virtude de descumprimento contratual. Norma de exceção à proteção legal conferida ao bem de família que demanda interpretação restritiva" (STJ-3ª T., REsp 1.332.071, Min. Marco Bellizze, j. 18.2.20, DJ 20.2.20).

Art. 3º: 1k. Desvinculando a expressão "contribuição" de qualquer conotação fiscal, para o fim de preservar a impenhorabilidade do bem de família, no caso de execução fiscal deflagrada para o recebimento de contribuição de melhoria decorrente da pavimentação da rua em que se situa o imóvel: STJ-1ª T., REsp 873.224, Min. Luiz Fux, j. 16.10.08, DJ 3.11.08.

Art. 3º: 2. "O vocábulo 'contribuições', a que alude o inciso IV, art. 3º, da Lei n. 8.009/90 não se reveste de qualquer conotação fiscal, mas representa, *in casu*, a cota-parte de cada condômino no rateio das despesas condominiais. Nesta circunstância, a obrigação devida em decorrência da má conservação do imóvel da recorrente há de ser incluída na ressalva do mencionado dispositivo" (RSTJ 140/344: 3ª T., REsp 199.801, dois votos vencidos).

Art. 3º: 2a. O bem de família é penhorável por despesas condominiais (STF-RDDP 51/137: 2ª T., RE 439.003; STJ-3ª T., REsp 160.928, Min. Ari Pargendler, j. 24.5.01, DJU 25.6.01; STJ-4ª T., REsp 203.629, Min. Cesar Rocha, DJU 21.6.99; RT 739/307, 753/289, citação da p. 290, 828/271; JTJ 341/115: AI 1.282.393-0/5; Lex-JTA 140/39, 145/104, 157/267, 162/196, JTAERGS 91/59, RJTAMG 54/93, Bol. AASP 2.027/350j, 2.071/703).

Também podem ser penhorados, por despesas condominiais de apartamento residencial, os móveis que o guarnecem (RT 730/240, maioria).

Art. 3º: 2b. "Associação de moradores. Contribuição de manutenção. Inadimplência. Condenação a pagamento. Execução. Penhora do imóvel. Alegação de impenhorabilidade com fundamento da condição de bem de família. Reconhecimento. Trata-se de dívida fundada em direito pessoal, derivada da vedação ao enriquecimento ilícito. Sendo pessoal o direito, e não tendo a dívida natureza *propter rem*, é irregular a sua equiparação a despesas condominiais, mesmo para os fins da Lei 8.009/90. É possível, portanto, ao devedor alegar a impenhorabilidade de seu imóvel na cobrança dessas dívidas" (STJ-3ª T., REsp 1.324.107, Min. Nancy Andrighi, j. 13.11.12, DJ 21.11.12).

Também preservando a impenhorabilidade do bem de família, em caso de condenação do síndico por má gestão das verbas condominiais: "A Lei 8.009/90 ostenta natureza excepcional, de modo que as exceções à regra geral da impenhorabilidade do bem de família são previstas de forma taxativa, sendo insuscetíveis de interpretação extensiva" (STJ-4ª T., REsp 1.074.838, Min. Luis Felipe, j. 23.10.12, DJ 30.10.12).

Art. 3º: 2c. "Imóvel dado em garantia de dívida hipotecária é penhorável, por se incluir na ressalva contida no art. 3º, V, da Lei n. 8.009/90" (RSTJ 137/312). Mas é penhorável apenas na execução hipotecária e não em outra execução (STJ-4ª T., REsp 217.438, Min. Aldir Passarinho Jr., j. 12.3.02, DJU 20.5.02), como, p. ex., no "caso de fiança concedida em favor de terceiros" (RSTJ 150/395). Também pela impenhorabilidade fora da execução hipotecária: RT 837/293.

Art. 3º: 2d. "A exceção à impenhorabilidade prevista no art. 3º, inc. V, da Lei n. 8.009/90, não se aplica à hipótese em que a hipoteca foi dada para garantia de empréstimo contraído pela empresa, da qual é sócio o titular do bem, onde reside sua família. Inexistência, na espécie, de situação em que a garantia hipotecária foi constituída em benefício da família, e, por isso mesmo, suscetível de penhora, nos termos do referenciado inc. V" (STJ-4ª T., REsp 302.281, Min. Aldir Passarinho Jr., j. 4.9.01, dois votos vencidos, DJU 22.3.04). No mesmo sentido: STJ-3ª T., REsp 787.450-AgRg, Min. Gomes de Barros, j. 3.12.07, DJU 12.12.07.

"Mesmo quando a garantia real foi prestada utilizando-se firma individual de pessoa jurídica, não se pode presumir que a hipoteca foi dada em benefício da família, para, assim, afastar a impenhorabilidade do bem com base no art. 3º, V, da Lei 8.009/90" (STJ-4ª T., Ag em REsp 429.435-EDcl-EDcl-AgRg, Min. Raul Araújo, j. 12.8.14, DJ 1.9.14).

Todavia: "Bem de família oferecido em garantia real hipotecária. Pessoa jurídica, devedora principal, cujos únicos sócios são marido e mulher. Empresa familiar. Disposição do bem de família que se reverteu em benefício de toda unidade familiar. Hipótese de exceção à regra da impenhorabilidade prevista em lei" (STJ-3ª T., REsp 1.413.717, Min. Nancy Andrighi, j. 21.11.13, DJ 29.11.13).

"O benefício gerado aos integrantes da família é presumido quando se trata de dívida contraída por empresa cujos únicos sócios são marido e mulher. A impenhorabilidade do imóvel único residencial, nas hipóteses em que oferecido como garantia hipotecária de dívida contraída por empresa familiar, somente é oponível quando seus proprietários demonstrarem que a família não se beneficiou do ato de disposição" (STJ-3ª T., REsp 1.421.140, Min. Nancy Andrighi, j. 3.6.14, DJ 20.6.14).

Em síntese: "a) o bem de família é impenhorável, quando for dado em garantia real de dívida por um dos sócios da pessoa jurídica devedora, cabendo ao credor o ônus da prova de que o proveito se reverteu à entidade familiar; e b) o bem de família é penhorável, quando os únicos sócios da empresa devedora são os titulares do imóvel hipotecado, sendo ônus dos proprietários a demonstração de que a família não se beneficiou dos valores auferidos.

No caso, os únicos sócios da empresa executada são os proprietários do imóvel dado em garantia, não havendo se falar em impenhorabilidade" (STJ-2ª Seção, ED no Ag em REsp 848.498, Min. Luis Felipe, j. 25.4.18, DJ 7.6.18).

Art. 3º: 2e. Se a dívida objeto da hipoteca foi contraída por filho que mora juntamente com os pais no imóvel dado em garantia, este pode ser penhorado, nos termos deste inciso V: "A comunidade formada pelos pais e seus descendentes se enquadra no conceito legal de entidade familiar" (STJ-RDDP 96/168: 3ª T., REsp 1.141.732).

Art. 3º: 2f. "A **ausência de registro da hipoteca** não afasta a exceção à regra de impenhorabilidade prevista no art. 3º, V, da Lei n. 8.009/90; portanto, não gera a nulidade da penhora incidente sobre o bem de família ofertado pelos proprietários como garantia de contrato de compra e venda por eles descumprido" (STJ-3ª T., REsp 1.455.554, Min. João Otávio, j. 14.6.16, DJ 16.6.16).

Art. 3º: 2g. "Exceção à regra da impenhorabilidade do bem de família. **Sentença penal condenatória. Ausência.** Interpretação restritiva. Na hipótese, não há sentença penal condenatória e, mesmo que seja em função da prescrição, é impossível presumir sua existência para fins de aplicação da exceção contida no art. 3º, VI, da Lei 8.009/90" (STJ-3ª T., REsp 1.823.159, Min. Nancy Andrighi, j. 13.10.20, DJ 19.10.20).

Contra: "A exceção, na hipótese de bem adquirido com produto de crime, não pressupõe a existência de sentença penal condenatória, sendo suficiente a prática de conduta definida como crime e que o bem tenha sido adquirido com produto da ação criminosa. No caso concreto, faz-se possível a penhora do bem de família, nos moldes do artigo 3º, inciso VI, primeira parte, da Lei 8.009/90, haja vista que o imóvel em questão fora adquirido com produto de crime" (STJ-4ª T., REsp 1.091.236, Min. Marco Buzzi, j. 15.12.15, DJ 1.2.16).

Art. 3º: 3. "As exceções ao benefício da Lei n. 8.009/90 são as previstas nos seus arts. 3º e 4º, nestes não constando a circunstância de a penhora ter sido efetuada para garantia de dívida originária de **ação de indenização por ato ilícito"** (RSTJ 104/332: 4ª T., REsp 64.342). Em outras palavras, a **sentença civil** condenatória a indenizar ato ilícito não torna o bem de família penhorável (STJ-RJ 393/119 e RBDFS 17/132: 4ª T., REsp 711.889).

Todavia, havendo prévia sentença penal condenatória transitada em julgado, é penhorável o bem de família na execução da correlata sentença civil, proferida em processo instaurado para a quantificação dos danos provocados pelo ilícito penal (STJ-4ª T., REsp 947.518, Min. Luis Felipe, j. 8.11.11, DJ 1.2.12; no caso, autorizou-se que o bem de família responda pelos prejuízos experimentados pela vítima de furto).

"O caráter protetivo da Lei 8.009/1990 impõe sejam as exceções nela previstas interpretadas estritamente. Nesse sentido, a ressalva contida no inciso VI do seu artigo 3º encarta a execução de sentença penal condenatória — ação civil *ex delicto*, não alcançando a sentença cível de indenização, salvo se, verificada a coexistência dos dois tipos, for-lhes comum o fundamento de fato, exatamente o que ocorre nestes autos" (STJ-4ª T., REsp 1.021.440, Min. Luis Felipe, j. 2.5.13, RP 230/445; no caso, a lesão corporal culposa decorrente de acidente de trânsito estava na base tanto da sentença penal quanto da sentença civil).

Art. 3º: 4. O inciso VII foi acrescentado pelo art. 82 da Lei 8.245, de 18.10.91 (LI).

✎ **Art. 3º: 4a.** "Impenhorabilidade de bem imóvel residencial do fiador", por Genacéia da Silva Alberton (RT 802/54 e Ajuris 87/77); "O novo Código Civil e os efeitos das normas de ordem pública na impenhorabilidade do bem de família do fiador", por Marlo Thurmann Gonçalves (RT 834/34); "A previsão da norma do inciso VII do art. 3º da Lei 8.009/90 é inconstitucional", por Luiz Roberto Hijo Sampietro (RJ 337/65); "Bem de família do fiador de locação pode ser penhorado. A nova decisão do STF", por Demócrito Reinaldo Filho (RIDCPC 40/7); "A penhora do bem de família do fiador de locação. Abordagem atualizada", por Flávio Tartuce (RIDCPC 40/11).

Art. 3º: 5. Súmula 549 do STJ: "É válida a **penhora de bem de família** pertencente a **fiador** de contrato de locação".

"A penhorabilidade do bem de família do fiador do contrato de locação, objeto do art. 3º, inc. VII, da Lei n. 8.009, de 29.3.90, com a redação da Lei n. 8.245, de 18.10.91, não ofende o art. 6º da Constituição da República" (STF-RF 391/310: Pleno, RE 407.688, três votos vencidos). No mesmo sentido: STJ-5ª T., RMS 21.265, Min. Felix Fischer, j. 23.5.06, DJU 19.6.06; STJ-6ª T., AI 684.447-AgRg, Min. Quaglia Barbosa, j. 9.12.05, DJU 6.2.06; STJ-2ª Seção, REsp 1.363.368, Min. Luis Felipe, j. 12.11.14, DJ 21.11.14; RT 750/325, 931/345 (TJSP, AP 0012532-07.2009.8.26.0320, maioria), 938/918 (TJSE, AP 0007/2013), RF 364/383, maioria, RJTJERGS 256/334, RBDF 38/112, Bol. AASP 2.657 (TJRJ, AP 2009.001.08581).

V., todavia, nota seguinte.

Art. 3º: 5a. "A dignidade da pessoa humana e a proteção à família exigem que se ponham ao abrigo da constrição e da alienação forçada determinados bens. É o que ocorre com o bem de família do fiador, destinado à sua moradia, cujo sacrifício não pode ser exigido a pretexto de satisfazer o crédito de locador de imóvel comercial ou de estimular a livre iniciativa. Interpretação do art. 3º, VII, da Lei 8.009/1990 não recepcionada pela EC 26/2000. A restrição do direito à moradia do fiador em contrato de **locação comercial** tampouco se justifica à luz do princípio da isonomia. Eventual bem de família de propriedade do locatário não se sujeitará à constrição e alienação forçada, para o fim de satisfazer valores devidos ao locador. Não se vislumbra justificativa para que o devedor principal, afiançado, goze de situação mais benéfica do que a conferida ao fiador, sobretudo porque tal disparidade de tratamento, ao contrário do que se verifica na locação de imóvel residencial, não se presta à promoção do próprio direito à moradia" (STF-1ª T., RE 605.709, Min. Rosa Weber, j. 12.6.18, dois votos vencidos, DJ 18.2.19).

A exceção à impenhorabilidade não alcança fiança dada em "contrato de arrendamento para exploração de estabelecimento comercial" (STJ-3ª T., REsp 685.884, Min. Menezes Direito, j. 27.3.07, DJU 18.6.07).

Art. 3º: 6. A exceção, pela qual o bem pode ser penhorado, só atinge o fiador do locatário, não o inquilino (RT 700/123, 725/314). Assim, o fiador que aciona regressivamente o locatário não pode requerer a penhora de bem de família deste (STJ-5ª T., REsp 1.081.963, Min. Jorge Mussi, j. 18.6.09, DJ 3.8.09).

Art. 3º: 7. "O fiador que paga integralmente a dívida à qual se obrigou fica sub-rogado nos direitos e garantias do locador-credor. Entretanto, não há como estender-lhe o privilégio da penhorabilidade do bem de família em relação ao locatário-afiançado, taxativamente previsto no dispositivo mencionado, visto que nem mesmo o locador o dispunha" (STJ-5ª T., REsp 255.663, Min. Edson Vidigal, j. 29.6.00, DJU 28.8.00).

Contra: O fiador que paga a dívida do locatário afiançado sub-roga-se nos direitos do credor e, por isso, pode penhorar bens do devedor, ainda que protegidos pela Lei 8.009/90 (RJ 225/71).

Art. 3º: 8. "Nas execuções de dívida oriunda de fiança locatícia, é possível a penhora de fração ideal de bem imóvel de propriedade do fiador" (STJ-Corte Especial, ED no REsp 911.321-AgRg, Min. Arnaldo Esteves, j. 5.12.11, DJ 3.5.12).

V. tb. art. 1º, nota 13.

Art. 3º: 9. "Em se tratando de **caução,** em contratos de locação, não há que se falar na possibilidade de penhora do imóvel residencial familiar" (STJ-3ª T., REsp 1.873.203, Min. Nancy Andrighi, j. 24.11.20, DJ 1.12.20).

Art. 4º Não se beneficiará do disposto nesta lei aquele que, sabendo-se insolvente, adquire[1] de má-fé imóvel mais valioso para transferir a residência familiar, desfazendo-se ou não da moradia antiga.

§ 1º Neste caso poderá o juiz, na respectiva ação do credor, transferir a impenhorabilidade para a moradia familiar anterior, ou anular-lhe a venda, liberando a mais valiosa para execução ou concurso, conforme a hipótese.

§ 2º Quando a residência familiar constituir-se em imóvel rural, a impenhorabilidade restringir-se-á à sede de moradia, com os respectivos bens móveis, e, nos casos do art. 5º, inciso XXVI, da Constituição, à área limitada como pequena propriedade rural.[2-3]

Art. 4º: 1. "O benefício da impenhorabilidade aos bens de família pode ser concedido ainda que o imóvel tenha sido adquirido no curso da demanda executiva, salvo na hipótese do art. 4º da Lei n. 8.009/90, não ocorrente na hipótese" (STJ-4ª T., REsp 573.018, Min. Cesar Rocha, j. 9.12.03, DJU 14.6.04).

Art. 4º: 2. v. CPC 833-VIII e notas.

Art. 4º: 3. "Se o imóvel se enquadra na definição de pequena propriedade rural, descrita no § 2º do art. 4º da Lei 8.009/90, impõe-se a sua impenhorabilidade" (RSTJ 133/215). No mesmo sentido: RJ 406/119 (TRF-4ª Reg., AP 2007.70.00.009472-6).

Art. 5º Para os efeitos de impenhorabilidade, de que trata esta lei, considera-se residência um único imóvel utilizado pelo casal ou pela entidade familiar para moradia permanente.

Parágrafo único. Na hipótese de o casal, ou entidade familiar, ser possuidor de vários imóveis utilizados como residência, a impenhorabilidade recairá sobre o de menor valor, salvo se outro tiver sido registrado, para esse fim, no Registro de Imóveis e na forma do art. 70 do Código Civil.[1-2]

Art. 5º: 1. O art. 70 do CC rev. corresponde ao CC 1.711-*caput*, 1.715-*caput* e 1.716.

Art. 5º: 2. Assim: "Para que seja reconhecida a impenhorabilidade do bem de família, não é necessário que se prove que o imóvel em que reside a família do devedor seja o único" (STJ-4ª T., AI 1.281.482-AgRg, Min. João Otávio, j. 22.6.10, DJ 1.7.10). Ainda: "Como a ninguém é dado fazer o impossível (*nemo tenetur ad impossibilia*), não há como exigir dos devedores a prova de que só possuem um único imóvel, ou melhor, de que não possuem qualquer outro, na medida em que, para tanto, teriam eles que requerer a expedição de certidão em todos os cartórios de registro de imóveis do país, porquanto não há uma só base de dados" (STJ-3ª T., REsp 1.400.342, Min. Nancy Andrighi, j. 8.10.13, DJ 15.10.13).

Em havendo mais de um imóvel de titularidade do devedor, aceita-se como prova da residência para fins de inibição da penhora "indicação, na declaração de imposto de renda, de que o referido bem corresponde ao domicílio residencial" (STJ-4ª T., Ag em REsp 1.558.073-AgInt, Min. Raul Araújo, j. 18.2.20, DJ 12.3.20).

"Verificado que o devedor é proprietário de dois imóveis, e que ambos servem de morada à sua família, deverá ser declarado impenhorável o de menor valor" (STJ-3ª T., REsp 62.069, Min. Nancy Andrighi, j. 23.4.02, DJU 10.6.02).

"Somente na hipótese de o casal ser possuidor de vários imóveis utilizados como residência é que a impenhorabilidade recairá sobre o de menor valor. Se a prova — que não pode ser reexaminada em recurso especial — indica qual o imóvel residencial, este é que deve estar livre da penhora" (STJ-2ª T., REsp 37.452, Min. Hélio Mosimann, j. 13.4.94, DJU 9.5.94). No mesmo sentido, considerando impenhorável "o imóvel utilizado como residência da família, ainda que não seja o único bem de propriedade do devedor": STJ-1ª T., REsp 574.050, Min. Luiz Fux, j. 11.5.04, DJU 31.5.04. Ainda, ponderando que o imóvel mais valioso será penhorado apenas na hipótese de ser um dos "vários imóveis utilizados como residência": Bol. AASP 3.015/2.360.

Todavia: "O propósito da Lei 8.009/90 é a defesa da célula familiar. O escopo da norma não é proteger o devedor, mas sim o bem-estar da família. Nesse contexto, fere de morte qualquer senso de justiça e equidade, além de distorcer por completo os benefícios vislumbrados pela Lei 8.009/90, a pretensão do devedor que a despeito de já possuir dois imóveis residenciais gravados com cláusula de inalienabilidade, impenhorabilidade e incomunicabilidade, optar por não morar em nenhum deles, adquirindo um outro bem, sem sequer registrá-lo em seu nome, onde reside com sua família e querer que também este seja alcançado pela impenhorabilidade" (STJ-3ª T., REsp 831.811, Min. Nancy Andrighi, j. 13.5.08, um voto vencido, DJ 5.8.08).

Art. 6º São canceladas as execuções suspensas pela Medida Provisória n. 143, de 8 de março de 1990, que deu origem a esta lei.

Art. 7º Esta lei entra em vigor na data de sua publicação.

Art. 8º Revogam-se as disposições em contrário.

Senado Federal, em 29 de março de 1990; 169º da Independência e 102º da República — NELSON CARNEIRO.

Bem de Família

Ementário
Código de Processo Civil de 1973

Lei 5.869, de 11.1.73 — Institui o Código de Processo Civil (v., adiante, texto parcial ainda em vigor).

Código de Processo Civil de 1973[1]

Lei n. 5.869, de 11 de janeiro de 1973

CPC/73: 1. Reproduzem-se, a seguir, as disposições do CPC/73 ainda em vigor, por força do CPC 1.052.

Título IV | DA EXECUÇÃO POR QUANTIA CERTA CONTRA DEVEDOR INSOLVENTE

Capítulo I | DA INSOLVÊNCIA[1]

CAP. I: 1. "Execução e insolvência civil", por Orlando José Gonçalves (Just. 169/65); "Insolvência civil", por Aldimar de Assis (RT 787/753); "Execução por quantia certa contra devedor insolvente: as interfaces de um procedimento comumente esquecido pelos operadores do direito", por Homero Francisco Tavares Junior (RP 120/9).

Art. 748. Dá-se a insolvência[1 a 3] toda vez que as dívidas excederem à importância dos bens do devedor.[4]

Art. 748: 1. v. art. 786 e ressalva contida no CPC 797.

Art. 748: 2. O MP deve intervir no processo de insolvência (JTJ 141/263).

Art. 748: 3. Pode ocorrer a insolvência ainda que haja um só credor (RJTAMG 61/80).

Art. 748: 4. civil (v. art. 786, especialmente nota 1).

Art. 749. Se o devedor for casado e o outro cônjuge, assumindo a responsabilidade por dívidas, não possuir bens próprios que bastem ao pagamento de todos os credores, poderá ser declarada, nos autos do mesmo processo, a insolvência de ambos.

Art. 750. Presume-se a insolvência quando:

I — o devedor não possuir outros bens livres e desembaraçados para nomear à penhora;[1]

II — forem arrestados bens do devedor, com fundamento no art. 813, I, II e III.

Art. 750: 1. "O processo de insolvência é autônomo, de cunho declaratório-constitutivo, e busca criar um estado jurídico para o devedor, com as consequências de direito processual e material, não podendo ser confundido com o processo de execução, em que a existência de bens é pressuposto de desenvolvimento do processo. **A inexistência de bens passíveis de penhora não enseja a extinção de ação que busque a declaração da insolvência civil,** remanescendo o interesse na declaração, tanto por parte do próprio devedor, quanto de credor" (STJ-3ª T., REsp 957.639, Min. Sidnei Beneti, j. 7.12.10, DJ 17.12.10). No mesmo sentido: RTJ 115/406, RSTJ 134/388, 137/440, 140/308, RT 507/245, 618/55, 715/131, 838/228, 871/356, RJTJESP 96/161, 106/137, Lex-JTA 150/79, RJTJERGS 149/285, maioria, RJM 173/142, RJTAMG 61/80.

Contra, no sentido de que a falta de bens penhoráveis impede a declaração da insolvência: RT 479/123, 570/78, 588/192, 589/87, 591/204, 601/58, 744/250, 799/245, RJTJESP 96/160, 100/171, 109/132, RF 258/250, JTA 36/14, RJTAMG 53/105, Amagis 12/82.

Art. 751. A declaração de insolvência do devedor produz:[1]

I — o vencimento antecipado das suas dívidas;[2]

II — a arrecadação de todos os seus bens suscetíveis de penhora, quer os atuais, quer os adquiridos no curso do processo;

III — a execução por concurso universal dos seus credores.[3]

Art. 751: 1. Quanto aos efeitos s/ contrato de aquisição de lote de terreno urbano, v. Lei 6.766, de 19.12.79, art. 30 (no CCLCV, tít. PROMESSA DE COMPRA E VENDA E LOTEAMENTO, ínt.).

Art. 751: 2. A declaração de insolvência também interrompe a prescrição (v. art. 777).

Art. 751: 3. v. arts. 754, nota 3, e 761, nota 5b. V. tb. CPC 797.

Art. 752. Declarada a insolvência, o devedor perde o direito de administrar os seus bens e de dispor deles, até a liquidação total da massa.[1]

Art. 752: 1. v. art. 782.

Art. 753. A declaração de insolvência pode ser requerida:

I — por qualquer credor quirografário;[1]

II — pelo devedor;

III — pelo inventariante do espólio do devedor.

Art. 753: 1. "Pode o credor detentor de crédito privilegiado optar por ajuizar a ação de insolvência civil, renunciando, com isso, implicitamente, ao seu privilégio" (STJ-4ª T., REsp 488.432, Min. Raul Araújo, j. 6.11.12, DJ 1.7.13).

Capítulo II | DA INSOLVÊNCIA REQUERIDA PELO CREDOR

Art. 754. O credor[1] requererá a declaração de insolvência do devedor,[2 a 4] instruindo o pedido com título executivo judicial ou extrajudicial (art. 586).[5-6]

Art. 754: 1. Não pode o juiz, de ofício, decretar a insolvência do devedor (RT 507/209, JTA 47/127), nem remeter o credor ao juízo da insolvência (RT 501/132).

Art. 754: 2. s/ requerimento de insolvência e ausência de bens penhoráveis, v. art. 750, nota 1.

Art. 754: 3. "Não se exige que o quirografário comprove a existência da pluralidade de credores para que possa vir a juízo requerer a insolvência civil do devedor. O concurso de credores é a consequência da insolvência civil, e não sua causa, com bem denota o art. 751, CPC" (STJ-3ª T., REsp 875.982, Min. Nancy Andrighi, j. 2.12.08, DJ 20.5.09).

V. art. 761, nota 5b.

Art. 754: 4. Não é possível transformar execução por quantia certa em pedido de insolvência (RT 479/139, 493/125, RF 287/326, RJTJESP 92/88, RJTJERGS 133/175, JTA 37/218, RP 5/372, em. 165), nem se admite a utilização simultânea de uma e de outro (RTJ 108/396; STJ-4ª T., REsp 1.104.470, Min. Luis Felipe, j. 19.3.13, DJ 21.5.13; RF 299/226, Lex-JTA 151/104, RJTAMG 24/342).

Art. 754: 5. v. CPC 515 e 784.

Art. 754: 6. A **exibição do original do título extrajudicial** é obrigatória (RTJ 108/396), com as mesmas observações constantes do CPC 798, notas 2 e segs.

Art. 755. O devedor será citado para, no prazo de dez (10) dias, opor embargos;[1] se os não oferecer, o juiz proferirá, em dez (10) dias, a sentença.

Art. 755: 1. "A insolvência civil é ação de cunho declaratório/constitutivo, tendente a aferir, na via cognitiva, a insolvabilidade do devedor, condição esta que, uma vez declarada judicialmente, terá o efeito de estabelecer nova disciplina nas relações entre o insolvente e seus eventuais credores. Tal premissa não há de ter, entretanto, o efeito de convolar em contestação os embargos disciplinados nos arts. 755 e segs. do CPC" (STJ-4ª T., REsp 621.492, Min. João Otávio, j. 15.10.09, DJ 26.10.09).

Todavia, refutando a condição de embargos da reação do devedor, para aplicar o art. 191 na contagem do prazo decenal: RTJ 117/1.317 e STF-RT 605/237.

Em sentido semelhante, agora para determinar o processamento desses "embargos" nos autos do próprio pedido de insolvência e não em autos apartados: RT 764/313.

Art. 756. Nos embargos pode o devedor alegar:

I — que não paga por ocorrer alguma das causas enumeradas nos arts. 741, 742 e 745, conforme o pedido de insolvência se funde em título judicial ou extrajudicial;

II — que o seu ativo é superior ao passivo.[1]

Art. 756: 1. "Ao devedor incumbe a prova de sua solvência" (RSTJ 75/195). No mesmo sentido: STJ-4ª T., REsp 488.432, Min. Raul Araújo, j. 6.11.12, DJ 1.7.13.

Art. 757. O devedor ilidirá[1] o pedido de insolvência se, no prazo para opor embargos, depositar a importância do crédito, para lhe discutir a legitimidade ou o valor.

Art. 757: 1. Segundo Aurélio, "elidir" = eliminar; "ilidir" = rebater, contestar. Seria melhor, no caso, "elidir".

Art. 758. Não havendo provas a produzir, o juiz dará a sentença em dez (10) dias; havendo-as, designará audiência de instrução e julgamento.

Capítulo III | DA INSOLVÊNCIA REQUERIDA PELO DEVEDOR OU PELO SEU ESPÓLIO

Art. 759. É lícito ao devedor ou ao seu espólio, a todo tempo, requerer a declaração de insolvência.

Art. 760. A petição, dirigida ao juiz da comarca em que o devedor tem o seu domicílio, conterá:[1-2]

I — a relação nominal de todos os credores, com a indicação do domicílio de cada um, bem como da importância e da natureza dos respectivos créditos;

II — a individuação de todos os bens, com a estimativa do valor de cada um;[3]

III — o relatório do estado patrimonial, com a exposição das causas que determinaram a insolvência.

Art. 760: 1. É possível transformar a execução por quantia certa em pedido de insolvência? v. art. 754, nota 4.

Art. 760: 2. "Não há citação dos credores para o processo de declaração de insolvência, quando esta é requerida pelo devedor ou seu espólio" (SIMP-concl. LXI, em RT 482/272).

Art. 760: 3. A **inexistência de bens** não impede a decretação da insolvência (v. art. 750, nota 1).

Capítulo IV | DA DECLARAÇÃO JUDICIAL DE INSOLVÊNCIA

Art. 761. Na sentença, que declarar a insolvência,[1 a 2] o juiz:

I — nomeará, dentre os maiores credores, um administrador[3] da massa;

II — mandará expedir edital,[4] convocando os credores[5 a 5b] para que apresentem, no prazo de vinte (20) dias,[6] a declaração do crédito,[7-7a] acompanhada do respectivo título.[8]

Art. 761: 1. "Insolvência civil", por José Raimundo Gomes da Cruz (RF 358/75).

Art. 761: 1a. "A **sentença** que declara a insolvência civil do devedor tem **eficácia imediata,** produzindo efeitos na data de sua prolação, tanto para o devedor como para os credores, independentemente do trânsito em julgado. A declaração de insolvência produz a execução por concurso universal de todos os credores, inclusive aqueles com garantia real, não sendo possível a propositura de ação de execução singular. É nula a arrematação de bens do devedor promovida em ação de execução por credor individual, após a declaração de insolvência civil do devedor, em foro diverso do Juízo universal da insolvência" (STJ-4ª T., REsp 1.074.724, Min. Raul Araújo, j. 27.4.17, DJ 18.5.17).

V. tb. nota seguinte.

Art. 761: 2. "Mostra-se de todo apropriado o entendimento jurisdicional que equipara os embargos à insolvência aos embargos à execução opostos por devedor solvente, para fins de aplicação da regra ínsita no art. 520, V, do Código de Processo Civil, que determina o recebimento da apelação apenas no seu efeito devolutivo" (STJ-4ª T., REsp 621.492, Min. João Otávio, j. 15.10.09, DJ 26.10.09). Também recebendo a apelação apenas no efeito devolutivo: JTJ 204/196.

V. tb. nota anterior.

Art. 761: 3. v. arts. 763 a 767.

Art. 761: 4. v. art. 786-A.

Art. 761: 5. "A remessa das execuções individuais ao juízo universal da insolvência não supre a necessidade de habilitação. À exceção da Fazenda Pública, todos os credores estão sujeitos à habilitação através de petição escrita que atenda aos requisitos do art. 282, CPC" (RSTJ 103/252).

Art. 761: 5a. Não há necessidade de citação nominal dos credores, no edital de convocação (RT 739/408).

Art. 761: 5b. "Verifica-se a inexistência de credores habilitados na insolvência, o que, a exemplo do que ocorre na falência, ocasiona a extinção da execução coletiva, uma vez que a fase executória propriamente dita somente se instaura com a habilitação dos credores, os quais integram o polo ativo do feito e sem os quais, por óbvio, não há a formação da relação processual executiva" (STJ-4ª T., REsp 1.072.614, Min. Luis Felipe, j. 26.2.13, DJ 16.3.13).

V. tb. art. 754, nota 3.

Art. 761: 6. O prazo é peremptório e se conta da primeira publicação (RF 295/271).

Art. 761: 7. v. art. 784 (s/ credor retardatário).

Também o requerente da declaração de insolvência deve apresentar sua declaração de crédito.

Art. 761: 7a. "Desimporta, para habilitação de crédito na insolvência civil, que o título seja líquido e certo" (RSTJ 79/190).

Art. 761: 8. Quanto à exibição do original do título, v. CPC 798, notas 2 e segs.

Art. 762. Ao juízo da insolvência concorrerão todos os credores do devedor comum.[1-1a]

§ 1º As execuções movidas por credores individuais serão remetidas ao juízo da insolvência.[1b a 2]

§ 2º Havendo, em alguma execução, dia designado para a praça ou o leilão, far-se-á a arrematação, entrando para a massa o produto dos bens.[3]

Art. 762: 1. inclusive o credor que já ajuizou execução singular contra o devedor (RJTAMG 52/264, maioria).

Art. 762: 1a. Esta disposição não prevalece sobre o preceito do art. 187 do CTN, que pode ser lido em nota 10 ao art. 4º da LEF.

Art. 762: 1b. v. art. 761, nota 5.

Art. 762: 1c. "O pedido de insolvência civil não comporta prévia conexão, exercendo a *vis attractiva* das execuções após seu deferimento" (RJTAMG 38/255).

"Ao juízo universal da declaração de insolvência é que acorrem as demais execuções, inexistindo qualquer prevenção do juízo em que se deu a primeira penhora" (RT 595/66). No mesmo sentido: RT 657/156.

Contra, entendendo que há prevenção do juízo em que ocorreu a primeira penhora: RT 570/97.

Art. 762: 2. No sentido de que ao juízo da insolvência somente deverão ser remetidas as execuções movidas por credores individuais, e não toda e qualquer ação: RP 6/317, em. 119.

Assim: "A declaração de insolvência do devedor não acarreta a suspensão da ação de depósito" (RT 623/65).

Todavia: "Inadmissível a postulação da ação de depósito contra devedor insolvente, fora do juízo universal de insolvência e sem a presença do administrador da massa, porquanto a universalidade do juízo concursal alcança toda e qualquer ação patrimonial e não apenas as execuções" (RJTAMG 40/94).

Art. 762: 3. "Ao administrador da massa do devedor insolvente é permitido arrematar os bens levados à praça pública. Todavia, deve proceder à exibição do preço da arrematação, que entrará para o ativo da massa, para pagamento de todos os credores, respeitando-se a ordem de preferência" (STJ-4ª T., REsp 610.461, Min. Cesar Rocha, j. 5.6.07, DJU 6.8.07).

S/ exibição de preço, v. CPC 892 § 1º, inclusive nota 3.

Capítulo V | DAS ATRIBUIÇÕES DO ADMINISTRADOR

Art. 763. A massa dos bens do devedor insolvente ficará sob a custódia e responsabilidade de um administrador, que exercerá as suas atribuições, sob a direção e superintendência do juiz.[1]

Art. 763: 1. s/ inércia do administrador, v. CPC 485, nota 17a.

Art. 764. Nomeado o administrador, o escrivão o intimará a assinar, dentro de vinte e quatro (24) horas, termo de compromisso de desempenhar bem e fielmente o cargo.

Art. 765. Ao assinar o termo, o administrador entregará a declaração de crédito, acompanhada do título executivo. Não o tendo em seu poder, juntá-lo-á no prazo fixado pelo art. 761, II.

Art. 766. Cumpre ao administrador:

I — arrecadar todos os bens do devedor, onde quer que estejam, requerendo para esse fim as medidas judiciais necessárias;

II — representar a massa, ativa e passivamente, contratando advogado, cujos honorários serão previamente ajustados e submetidos à aprovação judicial;

III — praticar todos os atos conservatórios de direitos e de ações, bem como promover a cobrança das dívidas ativas;

IV — alienar em praça ou em leilão, com autorização judicial,[1] os bens da massa.[2]

Art. 766: 1. Se não tiver autorização judicial, v. LEF 4º § 1º.

Art. 766: 2. v. art. 773.

Art. 767. O administrador terá direito a uma remuneração, que o juiz arbitrará, atendendo à sua diligência, ao trabalho, à responsabilidade da função e à importância da massa.

Capítulo VI | DA VERIFICAÇÃO E DA CLASSIFICAÇÃO DOS CRÉDITOS

Art. 768. Findo o prazo, a que se refere o n. II do art. 761, o escrivão, dentro de cinco (5) dias, ordenará todas as declarações, autuando cada uma com o seu respectivo título.[1] Em seguida intimará, por edital, todos os credores[2] para, no prazo de vinte (20) dias,[3] que lhes é comum, alegarem as suas preferências,[4] bem como a nulidade, simulação, fraude, ou falsidade de dívidas e contratos.

Parágrafo único. No prazo, a que se refere este artigo, o devedor poderá impugnar quaisquer créditos.

Art. 768: 1. v. CPC 798, notas 2 e segs.; s/ necessidade de apresentação do original do título.

Art. 768: 2. A Fazenda Pública não está sujeita a habilitação no processo de insolvência (v. art. 187 do CTN, em nota 10 a LEF 4º).

Art. 768: 3. v. JTA 35/252.

Art. 768: 4. O crédito por honorários de advogado é privilegiado (EA 24-*caput*).

Art. 769. Não havendo impugnações, o escrivão remeterá os autos ao contador, que organizará o quadro geral dos credores,[1] observando, quanto à classificação dos créditos e dos títulos legais de preferência, o que dispõe a lei civil.[2]

Parágrafo único. Se concorrerem aos bens apenas credores quirografários, o contador organizará o quadro, relacionando-os em ordem alfabética.

Art. 769: 1. v. art. 786-A.

Art. 769: 2. v. CC 955 a 965.

Art. 770. Se, quando for organizado o quadro geral dos credores, os bens da massa já tiverem sido alienados, o contador indicará a percentagem, que caberá a cada credor no rateio.

Art. 771. Ouvidos todos os interessados, no prazo de dez (10) dias, sobre o quadro geral dos credores, o juiz proferirá sentença.[1-2]

Art. 771: 1. Habilitado o crédito no pedido de insolvência, já não pode o credor cobrá-lo em outro processo ao insolvente (RJTAMG 21/118).

Art. 771: 2. "À semelhança do processo falimentar, aplica-se a correção monetária nos créditos habilitados em insolvência" (STJ-RT 686/198). No mesmo sentido: STJ-3ª T., REsp 8.980, Min. Dias Trindade, j. 29.4.91, DJU 3.6.91; STJ-4ª T., REsp 12.487-0, Min. Torreão Braz, j. 8.11.94, DJU 5.12.94; RTJ 157/204.

Se a massa comportar, o pagamento dos credores habilitados deve ser feito com correção monetária, desde o decreto de insolvência até o efetivo pagamento (RT 665/159).

Art. 772. Havendo impugnação pelo credor ou pelo devedor, o juiz deferirá, quando necessário, a produção de provas e em seguida proferirá sentença.[1-1a]

§ 1º Se for necessária prova oral, o juiz designará audiência de instrução e julgamento.

§ 2º Transitada em julgado a sentença, observar-se-á o que dispõem os três artigos antecedentes.

Art. 772: 1. Da sentença cabe apelação, em ambos os efeitos (cf. CPC 1.012). Neste sentido: JTAERGS 92/97.

Art. 772: 1a. "Honorários de advogado. Impugnação de crédito em insolvência civil. Diferentemente da falência, em que há regra especial afastando os honorários de advogado (Dec. lei 7.661/45, art. 208, § 2º), na insolvência civil o vencido no incidente de impugnação de crédito se sujeita ao regime geral (CPC, art. 20), respondendo pela sucumbência" (STJ-3ª T., REsp 37.703, Min. Ari Pargendler, j. 8.6.00, maioria, DJU 28.8.00).

Art. 773. Se os bens não foram alienados antes da organização do quadro geral, o juiz determinará a alienação em praça ou em leilão,[1-1a] destinando-se o produto ao pagamento dos credores.

Art. 773: 1. v. CPC 881 e segs.

Art. 773: 1a. "Muito embora não fixado expressamente, o momento processual adequado para a venda dos bens da massa, na insolvência civil, é depois da organização do quadro geral de credores. Só excepcionalmente, quando sujeitos a deterioração ou depreciação, ou ainda quando houver manifesta vantagem, é que podem ser alienados antecipadamente (inteligência dos arts. 670, incisos e § ún., 770 e 773 do CPC)" (RF 307/137).

Capítulo VII | DO SALDO DEVEDOR

Art. 774. Liquidada a massa sem que tenha sido efetuado o pagamento integral a todos os credores, o devedor insolvente continua obrigado pelo saldo.

Art. 775. Pelo pagamento dos saldos respondem os bens penhoráveis[1] que o devedor adquirir, até que se lhe declare a extinção das obrigações.

Art. 775: 1. v. CPC 832 a 834.

Art. 776. Os bens do devedor poderão ser arrecadados nos autos do mesmo processo, a requerimento de qualquer credor incluído no quadro geral, a que se refere o art. 769, procedendo-se à sua alienação e à distribuição do respectivo produto aos credores, na proporção dos seus saldos.

Capítulo VIII | DA EXTINÇÃO DAS OBRIGAÇÕES

Art. 777. A prescrição das obrigações, interrompida com a instauração do concurso universal de credores, recomeça a correr no dia em que passar em julgado a sentença que encerrar o processo de insolvência.

Art. 778. Consideram-se extintas todas as obrigações do devedor, decorrido o prazo de cinco (5) anos, contados da data do encerramento do processo de insolvência.

Art. 779. É lícito ao devedor requerer ao juízo da insolvência a extinção das obrigações; o juiz mandará publicar edital, com o prazo de trinta (30) dias, no órgão oficial e em outro jornal de grande circulação.

Art. 780. No prazo, estabelecido no artigo antecedente, qualquer credor poderá opor-se ao pedido, alegando que:

I — não transcorreram cinco (5) anos da data do encerramento da insolvência;

II — o devedor adquiriu bens, sujeitos à arrecadação (art. 776).

Art. 781. Ouvido o devedor no prazo de dez (10) dias, o juiz proferirá sentença; havendo provas a produzir, o juiz designará audiência de instrução e julgamento.

Art. 782. A sentença, que declarar extintas as obrigações, será publicada por edital,[1] ficando o devedor habilitado a praticar todos os atos da vida civil.

Art. 782: 1. v. art. 779.

Capítulo IX | DAS DISPOSIÇÕES GERAIS

Art. 783. O devedor insolvente poderá, depois da aprovação do quadro a que se refere o art. 769, acordar com os seus credores, propondo-lhes a forma de pagamento. Ouvidos os credores, se não houver oposição, o juiz aprovará a proposta por sentença.

Art. 784. Ao credor retardatário[1] é assegurado o direito de disputar, por ação direta, antes do rateio final, a prelação ou a cota proporcional ao seu crédito.[2]

Art. 784: 1. v. art. 761-II.

Art. 784: 2. Por isso mesmo que poderá pleitear seus direitos em ação direta, não cabe habilitação, na insolvência, de credor retardatário (RJTJESP 103/152).

Art. 785. O devedor, que caiu em estado de insolvência sem culpa sua, pode requerer ao juiz, se a massa o comportar, que lhe arbitre uma pensão, até a alienação dos bens. Ouvidos os credores, o juiz decidirá.

Art. 786. As disposições deste Título aplicam-se às sociedades civis,[1] qualquer que seja a sua forma.

Art. 786: 1. Todavia, se o contrato social indicar que a finalidade da sociedade civil é, na verdade, comercial, não serão aplicáveis as disposições do CPC sobre insolvência civil, mas sim as da Lei de Falências (RTJE 140/190).

Art. 786-A. Os editais referidos neste Título também serão publicados, quando for o caso, nos órgãos oficiais dos Estados em que o devedor tenha filiais ou representantes.[1]

Art. 786-A: 1. Artigo acrescentado pela Lei 9.462, de 19.6.97.

Ementário

Consumidor

— v. CF 5º-XXXII, 24-VIII, 170-V, ADCT 48.

Lei 8.078, de 11.9.90 — Dispõe sobre a proteção do consumidor e dá outras providências (no CCLCV, tít. CONSUMIDOR, ínt.; v. adiante, texto parcial).

Lei 8.137, de 27.12.90 — Define crimes contra a ordem tributária, econômica e contra as relações de consumo, e dá outras providências (v. especialmente o art. 7º). Alterada pela **Lei 12.529, de 30.11.11.**

Lei 8.656, de 21.5.93 — Altera dispositivo da Lei n. 8.078, de 11 de setembro de 1990, que "dispõe sobre a proteção do consumidor e dá outras providências" (Lex 1993/380, Bol. AASP 1.797/5). Alterou o art. 57 do CDC. O art. 1º da Lei 8.656 foi alterado e o art. 3º foi revogado pela **Lei 8.703, de 6.9.93** (v. adiante).

Lei 8.703, de 6.9.93 — Acrescenta parágrafo único ao art. 57 da Lei n. 8.078, de 11 de setembro de 1990, que dispõe sobre a proteção do consumidor, e revoga o art. 3º da Lei n. 8.656, de 21 de maio de 1993 (Lex 1993/717, RF 323/416).

Lei 9.008, de 21.3.95 — Cria, na estrutura organizacional do Ministério da Agricultura, o Conselho Federal de que trata o art. 13 da Lei n. 7.347, de 24 de julho de 1985, altera os arts. 4º, 39, 82, 91 e 98 da Lei n. 8.078, de 11 de setembro de 1990, e dá outras providências (Lex 1995/474).

Lei 9.298, de 1.8.96 — Altera a redação do § 1º do art. 52 da Lei n. 8.078, de 11 de setembro de 1990, que "dispõe sobre a proteção do consumidor e dá outras providências" (Lex 1996/1.860, RT 730/713, RDA 205/387, RF 335/495, Just. 175/183, Bol. AASP 1964/2).

Dec. 2.181, de 20.3.97 — Dispõe sobre a Organização do Sistema Nacional de Defesa do Consumidor — SNDC, estabelece as normas gerais de aplicação das sanções administrativas previstas na Lei n. 8.078, de 11 de setembro de 1990, revoga o Dec. n. 861, de 9 de julho de 1993, e dá outras providências.

Lei 9.870, de 23.11.99 — Dispõe sobre o valor total das anuidades escolares e dá outras providências (Lex 1999/6.402). Acrescentou o inc. XIII ao art. 39 da Lei 8.078, de 11 de setembro de 1990, e dispôs sobre legitimação à propositura das ações previstas na mesma lei (cf. art. 7º da Lei 9.870, em nota 1b ao art. 82 do CDC).

Lei 12.414, de 9.6.11 — Disciplina a formação e consulta a bancos de dados com informações de adimplemento, de pessoas naturais ou de pessoas jurídicas, para formação de histórico de crédito (v., no nosso CCLCV, texto integral). Regulamentada pelo **Dec. 7.829, de 17.10.12.**

Lei n. 8.078, de 11 de setembro de 1990

Dispõe sobre a proteção do consumidor e dá outras providências.[1-2]

LEI 8.078: 1. s/ inversão do ônus da prova, v. CPC 373 e notas.

LEI 8.078: 2. Súmula 297 do STJ: "O Código de Defesa do Consumidor é aplicável às instituições financeiras" (v. jurisprudência s/ esta Súmula em RSTJ 185/666).

A aplicação do CDC às relações de consumo de natureza bancária foi declarada constitucional pelo STF (STF-RT 855/79: Pleno, ADI 2.591).

Súmula 563 do STJ: "O Código de Defesa do Consumidor é aplicável às entidades abertas de previdência complementar, não incidindo nos contratos previdenciários celebrados com entidades fechadas".

Foi **cancelada a Súmula 321 do STJ,** que não distinguia as entidades de previdência para a aplicação da legislação consumerista: "O Código de Defesa do Consumidor é aplicável à relação jurídica entre a entidade de previdência privada e seus participantes".

Súmula 602 do STJ: "O Código de Defesa do Consumidor é aplicável aos empreendimentos habitacionais promovidos pelas sociedades cooperativas".

Súmula 608 do STJ: "Aplica-se o Código de Defesa do Consumidor aos contratos de plano de saúde, salvo os administrados por entidades de autogestão".

V., no nosso CCLCV, CDC 51, nota 7.

Também se aplica o CDC:

— à Caixa de Previdência dos Militares (STJ-4ª T., AI 80.671-AgRg, Min. Ruy Rosado, j. 16.4.96, DJU 20.5.96);

— aos espectadores pagantes, por qualquer meio, de espetáculo ou evento desportivo (Lei 9.615, de 24.3.98, art. 42 § 3º);

— no "relacionamento entre a emissora de televisão e seu público telespectador" (STJ-2ª T., REsp 1.665.213, Min. Herman Benjamin, j. 22.8.17, DJ 13.9.17);

— aos fornecedores de produtos ou serviços, em geral, independentemente de sua natureza jurídica, mesmo no caso de "sociedade civil, sem fins lucrativos, de caráter beneficente e filantrópico, bastando que desempenhem determinada atividade no mercado de consumo mediante remuneração" (STJ-3ª T., REsp 519.310, Min. Nancy Andrighi, j. 20.4.04, DJU 24.5.04);

— às relações resultantes da exploração comercial da internet: "O fato de o serviço prestado pelo provedor de serviço de internet ser gratuito não desvirtua a relação de consumo, pois o termo mediante remuneração, contido no art. 3º, § 2º, do CDC, deve ser interpretado de forma ampla, de modo a incluir o ganho indireto do fornecedor" (STJ-3ª T., REsp 1.308.830, Min. Nancy Andrighi, j. 8.5.12, RT 923/637);

— aos *sites* que intermedeiam negócios na Internet, recebendo comissão na venda (RT 899/287: TJRN, AP 2008.001217-1; RIDCPC 48/25: TJRS, AP 70016093080; Bol. AASP 2.627: TJRS, AP 70025673856; RJTJERGS 273/364: AP 70026228668);

— na prestação de serviço de corretagem imobiliária (STJ-4ª T., REsp 1.364.574, Min. Luis Felipe, j. 24.10.17, DJ 30.11.17);

— na relação entre o proprietário do imóvel e a administradora contratada para gerenciá-lo: "A atividade da imobiliária, que é normalmente desenvolvida com o escopo de propiciar um outro negócio jurídico, uma nova contratação, envolvendo uma terceira pessoa física ou jurídica, pode também se resumir ao cumprimento de uma agenda de pagamentos (taxas, impostos e emolumentos) ou apenas à conservação do bem, à sua manutenção e até mesmo, em casos extremos, ao simples exercício da posse, presente uma eventual impossibilidade do próprio dono, tudo a evidenciar a sua destinação final econômica em relação ao contratante" (STJ-3ª T., REsp 509.304, Min. Ricardo Cueva, j. 16.5.13, RT 936/417);

— nas relações entre os agentes financeiros do SFH e seus mutuários (STJ-3ª T., AI 478.167-AgRg, Min. Nancy Andrighi, j. 25.3.03, DJU 22.4.03; STJ-4ª T., AI 465.114-AgRg, Min. Aldir Passarinho Jr., j. 20.2.03, DJ 31.3.03; RT 840/298). **Todavia:** "Nos contratos de financiamento do SFH vinculados ao Fundo de Compensação de Variação Salarial — FCVS, pela presença da garantia do Governo em relação ao saldo devedor, aplica-se a legislação própria e protetiva do mutuário hipossuficiente e do próprio Sistema, afastando-se o CDC, se colidentes as regras jurídicas" (STJ-RT 863/177: 1ª Seção, REsp 489.701, maioria). **Contra,** afastando a aplicação do CDC em geral: RT 838/409 (TRF-2ª Reg., AI 2004.02.01.011414-3);

— "a cooperativa de crédito integra o sistema financeiro nacional, estando sujeita às normas do CDC" (STJ-3ª T., AI 1.224.838-AgRg, Min. Nancy Andrighi, j. 4.3.10, DJ 15.3.10);

— "ao contrato de corretagem de ações" (RMDECC 50/127: TJDFT, AP 2011.01.1.127098-5). Em sentido semelhante: "Impõe-se reconhecer a relação de consumo existente entre o contratante que visa a atender necessidades próprias e as sociedades que prestam de forma habitual e profissional o serviço de corretagem de valores e títulos mobiliários" (STJ-3ª T., REsp 1.599.535, Min. Nancy Andrighi, j. 14.3.17, DJ 21.3.17);

— "na relação entre a administradora do clube de ações, que presta serviço de gerência de investimentos, e seu cotista, já que o vínculo societário existente entre as partes não afasta a relação de consumo, a qual se caracteriza pelo objeto contratado, sendo irrelevante a natureza jurídica da entidade que presta os serviços, ainda que se diga sem caráter lucrativo" (STJ-4ª T., Ag em REsp 516.581-AgInt, Min. Lázaro Guimarães, j. 18.9.18, DJ 21.9.18);

— nos contratos de cartão de crédito (STJ-3ª T., REsp 393.798, Min. Menezes Direito, j. 27.6.02, DJU 23.9.02; RF 368/352);

— "aos contratos de cédula de crédito rural" (STJ-2ª T., REsp 1.127.805, Min. Eliana Calmon, j. 6.10.09, DJ 19.10.09). No mesmo sentido: STJ-4ª T., REsp 794.526-AgRg, Min. Aldir Passarinho Jr., j. 16.3.06, DJ 24.4.06;

— nos contratos de arrendamento mercantil de bens móveis — *leasing* (STJ-3ª T., REsp 431.031, Min. Pádua Ribeiro, j. 25.2.03, DJU 24.3.03; STJ-4ª T., REsp 364.140, Min. Ruy Rosado, j. 18.6.02, DJU 12.8.02; RF 347/359, RJM 174/153). **Contra:** Bol. AASP 2.123/4;

— "à relação travada entre os titulares do direito de uso dos jazigos situados em cemitério particular e a administradora ou proprietária deste, que comercializa os jazigos e disponibiliza a prestação de outros serviços funerários" (STJ-RT 912/606: 3ª T., REsp 1.090.044);

— "na hipótese de serviço público prestado por concessionária, tendo em vista que a relação jurídica tem natureza de Direito Privado e o pagamento é contraprestação feita sob a modalidade de tarifa, que não se classifica como taxa" (STJ-2ª T., Ag 1.398.696-AgRg, Min. Castro Meira, j. 3.11.11, DJ 10.11.11). Assim, p. ex., o CDC é aplicável às concessionárias de serviços rodoviários, nas suas relações com os usuários da estrada (STJ-3ª T., REsp 467.883, Min. Menezes Direito, j. 17.6.03, DJU 1.9.03). No mesmo sentido: STJ-4ª T., REsp 687.799, Min. Aldir Passarinho Jr., j. 15.10.09, DJ 30.11.09;

— no caso de "coleta de sangue de doador, exercida pelo hemocentro como parte de sua atividade comercial" (STJ-RT 891/248: 4ª T., REsp 540.922);

— nas relações entre os estabelecimentos de ensino e seus alunos (STJ-4ª T., REsp 1.094.769, Min. Marco Buzzi, j. 18.3.14, maioria, DJ 15.8.14; RF 368/348, RJM 174/113).

Por outro lado, tais disposições não incidem:

— no atendimento prestado por hospital público: "Quando o serviço público é prestado diretamente pelo Estado e custeado por meio de receitas tributárias não se caracteriza uma relação de consumo" (STJ-2ª T., REsp 1.187.456, Min. Castro Meira, j. 16.11.10, DJ 1.12.10);

— nas atividades notariais (STJ-RF 387/275: 3ª T., REsp 625.144, dois votos vencidos; RJM 188/87: AP 1.0105.08.257296-4/001);

— nas relações entre os advogados e seus clientes (STJ-RT 878/170: 4ª T., REsp 914.105; STJ-3ª T., REsp 757.867, Min. Gomes de Barros, j. 21.9.06, DJU 9.10.06). **Contra:** RSTJ 182/276 (3ª T., REsp 364.168, dois votos vencidos);

— nas relações entre franqueador e franqueado (STJ-RJ 349/139: 3ª T., REsp 687.322; STJ-4ª T., REsp 632.958, Min. Aldir Passarinho Jr., j. 4.3.10, DJ 29.3.10; JTJ 297/315);

— nas relações entre o representante comercial e a sociedade representada (STJ-3ª T., REsp 761.557, Min. Sidnei Beneti, j. 24.11.09, DJ 3.12.09);

— na "relação existente entre distribuidores e revendedores de combustíveis" (STJ-4ª T., REsp 782.852, Min. Luis Felipe, j. 7.4.11, DJ 29.4.11);

— no "contrato de fornecimento de insumos agrícolas celebrado entre cooperativa e cooperado, por se tratar de ato cooperativo típico" (STJ-3ª T., REsp 1.122.507-AgRg, Min. Paulo Sanseverino, j. 7.8.12, DJ 13.8.12);

— nas relações entre condomínio e condômino (STJ-4ª T., REsp 655.267, Min. Jorge Scartezzini, j. 17.2.05, DJU 21.3.05; STJ-RT 132/338: 3ª T.; RT 808/297, JTJ 235/15);

— nos contratos de locação de imóvel (v. LI 1º, nota 1a);

— em contrato administrativo, "em que a Administração é quem detém posição de supremacia justificada pelo interesse público" (STJ-2ª T., RMS 31.073, Min. Eliana Calmon, j. 26.8.10, DJ 31.8.10). "Inaplicabilidade também, por extensão, ao contrato de fiança bancária acessório ao contrato administrativo" (STJ-3ª T., REsp 1.745.415, Min. Paulo Sanseverino, j. 14.5.19, DJ 21.5.19);

— nas relações entre a Caixa Econômica Federal e os estudantes beneficiários do Programa de Crédito Educativo, regido pela Lei 8.436/92 (STJ-2ª T., REsp 562.565, Min. Franciulli Netto, j. 21.10.04, DJU 11.4.05). **Todavia:** "Embora a jurisprudência desta Corte Superior seja no sentido da não aplicação do CDC aos Contratos de Crédito Educativo, não se deve olvidar a ideologia do Código Consumerista consubstanciada no equilíbrio da relação contratual, partindo-se da premissa da maior vulnerabilidade de uma das partes. O CDC, mesmo não regendo diretamente a espécie sob exame, projeta luz na sua compreensão. Neste caso, o CDC foi referido apenas como ilustração da orientação jurídica moderna, que valoriza o equilíbrio entre as partes da relação contratual, porquanto essa diretriz está posta hoje em dia, no próprio Código Civil. Tratando-se no caso dos autos de Contrato de Crédito Educativo e levando-se em conta a elevada finalidade social da sua instituição, mostra-se desarrazoada uma multa contratual no valor de 10%" (STJ-1ª T., REsp 1.272.995-AgRg, Min. Napoleão Maia Filho, j. 7.2.12, DJ 15.2.12);

— em "contrato de financiamento de dívida pública, no qual a Caixa Econômica Federal atuou, apenas, como agente executiva de políticas públicas determinadas pela União" (STJ-1ª T., REsp 355.099, Min. Denise Arruda, j. 3.10.06, DJU 16.11.06);

— nos contratos de *factoring* (STJ-4ª T., REsp 938.979, Min. Luis Felipe, j. 19.6.12, RT 924/509);

— nas operações efetuadas por meio da cédula de crédito industrial (RJM 165/156);

— no "seguro obrigatório (DPVAT). Com efeito, em se tratando de obrigação imposta por lei, na qual não há acordo de vontade entre as partes, tampouco qualquer ingerência das seguradoras componentes do consórcio do seguro DPVAT nas regras atinentes à indenização securitária (extensão do seguro; hipóteses de cobertura; valores correspondentes; dentre outras), além de inexistir sequer a opção de contratação ou escolha do produto ou fornecedor pelo segurado, revela-se ausente relação consumerista na espécie, ainda que se valha das figuras equiparadas de consumidor dispostas na Lei n. 8.078/90" (STJ-3ª T., REsp 1.635.398, Min. Marco Bellizze, j. 17.10.17, DJ 23.10.17). No mesmo sentido: STJ-2ª Seção, REsp 1.091.756, Min. Marco Bellizze, j. 13.12.17, maioria, DJ 5.2.18;

— no transporte aéreo internacional de passageiros, pois, "nos termos do art. 178 da Constituição da República, as normas e os tratados internacionais limitadores da responsabilidade das transportadoras aéreas de passageiros, especialmente as Convenções de Varsóvia e Montreal, têm prevalência em relação ao Código de Defesa do Consumidor" (STF-Pleno, Ag em RE 766.618, Min. Roberto Barroso, j. 25.5.17, maioria, DJ 13.11.17). No mesmo sentido: STJ-3ª T., REsp 673.048, Min. Marco Bellizze, j. 8.5.18, DJ 18.5.18.

V., no CCLCV, CDC 27, nota 1c, e CC 186, nota 4c, e 749, nota 3.

Título III | DA DEFESA DO CONSUMIDOR EM JUÍZO[1]

TÍT. III: 1. "A execução específica e os interesses metaindividuais", por Francisco Wildo Lacerda Dantas (RT 712/25); "Defesa de direitos coletivos e defesa coletiva de direitos", por Teori Albino Zavascki (RF 329/147, RJ 212/16, RTJE 159/53); "A defesa nas ações do Código do Consumidor", por Humberto Theodoro Jr. (RT 751/11); "Considerações sobre os princípios do Código de Defesa do Consumidor", por Antonio de Pádua Ferraz Nogueira (RT 762/11); "A tutela específica do consumidor", por Luiz Guilherme Marinoni (RJ 315/7); "A defesa do consumidor no Brasil", por Nelson Nery Jr. (RDPr 18/218); "Ação civil pública e defesa do consumidor de serviços públicos", por Alice Gonzalez Borges (IP 27/13); "A defesa do consumidor constitucional", por Ricardo H. Weber (RJ 346/33).

Capítulo I | DISPOSIÇÕES GERAIS

Art. 81. A defesa dos interesses e direitos dos consumidores e das vítimas poderá ser exercida em juízo individualmente, ou a título coletivo.[1-1a]

Parágrafo único. A defesa coletiva será exercida quando se tratar de:

I — interesses ou direitos difusos,[2-3] assim entendidos, para efeitos deste Código, os transindividuais, de natureza indivisível, de que sejam titulares pessoas indeterminadas e ligadas por circunstâncias de fato;[4]

II — interesses ou direitos coletivos, assim entendidos, para efeitos deste Código, os transindividuais de natureza indivisível de que seja titular grupo, categoria ou classe de pessoas ligadas entre si ou com a parte contrária por uma relação jurídica base;[4a-4b]

III — interesses ou direitos individuais homogêneos,[5 a 9] assim entendidos os decorrentes de origem comum.

Art. 81: 1. Ação civil coletiva: art. 91 (competência: art. 93). Execução coletiva: art. 98 (competência: § 2º).

Art. 81: 1a. "As tutelas pleiteadas em ações civis públicas não são necessariamente puras e estanques. Não é preciso que se peça, de cada vez, uma tutela referente a direito individual homogêneo, em outra ação uma de direitos coletivos em sentido estrito e, em outra, uma de direitos difusos, notadamente em se tratando de ação manejada pelo Ministério Público, que detém legitimidade ampla no processo coletivo. Isso porque embora determinado direito não possa pertencer, a um só tempo, a mais de uma categoria, isso não implica dizer que, no mesmo cenário fático ou jurídico conflituoso, violações simultâneas de direitos de mais de uma espécie não possam ocorrer. No caso concreto, trata-se de ação civil pública de tutela híbrida. Percebe-se que: (a) há direitos individuais homogêneos referentes aos eventuais danos experimentados por aqueles contratantes que tiveram tratamento de saúde embaraçado por força da cláusula restritiva tida por ilegal; (b) há direitos coletivos resultantes da ilegalidade em abstrato da cláusula contratual em foco, a qual atinge igualmente e de forma indivisível o grupo de contratantes atuais do plano de saúde; (c) há direitos difusos, relacionados aos consumidores futuros do plano de saúde, coletividade essa formada por pessoas indeterminadas e indetermináveis" (STJ-4ª T., REsp 1.293.606, Min. Luis Felipe, j. 2.9.14, DJ 26.9.14).

Art. 81: 2. "Interesses **difusos** são aqueles que abrangem número indeterminado de pessoas unidas pelas mesmas circunstâncias de fato, e **coletivos** aqueles pertencentes a grupos, categorias ou classes de pessoas determináveis, ligadas entre si ou com a parte contrária por uma relação jurídica base. A indeterminidade é a característica fundamental dos interesses difusos e a determinidade, a daqueles interesses que envolvem os coletivos" (RTJ 178/377).

Art. 81: 3. "A regra geral é de não serem passíveis de **transação** os direitos difusos. Quando se tratar de direitos difusos que importem obrigação de fazer ou não fazer deve-se dar tratamento distinto, possibilitando dar à controvérsia a melhor solução na composição do dano, quando impossível o retorno ao *status quo ante*. A admissibilidade de transação de direitos difusos é exceção à regra" (STJ-2ª T., REsp 299.400, Min. Eliana Calmon, j. 1.6.06, um voto vencido, DJU 2.8.06).

Art. 81: 4. v. art. 104.

Art. 81: 4a. v. art. 104.

Art. 81: 4b. "Os **adquirentes de unidades imobiliárias** representam grupo de pessoas ligadas com os recorrentes por uma relação jurídica base, qual seja, os contratos de compra e venda de unidades imobiliárias, e sofrem uniformemente as consequências dos supostos vícios construtivos mencionados na inicial, o que evidencia o caráter coletivo em sentido estrito dos interesses e legitima a associação para sua defesa coletiva em juízo" (STJ-3ª T., REsp 1.891.572, Min. Nancy Andrighi, j. 24.11.20, DJ 1.12.20).

✎ **Art. 81: 5.** "'Direitos individuais homogêneos' e relações jurídicas comunitárias", por Ovídio Araujo Baptista da Silva (RJ 276/58, Ajuris 79/174).

Art. 81: 6. v. arts. 93 a 100. S/ tutela de direitos individuais homogêneos em sede de Juizados Especiais Federais, v. LJEF 3º, nota 5a.

Art. 81: 7. "Direitos ou interesses **homogêneos** são os que têm a mesma origem comum (art. 81, III, da Lei n. 8.078, de 11 de setembro de 1990), constituindo-se em subespécie de direitos coletivos" (RTJ 178/377). É o caso, p. ex., de pessoas que consumiram água contaminada por um mesmo vazamento de produtos tóxicos e têm direito a indenização pelos correlatos danos pessoais (STJ-4ª T., REsp 982.923, Min. Fernando Gonçalves, j. 10.6.08, DJ 12.8.08).

"A origem comum, que caracteriza o interesse individual homogêneo, refere-se a um específico fato ou peculiar direito que é universal às inúmeras relações jurídicas individuais, a partir dos quais haverá conexão processual entre os interesses, caracterizada pela identidade de causa de pedir próxima ou remota. A divisibilidade e a presença de notas singulares são também características fundamentais dos interesses individuais homogêneos, as quais não os desqualificam como interesses coletivos em sentido amplo ou impedem sua tutela em ação civil coletiva de consumo. Na hipótese em exame, a petição inicial delimitou a controvérsia aos elementos genéricos das relações jurídicas singulares de cada um dos associados da recorrente" (STJ-3ª T., REsp 1.537.856, Min. Nancy Andrighi, j. 28.8.18, DJ 31.8.18).

"Ação coletiva. Consórcio. Desistência e exclusão. Direitos individuais homogêneos. Caracterização. A homogeneidade advém da previsão contratual de não devolução integral das parcelas adimplidas pelos desistentes, ainda que uma ou outra circunstância fática seja diversa, porquanto configurada a vinculação jurídica comum" (STJ-3ª T., REsp 1.304.939, Min. Ricardo Cueva, j. 5.2.19, DJ 6.3.19).

Art. 81: 8. "Nas ações em que se pretende a defesa de direitos individuais homogêneos, não obstante os sujeitos possam ser determináveis na fase de conhecimento (exigindo-se estejam determinados apenas na liquidação de sentença ou na execução), não se pode admitir seu ajuizamento sem que haja, ao menos, indícios de que a situação a ser tutelada é pertinente a um número razoável de consumidores. O promovente da ação civil pública deve demonstrar que **diversos sujeitos, e não apenas um ou dois,** estão sendo possivelmente lesados pelo fato de 'origem comum', sob pena de não ficar caracterizada a homogeneidade do interesse individual a ser protegido" (STJ-4ª T., REsp 823.063, Min. Raul Araújo, j. 14.2.12, DJ 22.2.12).

Todavia: "Ação coletiva de consumo. Vício do produto. Interesse individual homogêneo. A comercialização de garrafas de água impróprias para o consumo, em defeitos observados em 7 lotes do citado produto, ultrapassa os limites do interesse puramente particular do consumidor que efetivamente adquiriu o produto, pois ofende interesses superiores, correspondentes à proteção da vida, saúde e segurança dos potenciais consumidores dos produtos fabricados pela recorrente, como também a efetiva prevenção de danos patrimoniais e morais, de qualquer natureza, conforme previsto nos incisos I e VI do art. 6º do CDC, estando, assim, configurada a legitimidade do Ministério Público para sua proteção em juízo" (STJ-3ª T., REsp 1.888.383, Min. Nancy Andrighi, j. 24.11.20, DJ 1.12.20).

Art. 81: 9. "Ação civil pública ajuizada pela Defensoria Pública Estadual. Variados empréstimos consignados contraídos por servidores públicos estaduais e municipais. **Direitos** disponíveis e **heterogêneos.** Inadequação da via eleita. Carência de ação. Apesar de se vislumbrar, na hipótese, um grupo determinável de indivíduos, ligados por circunstâncias de fato comuns, já que todos são servidores públicos, ativos, inativos ou pensionistas, e são obrigados a abrir conta-corrente nas instituições bancárias rés indicadas pelo órgão pagador, para recebimento dos vencimentos, proventos ou pensões e outros benefícios, o direito dessas pessoas não pode ser conceituado como coletivo ou individual homogêneo, pois diz respeito a variadas modalidades de empréstimos e seus interesses, e supostos prejuízos são heterogêneos e disponíveis. Não há como decidir a lide de modo uniforme para todos os correntistas, reconhecendo-se como abusivas as cláusulas dos contratos de empréstimos que autorizem a retenção de vencimentos, proventos ou pensão, pois eventual ilegalidade ou abuso somente poderá ser reconhecida caso a caso. Cabe lembrar que nem todos os contraentes de variados empréstimos têm uma mesma situação financeira, quando, por exemplo: uns percebem elevados rendimentos; outros têm mais de um vencimento, aposentadoria ou pensão; outros, ainda, recebem remuneração de cargo público somada a ganhos privados de outras fontes lícitas, enfim, as situações são heterogêneas e o direito de fazer uso da remuneração é disponível. Nada impede que boa parte dos consumidores tenha interesse em aceitar a forma de amortização de empréstimo pela retenção dos vencimentos, proventos ou pensão depositados em conta-corrente, o que, certamente, assegura ao tomador de empréstimo maior volume de crédito e menores taxas de juros" (STJ-4ª T., Ag em REsp 197.916-AgInt, Min. Raul Araújo, j. 6.11.18, DJ 9.11.18).

"Ação civil pública. Contrato de agenciamento de viagem. Cláusula penal compensatória. Perda gradativa de valores pagos em caso de cancelamento tardio. Serviço de intermediação. Risco do negócio. Direito não homogêneo. Impropriedade da via eleita. Abusividade que deve ser verificada casuisticamente" (STJ-4ª T., REsp 1.314.884, Min. Isabel Gallotti, j. 13.11.18, maioria, DJ 5.2.19).

"Ação civil pública. Ministério Público. Direitos individuais heterogêneos. O requisito 'origem comum' é o que determina a transcendência do interesse particular para o interesse coletivo da tutela do direito. Protesto indevido de títulos prescritos não é apto, por si só, para o reconhecimento de uma origem comum. Ocorrência, no caso, de várias origens causando danos diversos, e não de uma origem única causadora de vários danos. Inviável a presunção de que todas as cobranças efetuadas pela ré sejam indevidas, pois não se pode supor que todos os títulos estejam prescritos. Necessidade de verificação, em cada demanda individual, da ocorrência de prática abusiva mediante o protesto de títulos prescritos" (STJ-3ª T., REsp 1.342.655-AgInt, Min. Paulo Sanseverino, j. 2.12.19, DJ 6.12.19).

Art. 82. Para os fins do art. 81, parágrafo único, são legitimados[1 a 1d] concorrentemente:[1e]

I — o Ministério Público;[2 a 2b]

II — a União, os Estados, os Municípios e o Distrito Federal;

III — as entidades e órgãos da administração pública, direta ou indireta, ainda que sem personalidade jurídica,[2c] especificamente destinados à defesa dos interesses e direitos protegidos por este Código;

IV — as associações legalmente constituídas[3 a 3b] há pelo menos um ano e que incluam entre seus fins institucionais[3c] a defesa dos interesses e direitos protegidos por este Código, dispensada a autorização assemblear.[4]

§ 1º O requisito da pré-constituição pode ser dispensado pelo juiz, nas ações previstas no art. 91 e seguintes, quando haja manifesto interesse social evidenciado pela dimensão ou característica do dano, ou pela relevância do bem jurídico a ser protegido.

§ 2º (VETADO)

§ 3º (VETADO)

Art. 82: 1. "Direitos transindividuais: conceito e legitimidade para agir", por José Rogério Cruz e Tucci (RJ 331/9).

Art. 82: 1a. Lei 12.529, de 30.11.11 — Estrutura o Sistema Brasileiro de Defesa da Concorrência; dispõe sobre a prevenção e repressão às infrações contra a ordem econômica; e dá outras providências: **"Art. 47.** Os prejudicados, por si ou pelos legitimados referidos no art. 82 da Lei n. 8.078, de 11 de setembro de 1990, poderão ingressar em juízo para, em defesa de seus interesses individuais ou individuais homogêneos, obter a cessação de práticas que constituam infração da ordem econômica, bem como o recebimento de indenização por perdas e danos sofridos, independentemente do inquérito ou processo administrativo, que não será suspenso em virtude do ajuizamento de ação".

Art. 82: 1b. **Lei 9.870, de 23.11.99** — Dispõe sobre o valor total das anuidades escolares, e dá outras providências: **"Art. 7º** São legitimados à propositura das ações previstas na Lei n. 8.078, de 1990, para a defesa dos direitos assegurados por esta lei e pela legislação vigente, as associações de alunos, de pais de alunos e responsáveis, sendo indispensável, em qualquer caso, o apoio de, pelo menos, vinte por cento dos pais de alunos do estabelecimento de ensino ou dos alunos, no caso de ensino superior".

Art. 82: 1c. **LC 80, de 12.1.94** — Organiza a Defensoria Pública da União, do Distrito Federal e dos Territórios e prescreve normas gerais para sua organização nos Estados, e dá outras providências: **"Art. 4º** São funções institucionais da Defensoria Pública, dentre outras:... **VIII** (*redação da LC 132, de 7.10.09*) — exercer a defesa dos direitos e interesses individuais, difusos, coletivos e individuais homogêneos e dos direitos do consumidor, na forma do inciso LXXIV do art. 5º da Constituição Federal".

Art. 82: 1d. "A atribuição de legitimidade ativa não implica, automaticamente, **legitimidade passiva** dessas entidades para figurarem, como rés, em ações coletivas, salvo hipóteses excepcionais. Todos os projetos de Códigos de Processo Civil Coletivo regulam hipóteses de ações coletivas passivas, conferindo legitimidade a associações para representação da coletividade, como rés. Nas hipóteses de direitos individuais homogêneos, contudo, não há consenso. Pelo panorama legislativo atual, a disciplina da coisa julgada nas ações coletivas é incompatível com o pedido de declaração incidental formulado pelo réu, em face do sindicato-autor" (STJ-3ª T., REsp 1.051.302, Min. Nancy Andrighi, j. 23.3.10, DJ 28.4.10).

"O controle jurisdicional da legitimação coletiva e as ações coletivas passivas (o art. 82 do CDC)", por Fredie Didier Jr. (RMDCPC 6/70); "A legitimação, a representatividade adequada e a certificação nos processos coletivos e as ações coletivas passivas", por Aluisio Gonçalves de Castro Mendes (RP 209/243).

Art. 82: 1e. Redação do *caput* de acordo com a Lei 9.008, de 21.3.95, que corrigiu a remissão errada ao art. 100, § ún., para 81, § ún.

Art. 82: 2. "Ministério Público: sua legitimação frente ao Código do Consumidor", por Raimundo Gomes de Barros (RTJE 139/53); "A efetividade da tutela jurídica do consumidor através da atuação do MP", por Patricia Pimentel de Oliveira (RT 779/140).

Art. 82: 2a. v. art. 92; s/ legitimidade do MP para propor ação civil pública, v. LACP 5º, notas 1c e segs.

Art. 82: 2b. "O MP não haverá de necessariamente intervir em todas as causas em que se litigue a propósito de relações de consumo. Oficiará, como fiscal da lei, nas ações coletivas. A essas se refere o art. 92 do CDC" (RSTJ 98/260; do voto do relator, p. 262).

A intervenção do MP, nas ações em que se contende sobre relação de consumo, só é obrigatória nas ações coletivas (STJ-3ª T., REsp 121.018, Min. Eduardo Ribeiro, j. 9.6.97, DJU 1.9.97).

Art. 82: 2c. "Na apreciação da legitimação para a proposição de ações coletivas, não se deve entender restritivamente a expressão **'Administração Pública'**, referida no art. 82, III, do CDC. Para o intérprete da lei, como o STJ, importa apenas indagar se o órgão em questão exerce, com base em autorização legal, função administrativa e, por meio dela, a defesa do consumidor, de modo análogo ou semelhante ao Procon" (STJ-2ª T., REsp 1.075.392, Min. Herman Benjamin, j. 15.12.09, dois votos vencidos, DJ 4.5.11). No caso, "a recorrente — **Comissão de Defesa do Consumidor da Assembleia Legislativa** do Estado do Rio de Janeiro — é entidade ou órgão técnico vinculado ao Poder Legislativo Estadual com competência, expressa e específica, para atuar na tutela do consumidor, integrando o Sistema Nacional de Defesa do Consumidor". No mesmo sentido: STJ-3ª T., REsp 1.002.813, Min. Nancy Andrighi, j. 2.12.10, um voto vencido, DJ 17.6.11; STJ-1ª T., REsp 928.888-AgRg, Min. Sérgio Kukina, j. 16.5.13, DJ 21.5.13.

"Procuradoria de Assistência Judiciária tem legitimidade ativa para propor ação civil pública objetivando indenização por danos materiais e morais decorrentes de explosão de estabelecimento que explorava o comércio de fogos de artifício e congêneres, porquanto, no que se refere à defesa dos interesses do consumidor por meio de ações coletivas, a intenção do legislador pátrio foi ampliar o campo da legitimação ativa, conforme se depreende do art. 82 e incisos do CDC, bem assim do art. 5º, inciso XXXII, da Constituição Federal, ao dispor expressamente que incumbe ao Estado promover, na forma da lei, a defesa do consumidor" (RSTJ 180/341).

"O NUDECON, órgão especializado, vinculado à **Defensoria Pública** do Estado do Rio de Janeiro, tem legitimidade ativa para propor ação civil pública objetivando a defesa dos interesses da coletividade de consumidores que assumiram contratos de arrendamento mercantil, para aquisição de veículos automotores, com cláusula de indexação monetária atrelada à variação cambial" (STJ-3ª T., REsp 555.111, Min. Castro Filho, j. 5.9.06, um voto vencido, DJU 18.12.06).

Art. 82: 3. "Apontamentos sobre a legitimação das entidades associativas para a propositura de ações coletivas em defesa de direitos individuais homogêneos de consumidores", por Nelson Nascimento Diz (RF 350/113).

Art. 82: 3a. **Lei 9.494, de 10.9.97** (no tít. FAZENDA PÚBLICA): **"Art. 2º-A** (*introduzido pela Med. Prov. 2.180-35, de 24.8.01*). A sentença civil prolatada em ação de caráter coletivo proposta por entidade associativa, na defesa dos interesses e direitos dos seus associados, abrangerá apenas os substituídos que tenham, na data da propositura da ação, domicílio no âmbito da competência territorial do órgão prolator".

Art. 82: 3b. "As associações a que se refere o art. 82, IV, do CDC têm legitimidade para pleitear em juízo em favor de quantos se encontrem na situação alcançada por seus fins institucionais, **ainda que não sejam seus associados"** (STJ-RT 784/188). No mesmo sentido: STJ-RT 794/239.

Art. 82: 3c. "CDC. Ação coletiva. A lei não faz nenhuma exigência quanto à especificidade dos fins da instituição, não impondo como requisito para a sua legitimidade processual que tenha por objetivo a defesa dos interesses violados em uma determinada relação jurídica" (RSTJ 113/277; a citação é do voto do relator). No mesmo sentido: RT 797/251.

Art. 82: 4. A autorização assemblear é exigida apenas nas demandas coletivas movidas em face da Fazenda Pública (v. art. 2º § ún. da Lei 9.494/97, no tít. FAZENDA PÚBLICA). Nos demais casos, ela não é exigível (STJ-2ª T., REsp 991.154, Min. Eliana Calmon, j. 18.11.08, DJ 15.12.08; STJ-RT 874/165: 3ª T., REsp 879.773). V. tb. Lei 9.494/97, art. 2º-A, nota 2.

Art. 83. Para a defesa dos direitos e interesses protegidos por este Código são admissíveis todas as espécies de ações capazes de propiciar sua adequada e efetiva tutela.

Parágrafo único. (VETADO)

Art. 84. Na ação que tenha por objeto o cumprimento da obrigação de fazer ou não fazer,[1] o juiz concederá a tutela específica[1a-1b] da obrigação ou determinará providências que assegurem o resultado prático equivalente ao do adimplemento.

§ 1º A conversão da obrigação em perdas e danos somente será admissível se por elas optar o autor ou se impossível a tutela específica ou a obtenção do resultado prático correspondente.

§ 2º A indenização por perdas e danos se fará sem prejuízo da multa (art. 287 do Código de Processo Civil).[1c a 2a]

§ 3º Sendo relevante o fundamento da demanda e havendo justificado receio de ineficácia do provimento final, é lícito ao juiz conceder a tutela liminarmente ou após justificação prévia, citado o réu.

§ 4º O juiz poderá, na hipótese do § 3º ou na sentença, impor multa diária ao réu, independentemente de pedido do autor, se for suficiente ou compatível com a obrigação, fixando prazo razoável para o cumprimento do preceito.

§ 5º Para a tutela específica ou para a obtenção do resultado prático equivalente, poderá o juiz determinar as medidas necessárias, tais como busca e apreensão, remoção de coisas e pessoas, desfazimento de obra, impedimento de atividade nociva, além de requisição de força policial.

Art. 84: 1. v. arts. 35-I e 48.

Art. 84: 1a. cf. CPC 497.

Art. 84: 1b. "Pacote turístico. Inadimplemento contratual. A tutela específica da obrigação deve ser de modo a que se realize na ordem prática o que foi contratado. Assim é que, descumprida a avença quanto à parte terrestre da excursão, impõe-se o fornecimento da passagem aérea, para o correto adimplemento do contrato", sem prejuízo da multa prevista no art. 84 § 2º (RSTJ 63/443).

Art. 84: 1c. v. CPC 500.

Art. 84: 2. v. § 4º.

Art. 84: 2a. Devida desde quando? cf. LACP 12 § 2º.

Art. 85. (VETADO)

Art. 86. (VETADO)

Art. 87. Nas ações coletivas de que trata este Código não haverá adiantamento de custas, emolumentos, honorários periciais e quaisquer outras despesas, nem condenação da associação autora, salvo comprovada má-fé, em honorários de advogados, custas e despesas processuais.[1]

Parágrafo único. Em caso de litigância de má-fé, a associação autora e os diretores responsáveis pela propositura da ação serão solidariamente condenados em honorários advocatícios e ao décuplo das custas, sem prejuízo da responsabilidade por perdas e danos.

Art. 87: 1. "A isenção de despesas processuais prevista no art. 87 do CDC se aplica tão somente às ações coletivas que têm por objeto relações de consumo" (RP 148/206). No mesmo sentido: STJ-1ª T., REsp 1.107.338, Min. Luiz Fux, j. 16.6.09, DJ 6.8.09; STJ-6ª T., Ag 1.253.191-AgRg, Min. Maria Thereza, j. 20.9.11, DJ 28.9.11. Assim: "É inaplicável a isenção de custas e emolumentos judiciais prevista no art. 87 da Lei 8.078/90 nas ações em que sindicato pleiteia direito de seus sindicalizados" (STJ-2ª T., Ag 1.340.784-AgRg, Min. Herman Benjamin, j. 4.11.10, DJ 2.2.11).

Art. 88. Na hipótese do art. 13, parágrafo único deste Código, a ação de regresso poderá ser ajuizada em processo autônomo, facultada a possibilidade de prosseguir-se nos mesmos autos, vedada a denunciação da lide.[1 a 2]

Art. 88: 1. v. CPC 125 a 129.

Art. 88: 1a. "Nas hipóteses em que o réu impugna a possibilidade de a matéria *sub judice* ser regulada pelos dispositivos do CDC, a decisão acerca de se admitir a denunciação da lide torna-se capciosa: caso, no final da ação, se conclua que a relação jurídica não era de consumo, o eventual indeferimento da denunciação da lide terá provocado injusto prejuízo, em termos de tempo, ao réu. Por outro lado, caso, ao final, a sentença conclua que há relação de consumo, o eventual deferimento da litisdenunciação terá infringido a regra expressa do art. 88 do CDC, causando, com isso, prejuízo ao consumidor. A solução do impasse está em analisar a admissibilidade da litisdenunciação, sempre, em *status assertionis*, ou seja: caso, na inicial, se afirme, com argumentos plausíveis, que a controvérsia é regulada pelo CDC, o respectivo art. 88 tem aplicação imediata e a denunciação da lide não deve ser admitida, independentemente da possibilidade de, na sentença, concluir-se o contrário. Ressalva deve ser feita às hipóteses em que, *prima facie*, seja possível concluir de plano, meramente pela análise da inicial, da contestação e dos respectivos documentos, pela inexistência de relação de consumo. Nesses casos, a denunciação da lide deve ser admitida. Na hipótese dos autos, a denunciação da lide foi admitida pelo juízo de primeiro grau, o litisdenunciado foi citado e, comparecendo ao processo, apresentou defesa, produziu provas e interpôs recursos. Com isso, ainda que se tenha definido, depois, que a controvérsia era regida pelo CDC, imperioso notar que o prejuízo ao autor da ação já está consumado. Portanto, é correta a interpretação teleológica promovida pelo Tribunal *a quo*, que reputou válida a litisdenunciação, não obstante o art. 88 do CDC. Se o prejuízo ao consumidor já está consumado, e se não há cerceamento de defesa para nenhuma das partes, não há motivos para que não se aproveite a participação da litisdenunciada no processo" (STJ-3ª T., REsp 972.766, Min. Nancy Andrighi, j. 25.9.07, DJU 27.2.08).

Art. 88: 2. "A vedação à denunciação da lide prevista no art. 88 do CDC não se restringe à responsabilidade de comerciante por fato do produto (art. 13 do CDC), sendo aplicável também nas demais hipóteses de responsabilidade civil por **acidentes de consumo** (arts. 12 e 14 do CDC)" (STJ-3ª T., REsp 1.165.279, Min. Paulo Sanseverino, j. 22.5.12, RP 213/447). No mesmo sentido: STJ-4ª T., AI 1.249.523-EDcl, Min. Raul Araújo, j. 5.6.14, DJ 20.6.14.

Contra: "A restrição à denunciação da lide imposta pelo art. 88 do CDC, refere-se apenas às hipóteses de defeitos em produtos comercializados com consumidores, de que trata o art. 13 do CDC. Na hipótese de defeito na prestação de serviços (art. 14 do CDC), tal restrição não se aplica" (STJ-RP 145/302: 3ª T., REsp 741.898). No mesmo sentido: STJ-RF 395/399 (4ª T., REsp 439.233), JTJ 316/398 (AI 481.680-4/6-00), RJM 175/103, RJ-Lex 63/249 (TRF-3ª Reg., AI 0031164-41.2012.4.03.0000).

V. tb. art. 101, nota 4.

Art. 89. (VETADO)

Art. 90. Aplicam-se às ações previstas neste Título as normas do Código de Processo Civil e da Lei n. 7.347, de 24 de julho de 1985,[1] inclusive no que respeita ao inquérito civil,[2] naquilo que não contrariar suas disposições.

Art. 90: 1. Lei 7.347, no tít. AÇÃO CIVIL PÚBLICA.

Art. 90: 2. v. art. 26 § 2º-III; Lei 7.347, art. 8º § 1º e art. 9º.

Capítulo II | DAS AÇÕES COLETIVAS[1-2] PARA A DEFESA DE INTERESSES INDIVIDUAIS HOMOGÊNEOS

✎ **CAP. II: 1.** "Tutela de urgência e demandas coletivas", por José Rubens Morato Leite e outro (Ajuris 69/323); "Ações coletivas no Codecon", por Rafael Pinheiro Aguilar (RF 365/391); "Ação civil pública consumerista", por José Geraldo Brito Filomeno (RJ 305/40).

CAP. II: 2. s/ ação coletiva, em geral: arts. 81 § ún., 87, 90 e 103 (coisa julgada); s/ ação coletiva para defesa de interesses individuais homogêneos (art. 81-III): arts. 93 a 100.

Art. 91. Os legitimados de que trata o art. 82 poderão propor, em nome próprio e no interesse das vítimas ou seus sucessores, ação civil coletiva de responsabilidade pelos danos individualmente sofridos, de acordo com o disposto nos artigos seguintes.[1]

Art. 91: 1. Redação do art. 91 de acordo com a Lei 9.008, de 21.3.95. Na redação primitiva, a remissão era, equivocadamente, ao art. 81.

Art. 92. O Ministério Público,[1] se não ajuizar a ação, atuará sempre como fiscal da lei.

Parágrafo único. (VETADO)

Art. 92: 1. v. art. 82-I e nota 2b; v. tb. art. 51 § 4º.

Art. 93. Ressalvada a competência da justiça federal, é competente[1] para a causa a justiça local:

I — no foro do lugar onde ocorreu ou deva ocorrer o dano, quando de âmbito local;[2-2a]

II — no foro da Capital do Estado ou no do Distrito Federal, para os danos de âmbito nacional ou regional, aplicando-se as regras do Código de Processo Civil aos casos de competência concorrente.[2b a 3a]

Art. 93: 1. s/ cognoscibilidade de ofício da incompetência, v. art. 101, nota 3.

✎ **Art. 93: 2.** "Competência na ação civil pública: dano de âmbito local, regional e nacional. Art. 93 do CDC", por Pedro Lenza (RP 129/272); "O problema da competência para o processo de conhecimento e execução nas ações coletivas", por Rizzatto Nunes (RDPr 24/125).

Art. 93: 2a. cf. CPC 53-IV-*a*.

Art. 93: 2b. v., p. ex., CPC 46 § 4º.

Art. 93: 3. Foros concorrentes. "Interpretando o art. 93, inc. II, do CDC, já se manifestou esta Corte no sentido de que não há exclusividade do foro do Distrito Federal para o julgamento de ação civil pública de âmbito nacional. Isto porque o referido artigo, ao se referir à Capital do Estado e ao Distrito Federal, invoca competências territoriais concorrentes, devendo ser analisada a questão estando a Capital do Estado e o Distrito Federal em planos iguais, sem conotação específica para o Distrito Federal" (STJ-2ª Seção, CC 17.533, Min. Menezes Direito, j. 13.9.00, DJU 30.10.00). Em poucas palavras: "Em se tratando de ação civil coletiva para o combate de dano de âmbito nacional, a competência não é exclusiva do foro do Distrito Federal" (STJ-2ª Seção: RSTJ 160/217). Assim, nesse caso, "cabe ao autor optar entre o foro da Capital de um dos Estados ou do Distrito Federal, à conveniência do autor" (STJ-2ª T., MC 13.660-AgRg, Min. Castro Meira, j. 4.3.08, DJU 17.3.08).

Contra: "Tratando-se de dano de âmbito nacional, caso em que o dano transcende a área geográfica de mais de um Estado, é competente para a causa o foro do Distrito Federal (CDC, art. 93, II)" (STJ-2ª Seção, CC 28.003, Min. Nilson Naves, j. 24.11.99, maioria, DJU 11.3.02).

S/ competência e ações coletivas conexas, v. CPC 55, nota 3d, 66, nota 1b, LAP 5º, nota 1b, e LACP 2º, nota 3.

Art. 93: 3a. "O dano que atinge um vasto grupo de consumidores, espalhados na grande maioria dos municípios do estado do Mato Grosso, atrai ao foro da capital do Estado a competência para julgar a presente demanda" (STJ-RT 909/483: 3ª T., REsp 1.101.057).

Art. 94. Proposta a ação, será publicado edital[1-2] no órgão oficial, a fim de que os interessados possam intervir no processo como litisconsortes,[3 a 4] sem prejuízo de ampla divulgação pelos meios de comunicação social por parte dos órgãos de defesa do consumidor.

Art. 94: 1. "Edital", no singular; logo, uma só publicação.

Art. 94: 2. O prazo do edital, para que se considere perfeita a citação dos interessados, deve variar entre 20 dias, no mínimo, e 60, no máximo, contados da publicação pela imprensa (CPC 257-III).

Art. 94: 3. "Assistência coletiva simples: a intervenção dos substituídos nas ações coletivas para defesa de direitos individuais homogêneos", por Joaquim Felipe Spadoni (RP 116/40).

Art. 94: 3a. v. tb. art. 103-III, especialmente nota 3a, e § 2º.

Art. 94: 4. "É sabido que o consumidor não tem legitimidade para ajuizar diretamente a ação coletiva. Contudo, previu o Código de Defesa do Consumidor, de forma excepcional, a possibilidade de sua integração facultativa ao feito na qualidade de litisconsorte, nos termos do art. 94. Nesse caso, sofrerá os efeitos de sua intervenção, em especial no que se refere à formação da coisa julgada material, pela qual será alcançado, nos termos da primeira parte do art. 472 do Código de Processo Civil, ficando impedido de intentar nova ação individual com o mesmo escopo (art. 103, § 2º, do Código de Defesa do Consumidor). O pedido de intervenção no feito como litisconsorte nada mais é do que incidente processual, haja vista que o consumidor, aproveitando-se do poder de disposição em aderir ou não ao processo coletivo, solicita seu ingresso no feito, na qualidade de litisconsorte facultativo ulterior. Em sendo assim, não cabe condenação da ré em custas e honorários advocatícios nesta fase" (STJ-4ª T., REsp 1.116.897, Min. Luis Felipe, j. 24.9.13, DJ 15.10.13).

Art. 95. Em caso de procedência do pedido, a condenação será genérica, fixando a responsabilidade do réu pelos danos causados.[1 a 2]

Art. 95: 1. "Em ações coletivas, é suficiente para a caracterização do interesse de agir a descrição exemplificativa de situações litigiosas de origem comum (art. 81, III, do CDC), que precisam ser solucionadas por decisão judicial. A exigência de que o autor arrole todas as ações judiciais ajuizadas pelos substituídos, nas quais teria ocorrido em tese a tributação indevida, é incompatível com o microssistema do processo coletivo, em que prevalece a repartição da atividade cognitiva em duas fases, caracterizada pela limitação da cognição, num primeiro momento, às questões fáticas e jurídicas comuns às situações dos envolvidos. Apenas posteriormente, em caso de procedência do pedido, é que a atividade cognitiva é integrada pela identificação das posições individuais de cada um dos substituídos (Processo coletivo: tutela de direitos coletivos e tutela coletiva de direitos, Teori Albino Zavascki, São Paulo, Editora Revista dos Tribunais, 2006, p. 162). Portanto, é prescindível que a causa de pedir da ação coletiva propriamente dita (primeira fase cognitiva) contemple descrição pormenorizada das situações individuais de todos os servidores que supostamente foram submetidos a pagamento indevido de Imposto de Renda" (STJ-2ª T., REsp 1.395.875, Min. Herman Benjamin, j. 20.2.14, DJ 7.3.14).

Art. 95: 1a. "A individualização da situação particular, bem assim a correspondente liquidação e execução dos valores devidos a cada um dos substituídos, se não compostas espontaneamente, serão objeto de ação própria, a ser promovida pelos interessados, ou pelo sindicato, aqui em regime de representação. Em se tratando de ação coletiva para tutela de direitos individuais homogêneos, que visa a uma sentença condenatória genérica, a prova do fato constitutivo do direito subjetivo individual deverá ser produzida por ocasião da ação de cumprimento, oportunidade em que se fará o exame das situações particulares dos substituídos, visando a identificar e mensurar cada um dos direitos subjetivos genericamente reconhecidos na sentença de procedência" (STJ-1ª T., REsp 487.202, Min. Teori Zavascki, j. 6.5.04, DJU 24.5.04).

Art. 95: 1b. "A generalidade da sentença a ser proferida em ação civil coletiva, em que se defendem direitos individuais homogêneos, decorre da própria impossibilidade prática de se determinar todos os elementos normalmente constantes da norma jurídica em questão, passível de imediata execução. Por tal razão, o espectro de conhecimento da sentença genérica restringe-se ao *núcleo de homogeneidade dos direitos afirmados na inicial*, atinente, basicamente, ao exame da prática de ato ilícito imputado à parte demandada, a ensejar a violação dos direitos e interesses individuais homogêneos postos em juízo, fixando-se, a partir de então, a responsabilidade civil por todos os danos daí advindos. A procedência da pretensão reparatória não exime o interessado em liquidação da sentença genérica — e não em uma nova ação individual — de comprovar o dano (se material, moral ou estético), a sua extensão, o nexo causal deste com a conduta considerada ilícita, além de sua qualidade de parte integrante da coletividade lesada. Diante do reconhecimento da conduta ilícita da recorrida, afigura-se procedente o pedido de reparação por todos os prejuízos suportados pelos segurados, mostrando-se, todavia, descabido, especificar na sentença genérica o tipo de dano, material e/ou moral" (STJ-3ª T., REsp 1.823.072, Min. Marco Bellizze, j. 5.11.19, DJ 8.11.19).

Art. 95: 1c. "Nada impede que decisão de ação para defesa de direitos individuais homogêneos contenha determinações que explicitem a forma de liquidação e/ou estabeleça meios tendentes a lhe conferir maior efetividade, desde que essas medidas se voltem uniformemente para todos os interessados, mantendo o caráter indivisível do julgado, com o que não haverá desvirtuamento da natureza genérica da condenação, imposta pelo art. 95 do CDC" (STJ-3ª T., REsp 1.304.953, Min. Nancy Andrighi, j. 26.8.14, DJ 8.9.14).

Art. 95: 1d. "Em razão do dever do juiz de assegurar o resultado prático do julgado, determinando todas as providências legais que entender necessárias para a satisfação do direito da ação e com vistas ao alcance do maior número de beneficiários, a obrigação imposta ao recorrente de **divulgar a sentença genérica** em jornais de grande circulação deve ser substituída pela publicação na internet, nos *sites* de órgãos oficiais e no da própria recorrente, pelo prazo de 15 dias" (STJ-3ª T., REsp 1.586.515, Min. Nancy Andrighi, j. 22.5.18, DJ 29.5.18).

Art. 95: 2. "Em ações coletivas a condenação deve ser genérica, de modo que a verificação quanto à prescrição do crédito de cada um dos particulares substituídos pela entidade legitimada à propositura da ação deve ser verificada em liquidação de sentença" (STJ-3ª T., REsp 1.051.305, Min. Nancy Andrighi, j. 23.3.10, DJ 28.4.10).

Art. 96. (VETADO)

Art. 97. A liquidação[1-1a] e a execução[2 a 3] de sentença poderão ser promovidas pela vítima e seus sucessores, assim como pelos legitimados de que trata o art. 82.[4]

Parágrafo único. (VETADO)

Art. 97: 1. "Independentemente da natureza do direito tutelado pelo Ministério Público Federal — se difuso, coletivo ou individual homogêneo — o juízo competente para a liquidação será o da ação condenatória" (STJ-1ª Seção, CC 113.523, Min. Castro Meira, j. 23.2.11, DJ 4.3.11).

V. tb. art. 98, nota 4.

Art. 97: 1a. "Os juros de mora incidem a partir da citação do devedor na fase de conhecimento da ação civil pública, quando esta se fundar em responsabilidade contratual" (STJ-Corte Especial, REsp 1.361.800, Min. Sidnei Beneti, j. 21.5.14, maioria, DJ 14.10.14).

"Embora a condenação imposta nas ações para tutela de direitos individuais homogêneos deva ser genérica, não podendo entrar no mérito dos prejuízos sofridos por cada interessado, ela irá necessariamente versar sobre o ressarcimento dos danos causados, reconhecendo o ato ilícito praticado pelo réu, o que, por conseguinte, já o constitui em mora desde a citação para responder aos termos da ação civil pública, nos termos do art. 219 do CPC" (STJ-3ª T., REsp 1.304.953, Min. Nancy Andrighi, j. 26.8.14, DJ 8.9.14).

Contra: "Ação civil pública Indenização por lesão a direitos individuais homogêneos. Execução individual. Juros moratórios. Mora *ex persona.* Termo inicial. Citação na fase de liquidação de sentença. Nos termos do artigo 219 do Código de Processo Civil e 397 do Código Civil, na hipótese, a mora verifica-se com a citação do devedor, realizada na fase de liquidação de sentença, e não a partir de sua citação na ação civil pública" (STJ-4ª T., REsp 1.348.512-AgRg, Min. Luis Felipe, j. 18.12.12, DJ 4.2.13).

Art. 97: 2. "As questões efetivamente decididas, de forma definitiva, no processo de conhecimento (ação civil pública), ainda que de ordem pública, como a legitimidade passiva à causa, não podem ser novamente debatidas, sobretudo no processo de execução, sob pena de vulneração à coisa julgada" (STJ-4ª T., REsp 917.974, Min. Luis Felipe, j. 5.4.11, DJ 4.5.11).

Art. 97: 2a. "A sentença genérica prolatada no âmbito da ação civil coletiva, por si, não confere ao vencido o atributo de devedor de 'quantia certa ou já fixada em liquidação' (art. 475-J do CPC), porquanto, 'em caso de procedência do pedido, a condenação será genérica', apenas 'fixando a responsabilidade do réu pelos danos causados' (art. 95 do CDC). A condenação, pois, não se reveste de liquidez necessária ao cumprimento espontâneo do comando sentencial, não sendo aplicável a reprimenda prevista no art. 475-J do CPC" (STJ-RP 205/470: Corte Especial, REsp 1.247.150).

Todavia: "A execução individual de sentença coletiva não pode ser considerada mera fase do processo anterior, porquanto uma nova relação jurídica processual se estabelece, a exemplo do que ocorre com a execução de sentenças estrangeiras, arbitrais ou penais. Assim, é necessária a citação do executado, nos termos do art. 475-N, aplicável à espécie por extensão. Tendo o executado comparecido espontaneamente aos autos para interpor agravo de instrumento impugnando a decisão que ordenara sua intimação pela imprensa oficial, considera-se suprido o vício de ausência de citação (art. 214, § 1º, do CPC). Assim, o prazo de 15 dias de que dispunha para pagar a dívida sem a incidência da multa estabelecida pelo art. 475-J do CPC conta-se da data de tal comparecimento" (STJ-RDDP 108/130: 3ª T., REsp 1.091.044).

Art. 97: 2b. "Execução de sentença coletiva proferida em ação civil pública. Inexistência de prévia liquidação. **Inviável a instauração direta da execução** individual/cumprimento de sentença, sem prévia prova quanto à existência e extensão do crédito vindicado pelo consumidor, pois a sentença genérica proferida na ação civil coletiva, por si, não confere ao vencido a posição de devedor de quantia líquida e certa, haja vista que a procedência do pedido determinou tão somente a responsabilização do réu pelos danos causados aos poupadores, motivo pelo qual a condenação não se reveste da liquidez necessária ao cumprimento espontâneo do comando sentencial, sendo necessário ao interessado provar sua condição de poupador e, assim, apurar o montante a menor que lhe foi depositado" (STJ-4ª T., Ag em REsp 536.859-AgRg, Min. Marco Buzzi, j. 16.9.14, DJ 24.9.14).

Todavia: "Se uma sentença coletiva reconhece uma obrigação inteiramente líquida, tanto sob a perspectiva do *cui* quanto do *quantum debeatur*, a **liquidação é dispensável,** pois a fixação dos beneficiários e dos critérios de cálculo da obrigação devida já está satisfatoriamente delineada na fase de conhecimento da ação coletiva. Na espécie, a determinação do *cui debeatur* depende apenas da verossimilhança das alegações do consumidor de ser cliente do Banco do Brasil, em janeiro de 1989 e com caderneta de poupança com aniversário em referido marco temporal, sendo, ademais, possível obter, mediante operações meramente aritméticas, o montante que os consumidores entendem corresponder ao seu específico direito" (STJ-3ª T., REsp 1.798.280, Min. Nancy Andrighi, j. 28.4.20, DJ 4.5.20).

Art. 97: 3. Prescrição e pretensão executiva. "Cuidando-se de execução individual de sentença proferida em ação coletiva, o beneficiário se insere em microssistema diverso e com regras pertinentes, sendo imperiosa a observância do prazo próprio das ações coletivas, que é quinquenal" (STJ-4ª T., REsp 1.275.215, Min. Luis Felipe, j. 27.9.11, DJ 1.2.12).

O início do prazo prescricional vinculado à pretensão executiva independe da tomada de medidas de divulgação da sentença (STJ-1ª Seção, REsp 1.388.000, Min. Og Fernandes, j. 26.8.15, maioria, DJ 12.4.16). "A providência de que trata o art. 94 da Lei 8.078/90 é desnecessária, sendo o prazo prescricional para a execução individual contado do trânsito em julgado da sentença coletiva" (STJ-4ª T., Ag em REsp 1.319.387-EDcl-AgInt, Min. Raul Araújo, j. 25.6.19, DJ 1.7.19).

Art. 97: 4. "Não obstante ser ampla a legitimação para impulsionar a liquidação e a execução da sentença coletiva, admitindo-se que a promovam o próprio titular do direito material, seus sucessores, ou um dos legitimados do art. 82 do CDC, o art. 97 impõe uma gradação de preferência que permite a legitimidade coletiva subsidiariamente, uma vez que, nessa fase, o ponto central é o dano pessoal sofrido por cada uma das vítimas" (STJ-4ª T., REsp 869.583, Min. Luis Felipe, j. 5.6.12, RT 928/501).

"Não se configura litispendência quando o beneficiário de ação coletiva busca executar individualmente a sentença da ação principal, mesmo já havendo execução pelo ente sindical que encabeçara a ação. Inteligência do artigo 219 do Código de Processo Civil e 97 e 98 do Código de Defesa do Consumidor" (STJ-2ª T., REsp 995.932, Min. Castro Meira, j. 20.5.08, DJ 4.6.08). Do voto do relator: "Para que se evite eventual benefício duplo do autor, basta que seja oficiado ao juízo da ação coletiva para que efetive a retirada dele da lista de beneficiários no feito coletivo".

V. tb. art. 98, nota 1b. V. ainda CPC 75, nota 2a, LACP 5º, nota 5b, e Lei 9.494, de 10.9.97, art. 2º-A, nota 2, no tít. FAZENDA PÚBLICA.

Art. 98. A execução[1-1a] poderá ser coletiva, sendo promovida pelos legitimados de que trata o art. 82,[1b] abrangendo as vítimas cujas indenizações já tiverem sido fixadas em sentença de liquidação,[1c] sem prejuízo do ajuizamento de outras execuções.[2-3]

§ 1º A execução coletiva far-se-á com base em certidão das sentenças de liquidação, da qual deverá constar a ocorrência ou não do trânsito em julgado.

§ 2º É competente para a execução o juízo:

I — da liquidação da sentença ou da ação condenatória, no caso de execução individual;[4]

II — da ação condenatória, quando coletiva a execução.

✎ **Art. 98: 1.** "Execução nas ações coletivas", por Leonardo Greco (RF 369/119).

Art. 98: 1a. s/ execução coletiva promovida por sindicato, v. CPC 75, nota 2a.

Art. 98: 1b. "Sendo eficaz o título executivo judicial extraído de ação coletiva, nada impede que a associação, que até então figurava na qualidade de substituta processual, passe a atuar, na liquidação e execução, como representante de seus associados, na defesa dos direitos individuais homogêneos a eles assegurados. Viabiliza-se, assim, a satisfação de créditos individuais que, por questões econômicas, simplesmente não ensejam a instauração de custosos processos individuais" (STJ-3ª T., REsp 880.385, Min. Nancy Andrighi, j. 2.9.08, DJ 16.9.08).

Todavia: "No ressarcimento individual (arts. 97 e 98 do CDC), a liquidação e a execução serão obrigatoriamente personalizadas e divisíveis, devendo prioritariamente ser promovidas pelas vítimas ou seus sucessores de forma singular, uma vez que o próprio lesado tem melhores condições de demonstrar a existência do seu dano pessoal, o nexo etiológico com o dano globalmente reconhecido, bem como o montante equivalente à sua parcela. O art. 98 do CDC preconiza que a execução 'coletiva' terá lugar quando já houver sido fixado o valor da indenização devida em sentença de liquidação, a qual deve ser — em sede de direitos individuais homogêneos — promovida pelos próprios titulares ou sucessores. A legitimidade do Ministério Público para instaurar a execução exsurgirá — se for o caso — após o escoamento do prazo de um ano do trânsito em julgado se não houver a habilitação de interessados em número compatível com a gravidade do dano, nos termos do art. 100 do CDC. É que a hipótese versada nesse dispositivo encerra situação em que, por alguma razão, os consumidores lesados desinteressam-se quanto ao cumprimento individual da sentença, retornando a legitimação dos entes públicos indicados no art. 82 do CDC para requerer ao Juízo a apuração dos danos globalmente causados e a reversão dos valores apurados para o Fundo de Defesa dos Direitos Difusos (art. 13 da LACP), com vistas a que a sentença não se torne inócua, liberando o fornecedor que atuou ilicitamente de arcar com a reparação dos danos causados. No caso sob análise, não se tem notícia acerca da publicação de editais cientificando os interessados acerca da sentença exequenda, o que constitui óbice à sua habilitação na liquidação, sendo certo que o prazo decadencial nem sequer iniciou o seu curso, não obstante já se tenham escoado quase treze anos do trânsito em julgado" (STJ-4ª T., REsp 869.583, Min. Luis Felipe, j. 5.6.12, RT 928/501).

V. tb. art. 97, nota 4. V. ainda CPC 75, nota 2a, LACP 5º, nota 5b, e Lei 9.494, de 10.9.97, art. 2º-A, nota 2, no tít. FAZENDA PÚBLICA.

Art. 98: 1c. s/ juízo competente para a liquidação, v. art. 97, nota 1.

Art. 98: 2. Redação do *caput* do art. 98 de acordo com a Lei 9.008, de 21.3.95.

Art. 98: 3. "Tratando-se de execução decorrente de ação coletiva, a falta de individualização dos créditos importa em nulidade da execução, para evitar duplicidade no pagamento da indenização, haja vista que as empresas filiadas não encontram vedação para ajuizar ações individuais sobre o mesmo crédito" (STJ-1ª T., REsp 766.134, Min. Francisco Falcão, j. 15.5.08, um voto vencido, DJ 27.8.08). Essa nulidade é cognoscível em sede de exceção de pré-executividade (v. CPC 803, nota 1b).

Art. 98: 4. "A liquidação e a execução individual de sentença genérica proferida em ação civil coletiva pode ser ajuizada no foro do domicílio do beneficiário" (STJ-Corte Especial, REsp 1.243.887, Min. Luis Felipe, j. 19.10.11, maioria, DJ 12.12.11). "O art. 98, I, do CDC permitiu expressamente que a liquidação e execução de sentença sejam feitas no domicílio do autor, em perfeita sintonia com o disposto no art. 101, I, do mesmo Código, que tem como objetivo garantir o acesso à Justiça. Não se pode determinar que os beneficiários de sentença coletiva sejam obrigados a liquidá-la e executá-la no foro em que a ação coletiva fora processada e julgada, sob pena de lhes inviabilizar a tutela dos direitos individuais, bem como congestionar o órgão jurisdicional" (STJ-3ª Seção, CC 96.682, Min. Arnaldo Esteves, j. 10.2.10, DJ 23.3.10). **Contra:** "Nos termos do art. 98, § 2º, I, do CDC, competente para a execução individual do julgado coletivo é o foro onde proferido o édito condenatório. Interpretação consentânea com o art. 2º da Lei 7.347/85. Possibilitar a execução no foro do domicílio do consumidor importa em repristinar o § ún. do art. 97 do CDC, que foi vetado" (STJ-4ª T., REsp 1.113.198, Min. Fernando Gonçalves, j. 25.8.09, um voto vencido, DJ 18.12.09).

Art. 99. Em caso de concurso de créditos decorrentes de condenação prevista na Lei n. 7.347, de 24 de julho de 1985, e de indenizações pelos prejuízos individuais resultantes do mesmo evento danoso, estas terão preferência no pagamento.

Parágrafo único. Para efeito do disposto neste artigo, a destinação da importância recolhida ao Fundo criado pela Lei n. 7.347, de 24 de julho de 1985,[1] ficará sustada enquanto pendentes de decisão de segundo grau as ações de indenização pelos danos individuais, salvo na hipótese de o patrimônio do devedor ser manifestamente suficiente para responder pela integralidade das dívidas.

Art. 99: 1. v. art. 13 da Lei 7.347.

Art. 100. Decorrido o prazo de um ano sem habilitação de interessados em número compatível com a gravidade do dano, poderão os legitimados do art. 82 promover a liquidação e execução da indenização devida.[1 a 2b]

Parágrafo único. O produto da indenização devida reverterá para o Fundo criado pela Lei n. 7.347, de 24 de julho de 1985.[3]

Art. 100: 1. "Ponderações sobre a *fluid recovery* do art. 100 do Código de Defesa do Consumidor", por Marcelo Abelha Rodrigues (RJ 321/43 e RP 116/325).

Art. 100: 2. "O Ministério Público é parte legítima para promover execução residual da chamada *fluid recovery*, a que se refere o art. 100, do CDC, com o escopo de reversão ao Fundo Público do valor residual, especialmente quando não houver interessados habilitados em número compatível com a extensão do dano. A reversão para o Fundo Público dos valores não levantados pelos beneficiários é providência cabível na fase de execução da sentença coletiva, descabendo por isso exigir que a inicial da ação de conhecimento já contenha tal pedido, cuja falta não induz julgamento *extra petita*, tampouco alteração do pedido na fase de execução" (STJ-4ª T., REsp 996.771, Min. Luis Felipe, j. 6.3.12, DJ 23.4.12).

Art. 100: 2a. "Se o título executivo não prevê indenização estimada e possui os critérios para a liquidação e tendo em vista a identificação dos beneficiários, a liquidação deve levar em conta cada um dos contratos. No caso, pode ser realizada por arbitramento, de modo a se atingir a efetividade e celeridade da tutela coletiva, aliadas ao cumprimento do previsto no título. A reparação fluída (*fluid recovery*) é utilizada em situações nas quais os beneficiários do dano não são identificáveis, o prejuízo é individualmente irrelevante e globalmente relevante e, subsidiariamente, caso não haja habilitação dos beneficiários" (STJ-4ª T., REsp 1.187.632, Min. Antonio Ferreira, j. 5.6.12, maioria, DJ 6.6.13).

Art. 100: 2b. "Se após o escoamento do prazo de um ano do trânsito em julgado, não houve habilitação de interessados em número compatível com a extensão do dano, exsurge a legitimidade do Ministério Público para instaurar a execução, nos termos do mencionado artigo 100 do Código de Defesa do Consumidor; nesse contexto, conquanto a sentença tenha determinado que os réus publicassem a parte dispositiva em dois jornais de ampla circulação local, esta obrigação, frise-se, destinada aos réus, não pode condicionar a possibilidade de reparação fluida, ante a ausência de disposição legal para tanto e, ainda, a sua eventual prejudicialidade à efetividade da ação coletiva, tendo em vista as dificuldades práticas para compelir os réus ao cumprimento" (STJ-4ª T., REsp 1.156.021, Min. Marco Buzzi, j. 6.2.14, DJ 5.5.14). Do voto do relator: "Conquanto seja necessário acolher a pretensão recursal no sentido de afastar o condicionamento estabelecido pelas instâncias ordinárias, não é possível, de plano, deferir o pedido de liquidação do julgado, nos termos pretendidos, porquanto necessária a publicação, no órgão oficial, do edital relativo ao conteúdo da sentença. Destaque-se, por oportuno, que a providência constante do artigo 94 do Código de Defesa do Consumidor — publicação de edital em órgão oficial — é passível de ser requerida e cumprida independentemente da atuação do devedor, *in casu*, dos réus da ação coletiva".

Art. 100: 3. v. art. 13 da Lei 7.347.

Capítulo III — DAS AÇÕES DE RESPONSABILIDADE DO FORNECEDOR DE PRODUTOS E SERVIÇOS

Art. 101. Na ação de responsabilidade civil do fornecedor de produtos e serviços,[1] sem prejuízo do disposto nos Capítulos I e II deste Título,[2] serão observadas as seguintes normas:

I — a ação pode ser proposta no domicílio do autor;[2a-3]

II — o réu que houver contratado seguro de responsabilidade[3a] poderá chamar ao processo o segurador,[4] vedada a integração do contraditório pelo Instituto de Resseguros do Brasil.[4a] Nesta hipótese, a sentença que julgar procedente o pedido condenará o réu nos termos do art. 80 do Código de Processo Civil.[5] Se o réu houver sido declarado falido, o síndico será intimado a informar a existência de seguro de responsabilidade, facultando-se, em caso afirmativo, o ajuizamento de ação de indenização diretamente contra o segurador, vedada a denunciação da lide ao Instituto de Resseguros do Brasil e dispensado o litisconsórcio obrigatório com este.

Consumidor

Art. 101: 1. Prescrição: art. 27.

Art. 101: 2. v. arts. 81 a 100.

Art. 101: 2a. A jurisprudência sobre o texto *supra* do CDC está concentrada no CPC 53-IV-*a*, em especial na nota 19c.

S/ competência no CDC, v. tb. art. 93.

Art. 101: 3. "O magistrado pode, de ofício, declinar de sua competência para o juízo do domicílio do consumidor, porquanto a jurisprudência do STJ reconheceu que o critério determinativo da competência nas ações derivadas de relações de consumo é de ordem pública, caracterizando-se como regra de competência absoluta" (STJ-4ª T., REsp 1.049.639, Min. João Otávio, j. 16.12.08, DJ 2.2.09). No mesmo sentido: STJ-3ª T., REsp 1.084.036, Min. Nancy Andrighi, j. 3.3.09, DJ 17.3.09.

✎ **Art. 101: 3a.** "Seguro de responsabilidade. Legitimidade da vítima do dano para promoção da ação de reparação contra a seguradora. Disciplina da matéria no novo Código Civil e no Código de Defesa do Consumidor", por Urbano Ruiz (RT 820/145).

Art. 101: 4. "O fornecedor demandado poderá convocar ao processo o seu segurador, mas não para o exercício da ação incidente de garantia, que constitui a denunciação da lide, e sim para ampliar a legitimação passiva em favor do consumidor, o que se dá através do instituto do chamamento ao processo, disciplinado no CPC nos arts. 77 a 80" (RT 807/249, citando Kazuo Watanabe). No mesmo sentido: JTJ 340/42 (AI 618.537.4/6-00).

V. tb. art. 88.

Art. 101: 4a. v. CPC 125, nota 6.

Art. 101: 5. v. CPC 132.

Art. 102. Os legitimados a agir na forma deste Código[1] poderão propor ação visando compelir o Poder Público competente a proibir, em todo o território nacional, a produção, divulgação, distribuição ou venda, ou a determinar alteração na composição, estrutura, fórmula ou acondicionamento de produto, cujo uso ou consumo regular se revele nocivo ou perigoso à saúde pública e à incolumidade pessoal.

§ 1º (VETADO)

§ 2º (VETADO)

Art. 102: 1. v. art. 82.

Capítulo IV | DA COISA JULGADA

Art. 103. Nas ações coletivas de que trata este Código, a sentença fará coisa julgada:[1-1a]

I — *erga omnes*,[2] exceto se o pedido for julgado improcedente por insuficiência de provas, hipótese em que qualquer legitimado poderá intentar outra ação, com idêntico fundamento, valendo-se de nova prova, na hipótese do inciso I do parágrafo único do art. 81;

II — *ultra partes*,[2a] mas limitadamente ao grupo, categoria ou classe, salvo improcedência por insuficiência de provas, nos termos do inciso anterior, quando se tratar da hipótese prevista no inciso II do parágrafo único do art. 81;

III — *erga omnes*,[3] apenas no caso de procedência do pedido, para beneficiar todas as vítimas e seus sucessores,[3a] na hipótese do inciso III do parágrafo único do art. 81.[3b]

§ 1º Os efeitos da coisa julgada previstos nos incisos I e II não prejudicarão interesses e direitos individuais dos integrantes da coletividade, do grupo, categoria ou classe.

§ 2º Na hipótese prevista no inciso III, em caso de improcedência do pedido, os interessados que não tiverem intervindo no processo como litisconsortes[4] poderão propor ação de indenização a título individual.

§ 3º Os efeitos da coisa julgada de que cuida o art. 16, combinado com o art. 13 da Lei n. 7.347, de 24 de julho de 1985, não prejudicarão as ações de indenização por danos pessoalmente sofridos, propostas individualmente ou na forma prevista neste Código, mas, se procedente o pedido, beneficiarão as vítimas e seus sucessores, que poderão proceder à liquidação e à execução, nos termos dos arts. 96 a 99.

§ 4º Aplica-se o disposto no parágrafo anterior à sentença penal condenatória.

Art. 103: 1. "A coisa julgada no Código do Consumidor", por José Ignácio Botelho de Mesquita (RF 326/79); "Coisa julgada e execução no processo coletivo", por Francisco Barros Dias (RTJE 125/27); "A coisa julgada no Código de Defesa do Consumidor e o conceito de parte", por Aroldo Plínio Gonçalves (RF 331/65); "A coisa julgada *erga omnes* nas ações coletivas (Código do Consumidor) e a Lei 9.494/97", por Paulo Valério Dal Pai Morais (RJ 264/56); "Notas sobre a mitigação da coisa julgada no processo coletivo", por Hugo Nigro Mazzilli (RSDCPC 36/38, RMDCPC 7/23 e RP 125/9); "Coisa julgada nas ações coletivas", por Eurico Zecchin Maiolino (RP 123/60); "Notas sobre a coisa julgada no processo individual e no processo coletivo", por Nelson Rodrigues Netto (RDDP 34/91); "Limites subjetivos da eficácia da sentença e da coisa julgada nas ações coletivas", por José Rogério Cruz e Tucci (RP 143/42).

Art. 103: 1a. v. art. 97, nota 2.

Art. 103: 2. v. art. 104.

Art. 103: 2a. v. art. 104.

Art. 103: 3. v. art. 104.

Art. 103: 3a. tenham ou não intervindo como litisconsortes (RSTJ 142/229).

Art. 103: 3b. **"Ação coletiva julgada improcedente.** Trânsito em julgado. **Repetição. Impossibilidade.** Inteligência dos artigos 81, inciso III, e 103, inciso III e § 2º, do CDC. Resguardo do direito individual dos atingidos pelo evento danoso" (STJ-2ª Seção, REsp 1.302.596, Min. Ricardo Cueva, j. 9.12.15, maioria, DJ 1.2.16).

Art. 103: 4. v. art. 94, nota 4.

Art. 104. As ações coletivas, previstas nos incisos I e II do parágrafo único do art. 81, não induzem litispendência[1] para as ações individuais, mas os efeitos da coisa julgada *erga omnes* ou *ultra partes* a que aludem os incisos II e III do artigo anterior não beneficiarão os autores das ações individuais, se não for requerida sua suspensão no prazo de trinta dias, a contar da ciência nos autos do ajuizamento da ação coletiva.[2 a 4]

Art. 104: 1. v. CPC 337 §§ 1º a 3º e LACP 1º, notas 1a e 1b.

Art. 104: 2. "Ações individuais e coletivas sobre relação de consumo. Reunião de processos por conexão", por Humberto Theodoro Júnior (RSDCPC 37/13 e RIDCPC 44/56); "Relação entre demanda coletiva e demandas individuais", por Kazuo Watanabe (RP 139/28).

Art. 104: 2a. v. LMS 22 § 1º.

Art. 104: 3. "Ao contrário do que ocorre com os direitos transindividuais — invariavelmente tutelados por regime de substituição processual (em ação civil pública ou ação popular) —, os direitos individuais homogêneos podem ser tutelados tanto por ação coletiva (proposta por substituto processual), quanto por ação individual (proposta pelo próprio titular do direito, a quem é facultado vincular-se ou não à ação coletiva). Do sistema da tutela coletiva, disciplinado na Lei 8.078/90 (nomeadamente em seus arts. 103-III, combinado com os §§ 2º e 3º, e 104), resulta (a) que a ação individual pode ter curso independente da ação coletiva; (b) que a ação individual só se suspende por iniciativa do seu autor; e (c) que, não havendo pedido de suspensão, a ação individual não sofre efeito algum do resultado da ação coletiva, ainda que julgada procedente. Se a própria lei admite a convivência autônoma e harmônica de duas formas de tutela, fica afastada a possibilidade de decisões antagônicas e, portanto, o conflito. A existência de várias ações coletivas a respeito da mesma questão jurídica não representa, por si só, a possibilidade de ocorrer decisões antagônicas envolvendo as mesmas pessoas. É que os substituídos processuais (=

titulares do direito individual em benefício de quem se pede tutela coletiva) não são, necessariamente, os mesmos em todas as ações. Pelo contrário: o normal é que sejam pessoas diferentes, e, para isso, concorrem pelo menos três fatores: (a) a limitação da representatividade do órgão ou entidade autor da demanda coletiva (= substituto processual), (b) o âmbito do pedido formulado na demanda e (c) a eficácia subjetiva da sentença imposta por lei" (STJ-1ª Seção, CC 47.731, Min. Teori Zavascki, j. 14.9.05, quatro votos vencidos, DJU 5.6.06).

Art. 104: 3a. "O ajuizamento de ação coletiva não induz, de imediato, o sobrestamento da individual, necessitando, para tanto, o requerimento do interessado, o qual pode optar em prosseguir singularmente em juízo" (STJ-3ª T., REsp 1.037.314, Min. Massami Uyeda, j. 10.6.08, DJU 20.6.08).

Todavia, autorizando o juiz a suspender a ação individual nessas circunstâncias, mesmo contra a vontade do autor: STJ-2ª Seção, REsp 1.110.549, Min. Sidnei Beneti, j. 28.10.09, um voto vencido, DJ 14.12.09. Do voto do relator: "A faculdade de suspensão, nos casos multitudinários, abre-se ao Juízo, em atenção ao interesse público de preservação da efetividade da Justiça, que se frustra se estrangulada por processos individuais multitudinários, contendo a mesma e única lide, de modo que válida a determinação de suspensão do processo individual, no aguardo do julgamento da macrolide trazida no processo de ação coletiva". No mesmo sentido: STJ-1ª Seção, REsp 1.353.801, Min. Mauro Campbell, j. 14.8.13, DJ 23.8.13.

Indo além: "Tendo-se admitido a suspensão de ofício por razões ligadas à melhor ordenação dos processos, privilegiando-se a sua solução uniforme e simultânea, otimizando a atuação do judiciário e desafogando-se sua estrutura, as mesmas razões justificam que se corrobore a retomada de ofício desses processos, **convertendo-se a ação individual em liquidação da sentença coletiva.** Essa medida colaborará para o mesmo fim: o de distribuir justiça de maneira mais célere e uniforme" (STJ-2ª Seção, REsp 1.189.679, Min. Nancy Andrighi, j. 24.11.10, DJ 17.12.10).

Art. 104: 3b. "Para que o pedido de suspensão surta os aludidos efeitos, é necessário que ele seja apresentado **antes de proferida a sentença** meritória no processo individual e, sobretudo, antes de transitada em julgado a sentença proferida na ação coletiva. Prestada a jurisdição em ambas as demandas, não é mais possível ao interessado buscar que o provimento judicial de uma prevaleça sobre o da outra, porquanto isso representaria clara afronta ao princípio do juiz natural" (STJ-1ª Seção, ED no REsp 1.405.424-Pet-AgInt, Min. Gurgel de Faria, j. 26.10.16, DJ 29.11.16).

Art. 104: 4. "Ação civil pública. Execução. Título executivo judicial. Pretensão manifestada por interessado que, posteriormente, impetrou mandado de segurança com pedido idêntico. Inadmissibilidade. Efeitos da coisa julgada da ação coletiva que não alcançam os autores de demandas individuais. Inexistência de requerimento de suspensão do feito individual no prazo de trinta dias, a contar da ciência nos autos do ajuizamento da demanda coletiva. Inteligência do art. 104 da Lei 8.078/90" (RP 130/230).

Ementário

Controle de Constitucionalidade

— v. CF 102-I-*a* e *p*, 103 e 125 § 2º.

Lei 9.868, de 10.11.99 — Dispõe sobre o processo e julgamento da ação direta de inconstitucionalidade e da ação declaratória de constitucionalidade perante o Supremo Tribunal Federal (v., adiante, texto integral).

Lei 9.882, de 3.12.99 — Dispõe sobre o processo e julgamento de arguição de descumprimento de preceito fundamental, nos termos do § 1º do art. 102 da Constituição Federal (v., adiante, texto integral).

Lei 12.063, de 27.10.09 — Acrescenta à Lei 9.868, de 10.11.99, o Capítulo II-A, que estabelece a disciplina processual da ação direta de inconstitucionalidade por omissão.

Lei 12.562, de 23.12.11 — Regulamenta o inciso III do art. 36 da Constituição Federal, para dispor sobre o processo e julgamento da representação interventiva perante o Supremo Tribunal Federal (v., adiante, texto integral).

Lei n. 9.868, de 10 de novembro de 1999

Dispõe sobre o processo e julgamento da ação direta de inconstitucionalidade e da ação declaratória de constitucionalidade perante o Supremo Tribunal Federal.

O Presidente da República

Faço saber que o Congresso Nacional decreta e eu sanciono a seguinte lei:

Capítulo I | DA AÇÃO DIRETA DE INCONSTITUCIONALIDADE E DA AÇÃO DECLARATÓRIA DE CONSTITUCIONALIDADE

Art. 1º Esta lei dispõe sobre o processo e julgamento da ação direta de inconstitucionalidade e da ação declaratória de constitucionalidade perante o Supremo Tribunal Federal.[1 a 21b]

Art. 1º: 1. "Ação direta de inconstitucionalidade", por Ricardo Rodrigues Gama (RJ 229/9); "Instrumentos processuais de defesa coletiva", por Milton Flaks (RF 320/33, ação direta de inconstitucionalidade: p. 36; RCDUFU 21/239, ação direta de inconstitucionalidade: p. 247); "Controle da constitucionalidade", por Ada Pellegrini Grinover (RF 341/3); "Aspectos processuais do controle abstrato da constitucionalidade no Brasil", por Gustavo Binenbojm (RDA 218/151); "O sistema constitucional brasileiro e as recentes inovações no controle de constitucionalidade (Leis 9.868/99 e 9.982/99)", por Manoel Gonçalves Ferreira Filho (RDA 220/1); "Controle abstrato de constitucionalidade (Lei n. 9.868/99)", por Patrícia Calmon Nogueira da Gama (RDA 220/143, RT 778/91); "O controle coletivo de constitucionalidade no direito brasileiro. Uma evolução democrática e simplificadora", por Oswaldo Luiz Palu (RT 765/34); "Aspectos básicos do controle da constitucionalidade das leis e dos atos normativos e breve análise da Lei 9.868, de 10.11.99, e da Lei 9.882, de 3.12.99", por Adolfo Mamoru Nishiyama (RT 788/76); "Controle difuso e concentrado de constitucionalidade", por José Rubens Costa (RDA 225/45); "O controle normativo no direito constitucional brasileiro", por Luís Afonso Heck (RT 800/57); "Ações direta de inconstitucionalidade e declaratória da constitucionalidade", por José Maria Rosa Tesheiner (RJ 325/75); "O poder de definição da pauta no Supremo Tribunal Federal: reflexões sobre um caso de configuração autocriativa do processo objetivo", por Dimitri Dimoulis e Soraya Gasparetto Lunardi (RT 878/11); "Ação direta de inconstitucionalidade e ação declaratória de constitucionalidade", por Pedro Roberto Decomain (RDDP 91/84); "A subjetividade no controle concentrado de constitucionalidade: pertinência temática, *amicus curiae* e análise de fatos", por Oscar Valente Cardoso (RDDP 107/71).

Art. 1º: 2. v. CF 102-I-*a* e *p* e 103.

S/ controle difuso de constitucionalidade, v. CF 97 e CPC 948 a 950; s/ inconstitucionalidade em face da Constituição Estadual, v. CF 125 § 2º; s/ suspensão de processo desencadeada por ação direta de inconstitucionalidade, v. CPC 313, nota 10c; s/ ação civil pública, em lugar de ação direta de inconstitucionalidade, v. LACP 1º, nota 4b; s/ mandado de segurança, em lugar de ação direta de inconstitucionalidade, v. LMS 1º, nota 7.

Art. 1º: 3. **Súmula 360 do STF: "Não há prazo de decadência** para a representação de inconstitucionalidade prevista no art. 8º, § ún., da Constituição Federal". A referência corresponde à ação direta de inconstitucionalidade do art. 102-I-*a* da atual CF.

Art. 1º: 4. "Não se aplica, ao processo objetivo de controle abstrato de constitucionalidade, a norma inscrita no art. 188 do CPC, cuja incidência restringe-se, unicamente, ao domínio dos processos subjetivos, que se caracterizam pelo fato de admitirem, em seu âmbito, a discussão de situações concretas e individuais" (RTJ 181/535: Pleno, ADI 2.130-AgRg).

Todavia, há notícia de acórdão entendendo que "aplica-se o **prazo em dobro** previsto no art. 188 do CPC aos recursos extraordinários interpostos em ações diretas de inconstitucionalidade no âmbito dos Tribunais de Justiça" (STF-1ª T., Ag em RE 661.288, Min. Dias Toffoli, j. 6.5.14, maioria, 24.9.14).

V. tb. arts. 4º, nota 2, e 26, nota 2a.

Art. 1º: 5. "A ação direta de inconstitucionalidade não constitui sucedâneo da ação popular constitucional, destinada, esta sim, a preservar, em função de seu amplo espectro de atuação jurídico-processual, a intangibilidade do patrimônio público e a integridade do princípio da moralidade administrativa (CF, art. 5º, LXXIII)" (RTJ 154/432).

Art. 1º: 6. "A finalidade a que se acha vinculado o processo de fiscalização normativa abstrata restringe-se, tão somente, à aferição de situações caracterizadoras de **inconstitucionalidade direta, imediata e frontal**" (STF-Pleno: RT 808/171). No mesmo sentido: RTJ 133/69, 134/558, 137/550, 139/67.

Assim, não se admite a ação direta de inconstitucionalidade "quando, para o deslinde da questão, é indispensável o exame do conteúdo de outras normas infraconstitucionais" (RTJ 164/48), como, p. ex.:

— quanto ao exame do alcance de tratado internacional subscrito pelo Brasil (RTJ 176/1.019);

— nas hipóteses de competência legislativa concorrente, quando se faz necessário o confronto entre "a legislação nacional de princípios ou de normas gerais, de um lado, e as leis estaduais de aplicação e execução das diretrizes fixadas pela União Federal, de outro" (STF-Pleno: RT 808/171, um voto vencido).

Art. 1º: 7. Não se admite a ação direta restrita a determinados dispositivos legais se os demais não impugnados acarretariam a permanência, no texto legal, de "dicção indefinida e assistemática" (RTJ 178/194). Assim: "Impugnação isolada apenas de partes de um sistema legal, interligadas ao seu conjunto, torna inviável o conhecimento da ação direta de inconstitucionalidade, dado que, reconhecida a inconstitucionalidade parcial de alguns preceitos, os outros perdem o seu sentido" (STF-Pleno: RTJ 185/185 e RT 816/133, quatro votos vencidos).

Art. 1º: 8. "Ao STF, na ação direta de inconstitucionalidade, incumbe a guarda da Constituição em vigor, e não da que a precedeu" (STF-Pleno: RTJ 135/515).

Não cabe ação direta de inconstitucionalidade de **lei anterior à Constituição** que fundamenta o pedido (RTJ 140/407, 142/22, 144/69, 145/136, 145/339, 158/491; STF-RT 661/208; STF-RDA 187/152; v. CF 97, nota 6). Nesta hipótese, não há cogitar de inconstitucionalidade mas, se for o caso, de não recepção, que é matéria estranha à ação direta de inconstitucionalidade (RTJ 153/515). Isso porque "a Constituição sobrevinda não torna inconstitucionais leis anteriores com ela conflitantes: revoga-as" (STF-RT 686/218: Pleno, ADI 521-9).

Art. 1º: 9. Não se admite controle concentrado de constitucionalidade de normas emanadas do **poder constituinte originário** (STF-RT 880/95: Pleno, ADI 4.097-AgRg).

Art. 1º: 10. Decreto legislativo. "O exame de constitucionalidade do decreto legislativo que suspende a eficácia de ato do poder executivo impõe a análise, pelo STF, dos pressupostos legitimadores do exercício dessa excepcional competência deferida a instituição parlamentar. Cabe à Corte Suprema, em consequência, verificar se os atos normativos emanados do executivo ajustam-se, ou não, aos limites do poder regulamentar ou aos da delegação legislativa. A fiscalização estrita desses pressupostos justifica-se como imposição decorrente da necessidade de preservar, *hic et nunc*, a integridade do princípio da separação de poderes" (STF-Pleno: RTJ 143/510).

Art. 1º: 10a. "A **Resolução da Assembleia Legislativa** que determina consulta plebiscitária sobre criação de município não é ato normativo" (STF-RDA 203/254).

✎ **Art. 1º: 11.** "Controle jurisdicional dos pressupostos de validade das medidas provisórias", por Celso Antônio Bandeira de Mello (RT 758/11); "O sistema brasileiro de controle da constitucionalidade dos atos normativos", por Luiz Cláudio Portinho Dias (RT 754/99).

Art. 1º: 11a. "O controle judicial dos pressupostos constitucionais para a edição das **medidas provisórias** tem caráter excepcional, justificando-se apenas quando restar evidente a inexistência de relevância e urgência ou a caracterização de abuso de poder do Presidente da República" (STF-Pleno, ADI 2.332, Min. Roberto Barroso, j. 17.5.18, maioria, DJ 16.4.19).

Art. 1º: 12. "A ausência de aditamento da petição inicial, em sede de controle normativo abstrato, gera a extinção anômala do respectivo processo, eis que se revela imprescindível, no caso de **reedição da medida provisória impugnada ou na hipótese de sua conversão em lei,** que o autor formalmente adite o pedido inicial, em ordem a permitir que se estenda à medida provisória reeditada ou à lei de conversão dela resultante a impugnação originariamente deduzida" (STF-Pleno, ADI 1.588-AgRg-QO, Min. Celso de Mello, j. 8.5.02, DJU 23.10.13).

S/ revogação, renumeração e nova redação do ato impugnado, v. art. 22, respectivamente, notas 3 a 4.

Art. 1º: 12a. Não cabe ação direta de inconstitucionalidade para impugnar normas de **decreto regulamentar,** sob o fundamento de que este excede os limites da lei regulamentada; isso porque, no caso, há ilegalidade e não inconstitucionalidade. Nesse sentido: RTJ 137/1.100, 160/806, 164/493, 164/499, 177/1.136; STF-RT 623/195, 826/148; STF-RDA 184/202, 185/179.

Todavia, o **decreto de conteúdo normativo autônomo** pode ser declarado inconstitucional. Veja-se, por exemplo, o caso do Dec. 99.300, de 15.6.90, cujos arts. 1º e 2º foram declarados inconstitucionais (RTJ 137/984) porque "regulou a matéria dos proventos por inteiro e na composição destes introduziu vantagens que só poderiam ter sido incluídas por lei" (citação da p. 1.002), e no seu preâmbulo nenhuma referência fez a qualquer lei que porventura viesse regulamentar (p. 1.021). No mesmo sentido, admite-se "ação direta de inconstitucionalidade cujo objeto seja decreto, quando este, no todo ou em parte, manifestamente não regulamenta a lei, apresentando-se, assim, como **decreto autônomo,** o que dá margem a que seja ele examinado em face diretamente da Constituição no que diz respeito ao princípio da reserva legal" (STF-Pleno: RTJ 142/718, STF-RT 689/281).

Art. 1º: 13. A ação direta de inconstitucionalidade não é a "via adequada para impugnar **ato administrativo** individual e concreto", como é o decreto que declara de utilidade pública ou de interesse social, para fins de desapropriação, um imóvel rural (RTJ 119/65 e STF-RDA 160/201).

"A ação direta de inconstitucionalidade é o meio pelo qual se procede, por intermédio do Poder Judiciário, ao controle da constitucionalidade das normas jurídicas *in abstracto*. Não se presta ela, portanto, ao controle da constitucionalidade de atos administrativos que têm objeto determinado e destinatários certos, ainda que esses atos sejam editados sob forma de lei — as leis meramente formais, porque têm forma de lei, mas seu conteúdo não encerra normas que disciplinem relações jurídicas em abstrato" (STF-Pleno: RTJ 140/36, RT 681/236 e RDA 187/169).

Art. 1º: 13a. "O ato administrativo de mera execução de lei que não é propriamente normativo é insuscetível de controle de constitucionalidade *in abstracto*, via ação direta de inconstitucionalidade, perante o STF, pois esta só pode ter por objeto ato normativo federal ou estadual; assim, neste caso, tal controle jurisdicional de constitucionalidade poderá ser feito nas instâncias ordinárias do Poder Judiciário" (STF-Pleno: RT 746/139).

Art. 1º: 13b. É possível a impugnação via ação direta de inconstitucionalidade de **portaria** editada por secretaria estadual (STF-Pleno, ADPF 72-6-QO, Min. Ellen Gracie, j. 1.6.05, DJU 2.12.05).

Art. 1º: 14. Portaria editada por presidente de tribunal "pode ser objeto de ação direta desde que estabeleça determinação em caráter genérico e abstrato" (STF-Pleno, ADI 1.088-MC, Min. Francisco Rezek, j. 5.8.94, RTJ 155/430).

Art. 1º: 14a. "A extensão da decisão tomada pelo Tribunal de Justiça do Rio Grande do Norte aos servidores em condições idênticas aos agravantes torna-a ato indeterminado. Ato administrativo normativo genérico. Cabimento da ação direta de inconstitucionalidade" (STF-Pleno, ADI 3.202, Min. Cármen Lúcia, j. 5.2.14, um voto vencido, DJ 21.5.14).

Art. 1º: 15. Não cabe ação direta de inconstitucionalidade para a cassação de **provimento da Corregedoria-Geral de Justiça** arguido de inconstitucional (RTJ 130/989 e STF-RT 655/215, maioria).

Art. 1º: 16. "A **Súmula,** porque não apresenta as características de ato normativo, não está sujeita à jurisdição constitucional concentrada" (RTJ 151/20 e STF-RDA 196/204, maioria).

✎ **Art. 1º: 17.** "O controle da constitucionalidade das leis municipais", pelo Min. José Augusto Delgado (RTJE 132/55); "A incontrastabilidade abstrata da norma municipal frente à Constituição Federal", por Luiz Fernando Calil de Freitas (Ajuris 70/250); "O controle da constitucionalidade de leis e atos normativos municipais em face da Constituição Federal", por Fernando Luiz Ximenes Rocha (RDA 203/107, RTJE 146/73 e 153/71); "Roteiro para o controle de constitucionalidade das leis municipais pelo Tribunal de Justiça", por Vasco Della Giustina (Ajuris 92/319).

Art. 1º: 18. CF 125 § 2º: "Cabe aos Estados a instituição de representação de inconstitucionalidade de leis ou atos normativos estaduais ou municipais em face da Constituição Estadual, vedada a atribuição da legitimação para agir a um único órgão".

Art. 1º: 19. Não cabe ação direta ao STF para declaração de inconstitucionalidade de **lei ou ato normativo municipal,** em face da Constituição Federal (RTJ 164/832). No mesmo sentido: RTJ 104/724, 124/612, 125/618, 125/769, STF-RDA 157/271.

Assim sendo, "lei ou ato municipal, que acaso colida com a Constituição Federal, só pode ser objeto de contencioso constitucional *in concreto*" (RTJ 93/459). "O único controle de constitucionalidade de lei e de ato normativo municipal em face da CF que se admite é o difuso, exercido *incidenter tantum*, por todos os órgãos do Poder Judiciário, quando do julgamento de cada caso concreto" (STF-Pleno: RDA 199/201).

S/ arguição de descumprimento de preceito fundamental contra ato normativo municipal, v., a seguir, Lei 9.882, de 3.12.99, art. 1º § ún.-I.

Art. 1º: 20. Súmula 642 do STF: "Não cabe ação direta de inconstitucionalidade de **lei do Distrito Federal derivada da sua competência legislativa municipal**".

"O Distrito Federal, ao qual se vedou dividir-se em Municípios (CF 32), é entidade federativa que acumula as competências reservadas pela Constituição aos Estados e aos Municípios (CF 32 § 1º): dada a inexistência de controle abstrato de normas municipais em face da Constituição da República, segue-se o descabimento de ação direta de inconstitucionalidade cujo objeto seja ato normativo editado pelo Distrito Federal, no exercício de competência que a Lei Fundamental reserva aos Municípios" (RTJ 145/491; no caso, tratava-se de lei que disciplinava o parcelamento do solo urbano).

Art. 1º: 20a. É inadmissível a propositura, perante Tribunal de Justiça, de ação direta de inconstitucionalidade de lei ou **ato normativo municipal em face de lei federal** (STF-Pleno, RE 251.470, Min. Marco Aurélio, j. 24.5.00, DJU 18.8.00).

Art. 1º: 21. Contra decisão do Tribunal de Justiça, proferida em ação direta de inconstitucionalidade de lei ou ato normativo municipal em face de preceito da Constituição estadual que reproduz dispositivo da CF, cabe **recurso extraordinário** para que o STF aprecie a observância obrigatória pelos Estados do princípio constitucional federal (STF-Pleno: RDA 199/201).

"É admissível a propositura da ação direta de inconstitucionalidade perante o Tribunal de Justiça local, sob a alegação de ofensa a **dispositivos constitucionais estaduais que reproduzem dispositivos constitucionais federais** de observância obrigatória pelos Estados-membros — e, portanto, por via de consequência, seu julgamento por esses Tribunais com base nesses dispositivos constitucionais estaduais —, com possibilidade de recurso extraordinário se a interpretação da norma constitucional estadual que faz essa reprodução contrariar o sentido e o alcance da norma constitucional reproduzida" (RTJ 177/1.084: Pleno, Rcl 358). No mesmo sentido: RTJ 147/404 e STF-RF 324/123 (Pleno, Rcl 383, quatro votos vencidos), RTJ 155/974 (Pleno, RE 161.390), RTJ 163/836 e STF-RDA 209/289 (Pleno, Rcl 588), STF-RT 785/167, 793/165.

✎ "Ação direta de inconstitucionalidade de lei estadual ou municipal frente à Constituição Estadual. Repensando o cabimento de recurso extraordinário", por Almiro do Couto e Silva (Ajuris 107/9).

V. CF 102-I-*a* e *p*, 103 e 125, notas 2c e 3.

V. tb. nota seguinte.

Art. 1º: 21a. "A circunstância de ação de inconstitucionalidade sustentar ofensa a norma da Carta estadual, que constitua repetição de norma da Constituição Federal, não é, em si, suficiente a autorizar, pela via da reclamação, interdite o STF o conhecimento e julgamento do litígio de constitucionalidade pela Corte local, que lhe foi presente com base na competência a ela originariamente conferida (CF, art. 125, § 2º)" (RTJ 152/371 e STF-RDA 194/275: Pleno, Rcl 425-AgRg-MC, dois votos vencidos).

"Coexistindo ações diretas de inconstitucionalidade de um mesmo preceito normativo estadual, a decisão proferida pelo Tribunal de Justiça somente prejudicará a que está em curso perante o STF se for pela procedência e desde que a inconstitucionalidade seja por incompatibilidade com dispositivo constitucional estadual tipicamente estadual (= sem similar na Constituição Federal). Havendo declaração de inconstitucionalidade de preceito normativo estadual pelo Tribunal de Justiça com base em norma constitucional estadual que constitua reprodução (obrigatória ou não) de dispositivo da Constituição Federal, subsiste a jurisdição do STF para o controle abstrato tendo por parâmetro de confronto o dispositivo da Constituição Federal reproduzido" (STF-Pleno, ADI 3.659, Min. Alexandre de Moraes, j. 13.12.18, DJ 8.5.19).

Art. 1º: 21b. "Em princípio, não é de admitir, no mesmo processo de ação direta, a **cumulação de arguições de inconstitucionalidade de atos normativos emanados de diferentes entes da Federação,** ainda quando lhes seja comum o fundamento jurídico invocado. Há, no entanto, duas hipóteses pelo menos em que a cumulação objetiva considerada, mais que facultada, é necessária: a) a primeira é aquela em que, dada a imbricação substancial entre a norma federal e a estadual, a cumulação é indispensável para viabilizar a eficácia do provimento judicial visado; assim, por exemplo, quando, na área da competência concorrente da União e dos Estados, a lei federal de normas gerais e a lei local contiverem preceitos normativos idênticos ou similares cuja eventual inconstitucionalidade haja de ser simultaneamente declarada, sob pena de fazer-se inócua a decisão que só a um deles alcançasse; b) a segunda é aquela em que da relação material entre os dois diplomas resulta que a inconstitucionalidade de um possa tornar-se questão prejudicial da invalidez do outro, como sucede na espécie" (STF-Pleno: RTJ 185/884).

Capítulo II | DA AÇÃO DIRETA DE INCONSTITUCIONALIDADE

Seção I | DA ADMISSIBILIDADE E DO PROCEDIMENTO DA AÇÃO DIRETA DE INCONSTITUCIONALIDADE

Art. 2º Podem propor a ação direta de inconstitucionalidade:[1-2]

I — o Presidente da República;

II — a Mesa do Senado Federal;

III — a Mesa da Câmara dos Deputados;

IV — a Mesa de Assembleia Legislativa ou a Mesa da Câmara Legislativa do Distrito Federal;[2a]

V — o Governador de Estado ou o Governador do Distrito Federal;[3-4]
VI — o Procurador-Geral da República;
VII — o Conselho Federal da Ordem dos Advogados do Brasil;[4a a 5a]
VIII — partido político com representação no Congresso Nacional;[6 a 6b]
IX — confederação sindical ou entidade de classe de âmbito nacional.[7 a 13]
Parágrafo único. (VETADO)

Art. 2º: 1. v. CF 103.

S/ ação direta de inconstitucionalidade e outorga de poderes especiais ao advogado para impugnar a norma jurídica objeto da ação, v. CPC 105, nota 5b.

Art. 2º: 2. "O governador do Estado e as demais autoridades e entidades referidas no art. 103, incisos I a VII, da Constituição Federal, além de ativamente legitimados à instauração do controle concentrado de constitucionalidade das leis e atos normativos, federais e estaduais, mediante ajuizamento da ação direta perante o Supremo Tribunal Federal, possuem capacidade processual plena e dispõem, *ex vi* da própria norma constitucional, de **capacidade postulatória.** Podem, em consequência, enquanto ostentarem aquela condição, praticar, no processo de ação direta de inconstitucionalidade, quaisquer atos ordinariamente privativos de advogado" (STF-Pleno, ADI 127-MC-QO, Min. Celso de Mello, j. 20.11.89, DJ 4.12.92).

V. tb. nota 3.

Art. 2º: 2a. As Mesas das Assembleias Legislativas não são "daquelas entidades cuja legitimação ativa para propor ação direta de inconstitucionalidade lhes é conferida para a defesa da ordem jurídica em geral" (STF-Pleno, ADI 2.242-3, Min. Moreira Alves, j. 7.2.01, um voto vencido, DJU 19.12.03); ou seja, delas exige-se o requisito da **pertinência temática** para a propositura da ADI.

S/ pertinência temática, v. tb. notas 5 (OAB), 6 (partido político) e 8 (confederação sindical ou entidade de classe de âmbito nacional).

Art. 2º: 3. "Tem o governador do Estado-membro capacidade postulatória em ação direta de inconstitucionalidade" (RTJ 163/421: Pleno, ADI 120; um voto vencido).

V. tb. nota 2.

Art. 2º: 4. É do governador — e não do Estado ou do Distrito Federal — a legitimidade para atuar na ação direta de inconstitucionalidade.

V. art. 4º, nota 2a.

Art. 2º: 4a. v. EA 54-XIV.

Art. 2º: 5. O Conselho Federal da OAB pode propor "ação direta de inconstitucionalidade contra qualquer ato normativo que possa ser objeto dessa ação; **independe do requisito de pertinência** entre o seu conteúdo e o interesse dos advogados como tais, de que a Ordem é entidade de classe" (STF-Pleno: RTJ 142/363 e RDA 191/182).

S/ pertinência temática, v. tb. notas 2a (Mesa de Assembleia Legislativa), 6 (partido político) e 8 (confederação sindical ou entidade de classe de âmbito nacional).

Art. 2º: 5a. Os **conselhos federais das demais autarquias profissionais** não têm legitimidade para propor ação direta de inconstitucionalidade (p. ex., Conselho Federal de Farmácia: RTJ 144/747 e RT 695/228, três votos vencidos).

Art. 2º: 6. Aos partidos políticos **não se aplica o requisito da pertinência temática** para a propositura de ADI (RTJ 158/441, 163/530, 163/936; STF-RT 731/173; STF-RDA 206/232).

S/ pertinência temática, v. tb. notas 2a (Mesa de Assembleia Legislativa), 5 (OAB) e 8 (confederação sindical ou entidade de classe de âmbito nacional).

Art. 2º: 6a. "A representação partidária, em sede de fiscalização concentrada de constitucionalidade, instaurada perante o STF, compete, exclusivamente, ao diretório nacional ou, quando for o caso, à comissão executiva do diretório nacional da agremiação partidária, ainda que o objeto de impugnação seja lei ou ato normativo de origem local" (STF-RT 797/187). No mesmo sentido: RTJ 178/625.

"O presidente do partido político possui legitimação *ad processum* para constituir advogado com poderes específicos para propor, pela agremiação, ação direta de inconstitucionalidade, mesmo que sem prévia decisão a respeito do Diretório Nacional ou de sua Comissão Executiva" (STF-RT 805/158).

Art. 2º: 6b. "A **perda superveniente de representação parlamentar** não desqualifica o partido político como legitimado ativo para a propositura da ação direta de inconstitucionalidade" (STF-Pleno, ADI 2.618-AgRg-AgRg, Min. Gilmar Mendes, j. 12.8.04, maioria, DJU 31.3.06). **Contra:** STF-Pleno, ADI 2.465-5-AgRg, Min. Celso de Mello, j. 27.2.03, DJU 29.8.03.

Ponderando que a perda superveniente de representação não afeta a legitimidade do partido quando tal acontece após o início do julgamento: STF-Pleno, ADI 2.054-4-QO, Min. Sepúlveda Pertence, j. 20.3.03, DJU 17.10.03.

✎ **Art. 2º: 7.** "Apontamentos sobre o controle judicial da constitucionalidade das leis e a legitimação das entidades de classe de âmbito nacional", por Nelson Nascimento Diz e Marina Gaensly (RF 367/129).

Art. 2º: 8. "O requisito da **pertinência temática** — que se traduz na relação de congruência que necessariamente deve existir entre os objetivos estatutários ou as finalidades institucionais da entidade autora e o conteúdo material da norma questionada em sede de controle abstrato — foi erigido à condição de pressuposto qualificador da própria legitimidade ativa *ad causam* para efeito de instauração do processo objetivo de fiscalização concentrada de constitucionalidade" (STF-Pleno, ADI 1.157-MC, Min. Celso de Mello, j. 1.12.94, um voto vencido, DJU 17.11.06).

"A jurisprudência do STF erigiu a pertinência, enquanto adequação entre finalidades estatutárias e o conteúdo material da norma, como critério objetivo da ação direta promovida pelas entidades de classe de âmbito nacional (v.g., ADI ns. 77, 138, 159, 202, 305, 893)" (RTJ 159/756).

O requisito da pertinência temática é exigido tanto das entidades de classe como das confederações sindicais (STF-Pleno, ADI 1.114-MC, Min. Ilmar Galvão, j. 31.8.94, DJU 30.9.94).

Por exemplo, a Associação dos Magistrados Brasileiros tem legitimidade para mover ação direta de inconstitucionalidade em **matéria pertinente** a suas finalidades institucionais (RTJ 133/520, 133/1.011, 145/735, STF-RT 685/204). Mas "questões relativas à organização do Poder Judiciário, que não lhe coarctam a independência ou as atribuições institucionais, não dão legitimidade ativa a associação de magistrados para impugná-las mediante ação direta de inconstitucionalidade" (RTJ 157/816, três votos vencidos).

"As associações de magistrados não gozam da legitimidade universal para o processo objetivo, devendo ser demonstrada a pertinência temática. As associações de magistrados não têm legitimidade ativa quanto a processo objetivo a envolver normas relativas à execução contra a Fazenda, porque ausente a pertinência temática" (STF-Pleno, ADI 4.400, Min. Marco Aurélio, j. 6.3.13, maioria, DJ 3.10.13).

"A Associação Nacional dos Magistrados Estaduais — Anamages não tem legitimidade para propor ação direta de inconstitucionalidade contra norma de interesse de toda a magistratura. É legítima, todavia, para a propositura de ação direta contra norma de interesse da magistratura de determinado Estado-membro da Federação" (STF-Pleno, ADI 4.462-MC, Min. Cármen Lúcia, j. 29.6.11, DJ 16.11.11).

S/ pertinência temática, v. tb. notas 2a (Mesa de Assembleia Legislativa), 5 (OAB) e 6 (partido político).

Art. 2º: 9. Apenas as **confederações sindicais** têm legitimidade ativa para mover ação direta de inconstitucionalidade.

A federação de sindicatos (RTJ 135/495, 135/853, maioria, STF-RT 738/197, RDA 183/137, maioria) e o sindicato (RTJ 129/957, 134/50, RT 645/189, RDA 176/47), ainda que de âmbitos nacionais (RTJ 157/885), não têm tal legitimidade, por não serem entidades sindicais de grau máximo (RTJ 170/771, 177/641).

"Foi recebido pela Carta Magna vigente o art. 535 da CLT, que dispõe sobre a estrutura das confederações sindicais, exigindo, inclusive, que se organizem com um mínimo de três federações" (STF-Pleno: RTJ 139/468 e RT 677/240, maioria). No mesmo sentido: RTJ 158/427.

Todavia: "É parte legítima, para propor ação direta de inconstitucionalidade a federação nacional de categoria específica, mesmo compreendida na categoria mais ampla de uma confederação existente (art. 103, IX, da Constituição)" (STF-Pleno: RTJ 154/368, 4 votos vencidos). Tratava-se da Federação Nacional dos Corretores de Imóveis, em relação à qual existe a Confederação Nacional das Profissões Liberais.

Art. 2º: 10. "Carece de legitimação para propor ação direta de inconstitucionalidade, a entidade de classe que, embora de âmbito estatutário nacional, não tenha representação em, pelo menos, nove estados da federação, nem represente toda a categoria profissional, cujos interesses pretenda tutelar" (STF-Pleno, ADI 3.617-AgRg, Min. Cezar Peluso, j. 25.5.11, DJ 1.7.11).

"Não é entidade de classe de âmbito nacional, para os efeitos do inciso IX do art. 103 da Constituição, a que só reúne empresas sediadas no mesmo Estado, nem a que congrega outras de apenas quatro Estados da Federação" (STF-Pleno: RTJ 136/479 e RT 675/245, cinco votos vencidos).

Art. 2º: 10a. "Compreensão da 'associação de associações' de classe: revisão da jurisprudência do Supremo Tribunal. É entidade de classe de âmbito nacional — como tal legitimada à propositura da ação direta de inconstitucionalidade (CF, art. 103, IX) — aquela na qual se congregam associações regionais correspondentes a cada unidade da Federação, a fim de perseguirem, em todo o País, o mesmo objetivo institucional de defesa dos interesses de uma determinada classe" (STF-Pleno, ADI 3.153-8-AgRg, Min. Sepúlveda Pertence, j. 12.8.04, dois votos vencidos, DJU 9.9.05).

Art. 2º: 11. "A heterogeneidade da composição da autora, conforme expressa disposição estatutária, descaracteriza a condição de representatividade de classe de âmbito nacional" (STF-RT 865/111: Pleno, ADI 3.381).

"Qualquer que seja o mais elástico conceito de entidade de classe que se pretenda adotar, nele não se inclui associação que reúne, como associados, órgãos públicos, que não têm personalidade jurídica, e diferentes categorias de servidores públicos, uns integrando aqueles órgãos (os Conselheiros e Auditores), outros integrando o Ministério Público que atua junto a eles (Procuradores)" (STF-Pleno: RTJ 132/561 e RT 659/207).

Art. 2º: 12. "Não se caracteriza como 'entidade de classe', a conferir legitimidade para a propositura de ação direta de inconstitucionalidade, nos termos do art. 103, IX, da Constituição, a simples associação de empregados de determinada empresa, por não congregar uma categoria de pessoas intrinsecamente distinta das demais, mas somente agrupadas pelo interesse contingente de estarem a serviço de determinado empregador" (STF-Pleno: RTJ 128/481, RDA 175/78 e RT 643/181).

Art. 2º: 13. Entidades sindicais ou de classe que tiveram sua legitimidade negada para propor ação direta de inconstitucionalidade (v., em RTJ 170/449 a 452, extensa citação de jurisprudência s/ o assunto):

— Sindicato Nacional dos Docentes das Instituições de Ensino Superior — ANDES (STF-Pleno: RTJ 143/441, Min. Sydney Sanches, maioria);

— Federação Nacional das Associações Economiárias (RTJ 155/416);

— Federação Nacional dos Sindicatos e Associações de Trabalhadores da Justiça do Trabalho e Confederação Democrática dos Trabalhadores no Serviço Público Federal (STF-Pleno: RTJ 138/421 e RT 682/228);

— Confederação Nacional do Transporte — CNT (STF-Pleno, ADI 1.479-MC, Min. Moreira Alves, j. 7.11.96, DJU 28.2.97);

— CGT, que, embora se autodenomine "Confederação Geral dos Trabalhadores", não é propriamente uma confederação (STF-Pleno: RTJ 150/64, maioria, 154/721, maioria);

— Central Única dos Trabalhadores — CUT (STF-Pleno, ADI 1.442-1, Min. Celso de Mello, j. 3.11.04, três votos vencidos, DJU 18.5.05);

— Associação Brasileira de Consumidores (RTJ 178/191);

— Associação Brasileira de Defesa do Cidadão (STF-Pleno: RT 666/207 e RTJE 86/102, v.u.);

— Associação Brasileira de Eleitores — ABRAE, na medida em que "não representa uma classe definida" (STF-Pleno, ADI 3.606-8-AgRg, Min. Gilmar Mendes, j. 2.8.06, DJU 27.10.06);

— Associação Brasileira de Conselhos e Tribunais de Contas dos Municípios — ABRACCOM (STF-Pleno: RTJ 132/561 e RT 659/207);

— Associação Nacional dos Funcionários da Polícia Federal — ANSEF (STF-Pleno, ADI 1.431-5, Min. Carlos Velloso, cinco votos vencidos, DJU 12.9.03);

— União Nacional dos Estudantes (STF-RDA 201/114, quatro votos vencidos).

S/ Associação dos Magistrados Brasileiros, v. nota 8.

Art. 3º A petição[1-1a] indicará:

I — o dispositivo da lei ou do ato normativo impugnado[2] e os fundamentos jurídicos do pedido em relação a cada uma das impugnações;[2a]

II — o pedido, com suas especificações.

Parágrafo único. A petição inicial, acompanhada de instrumento de procuração,[3] quando subscrita por advogado, será apresentada em duas vias, devendo conter cópias da lei ou do ato normativo impugnado e dos documentos necessários para comprovar a impugnação.

Art. 3º: 1. "Nos casos em que houver ajuizamento de **duas ou mais ações diretas** de inconstitucionalidade, cujo objeto de impugnação seja exatamente o mesmo (identidade total), dar-se-á o apensamento das ações subsequentes aos autos da anteriormente ajuizada, para efeito de sua tramitação conjunta e posterior julgamento, sob o número de registro da primeira ação direta, incluindo-se, na autuação desta, a referência aos nomes dos autores que promovem as demais ações diretas a que alude esta resolução" (STF-Pleno, ADI 1.460-9, Min. Sydney Sanches, j. 17.3.99, DJU 25.6.99).

Art. 3º: 1a. "É lícito, em ação direta de inconstitucionalidade, **aditamento à petição inicial** anterior à requisição de informações" (STF-Pleno, ADI 3.103-1, Min. Cezar Peluso, j. 1.6.06, DJU 25.8.06).

Art. 3º: 2. s/ revogação, renumeração e nova redação do ato impugnado, v. art. 22, respectivamente, notas 3 a 4.

Art. 3º: 2a. "É desnecessária a articulação, na inicial, do vício de cada uma das disposições da lei impugnada quando a inconstitucionalidade suscitada tem por escopo o reconhecimento de **vício formal de toda a lei**" (STF-Pleno, ADI 2.182-MC, Min. Maurício Corrêa, j. 31.5.00, um voto vencido, DJU 19.3.04).

Art. 3º: 3. v. CPC 105, nota 5b.

Art. 4º A petição inicial inepta, não fundamentada e a manifestamente improcedente[1] serão liminarmente indeferidas pelo relator.[1a-1b]

Parágrafo único. Cabe agravo[2-2a] da decisão[3] que indeferir a petição inicial.

Art. 4º: 1. É manifestamente improcedente a ação direta de inconstitucionalidade que tem por objeto norma "cuja constitucionalidade foi expressamente declarada pelo Plenário do Supremo Tribunal Federal, mesmo que em recurso extraordinário" (STF-Pleno, ADI 4.071-AgRg, Min. Menezes Direito, j. 22.4.09, maioria, DJ 16.10.09).

Art. 4º: 1a. O relator (v. RISTF 5º-VII e 173) tem competência concorrente com o Plenário para examinar a ocorrência dos pressupostos processuais e condições da ação direta de inconstitucionalidade (STF-Pleno: RDA 188/201).

Art. 4º: 1b. "É lícito conhecer de ação direta de inconstitucionalidade como arguição de descumprimento de preceito fundamental, quando coexistentes todos os requisitos de admissibilidade desta, em caso de inadmissibilidade daquela" (STF-Pleno, ADI 4.163, Min. Cezar Peluso, j. 29.2.12, maioria, DJ 1.3.13).

V. tb. LADPF 4º, nota 1a.

Art. 4º: 2. O agravo deve ser interposto em **15 dias** (CPC 1.003 § 5º e 1.070).

"Não há prazo recursal em dobro no processo de controle concentrado de constitucionalidade" (RTJ 181/535: Pleno, ADI 2.130-AgRg). V. tb. arts. 1º, nota 4, e 26, nota 2a.

Art. 4º: 2a. "O Estado-membro não dispõe de legitimidade para interpor recurso em sede de controle normativo abstrato, ainda que a ação direta de inconstitucionalidade tenha sido ajuizada pelo respectivo governador, a quem assiste a prerrogativa legal de recorrer contra as decisões proferidas pelo relator da causa (Lei 9.868/99, art. 4º, § ún.)" (RTJ 181/535: Pleno, ADI 2.130-AgRg).

Art. 4º: 3. Da decisão do Pleno que não conhece de ação direta de inconstitucionalidade não cabe agravo (STF-Pleno, ADI 2.073-1-QO-AgRg, Min. Moreira Alves, j. 5.10.00, DJU 14.2.01).

Art. 5º Proposta a ação direta, não se admitirá desistência.[1-2]

Parágrafo único. (VETADO)

Art. 5º: 1. "O princípio da indisponibilidade, que rege o processo de controle normativo abstrato, impede — por razões exclusivamente fundadas no interesse público — que o autor da ação direta de inconstitucionalidade venha a desistir do pedido de **medida cautelar** por ele eventualmente formulado" (STF-Pleno, ADI 892-MC, Min. Celso de Mello, j. 27.10.94, DJ 7.11.97).

Art. 5º: 2. A desistência não é possível, ainda que parcial (STF-Pleno: RTJ 184/49).

Art. 6º O relator pedirá informações[1-2] aos órgãos ou às autoridades das quais emanou a lei ou o ato normativo impugnado.

Parágrafo único. As informações serão prestadas no prazo de trinta dias[3] contado do recebimento do pedido.

Art. 6º: 1. Em caso de excepcional urgência e havendo pedido de medida cautelar, o Tribunal poderá dispensar, para concedê-la, "a audiência dos órgãos ou das autoridades das quais emanou a lei ou o ato normativo impugnado" (art. 10 § 3º).

Cf. RISTF 170 § 2º; STF-Pleno: RTJ 131/966 e RT 655/204.

Art. 6º: 2. "Com a requisição de informações ao órgão de que emanou a lei ou ato normativo arguido de inconstitucionalidade opera-se a preclusão do direito, reconhecido ao autor da ação direta de inconstitucionalidade, de **aditar a petição inicial**" (STF-RT 694/208, v.u. neste ponto).

Art. 6º: 3. O prazo para a prestação de informações suspende-se durante as férias e o recesso do STF (STF-Pleno: RTJ 131/966 e RT 655/204).

Art. 7º Não se admitirá intervenção de terceiros no processo de ação direta de inconstitucionalidade.[1]

§ 1º (VETADO)

§ 2º O relator, considerando a relevância da matéria e a representatividade dos postulantes, poderá, por despacho irrecorrível, admitir, observado o prazo[2] fixado no parágrafo anterior, a manifestação de outros órgãos ou entidades.[3-4]

Art. 7º: 1. "Entidades meramente privadas, porque destituídas de qualquer coeficiente de estatalidade, não podem figurar como litisconsortes passivos necessários em sede de ação direta de inconstitucionalidade" (RTJ 164/506). No mesmo sentido: RTJ 164/895, 170/801, STF-RT 747/178.

Art. 7º: 2. O § 1º, na redação vetada, estabelecia: "Os demais titulares referidos no art. 2º poderão manifestar-se, por escrito, sobre o objeto da ação e pedir a juntada de documentos reputados úteis para o exame da matéria, no prazo das informações, bem como apresentar memoriais".

"O ***amicus curiae*** somente pode demandar a sua intervenção até a data em que o Relator liberar o processo para pauta" (STF-Pleno, ADI 4.071-AgRg, Min. Menezes Direito, j. 22.4.09, maioria, DJ 16.10.09).

No sentido de que a intervenção do *amicus curiae* deve acontecer no "prazo inicial de trinta dias destinado à instrução do feito, com a colhida das informações pertinentes": STJ-2ª T., MC 5.328-AgRg, Min. Laurita Vaz, j. 17.9.02, DJU 10.2.03. Ainda: STJ-5ª T., REsp 775.461-AgRg, Min. Gilson Dipp, j. 6.12.05, DJU 1.2.06.

V. tb. CPC 1.038, nota 2.

✎ **Art. 7º: 3.** "*Amicus curiae*: um instituto democrático", por Adhemar Ferreira Maciel (RJ 312/75 e Ajuris 87/7); "Pelas asas de Hermes: a intervenção do *amicus curiae*, um terceiro especial", por Antonio do Passo Cabral (RDA 234/111 e RP 117/9); "*Amicus curiae* e a democratização do controle de constitucionalidade", por Ana Letícia Queiroga de Mattos (RJ 332/65); "*Amicus curiae*: elemento de participação política nas decisões judiciais-constitucionais", por Gustavo Fontana Pedrollo e Letícia de Campos Velho Martel (Ajuris 99/161); "O *amicus curiae* segundo o Supremo Tribunal Federal — análise normativa e jurisprudencial", por Anete Mair Maciel Medeiros e Bruno Rodrigues Teixeira de Lima (RDDP 103/9); "A subjetividade no controle concentrado de constitucionalidade: pertinência temática, *amicus curiae* e análise de fatos", por Oscar Valente Cardoso (RDDP 107/71).

S/ *amicus curiae* em mandado de segurança, v. LMS 24, nota 7.

Art. 7º: 4. **RISTF: "Art. 13.** São atribuições do Presidente: ... **XVII** — convocar audiência pública para ouvir o depoimento de pessoas com experiência e autoridade em determinada matéria, sempre que entender necessário o esclarecimento de questões ou circunstâncias de fato, com repercussão geral e de interesse público relevante, debatidas no âmbito do Tribunal; **XVIII** — decidir, de forma irrecorrível, sobre a manifestação de terceiros, subscrita por procurador habilitado, em audiências públicas ou em qualquer processo em curso no âmbito da Presidência". Semelhantes atribuições são conferidas ao **relator** (v., adiante, **RISTF 21-XVII e XVIII).**

S/ procedimento para designação e realização de audiência pública, v. RISTF 154 § ún. e incs.

RISTF 131 § 3º: "Admitida a intervenção de terceiros no processo de controle concentrado de constitucionalidade, fica-lhes facultado produzir sustentação oral, aplicando-se, quando for o caso, a regra do § 2º do art. 132 deste Regimento".

Art. 8º Decorrido o prazo das informações,[1] serão ouvidos, sucessivamente, o Advogado-Geral da União[2 a 4] e o Procurador-Geral da República,[5] que deverão manifestar-se, cada qual, no prazo de quinze dias.

Art. 8º: 1. O texto dá a entender que "decorrido o prazo das informações", ainda que não prestadas, o processo prossegue. E neste sentido é o art. 105 § 3º do RISTF.

Art. 8º: 2. v. CF 131.

"Compete ao **Advogado-Geral da União,** em ação direta de inconstitucionalidade, a defesa da norma legal ou ato normativo impugnado, independentemente de sua natureza federal ou estadual" (STF-Pleno: RTJ 131/470, RT 670/200 e RDA 179/138, v.u.). No mesmo sentido: RTJ 170/801, STF-RDA 201/194.

Art. 8º: 3. "Não cabe ao Advogado-Geral da União, em sede de controle normativo abstrato, ostentar posição processual contrária ao ato estatal impugnado, sob pena de total descumprimento do *munus* indisponível que lhe foi imposto pela própria Constituição da República" (STF-RT 747/178). No mesmo sentido: RTJ 170/801.

O Advogado-Geral da União "deve assumir, na condição de garante e curador da presunção de constitucionalidade, a defesa irrestrita da validade jurídica da norma impugnada" (RTJ 164/506).

Todavia: "O *munus* a que se refere o imperativo constitucional (CF 103 § 3º) deve ser entendido com temperamentos. O Advogado-Geral da União não está obrigado a defender tese jurídica se sobre ela esta Corte já fixou entendimento pela sua inconstitucionalidade" (STF-Pleno, ADI 1.616, Min. Maurício Corrêa, j. 24.5.01, DJ 24.8.01).

Art. 8º: 4. s/ manifestação do Advogado-Geral da União na ação direta de inconstitucionalidade por omissão, v. art. 12-E § 2º.

Art. 8º: 5. "O preceito inserto no § 1º do art. 103 da CF há de merecer interpretação teleológica. Visa ao conhecimento da matéria pelo MP, não implicando, necessariamente, seja-lhe enviado automaticamente todo e qualquer processo. O pronunciamento do órgão pode ocorrer na assentada em que apreciado o recurso. Precedente: RE n. 177.137-2-RS, relatado pelo Min. Carlos Velloso perante o Pleno, em 24 de maio de 1995" (STF-2ª T., AI 158.725-1-AgRg-EDcl, Min. Marco Aurélio, j. 18.12.95, DJU 8.3.96).

Art. 9º Vencidos os prazos do artigo anterior, o relator lançará o relatório, com cópia a todos os Ministros, e pedirá dia para julgamento.

§ 1º Em caso de necessidade de esclarecimento de matéria ou circunstância de fato ou de notória insuficiência das informações existentes nos autos, poderá o relator requisitar informações adicionais, designar perito ou comissão de peritos para que emita parecer sobre a questão, ou fixar data para, em audiência pública, ouvir depoimentos de pessoas com experiência e autoridade na matéria.[1]

§ 2º O relator poderá, ainda, solicitar informações aos Tribunais Superiores, aos Tribunais federais e aos Tribunais estaduais acerca da aplicação da norma impugnada no âmbito de sua jurisdição.[2]

§ 3º As informações, perícias e audiências a que se referem os parágrafos anteriores serão realizadas no prazo de trinta dias, contado da solicitação do relator.

Art. 9º: 1. "A análise de fatos pelo STF no processo de controle concentrado de constitucionalidade", por Oscar Valente Cardoso (RDDP 63/90); "Controle de constitucionalidade: hermenêutica constitucional e revisão de fatos e prognoses legislativos pelo órgão judicial", por Gilmar Ferreira Mendes (RT 766/11).

Art. 9º: 2. s/ pedido de informações ao órgão de que emanou a norma impugnada, v. art. 6º.

Seção II — DA MEDIDA CAUTELAR EM AÇÃO DIRETA DE INCONSTITUCIONALIDADE

Art. 10. Salvo no período de recesso,[1] a medida cautelar[1a a 6] na ação direta será concedida por decisão da maioria absoluta[7] dos membros do Tribunal, observado o disposto no art. 22, após a audiência dos órgãos ou autoridades dos quais emanou a lei ou ato normativo impugnado, que deverão pronunciar-se no prazo de cinco dias.

§ 1º O relator, julgando indispensável, ouvirá o Advogado-Geral da União e o Procurador-Geral da República, no prazo de três dias.

§ 2º No julgamento do pedido de medida cautelar, será facultada sustentação oral aos representantes judiciais do requerente e das autoridades ou órgãos responsáveis pela expedição do ato, na forma estabelecida no Regimento do Tribunal.

§ 3º Em caso de excepcional urgência, o Tribunal poderá deferir a medida cautelar sem a audiência dos órgãos ou das autoridades das quais emanou a lei ou o ato normativo impugnado.

Art. 10: 1. **RISTF 13:** "São atribuições do Presidente: ... **VIII** — decidir questões urgentes nos períodos de recesso ou de férias".

✎ **Art. 10: 1a.** "Eficácia das liminares nas ações de controle concentrado de constitucionalidade", pelo Min. Teori Albino Zavascki (Ajuris 76/24).

Art. 10: 1b. v. art. 22, nota 1a.

Art. 10: 1c. São requisitos para a concessão da medida cautelar na ação direta de inconstitucionalidade: a relevância jurídica do pedido e o *periculum in mora* (STF-Pleno: RTJ 141/772, RTJ 162/877).

"Por mais relevante que seja a plausibilidade jurídica do tema versado na ação direta, a sua isolada configuração não basta para justificar a suspensão provisória de eficácia do ato estatal impugnado, se inocorrente o *periculum in mora*" (RTJ 145/753, três votos vencidos).

"O tardio ajuizamento da ação direta de inconstitucionalidade, quando já decorrido lapso temporal considerável desde a edição do ato normativo impugnado, desautoriza — não obstante o relevo jurídico da tese deduzida — o reconhecimento da situação configuradora do *periculum in mora*, o que inviabiliza a concessão da medida cautelar postulada" (RTJ 152/692, três votos vencidos).

Contra: o STF entende que, em casos muito especiais, tais como, por exemplo, o relativo ao alcance do poder legislativo decorrente atribuído aos Estados, é possível "utilizar-se do critério de conveniência, em lugar do *periculum in mora*, para a concessão de medida cautelar" (STF-Pleno, ADI 1.087-5-Medida Liminar, Min. Moreira Alves, j. 1.2.95, DJU 7.4.95).

Art. 10: 2. A suspensão liminar da eficácia de uma lei só deve ser concedida quando, à evidência, sua execução acarretar graves transtornos, com lesões de difícil reparação (RTJ 101/929, 102/480, 102/488; STF-RT 566/225).

Art. 10: 3. O pedido de medida cautelar pode ser reiterado e deferido com base em "fato novo e superveniente" (STF-Pleno: RTJ 138/735 e RDA 187/232). No mesmo sentido: RTJ 159/421.

Nesse sentido, não conhecendo do pedido de reconsideração "porque não fundado em fato novo": STF-Pleno, ADI 2.188-QO, Min. Néri da Silveira, j. 14.6.00, maioria, DJU 16.4.04.

Art. 10: 4. O STF deferiu pedido de aditamento de medida cautelar já concedida, com a finalidade de afastar problemas no cumprimento desta (STF-Pleno: RTJ 141/774).

Art. 10: 5. "Ante a legislação processual e em face da natureza das ações diretas de inconstitucionalidade não se tem como cabível a concessão de medida cautelar preparatória" (STF-Pleno: RTJ 141/377). Refere-se, no caso, a medida cautelar requerida antes de ajuizada a ação de inconstitucionalidade.

Art. 10: 6. "Independe de pauta o julgamento de pedido de medida cautelar nas ações diretas de inconstitucionalidade, em qualquer circunstância" (RTJ 176/1.057; a citação é da p. 1.064).

Art. 10: 7. A concessão, pelo STF, de medida cautelar para dar efeito suspensivo a recurso extraordinário interposto contra acórdão de Tribunal de Justiça, em ação direta de inconstitucionalidade, não exige maioria absoluta (STF-Pleno: RDA 234/354).

Art. 11. Concedida a medida cautelar,[1-2] o Supremo Tribunal Federal fará publicar em seção especial do Diário Oficial da União e do Diário da Justiça da União a parte dispositiva da decisão, no prazo de dez dias, devendo solicitar as informações à autoridade da qual tiver emanado o ato, observando-se, no que couber, o procedimento estabelecido na Seção I deste Capítulo.

§ 1º A medida cautelar, dotada de eficácia contra todos, será concedida com efeito *ex nunc*, salvo se o Tribunal entender que deva conceder-lhe eficácia retroativa.[3-4]

§ 2º A concessão da medida cautelar torna aplicável a legislação anterior acaso existente, salvo expressa manifestação em sentido contrário.[5]

Art. 11: 1. s/ suspensão da medida cautelar, v. Lei 8.437/92, art. 4º, nota 3b, no tít. MEDIDA CAUTELAR.

Art. 11: 2. "Deve ser suspenso qualquer processo que tenha por fundamento lei ou ato estatal cuja eficácia foi suspensa, por deliberação da Corte, em ação direta de inconstitucionalidade, até o julgamento desta" (STF-Pleno, RE 168.277-9-QO, Min. Ilmar Galvão, j. 4.2.98, DJU 29.5.98).

Mas: "Medida cautelar em ação direta de inconstitucionalidade indeferida. Ao contrário do que sucede na hipótese de concessão (cf. RE 168.277, questão de ordem, Galvão, 4.2.98), não se suspende, em princípio, o julgamento dos processos em que incidentemente se haja de decidir a mesma questão de inconstitucionalidade" (STF-1ª T., RE 220.253-5, Min. Sepúlveda Pertence, j. 24.3.98, DJU 17.4.98).

Art. 11: 3. "A decisão que concede a liminar, na ação direta de inconstitucionalidade, tem efeito *ex nunc*, vale dizer, não tem efeito retroativo" (RTJ 161/438), sua eficácia opera-se, portanto, "a partir do momento em que o STF a defere" (RTJ 124/80); melhor esclarecendo, em ação direta de inconstitucionalidade, "a decisão, em julgamento de liminar, é válida a partir da **data da publicação** no Diário da Justiça da ata da sessão de julgamento" (STF-Pleno, Rcl 2.576-4, Min. Ellen Gracie, j. 23.6.04, um voto vencido, DJU 20.8.04).

Excepcionalmente, no entanto, a medida cautelar poderá projetar-se com eficácia *ex tunc*, com repercussão sobre situações pretéritas (RTJ 138/86).

"Quando a norma impugnada tem os seus efeitos exauridos logo após sua entrada em vigor, mas com repercussão indireta no futuro pela desconstituição de atos pretéritos, repercussão essa a justificar a concessão da liminar, tal concessão se dá para o efeito único possível de suspender a eficácia da norma *ex tunc*, certo como é que não se pode suspender para o futuro o que já se exauriu no passado" (STF-Pleno: RTJ 138/86).

Art. 11: 4. "O Tribunal fixou entendimento no sentido de que a eficácia da medida cautelar tem seu início marcado pela publicação da ata da sessão de julgamento no Diário da Justiça da União, exceto em casos excepcionais, a serem examinados pelo Presidente do Tribunal, de maneira a garantir a eficácia da decisão" (STF-Pleno, ADI 711, Min. Néri da Silveira, j. 5.8.92, súmula do julgamento no DJU 13.8.92). No mesmo sentido: RTJ 164/506.

Art. 11: 5. v. tb. art. 26, nota 1a.

Art. 12. Havendo pedido de medida cautelar, o relator, em face da relevância da matéria e de seu especial significado para a ordem social e a segurança jurídica, poderá, após a prestação das informações, no prazo de dez dias, e a manifestação do Advogado-Geral da União e do Procurador-Geral da República, sucessivamente, no prazo de cinco dias, submeter o processo diretamente ao Tribunal, que terá a faculdade de julgar definitivamente a ação.

Capítulo II-A — DA AÇÃO DIRETA DE INCONSTITUCIONALIDADE POR OMISSÃO[1-2]

CAP. II-A: 1. O Cap. II-A foi acrescido pela Lei 12.063, de 27.10.09.

✎ **CAP. II-A: 2.** "Mandado de injunção e ação direta de inconstitucionalidade por omissão: aspectos distintivos", por Luiz Alberto Gurgel de Faria (RF 322/45, RTJE 128/21); "Anotações à Lei n. 12.063/2009 e a disciplina processual da ação direta de inconstitucionalidade por omissão (ADO)", por Fábio Martins de Andrade (RDDP 83/33).

Seção I — DA ADMISSIBILIDADE[1-2] E DO PROCEDIMENTO DA AÇÃO DIRETA DE INCONSTITUCIONALIDADE POR OMISSÃO

SEÇ. I: 1. Julgando **prejudicada** ação direta de inconstitucionalidade por omissão em caso no qual a norma constitucional que serviu de fundamento para a sua propositura foi ulteriormente revogada: STF-Pleno, ADI 1.836-QO, Min. Moreira Alves, j. 18.6.98, DJ 4.12.98.

SEÇ. I: 2. "Apesar de existirem no Congresso Nacional diversos **projetos de lei** apresentados visando à regulamentação da CF 18 § 4º, é possível constatar a omissão inconstitucional quanto à efetiva deliberação e aprovação da lei complementar em referência. As peculiaridades da atividade parlamentar que afetam, inexoravelmente, o processo legislativo, não justificam uma conduta manifestamente negligente ou desidiosa das Casas Legislativas, conduta esta que pode pôr em risco a própria ordem constitucional. A *inertia deliberandi* das Casas Legislativas pode ser objeto da ação direta de inconstitucionalidade por omissão" (STF-Pleno, ADI 3.682, Min. Gilmar Mendes, j. 9.5.07, DJ 6.9.07).

Contra: "Mora inconstitucional que não se verifica, tendo o Chefe do Executivo estadual, em cumprimento ao dispositivo constitucional sob enfoque, enviado à Assembleia Legislativa projeto de lei sobre a revisão geral anual dos servidores catarinenses. Ação direta prejudicada" (STF-Pleno, ADI 2.495, Min. Ilmar Galvão, j. 2.5.02, DJ 2.8.02).

Art. 12-A. Podem propor a ação direta de inconstitucionalidade por omissão os legitimados à propositura da ação direta de inconstitucionalidade e da ação declaratória de constitucionalidade.[1 a 3a]

Art. 12-A: 1. O art. 12-A foi acrescido pela Lei 12.063, de 27.10.09.

Art. 12-A: 2. v. art. 2º (especialmente notas sobre o requisito da **pertinência temática**). V. tb. CF 103. S/ legitimados p/ ADC, v. art. 13 e notas.

Art. 12-A: 3. Reconhecendo a **"fungibilidade** entre as ações diretas de inconstitucionalidade por ação e por omissão": STF-Pleno, ADI 875, Min. Gilmar Mendes, j. 24.2.10, DJ 30.4.10.

Art. 12-A: 3a. Não reconhecendo a fungibilidade entre o mandado de injunção e a ação direta de inconstitucionalidade por omissão: STF-Pleno, MI 395-QO, Min. Moreira Alves, j. 27.5.92, DJ 11.9.92.

Art. 12-B. A petição indicará:[1]

I — a omissão inconstitucional total ou parcial quanto ao cumprimento de dever constitucional de legislar ou quanto à adoção de providência de índole administrativa;[1a]

II — o pedido, com suas especificações.

Parágrafo único. A petição inicial, acompanhada de instrumento de procuração,[2] se for o caso, será apresentada em 2 (duas) vias, devendo conter cópias dos documentos necessários para comprovar a alegação de omissão.

Art. 12-B: 1. O art. 12-B, *caput* e § ún., foi acrescido pela Lei 12.063, de 27.10.09.

Art. 12-B: 1a. "A ação direta de inconstitucionalidade por omissão, de que trata o § 2º do art. 103 da nova CF, não é de ser proposta para que seja praticado determinado ato administrativo em caso concreto, mas sim visa a que seja expedido ato normativo que se torne necessário para o cumprimento de preceito constitucional que, sem ele, não poderia ser aplicado" (STF-Pleno: RT 645/184 e RDA 175/81).

Art. 12-B: 2. v. art. 3º § ún. V. tb. CPC 105, nota 5b.

Art. 12-C. A petição inicial inepta, não fundamentada, e a manifestamente improcedente serão liminarmente indeferidas pelo relator.[1-1a]

Parágrafo único. Cabe agravo da decisão que indeferir a petição inicial.[2-3]

Art. 12-C: 1. O art. 12-C, *caput* e § ún., foi acrescido pela Lei 12.063, de 27.10.09.

Art. 12-C: 1a. v. art. 4º-*caput* e notas.

Art. 12-C: 2. v. art. 4º § ún. e notas.

Art. 12-C: 3. O agravo deve ser interposto em **15 dias** (CPC 1.003 § 5º e 1.070).

Art. 12-D. Proposta a ação direta de inconstitucionalidade por omissão, não se admitirá desistência.[1-2]

Art. 12-D: 1. O art. 12-D foi acrescido pela Lei 12.063, de 27.10.09.

Art. 12-D: 2. v. art. 5º e notas.

Art. 12-E. Aplicam-se ao procedimento da ação direta de inconstitucionalidade por omissão, no que couber, as disposições constantes da Seção I do Capítulo II desta Lei.[1]

§ 1º Os demais titulares referidos no art. 2º desta Lei poderão manifestar-se, por escrito, sobre o objeto da ação e pedir a juntada de documentos reputados úteis para o exame da matéria, no prazo das informações, bem como apresentar memoriais.

§ 2º O relator poderá solicitar a manifestação do Advogado-Geral da União, que deverá ser encaminhada no prazo de 15 (quinze) dias.

§ 3º O Procurador-Geral da República, nas ações em que não for autor, terá vista do processo, por 15 (quinze) dias, após o decurso do prazo para informações.[2]

Art. 12-E: 1. O art. 12-E, *caput* e §§, foi acrescido pela Lei 12.063, de 27.10.09.

Art. 12-E: 2. v. art. 8º, nota 5.

Seção II — DA MEDIDA CAUTELAR EM AÇÃO DIRETA DE INCONSTITUCIONALIDADE POR OMISSÃO

Art. 12-F. Em caso de excepcional urgência e relevância da matéria, o Tribunal, por decisão da maioria absoluta de seus membros, observado o disposto no art. 22, poderá conceder medida cautelar, após a audiência dos órgãos ou autoridades responsáveis pela omissão inconstitucional, que deverão pronunciar-se no prazo de 5 (cinco) dias.[1-1a]

§ 1º A medida cautelar poderá consistir na suspensão da aplicação da lei ou do ato normativo questionado, no caso de omissão parcial, bem como na suspensão de processos judiciais ou de procedimentos administrativos, ou ainda em outra providência a ser fixada pelo Tribunal.

§ 2º O relator, julgando indispensável, ouvirá o Procurador-Geral da República, no prazo de 3 (três) dias.[2]

§ 3º No julgamento do pedido de medida cautelar, será facultada sustentação oral aos representantes judiciais do requerente e das autoridades ou órgãos responsáveis pela omissão inconstitucional, na forma estabelecida no Regimento do Tribunal.[3]

Art. 12-F: 1. O art. 12-F, *caput* e §§, foi acrescido pela Lei 12.063, de 27.10.09.

Art. 12-F: 1a. v. art. 10-*caput* e notas.

Art. 12-F: 2. v. art. 10 § 1º.

Art. 12-F: 3. v. art. 10 § 2º.

Art. 12-G. Concedida a medida cautelar, o Supremo Tribunal Federal fará publicar, em seção especial do Diário Oficial da União e do Diário da Justiça da União, a parte dispositiva da decisão no prazo de 10 (dez) dias, devendo solicitar as informações à autoridade ou ao órgão responsável pela omissão inconstitucional, observando-se, no que couber, o procedimento estabelecido na Seção I do Capítulo II desta Lei.[1-2]

Art. 12-G: 1. O art. 12-G foi acrescido pela Lei 12.063, de 27.10.09.

Art. 12-G: 2. v. art. 11-*caput* e notas.

Seção III — DA DECISÃO NA AÇÃO DIRETA DE INCONSTITUCIONALIDADE POR OMISSÃO

Art. 12-H. Declarada a inconstitucionalidade por omissão, com observância do disposto no art. 22, será dada ciência ao Poder competente para a adoção das providências necessárias.[1 a 2]

Controle de Constitucionalidade

§ 1º Em caso de omissão imputável a órgão administrativo, as providências deverão ser adotadas no prazo de 30 (trinta) dias, ou em prazo razoável a ser estipulado excepcionalmente pelo Tribunal, tendo em vista as circunstâncias específicas do caso e o interesse público envolvido.

§ 2º Aplica-se à decisão da ação direta de inconstitucionalidade por omissão, no que couber, o disposto no Capítulo IV desta Lei.

Art. 12-H: 1. O art. 12-H, *caput* e §§, foi acrescido pela Lei 12.063, de 27.10.09.

Art. 12-H: 1a. v. CF 103 § 2º.

Art. 12-H: 1b. "Ação julgada procedente para declarar o estado de mora em que se encontra o Congresso Nacional, a fim de que, em **prazo razoável de 18 meses,** adote ele todas as providências legislativas necessárias ao cumprimento do dever constitucional imposto pela CF 18 § 4º, devendo ser contempladas as situações imperfeitas decorrentes do estado de inconstitucionalidade gerado pela omissão. **Não se trata de impor um prazo para a atuação legislativa** do Congresso Nacional, mas apenas da fixação de um parâmetro temporal razoável" (STF-Pleno, ADI 3.682, Min. Gilmar Mendes, j. 9.5.07, DJ 6.9.07).

Art. 12-H: 2. "A procedência da ação direta de inconstitucionalidade por omissão, importando em reconhecimento judicial do estado de inércia do Poder Público, confere ao STF unicamente o **poder de cientificar** o legislador inadimplente, para que este adote as medidas necessárias à concretização do texto constitucional. Não assiste ao STF, contudo, em face dos próprios limites fixados pela Carta Política em tema de inconstitucionalidade por omissão (CF, art. 103, § 2º), a prerrogativa de expedir provimentos normativos com o objetivo de suprir a inatividade do órgão legislativo inadimplente" (STF-Pleno, ADI 1.458-MC, Min. Celso de Mello, j. 23.5.96, DJU 20.9.96).

S/ efeitos da decisão em mandado de injunção, v. LMI 8º e 9º, e notas.

Capítulo III | DA AÇÃO DECLARATÓRIA DE CONSTITUCIONALIDADE[1]

Seção I | DA ADMISSIBILIDADE E DO PROCEDIMENTO DA AÇÃO DECLARATÓRIA DE CONSTITUCIONALIDADE

CAP. III: 1. v. CF 102-I-*a*, 102 § 2º e 103.

Art. 13. Podem propor a ação declaratória de constitucionalidade de lei ou ato normativo federal:[1 a 3]

I — o Presidente da República;

II — a Mesa da Câmara dos Deputados;

III — a Mesa do Senado Federal;

IV — o Procurador-Geral da República.

✎ **Art. 13: 1.** "Natureza jurídica da ação declaratória de constitucionalidade", por Nagib Slaibi Filho (RF 327/97); "Ação declaratória de constitucionalidade", por Hugo de Brito Machado (RT 697/34, RTJE 118/65); "Aspectos processuais da denominada ação declaratória de constitucionalidade", por José Rogério Cruz e Tucci (Just. 163/53, RF 325/43); "Ações direta de inconstitucionalidade e declaratória da constitucionalidade", por José Maria Rosa Tesheiner" (RJ 325/75).

Art. 13: 2. Julgando constitucional a Em. Const. 3, de 17.3.93, que instituiu a ADC (STF-RTJ 157/371: Pleno, ADC 1-QO, um voto vencido).

Art. 13: 3. Com a redação dada a CF 103 pela Em. Const. 45, de 8.12.04, os **legitimados para a propositura da ADC passaram a ser os mesmos da ADI.**

Art. 14. A petição inicial indicará:

I — o dispositivo da lei ou do ato normativo questionado e os fundamentos jurídicos do pedido;

II — o pedido, com suas especificações;

III — a existência de controvérsia judicial relevante[1] sobre a aplicação da disposição objeto da ação declaratória.

Parágrafo único. A petição inicial, acompanhada de instrumento de procuração, quando subscrita por advogado, será apresentada em duas vias, devendo conter cópias do ato normativo questionado e dos documentos necessários para comprovar a procedência do pedido de declaração de constitucionalidade.

Art. 14: 1. A existência de controvérsia judicial relevante é pressuposto da ação declaratória de constitucionalidade, que deve ser comprovada liminarmente pelo autor (STF-Pleno: RTJ 185/3).

Art. 15. A petição inicial inepta, não fundamentada e a manifestamente improcedente serão liminarmente indeferidas pelo relator.[1]

Parágrafo único. Cabe agravo da decisão que indeferir a petição inicial.

Art. 15: 1. Tendo em vista o caráter dúplice da ação declaratória de constitucionalidade, entendemos que a decisão monocrática de manifesta improcedência é incompatível com a cláusula de reserva de plenário (CF 97). Em razão disso, a ação declaratória de constitucionalidade, a nosso ver, só pode ser monocraticamente julgada pelo relator para fins de extinção do processo sem julgamento do mérito.

Art. 16. Proposta a ação declaratória, não se admitirá desistência.

Art. 17. (VETADO)

Art. 18. Não se admitirá intervenção de terceiros[1] no processo de ação declaratória de constitucionalidade.

§ 1º (VETADO)

§ 2º (VETADO)

Art. 18: 1. s/ *amicus curiae*, v. art. 7º e notas.

Art. 19. Decorrido o prazo do artigo anterior, será aberta vista ao Procurador-Geral da República, que deverá pronunciar-se no prazo de quinze dias.

Art. 20. Vencido o prazo do artigo anterior, o relator lançará o relatório, com cópia a todos os Ministros, e pedirá dia para julgamento.

§ 1º Em caso de necessidade de esclarecimento de matéria ou circunstância de fato ou de notória insuficiência das informações existentes nos autos, poderá o relator requisitar informações adicionais, designar perito ou comissão de peritos para que emita parecer sobre a questão ou fixar data para, em audiência pública, ouvir depoimentos de pessoas com experiência e autoridade na matéria.

§ 2º O relator poderá solicitar, ainda, informações aos Tribunais Superiores, aos Tribunais federais e aos Tribunais estaduais acerca da aplicação da norma questionada no âmbito de sua jurisdição.

§ 3º As informações, perícias e audiências a que se referem os parágrafos anteriores serão realizadas no prazo de trinta dias, contado da solicitação do relator.

Seção II | DA MEDIDA CAUTELAR EM AÇÃO DECLARATÓRIA DE CONSTITUCIONALIDADE

Art. 21. O Supremo Tribunal Federal, por decisão da maioria absoluta de seus membros, poderá deferir pedido de medida cautelar[1] na ação declaratória de constitucionalidade, consistente na determinação de que os juízes e os Tribunais suspendam o julgamento dos processos que envolvam a aplicação da lei ou do ato normativo objeto da ação até seu julgamento definitivo.

Parágrafo único. Concedida a medida cautelar, o Supremo Tribunal Federal fará publicar em seção especial do Diário Oficial da União a parte dispositiva da decisão, no prazo de dez dias, devendo o Tribunal proceder ao julgamento da ação no prazo de cento e oitenta dias, sob pena de perda de sua eficácia.

✎ **Art. 21: 1.** "Eficácia das liminares nas ações de controle concentrado de constitucionalidade", pelo Min. Teori Albino Zavascki (Ajuris 76/24).

Capítulo IV | DA DECISÃO NA AÇÃO DIRETA DE INCONSTITUCIONALIDADE E NA AÇÃO DECLARATÓRIA DE CONSTITUCIONALIDADE

Art. 22. A decisão[1 a 5] sobre a constitucionalidade ou a inconstitucionalidade da lei ou do ato normativo somente será tomada se presentes na sessão pelo menos oito Ministros.

Art. 22: 1. v. LADIN 8º, nota 1.

Art. 22: 1a. "Procedimento adotado para decisão sobre requerimento de medida liminar. Manifestação exaustiva de todos os intervenientes na causa, assim os necessários, como os facultativos (*amici curiae*), ainda nessa fase. Situação processual que já permite cognição plena e profunda do pedido. **Julgamento imediato em termos definitivos.** Admissibilidade. Interpretação do art. 10 da Lei federal 9.868/1999. Embora adotado o rito previsto no art. 10 da Lei 9.868, de 10 de novembro de 2009, ao processo de ação direta de inconstitucionalidade ou de descumprimento de preceito fundamental, pode o Supremo Tribunal Federal julgar a causa, desde logo, em termos definitivos, se, nessa fase processual, já tiverem sido exaustivas as manifestações de todos os intervenientes, necessários e facultativos admitidos" (STF-Pleno, ADI 4.163, Min. Cezar Peluso, j. 29.2.12, DJ 1.3.13).

Art. 22: 1b. "O STF está jungido à análise do texto impugnado como inconstitucional, não podendo, pois, estender a declaração de inconstitucionalidade a **outros dispositivos** vinculados àquele, mas não atacados, ainda que o fundamento da inconstitucionalidade seja o mesmo" (RTJ 137/1.110).

Art. 22: 2. "Na ação direta de inconstitucionalidade, seu julgamento **independe da *causa petendi*** formulada na inicial, ou seja, dos fundamentos jurídicos nela deduzidos, pois, havendo, nesse processo objetivo, arguição de inconstitucionalidade, a Corte deve considerá-la sob todos os aspectos em face da Constituição, e não apenas diante daqueles focalizados pelo autor" (STF-Pleno, ADI 1.896-8-Medida Liminar, Min. Sepúlveda Pertence, j. 18.2.99, um voto vencido, DJU 28.5.99).

Em consequência, o STF julgou prejudicado o pedido de medida liminar, já apreciado em preliminar de outra ação direta de inconstitucionalidade, porque: "É de se presumir que, no precedente, ao menos implicitamente, hajam sido considerados quaisquer fundamentos para eventual arguição de inconstitucionalidade, inclusive os apresentados na inicial da presente ação" (ibidem).

Art. 22: 3. "A **revogação do ato normativo** impugnado ocorrida posteriormente ao ajuizamento da ação direta, mas anteriormente ao seu julgamento, a torna prejudicada, independentemente da verificação dos efeitos concretos que o ato haja produzido, pois eles têm relevância no plano das relações jurídicas individuais, não, porém, no controle abstrato das normas" (STF-Pleno, ADI 539, Min. Moreira Alves, j. 16.9.93, DJ 22.10.93). No mesmo sentido: RTJ 151/56, 151/401, 152/739, 154/401, 154/452, 160/145, 176/1.052, 183/108, 186/403, STF-RT 798/181 e STF-RDA 194/242.

Todavia, considerando não prejudicada a ação direta se houver "indícios de fraude à jurisdição da Corte, como, a título de ilustração, quando a norma é revogada com o propósito de evitar a declaração da sua inconstitucionalidade": STF-Pleno, ADI 3.306, Min. Gilmar Mendes, j. 17.3.11, um voto vencido, DJ 7.6.11.

"A prejudicialidade da ação direta também deve ser afastada nas ações cujo mérito já foi decidido, em especial se a revogação da lei só veio a ser arguida posteriormente, em sede de embargos de declaração. Nessa última hipótese, é preciso não apenas impossibilitar a fraude à jurisdição da Corte e minimizar os ônus decorrentes da demora na prestação da tutela jurisdicional, mas igualmente preservar o trabalho já efetuado pelo Tribunal, bem como evitar que a constatação da efetiva violação à ordem constitucional se torne inócua" (STF-Pleno, ADI 951-EDcl, Min. Roberto Barroso, j. 27.10.16, um voto vencido, DJ 21.6.17).

Art. 22: 3a. A **renumeração do ato impugnado,** "mantido na íntegra o texto original, não implica a prejudicialidade da ação direta, desde que promovido o aditamento à petição inicial" (STF-Pleno, ADI 246, Min. Eros Grau, j. 16.12.04, dois votos vencidos, DJU 29.4.05).

Sobre a hipótese de reedição da medida provisória impugnada ou de sua conversão em lei, v. art. 1º, nota 12.

Art. 22: 4. "É correta decisão monocrática que entende não prejudicada ação direta de inconstitucionalidade em virtude de sobrevinda de alteração legislativa não substancial da norma impugnada. **Nova redação** que não altere o sentido e o alcance do dispositivo atacado não implica a revogação deste, de sorte que permanece viável o controle concentrado de constitucionalidade" (STF-RT 847/127: Pleno, ADI 2.581-AgRg-AgRg).

Todavia, julgando prejudicada a ação direta em caso no qual houve **alteração substancial** do conteúdo da norma impugnada: RTJ 156/29 (Pleno, ADI 991).

Art. 22: 5. **Alteração superveniente da norma constitucional invocada como objeto da ofensa.** "Em nosso ordenamento jurídico, não se admite a figura da constitucionalidade superveniente. Mais relevante do que a atualidade do parâmetro de controle é a constatação de que a inconstitucionalidade persiste e é atual, ainda que se refira a dispositivos da Constituição Federal que não se encontram mais em vigor. Caso contrário, ficaria sensivelmente enfraquecida a própria regra que proíbe a convalidação" (STF-RT 906/409: Pleno, ADI 2.158, maioria).

Art. 23. Efetuado o julgamento, proclamar-se-á a constitucionalidade ou a inconstitucionalidade da disposição ou da norma impugnada se num ou noutro sentido se tiverem manifestado pelo menos seis Ministros, quer se trate de ação direta de inconstitucionalidade ou de ação declaratória de constitucionalidade.

Parágrafo único. Se não for alcançada a maioria necessária à declaração de constitucionalidade ou de inconstitucionalidade, estando ausentes Ministros em número que possa influir no julgamento, este será suspenso a fim de aguardar-se o comparecimento dos Ministros ausentes, até que se atinja o número necessário para prolação da decisão num ou noutro sentido.

Art. 24. Proclamada a constitucionalidade, julgar-se-á improcedente a ação direta ou procedente eventual ação declaratória; e, proclamada a inconstitucionalidade, julgar-se-á procedente a ação direta ou improcedente eventual ação declaratória.

Art. 25. Julgada a ação, far-se-á a comunicação à autoridade ou ao órgão responsável pela expedição do ato.

Art. 26. A decisão que declara a constitucionalidade ou a inconstitucionalidade da lei ou do ato normativo em ação direta ou em ação declaratória[1 a 2] é irrecorrível, ressalvada a interposição de embargos declaratórios,[2a-3] não podendo, igualmente, ser objeto de ação rescisória.

Art. 26: 1. A declaração de inconstitucionalidade da lei tem eficácia retroativa, produzindo **efeitos *ex tunc*** (RTJ 82/791, 97/1.369, 157/1.063; STF-RT 798/206; RSTJ 10/164, RTFR 129/75-Pleno, v.u.) e, por isso, "os atos praticados com apoio na mesma lei são nulos" (RT 657/176).

A declaração de inconstitucionalidade "sempre retroage ao momento em que surgiu, no sistema do direito positivo, o ato estatal atingido pelo pronunciamento judicial (nulidade *ab initio*). É que atos inconstitucionais são nulos e desprovidos de qualquer carga de eficácia jurídica" (RTJ 174/506).

V., porém, art. 27 e notas.

Art. 26: 1a. "A declaração final de inconstitucionalidade, quando proferida em sede de fiscalização normativa abstrata, importa — considerado o **efeito repristinatório** que lhe é inerente — em restauração das normas estatais anteriormente revogadas pelo diploma normativo objeto do juízo de inconstitucionalidade, eis que o ato inconstitucional, por juridicamente inválido (RTJ 146/461-462), não se reveste de qualquer carga de eficácia derrogatória" (STF-RT 841/167: ADI 2.884, Pleno).

"O vício da inconstitucionalidade acarreta a nulidade da norma, conforme orientação assentada há muito tempo no STF e abonada pela doutrina dominante. Assim, a afirmação da constitucionalidade ou da inconstitucionalidade da norma, mediante sentença de mérito em ação de controle concentrado, tem efeitos puramente declaratórios. Nada constitui nem desconstitui. Sendo declaratória a sentença, a sua eficácia temporal, no que se refere à validade ou à nulidade do preceito normativo, é *ex tunc*. A revogação, contrariamente, tendo por objeto norma válida, produz seus efeitos para o futuro (*ex nunc*), evitando, a partir de sua ocorrência, que a norma continue incidindo, mas não afetando de forma alguma as situações decorrentes de sua (regular) incidência, no intervalo situado entre o momento da edição e o da revogação. A não repristinação é regra aplicável aos casos de revogação de lei, e não aos casos de inconstitucionalidade. É que a norma inconstitucional, porque nula *ex tunc*, não teve aptidão para revogar a legislação anterior, que, por isso, permaneceu vigente" (STJ-1ª Seção, ED no REsp 517.789, Min. Teori Zavascki, j. 22.3.06, DJU 10.4.06).

Súmula 17 do TJSC: "A decisão que declara a inconstitucionalidade de uma norma porque nula *ex tunc*, alcança todos os atributos que uma lei constitucional seria capaz de congregar, inclusive torna ineficaz a cláusula expressa ou implícita de revogação da disposição aparentemente substituída, mantendo vigente, como se alteração não tivesse havido, a legislação anterior, à qual se confere efeitos repristinatórios".

V. tb. art. 11 § 2º.

Art. 26: 2. "Considerações em torno da questão da **eficácia repristinatória indesejada** e da necessidade de impugnar os atos normativos, que, embora revogados, exteriorizem os mesmos vícios de inconstitucionalidade que inquinam a legislação revogadora. Ação direta que impugna, não apenas a Lei estadual 1.123/2000, mas, também, os diplomas legislativos que, versando matéria idêntica (serviços lotéricos), foram por ela revogados. Necessidade, em tal hipótese, de impugnação de todo o complexo normativo. **Correta formulação,** na espécie, **de pedidos sucessivos de declaração de inconstitucionalidade tanto do diploma ab-rogatório quanto das normas por ele revogadas,** porque também eivadas do vício da ilegitimidade constitucional" (STF-Pleno, ADI 3.148, Min. Celso de Mello, j. 13.12.06, maioria, DJ 27.9.07).

Art. 26: 2a. O prazo para a oferta dos embargos de declaração é de 5 dias e não se tem admitido a sua dobra (v. arts. 1º, nota 4, e 4º, nota 2).

Art. 26: 3. Não cabem embargos de declaração opostos:

— "por quem, embora legitimado para a propositura da ação direta, nela não figure como requerente ou requerido" (STF-Pleno, ADI 1.105-MC-EDcl-QO, Min. Maurício Corrêa, j. 23.8.01, DJ 16.11.01);

— por terceiros que se dizem prejudicados (RTJ 109/880 e STF-RDA 158/173).

Art. 27. Ao declarar a inconstitucionalidade de lei ou ato normativo, e tendo em vista razões de segurança jurídica ou de excepcional interesse social, poderá o Supremo Tribunal Federal, por maioria de dois terços de seus membros, restringir os efeitos daquela declaração ou decidir que ela só tenha eficácia a partir de seu trânsito em julgado ou de outro momento que venha a ser fixado.[1 a 5]

Art. 27: 1. "O controle da constitucionalidade pelo Supremo Tribunal Federal à luz da teoria dos poderes neutrais", por Alexandre dos Santos Aragão (RF 373/19). "Eficácia temporal da revogação da jurisprudência consolidada dos Tribunais Superiores", por Luiz Guilherme Marinoni (RT 906/255, RMDCPC 44/5, RJ-Lex 53/18); "Embargos de declaração como meio processual adequado a suscitar a modulação dos efeitos temporais do controle de constitucionalidade", por Bruno Vinícius da Rós Bodart (RP 198/389).

Art. 27: 1a. s/ eficácia da medida cautelar em ADI, v. art. 11 §§ 1º e 2º;

Art. 27: 1b. Uma vez presentes os seus requisitos, a modulação temporal dos efeitos da declaração de inconstitucionalidade é um **dever do órgão julgador.** Assim, ela independe de pedido da parte. Nos casos em que a declaração de inconstitucionalidade silenciar a respeito do assunto, a respectiva **omissão** autoriza a oposição de embargos de declaração. E no julgamento desses embargos a sanação do vício pode resultar na modulação temporal até então não determinada (STF-RT 905/139: Pleno, ADI 3.601-EDcl, maioria).

Art. 27: 2. "A natureza dos efeitos da decisão judicial que declara a inconstitucionalidade de uma lei — *ex tunc* ou *ex nunc* — não emerge de princípio ou de preceito sediado na Constituição, configurando, isto sim, uma questão de política judicial, desse modo, sujeita à livre valoração judicial a ser feita em **cada caso concreto,** segundo os reclamos de justiça e razoabilidade em cada espécie litigiosa. Destarte, pode o Tribunal dar efeito *ex nunc* à declaração de inconstitucionalidade em homenagem à **boa-fé dos destinatários da norma,** decorrente do princípio da presunção de constitucionalidade das leis" (RF 366/248: TJRJ, Rp 51/99-EDcl).

Art. 27: 3. É possível, em situações excepcionais, conferir **eficácia *ex nunc* ou *pro futuro*** também à **declaração incidental de inconstitucionalidade:** "Efeitos. Princípio da segurança jurídica. Situação excepcional em que a declaração de nulidade, com seus normais efeitos *ex tunc*, resultaria grave ameaça a todo o sistema legislativo vigente. Prevalência do interesse público para assegurar, em caráter de exceção, efeitos *pro futuro* à declaração incidental de inconstitucionalidade" (STF-Pleno, RE 197.917, Min. Maurício Corrêa, j. 6.6.02, DJU 7.5.04). Afirmando, em tese, essa possibilidade, mas deixando-a de lado no caso concreto, em razão da falta de requisitos para a modulação temporal da decisão: STJ-1ª T., REsp 727.209, Min. Teori Zavascki, j. 21.2.06, DJU 13.3.06.

Art. 27: 4. **Impossibilidade de modulação temporal em casos em que não haja declaração de inconstitucionalidade.** "Revela-se inaplicável a teoria da limitação temporal dos efeitos, se e quando o STF, ao julgar determinada causa, nesta formular juízo negativo de recepção, por entender que certa lei pré-constitucional mostra-se materialmente incompatível com normas constitucionais a ela supervenientes. A **não recepção** de ato estatal pré-constitucional, por não implicar a declaração de sua inconstitucionalidade — mas o reconhecimento de sua pura e simples revogação (RTJ 143/355 — RTJ 145/339) —, descaracteriza um dos pressupostos indispensáveis à utilização da técnica da modulação temporal, que supõe, para incidir, dentre outros elementos, a necessária existência de um juízo de inconstitucionalidade" (STF-2ª T., RE 353.508-AgRg, Min. Celso de Mello, j. 15.5.07, DJU 29.6.07).

Negando a modulação temporal em caso no qual se discutia a possibilidade de concessão de efeitos *ex nunc* a decisão judicial, em razão de mudança no entendimento jurisprudencial acerca da interpretação de determinado dispositivo constitucional: STF-Pleno, RE 353.657, Min. Marco Aurélio, j. 25.6.07, maioria, DJU 7.3.08.

"Salvo nas hipóteses excepcionais previstas no art. 27 da Lei 9.868/99, é incabível ao Judiciário, sob pena de usurpação da atividade legislativa, promover a 'modulação temporal' das suas decisões, para o efeito de dar eficácia prospectiva a preceitos normativos reconhecidamente revogados" (STJ-1ª Seção, ED no REsp 738.689, Min. Teori Zavascki, j. 27.6.07, dois votos vencidos, DJU 22.10.07).

Art. 27: 5. "Desnecessário o trânsito em julgado para que a decisão proferida no julgamento do mérito em ADI seja cumprida. Ao ser julgada improcedente a ação direta de inconstitucionalidade — ADI n. 2.335 — a Corte, tacitamente, revogou a decisão contrária, proferida em sede de medida cautelar. Por outro lado, a lei goza de presunção de constitucionalidade" (STF-RTJ 193/103 e RP 119/184: Pleno, Rcl 2.576-4, maioria).

Art. 28. Dentro do prazo de dez dias após o trânsito em julgado da decisão, o Supremo Tribunal Federal fará publicar em seção especial do Diário da Justiça e do Diário Oficial da União a parte dispositiva do acórdão.

Parágrafo único. A declaração de constitucionalidade ou de inconstitucionalidade, inclusive a interpretação conforme a Constituição e a declaração parcial de inconstitucionalidade sem redução de texto, têm eficácia contra todos[1-1a] e efeito vinculante[2 a 2b] em relação aos órgãos do Poder Judiciário e à Administração Pública federal, estadual e municipal.[3]

✎ Art. 28: 1. "A decisão de improcedência na ação declaratória de constitucionalidade", por Vera Letícia de Vargas Stein (Ajuris 78/280); "Os efeitos das decisões no controle de constitucionalidade: ação direta de inconstitucionalidade, ação declaratória de constitucionalidade e arguição de descumprimento de preceito fundamental", por Caio Augusto Silva dos Santos (RT 831/80).

Art. 28: 1a. "É **constitucional** lei ordinária que define como de eficácia vinculante os julgamentos definitivos de mérito proferidos pelo Supremo Tribunal Federal em ação direta de inconstitucionalidade (Lei 9.868/99, art. 28, § ún.)" (STF-Pleno, Rcl 1.880-AgRg, Min. Maurício Corrêa, j. 7.11.02, maioria, DJU 19.3.04).

✎ Art. 28: 2. "O efeito vinculante nas decisões em ação direta de inconstitucionalidade e ação declaratória de constitucionalidade", por Janice Helena Ferreri Morbidelli (RP 129/81).

Art. 28: 2a. s/ efeito vinculante em arguição de descumprimento de preceito fundamental, v. LADPF 10.

Art. 28: 2b. Em consequência do **efeito vinculante,** os juízes e tribunais deverão obrigatoriamente proferir decisão em harmonia com o que foi julgado expressamente pelo STF quanto à constitucionalidade ou inconstitucionalidade da lei ou ato, tanto na ação direta de inconstitucionalidade quanto na declaratória de constitucionalidade.

O efeito vinculante, no caso de desrespeito à decisão de declaração de constitucionalidade ou de inconstitucionalidade pelos órgãos do Poder Judiciário e da administração pública, legitima o uso da **reclamação** ao STF (STF-Pleno: RTJ 185/3); "cuja procedência importará em desconstituição do ato que houver desrespeitado a autoridade da decisão emanada pelo STF" (STF-Pleno: RT 807/177).

Nessa hipótese, têm **legitimidade ativa** para a reclamação "todos os que comprovem prejuízo oriundo de decisões dos órgãos do Poder Judiciário, bem como da Administração Pública de todos os níveis, contrárias ao julgado do Tribunal" (STF-Pleno, Rcl 1.880-AgRg, Min. Maurício Corrêa, j. 7.11.02, maioria, DJU 19.3.04). "Assiste plena legitimidade ativa, em sede de reclamação, àquele — particular ou não — que venha a ser afetado, em sua esfera jurídica, por decisões de outros magistrados ou Tribunais que se revelem contrárias ao entendimento fixado, em caráter vinculante, pelo STF, no julgamento dos processos objetivos de controle normativo abstrato instaurados mediante ajuizamento, quer de ação direta de inconstitucionalidade, quer de ação declaratória de constitucionalidade" (RTJ 187/151, Pleno).

Art. 28: 3. "A eficácia geral e o efeito vinculante de decisão, proferida pelo STF, em ação direta de constitucionalidade ou de inconstitucionalidade de lei ou ato normativo federal, só atingem os demais órgãos do Poder Judiciário e todos os do Poder Executivo, **não alcançando o legislador,** que pode editar nova lei com idêntico conteúdo normativo, sem ofender a autoridade daquela decisão" (STF-RT 842/107 e RP 130/185: Pleno, Rcl 2.617-AgRg).

Capítulo V | DAS DISPOSIÇÕES GERAIS E FINAIS

Art. 29. O art. 482 do Código de Processo Civil fica acrescido dos seguintes parágrafos:[1]

Art. 29: 1. O dispositivo mencionado é do CPC rev.

Art. 30....[1]

Art. 30: 1. O art. 30 acrescia disposições ao art. 8º da Lei 8.185, de 14.5.91. Entretanto essa lei, que dispunha sobre a Organização Judiciária do Distrito Federal e dos Territórios, foi expressamente revogada pela **Lei 11.697, de 13.6.08,** que passou a regular a matéria, nos seguintes termos:

"Art. 8º Compete ao Tribunal de Justiça:

"I — processar e julgar originariamente:

...

"n) a ação direta de inconstitucionalidade de lei ou ato normativo do Distrito Federal em face da sua Lei Orgânica;

"o) a ação declaratória de constitucionalidade de lei ou ato normativo do Distrito Federal em face de sua Lei Orgânica;

...

"§ 2º Podem propor a ação direta de inconstitucionalidade:

"I — o Governador do Distrito Federal;

"II — a Mesa da Câmara Legislativa do Distrito Federal;

"III — o Procurador-Geral de Justiça;

"IV — a Ordem dos Advogados do Brasil, Seção do Distrito Federal;

"V — as entidades sindicais ou de classe, de atuação no Distrito Federal, demonstrando que a pretensão por elas deduzida guarda relação de pertinência direta com os seus objetivos institucionais;

"VI — os partidos políticos com representação na Câmara Legislativa.

"§ 3º Podem propor a ação declaratória de constitucionalidade:

"I — o Governador do Distrito Federal;

"II — a Mesa da Câmara Legislativa do Distrito Federal;

"III — o Procurador-Geral de Justiça.

"§ 4º Aplicam-se ao processo e julgamento da ação direta de inconstitucionalidade perante o Tribunal de Justiça do Distrito Federal e dos Territórios as seguintes disposições:

"I — o Procurador-Geral de Justiça será sempre ouvido nas ações diretas de constitucionalidade ou de inconstitucionalidade;

"II — declarada a inconstitucionalidade por omissão de medida para tornar efetiva norma da Lei Orgânica do Distrito Federal, a decisão será comunicada ao Poder competente para adoção das providências necessárias e, tratando-se de órgão administrativo, para fazê-lo em 30 (trinta) dias;

"III — somente pelo voto da maioria absoluta de seus membros ou de seu órgão especial, poderá o Tribunal de Justiça declarar a inconstitucionalidade de lei ou de ato normativo do Distrito Federal ou suspender a vigência em decisão de medida cautelar.

"§ 5º Aplicam-se, no que couber, ao processo e julgamento da ação direta de inconstitucionalidade de lei ou ato normativo do Distrito Federal, em face da sua Lei Orgânica, as normas sobre o processo e o julgamento da ação direta de inconstitucionalidade perante o Supremo Tribunal Federal".

Art. 31. Esta lei entra em vigor na data de sua publicação.[1]

Art. 31: 1. De acordo com a LC 95, de 26.2.98, art. 9º, as leis novas devem fazer expressa referência aos textos por elas revogados. Embora a LADIN não mencione nenhum, entendemos que as Leis 4.337, de 1.6.64, e 5.778, de 16.5.72, estão **revogadas** por força do disposto na LINDB 2º § 1º, segunda e terceira hipóteses.

Brasília, 10 de novembro de 1999; 178º da Independência e 111º da República — FERNANDO HENRIQUE CARDOSO — **José Carlos Dias.**

Lei n. 9.882, de 3 de dezembro de 1999

Dispõe sobre o processo e julgamento da arguição de descumprimento de preceito fundamental,[1-2] nos termos do § 1º do art. 102 da Constituição Federal.

O Presidente da República
Faço saber que o Congresso Nacional decreta e eu sanciono a seguinte lei:

LEI 9.882: 1. "Jurisdição constitucional: ação e processo de arguição de descumprimento de preceito constitucional", por Francisco Wildo Lacerda Dantas (RT 783/115); "Aspectos básicos do controle da constitucionalidade das leis e dos atos normativos e breve análise da Lei 9.868, de 10.11.99, e da Lei 9.882, de 3.12.99", por Adolfo Mamoru Nishiyama (RT 788/76); "Apontamentos sobre a arguição de descumprimento de preceito fundamental", por Daniel Sarmento (RDA 224/95); "Arguição de descumprimento de preceito fundamental", por Oswaldo Othon de Pontes Saraiva Filho (RJ 279/64); "Notas sobre a arguição de descumprimento de preceito fundamental", por José Maria Tesheiner (RJ 283/17); "A Lei n. 9.882, de 3 de dezembro de 1999", pelo Min. Carlos Alberto Menezes Direito (RF 357/41); "Arguição de descumprimento de preceito fundamental", por Gilberto Schäfer (Ajuris 83/201); "Conteúdo e extensão de preceito fundamental na arguição de descumprimento", por Renato de Lima Castro (RF 362/133); "Arguição de descumprimento de preceito fundamental. Alguns aspectos controversos", por Ingo Wolfgang Sarlet (Ajuris 84/117); "A arguição de descumprimento de preceito fundamental e a manipulação dos efeitos de sua decisão", por Olavo Augusto Vianna Alves Ferreira e Rodrigo Pieroni Fernandes (RF 363/121); "Arguição de descumprimento de preceito fundamental: problemas de concretização e limitação", por Dimitri Dimoulis (RT 832/11); "Os contornos da arguição de descumprimento de preceito fundamental na jurisprudência do Supremo Tribunal Federal", por Gilberto Schäfer (Ajuris 102/143); "A arguição de descumprimento de preceito fundamental", por Pedro Roberto Decomain (RDDP 92/78).

LEI 9.882: 2. Nota importante: Pende de julgamento no STF ação direta de inconstitucionalidade (ADI 2.231), proposta com a finalidade de declarar inconstitucionais todos os dispositivos da Lei 9.882, de 3.12.99.

Art. 1º A arguição prevista no § 1º do art. 102 da Constituição Federal será proposta perante o Supremo Tribunal Federal, e terá por objeto evitar ou reparar lesão a preceito fundamental,[1] resultante de ato do Poder Público.[1a a 2]

Parágrafo único. Caberá também arguição de descumprimento de preceito fundamental:[2a-2b]

I — quando for relevante o fundamento da controvérsia constitucional sobre lei ou ato normativo federal, estadual ou municipal,[3-3a] incluídos os anteriores à Constituição;

II — (VETADO)

Art. 1º: 1. "Compete ao STF o juízo acerca do que se há de compreender, no sistema constitucional brasileiro, como preceito fundamental" (STF-Pleno, ADPF 1-7, Min. Néri da Silveira, j. 3.2.00, DJU 7.11.03).

Art. 1º: 1a. "O enunciado da **Súmula** desta Corte, indicado como ato lesivo aos preceitos fundamentais, não consubstancia ato do Poder Público, porém tão somente a expressão de entendimentos reiterados seus. Os enunciados são passíveis de revisão paulatina. A arguição de descumprimento de preceito fundamental não é adequada a essa finalidade" (STF-RT 854/103: Pleno, ADPF 80-AgRg).

Art. 1º: 1b. O *caput* do art. 1º da Lei 9.882, de 3.12.99, trata de **"arguição autônoma,** com caráter de verdadeira ação, na qual se pode impugnar ato de qualquer dos Poderes Públicos, no âmbito federal, estadual ou municipal, desde que para evitar ou reparar lesão a preceito fundamental da Constituição" (STF-Pleno, ADPF 3-QO, Min. Sydney Sanches, j. 18.5.00, DJU 27.2.04).

Art. 1º: 2. No sentido de que a expressão "ato do Poder Público" abrange aquele praticado pelo Poder Judiciário no exercício de função jurisdicional: STF-Pleno, ADPF 101, Min. Cármen Lúcia, j. 24.6.09, um voto vencido, DJ 4.6.12.

S/ o princípio da subsidiariedade, v. art. 4º, nota 1.

✎ **Art. 1º: 2a.** "Arguição paralela de descumprimento de preceito fundamental — avanços e retrocessos", por Bruno Moraes Faria Monteiro Belem (RT 917/93).

Art. 1º: 2b. O § ún. do art. 1º da Lei 9.882, de 3.12.99, cuida "não de uma ação autônoma, qual a prevista no *caput* do art. 1º da lei, mas de uma **ação incidental,** que pressupõe a existência de controvérsia constitucional relevante sobre lei ou ato normativo federal, estadual ou municipal, incluídos os anteriores à Constituição" (STF-Pleno, ADPF 3-QO, Min. Sydney Sanches, j. 18.5.00, DJU 27.2.04).

Art. 1º: 3. O texto vai além da LADIN, pois permite o exame da inconstitucionalidade de lei ou ato **municipal** (cf. LADIN 1º, notas 17 a 20a) e de lei ou ato anterior à Constituição (cf. LADIN 1º, nota 8).

Art. 1º: 3a. "Revogação da lei ou ato normativo não impede o exame da matéria em sede de ADPF, porque o que se postula nessa ação é a declaração de ilegitimidade ou de não recepção da norma pela ordem constitucional superveniente" (STF-Pleno, ADPF 33, Min. Gilmar Mendes, j. 7.12.05, DJU 27.10.06).

Art. 2º Podem propor arguição de descumprimento de preceito fundamental:[1]

I — os legitimados para a ação direta de inconstitucionalidade;[1a]

II — (VETADO)

§ 1º Na hipótese do inciso II,[2] faculta-se ao interessado, mediante representação, solicitar a propositura de arguição de descumprimento de preceito fundamental ao Procurador-Geral da República, que, examinando os fundamentos jurídicos do pedido, decidirá do cabimento do seu ingresso em juízo.

§ 2º (VETADO)

Art. 2º: 1. O cidadão não tem legitimidade para a arguição de descumprimento de preceito fundamental (STF-RT 911/409: Pleno, ADPF 226-AgRg).

V. tb. nota 2.

Art. 2º: 1a. v. LADIN 2º, especialmente notas sobre o requisito da **pertinência temática.** V. tb. CF 103.

Art. 2º: 2. O inciso II estendia a legitimidade para a arguição de descumprimento de preceito fundamental a "qualquer pessoa lesada ou ameaçada por ato do Poder Público". Todavia, esse dispositivo foi vetado, de modo que cabe ao mero interessado na arguição solicitá-la ao Procurador-Geral da República.

V. tb. nota 1.

Art. 3º A petição inicial deverá conter:

I — a indicação do preceito fundamental que se considera violado;

II — a indicação do ato questionado;

III — a prova da violação do preceito fundamental;

IV — o pedido, com suas especificações;

V — se for o caso, a comprovação da existência de controvérsia judicial relevante sobre a aplicação do preceito fundamental que se considera violado.

Parágrafo único. A petição inicial, acompanhada de instrumento de mandato, se for o caso,[1] será apresentada em duas vias, devendo conter cópias do ato questionado e dos documentos necessários para comprovar a impugnação.

Art. 3º: 1. v. CPC 105, nota 5b.

Art. 4º A petição inicial será indeferida liminarmente, pelo relator, quando não for o caso de arguição de descumprimento de preceito fundamental, faltar algum dos requisitos prescritos nesta lei ou for inepta.

§ 1º Não será admitida arguição de descumprimento de preceito fundamental quando houver qualquer outro meio eficaz de sanar a lesividade.[1-1a]

§ 2º Da decisão de indeferimento da petição inicial caberá agravo, no prazo de cinco dias.[2]

Art. 4º: 1. O ajuizamento da arguição de descumprimento de preceito fundamental condiciona-se à inexistência de outro meio processual capaz de cessar a situação criada pelo ato impugnado. "A mera possibilidade de utilização de outros meios processuais, contudo, não basta, só por si, para justificar a invocação do princípio da subsidiariedade, pois, para que esse postulado possa legitimamente incidir — impedindo, desse modo, o acesso imediato à arguição de descumprimento de preceito fundamental — revela-se essencial que os instrumentos disponíveis mostrem-se capazes de neutralizar, de maneira eficaz, a situação de lesividade que se busca obstar com o ajuizamento desse *writ* constitucional" (STF-Pleno: RTJ 184/373 e RT 814/127).

"Princípio da subsidiariedade. Inexistência de outro meio eficaz de sanar a lesão, compreendido no contexto da ordem constitucional global, como aquele apto a solver a controvérsia constitucional relevante de forma ampla, geral e imediata. A existência de processos ordinários e recursos extraordinários não deve excluir, *a priori*, a utilização da ADPF, em virtude da feição marcadamente objetiva dessa ação" (STF-Pleno, ADPF 33, Min. Gilmar Mendes, j. 7.12.05, DJU 27.10.06).

V. tb. art. 1º, nota 2.

Art. 4º: 1a. **É possível converter** ação de descumprimento de preceito fundamental em ação direta de inconstitucionalidade, de modo a aproveitar os atos do feito pendente, tendo em vista ser esta meio mais eficaz para a sanação da crise de direito material e estarem preenchidos os requisitos para sua propositura (STF-Pleno, ADPF 72-6-QO, Min. Ellen Gracie, j. 1.6.05, DJU 2.12.05).

V. tb. LADIN 4º, nota 1b.

Art. 4º: 2. Esse prazo agora é de **15 dias** (v. CPC 1.070).

Art. 5º O Supremo Tribunal Federal, por decisão da maioria absoluta de seus membros, poderá deferir pedido de medida liminar na arguição de descumprimento de preceito fundamental.

§ 1º Em caso de extrema urgência ou perigo de lesão grave, ou ainda, em período de recesso, poderá o relator conceder a liminar, *ad referendum* do Tribunal Pleno.[1]

§ 2º O relator poderá ouvir os órgãos ou autoridades responsáveis pelo ato questionado, bem como o Advogado-Geral da União ou o Procurador-Geral da República, no prazo comum de cinco dias.

§ 3º A liminar poderá consistir na determinação de que juízes e tribunais suspendam o andamento de processo ou os efeitos de decisões judiciais, ou de qualquer outra medida que apresente relação com a matéria objeto da arguição de descumprimento de preceito fundamental, salvo se decorrentes da coisa julgada.[2]

§ 4º (VETADO)

Art. 5º: 1. "É admissível agravo regimental contra decisão monocrática sujeita a referendo do órgão colegiado" (STF-Pleno, ADPF 79-AgRg, Min. Cezar Peluso, j. 18.6.07, maioria, DJU 17.8.07).

Art. 5º: 2. "Não podem ser alcançados pela eficácia suspensiva de liminar concedida em ação de descumprimento de preceito fundamental, os efeitos de sentenças transitadas em julgado ou convalidados por lei superveniente" (STF-Pleno, ADPF 79-AgRg, Min. Cezar Peluso, j. 18.6.07, maioria, DJU 17.8.07).

Art. 6º Apreciado o pedido de liminar, o relator solicitará as informações às autoridades responsáveis pela prática do ato questionado, no prazo de dez dias.

§ 1º Se entender necessário, poderá o relator ouvir as partes nos processos que ensejaram a arguição, requisitar informações adicionais, designar perito ou comissão de peritos para que emita parecer sobre a questão, ou ainda, fixar data para declarações, em audiência pública, de pessoas com experiência e autoridade na matéria.

§ 2º Poderão ser autorizadas, a critério do relator, sustentação oral e juntada de memoriais, por requerimento dos interessados no processo.

Art. 7º Decorrido o prazo das informações, o relator lançará o relatório, com cópia a todos os ministros, e pedirá dia para julgamento.

Parágrafo único. O Ministério Público, nas arguições que não houver formulado, terá vista do processo, por cinco dias, após o decurso do prazo para informações.

Art. 8º A decisão[1] sobre a arguição de descumprimento de preceito fundamental somente será tomada se presentes na sessão pelo menos dois terços[2] dos Ministros.

§ 1º (VETADO)

§ 2º (VETADO)

Art. 8º: 1. Homologando acordo celebrado em sede de arguição de descumprimento de preceito fundamental: "Viabilidade do acordo firmado por legitimados coletivos privados, em processo de índole objetiva, dada a existência de notável conflito intersubjetivo subjacente e a necessidade de conferir-se efetividade à prestação jurisdicional. Presença das formalidades extrínsecas e das salvaguardas necessárias para a chancela do acordo, notadamente das relativas à representatividade adequada, publicidade ampla dos atos processuais, admissão de *amici curiae* e complementação da atuação das partes pela fiscalização do Ministério Público" (STF-Pleno, ADPF 165, Min. Ricardo Lewandowski, j. 29.5.20, DJ 18.6.20).

Art. 8º: 2. i. e., oito Ministros.

Art. 9º (VETADO)

Art. 10. Julgada a ação, far-se-á comunicação às autoridades ou órgãos responsáveis pela prática dos atos questionados, fixando-se as condições e o modo de interpretação e aplicação do preceito fundamental.

§ 1º O presidente do Tribunal determinará o imediato cumprimento da decisão, lavrando-se o acórdão posteriormente.

§ 2º Dentro do prazo de dez dias contado a partir do trânsito em julgado da decisão, sua parte dispositiva será publicada em seção especial do Diário da Justiça e do Diário Oficial da União.

§ 3º A decisão terá eficácia contra todos e efeito vinculante[1] relativamente aos demais órgãos do Poder Público.

Art. 10: 1. **s/ efeito vinculante na declaração de constitucionalidade ou de inconstitucionalidade, v. LADIN 28 § ún. e notas.**

Art. 11. Ao declarar a inconstitucionalidade de lei ou ato normativo, no processo de arguição de descumprimento de preceito fundamental, e tendo em vista razões de segurança jurídica ou de excepcional interesse social, poderá o Supremo Tribunal Federal, por maioria de dois terços de seus membros, restringir os efeitos daquela declaração ou decidir que ela só tenha eficácia a partir de seu trânsito em julgado ou de outro momento que venha a ser fixado.[1]

Art. 11: 1. v. LADIN 27 e notas.

Art. 12. A decisão que julgar procedente ou improcedente o pedido em arguição de descumprimento de preceito fundamental é irrecorrível,[1] não podendo ser objeto de ação rescisória.

Art. 12: 1. Ressalvado o cabimento de embargos declaratórios (v. LADIN 26 e respectiva nota 3).

Art. 13. Caberá reclamação contra o descumprimento da decisão proferida pelo Supremo Tribunal Federal, na forma do seu Regimento Interno.[1]

Art. 13: 1. v. RISTF 156 a 162.

Art. 14. Esta lei entra em vigor na data de sua publicação.

Brasília, 3 de dezembro de 1999; 178º da Independência e 111º da República — FERNANDO HENRIQUE CARDOSO — **José Carlos Dias.**

Lei n. 12.562, de 23 de dezembro de 2011

Regulamenta o inciso III do art. 36 da Constituição Federal, para dispor sobre o processo e julgamento da representação interventiva perante o Supremo Tribunal Federal.

A Presidenta da República,

Faço saber que o Congresso Nacional decreta e eu sanciono a seguinte Lei:

Art. 1º Esta Lei dispõe sobre o processo e julgamento da representação interventiva prevista no inciso III do art. 36 da Constituição Federal.[1-2]

Art. 1º: 1. s/ intervenção de um ente federativo em outro, v. CF 34 a 36.

Art. 1º: 2. CF 36: "A decretação da intervenção dependerá: (...) **III** — de provimento, pelo Supremo Tribunal Federal, de representação do Procurador-Geral da República, na hipótese do art. 34, VII, e no caso de recusa à execução de lei federal". V. art. 2º, nota 1.

Art. 2º A representação será proposta pelo Procurador-Geral da República, em caso de violação aos princípios referidos no inciso VII do art. 34 da Constituição Federal,[1] ou de recusa, por parte de Estado-Membro, à execução de lei federal.

Art. 2º: 1. CF 34: "A União não intervirá nos Estados nem no Distrito Federal, exceto para: (...) **VII** — assegurar a observância dos seguintes princípios constitucionais: *a*) forma republicana, sistema representativo e regime democrático; *b*) direitos da pessoa humana; *c*) autonomia municipal; *d*) prestação de contas da administração pública, direta e indireta; *e*) aplicação do mínimo exigido da receita resultante de impostos estaduais, compreendida a proveniente de transferências, na manutenção e desenvolvimento do ensino e nas ações e serviços públicos de saúde".

Art. 3º A petição inicial deverá conter:

I — a indicação do princípio constitucional que se considera violado ou, se for o caso de recusa à aplicação de lei federal, das disposições questionadas;

II — a indicação do ato normativo, do ato administrativo, do ato concreto ou da omissão questionados;

III — a prova da violação do princípio constitucional ou da recusa de execução de lei federal;

IV — o pedido, com suas especificações.

Parágrafo único. A petição inicial será apresentada em 2 (duas) vias, devendo conter, se for o caso, cópia do ato questionado e dos documentos necessários para comprovar a impugnação.

Art. 4º A petição inicial será indeferida liminarmente pelo relator, quando não for o caso de representação interventiva, faltar algum dos requisitos estabelecidos nesta Lei ou for inepta.

Parágrafo único. Da decisão de indeferimento da petição inicial caberá agravo, no prazo de 5 (cinco) dias.[1]

Art. 4º: 1. Esse prazo agora é de **15 dias** (v. CPC 1.070).

Art. 5º O Supremo Tribunal Federal, por decisão da maioria absoluta de seus membros, poderá deferir pedido de medida liminar na representação interventiva.

§ 1º O relator poderá ouvir os órgãos ou autoridades responsáveis pelo ato questionado, bem como o Advogado-Geral da União ou o Procurador-Geral da República, no prazo comum de 5 (cinco) dias.

§ 2º A liminar poderá consistir na determinação de que se suspenda o andamento de processo ou os efeitos de decisões judiciais ou administrativas ou de qualquer outra medida que apresente relação com a matéria objeto da representação interventiva.

Art. 6º Apreciado o pedido de liminar ou, logo após recebida a petição inicial, se não houver pedido de liminar, o relator solicitará as informações às autoridades responsáveis pela prática do ato questionado, que as prestarão em até 10 (dez) dias.

§ 1º Decorrido o prazo para prestação das informações, serão ouvidos, sucessivamente, o Advogado-Geral da União e o Procurador-Geral da República, que deverão manifestar-se, cada qual, no prazo de 10 (dez) dias.

§ 2º Recebida a inicial, o relator deverá tentar dirimir o conflito que dá causa ao pedido, utilizando-se dos meios que julgar necessários, na forma do regimento interno.

Art. 7º Se entender necessário, poderá o relator requisitar informações adicionais, designar perito ou comissão de peritos para que elabore laudo sobre a questão ou, ainda, fixar data para declarações, em audiência pública, de pessoas com experiência e autoridade na matéria.

Parágrafo único. Poderão ser autorizadas, a critério do relator, a manifestação e a juntada de documentos por parte de interessados no processo.

Art. 8º Vencidos os prazos previstos no art. 6º ou, se for o caso, realizadas as diligências de que trata o art. 7º, o relator lançará o relatório, com cópia para todos os Ministros, e pedirá dia para julgamento.

Art. 9º A decisão sobre a representação interventiva somente será tomada se presentes na sessão pelo menos 8 (oito) Ministros.

Art. 10. Realizado o julgamento, proclamar-se-á a procedência ou improcedência[1-2] do pedido formulado na representação interventiva se num ou noutro sentido se tiverem manifestado pelo menos 6 (seis) Ministros.

Parágrafo único. Estando ausentes Ministros em número que possa influir na decisão sobre a representação interventiva, o julgamento será suspenso, a fim de se aguardar o comparecimento dos Ministros ausentes, até que se atinja o número necessário para a prolação da decisão.

Art. 10: 1. "Enquanto medida extrema e excepcional, tendente a repor estado de coisas desestruturado por atos atentatórios à ordem definida por princípios constitucionais de extrema relevância, não se decreta intervenção federal quando tal ordem já tenha sido restabelecida por providências eficazes das autoridades competentes" (STF-RT 906/359: Pleno, IF 5.179, maioria).

Art. 10: 2. "Não se justifica decreto de intervenção federal por não pagamento de precatório judicial, quando o fato não se deva a omissão voluntária e intencional do ente federado, mas a insuficiência temporária de recursos financeiros" (STF-Pleno, IF 5.101, Min. Cezar Peluso, j. 28.3.12, um voto vencido, DJ 6.9.12).

Art. 11. Julgada a ação, far-se-á a comunicação às autoridades ou aos órgãos responsáveis pela prática dos atos questionados, e, se a decisão final for pela procedência do pedido formulado na representação interventiva, o Presidente do Supremo Tribunal Federal, publicado o acórdão, levá-lo-á ao conhecimento do Presidente da República[1] para, no prazo improrrogável de até 15 (quinze) dias, dar cumprimento aos §§ 1º e 3º do art. 36 da Constituição Federal.[1a-2]

Parágrafo único. Dentro do prazo de 10 (dez) dias, contado a partir do trânsito em julgado da decisão, a parte dispositiva será publicada em seção especial do Diário da Justiça e do Diário Oficial da União.

Art. 11: 1. v. CF 84-X.

Art. 11: 1a. v. RISTF 354.

Art. 11: 2. **CF 36:** "**§ 1º** O decreto de intervenção, que especificará a amplitude, o prazo e as condições de execução e que, se couber, nomeará o interventor, será submetido à apreciação do Congresso Nacional ou da Assembleia Legislativa do Estado, no prazo de vinte e quatro horas.

(...)

"**§ 3º** Nos casos do art. 34, VI e VII, ou do art. 35, IV, dispensada a apreciação pelo Congresso Nacional ou pela Assembleia Legislativa, o decreto limitar-se-á a suspender a execução do ato impugnado, se essa medida bastar ao restabelecimento da normalidade".

Art. 12. A decisão que julgar procedente ou improcedente o pedido da representação interventiva é irrecorrível,[1] sendo insuscetível de impugnação por ação rescisória.

Art. 12: 1. mas pode ser objeto de embargos de declaração. Nesse sentido, analogicamente, v. LADIN 26.

Art. 13. Esta Lei entra em vigor na data de sua publicação.

Brasília, 23 de dezembro de 2011; 190º da Independência e 123º da República — DILMA ROUSSEFF — **Luiz Paulo Teles Ferreira Barreto/ Fernando Luiz Albuquerque Faria.**

Ementário
Correção Monetária

— CF 100 § 5º, 182 § 4º-III, 184-*caput*, LD 26 § 2º, LDi 22. O ementário a seguir consigna exclusivamente as leis mais importantes sobre correção monetária.

Lei 5.670, de 2.7.71 — Dispõe sobre o cálculo da correção monetária (no CCLCV, tít. CORREÇÃO MONETÁRIA, int.).

Lei 6.205, de 29.4.75 — Estabelece a descaracterização do salário mínimo como fator de correção monetária e acrescenta parágrafo único ao art. 1º da Lei n. 6.147, de 29 de novembro de 1974 (no CCLCV, tít. CORREÇÃO MONETÁRIA, int.).

Lei 6.423, de 17.6.77 — Estabelece base para correção monetária e dá outras providências (no CCLCV, tít. CORREÇÃO MONETÁRIA, int.).

Lei 6.899, de 8.4.81 — Determina a aplicação da correção monetária nos débitos oriundos de decisão judicial e dá outras providências (v. adiante, texto integral).

Dec. 86.649, de 25.11.81 — Regulamenta a Lei n. 6.899, de 8 de abril de 1981, que determina a aplicação de correção monetária nos débitos oriundos de decisão judicial (v. adiante, texto integral).

Lei n. 6.899, de 8 de abril de 1981

Determina a aplicação da correção monetária nos débitos oriundos de decisão judicial e dá outras providências.

O Presidente da República

Faço saber que o Congresso Nacional decreta e eu sanciono a seguinte lei:

Art. 1º A correção monetária[1 a 4] incide sobre qualquer débito resultante de decisão judicial, inclusive sobre custas e honorários advocatícios.[5]

§ 1º Nas execuções de títulos de dívida líquida e certa, a correção será calculada a contar do respectivo vencimento.[6]

§ 2º Nos demais casos, o cálculo far-se-á a partir do ajuizamento da ação.[7]

Art. 1º: 1. "Quatro décadas da evolução da correção monetária", por Arnoldo Wald (RF 327/13); "A noção de *pro rata tempore*", por Eros Roberto Grau (RT 709/262); "A correção monetária e seus indexadores legais", por Antônio F. Álvares da Silva (RJ 203/20); "O real e o plano de estabilização econômica — As Medidas Provisórias ns. 542/94 e 566/94", por Leon Frejda Sklarowsky (RTJE 127/9); "O regime constitucional da correção monetária", por Carlos Ayres Britto (RDA 203/41); "Uma pequena história da desindexação no Brasil", por Letácio Jansen (RF 330/151); "IRPJ — Depósito judicial. Natureza jurídica da correção monetária", por Vittorio Cassone (RTJE 161/35); "Correção monetária de débitos judiciais", por José Luis Wagner e Rudi Meira Cassel (RDA 215/61); "Correção monetária: prescrição, preclusão e coisa julgada", por Lúcia Léa Guimarães Tavares (RF 349/109); "A desindexação das dívidas judiciais", por Letácio Jansen (RF 346/100).

Art. 1º: 2. Lei 10.192, de 14.2.01: "Art. 15. Permanecem em vigor as disposições legais relativas à correção monetária de débitos trabalhistas, de débitos resultantes de decisão judicial, de débitos relativos a ressarcimento em virtude de inadimplemento de obrigações contratuais e do passivo de empresas e instituições sob os regimes de concordata, falência, intervenção e liquidação extrajudicial".

Art. 1º: 3. SÚMULAS SOBRE CORREÇÃO MONETÁRIA:

Súmula Vinculante 42 do STF: "É inconstitucional a vinculação do reajuste de **vencimentos de servidores** estaduais ou municipais a índices federais de correção monetária".

Súmula 490 do STF: "A **pensão** correspondente à indenização oriunda de responsabilidade civil deve ser calculada com base no salário mínimo vigente ao tempo da sentença e ajustar-se-á às variações ulteriores". V. CPC 533, nota 10.

Súmula 562 do STF: "Na indenização de danos materiais decorrentes de **ato ilícito** cabe a atualização de seu valor, utilizando-se, para esse fim, dentre outros critérios, dos índices de **correção monetária**". V. Súmula 43 do STJ.

Súmula 638 do STF: "A controvérsia sobre a incidência, ou não, de correção monetária em **operações de crédito rural** é de natureza infraconstitucional, não viabilizando recurso extraordinário".

Súmula 725 do STF: "É constitucional o § 2º do art. 6º da Lei 8.024/90, resultante da conversão da Med. Prov. 168/90, que fixou o **BTN fiscal** como índice de correção monetária aplicável aos depósitos bloqueados pelo **Plano Collor I**".

Súmula 8 do STJ: "Aplica-se a correção monetária aos créditos habilitados em **concordata preventiva,** salvo durante o período compreendido entre as datas de vigência da Lei 7.274, de 10.12.84, e do Dec. lei 2.283, de 27.2.86" (v. jurisprudência s/ esta Súmula em RSTJ 16/219).

"Inaplicabilidade do entendimento consolidado na Súmula 8/STJ ('aplica-se a correção monetária aos créditos habilitados em concordata preventiva') à recuperação judicial, em face da natureza jurídica absolutamente distinta da concordata (favor legal) em relação ao plano de recuperação judicial (negócio jurídico plurilateral)" (STJ-3ª T., REsp 1.630.932, Min. Paulo Sanseverino, j. 18.6.19, DJ 1.7.19).

Súmula 14 do STJ: "Arbitrados os **honorários advocatícios** em percentual sobre o valor da causa, a correção monetária incide a partir do respectivo ajuizamento" (v. jurisprudência s/ esta Súmula em RSTJ 16/361).

Se os honorários foram fixados sobre o **montante da condenação,** serão calculados com base nesta, abrangendo principal e juros (RT 601/178, JTA 80/125, Lex-JTA 74/132).

Se foram fixados em **quantia certa,** serão corrigidos monetariamente a partir da sentença ou do acórdão que os concedeu (RTJ 126/431, STF-RT 630/240; STJ-2ª T., REsp 1.155.708, Min. Castro Meira, j. 17.6.10, DJ 29.6.10; STJ-2ª Seção, REsp 1.119.300-EDcl, Min. Luis Felipe, j. 13.10.10, DJ 20.10.10; RSTJ 85/389: 6ª T., REsp 63.661; JTA 73/349, 89/367, 91/270, 92/402, 97/292). **Contra,** mandando, neste caso, calcular a correção monetária desde o ajuizamento da ação: STJ-3ª T., REsp 11.852, Min. Dias Trindade, j. 20.8.91, DJU 16.9.91; JTA 87/97, maioria.

Súmula 16 do STJ: "A legislação ordinária sobre **crédito rural** não veda a incidência da correção monetária" (v. jurisprudência s/ esta Súmula em RSTJ 16/411 e no tít. EXECUÇÕES ESPECIAIS, Dec. lei 167/67, art. 71, nota 1a).

Súmula 29 do STJ: "No pagamento em juízo para **elidir falência,** são devidos correção monetária, juros e honorários de advogado" (v. jurisprudência s/ esta Súmula em RSTJ 33/217).

Súmula 30 do STJ: "A **comissão de permanência** e a correção monetária são inacumuláveis" (v. jurisprudência s/ esta Súmula em RSTJ 33/241).

Súmula 35 do STJ: "Incide correção monetária sobre as prestações pagas, quando de sua restituição, em virtude da **retirada** ou exclusão do participante de plano **de consórcio"** (v. jurisprudência s/ esta Súmula em RSTJ 33/417).

Súmula 36 do STJ: "A correção monetária integra o valor da **restituição,** em caso de **adiantamento de câmbio,** requerida em concordata ou falência" (v. jurisprudência s/ esta Súmula em RSTJ 33/477).

Súmula 43 do STJ: "Incide correção monetária sobre dívida por **ato ilícito** a partir da data do efetivo prejuízo" (v. jurisprudência s/ esta Súmula em RSTJ 38/91). V. Súmula 562 do STF.

Em matéria de: dano moral, v. adiante Súmula 362 do STJ; multa civil por improbidade administrativa, v. LIA 12, nota 5c.

Súmula 67 do STJ: "Na **desapropriação,** cabe a atualização monetária, ainda que por mais de uma vez, independente do decurso de prazo superior a um ano entre o cálculo e o efetivo pagamento da indenização" (v. jurisprudência s/ esta Súmula em RSTJ 44/197). V. tb. LD 26, nota 9.

Súmula 113 do STJ: "Os **juros compensatórios,** na desapropriação direta, incidem a partir da imissão na posse, calculados sobre o valor da indenização, corrigido monetariamente".

Súmula 114 do STJ: "Os **juros compensatórios,** na desapropriação indireta, incidem a partir da ocupação, calculados sobre o valor da indenização, corrigido monetariamente".

Súmula 141 do STJ: "Os **honorários** de advogado em **desapropriação** direta são calculados sobre a diferença entre a indenização e a oferta, corrigidos monetariamente" (v. jurisprudência s/ esta Súmula em RSTJ 80/253 e em LD 27, nota 6).

Súmula 148 do STJ: "Os débitos relativos a **benefício previdenciário,** vencidos e cobrados em juízo após a vigência da Lei n. 6.899/81, devem ser corrigidos monetariamente na forma prevista nesse diploma legal" (v. jurisprudência s/ esta Súmula em RSTJ 80/393).

Súmula 162 do STJ: "Na restituição de **indébito tributário,** a correção monetária incide a partir do pagamento indevido" (v. jurisprudência s/ esta Súmula em RSTJ 86/281).

Súmula 179 do STJ: "O estabelecimento de crédito que recebe dinheiro, em **depósito judicial,** responde pelo pagamento da correção monetária relativa aos valores recolhidos" (v. jurisprudência s/ esta Súmula em RSTJ 91/329). Neste sentido: RSTJ 151/580, RT 869/239.

Súmula 252 do STJ: "Os saldos das contas do **FGTS,** pela legislação infraconstitucional, são corrigidos em 42,72% (IPC) quanto às perdas de janeiro de 1989 e 44,80% (IPC) quanto às de abril de 1990, acolhidos pelo STJ os índices de 18,02% (LBC) quanto às perdas de junho de 1987, de 5,38% (BTN) para maio de 1990 e 7% (TR) para fevereiro de 1991, de acordo com o entendimento do STF (RE 226.855-7-RS)".

"A Súmula 252/STJ, por ser específica para a correção de saldos do FGTS, não tem aplicação nas demandas que envolvem previdência privada" (STJ-2ª Seção, REsp 1.177.973, Min. Raul Araújo, j. 14.11.12, DJ 28.11.12).

Súmula 271 do STJ: "A correção monetária dos **depósitos judiciais** independe de ação específica contra o banco depositário".

Súmula 287 do STJ: "A Taxa Básica Financeira **(TBF)** não pode ser utilizada como indexador de correção monetária nos contratos bancários" (v. jurisprudência s/ esta Súmula em RSTJ 177/223).

Súmula 288 do STJ: "A Taxa de Juros de Longo Prazo **(TJLP)** pode ser utilizada como indexador de correção monetária nos contratos bancários" (v. jurisprudência s/ esta Súmula em RSTJ 177/269).

Súmula 289 do STJ: "A restituição das parcelas pagas a **plano de previdência privada** deve ser objeto de correção plena, por índice que recomponha a efetiva desvalorização da moeda" (v. jurisprudência s/ esta Súmula em RSTJ 177/303).

"É devida a restituição da denominada reserva de poupança a ex-participantes de plano de benefícios de previdência privada, devendo ser corrigida monetariamente conforme os índices que reflitam a real inflação ocorrida no período, mesmo que o estatuto da entidade preveja critério de correção diverso, devendo ser incluídos os expurgos inflacionários (Súmula 289/STJ). A atualização monetária das contribuições devolvidas pela entidade de previdência privada ao associado deve ser calculada pelo IPC, por ser o índice que melhor traduz a perda do poder aquisitivo da moeda" (STJ-2ª Seção, REsp 1.177.973, Min. Raul Araújo, j. 14.11.12, DJ 28.11.12).

"Comprovada a migração do plano de benefícios de previdência privada sem que ocorra o rompimento definitivo do vínculo contratual entre o participante e a fundação, não há falar em aplicação do enunciado da Súmula 289/STJ" (STJ-2ª Seção, ED no Ag em REsp 107.469, Min. Marco Buzzi, j. 13.6.18, DJ 26.6.18).

Súmula 295 do STJ: "A Taxa Referencial **(TR)** é indexador válido para contratos posteriores à Lei n. 8.177/91, desde que pactuada" (v. jurisprudência s/ esta Súmula em RSTJ 185/664).

"O STF, no julgamento das ADIns 493, relator o Sr. Ministro Moreira Alves, 768, relator o Sr. Ministro Marco Aurélio, e 959-DF, relator o Sr. Ministro Sydney Sanches, não excluiu do universo jurídico a Taxa Referencial, TR, vale dizer, não decidiu no sentido de que a TR não pode ser utilizada como índice de indexação. O que o Supremo Tribunal decidiu, nas referidas ADIns, é que a TR não pode ser imposta como índice de indexação em substituição a índices estipulados em contratos firmados anteriormente à Lei n. 8.177, de 1.3.91. Essa imposição violaria os princípios constitucionais do ato jurídico perfeito e do direito adquirido" (RTJ 161/718).

"Com vários dispositivos da Lei n. 8.177/91 declarados inconstitucionais ou suspensos em decisões liminares em ações diretas de inconstitucionalidade pelo Colendo STF (ADIs n. 493, 768 e 959), e sem previsão expressa de sua aplicação sobre os valores decorrentes de títulos judiciais, em liquidação e execução, a atualização de tais valores, a partir da vigência da Med. Prov. n. 294, de 1º de fevereiro de 1991, não deve ser feita pela TR, mas pelos índices do INPC" (RSTJ 76/193).

Aplicando a TR nos débitos do INSS, sob o argumento de que, como o INSS recebe seus créditos atualizados pela TRD, deve, por isonomia, pagar seus débitos na mesma moeda: RSTJ 67/77.

Súmula 362 do STJ: "A correção monetária do **valor da indenização do dano moral** incide desde a data do arbitramento". No mesmo sentido: RP 151/227.

"Tendo o acórdão recorrido majorado o valor dos danos morais, por entender mais condizente com o ilícito produzido e o dano suportado pela parte, o início da correção monetária deve ser contado da data do acórdão" (STJ-3ª T., Ag em REsp 133.471-AgRg, Min. Sidnei Beneti, j. 24.4.12, DJ 11.5.12).

"Tendo o acórdão alterado o valor da compensação por danos morais, para reduzi-lo, de acordo com as particularidades da hipótese, verifica-se que ocorreu um novo arbitramento e, portanto, a correção monetária deveria incidir a partir de então, ou seja, da publicação do acórdão, e não da distribuição da ação" (STJ-3ª T., REsp 1.314.796, Min. Nancy Andrighi, j. 4.6.13, DJ 13.6.13). No mesmo sentido: STJ-4ª T., REsp 1.300.149-AgInt, Min. Raul Araújo, j. 13.12.16, DJ 1.2.17.

Para outros ilícitos, v. acima Súmula 43 do STJ.

Súmula 445 do STJ: "As diferenças de correção monetária resultantes de expurgos inflacionários sobre os **saldos de FGTS** têm como termo inicial a data em que deveriam ter sido creditadas".

Súmula 454 do STJ: "Pactuada a correção monetária nos **contratos do SFH** pelo mesmo índice aplicável à caderneta de poupança, incide a **taxa referencial** (TR) a partir da vigência da Lei n. 8.177/1991".

Súmula 459 do STJ: "A **Taxa Referencial** (TR) é o índice aplicável, a título de correção monetária, aos **débitos com o FGTS** recolhidos pelo empregador mas não repassados ao fundo".

Súmula 632 do STJ: "Nos contratos de seguro regidos pelo Código Civil, a correção monetária sobre a **indenização securitária** incide a partir da contratação até o efetivo pagamento".

Súmula 25 do TFR (Seguro obrigatório): "É aplicável a correção monetária, em razão da mora no pagamento da indenização decorrente de seguro obrigatório" (v. jurisprudência s/ esta Súmula em RTFR 77/144).

Súmula 45 do TFR (Multa fiscal): "As multas fiscais, sejam moratórias ou punitivas, estão sujeitas à correção monetária" (v. jurisprudência s/ esta Súmula em RTFR 78/190).

Súmula 47 do TFR (Restituição de depósito em garantia de instância): "Cancelado o débito fiscal, a correção monetária, relativa à restituição da importância depositada em garantia de instância, incide a partir da data da efetivação do depósito" (v. jurisprudência s/ esta Súmula em RTFR 79/40).

Súmula 68 do TFR (Unidade residencial do INSS): "A correção monetária não incide nas aquisições de unidades residenciais do INPS, quando a opção de compra tiver sido anterior à vigência do Dec. lei n. 19, de 1966, sendo irrelevantes, em face da Lei n. 5.049, de 1966, o valor ou a área do imóvel" (v. jurisprudência s/ esta Súmula em RTFR 80/98).

Súmula 71 do TFR: Esta Súmula está **revogada** pela Súmula 148 do STJ (v. acima). Nesse sentido: RSTJ 79/300, Bol. AASP 1.454/260.

"Cuidando-se de prestações devidas e cobradas, em juízo, já na vigência da Lei 6.899/81, já não cabe aplicar-se o critério da Súmula 71-TFR, senão que os das Súmulas 43 e 148-STJ" (STJ-3ª Seção, ED em REsp 47.447, Min. José Dantas, j. 27.11.96, DJU 3.2.97).

Mas: "Cuidando-se de prestações devidas antes da Lei 6.899/81, ainda que cobradas em juízo na sua vigência, cabe aplicar-se o critério da Súmula 71-TFR, porém somente até o advento da citada lei (Súmula 148-STJ)" (STJ-3ª Seção, ED em REsp 49.024, Min. José Dantas, j. 27.11.96, DJU 3.2.97).

Súmula 75 do TFR (Desapropriação): "Na desapropriação, a correção monetária prevista no § 2º do art. 26 do Dec. lei n. 3.365, de 1941, incide a partir da data do laudo de avaliação, observando-se a Lei n. 5.670, de 1971" (v. jurisprudência s/ esta Súmula em RTFR 80/124).

Art. 1º: 4. REGRAS GERAIS SOBRE CORREÇÃO MONETÁRIA:

— **Autoaplicabilidade da LCM.** A LCM independeu de regulamentação, para sua entrada em vigor (STF-RTJ 102/705 e RT 559/247, Lex-JTA 72/76, 73/338). V. Dec. 86.649, de 25.11.81, a seguir.

— **Contrato omisso quanto à correção monetária.** "Não constituindo a correção monetária um *plus*, mas mero instrumento de atualização da moeda desvalorizada pela inflação, deve ela incidir mesmo nos contratos pactuados sem sua previsão" (STJ-RT 661/181).

"Há necessidade de expressa previsão contratual para a cobrança de correção monetária *pro rata*, ou seja, dia a dia, por constituir sistema excepcional de atualização" (JTJ 141/66).

— **Correção monetária contratual.** "Se a lei alcançar os efeitos futuros de contratos celebrados anteriormente a ela, será essa lei retroativa (retroatividade mínima), porque vai interferir na causa, que é um ato ou fato ocorrido no passado. O disposto no art. 5º, XXXVI, da CF se aplica a toda e qualquer lei infraconstitucional, sem qualquer distinção entre lei de direito público e lei de direito privado, ou entre lei de ordem pública e lei dispositiva. Precedente do STF" (RTJ 143/724).

"A existência de cláusula contratual prevendo a correção monetária de forma tarifada afasta a incidência da Lei n. 6.899/81, no que a disciplina, considerada a perda do poder aquisitivo da moeda. Descabe distinguir os períodos situados antes e depois do vencimento da dívida, sob pena de transgressão ao ato jurídico perfeito e ao direito adquirido" (RTJ 141/289, maioria).

"Se as partes, em contratos anteriores ao advento das novas regras econômicas, estabeleceram índices alternativos no caso de extinção do indexador vigente, tais é que devem prevalecer para as prestações que se vencerem *ad futurum*" (STJ-3ª T., Ag 25.578-0-AgRg-EDcl, Min. Waldemar Zveiter, j. 16.12.92, DJU 1.3.93).

"A previsão da Lei 6.899/81 diz com a hipótese de mora, não interferindo com a pactuada pelas partes" (STJ-3ª T., Ag 34.765-0-AgRg, Min. Eduardo Ribeiro, j. 26.4.93, DJU 10.5.93).

"A correção monetária sobre o valor consignado na promissória à vista flui, como regra, a partir do ajuizamento da execução. Não assim, porém, quando estipulada expressamente na cártula sua incidência desde a data da emissão" (RSTJ 56/274, 79/229).

— **Correção monetária recíproca.** "Constituindo a correção monetária mera atualização do valor da moeda corroída pelo processo inflacionário, incide a mesma sobre eventuais devoluções de cotas de consórcio" (STJ-4ª T., REsp 7.292, Min. Sálvio de Figueiredo, j. 18.6.91, maioria, DJU 5.8.91).

"A Fazenda do Estado de São Paulo não pode pretender atualizar seus créditos tributários com o índice de 70,28%, quando não concorda que seus débitos sejam com ele corrigidos" (STJ-1ª T., REsp 20.203, Min. Garcia Vieira, j. 13.5.92, DJU 15.6.92). Há um acórdão sustentando que, neste caso, a Fazenda do Estado se sujeita à pena de litigante de má-fé (Bol. AASP 1.759/336).

— **Correções monetárias sucessivas:** v. CPC 535, nota 19a, e LD 26, nota 9 (inclusive Súmula 67 do STJ).

— **Débito já corrigido:** v. tb. Correções monetárias sucessivas.

Não cabe a correção monetária de débito que já tenha sido corrigido por outro critério que não o das ORTNs (p. ex., UPCs, salário mínimo, etc.). No mesmo sentido: RT 564/171, citando Lei 5.741, de 1.12.71, art. 8º (v. Lei 5.741 no tít. EXECUÇÕES ESPECIAIS, ínt.).

— **Depósito judicial.** "A jurisprudência desta Corte considera indevidos novos juros moratórios e atualização, tendo em vista o depósito judicial já contar com remuneração específica" (STJ-4ª T., REsp 1.120.846-AgRg, Min. Aldir Passarinho Jr., j. 10.8.10, DJ 3.9.10).

— **Desde quando é devida.** V. Termo inicial da correção monetária.

— **Direito de regresso.** "Em caso de ação regressiva, ajuizada pela seguradora contra o causador dos danos, o termo inicial da correção monetária é a data do desembolso da quantia, já que se opera a sub-rogação daquela nos direitos do segurado" (STJ-3ª T., AI 1.344.297-AgRg, Min. Sidnei Beneti, j. 15.5.12, DJ 28.5.12).

— **Dívida de valor.** Os §§ do art. 1º da LCM se aplicam tão só às dívidas em dinheiro. As dívidas de valor devem ser corrigidas desde o momento em que se tornem exigíveis (v., p. ex., RJTJESP 101/63 e 65, 2 acórdãos s/ corretagens).

Essa regra não se aplica na hipótese de cobrança de cheque prescrito através de ação monitória, caso em que se calcula a atualização do débito a partir do ajuizamento da ação. Neste sentido: STJ-1ª T., REsp 237.626, Min. Milton Luiz Pereira, j. 6.12.01, DJU 15.4.02.

V., abaixo, nesta nota, Incidência da LCM.

— **Enriquecimento sem causa:** v. tb. Repetição do indébito.

"A jurisprudência do STJ pacificou-se no sentido de admitir a correção monetária incidente sobre valores de quaisquer débitos judiciais, ainda que se trate de título executivo que tenha perdido a cambiaridade" (STJ-3ª T., REsp 6.527, Min. Waldemar Zveiter, j. 19.12.90, DJU 11.3.91).

Na ação de enriquecimento injustificado cambiário, a correção monetária se conta do seu ajuizamento, e não do vencimento do título (Bol. AASP 1.592/150).

"Cabimento da ação de cobrança para se exigir dívida de valor, líquida e certa, inclusive, confessada pelo devedor, razão suficiente para que a correção monetária incida a partir do vencimento do título (art. 1º, § 1º)" (STJ-3ª T., REsp 20.188-7, Min. Waldemar Zveiter, j. 9.6.92, DJU 3.8.92).

Contra: "Sobre dívida decorrente de decisão judicial, em cobrança, por meio de processo de conhecimento, de dívida representada por notas promissórias que perderam sua força cambial, incide correção monetária, mas a partir do ajuizamento da ação, nos termos do § 2º do art. 1º da Lei 6.899/81" (STJ-RT 668/172).

— **Extensão da correção monetária.** "A correção monetária deve incidir sobre a totalidade do débito, abrangendo, englobadamente, todas as parcelas" (STF-RJ 234/52).

— **Ilícito contratual.** A correção monetária, no caso de ilícito contratual, é devida desde o efetivo prejuízo, e não a partir da citação (STJ-RT 669/200). "A jurisprudência do Supremo é pacífica no sentido de que, no ilícito contratual, é devida a correção monetária independentemente da Lei n. 6.899" (RTJ 122/419). Ainda: "O ilícito contratual é fonte direta de correção monetária, ainda que a lei ou o contrato não a tenha previsto" (RTJ 121/761).

Cabe correção monetária nos casos de inadimplemento contratual de dívida de valor, ainda antes da Lei 6.899/81 (RSTJ 25/497, 38/129; RTJ 106/345; Lex-JTA 72/28), mas deve haver pedido expresso na inicial (Lex-JTA 72/75). Faz-se a atualização desde o momento do inadimplemento contratual (STJ-4ª T., REsp 803, Min. Sálvio de Figueiredo, j. 10.10.89, maioria, DJU 20.11.89; RSTJ 38/133; RTJ 117/1.170, RT 560/117), i. e., "desde o evento lesivo" (STJ-RT 675/237); se a perícia fixou os prejuízos tomando por base determinada data, desta é que se há de partir para o cálculo da correção monetária.

S/ ilícito extracontratual, v., na nota anterior, **Súmulas 490 e 562 do STF** e **Súmula 43 do STJ.** V. tb. CPC 533, notas 10 e 10a.

— **Imóvel. Atraso na entrega.** "É devida a incidência de correção monetária sobre o saldo devedor de imóvel comprado na planta durante a mora da construtora, porque apenas recompõe o valor da moeda, sem representar vantagem à parte inadimplente" (STJ-4ª T., Ag em REsp 677.950-AgInt, Min. Isabel Gallotti, j. 14.3.17, DJ 20.3.17).

— **Incidência da LCM.** A Lei 6.899/81 "não veio impedir a fluência da correção monetária nos casos em que, anteriormente, já era admitida, mas, sim, estendê-la a hipóteses a que essa correção não se aplicava" (RTJ 106/860). No mesmo sentido: RSTJ 23/307, 38/125 e STJ-RT 673/178; RTJ 119/300, 119/828; STF-JTA 91/230; JTA 72/252.

Assim, se a dívida é de valor, decorrente de ato ilícito contratual ou extracontratual, incide a correção monetária, mesmo antes da vigência da Lei 6.899/81 (RTJ 106/345, 121/335; STF-Amagis 9/369; RSTJ 23/307, 38/125 e STJ-RT 673/178).

"A partir da vigência da Lei n. 6.899, de 1981, todo débito resultante de decisão judicial deve ser corrigido pelos critérios estabelecidos por esse ordenamento e sua regulamentação" (TFR-2ª T., AC 93.133, Min. William Patterson, DJU 11.10.84).

— **Incidência genérica da correção monetária.** A correção monetária é extensiva a todos os débitos resultantes de decisão judicial (RSTJ 31/318, STJ-RT 738/253).

"É entendimento já consolidado desta Corte de que a evolução dos fatos econômicos tornou insustentável a não incidência da correção monetária, sob pena de prestigiar-se o enriquecimento sem causa do devedor, sendo ela imperativo econômico, jurídico e ético indispensável à plena indenização dos danos e ao fiel e completo adimplemento das obrigações" (RSTJ 84/268).

"Lei nenhuma pode determinar qualquer índice de correção inferior à inflação do período" (RSTJ 71/57, embs. de divergência, v.u.).

"A correção monetária não constitui acréscimo, mas simples recomposição da moeda corroída pela espiral inflacionária" (RSTJ 71/367). No mesmo sentido: RSTJ 23/307, 38/125.

"A correção monetária não se constitui em um *plus*, senão em uma mera atualização da moeda, aviltada pela inflação, impondo-se como um imperativo de ordem jurídica, econômica e ética. Jurídica, porque o credor tem o direito tanto de ser integralmente ressarcido dos prejuízos da inadimplência, como o de ter por satisfeito, em toda a sua inteireza, o seu crédito pago com atraso. Econômica, porque a correção nada mais significa senão um mero instrumento de preservação do valor do crédito. Ética, porque o crédito pago sem correção importa em um verdadeiro enriquecimento sem causa do devedor, e a ninguém é lícito tirar proveito de sua própria inadimplência" (RSTJ 74/387).

"Em qualquer débito que for objeto de decisão judicial, deverá incidir a correção monetária, aplicando-se a Lei n. 6.899/81, indistintamente, tanto no processo de conhecimento quanto no de execução forçada" (STJ-3ª T., REsp 20.188-7, Min. Waldemar Zveiter, j. 9.6.92, DJU 3.8.92).

"Administrativo. Empreiteira. Contrato para realização de obras públicas. Atraso no pagamento das faturas. Correção monetária. Incidência, mesmo nos contratos celebrados sem previsão, em face da desvalorização da moeda pela inflação" (RSTJ 24/473).

— **Incidência imediata.** "Nos contratos de compra e venda ou quaisquer outros negócios jurídicos, as normas de ordem pública (planos econômicos) que estabelecem critérios de correção monetária incidem de imediato e, embora não alcancem o ato jurídico perfeito ou o direito adquirido, atingem até mesmo os contratos em curso" (RSTJ 132/321).

— **Índice. Eleição.** "Esta Corte decidiu que não há ilegalidade ou abusividade na adoção do **IGP-M** para atualização monetária de débitos, quando esse índice foi eleito pelas partes. Na hipótese, a convenção de condomínio não prevê qual índice deverá ser adotado para atualização de débitos. A correção pelo **INPC** é adequada à hipótese, além de estar em consonância com a jurisprudência do STJ, no sentido da utilização do referido índice para correção monetária dos débitos judiciais" (STJ-3ª T., REsp 1.198.479, Min. Nancy Andrighi, j. 6.8.13, DJ 22.8.13).

"No caso de rescisão de contrato de compra e venda de imóvel em construção, o índice de atualização monetária para corrigir as parcelas a serem devolvidas pela vendedora é o **INCC**, por estar vinculado ao contrato; após o ajuizamento da ação, o INPC" (STJ-3ª T., REsp 1.151.282-AgRg, Min. João Otávio, j. 20.8.13, DJ 29.8.13). V. tb., no nosso CCLCV, Lei 4.864/65, art. 1º, nota 1a, no tít. CONTRATOS IMOBILIÁRIOS.

— **Índice negativo.** "A correção monetária nada mais é do que um mecanismo de manutenção do poder aquisitivo da moeda, não devendo representar, consequentemente, por si só, nem um *plus* nem um *minus* em sua substância. Corrigir o valor nominal da obrigação representa, portanto, manter, no tempo, o seu poder de compra original, alterado pelas oscilações inflacionárias positivas e negativas ocorridas no período. Atualizar a obrigação levando em conta apenas oscilações positivas importaria distorcer a realidade econômica produzindo um resultado que não representa a simples manutenção do primitivo poder aquisitivo, mas um indevido acréscimo no valor real. Nessa linha, estabelece o Manual de Orientação de Procedimento de Cálculos aprovado pelo Conselho da Justiça Federal que, não havendo decisão judicial em contrário, 'os índices negativos de correção monetária (deflação) serão considerados no cálculo de atualização', com a ressalva de que, se, no cálculo final, 'a atualização implicar redução do principal, deve prevalecer o valor nominal'" (STJ-Corte Especial, REsp 1.265.580, Min. Teori Zavascki, j. 21.3.12, maioria, DJ 18.4.12).

Contra: "Impossibilidade de aplicação de índices negativos nos períodos em que o IGP-M aponta a ocorrência de deflação, sob pena de redução do total do débito, ocasionando enriquecimento ilícito por parte do devedor, devendo ser utilizado o índice zero em tais situações" (STJ-2ª T., REsp 1.240.771, Min. Mauro Campbell, j. 5.4.11, DJ 13.4.11).

— **Multa coercitiva:** v. CPC 537, nota 2c.

— **Natureza da correção monetária.** "A correção monetária não constitui parcela que se agrega ao principal, mas simples recomposição do valor e poder aquisitivo do mesmo. Trata-se, apenas, na verdade, de nova expressão numérica do valor monetário aviltado pela inflação. Quem recebe com correção monetária não recebe um *plus*, mas apenas o que lhe é devido, em forma atualizada" (JTA 109/372).

— **Pedido omisso.** A correção monetária é devida *ex vi legis*; independe de pedido expresso (STJ-Corte Especial, REsp 1.112.524, Min. Luiz Fux, j. 1.9.10, DJ 30.9.10; RT 560/131, 613/165, JTA 72/93, Lex-JTA 72/249, 73/293, Amagis 6/132). Pode ser concedida na fase executória, embora não reclamada na inicial (STF-2ª T., RE 106.977-5, Min. Djaci Falcão, j. 12.11.85, DJU 6.12.85; RSTJ 45/129; RJTJESP 78/307 e Bol. AASP 1.228/154, 24 votos a 1), "podendo o juiz, inclusive, até de ofício, fazer incidi-la em processo de liquidação de sentença" (RSTJ 75/347).

Súmula 53 do TRF-4ª Reg.: "A sentença que, independentemente de pedido, determina a correção monetária do débito judicial não é *ultra* ou *extra petita*" (RT 752/391).

V. tb. CPC 322 § 1º.

— **Repetição de indébito.** "Em caso de restituição de quantia indevidamente paga, a correção monetária do débito deve retroagir à data do recebimento pelo réu do valor, evitando-se o enriquecimento sem causa" (RSTJ 141/415). Assim, a data do pagamento indevido é o termo inicial para a incidência da correção monetária (STJ-2ª T., REsp 883.036, Min. Mauro Campbell, j. 4.11.08, DJ 28.11.08). No mesmo sentido: RJTJESP 101/52. **Contra,** em termos, considerando-a devida a partir do ajuizamento da ação, se tiver havido boa-fé por parte do *accipiens*: RT 592/116. V. CPC 292, nota 12c, Súmula 5 do TRF-4ª Reg.

— **Quitação dada por oficial de protesto ou banco.** Se a quitação não abrange a correção monetária, procede ação para cobrá-la, calculada do vencimento do título até o pagamento (RSTJ 31/389, STJ-RT 672/213, 709/201; RT 669/155, JTJ 174/233). Mesmo porque: "O Oficial de Protestos não há de ser considerado um mandatário com poderes para dispensar o pagamento de parte do débito. É isso o que ocorreria caso se admitisse que o pagamento apenas do valor nominal do título envolvesse sua quitação, o mesmo se podendo dizer dos acessórios. Possibilidade da cobrança da correção monetária e juros" (RSTJ 96/279).

S/ pagamento feito através de Tabelionato de Protesto, v. Lei 9.492, de 10.9.97 (no CCLCV, tít. PROTESTO DE TÍTULOS, ínt.), arts. 19 e 40.

— **Salário mínimo como indexador de prestação alimentícia:** v. CPC 533, nota 10, e LA 11, nota 2.

— **Salário mínimo como parâmetro para a indenização.** "A indenização correspondente a salários mínimos deve considerar o salário mínimo vigente à época do evento, computando-se daí por diante a correção monetária" (STJ-4ª T., AI 918.956-AgRg, Min. João Otávio, j. 4.11.08, DJ 24.11.08).

Determinando a conversão do montante em salário mínimo para reais pelo valor daquele na data da decisão que quantificou a indenização e fazendo incidir a partir daí a correção monetária pelos índices oficiais: STJ-4ª T., REsp 1.140.213, Min. Aldir Passarinho Jr., j. 24.8.10, DJ 14.9.10; STJ-3ª T., REsp 1.174.486-EDcl-AgRg, Min. Sidnei Beneti, j. 28.9.10, DJ 14.10.10.

— **Seguro de vida.** "A correção monetária incide desde a data da celebração do contrato de seguro de vida até o dia do efetivo pagamento da indenização, pois a apólice deve refletir o valor contratado atualizado" (STJ-4ª T., REsp 1.715.056-AgInt, Min. Luis Felipe, j. 27.8.19, DJ 2.9.19).

— **Sentença expressamente denegatória de correção monetária.** "Se a sentença condenatória transitada em julgado exclui expressamente a incidência de correção monetária, não pode esta, em fase de execução de sentença, ser incluída no cálculo" (STF-RT 658/193). Se isso ocorrer, admite-se que o juiz, de ofício e a todo tempo, determine a exclusão da correção monetária (RSTJ 37/354).

Mas, se a sentença negou expressamente a correção monetária, porque não prevista em lei ao tempo em que foi proferida, o valor nela fixado é, não obstante, corrigível a partir da vigência da Lei 6.899/81. Neste sentido, em rescisória julgada procedente: "Embora negada a correção monetária em decisão liquidanda ou exequenda proferida anteriormente ao advento da Lei 6.899/81, deve ela ser deferida desde a sua vigência na pendência de liquidação ou execução, sem se falar em ofensa à coisa julgada, pois o que se negou na época não foi a correção monetária da Lei 6.899/81, mas a que então fora postulada sem respaldo legal ou pretoriano" (RT 627/117, maioria).

Sobrevindo a LCM, a atualização monetária deve ser feita desde sua vigência, "ainda que indeferida na primeira instância e não interposto recurso" pelo interessado (Lex-JTA 72/24). No mesmo rumo, entendendo que, tendo sido a correção monetária expressamente denegada no processo de conhecimento, poderá ser concedida a partir da vigência da Lei 6.899/81, se esta for posterior à denegação: TFR-2ª T., AC 75.571, Min. Costa Lima, j. 13.8.82, DJU 29.10.82.

— **Sentença omissa ou restritiva quanto à correção monetária.** "Se a sentença for omissa quanto à matéria, é lícito ao Tribunal, mesmo de ofício, disciplinar a incidência dessas verbas, sem que se possa argumentar de extra ou ultrapetição" (STJ-3ª T., REsp 954.353, Min. Nancy Andrighi, j. 17.6.10, DJ 30.6.10).

"Enquanto não homologada a sentença de liquidação, ainda que a decisão final no processo de conhecimento não tenha mencionado a correção monetária, pode o julgador aplicar índices ou alterá-los, no intuito de garantir a exata satisfação do direito tutelado" (STJ-2ª T., REsp 312.285-AgRg, Min. Franciulli Netto, j. 5.11.02, DJU 19.5.03). No mesmo sentido, determinando a correção monetária na fase de liquidação, omissa no processo de conhecimento: RSTJ 96/212, RJTJESP 105/50, Lex-JTA 74/204.

"É legítima a correção monetária dos débitos decorrentes de sentença judicial, nada impedindo que, no silêncio da sentença, os respectivos índices sejam fixados no processo de execução. A ofensa ao princípio da imutabilidade da coisa julgada somente se caracterizaria na hipótese de inclusão, após o trânsito em julgado da sentença homologatória, de índices de correção monetária não considerados na conta de liquidação" (STJ-1ª T., REsp 663.713, Min. Teori Zavascki, j. 23.10.07, DJ 8.11.07).

"A correção é simples instrumento de atualização, em decorrência da desvalorização da moeda. Não ofende os arts. 467 e 468 do CPC acórdão que, em execução, estende a correção monetária, ultrapassando a data prevista na sentença exequenda (02.86)" (STJ-3ª T., REsp 4.147, Min. Nilson Naves, j. 11.9.90, DJU 9.10.90).

V. tb. CPC 535, nota 20.

— **Sentença omissa quanto ao índice de correção monetária.** "Inexistindo na sentença transitada em julgado fixação de determinado índice inflacionário, pode ser pleiteado, na liquidação de sentença, a incidência do IPC para corrigir o débito, por ser este indexador que representa a verdadeira inflação do período" (STJ-1ª T., REsp 353.883, Min. Garcia Vieira, j. 12.3.02, DJU 15.4.02).

"Aplicam-se os índices de correção monetária também na fase de execução, quando não definidos critérios próprios pela decisão exequenda" (STJ-2ª T., AI 486.736-AgRg, Min. João Otávio, j. 27.5.03, DJU 16.6.03). Também autorizando a fixação de índice de correção monetária na fase de execução do julgado: STJ-3ª T., REsp 869.784, Min. Gomes de Barros, j. 6.3.08, DJU 1.4.08.

"Não ofende a coisa julgada incluir, em fase de execução, a Taxa Selic, a título de correção monetária e juros, quando o título executivo judicial determinar sejam os valores devidos corrigidos monetariamente e acrescidos de juros moratórios, sem especificar os índices a ser utilizados" (STJ-2ª T., REsp 1.041.081, Min. Castro Meira, j. 15.4.08, DJU 30.4.08).

Todavia: "A Taxa Selic é composta de taxa de juros e correção monetária, não podendo ser cumulada, a partir de sua incidência, com qualquer outro índice de atualização. Mostra-se inviável a inclusão da Taxa Selic após o trânsito em julgado de sentença que determinou a incidência de juros de mora em 1%, sob pena de violação do princípio da coisa julgada" (STJ-1ª Seção, ED no REsp 779.266, Min. Castro Meira, j. 14.2.07, DJU 5.3.07).

— **Sentença que contém critério de correção monetária.** "Fixado, por decisão cognitiva transitada em julgado, determinado critério de correção monetária, com indicação inclusive dos indexadores aplicáveis, não se mostra possível alterá-la na fase de liquidação" (STJ-4ª T., REsp 19.431-0, Min. Sálvio de Figueiredo, j. 25.8.92, DJU 21.9.92). No mesmo sentido: RSTJ 145/17, 146/24 e 445.

Igualmente: "Na atualização de cálculos com vista à expedição de precatório suplementar, a inclusão de índices de correção monetária correspondente ao IPC de períodos anteriores ao trânsito em julgado da sentença homologatória dos cálculos da liquidação implica em ofensa à coisa julgada" (RSTJ 132/252).

"A utilização de qualquer outro índice de correção monetária, que não o apontado na sentença da conta de liquidação, transitada em julgado, fere o princípio da imutabilidade da coisa julgada" (RSTJ 136/132).

V. tb. CPC 494, nota 15.

— **Taxa referencial (TR):** v., na nota anterior, Súmulas 295 e 454 do STJ.

— **Termo final da correção monetária.** Enquanto não satisfeito integralmente o julgado, é cabível a correção monetária, que incidirá sobre o *quantum* ainda não pago à data de vigência da LCM (RT 559/143, 560/144, 564/170, 565/216, em., RJTJESP 79/87, Lex-JTA 73/78).

Considerando indevida a correção monetária:

— depois de transitada em julgado a sentença homologatória da liquidação dos juros complementares, embora não pagos estes, RT 563/85;

— após a data da liquidação, a menos que o devedor retarde culposamente o adimplemento do débito, RT 563/227, em.

Exaurida a execução, com a integral satisfação do débito, não há falar-se em correção monetária do que não mais existe (RT 560/72, 561/93, 565/84, RJTJESP 76/60, 77/272, 78/88, 79/86, Bol. AASP 1.421/62). Há um acórdão que parece considerar necessária a sentença de extinção da execução (RT 559/141), o que não se afigura razoável.

Se o depósito da condenação estava à disposição do vencedor antes da vigência da LCM, é incabível a correção monetária (Lex-JTA 74/303).

— **Termo inicial da correção monetária.** "A correção monetária deve ser calculada desde a data em que o pagamento deveria ter sido efetuado" (STJ-Corte Especial, ED no REsp 28.819, Min. Hélio Mosimann, j. 19.3.97, DJU 11.5.98).

"Nos termos de jurisprudência assentada da Corte, consolidada nas Súmulas ns. 43 e 54, o termo inicial da correção e dos juros moratórios em caso de responsabilidade extracontratual é a data do **efetivo prejuízo,** no primeiro caso, e a do **evento danoso** no segundo caso" (RSTJ 137/282).

"Por se tratar de ato ilícito a reprodução de obras musicais sem o devido recolhimento dos direitos autorais, o termo inicial para a correção monetária é a data do evento danoso" (STJ-4ª T., REsp 1.393.385-EDcl, Min. Luis Felipe, j. 21.11.17, DJ 23.11.17).

"A jurisprudência do STJ firmou que a correção monetária incide sempre a partir do **vencimento da dívida,** partindo do princípio de que o reajustamento monetário não dá nem tira nada de ninguém, mas apenas corrige o valor aquisitivo da moeda, mormente quando a dívida é de valor" (STJ-3ª T., REsp 7.098, Min. Waldemar Zveiter, j. 12.3.91, maioria, DJU 29.4.91).

"Se a correção monetária tem por objetivo a recomposição, no tempo, do valor da moeda em que se expressa determinada obrigação pecuniária, nada mais lógico que sua incidência ocorra a partir da exigibilidade da referida prestação, máxime quando inexistente disposição contratual em sentido diverso. Consequentemente, não merece reparo o acórdão estadual que considerou, como termo inicial da correção monetária incidente sobre a cláusula penal, a data do inadimplemento da obrigação principal, vale dizer, a data em que o réu procedeu à rescisão unilateral do contrato de prestação de serviços sem observar o prazo de vigência estipulado, hipótese deflagradora da exigibilidade da pena convencional" (STJ-4ª T., REsp 1.340.199, Min. Luis Felipe, j. 10.10.17, DJ 6.11.17).

Se a quantificação dos prejuízos é feita em liquidação de sentença, a correção monetária deve ser efetuada a partir da **data do laudo** (RSTJ 75/272, especialmente p. 278).

"Ação ordinária de execução coativa de contrato de compra e venda. Correção monetária somente devida a partir do **ajuizamento do processo principal ou de conhecimento** e não desde o aforamento de medida cautelar, destinada à produção antecipada de prova" (RTJ 124/333).

"A correção monetária — nada importa a natureza do crédito — deve incidir a partir do **momento em que o devedor incidiu em mora.** De outro modo, o inadimplente será beneficiado por enriquecimento ilícito" (STJ-1ª T., REsp 11.882-0, Min. Gomes de Barros, j. 8.3.93, DJU 26.4.93).

S/ correção monetária em monitória fundada em cheque prescrito, v. CPC 700, nota 12.

— **Título de crédito com indexação.** "A circunstância de o título estar emitido em OTNs, ou conter também a expressão numérica a elas correspondente, não é motivo para invalidá-lo, ou retirar-lhe a executividade. Precedentes do STF: RREE 108.781 e 113.268; do STJ, REsp 607" (STJ-RT 681/232). No mesmo sentido: STF-RT 686/222, maioria, RSTJ 5/526, Lex-JTA 151/82.

"Sendo o valor da ORTN aferível a qualquer momento e em qualquer lugar do País, pode ser expresso, como o *quantum* do débito, em nota promissória, o número dessas obrigações, desde que para pagamento em moeda nacional. Com isso, não deixa de ser líquido e certo o valor da dívida" (RTJ 137/1.310, maioria).

"Nota promissória. Valor expresso em OTN. Admissibilidade" (STJ-3ª T., REsp 31.593-5, Min. Eduardo Ribeiro, j. 30.3.93, DJU 26.4.93).

Art. 1º: 5. s/ correção monetária da verba honorária, v. nota 3 **(Súmula 14 do STJ).**

Art. 1º: 6. Os §§ 1º e 2º, combinados com o art. 3º, não revogam o disposto na **Lei 5.670, de 2.7.71,** deste teor: **"Art. 1º** O cálculo da correção monetária não recairá, em qualquer caso, sobre período anterior à data em que tenha entrado em vigor a lei que a instituiu".

Nesse sentido: Dec. 86.649, de 25.11.81, art. 3º, abaixo; RTJ 99/532, 99/539, STF-RT 559/247, 560/224, 561/226. Note-se, porém, que a Lei 6.899/81 "não veio impedir a fluência da correção monetária nos casos em que, anteriormente, já era admitida, mas, sim, estendê-la a hipóteses a que essa correção não se aplicava" (RTJ 106/860). No mesmo sentido: STF-JTA 91/230.

Art. 1º: 7. v. nota 6.

Art. 2º O Poder Executivo, no prazo de 60 (sessenta) dias, regulamentará a forma pela qual será efetuado o cálculo da correção monetária.[1]

Art. 2º: 1. v. Dec. 86.649, de 25.11.81, a seguir.

Art. 3º O disposto nesta lei aplica-se a todas as causas pendentes de julgamento.

Art. 4º Esta lei entrará em vigor na data de sua publicação.

Art. 5º Revogam-se as disposições em contrário.

Brasília, em 8 de abril de 1981; 160º da Independência e 93º da República — JOÃO FIGUEIREDO — **Ibrahim Abi-Ackel — Ernane Galvêas — José Flávio Pécora — Hélio Beltrão.**

Decreto n. 86.649, de 25 de novembro de 1981

Regulamenta a Lei n. 6.899, de 8 de abril de 1981, que determina a aplicação de correção monetária nos débitos oriundos de decisão judicial.

O Presidente da República, no uso da atribuição que lhe confere o art. 81, item III, da Constituição, e tendo em vista o disposto no art. 2º da Lei n. 6.899, de 8 de abril de 1981,[1] combinado com o art. 2º da Lei n. 6.423, de 17 de junho de 1977,[2] decreta:

PREÂMBULO: 1. Neste tít. (LCM), ínt.

PREÂMBULO: 2. Neste tít., ínt.

Art. 1º Quando se tratar de dívida líquida e certa, a correção monetária a que se refere o art. 1º da Lei n. 6.899, de 8 de abril de 1981, será calculada multiplicando-se o valor do débito pelo coeficiente obtido mediante a divisão do valor nominal reajustado de uma Obrigação Reajustável do Tesouro Nacional (ORTN)[1] no mês em que se efetivar o pagamento (dividendo) pelo valor da ORTN no mês do vencimento do título (divisor), com abandono dos algarismos a partir da quinta casa decimal, inclusive.

Parágrafo único. Nos demais casos, o divisor será o valor da ORTN no mês do ajuizamento da ação.

Art. 1º: 1. v., neste tít., Lei 6.423, art. 1º.

Art. 2º A correção monetária das custas a serem reembolsadas à parte vencedora será calculada a partir do mês do respectivo pagamento.

Art. 3º Nas causas pendentes de julgamento à data da entrada em vigor da Lei n. 6.899/81, e nas ações de execução de títulos de dívida líquida e certa vencidos antes do advento da mesma lei, mas ajuizadas a partir do início de sua vigência, o cálculo a que se refere o art. 1º se fará a partir de 9 de abril de 1981.[1]

Art. 3º: 1. Neste passo, o dec. supra está de acordo com a Lei 5.670, de 2.7.71, e a jurisprudência do STF (v. LCM 1º, notas 4-Incidência da LCM e Incidência genérica da correção monetária e 6).

Art. 4º Nos débitos para com a Fazenda Pública objeto de cobrança executiva ou decorrentes de decisão judicial, a correção monetária continuará a ser calculada em obediência à legislação especial pertinente.

Art. 5º Este decreto entra em vigor na data de sua publicação.

Brasília, 25 de novembro de 1981; 160º da Independência e 93º da República — JOÃO FIGUEIREDO — **Ibrahim Abi-Ackel.**

Correlação de Valores entre as Sucessivas Moedas do País

Paridade das moedas: R$ 1,00 = CR$ 2.750,00 = Cr$ 2.750.000,00 = NCz$ 2.750.000,00 = Cz$ 2.750.000.000,00 (velhos) = NCr$ 2.750.000.000.000,00 = Cr$ 2.750.000.000.000.000,00.

Observações:

1 As moedas em curso no Brasil foram:

— o **"mil-réis"**, até 31.10.42; a partir de 1.11.42, foi substituído pelo "cruzeiro", com o mesmo valor (Dec. lei 4.791, de 5.10.42); a Lei 4.511, de 1.12.64, art. 1º, § 1º, extinguiu o "centavo", fração do cruzeiro;

— o **"cruzeiro"** (símbolo: Cr$), de 1.11.42 a 12.2.67; a partir de 13.2.67, foi substituído pelo "cruzeiro novo" (NCr$ 1,00 = Cr$ 1.000,00), nos termos do Dec. lei 1, de 13.11.65, do Dec. 60.190, de 8.2.67, e da Res. 47, de 8.2.67, do Banco Central da República do Brasil;

— o **"cruzeiro novo"** (símbolo: NCr$), de 13.2.67 a 27.2.86; a partir de 15.5.70, passou a denominar-se simplesmente **"cruzeiro"**, causando confusão com a moeda anterior; a Lei 7.214, de 15.8.84, extinguiu o "centavo"; o "cruzeiro novo", depois de rebatizado simplesmente como "cruzeiro", foi substituído pelo "cruzado" (Cz$ 1,00 = NCr$ 1.000,00, ou melhor, a essa altura, Cr$ 1.000), nos termos do Dec. lei 2.283, de 27.2.86, e da Res. 1.100, de 28.2.86, do Banco Central do Brasil;

— o **"cruzado"** (símbolo: Cz$), de 28.2.86 a 15.1.89; a partir de 16.1.89, foi substituído pelo "cruzado novo" (NCz$ 1,00 = Cz$ 1.000,00), nos termos da Med. Prov. 32, de 15.1.89, adotada pela Lei 7.730, de 31.1.89;

— o **"cruzado novo"** (símbolo: NCz$), de 16.1.89 a 15.3.90;

— novamente o **"cruzeiro"** (símbolo: Cr$), de 16.3.90 a 1.8.93, com o mesmo valor do cruzado novo (Lei 8.024, de 12.4.90, art. 1º, § 2º, que adotou a Med. Prov. 168, de 15.3.90);

— o **"cruzeiro real"** (símbolo: CR$, com *r* maiúsculo), a partir de 2.8.93 (CR$ 1,00 = Cr$ 1.000,00), de acordo com a Med. Prov. 336, de 28.7.93 (Lex 1993/622, Bol. AASP 1.806/4), convertida na Lei 8.697, de 28.8.93 (Lex 1993/699);

— o **"real"** (símbolo: R$), a partir de 1.7.94 (Lei 8.880, de 27.5.94, art. 3º, § 1º, em Lex 1994/714, RF 326/356, RT 704/493, RDA 196/326, Bol. AASP 1.853/supl.); o real foi instituído, com a denominação de Unidade Real de Valor, URV, pela Med. Prov. 482, de 28.4.94 (Lex 1994/644, RT 702/469, Bol. AASP 1.847/supl.), convertida na Lei 8.880.

2 Não existem, legalmente, as denominações "cruzeiro velho" e "cruzado velho". As sucessivas designações de nossa moeda foram "cruzeiro", "cruzeiro novo", novamente "cruzeiro", "cruzado", "cruzado novo", outra vez "cruzeiro", "cruzeiro real" e, por fim, "real". Colocamos acima, em alguns casos, o adjetivo "velho" apenas para distinguir a antiga da nova moeda.

Mesmo assim, a confusão é possível, porque o "cruzeiro novo" teve essa denominação desde 13.2.67, quando entrou em circulação, até 15.5.70; nesta data, por força da Res. 144, de 31.3.70, do Banco Central do Brasil (em Lex-Marg. 1970/515), passou a ser designado simplesmente como "cruzeiro", até 27.2.86, podendo, por isso, confundir-se com o cruzeiro velho ou antigo, mil vezes menos valioso que o novo.

Com o ressurgimento, a partir de 16.3.90, da denominação "cruzeiro", a confusão tornou-se maior ainda.

Tabela de Correção Monetária

(elaborada de acordo com a jurisprudência predominante do Tribunal de Justiça de São Paulo)

	1964	1965	1966	1967	1968	1969	1970	1971	1972	1973	1974
JAN.		11.300,00	16.600,00	23.230,00	28,48	35,62	42,35	50,51	61,52	70,87	80,62
FEV.		11.300,00	17.050,00	23,78	28,98	36,27	43,30	51,44	62,26	71,57	81,47
MAR.		11.300,00	17.300,00	24,28	29,40	36,91	44,17	52,12	63,09	72,32	82,69
ABR.		13.400,00	17.600,00	24,64	29,83	37,43	44,67	52,64	63,81	73,19	83,73
MAI.		13.400,00	18.280,00	25,01	30,39	38,01	45,08	53,25	64,66	74,03	85,10
JUN.		13.400,00	19.090,00	25,46	31,20	38,48	45,50	54,01	65,75	74,97	86,91
JUL.		15.200,00	19.870,00	26,18	32,09	39,00	46,20	55,08	66,93	75,80	89,80
AGO.		15.200,00	20.430,00	26,84	32,81	39,27	46,61	56,18	67,89	76,48	93,75
SET.		15.700,00	21.010,00	27,25	33,41	39,56	47,05	57,36	68,46	77,12	98,22
OUT.	10.000,00	15.900,00	21.610,00	27,38	33,88	39,92	47,61	58,61	68,95	77,87	101,90
NOV.	10.000,00	16.050,00	22.180,00	27,57	34,39	40,57	48,51	59,79	69,61	78,40	104,10
DEZ.	10.000,00	16.300,00	22.690,00	27,96	34,95	41,42	49,54	60,77	70,07	79,07	105,41

	1975	1976	1977	1978	1979	1980	1981	1982	1983	1984	1985
JAN.	106,76	133,34	183,65	238,32	326,82	487,83	738,50	1.453,96	2.910,93	7.545,98	24.432,06
FEV.	108,38	135,90	186,83	243,35	334,20	508,33	775,43	1.526,66	3.085,59	8.285,49	27.510,50
MAR.	110,18	138,94	190,51	248,99	341,97	527,14	825,83	1.602,99	3.292,32	9.304,61	30.316,57
ABR.	112,25	142,24	194,83	255,41	350,51	546,64	877,86	1.683,14	3.588,63	10.235,07	34.166,77
MAI.	114,49	145,83	200,45	262,87	363,64	566,86	930,53	1.775,71	3.911,61	11.145,99	38.208,46
JUN.	117,13	150,17	206,90	270,88	377,54	586,13	986,36	1.873,37	4.224,54	12.137,98	42.031,56
JUL.	119,27	154,60	213,80	279,04	390,10	604,89	1.045,54	1.976,41	4.554,05	13.254,67	45.901,91
AGO.	121,31	158,55	219,51	287,58	400,71	624,25	1.108,27	2.094,99	4.963,91	14.619,90	49.396,88
SET.	123,20	162,97	224,01	295,57	412,24	644,23	1.172,55	2.241,64	5.385,84	16.169,61	53.437,40
OUT.	125,70	168,33	227,15	303,29	428,80	663,56	1.239,39	2.398,55	5.897,49	17.867,42	58.300,20
NOV.	128,43	174,40	230,30	310,49	448,47	684,79	1.310,04	2.566,45	6.469,55	20.118,71	63.547,22
DEZ.	130,93	179,68	233,74	318,44	468,71	706,70	1.382,09	2.733,27	7.012,99	22.110,46	70.613,67

	1986	1987	1988	1989	1990	1991	1992	1993	1994
JAN.	80.047,66	129,98	596,94	6,170000	102,527306	1.942,726347	11.230,659840	140.277,063840	3.631,929071
FEV.	93.039,40	151,85	695,50	8,805824	160,055377	2.329,523162	14.141,646870	180.634,775106	5.132,642163
MAR.	106,40	181,61	820,42	9,698734	276,543680	2.838,989877	17.603,522023	225.414,135854	7.214,955088
ABR.	106,28	207,97	951,77	10,289386	509,725310	3.173,706783	21.409,403484	287.583,354522	10.323,157739
MAI.	107,12	251,56	1.135,27	11,041540	738,082248	3.332,709492	25.871,123170	369.170,752199	14.747,663145
JUN.	108,61	310,53	1.337,12	12,139069	796,169320	3.555,334486	32.209,548346	468.034,679637	21.049,339606
JUL.	109,99	366,49	1.598,26	15,153199	872,203490	3.940,377210	38.925,239176	610.176,811842	11,346741
AGO.	111,31	377,67	1.982,48	19,511259	984,892180	4.418,739003	47.519,931986	799,392641	12,036622
SET.	113,18	401,69	2.392,06	25,235862	1.103,374709	5.108,946035	58.154,892764	1.065,910147	12,693821
OUT.	115,13	424,51	2.966,39	34,308154	1.244,165321	5.906,963405	72.100,436048	1.445,693932	12,885497
NOV.	117,32	463,48	3.774,73	47,214881	1.420,836796	7.152,151290	90.897,019725	1.938,964701	13,125167
DEZ.	121,17	522,99	4.790,89	66,771284	1.642,203168	9.046,040951	111.703,347540	2.636,991993	13,554359

	1995	1996	1997	1998	1999	2000	2001	2002	2003
JAN.	13,851199	16,819757	18,353215	19,149765	19,626072	21,280595	22,402504	24,517690	28,131595
FEV.	14,082514	17,065325	18,501876	19,312538	19,753641	21,410406	22,575003	24,780029	28,826445
MAR.	14,221930	17,186488	18,585134	19,416825	20,008462	21,421111	22,685620	24,856847	29,247311
ABR.	14,422459	17,236328	18,711512	19,511967	20,264570	21,448958	22,794510	25,010959	29,647999
MAI.	14,699370	17,396625	18,823781	19,599770	20,359813	21,468262	22,985983	25,181033	30,057141
JUN.	15,077143	17,619301	18,844487	19,740888	20,369992	21,457527	23,117003	25,203695	30,354706
JUL.	15,351547	17,853637	18,910442	19,770499	20,384250	21,521899	23,255705	25,357437	30,336493
AGO.	15,729195	18,067880	18,944480	19,715141	20,535093	21,821053	23,513843	25,649047	30,348627
SET.	15,889632	18,158219	18,938796	19,618536	20,648036	22,085087	23,699602	25,869628	30,403254
OUT.	16,075540	18,161850	18,957734	19,557718	20,728563	22,180052	23,803880	26,084345	30,652560
NOV.	16,300597	18,230865	19,012711	19,579231	20,927557	22,215540	24,027636	26,493869	30,772104
DEZ.	16,546736	18,292849	19,041230	19,543988	21,124276	22,279965	24,337592	27,392011	30,885960

	2004	2005	2006	2007	2008	2009	2010	2011
JAN.	31,052744	32,957268	34,620735	35,594754	37,429911	39,855905	41,495485	44,178247
FEV.	31,310481	33,145124	34,752293	35,769168	37,688177	40,110982	41,860645	44,593522
MAR.	31,432591	33,290962	34,832223	35,919398	37,869080	40,235326	42,153669	44,834327
ABR.	31,611756	33,533986	34,926270	36,077443	38,062212	40,315796	42,452960	45,130233
MAI.	31,741364	33,839145	34,968181	36,171244	38,305810	40,537532	42,762866	45,455170
JUN.	31,868329	34,076019	35,013639	36,265289	38,673545	40,780757	42,946746	45,714264
JUL.	32,027670	34,038535	34,989129	36,377711	39,025474	40,952036	42,899504	45,814835
AGO.	32,261471	34,048746	35,027617	36,494119	39,251821	41,046225	42,869474	45,814835
SET.	32,422778	34,048746	35,020611	36,709434	39,334249	41,079061	42,839465	46,007257
OUT.	32,477896	34,099819	35,076643	36,801207	39,393250	41,144787	43,070798	46,214289
NOV.	32,533108	34,297597	35,227472	36,911610	39,590216	41,243534	43,467049	46,362174
DEZ.	32,676253	34,482804	35,375427	37,070329	39,740658	41,396135	43,914759	46,626438

	2012	2013	2014	2015	2016	2017	2018	2019	2020
JAN.	46,864232	49,768770	52,537233	55,809388	62,102540	66,188858	67,556931	69,876800	73,008384
FEV.	47,103239	50,226642	52,868217	56,635366	63,040288	66,466851	67,712311	70,128356	73,147099
MAR.	47,286941	50,487820	53,206573	57,292336	63,639170	66,626371	67,834193	70,507049	73,271449
ABR.	47,372057	50,790746	53,642866	58,157450	63,919182	66,839575	67,881676	71,049953	73,403337
MAI.	47,675238	51,090411	54,061280	58,570367	64,328264	66,893046	68,024227	71,476252	73,234509
JUN.	47,937451	51,269227	54,385647	59,150213	64,958680	67,133860	68,316731	71,583466	73,051422
JUL.	48,062088	51,412780	54,527049	59,605669	65,263985	66,932458	69,293660	71,590624	73,270576
AGO.	48,268754	51,345943	54,597934	59,951381	65,681674	67,046243	69,466894	71,662214	73,592966
SET.	48,485963	51,428096	54,696210	60,101259	65,885287	67,026129	69,466894	71,748208	73,857900
OUT.	48,791424	51,566951	54,964221	60,407775	65,937995	67,012723	69,675294	71,712333	74,500463
NOV.	49,137843	51,881509	55,173085	60,872914	66,050089	67,260670	69,953995	71,741017	75,163517
DEZ.	49,403187	52,161669	55,465502	61,548603	66,096324	67,381739	69,779110	72,128418	75,877570

Observações:

1 Dividir o valor a atualizar (observar o padrão monetário vigente à época) pelo fator do mês do termo inicial e multiplicar pelo fator do mês do termo final, obtendo-se o resultado na moeda vigente na data do termo final, não sendo necessário efetuar qualquer conversão. Esclarecendo que, nesta tabela, não estão incluídos os juros moratórios, apenas a correção monetária.

Padrões monetários a considerar:

Cr$ (cruzeiro): de out./64 a jan./67

NCr$ (cruzeiro novo): de fev./67 a mai./70

Cr$ (cruzeiro): de jun./70 a fev./86

Cz$ (cruzado): de mar./86 a dez./88

NCz$ (cruzado novo): de jan./89 a fev./90

Cr$ (cruzeiro): de mar./90 a jul./93

CR$ (cruzeiro real): de ago./93 a jun./94

R$ (real): de jul./94 em diante

Exemplo:

Atualização, até dezembro de 2020, do valor de Cz$ 1.000,00 fixado em janeiro de 1988:

— Cz$ 1.000,00: 596,94 (janeiro/1988) x 75,877570 (dezembro/2020) = R$ 127,11.

2 Os fatores de atualização monetária foram compostos pela aplicação dos seguintes índices:

— de out./64 a fev./86: ORTN

— de mar./86 e mar./87 a jan./89: OTN

— de abr./86 a fev./87: OTN *pro rata*

— fev./89: 42,72% (conforme STJ, índice de jan./89)

— mar./89: 10,14% (conforme STJ, índice de fev./89)

— de abr./89 a mar./91: IPC do IBGE (de mar./89 a fev./91)

— de abr./91 a jul./94: INPC do IBGE (de mar./91 a jun./94)

— de ago./94 a jul./95: IPC-r do IBGE (de jul./94 a jun./95)

— de ago./95 em diante: INPC do IBGE (de jul./95 em diante), sendo que, com relação à aplicação da deflação, a matéria ficará *sub judice*.

3 Aplicação do índice de 10,14%, relativo ao mês de fevereiro de 1989, em vez de 23,60%, em cumprimento ao decidido no Processo G-36.676/02.

Observações da AASP (publicadas no Bol. AASP 2.346):

1 Em 15.1.89, a moeda foi alterada de Cruzado (Cz$) para Cruzado Novo (NCz$), com exclusão de três zeros, ficando a OTN fixada em NCz$ 6,17 (seis Cruzados Novos e dezessete centavos).

2 O STJ decidiu que o índice de correção para o mês de janeiro de 1989 deve ser de **42,72%**, conforme REsps n. 45.382-8-SP (Bol. AASP n. 1.895) e n. 43.055-0-SP (disponível, em nossa Biblioteca, para consulta).

3 Em abril de 1990, a tabela utiliza o percentual de 84,32% sobre o valor de março, gerando o índice de 509,725310 (276,543680 × 84,32%), o que está de acordo com a decisão do STJ — REsp n. 40.533-0-SP (Bol. AASP n. 1.896).

4 De acordo com o Parecer do DEPRE, publicado no DJE de 9.2.96, p. 43, os índices a partir de fev./91 foram alterados em face da nova orientação da Jurisprudência do Superior Tribunal de Justiça, que determina a substituição da TR de fev./91 (7%), anteriormente aplicada, pelo IPC de fev./91 (21,87%).

Salário Mínimo Mensal

PERÍODO	VALOR	PERÍODO	VALOR
3.7.40 a 31.10.42	240$000	1.5.82 a 31.10.82	Cr$ 16.608,00
1.11.42 a 16.7.43	Cr$ 240,00	1.11.82 a 30.4.83	Cr$ 23.568,00
17.7.43 a 30.11.43	Cr$ 0,30	1.5.83 a 31.10.83	Cr$ 34.776,00
1.12.43 a 31.12.51	Cr$ 0,38	1.11.83 a 30.4.84	Cr$ 57.120,00
1.1.52 a 2.7.54	Cr$ 1,20	1.5.84 a 31.10.84	Cr$ 97.176,00
3.7.54 a 31.7.56	Cr$ 2,40	1.11.84 a 30.4.85	Cr$ 166.560
1.8.56 a 31.12.58	Cr$ 3,80	1.5.85 a 31.10.85	Cr$ 333.120
1.1.59 a 17.10.60	Cr$ 6,00	1.11.85 a 28.2.86	Cr$ 600.000
18.10.60 a 15.10.61	Cr$ 9,60	março a dezembro de 1986	Cz$ 804,00
16.10.61 a 31.12.62	Cr$ 13,44	janeiro a fevereiro de 1987	Cz$ 964,80
1.1.63 a 23.2.64	Cr$ 21,00	março a abril de 1987	Cz$ 1.368,00
24.2.64 a 28.2.65	Cr$ 42,00	maio de 1987	Cz$ 1.641,60
1.3.65 a 28.2.66	Cr$ 66,00	junho a agosto de 1987	Cz$ 1.969,92
1.3.66 a 28.2.67	Cr$ 84,00	setembro de 1987	Cz$ 2.062,31
1.3.67 a 25.3.68	Cr$ 105,00	outubro de 1987	Cz$ 2.159,03
26.3.68 a 30.4.69	Cr$ 129,60	novembro de 1987	Cz$ 2.260,29
1.5.69 a 30.4.70	Cr$ 156,00	dezembro de 1987	Cz$ 2.550,00
1.5.70 a 30.4.71	Cr$ 187,20	janeiro de 1988	Cz$ 3.060,00
1.5.71 a 30.4.72	Cr$ 225,60	fevereiro de 1988	Cz$ 3.600,00
1.5.72 a 30.4.73	Cr$ 268,80	março de 1988	Cz$ 4.248,00
1.5.73 a 30.4.74	Cr$ 312,00	abril de 1988	Cz$ 4.932,00
1.5.74 a 30.4.75	Cr$ 376,80	maio de 1988	Cz$ 5.918,00
1.5.75 a 30.4.76	Cr$ 532,80	junho de 1988	Cz$ 6.984,00
1.5.76 a 30.4.77	Cr$ 768,00	julho de 1988	Cz$ 8.376,00
1.5.77 a 30.4.78	Cr$ 1.106,40	agosto de 1988	Cz$ 10.464,00
1.5.78 a 30.4.79	Cr$ 1.560,00	setembro de 1988	Cz$ 12.702,00
1.5.79 a 31.10.79	Cr$ 2.268,00	outubro de 1988	Cz$ 15.756,00
1.11.79 a 30.4.80	Cr$ 2.932,80	novembro de 1988	Cz$ 20.476,00
1.5.80 a 31.10.80	Cr$ 4.149,60	dezembro de 1988	Cz$ 25.595,00
1.11.80 a 30.4.81	Cr$ 5.788,80	janeiro de 1989	Cz$ 31.866,00
1.5.81 a 31.10.81	Cr$ 8.464,80	fevereiro a abril de 1989	NCz$ 36,74
1.11.81 a 30.4.82	Cr$ 11.928,00	maio de 1989	NCz$ 46,80

PERÍODO	VALOR
1.6.89 a 3.7.89	NCz$ 120,00
4.7.89 a 31.7.89	NCz$ 149,80
agosto de 1989	NCz$ 192,88
setembro de 1989	NCz$ 249,48
outubro de 1989	NCz$ 381,73
novembro de 1989	NCz$ 557,33
dezembro de 1989	NCz$ 788,18
janeiro de 1990	NCz$ 1.283,95
fevereiro de 1990	NCz$ 2.004,37
março a maio de 1990	NCz$ 3.674,06
junho de 1990	Cr$ 3.857,76
julho de 1990	Cr$ 4.904,76
agosto de 1990	Cr$ 5.203,46
setembro de 1990	Cr$ 6.056,31
outubro de 1990	Cr$ 6.425,14
novembro de 1990	Cr$ 8.329,55
dezembro de 1990	Cr$ 8.836,82
janeiro de 1991	Cr$ 12.325,60
fevereiro de 1991	Cr$ 15.895,46
março a agosto de 1991	Cr$ 17.000,00
setembro a dezembro de 1991	Cr$ 42.000,00
janeiro a abril de 1992	Cr$ 96.037,33
maio a agosto de 1992	Cr$ 230.000,00
setembro a dezembro de 1992	Cr$ 522.186,94
janeiro a fevereiro de 1993	Cr$ 1.250.700,00
março a abril de 1993	Cr$ 1.709.400,00
maio a junho de 1993	Cr$ 3.303.300,00
julho de 1993	Cr$ 4.639.800,00
agosto de 1993	CR$ 5.534,00
setembro de 1993	CR$ 9.606,00
outubro de 1993	CR$ 12.024,00
novembro de 1993	CR$ 15.021,00
dezembro de 1993	CR$ 18.760,00
janeiro de 1994	CR$ 32.882,00
fevereiro de 1994	CR$ 42.829,00
março a junho de 1994	URV 64,79, com disposição especial para os dias 1º e 2.3.94, e devendo ser levado em conta o valor da URV (v. tabela adiante) em CR$ no dia do pagamento
julho a agosto de 1994	R$ 64,79
setembro de 1994 a abril de 1995	R$ 70,00 (Lei 9.063, de 14.6.95, art. 1º, em Lex 1995/1.134, RT 716/561, RDA 200/371, RF 339/525)
maio de 1995 a abril de 1996	R$ 100,00 (Lei 9.032, de 28.4.95, art. 1º, em Lex 1995/776, RDA 200/367, RF 330/517)
maio de 1996 a abril de 1997	R$ 112,00 (Lei 9.971, de 18.5.00, em Lex 2000/2.449)
maio de 1997 a abril de 1998	R$ 120,00 (Lei 9.971, de 18.5.00, em Lex 2000/2.449)
maio de 1998 a abril de 1999	R$ 130,00 (Lei 9.971, de 18.5.00, em Lex 2000/2.449)
1º de maio de 1999 a 2 de abril de 2000	R$ 136,00 (Lei 9.971, de 18.5.00, art. 4º, em Lex 2000/2.449)
3 de abril de 2000 a 31 de março de 2001	R$ 151,00 (Lei 9.971, de 18.5.00, em Lex 2000/2.449)
1º de abril de 2001 a 31 de março de 2002	R$ 180,00 (Med. Prov. 2.194-6, de 23.8.01, em Lex 2001/3.607)
1º de abril de 2002 a 31 de março de 2003	R$ 200,00 (Lei 10.525, de 6.8.02 — DOU 7.8.02)
1º de abril de 2003 a 1º de maio de 2004	R$ 240,00 (Lei 10.699, de 9.7.03 — DOU 10.7.03)
1º de maio de 2004 a 30 de abril de 2005	R$ 260,00 (Lei 10.888, de 24.6.04 — DOU 25.6.04)
1º de maio de 2005 a 31 de março de 2006	R$ 300,00 (Lei 11.164, de 18.8.05 — DOU 19.8.05)
1º de abril de 2006 a 31 de março de 2007	R$ 350,00 (Lei 11.321, de 7.7.06 — DOU 10.7.06)
1º de abril de 2007 a 29 de fevereiro de 2008	R$ 380,00 (Lei 11.498, de 28.6.07 — DOU 29.6.07)
1º de março de 2008 a 31 de janeiro de 2009	R$ 415,00 (Lei 11.709, de 19.6.08 — DOU 20.6.08)
1º de fevereiro de 2009 a 31 de dezembro de 2009	R$ 465,00 (Lei 11.944, de 28.5.09 — DOU 29.5.09)
de 1º de janeiro de 2010 a 31 de dezembro de 2010	R$ 510,00 (Lei 12.255, de 15.6.10 — DOU 16.6.10)

PERÍODO	VALOR
de 1º de janeiro de 2011 a 28 de fevereiro de 2011	R$ 540,00 (Med. Prov. 516, de 30.12.10)
de 1º de março de 2011 a 31 de dezembro de 2011	R$ 545,00 (Lei 12.382, de 25.2.11 — DOU 28.2.11)
de 1º de janeiro de 2012 a 31 de dezembro de 2012	R$ 622,00 (Dec. 7.655, de 23.12.11 — DOU 26.12.11)
de 1º de janeiro de 2013 a 31 de dezembro de 2013	R$ 678,00 (Dec. 7.872, de 26.12.12 — DOU 26.12.12 — ed. extra)
de 1º de janeiro de 2014 a 31 de dezembro de 2014	R$ 724,00 (Dec. 8.166, de 23.12.13 — DOU 24.12.13)
de 1º de janeiro de 2015 a 31 de dezembro de 2015	R$ 788,00 (Dec. 8.381, de 29.12.14 — DOU 30.12.14)

PERÍODO	VALOR
de 1º de janeiro de 2016 a 31 de dezembro de 2016	R$ 880,00 (Dec. 8.618, de 29.12.15 — DOU 30.12.15)
de 1º de janeiro de 2017 a 31 de dezembro de 2017	R$ 937,00 (Dec. 8.948, de 29.12.16 — DOU 30.12.16)
de 1º de janeiro de 2018 a 31 de dezembro de 2018	R$ 954,00 (Dec. 9.255, de 29.12.17 — DOU 29.12.17)
de 1º de janeiro de 2019 a 31 de dezembro de 2019	R$ 998,00 (Dec. 9.661, de 1.1.19 — DOU 1.1.19)
de 1º de janeiro de 2020 a 31 de janeiro de 2020	R$ 1.039,00 (Lei 14.013, de 10.6.20 — DOU 12.6.20)
de 1º de fevereiro de 2020 a 31 de dezembro de 2020	R$ 1.045,00 (Lei 14.013, de 10.6.20 — DOU 12.6.20)
de 1º de janeiro de 2021 em diante	R$ 1.100,00 (Med. Prov. 1.021, de 30.12.20 — DOU 31.12.20)

Notas:

1 As importâncias estão expressas em **cruzeiros novos** até 28.2.86. Daí em diante, são expressas na moeda corrente ao tempo.

2 A expressão "salário mínimo" foi substituída por duas outras: "Piso Nacional de Salários" e "Salário Mínimo de Referência" (cf. Dec. lei 2.351, de 7.8.87, art. 4º, em Lex 1987/545, RF 299/461, Bol. AASP 1.496/3). Ambas deixaram de existir em 4.7.89, data da publicação da Lei 7.789, de 3.7.89 (Lex 1989/465, Just. 147/227, Bol. AASP 1.594/5), cujo art. 5º determinou que passasse a vigorar apenas o salário mínimo. Os valores acima, referentes ao mencionado período, são do Salário Mínimo de Referência, e não do Piso Nacional de Salários.

3 **Súmula Vinculante 4 do STF:** "Salvo nos casos previstos na Constituição, o salário mínimo não pode ser usado como indexador de base de cálculo de vantagem de servidor público ou de empregado, nem ser substituído por decisão judicial".

Ementário

Desapropriação

— v. CF 5º-XXII, XXIII, XXIV, 22-II e § ún., 100, 182 § 3º e § 4º-III, 184 a 186; ADCT 33; CC 1.387-*caput*, 1.409, 1.425-V e § 2º, 1.509 § 2º, 519, 959-II e 960.

Dec. lei 3.365, de 21.6.41 — Dispõe sobre desapropriações por utilidade pública (v. adiante, texto integral, com todas as alterações).

Dec. lei 227, de 28.2.67 — Dá nova redação ao Dec. lei n. 1.985 (Código de Minas), de 29 de janeiro de 1940 (RT 381/367, Lex 1967/499, RF 219/429). Os arts. 27 e 28 disciplinam o processo de pagamento de renda e indenização pelo titular de autorização de pesquisa ao proprietário do solo. O Dec. lei foi regulamentado pelo **Dec. 9.406, de 12.6.18.** V. abaixo, **Dec. lei 1.864, de 26.2.81,** e **Dec. lei 1.865, de 26.2.81.** S/ competência recursal no procedimento avaliatório previsto pelo Código de Mineração, v. **Súmula 238 do STJ** (em CF 109, nota 3-Alvará de pesquisa mineral).

Dec. lei 512, de 21.3.69 — Regula a Política Nacional de Viação Rodoviária, fixa diretrizes para a reorganização do Departamento Nacional de Estradas de Rodagem e dá outras providências. **Nota 1: Súmula 109 do TFR (Procedimento nas desapropriações movidas pelo DNER):** "A desapropriação iniciada segundo o procedimento previsto no Dec. lei n. 512, de 1969, prosseguirá na forma da Lei das Desapropriações por Utilidade Pública, no caso de manifesta discordância do expropriado com o preço oferecido". **Nota 2:** A Lei 10.233, de 5 de junho de 2001, extinguiu o DNER e criou o Departamento Nacional de Infraestrutura de Transportes (DNIT).

Dec. lei 1.075, de 22.1.70 — Regula a imissão de posse, *initio litis*, em imóveis residenciais urbanos (v. adiante, texto integral).

Lei Complementar 76, de 6.7.93 — Dispõe sobre o procedimento contraditório especial, de rito sumário, para o processo de desapropriação de imóvel rural, por interesse social, para fins de reforma agrária (v. adiante, texto integral).

Decreto-lei n. 3.365, de 21 de junho de 1941

Dispõe sobre desapropriações por utilidade pública.

O Presidente da República, usando da atribuição que lhe confere o art. 180 da Constituição, decreta:

DISPOSIÇÕES PRELIMINARES

Art. 1º A desapropriação[1 a 9] por utilidade pública regular-se-á por esta lei, em todo o território nacional.

Art. 1º: 1. "Desapropriação — Perfil atual", por Francisco Geraldo Apoliano Dias (RTJE 150/25); "Observações sobre a desapropriação no direito brasileiro", por Cármen Lúcia Antunes Rocha (RDA 204/33); "Princípios retores da desapropriação", por Edilson Pereira Nobre Jr. (RF 341/39, RTJE 160/95, RDA 209/121, Ajuris 77/219); "O tombamento e o devido processo legal", por Sergio de Andréa Ferreira (RF 339/143); "A indenização por danos morais na desapropriação, após a Constituição Federal de 1988", por Paulo Cesar de Souza (RT 759/47); "Desapropriação urbanística", por Guilherme Calmon Nogueira da Gama (RDA 219/153); "A desapropriação e o princípio da proporcionalidade", por José dos Santos Carvalho Filho (IP 53/69).

Art. 1º: 1a. v. ementário de jurisprudência s/ desapropriação, por Arruda Alvim e outro (RP 34/246).

Art. 1º: 2. v. CF 5º-XXIV, 182 §§ 3º e 4º-III, 184 a 186 e 243; ET 18-*a*, *b* e *d*; v. tb., no ementário, leis que estabelecem processos especiais de desapropriação e, em notas ao art. 5º, outros casos.

Art. 1º: 3. s/ fundo de comércio: sendo o expropriado titular, também, de fundo de comércio, a indenização deve abranger o valor deste (RSTJ 56/306 e STJ-Bol. AASP 1.851/185j). No mesmo sentido, acrescentando: "A empresa que esteja temporariamente paralisada ou com problemas fiscais, tal como intervenção estatal, não está despida do seu patrimônio incorpóreo, o qual oscila de valor, a depender do estágio de sua credibilidade no mercado. Situação devidamente sopesada pelo Tribunal de origem que adotou o arbitramento feito pelo perito, estimando o fundo de comércio em 1/3 do patrimônio líquido" (STJ-2ª T., REsp 704.726, Min. Eliana Calmon, j. 15.12.05, DJU 6.3.06).

Art. 1º: 4. Indenização a locatário: é admissível, quando a desapropriação incide sobre "imóvel locado por tempo determinado, ainda que não regido o contrato pela Lei de Luvas. Porém, no caso de locação por tempo indeterminado, ainda que comercial a locação, não subsiste o direito à indenização em razão do ato expropriatório" (RTJ 110/1.292).

"Desapropriação. Imóvel comercial locado por prazo indeterminado. Contrato não regido pela Lei de Luvas. Hipótese em que não é devida indenização ao locatário" (STJ-2ª T., REsp 9.318, Min. Ilmar Galvão, j. 20.5.91, DJU 10.6.91).

"Comprovados os prejuízos sofridos pelo locatário comerciante por força de desapropriação do imóvel em que tinha seu ponto comercial, devem eles ser indenizados, independentemente de estar ou não a locação ao abrigo da Lei de Luvas e de ser determinado ou indeterminado o prazo do contrato" (RJTJERGS 150/498).

"Se o expropriante conhecia a locação, não lhe é lícito alegar a falta de registro, para se esquivar do dever de ressarcir o dano que causou, inviabilizando a locação" (STJ-1ª T., REsp 87.739, Min. Gomes de Barros, j. 5.9.96, DJU 21.10.96).

Art. 1º: 5. "Desapropriação da posse no direito brasileiro", por Jefferson Carús Guedes (RJ 266/24).

Art. 1º: 5a. A desapropriação pode recair apenas sobre a **posse**, cabendo neste caso ao titular de compromisso de compra e venda incidente sobre o imóvel o direito de receber a indenização pela perda de sua posse (RSTJ 58/327, maioria). Neste caso, evidentemente, o expropriado pode levantar o preço da indenização sem ter de fazer prova de domínio (RTJE 157/134).

"Se o expropriante propõe ação contra o possuidor, é porque não queria desapropriar o domínio, mas, simplesmente, a posse" (RSTJ 58/327, 2 votos vencidos).

"A posse de imóvel, como os demais bens, é indenizável, desde que é historicamente negociável e suscetível de valorização e avaliação. É injurídico, todavia, indenizar-se a posse mediante a quantificação integral do imóvel, como se o ressarcimento (ao mesmo possuidor) recaísse sobre a posse e o domínio" (RSTJ 90/83).

Fixando a indenização nesses casos em 60% do valor do terreno, mais o valor total das benfeitorias úteis e necessárias: RSTJ 53/75. Em sentido semelhante, estabelecendo para a indenização montante equivalente a 60% do valor do imóvel: JTJ 318/88 (AP 398.906-5/2-00).

Art. 1º: 6. s/ **desapropriação indireta:** competência, v. CF 109, nota 3-Desapropriação; competência, v. CPC 47, nota 4; outorga conjugal, CPC 73, nota 2a; valor da causa, CPC 292, nota 23; cabimento, ou não, de interdito possessório, v. CPC 554, nota 2a; alienação do imóvel pelo proprietário, v. LD 1º, nota 7b; ação movida por compromissário comprador, v. LD 1º, nota 7c; juros compensatórios, v. LD 15-A e notas; juros de mora, v. LD 15-B e notas; intervenção do MP, v. LD 19, nota 5; adiantamento de honorários periciais, v. LD 23, nota 3b; prescrição, v. LD 24, nota 2a (Súmula 119 do STJ); imóvel foreiro, v. LD 24, nota 8; correção monetária, v. LD 26, nota 15; honorários de advogado, v. LD 27 § 3º-II (especialmente, nota 11); retenção para pagamento de imposto de renda, v. LD 27, nota 9; registro do imóvel em nome do expropriante, v. LD 29, nota 1; citação da Fazenda Pública, para opor embargos à execução, v. LD 29, nota 1a; desistência, v. LD 29, nota 3; laudo com descrição do imóvel, v. LD 29, nota 4a; prova de propriedade, v. LD 34, nota 5.

Art. 1º: 6a. Não há litispendência entre a ação de desapropriação direta e a ação de desapropriação indireta porque "a causa de pedir da ação de indenização por desapropriação indireta é o desapossamento ilegal, sem pagamento, enquanto a ação de desapropriação direta fundamenta-se na utilidade pública" (RT 807/436).

Art. 1º: 7. "A expropriação indireta configura esbulho da propriedade particular, de modo que todos os que contribuíram para o ato ilícito respondem solidariamente pela indenização, *ex vi* do art. 1.518 do CC" (RDA 170/170). O art. 1.518 do CC rev. corresponde ao CC 942. V. tb. CC 932.

Mas, no caso de desapropriação indireta, não cabe reivindicação nem possessória ao particular, restando-lhe apenas pleitear indenização por perdas e danos (Bol. AASP 1.586/111).

Art. 1º: 7a. "Na desapropriação indireta, destaca-se a dimensão individual do prejuízo sofrido com o tombamento. Demonstração, no acórdão recorrido, do dano especial sofrido pelo proprietário, o qual resultou no esvaziamento do direito de propriedade" (STF-2ª T., RE 361.127-AgRg, Min. Joaquim Barbosa, j. 15.5.12, DJ 1.8.12).

"O proprietário de imóvel gravado com cláusulas de inalienabilidade, incomunicabilidade, impenhorabilidade, usufruto e fideicomisso tem interesse processual para ingressar com ação de desapropriação indireta quando o referido bem é tombado" (RSTJ 140/97).

Art. 1º: 7b. "Na desapropriação indireta, quem adquire a propriedade imóvel, já ocupada pelo expropriante, mas antes de efetuado o pagamento justo, sub-roga-se no direito à indenização, inclusive no tocante à percepção dos juros compensatórios, devidos desde a ocupação do imóvel" (STJ-1ª T., REsp 9.127, Min. Garcia Vieira, j. 24.4.91, DJU 20.5.91). No mesmo sentido: STJ-2ª T., REsp 35.693-8, Min. Hélio Mosimann, j. 16.8.93, DJU 8.11.93; RTFR 135/139, RT 627/112, RJTJESP 110/155, Bol. AASP 1.503/240, 1.588/124.

Súmula 3 do TJPR: "Os adquirentes de imóvel indiretamente expropriado, mesmo que a aquisição ocorra posteriormente ao apossamento administrativo, têm direito de pleitear indenização contra o expropriante".

Todavia: "Não cabe indenização por desapropriação indireta quando ela ocorreu antes da aquisição do imóvel pelo postulante do direito. Assim, mostra-se ilegítimo o interesse dos recorridos na obtenção da indenização, porquanto adquiriram o imóvel após a intervenção da Administração na propriedade" (STJ-2ª T., REsp 1.681.261, Min. Herman Benjamin, j. 3.10.17, DJ 11.10.17).

V. tb. nota 8.

Art. 1º: 7c. O compromissário comprador de compromisso quitado pode mover ação de desapropriação indireta (JTJ 207/91). **Contra,** porque o compromisso não estava registrado: JTJ 207/92.

Art. 1º: 7d. "Só tem direito a indenização por apossamento administrativo quem prove ter o domínio do bem questionado" (RTJ 123/368). No mesmo sentido: RT 719/139.

Contra: "Não é vedado a quem tenha a posse não derivada do domínio pleitear, em caso de irregular desapossamento por ato ilícito da autoridade administrativa, indenização por via da ação de desapropriação indireta" (RTFR 161/159, maioria).

Ainda contra: o titular de promessa de compra e venda quitada tem, contra o Poder Público, ação de desapropriação indireta do referido bem (RT 685/90, RJTJERGS 173/239, JTJ 174/90).

"Desapropriação indireta. Ajuizamento por compromissário-comprador. Citação do compromitente-vendedor, para integrar a lide, na qualidade de assistente litisconsorcial ativo. O promissário-comprador, na ação de indenização por apossamento administrativo, deve vir acompanhado do promitente-vendedor, ou fazê-lo trazer ao processo, para que a indenização corresponda à integralidade da coisa" (JTJ 177/74).

Art. 1º: 8. "O Dec. 750/93 estabeleceu limitação administrativa para proteger o bioma Mata Atlântica e não retirou do proprietário os poderes inerentes ao domínio, o que inviabiliza a pretendida indenização" (STJ-2ª T., REsp 752.232, Min. Castro Meira, j. 12.6.12, DJ 19.6.12).

"Não há desapropriação indireta sem que haja o efetivo apossamento da propriedade pelo Poder Público. Desse modo, as restrições ao direito de propriedade, impostas por normas ambientais, ainda que esvaziem o conteúdo econômico, não se constituem desapropriação indireta. O que ocorre com a edição de leis ambientais que restringem o uso da propriedade é a limitação administrativa, cujos prejuízos causados devem ser indenizados por meio de uma ação de direito pessoal, e não de direito real, como é o caso da ação em face de desapropriação indireta" (STJ-2ª T., REsp 1.317.806-AgRg, Min. Humberto Martins, j. 6.11.12, DJ 14.11.12).

"A criação de áreas de preservação permanente em decorrência da formação de lagos artificiais sobre imóvel objeto de desapropriação não configura apossamento administrativo dos terrenos marginais. Existe, na hipótese, mera limitação administrativa. Prescreve em cinco anos a pretensão indenizatória decorrente de limitação administrativa" (STJ-2ª T., REsp 1.355.167, Min. Og Fernandes, j. 19.4.18, DJ 25.4.18).

"Se, quando da realização do negócio jurídico relativo a compra e venda de imóvel, já incidiam restrições administrativas, subentende-se que, na fixação do respectivo preço, foi considerada a incidência do referido gravame. Não há de se permitir a utilização do remédio jurídico da ação desapropriatória como forma de ressarcir prejuízo que a parte, conquanto alegue, à toda evidência, não sofreu, visto ter adquirido imóvel que sabidamente deveria ser utilizado com respeito às restrições anteriormente impostas pela legislação estadual" (STJ-1ª Seção, ED no REsp 254.246, Min. João Otávio, j. 12.12.06, dois votos vencidos, DJU 12.3.07).

Todavia: "A criação da Estação Ecológica da Jureia-Itatins, impedindo a exploração de recursos naturais existentes nas áreas por ela abrangida (Lei 6.902, de 1981, art. 7º, § 1º, *b*), implica a indenização das respectivas propriedades, tenha ou não o Estado de São Paulo se apossado fisicamente dos imóveis; situação jurídica que, por si só, mutila a propriedade" (STJ-RT 759/165: 2ª T., REsp 70.412, maioria).

V. tb. nota 7b e art. 2º, nota 4a. Em matéria de prescrição, v. art. 24, nota 2b.

Art. 1º: 8a. "Para que se tenha por caracterizada situação que imponha ao particular a substituição da prestação específica (restituir a coisa vindicada) por prestação alternativa (indenizá-la em dinheiro), com a consequente transferência compulsória do domínio ao Estado, é preciso que se verifiquem, cumulativamente, as seguintes circunstâncias: (a) o apossamento do bem pelo Estado, sem prévia observância do devido processo de desapropriação; (b) a afetação do bem, isto é, sua destinação à utilização pública; e (c) a impossibilidade material da outorga da tutela específica ao proprietário, isto é, a irreversibilidade da situação fática resultante do indevido apossamento e da afetação" (STJ-RF 390/365: 1ª T., REsp 628.588, um voto vencido). Esse acórdão foi confirmado no julgamento dos subsequentes embargos de divergência (STJ-1ª Seção, ED no REsp 628.588, Min. Eliana Calmon, j. 10.12.08, DJ 9.2.09).

V. tb. art. 29, notas 2 e 2a.

Art. 1º: 9. O **condomínio por unidades autônomas,** instituído conforme a Lei 4.591, de 16.12.64, tem legitimidade, através do síndico, para propor a ação de desapropriação indireta, em razão de esbulho possessório cometido pela administração pública sobre parte da área comum (STJ-2ª T., REsp 412.774, Min. Eliana Calmon, j. 4.6.02, DJU 19.8.02).

Tratando-se de **condomínio comum,** "o condômino pode pedir, independentemente da anuência dos demais coproprietários, a indenização do imóvel expropriado irregularmente pelo Poder Público". Nesse caso, "não obstante o poder público seja condenado a indenizar todos os condôminos, inclusive os que não participaram do processo, cada qual só pode receber o valor correspondente à sua parte ideal no condomínio", ou seja, "o condômino tem legitimidade para pedir a indenização integral do imóvel, mas só recebe a quota relativa aos seus haveres" (RSTJ 104/219: 2ª T., REsp 114.579; a citação é do voto do relator).

Não se exige dos coproprietários de bem objeto de desapropriação indireta a formação de litisconsórcio necessário para a respectiva ação de indenização contra o poder desapropriante. "A ação de indenização por desapropriação indireta decorre de verdadeiro esbulho possessório, posto não precedida do decreto expropriatório regular, revestindo-se, assim, de caráter nitidamente indenizatório, reclamando a aplicação das regras da solidariedade, que ensejam o **litisconsórcio facultativo"** (STJ-1ª T., REsp 300.196, Min. Luiz Fux, j. 12.8.03, um voto vencido, DJU 15.12.03). No mesmo sentido: JTJ 147/204, 161/103.

Art. 2º Mediante declaração de utilidade pública,[1] todos os bens[2] poderão ser desapropriados,[3 a 5] pela União,[6] pelos Estados, Municípios, Distrito Federal e Territórios.

§ 1º A desapropriação do espaço aéreo ou do subsolo só se tornará necessária, quando de sua utilização resultar prejuízo patrimonial do proprietário do solo.

§ 2º Os bens do domínio dos Estados, Municípios, Distrito Federal e Territórios poderão ser desapropriados pela União, e os dos Municípios pe-

los Estados, mas, em qualquer caso, ao ato deverá preceder autorização legislativa.[7 a 8a]

§ 3º É vedada a desapropriação pelos Estados, Distrito Federal, Territórios e Municípios de ações, cotas e direitos representativos do capital de instituições e empresas cujo funcionamento dependa da autorização do Governo Federal e se subordine à sua fiscalização, salvo mediante prévia autorização,[9] por decreto do Presidente da República.[10]

Art. 2º: 1. "É nulo decreto declaratório de utilidade ou necessidade pública, onde não se especifica a finalidade da desapropriação" (STJ-RDA 200/190). No mesmo sentido: JTJ 206/44, JTA 61/219.

Art. 2º: 2. s/ desapropriação de imóvel enfitêutico, v. art. 24, nota 8.

Art. 2º: 3. **Súmula 479 do STF:** "As **margens dos rios navegáveis** são de domínio público, insuscetíveis de expropriação e, por isso mesmo, excluídas de indenização" (aplicando esta Súmula: RTJ 133/348).

Não se aplica a Súmula 479 às terras marginais "que estão efetivamente no domínio particular por título legítimo convalidado, reconhecido ou concedido em face da Lei Imperial de n. 601, de 1850" (RSTJ 105/128).

"Os terrenos marginais aos rios navegáveis e situados entre Estados, por constituírem bens do domínio público, estão forros à indenização, em caso de desapropriação, salvo se pertencerem ao particular por título legítimo. As terras marginais, em face de preceito constitucional, só são indenizáveis acaso se reconhecesse, nas instâncias ordinárias, que os expropriados usavam e dispunham das terras reservadas como se proprietários fossem, a título legítimo, delas retirando rendimentos, mediante a ocupação e o cultivo" (RSTJ 99/80).

"Segundo o art. 11 do Código de Águas (Decreto n. 24.643/34), os terrenos que margeiam os rios navegáveis são bens públicos dominicais, salvo se por algum título legítimo não pertencerem ao domínio particular. Até prova em contrário, presume-se que os 'terrenos reservados' pertencem ao domínio público, presunção que pode ser ilidida por documento idôneo, comprobatório da propriedade particular. A questão relativa à indenizabilidade dos 'terrenos reservados' passa pela definição do domínio. Se a titularidade é do Poder Público, estas áreas devem ser excluídas do valor da indenização, tal como preconizado na Súmula 479 da Suprema Corte. Se o particular comprova a concessão por título legítimo, nos termos do § 1º do art. 11 do Código de Águas, o valor dos terrenos reservados deve ser incluído na indenização, à semelhança do que ocorre com os terrenos de marinha" (STJ-1ª Seção, ED no REsp 617.822, Min. Castro Meira, j. 9.11.05, DJU 21.11.05).

O expropriante não pode, por ato unilateral, fixar o ponto médio das enchentes ordinárias (RTFR 102/71).

Art. 2º: 4. **Súmula 142 do TFR:** "A **limitação** administrativa **non aedificandi** imposta aos terrenos marginais das estradas de rodagem, em zona rural, não afeta o domínio do proprietário, nem obriga a qualquer indenização" (v. jurisprudência s/ esta Súmula em RTFR 109/147 a 188).

A simples limitação administrativa não se equipara ao apossamento administrativo, nem à desapropriação (RTJ 157/674).

Art. 2º: 4a. "A circunstância de o Estado dispor de competência para criar reservas florestais não lhe confere a prerrogativa de subtrair-se ao pagamento de indenização compensatória ao particular, quando a atividade pública, decorrente do exercício de atribuições em tema de direito florestal, impedir ou afetar a válida exploração econômica do imóvel por seu proprietário" (RTJ 158/205: 1ª T., RE 134.297).

"No ressarcimento por desapropriação, a floresta de preservação permanente que recobre o terreno deve ser indenizada pelo valor econômico que sua exploração poderia gerar, não fosse a vedação administrativa que a impede. Deixar de indenizar as florestas seria punir quem as preservou, homenageando aqueles que as destruíram" (RSTJ 85/118: 1ª T., REsp 77.359).

Todavia: "A indenização da cobertura vegetal, em separado da terra nua, é inviável quando for insusceptível de exploração econômica, como na hipótese dos autos, uma vez que a área já havia sido declarada como de preservação permanente em data anterior ao decreto expropriatório que fundamentou o pedido indenizatório" (STJ-1ª T., REsp 779.310, Min. Luiz Fux, j. 23.9.08, DJ 16.10.08). No mesmo sentido: STJ-2ª T., REsp 403.571, Min. João Otávio, j. 4.8.05, DJ 29.8.05.

V. tb. art. 1º, nota 8.

Art. 2º: 5. A desapropriação pode incidir em área inferior ao módulo da propriedade rural **(Dec. 62.504, de 8.4.68,** art. 2º-I, em Lex 1968/466).

Art. 2º: 6. "A expropriação de bens dominicais de outras unidades federadas pela União Federal", por Fábio Konder Comparato (RT 723/111).

Art. 2º: 7. Não é admissível que Estado-membro desaproprie qualquer bem de outro Estado-membro (RTJ 77/48, RDA 128/330).

Município não pode desapropriar bem de outro Município (RTJ 87/542; v. tb. RT 482/160).

"É vedado ao Município desapropriar bens de propriedade da União ou de suas autarquias e fundações, sem prévia autorização, por decreto, do Presidente da República" (STJ-2ª T., REsp 1.188.700, Min. Eliana Calmon, j. 18.5.10, DJ 25.5.10).

"Por lei, tendo a União Federal participação majoritária na sociedade de economia mista, patenteado está o seu interesse. Não pode, por consequência, o Município desapropriar área da sociedade, sob pena de desrespeito ao estruturamento hierárquico do Estado" (STJ-RDA 187/249: 1ª T., RMS 1.167, maioria). Esse acórdão foi confirmado pelo STF: "A Cia. Docas do Rio de Janeiro, sociedade de economia mista federal, incumbida de explorar o serviço portuário em regime de exclusividade, não pode ter bem desapropriado pelo Estado" (STF-RTJ 153/337 e RT 707/221: Pleno, RE 172.816, um voto vencido).

"Desapropriação, por município, de imóvel pertencente a Rede Ferroviária Federal. Não havendo dúvida de que o imóvel integra o patrimônio da União Federal, e como tal está abrangido pela norma do § 3º do art. 2º do Dec. lei 3.365/41, com a redação dada pelo Dec. lei 856/69, a sua desapropriação só é possível após a autorização do Presidente da República" (STF-2ª T., RE 115.665, Min. Carlos Madeira, j. 18.3.88, DJ 15.4.88). No mesmo sentido: STJ-RT 727/148 (2ª T., REsp 71.266).

Todavia, afirmando possível a desapropriação, pelo Estado-membro, "de bens de autarquia federal não afetados a uma atividade administrativa": TFR-RDA 173/132 e RDP 87/258.

"É admissível a expropriação, por parte do município, de bens de concessionários de serviços públicos em que figura como concedente a União, ou o Estado" (RT 541/176).

Art. 2º: 8. Havendo desapropriação concomitante decretada pelo Estado e pelo Município, prevalece aquela (RTJ 125/330 e STF-RDA 168/258), especialmente se "voltada para o mesmo objetivo e editada com o propósito de obviar embaraços opostos à Municipalidade" quanto à legitimidade para propor a ação (STJ-2ª T., REsp 8.709, Min. Ilmar Galvão, j. 17.4.91, DJU 13.5.91).

Art. 2º: 8a. "A desapropriação, pelo Estado-membro, de bem público de uso comum do município garante a este o direito à indenização" (STF-RDA 138/127).

Art. 2º: 9. Súmula 157 do STF: "É necessária prévia autorização do Presidente da República para desapropriação, pelos Estados, de **empresa de energia elétrica**".

Súmula 62 do TFR (Empresa de energia elétrica): "Compete à Justiça Federal processar e julgar ação de desapropriação promovida por concessionária de energia elétrica, se a União intervém como assistente" (v. jurisprudência s/ esta Súmula em RTFR 80/10). **Todavia,** se a União não intervém no feito, a competência é da Justiça Estadual (STF-1ª T., RE 210.148-6, Min. Octavio Gallotti, j. 5.5.98, DJU 18.9.98).

Art. 2º: 10. O § 3º foi aditado pelo Dec. lei 856, de 11.9.69.

Art. 3º Os concessionários de serviços públicos e os estabelecimentos de caráter público ou que exerçam funções delegadas de poder público poderão promover desapropriações mediante autorização expressa, constante de lei ou contrato.

Art. 4º A desapropriação poderá abranger a área contígua necessária ao desenvolvimento da obra a que se destina, e as zonas que se valorizarem extraordinariamente, em consequência da realização do serviço. Em qualquer caso, a declaração de utilidade pública deverá compreendê-las, mencionando-se quais as indispensáveis à continuação da obra e as que se destinem à revenda.

Parágrafo único. Quando a desapropriação destinar-se à urbanização ou à reurbanização realizada mediante concessão ou parceria público-privada, o edital de licitação poderá prever que a receita decorrente da revenda ou utilização imobiliária integre projeto associado por conta e risco do concessionário, garantido ao poder concedente no mínimo o ressarcimento dos desembolsos com indenizações, quando estas ficarem sob sua responsabilidade.[1]

Art. 4º: 1. Parágrafo único acrescido pela Lei 12.873, de 24.10.13.

Art. 5º Consideram-se casos de utilidade pública:[1 a 4]

a) a segurança nacional;

b) a defesa do Estado;

c) o socorro público em caso de calamidade;

d) a salubridade pública;

e) a criação e melhoramento de centros de população, seu abastecimento regular de meios de subsistência;

f) o aproveitamento industrial das minas e das jazidas minerais, das águas[5] e da energia hidráulica;

g) a assistência pública, as obras de higiene e decoração, casas de saúde, clínicas, estações de clima e fontes medicinais;

h) a exploração ou a conservação dos serviços públicos;

i) a abertura, conservação e melhoramento de vias ou logradouros públicos; a execução de planos de urbanização;[5a-6] o parcelamento do solo, com ou sem edificação, para sua melhor utilização econômica, higiênica ou estética;[7] a construção ou ampliação de distritos industriais;[8 a 10]

j) o funcionamento dos meios de transporte coletivo;

k) a preservação e conservação dos monumentos históricos e artísticos, isolados ou integrados em conjuntos urbanos ou rurais, bem como as medidas necessárias a manter-lhes e realçar-lhes os aspectos mais valiosos ou característicos e, ainda, a proteção de paisagens e locais particularmente dotados pela natureza;

l) a preservação e a conservação adequada de arquivos, documentos e outros bens móveis de valor histórico ou artístico;

m) a construção de edifícios públicos, monumentos comemorativos e cemitérios;

n) a criação de estádios, aeródromos ou campos de pouso para aeronaves;

o) a reedição ou divulgação de obra ou invento de natureza científica, artística ou literária;

p) os demais casos previstos por leis especiais.

§ 1º A construção ou ampliação de distritos industriais, de que trata a alínea *i* do *caput* deste artigo, inclui o loteamento das áreas necessárias à instalação de indústrias e atividades correlatas, bem como a revenda ou locação dos respectivos lotes a empresas previamente qualificadas.[11]

§ 2º A efetivação da desapropriação para fins de criação ou ampliação de distritos industriais depende de aprovação, prévia e expressa, pelo Poder Público competente, do respectivo projeto de implantação.[12]

§ 3º Ao imóvel desapropriado para implantação de parcelamento popular, destinado às classes de menor renda, não se dará outra utilização nem haverá retrocessão.[13-14]

Art. 5º: 1. Outros casos de desapropriação:

Dec. 24.643, de 10.7.34 — Decreta o Código de Águas (no CCLCV, tít. ÁGUAS, texto parcial). V. arts. 33 e 151-*b*.

Lei 10.257, de 10.7.01 — Regulamenta os arts. 182 e 183 da Constituição Federal, estabelece diretrizes gerais da política urbana e dá outras providências. O art. 8º estabelece, em favor do Município, a possibilidade de desapropriar, em caso de não cumprimento, pelo proprietário, da obrigação de parcelamento, edificação ou utilização do imóvel.

Art. 5º: 1a. "Ao Poder Executivo interdita-se considerar de utilidade pública, para fins de desapropriação, situações não definidas em formas legais ou que, nestas, não sejam de manifesta compreensão" (RTJ 161/582).

Art. 5º: 2. "Têm o Município e o Estado competência para desapropriar imóvel rural por utilidade pública" (STF-RT 595/266).

Art. 5º: 3. "A expropriação de imóvel a favor de pessoa jurídica de direito privado somente se legitima se se tratar de concessionário de serviços públicos ou de delegado de função pública, ou afetado, o bem expropriado, ao serviço público" (RTJ 72/479).

Art. 5º: 4. v. nota 2 ao art. 2º da Lei 4.132, de 10.9.62, no CCLCV.

Art. 5º: 5. v. Código de Águas, Dec. 24.643, de 10.7.34 (no CCLCV, tít. ÁGUAS, texto parcial), arts. 33 e 151-*b*.

Art. 5º: 5a. "Desapropriação para fins de reforma urbana", por Edilson Pereira Nobre Jr. (RT 799/52).

Art. 5º: 6. É constitucional a desapropriação para execução de plano de reurbanização (RTJ 86/155). No mesmo sentido: RTJ 90/217, STF-RDA 132/175.

Art. 5º: 7. Lei 6.766, de 19.12.79 — Dispõe sobre o parcelamento do solo urbano e dá outras providências (no CCLCV, tít. PROMESSA DE COMPRA E VENDA E LOTEAMENTO, ínt.): **"Art. 44.** O Município, o Distrito Federal e o Estado poderão expropriar áreas urbanas ou de expansão urbana para reloteamento, demolição, reconstrução e incorporação, ressalvada a preferência dos expropriados para a aquisição de novas unidades".

Art. 5º: 8. Redação da alínea *i* de acordo com a Lei 9.785, de 29.1.99.

Art. 5º: 9. v. §§ 1º e 2º.

Art. 5º: 10. s/ desapropriação para implantação de distrito industrial, v. STF-RTJ 90/265, 92/422, 92/746, 94/798, 95/407; STF-RDA 137/158, 138/137, 138/154.

"Ação de desapropriação. Imóvel rural, destinado à instalação de distrito industrial. A nova Carta de 1988 não revogou os diplomas legais disciplinadores das expropriações da espécie destes autos, havendo-os, ao revés, adotado, no que com ela não colidirem" (STJ-2ª T., REsp 8.709, Min. Ilmar Galvão, j. 17.4.91, DJU 13.5.91).

"O decreto expropriatório editado com fundamento no art. 5º, *i*, do Decreto-Lei 3.365/41, beneficiando uma única empresa privada, contém vício de finalidade que o torna nulo, na medida em que se desvia do interesse público, contrariando, ainda, os princípios da impessoalidade e da moralidade administrativa" (STJ-1ª T., RMS 18.703, Min. Denise Arruda, j. 28.11.06, dois votos vencidos, DJU 29.3.07).

Art. 5º: 11. O § 1º foi acrescentado pela Lei 6.602, de 7.12.78.

Art. 5º: 12. O § 2º foi acrescentado pela Lei 6.602, de 7.12.78.

Art. 5º: 13. O § 3º foi acrescentado pela Lei 9.785, de 29.1.99.

Art. 5º: 14. v. LRP 167-I-36.

Art. 6º A declaração de utilidade pública[1 a 2a] far-se-á por decreto do Presidente da República, Governador, Interventor ou Prefeito.[3-4]

Art. 6º: 1. Súmula 23 do STF: "Verificados os pressupostos legais para o **licenciamento da obra,** não o impede a declaração de utilidade pública para desapropriação do imóvel, mas o valor da obra não se incluirá na indenização, quando a desapropriação for efetivada". Neste sentido: RT 669/89.

Art. 6º: 1a. "A declaração de utilidade pública que exonera a Fazenda Pública de indenizar as benfeitorias úteis é a que identifica o imóvel e o respectivo proprietário; não tem esse efeito aquela que descreve mal o imóvel e deixa de nominar quem no Ofício Imobiliário aparece como proprietário" (STJ-2ª T., REsp 79.401, Min. Ari Pargendler, j. 25.9.97, DJU 13.10.97).

Art. 6º: 2. "No ato de declaração, o órgão expropriante tem de mencionar o caso de necessidade ou utilidade em que o ato de expropriação se enquadra, e individuar a obra que motivou a desapropriação", sob pena de extinção do processo (RJTJESP 133/61).

"É lícito ao Poder Judiciário declarar nulo decreto expropriatório onde se verifica desvio de poder. É nulo decreto declaratório de utilidade ou necessidade pública, onde não se especifica a finalidade da desapropriação" (STJ-RDA 200/190).

Art. 6º: 2a. "A simples declaração de utilidade pública, para fins de desapropriação, não retira do proprietário do imóvel o direito de usar, gozar e dispor do seu bem, podendo até aliená-lo" (RSTJ 134/155).

Art. 6º: 3. "Não havendo no Município imprensa oficial ou diário oficial, a publicação de suas leis e atos administrativos pode ser feita por afixação na Prefeitura e na Câmara Municipal" (RSTJ 100/83). No mesmo sentido: RJTJERGS 150/396.

Art. 6º: 4. O prazo para impetração de mandado de segurança contra decreto expropriatório conta-se de sua publicação no *Diário Oficial* (v. LMS 23, nota 4).

Art. 7º Declarada a utilidade pública, ficam as autoridades administrativas autorizadas a penetrar nos prédios[1] compreendidos na declaração, podendo recorrer, em caso de oposição, ao auxílio de força policial.

Àquele que for molestado por excesso ou abuso de poder, cabe indenização por perdas e danos, sem prejuízo da ação penal.

Art. 7º: 1. "O art. 7º do Dec. lei n. 3.365/41 e a inviolabilidade do domicílio", por José Sérgio Monte Alegre (RDA 203/71).

Art. 8º O Poder Legislativo poderá tomar a iniciativa da desapropriação, cumprindo, neste caso, ao Executivo, praticar os atos necessários à sua efetivação.

Art. 9º Ao Poder Judiciário é vedado, no processo de desapropriação, decidir se se verificam ou não os casos de utilidade pública.[1 a 3]

Art. 9º: 1. "Cabe ao Poder Judiciário decidir se a desapropriação corresponde à finalidade constitucionalmente prevista de destinar-se o bem expropriado a fins de necessidade ou utilidade pública, ou de interesse social" (RTJ 72/479).

"Conquanto ao Judiciário seja defeso incursionar sobre a oportunidade e conveniência de desapropriação, pode e deve ele escandir os elementos que indicam a legitimidade do ato, bem como a finalidade, pois aí reside o freio à discricionariedade, por isso que a declaração de utilidade pública terá de indicar, precisamente, o fim a que se destina a expropriação. Tendo em conta o interesse público, é vedado à administração desapropriar 'para construção de imóveis' sem especificar a perseguição do interesse público, é dizer, a finalidade. Se a finalidade referida no decreto expropriatório é fraudada, desmerece-se, por si própria, a desapropriação" (RSTJ 13/272 e STJ-RDA 179/181, maioria).

"Merece temperamentos a interpretação do art. 9º da Lei de Desapropriação, segundo o qual fica excluída da apreciação judicial, no processo expropriatório, a verificação dos casos de utilidade pública. Como é cediço, por força de tal disposição legal, é vedado ao Poder Judiciário, na ação de desapropriação, decidir sobre a ocorrência do caso de utilidade pública, mas não está impedido de apreciar o fundamento desta. Na estrita via do *writ of mandamus*, se é impossível a prova da situação fática à época da declaração de utilidade pública, inadmissível perquirir-se a razão de tal declaração. Na espécie, indicada a finalidade do ato declaratório de utilidade pública (instalação de edifício público para servir de centro cultural), não há falar em desvio de poder" (RSTJ 73/243).

Art. 9º: 2. Cabe mandado de segurança para impedir desapropriação decretada com manifesto desvio de poder (RJTJESP 131/105).

Art. 9º: 3. "O decreto que declara um imóvel de utilidade pública, para fins de desapropriação, é ato administrativo e não ato normativo, cabendo contra ele a propositura de ação ordinária visando à sua anulação, e não ação direta de inconstitucionalidade" (RTJ 161/582).

Art. 10. A desapropriação deverá efetivar-se mediante acordo[1] ou intentar-se judicialmente dentro de cinco anos,[1a] contados da data da expedição do respectivo decreto e findos os quais este caducará.

Neste caso, somente decorrido um ano, poderá ser o mesmo bem objeto de nova declaração.

Parágrafo único (*reintroduzido pela Med. Prov. 2.183-56, de 24.8.01*). Extingue-se em cinco anos o direito de propor ação que vise a indenização por restrições decorrentes de atos do Poder Público.

Art. 10: 1. Não vale o simples acordo administrativo, não seguido de escritura pública, podendo, portanto, o expropriado contestar a ação e aduzir que o acordo lhe era prejudicial (RJTJESP 103/96, 109/246).

V. tb. art. 22, nota 2.

Art. 10: 1a. "A lei não fixa o prazo dentro do qual o bem deve ser utilizado pela entidade expropriante. Por isso, antes do quinquênio, pode manifestar-se a violação do destino e após ele pode ainda não se ter produzido" (RSTJ 81/193).

Art. 10-A. O poder público deverá notificar o proprietário e apresentar-lhe oferta de indenização.[1]

§ 1º A notificação de que trata o *caput* deste artigo conterá:

I — cópia do ato de declaração de utilidade pública;

II — planta ou descrição dos bens e suas confrontações;

III — valor da oferta;

IV — informação de que o prazo para aceitar ou rejeitar a oferta é de 15 (quinze) dias e de que o silêncio será considerado rejeição;

V — (VETADO).

§ 2º Aceita a oferta e realizado o pagamento, será lavrado acordo, o qual será título hábil para a transcrição no registro de imóveis.

§ 3º Rejeitada a oferta, ou transcorrido o prazo sem manifestação, o poder público procederá na forma dos arts. 11 e seguintes deste Decreto-Lei.

Art. 10-A: 1. O art. 10-A foi acrescido pela Lei 13.867, de 26.8.19.

Art. 10-B. Feita a opção pela mediação ou pela via arbitral, o particular indicará um dos órgãos ou instituições especializados em mediação ou arbitragem previamente cadastrados pelo órgão responsável pela desapropriação.[1]

§ 1º A mediação seguirá as normas da Lei n. 13.140, de 26 de junho de 2015, e, subsidiariamente, os regulamentos do órgão ou instituição responsável.

§ 2º Poderá ser eleita câmara de mediação criada pelo poder público, nos termos do art. 32 da Lei n. 13.140, de 26 de junho de 2015.

§ 3º (VETADO).

§ 4º A arbitragem seguirá as normas da Lei n. 9.307, de 23 de setembro de 1996, e, subsidiariamente, os regulamentos do órgão ou instituição responsável.

§ 5º (VETADO).

Art. 10-B: 1. O art. 10-B foi acrescido pela Lei 13.867, de 26.8.19.

Do Processo Judicial

Art. 11. A ação, quando a União for autora, será proposta no Distrito Federal ou no foro da capital do Estado onde for domiciliado o réu,[1] perante o juízo privativo, se houver; sendo outro o autor, no foro da situação dos bens.[2-3]

Art. 11: 1. "Se o imóvel expropriado possui áreas comuns de uso do povo, que são do domínio da Municipalidade, tem esta interesse em participar no polo passivo da desapropriação" (JTJ 159/205).

Art. 11: 2. s/ desapropriação de bem de espólio, v. CPC 48, nota 5.

Art. 11: 3. Afirmando que, mesmo no caso de a União figurar como autora no processo, é competente para a ação de desapropriação o foro da situação do imóvel desapropriando: STJ-1ª Seção, CC 111.116, Min. Herman Benjamin, j. 24.11.10, DJ 1.2.11.

Art. 12. Somente os juízes que tiverem garantia de vitaliciedade,[1] inamovibilidade e irredutibilidade de vencimentos poderão conhecer dos processos de desapropriação.

Art. 12: 1. v. CF 95-I.

Art. 13. A petição inicial, além dos requisitos previstos no Código de Processo Civil,[1 a 2a] conterá a oferta do preço e será instruída com um exemplar do contrato, ou do jornal oficial que houver publicado o decreto de desapropriação,[3] ou cópia autenticada dos mesmos, e a planta ou descrição dos bens e suas confrontações.

Parágrafo único. Sendo o valor da causa igual ou inferior a dois contos de réis, dispensam-se os autos suplementares.

Art. 13: 1. v. CPC 319 (s/ petição inicial).

Art. 13: 1a. "Para propor e processar desapropriação de imóvel, **não se exige** como prova o **registro imobiliário**" (RSTJ 142/172).

Art. 13: 2. Admite-se a inicial **sem individuação dos expropriados,** quando desconhecidos (RJTJESP 103/181).

Art. 13: 2a. "O **depósito prévio** da quantia arbitrada a título de indenização é obrigatório apenas para o deferimento do pedido de imissão provisória na posse do bem desapropriado. Sua ausência justifica somente o indeferimento de tal pleito, nos termos do art. 15 do citado decreto, e **não** a **extinção do feito** sem resolução de mérito" (STJ-2ª T., REsp 1.835.339, Min. Herman Benjamin, j. 21.11.19, DJ 19.12.19).

Art. 13: 3. A exigência de juntada, à petição inicial, de exemplar do jornal oficial que houver publicado o decreto deve ser relevada nas desapropriações promovidas por Municípios que não disponham de imprensa oficial (RTJ 90/1.100, 94/1.275). No mesmo sentido, acrescentando que não equivale a jornal oficial o que destina apenas uma parte à divulgação de atos oficiais: STJ-2ª T., REsp 43.864-0, Min. Pádua Ribeiro, j. 17.10.96, DJU 11.11.96.

Art. 14. Ao despachar a inicial,[1] o juiz designará um perito[2-3] de sua livre escolha, sempre que possível técnico, para proceder à avaliação dos bens.

Parágrafo único. O autor e o réu poderão indicar assistente técnico[4-5] do perito.

Art. 14: 1. s/ desnecessidade de intervenção do MP, v. art. 19, nota 5.

Art. 14: 2. s/ perícia e laudo, v. art. 23 e notas e CPC 464 a 480.

Art. 14: 3. "Ao conferir à Comissão de Peritos constituída pelos juízes competência sobre desapropriações de terreno de imóveis situados em uma mesma zona, abrangendo diversidade de áreas, padronizam-se os critérios e valores indenizatórios, possibilitando-se decisões harmônicas e não discrepantes" (RT 721/125).

Art. 14: 4. v. CPC 465 § 1º-II, 84 e 95.

Art. 14: 5. **Súmula 34 do TRF-1ª Região (Parecer do assistente técnico):** "Na ação de desapropriação o parecer do assistente técnico pode ser juntado aos autos a qualquer tempo, antes de proferida a sentença" (RT 732/425).

Art. 15. Se o expropriante alegar urgência[1] e depositar[1a a 1c] quantia arbitrada de conformidade com o art. 685 do Código de Processo Civil,[2] o juiz mandará imiti-lo[2a-2b] provisoriamente[3 a 7] na posse dos bens.[7a]

§ 1º A imissão provisória poderá ser feita, independentemente da citação do réu, mediante o depósito:[8 a 10]

a) do preço oferecido, se este for superior a 20 (vinte) vezes o valor locativo, caso o imóvel esteja sujeito ao imposto predial;

b) da quantia correspondente a 20 (vinte) vezes o valor locativo, estando o imóvel sujeito ao imposto predial e sendo menor o preço oferecido;

c) do valor cadastral[10a] do imóvel para fins de lançamento do imposto territorial, urbano ou rural, caso o referido valor tenha sido atualizado no ano fiscal imediatamente anterior;[10b]

d) não tendo havido a atualização a que se refere o inciso c, o juiz fixará, independente de avaliação, a importância do depósito, tendo em vista a época em que houver sido fixado originariamente o valor cadastral e a valorização ou desvalorização posterior do imóvel.[10c]

§ 2º A alegação de urgência, que não poderá ser renovada, obrigará o expropriante a requerer a imissão provisória dentro do prazo[11] improrrogável de 120 (cento e vinte) dias.[12]

§ 3º Excedido o prazo fixado no parágrafo anterior não será concedida a imissão provisória.[13-14]

§ 4º A imissão provisória na posse será registrada no registro de imóveis competente.[15]

Art. 15: 1. "A urgência exigida para os efeitos da imissão de posse pode ser alegada pelo expropriante em juízo, ainda que não conste do decreto de declaração de utilidade pública" (STJ-2ª T., REsp 80.002, Min. Ari Pargendler, j. 16.10.97, DJU 10.11.97).

Todavia: "Mesmo que se entenda, em interpretação literal, que ao Poder Público basta alegar a urgência, tal requisito deve ser compreendido de forma sistemática. Tutela com base em juízo de verossimilhança que não dispensa a razoabilidade da alegação. Impossibilidade de afirmação genérica de urgência. Ausência de informações nos autos que permitam presumir urgência tamanha que impossibilite sequer aguardar a realização de perícia. Ponderação entre o interesse público e o direito fundamental à justa e prévia indenização. Posse que possui conteúdo econômico. Impossibilidade do exercício de tal direito que, na prática, constitui a indisponibilidade do bem pelo proprietário, devendo ser abrangida pela norma contida no art. 5º, XXIV da CRFB" (RT 921/1.088: TJRJ, AI 0058573-46.2011.8.19.0000).

Art. 15: 1a. v. art. 13, nota 2a.

Art. 15: 1b. "Subsiste, no regime da Constituição Federal de 1988 (art. 5º, XXIV) a jurisprudência firmada pelo Supremo Tribunal sob a égide das Cartas anteriores, ao assentar que só a perda da propriedade, no final da ação de desapropriação — e não a imissão provisória na posse do imóvel — está compreendida na garantia da justa e prévia indenização" (RTJ 159/1.054, 165/313). No mesmo sentido: STF-RT 788/188, 802/143, STF-RF 350/203, STF-RDA 216/250, RTJ 164/387. Ainda: RT 874/343 (TJRS, AI 70018661157).

"É constitucional o disposto no art. 15 do Dec. lei 3.365/41, que admite, em casos de urgência, a imissão provisória na posse pelo poder público no imóvel expropriado, sem a necessidade do pagamento prévio e integral da indenização, eis que tal providência só se aplica no caso de indenização final que precede à transferência definitiva do domínio" (STF-RT 747/191).

"O art. 15 do Dec. lei 3.365/41, em seu parágrafo primeiro, deixa claro que a imissão provisória na posse pode ocorrer antes mesmo da citação do expropriado, o que torna evidente que a avaliação do imóvel não deve ser prévia, mas de realização diferida à instrução do processo" (STJ-2ª T., REsp 692.519, Min. Castro Meira, j. 15.8.06, DJU 25.8.06). No caso, o valor cadastral fiscal atualizado foi o parâmetro utilizado para o depósito inicial.

Todavia: "O *caput* do art. 15 do Dec. lei n. 3.365/41 está em vigor, estando os seus parágrafos derrogados pelo texto constitucional superveniente. Não nega vigência ao art. 15 do Dec. lei n. 3.365, de 21.6.41, nem ao art. 3º do Dec. lei n. 1.075, de 22.1.70, o acórdão que condiciona a imissão provisória na posse do imóvel expropriado ao prévio depósito do seu valor, fixado em **avaliação prévia**" (RSTJ 51/117). No mesmo sentido: RSTJ 63/393, 66/293.

"Na desapropriação, a imissão provisória na posse há de ser concedida, em face da alegação de urgência, na forma do art. 15, *caput*, da Lei das Desapropriações, recepcionado pela nova Constituição Federal, mediante depósito do valor apurado em avaliação prévia" (STJ-1ª Seção, ED no REsp 38.289-9, Min. Hélio Mosimann, j. 19.4.94, maioria, DJU 23.5.94).

"Para fins de imissão antecipada na posse, não atende o mandamento constitucional de justa indenização o depósito de 50% do valor apurado na avaliação, ou o do simbólico valor venal. Apenas o *caput* do art. 15 do Dec. lei 3.365/41 está em vigor, porquanto recepcionado pela nova Carta, o que não acontece com os demais parágrafos do citado artigo" (RSTJ 52/120). O voto do relator acrescenta: "Indiferente seja o imóvel urbano ou rural".

"A liminar de imissão na posse de imóvel objeto de desapropriação, inclusive para efeito de constituição de servidão administrativa, não pode tomar por base apenas o laudo de avaliação apresentado unilateralmente pela parte expropriante, impondo-se, no caso, a avaliação judicial provisória, sob pena de contrariedade ao princípio da prévia e justa indenização em dinheiro, estabelecido como garantia individual da propriedade (CF, art. 5º, XXIV)" (RT 844/351).

V. tb. Dec. lei 1.075/70 (neste tít.), art. 3º, nota 1.

Art. 15: 1c. "Tendo-se consumado a imissão provisória na posse, sem o cumprimento do pressuposto da avaliação judicial prévia, corrige-se a falha mediante laudo elaborado por perito judicial do juízo, não importando que se realize em época posterior à imissão na posse, já realizada" (STJ-1ª T., REsp 330.179, Min. Gomes de Barros, j. 18.11.03, DJU 9.12.03).

Art. 15: 2. A referência é ao CPC/39.

No caso, pode-se aplicar por analogia o procedimento estabelecido nos arts. 1º e 2º do Dec. lei 1.075, de 22.1.70, para imissão de posse *initio litis* em matéria de desapropriação de imóvel residencial urbano.

Art. 15: 2a. "Imissão na posse na ação de desapropriação — Tendências jurisprudenciais", por José Carlos de Moraes Salles (JTJ 234/9); "A imissão provisória do expropriante diante do direito condominial", por Nelson Kojranski (RIASP ano 5, n. 10, p. 144).

Art. 15: 2b. s/ correção monetária do depósito liminar, v. art. 26, nota 16; s/ imissão liminar na posse, v. tb. Dec. lei 1.075, de 22.1.70, adiante.

Art. 15: 3. "A imissão provisória na posse é legal e constitucional" (RTJ 101/717, 126/854), mesmo em face da CF de 1988 (RTJ 159/1.054).

Art. 15: 3a. Pode a imissão provisória na posse ser condicionada ao depósito prévio dos salários do perito?

Sim: RJTJESP 120/323.

Não: RJTJESP 120/324.

Art. 15: 3b. "Não é viável se estabelecer, para fins de imissão provisória decorrente de desapropriação, se o imóvel é urbano ou rural. Os princípios que regem a justa indenização devem ser aplicados, de modo uniforme, à desapropriação dos imóveis em questão, sem qualquer diferenciação" (STJ-1ª T., REsp 58.992-EDcl, Min. José Delgado, j. 4.11.96, dois votos vencidos, DJU 2.6.97).

Art. 15: 4. Comporta agravo a decisão que concede imissão provisória na posse (RJTJESP 95/279), ou a que determina a complementação do depósito, por entendê-lo insuficiente. Forma-se, portanto, preclusão, se contra ela não foi interposto tempestivamente esse recurso (TFR-5ª T., Ag 43.130, Min. Geraldo Sobral, j. 10.10.83, DJU 3.11.83; TFR-5ª T., Ag 55.191, Min. Geraldo Sobral, j. 9.11.88, *apud* Bol. do TFR 160/20).

Art. 15: 5. Súmula 476 do STF: "Desapropriadas as **ações de** uma **sociedade,** o Poder desapropriante, imitido na posse, pode exercer, desde logo, todos os direitos inerentes aos respectivos títulos".

Art. 15: 6. Se o expropriante não se valeu, oportunamente, do direito de se imitir na posse do imóvel, não pode fazê-lo em execução de sentença, quando já fixada definitivamente a indenização, o que torna incabível a imissão de posse sem pagamento do preço (RT 593/105 e RJTJESP 91/225).

Art. 15: 7. "A entidade expropriante é responsável pelo pagamento dos tributos após ter sido imitida na posse do bem objeto da expropriação" (STJ-RT 842/135: 2ª T., REsp 195.672). No mesmo sentido: RTFR 123/30, RJTJESP 99/262. Em consequência: "Enquanto não deferida e efetivada a imissão de posse provisória, o proprietário do imóvel continua responsável pelos impostos a ele relativos" (RSTJ 134/155).

Contra, entendendo que essa responsabilidade é do expropriado, até que receba o pagamento da indenização: RJTJESP 97/296, maioria.

Art. 15: 7a. "Desapropriação. Imissão provisória na posse. Medida que não importa em alteração no registro imobiliário. A alteração no registro de imóveis e a fixação do valor da indenização só devem ocorrer com a decisão final, não logo após a imissão provisória na posse" (RSTJ 71/204).

Art. 15: 8. O § 1º e suas alíneas estão de acordo com a redação dada pela Lei 2.786, de 21.5.56.

Art. 15: 8a. Súmula 652 do STF: "Não contraria a Constituição o art. 15, § 1º, do DL 3.365/41 (Lei da Desapropriação por utilidade pública)".

Art. 15: 8b. "Diante do que dispõe o art. 15, § 1º, alíneas *a, b, c* e *d*, do Dec. lei 3.365/41, o depósito judicial do valor simplesmente apurado pelo corpo técnico do ente público, sendo inferior ao valor arbitrado por perito judicial e ao valor cadastral do imóvel, não viabiliza a imissão provisória na posse" (STJ-1ª Seção, REsp 1.185.583, Min. Cesar Rocha, j. 27.6.12, maioria, DJ 23.8.12).

Art. 15: 9. "Não pondo fim ao processo, é agravável a decisão a respeito de depósito prévio da avaliação" (JTJ 167/196), bem como a que aprecia pedido de complementação de depósito inicial (RTFR 94/6).

Art. 15: 9a. Não comete atentado, mas sujeita-se à composição de perdas e danos em processo independente, o expropriante que se imite na posse do imóvel expropriando, com desrespeito à decisão judicial que condicionara essa imissão à realização do depósito prévio (JTJ 163/48).

Art. 15: 10. A quem pertence a correção monetária da importância depositada? v. art. 26, nota 16.

Art. 15: 10a. "A Constituição Federal só autoriza a desapropriação mediante pagamento prévio e justo. Não pode o magistrado deferir a imissão provisória da posse se a importância depositada e oferecida, mesmo que com base em valor cadastral do imóvel, for irrisória" (STJ-RT 750/220).

Art. 15: 10b. "O valor cadastral do imóvel, vinculado ao imposto territorial rural ou urbano, somente pode ser adotado para satisfazer o requisito do depósito judicial se tiver 'sido atualizado no ano fiscal imediatamente anterior' (art. 15, § 1º, alínea *c*, do Dec. lei 3.365/41). Ausente a efetiva atualização ou a demonstração de que o valor cadastral do imóvel foi atualizado no ano fiscal imediatamente anterior à imissão provisória na posse, 'o juiz fixará, independente de avaliação, a importância do depósito, tendo em vista a época em que houver sido fixado originalmente o valor cadastral e a valorização ou desvalorização posterior do imóvel' (art. 15, § 1º, alínea *d*, do Dec. lei 3.365/41). Revela-se necessário, no caso em debate, para efeito de viabilizar a imissão provisória na posse, que a municipalidade deposite o valor já obtido na perícia judicial provisória, na qual se buscou alcançar o valor mais atual do imóvel objeto da apropriação" (STJ-1ª Seção, REsp 1.185.583, Min. Cesar Rocha, j. 27.6.12, maioria, DJ 23.8.12).

Art. 15: 10c. v. nota anterior.

Art. 15: 11. Em se tratando de imóvel residencial urbano e impugnando o expropriado o *quantum* oferecido, o prazo de 120 dias somente começa a correr após a avaliação provisória prevista do Dec. lei 1.075, de 22.1.70 (RTFR 131/307).

O prazo de 120 dias principia a correr da data do ajuizamento da ação, e não do decreto de declaração de utilidade pública (RTFR 159/29); ou "da data do pedido de imissão de posse e não do decreto de declaração de utilidade pública" (TFR-5ª T., Ag 47.566, Min. Sebastião Reis, j. 25.3.87, DJU 28.5.87).

"O termo inicial do prazo de caducidade de 120 dias, para requerer imissão na posse provisória, é a alegação de urgência, feita pelo expropriante, não o decreto declarativo de utilidade pública" (RSTJ 7/421).

"A urgência para efeitos de desapropriação deve ser considerada a partir do instante em que foi pedida a imissão provisória" (2º TASP-Pleno, 7 votos vencidos: RT 483/147 e JTA 39/341; j. 22.5.75).

Entendendo que o prazo se conta da propositura da ação: JTJ 165/180.

Art. 15: 12. O § 2º foi acrescentado pela Lei 2.786, de 21.5.56.

Art. 15: 13. O § 3º foi acrescentado pela Lei 2.786, de 21.5.56.

Art. 15: 14. mas a ação prosseguirá (JTJ 163/46).

Art. 15: 15. O § 4º foi acrescentado pela Lei 11.977, de 7.7.09.

Art. 15-A (*acrescido pela Med. Prov. 2.183-56, de 24.8.01*). No caso de imissão prévia na posse, na desapropriação por necessidade ou utilidade pública e interesse social, inclusive para fins de reforma agrária, havendo divergência entre o preço ofertado em juízo e o valor do bem, fixado na sentença, expressos em termos reais, incidirão juros compensatórios[1 a 7] de até[7a] seis por cento ao ano[8] sobre o valor da diferença eventualmente apurada,[9] a contar da imissão na posse, vedado o cálculo de juros compostos.

§ 1º (*acrescido pela Med. Prov. 2.183-56, de 24.8.01*) Os juros compensatórios destinam-se, apenas, a compensar a perda de renda comprovadamente sofrida pelo proprietário.

§ 2º (*acrescido pela Med. Prov. 2.183-56, de 24.8.01*) Não serão devidos juros compensatórios quando o imóvel possuir graus de utilização da terra e de eficiência na exploração iguais a zero.[10]

§ 3º (*acrescido pela Med. Prov. 2.183-56, de 24.8.01*) O disposto no *caput* deste artigo aplica-se também às ações ordinárias de indenização por apossamento administrativo ou desapropriação indireta, bem assim às ações que visem a indenização por restrições decorrentes de atos do Poder Público, em especial aqueles destinados à proteção ambiental, incidindo os juros sobre o valor fixado na sentença.

§ 4º (*acrescido pela Med. Prov. 2.183-56, de 24.8.01*) Nas ações referidas no § 3º, não será o Poder Público onerado por juros compensatórios relativos a período anterior à aquisição da propriedade ou posse titulada pelo autor da ação.

Art. 15-A: 1. s/ imposto de renda calculado sobre principal e juros, tanto moratórios como compensatórios, v. art. 27, notas 9 e 10.

Art. 15-A: 2. **Súmula 12 do STJ:** "Em desapropriação, são **cumuláveis juros compensatórios e moratórios**" (v. jurisprudência s/ esta Súmula em RSTJ 16/303).

Desapropriação

Todavia: "Não ocorre, no atual quadro normativo, hipótese de cumulação de juros moratórios e juros compensatórios, eis que se tratam de encargos que incidem em períodos diferentes: os juros compensatórios têm incidência até a data da expedição de precatório, enquanto que os moratórios somente incidirão se o precatório expedido não for pago no prazo constitucional" (STJ-1ª Seção, REsp 1.118.103, Min. Teori Zavascki, j. 24.2.10, DJ 8.3.10).

Art. 15-A: 2a. **Súmula 164 do STF:** "No processo de desapropriação, são devidos **juros compensatórios** desde a antecipada imissão de posse, ordenada pelo juiz, por motivo de urgência".

Súmula 69 do STJ: "Na **desapropriação direta,** os juros compensatórios são devidos desde a antecipada imissão na posse e, na **desapropriação indireta,** a partir da efetiva ocupação do imóvel".

Tendo havido ocupação efetiva do imóvel, conquanto sem regular imissão de posse ordenada pelo juiz, os juros compensatórios devem ser contados desde tal ocupação (RTJ 86/356; STF-Bol. AASP 1.487/141; STF-1ª T., RE 104.247-8, Min. Oscar Corrêa, j. 15.2.85, DJU 15.3.85; STF-1ª T., RE 106.656-3, Min. Néri da Silveira, j. 17.12.85, DJU 22.5.87).

Não há dissídio com a Súmula 164 do TFR (e, portanto, com a Súmula 69 do STJ) se não foram concedidos juros compensatórios por esbulho praticado pelo Poder Público, uma vez que esta Súmula se refere especificamente a desapropriações (RSTJ 13/299).

Os juros compensatórios não se contam pelo período em que os autos estiveram irregularmente em poder do advogado do expropriado (RAMPR 46/125).

Art. 15-A: 2b. **Súmula 114 do STJ:** "Os **juros compensatórios, na desapropriação indireta,** incidem a partir da ocupação, calculados sobre o valor da indenização, corrigido monetariamente" (v. jurisprudência s/ esta Súmula em RSTJ 70/317).

A Súmula 114 do STJ **revoga a de n. 345 do STF e a de n. 74 do TFR.**

Todavia, na impossibilidade de constatar-se a data da ocupação, o termo *a quo* dos juros compensatórios será:

— a data da citação do expropriado (STF-RT 663/237);

— a data do decreto expropriatório (STJ-1ª T., REsp 632.994, Min. Luiz Fux, j. 18.11.04, DJU 17.12.04; STJ-2ª T., REsp 380.272, Min. Eliana Calmon, j. 23.4.02, DJU 27.5.02);

— a data em que o proprietário foi impedido de usar e gozar do direito inerente à propriedade imobiliária (RSTJ 180/259: 2ª T.).

Art. 15-A: 2c. **Súmula 113 do STJ:** "Os **juros compensatórios,** na desapropriação direta, incidem a partir da imissão na posse, calculados sobre o valor da indenização, corrigido monetariamente".

Art. 15-A: 3. **Súmula 56 do STJ:** "Na desapropriação para instituir **servidão administrativa** são devidos os **juros compensatórios** pela limitação de uso da propriedade" (v. jurisprudência s/ esta Súmula em RSTJ 38/431).

Art. 15-A: 3a. Não são devidos juros compensatórios se o **desapropriado continua na posse** do imóvel (RTFR 153/93).

Art. 15-A: 4. "Os juros compensatórios, em desapropriação, somente incidem **até a data da expedição do precatório original.** Tal entendimento está agora também confirmado pelo § 12 do art. 100 da CF, com a redação dada pela EC 62/09" (STJ-1ª Seção, REsp 1.118.103, Min. Teori Zavascki, j. 24.2.10, DJ 8.3.10).

Art. 15-A: 5. "No cálculo dos juros compensatórios, tanto a oferta como a importância principal fixada judicialmente devem ser **atualizadas monetariamente"** (STF-2ª T., RE 110.818-5, Min. Francisco Rezek, j. 2.6.87, DJU 7.8.87). No mesmo sentido: STJ-2ª T., REsp 870.831-AgRg-EDcl, Min. Mauro Campbell, j. 26.10.10, DJ 10.11.10.

Art. 15-A: 5a. "Não são cabíveis juros compensatórios no cálculo de atualização de **precatório complementar"** (STJ-1ª T., REsp 949.657, Min. Teori Zavascki, j. 16.10.08, DJ 29.10.08). No mesmo sentido: STJ-2ª T., REsp 802.248, Min. Castro Meira, j. 12.2.08, DJ 25.2.08.

S/ juros em precatório complementar, v. tb. art. 15-B, nota 5, e CPC 910, nota 12.

Art. 15-A: 5b. "Os juros compensatórios encontram previsão legal para ressarcir o que o desapropriado deixou de ganhar com a perda antecipada do imóvel e o impedimento do uso e gozo econômico do bem, ou o que deixou de lucrar, independentemente da produtividade do imóvel. Dessa forma, não devem incidir sobre o montante destinado a indenizar a **depreciação de imóvel** afetado pela desapropriação, pois tal situação não encontra previsão legal" (STJ-2ª T., REsp 1.692.016, Min. Herman Benjamin, j. 16.11.17, DJ 19.12.17).

S/ a produtividade do imóvel, v. o § 2º.

Art. 15-A: 6. Afirmando que os juros compensatórios podem ser concedidos **independentemente de pedido** do expropriado: RSTJ 5/361, 62/370, RTFR 120/185, 123/213; TFR-6ª T., AC 82.820, Min. Torreão Braz, j. 1.6.83, DJU 23.6.83; JTA 60/203.

Todavia, se não concedidos na sentença, os juros compensatórios não podem ser acrescidos na execução (RTJ 96/231, 99/1.350; TFR-6ª T., AC 77.164, Min. Miguel Ferrante, j. 17.10.83, DJU 1.12.83; TFR-Bol. AASP 1.276/128).

Art. 15-A: 7. "**Impossível cumular** em ação desapropriatória a condenação de **juros compensatórios com lucros cessantes,** sob pena de *bis in idem*, visto que aqueles se destinam a compor o patrimônio do desapropriado, indenizando-o dos lucros que deixou de auferir em razão da expropriação" (STJ-1ª T., REsp 35.258-4, Min. Cesar Rocha, j. 23.6.93, DJU 16.8.93). No mesmo sentido: STJ-1ª Seção, ED no REsp 1.190.684, Min. Teori Zavascki, j. 9.5.12, maioria, DJ 2.8.12.

Art. 15-A: 7a. O STF declarou **inconstitucional** o termo "até" (STF-Pleno, ADI 2.332, Min. Roberto Barroso, j. 17.5.18, maioria, DJ 16.4.19).

Art. 15-A: 8. "É constitucional o percentual de **juros compensatórios de 6% ao ano** para a remuneração do proprietário pela imissão provisória do ente público na posse do seu bem, na medida em que consiste em ponderação legislativa proporcional entre o direito constitucional do proprietário à justa indenização (art. 5º, XXIV, CF/88) e os princípios constitucionais da eficiência e da economicidade (art. 37, *caput*, CF/88)" (STF-Pleno, ADI 2.332, Min. Roberto Barroso, j. 17.5.18, maioria, DJ 16.4.19). Reduzindo os juros compensatórios de 12% ao ano para 6% ao ano: STJ-2ª T., REsp 1.793.757, Min. Herman Benjamin, j. 28.3.19, DJ 22.4.19.

Está, portanto, **superada a Súmula 618 do STF,** que tem o seguinte teor: "Na desapropriação, direta ou indireta, a taxa de juros compensatórios é de 12% (doze por cento) ao ano". Ainda, foi **cancelada a Súmula 408 do STJ,** segundo a qual: "Nas ações de desapropriação, os juros compensatórios incidentes após a Med. Prov. n. 1.577, de 11.6.97, devem ser fixados em 6% ao ano até 13.9.01 e, a partir de então, em 12% ao ano, na forma da Súmula n. 618 do Supremo Tribunal Federal".

Mas: "O índice de juros compensatórios na desapropriação direta ou indireta é de 12% até 11.6.97, data anterior à publicação da MP 1577/97" (STJ-1ª Seção, Pet 12.344, Min. Og Fernandes, j. 28.10.20, DJ 12.11.20).

Art. 15-A: 9. "A **base de cálculo** dos juros compensatórios em desapropriações corresponde à diferença entre 80% do preço ofertado pelo ente público e o valor fixado na sentença" (STF-Pleno, ADI 2.332, Min. Roberto Barroso, j. 17.5.18, maioria, DJ 16.4.19).

"A causa determinante dos juros compensatórios é a perda da posse, e, por conseguinte, da fruição do bem, antes do pagamento da prévia e justa indenização em dinheiro. É por isso que o termo inicial de sua incidência é a imissão do expropriante na posse do imóvel. Ocorre que, com relação à parcela ofertada pelo expropriante e passível de levantamento imediato pelo expropriado (Dec. lei 3.365/41, art. 33), não se configura o pressuposto da privação do uso da propriedade (substituída, nesse caso, pela indenização imediata), não havendo, com relação a essa parcela, justificativa para a incidência dos juros compensatórios" (STJ-1ª T., REsp 922.998, Min. Teori Zavascki, j. 4.9.08, DJ 11.9.08).

"Havendo depósito complementar como condição ao deferimento do pedido de imissão provisória na posse, sobre tal parcela não incidem juros compensatórios, pois já se permite à parte expropriada dispor desse numerário anteriormente à perda da posse" (STJ-2ª T., REsp 1.300.574, Min. Eliana Calmon, j. 24.9.13, DJ 1.10.13).

Mesmo nos casos em que o valor da oferta inicial coincide com o valor judicialmente estipulado para o imóvel, os juros compensatórios incidem sobre os 20% que o particular não pode desde logo levantar — art. 33 § 2º e LC 76, de 6.7.93, art. 6º § 1º (STJ-1ª Seção, ED no REsp 967.611, Min. Denise Arruda, j. 11.11.09, DJ 27.11.09).

S/ juros moratórios, v. art. 15-B, nota 7.

Art. 15-A: 10. "O acórdão embargado deixou assentado que parte do imóvel expropriado, além de nunca ter sido explorada economicamente, é insuscetível de exploração no futuro, seja em razão de anteriores limitações impostas por lei, seja em decorrência de suas características geográficas e topográficas. Sendo assim, não há como justificar a incidência de juros compensatórios. Admitir o contrário seria permitir a ocorrência de locupletamento ilícito pelo desapropriado, que, com a expropriação, além de ser indenizado pela limitação administrativa, também receberia pela atividade produtiva que jamais poderia ser exercida" (STJ-1ª Seção, ED no REsp 519.365, Min. Teori Zavascki, j. 11.10.06, DJ 27.11.06). Assim: "Tratando-se de **Área de Preservação Permanente,** as restrições legais e administrativas impostas impedem o exercício de atividade produtiva. Inserir, no cálculo da indenização, os referidos juros seria atentar contra o art. 5º, XXIV, da CF/88, que prescreve a justa indenização" (STJ-1ª Seção, ED no REsp 1.350.914, Min. Og Fernandes, j. 11.11.15, DJ 15.2.16).

Art. 15-B. (*acrescido pela Med. Prov. 2.183-56, de 24.8.01*). Nas ações a que se refere o art. 15-A, os juros moratórios[1 a 7] destinam-se a recompor a perda decorrente do atraso no efetivo pagamento da indenização fixada na decisão final de mérito, e somente serão devidos à razão de até seis por cento ao ano, a partir de 1º de janeiro do exercício seguinte

àquele em que o pagamento deveria ser feito, nos termos do art. 100 da Constituição.

✎ **Art. 15-B: 1.** "Juros de mora na desapropriação indireta", pelo Min. Cesar Rocha (RF 327/274, RDA 196/32).

Art. 15-B: 2. Súmula 102 do STJ: "A incidência dos **juros moratórios** sobre os compensatórios, nas ações expropriatórias, não constitui anatocismo vedado em lei" (v. jurisprudência s/ esta Súmula em RSTJ 61/419).

Art. 15-B: 3. Súmula 70 do STJ: "Os **juros moratórios,** na desapropriação direta ou indireta, contam-se desde o trânsito em julgado da sentença" (v. jurisprudência s/ esta Súmula em RSTJ 44/289).

Essa Súmula, a nosso ver, está **superada** para a Fazenda Pública: "A determinação trazida pela Med. Prov. 1.997-34, de 13.1.00, ao introduzir no Dec.-lei 3.365/41 o art. 15-B, para que o termo inicial dos juros moratórios seja '1º de janeiro do exercício seguinte àquele em que o pagamento deveria ser feito', é regra que se coaduna com orientação mais ampla do Supremo, segundo a qual não há caracterização de mora do ente público, a justificar a incidência dos correspondentes juros, sempre que o pagamento se faça na forma e no prazo constitucionalmente estabelecidos (arts. 33 do ADCT e 100 da CF)" (STJ-1ª T., REsp 922.998, Min. Teori Zavascki, j. 4.9.08, DJ 11.9.08). No mesmo sentido: STJ-1ª Seção, REsp 1.118.103, Min. Teori Zavascki, j. 24.2.10, DJ 8.3.10; JTJ 352/1.208 (IInc 994.09.222918-5).

V. tb. Súmula Vinculante 17 do STF em CF 100, nota 5b.

Art. 15-B: 3a. "O debate acerca da aplicação do art. 15-B do Decreto-Lei n. 3.365/41 às **pessoas jurídicas de direito privado** habilitadas a propor a ação de desapropriação deve ser resolvido com aplicação parcial do dispositivo. Em relação à alíquota aplicável (6%), como a legislação não fez distinção quanto à pessoa jurídica expropriante, não cabe ao intérprete da lei definir o que o legislador não definiu se pretendesse reduzir o alcance da norma, sob pena de ofensa aos princípios da separação dos poderes e legalidade. Por outro lado, o termo *a quo* para incidência dos juros moratórios deve permanecer como decidido no aresto recorrido. Da menção 'nos termos do art. 100 da Constituição', contida na parte final do dispositivo, facilmente se percebe que, nesse específico ponto, houve expressa intenção do legislador de não estender às pessoas jurídicas de direito privado, cujas condenações em quantia certa não estão sujeitas ao regime de precatório disciplinado no art. 100 da Constituição Federal" (STJ-1ª Seção, ED no REsp 1.350.914, Min. Og Fernandes, j. 11.11.15, DJ 15.2.16; no caso, fixou-se a data do trânsito em julgado da sentença como termo *a quo* para incidência dos juros moratórios).

Art. 15-B: 4. A Súmula 254 do STF (em CPC 322, nota 3), que manda incluir juros de mora na liquidação, ainda que não pedidos na inicial nem concedidos na sentença, aplica-se também às desapropriações (RTJ 105/861, 115/784, 121/235).

Art. 15-B: 5. "A não incidência de juros de mora na conta de liquidação em precatório complementar de desapropriação divorcia-se da disposição cogente da Constituição Federal, que assegura completo ressarcimento ao proprietário pela perda do domínio do imóvel" (RSTJ 90/86).

S/ juros em precatório complementar, v. art. 15-A, nota 5a, e CPC 910, nota 12.

Art. 15-B: 6. "Enquanto não solvida totalmente a obrigação, tornando justa a indenização, são cabíveis novos juros moratórios para cobrir o atraso havido entre a expedição do precatório e o pagamento" (STJ-1ª Seção, REsp 1.681-ED, Min. Hélio Mosimann, j. 30.4.91, maioria, DJU 25.11.91).

Art. 15-B: 7. "Assim como os juros compensatórios, os juros moratórios somente incidem sobre o capital que deixou de ser pago no momento da imissão provisória na posse, ou seja, sobre a diferença eventualmente apurada entre 80% do preço ofertado em juízo — percentual máximo passível de levantamento, nos termos do art. 33, § 2º, do Dec. lei 3.365/41 — e o valor do bem fixado na sentença (aí incluídos os juros compensatórios), pois é essa a quantia que fica efetivamente indisponível para o expropriado" (STJ-1ª T., REsp 936.028, Min. Denise Arruda, j. 23.10.07, DJU 29.11.07).

S/ juros compensatórios, v. art. 15-A, nota 9.

Art. 16. **A citação far-se-á por mandado na pessoa do proprietário dos bens;[1 a 1c] a do marido dispensa a da mulher;[2] a de um sócio, ou administrador, a dos demais, quando o bem pertencer a sociedade; a do administrador da coisa no caso de condomínio, exceto o de edifício de apartamentos constituindo cada um propriedade autônoma, a dos demais condôminos, e a do inventariante, e, se não houver, a do cônjuge, herdeiro, ou legatário, detentor da herança, a dos demais interessados, quando o bem pertencer a espólio.**

Parágrafo único. Quando não encontrar o citando, mas ciente de que se encontra no território da jurisdição do juiz, o oficial portador do mandado marcará desde logo hora certa para a citação, ao fim de 48 horas, independentemente de nova diligência ou despacho.

Art. 16: 1. Se a desapropriação foi proposta contra quem não era proprietário do imóvel, v. art. 19, nota 13.

Art. 16: 1a. "O promitente comprador, mediante contrato irretratável, que se encontra devidamente registrado no Cartório de Registro Imobiliário, é titular de direito real oponível contra terceiros e legitimado para contestar ação expropriatória e impugnar o valor da indenização" (RTRF-3ª Reg. 21/37).

Art. 16: 1b. "Somente os proprietários ou possuidores do bem expropriado, com justo título, têm legitimidade passiva *ad causam*" (JTJ 310/317, a citação é do voto do relator; no caso, os locatários foram excluídos do polo passivo da ação expropriatória).

Art. 16: 1c. "Desapropriação. Ação proposta contra acionado falecido. Validade, em se tratando de processo expropriatório. Legitimidade verificada no momento do levantamento do preço" (JTJ 311/72).

Art. 16: 2. O STF entende que continua em vigor a dispensa da citação da mulher (RTJ 92/769, RT 526/247, RF 274/149). No mesmo sentido: STJ-2ª T., REsp 1.404.085, Min. Herman Benjamin, j. 5.8.14, DJ 18.8.14; TFR-5ª T., Ag 41.470, Min. Sebastião Reis, j. 18.2.81, DJU 19.3.81; RT 594/91.

Contra, exigindo a citação da mulher: STJ-1ª T., REsp 111.449, Min. Garcia Vieira, j. 7.11.97, DJU 19.12.97; 2º TASP-RT 493/145 e JTA 48/227, quatro votos a um.

Na desapropriação para reforma agrária: "É eficaz a notificação prévia da realização da vistoria do imóvel rural feita apenas ao marido, e não também à mulher, sobretudo se o varão é o administrador da propriedade" (RTJ 172/501).

Na desapropriação indireta, v. CPC 73, nota 2a.

Há um acórdão entendendo que, na ação de constituição de servidão administrativa, é indispensável a citação do cônjuge (JTJ 141/174).

Art. 17. Quando a ação não for proposta no foro do domicílio ou da residência do réu, a citação far-se-á por precatória,[1] se o mesmo estiver em lugar certo, fora do território da jurisdição do juiz.

Art. 17: 1. v. CPC 260 a 268.

Art. 18. A citação far-se-á por edital[1] se o citando não for conhecido, ou estiver em lugar ignorado, incerto ou inacessível ou, ainda, no estrangeiro, o que dois oficiais do juízo certificarão.[2]

Art. 18: 1. v. CPC 256 a 259.

Art. 18: 2. A certidão passada por dois oficiais de justiça, nas desapropriações, é condição essencial para validade da citação por edital; além disso, "é de se atentar que apenas a citação por mandado de marido dispensa a da mulher, não a citação por edital" (RTJE 122/90).

Art. 19. Feita a citação, a causa seguirá com o rito ordinário.[1 a 13]

Art. 19: 1. v. CPC 318 e segs.

Art. 19: 2. O CPC é lei supletiva da LD (v. art. 42).

Art. 19: 3. "Nas ações expropriatórias, é dever da entidade autora descrever, na inicial, não só os imóveis, mas também as benfeitorias alcançadas pelo ato expropriatório" (TFR-6ª T., Ag 56.844, Min. Euclydes Aguiar, j. 13.3.89, DJU 13.6.89).

Art. 19: 3a. A Justiça Estadual é competente para a ação de desapropriação intentada por concessionária de serviço público federal (STJ-1ª Seção, CC 8.737-6, Min. Américo Luz, j. 7.6.94, DJU 1.8.94).

Art. 19: 4. "Em desapropriação, o valor da causa deve ser o equivalente à oferta inicial, isto é, o montante ofertado para fins de imissão provisória na posse" (TFR-5ª T., Ag 47.169, Min. Geraldo Sobral, j. 11.3.87, DJU 23.4.87).

Art. 19: 5. Ressalvados os casos de desapropriação de imóvel rural, por interesse social, para fins de reforma agrária (v., neste tít., LC 76, de 6.7.93, art. 18 § 2º), não é obrigatória **a intervenção do MP** nas desapropriações, inclusive indiretas (STJ-1ª T., AI 493.584-AgRg, Min. Luiz Fux, j. 2.12.03, DJU 19.12.03; STJ-2ª T., REsp 652.621, Min. Eliana Calmon, j. 7.6.05, DJU 19.9.05; STJ-RT 735/247), porque o interesse público não se identifica com o interesse da Fazenda Pública (RSTJ 28/546; RJTJESP 80/182, acórdão extensamente fundamentado, 126/323, 129/320, JTJ 202/223, JTA 44/205, RF 256/282, RP 4/399, em. 152).

Também dispensando a participação do MP: "Não se discute nos autos a causa ambiental, mas simplesmente o montante da indenização cabível. Não há, portanto, que se falar em tutela de interesse público primário, referente ao interesse social ou interesse de toda a sociedade, mas sim interesse público secundário, ou seja, interesse da Administração, cuja proteção está confiada ao órgão constitucionalmente concebido para tal encargo: a Procuradoria-Geral do Estado" (STJ-RT 889/205: 1ª Seção, ED no REsp 486.645). Ainda: RTJE 162/140.

Todavia: "Se a ação de desapropriação envolver, frontal ou reflexamente, a proteção do meio ambiente, patrimônio histórico-cultural, improbidade administrativa ou outro interesse público para o qual o legislador tenha afirmado a legitimação do Ministério Público na sua defesa, a intervenção do *Parquet* é de rigor, inclusive com base no art. 82, III, do Código de Processo Civil. A intervenção obrigatória, como *custos legis*, do Ministério Público, nesses casos de desapropriação direta ou indireta, não se dá por conta da discussão isolada da indenização pelo bem expropriado, mas em virtude dos valores jurídicos maiores envolvidos na demanda, de índole coletiva e, por vezes, até intergeracional, que vão muito além do simples interesse econômico-financeiro específico do Estado. Há 'interesse público evidenciado pela natureza da lide' (art. 82, III, do CPC) na criação de Unidade de Conservação, sobretudo em Unidade de Uso Sustentável, como é o caso da Reserva Extrativista (art. 14, IV, da Lei 9.985/00). Isso decorre, sobretudo, do fato de que tal área é de domínio público e de que seu uso é 'concedido às populações extrativistas tradicionais' (art. 18, § 1º, da mesma Lei). Como se não bastasse, a área em questão está localizada em faixa de fronteira, que, nos termos do art. 20, § 2º, da CF, 'é considerada fundamental para a defesa do território nacional'. Evidente, pela mesma razão, o interesse público na demanda, a atrair a participação obrigatória do *Parquet*" (STJ-2ª T., REsp 1.182.808, Min. Herman Benjamin, j. 7.12.10, DJ 4.5.11).

Há um acórdão em que se reconheceu, "em face do alto valor da condenação, ser imprescindível, por configuração de interesse público, a intervenção do MP" (STJ-1ª T., REsp 506.226, Min. José Delgado, j. 4.9.03, DJU 13.10.03). Porém, esse acórdão foi cassado no julgamento dos subsequentes embargos de divergência (STJ-1ª Seção, ED no REsp 506.226, Min. Humberto Martins, j. 24.4.13, DJ 5.6.13).

S/ o tema, v. CPC 178 § ún. e notas.

Art. 19: 5a. "As ações acessórias ou complementares de ação de desapropriação, qualquer que seja o momento de sua propositura, têm como prevento o juiz da ação principal, a teor do art. 108 do Código de Processo Civil" (TFR-4ª T., Ag 44.971, Min. José de Jesus Filho, j. 8.3.89, DJU 23.5.89, *apud* Bol. AASP 1.598/189, em. 4).

Art. 19: 6. Súmula 118 do TFR (Revelia do expropriado): "Na ação expropriatória, a revelia do expropriado não implica em aceitação do valor da oferta e, por isso, não autoriza a dispensa da avaliação" (v. jurisprudência s/ esta Súmula em RTFR 95/92 a 111).

No mesmo sentido: RTFR 123/213, RT 479/159, 491/163, 754/428, JTA 39/306, RTRF-1ª Reg. 10/95.

Art. 19: 7. Nas desapropriações, a citação por edital faz-se de acordo com o CPC (RJTJESP 89/71).

Art. 19: 8. A ação de desapropriação não admite oposição (RT 505/153, 505/171, RJTJESP 127/123; JTJ 323/521: AP 662.320-5/7), salvo de pessoa jurídica de direito público. **Contra,** no sentido de admitir a oposição: RMDCPC 17/122. Mas a competência só se desloca da Justiça Estadual para a Federal se a União intervém na condição de opoente, e não se apenas manifesta interesse na ação (RTJ 97/460). No mesmo sentido: STF-1ª T., RE 82.563-1-AgRg, j. 19.5.81, DJU 12.6.81 e 19.6.81.

Art. 19: 8a. O adquirente do imóvel ou de parte do imóvel expropriado tem o direito de ingressar na desapropriação como **assistente litisconsorcial** (CPC 109 § 2º c/c 124), devendo, na oportunidade do levantamento do preço, ser resolvido a quem deve ser pago, no todo ou em parte (art. 34 da LD). No mesmo sentido: RJTJESP 127/226.

Art. 19: 9. Assistência simples na ação de desapropriação. "O interesse jurídico a ser demonstrado na assistência simples, disciplinada pelo art. 50 do CPC, nesse tipo de ação, deve corresponder a algum direito real sobre o imóvel. Se os recorrentes detêm apenas direito obrigacional oponível contra a pessoa do expropriado, descabe admiti-los na condição de assistentes" (STJ-2ª T., REsp 404.093, Min. Eliana Calmon, j. 27.4.04, DJU 21.6.04).

"Desapropriação. Intervenção do **locatário** na qualidade de assistente simples. Inadmissibilidade. Locatário que não possui interesse jurídico na lide e que só poderá reclamar eventuais prejuízos em ação própria, não lhe sendo dado opor-se à imissão na posse e nem discutir o valor da indenização" (JTJ 293/319).

Art. 19: 10. "Na desapropriação, a extinção do processo fundada no art. 267, III, do CPC só tem cabimento quando o expropriante não cumpre a tempo diligência a seu cargo, relacionada com o objeto da lide e indispensável à marcha do processo" (RTFR 116/108).

Art. 19: 11. Nas desapropriações, é dominante a jurisprudência no sentido de não admitir-se o julgamento antecipado da lide (RT 479/159, RJTJESP 100/180, JTA 46/151, 61/219), especialmente se houver necessidade de produção de provas (RTFR 133/69).

Contra, admitindo esse julgamento, por não ter o expropriado falado sobre os laudos, no prazo que lhe foi marcado: TFR-6ª T., AC 107.002, Min. Américo Luz, j. 7.5.86, DJU 21.8.86.

V., todavia, nota 1 ao art. 24.

Art. 19: 12. Na ação de desapropriação, não cabem embargos de terceiro, nem de retenção por benfeitorias (RTJ 124/278).

Art. 19: 13. A coisa julgada, na desapropriação, se restringe às partes. Assim, se a administração pagou a quem não era dono, nada impede que o proprietário mova ação de perdas e danos contra ela (RTJ 90/910). Poderá também mover ação de expropriação indireta.

Não admitindo a intervenção de terceiro no feito, a pretexto de ser o verdadeiro proprietário do imóvel expropriado: RJTJESP 110/278.

S/ ação declaratória de nulidade, por vício ou falta de citação, v. CPC 239, nota 3b; s/ relativização da coisa julgada por afronta aos princípios da moralidade e da justa indenização, v. CPC 502, nota 3b; s/ ação anulatória de desapropriação e extensão da coisa julgada, v. CPC 506, nota 1b.

Art. 20. A contestação só poderá versar sobre vício do processo judicial ou impugnação do preço; qualquer outra questão deverá ser decidida por ação direta.[1 a 3]

Art. 20: 1. "O desvio de finalidade na ação expropriatória: interpretação sistemática do Decreto-Lei n. 3.365/41", por Rita Tourinho (RDA 238/363).

Art. 20: 1a. v. tb. art. 35.

Art. 20: 1b. "Considerando o fato de ser a desapropriação de interesse exclusivo do ente público e de serem limitadas as matérias passíveis de discussão, nos moldes do art. 20 do Decreto-Lei 3.365/41, **não se admite** pedido de **reconvenção** nos feitos expropriatórios" (STJ-2ª T., Ag em REsp 94.329-AgRg, Min. Eliana Calmon, j. 8.10.13, DJ 18.10.13).

Art. 20: 2. É admissível mandado de segurança para declarar a incompetência constitucional do expropriante (STF-Pleno: RTJ 81/502; RDA 131/174). No mesmo sentido: RT 479/159, 491/163, JTA 39/306.

Art. 20: 3. A lei não impede "a discussão judiciária em torno do fundamento da desapropriação, no caso de eventual abuso por parte do Poder Público; também não impede que qualquer alegação de violação de direito individual seja examinada pelo Poder Judiciário. Só que tais discussões deverão ocorrer em ação própria" (RTFR 102/94, maioria de votos).

Art. 21. A instância não se interrompe.[1-2] No caso de falecimento do réu, ou perda de sua capacidade civil, o juiz, logo que disso tenha conhecimento, nomeará curador à lide, até que se habilite o interessado.

Parágrafo único. Os atos praticados da data do falecimento ou perda da capacidade à investidura do curador à lide poderão ser ratificados ou impugnados por ele, ou pelo representante do espólio ou do incapaz.

Art. 21: 1. nem se suspende o processo (RTFR 111/5, RT 541/243).

V. **Súmula 42 do TFR,** em nota 4 ao art. 34.

Art. 21: 2. Havendo interesse público, pode ser suspenso o andamento da ação de desapropriação (RT 636/102).

Art. 22. Havendo concordância sobre o preço, o juiz o homologará por sentença no despacho saneador.[1 a 3]

Art. 22: 1. v. CPC 355 (julgamento antecipado da lide).

Art. 22: 2. Nada obsta a que a transação seja extrajudicial (v. CPC 200, nota 3). **Contra,** entendendo que o acordo administrativo, antes da propositura da desapropriação, não pode ser homologado pelo juiz: RJTJESP 102/66.

V. tb. art. 10, nota 1.

Desapropriação

Art. 22: 3. s/ a possibilidade de o juiz levar o processo adiante e designar a realização de perícia, mesmo quando as partes estejam de acordo com relação ao preço, v. LC 76, de 6.7.93, art. 10, nota 1, neste tít., a seguir.

Art. 23. Findo o prazo para a contestação[1] e não havendo concordância expressa quanto ao preço, o perito apresentará o laudo[1a a 3b] em cartório, até cinco dias,[4] pelo menos, antes da audiência de instrução e julgamento.

§ 1º O perito poderá requisitar das autoridades públicas os esclarecimentos ou documentos que se tornarem necessários à elaboração do laudo,[5] e deverá indicar nele, entre outras circunstâncias atendíveis para a fixação da indenização, as enumeradas no art. 27.

Ser-lhe-ão abonadas, como custas, as despesas com certidões, e, a arbítrio do juiz, as de outros documentos que juntar ao laudo.

§ 2º Antes de proferido o despacho saneador, poderá o perito solicitar prazo especial para apresentação do laudo.

Art. 23: 1. "Para que haja a justa indenização, mostra-se imperiosa a realização da perícia, mesmo que revel o expropriado. Não deve ser aplicada a regra geral do processo civil, com a decretação da revelia e confissão sobre a matéria fática, mas a regra especial encartada na Lei Geral das Desapropriações (art. 23 do Dec. lei 3.365/41) que preconiza a realização do exame pericial" (STJ-2ª T., REsp 686.901, Min. Castro Meira, j. 18.5.06, DJU 30.5.06).

Art. 23: 1a. "Desapropriação. Perícia. Inválida é quando não facultada às partes não só a indicação de assistente técnico, mas também a formulação de quesitos" (STJ-2ª T., REsp 10.139, Min. Américo Luz, j. 23.11.94, DJU 6.2.95).

Art. 23: 2. "No processo expropriatório, a perícia constitui requisito necessário à fixação da indenização, devendo o juiz ordenar a sua realização, posto que revel o expropriado. Cabe ao expropriante, em consequência, adiantar o salário do perito (CPC, art. 33)" (RTFR 117/8).

V. tb. notas 3b.

Art. 23: 2a. Nova perícia. "Em ações de desapropriação, a perícia é realizada logo após encerrado o prazo para contestação (art. 23 do Dec. lei n. 3.365/41) e uma segunda perícia só se justifica se for para corrigir falhas, suprir omissões e enganos" (STJ-1ª T., REsp 3.210, Min. Garcia Vieira, j. 17.12.90, DJU 4.3.91).

"Não é admissível nova perícia, quando o laudo acolhido pela sentença é recente e fundamentado" (RTJ 91/1.155, deram provimento, v.u.).

No sentido de que a nova perícia é admissível "só em casos excepcionais", "para atender ao princípio constitucional da justa indenização": RTJ 126/391.

Em sentido mais liberal: "Desapropriação. Pode o juiz, **de ofício ou a requerimento da parte,** determinar a realização de nova perícia quando a matéria não lhe parecer suficientemente esclarecida" (STJ-1ª T., REsp 182.105, Min. Garcia Vieira, j. 5.11.98, DJU 14.12.98).

Art. 23: 2b. "O Tribunal *a quo*, ao afastar a prova pericial por considerá-la de baixa qualidade, avançou para fazer a sua própria avaliação. O Juiz não pode substituir critérios técnicos por sua própria análise. Assim, ao afastar a perícia, deve ordenar o magistrado o refazimento da prova pericial" (STJ-2ª T., REsp 815.191, Min. Eliana Calmon, j. 12.12.06, um voto vencido, DJU 5.2.07).

Art. 23: 3. Nova perícia na fase de execução. "Não ofende a coisa julgada a decisão que, na execução, determina nova avaliação para atualizar o valor do imóvel, constante do laudo antigo, tendo em vista atender à garantia constitucional da justa indenização, procrastinada por culpa da expropriante" (RTJ 102/276, maioria de votos). No mesmo sentido: STF-RDA 173/135.

V. tb. art. 26, nota 1.

Art. 23: 3a. "À luz do art. 15 da Lei n. 6.032/74, os honorários periciais sob responsabilidade do expropriante não estão sujeitos a regime de precatório, podendo, até, ser quitados com a verba depositada para fins de imissão provisória na posse" (RSTJ 103/140). Em caso de desistência da ação de desapropriação, procede-se à sua cobrança antes da liberação do depósito inicial (STJ-2ª T., REsp 107.861, Min. Eliana Calmon, j. 8.8.00, DJU 9.10.00).

Art. 23: 3b. "Conforme preveem os artigos 19 e 33 do CPC, cabe à parte que requereu a prova pericial o ônus de **adiantar os honorários periciais.** Esses dispositivos são aplicáveis à ação de indenização por **desapropriação indireta,** regida pelo procedimento comum" (STJ-2ª T., REsp 1.174.071, Min. Eliana Calmon, j. 16.3.10, DJ 24.3.10). No mesmo sentido: STJ-1ª T., REsp 948.351, Min. Teori Zavascki, j. 19.5.09, dois votos vencidos, DJ 29.6.09. **Contra:** "O adiantamento dos honorários periciais, em se tratando de ação de indenização por desapropriação indireta, incumbe ao Poder Público. Imputar ao expropriado o adiantamento dos honorários é premiar o ilícito e, *a fortiori*, agravar o ônus da indenização expropriatória" (STJ-RDDP 57/142: 1ª T., REsp 788.817, dois votos vencidos).

Art. 23: 4. **Súmula 34 do TRF-1ª Reg. (Parecer do Assistente Técnico):** "Na ação de desapropriação, o parecer do assistente técnico pode ser juntado aos autos a qualquer tempo, antes de proferida a sentença" (RT 732/425).

Art. 23: 5. O laudo deve conter todos os dados necessários à fixação do justo preço (RSTJ 88/37).

Art. 24. Na audiência de instrução e julgamento[1] proceder-se-á na conformidade do Código de Processo Civil.[1a] Encerrado o debate, o juiz proferirá sentença[2 a 4] fixando o preço da indenização.[4a a 12]

Parágrafo único. Se não se julgar habilitado a decidir, o juiz designará desde logo outra audiência que se realizará dentro de dez dias a fim de publicar a sentença.

Art. 24: 1. "Antes de pretender tornar obrigatória a audiência de instrução e julgamento nas expropriatórias, o art. 24 do Dec. lei 3.365/41 procura definir o procedimento a ser adotado nas audiências, quando estas tiverem que ser realizadas" (STJ-2ª T., REsp 7.779, Min. José de Jesus Filho, j. 28.8.91, DJU 23.9.91).

Têm sido anuladas sentenças, em ação de desapropriação, por não haverem sido proferidas em audiência (RT 497/149, RJTJESP 98/82, JTA 37/272, 61/219). S/ a necessidade ou não dessa audiência, v. RJTJESP 97/311.

Mais razoável se nos afigura, porém, a jurisprudência de que inexiste razão para essa anulação se não houver provas a produzir em audiência (RJTJESP 98/275) ou se as partes não demonstraram prejuízo por não ter sido esta realizada (TFR-4ª T., AC 51.320, Min. Bueno de Souza, j. 15.12.80, DJU 20.4.81; RJTJESP 124/277, JTA 61/209). Anulando a sentença, por ter havido prejuízo decorrente da não realização da audiência: RJTJESP 100/265.

"Dispensável é a realização da audiência de instrução e julgamento, nas ações de desapropriação, quando não há necessidade de serem produzidas novas provas ou não se demonstra prejuízo às partes" (STJ-2ª T., REsp 31.104-8, Min. Hélio Mosimann, j. 16.8.93, DJU 27.9.93).

V. tb. art. 19, nota 11 (julgamento antecipado da lide).

Art. 24: 1a. v. CPC 358 a 368.

Art. 24: 2. s/ principal e acessórios, v. arts. 25 a 27; s/ margens de rios navegáveis e terrenos marginais, v. art. 2º, nota 3 (com Súmula 479 do STF); s/ florestas de preservação permanente, v. art. 2º, nota 4a; s/ juros compensatórios, v. art. 15-A; s/ juros de mora, v. art. 15-B; s/ correção monetária, v. art. 26 § 2º; s/ honorários de advogado, v. art. 27 § 1º; s/ custas, v. art. 30.

Art. 24: 2a. **Súmula 119 do STJ: "A ação de desapropriação indireta prescreve em vinte anos"** (v. jurisprudência s/ esta Súmula em RSTJ 72/19). Atualmente, **esse prazo é menor.**

"Desapropriação indireta. Natureza. Ação indenizatória de direito real. Prescrição. Aplicação analógica do prazo de usucapião. **Regra. Prazo decenal.** Construção de obras ou implantação de serviços de utilidade pública ou interesse social. Presunção relativa. Possibilidade de prova em sentido contrário. **Prazo de quinze anos. Exceção.** O conceito de desapropriação indireta retrata situação fática em que a Administração, sem qualquer título legítimo, ocupa indevidamente a propriedade privada. Incorporado de forma irreversível e plena o bem particular ao patrimônio público, resta ao esbulhado apenas a ação indenizatória por desapropriação indireta. A jurisprudência conferiu a essa ação indenizatória caráter de direito real, equiparando seu prazo prescricional ao da ocorrência de usucapião em favor do ente público. A adoção das regras de Direito Privado decorre unicamente de construção jurisprudencial. Para aplicação ao Direito Administrativo de normas do Código Civil de 2002 destinadas a regular relações estritamente particulares, é preciso interpretá-las de forma temperada. No caso da desapropriação indireta, inexiste sequer norma positiva no Direito Administrativo, não podendo se exigir da lei civil essa disposição. Todo o sentido do Código Civil é pela ponderação entre os direitos de propriedade do particular e o interesse coletivo. No equilíbrio entre eles, está a função social da propriedade. Assim, plenamente aplicável o parágrafo único às hipóteses de desapropriação indireta, por presunção de haver o Estado implantado obras ou serviços de caráter social ou utilidade pública. A presunção é relativa, podendo ser afastada pela demonstração efetiva de inexistência de referidas obras ou serviços. Em regra, portanto, o prazo prescricional das ações indenizatórias por desapropriação indireta é decenal. Admite-se, excepcionalmente, o prazo prescricional de 15 anos, caso concreta e devidamente afastada a presunção legal. No caso dos autos, o acórdão da origem demonstra tratar-se de desapropriação indireta pela construção de rodovia, hipótese de incidência da regra geral. A obra foi realizada em 1976. O decreto de utilidade pública editado em 1994 interrompeu a prescrição. Aplicando-se a regra de transição do Código Civil de 2002, o prazo prescricional de 10 anos teve início em 11/1/2003. Tendo a presente ação sido ajuizada em agosto de 2013, é forçoso o reconhecimento da prescrição" (STJ-1ª Seção, ED no REsp 1.575.846, Min. Og Fernandes, j. 26.6.19, maioria, DJ 30.9.19).

"A ação de desapropriação indireta possui natureza real e, enquanto não transcorrido o prazo para aquisição da propriedade por usucapião, ante a impossibilidade de reivindicar a coisa, subsiste a pretensão indenizatória em relação ao preço correspondente ao bem objeto do apossamento administrativo. Com fundamento no art. 550 do Código Civil de 1916, o STJ firmou a orientação de que 'a ação de desapropriação indireta prescreve em 20 anos' (Súmula 119/STJ). O **Código Civil** de 2002 reduziu o prazo do usucapião extraordinário para **10 anos (art. 1.238, parágrafo único),** na hipótese de realização de obras ou serviços de caráter produtivo no imóvel, devendo-se, a partir de então, observadas as regras de transição previstas no *Codex* (art. 2.028), adotá-lo nas expropriatórias indiretas" (STJ-2ª T., REsp 1.300.442, Min. Herman Benjamin, j. 18.6.13, DJ 26.6.13). No mesmo sentido: STJ-Corte Especial, ED no Ag em REsp 815.431, Min. Felix Fischer, j. 18.10.17, DJ 27.10.17; RT 937/855 (TJPR, AP 886294-6).

"Consoante o princípio da *actio nata*, o direito de ação de indenização por desapropriação indireta nasce no momento em que a área é esbulhada pelo poder público" (STJ-1ª T., REsp 659.220, Min. Luiz Fux, j. 3.10.06, DJU 16.11.06).

"O prazo prescricional da ação de desapropriação indireta se inicia com o ilegítimo apossamento administrativo, mas se interrompe com a publicação do decreto declaratório da utilidade pública do imóvel" (RSTJ 45/240).

Na mesma ordem de ideias, a prescrição da ação de desapropriação indireta se interrompe se a expropriante cobra, do particular, tributo devido em razão da propriedade do imóvel, com o que reconhece estar a ocupá-lo sem *animus domini* (JTJ 163/80).

"Existindo, por parte da Administração, ato de reconhecimento de domínio do autor sobre bem em que versa ação de desapropriação indireta, interrompida há de ser considerada a prescrição" (RSTJ 87/76).

"A edição de decreto expropriatório da área apossada administrativamente interrompe a fluência da prescrição, por importar em ato inequívoco de reconhecimento de domínio alheio" (JTJ 187/73).

Art. 24: 2b. "Para que fique caracterizada a desapropriação indireta, exige-se que o Estado assuma a posse efetiva de determinando bem, destinando-o à utilização pública, o que não ocorreu na hipótese dos autos, visto que a posse dos autores permaneceu íntegra, mesmo após a edição do Dec. 750/93, que apenas proibiu o corte, a exploração e a supressão de vegetação primária ou nos estágios avançado e médio de regeneração da Mata Atlântica. Trata-se, como se vê, de **simples limitação administrativa,** que, segundo a definição de Hely Lopes Meirelles, 'é toda imposição geral, gratuita, unilateral e de ordem pública condicionadora do exercício de direitos ou de atividades particulares às exigências do bem-estar social' (Direito Administrativo Brasileiro, 32ª edição, atualizada por Eurico de Andrade Azevedo, Délcio Balestero Aleixo e José Emmanuel Burle Filho, São Paulo: Malheiros, 2006, pág. 630). É possível, contudo, que o tombamento de determinados bens, ou mesmo a imposição de limitações administrativas, traga prejuízos aos seus proprietários, gerando, a partir de então, a obrigação de indenizar. Não se tratando, todavia, de ação real, incide, na hipótese, a norma contida no art. 1º do Dec. 20.910/32, o qual dispõe que 'todo e qualquer direito ou ação contra a Fazenda Federal, Estadual ou Municipal, seja qual for a sua natureza, **prescreve em cinco anos** contados da data do ato ou fato do qual se originarem'" (STJ-1ª T., REsp 1.105.661, Min. Denise Arruda, j. 14.4.09, DJ 11.5.09).

"Legislação ambiental. Restrição de uso. Limitação administrativa. Pleito indenizatório. Prazo de prescrição quinquenal. A restrição de uso decorrente da legislação ambiental é simples limitação administrativa, e não se confunde com o desapossamento típico da desapropriação indireta. Isso fica evidente nos casos de imóveis à beira de lagos, em que o proprietário particular continua na posse do bem, incluindo a área de preservação permanente, e usufrui dos benefícios decorrentes da proximidade das águas. Aplica-se, *in casu*, o prazo de prescrição quinquenal do art. 10 do Dec. lei 3.365/41" (STJ-2ª T., Ag em REsp 177.692-AgRg, Min. Herman Benjamin, j. 18.9.12, DJ 24.9.12). **Todavia:** "As restrições de uso de propriedade particular impostas pela Administração, para fins de proteção ambiental, constituem desapropriação indireta, devendo a indenização ser buscada mediante ação de natureza real, cujo prazo prescricional é vintenário" (STJ-1ª T., REsp 307.535, Min. Francisco Falcão, j. 12.3.02, DJU 13.5.02).

V. tb. art. 1º, nota 8.

Art. 24: 2c. "**Doação com encargo** de particular para o município. **Inexecução pelo ente público.** Ação indenizatória. Desapropriação indireta não caracterizada. Prazo prescricional. Art. 1º do Decreto 20.910/1932. No caso dos autos, a ação não é de desapropriação indireta, apesar de ter havido anteriormente a declaração expropriatória. Isso porque nenhuma coerção foi imposta ao proprietário, já que a citada declaração não o obrigou a celebrar ajuste com o Poder Público. O acordo feito entre as partes trata-se de negócio jurídico bilateral resultante de consenso entre a Administração e o particular que manifestou livremente sua vontade de alienar seu bem. Assim, o direito subjetivo da autora da demanda surgiu, não a partir do ato administrativo de desapropriação, mas sim do descumprimento do negócio jurídico firmado entre as partes. Na hipótese em tela, trata-se, dessa forma, de ação de indenização por descumprimento de encargo, que, por ser movida contra o Poder Público, tem seu prazo regulado pelo art. 1º do Decreto 20.910/32" (STJ-2ª T., REsp 1.797.882, Min. Herman Benjamin, j. 27.8.19, DJ 11.10.19).

Art. 24: 2d. "Em nosso sistema, o prazo prescricional está submetido ao princípio da *actio nata*, segundo o qual a prescrição se inicia com o nascimento da pretensão ou da ação. No caso concreto, a ciência inequívoca da violação do direito se deu com a homologação da desistência pelo Poder Público, vez que, neste momento, o demandante constatou que a desapropriação não se concretizaria e não viria a receber a indenização devida, mesmo já tendo sofrido prejuízos" (STJ-1ª T., REsp 816.131, Min. Teori Zavascki, j. 27.3.07, DJU 7.5.07). No mesmo sentido: STJ-2ª T., REsp 1.089.390, Min. Castro Meira, j. 24.3.09, DJ 23.4.09.

Art. 24: 3. "Quando o Estado propõe ação de desapropriação, pede ao juiz que arbitre não um preço, mas uma indenização correta e justa. Dentro desse pedido estarão contidos todos os itens necessários ao cálculo dessa indenização correta", inclusive lucros cessantes, embora não pedidos na contestação (RSTJ 78/92, maioria de votos; a citação é do voto do Min. Gomes de Barros, p. 104).

Art. 24: 4. É nula a sentença que, na desapropriação, não fixa desde logo o valor da indenização (RJTJESP 128/133, JTA 37/349).

Art. 24: 4a. "Indenização no processo expropriatório", por Fernando Tourinho Neto (RT 838/75).

Art. 24: 4b. s/ valorização de área remanescente e abatimento no preço da indenização, v. arts. 26, nota 3, e 27, nota 1; s/ valor da indenização, v. tb. LC 76, de 6.7.93, art. 12 § 1º e notas, neste tít., a seguir.

Art. 24: 5. O valor da indenização deve ser contemporâneo da avaliação (v. art. 26).

Art. 24: 6. O juiz pode fixar para a indenização preço inferior ao da oferta inicial, tendo em vista que a garantia constitucional da justa indenização (CF 5º-XXIV) é dúplice: visa a proteger tanto o particular, fazendo com que ele seja efetivamente compensado pela perda da propriedade, quanto o Estado, assegurando que este não pague pelo bem desapropriado mais do que ele realmente vale (v. LC 76, de 6.7.93, art. 12, notas 1a e 1b, neste tít., a seguir). Nesse sentido: STJ-1ª T., REsp 875.256, Min. Luiz Fux, j. 16.10.08, DJ 3.11.08.

Se a indenização fixada for inferior ao depósito feito liminarmente, o excesso deve ser restituído à Fazenda Pública, arcando o expropriado com os ônus da sucumbência (RJTJESP 102/99).

V. art. 27, nota 7.

Art. 24: 7. Desatende ao postulado constitucional da justa indenização a sentença que fixa a indenização por aplicação da média aritmética de laudos díspares (RTJ 79/347, 89/1.004).

Art. 24: 7a. "A **enfiteuse** desmembra o domínio pleno da propriedade imóvel em duas partes: o domínio direto e o domínio útil. Estando a propriedade bipartida, também desmembrado deverá ser o valor da indenização expropriatória" (STJ-1ª T., REsp 829.976, Min. José Delgado, j. 13.3.07, DJU 2.4.07).

Art. 24: 8. "Enfiteuse. Confusão entre quem desapropria e quem mantém o bem sob o regime de enfiteuse. Indenização. Dedução de dez foros e um laudêmio. Na enfiteuse há um direito de propriedade e um direito real limitado; se o imóvel foreiro for desapropriado, a indenização é devida a ambos os titulares. Havendo confusão entre quem desapropria e quem mantém o bem sob o regime de enfiteuse, a indenização do enfiteuta corresponde ao valor do imóvel menos o equivalente a dez foros e um laudêmio" (STJ-RT 734/274, maioria).

"Na desapropriação de imóvel foreiro é devida a dedução da importância equivalente a dez foros e um laudêmio, correspondente ao domínio direto" (RSTJ 81/53, maioria).

Art. 24: 9. "É lícito ao Estado, quando desapropriar domínio útil sobre terreno de sua propriedade, descontar da indenização valor correspondente ao laudêmio" (STJ-RT 732/170).

Art. 24: 10. "A fixação do preço justo não pode embasar-se em mera hipótese de aproveitamento do imóvel, jamais cogitada pelos expropriados antes do procedimento expropriatório. Vale dizer, não se pode levar em conta a possibilidade de implantação de loteamento em um imóvel que, antes da intervenção do Poder Público, sempre foi utilizado para a atividade agropecuária. O interesse auferido pelo proprietário do imóvel expropriado, mencionado no art. 27 do Dec. lei 3.365/41, refere-se às eventuais atividades praticadas no momento da declaração de utilidade pública" (STJ-1ª T., REsp 986.470, Min. Denise Arruda, j. 13.5.08, DJU 30.6.08).

Art. 24: 11. A divergência entre a área real e a área registrada do imóvel não interfere no valor da indenização, que se pauta por aquela e não por esta (STJ-2ª T., REsp 596.300, Min. Castro Meira, j. 8.4.08, DJU 22.4.08). A área registrada tem relevância apenas para o levantamento do preço (v. art. 34, nota 1a).

Art. 24: 12. "Área remanescente inaproveitável é de ser toda indenizada" (RT 723/352).

Art. 25. O principal e os acessórios serão computados em parcelas autônomas.[1-2]

Parágrafo único. O juiz poderá arbitrar quantia módica para desmonte e transporte de maquinismos instalados e em funcionamento.

Art. 25: 1. Lei 6.766, de 19.12.79 — Dispõe sobre o parcelamento do solo urbano e dá outras providências (no CCLCV, tít. PROMESSA DE COMPRA E VENDA E LOTEAMENTO, int.): **"Art. 42.** Nas desapropriações não serão considerados como loteados ou loteáveis, para fins de indenização, os terrenos ainda não vendidos ou compromissados, objeto de loteamento ou desmembramento não registrado". Esta disposição revoga, implicitamente, o art. 5º do Dec. lei 271, de 28.2.67 (no CCLCV, tít. PROMESSA DE COMPRA E VENDA E LOTEAMENTO, ínt.).

Ao interpretar este dispositivo, é preciso ter em conta as circunstâncias de cada caso, sob pena de frustrar-se o princípio da justa indenização. O que ele veda, sem ludibriar o princípio, é a indenizabilidade do loteamento teórico ou inexistente, e não a composição do efetivo desfalque patrimonial (RTJ 105/1.298). No mesmo sentido: RSTJ 87/147.

Art. 25: 2. O art. 18 da Lei 4.591, de 16.12.64 (no CCLCV, tít. CONDOMÍNIO E INCORPORAÇÃO, ínt.), na redação dada pelo art. 8º da Lei 4.864, de 29.11.65 (no CCLCV, tít. CONTRATOS IMOBILIÁRIOS, ínt.), também dispunha sobre sentença em desapropriação. A nova redação dada a esse art. 18 pelo Dec. lei 981, de 21.10.69 (RT 408/113, Lex 1969/1.662), já não contém nada sobre o assunto.

Art. 26. No valor da indenização, que será contemporâneo da avaliação,[1-1a] não se incluirão os direitos de terceiros contra o expropriado.[2 a 3]

§ 1º Serão atendidas as benfeitorias necessárias feitas após a desapropriação; as úteis, quando feitas com autorização do expropriante.[4-5]

§ 2º Decorrido prazo superior a um ano[6] a partir da avaliação, o juiz ou Tribunal, antes da decisão final, determinará a correção monetária[7 a 17] do valor apurado, conforme índice que será fixado, trimestralmente, pela Secretaria de Planejamento da Presidência da República.[18]

Art. 26: 1. A demora no julgamento da causa não autoriza nova avaliação; a lei concede correção monetária, e essa é a única atualização permitida (RTJ 94/270, 94/1.280, 95/895, 103/1.183, 108/713, 153/660). No mesmo sentido: STJ-1ª T., REsp 75.803, Min. Milton Luiz Pereira, j. 18.3.96, DJU 22.4.96; STJ-2ª T., REsp 821-0, Min. Hélio Mosimann, j. 31.3.93, DJU 26.4.93.

Todavia: "Demora no pagamento do preço fixado. Afastada a coisa julgada, legitima-se o socorro da lei ordinária objetivando o ressarcimento dos prejuízos causados pelo retardamento no pagamento de valor decorrente do título sentencial transitado em julgado na desapropriatória" (RSTJ 98/84). No caso, decorridos quase 11 anos da perícia, os expropriados nada haviam recebido; daí, moverem ação de indenização para "ressarcimento dos prejuízos causados pelo abusivo retardamento". O STJ julgou a ação procedente, mandando pagar não apenas a correção monetária do valor encontrado na desapropriação, mas a diferença entre o valor do imóvel fixado nesta e o valor atualizado encontrado na ação de indenização.

V. tb. art. 23, nota 3.

Art. 26: 1a. "Desapropriação por utilidade pública. Arbitramento da indenização. **Consideração do laudo pericial provisório.** Possibilidade. O art. 26 do Decreto-Lei 3.365/1941 atribui à justa indenização o predicado da contemporaneidade à avaliação judicial, sendo desimportante, em princípio, o laudo elaborado pelo ente expropriante para a aferição desse requisito ou a data da imissão na posse. Admite-se, no entanto, que a instância ordinária, senhora da instrução processual, mediante persuasão racional devidamente motivada, estabeleça outro referencial probatório para a definição da indenização justa" (STJ-2ª T., Ag em REsp 1.244.034, Min. Mauro Campbell, j. 10.4.18, DJ 16.4.18).

Art. 26: 2. A redação do *caput* está de acordo com a Lei 2.786, de 21.5.56.

Art. 26: 2a. "Na chamada **desapropriação 'indireta'**, a regra do art. 26 do Dec. lei 3.365/41 não pode ser aplicada cega e impositivamente, sob pena de se comprometer o preceito constitucional da justa indenização. No interregno, geralmente longo, entre a data da ocupação do bem pelo Estado e a sua avaliação no âmbito da ação de desapropriação indireta, é possível que ocorram mudanças substantivas no bem, que podem levar ou à sua valorização ou, ao contrário, à sua depreciação. Não será justo, em nome do art. 26, reconhecer ao proprietário o direito de ser indenizado pela valorização decorrente de ato estatal superveniente à perda da posse" (RSTJ 180/160: 1ª T., REsp 502.519). No mesmo sentido: STJ-2ª T., REsp 864.422, Min. Eliana Calmon, j. 13.3.07, DJU 22.3.07.

Art. 26: 3. Área remanescente e valorização: "Os efeitos patrimoniais decorrentes de valorização de imóvel por obra pública merecem solução pela via fiscal adequada — contribuição de melhoria —, sendo ilegal, de outro vértice, a dedução do valor indenizatório da quantia que se entenda proveniente e relativa à referida valorização" (STJ-1ª T., REsp 827.613, Min. José Delgado, j. 2.10.07, DJU 20.2.08).

"Na desapropriação, direta ou indireta, quando há valorização da área remanescente não desapropriada em decorrência de obra ou serviço público, dispõe o Estado de três instrumentos legais para evitar que a mais-valia, decorrente da iniciativa estatal, locuplete sem justa causa o patrimônio de um ou de poucos: a desapropriação por zona ou extensiva, a cobrança de contribuição de melhoria e o abatimento proporcional, na indenização a ser paga, da valorização trazida ao imóvel. Na hipótese de valorização geral ordinária, dispõe o Poder Público da contribuição de melhoria. No caso de valorização geral extraordinária, pode o Estado valer-se da desapropriação por zona ou extensiva, prevista no art. 4º do Dec. lei 3.365/41. Por fim, tratando-se de valorização específica, e somente nessa hipótese, poderá o Estado abater, do valor a ser indenizado, a valorização experimentada pela área remanescente, não desapropriada, nos termos do art. 27 do Dec. lei 3.365/41. No caso, a área remanescente não desapropriada valorizou em decorrência da construção de rodovia estadual. A valorização experimentada pelo imóvel não é especial, mas genérica. Assim, a mais-valia deve ser cobrada por meio do instrumento legal próprio, que é a contribuição de melhoria" (STJ-2ª T., REsp 795.580, Min. Castro Meira, j. 12.12.06, DJU 1.2.07).

V. tb. art. 27, nota 1.

Art. 26: 4. A redação do primitivo parágrafo único (renumerado para § 1º pela Lei 4.686, de 21.6.65) está de acordo com a Lei 2.786, de 21.5.56.

Art. 26: 5. v. Súmula 23 do STF, em nota 1 ao art. 6º.

Art. 26: 6. Desde a vigência da Lei 6.899/81, a correção monetária é calculada a partir do laudo de avaliação, e não um ano depois (RTJ 121/366, STF-RT 608/260, 794/189, RSTJ 4/1.607, voto dos Mins. Carlos Velloso e Américo Luz, 10/349, 54/315, STJ-RDP 96/230; RT 106/395, rescisória). No mesmo sentido, v. Súmula 67 do STJ, em nota 9.

Art. 26: 7. v. tít. CORREÇÃO MONETÁRIA.

Art. 26: 8. **Lei 6.423, de 17.6.77** — Estabelece base para correção monetária, e dá outras providências: **"Art. 1º-*caput*.** A correção, em virtude de disposição legal ou estipulação de negócio jurídico, da expressão monetária de obrigação pecuniária somente poderá ter por base a variação nominal da Obrigação Reajustável do Tesouro Nacional (ORTN)".

Esta disposição não é inconstitucional (RTJ 117/127).

A ORTN foi substituída pela OTN e esta, pelo BTN, e assim por diante.

Súmula 136 do TFR: "A **correção monetária,** na desapropriação, deve ser calculada com base na variação nominal das Obrigações Reajustáveis do Tesouro Nacional (ORTN)" (v. jurisprudência s/ esta Súmula em RTFR 109/7 a 65). No mesmo sentido: RTJ 111/321, STF-Bol. AASP 1.347/97, RTFR 88/127, 111/196, RT 561/183, JTA 60/206, Bol. AASP 1.376/129, com citação de 38 julgados.

Art. 26: 9. **Súmula 67 do STJ:** "Na desapropriação, cabe a **atualização monetária, ainda que por mais de uma vez,** independente do decurso de prazo superior a um ano entre o cálculo e o efetivo pagamento da indenização" (v. jurisprudência s/ esta Súmula em RSTJ 44/199). A Súmula 67 substitui a **Súmula 561 do STF**.

Art. 26: 10. Para o cálculo da correção monetária, o que importa não é o depósito da quantia devida, mas a efetiva disponibilidade desta (STJ-RT 775/197).

Art. 26: 11. A atualização da conta se faz nos próprios autos da desapropriação. Nada impede, porém, que seja cobrada mediante ação ordinária de indenização (RTJ 87/616).

"Se houver retardamento no pagamento do ofício requisitório, devem os cálculos ser atualizados, ainda que por mais de uma vez, sem que isso signifique a incidência de correção monetária sobre correção monetária, porque se tem, em tal caso, mera atualização desta" (RTFR 162/187).

Art. 26: 12. A correção monetária pode ser determinada em execução, mesmo que a sentença exequenda seja omissa, sem que isso importe ofensa à coisa julgada (RTJ 83/87; STF-RT 494/228, 565/253; RJTJESP 105/346, maioria, RDA 128/316, 133/188).

Art. 26: 13. "Todas as verbas correspondentes ao valor da desapropriação estão sujeitas à correção monetária" (STF-1ª T., RE 88.612-5, Min. Cunha Peixoto, j. 7.3.78, DJU 5.5.78). No mesmo sentido: STF-RT 495/257; RDA 128/388.

"A correção monetária deve incidir sobre a totalidade do débito, abrangendo englobadamente todas as parcelas, sem discriminação" (STF-1ª T., RE 102.605-7, Min. Rafael Mayer, j. 17.12.84, DJU 8.3.85).

Art. 26: 14. A data a ser levada em consideração, para início da correção monetária, é a da avaliação (RTJ 82/992, 92/452) "que servia de referência para a fixação do valor da indenização" (STF-2ª T., RE 88.760-1, Min. Cordeiro Guerra, j. 13.6.78, DJU 1.9.78).

Para efeito de correção monetária, leva-se em conta a data de elaboração do laudo, e não a de sua apresentação em juízo (RTFR 150/147).

Art. 26: 15. Nas desapropriações indiretas, conta-se a correção monetária a partir da data da avaliação, seja anterior ou posterior à Lei 6.899/81 (RTJ 116/232).

A correção monetária se conta até a data do depósito feito pelo expropriante (RTJ 113/136, 124/735), a menos que só posteriormente a importância da condenação tenha sido efetivamente posta à disposição do expropriado (RJTJESP 107/79).

Art. 26: 16. "Para efeito de apuração da diferença devida a título de indenização pelo imóvel desapropriado, o depósito inicial feito pelo expropriante deve ser considerado, não pelo seu valor nominal, mas pelo valor corrigido monetariamente" (STJ-1ª Seção, ED no REsp 683.257, Min. Teori Zavascki, j. 12.12.07, DJU 7.2.08). No mesmo sentido: RTJ 117/391, 117/410, 118/754, 118/769, 119/900, 119/1.230, 119/1.278, 120/1.327, 121/1.259, 122/342. E isso porque:

— se o expropriado levantou os 80% que a lei permite (art. 33 § 2º), é justo que incida correção monetária sobre o que embolsou antecipadamente (RTJ 124/777);

— se não levantou, o depósito feito pelo expropriante em estabelecimento bancário está sujeito a correção monetária, "que é, afinal, levantada pelo expropriado" (RTJ 122/435; cf. RTJ 117/839, p. 841, 120/424). Neste sentido, aliás, era a Súmula 202 do TFR, que este cancelou.

"Conflita com o princípio constitucional da justa indenização concluir que o produto da correção monetária alusiva à oferta reverta em favor do proprietário, deixando de ser abatido do cálculo da indenização final" (STF-2ª T., RE 137.453-5, rel. Min. Marco Aurélio, j. 31.10.94, DJU 30.6.95).

O cálculo da correção monetária da indenização e da oferta, todavia, tem termos iniciais distintos: a correção monetária da oferta se faz com o índice da data do laudo acolhido pela sentença (v. nota 15); a do depósito, com base no índice de correção monetária da data em que foi feito (RTJ 117/391, especialmente p. 395).

Súmula 75 do TFR (Desapropriação): "Na desapropriação, a correção monetária prevista no § 2º do art. 26 do Dec. lei n. 3.365, de 1941, incide a partir da data do laudo de avaliação, observando-se a Lei n. 5.670, de 1971" (v. jurisprudência s/ esta Súmula em RTFR 80/124).

Art. 26: 17. "Corrige-se monetariamente a oferta inicial depositada pelo órgão expropriante, ainda que tal correção não tenha sido objeto de pedido explícito ao ser proposta a ação" (RSTJ 79/62).

Art. 26: 18. Redação do § 2º de acordo com a Lei 6.306, de 15.12.75, que modificou esse parágrafo, o qual havia sido acrescido pela Lei 4.686, de 21.6.65.

Este parágrafo revoga a **Súmula 416 do STF,** pois é posterior a ela. V. tb. **Súmula 67 do STJ,** em nota 9 a este artigo.

Art. 27. O juiz indicará na sentença os fatos que motivaram o seu convencimento e deverá atender, especialmente, à estimação dos bens para efeitos fiscais; ao preço de aquisição e interesse que deles aufere o proprietário; à sua situação, estado de conservação e segurança; ao valor venal dos da mesma espécie, nos últimos cinco anos, e à valorização[1-2] ou depreciação de área remanescente, pertencente ao réu.[2a a 3a]

§ 1º (*alterado pela Med. Prov. 2.183-56, de 24.8.01*) A sentença que fixar o valor da indenização quando este for superior ao preço oferecido condenará o desapropriante a pagar honorários do advogado, que serão fixados entre meio e cinco por cento do valor da diferença, observado o disposto no § 4º do art. 20 do Código de Processo Civil,[3b] não podendo os honorários ultrapassar R$ 151.000,00 (cento e cinquenta e um mil reais).[3c a 8]

§ 2º (*redação da Lei 2.786, de 21.5.56*) A transmissão da propriedade, decorrente de desapropriação amigável ou judicial, não ficará sujeita ao imposto de lucro imobiliário.[9-10]

§ 3º (*acrescido pela Med. Prov. 2.183-56, de 24.8.01*) O disposto no § 1º deste artigo se aplica:

I — ao procedimento contraditório especial, de rito sumário, para o processo de desapropriação de imóvel rural, por interesse social, para fins de reforma agrária;

II — às ações de indenização por apossamento administrativo ou desapropriação indireta.[11]

§ 4º (*acrescido pela Med. Prov. 2.183-56, de 24.8.01*) O valor a que se refere o § 1º será atualizado, a partir de maio de 2000, no dia 1º de janeiro de cada ano, com base na variação acumulada do Índice de Preços ao Consumidor Amplo — IPCA do respectivo período.[12]

Art. 27: 1. Tendo as Constituições posteriores estabelecido a contribuição de melhoria, pela qual o Poder Público se ressarce do custo de obras que valorizem especialmente determinados imóveis, não mais vigora o texto supra, na parte em que autoriza o juiz a compensar a indenização da desapropriação com a mais-valia que o melhoramento público acarreta ao expropriado (RTJ 80/271).

Todavia: "Tratando-se de valorização específica, e somente nessa hipótese, poderá o Estado abater, do valor a ser indenizado, a valorização experimentada pela área remanescente, não desapropriada, nos termos do art. 27" (STJ-RDDP 49/146: 2ª T., REsp 795.446).

V. tb. art. 26, nota 3.

Art. 27: 2. Dec. lei 512, de 21.3.69 (Regula a Política Nacional de Viação Rodoviária, fixa diretrizes para a reorganização do Departamento Nacional de Estradas de Rodagem e dá outras providências): **"Art. 15 § ún.** Quando, na execução judicial, houver incidência de correção monetária, será deduzido do valor final da condenação o valor da contribuição de melhoria devido pelo expropriado".

Art. 27: 2a. O § ún. do art. 27 foi revogado pela Lei 2.786, de 21.5.56, que acrescentou §§ 1º e 2º ao mesmo artigo.

A jurisprudência anterior já mandava pagar honorários, embora não explicando a maneira pela qual seriam calculados (cf. **Súmula 378 do STF).**

Art. 27: 3. s/ fixação da indenização, inclusive à luz das diretrizes postas pelo art. 27, v. art. 24, notas 4a e segs.

Art. 27: 3a. A desobediência a essas diretrizes e, em última análise, ao valor constitucional da justa indenização (CF 182 § 3º e 184-*caput*) já levou à relativização da coisa julgada material e à autorização para realização de novas perícias para a fixação do valor do imóvel desapropriado (v. CPC 502, nota 3b).

Art. 27: 3b. v. CPC 85 §§ 3º e 8º.

Art. 27: 3c. O § 1º foi acrescentado pela Lei 2.786, de 21.5.56. Antes desta, a Súmula 378 do STF já considerava devidos os honorários de advogado, nas desapropriações.

Art. 27: 4. s/ levantamento de honorários, v. art. 34, nota 1c.

Art. 27: 5. O STF declarou **inconstitucional** a expressão "não podendo os honorários ultrapassar R$ 151.000,00 (cento e cinquenta e um mil reais)". No mesmo julgamento, decidiu que "é constitucional a estipulação de parâmetros mínimo e máximo para a concessão de honorários advocatícios em desapropriações, sendo, contudo, vedada a fixação de um valor nominal máximo de honorários" (STF-Pleno, ADI 2.332, Min. Roberto Barroso, j. 17.5.18, DJ 16.4.19).

Art. 27: 6. Súmula 131 do STJ: "Nas ações de desapropriação **incluem-se no cálculo** da verba advocatícia as parcelas relativas aos **juros compensatórios e moratórios, devidamente corrigidas"** (v. jurisprudência s/ esta Súmula em RSTJ 72/389).

Súmula 141 do STJ: "Os honorários de advogado em desapropriação direta são calculados sobre a **diferença entre a indenização e a oferta, corrigidas monetariamente"** (v. jurisprudência s/ esta Súmula em RSTJ 80/253).

As Súmulas 131 e 141 acima substituem as **Súmulas 617 do STF e 141 do TFR.**

O depósito complementar a que se refere o Dec. lei 1.075/70 (v. adiante, ínt.) não se leva em conta para o cálculo dos honorários de advogado sobre "o valor da diferença", porque não integra o "preço oferecido" (RTJ 72/85, 73/224, 73/845, 75/290, 80/264, 91/858; RT 479/236, 481/230; JTJ 140/185).

"Os honorários advocatícios, na desapropriação, devem ser percentualizados sobre a diferença entre a oferta inicial e o *quantum* fixado, a final, como indenização, desconsiderada a complementação do depósito oferecido, de início, ainda que por determinação judicial" (RSTJ 99/80).

"Oferta, para fins de honorários, é a oferta mesma, feita inicialmente pelo desapropriante, e não o preço provisório do imóvel, fixado pelo juiz, para fim de imissão de posse" (STJ-1ª T., REsp 4.037-0, Min. Cesar Rocha, j. 29.11.93, DJU 21.3.94).

Aplicam-se as Súmulas 131 e 141 do STJ ainda que não tenha havido depósito judicial da quantia oferecida (RTJ 124/821, RJTJESP 90/167).

Todavia: "Se a avaliação provisória foi determinada *ex officio* pelo juiz, e realizada antes de qualquer participação do expropriado no processo, a complementação da oferta daí resultante não integra a base de cálculo dos honorários de advogado" (STJ-2ª T., REsp 94.323-EDcl, Min. Ari Pargendler, j. 4.8.97, DJU 25.8.97).

No caso de expropriado revel, não são devidos os honorários advocatícios (RTFR 89/94), a menos que lhe tenha sido nomeado curador à lide, ao qual deve ser atribuída razoável honorária advocatícia (TFR-6ª T., AC 106.754, Min. Carlos Velloso, j. 11.12.85, DJU 6.2.86).

V. tb. LC 76, de 6.7.93, art. 19, nota 2, neste tít., a seguir.

Art. 27: 7. "Na expropriação, se a indenização, de acordo com a perícia, é fixada em quantia correspondente à ofertada, monetariamente corrigida, deve o expropriado responder pelas custas e despesas do processo, não fazendo jus a honorários advocatícios, nem a juros compensatórios e moratórios" (RTFR 162/269).

Art. 27: 8. "Na hipótese de desistência da ação expropriatória, os honorários devem ser fixados com base nos parâmetros do CPC e não do Decreto-Lei 3.365/1941" (STJ-2ª T., REsp 1.327.789, Min. Og Fernandes, j. 3.5.18, DJ 9.5.18). No mesmo sentido: STJ-1ª T., Ag em REsp 157.203-AgRg, Min. Ari Pargendler, j. 4.9.14, DJ 11.9.14.

Art. 27: 9. **Súmula 39 do TFR (Imposto de Renda):** "Não está sujeita ao imposto de renda a indenização recebida por pessoa jurídica, em decorrência de desapropriação amigável ou judicial" (v. jurisprudência s/ esta Súmula em RTFR 78/96).

Isso porque "a indenização decorrente de desapropriação não encerra ganho de capital, porquanto a propriedade é transferida ao poder público por valor justo e determinado pela justiça a título de indenização, não ensejando lucro, mas mera reposição do valor do bem expropriado" (STJ-1ª Seção, REsp 1.116.460, Min. Luiz Fux, j. 9.12.09, DJ 1.2.10).

Sobre os juros compensatórios e moratórios, tanto na desapropriação direta como na indireta, não incide imposto de renda, que não deve, portanto, ser descontado na fonte (RSTJ 90/141, TFR-Bol. AASP 1.546/183; RT 724/321, 726/260, RJTJESP 108/320, maioria, 110/287, 110/288, 111/327, JTJ 162/190, maioria, 168/223, 168/723, RTJE 147/194, Bol. AASP 1.478/90, 1.549/201, 1.565/298). **Contra,** entendendo que "sobre os juros moratórios incide a retenção do imposto de renda na fonte": RT 716/174.

"Os honorários advocatícios fixados em ação de desapropriação sofrem retenção do imposto de renda na fonte, pois tal verba se destina ao causídico, não integrando a indenização recebida pelo expropriado — esta, sim, não tributada" (RT 630/106). No mesmo sentido: RJTJESP 114/311.

É inconstitucional o Dec. lei 1.641, de 7.12.78, art. 1º § 2º-II, na parte em que sujeita a imposto de renda o lucro que o expropriado obtém, na desapropriação, sobre o imóvel por ela objetivado (STF-Pleno: Bol. AASP 1.595/107, v.u.).

Art. 27: 10. Na desapropriação indireta, não cabe retenção de imposto de renda (JTJ 162/190, maioria).

Art. 27: 11. "Por não haver, nas ações de **desapropriação indireta,** oferta inicial, a base de cálculo dos honorários não poderá ser a 'diferença' (entre esse valor e o fixado a final pela sentença), devendo o percentual incidir sobre o valor total da indenização" (STJ-1ª T., REsp 731.737, Min. Teori Zavascki, j. 19.4.05, DJU 2.5.05; a citação é do voto do relator).

"Tendo em vista que nas desapropriações indiretas não há oferta inicial, devem os honorários advocatícios incidir sobre o valor total da condenação, respeitado o limite de 5% estabelecido no art. 27, § 1º, do Dec. lei 3.365/41" (STJ-1ª Seção, ED no REsp 680.923, Min. Eliana Calmon, j. 28.11.07, DJU 10.12.07; a citação é do voto da relatora).

Art. 27: 12. v. nota 5, acima.

Art. 28. Da sentença que fixar o preço da indenização caberá apelação[1-2] com efeito simplesmente devolutivo, quando interposta pelo expropriado, e com ambos os efeitos, quando o for pelo expropriante.

§ 1º A sentença que condenar a Fazenda Pública[3] em quantia superior ao dobro da oferecida fica sujeita ao duplo grau de jurisdição.[4]

§ 2º ....[5]

Art. 28: 1. "Não impugnado pelo expropriado, na fase recursal, o valor da indenização, este não poderá ser majorado em segunda instância, ressalvada exclusivamente a incidência da correção monetária, que admite a concessão de ofício, nos termos do art. 26, § 2º, do Dec. lei n. 3.365, de 1941. Poderá o interessado propor ação para obter complementação do preço, com fundamento no art. 20 do citado diploma legal" (RT 499/159), ou mesmo ação rescisória, uma vez que a Constituição lhe assegura o direito de ser pago pelo justo valor do bem expropriado (RF 303/194, maioria, 13 votos a 4).

Art. 28: 2. É vedada, em grau de recurso, a *reformatio in pejus* (RTJ 95/775). Todavia, no sentido de que, em primeira instância, a sentença pode conceder ao expropriado mais do que este pediu (RTJ 97/924).

Art. 28: 3. ou autarquia (TFR-4ª T., Ag 39.272, Min. José Dantas, j. 28.4.78, DJU 11.9.78; RJTJESP 38/102, 38/119, 84/175, Bol. AASP 1.209/35); não, porém, sociedade de economia mista (RTJ 110/692, JTA 39/291).

Contra, não admitindo remessa necessária em favor de autarquia: Bol. AASP 1.308/9, RP 17/321, em. 26, com citação de doutrina e jurisprudência num e noutro sentido.

Art. 28: 4. Redação do § 1º de acordo com a Lei 6.071, de 3.7.74.

Art. 28: 5. O § 2º foi implicitamente **revogado** pelo art. 10 da Lei 6.071, de 3.7.74.

Art. 29. Efetuado o pagamento[1 a 3] ou a consignação, expedir-se-á, em favor do expropriante, mandado de imissão de posse, valendo a sentença como título hábil para a transcrição[4 a 4b] no registro de imóveis.

Art. 29: 1. Só o pagamento do preço é que autoriza a expedição de mandado ao registro de imóveis para que transfira ao expropriante a propriedade do bem expropriado; antes disso, não (RSTJ 133/146, RJTJESP 125/316). Esta regra também se aplica aos casos de desapropriação indireta (RTJE 151/210).

Art. 29: 1a. "As execuções de sentença propostas contra a Fazenda Pública, inclusive em se tratando de **desapropriação,** estão sujeitas ao rito previsto no **artigo 730** do Código de Processo Civil; o juiz não pode, antes de observar esse procedimento, determinar o pagamento da condenação judicial mediante simples ofício ou intimação" (STJ-1ª Seção, ED no REsp 160.573, Min. Ari Pargendler, j. 7.8.00, dois votos vencidos, DJU 25.6.01). No mesmo sentido: STJ-RT 836/125 (2ª T.), JTJ 159/214 (desapropriação indireta), 204/25. **Contra:** RT 568/51, RJTJESP 81/110, 93/111, 98/90, 122/287, JTJ 177/50, Bol. AASP 1.314/43.

✎ **Art. 29: 1b.** "A execução de sentença na ação expropriatória", por Marcelo José Forin (RP 123/44).

Art. 29: 2. Desistência da desapropriação. "A jurisprudência do STF e desta Corte é no sentido de aceitar a desistência da ação expropriatória, formulada pelo órgão expropriante, se ainda não ocorreu o pagamento do preço. A sentença, mesmo transitada em julgado, não impede a desistência" (STJ-2ª T., REsp 402.482, Min. Eliana Calmon, j. 26.3.02, DJU 12.8.02). No mesmo sentido: STJ-1ª T., REsp 187.825, Min. Milton Luiz Pereira, j. 15.2.01, DJU 28.5.01. Afirmando que a desistência, no caso, independe de consentimento do expropriado: RT 609/83.

"Não se pode, salvo em caso de fato consumado e irreversível, compelir o Estado a efetivar a desapropriação, se ele não a quer, pois se trata de ato informado pelos princípios da conveniência e da oportunidade" (STJ-RF 390/365: 1ª T., REsp 628.588, um voto vencido).

"A jurisprudência da Corte admite a desistência da ação expropriatória, antes da realização do pagamento do preço justo, desde que seja possível devolver ao expropriado o imóvel no estado em que se encontrava antes do ajuizamento da ação. A declaração de desistência de uma ação de desapropriação pode ser efetivada por diversos meios, não se restringindo à edição de lei ou decreto revogando expressamente o decreto expropriatório" (STJ-2ª T., REsp 1.397.844, Min. Eliana Calmon, j. 17.9.13, DJ 24.9.13).

"A regra é a possibilidade de desistência da desapropriação. Contra essa, pode ser alegado fato impeditivo do direito de desistência, consistente na impossibilidade de o imóvel ser devolvido como recebido ou com danos de pouca monta. Por ser fato impeditivo do direito de o expropriante desistir da desapropriação, é ônus do expropriado provar sua existência, por aplicação da regra que vinha consagrada no art. 333, II, do CPC/1973, hoje repetida no art. 373 do CPC/2015" (STJ-2ª T., REsp 1.368.773, Min. Herman Benjamin, j. 6.12.16, maioria, DJ 2.2.17).

A desistência pode ser parcial (STF-RTJ 84/294; RSTJ 92/133; RDA 134/203).

A homologação da desistência condiciona-se à devolução da área ocupada, reembolsadas as custas e despesas periciais e pagos os honorários de advogado arbitrados (Bol. AASP 1.291/220).

Em caso de desistência: "O expropriante é responsável pelos tributos que incidirem sobre o imóvel a partir da imissão provisória na posse. Tal responsabilidade se estende até a efetiva desocupação e restituição do imóvel" (RSTJ 103/140).

V. tb. art. 1º, nota 8a.

Art. 29: 2a. Não se admite desistência de desapropriação:

— depois que o Poder Público, imitido provisoriamente na posse, "não tem condições de devolver o bem no estado em que o recebeu ou com danos de pouca monta, que em outra ação pudessem ser avaliados" (RSTJ 73/282). No mesmo sentido: RSTJ 107/75, 138/91, RT 588/59 (adotando decisão do juiz Antônio de Pádua Ferraz Nogueira), 629/128, maioria, 733/197, RJTJESP 89/285, 96/273, 99/258, JTJ 159/200, 163/43;

— se já foi efetuado o seu pagamento, restando apenas a complementação relativa à correção monetária, não pode ser homologado o pedido de desistência do expropriante, na fase de liquidação, sob o fundamento de que o preço não se integralizara (RSTJ 90/112, maioria);

— se o imóvel expropriado já foi afetado ao serviço público (RJTJESP 93/250);

— se a devolução do bem ao expropriado mostra-se inviável, por motivo de "profundas alterações efetuadas pelo poder público no imóvel" (STJ-RT 753/202);

— se, por culpa do expropriante, foi invadido por terceiros (STJ-2ª T., REsp 87.440, Min. Pádua Ribeiro, j. 24.4.97, DJU 26.5.97; RJTJESP 129/107);

— se não foi revogado o decreto expropriatório em que se baseia a ação, não pode haver desistência da desapropriação (RJTJESP 119/332). Admitindo a desistência sem a revogação do decreto, desde que concorde o réu (que, aliás, no caso, não concordou): RJTJESP 88/83;

— na desapropriação indireta, a administração não pode, após a sentença condenatória transitada em julgado, desistir do apossamento administrativo que realizou (RJTJESP 94/276).

Art. 29: 2b. No caso de desistência, quanto aos juros:

— os juros moratórios devem ser contados, desde a citação, sobre o valor total liquidado (RSTJ 98/135, STJ-Bol. AASP 1.884/37j, maioria);

— os juros compensatórios, desde a data da imissão de posse até a efetiva desocupação do imóvel pela expropriante (STJ-Bol. AASP 1.884/37j, maioria), devem ser pagos, sem maiores formalidades, no próprio processo expropriatório (STJ-RJTJERGS 171/21, RT 586/77, RJTJESP 103/155), desde, porém, que este já se encontre em fase de liquidação (RTJ 109/840; TFR-4ª T., AC 133.091, Min. Pádua Ribeiro, j. 14.3.88, DJU 14.4.88);

— os juros compensatórios devem ser apurados "na própria sentença homologatória da desistência, pelo período compreendido entre a imissão na posse e a efetiva desocupação do imóvel" (STJ-1ª Seção, REsp 93.416, Min. Castro Filho, j. 18.6.01, maioria, DJU 22.4.02); no mesmo sentido, quanto à apuração nos próprios autos da desapropriação: Bol. AASP 1.542/159, citando RJTJESP 99/160, 101/275, 103/155 e 105/146.

Art. 29: 2c. Honorários de advogado por desistência da desapropriação. "Os honorários advocatícios, nos casos de desistência por parte do poder público nas ações de desapropriação, devem ser determinados por equidade pelo juiz, conforme artigo 20, § 4º, do CPC" (STJ-2ª T., REsp 166.334, Min. Castro Meira, j. 28.9.04, DJU 16.11.04). No mesmo sentido: RTJ 89/374. Mas: "No caso de desistência da ação desapropriatória pelo expropriante, não podem ser fixados os honorários consoante a apreciação equitativa do juiz, se estes já foram anteriormente arbitrados em sentença já transitada em julgado" (RT 607/74); no mesmo sentido: RJTJESP 99/103.

Art. 29: 2d. Perdas e danos sofridos pelo expropriado. Ao desistir da desapropriação, a administração pública sujeita-se a indenizar as perdas e danos sofridas pelo desapropriado (RTJ 77/569, 91/512; STF-RDA 128/313; STJ-1ª T., REsp 34.256-2, Min. Garcia Vieira, j. 16.6.93, maioria, DJU 6.9.93; RTFR 144/145, RT 592/77). Essa indenização deve ser buscada em ação própria (RTJ 63/510, RDA 128/313; STJ-1ª T., REsp 19.945-5, Min. Demócrito Reinaldo, j. 10.2.93, DJU 15.3.93).

Também no sentido de que eventuais prejuízos causados pela ocupação temporária e pela eventual alteração física da área desapropriada devem, no caso de desistência da ação, ser pleiteados em ação própria: Bol. AASP 1.291/220.

Art. 29: 3. Devolução do depósito liminar em razão da desistência. Na hipótese de desistência, cabe ao expropriado restituir o depósito liminar, devidamente atualizado, se efetuou o seu levantamento (RJTJESP 88/279). Mas o expropriante somente poderá receber de volta o depósito liminar após o pagamento dos honorários da sucumbência e das outras verbas devidas em razão da desistência (Bol. TRF-3ª Reg. 10/19: TRF-3ª Reg., AC 42.635, Juiz Silveira Bueno, j. 16.2.93; **contra:** Bol. TRF-3ª Reg. 10/20: AC 42.648, Juiz Silveira Bueno, j. 1.12.92).

Art. 29: 4. "Para o imóvel declarado de utilidade pública para fim de desapropriação e permutado mediante escritura pública, com outros do domínio público, se não registrado o título no Registro Geral de Imóveis, o Estado não chega a adquirir-lhe o domínio. A desapropriação, portanto, não pode ser invocada como obstáculo ao prosseguimento de ação de usucapião relativa ao imóvel" (RF 307/112).

Art. 29: 4a. "Na desapropriação indireta, é tarefa do perito a descrição do imóvel expropriado, em condição que, integrada à sentença, permita a transcrição desta no Ofício Imobiliário, nos termos do art. 29 do Dec. lei 3.365, de 1941" (STJ-RT 755/228).

Art. 29: 4b. Pode ser feito o registro, em nome do expropriante, em seguida à imissão de posse provisória? v. art. 15, nota 7a.

Art. 30. As custas serão pagas pelo autor, se o réu aceitar o preço oferecido; em caso contrário, pelo vencido, ou em proporção, na forma da lei.[1 a 3]

Art. 30: 1. "Nas desapropriações, as custas serão pagas pelo autor, se o réu aceitar o preço oferecido; em caso contrário, pelo vencido, ou em proporção, na forma da lei. Se o expropriado insiste em pleitear indenização superior à justa e sucumbe, deve pagar custas proporcionais" (RTJ 77/545).

"No caso dos autos, o tribunal estadual consignou que a indenização arbitrada em juízo foi inferior ao valor inicialmente ofertado pela Administração. Portanto, os expropriados, ora recorridos, é que devem suportar o ônus da demanda: despesas processuais, honorários periciais e do assistente técnico" (STJ-2ª T., REsp 1.750.357, Min. Herman Benjamin, j. 11.9.18, DJ 16.11.18).

Art. 30: 2. Súmula 2 do TJPR (Custas): "Nas desapropriações, aplica-se o art. 30 da Lei n. 3.365, de 21.6.41, com a seguinte interpretação:

"As custas serão pagas:

"1º — pelo autor, se o réu aceitar o preço oferecido;

"2º — pelo autor, se o réu recusar o preço oferecido, prevalecendo essa oposição;

"3º — em proporção, quando o preço oferecido for recusado, apresentando o réu outro, igualmente, não fixado pela decisão".

Art. 30: 3. **Súmula 69 do TFR:** "Incumbe ao expropriante pagar o salário do assistente técnico do expropriado" (v. jurisprudência s/ esta Súmula em RTFR 80/122).

Não é bem assim: "Nas ações de desapropriação por utilidade pública, o **ônus da sucumbência é definido pela aceitação ou não do preço ofertado,** de maneira que a condenação em valor superior à oferta enseja a sucumbência do ente desapropriante e, portanto, a sua responsabilidade pelo pagamento das custas e despesas processuais, no que inclui o ressarcimento dos **honorários do assistente da perícia do desapropriado.** Inteligência do art. 30 do Decreto-Lei 3.365/1941" (STJ-2ª T., Ag em REsp 1.244.030, Min. Mauro Campbell, j. 10.4.18, DJ 16.4.18).

V. tb. CPC 84, nota 6.

Disposições Finais

Art. 31. **Ficam sub-rogados no preço quaisquer ônus ou direitos que recaiam sobre o bem expropriado.**[1 a 3]

Art. 31: 1. v. CPC 908, nota 9.

Art. 31: 1a. "Se houver hipoteca sobre o bem desapropriado, o crédito garantido fica sub-rogado no valor da indenização. No caso de desapropriação do imóvel hipotecado para fins de constituição de servidão, assiste ao credor hipotecário o direito de habilitar o seu crédito, devendo ser retido o depósito do valor da indenização até a decisão da habilitação, se possível nos próprios autos da expropriatória" (STJ-2ª T., REsp 37.128-7, Min. Pádua Ribeiro, j. 20.2.95, DJU 13.3.95).

"Se o imóvel expropriado está gravado por hipoteca, a indenização — no todo ou em parte — não pode ser recebida pelo expropriado antes da quitação do crédito hipotecário" (STJ-2ª T., REsp 37.224, Min. Ari Pargendler, j. 19.9.96, DJU 14.10.96).

Art. 31: 2. Na desapropriação de bem inalienável, o vínculo de inalienabilidade fica sub-rogado na indenização (RSTJ 78/132).

Art. 31: 3. "Compete exclusivamente à União promover a desapropriação rural por interesse social, para fins de reforma agrária (arts. 184 da CF/88 e 2º, § 1º, da Lei 8.629/93), resultando daí sua legitimidade para figurar no polo passivo de ação almejando a recomposição de prejuízos suportados por arrendatário de imóvel rural objeto de desapropriação. Tratando-se de direito pessoal ou obrigacional, tem-se por inaplicável o art. 31 do Decreto-Lei 3.365/41, pois a sub-rogação no preço se dá apenas quanto aos direitos reais constituídos sobre o bem expropriado" (STJ-2ª T., REsp 1.130.124, Min. Eliana Calmon, j. 4.4.13, DJ 10.4.13).

Art. 32. **O pagamento do preço será prévio e em dinheiro.**[1-2]

§ 1º As dívidas fiscais serão deduzidas dos valores depositados, quando inscritas e ajuizadas.[3]

§ 2º Incluem-se na disposição prevista no § 1º as multas decorrentes de inadimplemento e de obrigações fiscais.[4]

§ 3º A discussão acerca dos valores inscritos ou executados será realizada em ação própria.[5]

Art. 32: 1. Redação dada pela Lei 2.786, de 21.5.56.

Art. 32: 2. s/ pagamento do preço, v. CF 5º-XXIV e 100, ADCT 33 e Dec. lei 1.075, de 22.1.70, art. 5º § ún. (neste tít., a seguir).

Art. 32: 3. O § 1º foi acrescentado pela Lei 11.977, de 7.7.09.

Art. 32: 4. O § 2º foi acrescentado pela Lei 11.977, de 7.7.09.

Art. 32: 5. O § 3º foi acrescentado pela Lei 11.977, de 7.7.09.

Art. 33. **O depósito do preço fixado por sentença, à disposição do juiz da causa, é considerado pagamento prévio da indenização.**

Desapropriação

§ 1º O depósito far-se-á no Banco do Brasil ou, onde este não tiver agência, em estabelecimento bancário acreditado, a critério do juiz.[1]

§ 2º O desapropriado, ainda que discorde do preço oferecido, do arbitrado ou do fixado pela sentença, poderá levantar até 80% (oitenta por cento) do depósito feito para o fim previsto neste e no art. 15,[1a] observado o processo estabelecido no art. 34.[2]

Art. 33: 1. O primitivo § ún. passou a § 1º pela Lei 2.786, de 21.5.56.

Art. 33: 1a. "É facultado ao desapropriado o levantamento de até 80% do valor depositado para fins de imissão na posse, **incluindo** aí **o complementar**" (STJ-2ª T., Ag em REsp 880.942-AgInt, Min. Francisco Falcão, j. 7.12.17, DJ 14.12.17).

Art. 33: 2. O § 2º foi acrescido pela Lei 2.786, de 21.5.56.

Art. 34. O levantamento do preço[1 a 1b] será deferido mediante prova de propriedade,[1c a 2a] de quitação de dívidas fiscais[2b-2c] que recaiam sobre o bem expropriado, e publicação de editais,[3 a 3b] com o prazo de dez dias, para conhecimento de terceiros.

Parágrafo único. Se o juiz verificar que há dúvida fundada sobre o domínio,[4 a 8] o preço ficará em depósito, ressalvada aos interessados a ação própria para disputá-lo.

Art. 34: 1. s/ retenção de parte do preço, para pagamento do imposto de renda, v. art. 27, notas 9 e 10; s/ prova da propriedade e de quitação de dívidas fiscais e publicação de editais, para levantamento do valor da indenização, na ação de constituição de servidão, v. art. 40, nota 1.

Art. 34: 1a. "O valor da indenização fixada na ação expropriatória não se confunde, necessariamente, com o montante a ser levantado pela parte expropriada. O primeiro deve abranger a totalidade da área incorporada ao patrimônio público, sob pena de enriquecimento sem causa do expropriante. O segundo deve limitar-se à área efetivamente registrada, sob risco de autorizar-se o pagamento de indenização a *non domino*. Havendo divergência entre a área efetivamente medida e a área registrada, o expropriado somente poderá levantar o valor da área registrada. O valor remanescente ficará depositado em juízo até que o expropriado promova a retificação do registro ou se decida, em ação própria, a titularidade do domínio, como reza o parágrafo único do art. 34 do Dec. lei 3.365/41" (STJ-2ª T., REsp 596.300, Min. Castro Meira, j. 8.4.08, DJU 22.4.08). No mesmo sentido: STJ-1ª T., REsp 935.333, Min. Luiz Fux, j. 2.9.08, DJ 22.9.08.

Art. 34: 1b. "Admite-se a oposição do levantamento apenas por terceiros possuidores de outro título suficiente para demonstrar que há incerteza quanto ao domínio do bem desapropriado pelo expropriado. Ao efetuar o depósito da indenização devida, não permanece o interesse da expropriante no levantamento do preço" (STJ-2ª T., REsp 84.417, Min. Castro Meira, j. 3.8.04, DJU 6.9.04).

Art. 34: 1c. Não se aplica esse dispositivo ao levantamento da **verba honorária**. Assim: "A exigência de que o expropriado demonstre a propriedade do bem objeto da desapropriação, para o fim de levantar a **verba indenizatória,** não obsta que se levante do montante do valor devido, em atendimento ao disposto no art. 23 da Lei n. 8.906/94 (EA), a quantia destinada ao pagamento dos honorários advocatícios" (STJ-2ª T., REsp 124.715, Min. João Otávio, j. 4.12.03, DJU 9.2.04). No mesmo sentido: STJ-1ª T., REsp 295.987, Min. José Delgado, j. 1.3.01, DJU 2.4.01; RJTJESP 120/339, JTJ 173/190, 259/298.

S/ honorários advocatícios, v. tb. nota 7.

Art. 34: 1d. "Milita em favor do espólio que ostenta título registrado no cartório imobiliário competente a presunção de que tem o domínio do bem desapropriado. O levantamento do *quantum* apurado na desapropriação deve ser feito pelo espólio, devendo o herdeiro disputar o seu quinhão na ação de inventário" (STJ-1ª T., REsp 7.886-0, Min. Cesar Rocha, j. 25.10.93, DJU 13.12.93).

Art. 34: 1e. "Ainda que o contrato não esteja inscrito no Ofício Imobiliário, o promitente comprador tem o direito de receber o preço do imóvel expropriado, nos próprios autos da ação de desapropriação, sempre que não houver oposição" (STJ-2ª T., REsp 12.416, Min. Ari Pargendler, j. 29.11.95, DJU 18.12.95).

"Desapropriação por utilidade pública. Cumprimento de sentença. Levantamento do depósito da indenização pelo promitente comprador. Inexistência de fundada dúvida ou controvérsia quanto ao direito à sub-rogação de que trata o art. 31 do Dec. lei 3.365/41" (STJ-1ª T., REsp 1.198.137, Min. Teori Zavascki, j. 2.2.12, DJ 9.2.12).

Art. 34: 2. Na desapropriação de posse (v. art. 1º, nota 5a), cumpre ao expropriado provar sua condição de possuidor, antes do levantamento do preço (RTJE 159/124).

Art. 34: 2a. "Quem adquire uma propriedade imóvel, já ocupada pela parte expropriante, mas antes de efetivado o pagamento justo, torna-se sucessor dos direitos de que era titular o expropriado, inclusive quanto aos juros compensatórios" (STJ-1ª T., AI 163.021-AgRg, Min. José Delgado, j. 10.3.98, DJU 4.5.98).

Art. 34: 2b. i. e., federais, estaduais e municipais (JTJ 159/202).

Art. 34: 2c. A entidade expropriante é responsável pelos tributos incidentes sobre o imóvel a partir da imissão na posse (v. art. 15, nota 7). Por isso, "o expropriado poderá levantar o preço, se comprovar a quitação dos tributos fiscais incidentes sobre o imóvel desapropriado até a data em que a autoridade expropriante tiver sido imitida na posse" (STJ-RT 842/135: 2ª T., REsp 195.672).

✎ **Art. 34: 3.** "Do art. 34 do Estatuto das Expropriações e a quem compete promover as antecipações de pagamento das despesas editalícias", por Joaquim de Almeida Baptista (RT 738/138).

Art. 34: 3a. **Responsabilidade pelo pagamento dos editais.** Compete ao expropriante o pagamento das despesas de publicação dos editais. Assim: "Se a publicação do edital aproveita ao poder expropriante, não faz sentido carrear-se a antecipação de despesas com editais ao expropriado para que, a final, seja obrigado a requerer a devolução do montante que desembolsou, sob pena de a indenização ser diminuída, em verdadeiro descompasso com a garantia constitucional da prévia e justa indenização" (STJ-2ª T., REsp 162.522, Min. Franciulli Netto, j. 5.3.02, DJU 3.6.02). No mesmo sentido: RSTJ 95/173; STJ-1ª T., REsp 121.487, rel. Min. Demócrito Reinaldo, j. 7.8.97, maioria, DJU 17.11.97.

Contra: RT 506/188, 660/109, RJTJESP 124/305, JTJ 162/180, Bol. AASP 994/1.

Art. 34: 3b. Dispensa-se a renovação das formalidades do art. 34 se o expropriado, anteriormente, já recebeu parte do depósito, mediante autorização judicial (RTJE 157/136).

Art. 34: 4. **Súmula 42 do TFR (Dúvida sobre domínio):** "Salvo convenção das partes, o processo expropriatório não se suspende por motivo de dúvida fundada sobre o domínio" (cf. republicação no DJU 13.6.80, p. 4.467: v. jurisprudência s/ esta Súmula em RTFR 78/143).

Art. 34: 4a. A dúvida fundada, a que se refere este artigo, é "a dúvida objetiva, inequívoca, sobre o domínio, com base em documento de propriedade. Se o expropriado tem título de domínio devidamente transcrito, não impede o levantamento do preço o simples ajuizamento de ação anulatória deste, por isso que, enquanto não anulado o título, regularmente, o seu titular é legítimo proprietário" (RTFR 69/7). No mesmo sentido: RDA 158/214, RT 591/103.

Todavia: "Sentença fincando a procedência em ação discriminatória semeia objetiva e inequívoca dúvida sobre o domínio da área imóvel desapropriada, justificando o Juiz a impedir o levantamento do valor depositado" (RSTJ 175/111).

Art. 34: 5. "Nas ações de indenização por desapropriação indireta, a questão de domínio se resolve no processo de conhecimento, sendo inaplicáveis as disposições do art. 34 do Dec. lei 3.365/41" (STJ-RT 811/181). No mesmo sentido: STF-RDA 174/176, RSTJ 107/97, RT 593/91, RJTJESP 94/275, 98/284, 98/285, 99/263, 100/294, 102/229, 110/276, JTJ 179/156, 186/218, Bol. AASP 1.382/143, 1.559/264.

Também não se aplica aos casos de indenização por servidão administrativa: "Não merece subir recurso especial contra acórdão que, em indenização por servidão administrativa, admite o levantamento do valor depositado, sem as exigências do art. 34 do Dec. lei 3.365/41" (STJ-1ª T., REsp 126.480-AgRg, Min. José Delgado, j. 3.2.98, DJU 4.5.98). No mesmo sentido: JTJ 212/234.

Art. 34: 6. "A regra do art. 34, § ún., do Dec. lei 3.365, de 1941, se aplica também às hipóteses em que, embora não havendo dúvida fundada sobre o domínio, há disputa entre o proprietário e aqueles cujos direitos, na forma do art. 31, ficam sub-rogados na indenização" (RSTJ 100/119).

Art. 34: 7. "Os valores referentes ao pagamento da indenização, embora depositados, estão impedidos de liberação por tramitar ação civil pública onde se discute o domínio do imóvel. Pagamento dos honorários que também deve ficar suspenso enquanto existir dúvida sobre o domínio" (STJ-1ª T., REsp 654.517, Min. Francisco Falcão, j. 18.11.08, DJ 2.3.09). No mesmo sentido: STJ-1ª Seção, ED no REsp 650.246, Min. Cesar Rocha, j. 9.11.11, DJ 2.12.11.

Art. 34: 8. "Não se pode confundir 'dúvida fundada sobre o domínio' com concurso de credores. É apenas àquela que se refere o § ún. do art. 34 do Dec. lei 3.365/41 (Lei de Desapropriações)" (STJ-1ª T., REsp 1.182.246, Min. Teori Zavascki, j. 24.5.11, maioria, DJ 1.6.11).

Art. 34-A. Se houver concordância, reduzida a termo, do expropriado, a decisão concessiva da imissão provisória na posse implicará a aquisição da propriedade pelo expropriante com o consequente registro da propriedade na matrícula do imóvel.[1]

Desapropriação

§ 1º A concordância escrita do expropriado não implica renúncia ao seu direito de questionar o preço ofertado em juízo.

§ 2º Na hipótese deste artigo, o expropriado poderá levantar 100% (cem por cento) do depósito de que trata o art. 33 deste Decreto-Lei.

§ 3º Do valor a ser levantado pelo expropriado devem ser deduzidos os valores dispostos nos §§ 1º e 2º do art. 32 deste Decreto-Lei, bem como, a critério do juiz, aqueles tidos como necessários para o custeio das despesas processuais.

Art. 34-A: 1. O art. 34-A foi incluído pela Lei 13.465, de 11.7.17.

Art. 35. Os bens expropriados, uma vez incorporados à Fazenda Pública, não podem ser objeto de reivindicação, ainda que fundada em nulidade do processo de desapropriação. Qualquer ação, julgada procedente, resolver-se-á em perdas e danos.[1 a 6]

Art. 35: 1. "Retrocessão. Natureza jurídica e outras controvérsias", por Edilson Pereira Nobre Jr. (RF 327/25).

Art. 35: 1a. v. CC 519.

Art. 35: 2. "A ação de retrocessão é de natureza real e, portanto, aplica-se o art. 177 do CC/16 e não o prazo quinquenal de que trata o Decreto 20.910/32" (STJ-2ª T., REsp 868.655, Min. Eliana Calmon, j. 6.3.07, DJU 14.3.07). No mesmo sentido: RSTJ 79/103. Começa a correr a prescrição com a transferência, ao domínio particular, do bem expropriado (STF-Pleno, ERE 104.591-4-AgRg, Min. Djaci Falcão, j. 11.3.87, DJU 10.4.87).

"Configurada a questão como reparação por perdas e danos, de rigor a incidência da prescrição vintenária, de acordo com o artigo 177, do Código Civil" (STJ-1ª T., REsp 412.634-EDcl, Min. Francisco Falcão, j. 20.3.03, DJU 9.6.03).

Balizando a prescrição nessas circunstâncias pelo prazo de 3 anos do CC 206 § 3º-V: STJ-2ª T., REsp 1.236.049-AgRg, Min. Mauro Campbell, j. 5.11.13, DJ 12.11.13.

Art. 35: 3. "Efetivada a desapropriação, com a imissão liminar na posse (Decreto-lei n. 3.365/41, art. 15), a partir daí já podem ocorrer as causas da retrocessão: a) desvio de finalidade, quando ao bem expropriado é dado destino de interesse privado e não público; b) abandono, quando ao bem expropriado a expropriante não dá qualquer destinação; c) afetação parcial, quando, implantadas as obras públicas, sobram áreas remanescentes, a que não se deu a destinação prevista. Não há, no direito positivo brasileiro, lei que fixe prazo dentro do qual o bem expropriado deve ser utilizado pela entidade expropriante. A ação de retrocessão, ação real, não está sujeita à prescrição quinquenal do Decreto n. 20.910, de 1932, mas à da reivindicatória, observado o prazo do usucapião extraordinário (Código Civil, art. 177, c/c o art. 550). A prescrição da ação de retrocessão, nas hipóteses de abandono e de afetação parcial, começa a correr a partir do momento em que o expropriante abandona, inequivocadamente, o propósito de dar ao imóvel a destinação de utilidade pública. Tratando-se de desapropriação do remanescente em decorrência do direito de extensão, não tem o expropriado direito de retrocessão, no caso de ficar o mesmo remanescente em disponibilidade após a execução da obra. A retrocessão, nessa hipótese, só tem lugar se o imóvel, na sua integralidade, não for aproveitado" (RTFR 123/83).

Art. 35: 4. Há desvio de finalidade:

— "Se o expropriante aliena o bem, ou cede o uso, por qualquer título, a instituição particular, ainda que esta pessoa jurídica de direito privado tenha fins sociais" (STF-2ª T., RE 88.699, Min. Cordeiro Guerra, j. 12.9.78, DJU 20.11.78).

— "A utilização de parte do imóvel desapropriado como sede da associação dos servidores do ente expropriante, reservada à recreação e lazer de seus associados, constitui tredestinação ilícita que torna cabível a retrocessão diante da ausência de utilidade pública da desapropriação" (STJ-2ª T., REsp 647.340, Min. João Otávio, j. 6.4.06, DJU 29.5.06).

Não há desvio de finalidade:

— "Não se caracteriza a ilegalidade do ato expropriatório perpetrado pela Administração se o bem desapropriado vem a cumprir a finalidade pública a que se destina, embora com a instalação de outras atividades que não as pretendidas originariamente" (STJ-1ª T., REsp 800.108, Min. Teori Zavascki, j. 7.3.06, DJU 20.3.06). No mesmo sentido: STF-1ª T., RDA 133/184; STJ-2ª T., REsp 7.683-0, Min. Américo Luz, j. 20.4.94, DJU 30.5.94; RSTJ 4/1.573 (embora, na hipótese, tivesse sido admitida a retrocessão parcial), JTJ 172/75, TFR-RDA 160/189, RJTJESP 101/72.

Art. 35: 4a. "Acerca da polêmica existente na caracterização da **natureza jurídica** da retrocessão, há três correntes principais existentes: a que entende que retrocessão é uma obrigação pessoal de devolver o bem ao expropriado; a que caracteriza a retrocessão como direito real, direito à reivindicação do imóvel expropriado; e a que considera existente um direito de natureza mista (pessoal e real), cabendo ao expropriado a ação de preempção ou preferência (de natureza real) ou, se preferir, perdas e danos" (STJ-2ª T., REsp 570.483, Min. Franciulli Netto, j. 9.3.04, DJU 30.6.04). No caso, ponderou-se: "Este signatário filia-se à corrente segundo a qual a retrocessão é um direito real. Na espécie, contudo, determinar a retrocessão da parte da propriedade não destinada à finalidade pública, nesta via extraordinária, em que não se sabe seu atual estado, seria por demais temerário. Dessa forma, o município recorrido deve arcar com perdas e danos".

No STF, há acórdão no sentido de que ainda persiste, em nosso ordenamento jurídico, o direito à reversão do bem expropriado, no caso de desvio de finalidade (RTJ 104/468).

No STJ, tem prevalecido a corrente que limita o direito do desapropriado à **indenização:** "Independentemente de configuração de desvio de finalidade no uso do imóvel desapropriado, havendo sua afetação ao interesse público, não cabe pleitear a retrocessão, mas a indenização, se for o caso, por perdas e danos, se configurado o desvirtuamento do decreto expropriatório" (STJ-1ª Seção, ED no REsp 623.511, Min. Castro Meira, j. 22.2.06, DJU 13.3.06). No mesmo sentido, considerando que viola o art. 35 da LD o acórdão que, em ação de retrocessão, determina o retorno dos bens expropriados ao patrimônio do antigo proprietário: STJ-RF 375/321 (1ª Seção, AR 769).

Ainda no STJ, há acórdão que entende possível a **restituição do bem,** embora, no caso, tenha prevalecido a concessão de indenização: "Conquanto seja a retrocessão um direito real, havendo pedido alternativo de restituição do imóvel ou de indenização por perdas e danos, esta é a melhor solução nesta fase recursal, em que é inviável o conhecimento da atual situação do bem" (STJ-2ª T., REsp 647.340, João Otávio, j. 6.4.06, DJU 29.5.06).

Art. 35: 4b. "É certo que a irreversibilidade da incorporação do imóvel ao patrimônio público — no caso, consolidada pelo decurso de vários anos desde a instalação da unidade de ensino, que se encontra em pleno funcionamento — enseja, sem dúvida, a transferência compulsória do domínio do bem ao poder público, não podendo mais ele ser objeto de reivindicação, 'ainda que fundada em nulidade do processo de desapropriação' (*ex vi* do art. 35 do DL 3.365/1941). Tal situação, contudo, não exime o ente público de pagar ao expropriado a **indenização** por perdas e danos, mas o *quantum debeatur* deve ser aferido **nos autos do processo expropriatório,** mediante o devido contraditório, no qual será expedida a carta de sentença para a averbação do imóvel em nome do expropriante. A ação declaratória de nulidade, por certo, não se mostra adequada para a apuração do valor devido a título de indenização, visto que a legislação de regência estabelece rito procedimental específico para tal finalidade, disciplinado no Decreto-Lei 3.365/1941" (STJ-1ª T., REsp 1.234.476, Min. Gurgel de Faria, j. 25.6.19, DJ 6.8.19).

Art. 35: 5. "Promulgado o decreto expropriatório, o acordo subsequente, tornando a desapropriação em amigável, não impede que o expropriado postule a retrocessão" (STJ-1ª T., Ag 12.955-0-AgRg, Min. Demócrito Reinaldo, j. 25.10.93, maioria, DJU 6.12.93).

Art. 35: 6. "A legitimidade para a ação de retrocessão é da entidade que, mercê de não ter sido a expropriante originária, incorporou o bem expropriado ao seu patrimônio, incumbindo-se do pagamento da indenização. É que raciocínio inverso imporia *legitimatio per saltum* desconhecendo a transferência originária do domínio, sem verificar a propriedade devida" (STJ-1ª T., REsp 983.390, Min. Luiz Fux, j. 24.6.08, DJ 4.9.08).

Art. 36. É permitida a ocupação temporária, [1] que será indenizada, afinal, por ação própria, de terrenos não edificados, vizinhos às obras e necessários à sua realização.

O expropriante prestará caução, quando exigida.

Art. 36: 1. Lei 3.924, de 26.7.61 (Dispõe sobre os monumentos arqueológicos e pré-históricos; em RT 312/77, Lex 1961/750, RDA 65/420): **"Art. 13.** A União, bem como os Estados e Municípios mediante autorização federal, poderão proceder a escavações e pesquisas, no interesse da arqueologia e da pré-história, em terrenos de propriedade particular, com exceção das áreas muradas que envolvem construções domiciliares.

"Parágrafo único. À falta de acordo amigável com o proprietário da área onde situar-se a jazida, será esta declarada de utilidade pública e autorizada a sua ocupação pelo período necessário à execução dos estudos, nos termos do art. 36 do Dec. lei n. 3.365, de 21 de junho de 1941".

O Instituto Brasileiro do Patrimônio Cultural — IBPC sucedeu à SEPLAN na competência prevista pela Lei 3.924 (v. Lei 8.029, de 12.4.90, art. 2º § 1º, em Lex 1990/556).

Art. 37. Aquele cujo bem for prejudicado extraordinariamente em sua destinação econômica pela desapropriação de áreas contíguas terá direito a reclamar perdas e danos do expropriante.

Art. 38. O réu responderá perante terceiros, e por ação própria, pela omissão ou sonegação de quaisquer informações que possam interessar à marcha do processo ou ao recebimento da indenização.

Art. 39. A ação de desapropriação pode ser proposta durante as férias forenses,[1] e não se interrompe pela superveniência destas.

Art. 39: 1. s/ férias forenses, v. CF 93-XII e CPC 212 a 215. V. tb. CPC 220.

Art. 40. O expropriante poderá constituir servidões,[1] mediante indenização[2] na forma desta lei.

Art. 40: 1. "Ação de instituição de servidão de passagem. Considerando que na presente ação o direito à indenização não se figura como matéria controversa e sendo aquela baseada no referido Decreto-Lei, deve-se concluir pela aplicação também do art. 34 do mesmo diploma legal, no sentido de ser imprescindível para a liberação da indenização, a **prova da propriedade e de quitação de dívidas fiscais** que incidam sobre o bem, assim como a **publicação de editais** visando ao conhecimento por terceiros" (STJ-1ª T., REsp 693.643, Min. Francisco Falcão, j. 7.4.05, DJU 16.5.05, p. 260).

Art. 40: 2. correspondente não ao valor do imóvel, mas "a um percentual a ser calculado sobre o seu valor, levando-se em conta a sua desvalorização em face da instituição do ônus de que se trata" (JTJ 141/176).

Art. 41. As disposições desta lei aplicam-se aos processos de desapropriação em curso, não se permitindo depois de sua vigência outros termos e atos além dos por ela admitidos, nem o seu processamento por forma diversa da que por ela é regulada.

Art. 42. No que esta lei for omissa aplica-se o Código de Processo Civil.[1]

Art. 42: 1. v. art. 19 e notas.

Art. 43. Esta lei entrará em vigor dez dias depois de publicada, no Distrito Federal, e trinta dias nos Estados e Território do Acre; revogadas as disposições em contrário.

Rio de Janeiro, em 21 de junho de 1941; 120º da Independência e 53º da República — GETULIO VARGAS — **Francisco Campos.**

Decreto-lei n. 1.075, de 22 de janeiro de 1970

Regula a imissão de posse initio litis, *em imóveis residenciais urbanos.*

O Presidente da República, usando da atribuição que lhe confere o art. 55, I, da Constituição, e

Considerando que, na cidade de São Paulo, o grande número de desapropriações em zona residencial ameaça desalojar milhares de famílias;

Considerando que os proprietários de prédios residenciais encontram dificuldade, no sistema jurídico vigente, de obter, *initio litis*, uma indenização suficiente para a aquisição de nova casa própria;

Considerando que a oferta do poder expropriante, baseada em valor cadastral do imóvel, é inferior ao valor real apurado em avaliação no processo de desapropriação;

Considerando, finalmente, que o desabrigo dos expropriados causa grave risco à segurança nacional, por ser fermento de agitação social, decreta:

Art. 1º Na desapropriação por utilidade pública de prédio urbano residencial, o expropriante,[1] alegando urgência,[1a] poderá imitir-se provisoriamente na posse do bem, mediante o depósito do preço oferecido, se este não for impugnado pelo expropriado em cinco dias da intimação da oferta.

Art. 1º: 1. No julgamento do RE 141.795 (DJU 29.9.95, p. 31.907), o STF "afirmou a constitucionalidade do art. 3º do Dec. lei n. 1.075/70, que permite ao expropriante o pagamento de metade do valor arbitrado, para imitir-se provisoriamente na posse do imóvel urbano residencial" (STF-1ª T., RE 190.949-8, Min. Sydney Sanches, j. 18.3.97, DJU 30.5.97).

Art. 1º: 1a. "O Dec. lei n. 1.075/70 não alterou a sistemática da declaração de urgência, para efeito de imissão provisória na posse do bem, mediante o depósito do preço oferecido, mas apenas permitiu que, nos casos mencionados, o valor do depósito inicial possa equivaler à metade do que foi arbitrado. A urgência, para o efeito de imissão provisória, ainda que nos casos definidos no Dec. lei 1.075/70, pode ser declarada em qualquer fase da ação expropriatória" (STJ-1ª T., REsp 33.869-8, Min. Demócrito Reinaldo, j. 12.5.93, maioria, DJU 21.6.93).

Art. 2º Impugnada a oferta pelo expropriado, o juiz, servindo-se, caso necessário, de perito avaliador, fixará em quarenta e oito horas o valor provisório do imóvel.

Parágrafo único. O perito, quando designado, deverá apresentar o laudo no prazo máximo de cinco dias.

Art. 3º Quando o valor arbitrado for superior à oferta, o juiz só autorizará a imissão provisória na posse do imóvel, se o expropriante complementar o depósito para que este atinja a metade[1] do valor arbitrado.[2]

Art. 3º: 1. A norma do art. 3º do Dec. lei n. 1.075/70, que permite ao desapropriante o pagamento da metade do valor arbitrado, para imitir-se provisoriamente na posse de imóvel urbano "não entra em conflito com o princípio da justa e prévia indenização" (STF-RT 798/185). No mesmo sentido: STF-RT 758/141, STF-RF 350/203.

Contra: "Orienta-se a jurisprudência do Superior Tribunal de Justiça no sentido de que, na ação de desapropriação de imóvel urbano, a imissão provisória na posse fica condicionada ao depósito integral do valor apurado em avaliação prévia" (STJ-1ª Seção: RSTJ 58/86 e RT 706/169, um voto vencido). No mesmo sentido: RSTJ 46/380, 53/278, 95/77.

Em RSTJ 46/380, o relator do acórdão, Min. Peçanha Martins, afirmou que os arts. 3º, 4º e § ún. do art. 5º do Dec. lei 1.075 não foram recepcionados pela vigente CF. E argumentou: "não cabe na cabeça de ninguém possa o expropriado adquirir bem semelhante ao de que foi desapossado por metade do preço legítima e honradamente arbitrado" (p. 385). O recurso especial não foi conhecido, por unanimidade de votos, não tendo os demais juízes se manifestado sobre essa tese do relator.

"O art. 15 da Lei n. 3.365, em combinação com o art. 3º do Dec. lei 1.075/70, constitui uma conciliação entre as hipóteses de premente necessidade do expropriante e o preceito constitucional que preconiza a justa e prévia indenização. O depósito prévio, como previsto na lei, não tem o objetivo de cobrir, em sua inteireza, o *quantum* da indenização, que só será identificável a final" (RSTJ 48/389, maioria).

V. LD 15, nota 1b.

Art. 3º: 2. v. nota 1 ao art. 5º.

Art. 4º No caso do artigo anterior, fica, porém, fixado em 2.300 (dois mil e trezentos) salários mínimos vigentes na região, o máximo do depósito a que será obrigado o expropriante.[1]

Art. 4º: 1. v. nota 1 ao art. 5º.

Art. 5º O expropriado, observadas as cautelas previstas no art. 34 do Dec. lei n. 3.365, de 21 de junho de 1941, poderá levantar[1] toda a importância depositada e complementada nos termos do art. 3º.

Parágrafo único. Quando o valor arbitrado for inferior ou igual ao dobro do preço oferecido, é lícito ao expropriado optar entre o levantamento de 80% (oitenta por cento) do preço oferecido ou da metade do valor arbitrado.[2]

Art. 5º: 1. Para o levantamento, "necessário se faz que não haja dúvidas quanto à posse legítima da área em litígio" (STJ-2ª T., MC, 8.008-AgRg, Min. Peçanha Martins, j. 15.3.05, DJU 16.5.05).

Art. 5º: 2. "Desapropriação. Imóvel urbano. Levantamento da indenização. Dec. lei 1.075/70. Nas desapropriações de imóveis residenciais urbanos incide o Dec. lei acima referido, cujos arts. 3º, 4º e parágrafo único do art. 5º não foram recepcionados pela Constituição Federal de 1988. O expropriado tem, assim, direito ao levantamento integral da indenização previamente arbitrada" (STJ-1ª Seção, ED no REsp 888-1, Min. Peçanha Martins, j. 28.9.93, dois votos vencidos, DJU 1.8.94).

Art. 6º O disposto neste decreto-lei só se aplica à desapropriação de prédio residencial urbano, habitado pelo proprietário ou compromissário comprador, cuja promessa de compra esteja devidamente inscrita no Registro de Imóveis.

Art. 7º Este decreto-lei entra em vigor na data de sua publicação, aplicando-se às ações já ajuizadas.

Art. 8º Revogam-se as disposições em contrário.

Brasília, 22 de janeiro de 1970; 149º da Independência e 82º da República — EMÍLIO G. MÉDICI — **Alfredo Buzaid.**

Lei Complementar n. 76, de 6 de julho de 1993[1]

Dispõe sobre o procedimento contraditório especial, de rito sumário, para o processo de desapropriação de imóvel rural, por interesse social, para fins de reforma agrária.

O Presidente da República

Faço saber que o Congresso Nacional decreta e eu sanciono a seguinte lei complementar:

LC 76: 1. v. tb. Lei 8.629, de 25.2.93, que dispõe s/ a regulamentação dos dispositivos constitucionais relativos à reforma agrária.

Art. 1º O procedimento judicial da desapropriação de imóvel rural, por interesse social, para fins de reforma agrária,[1] obedecerá ao contraditório especial, de rito sumário, previsto nesta lei complementar.[2]

Art. 1º: 1. "Inexistente à época da edição a lei complementar prevista nos arts. 184 e 185 da Constituição Federal, não subsiste o decreto desapropriatório" (RTJ 153/136). No mesmo sentido: RTJ 149/103, 151/91, 152/817, 154/822, 156/55, 158/803, maioria, STF-RDA 197/155.

Art. 1º: 2. O MP deve intervir nos "litígios coletivos pela posse de terra rural ou urbana" (CPC 178-III).

Art. 2º A desapropriação de que trata esta lei complementar é de competência privativa da União e será precedida de decreto declarando o imóvel de interesse social, para fins de reforma agrária.[1]

§ 1º A ação de desapropriação, proposta pelo órgão federal executor da reforma agrária, será processada e julgada pelo juiz federal competente, inclusive durante as férias forenses.[2]

§ 2º Declarado o interesse social, para fins de reforma agrária, fica o expropriante legitimado a promover a vistoria e a avaliação do imóvel, inclusive com o auxílio de força policial, mediante prévia autorização do juiz, responsabilizando-se por eventuais perdas e danos que seus agentes vierem a causar, sem prejuízo das sanções penais cabíveis.

Art. 2º: 1. "É possível a concessão de liminar em ação cautelar para paralisar, temporariamente, o processo administrativo de desapropriação, permitindo-se a comprovação, em ação específica, da produtividade do imóvel" (STJ-1ª T., REsp 1.228.892-AgRg, Min. Hamilton Carvalhido, j. 3.5.11, DJ 16.5.11). No mesmo sentido: STJ-2ª T., AI 1.301.923-AgRg, Min. Herman Benjamin, j. 19.8.10, DJ 14.9.10.

Art. 2º: 2. s/ férias forenses, v. CF 93-XII e CPC 212 a 215. V. tb. CPC 220.

Art. 3º A ação de desapropriação deverá ser proposta dentro do prazo de dois anos, contado da publicação do decreto declaratório.

Art. 4º Intentada a desapropriação parcial, o proprietário poderá requerer, na contestação, a desapropriação de todo o imóvel, quando a área remanescente ficar:

I — reduzida a superfície inferior à da pequena propriedade rural; ou

II — prejudicada substancialmente em suas condições de exploração econômica, caso seja o seu valor inferior ao da parte desapropriada.

Art. 5º A petição inicial, além dos requisitos previstos no Código de Processo Civil,[1] conterá a oferta do preço e será instruída com os seguintes documentos:

I — texto do decreto declaratório de interesse social para fins de reforma agrária, publicado no Diário Oficial da União;

II — certidões atualizadas de domínio e de ônus real do imóvel;

III — documento cadastral do imóvel;

IV — laudo de vistoria e avaliação administrativa, que conterá, necessariamente:

a) descrição do imóvel, por meio de suas plantas geral e de situação, e memorial descritivo da área objeto da ação;

b) relação das benfeitorias úteis, necessárias e voluptuárias, das culturas e pastos naturais e artificiais, da cobertura florestal, seja natural ou decorrente de florestamento ou reflorestamento, e dos semoventes;

c) discriminadamente, os valores de avaliação da terra nua e das benfeitorias indenizáveis;

V — comprovante de lançamento dos Títulos da Dívida Agrária correspondente ao valor ofertado para pagamento de terra nua;[2]

VI — comprovante de depósito em banco oficial, ou outro estabelecimento no caso de inexistência de agência na localidade, à disposição do juízo, correspondente ao valor ofertado para pagamento das benfeitorias úteis e necessárias.[3]

Art. 5º: 1. v. CPC 319 e segs.

Art. 5º: 2. O inciso V do art. 5º foi acrescido pela Lei Compl. 88, de 23.12.96.

Art. 5º: 3. O inciso VI do art. 5º foi acrescentado pela Lei Compl. 88, de 23.12.96.

Art. 6º O juiz, ao despachar a petição inicial, de plano ou no prazo máximo de quarenta e oito horas:

I — mandará imitir o autor na posse do imóvel;[1-1a]

II — determinará a citação do expropriando para contestar o pedido e indicar assistente técnico, se quiser;[2]

III — expedirá mandado ordenando a averbação do ajuizamento da ação no registro do imóvel expropriando, para conhecimento de terceiros.

§ 1º Inexistindo dúvida acerca do domínio, ou de algum direito real sobre o bem, ou sobre os direitos dos titulares do domínio útil, e do domínio direto, em caso de enfiteuse ou aforamento, ou, ainda, inexistindo divisão, hipótese em que o valor da indenização ficará depositado à disposição do juízo enquanto os interessados não resolverem seus conflitos em ações próprias, poderá o expropriando requerer o levantamento de oitenta por cento da indenização depositada, quitados os tributos e publicados os editais, para conhecimento de terceiros, a expensas do expropriante, duas vezes na imprensa local e uma na oficial, decorrido o prazo de trinta dias.[3]

§ 2º O juiz poderá, para a efetivação da imissão na posse, requisitar força policial.[4]

§ 3º No curso da ação poderá o juiz designar, com o objetivo de fixar a prévia e justa indenização, audiência de conciliação, que será realizada nos dez primeiros dias a contar da citação, e na qual deverão estar presentes o autor, o réu e o Ministério Público. As partes ou seus representantes legais serão intimadas via postal.[5]

§ 4º Aberta a audiência, o juiz ouvirá as partes e o Ministério Público, propondo a conciliação.[6]

§ 5º Se houver acordo, lavrar-se-á o respectivo termo, que será assinado pelas partes e pelo Ministério Público ou seus representantes legais.[7]

§ 6º Integralizado o valor acordado, nos dez dias úteis subsequentes ao pactuado, o juiz expedirá mandado ao registro imobiliário, determinando a matrícula do bem expropriado em nome do expropriante.[8]

§ 7º A audiência de conciliação não suspende[8a] o curso da ação.[9]

Art. 6º: 1. O inciso I do art. 6º foi alterado pela Lei Compl. 88, de 23.12.96.

Art. 6º: 1a. **Lei 9.393, de 19.12.96** (DOU 23.12.96), **art. 22-*caput*:** "O valor da terra nua, para fins do depósito judicial a que se refere o inciso I do art. 6º da Lei Complementar n. 76, de 6 de julho de 1993, na hipótese de desapropriação do imóvel rural de que trata o art. 184 da Constituição não poderá ser superior ao VTN declarado, observado o disposto no art. 14".

Na redação atual do art. 6º-I, não há mais qualquer referência ao "depósito", que constava do texto primitivo e se acha agora no atual § 1º, *in fine*.

Art. 6º: 2. O inciso II do art. 6º foi alterado pela Lei Compl. 88, de 23.12.96.

Art. 6º: 3. O § 2º do primitivo art. 6º passou a § 1º, por determinação da Lei Compl. 88, de 23.12.96.

Art. 6º: 4. O § 3º do primitivo art. 6º foi renumerado, passando a § 2º, pela Lei Compl. 88, de 23.12.96.

Art. 6º: 5. O § 3º do art. 6º foi acrescentado pela Lei Compl. 88, de 23.12.96.

Art. 6º: 6. O § 4º do art. 6º foi acrescentado pela Lei Compl. 88, de 23.12.96.

Art. 6º: 7. O § 5º do art. 6º foi acrescentado pela Lei Compl. 88, de 23.12.96.

Art. 6º: 8. O § 6º do art. 6º foi acrescentado pela Lei Compl. 88, de 23.12.96.

Art. 6º: 8a. **Súmula 354 do STJ:** "A invasão do imóvel é causa de suspensão do processo expropriatório para fins de reforma agrária".

Art. 6º: 9. O § 7º do art. 6º foi acrescentado pela Lei Compl. 88, de 23.12.96.

Art. 7º A citação do expropriando será feita na pessoa do proprietário do bem, ou de seu representante legal, obedecido o disposto no art. 12 do Código de Processo Civil.[1]

§ 1º Em se tratando de enfiteuse ou aforamento,[2] serão citados os titulares do domínio útil e do domínio direto, exceto quando for contratante a União.

§ 2º No caso de espólio, inexistindo inventariante, a citação será feita na pessoa do cônjuge sobrevivente ou na de qualquer herdeiro ou legatário que esteja na posse do imóvel.

§ 3º Serão intimados da ação os titulares de direitos reais sobre o imóvel desapropriando.

§ 4º Serão ainda citados os confrontantes que, na fase administrativa do procedimento expropriatório, tenham, fundamentadamente, contestado as divisas do imóvel expropriando.

Art. 7º: 1. v. CPC 75.

Art. 7º: 2. v. LD 24, notas 7a e segs.

Art. 8º O autor, além de outras formas previstas na legislação processual civil, poderá requerer que a citação do expropriando seja feita pelo correio, através de carta com aviso de recepção, firmado pelo destinatário ou por seu representante legal.

Art. 9º A contestação deve ser oferecida no prazo de quinze dias e versar matéria de interesse da defesa, excluída a apreciação quanto ao interesse social declarado.

§ 1º Recebida a contestação, o juiz, se for o caso, determinará a realização de prova pericial,[1] adstrita a pontos impugnados do laudo de vistoria administrativa, a que se refere o art. 5º, inciso IV, e, simultaneamente:

I — designará o perito do juízo;

II — formulará os quesitos que julgar necessários;

III — intimará o perito e os assistentes para prestar compromisso, no prazo de cinco dias;

IV — intimará as partes para apresentar quesitos, no prazo de dez dias.

§ 2º A prova pericial será concluída no prazo fixado pelo juiz, não excedente a sessenta dias, contado da data do compromisso do perito.

Art. 9º: 1. "A determinação da perícia em desapropriação direta, quando contestada a oferta, é ato de impulso oficial (art. 262 do CPC), porquanto a perícia é imprescindível para apuração da justa indenização, muito embora não vincule o juízo ao *quantum debeatur* apurado. A LC 76/93, no seu art. 9º, § 1º, I, dispõe que, se o expropriado contestar a oferta do expropriante, o juiz determinará a realização de prova pericial (arts. 6º, II; 9º, § 1º, da LC 76/93)" (STJ-1ª T., REsp 992.115, Min. Luiz Fux, j. 1.10.09, DJ 15.10.09).

Art. 10. Havendo acordo sobre o preço, este será homologado por sentença.[1]

Parágrafo único. Não havendo acordo, o valor que vier a ser acrescido ao depósito inicial por força de laudo pericial acolhido pelo juiz será depositado em espécie para as benfeitorias, juntado aos autos o comprovante de lançamento de Títulos da Dívida Agrária para terra nua, como integralização dos valores ofertados.[2]

Art. 10: 1. "A ação de desapropriação dispensa a elaboração da prova pericial, quando houver acordo entre as partes, sendo certo que esta prescindibilidade deve ser analisada *cum granu salis*, porquanto a indenização deve buscar sempre o princípio constitucional da justa indenização (CF, art. 5º, XXIV). Malfere o princípio da justa indenização quando a oferta encontra-se *prima facie* evidente superior ao valor do imóvel, cabendo ao juiz, de ofício, requerer a produção da prova pericial, buscando uma prestação jurisdicional mais justa e equânime, máxime quando visa a tutela daquele mandamento constitucional" (STJ-1ª T., REsp 886.672, Min. Luiz Fux, j. 25.9.07, DJU 22.11.07).

Art. 10: 2. O § ún. do art. 10 foi acrescentado pela Lei Compl. 88, de 23.12.96.

Art. 11. A audiência de instrução e julgamento será realizada em prazo não superior a quinze dias, a contar da conclusão da perícia.

Art. 12. O juiz proferirá sentença na audiência de instrução e julgamento ou nos trinta dias subsequentes, indicando os fatos que motivaram o seu convencimento.

§ 1º Ao fixar o valor da indenização, o juiz considerará, além dos laudos periciais, outros meios objetivos de convencimento, inclusive a pesquisa de mercado.

§ 2º O valor da indenização[1 a 3] corresponderá ao valor apurado na data da perícia, ou ao consignado pelo juiz, corrigido monetariamente até a data de seu efetivo pagamento.

§ 3º Na sentença, o juiz individualizará o valor do imóvel, de suas benfeitorias e dos demais componentes do valor da indenização.

§ 4º Tratando-se de enfiteuse ou aforamento, o valor da indenização será depositado em nome dos titulares do domínio útil e do domínio direto e disputado por via de ação própria.

Art. 12: 1. s/ valor da indenização, v. tb. LD 24, notas 4a e segs.

Art. 12: 1a. "A fixação do valor indenizatório em montante inferior à oferta inicial não constitui julgamento *extra petita*" (STJ-1ª T., REsp 886.672, Min. Luiz Fux, j. 25.9.07, DJU 22.11.07) nem *ultra petita* (STJ-RDDP 94/132: 2ª T., REsp 848.787). O art. 19 dá mostras de ser possível o dimensionamento da indenização em valor menor que o da oferta.

Art. 12: 1b. "O conceito de justa indenização, na desapropriação, aplica-se para ambas as partes do processo, porquanto não se revela justo ao expropriado receber valor inferior ao que lhe é devido, tampouco ao Estado pagar mais do que o valor de mercado" (STJ-1ª T., REsp 867.010, Min. Luiz Fux, j. 11.3.08, DJ 3.4.08).

Art. 12: 1c. Conforme os termos desse § 2º, a indenização deve se pautar pelo valor do imóvel na **data da perícia** (STJ-2ª T., REsp 1.186.689-AgRg, Min. Herman Benjamin, j. 7.12.10, DJ 4.2.11), "não sendo relevante a data em que ocorreu a imissão na posse, tampouco a data em que se deu a vistoria do expropriante, nos termos do art. 26 do Dec. lei 3.365/41 e do art. 12, § 2º, da LC 76/93" (STJ-2ª T., REsp 1.274.005, Min. Castro Meira, j. 27.3.12, um voto vencido, DJ 12.9.12).

Todavia: "O justo preço, em se tratando de desapropriação para fins de reforma agrária, deve ser apurado levando em consideração o valor do imóvel à data em que se concretizou a imissão na posse, descabendo considerar as circunstâncias ou fatos supervenientes que tenham alterado, para mais ou para menos, a situação do mercado" (STJ-1ª T., REsp 922.998, Min. Teori Zavascki, j. 4.9.08, DJ 11.9.08).

Art. 12: 2. "No cálculo da indenização, decorrente de desapropriação por interesse social para fins de reforma agrária, não se inclui o deságio dos Títulos de Dívida Agrária" (RSTJ 62/231 e STJ-RT 707/170, maioria).

Art. 12: 3. "As jazidas minerais, em lavra ou não, e demais recursos minerais, constituem propriedade distinta da do solo, pertencendo à União e, para efeito de exploração ou aproveitamento, restou garantida ao concessionário a propriedade do produto da lavra (arts. 20 c/c 176 da CF/88). Hipótese dos autos em que o licenciamento para exploração da jazida mineral havia sido renovado dois meses antes da imissão na posse. Ainda que a jazida mineral não esteja sendo efetivamente explorada na data da imissão na posse, havendo legal autorização para fazê-lo, deve o titular do licenciamento ser devidamente indenizado por lucros cessantes porque impedida a exploração pelo poder público. Indenização que se limita, na hipótese dos autos, da data da imissão na posse até o termo *ad quem* da autorização" (STJ-2ª T., REsp 654.321, Min. Eliana Calmon, j. 27.10.09, maioria, DJ 17.12.09).

Art. 13. Da sentença que fixar o preço da indenização caberá apelação com efeito simplesmente devolutivo,[1] quando interposta pelo expropriado e, em ambos os efeitos, quando interposta pelo expropriante.

§ 1º A sentença que condenar o expropriante, em quantia superior a cinquenta por cento sobre o valor oferecido na inicial, fica sujeita a duplo grau de jurisdição.[2-3]

§ 2º No julgamento dos recursos decorrentes da ação desapropriatória não haverá revisor.

Art. 13: 1. Pode aplicar-se à hipótese o disposto no CPC 1.012 §§ 3º e 4º.

Art. 13: 2. v. CPC 496.

Art. 13: 3. "A norma do § 1º do art. 13 da Lei Complementar 76/93 é especial em relação às hipóteses gerais do art. 475 do CPC. Assim, somente haverá reexame obrigatório nas causas de desapropriação por interesse social para fins de reforma agrária quando a sentença condenar o expropriante 'em quantia superior a cinquenta por cento sobre o valor oferecido na inicial', o que não se deu na espécie" (STJ-2ª T., REsp 1.169.440, Min. Castro Meira, j. 27.11.12, DJ 6.12.12).

Art. 14....[1]

Art. 14: 1. O art. 14 foi revogado pela Lei 13.465, de 11.7.17.

Desapropriação

Art. 15. ....[1]

Art. 15: 1. O art. 15 foi revogado pela Lei 13.465, de 11.7.17.

Art. 16. A pedido do expropriado, após o trânsito em julgado da sentença, será levantada a indenização ou o depósito judicial, deduzidos o valor de tributos e multas incidentes sobre o imóvel, exigíveis até a data da imissão na posse pelo expropriante.

Art. 17. Efetuado ou não o levantamento, ainda que parcial, da indenização ou do depósito judicial, será expedido em favor do expropriante, no prazo de quarenta e oito horas, mandado translativo do domínio para o Cartório do Registro de Imóveis competente, sob a forma e para os efeitos da Lei de Registros Públicos.[1-1a]

Parágrafo único. O registro da propriedade nos cartórios competentes far-se-á no prazo improrrogável de três dias, contado da data da apresentação do mandado.[2]

Art. 17: 1. Redação do *caput* de acordo com a Lei Compl. 88, de 23.12.96.

Art. 17: 1a. "A expedição, em favor do expropriante, do mandado translativo de domínio do imóvel expropriado, por consistir na efetiva transmissão da propriedade, só é possível após o trânsito em julgado do feito expropriatório, consoante interpretação sistemática do art. 17 da LC 76/93, conjugado às normas contidas nos dispositivos legais que o precedem" (STJ-1ª T., AI 920.258-AgRg, Min. Denise Arruda, j. 2.10.07, DJU 5.11.07). "Se o expropriado não pode levantar o valor da indenização antes do trânsito em julgado, não se pode conceber que perca ele, definitivamente, a titularidade do domínio antes" (STJ-2ª T., REsp 726.891, Min. Eliana Calmon, j. 18.10.05, DJU 7.11.05).

Art. 17: 2. O § ún. do art. 17 foi acrescido pela Lei Compl. 88, de 23.12.96.

Art. 18. As ações concernentes à desapropriação de imóvel rural, por interesse social, para fins de reforma agrária, têm caráter preferencial e prejudicial em relação a outras ações referentes ao imóvel expropriando, e independem do pagamento de preparo ou de emolumentos.[1]

§ 1º Qualquer ação que tenha por objeto o bem expropriando será distribuída, por dependência, à Vara Federal onde tiver curso a ação de desapropriação, determinando-se a pronta intervenção da União.

§ 2º O Ministério Público Federal intervirá, obrigatoriamente,[2] após a manifestação das partes, antes de cada decisão manifestada no processo, em qualquer instância.

Art. 18: 1. "A isenção de preparo e de emolumentos não se restringe à ação desapropriatória, mas a todos os feitos que com ela guardem relação, inclusive as medidas cautelares" (STJ-2ª T., REsp 552.233, Min. Castro Meira, j. 14.6.05, DJU 15.8.05).

Art. 18: 2. "A intervenção do Ministério Público nas ações de desapropriação de imóvel rural para fins de reforma agrária é obrigatória, indisponível e inderrogável, porquanto presente o interesse público. Assim, a falta de intimação do MP para atuar no feito como fiscal da lei é vício que contamina todos os atos decisórios a partir do momento processual em que deveria se manifestar" (STJ-2ª T., REsp 932.731, Min. Herman Benjamin, j. 25.8.09, DJ 31.8.09).

Todavia: "A não intervenção obrigatória do MP nas ações de desapropriação de imóvel rural para fins de reforma agrária só acarretará nulidade quando se evidenciar, por tal omissão, ofensa aos princípios da legalidade, da moralidade e da justa indenização" (RSTJ 149/111).

Art. 19. As despesas judiciais e os honorários do advogado e do perito constituem encargos do sucumbente, assim entendido o expropriado, se o valor da indenização for igual ou inferior ao preço oferecido, ou o expropriante, na hipótese de valor superior ao preço oferecido.[1]

§ 1º Os honorários do advogado do expropriado serão fixados em até vinte por cento sobre a diferença entre o preço oferecido e o valor da indenização.[2]

§ 2º Os honorários periciais serão pagos em valor fixo, estabelecido pelo juiz, atendida à complexidade do trabalho desenvolvido.

Art. 19: 1. No caso de acordo entre as partes omisso com relação às despesas, incide a regra geral do CPC 90 § 2º, que determina sua igual divisão entre elas. Assim, os honorários periciais devidos em razão do trabalho técnico realizado no processo antes da celebração da transação devem ser pagos tanto pelo desapropriante quanto pelo desapropriado, em partes iguais (STJ-1ª T., REsp 875.524, Min. Luiz Fux, j. 16.10.08, DJ 3.11.08; STJ-2ª T., REsp 1.006.829, Min. Mauro Campbell, j. 14.12.10, DJ 14.2.11).

Art. 19: 2. Logo, a base de cálculo dos honorários não pode ser o valor do depósito inicial (STJ-2ª T., REsp 1.181.032, Min. Herman Benjamin, j. 16.11.10, DJ 4.2.11).

V. tb. LD 27, nota 6.

Art. 20. Em qualquer fase processual, mesmo após proferida a sentença, compete ao juiz, a requerimento de qualquer das partes, arbitrar valor para desmonte e transporte de móveis e semoventes, a ser suportado, ao final, pelo expropriante, e cominar prazo para que o promova o expropriado.[1]

Art. 20: 1. "É possível o levantamento dos valores devidos a título de transporte e desmonte de móveis e semoventes antes do trânsito em julgado. Inteligência do art. 20 da LC 76/93 (que estabelece ser ônus do expropriante tais despesas de remoção) e do art. 16 do mesmo diploma legal (que é genérico e não tratou especificamente da verba em questão)" (STJ-2ª T., REsp 966.714, Min. Eliana Calmon, j. 17.4.08, DJ 18.11.08).

Art. 21. Os imóveis rurais desapropriados, uma vez registrados em nome do expropriante, não poderão ser objeto de ação reivindicatória.

Art. 22. Aplica-se subsidiariamente ao procedimento de que trata esta lei complementar, no que for compatível, o Código de Processo Civil.

Art. 23. As disposições desta lei complementar aplicam-se aos processos em curso, convalidados os atos já realizados.

Art. 24. Esta lei complementar entra em vigor na data de sua publicação.

Art. 25. Revogam-se as disposições em contrário e, em especial, o Decreto-lei n. 554, de 25 de abril de 1969.

Brasília, 6 de julho de 1993; 172º da Independência e 105º da República — ITAMAR FRANCO — **José Antonio Barros Munhoz.**

Ementário

Divórcio e Separação Judicial

— v. CF 226 § 6º.

Lei 6.515, de 26.12.77 — Regula os casos de dissolução da sociedade conjugal e do casamento, seus efeitos e respectivos processos, e dá outras providências (v. adiante, texto integral).

Lei 7.841, de 17.10.89 — Revoga o art. 358 da Lei n. 3.071, de 1º de janeiro de 1916 — Código Civil e altera dispositivos da Lei n. 6.515, de 26 de dezembro de 1977. Textos revogados: CC rev. 358, LDi 38 e 40 § 1º. Textos alterados: LDi 36 § ún.-I e 40-*caput*.

Lei 8.408, de 13.2.92 — Dá nova redação aos dispositivos da Lei n. 6.515, de 26 de dezembro de 1977. Alterou o art. 5º § 1º e o art. 25 da LDi.

Lei n. 6.515, de 26 de dezembro de 1977

Regula os casos de dissolução da sociedade conjugal e do casamento, seus efeitos e respectivos processos, e dá outras providências.

O Presidente da República
Faço saber que o Congresso Nacional decreta e eu sanciono a seguinte lei:

Art. 1º A separação judicial,[1] a dissolução do casamento, ou a cessação de seus efeitos civis, de que trata a Emenda Constitucional n. 9, de 28 de junho de 1977,[2] ocorrerão nos casos e segundo a forma que esta lei regula.

Art. 1º: 1. **v. art. 2º, nota 2b (Em. Const. 66, de 13.7.10).**

Art. 1º: 2. Em. Const. 9, de 28.6.77, à Constituição revogada. Atualmente, v. CF 226 § 6º.

Capítulo I | DA DISSOLUÇÃO DA SOCIEDADE CONJUGAL

Art. 2º A sociedade conjugal termina:
I — pela morte de um dos cônjuges;
II — pela nulidade ou anulação do casamento;[1]
III — pela separação judicial;[2 a 2c]
IV — pelo divórcio.[3]
Parágrafo único. O casamento válido somente se dissolve pela morte de um dos cônjuges ou pelo divórcio.

Art. 2º: 1. s/ situação dos filhos, v. art. 14.

✎ **Art. 2º: 2.** "A Emenda Constitucional n. 66/2010: semelhanças, diferenças e inutilidades entre separação e divórcio — O direito intertemporal", por Rodrigo da Cunha Pereira (RMDCPC 37/5, RBDFS 17/5); "A nova Emenda do divórcio: primeiras reflexões", por Pablo Stolze Gagliano (RBDFS 16/5, RF 410/439); "O divórcio, após a Emenda Constitucional n. 66, de 2010", por Pedro Roberto Decomain (RDDP 90/108); "Emenda Constitucional n. 66 e a possibilidade jurídica do pedido de separação", por Walsir Edson Rodrigues Jr. e Dierle Nunes (RBDFS 18/5); "A PEC do divórcio. A revolução do século em matéria de direito de família. A passagem de um sistema antidivorcista para o divorcista pleno", por José Fernando Simão (RBDFS 17/14); "Emenda Constitucional do divórcio", por Álvaro Villaça Azevedo (RMDCPC 39/88); "O divórcio e separação no Brasil — algumas considerações após a aprovação da EC 66", por Marianna Chaves (RBDFS 20/5); "Sobrevive a separação conjugal", por Clito Fornaciari Jr. (RMDCPC 43/40); "Emenda Constitucional n. 66/2010 e a supressão dos prazos para o divórcio: pontos positivos e negativos", por Lígia Barbieri Mantovani e Giana Lisa Zanardo Sartori (RJ 421/57).

Art. 2º: 2a. A separação judicial pode ser consensual ou litigiosa. Aplicam-se tanto a esta quanto àquela os arts. 3º, 7º, 8º, 13, 15, 16, 21 a 25, 41, 42 e 46; e tão somente à separação consensual os arts. 4º, 9º, 34 (principalmente) e 39.

A LDi foi muito alterada pelo CC 1.572 a 1.578.

V. nota seguinte.

Art. 2º: 2b. **Em. Const. 66, de 13.7.10** — Dá nova redação à CF 226 § 6º, que dispõe sobre a dissolubilidade do casamento civil pelo divórcio, suprimindo o requisito de prévia separação judicial por mais de 1 ano ou de comprovada separação de fato por mais de 2 anos.

A antiga redação da CF 226 § 6º era do seguinte teor: "O casamento civil pode ser dissolvido pelo divórcio, após prévia separação judicial por mais de um ano nos casos expressos em lei, ou comprovada separação de fato por mais de dois anos". Com o advento da **Em. Const. 66, de 13.7.10,** o referido § 6º passou a dispor apenas que "o casamento civil pode ser dissolvido pelo divórcio".

Não obstante, é importante registrar que nenhum dispositivo legal foi **revogado expressamente** por conta da referida Em. Const.

Seguem manifestações jurisprudenciais a respeito do tema:

— "Ao tolher do ambiente formal constitucional os referidos requisitos do divórcio e inclusive a menção à separação civil, abriu portas o legislador constituinte a que o Congresso Nacional, sob regime de tramitação mais benévolo, possa amadurecer a discussão acerca da manutenção (ou não) da separação judicial em nosso ordenamento jurídico. O quadro que hoje emana do ordenamento jurídico, todavia, evidencia que **o instituto da separação judicial não foi suprimido pela emenda constitucional"** (RT 906/870: TJES, AI 24100917921).

"A aprovação da EC 66/2010, ao dar nova redação ao § 6º do art. 226 da CF/1988, que dispõe sobre a dissolubilidade do casamento civil pelo divórcio, não enseja automática revogação da legislação infraconstitucional que disciplina a dissolução da sociedade e do vínculo conjugal. Para que isso ocorra, indispensável seja modificado o Código Civil, que, por ora, preserva em pleno vigor os dispositivos atinentes à separação judicial e ao divórcio. Inteligência do art. 2º § 1º da LICC (Dec.-lei 4.657/1942)" (RT 910/1.046: TJRS, AP 70040795247, maioria; bem fundamentado). No mesmo sentido: RT 924/1.058 (TJRS, AP 70045626108).

"A Emenda Constitucional 66/10 não aboliu a separação judicial do ordenamento jurídico pátrio, limitando-se à desconstitucionalização do tema, conferindo ao legislador ordinário liberdade para sua regulamentação, em consonância com os reclamos da sociedade pós-moderna. Deve ser reformada a sentença que converte a ação de separação judicial em divórcio, sem observância do lapso temporal exigido pelo art. 1.580 do Código Civil" (RT 918/1.101: TJMG, AP 1.0028.11.000116-2/001).

Contra: "Separação judicial litigiosa. Instituto extinto pela EC n. 66, que deu nova redação ao art. 226, § 6º, da CF. Intimação das partes para que se manifestassem sobre o interesse da conversão da ação em divórcio. Inércia das partes. Divórcio decretado" (JTJ 366/292: AP 9211780.87.2006.8.26.0000).

— No sentido de que "o divórcio passou a **independer de restrição temporal ou causal,** tornando-se o simples exercício de um direito potestativo": RBDFS 19/145 [TJMG, AP 1.0210.09.061665-2/001(1)].

"Evidente a eliminação da exigência de comprovação de lapso temporal para ingresso com o divórcio. Não é correto, do ponto de vista da moderna hermenêutica que hoje se aplica, ignorar a prevalência absoluta, sobre todas as outras, da norma constitucional, que tem vida e efetividade desde o momento que adquire vigência, reformando tudo que está no ordenamento infraconstitucional em desacordo com a norma atual. Como todas as leis retiram a sua validade direta ou indiretamente da Constituição, a mudança da norma constitucional determina consequentemente a mudança no fundamento de validade das normas encontradas em vigor. Não se pode exigir, para dar efeito à Emenda Constitucional em referência, que revela claramente a nova ordem constitucional da dissolução do casamento, que se faça a reforma da lei não recepcionada" (JTJ 373/104: AI 0244014-08.2011.8.26.0000).

— No sentido de que a separação não mais depende de requisito temporal para sua efetivação: "Em uma interpretação lógico-sistêmica, não há como entender preservados os requisitos de um ano de separação de fato, quando litigioso o pedido (art. 1.572, § 1º, do CC), ou ano de casamento, quando consensual (art. 1.574 do CC), na medida em que, para o divórcio, este mesmo Colegiado já disse não mais subsistirem (Súmula 37). Ocorre que, notoriamente, o instituto do divórcio possui efeitos muito mais contundentes do que o da separação judicial, pois rompe o vínculo matrimonial, enquanto esta última desfaz apenas a sociedade conjugal. Logo, não se mostra coerente exigir mais para o menos e menos para o mais!" (RT 924/1.058: TJRS, AP 70045626108).

Art. 2º: 2c. ou extrajudicial (CPC 733).

Art. 2º: 3. s/ divórcio, v. arts. 13, 15, 16, 21 a 33, 35 a 37, 40, 43 a 48. S/ divórcio extrajudicial, v. CPC 733.

Seção I | DOS CASOS E EFEITOS DA SEPARAÇÃO JUDICIAL[1]

SEÇ. I: 1. v. art. 2º, nota 2b (Em. Const. 66, de 13.7.10).

Art. 3º A separação judicial[1 a 2] põe termo aos deveres de coabitação, fidelidade recíproca[3] e ao regime matrimonial de bens,[4-5] como se o casamento fosse dissolvido.[5a]

§ 1º O procedimento judicial da separação caberá somente aos cônjuges, e, no caso de incapacidade, serão representados por curador, ascendente ou irmão.[6]

§ 2º O juiz deverá promover todos os meios para que as partes se reconciliem ou transijam, ouvindo pessoal e separadamente cada uma delas e, a seguir, reunindo-as em sua presença, se assim considerar necessário.[7-7a]

§ 3º Após a fase prevista no parágrafo anterior, se os cônjuges pedirem, os advogados deverão ser chamados a assistir aos entendimentos e deles participar.

✎ **Art. 3º: 1.** "Dano moral na separação, divórcio e união estável", por Belmiro Pedro Welter (RT 775/128 e RJ 267/24).

Art. 3º: 1a. tanto litigiosa como consensual.

Art. 3º: 1b. e também a extrajudicial (CPC 733).

Art. 3º: 2. Disposições pertinentes tanto à separação litigiosa como à consensual: arts. 3º, 7º, 8º, 13, 15, 16, 21 a 23, 41, 42, 46.

Disposições relativas à separação litigiosa: arts. 5º, 6º, 10 a 12, 17 a 20.

Disposições referentes à separação consensual: arts. 4º, 9º, 34, 39.

Art. 3º: 3. v. CC 1.566-I e 1.576.

Nos casos do art. 5º §§ 1º e 2º, nem o divórcio extingue o dever de assistência (CC 1.566-III) ao antigo cônjuge (v. art. 26 desta lei).

Art. 3º: 4. v. CC 1.639 a 1.688.

Art. 3º: 5. "A separação de fato que se prolonga no tempo é fator jurídico suficiente para que não mais se comuniquem os bens, mesmo em regime de comunhão universal" (RJTJERGS 176/727). V. tb. art. 8º, nota 2.

Art. 3º: 5a. A separação põe fim à sociedade conjulgal, mas mantém intacto o vínculo matrimonial, o que impede os cônjuges de contraírem novas núpcias.

Art. 3º: 6. cf. art. 24 § ún.; tb. CPC 245 § 4º (curador à lide para réu demente ou impossibilitado de receber citação).

Art. 3º: 7. "A não tentativa de conciliação — formalidade essencial — gera nulidade do processo" (RT 616/169).

✎ **Art. 3º: 7a.** "A ilegalidade da audiência prévia de conciliação na separação judicial litigiosa", por Mantovanni Colares Cavalcante (RTJE 154/41).

Art. 4º Dar-se-á a separação judicial por mútuo consentimento dos cônjuges,[1-1a] se forem casados há mais de 2 (dois) anos,[1b] manifestado perante o juiz e devidamente homologado.

Art. 4º: 1. ou separação consensual (v. art. 39).

Art. 4º: 1a. O mútuo consentimento também autoriza a separação extrajudicial, uma vez atendidos os demais requisitos do CPC 733.

Art. 4º: 1b. O novo Código Civil diminuiu esse prazo para **um ano** (CC 1.574).

Art. 5º A separação judicial[1 a 2a] pode ser pedida por um só dos cônjuges quando imputar ao outro conduta desonrosa ou qualquer ato que importe em grave violação dos deveres do casamento e tornem[3] insuportável a vida em comum.[4 a 5]

§ 1º A separação judicial pode, também, ser pedida se um dos cônjuges provar a ruptura da vida em comum há mais de um ano[5a] consecutivo, e a impossibilidade de sua reconstituição.[6]

§ 2º O cônjuge pode ainda pedir a separação judicial quando o outro estiver acometido de grave doença mental, manifestada após o casamento,

Divórcio

que torne impossível a continuação da vida em comum, desde que, após uma duração de 5 (cinco) anos, a enfermidade tenha sido reconhecida de cura improvável.[7]

§ 3º Nos casos dos parágrafos anteriores,[7a] reverterão, ao cônjuge que não houver pedido a separação judicial, os remanescentes dos bens que levou para o casamento, e, se o regime de bens adotado o permitir, também a meação nos adquiridos na constância da sociedade conjugal.[8]

Art. 5º: 1. litigiosa, cujo procedimento é o comum (v. art. 34-*caput*).

Art. 5º: 2. "Na linha de entendimento mais recente e em atenção às diretrizes do novo Código Civil, evidenciado o desejo de ambos os cônjuges em extinguir a sociedade conjugal, a separação deve ser decretada, mesmo que a pretensão posta em juízo tenha como causa de pedir a existência de conduta desonrosa" (STJ-4ª T., REsp 433.206, Min. Sálvio de Figueiredo, j. 6.3.03, DJU 7.4.03).

"Ainda que se requeira a separação judicial com imputação de culpa e essa não reste provada nos autos, o juiz pode decretá-la caso verifique, nas provas coligidas aos autos, a insuportabilidade da vida em comum, situação em que a decretação da separação não implica julgamento diverso do pedido" (STJ-3ª T., REsp 466.329, Min. Nancy Andrighi, j. 22.6.04, DJU 11.10.04).

"Separação. Ação e reconvenção. Improcedência de ambos os pedidos. Evidenciada a insuportabilidade da vida em comum, e manifestado por ambos os cônjuges, pela ação e reconvenção, o propósito de se separarem, o mais conveniente é reconhecer esse fato e decretar a separação, sem imputação da causa a qualquer das partes" (RSTJ 174/411, STJ-Bol. AASP 2.341/2.857).

S/ motivos que caracterizam a impossibilidade da comunhão de vida, v. CC 1.573.

Art. 5º: 2a. "Deixando o réu de apresentar contestação ao pedido de separação judicial de cunho litigioso a envolver interesse de menores, filhos do casal, não pode o juiz simplesmente decretar a pena da **confissão ficta.** As ações de separação judicial, nas quais o debate cinge-se ao âmbito do casal separando, tratam de direitos transigíveis. As consequências da separação judicial com pedido de decretação de culpa, em especial aquelas a envolver os interesses dos filhos do casal, ainda menores, sobrepõem-se, necessariamente, à disponibilidade dos direitos restritos à esfera dos cônjuges, e não permitem que os graves efeitos da revelia preponderem ante a imprescindibilidade da instrução processual" (STJ-3ª T., REsp 686.978, Min. Nancy Andrighi, j. 29.11.05, DJU 13.2.06).

Art. 5º: 3. O verbo no plural ("tornem") tanto se refere à "conduta desonrosa" como à "grave violação dos deveres do casamento".

Art. 5º: 4. É possível a cumulação de pedido de separação litigiosa com indenização por dano moral, fundados no mesmo fato. Assim: "O sistema jurídico brasileiro admite, na separação e no divórcio, a indenização por dano moral. Juridicamente, portanto, tal pedido é possível: responde pela indenização o cônjuge responsável exclusivo pela separação" (STJ-RF 363/240). No mesmo sentido: RSTJ 151/247, STJ-RJ 285/96, JTJ 240/211, 297/464, RJ 285/96. **Contra,** porque a competência para conhecer dos pedidos era de juízos diferentes: JTJ 239/290.

✎ **Art. 5º: 4a.** "A proclamação da liberdade de não permanecer casado (ou: um réquiem para a culpa na dissolução das relações afetivas", por Cristiano Chaves de Farias (RDPr 16/46); "Danos morais em família? Conjugalidade, parentalidade e responsabilidade civil", por Maria Celina Bodin de Moraes (RF 386/183).

Art. 5º: 5. cf. CC 1.572 e 1.573. S/ situação dos filhos, v. art. 10; s/ petição inicial, nas ações de separação litigiosa, v. CPC 319, nota 8d.

Art. 5º: 5a. s/ fato superveniente, v. CPC 493, nota 4.

Art. 5º: 6. Redação do § 1º de acordo com a Lei 8.408, de 13.2.92.

Art. 5º: 7. O § 2º está praticamente **superado,** em razão da nova redação dada pela Lei 7.841, de 17.10.89, ao art. 40-*caput* (v. este art.), que é muito mais abrangente e simples, além de permitir a decretação do divórcio (e não apenas da separação judicial) com menor tempo de separação de fato.

V., em complemento, arts. 12 e 26.

Art. 5º: 7a. Esta regra incide somente no caso do § 2º deste dispositivo legal, por força do que dispõe o CC 1.572 § 3º.

Art. 5º: 8. Por importar alteração do regime de bens, este § não pode ser aplicado a matrimônio celebrado antes da vigência da LDi, pois dita aplicação ofenderia o princípio constitucional do respeito ao direito adquirido (STF-Pleno: RTJ 131/245 e RT 653/221, longamente fundamentado, maioria). No mesmo sentido: STJ-4ª T., REsp 302.930, Min. Jorge Scartezzini, j. 5.10.94, DJU 6.12.04.

De qualquer modo, este § 3º não se aplicava às ações diretas de divórcio previstas no art. 40 (STF-RT 654/228).

"Está superada pela Lei n. 7.841, de 1989, a questão da aplicabilidade da sanção do art. 5º, § 3º, da Lei n. 6.515, de 1977, ao divórcio concedido sem causa culposa" (JTJ 211/20).

Art. 6º Nos casos dos §§ 1º e 2º do artigo anterior, a separação judicial poderá ser negada, se constituir, respectivamente, causa de agravamento das condições pessoais ou da doença do outro cônjuge, ou determinar, em qualquer caso, consequências morais de excepcional gravidade para os filhos menores.[1]

Art. 6º: 1. Esta disposição não foi reproduzida pelo CC atual.

Art. 7º A separação judicial[1] importará na separação de corpos[2] e na partilha de bens.

§ 1º A separação de corpos poderá ser determinada como medida cautelar (art. 796 do CPC).[3 a 7a]

§ 2º A partilha de bens poderá ser feita mediante proposta dos cônjuges e homologada pelo juiz ou por este decidida.[8]

Art. 7º: 1. tanto litigiosa como consensual.

Art. 7º: 2. v., no CCLCV, CC 1.575-*caput*, especialmente nota 2.

Art. 7º: 3. "Separação de corpos na união conjugal de fato", por Rosana Jane Magrini (RJ 208/20); "Ponderações relevantes sobre a separação de corpos: aspectos processuais, substanciais e seu tratamento pela doutrina e jurisprudência modernas", por Maria Isabel El Maerrawi (RIDF 45/136).

Art. 7º: 4. s/ necessidade de propositura da ação de separação, no prazo de 30 dias, contados da separação de corpos, v. CPC 309, nota 5; s/ separação de corpos e guarda de filhos, v. CC 1.585.

Art. 7º: 5. A separação de corpos corre em segredo de justiça (v. CPC 189-II).

Art. 7º: 6. A separação de corpos pode ser concedida, a requerimento conjunto dos cônjuges, mesmo antes de completado o prazo para ser requerida a separação consensual (RT 518/95 e RJTJESP 53/169, RT 601/74, 636/71, 699/69, 862/227, RJTJESP 94/179, 96/185, 99/176, JTJ 199/75, 200/124, 207/130, RF 301/175, 321/202, RCJ 1/77, RP 44/286, com comentário de Gelson Amaro de Souza) e, neste caso, não se exige a propositura da ação principal no prazo de trinta dias estabelecido no art. 806 do CPC (RT 756/225).

Não é possível, porém, que no pedido cautelar de separação de corpos os cônjuges estabeleçam condições somente cabíveis no caso de separação consensual (RT 640/98), como, por exemplo, a partilha dos bens do casal (RT 715/129, maioria, e JTJ 174/120, maioria).

Art. 7º: 7. O pedido de separação de corpos é cabível ainda que já separado de fato o casal (RT 525/66, 541/97, 712/148, 781/349, 810/391, RJTJESP 61/189, 63/135, 99/175, 100/207, JTJ 165/141, 169/231, RTJE 148/224, Bol. AASP 1.061/78), embora, nesta última hipótese, não seja essencial como medida preparatória da separação judicial (RT 541/71, RJTJESP 61/119).

Art. 7º: 7a. "Separação de corpos. Relevância prática da distinção entre simples pedido de afastamento espontâneo do lar e pedido de afastamento coativo do outro cônjuge. Na última hipótese, salvo casos excepcionais, deve o magistrado ouvir o réu, antes de resolver sobre solicitação de liminar; outrossim, poderá ordenar provas para verificar quem deve retirar-se do lar ou dele ser retirado" (RJTJERGS 176/706).

Art. 7º: 8. A falta de acordo quanto à partilha dos bens do casal não impede a homologação da separação consensual (v. CPC 731 § ún.).

Sobre partilha e divórcio, v. CC 1.581 (na nota 9 ao art. 40).

Art. 8º A sentença que julgar a separação judicial[1] produz seus efeitos à data de seu trânsito em julgado, ou à da decisão que tiver concedido separação cautelar.[2]

Art. 8º: 1. tanto litigiosa como consensual.

Divórcio

Art. 8º: 2. "Estabelecendo o art. 8º da Lei 6.515/77 (Lei do Divórcio) a retroação dos efeitos da sentença que extingue a sociedade conjugal à data da decisão que concedeu a separação de corpos, nesta data se desfazem tanto os deveres de ordem pessoal dos cônjuges como o regime matrimonial de bens. Desde então não se comunicam os bens e direitos adquiridos por qualquer dos cônjuges" (RTJ 121/756 e STF-Bol. AASP 1.498/207). No mesmo sentido: RSTJ 54/88.

Em geral, desde a separação de fato, não se comunicam os bens e direitos adquiridos por um dos cônjuges com recursos próprios (RSTJ 142/220, STJ-RT 796/200, RJTJESP 114/102, RJTJERGS 168/297).

Seção II | DA PROTEÇÃO DA PESSOA DOS FILHOS[1-2]

SEÇ. II: 1. s/ dissolução da sociedade conjugal, v. art. 2º, nota 2b **(Em. Const. 66, de 13.7.10).**

SEÇ. II: 2. Entendemos que esta Seção foi **implicitamente revogada** pelo Código Civil (Lei 10.406, de 10.1.02), diploma legal superveniente cujos arts. 1.583 a 1.590 passaram a regular a matéria relativa à "proteção da pessoa dos filhos".

Art. 9º No caso de dissolução da sociedade conjugal pela separação judicial consensual (art. 4º), observar-se-á o que os cônjuges acordarem sobre a guarda dos filhos.[1]

Art. 9º: 1. v., porém, art. 34 § 2º. V. tb. CC 1.574 § ún.

Art. 10. Na separação judicial fundada no *caput* do art. 5º, os filhos menores ficarão com o cônjuge que a ela não houver dado causa.

§ 1º Se pela separação judicial forem responsáveis ambos os cônjuges, os filhos menores ficarão em poder da mãe, salvo se o juiz verificar que de tal solução possa advir prejuízo de ordem moral para eles.

§ 2º Verificado que não devem os filhos permanecer em poder da mãe nem do pai, deferirá o juiz a sua guarda a pessoa notoriamente idônea da família de qualquer dos cônjuges.

Art. 11. Quando a separação judicial ocorrer com fundamento no § 1º do art. 5º, os filhos ficarão em poder do cônjuge em cuja companhia estavam durante o tempo de ruptura da vida em comum.

Art. 12. Na separação judicial fundada no § 2º do art. 5º, o juiz deferirá a entrega dos filhos ao cônjuge que estiver em condições de assumir, normalmente, a responsabilidade de sua guarda e educação.

Art. 13. Se houver motivos graves, poderá o juiz, em qualquer caso, a bem dos filhos, regular por maneira diferente da estabelecida nos artigos anteriores a situação deles com os pais.[1]

Art. 13: 1. v. CC 1.586.

Art. 14. No caso de anulação do casamento, havendo filhos comuns, observar-se-á o disposto nos arts. 10 e 13.

Parágrafo único. Ainda que nenhum dos cônjuges esteja de boa-fé ao contrair o casamento, seus efeitos civis aproveitarão aos filhos comuns.[1]

Art. 14: 1. v., no nosso CCLCV, CC 1.561 e notas.

Art. 15. Os pais, em cuja guarda não estejam os filhos, poderão visitá-los e tê-los em sua companhia, segundo fixar o juiz, bem como fiscalizar sua manutenção e educação.[1]

Art. 15: 1. v., no nosso CCLCV, CC 1.589 e notas.

Art. 16. As disposições relativas à guarda e à prestação de alimentos aos filhos menores estendem-se aos filhos maiores inválidos.[1]

Art. 16: 1. v. CC 1.590.

Seção III | DO USO DO NOME[1 a 2]

SEÇ. III: 1. s/ dissolução da sociedade conjugal, v. art. 2º, nota 2b **(Em. Const. 66, de 13.7.10).**

SEÇ. III: 1a. v. art. 25 § ún., que dispõe s/ nome da mulher, no caso de conversão da separação judicial em divórcio.

Os arts. 17 e 18, abaixo, somente se referem à ação de separação judicial.

SEÇ. III: 2. Entendemos que esta Seção foi **implicitamente revogada** pelo Código Civil (Lei 10.406, de 10.1.02), diploma legal superveniente cujo art. 1.578 passou a regular a matéria relativa ao "uso do nome" pelos cônjuges separados.

Art. 17. Vencida na ação de separação judicial (art. 5º, *caput*), voltará a mulher a usar o nome de solteira.[1]

§ 1º Aplica-se, ainda, o disposto neste artigo, quando é da mulher a iniciativa da separação judicial com fundamento nos §§ 1º e 2º do art. 5º.

§ 2º Nos demais casos, caberá à mulher a opção pela conservação do nome de casada.

Art. 17: 1. O MP não tem legitimidade para recorrer de decisão sobre nome da mulher separada judicialmente (RJTJESP 129/111).

Art. 18. Vencedora na ação de separação judicial (art. 5º, *caput*), poderá a mulher renunciar, a qualquer momento, ao direito de usar o nome do marido.

Seção IV | DOS ALIMENTOS[1]

SEÇ. IV: 1. s/ alimentos, v. tb. arts. 16 e 28 a 30, bem como Lei 5.478, de 25.7.68, no tít. ALIMENTOS. V., ainda, CC 1.694 a 1.710.

S/ dissolução da sociedade conjugal, v. art. 2º, nota 2b **(Em. Const. 66, de 13.7.10).**

Art. 19. O cônjuge responsável[1] pela separação judicial[2] prestará[2a] ao outro, se dela necessitar,[2b] a pensão que o juiz fixar.[3-4]

Art. 19: 1. "O fato de a autora ter tomado a iniciativa, na ação, de postular a separação judicial — sem que se haja comprovado seja ela responsável pela separação de fato — não lhe retira a possibilidade de pretender alimentos" (RT 578/200).

Art. 19: 2. litigiosa. Na separação consensual, v. CPC 731-II.

Art. 19: 2a. Decide *extra petita* a sentença que, em ação de separação, concede pensão alimentícia que não foi expressamente pleiteada na inicial ou na reconvenção (JTJ 188/264, um voto vencido).

Art. 19: 2b. Podem ser fixados alimentos por **período determinado** (Ajuris 87/512; no caso, o marido foi condenado a pagar alimentos à mulher durante um ano, para que a mesma pudesse "afirmar-se no mercado de trabalho").

Art. 19: 3. v. CC 1.702 e 1.704.

S/ revisão da pensão, v. art. 28; s/ extinção da pensão, v. arts. 29 e 30.

Art. 19: 4. É possível a fixação de alimentos provisórios em ação de separação judicial (RT 838/226, Bol. AASP 2.333/2.793).

Art. 20. Para manutenção dos filhos, os cônjuges, separados judicialmente, contribuirão na proporção de seus recursos.[1-2]

Art. 20: 1. v. CC 1.703.

S/ cessação da pensão devida aos filhos, em razão da maioridade, v. LA 13, nota 5.

Art. 20: 2. A sentença, que decretar a separação contenciosa, deve fixar o *quantum* para cada um dos cônjuges.

"Em princípio, deverá a pensão ser fixada na sentença que decretar a separação. Ocorrendo, entretanto, que as partes não tenham debatido, de modo algum, a propósito das possibilidades do alimentante nem das necessidades dos alimentandos e faltando, por completo, qualquer elemento que permita arbitrar a pensão, admissível seja a questão remetida para ação autônoma, tanto mais quanto reconhecido que vinha sendo prestada a reclamada assistência material" (STJ-3ª T., REsp 57.907-4, Min. Eduardo Ribeiro, j. 25.6.96, DJU 19.8.96, p. 28.469).

Art. 21. Para assegurar o pagamento da pensão alimentícia, o juiz poderá determinar a constituição de garantia real ou fidejussória.[1]

§ 1º Se o cônjuge credor preferir, o juiz poderá determinar que a pensão consista no usufruto[2-3] de determinados bens do cônjuge devedor.

§ 2º Aplica-se, também, o disposto no parágrafo anterior, se o cônjuge credor justificar a possibilidade do não recebimento regular da pensão.

Art. 21: 1. Esta providência pode ser tomada em ação revisional de alimentos (RT 761/245, maioria).

Art. 21: 2. v. CC 1.390 a 1.411. A sentença deve ser levada a registro (LRP 167-I-7).

Art. 21: 3. "O art. 21, § 1º, da Lei do Divórcio autoriza o cônjuge credor a optar pelo usufruto de bens do cônjuge devedor; não a se valer desse direito cumulativamente com a pensão" (STJ-3ª T., REsp 93.253, Min. Ari Pargendler, j. 25.4.00, DJU 12.6.00).

Art. 22. Salvo decisão judicial, as prestações alimentícias, de qualquer natureza, serão corrigidas monetariamente na forma dos índices de atualização das Obrigações Reajustáveis do Tesouro Nacional — ORTN.[1]

Parágrafo único. No caso do não pagamento das referidas prestações no vencimento, o devedor responderá, ainda, por custas e honorários de advogado apurados simultaneamente.[2]

Art. 22: 1. A ORTN foi substituída pela OTN e esta, pelo BTN, etc., etc.

Art. 22: 2. O § ún. refere-se a prestações vencidas e não pagas; o seu *quantum* será atualizado pelo coeficiente mensal de correção monetária em vigor, com acréscimo de custas e honorários, que o juiz deve fixar por antecipação.

Art. 23. A obrigação de prestar alimentos transmite-se aos herdeiros do devedor, na forma do art. 1.796 do Código Civil.[1 a 4]

Art. 23: 1. "A Lei do Divórcio e transmissão da obrigação alimentar", por Sérgio Gischkow Pereira (RT 518/29, Ajuris 14/80, RBDP 18/149); "Indagações sobre o art. 23 da Lei do Divórcio", por Fábio Luiz Gomes (Ajuris 15/43).

Art. 23: 2. O art. 1.796 do CC rev. corresponde ao CC 1.997.

Art. 23: 3. **CC 1.700:** "A obrigação de prestar alimentos transmite-se aos herdeiros do devedor, na forma do art. 1.694". Mas o herdeiro não é responsável *ultra vires hereditatis* (v. CC 1.792 e 1.997-*caput*).

Art. 23: 3a. "O espólio tem a obrigação de prestar alimentos àquele a quem o *de cujus* devia, mesmo vencidos após a sua morte. Enquanto não encerrado o inventário e pagas as quotas devidas aos sucessores, o autor da ação de alimentos e presumível herdeiro não pode ficar sem condições de subsistência no decorrer do processo. Exegese do art. 1.700 do novo CC" (STJ-2ª Seção, REsp 219.199, Min. Fernando Gonçalves, j. 10.12.03, um voto vencido, DJU 3.5.04). No mesmo sentido: RT 839/317 (ponderando, todavia, que "os valores recebidos a tal título serão descontados do quinhão hereditário que couber ao alimentado"), JTJ 205/17, 312/347, RJ 179/84.

Contra, no sentido de que os alimentos devidos são somente os vencidos **até a data do óbito:** "A condição de alimentante é personalíssima e não se transmite aos herdeiros; todavia, isso não afasta a responsabilidade dos herdeiros pelo pagamento dos débitos alimentares verificados até a data do óbito" (RSTJ 161/273). No mesmo sentido: RT 860/258, RJ 313/110, JTJ 171/142.

O credor de alimentos pode exigir do espólio do devedor a obrigação já constituída. Seria "absurdo ter o alimentando de aguardar o término do inventário para só então agir por meio de futura ação contra os herdeiros, já que não poderia, em tese, demandar contra o espólio" (Bol. AASP 1.671/1).

Art. 23: 3b. Segundo jurisprudência amplamente majoritária, o art. 23 somente se refere a alimentos entre cônjuges separados ou divorciados (RT 574/68, 616/177, 699/52, maioria, 710/115, 717/133, RJTJESP 113/245, 129/192, JTJ 144/81, RJTJERGS 168/300, RJ 214/71).

Neste sentido: "A transmissibilidade da obrigação de prestar alimentos, prevista no art. 23 da Lei 6.515, de 1977, é restrita às pensões devidas em razão da separação ou divórcio judicial" (RSTJ 135/359 e STJ-RF 354/284).

Art. 23: 4. "A hipótese prevista no art. 23 da Lei 6.515/1977, sobre a transmissão aos herdeiros da obrigação de prestar alimentos supõe que esse ônus já houvesse sido instituído em desfavor do alimentante falecido, hipótese diversa da presente nos autos, em que quando do óbito ainda não houvera decisão judicial estabelecendo os provisionais" (STJ-RDDP 94/125: 4ª T., REsp 509.801).

Capítulo II | DO DIVÓRCIO[1]

CAP. II: 1. v. art. 2º, nota 2b **(Em. Const. 66, de 13.7.10).**

Art. 24. O divórcio[1 a 2] põe termo ao casamento e aos efeitos civis do matrimônio religioso.[3]

Parágrafo único. O pedido somente competirá aos cônjuges, podendo, contudo, ser exercido, em caso de incapacidade, por curador, ascendente ou irmão.[4]

Art. 24: 1. "Dano moral na separação, divórcio e união estável", por Belmiro Pedro Welter (RT 775/128); "Breves considerações sobre o divórcio", por Marcelo de Toledo Cerqueira (RJ 275/33); "Efeitos materiais da separação judicial e do divórcio — Aspectos controvertidos da partilha de bens", por Euclides Benedito de Oliveira (RIASP 5/142).

Art. 24: 1a. Outras disposições s/ divórcio, fora deste capítulo: arts. 13, 15, 16, 21, 22, 23 — também aplicáveis aos casos de separação; 35 a 37 (disposições processuais), 40 (divórcio direto, sem separação judicial anterior), 43 (partilha, na sentença de divórcio), 44 (contagem do prazo de separação), 45 (disposição transitória sobre regime de bens), 46 (reconciliação), 47 e 48 (s/ documento que supra a falta de autos extraviados ou arquivados em outra circunscrição judiciária).

Art. 24: 2. que também pode ser realizado extrajudicialmente, nos termos do CPC 733.

Art. 24: 3. v. LRP 71 a 75; Lei 1.110, de 23.5.50 (Regula o reconhecimento dos efeitos civis do casamento religioso), em Lex 1950/108, RF 130/588.

Art. 24: 4. cf. art. 3º § 1º.

Art. 25. A conversão em divórcio[1] da separação judicial[2] dos cônjuges existente há mais de um ano,[3] contada da data da decisão ou da que concedeu a medida cautelar correspondente (art. 8º),[4-5] será decretada por sentença, da qual não constará referência à causa que a determinou.[6]

Parágrafo único. A sentença de conversão determinará que a mulher volte a usar o nome que tinha antes de contrair matrimônio,[7] só conservando o nome de família do ex-marido se a alteração prevista neste artigo acarretar:[8]

I — evidente prejuízo para a sua identificação;

II — manifesta distinção entre o seu nome de família e o dos filhos[9] havidos da união dissolvida;

III — dano grave reconhecido em decisão judicial.

Art. 25: 1. s/ o procedimento para a conversão da separação judicial em divórcio, v. arts. 35 a 37.

Art. 25: 2. tanto litigiosa como consensual.

Art. 25: 3. Para os que entendem que a concessão do alvará de separação de corpos caduca se a ação de divórcio não for proposta dentro de trinta dias (v., a respeito, CPC 309, nota 5), o prazo de um ano para que possa ser ajuizada a ação de divórcio não pode ser contado da data de concessão dessa medida (RF 286/335).

Art. 25: 4. v. art. 44, que dispõe s/ o mesmo assunto de maneira mais clara e um pouco diferente.

Art. 25: 5. "O art. 25 da Lei n. 6.515, de 1977, pela sua clareza, fala que o prazo se conta da data da decisão que concedeu a separação ou a medida cautelar, exceção à regra do art. 8º, que marca a data do trânsito em julgado para que a decisão produza seus demais efeitos. Não fosse intenção do legislador excepcionar a regra do art. 8º, desnecessário seria fazer alusão à contagem do prazo no art. 25. Se a lei não deve conter inutilidades, inútil seria a referência do art. 25 se todos os efeitos da sentença que julgasse a separação se encerrassem no contexto do art. 8º" (RJTJESP 92/80). No mesmo sentido: Amagis 10/345.

Nem o art. 25, nem o art. 44 exigem, para contagem do prazo, decisão transitada em julgado (RJTJESP 112/273). Basta que exista uma decisão, através da qual seja "determinada ou presumida a separação dos cônjuges" (art. 44). No mesmo sentido: RT 601/79, maioria (o voto vencido exigia trânsito em julgado).

Art. 25: 6. Redação do *caput* de acordo com a Lei 8.408, de 13.2.92.

Art. 25: 7. v. CC 1.571 e 1.578; s/ o nome da mulher, na separação judicial, v. art. 17 § 2º.

Art. 25: 8. Redação do § ún. e de seus incisos de acordo com a Lei 8.408, de 13.2.92.

Art. 25: 9. ainda que os filhos já tenham atingido a maioridade (RSTJ 171/341).

Art. 26. No caso de divórcio resultante da separação prevista nos §§ 1º e 2º do art. 5º, o cônjuge que teve a iniciativa da separação continuará com o dever de assistência ao outro (Código Civil — art. 231, n. III).[1 a 3]

Art. 26: 1. v. notas ao art. 5º.

Art. 26: 2. O art. 231-III do CC rev. corresponde ao CC 1.566-III.

Art. 26: 3. "Sendo de iniciativa do ex-marido a ação direta de divórcio intentada com fundamento na ruptura da vida em comum, subsiste a sua obrigação de prestar alimentos ao ex-cônjuge, independentemente da cogitação de culpa pela separação do casal" (RSTJ 31/341).

Art. 27. O divórcio não modificará os direitos e deveres dos pais em relação aos filhos.[1]

Parágrafo único. O novo casamento de qualquer dos pais ou de ambos também não importará restrição a esses direitos e deveres.[2]

Art. 27: 1. v. CC 1.579 e 1.632.

Art. 27: 2. v. CC 1.636-*caput*.

Art. 28. Os alimentos devidos pelos pais e fixados na sentença de separação poderão ser alterados a qualquer tempo.[1]

Art. 28: 1. mediante ação revisional (cf. LA 15).

Art. 29. O novo casamento do cônjuge credor da pensão extinguirá a obrigação do cônjuge devedor.[1-2]

Art. 29: 1. Do mesmo modo, cessa a obrigação do devedor dos alimentos no caso de o credor passar a viver em união estável (RT 698/84, 862/238, JTJ 167/15, 260/38).

Art. 29: 2. No sentido de que a ocultação dolosa do novo casamento do alimentado torna restituíveis as prestações pagas indevidamente: JTJ 143/133.

Art. 30. Se o cônjuge devedor da pensão vier a casar-se, o novo casamento não alterará sua obrigação.[1]

Art. 30: 1. Todavia, "o aumento da prole provoca, evidentemente, modificação na situação financeira do alimentante, que vê sua despesa necessariamente aumentada"; por isso, considera-se "cabível, em razão de prole adveniente, a revisão do *quantum* da pensão, mormente depois da promulgação da vigente Constituição Federal, que, explicitamente, reconhece a igualdade de filhos 'havidos, ou não, da relação do casamento' (art. 227, § 6º)" (RJTJERGS 176/742; a citação é de trechos do voto do Des. Luiz Felipe Azevedo Gomes, à p. 743).

Art. 31. Não se decretará o divórcio se ainda não houver sentença definitiva de separação judicial, ou se esta não tiver decidido sobre a partilha dos bens.[1 a 2]

Art. 31: 1. s/ exigência ou não de partilha, em caso de divórcio direto, v. art. 40, nota 10.

Art. 31: 1a. v., no CCLCV, CC 1.580, nota 2.

Art. 31: 2. **CC 1.581:** "O divórcio pode ser concedido sem que haja prévia partilha de bens".

Art. 32. A sentença definitiva do divórcio produzirá efeitos depois de registrada no registro público competente.[1-2]

Art. 32: 1. v. LRP 29 § 1º-*a* c/c 97.

Art. 32: 2. "Em ação de divórcio, o falecimento do autor em data anterior ao trânsito em julgado de decisão que decreta o divórcio implica a extinção do processo, sem julgamento do mérito" (STJ-3ª T., REsp 331.924, Min. Nancy Andrighi, j. 12.11.01, DJU 18.2.02).

Em consequência: "Falecendo o varão antes de transitada em julgado a decisão que concedeu o divórcio, embora em execução provisória, porque pendente o julgamento de recursos contra os despachos que não admitiram os especiais, o estado civil do cônjuge sobrevivente é de viúva, não de divorciada" (STJ-3ª T., REsp 239.195, Min. Menezes Direito, j. 20.9.01, maioria, DJU 5.11.01). O Min. Ari Pargendler, vencido, entendeu que "já decretado o divórcio nas instâncias ordinárias, o superveniente falecimento de um dos cônjuges durante a pendência de recurso especial não altera o estado civil do outro, que segue o de divorciado, e não o de viúvo".

Art. 33. Se os cônjuges divorciados quiserem restabelecer a união conjugal só poderão fazê-lo mediante novo casamento.[1]

Art. 33: 1. ao contrário do que ocorre na separação judicial de qualquer tipo (v. art. 46).

Capítulo III | DO PROCESSO[1-2]

✎ **CAP. III: 1.** "Notas sobre as ações de família à luz do novo Código Civil", por José Maria Rosa Tesheiner (RJ 311/44).

CAP. III: 2. v. art. 2º, nota 2b **(Em. Const. 66, de 13.7.10).**

Art. 34. A separação judicial consensual se fará pelo procedimento previsto nos arts. 1.120 e 1.124 do Código de Processo Civil,[1] e as demais[2] pelo procedimento ordinário.[3]

Divórcio

§ 1º A petição será também assinada pelos advogados[4] das partes ou pelo advogado escolhido de comum acordo.

§ 2º O juiz pode recusar a homologação e não decretar a separação judicial, se comprovar que a convenção não preserva suficientemente os interesses dos filhos ou de um dos cônjuges.[5-6]

§ 3º Se os cônjuges não puderem ou não souberem assinar, é lícito que outrem o faça a rogo deles.

§ 4º As assinaturas, quando não lançadas na presença do juiz, serão, obrigatoriamente, reconhecidas por tabelião.

Art. 34: 1. v. CPC 731 e segs.

Art. 34: 2. A expressão "as demais", no texto, refere-se às três espécies de separação litigiosa: a comum (art. 5º-*caput*) e as especiais (§§ 1º e 2º do art. 5º).

Art. 34: 3. v. CPC 318 e segs. (procedimento comum).

Art. 34: 4. Admitindo a outorga de mandato verbal ao advogado: RT 611/59.

Art. 34: 5. v. CC 1.574 § ún.

Art. 34: 6. "O juiz, dando pela manifesta e grave inconveniência da convenção aos interesses de um dos cônjuges, pode deixar de homologar a separação, sem afrontar lei federal nem destoar da jurisprudência, inclusive do Pretório Excelso. Antes, garante a incidência do art. 34, § 2º, da Lei 6.515/77" (RSTJ 11/277).

Se, ao ver do juiz, a convenção não preserva suficientemente o interesse de um dos cônjuges, poderá limitar-se a decretar a separação judicial, deixando a partilha para ser feita posteriormente (RF 284/303).

Art. 35. A conversão da separação judicial em divórcio[1 a 1b] será feita mediante pedido de qualquer dos cônjuges.[2 a 3]

Parágrafo único. O pedido será apensado aos autos da separação judicial (art. 48).

Art. 35: 1. "Conversão em divórcio e as causas impeditivas", por Ronaldo Frigini (RT 709/46).

Art. 35: 1a. O divórcio pode ser conseguido:

— mediante conversão da separação judicial (tanto consensual como litigiosa, inclusive nos casos dos §§ 1º e 2º do art. 5º) em divórcio, após **um ano** de separação, contado da sentença de separação ou da decisão que concedeu a separação de corpos. Essa conversão pode ser consensual (art. 35, nota 2) ou litigiosa (art. 36 § ún.);

— diretamente (art. 40-*caput*), podendo ser consensual (art. 40 § 2º) ou litigiosa (art. 40 § 3º).

Art. 35: 1b. "É suficiente, para a conversão da separação, a prova do decurso do prazo" de um ano "entre a separação e o ajuizamento do pedido" (JTJ 169/110).

Art. 35: 2. ou de ambos, hipótese em que, obviamente, não se aplica o art. 36, e o juiz, ouvido o MP, profere desde logo sentença.

Art. 35: 2a. Nada obsta a que, na oportunidade do pedido de conversão da separação judicial em divórcio, os cônjuges, de comum acordo, alterem as cláusulas daquela, seja a separação contenciosa, seja consensual, desde que observem a lei e o disposto no art. 34 § 2º.

Se, porém, não estiverem de acordo, nos autos do pedido de conversão não será admissível discussão sobre o assunto (cf. art. 37, nota 3).

Art. 35: 3. "Se a partir da separação o casal volta a manter vida em comum, sobrevindo filhos e adquirindo bens, os direitos e obrigações advindos desta união não obstam à conversão do desquite em divórcio, sendo necessária a propositura de ação competente para discussão desses direitos e obrigações" (RT 609/52).

Art. 36. Do pedido referido no artigo anterior, será citado o outro cônjuge, em cuja resposta não caberá reconvenção.

Parágrafo único. A contestação só pode fundar-se em:[1]

I — falta do decurso de 1 (um) ano da separação judicial;[2 a 4]

II — descumprimento das obrigações assumidas pelo requerente na separação.[5-6]

Art. 36: 1. No que couber, o réu pode aduzir, em preliminar, a **matéria constante do CPC 337.**

Art. 36: 2. Redação do inciso I de acordo com a Lei 7.841, de 17.10.89. O texto primitivo falava em "três anos".

Art. 36: 3. De acordo com a redação dada ao art. 25-*caput* pela Lei 8.408, de 13.2.92 (posterior à Lei 7.841, de 17.10.89, que deu nova redação ao inciso I ora em exame), o **prazo de um ano se conta** da sentença de separação judicial ou da decisão que concedeu a medida cautelar de separação de corpos.

Art. 36: 4. "A **reconciliação de fato** em nada altera o estado de 'separados judicialmente'. Apesar de outra solução *de lege ferenda* devesse existir, não se pode afastar a consequência do transcurso do tempo, desde a decretação da separação judicial, para a reclamada conversão em divórcio" (RT 680/98).

Art. 36: 5. "O descumprimento de obrigações impostas quando da separação como causa de obstacularização do divórcio", por João Francisco Moreira Viegas (Just. 171/134); "Conversão de separação em divórcio, pendente obrigação alimentar. Possibilidade à luz da doutrina moderna", por Accácio Cambi (RDPr 19/7 e RBDF 25/5).

Art. 36: 6. **O inciso II do § ún. do art. 36 não foi recepcionado pela Constituição Federal** (CF 226 § 6º); logo, "o inadimplemento de obrigação alimentícia assumida quando da separação judicial não impede a transformação em divórcio" (STF-Pleno, RE 387.271, Min. Marco Aurélio, j. 8.8.07, DJU 1.2.08).

"Não mais persiste, face a vigência do Código Civil (de 2002), o impedimento à concessão da separação em divórcio, por inadimplemento de obrigação alimentar" (JTJ 289/92). Também afirmando a insubsistência desse inciso II: RT 697/69, maioria, 718/114, 733/221, 740/275, 761/311, JTJ 148/44, 171/64, 176/51, 188/38, 197/48, 203/44, 234/270, maioria, 259/89, RTJE 137/199, 144/197, RJ 201/69.

Assim, tende a ficar superado o entendimento no sentido da subsistência desse inciso II no ordenamento jurídico nacional (p/ esse entendimento, v. STJ-3ª T., REsp 343.635-AgRg; JTJ 162/53, 191/61, maioria, RJTJERGS 176/720).

Art. 37. O juiz conhecerá diretamente do pedido, quando não houver contestação ou necessidade de produzir prova em audiência,[1] e proferirá sentença[2] dentro em 10 (dez) dias.

§ 1º A sentença limitar-se-á à conversão da separação em divórcio,[3] que não poderá ser negada, salvo se provada qualquer das hipóteses previstas no parágrafo único do artigo anterior.

§ 2º A improcedência do pedido de conversão não impede que o mesmo cônjuge o renove, desde que satisfeita a condição anteriormente descumprida.

Art. 37: 1. cf. CPC 355.

Art. 37: 2. Não havendo litígio e concordando o réu com o divórcio, é incabível a verba para honorários de advogado (RJTJESP 56/187, 62/45, 91/91). Esta somente será devida se o réu oferecer desarrazoada resistência à conversão da separação em divórcio (RT 520/125, 596/66, RJTJESP 60/54, 84/79, RTJE 166/290). Mais precisamente: se contestar a ação e esta for julgada procedente, serão devidos honorários (*a contrario sensu*: RT 515/222 e 521/242), o mesmo ocorrendo, para o autor, se a contestação vingar.

Art. 37: 3. Se a sentença "limitar-se-á" a converter a separação em divórcio, segue-se que, salvo acordo expresso, não poderá haver qualquer alteração de cláusula convencionada na separação.

Assim, se, na separação consensual, houve dispensa de alimentos pela mulher, esta dispensa subsiste, ao ser convertida a separação em divórcio, se nessa oportunidade as partes nada convencionaram (JTJ 178/22, 179/21).

V., a propósito, art. 35, nota 2a.

Art. 38. ....[1]

Art. 38: 1. Revogado expressamente pela Lei 7.841, de 17.10.89. O art. 38 era do teor seguinte: "O pedido de divórcio, em qualquer dos seus casos, somente poderá ser formulado uma vez".

Art. 39. No Capítulo III do Título II do Livro IV do Código de Processo Civil, as expressões "desquite por mútuo consentimento", "desquite" e "desquite litigioso" são substituídas por "separação consensual" e "separação judicial".

Divórcio

Capítulo IV | DAS DISPOSIÇÕES FINAIS E TRANSITÓRIAS[1]

CAP. IV: 1. **v. art. 2º, nota 2b (Em. Const. 66, de 13.7.10).**

Art. 40. No caso de separação de fato, e desde que completados 2 (dois) anos consecutivos,[1] poderá ser promovida ação de divórcio,[1a] na qual deverá ser comprovado decurso do tempo da separação.[1b a 4]

§ 1º .... [5]

§ 2º No divórcio consensual,[6] o procedimento adotado será o previsto nos arts. 1.120 a 1.124 do Código de Processo Civil,[6a] observadas, ainda, as seguintes normas:

I — a petição conterá a indicação dos meios probatórios da separação de fato, e será instruída com a prova documental já existente;

II — a petição fixará o valor da pensão do cônjuge que dela necessitar para sua manutenção, e indicará as garantias para o cumprimento da obrigação assumida;

III — se houver prova testemunhal, ela será produzida na audiência de ratificação do pedido de divórcio, a qual será obrigatoriamente realizada;[7-8]

IV — a partilha[9-10] dos bens deverá ser homologada pela sentença[11-12] do divórcio.

§ 3º Nos demais casos,[13] adotar-se-á o procedimento ordinário.[14]

Art. 40: 1. transcorridos "antes do ajuizamento da ação" (STJ-4ª T., REsp 48.120-1, Min. Ruy Rosado, j. 29.11.94, DJU 13.2.95).

Art. 40: 1a. O art. 40 disciplina o chamado "divórcio direto".

Art. 40: 1b. Redação do *caput* de acordo com a Lei 7.841, de 17.10.89.

Art. 40: 1c. s/ foro competente para ação de divórcio, v. CPC 53-I; s/ expedição de formal de partilha e recolhimento de custas complementares, v. CPC 655, nota 2a.

Art. 40: 1d. Nada impede que, mesmo ajuizada a ação de separação judicial, enquanto em curso esta, um dos litigantes pleiteie o divórcio direto, por mera separação de fato (JTJ 167/78, Ajuris 87/522, Bol. AASP 1.927/387j). Nessa hipótese, v. CPC 55, nota 2a (conexão), e 56, nota 3 (continência).

Também podem as partes converter a separação litigiosa em divórcio consensual, desde que completados dois anos de separação de fato, "fazendo-se as necessárias adaptações nos próprios autos da separação" (JTJ 167/76).

Art. 40: 2. O exame do novo texto do *caput* do art. 40 mostra que ele:

— deixou de ser disposição transitória e passou a definitiva;

— reduziu o prazo da separação de cinco para dois anos;

— excluiu a necessidade de prova da causa da separação (que a jurisprudência também já vinha excluindo).

Assim: "Após a alteração introduzida pela Lei 7.841/89, modificando a redação do *caput* do art. 40 da Lei n. 6.515/77 e revogando seu § 1º, não há mais que se cogitar, pelo menos não necessariamente, da análise da causa da separação ('culpa') para efeito de decretação do divórcio direto, sendo bastante o requisito da separação de fato por dois anos consecutivos" (STJ-RT 727/111).

Art. 40: 3. "Não impede a lei que o separado judicialmente opte por ajuizar o divórcio direto, ocorrendo os pressupostos deste, até porque não é razoável que o separado de fato lhe tenha direito maior" (RSTJ 28/538 e Bol. AASP 1.727/27).

Art. 40: 4. "Por economia processual, nenhum óbice existe para que a pensão alimentícia seja requerida e decidida nos próprios autos de divórcio direto" (JTJ 179/200).

Art. 40: 5. O § 1º foi revogado pela Lei 7.841, de 17.10.89.

✎ Art. 40: 6. "A boa-fé no divórcio direto consensual", por Belmiro Pedro Welter (RJ 242/26).

Art. 40: 6a. v. CPC 731 e segs.

Art. 40: 7. Este inciso está de acordo com a retificação publicada no DOU 11.4.78.

Art. 40: 8. "Esta Corte já decidiu **inexistir obrigatoriedade de realização de audiência de ratificação,** em caso de divórcio direto consensual, quando o juiz sentenciante entender apta a sua concessão de imediato, tendo condições de aferir a firme disposição dos cônjuges em se divorciarem, bem como de atestar que as formalidades foram atendidas" (STJ-4ª T., REsp 1.554.316, Min. Marco Buzzi, j. 15.3.16, DJ 21.3.16). No mesmo sentido: STJ-3ª T., REsp 1.483.841, Min. Moura Ribeiro, j. 17.3.15, DJ 27.3.15.

Art. 40: 9. **CC 1.581:** "O divórcio pode ser concedido sem que haja prévia partilha de bens".

Art. 40: 10. **Súmula 197 do STJ:** "O divórcio direto pode ser concedido sem que haja **prévia partilha dos bens"** (v. jurisprudência s/ esta Súmula em RSTJ 101/421).

Neste caso, não havendo acordo, a partilha dos bens do casal se faz em execução de sentença, mediante inventário ou arrolamento (cf. art. 1.121 § ún., que se reporta aos arts. 982 a 1.045).

"Na ação ordinária de divórcio (Lei 6.515/77, art. 40), a partilha dos bens do casal faz-se no juízo da execução da sentença" (RTJ 108/755, STF-684/222 e STF-RJTJERGS 147/18).

Art. 40: 11. Decide *extra petita* a sentença que concede alimentos não pedidos na inicial de ação de divórcio direto (JTJ 171/140).

Art. 40: 12. O MP não tem legitimidade para recorrer da sentença que decreta o divórcio consensual (RT 546/187).

Art. 40: 13. i. e., se o divórcio for contencioso, com prévia separação de fato por mais de 2 anos.

Art. 40: 14. v. CPC 318 e segs. (procedimento comum).

Art. 41. As causas de desquite em curso na data da vigência desta lei, tanto as que se processam pelo procedimento especial[1] quanto as de procedimento ordinário,[2] passam automaticamente a visar à separação judicial.

Art. 41: 1. i. e., os desquites por mútuo consentimento.

Art. 41: 2. i. e., as ações de desquite.

Art. 42. As sentenças já proferidas em causas de desquite são equiparadas, para os efeitos desta lei, às de separação judicial.

Art. 43. Se, na sentença do desquite,[1] não tiver sido homologada ou decidida a partilha dos bens,[1a] ou quando esta não tenha sido feita posteriormente, a decisão de conversão[2] disporá sobre ela.[3]

Art. 43: 1. i. e., da separação judicial.

✎ **Art. 43: 1a.** "O procedimento de partilha na separação judicial, no divórcio e na união estável", por Fernando Malheiros Filho (RT 787/82).

Art. 43: 2. da separação judicial ("desquite") em divórcio.

Art. 43: 3. Não necessariamente. A partilha de bens não é requisito para a conversão da separação em divórcio (v., no CCLCV, CC 1.580, nota 2).

Art. 44. Contar-se-á o prazo de separação judicial a partir da data em que, por decisão judicial proferida em qualquer processo, mesmo nos de jurisdição voluntária, for determinada ou presumida a separação dos cônjuges.[1]

Art. 44: 1. v. art. 25, que dispõe diversamente.

Art. 45. Quando o casamento se seguir a uma comunhão de vida entre os nubentes, existentes[1] antes de 28 de junho de 1977, que haja perdurado por 10 (dez) anos consecutivos ou da qual tenha resultado filhos, o regime matrimonial de bens será estabelecido livremente, não se lhe aplicando o disposto no art. 258, parágrafo único, n. II, do Código Civil.[2-3]

Art. 45: 1. *sic*; deve ser: "existente".

Art. 45: 2. v., no nosso CCLCV, CC 1.641, especialmente nota 4.

Art. 45: 3. O CC rev. 258 § ún.-II tornava obrigatório o regime da separação de bens no casamento "do maior de sessenta e da maior de cinquenta anos". O novo CC 1.641-II se refere à "pessoa maior de setenta anos".

Art. 46. Seja qual for a causa da separação judicial, e o modo como esta se faça, é permitido aos cônjuges restabelecer a todo o tempo[1] a sociedade conjugal, nos termos em que fora constituída, contanto que o façam mediante requerimento[1a] nos autos da ação de separação.[1b a 1f]

Parágrafo único. A reconciliação em nada prejudicará os direitos de terceiros, adquiridos antes e durante a separação, seja qual for o regime de bens.[2]

Art. 46: 1. O restabelecimento da sociedade conjugal depende da averbação da sentença de separação no registro civil, podendo os dois atos ser averbados simultaneamente (JTJ 141/143).

Art. 46: 1a. Para subscrever a petição de reconciliação, em nome de qualquer dos cônjuges, o advogado deve ter poderes especiais (RT 701/67, JTJ 145/202).

Art. 46: 1b. ou nos autos do pedido de separação consensual.

Art. 46: 1c. A competência do juízo da separação não é absoluta para o pedido de restabelecimento da sociedade conjugal (RF 319/167, maioria).

Art. 46: 1d. com a participação do MP (JTJ 141/143).

Art. 46: 1e. A lei não exige o comparecimento pessoal das partes perante o juiz para ratificação do pedido de reconciliação (RTJE 121/213); mas o requerimento deve ser subscrito pelo casal ou por advogado com poderes expressos (v. nota 1a).

Art. 46: 1f. É desnecessária a ratificação, perante o juiz, do pedido de reconciliação (RT 701/67), ou mesmo a lavratura de qualquer termo (Bol. AASP 2.017/266j).

Art. 46: 2. A reconciliação de divorciados só pode ser feita mediante novo casamento (v. art. 33).

Art. 47. Se os autos do desquite ou os da separação judicial tiverem sido extraviados, ou se encontrarem em outra circunscrição judiciária, o pedido de conversão em divórcio será instruído com a certidão da sentença, ou da sua averbação no assento de casamento.[1]

Art. 47: 1. v. LRP 29 § 1º-*a* c/c art. 97.

Art. 48. Aplica-se o disposto no artigo anterior, quando a mulher desquitada tiver domicílio diverso daquele em que se julgou o desquite.

Art. 49. Os §§ 5º e 6º do art. 7º da Lei de Introdução ao Código Civil[1] passam a vigorar com a seguinte redação:[2]

Art. 49: 1. Trata-se do Dec. lei 4.657, de 4.9.42, agora denominado "Lei de Introdução às normas do Direito Brasileiro".

Art. 49: 2. As alterações trazidas pela LDi à LINDB já foram incorporadas ao texto desta (art. 7º §§ 5º e 6º), e não serão repetidas nesta oportunidade.

Art. 50. São introduzidas no Código Civil as alterações seguintes:[1]

Art. 50: 1. As alterações em questão dizem respeito ao CC rev., razão pela qual não serão repetidas nesta oportunidade.

Art. 51. A Lei n. 883, de 21 de outubro de 1949, passa a vigorar com as seguintes alterações:[1]

Art. 51: 1. A Lei 883, de 21.10.49, foi expressamente revogada pela Lei 12.004, de 29.7.09, razão pela qual as alterações em questão não serão repetidas nesta oportunidade.

Art. 52. O n. I do art. 100, o n. II do art. 155 e o § 2º do art. 733 do Código de Processo Civil passam a vigorar com a seguinte redação:[1]

Art. 52: 1. Este dispositivo se refere ao CPC rev.

Art. 53. A presente lei entrará em vigor na data de sua publicação.

Art. 54. Revogam-se os arts. 315 a 328 e o § 1º do art. 1.605 do Código Civil[1] e as demais disposições em contrário.

Art. 54: 1. Essas revogações referem-se ao CC rev.

Brasília, em 26 de dezembro de 1977; 156º da Independência e 89º da República — ERNESTO GEISEL — **Armando Falcão.**

Ementário
Execução Fiscal

— v. tb. MEDIDA CAUTELAR FISCAL.

Lei 6.830, de 22.9.80 — Dispõe sobre a cobrança judicial da Dívida Ativa da Fazenda Pública e dá outras providências (v. adiante, texto integral).

Lei 13.043, de 13.11.14 — Na Lei 6.830: alterou os arts. 7º, 9º, 15 e 16.

Lei n. 6.830, de 22 de setembro de 1980

Dispõe sobre a cobrança judicial da Dívida Ativa da Fazenda Pública e dá outras providências.

O Presidente da República

Faço saber que o Congresso Nacional decreta e eu sanciono a seguinte lei:

Art. 1º A execução judicial[1 a 3] para cobrança da dívida ativa da União, dos Estados, do Distrito Federal, dos Municípios e respectivas autarquias[4 a 4b] será regida por esta lei[5] e, subsidiariamente, pelo Código de Processo Civil.[6 a 8]

Art. 1º: 1. "A execução fiscal. Procedimento administrativo. Penhora. Embargos do devedor", por Humberto Theodoro Jr. (RF 330/91); "A execução fiscal e as recentes alterações do CPC", por Leon Frejda Szklarowsky (RTJE 154/31); "A cobrança da dívida ativa nos procedimentos concursais", por Carlos Henrique Abrão (RT 733/76); "A lei de execução fiscal. O contencioso administrativo e a penhora administrativa", por Leon Frejda Szklarowsky (RTRF-1ª Reg. 9/37); "Novas reflexões sobre os embargos à execução fiscal: desnecessidade de prévia garantia do juízo e casos de efeito suspensivo automático", por Leonardo José Carneiro da Cunha (RDDP 62/57); "A penhora como pré-requisito da execução fiscal", por Kiyoshi Harada (RMDECC 16/5); "A recente reforma do Código de Processo Civil operada pela Lei 11.382/06 e a objeção de pré-executividade em matéria fiscal", por Eduardo Arruda Alvim (RJ 372/29).

Art. 1º: 1a. s/ intervenção do MP na execução fiscal, v. CPC 178, nota 18; s/ execução fiscal contra a Fazenda Pública, v. CPC 910, nota 3.

Art. 1º: 2. **Lei 6.822, de 22.9.80** — Dispõe sobre a cobrança executiva dos débitos fixados em acórdãos do Tribunal de Contas da União, e dá outras providências.

"A pretensão de ressarcimento ao erário em face de agentes públicos reconhecida em acórdão de Tribunal de Contas prescreve na forma da Lei 6.830/1980" (STF-Pleno, RE 636.886, Min. Alexandre de Moraes, j. 20.4.20, DJ 24.6.20).

V. CPC 784, nota 37b.

Art. 1º: 3. Rege-se pela LEF a execução que tenha por objeto exclusivamente a cobrança de multa pecuniária imposta pelo Plenário do Conselho Administrativo de Defesa Econômica — CADE (Lei 12.529, de 30.11.11, art. 94).

Art. 1º: 4. As **contribuições compulsórias devidas aos conselhos de fiscalização das profissões regulamentadas** podem ser cobradas através de execução fiscal. V. CF 109, nota 31, especialmente a **Súmula 66 do STJ.**

A Lei 9.649, de 27.5.98, dispôs que esses serviços de fiscalização fossem exercidos em caráter privado, por delegação do poder público, mas, nesse ponto, foi declarada inconstitucional (v. CF 109, nota 5).

Art. 1º: 4a. As **contribuições compulsórias devidas à OAB** podem ser cobradas através de execução fiscal?

— **Sim:** STJ-1ª T., REsp 449.372, Min. Luiz Fux, j. 3.6.03, DJU 23.6.03;

— **Não:** STJ-2ª T., REsp 497.871, Min. Eliana Calmon, j. 15.5.03, DJU 2.6.03.

Essa divergência foi dirimida pela 1ª Seção do STJ: "As contribuições cobradas pela OAB, como **não têm natureza tributária,** não seguem o rito estabelecido pela Lei 6.830/80" (STJ-1ª Seção, ED no REsp 463.258, Min. Eliana Calmon, j. 10.12.03, cinco votos a três, DJU 29.3.04).

Art. 1º: 4b. Não podem cobrar seus créditos através de execução fiscal:

— autarquia que atua como banco no setor privado (RSTJ 50/107, 64/133);

— empresas públicas (STF-JTAERGS 73/151, RTFR 121/106).

Art. 1º: 5. "Não há como processar-se, no rito de execução fiscal, lide atinente a controvérsia oriunda de relação jurídica regida pelo direito privado, pois, se a causa não é fiscal ou de direito público, o procedimento é inadequado e fere o princípio do devido processo legal" (STJ-3ª T., Ag 16.515-AgRg, Min. Waldemar Zveiter, j. 10.2.92, DJU 9.3.92).

"A execução de título judicial gerado em ação de reparação de danos não segue o rito da Lei 6.830/80" (STJ-3ª T., REsp 978.634, Min. Gomes de Barros, j. 24.3.08, DJU 13.5.08).

"Honorários advocatícios de sucumbência, arbitrados em sentença transitada em julgado. Título executivo judicial. Cobrança mediante execução fiscal. Inadequação" (STJ-RP 184/392: 2ª T., REsp 1.126.631).

Art. 1º: 6. v. em especial CPC 771 e segs. S/ extinção da execução fiscal pela inércia do exequente, v. CPC 485, nota 17; s/ fraude à execução fiscal, v. CPC 792, nota 8a.

Art. 1º: 7. **Súmula 507 do STF:** "A ampliação dos **prazos** a que se refere o art. 32 do CPC aplica-se aos executivos fiscais".

O art. 32 do CPC/39 guarda relação com o CPC 183. No que diz respeito à dobra de prazo, a Súmula permanece atual.

Art. 1º: 8. O prazo de embargos de terceiro, nas execuções fiscais, é o mesmo do CPC (TFR-6ª T., AC 106.172, Min. Eduardo Ribeiro, j. 16.4.86, DJU 15.5.86).

V. CPC 675.

Art. 2º Constitui dívida ativa da Fazenda Pública aquela definida como tributária ou não tributária na Lei n. 4.320, de 17 de março de 1964, com as alterações posteriores,que estatui normas gerais de direito financeiro para elaboração e controle dos orçamentos e balanços da União, dos Estados, dos Municípios e do Distrito Federal.[1 a 4b]

§ 1º Qualquer valor,[4c] cuja cobrança seja atribuída por lei às entidades de que trata o art. 1º, será considerado dívida ativa da Fazenda Pública.

§ 2º A dívida ativa da Fazenda Pública, compreendendo a tributária e a não tributária, abrange atualização monetária,[5] juros[5a a 6a] e multa de mora[6b] e demais encargos[7 a 8] previstos em lei ou contrato.

§ 3º A inscrição,[8a] que se constitui no ato de controle administrativo da legalidade, será feita pelo órgão competente para apurar a liquidez e certeza do crédito e suspenderá a prescrição,[8b] para todos os efeitos de direito, por 180 dias ou até a distribuição de execução fiscal, se esta ocorrer antes de findo aquele prazo.[8c]

§ 4º A dívida ativa da União será apurada e inscrita na Procuradoria da Fazenda Nacional.[8d]

§ 5º O Termo de Inscrição de Dívida Ativa deverá conter:[9 a 9b]

I — o nome do devedor, dos corresponsáveis[9c] e, sempre que conhecido, o domicílio ou residência de um e de outros;

II — o valor originário da dívida,[10-10a] bem como o termo inicial e a forma de calcular os juros de mora e demais encargos previstos em lei ou contrato;

III — a origem, a natureza e o fundamento legal ou contratual da dívida;

IV — a indicação, se for o caso, de estar a dívida sujeita à atualização monetária, bem como o respectivo momento legal e o termo inicial para o cálculo;

V — a data e o número da inscrição, no Registro de Dívida Ativa; e

VI — o número do processo administrativo ou do auto de infração, se neles estiver apurado o valor da dívida.

§ 6º A Certidão de Dívida Ativa[10b a 11] conterá os mesmos elementos do Termo de Inscrição[11a] e será autenticada pela autoridade competente.

§ 7º O Termo de Inscrição e a Certidão de Dívida Ativa poderão ser preparados e numerados por processo manual, mecânico ou eletrônico.

§ 8º Até a decisão de primeira instância, a Certidão de Dívida Ativa poderá ser emendada ou substituída,[11b a 12a] assegurada ao executado a devolução do prazo para embargos.[13]

§ 9º O prazo para a cobrança[13a] das contribuições previdenciárias continua a ser o estabelecido no art. 144 da Lei n. 3.807, de 26 de agosto de 1960.[13b-14]

✎ **Art. 2º: 1.** "Crédito tributário e título executivo", por Adriano Perácio de Paula (RT 727/33).

Art. 2º: 2. O *caput* do art. 2º da LEF complementa o **art. 201 do CTN,** deste teor: "Constitui dívida ativa tributária a proveniente de crédito dessa natureza, regularmente inscrita na repartição administrativa competente, depois de esgotado o prazo fixado, para pagamento, pela lei ou por decisão final proferida em processo regular.

"Parágrafo único. A fluência de juros de mora não exclui, para os efeitos deste artigo, a liquidez do crédito".

Art. 2º: 3. Lei 4.320, de 17.3.64 — Estatui normas gerais de direito financeiro para elaboração e controle dos orçamentos e balanços da União, dos Estados, dos Municípios e do Distrito Federal (RT 344/589 e 346/583, Lex 1964/276 e 395, p. mants., RDA 78/465 e 480). O art. 114 foi alterado pela **Lei 4.489, de 19.11.64** (RT 352/570, Lex 1964/1.022, RDA 79/578); o art. 59, pela **Lei 6.397, de 10.12.76** (RT 494/437, Lex 1976/885); o art. 39, pelo **Dec. lei 1.735, de 20.12.79** (Lex 1979/1.035, Bol. AASP 1.100/4); o art. 11, pelo **Dec. lei 1.939, de 20.5.82** (Lex 1982/159, RDA 149/355).

Art. 2º: 3a. "Os **créditos incertos e ilíquidos** não integram a dívida ativa, suscetível de cobrança executivo-fiscal. É que o conceito de dívida ativa não tributária, a que se refere a LEF, envolve apenas os créditos assentados em títulos executivos. Há créditos carentes de certeza e liquidez necessárias ao aparelhamento de execução. Crédito proveniente de responsabilidade civil não reconhecida pelo suposto responsável não integra a chamada dívida ativa, nem autoriza execução fiscal. O Estado, em tal caso, deve exercer, contra o suposto responsável civil, ação condenatória, em que poderá obter o título executivo" (STJ-1ª T., REsp 440.540, Min. Gomes de Barros, j. 6.11.03, DJU 1.12.03).

"Não se inclui no conceito de dívida ativa não tributária, hábil a ensejar a execução fiscal, o valor supostamente devido à Fazenda Pública em decorrência de fraude na concessão de benefício previdenciário" (STJ-2ª T., Ag em REsp 225.034-AgRg, Min. Humberto Martins, j. 7.2.13, DJ 19.2.13). No mesmo sentido: STJ-1ª T., Ag em REsp 286.173-AgRg, Min. Benedito Gonçalves, j. 12.3.13, DJ 18.3.13. Ainda: "A inscrição em dívida ativa não é a forma de cobrança adequada para os valores indevidamente recebidos a título de benefício previdenciário previstos no art. 115, II, da Lei n. 8.213/91 que devem submeter-se a ação de cobrança por enriquecimento ilícito para apuração da responsabilidade civil" (STJ-1ª Seção, REsp 1.350.804, Min. Mauro Campbell, j. 12.6.13, DJ 28.6.13).

Art. 2º: 4. Os **créditos do BNDES,** resultantes de financiamento industrial, podem ser cobrados pelo procedimento da LEF, por força do disposto no art. 3º do Dec. lei 474, de 19.2.69 (TFR-4ª T., AC 112.563, Min. Ilmar Galvão, j. 8.4.87, DJU 30.4.87).

Art. 2º: 4a. "Os **créditos rurais** originários de operações financeiras, alongadas ou renegociadas (cf. Lei n. 9.138/95), cedidos à União por força da Medida Provisória 2.196-3/2001, estão abarcados no conceito de Dívida Ativa da União para efeitos de execução fiscal — não importando a natureza pública ou privada dos créditos em si" (STJ-1ª Seção, REsp 1.123.539, Min. Luiz Fux, j. 9.12.09, DJ 1.2.10).

Art. 2º: 4b. "O processo de execução fiscal não é meio idôneo para exercício, por parte da União, de pretenso direito à **repetição de incentivo fiscal"** (RTFR 140/63).

Art. 2º: 4c. Lei 10.522, de 19.7.02 — Dispõe sobre o Cadastro Informativo dos créditos não quitados de órgãos e entidades federais e dá outras providências: **"Art. 20** (*redação da Lei 13.874, de 20.9.19*). Serão arquivados, sem baixa na distribuição, por meio de requerimento do Procurador da Fazenda Nacional, os autos das execuções fiscais de débitos inscritos em dívida ativa da União pela Procuradoria-Geral da Fazenda Nacional ou por ela cobrados, de valor consolidado igual ou inferior àquele estabelecido em ato do Procurador-Geral da Fazenda Nacional. **§ 1º** Os autos de execução a que se refere este artigo serão reativados quando os valores dos débitos ultrapassarem os limites indicados. **§ 2º** Serão extintas, mediante requerimento do Procurador da Fazenda Nacional, as execuções que versem exclusivamente sobre honorários devidos à Fazenda Nacional de valor igual ou inferior a R$ 1.000,00 (mil reais). **§ 3º** (*Revogado pela Lei 13.043, de 13.11.14*) **§ 4º** No caso de reunião de processos contra o mesmo devedor, na forma do art. 28 da Lei n. 6.830, de 22 de setembro de 1980, para os fins de que trata o limite indicado no *caput* deste artigo, será considerada a soma dos débitos consolidados das inscrições reunidas".

Súmula 583 do STJ: "O arquivamento provisório previsto no art. 20 da Lei n. 10.522/2002, dirigido aos débitos inscritos como dívida ativa da União pela Procuradoria-Geral da Fazenda Nacional ou por ela cobrados, não se aplica às execuções fiscais movidas pelos **conselhos de fiscalização profissional ou pelas autarquias federais**".

Art. 2º: 5. Admite-se a incidência da correção monetária sobre a multa, se essa incidência estiver prevista em lei (RTJ 111/744).

Art. 2º: 5a. Os juros de mora, de acordo com o CTN 161 § 1º, "contam-se a partir do vencimento da obrigação tributária" (RTJ 115/478). No mesmo sentido: RTJ 116/851, 116/1.252, 116/1.269, 116/1.274, 117/448, 118/759, 118/1.166, 123/1.214.

Art. 2º: 5b. Súmula 209 do TFR: "Nas execuções fiscais da Fazenda Nacional, é legítima a **cobrança cumulativa de juros de mora e multa moratória**" (v. jurisprudência s/ esta Súmula em RTFR 142/161).

Art. 2º: 6. No âmbito federal: "Os juros moratórios não são passíveis de correção monetária e são calculados sobre o valor originário do débito (Dec. lei n. 1.736, de 20.12.79, art. 2º e parágrafo ún.)" (RTFR 130/241).

Art. 2º: 6a. É inconstitucional o art. 87 da Lei Paulista 440/74; em consequência, o acréscimo moratório aí previsto deve ser substituído por juros de mora, a partir do vencimento da obrigação tributária (CTN 161). No mesmo sentido: STF-2ª T., RE 111.898-9, Min. Célio Borja, j. 13.2.87, DJU 20.3.87; STF-2ª T., RE 111.425-8, Min. Carlos Madeira, j. 20.2.87, DJU 20.3.87.

"Os juros moratórios, ainda quando substitutivos do acréscimo a que alude o art. 87 da Lei 440/74 do Estado de São Paulo, se contam a partir do vencimento da obrigação tributária, e não da data da citação" (STF-1ª T., RE 112.833-0, Min. Moreira Alves, j. 24.3.87, DJU 15.4.87).

Art. 2º: 6b. Súmula 565 do STF: "A **multa fiscal moratória** constitui pena administrativa, não se incluindo no crédito habilitado na falência".

Art. 2º: 7. s/ honorários de advogado na execução fiscal, v. tb. art. 8º, nota 5, e art. 26 e notas.

Art. 2º: 7a. Súmula 168 do TFR: "O encargo de 20% do Dec. lei n. 1.025, de 1969, é sempre devido nas execuções fiscais da União e substitui, nos embargos, a condenação do devedor em honorários advocatícios" (v. jurisprudência s/ esta Súmula em RTFR 118/216). No mesmo sentido é o entendimento do STJ: "Uma vez que o encargo de 20% previsto no art. 1º do Dec. lei 1.025/69, além de atender a despesas com a cobrança de tributos não recolhidos, substitui os honorários advocatícios, é inadmissível a condenação em duplicidade da referida verba, caracterizando inegável *bis in idem* e afrontando o princípio de que a execução deve realizar-se da forma menos onerosa para o devedor" (STJ-1ª Seção, ED no REsp 445.582, Min. Franciulli Netto, j. 22.10.03, DJU 19.12.03). Ainda: RTRF-3ª Região 52/108, 52/202, 52/257.

V. tb. LRF 5º, nota 2, e 83, nota 2c.

Art. 2º: 7b. "Decisão que, ao determinar a citação para executivo fiscal, fixa o valor dos honorários a serem pagos pelo devedor. Esta decisão preclui, caso não seja objeto de recurso" (RSTJ 74/336).

Art. 2º: 7c. "Execução fiscal. A base de cálculo dos honorários de advogado corresponde ao montante do título executivo, aí incluídos a multa, os juros e a correção monetária, observado em relação ao cálculo desta o critério adotado para a atualização dos créditos tributários" (STJ-2ª T., REsp 48.185, Min. Ari Pargendler, j. 13.3.97, DJU 7.4.97).

Art. 2º: 8. O acórdão que entende devidos honorários de advogado na execução fiscal, e não nos embargos a esta, afirma uma tese de direito, podendo caber, portanto, contra ele recurso especial (**contra:** STF-RT 560/256, em.).

Art. 2º: 8a. CTN 185 (*redação da LC 118, de 9.2.05*): "Presume-se fraudulenta a alienação ou oneração de bens ou rendas, ou seu começo, por sujeito passivo em débito para com a Fazenda Pública, por crédito tributário regularmente inscrito como dívida ativa.

"Parágrafo único (*redação da LC 118, de 9.2.05*). O disposto neste artigo não se aplica na hipótese de terem sido reservados, pelo devedor, bens ou rendas suficientes ao total pagamento da dívida inscrita".

"A lei especial prevalece sobre a lei geral (*lex specialis derrogat lex generalis*), por isso que a Súmula 375 do Egrégio STJ não se aplica às execuções fiscais" (STJ-RT 907/583: 1ª Seção, REsp 1.141.990).

S/ fraude de execução, v. CPC 792, nota 8a.

Art. 2º: 8b. s/ prescrição, v. arts. 8º § 2º e 40-*caput*; s/ suspensão da prescrição, v. CC 199 a 201.

Art. 2º: 8c. "A norma contida no art. 2º, § 3º, da Lei 6.830/80, segundo a qual a inscrição em dívida ativa suspende a prescrição por 180 (cento e oitenta) dias ou até a distribuição da execução fiscal, se anterior àquele prazo, aplica-se tão somente às dívidas de natureza não tributárias, porque a prescrição das dívidas tributárias regula-se por lei complementar, no caso o art. 174 do CTN" (STJ-1ª Seção, ED no REsp 657.536, Min. Eliana Calmon, j. 26.3.08, DJ 7.4.08).

"Tanto no regime constitucional atual (CF/88, art. 146, III, *b*) quanto no regime constitucional anterior (art. 18, § 1º, da EC 1/69), as normas sobre prescrição e decadência de crédito tributário estão sob reserva de lei complementar. Assim, são ilegítimas, em relação aos créditos tributários, as normas estabelecidas no § 2º do art. 8º e no § 3º do art. 2º da Lei 6.830/80, que, por decorrerem de lei ordinária, não podiam dispor em contrário às disposições anteriores, previstas em lei complementar" (STJ-Corte Especial, Ag 1.037.765-IInc, Min. Teori Zavascki, j. 2.3.11, maioria, DJ 17.10.11).

Art. 2º: 8d. Súmula 139 do STJ: "Cabe à Procuradoria da Fazenda Nacional propor execução fiscal para cobrança de crédito relativo ao **ITR**" (v. jurisprudência s/ esta Súmula em RSTJ 80/205).

Art. 2º: 9. O § 5º complementou o art. 202 do CTN, que continha os requisitos do termo de inscrição da dívida ativa. Dispensou, porém, validamente, a menção ao livro e folha em que foi feita a inscrição, como era exigido no art. 202 § ún. do CTN (neste sentido: RTFR 138/73).

Art. 2º: 9a. Os requisitos estabelecidos no art. 2º § 5º não são supridos pelo fato de constarem de processo administrativo (TFR-4ª T., AC 117.508, Min. Armando Rollemberg, j. 12.11.86, DJU 15.5.87).

Art. 2º: 9b. "Os requisitos previstos no art. 2º, §§ 5º e 6º, da Lei 6.830/80 e 202 do CTN devem estar contidos na certidão de dívida ativa" (RT 799/397).

"A nulidade da CDA não deve ser declarada por eventuais falhas que não geram prejuízos para o executado promover a sua defesa. Estando o título formalmente perfeito, com a discriminação precisa do fundamento legal sobre que repousam a obrigação tributária, os juros de mora, a multa e a correção monetária, revela-se descabida a sua invalidação, não se configurando qualquer óbice ao prosseguimento da execução" (STJ-1ª T., AI 485.548-AgRg, Min. Luiz Fux, j. 6.5.03, DJU 19.5.03).

S/ substituição da certidão da dívida ativa, v. notas 12 e 12a.

Art. 2º: 9c. s/ indicação do nome do responsável tributário, na certidão de dívida ativa, v. art. 4º, nota 3.

Art. 2º: 10. "É perfeitamente legal a utilização da UFIR para indicar o valor do título executivo" (STJ-1ª T., REsp 133.263, Min. José Delgado, j. 26.6.97, DJU 20.10.97).

Art. 2º: 10a. "O excesso na cobrança expressa na CDA não macula a sua liquidez, desde que os valores possam ser revistos por simples cálculos aritméticos" (STJ-1ª T., AI 525.587-AgRg, Min. Luiz Fux, j. 18.3.04, DJU 5.4.04). "Se é suficiente a realização de meros cálculos aritméticos para se obter o montante exequendo, a subtração da parcela indevida não enseja a nulidade da CDA" (STJ-2ª T., REsp 1.283.814, Min. Mauro Campbell, j. 7.8.12, DJ 14.8.12).

"A dívida fiscal não perde a característica de ser líquida e certa se há necessidade, por imperativo de decisão judicial, de serem subtraídas do total primitivo parcelas reconhecidas como indevidas" (STJ-1ª T., REsp 602.202, Min. José Delgado, j. 9.12.03, DJU 8.3.04).

Art. 2º: 10b. CTN: "Art. 202. O termo de inscrição da dívida ativa, autenticado pela autoridade competente, indicará obrigatoriamente:

"I — o nome do devedor e, sendo caso, o dos corresponsáveis, bem como, sempre que possível, o domicílio ou a residência de um e de outros;

"II — a quantia devida e a maneira de calcular os juros de mora acrescidos;

"III — a origem e natureza do crédito, mencionada especificamente a disposição da lei em que seja fundado;

"IV — a data em que foi inscrita;

"V — sendo caso, o número do processo administrativo de que se originar o crédito.

"Parágrafo único. A certidão conterá, além dos requisitos deste artigo, a indicação do livro e da folha da inscrição.

"Art. 203. A omissão de quaisquer dos requisitos previstos no artigo anterior, ou o erro a eles relativo, são causas de nulidade da inscrição e do processo de cobrança dela decorrente, mas a nulidade poderá ser sanada até a decisão de primeira instância, mediante substituição da certidão nula, devolvido ao sujeito passivo, acusado ou interessado o prazo para defesa, que somente poderá versar sobre a parte modificada.

"Art. 204. A dívida regularmente inscrita goza da presunção de certeza e liquidez e tem o efeito de prova pré--constituída.

"Parágrafo único. A presunção a que se refere este artigo é relativa e pode ser ilidida por prova inequívoca, a cargo do sujeito passivo ou do terceiro a que aproveite".

Art. 2º: 10c. "É nula a CDA que engloba num único valor a cobrança de mais de um exercício" (STJ-1ª T., REsp 830.302, Min. Teori Zavascki, j. 1.6.06, DJU 19.6.06). No mesmo sentido: STJ-2ª T., REsp 818.212, Min. Castro Meira, j. 21.3.06, DJU 30.3.06.

Art. 2º: 11. A Certidão de Dívida Ativa "mostra-se imprestável para embasar processo executivo fiscal se não houve o prévio lançamento do crédito tributário e a respectiva notificação do devedor, nos termos dos arts. 142 e 145 do CTN" (RT 756/377).

Art. 2º: 11a. Não vale como título executivo a Certidão de Dívida Ativa que menciona como responsáveis determinado contribuinte "e outro", não identificado nominalmente (RT 709/93).

Art. 2º: 11b. Assim: "Não é possível o indeferimento da inicial do processo executivo, por nulidade da CDA, antes de se possibilitar à exequente a oportunidade de emenda ou substituição do título" (STJ-2ª T., REsp 832.075, Min. Eliana Calmon, j. 20.6.06, DJU 29.6.06). No mesmo sentido: STJ-RF 395/373: 1ª T., REsp 897.357.

V. tb. art. 6º, nota 1b.

Art. 2º: 12. Súmula 392 do STJ: "A Fazenda Pública pode substituir a certidão de dívida ativa (CDA) até a prolação da sentença de embargos, quando se tratar de correção de erro material ou formal, vedada a modificação do sujeito passivo da execução".

"O termo final para que seja efetivada a substituição ou emenda da Certidão de Dívida Ativa é a **sentença dos embargos à execução** e não a sentença da execução" (STJ-1ª T., REsp 847.168-AgRg, Min. Luiz Fux, j. 5.10.06, DJU 30.10.06).

"A substituição da CDA até a decisão de primeira instância **só é possível em se tratando de erro material ou formal.** Vedada a substituição quando essa implica modificação do lançamento" (STJ-2ª T., REsp 667.186, Min. Eliana Calmon, j. 5.5.05, DJU 6.6.05). No mesmo sentido: STJ-1ª T., AI 732.402-AgRg, Min. José Delgado, j. 18.4.06, DJU 22.5.06.

"Pretende a Fazenda Nacional a substituição da CDA para modificação da alíquota aplicada, o que é defeso por não se caracterizar como mero erro material ou formal" (STJ-2ª T., REsp 1.415.451-AgRg, Min. Humberto Martins, j. 25.3.14, DJ 31.3.14).

"A pessoa jurídica já dissolvida pela decretação da falência subsiste durante seu processo de liquidação, sendo extinta, apenas, depois de promovido o cancelamento de sua inscrição perante o ofício competente. Inteligência do art. 51 do Código Civil. O ajuizamento de execução fiscal sem a menção 'massa falida' não importa erro quanto à identificação da pessoa jurídica devedora, mas, apenas, mera irregularidade que diz respeito à sua representação processual e que pode ser sanada durante o processamento do feito. Não é o caso de substituição da CDA, nem redirecionamento da execução fiscal, sendo, portanto, inaplicável a Súmula 392/STJ" (STJ-1ª T., REsp 1.359.273, Min. Benedito Gonçalves, j. 4.4.13, um voto vencido, DJ 14.5.13). No mesmo sentido: STJ-2ª T., REsp 1.359.041, Min. Castro Meira, j. 18.6.13, DJ 28.6.13. Inserindo esse caso "na extensão do que se pode compreender por 'erro material ou formal', e não como 'modificação do sujeito passivo da execução'", para "determinar o retorno dos autos ao Juízo de origem, a fim de que, facultada à exequente a oportunidade para emendar a inicial, com base no disposto no art. 284 do CPC, dê prosseguimento ao feito como entender de direito": STJ-1ª Seção, REsp 1.372.243, Min. Og Fernandes, j. 11.12.13, um voto vencido, DJ 21.3.14.

"O reconhecimento da incorporação empresarial inviabiliza o prosseguimento da execução fiscal, porquanto tal procedimento implica, na prática, a alteração do sujeito passivo da CDA, o que é vedado pela Súmula 392/STJ" (STJ-2ª T., REsp 1.686.680-AgInt, Min. Mauro Campbell, j. 10.10.17, DJ 17.10.17). **Todavia:** "Execução fiscal. Sucessão empresarial, por incorporação. Ocorrência antes do lançamento, sem prévia comunicação ao fisco. Substituição da CDA. Desnecessidade" (STJ-1ª Seção, ED no REsp 1.695.790, Min. Gurgel de Faria, j. 13.3.19, DJ 26.3.19). Do voto do relator: "Se o fato gerador ocorre depois da incorporação, mas o lançamento é feito contra a contribuinte/responsável originária, como no caso, não há falar em necessidade de alteração do ato de lançamento, porquanto a incorporação não foi oportunamente comunicada, não podendo o incorporador obter proveito de sua própria torpeza".

"Em princípio, a indicação equivocada do CPF do executado constitui simples erro material, passível de correção, na forma do art. 2º, § 8º, da Lei 6.830/80, porque, de ordinário, não modifica a pessoa executada, se os demais dados, como nome, endereço e número do processo administrativo, estão indicados corretamente; assim, é possível sua alteração até a prolação da sentença. A hipótese, contudo, é diversa, por cuidar-se de homônimos, ou seja, o erro na indicação do CPF acabou por incluir no processo executivo pessoa diversa daquela, em tese, efetivamente devedora do imposto, a qual, inclusive, sofreu bloqueio indevido de dinheiro depositado em sua conta-corrente" (STJ-1ª T., REsp 1.279.899, Min. Napoleão Maia Filho, j. 18.2.14, DJ 11.3.14).

V. tb. CPC 485, nota 32 (execução fiscal proposta contra pessoa falecida).

Art. 2º: 12a. Se a Fazenda Pública substituiu ou emendou a Certidão da Dívida Ativa após o oferecimento de embargos, com a redução do débito, deve ser considerada sucumbente com relação à diferença entre a quantia inicialmente cobrada e aquela posteriormente reduzida (RTFR 123/43).

"Processo civil. Execução fiscal. **Honorários de advogado.** Substituição da certidão de dívida ativa. A substituição da certidão de dívida ativa pode, em concreto, ser uma forma simulada de desistência do que está sendo exigido em excesso na execução fiscal; espécie em que isso ocorreu porque, substituída a certidão de dívida ativa após a oposição de embargos do devedor, a cobrança remanescente, de R$ 20.911,33, resultou inexpressiva em relação ao pretenso crédito originário, de R$ 681.626,28. Recurso especial conhecido e provido" para condenar a Fazenda Pública ao pagamento de honorários advocatícios, fixados em R$ 40.000,00 (STJ-1ª T., REsp 1.368.441, Min. Ari Pargendler, j. 12.11.13, DJ 27.11.13).

Todavia: "A simples substituição da Certidão de Dívida Ativa, com a reabertura de prazo para oposição de embargos, não enseja a condenação da Fazenda Pública ao pagamento de honorários, pois apenas à decisão final do processo caberá fazê-lo" (STJ-2ª T., REsp 388.764, Min. Franciulli Netto, j. 6.5.04, DJU 6.9.04).

Art. 2º: 13. que é de 30 dias (v. art. 16).

Art. 2º: 13a. "Processo civil. Execução fiscal. Prescrição. Decorridos mais de cinco anos entre a constituição da dívida e a citação do executado, demora que não decorreu de falha no funcionamento dos serviços da Justiça, e sim de culpa do autor, ocorreu a prescrição da ação para a cobrança respectiva, nos termos do art. 174 do CTN" (STJ-RT 668/179).

S/ prescrição, v. art. 8º § 2º e art. 40.

Art. 2º: 13b. A Lei 3.807/60 foi implicitamente revogada pela **Lei 8.212, de 24.7.91** (Lei Orgânica da Seguridade Social, republicada com todas as alterações posteriores, no DOU 14.8.98), que dispôs sobre prescrição em matéria de acidente do trabalho nos seus arts. 88, 46 e 45.

Art. 2º: 14. A norma do § 9º do art. 2º da Lei 6.830 é inaplicável, por contrariar o art. 174 do CTN, que é lei complementar (RTFR 122/190).

Art. 3º A dívida ativa regularmente inscrita goza da presunção de certeza e liquidez.[1]

Parágrafo único. A presunção a que se refere este artigo é relativa e pode ser ilidida por prova inequívoca, a cargo do executado ou de terceiro, a quem aproveite.[2]

Art. 3º: 1. Neste sentido: CTN 204.

Art. 3º: 2. No mesmo sentido: CTN 204 § ún.

Art. 4º A execução fiscal poderá ser promovida contra:[1 a 1b]

I — o devedor;

II — o fiador;

III — o espólio;

IV — a massa;

V — o responsável,[2 a 8b] nos termos da lei, por dívidas, tributárias, ou não, de pessoas físicas ou pessoas jurídicas de direito privado; e

VI — os sucessores a qualquer título.

§ 1º Ressalvado o disposto no art. 31, o síndico, o comissário, o liquidante, o inventariante e o administrador, nos casos de falência, concordata,[8c] liquidação, inventário, insolvência ou concurso de credores, se, antes de garantidos os créditos da Fazenda Pública, alienarem ou derem em garantia quaisquer dos bens administrados, respondem, solidariamente, pelo valor desses bens.

§ 2º À dívida ativa da Fazenda Pública, de qualquer natureza, aplicam-se as normas relativas à responsabilidade prevista na legislação tributária, civil e comercial.

§ 3º Os responsáveis, inclusive as pessoas indicadas no § 1º deste artigo, poderão nomear bens livres e desembaraçados do devedor, tantos quantos bastem para pagar a dívida. Os bens dos responsáveis ficarão, porém, sujeitos à execução, se os do devedor forem insuficientes à satisfação da dívida.[9]

§ 4º Aplica-se à dívida ativa da Fazenda Pública de natureza não tributária o disposto nos arts. 186 e 188 a 192 do Código Tributário Nacional.[10 a 12]

Art. 4º: 1. cf. CPC 779.

CTN: "Art. 134. Nos casos de impossibilidade de exigência do cumprimento da obrigação principal pelo contribuinte, respondem solidariamente com este nos atos em que intervierem ou pelas omissões de que forem responsáveis:

"I — os pais, pelos tributos devidos por seus filhos menores;

"II — os tutores e curadores, pelos tributos devidos por seus tutelados ou curatelados;

"III — os administradores de bens de terceiros, pelos tributos devidos por estes;

"IV — o inventariante, pelos tributos devidos pelo espólio;

"V — o síndico e o comissário, pelos tributos devidos pela massa falida ou pelo concordatário;

"VI — os tabeliães, escrivães e demais serventuários de ofício, pelos tributos devidos sobre os atos praticados por eles, ou perante eles, em razão do seu ofício;

"VII — os sócios, no caso de liquidação de sociedade de pessoas.

"Parágrafo único. O disposto neste artigo só se aplica, em matéria de penalidades, às de caráter moratório.

"Art. 135. São pessoalmente responsáveis pelos créditos correspondentes às obrigações tributárias resultantes de atos praticados com excesso de poderes ou infração de lei, contrato social ou estatutos:

"I — as pessoas referidas no artigo anterior;

"II — os mandatários, prepostos e empregados;

"III — os diretores, gerentes ou representantes de pessoas jurídicas de direito privado".

Art. 4º: 1a. s/ execução fiscal contra a Fazenda Pública, v. CPC 910, nota 3.

Art. 4º: 1b. "Imunidade de jurisdição. Execução fiscal. É da jurisprudência do Supremo Tribunal que, salvo renúncia, é absoluta a imunidade do Estado estrangeiro à jurisdição executória" (STF-Pleno, ACOr-AgRg 543, Min. Sepúlveda Pertence, j. 30.8.06, DJU 24.11.06). "As questões de direito público referentes à cobrança de débitos tributários estão abrangidas pela regra de imunidade de jurisdição de que goza o Estado Estrangeiro. Aplicam-se, na hipótese vertente, as Convenções de Viena, de 1961 e 1963" (STJ-1ª T., RO 35, Min. Teori Zavascki, j. 5.8.04, DJU 23.8.04). "É de ser reconhecida a imunidade fiscal inscrita na Convenção de Viena quando se tratar de execução fiscal" (STJ-2ª T., RO 36, Min. Castro Meira, j. 17.6.04, DJU 16.8.04).

"Encontra-se pacificado na jurisprudência do STJ o entendimento de que os Estados estrangeiros possuem imunidade tributária e de jurisdição, segundo os preceitos das Convenções de Viena de 1961 (art. 23) e de 1963 (art. 32), que concedem isenção sobre impostos e taxas, ressalvadas aquelas decorrentes da prestação de serviços individualizados e específicos que lhes sejam prestados. Desse modo, inadmissível o prosseguimento do processo em relação ao IPTU. **Contudo,** solução diversa merece ser dada à exigência da Taxa de Coleta Domiciliar de Lixo, que decorre da prestação de serviço específico, conforme a hipótese de incidência descrita no art. 1º da Lei Municipal 2.687/1998. Se a existência da demanda for comunicada ao estado estrangeiro, e este não renunciar expressamente à imunidade de jurisdição, o processo deve ser extinto sem resolução de mérito. No presente caso, a petição inicial foi extinta de plano, antes mesmo de ter sido dada ciência ao estado estrangeiro acerca da propositura da demanda, de modo que não lhe fora oportunizada eventual renúncia à imunidade de jurisdição. Assim, devem os autos retornar à origem para que se possa consultá-lo sobre a prerrogativa em questão" (STJ-2ª T., RO 138, Min. Herman Benjamin, j. 25.2.14, DJ 19.3.14).

V. CF 102-I-*e*, 105-II-*c*, 109-II e 114, nota 4b. V. tb. CPC 21, nota 1c.

Art. 4º: 2. s/ interrupção da prescrição, em relação ao responsável tributário, v. art. 8º, nota 18.

✎ **Art. 4º: 2a.** "Responsabilidade tributária do sócio-gerente", por Humberto Theodoro Jr. (RT 739/115-parecer); "A responsabilização tributária dos sócios na hipótese de falência da sociedade", por Carlos Alberto Bittar Filho (RT 757/89); "A execução fiscal e a responsabilidade de sócios e dirigentes de pessoas jurídicas", por Hugo de Brito Machado Segundo (RF 370/23).

Art. 4º: 2b. "O substituto legal tributário é a pessoa não vinculada ao fato gerador, obrigada a pagar o tributo. O responsável tributário é a pessoa vinculada ao fato gerador, obrigada a pagar o tributo se não for adimplido pelo contribuinte ou pelo substituto legal tributário" (RSTJ 146/124).

Art. 4º: 2c. O sucessor é responsável pelos tributos, pertinentes ao fundo ou ao estabelecimento adquiridos, não, porém, pela multa, que, mesmo de natureza tributária, tem caráter punitivo (RTJ 98/733).

"O adquirente de fundo de comércio ou estabelecimento comercial, industrial ou profissional que continuar a respectiva exploração responde integralmente pelos tributos relativos ao fundo ou estabelecimento adquirido se o alienante cessar a exploração do comércio, indústria ou atividade" (RSTJ 52/216).

Art. 4º: 3. Responsável tributário. Indicação de seu nome na Certidão da Dívida Ativa. "Não se pode confundir a relação processual com a relação de direito material objeto da ação executiva. Os requisitos para instalar a relação processual executiva são os previstos na lei processual, a saber, o inadimplemento e o título executivo (CPC, arts. 580 e 583). Os pressupostos para configuração da responsabilidade tributária são os estabelecidos pelo direito material, nomeadamente pelo art. 135 do CTN. A indicação, na Certidão de Dívida Ativa, do nome do responsável ou do corresponsável (Lei 6.830/80, art. 2º, § 5º, I; CTN, art. 202, I), confere ao indicado a condição de legitimado passivo para a relação processual executiva (CPC, art. 568, I), mas não confirma, a não ser por presunção relativa (CTN, art. 204), a existência da responsabilidade tributária, matéria que, se for o caso, será decidida pelas vias cognitivas próprias, especialmente a dos embargos à execução. É diferente a situação quando o nome do responsável tributário não figura na certidão de dívida ativa. Nesses casos, embora configurada a legitimidade passiva (CPC, art. 568, V), caberá à Fazenda exequente, ao promover a ação ou ao requerer o seu redirecionamento, indicar a causa do pedido, que há de ser uma das situações, previstas no direito material, como configuradoras da responsabilidade subsidiária" (RSTJ 184/125).

Se os nomes dos sócios constam da Certidão da Dívida Ativa, "não é necessário a autarquia comprovar terem os sócios agido com excesso de poderes ou infração à lei. Ao invés, ante a presunção relativa da CDA, cabe aos executados, a pessoa jurídica e o sócio incluído no termo de inscrição, fazer a prova em sentido contrário" (STJ-2ª T., REsp 624.017, Min. Castro Meira, j. 18.5.04, DJU 16.8.04; a citação é do voto do relator).

No sentido de que a execução fiscal pode incidir contra o responsável tributário, não sendo necessário que conste o seu nome na certidão da dívida ativa: RTJ 102/823, 103/782, 103/1.274, 105/334, 106/878, 115/786, 121/718,

122/438, 122/448, 123/350, 123/1.208; STF-RT 626/248; RSTJ 59/162, 88/44, 146/136; STJ-RT 721/290; JTJ 174/53; RJM 168/74. Mas, nessa hipótese, como já se viu acima: "Para que se viabilize o redirecionamento da execução fiscal, exige-se que a respectiva petição descreva, como causa para redirecionar, uma das situações caracterizadoras da responsabilidade subsidiária do terceiro pela dívida do executado. Invocada tal causa, é cabível o pedido de redirecionamento, ficando para exame em embargos à execução, se for o caso, a configuração fática da alegada circunstância" (STJ-1ª T., REsp 597.937, Min. Teori Zavascki, j. 15.3.05, DJU 4.4.05).

V. tb. STJ-1ª Seção, ED no REsp 702.232, rel. Min. Castro Meira, j. 14.9.05, DJU 26.9.05.

Quanto à prova de excesso de poderes ou de infração à lei: "Nos termos dos arts. 135, III e 202, do CTN, são substitutos, na responsabilidade tributária, os diretores, gerentes ou representantes de pessoa jurídica de direito privado e, assim, podem ser inscritos na dívida ativa independentemente de processo judicial prévio, ficando a discussão acerca da prática de excesso de poderes ou de infração à lei, ao contrato social ou ao estatuto reservado para os embargos do executado" (RT 787/402).

Art. 4º: 3a. **Responsabilidade de sócio que se afastou da sociedade.** "Conforme interpretação do art. 135, III, do CTN, inexiste responsabilidade tributária do ex-sócio que se afastou regular e legalmente da sociedade comercial e transferiu suas cotas a terceiro, se o débito fiscal, embora contraído no período em que aquele participava de modo comum com os demais da administração da empresa, somente foi apurado e cobrado três anos depois do aditivo contratual que alterou a composição societária" (STJ-RT 774/214, ementa da redação).

Art. 4º: 3b. O **sócio** que **ingressou** na sociedade **após o fato gerador** não responde pela respectiva dívida, no caso de ulterior redirecionamento da execução fiscal (STJ-2ª T., REsp 988.509, Min. Eliana Calmon, j. 19.8.08, DJ 22.9.08).

Art. 4º: 4. **Citação de sócio da sociedade executada.** "A comprovação da responsabilidade do sócio é imprescindível para que a execução fiscal seja redirecionada, mediante citação do mesmo" (STJ-2ª T., REsp 278.744, Min. Eliana Calmon, j. 19.3.02, DJU 29.4.02). No mesmo sentido: RTRF-3ª Reg. 16/21.

"Ajuizada execução fiscal contra sociedade por cotas de responsabilidade limitada, e não localizados bens desta suficientes para o adimplemento da obrigação, pode o processo ser redirecionado contra o sócio-gerente, hipótese em que este deve ser preliminarmente citado em nome próprio para se defender da responsabilidade imputada, cuja causa o credor deve traduzir em petição clara e precisa" (RSTJ 81/159).

"Antes de se imputar a responsabilidade tributária, é necessária a prévia citação do sócio-gerente, a fim de que seja possível o exercício do direito de defesa" (STJ-1ª T., REsp 236.131, Min. Gomes de Barros, j. 25.9.00, DJU 13.11.00). Por isso: "Para que se viabilize o redirecionamento da execução é indispensável que a respectiva petição descreva, como causa para redirecionar, uma das situações caracterizadoras da responsabilidade subsidiária do terceiro pela dívida do executado" (STJ-1ª T., REsp 544.879-AgRg, Min. Teori Zavascki, j. 20.5.04, DJU 7.6.04).

"É lícito ao juiz de 1º grau condicionar a citação dos sócios indicados pela exequente à prévia comprovação da função por eles exercida na sociedade executada, a fim de se evitar tumulto processual e prosseguimento em vão do feito" (STJ-RT 811/184).

Art. 4º: 5. **Aferição da responsabilidade do sócio.** "Os bens particulares do sócio não respondem por dívida fiscal da sociedade, salvo se houver prática de ato com excesso de poder ou infração de lei. Precedentes do STF" (RTJ 122/719). No mesmo sentido: RTJ 103/1.222, 103/1.274.

Súmula 430 do STJ: "O **inadimplemento da obrigação tributária** pela sociedade **não gera, por si só,** a **responsabilidade** solidária do **sócio-gerente**".

"O simples inadimplemento não caracteriza infração legal. Inexistindo prova de que se tenha agido com excesso de poderes, ou infração de contrato social ou estatutos, não há falar-se em responsabilidade tributária do ex-sócio a esse título ou a título de infração legal" (STJ-RT 797/215: 1ª Seção, ED no REsp 174.532). Mais recentemente, confirmando essa tese: STJ-1ª Seção, REsp 1.101.728, Min. Teori Zavascki, j. 11.3.09, DJ 23.3.09.

"Mesmo em se tratando de **débitos para com a Seguridade Social,** a responsabilidade pessoal dos sócios das sociedades por quotas de responsabilidade limitada, prevista no art. 13 da Lei 8.620/93, só existe quando presentes as condições estabelecidas no art. 135, III do CTN. Nessa situação, portanto, é indispensável a comprovação, pelo credor exequente, de que o não recolhimento da exação decorreu de ato praticado com violação à lei, ou de que o sócio deteve a qualidade de dirigente da sociedade devedora" (STJ-1ª Seção, ED no REsp 624.842-AgRg, Min. Teori Zavascki, j. 26.10.05, DJU 21.11.05).

"Resta infirmada a Lei n. 8.620/93 no que pretende ampliar a responsabilidade dos sócios-gerentes ou administradores, tendo em vista que tal imposição depende de lei complementar, e observado que a norma vai de encontro com o disposto no Código Civil" (STJ-1ª T., REsp 677.800-AgRg, Min. Francisco Falcão, j. 13.12.05, DJU 6.3.06).

"Reconhecida a inconstitucionalidade do art. 13 da Lei 8.620/93 na parte em que determinou que os sócios das empresas por cotas de responsabilidade limitada responderiam solidariamente, com seus bens pessoais, pelos débitos junto à Seguridade Social" (STF-RT 907/428: Pleno, RE 562.276).

Art. 4º: 5a. **Responsabilidade do sócio e extinção da empresa.** "Duas regras básicas comandam o redirecionamento: a) quando a empresa se extingue regularmente, cabe ao exequente provar a culpa do sócio para obter a sua imputação de responsabilidade; b) se a empresa se extingue de forma irregular, torna-se possível o redirecionamento, sendo ônus do sócio provar que não agiu com culpa ou excesso de poder" (STJ-2ª T., REsp 966.108, Min. Eliana Calmon, j. 19.8.08, DJ 18.9.08).

"Em se tratando de sociedade que se extingue irregularmente, cabe a responsabilidade dos sócios, os quais podem provar não terem agido com dolo, culpa, fraude ou excesso de poder. Se não há extinção da sociedade, a prova em desfavor do sócio passa a ser do exequente" (STJ-2ª T., REsp 420.663-AgRg, Min. Eliana Calmon, j. 13.8.02, DJU 9.9.02). "O simples indício de ter havido a dissolução irregular da empresa executada, por si só, não autoriza a pretensão de reconduzir o executivo fiscal contra os sócios da empresa. Mas se o indício se torna robusto, amparado por documentos que atestem o provável encerramento das atividades da empresa, torna-se possível autorizar o redirecionamento do executivo fiscal" (STJ-2ª T., REsp 826.791, Min. Castro Meira, j. 16.5.06, DJU 26.5.06).

No sentido de que a celebração do distrato social não gera presunção absoluta de dissolução regular da empresa, a ponto de, por si, impedir o redirecionamento da execução fiscal: "O distrato social é apenas uma das etapas para a extinção da sociedade empresarial. É necessária a posterior realização do ativo e pagamento do passivo. Somente após tais providências é que será possível decretar a extinção da personalidade jurídica" (STJ-2ª T., REsp 1.758.864, Min. Herman Benjamin, j. 16.10.18, DJ 28.11.18).

Súmula 435 do STJ: "Presume-se dissolvida irregularmente a empresa que **deixar de funcionar no seu domicílio fiscal,** sem comunicação aos órgãos competentes, legitimando o redirecionamento da execução fiscal para o sócio-gerente".

"A empresa que deixa de funcionar no endereço indicado no contrato social arquivado na junta comercial, desaparecendo sem deixar nova direção, é presumivelmente considerada como desativada ou irregularmente extinta" (STJ-2ª T., REsp 813.099, Min. Eliana Calmon, j. 25.4.06, um voto vencido, DJU 25.5.06). "O sócio-gerente que deixa de manter atualizados os registros empresariais e comerciais, em especial quanto à localização da empresa e à sua dissolução, viola a lei (arts. 1.150 e 1.151, do CC, e arts. 1º, 2º, e 32, da Lei 8.934/94, entre outros). A não localização da empresa, em tais hipóteses, gera legítima presunção *iuris tantum* de dissolução irregular" (STJ-1ª Seção, ED no REsp 716.412, Min. Herman Benjamin, j. 12.9.08, DJ 22.9.08). "A certidão emitida pelo oficial de justiça, que atesta que a empresa devedora não mais funciona no endereço constante dos assentamentos da junta comercial, é indício de dissolução irregular, apto a ensejar o redirecionamento da execução para o sócio-gerente, nos termos da Súmula 435/STJ" (STJ-2ª T., Ag em REsp 235.120-AgRg, Min. Herman Benjamin, j. 20.11.12, DJ 18.12.12). No mesmo sentido: STJ-1ª T., Ag em REsp 586.217-AgRg, Min. Sérgio Kukina, j. 16.12.14, DJ 19.12.14. RT 849/405, 865/204. **Todavia:** "Não se pode considerar que a carta citatória devolvida pelos correios seja indício suficiente para se presumir o encerramento irregular da sociedade" (STJ-2ª T., REsp 1.017.588, Min. Humberto Martins, j. 6.11.08, DJ 28.11.08).

"A **falência** não configura modo irregular de dissolução da sociedade, pois, além de estar prevista legalmente, consiste numa faculdade estabelecida em favor do comerciante impossibilitado de honrar os compromissos assumidos. Em qualquer espécie de sociedade comercial, é o patrimônio social que responde sempre e integralmente pelas dívidas sociais. Com a quebra, a massa falida responde pelas obrigações a cargo da pessoa jurídica até o encerramento da falência, só estando autorizado o redirecionamento da execução fiscal caso fique demonstrada a prática pelo sócio de ato ou fato eivado de excesso de poderes ou de infração de lei, contrato social ou estatutos" (STJ-RF 381/312: 2ª T., REsp 667.382). No mesmo sentido: RT 920/867 (TRF-3ª Reg., AI 0020156-04.2011.4.03.0000).

"A questão da corresponsabilidade pelo pagamento da dívida ativa da Fazenda Pública é matéria estranha à competência do juízo falimentar, razão pela qual a sentença que decreta a extinção da falência, por não haver patrimônio apto para quitação do passivo, não constitui, por si só, justa causa para o indeferimento do pedido de redirecionamento, ou para a extinção da execução fiscal" (STJ-2ª T., REsp 904.131, Min. Herman Benjamin, j. 19.11.09, um voto vencido, DJ 15.10.10). "Ainda que regular a dissolução da pessoa jurídica por falência, é admissível o prosseguimento da execução fiscal contra os sócios cujos nomes constam da CDA" (STJ-2ª T., REsp 1.070.192, Min. Castro Meira, j. 19.11.09, um voto vencido, DJ 18.2.10).

"O redirecionamento da execução fiscal, na hipótese de dissolução irregular da sociedade, pressupõe a **permanência do sócio** na administração da empresa **ao tempo da ocorrência da dissolução"** (STJ-1ª Seção, ED no Ag 1.105.993, Min. Hamilton Carvalhido, j. 13.12.10, DJ 1.2.11). Assim: "Não responde pessoalmente pelo débito tributário da pessoa jurídica, sob o fundamento da dissolução irregular da sociedade, o sócio que dela se retirou em data anterior à ocorrência da referida dissolução" (STJ-1ª T., AI 1.371.311-AgRg, Min. Teori Zavascki, j. 22.5.12, DJ 28.5.12).

"Redirecionamento da execução fiscal. Dissolução irregular. Necessidade de ter o sócio **poder de gerência à época dos fatos geradores.** Embora seja necessário demonstrar quem ocupava o posto de gerente no momento da dissolução, é necessário, antes, que aquele responsável pela dissolução tenha sido também, simultaneamente, o detentor da gerência na oportunidade do vencimento do tributo. É que só se dirá responsável o sócio que, tendo poderes para tanto, não pagou o tributo (daí exigir-se seja demonstrada a detenção de gerência no momento do vencimento do débito) e que, ademais, conscientemente, optou pela irregular dissolução da sociedade (por isso, também exigível a prova da permanência no momento da dissolução irregular)" (STJ-1ª T., REsp 1.468.233-AgRg, Min. Sérgio Kukina, j. 9.12.14, DJ 16.12.14). **Contra,** legitimando o redirecionamento da execução fiscal ao sócio-gerente no momento da dissolução irregular, independentemente da sua participação na gerência por ocasião do fato gerador: STJ-2ª T., REsp 1.520.257, Min. Og Fernandes, j. 16.6.15, DJ 23.6.15.

Caracterizada a dissolução irregular da pessoa jurídica, o correlato redirecionamento da execução fiscal ao seu sócio é autorizado tanto em matéria de dívida tributária quanto em matéria de dívida não tributária (STJ-1ª Seção, REsp 1.371.128, Min. Mauro Campbell, j. 10.9.14, DJ 17.9.14).

Art. 4º: 5b. Sócio sem função de gerência. "A prática dos atos contrários à lei ou em excesso do mandato só induz à responsabilidade dos sócios-gerentes, na sociedade por quotas de responsabilidade limitada, não atingindo os sócios quotistas, sem poderes de gestão" (STJ-Bol. AASP 2.369/3.081, 2ª Turma).

No mesmo sentido, acrescentando: "É insuficiente, para evidenciar a responsabilidade tributária do sócio, fazer constar da CDA a expressão genérica de 'corresponsável', sem esclarecer em que condição responde o sócio pela sociedade" (RSTJ 192/178: 1ª T., REsp 621.900).

Art. 4º: 5c. Responsabilidade subsidiária de sócio. "Existentes, localizados e penhorados bens patrimoniais da pessoa jurídica executada, descabe a substituição por outros do patrimônio pessoal dos sócios, até que, não arrematados, ou não adjudicados, reavaliados, fique demonstrada a insuficiência do valor para quitar a dívida fiscal atualizada" (STJ-RT 723/287).

Art. 4º: 6. Súmula 251 do STJ: "A meação só responde pelo ato ilícito quando o credor, na execução fiscal, provar que o enriquecimento dele resultante aproveitou ao casal" (v. jurisprudência s/ esta Súmula em RSTJ 144/375). Ainda: RT 832/379, 864/396, 891/401 (TRF-1ª Reg., AP 1999.40.00.006267-5).

Súmula 112 do TFR: "Em execução fiscal, a responsabilidade pessoal do sócio-gerente de sociedade por cotas, decorrente de violação da lei ou excesso de mandato, não atinge a meação de sua mulher" (já retificada; v. jurisprudência s/ esta Súmula em RTFR 92/216).

No mesmo sentido, sempre em execução fiscal: "A responsabilidade pessoal do sócio-gerente da sociedade por quotas, decorrente da violação da lei ou de excesso de mandato, não atinge a meação da mulher" (RSTJ 124/179, 2ª T.).

"A meação da esposa só responde pelos atos ilícitos realizados pelo cônjuge mediante prova de que se beneficiou com o produto oriundo da infração, cabendo ao credor o ônus da prova de que isto ocorreu" (RSTJ 144/377, 144/392, ambos da 1ª T.).

Ainda, acrescentando que a defesa da meação do cônjuge faz-se, no caso, através de embargos de terceiro: RSTJ 158/123, 1ª T.

Art. 4º: 7. O **sócio citado como litisconsorte passivo,** para integrar a execução contra a sociedade (art. 153, III, do CTN), é responsável pelo débito fiscal e por isso está abrangido na obrigação principal, razão pela qual deverá apresentar, em **embargos à execução,** a defesa que tiver (STF-RT 562/244, RSTJ 109/91; STJ-1ª Seção, ED no REsp 98.484, Min. Teori Zavascki, j. 24.11.04, DJU 17.12.04; RT 605/108, 751/413, JTJ 163/54, Lex-JTA 164/168). No mesmo sentido era a **Súmula 184 do TFR (Embargos de terceiro do sócio-gerente):** "Em execução movida contra sociedade por cotas, o sócio-gerente, citado em nome próprio, não tem legitimidade para opor embargos de terceiro, visando livrar da constrição judicial seus bens particulares" (v. jurisprudência s/ esta Súmula em RTFR 132/273 a 289).

Mais liberal: "É lícito ao sócio-quotista, citado como litisconsorte passivo da sociedade na execução fiscal, opor embargos de terceiro com a finalidade de desconstituir a penhora incidente sobre bens de sua propriedade particular" (STJ-1ª T., REsp 936.132, Min. Luiz Fux, j. 16.10.08, DJ 3.11.08).

Fungibilidade dos embargos. "Tendo o sócio sido devidamente citado para integrar o polo passivo da execução fiscal, deve promover sua defesa por meio de embargos do devedor e não de terceiro, eis que esta ação é instrumento a ser utilizado apenas por terceiro estranho à relação processual. Em tese é possível o recebimento dos embargos de terceiro como do devedor, em homenagem aos princípios da fungibilidade e da ampla defesa; contudo, aqueles deverão ser opostos no prazo destes" (RSTJ 184/119: 1ª T.). No mesmo sentido, conhecendo dos embargos de terceiro como embargos de devedor porque o equívoco resultou do fato de o citando não ter figurado, por engano da exequente, como corresponsável tributário: RJTJESP 76/89.

S/ exceção de pré-executividade oposta pelo sócio da empresa executada, v. art. 16, nota 14a.

Art. 4º: 7a. O **sócio que não foi citado** na execução contra a sociedade, mas nela teve os seus bens penhorados, tem legitimidade para opor **embargos de terceiro** (RSTJ 87/71, Lex-JTA 164/168), e não embargos do devedor (RT 561/87).

Art. 4º: 7b. Quanto ao terceiro que nem sequer é sócio da executada, mas totalmente estranho a ela: "O terceiro não tem legitimidade para opor-se à execução, por via de embargos (do devedor), ainda que se declare responsável pelo débito exequendo" (RSTJ 87/71).

Art. 4º: 7c. Defesa do sócio em exceção de pré-executividade. "Havendo indícios de que a empresa encerrou irregularmente suas atividades, é possível redirecionar a execução ao sócio, a quem cabe provar o contrário em sede de embargos à execução, e não pela estreita via da exceção de pré-executividade" (STJ-1ª T., AI 561.854-AgRg, Min. Teori Zavascki, j. 6.4.04, DJU 19.4.04). No mesmo sentido: STJ-2ª T., REsp 336.468, Min. Franciulli Netto, j. 3.6.03, DJU 30.6.03; RT 833/378.

Art. 4º: 8. "Redirecionamento da execução fiscal. Sucessão de empresas. Grupo econômico de fato. Confusão patrimonial. Instauração de **incidente de desconsideração da personalidade jurídica. Desnecessidade**" (STJ-2ª T., REsp 1.786.311, Min. Francisco Falcão, j. 9.5.19, DJ 14.5.19).

Todavia: "A instauração do incidente de desconsideração da personalidade jurídica — IDPJ, em sede de execução fiscal, para a cobrança de crédito tributário, revela-se excepcionalmente cabível diante da: (i) relação de complementariedade entre a LEF e o CPC/2015, e não de especialidade excludente; e (ii) previsão expressa do art. 134 do CPC quanto ao cabimento do incidente nas execuções fundadas em títulos executivos extrajudiciais. O IDPJ mostra-se viável quando uma das partes na ação executiva pretende que o crédito seja cobrado de quem não figure na CDA e não exista demonstração efetiva da responsabilidade tributária em sentido estrito, assim entendida aquela fundada nos arts. 134 e 135 do CTN" (STJ-1ª T., REsp 1.804.913, Min. Regina Costa, j. 1.9.20, maioria, DJ 2.10.20).

Art. 4º: 8a. Entendendo que o mérito do redirecionamento da execução fiscal **não fica coberto pela preclusão** ante a **falta de imediato agravo de instrumento** por parte do sócio atingido, por considerar que ele deve antes se defender em primeira instância, por exceção de pré-executividade ou embargos, para depois recorrer ao tribunal, por ocasião da rejeição da sua defesa: STJ-2ª T., REsp 1.773.832, Min. Herman Benjamin, j. 6.12.18, DJ 23.4.19.

Art. 4º: 8b. Inadmitindo recurso interposto pela sociedade contra o redirecionamento da execução para os sócios: "A pessoa jurídica não tem legitimidade para interpor recurso no interesse do sócio" (STJ-1ª Seção, REsp 1.347.627, Min. Ari Pargendler, j. 9.10.13, DJ 21.10.13).

V. tb. CPC 137, nota 1, e LRF 103, nota 2.

Art. 4º: 8c. A concordata deu lugar à recuperação judicial ou extrajudicial.

Art. 4º: 9. cf. CPC 794-*caput* e § 1º.

Art. 4º: 10. CTN: "Art. 186. O crédito tributário prefere a qualquer outro, seja qual for sua natureza ou o tempo de sua constituição, ressalvados os créditos decorrentes da legislação do trabalho ou do acidente de trabalho. **Parágrafo único.** Na falência: **I** — o crédito tributário não prefere aos créditos extraconcursais ou às importâncias passíveis de restituição, nos termos da lei falimentar, nem aos créditos com garantia real, no limite do valor do bem gravado; **II** — a lei poderá estabelecer limites e condições para a preferência dos créditos decorrentes da legislação do trabalho; e **III** — a multa tributária prefere apenas aos créditos subordinados.

"Art. 187. A cobrança judicial do crédito tributário não é sujeita a concurso de credores ou habilitação em falência, recuperação judicial, concordata, inventário ou arrolamento. **Parágrafo único.** O concurso de preferência somente se verifica entre pessoas jurídicas de direito público, na seguinte ordem: **I** — União; **II** — Estados, Distrito Federal e Territórios, conjuntamente e *pro rata*; **III** — Municípios, conjuntamente e *pro rata* (s/ este art., v. LEF 29).

"Art. 188. São extraconcursais os créditos tributários decorrentes de fatos geradores ocorridos no curso do processo de falência. **§ 1º** Contestado o crédito tributário, o juiz remeterá as partes ao processo competente, mandando reservar bens suficientes à extinção total do crédito e seus acrescidos, se a massa não puder efetuar a garantia da instância por outra forma, ouvido, quanto à natureza e valor dos bens reservados, o representante da Fazenda Pública interessada. **§ 2º** O disposto neste artigo aplica-se aos processos de concordata.

"Art. 189. São pagos preferencialmente a quaisquer créditos habilitados em inventário ou arrolamento, ou a outros encargos do monte, os créditos tributários vencidos ou vincendos, a cargo do *de cujus* ou de seu espólio, exigíveis no decurso do processo de inventário ou arrolamento. **Parágrafo único.** Contestado o crédito tributário, proceder-se-á na forma do disposto no § 1º do artigo anterior.

"Art. 190. São pagos preferencialmente a quaisquer outros os créditos tributários vencidos ou vincendos, a cargo de pessoas jurídicas de direito privado em liquidação judicial ou voluntária, exigíveis no decurso da liquidação.

"Art. 191. A extinção das obrigações do falido requer prova de quitação de todos os tributos.

"Art. 191-A. A concessão de recuperação judicial depende da apresentação da prova de quitação de todos os tributos, observado o disposto nos arts. 151, 205 e 206 desta Lei.

"Art. 192. Nenhuma sentença de julgamento de partilha ou adjudicação será proferida sem prova de quitação de todos os tributos relativos aos bens do espólio, ou às suas rendas".

Art. 4º: 11. Súmula 563 do STF: "O **concurso de preferência** a que se refere o parágrafo único, do art. 187, do Código Tributário Nacional, é compatível com o disposto no art. 9º, inciso I, da Constituição Federal". Cf. CF 19-III.

Art. 4º: 12. "A Corte Especial/STJ firmou orientação no sentido de que a falência superveniente do devedor não paralisa o processo de execução fiscal, tampouco implica a desconstituição das penhoras já realizadas. Contudo, o produto da alienação dos bens penhorados deve ser remetido ao juízo universal da falência, para que a satisfação dos créditos obedeça à ordem de preferência legal" (STJ-1ª T., REsp 895.416, Min. Denise Arruda, j. 4.11.08, DJ 3.12.08).

Art. 5º A competência[1 a 2a] para processar e julgar a execução da dívida ativa da Fazenda Pública exclui a de qualquer outro juízo, inclusive o da falência, da concordata,[2b] da liquidação, da insolvência ou do inventário.[3]

Art. 5º: 1. "Dívida ativa da União. Cobrança judicial nas comarcas do interior", por Cid Heráclito de Queiroz (RT 529/43); "Cobrança da dívida ativa da União nas comarcas do interior", por Leon Frejda Szklarowsky (RF 19/189); "Notas sobre a competência na ação de execução fiscal", por Teori Zavascki (RF 351/599).

Art. 5º: 1a. s/ competência para a ação de anulação de débito tributário, v. art. 38, nota 5.

V. tb. CF 109 § 3º (execução fiscal movida pela União, suas autarquias ou empresas públicas), CF 109, nota 4 (processos relativos a tributos e contribuições abrangidos pelo Simples Nacional), CF 109, nota 31 (competência da Justiça Federal para execução fiscal movida por Conselho de Fiscalização profissional, especialmente Súmula 66 do STJ), CPC 46 § 5º (competência de foro, em execução fiscal).

Art. 5º: 2. Súmula 58 do STJ: "Proposta a execução fiscal, a posterior **mudança de domicílio do executado** não desloca a **competência** já fixada" (v. jurisprudência s/ esta Súmula em RSTJ 38/477). Esta Súmula substitui a **Súmula 189 do TFR,** do mesmo teor.

Art. 5º: 2a. "Em sede de execução fiscal, a competência é fixada pela propositura da ação, sendo irrelevante a mudança de domicílio do executado, consoante a *ratio essendi* da Súmula 58/STJ. Na execução fiscal, para efeito de aplicação da regra de competência do art. 578, do CPC, ante a inexistência de norma especial na Lei 6.830/80, **prevalece a data da propositura da ação fiscal sobre a data do lançamento do crédito"** (STJ-1ª Seção, ED no REsp 178.233, Min. Luiz Fux, j. 13.8.03, DJU 15.9.03).

V. CPC 43.

Art. 5º: 2b. A concordata deu lugar à recuperação judicial ou extrajudicial.

Art. 5º: 3. v. art. 29.

Art. 6º A petição inicial[1] indicará apenas:[1a a 1c]

I — o juiz a quem é dirigida;

II — o pedido; e

III — o requerimento para a citação.[2 a 2c]

§ 1º A petição inicial será instruída com a Certidão da Dívida Ativa,[3-3a] que dela fará parte integrante, como se estivesse transcrita.

§ 2º A petição inicial e a Certidão de Dívida Ativa poderão constituir um único documento, preparado inclusive por processo eletrônico.[3b-4]

§ 3º A produção de provas pela Fazenda Pública independe de requerimento na petição inicial.

§ 4º O valor da causa[5] será o da dívida[5a-5b] constante da certidão, com os encargos legais.[6-7]

Art. 6º: 1. cf. CPC 319 e 798.

Art. 6º: 1a. Súmula 558 do STJ: "Em ações de execução fiscal, a petição inicial não pode ser indeferida sob o argumento da falta de indicação do **CPF e/ou RG ou CNPJ** da parte executada".

V. CPC 319-II e §§ 1º a 3º.

Súmula 559 do STJ: "Em ações de execução fiscal, é desnecessária a instrução da petição inicial com o **demonstrativo de cálculo** do débito, por tratar-se de requisito não previsto no art. 6º da Lei n. 6.830/80".

Súmula 15 do TJSC: "Não constituindo o documento essencial à propositura da execução fiscal (CPC 183; Lei 6.830/80, art. 6º § 1º), não é lícito ao juiz determinar, de ofício, que o credor comprove ter notificado o devedor do lançamento do tributo".

Art. 6º: 1b. "Havendo (no processo de execução) na inicial omissão ou defeito que dificultem ou impossibilitem o julgamento, ao juiz é defeso decretar a extinção do processo sem que, antes, faculte à parte o prazo para a emenda da exordial (CPC, art. 284)" (STJ-1ª T., REsp 106.130, Min. Demócrito Reinaldo, j. 19.5.97, DJU 30.6.97).

V. tb. art. 2º, nota 11b.

Art. 6º: 1c. "A dispensa, através de lei posterior, de parte da dívida regularmente inscrita, não retira, por si só, a liquidez e certeza, devendo a execução prosseguir em relação ao débito remanescente" (RSTJ 78/167).

Art. 6º: 2. **Lei 8.212, de 24.7.91** — Dispõe sobre a organização da Seguridade Social, institui Plano de Custeio, e dá outras providências (republicada, com as alterações subsequentes, em Lex 1998/3.149):

"Art. 53. Na execução judicial da dívida ativa da União, suas autarquias e fundações públicas, será facultado ao exequente indicar bens à penhora, a qual será efetivada concomitantemente com a citação inicial do devedor.

"§ 1º Os bens penhorados nos termos deste artigo ficam desde logo indisponíveis.

"§ 2º Efetuado o pagamento integral da dívida executada, com seus acréscimos legais, no prazo de 2 (dois) dias úteis contados da citação, independentemente da juntada aos autos do respectivo mandado, poderá ser liberada a penhora, desde que não haja outra execução pendente.

"§ 3º O disposto neste artigo aplica-se também às execuções já processadas.

"§ 4º Não sendo opostos embargos, no caso (*sic*; deve ser 'no prazo') legal, ou sendo eles julgados improcedentes, os autos serão conclusos ao juiz do feito, para determinar o prosseguimento da execução".

Art. 6º: 2a. "Se o art. 53 da Lei 8.212/91 admite, concomitantemente à citação, a realização de penhora de bem indicado na petição inicial, e no estágio atual do ordenamento jurídico a prioridade é que a constrição recaia sobre o dinheiro, não parece razoável afastar aquela faculdade concedida ao exequente utilizando como fundamento justamente a natureza desse bem. O fator de *discrimen* utilizado para afastar a regra geral trazida pelo art. 53 da Lei 8.212/91 — penhora de dinheiro como descabida intervenção direta no patrimônio financeiro do devedor — contraria o sistema processual criado pelo reformador do CPC. O STJ já afirmou que o *princípio da menor onerosidade para o devedor* não prepondera, em abstrato, sobre o da *efetividade da tutela executiva*. Exige-se, para a superação da ordem legal prevista no art. 655 do CPC, sólida argumentação baseada em elementos do caso concreto, o que não se verificou na hipótese dos autos. É clássica a regra hermenêutica segundo a qual *onde a lei não distingue, não pode o intérprete distinguir*. O art. 53 da Lei 8.212/91 faculta ao exequente indicar bens à penhora, a qual será efetivada concomitantemente com a citação inicial do devedor. Ao se referir ao gênero, o legislador não fez distinções quanto aos bens passíveis de constrição, não cabendo ao julgador, sem respaldo em elementos do caso concreto, criar exceções não previstas na lei" (STJ-2ª T., REsp 1.287.915-AgRg, Min. Herman Benjamin, j. 4.9.12, RT 927/729).

Art. 6º: 2b. "A **indisponibilidade a que se refere o art. 53, § 1º, da Lei 8.212/91,** traduz-se na invalidade, em relação ao ente fazendário, de qualquer ato de alienação do bem penhorado, praticado *sponte propria* pelo devedor-executado após a efetivação da constrição judicial. É possível a alienação forçada do bem em decorrência da **segunda penhora,** realizada nos autos de execução proposta por particular, desde que resguardados, dentro do montante auferido, os valores atinentes ao crédito fazendário relativo ao primeiro gravame imposto. Ainda que o executivo fiscal tenha sido suspenso em razão de parcelamento, é possível tal solução, porquanto retirar-se-ia do produto da alienação o valor referente ao crédito tributário, colocando-o em depósito judicial até o adimplemento do acordo, não havendo qualquer prejuízo à garantia do crédito fazendário" (STJ-5ª T., REsp 512.398, Min. Felix Fischer, j. 17.2.04, DJU 22.3.04).

Art. 6º: 2c. "A pretensão recursal vai de encontro à previsão contida no § 2º do art. 53 da Lei 8.212/91, o qual determina que o juízo da execução fiscal, mesmo após o pagamento integral da dívida executada, mantenha a constrição judicial sobre os bens, se houver outro executivo pendente contra a mesma parte executada. Diante desse preceito, não há falar em violação do princípio da inércia, uma vez que a própria lei confere ao magistrado o controle jurisdicional sobre a penhora e o poder de não liberá-la, em havendo outra execução pendente. Se, ainda que diante de pagamento integral, logo após a citação, os bens penhorados liminarmente não devem ser liberados, caso haja outras execuções pendentes, é razoável admitir que o excesso de penhora verificado num processo específico também não seja liberado, quando o mesmo devedor tenha contra si outras execuções fiscais não garantidas. O § 2º do art. 53 da Lei 8.212/91 vem em reforço do princípio da unidade da garantia da execução, positivado no art. 28 da Lei 6.830/80" (STJ-2ª T., REsp 1.319.171, Min. Herman Benjamin, j. 4.9.12, DJ 11.9.12).

Art. 6º: 3. s/ Certidão da Dívida Ativa, v. art. 2º §§ 5º a 8º; s/ a sua substituição, v. art. 2º, notas 11b e segs.

Art. 6º: 3a. "O art. 6º da LEF enumera quais documentos devem compor a petição inicial, sendo inaplicável o art. 614, II, do CPC" (STJ-2ª T., REsp 1.108.857-AgRg, Min. Herman Benjamin, j. 26.5.09, DJ 21.8.09).

Art. 6º: 3b. **Lei 10.522, de 19.7.02** — Dispõe sobre o Cadastro Informativo dos créditos não quitados de órgãos e entidades federais e dá outras providências: **"Art. 25** (*redação do* caput *de acordo com a Lei 11.941, de 27.5.09*). O termo de inscrição em Dívida Ativa da União, bem como o das autarquias e fundações públicas federais, a Certidão de Dívida Ativa dele extraída e a petição inicial em processo de execução fiscal poderão ser subscritos manualmente, ou por chancela mecânica ou eletrônica, observadas as disposições legais.

"Parágrafo único. O disposto no *caput* deste artigo aplica-se, também, à inscrição em Dívida Ativa e à cobrança judicial da contribuição, multas e demais encargos previstos na legislação respectiva, relativos ao Fundo de Garantia do Tempo de Serviço".

Art. 6º: 4. s/ a prática de ato processual por meio eletrônico e s/ processo eletrônico, v., de modo geral, a Lei 11.419/06 no tít. PROCESSO ELETRÔNICO.

Art. 6º: 5. Nos embargos à execução fiscal, v. art. 34, notas 4 e segs.

Art. 6º: 5a. "A inexpressividade do crédito fiscal não exclui o direito à execução pela Fazenda Pública" (JTJ 204/186).

Art. 6º: 5b. "Execução fiscal. A circunstância de o devedor haver pago uma parte da dívida exequenda não torna ilíquida a certidão que instrui a execução. O processo executivo fiscal continuará pelo saldo" (STJ-1ª T., Ag 335.641-AgRg, Min. Francisco Falcão, j. 13.2.01, DJU 4.6.01).

V. CPC 783, nota 3.

Art. 6º: 6. v. art. 2º § 2º; valor da causa, para efeito de recurso: art. 34 § 1º.

Art. 6º: 7. "Consoante regra geral processual: 'O valor da causa constará sempre da petição inicial e será: I — na ação de cobrança de dívida, a soma do principal, da pena e dos juros vencidos até a propositura da ação' (art. 259 do CPC). A Lei n. 6.830/80 prevê fórmula diversa para o cálculo do valor da causa e, como tal, deve ser respeitada pelo princípio de que *lex specialis derrogat lex generalis*, motivo pelo qual, **ainda que não indicado na inicial** o valor da causa na execução, a teor do art. 6º, § 4º, da LEF, corresponderá ao da dívida constante da certidão acrescido de juros e correção monetária, tanto mais que pretensão da parte não é a de conjurar um crédito no seu valor histórico, mas, antes, atualizado" (STJ-1ª T., REsp 617.580, j. 3.8.04, DJU 30.8.04).

Art. 7º O despacho do juiz que deferir a inicial[1] importa em ordem para:

I — citação, pelas sucessivas modalidades previstas no art. 8º;

II — penhora,[2] se não for paga a dívida, nem garantida a execução, por meio de depósito, fiança ou seguro garantia;[2a]

III — arresto,[3] se o executado não tiver domicílio ou dele se ocultar;

IV — registro de penhora ou do arresto, independentemente do pagamento de custas ou outras despesas,[4] observado o disposto no art. 14; e

V — avaliação[5] dos bens penhorados ou arrestados.

Art. 7º: 1. "Se a petição inicial dos embargos à execução não veio acompanhada dos documentos indispensáveis à propositura da demanda e a parte, devidamente intimada, não cumpriu a diligência determinada pelo magistrado para suprir a mencionada deficiência, afigura-se cabível a sanção prevista no art. 284, § ún., do CPC" (TFR-5ª T., AC 91.891, Min. Geraldo Sobral, j. 1.10.86, Bol. do TFR 109/14).

Art. 7º: 2. v. arts. 10 a 14.

Art. 7º: 2a. Redação da Lei 13.043, de 13.11.14.

Art. 7º: 3. "O arresto previsto no art. 7º da LEF é medida executiva decorrente do recebimento da inicial, que, por força de lei, traz em si a ordem para (a) citação do executado, (b) penhora, no caso de não haver pagamento da dívida nem garantia da execução, e (c) arresto, se o executado não tiver domicílio ou dele se ocultar. Trata-se, portanto, de medida semelhante ao arresto previsto no art. 653 do CPC: ambos são providências cabíveis quando há empecilhos à normal e imediata citação do devedor e não se submetem aos requisitos formais e procedimentais da ação cautelar disciplinada nos arts. 813 a 821 do CPC" (STJ-1ª T., REsp 687.705, Min. Teori Zavascki, j. 26.4.05, DJU 9.5.05). S/ arresto, na execução fiscal, v. tb. arts. 11 e 14.

Art. 7º: 4. Esse dispositivo apenas desobriga a Fazenda Pública a antecipar as custas e emolumentos devidos pelo registro da penhora. "Não há, desse modo, qualquer isenção de pagamento dos emolumentos, mas apenas dispensa de prévio depósito, postergando para o final da ação o ressarcimento respectivo" (STJ-1ª T., RMS 12.073, Min. José Delgado, j. 1.3.01, DJU 2.4.01).

Art. 7º: 5. s/ avaliação do bem penhorado, v. art. 13, notas 2 a 3.

Art. 8º O executado será citado[1-2] para, no prazo de 5 (cinco) dias,[3-4] pagar[5] a dívida[6] com os juros e multa de mora[7] e encargos[8] indicados na Certidão de Dívida Ativa, ou garantir a execução,[9] observadas as seguintes normas:

I — a citação será feita pelo correio,[10-11] com aviso de recepção, se a Fazenda Pública não a requerer por outra forma;[12]

II — a citação pelo correio considera-se feita na data da entrega da carta no endereço do executado;[13] ou, se a data for omitida, no aviso de recepção, 10 (dez) dias após a entrega da carta à agência postal;[14]

III — se o aviso de recepção não retornar no prazo de 15 (quinze) dias da entrega da carta à agência postal, a citação será feita por oficial de justiça ou por edital;[14a-15]

IV — o edital de citação será afixado na sede do juízo, publicado uma só vez no órgão oficial, gratuitamente, como expediente judiciário, com o prazo de 30 (trinta) dias, e conterá, apenas, a indicação da exequente, o nome do devedor e dos corresponsáveis, a quantia devida, a natureza da dívida, a data e o número da inscrição no Registro da Dívida Ativa, o prazo e o endereço da sede do juízo.

§ 1º O executado ausente do país será citado por edital, com prazo de 60 (sessenta) dias.

§ 2º O despacho do juiz, que ordenar a citação, interrompe a prescrição.[16 a 19]

Art. 8º: 1. s/ desnecessidade de intervenção do MP em execução fiscal, v. CPC 178, nota 18.

Art. 8º: 2. É possível a alegação, através de **exceção de pré-executividade,** de **falta de citação** na execução fiscal?

— **Sim:** "Execução fiscal. A arguição de nulidade *pleno jure*, como a falta de citação, prescinde da oposição de embargos" (RSTJ 172/296: 2ª T.).

— **Não,** porque se trata de "tema sujeito à apreciação em sede de embargos à execução de plena cognição" (STJ-1ª T., MC 6.085-AgRg, Min. Luiz Fux, j. 20.5.03, DJU 2.6.03).

S/ exceção de pré-executividade em execução fiscal, v. tb. art. 16, nota 14a.

Art. 8º: 3. O prazo é mais amplo que o do CPC 829-*caput*.

Art. 8º: 4. Esse prazo é contado individualmente para cada executado, a partir do aperfeiçoamento da sua citação, e não é alcançado pelo benefício do CPC 229.

Art. 8º: 5. O executado não é obrigado a fazer o pagamento na repartição fiscal, podendo efetuá-lo no juízo da execução (RT 599/95).

"Se o pagamento da dívida se deu em âmbito administrativo, após a citação do devedor no processo de execução, é devida a condenação do executado em honorários advocatícios" (STJ-2ª T., REsp 617.981, Min. Eliana Calmon, j. 26.10.04, DJU 17.12.04).

Art. 8º: 6. "Se o débito exequendo foi recolhido pelo devedor, espontaneamente, antes da citação processual, é incabível sua condenação em verba honorária, por não se configurar, na espécie, o requisito da sucumbência" (RTFR 119/205).

Art. 8º: 7. v. art. 2º, nota 6b.

Art. 8º: 8. v. art. 2º § 2º.

Para liquidar o débito, não há necessidade da remessa dos autos ao contador: basta a simples retirada de guias em cartório e na repartição fiscal (RJTJESP 79/280).

Art. 8º: 9. v. art. 9º.

Art. 8º: 10. s/ despesas com a postagem da carta citatória, v. art. 39, nota 2a; s/ fornecimento de cópias necessárias à expedição de mandados e cartas, v. art. 39, nota 2b.

Art. 8º: 11. cf. CPC 248.

Art. 8º: 12. "Na execução fiscal, reserva-se ao exequente a faculdade de escolher o instrumento da citação. Se ele requereu que tal comunicação processual se faça através de mandado ao oficial de justiça, é defeso ao juiz determinar que ela se efetive através do correio" (STJ-1ª T., REsp 103.511, Min. Gomes de Barros, j. 6.3.97, deram provimento, v.u., DJU 7.4.97, p. 11.060). No mesmo sentido: TFR-4ª T., Ag 58.221, Min. Pádua Ribeiro, j. 30.11.88, DJU 20.2.89.

Art. 8º: 13. v. art. 12 § 3º; v. tb. CPC 248 e notas.

"Nos termos do art. 8º, inc. I, da LEF, para o aperfeiçoamento da citação, basta que seja entregue a carta citatória no endereço do executado, colhendo o carteiro o ciente de quem a recebeu, ainda que seja outra pessoa que não o próprio citando" (RSTJ 172/138: 1ª T., REsp 432.189). No mesmo sentido: STJ-2ª T., REsp 989.777, Min. Eliana Calmon, j. 24.6.08, DJ 18.8.08; RT 599/88, RJTJESP 101/39, 106/49, 130/117, Lex-JTA 152/171. "Não são necessários poderes de representação da pessoa jurídica para recebimento da citação postal" (STJ-Corte Especial, ED no REsp 249.771, Min. Fernando Gonçalves, j. 7.11.07, DJU 3.12.07).

Art. 8º: 14. Diversamente: CPC 231-I.

Art. 8º: 14a. **Súmula 210 do TFR (Citação por edital):** "Na execução fiscal, não sendo encontrado o devedor, nem bens arrestáveis, é cabível a citação editalícia" (v. jurisprudência s/ esta Súmula em RTFR 142/181). No mesmo sentido: STJ-1ª T., REsp 264.116, Min. Gomes de Barros, j. 20.2.01, DJU 9.4.01.

"É desnecessário o arresto na execução fiscal para o deferimento da citação editalícia, sendo exigível apenas o esgotamento dos meios citatórios pessoais" (STJ-2ª T., REsp 931.690, Min. Castro Meira, j. 19.6.07, DJU 1.8.07).

Art. 8º: 15. **Súmula 414 do STJ:** "A citação por edital na execução fiscal é cabível quando frustradas as demais modalidades".

Assim: "A citação por edital, na execução fiscal, somente é cabível quando não exitosas as outras modalidades de citação ali previstas: a citação por correio e a citação por oficial de justiça" (STJ-1ª Seção, REsp 1.103.050, Min. Teori Zavascki, j. 25.3.09, DJ 6.4.09).

Ou seja, não basta o insucesso na citação por correio para a autorização da citação editalícia.

No sentido de que "a citação por edital é cabível após única tentativa de citação por oficial de justiça, quando o executado não é localizado no seu domicílio fiscal, sendo o fato certificado pelo referido auxiliar da justiça": STJ-1ª T., Ag em REsp 206.770-AgRg, Min. Benedito Gonçalves, j. 13.11.12, DJ 22.11.12.

Art. 8º: 16. **CTN: "Art. 174.** A ação para a cobrança do crédito tributário prescreve em cinco anos, contados da data da sua constituição definitiva.

"Parágrafo único. A prescrição se interrompe:

"I (redação da LC 118, de 9.2.05) — pelo despacho do juiz que ordenar a citação em execução fiscal;

"II — pelo protesto judicial;

"III — por qualquer ato judicial que constitua em mora o devedor;

"IV — por qualquer ato inequívoco ainda que extrajudicial, que importe em reconhecimento do débito pelo devedor".

S/ suspensão do prazo da prescrição, v. art. 40.

Art. 8º: 17. De uma interpretação sistemática da LEF 8º, § 2º, do CTN 174, § ún., do CPC 240 § 1º, e do CC 202-I, decorre que o despacho que ordena a citação em execução fiscal **interrompe a prescrição** e que a efetivação do ato citatório faz com que os efeitos interruptivos retroajam até a data da propositura da demanda.

Vinculando a interrupção da prescrição à propositura da execução fiscal: STJ-1ª Seção, REsp 1.120.295, Min. Luiz Fux, j. 12.5.10, DJ 21.5.10.

"Iniciado o prazo prescricional com a constituição do crédito tributário, a sua interrupção pelo despacho que ordena a citação retroage à data do ajuizamento da demanda. Não se verifica prescrição se a execução fiscal é promovida antes de decorridos cinco anos da constituição do crédito tributário, ainda que a determinação de citação seja posterior ao escoamento de tal prazo" (STJ-2ª T., RMS 38.744, Min. Eliana Calmon, j. 6.8.13, DJ 14.8.13).

"Tanto no regime constitucional atual (CF/88, art. 146, III, *b*) quanto no regime constitucional anterior (art. 18, § 1º, da EC 1/69), as normas sobre prescrição e decadência de crédito tributário estão sob reserva de lei complementar. Assim, são ilegítimas, em relação aos créditos tributários, as normas estabelecidas no § 2º do art. 8º e no § 3º do art. 2º da Lei 6.830/80, que, por decorrerem de lei ordinária, não podiam dispor em contrário às disposições anteriores, previstas em lei complementar" (STJ-Corte Especial, Ag 1.037.765-IInc, Min. Teori Zavascki, j. 2.3.11, maioria, DJ 17.10.11).

Art. 8º: 17a. A citação por edital interrompe a prescrição (STJ-1ª Seção, REsp 999.901, Min. Luiz Fux, j. 13.5.09, DJ 10.6.09).

Art. 8º: 18. "Para fins dos arts. 1.036 e seguintes do CPC/2015, fica assim resolvida a controvérsia repetitiva: (i) o prazo de **redirecionamento da Execução Fiscal,** fixado em cinco anos, contado da diligência de citação da pessoa jurídica, é aplicável quando o referido ato ilícito, previsto no art. 135, III, do CTN, for precedente a esse ato processual; (ii) a citação positiva do sujeito passivo devedor original da obrigação tributária, por si só, não provoca o início do prazo prescricional quando o ato de dissolução irregular for a ela subsequente, uma vez que, em tal circunstância, inexistirá, na aludida data (da citação), pretensão contra os sócios-gerentes (conforme decidido no REsp 1.101.728/SP, no rito do art. 543-C do CPC/1973, o mero inadimplemento da exação não configura ilícito atribuível aos sujeitos de direito descritos no art. 135 do CTN). O termo inicial do prazo prescricional para a cobrança do crédito dos sócios-gerentes infratores, nesse contexto, é a data da prática de ato inequívoco indicador do intuito de inviabilizar a satisfação do crédito tributário já em curso de cobrança executiva promovida contra a empresa contribuinte, a ser demonstrado pelo Fisco, nos termos do art. 593 do CPC/1973 (art. 792 do novo CPC — fraude à execução), combinado com o art. 185 do CTN (presunção de fraude contra a Fazenda Pública); e, (iii) em qualquer hipótese, a decretação da prescrição para o redirecionamento impõe seja demonstrada a inércia da Fazenda Pública, no lustro que se seguiu à citação da empresa originalmente devedora (REsp 1.222.444/RS) ou ao ato inequívoco mencionado no item anterior (respectivamente, nos casos de dissolução irregular precedente ou superveniente à citação da empresa), cabendo às instâncias ordinárias o exame dos fatos e provas atinentes à demonstração da prática de atos concretos na direção da cobrança do crédito tributário no decurso do prazo prescricional" (STJ-1ª Seção, REsp 1.201.993, Min. Herman Benjamin, j. 8.5.19, DJ 12.12.19).

"O redirecionamento da execução fiscal contra os sócios coobrigados após decorridos mais de 5 anos da constituição definitiva do crédito, sem que tenha havido a citação da empresa devedora, autoriza a decretação da prescrição" (STJ-RT 811/187). No mesmo sentido: RT 837/174.

"Na sociedade que opera irregularmente e já dissolvida, a citação feita a um dos sócios (devedores) interrompe a prescrição a favor do fisco e alcança não só o citando, mas, também, todos os demais solidários" (RSTJ 123/87).

Art. 8º: 18a. "O prazo prescricional, interrompido pela citação válida, somente reinicia o seu curso após o trânsito em julgado do processo extinto sem julgamento do mérito. Tanto que, se assim não o fosse, a segunda ação também seria extinta por força da litispendência" (STJ-1ª T., REsp 1.165.458, Min. Luiz Fux, j. 15.6.10, DJ 29.6.10).

Art. 8º: 19. Súmula 248 do TFR (Prescrição): "O prazo da prescrição interrompida pela confissão e parcelamento da dívida fiscal recomeça a fluir no dia em que o devedor deixar de cumprir o acordo celebrado" (v. jurisprudência s/ esta Súmula em RTFR 163/183).

Art. 9º Em garantia de execução, pelo valor da dívida, juros e multa de mora e encargos indicados na Certidão da Dívida Ativa,[1] o executado poderá:

I — efetuar depósito em dinheiro,[1a a 3] à ordem do juízo em estabelecimento oficial de crédito, que assegure atualização monetária;

II — oferecer fiança bancária ou seguro garantia;[3a a 4b]

III — nomear bens à penhora,[5] observada a ordem do art. 11; ou

IV — indicar à penhora bens oferecidos por terceiros[6] e aceitos pela Fazenda Pública.

§ 1º O executado só poderá indicar e o terceiro oferecer bem imóvel à penhora com o consentimento expresso do respectivo cônjuge.[7]

§ 2º Juntar-se-á aos autos a prova do depósito, da fiança bancária, do seguro garantia ou da penhora dos bens do executado ou de terceiros.[7a]

§ 3º A garantia da execução, por meio de depósito em dinheiro, fiança bancária ou seguro garantia, produz os mesmos efeitos da penhora.[7b]

§ 4º Somente o depósito em dinheiro, na forma do art. 32, faz cessar a responsabilidade pela atualização monetária e juros de mora.

§ 5º A fiança bancária prevista no inciso II obedecerá às condições preestabelecidas pelo Conselho Monetário Nacional.

§ 6º O executado poderá pagar parcela da dívida, que julgar incontroversa,[8-9] e garantir a execução do saldo devedor.

Art. 9º: 1. "Mediante interpretação sistemática e histórica, aliada ao propósito de assegurar maior agilidade na tramitação das execuções fiscais, é legítimo concluir que o disposto no art. 659 do CPC (segundo o qual a penhora deve compreender o principal atualizado, os juros, as custas e os honorários advocatícios), deve ser aplicado no âmbito das execuções processadas no rito da LEF, de modo que a garantia judicial nelas prestada deve abranger os honorários advocatícios" (STJ-2ª T., REsp 1.409.688, Min. Herman Benjamin, j. 11.2.14, DJ 19.3.14).

Art. 9º: 1a. v. §§ 2º, 3º e 6º; v. tb. arts. 11 § 2º, 15-I e, especialmente, 32.

Art. 9º: 2. O bem penhorado pode, a qualquer tempo, ser substituído por dinheiro, desde, porém, que este represente o valor total do débito atualizado (RSTJ 81/104).

Art. 9º: 3. v. § 4º.

Art. 9º: 3a. Redação da Lei 13.043, de 13.11.14.

Art. 9º: 3b. v. §§ 2º, 3º e 5º.

Art. 9º: 3c. "Na situação em que o devedor oferece, antes de qualquer iniciativa do credor, a carta de fiança à penhora, não se pode aplicar, de maneira direta, o entendimento de que a penhora de dinheiro mediante bloqueio de valores em conta-corrente tem prioridade absoluta sobre o oferecimento de qualquer outro bem. Trata-se de uma hipótese em que é necessário o juízo, ponderando os elementos da causa, apreciar o bem oferecido pelo devedor e checar a conveniência de acolhê-lo ou rejeitá-lo" (STJ-2ª T., REsp 1.449.701-AgRg-AgRg, Min. Humberto Martins, j. 19.8.14, DJ 26.8.14).

V. tb. CPC 835, nota 5f.

Art. 9º: 4. "Execução fiscal. Garantia inicial. Fiança bancária. **Acréscimo de 30%** previsto no art. 656, § 2º, do CPC. **Desnecessidade,** quando a carta de fiança cumpre os requisitos da Portaria PGF 437/2011 (notadamente a validade por prazo indeterminado e a atualização pela SELIC)" (STJ-2ª T., REsp 1.648.106, Min. Herman Benjamin, j. 18.5.17, DJ 19.6.17). Em sentido semelhante: STJ-1ª T., MC 25.306, Min. Napoleão Maia Filho, j. 3.5.18, DJ 16.5.18.

Art. 9º: 4a. "Não é juridicamente possível que uma mesma pessoa (*in casu*, a Caixa Econômica Federal) seja simultaneamente devedora-afiançada e fiadora" (RSTJ 99/127).

Art. 9º: 4b. "A carta de fiança bancária com prazo de validade determinado não se presta à garantia da execução fiscal, pois, com a longa duração de um processo judicial, pode haver o risco de inexistirem efeitos práticos à penhora oferecida" (STJ-1ª T., REsp 1.022.281, Min. Francisco Falcão, j. 12.8.08, DJ 27.8.08). Em sentido semelhante: STJ-2ª T., REsp 1.245.491, Min. Mauro Campbell, j. 21.6.11, DJ 29.6.11.

Art. 9º: 5. s/ benefício de ordem, v. art. 4º § 3º; s/ indicação de bem à penhora, pelo exequente, na petição inicial, v. art. 6º, notas 2 e segs.; s/ observância de ordem, v. especialmente art. 11, nota 1a; s/ nomeação à penhora de crédito objeto de precatório, v. art. 11, nota 1c.

Art. 9º: 6. v. §§ 1º e 2º; v. tb. art. 19.

Art. 9º: 7. v. tb. art. 12 § 2º.

Art. 9º: 7a. Redação da Lei 13.043, de 13.11.14.

Art. 9º: 7b. Redação da Lei 13.043, de 13.11.14.

Art. 9º: 8. O julgamento do que é incontroverso pertence, nos termos expressos da lei, ao executado. Ele pagará quanto quiser, e ficará sujeito, se seus embargos forem rejeitados, ao complemento da diferença.

Sem fundamento, portanto, *data venia*, acórdão em RJTJESP 89/299, que acolheu a impugnação feita pela Fazenda Pública ao depósito em pagamento parcial.

Art. 9º: 9. Este pagamento somente pode ser feito no prazo dos embargos (TFR-6ª T., Ag 44.186, Min. Miguel Ferrante, j. 14.5.84, DJU 22.6.84).

Diversamente, entendendo que o prazo para depósito da parte incontroversa, bem como para apresentação de garantia do saldo devedor, é de cinco dias contados da citação: TFR-4ª T., Ag 50.824, Min. Armando Rollemberg, j. 29.6.87, DJU 17.12.87.

Art. 10. Não ocorrendo o pagamento, nem a garantia da execução de que trata o art. 9º, a penhora[1 a 2] poderá recair em qualquer bem do executado, exceto os que a lei declara absolutamente impenhoráveis.[3]

✎ **Art. 10: 1.** "O plano de custeio da Previdência e as alterações da penhora na execução fiscal", por Rogério de Meneses Fialho Moreira (RCDUFU 22, n. 1/2, p. 185).

Art. 10: 1a. v. arts. 11 a 14.

Art. 10: 1b. **"CTN 185-A** (*acrescido pela LC 118, de 9.2.05*). Na hipótese de o devedor tributário, devidamente citado, não pagar nem apresentar bens à penhora no prazo legal e não forem encontrados bens penhoráveis, o juiz determinará a indisponibilidade de seus bens e direitos, comunicando a decisão, preferencialmente por meio eletrônico, aos órgãos e entidades que promovem registros de transferência de bens, especialmente ao registro público de imóveis e às autoridades supervisoras do mercado bancário e do mercado de capitais, a fim de que, no âmbito de suas atribuições, façam cumprir a ordem judicial.

"§ 1º A indisponibilidade de que trata o *caput* deste artigo limitar-se-á ao valor total exigível, devendo o juiz determinar o imediato levantamento da indisponibilidade dos bens ou valores que excederem esse limite.

"§ 2º Os órgãos e entidades aos quais se fizer a comunicação de que trata o *caput* deste artigo enviarão imediatamente ao juízo a relação discriminada dos bens e direitos cuja indisponibilidade houverem promovido."

Súmula 560 do STJ: "A decretação da indisponibilidade de bens e direitos, na forma do art. 185-A do CTN, pressupõe o **exaurimento das diligências** na busca por bens penhoráveis, o qual fica caracterizado quando infrutíferos o pedido de constrição sobre ativos financeiros e a expedição de ofícios aos registros públicos do domicílio do executado, ao Denatran ou Detran".

"Execução fiscal. Art. 185-A do CTN. Decretação de indisponibilidade de bens do executado. Realização das devidas comunicações. Responsabilidade do juízo" (STJ-2ª T., REsp 1.436.591, Min. Humberto Martins, j. 27.3.14, DJ 2.4.14). Do voto do relator: "Essa atribuição decorre da exegese literal da norma, que é clara ao estabelecer que compete ao juiz comunicar aos órgãos e entidades competentes, tendo em vista que o papel do credor se exauriu com as tentativas frustradas de localização de bens do devedor".

"Mostra-se indevida a incidência do art. 185-A do Código Tributário Nacional a **dívidas ativas não tributárias**" (STJ-2ª T., REsp 1.347.317, Min. Humberto Martins, j. 6.11.12, DJ 14.11.12). No mesmo sentido: STJ-1ª T., REsp 1.821.486-AgInt, Min. Gurgel de Faria, j. 1.6.20, DJ 9.6.20.

✎ "A constrição patrimonial eletrônica e os direitos do executado na execução fiscal", por Napoleão Nunes Maia Filho (RDDP 43/105).

Art. 10: 1c. "A Lei de Execução Fiscal, em seu art. 10, não erigiu o valor do bem como parâmetro para impedir a garantia da execução fiscal por meio de penhora. Frustra o escopo da citada execução indeferir a penhora do bem indicado pela Fazenda credora, com base no subjetivo argumento de seu diminuto valor (dez mil reais) em comparação com o *quantum debeatur* (mais de um milhão de reais)" (STJ-2ª T., REsp 1.242.884, Min. Herman Benjamin, j. 26.4.11, DJ 4.5.11).

"Execução. Penhora *on-line*. **Valor irrisório.** Art. 659, § 2º, do CPC. Inaplicabilidade à Fazenda Pública, beneficiária de isenção de custas" (STJ-1ª T., REsp 1.187.161, Min. Luiz Fux, j. 5.8.10, DJ 19.8.10). No mesmo sentido: STJ-2ª T., REsp 1.241.768, Min. Mauro Campbell, j. 5.4.11, DJ 13.4.11.

Art. 10: 1d. Não se pode exigir para a expedição do mandado de penhora que o exequente indique bens do executado, na medida em que tal indicação é mera faculdade a ele atribuída (STJ-2ª T., REsp 1.371.347, Min. Mauro Campbell, j. 25.6.13, DJ 1.7.13).

V. tb. CPC 829, nota 6.

Art. 10: 2. "É adequado o pedido do exequente de ordem ao oficial de justiça para que investigue a existência de bens penhoráveis que estejam localizados no domicílio da parte executada (já citada, no caso), mormente porque somente este serventuário, em cumprimento à ordem judicial, pode ingressar na residência ou no estabelecimento da parte executada para tal fim; providência esta que não se confunde com o dever da exequente de exaurir as diligências necessárias à busca de outros bens penhoráveis (§ 2º do art. 40 da Lei 6.830/1980)" (STJ-1ª T., REsp 1.374.556, Min. Benedito Gonçalves, j. 20.8.13, DJ 28.8.13).

Art. 10: 3. v. art. 30; v. tb. CPC 833 e notas.

Art. 11. A penhora ou arresto de bens obedecerá à seguinte ordem:[1 a 1c]

I — dinheiro;[2]

II — título da dívida pública, bem como título de crédito, que tenham cotação em bolsa;[3 a 5]

III — pedras e metais preciosos;[6]

IV — imóveis;[7-8]

V — navios e aeronaves;

VI — veículos;

VII — móveis ou semoventes; e

VIII — direitos e ações.[9 a 9b]

§ 1º Excepcionalmente, a penhora poderá recair sobre estabelecimento comercial, industrial ou agrícola, bem como em plantações ou edifícios em construção.[10 a 11]

§ 2º A penhora efetuada em dinheiro será convertida no depósito de que trata o inciso I do art. 9º.

§ 3º O juiz ordenará[12] a remoção do bem penhorado para depósito judicial,[13] particular ou da Fazenda Pública exequente, sempre que esta o requerer, em qualquer fase do processo.

Art. 11: 1. Lei 9.393, de 19.12.96 (Lex 1996/3.660, RT 734/803), **art. 18-*caput*:** "Na execução de dívida ativa, decorrente de crédito tributário do ITR, na hipótese de penhora ou arresto de bens, previstos no art. 11 da Lei n. 6.830, de 22 de setembro de 1980, será penhorado ou arrestado, preferencialmente, imóvel rural, não tendo recaído a penhora ou o arresto sobre dinheiro".

Os parágrafos desse art. 18 complementam a disposição do seu *caput*.

Art. 11: 1a. A Fazenda Pública pode se insurgir contra a inobservância da ordem estabelecida para a penhora.

"A execução deve ser feita no interesse do credor. Havendo recusa deste em proceder à substituição da penhora e achando-se esta fundada na ordem legal prevista no CPC, deve ser acatada" (STJ-1ª Seção, ED no REsp 881.014, Min. Castro Meira, j. 27.2.08, DJU 17.3.08).

"Indicado bem imóvel pelo devedor, mas detectada a existência de numerário em conta corrente, preferencial na ordem legal de gradação, é possível ao juízo, nas peculiaridades da espécie, penhorar a importância em dinheiro, nos termos dos arts. 656, I, e 657 do CPC" (STJ-RT 851/188: 1ª T., REsp 809.086).

"A despeito de não terem sido esgotados todos os meios para que a Fazenda obtivesse informações sobre bens penhoráveis, faz-se impositiva a obediência à ordem de preferência estabelecida no art. 11 da Lei 6.830/80, que indica o dinheiro como o primeiro bem a ser objeto de penhora. Nesse panorama, objetivando cumprir a lei de execuções fiscais, é válida a utilização do sistema BACEN JUD para viabilizar a localização do bem (dinheiro) em instituição financeira" (STJ-1ª T., REsp 1.009.363, Min. Francisco Falcão, j. 6.3.08, DJU 16.4.08). No mesmo sentido: STJ-2ª T., REsp 1.056.246, Min. Humberto Martins, j. 10.6.08, DJU 23.6.08; STJ-1ª T., REsp 1.065.583, Min. Teori Zavascki, j. 21.8.08, DJ 4.9.08; JTJ 343/104 (AI 940.093-5/6-00). V. tb. CPC 854, nota 2.

"A observância da ordem legal, por si só, não implica maior onerosidade ao devedor" (STJ-1ª T., REsp 736.358, Min. Denise Arruda, j. 8.4.08, DJU 28.4.08).

"Não cabe, com base no art. 620 do CPC (que consagra o princípio da menor onerosidade), alterar, em benefício do devedor, a ordem legal de penhora. Tal ordem é estabelecida em favor do credor e da maior eficácia da atividade executiva. Somente em situações excepcionais é que se admite sua inversão e desde que, reconhecidamente, isso não cause prejuízo algum ao exequente (CPC, art. 668)" (STJ-1ª T., REsp 938.924, Min. Teori Zavascki, j. 7.8.08, DJ 20.8.08).

"Em princípio, nos termos do art. 9º, III, da Lei 6.830/1980, cumpre ao executado nomear bens à penhora, observada a ordem legal. É dele o ônus de comprovar a imperiosa necessidade de afastá-la, e, para que essa providência seja adotada, mostra-se insuficiente a mera invocação genérica do art. 620 do CPC" (STJ-1ª Seção, REsp 1.337.790, Min. Herman Benjamin, j. 12.6.13, DJ 7.10.13).

Todavia: "Embora não tenha força para, por si só, comprometer a ordem legal da nomeação dos bens à penhora estabelecida no art. 11 da Lei 6.830/80 e no art. 655 do CPC, o princípio da menor onerosidade (art. 620 do CPC) pode, em determinadas situações específicas, ser invocado para relativizar seu rigorismo, amoldando-o às peculiaridades do caso concreto" (STJ-1ª T., AI 483.789-AgRg, Min. Teori Zavascki, j. 23.9.03, DJU 13.10.03).

"Execução. Decisão que determinou a penhora sobre dinheiro, ao invés do imóvel oferecido pelo executado. Impossibilidade. Art. 620 do CPC. Princípio da menor onerosidade ao devedor" (RT 865/309).

No sentido de que a inobservância da ordem de penhora deve ser levada em conta pelo juiz se o credor demonstrar a ocorrência de prejuízo: "A nomeação de bens à penhora deve obedecer a ordem legal. Caso não siga a vocação, não quer dizer que a nomeação pelo credor seja automaticamente ineficaz. Só será ineficaz, se trouxer, como no caso concreto, prejuízo ou dificuldades para a execução" (RSTJ 107/135: 2ª T., REsp 159.325).

V. tb. CPC 835, nota 17.

Art. 11: 1b. Penhora de Letras do Tesouro Nacional. "Não tendo a devedora obedecido à ordem prevista no art. 11 da Lei 6.830/80, visto que em primeiro lugar está o dinheiro e não as LTN's, é lícito ao credor e ao julgador a não aceitação da nomeação à penhora desses bens, pois a execução é feita no interesse do exequente e não do executado" (STJ-1ª T., REsp 379.502-AgRg, Min. José Delgado, j. 19.3.02, DJU 22.4.02).

Art. 11: 1c. "O crédito representado por precatório é bem penhorável, mesmo que a entidade dele devedora não seja a própria exequente. Assim, a recusa, por parte do exequente, da nomeação feita pelo executado pode ser justificada por qualquer das causas previstas no CPC (art. 656), mas não pela impenhorabilidade do bem oferecido. O regime aplicável à penhora de precatório é o da penhora de crédito, ou seja: 'o credor será satisfeito (a) pela sub-rogação no direito penhorado ou (b) pelo dinheiro resultante da alienação desse dinheiro a terceiro. (...) Essa sub-rogação não é outra coisa senão a adjudicação do crédito do executado, em razão da qual ele se tornará credor do terceiro e poderá (a) receber do terceiro o bem, (b) mover ao terceiro as demandas adequadas para exigir o cumprimento ou (c) prosseguir como parte no processo instaurado pelo executado em face do terceiro' (DINAMARCO, Cândido Rangel. Instituições de Direito Processual Civil, v. IV, 2ª ed., SP, Malheiros)" (STJ-1ª T., REsp 834.956, Min. Teori Zavascki, j. 20.6.06, DJU 1.8.06). Esse acórdão foi mantido no julgamento dos subsequentes embargos de divergência (STJ-1ª Seção, ED no REsp 834.956, Min. Humberto Martins, j. 11.4.07, DJU 7.5.07). No mesmo sentido: JTJ 321/1.195 (AI 701.093-5/2-00).

S/ avaliação do crédito de precatório penhorado, v. art. 13, nota 2c; s/ compensação de crédito tributário, v. art. 16, notas 24 a 25a, especialmente **Súmulas 212 e 213 do STJ;** s/ alienação do crédito penhorado, v. CPC 857 § 1º e notas.

Art. 11: 2. No sentido de que a penhora sobre o dinheiro existente em conta corrente de empresa equivale a penhora do estabelecimento comercial e deve ser reservada para situações excepcionais, mormente quando existentes outros bens para a satisfação do crédito: STJ-1ª Seção, ED no REsp 791.231, Min. Eliana Calmon, j. 26.3.08, DJU 7.4.08.

Com a devida vênia, esse entendimento parece atritar com a ordem estabelecida para a penhora e coloca ilegítimos obstáculos para a satisfação do credor.

V. tb. nota 10a.

Art. 11: 3. **Súmula 31 do TRF-2ª Reg.:** "Na execução fiscal, é vedada a nomeação à penhora de títulos da dívida pública sem liquidez imediata, de difícil ou duvidosa liquidação".

Art. 11: 4. "Os **Títulos da Dívida Agrária** constituem espécie de título da dívida pública e, por isso, são irrecusáveis para os efeitos da penhora, salvo se observada a precedência legal a execução fiscal puder ser melhor aparelhada; não tendo cotação em bolsa, esses títulos estão excluídos daqueles que só cedem a preferência ao dinheiro para os efeitos da penhora (Lei n. 6.830/80, art. 11, II), assimilando-se a direitos e ações na ordem de precedência dos bens penhoráveis (Lei 6.830/80, art. 11, VIII)" (STJ-2ª T., REsp 193.263, Min. Ari Pargendler, j. 17.10.02, DJU 1.3.99).

Assim, tanto pode o executado nomear à penhora os Títulos da Dívida Agrária, como é lícito à exequente recusá-los e indicar outros bens, que tenham precedência na ordem estabelecida no art. 11 da LEF. Nesse sentido: "O TDA não possui cotação em bolsa, o que o afasta da previsão do art. 11, II, da LEF. Do mesmo modo, é notória sua dificuldade de circulação, pois que desprovido de atrativos no mercado financeiro. Havendo desobediência à ordem estabelecida em lei, não está o exequente, tampouco o juiz, obrigado a aceitar a nomeação feita pelo devedor" (STJ-2ª T., REsp 174.358, Min. Franciulli Netto, j. 17.8.00, maioria, DJU 29.4.02). Em suma: "Não tendo cotação em bolsa, tais títulos não se enquadram no inc. II da ordem legal do art. 11, da LEF, mas sim no inc. VIII do mesmo artigo (direitos e ações)" (RSTJ 166/47). No mesmo sentido: RSTJ 147/69, STJ-RT 780/202.

Art. 11: 5. "A debênture, título executivo extrajudicial (CPC, art. 585, I), é emitida por sociedades por ações, sendo título representativo de fração de mútuo tomado pela companhia emitente. A debênture confere aos seus titulares um direito de crédito (Lei 6.404, de 15.12.76, art. 52), ao qual se agrega garantia real sobre determinado bem e/ou garantia flutuante assegurando privilégio geral sobre todo o ativo da devedora (art. 58). É, igualmente, título mobiliário apto a ser negociado em Bolsa de Valores ou no mercado de balcão, nos termos da legislação específica (Lei 6.385, de 7.12.76, art. 2º). Dada a sua natureza de título de crédito, **as debêntures são bens penhoráveis.** Tendo cotação em bolsa, a penhora se dá na gradação do art. 655, IV ('títulos de crédito, que tenham cotação em bolsa'), que corresponde à do art. 11, II, da Lei 6.830/80; do contrário, são penhoráveis como créditos, na gradação do inciso X do mesmo artigo ('direitos e ações'), que corresponde à do inciso VIII do art. 11 da referida Lei, promovendo-se o ato executivo nos termos do art. 672 do CPC" (STJ-1ª T., REsp 796.116, Min. Teori Zavascki, j. 20.4.06, DJU 8.5.06). No mesmo sentido: STJ-1ª Seção, ED no REsp 836.143, Min. Humberto Martins, j. 27.6.07, DJU 6.8.07; JTJ 328/161 (AI 623.462-5/9-00, maioria).

Art. 11: 6. É legítima a recusa das pedras preciosas ofertadas à penhora quando pairam dúvidas sobre a sua autenticidade (STJ-1ª T., REsp 912.887, Min. Francisco Falcão, j. 19.6.07, DJU 2.8.07).

Art. 11: 7. "Na execução fiscal, indicado pelo devedor bem imóvel à penhora, situado noutro lugar que não o foro da execução, havendo manifesta objeção do credor, ter-se-á por ineficaz a nomeação" (RSTJ 167/185).

Art. 11: 8. "A penhora que recai sobre imóvel para garantia de execução fiscal poderá alcançar os frutos obtidos com os alugueres, porquanto o executado perde a posse direta do bem, conservando tão somente a posse mediata. Detendo o executado a coisa em nome e à conta do juízo executivo, não pode usar e dispor do bem em nome próprio" (RSTJ 188/167, dois votos vencidos).

Art. 11: 9. s/ o enquadramento de debênture sem cotação em bolsa na condição de direitos e ações penhoráveis, v. nota 5.

Art. 11: 9a. "Não é viável a penhora sobre bens garantidos por alienação fiduciária, já que não pertencem ao devedor-executado, que é apenas possuidor, com responsabilidade de depositário, mas à instituição financeira que realizou a operação de financiamento. Entretanto é possível recair a constrição executiva sobre os direitos detidos pelo executado no respectivo contrato" (STJ-2ª T., REsp 910.207, Min. Castro Meira, j. 9.10.07, DJ 25.10.07).

V. tb. CPC 833, nota 11.

Art. 11: 9b. "Os **recebíveis das operadoras de cartão de crédito**, naturalmente, serão pagos em dinheiro — tal qual ocorre, por exemplo, com o precatório judicial —, mas isso não significa que o direito de crédito que o titular possui possa ser imediatamente considerado dinheiro. Por essa razão, os valores vincendos a que a empresa recorrida faz jus, tendo por sujeito passivo as administradoras de cartão de crédito, possuem natureza jurídica de **direito de crédito,** listado no art. 11, VIII, da Lei 6.830/1980 e no art. 655, XI, do CPC. É correta a interpretação conferida no acórdão recorrido, que, embora acertadamente não confunda a penhora do crédito com a do faturamento, confere uma equiparação entre ambos, para fins estritamente processuais (isto é, de penhora como instrumento de garantia do juízo). Isso porque é legítima a suposição de que os recebíveis das administradoras de cartão de crédito têm por origem operações diretamente vinculadas à atividade empresarial do estabelecimento, o que autorizaria enquadrá-los no conceito de faturamento (isto é, como parte dele integrante). Assim, a constrição indiscriminada sobre a totalidade desses valores tem potencial repercussão na vida da empresa — quanto maior a sua representatividade sobre o faturamento global do estabelecimento, maior a possibilidade de lesão ao regular desempenho de suas atividades" (STJ-2ª T., REsp 1.408.367, Min. Herman Benjamin, j. 25.11.14, DJ 16.12.14). No caso, manteve-se a decisão do Tribunal *a quo*, no sentido de limitar a penhora a 3% do montante dos recebíveis.

Art. 11: 10. s/ penhora do faturamento da empresa, v. CPC 835-X e 866, bem como respectivas notas.

Art. 11: 10a. "A penhora sobre o faturamento não é equivalente à penhora de dinheiro, e, somente é admitida em casos excepcionais, desde que atendidos requisitos específicos a justificar a medida" (STJ-2ª T., REsp 1.170.153, Min. Eliana Calmon, j. 8.6.10, DJ 18.6.10).

V. tb. nota 2.

Art. 11: 11. "Se a recorrente ofereceu outros bens suficientes a garantir a execução, ainda que móveis, não se justifica promovê-la pelo modo mais gravoso, mesmo porque só excepcionalmente poderá a penhora recair sobre estabelecimento comercial ou industrial" (RSTJ 58/268).

Mas: "A penhora de imóvel no qual se localiza o estabelecimento da empresa é, excepcionalmente, permitida, quando inexistentes outros bens passíveis de penhora e desde que não seja servil à residência da família" (STJ-Corte Especial, REsp 1.114.767, Min. Luiz Fux, j. 2.12.09, DJ 4.2.10).

Art. 11: 12. A norma do § 3º não é imperativa: "A remoção do devedor como depositário não fica exclusivamente a critério do credor" (STF-RJTJERGS 152/15). Por isso mesmo, o requerimento da Fazenda Pública para a remoção do bem penhorado deve ser fundamentado (STJ-1ª T., AI 488.680-AgRg, Min. Francisco Falcão, j. 17.6.03, DJU 8.9.03; RJTJESP 109/256), cabendo ao juiz, se o deferir, fazê-lo justificadamente (STJ-RT 760/168). Se não houver contraindicação, o devedor pode ser o depositário dos bens penhorados (Bol. AASP 1.289/206). No mesmo sentido: RJTJESP 94/277.

Contra, em termos: não havendo circunstâncias especiais que desaconselhem a remoção, esta deve ser deferida (RJTJESP 89/300, 119/344).

Art. 11: 13. A Fazenda Pública não é obrigada a aceitar o encargo de depositária (JTA 169/216).

Art. 12. Na execução fiscal, far-se-á a intimação da penhora ao executado,[1-1a] mediante publicação, no órgão oficial,[2] do ato de juntada do termo ou do auto de penhora.

§ 1º Nas comarcas do interior dos Estados, a intimação poderá[3] ser feita pela remessa de cópia do termo ou do auto de penhora, pelo correio, na forma estabelecida no art. 8º, incisos I e II, para a citação.

§ 2º Se a penhora recair sobre imóvel, far-se-á a intimação ao cônjuge,[4 a 6] observadas as normas previstas para a citação.[7]

§ 3º Far-se-á a intimação da penhora pessoalmente ao executado se, na citação feita pelo correio, o aviso de recepção não contiver a assinatura do próprio executado, ou de seu representante legal.

Art. 12: 1. s/ início do prazo para embargos, v. art. 16-III.

Art. 12: 1a. O oferecimento de embargos à execução é ato que somente advogado pode praticar e, portanto, a intimação da penhora ao executado não dispensa a de seu advogado constituído nos autos, se este expressa e oportunamente a requereu (JTJ 145/184; o acórdão não esclarece se a intimação ao executado foi feita por publicação no órgão oficial ou por outro meio).

Art. 12: 2. Súmula 190 do TFR (Intimação pessoal da penhora): "A intimação pessoal da penhora ao executado torna dispensável a publicação de que trata o art. 12 da Lei das Execuções Fiscais" (v. jurisprudência s/ esta Súmula em RTFR 132/403).

Esta súmula foi mantida pelo STJ: STJ-1ª T., REsp 372.519, Min. Garcia Vieira, j. 7.2.02, DJU 25.3.02; STJ-2ª T., REsp 207.996, Min. Castro Meira, j. 23.11.04, DJU 7.3.05; RF 299/201, RJTJESP 77/306, 78/273, 112/143, JTJ 152/46, 157/82, 200/206.

"A jurisprudência do STJ pacificou o entendimento no sentido de que, no processo de execução fiscal, para que seja o devedor efetivamente intimado da penhora, é necessária a sua **intimação pessoal,** devendo constar, expressamente, no mandado, a advertência do prazo para o oferecimento dos embargos à execução" (STJ-1ª T., REsp 606.958-EDcl, Min. José Delgado, j. 1.6.04, DJU 2.6.04).

Reconhecendo a validade tanto da intimação pessoal como da realizada através de publicação: "Efetivada a intimação por uma ou outra forma, está concretizada a intimação" (STJ-1ª T., REsp 103.432, Min. Milton Luiz Pereira, j. 17.4.98, DJU 8.6.98).

Contra, entendendo que a intimação somente pode ser feita pela publicação na imprensa oficial: RJTJESP 84/83.

No caso de duas intimações (pessoal e pela imprensa oficial), prevalece a data da realizada em primeiro lugar (STJ-1ª T., REsp 11.302-0, Min. Milton Luiz Pereira, j. 31.8.94, DJU 26.9.94).

Art. 12: 3. "Poderá"; logo, a intimação pelo correio é opcional, nas comarcas do interior em que haja publicação, pela imprensa, dos atos oficiais (CPC 273). E, mesmo nas comarcas do interior, nada impede que a intimação seja feita por mandado (v. nota anterior).

Art. 12: 4. s/ prazo para embargos nessas circunstâncias, v. art. 16, nota 14.

Art. 12: 5. ainda no caso do art. 9º § 1º.

Art. 12: 6. Em sentido semelhante: CPC 842.

É nula a penhora se o outro cônjuge não houver sido intimado, neste caso (RJTJESP 78/188).

Art. 12: 7. v. art. 8º.

Art. 13. O termo ou auto de penhora conterá, também, a avaliação[1 a 2c] dos bens penhorados, efetuada por quem o lavrar.[3]

§ 1º Impugnada[4] a avaliação, pelo executado, ou pela Fazenda Pública,[5] antes de publicado o edital de leilão,[6] o juiz, ouvida a outra parte, nomeará avaliador oficial[7-7a] para proceder a nova avaliação dos bens penhorados.

§ 2º Se não houver, na comarca, avaliador oficial ou este não puder apresentar o laudo de avaliação no prazo de 15 (quinze) dias, será nomeada pessoa ou entidade habilitada,[7b-8] a critério do juiz.

§ 3º Apresentado o laudo, o juiz decidirá de plano[9] sobre a avaliação.[10]

Art. 13: 1. v. art. 7º-V.

Art. 13: 2. "A ausência de avaliação do bem penhorado não acarreta, por si só, a nulidade do termo de penhora, posto que constitui simples irregularidade formal, podendo ser sanada a qualquer tempo" (STJ-1ª T., REsp 337.004, Min. Garcia Vieira, j. 6.11.01, DJU 25.2.02).

Art. 13: 2a. "É recomendável que, antes do leilão, se **corrija monetariamente** o valor de avaliação do bem a ser alienado" (RSTJ 69/186: 1ª T., RMS 4.230). No mesmo sentido: RJTJESP 99/270.

V. tb. CPC 873, nota 1.

Art. 13: 2b. "A fim de evitar locupletamento indevido, é lícito ao **juiz determinar** a atualização do valor dos referidos bens, mediante **nova avaliação** ou pela correção monetária" (RTFR 128/34).

Todavia, no sentido de que o juiz não pode determinar de ofício nova avaliação: RJTJESP 97/298.

V. tb. CPC 873, nota 2.

Art. 13: 2c. Afirmando a necessidade de avaliação do **crédito de precatório:** "Realmente, não se pode imaginar — até porque seria rematado absurdo — que a alienação de qualquer crédito se desse pelo seu valor nominal. O deságio é, nesses casos, a natureza da operação. Isso se mostra mais evidente em se tratando de precatório" (STJ-1ª T., REsp 1.059.881, Min. Teori Zavascki, j. 27.4.10, um voto vencido, DJ 6.8.10; a citação é do voto do relator). No mesmo sentido: STJ-2ª T., REsp 1.373.400-AgRg, Min. Herman Benjamin, j. 18.6.13, DJ 26.6.13.

Art. 13: 3. "A avaliação de bens penhorados por oficial de justiça sem condições técnicas para tanto, realizada sem mínimos fundamentos, contraria a legislação processual, ainda mais quando desacompanhada do obrigatório laudo de avaliação. *In casu*, compete ao juiz da execução nomear perito habilitado técnica e legalmente para proceder à avaliação" (STJ-1ª T., REsp 351.931, Min. José Delgado, j. 11.12.01, DJU 4.3.02). Considerando nula a avaliação feita por oficial de justiça: RJTJESP 99/286.

Todavia, entendendo que a nomeação de perito para a avaliação do bem penhorado somente pode ocorrer se houver impugnação à avaliação feita pelo oficial de justiça: JTJ 260/397.

Feita a avaliação por oficial de justiça, à míngua de expressa disposição no Regimento de Custas, o mesmo não tem direito à percepção de emolumentos (RT 592/82, RJTJESP 89/301, 89/309).

Art. 13: 4. A impugnação deve ser fundamentada (STJ-1ª T., REsp 8.351-0, Min. Cesar Rocha, j. 16.8.93, DJU 11.10.93), para que a outra parte possa dar-lhe resposta, como prevê a lei (RJTJESP 128/312). **Contra:** RJTJESP 108/313.

Art. 13: 5. Se não houver embargos à execução, a Fazenda Pública deve impugnar a avaliação no prazo do art. 18.

Art. 13: 6. No sentido de que a avaliação somente pode ser impugnada, pelo executado, até a publicação do edital de leilão: RT 633/86, RJTJESP 114/114.

Art. 13: 7. Impugnada pelo executado a avaliação feita por oficial de justiça, deve "o juiz singular nomear avaliador oficial para proceder a nova avaliação, porque imperativa a lei, não sendo lícito ao magistrado recusar o pedido" (RSTJ 147/127).

"O art. 13, § 1º, da Lei de Execuções Fiscais deve ser aplicado ainda quando a avaliação tenha sido efetuada por oficial de justiça" (STJ-2ª T., REsp 1.352.055, Min. Mauro Campbell, j. 6.12.12, DJ 12.12.12).

Art. 13: 7a. "A LEF, interpretada conjuntamente com o art. 680 e seguintes do CPC, não prevê a necessidade de indicação de **assistente técnico** na fase de avaliação dos bens no âmbito de execução fiscal" (STJ-2ª T., RMS 13.038, Min. Castro Meira, j. 25.5.04, DJU 9.8.04).

V. tb. CPC 870, nota 5.

Art. 13: 7b. "Cabe ao executado que discordou do valor arbitrado a bem penhorado arcar com o pagamento dos honorários periciais, ainda que não tenha formulado pedido expresso de realização de nova avaliação" (STJ-2ª T., REsp 729.712, Min. Eliana Calmon, j. 26.6.07, DJU 3.8.07).

Art. 13: 8. Súmula 99 do TFR: "A Fazenda Pública, nas execuções fiscais, não está sujeita a prévio depósito para custear despesas do avaliador" (v. jurisprudência s/ esta Súmula em RTFR 91/1 a 7). Esta Súmula se estende às autarquias (TFR-2ª T., Ag 43.428, Min. Moacir Catunda, j. 13.12.82, DJU 7.4.83).

V. tb. CPC 91, inclusive nota 4.

Art. 13: 9. "Em obediência ao contraditório, as partes devem ser instadas a se pronunciar, no prazo de cinco dias, sobre o laudo de avaliação do bem penhorado. Tratando-se de hipótese em que o executado, não intimado a se manifestar sobre a avaliação do bem penhorado, antes da realização do leilão, veio a juízo, impugnando a referida avaliação, não há que se aduzir à preclusão da matéria" (STJ-1ª T., REsp 626.791, Min. Luiz Fux, j. 15.2.05, DJU 21.3.05).

No mesmo sentido, na execução comum, v. CPC 872 § 2º.

Art. 13: 10. É admissível o reforço de penhora (LEF 1º c/c CPC 874-II). No mesmo sentido: TFR-6ª T., Ag 43.289, Min. Wilson Gonçalves, j. 13.10.82, DJU 25.11.82.

Execução Fiscal

Art. 14. O oficial de justiça[1] entregará contrafé e cópia do termo ou do auto de penhora ou arresto, com a ordem de registro de que trata o art. 7º, inciso IV:[1a]

I — no Ofício próprio, se o bem for imóvel ou a ele equiparado;[2]

II — na repartição competente para emissão de certificado de registro, se for veículo;

III — na Junta Comercial, na Bolsa de Valores, e na sociedade comercial, se forem ações, debênture, parte beneficiária, cota ou qualquer outro título, crédito ou direito societário nominativo.

Art. 14: 1. ou a própria exequente, se o oficial de justiça tiver alguma dificuldade para isso (Lex-JTA 155/41).

✎ **Art. 14: 1a.** "Revisitando o artigo 14 da Lei de Execuções Fiscais: comentários sobre o registro da penhora e a fraude de execução", por Celso Araújo Santos e Leonardo Freitas de Moraes e Castro (RDDP 107/9).

Art. 14: 2. v. LRP 167-I-5.

Art. 15. Em qualquer fase do processo,[1] será deferida pelo juiz:

I — ao executado,[1a] a substituição da penhora[2 a 2c] por depósito em dinheiro,[3-3a] fiança bancária ou seguro garantia; [4 a 5] e

II — à Fazenda Pública, a substituição dos bens penhorados por outros,[5a-6] independentemente da ordem enumerada no art. 11, bem como o reforço da penhora insuficiente.[7-8]

Art. 15: 1. "Suspenso o crédito tributário pelo parcelamento, é de se reconhecer a suspensão do processo de execução fiscal a impedir a substituição ou reforço da penhora, salvo perigo de dano irreparável. Aplicação do art. 266, do CPC, que se impõe ao art. 15 da Lei n. 6.830/80" (STJ-2ª T., REsp 1.345.678-AgRg, Min. Humberto Martins, j. 11.12.12, DJ 18.12.12).

Art. 15: 1a. O depositário não tem qualidade para requerer a substituição da penhora (RT 623/80).

Art. 15: 2. s/ substituição do bem penhorado, v. CPC 847.

Art. 15: 2a. "Existentes, localizados e penhorados bens patrimoniais da pessoa jurídica executada, descabe a substituição por outros do patrimônio pessoal dos sócios, até que, não arrematados, ou não adjudicados, reavaliados, fique demonstrada a insuficiência do valor para quitar a dívida fiscal atualizada" (RSTJ 83/31).

Art. 15: 2b. "A substituição da penhora somente pode ser realizada sem anuência da parte exequente quando oferecido em substituição dinheiro ou fiança bancária, segundo o disposto no art. 15, I, da Lei 6.830/80. Oferecido bem imóvel pela parte executada, a substituição da penhora depende de anuência da Fazenda Pública, não obtida no caso" (STJ-1ª T., Ag em REsp 12.394-AgRg, Min. Arnaldo Esteves, j. 4.10.12, DJ 15.10.12).

Todavia, excepcionalmente, autoriza-se iniciativa unilateral do devedor para a substituição do bem penhorado por bens outros que o dinheiro, desde que preservados os interesses da Fazenda Pública e verificada a aptidão destes para a garantia do juízo (STJ-2ª T., REsp 542.518-AgRg, Min. Castro Meira, j. 15.12.05, DJU 13.3.06). No caso, a penhora passou de automóveis para imóveis, de modo a permitir a renovação da frota do executado.

Art. 15: 2c. "Tendo o credor anuído com a substituição da penhora, mesmo que por um bem que guarde menor liquidez, não poderá o juiz, *ex officio*, indeferi-la" (STJ-2ª T., REsp 1.377.626, Min. Humberto Martins, j. 20.6.13, DJ 28.6.13).

Art. 15: 3. v. art. 9º-I, nota 2.

Art. 15: 3a. "desde que no valor correspondente ao débito devidamente atualizado" (RSTJ 81/104, RJTJESP 97/299, 97/300, 104/291, 114/308), incluindo juros, multa de mora e demais encargos legais (TFR-4ª T., Ag 49.791, Min. Ilmar Galvão, j. 11.3.87, DJU 2.4.87).

Art. 15: 4. Redação da Lei 13.043, de 13.11.14.

Art. 15: 4a. v. art. 9º-II, §§ 2º, 3º e 5º. V. tb. CPC 835 § 2º e 848 § ún., bem como respectivas notas.

Art. 15: 4b. "O art. 15, I, da Lei 6.830/80 confere à fiança bancária o mesmo *status* do depósito em dinheiro, para efeitos de substituição de penhora, sendo, portanto, instrumento suficiente para garantia do executivo fiscal" (STJ-2ª T., REsp 660.288, rel. Min. Eliana Calmon, j. 13.9.05, DJU 10.10.05).

Art. 15: 4c. "Quando o juízo estiver garantido por meio de depósito em dinheiro, ou ocorrer penhora sobre ele, inexiste direito subjetivo de obter, sem anuência da Fazenda Pública, a sua substituição por fiança bancária" (STJ-1ª Seção, ED no REsp 1.077.039, Min. Mauro Campbell, j. 9.2.11, três votos vencidos, DJ 12.4.11). Do voto do relator: "Quando a penhora em execução fiscal não recair sobre dinheiro, o executado poderá, sempre, requerer a substituição do bem constrito por dinheiro ou fiança bancária. Se a penhora em execução fiscal incidiu sobre quantia pecuniária, a substituição poderá ser feita por fiança bancária, obrigatoriamente condicionada a que o devedor comprove a necessidade, para os fins do art. 620 do CPC, pois a garantia fidejussória não possui o mesmo *status* do dinheiro".

"Entre os bens penhoráveis, o dinheiro prefere a todos os demais na ordem legal estabelecida no art. 11 da Lei de Execuções Fiscais, sendo incabível a pretensão de substituição deste por fiança bancária" (STJ-1ª T., REsp 801.550, Min. José Delgado, j. 9.5.06, DJU 8.6.06). "Militam em favor desse entendimento os princípios que regem o processo executivo, especialmente aquele segundo o qual a execução é realizada, invariavelmente, em benefício do credor (CPC, art. 612), razão pela qual a sua finalidade última é expropriar bens para transformá-los em dinheiro destinado a satisfazer a prestação executada (CPC, art. 646). Reverter a penhora em dinheiro para fiança bancária é promover um retrocesso da atividade executiva, impulsionando-a para sentido inverso ao da sua natural finalidade" (STJ-1ª T., REsp 1.089.888, Min. Teori Zavascki, j. 7.5.09, DJ 21.5.09). No mesmo sentido: JTJ 341/59 (AI 878.962-5/6-00).

Autorizando a substituição da fiança bancária por dinheiro: "Embora a Fazenda credora tenha concordado com a garantia prestada (fiança bancária), a regra do art. 15, II, da LEF permite que a descoberta de outro bem (superveniente ou não), que, a seu juízo, melhor atenda às expectativas de satisfação de sua pretensão, fundamente o pleito de substituição da penhora" (STJ-2ª T., REsp 1.163.553, Min. Herman Benjamin, j. 3.5.11, um voto vencido, DJ 25.5.11).

Art. 15: 4d. Súmula 406 do STJ: "A Fazenda Pública pode recusar a substituição do bem penhorado por precatório".

"O art. 15 da Lei 6.830/80 é expresso ao restringir a possibilidade de substituição do bem penhorado em duas hipóteses: depósito em dinheiro ou fiança bancária. Precatório não se inclui nas duas hipóteses previstas para substituição da penhora, motivo que autoriza a negativa do pedido de troca da garantia processual" (STJ-RT 869/212: 2ª T., REsp 935.593-AgRg). No mesmo sentido: STJ-RT 873/165 (1ª T., REsp 944.053).

Art. 15: 5. "Conforme o art. 15, inc. I, da LEF, quando se tratar de substituição da penhora por dinheiro ou fiança bancária, cabe ao juiz somente a deferir, independentemente da anuência do exequente. No entanto, tratando a hipótese de substituição da penhora por outro bem que não aqueles previstos no inc. I, é imprescindível a concordância expressa do exequente, o que não ocorreu nestes autos" (RSTJ 181/108).

Art. 15: 5a. O requerimento deve ser justificado, não ficando ao arbítrio da Fazenda Pública, por mera conveniência ou comodidade, pretender a substituição (RJTJESP 120/335). No mesmo sentido: STJ-1ª T., REsp 53.652-9, Min. Cesar Rocha, j. 6.2.95, dois votos vencidos, DJU 13.3.95.

"O inc. II do art. 15, da Lei 6.830/80, que permite à Fazenda Pública, em qualquer fase do processo, postular a substituição do bem penhorado, deve ser interpretado com temperamento, tendo em conta o princípio contido no art. 620 do CPC, segundo o qual 'quando por vários meios o credor puder promover a execução, o juiz mandará que se faça pelo menos gravoso', não convindo com exigências caprichosas, nem com justificativas impertinentes" (STJ-RTJE 137/164, maioria).

Art. 15: 6. "Na execução fiscal, se não restou demonstrada a inconveniência na indicação dos bens oferecidos a penhora pelo devedor, não se justifica a substituição, feita de forma mais gravosa, recaindo a constrição sobre imóvel onde funciona o estabelecimento comercial da executada" (STJ-RT 758/168).

Art. 15: 7. s/ admissibilidade dos embargos do devedor, após a penhora insuficiente, v. art. 16, nota 16; s/ ampliação da penhora, ou transferência para outros bens mais valiosos, v. CPC 874-II; s/ segunda penhora, quando o produto da alienação não bastar para o pagamento do credor, v. CPC 851-II.

Art. 15: 8. Pode o juiz, de ofício, determinar o reforço da penhora na execução fiscal?

— **Sim:** "Requerida a citação do devedor para pagamento do débito, sob pena de penhora de tantos bens quantos necessários à garantia da execução, o Juiz que determina, posteriormente, a constatação, reavaliação do bem e eventual reforço da penhora não ofende o princípio da iniciativa das partes, pois incumbe-lhe dirigir o processo velando por sua rápida solução (CPC, art. 125, II), mormente se o bem originariamente penhorado é sujeito a depreciação" (STJ-2ª T., REsp 222.143, Min. Peçanha Martins, j. 12.6.01, DJU 17.9.01).

— **Não:** "Nas atividades que exigem a iniciativa da parte, o juiz não pode agir sem provocação. Consectariamente, é defeso ao juiz determinar de ofício o reforço da penhora, realizada validamente no executivo fiscal, a teor dos arts. 15, II, da LEF e 667 e 685 do CPC" (STJ-1ª T., REsp 475.693, Min. Luiz Fux, j. 25.2.03, DJU 24.3.03).

Na execução comum, v. CPC 874.

Art. 16. O executado[1-2] oferecerá embargos,[3 a 8] no prazo de 30 (trinta) dias,[9-9a] contados:

I — do depósito;[10 a 11a]

II — da juntada da prova da fiança bancária ou do seguro garantia;[12-12a]

III — da intimação da penhora.[12b a 14]

§ 1º Não são admissíveis embargos do executado antes de garantida a execução.[14a a 17]

§ 2º No prazo dos embargos, o executado deverá alegar toda matéria útil à defesa,[18 a 21] requerer provas e juntar aos autos os documentos e rol de testemunhas,[22] até três ou, a critério do juiz, até o dobro desse limite.

§ 3º Não será admitida reconvenção,[23] nem compensação,[24 a 25a] e as exceções, salvo as de suspeição, incompetência[25b-25c] e impedimentos, serão arguidas como matéria preliminar e serão processadas e julgadas com os embargos.

Art. 16: 1. É parte legítima para opor embargos à execução quem, na qualidade de substituto do devedor originário, teve seus bens penhorados na execução fiscal (TFR-5ª T., AC 76.842, Min. Sebastião Reis, j. 8.4.85, DJU 2.5.85).

Art. 16: 2. O sócio da executada é parte ilegítima para opor embargos à execução (RT 561/87), desde que não tenha sido citado para a execução como responsável tributário.

✎ **Art. 16: 3.** "Procedimentos de defesa do contribuinte", por Ernane Fidélis dos Santos (RF 326/39); "Da ação antiexacional típica", por José Umberto Braccini Bastos (RP 117/49).

Art. 16: 3a. s/ matéria de embargos, v. CPC 917.

S/ valor da causa, nos embargos à execução, v. art. 34, nota 6, e CPC 292, nota 10.

Art. 16: 3b. sem efeito suspensivo (CPC 919-*caput*). Não obstante a execução fiscal obedeça a regras especiais, elas nada dispõem acerca da eficácia suspensiva dos respectivos embargos. Logo, para esse assunto, aplica-se subsidiariamente o CPC, conforme dispõe o art. 1º da LEF. Assim, embargos à execução fiscal somente serão aptos a suspender a execução se preenchidos os requisitos previstos no CPC 919 § 1º. Nesse sentido: STJ-1ª Seção, REsp 1.272.827, Min. Mauro Campbell, j. 22.5.13, DJ 31.5.13; RT 898/346 TRF-1ª Reg., AI 2009.01.00.016573-4-AgRg), 902/316 (TJPR, AgRg 688077-9/01).

Contra: "O art. 739-A do CPC, que nega aos embargos de devedor, como regra, o efeito suspensivo, não é aplicável às execuções fiscais. Em primeiro lugar, porque há disposições expressas reconhecendo, ainda que indiretamente, o efeito suspensivo aos embargos nessas execuções (arts. 19 e 24 da Lei 6.380/80 e art. 53 § 4º da Lei 8.212/91). E, em segundo lugar, porque a mesma Lei 11.382/06 — que acrescentou o art. 739-A ao CPC (retirando dos embargos, em regra, o efeito suspensivo automático) — também alterou o art. 736 do Código, para retirar desses embargos a exigência da prévia garantia de juízo. O legislador, evidentemente, associou uma situação à outra, associação que se deu também no § 1º do art. 739-A: a outorga de efeito suspensivo supõe, entre outros requisitos, 'que a execu-

Execução Fiscal

ção já esteja garantida por penhora, depósito ou caução suficientes'. Ora, ao contrário do que ocorre no CPC, no regime da execução fiscal, persiste a norma segundo a qual 'não são admissíveis embargos do executado antes de garantida a execução' por depósito, fiança ou penhora (art. 16, § 1º, da Lei 6.830/80)" (STJ-1ª T., REsp 1.178.883, Min. Teori Zavascki, j. 20.10.11, DJ 25.10.11).

Art. 16: 4. Não cabe denunciação da lide em execução fiscal (RTFR 122/29, RJTJESP 94/111, JTJ 171/71).

Art. 16: 5. É definitiva a execução fiscal na pendência de apelação interposta pelo executado (STJ-1ª Seção, ED no AI 480.374, Min. João Otávio, j. 13.4.05, DJU 9.5.05). Assim, podem "ser praticados todos os atos referentes ao processo de execução, inclusive a alienação de bens. Caso o recorrente saia vencedor ao final na demanda, resolve-se em perdas e danos" (STJ-1ª T., MC 9.229-AgRg, Min. Denise Arruda, j. 3.2.05, DJU 21.2.05).

V. tb. CPC 1.012-III, inclusive notas 19 e segs.

S/ entrega à Fazenda Pública de valores depositados em juízo, v. art. 32, nota 3.

Art. 16: 6. Se não os oferecer, v. CPC 344, nota 9.

Art. 16: 6a. "O art. 284 do CPC deve ser aplicado subsidiariamente à Lei de Execuções Fiscais, de maneira a oportunizar ao embargante a possibilidade de emendar a petição de embargos à execução, em face da existência de defeitos ou irregularidades" (STJ-1ª T., REsp 601.820, Min. Denise Arruda, j. 18.4.06, DJU 11.5.06).

Todavia, em matéria de excesso de execução sem justificada indicação do valor correto, não se admite a emenda dos embargos: "A ação de embargos à execução, que estiver fundada em excesso de execução, deve declarar, na petição inicial, o valor que entende correto, apresentando memória do cálculo, nos termos do art. 739-A, § 5º, do CPC/73" (STJ-2ª T., Ag em REsp 755.019-AgInt, Min. Assusete Magalhães, j. 5.6.18, DJ 8.6.18). No mesmo sentido: STJ-1ª T., REsp 1.453.745-AgRg, Min. Regina Costa, j. 19.3.15, maioria, DJ 17.4.15.

V. tb. CPC 914, nota 5, e 917, nota 23.

Art. 16: 7. O juízo competente para a execução fiscal é também o competente para os embargos à execução (RTFR 121/7; TFR-2ª Seção, CC 7.472, Min. Torreão Braz, j. 2.9.87, DJU 15.10.87).

Por isso: "Os embargos opostos à execução fiscal ajuizada perante juízo do interior do Estado, investido da competência atribuída pelo art. 126 da CF, devem ser aforados perante o mesmo juízo da execução" (TFR-5ª T., Ag 43.530, Min. Pedro Acioli, j. 6.4.83, DJU 26.5.83). No mesmo sentido: RTFR 148/29; TFR-2ª Seção, CC 5.220, Bol. AASP 1.306/311, em. 05; TFR-5ª T., Ag 40.764, Min. Sebastião Reis, j. 9.3.81, DJU 9.4.81.

Art. 16: 8. s/ devolução do prazo para embargos, v. art. 2º § 8º.

Art. 16: 9. O prazo para embargos à execução fiscal é de trinta dias, mesmo que a defesa diga respeito apenas à nulidade da penhora (JTJ 197/61).

Art. 16: 9a. **Recebimento dos embargos intempestivos como ação de conhecimento.** "Embargos à execução, visando ao reconhecimento da ilegitimidade do débito fiscal em execução, têm natureza de ação cognitiva, semelhante à da ação anulatória autônoma. Assim, a rigor, a sua intempestividade não acarreta necessariamente a extinção do processo. Interpretação sistemática e teleológica do art. 739, I, do CPC, permite o entendimento de que a rejeição dos embargos intempestivos não afasta a viabilidade de seu recebimento e processamento como ação autônoma, ainda que sem a eficácia de suspender a execução. Esse entendimento é compatível com o princípio da instrumentalidade das formas e da economia processual, já que evita a propositura de outra ação, com idênticas partes, causa de pedir e pedido da anterior, só mudando o nome (de embargos para anulatória). De qualquer modo, extintos sem julgamento de mérito, os embargos intempestivos operaram o efeito próprio da propositura da ação cognitiva, que é o de interromper a prescrição. No particular, é irrelevante que a embargada não tenha sido citada para contestar e sim intimada para impugnar os embargos, como prevê o art. 17 da Lei 6.830/80. Para os efeitos do art. 219 do CPC, aquela intimação equivale à citação. Não fosse assim, haver-se-ia de concluir, absurdamente, que não há interrupção da prescrição em embargos do devedor" (STJ-1ª T., REsp 729.149, Min. Teori Zavascki, j. 24.5.05, DJU 6.6.05).

S/ a concentração dos processos num mesmo juízo nessas circunstâncias, v. CPC 55, nota 4.

Art. 16: 10. v. art. 32.

Art. 16: 11. Se o depósito é posteriormente completado, por ser insuficiente, conta-se do depósito inicial o prazo, pois a parte não pode tirar proveito da própria incúria (JTA 106/139).

Art. 16: 11a. A jurisprudência tem exigido que, após o depósito, o devedor seja dele **intimado** para que então tenha início o prazo dos embargos. Assim: "Feito depósito em garantia pelo devedor, deve ser ele formalizado, reduzindo-se a termo. O prazo para oposição de embargos inicia-se, pois, a partir da intimação do depósito" (STJ-RP 174/299: 1ª Seção, ED no REsp 1.062.537). "A assinatura do auto de depósito do bem penhorado não equivale à intimação da penhora, para os efeitos da Lei n. 6.830/90 (art. 16)" (STJ-RT 740/265).

Art. 16: 12. Redação da Lei 13.043, de 13.11.14.

Art. 16: 12a. "É certo que a Lei n. 6.830/80 não se refere à necessidade de intimação da Fazenda Pública a propiciar a aceitação ou recusa da garantia da execução fiscal por meio de fiança bancária. Mas, consoante decidido pela Primeira Turma, no julgamento do REsp 461.354 (Rel. Min. Luiz Fux, DJ de 17.11.03, p. 206), quando o juiz da execução intima o exequente para referida finalidade, instaura-se um incidente processual, motivo pelo qual, em face do princípio do devido processo legal, a parte executada deve ser intimada do ato ensejador de sua defesa. Trata-se de situação processual que não possui expressa previsão legal, implicando a integração legislativa mediante a aplicação da regra geral dos prazos processuais, segundo a qual o termo *a quo* se perfaz no primeiro dia útil seguinte após a intimação (art. 184, § 2º, do CPC). Instaurado um incidente processual para propiciar a aceitação ou recusa da fiança bancária oferecida como garantia da execução fiscal, somente a partir da intimação da parte executada inicia-se a contagem do prazo de 30 (trinta) dias para a oposição dos embargos, haja vista que referido incidente posterga a efetiva garantia do juízo à aceitação da exequente" (STJ-2ª T., REsp 1.254.554, Min. Mauro Campbell, j. 18.8.11, DJ 25.8.11).

"O art. 16 da Lei 6.830/80, no seu inciso II, refere-se à juntada da prova da fiança bancária como termo inicial para a oferta de embargos à execução. Nada obstante, a jurisprudência conjuga a interpretação de tal inciso com o III do mesmo artigo, requestando a lavratura do termo de penhora, da qual o executado deve ser intimado, para que flua o prazo para apresentação de embargos à execução" (STJ-1ª T., REsp 1.156.367-AgRg, Min. Napoleão Maia Filho, j. 24.9.13, DJ 22.10.13).

Art. 16: 12b. "O **oferecimento de bem à penhora** pelo executado, com a assinatura do Termo de Penhora como depositário fiel, não é suficiente para o início da contagem do prazo para embargos à execução, sendo imprescindível a expedição de mandado de intimação da penhora" (STJ-2ª T., REsp 432.080, Min. Castro Meira, j. 17.8.04, DJU 27.9.04). No mesmo sentido: STJ-RT 740/265, 779/200.

Contra: "Considera-se intimado o devedor que nomeia bens à penhora e assina o respectivo termo de penhora, passando à qualidade de fiel depositário, já que, nesta oportunidade, toma ciência iniludível da constrição patrimonial, e, portanto, deflagra a fluência do termo *a quo* para oposição dos embargos do devedor" (STJ-2ª T., REsp 261.222, Min. Castro Meira, j. 4.5.04, DJU 30.8.04).

Art. 16: 12c. "Esta Corte tem adotado, em diversos julgados, o entendimento de que a formalidade do ato de intimação da penhora deve ser respeitada — e às vezes até acentuada — para não obstaculizar indevidamente o exercício do direito de defesa pelo executado, que, via de regra, já garantiu a execução. Embora não se tenha dúvida de que o executado, ao requerer a substituição do bem penhorado, tinha **ciência da existência da penhora,** o mesmo não se pode mencionar quanto ao início do prazo dos embargos, que foi contado sem que houvesse previsão legal, nem a advertência exigida pela jurisprudência desta Corte. Dessarte, o comparecimento espontâneo do executado, após a efetivação da penhora, não supre a necessidade de sua intimação com a advertência do prazo para o oferecimento dos embargos à execução fiscal" (STJ-2ª T., REsp 1.201.056-AgRg, Min. Mauro Campbell, j. 14.6.11, dois votos vencidos, DJ 23.9.11). No mesmo sentido: STJ-1ª T., REsp 1.358.204-AgRg, Min. Arnaldo Esteves, j. 7.3.13, DJ 16.5.14.

Todavia: "A executada, ao retirar os autos da Secretaria, tomou ciência da realização da penhora, acarretando a antecipação do início da contagem do prazo para os embargos que começou desde a retirada do processo pelo patrono da recorrente" (STJ-2ª T., REsp 696.349, Min. Castro Meira, j. 7.12.04, DJU 21.3.05).

Art. 16: 13. Conta-se o prazo para embargos **a partir da intimação da penhora, e não da juntada aos autos do mandado** que a efetivou (STJ-1ª Seção, REsp 1.112.416, Min. Herman Benjamin, j. 27.5.09, DJ 9.9.09; RTRF-3ª Reg. 31/167). "A regra não se altera em função de haver sido realizada a intimação por meio de carta precatória" (STJ-1ª T., REsp 482.022, Min. Teori Zavascki, j. 20.10.05, DJU 7.11.05).

"Realizada a intimação da penhora na pessoa do devedor, **despiciendo seja o advogado intimado,** correndo o prazo para a oposição dos embargos daquele momento" (STJ-1ª T., REsp 208.986, Min. Milton Luiz Pereira, j. 6.12.01, DJU 11.3.02). No mesmo sentido: STJ-2ª T., AI 1.013.737-AgRg, Min. Herman Benjamin, j. 9.9.08, DJ 19.12.08. Ainda: "O só fato de ter o executado concedido poderes ao seu advogado para receber intimação da penhora não invalida a que for procedida pessoalmente no executado" (STJ-1ª T., REsp 16.895, Min. Cesar Rocha, j. 27.10.93, DJU 22.11.93).

O devedor "deverá ser advertido expressamente", pelo oficial de justiça, do início do prazo (STJ-2ª T., REsp 191.627, Min. Peçanha Martins, j. 5.10.99, DJU 22.11.99). Essa advertência de que o prazo se inicia a partir daquele ato e de que o mesmo é de trinta dias deve constar expressamente do mandado (STJ-1ª Seção, ED no REsp 191.627, Min. Francisco Falcão, j. 26.3.03, DJU 5.5.03), sendo insuficiente a mera menção à expressão "prazo legal" (STJ-1ª T., REsp 362.516, Min. José Delgado, j. 11.12.01, DJU 4.3.02). No mesmo sentido, mais recentemente: STJ-1ª Seção, ED no REsp 1.269.069, Min. Herman Benjamin, j. 9.4.14, DJ 17.6.14. **Contra,** entendendo que a LEF não exige que do mandado de intimação da penhora conste o prazo para o oferecimento dos embargos do devedor: STJ-2ª T., REsp 447.296, Min. Eliana Calmon, j. 18.3.04, DJU 17.5.04.

Súmula 12 do TRF-4ª Região (Prazo para embargos): "Em execução fiscal, quando a ciência da penhora for pessoal, o prazo para a oposição dos embargos do devedor inicia no dia seguinte ao da intimação deste".

S/ intimação da penhora, v. art. 12.

Art. 16: 13a. **"Anulada a penhora,** abre-se espaço para novos embargos à execução contra a constrição válida relativa a outros bens" (STJ-2ª T., REsp 1.271.882, Min. Herman Benjamin, j. 20.9.11, DJ 23.9.11).

Art. 16: 14. "Recaindo a penhora sobre bem imóvel, o prazo para embargar, em se tratando de devedor casado, é contado a partir da intimação do cônjuge" (STJ-2ª T., REsp 1.238.916, Min. Mauro Campbell, j. 5.4.11, DJ 13.4.11).

Art. 16: 14a. **Súmula 393 do STJ:** "A exceção de pré-executividade é admissível na execução fiscal relativamente às matérias conhecíveis de ofício que não demandem dilação probatória".

Mais liberal e a nosso ver com razão: "O critério definidor das matérias que podem ser alegadas em objeção de pré-executividade é o fato de ser desnecessária a dilação probatória, afastando-se a distinção fincada, exclusivamente, na possibilidade de conhecimento de ofício pelo Juiz. Passou-se a admitir essa forma excepcional de defesa para acolher exceções materiais, extintivas ou modificativas do direito do exequente, desde que comprovadas de plano e desnecessária a produção de outras provas além daquelas constantes dos autos ou trazidas com a própria exceção" (STJ-2ª T., REsp 769.768, Min. Castro Meira, j. 20.9.05, DJU 17.10.05).

Em sede de execução fiscal, a jurisprudência tem admitido a **exceção de pré-executividade:**

— "na hipótese de alegação de inconstitucionalidade do tributo" (STJ-1ª T., REsp 625.203, Min. Francisco Falcão, j. 3.5.05, DJU 1.7.05). No mesmo sentido: STJ-2ª T., REsp 612.803, Min. João Otávio, j. 12.12.06, DJU 8.2.07;

— para a alegação de **prescrição** (STJ-Corte Especial, ED no REsp 388.000, Min. José Delgado, j. 16.3.05, 8 votos vencidos, DJU 28.11.05), inclusive por parte do sócio da empresa executada, "eis que pode ver contra ele redirecionada a execução" (STJ-1ª T., REsp 665.741-AgRg, Min. Francisco Falcão, j. 6.12.05, DJU 6.3.06);

— com fundamento na irresponsabilidade do inventariante pelos tributos devidos pelo espólio (STJ-1ª T., REsp 371.460, Min. José Delgado, j. 5.2.02, DJU 18.3.02);

— "a arguição de imunidade tributária nas hipóteses em que ela é comprovada de plano, sem necessidade de dilação probatória" (STJ-2ª T., Ag em REsp 12.591-AgRg, Min. Cesar Rocha, j. 6.3.12, DJ 14.3.12);

— por falta de "pressupostos processuais ou condições da ação" (STJ-1ª T., REsp 143.571, Min. Gomes de Barros, j. 22.9.98, DJU 1.3.99);

— para "discussão de aspectos formais do título executivo, os quais podem ser declarados de ofício, como no caso da inexigibilidade do crédito exequendo" (STJ-2ª T., REsp 366.487, Min. João Otávio, j. 21.2.06, DJU 29.3.06);

— por ausência de título executivo e ilegitimidade de parte (RF 364/397);

— com fundamento na nulidade da certidão da dívida ativa, em razão da postergação do vencimento do débito tributário, previamente autorizada em sede de mandado de segurança (JTJ 300/93);

— por alegação de que a dívida foi paga (STJ-1ª T., REsp 371.460, Min. José Delgado, j. 5.2.02, DJU 18.3.02);

— para debater "incidência da taxa SELIC para fins de correção do débito inscrito em dívida ativa" (STJ-1ª T., REsp 885.785, Min. Luiz Fux, j. 12.2.08, DJU 2.4.08);

— para discutir "aplicação de multa e juros em processo falimentar, por versar matéria essencialmente de direito que diz respeito a própria liquidez e certeza do título" (STJ-1ª Seção, REsp 949.319, Min. Luiz Fux, j. 14.11.07, DJU 10.12.07). **Contra:** STJ-2ª T., REsp 365.282-EDcl, Min. João Otávio, j. 27.6.06, DJU 1.8.06.

Já nos casos em que a matéria, mesmo cognoscível de ofício, depende de dilação probatória, a exceção de pré-executividade não é aceita: "Não se admite a arguição de ilegitimidade passiva *ad causam* por meio de exceção de pré-executividade quando sua verificação demandar extenso revolvimento de provas" (STJ-1ª T., REsp 604.257-AgRg, Min. Teori Zavascki, j. 4.5.04, DJU 24.5.04). É o que acontece quando o nome do sócio da empresa figura como responsável na Certidão de Dívida Ativa: "A presunção de legitimidade assegurada à CDA impõe ao executado que figura no título executivo o ônus de demonstrar a inexistência de sua responsabilidade tributária, demonstração essa que, por demandar prova, deve ser promovida no âmbito dos embargos à execução" (STJ-1ª Seção, REsp 1.110.925, Min. Teori Zavascki, j. 22.4.09, DJ 4.5.09).

S/ exceção de pré-executividade em execução fiscal, para alegar falta de citação, v. art. 8º, nota 2; s/ honorários devidos pela desistência da execução fiscal, após exceção de pré-executividade, v. art. 26, nota 5; s/ exceção de pré-executividade, em execução comum, v. CPC 803, notas 1 a 3.

Art. 16: 14b. Embargos apresentados **antes de seguro o juízo** não devem ser prontamente extintos. Nessas circunstâncias, eles devem ficar represados e, uma vez seguro o juízo, têm seu processamento determinado (JTJ 326/101: AI 716.702-5/8-00).

"Em atenção ao princípio da especialidade da LEF, mantido com a reforma do CPC/73, a nova redação do art. 736, do CPC dada pela Lei 11.382/2006 — artigo que dispensa a garantia como condicionante dos embargos — não se aplica às execuções fiscais diante da presença de dispositivo específico, qual seja o art. 16 § 1º da Lei 6.830/80, que exige expressamente a garantia para a apresentação dos embargos à execução fiscal" (STJ-1ª Seção, REsp 1.272.827, Min. Mauro Campbell, j. 22.5.13, DJ 31.5.13).

Art. 16: 15. Da sentença que, por falta de segurança prévia do juízo, rejeita *in limine* os embargos à execução cabe apelação, salvo o disposto no art. 34 (TFR-6ª T., Ag 47.181, Min. Américo Luz, j. 31.3.86, por maioria, DJU 26.6.86).

Art. 16: 16. "Embora desejável, não é essencial para a admissibilidade dos embargos do devedor que o bem penhorado satisfaça integralmente o débito exequendo. A insuficiência da penhora não obsta a apreciação dos embargos do devedor, mormente se não restou provada, mediante prévia avaliação, que o valor dos bens constritos não atende à cobertura total da cobrança. A possibilidade de reforço da penhora contemplada por aplicação subsidiária do CPC à LEF impede que se retire do devedor a faculdade de embargar a execução, violando o princípio do contraditório. Realizada a penhora, considera-se seguro o juízo, impondo-se o recebimento e o processamento dos embargos do devedor e não sua liminar extinção, por não se encontrar seguro o juízo" (RSTJ 135/229: 2ª T., REsp 80.723). Máxime porque, nessa hipótese, a penhora poderá ser ampliada (RSTJ 154/183: 2ª T., REsp 244.923). Admitindo os embargos do devedor, opostos após a penhora insuficiente: STJ-RT 805/196 (1ª Seção: ED no REsp 80.723), RT 835/404, RJ 235/97, RTRF-3ª Reg. 30/94. Acrescentando que "a complementação da quantia ou reforço de penhora podem dar-se no curso dos embargos ou após o seu julgamento" (JTAERGS 78/106).

Contra: "Para que se considere segura a execução fiscal, é necessário que os bens penhorados tenham valor superior ao do crédito em cobrança. Se a penhora envolve valor inferior ao da cobrança, não se admite a oposição de embargos" (RSTJ 110/72). Segundo o voto do relator, neste caso, deve-se proceder à complementação da garantia através de nova penhora, "em incidente que faz necessária outra intimação do executado e abre ensejo à oposição de outros embargos".

Art. 16: 16a. "A existência, nos autos da execução fiscal, de decisão judicial que pugnou pela pendência da garantia do juízo, obstando a admissibilidade dos embargos do executado (*ex vi* do disposto no art. 16, § 1º, da Lei 6.830/80), justifica a fluência do prazo para embargar a partir da intimação da decisão que aceitou o seguro-garantia em substituição à 'irregular' penhora de créditos do devedor, por caracterizar a data em que se considerou efetivada a penhora e, *a fortiori*, garantida a execução" (STJ-1ª T., REsp 1.126.307, Min. Luiz Fux, j. 1.3.11, DJ 17.5.11).

Art. 16: 16b. "Curador especial. Oferecimento de embargos à execução independentemente da garantia do juízo. Possibilidade. Flexibilização do disposto no art. 16, § 1º, da Lei 6.830/80. Ocorrendo a citação por edital com a respectiva nomeação de curador especial e, por consequência, a oposição dos embargos (defesa), não pode a parte ser impedida do recebimento da sua defesa (embargos), diante dos princípios da ampla defesa e contraditório previstos na Constituição da República" (RT 919/1.098: TJPA, AP 2011.3.017553-7).

Art. 16: 17. O executado **beneficiário da justiça gratuita** não fica liberado de garantir a execução para embargar (STJ-2ª T., REsp 1.437.078, Min. Humberto Martins, j. 25.3.14, DJ 31.3.14).

Todavia: "a controvérsia deve ser resolvida não sob esse ângulo (do executado ser beneficiário, ou não, da justiça gratuita), mas sim, pelo lado da sua **hipossuficiência,** pois, adotando-se tese contrária, tal implicaria em garantir o direito de defesa ao 'rico', que dispõe de patrimônio suficiente para segurar o Juízo, e negar o direito de defesa ao 'pobre'" (STJ-1ª T., REsp 1.487.772, Min. Gurgel de Faria, j. 28.5.19, DJ 12.6.19).

Art. 16: 18. salvo compensação (§ 3º).

Art. 16: 19. "A impenhorabilidade dos bens deve ser alegada pelos executados por via de embargos, a teor do disposto no art. 16, § 2º, da Lei Federal n. 6.830, de 1980" (JTJ 140/172).

V. nota 9.

Art. 16: 20. A impugnação ao valor da causa deve ser formulada como preliminar dos embargos à execução (RJTJESP 80/229, 111/323).

V. tb. CPC 337-III.

Art. 16: 21. Os documentos indispensáveis à prova da matéria articulada nos embargos "devem ser apresentados com a inicial. Os simplesmente úteis poderão sê-lo posteriormente, desde que não resulte prejuízo para a defesa da outra parte" (TFR-6ª T., AC 88.361, Min. Eduardo Ribeiro, j. 23.11.88, DJU 4.4.89).

Art. 16: 22. Diversamente: CPC 920 c/c 357 § 6º.

Art. 16: 23. v. CPC 343, nota 2.

Art. 16: 24. **CTN: "Art. 170-A** (*introduzido pela LC 104, de 10.1.01*). É vedada a compensação mediante o aproveitamento de tributo, objeto de contestação judicial pelo sujeito passivo, antes do trânsito em julgado da respectiva decisão judicial".

Art. 16: 24a. **Súmula 212 do STJ:** "A **compensação de créditos tributários** não pode ser deferida em ação cautelar ou por medida liminar cautelar ou antecipatória" (redação conforme DJU 25.5.05).

Súmula 213 do STJ: "O mandado de segurança constitui ação adequada para a declaração do direito à **compensação tributária".**

Súmula 460 do STJ: "É incabível o mandado de segurança para convalidar a **compensação tributária** realizada pelo contribuinte".

Execução Fiscal

S/ tutela antecipada para a compensação de créditos tributários, v. CPC 300, nota 4; s/ compensação em oposição à execução, v. CPC 525 § 1º-VII.

Art. 16: 24b. "Está pacificado que, com a edição da Lei n. 8.383/91, regulamentando a compensação na esfera tributária, restou viabilizada a possibilidade de discutir sobre o instituto em sede de embargos à execução" (STJ-1ª T., REsp 573.212-EDcl-AgRg, Min. Francisco Falcão, j. 15.3.05, DJU 25.4.05).

"Este Tribunal, embasado no art. 16, § 3º, da Lei 6.830/80, não admitia a alegação de compensação no âmbito de embargos à execução. Todavia com a edição da Lei 8.383/91 — regulamentadora do instituto da compensação na esfera tributária —, mudou-se o posicionamento para discutir-se a respeito da compensação de tributos na via incidental dos embargos do devedor" (STJ-2ª T., REsp 613.757, Min. Castro Meira, j. 10.8.04, DJU 20.9.04).

"O art. 16, § 3º, da LEF deve ser lido com tempero. O que não é permitido é, em defesa na execução fiscal, o executado apresentar créditos que possui (indébitos tributários, créditos presumidos ou premiais ou outros créditos contra o ente público exequente tais como: precatórios a receber e ações diversas ajuizadas) a fim de abater os créditos tributários em execução. No entanto, nada impede que alegue a existência de compensações efetivamente já realizadas, efetivadas e reconhecidas, em processo administrativo ou judicial, com os créditos que são objeto da CDA, e que, por esse motivo, não poderiam ali estar (compensações tributárias pretéritas). Hipótese em que o crédito tributário veiculado na CDA foi incorretamente inscrito" (STJ-2ª T., REsp 1.305.881, Min. Mauro Campbell, j. 7.8.12, DJ 14.8.12).

Todavia: "Caso em que a empresa se defendeu em sede de embargos à execução fiscal não alegando compensação prévia mas pleiteando a realização da compensação dentro dos próprios embargos, o que é vedado pelo art. 16, § 2º, da LEF" (STJ-2ª T., REsp 1.305.881, Min. Mauro Campbell, j. 7.8.12, DJ 14.8.12).

"O art. 16, § 3º, da LEF veda expressamente a pretensão de compensar o crédito ilíquido e incerto do contribuinte com o crédito líquido e certo expresso na certidão de dívida ativa" (STJ-2ª T., REsp 1.318.106, Min. Eliana Calmon, j. 18.10.12, DJ 29.10.12).

Art. 16: 25. "A circunstância de a dívida passiva da Prefeitura ser exigível mediante precatório não impede ocorra compensação com crédito de menor valor da Prefeitura contra o mesmo munícipe, sendo ambos os créditos líquidos, vencíveis e exigíveis. A compensação não ofende a verba dos precatórios, e destarte outros credores não serão prejudicados" (STJ-RT 686/192 e Bol. AASP 1.736/91, maioria). Nesse sentido: STJ-2ª T., REsp 29.748-9, Min. Peçanha Martins, j. 7.12.92, DJU 18.10.93.

S/ penhora de crédito objeto de precatório, v. LEF 11, nota 1c.

Art. 16: 25a. "Decisão judicial que permite ao contribuinte recuperar indébito tributário, mediante compensação. Tal decisão, longe de estabelecer forma de execução, outorgou uma faculdade ao credor: compensação não é modo de executar sentença, mas simples fenômeno pelo qual extinguem-se as dívidas simétricas" (RSTJ 134/90).

Art. 16: 25b. "A admissibilidade da exceção de incompetência, no âmbito de execução fiscal, não se subordina à exigência da prévia segurança do juízo. A regra específica prevista no art. 16, § 1º, da Lei n. 6.830/80, a qual prevê a inadmissibilidade dos embargos do executado antes da garantia ou qualquer outra que limite o acesso aos meios de tutela de direitos das partes em juízo devem ser interpretadas restritivamente" (STJ-2ª T., REsp 642.369, Min. Castro Meira, j. 11.10.05, DJU 7.11.05). Ou seja, autoriza-se a apresentação da exceção em momento diferente dos embargos.

Art. 16: 25c. "Execução fiscal. Exceção de incompetência. **Prazo de trinta dias** para interposição" (STJ-2ª T., REsp 1.263.470-AgRg, Min. Humberto Martins, j. 15.9.11, DJ 21.9.11). No mesmo sentido: STJ-1ª T., REsp 1.269.366-EDcl-AgInt, Min. Napoleão Maia Filho, j. 16.5.17, DJ 23.5.17.

Art. 17. Recebidos os embargos, o juiz mandará intimar a Fazenda,[1] para impugná-los[2-3] no prazo de 30 (trinta) dias,[4] designando, em seguida, audiência de instrução e julgamento.[5]

Parágrafo único. Não se realizará audiência, se os embargos versarem sobre matéria de direito ou, sendo de direito e de fato, a prova for exclusivamente documental, caso em que o juiz proferirá a sentença[6] no prazo de 30 (trinta) dias.[7]

Art. 17: 1. v. art. 25, especialmente notas.

Art. 17: 2. s/ possível efeito da revelia, no caso de não impugnados os embargos, v. CPC 344, nota 11 (inclusive Súmula 256 do TFR).

Art. 17: 3. Não cabe denunciação à lide em embargos à execução fiscal (STJ-2ª T., REsp 691.235, Min. Castro Meira, j. 19.6.07, DJU 1.8.07; RTFR 122/29, RJTJESP 94/111, JTJ 171/71).

Art. 17: 4. Esse prazo **não se dobra,** pois se trata de prazo próprio para a Fazenda Pública (CPC 183 § 2º). Nesse sentido: STJ-1ª T., REsp 312.281, Min. Milton Luiz Pereira, j. 2.8.02, DJU 13.5.02.

Art. 17: 5. cf. CPC 920.

Art. 17: 6. "A procedência parcial dos embargos do devedor não compromete a execução fiscal, que prossegue em relação ao crédito exigível, ainda que a apuração deste implique um procedimento de liquidação" (RSTJ 94/118).

Art. 17: 7. s/ natureza da execução, na pendência de apelação, v. art. 16, nota 5.

Art. 18. Caso não sejam oferecidos os embargos, a Fazenda Pública manifestar-se-á sobre a garantia da execução.

Art. 19. Não sendo embargada a execução ou sendo rejeitados os embargos, no caso de garantia prestada por terceiro, será este intimado, sob pena de contra ele prosseguir a execução nos próprios autos, para, no prazo de 15 (quinze) dias:

I — remir o bem,[1] se a garantia for real; ou

II — pagar o valor da dívida, juros e multa de mora e demais encargos,[2] indicados na Certidão de Dívida Ativa, pelos quais se obrigou, se a garantia for fidejussória.

Art. 19: 1. v. CPC 826.

Art. 19: 2. v. art. 2º § 2º.

Art. 20. Na execução por carta, os embargos do executado serão oferecidos no juízo deprecado, que os remeterá ao juízo deprecante, para instrução e julgamento.[1]

Parágrafo único. Quando os embargos tiverem por objeto vícios ou irregularidades de atos do próprio juízo deprecado, caber-lhe-á unicamente o julgamento dessa matéria.

Art. 20: 1. v. CPC 914 § 2º.

Art. 21. Na hipótese de alienação antecipada dos bens penhorados,[1] o produto será depositado em garantia da execução, nos termos previstos no art. 9º, inciso I.

Art. 21: 1. v. CPC 730.

Art. 22. A arrematação[1-2] será precedida de edital, afixado no local do costume, na sede do juízo, e publicado, em resumo,[3-4] uma só vez, gratuitamente, como expediente judiciário, no órgão oficial.

§ 1º O prazo entre as datas de publicação do edital e do leilão não poderá ser superior a 30 (trinta), nem inferior a 10 (dez) dias.

§ 2º O representante judicial da Fazenda Pública será intimado, pessoalmente,[5] da realização do leilão, com a antecedência prevista no parágrafo anterior.

Art. 22: 1. v. CPC 879 e segs.

Art. 22: 2. ou melhor, a alienação.

Art. 22: 3. com indicação das despesas (v. art. 23 § 2º).

Art. 22: 4. "O Juízo da execução pode exigir do exequente a apresentação de certidão de ônus reais do imóvel penhorado. A norma do art. 22 da LEF deve ser interpretada em conjunto com o art. 686, inc. V, do CPC, a fim de assegurar ao arrematante o pleno conhecimento da situação do bem que está sendo adquirido" (STJ-1ª T., REsp 511.816, Min. Francisco Falcão, j. 18.3.04, DJU 17.5.04).

Art. 22: 5. v. art. 25.

Art. 23. A alienação de quaisquer bens penhorados[1] será feita em leilão público,[2 a 4a] no lugar designado pelo juiz.

§ 1º A Fazenda Pública e o executado poderão requerer que os bens sejam leiloados englobadamente ou em lotes que indicarem.[5]

§ 2º Cabe ao arrematante o pagamento da comissão do leiloeiro[6] e demais despesas indicadas no edital.[7]

Art. 23: 1. inclusive imóveis, portanto.

Art. 23: 2. s/ leilão nas execuções fiscais da dívida ativa do INSS, v. art. 98 da Lei 8.212, de 24.7.91, na redação da **Lei 9.528, de 10.12.97,** art. 1º (Lex 1977/4.462, RF 340/483).

Art. 23: 3. Súmula 121 do STJ: "Na execução fiscal o **devedor** deverá ser **intimado, pessoalmente,** do dia e hora da realização do leilão" (v. jurisprudência s/ esta Súmula em RSTJ 72/67).

No mesmo sentido: RSTJ 31/467, STJ-RT 707/167; RT 625/88, RJTJESP 102/182, 120/330, 124/325, 126/49, 127/200. **Contra:** RSTJ 30/449 (com dois fundamentos); RJTJESP 108/44, 121/176, 132/295.

É obrigatória, ainda, a intimação das pessoas listadas no CPC 889.

Art. 23: 4. Súmula 128 do STJ: "Na execução fiscal haverá **segundo leilão,** se no primeiro não houver lanço superior à avaliação" (v. jurisprudência s/ esta Súmula em RSTJ 72/295).

Essa Súmula deve ser relida: haverá segundo leilão, se no primeiro não for alcançado o **preço mínimo** fixado pelo juiz (CPC 885).

Art. 23: 4a. Quer em primeiro leilão, quer em segundo leilão, "não será aceito lance que ofereça preço vil" (CPC 891).

Art. 23: 5. cf. CPC 893.

Art. 23: 6. cf. CPC 884 § ún.

Art. 23: 7. O pagamento das despesas do leilão só é devido para a expedição da carta de arrematação, e esta só é possível após decorrido o prazo do art. 24-II-*b*.

Art. 24. A Fazenda Pública[1] poderá adjudicar[2-3] os bens penhorados:

I — antes do leilão, pelo preço da avaliação,[4-5] se a execução não for embargada ou se rejeitados os embargos;

II — findo o leilão:

a) se não houver licitante, pelo preço da avaliação;[6-7]

b) havendo licitantes, com preferência, em igualdade de condições com a melhor oferta, no prazo de 30 (trinta) dias.[8]

Parágrafo único. Se o preço da avaliação ou o valor da melhor oferta for superior ao dos créditos da Fazenda Pública, a adjudicação somente será deferida pelo juiz se a diferença for depositada,[9] pela exequente, à ordem do juízo, no prazo de 30 (trinta) dias.[10]

Art. 24: 1. Não é qualquer Fazenda Pública, mas só a exequente, que pode adjudicar (TFR-5ª T., Ag 45.187, Min. Sebastião Reis, v.u., DJU 27.9.84).

Art. 24: 2. Súmula 224 do TFR: "O fato de **não** serem **adjudicados bens** que, levados a leilão, deixaram de ser arrematados, não acarreta a extinção do processo de execução" (v. jurisprudência s/ esta Súmula em RTFR 155/115). No mesmo sentido: RT 737/452.

Art. 24: 3. A adjudicação dos bens penhorados é uma faculdade da Fazenda Pública e não uma imposição a ela, que não está obrigada a receber coisa diversa do seu crédito em dinheiro e pode optar pela realização de sucessivos leilões (STJ-1ª T., REsp 800.228, Min. Luiz Fux, j. 15.5.07, DJU 31.5.07).

Art. 24: 4. A avaliação, no caso deste inciso e do seguinte, deve ser corrigida monetariamente, para evitar locupletamento indevido, no caso de adjudicação (RTFR 140/39). No mesmo sentido: TFR-5ª T., Ag 46.545, Min. Torreão Braz, j. 15.5.85, maioria, DJU 13.6.85; TFR-6ª T., Ag 46.024, Min. Américo Luz, j. 12.8.85, DJU 14.11.85; STJ-1ª T., REsp 18.571-0, Min. Demócrito Reinaldo, j. 18.5.92, DJU 22.6.92.

Admite-se nova avaliação, para atualização do valor do bem penhorado (TFR-5ª T., Ag 46.294, Min. Geraldo Sobral, j. 12.6.85, DJU 8.8.85).

V. tb. nota 6.

Art. 24: 5. "O juiz só pode autorizar a adjudicação dos bens penhorados pelo montante da avaliação se estiver seguro de que corresponde ao valor de mercado. A variação da UPC não corresponde à valorização dos imóveis, de modo que esse índice — decorridos quase dez anos — não serve para atualizar monetariamente a avaliação, cujo resultado pode ter implicado verdadeiro confisco" (STJ-1ª T., Ag em REsp 146.690-AgRg, Min. Ari Pargendler, j. 19.2.13, maioria, DJ 13.3.13).

Art. 24: 6. corrigido monetariamente (RJTJESP 89/277).

V. tb. nota 4.

Art. 24: 7. Não havendo licitantes, o pedido de adjudicação pode ser formulado a qualquer tempo, após o leilão (RSTJ 95/154, RT 596/98).

Art. 24: 8. O prazo para a Fazenda Pública não se dobra (CPC 183 § 2º).

Art. 24: 9. **Lei 9.393, de 19.12.96** (dispõe s/ o Imposto sobre a Propriedade Territorial Rural; em Lex 1996/3.660, RT 734/803), **art. 18: "§ 3º** O depósito da diferença de que trata o parágrafo único do art. 24 da Lei n. 6.830, de 22 de setembro de 1980, poderá ser feito em Títulos da Dívida Agrária, até o montante equivalente ao VTN declarado".

Art. 24: 10. Este prazo não se dobra (CPC 183 § 2º).

Art. 25. Na execução fiscal, qualquer intimação ao representante judicial da Fazenda Pública será feita pessoalmente.[1 a 6b]

Parágrafo único. A intimação de que trata este artigo poderá ser feita mediante vista dos autos, com imediata remessa ao representante judicial da Fazenda Pública, pelo cartório ou secretaria.

Art. 25: 1. v. art. 22 § 2º. V. tb. CPC 183 § 1º, 269 § 3º, 270 § ún., e 272 § 6º, bem como respectivas notas.

Art. 25: 2. O art. 25 se refere unicamente às execuções fiscais, não sendo expresso quanto aos embargos à execução. Todavia, a jurisprudência entende que essa regra aplica-se também nos embargos à execução fiscal.

Súmula 240 do TFR: "A intimação do representante judicial da Fazenda Pública, nos **embargos à execução fiscal,** será feita pessoalmente" (v. jurisprudência s/ esta Súmula em RTFR 155/455). No mesmo sentido: RSTJ 103/102, STJ-RT 713/237; STJ-2ª T., REsp 167.494, Min. Castro Meira, j. 21.9.04, DJU 16.11.04; JTJ 164/212.

Art. 25: 2a. "O representante da Fazenda Pública Municipal (caso dos autos), em sede de execução fiscal e respectivos embargos, possui a prerrogativa de ser intimado pessoalmente, em virtude do disposto no art. 25 da Lei 6.830/80, sendo que tal prerrogativa também é assegurada no **segundo grau de jurisdição,** razão pela qual não é válida, nessa situação, a intimação efetuada, exclusivamente, por meio da imprensa oficial ou carta registrada" (STJ-Corte Especial, REsp 1.268.324, Min. Mauro Campbell, j. 17.10.12, DJ 21.11.12).

Art. 25: 3. "O representante legal da Fazenda Pública faz jus à prerrogativa de intimação pessoal nos autos de **embargos de terceiro** opostos para desconstituir penhora levada a efeito em execução fiscal" (STJ-2ª T., REsp 822.638, Min. Castro Meira, j. 1.3.07, DJU 13.3.07). No mesmo sentido: STJ-1ª T., REsp 949.508, Min. Luiz Fux, j. 19.6.08, DJ 7.8.08. **Contra,** no sentido de que "o art. 25 da Lei n. 6.830, de 22 de setembro de 1980, não se aplica aos embargos de terceiro": STJ-2ª T., REsp 110.532, Min. Adhemar Maciel, j. 16.9.97, DJU 6.10.97; RTFR 164/69, RJTJESP 95/146, 128/92.

Art. 25: 3a. Neste caso, "a intimação pela via postal é *contra legem*" (STJ-2ª T., REsp 151.675, Min. Franciulli Netto, j. 14.3.00, DJU 8.5.00); mesmo por carta registrada (STJ-1ª T., REsp 392.840, Min. Luiz Fux, j. 2.5.02, DJU 27.5.02; STJ-2ª T., REsp 117.832, Min. Peçanha Martins, j. 4.3.99, DJU 10.5.99). Também não é suficiente simples "abertura de vista dos autos" (RSTJ 107/135).

"Por intimação pessoal há de se compreender a comunicação do ato processual que é procedida via mandado ou com a entrega dos autos, de modo direto, à pessoa com capacidade pessoal para recebê-la" (RSTJ 85/134). No mesmo sentido: STJ-2ª T., REsp 765.007, Min. Eliana Calmon, j. 15.5.07, DJU 28.5.07. Além disso, é necessário "certificar o objeto da intimação" (STJ-2ª T., REsp 264.259, Min. Peçanha Martins, j. 17.9.02, DJU 11.11.02).

"A intimação da Fazenda Estadual dos atos processuais, por meio da entrega dos autos com vista, considera-se realizada no momento do recebimento do processo pelo órgão, quando começa então a fluir o prazo para interposição de recurso, sendo irrelevantes, para esse fim, os trâmites internos aí realizados. Entendimento em sentido diverso, subordinando o início da fluência do prazo à aposição de 'ciente' pelo procurador, importaria deixar ao arbítrio de uma das partes a determinação do termo *a quo* do prazo" (STJ-1ª T., REsp 476.769, Min. Teori Zavascki, j. 24.8.04, DJU 6.9.04).

V. tb. CPC 183, nota 8a.

Art. 25: 4. Intimação fora da comarca. "Nas especiais situações em que a Fazenda não tem representante judicial lotado na sede do juízo, nada impede que a sua intimação seja promovida na forma do art. 237, II, do CPC (por carta registrada), solução que o próprio legislador adotou em situação análoga no art. 6º, § 2º, da Lei 9.028/95" (STJ-1ª Seção, ED no REsp 743.867, Min. Teori Zavascki, j. 28.2.07, DJU 26.3.07).

Assim, tende a ficar superado o entendimento contrário à intimação por carta registrada nessas circunstâncias (p/ esse entendimento, v. STJ-1ª T., REsp 575.967).

No sentido de que, nessa hipótese, a intimação pode ser feita pela imprensa oficial: RJTJESP 113/358.

Art. 25: 5. "Dispondo a Lei de Execuções Fiscais que 'qualquer intimação do representante judicial da Fazenda Pública será feita pessoalmente' (art. 25), os **procuradores autárquicos,** representantes de entidade que integra a Fazenda Pública, estão abrangidos pelo comando legal" (STJ-1ª T., REsp 616.814, Min. Teori Zavascki, j. 6.4.06, um voto vencido, DJU 26.6.06). No mesmo sentido: STJ-2ª T., REsp 1.179.568-AgRg, Min. Herman Benjamin, j. 20.4.10, DJ 1.7.10.

"Em execução fiscal ajuizada por Conselho de Fiscalização Profissional, seu representante judicial possui a prerrogativa de ser pessoalmente intimado, conforme disposto no art. 25 da Lei 6.830/80" (STJ-1ª Seção, REsp 1.330.473, Min. Arnaldo Esteves, j. 12.6.13, DJ 2.8.13).

V. tb. CPC 183-*caput*.

Art. 25: 5a. Contratação de advogado pela Fazenda Pública e aplicação do art. 25. "Em se tratando de contratação de advogado — o que é feito em hipóteses excepcionais e urgentes —, com maior razão justifica-se a aplicação do dispositivo legal, estabelecido em favor da parte, e não do procurador" (STJ-2ª T., REsp 1.179.568-AgRg, Min. Herman Benjamin, j. 20.4.10, DJ 1.7.10).

Art. 25: 5b. Afirmando que, nas execuções fiscais de débitos para com o FGTS ajuizadas sem a participação direta da Fazenda Nacional e "unicamente sob a representação da Caixa Econômica Federal, empresa pública, dotada de personalidade jurídica de direito privado, são inaplicáveis, justamente por essas particularidades, os privilégios processuais dos arts. 25 da Lei 6.830/80 e 188 do CPC, concedidos pela legislação tão somente à Fazenda Pública": STJ-1ª T., AI 543.895-AgRg, Min. Denise Arruda, j. 15.3.05, dois votos vencidos, DJU 5.12.05.

Art. 25: 6. Se o representante da Fazenda Pública pediu vista para impugnar os embargos à execução oferecidos, nesse momento começa a correr o seu prazo, "atenuando-se, dessa forma, a desigualdade das partes" (RTFR 147/25). No mesmo sentido: JTJ 153/133.

Art. 25: 6a. "No processo de execução fiscal contra entidade estatal, as intimações da executada devem ser pessoais" (RSTJ 63/267).

Art. 25: 6b. "Inexiste a prescrição intercorrente prevista no art. 174 do CTN se a Fazenda Pública não se manifestou por não haver sido intimada pessoalmente como determina o art. 25 da Lei n. 6.830/80" (STJ-1ª T., REsp 97.408, Min. José Delgado, j. 1.10.96, DJU 4.11.96).

Art. 26. Se, antes da decisão de primeira instância, a inscrição de dívida ativa for, a qualquer título, cancelada,[1] a execução fiscal será extinta, sem qualquer ônus para as partes.[2 a 6a]

Art. 26: 1. Diferente é a situação no caso de emenda ou substituição da certidão da dívida ativa (v. art. 2º, especialmente nota 12a).

Art. 26: 2. Extingue-se a execução nos mesmos casos previstos pelo CPC 924 (v. notas a este).

Art. 26: 2a. Pagamento da dívida. "A circunstância de o executado haver pago a dívida, aproveitando-se de abatimento autorizado em lei, não configura transação, mas reconhecimento do pedido. A sentença que declarar extinto o processo, em virtude de tal pagamento, deve condenar o executado em honorários por sucumbência" (RSTJ 74/336).

"Os honorários advocatícios são devidos pela parte executada na hipótese de extinção da execução fiscal em decorrência do pagamento extrajudicial do *quantum*, após ajuizada a ação e antes de promovida a citação, não incidindo o art. 26 da Lei 6.830/80 à hipótese" (STJ-1ª T., REsp 1.178.874, Min. Luiz Fux, j. 17.8.10, DJ 27.8.10). No mesmo sentido: STJ-2ª T., REsp 1.771.164, Min. Herman Benjamin, j. 4.12.18, DJ 17.12.18.

"Recolhido o tributo após a citação na execução fiscal, deve esta prosseguir no que toca aos honorários advocatícios fixados em face da executada no despacho citatório. Nesses casos, o pagamento do tributo na esfera administrativa não implica o cancelamento da inscrição em dívida ativa (art. 26 da Lei 6.830/80), mas o reconhecimento do pedido (art. 26 do CPC), sendo devidos os honorários" (STJ-1ª T., REsp 842.670, Min. Teori Zavascki, j. 5.9.06, DJU 21.9.06).

Todavia: "Se o débito em cobrança é pago posteriormente ao ajuizamento da ação, são devidos honorários. Contudo, se o credor, de forma espontânea, estando em curso execução fiscal, recebe do devedor o crédito, não pode prosseguir a execução para cobrança de honorários, apenas" (STJ-2ª T., REsp 595.715, Min. Eliana Calmon, j. 7.12.04, DJU 14.2.05).

V. tb. CPC 90, nota 3a.

Art. 26: 3. "Inexistindo pedido expresso de desistência ou de renúncia ao direito em que se funda a ação, é inviável a extinção do processo sem julgamento do mérito, de ofício, pela adesão da embargante a **parcelamento fiscal"** (STJ-1ª T., REsp 1.258.183-AgRg-AgRg, Min. Arnaldo Esteves, j. 2.5.13, DJ 10.5.13). No mesmo sentido: STJ-2ª T., REsp 967.756, Min. Humberto Martins, j. 23.6.09, DJ 13.8.09.

Art. 26: 3a. Em razão do princípio da causalidade (v. CPC 85, nota 6), "a parte que não paga o tributo, dando ensejo à execução, não se exime de pagar honorários advocatícios, mesmo que o processo seja extinto por superveniente parcelamento do débito" (STJ-1ª T., REsp 664.475, Min. Teori Zavascki, j. 3.5.05, DJU 16.5.05).

"São dois os dispositivos que tratam de honorários advocatícios em caso de **adesão ao REFIS:** o § 3º do art. 13 da Lei 9.964/00 e o § 3º do art. 5º da Med. Prov. 2.061/00, convertida na Lei 10.189/01. Não foi objetivo deles criar nova hipótese de condenação em honorários, nem modificar as regras de sucumbência previstas no CPC ou em outra legislação. Simplesmente estabeleceram que a verba honorária que for devida em decorrência de desistência de ação judicial para fins de adesão ao REFIS também poderá ser incluída no parcelamento e seu valor máximo será de 1% do débito consolidado. Assim entendidos os dispositivos, verifica-se que a incidência ou não da verba honorária deve ser examinada caso a caso, não com base na legislação do REFIS, mas sim na legislação processual própria. Casos haverá em que os honorários serão devidos por aplicação do art. 26 do CPC, e em outros casos serão indevidos por força de outra norma (v.g., mandados de segurança). Em se tratando de **embargos a execução** fiscal promovida pelo INSS — em que não há, portanto, a inclusão do encargo legal do Dec.-lei 1.025/69 —, a **desistência acarreta a condenação em honorários advocatícios,** na forma e nos limites da legislação acima referida" (STJ-1ª Seção, ED no REsp 475.820, Min. Teori Zavascki, j. 8.10.03, dois votos vencidos, DJU 15.12.03).

"Não há dispensa dos honorários advocatícios em razão da extinção da ação proposta pelo contribuinte contra o Fisco, quando se visa à 'adesão da empresa ao programa do Refis', nos termos da Lei 11.941/09" (STJ-1ª T., REsp 1.128.942-AgRg, Min. Hamilton Carvalhido, j. 20.4.10, DJ 7.5.10).

"O artigo 6º, § 1º, da Lei 11.941, de 2009, só dispensou dos honorários advocatícios o sujeito passivo que desistir de ação judicial em que requeira 'o restabelecimento de sua opção ou a sua reinclusão em outros parcelamentos'. Nas demais hipóteses, à míngua de disposição legal em sentido contrário, aplica-se o artigo 26, *caput*, do CPC, que determina o pagamento dos honorários advocatícios pela parte que desistiu do feito" (STJ-Corte Especial, REsp 1.009.559-AgRg-EDcl-RE-EDcl-EDcl-AgRg, Min. Ari Pargendler, j. 25.2.10, DJ 8.3.10).

Todavia: "Em se tratando de desistência de embargos à execução fiscal de créditos da Fazenda Nacional, mercê da adesão do contribuinte a programa de parcelamento fiscal, descabe a condenação em honorários advocatícios, uma vez já incluído, no débito consolidado, o encargo de 20% (vinte por cento) previsto no Decreto-Lei 1.025/69, no qual se encontra compreendida a verba honorária" (STJ-1ª Seção, REsp 1.143.320, Min. Luiz Fux, j. 12.5.10, DJ 21.5.10).

"Embargos à execução fiscal. Adesão ao REFIS. Desistência anterior à citação. Honorários. Quando a desistência for formulada antes da citação da parte embargada, é incabível a condenação em honorários" (STJ-RT 865/168: 2ª T., REsp 926.215).

V. tb. CPC 85, nota 50.

Art. 26: 4. Súmula 519 do STF: "Aplica-se aos executivos fiscais o **princípio da sucumbência** a que se refere o art. 64 do CPC". O art. 64 do CPC/39 guarda relação com o CPC 85.

Esta Súmula é compatível com o art. 26 da LEF.

S/ honorários no caso de sucumbência do executado, v. tb. art. 2º, notas 7a e segs., e art. 8º, nota 5.

Art. 26: 5. A Fazenda Pública deve ser condenada ao pagamento de honorários do advogado do executado:

— "nos casos em que a **extinção** do feito é **requerida** pela exequente **após a citação** da parte executada, ainda que esta não tenha apresentado resposta" (STJ-1ª T., AI 573.309-AgRg, Min. Denise Arruda, j. 24.8.04, DJU 27.9.04; STJ-2ª T., REsp 289.715, Min. João Otávio, j. 17.11.05, DJU 19.12.05), mas desde que o executado já tenha **constituído advogado** (v. CPC 90, nota 1a);

— nos casos em que o executado foi obrigado a se defender, ainda que por meio de "simples petição subscrita por causídico contratado para esse fim" (STJ-RT 753/187: 1ª Seção, ED no REsp 80.257);

— "nas **desistências** formuladas em executivo fiscal, **após o oferecimento da exceção de pré-executividade"** (STJ-2ª T., REsp 529.885, Min. Peçanha Martins, j. 22.6.04, DJU 23.8.04). No mesmo sentido: STJ-1ª T., REsp 661.662, Min. Francisco Falcão, j. 18.11.04, DJU 17.12.04; RT 882/177 (TJSP, AP 399.555-5/7-00);

— "em decorrência da extinção da execução fiscal pelo **acolhimento de exceção de pré-executividade"** (STJ-1ª Seção, REsp 1.185.036, Min. Herman Benjamin, j. 8.9.10, DJ 1.10.10);

— se desistiu da execução após a apresentação de embargos (**Súmula 153 do STJ:** "A **desistência** da execução fiscal, **após o oferecimento dos embargos,** não exime o exequente dos encargos da sucumbência"; v. jurisprudência s/ esta Súmula em RSTJ 86/59 a 81);

— se reconheceu a procedência dos embargos do executado (RTFR 114/198, JTA 87/16);

— se cobrou débito já pago (RTFR 84/144, 130/249, RT 586/91, em., RJTJESP 84/82);

— se os **embargos** do executado foram **acolhidos** (RT 591/99, 593/108, RJTJESP 86/109).

S/ honorários, no caso de substituição da Certidão da Dívida Ativa, v. art. 2º, nota 12a.

Art. 26: 5a. "São devidos honorários em favor do advogado, que não é defensor público, nomeado curador especial do réu revel citado por edital quando, após sua manifestação nos autos, houver a extinção da execução" (STJ-1ª T., REsp 627.292, Min. Teori Zavascki, j. 7.8.07, DJU 20.8.07). No mesmo sentido: STJ-2ª T., REsp 833.362, Min. Castro Meira, j. 6.6.06, DJU 28.6.06.

Art. 26: 5b. "O contribuinte que erra no preenchimento da Declaração de Débitos e Créditos Tributários Federais — DCTF deve ser responsabilizado pelo pagamento dos honorários advocatícios; por outro lado, o contribuinte que a tempo de evitar a execução fiscal protocola documento retificador não pode ser penalizado com o pagamento de honorários em execução fiscal pela demora da administração em analisar seu pedido. Hipótese em que o contribuinte protocolou documento retificador antes do ajuizamento da execução fiscal e foi citado para resposta com a consequente subsistência da condenação da Fazenda Nacional em honorários" (STJ-1ª Seção, REsp 1.111.002, Min. Mauro Campbell, j. 23.9.09, DJ 1.10.09).

Isentando a Fazenda Pública do pagamento de honorários em caso de extinção da execução decorrente de erro do contribuinte, na medida em que ela não deu causa ao processo: RJTJESP 115/96.

Art. 26: 6. "O advento da Lei Estadual n. 9.954/98, que concedeu **remissão dos débitos** ajuizados até dezembro de 1997 e inferiores a 100 UFESP's, esvaziou o interesse processual da Fazenda, impondo-lhe pleitear a extinção da execução fiscal em tela, o que não caracteriza mera desistência da ação, ensejadora de sucumbência" (STJ-1ª T., REsp 726.748, Min. Luiz Fux, j. 7.3.06, DJU 20.3.06). No mesmo sentido: STJ-2ª T., REsp 539.859, Min. João Otávio, j. 5.10.06, DJU 7.12.06.

"Execução fiscal legitimada pela legislação vigente na data do respectivo ajuizamento. Superveniente remissão do crédito tributário. Honorários de advogado indevidos: a) pelo credor, porque, à época da propositura, a ação tinha causa justificada; b) pelo devedor, porque o processo foi extinto sem a caracterização da sucumbência" (STJ-2ª T., REsp 90.609, Min. Ari Pargendler, j. 9.3.99, DJU 19.4.99).

Indo além, para condenar a Fazenda Pública nessas circunstâncias: "Lei superveniente que beneficiou contribuinte não pode onerá-lo com responsabilidade pelos honorários advocatícios" (STJ-2ª T., REsp 1.338.404, Min. Eliana Calmon, j. 23.4.13, DJ 7.5.13).

Todavia, a aplicação do princípio da causalidade nesses casos (v. CPC 85, nota 6) levaria à condenação do contribuinte ao pagamento de honorários advocatícios e das custas, na medida em que este deu causa à instauração do processo, pois, no momento do ingresso em juízo, o crédito perseguido era devido. V. tb. CPC 85, nota 50.

Art. 26: 6a. Pagamento de custas. "A extinção da execução fiscal pelo reconhecimento da prescrição, antes da citação do devedor, exonera a Fazenda Pública do pagamento de custas processuais" (STJ-2ª T., REsp 1.006.749, Min. Carlos Mathias, j. 19.2.08, DJU 6.3.08). No mesmo sentido: STJ-1ª T., REsp 1.014.940, Min. Teori Zavascki, j. 17.6.08, DJU 26.6.08. **Contra:** "Tese (no sentido de que a Fazenda Pública não deve arcar com o pagamento de custas processuais em processo extinto pela prescrição em ação de execução onde o executado sequer foi citado e, por isso, não realizou qualquer despesa de ordem processual) que não encontra respaldo nos arts. 26 e 39 da Lei 6.830/80" (STJ-2ª T., REsp 1.020.759, Min. Eliana Calmon, j. 10.6.08, DJU 30.6.08).

Art. 27. As publicações de atos processuais poderão ser feitas resumidamente[1-1a] ou reunir num só texto os de diferentes processos.

Parágrafo único. As publicações farão sempre referência ao número do processo no respectivo juízo e ao número da correspondente inscrição de dívida ativa, bem como ao nome das partes e de seus advogados, suficientes para a sua identificação.[2]

Art. 27: 1. v. arts. 8º-IV e 22; v. tb. CPC 272, nota 6.

Art. 27: 1a. "O art. 27 da Lei das Execuções Fiscais trata da intimação do executado. O preceito que nele se contém não se confunde com o dispositivo do art. 25" (STJ-1ª T., REsp 33.394-9, Min. Gomes de Barros, j. 23.5.94, DJU 27.6.94).

Art. 27: 2. cf. CPC 272 § 2º.

Art. 28. O juiz, a requerimento das partes,[1] poderá,[1a] por conveniência da unidade da garantia da execução,[2] ordenar a reunião de processos contra o mesmo devedor.[3-4]

Parágrafo único. Na hipótese deste artigo, os processos serão redistribuídos ao juízo da primeira distribuição.

Art. 28: 1. "Para o requerimento de apensamento de várias ações de execução fiscal que tramitam contra um mesmo devedor, a lei não exige que seja formulado por ambas, mas, sim, que ocorra por iniciativa de uma das partes" (STJ-2ª T., REsp 217.948, Min. Franciulli Netto, j. 28.3.00, DJU 2.5.00).

Art. 28: 1a. Súmula 515 do STJ: "A reunião de execuções fiscais contra o mesmo devedor constitui faculdade do Juiz".

Art. 28: 2. "A 'unidade de garantia da execução' não traduz propriamente a necessidade da existência de uma única penhora para todos os processos, mas a unificação de todas as garantias sob o controle de um mesmo Juízo" (RSTJ 167/192).

Art. 28: 3. "A apensação de autos de execuções fiscais é providência de caráter administrativo, independe da conexão entre as causas, não interfere no processamento autônomo dos embargos do devedor, enfim, não acarreta prejuízo algum ao direito de defesa" (STJ-2ª T., Ag 204.880-AgRg, Min. Ari Pargendler, j. 19.11.98, DJU 1.2.99).

No mesmo sentido, quanto à dispensa da conexão para a reunião dos processos: RT 561/94, RJTJESP 77/276.

Art. 28: 4. "O despacho do juiz que determina o apensamento de processos de execução fiscal contra o mesmo devedor não tem efeito decisório, revelando-se de mero expediente" (STJ-2ª T., AI 239.377-AgRg, Min. Nancy Andrighi, j. 6.4.00, DJU 15.5.00).

Art. 29. A cobrança judicial da dívida ativa da Fazenda Pública não é sujeita a concurso de credores ou habilitação[1-1a] em falência,[1b a 2a] concordata,[2b-2c] liquidação,[2d] inventário ou arrolamento.[3-4]

Parágrafo único. O concurso de preferência[5 a 7] somente se verifica entre pessoas jurídicas de direito público, na seguinte ordem:

I — União e suas autarquias;

II — Estados, Distrito Federal e Territórios e suas autarquias, conjuntamente e *pro rata*;

III — Municípios e suas autarquias, conjuntamente e *pro rata*.

Art. 29: 1. v. nota 6.

Art. 29: 1a. Basta a simples comunicação do crédito fiscal (RJTJESP 91/264, 92/265, 92/266). Se este for contestado, de acordo com o CTN 188 § 1º: "o juiz remeterá as partes ao processo competente, mandando reservar bens suficientes à extinção total do crédito e seus acrescidos, se a massa não puder efetuar a garantia da instância por outra forma".

Art. 29: 1b. s/ requerimento de falência pela Fazenda Pública, v. LRF 97, nota 1.

Art. 29: 2. "Sobrevindo falência de sociedade por cota de responsabilidade limitada na pendência de execução fiscal contra ela ajuizada e não desaparecendo o seu patrimônio, deve a Fazenda prosseguir na sua pretensão contra a massa falida e não contra sócio" (JTJ 141/97).

Art. 29: 2a. "Os arts. 187 e 29 da Lei 6.830/80 não representam um óbice à habilitação de créditos tributários no concurso de credores da falência; tratam, na verdade, de uma prerrogativa da entidade pública em poder optar entre o pagamento do crédito pelo rito da execução fiscal ou mediante habilitação do crédito. Escolhendo um rito, ocorre a renúncia da utilização do outro, não se admitindo uma garantia dúplice" (STJ-2ª T., REsp 1.103.405, Min. Castro Meira, j. 2.4.09, DJ 27.4.09). No mesmo sentido: STJ-4ª T., REsp 874.065, Min. Antonio Ferreira, j. 17.11.11, DJ 25.11.11. **Todavia,** admitindo "a coexistência da habilitação de crédito em sede de juízo falimentar com a execução fiscal desprovida de garantia, desde que a Fazenda Nacional se abstenha de requerer a constrição de bens em relação ao executado que também figure no polo passivo da ação falimentar": STJ-1ª T., REsp 1.831.186, Min. Regina Costa, j. 26.5.20, maioria, DJ 19.6.20. Ainda: "Habilitação de crédito. Execução fiscal ajuizada anteriormente à decretação da quebra do devedor. Utilidade/necessidade da pretensão de habilitação. Interesse processual da União configurado" (STJ-3ª T., REsp 1.887.774, Min. Nancy Andrighi, j. 17.11.20, DJ 19.11.20).

Mas: "O art. 186 do CTN, ao prescrever que o crédito tributário prefere a qualquer outro, ressalva a preferência do crédito trabalhista, situando-o em patamar superior ao crédito fiscal. A preferência do crédito trabalhista há de subsistir quer a execução fiscal tenha sido aparelhada antes ou depois da decretação da falência. Mesmo já aparelhada a execução fiscal com penhora, uma vez decretada a falência da empresa executada, sem embargo do prosseguimento da execução singular, **o produto da alienação deve ser remetido ao juízo falimentar,** para que ali seja entregue aos credores, observada a ordem de preferência legal" (STJ-1ª Seção, ED no REsp 444.964, Min. João Otávio, j. 6.10.03, dois votos vencidos, DJU 9.12.03). No mesmo sentido: STJ-Corte Especial, ED no REsp 276.781, Min. Laurita Vaz, j. 5.5.10, DJ 9.5.11. V. tb. CPC 908, nota 4.

Art. 29: 2b. v. LRF 6º, nota 8b.

Art. 29: 2c. A concordata deu lugar à recuperação judicial ou extrajudicial.

Art. 29: 2d. "A execução fiscal não tem seu curso suspenso em razão de liquidação processual, ou seja, o art. 18, *a*, da Lei n. 6.024/74 não tem aplicabilidade quando se está diante de executivo fiscal" (STJ-1ª Seção, ED no REsp 757.576, Min. Humberto Martins, j. 26.11.08, DJ 9.12.08).

"A liquidação extrajudicial não suspende a execução de crédito tributário" (JTJ 189/216).

Indo além: "Ao crédito inscrito em dívida ativa, mesmo que intentada a execução pelo rito do Código de Processo Civil — CPC, aplica-se o art. 29 da Lei 6.830/80 — LEF, em razão do regime jurídico próprio da dívida ativa decorrente do ato administrativo de inscrição, afastando-se o art. 18, *a*, da Lei 6.024/74, que determina a suspensão das execuções contra instituição financeira em procedimento de liquidação extrajudicial" (STJ-2ª T., REsp 1.247.650, Min. Mauro Campbell, j. 5.12.13, maioria, DJ 19.12.13).

Art. 29: 3. v. tb. art. 5º.

Art. 29: 4. O art. 29 esclarece o CTN 187 (em nota 10 ao art. 4º), cujas disposições reproduzem, com melhor redação.

Art. 29: 5. Cuidando-se de concurso de preferência em executivo fiscal, a competência é do juiz e do tribunal da ação principal (RTJ 84/389).

Art. 29: 6. Súmula 497 do STJ: "Os créditos das autarquias federais preferem aos créditos da Fazenda estadual desde que coexistam penhoras sobre o mesmo bem".

"Tratando-se de execução fiscal movida pela Fazenda Pública Estadual, não pode a Fazenda Pública Nacional intervir no processo, pleiteando a adjudicação dos bens penhorados. O benefício — direito de preferência — inserto no art. 29 da Lei 6.830/80 e no art. 187 do CTN terá serventia se a Fazenda Nacional ajuizar execução fiscal contra o devedor comum, e a penhora recair sobre o bem já constrito no processo executivo proposto pela Fazenda Estadual" (STJ-2ª T., REsp 68.310, Min. Adhemar Maciel, j. 22.10.98, 2 votos vencidos, DJU 2.8.99).

"Não é lícito à autarquia federal simplesmente intervir em processo de execução a que é estranha para, sem mais, receber o que pretende ser-lhe devido. Haverá, em tal caso, de ajuizar execução e, recaindo a penhora sobre bem já penhorado, exercer oportunamente seu direito de preferência" (RSTJ 82/116: 2ª T., REsp 32.110). No mesmo sentido: RSTJ 97/58 (1ª T., REsp 88.683).

Todavia, entendendo que basta já ter sido proposta execução fundada em dívida inscrita, sendo dispensável a multiplicidade de penhoras: RJTJESP 89/122, decisão bastante fundamentada, JTJ 141/238.

V. tb. CPC 908, nota 4.

Art. 29: 6a. "O crédito fiscal da União prefere ao do INSS na presença de execução movida por ambas as partes cuja penhora tenha recaído sobre o mesmo bem, *ex vi* do art. 187, § ún., do CTN e art. 29, § ún., da Lei n. 6.830/80" (STJ-2ª T., REsp 575.484, Min. João Otávio, j. 7.11.06, DJU 7.12.06). No mesmo sentido: STJ-RT 868/208 (1ª T., REsp 922.497).

Art. 29: 6b. "Verificada a pluralidade de penhoras sobre o mesmo bem em executivos fiscais ajuizados por diferentes entidades garantidas com o privilégio do concurso de preferência, consagra-se a prelação ao pagamento dos créditos tributários da União e suas autarquias em detrimento dos créditos fiscais dos Estados, e destes em relação aos dos Municípios, consoante a dicção do art. 187, parágrafo único, do CTN c/c o art. 29 da Lei 6.830/80. Se, todavia, a execução aparelhada pelo Município alcançar a fase de arrematação, tal qual é a hipótese, antes daquela ajuizada pelo Estado, este deve protestar nos respectivos autos pela preferência de seu crédito, sob pena de perdê-lo" (STJ-2ª T., REsp 1.341.707-AgRg, Min. Herman Benjamin, j. 18.4.13, DJ 10.5.13).

Art. 29: 7. "A preferência de que cuida o § ún. do art. 29 da Lei n. 6.830, de 1980, diz com a renda apurada com a realização da praça" (TFR-6ª T., Ag 42.541, Min. Miguel Ferrante, j. 27.6.83, DJU 25.8.83). No mesmo sentido: JTJ 335/212 (AI 7.307.798-6).

Art. 30. Sem prejuízo dos privilégios especiais sobre determinados bens, que sejam previstos em lei, responde pelo pagamento da dívida ativa da Fazenda Pública a totalidade dos bens e das rendas, de qualquer origem ou natureza, do sujeito passivo,[1] seu espólio ou sua massa, inclusive os gravados por ônus real ou cláusula de inalienabilidade ou impenhorabilidade, seja qual for a data da constituição do ônus ou da cláusula, excetuados unicamente os bens e rendas que a lei declara absolutamente impenhoráveis.[2-3]

Art. 30: 1. v. art. 4º.

Art. 30: 2. v. CPC 833.

Art. 30: 3. "É impenhorável o **imóvel residencial** próprio do casal, ou da entidade familiar. A família recebe proteção especial do Estado. Não pode a Fazenda Pública, na sua fúria desenfreada de arrecadar impostos e de receber as suas dívidas, levar desgraça a quem deve receber inalienável proteção. O Judiciário não pode permitir vingar o entendimento de que o art. 30 da Lei 6.830/80, mal redigido e contraditório, permite a penhora de bem impenhorável e inalienável" (STJ-1ª T., REsp 6.708, Min. Garcia Vieira, j. 20.2.91, DJU 18.3.91).

V. tb. Lei 8.009, de 29.3.90, art. 1º, no tít. BEM DE FAMÍLIA.

Art. 31. Nos processos de falência, concordata,[1] liquidação, inventário, arrolamento ou concurso de credores, nenhuma alienação será judicialmente autorizada sem a prova de quitação da Dívida Ativa ou a concordância da Fazenda Pública.[1a-2]

Art. 31: 1. A concordata deu lugar à recuperação judicial ou extrajudicial.

Art. 31: 1a. v. art. 4º § 1º.

Art. 31: 2. "Não é absoluta a proibição contida no art. 31 da Lei 6.830/80, por isso mesmo que a norma nela inserta deve ser interpretada com temperamento; daí ser possível a alienação judicial de bem da massa falida sem a prova de quitação da dívida ativa ou a concordância da Fazenda Pública, desde que realizada obedecendo a todos os requisitos do art. 117 e seus §§ da Lei de Falências, não verificada qualquer irregularidade" (RSTJ 111/212). No mesmo sentido: RJTJESP 83/220.

Art. 32. Os depósitos judiciais em dinheiro serão obrigatoriamente feitos:

I — na Caixa Econômica Federal, de acordo com o Decreto-lei n. 1.737, de 20 de dezembro de 1979,[1] quando relacionados com a execução fiscal proposta pela União ou suas autarquias;

II — na Caixa Econômica ou no banco oficial da unidade federativa ou, à sua falta, na Caixa Econômica Federal, quando relacionados com execução fiscal proposta pelo Estado, Distrito Federal, Municípios e suas autarquias.

§ 1º Os depósitos de que trata este artigo estão sujeitos à atualização monetária, segundo os índices estabelecidos para os débitos tributários federais.

§ 2º Após o trânsito em julgado da decisão, o depósito, monetariamente atualizado, será devolvido ao depositante ou entregue à Fazenda Pública, mediante ordem do juízo competente.[2-3]

Art. 32: 1. v. CPC 840 e RCJF 11.

Art. 32: 2. "O valor que será convertido em renda da Fazenda Pública, a teor do artigo 32, § 2º, da Lei n. 6.830/80, será definido pelo magistrado, que não está vinculado ao cálculo da Administração, podendo se valer de procedimento de liquidação ou lastrear seu *decisum* em meros cálculos aritméticos, conforme a complexidade do caso" (STJ-RT 850/228: 1ª T., REsp 494.510).

Art. 32: 3. "O art. 32, § 2º, da Lei 6.830/80 é norma especial, que deve prevalecer sobre o disposto no art. 587 do CPC, de modo que a conversão em renda do depósito em dinheiro efetuado para fins de garantia da execução fiscal somente é viável após o trânsito em julgado da decisão que reconheceu a legitimidade da exação. Em virtude desse caráter especial da norma, não há falar na aplicação do entendimento consolidado na Súmula 317/STJ" (STJ-1ª Seção, ED REsp 734.831, Min. Mauro Campbell, j. 10.11.10, DJ 18.11.10).

"Esse entendimento deve ser estendido para os valores decorrentes de penhora *on-line*, via Bacen Jud, na medida em que o art. 11, § 2º, da Lei 6.830/80, preconiza que 'a penhora efetuada em dinheiro será convertida no depósi-

Execução Fiscal

to de que trata o inciso I do art. 9º'" (STJ-1ª Seção ED no REsp 1.189.492, Min. Benedito Gonçalves, j. 26.10.11, DJ 7.11.11).

"A execução da fiança bancária oferecida como garantia da execução fiscal também fica condicionada ao trânsito em julgado da ação satisfativa" (STJ-RP 179/241: 1ª T., REsp 1.033.545). No mesmo sentido: RT 899/303 (TRF-1ª Reg., AI 00065578620104010000).

Art. 33. O juízo, do Ofício comunicará à repartição competente da Fazenda Pública, para fins de averbação no Registro da Dívida Ativa, a decisão final, transitada em julgado, que der por improcedente a execução, total ou parcialmente.

Art. 34. Das sentenças[1-2] de primeira instância proferidas em execuções de valor[3 a 8] igual ou inferior a 50 (cinquenta) Obrigações Reajustáveis do Tesouro Nacional — ORTN só[9 a 11] se admitirão embargos infringentes[12-13] e de declaração.

§ 1º Para os efeitos deste artigo, considerar-se-á o valor da dívida monetariamente atualizado e acrescido de multa e juros de mora e demais encargos legais, na data da distribuição.

§ 2º Os embargos infringentes, instruídos, ou não, com documentos novos, serão deduzidos, no prazo de 10 (dez) dias,[14-15] perante o mesmo juízo, em petição fundamentada.

§ 3º Ouvido o embargado, no prazo de 10 (dez) dias, serão os autos conclusos ao juiz, que, dentro de 20 (vinte) dias, os rejeitará ou reformará a sentença.

Art. 34: 1. "Valor de alçada e limitação do acesso ao duplo grau de jurisdição", por Ingo Wolfgang Sarlet (Ajuris 66/85).

Art. 34: 2. O art. 34 é **constitucional** (STF-2ª T., Ag 114.709-1-AgRg, Min. Aldir Passarinho, j. 29.5.87, DJU 28.8.87). Mais recentemente: "É compatível com a Constituição norma que afirma incabível apelação em casos de execução fiscal cujo valor seja inferior a 50 ORTN" (STF-Pleno, Ag em RE 637.975-RG, Min. Cezar Peluso, j. 9.6.11, DJ 1.9.11).

Art. 34: 3. s/ valor da causa nas execuções fiscais, v. art. 6º § 4º e notas.

Art. 34: 4. "Com a extinção da ORTN, o valor de alçada deve ser encontrado a partir da interpretação da norma que extinguiu um índice e o substituiu por outro, mantendo-se a paridade das unidades de referência, sem efetuar a conversão para moeda corrente, para evitar a perda do valor aquisitivo. 50 ORTN = 50 OTN = 308,50 BTN = 308,50 UFIR = R$ 328,27 (trezentos e vinte e oito reais e vinte e sete centavos) a partir de janeiro/2001, quando foi extinta a UFIR e desindexada a economia. O valor de alçada deve ser auferido, observada a paridade com a ORTN, no momento da propositura da execução, levando em conta o valor da causa" (STJ-2ª T., REsp 636.084, Min. Eliana Calmon, j. 17.6.04, DJU 13.9.04).

"Adota-se como valor de alçada para o cabimento de apelação em sede de execução fiscal o **valor de R$ 328,27** (trezentos e vinte e oito reais e vinte e sete centavos), **corrigido pelo IPCA-E a partir de janeiro de 2001,** valor esse que deve ser observado à **data da propositura da execução"** (STJ-1ª Seção, REsp 1.168.625, Min. Luiz Fux, j. 9.6.10, DJ 1.7.10).

Art. 34: 5. O valor a ser levado em conta para o cabimento da apelação é o da causa, mesmo que o recurso seja parcial e se limite, p. ex., a pleitear a elevação dos honorários advocatícios (RTFR 101/90).

Art. 34: 6. O valor da causa, nos embargos à execução fiscal, é o mesmo desta (RTFR 119/25, 144/131), apurando-se, portanto, "na data do ajuizamento da execução e não naquela em que foram ajuizados os embargos ou proferida a sentença" (RTFR 105/124).

Contra, entendendo que esse valor se aufere na data da oposição dos embargos, e não na da propositura da ação fiscal: RTJ 118/854.

Art. 34: 7. No caso de ações conexas julgadas em conjunto, não cabe apelação se o valor de cada uma é inferior à alçada recursal.

Assim: "Apesar de reunidos os embargos às execuções fiscais e julgados na mesma sentença, não se somam os valores de cada ação para o efeito da alçada do art. 34 da LEF. Não há que se falar em apelação, se todas as ações têm valor inferior à alçada recursal" (RSTJ 95/147).

Art. 34: 8. Nos embargos de terceiro, não importa, para efeito de alçada, o valor da causa na execução fiscal, mas sim este valor nos embargos. No mesmo sentido: RJTJESP 98/252 (com duplo fundamento), JTA 100/142.

Os recursos, nos embargos de terceiro, também estão sujeitos à alçada (TFR-5ª T., AC 142.415, Min. Torreão Braz, j. 28.3.88, DJU 5.5.88).

Art. 34: 9. "só" quer dizer: em regra, **não cabe apelação nem ulterior recurso especial** (v. CF 105-III e v. RISTJ 255, nota 4-Causas de alçada em execução fiscal).

Cabe, porém, ulterior **recurso extraordinário** (v. Súmula 640 do STF em RISTF 321, nota 2).

Excepcionalmente, a apelação pode ter lugar nessas circunstâncias. Se o réu impugnou o valor da causa e a impugnação não foi integralmente acolhida, com a manutenção do valor da causa dentro do valor de alçada, a apelação é o único veículo apto para levar a questão para o tribunal (v. CPC 1.009 § 1º). Cabe então ao tribunal examinar preliminarmente o tema do valor da causa. Se desse exame resultar majoração que ultrapasse o valor de alçada, o tribunal prossegue no julgamento do recurso; se o valor da causa restar mantido dentro do valor de alçada, o processo é devolvido à primeira instância, para que o recurso seja julgado como embargos infringentes.

Art. 34: 10. Cabe **ação rescisória** nas causas de alçada: RTFR 120/3, 123/15 (julgaram procedente a rescisória, mas não foi discutida expressamente a questão); TFR-Bol. AASP 1.389/185 (afirmaram a tese *incidenter tantum*); TFR-2ª Seção, AR 1.047, Min. Américo Luz, j. 26.6.84, DJU 6.9.84; TFR-1ª Seção, AR 1.167, Min. William Patterson, j. 15.5.85, DJU 27.6.85.

Contra: JTA 93/144, 96/65 e RP 39/313 (sempre o mesmo acórdão), Lex-JTA 142/10, JTJ 376/49 (AR 18089-57.2012.8.26.0000).

Art. 34: 11. **"Não é cabível mandado de segurança** contra decisão proferida em execução fiscal no contexto do art. 34 da Lei 6.830/80" (STJ-1ª Seção, RMS 53.720-IAC, Min. Sérgio Kukina, j. 10.4.19, maioria, DJ 20.5.19).

"Incabível mandado de segurança para rever provimento jurisdicional que decidiu embargos infringentes em causa que, por seu valor, não ensejava apelação. Inadmissível admitir-se que o acesso ao segundo grau seja alcançado substituindo-se a apelação pelo pedido de segurança visando simplesmente o reexame da sentença" (TFR-2ª Seção, MS 114.455, Min. Eduardo Ribeiro, j. 16.12.86, DJU 5.3.87).

Contra, admitindo o mandado de segurança contra a decisão que julga os embargos infringentes: STJ-1ª Seção, RMS 31.380, Min. Castro Meira, j. 26.5.10, DJ 16.6.10.

✎ **Art. 34: 12.** "Embargos infringentes de alçada", por Bernardo Pimentel Souza (RP 135/277).

Art. 34: 13. Aplicando o princípio da **fungibilidade** para conhecer de apelação interposta no lugar dos embargos infringentes: STJ-1ª T., REsp 413.689, Min. Garcia Vieira, j. 13.8.02, DJU 30.9.02; STJ-2ª T., REsp 31.993-0, Min. Pádua Ribeiro, j. 26.9.96, DJU 21.10.96; RF 364/392.

Art. 34: 14. Esse **prazo se dobra** para a Fazenda Pública (CPC 183). Nesse sentido: TFR-1ª T., Ag 46.262, Min. Dias Trindade, j. 8.4.86, DJU 8.5.86; RTFR 159/25.

V. tb. art. 1º, nota 7.

Art. 34: 15. Esse prazo de 10 dias fica circunscrito aos embargos infringentes. Os **embargos de declaração** devem ser opostos no ordinário prazo de **5 dias** (v. CPC 1.023).

Art. 35. Nos processos regulados por esta lei, poderá ser dispensada a audiência de revisor, no julgamento das apelações.[1-2]

✎ **Art. 35: 1.** "Considerações sobre a dispensa de audiência de revisor nas apelações previstas no art. 35 da Lei n. 6.830/80", por Leonardo Freitas de Moraes e Castro (RDDP 104/52).

Art. 35: 2. Como a disposição é facultativa, caberá aos regimentos internos dos tribunais dispensar ou não a revisão, nos casos que estabelecerem.

Art. 36. Compete à Fazenda Pública baixar normas sobre o recolhimento da dívida ativa respectiva, em juízo ou fora dele, e aprovar, inclusive, os modelos de documentos de arrecadação.

Art. 37. O auxiliar de justiça que, por ação ou omissão, culposa ou dolosa, prejudicar a execução, será responsabilizado, civil, penal e administrativamente.

Parágrafo único. O oficial de justiça deverá efetuar, em 10 (dez) dias, as diligências que lhe forem ordenadas, salvo motivo de força maior devidamente justificado perante o juízo.

Art. 38. A discussão judicial da dívida ativa da Fazenda Pública só é admissível em execução, na forma desta lei,[1] salvo as hipóteses de mandado de segurança, ação de repetição do indébito ou ação anulatória do ato declarativo da dívida,[1a a 7] esta precedida do depósito[7a a 11] preparatório do valor do débito, monetariamente corrigido e acrescido dos juros e multa de mora e demais encargos.

Parágrafo único. A propositura, pelo contribuinte, da ação prevista neste artigo importa em renúncia ao poder de recorrer na esfera administrativa e desistência do recurso acaso interposto.[12-13]

Art. 38: 1. s/ requerimento de falência pela Fazenda Pública, v. LRF 97, nota 1.

✎ **Art. 38: 1a.** "Levantamento de depósitos judiciais e subsistência circunstancial e temporal da medida cautelar de depósito", por R. Reis Friede (Ajuris 61/268).

Art. 38: 1b. s/ litispendência e conexão entre execução fiscal e ação anulatória, v. CPC 55, nota 4, e 337, nota 24b; s/ conexão em caso de duas ações, uma na Justiça Federal e outra na Estadual, v. CPC 55, nota 3c; s/ cumulação de declaratória de inexistência de débito tributário com repetição do indébito fiscal, v. CPC 327, nota 6a; s/ ação anulatória e mandado de segurança, v. LMS 1º, nota 28a.

Art. 38: 2. CTN: "Art. 151. Suspendem a exigibilidade do crédito tributário:

"I — moratória;

"II — o depósito do seu montante integral;

"III — as reclamações e os recursos, nos termos das leis reguladoras do processo tributário administrativo;

"IV — a concessão de medida liminar em mandado de segurança;

"V (*introduzido pela LC 104, de 10.1.01*) — a concessão de medida liminar ou de tutela antecipada, em outras espécies de ação judicial;

"VI (*introduzido pela LC 104, de 10.1.01*) — o parcelamento".

Art. 38: 3. "Coexistem os arts. 585 § 1º do CPC e 151-II do CTN" (SIMP-concl. L, em RT 482/272).

Art. 38: 3a. "O art. 1º da Lei 8.437/92 não veda a concessão de liminar autorizando o depósito do valor integral do débito fiscal em ação anulatória, com o fim de evitar o ajuizamento de execução fiscal, o que é expressamente previsto no art. 151, II, do CTN e no art. 38, *caput*, da Lei das Execuções Fiscais" (RT 729/217). V. Lei 8.437/92 no tít. MEDIDA CAUTELAR.

Art. 38: 4. "A medida liminar e o depósito do montante controvertido do tributo, como meios de suspensão da exigibilidade do crédito tributário, são institutos com pressupostos próprios: há impropriedade na decisão que defere medida liminar mediante depósito da quantia litigiosa. A medida liminar deve ser deferida se reunidos os seus requisitos; o depósito é expediente de que o contribuinte pode se valer quando a espécie não comporta a concessão de medida liminar ou quando ele quer se forrar aos efeitos dos juros, da multa e da correção monetária. Os efeitos de uma e de outro também diferem; se não revogada antes, a medida liminar vale até a sentença (STF — Súmula n. 405); o depósito suspende a exigibilidade do crédito tributário até acórdão irrecorrível contra o contribuinte, isto é, até o trânsito em julgado" (RSTJ 75/150).

Art. 38: 5. O **juízo** perante o qual tramita a execução fiscal já ajuizada é **competente** para conhecer da demanda voltada à invalidação do débito fiscal (STJ-1ª T., REsp 26.969, Min. Garcia Vieira, j. 11.11.92, DJU 14.12.92).

Mas, se ajuizada anteriormente à execução fiscal, é competente para conhecer da demanda voltada à invalidação do débito fiscal o foro de domicílio da ré (RJTJESP 128/272). **Todavia:** "A ação contra o Estado para anular lançamento fiscal pode ser ajuizada no foro competente para a cobrança do respectivo crédito tributário, isto é, o da execução fiscal" (STJ-2ª T., REsp 47.036, Min. Ari Pargendler, j. 2.12.96, DJU 16.12.96).

Art. 38: 6. "A ação declaratória negativa distingue-se da ação anulatória de débito fiscal, pois aquela tem cabimento antes do lançamento, enquanto que esta pressupõe o lançamento e tem por objeto anulá-lo" (RTFR 117/23).

"A ação declaratória pressupõe crédito fiscal ainda não constituído definitivamente, uma vez que, se já o estiver, a hipótese será de ação anulatória" (RT 591/98). No mesmo sentido: RJTJESP 113/94.

Art. 38: 7. Pode o executado que não opôs embargos à execução fiscal ajuizar ação anulatória do ato que lhe deu causa? v. CPC 915, nota 14.

"O ajuizamento de ação anulatória de lançamento fiscal é direito constitucional do devedor — direito de ação —, insuscetível de restrição, podendo ser exercido tanto antes quanto depois da propositura da ação exacional, não obstante o rito previsto para a execução contemple a ação de embargos do devedor como instrumento hábil à desconstituição da obrigação tributária, cuja exigência já esteja sendo exercida judicialmente pela Fazenda Pública. Os embargos à execução não encerram o único meio de insurgência contra a pretensão fiscal na via judicial, porquanto admitem-se, ainda, na via ordinária, as ações declaratória e anulatória, bem assim a via mandamental" (STJ-1ª T., REsp 1.030.631, Min. Luiz Fux, j. 8.9.09, DJ 8.10.09).

V. tb. nota 9a.

Art. 38: 7a. **Súmula Vinculante 28 do STF:** "É **inconstitucional** a exigência de **depósito prévio** como requisito de **admissibilidade de ação judicial** na qual se pretenda discutir a exigibilidade de crédito tributário".

Súmula 247 do TFR: "Não constitui pressuposto da ação anulatória do débito fiscal o depósito de que cuida o art. 38 da Lei 6.830, de 1980" (v. jurisprudência s/ esta Súmula em RTFR 163/151). No mesmo sentido: RJTJESP 84/268, 89/280, 90/342; 91/367, un. da jur., 24 votos a 4; 92/288, JTJ 203/176, RT 570/130, 572/86.

"A propositura de ação anulatória de débito fiscal não está condicionada à realização do depósito prévio previsto no art. 38 da LEF, posto não ter sido o referido dispositivo legal recepcionado pela CF, em virtude de incompatibilidade material com o art. 5º-XXXV" (STJ-1ª Seção, REsp 962.838, Min. Luiz Fux, j. 25.11.09, DJ 18.12.09).

Em síntese: "O depósito prévio não é condição essencial à admissibilidade da ação anulatória de débito fiscal e sim providência que inibe a Fazenda Pública de promover a cobrança do crédito tributário, enquanto não decidida" (TFR-4ª T., Ag 55.980, Min. Armando Rollemberg, j. 4.5.88, DJU 25.4.89).

Art. 38: 7b. **Súmula 112 do STJ:** "O **depósito** somente suspende a exigibilidade do crédito tributário se for **integral e em dinheiro**" (v. jurisprudência s/ esta Súmula em RSTJ 70/265).

"O montante integral do crédito tributário, a que se refere o art. 151, II, do CTN, é aquele exigido pela Fazenda Pública, e não aquele reconhecido pelo sujeito passivo da obrigação tributária" (RSTJ 85/164).

Art. 38: 8. "A ação anulatória de débito, por si só, não é causa determinadora de suspensão da execução fiscal sobre a mesma relação jurídico-tributária" (STJ-1ª T., REsp 503.457, Min. José delgado, j. 4.9.03, DJU 20.10.03). "Não se admite paralisar a ação de execução, mesmo na pendência de ação ordinária conexa, se não houver depósito do valor integral da dívida em cobrança" (STJ-2ª T., REsp 451.014, Min. Eliana Calmon, j. 3.8.04, DJU 17.12.04).

Mas, se realizado o depósito, "deve ser extinta a execução fiscal ajuizada posteriormente; se a execução fiscal foi proposta antes da anulatória, aquela resta suspensa até o final desta última *actio*" (STJ-RJ 414/127: 2ª T., REsp 1.153.771).

Art. 38: 8a. "O Fisco não tem interesse em impedir o depósito preparatório a que se refere o art. 38 da Lei 6.830/80" (STJ-1ª T., MC 636, Min. Gomes de Barros, j. 14.8.97, DJU 15.9.97).

Art. 38: 8b. "O depósito previsto no art. 151, inc. II, do CTN pode ser feito nos próprios autos da ação ordinária" (STJ-1ª Seção, ED no REsp 41.518, Min. Hélio Mosimann, j. 9.9.98, DJU 5.10.98).

O depósito é cabível também "em ação onde se pretenda declarar a inexistência de relação jurídica entre o requerente e o fisco, resguardando-se eventual autuação" (RTRF-3ª Reg. 12/35).

Art. 38: 9. O depósito feito em mandado de segurança não apreciado pelo mérito pode ser aproveitado para a ação anulatória, impedindo a exigência da dívida, enquanto em curso esta ação (RTFR 121/74).

Art. 38: 9a. **Súmula 1 do TRF-3ª Reg.:** "Em matéria fiscal é **cabível medida cautelar de depósito,** inclusive quando a ação principal for declaratória de inexistência de obrigação tributária" (DJE 23.5.90, p. 14).

"A parte tem todo o direito de fazer o depósito da importância correspondente ao crédito tributário para suspender a sua exigibilidade, através de cautelar, mesmo quando a ação principal for a declaratória" (STJ-1ª T., REsp 34.539-3, Min. Garcia Vieira, j. 7.6.93, DJU 2.8.93).

Súmula 2 do TRF-3ª Reg.: "É direito do contribuinte, em ação cautelar, fazer o depósito integral de quantia em dinheiro para suspender a exigibilidade de crédito tributário" (DJE 23.5.90).

Mas: "A suspensão da exigibilidade do crédito tributário mediante o depósito judicial do respectivo montante **independe de ação cautelar;** o depósito pode ser feito nos próprios autos da ação ordinária, a requerimento do autor. Se a ação cautelar for processada, sua procedência não implicará a condenação da Fazenda Pública ao pagamento de honorários de advogado, porque o depósito previsto no art. 151, II, do CTN constitui direito que a parte pode exercer sem ação" (STJ-2ª T., REsp 146.717, Min. Ari Pargendler, j. 6.10.97, DJU 27.10.97).

Também afirmando a desnecessidade de ação cautelar para o depósito, na medida em que este pode ser feito na própria ação declaratória negativa de débito fiscal: TFR-4ª T., AC 109.487-EDcl, Min. Pádua Ribeiro, j. 13.8.86, DJU 11.9.86; Lex-JTA 148/83.

Execução Fiscal

Art. 38: 10. **Julgada procedente a ação** declaratória negativa ou a ação anulatória, o depósito será devolvido ao depositante, monetariamente atualizado (art. 32, § 2º, da Lei n. 6.830/80). "Com o trânsito em julgado de decisão que beneficiou o contribuinte, tem este o direito de levantar integralmente os depósitos efetuados para suspender a exigibilidade do crédito tributário" (RSTJ 84/114). No mesmo sentido, entendendo que o levantamento somente pode ser feito após o julgamento final: RSTJ 87/90, 100/135, 154/119. Ainda: **Súmula 18 do TRF-4ª Reg.**: "O depósito judicial destinado a suspender a exigibilidade do crédito tributário somente poderá ser levantado, ou convertido em renda, após o trânsito em julgado da sentença".

"Julgada procedente a ação de anulação de crédito tributário, não está o fisco obrigado, frente ao contribuinte autor da demanda, ao pagamento de juros de mora de 12% ao ano, ainda que tenha sido efetuado depósito em juízo para suspender a exigibilidade do crédito tributário" (RSTJ 62/351).

Julgada improcedente a ação, o depósito será automaticamente convertido em pagamento: "Malsucedida a ação ordinária de anulação do crédito fiscal, o respectivo depósito se converte em renda da Fazenda Pública (CTN, art. 156-VI), sem necessidade da execução fiscal" (RSTJ 88/77). "Transitada em julgado sentença desfavorável à pretensão do contribuinte e havendo valores depositados à conta do juízo, é de se deferir a conversão em renda da União desses valores" (STJ-1ª T., REsp 577.092, j. 5.8.04, DJU 30.8.04). **Contra,** não admitindo essa conversão automática: RSTJ 89/65, JTA 103/111, maioria.

Art. 38: 11. **Julgado extinto o processo, sem julgamento do mérito,** é cabível o levantamento, pelo contribuinte, do depósito efetuado para suspender a exigibilidade do crédito tributário?

Sim: RSTJ 146/205 (2ª T.).

Não: STJ-1ª T., REsp 270.083, Min. Gomes de Barros, j. 3.5.01, DJU 20.8.01; STJ-2ª T., REsp 163.045, Min. Hélio Mosimann, j. 6.10.98, DJU 9.11.98.

Essa divergência foi pacificada na 1ª Seção do STJ no sentido de que, extinto o processo sem julgamento de mérito, o depósito pode ser levantado pelo contribuinte, mas a Fazenda Pública fica desimpedida de mover a respectiva execução fiscal (STJ-1ª Seção, ED no REsp 270.083, Min. Eliana Calmon, j. 17.6.02, DJU 2.9.02). Todavia, mais recentemente, decidiu a 1ª Turma: "As causas de extinção do processo sem julgamento do mérito são invariavelmente imputáveis ao autor da ação, nunca ao réu. Admitir que, em tais casos, o autor é que deve levantar o depósito judicial significaria dar-lhe o comando sobre o destino da garantia que ofereceu, o que importaria retirar do depósito a substância fiduciária que lhe é própria" (STJ-1ª T., REsp 660.203-AgRg, Min. Teori Zavascki, j. 3.3.05, um voto vencido, DJU 4.4.05).

Art. 38: 12. "O direito constitucional de petição e o princípio da legalidade não implicam a necessidade de esgotamento da via administrativa para discussão judicial da validade de crédito inscrito em Dívida Ativa da Fazenda Pública. É constitucional o art. 38, § ún., da Lei 6.830/1980" (STF-Pleno, RE 233.582, Min. Joaquim Barbosa, j. 16.8.07, maioria, DJU 16.5.08).

Art. 38: 13. "Incide o parágrafo único do art. 38, da Lei n. 6.830/80, quando a demanda administrativa versar sobre objeto menor ou idêntico ao da ação judicial. Originárias de uma mesma relação jurídica de direito material, despicienda a defesa na via administrativa quando seu objeto subjuga-se ao versado na via judicial, face a preponderância do mérito pronunciado na instância jurisdicional. *Mutatis mutandis*, mencionada exclusão não pode ser tomada com foros absolutos, porquanto, a *contrario sensu*, torna-se possível demandas paralelas quando o objeto da instância administrativa for mais amplo que a judicial. Outrossim, nada impede o reingresso da contribuinte na via administrativa, caso a demanda judicial seja extinta sem julgamento de mérito (CPC, art. 267), pelo que não estará solucionada a relação do direito material" (STJ-RF 390/401: 1ª T., REsp 840.556, um voto vencido).

Art. 39. A Fazenda Pública não está sujeita ao pagamento de custas e emolumentos.[1-1a] A prática dos atos judiciais de seu interesse independerá de preparo ou de prévio depósito.[2 a 2d]

Parágrafo único. Se vencida, a Fazenda Pública ressarcirá o valor das despesas feitas pela parte contrária.[3]

Art. 39: 1. v. CPC 84, nota 5 (conceito de custas, emolumentos e despesas).

Art. 39: 1a. "Execução fiscal. Custas. Fazenda Pública. Justiça Estadual no exercício de jurisdição federal. Isenção. Art. 39 da Lei 6.830/80" (STJ-2ª T., REsp 1.035.163-EDcl, Min. Teori Zavascki, j. 20.10.09, DJ 3.11.09). Do voto do relator: "Conforme prevê o art. 24-A da Lei 9.028/95, introduzido pela MP 2.180-35/01, os processos de execução fiscal propostos pela Fazenda Nacional, ainda que em curso perante a justiça dos Estados, do Distrito Federal ou dos Territórios, estão isentos de qualquer pagamento, no que concerne a custas ou despesas judiciais".

"Quanto às custas efetivamente estatais, goza a Fazenda Pública Federal de isenção, ainda que a execução fiscal tenha sido promovida perante a Justiça Estadual, devendo, apenas quando vencida, ressarcir as despesas que tiverem sido antecipadas pelo particular" (STJ-2ª T., REsp 1.264.792, Min. Mauro Campbell, j. 1.9.11, DJ 8.9.11).

Art. 39: 2. v. CPC 91, LOJF 46, RCJF 4º-I, bem como respectivas notas.

V. tb. art. 26, nota 6a (extinção da execução e pagamento de custas).

Art. 39: 2a. A Fazenda Pública está liberada do prévio adimplemento do valor necessário à **postagem de carta citatória,** na medida em que se está diante de custas processuais, das quais ela é isenta (STJ-1ª Seção, ED no REsp 554.487, Min. Luiz Fux, j. 27.6.07, DJU 27.8.07).

Com isso, tende a ficar superado o entendimento no sentido da exigência do adiantamento de tal valor (p/ esse entendimento, v. STJ-2ª T., REsp 357.283; STJ-1ª T., REsp 492.139).

Art. 39: 2b. A Fazenda Pública está obrigada a fornecer as **cópias necessárias à expedição de mandados e cartas** (STJ-2ª T., REsp 250.903, Min. Franciulli Netto, j. 1.10.02, DJU 31.3.03).

Art. 39: 2c. "Deve ser deferida a **certidão** requerida pela Fazenda Pública ao **cartório extrajudicial** com vista à instrução dos autos da execução fiscal, ficando o pagamento diferido para o final da lide, nos termos dos arts. 27 do CPC e 39 da LEF" (STJ-1ª Seção, REsp 988.402, Min. Castro Meira, j. 12.3.08, DJU 7.4.08).

Art. 39: 2d. "Na execução fiscal, a Fazenda Pública está obrigada a antecipar o valor destinado ao custeio das **despesas de transporte dos oficiais de justiça**" (RSTJ 96/31, un. de jurisp., um voto vencido). No mesmo sentido, mais recentemente: STJ-1ª Seção, REsp 1.144.687, Min. Luiz Fux, j. 12.5.10, DJ 21.5.10 (caso de execução fiscal instaurada na Justiça Federal). Ainda: RT 851/391 (no caso, o processo foi extinto sem julgamento do mérito, na medida em que, mesmo após intimação pessoal, o valor da diligência não foi recolhido).

Súmula 190 do STJ: "Na execução fiscal processada perante a Justiça Estadual, cumpre à Fazenda Pública antecipar o numerário destinado ao custeio das despesas com o transporte dos oficiais de justiça" (v. jurisprudência s/ esta Súmula em RSTJ 101/219). No mesmo sentido: RTJ 127/228.

Está, assim, **superada a Súmula 154 do TFR,** que era do seguinte teor: "A Fazenda Pública, nas execuções fiscais, não está sujeita a prévio depósito para custear as despesas do oficial de justiça".

Art. 39: 3. v. CPC 84.

Art. 40. O juiz suspenderá o curso da execução, enquanto não for localizado o devedor ou encontrados bens sobre os quais possa recair a penhora,[1 a 1b] e, nesses casos, não correrá o prazo de prescrição.[2 a 2d]

§ 1º Suspenso o curso da execução,[3] será aberta vista dos autos ao representante judicial da Fazenda Pública.

§ 2º Decorrido o prazo máximo de 1 (um) ano, sem que seja localizado o devedor ou encontrados bens penhoráveis, o juiz ordenará o arquivamento[4] dos autos.[4a]

§ 3º Encontrados que sejam, a qualquer tempo, o devedor ou os bens, serão desarquivados os autos para prosseguimento da execução.

§ 4º Se da decisão que ordenar o arquivamento tiver decorrido o prazo prescricional, o juiz, depois de ouvida a Fazenda Pública, poderá, de ofício, reconhecer a prescrição intercorrente e decretá-la de imediato.[5 a 7b]

§ 5º A manifestação prévia da Fazenda Pública prevista no § 4º deste artigo será dispensada no caso de cobranças judiciais cujo valor seja inferior ao mínimo fixado por ato do Ministro de Estado da Fazenda.[8]

Art. 40: 1. v. CPC 921-III e 924, nota 4.

"A não localização do devedor ou dos bens sobre os quais possa recair ou tenha recaído a penhora conduz à suspensão do processo executivo fiscal, a qual deve ser determinada *ex officio* pelo juiz da execução. Só após a suspensão do processo é que o juiz dará vista dos autos ao representante da Fazenda Pública, comunicando-lhe o ocorrido" (RSTJ 104/229).

Nessa hipótese, após a intimação pessoal do representante judicial da exequente e não havendo manifestação desta, "é possível a extinção do processo de execução fiscal com base no art. 267, III, do CPC", ou seja, por abandono da causa (STJ-1ª T., REsp 654.340, Min. Teori Zavascki, j. 14.6.05, DJU 27.6.05). V. CPC 485, nota 17.

Art. 40: 1a. Súmula 46 do TRF-4ª Reg. (Extinção da execução fiscal): "É incabível a extinção do processo de execução fiscal pela falta de localização do devedor ou inexistência de bens penhoráveis (art. 40 da Lei 6.830/80)" (rep. em RT 750/443).

Execução Fiscal

Art. 40: 1b. "A insuficiência de bens da massa falida para garantia da execução fiscal não autoriza a suspensão da execução, a fim de que se realize diligência no sentido de se verificar a existência de codevedores do débito fiscal, que implicaria em apurar a responsabilidade dos sócios da empresa extinta (art. 135 do CTN). Trata-se de hipótese não abrangida pelos termos do art. 40 da Lei 6.830/80" (STJ-2ª T., REsp 912.483, Min. Eliana Calmon, j. 19.6.07, DJU 29.6.07). "Com o trânsito em julgado da sentença que decretou o encerramento da falência e diante da inexistência de motivos que ensejassem o redirecionamento da execução fiscal, não restava outra alternativa senão decretar-se a extinção do processo, sem exame do mérito, com fulcro no art. 267, IV, do CPC. Não se aplica ao caso a regra do art. 40 da LEF" (STJ-1ª T., REsp 696.635, Min. Teori Zavascki, j. 6.11.07, DJU 22.11.07).

Art. 40: 2. "A prescrição na lei de execução fiscal", por Iso Chaitz Scherkerkewitz (RTJE 129/85); "A decretação de ofício da nulidade da execução fiscal pela ocorrência da prescrição", por Otoniel Ferreira dos Santos (RTJE 179/9); "A possibilidade do reconhecimento de ofício da prescrição em matéria de execução fiscal", por Rizzatto Nunes (IP 25/165); "Execução fiscal. A consumação da prescrição intercorrente pode ser alegada pelo curador especial *ad litem*", por Nelson Monteiro Neto (RF 383/511).

Art. 40: 2a. Quanto à **prescrição intercorrente,** v. § 4º. S/ interrupção da prescrição, v. art. 8º § 2º.

Art. 40: 2b. Súmula 314 do STJ: "Em execução fiscal, não localizados bens penhoráveis, suspende-se o processo por um ano, findo o qual se inicia o prazo da prescrição quinquenal intercorrente" (v. jurisprudência s/ esta Súmula em RSTJ 198/629).

No mesmo sentido: JTJ 144/112, JTA 126/32 (citação da p. 33).

Art. 40: 2c. "O prazo de 1 ano de suspensão do processo e do respectivo prazo prescricional previsto no art. 40, §§ 1º e 2º da Lei n. 6.830/80 tem **início automaticamente** na data da ciência da Fazenda Pública a respeito da não localização do devedor ou da inexistência de bens penhoráveis no endereço fornecido, havendo, sem prejuízo dessa contagem automática, o dever de o magistrado declarar ter ocorrido a suspensão da execução" (STJ-1ª Seção, REsp 1.340.553, Min. Mauro Campbell, j. 12.9.18, DJ 16.10.18).

Art. 40: 2d. Como acontece em qualquer processo, na execução fiscal, o despacho que ordena a citação interrompe a prescrição, e a efetivação do ato citatório faz com que os efeitos interruptivos retroajam até a data da propositura da demanda (interpretação sistemática da LEF 8º, § 2º, do CTN 174, § ún., do CPC 240 § 1º, e do CC 202-I). Tal interrupção não se dá indefinidamente e, nos casos de não localização do executado ou de bens penhoráveis, obedece regras próprias para a execução fiscal. Nessas circunstâncias, passado um ano da suspensão da execução prevista nessas hipóteses (§ 1º) e persistindo o insucesso na localização do executado ou de bens penhoráveis, deve haver a remessa dos autos ao arquivo (§ 2º), fato que deflagra o prazo prescricional anteriormente interrompido (§ 4º).

Art. 40: 3. A suspensão do processo de execução fiscal se faz sem o cancelamento da distribuição do feito, porque não é caso de extinção do processo, porém de simples arquivamento, depois de decorrido o prazo do § 2º (RSTJ 63/196).

Nesse sentido: **Súmula 6 do TRF-2ª Reg. (Extinção da execução fiscal):** "Execução fiscal suspensa com base no art. 40 da Lei n. 6.830/80 não pode ser julgada extinta, mas arquivada sem baixa na distribuição, após o término do prazo de suspensão" (DJU 26.6.91, p. 14.969).

Art. 40: 4. O arquivamento se dá mediante simples despacho (RTFR 138/61), despacho esse irrecorrível (CPC 1.001, nota 2), se não causar prejuízo; ao passo que a extinção do processo depende de sentença (CPC 925). Se, além do arquivamento, o juiz determina o cancelamento da distribuição, cabe agravo de instrumento (TFR-4ª T., AC 74.372, Min. José de Jesus Filho, j. 3.9.86, DJU 2.10.86; tb. em Bol. do TFR 107/15).

Diversamente: RJTJESP 105/326, sustentando que é a apelação, mas não há erro grosseiro na interposição do agravo.

Art. 40: 4a. "Prescindível a intimação do credor da suspensão da execução por ele mesmo solicitada, bem como do arquivamento do feito executivo, decorrência automática do transcurso do prazo de um ano de suspensão e termo inicial da prescrição" (STJ-2ª T., REsp 983.155, Min. Eliana Calmon, j. 5.8.08, DJ 1.9.08).

Art. 40: 5. O § 4º foi acrescido pela Lei 11.051, de 29.12.04.

Art. 40: 5a. "O atual § 4º do art. 40 da LEF, acrescentado pela Lei 11.051, de 29.12.04 (art. 6º), viabiliza a decretação da prescrição intercorrente por iniciativa judicial, com a única condição de ser previamente ouvida a Fazenda Pública, permitindo-lhe arguir eventuais causas suspensivas ou interruptivas do prazo prescricional. Tratando-se de norma de natureza processual, tem aplicação imediata, alcançando inclusive os processos em curso" (STJ-1ª T., REsp 735.220, Min. Teori Zavascki, j. 3.5.05, DJU 16.5.05). No mesmo sentido: STJ-2ª T., REsp 817.120, Min. João Otávio, j. 28.3.06, DJU 28.4.06.

Art. 40: 5b. Súmula 409 do STJ: "Em execução fiscal, a prescrição ocorrida antes da propositura da ação pode ser decretada de ofício (art. 219, § 5º, do CPC)".

V. CPC 487 § ún.

Art. 40: 6. Aplicando o § 4º em sede de apelação: RT 851/371.

Art. 40: 6a. "Havendo ou não petição da Fazenda Pública e havendo ou não pronunciamento judicial nesse sentido, findo o prazo de 1 ano de suspensão **inicia-se automaticamente o prazo prescricional** aplicável (de acordo com a natureza do crédito exequendo) durante o qual o processo deveria estar arquivado sem baixa na distribuição, na forma do art. 40, §§ 2º, 3º e 4º da Lei n. 6.830/80, findo o qual o Juiz, depois de ouvida a Fazenda Pública, poderá, de ofício, reconhecer a prescrição intercorrente e decretá-la de imediato" (STJ-1ª Seção, REsp 1.340.553, Min. Mauro Campbell, j. 12.9.18, DJ 16.10.18).

Art. 40: 6b. "A efetiva constrição patrimonial e a efetiva citação (ainda que por edital) são aptas a interromper o curso da prescrição intercorrente, não bastando para tal o mero peticionamento em juízo, requerendo, v.g., a feitura da penhora sobre ativos financeiros ou sobre outros bens. Os requerimentos feitos pelo exequente, dentro da soma do prazo máximo de 1 ano de suspensão mais o prazo de prescrição aplicável (de acordo com a natureza do crédito exequendo) deverão ser processados, ainda que para além da soma desses dois prazos, pois, citados (ainda que por edital) os devedores e penhorados os bens, a qualquer tempo — mesmo depois de escoados os referidos prazos —, considera-se interrompida a prescrição intercorrente, retroativamente, na data do protocolo da petição que requereu a providência frutífera" (STJ-1ª Seção, REsp 1.340.553, Min. Mauro Campbell, j. 12.9.18, DJ 16.10.18).

Art. 40: 6c. "A Fazenda Pública, em sua primeira oportunidade de falar nos autos (art. 245 do CPC/73, correspondente ao art. 278 do CPC/2015), ao alegar nulidade pela falta de qualquer intimação dentro do procedimento do art. 40 da LEF, deverá **demonstrar o prejuízo** que sofreu (exceto a falta da intimação que constitui o termo inicial, onde o prejuízo é presumido), por exemplo, deverá demonstrar a ocorrência de qualquer causa interruptiva ou suspensiva da prescrição" (STJ-1ª Seção, REsp 1.340.553, Min. Mauro Campbell, j. 12.9.18, DJ 16.10.18).

Art. 40: 6d. "O magistrado, ao reconhecer a prescrição intercorrente, deverá fundamentar o ato judicial por meio da delimitação dos marcos legais que foram aplicados na contagem do respectivo prazo, inclusive quanto ao período em que a execução ficou suspensa" (STJ-1ª Seção, REsp 1.340.553, Min. Mauro Campbell, j. 12.9.18, DJ 16.10.18).

Art. 40: 7. "Ainda que a execução fiscal tenha sido arquivada em razão do pequeno valor do débito executado, sem baixa na distribuição, nos termos do art. 20 da Lei 10.522/02, deve ser reconhecida a prescrição intercorrente se o processo ficar paralisado por mais de cinco anos a contar da decisão que determina o arquivamento" (STJ-1ª Seção, REsp 1.102.554, Min. Castro Meira, j. 27.5.09, DJ 8.6.09).

Art. 40: 7a. "A decretação da falência não obsta o ajuizamento ou a regular tramitação da execução fiscal, de modo que a inércia absoluta da exequente pode ser punida na forma da lei. Situação distinta, contudo, é aquela em que a Fazenda Pública obtém, na demanda executiva, a penhora no rosto dos autos da ação de falência, ou nesta última procede à habilitação de seu crédito. Nessas circunstâncias, será incorreto afirmar que houve inércia da parte credora, pois a satisfação da pretensão executiva ficará condicionada, inexoravelmente, ao término da demanda falimentar (que, como se sabe, pode levar mais de cinco anos, a depender da complexidade das questões nela versadas). Dessa forma, a ausência de movimentação da execução fiscal — quando houver penhora no rosto dos autos da ação de falência ou estiver pendente a habilitação do crédito da Fazenda Pública — não conduz, automaticamente, ao entendimento de que houve prescrição intercorrente, pois a morosidade no encerramento da demanda processada na forma do Dec. lei 7.661/45 (atualmente na forma da Lei 11.101/05) não implica inércia da Fazenda Pública" (STJ-2ª T., REsp 1.263.552, Min. Herman Benjamin, j. 18.8.11, DJ 8.9.11).

Art. 40: 7b. "O regime do art. 40 da Lei 6.830/1980, que exige a suspensão e arquivamento do feito, somente se aplica às hipóteses de prescrição intercorrente nele indicadas, não impedindo a decretação da prescrição intercorrente após o transcurso do prazo de cinco anos do **inadimplemento ao programa de parcelamento,** com intimação da Fazenda Pública" (STJ-2ª T., REsp 1.638.961, Min. Herman Benjamin, j. 13.12.16, DJ 2.2.17).

Art. 40: 8. O § 5º foi acrescido pela Lei 11.960, de 29.6.09.

Art. 41. O processo administrativo correspondente à inscrição de dívida ativa, à execução fiscal ou à ação proposta contra a Fazenda Pública será mantido na repartição competente,[1] dele se extraindo as cópias autenticadas ou certidões, que forem requeridas pelas partes ou requisitadas pelo juiz ou pelo Ministério Público.

Parágrafo único. Mediante requisição do juiz à repartição competente, com dia e hora previamente marcados, poderá o processo administrativo ser exibido na sede do juízo, pelo funcionário para esse fim designado, lavrando o serventuário termo da ocorrência, com indicação, se for o caso, das peças a serem trasladadas.[2]

Execução Fiscal

Art. 41: 1. A disposição supra não afasta o direito líquido e certo, para o advogado, de ter vista, fora da repartição, de processo administrativo fiscal, ainda que não esteja pendente qualquer ação com ele relacionada (RJTJESP 137/33, Bol. AASP 1.631/76).

V. EA 7º-XV.

Art. 41: 2. cf. CPC 438 § 1º.

Art. 42. Revogadas as disposições em contrário, esta lei entrará em vigor 90 (noventa) dias após a data de sua publicação.[1]

Art. 42: 1. Publicada no DOU 24.9.80.

Brasília, em 22 de setembro de 1980; 159º da Independência e 92º da República — João Figueiredo — **Ibrahim Abi-Ackel — Ernane Galvêas — Hélio Beltrão.**

Ementário

Execuções Especiais

Dec. lei 21, de 17.9.66 — Dispõe sobre assistência financeira às empresas pelas Caixas Econômicas Federais (v. adiante, texto parcial).

Dec. lei 70, de 21.11.66 — Autoriza o funcionamento de associações de poupança e empréstimos, institui a cédula hipotecária e dá outras providências (no CCLCV, tít. CÉDULA HIPOTECÁRIA, ínt.). O art. 42 foi revogado pelo **Dec. lei 1.494, de 7.12.76,** art. 8º § ún. (Lex 1976/862, RDA 127/661, Bol. AASP 940/ap.). O art. 31 foi alterado pela **Lei 8.004, de 14.3.90** (v. adiante), que, no art. 21, também restringiu as execuções baseadas no Dec. lei 70.

Dec. lei 167, de 14.2.67 — Dispõe sobre títulos de crédito rural e dá outras providências (v. adiante, texto parcial). O art. 34 § ún. e o art. 36 § 2º deste dec. lei são parcialmente inconstitucionais (RTJ 76/800 e STF-RF 253/280), tendo sido suspensa sua execução pela **Res. 8, de 26.4.77, do Senado Federal** (RT 498/426, Lex 1977/278, RF 259/399); são inconstitucionais, no art. 34 § ún., a expressão "... e 20% ao Juiz de Direito da comarca, parcela que será recolhida ao Banco do Brasil S.A., e levantada quando das correições a que se refere o art. 40" e, no art. 36 § 2º, a expressão "... e ao Juiz de Direito da comarca". A **Lei 6.754, de 17.12.79** (Lex 1979/1.002, RF 268/478, Ajuris 18/199, Bol. AASP 1.100/3), acrescentou quatro §§ ao art. 60 do Dec. lei 167.

Dec. lei 413, de 9.1.69 — Dispõe sobre títulos de crédito industrial e dá outras providências (no CCLCV, tít. TÍTULOS DE CRÉDITO INDUSTRIAL, ínt.; v. adiante, texto parcial). Extensivo aos títulos de crédito à exportação (v. Lei 6.313, de 16.12.75).

Lei 5.741, de 1.12.71 — Dispõe sobre a proteção do financiamento de bens imóveis vinculados ao Sistema Financeiro da Habitação (v. adiante, texto integral). O art. 5º da Lei 5.741 foi alterado pela **Lei 6.014, de 27.12.73** (v. adiante); o art. 2º, pela **Lei 6.071, de 3.7.74** (v. adiante); e o art. 3º § 1º, pela **Lei 8.004, de 14.3.90** (v. adiante), cujo art. 21, por sua vez, restringe as execuções com base na Lei 5.741.

Lei 6.014, de 27.12.73 — Adapta ao novo Código de Processo Civil as leis que menciona (RT 458/496, Lex 1973/1.992, RF 245/465, Bol. AASP 787/supl.; v. texto integral em CPCLPV, 22ª ed., p. 574). O art. 14 alterou o art. 5º da Lei 5.741/71.

Lei 6.071, de 3.7.74 — Adapta ao Código de Processo Civil as leis que menciona, e dá outras providências (RT 465/414, Lex 1974/836, RDA 118/479, RF 248/483, RJTJESP 30/528, Bol. AASP 813/supl.; v. texto integral, em CPCLPV, 22ª ed., p. 577). O art. 2º alterou a Lei 5.741, de 1.12.71, art. 2º.

Lei 6.313, de 16.12.75 — Dispõe sobre títulos de crédito à exportação e dá outras providências.

Lei 6.840, de 3.11.80 — Dispõe sobre títulos de crédito comercial, e dá outras providências (no CCLCV, tít. TÍTULOS DE CRÉDITO COMERCIAL, ínt.).

Lei 8.004, de 14.3.90 — Dispõe sobre transferência de financiamento no âmbito do Sistema Financeiro da Habitação e dá outras providências (no CCLCV, tít. CONTRATOS IMOBILIÁRIOS, ínt.). Alterou o art. 3º da Lei 5.741, de 1.12.71 (v. acima), bem como o art. 31 do Dec. lei 70, de 21.11.66 (v. acima); e, no art. 21, restringiu as execuções com base na Lei 5.741 e no Dec. lei 70.

Decreto-lei n. 21, de 17 de setembro de 1966

Dispõe sobre assistência financeira às empresas pelas Caixas Econômicas Federais.

Art. 6º Vencido o prazo fixado no inciso I do art. 3º,[1] sem que o mutuário haja cumprido a obrigação ou pago a dívida, os bens hipotecados às Caixas serão vendidos em leilão público a simples requerimento da Caixa credora e independentemente de qualquer outra formalidade processual, salvo os avisos e editais de lei, por intermédio do Juízo da Vara a que competir julgar os feitos da União Federal ou do juízo da falência, se for o caso, notificado o síndico, observando-se o que dispõem os arts. 962 e 964 do Código de Processo Civil.[2]

§ 1º Quaisquer alegações do devedor só poderão ser apresentadas e conhecidas pelo juízo, depois de efetivado o leilão, na forma do inciso n. II do art. 1.009 do Código de Processo Civil.[3]

§ 2º O leilão de que trata o presente artigo poderá ser feito extrajudicialmente, a requerimento do mutuário, a quem caberá indicar o leiloeiro. Fora dessa hipótese, será o leiloeiro nomeado pelo juiz.

§ 3º Aplicar-se-á ao leilão o disposto acima, no § 1º do art. 3º, devendo os anúncios consignar esta circunstância, como também avaliação dos bens feita pelas Caixas. Terá preferência o licitante que oferecer o pagamento à vista, tanto por tanto, e, sucessivamente, o que pleiteie menor financiamento das Caixas ou, em igualdade de condições, prazo menor.

§ 4º A comissão do leiloeiro será devida unicamente pelo arrematante, e não ultrapassará, em todos os casos, a 0,5% (meio por cento) do valor do lance.

§ 5º Se, no primeiro leilão, os bens não alcançarem lance igual ou superior à sua avaliação realizada pela respectiva Caixa Econômica, proceder-se-á a segundo leilão, com o abatimento de 20% (vinte por cento) e intervalo de 10 (dez) dias, no mínimo, quando então serão vendidos pelo maior lance, observado o disposto no § 2º deste artigo.

Art. 6º: 1. O prazo do art. 3º-I é, no máximo, de 180 dias.

Art. 6º: 2. v. CPC 879 e segs. A referência ao CPC/39 art. 962 deve ser ao art. 963.

CPC/39: "Art. 963. A arrematação dos bens penhorados será precedida de editais, que indicarão:

"I — a qualidade dos bens, e, se imóveis, situação, característicos, confrontações e número da transcrição;

"II — o preço da avaliação;

"III — o dia, hora e local da praça".

"Art. 964. O edital será afixado à porta do edifício onde tiver sede o juízo e publicado três vezes, por extrato, em um dos jornais locais de maior circulação, devendo a terceira publicação ser feita no dia da venda, ou na edição anterior a este, se no dia da venda não for publicado o jornal.

"§ 1º Nas comarcas das capitais, a publicação far-se-á também uma vez, no órgão oficial.

"§ 2º Não havendo imprensa na localidade, o edital publicar-se-á, ao menos, uma vez, em um dos jornais de maior circulação da comarca de acesso mais fácil.

"§ 3º O prazo entre a praça e a primeira publicação dos editais será, pelo menos, de dez (10) dias, se móveis os bens, e de vinte (20), se imóveis".

Art. 6º: 3. **CPC/39: "Art. 1.009.** Os embargos serão oferecidos: ... **II** — dentro dos cinco (5) dias seguintes à assinatura do auto de arrematação ou à publicação da sentença de adjudicação ou remição".

Art. 7º Do produto do leilão será pago preferencialmente o crédito da Caixa Econômica, devendo o saldo, depois de deduzidas as custas, impostos e taxas, ser restituído ao mutuário ou depositado à disposição do juiz competente, no caso de concordata[1] ou falência do devedor ou interveniente hipotecante.

Art. 7º: 1. A concordata deu lugar à recuperação judicial ou extrajudicial.

Decreto-lei n. 70, de 21 de novembro de 1966[1-1a]

Autoriza o funcionamento de associações de poupança e empréstimos, institui a cédula hipotecária e dá outras providências.

Capítulo II | DA CÉDULA HIPOTECÁRIA

DEC. LEI 70: 1. "A inconstitucionalidade do Dec. lei 70/66", por Marco Antônio Ribeiro Tura ("Revista de Direito Constitucional e Internacional" 31/209); "Aspectos constitucionais e processuais relativos à limitação da cognição horizontal do magistrado: uma breve abordagem ante as situações específicas das expropriações em geral e da busca e apreensão em alienação fiduciária", por José Eulálio Figueiredo de Almeida (RSDCPC 23/48); "A execução extrajudicial de créditos do Sistema Financeiro da Habitação", por Samir José Caetano Martins (RDDP 36/102).

DEC. LEI 70: 1a. Os arts. 31 a 38 deste dec. lei não são inconstitucionais (RTJ 171/1.064, 175/800, RSTJ 146/159, RJTJESP 68/121) e continuam em vigor (STJ-1ª T., REsp 46.050-6, Min. Garcia Vieira, j. 27.4.94, DJU 30.5.94; STJ-4ª T., REsp 1.388.674-EDcl-AgRg, Min. Luis Felipe, j. 3.4.14, DJ 11.4.14; RTFR 122/99, 161/193, TFR-RF 260/223, RT 496/88, 503/96, 732/430, maioria, RP 23/274). V. tb. art. 37, nota 3.

Afirmando a constitucionalidade do Dec. lei 70/66 com o argumento de que, "além de prever uma fase de controle judicial, conquanto *a posteriori*, da venda do imóvel objeto da garantia pelo agente fiduciário, não impede que eventual ilegalidade perpetrada no curso do procedimento seja reprimida, de logo, pelos meios processuais adequados": STF-RJ 258/67 e RT 760/188 (1ª T., RE 223.075).

Contra, decretando a inconstitucionalidade dos arts. 30, parte final, e 31 a 38 do Dec. lei 70: 1º TASP-Órgão Especial (Lex-JTA 151/186, 4 votos vencidos, JTJ 300/470). No mesmo sentido e considerando, ainda, inconstitucional o art. 29: TARS-Órgão Especial (JTAERGS 76/81, um voto vencido). Considerando inconstitucionais os arts. 31 a 38: RT 758/383, 796/297. Entendendo que a imissão de posse deve ser feita pelo procedimento comum: 1º TASP-RT 510/140, maioria.

Súmula 39 do 1º TASP (Inconstitucionalidade do Dec. lei 70): "São inconstitucionais os arts. 30, parte final, e 31 a 38 do Dec. lei n. 70, de 21.11.66".

Art. 9º Os contratos de empréstimo com garantia hipotecária, com exceção das que consubstanciam operações de crédito rural,[1] poderão prever o reajustamento das respectivas prestações de amortização e juros com a consequente correção monetária da dívida.

§ 1º Nas hipotecas não vinculadas ao Sistema Financeiro da Habitação, a correção monetária da dívida obedecerá ao que for disposto para o Sistema Financeiro da Habitação.

§ 2º A menção a Obrigações Reajustáveis do Tesouro Nacional nas operações mencionadas no § 2º do art. 1º do Decreto-lei n. 19, de 30 de agosto de 1966,[1a] e neste decreto-lei entende-se como equivalente a menção de Unidades-Padrão de Capital do Banco Nacional da Habitação e o valor destas será sempre corrigido monetariamente durante a vigência do contrato, segundo os critérios do art. 7º e § 1º, da Lei 4.357/64.[2]

§ 3º A cláusula de correção monetária utilizável nas operações do Sistema Financeiro da Habitação poderá ser aplicada em todas as operações mencionadas no § 2º do art. 1º do Decreto-lei n. 19, de 30.8.66, que vierem a ser pactuadas por pessoas não integrantes daquele Sistema, desde que os atos jurídicos se refiram a operações imobiliárias.

Art. 9º: 1. s/ correção monetária e capitalização de juros nos débitos rurais, v., neste tít., Dec. lei 167/67, art. 71, notas 1 (inclusive Súmula 16 do STJ) e 1a.

Art. 9º: 1a. **Dec. lei 19, de 30.8.66** — Obriga a adoção da cláusula de correção monetária nas operações do Sistema Financeiro da Habitação e dá outras providências (RT 373/402, Lex 1966/1.227).

Art. 9º: 2. **Lei 4.357, de 16.7.64** — Autoriza a emissão de Obrigações do Tesouro Nacional, altera a legislação do imposto sobre a renda, e dá outras providências (RT 348/623, Lex 1964/532, RDA 79/508).

Art. 10. É instituída a cédula hipotecária para hipotecas inscritas no Registro Geral de Imóveis, como instrumento hábil para a representação dos respectivos créditos hipotecários, a qual poderá ser emitida pelo credor hipotecário nos casos de:

I — operações compreendidas no Sistema Financeiro da Habitação;

II — hipotecas de que sejam credores instituições financeiras em geral, e companhias de seguro;

III — hipotecas entre outras partes, desde que a cédula hipotecária seja originariamente emitida em favor das pessoas jurídicas a que se refere o inciso II supra.

§ 1º A cédula hipotecária poderá ser integral, quando representar a totalidade do crédito hipotecário, ou fracionária, quando representar parte dele, entendido que a soma do principal das cédulas hipotecárias fracionárias emitidas sobre uma determinada hipoteca e ainda em circulação não poderá exceder, em hipótese alguma, o valor total do respectivo crédito hipotecário em nenhum momento.

§ 2º Para os efeitos do valor total mencionado no parágrafo anterior, admite-se o cômputo das correções efetivamente realizadas, na forma do art. 9º, do valor monetário da dívida envolvida.

§ 3º As cédulas hipotecárias fracionárias poderão ser emitidas em conjunto ou isoladamente, a critério do credor, a qualquer momento antes do vencimento da correspondente dívida hipotecária.

....

Capítulo III[1-2]

CAP. III: 1. s/ constitucionalidade dos arts. 31 a 38, v. nota 1a no início deste dec. lei.

CAP. III: 2. Este capítulo não tem epígrafe.

Art. 29. As hipotecas a que se referem os arts. 9º e 10 e seus incisos, quando não pagas no vencimento, poderão, à escolha do credor, ser objeto de execução na forma do Código de Processo Civil (arts. 298 e 301)[1] ou deste decreto-lei (arts. 31 a 38).[1a]

Parágrafo único. A falta de pagamento do principal, no todo ou em parte, ou de qualquer parcela de juros, nas épocas próprias, bem como o descumprimento das obrigações constantes do art. 21, importará, automaticamente, salvo disposição diversa do contrato de hipoteca, em exigibilidade imediata de toda a dívida.

Art. 29: 1. Os dispositivos mencionados são do CPC/39.

Art. 29: 1a. v. art. 31, nota 1c.

Art. 30. Para os efeitos de exercício da opção do art. 29, será agente fiduciário,[1] com as funções determinadas nos arts. 31 a 38:[2]

I — nas hipotecas compreendidas no Sistema Financeiro da Habitação, o Banco Nacional da Habitação;

II — nas demais, as instituições financeiras inclusive sociedades de crédito imobiliário, credenciadas a tanto pelo Banco Central da República do Brasil, nas condições que o Conselho Monetário Nacional venha a autorizar.

§ 1º O Conselho de Administração do Banco Nacional de Habitação poderá determinar que este exerça as funções de agente fiduciário, conforme o inciso I, diretamente ou através das pessoas jurídicas mencionadas no inciso II, fixando os critérios de atuação delas.

§ 2º As pessoas jurídicas mencionadas no inciso II, a fim de poderem exercer as funções de agente fiduciário deste decreto-lei, deverão ter sido escolhidas para tanto, de comum acordo entre o credor e o devedor, no contrato originário de hipoteca ou em aditamento ao mesmo, salvo se estiverem agindo em nome do Banco Nacional da Habitação ou nas hipóteses do art. 41.[3]

§ 3º Os agentes fiduciários não poderão ter ou manter vínculos societários com os credores ou devedores das hipotecas em que sejam envolvidos.

§ 4º É lícito às partes, em qualquer tempo, substituir o agente fiduciário eleito, em aditamento ao contrato de hipoteca.

Art. 30: 1. s/ descabimento de mandado de segurança contra ato de agente fiduciário, praticado com fundamento no art. 30 do Dec. lei 70/66, v. LMS 1º, nota 33.

Art. 30: 2. s/ inconstitucionalidade deste artigo e de seus parágrafos, v. nota 1a, no princípio do Dec. lei 70.

Art. 30: 3. Súmula 586 do STJ: "A exigência de acordo entre o credor e o devedor na escolha do agente fiduciário aplica-se, exclusivamente, aos contratos não vinculados ao Sistema Financeiro da Habitação — SFH".

Art. 31. Vencida e não paga a dívida hipotecária, no todo ou em parte, o credor que houver preferido executá-la de acordo com este decreto-lei[1 a 1c] formalizará ao agente fiduciário a solicitação de execução da dívida, instruindo-a com os seguintes documentos:[2]

I — o título da dívida devidamente registrado;

II — a indicação discriminada do valor das prestações e encargos não pagos;

III — o demonstrativo do saldo devedor, discriminando as parcelas relativas a principal, juros, multa e outros encargos contratuais e legais; e

IV — cópia dos avisos[3] reclamando pagamento da dívida, expedidos segundo instruções regulamentares relativas ao SFH.

§ 1º Recebida a solicitação da execução da dívida, o agente fiduciário, nos dez dias subsequentes,[3a] promoverá a notificação do devedor, por intermédio de Cartório de Títulos e Documentos, concedendo-lhe o prazo de vinte dias para a purgação da mora.[4 a 5a]

§ 2º Quando o devedor se encontrar em lugar incerto ou não sabido, o oficial certificará o fato, cabendo, então, ao agente fiduciário promover a notificação por edital,[6] publicado por três dias, pelo menos, em um dos jornais de maior circulação local, ou noutro de comarca de fácil acesso, se no local não houver imprensa diária.[7]

Art. 31: 1. s/ inconstitucionalidade deste artigo e de seus parágrafos, v. nota 1a, no princípio do Dec. lei 70.

Art. 31: 1a. **Lei 8.004, de 14.3.90** (v. ementário): **"Art. 21.** Somente serão objeto de execução na conformidade dos procedimentos do Dec. lei n. 70, de 21 de novembro de 1966, ou da Lei n. 5.741, de 1º de dezembro de 1971, os financiamentos em que se verificar atraso de pagamento de três ou mais prestações".

Art. 31: 1b. "Para a demanda relativa à cédula rural pignoratícia e hipotecária contra pessoa jurídica de direito privado, inexistindo foro de eleição, o autor pode renunciar ao benefício contido na alínea *b*, inciso IV, art. 100, do CPC, postulando perante o juízo do lugar onde se situa a sede da ré" (ementa de acórdão do TJDFT, confirmado pelo STJ em RSTJ 73/222).

Art. 31: 1c. "A execução extrajudicial, tal como prevista no Dec. lei n. 70, de 1966, pressupõe **crédito hipotecário incontroverso,** sendo imprestável para cobrar prestações cujo montante está sob discussão judicial" (STJ-2ª Seção, ED no REsp 462.629, Min. Ari Pargendler, j. 24.8.05, DJU 9.11.05). No mesmo sentido: STJ-2ª T., REsp 191.276, Min. Ari Pargendler, j. 17.12.98, DJU 1.3.99.

V. tb. art. 32, nota 1a.

Art. 31: 2. Redação do *caput* e dos incisos de acordo com a Lei 8.004, de 14.3.90.

Art. 31: 3. O leilão é válido se "foi feita correspondência própria, com aviso de recebimento, não negada pelo devedor" (STJ-3ª T., REsp 479.854, Min. Menezes Direito, j. 17.6.03, DJU 1.9.03). Mais liberal, admitindo os avisos "remetidos pelo correio, com aviso de recebimento, encaminhados para o endereço do imóvel hipotecado", não obstante "recebidos por pessoa diversa": RT 811/454.

Há um acórdão entendendo que os avisos devem ser feitos "através de carta entregue mediante recibo ou enviada pelo Registro de Títulos e Documentos, ou ainda por meio de notificação judicial" (RT 490/111, maioria de votos).

Art. 31: 3a. "O prazo a que alude o § 1º do art. 31 do Dec. lei n. 70/66 não se encontra inserido no art. 177 do CPC, porquanto o seu descumprimento não impõe nenhuma sanção ao agente fiduciário, razão pela qual esse prazo é impróprio" (STJ-Corte Especial, REsp 1.160.435, Min. Benedito Gonçalves, j. 6.4.11, DJ 28.4.11).

Art. 31: 4. Redação do § 1º de acordo com a Lei 8.004, de 14.3.90.

Art. 31: 5. v. art. 34-I e II.

Art. 31: 5a. "O Dec. lei n. 70/66 confere ao mutuário a prerrogativa de ser intimado pessoalmente, para purgação da mora (art. 31, § 1º). É defeso ao agente financeiro eleger, arbitrariamente, o local do imóvel hipotecado, como domicílio do devedor, para efeito de notificação" (RSTJ 50/314).

"Embora legítima, no processo judicial, a citação ou intimação editalícia, no extrajudicial não, porquanto no primeiro, ela só é feita após criteriosa análise, pelo órgão julgador, dos fatos que levam à convicção do desconhecimento do paradeiro dos réus e da impossibilidade de serem encontrados por outras diligências, além das já realizadas, enquanto na segunda situação, não; fica, tudo, ao arbítrio, justamente da parte adversa, daí as suas naturais limitações na condução da execução extrajudicial" (STJ-4ª T., REsp 611.920, Min. Aldir Passarinho Jr., j. 5.8.10, DJ 19.8.10).

V. tb. art. 32, nota 2a.

Art. 31: 6. A publicação de edital para ciência do devedor somente se justifica depois de feitas as necessárias diligências para localização deste; não basta a simples verificação de que não foi encontrado no imóvel adquirido (RT 554/198, RJTJESP 68/98).

"Apenas nos casos em que realizadas várias tentativas de intimação, por meio de expedição de avisos de cobrança e carta de notificação por oficial de cartório — e consequente lavratura de certidão com a constatação de que o devedor encontra-se em lugar incerto e não sabido —, será válida a notificação por edital, nos termos do § 2º do art. 31" (STJ-4ª T., REsp 1.388.674-EDcl-AgRg, Min. Luis Felipe, j. 3.4.14, DJ 11.4.14).

"A notificação premonitória tratada no art. 31, § 2º, do Dec. lei 70/66, acaso frustrada aquela promovida por carta pelo Cartório do Registro Especial, deve ser feita por notificação judicial. Somente depois de esgotada esta hipótese é que se justifica a notificação por edital" (JTAERGS 72/122). No mesmo sentido: STJ-4ª T., REsp 427.771, Min. Aldir Passarinho Jr., j. 15.8.02, DJU 24.3.03.

Art. 31: 7. Redação do § 2º de acordo com a Lei 8.004, de 14.3.90.

Art. 32. Não acudindo o devedor à purgação do débito, o agente fiduciário estará de pleno direito autorizado a publicar editais e efetuar, no decurso dos 15 (quinze) dias imediatos, o primeiro público leilão do imóvel hipotecado.[1 a 2a]

§ 1º Se, no primeiro público leilão, o maior lance obtido for inferior ao saldo devedor no momento, acrescido das despesas constantes do art. 33, mais as do anúncio e contratação da praça, será realizado o segundo público leilão, nos 15 (quinze) dias seguintes, no qual será aceito o maior lance apurado, ainda que inferior à soma das aludidas quantias.

§ 2º Se o maior lance do segundo público leilão for inferior àquela soma, serão pagas inicialmente as despesas componentes da mesma soma, e a diferença entregue ao credor, que poderá cobrar do devedor, por via executiva,[3] o valor remanescente de seu crédito, sem nenhum direito de retenção ou indenização sobre o imóvel alienado.

§ 3º Se o lance de alienação do imóvel, em qualquer dos dois públicos leilões, for superior ao total das importâncias referidas no *caput* deste artigo, a diferença a final apurada será entregue ao devedor.[4]

§ 4º A morte do devedor pessoa física, ou a falência, concordata[5] ou dissolução do devedor pessoa jurídica, não impede a aplicação deste artigo.

Art. 32: 1. s/ inconstitucionalidade deste artigo e de seus parágrafos, v. nota 1a, no princípio do Dec. lei 70.

Art. 32: 1a. A execução regulada neste Dec. lei pressupõe ausência de discussão judicial sobre o débito (v. art. 31, nota 1c). Se o devedor se antecipa à execução extrajudicial e ajuíza ação questionando a dívida, "é cabível o ajuizamento de ação cautelar para suspender a execução extrajudicial disciplinada pelo Dec. lei 70/66" (STJ-2ª T., REsp 635.168, Min. Castro Meira, j. 25.5.04, DJU 16.8.04).

Sobre os requisitos para a tutela cautelar nessas circunstâncias: "A execução extrajudicial de que trata o Dec. lei 70/66, enquanto perdurar a demanda, poderá ser suspensa, uma vez preenchidos os requisitos para a concessão da tutela cautelar, independentemente de caução ou do depósito de valores incontroversos, desde que: a) exista discussão judicial contestando a existência integral ou parcial do débito; b) essa discussão esteja fundamentada em jurisprudência do Superior Tribunal de Justiça ou do Supremo Tribunal Federal (*fumus boni iuris*)" (STJ-2ª Seção, REsp 1.067.237, Min. Luis Felipe, j. 24.6.09, DJ 23.9.09).

V. CPC 921, nota 2.

Art. 32: 1b. Não se admitem embargos do devedor (RT 568/142), que só poderá defender-se após imissão do arrematante na posse (art. 37 §§ 2º e 3º). Também poderá mover ação anulatória do leilão (cf. RTJ 104/333).

Art. 32: 2. "Tanto quanto na execução judicial prevista na Lei n. 5.741, de 1.12.71, na execução hipotecária extrajudicial instituída pelo Dec. lei n. 70, de 21.11.66, a prévia avaliação do imóvel a ser alienado constitui uma exigência para garantia do mutuário e de terceiros eventualmente interessados" (STJ-4ª T., REsp 480.475, Min. Barros Monteiro, j. 3.5.05, dois votos vencidos, DJU 5.6.06).

Contra: "O rito da execução extrajudicial disciplinada pelo Decreto-lei 70 / 66, reiteradamente proclamado compatível com a Constituição de 1988 pelo STF, não prevê etapa formal de avaliação do imóvel, ao contrário do que sucede em execuções promovidas em juízo" (STJ-4ª T., REsp 1.147.713, Min. Isabel Gallotti, j. 23.11.10, DJ 15.12.10).

V. tb. nota 1 ao art. 6º da Lei 5.741, de 1.12.71, neste tít.

Art. 32: 2a. Para validade do leilão, é necessária a **comunicação do devedor,** na forma do CPC 889-I (STJ-4ª T., REsp 547.249, Min. Cesar Rocha, j. 4.11.03, DJU 19.12.03; STJ-3ª T., REsp 417.955, Min. Menezes Direito, j. 24.9.02, DJU 4.11.02; RSTJ 54/322, 79/64; RT 899/306: TRF-1ª Reg., AP 200238030051694; Lex-JTA 71/132, JTA 119/209).

V. tb. art. 31, nota 5a.

Art. 32: 3. v. CPC 771 e segs., especialmente 784-XII.

Art. 32: 4. "A entrega da quantia remanescente da arrematação extrajudicial de imóvel hipotecado ao devedor mutuário, prevista no art. 32 do Dec. lei 70/66, tem lugar em situação normal, onde inexistam outras execuções contra o devedor. Na hipótese, havia, em ação de execução, constrição judicial sobre o mesmo imóvel hipotecado, pelo que não poderiam o credor hipotecário ou o arrematante, e muito menos o juízo da execução, simplesmente ignorar a penhora e entregar o saldo remanescente da arrematação diretamente ao mutuário, pois este estava sendo executado também judicialmente e o arrematante certamente iria requerer, como requereu, o cancelamento da penhora. Em tal contexto, o saldo remanescente da arrematação extrajudicial do bem hipotecado, e que estava também penhorado judicialmente, deve ser destinado ao pagamento do credor quirografário exequente. Uma vez realizada a penhora judicial de bem anteriormente hipotecado, o produto da arrecadação decorrente da arrematação extrajudicial estará também comprometido com a satisfação do credor quirografário exequente, após quitada a hipoteca. Registre-se que a destinação do saldo à satisfação de outros débitos do mutuário não significa que esse valor não lhe pertença, pois é justamente essa a razão pela qual, sendo direito de crédito do executado, poderá ser utilizado em proveito do mutuário para quitação de outras dívidas com outros credores. O entendimento acima não inviabiliza que o devedor na ação de execução possa, por via de embargos ou outra medida judicial cabível, defender seus interesses, pois a execução judicial oferece essas oportunidades, inclusive, sendo o caso, para o executado alegar a impenhorabilidade daquele saldo proveniente da arrematação, quando for o bem alienado tutelado pela Lei 8.009/90. A matéria de defesa do executado será devidamente analisada pelo juízo da execução" (STJ-4ª T., REsp 362.385, Min. Raul Araújo, j. 10.4.12, DJ 8.6.12).

Art. 32: 5. A concordata deu lugar à recuperação judicial ou extrajudicial.

Art. 33. Compreende-se no montante do débito hipotecado, para os efeitos do art. 32, a qualquer momento de sua execução, as demais obrigações contratuais vencidas, especialmente em relação à fazenda pública, federal, estadual ou municipal, e a prêmios de seguro, que serão pagos com preferência sobre o credor hipotecário.[1]

Parágrafo único. Na hipótese do segundo público leilão não cobrir sequer as despesas do artigo supra, o credor nada receberá, permanecendo íntegra a responsabilidade de adquirente do imóvel por este garantida, em relação aos créditos remanescentes da fazenda pública e das seguradoras.

Art. 33: 1. s/ inconstitucionalidade deste artigo e de seu § ún., v. nota 1a, no princípio do Dec. lei 70.

Art. 34. É lícito ao devedor, a qualquer momento, até a assinatura do auto de arrematação, purgar o débito,[1-1a] totalizado de acordo com o art. 33, e acrescido ainda dos seguintes encargos:

I — se a purgação se efetuar conforme o § 1º do art. 31, o débito será acrescido das penalidades previstas no contrato de hipoteca, até 10% (dez por cento) do valor do mesmo débito, e da remuneração do agente fiduciário;

II — daí em diante, o débito, para os efeitos de purgação, abrangerá ainda os juros de mora e a correção monetária incidente até o momento da purgação.

Art. 34: 1. s/ inconstitucionalidade deste artigo e seus incisos, v. nota 1a, no princípio do Dec. lei 70.

Art. 34: 1a. Não vale a cláusula que prevê o vencimento antecipado de toda a dívida se não for paga qualquer prestação em atraso (JTA 71/66).

Art. 35. O agente fiduciário é autorizado, independentemente de mandato do credor ou do devedor, a receber as quantias que resultarem da purgação do débito ou do primeiro ou segundo públicos leilões, que deverá entregar ao credor ou ao devedor, conforme o caso, deduzidas de sua própria remuneração.[1]

§ 1º A entrega em causa será feita até 5 (cinco) dias após o recebimento das quantias envolvidas, sob pena de cobrança, contra o agente fiduciário, pela parte que tiver direito às quantias, por ação executiva.

§ 2º Os créditos previstos neste artigo, contra agente fiduciário, são privilegiados, em caso de falência ou concordata.[2]

Art. 35: 1. s/ inconstitucionalidade deste artigo e seus parágrafos, v. nota 1a, no princípio do Dec. lei 70.

Art. 35: 2. A concordata deu lugar à recuperação judicial ou extrajudicial.

Art. 36. Os públicos leilões regulados pelo art. 32 serão anunciados e realizados, no que este decreto-lei não prever, de acordo com o que estabelecer o contrato de hipoteca, ou, quando se tratar do Sistema Financeiro da Habitação, o que o Conselho de Administração do Banco Nacional da Habitação estabelecer.[1]

Parágrafo único. Considera-se não escrita a cláusula contratual que sob qualquer pretexto preveja condições que subtraiam ao devedor o conhecimento dos públicos leilões de imóvel hipotecado, ou que autorizem sua promoção e realização sem publicidade pelo menos igual à usualmente adotada pelos leiloeiros públicos em sua atividade corrente.

Art. 36: 1. s/ inconstitucionalidade deste artigo e seu parágrafo, v. nota 1a, no princípio do Dec. lei 70.

Art. 37. Uma vez efetivada a alienação do imóvel, de acordo com o art. 32, será emitida a respectiva carta de arrematação,[1] assinada pelo leiloeiro, pelo credor, pelo agente fiduciário, e por cinco pessoas físicas idôneas, absolutamente capazes, como testemunhas, documento que servirá como título para a transcrição[1a] no Registro Geral de Imóveis.[1b]

§ 1º O devedor, se estiver presente ao público leilão, deverá assinar a carta de arrematação que, em caso contrário, conterá necessariamente a constatação de sua ausência ou de sua recusa em subscrevê-la.

§ 2º Uma vez transcrita no Registro Geral de Imóveis a carta de arrematação, poderá o adquirente requerer ao juízo competente imissão de posse no imóvel,[2 a 3b] que lhe será concedida liminarmente, após decorridas as 48 horas mencionadas no § 3º deste artigo, sem prejuízo de se prosseguir no feito, em rito ordinário,[4] para o debate das alegações que o devedor porventura aduzir em contestação.[5]

§ 3º A concessão da medida liminar do parágrafo anterior só será negada se o devedor, citado, comprovar, no prazo de 48 (quarenta e oito) horas, que resgatou ou consignou judicialmente o valor de seu débito, antes da realização do primeiro ou do segundo público leilão.

Art. 37: 1. Se não houver licitantes, pode o credor adjudicar o bem leiloado (RJ 308/128).

"Após a adjudicação do bem, com o consequente registro da carta de arrematação no Cartório de Registro de Imóveis, a relação obrigacional decorrente do contrato de mútuo habitacional extingue-se com a transferência do imóvel. Ausência de interesse em propor ação de revisão de cláusulas contratuais do negócio jurídico extinto" (STJ-3ª T., AI 1.356.222-AgRg, Min. Paulo Sanseverino, j. 6.3.12, DJ 15.3.12). **Contra:** "Inocorre a ausência de interesse de agir do mutuário ou a perda superveniente do objeto da ação revisional em decorrência da adjudicação do imóvel ocorrida em sede de execução extrajudicial" (STJ-3ª T., REsp 1.119.859, Min. Paulo Sanseverino, j. 28.8.12, DJ 31.8.12).

Art. 37: 1a. "Transcrição": hoje, "registro".

Art. 37: 1b. s/ inconstitucionalidade deste artigo e seus parágrafos, v. nota 1a, no princípio do Dec. lei 70.

Art. 37: 2. O credor hipotecário também pode arrematar e mover a ação de imissão de posse prevista no § 2º (RTJ 79/1.029, 87/660).

Art. 37: 2a. "Também aquele que adjudica o bem penhorado, porque assim se extrai do sistema jurídico, pode ajuizar ação de imissão na posse" (STJ-3ª T., REsp 1.211.073, Min. Sidnei Beneti, j. 4.11.10, DJ 12.11.10).

Art. 37: 3. "Imissão na posse. Dec. lei n. 70/66, art. 37 §§ 2º e 3º. As disposições desse Dec. lei, pertinentes à imissão na posse de quem adquiriu o imóvel hipotecado em leilão, não foram revogadas pelo vigente CPC" (RSTJ 20/394).

V. tb. nota 1a, no princípio do Dec. lei 70.

Art. 37: 3a. Esta ação "pode ser proposta contra o devedor ou quem está na posse do imóvel" (STJ-4ª T., REsp 12.508-0, Min. Torreão Braz, j. 21.9.93, DJU 11.10.93). Mas é essencial que se faça também a citação do devedor (STJ-4ª T., REsp 2.496, Min. Fontes de Alencar, j. 8.5.90, DJU 4.6.90; STJ-4ª T., REsp 2.792, Min. Sálvio de Figueiredo, j. 14.8.90, DJU 17.9.90).

Exigindo a citação do mutuário, pena de nulidade: RT 682/73.

Art. 37: 3b. "Compete à Justiça Estadual conhecer de ação possessória promovida por agente financeiro do SFH contra mutuário, tendo como objeto imóvel arrematado com base no Dec. lei 70/66" (STJ-1ª Seção, CC 17.746, Min. Gomes de Barros, j. 28.8.96, DJU 14.10.96).

Art. 37: 4. v. CPC 318 e segs. (procedimento comum).

Art. 37: 5. "É possível, em sede de ação de imissão de posse, discutir eventuais vícios ocorridos anteriormente na execução extrajudicial regulada pelo Dec.-lei 70/66, desde que o adquirente do bem dado em garantia seja o próprio credor hipotecário. A possibilidade de defesa dos direitos do devedor, nessa situação específica, no bojo da imissão de posse, decorre da interpretação do art. 37, § 2º, do Dec.-lei 70/66, podendo aquele — sem prejuízo à concessão prévia da liminar — se valer tanto da contestação quanto da reconvenção para tal desiderato, desde que respeitados os limites e requisitos próprios desses instrumentos. A constitucionalidade da execução extrajudicial de cédula hipotecária pressupõe a possibilidade de controle judicial de sua tramitação nos moldes legais, de sorte que, quanto mais ampla for a garantia de defesa dos direitos do devedor, maior será a efetividade da norma constitucional precursora do devido processo legal e da ampla defesa" (STJ-3ª T., REsp 1.302.777, Min. Nancy Andrighi, j. 13.8.13, DJ 27.8.13).

Art. 38. No período que mediar entre a transcrição[1] da carta de arrematação no Registro Geral de Imóveis e a efetiva imissão do adquirente na posse do imóvel alienado em público leilão, o juiz arbitrará uma taxa mensal de ocupação compatível com o rendimento que deveria proporcionar o investimento realizado na aquisição, cobrável por ação executiva.[2]

Art. 38: 1. "Transcrição": hoje, "registro".

Art. 38: 2. s/ inconstitucionalidade deste artigo e seus parágrafos, v. nota 1a, no princípio do Dec. lei 70.

Art. 39. O contrato de hipoteca deverá prever os honorários do agente fiduciário, que somente lhe serão devidos se se verificar sua intervenção na cobrança do crédito; tais honorários não poderão ultrapassar a 5% (cinco por cento) do mesmo crédito, no momento da intervenção.

Parágrafo único. Para as hipotecas do Sistema Financeiro da Habitação, o Conselho de Administração do Banco Nacional da Habitação poderá fixar tabelas de remuneração do agente fiduciário, dentro dos limites fixados neste artigo.

Art. 40. O agente fiduciário que, mediante ato ilícito, fraude, simulação, ou comprovada má-fé, alienar imóvel hipotecado em prejuízo do credor ou devedor envolvido, responderá por seus atos, perante as autoridades competentes, na forma do Capítulo V da Lei n. 4.595, de 31 de dezembro de 1964,[1] e, perante a parte lesada, por perdas e danos, que levarão em conta os critérios de correção monetária adotados neste decreto-lei ou no contrato hipotecário.

Art. 40: 1. Lei 4.595, de 31.12.64 — Dispõe sobre a política e as instituições monetárias, bancárias e creditícias, cria o Conselho Monetário Nacional e dá outras providências.

Art. 41. Se, por qualquer motivo, o agente fiduciário eleito no contrato hipotecário não puder continuar no exercício da função, deverá comunicar o fato imediatamente ao credor e ao devedor, que, se não chegarem a acordo para eleger outro, em aditamento ao mesmo contrato, poderão pedir ao juízo competente a nomeação de substituto.

§ 1º Se o credor ou o devedor, a qualquer tempo antes do início da execução conforme o art. 31, tiverem fundadas razões para pôr em dúvida a imparcialidade ou idoneidade do agente fiduciário eleito no contrato hipotecário, se não houver acordo entre eles para substituí-lo, qualquer dos dois poderá pedir ao juízo competente sua destituição.

§ 2º Os pedidos a que se referem este artigo e o parágrafo anterior serão processados segundo o que determina o Código de Processo Civil para as ações declaratórias,[1] com a citação das outras partes envolvidas no contrato hipotecário e do agente fiduciário.

§ 3º O pedido previsto no § 2º pode ser de iniciativa do agente fiduciário.

§ 4º Destituído o agente fiduciário, o juiz nomeará outro em seu lugar, que assumirá imediatamente as funções mediante termo lavrado nos autos, que será levado a averbação no Registro Geral de Imóveis e passará a constituir parte integrante do contrato hipotecário.

§ 5º Até a sentença destitutória transitar em julgado, o agente fiduciário destituído continuará no pleno exercício de suas funções, salvo nos casos do parágrafo seguinte.

§ 6º Sempre que o juiz julgar necessário, poderá, nos casos deste artigo, nomear liminarmente o novo agente fiduciário, mantendo-o ou substituindo-o na decisão final do pedido.

§ 7º A destituição do agente fiduciário não exclui a aplicação de sanções cabíveis, em virtude de sua ação ou omissão dolosa.

Art. 41: 1. v. CPC 19 e 20.

Decreto-lei n. 167, de 14 de fevereiro de 1967[1]

Dispõe sobre títulos de crédito rural e dá outras providências.

DEC. LEI 167: 1. O art. 34 § ún. e o art. 36 § 2º deste dec. lei tiveram sua vigência parcialmente suspensa, por inconstitucionalidade (v. ementário).

....

Art. 41. Cabe ação executiva para a cobrança da cédula de crédito rural.[1 a 1d]

§ 1º Penhorados os bens constitutivos da garantia real, assistirá ao credor o direito de promover, a qualquer tempo, contestada ou não a ação, a venda daqueles bens,[2-2a] observado o disposto nos arts. 704 e 705 do Código de Processo Civil,[3] podendo ainda levantar desde logo, mediante caução idônea, o produto líquido da venda, à conta e no limite de seu crédito, prosseguindo-se na ação.

§ 2º Decidida a ação por sentença passada em julgado, o credor restituirá a quantia ou o excesso levantado, conforme seja a ação julgada improcedente total ou parcialmente, sem prejuízo doutras cominações da lei processual.

§ 3º Da caução a que se refere o § 1º dispensam-se as cooperativas rurais e as instituições financeiras públicas (art. 22 da Lei n. 4.595, de 31 de dezembro de 1964),[4] inclusive o Banco do Brasil S.A.

Art. 41: 1. cf. CPC 784-XII.

Art. 41: 1a. "Cédula rural. Título executivo. Desnecessidade de assinatura de testemunhas" (STJ-3ª T., Ag 137.533-AgRg, Min. Eduardo Ribeiro, j. 25.8.97, DJU 6.10.97). No mesmo sentido: RJTAMG 40/170.

Art. 41: 1b. "A prescrição da cédula de crédito rural é regida pela Lei Uniforme" (STJ-RJ 229/40).

Art. 41: 1c. "O cônjuge do devedor de cédula rural com garantia hipotecária tem legitimidade passiva para a execução, em face da constrição de sua meação" (RSTJ 152/363). No mesmo sentido: STJ-4ª T., REsp 468.333, Min. Luis Felipe, j. 1.12.09, DJ 14.12.09.

Art. 41: 1d. "O reconhecimento de alongamento de dívida de cédula de crédito rural por decisão judicial implica a extinção do processo de execução, pois o próprio título executivo perde suas características de liquidez, certeza e exigibilidade" (STJ-3ª T., AI 1.338.841-AgRg, Min. Paulo Sanseverino, j. 6.12.12, DJ 11.12.12).

Art. 41: 2. "Oferecidos embargos pelo devedor, a venda antecipada do bem penhorado somente cabe quando indispensável (art. 1.113 do CPC)" (STJ-4ª T., REsp 31.719-1, Min. Ruy Rosado, j. 17.5.94, DJU 13.6.94). No mesmo sentido: RSTJ 40/511, STJ-RF 320/87, STJ-RT 694/202, STJ-RJ 183/53.

Art. 41: 2a. "Cédula rural hipotecária. Venda antecipada de bem penhorado. O efeito suspensivo dos embargos ofertados pelo devedor é, por via de regra, óbice à venda antecipada dos bens constitutivos da garantia real penhorada. Precedentes do STJ" (STJ-4ª T., REsp 30.067-1, Min. Fontes de Alencar, j. 8.3.93, DJU 26.4.93).

Art. 41: 3. Os arts. 704 e 705 do CPC/39 correspondem ao CPC 730.

Art. 41: 4. Lei 4.595, de 31.12.64 — Dispõe sobre a política e as instituições monetárias, bancárias e creditícias, cria o Conselho Monetário Nacional e dá outras providências (RT 353/541, Lex 1964/1.499, RDA 80/467).

....

Art. 69. Os bens objeto de penhor ou de hipoteca constituídos pela cédula de crédito rural não serão penhorados,[1 a 6] arrestados ou sequestrados por outras dívidas do emitente ou do terceiro empenhador ou hipotecante, cumprindo ao emitente ou ao terceiro empenhador ou hipotecante denunciar a existência da cédula às autoridades incumbidas da diligência ou a quem a determinou, sob pena de responderem pelos prejuízos resultantes de sua omissão.

Art. 69: 1. s/ alegação da impenhorabilidade do bem penhorado, independentemente da apresentação de embargos, v. CPC 833, nota 3a.

Art. 69: 1a. "É possível se **relativizar a impenhorabilidade** prevista no art. 69 do Dec. lei 167/67, pois o objetivo da regra é proteger a satisfação do crédito e o direito de preferência do credor hipotecário" (STJ-4ª T., REsp 318.328, Min. Raul Araújo, j. 15.5.12, DJ 29.5.12). No mesmo sentido: STJ-3ª T., Ag em REsp 285.586-AgRg, Min. Sidnei Beneti, j. 16.4.13, DJ 3.5.13.

"A impenhorabilidade instituída no art. 69 do Decreto-lei 167/67 pode ser relativizada quando o valor do bem excede à dívida garantida pela hipoteca" (STJ-3ª T., Ag em REsp 128.211-AgRg, Min. Paulo Sanseverino, j. 6.8.13, DJ 15.8.13).

Todavia, no sentido de que "a impenhorabilidade não pode ser contornada, mesmo no caso em que o credor hipotecário admite a penhora desses bens": RTJ 114/1.212.

Art. 69: 1b. Penhora de bem vinculado à cédula de crédito, em **execução movida pela Fazenda Pública.** "É tranquilo o entendimento no seio do STJ no sentido de que os bens gravados com hipoteca oriunda de cédulas de crédito rural podem ser penhorados para satisfazer débito fiscal, ora por não ser absoluta a impenhorabilidade ditada pelos Decretos-leis ns. 167/69 e 413/69, ora pela preferência outorgada aos créditos tributários" (STJ-1ª T., REsp 309.853, Min. José Delgado, j. 7.6.01, DJU 27.8.01).

Contra, entendendo que a impenhorabilidade "prevalece até contra a Fazenda Pública": RT 493/117, 785/239, JTA 37/47.

V., neste tít., Dec. lei 413/69, art. 57, nota 1b, 2º § (penhora, em execução fiscal, de bem objeto de cédula de crédito industrial).

Art. 69: 1c. Penhora de bem vinculado à cédula de crédito, em **execução movida por outro credor com direito real de garantia.** Neste caso, a impenhorabilidade "não prevalece contra os outros credores também titulares do direito real de garantia, sob pena de se admitir o contrassenso de ficar esse direito esvaziado, ou sem eficácia. Prevalece, nessa hipótese, o princípio da prioridade, que impera nessa matéria" (RT 493/115; JTA 37/99).

Art. 69: 2. "Se a dívida garantida por cédula rural pignoratícia foi liquidada com recursos obtidos de terceiro, cancelando-se o gravame no registro de imóveis, pode o bem ser penhorado em execução, fundada em outro título" (RTJ 125/819).

Art. 69: 2a. A impenhorabilidade dos livros, máquinas, utensílios e instrumentos necessários ou úteis ao exercício de qualquer profissão (CPC 833-V) "não alcança os bens dados pelo executado em garantia real da obrigação consignada em cédula de crédito rural pignoratícia, podendo o credor, se vencida e não paga a dívida, promover a penhora dos bens gravados, para satisfação de seu crédito" (RSTJ 52/199).

Art. 69: 2b. "O privilégio que resulta da garantia, em favor do credor cedular, consiste no direito de prelação, concretizado no fato de pagar-se prioritariamente, com o produto da venda judicial do bem objeto da garantia excutida, em face de insolvência ou descumprimento do contrato, destinado eventual sobejo aos demais credores, que a ele concorrerão *pro rata*, caso em que o tratamento legal discriminatório não pode ser apodado de anti-isonômico, já que justificado pela existência da garantia real que reveste o crédito privilegiado" (RTJ 158/971).

Art. 69: 3. "O emitente de cédula rural pignoratícia e hipotecária é legitimado para, por meio de embargos do devedor, opor exceção de impenhorabilidade do bem dado em penhor ou em hipoteca, em execução por outra dívida, até porque se o não fizer responde pelos prejuízos causados ao credor por sua omissão (art. 69 do Dec. lei 167/67)" (STJ-3ª T., Ag 11.499-AgRg, Min. Dias Trindade, j. 28.6.91, DJU 26.8.91). No mesmo sentido: STJ-3ª T., REsp 16.893-0, Min. Waldemar Zveiter, j. 24.3.92, DJU 13.4.92.

Art. 69: 4. "O bem objeto de gravame em cédula de crédito rural só é impenhorável **até o vencimento da dívida,** podendo posteriormente ser constrito por outros débitos, mantido o direito de prelação do credor hipotecário" (STJ-4ª T., REsp 539.977, Min. Cesar Rocha, j. 9.9.03, DJU 28.10.03). No mesmo sentido: STF-1ª T., RE 140.437-0, Min. Ilmar Galvão, j. 7.6.94, DJU 3.2.95.

Art. 69: 4a. Os bens hipotecados através de cédula rural podem ser penhorados em **execução movida pelo mesmo credor,** cujo objeto seja outro crédito (STJ-4ª T., REsp 532.946, Min. Cesar Rocha, j. 21.8.03, DJU 13.10.03).

Art. 69: 5. "Os bens dados para garantia hipotecária em cédula rural são impenhoráveis; todavia, declarada a insolvência do devedor, cessam os efeitos dessa imunidade executiva, instalando-se o concurso universal de credores" (STJ-RT 803/182).

Art. 69: 6. "O **crédito alimentar** pode ser cobrado mediante penhora sobre o bem dado em hipoteca para garantia de crédito rural (art. 69 do Dec. lei 167/67), por ser crédito privilegiado (assim como o tributário e o trabalhista, uma vez que a Constituição constrange o pagamento da obrigação alimentar com a prisão civil" (RSTJ 183/382).

Art. 71. Em caso de cobrança em processo contencioso ou não, judicial ou administrativo, o emitente da cédula de crédito rural, da nota promissória rural, ou o aceitante da duplicata rural responderá ainda pela multa de 10% (dez por cento) sobre o principal[1-1a] e acessórios em débito,[1b a 2] devida a partir do primeiro despacho da autoridade competente na petição de cobrança ou de habilitação de crédito.

Art. 71: 1. **Súmula 16 do STJ:** "A legislação ordinária sobre crédito rural não veda a incidência da **correção monetária**" (v. jurisprudência s/ esta Súmula em RSTJ 16/411). No mesmo sentido: RSTJ 11/415, 13/390, 14/373, 22/306, 23/367, 32/256, 105/330; STJ-RT 664/181, 667/178, 677/229, 686/207, 700/215; STJ-RF 308/116.

"Ao admitir a incidência de correção monetária em cédula de crédito rural, com base na Súmula 16 do STJ, o acórdão recorrido não violou o princípio genérico da reserva legal (CF, art. 5º, II). Tal disposição não demanda a existência de fonte legal específica" (STF-1ª T., Ag 163.023-1-AgRg, Min. Ilmar Galvão, j. 5.9.95, DJU 13.10.95).

"Crédito rural. Correção monetária. Em se tratando de caso em que não houve previsão contratual, a correção monetária não tem incidência, tal a orientação da 2ª Seção do STJ: REsp 2.482 e REsp 6.230" (STJ-3ª T., REsp 28.514-1, Min. Nilson Naves, j. 24.11.92, DJU 17.12.92; neste sentido: RSTJ 42/370; STJ-4ª T., REsp 20.314-8, Min. Barros Monteiro, j. 9.2.93, DJU 5.4.93), "sendo devida, em casos tais, somente após o vencimento da obrigação" (STJ-4ª T., REsp 17.787-0, Min. Sálvio de Figueiredo, j. 29.6.92, DJU 14.9.92, rep.).

"É cabível a correção monetária do valor da cédula rural" (STJ-4ª T., REsp 4.373, Min. Fontes de Alencar, j. 11.9.90, DJU 9.10.90).

"Não pactuada correção monetária em contrato de mútuo rural, ela somente se mostra devida após o vencimento da obrigação" (STJ-4ª T., REsp 25.948-8, Min. Sálvio de Figueiredo, j. 29.9.92, DJU 26.10.92).

Art. 71: 1a. "É ilegal a cláusula inserta em nota de crédito rural, atribuindo à ANBID a fixação da taxa de encargos financeiros suportados pelo devedor. Resolução n. 1.143, de 26.6.86, do CMN, e Circular 1.047, de 9.7.86, do BACEN. Emitida a nota depois da vigência do Código de Defesa do Consumidor, a cláusula que dispõe sobre essa taxa não atende às exigências do art. 54, § 3º, relativa aos contratos de adesão" (RSTJ 78/302).

S/ ANBID, v. Súmula 176 do STJ, em CCLCV CC 406, nota 3.

✎ Art. 71: 1b. "A ideia de pacto prevista na Súmula 93 do STJ, sob a ótica do Código de Defesa do Consumidor", por Márcio Mello Casado (RT 753/115).

Art. 71: 1c. **Súmula 93 do STJ:** "A legislação sobre cédulas de crédito rural, comercial e industrial admite o pacto de **capitalização de juros**" (v. jurisprudência s/ esta Súmula em RSTJ 61/165). No mesmo sentido: RSTJ 53/326, v.u. quanto ao mérito, RSTJ 61/180, 76/277, 79/155, 136/329.

Todavia, em matéria de crédito rural: "Indevida é a capitalização mensal dos juros, uma vez não expressamente pactuada" (STJ-4ª T., REsp 31.664-2, Min. Barros Monteiro, j. 9.3.93, DJU 12.4.93). No mesmo sentido: RSTJ 42/487; STJ-4ª T., REsp 28.035-0, Min. Athos Carneiro, j. 30.11.92, DJU 17.12.92; STJ-3ª T., REsp 28.439-2, Min. Nilson Naves, j. 24.11.92, DJU 17.12.92; STJ-RJTJERGS 200/51.

"Possível é a capitalização mensal dos juros nas cédulas rurais, desde que haja autorização do Conselho Monetário Nacional e seja expressamente pactuada, não sendo suficiente a referência ao método hamburguês" (RSTJ 95/330). No mesmo sentido: RSTJ 55/190.

Art. 71: 2. Para que a multa incida, ela deve ter sido expressamente pactuada (RTJ 89/973, maioria, 106/374, STF-JTA 91/238; STJ-3ª T., REsp 50.118-0, Min. Eduardo Ribeiro, j. 12.9.94, DJU 10.10.94; RT 631/157, JTA 88/117). **Contra:** RTJ 81/140.

A incidência da multa não inibe a condenação da parte ao pagamento de honorários advocatícios (RTJ 81/140, 86/877, RT 506/145, JTA 49/66, RAMPR 45/253). V. tb. Súmula 616 do STF, em CPC 85, nota 11.

Cf., quanto a cédula de crédito industrial, art. 58, nota 2, do Dec. lei 413, de 9.1.69, neste tít., a seguir.

Art. 79. Este decreto-lei entrará em vigor noventa dias depois de publicado, revogando-se a Lei n. 3.253, de 27 de agosto de 1957, e as disposições em contrário.

Decreto-lei n. 413, de 9 de janeiro de 1969[1]

Dispõe sobre títulos de crédito industrial e dá outras providências.

Capítulo VI DA AÇÃO PARA COBRANÇA DA CÉDULA DE CRÉDITO INDUSTRIAL

DEC. LEI 413: 1. Aplica-se às cédulas de crédito à exportação e às notas de crédito à exportação (v. **Lei 6.313, de 16.12.75, art. 5º)**, bem como aos títulos de crédito comercial (v. **Lei 6.840, de 3.11.80, art. 5º**, no CCLCV, tít. TÍTULOS DE CRÉDITO COMERCIAL, înt.).

....

Art. 41. Independentemente da inscrição de que trata o art. 30 deste decreto-lei, o processo judicial para cobrança da cédula de crédito industrial[1] seguirá o procedimento seguinte:[1a-2]

1º) despachada a petição, serão os réus, sem que haja preparo ou expedição de mandado, citados pela simples entrega de outra via do requerimento, para, dentro de 24 (vinte e quatro) horas, pagar a dívida;[3]

2º) não depositado, naquele prazo, o montante do débito, proceder-se-á à penhora ou ao sequestro dos bens constitutivos da garantia ou, em se tratando de nota de crédito industrial, à daqueles enumerados no art. 1.563 do Código Civil (art. 17 deste decreto-lei);

3º) no que não colidirem com este decreto-lei, observar-se-ão, quanto à penhora, as disposições do Capítulo III, Título III, do Livro VIII, do Código de Processo Civil;[4]

4º) feita a penhora, terão os réus, dentro de 48 (quarenta e oito) horas,[5-6] prazo para impugnar o pedido;

5º) findo o termo referido no item anterior, o juiz, impugnado ou não o pedido, procederá a uma instrução sumária, facultando às partes a produção de provas, decidindo em seguida;

6º) a decisão será proferida dentro de 30 (trinta) dias, a contar da efetivação da penhora;

7º) não terão efeito suspensivo os recursos interpostos das decisões proferidas na ação de cobrança a que se refere este artigo;

8º) o foro competente será o da praça do pagamento da cédula de crédito industrial.

Art. 41: 1. Súmula 93 do STJ: "A legislação sobre cédulas de crédito rural, comercial e industrial admite o pacto de **capitalização de juros**" (v. jurisprudência s/ esta Súmula em RSTJ 61/165). V. tb. anotações s/ esta Súmula neste tít., no Dec. lei 167/67, art. 71, nota 1c.

Desde que expressamente prevista no contrato, admite-se a capitalização mensal de juros nos **títulos de crédito industrial** (STJ-3ª T., REsp 31.501-7, Min. Waldemar Zveiter, j. 30.3.93, DJU 17.5.93; STJ-3ª T., REsp 40.657-9, Min. Eduardo Ribeiro, j. 26.4.94, DJU 16.5.94). Também nas **notas de crédito comercial** (STJ-4ª T., REsp 29.913-9, Min. Barros Monteiro, j. 8.3.93, DJU 26.4.93; STJ-3ª T., REsp 31.865-1, Min. Nilson Naves, j. 23.3.93, DJU 26.4.93).

"A ideia de pacto prevista na Súmula 93 do STJ, sob a ótica do Código de Defesa do Consumidor", por Márcio Mello Casado (RT 753/115).

Art. 41: 1a. "Encontram-se revogadas, pelo art. 585, VII, do Código de Processo Civil, as normas contidas no art. 41 do Dec. lei 413/69, estabelecendo procedimento próprio para a cobrança de débitos consubstanciados em cédulas de crédito industrial e que, caso vigentes, haveriam de aplicar-se às cédulas de crédito comercial (Lei 6.840/80)" (STJ-3ª T., REsp 5.344, Min. Eduardo Ribeiro, j. 11.3.91, DJU 8.4.91). No mesmo sentido: STJ-4ª T., REsp 76.165, Min. Cesar Rocha, j. 21.5.96, DJU 24.6.96; RT 680/110, JTA 37/68, 77/132, 129/114, Amagis 9/123, RJTAMG 23/255, em termos.

Art. 41: 2. "A cédula de crédito comercial com garantia hipotecária, que atenda aos requisitos previstos no art. 14 do Dec. lei 413/69, independe, para validade da garantia real, de constituição por instrumento público, sendo válidos o título de crédito e a garantia firmados por instrumento particular, levados a registro no livro próprio" (STJ-4ª T., REsp 34.278-1, Min. Sálvio de Figueiredo, j. 26.10.93, DJU 29.11.93).

Art. 41: 3. com correção monetária (RJTAMG 23/170).

Art. 41: 4. Esses dispositivos são do CPC/39. Atualmente, v. CPC 831 e segs.

Art. 41: 5. A jurisprudência consolidou o entendimento de que o prazo para oposição de embargos à execução fundada em cédula de crédito comercial é o mesmo constante do CPC (STJ-3ª T., REsp 20.467-0, Min. Cláudio Santos, j. 2.3.93, DJU 29.3.93; STJ-4ª T., REsp 76.165, Min. Cesar Rocha, j. 21.5.96, DJU 24.6.96; Lex-JTA 159/56, RJTAMG 23/255), ou seja, 15 dias (CPC 915).

Todavia, entendendo que o prazo para embargos à execução é de 48 horas: RT 566/211, Bol. AASP 1.618/305.

V. nota 1a, quanto à vigência do art. 41.

Art. 41: 6. "Se do mandado de citação constou o prazo de dez dias, e os embargos foram opostos dentro dele, não pode sofrer o embargante os efeitos da revelia" (RTJ 122/810).

V. tb. CPC 250, nota 4.

Art. 57. Os bens vinculados à cédula de crédito industrial[1] não serão penhorados[1a a 2] ou sequestrados por outras dívidas do emitente ou do terceiro prestante da garantia real, cumprindo a qualquer deles denunciar a existência da cédula às autoridades incumbidas da diligência, ou a quem a determinou, sob pena de responderem pelos prejuízos resultantes de sua omissão.

Art. 57: 1. "A hipoteca instituída em cédula de crédito industrial independe de formalização através de escritura pública" (STJ-4ª T., REsp 83.648, Min. Ruy Rosado, j. 16.4.96, DJU 27.5.96).

Art. 57: 1a. s/ impenhorabilidade de bens objeto de cédula de crédito rural, v., neste tít., Dec. lei 167, de 14.2.67, art. 69.

Art. 57: 1b. "Configura violência ao inciso XXXVI do art. 5º da CF a admissibilidade de penhora de bem alvo de cédula industrial. Precedente: RE 114.940-0-PA, 1ª T., Min. Néri da Silveira" (STF-RJ 253/63). No mesmo sentido: RTJ 177/421.

Art. 57: 1c. A impenhorabilidade dos bens dados para garantia hipotecária em cédula de crédito industrial:

— "tem sua eficácia restrita ao tempo do curso do contrato" (STJ-4ª T., REsp 83.648, Min. Ruy Rosado, j. 16.4.96, DJU 27.5.96);

— não tem eficácia em execução fiscal (RTJ 73/288, 80/628, 112/469; RSTJ 94/72; STJ-RT 736/198, 766/189; STJ-1ª T., REsp 522.469, Min. Teori Zavascki, j. 5.4.05, DJU 13.6.05; STJ-2ª T., REsp 268.641, Min. Peçanha Martins, j. 24.9.02, DJU 11.11.02; RT 553/109, 579/88, 782/259; RJTJESP 100/300), ainda que o crédito hipotecário seja anterior ao tributário (RTJ 81/440);

— não prevalece diante de créditos trabalhistas (STJ-3ª T., REsp 55.196-0, Min. Cláudio Santos, j. 6.6.95, DJU 9.10.95).

Art. 57: 2. "O credor hipotecário, com garantia real protegida de outras penhoras (Dec. lei 413/69), pode promover ação de embargos de terceiro para liberar o imóvel constrito em execução promovida por outro credor" (STJ-4ª T., REsp 175.565, Min. Ruy Rosado, j. 15.10.98, DJU 14.12.98).

Art. 58. Em caso de cobrança[1-1a] em processo contencioso ou não, judicial ou administrativo, o emitente da cédula de crédito industrial respon-

derá ainda pela multa de 10%[1b-2] sobre o principal e acessórios em débito, devida a partir do primeiro despacho da autoridade competente na petição de cobrança ou de habilitação do crédito.

Art. 58: 1. "Em sendo a cédula de crédito industrial um título causal, pode o obrigado invocar como defesa, além das exceções estritamente cambiais, as fundadas em direito pessoal seu contra a outra parte, para demonstrar que a obrigação carece de causa ou que esta é viciosa. Não é exequível a cédula industrial cujo financiamento é aplicado em finalidade diversa daquela prevista na lei de regência" (RSTJ 130/264).

Art. 58: 1a. "Crédito industrial. Atualização monetária. Plano Verão. A atualização determinada pelo art. 75 da Lei 7.799/89 somente se aplica às prestações vencidas após a vigência da norma" (STJ-3ª T., REsp 29.054-9, Min. Dias Trindade, j. 24.11.92, DJU 8.2.93).

Art. 58: 1b. Esta multa "não resulta da lei, que se limita a autorizá-la e a lhe fixar o percentual, mas da convenção. Silente o contrato, não se há de cogitar de pena convencional" (RTJ 91/1.180, confirmado, em grau de embargos, por 6 votos a 5: RTJ 97/342). No mesmo sentido: STJ-4ª T., REsp 3.948, Min. Athos Carneiro, j. 26.2.91, DJU 22.4.91; RT 564/133 e JTA 77/132.

Art. 58: 2. A multa pode ser cumulada com a verba para honorários de advogado (v. Súmula 616 do STF, em CPC 85, nota 11), e se calcula sobre a dívida, na data da liquidação (JTA 75/59), mas é indevida na falência (RTJ 102/334).

Art. 59. **No caso de execução judicial, os bens adquiridos ou pagos com o crédito concedido pela cédula de crédito industrial responderão primeiramente pela satisfação do título, não podendo ser vinculados ao pagamento de dívidas privilegiadas,[1] enquanto não for liquidada a cédula.**

Art. 59: 1. v. art. 57, nota 1a.

Lei n. 5.741, de 1º de dezembro de 1971[1]

Dispõe sobre a proteção do financiamento de bens imóveis vinculados ao Sistema Financeiro da Habitação.

O Presidente da República
Faço saber que o Congresso Nacional decreta e eu sanciono a seguinte lei:

LEI 5.741: 1. A Lei 5.741/71 continua em plena vigência (RTJ 73/297, JTA 35/206, 35/216, 35/246, 49/71, 52/86, Bol. AASP 941/154).

A execução hipotecária pode ser intentada nos moldes da Lei 5.741/71, mesmo que o contrato seja anterior a esse diploma legal (RTJ 85/1.071, 86/353, 87/668, 93/1.197, RT 526/248). Com a devida vênia, não nos parece válida a afirmação, feita em JTA 92/87, de que o credor não pode optar pela execução comum.

Art. 1º Para a cobrança de crédito hipotecário vinculado ao Sistema Financeiro da Habitação criado pela Lei n. 4.380, de 21 de agosto de 1964,[1] é lícito ao credor promover a execução[1a] de que tratam os arts. 31 e 32 do Decreto-lei n. 70, de 21 de novembro de 1966,[2] ou ajuizar a ação executiva na forma da presente lei.[3]

Art. 1º: 1. Lei 4.380, de 21.8.64 — Institui a correção monetária nos contratos imobiliários de interesse social, o sistema financeiro para aquisição da casa própria, cria o Banco Nacional da Habitação (BNH), e sociedades de crédito imobiliário, as letras imobiliárias, o Serviço Federal de Habitação e Urbanismo, e dá outras providências (no CCLCV, tít. CONTRATOS IMOBILIÁRIOS, ínt.).

Art. 1º: 1a. Lei 8.004, de 14.3.90 (v. ementário): "**Art. 21.** Somente serão objeto de execução na conformidade dos procedimentos do Dec. lei n. 70, de 21 de novembro de 1966, ou da Lei n. 5.741, de 1º de dezembro de 1971, os financiamentos em que se verificar atraso de pagamento de três ou mais prestações".

Art. 1º: 2. v. arts. 31 e 32 do Dec. lei 70, de 21.11.66, acima, neste mesmo tít.

Art. 1º: 3. "As regras previstas na Lei 5.741/71 são aplicáveis somente para os contratos vinculados ao SFH" (STJ-Corte Especial, ED no REsp 788.571, Min. José Delgado, j. 21.5.08, DJ 25.9.08).

Art. 2º A execução terá início por petição escrita, com os requisitos do art. 282 do Código de Processo Civil,[1] apresentada em três vias, servindo a segunda e terceira de mandado e contrafé, e sendo a primeira instruída com:[2]

I — o título da dívida devidamente inscrita;

II — a indicação do valor das prestações e encargos cujo não pagamento deu lugar ao vencimento do contrato;

III — o saldo devedor, discriminadas as parcelas relativas a principal, juros, multa[3] e outros encargos contratuais, fiscais e honorários advocatícios;[4-4a]

IV — cópia dos avisos regulamentares[5 a 6] reclamando o pagamento da dívida, expedidos segundo instruções do Banco Nacional da Habitação.[7]

Art. 2º: 1. **Súmula 12 do 1º TASP (Valor da causa):** "O valor da causa na execução hipotecária regida pela Lei n. 5.741/71 corresponde ao montante das prestações em atraso e respectivos acréscimos" (RT 624/100 e JTA 97/10, reportando-se a RT 607/89 e JTA 97/135, com 5 votos vencidos). No mesmo sentido: RT 595/144, 595/150, JTJ 333/229 (AI 7.298.594-7), JTA 90/185, 93/118.

Art. 2º: 2. A redação do *caput* e dos incisos está de acordo com a Lei 6.071, de 3.7.74, art. 2º.

Art. 2º: 3. A multa, no silêncio do contrato, se calcula sobre as prestações vencidas e não pagas, em vez de recair sobre todo o saldo devedor (JTA 97/73).

Art. 2º: 4. **Súmula 616 do STF:** "É permitida a **cumulação** da **multa contratual** com os **honorários de advogado,** após o advento do Código de Processo Civil vigente". Para anotações a essa Súmula, v. CPC 85, nota 11.

Súmula 119 do TFR: "A partir da vigência do Código de Processo Civil de 1973, é cabível a cumulação da **multa** contratual com **honorários advocatícios,** na execução hipotecária, regida pela Lei n. 5.741, de 1971" (v. jurisprudência s/ esta Súmula em RTFR 95/111).

Art. 2º: 4a. "Os honorários de advogado, na ação disciplinada pela Lei n. 5.741/71 (dispõe sobre a proteção do financiamento de bens imóveis vinculados ao Sistema Financeiro da Habitação), são calculados sobre o valor das prestações vencidas até o ingresso em juízo. Aliás, corresponde ao valor da causa" (STJ-2ª T., REsp 363, Min. Vicente Cernicchiaro, j. 7.2.90, DJU 5.3.90, *apud* Bol. AASP 1.660/248, em. 11).

Art. 2º: 5. **Súmula 199 do STJ:** "Na execução hipotecária de crédito vinculado ao Sistema Financeiro da Habitação, nos termos da Lei n. 5.741/71, a **petição inicial** deve ser instruída com, pelo menos, dois avisos de cobrança" (v. jurisprudência s/ esta Súmula em RSTJ 101/471).

Art. 2º: 5a. **Prova da entrega dos avisos aos devedores.** "Não é necessário que os avisos de que trata o art. 2º, IV, da Lei 5.741/71, sejam pessoalmente recebidos pelos próprios mutuários, sendo suficiente a entrega no domicílio indicado" (STJ-3ª T., AI 750.395-AgRg, Min. Gomes de Barros, j. 14.11.07, DJU 26.11.07). No mesmo sentido: STJ-2ª T., REsp 995.054, Min. Eliana Calmon, j. 14.4.09, DJ 8.5.09; STJ-1ª T., REsp 822.155, Min. Teori Zavascki, j. 1.6.06, DJU 12.6.06; STJ-4ª T., REsp 308.678, Min. Barros Monteiro, j. 4.9.01, DJU 4.2.02; STJ-Bol. AASP 2.411/3.417, RT 877/381 (TRF-4ª Reg., AP 2000.70.01.002274-2).

"Execução hipotecária. A juntada de recibos de postagem não é suficiente para comprovar que os avisos foram entregues" (STJ-3ª T., REsp 457.764, Min. Menezes Direito, j. 27.5.03, DJU 25.8.03).

"O AR voltou aos autos sem assinatura do recebedor. Mais que isso, dele não consta, nem mesmo, o carimbo da unidade dos correios situada na localidade de destino. Não é razoável, nesses termos, afirmar que esse AR serve de prova da entrega da notificação" (STJ-RIDCPC 60/152: 3ª T., REsp 1.102.572).

"O aviso de cobrança remetido ao endereço do casal de mutuários devedores, mas expedido unicamente em nome do cônjuge varão, satisfaz a exigência contida no art. 2º, IV, da Lei 5.741/71. No caso dos autos, tais avisos, muito embora destinados somente ao cônjuge varão, chegaram também ao conhecimento de sua esposa, alcançando, assim, a finalidade da norma. Além disso, essas notificações constituem apenas uma exigência formal para o recebimento da petição inicial do processo de execução. A exibição desses avisos não dispensa a citação do devedor no processo de execução, não sendo possível afirmar, assim, que a sua ausência tenha causado algum prejuízo ao seu direito de ampla defesa" (STJ-3ª T., REsp 1.249.764, Min. Sidnei Beneti, j. 6.10.11, DJ 7.11.11).

Art. 2º: 5b. "A alegação de nulidade da execução hipotecária pelo descumprimento do disposto no art. 2º, inc. IV, da Lei n. 5.741, de 1971 só pode ser examinada em sede de embargos do devedor, não em exceção de pré-executividade, porque resulta de fato externo ao título executivo" (STJ-3ª T., AI 474.150-AgRg, Min. Ari Pargendler, j. 6.2.03, DJU 17.3.03).

S/ exceção de pré-executividade, v. CPC 803, notas 1 a 3.

Art. 2º: 5c. "Os avisos dirigidos ao devedor antes do ajuizamento da execução hipotecária devem mencionar o valor do débito" (RSTJ 97/151).

"Execução regida pela Lei 5.741/71. Aviso de constituição em mora. A indicação do montante da dívida constante dos avisos é o bastante, inexistindo exigência legal ou regulamentar para que deles conste a discriminação dos valores, parcela por parcela" (STJ-4ª T., REsp 538.323, Min. Aldir Passarinho Jr., j. 4.5.04, DJU 28.6.04). No mesmo sentido, entendendo desnecessário o detalhamento da dívida, "que será apresentado quando do ajuizamento da execução hipotecária": STJ-3ª T., REsp 561.223, Min. Menezes Direito, j. 26.8.04, DJU 11.10.04.

Art. 2º: 6. É ineficaz a notificação feita pela imprensa, se não consigna o montante do débito (JTA 99/28).

Art. 2º: 7. O BNH foi extinto e incorporado à Caixa Econômica Federal pelo Dec. lei 2.291, de 21.11.86 (Lex 1986/1.110, RDA 166/300, RF 296/509, Bol. AASP 1.459/4).

Art. 3º O devedor será citado para pagar o valor do crédito reclamado ou depositá-lo em juízo no prazo de vinte e quatro horas, sob pena de lhe ser penhorado o imóvel hipotecado.

§ 1º A citação far-se-á na pessoa do réu e de seu cônjuge ou de seus representantes legais.[1]

§ 2º Se o executado e seu cônjuge se acharem fora da jurisdição da situação do imóvel, a citação far-se-á por meio de edital,[1a] pelo prazo de 10 (dez) dias, publicado, uma vez, no órgão oficial do Estado e, pelo menos, duas vezes, em jornal local de grande circulação, onde houver.

Art. 3º: 1. Redação do § 1º de acordo com a Lei 8.004, de 14.3.90.

Art. 3º: 1a. se não tiver endereço conhecido; se o tiver, a citação há de ser feita por precatória (Bol. AASP 1.576/51).

Contra, entendendo que, ainda quando tenha endereço certo e sabido, desde que se encontre fora da comarca pode ser citado por edital: RT 651/163.

Art. 4º Se o executado não pagar[1] a dívida indicada no inciso II do art. 2º, acrescida das custas e honorários de advogado ou não depositar o saldo devedor, efetuar-se-á a penhora do imóvel hipotecado, sendo nomeado depositário o exequente ou quem este indicar.

§ 1º Se o executado não estiver na posse direta do imóvel, o juiz ordenará a expedição de mandado de desocupação contra a pessoa que o estiver ocupando, para entregá-lo ao exequente no prazo de 10 (dez) dias.[1a]

§ 2º Se o executado estiver na posse direta do imóvel, o juiz ordenará que o desocupe no prazo de 30 (trinta) dias, entregando-o ao exequente.[2-3]

Art. 4º: 1. "Efetuado o pagamento, mantém-se o contrato" (STJ-2ª T., REsp 363, Min. Vicente Cernicchiaro, j. 7.2.90, DJU 5.3.90).

Art. 4º: 1a. "A desocupação do imóvel, dado em garantia em contrato de mútuo não adimplido pelo mutuário, pode ser feita no bojo da própria ação de execução. Art. 4º, §§ 1º e 2º, da Lei 5.741/71. Certificado no processo que o mutuário não mais está na posse do bem, pode o exequente requerer a expedição de mandado contra o terceiro possuidor para que desocupe o imóvel no prazo de dez dias. Tal procedimento não afronta as garantias processuais do terceiro que estiver na posse do bem, pois este poderá defender a sua condição de possuidor manejando os embargos de terceiro, cujo prazo de interposição se inicia a partir da respectiva turbação" (STJ-2ª T., REsp 266.062, Min. Castro Meira, j. 10.8.04, DJU 20.9.04). No mesmo sentido, aplicando o § 1º: Lex-JTA 137/24, RJTAMG 31/300.

"Tratando-se de execução regida pela Lei 5.471/71, a imissão na posse do imóvel, em poder de terceiro locatário do devedor executado, dá-se nos próprios autos do processo de execução, não sendo necessária a propositura de ação de imissão na posse autônoma pelo credor arrematante" (STJ-3ª T., AI 1.338.101, Min. Sidnei Beneti, j. 19.10.10, DJ 5.11.10).

Contra: "Não cabe mandado de imediata desocupação contra a pessoa que estiver na posse do imóvel hipotecado, considerando que o disposto no art. 4º, § 1º, da Lei n. 5.741/71 se encontra revogado pela norma constitucional, art. 5º, inciso LIV, no sentido de que ninguém será privado da liberdade ou de bem sem o devido processo legal. O terceiro que se encontra ocupando o imóvel e não é parte na relação jurídico-processual, a envolver a execução, não poderá sofrer os efeitos do processo, ou do julgado, sem oportunidade de defender eventuais direitos sobre o bem objetivado na execução especial" (JTAERGS 92/88). Não admitindo que seja decretada a desocupação sem que, antes, se manifeste o interessado: JTAERGS 76/184.

Art. 4º: 2. Este parágrafo não é inconstitucional (JTAERGS 88/198).

Art. 4º: 3. Pouco importa, no caso, que a penhora recaia em bem na posse de terceiro: a diferença reside, unicamente, no prazo para desocupação, conforme distinguem os §§ 1º e 2º (STF-RT 607/238).

Art. 5º O executado poderá opor embargos no prazo de dez (10) dias contados da penhora[1-1a] e que serão recebidos com efeito suspensivo, desde que alegue e prove:[2]

I — que depositou por inteiro a importância reclamada na inicial;

II — que resgatou a dívida, oferecendo desde logo a prova da quitação.

Parágrafo único. Os demais fundamentos de embargos, previstos no art. 741 do Código de Processo Civil, não suspendem a execução.[3-4]

Art. 5º: 1. Antes do advento do CPC, que estabelece o **prazo** de 15 dias para os embargos à execução (CPC 915), a jurisprudência controvertia sobre os impactos do CPC rev. na regulação do prazo para embargos previsto neste art. 5º:

— No sentido da prevalência das disposições do CPC rev., pois a Lei 5.741, de 1.12.71, não pode ser considerada de natureza especial: STJ-4ª T., REsp 596.930, Min. Aldir Passarinho Jr., j. 6.4.04, DJU 24.5.04. "O prazo para embargos do devedor, no processo de execução hipotecária regido pela Lei 5.741/71, é de 15 dias, mesmo do Código de Processo Civil para idêntico instrumento processual" (STJ-3ª T., REsp 840.730, Min. Sidnei Beneti, j. 13.4.10, DJ 22.4.10; a citação é do voto do relator).

— No sentido da prevalência das disposições da Lei 5.741, de 1.12.71, sob o argumento de que o CPC rev. somente incide quando a lei especial não regula expressamente a matéria: STJ-1ª T., REsp 201.487, Min. Garcia Vieira, j. 6.5.99, DJU 21.6.99.

Até que a jurisprudência se firme num ou noutro sentido, parece recomendável que o executado compute esse prazo da forma mais conservadora possível. Ou que se balize pelo prazo constante do mandado de citação (v. CPC 915, nota 13).

S/ confronto entre a Lei 5.741/71 e o CPC, v. tb. nota seguinte.

Art. 5º: 1a. "Os embargos à execução de crédito hipotecário somente têm **efeito suspensivo** se cumpridas as exigências dos incisos I e II do art. 5º da Lei n. 5.741/71, porquanto este diploma legal, por ser especial, prevalece sobre a regra geral do art. 739, § 1º, do CPC" (STJ-Corte Especial, ED no REsp 520.959, Min. Fernando Gonçalves, j. 5.10.05, DJU 17.10.05).

S/ confronto entre a Lei 5.741/71 e o CPC, v. tb. nota anterior.

Art. 5º: 2. O *caput*, os incisos e o § ún. estão de acordo com a redação dada pela Lei 6.014, de 27.12.73, art. 14.

Art. 5º: 3. Redação do § ún. de acordo com a Lei 6.014, de 27.12.73, art. 14.

Art. 5º: 4. "O simples ajuizamento de ação ordinária com o objetivo de revisar cláusulas de contrato de financiamento, sem depósito da importância reclamada na inicial ou prova de resgate da dívida (Lei 5.471/71, art. 5º, I e II), não autoriza a suspensão de execução hipotecária fundada nesse mesmo contrato. A procedência da ação revisional, apontando a ilegalidade de cláusulas do contrato que embasa a execução, não torna ilíquido o crédito, ensejando apenas o ajustamento do valor da execução ao montante apurado na ação revisional. No caso dos autos, contudo, foi reconhecida, em sede revisional ainda não transitada em julgado, a própria extinção da dívida. Essa peculiaridade recomenda a abstenção da assinatura da carta de arrematação, adjudicação ou remissão decorrente do praceamento, até que se comprove o trânsito em julgado da decisão de procedência havida na ação revisional" (STJ-3ª T., REsp 1.306.390, Min. Sidnei Beneti, j. 17.10.13, maioria, DJ 24.2.14).

Art. 6º Rejeitados os embargos referidos no *caput* do artigo anterior, o juiz ordenará a venda do imóvel hipotecado, em praça pública,[1-2] por preço não inferior ao saldo devedor,[3] expedindo-se edital pelo prazo de 10 (dez) dias.

Parágrafo único. O edital será afixado à porta do edifício onde tiver sede o juízo e publicado três vezes, por extrato, em um dos jornais locais de maior circulação, onde houver.[4]

Art. 6º: 1. "A **prévia avaliação** de bem a ser alienado na execução hipotecária regida pela Lei 5.741/71 é uma exigência para garantia do interesse do mutuário" (STJ-4ª T., REsp 363.598, Min. Ruy Rosado, j. 4.6.02, DJU 5.8.02). "A decisão que determina a avaliação do bem em execução hipotecária não viola o art. 6º da Lei 5.741/71" (STJ-3ª T., REsp 345.884, Min. Menezes Direito, j. 16.4.02, DJU 5.8.02). No mesmo sentido: STJ-2ª T., REsp 134.949, Min. João Otávio, j. 7.12.04, DJU 21.2.05; STJ-1ª T., REsp 804.674, Min. Teori Zavascki, j. 11.11.08, DJ 17.11.08; RT 578/148, 737/284, 838/255; JTJ 342/144: AI 7.288.256-9; JTA 87/35, Lex-JTA 152/23, Bol. AASP 1.619/4. Também considerando necessária a avaliação, "não sendo permitida ao credor a adjudicação pelo valor de seu crédito, sob pena de redundar em enriquecimento ilícito do agente financeiro": RT 787/281.

Súmula 41 do 1º TASP: "Na execução especial de que trata a Lei n. 5.741, de 1971, é necessária a avaliação do bem penhorado para fim de praceamento" (Lex-JTA 153/208)

Contra: "Em se tratando de execução hipotecária regulada pela Lei 5.741/71, não há necessidade de avaliação prévia do imóvel para que ocorra a praça. O lance mínimo deverá corresponder ao valor do saldo devedor, sendo o imóvel adjudicado ao exequente, se não houver licitantes" (STJ-1ª T., REsp 96.556, Min. José Delgado, j. 10.10.96, DJU 4.11.96). No mesmo sentido: STJ-RF 368/311 (2ª T.), RSTJ 94/136, RT 597/126, 662/112, JTA 93/29, 95/182, 104/109, 105/76, Bol. AASP 1.442/189.

Súmula 207 do TFR: "Nas ações executivas regidas pela Lei 5.741, de 1971, o praceamento do imóvel penhorado independe de avaliação" (v. jurisprudência s/ esta Súmula em RTFR 142/97).

Art. 6º: 2. Não há necessidade de intimação pessoal do devedor, antes da realização da praça (RT 637/102, maioria, 681/124).

Art. 6º: 3. corrigido monetariamente (JTA 102/98).

Art. 6º: 4. Ou seja, dispensa-se a notificação do devedor por mandado (Lex-JTA 164/86).

Art. 7º Não havendo licitante na praça pública, o juiz adjudicará,[1] dentro de quarenta e oito horas, ao exequente o imóvel hipotecado, ficando exonerado o executado da obrigação de pagar o restante da dívida.[1a a 4]

Art. 7º: 1. "Não havendo arrematação, a adjudicação far-se-á pelo valor do saldo devedor (Dec. lei 70/66, art. 32; Lei 5.741, art. 7º), nada importando qual seja o valor do imóvel" (STJ-3ª T., REsp 803.208, Min. Ari Pargendler, j. 12.9.06, DJ 26.11.08).

"O valor da adjudicação fica na dependência do tipo de execução. Segundo as regras do processo civil, o valor é, no mínimo, o da avaliação. Diferentemente, se de execução hipotecária se trata (Lei 5.741/71), a adjudicação será pelo valor do saldo devedor (art. 7º). Em havendo dispositivo específico, constante de lei especial, afasta-se a aplicação subsidiária do CPC" (STJ-RJ 302/100: 2ª T., REsp 427.776).

Todavia, autorizando, nos moldes do CPC, a adjudicação prévia à praça pública, desde que balizada pelo preço da avaliação e assegurada a exoneração do devedor: "Não há como se vedar o pleito do recorrente de adjudicação direta do imóvel pelo valor da avaliação judicial do bem, quando o mesmo expressamente curva-se à previsão da legislação especial de exoneração dos devedores ao pagamento do valor remanescente da dívida. A realização de hasta pública, na espécie, apenas comprometeria a celeridade da própria execução, ou seja, tardando a própria satisfação da dívida" (STJ-3ª T., REsp 1.721.731, Min. Nancy Andrighi, j. 27.11.18, DJ 6.12.18).

"Adjudicação do imóvel pelo agente financeiro pelo valor de avaliação. Saldo devedor inferior à avaliação. Devolução do que sobejar ao mutuário. Não é razoável que o credor fique com o que sobejar entre o valor da avaliação e o saldo devedor, sob pena de enriquecimento sem causa do agente financeiro" (STJ-3ª T., REsp 1.165.587, Min. Sidnei Beneti, j. 15.12.11, DJ 17.2.12).

Art. 7º: 1a. "O benefício da exoneração 'da obrigação de pagar o restante da dívida', decorrente da adjudicação compulsória prevista no art. 7º da Lei 5.741/71, **não abrange os honorários advocatícios** devidos na execução hipotecária" (STJ-3ª T., REsp 1.114.426, Min. Paulo Sanseverino, j. 2.5.13, DJ 8.5.13).

Contra, no sentido de que a exoneração abrange os honorários advocatícios: Amagis 10/170, RJTAMG 23/184.

Art. 7º: 2. Neste caso, o exequente está obrigado somente a pagar as custas em aberto, não se lhe podendo exigir, para expedição da carta de adjudicação, que recolha imposto de renda sobre os honorários de advogado correspondentes à verba de sucumbência (JTA 120/63, maioria).

Art. 7º: 3. "A Lei n. 5.741/71, que disciplina a cobrança de crédito hipotecário para financiamento da casa própria vinculado ao SFH, faculta ao credor adotar o outro procedimento para execução da dívida, além daquele nela previsto (art. 1º). Todavia, a opção de procedimento eleita pelo credor não importa modificação das normas de direito material, que são as mesmas em qualquer hipótese. A disposição normativa do art. 7º da Lei 5.741/71 (segundo a qual, com a adjudicação do imóvel pelo exequente, fica 'exonerado o executado da obrigação de pagar o restante da dívida') tem natureza de direito material, e não estritamente processual, já que consagra hipótese de extinção da obrigação. Como tal, é norma que se aplica à generalidade dos contratos vinculados ao SFH, independentemente do procedimento adotado para a sua execução" (STJ-1ª Seção, REsp 605.357, Min. Teori Zavascki, j. 12.12.04, DJU 2.5.05). No mesmo sentido: STJ-3ª T., REsp 573.946, Min. Menezes Direito, j. 14.12.04, DJU 25.4.05.

Art. 7º: 4. O art. 7º não se aplica aos casos de mútuo hipotecário desvinculado do Sistema Financeiro de Habitação (STJ-Corte Especial, ED no REsp 788.571, Min. José Delgado, j. 21.5.08, DJ 25.9.08).

Art. 8º É lícito ao executado remir[1] o imóvel penhorado, desde que deposite em juízo, até a assinatura do auto de arrematação, a importância que baste ao pagamento da dívida reclamada[2] mais custas e honorários advocatícios; caso em que convalescerá o contrato hipotecário.

Art. 8º: 1. Não vale a cláusula contratual que impede o exercício do direito de remição assegurado por este art. (RF 297/189).

Art. 8º: 2. i. e., das prestações em atraso, custas e honorários de advogado, e não o valor total da dívida (JTA 105/162).

Art. 9º Constitui crime de ação pública, punido com a pena de detenção de 6 (seis) meses a 2 (dois) anos e multa de cinco a vinte salários mínimos, invadir alguém, ou ocupar, com o fim de esbulho possessório, terreno ou unidade residencial construída ou em construção objeto de financiamento do Sistema Financeiro da Habitação.

§ 1º Se o agente usa de violência, incorre também nas penas a esta cominada.[1]

§ 2º É isento da pena de esbulho o agente que, espontaneamente, desocupa o imóvel antes de qualquer medida coativa.

§ 3º O salário a que se refere este artigo é o maior mensal vigente no País, à época do fato.

Art. 9º: 1. *sic;* deve ser: "cominadas".

Art. 10. A ação executiva, fundada em outra causa que não a falta de pagamento pelo executado das prestações vencidas, será processada na forma do Código de Processo Civil, que se aplicará, subsidiariamente, à ação executiva de que trata esta lei.

Art. 11. Ficam dispensadas de averbação no Registro de Imóveis as alterações contratuais de qualquer natureza, desde que não importem em novação objetiva da dívida, realizadas em operações do Sistema Financeiro da Habitação, criado pela Lei n. 4.380, de 21 de agosto de 1964, sejam as operações consubstanciadas em instrumentos públicos ou particulares, ou em cédulas hipotecárias.

Parágrafo único. O registro da cédula hipotecária limitar-se-á à averbação de suas características originais, a que se refere o art. 13 do Decreto-lei n. 70, de 21 de novembro de 1966,[1] ficando dispensadas de averbação também as alterações que decorram da circulação do título.

Art. 11: 1. Dec. lei 70, de 21.11.66 — Autoriza o funcionamento de associações de poupança e empréstimos, institui a cédula hipotecária e dá outras providências (RT 378/413, Lex 1966/1.739; v., neste tít., texto parcial).

Art. 12. As entidades credoras integrantes do Sistema Financeiro da Habitação ficam obrigadas a fornecer, por escrito, no prazo de cinco dias, as informações sobre as alterações de que trata o art. 11, quando requeridas por interessados.

Art. 13. Esta lei entra em vigor na data de sua publicação.

Art. 14. Revogam-se as disposições em contrário.

Brasília, 1º de dezembro de 1971; 150º da Independência e 83º da República — EMÍLIO G. MÉDICI — **Alfredo Buzaid — José Costa Cavalcanti.**

Ementário

Fax

Lei 9.800, de 26.5.99 — Permite às partes a utilização de sistema de transmissão de dados para a prática de atos processuais (v. adiante, texto integral).

Resolução 653 do STF, de 27.11.19 — Dispõe sobre a utilização do sistema de transmissão de dados e imagens tipo fac-simile (fax), para a prática de atos processuais no Supremo Tribunal Federal.

Lei n. 9.800, de 26 de maio de 1999

Permite às partes a utilização de sistema de transmissão de dados para a prática de atos processuais.

O Presidente da República

Faço saber que o Congresso Nacional decreta e eu sanciono a seguinte lei:

Art. 1º É permitida às partes a utilização de sistema de transmissão de dados e imagens tipo fac-símile ou outro similar, para a prática de atos processuais que dependam de petição escrita.[1 a 1b]

Art. 1º: 1. "Transmissão de dados no Judiciário. Peticionamento via fac-símile e eletrônico", por Ana Amelia Menna Barreto de Castro Ferreira (RT 825/124).

Art. 1º: 1a. s/ falta de assinatura em recurso endereçado às instâncias extraordinárias que tenha sido apresentado por fac-símile, v. RISTJ 255, nota 4-Recurso sem assinatura.

Art. 1º: 1b. "Não se admite a interposição de recurso por meio de ***e-mail,*** modalidade de comunicação não prevista na Lei n. 9.800, de 1999" (STJ-Corte Especial, AI 1.152.535-AgRg-AgRg-RE-AgRg, Min. Ari Pargendler, j. 12.4.10, DJ 10.5.10). No mesmo sentido: STF-1ª T., HC 121.225, Min. Marco Aurélio, j. 14.3.17, DJ 29.3.17.

"Não é válida a petição encaminhada via *e-mail,* instrumento diverso do fac-símile, devendo a mesma ser considerada como inexistente, porquanto inaplicável a Lei 9.800/99. Além disso, não deve o mero uso do correio eletrônico ser confundido com o mecanismo do peticionamento eletrônico, onde são exigidos diversos requisitos, como a certificação digital (cf. Lei 11.419/2006 e Resoluções 02/2007 e 09/2007 do STJ)" (STJ-3ª T., REsp 275.839-EDcl, Min. Vasco Della Giustina, j. 10.8.10, DJ 23.8.10).

Art. 2º A utilização de sistema de transmissão de dados e imagens não prejudica o cumprimento dos prazos,[1 a 1c] devendo os originais[1d] ser entregues em juízo, necessariamente, até cinco dias da data de seu término.[1e a 4]

Parágrafo único. Nos atos não sujeitos a prazo, os originais deverão ser entregues, necessariamente, até cinco dias da data da recepção do material.[5]

Art. 2º: 1. s/ agravo de instrumento, v. CPC 1.017 §§ 2º-IV e 4º.

Art. 2º: 1a. "A **tempestividade** de recurso interposto via fax deve ser aferida no momento em que se **inicia a transmissão;** de modo que, se a petição recursal completou a sua transmissão após o encerramento do expediente, quando o funcionamento do protocolo já houvera se encerrado, há de ser considerada a tempestividade do apelo" (STJ-4ª T., AI 876.697-AgRg-EDcl, Min. João Otávio, j. 18.12.07, DJU 11.2.08).

Art. 2º: 1b. "Havendo **falha na transmissão** da petição enviada via fax, revela-se razoável que a parte possa, dentro do prazo recursal, repetir a operação, para que não haja discrepância entre a petição transmitida e os originais" (STJ-1ª T., AI 885.866-AgRg, Min. Denise Arruda, j. 18.12.07, DJU 7.2.08).

S/ falha na transmissão, v. tb. art. 4º, notas 1 e 2.

Art. 2º: 1c. "A **data de transmissão** do documento via fac-símile, constante do rodapé da petição do recurso especial, não é meio idôneo para a comprovação da tempestividade do recurso, devendo ser levada em consideração a data de recebimento no Tribunal de origem" (STJ-2ª T., no REsp 1.599.447-EDcl-EDcl-AgInt, Min. Mauro Campbell, j. 5.6.18, DJ 11.6.18).

Art. 2º: 1d. **"Não há como conhecer** da peça recursal apresentada por meio de fac-símile, quando o original do recurso contém diferenças em relação à petição interposta. A apresentação de **original** não apenas incompleto, mas também com **trechos dissonantes** da peça transmitida por fax autoriza a aplicação de multa por **litigância de má-fé"** (STJ-1ª T., AI 583.467-AgRg, Min. Teori Zavascki, j. 16.12.04, DJU 1.2.05).

S/ litigância de má-fé, v. tb. art. 4º § ún.

Art. 2º: 1e. A inobservância do prazo de 5 dias para a entrega dos originais é causa de intempestividade do ato praticado por meio de fax (STF-RT 781/173: 2ª T., AI 252.719-AgRg); pouco importa que o fax tenha sido transmitido no prazo assinado para esse ato.

Art. 2º: 2. "Ao disciplinar o termo inicial do prazo para a entrega dos originais, quando o ato processual é praticado por fac-símile, o texto normativo distinguiu duas situações, dando a cada uma delas tratamento distinto: (a) a dos atos cuja prática está sujeita a prazo predeterminado em lei e (b) a dos atos sem prazo predeterminado. Quanto à primeira, prevista no *caput* do art. 2º da Lei 9.800/99, o prazo de cinco dias para entrega dos originais tem início no dia seguinte ao do termo final do prazo previsto em lei, ainda que o fac-símile tenha sido remetido e recebido no curso desse prazo; e quanto à segunda, disciplinada no parágrafo único do mesmo artigo, o prazo para entrega dos originais tem início no dia seguinte ao da recepção do fac-símile pelo órgão judiciário competente" (STJ-Corte Especial, ED no REsp 640.803-AgRg, Min. Teori Zavascki, j. 19.12.07, maioria, DJU 5.6.08). No mesmo sentido: STF-1ª T., RHC 86.952, Min. Marco Aurélio, j. 13.2.07, DJU 18.5.07. P. ex., se a parte conta com prazo de 15 dias para recorrer de uma decisão e interpõe o recurso via fac-símile já no sexto dia, isso não antecipa a contagem do quinquídio, que somente tem início, no caso, após o transcurso da quinzena.

Assim, tende a ficar superado o entendimento no sentido de que o prazo para a entrega dos originais teria início necessariamente com a transmissão do fac-símile, ainda quando este houvesse sido transmitido antes do encerramento de um prazo (p/ esse entendimento, v. STJ-Corte Especial, Pet 1.816-AgRg; STJ-4ª T., AI 480.912-AgRg).

Art. 2º: 2a. "O prazo de cinco dias para a apresentação da peça original não constitui um prazo novo, mas mera prorrogação do primeiro, o qual é contínuo, não se interrompendo nos feriados" nem aos sábados e domingos (STJ-3ª T., AI 477.271-AgRg, Min. Menezes Direito, j. 15.5.01, DJU 23.6.03). No mesmo sentido: STJ-Corte Especial, Pet 1.816-AgRg, Min. Gilson Dipp, j. 1.10.03, DJU 20.10.03. Assim, a contagem do quinquídio sempre tem início no dia seguinte ao do encerramento do prazo legal, mesmo que se trate de dia sem expediente forense. P. ex., se a parte interpõe o recurso por fac-símile em uma sexta-feira, o prazo de cinco dias começa a correr já no sábado (STJ-2ª T., AI 813.316-AgRg, Min. Herman Benjamin, j. 13.3.07, DJU 2.6.08).

Art. 2º: 3. Esse prazo de cinco dias e o prazo recursal formam "um prazo único, sujeito às regras gerais de contagem dos prazos processuais: é contínuo, não se interrompendo nos feriados (CPC, art. 178); mas seu **termo final será prorrogado até o primeiro dia útil seguinte,** se cair em feriado ou em dia em que não há expediente forense normal (CPC, art. 184)" (STJ-1ª T., AI 608.698-AgRg-AgRg, Min. Teori Zavascki, j. 2.8.05, DJU 22.8.05). No mesmo sentido: STJ-1ª Seção, ED no REsp 489.226-AgRg, Min. João Otávio, j. 28.9.05, DJU 17.10.05.

Art. 2º: 4. "O art. 2º da Lei 9.800/1999 impõe o dever de ser juntado o original do recurso enviado por fax em até 5 dias. Não obstante o CPC/2015 determine que os prazos processuais serão contados em dias úteis, aquela lei é especial e prevê prazo específico para o procedimento, devendo o **quinquídio** ser **contado em dias corridos"** (STJ-3ª T., Ag em REsp 1.046.954-AgInt, Min. Marco Bellizze, j. 27.6.17, DJ 3.8.17). No mesmo sentido: STJ-2ª T., Ag em REsp 1.158.599-AgInt, Min. Herman Benjamin, j. 8.5.18, DJ 19.11.18.

Art. 2º: 5. **Superando a inobservância do quinquídio** assinado para a apresentação dos originais de ato não sujeito a prazo: "A apresentação após o decurso do prazo contido no art. 2º, parágrafo único, da Lei 9.800/99, da via original de petição de **exceção de pré-executividade,** oposta inicialmente por meio de fac-símile, não acarreta a nulidade deste incidente, pois pode ser oposto a qualquer momento e em qualquer grau de jurisdição" (STJ-3ª T., REsp 1.374.242, Min. Nancy Andrighi, j. 23.11.17, DJ 30.11.17).

Art. 3º Os juízes poderão praticar atos de sua competência à vista de transmissões efetuadas na forma desta lei, sem prejuízo do disposto no artigo anterior.

Art. 4º Quem fizer uso de sistema de transmissão torna-se responsável pela qualidade e fidelidade do material transmitido, e por sua entrega ao órgão judiciário.[1]

Fax

Parágrafo único. Sem prejuízo de outras sanções, o usuário do sistema será considerado litigante de má-fé se não houver perfeita concordância entre o original remetido pelo fac-símile e o original entregue em juízo.[2]

Art. 4º: 1. "Agravo. Interposição via fac-símile. Petição parcialmente ilegível que inviabiliza a análise da correspondência entre o original e a transmissão. Ausência de preenchimento dos requisitos da forma. Dever da parte de zelar pela qualidade e fidedignidade do documento enviado" (STF-RP 188/345: Pleno, Rcl 7.955-AgRg; ementa da redação).

"Agravo regimental nos embargos de divergência. Interposição via fac-símile. Transmissão com a configuração de folhas ilegíveis. Regularidade formal desatendida" (STJ-Corte Especial, ED no Ag em REsp 51.795-AgRg, Min. Maria Thereza, j. 28.6.12, DJ 1.8.12).

"A falta de página da petição enviada por fax desrespeita o art. 4º da Lei 9.800/1999 e impede o conhecimento do correspondente recurso" (STJ-4ª T., REsp 1.232.385-AgRg, Min. Antonio Ferreira, j. 6.6.13, DJ 22.8.13).

Art. 4º: 2. "A prova da falha na transmissão, contudo, afasta a penalidade de litigância de má-fé" (STF-RP 188/345: Pleno, Rcl 7.955-AgRg).

Art. 5º O disposto nesta lei não obriga a que os órgãos judiciários disponham de equipamentos para recepção.

Art. 6º Esta lei entra em vigor trinta dias após a data de sua publicação.

Brasília, 26 de maio de 1999; 178º da Independência e 111º da República — FERNANDO HENRIQUE CARDOSO — **Renan Calheiros.**

Ementário
Fazenda Pública

Lei 9.494, de 10.9.97 — Disciplina a aplicação da tutela antecipada contra a Fazenda Pública, altera a Lei n. 7.347, de 24 de julho de 1985, e dá outras providências (Lex 1997/2.746, RF 339/523, Bol. AASP 2.022/4). V. adiante, texto integral.

Med. Prov. 2.180-35, de 24.8.01 — Acrescentou, na Lei 9.494/97, os arts. 1º-A, 1º-B, 1º-C, 1º-D, 1º-E, 1º-F, 2º-A e 2º-B.

Lei 11.960, de 29.6.09 — Na Lei 9.494, de 10.9.97: alterou o art. 1º-F.

Lei n. 9.494, de 10 de setembro de 1997

Disciplina a aplicação da tutela antecipada contra a Fazenda Pública, altera a Lei n. 7.347, de 24 de julho de 1985, e dá outras providências.

Faço saber que o Presidente da República adotou a Medida Provisória n. 1.570-5, de 21 de agosto de 1997, que o Congresso Nacional aprovou, e eu, Antonio Carlos Magalhães, Presidente, para os efeitos do disposto no parágrafo único do art. 62 da Constituição Federal, promulgo a seguinte lei:

Art. 1º Aplica-se à tutela antecipada prevista nos arts. 273 e 461 do Código de Processo Civil o disposto nos arts. 5º e seu parágrafo único e 7º da Lei n. 4.348, de 26 de junho de 1964,[1] no art. 1º e seu parágrafo 4º da Lei n. 5.021, de 9 de junho de 1966,[1a] e nos arts. 1º, 3º e 4º da Lei n. 8.437, de 30 de junho de 1992.[1b a 4]

Art. 1º: 1. A Lei 4.348, de 26.6.64, foi revogada pela Lei 12.016, de 7.8.09. Para disposições semelhantes, v. LMS 7º § 2º.

Art. 1º: 1a. A Lei 5.021, de 9.6.66, foi revogada pela Lei 12.016, de 7.8.09. Para disposições semelhantes, v. LMS 7º § 2º.

Art. 1º: 1b. "Limites objetivos para a concessão de medidas liminares em matéria tributária, em tutela cautelar e em tutela antecipatória", por Reis Friede (Ajuris 86/207).

Art. 1º: 2. v. Lei 8.437, de 30.6.92, no tít. MEDIDA CAUTELAR.

Art. 1º: 3. O STF declarou constitucional este art. 1º (STF-Pleno, ADC 4, Min. Celso de Mello, j. 1.10.08, DJ 30.10.14).

Art. 1º: 4. "A vedação da Lei n. 8.437/92, sobre excluir a medida liminar que esgote no todo ou em parte o objeto da ação, nos feitos contra o Poder Público, bem como as restrições do art. 1º da Lei n. 9.494/97, que veda a antecipação de tutela contra a Fazenda Pública, não podem ter o alcance de vedar toda e qualquer medida antecipatória, em qualquer circunstância, senão que o juiz, em princípio, não deve concedê-la, mas poderá fazê-lo, sob pena de frustração do próprio direito, em casos especialíssimos" (RSTJ 136/484; do voto do Min. Gilson Dipp, à p. 486).

A impossibilidade da antecipação de tutela em face da Fazenda Pública "deve ser considerada com temperamentos. A vedação, assim já entendeu esta Corte, não tem cabimento em situações especialíssimas, nas quais resta evidente o estado de necessidade e a exigência da preservação da vida humana, sendo, pois, imperiosa a antecipação da tutela como condição, até mesmo, de sobrevivência para o jurisdicionado" (STJ-5ª T., REsp 409.172, Min. Felix Fischer, j. 4.4.02, DJU 29.4.02).

Entendendo cabível a antecipação da tutela em ação civil pública contra a Fazenda Pública, com o objetivo de anular contrato administrativo para a preservação do meio ambiente: STJ-RF 369/278 (1ª T., AI 427.6000-AgRg). Ainda: "A concessão de liminar em ação civil pública (Lei n. 7.347/1985, art. 12) movida em face da Fazenda Pública não está entre as vedações elencadas no art. 1º da Lei n. 9.494/1997, por não se tratar de extensão de vantagens ou de vencimentos a servidor público" (RIAD 6/169; no caso foi deferida antecipação de tutela para obrigar o Município a implantar as medidas necessárias ao fornecimento de passe livre no serviço de transporte aos portadores de deficiência e aos usuários maiores de 65 anos).

"A vedação contida nos arts. 1º, § 3º, da Lei 8.437/92 e 1º da Lei 9.494/97, quanto à concessão de antecipação de tutela contra a Fazenda Pública nos casos de aumento ou extensão de vantagens a servidor público, não se aplica nas hipóteses em que o autor busca sua nomeação e posse em cargo público, em razão da sua aprovação no concurso público" (STJ-5ª T., AI 1.161.985-AgRg, Min. Arnaldo Esteves, j. 22.6.10, DJ 2.8.10). No mesmo sentido: STJ-1ª Seção, MS 19.227, Min. Arnaldo Esteves, j. 13.3.13, maioria, DJ 30.4.13.

"A vedação à antecipação da tutela em desfavor da Fazenda Pública encontra temperamentos, mormente nas hipóteses em que a tutela diz respeito a concessão de benefício previdenciário" (STJ-1ª T., Ag em REsp 6.302-AgRg, Min. Arnaldo Esteves, j. 27.9.11, DJ 30.9.11).

Deferindo antecipação de tutela contra a Fazenda Pública para o pagamento de vencimentos atrasados: RT 827/367.

"É admissível a concessão de tutela antecipada para sustar lançamento de débito tributário na dívida ativa do Estado, até porque se depreende do art. 151, IV, do CTN a suspensão da exigibilidade do crédito tributário no caso de concessão de liminar em mandado de segurança" (STF-Pleno, Rcl 902, Min. Maurício Corrêa, j. 25.4.02, RT 804/145; ementa da redação).

V. tb. Lei 8.437/92, art. 1º, notas 3c e segs. (no tít. MEDIDA CAUTELAR).

Art. 1º-A (*acrescido pela Med. Prov. 2.180-35, de 24.8.01*). Estão dispensadas de depósito prévio, para interposição de recurso, as pessoas jurídicas de direito público federais, estaduais, distritais e municipais.

Art. 1º-B (*acrescido pela Med. Prov. 2.180-35, de 24.8.01*). O prazo a que se refere o *caput* dos arts. 730 do Código de Processo Civil, e 884 da Consolidação das Leis do Trabalho, aprovada pelo Decreto-Lei n. 5.452, de 1º de maio de 1943, passa a ser de trinta dias.

Art. 1º-C (*acrescido pela Med. Prov. 2.180-35, de 24.8.01*). Prescreverá em cinco anos o direito de obter indenização dos danos causados por agentes de pessoas jurídicas de direito público e de pessoas jurídicas de direito privado prestadoras de serviços públicos.

Art. 1º-D (*acrescido pela Med. Prov. 2.180-35, de 24.8.01*). Não serão devidos honorários advocatícios pela Fazenda Pública nas execuções não embargadas.[1]

Art. 1º-D: 1. v. CPC 85 § 7º e notas.

Art. 1º-E (*acrescido pela Med. Prov. 2.180-35, de 24.8.01*). São passíveis de revisão, pelo Presidente do Tribunal, de ofício ou a requerimento das partes, as contas elaboradas para aferir o valor dos precatórios antes de seu pagamento ao credor.[1]

Art. 1º-E: 1. "A revisão das contas elaboradas para aferir o valor dos precatórios antes de seu pagamento ao credor, prevista no art. 1º-E da Lei 9.494/97, tem caráter meramente administrativo, razão pela qual não pode alterar os parâmetros definidos no âmbito jurisdicional pelo juiz natural da causa, que é o juiz da execução" (STJ-1ª T., REsp 697.225, Min. Teori Zavascki, j. 15.12.05, DJU 13.2.06). Do voto do relator, sobre o art. 1º-E da Lei 9.494/97: "Tratando-se de norma que regula atividade de natureza administrativa — como já demonstrado — é inegável que ela não pode ser interpretada com a extensão de permitir que seus efeitos atinjam atos de natureza jurisdicional. Em outras palavras: a revisão das contas, a que se refere a norma, não pode ter o efeito de reformar, anular ou rescindir decisões proferidas pelo juiz natural da causa, no exercício de sua função jurisdicional, que, no caso, é o juiz da execução. Para tal finalidade, as vias próprias são as jurisdicionais: os recursos, a ação rescisória, a ação anulatória. Em situações excepcionais, para evitar comprometimento da supremacia dos valores e dos princípios da Constituição, não se descarta nem mesmo a utilização de outra via especial, tendente a obter o que se costumou denominar de 'relativização da coisa julgada'. Mesmo nessa hipótese, entretanto, a via a ser utilizada só pode ser a via de natureza jurisdicional. Jamais a pura e simples via administrativa".

"O índice de correção monetária aplicável ao precatório judicial, já definido pelo juízo da execução em *decisum* transitado em julgado, é inalterável pelo Presidente de Tribunal no exercício de função administrativa" (STJ-2ª T., RMS 28.914, Min. Mauro Campbell, j. 2.12.10, DJ 14.12.10).

"Eventual inclusão dos juros moratórios e compensatórios em continuação no precatório complementar configura erro de cálculo, não implicando a sua correção em alteração dos critérios jurídicos fixados no título executivo" (STJ-2ª T., RMS 39.542, Min. Eliana Calmon, j. 5.11.13, DJ 13.11.13).

Todavia, há acórdão que manteve decisão do Presidente do tribunal local que reviu os cálculos, para alterar o termo *a quo* de incidência dos juros moratórios e os índices utilizados para a correção monetária do valor do precatório (STJ-1ª T., RMS 20.755, Min. José Delgado, j. 13.11.07, dois votos vencidos, DJ 4.8.08).

V. tb. CPC 535, nota 21a e 25a.

Art. 1º-F *(redação da Lei 11.960, de 29.6.09)*. Nas condenações impostas à Fazenda Pública, independentemente de sua natureza e para fins de atualização monetária, remuneração do capital e compensação da mora, haverá a incidência uma única vez, até o efetivo pagamento, dos índices oficiais de remuneração básica e juros aplicados à caderneta de poupança.[1 a 3]

Art. 1º-F: 1. "Conteúdo e aplicação operacional e temporal do art. 1º-F da Lei 9.494/1997, na redação dada pela Lei 11.960/2009", por Felipe Barreto Frias (RT 902/9).

Art. 1º-F: 1a. Declaração de inconstitucionalidade. O STF declarou parcialmente inconstitucional este dispositivo legal: "O art. 1º-F da Lei n. 9.494/97, com redação dada pela Lei n. 11.960/09, ao reproduzir as regras da EC n. 62/09 quanto à atualização monetária e à fixação de juros moratórios de créditos inscritos em precatórios, incorre nos mesmos vícios de juridicidade que inquinam o art. 100, § 12, da CF, razão pela qual se revela inconstitucional por arrastamento" (STF-Pleno, ADI 4.425, Min. Luiz Fux, j. 14.3.13, maioria, RT 944/251). **Nota:** em relação à **eficácia** dessa declaração de inconstitucionalidade, v. CF 100, nota 2, *in fine*.

"O Supremo Tribunal Federal declarou a inconstitucionalidade parcial, por arrastamento, do art. 5º da Lei 11.960/09, que deu nova redação ao art. 1º-F da Lei 9.494/97, ao examinar a ADI 4.357, Rel. Min. Ayres Britto. A Suprema Corte declarou inconstitucional a expressão **'índice oficial de remuneração básica da caderneta de poupança'** contida no § 12 do art. 100 da CF/88. Assim entendeu porque a taxa básica de remuneração da poupança não mede a inflação acumulada do período e, portanto, não pode servir de parâmetro para a correção monetária a ser aplicada aos débitos da Fazenda Pública. Igualmente reconheceu a inconstitucionalidade da expressão **'independentemente de sua natureza'** quando os débitos fazendários ostentarem natureza tributária. Isso porque, quando credora a Fazenda de dívida de natureza tributária, incidem os juros pela taxa SELIC como compensação pela mora, devendo esse mesmo índice, por força do princípio da equidade, ser aplicado quando for ela devedora nas repetições de indébito tributário. Como o art. 1º-F da Lei 9.494/97, com redação da Lei 11.960/09, praticamente reproduz a norma do § 12 do art. 100 da CF/88, o Supremo declarou a inconstitucionalidade parcial, por arrastamento, desse dispositivo legal. Em virtude da declaração de inconstitucionalidade parcial do art. 5º da Lei 11.960/09: (a) a correção monetária das dívidas fazendárias deve observar índices que reflitam a inflação acumulada do período, a ela não se aplicando os índices de remuneração básica da caderneta de poupança; e (b) os juros moratórios serão equivalentes aos índices oficiais de remuneração básica e juros aplicáveis à caderneta de poupança, exceto quando a dívida ostentar natureza tributária, para as quais prevalecerão as regras específicas. O Relator da ADI no Supremo, Min. Ayres Britto, não especificou qual deveria ser o índice de correção monetária adotado. Todavia, há importante referência no voto-vista do Min. Luiz Fux, quando Sua Excelência aponta para o IPCA (Índice de Preços ao Consumidor Amplo), do Instituto Brasileiro de Geografia e Estatística, que ora se adota. No caso concreto, como a condenação imposta à Fazenda não é de natureza tributária — o crédito reclamado tem origem na incorporação de quintos pelo exercício de função de confiança entre abril de 1998 e setembro de 2001 —, os juros moratórios devem ser calculados com base no índice oficial de remuneração básica e juros aplicados à caderneta de poupança, nos termos da regra do art. 1º-F da Lei 9.494/97, com redação da Lei 11.960/09. Já a correção monetária, por força da declaração de inconstitucionalidade parcial do art. 5º da Lei 11.960/09, deverá ser calculada com base no IPCA, índice que melhor reflete a inflação acumulada do período" (STJ-1ª Seção, REsp 1.270.439, Min. Castro Meira, j. 26.6.13, DJ 2.8.13). No mesmo sentido: STJ-3ª Seção, EmbExe no MS 11.371, Min. Rogério Cruz, j. 12.2.14, DJ 18.2.14.

"A decisão proferida pelo Supremo Tribunal Federal na ADI 4.357, por meio da qual foi declarada a inconstitucionalidade parcial, por arrastamento, do art. 5º da Lei 11.960/2009, diz respeito aos critérios de correção monetária estabelecidos no referido artigo. Relativamente aos juros de mora, o dispositivo permanece eficaz, exceto quanto às dívidas de natureza tributária" (STJ-3ª Seção, ED no REsp 1.177.580-AgRg-EDcl, Min. Marco Belizze, j. 14.8.13, DJ 28.8.13).

Art. 1º-F: 2. Direito intertemporal. "É compatível com a Constituição a aplicabilidade imediata do art. 1º-F da Lei 9.494/97, com alteração pela Med. Prov. 2.180-35/01, ainda que em relação às ações ajuizadas antes de sua entrada em vigor" (STF-Pleno, Ag 842.063-RG, Min. Cezar Peluso, j. 16.6.11, maioria, DJ 2.9.11).

"As normas que dispõem sobre os juros moratórios possuem natureza eminentemente processual, aplicando-se aos processos em andamento, à luz do princípio *tempus regit actum*. O art. 1º-F, da Lei 9.494/97, modificado pela Med. Prov. 2.180-35/2001 e, posteriormente pelo art. 5º da Lei 11.960/09, tem natureza instrumental, devendo ser aplicado aos processos em tramitação" (STJ-Corte Especial, ED no REsp 1.207.197, Min. Castro Meira, j. 18.5.11, DJ 2.8.11).

"Assim, os valores resultantes de condenações proferidas contra a Fazenda Pública após a entrada em vigor da Lei 11.960/09 devem observar os critérios de atualização (correção monetária e juros) nela disciplinados, enquanto vigorarem. Por outro lado, no período anterior, tais acessórios deverão seguir os parâmetros definidos pela legislação então vigente" (STJ-RP 206/434: Corte Especial, REsp 1.205.946, maioria).

Art. 1º F: 2a. **"Condenações judiciais de natureza administrativa em geral.** As condenações judiciais de natureza administrativa em geral sujeitam-se aos seguintes encargos: (a) até dezembro/2002: juros de mora de 0,5% ao mês; correção monetária de acordo com os índices previstos no Manual de Cálculos da Justiça Federal, com destaque para a incidência do IPCA-E a partir de janeiro/2001; (b) no período posterior à vigência do CC/2002 e anterior à vigência da Lei 11.960/2009: juros de mora correspondentes à taxa Selic, vedada a cumulação com qualquer outro índice; (c) período posterior à vigência da Lei 11.960/2009: juros de mora segundo o índice de remuneração da caderneta de poupança; correção monetária com base no IPCA-E. **Condenações judiciais referentes a servidores e empregados públicos.** As condenações judiciais referentes a servidores e empregados públicos sujeitam-se aos seguintes encargos: (a) até julho/2001: juros de mora: 1% ao mês (capitalização simples); correção monetária: índices previstos no Manual de Cálculos da Justiça Federal, com destaque para a incidência do IPCA-E a partir de janeiro/2001; (b) agosto/2001 a junho/2009: juros de mora: 0,5% ao mês; correção monetária: IPCA-E; (c) a partir de julho/2009: juros de mora: remuneração oficial da caderneta de poupança; correção monetária: IPCA-E. **Condenações judiciais referentes a desapropriações diretas e indiretas.** No âmbito das condenações judiciais referentes a desapropriações diretas e indiretas existem regras específicas, no que concerne aos juros moratórios e compensatórios, razão pela qual não se justifica a incidência do art. 1º-F da Lei 9.494/97 (com redação dada pela Lei 11.960/2009), nem para compensação da mora nem para remuneração do capital. **Condenações judiciais de natureza previdenciária.** As condenações impostas à Fazenda Pública de natureza previdenciária sujeitam-se à incidência do INPC, para fins de correção monetária, no que se refere ao período posterior à vigência da Lei 11.430/2006, que incluiu o art. 41-A na Lei 8.213/91. Quanto aos juros de mora, incidem segundo a remuneração oficial da caderneta de poupança (art. 1º-F da Lei 9.494/97, com redação dada pela Lei n. 11.960/2009). **Condenações judiciais de natureza tributária.** A correção monetária e a taxa de juros de mora incidentes na repetição de indébitos tributários devem corresponder às utilizadas na cobrança de tributo pago em atraso. Não havendo disposição legal específica, os juros de mora são calculados à taxa de 1% ao mês (art. 161, § 1º, do CTN). Observada a regra isonômica e havendo previsão na legislação da entidade tributante, é legítima a utilização da taxa Selic, sendo vedada sua cumulação com quaisquer outros índices" (STJ-1ª Seção, REsp 1.495.146, Min. Mauro Campbell, j. 22.2.18, DJ 2.3.18).

Também afirmando a incidência do IPCA para fins de correção monetária a partir de julho de 2009, em matéria de condenação judicial referente a servidor público: STJ-Corte Especial, REsp 1.205.946-EDcl, Min. Benedito Gonçalves, j. 15.8.18, DJ 21.8.18.

Art. 1º-F: 3. "A regra do art. 1º-F da Lei 9.494/97, com a redação da Lei 11.960/09, nada dispôs a respeito do **termo inicial dos juros** moratórios incidentes sobre obrigações ilíquidas, que continuou regido pelos arts. 219 do CPC e 405 do Código Civil de 2002" (STJ-1ª Seção, REsp 1.356.120, Min. Castro Meira, j. 14.8.13, DJ 30.8.13).

Art. 2º O art. 16 da Lei n. 7.347, de 24 de julho de 1985, passa a vigorar com a seguinte redação:

"Art. 16. A sentença civil fará coisa julgada *erga omnes*, nos limites da competência territorial do órgão prolator, exceto se o pedido for julgado improcedente por insuficiência de provas, hipótese em que qualquer legitimado poderá intentar outra ação com idêntico fundamento, valendo-se de nova prova".

Art. 2º-A (*acrescido pela Med. Prov. 2.180-35, de 24.8.01*). A sentença civil prolatada em ação de caráter coletivo proposta por entidade associativa, na defesa dos interesses e direitos dos seus associados, abrangerá apenas os substituídos que tenham, na data da propositura da ação, domicílio no âmbito da competência territorial do órgão prolator.[1-1a]

Parágrafo único. Nas ações coletivas propostas contra a União, os Estados, o Distrito Federal, os Municípios e suas autarquias e fundações, a petição inicial deverá obrigatoriamente estar instruída com a ata da assembleia da entidade associativa que a autorizou, acompanhada da relação nominal dos seus associados e indicação dos respectivos endereços.[2]

Fazenda Pública

Art. 2º-A: 1. "**Beneficiários** do título executivo, no caso de ação proposta por **associação,** são aqueles que, residentes na área compreendida na jurisdição do órgão julgador, detinham, antes do ajuizamento, a condição de filiados e constaram da lista apresentada com a peça inicial" (STF-Pleno, RE 612.043, Min. Marco Aurélio, j. 10.5.17, maioria, DJ 6.10.17). Tese fixada no caso: "A eficácia subjetiva da coisa julgada formada a partir de ação coletiva, de **rito ordinário,** ajuizada por associação civil na defesa de interesses dos associados, somente alcança os filiados, residentes no âmbito da jurisdição do órgão julgador, que o fossem em momento anterior ou até a data da propositura da demanda, constantes da relação jurídica juntada à inicial do processo de conhecimento".

Em matéria de mandado de segurança coletivo, v. LMS 22, nota 1.

Art. 2º-A: 1a. "A afirmação de que a **limitação territorial** do art. 2º-A da Lei n. 9.494/97 não se aplicaria aos **sindicatos** não tem como prosperar, pois criaria uma diferenciação não esposada pela lei, que optou pelo termo 'entidade associativa', que engloba toda e qualquer corporação legitimada à propositura de ações judiciais, sem restringir-se às associações" (STJ-2ª T., REsp 1.279.061-AgRg, Min. Humberto Martins, j. 19.4.12, DJ 26.4.12).

Todavia: "Tendo o órgão prolator da sentença civil jurisdição nacional, como o STJ a tem, não se aplica a ele a exigência feita, na parte final do parágrafo único do artigo 2º da Lei 9.494/97 na redação dada pela Med. Prov. 1.798-2/99 e reedições posteriores, de que a inicial da ação coletiva deverá ser acompanhada da relação nominal dos associados-substituídos das entidades associativas substitutas processuais deles" (STF-1ª T., RMS 23.566, Min. Moreira Alves, j. 19.2.02, DJ 12.4.02). No mesmo sentido: STJ-3ª Seção, MS 6.318, Min. Fernando Gonçalves, j. 13.11.02, DJU 2.12.02.

Art. 2º-A: 2. "O disposto no artigo 5º, inciso XXI, da Carta da República encerra representação específica, não alcançando previsão genérica do estatuto da associação a revelar a defesa dos interesses dos associados. As balizas subjetivas do título judicial, formalizado em ação proposta por associação, são definidas pela representação no processo de conhecimento, presente a autorização expressa dos associados e a lista destes juntada à inicial" (STF-Pleno, RE 573.232, Min. Marco Aurélio, j. 14.5.14, maioria, DJ 19.9.14). No mesmo sentido: STJ-5ª T., Ag 1.190.578-AgRg-EDcl-RE, Min. Felix Fischer, j. 28.6.16, DJ 1.8.16; STJ-2ª T., REsp 1.625.650-AgInt-EDcl, Min. Herman Benjamin, j. 17.8.17, DJ 13.9.17.

Contra, no sentido de que o integrante da categoria beneficiada com a sentença coletiva pode executar individualmente o título judicial, "ainda que não tenha autorizado expressamente a associação a defender o interesse da classe em juízo": STJ-2ª T., REsp 1.185.816, Min. Eliana Calmon, j. 19.8.10, DJ 30.8.10. Ainda: STJ-6ª T., AI 1.186.993, Min. Og Fernandes, j. 17.8.10, DJ 6.9.10.

V. tb. CPC 75, nota 2a, CDC 97, nota 4, e 98, nota 1b, e LACP 5º, nota 5b.

Art. 2º-B (*acrescido pela Med. Prov. 2.180-35, de 24.8.01*). A sentença que tenha por objeto a liberação de recurso, inclusão em folha de pagamento, reclassificação, equiparação, concessão de aumento ou extensão de vantagens a servidores da União, dos Estados, do Distrito Federal e dos Municípios, inclusive de suas autarquias e fundações, somente poderá ser executada após seu trânsito em julgado.[1-2]

Art. 2º-B: 1. "Reflexões sobre a natureza jurídica do trânsito em julgado para as condenações listadas no art. 2º-B da Lei n. 9.494/97", por Sharon Zimmermann (RDDP 98/118).

Art. 2º-B: 2. "As vedações previstas no art. 2º-B da Lei 9.494/97 devem ser interpretadas restritivamente. Dessa forma, preenchidos os requisitos autorizadores de sua concessão, é admissível a antecipação dos efeitos da tutela em desfavor da Fazenda Pública, desde que a situação não esteja inserida nas vedações da supramencionada norma" (STJ-5ª T., REsp 992.131, Min. Arnaldo Esteves, j. 5.2.09, DJ 9.3.09).

"À regra contida no art. 2º-B da Lei 9.494/97 deve ser dada exegese restritiva, no sentido de que a vedação de execução provisória de sentença contra a Fazenda Pública deve se ater às hipóteses expressamente elencadas no referido dispositivo, não sendo aplicável nos casos em que o impetrante busca o restabelecimento de vantagem anteriormente percebida" (STJ-5ª T., REsp 862.482, Min. Laurita Vaz, j. 17.3.09, DJ 13.4.09). No mesmo sentido: STJ-2ª T., Ag em REsp 167.161-AgRg, Min. Humberto Martins, j. 26.6.12, DJ 29.6.12).

Hipóteses em que não incide a vedação contida no art. 2º-B da Lei 9.494/97:

— "Pagamentos devidos aos servidores inativos e pensionistas" (STJ-Corte Especial, SS 2.463-AgRg, Min. Ari Pargendler, j. 9.6.11, DJ 17.8.11);

— "A concessão de aposentadoria voluntária com proventos integrais, por não implicar aumento de despesas para a Administração, porquanto o servidor passará a perceber da Administração os mesmos valores que percebia na atividade" (STJ-5ª T., REsp 565.319, Min. Laurita Vaz, j. 12.4.05, DJU 9.5.05);

— "Instituição de pensão por morte de servidor público" (STJ-1ª T., Ag em REsp 230.482-AgRg, RT 935/429);

— "Não foram incluídas na vedação as revisões de pensões estatutárias, motivo por que inexiste óbice à execução provisória quando presente essa situação" (STJ-5ª T., REsp 608.704, Min. Felix Fischer, j. 25.5.04, DJU 1.7.04);

— "A restauração da condição de pensionista outrora negada" (STJ-5ª T., REsp 672.361-AgRg, Min. Gilson Dipp, j. 4.11.04, DJU 13.12.04);

— "Acórdão que determina a reintegração de servidor" (STJ-2ª T., REsp 1.224.716, Min. Humberto Martins, j. 3.5.11, DJ 10.5.11). No mesmo sentido: "Tal situação não representa a criação de uma nova relação jurídica; pelo contrário, apenas revigora relação jurídica que deixou de existir de forma ilegal. Em outras palavras, a reintegração não implica na inclusão em folha de pagamento, mas, sim, no retorno de quem nela já se encontrava" (STJ-1ª T., MC 19.896-AgRg, Min. Napoleão Maia Filho, j. 2.10.12, DJ 8.10.12).

— "Nomeação e posse em cargo público, em razão da aprovação em concurso público" (STJ-5ª T., RMS 27.311-EDcl-EDcl, Min. Jorge Mussi, j. 6.2.14, DJ 14.2.14);

— "Retroatividade da nomeação, com o consequente reenquadramento na carreira (obrigação de fazer), porquanto não haverá pagamento imediato dos valores pretéritos" (STJ-2ª T., Ag em REsp 206.006-AgRg, Min. Herman Benjamin, j. 18.9.12, DJ 24.9.12);

— "Restabelecimento de parcela remuneratória ilegalmente suprimida" (STJ-5ª T., REsp 447.192, Min. Felix Fischer, j. 1.10.02, DJU 4.11.02);

— Concessão do benefício de auxílio-alimentação a servidor público (STJ-6ª T., REsp 659.200, Min. Quaglia Barbosa, j. 21.9.04, DJU 11.10.04);

— Impedir o desconto indevido de contribuição previdenciária (STJ-1ª T., REsp 614.715, Min. Francisco Falcão, j. 27.4.04, DJU 30.8.04).

S/ execução provisória contra a Fazenda Pública, v. CPC 534, nota 2.

Art. 3º Ficam convalidados os atos praticados com base na Medida Provisória n. 1.570-4, de 22 de julho de 1997.

Art. 4º Esta lei entra em vigor na data de sua publicação.

Congresso Nacional, em 10 de setembro de 1997; 176º da Independência e 109º da República — Senador ANTONIO CARLOS MAGALHÃES, Presidente do Congresso Nacional.

Ementário

Habeas Data

— v. CF 102-I-*d* e II-*a*, 105-I-*b*, 108-I-*c* e 109-VIII.

Lei 9.507, de 12.11.97 — Regula o direito de acesso a informações e disciplina o rito processual do *habeas data* (v. adiante, texto integral).

Lei 12.527, de 18.11.11 — Regula o acesso a informações previsto no inciso XXXIII do art. 5º, no inciso II do § 3º do art. 37 e no § 2º do art. 216 da Constituição Federal; altera a Lei n. 8.112, de 11 de dezembro de 1990; revoga a Lei n. 11.111, de 5 de maio de 2005, e dispositivos da Lei n. 8.159, de 8 de janeiro de 1991; e dá outras providências. **Nota:** em vigor 180 dias após a sua publicação (DOU 18.11.11).

Dec. 7.724, de 16.5.12 — Regulamenta a Lei n. 12.527, de 18 de novembro de 2011, que dispõe sobre o acesso a informações previsto no inciso XXXIII do *caput* do art. 5º, no inciso II do § 3º do art. 37 e no § 2º do art. 216 da Constituição.

Lei n. 9.507, de 12 de novembro de 1997

Regula o direito de acesso a informações e disciplina o rito processual do habeas data.[1-2]

O Presidente da República

Faço saber que o Congresso Nacional decreta e eu sanciono a seguinte lei:

✎ **LEI 9.507: 1.** "Breves anotações à Lei 9.507/97 (Lei do *habeas data*)", por Francisco Gérson Marques de Lima (RT 750/86); "O *habeas data* na Lei n. 9.507/97", por Arnoldo Wald e Rodrigo Garcia da Fonseca (Ajuris 72/86); "Rito processual do *habeas data*", por Lourival Gonçalves de Oliveira (RTRF-1ª Região 10/65); "A viagem redonda: *habeas data*, direitos constitucionais e as provas ilícitas", por Luís Roberto Barroso (RDA 213/149); "O segredo de Estado e as limitações do *habeas data*", por Francisco Bilac M. Pinto Filho (RT 805/34 e RF 366/95); "Uma revisita ao *habeas data*", por André Mattos Soares (RDDP 106/25).

Lei 9.507: 2. CF 5º: "LXXII — conceder-se-á *habeas data*: **a)** para assegurar o conhecimento de informações relativas à pessoa do impetrante, constantes de registros ou bancos de dados de entidades governamentais ou de caráter público; **b)** para a retificação de dados, quando não se prefira fazê-lo por processo sigiloso, judicial ou administrativo".

Lei 12.527, de 18.11.11 — Regula o acesso a informações previsto no inciso XXXIII do art. 5º, no inciso II do § 3º do art. 37 e no § 2º do art. 216 da Constituição Federal; altera a Lei n. 8.112, de 11 de dezembro de 1990; revoga a Lei n. 11.111, de 5 de maio de 2005, e dispositivos da Lei n. 8.159, de 8 de janeiro de 1991; e dá outras providências: **"Art. 38.** Aplica-se, no que couber, a Lei n. 9.507, de 12 de novembro de 1997, em relação à informação de pessoa, física ou jurídica, constante de registro ou banco de dados de entidades governamentais ou de caráter público". **Nota:** em vigor 180 dias após a sua publicação (DOU 18.11.11).

Dec. 7.724, de 16.5.12 — Regulamenta a Lei n. 12.527, de 18 de novembro de 2011, que dispõe sobre o acesso a informações previsto no inciso XXXIII do *caput* do art. 5º, no inciso II do § 3º do art. 37 e no § 2º do art. 216 da Constituição.

Art. 1º (VETADO)

Parágrafo único. Considera-se de caráter público todo registro ou banco de dados contendo informações que sejam ou que possam ser transmitidas a terceiros ou que não sejam de uso privativo do órgão ou entidade produtora ou depositária das informações.

Art. 2º O requerimento será apresentado ao órgão ou entidade depositária do registro ou banco de dados e será deferido ou indeferido no prazo de 48 (quarenta e oito) horas.

Parágrafo único. A decisão será comunicada ao requerente em 24 (vinte e quatro) horas.

Art. 3º Ao deferir o pedido, o depositário do registro ou do banco de dados marcará dia e hora para que o requerente tome conhecimento das informações.

Parágrafo único. (VETADO)

Art. 4º Constatada a inexatidão de qualquer dado a seu respeito, o interessado, em petição acompanhada de documentos comprobatórios, poderá requerer sua retificação.[1]

§ 1º Feita a retificação em, no máximo, 10 (dez) dias após a entrada do requerimento, a entidade ou órgão depositário do registro ou da informação dará ciência ao interessado.

§ 2º Ainda que não se constate a inexatidão do dado, se o interessado apresentar explicação ou contestação sobre o mesmo, justificando possível pendência sobre o fato objeto do dado, tal explicação será anotada no cadastro do interessado.

Art. 4º: 1. "O pedido de retificação de assentamentos, em *habeas data*, só tem cabimento quando o requerente já dispõe dos dados de que, por inverossímeis (ou outro motivo previsto em lei), pretenda a devida alteração no registro do órgão administrativo respectivo. A retificação a que a CF se refere só é permitida quando se tratar de informações não verazes e demonstrar, o requerente, o seu cabal interesse em que sejam canceladas (ou retiradas), demonstrando, com a inicial, a sua existência, até mesmo para propiciar à autoridade coatora a formulação de sua resposta" (RSTJ 105/52: 1ª Seção).

Art. 5º (VETADO)

Art. 6º (VETADO)

Art. 7º Conceder-se-á *habeas data*:[1 a 6a]

I — para assegurar o conhecimento de informações relativas à pessoa do impetrante, constantes de registro ou banco de dados de entidades governamentais ou de caráter público;[7-8]

II — para a retificação de dados, quando não se prefira fazê-lo por processo sigiloso, judicial ou administrativo;

III — para a anotação nos assentamentos do interessado, de contestação ou explicação sobre dado verdadeiro mas justificável e que esteja sob pendência judicial ou amigável.

Art. 7º: 1. Para casos em que cabe mandado de segurança e não *habeas data*, v. LMS 1º, nota 16.

Art. 7º: 1a. Os incisos I e II reproduzem, com mínimas alterações de redação, o art. 5º-LXXII, alíneas *a* e *b*, da CF. O inciso III é texto novo.

Art. 7º: 2. Súmula 2 do STJ: "Não cabe o *habeas data* (CF 5º, LXXII, letra *a*) se não houve **recusa de informações** por parte da autoridade administrativa" (v. jurisprudência s/ esta Súmula em RSTJ 16/25). A não demonstração da recusa na petição inicial caracteriza ausência de interesse de agir (STJ-3ª Seção, HD 84, Min. Maria Thereza, j. 27.9.06, DJU 30.10.06; STJ-1ª Seção, HD 347-EDcl, Min. Assusete Magalhães, j. 23.10.19, DJ 28.10.19).

No mesmo sentido: "A prova do anterior indeferimento do pedido de informações de dados pessoais, ou de omissão em atendê-lo, constitui requisito indispensável para que se concretize o interesse de agir no *habeas data*. Sem que se configure situação prévia de pretensão resistida, há carência da ação constitucional do *habeas data*" (STF-Pleno: RTJ 162/805 e RDA 204/214, maioria).

Todavia, a existência da recusa no fornecimento das informações também pode se caracterizar pela **omissão** ou retardamento da autoridade coatora: "Hipótese em que a demora da autoridade impetrada em atender o pedido formulado administrativamente pela impetrante — mais de um ano — não pode ser considerada razoável, ainda mais considerando-se a idade avançada da impetrante" (STJ-3ª Seção, HD 147, Min. Arnaldo Esteves, j. 12.12.07, DJU 28.2.08).

Ainda: "O fornecimento pela administração de informações incompletas ou insuficientes — como no caso — equivale à recusa e justifica a impetração do *habeas data*" (STJ-3ª Seção, HD 149, Min. Nilson Naves, j. 10.6.09, DJ 26.8.09).

Art. 7º: 2a. "A Lei 9.507/97, ao regulamentar o art. 5º, LXXII, da CF adotou procedimento semelhante ao do mandado de segurança, exigindo, para o cabimento do *habeas data*, prova pré-constituída do direito do impetrante. Não cabe, portanto, dilação probatória. Em razão da necessidade de comprovação de plano do direito do demandante, mostra-se inviável a pretensão de que, em um mesmo *habeas data*, se assegure o conhecimento de informações e se determine a sua retificação. É logicamente impossível que o impetrante tenha, no momento da propositura da ação, demonstrado a incorreção desses dados se nem ao menos sabia o seu teor" (STJ-1ª Seção, HD 160, Min. Denise Arruda, j. 27.8.08, DJ 22.9.08).

Art. 7º: 3. Não cabe *habeas data* para a obtenção de certidões ou informações sobre procedimento administrativo (STF-RDDP 86/139: Pleno, HD 90-AgRg; STJ-1ª Seção, HD 102, Min. Luiz Fux, j. 18.10.04, DJU 25.10.04).

V. tb. LMS 1º, nota 16.

Art. 7º: 4. Foge das atribuições do *habeas data* "revolver os critérios utilizados por instituição de ensino na correção de prova discursiva" (STJ-1ª Seção, HD 127-AgRg, Min. João Otávio, j. 14.6.06, DJU 14.8.06).

Art. 7º: 5. "Impetração visando o acesso a documentos que constituíram decisão de autoridade militar negando ao impetrante matrícula em curso de escola militar. Admissibilidade. Legislação classificando a documentação como sigilosa. Irrelevância. Ausência de risco à segurança da sociedade e do Estado que justifique a incidência da exceção. Aplicação do princípio da razoabilidade, prevalecendo o direito à informação. Inteligência do art. 5º, XXXIII e LXXII, da CF" (STJ-RT 863/163: 5ª T., HD 91; ementa da redação).

Art. 7º: 6. "Se o candidato é eliminado em concurso público na etapa relativa a exames médicos, apesar de aprovado em todas as anteriores, tem direito à informação acerca do motivo de sua exclusão, sendo cabível, para tanto, a impetração de *habeas data*" (RJM 173/311).

Art. 7º: 6a. "É parte legítima para impetrar *habeas data* o **cônjuge sobrevivente** na defesa de interesse do falecido" (STJ-3ª Seção, HD 147, Min. Arnaldo Esteves, j. 12.12.07, DJU 28.2.08).

Art. 7º: 7. "Têm legitimidade passiva para o *habeas data* não só os órgãos públicos, mas também as **entidades privadas** que armazenam dados que não se destinam somente a uso interno. Constatado que o impetrante teve seu CNPJ utilizado indevidamente em operações de transferências interbancárias, tem direito às informações a elas referentes" (RJM 172/105).

"A Caixa Econômica Federal, na qualidade de empresa pública que se sujeita ao controle do Poder Público, tem legitimidade para figurar no polo passivo do *habeas data* com o objetivo de fornecimento de dados sobre descontos efetuados na conta corrente dos impetrantes" (STJ-1ª T., REsp 929.381, Min. Francisco Falcão, j. 4.10.07, DJU 25.10.07).

Art. 7º: 8. "A autoridade impetrada não está obrigada a fornecer a qualificação dos informantes, por razões de segurança" (JTJ 308/184).

Art. 8º A petição inicial, que deverá preencher os requisitos dos arts. 282 a 285 do Código de Processo Civil, será apresentada em 2 (duas) vias, e os documentos que instruírem a primeira serão reproduzidos por cópia na segunda.

Parágrafo único. A petição inicial deverá ser instruída com prova:

I — da recusa ao acesso às informações ou do decurso de mais de 10 (dez) dias sem decisão;[1]

II — da recusa em fazer-se a retificação ou do decurso de mais de 15 (quinze) dias, sem decisão; ou

III — da recusa em fazer-se a anotação a que se refere o § 2º do art. 4º ou do decurso de mais de 15 (quinze) dias sem decisão.

Art. 8º: 1. v. art. 7º, nota 2 **(Súmula 2 do STJ).**

Art. 9º Ao despachar a inicial, o juiz ordenará que se notifique o coator[1] do conteúdo da petição, entregando-lhe a segunda via apresentada pelo impetrante, com as cópias dos documentos, a fim de que, no prazo de 10 (dez) dias, preste as informações que julgar necessárias.

Art. 9º: 1. "A teoria da encampação aplica-se ao *habeas data*, *mutatis mutandis*, quando o impetrado é autoridade hierarquicamente superior aos responsáveis pelas informações pessoais referentes ao impetrante e, além disso, responde na via administrativa ao pedido de acesso aos documentos" (STJ-3ª Seção, HD 84, Min. Maria Thereza, j. 27.9.06, DJU 30.10.06).

S/ a aplicação da teoria da encampação em mandado de segurança, v. LMS 6º, nota 4a.

Art. 10. A inicial será desde logo indeferida, quando não for o caso de *habeas data*, ou se lhe faltar algum dos requisitos previstos nesta lei.[1-2]

Parágrafo único. Do despacho de indeferimento caberá recurso previsto no art. 15.

Art. 10: 1. v. art. 18.

Art. 10: 2. "O procedimento do *habeas data*, disciplinado pela Lei 9.507/97, não comporta dilação probatória, impondo-se o reconhecimento de inadequação da via eleita, com o indeferimento da inicial, se inexiste **prova pré-constituída** do direito alegado" (RJM 173/178).

Art. 11. Feita a notificação, o serventuário em cujo cartório corra o feito, juntará aos autos cópia autêntica do ofício endereçado ao coator, bem como a prova da sua entrega a este ou da recusa, seja de recebê-lo, seja de dar recibo.

Art. 12. Findo o prazo a que se refere o art. 9º, e ouvido o representante do Ministério Público[1] dentro de 5 (cinco) dias, os autos serão conclusos ao juiz para decisão a ser proferida em 5 (cinco) dias.[2]

Art. 12: 1. "É imprescindível a intervenção do MP no processo de *habeas data*, antes da prolação da sentença, sob pena de nulidade" (RT 731/444).

Art. 12: 2. A decisão deve condenar a parte que deu causa ao processo ao pagamento de **honorários advocatícios:** "Gratuidade referida no artigo 5º LXXVII da Constituição Federal e no artigo 21 da Lei 9.507/97 que se refere tão só às despesas processuais. Inexistência neste diploma, ao contrário do que ocorre na Lei 1.533/51 referente ao mandado de segurança, de norma restringindo a incidência do direito comum. Aplicação, portanto, da regra do artigo 20 do CPC" (JTJ 319/165: AP 240.816-4/0-00).

Art. 13. Na decisão, se julgar procedente o pedido, o juiz marcará data e horário para que o coator:

I — apresente ao impetrante as informações a seu respeito, constantes de registros ou bancos de dados; ou

II — apresente em juízo a prova da retificação ou da anotação feita nos assentamentos do impetrante.

Art. 14. A decisão será comunicada ao coator, por correio, com aviso de recebimento, ou por telegrama, radiograma ou telefonema, conforme o requerer o impetrante.

Parágrafo único. Os originais, no caso de transmissão telegráfica, radiofônica ou telefônica, deverão ser apresentados à agência expedidora, com a firma do juiz devidamente reconhecida.

Art. 15. Da sentença que conceder ou negar o *habeas data* cabe apelação.[1-2]

Parágrafo único. Quando a sentença conceder o *habeas data*, o recurso terá efeito meramente devolutivo.

Art. 15: 1. Também do indeferimento liminar do pedido de *habeas data* (art. 10 § ún.).

Art. 15: 2. no prazo de 15 dias (CPC 1.003 § 5º).

Art. 16. Quando o *habeas data* for concedido e o Presidente do Tribunal ao qual competir o conhecimento do recurso ordenar ao juiz a suspensão da execução da sentença, desse seu ato caberá agravo para o Tribunal a que presida.

Art. 17. Nos casos de competência do Supremo Tribunal Federal e dos demais Tribunais caberá ao relator a instrução do processo.

Art. 18. O pedido de *habeas data* poderá ser renovado se a decisão denegatória não lhe houver apreciado o mérito.

Art. 19. Os processos de *habeas data* terão prioridade sobre todos os atos judiciais, exceto *habeas corpus* e mandado de segurança. Na instância superior, deverão ser levados a julgamento na primeira sessão que se seguir à data em que, feita a distribuição, forem conclusos ao relator.

Parágrafo único. O prazo para a conclusão não poderá exceder de 24 (vinte e quatro) horas, a contar da distribuição.

Art. 20. O julgamento do *habeas data* compete:

I — originariamente:[1]

a) ao Supremo Tribunal Federal, contra atos do Presidente da República, das Mesas da Câmara dos Deputados e do Senado Federal, do Tribunal de Contas da União, do Procurador-Geral da República e do próprio Supremo Tribunal Federal;

b) ao Superior Tribunal de Justiça, contra atos de Ministro de Estado ou do próprio Tribunal;

c) aos Tribunais Regionais Federais contra atos do próprio Tribunal ou de juiz federal;

d) a juiz federal, contra ato de autoridade federal, excetuados os casos de competência dos tribunais federais;

e) a tribunais estaduais, segundo o disposto na Constituição do Estado;

f) a juiz estadual, nos demais casos;

II — em grau de recurso:[2]

a) ao Supremo Tribunal Federal, quando a decisão denegatória for proferida em única instância pelos Tribunais Superiores;

b) ao Superior Tribunal de Justiça, quando a decisão for proferida em única instância pelos Tribunais Regionais Federais;[2a]

c) aos Tribunais Regionais Federais, quando a decisão for proferida por juiz federal;

d) aos Tribunais Estaduais e ao do Distrito Federal e Territórios, conforme dispuserem a respectiva Constituição e a lei que organizar a Justiça do Distrito Federal;

III — mediante recurso extraordinário ao Supremo Tribunal Federal, nos casos previstos na Constituição.[3]

Art. 20: 1. v. CF 102-I-*e*, 105-I-*b*, 108-I-*c*, 109-VIII.

Art. 20: 2. v. CF 102-II-*a*, 108-I-*c*.

Art. 20: 2a. "Conforme disposto no art. 20, II, alínea *b*, da Lei 9.507/97, que disciplina o rito processual do *habeas data*, compete ao STJ julgá-lo, em grau recursal, quando a decisão for proferida em única instância pelos Tribunais Regionais Federais, o que não ocorre na hipótese, tendo em vista que a suposta decisão foi proferida pelo Tribunal de Justiça do Estado de São Paulo" (STJ-5ª T., Pet 6.895-RcDesp, Min. Napoleão Maia Filho, j. 19.8.09, DJ 28.9.09). V. tb. CF 105, nota 13a.

Art. 20: 3. v. CF 102-III.

Art. 21. São gratuitos o procedimento administrativo para acesso a informações e retificação de dados e para anotação de justificação, bem como a ação de *habeas data*.[1]

Art. 21: 1. s/ honorários advocatícios, v. art. 12, nota 2.

Art. 22. Esta lei entra em vigor na data de sua publicação.

Art. 23. Revogam-se as disposições em contrário.

Brasília, 12 de novembro de 1997; 176º da Independência e 109º da República — FERNANDO HENRIQUE CARDOSO — **Iris Rezende.**

Ementário

Idoso

Lei 10.741, de 1.10.03 — Dispõe sobre o Estatuto do Idoso e dá outras providências (v. adiante, texto parcial).

Lei 13.466, de 12.7.17 — Altera os arts. 3º, 15 e 71 da Lei n. 10.741, de 1º de outubro de 2003, que dispõe sobre o Estatuto do Idoso e dá outras providências.

Lei n. 10.741, de 1º de outubro de 2003

Dispõe sobre o Estatuto do Idoso e dá outras providências.[1-2]

O Presidente da República

Faço saber que o Congresso Nacional decreta e eu sanciono a seguinte lei:

LEI 10.741: 1. "Estatuto do Idoso. Lei Federal 10.741/2003. Aspectos processuais. Observações iniciais", por Luiz Manoel Gomes Junior (RP 115/110).

LEI 10.741: 2. Lei 8.842, de 4.1.94 — Dispõe sobre a política nacional do idoso, cria o Conselho Nacional do Idoso e dá outras providências.

Decreto 9.921, de 18.7.19 — Consolida atos normativos editados pelo Poder Executivo federal que dispõem sobre a temática da pessoa idosa.

Título V | DO ACESSO À JUSTIÇA

....

Capítulo III | DA PROTEÇÃO JUDICIAL DOS INTERESSES DIFUSOS, COLETIVOS E INDIVIDUAIS INDISPONÍVEIS OU HOMOGÊNEOS

Art. 78. As manifestações processuais do representante do Ministério Público deverão ser fundamentadas.

Art. 79. Regem-se pelas disposições desta lei as ações de responsabilidade por ofensa aos direitos assegurados ao idoso, referentes à omissão ou ao oferecimento insatisfatório de:

I — acesso às ações e serviços de saúde;

II — atendimento especializado ao idoso portador de deficiência ou com limitação incapacitante;

III — atendimento especializado ao idoso portador de doença infectocontagiosa;

IV — serviço de assistência social visando ao amparo do idoso.

Parágrafo único. As hipóteses previstas neste artigo não excluem da proteção judicial outros interesses difusos, coletivos, individuais indisponíveis ou homogêneos, próprios do idoso, protegidos em lei.

Art. 80. As ações previstas neste Capítulo serão propostas no foro do domicílio do idoso,[1-1a] cujo juízo terá competência absoluta[2] para processar a causa, ressalvadas as competências da Justiça Federal e a competência originária dos Tribunais Superiores.

Art. 80: 1. v. CPC 53-III-*e*.

Art. 80: 1a. "O art. 80 da Lei 10.741/2003 limita-se a estabelecer, de modo expresso, a competência do foro do domicílio do idoso para processamento e julgamento das ações que versam acerca de seus interesses difusos, coletivos e individuais indisponíveis ou homogêneos (previstas no Capítulo III daquela lei), circunstância não verificada no particular" (STJ-3ª T., REsp 1.246.739, Min. Nancy Andrighi, j. 2.5.13, DJ 8.5.13). Do voto da relatora: "Uma vez que a pretensão do recorrente objetiva a tutela de direito individual e disponível — execução de título de crédito —, impõe-se reconhecer a não incidência, na espécie, da norma precitada".

Art. 80: 2. v. CPC 62 e 64 § 1º.

Art. 81. Para as ações cíveis fundadas em interesses difusos, coletivos, individuais indisponíveis ou homogêneos, consideram-se legitimados, concorrentemente:

I — o Ministério Público;

II — a União, os Estados, o Distrito Federal e os Municípios;

III — a Ordem dos Advogados do Brasil;[1]

IV — as associações legalmente constituídas há pelo menos 1 (um) ano e que incluam entre os fins institucionais a defesa dos interesses e direitos da pessoa idosa, dispensada a autorização da assembleia, se houver prévia autorização estatutária.

§ 1º Admitir-se-á litisconsórcio facultativo entre os Ministérios Públicos da União e dos Estados na defesa dos interesses e direitos de que cuida esta lei.

§ 2º Em caso de desistência[1a] ou abandono[2] da ação por associação legitimada, o Ministério Público ou outro legitimado deverá assumir a titularidade ativa.

Art. 81: 1. v. EA 44 a 61.

Art. 81: 1a. v. CPC 485-VIII e § 4º.

Art. 81: 2. v. CPC 485-III e § 1º e 486 § 3º.

Art. 82. Para defesa dos interesses e direitos protegidos por esta lei, são admissíveis todas as espécies de ação pertinentes.

Parágrafo único. Contra atos ilegais ou abusivos de autoridade pública ou agente de pessoa jurídica no exercício de atribuições de Poder Público, que lesem direito líquido e certo previsto nesta lei, caberá ação mandamental, que se regerá pelas normas da lei do mandado de segurança.[1]

Art. 82: 1. v. Lei 12.016, de 7.8.09, no tít. MANDADO DE SEGURANÇA (texto integral).

Art. 83. Na ação que tenha por objeto o cumprimento de obrigação de fazer ou não fazer,[1] o juiz concederá a tutela específica da obrigação ou determinará providências que assegurem o resultado prático equivalente ao adimplemento.

§ 1º Sendo relevante o fundamento da demanda e havendo justificado receio de ineficácia do provimento final, é lícito ao juiz conceder a tutela liminarmente ou após justificação prévia, na forma do art. 273 do Código de Processo Civil.[2]

§ 2º O juiz poderá, na hipótese do § 1º ou na sentença, impor multa diária ao réu, independentemente do pedido do autor, se for suficiente ou compatível com a obrigação, fixando prazo razoável para o cumprimento do preceito.

§ 3º A multa só será exigível do réu após o trânsito em julgado da sentença favorável ao autor, mas será devida desde o dia em que se houver configurado.

Art. 83: 1. v. CPC 497, 536, 537 e 815 e segs.

Art. 83: 2. v. CPC 294 e segs.

Art. 84. Os valores das multas previstas nesta lei reverterão ao Fundo do Idoso, onde houver, ou na falta deste, ao Fundo Municipal de Assistência Social, ficando vinculados ao atendimento ao idoso.

Parágrafo único. As multas não recolhidas até 30 (trinta) dias após o trânsito em julgado da decisão serão exigidas por meio de execução promovida pelo Ministério Público, nos mesmos autos, facultada igual iniciativa aos demais legitimados em caso de inércia daquele.

Art. 85. O juiz poderá conferir efeito suspensivo aos recursos, para evitar dano irreparável à parte.[1]

Art. 85: 1. v. LACP 14 e notas.

Art. 86. Transitada em julgado a sentença que impuser condenação ao Poder Público, o juiz determinará a remessa de peças à autoridade competente, para apuração da responsabilidade civil e administrativa do agente a que se atribua a ação ou omissão.

Art. 87. Decorridos 60 (sessenta) dias do trânsito em julgado da sentença condenatória favorável ao idoso sem que o autor lhe promova a execução, deverá fazê-lo o Ministério Público, facultada, igual iniciativa aos demais legitimados, como assistentes ou assumindo o polo ativo, em caso de inércia desse órgão.

Art. 88. Nas ações de que trata este Capítulo, não haverá adiantamento de custas, emolumentos, honorários periciais e quaisquer outras despesas.[1-2]

Parágrafo único. Não se imporá sucumbência ao Ministério Público.

Art. 88: 1. "O art. 88 da Lei n. 10.741/03, que prevê a possibilidade de pagamento das custas processuais somente ao final do processo, está inserido no 'Capítulo III — Da Proteção Judicial dos Interesses Difusos, Coletivos e Individuais Indisponíveis ou Homogêneos', e a hipótese dos autos cuida-se de **execução de sentença,** que **não se enquadra** na previsão normativa encartada no Estatuto do Idoso" (STJ-2ª T., REsp 1.282.598-AgRg, Min. Humberto Martins, j. 24.4.12, DJ 2.5.12).

Art. 88: 2. "As ações relativas ao Estatuto do Idoso são aquelas relativas a seus direitos, destinadas a proteção de saúde, integridade física, acesso a recursos financeiros e serviços públicos (art. 79, *caput* e incisos I a IV do Estatuto do Idoso), especialmente considerando a sua condição de hipossuficiente. Por isso é que, nessas ações, não há cobrança de taxas e emolumentos. Bem por isso, a circunstância de o idoso ser parte acionada nas **ações de improbidade não** torna **incidente** a disciplina do art. 88 do Estatuto do Idoso para efeito de isenção ou diferimento de taxa judiciária e despesas judiciais" (STJ-1ª T., Ag em REsp 1.432.391-AgInt, Min. Napoleão Maia Filho, j. 3.12.19, DJ 9.12.19).

Art. 89. Qualquer pessoa poderá, e o servidor deverá, provocar a iniciativa do Ministério Público, prestando-lhe informações sobre os fatos que constituam objeto de ação civil e indicando-lhe os elementos de convicção.

Art. 90. Os agentes públicos em geral, os juízes e tribunais, no exercício de suas funções, quando tiverem conhecimento de fatos que possam configurar crime de ação pública contra idoso ou ensejar a propositura de ação para sua defesa, devem encaminhar as peças pertinentes ao Ministério Público, para as providências cabíveis.

Art. 91. Para instruir a petição inicial, o interessado poderá requerer às autoridades competentes as certidões e informações que julgar necessárias, que serão fornecidas no prazo de 10 (dez) dias.

Art. 92. O Ministério Público poderá instaurar sob sua presidência, inquérito civil, ou requisitar, de qualquer pessoa, organismo público ou particular, certidões, informações, exames ou perícias, no prazo que assinalar, o qual não poderá ser inferior a 10 (dez) dias.

§ 1º Se o órgão do Ministério Público, esgotadas todas as diligências, se convencer da inexistência de fundamento para a propositura da ação civil ou de peças informativas, determinará o seu arquivamento, fazendo-o fundamentadamente.

§ 2º Os autos do inquérito civil ou as peças de informação arquivados serão remetidos, sob pena de se incorrer em falta grave, no prazo de 3 (três) dias, ao Conselho Superior do Ministério Público ou à Câmara de Coordenação e Revisão do Ministério Público.

§ 3º Até que seja homologado ou rejeitado o arquivamento, pelo Conselho Superior do Ministério Público ou por Câmara de Coordenação e Revisão do Ministério Público, as associações legitimadas poderão apresentar razões escritas ou documentos, que serão juntados ou anexados às peças de informação.

§ 4º Deixando o Conselho Superior ou a Câmara de Coordenação e Revisão do Ministério Público de homologar a promoção de arquivamento, será designado outro membro do Ministério Público para o ajuizamento da ação.

....

Brasília, 1º de outubro de 2003; 182º da Independência e 115º da República — LUIZ INÁCIO LULA DA SILVA — **Márcio Thomaz Bastos.**

Ementário
Improbidade Administrativa

Lei 8.429, de 2.6.92 (LIA) — Dispõe sobre as sanções aplicáveis aos agentes públicos nos casos de enriquecimento ilícito no exercício de mandato, cargo, emprego ou função na administração pública direta, indireta ou fundacional e dá outras providências (v. adiante, texto integral). O art. 13 foi regulamentado pelo **Dec. 978, de 10.11.93** (Lex 1993/912).

Lei 9.366, de 16.12.96 — Dispõe sobre os quadros de cargos do Grupo-Direção e Assessoramento Superiores — DAS da Advocacia Geral da União, do Ministério da Fazenda, e dá outras providências (Lex 1996/2.973). Alterou o art. 17 § 3º da Lei 8.429.

Lei 10.257, de 10.7.01 — Regulamenta os arts. 182 e 183 da Constituição Federal, estabelece diretrizes gerais da política urbana e dá outras providências (Lex 2001/3.153). Define, no art. 52, novos casos de improbidade administrativa.

Med. Prov. 2.180-35, de 24.8.01 (Lex 2001/3.546) — Acrescentou § 5º ao art. 17 da Lei 8.429.

Med. Prov. 2.225, de 4.9.01 (Lex 2001/3.806) — Acrescentou §§ 6º a 12 ao art. 17 da Lei 8.429.

Lei 10.628, de 24.12.02 — Altera a redação do art. 84 do Dec. lei n. 3.689, de 3.10.41 — Código de Processo Penal (DOU 26.12.02). O § 2º do art. 1º dispõe sobre competência para a propositura da ação de improbidade.

Lei 12.120, de 15.12.09 — Altera os arts. 12 e 21 da Lei n. 8.429, de 2 de junho de 1992 — Lei de Improbidade Administrativa.

Lei 13.019, de 31.7.14 — Estabelece o regime jurídico das parcerias entre a administração pública e as organizações da sociedade civil, em regime de mútua cooperação, para a consecução de finalidades de interesse público e recíproco, mediante a execução de atividades ou de projetos previamente estabelecidos em planos de trabalho inseridos em termos de colaboração, em termos de fomento ou em acordos de cooperação; define diretrizes para a política de fomento, de colaboração e de cooperação com organizações da sociedade civil; e altera as Leis n. 8.429, de 2 de junho de 1992, e 9.790, de 23 de março de 1999. **Nota:** em vigor 540 dias após sua publicação (DOU 1.8.14), cf. dispõe o art. 88.

Lei 13.146, de 6.7.15 — Institui a Lei Brasileira de Inclusão da Pessoa com Deficiência (Estatuto da Pessoa com Deficiência). Na LIA: acrescentou inc. IX ao art. 11. **Nota:** em vigor 180 dias após sua publicação (DOU 7.7.15).

Lei 13.204, de 14.12.15 — Alterou a Lei 13.019.

Lei Complementar 157, de 29.12.16 — Na LIA: acrescentou o art. 10-A e alterou os arts. 12 e 17.

Lei 13.650, de 11.4.18 — Na LIA: acrescentou o inc. X ao art. 11.

Lei n. 8.429, de 2 de junho de 1992

Dispõe sobre as sanções aplicáveis aos agentes públicos nos casos de enriquecimento ilícito no exercício de mandato, cargo, emprego ou função na administração pública direta, indireta ou fundacional e dá outras providências.

O Presidente da República,
Faço saber que o Congresso Nacional decreta e eu sanciono a seguinte lei:

Capítulo I | DAS DISPOSIÇÕES GERAIS

Art. 1º Os atos de improbidade[1-1a] praticados por qualquer agente público,[1b a 2b] servidor ou não, contra a administração direta, indireta ou fundacional de qualquer dos Poderes da União, dos Estados, do Distrito Federal, dos Municípios, de Território, de empresa incorporada ao patrimônio público ou de entidade para cuja criação ou custeio o erário haja concorrido ou concorra com mais de cinquenta por cento do patrimônio ou da receita anual, serão punidos na forma desta lei.[3]

Parágrafo único. Estão também sujeitos às penalidades desta lei os atos de improbidade praticados contra o patrimônio de entidade que receba subvenção, benefício ou incentivo, fiscal ou creditício, de órgão público bem como daquelas para cuja criação ou custeio o erário haja concorrido ou concorra com menos de cinquenta por cento do patrimônio ou da receita anual, limitando-se, nestes casos, a sanção patrimonial à repercussão do ilícito sobre a contribuição dos cofres públicos.

✎ **Art. 1º: 1.** "Improbidade administrativa", por Kiyoshi Harada (RIASP 6/102); "Improbidade administrativa como forma de corrupção", por Caio Tácito (RDA 226/1); "Improbidade administrativa e atos judiciais", por Mauro Roberto Gomes de Mattos (RDA 230/187); "Improbidade administrativa, agentes políticos e foro privilegiado", por Wallace Paiva Martins Junior (RDA 232/231); "Improbidade administrativa: Alguns aspectos controvertidos", por Edilson Pereira Nobre Júnior (RDA 235/61); "Improbidade administrativa e a questão do princípio do juiz natural como garantia constitucional", por Alexandre de Moraes (RT 822/52); "Corrupção administrativa", por Lucia Valle Figueiredo (RF 375/76); "Do excessivo caráter aberto da Lei de Improbidade Administrativa", por Mauro Roberto Gomes de Mattos (IP 29/139); "A Lei de Improbidade Administrativa e o princípio da proporcionalidade", por Anderson Sant'Ana Pedra (IP 34/75); "Competência para julgamento de agentes políticos por ofensa à Lei de Improbidade Administrativa (8.429, de 2.6.92)", por Celso Antônio Bandeira de Mello (IP 42/15).

Art. 1º: 1a. **CF 37 § 4º:** "Os atos de improbidade administrativa importarão a suspensão dos direitos políticos, a perda da função pública, a indisponibilidade dos bens e o ressarcimento ao erário, na forma e gradação previstas em lei, sem prejuízo da ação penal cabível". V. tb. CF 15-V.

Art. 1º: 1b. "**Magistrados** são agentes públicos para fins de aplicação da Lei de Improbidade Administrativa" (STJ-Corte Especial, AIA 45-EDcl, Min. Laurita Vaz, j. 21.5.14, DJ 28.5.14). "No que interessa aos membros do Poder Judiciário, o Supremo Tribunal Federal assentou a inaplicabilidade da Lei de Improbidade Administrativa unicamente aos Ministros do próprio STF, porquanto se trata de agentes políticos submetidos ao regime especial de responsabilidade da Lei 1.079/1950 (AI 790.829-AgRg, Ministra Cármen Lúcia, DJ 19.10.12). Logo, todos os demais magistrados submetem-se aos ditames da Lei 8.429/92" (STJ-1ª T, REsp 1.168.739, Min. Sérgio Kukina, j. 3.6.14, DJ 11.6.14). Assim: "O que justifica a aplicação da norma sancionadora é a possibilidade de se identificar o *animus* do agente e seu propósito deliberado de praticar um ato não condizente com sua função. Não se pode pensar um conceito de Justiça afastado da imparcialidade do julgador, sendo um indicador de um ato ímprobo a presença no caso concreto de interesse na questão a ser julgada aliada a um comportamento proposital que beneficie a uma das partes. Constatada a parcialidade do magistrado, com a injustificada ocultação de processos, pode sim configurar ato de improbidade. A averiguação da omissão injustificada no cumprimento dos deveres do cargo está vinculada aos atos funcionais, relativos aos serviços forenses e não diretamente à atividade judicante, ou seja, a atividade finalística do Poder Judiciário" (STJ-2ª T., REsp 1.249.531, Min. Mauro Campbell, j. 20.11.12, DJ 5.12.12). **Contra:** "Se o recorrido praticou excessos na sua atividade judiciária, sem conotações administrativas, deve responder perante a Corregedoria Estadual e o Conselho Nacional da Magistratura. Nunca submeter-se ao crivo do inquérito perante o Ministério Público" (STJ-1ª T., REsp 910.909, Min. José Delgado, j. 18.12.07, DJU 3.3.08).

Art. 1º: 1c. "Os **agentes políticos, com exceção do Presidente da República,** encontram-se sujeitos a um duplo regime sancionatório, de modo que se submetem tanto à responsabilização civil pelos atos de improbidade administrativa, quanto à responsabilização político-administrativa por crimes de responsabilidade. Não há qualquer impedimento à concorrência de esferas de responsabilização distintas, de modo que carece de fundamento constitucional a tentativa de imunizar os agentes políticos das sanções da ação de improbidade administrativa, a pretexto de que estas seriam absorvidas pelo crime de responsabilidade. A única exceção ao duplo regime sancionatório em matéria de improbidade se refere aos atos praticados pelo Presidente da República, conforme previsão do art. 85, V, da Constituição. O foro especial por prerrogativa de função previsto na Constituição Federal em relação às infrações penais comuns não é extensível às ações de improbidade administrativa, de natureza civil. Em primeiro lugar, o foro privilegiado é destinado a abarcar apenas as infrações penais. A suposta gravidade das sanções previstas no art. 37, § 4º, da Constituição, não reveste a ação de improbidade administrativa de natureza penal. Em segundo lugar, o foro privilegiado submete-se a regime de direito estrito, já que representa exceção aos princípios estruturantes da igualdade e da república. Não comporta, portanto, ampliação a hipóteses não expressamente previstas no texto constitucional. E isso especialmente porque, na hipótese, não há lacuna constitucional, mas legítima opção do poder constituinte originário em não instituir foro privilegiado para o processo e julgamento de agentes políticos pela prática de atos de improbidade na esfera civil. Por fim, a fixação de competência para julgar a ação de improbidade no 1º grau de jurisdição, além de constituir fórmula mais republicana, é atenta às capacidades institucionais dos diferentes graus de jurisdição para a realização da instrução processual, de modo a promover maior eficiência no combate à corrupção e na proteção à moralidade administrativa" (STF-Pleno, Pet 3.240-AgRg, Min. Roberto Barroso, j. 10.5.18, maioria, DJ 22.8.18).

Também aplicando a Lei de Improbidade Administrativa contra agente político: STJ-2ª T., REsp 1.719.459-AgInt, Min. Francisco Falcão, j. 25.9.18, DJ 28.9.18.

Compete ao juiz de primeira instância julgar procurador regional da República acusado de improbidade administrativa, pois não se "autoriza ao STJ, por meio da aplicação do princípio da simetria, ampliar a competência atribuída a esta Corte pelo art. 105 da Constituição da República" (STJ-Corte Especial, Pet 9.669-AgRg, Min. Og Fernandes, j. 17.9.14, DJ 6.10.14).

Contra: "Norma infraconstitucional não pode atribuir a juiz de primeiro grau o julgamento de ação de improbidade administrativa, com possível aplicação da pena de perda do cargo, contra Governador do Estado, que, a exemplo dos Ministros do STF, também tem assegurado foro por prerrogativa de função, tanto em crimes comuns (perante o STJ) quanto em crimes de responsabilidade (perante a respectiva Assembleia Legislativa). É de se reconhecer que, por inafastável simetria com o que ocorre em relação aos crimes comuns (CF, art. 105, I, *a*), há, em casos tais, competência implícita complementar do Superior Tribunal de Justiça" (STJ-IP 60/287: Corte Especial, Rcl 2.790).

Art. 1º: 1d. "O processo e julgamento de prefeito municipal por crime de responsabilidade (Decreto-lei 201/67) não impede sua responsabilização por atos de improbidade administrativa previstos na Lei 8.429/1992, em virtude da autonomia das instâncias" (STF-Pleno, RE 976.566, Min. Alexandre de Moraes, j. 13.9.19, DJ 26.9.19). No mesmo sentido: STJ-Corte Especial, ED no REsp 895.530-RE-AgInt, Min. Maria Thereza, j. 11.2.20, DJ 17.2.20.

Art. 1º: 1e. "Compete ao STF julgar ação de improbidade contra seus membros" (STF-Pleno, Pet 3.211-QO, Min. Menezes Direito, j. 13.3.08, maioria, DJU 27.6.08).

Todavia, para os demais magistrados, prevalece o seguinte entendimento: "As ações de improbidade administrativa ajuizadas contra membros de tribunal devem ser processadas e julgadas no primeiro grau de jurisdição" (STJ-Corte Especial, AIA 35-AgRg-AgRg, Min. Ari Pargendler, j. 3.2.14, DJ 10.2.14; a citação é do voto do relator). No mesmo sentido, em matéria de inquérito instaurado para "investigação por eventuais atos de improbidade administrativa": STJ-Corte Especial, Rcl 2.723, Min. Laurita Vaz, j. 15.10.08, DJ 6.4.09. Com isso, fica superado acórdão que sustenta que "as mesmas razões que levaram o STF a negar a competência de juiz de grau inferior para a ação de improbidade contra seus membros, autorizam a concluir, desde logo, que também não há competência de primeiro grau para julgar ação semelhante, com possível aplicação da pena de perda do cargo, contra membros de outros tribunais superiores ou de tribunais de segundo grau, como no caso" (STJ-Corte Especial, Rcl 2.115-AgRg, Min. Teori Zavascki, j. 18.11.09, DJ 16.12.09).

"Em razão da aposentadoria do reclamante, que ocupou o cargo de Desembargador do Tribunal de Justiça do Espírito Santo, não há falar em foro por prerrogativa de função para o julgamento da ação de improbidade administrativa no Superior Tribunal de Justiça" (STJ-1ª Seção, Rcl 4.213, Min. Humberto Martins, j. 8.8.12, DJ 15.8.12).

Art. 1º: 2. Os §§ 1º e 2º do art. 84 do Código de Processo Penal, na redação dada pela Lei 10.628, de 24.12.02, foram **declarados inconstitucionais,** em razão de choque com a orientação firmada por ocasião do cancelamento da Súmula 394 do STF e de não ser a improbidade administrativa matéria penal, fato impeditivo de elastérios à competência originária do STF (STF-Pleno, ADI 2.797, Min. Sepúlveda Pertence, j. 15.9.05, três votos vencidos, DJU 19.12.06).

"Embargos de declaração em ação direta de inconstitucionalidade. Pedido de modulação temporal dos efeitos da decisão de mérito. Possibilidade. Ações penais e de improbidade administrativa contra ocupantes e ex-ocupantes de cargos com prerrogativa de foro. Preservação dos atos processuais praticados até 15 de setembro de 2005. Embargos de declaração conhecidos e acolhidos para fixar a data de 15 de setembro de 2005 como termo inicial dos efeitos da declaração de inconstitucionalidade dos §§ 1º e 2º do Código de Processo Penal, preservando-se, assim, a validade dos atos processuais até então praticados e devendo as ações ainda não transitadas em julgado seguirem na instância adequada" (STF-Pleno, ADI 2.797-EDcl, Min. Ayres Britto, j. 16.5.12, maioria, DJ 27.2.13).

"A superveniente declaração de inconstitucionalidade da Lei n. 10.628/02 pelo STF (ADI 2.797/DF e ADI 2.806/DF), em 15.9.05, afasta a competência desta Corte para julgar, originariamente, ações de improbidade e respectivas cautelares" (STJ-Corte Especial, Pet 2.594-EDcl-AgRg, Min. Menezes Direito, j. 15.3.06, DJU 10.4.06).

Art. 1º: 2a. "O enquadramento do estagiário no conceito de agente público, para fins de sua submissão à Lei 8.429/1992, depende das funções que, de fato, estava a exercer, por ocasião do ilícito que praticou. É desinfluente, assim, o fato de, dentre suas atribuições, não haver possibilidade de tomar decisões. No caso, está consignado nos autos que ele tinha acesso a senha que legitimaria operações que só o empregado da Caixa Econômica Federal poderia realizar, o que, em exame preliminar, denota que, transitoriamente, em razão de seu vínculo com a CEF, exerceu, de forma ilícita, função que, embora estranha a suas atribuições, contrariou os princípios da administração pública" (STJ-1ª T., MC 21.122, Min. Benedito Gonçalves, j. 8.10.13, maioria, DJ 13.3.14).

Art. 1º: 2b. "Inclusão dos notários e registradores, como 'agentes públicos' que são, no campo de incidência da Lei 8.429/1992" (STJ-1ª T., REsp 1.186.787, Min. Sérgio Kukina, j. 24.4.14, DJ 5.5.14).

Art. 1º: 3. "A Lei de Improbidade Administrativa **não pode ser aplicada retroativamente** para alcançar fatos anteriores a sua vigência, ainda que ocorridos após a edição da Constituição Federal de 1988" (STJ-2ª T., REsp 1.129.121, Min. Castro Meira, j. 3.5.12, maioria, DJ 15.3.13). Em sentido semelhante: STJ-1ª T., REsp 1.206.338, Min. Napoleão Maia Filho, j. 3.12.13, DJ 18.12.13.

Mas: "Em que pese a irretroatividade da Lei 8.429/92, o controle dos atos lesivos ao erário deve ser feito com fundamento no art. 159 do CC/16 ou nas Leis 4.717/65 e 7.347/85" (STJ-1ª T., REsp 1.197.330, Min. Napoleão Maia Filho, j. 21.5.13, DJ 12.6.13).

Art. 2º Reputa-se agente público,[1-2] para os efeitos desta lei, todo aquele que exerce, ainda que transitoriamente ou sem remuneração, por eleição, nomeação, designação, contratação ou qualquer outra forma de investidura ou vínculo, mandato, cargo, emprego ou função nas entidades mencionadas no artigo anterior.

Art. 2º: 1. "São sujeitos ativos dos atos de improbidade administrativa, não só os servidores públicos, mas todos aqueles que estejam abrangidos no conceito de agente público, insculpido no art. 2º da Lei 8.429/92. A Lei 8.429/92 dedicou científica atenção na atribuição da sujeição do dever de probidade administrativa ao agente público, que se reflete internamente na relação estabelecida entre ele e a Administração Pública, superando a noção de servidor público, com uma visão mais dilatada do que o conceito do funcionário público contido no Código Penal (art. 327). Hospitais e médicos conveniados ao SUS que, além de exercerem função pública delegada, administram verbas públicas são sujeitos ativos dos atos de improbidade administrativa" (STJ-1ª T., REsp 416.329, Min. Luiz Fux, j. 13.8.02, DJU 23.9.02). No mesmo sentido: STJ-2ª T., REsp 1.138.523, Min. Eliana Calmon, j. 23.2.10, DJ 4.3.10.

Art. 2º: 2. "Ação de improbidade. Legitimidade passiva. **Organização não governamental. Dirigente.** Verba pública. Irregularidades. Agente público. Equiparação" (STJ-1ª T., REsp 1.845.674-AgInt, Min. Gurgel de Faria, j. 1.12.20, maioria, DJ 18.12.20).

Art. 3º As disposições desta lei são aplicáveis, no que couber, àquele que, mesmo não sendo agente público, induza ou concorra para a prática do ato de improbidade ou dele se beneficie sob qualquer forma direta ou indireta.[1-2]

Art. 3º: 1. "Não figurando no polo passivo qualquer agente público, **não há como o particular figurar sozinho como réu** em ação de improbidade administrativa. Nesse quadro legal, não se abre ao *Parquet* a via da Lei da Improbidade Administrativa. Resta-lhe, diante dos fortes indícios de fraude nos negócios jurídicos da empresa com a Administração Federal, ingressar com ação civil pública comum, visando ao ressarcimento dos eventuais prejuízos causados ao patrimônio público" (STJ-RSDA 57/117: 2ª T., REsp 1.155.992). No mesmo sentido: STJ-1ª T., REsp 1.171.017, Min. Sérgio Kukina, j. 25.2.14, DJ 6.3.14.

Art. 3º: 2. "Nos termos do art. 3º da Lei 8.429/1992, o sócio que aufere lucro com a conduta ilícita do outro sócio não deve ser excluído da condenação tão somente porque é auditor-fiscal aposentado ou porque a sociedade foi licitamente formada. É que não há como entender que não tenha se beneficiado da conduta ilícita, uma vez que contribuiu para o exercício da atividade econômica e partilhou dos resultados obtidos. Além disso, o contexto fático-probatório consignado no acórdão recorrido não dá margem para entender que, mesmo na qualidade de particular, o sócio não tinha conhecimento da ilicitude da conduta" (STJ-2ª T., REsp 1.352.448, Min. Humberto Martins, j. 7.8.14, DJ 21.11.14).

Art. 4º Os agentes públicos de qualquer nível ou hierarquia são obrigados a velar pela estrita observância dos princípios de legalidade, impessoalidade, moralidade e publicidade no trato dos assuntos que lhe são afetos.

Art. 5º Ocorrendo lesão ao patrimônio público por ação ou omissão, dolosa ou culposa, do agente ou de terceiro, dar-se-á o integral ressarcimento do dano.

Art. 6º No caso de enriquecimento ilícito, perderá o agente público ou terceiro beneficiário os bens ou valores acrescidos ao seu patrimônio.

Art. 7º Quando o ato de improbidade causar lesão ao patrimônio público ou ensejar enriquecimento ilícito, caberá a autoridade administrativa responsável pelo inquérito representar ao Ministério Público, para a indisponibilidade dos bens do indiciado.[1 a 7]

Parágrafo único. A indisponibilidade a que se refere o *caput* deste artigo recairá sobre bens que assegurem o integral ressarcimento do dano, ou sobre o acréscimo patrimonial resultante do enriquecimento ilícito.

✎ **Art. 7º: 1.** "Notas sobre a indisponibilidade de bens na Lei Geral de Improbidade Administrativa", por Tiago Ravazzi Ambrizzi (RP 229/305).

Art. 7º: 2. "Constituindo o arresto e a indisponibilidade de bens uma forma de apenas garantir o pagamento de futura indenização, eventualmente comprovada ao fim do processo, não há qualquer necessidade do bloqueio de bens que extrapolem o **valor** indicado na inicial da ação de improbidade, a título de **prejuízo ao erário"** (STJ-Corte Especial, MC 7.487-AgRg, Min. Menezes Direito, j. 18.5.05, DJU 13.6.05). No mesmo sentido: JTJ 289/306, 331/27 (AI 778.567-5/4-00).

"Considerando-se que a **multa civil** integra o valor da condenação a ser imposta ao agente improbo, a decretação da indisponibilidade de bens deve abrangê-la" (STJ-2ª T., REsp 1.023.182, Min. Castro Meira, j. 23.9.08, DJ 23.10.08). No mesmo sentido: STJ-1ª T., REsp 957.766, Min. Luiz Fux, j. 9.3.10, DJ 23.3.10.

"Considerando a ocorrência da prescrição punitiva em relação às demais sanções da LIA, como é o caso da multa civil, a indisponibilidade de bens deve apenas assegurar a recomposição do dano" (STJ-2ª T., REsp 1.256.232, Min. Eliana Calmon, j. 19.9.13, DJ 26.9.13).

"É defeso a indisponibilidade de bens alcançar o débito total em relação a cada um dos coobrigados, ante a proibição legal do excesso na cautela" (STJ-1ª T., REsp 1.119.458, Min. Hamilton Carvalhido, j. 13.4.10, DJ 29.4.10). "Na hipótese em que a medida constritiva de indisponibilidade de bens determinada pelo juízo já alcançou patrimônio suficiente para eventual reparação integral do dano causado ao erário, despiciendo que se prossiga a busca de bens e direitos de outros requeridos para torná-los indisponíveis" (STJ-1ª T., REsp 1.497.327-AgInt, Min. Benedito Gonçalves, j. 9.10.18, maioria, DJ 25.10.18; a citação é do voto do relator). **Todavia,** ponderando que, "no caso, não foi ainda apurado o grau de participação de cada agente nas condutas tidas por improbas, razão pela qual é inviável, no presente momento, permitir a limitação da indisponibilidade dos bens ao resultado da divisão de tal valor com os demais réus da ação", em razão da solidariedade na responsabilidade: STJ-2ª T., REsp 1.610.169, Min. Herman Benjamin, j. 2.5.17, DJ 12.5.17. Ainda: "Fracionamento do valor da constrição entre os réus. Impossibilidade. Solidariedade que perdura até instrução final do processo" (STJ-1ª T., Ag em REsp 1.445.093-AgInt, Min. Benedito Gonçalves, j. 13.8.19, maioria, DJ 29.8.19).

No sentido de que não se admite "a decretação indiscriminada da indisponibilidade de bens, que deve ficar adstrita ao suposto *quantum* a ser eventualmente ressarcido e não incidir sobre ativos financeiros que impossibilitem a sobrevivência do demandado e de seus familiares, como conta-corrente, salário, proventos ou ganhos provenientes do trabalho": RT 865/359 (a citação é do voto do relator).

"Não pode haver bloqueio absoluto total dos ativos financeiros da empresa, sob pena de levá-la à falência, criando uma série de transtornos, inclusive, sociais, como o não pagamento dos salários dos empregados" (RT 868/397). No mesmo sentido: RT 899/266 (TJMG, AI 1.0704.09.139339-4/001).

"A constrição não deve recair sobre o patrimônio total do réu, mas tão somente sobre parcela que se mostre suficiente para assegurar futura execução. Para além disso, afora as impenhorabilidades legais, a atuação judicial deve também resguardar, na extensão comprovada pelo interessado, pessoa física ou jurídica, o acesso a valores indispensáveis, respectivamente, à sua subsistência (mínimo existencial) ou à continuidade de suas atividades" (STJ-1ª T., REsp 1.161.049, Min. Sérgio Kukina, j. 18.9.14, DJ 29.9.14).

Art. 7º: 2a. "A decretação da indisponibilidade, que não se confunde com o sequestro, **prescinde de individualização dos bens** pelo *Parquet*" (STJ-2ª T., REsp 1.177.290, Min. Herman Benjamin, j. 22.6.10, DJ 1.7.10). No mesmo sentido: STJ-1ª T., Ag em REsp 704.416-AgInt, Min. Gurgel de Faria, j. 12.6.18, DJ 6.8.18.

Art. 7º: 3. "Não há óbice à decretação da indisponibilidade de **bens adquiridos em momento anterior** aos atos de improbidade administrativa" (STJ-2ª T., REsp 839.936, Min. Castro Meira, j. 21.6.07, DJU 1.8.07). No mesmo sentido: STJ-1ª T., REsp 522.353, Min. Denise Arruda, j. 6.12.05, DJU 1.2.06; JTJ 326/30 (AI 672.409-5/1-00).

Ponderando que nas ações estribadas no art. 9º (enriquecimento ilícito) o bloqueio de bens deve se ater aos bens adquiridos ulteriormente aos atos apontados como ilícitos e que naquelas fundadas no art. 10 (prejuízo ao erário) pode alcançar bens possuídos antes mesmo dos atos tidos como ímprobos: JTJ 288/304.

✎ "Legalidade da medida de indisponibilidade dos bens adquiridos antes da vigência da Lei 8.492/92, visando à garantia do ressarcimento dos danos causados ao erário", por Emerson Garcia (RT 807/166).

Art. 7º: 3a. "O caráter de **bem de família** dos imóveis nada interfere em sua indisponibilidade porque tal medida não implica em expropriação do bem" (STJ-2ª T., REsp 840.930, Min. Eliana Calmon, j. 16.9.08, DJ 7.11.08). No mesmo sentido: STJ-1ª T., REsp 806.301, Min. Luiz Fux, j. 11.12.07, DJU 3.3.08. **Contra:** "Incabível a indisponibilidade, em ação civil pública, de imóvel residencial próprio do casal de um dos réus" (JTJ 319/24: AP 630.417-5/0-00).

Art. 7º: 3b. Indisponibilidade de bem impenhorável. "A medida de indisponibilidade de bens, prevista no art. 7º, parágrafo único, da Lei 8.429/1992, não se equipara a expropriação do bem, muito menos se trata de penhora, limitando-se a impedir eventual alienação. Arts. 648 e 649, X, do CPC inaplicáveis" (STJ-2ª T., REsp 1.260.731, Min. Eliana Calmon, j. 19.11.13, DJ 29.11.13). **Contra:** "As verbas salariais, por serem absolutamente impenhoráveis, também não podem ser objeto da medida de indisponibilidade na ação de improbidade administrativa, pois, sendo impenhoráveis, não poderão assegurar uma futura execução" (STJ-1ª T., REsp 1.164.037, Min. Napoleão Maia Filho, j. 20.2.14, maioria, RT 945/428).

Art. 7º: 4. "A decretação da indisponibilidade e o sequestro de bens, por ser medida extrema, há de ser devida e juridicamente **fundamentada,** com apoio nas regras impostas pelo devido processo legal, sob pena de se tornar nula" (STJ-1ª T., REsp 422.583-AgRg, Min. José Delgado, j. 20.6.02, DJU 9.9.02).

Art. 7º: 5. "No caso da medida cautelar de indisponibilidade, prevista no art. 7º da LIA, não se vislumbra uma típica tutela de urgência, como descrito acima, mas sim uma tutela de evidência, uma vez que o *periculum in mora* não é oriundo da intenção do agente dilapidar seu patrimônio e, sim, da gravidade dos fatos e do montante do prejuízo causado ao erário, o que atinge toda a coletividade. O próprio legislador **dispensa a demonstração do perigo de dano,** em vista da redação imperativa da Constituição Federal (art. 37, § 4º) e da própria Lei de Improbidade (art. 7º)" (STJ-1ª Seção, REsp 1.319.515, Min. Mauro Campbell, j. 22.8.12, maioria, DJ 21.9.12).

"Desarrazoado aguardar a realização de atos concretos tendentes à dilapidação do patrimônio, sob pena de esvaziar o escopo da medida. Admite-se a indisponibilidade dos bens em caso de forte prova indiciária de responsabilidade dos réus na consecução do ato ímprobo que cause enriquecimento ilícito ou dano ao erário, estando o *periculum in mora* implícito no próprio comando legal" (STJ-2ª T., REsp 1.177.290, Min. Herman Benjamin, j. 22.6.10, DJ 1.7.10).

No mesmo sentido: RT 899/266 (TJMG, AI 1.0704.09.139339-4/001), JTJ 342/116 (AI 936.241-5/8-00).

Todavia: "O entendimento sedimentado pelo STJ acerca da prescindibilidade de comprovação do *periculum in mora* para a decretação da indisponibilidade de bens na ação de improbidade administrativa não pode ser estendido às demais ações coletivas que não envolvam ato ímprobo. Assim, para concessão da tutela de urgência consubstanciada na indisponibilidade de bens, deve-se comprovar a probabilidade do direito e a existência de indícios da dilapidação patrimonial" (STJ-3ª T., REsp 1.835.867, Min. Marco Bellizze, j. 10.12.19, DJ 17.12.19).

Contra: "O fato de ser admitida a petição inicial da ação de improbidade não gera a presunção de que o réu irá desviar ou dilapidar seu patrimônio a ponto de dispensar a necessária configuração do *periculum in mora* para o deferimento do pedido liminar de indisponibilidade de bens. Acórdão que entendeu desnecessária a análise acerca do *periculum in mora* para a concessão da liminar é nulo" (STJ-2ª T., REsp 905.035, Min. Castro Meira, j. 4.9.07, DJU 18.9.07).

Levantando a indisponibilidade patrimonial, ante a falta de elementos indicativos de que "a ré esteja tentando ocultar, desviar ou dissipar seus bens": JTJ 292/328. Em sentido semelhante: RT 883/279 (TJMT, AI 73803/2008), 893/280 (TJMT, AI 82223/2008).

"Inexiste *periculum in mora* quando os fatos ocorreram no ano de 2001, a ação, com pedido de indisponibilidade dos bens, só foi proposta em 2004, e a liminar deferida tão somente em março de 2006, sem, demais, apontar, em concreto, qual o *periculum in mora*" (RT 868/397).

Art. 7º: 5a. "A medida cautelar de indisponibilidade dos bens também pode ser aplicada aos atos de improbidade administrativa que impliquem **violação dos princípios da administração pública,** mormente para assegurar o integral ressarcimento de eventual prejuízo ao erário, se houver, e ainda a multa civil prevista no art. 12, III, da Lei 8.429/92" (STJ-2ª T., REsp 1.311.013-AgRg, Min. Humberto Martins, j. 4.12.12, DJ 13.12.12). No mesmo sentido: STJ-1ª T., Ag em REsp 629.236-AgInt, Min. Regina Costa, j. 9.5.17, maioria, DJ 9.8.17.

Art. 7º: 6. "A indisponibilidade de bens na ação civil pública por ato de improbidade pode ser requerida **na própria ação,** independentemente de ação cautelar autônoma" (STJ-2ª T., REsp 469.366, Min. Eliana Calmon, j. 13.5.03, DJU 2.6.03). No mesmo sentido: STJ-1ª T., REsp 199.478, Min. Gomes de Barros, j. 21.3.00, DJU 8.5.00; JTJ 319/496 (AI 627.655-5/9-00; v. especialmente p. 499), 326/30 (AI 672.409-5/1-00).

Art. 7º: 7. "A decisão que determina a indisponibilidade dos bens é medida que pode e deve, muitas vezes, ser tomada **antes do exame de recebimento da inicial,** antes mesmo de proceder-se a notificação (§ 7º do art. 17 da Lei 8.429/92)" (RT 868/397). No mesmo sentido: STJ-1ª T., REsp 1.003.148, Min. Denise Arruda, j. 18.6.09, DJ 5.8.09; STJ-2ª T., REsp 930.650, Min. Herman Benjamin, j. 18.8.09, DJ 27.8.09; RT 899/266 (TJMG, AI 1.0704.09.139339-4/001).

V. tb. art. 17, nota 4e.

Art. 8º O sucessor daquele que causar lesão ao patrimônio público ou se enriquecer ilicitamente está sujeito às cominações desta lei até o limite do valor da herança.[1-2]

Art. 8º: 1. "Estão os herdeiros legitimados a figurar no polo passivo da demanda, exclusivamente para o prosseguimento da pretensão de ressarcimento ao erário" (STJ-2ª T., REsp 732.777, Min. Humberto Martins, j. 6.11.07, DJU 19.11.07). No mesmo sentido: STJ-1ª T., Ag em REsp 890.797-AgInt, Min. Gurgel de Faria, j. 6.12.16, DJ 7.2.17; RT 939/655 (TJRN, AP 2012.006621-8).

Art. 8º: 2. "Consoante o art. 8º da Lei de Improbidade Administrativa, a multa civil é transmissível aos herdeiros, 'até o limite do valor da herança', somente quando houver violação aos arts. 9º e 10 da referida lei (dano ao patrimônio público ou enriquecimento ilícito), sendo inadmissível quando a condenação se restringir ao art. 11. Como os réus foram condenados somente com base no art. 11 da Lei da Improbidade Administrativa, é ilegal a transmissão da multa para os sucessores do *de cujus*, mesmo nos limites da herança, por violação ao art. 8º do mesmo estatuto" (STJ-1ª Seção, REsp 951.389, Min. Herman Benjamin, j. 9.6.10, DJ 4.5.11).

Capítulo II | DOS ATOS DE IMPROBIDADE ADMINISTRATIVA[1-2]

Seção I | DOS ATOS DE IMPROBIDADE ADMINISTRATIVA QUE IMPORTAM ENRIQUECIMENTO ILÍCITO

CAP. II: 1. Lei 10.257, de 10.7.01 (Estatuto da Cidade) — Regulamenta os arts. 182 e 183 da Constituição Federal, estabelece diretrizes gerais da política urbana e dá outras providências: **"Art. 52.** Sem prejuízo da punição de outros agentes públicos envolvidos e da aplicação de outras sanções cabíveis, o Prefeito incorre em improbidade administrativa, nos termos da Lei n. 8.429, de 2 de junho de 1992, quando:

"I — (VETADO)

"II — deixar de proceder, no prazo de cinco anos, o adequado aproveitamento do imóvel incorporado ao patrimônio público, conforme o disposto no § 4º do art. 8º desta lei;

"III — utilizar áreas obtidas por meio do direito de preempção em desacordo com o disposto no art. 26 desta lei;

"IV — aplicar os recursos auferidos com a outorga onerosa do direito de construir e de alteração de uso em desacordo com o previsto no art. 31 desta lei;

"V — aplicar os recursos auferidos com operações consorciadas em desacordo com o previsto no § 1º do art. 33 desta lei;

"VI — impedir ou deixar de garantir os requisitos contidos nos incisos I a III do § 4º do art. 40 desta lei;

"VII — deixar de tomar as providências necessárias para garantir a observância do disposto no § 3º do art. 40 e no art. 50 desta lei;

"VIII — adquirir imóvel objeto de direito de preempção, nos termos dos arts. 25 a 27 desta lei, pelo valor da proposta apresentada, se este for, comprovadamente, superior ao de mercado".

CAP. II: 2. "Como vem reconhecendo a doutrina, o ato de improbidade é um ato ilegal e praticado com **má-fé,** esta, essência da imoralidade" (STJ-2ª T., REsp 514.820, Min. Eliana Calmon, j. 5.5.05, DJU 6.6.05).

"Não se pode confundir ilegalidade com improbidade. A improbidade é ilegalidade tipificada e qualificada pelo elemento subjetivo da conduta do agente. É razoável presumir vício de conduta do agente público que pratica um ato contrário ao que foi recomendado pelos órgãos técnicos, por pareceres jurídicos ou pelo Tribunal de Contas. Mas não é razoável que se reconheça ou presuma esse vício justamente na conduta oposta: de ter agido segundo aquelas manifestações, ou de não ter promovido a revisão de atos praticados como nelas recomendado, ainda mais se não há dúvida quanto à lisura dos pareceres ou à idoneidade de quem os prolatou. Nesses casos, não tendo havido conduta movida por imprudência, imperícia ou negligência, não há culpa e muito menos improbidade. A ilegitimidade do ato, se houver, estará sujeita a sanção de outra natureza, estranha ao âmbito da ação de improbidade" (STJ-1ª T., REsp 827.445, Min. Teori Zavascki, j. 2.2.10, DJ 8.3.10). Em sentido semelhante: STJ-Corte Especial, AIA 30, Min. Teori Zavascki, j. 21.9.11, DJ 28.9.11.

Art. 9º Constitui ato de improbidade administrativa importando enriquecimento ilícito auferir qualquer tipo de vantagem patrimonial indevida em razão do exercício de cargo, mandato, função, emprego ou atividade nas entidades mencionadas no art. 1º desta lei, e notadamente:[1]

I — receber, para si ou para outrem, dinheiro, bem móvel ou imóvel, ou qualquer outra vantagem econômica, direta ou indireta, a título de comissão, percentagem, gratificação ou presente de quem tenha interesse, direto ou indireto, que possa ser atingido ou amparado por ação ou omissão decorrente das atribuições do agente público;[1a]

II — perceber vantagem econômica, direta ou indireta, para facilitar a aquisição, permuta ou locação de bem móvel ou imóvel, ou a contratação de serviços pelas entidades referidas no art. 1º por preço superior ao valor de mercado;

III — perceber vantagem econômica, direta ou indireta, para facilitar a alienação, permuta ou locação de bem público ou o fornecimento de serviço por ente estatal por preço inferior ao valor de mercado;

IV — utilizar, em obra ou serviço particular, veículos, máquinas, equipamentos ou material de qualquer natureza, de propriedade ou à disposição de qualquer das entidades mencionadas no art. 1º desta lei, bem como o trabalho de servidores públicos, empregados ou terceiros contratados por essas entidades;[2]

V — receber vantagem econômica de qualquer natureza, direta ou indireta, para tolerar a exploração ou a prática de jogos de azar, de lenocínio, de narcotráfico, de contrabando, de usura ou de qualquer outra atividade ilícita, ou aceitar promessa de tal vantagem;

VI — receber vantagem econômica de qualquer natureza, direta ou indireta, para fazer declaração falsa sobre medição ou avaliação em obras públicas ou qualquer outro serviço, ou sobre quantidade, peso, medida, qualidade ou característica de mercadorias ou bens fornecidos a qualquer das entidades mencionadas no art. 1º desta lei;

VII — adquirir, para si ou para outrem, no exercício de mandato, cargo, emprego ou função pública, bens de qualquer natureza cujo valor seja desproporcional à evolução do patrimônio ou à renda do agente público;[3]

VIII — aceitar emprego, comissão ou exercer atividade de consultoria ou assessoramento para pessoa física ou jurídica que tenha interesse suscetível de ser atingido ou amparado por ação ou omissão decorrente das atribuições do agente público, durante a atividade;[4]

IX — perceber vantagem econômica para intermediar a liberação ou aplicação de verba pública de qualquer natureza;

X — receber vantagem econômica de qualquer natureza, direta ou indiretamente, para omitir ato de ofício, providência ou declaração a que esteja obrigado;

XI — incorporar, por qualquer forma, ao seu patrimônio bens, rendas, verbas ou valores integrantes do acervo patrimonial das entidades mencionadas no art. 1º desta lei;

XII — usar, em proveito próprio, bens, rendas, verbas ou valores integrantes do acervo patrimonial das entidades mencionadas no art. 1º desta lei.

Art. 9º: 1. A configuração da *fattispecie* descrita neste artigo depende da comprovação de dolo, mas independe da existência de dano ao erário.

S/ requisitos para a configuração do ato de improbidade, v. tb. art. 11, nota 1. V. ainda nota 2 ao Cap. II desta Lei.

Art. 9º: 1a. "Configura ato ímprobo o pagamento de quantia em dinheiro, por escritório de advocacia, a **oficial de justiça,** com o objetivo de agilizar o cumprimento de mandados judiciais" (STJ-1ª T., REsp 1.584.268-AgInt, Min. Benedito Gonçalves, j. 26.5.20, maioria, DJ 20.8.20).

Art. 9º: 2. "A ação civil pública para coibir atos de improbidade administrativa não pode ser amesquinhada e utilizada para reprimir o uso de quatorze folhas de papel timbrado da Câmara de Vereadores em defesa prévia, assinada por Assessor Jurídico do Legislativo em outra ação da mesma natureza. Princípio da insignificância dos fatos mínimos" (RJTJERGS 253/185).

Art. 9º: 3. "Para fins de caracterização do ato de improbidade administrativa previsto no art. 9º, VII, da Lei 8.429/92, cabe ao autor da ação o ônus de provar a desproporcionalidade entre a evolução patrimonial e a renda auferida pelo agente no exercício de cargo público" (STJ-1ª T., Ag em REsp 187.235-AgRg, Min. Arnaldo Esteves, j. 9.10.12, DJ 16.10.12).

"Em matéria de enriquecimento ilícito, cabe à Administração comprovar o incremento patrimonial significativo e incompatível com as fontes de renda do servidor, competindo, a este, por outro lado, o ônus da prova no sentido de demonstrar a licitude da evolução patrimonial constatada pela Administração, sob pena de configuração de improbidade administrativa por enriquecimento ilícito" (STJ-1ª Seção, MS 21.084, Min. Mauro Campbell, j. 26.10.16, maioria, DJ 1.12.16).

Art. 9º: 4. "O auditor-fiscal da Secretaria da Receita Federal, mesmo licenciado para tratar de interesses particulares, que presta serviços de consultoria e assessoramento na área tributária, por meio de sociedade empresária constituída, pratica o ato ímprobo descrito no art. 9º, inciso VIII, da Lei 8.429/1992. Isto porque há verdadeiro conflito de interesses" (STJ-2ª T., REsp 1.352.448, Min. Humberto Martins, j. 7.8.14, DJ 21.11.14).

Seção II — DOS ATOS DE IMPROBIDADE ADMINISTRATIVA QUE CAUSAM PREJUÍZO AO ERÁRIO

Art. 10. Constitui ato de improbidade administrativa que causa lesão ao erário qualquer ação ou omissão, dolosa ou culposa, que enseje perda patrimonial, desvio, apropriação, malbaratamento ou dilapidação dos bens ou haveres das entidades referidas no art. 1º desta lei, e notadamente:[1 a 1b]

I — facilitar ou concorrer por qualquer forma para a incorporação ao patrimônio particular, de pessoa física ou jurídica, de bens, rendas, verbas ou valores integrantes do acervo patrimonial das entidades mencionadas no art. 1º desta lei;[1c-1d]

II — permitir ou concorrer para que pessoa física ou jurídica privada utilize bens, rendas, verbas ou valores integrantes do acervo patrimonial das entidades mencionadas no art. 1º desta lei, sem a observância das formalidades legais ou regulamentares aplicáveis à espécie;

III — doar à pessoa física ou jurídica bem como ao ente despersonalizado, ainda que de fins educativos ou assistenciais, bens, rendas, verbas ou valores do patrimônio de qualquer das entidades mencionadas no art. 1º desta lei, sem observância das formalidades legais e regulamentares aplicáveis à espécie;

IV — permitir ou facilitar a alienação, permuta ou locação de bem integrante do patrimônio de qualquer das entidades referidas no art. 1º desta lei, ou ainda a prestação de serviço por parte delas, por preço inferior ao de mercado;

V — permitir ou facilitar a aquisição, permuta ou locação de bem ou serviço por preço superior ao de mercado;

VI — realizar operação financeira sem observância das normas legais e regulamentares ou aceitar garantia insuficiente ou inidônea;

VII — conceder benefício administrativo ou fiscal sem a observância das formalidades legais ou regulamentares aplicáveis à espécie;

VIII (*redação da Lei 13.019, de 31.7.14*)[1e] — frustrar a licitude de processo licitatório ou de processo seletivo para celebração de parcerias com entidades sem fins lucrativos, ou dispensá-los indevidamente;[2]

IX — ordenar ou permitir a realização de despesas não autorizadas em lei ou regulamento;

X — agir negligentemente na arrecadação de tributo ou renda, bem como no que diz respeito à conservação do patrimônio público;[3]

XI — liberar verba pública sem a estrita observância das normas pertinentes ou influir de qualquer forma para a sua aplicação irregular;

XII — permitir, facilitar ou concorrer para que terceiro se enriqueça ilicitamente;

XIII — permitir que se utilize, em obra ou serviço particular, veículos, máquinas, equipamentos ou material de qualquer natureza, de propriedade ou à disposição de qualquer das entidades mencionadas no art. 1º desta lei, bem como o trabalho de servidor público, empregados ou terceiros contratados por essas entidades;

XIV (*acrescido pela Lei 11.107, de 6.4.05*) — celebrar contrato ou outro instrumento que tenha por objeto a prestação de serviços públicos por meio da gestão associada sem observar as formalidades previstas na lei;[4]

XV (*acrescido pela Lei 11.107, de 6.4.05*) — celebrar contrato de rateio de consórcio público sem suficiente e prévia dotação orçamentária, ou sem observar as formalidades previstas na lei;[5]

XVI (*acrescido pela Lei 13.019, de 31.7.14*)[6] — facilitar ou concorrer, por qualquer forma, para a incorporação, ao patrimônio particular de pessoa física ou jurídica, de bens, rendas, verbas ou valores públicos transferidos pela administração pública a entidades privadas mediante celebração de parcerias, sem a observância das formalidades legais ou regulamentares aplicáveis à espécie;

XVII (*acrescido pela Lei 13.019, de 31.7.14*)[7] — permitir ou concorrer para que pessoa física ou jurídica privada utilize bens, rendas, verbas ou valores públicos transferidos pela administração pública a entidade privada mediante celebração de parcerias, sem a observância das formalidades legais ou regulamentares aplicáveis à espécie;

XVIII (*acrescido pela Lei 13.019, de 31.7.14*)[8] — celebrar parcerias da administração pública com entidades privadas sem a observância das formalidades legais ou regulamentares aplicáveis à espécie;

XIX (*acrescido pela Lei 13.019, de 31.7.14*)[9] — frustrar a licitude de processo seletivo para celebração de parcerias da administração pública com entidades privadas ou dispensá-lo indevidamente;

XX (*acrescido pela Lei 13.019, de 31.7.14*)[10] — agir negligentemente na celebração, fiscalização e análise das prestações de contas de parcerias firmadas pela administração pública com entidades privadas;

XXI (*acrescido pela Lei 13.019, de 31.7.14*)[11] — liberar recursos de parcerias firmadas pela administração pública com entidades privadas sem a estrita observância das normas pertinentes ou influir de qualquer forma para a sua aplicação irregular.

Art. 10: 1. "Os atos de improbidade do art. 10, como está no próprio *caput*, são também punidos a título de culpa, mas deve estar presente na configuração do tipo a prova inequívoca do prejuízo ao erário" (STJ-RP 152/284: 2ª T., REsp 842.428).

"O ato de improbidade previsto no art. 10 da LIA exige para a sua configuração, necessariamente, o efetivo prejuízo ao erário, sob pena da não tipificação do ato impugnado" (STJ-1ª T., REsp 678.115, Min. Denise Arruda, j. 6.11.07, DJU 29.11.07).

S/ requisitos para a configuração do ato de improbidade, v. tb. art. 11, nota 1. V. ainda nota 2 ao Cap. II desta Lei.

Art. 10: 1a. A caracterização dos atos de improbidade administrativa descritos no art. 10 e a aplicação das respectivas sanções independem do enriquecimento ilícito do agente; basta o prejuízo ao erário (STJ-2ª T., AI 480.182-AgRg-EDcl, Min. Humberto Martins, j. 18.8.09, DJ 31.8.09).

Art. 10: 1b. "Vereadores que, autorizados pelo Presidente, utilizaram verbas públicas e receberam diárias para a participação de seminário em Maceió. Ilegalidade pelo fato de não ter sido motivado o ato que deferiu o benefício aos edis. Participantes que não fizeram, ainda, relatório dos conhecimentos adquiridos no seminário, sem revelarem, assim, interesse público na viagem, mesmo porque até agora não se conhece o conteúdo ou a programação do seminário. Improbidade verificada" (RT 866/208).

Art. 10: 1c. "O ressarcimento ou restituição dos bens à Administração Pública por ato daquele que praticou a conduta ímproba ou por ato de terceiro, como no caso, pode devolver o estado anterior das coisas para fins de aferição da responsabilidade pela reparação integral do prejuízo, todavia não faz desaparecer o ato de improbidade que gerou inicialmente o dano ao erário" (STJ-1ª T., REsp 1.579.678, Min. Benedito Gonçalves, j. 25.4.19, maioria, DJ 4.6.19; no caso a Polícia Federal recuperou o material subtraído).

Art. 10: 1d. "A absolvição criminal do recorrente, por insuficiência de provas, quanto ao crime de peculato (art. 312 do Código Penal) não impede sua responsabilização por ato de improbidade descrito no art. 10, inciso I, da Lei 8.429/1992, em razão de ter sido desidioso e negligente quanto ao seu dever funcional de guarda e gerenciamento de 'cotas de vale-refeição'" (STJ-1ª T., REsp 1.164.898, Min. Benedito Gonçalves, j. 17.10.13, maioria, DJ 7.2.14).

Art. 10: 1e. Dispositivo em vigor 540 (quinhentos e quarenta) dias após a data de publicação da Lei 13.019, de 31.7.14 (DOU 1.8.14), cf. dispõe o art. 88 da referida Lei.

Art. 10: 2. "A indevida dispensa de licitação, por impedir que a administração pública contrate a melhor proposta, causa dano *in re ipsa*, descabendo exigir do autor da ação civil pública prova a respeito do tema" (STJ-2ª T., REsp 817.921, Min. Castro Meira, j. 27.11.12, DJ 6.12.12). No mesmo sentido: STJ-1ª T., Ag em REsp 391.086, Min. Benedito Gonçalves, j. 11.12.18, maioria, DJ 19.12.18.

V. tb. LAP 1º, nota 2a.

✎ **Art. 10: 3.** "Inexistência de improbidade administrativa para o agente público responsável pela ordem tributária se não houver crédito constituído e se não ficar demonstrado *a posteriori* ato de má-fé", por Mauro Roberto Gomes de Mattos (RDA 240/185 e RIDA 4/17).

Art. 10: 4 e 5. **Lei 11.107, de 6.4.05** — Dispõe sobre normas gerais de contratação de consórcios públicos. Regulamentada pelo **Dec. 6.017, de 17.1.07.**

Art. 10: 6 a 11. Dispositivo em vigor 540 (quinhentos e quarenta) dias após a data de publicação da Lei 13.019, de 31.7.14 (DOU 1.8.14), cf. dispõe o art. 88 da referida Lei.

Seção II-A — DOS ATOS DE IMPROBIDADE ADMINISTRATIVA DECORRENTES DE CONCESSÃO OU APLICAÇÃO INDEVIDA DE BENEFÍCIO FINANCEIRO OU TRIBUTÁRIO[1]

SEÇ. II-A: 1. A Seç. II-A foi acrescida pela LC 157, de 29.12.16 (DOU 30.12.16).

Art. 10-A. Constitui ato de improbidade administrativa qualquer ação ou omissão para conceder, aplicar ou manter benefício financeiro ou tributário contrário ao que dispõem o *caput* e o § 1º do art. 8º-A da Lei Complementar n. 116, de 31 de julho de 2003.[1-2]

Art. 10-A: 1. O art. 10-A foi acrescido pela LC 157, de 29.12.16 (DOU 30.12.16).

Art. 10-A: 2. LC 157, de 29.12.16: "Art. 6º Os entes federados deverão, no prazo de 1 (um) ano contado da publicação desta Lei Complementar, revogar os dispositivos que contrariem o disposto no *caput* e no § 1º do art. 8º-A da Lei Complementar n. 116, de 31 de julho de 2003.

"Art. 7º Esta Lei Complementar entra em vigor na data de sua publicação. **§ 1º** O disposto no *caput* e nos §§ 1º e 2º do art. 8º-A da Lei Complementar n. 116, de 31 de julho de 2003, e no art. 10-A, no inciso IV do art. 12 e no § 13 do art. 17, todos da Lei n. 8.429, de 2 de junho de 1992, somente produzirão efeitos após o decurso do prazo referido no art. 6º desta Lei Complementar".

Seção III — DOS ATOS DE IMPROBIDADE ADMINISTRATIVA QUE ATENTAM CONTRA OS PRINCÍPIOS DA ADMINISTRAÇÃO PÚBLICA

Art. 11. Constitui ato de improbidade administrativa que atenta contra os princípios da administração pública qualquer ação ou omissão que viole os deveres de honestidade, imparcialidade, legalidade, e lealdade às instituições, e notadamente:[1 a 1f]

I — praticar ato visando fim proibido em lei ou regulamento ou diverso daquele previsto, na regra de competência;

II — retardar ou deixar de praticar, indevidamente, ato de ofício;[2]

III — revelar fato ou circunstância de que tem ciência em razão das atribuições e que deva permanecer em segredo;

IV — negar publicidade aos atos oficiais;

V — frustrar a licitude de concurso público;

VI — deixar de prestar contas quando esteja obrigado a fazê-lo;[3 a 4]

VII — revelar ou permitir que chegue ao conhecimento de terceiro, antes da respectiva divulgação oficial, teor de medida política ou econômica capaz de afetar o preço de mercadoria, bem ou serviço;

VIII (*acrescido pela Lei 13.019, de 31.7.14*)[5] — descumprir as normas relativas à celebração, fiscalização e aprovação de contas de parcerias firmadas pela administração pública com entidades privadas;

IX (*acrescido pela Lei 13.146, de 6.7.15*) — deixar de cumprir a exigência de requisitos de acessibilidade previstos na legislação;

X (*acrescido pela Lei 13.650, de 11.4.18*) — transferir recurso a entidade privada, em razão da prestação de serviços na área de saúde sem a prévia celebração de contrato, convênio ou instrumento congênere, nos termos do parágrafo único do art. 24 da Lei n. 8.080, de 19 de setembro de 1990.

Art. 11: 1. "O tipo do art. 11 da Lei 8.429/92, para configurar-se como ato de improbidade, exige **conduta comissiva ou omissiva dolosa**" (STJ-2ª T., REsp 534.575, Min. Eliana Calmon, j. 9.12.03, DJU 29.3.04). No mesmo sentido: STJ-1ª T., REsp 805.080, Min. Denise Arruda, j. 23.6.09, DJ 6.8.09; RT 836/278, IP 35/167. Isso porque "a lei alcança o **administrador desonesto, não o inábil**" (STJ-1ª T., REsp 213.994, Min. Garcia Vieira, j. 17.8.99, DJU 27.9.99). Afirmando que o dolo não pode ser presumido no caso: STJ-1ª T., REsp 1.364.529, Min. Arnaldo Esteves, j. 5.3.13, DJ 11.3.13. **Todavia:** "A caracterização do ato de improbidade por ofensa a princípios da Administração Pública exige a demonstração do dolo *lato sensu* ou genérico" (STJ-1ª Seção, ED no REsp 654.721, Min. Eliana Calmon, j. 25.8.10, DJ 1.9.10). **Contra,** dispensando a existência de dolo ou culpa para a configuração das condutas descritas no art. 11: "Basta a simples ilicitude ou imoralidade administrativa para restar configurado o ato de improbidade" (STJ-2ª T., REsp 631.252, Min. Castro Meira, j. 19.8.08, DJ 11.9.08).

No caso do art. 11, "para a configuração do ato de improbidade **não se exige que tenha havido dano ou prejuízo material**" (STJ-2ª T., REsp 287.728, Min. Eliana Calmon, j. 2.9.04, DJU 29.11.04). No mesmo sentido: STJ-1ª T., REsp 971.737, Min. Francisco Falcão, j. 4.12.07, DJU 10.3.08; RT 864/232. E isso decorre da própria lei. No inciso III do art. 12, que regula as sanções para a *fattispecie* do art. 11, é previsto que apenas o "ressarcimento integral do dano" terá lugar "se houver". As demais cominações não estão condicionadas à ocorrência de prejuízo para a sua imposição. **Contra,** no sentido de que a existência de dano ao erário deve-se fazer presente para a caracterização dos atos de improbidade descritos no art. 11: STJ-1ª T., REsp 213.994, Min. Garcia Vieira, j. 17.8.99, DJU 27.9.99; STJ-2ª T., REsp 242.632, Min. Franciulli Netto, j. 3.6.03, DJU 30.6.03; RT 836/278.

Em síntese: "A classificação dos atos de improbidade administrativa em atos que importam enriquecimento ilícito (art. 9º), atos que causam prejuízo ao erário (art. 10) e atos que atentam contra os princípios da Administração Pública (art. 11) evidencia não ser o dano aos cofres públicos elemento essencial das condutas ímprobas descritas nos incisos dos arts. 9º e 11 da Lei 8.429/92. Reforçam a assertiva as normas constantes dos arts. 7º, *caput*, 12, I e III, e 21, I, da citada Lei. Tanto a doutrina quanto a jurisprudência do STJ associam a improbidade administrativa à noção de desonestidade, de má-fé do agente público. Somente em hipóteses excepcionais, por força de inequívoca disposição legal, é que se admite a configuração de improbidade por ato culposo (Lei 8.429/92, art. 10). O enquadramento nas previsões dos arts. 9º e 11 da Lei de Improbidade, portanto, não pode prescindir do reconhecimento de conduta dolosa" (STJ-1ª T., REsp 604.151, Min. Teori Zavascki, j. 25.4.06, dois votos vencidos, DJU 8.6.06). No mesmo sentido: STJ-1ª Seção, ED no REsp 479.812, Min. Teori Zavascki, j. 25.8.10, DJ 27.9.10.

V. tb. nota 2 ao Cap. II desta Lei.

Art. 11: 1a. "Improbidade administrativa. O elemento subjetivo do dolo. As modalidades de ato de improbidade administrativa previstas no art. 11 da Lei de Improbidade Administrativa", por Gina Copola (RIDA 4/7); "Permissão de uso de bem público não se sujeita à licitação, por ser precária e se inserir no poder discricionário da Administração Pública. Falta de tipicidade para o ajuizamento de ação de improbidade administrativa", por Mauro Roberto Gomes de Mattos (RIDA 12/84).

Art. 11: 1b. "Na referida publicidade não se verifica qualquer caráter informativo, educativo ou de orientação social. Ora, sob o pretexto de comemorar o aniversário da cidade, o réu, fotografado, se ligou ao texto e se aproveitou da citada efeméride para fazer sua promoção pessoal, pois teve o nome e imagem atrelados ao desenvolvimento da cidade, em clara campanha de autopromoção. Desta forma, a violação aos princípios da administração pública — moralidade e legalidade — ficou devidamente evidenciada" (RT 869/230 e RF 397/528; a citação é do voto do relator).

"Ação civil pública por ato de improbidade administrativa. Promoção do cônjuge. A mera nomeação e posse de alguém como deputado(a) estadual é notícia que pode, porventura, interessar aos canais privados de comunicação locais, mas não ao município, cujo *site* destina-se a realizações do governo municipal. Portanto, é clara a intenção de promoção pelo réu do seu núcleo familiar, com a utilização de meio de comunicação bancado pelo povo, com o que infringiu postulados fundamentais e postos fora dos quadrantes da discricionariedade administrativa, notadamente os princípios da legalidade e da impessoalidade" (STJ-2ª T., REsp 1.817.348, Min. Francisco Falcão, j. 3.10.19, DJ 8.10.19).

"A utilização de símbolos e *slogans* da campanha eleitoral do recorrente, então prefeito, em substituição ao brasão oficial do ente público municipal encerra grave ofensa aos princípios da Administração Pública e, nessa medida, configura ato de improbidade administrativa" (STJ-2ª T., REsp 1.182.968, Min. Eliana Calmon, j. 19.8.10, DJ 30.8.10).

Art. 11: 1c. "Viola o disposto no art. 25 da Lei 8.666/1993 a contratação de advogado quando não caracterizadas a singularidade na prestação do serviço e a inviabilidade da competição. A conduta dos recorridos — de contratar diretamente serviços técnicos sem demonstrar a singularidade do objeto contratado e a notória especialização, e com cláusula de remuneração abusiva — fere o dever do administrador de agir na estrita legalidade e moralidade que norteiam a Administração Pública, amoldando-se ao ato de improbidade administrativa tipificado no art. 11 da Lei de Improbidade. A contratação de escritórios profissionais de advocacia sem a demonstração concreta das hipóteses de inexigibilidade de licitação (singularidade do serviço e notória especialização do prestador), acrescida da inserção de cláusulas que transformam o prestador de serviço em sócio do Estado, negam aplicação ao art. 37, *caput*, e inciso XXI, da CF/1988" (STJ-2ª T., REsp 1.377.703, Min. Herman Benjamin, j. 3.12.13, maioria, DJ 12.3.14).

Contra: "A singularidade dos serviços prestados pelo advogado consiste em seus conhecimentos individuais, estando ligada à sua capacitação profissional, sendo, dessa forma, inviável escolher o melhor profissional, para prestar serviço de natureza intelectual, por meio de licitação, pois tal mensuração não se funda em critérios objetivos (como o menor preço). Diante da natureza intelectual e singular dos serviços de assessoria jurídica, fincados, principalmente, na relação de confiança, é lícito ao administrador, desde que movido pelo interesse público, utilizar da discricionariedade, que lhe foi conferida pela lei, para a escolha do melhor profissional" (STJ-1ª T., REsp 1.192.332, Min. Napoleão Maia Filho, j. 12.11.13, maioria, DJ 19.12.13). No mesmo sentido: RT 938/924 (TJTO, AP 5001281-93.2011.827.0000).

"A análise acerca da necessidade de interesse público a ser tutelado pelo contrato envolve, sobretudo, um juízo discricionário do administrador acerca da conveniência e da oportunidade da contratação que, na hipótese em exame, considerou a notória e incontroversa especialização do causídico contratado, e que o agravo de instrumento, cujo acompanhamento fora objeto de acordo, tramitava no domicílio do advogado (cidade de São Paulo), e não na comarca do território municipal. A contratação do advogado, destarte, foi motivada pelas circunstâncias do caso concreto e, por estar atrelada ao interesse público municipal, não teve o intuito imediato de beneficiar particulares ou os próprios administradores, sendo do Prefeito o juízo de tal conveniência. Se a contratação obedeceu aos trâmites legais, a análise, pelo Poder Judiciário, da opção do ente municipal quanto ao advogado que deveria atuar junto ao TJSP (se um dos quatro causídicos do município de Pirajuí/SP ou um procurador particular), no agravo de instrumento que tramitava na comarca de São Paulo, configura indevida interferência do órgão julgador no exame discricionário da Administração acerca da escolha do profissional mais compatível com a finalidade pública almejada, correspondente à convicção de que o profissional eleito é o mais indicado dentre os demais, por incutir-lhe a confiança de que seu desempenho produzirá a atividade mais útil para o sucesso na demanda jurisdicional" (STJ-1ª T., REsp 1.215.628, Min. Napoleão Maia Filho, j. 7.8.14, maioria, DJ 17.9.14).

Art. 11: 1d. "O nepotismo caracteriza ato de improbidade tipificado no art. 11 da Lei 8.429/1992, sendo atentatório ao princípio administrativo da moralidade. Dolo genérico consistente, no caso em debate, na livre-vontade absolutamente consciente dos agentes de praticar e de insistir no ato ímprobo (nepotismo) até data próxima à prolação da sentença" (STJ-2ª T., REsp 1.286.631, Min. Castro Meira, j. 15.8.13, DJ 22.8.13).

Art. 11: 1e. "Do arcabouço fático delineado no acórdão estadual, emerge demonstrado o dolo, no mínimo genérico, na reiterada aquisição de materiais elétricos e serviços, pela municipalidade, junto a empresa pertencente à então Secretária do Município, que tinha por Prefeito seu próprio genitor. Tal arranjo familiar, sobretudo atentatório aos princípios da legalidade, da impessoalidade e da moralidade administrativa, no caso concreto, conduz à desenganada caracterização do de improbidade descrito no art. 11 da Lei 8.429/92" (STJ-1ª T., REsp 1.536.573, Min. Sérgio Kukina, j. 19.3.19, maioria, DJ 28.3.19).

Art. 11: 1f. "O assédio moral, mais do que provocações no local de trabalho — sarcasmo, crítica, zombaria e trote —, é campanha de terror psicológico pela rejeição. A prática de assédio moral enquadra-se na conduta prevista no art. 11, *caput*, da Lei de Improbidade Administrativa, em razão do evidente abuso de poder, desvio de finalidade e malferimento à impessoalidade, ao agir deliberadamente em prejuízo de alguém" (STJ-2ª T., REsp 1.286.466, Min. Eliana Calmon, j. 3.9.13, DJ 18.9.13).

Art. 11: 2. "A autoridade que deixa de encaminhar ao Ministério Público a cópia de relatório de processo disciplinar (Lei 8.112/90, art. 154, parágrafo único) só incorre na conduta prevista no art. 11, II, da Lei 8.429, de 1992 ('retardar ou deixar de praticar, indevidamente, ato de ofício') se o aludido relatório capitular como infrações penais os atos ilícitos apurados administrativamente — circunstância inocorrente na espécie" (STJ-1ª T., REsp 1.312.090, Min. Ari Pargendler, j. 8.4.14, DJ 9.5.14).

Art. 11: 3. "O atraso na prestação de contas não se configura como ato de improbidade administrativa prevista no art. 11, VI, da Lei 8.429/92, uma vez que este dispositivo fala em deixar de prestar contas quando esteja obrigado a fazê-lo, não podendo sofrer interpretação extensiva" (RP 134/195). No mesmo sentido: STJ-1ª T., REsp 1.297.870-AgRg, Min. Napoleão Maia Filho, j. 3.5.12, DJ 10.5.12; STJ-2ª T., REsp 1.303.193-AgRg, Min. Humberto Martins, j. 17.5.12, DJ 25.5.12; RMDCPC 29/107 (TRF-1ª Reg., AP 2008.43.00.000523-1), RT 934/708 (TJMA, AP 0000855-10.2009.8.10.0066).

Art. 11: 3a. "Eventual deficiência em prestação de contas não consubstancia a conduta do art. 11, VI da Lei 8.429/92, que assinala o ato doloso e malévolo de deixar de prestar contas de recursos públicos. Em matéria de direito sancionador, que recolhe do Direito Penal os postulados da taxatividade e da fragmentariedade, inexiste alicerce jurídico-legal para a afirmação do acórdão de que prestar mal as contas equivale a não o fazer" (STJ-1ª T., Ag em REsp 80.466-AgInt, Min. Napoleão Maia Filho, j. 13.3.18, DJ 22.3.18).

Art. 11: 4. "Simples relatórios indicativos apenas do motivo da viagem, do número de viajantes e do destino são insuficientes para comprovação de despesas de viagem. A prestação de contas, ainda que realizada por meio de relatório, deve justificar a viagem, apontar o interesse social na efetivação da despesa, qualificar os respectivos beneficiários e descrever cada um dos gastos realizados, medidas necessárias a viabilizar futura auditoria e fiscalização" (STJ-2ª T., REsp 880.662, Min. Castro Meira, j. 15.2.07, DJU 1.3.07).

Art. 11: 5. Dispositivo em vigor 540 (quinhentos e quarenta) dias após a data de publicação da Lei 13.019, de 31.7.14 (DOU 1.8.14), cf. dispõe o art. 88 da referida Lei.

Capítulo III | DAS PENAS

Art. 12. Independentemente das sanções penais, civis e administrativas previstas na legislação específica, está o responsável pelo ato de improbidade sujeito às seguintes cominações, que podem ser aplicadas isolada ou cumulativamente, de acordo com a gravidade do fato:[1 a 4c]

I — na hipótese do art. 9º, perda dos bens ou valores acrescidos ilicitamente ao patrimônio, ressarcimento integral do dano, quando houver, perda da função pública,[4d] suspensão dos direitos políticos de oito a dez anos, pagamento de multa civil de até três vezes o valor do acréscimo patrimonial e proibição de contratar com o Poder Público ou receber benefícios ou incentivos fiscais ou creditícios, direta ou indiretamente, ainda que por intermédio de pessoa jurídica da qual seja sócio majoritário, pelo prazo de dez anos;[4e]

II — na hipótese do art. 10, ressarcimento integral do dano, perda dos bens ou valores acrescidos ilicitamente ao patrimônio, se concorrer esta circunstância, perda da função pública, suspensão dos direitos políticos de cinco a oito anos,[4f] pagamento de multa civil de até duas vezes o valor do dano[5] e proibição de contratar com o Poder Público ou receber benefícios ou incentivos fiscais ou creditícios, direta ou indiretamente, ainda que por intermédio de pessoa jurídica da qual seja sócio majoritário, pelo prazo de cinco anos;

III — na hipótese do art. 11, ressarcimento integral do dano, se houver,[5a] perda da função pública, suspensão dos direitos políticos de três a cinco anos, pagamento de multa civil[5b-5c] de até cem vezes o valor da remuneração[6] percebida pelo agente e proibição de contratar com o Poder Público ou receber benefícios ou incentivos fiscais ou creditícios, direta ou indiretamente, ainda que por intermédio de pessoa jurídica da qual seja sócio majoritário, pelo prazo de três anos.

IV — na hipótese prevista no art. 10-A, perda da função pública, suspensão dos direitos políticos de 5 (cinco) a 8 (oito) anos e multa civil de até 3 (três) vezes o valor do benefício financeiro ou tributário concedido.[7-8]

Parágrafo único. Na fixação das penas previstas nesta lei o juiz levará em conta a extensão do dano causado, assim como o proveito patrimonial obtido pelo agente.

Art. 12: 1. Redação do *caput* de acordo com a Lei 12.120, de 15.12.09.

Art. 12: 1a. "As sanções da Lei 8.429/92 aos atos de improbidade administrativa", por Fábio Medina Osório (RT 766/88); "O princípio constitucional da proporcionalidade na conformação e no sancionamento aos atos de improbidade administrativa previstos na Lei n. 8.429/92", por Rogério Ponzi Seligman (RDA 238/237); "Aspectos do pedido na ação de improbidade administrativa", por Heitor Vitor Mendonça Sica (RP 178/76).

Art. 12: 1b. s/ aplicabilidade dessas sanções à ação popular, v. LAP 11, nota 1a.

Art. 12: 2. "Cabem **danos morais** em ações que discutam improbidade administrativa seja pela frustração trazida pelo ato ímprobo na comunidade, seja pelo desprestígio efetivo causado à entidade pública que dificulte a ação estatal. A aferição de tal dano deve ser feita no caso concreto com base em análise detida das provas dos autos que comprovem efetivo dano à coletividade, os quais ultrapassam a mera insatisfação com a atividade administrativa" (STJ-2ª T., REsp 960.926, Min. Castro Meira, j. 18.3.08, DJU 1.4.08). **Contra:** RT 869/230. V. tb. LACP 1º, nota 3a.

Art. 12: 3. Cabe ao juiz, à luz das nuanças do caso concreto, a tarefa de dosar a sanção (STJ-1ª T., REsp 505.068, Min. Luiz Fux, j. 9.9.03, DJU 29.9.03; STJ-2ª T., REsp 534.575, Min. Eliana Calmon, j. 9.12.03, DJU 29.3.04).

A aplicação das sanções previstas neste artigo deve nortear-se pelas noções de proporcionalidade e razoabilidade, quer para a seleção das penas a serem impostas, quer para o dimensionamento das sanções de intensidade variável (multa civil e suspensão dos direitos políticos). A atuação de cada um dos réus deve ser particularmente analisada. A intenção do agente e a existência de pretéritas condutas ímprobas também devem ser levadas em conta na dosimetria da pena. E condenação a ressarcir o erário somente deve ter lugar quando existir dano efetivo e deve ter as precisas dimensões deste.

"Tendo em vista o fato de que o recorrente foi condenado nas mesmas penas que o ex-prefeito, embora este tenha atuado de forma mais direta e incisiva na comissão dos atos ímprobos, enquadrando-se no art. 10 da Lei 8.429/92, torna-se necessária nova dosimetria das sanções, à luz da participação individual do recorrente na improbidade e do princípio da proporcionalidade" (STJ-2ª T., Ag 1.286.329-AgRg, Min. Herman Benjamin, j. 17.8.10, DJ 28.4.11).

Considerando "não ter havido prejuízo ao erário, nem enriquecimento ilícito, bem como o pequeno valor da contratação ilegal (R$ 4.200,00), entendo ser suficiente para o restabelecimento da ordem jurídica a aplicação de multa civil no valor de uma remuneração mensal percebida pelo agente público à época do ato praticado" (STJ-2ª T., REsp 1.156.564, Min. Castro Meira, j. 26.8.10, DJ 8.9.10).

"A multa civil não tem natureza indenizatória, mas punitiva, não estando, portanto, atrelada à comprovação de qualquer prejuízo ao erário" (STJ-2ª T., REsp 1.152.717-AgRg, Min. Castro Meira, j. 27.11.12, DJ 6.12.12).

"Em *obiter dictum*, o teto máximo estipulado para a multa civil, nos incisos I, II e III do referido dispositivo, conforme correlação com a natureza do ato praticado, deve ser compreendido como limite pessoal para o responsável pelo ato de improbidade, mesmo nos casos envolvendo concurso de agentes, e não um limite global a ser eventualmente repartido de forma proporcional entre os condenados" (STJ-2ª T., REsp 1.280.973, Min. Eliana Calmon, j. 17.12.13, DJ 7.5.14).

Em caso de ato de improbidade lesivo ao erário: "Caracterizado o ato de improbidade administrativa, o ressarcimento ao erário constitui o mais elementar consectário jurídico, não se equiparando a uma sanção em sentido estrito e, portanto, não sendo suficiente por si só a atender ao espírito da Lei n. 8.429/92, devendo ser cumulada com ao menos alguma outra das medidas previstas em seu art. 12" (STJ-2ª T., REsp 1.019.555, Min. Castro Meira, j. 16.6.09, DJ 29.6.09).

"O ressarcimento, embora deva ser considerado na dosimetria da pena, não implica anistia do ato de improbidade. Pelo contrário, é um dever do agente, que, se não o fizesse por espontânea vontade, seria impelido pela sentença condenatória, nos termos do art. 12 da Lei 8.429/92. A Lei de Improbidade não teria eficácia se as penalidades mínimas impostas fossem passíveis de exclusão por conta do ressarcimento. Entender dessa forma significa admitir que o agente ímprobo nunca será punido se ressarcir o erário antes da condenação. Isso corresponderia à criação jurisprudencial de hipótese de anistia ou perdão judicial ao arrepio da lei. O reconhecimento judicial da configuração do ato de improbidade (fato incontroverso segundo o acórdão recorrido) leva, necessariamente, à imposição de sanção, entre aquelas previstas na Lei 8.429/92, ainda que minorada no caso de ressarcimento" (STJ-2ª T., REsp 1.009.204, Min. Herman Benjamin, j. 1.12.09, DJ 17.12.09).

"O art. 12 da Lei n. 8.429/1992, quanto à sanção de perda da função pública, refere-se à extinção do vínculo jurídico entre o agente ímprobo e a Administração Pública, de tal sorte que, se o caso de improbidade se referir a servidor público, ele perderá o direito de ocupar o cargo público, o qual lhe proporcionava desempenhar a função pública correlata, que não mais poderá exercer" (STJ-2ª T., REsp 1.069.603, Min. Humberto Martins, j. 11.11.14, DJ 21.11.14).

"A sanção de perda da função pública visa a extirpar da Administração Pública aquele que exibiu inidoneidade (ou inabilitação) moral e desvio ético para o exercício da função pública, abrangendo qualquer atividade que o agente esteja exercendo ao tempo da condenação irrecorrível. A simples configuração do ato de improbidade administrativa não implica condenação automática da perda da função pública" (STJ-2ª T., REsp 924.439, Min. Eliana Calmon, j. 6.8.09, DJ 19.8.09). **Contra,** no que diz respeito à abrangência da atividade: "A sanção da perda do cargo público prevista entre aquelas do art. 12 da Lei 8.429/1992 não está relacionada ao cargo ocupado pelo agente ímprobo ao tempo do trânsito em julgado da sentença condenatória, mas sim àquele (cargo) que serviu de instrumento para a prática da conduta ilícita" (STJ-1ª T., Ag em REsp 369.518-AgRg, Min. Gurgel de Faria, j. 13.12.16, maioria, DJ 28.3.17). Assim: "Decretada a perda da função pública em ação de improbidade, mas constatando-se que, antes do trânsito em julgado da sentença, o réu foi investido em emprego público de 'dentista', por concurso, a decisão não alcança a nova relação funcional, pois a sanção (de perda da função pública), fulmina apenas a função na qual o ato de improbidade foi praticado" (JTJ 333/59: AI 690.416-5/5-00).

"Havendo a prestação do serviço, ainda que decorrente de contratação ilegal, a condenação em ressarcimento do dano é considerada indevida, sob pena de enriquecimento ilícito da Administração Pública" (STJ-2ª T., REsp 728.341, Min. Castro Meira, j. 6.3.08, DJU 18.3.08). No mesmo sentido: STJ-1ª T., REsp 861.566, Min. Luiz Fux, j. 25.3.08, DJU 23.4.08; RT 879/249 (TJSP, AP 537.830-5/7-00). V. tb., no CCLCV, CC 884, nota 3.

Determinando que a proibição de contratar com o Poder Público fique limitada ao ente público lesado com o ato ímprobo (no caso, o Estado de Rondônia), sem alcançar outros órgãos da Administração Pública (da União, de outros Estados ou de Municípios), a fim de que a sanção seja proporcional à improbidade: STJ-1ª T., REsp 1.003.179, Min. Teori Zavascki, j. 5.8.08, DJ 18.8.08. No mesmo sentido: STJ-2ª T., REsp 1.021.851-EDcl, Min. Eliana Calmon, j. 23.6.09, DJ 6.8.09.

Art. 12: 4. "Havendo, na Lei 8.429/92 a previsão de sanções que podem ser aplicadas alternativa ou cumulativamente e em dosagens variadas, é indispensável, sob pena de nulidade, que a sentença indique as razões para a aplicação de cada uma delas" (STJ-1ª T., REsp 507.574, Min. Teori Zavascki, j. 15.9.05, um voto vencido, DJU 8.5.06).

Caso em que se anulou o acórdão condenatório: "inobstante o expresso reconhecimento das diferentes participações dos agentes, a todos eles foram aplicadas penalidades iguais, sem individuação ou fundamentação" (STJ-1ª T., REsp 885.836, Min. Teori Zavascki, j. 26.6.07, DJU 2.8.07). No mesmo sentido: STJ-2ª T., Ag em REsp 926.675-AgInt-AgInt, Min. Assusete Magalhães, j. 23.8.18, DJ 3.9.18.

Art. 12: 4a. "O cumprimento de sanções políticas concomitantes, por atos de improbidade administrativa contemporâneos (art. 20 da Lei 8.429/92), deve observar as disposições encartadas no art. 11 da Lei 7.210/84" (STJ-1ª T., REsp 993.658-EDcl, Min. Luiz Fux, j. 9.3.10, DJ 23.3.10).

Art. 12: 4b. "É possível condenar os agentes ímprobos em pena diversa das pleiteadas pelo *parquet*. Compreensão dos princípios do Direito Romano *jura novit curia* e *da mihi factum dabo tibi ius*" (STJ-2ª T., REsp 1.134.461, Min. Eliana Calmon, j. 3.8.10, DJ 12.8.10).

"Apesar de não ter havido pedido expresso para redução da multa civil, em sede de apelação, e a despeito da regra de correlação ou congruência da decisão, prevista nos arts. 128 e 460 do CPC, pela qual o juiz está restrito aos elementos objetivos da demanda, entende-se que, em tratando-se de matéria de direito sancionador, e revelando-se patente o excesso ou a desproporcionalidade da sanção aplicada, pode o Tribunal reduzi-la, ainda que não tenha sido alvo de impugnação recursal. Na hipótese em apreço, entendeu o Tribunal de origem que a multa civil aplicada no máximo permitido (duas vezes o valor do dano) revelou-se excessiva, reduzindo-a, de ofício, para o valor equivalente à condenação de ressarcimento do dano" (STJ-1ª T., REsp 1.293.624, Min. Napoleão Maia Filho, j. 5.12.13, DJ 19.12.13).

V. tb. art. 18, nota 1a.

Art. 12: 4c. "O **direito à aposentadoria** submete-se aos requisitos próprios do regime jurídico contributivo, e sua extinção não é decorrência lógica da perda da função pública posteriormente decretada. A cassação do referido benefício previdenciário não consta no título executivo nem constitui sanção prevista na Lei 8.429/92. Ademais, é incontroverso nos autos o fato de que a aposentadoria ocorreu após a conduta ímproba, porém antes do ajuizamento da ação civil pública. A sentença que determina a perda da função pública é condenatória e com efeitos *ex nunc*, não podendo produzir efeitos retroativos. A propósito, nos termos do art. 20 da Lei 8.429/92, 'a perda da função pública e a suspensão dos direitos políticos só se efetivam com o trânsito em julgado da sentença condenatória'" (STJ-2ª T., REsp 1.186.123, Min. Herman Benjamin, j. 2.12.10, DJ 4.2.11). "Diante da inexistência de previsão legal expressa (art. 12 da Lei de Improbidade Administrativa), é inadmissível a aplicação da pena de cassação de aposentadoria como corolário da prática de ato de improbidade administrativa, o que, entretanto, não impede que, por meio de processo administrativo disciplinar, tal sanção seja eventualmente aplicada com base no estatuto funcional a que estiver submetido o condenado" (STJ-1ª T., REsp 1.496.347-AgInt, Min. Sergio Kukina, j. 2.8.18, DJ 9.8.18; a citação é do voto do relator).

Contra: "A Lei 8.429/92 não comina, expressamente, a pena de cassação de aposentadoria a agente público condenado pela prática de atos de improbidade em sentença transitada em julgado. Todavia, é consequência lógica da condenação à pena de demissão pela conduta ímproba infligir a cassação de aposentadoria a servidor aposentado no curso de ação de improbidade" (STJ-1ª Seção, MS 20.444, Min. Herman Benjamin, j. 27.11.13, DJ 11.3.14).

Art. 12: 4d. "Estando reconhecido no acórdão que o recorrido cometeu o ato ímprobo consubstanciado no recebimento de prêmio pela recuperação de carga roubada, a gravidade deste ato representa, em última análise, abalo na credibilidade da instituição pública da qual o condenado faz parte, de modo que a **perda do cargo público** é penalidade proporcional e necessária para sancionar o agente e coibir futuros ilícitos, sobretudo quando se observa que, como antes referido, na qualidade de delegado de polícia, deveria o ora agravado coibir as práticas por ele levadas a efeito" (STJ-2ª T., REsp 1.682.961, Min. Herman Benjamin, j. 16.11.17, DJ 23.11.18; a citação é do voto do relator).

Todavia, afastando a sanção de perda da função pública, "diante de conduta reconhecidamente culposa": STJ-1ª T., REsp 1.788.833-AgInt, Min. Napoleão Maia Filho, j. 11.2.20, DJ 13.3.20.

Art. 12: 4e. "Os atos de improbidade que importem em enriquecimento ilícito (art. 9º) normalmente sujeitam o agente a todas as sanções previstas no art. 12, I, pois referidos atos sempre são dolosos e ferem o interesse público, ocupando o mais alto 'degrau' da escala de reprovabilidade. Na reparação de danos prevista no inciso I do art. 12 da Lei n. 8.429/92, deverá o julgador considerar o dano ao erário, e não apenas o efetivo ganho ilícito auferido pelo agente do ato ímprobo" (STJ-2ª T., REsp 678.599, Min. João Otávio, j. 24.10.06, DJU 15.5.07).

Art. 12: 4f. "Considerando-se que a pena de **suspensão dos direitos políticos** se destina a impedir a elegibilidade, assim como a obstar o direito constitucional ao exercício do voto, a participação em concursos públicos e a propositura de ação popular, dentre outros, reputa-se desnecessária e destituída de razoabilidade sua aplicação ao agravante, considerando-se a natureza de sua conduta e o fato de que não se relaciona a nenhuma função de natureza político-partidária" (STJ-1ª T., Ag em REsp 642.096-AgInt, Min. Sérgio Kukina, j. 20.4.20, DJ 24.4.20).

Art. 12: 5. "Impossibilidade de fixação da pena de **multa** civil para atos de improbidade administrativa que causam lesão ao erário **em valor fixo,** sem prévia apuração do valor do dano, já que o art. 12, II, da Lei 8.429/1992 prevê para tal hipótese que a pena seja estipulada tendo esse como parâmetro" (STJ-2ª T., REsp 1.513.925, Min. Herman Benjamin, j. 5.9.17, DJ 13.9.17).

Art. 12: 5a. "**Sem** a **prestação de contas,** não se sabe o valor empregado nos programas educacionais, se é que foi empregado algum, tampouco se houve alguma quantia remanescente e sua destinação. E, *data venia*, cabe ao gestor provar que aplicou devidamente as verbas que lhe foram repassadas. Com efeito, cabível a condenação do ex-prefeito no **ressarcimento ao erário** das verbas cuja destinação permanece desconhecida" (STJ-2ª T., REsp 1.693.637, Min. Herman Benjamin, j. 5.6.18, DJ 23.11.18).

Art. 12: 5b. A aplicação da multa civil em caso de violação a princípios da administração pública independe da existência de dano ao erário (STJ-2ª T., REsp 488.842, Min. Castro Meira, j. 17.4.08, um voto vencido, DJ 5.12.08).

Art. 12: 5c. "Improbidade administrativa. Multa civil. Ofensa aos princípios administrativos. **Termo inicial da correção monetária e dos juros de mora.** Sanção. Ressarcimento ao erário. Responsabilidade civil extracontratual. *Dies a quo* da data do evento danoso" (STJ-2ª T., REsp 1.645.642, Min. Herman Benjamin, j. 7.3.17, DJ 19.4.17). No mesmo sentido: STJ-1ª T., Ag em REsp 1.534.244-AgInt, Min. Benedito Gonçalves, j. 3.12.20, maioria, DJ 18.12.20.

Art. 12: 6. "Para que melhor atenda aos postulados da razoabilidade e da proporcionalidade, o art. 12, III, da LIA deve ser interpretado no sentido de que o parâmetro da multa civil é a **remuneração vigente à data da prática do ato ímprobo,** acrescida de correção monetária e juros legais" (STJ-1ª T., REsp 1.826.161, Min. Sergio Kukina, j. 10.12.19, DJ 12.12.19). No mesmo sentido, ponderando que se deve levar em conta o valor mensal (e não o anual) auferido pelo agente público: STJ-2ª T., REsp 968.436, Min. Castro Meira, j. 21.8.07, DJU 3.9.07.

Em caso no qual o agente exercia função não remunerada, adotou-se como base de cálculo para a multa o valor do salário mínimo vigente no país na época dos fatos (STJ-2ª T., REsp 1.216.190, Min. Mauro Campbell, j. 2.12.10, DJ 14.12.10).

Art. 12: 7. O inciso IV foi acrescido pela LC 157, de 29.12.16 (DOU 30.12.16).

Art. 12: 8. **LC 157, de 29.12.16: "Art. 6º** Os entes federados deverão, no prazo de 1 (um) ano contado da publicação desta Lei Complementar, revogar os dispositivos que contrariem o disposto no *caput* e no § 1º do art. 8º-A da Lei Complementar n. 116, de 31 de julho de 2003.

"**Art. 7º** Esta Lei Complementar entra em vigor na data de sua publicação. **§ 1º** O disposto no *caput* e nos §§ 1º e 2º do art. 8º-A da Lei Complementar n. 116, de 31 de julho de 2003, e no art. 10-A, no inciso IV do art. 12 e no § 13 do art. 17, todos da Lei n. 8.429, de 2 de junho de 1992, somente produzirão efeitos após o decurso do prazo referido no art. 6º desta Lei Complementar".

Capítulo IV | DA DECLARAÇÃO DE BENS

Art. 13. A posse e o exercício de agente público ficam condicionados à apresentação de declaração dos bens e valores que compõem o seu patrimônio privado, a fim de ser arquivada no serviço de pessoal competente.

§ 1º A declaração compreenderá imóveis, móveis, semoventes, dinheiro, títulos, ações, e qualquer outra espécie de bens e valores patrimoniais, localizado[1] no País ou no exterior, e, quando for o caso, abrangerá os bens e valores patrimoniais do cônjuge ou companheiro, dos filhos e de outras pessoas que vivam sob a dependência econômica do declarante, excluídos apenas os objetos e utensílios de uso doméstico.

§ 2º A declaração de bens será anualmente atualizada e na data em que o agente público deixar o exercício do mandato, cargo, emprego ou função.

§ 3º Será punido com a pena de demissão, a bem do serviço público, sem prejuízo de outras sanções cabíveis, o agente público que se recusar a prestar declaração dos bens, dentro do prazo determinado, ou que a prestar falsa.

§ 4º O declarante, a seu critério, poderá entregar cópia da declaração anual de bens apresentada à Delegacia da Receita Federal na conformidade da legislação do Imposto sobre a Renda e proventos de qualquer natureza, com as necessárias atualizações, para suprir a exigência contida no *caput* e no § 2º deste artigo.

Art. 13: 1. *sic*; o correto seria "localizados".

Capítulo V — DO PROCEDIMENTO ADMINISTRATIVO E DO PROCESSO JUDICIAL

Art. 14. Qualquer pessoa poderá representar à autoridade administrativa competente[1] para que seja instaurada investigação[2] destinada a apurar a prática de ato de improbidade.

§ 1º A representação, que será escrita ou reduzida a termo e assinada, conterá a qualificação do representante, as informações sobre o fato e sua autoria e a indicação das provas de que tenha conhecimento.

§ 2º A autoridade administrativa rejeitará a representação, em despacho fundamentado, se esta não contiver as formalidades estabelecidas no § 1º deste artigo. A rejeição não impede a representação ao Ministério Público, nos termos do art. 22 desta lei.

§ 3º Atendidos os requisitos da representação, a autoridade determinará a imediata apuração dos fatos que, em se tratando de servidores federais, será processada na forma prevista nos arts. 148 a 182 da Lei n. 8.112, de 11 de dezembro de 1990 e, em se tratando de servidor militar, de acordo com os respectivos regulamentos disciplinares.

Art. 14: 1. "Somente está autorizado a desencadear investigação administrativa na esfera judicial, com vista à configuração de ato de improbidade, aquele que está legitimado para a ação específica" (STJ-Corte Especial, Pet 1.895-AgRg, Min. Eliana Calmon, j. 16.6.03, DJU 15.9.03); ou seja, o MP ou a pessoa jurídica que sofreu a lesão causada pelo ato de improbidade (cf. arts. 17 e 1º).

V. tb. art. 17, nota 2c.

Art. 14: 2. A instauração dessa investigação não é requisito para a propositura da ação de improbidade administrativa (v. LACP 8º, nota 1b).

Art. 15. A comissão processante dará conhecimento ao Ministério Público e ao Tribunal ou Conselho de Contas da existência de procedimento administrativo para apurar a prática de ato de improbidade.

Parágrafo único. O Ministério Público ou Tribunal ou Conselho de Contas poderá, a requerimento, designar representante para acompanhar o procedimento administrativo.

Art. 16. Havendo fundados indícios de responsabilidade, a comissão representará ao Ministério Público ou à procuradoria do órgão para que requeira ao juízo competente a decretação do sequestro dos bens do agente ou terceiro que tenha enriquecido ilicitamente ou causado dano ao patrimônio público.

§ 1º O pedido de sequestro será processado de acordo com o disposto nos arts. 822 e 825 do Código de Processo Civil.[1]

§ 2º Quando for o caso, o pedido incluirá a investigação, o exame e o bloqueio de bens, contas bancárias e aplicações financeiras mantidas pelo indiciado no exterior, nos termos da lei e dos tratados internacionais.

Art. 16: 1. Os dispositivos mencionados são do CPC rev.

Art. 17. A ação principal,[1 a 2] que terá o rito ordinário, será proposta pelo Ministério Público ou pela pessoa jurídica interessada,[2a a 2d] dentro de trinta dias da efetivação da medida cautelar.[3]

§ 1º (*redação da Lei 13.964, de 24.12.19*) As ações de que trata este artigo admitem a celebração de acordo de não persecução cível, nos termos desta Lei.[3a]

§ 2º A Fazenda Pública, quando for o caso, promoverá as ações necessárias à complementação do ressarcimento do patrimônio público.

§ 3º No caso de a ação principal ter sido proposta pelo Ministério Público, aplica-se, no que couber, o disposto no § 3º do artigo 6º da Lei n. 4.717, de 29 de junho de 1965.[3b a 3d]

§ 4º O Ministério Público, se não intervier no processo como parte, atuará obrigatoriamente, como fiscal da lei, sob pena de nulidade.[3e]

§ 5º (*acrescido pela Med. Prov. 2.180-35, de 24.8.01*) A propositura da ação prevenirá a jurisdição do juízo para todas as ações posteriormente intentadas que possuam a mesma causa de pedir ou o mesmo objeto.[4]

§ 6º (*acrescido pela Med. Prov. 2.225, de 4.9.01*) A ação será instruída com documentos ou justificação que contenham indícios suficientes[4a] da existência do ato de improbidade ou com razões fundamentadas da impossibilidade de apresentação de qualquer dessas provas, observada a legislação vigente, inclusive as disposições inscritas nos arts. 16 a 18 do Código de Processo Civil.[4b]

§ 7º (*acrescido pela Med. Prov. 2.225, de 4.9.01*) Estando a inicial em devida forma, o juiz mandará autuá-la e ordenará a notificação do requerido, para oferecer manifestação por escrito, que poderá ser instruída com documentos e justificações, dentro do prazo de quinze dias.[4c a 6a]

§ 8º (*acrescido pela Med. Prov. 2.225, de 4.9.01*) Recebida a manifestação,[6b] o juiz, no prazo de trinta dias, em decisão fundamentada, rejeitará a ação, se convencido da inexistência do ato de improbidade, da improcedência da ação ou da inadequação da via eleita.[7-8]

§ 9º (*acrescido pela Med. Prov. 2.225, de 4.9.01*) Recebida[9] a petição inicial, será o réu citado para apresentar contestação.

§ 10 (*acrescido pela Med. Prov. 2.225, de 4.9.01*). Da decisão que receber a petição inicial, caberá agravo de instrumento.[10]

§ 10-A (*acrescido pela Lei 13.964, de 24.12.19*). Havendo a possibilidade de solução consensual, poderão as partes requerer ao juiz a interrupção do prazo para a contestação, por prazo não superior a 90 (noventa) dias.

§ 11 (*acrescido pela Med. Prov. 2.225, de 4.9.01*). Em qualquer fase do processo, reconhecida a inadequação da ação de improbidade, o juiz extinguirá o processo sem julgamento do mérito.

§ 12 (*acrescido pela Med. Prov. 2.225, de 4.9.01*). Aplica-se aos depoimentos ou inquirições realizadas nos processos regidos por esta lei o disposto no art. 221, *caput* e § 1º, do Código de Processo Penal.

§ 13 (*acrescido pela LC 157, de 29.12.16*). Para os efeitos deste artigo, também se considera pessoa jurídica interessada o ente tributante que figurar no polo ativo da obrigação tributária de que tratam o § 4º do art. 3º e o art. 8º-A da Lei Complementar n. 116, de 31 de julho de 2003.[11]

Art. 17: 1. "O controle judicial da responsabilidade fiscal: ação civil pública de improbidade", por Érico Andrade (RDA 232/283 e RJM 165/37); "A ação prevista na Lei de Improbidade Administrativa", por Angela Carboni Martinhoni Cintra (RIDA 1/110); "O procedimento próprio das ações de responsabilidade por ato de improbidade administrativa", por Gina Copola (RIDA 5/210); "Do processo judicial por ato de improbidade administrativa", por Gina Copola (RIDA 48/36).

Art. 17: 1a. s/ ação sem agente público no polo passivo, v. art. 3º, nota 1; s/ prova emprestada, v. CPC 372, nota 1; s/ cumulação de ação de improbidade administrativa com ação civil pública, v. LACP 1º, nota 4, e 5º, nota 3a.

Art. 17: 1b. Salvo se houver interesse público, o que não se confunde com o interesse particular do agente público envolvido no ato de improbidade administrativa, a respectiva ação civil pública não corre em segredo de justiça (RT 889/325: TJMG, AI 1.0701.08.245855-8/002; JTJ 259/238).

Art. 17: 1c. No sentido de que o MP está dispensado de adiantar despesas com honorários periciais, em razão das disposições da LACP 18, que se aplicam ao caso, "em virtude de sua atuação visar resguardar o patrimônio público": STJ-1ª T., REsp 822.919, Min. José Delgado, j. 28.11.06, DJU 14.12.06.

Art. 17: 1d. Não é obrigatória a inserção no polo passivo da ação de improbidade de todos os envolvidos no ato supostamente ímprobo, que, assim, **não são litisconsortes necessários** (STJ-1ª T., REsp 809.088, Min. Francisco Falcão, j. 7.3.06, DJ 27.3.06; STJ-2ª T., REsp 737.978, Min. Castro Meira, j. 19.2.09, DJ 27.3.09). V. tb. nota 3c.

Art. 17: 1e. Não se admite a intervenção de partido político **como assistente** do MP: "Não se configura interesse jurídico da entidade partidária na medida em que a condenação do acionado não é capaz de influir, direta ou indiretamente, em seu patrimônio jurídico" (STJ-1ª T., REsp 1.349.991-AgRg, Min. Napoleão Maia Filho, j. 13.12.18, DJ 4.2.19).

Art. 17: 1f. "Não há na Lei 8.429/92 regramento específico acerca da **competência** territorial para processar e julgar as ações de improbidade. Diante de tal omissão, tem-se aplicado, por analogia, o art. 2º da Lei 7.347/85" (STJ-1ª Seção, CC 97.351, Min. Castro Meira, j. 27.5.09, DJ 10.6.09).

Ainda em matéria de ação de improbidade administrativa: "Em se tratando de ação civil pública em trâmite na Justiça Federal, que tem como causa de pedir a ocorrência de dano ao patrimônio público de âmbito nacional, a jurisprudência deste Sodalício orienta no sentido de que cumpre ao autor da demanda optar pela Seção Judiciária em que deverá ingressar com a ação, sendo que o Juízo escolhido se torna funcionalmente competente para o julgamento e deslinde da controvérsia, nos termos do art. 2º da Lei 7.347/85" (STJ-2ª T., REsp 1.320.694, Min. Mauro Campbell, j. 27.11.12, DJ 5.12.12).

"Se o Ministério Público Federal atuar como autor da ação civil pública de improbidade administrativa, a competência para o conhecimento e julgamento da ação será da Justiça Federal, nos termos do art. 109, I, da Constituição Federal" (STJ-1ª T., REsp 1.199.095, Min. Benedito Gonçalves, j. 17.9.13, maioria, DJ 9.12.13). No mesmo sentido: STJ-Corte Especial, ED no REsp 1.249.118-AgRg, Min. Napoleão Maia Filho, j. 5.4.17, DJ 19.4.17.

V. tb. CPC 45, nota 2, e LACP 2º, nota 2.

Art. 17: 2. "Figurando como objeto mediato do pedido o ressarcimento dos prejuízos ocasionados não só pela celebração dos contratos de forma supostamente irregular, mas também aqueles que foram ocasionados pelos mesmos, como restituição de salários, gastos de telefone, material de escritório, entre outras despesas, além da inclusão da multa prevista no art. 12, I, da Lei 8.429/92, correta a **valoração da causa** com todos os consectários gerados pelos atos, em tese, de improbidade administrativa" (STJ-1ª T., REsp 665.360, Min. Luiz Fux, j. 19.4.07, DJU 17.5.07).

✎ **Art. 17: 2a.** "Direitos transindividuais: conceito e legitimidade para agir", por José Rogério Cruz e Tucci (RJ 331/9).

Art. 17: 2b. s/ desnecessidade de autorização do Governador, v. CF 132, nota 1a.

Art. 17: 2c. A **pessoa física** não tem legitimidade para a propositura da ação de improbidade administrativa (STJ-Corte Especial, AIA 59-AgInt, Min. Napoleão Maia Filho, j. 6.9.17, DJ 13.9.17).

V. tb. art. 14, nota 1.

Art. 17: 2d. "Pessoa jurídica interessada, entendida essa aquela enumerada no art. 1º e parágrafo único da LIA, ou seja, aquela diretamente atingida pelos atos tidos como ímprobos. Ilegitimidade do Conselho Federal da Ordem dos Advogados do Brasil para o ajuizamento de ação de improbidade administrativa, ao entendimento de que a atuação do respectivo Conselho não é ilimitada e está restrita à defesa dos interesses de sua categoria e/ou de seus membros, sendo-lhe vedada a tutela de direitos de terceiros" (RSDA 85/120: TRF-1ª Reg., AP 2007.34.00.031783-7).

Art. 17: 3. As demandas fundadas na Lei de Improbidade Administrativa podem ser apresentadas independentemente de prévio pedido de medida cautelar, ao contrário do que sugere o *caput* do art. 17. Inclusive, medidas urgentes, como a indisponibilidade de bens, podem ser pedidas no próprio processo de conhecimento (v. art. 7º, nota 6).

Art. 17: 3a. v. o § 10-A.

Art. 17: 3b. Redação do § 3º de acordo com a Lei 9.366, de 16.12.96.

Art. 17: 3c. "Na ação civil pública declaratória de improbidade proposta pelo Ministério Público, a falta de citação do Município interessado, por se tratar de litisconsorte facultativo, a teor do disposto no artigo 17, parágrafo 3º, da Lei n. 8.429/92, com a nova redação dada pelo artigo 11 da Lei n. 9.366, de 1996, não tem o condão de provocar a nulidade do processo" (STJ-1ª T., REsp 329.735, Min. Garcia Vieira, j. 20.9.01, DJU 29.10.01). Esse acórdão foi mantido no julgamento dos subsequentes embargos de divergência (STJ-1ª Seção, ED no REsp 329.735-AgRg, Min. Castro Meira, j. 10.3.04, DJU 14.6.04). V. tb. nota 1d.

Art. 17: 3d. "A melhor exegese da lei admite a intimação da pessoa jurídica quando a ação for proposta por órgão diverso dela própria" (STJ-2ª T., REsp 1.263.538, Min. Herman Benjamin, j. 16.2.12, DJ 7.3.12; no caso, a ação foi proposta pela União e foi deferida a intimação da Universidade Federal da Bahia).

Art. 17: 3e. "O comando contido no § 4º do art. 17 da LIA é imperativo ao determinar a obrigatoriedade de o Ministério Público intervir, quando não for parte, como fiscal da lei sob pena de nulidade. Por outro lado, é evidente que tal intervenção deve ocorrer antes de qualquer ato decisório do julgador, especialmente antes do recebimento ou rejeição da petição inicial da ação civil de improbidade administrativa. Nesse momento, intervindo como fiscal da lei, o Ministério Público terá vista dos autos após as partes, será intimado de todos os atos do processo, poderá juntar documentos e requerer medidas ou diligências necessárias ao descobrimento da verdade, nos termos do art. 83 do Código de Processo Civil. A ausência de intimação para intervenção obrigatória do Ministério Público prevista em lei impõe a nulidade do processo (art. 84 do CPC). O prejuízo causado ao Ministério Público é manifesto, pois apesar da obrigatoriedade determinada pela Lei de Improbidade Administrativa para fiscalizar a ação civil de improbidade administrativa, somente foi intimado após a fase preliminar prevista na referida norma que excluiu diversos réus da relação processual, bem como após o transcurso de quase dois anos do ajuizamento da ação. Assim, nos termos do art. 246 e parágrafo único do Código de Processo Civil, reconhecida a nulidade por ausência de intimação do Ministério Público para acompanhar o feito em que deveria intervir, o processo deve ser anulado a partir da decisão que analisou o recebimento da petição inicial da ação civil de improbidade administrativa" (STJ-2ª T., REsp 1.446.285, Min. Mauro Campbell, j. 5.8.14, DJ 12.8.14).

✎ **Art. 17: 4.** "Conexão entre atos de improbidade administrativa", por Marcelo Borges de Mattos Medina (RP 209/229).

Art. 17: 4a. Indícios suficientes não têm significado de prova conclusiva. Não é exigível para o recebimento da petição inicial que ela traga todos os elementos necessários à condenação dos réus. Bastam meros sinais da ocorrência de improbidade para que a petição seja recebida. Assim, não se exige que a petição "desça a minúcias das condutas dos réus, nem que individualize de maneira matemática a participação de cada agente, sob pena de esvaziar de utilidade a instrução e impossibilitar a apuração judicial dos ilícitos imputados" (STJ-2ª T., REsp 1.040.440, Min. Herman Benjamin, j. 2.4.09, DJ 23.4.09).

Art. 17: 4b. Os dispositivos mencionados são do CPC rev.

Art. 17: 4c. "A instauração de ação civil pública calcada em inquérito civil eivado de 'suposta ilegalidade' ensejando a notificação prévia do demandado é ato impassível de recurso, por isso que a irresignação contra 'a convocação' pode ser manejada mediante impetração de *writ of mandamus*. A propositura da ação civil pública não antecedida do devido processo legal, aplicável ao processo administrativo em razão de regra constitucional (art. 5º, LIV, CF/88), pode ser obstada pelo mandado de segurança, máxime por força de seus múltiplos efeitos pessoais, civis e administrativos" (STJ-1ª T., RMS 25.917, Min. Luiz Fux, j. 21.8.08, um voto vencido, DJ 22.9.08).

Art. 17: 4d. "O especialíssimo procedimento estabelecido na Lei 8.429/92, que prevê um juízo de delibação para recebimento da petição inicial (art. 17, §§ 8º e 9º), precedido de notificação do demandado (art. 17, § 7º), somente é aplicável para ações de improbidade administrativa típicas" (STJ-RT 897/199: 1ª Seção, REsp 1.163.643).

Art. 17: 4e. "Muito embora seja imprescindível a notificação prevista no § 7º do art. 17 da Lei 8.429/92 antes do processamento definitivo da ação de improbidade, é possível o deferimento de **providências cautelares *inaudita altera pars*** para resguardar o resultado útil do processo. Na presente demanda, contudo, o Tribunal de origem, de forma genérica, manteve a decisão que deferiu a quebra do sigilo bancário e fiscal de todos os réus, sem, contudo, analisar a situação específica do ora recorrente, individualizando os atos de cada réu que caracterizariam situação excepcional capaz de justificar a necessidade da medida cautelar. Com efeito, caberia ao douto Magistrado *a quo* fundamentar o deferimento da quebra de sigilo bancário com as razões do seu convencimento quanto à existência de indícios de prova acerca da plausibilidade jurídica do pedido (*fumus boni iuris*) relativa a cada réu. Recurso especial provido para determinar o retorno dos autos para o Juízo *a quo* para que aprecie o pedido cautelar de forma individualizada, conforme entender de direito" (STJ-1ª T., REsp 1.197.444, Min. Napoleão Maia Filho, j. 27.8.13, DJ 5.9.13).

"Embora o art. 17, § 7º, da LIA estabeleça, como regra, a prévia notificação do acusado para se manifestar sobre a ação de improbidade, pode o magistrado, excepcionalmente, conceder a medida liminar sempre que verificar que a observância daquele procedimento legal poderá tornar ineficaz a tutela de urgência pretendida. Ressalvadas as medidas de natureza exclusivamente sancionatória — por exemplo, a multa civil, a perda da função pública e a suspensão dos direitos políticos —, pode o magistrado, a qualquer tempo, adotar a tutela necessária para fazer cessar ou extirpar a atividade nociva, consoante disciplinam os arts. 461, § 5º, e 804 do CPC, 11 da Lei 7.347/85 e 21 da mesma lei combinado com os arts. 83 e 84 do Código de Defesa do Consumidor, que admitem a adoção de todas as espécies de ações capazes de propiciar a adequada e efetiva tutela dos interesses que a ação civil pública busca proteger. No caso concreto, o acórdão regional revela a gravidade dos atos de improbidade, que consistiram na utilização de recursos públicos para benefícios particulares ou de familiares, no emprego de veículos, materiais e equipamentos públicos em obra particular; no uso do trabalho de servidores públicos e de apenados (encaminhados para prestação de serviços à comunidade) em obra particular e na supressão de prova necessária ao esclarecimento dos fatos. Nesse contexto, a liminar concedida pelo juízo de primeiro grau para proibir a demandada de receber novas verbas do Poder Público e com ele contratar ou receber benefícios ou incentivos fiscais e creditícios guarda relação de pertinência e sintonia com o ilícito praticado pela ré, sendo evidente o propósito assecuratório de fazer cessar o desvio de recursos públicos, nos termos do que autorizado pelos preceitos legais anteriormente citados" (STJ-2ª T., REsp 1.385.582, Min. Herman Benjamin, j. 1.10.13, RP 236/358).

V. tb. art. 7º, nota 7.

Art. 17: 5. Este § 7º não altera a regulação da prescrição nas ações de improbidade administrativa, principalmente no que diz respeito à sua interrupção pela citação e à retroação dos efeitos interruptivos à data da propositura da demanda (CPC 240 § 1º). Assim, o simples fato de a notificação do demandado acontecer fora do prazo quinquenal do art. 23-I não se consubstancia em obstáculo para o seguimento do feito (STJ-1ª T., REsp 695.084, Min. Francisco Falcão, j. 20.9.05, DJU 28.11.05).

"Ainda que inexistente a notificação prévia prevista no art. 17, § 7º, da Lei n. 8.429/92, a citação tem o condão de interromper o prazo prescricional, retroagindo, nos termos do art. 219, § 1º, do CPC, à data da propositura da ação" (STJ-2ª T., REsp 619.946, Min. João Otávio, j. 12.6.07, DJU 2.8.07). No mesmo sentido: STJ-1ª T., REsp 717.690, Min. Denise Arruda, j. 27.11.07, DJU 10.12.07.

Art. 17: 5a. "Apesar de reconhecida a nulidade das citações efetivadas dos agravantes, admissível o aproveitamento desses atos praticados, como se fosse da notificação prevista no § 7º do art. 17, da LF 8.429/92, com redação dada pela Med. Prov. 2.225-45/2001, reabrindo-se o prazo para oferecimento da manifestação ali prevista, ante a inexistência de prejuízo" (JTJ 293/264). No mesmo sentido, aproveitando, ainda, as contestações já ofertadas como se manifestações prévias fossem: JTJ 289/297.

"Não há violação ao rito previsto no art. 17 da Lei 8.429/92 se o juízo *a quo* determina ao agente público a apresentação de defesa prévia e este se antecipa e oferta contestação. Desnecessária nova citação para oferecimento de resposta do réu, por inexistência de nulidade" (STJ-2ª T., REsp 782.934, Min. Herman Benjamin, j. 16.10.08, DJ 9.3.09).

Art. 17: 5b. O prazo para a manifestação prévia do requerido se dobra em caso de litisconsortes com procuradores diferentes (CPC 229) (STJ-1ª T., REsp 1.221.254, Min. Arnaldo Esteves, j. 5.6.12, DJ 13.6.12).

Art. 17: 6. A falta de notificação para manifestação prévia "não tem o efeito de invalidar os atos processuais ulteriores, exceto se o requerido sofrer algum tipo de prejuízo" (STJ-2ª T., REsp 619.946, Min. João Otávio, j. 12.6.07, DJU 2.8.07). No mesmo sentido: STJ-1ª T., AI 850.771-AgRg, Min. José Delgado, j. 6.11.07, DJU 22.11.07.

Contra: "A falta de notificação do requerido para apresentação de defesa preliminar, antes do recebimento da petição inicial da ação civil de improbidade administrativa, configura nulidade absoluta e insanável do processo, que não se convalida pela não arguição tempestiva, porque afronta ao princípio fundamental da ampla defesa" (STJ-1ª T., REsp 883.795, Min. Luiz Fux, j. 11.12.07, um voto vencido, DJU 26.3.08). No mesmo sentido: RT 841/359, maioria, 881/269 (TJGO, AI 64.735-3/180), JTJ 304/380, RP 120/252.

Art. 17: 6a. "Alegação de nulidade do processo por falta de oportunidade para apresentação de resposta prévia. Inocorrência. A Medida Provisória n. 2.225-45, de 4.9.01, que inseriu o rito da defesa prévia na Lei n. 8.429/92, não foi reeditada e nem mais poderá sê-lo por força do art. 62 § 1º-I-*b* da CF, com redação dada pela EC n. 32" (JTJ 302/468).

Art. 17: 6b. "Os §§ 9º e 8º do art. 17 da Lei 8.429/92 deixam claro que, após o recebimento da manifestação, o juiz deve receber ou rejeitar a ação, não havendo previsão para que seja dada vista dos autos ao *Parquet*. Todavia, essa abertura de prazo não está vedada, desde que o magistrado conceda, na sequência, oportunidade para os réus se manifestarem. Se assim não o faz, o julgador subverte o rito processual da ação de improbidade, já que os réus devem se manifestar após o Ministério Público, e, de forma consectária, acaba por vulnerar a ampla defesa e o contraditório" (STJ-1ª T., Ag em REsp 5.840-AgRg, Min. Benedito Gonçalves, j. 26.6.12, DJ 5.12.12).

Art. 17: 7. "Na fase prevista no art. 17, § 8º, da Lei 8.429/92, o magistrado deve limitar-se a um juízo preliminar sobre a inexistência do ato de improbidade, da improcedência da ação ou da inadequação da via eleita, a fim de evitar a ocorrência de lides temerárias. Hipótese em que o recorrente busca a apreciação de argumentos sobre o mérito da ação civil pública e sua eventual participação em atos de improbidade, o que é inviável nesse momento processual" (STJ-2ª T., REsp 1.008.568, Min. Eliana Calmon, j. 23.6.09, DJ 4.8.09).

"O juiz só poderá rejeitar liminarmente a ação civil pública proposta quando, no plano legal ou fático, a improbidade administrativa imputada, diante da prova indiciária juntada, for manifestamente infundada" (STJ-2ª T., AI 730.230-AgRg, Min. Herman Benjamin, j. 4.9.07, DJU 7.2.08).

"Fora das hipóteses de demanda temerária, a precoce extinção da ação de improbidade sob o argumento de ausência de provas caracteriza induvidoso cerceamento de defesa (e, *in casu*, do interesse público) e afronta ao devido processo legal" (STJ-2ª T., REsp 1.357.838, Min. Herman Benjamin, j. 12.8.14, DJ 25.9.14).

"Apurar se a contratação do advogado para a defesa pessoal do prefeito causou ou não danos ao patrimônio público, além de ser matéria de prova, é questão pertinente ao mérito da demanda, exorbitante do objeto de cognição da mera decisão de admissibilidade da ação de improbidade" (STJ-1ª T., REsp 683.575, Min. Francisco Falcão, j. 13.12.05, DJU 6.3.06).

"Não deve ser indeferida a inicial de ação civil pública movida contra ex-prefeito municipal, acusado de omissão no pagamento integral de precatórios, sob o argumento da ausência de dolo e de má-fé, por tratar-se de matéria de mérito a ser discutida no curso da ação" (JTJ 345/73: AI 940.603-5/5-00).

"Há indícios de prática de ato de improbidade, tendo em vista que a promoção pessoal em informes publicitários oficiais é conduta que pode ser enquadrável nos ditames da Lei 8.429/92, não havendo, assim, que se falar na ausência de justa causa para o processamento da demanda" (STJ-2ª T., REsp 1.317.127-AgRg, Min. Mauro Campbell, j. 7.3.13, DJ 13.3.13).

Mas: "Demonstrada claramente pelo Tribunal de origem, em confirmação da sentença e com base no exame aprofundado das provas e dos fatos, a efetiva ausência de elemento subjetivo desfavorável aos réus e de dano ao erário, é possível a rejeição da petição inicial" (STJ-2ª T., REsp 1.199.374-AgRg, Min. Cesar Rocha, j. 29.5.12, DJ 5.6.12). Em sentido semelhante: "O fato de o então prefeito ter autorizado a contratação, de forma repentina e por meio de pregão presencial, por si só, não induz à conclusão de favorecimento às sociedades empresárias mencionadas, ainda que sejam as mesmas contratadas pela organizadora privada do evento. A desorganização administrativa do Poder Executivo, aí incluída a ausência de planejamento prévio da municipalidade para o recebimento de eventos de grande porte privados é grave, mas os efeitos dessa gravidade, sem a indicação de elemento volitivo, deve-se limitar ao campo político ou ao do ressarcimento civil, pois a improbidade é ilegalidade tipificada e qualificada pelo elemento subjetivo da conduta do agente (AIA 30, Rel. Ministro Teori Albino Zavascki, Corte Especial, DJ 28/09/2011). A situação verificada denota que o réu apenas foi incluído no polo passivo da ação de improbidade em razão de sua posição hierárquica, a evidenciar a ausência de justa causa, como, *mutatis mutandis*, tem decidido o Supremo Tribunal Federal nas ações penais" (STJ-1ª T., REsp 1.658.625-AgInt, Min. Gurgel de Faria, j. 20.9.18, DJ 12.11.18).

Art. 17: 8. "Não se convencendo o magistrado acerca da inexistência do ato de improbidade, da improcedência da ação ou da inadequação da via eleita, deve dar seguimento ao curso processual" (JTJ 305/345). No mesmo sentido, invocando o princípio *in dubio pro societate*: STJ-2ª T., AI 1.403.624-AgRg, Min. Castro Meira, j. 7.2.12, DJ 16.2.12; RIDA 38/152 (TJRJ, AI 2008.002.08901).

Art. 17: 9. A decisão que recebe a petição inicial deve ser suficientemente fundamentada, sob pena de nulidade (STJ-1ª T., REsp 901.049, Min. Luiz Fux, j. 16.12.08, DJ 18.2.09). "A decisão que recebe a inicial da ação de improbidade administrativa, ainda que concisa, deve ser fundamentada. Verifica-se, no presente caso, que não há qualquer fundamentação, ainda que sucinta, acerca dos motivos do recebimento da inicial da ação de improbidade, sendo, dessa forma, nula" (STJ-2ª T., REsp 1.261.665, Min. Mauro Campbell, j. 21.6.12, DJ 27.6.12). Exigindo que o juiz demonstre para o recebimento da petição inicial a "existência de indícios da prática do ato ímprobo e de autoria do ilícito, ou seja, a justa causa para a propositura da presente ação civil pública por ato de improbidade administrativa": STJ-1ª T., REsp 952.351, Min. Napoleão Maia Filho, j. 4.10.12, DJ 22.10.12. **Contra,** no sentido de que o recebimento da petição inicial prescinde de "justificativa no caso, por constituir a marcha processual decorrência natural do ajuizamento da ação": JTJ 305/345.

Art. 17: 10. "Caso em que, recebida a exordial da ação civil pública por improbidade administrativa, ocorreu a regular instrução processual (inclusive com a apresentação de contestação pela parte recorrente) e sobreveio sentença condenatória. Assim, não interposto no momento oportuno o agravo de instrumento de que trata o art. 17, § 10, da Lei de Improbidade, a matéria alusiva à ausência de fundamentação do despacho que recebeu a petição inicial encontra-se preclusa, por se tratar de nulidade relativa" (STJ-1ª T., REsp 1.231.462, Min. Sérgio Kukina, j. 6.2.14, maioria, DJ 5.6.14). Em sentido semelhante: STJ-2ª T., Ag em REsp 1.454.011-AgInt, Min. Assusete Magalhães, j. 24.9.19, DJ 30.9.19.

Art. 17: 11. **LC 157, de 29.12.16:** "**Art. 6º** Os entes federados deverão, no prazo de 1 (um) ano contado da publicação desta Lei Complementar, revogar os dispositivos que contrariem o disposto no *caput* e no § 1º do art. 8º-A da Lei Complementar n. 116, de 31 de julho de 2003.

"**Art. 7º** Esta Lei Complementar entra em vigor na data de sua publicação. **§ 1º** O disposto no *caput* e nos §§ 1º e 2º do art. 8º-A da Lei Complementar n. 116, de 31 de julho de 2003, e no art. 10-A, no inciso IV do art. 12 e no § 13 do art. 17, todos da Lei n. 8.429, de 2 de junho de 1992, somente produzirão efeitos após o decurso do prazo referido no art. 6º desta Lei Complementar".

Art. 17-A (*acrescido pela Lei 13.964, de 24.12.19*). (VETADO):

I — (VETADO);

II — (VETADO);

III — (VETADO).

§ 1º (VETADO).

§ 2º (VETADO).

§ 3º (VETADO).

§ 4º (VETADO).

§ 5º (VETADO).

Art. 18. A sentença[1 a 3] que julgar procedente ação civil de reparação de dano ou decretar a perda dos bens havidos ilicitamente determinará o pagamento ou a reversão dos bens, conforme o caso, em favor da pessoa jurídica prejudicada pelo ilícito.

Art. 18: 1. "Do preparo do recurso de apelação em ação civil por ato de improbidade administrativa proposta pelo Ministério Público", por Antonio Araldo Ferraz Dal Pozzo (RIASP 7/207).

Art. 18: 1a. "Não infringe o princípio da congruência a decisão judicial que enquadra o ato de improbidade em dispositivo diverso do indicado na inicial, eis que deve a defesa ater-se aos fatos e não à capitulação legal" (STJ-RP 152/284: 2ª T., REsp 842.428). No mesmo sentido: STJ-1ª T., REsp 1.372.775-AgInt, Min. Regina Costa, j. 27.11.18, DJ 7.12.18.

Todavia: "Na hipótese dos autos, o Ministério Público, na exordial, limitou-se a requerer a condenação das rés, enquadrando-as no art. 9º da Lei 8.429/92, porque haveria auferido vantagem patrimonial indevida; em alegações finais, após concluir que as provas colhidas não seriam suficientes para comprovar o enriquecimento ilícito, o requerimento do *Parquet* para condenação das acusadas nas sanções descritas nos incisos II e III do art. 12 da Lei 8.429/92, que correspondem às condutas tipificadas nos arts. 10 e 11 da mesma Lei, modifica a causa de pedir, violando o art. 264 do Diploma Processual Civil. Correto o entendimento do Tribunal *a quo*, no julgamento dos embargos infringentes, pela impossibilidade de modificação da causa de pedir em alegações finais. Eventual condenação com base em dispositivo legal diverso do indicado na inicial violaria os princípios da ampla defesa e contraditório, uma vez que as rés se defenderam das acusações descritas na peça vestibular" (STJ-1ª T., REsp 1.196.451, Min. Napoleão Maia Filho, j. 13.8.13, DJ 30.8.13).

"O enquadramento pelo Juízo singular do ato de improbidade em dispositivo diverso do apontado na inicial, além de cercear o acusado do direito de defesa, caracteriza violação ao princípio da congruência" (STJ-1ª T., REsp 1.147.564, Min. Napoleão Maia Filho, j. 13.8.13, DJ 2.9.13).

"A sentença havia se limitado a condenar os recorrentes por improbidade administrativa com base no art. 10 da LIA. Nesta esteira, na apelação, devolveu-se ao Tribunal a revisão da condenação por improbidade administrativa nos exatos termos da sentença, acrescentando-se outras discussões colaterais. Importante salientar, ainda, que o Ministério Público não interpôs apelação. Os membros da Corte recorrida expressamente afastaram a ocorrência de lesão aos cofres públicos, mas mantiveram a aplicação do art. 12 da Lei 8.429/92, por entenderem, implicitamente, que, apesar da impossibilidade de enquadrar as condutas descritas na inicial no art. 10 deste mesmo diploma normativo, ficava clara da análise do conjunto fático-probatório carreado aos autos a configuração da improbidade administrativa por ofensa a princípios constitucionais de licitação. A mudança da capitulação jurídica não pode se dar em sede recursal, especialmente quando o Ministério Público se conformou com o enquadramento das condutas dos réus no art. 10 da Lei n. 8.249/92. Depois que a sentença enquadra os atos impugnados no referido dispositivo, existe uma legítima expectativa processual dos envolvidos de que o que ficou lá posto é o que pautará as demais discussões a serem levadas a cabo. O princípio do *tantum devolutum quantum apellatum* busca resguardar valores maiores do ordenamento jurídico processual, como o desenvolvimento do processo com base estrita no contraditório e na ampla defesa (art. 5º, inc. LV, da Constituição da República). As partes discutiram na apelação o que foi fundamento e objeto de discussão na sentença e delas não era exigível abordar em seu recurso nada além disto" (STJ-2ª T., REsp 1.086.994, Min. Mauro Campbell, j. 10.4.12, maioria, DJ 12.3.14).

V. tb. art. 12, nota 4b.

Art. 18: 1b. "Muito embora o ressarcimento ao Erário seja uma das várias reprimendas previstas na Lei 8.429/92 e apesar de muitas iniciativas serem capitaneadas pelo Ministério Público por meio da ACP, nem toda ACP é de improbidade administrativa e nem toda condenação a ressarcimento ao Erário deriva da prática de ato ímprobo. A distinção é importante, pois, do caráter ímprobo que se venha a atribuir ao fato, podem emanar sérias e devastadoras implicações para a elegibilidade do demandado, na esteira do que dispõe a chamada Lei da Ficha Limpa (LC 135/2010 e LC 64/1990, art. 1º, I, g e l). Por essa razão, os pronunciamentos judiciais lançados na espécie não poderiam guardar vínculo com a Lei 8.429/1992, porque não houve pedido a esse respeito na inicial; com efeito, a promoção se atrelou a mero ressarcimento ao Erário de despesas consideradas irregulares. Por essa razão, deve ser proscrita toda e qualquer interpretação do julgado recorrido tendente a rotular como improbidade administrativa o caso concreto" (STJ-1ª T., Ag em REsp 354.729-AgInt, Min. Napoleão Maia Filho, j. 6.10.16, maioria, DJ 23.6.17).

Art. 18: 2. "Em nosso sistema normativo, incluída a Constituição, está consagrado o princípio de que, em ações que visam a tutelar os interesses sociais dos cidadãos, os demandantes, salvo em caso de comprovada má-fé, não ficam sujeitos a ônus sucumbenciais. Espelham esse princípio, entre outros dispositivos, o art. 5º, incisos LXXIII e LXXVII da Constituição e o art. 18 da Lei 7.347/85. Assim, ainda que não haja regra específica a respeito, justifica-se, em nome do referido princípio, que também em relação à ação de improbidade o Ministério Público fique dispensado de ônus sucumbenciais, a não ser quando comprovada a abusividade de sua atuação" (STJ-RP 146/215: 1ª T., REsp 577.804). No mesmo sentido: JTJ 347/506 (AP 545.926-5/9-00; v. p. 509).

Art. 18: 3. "É cabível o **reexame necessário** na ação de improbidade administrativa, nos termos do artigo 475 do CPC/1973" (STJ-1ª Seção, ED no REsp 1.220.667, Min. Herman Benjamin, j. 24.5.17, DJ 30.6.17).

V. tb. LACP 16, nota 1, e LAP 19.

Capítulo VI | DAS DISPOSIÇÕES PENAIS

Art. 19. Constitui crime a representação por ato de improbidade contra agente público ou terceiro beneficiário, quando o autor da denúncia o sabe inocente.

Pena: detenção de seis a dez meses e multa.

Parágrafo único. Além da sanção penal, o denunciante está sujeito a indenizar o denunciado pelos danos materiais, morais ou à imagem que houver provocado.[1]

Art. 19: 1. "Responsabilidade civil do poder público pelo manejo indevido de ação de improbidade administrativa", por Mauro Roberto Gomes de Mattos (RDA 238/101 e IP 27/91).

Art. 20. A perda da função pública e a suspensão dos direitos políticos só se efetivam com o trânsito em julgado da sentença condenatória.

Parágrafo único. A autoridade judicial ou administrativa competente poderá determinar o afastamento do agente público do exercício do cargo, emprego ou função, sem prejuízo da remuneração, quando a medida se fizer necessária à instrução processual.[1 a 3]

Art. 20: 1. s/ afastamento cautelar e suspensão de liminar, v. Lei 8.437/92, art. 4º, nota 3a (no tít. MEDIDA CAUTELAR).

Art. 20: 1a. "A situação de excepcionalidade não se configura sem a demonstração de um comportamento do agente público que importe efetiva ameaça à instrução do processo. Não basta, para tal, a mera cogitação teórica da possibilidade da sua ocorrência." Além disso, "para configuração da indispensabilidade da medida é necessário que o resultado a que visa não possa ser obtido por outros meios" (STJ-1ª T., REsp 550.135, Min. Teori Zavascki, j. 17.2.04, DJU 8.3.04). No caso, ponderou-se que o risco de alteração no local por periciar poderia ser combatido por meio de "simples medida cautelar de produção antecipada de prova pericial". Em sentido semelhante: JTJ 321/1.150 (AI 685.770-5/8-00).

Considerando que o afastamento cautelar do cargo requer ainda mais cuidado "em casos de mandato eletivo, cuja suspensão, considerada a temporariedade do cargo e a natural demora na instrução de ações de improbidade, pode, na prática, acarretar a própria perda definitiva": STJ-1ª T., REsp 993.065, Min. Teori Zavascki, j. 26.2.08, DJU 12.3.08. Caso envolvendo prefeito e vice-prefeito em que se manteve o afastamento do cargo, mas se limitou tal afastamento ao prazo de 180 dias: STJ-Corte Especial, SL 1.397-AgRg, Min. Ari Pargendler, j. 1.7.11, DJ 28.9.11. Caso especial, em que se autorizou o afastamento do prefeito por mais de 180 dias: "Não se desconhece o parâmetro temporal de 180 dias concebido como razoável por este eg. Superior Tribunal de Justiça para se manter o afastamento cautelar de prefeito com supedâneo na Lei de Improbidade Administrativa. Todavia, excepcionalmente, as peculiaridades fáticas, como a existência de inúmeras ações por ato de improbidade e fortes indícios de utilização da máquina administrativa para intimidar servidores e prejudicar o andamento das investigações, podem sinalizar a necessidade de alongar o período de afastamento, sendo certo que o juízo natural da causa é, em regra, o mais competente para tanto" (STJ-Corte Especial, SL 1.854-AgRg, Min. Felix Fischer, j. 13.3.14, DJ 21.3.14).

Art. 20: 2. "O afastamento do agente de suas funções, nos termos do art. 20, § ún., da Lei n. 8.429/1992, objetiva garantir o bom andamento da instrução processual na apuração das irregularidades apontadas, interesse de toda a coletividade" (STJ-Corte Especial, SL 467-AgRg, Min. Barros Monteiro, j. 7.11.07, DJU 10.12.07). No caso, registrou-se que "apenas com o afastamento do Prefeito foi possível encontrar documentos que até então não haviam sido enviados por ele, não obstante terem sido requisitados pelo Ministério Público Estadual; além disso, observou o Juízo a interferência do agente nos diversos depoimentos das testemunhas, que, por ocuparem cargos comissionados, seguem cegamente suas ordens, sob pena de perderem seus empregos".

Art. 20: 3. "A gravidade dos ilícitos imputados ao agente político e mesmo a existência de robustos indícios contra ele não autorizam o afastamento cautelar, exatamente porque não é essa a previsão legal. A decisão que determina o afastamento cautelar do agente político por fundamento distinto daquele previsto no art. 20, § ún., da Lei 8.429/92, revela indevida interferência do Poder Judiciário em outro Poder, rompendo o delicado equilíbrio institucional tutelado pela Constituição" (STJ-Corte Especial, SL 857, Min. Gomes de Barros, j. 29.5.08, DJU 30.6.08).

Art. 21. A aplicação das sanções previstas nesta lei independe:

I — da efetiva ocorrência de dano ao patrimônio público, salvo quanto à pena de ressarcimento;[1]

II — da aprovação ou rejeição das contas pelo órgão de controle interno ou pelo Tribunal ou Conselho de Contas.

Art. 21: 1. Redação do inciso I de acordo com a Lei 12.120, de 15.12.09.

Art. 22. Para apurar qualquer ilícito previsto nesta lei, o Ministério Público, de ofício, a requerimento de autoridade administrativa ou mediante representação formulada de acordo com o disposto no art. 14, poderá requisitar a instauração de inquérito policial ou procedimento administrativo.

Capítulo VII | DA PRESCRIÇÃO[1]

CAP. VII: 1. "Ação de improbidade administrativa. Decadência e prescrição", por Ada Pellegrini Grinover (IP 33/55); "A prescrição das ações indenizatórias por danos causados ao erário", por Jesualdo Eduardo de Almeida Júnior (RIDA 3/113); "Prescrição na ação de improbidade administrativa", por Luciana Maria Ribeiro Alice (Ajuris 102/251).

Art. 23. As ações destinadas a levar a efeitos as sanções previstas nesta lei podem ser propostas:[1 a 3a]

I — até cinco anos após o término do exercício de mandato, de cargo em comissão ou de função de confiança;[4]

II — dentro do prazo prescricional previsto em lei específica para faltas disciplinares puníveis com demissão a bem do serviço público, nos casos de exercício de cargo efetivo ou emprego;[5 a 7]

III (*acrescido pela Lei 13.019, de 31.7.14*)[8] — até cinco anos da data da apresentação à administração pública da prestação de contas final pelas entidades referidas no parágrafo único do art. 1º desta Lei.

Art. 23: 1. "As disposições da Lei 8.429/92 relativas à prescrição têm natureza administrativo-disciplinar, com natureza especial em relação às disposições do Código de Processo Civil (art. 219), de natureza geral, não se operando entre elas qualquer tipo de revogação ou modificação, conforme determina o art. 2º da Lei de Introdução ao Código Civil" (STJ-2ª T., REsp 687.188, Min. Eliana Calmon, j. 7.2.06, DJU 6.3.06).

"A pretensão condenatória do Ministério Público foi manifestada com o ajuizamento da ação de improbidade, no prazo de 5 anos previsto no art. 23, I, da Lei 8.429/1992. Não há falar, então, que a pretensão tenha sido alcançada pela prescrição tão somente porque a citação não ocorreu no prazo de 5 anos do término do mandato. É que, na melhor interpretação do art. 23, I, da Lei 8.429/1992, tem-se que a pretensão condenatória, nas ações civis públicas por ato de improbidade, tem o curso da prescrição interrompido com o mero ajuizamento da ação dentro do prazo de cinco anos após o término do exercício do mandato, de cargo em comissão ou de função de confiança" (STJ-2ª T., REsp 1.391.212, Min. Humberto Martins, j. 2.9.14, DJ 9.9.14).

Art. 23: 1a. Súmula 634 do STJ: "Ao **particular** aplica-se o mesmo regime prescricional previsto na Lei de Improbidade Administrativa para o agente público".

Art. 23: 1b. "O prazo prescricional deve ser contado individualmente, de acordo com as condições de cada réu, haja vista o disposto no comando legal e a própria natureza subjetiva da pretensão sancionatória e do instituto em tela" (STJ-2ª T., REsp 1.088.247, Min. Herman Benjamin, j. 19.3.09, DJ 20.4.09). **Contra,** no sentido de que o prazo prescricional "somente começa a fluir após ter o último réu se desligado do serviço público, alcançando assim a norma a maior eficácia possível": STJ-1ª T., REsp 1.071.939, Min. Francisco Falcão, j. 2.4.09, DJ 22.4.09.

Art. 23: 2. "São **imprescritíveis** as ações de ressarcimento ao erário fundadas na prática de **ato doloso** tipificado na Lei de Improbidade Administrativa" (STF-Pleno, RE 852.475, Min. Edson Fachin, j. 8.8.18, maioria, DJ 25.3.19).

V. tb. LACP 1º, nota 2a.

Art. 23: 3. "Decretada a prescrição apenas em relação às sanções, admite-se o prosseguimento da ação de improbidade quanto ao pedido de reparação de danos" (STJ-2ª T., REsp 1.218.202-AgRg, Min. Cesar Rocha, j. 12.4.11, DJ 29.4.11). Esse acórdão foi mantido no julgamento dos subsequentes embargos de divergência (STJ-1ª Seção, ED no REsp 1.218.202, Min. Arnaldo Esteves, j. 22.8.12, maioria, DJ 28.9.12). No mesmo sentido, com apoio no "princípio da instrumentalidade e do aproveitamento dos atos processuais": STJ-1ª T., REsp 928.725, Min. Teori Zavascki, j. 16.6.09, um voto vencido, DJ 5.8.09.

Contra: "Configurada a prescrição da ação civil de improbidade administrativa prevista na Lei 8.429/92, é manifesta a inadequação do prosseguimento da referida ação tão somente com o objetivo de obter ressarcimento de danos ao erário, o qual deve ser pleiteado em ação autônoma" (STJ-1ª T., REsp 801.846, Min. Denise Arruda, j. 16.12.08, DJ 12.2.09).

Art. 23: 3a. "**Não** se mostra possível decretar a ocorrência de **prescrição intercorrente** nas ações de improbidade administrativa, porquanto referido dispositivo legal somente se refere a prescrição quinquenal para ajuizamento da ação, contados do término do exercício do mandato, cargo em comissão ou função de confiança" (STJ-1ª T., Ag em REsp 962.059-AgInt, Min. Benedito Gonçalves, j. 25.4.17, maioria, DJ 29.5.17). No mesmo sentido: STJ-2ª T., REsp 1.721.025, Min. Herman Benjamin, j. 15.5.18, DJ 2.8.18.

Art. 23: 4. No sentido de que, em caso de **reeleição,** o prazo prescricional começa a correr apenas após o fim do segundo mandato, mesmo que os atos tachados de ímprobos tenham sido praticados durante o primeiro mandato: STJ-2ª T., REsp 1.107.833, Min. Mauro Campbell, j. 8.9.09, DJ 18.9.09; STJ-1ª T., REsp 1.153.079, Min. Hamilton Carvalhido, j. 13.4.10, DJ 29.4.10. Ainda, em caso de agente que permanece em **cargo comissionado por períodos sucessivos:** STJ-2ª T., REsp 1.179.085, Min. Eliana Calmon, j. 23.3.10, DJ 8.4.10.

Art. 23: 5. "Exercendo cumulativamente cargo efetivo e cargo comissionado, ao tempo do ato reputado ímprobo, há de prevalecer o primeiro, para fins de contagem prescricional, pelo simples fato de o vínculo entre agente e Administração pública não cessar com a exoneração do cargo em comissão, por ser temporário" (STJ-RF 403/421: 2ª T., REsp 1.060.529).

Art. 23: 6. "Nos casos de servidor público ocupante de cargo efetivo, a contagem da prescrição, para as demais sanções previstas na LIA, se dá à luz do art. 23, II, da LIA c/c art. 142 da Lei 8.112/1990, tendo como termo *a quo* a data em que o fato se tornou conhecido" (STJ-2ª T., REsp 1.268.594, Min. Eliana Calmon, j. 5.11.13, DJ 13.11.13).

"A contagem prescricional da ação de improbidade administrativa, quando o fato traduzir crime submetido a persecução penal, deve ser pautada pela regra do Código Penal, em face do disposto no inciso II do art. 23 da Lei 8.429/1992 e no § 2º do art. 142 da Lei 8.112/1990" (STJ-1ª T., REsp 1.554.292-AgInt, Min. Gurgel de Faria, j. 15.8.17, DJ 25.9.17).

"Improbidade administrativa. Conduta também tipificada como crime. Prescrição. Art. 109 do CP. Pena abstratamente cominada" (STJ-2ª T., REsp 1.656.383, Min. Herman Benjamin, j. 9.5.17, DJ 17.5.17). Esse julgado foi mantido no subsequente julgamento dos embargos de divergência: STJ-1ª Seção, ED no REsp 1.656.383, Min. Gurgel de Faria, j. 27.6.18, maioria, DJ 5.9.18.

Art. 23: 7. "Não obstante se tratar de emprego público, regido pelas normas da CLT, não será esse o diploma de regência da relação jurídica para fins de contagem de prescrição da ação de improbidade administrativa, porquanto o art. 23, inciso II, da Lei n. 8.429/92, estabelece que o prazo prescricional será o relativo às faltas disciplinares puníveis com demissão a bem do serviço público para os ocupantes de cargo efetivo ou de emprego. O art. 142, § 2º, da Lei 8.112/90 remete à lei penal o prazo prescricional quando o ato também constituir crime. *In casu*, o recorrente foi condenado pelo crime de estelionato, sendo o prazo prescricional de 12 anos. Considerando-se o termo inicial da prescrição a data em que o fato se tornou conhecido, ou seja, em 22.3.1996, não se encontra prescrita a presente ação, já que ajuizada em 2006" (STJ-2ª T., REsp 1.386.186-AgRg, Min. Humberto Martins, j. 24.4.14, DJ 2.5.14).

Art. 23: 8. Dispositivo em vigor 540 (quinhentos e quarenta) dias após a data de publicação da Lei 13.019, de 31.7.14 (DOU 1.8.14), cf. dispõe o art. 88 da referida Lei.

Capítulo VIII | DAS DISPOSIÇÕES FINAIS

Art. 24. Esta lei entra em vigor na data de sua publicação.

Art. 25. Ficam revogadas as Leis ns. 3.164, de 1º de junho de 1957, e 3.502, de 21 de dezembro de 1958 e demais disposições em contrário.

Rio de Janeiro, 2 de junho de 1992; 171º da Independência e 104º da República — FERNANDO COLLOR — **Célio Borja.**

Ementário
Investigação de Paternidade

— v. CC 1.615 e 1.616; v. tb. CC 1.601; ECA 27; Súmula 149 do STF; v. tb. o tít. ALIMENTOS.

Lei 8.560, de 29.12.92 — Regula a investigação de paternidade dos filhos havidos fora do casamento e dá outras providências (v. adiante, texto integral).

Lei 12.004, de 29.7.09 — Acrescenta art. 2º-A à Lei 8.560, de 29.12.92.

Lei 12.010, de 3.8.09 — Na LIP: acrescenta § 6º ao art. 2º e renumera o § 5º.

Lei n. 8.560, de 29 de dezembro de 1992

Regula a investigação de paternidade dos filhos havidos fora do casamento e dá outras providências.

O Presidente da República

Faço saber que o Congresso Nacional decreta e eu sanciono a seguinte lei:

Art. 1º O reconhecimento dos filhos havidos fora do casamento[1] é irrevogável[1a] e será feito:

I — no registro de nascimento;

II — por escritura pública ou escrito particular, a ser arquivado em cartório;

III — por testamento, ainda que incidentalmente manifestado;

IV — por manifestação expressa e direta perante o juiz, ainda que o reconhecimento não haja sido o objeto único e principal do ato que o contém.

Art. 1º: 1. "Ação de investigação de paternidade. Legitimidade de filho nascido na constância do casamento. Com a ressalva do entendimento do relator, o filho nascido na constância do casamento pode buscar o seu verdadeiro pai em ação de investigação de paternidade" (STJ-3ª T., REsp 195.527, Min. Menezes Direito, j. 10.4.00, DJU 22.5.00).

S/ a existência, nesse caso, de litisconsórcio passivo necessário entre o suposto pai e o pai que consta no registro, v. CPC 114, nota 3f.

S/ cumulação de pedido de investigação de paternidade contra o suposto pai com pedido negatório de paternidade contra quem figura como pai no assento de nascimento, v. CPC 327, nota 6b.

No sentido de que o cancelamento do registro civil anterior é consequência natural da procedência da investigação de paternidade, v. CPC 322, nota 16.

S/ a consideração de inédito exame de DNA em sede de recurso especial como fato superveniente, v. RISTJ 255, nota 4-Fato superveniente.

Art. 1º: 1a. O que a lei veda é a retratação pura e simples do reconhecimento; se o reconhecimento é inverídico, admite-se a propositura de ação para anulá-lo, movida pelo suposto pai (RT 779/227, 811/229) ou "intentada por quem quer que nisso tenha interesse" (RT 656/76).

Art. 2º Em registro de nascimento de menor apenas com a maternidade estabelecida, o oficial remeterá ao juiz[1] certidão integral do registro e o nome e prenome, profissão, identidade e residência do suposto pai,[1a] a fim de ser averiguada oficiosamente a procedência da alegação.

§ 1º O juiz, sempre que possível, ouvirá a mãe sobre a paternidade alegada e mandará, em qualquer caso, notificar o suposto pai, independente de seu estado civil, para que se manifeste sobre a paternidade que lhe é atribuída.

§ 2º O juiz, quando entender necessário, determinará que a diligência seja realizada em segredo de justiça.

§ 3º No caso do suposto pai confirmar expressamente a paternidade, será lavrado termo de reconhecimento e remetida certidão ao oficial do registro, para a devida averbação.

§ 4º Se o suposto pai não atender no prazo de trinta dias a notificação judicial, ou negar a alegada paternidade, o juiz remeterá os autos ao representante do Ministério Público para que intente, havendo elementos suficientes, a ação de investigação de paternidade.[1b a 2a]

§ 5º Nas hipóteses previstas no § 4º deste artigo, é dispensável o ajuizamento de ação de investigação de paternidade pelo Ministério Público se, após o não comparecimento ou a recusa do suposto pai em assumir a paternidade a ele atribuída, a criança for encaminhada para adoção.[2b]

§ 6º A iniciativa conferida ao Ministério Público não impede a quem tenha legítimo interesse de intentar investigação, visando a obter o pretendido reconhecimento da paternidade.[2c a 4]

Art. 2º: 1. "O oficial de registro deve iniciar o procedimento oficioso perante o juízo da comarca que engloba o território atendido pelo cartório de registro de pessoas naturais, conforme as normas locais de organização. Iniciado o procedimento, seguirá no juízo em que se iniciou, sendo irrelevante a mudança de domicílio do menor ou de sua mãe" (STJ-2ª Seção, CC 80.813, Min. Gomes de Barros, j. 27.6.07, DJU 1.8.07).

Art. 2º: 1a. A menção do nome do suposto pai deve ser feita em apartado, neste caso. Não pode constar do assento de nascimento, a menos que, posteriormente, ocorra a confirmação expressa da paternidade pelo indigitado pai (§ 3º) ou que sobrevenha ação de investigação de paternidade julgada procedente.

✎ **Art. 2º: 1b.** "Ações de investigação de paternidade ilegítima e petição de herança — Estudo de direito comparado", por Mário Moacyr Porto (Ajuris 46/236).

Art. 2º: 1c. s/ ação de investigação de paternidade e relativização da coisa julgada, v. CPC 502, nota 3b.

Art. 2º: 2. Súmula 149 do STF: "É imprescritível a ação de **investigação de paternidade,** mas não o é a de **petição de herança**".

No sentido de que é imprescritível a ação de investigação de paternidade: STJ-3ª T., AI 378.216-AgRg, Min. Menezes Direito, j. 10.9.02, DJU 9.12.02; STJ-4ª T., REsp 162.028, Min. Cesar Rocha, j. 20.11.01, DJU 18.3.02.

Art. 2º: 2a. Reconhecendo legitimidade ao MP, "ainda que o registro de nascimento tenha sido lavrado anteriormente à edição da lei": STJ-4ª T., REsp 169.728, Min. Sálvio de Figueiredo, j. 9.6.98, DJU 21.9.98. No mesmo sentido: STJ-RT 764/173 (3ª T., REsp 91.855). **Contra:** RT 732/239.

Art. 2º: 2b. O § 5º foi incluído pela Lei 12.010, de 3.8.09.

Art. 2º: 2c. O § 6º corresponde ao antigo § 5º, renumerado pela Lei 12.010, de 3.8.09.

Art. 2º: 2d. "Investigação de paternidade. Parte legítima para figurar no polo ativo do processo será o pretenso filho, e não sua mãe" (STJ-3ª T., REsp 81.254, Min. Waldemar Zveiter, j. 26.8.96, DJU 3.3.97). "Entretanto, se a inicial refere que a mãe está em juízo como representante da filha, há de entender-se que aquela (representa) a autora, não se justificando a extinção do processo" (STJ-Bol. AASP 1.927/381j).

Autorizando que a mãe represente em juízo o menor impúbere nessas circunstâncias: RTJ 95/1.218, RT 628/198, RF 292/298. No mesmo sentido, em caso de nascituro: RT 625/172, JTJ 150/90.

A ação de investigação de paternidade, sendo falecido o indigitado pai, deve ser proposta contra todos os **herdeiros** (STJ-RDDP 94/128: 3ª T., REsp 1.028.503; STJ-RT 753/200, RT 541/99, 616/52, RJTJESP 62/106).

Admitindo ação declaratória de parentesco entre **avô e neto,** cumulada com petição de herança, ainda quando o pai do neto não tenha reivindicado em vida o reconhecimento da paternidade do avô para consigo: STJ-RDDP 91/127 e RDPr 44/329 (2ª Seção, REsp 807.849, dois votos vencidos). No mesmo sentido: "Em que pese a aparente limitação oferecida pelo Código Civil Brasileiro, em seu art. 1.606, à propositura, pelos netos, de ação declaratória de relação de parentesco em face do avô, mesmo quando já falecido o seu genitor, a interpretação mais adequada e atenta ao fenômeno da constitucionalização do Direito Civil é no sentido de que a investigação da ancestralidade é direito da personalidade, decorrente da cláusula maior da dignidade da pessoa humana, não podendo seu exercício ser restrito apenas às relações de filiação, daí por que não se pode negar aos netos — não tendo o seu pai, em vida, vindicado a sua paternidade — o direito próprio e personalíssimo de pleitear o reconhecimento da relação avoenga, em face do avô (ou de seus herdeiros, quando já falecido)" (RJM 195/197: AP 1.0024.09.744299-0/001). Ainda no mesmo sentido: JTJ 296/161, maioria. **Todavia,** indeferindo demanda ajuizada por neta com o objetivo de investigar relação de parentesco com o avô, em situação na qual o pai daquela ainda vive: "No âmbito das relações de parentesco não decorrentes da adoção, o exercício do direito de investigação da identidade genética, para fins de constituição de parentesco, é limitado, sim, pelo disposto no art. 1.606 do Código Civil, o qual restringiu o universo de quem (a geração mais próxima viva) e quando pode ser postulada declaração judicial de filiação (não haver anterior deliberação a respeito)" (STJ-4ª T., REsp 876.434, Min. Marco Buzzi, j. 1.2.11, maioria, DJ 1.2.12).

"A ação de investigação de paternidade *post mortem*, em regra, é ajuizada em face dos herdeiros do suposto pai falecido. Hipótese em que a **viúva** do suposto pai não ostenta a condição de herdeira, não sendo litisconsorte passiva necessária. Assiste-lhe, todavia, o direito de contestar a ação, uma vez que tem justo interesse moral, albergado pelo art. 365 do Código Civil de 1916 e 1.615 do Código Civil de 2002, recebendo o processo no estado em que se encontrava quando requereu a intervenção" (STJ-4ª T., REsp 1.466.423, Min. Isabel Gallotti, j. 23.2.16, DJ 2.3.16). "Ação de investigação de paternidade endereçada contra o herdeiro, nos termos do artigo 363 do Código Civil; hipótese em que, pelas peculiaridades do caso concreto, se impunha a citação da viúva na condição de litisconsorte necessária" (STJ-3ª T., REsp 125.250, Min. Ari Pargendler, j. 2.5.00, DJ 29.5.00).

O **espólio** do suposto pai não tem legitimidade passiva para a ação investigatória (RTJ 108/393, RSTJ 26/406, RF 288/289, JTJ 294/206; 343/40: AI 628.649-4/5-00).

"Falecendo o suposto genitor sem deixar herdeiros, deve a ação de investigação de paternidade ser interposta em face de eventuais herdeiros e terceiros interessados, que serão citados por edital" (JTJ 343/40: AI 628.649-4/5-00).

S/ litisconsórcio ativo, na investigação de paternidade, v. CPC 113, nota 7; s/ litisconsórcio passivo necessário, v. CPC 114, nota 3f.

Art. 2º: 3. "Em se tratando de ação de investigação de paternidade proposta pelo Ministério Público em favor de incapazes, não se justifica a imposição da honorária advocatícia ao vencido, em face da finalidade e da destinação da referida verba" (STJ-4ª T., REsp 275.980, Min. Barros Monteiro, j. 28.8.01, DJU 19.11.01).

Art. 2º: 4. "Diz-se personalíssima a investigação da paternidade em relação à legitimação ativa; não, quanto à legitimação passiva" (JTJ 173/279). Assim: "O falecimento da ré, no curso da ação de investigação de paternidade, conduz à habilitação dos herdeiros sucessivos, conforme o art. 43 do CPC" (STJ-3ª T., REsp 521.106-AgRg, Min. Gomes de Barros, j. 18.5.04, DJU 7.6.04).

Art. 2º-A. Na ação de investigação de paternidade, todos os meios legais, bem como os moralmente legítimos, serão hábeis para provar a verdade dos fatos.[1]

Parágrafo único. A recusa do réu em se submeter ao exame de código genético — DNA gerará a presunção da paternidade, a ser apreciada em conjunto com o contexto probatório.[2]

Art. 2º-A: 1. Artigo e § ún. incluídos pela Lei 12.004, de 29.7.09.

Art. 2º-A: 2. v. CPC 464, notas 3 e segs.

Art. 3º É vedado legitimar e reconhecer filho na ata do casamento.

Parágrafo único. É ressalvado o direito de averbar alteração do patronímico materno, em decorrência do casamento, no termo de nascimento do filho.

Art. 4º O filho maior não pode ser reconhecido sem o seu consentimento.[1]

Art. 4º: 1. Neste sentido: CC 1.614.

Art. 5º No registro de nascimento não se fará qualquer referência à natureza da filiação, à sua ordem em relação a outros irmãos do mesmo prenome, exceto gêmeos, ao lugar e cartório do casamento dos pais e ao estado civil destes.[1]

Art. 5º: 1. A parte final, "ao lugar e cartório do casamento dos pais e ao estado civil destes", revoga o disposto na LRP 54, item 7º: "o lugar e cartório onde se casaram".

Art. 6º Das certidões de nascimento não constarão indícios de a concepção haver sido decorrente de relação extraconjugal.[1]

§ 1º Não deverá constar, em qualquer caso, o estado civil dos pais e a natureza da filiação, bem como o lugar e cartório do casamento, proibida referência à presente lei.

§ 2º São ressalvadas autorizações ou requisições judiciais de certidões de inteiro teor, mediante decisão fundamentada, assegurados os direitos, as garantias e interesses relevantes do registrado.

Art. 6º: 1. No mesmo sentido: LRP 19 § 3º.

Art. 7º Sempre[1] que na sentença de primeiro grau se reconhecer a paternidade, nela se fixarão os alimentos provisionais ou definitivos do reconhecido que deles necessite.[2 a 4]

Art. 7º: 1. O advérbio "sempre" significa que, **mesmo quando não pedidos** os alimentos, o juiz deverá fixá-los na sentença, se o autor deles necessitar. Neste sentido: RSTJ 143/410.

Assim: "O fato de inexistir pedido expresso de alimentos não impede o magistrado de fixá-los, não sendo *extra petita* a sentença" (RBDF 33/58).

Ainda: "O pedido de pensionamento formulado nessa espécie de demanda é meramente estimativo, não se configurando decisão *ultra* ou *extra petita* a concessão de **valor maior que o postulado na exordial**" (STJ-4ª T., REsp 595.746, Min. Aldir Passarinho Jr., j. 2.12.10, DJ 15.12.10).

Art. 7º: 2. **Súmula 277 do STJ:** "Julgada procedente a investigação de paternidade, os alimentos são **devidos a partir da citação**".

Todavia: "O termo inicial da obrigação alimentar deve ser o da data da concepção, quando o genitor tinha ciência da gravidez e recusou-se a reconhecer o filho" (RBDF 33/58: acórdão relatado pela Des. Maria Berenice Dias).

Art. 7º: 2a. "Julgada procedente a ação investigatória de paternidade, **mesmo antes do trânsito em julgado** da decisão, é lícito ao filho exigir do réu a prestação dos alimentos provisionais" (RSTJ 141/436).

"A condenação aos alimentos fixados em sentença de ação de investigação de paternidade pode ser executada de imediato, pois a apelação que contra ela se insurge é de ser recebida no efeito meramente devolutivo" (STJ-4ª T., REsp 595.746, Min. Aldir Passarinho Jr., j. 2.12.10, DJ 15.12.10).

Art. 7º: 3. Excepcionalmente, é possível a fixação de alimentos **antes da prolação da sentença,** desde que existam fortes indícios da paternidade e o autor necessite urgentemente dos alimentos (RT 615/50, JTJ 158/16, RJTJERGS 162/217 e 218).

Assim: "Alimentos requeridos no curso da ação de investigação de paternidade. O despacho que defere alimentos provisórios, diante da presença de fortes indícios da paternidade, no curso de ação principal de investigação de paternidade, não desafia o art. 2º da Lei 5.478/68" (STJ-3ª T., REsp 105.194, Min. Menezes Direito, j. 13.10.97, DJU 15.12.97).

Contra: RJTJERGS 146/157.

Art. 7º: 3a. "Os alimentos provisionais arbitrados em cautelar incidental à ação de investigação de paternidade têm amparo legal não apenas se forem decorrentes do vínculo paterno-filial surgido do reconhecimento, como também dos laços de parentesco dele derivados. O parentesco surgido entre as partes, na hipótese, **irmãos** unilaterais, em razão da sentença de reconhecimento da paternidade, declarada e confirmada, respectivamente, em 1º e em 2º graus de jurisdição, é suficiente para autorizar o arbitramento dos alimentos na forma em que se deu" (STJ-3ª T., REsp 1.120.922, Min. Nancy Andrighi, j. 23.11.10, DJ 7.12.10).

Art. 7º: 4. O **Ministério Público** tem legitimidade para a execução de alimentos fixados em ação de investigação de paternidade por ele proposta (STJ-3ª T., REsp 208.429, Min. Menezes Direito, j. 4.9.01, DJU 1.10.01).

Art. 8º Os registros de nascimento, anteriores à data da presente lei, poderão ser retificados por decisão judicial, ouvido o Ministério Público.

Art. 9º Esta lei entra em vigor na data de sua publicação.

Art. 10. São revogados os arts. 332, 337 e 347 do Código Civil e demais disposições em contrário.

Brasília, 29 de dezembro de 1992; 171º da Independência e 104º da República — ITAMAR FRANCO — **Maurício Corrêa.**

Ementário

Juizados Especiais

— v. CF 24-X, 98-I

Lei 9.099, de 26.9.95 — Dispõe sobre os Juizados Especiais Cíveis e Criminais e dá outras providências (v., adiante, texto parcial).

Lei 10.259, de 12.7.01 — Dispõe sobre a instituição dos Juizados Especiais Cíveis e Criminais no âmbito da Justiça Federal (v., adiante, texto integral).

Resolução 252, de 18.12.01, do Pres. do Conselho da Justiça Federal — Dispõe sobre a limitação da competência dos Juizados Especiais Federais Cíveis e Criminais de que trata o art. 1º da Lei 10.259, de 12.7.01 (DJU 4.1.02, p. 126). V. LJEF 23, nota 1.

Instrução Normativa 1, de 12.11.02, do Ministro Coordenador-Geral da Justiça Federal — Dispõe sobre o processamento do pedido de uniformização das decisões das Turmas Recursais dos Juizados Especiais Federais (DJU 21.11.02, p. 357). V. LJEF 14, nota 2a.

Lei 12.153, de 22.12.09 — Dispõe sobre os Juizados Especiais da Fazenda Pública no âmbito dos Estados, do Distrito Federal, dos Territórios e dos Municípios. Em vigor 6 meses após a sua publicação (DOU 23.12.09). V., adiante, texto integral.

Lei 12.665, de 13.6.12 — Dispõe sobre a criação de estrutura permanente para as Turmas Recursais dos Juizados Especiais Federais; cria os respectivos cargos de Juízes Federais; e revoga dispositivos da Lei n. 10.259, de 12 de julho de 2001. V. LJEF 21 e notas.

Lei 13.105, de 16.3.15 — Código de Processo Civil. Na LJE: alterou os arts. 48, 50 e 83.

Lei n. 9.099, de 26 de setembro de 1995[1]

Dispõe sobre os Juizados Especiais Cíveis e Criminais e dá outras providências.

O Presidente da República

Faço saber que o Congresso Nacional decreta e eu sanciono a seguinte lei:

Capítulo I | DISPOSIÇÕES GERAIS

LEI 9.099: 1. "Questões relevantes nos processos sob rito sumário. Perícia. Recursos. Juizados Especiais Cíveis", pelo Min. Athos Gusmão Carneiro (Ajuris 67/173); "A democratização da justiça (A Lei 9.099/95 — perspectiva da justiça no terceiro milênio)", pela Min. Fátima Nancy Andrighi (RT 748/68); "Os juizados especiais cíveis no Brasil", por Wilson Carlos Rodycz (Ajuris 73/252); "Medidas cautelares e antecipatórias no Juizado Especial Federal", por Amir José Finochiaro Sarti (RJ 288/47); "Antecipação de tutela e medidas cautelares em sede de Juizados Especiais Cíveis — Aspectos polêmicos da Lei n. 9.099, de 26.9.95", por Cristiane Gouveia de Barros (RF 359/365); "O Juizado Especial em face das garantias constitucionais", por José Ignacio Botelho de Mesquita (RJ 330/9).

Art. 1º Os Juizados Especiais Cíveis e Criminais, órgãos da Justiça Ordinária, serão criados pela União, no Distrito Federal e nos Territórios, e pelos Estados, para conciliação, processo, julgamento e execução, nas causas de sua competência.[1]

Art. 1º: 1. v. art. 3º.

Art. 2º O processo orientar-se-á pelos critérios[1-1a] da oralidade,[2] simplicidade, informalidade,[3] economia processual e celeridade,[4] buscando, sempre que possível, a conciliação ou a transação.

Art. 2º: 1. "Princípios políticos dos Juizados Especiais", por Luiz Melibio Uiraçaba Machado (Ajuris 67/201).

Art. 2º: 1a. Cabe ao magistrado, no silêncio desta lei, encontrar soluções que atendam aos seus critérios informativos, afastando-se das preconizadas no CPC ou em leis especiais, sempre que entrem em conflito com qualquer desses critérios (v. art. 13-*caput* e § 1º).

Observe-se, a propósito, que a lei tomou o cuidado de não indicar o CPC como legislação supletiva, nos casos omissos.

Art. 2º: 2. v. arts. 13 § 3º (redução a escrito somente dos atos essenciais da audiência), 14-*caput* (pedido escrito ou oral), 30 (contestação escrita ou oral), 49 (embargos de declaração opostos por escrito ou oralmente).

Art. 2º: 3. v., p. ex., s/ supressão de precatórias, art. 13 § 2º e art. 18-III.

Art. 2º: 4. "Os prazos processuais nos procedimentos sujeitos ao rito especial dos Juizados Especiais não se suspendem e nem se interrompem" **(FPJC, enunciado 86).**

Capítulo II | DOS JUIZADOS ESPECIAIS CÍVEIS

Seção I | DA COMPETÊNCIA

Art. 3º O Juizado Especial Cível tem competência[1 a 3d] para conciliação, processo e julgamento das causas cíveis[4] de menor complexidade,[4a-4b] assim consideradas:

I — as causas cujo valor[5] não exceda a quarenta vezes[5a] o salário mínimo;[5b a 7]

II — as enumeradas no art. 275, inciso II, do Código de Processo Civil;[7a a 8b]

III — a ação de despejo para uso próprio;[8c a 9a]

IV — as ações possessórias[10] sobre bens imóveis de valor não excedente ao fixado no inciso I deste artigo.

§ 1º Compete ao Juizado Especial promover a execução:

I — dos seus julgados;[10a]

II — dos títulos executivos extrajudiciais,[11] no valor de até quarenta vezes o salário mínimo, observado o disposto no § 1º do art. 8º desta lei.

§ 2º Ficam excluídas da competência do Juizado Especial as causas de natureza alimentar,[11a] falimentar, fiscal[12-12a] e de interesse da Fazenda Pública,[12b-13] e também as relativas a acidentes de trabalho, a resíduos[14] e ao estado e capacidade das pessoas,[15] ainda que de cunho patrimonial.

§ 3º A opção pelo procedimento previsto nesta lei importará em renúncia[16] ao crédito excedente ao limite estabelecido neste artigo,[17] excetuada a hipótese de conciliação.

Art. 3º: 1. s/ competência para processar e julgar conflito de competência entre Juiz de Juizado Especial e Juiz de Direito Estadual, Turmas Recursais dos Juizados Especiais e Tribunal de Justiça, Juiz Federal e Juiz de Juizado Especial, v. CF 105, nota 9.

S/ cabimento de mandado de segurança perante tribunal local para discutir a competência do Juizado Especial, v. art. 41, nota 4.

S/ competência para julgar causas que envolvam conteúdo disponibilizado na Internet, v., no nosso CCLCV, MCI 19, especialmente nota 4.

Art. 3º: 1a. Sustentando que a competência do Juizado Especial é opcional: "Questões relevantes nos processos sob rito sumário", pelo Min. Athos Gusmão Carneiro (Ajuris 67/173, p. 176); "Juizados Especiais cíveis. Uma escolha do autor em demandas limitadas pelo valor do pedido, ou da causa", por Alfeu Bisaque Pereira (Ajuris 67/180); "O procedimento sumário: justaposição com os Juizados Especiais Cíveis? Há revelia nesse procedimento, mesmo com contestação? O pedido contraposto do réu e quando é ele possível", por Antonio Raphael Silva Salvador (RT 743/96).

Sustentando que é absoluta: "A competência dos juizados especiais cíveis em face das normas constitucionais e infraconstitucionais", por Antonio de Pádua Ferraz Nogueira (RF 339/39); "A competência absoluta e a ausência do limite do valor da causa nos Juizados Especiais cíveis", por J. S. Fagundes Cunha (RJ 227/123); "Lei n. 9.099/95: a obrigatoriedade da competência e do rito", por Horácio Wanderlei Rodrigues (Ajuris 67/186); "Juizados Especiais cíveis: absoluta a sua competência", por Louri Geraldo Barbiero (Lex-JTA 162/6); "Inconstitucionalidade da opção ao autor para ingressar nos Juizados Especiais", por Luis Felipe Salomão (RT 746/73, RF 342/545, RJ 240/7).

Art. 3º: 1b. "O acesso ao Juizado Especial é por **opção do autor**" (conclusão aprovada por maioria pela Comissão Nacional de Interpretação da Lei n. 9.099/95; *apud* Bol. AASP 1.929/3).

"O exercício do direito de ação no Juizado Especial Cível é facultativo para o autor" **(FPJC, enunciado 1).**

"O ajuizamento da ação perante o Juizado Especial é uma opção do autor" (STJ-4ª T., REsp 151.703, Min. Ruy Rosado, j. 24.3.98, DJU 8.6.98). No mesmo sentido: STJ-2ª Seção, CC 90.218, Min. Ari Pargendler, j. 14.11.07, DJU 10.12.07; STJ-2ª T., RMS 53.227, Min. Herman Benjamin, j. 27.6.17, DJ 30.6.17; RT 738/412, 740/404, 759/266, maioria, 783/895, JTJ 192/265, 327/210 (AP 7.226.445-0), RJTJERGS 177/196, 179/268, 181/220, um voto vencido, JTAERGS 98/304, 99/210, 100/297, RJTAMG 63/291, Lex-JTA 157/10, 157/64, 160/90, 161/32, 162/30, maioria, 162/109, 162/310, 163/468, 165/299, 173/504, Bol. AASP 1.994/81j, 1.998/115j, 2.023/315j.

Contra, considerando obrigatória a competência do Juizado Especial: Lex-JTA 157/13, 158/15, RF 337/295, JTJ 234/40, RJ 226/88, Bol. AASP 1.969/299j — sempre o mesmo relator, em todos; RT 758/228, RJTAMG 65/266, maioria.

Ainda: "Ressalvada a hipótese do § 3º do art. 3º da Lei 9.099/95, é absoluta a competência dos Juizados Especiais Cíveis" **(Enunciado 1 JECRJ,** RJ 240/10).

Art. 3º: 2. "Ao autor é facultada a opção entre, de um lado, ajuizar a sua demanda no Juizado Especial, desfrutando de uma via rápida, econômica e desburocratizada, ou, de outro, no Juízo comum" (RSTJ 113/284 e STJ-RF 346/261).

Art. 3º: 3. Quanto à incompetência territorial, v. art. 51-III.

Art. 3º: 3a. "É taxativo o elenco das causas previstas no art. 3º da Lei 9.099/95" **(FPJC, enunciado 30).**

"Lei local não poderá ampliar a competência do Juizado Especial" **(FPJC, enunciado 3).**

"As ações cíveis sujeitas aos procedimentos especiais não são admissíveis nos Juizados Especiais" **(FPJC, enunciado 8). Todavia,** em matéria de consignação em pagamento, v. LJEF 3º, nota 1a.

"Não são admissíveis as ações coletivas nos Juizados Especiais Cíveis" **(FPJC, enunciado 32).**

Art. 3º: 3b. "São cabíveis a tutela acautelatória e a antecipatória nos Juizados Especiais Cíveis" **(FPJC, enunciado 26).**

Art. 3º: 3c. "A prerrogativa de foro na esfera penal não afasta a competência dos Juizados Especiais Cíveis" **(FPJC, enunciado 74).**

Art. 3º: 3d. "Somente se admite conexão em Juizado Especial Cível quando as ações puderem submeter-se à sistemática da Lei 9.099/95" **(FPJC, enunciado 68).**

Art. 3º: 4. "As causas de competência dos Juizados Especiais em que forem comuns o objeto ou a causa de pedir poderão ser reunidas para efeito de instrução, se necessária, e julgamento" **(FPJC, enunciado 73).**

✎ **Art. 3º: 4a.** "O reconhecimento da complexidade maior nos processos que tramitam perante os Juizados Especiais Cíveis, em face de seus princípios informadores", por Mauro Fiterman (RT 813/103 e Ajuris 84/249).

Art. 3º: 4b. "A excludente da competência dos Juizados Especiais — complexidade da controvérsia (art. 98 da Constituição Federal) — há de ser sopesada em face das causas de pedir constantes da inicial, observando-se, em passo seguinte, a defesa apresentada pela parte acionada. Ante as balizas objetivas do conflito de interesses, a direcionarem a indagação técnico-pericial, surge complexidade a afastar a competência dos Juizados Especiais" (STF-RP 202/457: Pleno, RE 537.427; caso envolvendo o consumo de cigarro e suas consequências).

"Não há dispositivo na Lei 9.099/95 que permita inferir que a complexidade da causa — e, por conseguinte, a competência do Juizado Especial Cível — esteja relacionada à necessidade ou não de perícia" (STJ-RP 185/383: 3ª T., MC 15.465). "A necessidade de produção de prova pericial não influi na definição da competência dos juizados especiais cíveis estaduais" (STJ-4ª T., RMS 29.163, Min. João Otávio, j. 20.4.10, DJ 28.4.10). V. tb. art. 35 e LJEF 3º, nota 2b.

"A menor complexidade da causa, para a fixação da competência, é aferida pelo objeto da prova e não em face do direito material" **(FPJC, enunciado 54).**

A complexidade do direito em disputa não afasta a competência dos Juizados Especiais (RT 869/279).

"A questão alusiva à cobrança da assinatura básica é unicamente de direito e não apresenta complexidade apta a afastar o seu processamento pelo Juizado Especial" (STF-Pleno, RE 567.454, Min. Carlos Britto, j. 18.6.09, DJ 28.8.09).

"As ações envolvendo danos morais não constituem, por si só, matéria complexa" **(FPJC, enunciado 69).**

"As ações nas quais se discute a ilegalidade de juros não são complexas para o fim de fixação da competência dos Juizados Especiais" **(FPJC, enunciado 70).**

Art. 3º: 5. O valor da causa é a soma do principal, atualizado à data da propositura da ação, mais juros de mora sobre esse total (cf. LEF 34 § 1º). Não se computam, para tal efeito, honorários de advogado, por serem indevidos em primeiro grau de jurisdição, podendo, porém, ser concedidos, de ofício, em segundo (art. 55-*caput*).

No caso de pedido alternativo, o valor da causa é o do maior pedido; no de cumulação, a soma de todos.

"Em observância ao art. 2º da Lei 9.099/95, o valor da causa corresponderá à pretensão econômica objeto do pedido" **(FPJC, enunciado 39).**

✎ "Juizados Especiais. Compreendendo o valor de alçada", por José Carlos de Araújo Almeida Filho (RF 383/49).

Art. 3º: 5a. v. art. 9º-*caput*.

Art. 3º: 5b. v. art. 39. Em matéria de execução, v. nota 10a.

S/ litisconsórcio ativo facultativo e limite valorativo, v. LJEF 3º, nota 2a; s/ causas vinculadas ao Sistema Financeiro de Habitação, v. LJEF 3º, nota 3.

Art. 3º: 6. "A Lei n. 10.259/01 não altera o limite da alçada previsto no art. 3º, inciso I, da Lei n. 9.099/95" **(FPJC, enunciado 87).**

Art. 3º: 6a. "Para efeito de alçada, em sede de Juizados Especiais, tomar-se-á como base o salário mínimo nacional" **(FPJC, enunciado 50).**

Art. 3º: 6b. Este limite é intransponível (art. 39), na hipótese de não haver conciliação (v. § 3º, *in fine*). Aplica-se, também, para a demanda do réu, que deve ser embutida na contestação (art. 31).

Art. 3º: 7. Para as causas referidas nos incisos II e III, os Juizados Especiais têm competência **independentemente do valor.** Nesses casos, mesmo demandas envolvendo valores superiores a 40 salários mínimos podem ser normalmente processadas perante os Juizados Especiais (STJ-RP 185/383: 3ª T., MC 15.465; Lex-JTA 158/15).

Art. 3º: 7a. CPC 1.063: "Até a edição de lei específica, os juizados especiais cíveis previstos na Lei n. 9.099, de 26 de setembro de 1995, continuam competentes para o processamento e julgamento das causas previstas no art. 275, inciso II, da Lei n. 5.869, de 11 de janeiro de 1973".

CPC rev. 275: "Observar-se-á o procedimento sumário: (...) **II** — nas causas, qualquer que seja o valor: **a)** de arrendamento rural e de parceria agrícola; **b)** de cobrança ao condômino de quaisquer quantias devidas ao condomínio; **c)** de ressarcimento por danos em prédio urbano ou rústico; **d)** de ressarcimento por danos causados em acidente de veículo de via terrestre; **e)** de cobrança de seguro, relativamente aos danos causados em acidente de veículo, ressalvados os casos de processo de execução; **f)** de cobrança de honorários dos profissionais liberais, ressalvado o disposto em legislação especial; **g)** que versem sobre revogação de doação; **h)** nos demais casos previstos em lei. **Parágrafo único.** Este procedimento não será observado nas ações relativas ao estado e à capacidade das pessoas".

Art. 3º: 7b. "As causas cíveis enumeradas no art. 275, II, do CPC, admitem condenação superior a 40 (quarenta) salários mínimos e sua respectiva execução, no próprio Juizado" **(FPJC, enunciado 58, que substituiu o enunciado 2).**

Art. 3º: 8. "O condomínio residencial poderá propor ação no Juizado Especial, nas hipóteses do art. 275, inciso II, item *b*, do Código de Processo Civil" **(FPJC, enunciado 9). Contra:** Lex-JTA 158/14, 173/504, Bol. AASP 2.067/671j.

V. tb. LJEF 6º, nota 3.

Art. 3º: 8a. "Conquanto a cobrança de cotas condominiais instituídas por condomínio formal não se confunda com a **cobrança de taxas de manutenção** de áreas comuns instituídas **por associação de proprietários de loteamento** fechado, ambas as hipóteses apresentam semelhança tal a exigir a aplicação da mesma razão de decidir quanto à fixação, em abstrato, da competência. Esse entendimento, além de conferir uniformidade na repartição da competência para demandas faticamente semelhantes, coaduna-se com o metaprincípio de submissão ao sistema dos Juizados Especiais das causas mais simples, que podem ser solucionadas de maneira mais célere e efetiva, sem as amarras formais que impregnam o processo civil tradicional" (STJ-3ª T., RMS 53.602, Min. Nancy Andrighi, j. 5.6.18, DJ 7.6.18).

Art. 3º: 8b. "A **ação de arbitramento de honorários advocatícios** se diferencia da ação de cobrança de tais honorários. Nesta, o valor a ser perseguido já se encontra definido, restando apenas a condenação do réu ao seu pagamento. Naquela, porém, apenas o direito aos honorários está estabelecido, restando dar corpo a esse direito, o que se faz, muitas vezes, mediante perícia. A ação de arbitramento, portanto, não se confunde com a ação de cobrança, de modo que ela não encontra previsão no art. 275, inc. II, do CPC. Disso decorre que **não há previsão expressa da competência do Juizado Especial para julgar essa causa.** Além disso, a provável necessidade de perícia torna o procedimento da ação de arbitramento incompatível com a disciplina dos Juizados Especiais, destinados ao julgamento de causas de pequena complexidade" (STJ-3ª T., REsp 633.514, Min. Nancy Andrighi, j. 7.8.07, dois votos vencidos, DJU 17.9.07).

S/ arbitramento judicial de honorários de advogado, v. EA 22-*caput* e § 2º.

Art. 3º: 8c. "Nos Juizados Especiais só se admite a ação de despejo prevista no art. 47, inciso III, da Lei 8.245/91" **(FPJC, enunciado 4).**

"A ação de despejo por falta de pagamento cumulada com ação de cobrança, mesmo que lhe seja atribuído valor inferior a 40 (quarenta) vezes o salário mínimo, não se insere na competência dos Juizados Especiais Cíveis, em face de ser ela regulamentada por lei especial (Lei 8.245/91) em relação à lei geral posterior (Lei 9.099/95), bem como em face da absoluta incompatibilidade entre os ritos, devendo, portanto, ser julgada no juízo cível" (Bol. AASP 1.990/53j). No mesmo sentido: RF 343/381.

Art. 3º: 9. de prédio residencial (v. LI 47-III).

Art. 3º: 9a. As demais ações de despejo escapam à competência do Juizado Especial (RT 732/305, Bol. AASP 1.958/213j, 1.963/253j), salvo se tiverem valor inferior a 40 salários mínimos (art. 3º-I) e desde que, segundo a jurisprudência dominante (v. notas 1a e segs.), o autor opte por ele (Lex-JTA 160/193).

Art. 3º: 10. v. CPC 554 a 568.

Art. 3º: 10a. "independentemente do valor acrescido à condenação" (STJ-4ª T., RMS 27.935, Min. João Otávio, j. 8.6.10, DJ 16.6.10), i. e., independentemente do título judicial envolver valor superior a 40 salários mínimos.

Art. 3º: 11. v. art. 53, que complementa este inciso.

Art. 3º: 11a. s/ homologação de acordo extrajudicial acerca de alimentos e guarda de filhos, v. art. 57, nota 3.

Art. 3º: 12. i. e., execução fiscal, anulatória de débito fiscal, declaratória de inexistência de débito fiscal, repetição do indébito fiscal, mandado de segurança em matéria fiscal (aliás, todos os mandados de segurança), etc.

✎ **Art. 3º: 12a.** "Juizados Especiais de pequenas causas da Justiça Federal", por Fábio Bittencourt da Rosa (Ajuris 67/379); "Juizados Especiais na Justiça Federal", por Walter Nunes da Silva Júnior (Ajuris 67/384).

Art. 3º: 12b. v., adiante, Lei 10.259, de 12.7.01, que instituiu os Juizados Especiais no âmbito da Justiça Federal.

Art. 3º: 13. a saber: desapropriação, discriminatória, ação popular e, se houver interesse da Fazenda Pública, ação civil pública, etc.

Art. 3º: 14. i. e., causas fundadas em disposição testamentária.

Art. 3º: 15. p. ex., causas relativas a casamento, união estável (cf. Lei 9.278, de 10.5.96, art. 9º), pátrio poder, tutela, curatela, interdição, declaração de ausência, etc.

Art. 3º: 16. A renúncia é automática, "excetuada a hipótese de conciliação" (§ 3º).

Art. 3º: 17. v. arts. 21 e 39.

Art. 4º É competente,[1] para as causas previstas nesta lei, o Juizado do foro:

I — do domicílio do réu ou, a critério do autor, do local onde aquele exerça atividades profissionais ou econômicas ou mantenha estabelecimento, filial, agência, sucursal ou escritório;

II — do lugar onde a obrigação deva ser satisfeita;

III — do domicílio do autor ou do local do ato ou fato, nas ações para reparação de dano de qualquer natureza.[2]

Parágrafo único. Em qualquer hipótese, poderá a ação ser proposta no foro previsto no inciso I deste artigo.[3]

Art. 4º: 1. v. art. 51-III (extinção do processo, no caso de incompetência territorial).

Art. 4º: 2. A expressão "dano de qualquer natureza", mais ampla que a constante do CPC 53-IV-*a*, indica que o inciso III se aplica a todas as demandas voltadas à reparação de um dano, inclusive aos casos de ilícitos contratuais.

Art. 4º: 3. i. e., mesmo nas causas atreladas à satisfação de uma obrigação (inciso II) ou à reparação de um dano (inciso III) o autor pode, livremente, optar pelo foro do domicílio do réu ou outro a este equivalente (inciso I).

Seção II | DO JUIZ, DOS CONCILIADORES E DOS JUÍZES LEIGOS

Art. 5º O juiz dirigirá o processo com liberdade[1] para determinar as provas[2] a serem produzidas, para apreciá-las e para dar especial valor às regras de experiência comum ou técnica.[3]

Art. 5º: 1. O preceito dá mais força ao juiz do que o CPC 370, e é complementado pelo disposto no art. 33, parte final.

Art. 5º: 2. v. arts. 32 a 37.

Art. 5º: 3. v. CPC 375.

Art. 6º O juiz adotará em cada caso a decisão que reputar mais justa e equânime, atendendo aos fins sociais da lei e às exigências do bem comum.

Art. 7º Os conciliadores[1] e juízes leigos[2] são auxiliares da Justiça, recrutados, os primeiros, preferentemente, entre os bacharéis em direito, e os segundos, entre advogados com mais de cinco anos de experiência.[2a]

Parágrafo único. Os juízes leigos ficarão impedidos de exercer a advocacia perante os Juizados Especiais, enquanto no desempenho de suas funções.[2b-3]

Art. 7º: 1. v. arts. 22 e 53 § 2º.

Art. 7º: 2. v. CF 98-I; LJE 7º § ún., 22, 24 § 2º, 37, 40.

Art. 7º: 2a. "À luz do art. 7º da Lei 9.099/95, para a assunção do encargo de Juiz Leigo, o candidato deve ser advogado — ou seja, estar devidamente inscrito de forma definitiva nos quadros da Ordem dos Advogados do Brasil — há mais de 5 anos, não sendo possível, para tanto, o cômputo do tempo relativo à inscrição como estagiário. O fato de o edital do concurso, supostamente, não ser específico quanto à inscrição definitiva na Ordem dos Advogados do Brasil, não teria o condão de afastar a exigência contida no art. 7º da Lei 9.099/95. O art. 93 da Constituição Federal, com a redação dada pela Emenda Constitucional 45/04, não revogou o art. 7º da Lei 9.099/95" (STJ-5ª T., RMS 24.147, Min. Laurita Vaz, j. 22.3.11, DJ 6.4.11). **Contra:** STJ-6ª T., RMS 25.460, Min. Maria Thereza, j. 17.3.11, DJ 4.4.11.

✎ **Art. 7º: 2b.** "Juizado Especial cível e criminal: sobre o exercício da advocacia por juízes leigos", por Danilo Alejandro Mognoni Costalunga (RJ 254/5).

Art. 7º: 3. "O conciliador ou juiz leigo não está incompatibilizado nem impedido de exercer a advocacia, exceto perante o próprio Juizado Especial em que atue ou se pertencer aos quadros do Poder Judiciário" **(FPJC, enunciado 40).**

No mesmo sentido, quanto ao conciliador, desde que não ocupe cargo efetivo ou em comissão no Poder Judiciário: RSTJ 172/302.

Ainda sobre o exercício da advocacia por conciliador: RT 827/484.

Seção III | DAS PARTES

Art. 8º Não poderão ser partes,[1] no processo instituído por esta lei, o incapaz, o preso, as pessoas jurídicas de direito público,[2] as empresas públicas da União,[3] a massa falida e o insolvente civil.[4]

§ 1º Somente serão admitidas a propor ação perante o Juizado Especial:[4a a 5a]

I — as pessoas físicas capazes,[5b] excluídos os cessionários de direito de pessoas jurídicas;

II — as pessoas enquadradas como microempreendedores individuais, microempresas e empresas de pequeno porte na forma da Lei Complementar n. 123, de 14 de dezembro de 2006;[6 a 6b]

III — as pessoas jurídicas qualificadas como Organização da Sociedade Civil de Interesse Público, nos termos da Lei n. 9.790, de 23 de março de 1999;

IV — as sociedades de crédito ao microempreendedor, nos termos do art. 1º da Lei n. 10.194, de 14 de fevereiro de 2001.

§ 2º O maior de dezoito anos poderá ser autor, independentemente de assistência,[7] inclusive para fins de conciliação.

Art. 8º: 1. A proibição de ser parte, preexistente (art. 51-II) ou superveniente (art. 51-IV), acarreta a extinção do processo.

Juizados Especiais

Art. 8º: 2. v. CC 41.

Art. 8º: 3. Não as empresas públicas do Estado ou do Município.

Art. 8º: 4. "Os processos de conhecimento contra empresas sob liquidação extrajudicial, concordata ou recuperação judicial devem prosseguir até a sentença de mérito, para constituição do título executivo judicial, possibilitando à parte habilitar o seu crédito, no momento oportuno, pela via própria" **(FPJC, enunciado 51).**

Art. 8º: 4a. Redação do § 1º de acordo com a Lei 12.126, de 16.12.09.

Art. 8º: 4b. s/ propositura de ação por **condomínio,** v. art. 3º, nota 8.

Art. 8º: 5. Pessoa jurídica de direito privado excluída dos incisos deste § 1º não pode propor demanda que dê início a um novo e autônomo processo perante o Juizado Especial, mas pode demandar em resposta à demanda inicial (v. art. 31, nota 1b).

Art. 8º: 5a. O texto não exclui o **espólio,** contanto que todos os herdeiros sejam maiores.

"Inexistindo interesse de incapazes, o Espólio pode ser autor nos Juizados Especiais Cíveis" **(FPJC, enunciado 72).**

V. tb. LJEF 6º, nota 3a.

Art. 8º: 5b. O autor **residente fora do país** deve prestar caução (CPC 83), que o juiz fixará de plano.

Art. 8º: 6. Redação do inc. II de acordo com a LC 147, de 7.8.14.

Art. 8º: 6a. No momento do ingresso em juízo, o microempreendedor individual, a microempresa ou a empresa de pequeno porte deve fazer prova dessa condição que viabiliza a sua demanda perante o Juizado Especial.

Art. 8º: 6b. v. Lei 9.790, de 23.3.99.

Art. 8º: 7. Este dispositivo perdeu a sua importância com o advento do **novo CC,** segundo o qual "a menoridade cessa aos dezoito anos completos, quando a pessoa fica habilitada à prática de todos os atos da vida civil" **(CC 5º-*caput*).**

Art. 9º Nas causas de valor até vinte salários mínimos,[1] as partes comparecerão pessoalmente,[1a] podendo ser assistidas por advogado;[1b-2] nas de valor superior, a assistência é obrigatória.[2a]

§ 1º Sendo facultativa a assistência, se uma das partes comparecer assistida por advogado, ou se o réu for pessoa jurídica ou firma individual, terá a outra parte, se quiser, assistência judiciária[3] prestada por órgão instituído junto ao Juizado Especial, na forma da lei local.

§ 2º O juiz alertará as partes da conveniência do patrocínio por advogado, quando a causa o recomendar.[4]

§ 3º O mandato ao advogado poderá ser verbal,[4a] salvo quanto aos poderes especiais.[5]

§ 4º O réu,[5a-5b] sendo pessoa jurídica ou titular de firma individual, poderá ser representado por preposto credenciado, munido de carta de preposição com poderes para transigir, sem haver necessidade de vínculo empregatício.[5c a 7]

Art. 9º: 1. v. art. 30, nota 1b, s/ revelia.

Art. 9º: 1a. "O comparecimento pessoal da parte às audiências é obrigatório. A pessoa jurídica poderá ser representada por preposto" **(FPJC, enunciado 20).**

Art. 9º: 1b. Não é inconstitucional a "faculdade à parte para demandar ou defender-se pessoalmente em juízo, sem assistência de advogado", prevista nesse dispositivo (STF-Pleno, ADI 1.539-7, Min. Maurício Corrêa, j. 24.4.03, DJU 5.12.03; STF-RJ 315/114).

V. EA 1º, nota 2.

Art. 9º: 2. No recurso, é obrigatória a intervenção de advogado (art. 41 § 2º).

Art. 9º: 2a. "A assistência obrigatória prevista no art. 9º da Lei 9.099/95 tem lugar a partir da fase instrutória, não se aplicando para a formulação do pedido e a sessão de conciliação" **(FPJC, enunciado 36).**

Art. 9º: 3. v. art. 56.

Art. 9º: 4. Este aviso deve ser feito até o início da instrução (art. 27).

Art. 9º: 4a. "O advogado cujo nome constar do termo de audiência estará habilitado para todos os atos do processo, inclusive para o recurso" **(FPJC, enunciado 77).**

Art. 9º: 5. v. CPC 105, *in fine*.

Art. 9º: 5a. s/ desconsideração da pessoa jurídica, v. art. 52, nota 1c.

Art. 9º: 5b. "Nas ações derivadas de acidentes de trânsito a demanda poderá ser ajuizada contra a seguradora, isolada ou conjuntamente com os demais coobrigados" **(FPJC, enunciado 82).**

Art. 9º: 5c. Redação do § 4º de acordo com a Lei 12.137, de 18.12.09.

✎ **Art. 9º: 6.** "A figura do preposto nos Juizados Especiais Cíveis", por Luís Felipe Pellon e Mariana Ferraz Menescal (RT 842/59); "Da inexigibilidade de o preposto ser empregado da preponente na Justiça comum", por Sérgio Augusto Santos Rodrigues (RDDP 56/112).

Art. 9º: 6a. "É vedada a acumulação das condições de preposto e advogado na mesma pessoa (arts. 35, I e 36, II, da Lei 8.906/94, c/c art. 23 do Código de Ética e Disciplina da OAB)" **(FPJC, enunciado 17).** Nota: o art. 23 do Código de Ética e Disciplina de 1995 corresponde ao art. 25 do Código de Ética e Disciplina de 2015.

Art. 9º: 7. O preposto tem todos os poderes, sem exceção alguma, que cabem ao réu.

Art. 10. Não se admitirá, no processo, qualquer forma de intervenção de terceiro nem de assistência. Admitir-se-á o litisconsórcio.[1-2]

Art. 10: 1. v. CPC 113 a 118.

Art. 10: 2. mas não se admitem ações coletivas (v. art. 3º, nota 3a).

Art. 11. O Ministério Público intervirá nos casos previstos em lei.[1 a 2]

✎ **Art. 11: 1.** "Os juizados especiais cíveis como instrumento de efetividade do processo e a atuação do Ministério Público", por Cristiano Chaves de Farias (RP 117/135).

Art. 11: 1a. LC 80, de 12.1.94 — Organiza a Defensoria Pública da União, do Distrito Federal e dos Territórios e prescreve normas gerais para sua organização nos Estados, e dá outras providências (Lex 1994/316, RF 325/327): **"Art. 4º** São funções institucionais da Defensoria Pública, dentre outras: (...) **XIX** (*redação da LC 132, de 7.10.09*) — atuar nos Juizados Especiais".

Art. 11: 2. v. CPC 178.

Seção IV | DOS ATOS PROCESSUAIS

Art. 12. Os atos processuais serão públicos e poderão realizar-se em horário noturno,[1] conforme dispuserem as normas de organização judiciária.

Art. 12: 1. No processo comum, os atos, como regra geral, só podem ser praticados até as 20 horas (CPC 212-*caput*).

Art. 12-A. Na contagem de prazo em dias, estabelecido por lei ou pelo juiz, para a prática de qualquer ato processual, inclusive para a interposição de recursos, computar-se-ão somente os dias úteis.[1]

Art. 12-A: 1. O art. 12-A foi acrescido pela Lei 13.728, de 31.10.18.

Art. 13. Os atos processuais serão válidos sempre que preencherem as finalidades para as quais forem realizados, atendidos os critérios indicados no art. 2º desta lei.

§ 1º Não se pronunciará qualquer nulidade sem que tenha havido prejuízo.[1]

§ 2º A prática de atos processuais em outras comarcas poderá ser solicitada por qualquer meio idôneo de comunicação.[2]

§ 3º Apenas os atos considerados essenciais serão registrados resumidamente, em notas manuscritas, datilografadas, taquigrafadas ou estenotipadas. Os demais atos poderão ser gravados em fita magnética ou equivalente,[3] que será inutilizada após o trânsito em julgado da decisão.[4-5]

§ 4º As normas locais disporão sobre a conservação das peças do processo e demais documentos que o instruem.

Art. 13: 1. cf. CPC 282 § 1º.

Art. 13: 2. Dispensa-se, portanto, a carta precatória (cf. art. 18-III).

"É dispensável a expedição de carta precatória nos Juizados Especiais Cíveis, cumprindo-se os atos, nas demais comarcas, mediante via postal, por ofício do juiz, fax, telefone ou qualquer outro meio idôneo de comunicação" **(FPJC, enunciado 33).**

Art. 13: 3. A gravação pode ser posteriormente reduzida a escrito, por solicitação da parte, que pagará as despesas (art. 44).

Art. 13: 4. "O registro da prova oral como ato essencial no sistema do Juizado Especial Cível (Lei 9.099/1995), para a garantia do devido processo legal, contraditório e ampla defesa", por Mauro Simonassi (RDDP 127/81).

Art. 13: 5. Justifica-se a inutilização da prova, dado o fato de não ser admissível ação rescisória nestas causas (v. art. 59).

Seção V | DO PEDIDO

Art. 14. O processo instaurar-se-á com a apresentação do pedido,[1-1a] escrito[1b] ou oral,[2] à Secretaria do Juizado.

§ 1º Do pedido constarão,[3] de forma simples e em linguagem acessível:

I — o nome, a qualificação[4] e o endereço das partes;[5]

II — os fatos e os fundamentos,[6] de forma sucinta;

III — o objeto[7] e seu valor.[8-8a]

§ 2º É lícito formular pedido[9] genérico[10] quando não for possível determinar, desde logo, a extensão da obrigação.

§ 3º O pedido oral será reduzido a escrito pela Secretaria do Juizado, podendo ser utilizado o sistema de fichas ou formulários impressos.

✎ **Art. 14: 1.** "Contornos da *causa petendi* da demanda civil perante o Juizado Especial", por José Rogério Cruz e Tucci (RT 745/11).

Art. 14: 1a. "São cabíveis a tutela acautelatória e a antecipatória nos Juizados Especiais Cíveis" **(FPJC, enunciado 26).**

Art. 14: 1b. Se o pedido escrito contiver os requisitos do § 1º, poderá ter andamento desde logo. Do contrário, deve ser emendado ou completado (CPC 321).

Art. 14: 2. v. § 3º.

Art. 14: 3. Também deve constar o pedido propriamente dito (v. § 2º), para que o réu saiba o que o autor pretende dele.

Art. 14: 4. v. CPC 319-II.

Art. 14: 5. Autor e réu devem comunicar ao juizado especial a mudança de endereço (art. 19 § 2º).

Art. 14: 6. v. CPC 319-III.

Art. 14: 7. i. e., a coisa ou bem litigioso.

Art. 14: 8. i. e., o valor da causa, que não deverá ser superior a 40 salários mínimos (arts. 3º-*caput*-I e 39) e que poderá servir como critério para fixação de honorários de advogado (art. 55, *in fine*).

Art. 14: 8a. "Em observância ao art. 2º da Lei n. 9.099/95, o valor da causa corresponderá à pretensão econômica objeto do pedido" **(FPJC, enunciado 39).**

Art. 14: 9. Esta lei não distingue entre pedido e petição inicial, que o CPC disciplina nos arts. 322 a 329 e 319 a 321, respectivamente. Aqui neste parágrafo, a lei se refere ao pedido propriamente dito, enquanto, no *caput*, estabeleceu os requisitos da petição inicial, que deve conter, ao final, o pedido.

Art. 14: 10. Mas a sentença deverá condenar em quantia certa (art. 38 § ún.).

Art. 15. Os pedidos mencionados no art. 3º desta lei poderão ser alternativos[1] ou cumulados; nesta última hipótese, desde que conexos[2] e a soma não ultrapasse o limite fixado naquele dispositivo.[3]

Art. 15: 1. v. CPC 325 e 326.

Art. 15: 2. e competente o juizado especial (esta é a razão pela qual o texto menciona o art. 3º). No caso de incompetência quanto a um dos pedidos, a sentença deixará de apreciá-lo.

Art. 15: 3. Na hipótese do § 3º do art. 3º, a soma dos pedidos pode ultrapassar 40 salários mínimos, mas a propositura da ação no juizado especial importa em renúncia ao que exceder essa quantia. V., porém, art. 3º, nota 16.

Art. 16. Registrado o pedido, independentemente de distribuição[1-2] e autuação, a Secretaria do Juizado designará a sessão de conciliação,[3] a realizar-se no prazo de quinze dias.[4]

Art. 16: 1. Se não há distribuição prévia, segue-se que, nas comarcas onde houver mais de um juizado especial, com igual competência territorial, é livre a opção do autor por qualquer deles.

Poderão as leis de organização judiciária dispor de maneira diversa? Sim; e, neste caso, a distribuição prévia tornar-se-á necessária e obrigatória.

Art. 16: 2. De qualquer modo, porém, em algum momento a distribuição deverá ser feita, para que, se houver necessidade, o processo possa ser localizado e conservado (v. art. 13 § 4º).

V. art. 41, nota 7.

Art. 16: 3. A designação é só para conciliação (arts. 21 a 23) e, eventualmente, instituição de juízo arbitral (arts. 24 a 26).

Rejeitada que seja a conciliação ou não se instaurando o juízo arbitral, o magistrado deverá designar nova audiência (art. 27 e correspondente nota 2), já agora para instrução e julgamento da causa (arts. 27 a 29).

Art. 16: 4. Como se conta este prazo?

A lei é omissa, mas deve necessariamente haver, entre o recebimento da convocação para a conciliação e a realização da sessão destinada a esta, tempo suficiente para que o réu possa verificar se lhe convém aceitar a conciliação ou o juízo arbitral, ou se será preferível aguardar a audiência de instrução e julgamento.

Art. 17. Comparecendo inicialmente ambas as partes, instaurar-se-á, desde logo, a sessão de conciliação,[1] dispensados o registro prévio[2] de pedido e a citação.

Parágrafo único. Havendo pedidos contrapostos, poderá ser dispensada a contestação formal e ambos serão apreciados na mesma sentença.

Art. 17: 1. v. arts. 21 a 23.

Art. 17: 2. v. nota 2 ao art. 16.

Seção VI | DAS CITAÇÕES E INTIMAÇÕES

Art. 18. A citação[1 a 3] far-se-á:

I — por correspondência, com aviso de recebimento em mão própria;[4]

II — tratando-se de pessoa jurídica ou firma individual, mediante entrega ao encarregado da recepção, que será obrigatoriamente identificado;

III — sendo necessário, por oficial de justiça, independentemente de mandado ou carta precatória.[5]

§ 1º A citação conterá cópia do pedido inicial, dia e hora para comparecimento do citando e advertência de que, não comparecendo este, considerar-se-ão verdadeiras as alegações iniciais,[6-6a] **e será proferido julgamento, de plano.**

§ 2º Não se fará citação por edital.[7-7a]

§ 3º O comparecimento espontâneo[8] **suprirá a falta ou nulidade da citação.**[9]

Art. 18: 1. para a sessão de conciliação (art. 21). Para a audiência de instrução, as partes são cientificadas na forma do art. 27 § ún.

Art. 18: 2. "A desistência do autor, mesmo sem a anuência do réu já citado, implicará na extinção do processo sem julgamento do mérito, ainda que tal ato se dê em audiência de instrução e julgamento" **(FPJC, enunciado 90).**

Art. 18: 3. v. art. 17-*caput*, hipótese em que se dispensa a citação.

Art. 18: 4. "A correspondência ou contrafé recebida no endereço da parte é eficaz para efeito de citação, desde que identificado o seu recebedor" **(FPJC, enunciado 5).**

Contra: não vale a citação se o aviso de recebimento não for assinado pelo próprio réu, pessoa física, ou por seu bastante procurador. Neste sentido: JTAERGS 80/246.

Art. 18: 5. v. art. 13 § 2º.

Art. 18: 6. "salvo se o contrário resultar da convicção do juiz" (art. 20).

Art. 18: 6a. "Deverá constar da citação a advertência, em termos claros, da possibilidade de inversão do ônus da prova" **(FPJC, enunciado 53).**

Art. 18: 7. Não se veda, porém, a citação com hora certa (CPC 252 a 254).

Se não for possível realizá-la, a não ser mediante edital, extingue-se o processo, nos termos do CPC 485-IV c/c LJE 51-*caput*.

Art. 18: 7a. Por isso, "a ação declaratória de ausência, em que a citação somente pode ocorrer pela via editalícia, não é compatível com o rito da Lei 9.099/95" (STJ-2ª Seção, CC 93.523, Min. Aldir Passarinho Jr., j. 25.6.08, DJ 27.8.08).

Art. 18: 8. à sessão de conciliação.

Art. 18: 9. Neste caso, se o réu comparecer à sessão de conciliação já não poderá mais alegar nulidade da citação, embora possa pedir adiamento da audiência de instrução (não da sessão de conciliação), alegando prejuízo (art. 27-*caput*).

Art. 19. **As intimações**[1] **serão feitas na forma prevista para citação,**[1a-2] **ou por qualquer outro meio idôneo de comunicação.**

§ 1º Dos atos praticados na audiência,[3] **considerar-se-ão desde logo cientes as partes.**[4]

§ 2º As partes comunicarão ao juízo as mudanças de endereço ocorridas no curso do processo, reputando-se eficazes as intimações enviadas ao local anteriormente indicado, na ausência da comunicação.

Art. 19: 1. "A correspondência ou contrafé recebida no endereço do advogado é eficaz para efeito de intimação, desde que identificado o seu recebedor" **(FPJC, enunciado 41).**

Art. 19: 1a. v. art. 18.

Art. 19: 2. Logo, também não se admite a intimação por edital (v. art. 18 § 2º).

Art. 19: 3. de instrução e julgamento e, também, na sessão de conciliação.

Art. 19: 4. ainda que não estejam presentes ao ato, hipótese em que, se a ausência for do autor, ocorrerá a extinção do processo (art. 51-I).

Seção VII | DA REVELIA

Art. 20. Não comparecendo o demandado à sessão de conciliação ou à audiência de instrução e julgamento,[1] reputar-se-ão verdadeiros os fatos alegados no pedido inicial, salvo se o contrário resultar da convicção do juiz.[2]

Art. 20: 1. v. art. 30, nota 1c.

Art. 20: 2. ou, também, salvo força maior, que poderá ser comprovada até a interposição do recurso (art. 41-*caput*).

Seção VIII | DA CONCILIAÇÃO E DO JUÍZO ARBITRAL

Art. 21. Aberta a sessão,[1] o juiz togado ou leigo[1a] esclarecerá as partes presentes sobre as vantagens da conciliação,[2] mostrando-lhes os riscos e as consequências do litígio, especialmente quanto ao disposto no § 3º do art. 3º desta lei.[3]

Art. 21: 1. s/ desistência do autor, v. art. 18, nota 2.

Art. 21: 1a. "Não é necessária a presença do juiz togado ou leigo na sessão de conciliação" (**FPJC, enunciado 6**).

Art. 21: 2. A extensão da conciliação a outras causas é concedida aos Estados, facultativamente, pelo art. 58.

Art. 21: 3. e no art. 39, que complementa o art. 3º § 3º.

Art. 22. A conciliação será conduzida pelo juiz togado ou leigo[1] ou por conciliador[2] sob sua orientação.

§ 1º Obtida a conciliação, esta será reduzida a escrito e homologada pelo Juiz togado[3] mediante sentença[4] com eficácia de título executivo.[4a-5]

§ 2º É cabível a conciliação não presencial conduzida pelo Juizado mediante o emprego dos recursos tecnológicos disponíveis de transmissão de sons e imagens em tempo real, devendo o resultado da tentativa de conciliação ser reduzido a escrito com os anexos pertinentes.[6]

Art. 22: 1. s/ juiz leigo, v. art. 7º.

Art. 22: 2. s/ conciliador, v. art. 7º.

Art. 22: 3. Não há inconveniente em que a sentença seja proferida pelo juiz leigo, *sub censura* do juiz togado (cf. art. 40, em hipótese mais delicada).

Art. 22: 4. irrecorrível (art. 41-*caput*).

Art. 22: 4a. Redação de acordo com a Lei 13.994, de 24.4.20.

Art. 22: 5. judicial (CPC 515-II).

Art. 22: 6. O § 2º foi acrescido pela Lei 13.994, de 24.4.20.

Art. 23. Se o demandado[1] não comparecer ou recusar-se a participar da tentativa de conciliação não presencial, o Juiz togado[2] proferirá sentença.[2a-3]

Art. 23: 1. v. art. 20.

Art. 23: 2. v. art. 22, nota 3.

Art. 23: 2a. Redação de acordo com a Lei 13.994, de 24.4.20.

Art. 23: 3. recorrível (v. art. 41-*caput*).

Art. 24. Não obtida a conciliação,[1] as partes poderão optar, de comum acordo, pelo juízo arbitral,[2] na forma prevista nesta lei.

§ 1º O juízo arbitral considerar-se-á instaurado, independentemente de termo de compromisso, com a escolha do árbitro[3] pelas partes.[4] Se este não estiver presente, o juiz convocá-lo-á e designará, de imediato, a data para a audiência de instrução.

§ 2º O árbitro será escolhido dentre os juízes leigos.

Art. 24: 1. O juiz deverá cientificar as partes, nesta oportunidade, de que, se estiverem de acordo, poderão instituir o juízo arbitral, esclarecendo no que consiste.

Art. 24: 2. cf. Lei 9.307, de 23.9.96, no tít. ARBITRAGEM e MEDIAÇÃO.

Art. 24: 3. v. § 2º.

Art. 24: 4. Se as partes não concordarem quanto à escolha do árbitro, passar-se-á à audiência de instrução e julgamento (art. 27).

Art. 25. O árbitro conduzirá o processo com os mesmos critérios do juiz, na forma dos arts. 5º e 6º desta lei,[1] podendo decidir por equidade.

Art. 25: 1. Aplicam-se também os critérios do art. 2º, mais importantes, até, que os dos arts. 5º e 6º.

Art. 26. Ao término da instrução, ou nos cinco dias subsequentes, o árbitro apresentará o laudo ao juiz togado para homologação por sentença irrecorrível.[1]

Art. 26: 1. "A sentença que homologa o laudo arbitral é irrecorrível" **(FPJC, enunciado 7).** Cf. art. 41-*caput*.

Seção IX | DA INSTRUÇÃO E JULGAMENTO

Art. 27. Não instituído o juízo arbitral,[1] proceder-se-á imediatamente[2] à audiência de instrução e julgamento,[2a] desde que não resulte prejuízo para a defesa.

Parágrafo único. Não sendo possível a sua realização imediata, será a audiência designada para um dos quinze dias subsequentes, cientes,[3] desde logo, as partes e testemunhas eventualmente presentes.

Art. 27: 1. O processo instituído por esta lei tem três fases distintas:

a) tentativa de conciliação; se rejeitada:

b) tentativa de instituição do juízo arbitral; se não for instituído:

c) realização de audiência de instrução.

Não está de acordo com a lei passar-se à seguinte, sem se ter antes esgotado a anterior.

Art. 27: 2. A realização imediata de audiência de instrução e julgamento, neste caso, só é possível, em regra, se ambas as partes estiverem de acordo.

Com efeito, quase sempre há evidente prejuízo do réu nessa realização porque, entre outros motivos, não terá tido tempo para preparar sua defesa ou constituir advogado, nem é obrigado a levar suas testemunhas à audiência de conciliação (cf. art. 34), tanto assim que o § ún. do art. 27 fala em "testemunhas eventualmente presentes a essa audiência".

E prejuízo há também para o autor porque, pelo mesmo motivo, as suas testemunhas não são obrigadas a comparecer, talvez em pura perda de tempo, a essa audiência de conciliação.

Se, porém, a inicial for instruída com prova documental inequívoca, então será possível a realização imediata da audiência; ou se a questão for exclusivamente de direito (mas, antes de apresentada a contestação, como será possível dizer que isso acontece?).

Por outro lado, convém não esquecer que, pelo menos até agora, juízes e tribunais têm anulado muitos processos, por cerceamento de defesa. É importante que a pressa em decidir a causa não prejudique a segurança do julgamento.

Art. 27: 2a. "Não é obrigatória a designação de audiência de conciliação e de instrução no Juizado Especial Cível em se tratando de matéria exclusivamente de direito" **(Enunciado n. 15 JECRJ,** RJ 240/10).

Art. 27: 3. Para evitar surpresa ao réu, deverá ser cientificado ainda, nessa oportunidade, de que:

— a defesa terá de ser apresentada em audiência, no dia e hora marcados para a instrução e julgamento (cf. CPC 250-II);

— a essa audiência deverá levar suas testemunhas, até o máximo de três, ou requerer-lhes a intimação, pelo menos cinco dias antes da data marcada para ela (art. 34 § 1º).

Art. 28. Na audiência de instrução e julgamento[1 a 3] serão ouvidas as partes,[4-5] colhida a prova[6] e, em seguida,[7] proferida a sentença.[8-9]

Art. 28: 1. A audiência começa com a apresentação da contestação (arts. 30 e 31). Seguem-se o depoimento pessoal das partes e a colheita da prova. Termina com a sentença.

Art. 28: 2. Se o autor não comparecer, o processo deve ser declarado extinto (art. 51-I).

Art. 28: 3. Antes de ter início a instrução e julgamento da causa, o mais tardar, o juiz deve alertar as partes quanto à conveniência de constituírem advogado, na hipótese do art. 9º § 2º.

Art. 28: 4. O juiz pode deixar de tomar o depoimento pessoal da parte, ainda que requerido pelo adversário (v. art. 4º), mas é aconselhável que não o faça, a menos que a prova documental seja suficiente para que firme sua convicção.

Art. 28: 5. s/ depoimento de preposto do réu, em nome deste, v. art. 9º § 4º.

Art. 28: 6. v. arts. 32 a 37.

Art. 28: 7. Antes da sentença, as partes podem fazer alegações, em atenção ao princípio constitucional da ampla defesa (CF 5º-LV).

Todavia: "Finda a instrução, não são obrigatórios os debates orais" **(FPJC, enunciado 35).**

No procedimento comum, v. CPC 364 e notas.

Art. 28: 8. v. arts. 38 a 40.

Art. 28: 9. s/ o recurso cabível, v. arts. 41 a 43; s/ embargos de declaração e correção de erro material da sentença, v. arts. 48 a 50.

Art. 29. Serão decididos de plano todos os incidentes que possam interferir no regular prosseguimento da audiência.[1] As demais questões serão decididas na sentença.

Parágrafo único. Sobre os documentos apresentados por uma das partes,[2] manifestar-se-á imediatamente a parte contrária,[3] sem interrupção da audiência.

Art. 29: 1. Essas decisões proferidas nos incidentes são irrecorríveis. Por isso mesmo, o juiz pode reconsiderá-las a todo tempo e, se tiverem causado prejuízo à parte, o colegiado de segundo grau (art. 41 § 1º) poderá dar provimento ao recurso contra a sentença, anulando-a.

Art. 29: 2. Admite-se, portanto, que também o autor apresente, na audiência, documentos que não instruíram o pedido.

Art. 29: 3. A norma é cogente; de onde, será nula a sentença se se basear em documento a respeito do qual a parte contrária não teve oportunidade de se manifestar, pois o prejuízo por ela sofrido é óbvio.

Seção X | DA RESPOSTA DO RÉU

Art. 30. A contestação,[1 a 1c] que será oral[2] ou escrita, conterá toda matéria de defesa,[3-4] exceto arguição de suspeição ou impedimento do juiz, que se processará na forma da legislação em vigor.[5]

Juizados Especiais

Art. 30: 1. Resposta e contestação, nesta lei, são sinônimos. No CPC, aquela é mais ampla que esta, abrangendo contestação (CPC 335 e segs.) e reconvenção (CPC 343).

Art. 30: 1a. "A contestação poderá ser apresentada até a audiência de instrução e julgamento" **(FPJC, enunciado 10).**

Art. 30: 1b. "Nas causas de valor superior a vinte salários mínimos, a ausência de contestação, escrita ou oral, ainda que presente o réu, implica revelia" **(FPJC, enunciado 11).**

V. art. 9º.

Art. 30: 1c. "O oferecimento da resposta, oral ou escrita, não dispensa o comparecimento pessoal da parte, ensejando, pois, os efeitos da revelia" **(FPJC, enunciado 78).**

Art. 30: 2. Se for oral, deve ser reduzida a escrito, por se tratar de ato essencial (art. 13 § 3º).

Art. 30: 3. i. e., contestação propriamente dita (resposta direta aos termos da causa), alegação de incompetência e reconvenção — tudo numa só peça escrita ou deduzido, oralmente, de uma só vez.

Art. 30: 4. A incompetência absoluta e a coisa julgada podem ser alegadas a todo tempo.

Art. 30: 5. v. CPC 144 a 147.

Art. 31. Não se admitirá a reconvenção.[1] É lícito ao réu, na contestação, formular pedido[1a-1b] em seu favor, nos limites do art. 3º desta lei, desde que fundado nos mesmos fatos que constituem objeto da controvérsia.

Parágrafo único. O autor poderá responder ao pedido do réu na própria audiência ou requerer a designação da nova data, que será desde logo fixada, cientes todos os presentes.

Art. 31: 1. Não é bem exato. O que a lei não quer é que a reconvenção tenha a amplitude prevista no procedimento comum, notadamente no que diz respeito à conexão (CPC 343), para a preservação das características do procedimento instituído para os Juizados Especiais. Para a admissão da demanda do réu no âmbito dos Juizados Especiais, é preciso que ela seja essencialmente fundada nos mesmos fatos objeto da controvérsia; não basta tênue vínculo com a demanda inicial ou com os fundamentos da defesa.

Art. 31: 1a. "Na hipótese de pedido de valor até 20 salários mínimos, é admitido pedido contraposto no valor superior ao da inicial, até o limite de 40 salários mínimos, sendo obrigatória a assistência de advogados às partes" **(FPJC, enunciado 27).**

Art. 31: 1b. "É admissível pedido contraposto no caso de ser a parte ré pessoa jurídica" **(FPJC, enunciado 31).**

Seção XI | DAS PROVAS[1]

SEÇ. XI: 1. "A inversão do ônus da prova no Juizado Especial cível", por Wilson Carlos Rodycz (Ajuris 67/194); "É cabível prova pericial no Juizado Especial Cível?", por Louri Geraldo Barbiero e Denise Andréa Martins Retamero (Lex-JTA 172/6).

Art. 32. Todos os meios de prova[1] moralmente legítimos, ainda que não especificados em lei, são hábeis para provar a veracidade dos fatos alegados pelas partes.[2]

Art. 32: 1. s/ necessidade de que o mandado de citação contenha a advertência da possibilidade de inversão do ônus da prova, v. art. 18, nota 6a.

Art. 32: 2. cf. CF 5º-LVI e CPC 369.

Art. 33. Todas[1-2] as provas serão produzidas na audiência de instrução e julgamento,[2a] ainda que não requeridas previamente,[3] podendo o juiz limitar[4] ou excluir as que considerar excessivas, impertinentes ou protelatórias.[5]

Art. 33: 1. "Todas"; quer dizer que o laudo ou parecer técnico também será produzido em audiência. Para isso, quando necessário, o juiz designará um técnico ou técnicos de sua confiança (art. 35), que, depois de se inteirarem da questão, serão inquiridos em audiência ulterior, para que seja possível às partes a apresentação de parecer técnico contraditando o do perito do juízo.

Art. 33: 2. Nem sempre será possível ou conveniente a realização de inspeção em pessoas ou coisas (art. 35 § ún.) na própria audiência.

Art. 33: 2a. "Pela antecipação do articulado e da produção de provas documentais nos Juizados Especiais Cíveis (e os benefícios desta antecipação para a prestação jurisdicional)", por Antonio Adonias Aguiar Bastos (RT 845/65).

Art. 33: 3. Excetua-se o disposto no art. 34 § 1º.

Art. 33: 4. Existe um limite legal para o número de testemunhas, que não pode exceder de três (art. 34-*caput*).

Art. 33: 5. v. art. 5º, 1ª parte.

Art. 34. As testemunhas,[1] até o máximo de três para cada parte, comparecerão à audiência de instrução e julgamento levadas pela parte que as tenha arrolado,[2] independentemente de intimação, ou mediante esta, se assim for requerido.[3]

§ 1º O requerimento para intimação das testemunhas será apresentado à Secretaria no mínimo cinco dias antes da audiência de instrução e julgamento.

§ 2º Não comparecendo a testemunha intimada, o juiz poderá determinar sua imediata condução, valendo-se, se necessário, do concurso da força pública.

Art. 34: 1. Antes de iniciado o depoimento, a testemunha:

— pode ser contraditada (CPC 457 § 1º);

— será advertida de que deve dizer a verdade, sob as penas da lei (CPC 458 § ún. c/c CP 342), salvo no caso do CPC 447 §§ 4º e 5º.

Art. 34: 2. A expressão "que as tenha arrolado" não corresponde à intenção da lei. Em verdade, não há necessidade de arrolamento de testemunhas, salvo na hipótese do § 1º, porque, de acordo com o art. 33, todas as provas se produzem em audiência, "ainda que não requeridas previamente".

Art. 34: 3. v. §§ 1º e 2º.

Art. 35. Quando a prova do fato exigir, o juiz poderá inquirir[1] técnicos[2] de sua confiança,[2a] permitida às partes a apresentação de parecer técnico.[2b-3]

Parágrafo único. No curso da audiência, poderá o juiz, de ofício ou a requerimento das partes, realizar inspeção em pessoas ou coisas, ou determinar que o faça pessoa de sua confiança, que lhe relatará informalmente o verificado.[4]

Art. 35: 1. O técnico não apresenta laudo escrito; é inquirido em audiência.

A lei é omissa quanto à oportunidade dessa inquirição. O art. 28 se limita a dizer que, após o depoimento pessoal das partes, é "colhida a prova", o que significa que, a critério do juiz e dentro das possibilidades do processo, o técnico pode ser ouvido antes ou depois das testemunhas.

Art. 35: 2. Tal como a testemunha, o técnico, embora não preste compromisso, será advertido de que deve dizer a verdade, sob as penas da lei.

Art. 35: 2a. "A perícia informal é admissível na hipótese do art. 35 da Lei 9.099/95" **(FPJC, enunciado 12).**

Art. 35: 2b. v. art. 3º, nota 4b (necessidade de perícia e competência dos Juizados Especiais).

Art. 35: 3. Provavelmente, acontecerá uma das seguintes situações:

— ou o juiz marca dia e hora para inquirição do técnico ou técnicos de sua confiança, intimando as partes para que estas, se quiserem, tragam assessores que, em seguida e na própria audiência, se manifestarão;

— ou, depois de ouvir o técnico, adiará a audiência, marcará prazo às partes (para que, a seu critério, apresentem ou não parecer técnico escrito) e, ao mesmo tempo, designará desde logo nova data, para prosseguimento.

Art. 35: 4. cf. CPC 481 a 484.

O relato informal será feito em audiência, como se se tratasse de depoimento de testemunha.

Art. 36. A prova oral não será reduzida a escrito,[1] devendo a sentença referir, no essencial, os informes trazidos nos depoimentos.

Art. 36: 1. mas poderá ser gravada (art. 13 § 3º), sendo facultado às partes requerer a transcrição dessa gravação, na oportunidade do recurso (art. 44).

Art. 37. A instrução poderá ser dirigida por juiz leigo,[1] sob a supervisão de juiz togado.

Art. 37: 1. v. arts. 7º e 40.

Seção XII | DA SENTENÇA

Art. 38. A sentença[1] mencionará os elementos de convicção do juiz,[2-3] com breve resumo dos fatos relevantes ocorridos em audiência,[4] dispensado o relatório.[5-5a]

Parágrafo único. Não se admitirá sentença condenatória por quantia ilíquida,[6] ainda que genérico o pedido.[7]

Art. 38: 1. s/ condenação em honorários de advogado, v. art. 55; intimação da sentença, art. 52-III; recurso, arts. 41 a 46; embargos de declaração, arts. 48 a 50; liquidação da sentença, art. 52-II.

Art. 38: 2. devendo, no essencial, referir os informes trazidos nos depoimentos (art. 36).

Art. 38: 3. "A fundamentação da sentença ou do acórdão poderá ser feita oralmente, com gravação por qualquer meio, eletrônico ou digital, consignando-se apenas o dispositivo na ata" **(FPJC, enunciado 46).**

Art. 38: 4. inclusive os pareceres técnicos colhidos em audiência (art. 35).

Art. 38: 5. Convém não exagerar, quanto a essa dispensa de relatório, porque, do contrário, haverá o risco de não se saber em que ação foi proferida a sentença e entre que partes...

Art. 38: 5a. "Prolatada a sentença, não se conhece do agravo de instrumento interposto contra a decisão que apreciou o pedido de tutela antecipada" **(Enunciado 1 do I Encontro JECSP,** Bol. AASP 2.554).

Art. 38: 6. v. art. 52-I.

Art. 38: 7. v. art. 14 § 2º.

Art. 39. É ineficaz a sentença condenatória[1] na parte que exceder a alçada estabelecida nesta lei.[2-3]

Art. 39: 1. À sentença homologatória de conciliação não se aplica o disposto no art. 39 (v. art. 3º § 3º).

Art. 39: 2. A alçada é de 40 salários mínimos (art. 3º-I), calculados à data da propositura da ação, pela forma exposta no art. 3º, nota 5.

Art. 39: 3. Se é ineficaz, não pode ser executada na parte em que houver excesso, devendo ser acolhidos, portanto, embargos à execução eventualmente opostos (v. art. 52-IX-*b*).

Art. 40. O juiz leigo[1] que tiver dirigido a instrução proferirá sua decisão[2] e imediatamente a submeterá ao juiz togado, que poderá homologá-la, proferir outra em substituição ou, antes de se manifestar, determinar a realização de atos probatórios indispensáveis.

Art. 40: 1. v. art. 7º.

Art. 40: 2. A decisão do juiz leigo não comporta recurso porque, menos que uma decisão, não passa de simples minuta, a ser submetida ao *placet* do juiz togado. Só com a intimação da sentença deste é que passa a correr o prazo para recurso.

Art. 41. Da sentença, excetuada a homologatória de conciliação ou laudo arbitral,[1] caberá recurso[2 a 4a] para o próprio juizado.[5]

§ 1º O recurso será julgado[6] por uma turma[6a] composta por três juízes togados, em exercício no primeiro grau de jurisdição, reunidos na sede do juizado.[7]

§ 2º No recurso, as partes serão obrigatoriamente representadas por advogado.[8]

Art. 41: 1. Segue-se que as sentenças homologatórias de conciliação ou de laudo arbitral são irrecorríveis (quanto a estas, v. art. 26).

Art. 41: 2. "O recurso de agravo nos juizados especiais cíveis", por J. S. Fagundes Cunha (RJ 227/107); "Recurso perante os Juizados Especiais cíveis e turmas de juízes (Lei n. 9.099/95)", por Luiz Carlos Cercato Padilha (Ajuris 70/325); "A recorribilidade das decisões interlocutórias no sistema processual dos juizados especiais cíveis", por Eduardo de Oliveira Gouvêa (RF 363/353); "Turmas recursais: órgãos de segundo grau ou de segunda instância?", por Oscar Valente Cardoso (RDDP 83/105); "O princípio da oralidade e o sistema recursal nos Juizados Especiais", por Alexandre Freitas Câmara (RBDP 72/13).

Art. 41: 3. O "recurso", no juizado especial, corresponde, no processo comum, à **apelação** (CPC 1.009).

Art. 41: 3a. "Nos Juizados Especiais não é cabível o recurso de **agravo,** exceto nas hipóteses dos arts. 544 e 557 do CPC" **(FPJC, enunciado 15).**

Em sentido mais amplo: "É admissível, no caso de lesão grave e de difícil reparação, o recurso de agravo de instrumento no Juizado Especial Cível" **(Enunciado n. 2 do I Encontro JECSP, Bol. AASP 2.554).**

De todo modo, a ausência de norma que preveja expressamente a recorribilidade das **decisões interlocutórias** faz com que elas não fiquem sujeitas a preclusão. A parte prejudicada pode impugnar essas decisões na oportunidade do recurso interposto contra a sentença, p. ex., para alegar cerceamento de defesa.

A decisão de primeiro grau tomada em desobediência a acórdão do colegiado (art. 41 § 1º) comporta reclamação para este, por invocação analógica da CF 102-I-l e 105-I-f.

Art. 41: 3b. "Juizados especiais. Os Estados não têm competência para a criação de recurso, como é o de **embargos de divergência** contra decisão de turma recursal" (RTJ 175/1.207).

Art. 41: 3c. "Não cabe **mandado de segurança** das decisões interlocutórias exaradas em processos submetidos ao rito da Lei 9.099/95. A Lei 9.099/95 está voltada à promoção de celeridade no processamento e julgamento de causas cíveis de complexidade menor. Daí ter consagrado a regra da irrecorribilidade das decisões interlocutórias, inarredável. Não cabe, nos casos por ela abrangidos, aplicação subsidiária do Código de Processo Civil, sob a forma do agravo de instrumento, ou o uso do instituto do mandado de segurança. Não há afronta ao princípio constitucional da ampla defesa (art. 5º, LV, da CB), vez que decisões interlocutórias podem ser impugnadas quando da interposição de recurso inominado" (STF-RP 179/237 e RMDCPC 31/110: Pleno, RE 576.847, um voto vencido).

"Da possibilidade de impugnação imediata de decisão interlocutória em juizado especial: críticas ao posicionamento adotado no RE 576.847/BA", por Alexandre Freitas Câmara e Bruno Garcia Redondo (RP 176/124).

V. tb. LJEF 5º, nota 3.

Art. 41: 4. Súmula 376 do STJ: "Compete a turma recursal processar e julgar o **mandado de segurança** contra ato de juizado especial". Essa Súmula não infirma o entendimento consolidado pelo STJ em matéria de competência (v. adiante nesta mesma nota).

"Cabe exclusivamente às Turmas Recursais conhecer e julgar o mandado de segurança e o *habeas corpus* impetrados em face dos atos judiciais oriundos dos Juizados Especiais" **(FPJC, enunciado 62).**

"A competência originária para conhecer de mandado de segurança contra coação imputada a **Turma Recursal** dos Juizados Especiais é dela mesma e não do Supremo Tribunal Federal" (STF-RT 840/183 e RTJ 194/585: Pleno, MS 24.691-QO, um voto vencido).

"O fato de o valor executado ter atingido patamar superior a quarenta salários mínimos, em razão de correção monetária e encargos, não descaracteriza a competência do Juizado Especial para a apreciação do mandado de segurança, cabendo à turma recursal conhecer e rever sua decisão em sede de mandado de segurança impetrado contra seus atos" (STJ-4ª T., RMS 32.489-AgRg, Min. Luis Felipe, j. 16.2.12, DJ 24.2.12).

Todavia: "A autonomia dos juizados especiais não pode prevalecer para a decisão acerca de sua própria competência para conhecer das causas que lhes são submetidas. É necessário estabelecer um mecanismo de **controle da competência dos Juizados,** sob pena de lhes conferir um poder desproporcional: o de decidir, em caráter definitivo, inclusive as causas para as quais são absolutamente incompetentes, nos termos da lei civil. Não está previsto, de maneira expressa, na Lei n. 9.099/95, um mecanismo de controle da competência das decisões proferidas pelos Juizados Especiais. É, portanto, necessário estabelecer esse mecanismo por construção jurisprudencial. Embora haja outras formas de promover referido controle, **a forma mais adequada é a do mandado de segurança"** (STJ-Corte Especial, RMS 17.524, Min. Nancy Andrighi, j. 2.8.06, 8 votos a 6, DJU 11.9.06).

Assim: "O *writ* impetrado contra ato das Turmas dos Juizados Especiais somente submete-se à cognição do **Tribunal de Justiça local** quando a controvérsia é a própria competência desse segmento de Justiça" (STJ-Corte Especial, CC 39.950, Min. Luiz Fux, j. 5.12.07, DJU 6.3.08). "Admite-se a impetração de mandado de segurança frente aos Tribunais de Justiça dos Estados para o exercício do controle da competência dos Juizados Especiais, ainda que a decisão a ser anulada já tenha transitado em julgado" (STJ-RP 185/383: 3ª T., MC 15.465). Também admitindo o mandado de segurança após o trânsito em julgado nessas circunstâncias: STJ-4ª T., RMS 39.041, Min. Raul Araújo, j. 7.5.13, RP 229/476.

"Tratando-se de obrigação de fazer, cujo cumprimento é imposto sob pena de multa diária, a incidir após a intimação pessoal do devedor para o seu adimplemento, o excesso em relação à alçada somente é verificável na fase de execução, donde a impossibilidade de controle da competência do Juizado na fase de conhecimento, afastando-se, portanto, a alegada preclusão. Controle passível de ser exercido, portanto, por meio de mandado de segurança perante o Tribunal de Justiça, na fase de execução" (STJ-4ª T., RMS 33.155, Min. Isabel Gallotti, j. 28.6.11, DJ 29.8.11).

Para a determinação do tribunal competente para o julgamento do mandado de segurança impetrado para controle de competência, é preciso ter em conta o "Tribunal ao qual está vinculado o juízo que praticou o ato reputado lesivo. Assim, se a decisão provém do Juizado Especial Estadual, é o Tribunal de Justiça do respectivo Estado quem deve apreciar a sua legalidade" (STJ-3ª T., RMS 24.014, Min. Nancy Andrighi, j. 21.2.08, DJU 10.3.08).

A abertura para o Tribunal de Justiça julgar mandado de segurança em matéria de competência vale apenas para os atos praticados por Turma Recursal. O mandado de segurança dirigido contra ato de juiz de primeira instância deve ser dirigido à Turma Recursal. Somente após o pronunciamento desta é que se cogita de mandado de segurança endereçado a Tribunal de Justiça (STJ-1ª T., RMS 27.609, Min. Teori Zavascki, j. 10.3.09, DJ 19.3.09).

"A Reclamação não é via adequada para controlar a competência dos Juizados Especiais" (STJ-1ª Seção, Rcl 2.704-AgRg, Min. Teori Zavascki, j. 12.3.08, DJU 31.3.08).

V. LJEF 5º, nota 3.

S/ o julgamento do mandado de segurança pelos próprios prolatores da decisão objeto da impetração, v. CF 102, nota 31a.

S/ recurso ordinário ao STF contra decisão proferida em mandado de segurança por Turma Recursal, v. CF 102, nota 52.

S/ remessa dos autos do mandado de segurança para o órgão competente, nos casos em que ele é impetrado perante tribunal incompetente, v. LMS 16, nota 6.

✎ "Da incompetência do colégio recursal para o processamento e julgamento dos mandados de segurança interpostos contra atos dos juízes do Juizado Especial", por Bruno Avila Guedes Klippel (RP 137/257).

Art. 41: 4a. "A via adequada para impugnar decisão que, na origem, nega trânsito a agravo de instrumento interposto para destrancar recurso extraordinário é a reclamação, fundada em usurpação de competência do STF", e não o mandado de segurança contra o ato da Turma Recursal (STF-Pleno: RT 835/140).

Art. 41: 5. Ao dizer que o recurso é para o próprio juizado, a lei quer significar que o processo não sai da sede deste (v. § 1º), e não que é julgado pelo próprio juiz prolator da sentença. Por isso é que o parágrafo a seguir prevê a instituição de um colegiado de juízes para julgar o recurso.

Art. 41: 6. v. arts. 45 e 46.

Art. 41: 6a. "O conflito de competência entre juízes de Juizados Especiais vinculados à mesma Turma Recursal será decidido por esta. Inexistindo tal vinculação, será decidido pela Turma Recursal para a qual for distribuído" **(FPJC, enunciado 91 — substituiu o enunciado 67).**

Art. 41: 7. O processo permanece na sede do juizado, a fim de que o recurso seja decidido pelo colegiado.

Esta é a última oportunidade para que se anote a distribuição ou se faça o registro do pedido (arts. 17 e 18-*caput*), formalidade que não pode ser dispensada (v. art. 16, nota 2).

Art. 41: 8. Dispensa-se a intervenção de advogado nos embargos de declaração para o próprio juiz (art. 9º-*caput*); exige-se, nos embargos de declaração contra acórdão do colegiado.

Art. 42. O recurso será interposto no prazo de dez dias, contados da ciência da sentença,[1] por petição escrita, da qual constarão as razões e o pedido do recorrente.[2]

§ 1º O preparo[3-4] será feito, independentemente de intimação, nas quarenta e oito horas seguintes à interposição, sob pena de deserção.[5]

§ 2º Após o preparo, a Secretaria intimará o recorrido para oferecer resposta escrita no prazo de dez dias.[6]

Art. 42: 1. "Os prazos processuais, nos Juizados Especiais Cíveis, contam-se da data da intimação ou ciência do ato respectivo, e não da juntada do comprovante da intimação, observando-se as regras de contagem do CPC ou do Código Civil, conforme o caso" **(FPJC, enunciado 13).**

S/ prazo em dobro nos Juizados Especiais, v. LJEF 9º e notas.

Art. 42: 2. Também é essencial, pelo menos, a menção do nome das partes, para que seja possível identificar o processo.

✎ **Art. 42: 3.** "O preparo do recurso nos juizados especiais", por Mantovanni Colares Cavalcante (RTJE 163/43).

Art. 42: 4. v. art. 54 § ún.

Art. 42: 5. "O recurso inominado será julgado deserto quando não houver o recolhimento integral do preparo e sua respectiva comprovação pela parte, no prazo de 48 horas, não admitida a complementação intempestiva (art. 42, § 1º, da Lei 9.099/95)" **(FPJC, enunciado 80).**

Art. 42: 6. "Não cabe recurso adesivo em sede de Juizado Especial, por falta de expressa previsão legal" **(FPJC, enunciado 88).** No mesmo sentido: "Não cabe recurso adesivo no Juizado Especial Cível" **(Enunciado n. 5 do I Encontro JECSP,** Bol. AASP 2.554).

Art. 43. O recurso terá somente efeito devolutivo,[1] podendo o juiz dar-lhe efeito suspensivo,[2] para evitar dano irreparável para a parte.

Art. 43: 1. podendo a sentença ser executada provisoriamente (v. CPC 520).

Art. 43: 2. Se o juiz não conceder efeito suspensivo ao recurso, no caso de dano irreparável, cabe mandado de segurança para a Turma Recursal. Em atenção ao princípio da informalidade (art. 2º), não é fora de propósito entender que, nessas circunstâncias, o recorrente possa dirigir simples requerimento ao colegiado para a obtenção do efeito suspensivo.

Art. 44. As partes poderão requerer a transcrição da gravação da fita magnética a que alude o § 3º do art. 13 desta lei, correndo por conta do requerente as despesas respectivas.[1]

Art. 44: 1. A transcrição da gravação pode ser requerida, p. ex., para instruir o recurso, a fim de que os juízes do colegiado possam tomar conhecimento de toda a prova colhida oralmente em audiência.

Art. 45. As partes serão intimadas[1-2] da data da sessão de julgamento.[3]

Art. 45: 1. A intimação deve ser feita com a antecedência mínima de 5 dias (cf. CPC 935-*caput*).

Art. 45: 2. Essa intimação se faz para os mesmos efeitos do art. 19 § 1º: a parte, compareça ou não, se considera intimada, desde a data do julgamento, da decisão confirmatória (art. 46). Quanto ao acórdão reformatório, depende de intimação ulterior, a menos que possa ser redigido e publicado na própria sessão, como acontece, p. ex., em algumas questões perante a Justiça Eleitoral (LC 5, de 29.4.70, art. 13 § 1º).

Art. 45: 3. Recorrente e recorrido têm direito à sustentação oral do recurso, sob pena de violação do art. 5º-LV da CF, que assegura às partes a garantia de "ampla defesa" (STJ-RT 775/188).

Art. 46. O julgamento[1] em segunda instância constará apenas da ata, com a indicação suficiente do processo,[1a] fundamentação sucinta[1b] e parte dispositiva.[1c] Se a sentença for confirmada pelos próprios fundamentos, a súmula[2] do julgamento servirá de acórdão.[2 a 4]

Art. 46: 1. "O relator, nas Turmas Recursais, em decisão monocrática, pode negar seguimento a recurso manifestamente inadmissível, improcedente, prejudicado ou em desacordo com súmula ou jurisprudência dominante do próprio Juizado ou de Tribunal Superior" **(Enunciado 16 do I Encontro JECSP,** Bol. AASP 2.554).

"O relator, nas Turmas Recursais, em decisão monocrática, pode dar provimento ao recurso se a decisão estiver em manifesto confronto com súmula de Tribunal Superior ou jurisprudência dominante do próprio Juizado" **(Enunciado n. 17 do I Encontro JECSP,** Bol. AASP 2.554).

Nessas circunstâncias, a decisão monocrática do relator fica exposta a agravo para o órgão colegiado.

Art. 46: 1a. "Nos termos do art. 46 da Lei n. 9.099/95, é dispensável o relatório nos julgamentos proferidos pelas Turmas Recursais" **(FPJC, enunciado 92).**

Art. 46: 1b. "A regra da chamada **reserva do plenário** para declaração de inconstitucionalidade (art. 97 da CF) não se aplica às turmas recursais de Juizado Especial" (STF-1ª T., RE 481.058-AgRg, Min. Cezar Peluso, j. 13.6.06, DJU 18.8.06; a citação é do voto do relator).

✎ "Declaração de inconstitucionalidade, reserva de plenário e competência das turmas recursais", por Oscar Valente Cardoso (RDDP 104/100).

Art. 46: 1c. De acordo com os princípios que informam esta lei (art. 2º), o colegiado deve evitar, quanto possível, a decretação de nulidade da sentença (v. tb. art. 13-*caput* e § 1º).

Art. 46: 2. Neste caso, a súmula deverá mencionar também a condenação em custas e honorários de advogado (art. 55-2ª parte).

Art. 46: 2a. "Contra decisões das Turmas Recursais são cabíveis somente embargos declaratórios e o Recurso Extraordinário" **(FPJC, enunciado 63).**

O acórdão do colegiado:

— admite embargos de declaração (art. 48-*caput*);

— não enseja recurso especial, só admissível contra acórdão de Tribunal (CF 105-III; v. RISTJ 255, nota 4-Juizados Especiais).

Súmula 203 do STJ: "Não cabe **recurso especial** contra decisão proferida por órgão de segundo grau dos Juizados Especiais" (v. jurisprudência s/ esta Súmula em RSTJ 108/79 e anotações s/ ela em RISTJ 255, nota 4-Juizados Especiais);

— pode dar lugar a recurso extraordinário, se houver matéria constitucional (CF 102-III, que não exige seja proferida por Tribunal a decisão recorrida extraordinariamente; v. **Súmula 640 do STF,** em RISTF 321, nota 2);

— não dá recurso algum ao Tribunal de Justiça, ainda que haja em lei estadual previsão expressa de tal recurso (RTJ 177/1.003). No mesmo sentido: STJ-RT 794/206.

Não é admissível ação rescisória contra o acórdão do colegiado (art. 59).

Quanto a mandado de segurança, v. art. 41, nota 4.

Art. 46: 3. "O prazo para recorrer da decisão de Turma Recursal fluirá da data do julgamento" (FPJC, enunciado 85).

Art. 46: 3a. "Compete ao Presidente da Turma Recursal o juízo de admissibilidade do Recurso Extraordinário, salvo disposição em contrário" **(FPJC, enunciado 84).**

Todavia, nas situações em que o juízo de admissibilidade acaba sendo feito pelo Tribunal de Justiça, é prescindível o encaminhamento dos autos pelo STF ao Presidente da Turma Recursal, na medida em que a última palavra sobre a admissão do recurso cabe mesmo ao tribunal de superposição (STF-RT 847/141: 1ª T., AI 526.768-AgRg). Segundo o relator, tal encaminhamento somente seria necessário se inexistisse em segunda instância qualquer juízo acerca da admissibilidade.

Art. 46: 4. Súmula 727 do STF: "Não pode o magistrado deixar de encaminhar ao Supremo Tribunal Federal o agravo de instrumento interposto da decisão que não admite recurso extraordinário, ainda que referente a causa instaurada no âmbito dos juizados especiais".

"Reclamação: procedência contra decisão de Juiz Presidente de Colégio Recursal de Juizado Especial Cível que negou processamento e consequente remessa de agravo de instrumento que, interposto da denegação de recurso extraordinário no juízo *a quo*, é da competência privativa do STF" (RTJ 171/85).

Art. 47. (VETADO)

Seção XIII | DOS EMBARGOS DE DECLARAÇÃO

Art. 48. Caberão embargos de declaração contra sentença ou acórdão nos casos previstos no Código de Processo Civil.[1-1a]

Parágrafo único. Os erros materiais podem ser corrigidos de ofício.[2 a 4]

Art. 48: 1. Redação da Lei 13.105, de 16.3.15, em vigor um ano após sua publicação (DOU 17.3.15).

V. CPC 1.064.

Art. 48: 1a. v. CPC 1.022 a 1.026.

Art. 48: 2. Também o erro de cálculo; não, porém, o que resulta de errônea aplicação de determinado critério ou ponto de vista (v. CPC 494, notas 14 e segs.).

V. tb. art. 52-IX-*c*.

Art. 48: 3. ou a requerimento da parte.

Art. 48: 4. e a todo tempo.

Art. 49. Os embargos de declaração serão interpostos por escrito ou oralmente,[1] no prazo de cinco dias, contados da ciência da decisão.[2-3]

Art. 49: 1. A exemplo do que acontece com o pedido que dá início ao processo (LJE 14 § 3º), os embargos de declaração orais devem ser reduzidos a escrito pela secretaria do juizado. A redução a escrito deve registrar a data em que opostos os embargos, a fim de permitir o controle da sua tempestividade. Tal redução é indispensável no caso de os embargos poderem levar a modificações na decisão embargada, a fim de garantir o contraditório (v. nota 3).

Art. 49: 2. Intimação da sentença: art. 52-III; do acórdão: arts. 45 e 46.

Art. 49: 3. No caso de os embargos de declaração poderem levar a modificações na decisão embargada, o embargado deve ser ouvido antes do seu julgamento (v. CPC 1.023 § 2º e notas).

Art. 50. Os embargos de declaração interrompem o prazo para a interposição de recurso.[1-2]

Art. 50: 1. Redação da Lei 13.105, de 16.3.15, em vigor um ano após sua publicação (DOU 17.3.15).

V. CPC 1.065.

Art. 50: 2. v. CPC 1.026 e notas.

Seção XIV | DA EXTINÇÃO DO PROCESSO SEM JULGAMENTO DO MÉRITO

Art. 51. Extingue-se o processo, além dos casos previstos em lei:[1-2]

I — quando o autor deixar de comparecer a qualquer das audiências do processo;[3-4]

II — quando inadmissível o procedimento instituído por esta lei ou seu prosseguimento, após a conciliação;

III — quando for reconhecida a incompetência territorial;[5]

IV — quando sobrevier qualquer dos impedimentos previstos no art. 8º desta lei;[6]

V — quando, falecido o autor, a habilitação[7] depender de sentença ou não se der no prazo de trinta dias;[8]

VI — quando, falecido o réu, o autor não promover a citação dos sucessores no prazo de trinta dias da ciência do fato.

§ 1º A extinção do processo independerá, em qualquer hipótese, de prévia intimação pessoal das partes.[9]

§ 2º No caso do inciso I deste artigo, quando comprovar que a ausência decorre de força maior, a parte poderá ser isentada, pelo juiz, do pagamento das custas.[10]

Art. 51: 1. i. e., nos casos previstos no CPC 485.

A enumeração do art. 51 só se refere a hipóteses em que não ocorre o julgamento do mérito (no que está fiel à rubrica). Nessas condições, a extinção do processo com fundamento em inciso do art. 51 não impede a parte de apresentar novamente sua demanda ao Poder Judiciário. Todavia, para poder fazê-lo, deve fazer "prova do pagamento ou do depósito das custas e dos honorários de advogado" (CPC 486 § 2º) relativos ao processo anterior.

Art. 51: 2. A enumeração não é exaustiva. Se o réu não puder ser citado a não ser por edital, extingue-se o processo, porque esta lei não admite tal forma de citação (art. 18 § 2º).

Idem, se não houver bens penhoráveis, na execução por título extrajudicial (art. 53 § 4º).

Art. 51: 3. v. § 2º.

"Havendo extinção do processo com base no inciso I, do art. 51, da Lei 9.099/95, é necessária a condenação em custas" **(FPJC, enunciado 28).**

Art. 51: 4. ou à sessão de conciliação.

Art. 51: 5. "A incompetência territorial pode ser reconhecida de ofício no sistema de Juizados Especiais Cíveis" **(FPJC, enunciado 89).**

Contra: "Aplica-se no âmbito dos Juizados Especiais Cíveis o entendimento consolidado na Súm. 33 do STJ, orientação que é adequada aos princípios da celeridade e economia processual. O fato de a Lei 9.099/95, em seu art. 51, III, determinar a extinção do processo quando for reconhecida a incompetência territorial não significa que se trate de matéria cognoscível de ofício" (RT 858/310).

V. Súmula 33 do STJ ao CPC 64, nota 4.

A competência territorial vem prevista no art. 4º desta lei.

Quanto à incompetência absoluta, não há dúvidas: também no âmbito dos Juizados Especiais, deve ser reconhecida de ofício, em qualquer tempo e grau de jurisdição (CPC 64 § 1º).

Art. 51: 6. e, com maioria de razão, no caso de impedimento preexistente.

Art. 51: 7. v. CPC 687 e segs.

Art. 51: 8. contados "da ciência do fato" (v. inciso VI).

Art. 51: 9. A desnecessidade de prévia intimação pessoal das partes alcança todas as hipóteses de extinção do processo sem julgamento do mérito, mesmo as referidas no CPC 485 § 1º.

Art. 51: 10. A hipótese prevista neste parágrafo é de difícil verificação, porque a extinção do processo, por falta de comparecimento do autor à sessão de conciliação ou a qualquer audiência (inciso I), somente acarretará sua condenação em honorários de advogado e custas se tiver agido de má-fé (art. 55, 1ª parte). Neste caso, se apenas quiser ser relevado do pagamento das custas (não também dos honorários de advogado), poderá, em vez de recorrer ao colegiado, pleitear do juiz a relevação, alegando força maior.

Seção XV | DA EXECUÇÃO

Art. 52. A execução da sentença processar-se-á no próprio juizado,[1] aplicando-se, no que couber, o disposto no Código de Processo Civil,[1a] com as seguintes alterações:[1b a 2c]

I — as sentenças serão necessariamente líquidas, contendo a conversão em Bônus do Tesouro Nacional — BTN[3] ou índice equivalente;

II — os cálculos de conversão de índices, de honorários, de juros e de outras parcelas serão efetuados por servidor judicial;

III — a intimação da sentença será feita, sempre que possível, na própria audiência em que for proferida. Nessa intimação, o vencido será instado a cumprir a sentença tão logo ocorra seu trânsito em julgado, e advertido dos efeitos do seu descumprimento (inciso V);

IV — não cumprida voluntariamente a sentença transitada em julgado, e tendo havido solicitação do interessado, que poderá ser verbal, proceder-se-á desde logo à execução,[3a-3b] dispensada nova citação;

V — nos casos de obrigação de entregar, de fazer, ou de não fazer, o juiz, na sentença ou na fase de execução, cominará multa diária,[3c-3d] arbitrada de acordo com as condições econômicas do devedor, para a hipótese de inadimplemento. Não cumprida a obrigação, o credor poderá requerer a elevação da multa ou a transformação da condenação em perdas e danos, que o juiz de imediato arbitrará, seguindo-se a execução por quantia certa, incluída a multa vencida de obrigação de dar, quando evidenciada a malícia do devedor na execução do julgado;

VI — na obrigação de fazer, o juiz pode determinar o cumprimento por outrem, fixado o valor que o devedor deve depositar para as despesas, sob pena de multa diária;

VII — na alienação forçada dos bens, o juiz poderá autorizar o devedor, o credor ou terceira pessoa idônea a tratar da alienação do bem penhorado, a qual se aperfeiçoará em juízo até a data fixada para a praça ou leilão. Sendo o preço inferior ao da avaliação, as partes serão ouvidas. Se o pagamento não for à vista, será oferecida caução idônea nos casos de alienação de bem móvel, ou hipotecado o imóvel;

VIII — é dispensada a publicação de editais em jornais, quando se tratar de alienação de bens de pequeno valor;

IX — o devedor poderá oferecer embargos,[4 a 6] nos autos da execução,[7] versando sobre:

a) falta ou nulidade da citação no processo, se ele correu à revelia;

b) manifesto excesso de execução;[8]

c) erro de cálculo;[9]

d) causa impeditiva, modificativa ou extintiva da obrigação, superveniente à sentença.[10]

Art. 52: 1. ainda que o valor da execução supere o teto valorativo do art. 3º-I (STJ-3ª T., RMS 32.032-AgRg, Min. Vasco Della Giustina, j. 14.9.10, DJ 23.9.10; STJ-4ª T., REsp 691.785, Min. Raul Araújo, j. 7.10.10, DJ 20.10.10).

V. tb. nota 3d e LJEF 3º, nota 4a.

Art. 52: 1a. v. CPC 513 e segs.

Art. 52: 1b. "Admite-se o pagamento do débito por meio de desconto em folha de pagamento, após anuência expressa do devedor e em percentual que reconheça não afetar sua subsistência e a de sua família, atendendo sua comodidade e conveniência pessoal" **(FPJC, enunciado 59).**

Art. 52: 1c. "É cabível a aplicação da desconsideração da personalidade jurídica, inclusive na fase de execução" **(FPJC, enunciado 60).**

Art. 52: 1d. "A pedido do credor, a penhora de valores depositados em bancos poderá ser feita independentemente de a agência situar-se no juízo da execução" **(FPJC, enunciado 83).**

Art. 52: 2. "No processo de execução, esgotados os meios de defesa e inexistindo bens para a garantia do débito, expede-se, a pedido do exequente, certidão de dívida para fins de inscrição no Serviço de Proteção ao Crédito — SPC e Serasa, sob pena de responsabilidade" **(FPJC, enunciado 76).**

Art. 52: 2a. "É cabível a designação de audiência de conciliação em execução de título judicial" **(FPJC, enunciado 71).**

Art. 52: 2b. "Designar-se-á hasta pública única, se o bem penhorado não atingir valor superior a sessenta salários mínimos" **(FPJC, enunciado 79).**

Art. 52: 2c. "A arrematação e a adjudicação podem ser impugnadas, no prazo de cinco dias do ato, por simples pedido" **(FPJC, enunciado 81).**

Art. 52: 3. O BTN foi extinto, a partir de 1.2.91, pelo art. 3º-II da Lei 8.177, de 1.3.91.

Art. 52: 3a. "A análise do art. 52, IV, da Lei 9.099/95, determina que, desde logo, expeça-se o mandado de penhora, depósito, avaliação e intimação, inclusive da eventual audiência de conciliação designada, considerando-se o executado intimado com a simples entrega de cópia do referido mandado em seu endereço, devendo, nesse caso, ser certificado circunstanciadamente" **(FPJC, enunciado 38).**

"Na execução do título judicial definitivo, ainda que não localizado o executado, admite-se a penhora de seus bens, dispensado o arresto. A intimação de penhora observará o disposto no artigo 19, § 2º, da Lei 9.099/95" **(FPJC, enunciado 43).**

"Os bens que guarnecem a residência do devedor, desde que não essenciais à habitabilidade, são penhoráveis" **(FPJC, enunciado 14).**

Art. 52: 3b. A execução das sentenças impositivas de fazer, não fazer ou entrega de coisa obedece às regras do CPC 536 a 538 e as sentenças condenatórias ao pagamento de quantia são cumpridas de acordo com o CPC 513 e segs.

Art. 52: 3c. "A multa cominatória é cabível desde o descumprimento da tutela antecipada, nos casos dos incisos V e VI, do art. 52, da Lei 9.099/95" **(FPJC, enunciado 22).**

Art. 52: 3d. "A multa cominatória não fica limitada ao valor de 40 salários mínimos, embora deva ser razoavelmente fixada pelo Juiz, obedecendo ao valor da obrigação principal, mais perdas e danos, atendidas as condições econômicas do devedor" **(FPJC, enunciado 144).**

"A competência do Juizado Especial é verificada no momento da propositura da ação. Se, em sede de execução, o valor ultrapassar o teto de 40 salários mínimos, em razão do acréscimo de encargos decorrentes da própria condenação, isso não será motivo para afastar a competência dos Juizados e não implicará a renúncia do excedente. A multa cominatória, que, na hipótese, decorre do descumprimento de tutela antecipada confirmada na sentença, inclui-se nessa categoria de encargos da condenação e, embora tenha atingido patamar elevado, superior ao teto de 40 salários mínimos, deve ser executada no próprio Juizado Especial" (STJ-3ª T., RMS 38.884, Min. Nancy Andrighi, j. 7.5.13, DJ 13.5.13).

Afirmando a possibilidade das *astreintes* superarem o teto de 40 salários mínimos, mas, no caso concreto, reduzindo seu valor para algo próximo a ele: STJ-2ª Seção, Rcl 7.861, Min. Luis Felipe, j. 11.9.13, maioria, DJ 6.3.14.

Contra: "A interpretação sistemática dos dispositivos da Lei 9.099/95 conduz à limitação da competência do Juizado Especial para cominar — e executar — multas coercitivas (art. 52, inciso V) em valores consentâneos com a alçada respectiva. Se a obrigação é tida pelo autor, no momento da opção pela via do Juizado Especial, como de 'baixa complexidade', a demora em seu cumprimento não deve resultar em execução, a título de multa isoladamente considerada, de valor superior ao da alçada. O valor da multa cominatória não faz coisa julgada material, podendo ser revisto, a qualquer momento, caso se revele insuficiente ou excessivo (CPC, art. 461, § 6º). Redução do valor executado a título de multa ao limite de quarenta salários mínimos" (STJ-4ª T., RMS 33.155, Min. Isabel Gallotti, j. 28.6.11, DJ 29.8.11).

V. tb. nota 1 e CPC 537, nota 2.

Art. 52: 4. v. CPC 525 (impugnação).

Art. 52: 5. "Os embargos à execução poderão ser decididos pelo juiz leigo, observado o art. 40 da Lei n. 9.099/95" **(FPJC, enunciado 52).**

Art. 52: 6. Os embargos devem ser apresentados no prazo previsto no CPC 525.

Art. 52: 7. A sentença que julga a impugnação à execução comporta recurso (art. 41-*caput*).

Se a impugnação à execução for rejeitada liminarmente ou julgada improcedente, o vencido fica sujeito ao pagamento de honorários de advogado (art. 55-*caput*) e às custas da execução (art. 55 § ún.-II).

Art. 52: 8. v. art. 39 e CPC 917 § 2º.

Art. 52: 9. v. art. 48, nota 2.

Art. 52: 10. "como pagamento, novação, compensação, transação ou prescrição" (CPC 525 § 1º-VII).

Art. 53. A execução de título executivo extrajudicial,[1-1a] no valor de até quarenta salários mínimos, obedecerá ao disposto no Código de Processo Civil, com as modificações introduzidas por esta lei.

§ 1º Efetuada a penhora, o devedor será intimado a comparecer à audiência de conciliação, quando poderá oferecer embargos (art. 52, IX),[2] por escrito ou verbalmente.

§ 2º Na audiência, será buscado o meio mais rápido e eficaz para a solução do litígio, se possível com dispensa da alienação judicial, devendo o conciliador propor, entre outras medidas cabíveis, o pagamento do débito a prazo ou a prestação, a dação em pagamento ou a imediata adjudicação do bem penhorado.[3]

§ 3º Não apresentados os embargos em audiência, ou julgados improcedentes, qualquer das partes poderá requerer ao juiz a adoção de uma das alternativas do parágrafo anterior.

§ 4º Não encontrado o devedor ou inexistindo bens penhoráveis,[4] o processo será imediatamente extinto,[5] devolvendo-se os documentos ao autor.

Art. 53: 1. "A execução do título executivo extrajudicial perante os juizados especiais", por Ricardo Cunha Chimenti (RT 756/128).

Art. 53: 1a. v. art. 3º § 1º-II; s/ título executivo extrajudicial, v. art. 57 § ún. e CPC 784, especialmente nota 37.

Art. 53: 2. A defesa do devedor não pode ser limitada exclusivamente às hipóteses do art. 52-IX, pois é claro que também poderá alegar "qualquer outra que lhe seria lícito deduzir como defesa no processo de conhecimento". Do contrário, o título extrajudicial com valor inferior a 40 salários mínimos passaria a ter força de coisa julgada...

Art. 53: 3. Obtida a conciliação, a sentença que a homologar será irrecorrível (art. 41-*caput*).

Art. 53: 4. "Em exegese ao art. 53, § 4º, da Lei 9.099/95, não se aplica ao processo de execução o disposto no art. 18, § 2º, da referida lei, sendo autorizados o arresto e a citação editalícia quando não encontrado o devedor, observados, no que couber, os arts. 653 e 654 do Código de Processo Civil" **(FPJC, enunciado 37).**

Art. 53: 5. "A hipótese do § 4º, do art. 53, da Lei 9.099/95, também se aplica às execuções de título judicial, entregando-se ao exequente, no caso, certidão do seu crédito, como título para futura execução, sem prejuízo da manutenção do nome do executado no Cartório Distribuidor" **(FPJC, enunciado 75).**

Juizados Especiais

Seção XVI | DAS DESPESAS

Art. 54. O acesso ao Juizado Especial independerá, em primeiro grau de jurisdição, do pagamento de custas, taxas ou despesas.

Parágrafo único. O preparo do recurso, na forma do § 1º do art. 42 desta lei, compreenderá todas as despesas processuais,[1-2] inclusive aquelas dispensadas em primeiro grau de jurisdição, ressalvada a hipótese de assistência judiciária gratuita.[2a]

Art. 54: 1. "No âmbito dos Juizados Especiais, não são devidas despesas para efeito do cumprimento de diligências, inclusive quando da expedição de cartas precatórias" **(FPJC, enunciado 44).**

Art. 54: 2. As despesas abrangem todas as custas dos atos do processo (CPC 84).

Já os honorários de advogado, quando concedidos na sentença como pena pela má-fé do vencido (art. 55, 1ª parte), não constituem despesa processual, para efeito de preparo de recurso.

Art. 54: 2a. "É facultado ao Juiz exigir que a parte comprove a insuficiência de recursos para obter concessão do benefício da gratuidade da Justiça (art. 5º, LXXIV, da CF), uma vez que afirmação da pobreza goza apenas de presunção relativa de veracidade" **(Enunciado n. 20 do I Encontro JECSP,** Bol. AASP 2.554).

Art. 55. A sentença de primeiro grau não condenará o vencido em custas[1] e honorários de advogado, ressalvados os casos de litigância de má-fé.[1a a 2a] Em segundo grau, o recorrente, vencido,[2b] pagará as custas e honorários de advogado, que serão fixados entre dez por cento e vinte por cento do valor de condenação ou, não havendo condenação, do valor corrigido da causa.[3]

Parágrafo único. Na execução não serão contadas custas, salvo quando:

I — reconhecida a litigância de má-fé;[4]

II — improcedentes os embargos do devedor;[5]

III — tratar-se de execução de sentença que tenha sido objeto de recurso improvido do devedor.

Art. 55: 1. Embora a sentença não condene o vencido ao pagamento das custas, certo é que, para recorrer, ele terá de pagar "todas as despesas processuais" (art. 54 § ún.), o que, obviamente, abrange também as custas.

Art. 55: 1a. v. CPC 80 (rol de casos de litigância de má-fé).

Art. 55: 2. Uma vez reconhecida a litigância de má-fé, há a condenação da parte ao pagamento não só das custas e honorários de advogado, mas também de multa, nos termos do CPC 81-*caput* e § 2º. Caso a conduta ímproba tenha produzido danos, a parte também será condenada a indenizá-los (CPC 81-*caput* e § 3º).

Art. 55: 2a. "A gratuidade da Justiça não abrange o valor devido em condenação por litigância de má-fé" (**Enunciado n. 19 do I Encontro JECSP,** Bol. AASP 2.554).

Art. 55: 2b. Na instância recursal, a condenação ao pagamento de custas e honorários advocatícios fica vinculada ao requisito da dupla sucumbência, independentemente da má-fé do recorrente. Assim, apenas o recorrente vencido pode ser condenado a pagar tais verbas, em razão da indevida insistência na sua tese. O recorrido sucumbente fica liberado de condenação dessa natureza, no caso de provimento do recurso do seu adversário. Nesse sentido: STF-1ª T., RE 506.417-AgRg, Min. Dias Toffoli, j. 10.5.11, DJ 1.8.11.

Para o dimensionamento dos honorários advocatícios, deve ser considerado o trabalho desenvolvido pelo advogado do recorrido vencedor tanto na primeira instância quanto na instância recursal.

Art. 55: 3. A correção do valor da causa para essa finalidade deve se dar a partir do ajuizamento da demanda.

Art. 55: 4. v. notas 1a e 2.

Art. 55: 5. v. art. 52-IX.

Seção XVII | DISPOSIÇÕES FINAIS

Art. 56. Instituído o Juizado Especial, serão implantadas as curadorias necessárias e o serviço de assistência judiciária.[1]

Art. 56: 1. v. art. 9º § 1º.

Art. 57. O acordo extrajudicial, de qualquer natureza ou valor, poderá ser homologado, no juízo competente, independentemente de termo, valendo a sentença como título executivo judicial.[1 a 3a]

Parágrafo único. Valerá como título extrajudicial o acordo celebrado pelas partes, por instrumento escrito, referendado pelo órgão competente do Ministério Público.[4-5]

✎ **Art. 57: 1.** "Da impossibilidade de se homologar acordos ou processar ações de separação consensual ou de alimentos perante o Juizado Especial cível servindo-se do disposto no art. 57, *caput*, da Lei 9.099/95", por Paulo Martini (RJ 273/29).

Art. 57: 2. v. CPC 515-III.

Art. 57: 3. Esta disposição, também presente no CPC 515-III, transcende, de muito, o âmbito do juizado especial, porque se aplica a todo e qualquer acordo (= transação) extrajudicial, ainda que de valor superior a 40 salários mínimos e relativo a matéria não inserida na sua competência. Assim: "Possível o pedido de homologação de acordo extrajudicial no juízo competente, qualquer que seja a matéria e o valor" (RT 672/187 e RTJE 93/86). No mesmo sentido: RT 672/152, 687/112, Lex-JTA 140/347, 146/348, 147/337, RJTJERGS 155/274, Bol. AASP 2.256/2.183, JTJ 340/49 (AI 642.872-4/5-00).

No sentido de que "a decisão do casal acerca da guarda dos filhos e alimentos pode ser manifestada mediante acordo extrajudicial, devidamente homologado": RT 810/225 (TJSP, AP 254.974-4/7, ementa da redação).

Todavia, em sentido mais restritivo, negando a homologação de acordo extrajudicial que já se consubstanciava em título executivo extrajudicial: "É necessário romper com a ideia de que todas as lides devem passar pela chancela do Poder Judiciário, ainda que solucionadas extrajudicialmente. Deve-se valorizar a eficácia dos documentos produzidos pelas partes, fortalecendo-se a negociação, sem que seja necessário, sempre e para tudo, uma chancela judicial. Ao homologar acordos extrajudiciais, o Poder Judiciário promove meramente um juízo de delibação sobre a causa. Equiparar tal juízo, do ponto de vista substancial, a uma sentença judicial seria algo utópico e pouco conveniente. Atribuir eficácia de coisa julgada a tal atividade implicaria conferir um definitivo e real a um juízo meramente sumário, quando não, muitas vezes, ficto. Admitir que o judiciário seja utilizado para esse fim é diminuir-lhe a importância, é equipará-lo a um mero cartório, função para a qual ele não foi concebido" (STJ-3ª T., REsp 1.184.151, Min. Nancy Andrighi, j. 15.12.11, um voto vencido, DJ 9.2.12). Em sentido semelhante: STJ-4ª T., Ag em REsp 349.284-AgRg, Min. Antonio Ferreira, j. 1.4.14, DJ 14.4.14.

Art. 57: 3a. Não há necessidade de o acordo estar subscrito por duas testemunhas para sua homologação em juízo.

Também não há necessidade de assistência por advogado para a validade do acordo (JTJ 320/654: AP 1.108.929-0/0).

Todavia, para a apresentação do acordo em juízo, é indispensável a participação de advogado, na medida em que o pedido de homologação depende de capacidade postulatória.

Art. 57: 4. v. CPC 784-IV.

Art. 57: 5. Também este parágrafo se refere a causas de qualquer valor, ainda que excedentes da alçada prevista para o juizado especial.

Art. 58. As normas de organização judiciária local poderão estender a conciliação prevista nos arts. 22 e 23 a causas não abrangidas por esta lei.

Art. 59. Não se admitirá ação rescisória nas causas sujeitas ao procedimento instituído por esta lei.[1 a 3]

Art. 59: 1. s/ mandado de segurança contra ato judicial do Juizado Especial, v. art. 41, nota 4.

Art. 59: 2. Cabe recurso ordinário de decisão denegatória de mandado de segurança proferida por turmas recursais do juizado especial? v. CPC 1.027, nota 6.

Art. 59: 3. No sentido de que caberia no âmbito dos Juizados Especiais a **ação anulatória** de atos judiciais (v. CPC 966 § 4º), que não seria alcançada pela vedação do art. 59: RT 870/430.

Capítulo III | DOS JUIZADOS ESPECIAIS CRIMINAIS

Arts. 60 a 92. ....[1]

Arts. 60 a 92: 1. Os arts. 60 a 92 tratam exclusivamente de matéria criminal.

Capítulo IV | DISPOSIÇÕES FINAIS COMUNS

Art. 93. Lei Estadual[1] disporá sobre o Sistema de Juizados Especiais Cíveis e Criminais, sua organização, composição e competência.[1a a 5]

Art. 93: 1. **LC Estadual 851, de 9.12.98** (Lei do Estado de São Paulo) — Dispõe sobre o sistema de Juizados Especiais, e dá outras providências (Lex est. 1998/1.860).

Art. 93: 1a. i. e., competência territorial.

Art. 93: 2. "O conflito de competência entre juízes de Juizados Especiais vinculados à mesma Turma Recursal será decidido por esta" **(FPJC, enunciado 67).**

Art. 93: 3. "Somente se admite conexão em Juizado Especial Cível quando as ações puderem submeter-se à sistemática da Lei n. 9.099/95" **(FPJC, enunciado 68).**

Art. 93: 4. "As causas de competência dos Juizados Especiais em que forem comuns o objeto ou a causa de pedir poderão ser reunidas para efeito de instrução, se necessária, e julgamento" **(FPJC, enunciado 73).**

Art. 93: 5. "A prerrogativa de foro na esfera penal não afasta a competência dos Juizados Especiais Cíveis" **(FPJC, enunciado 74).**

Art. 94. Os serviços de cartório poderão ser prestados, e as audiências realizadas fora da sede da comarca, em bairros ou cidades a ela pertencentes, ocupando instalações de prédios públicos, de acordo com audiências previamente anunciadas.

Art. 95. Os Estados, Distrito Federal e Territórios criarão e instalarão os Juizados Especiais no prazo de seis meses, a contar da vigência desta lei.

Parágrafo único. No prazo de 6 (seis) meses, contado da publicação desta Lei, serão criados e instalados os Juizados Especiais Itinerantes, que deverão dirimir, prioritariamente, os conflitos existentes nas áreas rurais ou nos locais de menor concentração populacional.[1]

Art. 95: 1. O § ún. foi incluído pela Lei 12.726, de 16.10.12 (DOU 17.10.12).

Art. 96. Esta lei entra em vigor no prazo de sessenta dias após a sua publicação.[1]

Art. 96: 1. Publicada no DOU 27.9.95.

Art. 97. Ficam revogadas a Lei n. 4.611, de 2 de abril de 1965,[1] e a Lei n. 7.244, de 7 de novembro de 1984.[2]

Art. 97: 1. **Lei 4.611, de 2.4.65** — Modifica as normas processuais dos crimes previstos nos arts. 121, § 3º, e 129, § 6º do Código Penal.

Art. 97: 2. **Lei 7.244, de 7.11.84** — Dispõe sobre a criação e o funcionamento do Juizado Especial de Pequenas Causas.

Brasília, 26 de setembro de 1995; 174º da Independência e 107º da República — FERNANDO HENRIQUE CARDOSO — **Nelson A. Jobim.**

Lei n. 10.259, de 12 de julho de 2001

Dispõe sobre a instituição dos Juizados Especiais Cíveis e Criminais no âmbito da Justiça Federal.

O Presidente da República
Faço saber que o Congresso Nacional decreta e eu sanciono a seguinte Lei:

Art. 1º São instituídos os Juizados Especiais Cíveis e Criminais da Justiça Federal, aos quais se aplica, no que não conflitar com esta lei, o disposto na Lei n. 9.099, de 26 de setembro de 1995.[1-1a]

Art. 1º: 1. "Juizados Especiais Federais", por Marcus Orione Gonçalves Correia (RT 801/92); "Juizados Especiais Federais: a justiça dos pobres não pode ser uma pobre justiça", por Salene Maria de Almeida (RT 810/51); "Juizados Especiais Federais", por Edilson Pereira Nobre Júnior (RT 828/79 e RF 387/67); "Juizados Especiais Federais cíveis: reexame das inovações da Lei n. 10.259/2001, após cinco anos de sua vigência", por Tarcísio Barros Borges (RDDP 56/118).

Art. 1º: 1a. Neste título, texto parcial.

Art. 2º Compete ao Juizado Especial Federal Criminal processar e julgar os feitos de competência da Justiça Federal relativos às infrações de menor potencial ofensivo, respeitadas as regras de conexão e continência.[1]

Parágrafo único. Na reunião de processos, perante o juízo comum ou o tribunal do júri, decorrente da aplicação das regras de conexão e continência, observar-se-ão os institutos da transação penal e da composição dos danos civis.[2]

Art. 2º: 1. Redação do *caput* de acordo com a Lei 11.313, de 28.6.06.

Art. 2º: 2. Redação do § ún. de acordo com a Lei 11.313, de 28.6.06.

Art. 3º Compete ao Juizado Especial Federal Cível[1 a 1b] processar, conciliar e julgar causas de competência da Justiça Federal até o valor de sessenta salários mínimos,[1c a 3a] bem como executar as suas sentenças.[4-4a]

§ 1º Não se incluem na competência do Juizado Especial Cível as causas:

I — referidas no art. 109, incisos II, III e XI,[4b] da Constituição Federal, as ações de mandado de segurança, de desapropriação,[5] de divisão e demarcação, populares, execuções fiscais e por improbidade administrativa e as demandas sobre direitos ou interesses difusos, coletivos ou individuais homogêneos;[5a]

II — sobre bens imóveis da União, autarquias e fundações públicas federais;

III — para a anulação ou cancelamento de ato administrativo federal, salvo o de natureza previdenciária e o de lançamento fiscal;[6-6a]

IV — que tenham como objeto a impugnação da pena de demissão imposta a servidores públicos civis ou de sanções disciplinares aplicadas a militares.

§ 2º Quando a pretensão versar sobre obrigações vincendas, para fins de competência do Juizado Especial, a soma de doze parcelas não poderá exceder o valor referido no art. 3º, *caput*.[6b]

§ 3º No foro onde estiver instalada Vara do Juizado Especial, a sua competência é absoluta.[7 a 9]

Art. 3º: 1. v. arts. 20 e 25, disposições transitórias s/ competência do Juizado Especial Federal.

S/ competência para julgar causas que envolvam conteúdo disponibilizado na Internet, v., no nosso CCLCV, MCI 19, especialmente nota 4.

Art. 3º: 1a. "Não há incompatibilidade entre o rito do juizado especial e a ação de consignação em pagamento" (STJ-2ª Seção, CC 98.221, Min. Fernando Gonçalves, j. 26.11.08, DJ 9.12.08).

Art. 3º: 1b. Valem aqui, no que couber (art. 1º), as disposições da LJE 3º. Assim, em razão da LJE 3º § 2º, "o julgamento das causas relativas ao **estado das pessoas** (opção de nacionalidade)" fica fora do âmbito dos Juizados Especiais Federais (STJ-1ª Seção, CC 98.805, Min. Castro Meira, j. 11.3.09, DJ 30.3.09).

Art. 3º: 1c. O valor da causa é a soma do principal, atualizado à data da propositura da ação, mais juros de mora s/ esse total (cf. LEF 34 § 1º).

Art. 3º: 2. "Ao autor que deseje litigar no âmbito de Juizado Especial Federal Cível, é lícito **renunciar,** de modo expresso e para fins de atribuição de valor à causa, **ao montante que exceda** os 60 salários mínimos previstos no art. 3º, *caput*, da Lei 10.259/2001, aí incluídas, sendo o caso, as prestações vincendas" (STJ-1ª Seção, REsp 1.807.665, Min. Sérgio Kukina, j. 28.10.20, DJ 26.11.20).

V. LJE 3º § 3º.

Art. 3º: 2a. No caso de **litisconsórcio** ativo facultativo, o limite de sessenta salários mínimos é considerado para a pretensão deduzida por cada autor, não importando para a fixação da competência do Juizado Especial Federal que o conjunto dos pedidos deduzidos por todos os demandantes extrapole o teto legal (STJ-1ª T., REsp 794.806, Min. Francisco Falcão, j. 16.3.06, DJU 10.4.06; STJ-2ª T., REsp 1.257.935, Min. Eliana Calmon, j. 18.10.12, DJ 29.10.12).

No âmbito dos Juizados Especiais da Fazenda Pública, v. LJEFP 2º, nota 2a (dispositivo vetado).

Art. 3º: 2b. "A Lei 10.259/01 não exclui de sua competência as disputas que envolvam **exame pericial.** Em se tratando de cobrança inferior a 60 salários mínimos deve-se reconhecer a competência absoluta dos Juizados Federais" (STJ-2ª Seção, CC 83.130, Min. Nancy Andrighi, j. 26.9.07, DJU 4.10.07). No mesmo sentido: RDDP 61/142.

"Diferentemente do que ocorre no âmbito dos Juizados Especiais Estaduais, admite-se, em sede de Juizado Especial Federal, a produção de prova pericial, fato que demonstra a viabilidade de que questões de maior complexidade sejam discutidas nos feitos de que trata a Lei 10.259/01" (STJ-1ª Seção, CC 92.612, Min. Eliana Calmon, j. 23.4.08, DJU 12.5.08).

Art. 3º: 2c. "A atribuição do valor da causa feita pelo autor nem sempre é norte seguro para determinação da competência, seja pelo risco, sempre presente, de que se queira burlar regra de competência absoluta, seja pela possibilidade de simples erro de indicação. Compete ao juiz federal que inicialmente recebe a demanda verificar se o benefício econômico pretendido pelo autor é compatível com o valor dado à causa, antes de declinar de sua competência" (STJ-2ª Seção, CC 90.300, Min. Gomes de Barros, j. 14.11.07, DJU 26.11.07).

"No caso em tela, o valor atribuído à causa — R$ 1.000,00 — não guarda qualquer relação com o conteúdo econômico em discussão que, muito provavelmente, é superior ao limite de 60 (sessenta) salários mínimos estabelecidos na Lei 10.259/01, motivo pelo qual deve ser afastada a competência do Juizado Especial Federal" (STJ-2ª Seção, CC 93.818, Min. Fernando Gonçalves, j. 28.5.08, DJU 3.6.08).

Art. 3º: 3. "As causas vinculadas ao Sistema Financeiro da Habitação, embora em alguns casos aparentem enquadrar-se na alçada dos Juizados Especiais, sempre giram em torno de valores expressivos, à vista das repercussões do julgado no saldo devedor; devem, por isso, ser processadas e julgadas no Juízo Comum" (STJ-2ª Seção, CC 65.620, Min. Ari Pargendler, j. 22.8.07, DJU 1.2.08).

Art. 3º: 3a. "A **ação cautelar** preparatória não consta do rol de exceções contido no art. 3º da Lei 10.259/2001, de modo que ela deve ser proposta, nos termos do art. 800 do CPC, perante o Juizado Especial Federal que será competente para a ação principal. A circunstância de não ser conhecido o valor que se discutirá na ação principal não modifica a competência ora fixada. Caso, no futuro, por ocasião da propositura da ação principal, fique constatado que o valor excede o limite legal, é possível a modificação da competência do Juizado Especial Federal" (STJ-2ª Seção, CC 88.538, Min. Nancy Andrighi, j. 28.5.08, DJU 6.6.08). No mesmo sentido: STJ-1ª Seção, CC 78.883, Min. José Delgado, j. 27.6.07, um voto vencido, DJU 3.9.07.

Contra: "No caso em tela, não há como aferir o benefício econômico pretendido com a ação principal, razão pela qual recomenda a prudência seja a cautelar preparatória julgada pelo Juízo comum para, somente com a propositura da ação principal, se decidir pela modificação de competência para os Juizados Especiais" (STJ-2ª Seção, CC 94.810, Min. Fernando Gonçalves, j. 13.8.08, DJ 21.8.08).

Art. 3º: 4. mesmo quando a execução do julgado é promovida pelas entidades públicas federais arroladas no inciso II do art. 6º (STJ-1ª Seção, CC 92.057, Min. Castro Meira, j. 13.2.08, DJU 3.3.08; STJ-3ª Seção, CC 74.992, Min. Maria Thereza, j. 27.5.09, DJ 4.6.09).

Art. 3º: 4a. ainda que o valor da execução supere o teto valorativo estabelecido neste artigo: "O valor da alçada é de sessenta salários mínimos calculados na data da propositura da ação. Se, quando da execução, o título ostentar montante superior, em decorrência de encargos posteriores ao ajuizamento (correção monetária, juros e ônus da sucumbência), tal circunstância não alterará a competência para a execução nem implicará a renúncia aos acessórios e consectários da obrigação reconhecida pelo título" (STJ-2ª T., Ag em REsp 352.561-AgRg, Min. Herman Benjamin, j. 17.9.13, DJ 26.9.13).

V. tb. LJE 52, nota 1.

Art. 3º: 4b. **CF 109:** "Aos juízes federais compete processar e julgar: ...

"**II** — as causas entre Estado estrangeiro ou organismo internacional e Município ou pessoa domiciliada ou residente no País;

"**III** — as causas fundadas em tratado ou contrato da União com Estado estrangeiro ou organismo internacional;

...

"**XI** — a disputa sobre direitos indígenas".

Art. 3º: 5. O Juizado Especial Federal é competente para julgar demanda indenizatória fundada em **limitações administrativas** ao direito de propriedade, na medida em que o caso não é de desapropriação indireta (STJ-2ª T., REsp 1.129.040, Min. Castro Meira, j. 16.3.10, DJ 26.3.10).

Art. 3º: 5a. "Ao excetuar da competência dos Juizados Especiais Federais as causas relativas a **direitos individuais homogêneos,** a Lei 10.259/2001 (art. 3º, § 1º, I) se refere apenas às ações coletivas para tutelar os referidos direitos, e não às ações propostas individualmente pelos próprios titulares. É que o conceito de homogeneidade supõe, necessariamente, uma relação de referência com outros direitos individuais assemelhados, formando uma pluralidade de direitos com uma finalidade exclusivamente processual, de permitir a sua tutela coletiva. Considerados individualmente, cada um desses direitos constitui simplesmente um direito subjetivo individual e, nessa condição, quando tutelados por seu próprio detentor, estão sujeitos a tratamento igual ao assegurado a outros direitos subjetivos, inclusive no que se refere à competência para a causa" (STJ-1ª Seção, CC 58.211, Min. Teori Zavascki, j. 23.8.06, um voto vencido, DJU 18.9.06).

Art. 3º: 6. Quando a invalidade do ato administrativo federal integra a causa de pedir e não o pedido formulado pelo autor, a demanda se insere no âmbito da competência dos Juizados Especiais (STJ-1ª Seção, CC 75.314, Min. Teori Zavascki, j. 8.8.07, DJU 27.8.07).

Art. 3º: 6a. "Entende-se por lançamento fiscal, para esse efeito, o previsto no Código Tributário Nacional, ou seja, o que envolve obrigação de natureza tributária. No caso concreto, o que se tem presente é uma ação de procedimento comum, com valor da causa inferior a sessenta salários mínimos, que tem por objeto anular auto de infração lavrado contra o demandante, 'que deixou de proceder à aferição do taxímetro de seu veículo na data fixada'. Tratando-se de ato administrativo decorrente do exercício do poder de polícia, a causa se enquadra entre as de 'anulação ou cancelamento de ato administrativo federal', excepcionada da competência dos Juizados Federais pelo art. 3º, § 1º, III, da Lei 10.259/01" (STJ-1ª Seção, CC 54.145, Min. Teori Zavascki, j. 26.4.06, DJU 15.5.06).

Art. 3º: 6b. Nos casos em que a pretensão se fundar em prestações vencidas e vincendas, este § 2º deve ser conjugado com as disposições do CPC para a determinação do conteúdo econômico da demanda e consequentemente da competência do Juizado Especial Federal, ou seja, considera-se o valor das prestações vencidas, acrescido de 12 parcelas por vencer (STJ-3ª Seção, CC 90.347, Min. Maria Thereza, j. 13.8.08, DJ 26.8.08). V. CPC 292 §§ 1º e 2º.

V. tb. LJEFP 2º § 2º.

Art. 3º: 7. **Súmula 17 da TUJEF:** "Não há renúncia tácita no Juizado Especial Federal, para fins de competência".

Art. 3º: 8. "A competência do Juizado Especial Federal Cível, com exceção das hipóteses previstas nos incisos I, II, III e IV, do § 1º do art. 3º, da Lei 10.259/2001, é absoluta, não sendo passível de ser alterada pelo instituto da conexão" (STJ-1ª Seção, CC 68.453, Min. Eliana Calmon, j. 28.11.07, DJU 10.12.07).

Art. 3º: 9. Se não houver no foro Vara do Juizado Especial Federal, "o ajuizamento da ação no Juizado Especial Federal constitui mera faculdade do autor, nos termos do art. 20 da Lei 10.259/01" (STJ-2ª Seção, CC 87.781, Min. Nancy Andrighi, j. 24.10.07, DJU 5.11.07). No mesmo sentido: STJ-1ª Seção, CC 91.579, Min. Teori Zavascki, j. 27.2.08, DJU 10.3.08.

Art. 4º O juiz poderá, de ofício ou a requerimento das partes, deferir medidas cautelares no curso do processo, para evitar dano de difícil reparação.

Art. 5º Exceto nos casos do art. 4º,[1] somente será admitido recurso de sentença definitiva.[1a a 6]

Art. 5º: 1. i. e., exceto nos casos de decisão que delibera sobre medidas cautelares no curso do processo. A ressalva alcança tanto a decisão que defere quanto a que indefere medidas cautelares e também deve ser estendida aos pronunciamentos em torno da antecipação de tutela.

Art. 5º: 1a. A lei não fixa prazo para o recurso. Pensamos incidir aqui o prazo de 10 dias previsto na LJE 42.

Art. 5º: 2. Sentença definitiva é a que põe termo ao feito, com ou sem apreciação do mérito.

Como o único recurso que esta lei admite só pode ser interposto contra a sentença definitiva, segue-se que nenhuma outra decisão preclui ou transita em julgado, de onde a consequência de que todas elas, por serem irrecorríveis, podem ser reconsideradas.

Art. 5º: 3. O mandado de segurança não é um recurso e, portanto, em casos teratológicos, pode ter cabimento contra ato do juiz, sendo competente para apreciá-lo a Turma Recursal.

"Competente a Turma Recursal para processar e julgar recursos contra decisões de primeiro grau, também o é para processar e julgar o mandado de segurança substitutivo de recurso" (STF-Pleno, RE 586.789, Min. Ricardo Lewandowski, j. 16.11.11, DJ 27.2.12).

V. tb. LJE 41, notas 3c e 4.

Art. 5º: 4. Cabe ação rescisória no Juizado Especial Federal? Entendemos que não (v. LJE 59).

Todavia, admitindo ação rescisória contra acórdão proferido pelo STF em processo que tramitou no Juizado Especial Federal: STF-Pleno, AR 1.937-AgRg, Min. Gilmar Mendes, j. 30.6.17, DJ 9.8.17.

Art. 5º: 5. O acórdão de recurso está sujeito a pedido de interpretação de questão federal de direito material (art. 14) e a recurso extraordinário (art. 15).

Art. 5º: 6. A simples aposição nos autos da expressão "apelo" foi tida como suficiente para abrir a instância recursal, mormente em razão de essa suficiência ter sido anunciada pela sentença em sua parte dispositiva (STF-2ª T., AI 529.733, Min. Gilmar Mendes, j. 17.10.06, DJU 1.12.06). No caso, foi determinado o retorno dos autos para a Turma Recursal, bem como a subsequente intimação do recorrente "para emendar o recurso inominado, devolvendo-lhe o prazo legal".

Art. 6º Podem ser partes no Juizado Especial Federal Cível:[1]

I — como autores, as pessoas físicas e as microempresas e empresas de pequeno porte, assim definidas na Lei n. 9.317, de 5 de dezembro de 1996;[1a a 3a]

II — como rés, a União, autarquias, fundações e empresas públicas federais.[4-5]

Art. 6º: 1. "A capacidade do incapaz de ser parte nos Juizados Especiais Federais Cíveis", por Oscar Valente Cardoso (RDDP 65/63); "A (in)capacidade da Eireli de ser parte nos Juizados Especiais Cíveis", por Oscar Valente Cardoso (RDDP 113/78).

Art. 6º: 1a. Do texto decorre que as entidades públicas federais não podem ser autoras no Juizado Especial Federal.

"Ao Juizado Especial Federal é vedado processar ação cujo autor seja empresa pública" (STJ-2ª Seção, CC 56.521, Min. Gomes de Barros, j. 22.3.06, DJU 26.4.06). No caso, consignou-se que essa vedação impede até o processamento de carta precatória extraída de demanda ajuizada por empresa pública.

Todavia, permite-se que essas entidades executem no âmbito dos Juizados os julgados nele proferidos (v. art. 3º, nota 4).

"Conquanto o art. 6º, I e II, da Lei 10.259/2001, não inclua o INSS no rol de legitimados para propor demandas perante os Juizados Especiais Federais, o ato judicial cuja anulação é requerida foi praticado no âmbito do Juizado Especial Federal, motivo pelo qual, excepcionalmente, admite-se o ajuizamento da ação por ente público federal" (RT 870/430). **Contra,** no sentido de que tal demanda deve ser processada perante juiz federal, na medida em que autarquia não pode figurar como autor em processo instaurado perante o Juizado Especial Federal: STJ-3ª Seção, CC 97.086, Min. Jorge Mussi, j. 29.10.08, DJ 17.11.08.

Art. 6º: 2. **LC 123, de 14.12.06** — Institui o Estatuto Nacional da Microempresa e da Empresa de Pequeno Porte, e dá outras providências: **"Art. 3º** (*redação da LC 139, de 10.11.11, em vigor a partir de 1.1.12*). Para os efeitos desta Lei Complementar, consideram-se microempresas ou empresas de pequeno porte a sociedade empresária, a sociedade simples, a empresa individual de responsabilidade limitada e o empresário a que se refere o art. 966 da Lei n. 10.406, de 10 de janeiro de 2002 (Código Civil), devidamente registrados no Registro de Empresas Mercantis ou no Registro Civil de Pessoas Jurídicas, conforme o caso, desde que:

"I — no caso da microempresa, aufira, em cada ano-calendário, receita bruta igual ou inferior a R$ 360.000,00 (trezentos e sessenta mil reais); e

"II (*redação da LC 155, de 27.10.16, produzindo efeitos a partir de 1º de janeiro de 2018*) — no caso de empresa de pequeno porte, aufira, em cada ano-calendário, receita bruta superior a R$ 360.000,00 (trezentos e sessenta mil reais) e igual ou inferior a R$ 4.800.000,00 (quatro milhões e oitocentos mil reais)".

"Art. 74. Aplica-se às microempresas e às empresas de pequeno porte de que trata esta Lei Complementar o disposto no § 1º do art. 8º da Lei n. 9.099, de 26 de setembro de 1995, e no inciso I do *caput* do art. 6º da Lei n. 10.259, de 12 de julho de 2001, as quais, assim como as pessoas físicas capazes, passam a ser admitidas como proponentes de ação perante o Juizado Especial, excluídos os cessionários de direito de pessoas jurídicas."

A LC 123, de 14.12.06, **revogou** expressamente a Lei 9.317, de 5.12.96 (a partir de 1.7.07).

Art. 6º: 3. "O condomínio pode figurar perante o Juizado Especial Federal no polo ativo de ação de cobrança. Embora o art. 6º da Lei n. 10.259/2001 não faça menção ao condomínio, os princípios que norteiam os Juizados Especiais Federais fazem com que, na fixação de sua competência, prepondere o critério da expressão econômica da lide sobre a natureza das pessoas que figuram no polo ativo" (STJ-2ª Seção, CC 73.681, Min. Nancy Andrighi, j. 8.8.07, DJU 16.8.07). No mesmo sentido: RSDCPC 69/156 (TRF-3ª Reg., CC 2009.03.00.033719-6, maioria). **Contra:** RMDAU 12/136.

V. tb. LJE 3º, nota 8.

Art. 6º: 3a. O espólio também pode figurar como autor de demanda ajuizada perante o Juizado Especial Federal Cível (STJ-1ª Seção, CC 92.740, Min. Teori Zavascki, j. 10.9.08, DJ 22.9.08). V. tb. LJE 8º, nota 5a.

Art. 6º: 4. "Pessoa jurídica de direito privado pode ser litisconsorte passivo dos entes referidos no art. 6º" (STJ-2ª Seção, CC 73.000, Min. Nancy Andrighi, j. 8.8.07, DJU 3.9.07), sem que isso interfira na competência do Juizado Especial Federal para o julgamento da causa. No mesmo sentido: STJ-1ª Seção, CC 49.171, Min. José Delgado, j. 28.9.05, DJU 17.10.05.

"A presença, como litisconsorte passivo da União, de entidade não sujeita a juizado especial federal (no caso, o Estado de Santa Catarina e o Município de Jaraguá do Sul), não altera a competência do Juizado. Aplica-se à situação o princípio federativo (que dá supremacia à posição da União em face de outras entidades) e o da especialidade (que confere preferência ao juízo especial sobre o comum)" (STJ-1ª Seção, CC 92.537, Min. Teori Zavascki, j. 13.8.08, DJ 1.9.08).

Art. 6º: 5. **Dec. 4.250, de 27.5.02** — Regulamenta a representação judicial da União, autarquias, fundações e empresas públicas federais perante os Juizados Especiais Federais, instituídos pela Lei 10.259, de 12 de julho de 2001, que "dispõe sobre a instituição dos Juizados Especiais Cíveis e Criminais no âmbito da Justiça Federal".

Art. 7º As citações e intimações da União serão feitas na forma prevista nos arts. 35 a 38 da Lei Complementar n. 73, de 10 de fevereiro de 1993.[1]

Parágrafo único. A citação[2] das autarquias, fundações e empresas públicas será feita na pessoa do representante máximo da entidade, no local onde proposta a causa, quando ali instalado seu escritório ou representação; se não, na sede da entidade.

Art. 7º: 1. LC 73, de 10.2.93, arts. 35 a 37: em CPC 242, nota 13.

Art. 7º: 2. A citação é para a audiência de conciliação (art. 9º, *in fine*), sendo o conciliador designado de acordo com o art. 1º.

Na audiência de conciliação, o autor pode desistir e as partes transigir, por seus representantes (art. 10 § ún.).

Uma vez aceita, a conciliação deverá ser reduzida a escrito e homologada pelo juiz, valendo a sentença homologatória como título executivo irrecorrível (LJE 22 § ún. e 41).

Frustrada a conciliação, o juiz deverá marcar prazo para a contestação e proferir sentença a final, sujeita a recurso para a Turma Recursal (arts. 5º e 21).

Art. 8º As partes serão intimadas[1] da sentença, quando não proferida esta na audiência em que estiver presente seu representante, por ARMP (aviso de recebimento em mão própria).

§ 1º As demais intimações das partes serão feitas na pessoa dos advogados ou dos Procuradores que oficiem nos respectivos autos, pessoalmente ou por via postal.[1a]

§ 2º Os tribunais poderão organizar serviço de intimação das partes e de recepção de petições por meio eletrônico.[1b-2]

Art. 8º: 1. "Os Juizados Especiais Federais e as comunicações processuais eletrônicas. Aspectos da Lei 10.259/01", por Ivan Lira de Carvalho (RT 797/81).

Art. 8º: 1a. "Não se aplica aos Juizados Especiais Federais a prerrogativa de intimação pessoal dos ocupantes de cargo de Procurador Federal, prevista no art. 17 da Lei n. 10.910/2004, na medida em que neste rito especial, ante a simplicidade das causas nele julgadas, particular e Fazenda Pública apresentam semelhante, se não idêntica, dificuldade para o adequado exercício do direito de informação dos atos do processo, de modo que não se revela razoável a incidência de norma que restringe a paridade de armas, além de comprometer a informalidade e a celeridade do procedimento" (STF-Pleno, Ag em RE 648.629, Min. Luiz Fux, j. 24.4.13, DJ 8.4.14).

Art. 8º: 1b. **Res. 522, de 5.9.06, do Pres. do Conselho da Justiça Federal** — Dispõe sobre a intimação eletrônica das partes, Ministério Público, Procuradores, Advogados e Defensores Públicos no âmbito dos Juizados Especiais Federais (DOU 8.9.06, p. 125).

Art. 8º: 2. v. Lei 11.419/06, em especial seus arts. 1º a 7º, no tít. PROCESSO ELETRÔNICO.

Art. 9º Não haverá prazo diferenciado para a prática de qualquer ato processual pelas pessoas jurídicas de direito público,[1-2] inclusive a interposição de recursos, devendo a citação para audiência de conciliação ser efetuada com antecedência mínima de trinta dias.

Art. 9º: 1. i. e., não se aplica às rés o disposto no CPC 183.

Art. 9º: 2. "Não há inconstitucionalidade na adoção de uma lei ordinária (art. 9º da Lei n. 10.259/2001), a despeito da preexistência de uma lei complementar (art. 44, I, da LC n. 80/94), que prevê prazo em dobro para a Defensoria Pública da União. Isso porque a atividade de 'organizar' a Defensoria Pública, por meio de lei complementar, conforme art. 134, da CF/88, é estranha à fixação de prazo processual, afeto à lei ordinária. Assim, a norma contida no art. 44, I, da LC n. 80/94 ganha *status* de lei ordinária e, pelos critérios da especialidade e da cronologia, pode ter disciplina alterada por lei ordinária posterior, no caso o art. 9º, da Lei n. 10.259/2001, que está adstrito aos prazos nos Juizados Especiais" (TUJEF, Proc. 2003.40.00.706363-7-EDcl, Juiz Hélio Silvio Ourem Campos, j. 22.11.04, DJU 3.12.04).

Art. 10. As partes poderão designar, por escrito, representantes para a causa, advogado ou não.[1-2]

Parágrafo único. Os representantes judiciais da União, autarquias, fundações e empresas públicas federais, bem como os indicados na forma do *caput*, ficam autorizados a conciliar, transigir ou desistir, nos processos da competência dos Juizados Especiais Federais.

Art. 10: 1. "Limites da dispensa de advogado nos Juizados Especiais Cíveis", por Oscar Valente Cardoso (RDDP 97/105).

Art. 10: 2. Não é obrigatória a participação de advogado (v., no tít. ADVOGADO, Lei 8.906/94, art. 1º, nota 2). A este dispositivo legal foi dada "interpretação conforme, para excluir do âmbito de incidência do art. 10 da Lei 10.259/2001 os feitos de competência dos juizados especiais criminais da Justiça Federal" (STF-Pleno, ADI 3.168, Min. Joaquim Barbosa, j. 8.6.06, maioria, DJU 3.8.07).

Art. 11. A entidade pública ré deverá fornecer ao Juizado a documentação de que disponha para o esclarecimento da causa, apresentando-a até a instalação da audiência de conciliação.[1]

Parágrafo único. Para a audiência de composição dos danos resultantes de ilícito criminal (arts. 71, 72 e 74 da Lei n. 9.099, de 26 de setembro de 1995), o representante da entidade que comparecer terá poderes para acordar, desistir ou transigir, na forma do art. 10.

Art. 11: 1. A obrigação de fornecer essa documentação independe de requisição por parte do Juizado.

Art. 12. Para efetuar o exame técnico necessário à conciliação ou ao julgamento da causa,[1] o juiz nomeará[1a] pessoa habilitada, que apresentará o laudo até cinco dias antes da audiência, independentemente de intimação das partes.

§ 1º Os honorários do técnico serão antecipados à conta de verba orçamentária do respectivo Tribunal e, quando vencida na causa a entidade pública, seu valor será incluído na ordem de pagamento a ser feita em favor do Tribunal.

§ 2º Nas ações previdenciárias e relativas à assistência social, havendo designação de exame, serão as partes intimadas para, em dez dias, apresentar quesitos e indicar assistentes.

Art. 12: 1. Isso significa que no âmbito dos Juizados Especiais Federais admite-se a produção de prova pericial. V. art. 3º, nota 2b.

Art. 12: 1a. A produção de prova técnica pode ser requerida por qualquer das partes, antes mesmo da audiência de conciliação, ou determinada de ofício pelo juiz.

Art. 13. Nas causas de que trata esta lei, não haverá reexame necessário.[1]

Art. 13: 1. i. e., não se aplica o disposto no CPC 496.

Art. 14. Caberá pedido de uniformização de interpretação de lei federal quando houver divergência entre decisões sobre questões de direito material[1-1a] proferidas por Turmas Recursais na interpretação da lei.

§ 1º O pedido fundado em divergência entre Turmas da mesma Região será julgado em reunião conjunta das Turmas em conflito, sob a presidência do Juiz Coordenador.[1b-1c]

§ 2º O pedido[2-2a] fundado em divergência entre decisões de turmas de diferentes regiões ou da proferida em contrariedade a súmula ou jurisprudência dominante do STJ[2b] será julgado por Turma de Uniformização, integrada por juízes de Turmas Recursais, sob a presidência do Coordenador da Justiça Federal.

§ 3º A reunião de juízes domiciliados em cidades diversas será feita pela via eletrônica.

§ 4º Quando a orientação acolhida pela Turma de Uniformização, em questões de direito material, contrariar súmula ou jurisprudência dominante no Superior Tribunal de Justiça — STJ, a parte interessada poderá provocar a manifestação deste, que dirimirá a divergência.[2c a 3]

§ 5º No caso do § 4º, presente a plausibilidade do direito invocado e havendo fundado receio de dano de difícil reparação, poderá o relator conceder, de ofício ou a requerimento do interessado, medida liminar determinando a suspensão dos processos nos quais a controvérsia esteja estabelecida.

§ 6º Eventuais pedidos de uniformização idênticos, recebidos subsequentemente em quaisquer Turmas Recursais, ficarão retidos nos autos, aguardando-se pronunciamento do Superior Tribunal de Justiça.

§ 7º Se necessário, o relator pedirá informações ao Presidente da Turma Recursal ou Coordenador da Turma de Uniformização e ouvirá o Ministério Público, no prazo de cinco dias. Eventuais interessados, ainda que não sejam partes no processo, poderão se manifestar, no prazo de trinta dias.

§ 8º Decorridos os prazos referidos no § 7º, o relator incluirá o pedido em pauta na Seção, com preferência sobre todos os demais feitos, ressalvados os processos com réus presos, os *habeas corpus* e os mandados de segurança.

§ 9º Publicado o acórdão respectivo, os pedidos retidos referidos no § 6º serão apreciados pelas Turmas Recursais, que poderão exercer juízo de retratação ou declará-los prejudicados, se veicularem tese não acolhida pelo Superior Tribunal de Justiça.

§ 10. Os Tribunais Regionais, o Superior Tribunal de Justiça e o Supremo Tribunal Federal, no âmbito de suas competências, expedirão normas regulamentando a composição dos órgãos e os procedimentos a serem adotados para o processamento e o julgamento do pedido de uniformização e do recurso extraordinário.

Art. 14: 1. Não cabe pedido de uniformização de jurisprudência sobre questão processual.

Isso significa que, salvo os casos de cabimento de recurso extraordinário (art. 15) e mandado de segurança contra decisão teratológica (art. 5º, nota 3), o juiz poderá dirigir o processo como melhor lhe parecer, orientando-se, porém, "pelos critérios da oralidade, simplicidade, informalidade, economia processual e celeridade" (LJE 2º) e ficando sujeitos todos os seus atos a exame através do recurso a que se refere o art. 5º.

Art. 14: 1a. Súmula 7 da TUJEF: "Descabe incidente de uniformização versando sobre **honorários advocatícios** por se tratar de questão de direito processual".

"Pedido de uniformização de jurisprudência. Não conhecimento. Concessão de **gratuidade judiciária.** Matéria de direito processual e não de direito material" (STJ-1ª Seção, PUIL 288-AgInt, Min. Francisco Falcão, j. 26.9.18, DJ 3.10.18).

V. tb. LJEFP 18, nota 1a.

Art. 14: 1b. Não cabe recurso extraordinário contra o pronunciamento da Turma Recursal no incidente de uniformização (STF-1ª T., RE 479.550-AgRg, Min. Marco Aurélio, j. 3.8.07, DJ 14.9.07; STF-RT 874/135: 2ª T., RE 479.043).

Art. 14: 1c. s/ juiz coordenador, v. art. 22.

Art. 14: 2. Lei 11.798, de 29.10.08: "Art. 9º À Turma Nacional de Uniformização dos Juizados Especiais Federais compete apreciar os incidentes de uniformização de interpretação de lei federal, previstos na Lei n. 10.259, de 12 de julho de 2001".

Art. 14: 2a. Instrução Normativa n. 1, de 12.11.02, do Ministro Coordenador-Geral da Justiça Federal, Presidente da Turma de Uniformização (DJU 21.11.02) — Dispõe sobre o processamento do pedido de uniformização das decisões das Turmas Recursais dos Juizados Especiais Federais.

Art. 14: 2b. "No âmbito dos Juizados Especiais Federais, **não é cabível reclamação diretamente** contra decisão de turma recursal com a finalidade de discutir contrariedade à jurisprudência do STJ. Há previsão legal de recurso específico contra acórdão da Turma Recursal do Juizado Especial Federal, qual seja, o incidente de uniformização dirigido à Turma Nacional. Ao STJ somente competirá, em momento posterior, a análise de eventual divergência entre o acórdão da Turma Nacional de Uniformização com a sua jurisprudência dominante ou sumulada, acerca de questões de direito material" (STJ-1ª Seção, Rcl 29.479-EDcl-AgRg, Min. Sérgio Kukina, j. 27.4.16, DJ 10.5.16).

Art. 14: 2c. s/ comprovação de divergência, v., por analogia, CPC 1.029 § 1º e RISTJ 255 §§ 1º e 3º.

Art. 14: 2d. Res. 10 do STJ, de 21.11.07 (DJU 23.11.07) — Dispõe sobre o processamento, no Superior Tribunal de Justiça, do incidente de uniformização da jurisprudência dos Juizados Especiais Federais.

Art. 14: 3. Se a Turma de Uniformização não conhece do pedido de uniformização, não se admite a provocação de manifestação do STJ (STJ-1ª Seção, Pet 6.080-AgRg, Min. Teori Zavascki, j. 13.8.08, DJ 1.9.08; STJ-3ª Seção, Pet 6.293-AgRg, Min. Felix Fischer, j. 5.12.08, DJ 2.2.09).

Art. 15. O recurso extraordinário,[1] para os efeitos desta lei, será processado e julgado segundo o estabelecido nos §§ 4º a 9º do art. 14, além da observância das normas do Regimento.[2]

Art. 15: 1. "O recurso extraordinário interposto de decisão de Juizados Especiais Federais", por Wagner Amorim Madoz (RP 119/60).

Art. 15: 2. v. RISTF 321 a 329.

Art. 16. O cumprimento do acordo ou da sentença, com trânsito em julgado,[1] que imponham obrigação de fazer, não fazer ou entrega de coisa certa, será efetuado mediante ofício do juiz à autoridade citada para a causa, com cópia da sentença ou do acordo.

Art. 16: 1. A sentença proferida de acordo com esta lei não comporta execução provisória (cf. tb. art. 17-*caput*: "após o trânsito em julgado da decisão").

Art. 17. Tratando-se de obrigação de pagar quantia certa, após o trânsito em julgado da decisão, o pagamento será efetuado no prazo de sessenta dias, contados da entrega da requisição, por ordem do juiz, à autoridade citada para a causa, na agência mais próxima da Caixa Econômica Federal ou do Banco do Brasil, independentemente de precatório.[1 a 3]

§ 1º Para os efeitos do § 3º do art. 100 da Constituição Federal, as obrigações ali definidas como de pequeno valor, a serem pagas independentemente de precatório, terão como limite o mesmo valor estabelecido nesta lei para a competência do Juizado Especial Federal Cível (art. 3º, *caput*).

§ 2º Desatendida a requisição judicial, o juiz determinará o sequestro do numerário suficiente ao cumprimento da decisão.

§ 3º São vedados o fracionamento, repartição ou quebra do valor da execução, de modo que o pagamento se faça, em parte, na forma estabelecida no § 1º deste artigo, e, em parte, mediante expedição do precatório, e a expedição de precatório complementar ou suplementar do valor pago.

§ 4º Se o valor da execução ultrapassar o estabelecido no § 1º, o pagamento far-se-á, sempre, por meio do precatório, sendo facultado à parte exequente a renúncia ao crédito do valor excedente, para que possa optar pelo pagamento do saldo sem o precatório, da forma lá prevista.

Art. 17: 1. s/ aplicação desse dispositivo legal às execuções em geral contra a Fazenda Pública, v. CPC 910, nota 16.

Art. 17: 2. De acordo com o § 1º, o pagamento só será feito independentemente de precatório se a execução for por importância inferior a sessenta salários mínimos (que é o limite estabelecido no art. 3º-*caput* para a competência do Juizado Especial Federal Cível). Se a execução exceder dessa quantia, o pagamento será feito **sempre** (como diz o § 4º) por precatório.

É vedado o parcelamento da execução: uma parte, até sessenta salários mínimos, sem precatório; o excesso, mediante precatório (§ 3º). Mas o exequente pode, se renunciar ao que exceder dessa quantia, receber os sessenta salários mínimos independentemente de precatório (§ 4º).

Art. 17: 3. Até o vencimento do prazo de 60 dias não incidem juros moratórios (STJ-2ª T., REsp 1.237.303, Min. Mauro Campbell, j. 22.3.11, DJ 31.3.11), mas o valor do débito deve ser atualizado monetariamente (STJ-Corte Especial, REsp 1.143.677, Min. Luiz Fux, j. 2.12.09, DJ 4.2.10).

S/ requisição de pequeno valor e correção monetária, v. tb. CF 100, nota 6.

Art. 18. Os Juizados Especiais serão instalados[1] por decisão do Tribunal Regional Federal. O Juiz Presidente do Juizado designará os conciliadores[2] pelo período de dois anos, admitida a recondução. O exercício dessas funções será gratuito, assegurados os direitos e prerrogativas do jurado (art. 437 do Código de Processo Penal).

Parágrafo único. Serão instalados Juizados Especiais Adjuntos nas localidades cujo movimento forense não justifique a existência de Juizado Especial, cabendo ao Tribunal designar a Vara onde funcionará.

Art. 18: 1. **Resolução 315, de 23.5.03, do Pres. do Conselho da Justiça Federal** — Dispõe sobre a instituição da Comissão Permanente dos Juizados Especiais Federais (DOU 27.5.03, p. 231).

Art. 18: 2. v. LJE 7º e, especialmente, LJEFP 16 e 26.

Art. 19. No prazo de seis meses, a contar da publicação desta lei, deverão ser instalados os Juizados Especiais nas capitais dos Estados e no Distrito Federal.

Parágrafo único. Na capital dos Estados, no Distrito Federal e em outras cidades onde for necessário, neste último caso, por decisão do Tribunal Regional Federal, serão instalados juizados com competência exclusiva para ações previdenciárias.

Art. 20. Onde não houver Vara Federal, a causa poderá ser proposta no Juizado Especial Federal mais próximo do foro definido no art. 4º da Lei n. 9.099,[1-1a] de 26 de setembro de 1995, vedada a aplicação desta lei no juízo estadual.[2]

Art. 20: 1. Lei 9.099: neste tít., ínt.

Art. 20: 1a. Nos casos em que não há no foro Vara do Juizado Especial Federal nem Vara Federal, o autor de demanda abrangida pela competência estabelecida na Lei 10.259, de 12.7.01, pode optar pelo seu ajuizamento "na Seção Judiciária que tenha jurisdição sobre tal cidade; ou, alternativamente, no Juizado Especial Federal mais próximo do foro fixado no art. 4º da Lei 9.099/95. Trata-se, nessa hipótese, de competência relativa, que sequer pode ser declinada de ofício, nos termos do art. 112 do CPC e da Súmula n. 33 do STJ" (STJ-2ª Seção, CC 87.781, Min. Nancy Andrighi, j. 24.10.07, DJU 5.11.07). No mesmo sentido: STJ-1ª Seção, CC 91.579, Min. Teori Zavascki, j. 27.2.08, DJU 10.3.08.

Art. 20: 2. "O art. 20 da Lei 10.259/01 é claro ao vedar, expressamente, a aplicação da Lei 10.259/01 ao juízo estadual. A referida Lei não delegou aos Juizados Especiais Estaduais competência para processar e julgar, nas comarcas que não disponham de Varas Federais, causas em que forem parte instituição de previdência social e segurado, e nem poderia fazê-lo, pois tal atribuição é de cunho constitucional. A vedação prevista no art. 20 da Lei 10.259/01 somente poderá ser removida se for declarada a sua inconstitucionalidade, no foro e procedimento previstos no art. 97 da CF c/c os arts. 480 e seguintes do CPC. Nenhum Tribunal pode deixar de aplicar a lei, sem declarar-lhe a inconstitucionalidade. A teor do art. 8º da Lei 9.099/95 (aplicável aos Juizados Especiais Federais, por força do art. 1º da Lei 10.259/01), as pessoas jurídicas de direito público não podem ser partes em ação processada perante os Juizados Especiais Estaduais. Neste contexto, no caso vertente, como o domicílio do segurado não é sede de Vara Federal, o Juízo Estadual torna-se o competente para processar e julgar o feito, por força da chamada competência federal delegada, de acordo com a inteligência do multicitado art. 109 § 3º da CF, devendo o feito tramitar sob o rito ordinário" (STJ-3ª Seção, CC 46.672, Min. Gilson Dipp, j. 14.2.05, DJU 28.2.05).

Contra, entendendo que, onde não houver Vara Federal, o Juizado Especial Estadual tem competência para as causas em que forem partes instituição de previdência social e segurado (CF 109 § 3º), utilizando-se do rito do Juizado Especial Federal: "A proibição expressa na parte final do art. 20 da Lei dos Juizados Especiais Federais não se aplica às causas previdenciárias, diante do que dispõe o § 3º do art. 109 da Carta Magna" (STJ-5ª T., RMS 17.891, Min. Laurita Vaz, j. 24.8.04, DJU 13.9.04).

Art. 21. As Turmas Recursais serão instituídas por decisão do Tribunal Regional Federal, que definirá sua composição e área de competência, podendo abranger mais de uma seção.[1]

§ 1º ....[2]

§ 2º ....[3]

Art. 21: 1. **Lei 12.665, de 13.6.12** — Dispõe sobre a criação de estrutura permanente para as Turmas Recursais dos Juizados Especiais Federais; cria os respectivos cargos de Juízes Federais; e revoga dispositivos da Lei n. 10.259, de 12 de julho de 2001: **"Art. 4º** Os cargos de Juiz Federal de Turmas Recursais serão providos por concurso de remoção entre Juízes Federais, observado, no que couber, o disposto nas alíneas *a*, *b*, *c* e *e* do inciso II do art. 93 da Constituição Federal ou, na falta de candidatos a remoção, por promoção de Juízes Federais Substitutos, alternadamente pelos critérios de antiguidade e merecimento.

"Parágrafo único. As remoções e promoções de que trata o *caput* estão condicionadas à existência de candidatos aprovados em concurso público em número correspondente ao dos cargos vagos de Juiz Federal criados por esta Lei.

(...)

"Art. 6º Será indicado como suplente pelo Presidente do Tribunal Regional Federal de cada Região o juiz federal, titular ou substituto, mais antigo que tenha manifestado interesse em integrar uma das Turmas Recursais, nessa qualidade.

"§ 1º O juiz suplente não receberá distribuição ordinária e atuará nas férias, afastamentos ou impedimentos dos Juízes Federais de Turmas Recursais.

"§ 2º O juiz suplente será designado para atuar sem prejuízo de suas atribuições normais".

Art. 21: 2. O § 1º foi revogado pela Lei 12.665, de 13.6.12.

Art. 21: 3. O § 2º foi revogado pela Lei 12.665, de 13.6.12.

Art. 22. Os Juizados Especiais serão coordenados por juiz do respectivo Tribunal Regional, escolhido por seus pares, com mandato de dois anos.

Parágrafo único. O juiz federal, quando o exigirem as circunstâncias, poderá determinar o funcionamento do Juizado Especial em caráter itinerante, mediante autorização prévia do Tribunal Regional Federal, com antecedência de dez dias.

Art. 23. O Conselho da Justiça Federal poderá limitar, por até três anos, contados a partir da publicação desta lei, a competência dos Juizados Especiais Cíveis, atendendo à necessidade da organização dos serviços judiciários ou administrativos.

Art. 24. O Centro de Estudos Judiciários do Conselho da Justiça Federal e as Escolas de Magistratura dos Tribunais Regionais Federais criarão programas de informática necessários para subsidiar a instrução das causas submetidas aos Juizados e promoverão cursos de aperfeiçoamento destinados aos seus magistrados e servidores.

Art. 25. Juizados Especiais as demandas ajuizadas até a data de sua instalação.

Art. 26. Competirá aos Tribunais Regionais Federais prestar o suporte administrativo necessário ao funcionamento dos Juizados Especiais.

Art. 27. Esta lei entra em vigor seis meses após a data de sua publicação.

Brasília, 12 de julho de 2001; 180º da Independência e 113º da República — FERNANDO HENRIQUE CARDOSO — **Paulo de Tarso Ramos Ribeiro — Roberto Brant — Gilmar Ferreira Mendes.**

Lei n. 12.153, de 22 de dezembro de 2009[1]

Dispõe sobre os Juizados Especiais da Fazenda Pública no âmbito dos Estados, do Distrito Federal, dos Territórios e dos Municípios.

O Presidente da República

Faço saber que o Congresso Nacional decreta e eu sanciono a seguinte lei:

LEI 12.153: 1. "Os Juizados Especiais Fazendários e a Lei n. 12.153/09: observações iniciais", por José Henrique Mouta Araújo (RDDP 84/23); "Juizados Especiais da Fazenda Pública (Lei n. 12.153/09)", por Pedro Roberto Decomain (RDDP 84/70); "Os Juizados Especiais da Fazenda Pública — Lei n. 12.153, de 22.12.2009", por Humberto Theodoro Jr. (RMDCPC 34/75, RIDCPC 65/7, RBDP 70/13); "Juizados Especiais da Fazenda Pública (Lei 12.153/2009): inovações", por José Eduardo de Melo Vilar Filho (RDDP 85/9); "Primeiras impressões sobre a Lei n. 12.153/2009 (Lei dos Juizados Especiais da Fazenda Pública)", por Alaim Rodrigues Neto (RDDP 88/9).

Art. 1º Os Juizados Especiais da Fazenda Pública, órgãos da justiça comum e integrantes do Sistema dos Juizados Especiais, serão criados pela União, no Distrito Federal e nos Territórios, e pelos Estados, para conciliação, processo, julgamento e execução, nas causas de sua competência.

Parágrafo único. O sistema dos Juizados Especiais dos Estados e do Distrito Federal é formado pelos Juizados Especiais Cíveis, Juizados Especiais Criminais e Juizados Especiais da Fazenda Pública.[1]

Art. 1º: 1. v., neste tít., Lei 9.099, de 26.9.95 (LJE).

Art. 2º É de competência dos Juizados Especiais da Fazenda Pública processar, conciliar e julgar causas cíveis de interesse dos Estados, do Distrito Federal, dos Territórios e dos Municípios, até o valor de 60 (sessenta) salários mínimos.[1 a 2]

§ 1º Não se incluem na competência do Juizado Especial da Fazenda Pública:

I — as ações de mandado de segurança, de desapropriação, de divisão e demarcação, populares, por improbidade administrativa, execuções fiscais e as demandas sobre direitos ou interesses difusos e coletivos;

II — as causas sobre bens imóveis dos Estados, Distrito Federal, Territórios e Municípios, autarquias e fundações públicas a eles vinculadas;

III — as causas que tenham como objeto a impugnação da pena de demissão imposta a servidores públicos civis ou sanções disciplinares aplicadas a militares.

§ 2º Quando a pretensão versar sobre obrigações vincendas, para fins de competência do Juizado Especial, a soma de 12 (doze) parcelas vincendas e de eventuais parcelas vencidas não poderá exceder o valor referido no *caput* deste artigo.

§ 3º (VETADO)[2a]

§ 4º No foro onde estiver instalado Juizado Especial da Fazenda Pública, a sua competência é absoluta.[3]

Art. 2º: 1. "A competência dos Juizados Especiais da Fazenda Pública em pedidos de anulação ou cancelamento de ato administrativo", por Oscar Valente Cardoso (RDDP 94/99).

Art. 2º: 1a. v. arts. 23 e 24, disposições transitórias s/ competência dos Juizados Especiais da Fazenda Pública; s/ execução de sentença proferida em ação coletiva, v. CPC 516, nota 6a; s/ litisconsórcio facultativo e limite valorativo, v. LJEF 3º, nota 2a.

Art. 2º: 1b. As demandas que reclamam prova pericial para seu julgamento não escapam da competência dos Juizados Especiais da Fazenda Pública (v. LJEF 3º, nota 2b).

S/ produção de prova técnica, v. art. 10.

Art. 2º: 1c. Valem aqui, no que couber (art. 27), as disposições da LJE 3º.

Art. 2º: 2. O valor da causa é a soma do principal, atualizado à data da propositura da ação, mais juros de mora sobre esse total (cf. LEF 34 § 1º).

Art. 2º: 2a. O dispositivo vetado tinha a seguinte redação: "Nas hipóteses de litisconsórcio, os valores constantes do *caput* e do § 2º serão considerados por autor".

Não obstante esse veto, há acórdão considerando, para a definição da competência dos Juizados Especiais da Fazenda Pública, o teto valorativo à luz da pretensão deduzida por cada autor em caso de litisconsórcio: "Para fins de fixação da competência dos Juizados Especiais, em se tratando de litisconsórcio, o valor a ser considerado deve ser calculado individualmente por autor" (STJ-2ª T., Ag em REsp 409.099-AgRg, Min. Herman Benjamin, j. 19.11.13, DJ 5.12.13).

Art. 2º: 3. v. LJEF 3º § 3º e notas.

Art. 3º O juiz poderá, de ofício ou a requerimento das partes, deferir quaisquer providências cautelares e antecipatórias no curso do processo, para evitar dano de difícil ou de incerta reparação.

Art. 4º Exceto nos casos do art. 3º,[1] somente será admitido recurso contra a sentença.[2 a 4]

Art. 4º: 1. i. e., exceto nos casos de decisão que delibera sobre medida cautelar e antecipatória no curso do processo. A ressalva alcança tanto a decisão que defere quanto a que indefere a medida de urgência.

Art. 4º: 2. A lei não fixa prazo para o recurso. Pensamos incidir aqui o prazo de 10 dias previsto na LJE 42.

Art. 4º: 2a. Como o único recurso que esta lei admite só pode ser interposto contra a sentença, segue-se que nenhuma outra decisão preclui ou transita em julgado, de onde a consequência de que todas elas, por serem irrecorríveis, podem ser reconsideradas.

Art. 4º: 3. O mandado de segurança não é um recurso e, portanto, em casos teratológicos, pode ter cabimento contra ato do juiz, sendo competente para apreciá-lo a Turma Recursal.

V., ainda, LJEF 5º, nota 3.

Art. 4º: 3a. Caberá ação rescisória no Juizado Especial da Fazenda Pública?

Entendemos que não (v. LJE 59).

Art. 4º: 4. O acórdão de recurso está sujeito a pedido de interpretação de questão federal de direito material (art. 18) e a recurso extraordinário (art. 21).

Art. 5º Podem ser partes no Juizado Especial da Fazenda Pública:

I — como autores, as pessoas físicas e as microempresas e empresas de pequeno porte, assim definidas na Lei Complementar n. 123, de 14 de dezembro de 2006;[1 a 2]

II — como réus, os Estados, o Distrito Federal, os Territórios e os Municípios, bem como autarquias, fundações e empresas públicas a eles vinculadas.[3]

Juizados Especiais

Art. 5º: 1. s/ legitimidade ativa em Juizados Especiais e: condomínio, v. LJE 3º, nota 8, e LJEF 6º, nota 3; espólio, v. LJE 8º, nota 5a, e LJEF 6º, nota 3a.

Art. 5º: 1a. Do texto decorre que as entidades públicas não podem ser autoras no Juizado Especial da Fazenda Pública. V. LJEF 6º, nota 1a.

Todavia, entende-se que tais entidades podem executar no âmbito dos Juizados os julgados nele proferidos (v. LJEF 3º, nota 4).

Art. 5º: 2. **LC 123, de 14.12.06** — Institui o Estatuto Nacional da Microempresa e da Empresa de Pequeno Porte, e dá outras providências: **"Art. 3º** (*redação da LC 139, de 10.11.11, em vigor a partir de 1.1.12*). Para os efeitos desta Lei Complementar, consideram-se microempresas ou empresas de pequeno porte a sociedade empresária, a sociedade simples, a empresa individual de responsabilidade limitada e o empresário a que se refere o art. 966 da Lei n. 10.406, de 10 de janeiro de 2002 (Código Civil), devidamente registrados no Registro de Empresas Mercantis ou no Registro Civil de Pessoas Jurídicas, conforme o caso, desde que:

"**I** — no caso da microempresa, aufira, em cada ano-calendário, receita bruta igual ou inferior a R$ 360.000,00 (trezentos e sessenta mil reais); e

"**II** (*redação da LC 155, de 27.10.16, produzindo efeitos a partir de 1º de janeiro de 2018*) — no caso de empresa de pequeno porte, aufira, em cada ano-calendário, receita bruta superior a R$ 360.000,00 (trezentos e sessenta mil reais) e igual ou inferior a R$ 4.800.000,00 (quatro milhões e oitocentos mil reais)".

Art. 5º: 3. s/ litisconsórcio passivo e competência de Juizado Especial, v. LJEF 6º, nota 4.

Art. 6º Quanto às citações e intimações, aplicam-se as disposições contidas na Lei n. 5.869, de 11 de janeiro de 1973 — Código de Processo Civil.[1]

Art. 6º: 1. s/ citações, v. CPC 238 e segs.; s/ intimações, v. CPC 269 e segs. V. tb. art. 7º.

Art. 7º Não haverá prazo diferenciado para a prática de qualquer ato processual pelas pessoas jurídicas de direito público,[1] inclusive a interposição de recursos, devendo a citação para a audiência de conciliação ser efetuada com antecedência mínima de 30 (trinta) dias.

Art. 7º: 1. i. e., não se aplica às rés o disposto no CPC 183. V., ainda, LJEF 9º, nota 2.

Art. 8º Os representantes judiciais dos réus presentes à audiência poderão conciliar, transigir ou desistir nos processos da competência dos Juizados Especiais, nos termos e nas hipóteses previstas na lei do respectivo ente da Federação.

Art. 9º A entidade ré deverá fornecer ao Juizado a documentação de que disponha para o esclarecimento da causa, apresentando-a até a instalação da audiência de conciliação.[1]

Art. 9º: 1. A obrigação de fornecer essa documentação independe de requisição por parte do Juizado.

Art. 10. Para efetuar o exame técnico necessário à conciliação ou ao julgamento da causa,[1] o juiz nomeará[1a] pessoa habilitada, que apresentará o laudo até 5 (cinco) dias antes da audiência.

Art. 10: 1. Isso significa que no âmbito dos Juizados Especiais da Fazenda Pública admite-se a produção de prova pericial.

Art. 10: 1a. A produção de prova técnica pode ser requerida por qualquer das partes, antes mesmo da audiência de conciliação, ou determinada de ofício pelo juiz.

Art. 11. Nas causas de que trata esta Lei, não haverá reexame necessário.[1]

Art. 11: 1. i. e., não se aplica o disposto no CPC 496.

Art. 12. O cumprimento do acordo ou da sentença, com trânsito em julgado,[1] que imponham obrigação de fazer, não fazer ou entrega de coisa certa, será efetuado mediante ofício do juiz à autoridade citada para a causa, com cópia da sentença ou do acordo.

Art. 12: 1. A sentença proferida de acordo com esta lei não comporta execução provisória (cf. tb. art. 13-*caput*: "após o trânsito em julgado da decisão").

Art. 13. Tratando-se de obrigação de pagar quantia certa, após o trânsito em julgado da decisão,[1] o pagamento será efetuado:

I — no prazo máximo de 60 (sessenta) dias, contado da entrega da requisição do juiz à autoridade citada para a causa, independentemente de precatório, na hipótese do § 3º do art. 100 da Constituição Federal; ou

II — mediante precatório, caso o montante da condenação exceda o valor definido como obrigação de pequeno valor.

§ 1º Desatendida a requisição judicial, o juiz, imediatamente, determinará o sequestro do numerário suficiente ao cumprimento da decisão, dispensada a audiência da Fazenda Pública.

§ 2º As obrigações definidas como de pequeno valor a serem pagas independentemente de precatório terão como limite o que for estabelecido na lei do respectivo ente da Federação.

§ 3º Até que se dê a publicação das leis de que trata o § 2º, os valores serão:

I — 40 (quarenta) salários mínimos, quanto aos Estados e ao Distrito Federal;

II — 30 (trinta) salários mínimos, quanto aos Municípios.

§ 4º São vedados o fracionamento, a repartição ou a quebra do valor da execução, de modo que o pagamento se faça, em parte, na forma estabelecida no inciso I do *caput* e, em parte, mediante expedição de precatório, bem como a expedição de precatório complementar ou suplementar do valor pago.

§ 5º Se o valor da execução ultrapassar o estabelecido para pagamento independentemente do precatório, o pagamento far-se-á, sempre, por meio do precatório, sendo facultada à parte exequente a renúncia ao crédito do valor excedente, para que possa optar pelo pagamento do saldo sem o precatório.

§ 6º O saque do valor depositado poderá ser feito pela parte autora, pessoalmente, em qualquer agência do banco depositário, independentemente de alvará.

§ 7º O saque por meio de procurador somente poderá ser feito na agência destinatária do depósito, mediante procuração específica, com firma reconhecida, da qual constem o valor originalmente depositado e sua procedência.

Art. 13: 1. A sentença proferida de acordo com esta lei não comporta execução provisória (cf. tb. art. 12: "com trânsito em julgado").

Art. 14. Os Juizados Especiais da Fazenda Pública serão instalados pelos Tribunais de Justiça dos Estados e do Distrito Federal.

Parágrafo único. Poderão ser instalados Juizados Especiais Adjuntos, cabendo ao Tribunal designar a Vara onde funcionará.

Art. 15. Serão designados, na forma da legislação dos Estados e do Distrito Federal, conciliadores e juízes leigos dos Juizados Especiais da Fazenda Pública, observadas as atribuições previstas nos arts. 22, 37 e 40 da Lei n. 9.099, de 26 de setembro de 1995.

§ 1º Os conciliadores e juízes leigos são auxiliares da Justiça, recrutados, os primeiros, preferentemente, entre os bacharéis em Direito, e os segundos, entre advogados com mais de 2 (dois) anos de experiência.

§ 2º Os juízes leigos ficarão impedidos de exercer a advocacia perante todos os Juizados Especiais da Fazenda Pública instalados em território nacional, enquanto no desempenho de suas funções.[1]

Art. 15: 1. s/ exercício da advocacia por conciliador, v. LJE 7º, nota 3.

Art. 16. Cabe ao conciliador, sob a supervisão do juiz, conduzir a audiência de conciliação.

§ 1º Poderá o conciliador, para fins de encaminhamento da composição amigável, ouvir as partes e testemunhas sobre os contornos fáticos da controvérsia.

§ 2º Não obtida a conciliação, caberá ao juiz presidir a instrução do processo, podendo dispensar novos depoimentos, se entender suficientes para o julgamento da causa os esclarecimentos já constantes dos autos, e não houver impugnação das partes.

Art. 17. As Turmas Recursais do Sistema dos Juizados Especiais são compostas por juízes em exercício no primeiro grau de jurisdição, na forma da legislação dos Estados e do Distrito Federal, com mandato de 2 (dois) anos, e integradas, preferencialmente, por juízes do Sistema dos Juizados Especiais.

§ 1º A designação dos juízes das Turmas Recursais obedecerá aos critérios de antiguidade e merecimento.

§ 2º Não será permitida a recondução, salvo quando não houver outro juiz na sede da Turma Recursal.

Art. 18. Caberá pedido de uniformização de interpretação de lei quando houver divergência entre decisões proferidas por Turmas Recursais sobre questões de direito material.[1-1a]

§ 1º O pedido fundado em divergência entre Turmas do mesmo Estado será julgado em reunião conjunta das Turmas em conflito, sob a presidência de desembargador indicado pelo Tribunal de Justiça.[1b]

§ 2º No caso do § 1º, a reunião de juízes domiciliados em cidades diversas poderá ser feita por meio eletrônico.

§ 3º Quando as Turmas de diferentes Estados derem a lei federal interpretações divergentes, ou quando a decisão proferida estiver em contrariedade com súmula do Superior Tribunal de Justiça, o pedido será por este julgado.[2 a 4]

Art. 18: 1. Não cabe pedido de uniformização de jurisprudência sobre questão processual.

Isso significa que, salvo os casos de cabimento de recurso extraordinário (art. 21) e mandado de segurança contra decisão teratológica (art. 4º, nota 3), o juiz poderá dirigir o processo como melhor lhe parecer, orientando-se, porém, "pelos critérios da oralidade, simplicidade, informalidade, economia processual e celeridade" (LJE 2º) e ficando sujeitos todos os seus atos a exame através do recurso a que se refere o art. 4º.

Art. 18: 1a. "Pedido de uniformização de interpretação de lei fundamentado no art. 18, § 3º, da Lei 12.153/09. **Multa diária.** Sustentada necessidade de intimação pessoal da Fazenda Pública. Matéria de índole processual" (STJ-1ª Seção, Pet 10.432-AgRg, Min. Sérgio Kukina, j. 14.12.16, DJ 2.2.17).

"Fixação de **honorários advocatícios.** Matéria processual. Ausência de divergência entre turmas recursais quanto à questão de direito material" (STJ-1ª Seção, PUIL 117-AgInt, Min. Og Fernandes, j. 10.5.17, DJ 17.5.17)."

"A parte requerente objetiva discutir matéria nitidamente de direito processual — **termo inicial dos juros moratórios —,** circunstância que inviabiliza o manejo do Pedido de Uniformização de Interpretação de Lei" (STJ-1ª Seção, PUIL 552-AgInt, Min. Assusete Magalhães, j. 26.9.18, DJ 3.10.18).

V. tb. LJEF 14, nota 1a.

Art. 18: 1b. Não cabe recurso extraordinário contra o pronunciamento da Turma Recursal no incidente de uniformização (v. LJEF 14, nota 1b).

Art. 18: 2. s/ comprovação de divergência, v., por analogia, CPC 1.029 § 1º e RISTJ 255 §§ 1º e 3º.

Art. 18: 3. "Considerando que o pedido de uniformização de interpretação de lei, formulado com suporte no art. 18, § 3º, da Lei 12.153/2009, foi endereçado ao STJ, o indeferimento do processamento, pelo Presidente da Turma de Uniformização local, representou indevida usurpação de competência desta Corte, pela autoridade reclamada, razão pela qual a presente reclamação deve ser julgada procedente" (STJ-1ª Seção, Rcl 12.382, Min. Assusete Magalhães, j. 13.8.14, DJ 21.8.14).

Art. 18: 4. "Considerando que o art. 18, § 3º, restringe a missão uniformizadora do Superior Tribunal de Justiça ao exame do direito federal, não cabe proceder à exegese da legislação local" (STJ-1ª Seção, Pet 10.605-AgRg, Min. Herman Benjamin, j. 26.11.14, DJ 10.12.14).

Art. 19. Quando a orientação acolhida pelas Turmas de Uniformização de que trata o § 1º do art. 18 contrariar súmula do Superior Tribunal de Justiça, a parte interessada poderá provocar a manifestação deste, que dirimirá a divergência.[1]

§ 1º Eventuais pedidos de uniformização fundados em questões idênticas e recebidos subsequentemente em quaisquer das Turmas Recursais ficarão retidos nos autos, aguardando pronunciamento do Superior Tribunal de Justiça.

§ 2º Nos casos do *caput* deste artigo e do § 3º do art. 18, presente a plausibilidade do direito invocado e havendo fundado receio de dano de difícil reparação, poderá o relator conceder, de ofício ou a requerimento do interessado, medida liminar determinando a suspensão dos processos nos quais a controvérsia esteja estabelecida.

§ 3º Se necessário, o relator pedirá informações ao Presidente da Turma Recursal ou Presidente da Turma de Uniformização e, nos casos previstos em lei, ouvirá o Ministério Público, no prazo de 5 (cinco) dias.

§ 4º (VETADO)

§ 5º Decorridos os prazos referidos nos §§ 3º e 4º, o relator incluirá o pedido em pauta na sessão, com preferência sobre todos os demais feitos, ressalvados os processos com réus presos, os *habeas corpus* e os mandados de segurança.

§ 6º Publicado o acórdão respectivo, os pedidos retidos referidos no § 1º serão apreciados pelas Turmas Recursais, que poderão exercer juízo de retratação ou os declararão prejudicados, se veicularem tese não acolhida pelo Superior Tribunal de Justiça.

Art. 19: 1. v. LJEF 14, nota 3.

Art. 20. Os Tribunais de Justiça, o Superior Tribunal de Justiça e o Supremo Tribunal Federal, no âmbito de suas competências, expedirão normas regulamentando os procedimentos a serem adotados para o processamento e o julgamento do pedido de uniformização e do recurso extraordinário.

Art. 21. O recurso extraordinário, para os efeitos desta Lei, será processado e julgado segundo o estabelecido no art. 19, além da observância das normas do Regimento.[1]

Art. 21: 1. v. RISTF 321 a 329.

Art. 22. Os Juizados Especiais da Fazenda Pública serão instalados no prazo de até 2 (dois) anos da vigência desta Lei, podendo haver o aproveitamento total ou parcial das estruturas das atuais Varas da Fazenda Pública.

Art. 23. Os Tribunais de Justiça poderão limitar, por até 5 (cinco) anos, a partir da entrada em vigor desta Lei, a competência dos Juizados Especiais da Fazenda Pública,[1] atendendo à necessidade da organização dos serviços judiciários e administrativos.

Art. 23: 1. v. art. 2º.

Art. 24. Não serão remetidas aos Juizados Especiais da Fazenda Pública as demandas ajuizadas até a data de sua instalação, assim como as ajuizadas fora do Juizado Especial por força do disposto no art. 23.

Art. 25. Competirá aos Tribunais de Justiça prestar o suporte administrativo necessário ao funcionamento dos Juizados Especiais.

Art. 26. O disposto no art. 16 aplica-se aos Juizados Especiais Federais instituídos pela Lei n. 10.259, de 12 de julho de 2001.

Art. 27. Aplica-se subsidiariamente o disposto nas Leis n. 5.869, de 11 de janeiro de 1973 — Código de Processo Civil, 9.099, de 26 de setembro de 1995, e 10.259, de 12 de julho de 2001.

Art. 28. Esta Lei entra em vigor após decorridos 6 (seis) meses de sua publicação oficial.

Brasília, 22 de dezembro de 2009; 188º da Independência e 121º da República — LUIZ INÁCIO LULA DA SILVA — **Tarso Genro.**

Ementário

Justiça Federal

— v. CF 106 a 110; v. tb. títs. CONSTITUIÇÃO FEDERAL, JUIZADOS ESPECIAIS, MAGISTRATURA, SUPERIOR TRIBUNAL DE JUSTIÇA e SUPREMO TRIBUNAL FEDERAL.

Lei 5.010, de 30.5.66 — Organiza a Justiça Federal de primeira instância, e dá outras providências (v. adiante, texto integral). Alterada pelo Dec. lei 30, de 17.11.66, pelo Dec. lei 253, de 28.2.67, pela Lei 5.345, de 3.11.67, pela Lei 6.741, de 5.12.79, pela Lei 7.595, de 8.4.87, e pela **Lei 13.043, de 13.11.14.**

Dec. lei 30, de 17.11.66 — Acrescenta um inciso, sob o n. IV, ao art. 15 da Lei n. 5.010, de 30 de maio de 1966, que organiza a Justiça Federal de primeira instância (RT 376/422, Lex 1966/1.602, RDA 87/441, RF 217/442).

Dec. lei 253, de 28.2.67 — Modifica a Lei n. 5.010, de 30 de maio de 1966, e dá outras providências (RT 379/412, Lex 1967/593, RDA 88/469). O art. 5º foi implicitamente revogado pelos arts. 1º e 4º da **Lei 6.825, de 22.9.80** (v. abaixo).

Lei 5.345, de 3.11.67 — Dispõe sobre a Justiça Federal de primeira instância, alterando a Lei n. 5.010, de 30 de maio de 1966, modificada pelo Dec. lei n. 253, de 28 de fevereiro de 1967 (RT 386/370, Lex 1967/1.941, RF 221/454).

Dec. lei 384, de 26.12.68 — Estabelece critérios para a criação de novas Seções da Justiça Federal e cria a Seção da Justiça Federal na cidade de Santos, Estado de São Paulo (RT 398/467, Lex 1968/1.570, RF 225/433).

Lei 5.677, de 19.7.71 — Dispõe sobre o Quadro de Juízes e o Quadro Permanente da Justiça Federal de Primeira Instância, extingue as Seções Judiciárias dos Territórios do Amapá, de Roraima e de Rondônia, e dá outras providências (RT 429/494, Lex 1971/998, RDA 106/495).

Lei 6.044, de 14.5.74 — Dispõe sobre a disponibilidade dos membros da magistratura federal, e dá outras providências (RT 463/476, Lex 1974/747, RDA 117/494, RF 247/455). O art. 1º manda contar aos juízes federais o tempo de advocacia, até o limite de 15 anos; o art. 2º altera o art. 5º da Lei 5.677, supra.

Lei 6.741, de 5.12.79 — Altera dispositivo da Lei n. 5.010, de 30 de maio de 1966, que organiza a Justiça Federal de primeira instância (Lex 1979/938, RDA 139/305, Bol. AASP 1.096/3). Texto alterado: art. 62-IV.

Lei 6.825, de 22.9.80 — Estabelece normas para maior celeridade dos feitos no Tribunal Federal de Recursos e na Justiça Federal de primeira instância e dá outras providências (Lex 1980/503, RDA 142/255, RF 271/378, RBDP 27/219, Ajuris 21/247). A Lei 6.825 foi **revogada** pela **Lei 8.197, de 27.6.91** (Lex 1991/522, RDA 184/329).

Lei 7.007, de 29.6.82 — Cria cargos de juiz federal no Quadro de Juízes da Justiça Federal de 1ª Instância, para os fins previstos no art. 123, § 2º, da Constituição, e dá outras providências (Lex 1982/231).

Lei 7.178, de 19.12.83 — Dispõe sobre a reorganização da estrutura da Justiça Federal de primeira instância e dá outras providências (RF 284/531, Lex 1983/541).

Lei 7.521, de 15.7.86 — Autoriza o Poder Executivo a criar, em Campinas, Estado de São Paulo, uma Vara da Justiça Federal (Lex 1986/705, Bol. AASP 1.441/3).

Lei 7.583, de 6.1.87 — Dispõe sobre a reestruturação dos serviços da Justiça Federal de 1ª Instância e dá outras providências (Lex 1987/3, Bol. AASP 1.467/3).

Lei 7.595, de 8.4.87 — Dispõe sobre a reestruturação da Justiça Federal de 1ª Instância e dá outras providências (Lex 1987/194, RF 298/465, RDA 168/387).

Lei 7.631, de 17.11.87 — Dispõe sobre a reestruturação da Justiça Federal de 1ª Instância e dá outras providências (Lex 1987/756).

Lei 8.146, de 28.12.90 — Introduz modificação na estrutura organizacional da 4ª Região da Justiça Federal, dá competência ao respectivo Tribunal Regional e determina outras providências (Lex 1990/1.466).

Lei 8.251, de 24.10.91 — Dispõe sobre a criação das Seções Judiciárias dos Estados de Tocantins, Amapá e Roraima, reestrutura os serviços da Justiça Federal de 1º grau da 1ª Região, e dá outras providências (Lex 1991/713).

Lei 8.424, de 19.5.92 — Dispõe sobre a reestruturação da Justiça Federal de 1º Grau da 4ª Região e dá outras providências (Lex 1992/223).

Lei 8.495, de 23.11.92 — Dispõe sobre a reestruturação da Justiça Federal de 1º Grau da 5ª Região, e dá outras providências (Lex 1992/855).

Lei 8.535, de 16.12.92 — Dispõe sobre a reestruturação da Justiça Federal de 1º Grau da 2ª Região e dá outras providências (Lex 1992/896, RF 320/310).

Lei 9.289, de 4.7.96 — Dispõe sobre as custas devidas à União, na Justiça Federal de primeiro e segundo graus e dá outras providências (v. adiante, texto integral).

Res. 192, de 21.5.97, do Pres. do Conselho da Justiça Federal — Disciplina a seleção, guarda e eliminação de documentos judiciais e processos findos, e cria o arquivo histórico da Justiça Federal de 1ª e 2ª instâncias (Bol. AASP 2.008/supl., p. 1).

Lei 9.642, de 25.5.98 — Dispõe sobre a reestruturação da Justiça Federal de 1º Grau da 1ª Região, e dá outras providências (Lex 1998/1.848).

Lei 9.664, de 19.6.98 — Dispõe sobre a reestruturação da Justiça Federal de 1º Grau da 4ª Região, e dá outras providências (Lex 1998/2.183).

Lei 9.788, de 19.2.99 — Dispõe sobre a reestruturação da Justiça Federal de Primeiro Grau nas cinco Regiões, com a criação de Varas Federais e dá outras providências (Lex 1999/1.006, RF 345/529). **"Art. 4º** Os Tribunais Regionais Federais poderão, em caráter excepcional e quando o acúmulo de serviço o exigir, convocar Juízes Federais ou Juízes Federais Substitutos, em número equivalente ao de Juízes de cada Tribunal, para auxiliar em Segundo Grau, nos termos de resolução a ser editada pelo Conselho da Justiça Federal."

Lei 10.259, de 12.7.01 — Dispõe sobre a instituição dos Juizados Cíveis e Criminais, no âmbito da Justiça Federal (no tít. JUIZADOS ESPECIAIS, int.).

Res. 440, de 30.5.05, do Pres. do Conselho da Justiça Federal — Dispõe sobre o pagamento de honorários de advogados dativos, peritos, tradutores e intérpretes, em casos de assistência judiciária gratuita e disciplina os procedimentos relativos ao cadastramento de advogados voluntários no âmbito da Justiça Federal de 1º grau e dos Juizados Especiais Federais (DOU 10.6.05, seç. 1, p. 366). Alterada pela Res. 481, de 23.11.05 (DOU 28.11.05, p. 250, republicada no DOU 21.12.05, p. 106).

Portaria 32, de 3.7.03, do Pres. do Conselho da Justiça Federal — Dispõe sobre a atualização de valores devidos pela Fazenda Federal em virtude de sentenças judiciárias transitadas em julgado (DOU 4.7.03, p. 129, Bol. AASP 2.324/4).

Lei 10.772, de 21.11.03 — Dispõe sobre a criação de 183 (cento e oitenta e três) Varas Federais destinadas precipuamente à interiorização da Justiça Federal de Primeiro Grau e à implantação dos Juizados Especiais no País e dá outras providências (acrescentou parágrafo único ao art. 15 da LOJF).

Res. 359, de 29.3.04, do Pres. do Conselho da Justiça Federal — Estabelece a política de gestão das ações judiciais transitadas em julgado e arquivadas na Justiça Federal de primeiro e segundo graus e dá outras providências (DOU 5.4.04, p. 236).

Res. 438, de 30.5.05, do Pres. do Conselho da Justiça Federal — Regulamenta, no âmbito da Justiça Federal de primeiro e segundo graus, os procedimentos relativos à expedição de requisições, ao cumprimento da ordem cronológica dos pagamentos, ao saque e levantamento dos depósitos (DOU 10.6.05, p. 365; republicada no DOU 3.10.05, p. 61).

Res. 441, de 9.6.05, do Pres. do Conselho da Justiça Federal — Dispõe sobre a distribuição na Justiça Federal de primeiro e segundo graus e dá outras providências (DOU 13.6.05, p. 144). Alterada pela Res. 475, de 26.10.05 (DOU 14.11.05, p. 76).

Res. 541, de 18.1.07, do Pres. do Conselho da Justiça Federal — Dispõe sobre os procedimentos relativos aos pagamentos de honorários de advogados dativos e de peritos, em casos de assistência judiciária gratuita, no âmbito da jurisdição delegada, e dá outras providências (DOU 16.2.07, p. 331).

Lei 11.798, de 29.10.08 — Dispõe sobre a composição e a competência do Conselho da Justiça Federal, revoga a Lei n. 8.472, de 14 de outubro de 1992, e dá outras providências (DOU 30.10.08).

Lei 13.105, de 16.3.15 — Código de Processo Civil. Na Lei 9.289 (RCJF): alterou o inc. II do art. 14.

Lei n. 5.010, de 30 de maio de 1966

Organiza a Justiça Federal[1-2] *de primeira instância, e dá outras providências.*

O Presidente da República

Faço saber que o Congresso Nacional decreta e eu sanciono a seguinte lei:

Capítulo I | DISPOSIÇÕES PRELIMINARES

LEI 5.010: 1. A Lei 5.010 continua em vigor, por força do art. 11 § ún. da Lei 7.727, de 9.1.89.

LEI 5.010: 2. "O conceito de Justiça Federal, que abarca somente os Tribunais Regionais Federais e os Juízes Federais (art. 106, CF/88), não se confunde com o de Poder Judiciário Federal, do qual faz parte a Justiça do Distrito Federal" (STJ-4ª T., REsp 869.893-AgRg, Min. Luis Felipe, j. 16.10.08, DJ 3.11.08). Assim: "A Lei Federal 5.010/66, que organiza a Justiça Federal do Poder Judiciário Federal, não é aplicável ao Tribunal de Justiça do Distrito Federal e Territórios" (STJ-6ª T., REsp 990.834, Min. Maria Thereza, j. 17.2.11, DJ 9.3.11).

Art. 1º A administração da Justiça Federal de primeira instância nos Estados, no Distrito Federal e nos Territórios, compete a juízes federais e juízes federais substitutos,[1] com a colaboração dos órgãos auxiliares instituídos em lei e pela forma nela estabelecida.

Art. 1º: 1. O art. 201 da CF de 1969 (acrescido pela Em. Const. 7, de 13.4.77) extinguiu os cargos de juiz federal substituto. A Lei 7.595, de 8.4.87 (v. ementário), restabeleceu-os. A CF atual os efetivou (v. ADCT 28).

Arts. 2º e 3º .... [1]

Arts. 2º e 3º: 1. Deixam de ser transcritos os arts. 2º e 3º, por terem sido revogados implicitamente pelos arts. 14 e 15, respectivamente, da Lei 5.677, de 19.7.71 (v. ementário).

Capítulo II | DO CONSELHO DA JUSTIÇA FEDERAL[1]

CAP. II: 1. s/ composição e atribuições do Conselho da Justiça Federal, v. Lei 11.798, de 29.10.08; v. tb., no índice, Conselho da Justiça Federal.

Arts. 4º a 9º .... [1]

Arts. 4º a 9º: 1. O Conselho da Justiça Federal foi reorganizado pela Lei 8.472, de 14.10.92, ulteriormente revogada pela **Lei 11.798, de 29.10.08,** que dispôs sobre a sua composição e competência.

Capítulo III | DOS JUÍZES FEDERAIS

Seção I | DA JURISDIÇÃO E COMPETÊNCIA

Art. 10. Estão sujeitos à jurisdição da Justiça Federal:[1]

Art. 10: 1. Deixa de ser transcrito o art. 10 porque a competência dos órgãos da Justiça Federal está prevista na CF 106 a 110.

Art. 11. A jurisdição dos juízes federais de cada Seção Judiciária abrange toda a área territorial nela compreendida.

Parágrafo único. Os juízes, no exercício de sua jurisdição e no interesse da Justiça, poderão deslocar-se de sua sede para qualquer ponto da Seção.

Art. 12. Nas Seções Judiciárias em que houver mais de uma Vara, poderá o Conselho da Justiça Federal fixar-lhes sede em cidade diversa da Capital, especializar Varas e atribuir competência por natureza de feitos a determinados juízes.

Art. 13. Compete aos juízes federais:

I — processar e julgar, em primeira instância, as causas sujeitas à jurisdição da Justiça Federal (art. 10), ressalvado o disposto no art. 15;[1]

II — abrir, rubricar e encerrar os livros das respectivas Secretarias;

III — inspecionar, pelo menos uma vez por ano, os serviços a cargo das Secretarias, providenciando no sentido de evitar ou punir erros, omissões ou abusos;

IV — dar conhecimento imediato da inspeção realizada ao Corregedor-Geral, em ofício reservado, solicitando-lhe as providências cabíveis;

V — fornecer, anualmente, dados para a organização de estatísticas;

VI — processar e julgar as suspeições arguidas, contra os auxiliares do juízo;

VII — aplicar penas disciplinares aos servidores do próprio juízo;

VIII — apresentar, anualmente, relatório circunstanciado dos trabalhos sob sua jurisdição;

IX — requisitar força federal ou estadual necessária ao cumprimento de suas decisões.[2]

Art. 13: 1. s/ competência para apreciar embargos de terceiro opostos por entidade federal, v. CPC 676, nota 1.

Art. 13: 2. O item IX foi acrescido pelo Dec. lei 253, de 28.2.67, sendo reproduzido, com igual redação, no art. 1º-*a* da Lei 5.345, de 3.11.67.

Art. 14. Aos juízes federais substitutos[1] incumbe substituir os juízes federais nas suas férias, licenças e impedimentos eventuais e auxiliá-los em caráter permanente, inclusive na instrução e julgamento de feitos, na forma que o Conselho de Justiça Federal estabelecer.

Art. 14: 1. v. ADCT 28.

Art. 15. Quando a Comarca não for sede de Vara Federal, poderão ser processadas e julgadas na Justiça Estadual:[1 a 2a]

I — ....[3]

II — as vistorias e justificações destinadas a fazer prova perante a administração federal, centralizada ou autárquica, quando o requerente for domiciliado na comarca;

III — as causas em que forem parte instituição de previdência social e segurado e que se referirem a benefícios de natureza pecuniária, quando a Comarca de domicílio do segurado estiver localizada a mais de 70 km (setenta quilômetros) de Município sede de Vara Federal;[3a]

IV — as ações de qualquer natureza, inclusive os processos acessórios e incidentes a elas relativos, propostas por sociedades de economia mista com participação majoritária federal contra pessoas domiciliadas na comarca, ou que versem sobre bens nela situados.[4]

§ 1º Sem prejuízo do disposto no art. 42 desta Lei e no parágrafo único do art. 237 da Lei nº 13.105, de 16 de março de 2015 (Código de Processo Civil), poderão os Juízes e os auxiliares da Justiça Federal praticar atos e diligências processuais no território de qualquer Município abrangido pela seção, subseção ou circunscrição da respectiva Vara Federal.[5]

§ 2º Caberá ao respectivo Tribunal Regional Federal indicar as Comarcas que se enquadram no critério de distância previsto no inciso III do *caput* deste artigo.[6]

Art. 15: 1. Redação do *caput* de acordo com a Lei 13.876, de 20.9.19, em vigor a partir de 1.1.20.

Art. 15: 1a. O art. 15 foi recebido pela CF de 1988 (Bol. TRF-3ª Reg. 2/59, CC 0585-SP, rel. Juíza Lucia Figueiredo, j. 1.3.94).

Art. 15: 2. v. CF 109 § 3º.

Art. 15: 2a. "A competência delegada de Vara Distrital não fica afastada em razão da instalação de Vara Federal na sede da comarca à qual esteja vinculada" (STJ-2ª Seção, CC 38.712, Min. Eliana Calmon, j. 12.11.03, DJU 9.12.03; no caso, foi fixada a competência da Vara Distrital de Urânia-SP, não obstante houvesse Vara Federal em Jales-SP).

Art. 15: 3. O inciso I foi revogado pela Lei 13.043, de 13.11.14.

Art. 15: 3a. Redação de acordo com a Lei 13.876, de 20.9.19, em vigor a partir de 1.1.20.

Art. 15: 4. O inciso IV foi acrescido pelo Dec. lei 30, de 17.11.66.

Art. 15: 5 e 6. Redação de acordo com a Lei 13.876, de 20.9.19, em vigor a partir de 1.1.20.

Seção II | DA DISTRIBUIÇÃO[1]

SEÇ. II: 1. v. CPC 284 a 290.

Art. 16. A distribuição dos feitos entre os juízes, bem como sua substituição, será, anualmente, regulada pelo Conselho da Justiça Federal, em provimento publicado no primeiro dia útil de dezembro, no "Diário da Justiça" da União e no Boletim da Justiça Federal das Seções Judiciárias.[1]

Parágrafo único. A distribuição far-se-á em audiência pública, mediante rodízio, sempre por sorteio, obedecida a seguinte classificação:

I — ações ordinárias;

II — mandados de segurança;

III — executivos fiscais;

IV — ações executivas;

V — ações diversas;
VI — feitos não contenciosos;
VII — ações criminais;
VIII — *habeas-corpus*;
IX — procedimentos criminais diversos.

Art. 16: 1. Conforme redação dada pelo Dec. lei 253, de 28.2.67.

Seção III | DO NÚMERO E DA INVESTIDURA

Art. 17. O número de juízes federais e de juízes federais substitutos,[1] para cada Seção, será o constante do Anexo I, desta lei.

Art. 17: 1. O art. 201 da CF de 1969 (acrescido pela Em. Const. 7, de 13.4.77) extinguiu os cargos de juiz federal substituto. A Lei 7.595, de 8.4.87 (v. ementário), restabeleceu-os. A CF atual os efetivou (v. ADCT 28).

Art. 18. Os juízes de uma Seção Judiciária não poderão substituir os de outra, salvo na mesma Região, em caso de impedimento, nem poderão ser removidos senão a pedido, com a aprovação do Tribunal Federal de Recursos, ou na hipótese do art. 34.[1]

Art. 18: 1. v. Lei 5.677, de 19.7.71, art. 5º, adiante.

Art. 19. ....[1]

Art. 19: 1. A CF de 1969, art. 123, revogou o art. 19, que dispunha s/ nomeação de juiz federal titular. A matéria é hoje regulada pelo art. 5º da LOM.

Art. 20. O provimento do cargo de juiz federal substituto[1] far-se-á mediante concurso público, de provas e títulos, realizado na sede da Seção onde ocorrer a vaga, ou, a critério do Conselho de Justiça Federal, em outra sede de Seção da mesma Região.

Art. 20: 1. v. nota 1 ao art. 17.

Art. 21. Com o pedido de inscrição o candidato apresentará:
I — certidão que comprove ter mais de vinte e oito e menos de cinquenta anos de idade;
II — prova de estar em dia com as obrigações concernentes ao serviço militar;
III — título de eleitor e prova de ter cumprido seus deveres eleitorais;
IV — diploma de bacharel em direito, devidamente registrado;
V — certidão que comprove o exercício, por 2 (dois) anos, de advocacia ou de cargo para o qual se exija o diploma de bacharel em direito;[1]
VI — certidão negativa dos distribuidores criminais dos lugares em que haja residido nos últimos cinco anos;
VII — folha corrida;
VIII — quaisquer títulos que entenda devam ser apreciados.
Parágrafo único. O limite máximo de idade, previsto no inciso I, não prevalecerá para magistrados e membros do Ministério Público.

Art. 21: 1. Redação do inciso V de acordo com a Lei 7.595, de 8.4.87.

Art. 22. O Conselho da Justiça Federal sindicará a vida pregressa dos candidatos e, em sessão secreta, independente de motivação, e conclusivamente, admitirá ou denegará a inscrição.

Parágrafo único. Os candidatos admitidos serão submetidos a exame de saúde e psicotécnico.[1 a 3]

Art. 22: 1. "Breve estudo sobre a legalidade dos exames psicotécnicos com caráter eliminatório em concursos públicos", por Alessandro Samartin de Gouveia (RSDA 62/7); "A qualidade do serviço público, o exame psicotécnico e o princípio da segurança jurídica", por William Douglas (RSDA 62/20).

Art. 22: 2. **Súmula 686 do STF:** "Só por lei se pode sujeitar a **exame psicotécnico** a habilitação de candidato a cargo público".

Art. 22: 3. "Inexigível é o exame psicotécnico para ingresso na carreira de Juiz Federal não só diante dos termos do art. 123, § ún., da Emenda n. 1, de 1969, como também do silêncio da Lei que se lhe seguiu — n. 5.677/71, art. 4º — e da editada após a Emenda n. 7, de 1977 — n. 7.595/87, art. 2º" (RTJ 136/93 e STF-RT 678/243: Pleno, RMS 20.997, maioria).

Art. 23. O Conselho da Justiça Federal organizará os pontos e o regulamento do concurso e os fará publicar, com antecedência mínima de trinta dias, no "Boletim da Justiça Federal" do "Diário Oficial" dos Estados e Territórios da Região em que o concurso se deva realizar e no "Diário da Justiça" da União.[1]

Art. 23: 1. Conforme redação dada pelo Dec. lei 253, de 28.2.67.

Art. 24. O concurso constará de prova escrita e oral.

Parágrafo único. As matérias das provas escrita e oral serão fixadas pelo Conselho de Justiça Federal, no regulamento mencionado no artigo anterior.[1]

Art. 24: 1. Os primitivos §§ 1º e 2º do art. 24 foram substituídos por um § ún., pela Lei 7.595, de 8.4.87.

Art. 25. A Comissão Examinadora, designada pelo Conselho de Justiça Federal, será constituída de 3 (três) Ministros do Tribunal Federal de Recursos, 1 (um) Professor de Faculdade de Direito, oficial ou reconhecida, e 1 (um) advogado indicado pelo Conselho Federal da Ordem dos Advogados do Brasil — OAB e será presidida pelo Ministro mais antigo.[1]

Art. 25: 1. Redação de acordo com a Lei 7.595, de 8.4.87.

Art. 26. O prazo de validade do concurso para juiz federal substituto será de três anos.

Art. 27. Os juízes federais e os juízes federais substitutos tomarão posse perante o Presidente do Conselho da Justiça Federal.

Parágrafo único. É permitida a posse por procuração.

Seção IV | DOS DEVERES E SANÇÕES

Art. 28. É vedado aos juízes federais e juízes federais substitutos:

I — exercer atividade político-partidária;

II — participar da gerência ou administração de empresa industrial ou comercial;

III — exercer comércio ou participar de sociedade comercial, inclusive de sociedade de economia mista, de que o poder público tenha participação majoritária, exceto como acionista, cotista ou comanditário;

IV — exercer função de árbitro ou de juiz, fora dos casos previstos em lei.

Art. 29. Os juízes federais e os juízes federais substitutos enviarão, anualmente, ao Conselho da Justiça Federal, cópia da sua declaração de bens apresentada à repartição do imposto de renda.

Art. 30. Os juízes federais e os juízes federais substitutos deverão residir na cidade que for sede da Vara em que servirem, não podendo, quando em exercício e nos dias de expediente, ausentar-se sem autorização do Corregedor-Geral.

Art. 31. Os juízes usarão toga durante as audiências.

Art. 32. Os juízes federais e os juízes federais substitutos devem comparecer, nos dias úteis, à sede dos seus juízos e aí permanecer durante o expediente, salvo quando em cumprimento de diligência judicial.

Art. 33. Pelas faltas disciplinares cometidas, ficam os juízes sujeitos às penas de advertência e de censura, aplicadas pelo Conselho da Justiça Federal ou pelo Corregedor-Geral, conforme o caso.

Parágrafo único. A advertência e a censura serão feitas por escrito, sempre em caráter reservado, e registradas nos assentamentos do juiz.

Art. 34. O Tribunal Federal de Recursos, ocorrendo motivo de interesse público, poderá, pelo voto de dois terços de seus membros efetivos, propor a remoção ou a disponibilidade do juiz federal ou do juiz federal substituto, assegurada, no último caso, a defesa (Constituição, art. 95, § 4º).[1]

Art. 34: 1. v. CF 105 § ún.

Capítulo IV | DOS SERVIÇOS AUXILIARES DA JUSTIÇA FEDERAL

Seção I | DA ORGANIZAÇÃO

Art. 35. Os serviços auxiliares da Justiça Federal serão organizados em Secretarias, uma para cada Vara, com as atribuições estabelecidas nesta lei.

Art. 36. Os quadros de pessoal dos serviços auxiliares da Justiça Federal compor-se-ão dos seguintes cargos:[1]

I — Chefe de Secretaria;

II — Oficial Judiciário;

III — Distribuidor;

IV — Contador;

V — Distribuidor-Contador;

VI — Depositário-Avaliador-Leiloeiro;

VII — Auxiliar Judiciário;

VIII — Oficial de Justiça;

IX — Porteiro;

X — Auxiliar de Portaria;

XI — Servente.

§ 1º Os cargos enumerados neste artigo são isolados e de provimento efetivo, e serão providos mediante concurso público de provas, organizado pelo Conselho da Justiça Federal.[2]

§ 2º Os cargos de distribuidor e de contador constarão apenas da lotação das Secretarias das Seções Judiciárias onde houver mais de uma Vara e nessas Seções poderá ser criada Secretaria destinada aos serviços administrativos do Diretor do Foro, junto à qual funcionará o distribuidor, além dos servidores necessários à execução de seus encargos.[3]

§ 3º O regulamento do concurso conterá a relação dos documentos exigidos para a inscrição, a discriminação das matérias e dos pontos para as provas, e será organizado pelo Conselho da Justiça Federal.[4]

§ 4º O concurso realizar-se-á na Seção Judiciária em que ocorrer a vaga, nos termos do edital publicado, com a antecedência mínima de trinta dias, no *Boletim da Justiça Federal* do *Diário Oficial* dos Estados ou Territórios que compõem a respectiva região, e no *Diário da Justiça*, e, somente neste, no Distrito Federal.[5]

§ 5º São requisitos para o provimento do cargo de chefe de Secretaria ser bacharel em Direito e ter menos de quarenta e cinco anos de idade.[6]

Art. 36: 1. Redação dada ao *caput* e incisos pelo Dec. lei 253, de 28.2.67, com esclarecimento feito pela Lei 5.345, de 3.11.67, quanto aos incisos IV e V.

Art. 36: 2. A redação do § 1º está de acordo com o Dec. lei 253, de 28.2.67.

Art. 36: 3. Redação dada pelo Dec. lei 253, de 28.2.67.

Art. 36: 4. A redação do § 3º está de acordo com o Dec. lei 253, de 28.2.67.

Art. 36: 5. Redação de acordo com o Dec. lei 253, de 28.2.67.

Art. 36: 6. A redação do § 5º está de acordo com o Dec. lei 253, de 28.2.67.

Art. 37. Nos concursos a que se refere o artigo anterior, em caso de igualdade de classificação, terá preferência para a nomeação o candidato que tiver pertencido à Força Expedicionária Brasileira.

Parágrafo único. Poderão ser aproveitados no provimento dos cargos criados nesta lei os ex-combatentes que tenham participado das operações de guerra no segundo conflito mundial, considerando-se o nível intelectual compatível com o respectivo cargo.

Art. 38. Os servidores da Justiça Federal tomarão posse perante o Juiz Diretor do Foro.

Art. 39. Cada uma das Seções Judiciárias terá o seu quadro próprio de pessoal, com o número de cargos constante do Anexo II desta lei.

Parágrafo único. Na Seção onde houver mais de uma Vara, a lotação do pessoal será determinada pelo Conselho da Justiça Federal, mediante proposta do Diretor do Foro.

Art. 40. O chefe de Secretaria, em suas licenças, férias e impedimentos será substituído pelo oficial judiciário designado pelo juiz.

Seção II | DAS ATRIBUIÇÕES DA SECRETARIA

Art. 41. À Secretaria compete:[1]

I — receber e autuar petições, movimentar feitos, guardar e conservar processos e demais papéis que transitarem pelas Varas;

II — protocolar e registrar os feitos e fazer anotações sobre seu andamento;

III — registrar as sentenças em livro próprio;

IV — remeter à instância superior os processos em grau de recurso;

V — preparar o expediente para despachos e audiências;

VI — exibir os processos para consulta pelos advogados e prestar informações sobre os feitos e seu andamento;

VII — expedir certidões extraídas de autos, livros, fichas e demais papéis sob sua guarda;

VIII — enviar despachos e demais atos judiciais para publicação oficial;

IX — realizar diligências determinadas pelos juízes e corregedores;

X — fazer a conta e a selagem correspondentes às custas dos processos, bem assim quaisquer cálculos previstos em lei;

XI — efetuar a liquidação dos julgados, na execução de sentença, quando for o caso;

XII — receber em depósito, guardar e avaliar bens penhorados ou apreendidos por determinação judicial;

XIII — expedir guias para o recolhimento à repartição competente de quantias devidas à Fazenda Pública;

XIV — realizar praças ou leilões judiciais;

XV — fornecer dados para estatísticas;

XVI — cadastrar o material permanente da Vara respectiva;

XVII — executar quaisquer atos determinados pelo Conselho da Justiça Federal, Corregedor-Geral, Diretor do Foro ou juiz da Vara.

Art. 41: 1. v. CPC 152, 153 e 155.

Art. 42. Os atos e diligências da Justiça Federal poderão ser praticados em qualquer comarca do Estado ou Território pelos juízes locais ou seus auxiliares,[1] mediante a exibição de ofício ou mandado em forma regular.

§ 1º Somente se expedirá precatória quando, por essa forma, for mais econômica e expedita a realização do ato ou diligência.[2]

§ 2º As diligências em outras Seções, sempre que possível, serão solicitadas por via telegráfica ou postal com aviso de recepção.

§ 3º As malas dos serviços da Justiça Federal terão franquia postal e gozarão de preferência em quaisquer serviços públicos de transporte.

§ 4º A Justiça Federal gozará, também, de franquia telegráfica.

Art. 42: 1. v. art. 15 § ún.

Art. 42: 2. v. CPC 260 a 268. A Justiça Estadual pode cumprir as cartas expedidas pela Federal (v. CPC 237 § ún.).

Art. 43. Os oficiais de justiça terão carteira de identificação, visada pelo juiz da Vara em que servirem e terão passe livre, quando em exercício de suas funções, nas empresas de transportes da respectiva Seção Judiciária.

Art. 44. Mediante ordem judicial específica, os oficiais de justiça terão livre acesso aos registros imobiliários, bem como aos livros e documentos bancários, para o cumprimento de mandado de penhora, sequestro, arresto, busca ou apreensão de bens ou dinheiro em favor da União ou de suas autarquias.

Capítulo V | DAS CUSTAS E DESPESAS DO PROCESSO[1]

CAP. V: 1. v., adiante, Lei 9.289, de 4.7.96 (RCJF), ínt.

Art. 45. As custas serão pagas na primeira instância pela forma estabelecida no Regimento, e compreenderão todos os atos do processo, inclusive a subida do recurso, dela ficando isentos os beneficiados com a justiça gratuita. Na segunda instância não serão devidas custas, salvo nas certidões e traslados.[1-2]

Parágrafo único. As custas recebidas serão relacionadas e recolhidas, semanalmente, pelo chefe da Secretaria, à repartição federal arrecadadora competente, mediante guia visada pelo juiz, como renda extraordinária da União.[3]

Art. 45: 1. O *caput* está de acordo com a redação dada pelo Dec. lei 253, de 28.2.67.

Art. 45: 2. A parte final do art. 45 supra não se refere ao preparo dos recursos interpostos do STJ para o STF.

Art. 45: 3. O § ún. está de acordo com a redação dada pelo Dec. lei 253, de 28.2.67.

Art. 46. A União e suas autarquias estão isentas do pagamento de custas.[1-1a]

Art. 46: 1. **Lei 9.028, de 12.4.95: "Art. 24-A** (*na redação da Med. Prov. 2.180-35, de 24.8.01*). A União, suas autarquias e fundações, são isentas de custas e emolumentos e demais taxas judiciárias, bem como de depósito prévio e multa em ação rescisória, em quaisquer foros e instâncias".

Art. 46: 1a. v. RCJF 4º-I, CPC 91, LEF 39.

Art. 47. Os chefes de Secretaria de Varas e os diretores de Secretaria de Tribunais ficarão sujeitos à multa de um quinto do valor das custas do processo, quando este não for remetido à superior instância ou devolvido ao juízo de origem, dentro em quinze dias,[1] contados, respectivamente, do despacho ordinatório da subida do recurso ou do trânsito em julgado da decisão superior.

Parágrafo único. A multa prevista neste artigo será aplicada, de ofício, ou a requerimento do interessado, pelo juiz da Vara ou pelo Presidente do Tribunal, e recolhida por guia com recibo nos autos, sob pena de suspensão do pagamento dos vencimentos do infrator, até a satisfação dessa exigência.

Art. 47: 1. v. CPC 1.006 (trânsito em julgado).

Capítulo VI | DOS VENCIMENTOS E VANTAGENS DOS JUÍZES E SERVIDORES DA JUSTIÇA FEDERAL

Art. 48. Os juízes federais e os juízes federais substitutos terão os vencimentos fixados no Anexo III desta lei.

Art. 49. Os vencimentos dos servidores da Justiça Federal corresponderão aos valores dos símbolos, constantes do Anexo IV desta lei.

Art. 50. Além do vencimento fixado para os respectivos cargos, os juízes e os servidores da Justiça Federal perceberão gratificação adicional por tempo de serviço, na base de cinco por cento (5%), por quinquênio de efetivo exercício, até sete quinquênios (Lei n. 4.345, de 16 de julho de 1964, art. 10) e salário-família, nas mesmas condições estabelecidas para os servidores públicos em geral.

Capítulo VII | DISPOSIÇÕES GERAIS

Art. 51. As férias dos juízes serão individuais e de sessenta dias, gozadas de uma só vez, obedecida a escala organizada pelo Conselho da Justiça Federal.

Parágrafo único. Não haverá férias forenses coletivas.[1]

Art. 51: 1. s/ férias forenses, v. CF 93-XII e CPC 212 a 216. V. tb. CPC 220.

Art. 52. Aos juízes e servidores da Justiça Federal aplicam-se, no que couber, as disposições do Estatuto dos Funcionários Públicos Civis da União.[1]

Art. 52: 1. **Lei 8.112, de 11.12.90** — Dispõe sobre o regime jurídico dos Servidores Públicos Civis da União, das autarquias e das fundações públicas federais.

Art. 53. Os juízes e servidores da Justiça Federal serão contribuintes obrigatórios do IPASE, facultado aos primeiros contribuir para o Montepio Federal.

Art. 54. Os serviços judiciários funcionarão nos locais e horários estabelecidos pelo Conselho da Justiça Federal.

Art. 55. O juiz é responsável pelo regular andamento dos feitos sob sua jurisdição e pelo bom funcionamento dos serviços auxiliares que lhe estiverem subordinados.[1]

Art. 55: 1. Deveres do juiz: v. LOM 35. Proibições: v. LOM 36.

Art. 56. Nas Seções Judiciárias onde houver mais de um juiz federal, o Conselho da Justiça Federal designará um deles, anualmente, para exercer as funções de Diretor do Foro e Corregedor permanente dos serviços auxiliares não vinculados diretamente às Varas.

Art. 57. A União fará publicar no *Diário Oficial* de cada Estado ou Território o *Boletim da Justiça Federal*, no qual serão divulgados os atos da respectiva Seção Judiciária, para os efeitos previstos em lei.

Art. 58. A União e as autarquias federais consignarão, obrigatoriamente, em seus orçamentos, dotações para atender ao pagamento de despesas decorrentes de sentenças judiciárias.

§ 1º Esgotada a dotação, o Presidente do Tribunal Federal de Recursos proporá a abertura de créditos extraorçamentários para os fins indicados neste artigo.

§ 2º As autoridades competentes deverão tomar as medidas necessárias à abertura dos créditos, a fim de permitir que as dívidas regularmente inscritas, no Tribunal Federal de Recursos, sejam liquidadas no prazo de cento e vinte dias.

Art. 59. Os pagamentos devidos pela União e pelas autarquias federais em virtude de sentença judiciária far-se-ão na ordem de apresentação dos precatórios[1] e à conta dos créditos respectivos, sendo proibida a designação de casos ou de pessoas nas dotações orçamentárias e nos créditos extraorçamentários abertos para esse fim.

Parágrafo único. As dotações orçamentárias e os créditos abertos serão consignados ao Poder Judiciário, recolhendo-se as importâncias ao Banco do Brasil, em conta especial, à disposição do Presidente do Tribunal Federal de Recursos, a quem caberá expedir as ordens de pagamento, segundo as possibilidades do depósito.

Art. 59: 1. v. CF 100, CPC 910.

Art. 60. Na Seção Judiciária em que houver apenas uma Vara, o juiz federal integrará o Tribunal Regional Eleitoral, tendo como suplente o juiz federal substituto.

Parágrafo único. Quando houver mais de uma Vara, o Tribunal Federal de Recursos indicará, com o seu suplente, o juiz federal que integrará o Tribunal Regional Eleitoral.

Art. 61. Na Seção em que houver Varas da Justiça Federal especializadas em matéria criminal, a estas caberá o processo e julgamento dos mandados de segurança e de quaisquer ações ou incidentes relativos à apreensão de mercadorias entradas ou saídas irregularmente do país, ficando o juízo prevento para o procedimento penal do crime de contrabando ou descaminho (Código Penal, art. 334).

Art. 62. Além dos fixados em lei,[1] serão feriados[2] na Justiça Federal,[2a] inclusive nos Tribunais Superiores:

I — os dias compreendidos entre 20 de dezembro e 6 de janeiro, inclusive;

II — os dias da Semana Santa, compreendidos entre a quarta-feira e o domingo de Páscoa;

III — os dias de segunda e terça-feira de Carnaval;

IV — os dias 11 de agosto, 1º e 2 de novembro e 8 de dezembro.[3]

Art. 62: 1. s/ feriados, v. CPC 216 e notas.

Art. 62: 2. s/ comprovação do feriado em matéria de recurso, v. CPC 1.003 § 6º e notas.

Art. 62: 2a. s/ conceito de Justiça Federal, inclusive para fins de feriados, v. nota 2 a esta Lei.

Art. 62: 3. Redação de acordo com a Lei 6.741, de 5.12.79, que incluiu o dia 8 de dezembro. Este diploma legislativo não criou, porém, direito novo, porque o dia 8 de dezembro já era feriado forense, em todo o território nacional (v. Dec. lei 8.292, de 5.12.45, em RT 160/353).

Art. 63. O Tribunal Federal de Recursos organizará, para orientação da Justiça Federal de primeira instância, e dos interessados, Súmulas de sua jurisprudência, aprovadas pelo seu plenário, fazendo-as publicar, regularmente, no "Diário da Justiça" da União e nos Boletins da Justiça Federal das Seções.

§ 1º Poderão ser inscritos na Súmula os enunciados correspondentes às decisões firmadas por unanimidade dos membros componentes do Tribunal, num caso, ou por maioria qualificada, em dois julgamentos concordantes, pelo menos.

§ 2º Os enunciados da Súmula prevalecem e serão revistos, no que couber, segundo a forma estabelecida no Regimento do Supremo Tribunal Federal.

Art. 64. ....[1]

Art. 64: 1. O art. 64 foi revogado pela LOM 115, 117 e 118 § 1º-I.

Art. 65. A polícia judiciária federal será exercida pelas autoridades policiais do Departamento Federal de Segurança Pública, observando-se, no que couber, as disposições do Código de Processo Penal (Decreto-lei n. 3.689, de 3 de outubro de 1941), da Lei n. 4.483, de 16 de novembro de 1964, e demais normas legais aplicáveis ao processo penal.

Art. 66. O prazo para conclusão do inquérito policial será de quinze dias, quando o indiciado estiver preso, podendo ser prorrogado por mais quinze dias, a pedido, devidamente fundamentado, da autoridade policial e deferido pelo juiz a que competir o conhecimento do processo.

Parágrafo único. Ao requerer a prorrogação do prazo para conclusão do inquérito, a autoridade policial deverá apresentar o preso ao juiz.

Art. 67. A autoridade policial deverá remeter, em vinte e quatro horas, cópia do auto de prisão em flagrante ao Procurador da República que funcionar junto ao juiz competente para o procedimento criminal.

Art. 68. Da expedição de alvará de soltura o Chefe da Secretaria dará imediato conhecimento ao Procurador da República.

Art. 69. O parágrafo único do art. 21 do Código de Processo Penal passa a ter a seguinte redação:

"Parágrafo único. A incomunicabilidade, que não excederá de três dias, será decretada por despacho fundamentado do juiz, a requerimento da autoridade policial, ou do órgão do Ministério Público, respeitado, em qualquer hipótese, o disposto no art. 89, inciso III, do Estatuto da Ordem dos Advogados do Brasil (Lei n. 4.215, de 27 de abril de 1963)".[1]

Art. 69: 1. O art. 89-III da Lei 4.215 tem no seu lugar, atualmente, o EA 7º-III.

Art. 70. ....[1]

Art. 70: 1. O art. 70 era do teor seguinte:

"Art. 70. A União intervirá, obrigatoriamente, nas causas em que figurarem, como autores ou réus, os partidos políticos, excetuadas as de competência da Justiça Eleitoral, e as sociedades de economia mista ou empresas públicas com participação majoritária federal, bem assim os órgãos autônomos especiais e fundações criados por lei federal".

A Lei 6.825, de 22.9.80 (v. ementário), em seu art. 7º, modificou implicitamente esta disposição. Vigora, atualmente, sobre o assunto, a **Lei 9.469, de 10.7.97,** que assim dispõe:

"**Art. 5º** A União poderá intervir nas causas em que figurarem, como autoras ou rés, autarquias, fundações públicas, sociedades de economia mista e empresas públicas federais.

"**Parágrafo único.** As pessoas jurídicas de direito público poderão, nas causas cuja decisão possa ter reflexos, ainda que indiretos, de natureza econômica, intervir, independentemente da demonstração de interesse jurídico, para esclarecer questões de fato e de direito, podendo juntar documentos e memoriais reputados úteis ao exame da matéria e, se for o caso, recorrer, hipótese em que, para fins de deslocamento de competência, serão consideradas partes".

Art. 71. Caberá ao Tribunal Federal de Recursos, em sessão plenária, julgar os mandados de segurança contra ato ou decisão do Conselho da Justiça Federal.[1]

Art. 71: 1. v. LMS 16, nota 7.

Art. 72. É vedada, sob pena de nulidade, a nomeação de cônjuge ou de parente até o 2º grau, consanguíneo ou afim do juiz federal, para cargo dos serviços auxiliares da Seção Judiciária em que servir.

Capítulo VIII | DISPOSIÇÕES TRANSITÓRIAS

....

Art. 95. Esta lei entrará em vigor na data de sua publicação.

Art. 96. Revogam-se as disposições em contrário.

Brasília, em 30 de maio de 1966; 145º da Independência e 78º da República — H. CASTELLO BRANCO — **Mem de Sá.**

Lei n. 9.289, de 4 de julho de 1996

Dispõe sobre as custas devidas à União, na Justiça Federal de primeiro e segundo graus e dá outras providências.

O Presidente da República

Faço saber que o Congresso Nacional decreta e eu sanciono a seguinte lei:

Art. 1º As custas devidas à União, na Justiça Federal de primeiro e segundo graus, são cobradas de acordo com as normas estabelecidas nesta lei.

§ 1º Rege-se pela legislação estadual respectiva a cobrança de custas nas causas ajuizadas perante a Justiça Estadual, no exercício da jurisdição federal.[1-2]

§ 2º As custas previstas nas tabelas anexas não excluem as despesas estabelecidas na legislação processual não disciplinadas por esta lei.

Art. 1º: 1. v. Lei 9.028, de 12.4.95, art. 24-A, em nota 1a ao art. 4º.

Art. 1º: 2. **Súmula 178 do STJ:** "O INSS não goza de isenção do pagamento de custas e emolumentos, nas ações acidentárias e de benefícios propostas na Justiça Estadual" (v. jurisprudência s/ esta Súmula em RSTJ 91/311).

V. tb. CPC 91, nota 2a (Súmula 483 do STJ).

Art. 2º O pagamento das custas é feito mediante documento de arrecadação das receitas federais, na Caixa Econômica Federal — CEF, ou, não existindo agência desta instituição no local, em outro banco oficial.[1]

Art. 2º: 1. "O pagamento das custas processuais, na Justiça Federal, deve ser efetuado nos moldes determinados pela Lei n. 9.289/96, não sendo dado à parte efetuar o recolhimento em instituição diversa daquela determinada, taxativamente, pelo legislador" (STJ-4ª T., AI 573.395-AgRg, Min. Aldir Passarinho Jr., j. 5.10.04, DJU 13.12.04). No mesmo sentido: STJ-3ª T., REsp 945.593, Min. Nancy Andrighi, j. 14.12.10, DJ 2.2.11.

Art. 3º Incumbe ao Diretor de Secretaria fiscalizar o exato recolhimento das custas.

Art. 4º São isentos de pagamento de custas:

I — a União, os Estados, os Municípios, os Territórios Federais, o Distrito Federal e as respectivas autarquias e fundações;[1 a 1b]

II — os que provarem insuficiência de recursos e os beneficiários da assistência judiciária gratuita;

III — o Ministério Público;

IV — os autores nas ações populares, nas ações civis públicas e nas ações coletivas de que trata o Código de Defesa do Consumidor,[2] ressalvada a hipótese de litigância de má-fé.

Parágrafo único. A isenção prevista neste artigo não alcança as entidades fiscalizadoras do exercício profissional,[3] nem exime as pessoas jurídicas referidas no inciso I da obrigação de reembolsar as despesas judiciais feitas pela parte vencedora.

Art. 4º: 1. v. CPC 91, LEF 39 e LOJF 46, bem como respectivas notas. S/ dispensa do preparo recursal, v. CPC 1.007 § 1º.

Art. 4º: 1a. **Lei 9.028, de 12.4.95: "Art. 24-A** (*introduzido pela Med. Prov. 2.180-35, de 24.8.01*). A União, suas autarquias e fundações, são isentas de custas e emolumentos e demais taxas judiciárias, bem como de depósito prévio e multa em ação rescisória, em quaisquer foros e instâncias".

V. tb. LEF 39, nota 1a.

Art. 4º: 1b. As empresas públicas não se compreendem na isenção de custas na Justiça Federal (STJ-3ª T., AI 801.550-AgRg, Min. Ari Pargendler, j. 4.12.07, DJU 20.6.08).

Mas: "O art. 4º da Lei n. 9.289/96 não afastou os privilégios da Empresa de Correios e Telégrafos concedidos pelo art. 12 do Decreto-Lei n. 509/1969" (STJ-1ª T., REsp 1.079.558, Min. Luiz Fux, j. 1.12.09, DJ 2.2.10).

Art. 4º: 2. v. CDC 91 a 100 (no tít. CONSUMIDOR).

Art. 4º: 3. p. ex., a OAB. V. CPC 1.007, nota 9b.

Art. 5º Não são devidas custas nos processos de *habeas corpus* e *habeas data*.

Art. 6º Nas ações penais subdivididas, as custas são pagas a final pelo réu, se condenado.

Art. 7º A reconvenção e os embargos à execução não se sujeitam ao pagamento de custas.[1]

Art. 7º: 1. s/ extensão dessa isenção para o preparo de recurso, v. CPC 1.007, nota 2a.

Art. 8º Os recursos dependentes de instrumento sujeitam-se ao pagamento das despesas de traslado.[1]

Parágrafo único. Se o recurso for unicamente de qualquer das pessoas jurídicas referidas no inciso I do art. 4º, o pagamento das custas e dos traslados será efetuado a final pelo vencido, salvo se este também for isento.

Art. 8º: 1. O pagamento das despesas de traslado perdeu sua razão de ser desde quando a formação do instrumento passou a ser de responsabilidade do recorrente.

V. CPC 1.017.

Art. 9º Em caso de incompetência, redistribuído o feito a outro juiz federal, não haverá novo pagamento de custas, nem haverá restituição quando se declinar da competência para outros órgãos jurisdicionais.[1]

Art. 9º: 1. "O art. 9º da Lei 9.289/96 é claro ao afastar o novo recolhimento de custas se o feito for redistribuído para outro juiz federal, o que não é a hipótese dos autos. Assim, se a ação ordinária foi remetida à Justiça Estadual, ainda que no exercício de competência federal, as custas pagas no juízo federal não podem ser aproveitadas para a justiça estadual, devendo ser novamente recolhidas na forma da legislação estadual pertinente. Tal hipótese, inclusive, foi expressamente prevista no art. 1º, § 1º, da Lei 9.289/96" (STJ-2ª T., REsp 1.241.544, Min. Mauro Campbell, j. 14.4.11, DJ 28.4.11).

Art. 10. A remuneração do perito, do intérprete e do tradutor será fixada pelo juiz em despacho fundamentado, ouvidas as partes e à vista da proposta de honorários apresentada, considerados o local da prestação do serviço, a natureza, a complexidade e o tempo estimado do trabalho a realizar, aplicando-se, no que couber, o disposto no art. 33 do Código de Processo Civil.

Art. 11. Os depósitos de pedras e metais preciosos e de quantias em dinheiro e a amortização ou liquidação de dívida ativa serão recolhidos, sob responsabilidade da parte, diretamente na Caixa Econômica Federal, ou, na sua inexistência no local, em outro banco oficial, os quais manterão guias próprias para tal finalidade.

§ 1º Os depósitos efetuados em dinheiro observarão as mesmas regras das cadernetas de poupança, no que se refere à remuneração básica e ao prazo.

§ 2º O levantamento dos depósitos a que se refere este artigo dependerá de alvará ou de ofício do juiz.

Art. 12. A unidade utilizada para o cálculo das custas previstas nesta lei é a mesma utilizada para os débitos de natureza fiscal, considerando-se o valor fixado no primeiro dia do mês.

Art. 13. Não se fará levantamento de caução ou de fiança sem o pagamento das custas.

Art. 14. O pagamento das custas e contribuições devidas nos feitos e nos recursos que se processam nos próprios autos efetua-se da forma seguinte:

I — o autor ou requerente pagará metade das custas e contribuições tabeladas, por ocasião da distribuição do feito, ou, não havendo distribuição, logo após o despacho da inicial;

II — aquele que recorrer da sentença adiantará a outra metade das custas,[1] comprovando o adiantamento no ato de interposição do recurso, sob pena de deserção, observado o disposto nos §§ 1º a 7º do art. 1.007 do Código de Processo Civil;[2-3]

III — não havendo recurso, e cumprindo o vencido desde logo a sentença, reembolsará ao vencedor as custas e contribuições por este adiantadas, ficando obrigado ao pagamento previsto no inciso II;[4]

IV — se o vencido, embora não recorrendo da sentença, oferecer defesa à sua execução, ou embaraçar seu cumprimento, deverá pagar a outra metade, no prazo marcado pelo juiz, não excedente de três dias, sob pena de não ter apreciada sua defesa ou impugnação.

§ 1º O abandono ou desistência de feito, ou a existência de transação que lhe ponha termo, em qualquer fase do processo, não dispensa o pagamento das custas e contribuições já exigíveis, nem dá direito a restituição.

§ 2º Somente com o pagamento de importância igual à paga até o momento pelo autor serão admitidos o assistente, o litisconsorte ativo voluntário e o oponente.[5]

§ 3º Nas ações em que o valor estimado for inferior ao da liquidação, a parte não pode prosseguir na execução sem efetuar o pagamento da diferença de custas e contribuições, recalculadas de acordo com a importância a final apurada ou resultante da condenação definitiva.

§ 4º As custas e contribuições serão reembolsadas a final pelo vencido, ainda que seja uma das entidades referidas no inciso I do art. 4º, nos termos da decisão que o condenar, ou pelas partes, na proporção de seus quinhões, nos processos divisórios e demarcatórios, ou suportadas por quem tiver dado causa ao procedimento judicial.

§ 5º Nos recursos a que se refere este artigo o pagamento efetuado por um recorrente não aproveita aos demais, salvo se representados pelo mesmo advogado.

Art. 14: 1. "Não acarreta prejuízo à parte contrária ou ao desenvolvimento do processo o **pagamento das custas iniciais a maior** em ordem a satisfazer eventual necessidade de preparo da apelação. Por outro lado, a rejeição da possibilidade de aproveitamento da parte excedente para satisfação do preparo implicaria enriquecimento sem causa pela Administração da Justiça" (STJ-1ª T., REsp 834.643, Min. Francisco Falcão, j. 22.8.06, DJU 2.10.06). No mesmo sentido: STJ-2ª T., REsp 892.871-AgRg, Min. Herman Benjamin, j. 16.4.09, DJ 6.5.09.

Art. 14: 2. Redação da Lei 13.105, de 16.3.15, em vigor um ano após a sua publicação (DOU 17.3.15).

V. CPC 1.060.

Art. 14: 3. s/ isenção de preparo de recurso, por extensão do disposto no art. 7º, v. CPC 1.007, nota 2a.

Art. 14: 4. i. e., deverá pagar ao vencedor a **totalidade** das custas, e não apenas metade.

Art. 14: 5. i. e., o opoente, na técnica do CPC (art. 57).

Art. 15. A indenização de transporte, de que trata o art. 60 da Lei n. 8.112, de 11 de dezembro de 1990, destinada ao ressarcimento de despesas realizadas com a utilização do meio próprio de locomoção para a execução de serviços externos, será paga aos Oficiais de Justiça Avaliadores da Justiça Federal de primeiro e segundo graus, de acordo com critérios estabelecidos pelo Conselho da Justiça Federal, que fixará também o percentual correspondente.

Parágrafo único. Para efeito do disposto neste artigo, consideram-se como serviço externo as atividades exercidas no cumprimento das diligências fora das dependências dos Tribunais Regionais Federais ou das Seções Judiciárias em que os Oficiais de Justiça estejam lotados.

Art. 16. Extinto o processo, se a parte responsável pelas custas, devidamente intimada, não as pagar dentro de quinze dias, o Diretor da Secretaria encaminhará os elementos necessários à Procuradoria da Fazenda Nacional, para sua inscrição[1-2] como dívida ativa da União.

Art. 16: 1. v. LEF 2º § 5º.

Art. 16: 2. o que significa que pode ser cobrada por via de execução fiscal (v. LEF 1º).

Art. 17. Esta lei entra em vigor na data de sua publicação.

Art. 18. Revogam-se as disposições em contrário, em especial a Lei n. 6.032, de 30 de abril de 1974,[1] alterada pelas Leis ns. 6.789, de 28 de maio de 1980,[2] e 7.400, de 6 de novembro de 1985.[3-4]

Art. 18: 1. Lex 1974/698.

Art. 18: 2. em Lex 1980/249, RF 270/398, RBDP 24/227, Bol. AASP 1.121/3.

Art. 18: 3. em Lex 1985/909, RF 292/562, Bol. AASP 1.404/3.

Art. 18: 4. O art. 26 da Lei 6.032 já fora revogado pela Lei 7.318, de 5.6.85 (Lex 1985/530, RF 290/531, Bol. AASP 1.383/4).

Brasília, 4 de julho de 1996; 175º da Independência e 108º da República — FERNANDO HENRIQUE CARDOSO — **Nelson A. Jobim.**

Ementário

Locação

— v. CC 565 a 578.

Lei 4.504, de 30.11.64 — Dispõe sobre o Estatuto da Terra, e dá outras providências (RT 352/632, Lex 1964/1.188 e 1965/626, RF 209/444). Os arts. 96-VII e 107 contêm disposições s/ parceria e arrendamento rural, regulamentadas pelo Dec. 59.566, de 14.11.66 (v. abaixo).

Dec. 59.566, de 14.11.66 — Regulamenta as Seções I, II e III do Capítulo IV, do Título III, da Lei n. 4.504, de 30 de novembro de 1964, Estatuto da Terra, o Capítulo III da Lei n. 4.947, de 6 de abril de 1966, e dá outras providências (Lex 1966/1.587; v. adiante, texto parcial). O art. 32 contém disposições sobre despejo de arrendatário e de parceiro.

Lei 7.565, de 19.12.86 — Dispõe sobre o Código Brasileiro de Aeronáutica (Lex 1986/1.285, RF 296/483). Os arts. 127 a 132 e 137 dispõem s/ arrendamento de aeronaves.

Lei 8.178, de 1.3.91 — Estabelece regras sobre preços e salários, e dá outras providências (Lex 1991/156, ret. 194, RDA 183/221, RF 313/323, Bol. AASP 1.682/supl.). O art. 18 foi revogado pela Lei 9.069, de 29.6.95 (Lex 1995/1.216, RT 716/568, RDA 200/384, RF 330/531, Bol. AASP 1.909/supl., p. 1). O art. 14 foi revogado pela Lei 9.870, de 23.11.99 (DOU 24.11.99).

Lei 8.245, de 18.10.91 — Dispõe sobre as locações dos imóveis urbanos e os procedimentos a elas pertinentes (v. adiante, texto integral). Revoga o Dec. 24.150, de 20.4.34, e as Leis 6.239, de 19.9.75, 6.649, de 16.5.79, 6.698, de 15.10.79, 7.355, de 31.8.85, 7.538, de 24.9.86, 7.612, de 9.7.87, e 8.157, de 3.1.91.

Lei 8.494, de 23.11.92 — Dispõe sobre a extinção do Índice de Salários Nominais Médios e o reajuste dos contratos de locação residencial, e dá outras providências (Lex 1992/854, RF 320/309).

Lei 9.069, de 29.6.95 — Dispõe sobre o Plano Real, o Sistema Monetário Nacional, estabelece as regras e condições de emissão do Real e os critérios para conversão das obrigações para o Real, e dá outras providências (Lex 1995/1.216, RT 716/568, RDA 200/384, RF 330/531, Bol. AASP 1.909/supl., p. 1). Os arts. 21 §§ 4º e 5º (em nota 10 ao art. 19 da LI), 28 § 1º e § 3º-IV (em nota 1a ao art. 17 da LI) dispõem s/ reajuste e periodicidade de aluguel. O art. 24-*caput* dispõe s/ correção monetária.

Lei 9.256, de 9.1.96 — Altera o *caput* do art. 53 e o § 3º do art. 63 da Lei n. 8.245, de 18 de outubro de 1991, que dispõe sobre as locações dos imóveis urbanos e os procedimentos a elas pertinentes (Lex 1996/57, RT 723/723, Bol. AASP 1.943/4, RF 333/478).

Lei 9.267, de 25.3.96 — Altera a redação do § 4º da Lei n. 4.591, de 16 de dezembro de 1964, que dispõe sobre o condomínio em edificações e as incorporações imobiliárias (Lex 1996/836, RT 725/756, Bol. AASP 1.946/2). Alterou o art. 83 da LI.

Lei 10.188, de 12.2.01 — Cria o Programa de Arrendamento Residencial, institui o Arrendamento Residencial com opção de compra, e dá outras providências. Alterada pelas **Leis 10.859, de 14.4.04, 11.474, de 15.5.07, 12.424, de 16.6.11,** e **12.693, de 24.7.12.**

Lei 10.192, de 14.2.01 — Dispõe sobre medidas complementares ao Plano Real e dá outras providências (Lex 2001/706, RF 353/486, RDA 223/389). O art. 1º § ún. e o art. 2º § 1º (em nota 1b ao art. 17 da LI) dispõem s/ correção monetária e periodicidade do aluguel; o art. 2º § 2º (em nota 1a ao art. 19 da LI) dispõe s/ termo inicial da correção monetária, em caso de reajuste ou revisão do aluguel.

Lei 10.931, de 2.8.04 — Alterou o § ún. do art. 32 da LI (DOU 3.8.04).

Lei 11.196, de 21.11.05 — Alterou os arts. 37 e 40 da LI (DOU 22.11.05).

Lei 12.112, de 9.12.09 — Altera a Lei n. 8.245, de 18 de outubro de 1991, para aperfeiçoar as regras e procedimentos sobre locação de imóvel urbano (DOU 10.12.09).

Lei 12.744, de 19.12.12 — Altera o art. 4º e acrescenta art. 54-A à Lei n. 8.245, de 18 de outubro de 1991, que "dispõe sobre as locações dos imóveis urbanos e os procedimentos a elas pertinentes", para dispor sobre a locação nos contratos de construção ajustada.

Decreto n. 59.566, de 14 de novembro de 1966

Regulamenta as Seções I, II e III do Capítulo IV, do Título III, da Lei n. 4.504, de 30 de novembro de 1964, Estatuto da Terra, o Capítulo III da Lei n. 4.947, de 6 de abril de 1966, e dá outras providências.

Art. 32. Só será concedido o despejo nos seguintes casos:[1 a 4]

I — término do prazo contratual ou de sua renovação;[5-5a]

II — se o arrendatário subarrendar, ceder ou emprestar o imóvel rural, no todo ou em parte, sem o prévio e expresso consentimento do arrendador;

III — se o arrendatário não pagar o aluguel ou renda no prazo convencionado;

IV — dano causado à gleba arrendada ou às colheitas, provado o dolo ou culpa do arrendatário;

V — se o arrendatário mudar a destinação do imóvel rural;

VI — abandono total ou parcial do cultivo;

VII — inobservância das normas obrigatórias fixadas no art. 13 deste Regulamento;

VIII — nos casos de pedido de retomada,[6] permitidos e previstos em lei e neste regulamento, comprovada em juízo a sinceridade do pedido;

IX — se o arrendatário infringir obrigação legal, ou cometer infração grave de obrigação contratual.

Parágrafo único. No caso do inciso III, poderá o arrendatário devedor evitar a rescisão do contrato e o consequente despejo, requerendo, no prazo da contestação da ação de despejo, seja-lhe admitido o pagamento do aluguel ou renda e encargos devidos, as custas do processo e os honorários do advogado do arrendador, fixados de plano pelo juiz. O pagamento deverá ser realizado no prazo que o juiz determinar, não excedente de 30 (trinta) dias, contados da data da entrega em cartório do mandado de citação devidamente cumprido, procedendo-se a depósito, em caso de recusa.[7]

Art. 32: 1. Há um acórdão neste sentido: "O contrato de arrendamento de imóvel rural sempre tem prazo, não se prorroga por tempo indeterminado, renova-se pelo mesmo prazo no silêncio das partes e não pode ser denunciado pelo arrendador por mera conveniência. A lei só admite retomada para exploração direta ou por descendente do arrendador, com prévia notificação do arrendatário seis meses antes do término do prazo" (RT 666/124, maioria).

Art. 32: 2. Cabe despejo, e não reintegração de posse, contra arrendatário rural (RJTAMG 26/267) ou parceiro agrícola (RJTAMG 32/98).

Todavia: "O ajuizamento de ação possessória em vez de ação de despejo referente a imóvel rural arrendado, não *implica em extinção* do processo por inadequação processual. Ausente prejuízo às partes, possível o prosseguimento do feito até final solução, em atenção ao princípio da instrumentalidade das formas e da economia processual, evitando-se a propositura de outra ação com identidade de partes, pedido e causa de pedir" (JTJ 308/302).

Art. 32: 3. O art. 32 supra concede ação de despejo contra o arrendatário rural e o parceiro.

Afirmando que a **apelação** interposta contra a sentença que julga a ação de despejo deve ser recebida também com **efeito suspensivo:** VI ENTA-concl. 54, aprovada por maioria; STJ-4ª T., RMS 4.621-4, Min. Sálvio de Figueiredo, j. 9.8.94, DJU 29.8.94; RT 548/142, JTA 68/159, 95/287, 95/398, 111/409, Bol. AASP 1.381/138. **Contra,** admitindo apenas efeito devolutivo, na ação de despejo: JTA 60/276.

Art. 32: 4. "O proprietário de imóvel objeto de parceria agrícola não tem direito ao remédio possessório para reaver o prédio, devendo valer-se da ação de despejo" (RT 639/139).

Art. 32: 5. Este caso equivale ao da denúncia vazia na legislação do inquilinato, dispensando, por isso, qualquer motivação do pedido pelo proprietário (Lex-JTA 151/226, Bol. AASP 1.687/supl., p. 1, com citação de jurisprudência).

Art. 32: 5a. "Cuidando-se de parceria agrícola ajustada por prazo determinado, desnecessária notificação prévia seis meses antes do final do ano agrícola, pois a extinção se dá pelo término do prazo contratual" (RT 719/178).

Quanto a arrendamento rural, v. nota 6.

Art. 32: 6. "Arrendamento rural. Despejo. Notificação. Prazo. Art. 95-IV e V, da Lei 4.504/64. Recurso provido. O proprietário de imóvel rural, desejando retomá-lo, deve notificar o arrendatário de tal propósito até seis meses antes do vencimento do contrato. Realizada a mencionada notificação ao desabrigo da respectiva norma do Estatuto da Terra, impõe-se considerá-la extemporânea, com o consequente reconhecimento de carência da ação de despejo" (STJ-RT 692/182).

Art. 32: 7. "Nas ações de despejo fundadas em contrato de arrendamento rural, o ato de citação produz todos os efeitos jurídicos decorrentes da cientificação da contraparte, sobre a manifestação da vontade expressa na petição inicial, oportunizando, inclusive, a purgação da mora, de modo que a prévia notificação do arrendatário se torna absolutamente dispensável. Todavia, havendo pedido de antecipação da tutela, *inaudita altera pars*, para determinar o despejo do arrendatário, haverá a necessidade da prévia notificação, a fim de oportunizar a purgação da mora" (STJ-3ª T., REsp 979.530, Min. Nancy Andrighi, j. 25.3.08, DJU 11.4.08).

Lei n. 8.245, de 18 de outubro de 1991[1-2]

Dispõe sobre as locações dos imóveis urbanos e os procedimentos a elas pertinentes.

O Presidente da República

Faço saber que o Congresso Nacional decreta e eu sanciono a seguinte lei:

LEI 8.245: 1. "A nova Lei do Inquilinato", por Mantovani Colares Cavalcanti (RT 675/56, RTJE 137/57); "A administração pública como locatária", por Alice Gonzalez Borges (RDA 201/71); "Breves comentários sobre a reforma da Lei de locações de imóveis urbanos", por Nelson Rodrigues Netto (RDDP 89/64); "Algumas questões polêmicas enfrentadas pela Reforma da Lei do Inquilinato operada pela Lei n. 12.112, de 9.12.09", por Humberto Theodoro Jr. (RMDCPC 42/32, RMDECC 38/5, RJ-Lex 50/11).

LEI 8.245: 2. v. Enunciados 1 a 39 do Centro de Estudos e Debates do 2º TASP s/ Lei 8.245 (Bol. AASP 1.910/supl., p. 1).

Título I | DA LOCAÇÃO

Capítulo I | DISPOSIÇÕES GERAIS

Seção I | DA LOCAÇÃO EM GERAL

Art. 1º A locação de imóvel urbano[1] regula-se pelo disposto nesta lei.[1a]

Parágrafo único. Continuam regulados pelo Código Civil e pelas leis especiais:[1b]

a) as locações:[2]

1. de imóveis de propriedade da União,[3] dos Estados e dos Municípios,[3a] de suas autarquias e fundações públicas;[3b]

2. de vagas autônomas de garagem ou de espaços para estacionamento de veículos;[3c]

3. de espaços destinados à publicidade;

4. em "apart-hotéis",[3d-3e] hotéis-residência ou equiparados, assim considerados aqueles que prestam serviços regulares a seus usuários e como tais sejam autorizados a funcionar;

b) o arrendamento mercantil, em qualquer de suas modalidades.

Art. 1º: 1. "Não é a situação do imóvel que qualifica o prédio em rústico ou urbano, mas a finalidade natural que decorre de seu aproveitamento, dando-se a distinção mais pelo uso, a qualidade do sujeito, a comodidade e destinação, do que pela matéria e forma de qualquer edificação" (Lex-JTA 145/341).

Art. 1º: 1a. "Consoante iterativos julgados deste Tribunal, as disposições contidas no Código de Defesa do Consumidor não são aplicáveis ao contrato de locação predial urbana, que se regula por legislação própria — Lei 8.245/91" (RSTJ 182/518: 6ª T., REsp 329.067). No mesmo sentido: STJ-5ª T., REsp 303.072, Min. José Arnaldo, j. 3.12.02, DJU 19.12.02; RT 782/302, 808/297, Lex-JTA 162/343, 162/401 (*shopping-center*), RJ 273/109.

Art. 1º: 1b. **Lei 9.514, de 20.11.97** (no tít. ALIENAÇÃO FIDUCIÁRIA): **"Art. 37.** Às operações de arrendamento mercantil de imóveis não se aplica a legislação pertinente à locação de imóveis residenciais, não residenciais ou comerciais".

Art. 1º: 2. s/ *shopping-center*, v. arts. 52 § 2º e 54.

Art. 1º: 3. v. Dec. lei 9.760, de 5.9.46, arts. 86 a 98, e Lei 9.636, de 15.5.98, arts. 12 a 16-I (s/ aforamento); Lei 5.285, de 5.5.67, s/ ocupação de próprio da União, por 30 a 90 dias, pelo servidor federal ou por sua família, em caso de aposentadoria, disponibilidade ou morte.

Art. 1º: 3a. As locações de imóveis de propriedade da União são regidas pela **Lei 8.666, de 21.6.93,** que regulamentou o art. 37, inc. XXI, da CF, instituindo normas para licitações e contratos da administração pública. Desse modo, tais contratos administrativos regulam-se pelos preceitos de direito público, aplicando-se-lhes, supletivamente, as disposições do CC sobre locação.

Essas locações cessam com o simples implemento de seu termo final, quando o inquilino é obrigado a devolver o imóvel, para não se tornar esbulhador. Verificado o esbulho, pode a locadora valer-se das ações possessórias. Neste sentido: RSTJ 57/315.

Art. 1º: 3b. A locação de imóvel pertencente a empresa pública é regulada pela LI (STJ-4ª T., REsp 1.224.007, Min. Luis Felipe, j. 24.4.14, DJ 8.5.14).

Art. 1º: 3c. Estas locações estão sujeitas, portanto, à denúncia vazia (RT 696/161).

Art. 1º: 3d. No caso de hospedagem em *flat*, uma vez demonstrado o esbulho, pela inércia do ocupante em deixar o local, mesmo após notificado, é cabível ação de reintegração de posse (RT 721/197).

Art. 1º: 3e. "A locação de salão comercial em andar de imóvel pertencente ao condomínio de 'apart-hotel' jamais pode equiparar-se às locações de unidades habitacionais, aplicando-se, por isto, a Lei n. 8.245, de 1991, afastado o seu art. 1º, § único" (Lex-JTA 155/373).

Art. 2º Havendo mais de um locador ou mais de um locatário, entende-se que são solidários[1 a 2a] se o contrário não se estipulou.

Parágrafo único. Os ocupantes de habitações coletivas multifamiliares[3] presumem-se locatários ou sublocatários.

✎ Art. 2º: 1. "A solidariedade nos contratos de locação", por Gilberto Koenig (Ajuris 63/274).

Art. 2º: 1a. v. CC 264.

Art. 2º: 2. v. CC 264 a 285.

Daí resulta que qualquer dos locadores, individualmente, pode mover ação de despejo contra o único locatário (STJ-3ª T., Ag em REsp 51.655-AgRg, Min. Sidnei Beneti, j. 17.11.11, DJ 7.12.11; STJ-4ª T., Ag em REsp 1.024.338-EDcl-AgInt, Min. Antonio Ferreira, j. 7.11.17, DJ 13.11.17; JTA 78/177, 86/432, 88/448, 100/340). Ainda, o locatário pode mover ação de consignação em pagamento contra qualquer dos condôminos, se for locador o condomínio (JTA 117/449).

Todavia, no polo passivo da ação de despejo, devem sempre estar presentes todos os colocatários, como litisconsortes passivos necessários, pois não é possível tirar um bem da vida de alguém sem a sua participação no respectivo processo (Bol. AASP 1.839/89j, com excelente fundamentação). Nesse sentido, afirmando a "necessidade da citação de todos os locatários na condição de litisconsortes necessários em ação de despejo, a fim de que os efeitos da sentença alcancem a todos os coobrigados": STJ-6ª T., REsp 84.843, Min. Hamilton Carvalhido, j. 3.12.01, DJU 6.5.02. Ainda: STJ-5ª T., REsp 65.772, Min. José Arnaldo, j. 22.10.96, DJU 2.12.96; RT 705/162, Lex-JTA 151/282, 161/418, RJTAMG 34/303.

"Se a ação de despejo é por falta de pagamento ou por infração contratual, ou por denúncia vazia, deve ser proposta contra todos os locatários, pois a eficácia da sentença atingirá a todos os corréus. A obrigação de direito material deve obedecer aos princípios inseridos no art. 47 do CPC" (RSTJ 54/303). No mesmo sentido: RT 714/181.

Em síntese: "A solidariedade prevista no art. 2º da Lei 8.245/91 diz respeito às obrigações patrimoniais decorrentes do contrato de locação, estabelecendo que qualquer dos locatários é responsável pela satisfação dos alugueres e demais encargos locatícios. Do mesmo modo, em se cuidando de mais de um locador, poderá o locatário efetuar o pagamento dos alugueres a qualquer dos locadores. Entretanto, no que tange ao pedido de despejo, hão que prevalecer as regras de direito processual, impondo-se a necessária participação de todos os locatários, a fim de que a sentença que decrete a rescisão contratual possa prevalecer contra todos" (Lex-JTA 151/282).

Indo além, no que diz respeito ao **litisconsórcio necessário em ação de despejo:** "Cuidando-se de despejo por falta de pagamento, mister se faz a presença nos polos ativo e passivo de todos os que participam do contrato de locação, já que na espécie não se há de falar em solidariedade" (Lex-JTA 161/480, bem fundamentado).

Contra, sustentando que, na hipótese de contrato com dois ou mais locatários, o locador pode mover ação de despejo em face de um único deles: RT 725/287, JTA 86/436, Lex-JTA 161/371.

"Havendo uma só locação, com um único instrumento, no qual figurem como locatários solidários marido e mulher, pode a ação de despejo ser movida contra ambos ou um deles" (RT 744/276).

Art. 2º: 2a. "Litisconsórcio necessário. Citação do corréu em caso de locação quando o contrato tenha sido celebrado com mais de um locatário. Todos aqueles que participaram da formação do instrumento devem estar presentes na sua extinção" (Bol. AASP 1.839/95j).

Art. 2º: 3. s/ habitações coletivas multifamiliares, v. arts. 21, 24 e 44-I.

Art. 3º O contrato de locação pode ser ajustado por qualquer prazo, dependendo de vênia conjugal, se igual ou superior a dez anos.[1]

Parágrafo único. Ausente a vênia conjugal, o cônjuge não estará obrigado a observar o prazo excedente.

Art. 3º: 1. "Anulável, e não nula, é a locação ajustada por mais de dez anos, sem a concordância de ambos os cônjuges locadores (art. 2º da Lei n. 6.649/79). Interessados na anulação serão o cônjuge não aquiescente ou seus herdeiros" (RSTJ 40/379).

Art. 4º Durante o prazo estipulado para a duração do contrato, não poderá o locador[1] reaver o imóvel alugado.[1a] Com exceção ao que estipula o § 2º do art. 54-A, o locatário, todavia, poderá devolvê-lo,[2-3] pagando a multa pactuada, proporcional ao período de cumprimento do contrato, ou, na sua falta, a que for judicialmente estipulada.[3a-4]

Parágrafo único. O locatário ficará dispensado da multa se a devolução do imóvel decorrer de transferência, pelo seu empregador, privado ou público, para prestar serviços em localidades diversas daquela do início do contrato, e se notificar, por escrito, o locador com prazo de, no mínimo, trinta dias de antecedência.

Art. 4º: 1. Quanto ao adquirente, v. art. 8º.

Art. 4º: 1a. LRF 119-VII: "a falência do locador não resolve o contrato de locação e, na falência do locatário, o administrador judicial pode, a qualquer tempo, denunciar o contrato".

Art. 4º: 2. independentemente de qualquer notificação ou aviso prévio, bastando que pague a multa. Na locação por prazo indeterminado o locatário pode até se livrar do pagamento da multa, bastando que notifique o locador com 30 dias de antecedência (art. 6º).

Art. 4º: 3. Outra hipótese em que o locatário pode rescindir o contrato: art. 26 § ún., *in fine*.

Art. 4º: 3a. Redação do *caput* de acordo com a Lei 12.744, de 19.12.12.

Art. 4º: 4. Não vale a estipulação contratual de que a multa será sempre paga integralmente, qualquer que seja o tempo decorrido (JTA 129/352, Lex-JTA 148/213).

Art. 5º Seja qual for o fundamento do término da locação,[1] a ação do locador[2] para reaver o imóvel é a de despejo.[3 a 5]

Parágrafo único. O disposto neste artigo não se aplica se a locação termina em decorrência de desapropriação, com a imissão do expropriante na posse do imóvel.

Art. 5º: 1. i. e., vencimento do prazo contratual, alienação do imóvel, infração da lei ou do contrato; qualquer motivo, enfim. Em todos estes casos, o locador ou seu sucessor, se o imóvel não for restituído pelo locatário, somente poderá recuperar o prédio locado mediante ação de despejo, e não através de possessória (neste sentido: RT 598/154, 631/165-abandono do imóvel, JTA 129/279-rescisão, por mútuo acordo, do contrato de locação, RF 295/262).

Art. 5º: 2. e de seus sucessores (arts. 10-morte do locador, 7º-extinção do usufruto ou do fideicomisso, e 8º-alienação do imóvel).

Art. 5º: 3. Casos de despejo: art. 59, nota 1.

Art. 5º: 4. s/ rescisão de contrato de trabalho entre locador e locatário, v. art. 59 § 1º-II, nota 17.

Art. 5º: 5. s/ concessão de prazo e fixação de novo aluguel, em execução de sentença de despejo, v. art. 65, nota 2.

Art. 6º O locatário poderá denunciar[1-1a] a locação por prazo indeterminado[2] mediante aviso por escrito[3-3a] ao locador, com antecedência mínima de trinta dias.

Parágrafo único. Na ausência do aviso, o locador poderá exigir[4] quantia correspondente a um mês de aluguel e encargos, vigentes quando da resilição.

Art. 6º: 1. Casos de denúncia: pelo locador, art. 46, nota 3; pelo adquirente, art. 8º-*caput* e § 2º; pelo nu-proprietário ou fideicomissário, art. 7º § ún.

S/ denúncia da locação, no caso de falência do locatário, pelo administrador judicial, v. art. 4º, nota 1a.

Art. 6º: 1a. "O poder de denúncia do contrato de locação por prazo indeterminado é de natureza potestativa, estando o seu exercício condicionado à prévia comunicação no prazo assinado pela lei e à transmissão da posse do imóvel ao locador, pela entrega de suas chaves. A transmissão da posse do imóvel ao locador, contudo, somente se opera com o restabelecimento do seu poder de uso e gozo do bem restituído, induvidosamente inocorrente quando se tem a embaraçá-lo a existência de bens do locatário no seu interior" (STJ-6ª T., REsp 254.949, Min. Hamilton Carvalhido, j. 17.9.02, DJ 24.2.03). Esse acórdão foi mantido no julgamento da subsequente ação rescisória (STJ-3ª Seção, AR 3.720, Min. Arnaldo Esteves, j. 15.12.08, DJ 9.2.09).

Art. 6º: 2. **Súmula 20 do 2º TASP (Locação verbal):** "A locação verbal presume-se por tempo indeterminado".

Art. 6º: 3. Basta o aviso "por escrito", desde que feita a prova de que dele tomou ciência inequívoca o locador (aplicação analógica do art. 27-*caput*).

V. tb. arts. 46, notas 4 e segs., e 58-IV.

Art. 6º: 3a. "É irrelevante o fato de a notificação do locador ter sido realizada antes do final do prazo originalmente pactuado, tendo em vista que o locatário buscava devolver o imóvel após o fim do contrato de locação" (STJ-5ª T., AI 853.350-AgRg, Min. Arnaldo Esteves, j. 18.12.07, DJU 17.3.08).

Art. 6º: 4. No sentido de que essa exigência deve se dar em sede de processo de conhecimento, e não de execução: Lex-JTA 162/514, 170/321.

Art. 7º Nos casos de extinção de usufruto ou de fideicomisso,[1] a locação celebrada pelo usufrutuário ou fiduciário poderá ser denunciada,[2 a 4] com o prazo de trinta dias para a desocupação, salvo se tiver havido aquiescência escrita do nu-proprietário ou do fideicomissário, ou se a propriedade estiver consolidada em mãos do usufrutuário ou do fiduciário.

Parágrafo único. A denúncia deverá ser exercitada no prazo de noventa dias contados da extinção do fideicomisso ou da averbação da extinção do usufruto, presumindo-se, após esse prazo, a concordância na manutenção da locação.[5]

Art. 7º: 1. v. CC 1.410-VI e 1.958.

Art. 7º: 2. Como se faz a denúncia? v. art. 46, notas 4 e segs.; cf. art. 6º, nota 3.

Art. 7º: 3. Não tem aplicação o art. 7º "quando o usufruto é instituído, a favor do locador, após a vigência do contrato de locação. Daí por que não pode pretender, o nu-proprietário, retomar o imóvel locado, com base na referida norma legal, quando da morte do usufrutuário locador" (JTAERGS 71/184). V. art. 8º, nota 3.

Art. 7º: 3a. "A omissão, no contrato locatício, da condição de usufrutuário do locador não obsta ao proprietário do imóvel denunciar a locação uma vez extinto o usufruto devidamente transcrito no registro imobiliário" (RJTAMG 62/104).

Art. 7º: 4. Pode ser movida revisional do aluguel, concomitantemente com a denúncia da locação? v. art. 68, nota 5.

Art. 7º: 5. nos mesmos termos em que foi contratada.

Art. 8º Se o imóvel[1] for alienado durante a locação, o adquirente[1a a 4] poderá denunciar[5 a 7] o contrato,[8] com o prazo de noventa dias[8a] para a desocupação, salvo se a locação for por tempo determinado e o contrato contiver cláusula de vigência em caso de alienação e estiver averbado[8b a 10] junto à matrícula do imóvel.

§ 1º Idêntico direito terá o promissário comprador e o promissário cessionário,[11] em caráter irrevogável, com imissão na posse do imóvel e título registrado junto à matrícula do mesmo.[12]

§ 2º A denúncia deverá ser exercitada no prazo de noventa dias contados do registro da venda ou do compromisso, presumindo-se, após esse prazo, a concordância na manutenção da locação.[13]

Art. 8º: 1. O art. 8º aplica-se também aos imóveis residenciais (STJ-5ª T., REsp 38.753-1, Min. Edson Vidigal, j. 23.3.94, DJU 9.5.94).

Art. 8º: 1a. Estando em curso no momento da alienação processo entre o alienante e o locatário (p. ex., ação renovatória), o adquirente pode nele intervir como assistente (CPC 109 § 2º).

Poderá, ainda, em processo autônomo, ajuizar ação de despejo, com fundamento no referido art. 8º (JTA 104/357).

"Locação. Renovatória conexa à ação de despejo do adquirente. Contrato por tempo indeterminado. Legitimidade do direito de retomada. Art. 8º da Lei 8.245/91. Direito de renovação que não se impõem perante o adquirente. O pedido de renovação da locação — art. 51 da Lei n. 8.245/91 —, embora respaldado em relação ao antigo locador, não prevalece perante o terceiro adquirente, em razão da denúncia do contrato por tempo indeterminado veiculada em processo conexo, no qual deferida a extinção do vínculo contratual com fundamento no art. 8º, *caput*, e § 1º, do referido diploma legal" (STJ-4ª T., REsp 1.342.090-AgRg, Min. Isabel Gallotti, j. 14.5.13, DJ 28.5.13).

"A doação do imóvel locado autoriza o donatário a denunciar a locação, residencial ou comercial, ainda que na pendência de ação renovatória, salvo se for locação por prazo determinado e existir cláusula de vigência registrada, conforme disposto no art. 8º da Lei 8.245/91" (RT 751/309).

Art. 8º: 2. O art. 8º aproveita ao **donatário** (JTA 116/280), mas **não ao sucessor *mortis causa*** do locador (RT 603/154, JTA 100/220).

"**Inadmissível** a denúncia da locação, nos termos do art. 14 da Lei 6.649/79, por aquele que, **já condômino** do imóvel ao tempo do contrato, torna-se único proprietário" (JTA 104/331). O art. 14 da Lei 6.649 corresponde ao art. 8º-*caput* da LI. No mesmo sentido: RT 633/142, maioria.

Art. 8º: 3. Súmula 23 do 2º TASP: "O **usufrutuário** não se equipara ao adquirente para o fim de aplicação do art. 8º da Lei n. 8.245/91" (nova redação dada pelo plenário do tribunal em 13.4.99). V. JTA 119/307, acórdão de uniformização da jurisprudência.

Também no sentido de que, constituído usufruto sobre o imóvel pelo locador e proprietário, no curso da locação, o usufrutuário não pode invocar o disposto no art. 8º para denunciar a locação: RT 626/126, maioria, 636/153, JTA 111/248, 114/210.

Contra, na mesma hipótese: "O dispositivo que faculta ao adquirente denunciar o contrato com o prazo de 90 dias quando a locação for por prazo indeterminado (art. 8º da Lei n. 8.245/91) não exige que o mesmo tenha adquirido a propriedade plena do imóvel, não cabendo ao intérprete criar tal exigência" (STJ-6ª T., REsp 37.220-8, Min. Anselmo Santiago, j. 15.10.98, DJU 12.4.99).

V. tb. art. 7º, nota 3.

Art. 8º: 4. "O adquirente do prédio alugado assume, por sub-rogação, a posição de locador, substituindo o alienante na relação jurídica locacional, passando, daí, a novo titular, inclusive dos créditos vencidos e não satisfeitos" (Lex-JTA 148/215).

Art. 8º: 5. Como se faz a denúncia? v. art. 46, notas 4 e segs.

Art. 8º: 6. "Para que o adquirente possa denunciar a locação com base no art. 8º da Lei do Inquilinato não é necessária a transcrição do título de aquisição no Registro de Imóveis" (STJ-5ª T., REsp 605.521, Min. Felix Fischer, j. 28.4.04, DJU 14.6.04).

Contra, entendendo que não vale a denúncia feita antes do registro da aquisição: RT 660/177, JTAERGS 83/358, Lex-JTA 142/278, 161/450, RJTAMG 34/404.

Posição intermediária, no sentido de que o adquirente pode denunciar o contrato antes do registro da aquisição, se o seu título já estava prenotado no Registro de Imóveis: RT 697/113, Lex-JTA 141/370, maioria, 143/318.

Art. 8º: 7. Pode o adquirente denunciar a locação e, ao mesmo tempo, mover ação revisional do aluguel? v. art. 68, nota 5.

Art. 8º: 8. mas continua obrigado a receber os aluguéis devidos, podendo o locatário consigná-los, em caso de recusa (RSTJ 20/390, 25/422, 83/309; STJ-3ª T., REsp 6.005, Min. Dias Trindade, j. 7.5.91, DJU 3.6.91; STJ-4ª T., REsp 6.836, Min. Sálvio de Figueiredo, j. 4.3.91, DJU 25.3.91; STJ-3ª T., REsp 8.218, Min. Fontes de Alencar, j. 30.4.91, DJU 10.6.91).

V. tb. art. 33, nota 7.

Art. 8º: 8a. Há um acórdão entendendo que, na ação de despejo movida pelo adquirente, se o locatário, no prazo da contestação, concordar com a desocupação, esta deverá ser feita em seis meses, por aplicação do art. 61 (JTAERGS 90/138).

Art. 8º: 8b. **Súmula 442 do STF:** "A inscrição do contrato de locação no Registro de Imóveis, para a validade da cláusula de vigência contra o adquirente do imóvel, ou perante **terceiros,** dispensa a transcrição no Registro de Títulos e Documentos".

Súmula 158 do STF: "Salvo estipulação averbada no registro imobiliário, não responde o adquirente pelas **benfeitorias do locatário".**

Art. 8º: 9. O inciso III acrescentado ao art. 169 da LRP pelo art. 81 da LI torna bem claro que, no registro de imóveis, podem ser feitos:

— a **averbação** do contrato de locação, "para os fins do exercício do direito de preferência" assegurado ao locatário para a aquisição do imóvel locado (cf. tb. LRP 167-II-16, item acrescentado pela LI; e, nesta última lei, art. 33-*caput, in fine*);

— o **registro** do contrato de locação, para que este seja respeitado pelo adquirente, nos casos em que existe essa obrigação (registro esse que já era estabelecido pela LRP 167-I-3, em dispositivo não alterado pela LI).

De agora em diante, portanto, registro e averbação poderão coexistir simultaneamente. E, como visam a efeitos diferentes, a existência de um não supre a falta do outro.

Lamentavelmente, o texto do art. 8º confunde as coisas, quando fala em contrato **averbado** no registro de imóveis, para assegurar "a cláusula **de vigência** em caso de alienação". Esta hipótese, que já era de registro, continuou sendo de **registro,** e não de **averbação.**

Aliás, defeito de técnica semelhante se encontra na Lei 6.766, de 19.12.79, que nos arts. 26-II e 39 fala em "inscrição", denominação suprimida desde 1973, e no art. 32 § 3º se refere ao "cancelamento da averbação" das promessas de compra e venda, quando o caso é de cancelamento do registro, e não da averbação (cf. LRP 167-I-20).

V. art. 84, disposição transitória.

Art. 8º: 10. "Para que o pacto locatício com cláusula de vigência impeça a denúncia do contrato pelo adquirente faz-se mister que o contrato esteja averbado no registro de imóveis **antes da alienação"** (STJ-5ª T., REsp 605.521, Min. Felix Fischer, j. 28.4.04, DJU 14.6.04). No mesmo sentido: STJ-3ª T., REsp 1.669.612, Min. Ricardo Cueva, j. 7.8.18, DJ 14.8.18. **Todavia,** afirmando a "desnecessidade de registro do contrato", em situação na qual "o terceiro (comprador) tinha ciência do contrato de locação": STJ-3ª T., REsp 1.780.197-AgInt, Min. Moura Ribeiro, j. 19.8.19, DJ 21.8.19.

Art. 8º: 11. O disposto no art. 8º não aproveita ao cessionário de direitos possessórios (JTA 116/214).

Art. 8º: 12. As expressões "em caráter irrevogável, com imissão na posse do imóvel e título registrado junto à matrícula do mesmo" referem-se tanto ao compromissário comprador quanto ao compromissário cessionário.

Cf. art. 53, nota 3.

Art. 8º: 13. nos mesmos termos em que fora contratada. Logo, permanece eficaz a fiança prestada (RT 828/264).

"A alienação do imóvel locado, *per si*, não extingue o contrato de locação, nem afeta a garantia prestada pelo fiador" (STJ-RT 845/204: 5ª T., REsp 620.072).

Art. 9º A locação[1] também poderá ser desfeita:[2-2a]

I — por mútuo acordo;[3-3a]

II — em decorrência da prática de infração[4] legal ou contratual;[5]

III — em decorrência da falta de pagamento[6 a 7a] do aluguel e demais encargos;[8]

Locação

IV — para a realização de reparações urgentes[9] determinadas pelo Poder Público, que não possam ser normalmente executadas com a permanência do locatário no imóvel ou, podendo, ele se recuse a consenti-las.

Art. 9º: 1. i. e., **qualquer** locação.

Com fundamento no art. 9º, pode ser movida ação de despejo, qualquer que seja o tipo de locação: de imóvel residencial ou não; por escrito ou verbal; por tempo determinado ou indeterminado; anterior a esta lei ou posterior.

Art. 9º: 2. v. enumeração sistemática dos casos de despejo no art. 59, nota 1.

Casos especiais de despejo, além dos previstos no art. 9º: arts. 47 (locações novas por prazo indeterminado), 77 e 78 (locações anteriores à vigência desta lei), 48 a 50 (locação para temporada) e 53 (hospitais, repartições e escolas).

Art. 9º: 2a. **LRF 119-VII:** "a falência do locador não resolve o contrato de locação e, na falência do locatário, o administrador judicial pode, a qualquer tempo, denunciar o contrato".

Art. 9º: 3. v. arts. 59 § 1º-I (medida liminar para desocupação), 53-I (despejo de escola, hospital ou repartição pública), 61 (acordo para desocupação), 64-*caput* (dispensa de caução para execução do despejo) e 70 (acordo na revisional).

Art. 9º: 3a. Não vale, por fraudatório à lei, o acordo para desocupação feito simultaneamente com a assinatura do contrato de locação (Lex-JTA 159/437).

Art. 9º: 4. A infração deve ser grave.

Art. 9º: 5. v. arts. 63 § 1º-*b* (prazo para desocupação) e 64-*caput* (dispensa de caução para execução do despejo).

Art. 9º: 6. v. art. 62 (despejo por falta de pagamento); v. tb. art. 53-I (despejo de hospital, escola ou repartição pública).

Art. 9º: 7. A falta de pagamento do aluguel e encargos constitui infração de obrigação legal e, portanto, já estaria incluída no inciso II; mas a ação de despejo, neste caso especial, admite, liminarmente, a purgação da mora (v. art. 62).

Art. 9º: 7a. "Restando incontroverso que os recorridos encontram-se na posse do imóvel por força de contrato de locação celebrado com o falecido proprietário, sucedido pelo autor na condição de herdeiro, o fato de terem permanecido inadimplentes por período superior a 12 anos não descaracteriza a relação locatícia" (STJ-5ª T., REsp 1.007.373, Min. Arnaldo Esteves, j. 16.4.09, DJ 18.5.09).

S/ posse e locação, v. no CCLCV CC 1.203, nota 3.

Art. 9º: 8. Encargos de responsabilidade do locatário, no silêncio do contrato: art. 23-XII e § 1º. Forma de pagamento: art. 25.

Art. 9º: 9. v. art. 26; s/ retomada para obras, em renovatória, v. arts. 52 § 3º e 72 § 3º; s/ locação a hospital, escola ou repartição pública, v. arts. 53-I e 63 § 3º.

Quanto à ação de despejo para a realização de reparações urgentes: art. 59 § 1º-VI (medida liminar para desocupação); art. 60 (prova de propriedade, a ser juntada com a inicial); art. 63-*caput* (prazo de 30 dias para desocupação, salvo as hipóteses dos arts. 61, 63 §§ 1º e 3º); art. 64-*caput* (dispensa de caução, para a execução).

Pena: art. 44-III. Indenização ao locatário, pela não realização das obras: arts. 44-III c/c § ún. e 52 § 3º (em renovatória de locação).

Art. 10. Morrendo o locador,[1] a locação transmite-se aos herdeiros.

Art. 10: 1. No caso de locador usufrutuário, v. art. 7º.

Art. 11. Morrendo o locatário, ficarão sub-rogados[1] nos seus direitos e obrigações:

I — nas locações com finalidade residencial, o cônjuge sobrevivente ou o companheiro[2] e, sucessivamente, os herdeiros necessários e as pessoas que viviam na dependência econômica do *de cujus*, desde que residentes no imóvel;[3]

II — nas locações com finalidade não residencial, o espólio e, se for o caso, seu sucessor no negócio.[4]

Art. 11: 1. Essa sub-rogação deve ser comunicada por escrito ao locador e, quando houver, ao fiador (v. art. 12 § 1º).

Art. 11: 2. s/ embargos de terceiro pelo cônjuge ou companheiro que permaneceu no imóvel locado, v. art. 59, nota 15.

Art. 11: 3. Cabe ação de despejo, com medida liminar, se não permanecer no imóvel nenhuma das pessoas designadas no inciso I supra (v. art. 59 § 1º-IV).

Art. 11: 4. v. tb. art. 51 § 3º.

Art. 12. Em casos de separação de fato, separação judicial,[1] divórcio ou dissolução da união estável, a locação residencial prosseguirá automaticamente com o cônjuge ou companheiro[1a-1b] que permanecer no imóvel.[1c]

§ 1º Nas hipóteses previstas neste artigo e no art. 11, a sub-rogação[2] será comunicada[2a] por escrito ao locador e ao fiador, se esta for a modalidade de garantia locatícia.[2b-2c]

§ 2º O fiador poderá exonerar-se[3] das suas responsabilidades no prazo de 30 (trinta) dias contado do recebimento da comunicação oferecida pelo sub-rogado,[3a-3b] ficando responsável pelos efeitos da fiança durante 120 (cento e vinte) dias após a notificação ao locador.[4]

Art. 12: 1. v. LDi 2º, nota 2b **(Em. Const. 66, de 13.7.10).**

Art. 12: 1a. s/ embargos de terceiro pelo cônjuge ou companheiro que permaneceu no prédio locado, v. art. 59, nota 15.

Art. 12: 1b. "É parte legítima para propor ação de consignação em pagamento o cônjuge que, após a separação judicial, permanece residindo no imóvel" (STJ-Bol. AASP 2.087/825j).

Art. 12: 1c. Redação do *caput* de acordo com a Lei 12.112, de 9.12.09, em vigor 45 dias após a sua publicação (DOU 10.12.09).

Art. 12: 2. "Como a lei fala que a locação prosseguirá automaticamente, é forçoso reconhecer que a sub-rogação opera-se de pleno direito, ou seja, independentemente de qualquer providência, dispensando a prática de qualquer ato jurídico. A data da saída do cônjuge fixa o momento da sub-rogação. Portanto, ocorrendo a separação, ao companheiro ou cônjuge que permanecer no imóvel são transferidos os direitos e deveres relativos ao contrato de aluguel, incluindo-se, por óbvio, a obrigação de pagar o aluguel e figurar como parte nas ações de despejo" (STJ-RT 759/186: 5ª T.). "Na hipótese de separação de fato, separação judicial, divórcio ou dissolução da sociedade concubinária, o contrato de locação prorroga-se automaticamente, transferindo-se ao cônjuge que permanecer no imóvel todos os deveres e direitos relativos ao contrato" (STJ-RT 794/220: 6ª T.). **Todavia:** "Não ocorrendo tal comunicação ou prova, por outro meio idôneo — de inequívoco conhecimento por parte do locador —, de um dos supostos fáticos previstos no *caput* de tal dispositivo, o vínculo locatício persistirá entre as partes originárias, tendo em vista os princípios que regem os contratos em geral" (STJ-5ª T., REsp 540.669, Min. Arnaldo Esteves, j. 19.4.05, DJU 6.6.05). Conforme o voto do relator, "o não cumprimento da exigência contida no parágrafo único, seja pelo locatário que saiu do imóvel ou pelo que ali permaneceu, não exonera o primeiro das obrigações contratuais assumidas com o locador, sobretudo de sua responsabilidade pelo adimplemento dos aluguéis, mesmo tendo direito, em tese, de cobrá-los, regressivamente, daquele que ali permaneceu, o que, no entanto, é outra matéria". Nota: o antigo § ún. guarda semelhança com o atual § 1º.

Art. 12: 2a. "A omissão em comunicar ao locador a sub-rogação prevista no art. 12 da Lei 8.245/91 não caracteriza infração de obrigação legal capaz de ensejar a rescisão do contrato locatício, atingindo tão somente a eficácia da sub-rogação, e não a validade do negócio jurídico" (STJ-5ª T., REsp 67.436, Min. Edson Vidigal, j. 23.9.97, DJU 27.10.97).

Art. 12: 2b. O § 1º foi introduzido pela Lei 12.112, de 9.12.09, em vigor 45 dias após a sua publicação (DOU 10.12.09).

Art. 12: 2c. v. art. 37, nota 2a, *in fine.*

Art. 12: 3. Com a exoneração do fiador, o locador poderá exigir novo fiador ou a substituição da modalidade de garantia (art. 40-IV), sob pena de desfazimento da locação (art. 40 § ún.).

Caso o fiador não peça sua exoneração, o contrato segue adiante com a mesma garantia existente. Nessas condições, não pode o locador exigir nenhuma outra garantia adicional (art. 37 § ún.).

Art. 12: 3a. Mesmo **comunicação** feita **por pessoa diversa** do sub-rogado (p. ex., pelo locador) é apta para a deflagração do prazo de exoneração: "É possível manter a validade do ato realizado de forma diversa do previsto na lei, quando for alcançada sua finalidade, em razão da aplicação do princípio da instrumentalidade das formas, consoante o 244 do CPC/73 (277 do CPC/15)" (STJ-3ª T., REsp 1.510.503, Min. Nancy Andrighi, j. 5.11.19, maioria, DJ 19.11.19).

Locação

Art. 12: 3b. Uma vez esgotado o trintídio, fica o direito de exoneração do fiador em razão da sub-rogação legal fulminado pela **decadência** (STJ-3ª T., REsp 1.510.503, Min. Nancy Andrighi, j. 5.11.19, maioria, DJ 19.11.19).

Art. 12: 4. O § 2º foi introduzido pela Lei 12.112, de 9.12.09, em vigor 45 dias após a sua publicação (DOU 10.12.09).

Art. 13. A cessão da locação, a sublocação e o empréstimo do imóvel, total ou parcialmente, dependem do consentimento[1 a 2b] prévio e escrito[2c] do locador.

§ 1º Não se presume o consentimento pela simples demora do locador em manifestar formalmente a sua oposição.[3]

§ 2º Desde que notificado por escrito pelo locatário, de ocorrência de uma das hipóteses deste artigo, o locador terá o prazo de trinta dias para manifestar formalmente a sua oposição.[4]

§ 3º (VETADO)

Art. 13: 1. Havendo consentimento escrito, o sublocatário é legítimo; não havendo, é mero intruso, não gozando de qualquer dos direitos que a LI assegura ao sublocatário (JTA 76/236). A sublocação não consentida constitui infração, que enseja o despejo do locatário (art. 9º-II).

A ausência de consentimento do locador "deixa na clandestinidade a sublocação, que não gera efeitos jurídicos para o locador" (STJ-4ª T., Ag 12.220-AgRg, rel. Min. Sálvio de Figueiredo, j. 10.9.91, DJU 7.10.91).

S/ embargos de terceiro em execução de despejo, opostos pelo sublocatário ilegítimo, v. art. 59, nota 15.

Art. 13: 2. Vale a cláusula contratual que exige consentimento do locador para que possa haver substituição de sócio da pessoa jurídica locatária? v. art. 45, nota 1a.

Art. 13: 2a. Quando não autorizada pelo locador, a cessão da locação a pessoa jurídica de que o locatário seja sócio caracteriza infração contratual (Bol. AASP 1.806/supl., p. 2, em.).

Art. 13: 2b. "Transferência do fundo de comércio. Trespasse. Contrato de locação. Art. 13 da Lei 8.245/91. Aplicação à locação comercial. Consentimento do locador. Requisito essencial" (STJ-3ª T., REsp 1.202.077, Min. Vasco Della Giustina, j. 1.3.11, DJ 10.3.11).

Art. 13: 2c. "Não se pode atribuir ao fato da expedição de recibo de aluguel em favor da ex-nora do locatário a caracterização de tácita concordância quanto à cessão da locação" (RT 716/219).

Art. 13: 3. a menos que ocorra notificação por escrito, hipótese em que o locador tem o prazo de 30 dias para manifestar sua oposição (v. § 2º).

Art. 13: 4. Decorrido esse prazo, sem oposição formal do locador, entender-se-á que anuiu.

Seção II | DAS SUBLOCAÇÕES

Art. 14. Aplicam-se às sublocações,[1-2] no que couber, as disposições relativas às locações.

Art. 14: 1. s/ sublocação, v. tb. arts. 13 e 21.

Art. 14: 2. Direitos do sublocatário: de indenização contra o locatário (art. 15); de pagar aluguel não maior que o da locação (arts. 21 e 43-I); de obter recibo discriminado do aluguel pago (art. 44-I); de preferência na aquisição do imóvel sublocado (art. 30); de intervir como assistente na ação de despejo contra o locatário (art. 59 § 2º); à renovação do contrato, na locação não residencial (arts. 51 § 1º e 71 § ún.). Responsabilidade do sublocatário: art. 16.

Art. 15. Rescindida ou finda a locação, qualquer que seja sua causa, resolvem-se as sublocações,[1] assegurado o direito de indenização do sublocatário contra o sublocador.

Art. 15: 1. Se o sublocatário, rescindida a locação, permanecer no prédio, o locador poderá obter liminar, para sua desocupação (art. 59 § 1º-V).

Art. 16. O sublocatário responde subsidiariamente ao locador pela importância que dever ao sublocador, quando este for demandado e, ainda, pelos aluguéis que se vencerem durante a lide.[1]

Art. 16: 1. "Ao se estabelecer a responsabilidade do sublocatário por dívidas do sublocador ao locador, ainda que de forma subsidiária e limitada (art. 16 da Lei n. 8.245/1991), é possível sua inclusão no polo passivo de execução de aluguel, a despeito da inexistência de relação jurídica direta entre locador e sublocatário. A responsabilização patrimonial do sublocatário é aplicável tanto à sublocação legítima quanto à ilegítima" (STJ-3ª T., REsp 1.384.647, Min. Marco Bellizze, j. 19.2.19, DJ 22.2.19).

Seção III | DO ALUGUEL

Art. 17. É livre a convenção do aluguel,[1 a 1d] vedada a sua estipulação em moeda estrangeira e a sua vinculação à variação cambial ou ao salário mínimo.

Parágrafo único. Nas locações residenciais serão observados os critérios de reajustes previstos na legislação específica.[2-3]

Art. 17: 1. v. art. 85, disposição transitória s/ locação residencial, que estabelece forte restrição ao texto supra.

Art. 17: 1a. É nula de pleno direito a cláusula de correção monetária "cuja periodicidade seja inferior a um ano" **(art. 28 § 1º da Lei 9.069, de 29.6.95**-Plano Real; v. ementário), contando-se essa periodicidade "do último reajuste, no caso de contratos de locação residencial" **(art. 28 § 3º-IV).**

Art. 17: 1b. **Lei 10.192, de 14.2.01** — Dispõe sobre medidas complementares ao Plano Real e dá outras providências: **"Art. 1º § ún.** São vedadas, sob pena de nulidade, quaisquer estipulações de: ... **II** — reajuste ou correção monetária expressas em, ou vinculadas a unidade monetária de conta de qualquer natureza.

"Art. 2º § 1º É nula de pleno direito qualquer estipulação de reajuste ou correção monetária de periodicidade inferior a um ano.

(...)

"§ 3º Ressalvado o disposto no § 7º do art. 28 da Lei n. 9.069, de 29 de junho de 1995, e no parágrafo seguinte, são nulos de pleno direito quaisquer expedientes que, na apuração do índice de reajuste, produzam efeitos financeiros equivalentes aos de reajuste de periodicidade inferior à anual.

"§ 4º Nos contratos de prazo de duração igual ou superior a três anos, cujo objeto seja a produção de bens para entrega futura ou a aquisição de bens ou direitos a eles relativos, as partes poderão pactuar a atualização das obrigações, a cada período de um ano, contado a partir da contratação, e no seu vencimento final, considerada a periodicidade de pagamento das prestações, e abatidos os pagamentos, atualizados da mesma forma, efetuados no período.

"§ 5º O disposto no parágrafo anterior aplica-se aos contratos celebrados a partir de 28 de outubro de 1995 até 11 de outubro de 1997" (o § 5º do art. 2º da Lei 10.192, de 14.2.01, foi expressamente **revogado** pelo art. 27-III da Med. Prov. 2.223, de 4.9.01, por sua vez revogada pela Lei 10.931, de 2.8.04).

"§ 6º O prazo a que alude o parágrafo anterior poderá ser prorrogado mediante ato do Poder Executivo" (o § 6º do art. 2º da Lei 10.192, de 14.2.01, foi expressamente **revogado** pelo art. 27-III da Med. Prov. 2.223, de 4.9.01, por sua vez revogada pela Lei 10.931, de 2.8.04).

Art. 17: 1c. "O fato de o contrato estatuir participação do locador em lucros do inquilino não descaracteriza a locação" (RT 695/125).

Art. 17: 1d. s/ validade de cláusula de renúncia ao direito de propor ação revisional de aluguel, v. art. 45, nota 3a.

Art. 17: 2. Continuam, portanto, em vigor os arts. 15 e 17 da Lei 8.178, de 1.3.91, com as alterações trazidas pela Lei 8.494, de 23.11.92; s/ ação revisional, v. arts. 68 a 70.

Art. 17: 3. As normas limitativas de reajustamento de aluguéis, editadas na vigência de contrato escrito, a este não se aplicam (Bol. AASP 1.362/19).

Art. 18. É lícito às partes fixar, de comum acordo, novo valor para o aluguel, bem como inserir ou modificar cláusula de reajuste.

Art. 19. Não havendo acordo, o locador ou o locatário, após três anos[1 a 5] de vigência do contrato ou do acordo anteriormente realizado,[6] poderão pedir revisão judicial do aluguel,[7 a 11] a fim de ajustá-lo ao preço de mercado.[12]

Art. 19: 1. "Revisional de aluguéis. A eficácia do art. 19 da Lei 8.245/91 frente ao § 4º do art. 21 da MP 681", por Henrique Furquim Paiva (RJ 212/36); "A Lei n. 9.069/95, as medidas provisórias que a antecederam, as locações em curso e o direito intertemporal", por Mílton Sanseverino (RF 336/145); "Locação: reajuste de aluguel em face da Lei 9.069/95", por Geraldo Gonçalves da Costa (RJ 222/27); "O Plano Real e a ação revisional especial dos aluguéres", por Louri Geraldo Barbiero (Lex-JTA 154/6).

Art. 19: 1a. **Lei 10.192, de 14.2.01** — Dispõe sobre medidas complementares ao Plano Real e dá outras providências: "**Art. 2º § 2º** Em caso de revisão contratual, o termo inicial do período de correção monetária ou reajuste, ou de nova revisão, será a data em que a anterior revisão tiver ocorrido".

Art. 19: 2. Antes de três anos do último **acordo** ou do último reajuste de aluguel, não é cabível a ação revisional para qualquer das partes: "O reajuste dos aluguéis realizado por acordo entre as partes tem o condão de interromper o prazo para a propositura da revisional, independentemente do valor fixado estar abaixo ou acima do preço de mercado" (STJ-3ª Seção, ED no REsp 37.447, Min. Felix Fischer, j. 14.10.98, DJU 23.11.98). Mais recentemente: STJ-6ª T., REsp 264.556, Min. Maria Thereza, j. 22.4.08, DJU 19.5.08. No mesmo sentido: RSTJ 19/253, 46/324, 48/228, STJ-RT 758/173, 779/188, RT 825/292, JTAERGS 83/174, 83/371, 88/231, 89/151, maioria, Bol. AASP 1.794/188, 1.806/supl., p. 3, em.

"Havendo acordo entre locador e locatário, reajustando ou atualizando o valor do aluguel, recomeça, a partir daí, o prazo para a ação revisional" (RSTJ 74/323).

"O acordo das partes que, no contrato de locação, inserir ou modificar a periodicidade dos reajustes interrompe o prazo para o ajuizamento da ação revisional" (CED do 2º TASP, enunciado 16, maioria).

Contra: "A lei de locação fixou o prazo para a revisão do valor do aluguel. Todavia, se o período, mercê da instabilidade econômica, provocar dano a uma das partes, deve ser desconsiderado" (STJ-Bol. AASP 1.873/361j, acórdão da 6ª Turma do STJ, anterior ao ED no REsp 37.447 acima).

Art. 19: 3. É nula a cláusula prevendo a revisão em prazo inferior a três anos (RT 732/294).

Art. 19: 4. "A cláusula 'de três em três anos, contados do último acordo', do § 2º do art. 17 da Lei n. 8.178/91, tem que ser inteligentemente entendida. Não pode ser interpretada *ad litteram*. No caso concreto, na primeira revisão, o perito, em laudo datado de 6.6.89, fixou o preço correspondente a fevereiro de 1988. Assim, não se pode contar o triênio revisional a partir da homologação judicial, que se deu em 9.1.90" (STJ-6ª T., REsp 39.033-8, Min. Adhemar Maciel, j. 15.12.93, DJU 21.2.94).

Art. 19: 5. "Ação revisional de aluguel. Fundando-se a defesa na carência de ação, por não decorrido o triênio desde a última revisão, implementada a condição antes da sentença, deve o juiz tomá-la em consideração, conforme o art. 462 do CPC" (JTAERGS 89/167). O acórdão, muito acertadamente, determinou que o novo aluguel entrasse em vigor a partir do decurso do triênio e condenou o autor em honorários de advogado, por ser justificada a resistência do locatário, no momento da contestação.

Art. 19: 6. ou da vigência do aluguel fixado em ação revisional (Lex-JTA 157/440).

Art. 19: 7. s/ revisional de aluguel, v. arts. 68 a 70; s/ cláusula contratual de renúncia ao direito de propor ação revisional, v. art. 45, nota 3a.

Art. 19: 8. "A intervenção do Poder Judiciário na relação locatícia, à luz da teoria da imprevisão, exige a **demonstração da alteração das bases econômicas** iniciais do contrato, de modo a não se prestar ao mero propósito de redução do valor locativo, livremente ajustado ao tempo da celebração, solapando os alicerces do pactuado, pois significaria ingerência indevida na autonomia das partes que, ao considerarem as circunstâncias vigentes à época da realização do negócio — as quais permaneceram inalteradas —, elegeram o valor do aluguel e seu fator de atualização, notadamente quando a locatária, na inicial, não faz alusão a qualquer aumento excessivo e imprevisto do aluguel em virtude da correção monetária, aplicada conforme o indexador estabelecido no contrato, e não vislumbrada sua vulnerabilidade. Hipótese em que sobressai o propósito meramente econômico da locatária de obter a redução do valor locativo originariamente pactuado para R$ 3.000,00 (três mil reais), sem qualquer respaldo em imprevista mudança da base negocial, o que refoge da finalidade da ação de revisão do aluguel prevista no artigo 19 da Lei 8.245/91" (STJ-4ª T., REsp 1.300.831, Min. Marco Buzzi, j. 27.3.14, DJ 30.4.14).

Art. 19: 8a. "Em sede de ação revisional de locação comercial, o novo aluguel deve refletir o valor patrimonial do imóvel locado, inclusive decorrente de benfeitorias e **acessões** nele realizadas pelo locatário, pois estas incorporam-se ao domínio do locador, proprietário do bem" (STJ-Corte Especial, ED no REsp 1.411.420, Min. Nancy Andrighi, j. 3.6.20, maioria, DJ 27.8.20). **Contra:** "A ação revisional não se confunde com a renovatória de locação. Na revisional, as **acessões** realizadas pelo locatário não devem ser consideradas no cálculo do novo valor do aluguel, para um mesmo contrato. Tais acessões, porém, poderão ser levadas em conta na fixação do aluguel por ocasião da renovatória, no novo contrato" (STJ-4ª T., REsp 1.411.420, Min. Antonio Ferreira, j. 19.5.15, maioria, DJ 1.2.16; nota: esse acórdão foi cassado nos subsequentes embargos de divergência).

Art. 19: 9. "É possível a revisão do aluguel durante o prazo previsto no contrato de locação, ainda que para fins **não residenciais,** após três anos de sua vigência" (CED do 2º TASP, enunciado 10, v.u.). No mesmo sentido: RT 695/140, Lex-JTA 141/245.

"Ação revisional em locação não residencial. Contrato vencido prorrogado por prazo indeterminado. Possibilidade da revisional de aluguéis por aplicação analógica do art. 49, § 4º, da Lei 6.649/79, substituído pelos arts. 17, § 1º, da Lei 8.178/91 e 19 da Lei 8.245/91. Ilógico seria estimular o locador a retomar o imóvel, por denúncia vazia, e procurar novo inquilino para obter, em seguida, aluguel reajustado ao valor de mercado. Tal interpretação choca-se contra a sábia disposição do art. 5º da Lei de Introdução ao Código Civil" (RSTJ 58/369).

Art. 19: 9a. "O novo proprietário do imóvel locado, conquanto tenha promovido a notificação do inquilino com vistas à sua retomada, não está impedido de postular a revisão dos alugueres" (STJ-RT 692/166).

Art. 19: 9b. "Sendo o ajuste locatício contrato de locação continuada ou de trato sucessivo, seus efeitos futuros são alcançados por lei nova, principalmente em casos de contratos prorrogados por prazo indeterminado; logo, é perfeitamente possível a propositura de ação revisional com fundamento no art. 19 da Lei n. 8.245, de 1991" (Lex-JTA 147/394).

Art. 19: 10. **Lei 9.069, de 29.6.95** — Dispõe sobre o Plano Real, o Sistema Monetário Nacional, estabelece as regras e condições de emissão do Real e os critérios para conversão das obrigações para o Real, e dá outras providências (Lex 1995/1.216, RT 716/568, RF 330/531, RDA 200/384, Bol. AASP 1.909/supl., p. 1): **"Art. 21 § 4º** Em caso de desequilíbrio econômico-financeiro, os contratos de locação residencial, inclusive os convertidos anteriormente, poderão ser revistos, a partir de 1º de janeiro de 1995, através de livre negociação entre as partes, ou judicialmente, a fim de adequá-los aos preços de mercado, sem prejuízo do direito à ação revisional prevista na Lei n. 8.245, de 1991.

"§ 5º Efetivada a revisão, o novo valor do aluguel residencial vigorará pelo prazo mínimo de um ano".

Art. 19: 11. "A revisão especial prevista no art. 21, § 4º, da Med. Prov. 542/94, de 30.6.94, aplica-se, uma só vez, aos contratos de locação residencial ajustados até 14.3.94, vigentes por prazo determinado ou indeterminado, desde que da conversão de valores regulada naquele dispositivo tenha resultado desequilíbrio econômico-financeiro, adotando-se o procedimento da Lei n. 8.245/91" (CED do 2º TASP, enunciado 35, v.u.).

"Entende-se por desequilíbrio econômico-financeiro a defasagem que tenha ocorrido entre o aluguel convertido e o preço de mercado na data da conversão" (CED do 2º TASP, enunciado 36, v.u.).

"Não ofende o direito adquirido ou o ato jurídico perfeito a aplicação de lei nova autorizando ação revisional de aluguel antes do término do prazo contratado, para estabelecer equilíbrio econômico-financeiro na relação jurídica" (RSTJ 87/409).

"À ação revisional especial da MP 542/94 aplicam-se, por analogia, os preceitos da ação revisional da Lei 8.245/91, incluindo o arbitramento provisório" (RT 724/390). A Med. Prov. 542 converteu-se na Lei 9.069, de 29.6.95.

Afirmando que essa ação revisional especial pode ser proposta mesmo em meio ao prazo para desocupação do imóvel, com sacrifício do disposto no art. 68 § 1º da LI: Lex-JTA 157/443.

A Medida Provisória 542/94, de 30.6.94, foi sucessivamente reeditada, até se converter na Lei 9.069, de 29.6.95 (v. nota anterior).

Art. 19: 12. v. tb., no nosso CCLCV, CC 317, nota 2a.

Art. 20. Salvo as hipóteses do art. 42 e da locação para temporada, o locador não poderá exigir o pagamento antecipado do aluguel.[1]

Art. 20: 1. v. art. 43-III.

Art. 21. O aluguel da sublocação não poderá exceder o da locação; nas habitações coletivas multifamiliares, a soma dos aluguéis não poderá ser superior ao dobro do valor da locação.

Parágrafo único. O descumprimento deste artigo autoriza o sublocatário a reduzir o aluguel até os limites nele estabelecidos.[1]

Art. 21: 1. sem prejuízo da pena consignada no art. 43-I.

Seção IV | DOS DEVERES DO LOCADOR E DO LOCATÁRIO

Art. 22. O locador é obrigado a:[1]

I — entregar ao locatário o imóvel alugado em estado de servir ao uso a que se destina;[1a-1b]

II — garantir, durante o tempo da locação, o uso pacífico do imóvel locado;[1c]

III — manter, durante a locação, a forma e o destino do imóvel;

IV — responder pelos vícios ou defeitos anteriores à locação;

V — fornecer ao locatário, caso este solicite, descrição minuciosa do estado do imóvel, quando de sua entrega, com expressa referência aos eventuais defeitos existentes;

VI — fornecer ao locatário recibo[1d] discriminado das importâncias por este pagas, vedada a quitação genérica;

VII — pagar as taxas de administração imobiliária, se houver, e de intermediações,[1e] nestas compreendidas as despesas necessárias à aferição da idoneidade do pretendente ou de seu fiador;[1f]

VIII — pagar os impostos e taxas,[2-2a] e ainda o prêmio de seguro complementar contra fogo, que incidam ou venham a incidir sobre o imóvel, salvo disposição expressa em contrário no contrato;

IX — exibir ao locatário, quando solicitado, os comprovantes[3] relativos às parcelas que estejam sendo exigidas;

X — pagar as despesas extraordinárias[4] de condomínio.[4a]

Parágrafo único. Por despesas extraordinárias de condomínio se entendem aquelas que não se refiram aos gastos rotineiros de manutenção do edifício, especialmente:

a) obras de reformas ou acréscimos que interessem à estrutura integral do imóvel;[5]

b) pintura[6] das fachadas, empenas, poços de aeração e iluminação, bem como das esquadrias externas;[7]

c) obras destinadas a repor as condições de habitabilidade do edifício;

d) indenizações trabalhistas e previdenciárias[8] pela dispensa de empregados, ocorridas em data anterior ao início da locação;[9]

e) instalação de equipamentos de segurança[10] e de incêndio, de telefonia, de intercomunicação, de esporte e de lazer;

f) despesas de decoração e paisagismo nas partes de uso comum;

g) constituição de fundo de reserva.

Art. 22: 1. "O locador mantém a posse indireta do imóvel, entendida como o poder residual concernente à vigilância, à conservação ou mesmo o aproveitamento de certas vantagens da coisa, mesmo depois de transferir a outrem o direito de usar o bem objeto da locação. Na condição de proprietário, ao locador cumpre zelar pelo uso adequado de sua propriedade, assegurando-se da correta destinação dada pelo inquilino mormente no que se refere à questão concernente à higiene e limpeza da unidade objeto da locação que possui grave repercussão social, podendo, assim, interferir na esfera de saúde dos demais condôminos. Ao proprietário é conferido instrumento coercitivo apto a compelir o locatário a cumprir as determinações condominiais, inclusive com a possibilidade de ajuizamento de ação de despejo, nos termos da Lei 8.245/91. Assim, tratando-se de direito de vizinhança a obrigação é *propter rem*, ou seja, decorre da propriedade da coisa. Por isso, o proprietário, com posse indireta, não pode se eximir de responder pelos danos causados pelo uso indevido de sua propriedade" (STJ-3ª T., REsp 1.125.153, Min. Massami Uyeda, j. 4.10.12, DJ 15.10.12).

Art. 22: 1a. "A determinação legal de que é dever do locador entregar ao locatário o **imóvel** alugado **em estado de servir ao uso** a que se destina (art. 22, I, da Lei 8.245/1991) está ligada à modalidade de locação em si mesma considerada, se residencial, comercial ou para temporada. Na hipótese de locação comercial, a obrigação do locador restringe-se tão somente à higidez e à compatibilidade do imóvel ao uso comercial. Salvo disposição contratual em sentido contrário, o comando legal não impõe ao locador o encargo de adaptar o bem às peculiaridades da atividade a ser explorada, ou mesmo diligenciar junto aos órgãos públicos para obter alvará de funcionamento ou qualquer outra licença necessária ao desenvolvimento do negócio. Os deveres anexos à boa-fé, especialmente os deveres de informação, cooperação, lealdade e probidade, exigíveis das partes na execução dos contratos, contudo, impõem ao locador uma conduta colaborativa, no sentido de fornecer ao locatário os documentos e informações necessárias à implementação da atividade no imóvel objeto da locação" (STJ-3ª T., REsp 1.317.731, Min. Ricardo Cueva, j. 26.4.16, DJ 11.5.16).

"É dever de quem oferece imóvel à locação alertar o interessado, antes da celebração do contrato, a respeito da existência de circunstância que dificulte a posse livre e desembaraçada, sob pena de responder pelos prejuízos advindos da impossibilidade de uso regular do imóvel ao fim a que se destina" (RJTAMG 54/291).

"Compete ao locatário comerciante, todavia, cercar-se de cautelas, verificando antecipadamente, se o imóvel escolhido encontra-se em condições de ser utilizado, para a finalidade pretendida, bem como sua regularização perante os órgãos públicos, e se a atividade comercial que pretende instalar no local é viável. Não responde o locador por eventual indeferimento, pela Administração Pública, de pedido de regularização de obras visando a adequação do imóvel ao tipo de comércio nele instalado, e recusa do alvará de funcionamento, se o contrato de locação comercial não contém qualquer especificação quanto ao uso e/ou atividade a ser nele desenvolvida, ausente assunção, pelo locador, de obrigação de garantir a instalação do negócio" (JTJ 347/381: AP 992.07.031624-3).

Art. 22: 1b. "Negando-se a entregar o bem na data prevista para o início da locação, sujeita-se o locador à rescisão do contrato, ao pagamento da multa prevista e à devolução dos aluguéis pagos a título de garantia" (RT 723/419).

Art. 22: 1c. O locatário a que o locador tiver violado "seu direito de livre acesso ao bem locado deve se valer das ações possessórias adequadas, caso ocorra turbação ou esbulho" (Lex-JTA 166/238).

Art. 22: 1d. v. art. 44-I.

Art. 22: 1e. "Incide a norma de ordem pública do art. 22, VII, da Lei 8.245/91, que imputa ao locador a responsabilidade pelo pagamento das taxas de intermediação, não se admitindo qualquer artifício que transfira a obrigação ao inquilino" (RT 708/140).

Art. 22: 1f. "As despesas com elaboração do contrato de locação, conhecidas como 'taxa de contrato', não podem ser exigidas do locatário" (CED do 2º TASP, enunciado 4, v.u.).

Art. 22: 2. cf. art. 23-VII, 1ª parte.

Art. 22: 2a. **Súmula 614 do STJ:** "O locatário não possui legitimidade ativa para discutir a relação jurídico-tributária de IPTU e de taxas referentes ao imóvel alugado nem para repetir indébito desses tributos".

Art. 22: 3. cf. art. 23 § 2º, *in fine*.

Art. 22: 4. v. § ún.; s/ despesas ordinárias, cf. art. 23 § 1º.

✎ **Art. 22: 4a.** "Despesas de condomínio na Lei do Inquilinato", por Helder Martinez Dal Col (RT 775/136, RF 355/61).

Art. 22: 5. Nos *shopping-centers*, v. art. 54 § 1º-*a*.

Art. 22: 6. cf. art. 23 § 1º-*c*.

Art. 22: 7. Nos *shopping-centers*, v. art. 54 § 1º-*a*.

Art. 22: 8. cf. art. 23 § 1º-*a*.

Art. 22: 9. Nos *shopping-centers*, v. art. 54 § 1º-*a*.

Art. 22: 10. cf. art. 23 § 1º-*d*.

Art. 23. O locatário é obrigado[1] a:

I — pagar[2-2a] pontualmente o aluguel e os encargos da locação, legal ou contratualmente[2b] exigíveis, no prazo estipulado ou, em sua falta, até o sexto dia útil do mês seguinte ao vencido, no imóvel locado, quando outro local não tiver sido indicado no contrato;

II — servir-se do imóvel para o uso convencionado ou presumido, compatível com a natureza deste e com o fim a que se destina, devendo tratá-lo com o mesmo cuidado como se fosse seu;

III — restituir o imóvel, finda a locação,[2c-2d] no estado em que o recebeu, salvo as deteriorações decorrentes do seu uso normal;

IV — levar imediatamente ao conhecimento do locador o surgimento de qualquer dano ou defeito cuja reparação a este incumba, bem como as eventuais turbações de terceiros;

V — realizar a imediata reparação dos danos verificados no imóvel, ou nas suas instalações, provocados por si, seus dependentes, familiares, visitantes ou prepostos;

VI — não modificar a forma interna ou externa do imóvel sem o consentimento prévio e por escrito do locador;[3]

VII — entregar imediatamente ao locador os documentos de cobrança de tributos[3a] e encargos condominiais,[4] bem como qualquer intimação, multa ou exigência de autoridade pública, ainda que dirigida a ele, locatário;

VIII — pagar as despesas de telefone e de consumo de força, luz e gás, água e esgoto;

IX — permitir a vistoria do imóvel pelo locador ou por seu mandatário, mediante combinação prévia de dia e hora, bem como admitir que seja o mesmo visitado e examinado por terceiros, na hipótese prevista no art. 27;[5]

X — cumprir integralmente a convenção de condomínio e os regulamentos internos;[5a]

XI — pagar o prêmio do seguro de fiança;[6-6a]

XII — pagar as despesas ordinárias de condomínio.[7]

§ 1º Por despesas ordinárias de condomínio se entendem as necessárias à administração respectiva, especialmente:

a) salários, encargos trabalhistas, contribuições previdenciárias e sociais dos empregados do condomínio;[8]

b) consumo de água e esgoto, gás, luz e força das áreas de uso comum;

c) limpeza, conservação e pintura das instalações e dependências de uso comum;[9]

d) manutenção e conservação das instalações e equipamentos hidráulicos, elétricos, mecânicos e de segurança, de uso comum;[10]

e) manutenção e conservação das instalações e equipamentos de uso comum destinados à prática de esportes e lazer;

f) manutenção e conservação de elevadores, porteiro eletrônico e antenas coletivas;

g) pequenos reparos nas dependências e instalações elétricas e hidráulicas de uso comum;

h) rateios de saldo devedor, salvo se referentes a período anterior ao início da locação;

i) reposição do fundo de reserva, total ou parcialmente utilizado no custeio ou complementação das despesas referidas nas alíneas anteriores, salvo se referentes a período anterior ao início da locação.[11]

§ 2º O locatário fica obrigado ao pagamento das despesas referidas no parágrafo anterior, desde que comprovadas a previsão orçamentária e o rateio mensal, podendo exigir a qualquer tempo a comprovação das mesmas.[12]

§ 3º No edifício constituído por unidades imobiliárias autônomas, de propriedade da mesma pessoa, os locatários ficam obrigados ao pagamento das despesas referidas no § 1º deste artigo, desde que comprovadas.

Art. 23: 1. A infração grave, pelo locatário, de obrigação legal ou contratual autoriza o despejo (art. 9º-II e III). V. art. 71, notas 6a e segs.

Art. 23: 2. s/ despejo por falta de pagamento, v. arts. 59 §§ 1º-IX e 3º e 62.

Art. 23: 2a. Os bens próprios da mulher respondem pelas dívidas do marido relativas ao imóvel em que residem, pois há presunção de que estas foram contraídas em benefício da família (Lex-JTA 147/300).

Art. 23: 2b. s/ seguro contra fogo, v. art. 71, nota 6b.

Art. 23: 2c. "Inquilino que não restitui o imóvel, apesar de validamente notificado para fazê-lo, responde por perdas e danos" (Lex-JTA 159/343).

Art. 23: 2d. "O locatário tem direito a devolver o imóvel findo o prazo da locação. A exigência do locador em receber o imóvel somente após a realização de reforma caracteriza condição potestativa. Eventual prejuízo deverá ser discutido em ação própria" (STJ-RT 748/209).

"A continuidade do contrato inviabiliza a antecipação indenizatória, que só é exigível se, à época da restituição do prédio, o locatário não o devolver de acordo com o estado originário" (Bol. AASP 1.806/supl., p. 2).

Art. 23: 3. "Não constitui infração contratual a ser punida com o despejo a modificação no imóvel sem o consentimento do locador, se as benfeitorias realizadas são removíveis e não trazem prejuízo à segurança e funcionalidade, podendo o mesmo ser devolvido no seu estado original" (Lex-JTA 145/303).

Art. 23: 3a. cf. art. 22-VIII.

Art. 23: 4. i. e., só os documentos daqueles encargos condominiais que, pelo contrato ou por lei (art. 22 § ún.), tocam ao locador.

Art. 23: 5. i. e., no caso de oferecimento à venda do imóvel locado.

Art. 23: 5a. "A infração contratual locatícia por desobediência às regras condominiais deve ser de tal maneira grave que provoque a justificada reação do condomínio quanto à presença do locatário no seio da coletividade" (Lex-JTA 145/302).

Art. 23: 6. se for o caso (v. art. 37-III).

Art. 23: 6a. "O locador que paga o prêmio do seguro-fiança contratado pelo locatário, em face da inadimplência deste último, não tem o direito de cobrá-lo do fiador, uma vez que a dívida com aluguéis e encargos da locação não se confunde com o prêmio do seguro, tratando-se de obrigações distintas: a primeira em favor do locador e a segunda em favor da seguradora" (STJ-5ª T., REsp 998.359, Min. Arnaldo Esteves, j. 4.12.08, DJ 2.2.09).

Art. 23: 7. v. § 1º; s/ despesas extraordinárias, v. art. 22 § ún.

As despesas ordinárias podem ser cobradas pelo locador ao locatário juntamente com o aluguel do mês a que se refiram (art. 25).

Art. 23: 8. cf. art. 22 § ún.-*d*.

Art. 23: 9. cf. art. 22 § ún.-*b*.

Art. 23: 10. cf. art. 22 § ún.-*e*.

Art. 23: 11. cf. art. 22 § ún.-*g*.

Art. 23: 12. cf. art. 22-IX.

Art. 24. Nos imóveis utilizados como habitação coletiva multifamiliar, os locatários ou sublocatários poderão depositar judicialmente o aluguel e encargos se a construção for considerada em condições precárias pelo Poder Público.

§ 1º O levantamento dos depósitos somente será deferido com a comunicação, pela autoridade pública, da regularização do imóvel.

§ 2º Os locatários ou sublocatários que deixarem o imóvel estarão desobrigados do aluguel durante a execução das obras necessárias à regularização.

§ 3º Os depósitos efetuados em juízo pelos locatários e sublocatários poderão ser levantados, mediante ordem judicial, para realização das obras ou serviços necessários à regularização do imóvel.

Art. 25. Atribuída ao locatário a responsabilidade pelo pagamento dos tributos, encargos e despesas ordinárias de condomínio,[1] o locador poderá cobrar tais verbas juntamente com o aluguel do mês a que se refiram.

Parágrafo único. Se o locador antecipar os pagamentos, a ele pertencerão as vantagens daí advindas, salvo se o locatário reembolsá-lo integralmente.

Art. 25: 1. v. art. 23-*caput*-XII e § 1º.

Art. 26. Necessitando o imóvel de reparos urgentes, cuja realização incumba ao locador, o locatário é obrigado a consenti-los.[1]

Parágrafo único. Se os reparos durarem mais de dez dias, o locatário terá direito ao abatimento do aluguel, proporcional ao período excedente; se mais de trinta dias, poderá resilir o contrato.

Art. 26: 1. sob pena de despejo (art. 9º-IV).

Seção V | O DIREITO DE PREFERÊNCIA[1]

✎ **SEÇ. V: 1.** "Direito de preferência na Lei do Inquilinato", por Geraldo Gonçalves da Costa (RJ 252/147); "Breves notas sobre o direito de preferência na locação de imóveis urbanos (Lei 8.245/1991)", por Augusto Passamani Bufulin (RDPr 53/101).

Art. 27. No caso de venda, promessa de venda, cessão ou promessa de cessão de direitos ou dação em pagamento,[1-2] o locatário tem preferência para adquirir o imóvel locado, em igualdade de condições com terceiros, devendo o locador dar-lhe conhecimento do negócio mediante notificação[3-3a] judicial, extrajudicial ou outro meio[4] de ciência inequívoca.

Parágrafo único. A comunicação deverá conter todas as condições do negócio e, em especial, o preço, a forma de pagamento, a existência de ônus reais, bem como o local e horário em que pode ser examinada a documentação pertinente.

Art. 27: 1. Casos em que não ocorre a preferência: art. 32.

Art. 27: 2. Para que haja o direito de preferência, a lei não exige expressamente que o compromisso de compra e venda, a cessão ou a promessa de cessão de direitos sobre o imóvel locado sejam irrevogáveis e irretratáveis, ao contrário do que ocorre nas hipóteses dos arts. 8º § 1º e 47 § 2º. Mas *ubi eadem ratio, ibi eadem legis dispositio* (ou seja: existente a mesma razão, aplica-se a mesma regra).

Art. 27: 3. "Mesmo depois de notificado o locatário para o exercício do direito de preferência, ao locador reserva-se o direito de alterar as condições do negócio ou, mesmo, não realizar a alienação, dado o caráter provisório com que se revestem tais negociações prévias" (RF 303/184). Depois da aceitação da proposta, porém, o locador que a retirar sujeita-se a perdas e danos (v. art. 29).

Além disso: "A eficácia da afronta ao inquilino, para exercer o seu direito de preferência na aquisição do imóvel locado, está limitada às condições indicadas na notificação, de sorte que, modificadas essas condições, com redução do preço, nova oportunidade deve ser dada ao inquilino para exercitar o seu direito" (STJ-3ª T., REsp 8.008, Min. Dias Trindade, j. 25.3.91, DJU 29.4.91).

Art. 27: 3a. "Pedido de indenização formulado por locatário contra os locadores em face dos prejuízos sofridos em decorrência da forma como efetivado o direito de preferência à aquisição do imóvel em condições superiores às oferecidas a terceiro, com violação ao disposto no artigo 27 da Lei 8.245/91. Jurisprudência consolidada desta Corte Superior no sentido do dever de o locador dar ciência inequívoca ao locatário acerca do valor oferecido por terceiro interessado na aquisição do imóvel locado, sendo a sua falta sancionada com o dever de reparação dos prejuízos causados. Peculiaridade do caso em que foi oportunizado ao locatário o exercício do direito de preferência, mas em condições desiguais às oferecidas pelo locador a terceiro. Violação pelos locadores ao dever de lealdade imposto pelo princípio da boa-fé objetiva (art. 422 do CC) ao **omitirem o preço real oferecido por terceiro"** (STJ-3ª T., REsp 1.613.668, Min. Paulo Sanseverino, j. 6.11.18, DJ 27.11.18).

Art. 27: 4. s/ notificação por telex ou fac-símile, v. art. 58-IV.

Art. 28. O direito de preferência do locatário caducará se não manifestada, de maneira inequívoca, sua aceitação integral à proposta,[1] no prazo de trinta dias.[2]

Art. 28: 1. A contra-proposta formulada pelo locatário equivale a recusa (STJ-6ª T., Ag 54.180-0-AgRg, Min. Vicente Cernicchiaro, j. 27.9.94, DJU 28.11.94).

"O exercício do direito de preferência pelo locatário pressupõe a aceitação integral da proposta formulada por terceiro (não há sentido em falar em preferência se as condições negociais são distintas), por isso que o oferecimento de contraproposta, ainda que mais vantajosa, descaracteriza o instituto" (STJ-3ª T., REsp 1.463.482, Min. João Otávio, j. 26.4.16, DJ 29.4.16).

"A aceitação deve corresponder a uma adesão igual à proposta" (RT 722/230).

Art. 28: 2. contados do recebimento documentado da comunicação feita pelo locador.

"A contagem do prazo decadencial para o exercício do direito de preferência somente tem início com a ciência inequívoca de todas as condições definitivas do negócio a ser realizado com terceiro" (STJ-3ª T., REsp 1.374.643, Min. João Otávio, j. 6.5.14, DJ 2.6.14).

Art. 29. Ocorrendo aceitação da proposta[1] pelo locatário, a posterior desistência do negócio pelo locador acarreta, a este, responsabilidade pelos prejuízos ocasionados, inclusive lucros cessantes.[2]

Art. 29: 1. v. CC 427 a 435.

Art. 29: 2. "Aceita a proposta pelo inquilino, o locador não está obrigado a vender a coisa ao locatário, mas a desistência do negócio o sujeita a reparar os danos sofridos, consoante a diretriz do art. 29 da Lei 8.245/91. A discussão acerca da má-fé do locador — que desistiu de celebrar o negócio — não inviabiliza a tutela do direito buscado pelo locador por meio da ação de despejo, porque a Lei 8.245/91 não conferiu ao locatário o poder de compelir o locador a realizar a venda do imóvel, cabendo-lhe somente o ressarcimento das perdas e danos resultantes da conduta do locador" (STJ-3ª T., REsp 1.193.992, Min. Nancy Andrighi, j. 2.6.11, DJ 13.6.11).

Art. 30. Estando o imóvel sublocado em sua totalidade, caberá a preferência ao sublocatário[1] e, em seguida, ao locatário. Se forem vários os sublocatários, a preferência caberá a todos, em comum, ou a qualquer deles, se um só for o interessado.

Parágrafo único. Havendo pluralidade de pretendentes, caberá a preferência ao locatário mais antigo[2] e, se da mesma data, ao mais idoso.

Art. 30: 1. O condômino prefere ao sublocatário (art. 34) e este, ao locatário.

Art. 30: 2. se não houver sublocatário com preferência.

Art. 31. Em se tratando de alienação de mais de uma unidade imobiliária, o direito de preferência incidirá sobre a totalidade dos bens objeto da alienação.[1]

Art. 31: 1. "O direito de preferência há de ser exercido sobre a totalidade do imóvel vendido, e não apenas em relação à parte do mesmo, locada ao titular da preempção" (RSTJ 21/507).

Art. 32. O direito de preferência não alcança os casos de perda da propriedade ou venda por decisão judicial, permuta, doação, integralização de capital, cisão, fusão e incorporação.[1 a 3]

Parágrafo único (*redação da Lei 10.931, de 2.8.04*). Nos contratos firmados a partir de 1º de outubro de 2001, o direito de preferência de que trata este artigo não alcançará também os casos de constituição da propriedade fiduciária e de perda da propriedade ou venda por quaisquer formas de realização de garantia, inclusive mediante leilão extrajudicial, devendo essa condição constar expressamente em cláusula contratual específica, destacando-se das demais por sua apresentação gráfica.

Art. 32: 1. Casos em que existe o direito de preferência: art. 27.

Art. 32: 2. Também não se aplica à hipótese em que o locador é mero possuidor e cede seus direitos (Lex-JTA 139/380).

Art. 32: 3. "A venda direta de imóvel decorrente do plano de recuperação judicial do locador, aprovado pelos credores e homologado pelo juiz, não caracteriza venda por decisão judicial, a que alude o art. 32 da Lei 8.245/1991. Assim, deve ser respeitado o direito de preferência do locatário, previsto no art. 27 do mesmo diploma legal" (STJ-3ª T., REsp 1.374.643, Min. João Otávio, j. 6.5.14, DJ 2.6.14).

Art. 33. O locatário[1] preterido no seu direito de preferência[2-3] poderá reclamar do alienante[4] as perdas e danos[5-6] ou, depositando o preço e demais despesas do ato de transferência, haver para si o imóvel locado,[7 a 9] se o requerer no prazo de seis meses, a contar do registro do ato no Cartório de Imóveis,[10] desde que o contrato de locação esteja averbado[11-12] pelo menos trinta dias antes da alienação[13 a 13b] junto à matrícula do imóvel.

Parágrafo único. A averbação far-se-á à vista de qualquer das vias do contrato de locação, desde que subscrito também por duas testemunhas.[14]

Art. 33: 1. Igual direito assiste ao sublocatário, no caso do art. 30-*caput*.

Art. 33: 2. "Locação. Direito de preferência. O direito de o locatário preterido reclamar perdas e danos do locador independe do registro do contrato de locação" (STJ-5ª T., REsp 68.686, Min. Assis Toledo, j. 27.2.96, DJU 1.4.96). No mesmo sentido: STJ-3ª T., REsp 1.216.009, Min. Nancy Andrighi, j. 14.6.11, DJ 27.6.11; STJ-4ª T., REsp 912.223, Min. Marco Buzzi, j. 6.9.12, DJ 17.9.12; RF 336/339, maioria, Bol. AASP 1.955/186j, maioria.

Contra: "Se o locatário não tem direito de preferência na aquisição do imóvel locado, por não estar o contrato registrado, não há que se falar em indenização por perdas e danos por não ter sido comunicado da intenção de alienação, pois só o locatário preterido em sua preferência pode reclamar tal composição, devendo, porém, demonstrar os prejuízos que efetivamente sofreu" (RT 635/252).

Art. 33: 3. Ação anulatória da alienação. "O inquilino pode promover ação para anular atos jurídicos que poderiam prejudicar o seu direito de preferência à adquisição do imóvel" (STJ-4ª T., REsp 475.132, Min. Ruy Rosado, j. 15.5.03, DJU 15.12.03). No caso, decidiu-se que o locatário tem legitimidade para propor ação com o objetivo de anular, sob o fundamento de ter havido simulação, a alienação do imóvel por permuta, feita para preterir o seu direito de preferência.

Art. 33: 4. As perdas e danos somente podem ser reclamadas do alienante (JTA 104/273, maioria, 119/321, maioria), segundo dispõe expressamente a lei. **Contra,** admitindo a ação contra o comprador: STJ-6ª T., REsp 93.121, Min. Vicente Cernicchiaro, j. 17.6.96, DJU 31.3.97.

Mas a ação de preferência deve ser proposta contra o locador e o adquirente, pois não é cabível que este seja privado de um direito sem que tenha oportunidade de se defender. Neste sentido: Bol. AASP 1.806/supl., p. 3, em.

Art. 33: 5. Para a ação de perdas e danos, não prevalece o prazo de decadência de seis meses, restrito à ação de preferência. E isto porque a primeira é de caráter pessoal, e a segunda é reipersecutória. Neste sentido: STJ-RT 785/199; STJ-5ª T., REsp 247.245, Min. Gilson Dipp, j. 8.8.00, DJU 11.9.00.

Contra: "Não exercendo o locatário, no prazo decadencial do § 6º do art. 24 da Lei 6.649/79, o seu direito de preferência, não pode mais obter a sequela adjudicatória, nem o ressarcimento por perdas e danos" (JTA 106/282, maioria).

Art. 33: 6. "Para que o locatário faça valer o direito à indenização a que se refere o § 2º, art. 25, da Lei 6.649/79, é necessária a prova de sua capacidade econômica para aquisição do imóvel cuja preferência lhe foi negada, bem como das perdas e danos decorrentes do comportamento do locador" (RJTAMG 24/266).

Também exigindo que o locatário "comprove que detinha condições de adquirir o imóvel, nas mesmas condições com que o adquirente o fez": STJ-4ª T., REsp 1.299.010-AgRg, Min. Marco Buzzi, j. 6.10.15, DJ 14.10.15.

Igualmente exigindo que o locatário demonstre a existência de prejuízos: RT 635/252, Lex-JTA 146/301.

Art. 33: 7. mas é obrigado a pagar aluguel ao adquirente, enquanto discute judicialmente a alegada preterição.

V. art. 8º, nota 8.

Art. 33: 8. "A ação para o exercício do direito de preferência do locatário é de caráter pessoal, não sendo necessária a citação do cônjuge do comprador para formar a relação processual (art. 10, § 1º, I, do CPC)" (RSTJ 23/391).

V. nota 2.

Art. 33: 9. s/ suspensão da ação de despejo, no caso de haver ação de preferência movida pelo locatário, v. art. 59, nota 13.

Art. 33: 10. Nada impede que a ação seja proposta antes do registro pois, do contrário, o adquirente de má-fé poderia, não efetivando o registro, retardar indefinidamente a possibilidade de propositura da ação pelo locatário. O prazo de seis meses é o termo final para a propositura da ação, mas o registro não é o termo inicial do prazo.

Art. 33: 11. v. art. 8º, notas 9 e 10.

Art. 33: 12. Por identidade de razões, o sublocatário só pode ter preferência se averbar seu contrato no registro de imóveis. É necessário também que o contrato de sublocação indique o nome do locador, em atenção ao princípio da continuidade dos registros.

Art. 33: 13. Conta-se o prazo de 30 dias, regressivamente, da alienação, e não do registro.

Art. 33: 13a. "O direito de adjudicar o imóvel, alienado com preterição da preferência assegurada em lei depende de registro do contrato na serventia de imóveis, com a antecedência prevista em lei. Isso não se modifica em virtude de o locador haver notificado o locatário para que exercesse o direito de preferência. O registro é formalidade que interessa ao adquirente, terceiro relativamente à doação" (STJ-3ª T., REsp 16.872, Min. Eduardo Ribeiro, j. 24.2.92, DJU 13.4.92).

Art. 33: 13b. "Impõe-se a obrigação legal de **averbar o contrato de locação** para possibilitar a geração de efeito *erga omnes* no tocante à intenção do locatário de fazer valer seu direito de preferência e tutelar os interesses de terceiros na aquisição do bem imóvel. Ainda que obstada a averbação do contrato de locação por falha imputável ao locador, não estaria assegurado o direito à adjudicação compulsória do bem se o terceiro adquirente de boa-fé não foi cientificado da existência de referida avença quando da lavratura da escritura de compra e venda do imóvel no cartório de registro de imóveis" (STJ-3ª T., REsp 1.554.437, Min. João Otávio, j. 2.6.16, DJ 7.6.16).

Art. 33: 14. cf. LRP 169-III, no art. 81.

Art. 34. Havendo condomínio no imóvel, a preferência do condômino terá prioridade sobre a do locatário.

Seção VI | DAS BENFEITORIAS

Art. 35. Salvo expressa disposição contratual em contrário,[1-2] as benfeitorias[2a-2b] necessárias[3] introduzidas pelo locatário, ainda que não autorizadas pelo locador, bem como as úteis,[4] desde que autorizadas,[4a] serão indenizáveis, e permitem o exercício do direito de retenção.[5]

Art. 35: 1. Súmula 335 do STJ: "Nos contratos de locação, é válida a cláusula de renúncia à indenização das benfeitorias e ao direito de retenção".

Súmula 15 do 2º TASP: "É dispensável prova sobre benfeitorias se há cláusula contratual em que o locatário renunciou ao respectivo direito de retenção ou de indenização". Este texto é o correto (cf. JTA 111/234).

Art. 35: 2. v., no caso de alienação, **Súmula 158 do STF,** no art. 8º, nota 10.

Art. 35: 2a. "É possível a retenção do imóvel, pelo possuidor de boa-fé, até que seja indenizado pelas acessões nele realizadas" (STJ-5ª T., REsp 805.522, Min. Arnaldo Esteves, j. 7.12.06, DJU 5.2.07).

Contra: "A construção realizada no imóvel pelo locatário caracteriza acessão, e não benfeitoria, e descabe direito de retenção, na medida em que o locador não autorizou a construção" (RT 838/234).

"A acessão, ao contrário da benfeitoria, não gera obrigação de o senhorio indenizar o locatário; salvo se desejar incorporá-la ao seu patrimônio" (STJ-6ª T., REsp 174.134, Min. Vicente Cernicchiaro, j. 25.8.98, DJU 28.9.98).

"A exceção de retenção, quando se trata de matéria de locação, só tem aplicação quando se trata de benfeitorias. É o que diz o CC (art. 1.199), o CPC (art. 744), Lei n. 6.649/79 (art. 26) e a atual Lei n. 8.245/91 (art. 35), ou, até mesmo, o art. 516 do Código Civil" (Bol. AASP 1.778/supl., em. 16; os arts. 1.199 e 516 do CC rev., citados no texto, correspondem ao CC 578 e 1.219; v. tb. CC 1.214). Ainda: RT 698/131.

Ainda contra, no sentido de que, diversamente das benfeitorias, a indenização por acessões não pode ser pedida na ação de despejo, nem possibilita a retenção do imóvel pelo locatário; devendo ser pleiteada pela via processual própria: Lex-JTA 141/324, RT 693/172, 756/262.

V. tb. CPC 917, nota 14.

Art. 35: 2b. "A acessão, ao contrário da benfeitoria, não gera obrigação de o senhorio indenizar o locatário; salvo se desejar incorporá-la ao seu patrimônio" (STJ-6ª T., REsp 174.134, Min. Vicente Cernicchiaro, j. 25.8.98, DJU 28.9.98).

"Ainda que a construção de prédio em terreno locado possa ser tecnicamente considerada acessão, e não benfeitoria, válida é a cláusula contratual que exclui o respectivo direito de indenização porque cuida-se, em última análise, de estipulação envolvendo direito disponível" (Bol. AASP 2.069/686j).

No sentido de que a indenização por acessões não pode ser pedida na ação de despejo e deve ser pleiteada pela via processual própria: Lex-JTA 141/324, RT 693/172, 756/262.

Art. 35: 3. v. CC 96 § 3º.

Art. 35: 4. v. CC 96 § 2º.

Art. 35: 4a. "As benfeitorias úteis, quando realizadas sem a concordância, por escrito, do locador, não geram direito de retenção, e, apenas, direito de indenização, a ser exercido em processo autônomo" (JTA 97/240).

Art. 35: 5. O direito de retenção deve ser pleiteado no processo de conhecimento, e não em execução (v. art. 59, nota 14).

Art. 36. As benfeitorias voluptuárias[1] não serão indenizáveis, podendo ser levantadas pelo locatário, finda a locação, desde que sua retirada não afete a estrutura e a substância do imóvel.[2]

Art. 36: 1. v. CC 96 § 1º.

Art. 36: 2. cf. CC 1.219.

Seção VII | DAS GARANTIAS LOCATÍCIAS

Art. 37. No contrato de locação, pode o locador exigir do locatário as seguintes modalidades de garantia:[1]

I — caução;[1a]

II — fiança;[1b a 5e]

III — seguro de fiança locatícia;[6]

IV — cessão fiduciária de quotas de fundo de investimento.[6a]

Parágrafo único. É vedada, sob pena de nulidade, mais de uma das modalidades de garantia num mesmo contrato de locação.[7-7a]

✎ **Art. 37: 1.** "Garantias locatícias de imóveis urbanos", por Nadir Silveira Dias (Ajuris 76/189); "Garantias locatícias", por Sílvio de Salvo Venosa (RMDCPC 36/84).

Art. 37: 1a. v. art. 38; CC 1.457 a 1.460.

✎ **Art. 37: 1b.** "A fiança e a prorrogação do contrato de locação", por Humberto Theodoro Júnior (RDPr 18/66); "A fiança à locação e a Súmula 214 do STJ", por Alessandro Schirrmeister Segalla (RJ 335/41 e RT 849/57); "Fiança na locação de imóveis", por Geraldo Gonçalves da Costa (RJ 346/27).

Art. 37: 2. v. arts. 8º (nota 13), 22-VII, 23-XI, 40, 62-I e 73 (nota 6); CPC 794; CC 818 a 839. V. ainda, no nosso CCLCV, CC 204, nota 4 (interrupção da prescrição).

Art. 37: 2a. Súmula 214 do STJ: "O **fiador** na locação não responde por obrigações resultantes de aditamento ao qual não anuiu". V. tb. CC 366.

Todavia: "A 3ª Seção do STJ, no julgamento do EREsp 566.633/CE, firmou o entendimento de que, havendo, como no caso vertente, cláusula expressa no contrato de aluguel de que a responsabilidade dos fiadores perdurará até a efetiva entrega das chaves do imóvel objeto da locação, não há falar em desobrigação destes, ainda que o contrato tenha se prorrogado por prazo indeterminado" (STJ-Bol. AASP 2.559/4.606: 3ª Seção, ED no REsp 569.025, um voto vencido). No mesmo sentido: STJ-Corte Especial, ED no REsp 845.951-AgRg, Min. Teori Zavascki, j. 4.6.08, DJU 1.7.08; RT 829/269, 839/371, RJTJERGS 253/285.

V. tb. art. 39, com a redação dada pela Lei 12.112, de 9.12.09.

Assim, tende a ficar superado o entendimento no sentido de que o fiador responsável até a entrega das chaves não responderia pelas obrigações surgidas após a prorrogação do contrato sem a sua anuência (p/ esse entendimento, v. STJ-6ª T., REsp 502.836-AgRg; STJ-5ª T., REsp 678.737; STJ-4ª T., AI 819.912-AgRg; RT 736/276, 757/232, 833/254, RF 386/374).

Ainda: "Não há aditamento em contrato de locação sub-rogado por lei, nos termos do art. 12, *caput*, §§ 1º e 2º, da Lei 8.245/91, sendo — portanto — inaplicável a Súmula 214/STJ nessas situações" (STJ-3ª T., REsp 1.510.503, Min. Nancy Andrighi, j. 5.11.19, maioria, DJ 19.11.19).

Art. 37: 2b. "Tendo a locadora e o locatário do imóvel majorado o valor do aluguel sem a anuência dos fiadores, não respondem estes pelos acréscimos verificados, mas apenas pelo valor originalmente pactuado, devidamente reajustado na forma prevista no contrato de locação" (STJ-RT 862/170: 5ª T., REsp 437.040).

Art. 37: 3. Fiadores citados para a ação revisional. "Na ação revisional, regularmente citados os fiadores, podem os mesmos integrar a lide como assistentes litisconsorciais. Tal ato é uma faculdade, não uma obrigação. Contudo, não exercida esta e devidamente praticado o ato da ciência, sobre eles recairá o ônus resultante de eventual condenação. Aplicação dos arts. 50 e seguintes do CPC" (RSTJ 134/494: 5ª T.).

Fiadores não citados para a ação revisional. "Na ação revisional, impõe-se a regular citação do fiador para integrar a lide no polo passivo. Não tendo o fiador integrado a ação revisional, não pode ser demandado pelos valores que por ela foram acrescidos ao antes contratado" (STJ-3ª Seção, RT 774/201, ED no REsp 154.845). Assim, é "notória a sua ilegitimidade passiva para a ação que executa título judicial emanado daquela ação revisora do locativo" (STJ-3ª Seção, ED no REsp 154.845, Min. Gilson Dipp, j. 13.10.99, DJU 16.11.99). No mesmo sentido: RT 730/186, 730/270. **Contra:** "Se a fiança prestada em contrato de locação prevê a responsabilidade solidária do fiador não só pelo aluguel pactuado na avença como, também, por reajustes decorrentes de acordo das partes e do sistema legal, esta abrangerá o acréscimo oriundo de revisão judicial do locativo, ainda que da ação não tenha participado o garante como assistente litisconsorcial. O que o torna parte legítima passiva para a decorrente execução das diferenças dos locativos vencidos no transcorrer da demanda revisional" (RT 641/188, reformando acórdão em RT 636/137).

Art. 37: 3a. "O simples parcelamento do débito entre locador e locatário não constitui novação contratual, capaz de exonerar os fiadores da garantia prestada" (STJ-5ª T., REsp 966.339-AgRg-AgRg, Min. Napoleão Maia Filho, j. 23.3.10, DJ 3.5.10). No mesmo sentido: RT 851/239, JTJ 302/217, 347/356 (AP 992.01.041703-5, maioria).

"A celebração de acordo entre o locador e os locatários em outra demanda, estipulando forma de pagamento da dívida, não configura novação, em nenhuma de suas modalidades, pois não se trata de uma nova relação locatícia, mas tão somente de tolerância do credor no recebimento do seu crédito, persistindo, pois, em consequência, as cláusulas anteriormente convencionadas" (JTJ 294/214).

"O fiador que subscreveu o acordo moratório, ainda que na condição de representante legal da pessoa jurídica locatária, tem ciência inequívoca do ato, o que afasta a pretensão de ser exonerado da garantia com base no art. 1.503, inciso I, do Código Civil de 1916" (STJ-5ª T., REsp 865.743, Min. Laurita Vaz, j. 4.5.10, DJ 31.5.10).

Todavia, no sentido de que, para a caracterização da novação que exonera o fiador, basta o reiterado comportamento das partes em determinado sentido, ainda que para a redução dos valores devidos pelo afiançado: RT 828/264.

"A moratória concedida ao locatário, pelo parcelamento da dívida oriunda do contrato locatício, constitui o aditamento das obrigações assumidas pelos garantes do contrato de locação. Nos termos da jurisprudência deste STJ, os fiadores exoneram-se da garantia prestada no contrato de locação, bem como da solidariedade em relação ao locatário, se não anuíram com o pacto moratório. Art. 838, I, do CC" (STJ-RIDCPC 65/180: 6ª T., REsp 990.073).

"Havendo transação e moratória, sem a anuência dos fiadores, não respondem esses por obrigações resultantes de pacto adicional firmado entre locador e locatário, ainda que exista cláusula estendendo suas obrigações até a entrega das chaves. Havendo dois fiadores e sendo a moratória assinada apenas por um deles, o cogarante que não participou do mencionado acordo resta exonerado" (STJ-5ª T., REsp 865.743, Min. Laurita Vaz, j. 4.5.10, DJ 31.5.10).

"O fiador que não anui com moratória de débitos da locação concedida pelo locador ao locatário fica desobrigado da fiança" (STJ-4ª T., Ag em REsp 131.459-AgRg, Min. Raul Araújo, j. 18.12.12, DJ 7.2.13).

S/ a caracterização da novação, v. tb., no CCLCV, CC 361, especialmente nota 1.

Art. 37: 3b. A sublocação do imóvel sem a anuência do fiador desonera este da fiança (RT 860/367).

Art. 37: 4. Extinção da fiança por morte do afiançado. "A fiança, em face de seu caráter pessoal, extingue-se a partir da data da morte do locatário afiançado, respondendo o fiador apenas por aluguéis já vencidos em vida do afiançado, mas não por aqueles que se vencerem depois de sua morte, por se tratar de dívida dos seus sucessores e a estes não se estende a garantia" (Lex-JTA 151/306).

"Por ser contrato de natureza *intuitu personae*, porque importa a confiança que inspire o fiador ao credor, a morte do locatário importa em extinção da fiança e exoneração da obrigação do fiador" (STJ-5ª T., AI 803.977-AgRg, Min. Arnaldo Esteves, j. 1.3.07, DJU 19.3.07).

Art. 37: 4a. "A decretação de **falência do locatário,** sem a denúncia da locação, nos termos do art. 119, VII, da Lei 11.101/2005, não altera a responsabilidade dos fiadores junto ao locador" (STJ-3ª T., REsp 1.634.048, Min. Nancy Andrighi, j. 28.3.17, DJ 4.4.17).

Art. 37: 4b. Morte de um dos cônjuges fiadores. "A fiança assumida pelo marido e mulher não é apenas simples outorga uxória mas responsabilidade solidária. A mulher que assinou o contrato de fiança com o marido, por não ser mera figurante e sim fiadora, responde pela dívida, no caso de falecimento dele" (JTJ 293/182).

Art. 37: 5. Exoneração da fiança prestada por sócio, em favor da sociedade. O sócio que se obriga como fiador da sociedade pode se exonerar da garantia após a sua retirada do quadro societário, "sendo irrelevante que o contrato locatício tenha sido estipulado por prazo determinado e esteja em vigor" (RSTJ 171/541, RDPr 17/307 e RF 372/262: 6ª T.; os três são o mesmo acórdão).

Para a exoneração nessas condições, basta notificação extrajudicial (STJ-5ª T., AI 788.469-AgRg, Min. Laurita Vaz, j. 28.2.08, DJU 7.4.08).

S/ notificação do credor, v., no nosso CCLCV, CC 835, nota 1b.

Art. 37: 5a. "A retirada do sócio fiador da sociedade afiançada não importa exoneração automática da fiança" (STJ-6ª T., REsp 970.226-AgRg, Min. Paulo Gallotti, j. 2.10.08, DJ 20.10.08). Assim: "O mero registro da alteração do contrato social, perante o órgão competente, não tem o condão de exonerar o fiador de suas obrigações" (STJ-5ª T., REsp 898.051, Min. Laurita Vaz, j. 24.4.07, DJU 28.5.07). No mesmo sentido: JTJ 309/218.

V. tb., no nosso CCLCV, CC 835, nota 2.

Art. 37: 5b. "A sublocação, realizada sem o consentimento e o conhecimento do locador, em descumprimento de obrigação expressamente assumida no contrato de locação, não implica a exoneração automática da fiança" (STJ-5ª T., REsp 1.098.238, Min. Arnaldo Esteves, j. 18.2.10, DJ 15.3.10).

Art. 37: 5c. "É nula a cláusula contratual mediante a qual o fiador renuncia ao direito de exonerar-se da obrigação, nas hipóteses em que a locação vige por prazo indeterminado" (STJ-5ª T., REsp 884.917, Min. Arnaldo Esteves, j. 17.4.07, DJU 14.5.07).

Art. 37: 5d. "'Havendo **mais de um locatário,** é válida a fiança prestada por um deles em relação aos demais'. Nesse caso, tem-se uma **fiança recíproca,** o que afasta a invalidade do contrato" (STJ-5ª T., REsp 911.993, Min. Laurita Vaz, j. 2.9.10, DJ 13.12.10).

Art. 37: 5e. A imobiliária responde pelos danos morais e materiais causados pela falta de cautela na escolha de fiador para contrato de locação envolvendo imóvel confiado à sua administração (RF 380/361).

Art. 37: 6. v. arts. 23-XI e 41.

Art. 37: 6a. O inc. IV foi acrescido pela Lei 11.196, de 21.11.05.

Art. 37: 7. Os arts. 39 e 42 deveriam vir como §§ do art. 37.

Art. 37: 7a. A consequência, segundo alguns julgados, vem a ser a invalidade da segunda garantia (RT 601/161, 657/135), continuando válida a primeira (RT 709/110, 833/251).

Parece mais razoável, porém, dar a escolha ao locatário, que é o devedor (CC 252-*caput*) e que, assim, poderá optar pela solução menos gravosa para ele (CPC 805).

"Ao verificar a existência de dupla garantia no contrato locatício, compete ao julgador aferir, no caso concreto, baseado em critérios objetivos, qual garantia deve subsistir. Não há como, a partir da interpretação do referido artigo de lei, concluir pela existência de hierarquia ou prevalência de uma determinada garantia sobre a outra" (STJ-5ª T., REsp 94.815, Min. Felix Fischer, j. 20.8.98, DJU 28.9.98).

"A exigência de dupla garantia em contrato de locação não implica a nulidade de ambas, mas tão somente daquela que houver excedido a disposição legal" (STJ-5ª T., REsp 868.220, Min. Arnaldo Esteves, j. 27.9.07, DJU 22.10.07).

Art. 38. A caução poderá ser em bens móveis ou imóveis.

§ 1º A caução em bens móveis deverá ser registrada em Cartório de Títulos e Documentos;[1] a em bens imóveis deverá ser averbada à margem da respectiva matrícula.[2]

§ 2º A caução em dinheiro,[3-4] que não poderá exceder o equivalente a três meses de aluguel, será depositada em caderneta de poupança, autorizada pelo Poder Público e por ele regulamentada, revertendo em benefício do locatário todas as vantagens dela decorrentes por ocasião do levantamento da soma respectiva.

§ 3º A caução em títulos e ações deverá ser substituída, no prazo de trinta dias, em caso de concordata,[5] falência ou liquidação das sociedades emissoras.

Art. 38: 1. cf. LRP 127-III, 144 e 145.

Art. 38: 2. v. LRP 167-II-8.

Art. 38: 3. "É legítima a exigência do locador no sentido de que o inquilino complemente o valor da caução, toda vez que a soma de três meses do aluguel renovado e corrigido suplante o montante da caução realizada pelo locatário no início da locação e suas eventuais complementações" (JTA 119/344).

Art. 38: 4. A caução deve ser restituída com correção monetária (JTA 90/323).

Art. 38: 5. A concordata deu lugar à recuperação judicial ou extrajudicial.

Art. 39. Salvo disposição contratual em contrário, qualquer das garantias da locação se estende até a efetiva devolução do imóvel, ainda que prorrogada a locação por prazo indeterminado, por força desta Lei.[1 a 3]

Art. 39: 1. Redação de acordo com a Lei 12.112, de 9.12.09, em vigor 45 dias após a sua publicação (DOU 10.12.09).

Art. 39: 1a. v. art. 37, notas 2a e segs., inclusive a Súmula 214 do STJ. V. ainda art. 40-V e CC 819.

Art. 39: 2. "A cláusula de renúncia ao direito de exoneração da fiança é válida durante o prazo determinado inicialmente no contrato; uma vez prorrogado por prazo indeterminado, nasce para o fiador a faculdade de se exonerar da obrigação, desde que observado o disposto no art. 1.500 do CC/16 ou no art. 835 do CC/02" (STJ-3ª T., REsp 1.656.633, Min. Nancy Andrighi, j. 15.8.17, DJ 22.8.17).

"Na vigência do contrato de locação por prazo determinado, responde a fiadora pela garantia dada. A notificação extrajudicial feita à locadora não exonera a fiadora do compromisso, que se estende até o fim do contrato de locação (art. 39 da Lei 8.245/91, combinado com o art. 835 do CC/2002)" (STJ-4ª T., Ag em REsp 627.755-AgInt, Min. Raul Araújo, j. 13.11.18, DJ 21.11.18).

"A cláusula contratual de renúncia do direito de exoneração não tem eficácia após a prorrogação do contrato de fiança, sendo inadmissível a pretensão de vinculação dos fiadores por prazo indeterminado. A desobrigação nascida do pedido de exoneração, todavia, não decorre da mera indeterminação do contrato de fiança, como sugerido pelo autor, mas tem eficácia a partir do término do prazo de 60 dias contado da notificação ou da citação do réu na ação de exoneração" (STJ-3ª T., REsp 1.673.383, Min. Paulo Sanseverino, j. 11.6.19, DJ 19.6.19).

Art. 39: 3. "As fianças subsequentes, dadas em substituição, a cada alteração de contrato, tornam liberados os fiadores anteriores, subsistindo a que for dada por último" (Lex-JTA 151/300).

Art. 40. O locador poderá exigir novo fiador ou a substituição da modalidade de garantia,[1] nos seguintes casos:

I — morte do fiador;[2 a 4]

II — ausência, interdição, recuperação judicial, falência ou insolvência do fiador, declaradas judicialmente;[4a]

III — alienação ou gravação de todos os bens imóveis do fiador ou sua mudança de residência sem comunicação ao locador;

IV — exoneração do fiador;[5-5a]

V — prorrogação da locação por prazo indeterminado, sendo a fiança ajustada por prazo certo;

VI — desaparecimento dos bens móveis;

VII — desapropriação ou alienação do imóvel;

VIII — exoneração de garantia constituída por quotas de fundo de investimento;[6]

IX — liquidação ou encerramento do fundo de investimento de que trata o inciso IV do art. 37 desta Lei;[7]

X — prorrogação da locação por prazo indeterminado uma vez notificado o locador pelo fiador de sua intenção de desoneração, ficando obrigado por todos os efeitos da fiança, durante 120 (cento e vinte) dias após a notificação ao locador.[8-8a]

Parágrafo único. O locador poderá notificar o locatário para apresentar nova garantia locatícia no prazo de 30 (trinta) dias, sob pena de desfazimento da locação.[9-10]

Art. 40: 1. Havendo sucessão na locação (art. 11), o locador tem direito de exigir nova garantia, se a existente se extinguiu com a morte do primitivo locatário (JTA 97/300).

Art. 40: 2. "Só nos casos de morte, falência ou insolvência dos dois fiadores, não de um só, é que está o locatário, não o locador, obrigado a substituir a garantia" (RT 720/181).

Art. 40: 3. "Vigorando a fiança com prazo certo, não se admite a mera conveniência do fiador em exonerar-se da garantia prestada" (Lex-JTA 151/303).

Art. 40: 4. "Entendendo-se que fiador é o casal, por força do art. 235, III, do Código Civil, e não o marido ou a mulher individualmente considerados, há de se reconhecer que o falecimento de um deles acarreta a extinção do contrato acessório de fiança a partir da data do passamento. Em consequência, não poderá ser cobrada ao sobrevivente a dívida do afiançado posterior a esse termo" (RT 721/185). O art. 235-III do CC rev. corresponde ao CC 1.647-III.

Art. 40: 4a. Redação do inciso II de acordo com a Lei 12.112, de 9.12.09, em vigor 45 dias após a sua publicação (DOU 10.12.09).

Art. 40: 5. "O instituto da fiança gera vínculo obrigacional tão somente entre o locador e o fiador. A fiança como objeto de exoneração não comporta o locatário como sujeito interessado, além do que é o locador a quem é dada a faculdade de exigir novo fiador ou a substituição da modalidade de garantia, nos termos do art. 40, inc. IV, da Lei 8.245/91. No caso dos autos, não se verifica a indispensabilidade da formação de litisconsórcio, sendo despicienda a citação do locatário para atuar no polo passivo do feito" (STJ-5ª T., REsp 400.931, Min. Gilson Dipp, j. 15.4.04, DJU 24.5.04).

Art. 40: 5a. Caso de exoneração do fiador: art. 12 § 2º.

Art. 40: 6. O inc. VIII foi acrescido pela Lei 11.196, de 21.11.05.

Art. 40: 7. O inc. IX foi acrescido pela Lei 11.196, de 21.11.05.

Art. 40: 8. O inciso X foi acrescido pela Lei 12.112, de 9.12.09, em vigor 45 dias após a sua publicação (DOU 10.12.09).

Art. 40: 8a. "Fiança na locação não residencial. Notificação exoneratória. Correta interpretação do art. 40, inciso X, da Lei 8.245/91. Desnecessidade de que a notificação seja realizada apenas no período da indeterminação do contrato de locação, podendo, assim, os fiadores, no curso da locação com prazo determinado, notificarem o locador de sua intenção exoneratória, mas os seus efeitos somente poderão se projetar para o período de indeterminação do contrato. **Notificado o locador ainda no período determinado** da locação acerca da pretensão de exoneração dos fiadores, os efeitos desta exoneração somente serão produzidos após o prazo de **120 dias da data em que se tornou indeterminado** o contrato de locação, e não da notificação" (STJ-3ª T., REsp 1.798.924, Min. Paulo Sanseverino, j. 14.5.19, DJ 21.5.19).

Art. 40: 9. O § ún. foi acrescido pela Lei 12.112, de 9.12.09, em vigor 45 dias após a sua publicação (DOU 10.12.09).

Art. 40: 10. s/ medida liminar para desocupação do imóvel no caso de desfazimento da locação, v. art. 59 § 1º-VII.

Art. 41. O seguro de fiança locatícia abrangerá a totalidade das obrigações do locatário.

Art. 42. Não estando a locação garantida por qualquer das modalidades, o locador poderá exigir do locatário o pagamento do aluguel e encargos até o sexto dia útil do mês vincendo.[1]

Art. 42: 1. v. art. 37, nota 7.

Seção VIII | DAS PENALIDADES CRIMINAIS E CIVIS

Art. 43. Constitui contravenção penal, punível com prisão simples de cinco dias a seis meses ou multa de três a doze meses do valor do último aluguel atualizado, revertida em favor do locatário:

I — exigir, por motivo de locação ou sublocação,[1] quantia ou valor além do aluguel e encargos permitidos;

II — exigir, por motivo de locação ou sublocação, mais de uma modalidade de garantia num mesmo contrato de locação;[2-2a]

III — cobrar antecipadamente o aluguel, salvo a hipótese do art. 42 e da locação para temporada.[3]

Art. 43: 1. v. art. 21 § ún.

Art. 43: 2. v. art. 37 § ún.

Art. 43: 2a. "O locatário não desfruta de ação para o recebimento da multa do art. 43, II, da Lei n. 8.245, de 1991.

A apuração da prática violadora é atividade privativa do órgão judicante criminal e excluidora da iniciativa do ofendido, que, em última análise, poderá valer-se do pedido de reversão ou da execução da sentença penal", já que o seu montante "é pago ao locatário, em vez de ser recolhido ao fundo penitenciário" (Lex-JTA 159/435).

Art. 43: 3. v. art. 49.

Art. 44. Constitui crime de ação pública, punível com detenção de três meses a um ano, que poderá ser substituída pela prestação de serviços à comunidade:

I — recusar-se o locador ou sublocador, nas habitações coletivas multifamiliares, a fornecer recibo discriminado do aluguel e encargos;[1]

II — deixar o retomante, dentro de cento e oitenta dias após a entrega do imóvel, no caso do inciso III do art. 47, de usá-lo para o fim declarado[2] ou, usando-o, não o fizer pelo prazo mínimo de um ano;

III — não iniciar o proprietário, promissário comprador ou promissário cessionário, nos casos do inciso IV do art. 9º, inciso IV do art. 47, inciso I do art. 52 e inciso II do art. 53, a demolição ou a reparação do imóvel, dentro de sessenta dias contados de sua entrega;

IV — executar o despejo com inobservância do disposto no § 2º do art. 65.

Parágrafo único. Ocorrendo qualquer das hipóteses previstas neste artigo,[3] poderá o prejudicado reclamar, em processo próprio, multa[4] equivalente a um mínimo de doze e um máximo de vinte e quatro meses do valor do último aluguel atualizado ou do que esteja sendo cobrado do novo locatário, se realugado o imóvel.

Art. 44: 1. cf. art. 21.

Art. 44: 2. Se a retomada é para residência, o locador se sujeita à multa do art. 44 § ún. se utiliza o imóvel para ponto de descanso ou de trabalho esporádico (RT 711/161).

Art. 44: 3. Não importa se a desocupação resultou de ação de despejo ou de mera notificação do locador (STJ-5ª T., REsp 61.948, Min. Assis Toledo, j. 7.8.95, DJU 4.9.95).

Art. 44: 4. Descabe a multa se a não destinação do imóvel para o fim justificador da retomada ocorre sem que o retomante tenha contribuído para isso (RT 722/217).

No mesmo sentido, considerando que a multa somente pode ser aplicada "quando restar demonstrado ter o retomante agido maliciosamente ao formular o pedido de despejo motivado": Lex-JTA 167/357.

Seção IX | DAS NULIDADES

Art. 45. São nulas[1-1a] de pleno direito as cláusulas do contrato de locação que visem a elidir os objetivos da presente lei,[1b-1c] notadamente as que proíbam a prorrogação prevista no art. 47, ou que afastem o direito à renovação,[2 a 3a] na hipótese do art. 51, ou que imponham obrigações pecuniárias para tanto.

✎ **Art. 45: 1.** "Nulidade de cláusula em contrato de locação", por Jaques Bushatsky (RT 736/117, RTJE 165/63 e 168/91).

Art. 45: 1a. "É nula a cláusula que, em contrato de locação, equipara à sublocação ou à cessão do prédio, para o fim de sujeitá-la a prévio consentimento escrito do locador, toda alteração em contrato social de locatário pessoa jurídica" (JTA 87/332).

Art. 45: 1b. "A Lei 8.245/91 não proíbe a cobrança de luvas no contrato inicial da locação comercial" (CED do 2º TASP, enunciado 9, v.u.). "A Lei n. 8.245/91, em seu art. 45, veda, expressamente, a cobrança de 'luvas' — obrigações pecuniárias — quando da renovação do contrato. Contudo, silencia, ao contrário da legislação anterior (Dec. 24.150/34), no que se refere ao contrato inicial. Não há, pois, qualquer proibição, sequer implícita, quanto à sua cobrança. Não afasta esse entendimento o disposto no art. 43 da Lei 8.245/91, pois o dispositivo veda a cobrança de valores além dos encargos permitidos e não dos expressamente elencados" (STJ-5ª T., REsp 406.934, Min. Felix Fischer, j. 26.3.02, DJU 22.4.02). No mesmo sentido: Lex-JTA 157/359.

Locação

Art. 45: 1c. Há acórdão entendendo ser nula a cláusula que impõe multa se o locatário não devolver o imóvel findo o prazo contratual (RT 715/221 e 725/275, o mesmo acórdão).

Art. 45: 2. "A cláusula proibitiva da renovação do contrato de locação, dispondo de modo manifestamente contrário aos objetivos da Lei do Inquilinato e da própria Lei de Luvas, é nula de pleno direito e não pode prevalecer" (RT 600/134). No mesmo sentido: RSTJ 18/493, STJ-RT 673/179, RT 705/151.

"Locação comercial. Nulidade de cláusula. Inexistência de presunção. O art. 30 da Lei de Luvas comina nulidade da cláusula contrária aos objetivos daquela lei, mas não contempla presunção de fraude de contratos com prazo inferior a cinco anos" (RSTJ 47/206, maioria).

Contra: "A simples circunstância de o contrato ter o prazo de 4 anos não poderá conduzir à conclusão de que visou a fraudar a lei, impedindo a renovação. A ser de modo diverso, terminar-se-ia por admitir que, na prática, o prazo para ter aquele direito seria de 4 e não de 5 anos" (STJ-3ª T., REsp 15.358-0, Min. Nilson Naves, j. 16.6.92, DJU 24.8.92).

"Ação renovatória. Contratos celebrados pelo prazo de seis meses. Exclusão do regime do Decreto n. 24.150/34. Ato lícito. Consoante a melhor doutrina, constitui ato perfeitamente lícito, no âmbito da autonomia da vontade individual, (o de) quem, deliberadamente, contrata por prazo de seis meses, para excluir o pacto locatício do regime da Lei de Luvas. Aceitando, plenamente, o locatário os termos do acordo, não pode alegar a existência de fraude ou intenção, por parte do locador, de fraudar, só por esse fato" (RSTJ 28/583).

"A intenção do locador de escapar do regime da renovação compulsória, com a estipulação de pactos locativos com prazos inferiores a cinco anos, não constitui fraude à lei" (Lex-JTA 148/222). Na hipótese, o prazo dos contratos, somados, atingia 59 meses.

"Se o contrato anterior, estabelecendo locação por cinquenta e quatro meses, não conferia direito à renovatória, lícita é a inserção, em contrato posterior, por igual período, de cláusula que afaste a incidência do Dec. n. 24.150/34 no tocante ao direito renovatório, não se configurando, destarte, a *accessio temporis* por disposição de vontade das partes, em prestígio à boa-fé dos contratantes" (RJTAMG 22/136, maioria).

Art. 45: 3. "Nas locações sob o regime da Lei de Luvas é válida a cláusula prorrogatória da locação, previamente ajustada pelos contratantes. A cláusula prorrogatória, por sua vez, não se prorroga, pois isso corresponderia à perpetuidade da locação e à expropriação do imóvel, operando, assim, uma só vez, atribuindo-se-lhe o caráter de proposta que vincula as partes às condições já previamente avençadas" (RSTJ 8/364). No mesmo sentido: RT 722/200.

"Nas locações sob o regime da Lei de Luvas, Dec. 24.150/34, é válida em princípio a cláusula de renovação automática, salvante a faculdade de o locador denunciá-la, em tempo oportuno, caso em que ficará ressalvada ao arrendatário a propositura da ação renovatória" (STJ-4ª T., REsp 7.224, Min. Athos Carneiro, j. 9.4.91, DJU 27.5.91). No mesmo sentido: RT 718/174.

A cláusula de prorrogação automática do contrato de locação, mediante prévia manifestação de uma das partes, dispensa o locatário de mover ação renovatória (Bol. AASP 1.703/206).

Art. 45: 3a. "Locação. Imóvel não residencial. Aluguel. **Revisão do valor. Cláusula de renúncia.** Validade" (STJ-3ª T., REsp 1.650.333-AgInt, Min. Ricardo Cueva, j. 28.8.18, DJ 5.9.18).

"Admite-se a cláusula de renúncia à ação revisional de aluguel do contrato em vigor, mas não assim a sua extensão para os contratos futuros, em prorrogação" (RT 722/200, maioria).

É lícita a renúncia, durante a vigência do contrato, ao direito de propor ação revisional de aluguel (STJ-RT 750/235), máxime se esta renúncia constitui compensação pelo fato de ter-se obrigado o locatário à realização de benfeitorias, sem direito a retenção ou indenização (RT 750/313).

"Não viola o art. 19 e nem o art. 45, ambos da Lei 8.245/91, e muito menos conflita com a Súmula 357-STF, a disposição contratual, livremente pactuada pelas partes, na qual o locador renuncia ao direito de propor ação revisional de aluguel, considerando-se ratificada se, após renovação da avença, continua a integrar os seus termos sem nenhuma objeção da parte interessada" (STJ-6ª T., REsp 243.283, Min. Fernando Gonçalves, j. 16.3.00, DJU 10.4.00).

"É lícita a convenção de renúncia, durante a vigência do contrato, à ação revisional da Lei n. 8.245, de 1991" (Lex-JTA 161/532).

Contra, não admitindo a renúncia: RT 714/230.

Capítulo II | DAS DISPOSIÇÕES ESPECIAIS

Seção I | DA LOCAÇÃO RESIDENCIAL

Art. 46. Nas locações[1-1a] ajustadas por escrito e por prazo igual ou superior a trinta meses,[1b-1c] a resolução do contrato ocorrerá findo o prazo estipulado,[2] independentemente de notificação ou aviso.

§ 1º Findo o prazo ajustado, se o locatário continuar na posse do imóvel alugado[2a] por mais de trinta dias sem oposição do locador, presumir-se-á prorrogada a locação por prazo indeterminado,[2b] mantidas as demais cláusulas e condições do contrato.

§ 2º Ocorrendo a prorrogação, o locador poderá denunciar[3 a 10a] o contrato a qualquer tempo, concedido o prazo de trinta dias[11] para desocupação.[12]

Art. 46: 1. s/ locações celebradas antes da vigência desta lei, v. arts. 77 e 78, bem como notas respectivas.

Art. 46: 1a. "Aplicam-se à locação mista as normas relativas à locação não residencial, se restar evidenciada a preponderância da atividade comercial" (RT 721/181).

Art. 46: 1b. "Para os fins do art. 46 da Lei n. 8.245, de 1991, não se somam os prazos dos vários contratos" (Lex-JTA 161/435).

"O art. 46 da Lei 8.245/1991 somente admite a denúncia vazia se um único instrumento escrito de locação estipular o prazo igual ou superior a 30 meses, não sendo possível contar as sucessivas prorrogações dos períodos locatícios (*accessio temporis*). Para contrato de locação inicial com duração inferior a 30 meses, o art. 47, V, da Lei 8.245/1991 somente autoriza a denúncia pelo locador se a soma dos períodos de prorrogações ininterruptas ultrapassar o lapso de 5 anos" (STJ-3ª T., REsp 1.364.668, Min. Ricardo Cueva, j. 7.11.17, DJ 17.11.17).

Art. 46: 1c. Súmula 20 do 2º TASP: "A locação verbal presume-se por tempo indeterminado".

Art. 46: 2. podendo, em seguida, ser proposta ação de despejo, sem necessidade de motivação (denúncia vazia).

A lei não diz, em lugar algum, que cabe, nesta hipótese, ação de despejo, mas é óbvio, porque, se a locação termina (ou se resolve, como diz o texto em exame), o imóvel somente poderá ser retomado mediante ação de despejo (art. 5º-*caput*). Nesse sentido: JTJ 344/227 (AI 992.09.080982-2).

Art. 46: 2a. "Permanecendo o locatário no imóvel, ainda que findo o contrato, subsiste a obrigação de pagar aluguéis. Injusta, pois, a recusa em receber, não importando haja sido ajuizada ação de despejo, cujo desate em nada será afetado pelo recebimento daqueles" (STJ-3ª T., REsp 20.559-5, Min. Eduardo Ribeiro, j. 27.4.92, DJU 18.5.92).

Art. 46: 2b. "Em se tratando de imóvel residencial, findo o prazo determinado no contrato, a ação de despejo deve ser ajuizada dentro dos trinta dias imediatamente subsequentes, sendo desnecessária a prévia notificação. Tal prazo é peremptório, sendo inadmissível qualquer prorrogação" (Lex-JTA 156/384).

Art. 46: 3. Casos de denúncia da locação:

— pelo locador: na locação residencial por prazo indeterminado, art. 46 § 2º (se anterior à vigência da lei atual: art. 78 e § ún.); não residencial por prazo indeterminado, art. 57; por temporada, prorrogada, art. 50 § ún.;

— pelo locatário: art. 6º;

— pelo adquirente: art. 8º-*caput* e § 2º;

— pelo nu-proprietário ou fideicomissário: art. 7º § ún.

S/ notificação, v. tb. art. 58-IV.

Art. 46: 3a. s/ denúncia vazia, v. art. 78, nota 1 (Súmulas 13 e 21 do 2º TASP).

Art. 46: 3b. "A denúncia vazia é admitida nas locações residenciais, desde que o contrato tenha prazo igual ou superior a 30 meses e, prorrogado por tempo indeterminado, exista a notificação prévia com prazo de trinta dias" (Lex-JTA 161/446).

Art. 46: 4. Como se faz a denúncia?

Pensamos que a fórmula do "aviso por escrito" expressa no art. 6º comporta aplicação não só para a denúncia ali regulada, mas também para as denúncias em geral, conjugada com a ideia de ciência inequívoca (aplicação analógica do art. 27-*caput*), sem a exigência de outras formalidades. Neste sentido: STJ-6ª T., REsp 64.461-1, Min. Adhemar Maciel, j. 4.12.95, DJU 4.3.96; Lex-JTA 157/410.

"A notificação do locador ao inquilino (contrato por prazo indeterminado) não reclama forma especial", desde que feita por escrito (STJ-6ª T., REsp 35.249-5, Min. Vicente Cernicchiaro, j. 30.6.93, DJU 27.9.93). No mesmo sentido: JTAERGS 90/198.

Além disso, uma vez autorizada no contrato de locação, admite-se a notificação mediante correspondência com aviso de recebimento ou, tratando-se de pessoa jurídica ou firma individual, por "telex ou fac-símile" (art. 58-IV). No mesmo sentido: "A notificação a que se refere o art. 58, IV, da lei inquilinária não requer forma solene, havendo que se privilegiar, ao revés, o atingimento de sua finalidade, qual seja, a inequívoca ciência ao locatário da denúncia do contrato, desiderato que, na hipótese, restou sobejamente atendido" (STJ-5ª T., REsp 230.257, Min. Gilson Dipp, j. 8.2.00, DJU 13.3.00. Também: JTAERGS 90/198.

Art. 46: 5. Não vale a notificação comprovada somente por testemunhas (RT 612/139).

Art. 46: 6. Vale a denúncia (ou notificação) feita por telegrama, se comprovada a entrega deste (RT 625/147). **Contra,** não admitindo a denúncia realizada através de carta com AR: JTA 107/393 (por não haver prova inequívoca do recebimento pessoal pelo locatário), RJTAMG 23/230.

Art. 46: 7. É válida a notificação dirigida a quem não era locatário, se este último tomou inequívoca ciência dela (JTA 130/342), tanto que contranotificou (JTA 104/221).

Art. 46: 8. Súmula 16 do 2º TASP: "Em caso de notificação premonitória desacompanhada de procuração, consideram-se ratificados os poderes para a prática do ato com a juntada do competente instrumento de mandato ao ensejo da propositura da ação".

"Com a propositura da ação, a autora inequivocamente ratificou os poderes conferidos à sua procuradora para promover a notificação prévia" (RSTJ 26/441).

Diversas hipóteses, todas no mesmo sentido da ratificação: RT 609/140, RJTJESP 109/55, JTA 90/270, 102/232, 104/299, Bol. AASP 1.518/16. **Contra,** entendendo que a procuração deve preexistir à notificação: JTA 119/348.

V. tb. CPC 104, nota 9.

Art. 46: 9. Súmula 18 do 2º TASP (Notificação premonitória): "A notificação premonitória não perde a eficácia pelo fato de a ação de despejo não ser proposta no prazo do art. 806 do CPC". No mesmo sentido: RSTJ 11/351; STJ-5ª T., REsp 40.984-5, Min. Jesus Costa Lima, j. 24.8.94, DJU 12.9.94; RT 624/149, 722/208, JTA 41/195, 47/177, 67/228, 78/158, 96/335, 104/288, 108/264, Lex-JTA 161/479.

"A ação de despejo, nos termos da Lei 8.245/91, depois de decorrido o lapso temporal previsto na notificação, não está subordinada a prazo algum, podendo ser ajuizada a qualquer tempo" (STJ-5ª T., REsp 295.145, Min. Felix Fischer, j. 15.2.01, DJU 12.3.01).

"Não perde eficácia a notificação se entre a sua efetivação e o aforamento da demanda decorrerem alguns meses"; no caso, oito meses (STJ-5ª T., REsp 39.447, Min. José Arnaldo, j. 23.9.96, DJU 18.11.96).

Contra, em termos: "Deixando o locador fluir prazo considerável, após notificar o locatário, visando a dar fim à locação, daí poderá resultar ajuste tácito no sentido de prorrogar-se a locação. Isto ocorrendo, o que é circunstância de fato, soberanamente apreciada pelas instâncias ordinárias, será necessária outra notificação" (STJ-3ª T., REsp 6.507, Min. Nilson Naves, j. 9.4.91, maioria, DJU 6.5.91). No mesmo sentido: STJ-6ª T., REsp 52.959-0, Min. Adhemar Maciel, j. 30.11.94, DJU 19.12.94.

"Com a notificação, o locador manifesta o interesse no rompimento do contrato. A demora na propositura da ação pode significar ter anuído com a prorrogação, matéria de fato que deve ser examinada, soberanamente, pelas instâncias ordinárias" (STJ-5ª T., REsp 32.621-0, Min. Costa Lima, j. 12.5.93, não conheceram, v.u., DJU 31.5.93).

Art. 46: 9a. Vale a notificação feita pelo adquirente após a aquisição, porém antes do registro do título? V. art. 8º, nota 6.

Art. 46: 9b. "Não implica nulidade do processo a notificação premonitória de retomada efetuada antes de ultimado o prazo previsto para o contrato locatício" (RJTAMG 34/266).

Art. 46: 10. s/ direito intertemporal, v. art. 76 e notas.

Art. 46: 10a. "Caso a ação de despejo seja ajuizada sem a prévia notificação, deverá ser extinto o processo, sem a resolução do mérito, por falta de condição essencial ao seu normal desenvolvimento" (STJ-3ª T., REsp 1.812.465, Min. Nancy Andrighi, j. 12.5.20, DJ 18.5.20).

Art. 46: 11. findo o qual poderá ser proposta ação de despejo, sem necessidade de motivação (denúncia vazia).

Nos casos em que é exigida a denúncia, a ação de despejo não pode ser proposta, sob pena de extinção do processo, antes de decorrido o prazo de 30 dias (JTA 107/320).

Art. 46: 12. Julgada procedente a ação de despejo, o prazo para a desocupação, **"contado da data da notificação"** (art. 65-*caput*), é, em geral, de 30 dias (art. 63-*caput*). Hipóteses especiais: 15 dias (art. 63 § 1º); 6 meses a 1 ano (art. 63 §§ 2º e 3º); ou, se houver reconhecimento da procedência do pedido, 6 meses, "contados da citação" (art. 61).

Em qualquer caso, a apelação, nas ações de despejo, não tem efeito suspensivo (art. 58-V), devendo a caução para a execução provisória ser fixada na própria sentença (arts. 63 § 4º e 64).

Competência, valor da causa e formas de citação: art. 58-II a IV.

Art. 47. Quando ajustada verbalmente ou por escrito e com prazo inferior a trinta meses, findo o prazo estabelecido, a locação prorroga-se automaticamente, por prazo indeterminado,[1-2] somente podendo ser retomado o imóvel:[3-3a]

I — nos casos do art. 9º;[3b]

II — em decorrência de extinção do contrato de trabalho, se a ocupação do imóvel pelo locatário estiver relacionada com o seu emprego;[3c-4]

III — se for pedido[4a] para uso próprio,[5 a 6] de seu cônjuge ou companheiro, ou para uso residencial de ascendente[6a] ou descendente[6b-7] que não disponha, assim como seu cônjuge ou companheiro, de imóvel residencial próprio;[7a a 7c]

IV — se for pedido para demolição[8] e edificação licenciada ou para a realização de obras aprovadas pelo Poder Público, que aumentem a área construída em, no mínimo, vinte por cento ou, se o imóvel for destinado a exploração de hotel ou pensão, em cinquenta por cento;[8a]

V — se a vigência ininterrupta da locação ultrapassar cinco anos.[8b-9]

§ 1º Na hipótese do inciso III, a necessidade deverá ser judicialmente demonstrada, se:

a) o retomante, alegando necessidade de usar o imóvel, estiver ocupando, com a mesma finalidade, outro de sua propriedade situado na mesma localidade ou, residindo ou utilizando imóvel alheio, já tiver retomado o imóvel anteriormente;[9a]

b) o ascendente ou descendente, beneficiário da retomada, residir em imóvel próprio.

§ 2º Nas hipóteses dos incisos III e IV, o retomante deverá comprovar ser proprietário,[10] promissário comprador ou promissário cessionário, em caráter irrevogável, com imissão na posse do imóvel e título registrado[10a] junto à matrícula do mesmo.[11]

Art. 47: 1. Outro caso de locação residencial prorrogada automaticamente, por tempo indeterminado: art. 77 (disposições transitórias de longa duração).

Art. 47: 2. É nula a cláusula que proibir a prorrogação automática aqui prevista (v. art. 45).

Art. 47: 3. A ação própria para a retomada do imóvel é a ação de despejo (v. art. 5º-*caput*).

Art. 47: 3a. "Tratando-se da hipótese prevista no art. 47, II, da Lei 8.245, de 1991 (denúncia motivada), descabe a exigência da **notificação prévia**" (STJ-6ª T., REsp 47.220, Min. William Patterson, j. 25.9.95, DJU 4.12.95).

"O pedido de retomada motivada, com base no art. 47, inciso III, da Lei 8.245/91, dispensa a notificação prévia" (STJ-5ª T., REsp 40.637, Min. Flaquer Scartezzini, j. 17.6.97, DJU 4.8.97). No mesmo sentido: CED do 2º TASP, enunciado 19, v.u. Ainda, mesmo em caso de contrato firmado anteriormente à LI: RJTAMG 53/113.

"Às locações residenciais celebradas sob a égide da Lei 6.649/79 e que vigorem por prazo indeterminado aplicam-se as disposições do art. 47, I a IV, da Lei 8.245/91, dispensando-se a notificação premonitória exigida pelo art. 78 do citado texto legal, se preenchidos os requisitos da denúncia motivada" (RJTAMG 54/203, maioria).

Exigindo notificação premonitória em matéria de ação de despejo fundada no art. 47, V: RT 757/238. Do voto do relator: "A locação residencial contratada por prazo inferior a trinta meses na vigência da Lei do Inquilinato, que vigorou ininterruptamente por mais de cinco anos, admite a denúncia vazia. Nesse passo, poderá o locador denunciá-la, sem alegar motivo, porém, diferentemente dos demais incisos autorizadores da retomada (art. 47), necessária a notificação do locatário para a desocupação do imóvel, por qualquer forma, desde que inequívoca".

Art. 47: 3b. Os casos do art. 9º, na realidade, aplicam-se a toda e qualquer locação (v. art. 9º, nota 1).

Art. 47: 3c. v. nota 3a (notificação prévia) e arts. 58-III (valor da causa) e 59 § 1º-II (despejo liminar).

Art. 47: 4. "Desaparecendo o motivo ensejador da necessidade de residência do empregado nas proximidades do local do seu trabalho, por ter sido promovido a outra função, claro está que ao empregador é dado o direito de promover a retomada do imóvel, por rescisão automática do contrato locatício" (RT 712/209).

Todavia, no sentido de que a alteração de funções do empregado locatário não autoriza o seu despejo, mesmo quando haja previsão contratual a respeito: Lex-JTA 148/194.

Art. 47: 4a. A morte do beneficiário é fato superveniente extintivo do direito de retomada (RT 697/111).

Mas: "Em sede de ação de despejo proposta com o intuito de obter a retomada para uso de descendente, falecendo o locador, a viúva, na condição de meeira, tem legitimidade para figurar no polo ativo da demanda" (STJ-6ª T., REsp 57.711-0, Min. Vicente Leal, j. 30.4.96, DJU 17.6.96).

Art. 47: 5. A ação de despejo, para uso próprio, de prédio residencial, pode, por opção do autor, ser proposta no **Juizado Especial,** seguindo o procedimento estabelecido na LJE (art. 3º-*caput*-III dessa lei).

Art. 47: 5a. O **condômino** não precisa de autorização dos demais locadores conjuntos para propor ação de despejo para uso próprio (RT 730/266).

Art. 47: 5b. "Sendo o imóvel locado objeto de **usufruto,** o pedido de retomada cabe ao usufrutuário; daí a impossibilidade do nu-proprietário propor ação de despejo contra o locatário, ainda que o seja para uso próprio" (STJ-6ª T., REsp 40.288-3, Min. Anselmo Santiago, j. 2.6.98, DJU 3.8.98).

Todavia: "Retomada para uso próprio. Pedido formulado por nu-proprietário. Admissibilidade. Comprovação da qualidade de locador" (RT 719/188). Do voto do relator: "A apelante é nua-proprietária do imóvel, mas figurou como locadora no contrato escrito de locação, celebrado pelo prazo de 12 meses. A sua condição de locadora não foi contestada pela inquilina-ré. Assim, tudo leva a crer que a autora tinha mesmo a administração e a posse do imóvel. Tanto que o alugou por duas vezes, não constando tenha havido qualquer oposição por parte da usufrutuária que, aliás, é sua mãe".

Art. 47: 6. O locador que reside em prédio próprio pode pedir a retomada de imóvel para passar a utilizá-lo com finalidade comercial (Lex-JTA 142/282).

Art. 47: 6a. inclusive sogra, na vigência da Lei 6.649/79 (STJ-5ª T., REsp 36.365-9, Min. Edson Vidigal, j. 18.8.93, DJU 20.9.93) e relativamente a imóvel abrangido pela comunhão de bens do casamento (STJ-5ª T., REsp 36.967-3, Min. José Dantas, j. 15.9.93, DJU 4.10.93).

Art. 47: 6b. Por aplicação da Lei 6.649/79, art. 52-X, o STJ decidiu que "o espólio, representado pelo inventariante, tem legitimidade para propor ação de despejo, a fim de que o imóvel seja destinado para uso de herdeiro" (RSTJ 104/445 e STJ-RT 752/144).

Art. 47: 7. ou, por extensão, enteado (RT 693/171).

Art. 47: 7a. s/ notificação prévia, v. nota 3a. V. tb. §§ 1º (prova de necessidade) e 2º (prova de propriedade) e arts. 44-II e § ún. (disposições penais), 58-III (valor da causa) e 61 (acordo para desocupação).

Art. 47: 7b. "A inicial de retomada para beneficiar ascendente ou descendente há de esclarecer o local de residência destes e em que condição a ocupam" (RT 697/107).

Todavia: "Locação. Retomada para uso de descendente. Expedição de ofício à Receita Federal, a fim de obter cópia da declaração de bens pertinente à beneficiária. Se o réu sabe que o favorecido pela retomada possui imóvel residencial próprio, deve apresentar a prova. Sem a existência de qualquer indício, não é cabível devassar a privacidade do beneficiário" (STJ-4ª T., REsp 6.810, Min. Barros Monteiro, j. 18.6.91, DJU 5.8.91).

Art. 47: 7c. "A circunstância de ser o locador proprietário de outro imóvel não lhe retira o direito de pedir o imóvel locado para seu cônjuge, descendente ou ascendente, pois a única condição exigida na lei é que o beneficiário não seja proprietário de imóvel residencial" (STJ-6ª T., REsp 35.137-0, Min. Vicente Leal, j. 29.4.96, maioria, DJU 3.2.97).

Art. 47: 8. O locador não pode pedir a retomada apenas para demolição; exige-se edificação (Lex-JTA 146/280).

Art. 47: 8a. v. § 2º c/c art. 60 (prova de propriedade). V. ainda arts. 44-III e § ún. (disposições penais) e 61 (acordo para desocupação).

Art. 47: 8b. v. art. 46, nota 1b. S/ notificação prévia, v. nota 3a.

Art. 47: 9. "O disposto no inciso V do art. 47 da Lei 8.245/91 aplica-se somente às locações contratadas na vigência desse diploma" (CED do 2º TASP, enunciado 30, v.u., em Bol. AASP 1.854/supl.). No mesmo sentido: RT 712/207.

Art. 47: 9a. "A necessidade de retomar o bem alugado tem que ser demonstrada quando o retomante já possui um imóvel e deseja ocupar outro com idêntica finalidade futura; nada obsta que o faça, contanto, porém, que prove, razoavelmente, a necessidade, aqui não presumida, por força do preceito de exceção" (Bol. AASP 1.778/supl., em. 14).

Art. 47: 10. No mesmo sentido: art. 60.

Art. 47: 10a. "O instrumento público de mandato com poderes ilimitados sobre o imóvel não é suficiente para conferir ao promissário comprador legitimidade para ajuizar, em nome próprio, ação de retomada, sendo indispensável que a promessa de compra e venda se ache transcrita no registro imobiliário, *ex vi* do art. 47, § 2º, da Lei 8.245/91" (RJTAMG 54/312).

Art. 47: 11. cf. art. 8º, nota 12, e art. 53, nota 3.

Seção II | DA LOCAÇÃO PARA TEMPORADA

Art. 48. Considera-se locação para temporada[1] aquela destinada à residência temporária do locatário, para prática de lazer, realização de cursos, tratamento de saúde, feitura de obras em seu imóvel, e outros fatos que decorram tão somente de determinado tempo, e contratada por prazo não superior a noventa dias, esteja ou não mobiliado o imóvel.

Parágrafo único. No caso de a locação envolver imóvel mobiliado, constará do contrato, obrigatoriamente, a descrição dos móveis e utensílios que o guarnecem, bem como o estado em que se encontram.

Art. 48: 1. "Inexistente no contrato locativo a indicação de sua natureza para temporada, considera-se tenha sido celebrado para finalidade residencial e com prazo inferior a trinta meses, salvo prova em contrário" (CED do 2º TASP, enunciado 1, v.u.).

Art. 49. O locador poderá receber de uma só vez e antecipadamente os aluguéis e encargos, bem como exigir qualquer das modalidades de garantia previstas no art. 37[1] para atender as demais obrigações do contrato.

Art. 49: 1. com a restrição do § ún. do art. 37.

Art. 50. Findo o prazo ajustado,[1-1a] se o locatário permanecer no imóvel sem oposição do locador por mais de trinta dias, presumir-se-á prorrogada a locação por tempo indeterminado, não sendo mais exigível o pagamento antecipado do aluguel e dos encargos.

Parágrafo único. Ocorrendo a prorrogação, o locador somente poderá denunciar[2] o contrato após trinta meses de seu início ou nas hipóteses do art. 47.

Art. 50: 1. cabe despejo, com medida liminar (art. 59 § 1º-III).

Art. 50: 1a. Findo o prazo da locação para temporada, se o imóvel não for desocupado não pode o locador arbitrar aluguel com fundamento no art. 575-*caput* do CC (RT 731/347).

Art. 50: 2. Como se faz a denúncia? v. art. 46, notas 4 e segs.

Seção III | DA LOCAÇÃO NÃO RESIDENCIAL[1-2]

✎ SEÇ. III: 1. "A cobrança de luvas na locação comercial", por Américo Luís Martins da Silva (RT 811/676).

SEÇ. III: 2. v. arts. 71 a 75 (ação renovatória) e 68 a 70 (ação revisional).

Art. 51. Nas locações de imóveis destinados ao comércio,[1-1a] o locatário[1b-1c] terá direito a renovação do contrato,[2-2a] por igual prazo,[3-4] desde que, cumulativamente:

I — o contrato a renovar[5] tenha sido celebrado por escrito e com prazo determinado;

II — o prazo mínimo do contrato a renovar ou a soma dos prazos ininterruptos[5a a 5c] dos contratos escritos seja de cinco anos;[5d]

III — o locatário esteja explorando seu comércio,[5e-5f] no mesmo ramo, pelo prazo mínimo e ininterrupto de três anos.

§ 1º O direito assegurado neste artigo poderá ser exercido pelos cessionários ou sucessores da locação;[6] no caso de sublocação[6a] total do imóvel, o direito a renovação somente poderá ser exercido pelo sublocatário.[6b]

§ 2º Quando o contrato autorizar que o locatário utilize o imóvel para as atividades de sociedade de que faça parte e que a esta passe a pertencer o fundo de comércio, o direito a renovação poderá ser exercido pelo locatário ou pela sociedade.

§ 3º Dissolvida a sociedade comercial por morte de um dos sócios, o sócio sobrevivente fica sub-rogado no direito a renovação, desde que continue no mesmo ramo.[7]

§ 4º O direito a renovação do contrato estende-se às locações celebradas por indústrias e sociedades civis com fim lucrativo,[7a-7b] regularmente constituídas, desde que ocorrentes os pressupostos previstos neste artigo.

§ 5º Do direito a renovação decai aquele que não propuser[8 a 8c] a ação no interregno de um ano,[9 a 11] no máximo, até seis meses, no mínimo, anteriores à data da finalização do prazo do contrato em vigor.

Art. 51: 1. s/ locação mista, v. art. 46, nota 1a.

Art. 51: 1a. Há acórdão entendendo que a locação à "república" de estudantes é não residencial (Lex-JTA 161/423).

Art. 51: 1b. "Tem legitimidade ativa para propor a ação renovatória de locação aquele que é locatário do imóvel, formaliza contrato de locação para fins comerciais e, no imóvel, instala uma empresa do grupo familiar, integrado por esposa e filhos, tem procuração com poderes ilimitados e absolutos, inclusive para excluir e admitir sócios e até decidir sobre a existência da firma por ele organizada. Tal legitimidade decorre da condição de locatário (art. 51, § 2º, da Lei n. 8.245/91), mas também como resultado de uma moderna visão em torno da desconsideração da personalidade jurídica (*disregard doctrine*), assim como da aparência indiscutível de ser o próprio dono do comércio ali localizado" (JTAERGS 100/207).

Art. 51: 1c. O locador já não tem, como antigamente, ação negatória de renovação de locação contra o locatário (RT 725/297, Lex-JTA 161/380, 161/398).

Art. 51: 2. É nula a cláusula que proíbe a renovação do contrato (art. 45, especialmente nota 2).

Art. 51: 2a. A propositura de ação revisional de aluguel não impede o ajuizamento de renovatória de locação (Lex-JTA 162/346).

V. art. 68 § 1º.

Art. 51: 3. Continua em vigor a **Súmula 178 do STF?** Eis o seu teor: "Não excederá de cinco anos a renovação judicial de contrato de locação, fundada no Dec. 24.150, de 20.4.34".

"A renovação do contrato de locação não residencial, nas hipóteses de 'accessio temporis', dar-se-á pelo prazo de 5 anos, independentemente do prazo do último contrato que completou o quinquênio necessário ao ajuizamento da ação. O prazo máximo da renovação também será de 5 anos, mesmo que a vigência da avença locatícia, considerada em sua totalidade, supere esse período" (STJ-3ª T., REsp 1.323.410, Min. Nancy Andrighi, j. 7.11.13, DJ 20.11.13).

Todavia, limitando a renovação do contrato ao prazo de duração da última avença: "A prorrogação judicial, admitida a *accessio temporis*, deve ser concedida pelo mesmo prazo do contrato anterior, desde que não superior a cinco anos, respeitado o princípio da autonomia da vontade das partes, basilar no direito privado" (STJ-RT 680/209, maioria). No caso, havia dois contratos sucessivos, por três anos cada um; a renovação, por três votos a dois, foi concedida apenas por três anos. No mesmo sentido: "O prazo do novo contrato, prorrogado por conta de ação renovatória, deve ser fixado na mesma base da avença anterior. A soma dos prazos dos diversos contratos sucessivos, *accessio temporis*, é admitida apenas para facultar ao locatário o uso da renovatória" (STJ-5ª T., REsp 547.369, Min. Felix Fischer, j. 23.3.04, DJU 10.5.04). Ainda: STJ-6ª T., REsp 693.729, Min. Nilson Naves, j. 22.8.06, DJU 23.10.06.

Contra: "Na renovação judicial do contrato de locação, o **prazo mínimo** do novo contrato é de cinco anos" (CED do 2º TASP, enunciado 6, v.u.).

Art. 51: 4. Nada impede que o locatário pleiteie a renovação da locação por prazo inferior ao do contrato em curso (RT 722/212).

Art. 51: 5. Não é necessário que o contrato a renovar esteja registrado (JTA 94/328), nem que esteja registrada a prorrogação do contrato anterior, determinada em ação renovatória (RT 657/132).

Art. 51: 5a. O adjetivo "ininterruptos", que não existia no texto correspondente do Dec. 24.150/34 (cf. seu art. 2º-*b*), teve por finalidade vedar a *accessio temporis* quando haja solução de continuidade entre um contrato e outro de locação. Neste sentido: RT 712/211 (não admitindo a *accessio temporis*), 731/344, Lex-JTA 147/329.

Todavia: "É pacífico o entendimento desta Corte no sentido de que se breve o interregno entre os contratos escritos, é permitida a *accessio temporis* para viabilizar o perfazimento do prazo mínimo legal, exigido na Lei de Luvas para a renovação da locação" (STJ-4ª T., REsp 14.540, Min. Cesar Rocha, j. 20.2.97, DJU 14.4.97). Neste caso, o lapso entre os dois contratos foi, ao todo, de quatro meses.

Posteriormente, a 5ª Turma do STJ decidiu, em caso onde havia um intervalo de quatorze meses sem contrato escrito: "É admissível a soma dos prazos de contratos escritos para o efeito da *accessio temporis*, ainda que com pequeno interregno não coberto por contrato escrito, desde que comprovada a continuidade do vínculo locatício entre as partes" (STJ-5ª T., REsp 44.668, Min. José Arnaldo, j. 24.9.96, DJU 18.11.96).

Caso em que o lapso era de um ano: "Em sede de ação renovatória de locação comercial, se o período de interrupção entre a celebração dos contratos escritos não é significativo, é de se admitir a *accessio temporis* pela soma de seus prazos, a fim de viabilizar a pretensão renovatória pelo perfazimento do quinquídio legal exigido" (STJ-6ª T., REsp 104.483, Min. Vicente Leal, j. 20.3.01, DJU 9.4.01).

"O interregno de seis meses entre o vencimento de um contrato de locação e a pactuação de outro não impede a *accessio temporis* se destinado a tratativas, mantidas, no período, as regras do contrato vencido" (STJ-6ª T., REsp 120.207, Min. Anselmo Santiago, j. 14.4.98, DJU 18.5.98).

"É admissível a *accessio temporis* quando houver pequeno período de tempo que entremeia os contratos, lapso considerado razoável e proporcional à duração do vínculo *ex locato*" (RT 715/191; no caso, o lapso era de dois meses).

"A interrupção de um mês, entre dois contratos escritos, não obsta o direito de renovação, pois o inciso II do art. 51 deve ser interpretado em consonância com o art. 45 da Lei 8.245, de 1991, sob pena de legitimar-se a exigência do locador visando frustrar o objetivo da lei" (Lex-JTA 148/164).

Admitindo a *accessio temporis*, embora tenha havido um pequeno lapso temporal entre os dois contratos escritos de locação: RT 710/110.

Há um acórdão aceitando, na contagem do prazo de cinco anos, um período intermediário de dois anos sem contrato escrito: RT 722/279.

Porém, não admitindo a *accessio temporis* em casos de tratativas para renovação do contrato que se estenderam por onze meses: STJ-4ª T., REsp 11.630, Min. Cesar Rocha, j. 25.6.97, DJU 27.10.97; um ano: STJ-5ª T., REsp 59.261-5, Min. Jesus Costa Lima, j. 10.5.95, DJU 29.5.95; ou dezesseis meses: STJ-6ª T., REsp 61.436-AgRg, Min. Hamilton Carvalhido, j. 16.3.06, DJU 17.4.06.

Art. 51: 5b. "Impõe-se o reconhecimento da carência de ação por incabível a *accessio temporis*, quando a locação, embora de longo prazo, apresentou somente os últimos doze meses sob contrato escrito" (STJ-4ª T., REsp 13.397, Min. Athos Carneiro, j. 4.8.92, DJU 24.8.92).

Art. 51: 5c. "Renovatória. Soma de prazos. A avaliação de uma maior ou menor tolerância da interrupção dos contratos escritos, segundo a motivação, constitui matéria factual insuscetível de reexame na via especial" (STJ-5ª T., REsp 41.754-6, Min. José Dantas, j. 18.4.94, DJU 2.5.94).

"Admite-se, para completar o prazo mínimo exigível na renovatória, a soma de contratos escritos descontínuos, desde que o interregno entre eles, não muito expressivo, possa ser considerado destinado às tratativas entre as partes. Essa, entretanto, é uma questão de fato que, salvo casos extremados, afirmada ou não admitida pelas instâncias ordinárias, torna-se irrevisível na via do recurso especial" (STJ-5ª T., REsp 41.971-9, Min. Assis Toledo, j. 16.3.94, DJU 4.4.94). Em sentido semelhante: STJ-6ª T., AI 100.017-AgRg, Min. Anselmo Santiago, j. 8.9.97, DJU 13.10.97.

Art. 51: 5d. "A recorrida especial, empresa comercial, já vinha alugando e renovando, nos termos da Lei de Luvas, contrato de uma determinada área, onde se situava um complexo de armazéns. Mais tarde, celebrou um novo contrato, onde englobou o restante da área. Bem antes de completar os cinco anos da incorporação, aforou ação renovatória de toda a área. O fundo do comércio, objeto da proteção da Lei de Luvas, é um só. Dessarte, a segunda área, ao se incorporar contratualmente à primeira, absorveu suas características, até para fins renovatórios" (STJ-6ª T., REsp 46.052-2, Min. Adhemar Maciel, j. 4.10.94, DJU 6.3.95).

Art. 51: 5e. "Modernamente, a expressão fundo de comércio apresentou expansão do seu conceito, abrangendo as atividades civis ou industriais que objetivam lucro", invocando o acórdão, para exemplo, a empresa de transportes (STJ-6ª T., REsp 27.912-8, Min. Vicente Leal, j. 27.3.95, DJU 24.4.95).

Art. 51: 5f. "Ação renovatória. Imóvel locado para instalação de **estação de rádio base. Concessionária de serviço de telefonia** celular. Estrutura essencial ao exercício da atividade. Fundo de comércio. Caracterização. O cabimento da ação renovatória não está adstrito ao imóvel para onde converge a clientela, mas se irradia para todos os imóveis locados com o fim de promover o pleno desenvolvimento da atividade empresarial, porque, ao fim e ao cabo, contribuem para a manutenção ou crescimento da clientela. A locação de imóvel por empresa prestadora de serviço de telefonia celular para a instalação das ERBs está sujeita à ação renovatória" (STJ-3ª T., REsp 1.790.074, Min. Nancy Andrighi, j. 25.6.19, DJ 28.6.19). No mesmo sentido: STJ-4ª T., Ag em REsp 1.577.914-EDcl-AgInt, Min. Raul Araújo, j. 21.9.20, DJ 8.10.20.

Art. 51: 6. v. art. 71-VII.

Súmula 482 do STF: "O locatário, que não for sucessor ou cessionário do que o precedeu na locação, não pode **somar** os **prazos** concedidos a este, para pedir a renovação do contrato, nos termos do Dec. n. 24.150".

Art. 51: 6a. v. art. 71 § ún.

Art. 51: 6b. "A distribuidora de petróleo, legalmente impedida de comercializar diretamente seus produtos, que subloca totalmente o imóvel ao revendedor varejista, não possui legitimidade para propor ação renovatória da locação" (STJ-3ª T., Ag em REsp 40.840-AgRg, Min. Ricardo Cueva, j. 21.8.12, DJ 28.8.12). No mesmo sentido: STJ-4ª T., Ag em REsp 540.563-AgRg, Min. Antonio Ferreira, j. 2.10.14, DJ 8.10.14; Lex-JTA 161/319, maioria.

Art. 51: 7. cf. art. 11-II.

Art. 51: 7a. "Locação contratada por advogado, sem constituição de sociedade civil com fins lucrativos, não se enquadra no art. 51, § 4º, da Lei n. 8.245, de 1991, para fins do direito à ação renovatória" (Lex-JTA 160/294).

Art. 51: 7b. "A empresa prestadora de serviços de ginástica e dança, tendo uma atividade produtiva, cria um fundo de natureza econômica equiparável ao próprio fundo de comércio, sendo, por isso, titular da ação renovatória do contrato de locação" (RTJE 135/158).

Art. 51: 8. CPC 312: "Considera-se proposta a ação quando a petição inicial for protocolada, todavia, a propositura da ação só produz quanto ao réu os efeitos mencionados no art. 240 depois que for validamente citado".

Art. 51: 8a. "Proposta a ação renovatória no prazo legal, a demora na efetivação da citação não acarreta a decadência do direito" (CED do 2º TASP, enunciado 22, v.u.).

Art. 51: 8b. Se o autor ajuizou a demanda no último dia do prazo de decadência, deixando de satisfazer os requisitos do art. 51, "somente atendendo a determinação judicial depois de vencido aquele prazo, a partir de quando foi determinada a citação, evidentemente não se pode considerar validamente proposta a ação, tendo sido fulminada pela decadência. Aqui não se há de invocar demora do aparelho judiciário, porém desatenção da parte" (STJ-5ª T., REsp 29.281-9, Min. Jesus Costa Lima, j. 29.3.95, DJU 24.4.95).

Art. 51: 8c. Não se considera proposta a ação se o autor a move contra parte ilegítima para responder a ela (Lex-JTA 148/217). V. tb. CPC 240, nota 14.

Art. 51: 9. Para a contagem do prazo, v. **Lei 810, de 6.9.49** (Lex 1949/221, RT 182/482, RF 127/624 e 128/324, RDA 19/446):

"Art. 1º Considera-se ano o período de doze meses contados do dia do início ao dia e mês correspondentes do ano seguinte.

"Art. 2º Considera-se mês o período de tempo contado do dia do início ao dia correspondente do mês seguinte.

"Art. 3º Quando no ano ou mês do vencimento não houver o dia correspondente ao do início do prazo, este findará no primeiro dia subsequente".

V. tb. CC 132.

O STF julgou que, se o contrato de locação vencia em 28.2.72, a ação renovatória devia ingressar em juízo até 28.8.71 (RTJ 74/826, RT 478/236, RF 255/223). No mesmo sentido: 2º TASP-Bol. AASP 1.114/71. Diversamente: 1º TASP-RT 511/172 (mais liberal).

Se o contrato vence em 31.12, a ação deve ser ajuizada até 30.6 (JTA 110/419).

"Na contagem do prazo de meses, o termo *ad quem* corresponde exatamente ao dia do mês inicial, aplicando-se, na contagem regressiva, a mesma sistemática" (STJ-4ª T., REsp 6.934, Min. Sálvio de Figueiredo, j. 4.3.91, DJU 22.4.91).

S/ prorrogação do prazo de decadência vencido em feriado forense, v. CPC 224, nota 5.

Art. 51: 10. A nota anterior se refere ao prazo para a propositura da ação. Para fixá-lo, é preciso saber, antes de mais nada, quando termina o contrato. E, aí, surgem duas hipóteses: se ele declara que seu prazo de vigência é de tantos anos ou de tantos meses, sem outro esclarecimento, aplica-se a Lei 810 (assim, um contrato de cinco anos, iniciado a 1.3.87, vence-se a 1.3.92); se, além disso, ainda consigna que, embora o prazo seja de cinco anos, começa a 1.3.87 e vence-se a 29.2.92, a situação é diferente. No primeiro caso, a renovatória poderia ser proposta até 1.9.91; no segundo, teria de ser ajuizada até 29.8.91 (JTA 78/226).

Pode haver divergência, no contrato, entre o prazo da locação e a data de seu início e término (ex.: prazo de 40 meses, com início a 1.1.87 e término a 30.4.91, isto é, na realidade 52 meses). Prevalece, em regra, a cláusula que estabeleceu o prazo da locação (JTA 100/305, 102/298). Assim: "Se as partes expressamente celebraram o prazo locacional de cinco anos, torna-se irrelevante que tenham posto como termo final data que não corresponda ao sistema legal de contagem dos prazos de meses e anos (Lei 810/49), tendo pertinência a regra do art. 85 do CC" (STJ-4ª T., REsp 6.934, Min. Sálvio de Figueiredo, j. 4.3.91, DJU 22.4.91). O art. 85 do CC rev. corresponde ao CC 112.

Art. 51: 11. "A demora no processamento da ação renovatória não impede a propositura de nova ação, no prazo legal, pelo autor, já que lhe compete a vigilância de seu direito" (RTJ 74/230).

"Locação. Faz-se necessário propor a segunda ação renovatória porque a primeira, apesar de passados cinco anos, ainda não findara" (STJ-6ª T., AI 122.092-AgRg, Min. Vicente Cernicchiaro, j. 1.4.97, DJU 12.5.97). No mesmo sentido:

STJ-3ª T., REsp 1.323.410, Min. Nancy Andrighi, j. 7.11.13, DJ 20.11.13; STJ-4ª T., MC 21.209-AgRg, Min. Antonio Ferreira, j. 23.10.14, DJ 5.11.14; JTJ 342/569 (AP 1.244736-0/4).

Art. 52. O locador não estará obrigado a renovar o contrato se:

I — por determinação do Poder Público, tiver que realizar no imóvel obras[1] que importarem na sua radical transformação; ou para fazer modificação[1a-1b] de tal natureza que aumente o valor do negócio ou da propriedade;

II — o imóvel vier a ser utilizado por ele próprio[2 a 5] ou para transferência de fundo de comércio existente há mais de um ano, sendo detentor da maioria do capital o locador, seu cônjuge,[6] ascendente ou descendente.[7]

§ 1º Na hipótese do inciso II, o imóvel não poderá ser destinado ao uso do mesmo ramo do locatário,[8] salvo se a locação também envolvia o fundo de comércio, com as instalações e pertences.[9]

§ 2º Nas locações de espaço em *shopping-centers*,[10] o locador não poderá recusar a renovação do contrato com fundamento no inciso II deste artigo.

§ 3º O locatário[11] terá direito a indenização para ressarcimento dos prejuízos e dos lucros cessantes que tiver que arcar com a mudança, perda do lugar e desvalorização do fundo de comércio, se a renovação não ocorrer[11a] em razão de proposta de terceiro,[12] em melhores condições, ou se o locador, no prazo de três meses da entrega do imóvel, não der o destino alegado ou não iniciar as obras determinadas pelo Poder Público ou que declarou pretender realizar.

Art. 52: 1. v. art. 72 § 3º.

Penalidades a que está sujeito o locador, se não realizar as obras: indenização (§ 3º c/c art. 44 § ún.) e detenção de três meses a um ano (art. 44-III).

Art. 52: 1a. Conforme publicação no DOU. Na Coleção de Leis da União, está "modificações".

Art. 52: 1b. O projeto de modificação é documento indispensável ao pedido de retomada e deve ser produzido pelo locador com a contestação da renovatória (Lex-JTA 139/412).

Art. 52: 2. Súmula 485 do STF: "Nas locações regidas pelo Dec. n. 24.150, de 20 de abril de 1934, a **presunção de sinceridade** do retomante é relativa, podendo ser ilidida pelo locatário". No mesmo sentido: RTJ 112/940, 113/373, 121/292, RSTJ 76/254.

"Na ação renovatória, para o exercício da retomada para uso próprio, deve o locador indicar, ao menos, o ramo de atividade que será explorado no imóvel. Trata-se de providência indispensável, pois, de outra forma, não seria possibilitado ao locatário, sequer, ilidir a presunção de sinceridade existente em prol do senhorio" (STJ-5ª T., REsp 260.485, Min. Felix Fischer, j. 8.8.00, DJU 4.9.00). No mesmo sentido: RSTJ 22/367, maioria.

"Ao formular o pedido de retomada, o locador não deduz fato que precise ser provado. A alegação de insinceridade desse pedido é que o haverá de ser. CPC, art. 333" (STJ-3ª T., REsp 5.787, Min. Eduardo Ribeiro, j. 20.3.91, DJU 15.4.91).

O exame da sinceridade ou insinceridade do locador, quanto ao pedido de retomada, constitui matéria de fato, que não dá lugar ao recurso especial, nos termos da Súmula 7 do STJ (STJ-3ª T., REsp 5.814, Min. Dias Trindade, j. 25.2.91, DJU 25.3.91).

Art. 52: 2a. "É necessária a anuência de todos os locadores do imóvel para o pedido de retomada feito em ação renovatória de locação" (Lex-JTA 166/233).

Art. 52: 3. O condômino locador pode opor-se à renovatória, desde que pretenda estabelecer-se com ramo comercial diferente no prédio. Tem direito de exercitar a preferência assegurada pelo art. 1.323 do CC, se outro condômino também se manifestou pela locação (STF-Pleno: RTJ 81/101 e RT 490/236).

Art. 52: 3a. "Até que sobrevenha a partilha, os herdeiros e o cônjuge sobrevivente devem ser tratados como verdadeiros condôminos do imóvel locado, podendo qualquer um deles, pelo menos em tese, pleitear, através do espólio réu, a retomada para uso próprio, sem sujeitar-se à exigência de demonstração de fundo de comércio existente há mais de um ano" (Lex-JTA 146/320).

Art. 52: 3b. "Exclui-se da retomada para 'utilização pelo próprio' o pedido para fins de exploração indireta através de comissão mercantil" (RSTJ 96/381).

Art. 52: 4. Também o sublocador tem o direito de retomar, para uso próprio, o imóvel sublocado (STF-ERE 75.053, em RTJ 95/654; RT 537/197, JTA 59/224, 4 votos vencidos).

Art. 52: 5. "A retomada do imóvel para uso próprio do locador — ou para um dos condôminos — prescinde de comprovação de fundo de comércio de no mínimo um ano e da detenção da maioria do capital social, dado que fulcrada na primeira parte do inc. II, art. 52, da Lei 8.245/91" (STJ-5ª T., REsp 250.324, Min. Gilson Dipp, j. 26.9.00, DJU 16.10.00).

Art. 52: 6. Também o companheiro (cf. art. 11-I).

Art. 52: 7. "Concede-se a retomada para uso comercial de filho do locador, sócio majoritário de sociedade com ramo de negócio diverso do explorado pela locatária e estabelecido há mais de dois anos" (STJ-RT 666/193).

Art. 52: 8. "Para efeito da vedação contida no art. 8º, parágrafo único, letra *a*, do Dec. 24.150, importa verificar o comércio que o retomante irá de fato instalar no prédio retomado, não tanto as expressões genéricas dos objetivos sociais da empresa de que faça parte" (RSTJ 71/250).

Art. 52: 9. Neste sentido, **Súmula 481 do STF:** "Se a locação compreende, além do imóvel, fundo de comércio, com instalações e pertences, como no caso de **teatros, cinemas e hotéis,** não se aplicam ao retomante as restrições do art. 8º, *e*, parágrafo único, do Dec. n. 24.150, de 20.4.34". Aplicando a Súmula 481: RSTJ 96/435.

"É cabível, nos termos do art. 52, § 1º, da Lei 8.245/91, a retomada de imóvel para exploração da mesma atividade do inquilino se esse imóvel, por suas características físicas, só se possa destinar a um certo ramo de atividade e desse modo seja dado em locação. Sejam exemplos: postos de gasolina, teatros, cinemas, hotéis e outros, em que se revela a impossibilidade de modificar a sua finalidade ou é muito onerosa essa alteração" (STJ-5ª T., REsp 418.464, Min. José Arnaldo, j. 25.6.02, DJU 26.8.02).

Art. 52: 10. s/ *shopping-centers*, v. art. 54.

Art. 52: 11. Não somente o locatário, mas qualquer pessoa com direito à renovação (v. art. 51 §§ 1º a 3º).

Art. 52: 11a. Se o locatário não tem direito à renovação do contrato (art. 51) ou deixou de propor, no prazo, a ação renovatória, não é devida, pelo locador que rescinde unilateralmente a locação, a indenização pela perda do fundo de comércio (STJ-RT 700/197; STJ-6ª T., REsp 282.473, Min. Vicente Leal, j. 27.8.02, DJU 16.9.02).

"O ressarcimento do fundo de comércio é obrigatório apenas na hipótese de a locação não residencial, por prazo determinado, deixar de ser renovada por qualquer das razões previstas no § 3º do art. 52 da Lei 8.245/91; impõe-se o dever indenizatório tão somente ao locador que age com má-fé ou desídia. No caso dos autos, não se tratando de locação passível de renovação compulsória, uma vez que o contrato de locação comercial foi firmado com prazo indeterminado, e não havendo nos autos sequer notícia de pleito renovatório, incabível a indenização do fundo de comércio, consoante os rígidos contornos traçados na Lei 8.245/91. O dever jurídico de indenizar o locatário pelo fundo de comércio decorre de norma especial integrante do subsistema juslocatício, e não de previsão do Direito Civil comum (enriquecimento sem causa às expensas de outrem)" (STJ-5ª T., REsp 1.060.300, Min. Gilson Dipp, j. 2.8.11, maioria, DJ 20.9.11).

Art. 52: 12. s/ responsabilidade do terceiro, v. art. 75.

Art. 53. Nas locações de imóveis utilizados por hospitais, unidades sanitárias oficiais, asilos, estabelecimentos de saúde e de ensino autorizados e fiscalizados pelo Poder Público, bem como por entidades religiosas devidamente registradas, o contrato somente poderá ser rescindido:[1 a 2]

I — nas hipóteses do art. 9º;

II — se o proprietário, promissário comprador ou promissário cessionário, em caráter irrevogável e imitido na posse, com título registrado, que haja quitado o preço da promessa[3] ou que, não o tendo feito, seja autorizado pelo proprietário, pedir o imóvel para demolição, edificação licenciada ou reforma que venha a resultar em aumento mínimo de cinquenta por cento da área útil.[4-5]

Art. 53: 1. Redação do *caput* do art. 53 de acordo com a Lei 9.256, de 9.1.96.

Art. 53: 1a. São protegidos por esse dispositivo:

— casa de saúde e ambulatório (STJ-6ª T., REsp 156.966, Min. Vicente Cernicchiaro, j. 19.3.98, DJU 11.5.98);

— pré-escola (maternal, jardins de infância e pré-primário) (RSTJ 95/431, RT 716/225, 731/343. **Contra:** RT 693/170);

— escola infantil de iniciação artística (analogia com pré-escola) (STJ-6ª T., REsp 147.816, Min. Fernando Gonçalves, j. 2.12.97, DJU 2.2.98);

— escola infantil de recreação e berçário (Lex-JTA 162/315);

— creche (STJ-6ª T., REsp 187.812, Min. Fernando Gonçalves, j. 29.3.00, maioria, DJU 2.5.00; JTAERGS 97/233);

— instituto de assistência a crianças excepcionais (JTAERGS 97/338).

Art. 53: 2. **Esse dispositivo não se aplica a:**

— escritório de administração de hospitais ou unidades sanitárias oficiais, na medida em que o dispositivo protege estabelecimentos voltados à atividade própria da prestação de serviço de saúde à população (RSTJ 96/443);

— "local em que desempenhadas atividades administrativas de estabelecimentos de saúde. O espaço locado em estação metroviária para a marcação de consultas e captação de clientes não se amolda ao benefício legal" (STJ-3ª T., REsp 1.310.960, Min. Paulo Sanseverino, j. 4.9.14, DJ 16.9.14);

— consultório odontológico (RT 726/349, 757/223, Lex-JTA 157/415);

— escola de idiomas (RT 756/370);

— escola de datilografia (RJTAMG 50/142);

— casa de repouso (RT 724/387);

— asilo explorado por empresa privada (STJ-6ª T., REsp 406.553, Min. Fernando Gonçalves, j. 16.4.02, DJU 6.5.02).

Art. 53: 3. As expressões "em caráter irrevogável e imitido na posse, com título registrado, que haja quitado o preço da promessa" referem-se tanto ao compromissário comprador como ao compromissário cessionário.

Cf. art. 8º, nota 12.

Art. 53: 4. Necessidade de prova de propriedade ou de registro do compromisso, para mover a ação de despejo: art. 60.

Prazo para a desocupação de hospital, escola ou repartição pública: art. 63 § 3º; de escola, ainda: art. 63 § 2º.

Pena, se o proprietário não der ao imóvel o destino mencionado na ação de despejo: art. 44-III e § ún.

Art. 53: 5. Ao ajuizar a ação de despejo tendo como fundamento a reforma do imóvel, "deve o locatário, como prova pré-constituída, instruir a inicial com o projeto aprovado pela Municipalidade local" (RT 808/299).

Art. 54. Nas relações entre lojistas e empreendedores de *shopping-center*,[1-1a] prevalecerão as condições livremente pactuadas nos contratos de locação respectivos e as disposições procedimentais previstas nesta lei.[2 a 8]

§ 1º O empreendedor não poderá cobrar do locatário em *shopping-center*:

a) as despesas referidas nas alíneas *a*, *b* e *d* do parágrafo único do art. 22; e

b) as despesas com obras ou substituições de equipamentos, que impliquem modificar o projeto ou o memorial descritivo da data do habite-se e obras de paisagismo nas partes de uso comum.

§ 2º As despesas cobradas do locatário devem ser previstas em orçamento, salvo casos de urgência ou força maior, devidamente demonstradas, podendo o locatário, a cada sessenta dias, por si ou entidade de classe exigir a comprovação das mesmas.

✎ **Art. 54: 1.** "Atipicidade mista do contrato de utilização de unidade em centros comerciais e seus aspectos fundamentais", por Álvaro Villaça Azevedo (RT 716/112-parecer).

Art. 54: 1a. s/ *shopping-center*, v. art. 52 § 2º.

Art. 54: 2. s/ responsabilidade por despesas ordinárias e extraordinárias, nos *shopping-centers*, aplicam-se, no silêncio do contrato ou se este for obscuro, as disposições dos arts. 18 § 1º e 19 § 1º da Lei 6.649/79 (RT 708/125), atualmente art. 22-*caput* e § ún. da LI.

Art. 54: 3. "A Lei do Inquilinato aplica-se aos contratos de locação de espaço em *shopping center* (inteligência dos arts. 1º, 52 § 2º e 54 da Lei 8.245/91)" (STJ-3ª Seção, ED no REsp 331.365, Min. Hamilton Carvalhido, j. 26.3.08, DJ 6.8.08). No mesmo sentido: STJ-4ª T., Ag em REsp 12.044-AgRg, Min. Marco Buzzi, j. 21.8.12, DJ 27.8.12.

Art. 54: 4. "A promessa, feita durante a construção do shopping center a potenciais lojistas, de que algumas lojas-âncoras de grande renome seriam instaladas no estabelecimento para incrementar a frequência de público, con-

Locação

substancia promessa de fato de terceiro cujo inadimplemento pode justificar a rescisão do contrato de locação, notadamente se tal promessa assumir a condição de causa determinante do contrato e se não estiver comprovada a plena comunicação aos lojistas sobre a desistência de referidas lojas, durante a construção do estabelecimento" (STJ-3ª T., REsp 1.259.210, Min. Nancy Andrighi, j. 26.6.12, um voto vencido, DJ 7.8.12).

Art. 54: 5. "O lojista que se estabelece em um *shopping center* integra a sua empresa com o empreendimento para usufruir do planejamento, organização e clientela que o frequenta. Portanto, mais que um simples contrato de locação, há uma relação associativa na qual a colaboração entre os lojistas e o empreendimento é necessária para concretizar-se esse modelo de exploração comercial. Nos contratos de locação de loja em *shopping center*, é fixada a cobrança de aluguel percentual, proporcional ao faturamento bruto mensal da atividade comercial, e que se justifica devido à infraestrutura do empreendimento, que colabora para o sucesso do lojista locatário. O aluguel percentual representa um rateio do sucesso, que em parte é possibilitado pela estrutura e planejamento oferecidos pelo *shopping center*. Representa violação contratual a conduta do locatário que, a despeito de ter assumido a obrigação de efetuar o pagamento do aluguel com base no faturamento, instala ponto de vendas de produtos pela *internet*, que são faturados em nome de empresa diversa. Os ganhos com o comércio eletrônico não ingressam no faturamento da loja situada no *shopping center* locador e, por isso, não integram a base para o cálculo do aluguel. A violação contratual acerca da contraprestação devida pelo uso do espaço locado autoriza o desfazimento da locação, nos termos do art. 9º, II, da Lei 8.245/1991. Não se pode presumir a aquiescência do locador apenas em razão das renovações contratuais, uma vez que ele ainda não tinha ciência da sonegação de parte do aluguel" (STJ-3ª T., REsp 1.295.808, Min. João Otávio, j. 24.4.14, DJ 21.5.14).

Art. 54: 6. "A cláusula que institui parâmetros para a revisão judicial do aluguel mínimo visa a estabelecer o equilíbrio econômico do contrato e viabilizar a continuidade da relação negocial firmada, além de derivar da forma organizacional dos *shoppings centers*, que têm como uma de suas características a intensa cooperação entre os empreendedores e os lojistas. A renúncia parcial ao direito de revisão é compatível com a legislação pertinente, os princípios e as particularidades aplicáveis à complexa modalidade de locação de espaço em *shopping center*" (STJ-3ª T., REsp 1.413.818, Min. Ricardo Cueva, j. 14.10.14, DJ 21.10.14).

Art. 54: 6a. "Cobrança em **dobro do aluguel no mês de dezembro.** Concreção do princípio da autonomia privada. Necessidade de respeito aos princípios da obrigatoriedade ('pacta sunt servanda') e da relatividade dos contratos ('inter alios acta'). Manutenção das cláusulas contratuais livremente pactuadas" (STJ-3ª T., REsp 1.409.849, Min. Paulo Sanseverino, j. 26.4.16, DJ 5.5.16).

Art. 54: 7. "A **'cláusula de raio'** inserta em contratos de locação de espaço em *shopping center* ou normas gerais do empreendimento não é abusiva, pois o *shopping center* constitui uma estrutura comercial híbrida e peculiar e as diversas cláusulas extravagantes insertas nos ajustes locatícios servem para justificar e garantir o fim econômico do empreendimento. O controle judicial sobre eventuais cláusulas abusivas em contratos de cunho empresarial é restrito, face a concretude do princípio da autonomia privada e, ainda, em decorrência de prevalência da livre iniciativa, do *pacta sunt servanda*, da função social da empresa e da livre concorrência de mercado. Inaplicabilidade do diploma consumerista à espécie, pois não se vislumbra o alegado prejuízo genérico aos consumidores delineado pelo Tribunal *a quo*, uma vez que, o simples fato de não encontrar em todos os *shopping centers* que frequenta determinadas lojas não implica em efetivo prejuízo, pois a instalação dos lojistas em tais ou quais empreendimentos depende, categoricamente, de inúmeros fatores sociais, econômicos" (STJ-4ª T., REsp 1.535.727, Min. Marco Buzzi, j. 10.5.16, DJ 20.6.16).

Art. 54: 8. "*Shopping center*. Locação de espaço. Execução. **Honorários contratuais. Repasse.** O contrato firmado entre as partes prevê que o locatário deverá pagar os honorários contratuais de seu advogado, assim como os do advogado do locador, o que não configura *bis in idem*, pois não se trata do pagamento da mesma verba, mas do repasse de custo do locador para o locatário" (STJ-3ª T., REsp 1.644.890, Min. Ricardo Cueva, j. 18.8.20, DJ 26.8.20).

Art. 54-A. Na locação não residencial de imóvel urbano na qual o locador procede à prévia aquisição, construção ou substancial reforma, por si mesmo ou por terceiros, do imóvel então especificado pelo pretendente à locação, a fim de que seja a este locado por prazo determinado, prevalecerão as condições livremente pactuadas no contrato respectivo e as disposições procedimentais previstas nesta Lei.[1]

§ 1º Poderá ser convencionada a renúncia ao direito de revisão do valor dos aluguéis durante o prazo de vigência do contrato de locação.

§ 2º Em caso de denúncia antecipada do vínculo locatício pelo locatário, compromete-se este a cumprir a multa convencionada, que não excederá, porém, a soma dos valores dos aluguéis a receber até o termo final da locação.[2]

§ 3º (VETADO)

Art. 54-A: 1. O art. 54-A, *caput* e parágrafos, foi incluído pela Lei 12.744, de 19.12.12.

Art. 54-A: 2. v. tb. art. 4º-*caput*.

Art. 55. Considera-se locação não residencial quando o locatário for pessoa jurídica e o imóvel destinar-se ao uso de seus titulares, diretores, sócios, gerentes, executivos ou empregados.[1 a 3]

Art. 55: 1. "As locações residenciais, quando contratadas por empresa para uso de seus agentes, são reguladas como não residenciais, sendo possível despejo imotivado" se ajustadas por prazo indeterminado (STJ-6ª T., REsp 29.283-2, Min. Pedro Acioli, j. 21.2.95, DJU 27.3.95). No mesmo sentido: RT 725/292.

Art. 55: 2. "A locação não residencial, a que se refere o art. 55 da Lei n. 8.245/91, quando passa a vigorar por prazo indeterminado, pode ser rescindida por vontade unilateral do locador" (RJTAMG 50/122). No mesmo sentido: RT 723/420, maioria.

Art. 55: 3. Para rescisão do contrato e consequente despejo, não há necessidade de notificação do ocupante, porque não é ele o locatário do prédio (RJTAMG 50/122).

Art. 56. Nos demais casos[1] de locação não residencial, o contrato por prazo determinado cessa, de pleno direito, findo o prazo estipulado, independentemente de notificação ou aviso.[1a]

Parágrafo único. Findo o prazo estipulado, se o locatário permanecer no imóvel por mais de trinta dias[1b a 1d] sem oposição do locador, presumir-se-á prorrogada a locação nas condições ajustadas, mas sem prazo determinado.[2]

Art. 56: 1. ou seja, excetuados os casos previstos nos arts. 53, 54 e 55.

Art. 56: 1a. s/ medida liminar para desocupação do imóvel no caso de cessação do contrato, v. art. 59 § 1º-VIII.

Art. 56: 1b. Vale a cláusula que impõe multa ao locatário se não devolver o imóvel findo o prazo contratual? v. art. 45, nota 1c.

Art. 56: 1c. "O prazo de 50 dias entre o vencimento do contrato e o ajuizamento da ação de despejo não admite supor a ocorrência de prorrogação do contrato, se à permanência do locatário se opôs expressa e formalmente o locador" (Bol. AASP 1.778/supl., em. 1).

Art. 56: 1d. Logo, a ação de despejo deve ser proposta em trinta dias após o vencimento do prazo contratual; caso contrário, terá o locador, para mover a ação, de notificar previamente o locatário (RT 751/356).

Art. 56: 2. Se ocorrer a prorrogação por prazo indeterminado, a locação de imóvel não residencial passará a ser regida pelo art. 57.

Art. 57. O contrato de locação por prazo indeterminado pode ser denunciado[1 a 1c] por escrito, pelo locador, concedidos ao locatário trinta dias para a desocupação.[2]

Art. 57: 1. v. art. 46, notas 4 e segs. (modo de se fazer a denúncia) e 11 (prazo para a propositura da ação de despejo).

Art. 57: 1a. Não havendo notificação premonitória, o locador é carecedor da ação (RT 695/138, Bol. AASP 1.773/supl., em. 3).

Art. 57: 1b. No caso de locação mista, residencial e não residencial, é incabível a denúncia vazia (Lex-JTA 142/268).

Art. 57: 1c. "A notificação cuja necessidade o contrato prevê para que não se prorrogue automaticamente por prazo determinado, não dispensa a outra, prevista no art. 57 da Lei n. 8.245, para denunciar o contrato que tenha sido prorrogado por prazo indeterminado" (Lex-JTA 161/444).

Art. 57: 2. s/ ação revisional de aluguel na pendência de prazo para desocupação do imóvel, v. art. 68 § 1º e notas.

Título II | DOS PROCEDIMENTOS[1]

Capítulo I | DAS DISPOSIÇÕES GERAIS[1]

TÍT. II: 1. "Antecipação da tutela nas ações locatícias", por Geraldo Gonçalves da Costa (RJ 259/32).

CAP. I: 1. Contém, no art. 58, disposições gerais s/ férias forenses, competência, valor da causa, citação, intimação e recursos.

Art. 58. Ressalvados os casos previstos no parágrafo único do art. 1º, nas ações de despejo, consignação em pagamento de aluguel e acessório[1] da locação, revisionais de aluguel e renovatórias de locação, observar-se-á o seguinte:

I — os processos tramitam durante as férias forenses e não se suspendem pela superveniência delas;[1a]

II — é competente para conhecer e julgar tais ações o foro do lugar da situação do imóvel, salvo se outro houver sido eleito no contrato;[1b]

III — o valor da causa corresponderá a doze meses de aluguel,[1c a 2a] ou, na hipótese do inciso II do art. 47, a três salários vigentes por ocasião do ajuizamento;

IV — desde que autorizado no contrato, a citação,[2b] intimação ou notificação far-se-á mediante correspondência com aviso de recebimento, ou, tratando-se de pessoa jurídica ou firma individual, também mediante telex ou fac-símile,[2c a 3a] ou, ainda, sendo necessário, pelas demais formas previstas no Código de Processo Civil;

V — os recursos interpostos contra as sentenças terão efeito somente devolutivo.[4 a 7]

Art. 58: 1. *sic*; devia ser "acessórios".

Art. 58: 1a. s/ férias forenses, v. CF 93-XII e CPC 212 a 215 e 220.

Art. 58: 1b. "A exceção criada pelo art. 58, inciso II, da Lei 8.245/91, à regra geral de competência do art. 94, só vale para as ações expressamente previstas na Lei do Inquilinato" (2º TASP-AI 439.101/1, rel. Juiz Renato Sartorelli).

Art. 58: 1c. "Se a ação é de despejo por falta de pagamento, cumulada com cobrança de aluguéis em atraso, o valor da causa deve corresponder ao valor pretendido, mais o correspondente a doze locativos, a teor do art. 58, III, da Lei 8.245/91, c/c o art. 259, II, do CPC" (RT 742/398).

Art. 58: 2. Para esse cálculo:

— "o valor deve corresponder aos doze meses de aluguel vigente à época do ajuizamento da ação" (STJ-6ª T., REsp 184.452, Min. Hamilton Carvalhido, j. 24.8.99, DJU 22.11.99; no mesmo sentido: RT 705/161, Lex-JTA 145/258, 147/250, 161/313; RJTAMG 18/73), devidamente atualizado, se for o caso (REsp 184.452 cit.);

— não se levam em consideração os encargos, por não constituírem renda fixa, e sim reembolso (STF-RE 51.047, j. 6.6.63, DJU 16.8.63, ap., p. 720, ínt.; JTA 86/351); além do mais, não são fixos, o que forçaria a um cálculo estimativo.

Há um acórdão entendendo que se deve considerar o aluguel pleiteado, não o do mês em que a ação for ajuizada (Lex-JTA 144/324, maioria).

Art. 58: 2a. O valor da causa é sempre o mesmo, qualquer que seja o número de aluguéis em discussão (Lex-JTA 145/243).

Art. 58: 2b. "A administradora de imóveis, por ser mera mandatária do locador do imóvel, não possui legitimidade processual para figurar no polo passivo de eventual ação judicial que tenha por fundamento o contrato de locação. Isso porque não se pode confundir o proprietário do imóvel com quem o representa, ou seja, com seu mandatário, tendo em vista que este, ao celebrar o contrato de locação, não o fez em nome próprio, mas em nome de seu mandante, o locador" (STJ-5ª T., REsp 664.654, Min. Arnaldo Esteves, j. 12.9.06, DJU 9.10.06).

"A administradora de imóveis não é parte legítima para ajuizar ação de execução de créditos referentes a contrato de locação, pois é apenas representante do proprietário, e não substituta processual" (STJ-3ª T., REsp 1.252.620, Min. Nancy Andrighi, j. 19.6.12, DJ 25.6.12). No mesmo sentido: STJ-4ª T., Ag em REsp 1.667.076-AgInt, Min. Raul Araújo, j. 30.11.20, DJ 18.12.20.

V. tb. arts. 59, nota 6, e 67, nota 3, e CPC 242, nota 9, e 542, nota 2. V. tb., no nosso CCLCV, CC 667, nota 1b.

Art. 58: 2c. Como se faz a notificação? v. art. 46 § 2º e notas.

Art. 58: 3. "A autorização para as citações, intimações e notificações por telex ou fac-símile deve conter o número ou designação da estação destinatária, nos autos devendo ser juntado o original do ato expedido ou a cópia indelével, comprobatória da expedição" (CED do 2º TASP, enunciado 20, v.u.).

Art. 58: 3a. "Realizada a citação mediante telex ou fac-símile, o prazo de resposta tem início na data da juntada aos autos do comprovante da expedição do chamamento" (CED do 2º TASP, enunciado 2, maioria).

Art. 58: 4. s/ execução provisória da sentença de despejo, v. art. 63 § 4º, art. 64 (caução) e art. 65-*caput* (o prazo para desocupar se conta da notificação); s/ duplo efeito de apelação contra sentença em ação revisional, v. art. 69, nota 4; s/ execução provisória da sentença em ação renovatória, v. art. 74, nota 3b.

Art. 58: 4a. É possível a outorga de **efeito suspensivo excepcional** à apelação (STJ-4ª T., REsp 1.373.885-AgRg, Min. Antonio Ferreira, j. 6.6.13, DJ 19.6.13).

V. CPC 995 § ún. e 1.012 § 4º.

Art. 58: 5. O inciso V não é inconstitucional (RT 719/251).

Art. 58: 5a. "Questões atinentes à locação, fora do elenco do art. 58 da Lei n. 8.245, de 1991, têm as sentenças que as decidem sujeitas a recurso recebido nos efeitos devolutivo e suspensivo" (Lex-JTA 160/198).

Art. 58: 6. A disposição não se aplica aos processos em curso à data de vigência da LI (v. art. 76, notas 1a e 2).

Art. 58: 7. A apelação da sentença que julga despejo por falta de pagamento deve ser recebida apenas no **efeito devolutivo,** ainda que cumulado:

— com cobrança de aluguéis (RSTJ 122/389, 132/527 (ambos da 5ª T.), 160/562 (6ª T.), RT 707/118, Lex-JTA 157/477, 173/326, maioria). "É possível cindir os efeitos do recurso de apelação na ação de despejo por falta de pagamento cumulada com cobrança, agregando-se o duplo efeito apenas em relação à cobrança" (RJTJERGS 252/180);

— com consignação em pagamento de aluguéis (STJ-6ª T., REsp 80.169, Min. William Patterson, j. 6.2.96, DJU 15.4.96); e

— com rescisão do contrato de locação (STJ-5ª T., REsp 488.452, Min. Felix Fischer, j. 25.3.03, DJU 19.5.03).

"Despejo por denúncia imotivada e reconvenção pedindo indenização por fundo de comércio. Existindo cumulatividade de ações, com única decisão, a apelação deverá ser recebida apenas no efeito devolutivo — inciso V, art. 58 da Lei n. 8.245/91. Caso contrário, o objetivo claro de tal norma, que é dar maior celeridade aos procedimentos, ficará frustrado, em tais situações" (STJ-5ª T., REsp 619.489, Min. Esteves Lima, j. 14.9.04, DJU 4.10.04).

Capítulo II | DAS AÇÕES DE DESPEJO[1-2]

CAP. II: 1. v. tb. art. 58 (disposições gerais).

CAP. II: 2. "Da possibilidade de utilização da ação de despejo pelo fiador do contrato de locação", por Alessandro Schirrmeister Segalla (RJ 279/22).

Art. 59. Com as modificações constantes deste Capítulo, as ações de despejo[1 a 1c] terão o rito ordinário.[2 a 15]

§ 1º Conceder-se-á liminar para desocupação em quinze dias, independentemente da audiência da parte contrária e desde que prestada a caução[16] no valor equivalente a três meses de aluguel, nas ações que tiverem por fundamento exclusivo:

I — o descumprimento do mútuo acordo (art. 9º, inciso I), celebrado por escrito e assinado pelas partes e por duas testemunhas, no qual tenha sido ajustado o prazo mínimo de seis meses para desocupação,[16a] contado da assinatura do instrumento;

II — o disposto no inciso II do art. 47, havendo prova escrita da rescisão do contrato de trabalho[17] ou sendo ela demonstrada em audiência prévia;

III — o término do prazo da locação para temporada,[18] tendo sido proposta a ação de despejo em até trinta dias após o vencimento do contrato;

IV — a morte do locatário sem deixar sucessor legítimo na locação, de acordo com o referido no inciso I do art. 11, permanecendo no imóvel pessoas não autorizadas por lei;

V — a permanência do sublocatário no imóvel,[19] extinta a locação,[20] celebrada com o locatário;

VI — o disposto no inciso IV do art. 9º, havendo a necessidade de se produzir reparações urgentes no imóvel, determinadas pelo poder público, que não possam ser normalmente executadas com a permanência do locatário, ou, podendo, ele se recuse a consenti-las;[20a]

VII — o término do prazo notificatório previsto no parágrafo único do art. 40, sem apresentação de nova garantia apta a manter a segurança inaugural do contrato;[20b]

VIII — o término do prazo da locação não residencial,[20c] tendo sido proposta a ação em até 30 (trinta) dias do termo ou do cumprimento de notificação comunicando o intento de retomada;[20d]

IX — a falta de pagamento de aluguel e acessórios da locação no vencimento, estando o contrato desprovido de qualquer das garantias previstas no art. 37, por não ter sido contratada ou em caso de extinção ou pedido de exoneração dela, independentemente de motivo.[20e-20f]

§ 2º Qualquer que seja o fundamento da ação dar-se-á ciência[21] do pedido aos sublocatários,[22 a 25] que poderão intervir no processo como assistentes.[26]

§ 3º No caso do inciso IX do § 1º deste artigo, poderá o locatário evitar a rescisão da locação e elidir a liminar de desocupação se, dentro dos 15 (quinze) dias concedidos para a desocupação do imóvel e independentemente de cálculo, efetuar depósito judicial que contemple a totalidade dos valores devidos, na forma prevista no inciso II do art. 62.[27]

Art. 59: 1. Casos de despejo:

— em qualquer tipo de locação: art. 9º;

— por falta de pagamento: art. 62;

— na locação residencial nova, por prazo igual ou superior a 30 meses: art. 46;

— na locação residencial nova, por prazo inferior a 30 meses: art. 47;

— na locação residencial velha: art. 78 e § ún.;

— na locação não residencial por prazo determinado: art. 56-*caput*;

— na locação não residencial por prazo indeterminado: art. 57;

— na locação para temporada: art. 59 § 1º-III;

— na locação para escola, hospital ou repartição pública: art. 53;

— quando alienado o imóvel locado: art. 8º;

— quando extinto o usufruto ou o fideicomisso: art. 7º.

Na especificação acima, locação nova é a contratada posteriormente à vigência desta lei; velha, a celebrada antes.

Em todos os casos, o texto que concede a ação de despejo é o art. 5º-*caput*.

✎ **Art. 59: 1a.** "Antecipação da tutela nas ações locatícias", por Geraldo Gonçalves da Costa (RJ 259/32).

Art. 59: 1b. "Cabível, nas ações de despejo, a **antecipação de tutela,** como o é em toda a ação de conhecimento, seja a ação declaratória, seja constitutiva (negativa ou positiva) condenatória, mandamental, se presentes os pressupostos legais" (STJ-5ª T., REsp 445.863, Min. José Arnaldo, j. 5.12.02, DJU 19.12.02). No mesmo sentido: STJ-6ª T., REsp 595.172, Min. Paulo Gallotti, j. 21.10.04, deram provimento, DJU 1.7.05; RJTAMG (caso em que o locatário se limitou a contestar o *quantum debeatur*, sem se valer da faculdade do art. 62-II).

"Presentes os pressupostos legais do art. 273 do CPC, é possível a concessão de tutela antecipada mesmo nas ações de despejo cuja causa de pedir não esteja elencada no art. 59, § 1º, da Lei 8.245/91" (STJ-5ª T., REsp 702.205, Min. Arnaldo Esteves, j. 12.9.06, DJU 9.10.06).

Contra: "É incabível, nas ações de despejo, a antecipação da tutela de que trata o art. 273 do CPC, em sua nova redação" (CED do 2º TASP, Enunciado 31, v.u.). No mesmo sentido: RT 828/281, Lex-JTA 160/231, 161/337, maioria, bem fundamentado.

Art. 59: 1c. A ação de despejo deve ser movida contra o locatário: "a ocupação do imóvel locado por pessoa diversa do inquilino não altera a legitimidade passiva para a ação de despejo" (RT 724/385).

Art. 59: 2. v. CPC 318 e segs. (procedimento comum).

Além disso, as ações de despejo de imóvel residencial, para uso próprio, podem, por opção do autor, ser da competência do Juizado Especial, seguindo o procedimento estabelecido na LJE (art. 3º-*caput*-III dessa lei).

Art. 59: 3. Cumulação de pedidos: art. 62-I, com as respectivas notas 7, 7a e 29.

Art. 59: 4. s/ aquisição de imóvel locado, v. art. 8º.

Art. 59: 5. s/ litisconsórcio passivo, em ação de despejo, v. art. 2º, nota 2, e CPC 113, nota 5.

Art. 59: 5a. É admissível **reconvenção** em ação de despejo (STJ-6ª T., REsp 293.784, Min. Og Fernandes, j. 17.5.11, DJ 6.6.11), v.g., com pedido de indenização por benfeitorias e perda do ponto comercial (STJ-5ª T., REsp 1.036.003, Min. Jorge Mussi, j. 26.5.09, DJ 3.8.09; RJTAMG 52/190).

O mero direito de retenção por benfeitorias independe de reconvenção para o seu exercício. Basta sua invocação em sede de contestação (v. art. 59, nota 14).

Contra o cabimento de reconvenção em ação de despejo:

— visando à renovação da locação: JTA 127/288;

— para pedir a rescisão contratual por infração do locador: Lex-JTA 172/280.

V. tb. art. 62, nota 11b.

Art. 59: 6. Administradora predial não tem legitimidade para, em nome próprio, propor ação relativa ao imóvel locado, como, p. ex., despejo (JTA 106/316, 107/322, JTAERGS 71/163, 71/169, RJTAMG 34/179).

V. tb. arts. 58, nota 2b, e 67, nota 3 (contra, em termos), e CPC 542, nota 2.

Art. 59: 7. O usufrutuário locador não precisa de anuência do nu-proprietário para retomar o prédio locado (JTA 104/234).

Art. 59: 7a. "O usufruto vitalício não se extingue com a morte de um dos cônjuges, e o usufrutuário remanescente, ainda que não tenha participado do contrato de locação, é parte legítima para as ações de despejo que objetivem a desocupação dos imóveis dados em usufruto" (RJTAMG 22/204).

Art. 59: 7b. O nu-proprietário não tem legitimidade para propor ação de despejo (STJ-RT 757/125, RJTAMG 34/271).

Art. 59: 8. O arrematante, com título registrado, tem legitimidade para mover ação de despejo (JTA 96/362).

"Aperfeiçoada a arrematação, nos termos do art. 694 do CPC, após a lavratura do respectivo auto, carece de legitimidade ativa *ad causam* para propositura de ação de despejo o locador, ex-proprietário do imóvel arrematado, na medida em que configurada a sub-rogação ao arrematante dos direitos decorrentes do pacto locatício relativo ao imóvel adquirido" (STJ-5ª T., REsp 833.036, Min. Laurita Vaz, j. 18.11.10, DJ 28.3.11).

Art. 59: 9. O depositário judicial tem qualidade para mover ação de despejo, em defesa do bem depositado (JTA 106/304).

Art. 59: 9a. "Cuidando-se de condomínio não há falar-se em despejo, cabendo aos consortes optar pela extinção do condomínio ou estipular a indenização prevista no art. 636 do Cód. Civil. A existência de contrato de locação é insuficiente para alterar as regras que disciplinam a administração da coisa comum ou da extinção do condomínio" (Lex-JTA 161/427). O art. 636 do CC rev. corresponde ao CC 1.323.

Art. 59: 10. Dispensa-se a intervenção do cônjuge do locador na ação de despejo (RT 610/164, JTA 106/402).

Art. 59: 11. "A circunstância de vir o locador a receber os aluguéis que se vencerem após o ajuizamento da ação de despejo não altera a situação que ensejou a propositura da demanda" (VI ENTA-concl. 36, aprovada por unanimidade).

Art. 59: 12. Não cabe denunciação da lide em ação de despejo (RT 596/157, 661/135, 724/380, JTA 86/259, 98/223-denunciação feita pelo réu ao alienante, no caso do art. 8º desta lei; RJTAMG 34/64, denunciação feita ao alienante).

Art. 59: 13. "É de ser suspenso o processo de despejo enquanto não definida ação anulatória da venda do imóvel locado e sua adjudicação ao locatário (art. 265-IV-*a* do CPC)" (STJ-3ª T., REsp 7.774, Min. Dias Trindade, j. 16.4.91, maioria, DJU 13.5.91).

V. tb. CPC 313, nota 12.

Art. 59: 14. Em ação de despejo não cabem embargos à execução (RT 544/154, 579/151, 631/201, 725/342, JTA 49/208, 90/433, 103/260, 105/367, RF 284/280, Bol. AASP 1.148/242).

Mas a lei admite expressamente a retenção por benfeitorias (art. 35). **Todavia:** "Em se tratando de ação de despejo, o exercício do direito de retenção — art. 35 da Lei n. 8.245/91 — deve ser exercido por ocasião da contestação. Assim, em razão da preclusão, não há se falar na possibilidade de oposição de embargos de retenção por benfeitorias quando da execução da ação de despejo" (STJ-5ª T., REsp 685.103, Min. Gilson Dipp, j. 20.9.05, DJU 10.10.05). Neste sentido: STJ-4ª T., Ag 1.311.922-AgRg-AgInt, Min. Isabel Gallotti, j. 4.2.20, DJ 18.2.20; RT 567/145, 669/132, JTA 96/367, 110/300, 117/384, RJTAMG 26/315.

"O locatário só pode opor embargos, com esteio nos arts. 26, da Lei n. 6.649/79, e 744, do CPC, se a própria sentença decretatória do despejo lhe concedeu o direito à indenização por benfeitorias" (RF 306/209).

Art. 59: 15. Normalmente, não cabem embargos de terceiro nas ações de despejo (STJ-4ª T., REsp 326.063, Min. Luis Felipe, j. 20.6.13, maioria, DJ 23.8.13; STJ-3ª T., REsp 1.714.870, Min. Nancy Andrighi, j. 24.11.20, DJ 3.12.20; RSTJ 39/321, STJ-RT 756/193, RT 512/192, 515/243, 544/155, 548/160, 564/167, 566/144, RF 284/261, JTA 58/259, 66/145, 72/175, 77/300, 77/339, 78/170, 91/329, Lex-JTA 71/246, 72/330, 146/235, Bol. AASP 1.167/87).

Excepcionalmente, para proteger a posse direta do ocupante do imóvel, não derivada de qualquer relação com os litigantes, os embargos podem ser admitidos (RSTJ 78/258, RT 558/129, 591/160, JTA 73/368, 93/357), especialmente quando se alegue conluio entre autor e réu da ação de despejo (RSTJ 59/239, JTA 62/881), ou entre locador e locatário, para conseguir o despejo da companheira deste (Lex-JTA 148/198), ou quando se execute despejo sem que tenha havido prolação de sentença (RT 526/152), ou se a mulher separada de fato do marido e que permaneceu no imóvel não foi citada para a ação de despejo (art. 12-*caput*; RT 625/143).

Nessa ordem de ideias, tem sido concedido mandado de segurança em favor do locatário que não foi notificado previamente (quando exigida por lei essa notificação), nem citado na ação de despejo, a final julgada procedente (RT 720/184, JTA 106/357, Bol. AASP 1.479/42). **Contra,** não admitindo, neste caso, mandado de segurança, mas tão somente embargos de terceiro: RT 702/136, maioria.

O sublocatário legítimo, não cientificado da ação de despejo (art. 59 § 2º), pode opor-se à execução da sentença mediante embargos de terceiro (RT 658/131, 785/297; neste último, apesar de acolhida a tese, os embargos foram julgados improcedentes porque já havia sido executado o despejo).

O sublocatário ilegítimo não tem embargos de terceiro, para suspender a execução de sentença proferida em ação de despejo de que não foi cientificado (RT 724/380, 796/306, JTA 105/414).

Art. 59: 16. Se a caução é prestada em dinheiro, considera-se realizada pelo simples fato do depósito da importância correspondente; nos demais casos, cabe ao juiz, sumariamente, decidir se ela é suficiente.

V. nota 2a ao art. 64.

Art. 59: 16a. O acordo para desocupação em prazo inferior a seis meses é válido e dá fundamento à ação de despejo, mas sem liminar (Lex-JTA 152/351).

Art. 59: 17. Com a rescisão do contrato de trabalho entre locador e locatário, finda automaticamente a locação (RT 613/197, RJTAMG 24/154), sendo desnecessária qualquer notificação marcando prazo para a desocupação (JTA 105/308; **contra,** exigindo a notificação: JTA 106/400).

Contra o zelador de prédio que mora nele e é despedido, cabe ação de reintegração, sustenta acórdão em JTA 100/340; mas, na hipótese, o despejo foi concedido.

Art. 59: 18. v. arts. 48 a 50.

Art. 59: 19. Embora a medida liminar objetive o sublocatário, a ação de despejo deve ser movida contra o locatário (com ciência do sublocatário, se legítimo — v. nota 23), porque, além de não ter o locador qualquer relação jurídica direta com o sublocatário, é do locatário a obrigação de restituir o imóvel (art. 23-III).

Art. 59: 20. v. art. 15.

Art. 59: 20a. O inciso VI foi acrescido pela Lei 12.112, de 9.12.09, em vigor 45 dias após a sua publicação (DOU 10.12.09).

Art. 59: 20b. O inciso VII foi acrescido pela Lei 12.112, de 9.12.09, em vigor 45 dias após a sua publicação (DOU 10.12.09).

Art. 59: 20c. v. art. 56-*caput*.

Art. 59: 20d. O inciso VIII foi acrescido pela Lei 12.112, de 9.12.09, em vigor 45 dias após a sua publicação (DOU 10.12.09).

Art. 59: 20e. O inciso IX foi acrescido pela Lei 12.112, de 9.12.09, em vigor 45 dias após a sua publicação (DOU 10.12.09).

Art. 59: 20f. v. § 3º.

Art. 59: 21. "Por não existir relação *ex locato* entre o sublocatário e o locador, este não poderá afrontá-lo pela via da ação de despejo. A demanda deve ser ajuizada contra o locatário e não contra o subinquilino" (STJ-5ª T., REsp 288.031, Min. Jorge Scartezzini, j. 16.5.02, DJU 26.8.02). Por isso a lei se refere à ciência ao sublocatário, não à citação (RT 607/144).

Art. 59: 22. Não cabe dar ciência da ação ao fiador do locatário, a requerimento deste (JTA 104/283).

Se os fiadores forem cientificados, este ato não influi no prazo para contestação do réu, porque não são partes no processo (JTA 111/328).

Art. 59: 23. A ciência é obrigatória somente ao sublocatário legítimo, isto é, aquele que está no imóvel com o consentimento prévio e escrito do locador (v. art. 13). Neste sentido: RT 595/175, 722/215, JTA 97/341, 118/289, RJTAMG 26/228.

O pensionista não é sublocatário legítimo (RT 707/108).

Art. 59: 24. Se o sublocatário legítimo não foi cientificado da propositura da ação, não cabe executar contra ele o despejo (RT 720/177, RF 290/236). Poderá, inclusive, valer-se de embargos de terceiro ou de mandado de segurança (v. nota 15, § 3º).

Art. 59: 25. Igualmente, deve ser dada ciência da ação ao cessionário da locação e ao comodatário do imóvel, em ambos os casos se tiverem sido autorizados previamente e por escrito a ocupá-lo (art. 13).

Art. 59: 26. v. CPC 119 e segs.

Art. 59: 27. O § 3º foi acrescido pela Lei 12.112, de 9.12.09, em vigor 45 dias após a sua publicação (DOU 10.12.09).

Art. 60. Nas ações de despejo fundadas no inciso IV do art. 9º, inciso IV do art. 47 e inciso II do art. 53, a petição inicial deverá ser instruída com prova da propriedade do imóvel ou do compromisso registrado.[1-2]

Art. 60: 1. No mesmo sentido, inclusive para a ação de despejo fundada no inciso III do art. 47: art. 47 § 2º.

Art. 60: 2. "Tendo em vista a natureza pessoal da relação de locação, o sujeito ativo da ação de despejo identifica-se com o locador, assim definido no respectivo contrato de locação, podendo ou não coincidir com a figura do proprietário. A Lei 8.245/91 (Lei de Locações) especifica as hipóteses nas quais é exigida a prova da propriedade para a propositura da ação de despejo. Nos demais casos, é desnecessária a condição de proprietário para o seu ajuizamento" (STJ-3ª T., REsp 1.196.824, Min. Ricardo Cueva, j. 19.2.13, DJ 26.2.13).

Art. 61. Nas ações fundadas no § 2º do art. 46 e nos incisos III e IV do art. 47, se o locatário, no prazo da contestação,[1] manifestar sua concordância com a desocupação[1a-1b] do imóvel, o juiz acolherá o pedido fixando prazo de seis meses para a desocupação, contados da citação, impondo ao vencido a responsabilidade pelas custas e honorários advocatícios de vinte por cento sobre o valor dado à causa. Se a desocupação ocorrer dentro do prazo fixado, o réu ficará isento dessa responsabilidade; caso contrário, será expedido mandado de despejo.[1c-2]

Art. 61: 1. O prazo é de 15 dias, como regra geral (CPC 335).

Art. 61: 1a. "O reconhecimento da procedência do pedido, na ação de despejo, somente acarreta a concessão do prazo de seis meses para a desocupação, contado da citação, se a pretensão se apoiar em qualquer das hipóteses referidas no art. 61 da Lei 8.245/91" (CED do 2º TASP, enunciado 8, maioria).

Art. 61: 1b. "Se o réu, mesmo invocando o disposto no art. 61 da Lei n. 8.245, de 1991, postular prazo superior a seis meses para a desocupação, inclusive com oferta de majoração do aluguel, o deferimento desse pedido estará condicionado à concordância do autor, para caracterizar-se a transação. Discorde o autor, não é dado ao magistrado conceder o prazo legal de seis meses, porque o pedido do réu não preenche os requisitos do aludido art. 61" (Lex-JTA 161/453).

Art. 61: 1c. Aplica-se este dispositivo apenas às locações contratadas na vigência desta lei. Quanto às locações anteriores, incide o art. 78, e o prazo para desocupação, se for movida ação de despejo, é o do art. 63 (Lex-JTA 148/181).

Art. 61: 2. para desocupação imediata (STJ-3ª T., REsp 5.585, Min. Dias Trindade, j. 29.4.91, DJU 17.6.91).

Art. 62. Nas ações de despejo fundadas na falta de pagamento[1 a 3] de aluguel e acessórios da locação, de aluguel provisório,[3a] de diferenças de aluguéis, ou somente de quaisquer dos acessórios da locação,[4-4a] observar-se-á o seguinte:[4b]

I — o pedido de rescisão da locação[5] poderá[5a a 7a] ser cumulado com o pedido de cobrança dos aluguéis[8] e acessórios da locação;[8a] nesta hipótese, citar-se-á o locatário para responder ao pedido de rescisão e o locatário e os fiadores[8b a 8d] para responderem ao pedido de cobrança, devendo ser apresentado, com a inicial, cálculo discriminado do valor do débito;[8e a 10]

II — o locatário e o fiador[11-11a] poderão evitar a rescisão da locação[11b-11c] efetuando,[12] no prazo de 15 (quinze) dias,[12a a 12d] contado da citação,[12e] o pagamento do débito atualizado,[13 a 16] independentemente de cálculo[17] e mediante depósito judicial, incluídos:[17a]

a) os aluguéis e acessórios da locação[17b] que vencerem até a sua efetivação;

b) as multas[18 a 18c] ou penalidades contratuais, quando exigíveis;

c) os juros de mora;

d) as custas[19] e os honorários do advogado[19a a 20] do locador, fixados em dez por cento sobre o montante devido,[21] se do contrato não constar disposição diversa;

III — efetuada a purga da mora, se o locador alegar[22] que a oferta não é integral, justificando a diferença, o locatário poderá complementar o depósito[23-24] no prazo de 10 (dez) dias, contado da intimação, que poderá ser dirigida ao locatário ou diretamente ao patrono deste, por carta ou publicação no órgão oficial, a requerimento do locador;[25]

IV — não sendo integralmente complementado o depósito, o pedido de rescisão prosseguirá pela diferença, podendo o locador levantar a quantia depositada;[26]

V — os aluguéis que forem vencendo até a sentença deverão ser depositados à disposição do juízo, nos respectivos vencimentos, podendo o locador levantá-los desde que incontroversos;[27]

VI — havendo cumulação dos pedidos de rescisão da locação e cobrança dos aluguéis,[28-28a] a execução desta pode ter início antes da desocupação do imóvel, caso ambos tenham sido acolhidos.[29-30]

Parágrafo único. Não se admitirá a emenda da mora se o locatário já houver utilizado essa faculdade nos 24 (vinte e quatro) meses imediatamente anteriores à propositura da ação.[31]

Art. 62: 1. s/ medida liminar para desocupação em caso de contrato desprovido de garantia, v. art. 59 §§ 1º-IX e 3º; s/ complementação de depósito, na ação de consignação, pendente ação de despejo por falta de pagamento, v. CPC 545, nota 2.

Art. 62: 1a. "O contrato particular de promessa de compra e venda do imóvel sem o registro no Cartório de Imóveis competente não confere legitimidade para a propositura da ação de despejo, ainda que seja por falta de pagamento" (STJ-5ª T., REsp 26.946-9, Min. Jesus Costa Lima, j. 1.9.93, DJU 4.10.93).

Art. 62: 2. Nada impede que, na pendência de ação renovatória, o locador mova contra o locatário ação de despejo por falta de pagamento de aluguéis (JTA 116/321, maioria).

Art. 62: 3. Na pendência de ação de despejo por falta de pagamento, é possível mover outra, relativa a aluguéis diferentes (Lex-JTA 157/417).

Art. 62: 3a. Não há razão para a suspensão da ação de despejo por falta de pagamento dos aluguéis provisórios fixados em ação revisional, até o julgamento final desta (Lex-JTA 141/273). Mas, julgado o autor carecedor da ação revisional, extingue-se, em consequência, a ação de despejo por falta de pagamento dos aluguéis provisórios (Lex-JTA 148/192).

Art. 62: 4. v. art. 9º-III.

Art. 62: 4a. Se o contrato permitir a cobrança dos tributos, encargos e despesas ordinárias de condomínio juntamente com os aluguéis (cf. art. 25), estes poderão ser incluídos no pedido. Todavia, no caso de estar o locatário obrigado a pagar tais acessórios diretamente, se o locador quiser incluí-los na ação de despejo deverá, antes da propositura da ação, notificar o locatário, para constituí-lo em mora (RT 754/324).

Art. 62: 4b. Redação do *caput* de acordo com a Lei 12.112, de 9.12.09, em vigor 45 dias após a sua publicação (DOU 10.12.09).

Art. 62: 5. Na ação de despejo, o pedido não é de rescisão da locação, mas de despejo, isto é, de desocupação do imóvel. A rescisão não implica, necessariamente, o despejo, embora seja pressuposto deste.

Art. 62: 5a. s/ a possibilidade de ser movida ação de despejo por falta de pagamento e também por outro fundamento (p. ex., infração de obrigação legal), v. notas 29 e 30.

Art. 62: 6. "Poderá"; logo, o locador não é obrigado a cumular a ação de despejo por falta de pagamento com a de cobrança dos aluguéis, facultada por este inciso I.

Art. 62: 6a. No sentido de que esta cumulação somente é possível na ação de despejo por falta de pagamento, não na denúncia vazia: RT 728/280.

Art. 62: 6b. Não há litispendência entre ações de despejo, sendo uma fundada em falta de pagamento de aluguéis e outra em falta de pagamento de encargos (RT 724/432).

Art. 62: 7. Os incisos I (em parte) e VI (totalmente) deveriam constituir artigo independente, para maior clareza dessas disposições, que significam o seguinte:

A ação de despejo por falta de pagamento pode ser cumulada com a de cobrança dos aluguéis (Lex-JTA 152/267). Se ambas forem julgadas procedentes, ficará facultado ao autor executar os aluguéis antes da desocupação do imóvel.

Em consequência: a execução da sentença, na parte em que julgou procedente a cobrança dos aluguéis, pode ser feita provisoriamente (art. 58-V). Tal execução observa as regras do CPC 520 a 522.

Art. 62: 7a. Cumulada a ação de despejo com a de cobrança dos aluguéis vencidos, se os inquilinos entregarem a chave do prédio deve a ação de cobrança prosseguir, com a citação do réu (Lex-JTA 143/252). No mesmo sentido, ponderando caber ao locador optar pela execução por quantia certa ou pelo processo de conhecimento: RT 826/278.

Art. 62: 8. devidos até a propositura da ação (Lex-JTA 145/336). **Contra,** admitindo a inclusão, na condenação, dos aluguéis e acessórios vencidos no curso da ação: Bol. AASP 1.876/374j.

Art. 62: 8a. "Desnecessário o pagamento pelo locador das despesas condominiais, taxas e imposto não pagos pelo locatário, como requisito de admissibilidade para a exigência delas, em ação de cobrança proposta contra o inquilino. Exegese do art. 62, I, da Lei 8.245/91" (RT 719/189, maioria).

Art. 62: 8b. "Em caso de cumulação da ação de despejo com cobrança dos aluguéis, a autora/locadora deverá promover a citação do locatário e do fiador, sob pena de extinção do processo, porque a Lei do Inquilinato, com a nova redação dada pela Lei n. 12.112/2009, estabeleceu, nessa hipótese, em seu inciso I, do art. 62, o litisconsórcio necessário" (RJM 201/167: AI 1.0024.10.157747-6/001).

Art. 62: 8c. **Súmula 268 do STJ:** "O fiador que não integrou a relação processual na ação de despejo não responde pela execução do julgado" (v. jurisprudência s/ esta Súmula em RSTJ 155/541 a 556).

Assim, se o fiador não figurou no polo passivo, a sentença somente poderá ser executada contra o locatário (Lex-JTA 157/259, 157/263).

Art. 62: 8d. O fiador que não participou da ação de despejo cumulada com cobrança de aluguéis tem legitimidade para recorrer, como terceiro, da sentença nela proferida (STJ-6ª T., REsp 361.738, Min. Fernando Gonçalves, j. 18.4.02, DJU 6.5.02).

Art. 62: 8e. Redação do inciso I de acordo com a Lei 12.112, de 9.12.09, em vigor 45 dias após a sua publicação (DOU 10.12.09).

Art. 62: 9. "A regra imposta pelo art. 62, I, da Lei 8.245/91, ao determinar que deverá o autor, na inicial, apresentar memória discriminada do valor do débito, não se aplica em caso de ação de despejo por falta de pagamento não cumulada com o pedido de cobrança dos encargos locatícios atrasados" (STJ-RT 794/217).

Contra: RT 749/312.

Art. 62: 9a. "A exigência de discriminação dos valores em débito na petição inicial há de ser interpretada sem excesso de formalismo, aceitando-se o pedido sempre que possa o réu, sem maiores dificuldades, apreender o objeto da cobrança" (Lex-JTA 154/205).

Assim, admite-se a "possibilidade de apuração do valor do aluguel, por arbitramento, em liquidação de sentença, à vista da complexidade dos cálculos" (STJ-5ª T., REsp 594.598, Min. José Arnaldo, j. 28.9.04, DJU 25.10.04).

Art. 62: 10. No sentido de que a menção, na inicial, de quantia superior à devida acarreta a improcedência da ação de despejo: RT 712/191, 714/169, JTAERGS 91/331.

Art. 62: 11. Só o locatário e o fiador? Por que não também o cônjuge, o companheiro, o sublocatário legítimo? v. CC 304.

No regime anterior, entendia-se que também podiam purgar a mora:

— o sublocatário legítimo (cf. art. 38 da Lei 6.649/79);

— a esposa (JTA 116/247);

— a ex-esposa, no caso de continuar, após separação judicial, residindo no prédio locado (JTA 104/295);

— a companheira residente no imóvel (JTA 106/365) ou que nele permaneceu, depois de abandonada pelo locatário (JTA 105/291);

— o filho do locatário (JTA 108/315).

Art. 62: 11a. Existe acórdão entendendo dispensável a intervenção de advogado para requerer a purgação da mora (Lex-JTA 147/290).

V., porém, EA 1º-I e respectiva nota 3.

Art. 62: 11b. No sentido de que não cabe reconvenção pelo locatário, visando a consignar aluguéis em ação de despejo por falta de pagamento: Lex-JTA 149/284.

Art. 62: 11c. "A propositura de ação revisional de aluguel após o ajuizamento da ação de despejo não afasta a inadimplência devidamente comprovada pelo locador" (RJTJERGS 257/267).

Art. 62: 12. No sentido de que o pedido de purgação da mora deve ser apresentado no protocolo competente para recebê-lo, considerando-se intempestivo se a ele chegar fora de prazo: RT 617/147. Ainda, especialmente se para isso houver concorrido a omissão ou a negligência do interessado: JTA 116/375.

✎ **Art. 62: 12a.** "Da ilegitimidade do deferimento antecipado de eventual pedido de emenda da mora segundo o regime da Lei 8.245, de 1991", por Marcelo Rodrigues Santini (Lex-JTA 165/10).

Art. 62: 12b. **Súmula 173 do STF:** "Em caso de obstáculo judicial, admite-se a purga da mora, pelo locatário, além do prazo legal".

Não havendo, porém, obstáculo judicial ou fato não imputável ao inquilino, o prazo para a purgação da mora não pode ser prorrogado pelo juiz (RT 624/148, JTA 89/297, 100/254, 108/334, Bol. AASP 1.410/313).

Art. 62: 12c. Esse prazo é decadencial (RJTAMG 60/243).

Art. 62: 12d. O prazo para purgar a mora é um só, ainda que haja mais de uma pessoa com direito de purgá-la: JTA 105/305.

O prazo para purgar a mora não se dobra no caso de litisconsortes com procuradores diferentes (CPC 229).

Art. 62: 12e. e não da juntada aos autos do mandado de citação.

Art. 62: 13. Caso em que não é permitida a purgação da mora: § ún.

Art. 62: 13a. "A opção pela **purgação da mora,** na ação de despejo por falta de pagamento, **é incompatível com a contestação** do débito ou a revisão de cláusulas contratuais, nos moldes do artigo 62 da Lei 8.245/1991, em relação às parcelas tidas como indevidas" (STJ-4ª T., Ag em REsp 425.767-AgInt-AgInt, Min. Isabel Gallotti, j. 11.9.18, DJ 18.9.18). Em sentido semelhante: STJ-5ª T., REsp 655.286, Min. Felix Fischer, j. 4.8.05, DJU 26.9.05; RSTJ 149/529 (6ª T.), STJ-Bol. AASP 2.256/2.177 (6ª T.).

Todavia: "A contestação e o pedido de purgação de mora, em princípio, se repelem, persistindo no novo sistema o princípio geral da incompatibilidade de purgação de mora com contestação. Por outro lado, reconhece-se que a incompatibilidade se dá 'em princípio', porque admitir-se-ia a possibilidade de haver verbas incontroversas sobre as quais se permite seja efetuado o depósito e outras, sobre as quais se litiga, mediante contestação" (STJ-6ª T., REsp 292.973, Min. Hamilton Carvalhido, j. 18.12.02, DJU 4.8.03). No mesmo sentido: Lex-JTA 150/241.

"À luz do que dispõe o art. 62 da Lei n. 8.245/91, na ação de despejo por falta de pagamento pode o inquilino cumular pedido de purgação parcial de mora, de quantia que ache certa, com contestação relativa às verbas que, no seu entender, estão sendo cobradas indevidamente pelo senhorio" (Bol. AASP 1.778/supl., em. 9).

Exigindo o depósito da parte incontroversa como condição para a discussão da parte controvertida: "A contestação à ação de despejo por falta de pagamento apenas surtirá efeito desconstitutivo do direito do locador se acompanhada do depósito da importância acaso tida como incontroversa" (CED do 2º TASP, enunciado 28, v.u., em Bol. AASP 1.854/supl.). "Se o réu alega que seu débito é menor que o afirmado pelo autor, tem de depositar a parte incontroversa, para poder discutir a outra" (RT 730/272). No mesmo sentido: RT 696/160, 716/218, RF 330/327, Lex-JTA 140/243.

Art. 62: 14. **Pedido de purgação da mora e contestação para arguir preliminares de mérito.** "Na ação de despejo por falta de pagamento não se há vislumbrar qualquer incompatibilidade se, em contestação, o inquilino suscita preliminares de mérito e, após, pede a purgação da mora, haja vista que na primeira hipótese a ideia é obstar o conhecimento, pelo juízo, do mérito, e quanto à segunda, caso admitido o direito de ação, de reconhecer o fato constitutivo do direito do autor" (RT 789/302).

Todavia, no sentido de que "são incompatíveis a alegação de incompetência do juízo e concomitante pedido de purga da mora", devendo ser rejeitada a exceção oferecida: RT 596/162. Ainda: JTA 98/246.

Art. 62: 15. "Atualizado"; quer dizer: com correção monetária. Diária, mensal, pelos índices oficiais ou por outros? Não custava a lei ter dito que, no silêncio do contrato de locação, a correção seria feita pelo índice "tal", dentre os atualmente possíveis.

Art. 62: 16. "Na purgação da mora, o débito deve ser corrigido monetariamente" (CED do 2º TASP, enunciado 18, v.u., em Bol. AASP 1.854/supl.), ainda que a correção monetária não tenha sido prevista contratualmente (Lex-JTA 147/290).

Art. 62: 17. Apesar de dispensado o cálculo pela lei, há acórdão exigindo-o: "Em despejo por falta de pagamento, não somente é necessária a remessa dos autos ao contador, mas que também, se este não apura o montante do débito com tempo, deve ser redesignada nova data para a purgação da mora" (Lex-JTA 150/241). Também: Lex-JTA 108/251).

Art. 62: 17a. Redação do inciso II de acordo com a Lei 12.112, de 9.12.09, em vigor 45 dias após a sua publicação (DOU 10.12.09).

Art. 62: 17b. "Impostos. Não integrarão o valor a ser pago, uma vez não mencionado na inicial" (STJ-3ª T., REsp 17.065-0, Min. Eduardo Ribeiro, j. 14.4.92, DJU 18.5.92).

Art. 62: 18. só as moratórias, não as compensatórias (RT 545/151, 547/148, 605/137, 749/313, 767/242, JTA 94/309, 107/405, 108/291, Lex-JTA 147/287, 155/314, 160/281).

Art. 62: 18a. "Se a multa compensatória é pedida na inicial de ação de despejo por falta de pagamento e o locatário não a contesta, limitando-se a pedir a purga da mora, deve depositá-la, sob pena de despejo" (Lex-JTA 155/253).

Art. 62: 18b. O magistrado não pode, de ofício, declarar nula cláusula contratual que prevê a multa moratória de 20% sobre o aluguel, em caso de inadimplemento (RT 736/298).

Art. 62: 18c. "Equivoca-se aquele que imagina que a limitação do valor da cláusula penal a 10% do valor da dívida, estabelecida na Lei de Usura e no Código do Consumidor, vigore para o contrato de locação. Aquele diploma disciplina apenas o contrato de mútuo, e o outro não se aplica à locação de imóveis, campo em que incide a regra do art. 920 do CC, inexistindo ilegalidade na fixação da multa moratória em 20%" (RJ 214/80). No mesmo sentido: STJ-RT 793/217. O art. 920 do CC rev. corresponde ao CC 412.

Art. 62: 19. As custas "limitam-se ao valor despendido pelo locador" (Lex-JTA 161/299).

Art. 62: 19a. "Ao deferir a purga da mora na ação de despejo por falta de pagamento, o magistrado arbitrará os honorários advocatícios de acordo com o estipulado no contrato de locação, salvo abuso de direito" (CED do 2º TASP, enunciado 17, maioria).

Ainda: "Estabelecendo o contrato de locação, para o caso de emenda da mora, a percentagem da verba honorária sobre o montante do débito, e pedida esta na inicial, não é facultado ao magistrado fixá-la em percentagem inferior" (Lex-JTA 145/245). No mesmo sentido: Lex-JTA 146/226.

"Silenciando o despacho inicial, os honorários advocatícios para a purgação da mora são devidos segundo a previsão do contrato" (Lex-JTA 161/467).

Todavia, a disposição contratual sobre honorários, para o caso de emenda da mora, só vale até o limite estabelecido no CPC, que é de 20% (Lex-JTA 152/324).

V. art. 63, notas 3 e segs. (relativas às outras ações de despejo que não por falta de pagamento).

✎ **Art. 62: 19b.** "A purgação da mora nas ações de despejo e o benefício da assistência judiciária", por Milton Sanseverino (Lex-JTA 169/6).

Art. 62: 19c. "Se a parte goza dos benefícios da assistência judiciária, no valor da purgação da mora não se incluem as despesas alusivas a custas e honorários de advogado, isenção que perdurará pelo prazo e forma previstos no art. 12 da Lei n. 1.060/50" (STJ-Bol. AASP 1.803/283). No mesmo sentido: RSTJ 64/160, STJ-Bol. AASP 1.812/382; STJ-5ª T., REsp 241.611, Min. Felix Fischer, j. 8.2.00, DJU 28.2.00, RT 738/342, JTA 106/361, Lex-JTA 144/301, 147/214, 150/202.

Contra: "Na ação de despejo por falta de pagamento, exercendo a escusa potestativa da mora o locatário estará obrigado ao pagamento ao locador dos honorários do advogado por ele constituído e das custas processuais que antecipou, mesmo sendo ele beneficiário da assistência judiciária, por se tratar de ressarcimento legal-contratual, de natureza civil, dos prejuízos resultantes da inexecução da obrigação" (RSTJ 141/607, STJ-RT 790/214: 6ª Turma, RT 522/168, 523/184, 613/200, 713/179, 715/220, 720/185, maioria, JTA 60/255, 102/338, RJTAMG 24/323, 33/173, Bol. AASP 1.090/226).

Art. 62: 20. É irrecorrível o despacho que liminarmente fixa os honorários de advogado, para purgação da mora (JTA 60/241, 96/364). Da sentença que ulteriormente julgar extinto o processo, poderá apelar o interessado, insurgindo-se, nessa oportunidade, contra tal fixação (cit. JTA 60/241).

Art. 62: 21. i. e., sobre o total do débito até o dia do pagamento (RF 293/241).

Art. 62: 22. no prazo de cinco dias (CPC 218 § 3º), ou no que o juiz fixar.

Art. 62: 23. "Pode o locatário complementar o depósito feito para purgação da mora quando, justificadamente, o locador denuncia que a oferta não foi integral. Deve, todavia, cumprir a exigência da letra *a* do inciso II, de incluir no depósito os aluguéis e acessórios da locação que vencerem até a sua efetivação" (Lex-JTA 150/437).

Cf. art. 67, nota 2.

Art. 62: 24. "Permitido ao locatário a complementação do depósito, este também revelando-se insuficiente, fica, em consequência, incontornável o despejo" (Lex-JTA 152/315).

Art. 62: 25. Redação do inciso III de acordo com a Lei 12.112, de 9.12.09, em vigor 45 dias após a sua publicação (DOU 10.12.09).

Art. 62: 26. Redação do inciso IV de acordo com a Lei 12.112, de 9.12.09, em vigor 45 dias após a sua publicação (DOU 10.12.09).

Art. 62: 27. "Nos termos do art. 62, V, da Lei n. 8.245, de 1991, o locatário pode contestar a ação de despejo por falta de pagamento de alugueres, ficando, entretanto, obrigado a depositar o valor incontroverso dos aluguéis vencidos até a sentença" (Lex-JTA 148/190), sob pena de despejo (Lex-JTA 161/458).

Art. 62: 28. v., a propósito, nota 7, que esclarece o entendimento deste inciso VI.

Art. 62: 28a. "As prestações de aluguel e acessórios da locação que forem vencendo no curso da lide podem ser objeto de condenação: *contrario sensu*, resultaria inócuo o dispositivo legal, eis que mesmo assim obrigaria o senhorio a ingressar com ação de execução por tais parcelas" (JTAERGS 91/314).

Art. 62: 29. Como a anterior, a lei atual também não esclarece se é permitida a cumulação do pedido de despejo por falta de pagamento com o de despejo por qualquer outro motivo previsto em lei (p. ex., por infração de obrigação legal).

Na vigência da Lei 6.649/79, tal cumulação era admitida, conforme se vê de nosso comentário a respeito:

"Desde que a ação siga o rito ordinário, podem ser cumulados os pedidos de despejo por falta de pagamento e por outro motivo admitido em lei. O réu será citado para purgar a mora e, ainda que a purgue, para que conteste a ação. Se a mora não for purgada e se considerar procedente a ação por esse fundamento, o juiz decretará desde logo o despejo; se for purgada, a ação prosseguirá e, a final, o juiz proferirá sentença, em que apreciará ambos os pedidos" (cf. JTA 100/278). No mesmo sentido: JTA 106/344, 110/406, Bol. AASP 1.412/9. V. tb. JTA 106/330.

Não vemos inconveniente em que igual solução seja adotada agora, principalmente porque todas as ações de despejo seguem, na nova lei, o rito ordinário (art. 59-*caput*) e em todas a apelação é recebida apenas no efeito devolutivo (arts. 59-*caput* e 58-V).

Admitindo a cumulação da falta de pagamento e da retomada para uso de descendente na causa de pedir da ação de despejo, à luz da Lei 8.245/91: JTJ 297/483.

V. nota seguinte.

Art. 62: 30. Cabe agravo do pronunciamento que, julgando extinta ação de despejo, pelo pagamento, determina que esta prossiga, para apreciação de outro pedido, por fundamento diverso, cumulado pelo autor (v. nota anterior). O pronunciamento, no caso, não põe termo ao processo nem a qualquer de suas fases, mas apenas elimina parte de seu objeto.

Contra, admitindo apelação e não conhecendo do agravo: RT 482/180 e RF 256/247.

Art. 62: 31. Redação do § ún. de acordo com a Lei 12.112, de 9.12.09, em vigor 45 dias após a sua publicação (DOU 10.12.09).

Art. 63. Julgada procedente a ação de despejo,[1 a 3a] o juiz determinará a expedição de mandado de despejo, que conterá o prazo[4-4a] de 30 (trinta) dias para a desocupação voluntária, ressalvado o disposto nos parágrafos seguintes.[5]

§ 1º O prazo será de quinze dias se:

a) entre a citação e a sentença de primeira instância houverem decorrido mais de quatro meses; ou

b) o despejo houver sido decretado com fundamento no art. 9º ou no § 2º do art. 46.[5a]

§ 2º Tratando-se de estabelecimento de ensino autorizado e fiscalizado pelo Poder Público, respeitado o prazo mínimo de seis meses e o máximo de um ano, o juiz disporá de modo a que a desocupação coincida com o período de férias escolares.

§ 3º Tratando-se de hospitais, repartições públicas, unidades sanitárias oficiais, asilos, estabelecimentos de saúde[5b] e de ensino autorizados e fiscalizados pelo Poder Público, bem como por entidades religiosas devidamente registradas, e o despejo for decretado com fundamento no inciso IV do art. 9º[5c] ou no inciso II do art. 53, o prazo será de um ano, exceto no caso em que entre a citação e a sentença de primeira instância houver decorrido mais de um ano, hipótese em que o prazo será de seis meses.[6]

§ 4º A sentença que decretar o despejo fixará o valor da caução[6a a 8a] para o caso de ser executada provisoriamente.

Art. 63: 1. v. art. 64 (execução provisória da sentença).

Art. 63: 2. "Não se pode executar aluguéis com suporte em sentença de despejo, sem prejuízo da execução quanto aos ônus decorrentes da sucumbência. A execução de aluguéis será possível se fundada em título extrajudicial (contrato escrito — CPC, art. 585, IV)" (VI ENTA-concl. 35, aprovada por unanimidade).

Por outras palavras: a sentença que julga procedente ação de despejo não constitui título executivo para a cobrança de aluguéis (RT 647/152), mas tão só para a de honorários de advogado e custas.

Pode ser cumulada a ação de despejo por falta de pagamento com a de cobrança dos aluguéis devidos (art. 62-I).

Art. 63: 3. "Estando o locatário ao abrigo da justiça gratuita, não deve o mesmo arcar com os ônus da sucumbência, mesmo nas ações de despejo por falta de pagamento" (VI ENTA-concl. 39, aprovada por unanimidade).

V. tb. art. 62, nota 19c.

Art. 63: 3a. "Não intimado o fiador, na ação de despejo, não responde ele pelas despesas processuais desta ação" (V ENTA-concl. aprovada por 14 votos a 4). Neste sentido: RSTJ 81/349 (concluindo, porém, que neste caso o fiador responde pela correção monetária do débito dos aluguéis), JTA 93/273. **Contra:** JTA 94/330.

Podem ser executados pelos ônus da sucumbência, decorrentes de ação de despejo, os fiadores que foram judicialmente cientificados desta (STJ-4ª T., REsp 8.005, Min. Sálvio de Figueiredo, j. 29.10.91, DJU 2.12.91). Entendendo que, tendo sido cientificados da ação de despejo, podem os fiadores ser executados pelos ônus da sucumbência e pela multa contratual: Lex-JTA 149/251.

"Inexiste responsabilidade do fiador pelas despesas e honorários da ação de despejo de que não teve ciência. A responsabilidade pelo débito contratual, no entanto, não fica afetada pela falta de intimação" (VI ENTA-concl. 33, aprovada por unanimidade). Neste sentido: JTA 86/257.

"Não subsiste ato de constrição de bem de fiador em contrato de locação, em caso em que desfeito o contrato por alienação do imóvel; da ação de despejo por denúncia feita pelo adquirente não participa o fiador, contra o qual, portanto, não se constitui o título executivo judicial" (RSTJ 32/449).

É cabível a execução de multa contratual contra fiador não citado em ação de despejo (JTA 59/325). **Contra,** entendendo que a multa estabelecida em contrato de locação não pode ser cobrada por via executiva: RJTAMG 24/300.

Art. 63: 4. s/ prazo para desocupação, v. tb. §§ 1º a 3º e art. 61.

Art. 63: 4a. Conta-se o prazo **"da data da notificação"** (art. 65-*caput*), salvo na hipótese do art. 61, em que o termo *a quo* é o dia da citação.

Art. 63: 5. Redação do *caput* de acordo com a Lei 12.112, de 9.12.09, em vigor 45 dias após a sua publicação (DOU 10.12.09).

Art. 63: 5a. Redação da alínea *b* de acordo com a Lei 12.112, de 9.12.09, em vigor 45 dias após a sua publicação (DOU 10.12.09).

Art. 63: 5b. "Os estabelecimentos de saúde amparados pelo art. 63, § 3º, da Lei 8.245/91 são apenas os que comportam internação, não abrangendo, portanto, clínica de serviços radiológicos" (RJTAMG 70/277).

Art. 63: 5c. Significa que, concedido o despejo para reparações "urgentes" (cf. art. 9º-IV), o prazo de desocupação da escola, hospital ou repartição pública pode ser de um ano, ainda assim contado da intimação da sentença (art. 65-*caput*)!...

Art. 63: 6. Redação do § 3º de acordo com a Lei 9.256, de 9.1.96.

Art. 63: 6a. "não inferior a 6 (seis) meses nem superior a 12 (doze) meses do aluguel" (v. art. 64-*caput*).

Art. 63: 7. se já não tiver sido fixada com base no art. 59 § 1º.

Art. 63: 8. "A sentença não padece de nulidade pelo fato de ser omissa quanto à fixação do valor da caução" (Bol. AASP 1.778/supl., em. 30), o que poderá ser feito quando requerida a execução provisória (STJ-6ª T., RMS 3.192-6, Min. Adhemar Maciel, j. 25.10.94, DJU 21.11.94; RT 695/144, 697/123, Lex-JTA 116/324, 148/325, Bol. AASP 1.778/supl., em. 8, 1.815/422).

Art. 63: 8a. Na ação de despejo por falta de pagamento, o juiz pode substituir a caução fixada na sentença pela dos aluguéis em atraso, desde que, evidentemente, sejam suficientes para garantir a reposição no *statu quo ante*? O STJ entendeu que sim (RSTJ 54/401).

Art. 64. Salvo nas hipóteses das ações fundadas no art. 9º,[1] a execução provisória do despejo dependerá de caução não inferior a 6 (seis) meses nem superior a 12 (doze) meses do aluguel, atualizado até a data da prestação da caução.[1a]

§ 1º A caução poderá ser real[1b-2] ou fidejussória[2a] e será prestada nos autos da execução provisória.[3-3a]

§ 2º Ocorrendo a reforma da sentença ou da decisão que concedeu liminarmente o despejo, o valor da caução reverterá em favor do réu,[4-5] como indenização mínima das perdas e danos, podendo este reclamar, em ação própria, a diferença pelo que a exceder.

Art. 64: 1. ou seja, a caução não é exigida nos casos de despejo decretado:

— por descumprimento de acordo (art. 9º-I);

— por infração de obrigação legal ou contratual (art. 9º-II);

— por falta de pagamento do aluguel e demais encargos (art. 9º-III);

— para reparos urgentes (art. 9º-IV).

Nessas circunstâncias, somente se cogita de caução quando se trata do despejo liminar (art. 59 § 1º-I, VI e IX).

Art. 64: 1a. Redação do *caput* de acordo com a Lei 12.112, de 9.12.09, em vigor 45 dias após a sua publicação (DOU 10.12.09).

Art. 64: 1b. Esta caução pode ser averbada no Registro de Imóveis (RT 721/196), "sendo desnecessária a constituição de hipoteca" para garantir a caução (RT 738/354).

Art. 64: 2. Pode o locador dar em caução o próprio prédio retomado? Sim (STJ-RT 794/217, 6ª Turma; Lex-JTA 155/451, Bol. AASP 1.851/189j, 1.973/333j), desde que faça prova de propriedade (RT 731/357).

Art. 64: 2a. à escolha do locador (Lex-JTA 149/244).

"O juiz não pode determinar como deverá ser prestada a caução, se real ou fidejussória, uma vez que cabe ao locador optar por uma das modalidades de garantia" (Lex-JTA 146/401).

Art. 64: 3. v. CPC 521.

Art. 64: 3a. "Não se exige a instauração de processo cautelar específico para a caução, bastando seja ela prestada, na dicção da lei, nos autos da execução provisória" (Lex-JTA 149/244).

Art. 64: 4. "Só o inquilino ou, se se cuidar de sublocação, o subinquilino é que têm o direito de, em caso de execução provisória de sentença, levantar a caução". Assim, se em segunda instância foi reformada a sentença que decretou o despejo e foi julgado o autor carecedor da ação, por tê-la proposto contra quem não era inquilino, o valor da caução deve ser devolvido ao locador (Bol. AASP 1.997/109j).

Art. 64: 5. "A teor do art. 64, § 2º, da Lei 8.245/91, reformada a sentença que decreta o despejo, aproveita ao locatário o direito de levantar a caução, a título de indenização pela indevida desocupação do imóvel" (STJ-RT 775/203).

Art. 65. Findo o prazo assinado para a desocupação,[1-2] contado da data da notificação,[3-4] será efetuado o despejo, se necessário com emprego de força, inclusive arrombamento.[5-5a]

§ 1º Os móveis e utensílios serão entregues à guarda de depositário, se não os quiser retirar o despejado.

§ 2º O despejo não poderá ser executado até o trigésimo dia seguinte ao do falecimento do cônjuge, ascendente, descendente ou irmão de qualquer das pessoas que habitem o imóvel.[6]

Art. 65: 1. s/ embargos à execução, v. art. 59, nota 14; s/ embargos de terceiro, v. art. 59, nota 15.

Art. 65: 2. Sucessivas concessões, pelo locador, de prazo para desocupação, com aumento do aluguel nesses períodos, envolvem nova locação, não cabendo, portanto, a expedição de mandado de despejo (RT 660/146).

Se o adquirente do imóvel locado celebra com o locatário nova avença, em que este passa a permanecer no imóvel a título precário, porém pagando determinada quantia mensal, como indenização pela ocupação, tem-se aí, na verdade, uma nova locação; e a retomada do imóvel somente pode ser obtida mediante ação de despejo, ainda que prevista no novo contrato a reintegração de posse como ação cabível para a hipótese (JTA 116/331).

Art. 65: 3. "A intimação da sentença publicada em audiência, aos advogados das partes — prevista pelo art. 506 do CPC — não se confunde com a intimação pessoal do locatário para desocupação voluntária do imóvel — prevista pelo art. 63 da Lei 8.245/91" (RT 782/312).

Art. 65: 4. Para essa notificação, "não há necessidade de forma solene e especial, havendo-se como cumprida desde que se tenha como certo que o intimado tomou conhecimento da ordem" (JTA 88/284). No mesmo sentido: RT 761/298; Bol. AASP 1.682/supl., p. 1.

Art. 65: 5. procedido por dois oficiais de justiça (CPC 846 § 1º).

Art. 65: 5a. As despesas com a remoção dos bens do locatário podem ser cobradas mediante execução nos próprios autos da ação de despejo (Lex-JTA 147/227 e 299, 152/309).

Art. 65: 6. Pena: art. 44-IV.

Art. 66. Quando o imóvel for abandonado após ajuizada a ação, o locador poderá imitir-se na posse do imóvel.[1 a 5]

Art. 66: 1. Se a desocupação ocorreu **antes da citação** para a ação de despejo, é caso de extinção do processo, sem apreciação do mérito (RT 590/179), a menos que a ação de despejo seja cumulada com a de cobrança de aluguéis (Lex-JTA 149/247).

Se a desocupação ocorreu **depois** da citação, a ação prossegue, devendo ser proferida sentença de mérito (RF 284/297, JTA 96/238, 102/407), com a condenação do réu em honorários de advogado (RT 659/120, JTA 86/279), se julgada procedente. **Contra:** "Se o locatário, durante o andamento da ação de despejo e antes de proferida a sentença, desocupa o imóvel dando por finda a locação, impõe-se a extinção do processo sem julgamento do mérito, pela perda do seu objeto" (STJ-6ª T., REsp 63.707, Min. Anselmo Santiago, j. 3.9.98, DJU 16.11.98).

Por identidade de razões, é cabível a ação de despejo contra quem já desocupou o prédio e não entregou as chaves (RT 591/174).

Art. 66: 1a. A entrega das chaves, após ajuizada a ação de despejo, importa o reconhecimento da procedência desta (JTA 116/340), devendo ser proferida decisão de mérito (JTA 103/381).

Mas a entrega das chaves pelo apelante não é ato incompatível com a vontade de recorrer porque, em razão da sentença, o mesmo tem a obrigação de devolver o imóvel (RT 755/245).

Enfatizando a existência de ressalva no apelo nessas circunstâncias: "O locatário que, na iminência de ser despejado, após vencido em ação de despejo, entrega as chaves do imóvel, e, posteriormente, interpõe apelação com ressalva expressa quanto ao interesse no prosseguimento da ação, não enseja caracterização de ato incompatível com a vontade de recorrer" (STJ-5ª T., REsp 59.444, Min. Gilson Dipp, j. 1.6.99, DJU 20.6.99).

Afirmando a admissibilidade do apelo desvinculado da questão das chaves: "O locatário que em suas razões de apelação vindica pela nulidade do ato citatório da ação de despejo por falta de pagamento, na qual figura como réu, inobstante tenha entregue as chaves do imóvel ao locador, não pratica conduta incompatível com a vontade de recorrer (art. 503, § ún., do CPC), uma vez que distintos os pleitos inscritos na ação de despejo e no recurso de apelação, não se vislumbrando, na hipótese, qualquer prejudicialidade" (STJ-5ª T., REsp 230.160, Min. Gilson Dipp, j. 3.2.00, DJU 28.2.00).

Todavia, dando pela inadmissibilidade da apelação em caso no qual o locatário já havia entregue as chaves do imóvel: STJ-5ª T., REsp 238.197, Min. Edson Vidigal, j. 16.5.00, DJU 19.6.00 (caso em que as chaves foram entregues antes da sentença); RT 756/302, 868/250, 893/243 (TJSP, AP 992.06.043501-0), Lex-JTA 161/537, Bol. AASP 1.900/172j.

V. tb. CPC 90, nota 3a.

Art. 66: 1b. "Nos termos do art. 66 da Lei de Locações, é viável a expedição de mandado de imissão na posse sem a prévia citação do locatário" (STJ-3ª T., Ag em REsp 315.449-AgRg, Min. João Otávio, j. 13.8.13, DJ 23.8.13).

Art. 66: 2. "Em princípio, a imissão de posse na ação de despejo deve ser antecedida de constatação, demonstrada mediante auto circunstanciado" (CED do 2º TASP, enunciado 27).

Art. 66: 2a. "É possível caracterizar-se o abandono, mesmo deixando o locatário alguns bens no imóvel, principalmente se de pequeno valor, e que se presumem também abandonados" (JTJ 321/1.176: AI 1.129.452-0/1).

Art. 66: 3. Não se admite a imissão de posse em parte do prédio locado (JTA 90/234).

Art. 66: 4. "Extinto o processo por ilegitimidade ativa *ad causam*, não cabe ao Judiciário pronunciar-se sobre o pedido de imissão na posse decorrente de abandono do imóvel" (STJ-4ª T., REsp 4.720, Min. Sálvio de Figueiredo, j. 15.4.91, DJU 20.5.91).

Art. 66: 5. É agravável a decisão que autoriza a imissão de posse, pois não põe termo ao processo (JTA 98/346).

Capítulo III — DA AÇÃO DE CONSIGNAÇÃO DE ALUGUEL E ACESSÓRIOS DA LOCAÇÃO[1-2]

CAP. III: 1. "Ação de consignação em pagamento e renovatória na nova Lei de Inquilinato", por Celso Agrícola Barbi (RT 676/7, RJ 186/7); "Os procedimentos da ação de consignação em pagamento e ação revisional de aluguel e acessórios da locação na Lei n. 8.245/91", por Sérgio Resende (RJ 183/25); "A ação de consignação de aluguel em face da reforma do CPC", por Geraldo Gonçalves da Costa (RJ 215/47); "Ação de consignação de aluguel e acessórios da locação", por Waldomiro Azevedo Silva (RJ 229/14).

CAP. III: 2. v. tb. art. 58 (disposições gerais); outro caso de consignação: art. 24.

S/ consignação proposta pelo cônjuge do locatário que, após a separação judicial, permanece no imóvel, v. art. 12, nota 1b.

Art. 67. Na ação[1] que objetivar o pagamento dos aluguéis e acessórios da locação mediante consignação,[1a a 2] será observado o seguinte:

I — a petição inicial, além dos requisitos exigidos pelo art. 282 do Código de Processo Civil, deverá especificar os aluguéis e acessórios da locação com indicação dos respectivos valores;[2a]

II — determinada a citação do réu,[3] o autor será intimado[3a-4] a, no prazo de vinte e quatro horas, efetuar o depósito judicial da importância indicada na petição inicial, sob pena de ser extinto o processo;

III — o pedido envolverá a quitação das obrigações que vencerem durante a tramitação do feito e até ser prolatada a sentença de primeira instância, devendo o autor promover os depósitos nos respectivos vencimentos;

IV — não sendo oferecida a contestação, ou se o locador receber os valores depositados, o juiz acolherá o pedido, declarando quitadas as obrigações, condenando o réu ao pagamento das custas e honorários de vinte por cento do valor dos depósitos;

V — a contestação[5-6] do locador, além da defesa de direito que possa caber, ficará adstrita, quanto à matéria de fato, a:

a) não ter havido recusa ou mora em receber a quantia devida;

b) ter sido justa a recusa;

c) não ter sido efetuado o depósito no prazo ou no lugar do pagamento;

d) não ter sido o depósito integral;[6a a 6d]

VI — além de contestar, o réu poderá, em reconvenção, pedir o despejo[6e] e a cobrança dos valores objeto da consignatória ou da diferença do depósito inicial,[7] na hipótese de ter sido alegado não ser o mesmo integral;

VII — o autor poderá complementar o depósito inicial,[7a] no prazo de cinco dias contados da ciência do oferecimento da resposta, com acréscimo de dez por cento sobre o valor da diferença. Se tal ocorrer, o juiz declarará quitadas as obrigações, elidindo a rescisão da locação, mas imporá ao autor-reconvindo a responsabilidade pelas custas e honorários advocatícios de vinte por cento sobre o valor dos depósitos;

VIII — havendo, na reconvenção, cumulação dos pedidos de rescisão da locação e cobrança dos valores objeto da consignatória, a execução desta[8] somente poderá ter início após obtida a desocupação do imóvel, caso ambos tenham sido acolhidos.

Parágrafo único. O réu poderá levantar a qualquer momento as importâncias depositadas sobre as quais não pende controvérsia.[9]

Art. 67: 1. "O fato de a ação ter sido proposta com base no que dispõe o rito ordinário do art. 890 do Código de Processo Civil e não o estabelecido no art. 67 da Lei 8.245/91, não é óbice ao seu regular processamento, pois, havendo previsão de procedimento especial, a demanda deve ser a este submetida. A subsunção da lide aos ditames da lei do inquilinato deve ser feita por inteiro, sob pena de gerar incongruências intransponíveis à regular marcha processual, que possam gerar óbices ao exercício do direito da parte" (STJ-5ª T., REsp 782.618, Min. Laurita Vaz, j. 3.11.09, DJ 30.11.09). **Ou seja,** aplica-se esta Lei à ação de consignação de aluguel e acessórios da locação. Mas, naquilo em que a LI for omissa, aplicam-se as disposições da lei geral (v. CPC 539 a 549).

Art. 67: 1a. v. art. 58-II (competência), III (valor da causa) e IV (citação); v. tb. art. 8º, nota 8 (consignação em pagamento de aluguel contra o adquirente do imóvel locado).

Art. 67: 1b. "Não obstante a controvérsia a respeito de qual seria o procedimento mais adequado para interposição da ação consignatória de aluguéis e para **entrega das chaves do imóvel locado** — aquele disciplinado no art. 890 do CPC ou o do art. 67 da Lei 8.245/91 —, o resultado final seria o mesmo, uma vez que, ainda que aplicado à hipótese o procedimento da Lei do Inquilinato, como defende o recorrido, seria admissível a ação consignatória para entrega das chaves do imóvel" (STJ-5ª T., REsp 692.650, Min. Arnaldo Esteves, j. 12.9.06, DJU 9.10.06). "A ação consignatória prevista no art. 67 da Lei 8.245/91 pode ser utilizada para a devolução do próprio imóvel, representada pela entrega das chaves" (STJ-6ª T., REsp 463.337, Min. Paulo Gallotti, j. 20.2.03, DJU 14.4.03). No mesmo sentido: STJ-3ª T., REsp 1.617.757-EDcl-AgInt, Min. Moura Ribeiro, j. 22.10.18, DJ 25.10.18; RT 546/146, 558/150. O locatário pode também depositar as chaves na ação de despejo (JTA 119/412), tornando-se desnecessário o ajuizamento da ação consignatória (JTA 119/412).

Na ação de consignação das chaves do imóvel locado, não pode o locador alegar a mora do locatário quanto ao pagamento de aluguéis ou encargos, ou de qualquer outra obrigação decorrente do contrato (RT 738/345, 732/283). Assim: "A recusa no recebimento das chaves, pela locadora, para discutir o estado do imóvel ou o cumprimento de outros aspectos do contrato de locação, determina a procedência da demanda, carreada à parte vencida os ônus da sucumbência" (RT 809/283).

"Julgada procedente a ação de consignação das chaves do imóvel locado, extingue-se a relação *ex locato* a partir do momento em que foi efetuado o depósito, e não a partir da data da citação. Os efeitos considerados são os do depósito, e não os efeitos do simples ajuizamento da causa, nem mesmo os da citação" (STJ-5ª T., REsp 281.269, Min. José Arnaldo, j. 21.6.01, DJU 3.9.01). No mesmo sentido: STJ-3ª T., REsp 1.617.757-EDcl-AgInt, Min. Moura Ribeiro, j. 22.10.18, DJ 25.10.18; RT 840/256.

O locador não pode aceitar as chaves condicionalmente; o seu recebimento acarreta a extinção do processo e a procedência da ação de consignação (JTA 78/244).

Art. 67: 2. Até quando se admite ao locatário consignar os aluguéis em pagamento?

— Até a citação na ação de despejo por falta de pagamento, e mesmo depois da propositura desta ação, o locatário pode consignar os aluguéis em atraso; se estiver em mora, porém, a consignação deve abranger correção monetária (Lex-JTA 146/278), juros e mais encargos contratuais devidos (JTAERGS 73/109; este acórdão cita RT 555/160).

— "O limite que se há de entender é só o aforamento da ação de despejo com fundamento na impontualidade, pois desde então a emenda da mora só é aceitável nos autos da correspondente ação, na forma e com os acréscimos para o caso previstos" (RT 677/159).

— Mesmo após findo o prazo contratual (STJ-4ª T., REsp 28.339-9, Min. Barros Monteiro, j. 9.3.93, DJU 16.5.94).

Contra, em termos:

— "Não cabe a ação consignatória ajuizada por devedor em mora", porque "a ação consignatória não se presta para a purgação da mora por culpa do devedor negligente (*mora solvendi*) e, sim, para superar a mora do credor (*mora accipiendi*)" (Lex-JTA 168/390).

— Considerando carecedor da ação de consignação o locatário que a promove depois de já ter sido citado para a ação de despejo por falta de pagamento (Lex-JTA 149/278).

— "Tratando-se de consignação de prestação pecuniária, é necessária a atualização monetária da importância correspondente, no período compreendido entre o vencimento e o efetivo depósito judicial, sob pena de restar caracterizado o enriquecimento sem causa do devedor consignante" (Lex-JTA 151/236). Cf. art. 62, nota 23.

Art. 67: 2a. "Sob pena de se inibir a defesa, deve a inicial conter especificação completa, clara e precisa dos valores dos acessórios da locação a se consignar" (Lex-JTA 152/283).

Art. 67: 3. "O **administrador de imóvel** é parte ilegítima para figurar no polo passivo de ação de consignação em pagamento dos valores de aluguéis, mandatário que é do locador, não podendo ser demandado em seu nome" (STJ-6ª T., REsp 77.404, Min. Paulo Gallotti, j. 21.8.01, DJU 7.10.02). No mesmo sentido: STJ-5ª T., REsp 253.155, Min. Gilson Dipp, j. 29.6.00, DJU 21.8.00; RT 719/197, JTJ 302/49.

Todavia, há casos em que se tem admitido a ação de consignação contra a imobiliária administradora do imóvel locado:

— porque foi dela a recusa de receber o valor do aluguel, "estando o locador ausente, sem endereço conhecido" (RSTJ 58/375); no mesmo sentido: RJTAMG 31/162, 31/323, 34/144, maioria;

— porque estava "contratualmente autorizada para o recebimento dos aluguéis" e o contrato de locação omitia o endereço do proprietário (JTAERGS 90/204).

V. arts. 58, nota 2b, e 59, nota 6, e CPC 242, nota 9, e 542, nota 2.

Art. 67: 3a. "Na ação consignatória de alugueres, deve ser pessoal a intimação do autor para o depósito, isto porque o prazo concedido para o mister, consoante dispõe o art. 67, II, da Lei Inquilinária, é de apenas 24 horas, razão por que, embora não expressamente referido neste diploma, a doutrina e a jurisprudência assinalam a conveniência da intimação pessoal, dada a exiguidade do tempo disponibilizado para a incumbência" (STJ-RT 793/215: 5ª T.). No mesmo sentido: JTAERGS 89/157, RJ 204/72, RTJE 167/157.

Contra, entendendo que essa intimação pode ser feita através do advogado do autor: STJ-6ª T., REsp 125.682, Min. William Patterson, j. 23.6.97, DJU 18.8.97; RT 752/236, Lex-JTA 152/290, 152/292.

Art. 67: 4. Mais razoável será que, ao despachar a inicial, o juiz determine que, primeiro, o autor faça o depósito, para, em seguida, efetivar-se a citação. Será mais rápido, e o réu não poderá alegar prejuízo.

Art. 67: 5. "Tratando-se de oferta de IPTU e alugueres, constitui ampliação indevida da lide formular, na contestação, pedido de ressarcimento dos danos causados ao imóvel locado, constituindo a reconvenção a via processual adequada" (RT 852/293).

Art. 67: 6. Se o mandado especificar prazo de contestação mais favorável ao réu, v. CPC 250, nota 4.

Art. 67: 6a. Correção monetária. "Tratando-se de consignação de prestação pecuniária, é necessária a atualização monetária da importância correspondente, no período compreendido entre o vencimento e o efetivo depósito judicial, sob pena de restar caracterizado o enriquecimento sem causa do devedor consignante" (Lex-JTA 151/236). Cf. art. 62, nota 23.

V. tb. CPC 542, nota 4.

Art. 67: 6b. Multa contratual. "É possível, em sede de ação consignatória, a discussão sobre a proporcionalidade da multa contratual devida pela desocupação do imóvel pelo locatário antes do término do prazo contratual" (RT 764/264).

Art. 67: 6c. "Na ação de consignação em pagamento de aluguéis e acessórios, a alegação, em defesa, de que o depósito não é integral só será admissível se o réu indicar, justificada e discriminadamente, o montante que entender devido" (CED do 2º TASP, enunciado 37, v.u.).

Art. 67: 6d. "Nas ações de consignação em pagamento de alugueres e encargos da locação não se aplica o disposto no art. 899, § 2º, do CPC" (CED do 2º TASP, enunciado 42, v.u.).

Art. 67: 6e. Nos casos em que, para denúncia da locação, se exige notificação premonitória pelo locador, ela é obrigatória mesmo para o despejo pedido em reconvenção, na ação de consignação movida pelo locatário (Bol. AASP 1.846/supl., p. 4, em.).

Art. 67: 7. cf. art. 62, nota 7.

A apelação da sentença que julgar ação e reconvenção, neste caso, terá efeito apenas devolutivo (art. 58-V).

Art. 67: 7a. "Na ação de consignação de aluguel e acessórios da locação, a complementação do depósito pelo autor independe de reconvenção do réu" (CED do 2º TASP, enunciado 3, v.u.).

Art. 67: 8. cf. art. 62-VI.

Art. 67: 9. "O levantamento permitido pelo art. 67, parágrafo único, da Lei 8.245/91, não se estende às importâncias pendentes de controvérsia, como tal a que corresponde ao aluguel contestado sob pecha de insuficiência" (STJ-5ª T., REsp 37.515-0, Min. José Dantas, j. 4.10.93, DJU 18.10.93).

"O réu de consignatória não pode negar estar em mora e, contraditoriamente, pretender levantar o depósito controverso, eis que o pressuposto, para que tal seja feito judicialmente, é a mora do credor. O pedido de levantamento (de depósito) controverso, formulado pelo locador, produz o mesmo efeito do inciso IV, segunda parte, do art. 67, da Lei do Inquilinato, importando em confissão da ação e renúncia à sua defesa, exigindo, portanto, a desconsideração da contestação" (Lex-JTA 152/294).

Capítulo IV | DA AÇÃO REVISIONAL DE ALUGUEL[1]

CAP. IV: 1. v., s/ condições da ação, art. 19; v. tb. art. 58 (disposições genéricas s/ processo).

Art. 68. Na ação revisional de aluguel,[1 a 2b] que terá o rito sumário,[2c] observar-se-á o seguinte:[2d]

I — além dos requisitos exigidos pelos arts. 276 e 282 do Código de Processo Civil,[3] a petição inicial deverá indicar o valor do aluguel cuja fixação é pretendida;

II — ao designar a audiência de conciliação, o juiz, se houver pedido e com base nos elementos fornecidos tanto pelo locador como pelo locatário, ou nos que indicar, fixará aluguel provisório,[3a a 3c] que será devido desde a citação, nos seguintes moldes:[3d]

a) em ação proposta pelo locador, o aluguel provisório não poderá ser excedente a 80% (oitenta por cento) do pedido;

b) em ação proposta pelo locatário, o aluguel provisório não poderá ser inferior a 80% (oitenta por cento) do aluguel vigente;

III — sem prejuízo da contestação e até a audiência,[3e] o réu poderá pedir seja revisto o aluguel provisório, fornecendo os elementos para tanto;[4-4a]

IV — na audiência de conciliação, apresentada a contestação, que deverá conter contraproposta se houver discordância quanto ao valor pretendido,[4b] o juiz tentará a conciliação e, não sendo esta possível, determinará a realização de perícia, se necessária, designando, desde logo, audiência de instrução e julgamento;[4c-4d]

V — o pedido de revisão previsto no inciso III deste artigo interrompe o prazo para interposição de recurso contra a decisão que fixar o aluguel provisório.[4e]

§ 1º Não caberá ação revisional na pendência de prazo para desocupação do imóvel (arts. 46, § 2º, e 57),[4f a 5a] ou quando tenha sido este estipulado amigável ou judicialmente.[6]

Locação

§ 2º No curso da ação de revisão, o aluguel provisório será reajustado na periodicidade[7] pactuada ou na fixada em lei.

Art. 68: 1. "Ação revisional de aluguel. Desequilíbrio do contrato e preço de mercado", por Eduardo de Assis Brasil Rocha (Ajuris 64/321); "Ações revisionais de aluguel e o CDC", por Liz Palazzo Rodrigues (RJ 219/31); "Algumas considerações sobre a ação revisional de aluguel", por Eduardo de Assis Brasil Rocha (Ajuris 66/336); "O contrato de *leasing* financeiro e as ações revisionais", pelo Min. Athos Gusmão Carneiro (RT 743/11, RF 340/75); "Consideração sobre a ação revisional", por Joaquim de Almeida Baptista (RT 776/128).

Art. 68: 1a. s/ requisitos da revisional, v. art. 19 e notas; s/ situação do fiador, se concedida a revisão, v. art. 37, nota 3; s/ conexão entre revisional e renovatória, v. CPC 55, nota 2b; s/ continência entre revisional e renovatória, v. CPC 56, nota 2.

Art. 68: 1b. É possível propor ação revisional na pendência de renovatória (RT 722/211).

Art. 68: 1c. "Vendido o imóvel no curso do contrato, o adquirente se sub-roga nos direitos e obrigações do locador, entre os quais o de rever o aluguel" (RT 708/135).

Art. 68: 1d. "Existindo pluralidade de locadores, pode um deles ajuizar a ação revisional objetivando o aumento do valor do aluguel, sem necessidade de litisconsórcio ativo" (Bol. AASP 1.972/326j).

Art. 68: 2. A revisão abrange tanto as locações residenciais como as não residenciais. Por isso, o art. 19, que dispõe sobre ela, está no Capítulo I — **Disposições gerais.**

A ação revisional pode ser proposta "após **três** anos de vigência do contrato ou do acordo anteriormente realizado" (cit. art. 19).

Art. 68: 2a. "É possível a revisão do aluguel durante o prazo previsto no contrato de locação, ainda que para fins não residenciais, após três anos de sua vigência" (CED do 2º TASP, enunciado 10, v.u.). Neste sentido: RSTJ 58/369, 68/248.

Art. 68: 2b. "Inadmissível a interposição de ação revisional objetivando a inserção de cláusula de reajuste" (Lex-JTA 161/515).

Art. 68: 2c. Não há mais procedimento sumário no CPC; agora há um único procedimento para o processo de conhecimento ordinário, qual seja, o procedimento comum (v. CPC 318 e segs. e 1.049 § ún.).

Art. 68: 2d. Redação do *caput* de acordo com a Lei 12.112, de 9.12.09, em vigor 45 dias após a sua publicação (DOU 10.12.09).

Art. 68: 3. v. nota 2c.

Art. 68: 3a. O não pagamento do aluguel provisório dá ensejo a pedido de despejo (v. art. 62-*caput*, especialmente nota 3a).

Art. 68: 3b. "O aluguel provisório, segundo resulta da lei e de seu caráter cautelar, deve ser fixado quando despachada a petição inicial e sem audiência da outra parte, se o autor o requerer, fornecendo os elementos indispensáveis, tais como pesquisas de mercado, estimativas de corretores imobiliários credenciados, enfim, elementos idôneos que viabilizem o deferimento do pedido. Não cabe fazê-lo depender de perícia determinada de ofício pelo magistrado, por lhe ser defeso suprir omissão do interessado no cumprimento de ônus imposto por lei" (STJ-5ª T., REsp 29.063-0, Min. Jesus Costa Lima, j. 8.2.95, DJU 6.3.95).

Art. 68: 3c. Arbitrado o valor dos alugueres provisórios na revisional, cabe ao réu, querendo, discuti-lo nos próprios autos, utilizando-se dos recursos cabíveis (Lex-JTA 147/321).

O réu pode, antes de recorrer e até a audiência de conciliação, requerer a revisão do valor do aluguel provisório ao próprio juiz (v. inciso III).

Art. 68: 3d. Redação do inciso II de acordo com a Lei 12.112, de 9.12.09, em vigor 45 dias após a sua publicação (DOU 10.12.09).

Art. 68: 3e. de conciliação.

Art. 68: 4. O pedido de revisão não é obrigatório. Trata-se de uma faculdade do réu, que pode optar pela direta interposição de agravo de instrumento contra a decisão que fixou o aluguel provisório.

Contra: "Fixado o aluguel provisório na ação revisional, o interesse recursal do réu somente surgirá se não for atendido o seu pedido de revisão daquela fixação" (CED do 2º TASP, enunciado 7, maioria).

Art. 68: 4a. O pedido de revisão interrompe o prazo para a interposição de recurso contra a decisão que fixou o aluguel provisório (v. inciso V).

Art. 68: 4b. Há um acórdão entendendo que, se o locatário discorda do aluguel pleiteado pelo autor, mas deixa de formular contraproposta, deve o juiz acolher o valor indicado na inicial (RT 717/206, maioria).

Art. 68: 4c. Redação do inciso IV de acordo com a Lei 12.112, de 9.12.09, em vigor 45 dias após a sua publicação (DOU 10.12.09).

Art. 68: 4d. "Em tema de ação revisional, eventual ausência da parte à audiência onde deveria prestar depoimento pessoal não faz presumir verdadeiro o valor sugerido na réplica, desobrigado o julgador de aceitar a proposta serôdia do autor, senão depois de cotejada com a prova pericial" (Lex-JTA 139/425).

Todavia: "Se revel o réu e se não se entremostra exagerado o aluguel pleiteado na inicial, não se deve perder tempo com perícias" (Lex-JTA 145/342).

Art. 68: 4e. O inciso V foi acrescido pela Lei 12.112, de 9.12.09, em vigor 45 dias após a sua publicação (DOU 10.12.09).

✎ **Art. 68: 4f.** "A nova lei de locações: uma questão controvertida" (s/ cabimento de revisional na pendência de prazo para desocupação com fundamento no art. 78), por Marcelo Rodrigues Santini (RT 704/53).

Art. 68: 5. "O que o § 1º do art. 68 da Lei n. 8.245/91 veda é a propositura de revisional, pendendo prazo para a desocupação do imóvel" (RSTJ 97/416). Mas nada impede que a proponha enquanto tal prazo não está correndo na ação de despejo (RSTJ 104/452).

A menção da lei aos prazos dos arts. 46, § 2º, e 57 (que se referem a notificações premonitórias, embora haja outros na lei: os dos arts. 7º-*caput*, 8º-*caput*, 78-*caput* e § ún.) dá a impressão de que, a partir da denúncia da locação, o locador já não pode mais mover ação revisional.

Não é assim. "Claro e evidente que o prazo que obsta a propositura da ação revisional é o que está em curso, quer seja ele resultante da denúncia unilateral do contrato com a notificação (art. 46, § 2º e 57) ou quando tenha sido estipulado amigável ou judicialmente (§ 1º do art. 68)" (RT 690/128). Por isso, "desatendendo o locatário à denúncia feita através de notificação, e tendo o locador que ajuizar ação de despejo, é lícita a propositura de ação revisional" (RT 690/127). No mesmo sentido: Lex-JTA 144/321, 148/162, Bol. AASP 1.792/168.

Em suma: "A restrição para o ajuizamento da ação revisional prevista no art. 68, § 1º, da Lei 8.245, de 1991, só incide quando em curso o prazo de desocupação do imóvel" (Lex-JTA 149/260).

"Assentada orientação do STJ, sobre que o adquirente do imóvel locado não está impedido de postular a revisão dos alugueres, ainda que tenha promovido a retomada" (RSTJ 68/297).

Se o pedido de retomada fundamenta-se no art. 78, o locador pode mover a ação revisional durante o curso do prazo para a retomada (RSTJ 105/458; STJ-5ª T., REsp 111.176, Min. José Arnaldo, j. 10.3.97, DJU 5.5.97; STJ-6ª T., REsp 141.209, Min. William Patterson, j. 2.9.97, DJU 29.9.97).

Por isso, "pode o locador ajuizar, primeiro, ação revisional, para, só depois, comunicar ao locatário a denúncia da locação, concedendo prazo para a desocupação do imóvel" (RSTJ 97/416).

Art. 68: 5a. "A vedação contida no art. 68, § 1º, da Lei 8.245/91 não se estende às hipóteses em que a mesma lei estipulou prazo superior a trinta dias para a desocupação" (JTAERGS 96/386). No mesmo sentido: RSTJ 99/338.

Art. 68: 6. Aplica-se o disposto no § 1º aos processos em curso? v. art. 76, notas 1a e 2.

Art. 68: 7. s/ periodicidade, v. Lei 9.069, de 29.6.95-Plano Real, art. 28 § 1º e § 3º-IV, em nota 1a ao art. 17.

Art. 69. O aluguel fixado na sentença[1 a 2] retroage à citação,[2a] e as diferenças devidas[2b] durante a ação de revisão, descontados os alugueres provisórios[2c] satisfeitos, serão pagas corrigidas,[3-3a] exigíveis a partir do trânsito em julgado da decisão que fixar o novo aluguel.[4]

§ 1º Se pedido pelo locador, ou sublocador, a sentença poderá estabelecer periodicidade de reajustamento do aluguel diversa daquela prevista no contrato revisando,[5] bem como adotar outro indexador para reajustamento do aluguel.

§ 2º A execução das diferenças[5a-5b] será feita nos autos da ação de revisão.[6-7]

Art. 69: 1. Na ação revisional, a sentença pode conceder ao locador aluguel mais alto que o pleiteado na inicial (RSTJ 104/452; STJ-RT 757/152, STJ-Bol. AASP 2.085/809j, Lex-JTA 145/422), "desde que o autor tenha formulado pedido alternativo que envolva o seu arbitramento" (STJ-6ª T., REsp 37.196, Min. Anselmo Santiago, j. 15.10.98, DJU 3.5.99), ou, principalmente, se a petição inicial, "de modo inequívoco, articula sujeitar-se o autor ao arbitramento judicial" (STJ-6ª T., REsp 75.339, Min. Fernando Gonçalves, j. 22.10.96, DJU 2.12.96).

V., na ação renovatória, art. 72, nota 10.

Art. 69: 1a. "A ação revisional não se confunde com a renovatória de locação. Na revisional, as **benfeitorias e as acessões** realizadas pelo locatário, em regra, **não devem ser consideradas** no cálculo do novo valor do aluguel, para um mesmo contrato. Tais melhoramentos e edificações, no entanto, poderão ser levadas em conta na fixação do aluguel por ocasião da renovatória, no novo contrato" (STJ-4ª T., REsp 1.193.926, Min. Antonio Ferreira, j. 3.5.16, DJ 11.5.16).

Em matéria de ação renovatória, v. tb. art. 72, nota 9h.

Art. 69: 2. São devidos **honorários advocatícios** na ação revisional de aluguel.

"Ação revisional de aluguel. Despesas do processo e honorários de advogado. São devidos as despesas e os honorários, respondendo por eles o litigante que se tornou vencido na ação. Apresenta-se como vencido o réu que, tendo ofertado valor para o aluguel, não o teve por aceito, restando acolhido, afinal, o valor (quase integral) apresentado pelo autor, bem superior ao da oferta do réu. CPC, art. 20 e § ún. do art. 21" (STJ-3ª T., REsp 20.114, Min. Nilson Naves, j. 25.5.92, DJU 15.6.92). No mesmo sentido: STJ-5ª T., REsp 63.413, Min. José Arnaldo, j. 22.10.96, DJU 2.12.96.

"A sucumbência é recíproca quando o novo valor do aluguel é estabelecido de forma equidistante à pretensão do autor e à do réu" (STJ-4ª T., Ag em REsp 952.017-EDcl-AgInt, Min. Isabel Gallotti, j. 21.3.17, DJ 10.4.17).

"Tratando-se de ação revisional de contrato de aluguel, o comparecimento espontâneo da locatária com a devolução das chaves em juízo e encerramento do contrato significa o reconhecimento da pretensão, devendo arcar com as custas sucumbenciais e honorários" (STJ-4ª T., Ag em REsp 1.061.063-AgInt, Min. Luis Felipe, j. 28.11.17, DJ 1.12.17).

Art. 69: 2a. "É pacífica a jurisprudência do STJ no sentido de que na revisional de locação comercial não se configura divergência com a Súmula 180 do STF quando o perito fixa novo aluguel tomando por base a data da citação, e não do laudo pericial" (STJ-RT 735/218).

Súmula 180 do STF: "Na ação revisional do art. 31 do Dec. 24.150, de 20.4.34, o **aluguel arbitrado** vigora a partir do laudo pericial".

Art. 69: 2b. "Não há mora do inquilino na ação revisional enquanto não for citado para execução das diferenças de aluguel cujo valor ainda depende de apuração. Assim, descabe falar-se em juros compensatórios ou moratórios" (Lex-JTA 147/399). No mesmo sentido: JTA 147/322.

Art. 69: 2c. Pelo fato de o texto acima referir-se apenas a "alugueres provisórios", tira acórdão em RT 690/132 a conclusão de que a execução provisória da sentença, na revisional, abrange apenas os aluguéis, porém não as custas e honorários de advogado.

Art. 69: 3. A disposição aproveita tanto ao autor quanto ao réu, independentemente de a demanda ter sido movida pelo locador ou pelo locatário. Afinal, em qualquer dos casos, o aluguel fixado na sentença pode ser maior ou menor do que o fixado *initio litis*.

Segue-se daí que: "Tendo sido o locador julgado carecedor de ação revisional (...), cumpre-lhe devolver imediatamente os valores recebidos a título de adiantamento de aluguéis provisórios fixados pelo juiz. A não devolução autoriza imediata execução pelo credor, como simples efeito de sentença, sendo desnecessária nova ação de cobrança" (JTAERGS 99/262).

A diferença paga a mais como aluguel provisório pode ser cobrada nos próprios autos principais, quando executada a sentença pelo locatário (Lex-JTA 161/388).

Também o réu pode executar, nos autos da ação revisional, o excesso pago no decorrer da demanda (RT 731/356).

Art. 69: 3a. Na vigência da Lei 6.649/79: "A correção monetária deve incidir, até a liquidação, sobre o valor da diferença entre o locativo pago, em cada vencimento posterior àquela, e o novo aluguel fixado" (STJ-4ª T., REsp 23.718-3, Min. Sálvio de Figueiredo, j. 29.6.92, DJU 10.8.92).

Art. 69: 4. Neste caso, ao contrário do que permite a norma genérica do art. 58-V, não cabe execução provisória das diferenças entre o aluguel fixado *initio litis* e o definitivo, porque a execução somente é admissível a partir do trânsito em julgado da decisão que fixar o novo aluguel (RSTJ 60/190, Lex-JTA 139/287, 160/209, 160/252, 161/462).

Por isso mesmo, a execução se faz "nos autos da ação de revisão" (§ 2º).

Assim: "É lícito ao locador executar as diferenças de alugueres nos próprios autos da ação revisional; entretanto, somente após o trânsito em julgado desta última. Precedente da Corte" (RSTJ 99/376).

Art. 69: 5. Na ação revisional, o aluguel pode ser alterado liminarmente pelo juiz (arts. 68 e 69); não assim a periodicidade de reajustamento do aluguel, que somente pode ser modificada na sentença (Lex-JTA 153/226).

Art. 69: 5a. Qualquer das partes pode promover a execução das diferenças apuradas no curso da ação revisional (v. nota 3).

Art. 69: 5b. Apenas as diferenças entre o aluguel fixado na sentença e o antigo são executadas nos autos da ação de revisão. Quanto aos aluguéis provisórios, o locatário está obrigado a pagá-los no vencimento, sob pena de execução própria ou ação de despejo por falta de pagamento (RT 722/232).

Art. 69: 6. Transitada em julgado a sentença e apurado o cálculo das diferenças devidas, o cumprimento da decisão observará as disposições do CPC 523 e segs.

Cf. art. 73, notas 2 e 4.

Art. 69: 7. "O art. 69, § 2º, da Lei n. 8.245/91 não tirou do locador o direito de propor ação de despejo, por falta de pagamento, quando o locatário não paga tempestivamente o aluguel provisório ou a diferença do aluguel oriundo de ação revisional" (RF 330/327).

Art. 70. Na ação de revisão do aluguel, o juiz poderá homologar acordo de desocupação, que será executado mediante expedição de mandado de despejo.[1]

Art. 70: 1. nos próprios autos da ação de revisão. A hipótese é diferente da prevista no art. 59 § 1º-I.

Capítulo V | DA AÇÃO RENOVATÓRIA[1]

CAP. V: 1. s/ renovatória, v. arts. 51 (condições da ação), 52 (contestação do réu) e 58 (disposições processuais genéricas); s/ conexão entre renovatória e revisional, v. CPC 55, nota 2b; s/ continência entre renovatória e revisional, v. CPC 56, nota 2.

Art. 71. Além dos demais requisitos exigidos no art. 282 do Código de Processo Civil, a petição inicial[1 a 5] da ação renovatória deverá ser instruída com:

I — prova do preenchimento dos requisitos dos incisos I, II e III[6] do art. 51;

II — prova do exato cumprimento[6a a 6c] do contrato em curso;

III — prova da quitação dos impostos e taxas[6d-6e] que incidiram sobre o imóvel e cujo pagamento lhe[6f] incumbia;

IV — indicação clara e precisa das condições oferecidas para a renovação da locação;

V — indicação do fiador[7 a 8c] quando houver no contrato a renovar e, quando não for o mesmo, com indicação do nome ou denominação completa, número de sua inscrição no Ministério da Fazenda, endereço e, tratando-se de pessoa natural, a nacionalidade, o estado civil, a profissão e o número da carteira de identidade, comprovando, desde logo, mesmo que não haja alteração do fiador, a atual idoneidade financeira;[8d-8e]

VI — prova de que o fiador do contrato ou o que o substituir na renovação aceita os encargos[9] da fiança, autorizado por seu cônjuge, se casado for;

VII — prova, quando for o caso, de ser cessionário ou sucessor, em virtude de título oponível ao proprietário.[10]

Parágrafo único. Proposta a ação pelo sublocatário do imóvel ou de parte dele, serão citados o sublocador e o locador, como litisconsortes, salvo se, em virtude de locação originária ou renovada, o sublocador dispuser de prazo que admita renovar a sublocação; na primeira hipótese, procedente a ação, o proprietário ficará diretamente obrigado à renovação.

Art. 71: 1. A renovatória deve ser proposta entre **um ano, no máximo, e seis meses, no mínimo,** do término do prazo do contrato a renovar (art. 51 § 5º).

S/ caducidade do direito à renovação e contagem do prazo para a propositura da ação renovatória, v. notas ao § 5º do art. 51.

Art. 71: 2. Enquanto não aberto o inventário do locador, seus herdeiros têm legitimidade passiva para a ação renovatória (RT 716/223).

Art. 71: 2a. "Tem legitimidade para figurar no polo passivo da ação renovatória de aluguel o locador/promissário vendedor, enquanto o respectivo título translativo da propriedade não for registrado no competente cartório de registro de imóveis. Inteligência do art. 1.245 do novo Código Civil" (STJ-5ª T., AI 951.566-AgRg, Min. Arnaldo Esteves, j. 27.3.08, DJU 12.5.08).

Art. 71: 3. Alienado o imóvel no curso da renovatória, qual é a situação do adquirente? v. arts. 8º, notas 1a e 8, e 33, nota 7.

Art. 71: 4. Pode o locador, na pendência de renovatória, mover ação de despejo por falta de pagamento contra o locatário? v. art. 62, nota 2.

Art. 71: 5. A renovatória pode processar-se no foro de eleição (TFR-1ª Seção, CJ 5.059, Min. Costa Lima, j. 28.9.83, DJU 27.10.83).

Art. 71: 6. e §§.

Art. 71: 6a. "A emenda da mora em ação de despejo por falta de pagamento, constituindo exercício de legítimo direito, não descaracteriza o exato cumprimento do contrato de locação comercial" (CED do 2º TASP, enunciado 14, maioria). Nesse sentido: RT 691/120. Igualmente, os aluguéis recebidos com atraso, se o locador não exigiu o pagamento da multa moratória (RT 707/110).

Contra, julgando inadmissível a renovação, por ter o locatário pago o aluguel com atraso repetidas vezes: Lex-JTA 143/277.

"Constitui infração contratual a falta de pontualidade no pagamento dos aluguéis, vez que a purgação da mora é favor legal que livra o locatário do despejo, mas não apaga o fato nem a falta" (Lex-JTA 141/247). No mesmo sentido: RT 719/191.

Art. 71: 6b. "A comprovação do integral cumprimento do contrato de locação em curso constitui condição *sine qua non* para a propositura de renovatória de locação, e o inquilino que descumpre qualquer uma de suas cláusulas, notadamente a que prevê **seguro contra incêndio,** carece do direito de propô-la, impondo-se a extinção do processo, sem julgamento de mérito" (RSTJ 107/362). No mesmo sentido: Lex-JTA 144/326, 148/220.

"A cláusula que impõe ao inquilino a feitura do seguro contra incêndio é perfeitamente lícita, porque é forma de garantir a restituição do imóvel, a cargo do locatário, finda a locação, no estado em que lhe foi entregue, ressalvados os desgastes resultantes de seu uso regular" (Lex-JTA 147/295). É desnecessária a notificação do locatário para dar cumprimento a essa obrigação (ibidem).

"O locatário que não comprova a realização de seguro contra riscos de incêndio, acertada em cláusula contratual, carece do direito à renovação, sendo prescindível, no caso, a sua notificação pelo locador" (STJ-5ª T., REsp 39.414, Min. José Arnaldo, j. 23.9.96, DJU 18.11.96).

"Em sede de contrato de locação, com cláusula que prevê a realização de seguro em proteção do imóvel locado, configura-se a infração contratual pelo simples inadimplemento da obrigação, mesmo sem termo para seu cumprimento, sendo desnecessária prévia notificação" (RSTJ 88/293).

Contra, quanto à necessidade de notificação: "Não incide em infração contratual a falta de pagamento do seguro despendido pelo locador, se para tanto o locatário não foi notificado" (Lex-JTA 146/315).

Ainda contra, no caso de a falta de seguro contra incêndio ser evento ulterior ao ajuizamento da ação renovatória: STJ-5ª T., REsp 753.303, Min. Arnaldo Esteves, j. 11.11.08, DJ 1.12.08.

Art. 71: 6c. "Constitui infração contratual de natureza grave a contratação de seguro contra incêndio por valor inferior ao ajustado, acarretando o impedimento à renovação do contrato de locação" (Lex-JTA 141/247).

Art. 71: 6d. "Renovatória. Não juntada com a inicial a quitação de impostos, mas exibida logo após a contestação. Inocorrência de carência de ação por violação ao art. 71, inc. III, da Lei 8.245/91. Requisito formal que se tem por cumprido sem importar descumprimento do contrato. Cabível a prova posterior do pagamento efetuado antes da propositura da ação, sob pena de se ater a fetichismo exagerado" (STJ-5ª T., REsp 237.773, Min. José Arnaldo, j. 16.3.00, DJU 17.4.00). No mesmo sentido: STJ-3ª T., Ag em REsp 310.672-AgRg, Min. Ricardo Cueva, j. 6.2.14, DJ 24.2.14.

Art. 71: 6e. "Ação renovatória. Interpretação sistemática e teleológica do inciso III do art. 71 da Lei de Locações. Possibilidade de ajuizamento da ação renovatória com a demonstração na petição inicial do **parcelamento de débitos fiscais** pelo locatário" (STJ-3ª T., REsp 1.698.814, Min. Paulo Sanseverino, j. 26.6.18, DJ 29.6.18).

Art. 71: 6f. "lhe": i. e., ao locatário.

Art. 71: 7. "A indicação dos fiadores (...), com sua aceitação, deve ser feita com a inicial, sob pena do indeferimento desta, por sua essencialidade" (RSTJ 25/411).

Mais liberais, alguns acórdãos entendem que a comprovação de que os fiadores indicados aceitam o encargo da fiança pode ser feita no curso da ação renovatória (JTA 95/241, 104/352, Bol. AASP 1.638/supl., p. 3, com farta jurisprudência), porém no prazo fixado pelo juiz (RT 612/131), sob pena de extinção do processo (JTA 116/374).

Art. 71: 8. "Considera-se oportuna a prova de idoneidade financeira do fiador, bem como de recolhimento de tributos, feita antes do saneador" (STJ-3ª T., REsp 3.703, Min. Eduardo Ribeiro, j. 29.10.90, DJU 19.11.90).

"Em se tratando de renovatória regida pela 'Lei de Luvas', a prova da idoneidade dos fiadores pode ocorrer na fase instrutória" (RSTJ 25/411).

"A trato dos mesmos fiadores do contrato a renovar, o art. 71, V, da Lei 8.245/91 dispensa a comprovação liminar da idoneidade; pelo que a elisão dessa presunção é diferida para a instrução, assim tornando-se inviável decidi-la no saneador" (RSTJ 93/371).

Art. 71: 8a. "Na ação renovatória, a indicação do mesmo fiador do contrato renovando dispensa a prova de sua idoneidade, que se presume, salvo se fundamentadamente contestada" (CED do 2º TASP, enunciado 15, v.u.). No mesmo sentido: RT 692/120, 709/106, Lex-JTA 145/260.

Art. 71: 8b. A idoneidade do fiador é questão de fato: não comporta recurso especial (Súmula 7 do STJ) (STJ-6ª T., REsp 42.359-7, Min. Adhemar Maciel, j. 12.4.94, DJU 2.5.94).

Art. 71: 8c. "Uma vez rejeitados pelo locador os fiadores apresentados, impõe-se seja dada nova oportunidade para o locatário promover a substituição" (STJ-6ª T., REsp 83.643, Min. Vicente Leal, j. 10.6.96, dois votos vencidos, DJU 5.5.97).

Art. 71: 8d. Redação do inciso V de acordo com a Lei 12.112, de 9.12.09, em vigor 45 dias após a sua publicação (DOU 10.12.09).

Art. 71: 8e. "Dada a atual redação do dispositivo legal, a questão acerca da comprovação da idoneidade financeira do fiador quando da propositura da ação renovatória ganhou novas luzes, uma vez que a lei passou a ditar, de forma expressa, a necessidade de **comprovação da atual idoneidade financeira** do fiador, **mesmo que não** haja a sua **alteração ou substituição**" (STJ-3ª T., REsp 1.582.214, Min. Nancy Andrighi, j. 23.4.19, DJ 26.4.19).

Art. 71: 9. Se o locatário indica os primitivos fiadores, não fica desonerado de fazer a prova de que concordam com a prorrogação da fiança (JTA 95/386).

Art. 71: 10. v. art. 51 § 1º.

Art. 72. A contestação[1 a 1b] do locador, além da defesa de direito que possa caber,[2 a 2b] ficará adstrita, quanto à matéria de fato, ao seguinte:

I — não preencher o autor os requisitos estabelecidos nesta lei;[3]

II — não atender, a proposta do locatário, o valor locativo real do imóvel na época da renovação, excluída a valorização trazida por aquele ao ponto ou lugar;[4-4a]

III — ter proposta de terceiro para a locação, em condições melhores;[5]

IV — não estar obrigado a renovar a locação (incisos I e II[6] do art. 52).

§ 1º No caso do inciso II, o locador deverá apresentar, em contraproposta, as condições de locação que repute compatíveis com o valor locativo real e atual do imóvel.

§ 2º No caso do inciso III, o locador deverá juntar prova documental da proposta do terceiro, subscrita por este e por duas testemunhas, com clara indicação do ramo a ser explorado, que não poderá ser o mesmo do locatário.[7] Nessa hipótese, o locatário poderá, em réplica, aceitar tais condições para obter a renovação pretendida.

§ 3º No caso do inciso I do art. 52, a contestação deverá trazer prova da determinação do Poder Público ou relatório pormenorizado das obras a serem realizadas e da estimativa de valorização que sofrerá o imóvel, assinado por engenheiro devidamente habilitado.

§ 4º Na contestação, o locador, ou sublocador,[8] poderá pedir,[9-9a] ainda, a fixação de aluguel provisório,[9b a 9d] para vigorar a partir do primeiro mês do prazo do contrato a ser renovado, não excedente a oitenta por cento do pedido, desde que apresentados elementos hábeis para aferição do justo valor do aluguel.

§ 5º Se pedido[9e] pelo locador, ou sublocador, a sentença[9f a 12] poderá estabelecer periodicidade de reajustamento do aluguel diversa daquela prevista no contrato renovando, bem como adotar outro indexador para reajustamento do aluguel.

Art. 72: 1. "Revelia na ação renovatória de contrato de locação", por Jaques Bushatsky (RTJE 96/41).

Art. 72: 1a. A revelia do locador na ação renovatória não conduz à aceitação do aluguel proposto pelo locatário (RT 706/122, Lex-JTA 152/394) e "não impede que o juiz, se achar necessário, antes de sentenciar, determine a realização de perícia técnica, de sorte a poder avaliar o valor do aluguel" (STJ-6ª T., REsp 61.044, Min. William Patterson, j. 16.12.96, DJU 31.3.97).

Não dispensando, mesmo neste caso, a realização de perícia: RT 740/348.

O não comparecimento do locador à audiência onde deveria prestar depoimento pessoal não implica a aceitação da proposta (Lex-JTA 139/425; v. p. 427).

Art. 72: 1b. No sentido de não ser necessária nem admissível a reconvenção em ação renovatória, em razão do seu vislumbrado caráter dúplice: STJ-3ª T., REsp 4.258, Min. Nilson Naves, j. 11.9.90, DJU 9.10.90; RT 579/159, 609/153, RF 292/288, JTA 76/320, 87/273, RJTAMG 18/133.

A resposta do locador deve trazer pedido expresso para desocupação (art. 74), caso isso seja de seu interesse. "Não há como considerar *extra petita* a decisão que, julgando improcedente o pedido formulado na ação renovatória, fixa prazo para devolução do imóvel locado, se da contestação consta tal pedido, ainda que formulado de forma genérica" (STJ-5ª T., REsp 996.621, Min. Arnaldo Esteves, j. 18.11.08, DJ 9.12.08).

S/ formulação de pedido na resposta do locador, v. tb. nota 4a.

Art. 72: 2. v. art. 52 e notas.

Art. 72: 2a. "O pedido de retomada do prédio, no caso de locação regida pela Lei de Luvas, tem de ser formulado na contestação à renovatória" (STJ-4ª T., Ag 20.107-1-AgRg, Min. Fontes de Alencar, j. 3.11.92, DJU 26.4.93).

Art. 72: 2b. No caso de falta grave do locatário, por infração à lei (art. 23) ou ao contrato, improcede a renovatória. V. art. 71, notas 6a e segs.

Art. 72: 3. v. art. 51.

Art. 72: 4. v. § 1º.

Art. 72: 4a. "Malgrado possua a ação renovatória caráter dúplice, possibilitando ao réu, na contestação, formular pedidos em seu favor, não exigindo reconvenção, caracteriza julgamento *ultra petita* decisão fixando novo *quantum* do aluguel, sem que haja requerimento nesse sentido, mas, tão somente, informação no tocante ao seu valor de mercado. O pedido deve ser interpretado restritivamente (art. 293-CPC), ou seja, há necessidade de invocação expressa da pretensão pelo autor e, na espécie, também pelo réu" (RSTJ 152/622).

"Renovatória. Contraproposta evidenciada pela contestação, onde se postula a apuração do valor da locação através de perícia, restando atendido o art. 72, inc. II, e § 1º da Lei 8.245/91" (STJ-5ª T., REsp 76.997, Min. Gilson Dipp, j. 11.5.99, DJU 31.5.99).

V. tb. nota 10.

Art. 72: 5. v. § 2º e art. 75.

Art. 72: 6. e §§.

Art. 72: 7. No mesmo sentido: art. 52 § 1º (v. notas a este inciso).

Art. 72: 8. O sublocador deve sempre figurar como réu na ação renovatória proposta pelo sublocatário (v. art. 71 § ún.) e tem direito, p. ex., de retomar para uso próprio o imóvel sublocado (STF-ERE 75.055, em RTJ 95/654; RT 537/197, JTA 59/224, 4 votos vencidos).

Art. 72: 9. Segue-se que, sem pedido do locador na contestação, o juiz não pode determinar, de ofício (nem liminarmente, nem na sentença, se a locação não for renovada), que o aluguel seja atualizado. V., porém, art. 74, nota 1b.

Todavia: "É admissível o pedido de fixação de aluguel provisório na ação renovatória de locação, formulado após a contestação pelo réu, desde que não obste o normal andamento do feito" (RT 751/338). No mesmo sentido, afirmando não haver, no caso, preclusão: Lex-JTA 165/320, 165/324.

De qualquer modo, nada impede que o locador mova ação autônoma, pleiteando essa atualização, se não a pediu na renovatória (Lex-JTA 155/262). De acordo com o CC (art. 206 § 3º-I), essa pretensão prescreve em três anos.

Art. 72: 9a. O locador que pede o arbitramento de aluguel provisório não fica, só por isso, impedido de pleitear a retomada do imóvel (Bol. AASP 1.795/202).

Art. 72: 9b. O juiz não pode deixar de fixar de pronto o aluguel provisório, desde que tenha elementos suficientes nos autos (Lex-JTA 146/243).

V. tb. art. 68, nota 3b.

Art. 72: 9c. "O aluguel provisório a ser arbitrado na ação renovatória deve ser contemporâneo ao início do contrato renovando, facultado ao locador, nessa ocasião, oferecer elementos hábeis à aferição do justo valor" (CED do 2º TASP, enunciado 29, v.u.). No mesmo sentido: RT 751/338.

"Em renovatória, a decisão que arbitra o aluguel provisório deve pronunciar-se acerca do indexador a ser utilizado para o reajuste do locativo, para aferição do justo valor do aluguel" (Bol. AASP 1.778/supl., em. 22).

Art. 72: 9d. "Fixado um valor provisório e julgada improcedente ou extinta sem julgamento do mérito, a decisão que fixou referido valor desaparece, pois o contrato não foi renovado. Diante do insucesso, cabe o pagamento dos locativos pelos valores vigentes à época do contrato primitivo, aplicada a devida correção monetária, e não através do montante fixado a título de aluguéis provisórios" (STJ-RT 777/229).

Art. 72: 9e. Sem pedido expresso da parte, não pode o juiz, de ofício, estabelecer diversa periodicidade de reajuste nem outro indexador para reajustamento do aluguel.

Contra: "Ação renovatória. Decisão *ultra petita*. Não se classifica como tal a alteração da periodicidade pelo juiz, pois a ele é dado o dever de, na renovatória, ajustar o aluguel ao preço do mercado" (RSTJ 96/381: 5ª T., REsp 62.680).

Art. 72: 9f. "Não pode ser julgada a ação renovatória se outra ação renovatória anterior pende de julgamento definitivo, devendo o processo permanecer suspenso até o trânsito em julgado da primeira ação, sob pena de conflito de decisões" (Lex-JTA 160/263).

Art. 72: 9g. "Nas ações renovatórias, indispensável a prova pericial, donde se infere que, na ausência do laudo respectivo, não pode o juiz designar audiência de instrução e julgamento, sob pena de nulidade do processo" (RJTAMG 22/266).

"O magistrado tem o poder-dever de julgar antecipadamente a lide, desprezando a realização de audiência para a produção de prova testemunhal, ao constatar que os critérios fixados no laudo pericial quanto aos valores locatícios objeto da renovatória possuem idoneidade técnica para nortear e instruir seu entendimento" (STJ-6ª T., REsp 67.024, Min. Vicente Leal, j. 6.10.97, DJU 15.12.97).

Art. 72: 9h. "Eventuais benfeitorias realizadas pelo locatário devem ser levadas em conta na fixação do valor do aluguel, por ocasião da ação renovatória, porquanto esses acessórios se incorporam ao domínio do locador, proprietário do bem, não havendo, pois, se falar em enriquecimento ilícito" (STJ-RT 786/235, um voto vencido, em embargos de divergência).

V. tb. art. 69, nota 1a.

Art. 72: 10. "O entendimento do STJ se orienta no sentido de não configurar julgamento *ultra petita* a fixação de **aluguel** em valor **superior aos propostos** pelas partes em ação renovatória" (STJ-4ª T., Ag em REsp 1.038.299-AgInt, Min. Antonio Ferreira, j. 25.4.17, DJ 5.5.17). "Ação renovatória. Fixação de novo aluguel, de acordo com laudo do perito oficial, em valor superior ao valor locativo estimado na inicial com base em proposta de terceiro. Inexistência de ofensa ao art. 460 do CPC, já que, em período inflacionário, a diferença de valores para mais explica-se pela diversidade de datas entre uma e outra avaliação, não sendo, portanto, relevante a fixação do novo aluguel em montante algo discrepante daquele estimado na inicial" (STJ-5ª T., REsp 58.692-5, Min. Assis Toledo, j. 19.4.95, DJ 15.5.95). "Com os olhos no princípio da equidade, pode o magistrado, em se tratando de ação renovatória comercial, fixar o aluguel em valor diverso daquele apresentado na contraproposta do locatário, hipótese em que não se pode falar em julgamento *ultra petita*" (STJ-RT 753/205).

Contra: "O valor locativo, decretada a renovação da locação, não pode ultrapassar o valor postulado pelo senhorio, sob pena de infringir o disposto nos arts. 128 e 460 do CPC" (STJ-5ª T., REsp 39.632, Min. José Arnaldo, j. 23.9.96, DJ 18.11.96).

V. tb. nota 4a.

Art. 72: 10a. "A operação de fixação do valor locatício, com base nos elementos dos autos, envolve questão de fato, irrevisível na via do recurso especial" (STJ-5ª T., REsp 43.401-7, Min. Assis Toledo, j. 6.4.94, DJU 25.4.94).

Art. 72: 11. Deve haver condenação ao pagamento de **honorários advocatícios** em ação renovatória.

"Ação renovatória. Honorários de advogado. Sucumbência recíproca quanto ao valor locativo ofertado e o pretendido, mas sucumbência integral relativamente à recusa dos réus, de caráter reconvencional, fundada na alegação de descumprimento do contrato. Hipótese em que os locadores, não se limitando à mera impugnação do valor dos aluguéis, sucumbiram, evidentemente, em parte maior e significativa (não mínima), acarretando com isso a incidência dos arts. 20 e 21 do CPC" (STJ-5ª T., REsp 34.215, Min. Assis Toledo, j. 30.6.93, DJU 16.8.93).

"Reconhecimento do pedido. Não havendo acordo particular para a renovação por um novo período do contrato de locação, obrigando o locador a que a locatária manejasse a competente ação renovatória, é cabível a condenação da parte ré a pagar as despesas e honorários de advogado se reconhecido o pedido e admitida a renovação pelo mesmo valor do locatício, devidamente corrigido" (STJ-5ª T., REsp 603.740, Min. José Arnaldo, j. 5.10.04, DJU 8.11.04).

Estando a controvérsia centrada na questão do valor do aluguel, deve arcar com os honorários a parte cuja oferta mais se tenha afastado do valor fixado (Lex-JTA 157/363). Assim: "Girando a lide em torno, tão somente, do valor locatício, e fixado este em quantia bem superior à almejada pelo autor, razoável sua condenação nas verbas sucumbenciais" (STJ-6ª T., REsp 336.517, Min. Paulo Medina, j. 2.3.04, DJU 29.3.04). "Havendo os réus se limitado a impugnar o valor dos aluguéis, não se opondo à renovação, e tendo estes sido fixados em importância várias vezes superior à oferta, ficou reconhecido que justa sua resistência. Não é possível que do processo resultem danos para os réus, que tinham razão. Arcará o autor com custas e honorários" (RSTJ 15/423, maioria). "Fixado o valor do aluguel em quantia exatamente igual à ofertada pelo autor da ação renovatória, impõe-se ao réu, que indicou valor muito superior ao judicialmente fixado, o pagamento das custas processuais, despesas com perícia e honorários advocatícios" (RSTJ 160/572).

✎ "Ação renovatória e ônus da sucumbência", por Jaques Bushatsky (RT 755/152, RTJE 148/97).

Art. 72: 12. "Ação renovatória. **Honorários do perito.** Não merece apoio a orientação jurisprudencial que adota o preço puro e simples da locação, renovada, como valor a ser pago ao perito. O critério mais razoável é tomar-se por base o valor aproximado da nova locação, variável em razão das condições econômicas dos contratantes, do valor do imóvel, do trabalho do perito, e das dificuldades de elaboração do laudo pericial" (STJ-6ª T., REsp 25.493-4, Min. José Cândido, j. 1.9.92, DJU 14.3.94).

Art. 73. Renovada a locação,[1] as diferenças dos aluguéis vencidos[2 a 3b] serão executadas[4 a 6] nos próprios autos da ação e pagas de uma só vez.

Art. 73: 1. Para o caso de locação não renovada, v. art. 74.

Art. 73: 2. O texto se refere às diferenças de **aluguéis vencidos** até a data de trânsito em julgado da sentença na renovatória. Apurado o *quantum*, o cumprimento da decisão observará as disposições do CPC 523 e segs. (v. nota 4). Cf. art. 69, nota 6.

Quanto aos **aluguéis posteriores,** serão exigíveis, por inteiro, após notificação ao locatário neste sentido, devendo ser pagos onde determinar o contrato ou a lei (art. 23-I). Seu não pagamento, no prazo contratual, autoriza ação de despejo (art. 9º-III).

Art. 73: 3. Quanto à correção monetária sobre a diferença dos aluguéis, antigo e novo, vencidos no curso de renovatória julgada procedente, entende-se que ela é cabível desde o vencimento de cada prestação (RT 564/163, 579/149, confirmado em RT 591/180, JTA 77/333, 84/271, 90/330, 90/337, 93/272, 94/341). O STF decidiu que tais julgados não contrariam a Constituição (STF-RT 588/260, em.).

No mesmo sentido: "As diferenças entre o aluguel pago e o novo fixado na renovatória devem ser corrigidas monetariamente desde seu vencimento, sob pena de enriquecimento sem causa do locatário, que pode reter as diferenças até o trânsito em julgado da sentença" (RSTJ 22/367, maioria). Ainda: JTJ 375/308 (AP 177148-14.2008.8.26.0100).

Art. 73: 3a. Por simetria com o disposto na nota anterior, na renovatória julgada improcedente o aluguel deve ser duplamente atualizado, ou seja, enquanto o locatário permanecer no imóvel terá de pagar o novo aluguel fixado pela sentença (v. nota anterior), acrescido de correção monetária sobre a diferença, desde o vencimento de cada prestação (RT 564/163, Lex-JTA 72/346).

Art. 73: 3b. "As diferenças entre os valores do aluguel primitivo e o fixado na renovatória, por expressa previsão legal (art. 73 da Lei 8.245/91), deverão ser executadas após renovada a locação e pagas de uma só vez. Portanto, não há que se falar em juros moratórios a partir da citação, posto que só existente dívida exequível ao final da ação" (STJ-RT 763/160). No mesmo sentido: JTJ 375/308 (AP 177148-14.2008.8.26.0100).

Art. 73: 4. Uma vez apurado o cálculo das diferenças devidas, o cumprimento da decisão observará as disposições do CPC 523 e segs. (v. nota 2). V. tb. art. 69, nota 6.

Art. 73: 5. Também o inquilino pode executar, nos próprios autos, as diferenças de aluguel pagas a mais (RT 718/194). No mesmo sentido: JTJ 375/308 (AP 177148-14.2008.8.26.0100).

Art. 73: 5a. "As diferenças entre os alugueres pagos no decorrer do processo e aquele fixado retroativamente pela sentença podem ser objeto de execução provisória" (RT 730/272, maioria).

Art. 73: 6. "O art. 73 da Lei de Locação deve ser interpretado restritivamente, devendo ser considerado como sujeito passivo da execução nos mesmos autos da ação renovatória apenas quem dela participou. É inviável a execução dos fiadores estranhos à relação processual instaurada, sob pena de ofensa aos princípios constitucionais da ampla defesa e do contraditório" (STJ-5ª T., REsp 210.656, Min. Edson Vidigal, j. 16.5.00, DJU 12.6.00).

Art. 74. Não sendo renovada a locação,[1 a 1b] o juiz determinará a expedição de mandado de despejo, que conterá o prazo de 30 (trinta) dias para a desocupação voluntária,[2-2a] se houver pedido na contestação.[3 a 3b]

§ 1º (VETADO)

§ 2º (VETADO)

§ 3º (VETADO)

Art. 74: 1. "A polêmica sobre o art. 74 da nova lei de locações", por Celso Anicet Lisboa (RT 703/242); "A carência da ação renovatória e sua execução", por Nelson Kojranski (RT 750/141).

Art. 74: 1a. Tanto nos casos de extinção do processo sem julgamento do mérito quanto nos casos de improcedência da ação renovatória, a renovação não acontece (Lex-JTA 148/217) e, havendo pedido de desocupação na resposta do réu, o juiz deve expedir o mandado de despejo para desocupação em 30 dias.

Art. 74: 1b. Afirmando que, não renovada a locação, a sentença deverá fixar o novo aluguel, desde o término do contrato renovando até final desocupação do imóvel: RSTJ 69/410, RT 741/308.

"Desistindo o autor da ação renovatória em curso, deve o juiz fixar prazo para a desocupação do prédio, condenando o locatário ao pagamento do aluguel arbitrado, a partir do término da locação até o dia da efetiva entrega do imóvel, pois constituiria enriquecimento ilícito injustificável permitir-se o pagamento de aluguéis defasados, com base em contrato vencido" (RT 689/176). No mesmo sentido: Lex-JTA 147/327.

"Não configura julgamento *extra petita* a fixação *ex officio* de novos aluguéis para o período que vai da data do julgamento até a data de desocupação do imóvel" (STJ-5ª T., REsp 64.861, Min. Edson Vidigal, j. 18.11.97, DJU 15.12.97; note-se que este acórdão mandou fazer a atualização a partir da sentença, e não do término do contrato renovando).

V., porém, art. 72, nota 9.

Com relação ao valor do aluguel devido após o término do contrato, há decisões em diferentes sentidos, ponderando que ele deve ser:

— "o aluguel fixado pela perícia para o caso de renovação" (STJ-Corte Especial, ED no REsp 34.240, Min. Pádua Ribeiro, j. 23.5.95, DJU 21.8.95);

— atualizado "por cálculo do perito, a fim de evitar prejuízo ao locador" (STJ-6ª T., REsp 55.290, Min. Anselmo Santiago, j. 26.5.97, DJU 4.8.97). No mesmo sentido: STJ-5ª T., REsp 315.721, Min. Gilson Dipp, j. 28.6.01, DJU 27.8.01;

— igual ao "valor proposto na renovatória" (STJ-5ª T., REsp 61.876, Min. José Dantas, j. 10.3.97, DJU 14.4.97);

— corrigido monetariamente: "Diante do insucesso da ação renovatória, cabe o pagamento dos aluguéis vigentes à época do contrato, aplicada a devida correção monetária. Se os índices de correção não refletem a real inflação ou são considerados injustos pelos recorridos, deve-se buscar a via adequada para pleitear-se tal direito e que, com certeza, não é esta do especial" (RSTJ 151/549). O acórdão recorrido havia determinado que os aluguéis deviam ser iguais aos provisórios, fixados nos termos do art. 72 § 4º.

S/ correção monetária, v. tb. art. 73, notas 3 e 3a.

Art. 74: 2. Esse prazo não comporta variações: será sempre de 30 dias.

O termo *a quo* desse prazo, por analogia com o art. 65-*caput*, conta-se a partir da própria notificação.

S/ forma dessa notificação, v. art. 65, nota 4.

Art. 74: 2a. "Ação renovatória. Direito intertemporal. Lei processual posterior. Aplicação imediata. Prazo para desocupação do imóvel. A lei que altera o prazo de desocupação do imóvel, isto é, de cumprimento de sentença de processo judicial não rege relações de direito material entre as partes, mas de direito processual. Necessária a intimação pessoal da locatária, por meio de mandado de despejo, com o prazo de 30 dias (Lei 8.245/91, art. 74, com a redação da Lei 12.112/2009) para a desocupação do imóvel na execução provisória" (STJ-3ª T., REsp 1.307.530, Min. Sidnei Beneti, j. 11.12.12, maioria, DJ 11.3.13).

"É indispensável a notificação pessoal da locatária por meio de mandado de despejo, no qual conste o prazo de 30 dias disposto no art. 74 da Lei 8.245/91, para que proceda à desocupação do imóvel em execução provisória de sentença que julgou improcedente ação renovatória" (STJ-4ª T., Ag em REsp 389.671-EDcl-AgRg, Min. Luis Felipe, j. 27.5.14, DJ 3.6.14).

Art. 74: 3. Redação de acordo com a Lei 12.112, de 9.12.09, em vigor 45 dias após a sua publicação (DOU 10.12.09).

Art. 74: 3a. A desocupação do imóvel não é efeito automático da extinção do processo sem julgamento do mérito nem da improcedência da ação renovatória. Assim, tal desocupação depende de pedido expresso do réu (a nosso ver, esse pedido tem natureza claramente reconvencional) e não pode ser determinada de ofício.

Art. 74: 3b. A sentença que julga a ação renovatória comporta execução provisória?

A anterior redação do art. 74 previa que "o juiz fixará o prazo de até seis meses após o trânsito em julgado da sentença para desocupação, se houver pedido na contestação". Assim, entendia-se que a execução do despejo não podia ser feita de forma provisória, por depender do trânsito em julgado (Lex-JTA 153/234, 157/484, RJTAMG 54/320). Todavia, já se admitia, desde então, a "execução provisória de diferenças de aluguéis" (STJ-5ª T., REsp 329.035, Min. Edson Vidigal, j. 21.8.01, DJU 1.10.01), cujo recebimento não estava condicionado ao trânsito em julgado.

Agora, não mais há no texto da lei qualquer relação entre a expedição do mandado de despejo e o trânsito em julgado da sentença que julga a ação renovatória. Isso, aliado ao efeito meramente devolutivo da apelação (art. 58-V), leva à conclusão de que a sentença que julga a ação renovatória agora **comporta ampla execução provisória,** tanto no que diz respeito à desocupação do imóvel quanto no que diz respeito à cobrança de eventuais diferenças de aluguel. Endossando essas ideias e autorizando a execução provisória da sentença que determina a desocupação do imóvel: STJ-3ª T., REsp 1.307.530, Min. Sidnei Beneti, j. 11.12.12, maioria, DJ 11.3.13. No mesmo sentido: STJ-4ª T., Ag em REsp 796.307-AgRg-AgInt, Min. Isabel Gallotti, j. 17.8.17, DJ 22.8.17.

O veto do Presidente da República ao § 3º do art. 74 não altera essa realidade. Tal § 3º era no seguinte sentido: "A execução provisória da retomada fica condicionada à prestação de caução em valor não inferior a 6 (seis) meses nem superior a 12 (doze) meses do aluguel, atualizado até a data da prestação da caução". Ocorre que o atual texto do art. 74 não depende da inserção de qualquer parágrafo para a autorização de ampla execução provisória da sentença, inclusive no que diz respeito ao despejo. Basta a sua conjugação com o art. 58-V.

Assim, o único resultado prático do veto ao § 3º do art. 74 foi o de liberar o locador da prestação de caução para a execução provisória do despejo, a exemplo do que acontece nos casos de ação de despejo fundada no art. 9º (v. art. 64-*caput*).

Art. 75. Na hipótese do inciso III do art. 72, a sentença fixará desde logo a indenização devida ao locatário em consequência da não prorrogação da locação, solidariamente devida pelo locador e o proponente.

Título III | DAS DISPOSIÇÕES FINAIS E TRANSITÓRIAS

Art. 76. Não se aplicam as disposições desta lei aos processos em curso.[1 a 2]

Art. 76: 1. "As locações residenciais em curso e o direito dos inquilinos nas ações de despejo sob o regime da nova Lei do Inquilinato", por Alexandre Thiollier Filho (RJ 182/30).

Art. 76: 1a. "Conquanto, por princípio, tenham aplicação imediata as normas processuais, tal não se dá quando a própria lei for expressa sobre excepcionar os processos então em curso no seu advento (art. 76 da Lei 8.245/91)" (STJ-5ª T., REsp 38.115-0, Min. José Dantas, j. 4.10.93, DJU 18.10.93).

Art. 76: 2. Não se aplica o disposto no art. 68, § 1º, da Lei 8.245 aos processos em curso à data de sua promulgação (Bol. AASP 1.778/28).

"A ação ordinária de despejo, proposta na vigência da Lei n. 6.649/79, na conformidade dela deve ser julgada e, assim, o recurso da sentença deve ser recebido no duplo efeito, diante do previsto no art. 76 da Lei n. 8.245/91" (Bol. AASP 1.778/supl., em. 11).

"Proposta ação revisional de aluguéis na vigência da lei anterior, na conformidade dela deve ser julgada e, assim, o recurso da sentença deve ser recebido no duplo efeito, diante do previsto no art. 76 da Lei n. 8.245/91" (Bol. AASP 1.778/supl., em. 19).

"Ainda que a notificação para a denúncia da locação tenha sido feita na vigência da lei anterior, a ação de despejo, se distribuída a partir de 20 de dezembro de 1991, fica sujeita às regras processuais da Lei 8.245/91" (CED do 2º TASP, enunciado 11, v.u.).

"O processo de despejo é regido pela legislação vigente à época do preenchimento do requisito de procedibilidade da ação" (STJ-6ª T., REsp 33.673-2, Min. Vicente Cernicchiaro, j. 10.5.93, DJU 14.6.93).

Art. 77. Todas as locações residenciais que tenham sido celebradas anteriormente à vigência desta lei serão automaticamente prorrogadas por tempo indeterminado, ao término do prazo ajustado no contrato.[1]

Art. 77: 1. "mantidas as demais cláusulas e condições do contrato" (art. 46 § 1º).

Art. 78. As locações residenciais que tenham sido celebradas anteriormente à vigência desta lei[1] e que já vigorem ou venham a vigorar por prazo indeterminado, poderão ser denunciadas[2 a 2b] pelo locador, concedido o prazo de doze meses[3 a 5] para a desocupação.[6]

Parágrafo único. Na hipótese de ter havido revisão judicial ou amigável do aluguel, atingindo o preço do mercado, a denúncia[7] somente poderá ser exercitada após vinte e quatro meses da data da revisão, se esta ocorreu nos doze meses anteriores à data da vigência desta lei.

Art. 78: 1. "A locação ajustada antes da Lei 8.245/91 admite denúncia vazia (art. 78) e denúncia cheia (art. 47)" (RT 698/137, maioria), menos no caso do inciso V deste último artigo (v. art. 47, nota 9).

No mesmo sentido: "Locação residencial ajustada antes da Lei 8.245/91 admite denúncia vazia e retomada motivada" (CED do 2º TASP, enunciado 12, maioria).

No caso de denúncia cheia, com base no art. 47, é dispensável a notificação premonitória (STJ-6ª T., REsp 36.737, Min. Adhemar Maciel, j. 29.11.93, DJU 7.2.94; RT 712/207, 756/265).

Súmula 13 do 2º TASP (Denúncia vazia): "Na chamada denúncia vazia, a retomada é deferida pela só conveniência do locador, sendo dispensável, a propósito, a audiência de instrução e julgamento". No mesmo sentido: STJ-3ª T., Ag 768-AgRg, Min. Gueiros Leite, j. 6.2.90, DJU 26.3.90; RT 719/251, RTJE 137/187.

Súmula 21 do 2º TASP (Sinceridade do pedido): "Na ação de despejo por denúncia vazia, é inadmissível discussão sobre a sinceridade do pedido".

Art. 78: 2. Como se faz a denúncia? v. art. 46, notas 4 e segs.

Art. 78: 2a. "Firmado novo contrato por prazo determinado (30 meses) na vigência da Lei 8.245, de 1991, é cabível o pedido de retomada com base no art. 46, ainda que antiga a locação" (Lex-JTA 156/380).

Art. 78: 2b. "À luz do artigo 78 da Lei do Inquilinato, a notificação premonitória constitui, na boa doutrina, condição especial da ação de despejo, tendente a demonstrar, inequívoca e previamente, o interesse do locador em denunciar o contrato. Daí por que, é induvidoso, sua ausência acarreta a extinção do processo sem julgamento do mérito. Em se tratando de pluralidade de locatários, há de se conceder à notificação premonitória o mesmo tratamento conferido à citação. Em hipóteses especialíssimas, contudo, em que a notificação premonitória é feita a todos os locatários, mas na pessoa de só um deles, é de se afirmar o atendimento da condição especial da ação, desde que deva se presumir a ciência de todos, não infirmada, como acontece entre parentes, meeira e herdeiros, que residem todos no imóvel locado" (STJ-6ª T., REsp 84.843, Min. Hamilton Carvalhido, j. 3.12.01, DJU 6.5.02).

Art. 78: 3. A concessão do prazo de doze meses é obrigatória, na hipótese do art. 78, mesmo que a locação tenha durado mais de cinco anos. A essas locações não se aplica o art. 47-V (v. nota 9 a esse artigo).

Art. 78: 4. O "prazo para a desocupação", a que se refere o art. 78, está sempre de permeio entre a denúncia da locação e a propositura da ação de despejo (cf. arts. 7º, 8º, 46 § 2º e 57). Não se conta da sentença, mas sim da denúncia da locação (Lex-JTA 142/279). Mesmo porque, se fosse contado da sentença, a ação de despejo poderia ser movida desde logo, valendo a citação como denúncia da locação.

Art. 78: 5. Somente depois de decorrido esse prazo de doze meses é que pode ser proposta a ação de despejo, na hipótese do art. 78 (Lex-JTA 147/277).

A sentença que decretar o despejo deve conceder ao locatário, por aplicação do art. 63-*caput*, o prazo de trinta dias para desocupação voluntária, sob pena de despejo compulsório (Lex-JTA 148/181, JTAERGS 90/198).

Se, movida a ação de despejo, o réu concordar com a desocupação do imóvel, não terá o prazo de 6 meses, a que se refere o art. 61, mas sim o de 30 dias para efetivá-la (RT 714/176, Lex-JTA 148/181, JTAERGS 97/235).

Art. 78: 6. Pode ser movida ação revisional do aluguel, após a denúncia da locação? v. art. 68, nota 5.

Art. 78: 7. v. arts. 6º, notas 1 e segs., e 68, nota 5.

Art. 79. No que for omissa esta lei aplicam-se as normas do Código Civil e do Código de Processo Civil.

Art. 80. Para os fins do inciso I do art. 98 da Constituição Federal,[1] as ações de despejo poderão ser consideradas como causas cíveis de menor complexidade.

Art. 80: 1. O preceito constitucional citado no texto autoriza a criação de juizados especiais, nas causas cíveis de menor complexidade, com julgamento dos recursos por turmas de juízes de primeiro grau.

Art. 81. O inciso II do art. 167 e o art. 169 da Lei n. 6.015, de 31 de dezembro de 1973,[1] passam a vigorar com as seguintes alterações:[2]

"Art. 167 ...

"II ...

"16) do contrato de locação, para os fins de exercício de direito de preferência".

"Art. 169 ...

"III — o registro[3] previsto no n. 3 do inciso I do art. 167, e a averbação prevista no n. 16 do inciso II do art. 167 serão efetuados no Cartório onde o imóvel esteja matriculado mediante apresentação de qualquer das vias do contrato, assinado pelas partes e subscrito por duas testemunhas, bastando a coincidência entre o nome de um dos proprietários e o locador".

Art. 81: 1. Lei dos Registros Públicos (no CCLCV, tít. REGISTROS PÚBLICOS, ínt.).

Art. 81: 2. s/ o alcance destas alterações, v. art. 8º, nota 9.

Art. 81: 3. Esta hipótese é mesmo de **registro,** e não de **averbação** (v. art. 8º, nota 9).

Art. 82. O art. 3º da Lei n. 8.009, de 29 de março de 1990,[1] passa a vigorar acrescido do seguinte inciso VII:

"Art. 3º ...[2]

"VII — por obrigação decorrente de fiança concedida em contrato de locação".[3-4]

Art. 82: 1. Lei 8.009/90: no tít. BEM DE FAMÍLIA, ínt.

Art. 82: 2. O ***caput*** **do art. 3º da Lei 8.009, de 29.3.90,** é do seguinte teor:

"A impenhorabilidade é oponível em qualquer processo de execução civil, fiscal, previdenciária, trabalhista ou de outra natureza, salvo se movido:" (seguem-se os incisos).

Art. 82: 3. A exceção, pela qual o bem pode ser penhorado, só atinge o fiador, não o inquilino (RT 709/123, 725/314), e alcança os processos em curso, não se aplicando à hipótese o art. 76 (Lex-JTA 150/210).

Art. 82: 4. O fiador que paga a dívida do locatário afiançado sub-roga-se nos direitos do credor e, por isso, pode invocar em seu favor a exceção do inciso VII e penhorar bens do devedor, ainda que protegidos pela Lei 8.009/90 (RJ 225/71).

Art. 83. Ao art. 24 da Lei n. 4.591, de 16 de dezembro de 1964,[1] fica acrescido o seguinte § 4º:

"Art. 24 ...

"§ 4º Nas decisões da assembleia que não envolvam despesas extraordinárias do condomínio, o locatário poderá votar, caso o condômino locador a ela não compareça".[2]

Art. 83: 1. **Lei 4.591, de 16.12.64** — Dispõe sobre o condomínio em edificações e as incorporações imobiliárias (no CCLCV, tít. CONDOMÍNIO E INCORPORAÇÃO, ínt.).

Art. 83: 2. O art. 24 § 4º da Lei 4.591 foi alterado, tal como consta acima, pela Lei 9.267, de 25.3.96.

Art. 84. Reputam-se válidos os registros dos contratos de locação de imóveis, realizados até a data da vigência desta lei.

Art. 85. Nas locações residenciais, é livre a convenção do aluguel[1] quanto a preço, periodicidade e indexador de reajustamento, vedada a vinculação à variação do salário mínimo, variação cambial e moeda estrangeira:

I — dos imóveis novos, com habite-se concedido a partir da entrada em vigor desta lei;

II — dos demais imóveis não enquadrados no inciso anterior, em relação aos contratos celebrados, após cinco anos de entrada em vigor desta lei.

Art. 85: 1. v. art. 17, cujas disposições genéricas são alteradas pelo art. supra.

Art. 86. O art. 8º da Lei n. 4.380, de 21 de agosto de 1964,[1] passa a vigorar com a seguinte redação:

"Art. 8º O Sistema Financeiro da Habitação, destinado a facilitar e promover a construção e a aquisição da casa própria ou moradia, especialmente pelas classes de menor renda da população, será integrado:".[2]

Art. 86: 1. **Lei 4.380, de 21.8.64** — Institui a correção monetária nos contratos imobiliários de interesse social, o sistema financeiro para aquisição da casa própria, cria o Banco Nacional da Habitação (BNH) e sociedades de crédito imobiliário, as letras imobiliárias, o Serviço Federal de Habitação e Urbanismo, e dá outras providências (no CCLCV, tít. CONTRATOS IMOBILIÁRIOS, ínt.).

Art. 86: 2. Na publicação da lei pelo DOU, após "integrado" vem, corretamente, dois-pontos; na Coleção de Leis da União, vem ponto final.

Art. 87. (VETADO)

Art. 88. (VETADO)

Art. 89. Esta lei entrará em vigor sessenta dias após a sua publicação.[1-2]

Art. 89: 1. Publicada no DOU 21.10.91.

Art. 89: 2. "Com o advento da Lei 8.245/91, todos os contratos de locação passaram a ser disciplinados por esta legislação, que é aplicável aos ajustes celebrados na vigência da Lei 6.649/79" (RSTJ 102/444).

Art. 90. Revogam-se as disposições em contrário, especialmente:

I — o Decreto n. 24.150, de 20 de abril de 1934;

II — a Lei n. 6.239, de 19 de setembro de 1975;

III — a Lei n. 6.649, de 16 de maio de 1979;

IV — a Lei n. 6.698, de 15 de outubro de 1979;

V — a Lei n. 7.355, de 31 de agosto de 1985;

VI — a Lei n. 7.538, de 24 de setembro de 1986;[1]

VII — a Lei n. 7.612, de 9 de julho de 1987;[2] e

VIII — a Lei n. 8.157, de 3 de janeiro de 1991.[3]

Art. 90: 1. A Lei 7.538, de 24.9.86, tinha vigência limitada no tempo; exauriu seus efeitos a 1.3.87. Não se vê como possa ser revogada uma lei que já cessou de viger há mais de três anos.

Art. 90: 2. A Lei 7.612, de 9.7.87, já não estava em vigor. Suspendeu os processos de despejo pelo prazo de 90 dias, findo o qual cessaram os efeitos desse diploma legislativo.

Art. 90: 3. Os arts. 15 e 17 da Lei 8.178, de 1.3.91, continuam em vigor (v. art. 17, nota 2).

Brasília, em 18 de outubro de 1991; 170º da Independência e 103º da República — FERNANDO COLLOR — **Jarbas Passarinho.**

Ementário

Magistratura

— v. CF 93-*caput*; v. títs. JUSTIÇA FEDERAL, SUPERIOR TRIBUNAL DE JUSTIÇA, SUPREMO TRIBUNAL FEDERAL.

Lei Complementar 35, de 14.3.79 — Dispõe sobre a Lei Orgânica da Magistratura Nacional (v. adiante, texto parcial). O art. 65 § 3º, acrescentado pela LC 54, foi considerado inconstitucional pelo STF.

Lei Complementar 37, de 13.11.79 — Altera a Lei Complementar n. 35, de 14 de março de 1979, Lei Orgânica da Magistratura Nacional (Lex 1979/882, RDA 139/300, RF 268/463, Ajuris 18/194, Bol. AASP 1.094/supl.). Textos alterados da LOM: art. 22-I-*e*, II e §§ (passou a ter dois §§); art. 71 (passou a ter dois §§); art. 73-I; art. 108 (alterado o inciso III e acrescido inciso IV); art. 134 (acrescido § ún.); art. 139 §§ 1º e 2º. Texto revogado da LOM: art. 130 e §§.

Lei Complementar 54, de 22.12.86 — Dispõe sobre nova redação e revogação de artigos da Lei Complementar n. 35, de 14 de março de 1979 (Lex 1986/1.376, RDA 166/293, RF 296/479, RAMPR 45/323). Textos alterados da LOM: arts. 65 (alterado o inciso II e acrescido § 3º), 93-*caput*, 118 (alterado o *caput* e acrescido § 4º) e 124. Texto revogado da LOM: art. 115. Foram vetados os textos que alteravam os arts. 65 § 3º, *in fine*, 102 (totalmente) e 118-*caput* (em parte), bem como os que revogavam os arts. 100 § 4º e 107.

Lei Complementar 60, de 6.10.89 — Possibilita afastamento de magistrados dirigentes de classe (Lex 1989/716, RDA 178/143). Texto alterado da LOM: art. 73 (incluído inciso III).

Resolução 2, de 16.8.05, do Pres. do Conselho Nacional de Justiça — Aprova o Regimento Interno do Conselho Nacional de Justiça e dá outras providências (DJU 23.8.05, p. 60).

Lei Complementar n. 35, de 14 de março de 1979

Dispõe sobre a Lei Orgânica da Magistratura Nacional.[1]

O Presidente da República
Faço saber que o Congresso Nacional decreta e eu sanciono a seguinte lei complementar:

Título I | DO PODER JUDICIÁRIO

Capítulo I | DOS ÓRGÃOS DO PODER JUDICIÁRIO

LC 35: 1. "O regime jurídico da magistratura e a Emenda Constitucional n. 45/2004", por Nagib Slaibi Filho (RF 381/151); "Processo administrativo disciplinar e *impeachment*: instrumentos para punição de juízes no Brasil?", por Emanoel Maciel da Silva (RSDA 88/62).

Art. 1º O Poder Judiciário é exercido pelos seguintes órgãos:[1]

I — Supremo Tribunal Federal;[2]
II — Conselho Nacional da Magistratura;[3]
III — Tribunal Federal de Recursos[4] e juízes federais;[5]
IV — Tribunais e juízes militares;
V — Tribunais e juízes eleitorais;
VI — Tribunais e juízos do trabalho;
VII — Tribunais e juízes estaduais;[6]
VIII — Tribunal e juízes do Distrito Federal e dos Territórios.[7]

Art. 1º: 1. v. CF 92.

Art. 1º: 2. v. arts. 2º e 98.

Art. 1º: 3. "O Conselho Nacional da Magistratura deixou de existir ante a superveniência da nova Constituição Federal" (despacho do Min. Celso de Mello na Pet. 1.497, *apud* Inf. STF 120, de 24.8.98, p. 4). E com o advento da Em. Const. 45, de 8.12.04, foi criado o **Conselho Nacional de Justiça** (v. CF 92-I-A).

Art. 1º: 4. A CF atual transformou o Tribunal Federal de Recursos em Superior Tribunal de Justiça e criou os Tribunais Regionais Federais.

Art. 1º: 5. v. art. 5º.

Art. 1º: 6. v. arts. 16 e 95 a 113.

Art. 1º: 7. v. arts. 130 e 20.

Art. 2º O Supremo Tribunal Federal, com sede na Capital da União e jurisdição em todo o território nacional, compõe-se de onze Ministros vitalícios, nomeados pelo Presidente da República, depois de aprovada a escolha pelo Senado Federal, dentre cidadãos maiores de trinta e cinco anos, de notável saber jurídico e reputação ilibada.[1]

Art. 2º: 1. v. CF 101.

Art. 3º ...[1]

Art. 3º: 1. O art. 3º dispunha sobre o Conselho Nacional da Magistratura, não mencionado na atual CF e, por isso, considerado extinto. V. art. 1º, nota 3.

Art. 4º ...[1]

Art. 4º: 1. O art. 4º dispunha sobre o Tribunal Federal de Recursos, que se transformou no Superior Tribunal de Justiça. V. tít. SUPERIOR TRIBUNAL DE JUSTIÇA.

Art. 5º Os juízes federais serão nomeados pelo Presidente da República, escolhidos, sempre que possível, em lista tríplice, organizada pelo Tribunal Federal de Recursos,[1] dentre os candidatos com idade superior a vinte e cinco anos, de reconhecida idoneidade moral, aprovados em concurso público de provas e títulos, além da satisfação de outros requisitos especificados em lei.

§ 1º Cada Estado, bem como o Distrito Federal, constitui uma Seção Judiciária, que tem por sede a respectiva Capital, e varas localizadas segundo o estabelecido em lei.[2]

§ 2º Nos Territórios do Amapá, Roraima e Rondônia, a jurisdição e as atribuições cometidas aos juízes federais caberão aos juízes da Justiça local, na forma que a lei dispuser. O Território de Fernando de Noronha está compreendido na Seção Judiciária do Estado de Pernambuco.[3]

Art. 5º: 1. hoje, pelo STJ.

Art. 5º: 2. v. CF 110.

Art. 5º: 3. Com a instalação dos Estados de Amapá, Roraima e Rondônia, deixou de vigorar o § 2º.

Art. 6º O Superior Tribunal Militar,[1] com sede na Capital da União e jurisdição em todo o território nacional, compõe-se de quinze Ministros vitalícios, nomeados pelo Presidente da República, depois de aprovada a escolha pelo Senado Federal, sendo três dentre Oficiais-Generais da Marinha, quatro dentre Oficiais-Generais do Exército e três dentre Oficiais-Generais da Aeronáutica, todos da ativa, e cinco dentre civis, maiores de trinta e cinco anos, dos quais três cidadãos de notório saber jurídico e idoneidade moral, com mais de dez anos de prática forense, e dois juízes auditores ou membros do Ministério Público da Justiça Militar, de comprovado saber jurídico.

Art. 6º: 1. v. CF 123.

Art. 7º São órgãos da Justiça Militar da União, além do Superior Tribunal Militar, os juízes auditores e os Conselhos de Justiça, cujos número, organização e competência são definidos em lei.[1]

Art. 7º: 1. v. CF 124 § ún.

Art. 8º O Tribunal Superior Eleitoral,[1] com sede na Capital da União e jurisdição em todo o território nacional, é composto de sete juízes, dos quais três Ministros do Supremo Tribunal Federal e dois Ministros do Tribunal Federal de Recursos, escolhidos pelo respectivo Tribunal, mediante eleição, pelo voto secreto, e dois nomeados pelo Presidente da República, dentre seis advogados de notável saber jurídico e idoneidade moral, indicados pelo Supremo Tribunal Federal.

Art. 8º: 1. v. CF 119.

Art. 9º Os Tribunais Regionais Eleitorais,[1] com sede na Capital do Estado em que tenham jurisdição e no Distrito Federal, compõem-se de quatro juízes eleitos, pelo voto secreto, pelo respectivo Tribunal de Justiça, sendo dois dentre desembargadores e dois dentre juízes de direito; um juiz federal, escolhido pelo Tribunal Federal de Recursos, se na Seção Judiciária houver mais de um, e, por nomeação do Presidente da República, de dois dentre seis cidadãos de notável saber jurídico e idoneidade moral, indicados pelo Tribunal de Justiça.

Art. 9º: 1. v. CF 120.

Art. 10. Os juízes do Tribunal Superior Eleitoral e dos Tribunais Regionais Eleitorais, bem como os respectivos substitutos, escolhidos na mesma ocasião e por igual processo, salvo motivo justificado, servirão, obrigatoriamente, por dois anos, no mínimo, e nunca por mais de dois biênios consecutivos.[1]

Art. 10: 1. v. CF 121 § 2º.

Art. 11. Os juízes de direito exercem as funções de juízes eleitorais, nos termos da lei.[1]

§ 1º A lei pode outorgar a outros juízes competência para funções não decisórias.

§ 2º Para a apuração de eleições, constituir-se-ão Juntas Eleitorais, presididas por juiz de direito, e cujos membros, indicados conforme dispuser a legislação eleitoral, serão aprovados pelo Tribunal Regional Eleitoral e nomeados pelo seu Presidente.

Art. 11: 1. v. CF 121-*caput*.

Art. 12. O Tribunal Superior do Trabalho,[1] com sede na Capital da União e jurisdição em todo o território nacional, compõe-se de dezessete Ministros, nomeados pelo Presidente da República, onze dos quais, togados e vitalícios, depois de aprovada a escolha pelo Senado Federal, sendo sete dentre magistrados da Justiça do Trabalho, dois dentre advogados no exercício efetivo da profissão, e dois dentre membros do Ministério Público da Justiça do Trabalho, maiores de trinta e cinco anos, de notável saber jurídico e reputação ilibada, e seis classistas[2] e temporários, em representação paritária dos empregadores e dos trabalhadores, de conformidade com a lei, e vedada a recondução por mais de dois períodos de três anos.

Art. 12: 1. v. CF 111 § 1º.

Art. 12: 2. Os juízes classistas foram suprimidos pela Em. Const. 24, de 9.12.99.

Art. 13. Os Tribunais Regionais do Trabalho,[1] com sede, jurisdição e número definidos em lei, compõem-se de dois terços de juízes togados e vitalícios e um terço de juízes classistas[2] e temporários, todos nomeados pelo Presidente da República, observada, quanto aos juízes togados, a proporcionalidade fixada no art. 12 relativamente aos juízes de carreira, advogados e membros do Ministério Público da Justiça do Trabalho e, em relação aos juízes classistas, a proibição constante da parte final do artigo anterior.

Art. 13: 1. v. CF 112.

Art. 13: 2. v. art. 12, nota 2.

Art. 14. As Juntas de Conciliação e Julgamento[1] têm a sede, a jurisdição e a composição definidas em lei, assegurada a paridade de representação entre empregadores e trabalhadores, e inadmitida a recondução dos representantes classistas por mais de dois períodos de três anos.

§ 1º Nas comarcas onde não for[1a] instituída Junta de Conciliação e Julgamento, poderá a lei atribuir as suas funções aos juízes de direito.[2]

§ 2º Poderão ser criados por lei outros órgãos da Justiça do Trabalho.

Art. 14: 1. As Juntas de Conciliação e Julgamento passaram a denominar-se Varas do Trabalho, pela Em. Const. 24, de 9.12.99.

Art. 14: 1a. Conforme retificação na Coleção das Leis da União, 1980, vol. I, p. 5.

Art. 14: 2. v. CF 112.

Art. 15. Os órgãos do Poder Judiciário da União (art. 1º, incisos I a VI) têm a organização e a competência definidas na Constituição, na lei e, quanto aos Tribunais, ainda no respectivo regimento interno.

Art. 16. Os Tribunais de Justiça dos Estados,[1] com sede nas respectivas Capitais e jurisdição no território estadual, e os Tribunais de Alçada,[2] onde forem criados, têm a composição, a organização e a competência estabelecidas na Constituição, nesta lei, na legislação estadual e nos seus regimentos internos.

Parágrafo único. Nos Tribunais de Justiça com mais de vinte e cinco desembargadores, será constituído Órgão Especial,[3-4] com o mínimo de onze e o máximo de vinte e cinco membros, para o exercício das atribuições administrativas e jurisdicionais, da competência do Tribunal Pleno, bem como para uniformização da jurisprudência no caso de divergência entre suas Seções.

Art. 16: 1. v. arts. 99 a 107.

Art. 16: 2. v. CF 125 § 1º; LOM 108 a 111. Os Tribunais de Alçada foram extintos pela Em. Const. 45, de 8.12.04, art. 4º.

Art. 16: 3. v. CF 93-XI; v. tb. arts. 99 e 101 § 4º, s/ competência do Órgão Especial; v., ainda, nesta lei, arts. 17 § 4º, 22 § 1º, 24-*caput* e § ún., 27 e §§, 29, 33-II, III e § ún., 45-*caput*, 100 § 1º, 106-*caput* e 118-*caput*.

No STJ, o Órgão Especial se denomina Corte Especial (RISTJ 2º § 2º).

Art. 16: 4. "Em face do inciso V do art. 144 da Constituição, não é o órgão especial dos Tribunais de Justiça grau de carreira da magistratura, mas apenas mais um órgão que estes comportam" (RTJ 109/1.128).

Art. 17. Os juízes de direito, onde não houver juízes substitutos, e estes, onde os houver, serão nomeados mediante concurso público de provas e títulos.[1]

§ 1º (VETADO)

§ 2º Antes de decorrido o biênio do estágio, e desde que seja apresentada a proposta do Tribunal[2] ao Chefe do Poder Executivo, para o ato de exoneração, o juiz substituto ficará automaticamente afastado de suas funções e perderá o direito a vitaliciedade, ainda que o ato de exoneração seja assinado após o decurso daquele período.[3]

§ 3º Os juízes de direito e os juízes substitutos têm a sede, a jurisdição e a competência fixadas em lei.

§ 4º Poderão os Estados instituir, mediante proposta do respectivo Tribunal de Justiça, ou Órgão Especial, juízes togados, com investidura limitada[4] no tempo e competência para o julgamento de causas de pequeno valor e crimes a que não seja cominada pena de reclusão, bem como para a substituição dos juízes vitalícios.

§ 5º Podem, ainda, os Estados criar justiça de paz[5] temporária, competente para o processo de habilitação e celebração de casamento.[6-7]

Art. 17: 1. v. CF 93-I.

Art. 17: 2. ou do Órgão Especial (v. art. 16 § ún.).

Art. 17: 3. cf. CF 95-I.

Art. 17: 4. v. art. 24.

Art. 17: 5. v. arts. 112 a 113.

Art. 17: 6. com a restrição do art. 113.

Art. 17: 7. v. CF 98-II.

Art. 18. São órgãos da Justiça Militar estadual os Tribunais de Justiça e os Conselhos de Justiça, cujas composição, organização e competência são definidos[1] na Constituição e na lei.[2]

Parágrafo único. Nos Estados de Minas Gerais, Paraná, Rio Grande do Sul e São Paulo, a segunda instância da Justiça Militar estadual é constituída pelo respectivo Tribunal Militar, integrado por oficiais do mais alto posto da Polícia Militar e por civis, sempre em número ímpar, excedendo os primeiros aos segundos em uma unidade.

Art. 18: 1. *sic*; deve ser: "definidas".

Art. 18: 2. cf. CF 125 §§ 3º e 4º.

Art. 19. O Tribunal de Justiça do Distrito Federal e dos Territórios,[1] com sede na Capital da União, tem a composição, a organização e a competência estabelecidas em lei.

Art. 19: 1. v. art. 132.

Art. 20. Os juízes de direito e os juízes substitutos da Justiça do Distrito Federal e dos Territórios,[1] vitalícios após dois anos de exercício, investidos mediante concurso público de provas e títulos, e os juízes togados temporários,[2] todos nomeados pelo Presidente da República, têm a sede, a jurisdição e a competência prescritas em lei.

Art. 20: 1. v. art. 132.

Art. 20: 2. v. art. 17 § 4º.

Capítulo II | DOS TRIBUNAIS

Art. 21. Compete aos Tribunais, privativamente:[1]

I — eleger seus Presidentes e demais titulares de sua direção,[2] observado o disposto na presente lei;

II — organizar seus serviços auxiliares, provendo-lhes os cargos, na forma da lei; propor ao Poder Legislativo a criação ou a extinção de cargos e a fixação dos respectivos vencimentos;[3]

III — elaborar seus regimentos internos[4] e neles estabelecer, observada esta lei,[5] a competência de suas Câmaras ou Turmas isoladas, Grupos, Seções ou outros órgãos com funções jurisdicionais ou administrativas;[6]

IV — conceder licença e férias,[7] nos termos da lei, aos seus membros e aos juízes e serventuários que lhes são imediatamente subordinados;[8]

V — exercer a direção e a disciplina dos órgãos e serviços que lhes forem subordinados;

VI — julgar, originariamente, os mandados de segurança[9] contra seus atos, os dos respectivos Presidentes e os de suas Câmaras, Turmas ou Seções.[10-11]

Art. 21: 1. cf. CF 96-I-*a*.

Art. 21: 2. s/ eleição para cargos de direção, v. art. 102; o Órgão Especial não é eleito (art. 99); o Conselho da Magistratura é escolhido na forma do art. 104; a lei poderá criar outros órgãos correcionais e disciplinares (art. 127).

Art. 21: 3. v. CF 96-I-*b* a *e*.

Art. 21: 4. s/ regimento interno, v. arts. 15, 16-*caput*, 48, 67 § 3º, 101-*caput* e § 2º, 103 §§ 1º e 2º, 104, 117, 120, 134 (disposição transitória).

Art. 21: 5. ex.: arts. 16 § ún., *in fine*, 101 §§ 1º e 4º.

Art. 21: 6. v. CF 125 § 1º.

Art. 21: 7. v. arts. 66 a 67.

Art. 21: 8. v. CF 96-I-*f*.

Art. 21: 9. v. art. 101 § 3º-*d*. V. tb. RISTF 200, notas 3 e 3a (competência originária do STF); RISTJ 211, notas 3a e 4 (competência originária do STJ) e LJE 41, nota 4 (competência da Turma Recursal).

Art. 21: 10. O art. 21-VI da LOM foi recebido pela atual Constituição, ressalvado o disposto no seu art. 102-I-*n* (STF-RT 795/136).

Art. 21: 11. v. CF 102-I-*d*, 105-I-*b* e 108-I-*c*.

Capítulo III | DOS MAGISTRADOS

Art. 22. São vitalícios:

I — a partir da posse:

a) os Ministros do Supremo Tribunal Federal;

b) os Ministros do Tribunal Federal de Recursos;

c) os Ministros do Superior Tribunal Militar;

d) os Ministros e juízes togados do Tribunal Superior do Trabalho e dos Tribunais Regionais do Trabalho;

e) os desembargadores, os juízes dos Tribunais de Alçada[1] e dos Tribunais de segunda instância da Justiça Militar dos Estados;[1a]

II — após dois anos de exercício:[2-3]

a) os juízes federais;

b) os juízes auditores e juízes auditores substitutos da Justiça Militar da União;

c) os juízes do Trabalho Presidentes de Junta de Conciliação e Julgamento e os juízes do Trabalho substitutos;

d) os juízes de direito e os juízes substitutos da Justiça dos Estados, do Distrito Federal e dos Territórios, bem assim os juízes auditores da Justiça Militar dos Estados.

§ 1º Os juízes mencionados no inciso II deste artigo, mesmo que não hajam adquirido a vitaliciedade, não poderão perder o cargo senão por proposta do Tribunal ou do Órgão Especial competente, adotada pelo voto de dois terços de seus membros efetivos.[4-5]

§ 2º Os juízes a que se refere o inciso II deste artigo, mesmo que não hajam adquirido a vitaliciedade, poderão praticar todos os atos reservados por lei aos juízes vitalícios.[6]

Art. 22: 1. Os Tribunais de Alçada foram extintos pela Em. Const. 45, de 8.12.04, art. 4º.

Art. 22: 1a. Redação da alínea *e* de acordo com a LC 37, de 13.11.79.

Art. 22: 2. Redação do inciso II e de suas alíneas conforme LC 37, de 13.11.79.

Art. 22: 3. v. arts. 17 § 2º e 138 (disposição transitória).

Art. 22: 4. Redação do § 1º de acordo com a LC 37, de 13.11.79.

Art. 22: 5. s/ *quorum*, v. art. 24 § ún.

Art. 22: 6. Redação do § 2º de acordo com a LC 37, de 13.11.79.

Art. 23. Os juízes e membros de Tribunais e Juntas Eleitorais, no exercício de suas funções e no que lhes for aplicável, gozarão de plenas garantias e serão inamovíveis.

Art. 24. O juiz togado, de investidura temporária (art. 17, § 4º), poderá ser demitido,[1] em caso de falta grave,[2] por proposta do Tribunal ou do Órgão Especial, adotada pelo voto de dois terços de seus membros efetivos.

Parágrafo único. O *quorum* de dois terços[3] de membros efetivos do Tribunal, ou de seu Órgão Especial, será apurado em relação ao número de desembargadores em condições legais de votar, como tal se considerando os não atingidos por impedimento ou suspeição e os não licenciados por motivo de saúde.

Art. 24: 1. v. art. 42-VI.

Art. 24: 2. v. arts. 47-II e 26-II.

Art. 24: 3. A regra geral deste § se aplica nos demais casos em que se exige *quorum* qualificado (arts. 22 § 1º, 27 § 6º, 29, 45-*caput* e § ún.). Note-se, porém, que disposição nesse sentido, constante do art. 45 § ún., foi considerada inconstitucional pelo STF (v. esse art., nota 4).

Título II | DAS GARANTIAS DA MAGISTRATURA E DAS PRERROGATIVAS DO MAGISTRADO

Capítulo I | DAS GARANTIAS DA MAGISTRATURA

Seção I | DA VITALICIEDADE

Art. 25. Salvo as restrições expressas na Constituição, os magistrados gozam das garantias de vitaliciedade,[1] inamovibilidade[2] e irredutibilidade[3] de vencimentos.[4]

Art. 25: 1. v. arts. 25 a 29, 17 § 2º, 47-I, 138 (disposição transitória).

Art. 25: 2. v. arts. 30 a 31, 23 (na Justiça Eleitoral), 29 (afastamento preventivo do cargo), 45-I (*quorum* para remoção), 46 (procedimento para remoção).

Art. 25: 3. v. art. 32.

Art. 25: 4. v. CF 95-*caput*.

Art. 26. O magistrado vitalício[1] somente perderá o cargo (VETADO):[2]

I — em ação penal por crime comum ou de responsabilidade;

II — em procedimento administrativo[3] para a perda do cargo nas hipóteses seguintes:

a) exercício, ainda que em disponibilidade, de qualquer outra função, salvo um cargo de magistério superior, público ou particular;[4]

b) recebimento, a qualquer título e sob qualquer pretexto, de percentagens ou custas nos processos sujeitos a seu despacho e julgamento;[5]

c) exercício de atividade político-partidária.[6]

§ 1º O exercício de cargo de magistério superior, público ou particular, somente será permitido se houver correlação de matérias e compatibilidade de horários, vedado, em qualquer hipótese, o desempenho de função de direção administrativa ou técnica de estabelecimento de ensino.

§ 2º Não se considera exercício do cargo o desempenho de função docente em curso oficial de preparação para judicatura ou aperfeiçoamento de magistrados.

Art. 26: 1. v. art. 22.

Art. 26: 2. v. CF 95-I.

Art. 26: 3. v. art. 27.

Art. 26: 4. v. § 2º; v. tb. CF 95 § ún.-I.

Art. 26: 5. v. CF 95 § ún.-II.

Art. 26: 6. v. CF 95 § ún.-III.

Art. 27. O procedimento para a decretação da perda do cargo[1-1a] terá início por determinação do Tribunal, ou do seu Órgão Especial, a que pertença ou esteja subordinado o magistrado, de ofício ou mediante representação fundamentada do Poder Executivo ou Legislativo, do Ministério Público ou do Conselho Federal ou Secional da Ordem dos Advogados do Brasil.[2]

Magistratura

§ 1º Em qualquer hipótese, a instauração do processo preceder-se-á da defesa prévia do magistrado,[2a] no prazo de quinze dias, contado da entrega da cópia do teor da acusação e das provas existentes, que lhe remeterá o Presidente do Tribunal, mediante ofício,[2b] nas quarenta e oito horas imediatamente seguintes à apresentação da acusação.[3]

§ 2º Findo o prazo da defesa prévia, haja ou não sido apresentada, o Presidente, no dia útil imediato, convocará o Tribunal ou o seu Órgão Especial para que, em sessão secreta,[3a] decida sobre a instauração do processo,[3b] e, caso determinada esta, no mesmo dia distribuirá o feito e fará entregá-lo ao relator.

§ 3º O Tribunal ou o seu Órgão Especial, na sessão em que ordenar a instauração do processo, como no curso dele, poderá afastar o magistrado do exercício das suas funções, sem prejuízo dos vencimentos e das vantagens, até a decisão final.

§ 4º As provas requeridas e deferidas, bem como as que o relator determinar de ofício, serão produzidas no prazo de vinte dias, cientes o Ministério Público, o magistrado ou o procurador por ele constituído, a fim de que possam delas participar.

§ 5º Finda a instrução, o Ministério Público e o magistrado ou seu procurador terão, sucessivamente, vista dos autos por dez dias, para razões.

§ 6º O julgamento será realizado em sessão secreta do Tribunal ou de seu Órgão Especial, depois de relatório oral, e a decisão no sentido da penalização do magistrado só será tomada pelo voto de dois terços dos membros do colegiado, em escrutínio secreto.

§ 7º Da decisão publicar-se-á somente a conclusão.[4]

§ 8º Se a decisão concluir pela perda do cargo, será comunicada, imediatamente, ao Poder Executivo, para a formalização do ato.

Art. 27: 1. tb. para remoção e disponibilidade (v. art. 46).

Art. 27: 1a. "O art. 27 e seus §§ da LOM dizem respeito ao procedimento administrativo para a perda de cargo de magistrado vitalício, e não à perda de cargo de juiz que ainda não adquiriu a vitaliciedade, por não ter ainda dois anos de exercício" (STF-RTJ 126/1.099, RT 637/199 e RDA 174/82).

Art. 27: 2. v. art. 118 § 2º.

Art. 27: 2a. "O direito de oferecer defesa prévia, previsto na LOM 27 § 1º, resta obedecido quando, na **sindicância anterior** à instauração do processo administrativo disciplinar, o requerido é intimado duas vezes para apresentar defesa prévia, além de razões finais" (IP 63/287 e RSDA 61/97: TRF-1ª Reg., MS 200601000411893). Em sentido semelhante: STF-Pleno, MS 24.803, Min. Joaquim Barbosa, j. 29.10.08, DJ 5.6.09.

Art. 27: 2b. "A entrega pessoal do teor da acusação cumpre o disposto no art. 27, § 1º, da LOM" (RTJ 127/1.061).

Art. 27: 3. "No procedimento previsto no art. 27, § 1º, da LOMAN, o juiz-sindicado é intimado para apresentação de defesa prévia. Não importa cerceamento de defesa o indeferimento de dilação probatória nessa fase, porquanto ela lhe será assegurada oportunamente, caso instaurado processo administrativo (art. 27, § 4º)" (STJ-5ª T., RMS 20.030, Min. Jorge Mussi, j. 9.11.10, DJ 6.12.10).

Art. 27: 3a. "A exigência de julgamento secreto é incompatível com a nova ordem constitucional, nada proibindo seja computado o voto do Presidente, para obtenção da maioria qualificada, em feito de natureza administrativa. Regular, também, a convocação de membro efetivo do tribunal, em razão de afastamento ou ausência do titular" (RSTJ 36/216).

Admitindo o julgamento secreto, mas com a presença do acusado e de seu advogado: STJ-RDA 184/144.

Art. 27: 3b. "A representação visando à disponibilidade de magistrado está condicionada à autorização estabelecida no § 2º do art. 27 da Lei Complementar n. 35/79, sem o que deve ser anulado o processo desde aquele momento, a fim de que seja cumprida tal formalidade" (RSTJ 109/278, um voto vencido).

Art. 27: 4. cf. art. 40; o magistrado tem direito a obter certidões das peças do processo, depois de findo (art. 131).

E antes de findo o processo? "O processo disciplinar corre em segredo de justiça. Terceiros não podem tomar conhecimento da fundamentação, provas e circunstâncias. Diferente, porém, quando se trata do interessado. O sigilo não o alcança. Direito público subjetivo ao conhecimento e respectivas certidões, constantes do processo administrativo ou de outros assentamentos" (RSTJ 8/502).

Art. 28. O magistrado vitalício poderá ser compulsoriamente aposentado ou posto em disponibilidade,[1] nos termos da Constituição[2] e da presente lei.

Art. 28: 1. s/ a disponibilidade, como pena, v. arts. 42-IV, 45-II, 46, 50, 57, 58, 106 § 2º. A disponibilidade admite reversão às funções, sob a denominação de aproveitamento (v. arts. 57 §§ 1º a 4º, 106 §§ 4º e 5º).

Art. 28: 2. v. CF 93-VIII.

Art. 29. Quando, pela natureza ou gravidade da infração penal, se torne aconselhável o recebimento de denúncia ou de queixa contra magistrado, o Tribunal, ou seu Órgão Especial, poderá, em decisão tomada pelo voto de dois terços de seus membros,[1] determinar o afastamento do cargo do magistrado denunciado.[2]

Art. 29: 1. s/ forma de apuração do *quorum*, v. art. 24 § ún.

Art. 29: 2. v. art. 76-III.

Seção II | DA INAMOVIBILIDADE

Art. 30. O juiz não poderá ser removido ou promovido senão com seu assentimento, manifestado na forma da lei, ressalvado o disposto no art. 45, item I.[1]

Art. 30: 1. cf. CF 95-II.

Art. 31. Em caso de mudança da sede do juízo será facultado ao juiz remover-se para ela ou para comarca de igual entrância, ou obter a disponibilidade com vencimentos integrais.

Seção III | DA IRREDUTIBILIDADE DE VENCIMENTOS

Art. 32. Os vencimentos dos magistrados[1] são irredutíveis, sujeitos, entretanto, aos impostos gerais, inclusive o de renda, e aos impostos extraordinários.[2]

Parágrafo único. A irredutibilidade dos vencimentos dos magistrados não impede os descontos fixados em lei, em base igual à estabelecida para os servidores públicos, para fins previdenciários.[3]

Art. 32: 1. v. arts. 61 a 64.

Art. 32: 2. v. CF 95-III.

Art. 32: 3. Esta disposição abrange os aposentados (RTJ 109/244 e STF-RDA 159/94).

Capítulo II | DAS PRERROGATIVAS DO MAGISTRADO

Art. 33. São prerrogativas do magistrado:

I — ser ouvido como testemunha em dia, hora e local previamente ajustados com a autoridade ou juiz de instância igual ou inferior;[1]

II — não ser preso senão por ordem escrita do Tribunal ou do Órgão Especial competente para o julgamento, salvo em flagrante de crime inafiançável, caso em que a autoridade fará imediata comunicação e apresentação do magistrado ao Presidente do Tribunal a que esteja vinculado (VETADO);

III — ser recolhido a prisão especial,[2] ou a sala especial de Estado-Maior, por ordem e à disposição do Tribunal ou do Órgão Especial competente, quando sujeito a prisão antes do julgamento final;

IV — não estar sujeito a notificação ou a intimação para comparecimento, salvo se expedida por autoridade judicial;

V — portar arma de defesa pessoal.

Parágrafo único. Quando, no curso de investigação, houver indício da prática de crime por parte do magistrado, a autoridade policial, civil ou militar, remeterá os respectivos autos ao Tribunal ou Órgão Especial competente para o julgamento, a fim de que prossiga na investigação.

Art. 33: 1. v. CPC 454-III e X.

Art. 33: 2. v. CPP 295-VII.

Art. 34. Os membros do Supremo Tribunal Federal, do Tribunal Federal de Recursos, do Superior Tribunal Militar, do Tribunal Superior Eleitoral e do Tribunal Superior do Trabalho têm o título de Ministro; os dos Tribunais de Justiça, o de desembargador; sendo o de juiz, privativo dos integrantes dos outros Tribunais e da magistratura de primeira instância.

Título III | DA DISCIPLINA JUDICIÁRIA[1]

Capítulo I | DOS DEVERES DO MAGISTRADO

TÍT. III: 1. **Res. 30, de 7.3.07, do Pres. do Conselho Nacional de Justiça** — Dispõe sobre a uniformização de normas relativas ao procedimento administrativo disciplinar aplicável aos magistrados (DJU 13.3.07, p. 129).

Art. 35. São deveres do magistrado:

I — cumprir e fazer cumprir, com independência, serenidade e exatidão, as disposições legais e os atos de ofício;

II — não exceder injustificadamente os prazos para sentenciar ou despachar;[1]

III — determinar as providências necessárias para que os atos processuais se realizem nos prazos legais;[2]

IV — tratar com urbanidade as partes,[3] os membros do Ministério Público, os advogados, as testemunhas, os funcionários e auxiliares da Justiça, e atender aos que o procurarem, a qualquer momento, quando se trate de providência que reclame e possibilite solução de urgência;

V — residir na sede da comarca,[4] salvo autorização do órgão disciplinar a que estiver subordinado;

VI — comparecer pontualmente à hora de iniciar-se o expediente ou a sessão; e não se ausentar injustificadamente antes de seu término;

VII — exercer assídua fiscalização sobre os subordinados, especialmente no que se refere à cobrança de custas e emolumentos, embora não haja reclamação das partes;

VIII — manter conduta irrepreensível na vida pública e particular.[5]

Art. 35: 1. v. arts. 39, 43, 44.

Prazos para o juiz: 5 dias para despacho de expediente (CPC 226-I); 10 dias para decisões interlocutórias (CPC 226-II); 30 dias para sentenças (CPC 226-III e 366). V. tb. CPC 235.

Art. 35: 2. v. CPC 233.

Art. 35: 3. v. art. 41.

Art. 35: 4. v. CF 93-VII.

Art. 35: 5. v. art. 44.

Art. 36. É vedado ao magistrado:[1]

I — exercer o comércio ou participar de sociedade comercial, inclusive de economia mista, exceto como acionista ou cotista;

II — exercer cargo de direção ou técnico de sociedade civil, associação ou fundação, de qualquer natureza ou finalidade, salvo de associação de classe, e sem remuneração;

III — manifestar, por qualquer meio de comunicação, opinião sobre processo pendente de julgamento, seu[2] ou de outrem, ou juízo depreciativo sobre despachos, votos ou sentenças, de órgãos judiciais, ressalvada a crítica nos autos e em obras técnicas ou no exercício do magistério.

Parágrafo único. (VETADO)

Art. 36: 1. Outras proibições, quanto a fatos mais graves: art. 26-II.

Art. 36: 2. Não induz suspeição a entrevista de magistrado a órgão de imprensa, na qual ele simplesmente faz remissão ao seu voto em julgamento já encerrado (JTJ 376/1.259: ExSusp 26473-09.2012.8.26.0000).

Art. 37. Os tribunais farão publicar, mensalmente, no órgão oficial, dados estatísticos sobre seus trabalhos no mês anterior, entre os quais: o número de votos que cada um de seus membros, nominalmente indicado, proferiu como relator e revisor; o número de feitos que lhe foram distribuídos no mesmo período; o número de processos que recebeu em consequência de pedido de vista ou como revisor; a relação dos feitos que lhe foram conclusos para voto, despacho e lavratura de acórdão, ainda não devolvidos, embora decorridos os prazos legais, com as datas das respectivas conclusões.

Parágrafo único. Compete ao Presidente do Tribunal velar pela regularidade e pela exatidão das publicações.

Art. 38. Sempre que, encerrada a sessão, restarem em pauta[1] ou em mesa mais de vinte feitos sem julgamento, o Presidente fará realizar uma ou mais sessões extraordinárias, destinadas ao julgamento daqueles processos.

Art. 38: 1. s/ organização da pauta, v. art. 120.

Art. 39. Os juízes remeterão, até o dia dez de cada mês, ao órgão corregedor competente da segunda instância, informação a respeito dos feitos em seu poder, cujos prazos para despacho ou decisão hajam sido excedidos, bem como indicação do número de sentenças proferidas no mês anterior.

Capítulo II | DAS PENALIDADES

Art. 40. A atividade censória[1] de Tribunais e Conselhos é exercida com o resguardo devido à dignidade e à independência do magistrado.[2]

✎ **Art. 40: 1.** "Ampla defesa e adequada instrução probatória em processo disciplinar instaurado contra magistrado", por Cândido Alfredo Silva Leal Júnior (RDA 232/307, Ajuris 90/29).

Art. 40: 2. e em segredo de justiça (arts. 27 §§ 2º, 6º e 7º, 40, 43 a 45, 54, 55).

Art. 41. Salvo os casos de impropriedade ou excesso de linguagem,[1] o magistrado não pode ser punido ou prejudicado pelas opiniões que manifestar ou pelo teor das decisões que proferir.

Art. 41: 1. e o do art. 36-III.

Art. 42. São penas disciplinares:[1-1a]

I — advertência;[2]

II — censura;[3]

III — remoção compulsória;[4]

IV — disponibilidade com vencimentos proporcionais ao tempo de serviço;[5]

V — aposentadoria compulsória com vencimentos proporcionais ao tempo de serviço;[6]

VI — demissão.[7]

Parágrafo único. As penas de advertência e de censura somente são aplicáveis aos juízes de primeira instância.

Art. 42: 1. v. art. 118 § 2º.

Art. 42: 1a. "A questão da **prescrição** das penalidades cometidas por magistrado, sem dúvida, por estar diretamente ligada ao exercício do cargo, é matéria a ser tratada no Estatuto da Magistratura. Entretanto, por ser a atual legislação vigente omissa quanto a esse aspecto, e sendo necessário o tratamento uniforme da matéria, é aplicável subsidiariamente o Estatuto dos Servidores Públicos Civis da União, ainda que se trate de juiz estadual" (STJ-5ª T., REsp 13.439, Min. Felix Fischer, j. 2.3.04, DJU 29.3.04). No mesmo sentido: STJ-6ª T., RMS 17.775, Min. Hamilton Carvalhido, j. 5.8.04, DJU 29.11.04.

Art. 42: 2. v. § ún., bem como arts. 43 e 48.

Art. 42: 3. v. § ún., bem como arts. 44 e 48.

Art. 42: 4. v. arts. 45 e 46.

Art. 42: 5. v. arts. 28, 45-II, 46, 50, 57, 58, 106 § 2º; s/ aproveitamento, v. art. 57 § 4º.

Art. 42: 6. v. arts. 28, 50, 58.

Art. 42: 7. v. arts. 26, 27, 47 e 24 (juiz de investidura temporária).

Art. 43. A pena de advertência aplicar-se-á reservadamente, por escrito, no caso de negligência[1] no cumprimento dos deveres do cargo.

Art. 43: 1. v. tb. art. 44.

Art. 44. A pena de censura será aplicada reservadamente, por escrito, no caso de reiterada negligência no cumprimento dos deveres do cargo, ou no de procedimento incorreto, se a infração não justificar punição mais grave.[1]

Parágrafo único. O juiz punido com a pena de censura não poderá figurar em lista de promoção por merecimento pelo prazo de um ano, contado da imposição da pena.

Art. 44: 1. v. art. 35-VIII.

Art. 45. O Tribunal ou seu Órgão Especial poderá determinar, por motivo de interesse público, em escrutínio secreto e pelo voto de dois terços de seus membros efetivos:[1]

I — a remoção de juiz de instância inferior;[2]

II — a disponibilidade[3] de membro do próprio Tribunal ou de juiz de instância inferior, com vencimentos proporcionais ao tempo de serviço.

Parágrafo único. ....[4]

Art. 45: 1. s/ aproveitamento do magistrado, v. art. 57 § 4º.

Art. 45: 2. v. CF 93-VIII.

Art. 45: 3. v. art. 42-IV.

Art. 45: 4. O § ún. do art. 45 da LOM era deste teor:

"Na determinação do *quorum* de decisão, aplicar-se-á o disposto no parágrafo único do art. 24".

A execução desse § foi, por motivo de inconstitucionalidade, **suspensa** pela **Res. 12, de 26.3.90, do Senado Federal** (Lex 1990/495), com fundamento em acórdão do STF que pode ser lido em RTJ 118/236 e RDA 164/263.

Art. 46. O procedimento para a decretação da remoção ou disponibilidade de magistrado obedecerá ao prescrito no art. 27 desta lei.

Art. 47. A pena de demissão será aplicada:

I — aos magistrados vitalícios, nos casos previstos no art. 26, I e II;

II — aos juízes nomeados mediante concurso de provas e títulos, enquanto não adquirirem a vitaliciedade, e aos juízes togados temporários, em caso de falta grave,[1] inclusive nas hipóteses previstas no art. 56.[2]

Art. 47: 1. v. art. 24.

Art. 47: 2. e nas do art. 47-I.

Art. 48. Os regimentos internos dos Tribunais estabelecerão o procedimento para a apuração de faltas puníveis com advertência ou censura.

Capítulo III | DA RESPONSABILIDADE CIVIL DO MAGISTRADO

Art. 49. Responderá por perdas e danos o magistrado, quando:[1]

I — no exercício de suas funções, proceder com dolo ou fraude;

II — recusar, omitir ou retardar, sem justo motivo, providência que deva ordenar de ofício, ou a requerimento das partes.

Parágrafo único. Reputar-se-ão verificadas as hipóteses previstas no inciso II somente depois que a parte, por intermédio do escrivão, requerer ao magistrado que determine a providência, e este não lhe atender o pedido dentro de dez dias.

Art. 49: 1. v. CPC 143.

Capítulo IV | DO CONSELHO NACIONAL DA MAGISTRATURA[1]

CAP. IV: 1. v. art. 1º, nota 3.

Título IV | DOS VENCIMENTOS, VANTAGENS E DIREITOS DOS MAGISTRADOS

Capítulo I | DOS VENCIMENTOS E VANTAGENS PECUNIÁRIAS

Capítulo II | DAS FÉRIAS

Art. 66. Os magistrados terão direito a férias anuais, por sessenta dias, coletivas ou individuais.

§ 1º Os membros dos Tribunais, salvo os dos Tribunais Regionais do Trabalho, que terão férias individuais, gozarão de férias coletivas, nos períodos de 2 a 31 de janeiro e de 2 a 31 de julho. Os juízes de primeiro grau gozarão de férias coletivas ou individuais, conforme dispuser a lei.[1-2]

§ 2º Os Tribunais iniciarão e encerrarão seus trabalhos, respectivamente, nos primeiro e último dias úteis de cada período, com a realização de sessão.

Art. 66: 1. v. CPC 214, 215 e 220, bem como respectivas notas. No STJ, v. RISTJ 81-*caput*; no STF, v. RISTF 78-*caput*.

Art. 66: 2. CF 93: "**XII** — a atividade jurisdicional será ininterrupta, sendo vedado férias coletivas nos juízos e tribunais de 2º grau, funcionando, nos dias em que não houver expediente forense normal, juízes em plantão permanente".

Art. 67. Se a necessidade do serviço judiciário lhes exigir a contínua presença nos Tribunais, gozarão de trinta dias consecutivos de férias individuais, por semestre:

I — os Presidentes e Vice-Presidentes dos Tribunais;

II — os corregedores;

III — os juízes das Turmas ou Câmaras de férias.

§ 1º As férias individuais não podem fracionar-se em períodos inferiores a trinta dias, e somente podem acumular-se, por imperiosa necessidade do serviço e pelo máximo de dois meses.

§ 2º É vedado o afastamento do Tribunal ou de qualquer de seus órgãos judicantes, em gozo de férias individuais, no mesmo período, de juízes em número que possa comprometer o *quorum* de julgamento.

§ 3º As Turmas ou Câmaras de férias terão a composição e competência estabelecidas no regimento interno do Tribunal.

Art. 68. Durante as férias coletivas, nos Tribunais em que não houver Turma ou Câmara de férias, poderá o Presidente, ou seu substituto legal, decidir de pedidos de liminar em mandado de segurança, determinar liberdade provisória ou sustação de ordem de prisão, e demais medidas que reclamem urgência.

Arts. 69 a 94. .... [1]

Arts. 69 a 94: 1. Dispõem sobre: licenças (arts. 69 a 71), concessões (arts. 72 e 73), aposentadoria (arts. 74 a 77), ingresso na magistratura (arts. 78 e 79), promoção, remoção e acesso (arts. 80 a 88), Tribunal Federal de Recursos (arts. 89 e 90), Justiça do Trabalho (arts. 91 a 94).

Título VIII | DA JUSTIÇA DOS ESTADOS

Capítulo I | DA ORGANIZAÇÃO JUDICIÁRIA

Art. 95. Os Estados[1] organizarão a sua Justiça com observância do disposto na Constituição Federal e na presente lei.[2]

Art. 95: 1. v. art. 132.

Art. 95: 2. v. arts. 139 e 140 (disposições transitórias).

Art. 96. Para a administração da Justiça, a lei dividirá o território do Estado em comarcas, podendo agrupá-las em circunscrição e dividi-las em distritos.[1]

Art. 96: 1. cf. Lei 5.621, de 4.11.70, art. 5º-*caput*.

Art. 97. Para a criação, extinção e classificação de comarcas, a legislação estadual estabelecerá critérios uniformes, levando em conta:[1]

I — a extensão territorial;

II — o número de habitantes;

III — o número de eleitores;

IV — a receita tributária;

V — o movimento forense.

§ 1º Os critérios a serem fixados, conforme previsto no *caput* deste artigo, deverão orientar, conforme índices também estabelecidos em lei estadual, o desdobramento de juízos ou a criação de novas varas, nas comarcas de maior importância.

§ 2º Os índices mínimos estabelecidos em lei poderão ser dispensados, para efeito do disposto no *caput* deste artigo, em relação a município com precários meios de comunicação.

Art. 97: 1. cf. Lei 5.621, de 4.11.70, art. 5º § ún.

Art. 98. Quando o regular exercício das funções do Poder Judiciário for impedido por falta de recursos decorrentes de injustificada redução de sua proposta orçamentária, ou pela não satisfação oportuna das dotações que lhe correspondem, caberá ao Tribunal de Justiça, pela maioria absoluta de seus membros, solicitar ao Supremo Tribunal Federal a intervenção da União no Estado.

Magistratura

Capítulo II | DOS TRIBUNAIS DE JUSTIÇA

Art. 99. Compõem o Órgão Especial[1] a que se refere o parágrafo único do art. 16 o Presidente, o Vice-Presidente do Tribunal de Justiça[2] e o Corregedor da Justiça, que exercerão nele iguais funções, os desembargadores de maior antiguidade no cargo,[3] respeitada a representação de advogados e membros do Ministério Público, e inadmitida a recusa do encargo.

§ 1º Na composição do Órgão Especial observar-se-á, tanto quanto possível, a representação, em número paritário, de todas as Câmaras, Turmas ou Seções especializadas.

§ 2º Os desembargadores não integrantes do Órgão Especial, observada a ordem decrescente de antiguidade, poderão ser convocados pelo Presidente para substituir os que o componham, nos casos de afastamento ou impedimento.

Art. 99: 1. v. CF 93-XI; LOM 16 § ún., 17 § 4º, 22 § 1º, 24-*caput* e § ún., 27 e §§, 29, 33-II, III e § ún., 45-*caput*, 76-I e VI, 80 § 1º-III e IV, 81 § 2º, 100 § 1º, 101 § 4º, 106-*caput*.

Art. 99: 2. s/ Tribunal de Justiça, v. arts. 16, 21, 66 a 68, 87 a 88.

Art. 99: 3. Não é inconstitucional o desempate, em caso de igual antiguidade no cargo, pelo critério da idade (RTJ 109/1.128).

Art. 100. Na composição de qualquer Tribunal, um quinto dos lugares será preenchido por advogados, em efetivo exercício da profissão, e membros do Ministério Público, todos de notório merecimento e idoneidade moral, com dez anos, pelo menos, de prática forense.[1]

§ 1º Os lugares reservados a membros do Ministério Público ou advogados serão preenchidos, respectivamente, por membros do Ministério Público ou por advogados, indicados em lista tríplice pelo Tribunal de Justiça ou seu Órgão Especial.

§ 2º Nos Tribunais em que for ímpar o número de vagas destinadas ao quinto constitucional, uma delas será, alternada e sucessivamente, preenchida por advogado e por membro do Ministério Público, de tal forma que, também sucessiva e alternadamente, os representantes de uma dessas classes superem os da outra em uma unidade.[1a-2]

§ 3º Nos Estados em que houver Tribunal de Alçada,[2a] constitui este, para efeito de acesso[3] ao Tribunal de Justiça, a mais alta entrância da magistratura estadual.

§ 4º Os juízes que integrem os Tribunais de Alçada somente concorrerão às vagas no Tribunal de Justiça correspondente[4] à classe dos magistrados.[5]

§ 5º Não se consideram membros do Ministério Público, para preenchimento de vagas nos Tribunais, os juristas estranhos à carreira, nomeados em comissão para o cargo de Procurador-Geral ou outro de chefia.

Art. 100: 1. v. CF 94.

Art. 100: 1a. v. STF-Pleno: RDA 167/169 e 234/339.

Art. 100: 2. "O conceito de alternância, do art. 100, § 2º, da Lei Complementar n. 35/79 (Lei Orgânica da Magistratura Nacional), deve ser entendido em relação ao ingresso pretérito nas vagas alocadas ao quinto constitucional e, assim, a apreciação não deve se ater ao tempo de ocupação de vaga fracionária anteriormente, tendo em vista que este está cingido a um setor da vida funcional dos agentes públicos, sobre a qual não há controle pela Administração, como a aposentadoria facultativa ou mesmo a exoneração. Tendo sido a vaga anterior, reservada ao quinto constitucional, atribuída a egresso da advocacia, após a devida atenção à paridade, deve ser a vaga posterior alocada ao Ministério Público, no caso concreto" (STJ-2ª T., RMS 38.925, Min. Humberto Martins, j. 2.5.13, maioria, DJ 3.6.13).

Art. 100: 2a. Os Tribunais de Alçada foram extintos pela Em. Const. 45, de 8.12.04, art. 4º.

Art. 100: 3. v. CF 93-III.

Art. 100: 4. *sic*; deve ser: "correspondentes".

Art. 100: 5. v. art. 143 (disposição transitória).

Art. 101. Os Tribunais compor-se-ão de Câmaras ou Turmas, especializadas ou agrupadas em Seções especializadas. A composição e competência das Câmaras ou Turmas serão fixadas na lei e no regimento interno.

§ 1º Salvo nos casos de embargos infringentes ou de divergência, do julgamento das Câmaras ou Turmas participarão apenas três dos seus membros, se maior o número de composição de umas ou outras.

§ 2º As Seções especializadas serão integradas, conforme disposto no regimento interno, pelas Turmas ou Câmaras da respectiva área de especialização.

§ 3º A cada uma das Seções caberá processar e julgar:

a) os embargos infringentes ou de divergência[1] das decisões das Turmas da respectiva área de especialização;

b) os conflitos de jurisdição relativamente às matérias das respectivas áreas de especialização;

c) a uniformização da jurisprudência, quando ocorrer divergência na interpretação do direito entre as Turmas que a integram;

d) os mandados de segurança contra ato de juiz de direito;

e) as revisões criminais e as ações rescisórias dos julgamentos de primeiro grau, da própria Seção ou das respectivas Turmas.

§ 4º Cada Câmara, Turma ou Seção especializada funcionará como Tribunal distinto das demais, cabendo ao Tribunal Pleno, ou ao seu Órgão Especial, onde houver, o julgamento dos feitos que, por lei, excedam a competência de Seção.

Art. 101: 1. A **LOM "não criou ou regulamentou esse recurso.** Limitou-se a definir a competência para julgá-lo (...). Não cabe às leis de organização judiciária estaduais e tampouco à norma regimental criar recurso, quando a competência exclusiva para legislar sobre o tema é da União" (2º TASP-Bol. AASP 1.202/264). No mesmo sentido: RSTJ 143/239 (à p. 244), RT 552/161, em., 553/185, em., 563/72, 563/84, 564/152, 565/97, em., 599/73, RJTJESP 74/281, 93/343, 93/349, 95/372, JTA 74/202, TJRJ-RP 33/280.

Pela inadmissibilidade dos embargos de divergência no âmbito de Tribunal de Justiça, à falta de lei federal que os discipline: RJTJESP 78/325-TJSP-Órgão Especial, 10 votos vencidos. O mesmo acórdão pode ser lido em RP 26/268.

O STF, pelas suas duas Turmas e por votação unânime (1ª T.: RTJ 105/1.122 e Bol. AASP 1.394/295; 2ª T.: RTJ 119/198), decidiu que "o recurso em causa foi previsto, porém não instituído. A Lei Orgânica da Magistratura cingiu-se a estabelecer regras para o seu julgamento, não criando o recurso" (RTJ 119/203). Nesses dois casos, nem o regimento interno do tribunal nem a lei estadual previam os embargos de divergência. V., a propósito, STF-RT 577/284 (RE 97.691).

Finalmente: "Inexistindo norma federal instituidora do recurso de embargos de divergência, a sua criação através de lei estadual é inconstitucional" (RT 694/163).

S/ embargos de divergência, v. CPC 1.043 e 1.044.

Art. 102. Os Tribunais, pela maioria dos seus membros efetivos,[1] por votação secreta, elegerão dentre seus juízes mais antigos,[2] em número correspondente ao dos cargos de direção,[3] os titulares destes, com mandato por dois anos,[4] proibida a reeleição. Quem tiver exercido quaisquer cargos de direção por quatro anos,[5] ou o de Presidente, não figurará mais entre os elegíveis, até que se esgotem todos os nomes, na ordem

Magistratura

de antiguidade. É obrigatória a aceitação do cargo, salvo recusa manifestada e aceita antes da eleição.[6]

Parágrafo único. O disposto neste artigo não se aplica ao juiz eleito, para completar período de mandato inferior a um ano.

Art. 102: 1. ou pelo Órgão Especial (STF-Pleno: RTJ 103/43, com 2 votos vencidos e 1 impedido).

Art. 102: 2. "A escolha dos órgãos diretivos compete privativamente ao próprio tribunal, nos termos do artigo 96, I, 'a', e artigo 99, da Carta Magna, em homenagem à autonomia administrativa. Matéria sujeita à disciplina por normas regimentais, **não recepcionado** o artigo 102, da Lei Orgânica da Magistratura Nacional, **na parte em que restringe aos Juízes mais antigos** o universo daqueles aptos a concorrer aos cargos de direção" (STF-Pleno, ADI 3.976, Min. Edson Fachin, j. 25.6.20, DJ 21.9.20).

Art. 102: 3. i. e., Presidente, Vice-Presidentes (se houver mais de um; cf. art. 103 § 1º) e Corregedores (um ou dois; cf. art. 103 § 2º).

"Há reserva constitucional para o domínio de lei complementar no que concerne ao processo eleitoral nos tribunais, estando a caracterização dos *loci* diretivos, para fins de elegibilidade, adstrita aos três cargos, dispostos em *numerus clausus*, no art. 99 da LOMAN. Não se encarta no poder nomogenético dos tribunais dispor além do que prescrito no art. 102 da LOMAN, no que se conecta aos requisitos de elegibilidade. A departição de funções, nomes jurídicos ou atribuições, nos regimentos internos dos tribunais, não pode ser excogitada como critério diferenciador razoável e susceptível de quebra da isonomia entre os postulantes de cargo diretivo" (STF-Pleno, MS 28.447, Min. Dias Toffoli, j. 25.8.11, maioria, DJ 23.11.11).

Art. 102: 4. v. art. 123 (disposição transitória).

Art. 102: 5. A expressão "por quatro anos" deve ser entendida como "'por dois mandatos'. Assim, o exercício de dois mandatos em cargo de direção no tribunal torna o desembargador inelegível, salvo se não houver outros desembargadores elegíveis ou que aceitem o cargo" (STF-Pleno, MS 27.593, Min. Ricardo Lewandowski, j. 1.7.10, DJ 8.10.10).

Art. 102: 6. O art. 102 e seu § ún. aplicam-se à Justiça do Trabalho (v. art. 94).

Art. 103. O Presidente e o Corregedor da Justiça não integrarão as Câmaras ou Turmas.[1] A lei estadual poderá estender a mesma proibição também aos Vice-Presidentes.[2]

§ 1º Nos Tribunais com mais de trinta desembargadores a lei de organização judiciária poderá prever a existência de mais de um vice-presidente, com as funções que a lei e o regimento interno determinarem, observado quanto a eles, inclusive, o disposto no *caput* deste artigo.

§ 2º Nos Estados com mais de cem comarcas e duzentas varas, poderá haver até dois Corregedores, com as funções que a lei e o regimento interno determinarem.

Art. 103: 1. "A proibição de integrar Câmara ou Turmas, contida no art. 103 da LOM, dirige-se ao titular do cargo de Presidente do Tribunal e não ao Desembargador que o substituía temporariamente, enquanto o primeiro ocupava, também em substituição, a chefia do Poder Executivo" (STF-Pleno: RTJ 121/562, v.u.).

Art. 103: 2. v. art. 125.

Art. 104. Haverá nos Tribunais de Justiça um Conselho de Magistratura, com função disciplinar,[1] do qual serão membros natos o Presidente, o Vice-Presidente e o Corregedor, não devendo, tanto quanto possível, seus demais integrantes ser escolhidos dentre os outros do respectivo Órgão Especial,[2] onde houver. A composição, a competência e o funcionamento desse Conselho, que terá como órgão superior o Tribunal Pleno ou o Órgão Especial, serão estabelecidos no regimento interno.

Art. 104: 1. v. art. 127.

Art. 104: 2. v. art. 99 (composição do Órgão Especial).

Art. 105. A lei estabelecerá o número mínimo de comarcas a serem visitadas, anualmente, pelo Corregedor, em correição geral ordinária, sem prejuízo das correições extraordinárias, gerais ou parciais, que entenda fazer, ou haja de realizar por determinação do Conselho da Magistratura.

Art. 106. Dependerá de proposta do Tribunal de Justiça, ou de seu Órgão Especial, a alteração numérica dos membros do próprio Tribunal ou dos Tribunais inferiores de segunda instância e dos juízes de direito de primeira instância.[1]

§ 1º Somente será majorado o número de membros do Tribunal se o total de processos distribuídos e julgados, durante o ano anterior, superar o índice de trezentos feitos por juiz.[2]

§ 2º Se o total de processos judiciais distribuídos no Tribunal de Justiça, durante o ano anterior, superar o índice de seiscentos feitos por juiz e não for proposto o aumento de número de desembargadores, o acúmulo de serviços não excluirá a aplicação das sanções previstas nos arts. 56 e 57 desta lei.

§ 3º Para efeito do cálculo a que se referem os parágrafos anteriores, não serão computados os membros do Tribunal que, pelo exercício de cargos de direção, não integrarem as Câmaras, Turmas ou Seções, ou que, integrando-as, nelas não servirem como relator ou revisor.

§ 4º Elevado o número de membros do Tribunal de Justiça ou o dos Tribunais inferiores de segunda instância, ou neles ocorrendo vaga, serão previamente aproveitados os em disponibilidade,[3] salvo o disposto no § 2º do art. 202 da Constituição Federal e no § 1º do art. 57[4] desta lei, nas vagas reservadas aos magistrados.

§ 5º No caso do parágrafo anterior, havendo mais de um concorrente à mesma vaga, terá preferência o de maior tempo de disponibilidade, e, sendo este o mesmo, o de maior antiguidade, sucessivamente, na substituição e no cargo.

Art. 106: 1. v. CF 96-II-*a*, *b* e *c*.

Art. 106: 2. v. arts. 108-II; 136 e 137 (disposições transitórias).

Art. 106: 3. v. art. 140 (disposição transitória).

Art. 106: 4. tb. no § 4º do art. 57.

Art. 107. É vedada a convocação ou designação de juiz para exercer cargo ou função nos Tribunais, ressalvada a substituição ocasional de seus integrantes (art. 118).[1-2]

Art. 107: 1. "O julgamento de recursos por juízes de primeira instância e o art. 107 da Loman: nulidade absoluta por ofensa ao princípio do juiz natural", por Eduardo Henrique de Oliveira Yoshikawa (RDDP 63/29).

Art. 107: 2. v. art. 140 (disposição transitória).

Capítulo III | DOS TRIBUNAIS DE ALÇADA[1]

CAP. III: 1. Os Tribunais de Alçada foram extintos pela Em. Const. 45, de 8.12.04, art. 4º.

Capítulo IV | DA JUSTIÇA DE PAZ

Art. 112. A Justiça de Paz temporária,[1] criada por lei, mediante proposta do Tribunal de Justiça, tem competência somente para o processo de habilitação e a celebração do casamento.[2]

§ 1º O juiz de paz será nomeado pelo Governador, mediante escolha em lista tríplice, organizada pelo Presidente do Tribunal de Justiça, ouvido o juiz de direito da comarca, e composta de eleitores residentes no distrito, não pertencentes a órgão de direção ou de ação de partido político. Os demais nomes constantes da lista tríplice serão nomeados primeiro e segundo suplentes.

§ 2º O exercício efetivo da função de juiz de paz constitui serviço público relevante e assegurará prisão especial, em caso de crime comum, até definitivo julgamento.

§ 3º Nos casos de falta, ausência ou impedimento do juiz de paz e de seus suplentes, caberá ao juiz de direito da comarca a nomeação de juiz de paz *ad hoc*.

Art. 112: 1. v. art. 17 § 5º.

Art. 112: 2. v. CF 98-II.

Art. 113. A impugnação à regularidade do processo de habilitação matrimonial e a contestação a impedimento oposto serão decididas pelo juiz de direito.[1]

Art. 113: 1. v. LRP 67 a 69.

Título IX | DA SUBSTITUIÇÃO NOS TRIBUNAIS

Art. 114. O Presidente do Tribunal é substituído pelo Vice-Presidente, e este e o Corregedor, pelos demais membros, na ordem decrescente de antiguidade.

Art. 115. ....[1]

Art. 115: 1. Revogado pela LC 54, de 22.12.86.

Art. 116. Quando o afastamento for por período igual ou superior a três dias, serão redistribuídos, mediante oportuna compensação, os *habeas corpus*, os mandados de segurança e os feitos que, consoante fundada alegação do interessado, reclamem solução urgente. Em caso de vaga, ressalvados esses processos, os demais serão atribuídos ao nomeado para preenchê-la.

Art. 117. Para compor o *quorum* de julgamento,[1] o magistrado, nos casos de ausência ou impedimento eventual,[2] será substituído por outro da mesma Câmara ou Turma, na ordem de antiguidade,[3] ou, se impossível, de outra, de preferência da mesma Seção especializada, na forma prevista no regimento interno. Na ausência de critérios objetivos, a convocação far-se-á mediante sorteio público, realizado pelo Presidente da Câmara, Turma ou Seção especializada.

Art. 117: 1. v. art. 67 § 2º.

Art. 117: 2. v. art. 71 § ún.

Art. 117: 3. v. arts. 107 e, especialmente, 118-*caput* (nova redação), que altera o disposto no art. 117.

Art. 118. Em caso de vaga ou afastamento, por prazo superior a 30 (trinta) dias, de membro dos Tribunais Superiores, dos Tribunais Regionais, dos Tribunais de Justiça e dos Tribunais de Alçada, (VETADO) poderão ser convocados juízes, em substituição (VETADO) escolhidos (VETADO) por decisão da maioria absoluta do Tribunal respectivo, ou, se houver, de seu Órgão Especial.[1 a 2a]

§ 1º A convocação far-se-á mediante sorteio público[3] dentre:

I — os juízes federais, para o Tribunal Federal de Recursos;

II — o corregedor e juízes auditores, para a substituição de Ministro togado do Superior Tribunal Militar;

III — os juízes da comarca da Capital, para os Tribunais de Justiça dos Estados onde não houver Tribunal de Alçada[3a] e, onde houver, dentre os membros deste, para os Tribunais de Justiça, e dentre os juízes da comarca da sede do Tribunal de Alçada, para o mesmo;

IV — os juízes de direito do Distrito Federal, para o Tribunal de Justiça do Distrito Federal e dos Territórios;

V — os juízes Presidentes de Junta de Conciliação e Julgamento da sede da Região, para os Tribunais Regionais do Trabalho.[4]

§ 2º Não poderão ser convocados juízes punidos com as penas previstas no art. 42, I, II, III e IV, nem os que estejam respondendo ao procedimento previsto no art. 27.

§ 3º A convocação de Juiz de Tribunal do Trabalho, para substituir Ministro do Tribunal Superior do Trabalho, obedecerá ao disposto neste artigo.

§ 4º Em nenhuma hipótese, salvo vacância do cargo, haverá redistribuição de processos aos juízes convocados.[5]

Art. 118: 1. Redação do *caput* de acordo com o disposto na LC 54, de 22.12.86.

Art. 118: 2. v. art. 107; o art. 118 aplica-se à Justiça do Trabalho (v. art. 93-*caput*).

Art. 118: 2a. "Inexiste nulidade no fato de o julgamento de recurso especial se dar por Turma composta majoritariamente por Desembargadores convocados para substituição, nos termos dos arts. 118 da LOMAN e 56 do RISTJ, visto que assumem o cargo do Ministro afastado, investindo-se plenamente dos poderes a ele inerentes" (STJ-3ª T., REsp 1.087.783-EDcl, Min. Nancy Andrighi, j. 11.10.11, DJ 26.10.11).

Art. 118: 3. A cláusula "mediante sorteio público" foi implicitamente revogada pela redação dada ao *caput* do art. 118 pela LC 54, de 22.12.86 (RTJ 142/832, ementa 2; RSTJ 48/194, p. 197).

Art. 118: 3a. Os Tribunais de Alçada foram extintos pela Em. Const. 45, de 8.12.04, art. 4º.

Art. 118: 4. No mesmo sentido: art. 93 § ún.

Art. 118: 5. O § 4º foi acrescentado pela LC 54, de 22.12.86.

Art. 119. A redistribuição de feitos, a substituição nos casos de ausência ou impedimento eventual e a convocação para completar *quorum* de julgamento não autorizam a concessão de qualquer vantagem, salvo diárias e transporte, se for o caso.

Título X | DISPOSIÇÕES FINAIS E TRANSITÓRIAS

Art. 120. Os regimentos internos dos Tribunais disporão sobre a devolução e julgamento dos feitos, no sentido de que, ressalvadas as preferências legais,[1] se obedeça, tanto quanto possível, na organização das pautas,[2] a igualdade numérica entre os processos em que o juiz funcione como relator e revisor.

Art. 120: 1. v., p. ex., LMS 20.

Art. 120: 2. s/ sessão extraordinária, v. art. 38.

Art. 121. Nos julgamentos, o pedido de vista não impede votem os juízes que se tenham por habilitados a fazê-lo, e o juiz que o formular restituirá os autos ao Presidente dentro em dez dias, no máximo, contados do dia do pedido, devendo prosseguir o julgamento do feito na primeira sessão subsequente a este prazo.

Art. 122. Os Presidentes e Vice-Presidentes de Tribunal, assim como os Corregedores, não poderão participar de Tribunal Eleitoral.

Art. 123. Poderão ter seus mandatos prorrogados, por igual período, o Presidente, o Vice-Presidente e o Corregedor que, por força de disposição regimental, estejam, na data da publicação desta lei, cumprindo mandato de um ano.

Art. 124. O magistrado que for convocado para substituir, em primeira ou segunda instância, perceberá a diferença de vencimentos correspondentes ao cargo que passa a exercer, inclusive diárias e transporte, se for o caso.[1-2]

Art. 124: 1. Redação de acordo com a LC 54, de 22.12.86.

Art. 124: 2. A disposição só se refere ao juiz efetivo; não se aplica, obviamente, ao titular do cargo de juiz substituto, porque sua função é substituir (STF-RT 612/237).

Art. 125. O Presidente do Tribunal, de comum acordo com o Vice-Presidente, poderá delegar-lhe atribuições.

Art. 126. O Conselho da Justiça Federal[1] compõe-se do Presidente e do Vice-Presidente do Tribunal Federal de Recursos, e de mais três Ministros eleitos pelo Tribunal, com mandato de dois anos.

Parágrafo único. O Tribunal Federal de Recursos, ao eleger os três Ministros que integrarão o Conselho, indicará, dentre eles, o Corregedor-Geral, bem como elegerá os respectivos suplentes.

Art. 126: 1. v. CF 105 § ún.; Lei 11.798, de 29.10.08.

Art. 127. Nas Justiças da União, dos Estados e do Distrito Federal e dos Territórios, poderão existir outros órgãos com funções disciplinares e de correição,[1] nos termos da lei, ressalvadas as competências dos previstos nesta.

Art. 127: 1. além do Conselho da Justiça Federal, do Conselho da Magistratura, do Órgão Especial e do Corregedor.

Art. 128. Nos Tribunais, não poderão ter assento na mesma Turma, Câmara ou Seção, cônjuges e parentes consanguíneos ou afins em linha reta, bem como em linha colateral até o terceiro grau.

Parágrafo único. Nas sessões do Tribunal Pleno ou órgão que o substituir, onde houver, o primeiro dos membros mutuamente impedidos, que votar, excluirá a participação do outro no julgamento.

Art. 129. O magistrado, pelo exercício em órgão disciplinar ou de correição, nenhuma vantagem pecuniária perceberá, salvo transporte e diária para alimentação e pousada,[1] quando se deslocar de sua sede.

Art. 129: 1. v. art. 65-IV.

Art. 130. ....[1]

Art. 130: 1. Revogado pela LC 37, de 13.11.79.

Art. 131. Ao magistrado que responder a processo disciplinar,[1] findo este, dar-se-á certidão de suas peças, se o requerer.

Art. 131: 1. v. art. 27, nota 4.

Art. 132. Aplicam-se à Justiça do Distrito Federal e dos Territórios, no que couber, as normas referentes à Justiça dos Estados.[1]

Art. 132: 1. v., especialmente, arts. 95 a 113.

Arts. 133 a 140. ....[1]

Arts. 133 a 140: 1. Disposições transitórias.

Art. 141. Independentemente do disposto no § 3º, do art. 100, desta lei, fica assegurado o acesso aos Tribunais de Justiça, pelo critério de antiguidade, de todos os juízes de direito que, à data da promulgação desta lei, integrem a mais elevada entrância, desde que, segundo as disposições estaduais então vigentes, tenham igual ou maior antiguidade do que a daqueles que integram os Tribunais de Alçada, ressalvada a recusa prevista no inciso III, do art. 144, da Constituição Federal.

Art. 142. No Estado do Rio de Janeiro a aplicação do disposto no § 3º do art. 100 não poderá afetar a antiguidade que tiverem, na data da entrada em vigor desta lei, os juízes que atualmente compõem a entrância especial, entre os quais se incluem os juízes que integram os Tribunais de Alçada.

Art. 143. O disposto no § 4º do art. 100 não se aplica às vagas ocorrentes antes da data da entrada em vigor desta lei.

Art. 144. (VETADO)

Parágrafo único. (VETADO)

Art. 145. As gratificações e adicionais atualmente atribuídos a magistrados, não previstos no art. 65, ou excedentes das percentagens e limites nele fixados, ficam extintos e seus valores atuais passam a ser percebidos como vantagem pessoal inalterável no seu *quantum*, a ser absorvida em futuros aumentos ou reajustes de vencimentos.

Parágrafo único. A absorção a que se refere este artigo não se aplica ao excesso decorrente do número de quinquênios e não excederá de vinte por cento em cada aumento ou reajuste de vencimento.

Art. 146. Esta lei entrará em vigor sessenta dias após sua publicação.

Art. 147. Revogam-se as disposições em contrário.

Brasília, em 14 de março de 1979; 158º da Independência e 91º da República — ERNESTO GEISEL — **Armando Falcão.**

Ementário

Mandado de Injunção

Lei 13.300, de 23.6.16 — Disciplina o processo e o julgamento dos mandados de injunção individual e coletivo e dá outras providências (v., adiante, texto integral).

Lei n. 13.300, de 23 de junho de 2016

Disciplina o processo e o julgamento dos mandados de injunção individual e coletivo e dá outras providências.

O VICE-PRESIDENTE DA REPÚBLICA, no exercício do cargo de PRESIDENTE DA REPÚBLICA
Faço saber que o Congresso Nacional decreta e eu sanciono a seguinte Lei:

Art. 1º Esta Lei disciplina o processo e o julgamento[1] dos mandados de injunção individual e coletivo,[2-3] nos termos do inciso LXXI do art. 5º da Constituição Federal.[4]

Art. 1º: 1. s/ competência para julgar mandado de injunção, originariamente ou em recurso, v. CF 102-I-*q*, 102-II-*a*, 105-I-*h*, 121 § 4º-V, bem como respectivas notas.

Art. 1º: 2. s/ mandado de injunção antes da Lei 13.300, de 23.6.16: "Mandado de injunção e ação direta de inconstitucionalidade por omissão: aspectos distintivos", por Luiz Alberto Gurgel de Faria (RF 322/45, RTJE 128/21); "Instrumentos processuais de defesa coletiva", por Milton Flaks (RCDUFU 21/239; s/ mandado de injunção: p. 253); "Destinação e utilidade do mandado de injunção", por Derly Barreto e Silva Filho (RCDUFU 21/395); "Mandado de injunção", por Francisco Wildo Lacerda Dantas (RT 788/727); "O meio ambiente e a efetividade da tutela judicial em sede de mandado de injunção e de outras ações constitucionais", por Elaine Harzheim Macedo (Ajuris 97/69); "Mandado de injunção: efeitos da decisão e âmbito de incidência", por Cláudio Pereira de Souza Neto (IP 43/97); "O novo aproveitamento do mandado de injunção", por Eduardo Ribeiro Moreira (RF 395/627); "Mandado de injunção: duas décadas de vigência de uma garantia constitucional", por Edilson Pereira Nobre Jr. (RT 881/9); "Mandado de injunção e greve no serviço público", por Pedro Roberto Decomain (RDDP 102/119); "Efeitos da decisão no mandado de injunção: perspectivas", por Marcelo Casseb Continentino (RDDP 104/78); "Mandado de injunção: aspectos práticos", por Oscar Valente Cardoso (RDDP 122/111); "O mandado de injunção como instrumento de solução das lacunas legais ('fracas-fortes') no direito brasileiro", por Hermes Zaneti Jr. e Rodrigo Mazzei (RP 234/235).

Art. 1º: 3. s/ mandado de injunção coletivo, v. arts. 12 e 13.

Art. 1º: 4. **CF 5º: "LXXI** — conceder-se-á mandado de injunção sempre que a falta de norma regulamentadora torne inviável o exercício dos direitos e liberdades constitucionais e das prerrogativas inerentes à nacionalidade, à soberania e à cidadania".

Art. 2º Conceder-se-á mandado de injunção sempre que a falta total ou parcial[1-2] de norma regulamentadora torne inviável o exercício dos direitos e liberdades constitucionais e das prerrogativas inerentes à nacionalidade, à soberania e à cidadania.[3 a 4a]

Parágrafo único. Considera-se parcial a regulamentação quando forem insuficientes as normas editadas pelo órgão legislador competente.[5]

Art. 2º: 1. s/ omissão parcial, v. § ún.

Art. 2º: 2. A **omissão inconstitucional total** consiste na inércia em regulamentar norma constitucional inexequível por si mesma. Configura omissão inconstitucional total, por exemplo, a falta de norma regulamentadora da aposentadoria especial do servidor público (CF 40 § 4º). Na **omissão inconstitucional parcial,** por sua vez, o silêncio ilegítimo é rompido mediante edição de regulamentação que — todavia — descumpre o comando constitucional. Assim, suponha-se que eventual lei que viesse a dispor sobre a licença-paternidade (CF 7º-XIX) deixasse de estabelecer algum elemento indispensável (p.ex., a duração da licença) para o exercício do referido direito. Suponha-se, ainda, que tal lei não contemplasse os pais adotivos, discriminando-os assim, sem nenhuma justificação razoável. Em ambos os exemplos, haveria omissão inconstitucional parcial. No primeiro, ela teria origem em uma **deficiência técnica** da lei regulamentadora; já no segundo, a omissão inconstitucional decorreria da violação do **princípio da igualdade,** o que também acabaria frustrando a finalidade da norma constitucional em questão.

Art. 2º: 3. v. art. 1º, nota 4 (CF 5º-LXXI).

Art. 2º: 4. "É impróprio o uso do mandado de injunção para o exercício de direito decorrente de **norma constitucional autoaplicável"** (STF-Pleno: RTJ 132/14). No mesmo sentido: RSTJ 2/498, 3/907, STJ-RDA 178/90.

Art. 2º: 4a. "O mandado de injunção é cabível apenas quando a omissão da norma regulamentadora obstaculizar o exercício de direito ou garantia previsto diretamente em norma constitucional de eficácia limitada, não se estendendo àqueles direitos ou garantias preconizados em **norma infraconstitucional,** como no caso concreto, em que a impetrante visa à edição de norma regulamentadora do parcelamento ordinário de débitos tributários previstos na Lei n. 11.941/2009 c/c a Lei n. 12.865/2013" (STJ-Corte Especial, MI 241-AgRg, Min. Luis Felipe, j. 29.3.17, DJ 5.4.17).

Art. 2º: 5. v. nota 2.

Art. 3º São legitimados para o mandado de injunção, como impetrantes, as pessoas naturais ou jurídicas que se afirmam titulares dos direitos, das liberdades ou das prerrogativas referidos no art. 2º e, como impetrado, o Poder, o órgão ou a autoridade com atribuição para editar a norma regulamentadora.[1-2]

Art. 3º: 1. s/ legitimidade em mandado de injunção coletivo, v. art. 12.

Art. 3º: 2. "Mandado de injunção. Ilegitimidade passiva do Presidente do Senado Federal se a **iniciativa da lei é de alçada privativa** do Presidente da República (Constituição Federal, arts. 37, VIII, e 61, § 1º, II, *c*)" (STF-RDA 179/201).

Art. 4º A petição inicial deverá preencher os requisitos estabelecidos pela lei processual[1] e indicará, além do órgão impetrado, a pessoa jurídica que ele integra ou aquela a que está vinculado.

§ 1º Quando não for transmitida por meio eletrônico, a petição inicial e os documentos que a instruem serão acompanhados de tantas vias quantos forem os impetrados.

§ 2º Quando o documento necessário à prova do alegado encontrar-se em repartição ou estabelecimento público, em poder de autoridade ou de terceiro, havendo recusa em fornecê-lo por certidão, no original, ou em cópia autêntica, será ordenada, a pedido do impetrante, a exibição do documento no prazo de 10 (dez) dias, devendo, nesse caso, ser juntada cópia à segunda via da petição.

§ 3º Se a recusa em fornecer o documento for do impetrado, a ordem será feita no próprio instrumento da notificação.

Art. 4º: 1. v. CPC 319 e 320.

Art. 5º Recebida a petição inicial, será ordenada:

I — a notificação do impetrado sobre o conteúdo da petição inicial, devendo-lhe ser enviada a segunda via apresentada com as cópias dos documentos, a fim de que, no prazo de 10 (dez) dias, preste informações;

II — a ciência do ajuizamento da ação ao órgão de representação judicial da pessoa jurídica interessada, devendo-lhe ser enviada cópia da petição inicial, para que, querendo, ingresse no feito.

Art. 6º A petição inicial será desde logo indeferida quando a impetração for manifestamente incabível ou manifestamente improcedente.

Parágrafo único. Da decisão de relator que indeferir a petição inicial, caberá agravo, em 5 (cinco) dias,[1] para o órgão colegiado competente para o julgamento da impetração.

Art. 6º: 1. Trata-se de **prazo menos extenso** do que aquele de "quinze dias" estabelecido pelo Código de Processo Civil para todos os agravos internos (CPC 1.003, § 5º, e 1.070). Nesse caso, prevalece a LMI, pois é específica e ulterior ao CPC (cf. LINDB 2º § 1º).

Art. 7º Findo o prazo para apresentação das informações, será ouvido o Ministério Público, que opinará em 10 (dez) dias, após o que, com ou sem parecer, os autos serão conclusos para decisão.

Art. 8º Reconhecido o estado de mora legislativa, será deferida a injunção para:

I — determinar prazo razoável para que o impetrado promova a edição da norma regulamentadora;

II — estabelecer as condições em que se dará o exercício dos direitos, das liberdades ou das prerrogativas reclamados ou, se for o caso, as condições em que poderá o interessado promover ação própria visando a exercê-los, caso não seja suprida a mora legislativa no prazo determinado.[1]

Parágrafo único. Será dispensada a determinação a que se refere o inciso I do *caput* quando comprovado que o impetrado deixou de atender, em mandado de injunção anterior, ao prazo estabelecido para a edição da norma.

Art. 8º: 1. "Com a persistência do estado de mora do Congresso Nacional, que, não obstante cientificado pelo STF, deixou de adimplir a obrigação de legislar que lhe foi imposta pelo art. 8º, § 3º, do ADCT/88, reconhece-se, desde logo, aos beneficiários dessa norma transitória a possibilidade de ajuizarem, com fundamento no direito comum, a pertinente ação de reparação econômica" (STF-RDA 200/234: Pleno, MI 355, maioria).

O mandado de injunção é "ação mandamental e **não simplesmente declaratória de omissão.** A carga de declaração não é objeto da impetração, mas premissa da ordem a ser formalizada. Inexistente a disciplina específica da aposentadoria especial do servidor, impõe-se a adoção, via pronunciamento judicial, daquela própria aos trabalhadores em geral" (STF-RDDP 60/134: Pleno, MI 721).

S/ efeitos da decisão na ação direta de inconstitucionalidade por omissão, v. LADIN 12-H, nota 2.

Art. 9º A decisão terá eficácia subjetiva limitada às partes e produzirá efeitos até o advento da norma regulamentadora.

§ 1º Poderá ser conferida eficácia *ultra partes* ou *erga omnes* à decisão, quando isso for inerente ou indispensável ao exercício do direito, da liberdade ou da prerrogativa objeto da impetração.[1]

§ 2º Transitada em julgado a decisão, seus efeitos poderão ser estendidos aos casos análogos por decisão monocrática do relator.

§ 3º O indeferimento do pedido por insuficiência de prova não impede a renovação da impetração fundada em outros elementos probatórios.

Art. 9º: 1. A expansão da eficácia subjetiva da decisão depende, entre outros fatores, das peculiaridades do direito material objeto da impetração. Assim, p. ex., foram conferidos **efeitos *erga omnes*** à decisão proferida no mandado de injunção em que se discutiu o exercício do direito de greve dos servidores públicos (STF-Pleno, MI 670, Min. Gilmar Mendes, j. 25.10.07, maioria, DJ 31.10.08).

Art. 10. Sem prejuízo dos efeitos já produzidos, a decisão poderá ser revista, a pedido de qualquer interessado,[1] quando sobrevierem relevantes modificações das circunstâncias de fato ou de direito.

Parágrafo único. A ação de revisão[2] observará, no que couber, o procedimento estabelecido nesta Lei.

Art. 10: 1. Parece problemática a permissão para que "qualquer interessado" formule o pedido de revisão da decisão transitada em julgado. A ampliação da legitimidade para formular esse pedido deve ter lugar apenas nas hipóteses em que ao mandado de injunção tenha sido conferida eficácia *erga omnes*. Caso contrário, **apenas as partes** do processo originário podem pedir a mencionada revisão.

Art. 10: 2. O pedido de revisão pode ser veiculado por **simples petição** nos autos do processo já transitado em julgado.

Art. 11. A norma regulamentadora superveniente produzirá efeitos *ex nunc* em relação aos beneficiados por decisão transitada em julgado, salvo se a aplicação da norma editada lhes for mais favorável.

Parágrafo único. Estará prejudicada a impetração se a norma regulamentadora for editada antes da decisão, caso em que o processo será extinto sem resolução de mérito.

Art. 12. O mandado de injunção coletivo pode ser promovido:

I — pelo Ministério Público, quando a tutela requerida for especialmente relevante para a defesa da ordem jurídica, do regime democrático ou dos interesses sociais ou individuais indisponíveis;

II — por partido político com representação no Congresso Nacional, para assegurar o exercício de direitos, liberdades e prerrogativas de seus integrantes ou relacionados com a finalidade partidária;

III — por organização sindical, entidade de classe ou associação legalmente constituída e em funcionamento há pelo menos 1 (um) ano, para assegurar o exercício de direitos, liberdades e prerrogativas em favor da totalidade ou de parte de seus membros ou associados, na forma de seus estatutos e desde que pertinentes a suas finalidades, dispensada, para tanto, autorização especial;

IV — pela Defensoria Pública, quando a tutela requerida for especialmente relevante para a promoção dos direitos humanos e a defesa dos direitos individuais e coletivos dos necessitados, na forma do inciso LXXIV do art. 5º da Constituição Federal.

Parágrafo único. Os direitos, as liberdades e as prerrogativas protegidos por mandado de injunção coletivo são os pertencentes, indistintamente, a uma coletividade indeterminada de pessoas ou determinada por grupo, classe ou categoria.

Art. 13. No mandado de injunção coletivo, a sentença fará coisa julgada limitadamente às pessoas integrantes da coletividade, do grupo, da classe ou da categoria substituídos pelo impetrante, sem prejuízo do disposto nos §§ 1º e 2º do art. 9º.

Parágrafo único. O mandado de injunção coletivo não induz litispendência em relação aos individuais, mas os efeitos da coisa julgada não beneficiarão o impetrante que não requerer a desistência da demanda individual no prazo de 30 (trinta) dias a contar da ciência comprovada da impetração coletiva.

Art. 14. Aplicam-se subsidiariamente ao mandado de injunção as normas do mandado de segurança, disciplinado pela Lei n. 12.016, de 7 de agosto de 2009, e do Código de Processo Civil, instituído pela Lei n. 5.869, de 11 de janeiro de 1973, e pela Lei n. 13.105, de 16 de março de 2015,[1] observado o disposto em seus arts. 1.045 e 1.046.

Art. 14: 1. Não há **honorários sucumbenciais** em processo de mandado de injunção (STF-Pleno, MI 6.658-AgRg, Min. Rosa Weber, j. 2.6.17, DJ 13.6.17; STJ-2ª T., REsp 1.797.474, Min. Herman Benjamin, j. 11.4.19, DJ 31.5.19).

Art. 15. Esta Lei entra em vigor na data de sua publicação.

Brasília, 23 de junho de 2016; 195º da Independência e 128º da República.
MICHEL TEMER — **Alexandre de Moraes** — **Fábio Medina Osório**.

Ementário

Mandado de Segurança

— v. CF 5º-LXIX e LXX, 102-I-*d* e II-*a*, 105-I-*b* e II-*b*, 108-I-*c*, 109-VIII, 121 § 3º e § 4º-V; LOM 21-VI, 68, 89 § 1º-*b* e § 5º-*d*, 101 § 3º-*d*, 116; LOJF 61 e 71; LEF 38; LR 33 a 35; RISTF 200 a 206, 297; RISTJ 211 a 215, 247 e 248, 271.

Lei 12.016, de 7.8.09 — Disciplina o mandado de segurança individual e coletivo e dá outras providências.

Lei 13.676, de 11.6.18 — Altera a Lei n. 12.016, de 7 de agosto de 2009, para permitir a defesa oral do pedido de liminar na sessão de julgamento do mandado de segurança.

Lei n. 12.016, de 7 de agosto de 2009

Disciplina o mandado de segurança individual e coletivo e dá outras providências.

O Presidente da República

Faço saber que o Congresso Nacional decreta e eu sanciono a seguinte Lei:

Art. 1º Conceder-se-á mandado de segurança[1 a 9a] para proteger direito líquido e certo,[10 a 14] não amparado por *habeas corpus*[15] ou *habeas data*,[16] sempre que, ilegalmente ou com abuso de poder,[17] qualquer pessoa física ou jurídica[18 a 21] sofrer violação[22] ou houver justo receio[23 a 28a] de sofrê-la por parte de autoridade,[29] seja de que categoria for e sejam quais forem as funções que exerça.

§ 1º Equiparam-se às autoridades, para os efeitos desta Lei, os representantes ou órgãos de partidos políticos e os administradores de entidades autárquicas, bem como os dirigentes de pessoas jurídicas ou as pessoas naturais no exercício de atribuições do poder público, somente no que disser respeito a essas atribuições.[30 a 34]

§ 2º Não cabe mandado de segurança contra os atos de gestão comercial praticados pelos administradores de empresas públicas, de sociedade de economia mista e de concessionárias de serviço público.[34a-34b]

§ 3º Quando o direito ameaçado ou violado couber a várias pessoas, qualquer delas poderá requerer o mandado de segurança.[35]

Art. 1º: 1. s/ mandado de segurança na Lei 1.533, de 31.12.51: "Impetração de mandado de segurança pelo Estado", por Hugo de Brito Machado (RT 706/42, RTJE 128/9, RJ 220/27); "A compensação tributária e o mandado de segurança", por Hugo de Brito Machado (RJ 204/27, RTJE 133/9); "Reflexões sobre mandado de segurança", por Sérgio Alberto de Souza (RJ 209/11); "Mandado de segurança: pontos controvertidos", por Wander Marotta (RJTAMG 56/19); "Mandado de segurança. Reflexões sobre o mandado de segurança em matéria tributária", por Antonio Vital Ramos de Vasconcelos (RJ 241/21); "O valor da causa e as custas iniciais no mandado de segurança", por Leonardo Greco (RJ 294/16); "O Mandado de Segurança. Contribuição para o seu estudo", por José Ignacio Botelho de Mesquita (RT 825/75); "Mandado de segurança: um paliativo a restrições", por Elísio de Assis Costa (RF 376/407).

Art. 1º: 2. s/ mandado de segurança na Lei 12.016, de 7.8.09: "A nova Lei do Mandado de Segurança", por Hugo de Brito Machado (RDDP 79/41); "Mandado de segurança: considerações pontuais sobre a recém-editada Lei n. 12.016, de 7 de agosto de 2009", por Daniel Zanetti Marques Carneiro (RDDP 80/16); "Partes e os terceiros no mandado de segurança individual à luz de sua nova disciplina (Lei 12.016/2009)", por Eduardo Talamini (RDDP 80/33, RJ 392/49); "Considerações sobre a nova Lei do Mandado de Segurança", por Sérgio Augusto Santos Rodrigues (RDDP 80/129); "O mandado de segurança na disciplina da Lei 12.016, de 7.8.2009", por Luiz Rodrigues Wambier e Rita de Cássia Corrêa de Vasconcelos (RP 177/185 e RJ 388/25); "Aspectos polêmicos da nova Lei do Mandado de Segurança: Lei n. 12.016/09", por Paulo Henrique dos Santos Lucon (IP 59/125); "A nova lei do mandado de segurança (Lei 12.016, de 07.08.2009)", por Arnoldo Wald (RT 894/9); "Variáveis acerca do cabimento de intervenção de terceiros no mandado de segurança", por José Henrique Mouta Araújo (RBDP 72/23); "Alguns comentários sobre a execução de sentença no mandado de segurança", por Horival Marques de Freitas Jr. (RDDP 116/55).

Art. 1º: 3. s/ direito superveniente, em mandado de segurança, v. art. 12, nota 5; s/ competência, v. art. 16; s/ mandado de segurança impetrado por curador à lide, v. CPC 72, nota 2; impetrado, perante Tribunal, por Promotor de Justiça, v. CPC 177, nota 3; s/ mandado de segurança contra decisão homologatória de transação, v. CPC

487, nota 12c; s/ conflito de competência em mandado de segurança, v. CPC 957, nota 3; s/ réu, em rescisória contra acórdão em mandado de segurança, v. CPC 967, nota 1a; s/ mandado de segurança e informações necessárias para o ajuizamento de ação popular, v. LAP 1º, nota 5b; s/ mandado de segurança e compensação de débito tributário, v. LEF 16, notas 24 a 25a, especialmente Súmulas 212, 213 e 460 do STJ; s/ mandado de segurança nas causas de alçada em execução fiscal, v. LEF 34, nota 11; s/ mandado de segurança no juizado especial, v. LJE 41, notas 3c e 4; s/ mandado de segurança em lugar de reclamação, v. CPC 988, nota 2; s/ recurso especial em mandado de segurança, v. RISTJ 255, nota 4-Mandado de segurança.

Art. 1º: 4. **CF 5º: "LXIX** — conceder-se-á mandado de segurança para proteger direito líquido e certo, não amparado por *habeas corpus* ou *habeas data*, quando o responsável pela ilegalidade ou abuso de poder for autoridade pública ou agente de pessoa jurídica no exercício de atribuições do Poder Público".

ECA 212: "§ 2º Contra atos ilegais ou abusivos de autoridade pública ou agente de pessoa jurídica no exercício de atribuições do Poder Público, que lesem direito líquido e certo previsto nesta lei, caberá ação mandamental, que se regerá pelas normas da lei do mandado de segurança".

Art. 1º: 4a. **Súmula 101 do STF:** "O mandado de segurança não substitui a ação popular", nem a ação civil pública. No mesmo sentido: RSTJ 74/87; STJ-1ª Seção, MS 267, Min. Vicente Cernicchiaro, j. 12.12.89, DJU 5.2.90.

Art. 1º: 5. **Súmula 266 do STF:** "Não cabe mandado de segurança contra lei em tese". No mesmo sentido: RSTJ 4/1.432 (mandado de segurança contra portaria), 63/89.

"É cabível mandado de segurança contra lei tributária capaz de produzir efeitos concretos na esfera patrimonial dos contribuintes, o que afasta a aplicação da Súmula 266/STF" (STJ-RT 815/193, dois votos vencidos). No mesmo sentido, porque a lei em questão criava "ameaça concreta a direito do contribuinte": RSTJ 90/78. Ainda, em caso de "lei que reclassificou os salários dos servidores públicos": STJ-5ª T., RMS 16.577, Min. Felix Fischer, j. 28.10.03, DJU 1.12.03.

É cabível o mandado de segurança "se a lei gera situação específica e pessoal, sendo, por si só, causa de probabilidade de ofensa a direito individual" (RSTJ 8/438). Mas: "Não se conhece do mandado de segurança quando o ato normativo abstrato passível de impugnação não se concretiza" (STJ-1ª Seção, MS 488, Min. Américo Luz, j. 25.6.91, DJU 19.8.91).

"Se o decreto consubstancia ato administrativo, assim de efeitos concretos, cabe contra ele o mandado de segurança. Todavia, se o decreto tem efeito normativo, genérico, por isso mesmo sem operatividade imediata, necessitando, para a sua individualização, da expedição de ato administrativo, então, contra ele, não cabe mandado de segurança, já que, admiti-lo, seria admitir a segurança contra lei em tese, o que é repelido pela doutrina e pela jurisprudência (Súmula 266)" (STF-Pleno: RTJ 133/1.126). No mesmo sentido: RTJ 158/72, RSTJ 27/212.

"O ato administrativo geral, abstrato e impessoal não enseja mandado de segurança. Equipara-se, porque espécie, à lei em tese. Cumpre ser concreto, incidente em relação jurídica determinada. Só assim resta configurado dano ou perigo a direito público subjetivo. Impõe-se, pelo menos, probabilidade de prejuízo. Não basta a mera possibilidade" (STJ-1ª Seção, MS 551, Min. Vicente Cernicchiaro, j. 11.12.90, DJU 4.3.91).

Não cabe mandado de segurança contra dispositivo de lei que versa sobre "situações gerais ou impessoais" (RTJ 111/184) ou que "estabelece normas caracterizadas pela abstração e pela generalidade" (RTJ 121/959).

Admite-se o mandado, "em caráter excepcional, se ocorre a eficácia concreta, direta e imediata da norma contra a qual se impetra a ordem, e não há outro remédio eficaz para obviar-lhe os efeitos" (STF-Pleno: RTJ 113/161, 2 votos vencidos).

Não se deve dar abusiva extensão à Súmula 266, para que se não frustre a possibilidade do mandado de segurança preventivo (RTJ 116/283).

Cabe mandado de segurança contra **portaria** ministerial que contém, em si mesma, medida coercitiva que possa produzir efeito lesivo ao impetrante, sem necessidade de ato de aplicação, em concreto, da regra por ela editada (RTJ 90/518; TFR-Pleno: RTFR 154/301, v.u., quanto à preliminar).

"A Portaria Ministerial, ao estabelecer — sob pena de sanções e sem possibilidade de recuperação do que for recolhido —, o prazo dentro do qual deverá ser recolhida a contribuição, a forma de cálculo desta e que, se não efetuado dito recolhimento, será o quantitativo respectivo acrescido de correção monetária, juros e multa de mora, tornou concreta a exigência do pagamento respectivo, independentemente de atuação de qualquer autoridade, sendo cabível, consequentemente, a impugnação de tal exigência, ao fundamento de inconstitucionalidade das normas legais instituidoras da contribuição" (TFR-Pleno: RTFR 129/113, conheceram da impetração por maioria).

"A portaria é lei em sentido material. Em não gerando situação específica e pessoal, insuscetível de afrontar direito individual, revela-se imprópria para exame de legalidade, via mandado de segurança" (STJ-RT 676/180). No mesmo sentido: RSTJ 20/120.

"Reajuste dos Títulos da Dívida Agrária. Se o ato praticado, ao ser fixado critério de variação dos títulos, é de efeito concreto, provocando lesão de direito, o mandado de segurança não se insurge contra lei em tese" (STJ-1ª Seção, MS 782, Min. Hélio Mosimann, j. 9.4.91, DJU 10.6.91).

"Cuidando de medidas de ordem geral, sobre nova ordem econômico-financeira do país, não se trata de lei de efeitos concretos, mas de lei em tese, contra a qual não cabe mandado de segurança" (STF-Pleno: RTJ 132/184).

Não cabe mandado de segurança contra o Presidente da República, por ter editado **medida provisória** acoimada de ilegal, porque a medida provisória é lei em tese, aplicando-se, portanto, a Súmula 266 do STF (STF-Pleno: RTJ 132/711 e RT 667/204, 1 voto vencido). No mesmo sentido: RTJ 132/1.136 e 134/678.

S/ mandado de segurança contra parecer da Corregedoria-Geral da Justiça, v. nota 9a; s/ início do prazo para a impetração de mandado de segurança contra lei com efeito concreto, v. art. 23, nota 3c.

Art. 1º: 5a. **Súmula 269 do STF:** "O mandado de segurança não é substitutivo de ação de cobrança".

"Não consubstancia ação de cobrança o mandado de segurança que visa sanar omissão da autoridade coatora quanto ao cumprimento integral da portaria que reconhece a condição de anistiado político, inclusive no tocante ao pagamento da parcela relativa a valores pretéritos, cujo montante devido encontra-se ali expressamente previsto" (STJ-1ª Seção, MS 16.137, Min. Arnaldo Esteves, j. 27.6.12, DJ 1.8.12). Esse acórdão se apoia no seguinte precedente da 2ª Turma do STF: STF-RT 833/161 (2ª T., RMS 24.953). No mesmo sentido, afirmando que "os juros de mora e a correção monetária constituem consectários legais da condenação, de modo que incidem independentemente de expresso pronunciamento judicial" (STF-Pleno, RE 553.710-EDcl, Min. Dias Toffoli, j. 1.8.18, DJ 24.8.18). Ainda: STJ-1ª Seção, MS 21.419-EDcl, Min. Regina Costa, j. 28.5.19, DJ 31.5.19).

"Não configura substituto de ação de cobrança a impetração de *mandamus* cujo objetivo é desconstituir ato administrativo que nega conversão em pecúnia de licença-prêmio ou férias não gozadas por necessidade de serviço, pois o que se busca é a restauração de situação jurídica em razão do suposto ato ilegal, cujos efeitos patrimoniais são mera consequência do reconhecimento da ilegalidade, não se aplicando as Súmulas 269 e 271 do STF" (STJ-2ª T., REsp 1.363.383, Min. Herman Benjamin, j. 5.3.13, DJ 13.3.13).

V. tb. art. 14, nota 7 (Súmula 271 do STF).

Art. 1º: 6. **Súmula 195 do TFR:** "O mandado de segurança não é meio processual idôneo para dirimir litígios trabalhistas" (texto conforme retificação no Bol. AASP 1.435/supl.; v. jurisprudência s/ esta Súmula em RTFR 132/515).

Art. 1º: 6a. O **mandado de segurança individual** é cabível para a proteção de direito individual, não de direitos difusos ou coletivos; para estes, conforme o caso, caberá mandado de segurança coletivo, ação popular ou ação civil pública (RSTJ 10/254).

S/ conversão de mandado de segurança coletivo em individual, v. art. 21, nota 10a.

Art. 1º: 7. "O mandado de segurança não se qualifica como sucedâneo da **ação direta de inconstitucionalidade,** não podendo ser utilizado, em consequência, como instrumento de controle abstrato da validade constitucional das leis e dos atos normativos em geral" (STF-Pleno, MS 23.809-AgRg, Min. Celso de Mello, j. 1.3.01, DJU 6.4.01).

"Não é o mandado de segurança o meio idôneo para se obter a declaração de inconstitucionalidade de lei ou ato normativo federal ou estadual" (RSTJ 62/147).

"Sem dúvida, não se pode, através do mandado de segurança, declarar em abstrato a invalidade de determinada lei ou decreto-lei, por vício de inconstitucionalidade, com menosprezo à ação direta proposta perante o Supremo Tribunal Federal. É oportuno ressaltar que ao ser aplicado o texto legal, surgindo uma situação concreta, poderá então ser levantada a arguição de inconstitucionalidade, *incidenter tantum*. Outro raciocínio conduziria à substituição do remédio específico da apreciação da lei em tese pela especialíssima ação do mandado de segurança, que, inclusive, pressupõe lesão a direito subjetivo próprio, direito líquido e certo. Enfim, ato individualizado e não ato normativo" (RDA 173/130).

"É possível a **declaração incidental de inconstitucionalidade,** em mandado de segurança, de quaisquer leis ou atos normativos do Poder Público, desde que a controvérsia constitucional não figure como pedido, mas sim como causa de pedir, fundamento ou simples questão prejudicial, indispensável à resolução do litígio principal" (STJ-2ª T., RMS 31.707, Min. Diva Malerbi, j. 13.11.12, DJ 23.11.12).

Art. 1º: 7a. **Mandado de segurança e ato impugnável por embargos de terceiro.** "É lícito ao terceiro prejudicado requerer mandado de segurança contra ato judicial, em lugar de interpor, contra ele, embargos de terceiro" (STJ-RBDP 63/223: 3ª T., RMS 22.741). Ainda: "O possuidor do bem, cuja situação de fato não padece de qualquer dúvida, tem direito líquido e certo amparável pela via do mandado de segurança, independente do direito a ação de embargos de terceiro não exercitado" (RSTJ 75/155).

Todavia, se a matéria ventilada pelo terceiro depende de dilação probatória, adequada é a via dos embargos de terceiro: "O mandado de segurança não tem cabimento para desconstituir decisão judicial não teratológica contra a qual o CPC oferece os embargos de terceiro como remédio adequado, nos quais é permitida a discussão ampla das matérias de fato e de prova e com possibilidade de proteção liminar" (STJ-4ª T., RMS 23.095, Min. Quaglia Barbosa, j. 15.3.07, DJU 16.4.07). No mesmo sentido: STJ-3ª T., RMS 21.364, Min. Nancy Andrighi, j. 11.4.06, DJU 2.5.06; STJ-1ª T., RMS 5.301, Min. Garcia Vieira, j. 15.3.95, DJU 24.4.95.

V. tb. art. 5º, nota 9a.

Art. 1º: 8. Não cabe mandado de segurança:

— "impetrado com o escopo de evitar o cumprimento de mandado de imissão de posse, ao menos enquanto não decididos definitivamente embargos de terceiros" (STJ-3ª T., RMS 5.640, Min. Menezes Direito, j. 17.11.98, DJU 22.2.99);

— como sucedâneo de ação possessória (STJ-4ª T., RMS 431, Min. Athos Carneiro, j. 14.8.90, DJU 10.9.90);

— "para dar cumprimento a decisão proferida em outro mandado de segurança" (STJ-3ª Seção, MS 4.396, Min. Felix Fischer, j. 10.12.97, maioria, DJU 2.3.98).

Art. 1º: 8a. Cabe mandado de segurança contra ato administrativo praticado pelo Poder Judiciário (STJ-1ª T., RMS 22.637, Min. Denise Arruda, j. 11.12.07, DJU 7.5.08; STJ-5ª T., RMS 18.092, Min. Felix Fischer, j. 4.10.05, DJU 14.11.05).

V. tb. art. 5º, nota 10b.

Art. 1º: 8b. Cabe o mandado de segurança quando houver vício de tramitação do **processo legislativo** (STF-Pleno, MS 20.257, Min. Decio Miranda, j. 8.10.80, DJU 27.2.81; RJTJESP 64/119).

Todavia: "Processo legislativo no Congresso Nacional. *Interna corporis*. Matéria relativa à interpretação, pelo Presidente do Congresso Nacional, de normas de regimento legislativo é imune à crítica judiciária, circunscrevendo-se no domínio *interna corporis*. Pedido de segurança não conhecido" (STF-RDA 160/173). No mesmo sentido: RTJ 144/488 (Pleno).

"As fases de tramitação dos processos legislativos (Emenda Constitucional) são consideradas como atos *interna corporis* praticados pelo Poder Legislativo, pelo que insuscetíveis, em tese, de controle pelo Poder Judiciário" (RSTJ 105/78: 1ª T., RMS 7.662).

"A votação da lei e a respectiva sanção não constituem atos suscetíveis de controle através de mandado de segurança" (RSTJ 128/75).

O STF "não tem admitido mandado de segurança contra atos do Presidente das Casas Legislativas, com base em regimento interno delas, na condução do processo de feitura de leis" (RTJ 144/488).

Em síntese: a impetração de mandado de segurança é admitida quando o processo legislativo contrariar regra constitucional, mas não é permitida quando este violar disposição do Regimento Interno da Câmara, matéria reservada somente a esta, por ser *interna corporis* (RTJ 169/181: Pleno, MS 22.503, maioria).

Art. 1º: 9. Cabe mandado de segurança, impetrado pela Câmara Municipal contra ato do prefeito, que sancionou lei em desacordo com o autógrafo por ela encaminhado (RJTJESP 95/152).

Art. 1º: 9a. Não cabe mandado de segurança contra **parecer,** porque este não tem força vinculante (RTFR 100/186, RDA 149/257, 163/203).

"Orientação extraída de parecer jurídico referendado pelo Desembargador-Corregedor de Justiça do Estado não tem poder vinculante sobre os magistrados aos quais, presumivelmente, está endereçado, sendo, assim, insuscetível de ataque pela via mandamental. Em sede de mandado de segurança em que se impugna ato normativo de efeitos concretos, a parte que tem legitimidade para figurar no polo passivo da ação é a autoridade a quem compete a aplicação concreta (e não a simples edição) da norma atacada" (STJ-2ª T., RMS 15.258, Min. João Otávio, j. 23.11.04, DJU 14.2.05).

✎ **Art. 1º: 10.** "Mandado de segurança. A comprovação dos fatos como pressuposto específico da admissibilidade do *writ*", por Helcio Alves de Assumpção (RF 331/113); "A Súmula n. 7 do STJ e o reexame em sede de recurso especial da prova produzida com a petição inicial do mandado de segurança", por Hermann H. C. Roenick (Ajuris 73/336); "Mandado de segurança. Direito líquido e certo", pelo Min. Adhemar Ferreira Maciel (Ajuris 73/14).

Art. 1º: 10a. Súmula 625 do STF: "Controvérsia sobre matéria de direito não impede concessão de mandado de segurança".

Direito líquido e certo é o que resulta de fato certo, e fato certo é aquele capaz de ser comprovado de plano (RSTJ 4/1.427, 27/140, 147/386), por documento inequívoco (RTJ 83/130, 83/855, RSTJ 27/169, 55/325, 129/72), e independentemente de exame técnico (RTFR 160/329).

"A circunstância de um determinado direito subjetivo realmente existir não lhe dá a característica de liquidez e certeza; esta só lhe é atribuída se os fatos em que se fundar puderem ser provados de forma incontestável, certa, no processo. E isto normalmente se dá quando a prova for documental, pois esta é adequada a uma demonstração imediata e segura dos fatos" (RT 808/442, citando Celso Agrícola Barbi).

"A complexidade dos fatos não exclui o caminho do mandado de segurança, desde que todos se encontrem comprovados de plano" (STF-RT 594/248).

"O direito líquido e certo a que alude o art. 5º-LXIX da Constituição Federal é aquele cuja existência e delimitação são passíveis de demonstração documental, não lhe turvando o conceito a sua complexidade ou densidade. Dessa forma, deve o impetrante demonstrar, já com a petição inicial, no que consiste a ilegalidade ou a abusividade que pretende ver expungida e comprovar, de plano, os fatos ali suscitados, de modo que seja despicienda qualquer dilação probatória, incabível no procedimento da ação mandamental. Assim, o mandado de segurança é meio processual adequado para verificar se a medida impugnativa da autoridade administrativa pode ser considerada interruptiva do prazo decadencial para o exercício da autotutela, ainda que se tenha de examinar em profundidade a prova da sua ocorrência" (STJ-1ª Seção, MS 19.739, Min. Napoleão Maia Filho, j. 11.12.13, DJ 12.2.14).

Enfim, direito líquido e certo "'é o que se apresenta manifesto na sua existência, delimitado na sua extensão e apto a ser exercitado no momento da impetração' (Hely Lopes Meirelles, in Mandado de Segurança, 18. ed., Malheiros, 1997, p. 34/35)" (STJ-3ª Seção, MS 12.275-AgRg, Min. Hamilton Carvalhido, j. 14.3.07, DJU 21.5.07).

"O direito que dependa de dilação probatória está excluído do âmbito do *writ*" (RSTJ 110/142). Assim, não se admite a comprovação *a posteriori* do alegado na petição inicial (RJTJESP 112/225). Todavia, caso isso se permita: "Constatado que à autoridade coatora não foi dada oportunidade de conhecer e se manifestar acerca da documentação juntada pelo impetrante posteriormente às informações prestadas e, ainda, que tais documentos tiveram importância para o deslinde da controvérsia, deve-se anular o feito, em razão do evidente cerceamento de defesa. Violação ao art. 398 do CPC caracterizada" (STJ-5ª T., REsp 279.762, Min. José Arnaldo, j. 20.8.02, DJU 23.9.02).

S/ direito líquido e certo e: pedido liminar de exibição de documento, v. art. 6º § 1º; recurso especial, v. RISTJ 255, nota 4-Mandado de segurança.

Art. 1º: 11. **Súmula 270 do STF:** "Não cabe mandado de segurança para impugnar enquadramento da Lei 3.780, de 12.7.60, que envolva exame de prova ou de situação funcional complexa".

Art. 1º: 12. **Súmula 474 do STF:** "Não há direito líquido e certo, amparado pelo mandado de segurança, quando se escuda em lei cujos efeitos foram anulados por outra, declarada constitucional pelo Supremo Tribunal Federal".

Art. 1º: 13. "Não é lícito denegar-se o mandado de segurança por falta de prova do ato, se a autoridade confirma que efetivamente o praticou" (RSTJ 129/72).

Art. 1º: 13a. "Incabível, em mandado de segurança, discutir-se o **critério** fixado pela **Banca Examinadora** para a habilitação dos candidatos. A penalização, nas questões de múltipla escolha, consistente no cancelamento de resposta certa para questão ou questões erradas, é questão de técnica de correção para tal tipo de provas, não havendo nisso qualquer ilegalidade. Incabível, outrossim, reexame das questões formuladas pela Banca Examinadora e das respostas oferecidas pelos candidatos" (STF-Pleno: RTJ 137/194 e RDA 187/176).

Todavia: "É possível a anulação judicial de questão objetiva de concurso público, em caráter excepcional, quando o vício que a macula se manifesta de forma evidente e insofismável, ou seja, quando se apresente *primo ictu oculi*" (STJ-RT 865/146: 2ª T., RMS 24.080). No mesmo sentido, em caso de "erro grosseiro no gabarito apresentado, porquanto caracterizada a ilegalidade do ato praticado pela Administração Pública": STF-1ª T., MS 30.859, Min. Luiz Fux, j. 28.8.12, maioria, DJ 24.10.12.

Em síntese: "Em regra, não compete ao Poder Judiciário apreciar critérios na formulação e correção das provas. Com efeito, em respeito ao princípio da separação de poderes consagrado na Constituição Federal, é da banca examinadora desses certames a responsabilidade pela sua análise. Excepcionalmente, contudo, em havendo flagrante ilegalidade de questão objetiva de prova de concurso público, por ausência de observância às regras previstas no edital, tem-se admitido sua anulação pelo Judiciário por ofensa ao princípio da legalidade" (STJ-6ª T., RMS 21.617, Min. Maria Thereza, j. 27.5.08, DJU 16.6.08).

"Não compete ao Poder Judiciário apreciar critérios de formulação e correção das provas, em respeito ao princípio da separação de poderes, tendo ressalvado os casos de flagrante ilegalidade de questão objetiva de concurso público e ausência de observância às regras do edital, em que se admite a anulação de questões por aquele Poder, como forma de controle da legalidade. A análise pelo Poder Judiciário da adequação de questão objetiva em concurso público não se relaciona com o controle do mérito do ato administrativo, mas com o controle da legalidade e a incapacidade ou a impossibilidade de se aceitar que, em uma prova objetiva, figurem duas questões que são, ao mesmo tempo corretas, ou que seriam, ao mesmo tempo, erradas" (STJ-1ª T., RMS 39.635, Min. Napoleão Maia Filho, j. 5.6.14, maioria, DJ 15.10.14).

Art. 1º: 13b. **"Laudo médico particular** não é indicativo de direito líquido e certo. Se não submetido ao crivo do contraditório, é apenas mais um elemento de prova, que pode ser ratificado, ou infirmado, por outras provas a serem produzidas no processo instrutório, dilação probatória incabível no mandado de segurança. Nesse contexto, a impetrante deve procurar as vias ordinárias para o reconhecimento de seu alegado direito, já que o laudo médico que apresenta, atestado por profissional particular, sem o crivo do contraditório, não evidencia direito líquido e certo para o fim de impetração do mandado de segurança" (STJ-2ª T., REsp 1.115.417, Min. Castro Meira, j. 25.6.13, DJ 5.8.13).

Art. 1º: 14. Não cabe a concessão de segurança com base em fundamento de direito não invocado na inicial; no caso, é inaplicável o princípio *jura novit curia* (RTJ 63/784, 85/314, 123/475; RJTJESP 43/157, 68/286, 107/73, 114/180; Bol. AASP 2.339/2.846). Por igual, é inadmissível a alegação de fundamento novo, tanto em grau de recurso (RT 631/108, 715/136) como em sustentação oral (RSTJ 107/351).

Contra, entendendo que também em processo de mandado de segurança "não pode o julgador ficar adstrito ao direito alegado, mas, sim, aos fatos articulados": RJTJESP 43/138.

Art. 1º: 15. Não cabe mandado de segurança em lugar de *habeas corpus* (TFR-1ª Seção, MS 99.213, Min. Gueiros Leite, j. 9.3.83, 5 votos vencidos, DJU 14.11.85).

Art. 1º: 16. Cabe mandado de segurança e não *habeas data*:

— visando "a segurança ao fornecimento ao impetrante da identidade dos autores de agressões e denúncias que lhe foram feitas. A segurança, em tal caso, é meio adequado" (STF-RF 382/301: 2ª T., RMS 24.617);

— para obter cópia de processo administrativo de interesse do impetrante (STJ-1ª T., REsp 904.447, Min. Teori Zavascki, j. 8.5.07, DJU 24.5.07);

— para "obter certidão para o cômputo do adicional por tempo de serviço" (STJ-RF 392/392: 1ª T., REsp 781.969).

Art. 1º: 17. A Lei 4.717, de 29.6.65 (v. tít. AÇÃO POPULAR), preceitua que "o desvio de finalidade se verifica quando o agente pratica o ato visando a fim diverso daquele previsto, explícita ou implicitamente, na regra de competência" (art. 2º § ún.-*e*).

Art. 1º: 18. "A **habilitação de herdeiros** do impetrante de mandado de segurança é impossível em razão do caráter mandamental do *writ* e da natureza personalíssima do direito postulado" (STF-Pleno, MS 22.355, Min. Eros Grau, j. 22.6.06, DJU 4.8.06). No mesmo sentido: STJ-3ª Seção, MS 11.581-EDcl, Min. Og Fernandes, j. 26.6.13, DJ 1.8.13; STJ-1ª Seção, MS 20.157-Pet, Min. Herman Benjamin, j. 12.6.19, DJ 11.9.19.

Todavia, pondere-se que o só fato de estar diante de mandado de segurança não é óbice para a habilitação dos herdeiros do impetrante. O fator impeditivo dessa habilitação é a intransmissibilidade do direito em questão, a ser aferida no plano do direito material. A transmissibilidade do direito não é afetada pela via escolhida para a sua tutela, sendo conveniente registrar que o mandado de segurança também se presta à tutela de direitos transmissíveis.

Admitindo a habilitação de herdeiros "caso o feito esteja na fase de execução": STJ-1ª Seção, Exe no MS 115-AgRg, Min. Humberto Martins, j. 8.4.15, DJ 15.4.15.

Art. 1º: 19. Pessoa jurídica de direito público pode impetrar mandado de segurança (RT 495/138, 495/141).

Art. 1º: 20. "Ao **estrangeiro,** residente no exterior, também é assegurado o direito de impetrar mandado de segurança" (RTJ 177/965, STF-RT 792/199).

Art. 1º: 21. O Procurador-Geral da República tem legitimidade para impetrar mandado de segurança na defesa de sua competência ou no exercício de suas prerrogativas (STF-Pleno: RTJ 147/104, v.u.).

Art. 1º: 22. "Não se configura omissão se a parte impetra o *mandamus* pouco tempo após ter apresentado pedido escrito à autoridade, não lhe dando tempo suficiente para proferir decisão em processo administrativo" (STJ-3ª Seção, MS 4.318, Min. Felix Fischer, j. 28.5.97, DJU 30.6.97).

✎ **Art. 1º: 23.** "Impetração preventiva do mandado de segurança e da ação de amparo no direito brasileiro e peruano", por Hugo de Brito Machado (RTJE 135/61); "Impetração preventiva em matéria tributária", por Hugo de Brito Machado (RTJE 137/19); "Mandado de segurança preventivo", por Hugo de Brito Machado (RDDP 118/40).

Art. 1º: 24. s/ prazo para a impetração de mandado de segurança preventivo, v. art. 23, nota 12; s/ recurso especial a respeito de "justo receio", v. RISTJ 255, nota 4-Mandado de segurança.

Art. 1º: 25. "Mandado de segurança traz ínsito em si o pedido de que seja desconstituído o ato cuja consumação se pretende evitar. **Consumado o ato** depois de impetrado o *mandamus*, ainda que perante Tribunal incompetente, mesmo assim não deve a Corte que o recebeu tê-lo por prejudicado" (RSTJ 37/248), porque, como regra geral, "os efeitos da sentença retroagem à data do ajuizamento da demanda, precisamente para que a tutela judicial possa estar afeiçoada à lide, no modo como originariamente se instalou" (RSTJ 75/165).

"A prática do ato que o mandado de segurança visava a evitar não prejudica a impetração, cuja concessão, se for o caso, implicará a desconstituição do que foi feito ao arrepio do direito. Ajuizado novo mandado de segurança para atacar o ato superveniente à impetração preventiva, a questão daí resultante deve ser resolvida pela regra do art. 105 do CPC, quando as ações forem conexas — ou, se caracterizada a identidade de ambas, pela regra do art. 267, V, do CPC" (RSTJ 75/165).

Art. 1º: 26. O mandado de segurança "não se presta à obtenção de sentença preventiva genérica, aplicável a todos os casos futuros da mesma espécie" (RTJ 105/635). No mesmo sentido: RSTJ 150/439.

Art. 1º: 27. "O **'justo receio'** a que alude o art. 1º da Lei 1.533/51 para justificar a segurança há que revestir-se dos atributos da objetividade e da atualidade. Naquela, a ameaça deve ser traduzida por fatos e atos, e não por meras suposições, e nesta é preciso que exista no momento, não bastando tenha existido em outros tempos e desaparecido" (RT 631/201).

"Mesmo no mandado de segurança preventivo, não basta o simples risco de lesão a direito líquido e certo, com base apenas no julgamento subjetivo do impetrante. Impõe-se que a ameaça a esse direito se caracterize por atos concretos ou preparatórios de parte da autoridade impetrada, ou ao menos indícios de que a ação ou omissão virá a atingir o patrimônio jurídico da parte" (STJ-RDA 190/171, maioria). No mesmo sentido: RSTJ 109/37, JTJ 349/1.247 (MS 184.073-0/6-00).

"O cabimento de mandado de segurança preventivo exige muito mais do que um mero receio subjetivo da lesão a um direito, mas sim a existência de uma ameaça real, plausível, concreta e objetiva, traduzida em atos da Administração preparatórios ou ao menos indicativos da tendência da autoridade pública a praticar o ato ou a se omitir deliberadamente quando esteja obrigada a agir" (STJ-1ª Seção, MS 25.563-AgInt, Min. Mauro Campbell, j. 17.3.20, DJ 20.3.20).

"No mandado de segurança preventivo a grave ameaça tem que vir comprovada quando da impetração" (RSTJ 46/525).

Art. 1º: 27a. "Se, nas suas informações, a autoridade impetrada contestou o mérito da impetração, caracterizada se acha a ameaça da prática do ato malsinado na referida ação" (STJ-2ª T., REsp 20.307, Min. Pádua Ribeiro, j. 22.9.93, DJU 11.10.93).

Art. 1º: 28. Justo receio em matéria tributária. "O decreto ou a lei instituidores de tributo que o contribuinte considere inexigível constituem ameaça suficiente para a impetração de mandado de segurança preventivo, na medida em que devem ser obrigatoriamente aplicados pela autoridade fazendária (CTN, art. 142, § ún.). Autoridade coatora, nesses casos, não é, todavia, quem editou o ato normativo, e sim aquela que tem o dever funcional de responder pelo seu cumprimento, sob pena de se utilizar o *writ* para atacar o decreto ou a lei em tese" (RTJ 127/157).

"No campo do direito tributário, caracterizada a situação fática sobre a qual deverá incidir a lei atacada, cabe a impetração preventiva do *mandamus*" (RSTJ 148/91).

"É cabível o mandado de segurança preventivo em face de resposta desfavorável à **consulta tributária** diante de situação concreta, exsurgindo justo o receio do contribuinte de que se efetive a cobrança do tributo" (STJ-1ª T., REsp 615.335, Min. Luiz Fux, j. 11.5.04, DJU 31.5.04).

Art. 1º: 28a. "Impossibilidade de utilização da via mandamental como substituto de embargos do devedor ou de ação anulatória de débito fiscal. Inscrita a dívida e prestes a ser ajuizada a execução, incabível o mandado de segurança para desconstituí-la" (TFR-Pleno, MS 88.098, Min. Miguel Ferrante, j. 16.2.89, maioria, DJU 15.5.89).

Art. 1º: 29. s/ autoridade coatora, v. art. 6º § 3º.

Art. 1º: 30. s/ mandado de segurança contra ato delegado, em matéria esportiva, v. art. 16, nota 12.

Art. 1º: 31. Súmula 510 do STF: "Praticado o ato por autoridade, no exercício de competência delegada, contra ela cabe o mandado de segurança ou a medida judicial". No mesmo sentido: RSTJ 79/276.

Assim: "A competência originária do STJ, quando a autoridade coatora é Ministro de Estado, se explica pela hierarquia, especificamente porque essa autoridade praticou o ato averbado de ilegal e cumprirá a decisão judicial. Ato praticado por delegatário não atrai a competência do STJ. A revogação da delegação não implica modificar a competência. O ato anterior continua do delegatário que, por outro lado, será destinatário da ordem judicial" (RSTJ 55/88).

"O ato praticado 'de ordem' resulta de delegação administrativa informal. Compete à Justiça Federal de primeiro grau conhecer de mandado de segurança contra ato de delegado regional, praticado 'de ordem' do Ministro de Estado" (RSTJ 81/37 e STJ-RDA 203/206).

"Mandado de segurança. Competência. Autoridade superior que avoca ato inferior através de revogação de delegação. Inadmissibilidade de a avocação produzir efeitos modificadores da competência do juiz, depois de instaurada a instância judicial" (STJ-3ª Seção: RSTJ 59/63).

A avocação de ato de autoridade inferior, após a impetração da segurança, não altera para o STJ a competência originária do juízo de primeiro grau (RSTJ 59/63; STJ-3ª Seção, MS 2.118, Min. Felix Fischer, j. 28.5.97, DJU 30.6.97).

V. tb. CF 105, nota 4a, e RISTJ 211, nota 4.

Art. 1º: 32. Cabe mandado de segurança impetrado contra ato de autoridade, praticado no exercício de funções públicas delegadas:

— contra diretor de estabelecimento particular de ensino superior, quando no exercício de função delegada do poder público (RT 496/77, 497/69, 498/84, 499/92, 499/97, 502/55, 504/95). S/ competência para concedê-lo, v. art. 16, notas 10c e 10d (Súmulas 15 e 16 do TFR);

— contra dirigente de empresa concessionária de energia elétrica que determina a suspensão do fornecimento a usuário, o qual "não é de simples gestão administrativa, mas de delegação, já que relacionado à continuidade na prestação de serviço público federal" (STJ-1ª Seção, CC 40.060, Min. Castro Meira, j. 24.3.04, DJU 7.6.04);

— contra "interventor de entidade fechada de previdência privada" (STJ-4ª T., REsp 262.793, Min. Isabel Gallotti, j. 28.2.12, DJ 7.3.12);

— contra ato de diretor de "estabelecimento bancário contratado para efetuar o pagamento dos vencimentos dos servidores" (RJTAMG 61/168);

— contra ato de diretor da Caixa Econômica Federal, "quando praticado no exercício de função delegada do poder público" (TFR-4ª T., AMS 103.354, Min. Pádua Ribeiro, j. 6.8.86, DJU 4.9.86);

— contra ato de gerente do Banco do Brasil S.A., "responsável por verificar o preenchimento das condições estipuladas na Lei n. 9.138/95 e conceder alongamento de dívida rural" (STJ-3ª T., REsp 505.756, Min. Pádua Ribeiro, j. 2.9.04, DJU 25.10.04). Todavia, v. nota seguinte.

Nesse caso, "consideram-se autoridades os representantes ou administradores das entidades autárquicas e das pessoas naturais ou jurídicas com funções delegadas do Poder Público, somente no que entender com essas funções. Assim, a autoridade coatora consiste na pessoa física que ordena ou omite a prática do ato impugnado, ou seja, aquela que, ao executar o ato, materializa-o" (RSTJ 157/129).

Art. 1º: 33. Não cabe mandado de segurança contra:

— diretor de hospital particular (RJTJESP 61/114, maioria, 97/192);

— ato praticado por dirigente do ECAD — Escritório Central de Arrecadação e Distribuição (RSTJ 90/160: 3ª T., REsp 46.684; STJ-4ª T., REsp 206.513, Min. Barros Monteiro, j. 2.3.04, DJU 10.5.04);

— ato da diretoria da Unimed (TFR-3ª T., AMS 103.844, Min. Geraldo Fonteles, j. 2.9.86, DJU 9.10.86);

— ato de gerente do Banco do Brasil que desconta ou bloqueia parcela dos proventos de aposentadoria para pagamento de dívidas bancárias (JTJ 314/259: AP 1.171.544-5). Todavia, v. nota anterior;

— ato de presidente de Caixa Econômica que nega empréstimo a particular (RT 605/91);

— ato praticado em licitação promovida por empresas privadas, concessionárias de serviço público, que "não estão obrigadas a submeter suas compras ou a contratação de serviços ao regime de licitação" (STJ-1ª T., REsp 429.849, Min. Teori Zavascki, j. 9.9.03, um voto vencido, DJU 10.11.03);

— ato de diretor de sindicato, pois este "não é entidade de direito público" (RTJE 164/181);

— agente fiduciário credenciado com base no art. 30 do Dec. lei 70, de 1966, porque seus atos não têm a natureza de atos de autoridade (TFR-4ª T., AMS 103.354, Min. Pádua Ribeiro, j. 6.8.86, DJU 4.9.86).

Art. 1º: 34. Determinação da competência no mandado de segurança contra ato delegado.

O mandado de segurança contra ato praticado no exercício de funções públicas delegadas deve ser impetrado no domicílio da autoridade coatora (STJ-1ª Seção, CC 7.308, Min. Cesar Rocha, j. 26.4.94, DJU 23.5.94), pois é ela "quem cumprirá a ordem judicial" (STJ-1ª T., RMS 1.790, Min. Cesar Rocha, j. 2.5.94, DJU 23.5.94).

Art. 1º: 34a. Súmula 333 do STJ: "Cabe mandado de segurança contra ato praticado em licitação promovida por sociedade de economia mista ou empresa pública".

De modo geral, "os atos das sociedades de economia mista podem ser atacados por mandado de segurança, desde que se qualifiquem como atos de autoridade, ou seja, atos que concernem às funções que lhes foram, pelo poder público, delegadas" (RJTJERGS 167/158).

S/ reexame necessário de sentença concessiva de segurança contra ato de sociedade de economia mista, v. art. 14, nota 4b.

Art. 1º: 34b. "Concessionária de serviço público de telefonia. **Transferência de ações. Ato de gestão comercial.** Mandado de segurança. Não cabimento. Inadequação da via eleita" (STJ-4ª T., REsp 1.778.579, Min. Antonio Ferreira, j. 20.8.19, DJ 26.8.19).

Art. 1º: 35. "O candidato aprovado em concurso público tem direito a pleitear, mediante a expressa autorização do art. 1º, § 2º, da Lei n. 1.533/51 — caso peculiar de legitimação extraordinária, também chamada de substituição processual, para os efeitos do art. 6º do CPC — a nomeação de todos os demais candidatos aprovados no mesmo concurso e preteridos pelo preenchimento de contratados emergencialmente" (RJTJERGS 250-251/148). Nota: o art. 1º § 2º da Lei 1.533/51 corresponde ao art. 1º § 3º da LMS.

Art. 2º Considerar-se-á federal[1] a autoridade coatora se as consequências de ordem patrimonial do ato contra o qual se requer o mandado houverem de ser suportadas pela União ou entidade por ela controlada.

Art. 2º: 1. s/ competência da Justiça Federal, v. art. 16, notas 9 e segs.

Art. 3º O titular de direito líquido e certo decorrente de direito, em condições idênticas, de terceiro poderá impetrar mandado de segurança a favor do direito originário, se o seu titular não o fizer, no prazo de 30 (trinta) dias, quando notificado judicialmente.[1 a 2]

Parágrafo único. O exercício do direito previsto no *caput* deste artigo submete-se ao prazo fixado no art. 23 desta Lei, contado da notificação.

Art. 3º: 1. "Legitimidade extraordinária (substituição processual) no mandado de segurança: interpretação do art. 3º da Lei 12.016/2009", por Ricardo Alexandre da Silva (RP 178/180); "Mandado de segurança em prol do titular do 'direito originário' (artigo 3º da Lei n. 12.016/2009)", por José Rogério Cruz e Tucci (RJ-Lex 98/25, RIDCPC 64/45).

Art. 3º: 1a. "Cuida-se (...) de hipótese singular de substituição processual, na qual a legitimação do substituto só nasce com a inação qualificada do substituído, quando este, notificado, não impetrar a segurança" (STF-Pleno: RTJ 152/493, maioria). No mesmo sentido: RSTJ 58/172.

Art. 3º: 2. "A substituição processual admitida pelo art. 3º da LMS imprescinde da prévia notificação do titular do 'direito originário', como condição da postulação mandamental do 'direito decorrente'" (RSTJ 58/172).

Art. 4º Em caso de urgência, é permitido, observados os requisitos legais, impetrar mandado de segurança por telegrama, radiograma, fax ou outro meio eletrônico de autenticidade comprovada.

§ 1º Poderá o juiz, em caso de urgência, notificar a autoridade por telegrama, radiograma ou outro meio que assegure a autenticidade do documento e a imediata ciência pela autoridade.

§ 2º O texto original da petição deverá ser apresentado nos 5 (cinco) dias úteis seguintes.

§ 3º Para os fins deste artigo, em se tratando de documento eletrônico, serão observadas as regras da Infraestrutura de Chaves Públicas Brasileira — ICP-Brasil.

Art. 5º Não se concederá mandado de segurança quando se tratar:

I — de ato[1] do qual caiba recurso administrativo com efeito suspensivo,[2 a 4] independentemente de caução;

II — de decisão judicial da qual caiba recurso com efeito suspensivo;[5 a 12]

III — de decisão judicial transitada em julgado.[13-14]

Parágrafo único. (VETADO)

Art. 5º: 1. É admissível o mandado de segurança para declarar a incompetência constitucional do expropriante (v. LD 20, nota 2).

Art. 5º: 2. s/ recurso administrativo e prazo para a impetração de mandado de segurança, v. art. 23, notas 7 e segs.

Art. 5º: 3. **Súmula 429 do STF:** "A existência de recurso administrativo com efeito suspensivo não impede o uso do mandado de segurança contra omissão de autoridade". Esta Súmula somente se refere a procedimento omissivo da autoridade, e não comissivo (RTJ 113/828).

A Súmula 429, como observou acórdão do TFR (RTFR 57/149), aplica-se ao caso de recusa ou omissão de autoridade em praticar o ato, mesmo que comporte recurso, "não havendo como falar-se em efeito suspensivo, desde que não se suspende omissão, e sim ação".

Art. 5º: 3a. Admite-se o mandado de segurança contra ato administrativo, se o interessado deixou escoar o prazo de recurso com efeito suspensivo e preferiu a impetração do *writ* (TFR-RDA 170/130, RJTJESP 45/278, JTJ 173/282). "O que se exige é que o ato impugnado seja operante e exequível. O que não pode ocorrer é a utilização, ao mesmo tempo, do recurso administrativo com efeito suspensivo e do mandado de segurança, por isso que, interposto o recurso administrativo com efeito suspensivo, o ato deixa de ser operante e exequível" (TFR-4ª T., AMS 89.104, Min. Carlos Velloso, j. 15.12.80, DJU 26.2.81). No mesmo sentido: STJ-2ª T., REsp 916.334, Min. Herman

Benjamin, j. 25.8.09, DJ 31.8.09; TFR-6ª T., AMS 108.005, Min. Eduardo Ribeiro, j. 25.9.85, DJU 24.10.85; TFR-4ª T., AMS 108.521, Min. Pádua Ribeiro, j. 26.8.87, DJU 17.9.87.

Utilizado ao mesmo tempo recurso administrativo com efeito suspensivo e mandado de segurança, este deve ser extinto sem julgamento do mérito (JTJ 174/260).

Art. 5º: 4. Ainda quando exigida em lei a exaustão das vias administrativas, sua falta não impede o acesso do interessado às vias judiciais (RJTJESP 92/161).

✎ **Art. 5º: 5.** "Do mandado de segurança contra ato judicial", por Eustáquio Nunes Silveira (RT 705/19); "O renascer do mandado de segurança contra ato jurisdicional", por Clito Fornaciari Júnior (RJ 344/11).

Art. 5º: 6. v. jurisprudência s/ mandado de segurança contra ato judicial, por Arruda Alvim e Mônica Navarro (RP 47/300).

Art. 5º: 7. s/ mandado de segurança: contra deliberação acerca de medida liminar em outro mandado de segurança, v. arts. 7º, nota 18, e 16, nota 15b; contra sequestro de receitas públicas para tutela da ordem cronológica dos precatórios, v. CF 100, nota 7a; contra o indeferimento de vista dos autos, v. CPC 107, nota 9; contra o indeferimento da arguição de impedimento ou suspeição pelo próprio juiz, v. CPC 146, nota 3a; contra o indeferimento do registro e da distribuição do processo, v. CPC 284, nota 4; impetrado pelo perito ou depositário judicial contra decisão do juiz, v. CPC 996, nota 13; impetrado por terceiro com interesse econômico na causa, v. CPC 996, nota 19; contra decisão interlocutória, v. CPC 1.015, nota 1a; contra o julgamento monocrático do agravo interno pelo próprio relator, v. CPC 1.021, nota 8; contra julgamento de embargos infringentes em execução fiscal, v. LEF 34, nota 11; contra a instauração de ação civil pública fundada em ato de improbidade administrativa, v. LIA 17, nota 4c; contra decisão proferida em Juizado Especial, v. LJE 41, notas 3c e 4; contra acórdão proferido em processo de dúvida, v. LRP 198, nota 8; contra ato jurisdicional do STF, v. RISTF 200, notas 3 e 3a; contra atos de tribunais, v. RISTJ 211, nota 3; contra ato jurisdicional do STJ, v. RISTJ 211, nota 3a.

Art. 5º: 8. Súmula 267 do STF: "Não cabe mandado de segurança contra ato judicial passível de recurso ou correição".

"Não cabe mandado de segurança contra ato judicial para substituir recurso de que não se utilizou o recorrente" (STJ-1ª T., RMS 7.980, Min. Demócrito Reinaldo, j. 8.5.97, DJU 16.6.97).

"Após o advento da Lei 9.139/95, que prevê efeito suspensivo ao agravo dele desprovido (art. 558, CPC), o mandado de segurança voltou ao seu leito normal, sendo inadmissível, por impossibilidade jurídica do pedido (art. 5º, II, da Lei 1.533/51), sua impetração contra ato judicial recorrível" (STJ-4ª T., RMS 12.017, Min. Sálvio de Figueiredo, j. 19.8.03, DJU 29.9.03).

"Está definitivamente afastada a admissibilidade do uso da ação cautelar ou do mandado de segurança para pleitear o efeito suspensivo à apelação, nos termos da Lei n. 9.139, de 1995" (Lex-JTA 160/303).

"Descabe a impetração de mandado de segurança contra ato judicial pelo terceiro adquirente, cessionário de coisa ou direito litigioso, o qual deve se sujeitar aos efeitos da sentença proferida na demanda principal travada entre as partes originárias (art. 42, *caput* e § 3º, CPC)" (STJ-Corte Especial, MS 16.400-AgRg, Min. Felix Fischer, j. 12.5.11, DJ 6.6.11).

A Súmula 267 do STF não se aplica ao terceiro que não integrou a lide (v. nota seguinte). Ela também pode ser afastada em caso de decisão teratológica ou flagrantemente ilegal (v. nota 10).

Art. 5º: 9. Súmula 202 do STJ: "A impetração de segurança por terceiro, contra ato judicial, não se condiciona à interposição de recurso" (v. jurisprudência s/ esta Súmula em RSTJ 108/33).

As Súmulas 267 e 268 do STF (v. nota anterior e nota 13) não se aplicam ao terceiro que não integrou a lide; o terceiro prejudicado pode impetrar mandado de segurança contra ato judicial, ainda que não haja interposto o recurso cabível (RTJ 87/96, 88/890, 119/726; RSTJ 15/170; STJ-RT 683/174; RT 517/227; RJTJESP 112/408; RF 292/320; JTA 52/181, com voto vencido). V. Arnoldo Wald (RT 517/31).

"O enunciado n. 202 da Súmula deste Tribunal socorre tão somente o terceiro que não foi citado no processo e não teve condições de tomar ciência da decisão que lhe prejudicou, restando impossibilitado de se utilizar do recurso cabível, no prazo legal" (STJ-3ª T., RMS 14.364, Min. Castro Filho, j. 5.9.02, DJU 3.2.03). Porém, interposto o recurso cabível pelo terceiro, não mais se admite que este impetre mandado de segurança (STJ-3ª T., RMS 20.927, Min. Gomes de Barros, j. 16.5.06, DJU 5.6.06). Há um acórdão admitindo o mandado de segurança impetrado depois do recurso interposto pelo terceiro, com o argumento de que a impetração daquele implicaria a inadmissão deste, em razão da prática de "ato incompatível com a vontade de recorrer" (STJ-2ª T., REsp 1.098.283, Min. Eliana Calmon, j. 23.6.09, DJ 4.8.09).

Admitindo mandado de segurança do sócio em caso de infundada desconsideração da personalidade jurídica: STJ-4ª T., RMS 25.251, Min. Luis Felipe, j. 20.04.10, DJ 3.5.10.

Todavia, no sentido de que o terceiro deve, no mandado de segurança, "aduzir argumentos convincentes com o intuito de demonstrar por que razão deixara de interpor, na ocasião própria, o recurso de seu interesse": STJ-4ª T., RMS 23.993, Min. João Otávio, j. 6.11.08, DJ 17.11.08.

"A compatibilização entre as Súmulas 267/STF ('não cabe mandado de segurança contra ato judicial passível de recurso ou correição') e 202/STJ ('a impetração de segurança por terceiro, contra ato judicial, não se condiciona a interposição de recurso') impõe ao terceiro interessado, impetrante de mandado de segurança contra ato judicial, a comprovação de que não foi possível ingressar com o competente recurso contra a decisão atacada" (STJ-3ª T., RMS 41.530-AgRg, Min. Sidnei Beneti, j. 11.4.13, DJ 3.5.13).

Contra, entendendo que o terceiro interessado deve interpor o recurso cabível contra a decisão judicial que lhe causa prejuízo, sendo incabível o mandado de segurança: STJ-1ª T., AI 635.465-AgRg, Min. José Delgado, j. 8.3.05, DJU 18.4.05.

Não admitindo a impetração de mandado de segurança pelo terceiro prejudicado, contra decisão que determinou a sua inclusão no processo (execução fiscal, em que, a pedido da exequente, determinou-se a citação da impetrante, na condição de sucessora da executada): STJ-1ª T., RMS 14.481, Min. Luiz Fux, j. 18.6.02, DJU 7.10.02.

Também não admitindo a impetração de mandado de segurança em caso de "terceiro prejudicado ciente dos atos processuais. Inaplicabilidade da Súmula 202/STJ": STJ-1ª T., RMS 26.464, Min. Teori Zavascki, j. 7.10.08, DJ 16.10.08. No mesmo sentido: STJ-6ª T., RMS 23.752-AgRg, Min. Og Fernandes, j. 25.8.09, maioria, DJ 26.10.09.

"Não cabe mandado de segurança contra ato judicial de constrição de bens dos sócios, diante da desconsideração da pessoa jurídica, pela constatação de fraude e confusão patrimonial, haja vista a possibilidade de os prejudicados atacarem o ato pela via própria (Súmula 267/STF). Além disso, o assunto demanda inegável dilação probatória, não condizente com a via angusta do *writ*" (STJ-4ª T., RMS 21.417, Min. Fernando Gonçalves, j. 21.8.07, DJU 3.9.07). No mesmo sentido: STJ-3ª T., RMS 36.370-AgRg, Min. Nancy Andrighi, j. 28.8.12, DJ 31.8.12.

S/ opção entre recurso de terceiro prejudicado e mandado de segurança, v. CPC 996, nota 9; s/ descabimento de mandado de segurança impetrado por terceiro, contra concessão de liminar em ação civil pública, v. LACP 12, nota 2a.

Art. 5º: 9a. "Falta interesse de agir na impetração de mandado de segurança quando o impetrante **já opôs embargos de terceiro** dirigidos ao ato judicial supostamente coator" (STJ-3ª T., RMS 23.748, Min. Gomes de Barros, j. 2.8.07, DJU 13.8.07). No mesmo sentido: STJ-4ª T., RMS 58.854-AgInt, Min. Raul Araújo, j. 10.12.19, DJ 19.12.19.

V. tb. art. 1º, nota 7a.

Art. 5º: 9b. É cabível mandado de segurança para evitar que seja despejado o inquilino que não foi citado nem notificado para a ação de despejo (v. LI 59, nota 15).

Art. 5º: 9c. Negando a condição de terceiro para advogado atuante no processo em que proferida a decisão objeto do mandado de segurança por ele impetrado: "Não se pode atribuir ao advogado a condição de terceiro, eis que, como representante do exequente, se investe de um *munus* indestacável do processo executivo em que atua, sendo o agente propulsor da demanda objeto da prestação jurisdicional" (STJ-1ª T., RMS 37.117, Min. Teori Zavascki, j. 14.8.12, DJ 21.8.12).

Art. 5º: 10. Embora o impetrante **não tenha interposto o recurso cabível,** em alguns casos o mandado de segurança tem sido conhecido e concedido, em caráter excepcional (JTJ 158/260), ou porque a decisão atacada era de natureza provisória (RJTJESP 64/268), ou porque a decisão impugnada exigia pronto e eficaz reparo, sob pena de se tornar inócua (RT 653/109, RTRF-3ª Reg. 5/212), ou porque, mais amplamente, constituía **decisão teratológica** (RSTJ 83/92) ou de **flagrante ilegalidade** (v., p. ex., RSTJ 95/53, JTJ 173/279, maioria).

Nessas hipóteses, os tribunais, geralmente, não aplicam nem a Súmula 267 do STF, nem a Súmula 268 (RT 593/81, 593/84, 628/179, RJTJESP 127/242, JTA 60/204, 61/138, 86/245, 89/356, 92/361, Bol. AASP 1.524/49, RBDP 51/158).

"A jurisprudência desta Corte tem afastado, em hipóteses excepcionais, a aplicação da Súmula 267/STF, em casos de decisões judiciais teratológicas ou flagrantemente ilegais que, a toda evidência, não restaram demonstradas no presente *writ*" (STJ-Corte Especial, MS 10.436-AgRg, Min. Felix Fischer, j. 7.6.06, DJU 28.8.06).

Mas: "Não ocorrendo a hipótese de decisão teratológica ou de flagrante ilegalidade e ausente a perspectiva da irreparabilidade do dano, não se justifica o uso do mandado de segurança em lugar do recurso cabível, previsto na lei processual" (STJ-RT 673/165). No mesmo sentido: JTJ 352/626 (MS 990.10.282844-1).

Casos de decisões teratológicas ou flagrantemente ilegais em que se concedeu a segurança:

— decisão que veda o acesso do impetrante à Justiça, mediante determinação ao distribuidor forense (STJ-RJTJERGS 140/27);

— acórdão que equivocadamente não conheceu de recurso tempestivo (STF-1ª T., RMS 36.114, Min. Marco Aurélio, j. 22.10.19, DJ 12.12.19; STF-2ª T., RMS 30.550, Min. Gilmar Mendes, j. 24.6.14, RP 237/511; RT 622/124);

— acórdão que julgou embargos de declaração como se fosse agravo regimental (JTA 105/63). Em sentido semelhante: "Existência de abuso de poder no ato do magistrado que, ignorando por duas vezes determinação do Tribunal de Justiça, manteve decisão que, entendendo serem inadmissíveis embargos de declaração com efeitos infringentes, recebeu-os como apelação e, ato contínuo, julgou-a deserta" (STJ-3ª T., RMS 34.181, Min. Paulo Sanseverino, j. 4.9.12, DJ 11.9.12);

— processo julgado sem regular inclusão em pauta (JTA 121/150);

— determinação de penhora de bem impenhorável (STJ-4ª T., RMS 29.391, Min. João Otávio, j. 20.5.10, DJ 27.5.10; STJ-3ª T., RMS 26.937, Min. Sidnei Beneti, j. 7.10.08, DJ 23.10.08);

— "Se, a pretexto de responder dúvida formulada pela companhia que emprega o alimentante, a autoridade judicial em primeiro grau de jurisdição extrapola a finalidade do ofício judicial, que é meramente informativa, inovando no feito após a sentença, para reduzir o desconto em folha, o ato judicial é teratológico, desafiando mandado de segurança" (STJ-3ª T., RMS 24.176, Min. Nancy Andrighi, j. 14.2.08, DJU 5.3.08).

Art. 5º: 10a. "A impetração tem por objeto ato judicial redigido nos seguintes termos: 'Diante da ciência inequívoca da constrição, inclusive com interposição de recurso, certifique-se eventual transcurso de prazo de embargos'. O ato impugnado possui natureza de **despacho de mero expediente,** pelo qual o juízo determinou que a serventia judicial certifique o transcurso de prazo para oposição de embargos à execução fiscal. Por não corresponder à decisão interlocutória, mas à singela determinação voltada ao Cartório Judicial, não há recurso cabível contra tal ato, o que viabiliza o ajuizamento do mandado de segurança" (STJ-2ª T., RMS 37.500, Min. Herman Benjamin, j. 6.12.12, DJ 19.12.12).

"Impetração contra **despacho que determina o cancelamento da distribuição,** com arquivamento dos autos, em razão da ausência de conexão da demanda em relação a outra ação em trâmite no mesmo juízo. Teratologia do ato judicial. Ausência de recurso próprio, por se tratar de mero despacho. Violação ao princípio da inafastabilidade da jurisdição. Cabimento excepcional do mandado de segurança" (STJ-3ª T., RMS 54.215, Min. Marco Bellizze, j. 15.5.18, DJ 29.5.18). Do voto do relator: "Caberia ao magistrado, ao entender pela ausência de conexão entre as demandas, determinar a livre distribuição da ação de prestação de contas, sem a dependência em relação à ação de despejo, e não determinar o cancelamento da distribuição e arquivamento dos autos".

Art. 5º: 10b. "Não sendo ato judicial, nos estritos termos do art. 162 do CPC, mas de **índole administrativa,** no exercício do poder de polícia do juiz, cabe mandado de segurança, prescindindo-se do pressuposto do recurso sem efeito suspensivo, desde que praticado com abuso de poder" (RTJ 118/787 e STF-RT 609/245).

"O decreto de intervenção reveste-se de caráter político-administrativo, como vem decidindo o STJ ao afastar a possibilidade de recurso especial. Na falta de recurso específico contra decisão do Tribunal de Justiça, admite-se impugnação de decreto interventivo por mandado de segurança, mediante interpretação *contrario sensu* do art. 5º-II da Lei 12.016/2009" (STJ-2ª T., RMS 31.019, Min. Herman Benjamin, j. 16.3.10, DJ 26.3.10).

Admitindo mandado de segurança contra deliberação de juiz acerca de pedido de quebra de sigilo bancário formulado pelo MP: STJ-2ª T., RMS 31.362, Min. Herman Benjamin, j. 17.8.10, DJ 16.9.10.

"Sendo a distribuição dos feitos mero ato pré-processual, de disciplina interna do juízo ou tribunal, pode ser impugnada através do mandado de segurança, prescindindo-se do recurso prévio, exigido nas impetrações contra ato judicial agravável" (STJ-3ª T., RMS 304, Min. Gueiros Leite, j. 24.4.90, DJU 28.5.90).

V. tb. art. 1º, nota 8a.

Art. 5º: 11. "Não cabe ação mandamental para se obter segurança genérica, *ad futurum*, fixando regra de conduta para o magistrado" (STJ-2ª T., RMS 2.571, Min. Pádua Ribeiro, j. 30.6.93, DJU 2.8.93).

Art. 5º: 12. "Inadmissível a impetração de segurança sob os mesmos fundamentos e simultaneamente com os **recursos extraordinários.** Quando o tribunal de segundo grau profere o seu julgamento, cuja decisão fica sujeita à jurisdição de outro tribunal, encerra-se a sua função jurisdicional, não lhe sendo lícito pronunciar-se sobre matéria sobre a qual não mais tem competência" (STJ-4ª T., RMS 1.008, Min. Sálvio de Figueiredo, j. 8.10.91, DJU 25.11.91). No mesmo sentido: JTA 99/58, 106/143, maioria.

"Não é dado à parte impugnar um acórdão mediante **recurso especial** e, concomitantemente, impetrar mandado de segurança à Corte Especial do Tribunal de origem objetivando a anulação do julgado, notadamente se a matéria tratada no mandado de segurança também é aduzida no recurso especial. A alegação de que transitou em julgado o acórdão que supostamente teria invadido a competência do STJ não se sustenta se esse acórdão foi impugnado por terceiros que, não obstante fossem diretamente interessados em seu resultado, não foram intimados da respectiva decisão. Invasão de competência reconhecida. Reclamação provida" (STJ-2ª Seção, Rcl 8.668, Min. Nancy Andrighi, j. 28.11.12, maioria, DJ 8.2.13).

Art. 5º: 13. Súmula 268 do STF: "Não cabe mandado de segurança contra decisão judicial com trânsito em julgado". Esta Súmula continua em vigor (RTJ 89/316).

"A *ultima ratio* do verbete 268 da Súmula da jurisprudência do STF é a não impugnabilidade da decisão judicial, não cabendo distinguir entre coisa julgada formal e coisa julgada material" (STF-Pleno: RTJ 129/816 e RDA 175/96).

Por isso: "Se no processo originário não se mostrava cabível o recurso extraordinário, o recorrente deveria ter impetrado o mandado de segurança enquanto não esgotado o prazo recursal, respeitando, assim, o art. 5º, III, da Lei 12.016/09, regra especial em relação ao art. 23 do mesmo diploma" (STJ-2ª T., RMS 37.540-AgRg, Min. Herman Benjamin, j. 5.6.12, DJ 26.6.12).

Todavia: "A jurisprudência deste STJ caminha no sentido de admitir a utilização de mandado de segurança para desconstituir sentença prolatada em processo que se desenvolve sem a citação da parte. A orientação, amparada na assertiva de que a viciada sentença então proferida, precisamente por não aperfeiçoada a angularidade da relação processual, não transita em julgado, exclui, por derradeiro, a incidência do enunciado n. 268 do excelso STF" (STJ-6ª T., RMS 8.807, Min. Hamilton Carvalhido, j. 3.12.01, DJU 6.5.02). No mesmo sentido: STJ-4ª T., RMS 6.487, Min. Sálvio de Figueiredo, j. 24.9.96, DJU 4.11.96.

Ainda: "O terceiro que não integrou anterior processo pode investir, pela via do mandado de segurança, contra a decisão decorrente de sentença transitada em julgado, para impedir a violação a seu direito líquido e certo" (RSTJ 97/227), sendo desnecessário "que haja risco de dano irreparável ou que seja teratológica a decisão" (RSTJ 84/177). Em outras palavras, a Súmula 268 do STF não se aplica ao terceiro que não integrou a lide.

V. tb. notas 9 e 10.

Art. 5º: 14. O trânsito em julgado da decisão impugnada **ulteriormente à impetração** não inviabiliza o mandado de segurança (STJ-Corte Especial, MS 22.078-AgRg-EDcl, Min. Luis Felipe, j. 14.3.19, maioria, DJ 11.6.19).

Art. 6º A petição inicial, que deverá preencher os requisitos estabelecidos pela lei processual,[1 a 2c] será apresentada em 2 (duas) vias com os documentos[2d] que instruírem a primeira reproduzidos na segunda e indicará, além da autoridade coatora, a pessoa jurídica que esta integra, à qual se acha vinculada ou da qual exerce atribuições.[3]

§ 1º No caso em que o documento necessário à prova do alegado se ache em repartição ou estabelecimento público ou em poder de autoridade que se recuse a fornecê-lo por certidão ou de terceiro,[3a] o juiz ordenará, preliminarmente, por ofício, a exibição desse documento em original ou em cópia autêntica e marcará, para o cumprimento da ordem, o prazo de 10 (dez) dias. O escrivão extrairá cópias do documento para juntá-las à segunda via da petição.

§ 2º Se a autoridade que tiver procedido dessa maneira for a própria coatora, a ordem far-se-á no próprio instrumento da notificação.

§ 3º Considera-se autoridade coatora aquela que tenha praticado o ato impugnado ou da qual emane a ordem para a sua prática.[3b a 7]

§ 4º (VETADO)

§ 5º Denega-se o mandado de segurança nos casos previstos pelo art. 267 da Lei n. 5.869, de 11 de janeiro de 1973 — Código de Processo Civil.

§ 6º O pedido de mandado de segurança poderá ser renovado dentro do prazo decadencial, se a decisão denegatória não lhe houver apreciado o mérito.[8]

Art. 6º: 1. v. CPC 319 e 320.

Art. 6º: 1a. "Se o *writ* tem por objeto a tutela de direito líquido e certo que possui expressão financeira imediata e quantificável, deve o **valor dado à causa** refletir o exato proveito econômico perseguido" (STJ-1ª T., REsp 601.768, Min. Teori Zavascki, j. 16.8.05, DJU 5.9.05). No mesmo sentido: STJ-3ª T., REsp 436.203, Min. Nancy Andrighi, j. 10.12.02, DJU 17.2.03; STJ-3ª Seção, Pet 8.816, Min. Marco Bellizze, j. 23.11.11, DJ 8.2.12.

Art. 6º: 2. O CPC 321 aplica-se ao mandado de segurança, ou seja, a petição inicial só pode ser indeferida após a intimação do impetrante para a sanação do vício e a persistência deste (RTJ 128/1.129; STJ-3ª Seção, MS 9.261, Min. Og Fernandes, j. 29.10.08, maioria, DJ 27.2.09; STJ-1ª T., REsp 629.381, Min. Teori Zavascki, j. 7.2.06, DJU 24.4.06; STJ-2ª T., REsp 1.091.156-AgRg, Min. Castro Meira, j. 3.2.09, DJ 17.2.09; RSTJ 52/91). **Contra:** "Considerando-se o rito sumaríssimo do mandado de segurança, a exigir prova documental e pré-constituída, sob o risco de indeferimento liminar, inaplicável à espécie o art. 284 do CPC" (STJ-2ª T., REsp 65.486, Min. Adhemar Maciel, j. 26.6.97, DJU 15.9.97).

"É possível que haja a emenda da petição do feito mandamental para retificar o polo passivo da demanda, desde que não haja alteração da competência judiciária, e se as duas autoridades fizerem parte da mesma pessoa jurídica de direito público" (STJ-2ª T., RMS 32.184-AgRg, Min. Humberto Martins, j. 22.5.12, DJ 29.5.12). V. tb. nota 7.

Art. 6º: 2a. "'É lícito ao impetrante **desistir da ação** de mandado de segurança, independentemente de aquiescência da autoridade apontada como coatora ou da entidade estatal interessada ou, ainda, quando for o caso, dos litisconsortes passivos necessários' (MS 26.890-AgRg, Pleno, Ministro Celso de Mello, DJ 23.10.2009), 'a qualquer momento antes do término do julgamento' (MS 24.584-AgRg, Pleno, Ministro Ricardo Lewandowski, DJ 20.6.2008), 'mesmo após eventual sentença concessiva do *writ* constitucional, não se aplicando, em tal hipótese, a norma inscrita no art. 267, § 4º, do CPC' (RE 255.837-AgRg, 2ª Turma, Ministro Celso de Mello, DJ 27.11.2009)" (STF-Pleno, RE 669.367, Min. Rosa Weber, j. 2.5.13, maioria, DJ 30.10.14).

"A desistência da ação de mandado de segurança pode ocorrer a qualquer tempo, independente da concordância da pessoa jurídica impetrada" (STJ-1ª Seção, ED no REsp 600.724-AgRg, Min. Humberto Martins, j. 14.3.07, DJ 25.2.08).

"Se o impetrante pode desistir do mandado de segurança sem necessidade de anuência da autoridade impetrada, também pode desistir de determinados fundamentos da impetração" (STJ-3ª Seção, MS 10.360, Min. Arnaldo Esteves, j. 13.9.06, DJU 2.10.06).

"Na ação mandamental, é lícito ao impetrante desistir da ação de mandado de segurança, independentemente de aquiescência da autoridade apontada como coatora e a qualquer tempo, **mesmo após sentença de mérito,** ainda que lhe seja **desfavorável"** (STJ-2ª T., REsp 1.679.311. Min. Herman Benjamin, j. 26.9.17, DJ 11.10.17).

Todavia, a nosso ver com razão: "Não pode o impetrante, sem assentimento da parte contrária, desistir de processo de mandado de segurança, quando já tenha sobrevindo sentença de mérito a ele desfavorável" (STF-2ª T., AI 221.462-AgRg-AgRg, Min. Cezar Peluso, j. 7.8.07, DJU 24.8.07; bem fundamentado). No mesmo sentido: STJ-1ª Seção, ED no REsp 510.655, Min. Hamilton Carvalhido, j. 22.9.10, DJ 8.10.10.

"Revela-se inviável o pedido de desistência do mandado de segurança cujo mérito já foi julgado, porquanto desacompanhado do pleito de renúncia do direito sobre o qual se funda a demanda" (STJ-1ª T., RMS 29.935-EDcl-AgRg, Min. Luiz Fux, j. 14.9.10, DJ 30.9.10).

Contra: "No mandado de segurança, após a citação, só é possível a desistência com o consentimento do impetrado" (RSTJ 133/167).

Art. 6º: 2b. No sentido de que não se aplica ao mandado de segurança o art. 3º da Lei 9.469/97, que condiciona a concordância dos representantes da União e das autarquias, fundações e empresas públicas federais com a desistência da ação movida pelo adversário à renúncia do direito sobre que se funda a demanda: STJ-1ª T., REsp 373.619, Min. Gomes de Barros, j. 18.11.03, DJU 15.12.03; STJ-2ª T., REsp 642.267, Min. Franciulli Netto, j. 19.10.04, DJU 21.3.05.

V. CPC 485, nota 51 (diferença entre desistência da ação e renúncia ao direito em que ela se funda).

✎ "A desistência no mandado de segurança e a boa-fé processual", por José Henrique Mouta Araújo (RDDP 129/56).

Art. 6º: 2c. "A **distribuição,** a juízo diverso, de outro mandado de segurança, idêntico ao primeiro que foi extinto por desistência, fere o princípio do juiz natural. A conexão entre tais feitos se pressupõe, inobstante a extinção do primeiro. Prevenção do juízo que conheceu da primeira impetração" (Bol. TRF-3ª Reg. 9/80, maioria).

Art. 6º: 2d. "Apresentação tardia de documentos. Impossibilidade. O mandado de segurança traduz-se em garantia constitucional cujo exercício é regulado por lei específica que, em seu iter célere e diferenciado, não contempla ulterior fase instrutória, por isso não se lhe aplicando, em particular, a disposição contida no art. 435 do CPC/15" (STJ-1ª T., RMS 45.840-Pet-AgInt, Min. Sérgio Kukina, j. 17.5.18, DJ 25.5.18).

Art. 6º: 3. Autoridade coatora e pessoa jurídica de direito público em nome de quem o ato foi praticado.

"A autoridade coatora participa do *mandamus* como parte no sentido formal, enquanto a pessoa jurídica de direito público interno, destinatária dos efeitos da decisão, participa no capítulo material" (STJ-1ª T., REsp 179.818, Min. Milton Luiz Pereira, j. 24.4.01, DJU 4.2.02).

"A doutrina e a jurisprudência não são pacíficas quanto à possibilidade de a pessoa jurídica ser parte legítima para figurar no polo passivo da ação mandamental. Parte da doutrina considera que o mandado de segurança deve ser impetrado não contra o ente público, mas sim contra a autoridade administrativa que tenha poderes e meios para a correção da ilegalidade apontada. Outra parte, enveredando por caminho totalmente oposto, afirma que a legitimidade passiva é da pessoa jurídica e não da autoridade administrativa. Não é possível reclamar da parte o conhecimento da complexa estrutura da Administração Pública, de forma a precisar quem será a pessoa investida de competência para corrigir o ato coator. A pessoa jurídica de direito público a suportar os ônus da sentença proferida em mandado de segurança é parte legítima para figurar no polo passivo do feito, por ter interesse direto na causa" (STJ-RP 118/267 e 129/196: REsp 547.235). **Contra,** no sentido de que a impetração dirigida contra a pessoa jurídica de direito público, sem a indicação da autoridade coatora, acarreta a extinção do processo: RJTJESP 111/182.

S/ legitimidade para recorrer, v. art. 14 § 2º.

✎ "A legitimidade passiva para o mandado de segurança: uma proposta de interpretação da Lei n. 12.016/2009", por Marcos de Araújo Cavalcanti (RDDP 108/58).

Art. 6º: 3a. "A lei do mandado de segurança assegura ao impetrante o direito de requerer ao magistrado a requisição de documentos necessários à prova do alegado, se a autoridade recusar-se a fornecê-los ou a fornecer certidão equivalente" (RSTJ 30/22).

"Ao denegar o *writ*, extinguindo o feito sem resolução do mérito porque faltantes os documentos que a própria Corte Estadual determinara fossem trazidos aos autos pela parte impetrada, o acórdão recorrido acabou por cercear o direito de acesso à prova pelo impetrante, beneficiando, indevidamente, à parte impetrada, a quem, como dito, incumbia ter dado primário cumprimento à requisição judicial, mediante a entrega da documentação funcional da parte autora ou, não sendo assim, justificando a impossibilidade de fazê-lo, quedando, entretanto, por não fazer nem uma coisa nem outra" (STJ-1ª T., RMS 38.025, Min. Sérgio Kukina, j. 23.9.14, DJ 1.10.14).

Art. 6º: 3b. s/ autoridade coatora, v. tb. nota 3; no caso de ato praticado no exercício de atribuições do poder público, v. art. 1º § 1º (especialmente, nota 32).

Art. 6º: 4. **Súmula 59 do TFR:** "A autoridade fiscal de primeiro grau que expede a notificação para pagamento do tributo está legitimada passivamente para a ação de segurança, ainda que sobre a controvérsia haja decisão, em grau de recurso, de Conselho de Contribuintes" (v. jurisprudência s/ esta Súmula em RTFR 79/235).

O Conselho de Contribuintes não tem competência executória de ato coator e, pois, contra ele não cabe mandado de segurança (TFR-RDA 163/201).

Art. 6º: 4a. **Considera-se autoridade coatora:**

— "aquela que, direta e imediatamente, **pratica o ato,** ou se omite quando deveria praticá-lo, e não o superior hierárquico que recomenda ou baixa normas para sua execução" (STJ-1ª T., REsp 62.174, Min. Demócrito Reinaldo, j. 7.6.95, DJ 14.8.95). "Sendo o ato impugnado um mero lançamento tributário, a autoridade que diretamente pratica aquele ato, considerado lesivo a direito do contribuinte, é que deve responder ao mandado de segurança. O secretário que expediu resolução de caráter genérico e abstrato é parte ilegítima" (STJ-2ª T., REsp 1.485, Min. Hélio Mosimann, j. 6.3.91, DJU 8.4.91). O autor do ato impugnado responde por ele ainda quando incompetente para a sua prática (RSTJ 96/376: 5ª T., RMS 6.894);

— "a pessoa que, *in statu assertionis,* **ordena a prática do ato,** não o subordinado que, em obediência, se limita a executar-lhe a ordem" (STF-RF 391/297: Pleno, MS 24.927);

— "Em se tratando de impetração contra **ato omissivo,** deve ser considerada autoridade coatora aquela que deveria ter praticado o ato buscado ou da qual deveria emanar a ordem para a sua prática (Lei 12.016/2009, artigo 6º, § 3º)" (STJ-1ª Seção, MS 22.140, Min. Benedito Gonçalves, j. 10.5.17, DJ 19.5.17);

— "aquela que detenha **poderes para corrigir** a suposta ilegalidade cometida" (STJ-3ª T., RMS 17.555, Min. Nancy Andrighi, j. 16.3.04, DJU 28.2.05). No mesmo sentido: STJ-2ª T., RMS 36.836, Min. Mauro Campbell, j. 19.6.12, DJ 27.6.12;

— "Autoridade coatora no mandado de segurança é aquela que tem a responsabilidade funcional de defender o ato impugnado. Nos **mandados de segurança preventivos,** que visam a inibir lançamentos de ofício a propósito de tributos lançados por homologação, essa autoridade é o chefe do órgão em que está lotado o agente fazendário que pratica os atos de fiscalização" (STJ-2ª T., RMS 4.987, Min. Ari Pargendler, j. 21.8.95, DJU 9.10.95);

— "Em se tratando de **órgãos colegiados,** o seu **Presidente,** além de responder por atos de sua competência própria (oportunidade em que se manifestará, se for o caso, como agente individual), tem também a representação externa do próprio órgão que preside. Assim, quando o mandado de segurança visa a atacar ato praticado pelo colegiado, o Presidente é chamado a falar, não como agente individual, mas em nome e em representação da instituição" (STJ-1ª T., RMS 32.880, Min. Teori Zavascki, j. 20.9.11, DJ 26.9.11). No mesmo sentido: STJ-2ª T., RMS 40.367, Min. Mauro Campbell, j. 6.8.13, DJ 13.8.13.

Em síntese: "Autoridade coatora é aquela que pratica, ordena ou omite a prática do ato impugnado e tem poderes para refazê-lo" (STJ-1ª Seção, MS 15.852-AgRg, Min. Arnaldo Esteves, j. 23.5.12, DJ 6.6.12).

Também se considera autoridade coatora **aquela que encampa e defende o ato** praticado por autoridade hierarquicamente inferior, ainda que desta seja a competência para a sua prática (RTJ 76/506; STJ-1ª Seção, MS 8.446, Min. Gomes de Barros, j. 9.10.02, dois votos vencidos, DJU 19.5.03; STJ-1ª T., RMS 19.945, Min. Luiz Fux, j. 3.5.07, DJU 31.5.07; STJ-2ª T., REsp 646.948, Min. Castro Meira, j. 21.2.06, DJU 13.3.06; STJ-3ª Seção, MS 11.727, Min. Maria Thereza, j. 27.9.06, DJU 30.10.06). Todavia, para que se aplique a **teoria da encampação,** é preciso que a autoridade superior tenha competência "para adotar a providência necessária à satisfação do direito vindicado, se deferido o pedido" (RSTJ 168/138). Assim: "A 'teoria da encampação' não pode ser invocada quando, como no caso, a autoridade apontada como coatora (e que 'encamparia' o ato atacado) não mantém qualquer relação de hierarquia com a que deveria, legitimamente, figurar no processo. Não se pode ter por eficaz, juridicamente, qualquer 'encampação' (que melhor poderia ser qualificada como usurpação) de competência por autoridade incompetente para a prática do ato requerido" (STJ-1ª T., REsp 692.973, Min. Teori Zavascki, j. 27.5.08, DJU 4.6.08). Igualmente não se aplica a teoria da encampação "quando a autoridade apontada como coatora (e que 'encampa' o ato atacado) seja hierarquicamente subordinada da que deveria, legitimamente, figurar no processo" (STJ-1ª T., RMS 21.271, Min. Teori Zavascki, j. 3.8.06, DJU 11.9.06). Em síntese: **Súmula 628 do STJ:** "A teoria da encampação é aplicada no mandado de segurança quando presentes, cumulativamente, os seguintes requisitos: a) existência de vínculo hierárquico entre a autoridade que prestou informações e a que ordenou a prática do ato impugnado; b) manifestação a respeito do mérito nas informações prestadas; e c) ausência de modificação de competência estabelecida na Constituição Federal".

Art. 6º: 5. **Não se considera autoridade coatora:**

— aquela que não pode corrigir o ato inquinado de ilegal (RSTJ 77/22: Corte Especial, MS 3.313; RTFR 146/339, RT 508/74, RJTJESP 99/166; RSDCPC 75/168: TRF-5ª Reg., AP 530039);

— o Presidente de Tribunal de Justiça, quando figura como autoridade simplesmente "executora de decisão proferida pelo Conselho Nacional de Justiça" (STJ-1ª T., RMS 30.561, Min. Teori Zavascki, j. 14.8.12, DJ 20.9.12);

— o chefe do Poder Executivo, pelo simples fato de haver sancionado lei aprovada pelo Legislativo (RSTJ 132/515).

Ainda: "O Chefe do Poder Executivo, em qualquer das esferas, não pode ser apontado como autoridade coatora em todas as ações mandamentais, visto que a estrutura administrativa é organizada de forma a que cada qual tenha um cargo e este as atribuições e responsáveis diretos por seus atos" (STJ-1ª T., RMS 11.595, Min. José Delgado, j. 5.4.01, DJU 11.6.01).

✎ **Art. 6º: 5a.** "Mandado de segurança e a indicação errônea da autoridade coatora", por Gelson Amaro de Souza (RJ 280/21).

Art. 6º: 6. **Indicação errônea da autoridade coatora e prazo para a impetração.**

"O prazo para a impetração do mandado de segurança é um só e se conta a partir da data da ciência do ato impugnado; a **extinção de processo anterior,** em razão da indicação errônea da autoridade impetrada, não restabelece o prazo consumido na respectiva tramitação" (STJ-1ª Seção, MS 3.705, Min. Ari Pargendler, j. 12.9.95, dois votos vencidos, DJU 4.12.95).

A indicação errônea da autoridade coatora, somente corrigida após o decurso do prazo para impetração da segurança, acarreta a decadência do direito de impetração do *writ* (RTFR 154/269 e Bol. do TFR 123/16).

Art. 6º: 7. **"Não cabe ao** órgão **julgador** fazer **a substituição da autoridade indicada como coatora** pelo impetrante" (STF-Pleno, RMS 24.552, Min. Gilmar Mendes, j. 28.9.04, DJU 22.10.04), "menos ainda quando, com a eventual correção, se torna incompetente para o processo e julgamento originários da impetração" (RTJ 157/544).

"Não cabe ao magistrado substituir de ofício a autoridade coatora erroneamente indicada na inicial de mandado de segurança. A regra estabelecida no art. 113, § 2º, do Código de Processo Civil somente se aplica ao mandado de segurança quando há declinação de competência do órgão julgador" (STJ-2ª Seção, MS 20.134-AgRg, Min. João Otávio, j. 27.8.14, DJ 2.9.14). "Concluindo o magistrado que houve indicação errônea da autoridade coatora, trata-se de caso de extinção do feito, e não de declinação da competência" (STJ-1ª Seção, CC 38.008-EDcl, Min. Eliana Calmon, j. 10.9.03, DJU 28.10.03). No mesmo sentido: Bol. do TRF-3ª Reg. 9/67, JTJ 349/1.219 (MS 174.604-0/2).

Todavia, a regra pela qual não pode o juiz substituir a autoridade indicada pelo impetrante como coatora comporta temperamentos, tais como:

— "no caso em que o ato coator está corretamente apontado, surgindo dúvida relevante quanto à sua autoria, só esclarecida com as informações" (STJ-2ª T., Ag 55.002-AgRg, Min. Pádua Ribeiro, j. 17.10.94, DJU 14.11.94);

— se, por fato superveniente, outra passar a ser a autoridade coatora (JTA 118/360). V. CF 105, nota 4a.

Ainda: "Considerando a finalidade precípua do mandado de segurança que é a proteção de direito líquido e certo, que se mostre configurado de plano, bem como da garantia individual perante o Estado, sua finalidade assume vital importância. Consequentemente, o Juiz, ao deparar-se, em sede de mandado de segurança, com a errônea indicação da autoridade coatora, deve determinar a emenda da inicial ou, na hipótese de erro escusável, corrigi-lo de ofício, e não extinguir o processo sem julgamento do mérito. A errônea indicação da autoridade coatora não implica ilegitimidade *ad causam* passiva se aquela pertence à mesma pessoa jurídica de direito público" (STJ-1ª T., RMS 19.945, Min. Luiz Fux, j. 3.5.07, DJU 31.5.07).

"O art. 6º, § 3º, da Lei 12.016/2009, permite ao julgador, pela análise do ato impugnado na exordial, identificar corretamente o impetrado no mandado de segurança, não ficando restrito à eventual literalidade de equivocada indicação. Desde que, pela leitura da inicial e exame da documentação anexada, seja viável a identificação correta da autoridade responsável pelo ato impugnado no *writ,* nada obsta que o julgador determine que a notificação seja adequadamente direcionada ou que possibilite ao impetrante oportunidade para emendar a inicial, sanando a falha, corrigindo-se, nessas hipóteses, equívoco facilmente perceptível" (STJ-4ª T., RMS 45.495, Min. Raul Araújo, j. 26.8.14, DJ 20.10.14).

S/ emenda da petição inicial para correção da indicação da autoridade coatora, v. nota 2; s/mandado de segurança impetrado com a indicação correta da autoridade coatora, mas perante órgão jurisdicional incompetente, v. art. 16, nota 6.

Art. 6º: 8. "Se prova ofertada com o pedido de mandado de segurança mostra-se insuficiente, impõe-se o encerramento do processo, assegurando-se a **renovação do pedido"** (STJ-1ª T., RMS 1.666, Min. Gomes de Barros, j. 18.4.94, DJU 30.5.94).

Art. 7º Ao despachar a inicial,[1 a 3] o juiz ordenará:

I — que se notifique o coator[4 a 8] do conteúdo da petição inicial, enviando-lhe a segunda via apresentada com as cópias dos documentos, a fim de que, no prazo de 10 (dez) dias, preste as informações;[9 a 13]

Mandado de Segurança

II — que se dê ciência[13a] do feito ao órgão de representação judicial da pessoa jurídica interessada, enviando-lhe cópia da inicial sem documentos, para que, querendo, ingresse no feito;

III — que se suspenda[13b] o ato que deu motivo ao pedido,[14 a 16d] quando houver fundamento relevante e do ato impugnado puder resultar a ineficácia da medida, caso seja finalmente deferida, sendo facultado exigir do impetrante caução, fiança ou depósito,[16e] com o objetivo de assegurar o ressarcimento à pessoa jurídica.

§ 1º Da decisão do juiz de primeiro grau que conceder ou denegar a liminar caberá agravo de instrumento,[17] observado o disposto na Lei n. 5.869, de 11 de janeiro de 1973 — Código de Processo Civil.[17a a 19]

§ 2º Não será concedida medida liminar que tenha por objeto a compensação de créditos tributários, a entrega de mercadorias e bens provenientes do exterior,[19a] a reclassificação ou equiparação de servidores públicos e a concessão de aumento ou a extensão de vantagens ou pagamento de qualquer natureza.[19b]

§ 3º Os efeitos da medida liminar, salvo se revogada ou cassada, persistirão até a prolação da sentença.[19c-20]

§ 4º Deferida a medida liminar, o processo terá prioridade para julgamento.

§ 5º As vedações relacionadas com a concessão de liminares previstas neste artigo se estendem à tutela antecipada a que se referem os arts. 273 e 461 da Lei n. 5.869, de 11 janeiro de 1973 — Código de Processo Civil.

Art. 7º: 1. "A decisão que indefere liminarmente pedido de segurança deve explicitar em detalhes quais as deficiências que impedem se instaure a relação processual" (RSTJ 48/593).

Art. 7º: 2. Da decisão de juiz de segundo grau que indefere liminarmente o mandado de segurança cabe agravo (LMS 10 § 1º).

Art. 7º: 3. Ao despachar a inicial, pode o juiz ou o relator apreciar o mérito do mandado e indeferi-lo? v. art. 10, nota 2.

✎ **Art. 7º: 4.** "A posição da pessoa jurídica de direito público na ação de mandado de segurança e a necessidade de sua citação", por Ariovaldo Perrone da Silva (RT 682/261, Just. 156/73).

Art. 7º: 5. s/ indicação errônea da autoridade coatora pelo impetrante, v. art. 6º, nota 7.

Art. 7º: 6. "O processo de mandado de segurança tem como partes, de um lado, o impetrante e, de outro, o Estado. Nele, a denominada 'autoridade coatora' atua como órgão anômalo de comunicação processual" (RSTJ 89/91).

Art. 7º: 7. "A autoridade coatora, como tal indicada na ação de mandado de segurança, faz parte do ente público sujeito passivo no mandado de segurança. Por isso, a sua notificação acarreta a citação da pessoa jurídica de direito público à qual pertence" (RSTJ 77/110). "Basta, assim, que se 'notifique' o órgão coator. O órgão não 'representa' a pessoa jurídica. Ele é 'fragmento' dela. Desse modo, não se pode falar em 'litisconsórcio necessário' entre o órgão (autoridade coatora) e a pessoa jurídica (ré)" (STJ-6ª T., REsp 29.582, Min. Adhemar Maciel, j. 31.8.93, DJU 27.9.93). No mesmo sentido: RSTJ 98/38 (1ª Seção); STJ-1ª T., REsp 3.377, Min. Garcia Vieira, j. 12.9.90, DJU 1.10.90; STJ-2ª T., REsp 9.847, Min. Peçanha Martins, j. 1.3.93, DJU 29.3.93; RJTJESP 110/251.

"A pessoa jurídica de direito público a suportar o ônus da sentença proferida em mandado de segurança é parte legítima, por ter interesse direto na causa, a integrar a lide em qualquer fase que ela se encontre" (RSTJ 102/119).

V. art. 13-*caput* (quem deve ser intimado da sentença concessiva da segurança) e 14 § 2º (legitimidade para recorrer da sentença concessiva da segurança).

Art. 7º: 8. "A notificação válida no mandado de segurança tem a natureza de citação do processo de conhecimento, possuindo o efeito de interromper o curso do prazo prescricional" (STJ-2ª T., REsp 400.352, Min. Paulo Medina, j. 1.10.02, DJU 10.3.03). No mesmo sentido: STJ-5ª T., REsp 491.332, Min. José Arnaldo, j. 25.5.04, DJU 28.6.04.

✎ **Art. 7º: 9.** "Informações e revelia no mandado de segurança", por Tycho Brahe Fernandes (RT 710/36, Ajuris 61/241, Just. 167/58); "Natureza jurídica das informações da autoridade coatora no mandado de segurança", por Fredie Didier Jr. (RF 365/17).

Art. 7º: 10. "Na ação mandamental originária na primeira instância quem atua no processo é a autoridade impetrada, e não o Procurador do Estado, ao qual é dispensada a sua participação no feito na fase inicial, porque quem presta as informações é a autoridade coatora" (RSTJ 157/129). No mesmo sentido: RF 302/164; Bol. AASP 1.337/185, em. 10. Embora possam ser redigidas por terceiro, hão de ser subscritas pela autoridade coatora, por serem de sua responsabilidade pessoal (RTFR 116/326).

Todavia, a apresentação de informações por procurador e não pela autoridade coatora constitui "mera irregularidade formal, insuscetível de alterar a situação do julgamento" (JTJ 196/64).

Art. 7º: 11. "A notificação, no mandado de segurança, tem a **natureza de citação.** Assim, prestadas as informações, que constituem o modo através do qual a autoridade se defende, a impetrante não podia alterar o pedido ou a causa de pedir" (RSTJ 73/155).

Todavia:

— a falta de informações não acarreta a **confissão ficta** da autoridade coatora (RTJ 142/782, RF 322/268);

— as **informações apresentadas fora do prazo,** por justo motivo, podem ser admitidas, se ainda oportuna a sua apreciação (RISTF 105 § 3º; no mesmo sentido: RISTJ 106 § 3º).

Art. 7º: 12. Não cabe reconvenção no contexto do mandado de segurança.

Art. 7º: 13. "A juntada de documentos pela autoridade coatora não enseja a abertura de vista dos autos ao impetrante, providência incompatível com a natureza do processo da ação mandamental" (STJ-6ª T., RMS 4.286, Min. Hamilton Carvalhido, j. 9.3.04, DJU 20.9.04). No mesmo sentido: RJTJESP 63/111, 106/170.

Contra, a nosso ver com razão: "Juntados, com as informações, documentos que serviram para o convencimento do juiz, sem que deles fosse aberta vista ao impetrante, consoante recomenda o art. 398 do CPC, configurou-se cerceamento de defesa, ensejando, assim, a nulidade do processo" (TFR-1ª T., AMS 146.353, Min. William Patterson, j. 10.2.89, DJU 21.3.89).

✎ **Art. 7º: 13a.** "A posição da autoridade coatora no mandado de segurança à luz da Lei n. 12.016/09. Ciência é citação? (art. 7º, inc. II)", por Eduardo Arruda Alvim (RF 405/129).

Art. 7º: 13b. O juiz pode determinar também providências ativas, a fim de resguardar a efetividade do processo e da tutela pleiteada.

✎ **Art. 7º: 14.** s/ medida liminar: "Do indeferimento de liminar nos tribunais e do agravo regimental", por Caetano Lagrasta Neto (Lex-JTA 142/367, 146/15); "Restrições à concessão de liminares", por Teori Albino Zavascki (RTJE 125/67, RJ 195/28, RJTAMG 53/13, Just. 168/90); "O descumprimento de ordem judicial por funcionário público", por Ivan Lira de Carvalho (RTJE 130/35 e 132/11); "Execução de liminar em mandado de segurança. Desobediência. Meios de efetivação da liminar", por Cândido Rangel Dinamarco (parecer-RDA 200/309); "A liminar em mandado de segurança e as modificações do CPC", por Teori Albino Zavascki (Ajuris 68/57); "Considerações sobre o controle jurisdicional de urgência na ação de mandado de segurança", por Wellington Pacheco Barros (Ajuris 76/47); "Medidas liminares em mandado de segurança. Suspensão de execução de medida liminar. Suspensão de execução de sentença. Medidas cautelares", por Pedro dos Santos Barcelos (RCDUFU 21/221); "Efetivação das liminares em mandado de segurança", por Orlando José Gonçalves (Just. 170/55); "A limitação das liminares. Violação à Lei Maior", por Luiz Alberto Gurgel de Faria (RT 755/121); "Execução de liminar em sede de mandado de segurança", por Leonardo Greco (RJ 291/12); "As medidas de urgência na nova Lei do Mandado de Segurança", por Felipe Scripes Wladeck (RDDP 80/52); "A liminar na nova Lei do Mandado de Segurança", por Vallisney de Souza Oliveira (RDDP 80/135); "Restrições à concessão de liminares em mandado de segurança individual e coletivo", por Flávia de Almeida Montingelli Zanferdini (RDDP 97/37); "Mandado de segurança e sua medida liminar", por Juvêncio Vasconcelos Viana (RDDP 102/83).

Art. 7º: 15. s/ suspensão da execução da liminar, a requerimento da pessoa jurídica de direito público interessada ou do MP, v. art. 15; s/ liminar em mandado de segurança coletivo, v. art. 22 § 2º; s/ medida liminar contra decisão que concede ou denega tutela antecipada, v. CPC 300, nota 12; s/ não cabimento de recurso extraordinário contra acórdão que defere medida liminar, v. RISTF 321, nota 2 (Súmula 735 do STF).

Art. 7º: 16. A deliberação sobre medida de urgência não fica circunscrita ao momento em que o juiz despacha a inicial. Tal medida pode ser concedida em qualquer momento do processo.

Art. 7º: 16a. "É lícito ao juiz, antes de se pronunciar sobre pedido de liminar em mandado de segurança, ouvir o Ministério Público" (RSTJ 142/96).

Todavia: "Não é obrigatória a intervenção do MP no agravo de instrumento contra a decisão que indefere ou concede liminar em mandado de segurança" (STJ-2ª T., REsp 686.377, Min. Castro Meira, j. 20.6.06, DJU 1.8.06).

Art. 7º: 16b. "O juiz deve negar liminar quando, em lides semelhantes, o STF tem suspendido a eficácia de liminares concedidas. Seria quase uma deslealdade para com a parte o juiz incutir-lhe esperanças infundadas" (STJ-1ª T., RMS 8.793, Min. Gomes de Barros, j. 1.12.97, DJU 2.3.98).

Art. 7º: 16c. "Justifica-se o descumprimento de liminar, concedida em mandado de segurança, devido à superveniência de fato novo" (STJ-3ª T., RMS 347, Min. Gueiros Leite, j. 11.9.90, DJU 19.11.90).

Art. 7º: 16d. "É pacífica, no STJ, a possibilidade de aplicação, em mandado de segurança, da **multa diária ou por tempo de atraso** prevista no art. 461, §§ 4º e 5º do CPC. Inexiste óbice, por outro lado, a que as *astreintes* possam também recair sobre a autoridade coatora recalcitrante que, sem justo motivo, cause embaraço ou deixe de dar cumprimento a decisão judicial proferida no curso da ação mandamental. Parte *sui generis* na ação de segurança, a autoridade impetrada, que se revele refratária ao cumprimento dos comandos judiciais nela exarados, sujeita-se, não apenas às reprimendas da Lei 12.016/09 (art. 26), mas também aos mecanismos punitivos e coercitivos elencados no Código de Processo Civil" (STJ-1ª T., REsp 1.399.842, Min. Sérgio Kukina, j. 25.11.14, DJ 3.2.15).

Art. 7º: 16e. "A caução, fiança ou depósito de que cuida o inciso III do artigo 7º da Lei 12.016/09 é uma faculdade do juiz, relativa às hipóteses em que haja dano irreparável ou de difícil reparação ao erário, obviamente inexistente em processo administrativo disciplinar" (STJ-1ª Seção, MS 15.271-AgRg, Min. Hamilton Carvalhido, j. 29.9.10, DJ 13.10.10).

Art. 7º: 17. O legislador é expresso: o caso é de "agravo de instrumento" e não simplesmente de agravo. Logo, não há margem para retenção do recurso.

✎ **Art. 7º: 17a.** "Recursos em mandado de segurança", por Milton Flaks (RT 745/118, RF 342/141, RDA 208/55); "Recorribilidade das interlocutórias no mandado de segurança", por Araken de Assis (Ajuris 69/76, RJ 235/5); "Agravo de instrumento e regimental em mandado de segurança", por José Rubens Costa (RJTAMG 69/49); "Cabimento do agravo de instrumento contra as decisões interlocutórias em mandado de segurança", por Accacio Cambi e Eduardo Cambi (RT 790/161).

Art. 7º: 17b. s/ recurso contra a deliberação acerca de medida liminar em mandado de segurança impetrado diretamente no tribunal, v. art. 16 § ún.

Art. 7º: 17c. Esse não é o único caso de decisão interlocutória recorrível em sede de mandado de segurança.

"O agravo de instrumento não conflita com as prescrições da mencionada lei especial, nem contraria a índole do remédio heroico e célere na sua tramitação, mesmo porque não tem efeito suspensivo (art. 497, CPC), portanto, não obstaculizando o julgamento do mérito. É cabível, pois, o agravo de instrumento em mandado de segurança, certo que as normas do CPC aplicam-se a todas as ações, inclusive às de ritos especiais, salvo quando tiverem elas específicas regras contrárias, hipótese inocorrente" (RSTJ 160/105). No mesmo sentido: STJ-RF 362/214, STJ-Bol. AASP 2.244/2.081, RT 732/456, JTJ 198/243.

Súmula 48 do 1º TASP: "Das decisões interlocutórias proferidas em mandado de segurança caberá agravo de instrumento".

Art. 7º: 18. Daí ser incabível mandado de segurança contra decisão que delibera sobre medida liminar em outro mandado de segurança, a não ser no caso de terceiro figurar como impetrante (v. art. 5º, notas 8 e 9).

Art. 7º: 19. A autoridade coatora tem legitimidade para interpor recurso contra a decisão liminar (LMS 14 § 2º).

Art. 7º: 19a. Para disposição semelhante, v. art. 1º da Lei 2.770, de 4.5.56. S/ discussão em torno da constitucionalidade desse art. 1º, v. CPC 300, nota 17.

Art. 7º: 19b. "Inexiste vedação à antecipação dos efeitos da tutela, nas ações contra a Fazenda Pública, quando a questão litigiosa tem por objeto restabelecimento de vantagem pecuniária suprimida da folha de pagamento do servidor público" (STJ-2ª T., REsp 1.352.935-AgRg, Min. Herman Benjamin, j. 7.8.14, DJ 25.9.14).

Art. 7º: 19c. Não há limitação temporal para a eficácia da medida liminar. Se não for cassada nem revogada no curso do procedimento, ela produz efeitos até o advento da sentença, independentemente do período de tempo transcorrido até a sua prolação.

Art. 7º: 20. A eficácia da medida liminar sempre cessa com o advento da sentença, independentemente do resultado do processo. A partir da sua prolação, é a sentença que passa a regular a situação da vida até então provisoriamente disciplinada pela medida liminar.

V. tb. art. 14, nota 1b, em especial a Súmula 405 do STF.

Art. 8º Será decretada a perempção ou caducidade da medida liminar *ex officio* ou a requerimento do Ministério Público quando, concedida a medida, o impetrante criar obstáculo ao normal andamento do processo ou deixar de promover, por mais de 3 (três) dias úteis, os atos e as diligências que lhe cumprirem.

Art. 9º As autoridades administrativas, no prazo de 48 (quarenta e oito) horas da notificação da medida liminar, remeterão ao Ministério ou órgão a que se acham subordinadas e ao Advogado-Geral da União ou a quem tiver a representação judicial da União, do Estado, do Município ou da entidade apontada como coatora cópia autenticada do mandado notificatório, assim como indicações e elementos outros necessários às providências a serem tomadas para a eventual suspensão da medida e defesa do ato apontado como ilegal ou abusivo de poder.

Art. 10. A inicial será desde logo indeferida, por decisão motivada, quando não for o caso de mandado de segurança ou lhe faltar algum dos requisitos legais ou quando decorrido o prazo legal para a impetração.[1 a 2]

§ 1º Do indeferimento da inicial pelo juiz de primeiro grau caberá apelação e, quando a competência para o julgamento do mandado de segurança couber originariamente a um dos tribunais, do ato do relator caberá agravo[2a] para o órgão competente do tribunal que integre.

§ 2º O ingresso de litisconsorte ativo não será admitido após o despacho da petição inicial.[3]

Art. 10: 1. s/ emenda da petição inicial, v. art. 6º, nota 2; s/ intervenção do MP previamente ao indeferimento da inicial, v. art. 12, nota 2a.

Art. 10: 1a. Qualquer das causas de inépcia da petição inicial descritas no CPC 330 pode motivar o indeferimento da petição inicial do mandado de segurança.

Art. 10: 2. O reconhecimento da decadência é caso de julgamento liminar do mandado de segurança com exame do mérito. Aliás, qualquer hipótese de julgamento liminar de improcedência (CPC 332) autoriza o juiz a julgar liminarmente o mandado de segurança (STJ-2ª T., RMS 31.585, Min. Castro Meira, j. 6.4.10, DJ 14.4.10).

Todavia: "Ressalvadas as hipóteses de reconhecimento de decadência, prescrição ou de aplicação da regra prevista no art. 285-A do CPC, é defeso ao relator indeferir liminarmente a inicial de mandado de segurança por razões de mérito" (STJ-1ª T., RMS 38.609-AgRg, Min. Arnaldo Esteves, j. 6.8.13, DJ 14.8.13). No mesmo sentido: STJ-2ª T., RMS 39.388, Min. Mauro Campbell, j. 18.2.14, DJ 27.2.14.

"Mandado de segurança. Inicial. Indeferimento liminar. Ilegalidade, quando a decisão se respalde em razões do mérito, não compreendidas na relação constante do art. 8º da Lei 1.533/51" (RSTJ 83/301). No mesmo sentido: RTJ 134/169, 134/681, maioria, RSTJ 36/242, 73/141, 148/116. Nota: o art. 8º da Lei 1.533/51 corresponde ao LMS 10.

S/ poder do relator para julgar monocraticamente o mandado de segurança, v. CPC 932, nota 1a.

Art. 10: 2a. e não recurso ordinário (v. CPC 1.027, nota 5a).

Art. 10: 3. Outros requisitos para a admissão de litisconsorte ativo voluntário em mandado de segurança:

— é mister que o prazo de decadência não tenha ainda decorrido para ele (RTJ 127/1.178; STJ-1ª Seção, MS 8.957, Min. Teori Zavascki, j. 14.11.07, DJU 10.12.07; RJTJESP 50/290);

— exige-se a concordância do impetrante (TFR-Pleno, MS 110.899-AgRg, Min. Gueiros Leite, j. 12.12.87, DJU 19.5.88; RJTJESP 102/121).

Art. 11. Feitas as notificações, o serventuário em cujo cartório corra o feito juntará aos autos cópia autêntica dos ofícios endereçados ao coator e ao órgão de representação judicial da pessoa jurídica interessada, bem como a prova da entrega a estes ou da sua recusa em aceitá-los ou dar recibo e, no caso do art. 4º desta Lei, a comprovação da remessa.

Art. 12. Findo o prazo a que se refere o inciso I do *caput* do art. 7º desta Lei, o juiz ouvirá o representante do Ministério Público,[1 a 2a] que opinará, dentro do prazo improrrogável de 10 (dez) dias.[3]

Parágrafo único. Com ou sem o parecer do Ministério Público, os autos serão conclusos ao juiz, para a decisão,[4 a 6] a qual deverá ser necessariamente proferida em 30 (trinta) dias.

Art. 12: 1. O juiz pode ouvir o MP antes de decidir sobre a liminar (v. art. 7º, nota 16a).

Art. 12: 2. "Embora o mandado de segurança esteja inserido entre as ações em que é obrigatória a manifestação do Ministério Público, a doutrina e a jurisprudência não admitem a decretação de nulidade sem a demonstração do prejuízo, prestigiando o princípio da instrumentalidade das formas" (STJ-6ª T., RMS 12.050, Min. Paulo Medina, j. 27.4.04, DJU 17.5.04).

Mandado de Segurança

"Se houve participação do Ministério Público no trâmite do mandado de segurança, a manifestação deste órgão em segunda instância, suprindo a falta de intimação da sentença monocrática e a ausência de prejuízo para as partes, afasta qualquer arguição de nulidade no processo" (STJ-2ª T., REsp 175.245, Min. João Otávio, j. 3.2.05, DJU 9.5.05).

"Considera-se efetivo o pronunciamento se o Ministério Público, abordando a questão de fundo, entende que, por força da substância do mesmo, não deve atuar como *custos legis*. *In casu*, o douto representante do *Parquet* devidamente intimado da sentença afirmou ser desnecessária a sua manifestação. Consectariamente, ausente a nulidade processual haja vista que o Ministério Público teve a oportunidade de se manifestar e não o fez" (STJ-1ª T., REsp 541.199, Min. Luiz Fux, j. 8.6.04, DJU 28.6.04).

Todavia: "Em mandado de segurança, não basta a intimação do Ministério Público; é necessário o seu efetivo pronunciamento" (STJ-Corte Especial, RSTJ 96/17, 3 votos vencidos e 8 ausências). No mesmo sentido: STJ-1ª Seção: RSTJ 29/434 e STJ-RJ 194/41, 3 votos vencidos, 52/339, 2 votos vencidos, RT 703/128, 3 votos vencidos.

V. tb. CPC 279, notas 3a e 4a.

Art. 12: 2a. Se for o caso de indeferimento da inicial, o MP deve ser ouvido previamente?

— **Sim:** "É necessária a intervenção do MP em mandado de segurança, mesmo tendo sido indeferido de plano por insuficiência de provas, porquanto cabe ao órgão ministerial manifestar-se não somente sobre a matéria de mérito, mas, também, acerca do cabimento da ação" (STJ-5ª T., REsp 378.867, Min. Edson Vidigal, j. 5.3.02, DJU 1.4.02).

— **Não:** "Não é obrigatória a intervenção do MP se o mandado de segurança é indeferido de plano" (STF-Pleno: RTJ 173/511). No caso, o relator manifestou-se convencido "do não cabimento do *writ* pela falta de prova pré-constituída, pela inexistência de lei que gere direito líquido e certo ao impetrante, e por apoiar-se a impetração em fatos controvertidos".

Art. 12: 3. "Mandado de segurança. Pronunciamento do Ministério Público. Por seu manifesto interesse público, esse pronunciamento não se subordina ao prazo estipulado no art. 10 da Lei 1.533/51" (STJ-1ª Seção, ED no REsp 26.709, Min. Peçanha Martins, j. 30.5.95, um voto vencido, DJU 25.9.95). Nota: o art. 10 da Lei 1.533/51 guarda correspondência com o LMS 12. Assim: "O prazo para a manifestação do Ministério Público como *custos legis* (art. 12 da Lei 12.016/09) não tem a mesma natureza dos prazos das partes, denominados próprios, cujo descumprimento acarreta a preclusão (art. 183 do CPC). Trata-se de prazo que, embora improrrogável, é impróprio, semelhante aos do juiz e seus auxiliares, a significar que a extemporaneidade da apresentação do parecer não o invalida, nem inibe o julgamento da demanda" (STJ-1ª T., RMS 32.880, Min. Teori Zavascki, j. 20.9.11, DJ 26.9.11).

Contra: "Se houve intimação, não existe nulidade e o MP não pode falar nos autos após vencido o prazo a ele conferido pelo CPC ou pela Lei 1.533/51" (STJ-1ª T., REsp 24.234, Min. Garcia Vieira, j. 19.4.95, dois votos vencidos, DJU 22.5.95).

Art. 12: 4. s/ cassação automática da liminar, pela sentença que denega a segurança, v. Súmula 405, em nota 1b ao art. 14.

Art. 12: 4a. "Efeito da sentença ou acórdão concessivo da segurança. A decisão concessiva de segurança tem efeito *ex tunc* por ser de índole declaratória. O efeito, entretanto, não impede que se consolidem situações fáticas que se tornam definitivas e inevitáveis, como ocorre com as nomeações para o serviço público, se não houver o resguardo por liminar" (STJ-2ª T., RMS 11.062-EDcl, Min. Eliana Calmon, j. 16.8.01, DJU 29.10.01).

Art. 12: 5. "Aplicam-se ao mandado de segurança os arts. 303, I, e 462 do CPC" sobre direito superveniente (STJ-1ª T., REsp 39.023, Min. Cesar Rocha, j. 23.5.94, DJU 20.6.94).

Contra: "Em mandado de segurança não se aplica preceito de lei superveniente à impetração. O ato impugnado tem como parâmetro obrigatório a legislação em vigor ao tempo de sua expedição" (STF-RT 867/109: 2ª T., RE 457.508-AgRg).

Art. 12: 6. Decadência da ação é mérito; assim sendo, a questão da legitimidade ativa do impetrante antecede a de saber se o mandado de segurança foi ajuizado no prazo ou não (RP 53/245, com várias declarações de voto e comentário de Gisele Ferreira de Araújo).

Art. 13. Concedido o mandado, o juiz transmitirá em ofício, por intermédio do oficial do juízo, ou pelo correio, mediante correspondência com aviso de recebimento, o inteiro teor da sentença à autoridade coatora e à pessoa jurídica interessada.[1 a 4]

Parágrafo único. Em caso de urgência, poderá o juiz observar o disposto no art. 4º desta Lei.

Art. 13: 1. s/ transmissão do inteiro teor da sentença e prazo para recorrer, v. art. 14, nota 2b.

Art. 13: 2. "Em havendo sido delegado a outro agente o exercício da atribuição legal, a decisão do Judiciário será dirigida ao delegatário" (STJ-3ª Seção, MS 2.837, Min. Vicente Cernicchiaro, j. 19.8.93, DJU 21.2.94).

Art. 13: 3. "A decisão, em mandado de segurança, é executada logo que seja transmitido, em ofício, o seu integral teor à autoridade coatora" (STJ-Bol. AASP 1.835/57j).

Art. 13: 4. Cabe reclamação para fazer cumprir mandado de segurança concedido pelo STJ ou pelo STF (CPC 988, nota 1d).

Art. 14. Da sentença,[1] denegando ou concedendo o mandado, cabe apelação.[1a a 3a]

§ 1º Concedida a segurança, a sentença estará sujeita obrigatoriamente ao duplo grau de jurisdição.[3b a 4b]

§ 2º Estende-se à autoridade coatora o direito de recorrer.[5]

§ 3º A sentença que conceder o mandado de segurança pode ser executada provisoriamente,[5a-5b] salvo nos casos em que for vedada a concessão da medida liminar.[5c-6]

§ 4º O pagamento de vencimentos e vantagens pecuniárias assegurados em sentença concessiva de mandado de segurança a servidor público da administração direta ou autárquica federal, estadual e municipal somente será efetuado relativamente às prestações que se vencerem a contar da data do ajuizamento da inicial.[7-8]

Art. 14: 1. "É nulo o processo de mandado de segurança a partir da falta de intimação, quanto à sentença, da pessoa jurídica de direito público, que é a legitimada passiva para a causa" (STF-RP 154/170: 2ª T., AI 431.264-AgRg).

"Em sede de mandado de segurança, a partir da sentença, a intimação dos atos processuais deve ser endereçada à pessoa jurídica de direito público a quem está vinculada a autoridade impetrada" (STJ-1ª Seção, ED no REsp 785.230, Min. Eliana Calmon, j. 10.10.07, DJU 22.10.07).

✎ **Art. 14: 1a.** "Os efeitos da apelação interposta em mandado de segurança quando o juiz, por ocasião da sentença, revoga a liminar", por Helder Martinez Dal Col (RF 362/359); "Duplo efeito da apelação contra sentença que denega ordem de mandado de segurança", por Luiz Felippe Jordão, Jorge Rubem Folena de Oliveira e João Alberto de Sá Barbosa (RSDCPC 36/64).

Art. 14: 1b. Sentença denegatória da segurança. Súmula 405 do STF: "Denegado o mandado de segurança pela sentença, ou no julgamento do agravo, dela interposto, fica sem efeito a liminar concedida, retroagindo os efeitos da decisão contrária". O agravo referido na Súmula é o antigo agravo de petição; hoje, o recurso cabível é a apelação. A Súmula 405 continua em vigor (RJTJESP 108/353, bem fundamentado) e é aplicada no STJ (STJ-2ª Seção, CC 41.936-AgRg, Min. Fernando Gonçalves, j. 12.5.04, DJU 24.5.04).

Admitindo, excepcionalmente, a **eficácia da medida liminar após a sentença denegatória:** "A apelação da sentença denegatória de segurança tem efeito devolutivo. Só em casos excepcionais de flagrante ilegalidade ou abusividade, ou de dano irreparável ou de difícil reparação, é possível sustarem-se os efeitos da medida, atacada no *mandamus*, até o julgamento da apelação" (RSTJ 96/175).

"Presentes os pressupostos do *fumus boni iuris* e o *periculum in mora*, consideradas a relevância do fundamento e a possibilidade de lesão de difícil reparação, é admissível, excepcionalmente, dar efeito suspensivo à apelação interposta contra decisão denegatória de segurança, para restabelecer liminar anteriormente concedida" (STJ-1ª T., REsp 422.587, Min. Garcia Vieira, j. 3.9.02, DJU 28.10.02).

"A aplicação da Súmula n. 405 do STF enseja ressalvas, porquanto se apoia em precedentes julgados anteriormente à vigência do atual CPC, que deu nova sistemática e dimensão às cautelares, e não considerou a legislação superveniente relativa à matéria. A regra, a ser observada, é a de que a eficácia da liminar pode ser suspensa, revogada ou mesmo restabelecida, tendo em conta o caso concreto e os parâmetros legais de regência" (STJ-2ª T., RMS 2.438, Min. Pádua Ribeiro, j. 29.11.93, DJU 7.2.94).

"É cediço que, nos termos da Súmula 405/STF, a revogação da decisão liminar concedida em mandado de segurança produz efeitos *ex tunc*. Entretanto, em algumas hipóteses, especialmente naquelas em que a concessão da liminar gera situações caracterizadas como definitivas, seus efeitos devem ser preservados, justamente em razão de fugir a decisão interlocutória à sua natureza cautelar, concedendo tutela de cunho satisfativo" (STJ-1ª T., REsp 1.028.716, Min. Benedito Gonçalves, j. 20.4.10, DJ 3.5.10).

Contra, entendendo que o juiz não pode restabelecer a liminar, ao receber a apelação interposta pelo impetrante: RT 811/457, RJTJESP 99/167, 108/353.

Art. 14: 1c. "Não é possível conceder-se efeito suspensivo à apelação interposta de sentença que extinguiu o feito **sem julgamento do mérito,** uma vez que não há o que suspender, pois nada de concreto foi reconhecido ou imposto às partes" (STJ-RT 684/169: 2ª T., RMS 615).

Art. 14: 2. Sentença concessiva da segurança. "A sentença concessiva de segurança tem precedência sobre a liminar, porque o recurso contra ela tem efeito meramente devolutivo" (STJ-2ª T., MC 3.156-AgRg, Min. Eliana Calmon, j. 24.10.00, DJU 5.2.01). Também afirmando o efeito meramente devolutivo da apelação em mandado de segurança: JTJ 285/326, RIDA 9/165.

"A superveniência de sentença concessiva da segurança, ratificando a liminar anteriormente concedida, torna prejudicados os recursos interpostos em face dessa decisão interlocutória" (STJ-1ª T., REsp 553.076, Min. Teori Zavascki, j. 26.4.05, DJU 9.5.05).

Art. 14: 2a. Para a suspensão da execução da sentença concessiva da segurança, o Poder Público tem dois caminhos. Um deles leva ao remédio específico do art. 15. O outro conduz à concessão de excepcional efeito suspensivo à sua apelação (v. CPC 995 § ún. e 1.012 § 4º).

V. tb. art. 15, nota 8, e Lei 8.437/92, art. 4º, nota 2a (no tít. MEDIDA CAUTELAR).

Art. 14: 2b. Termo inicial do prazo para recurso.

Súmula 392 do STF: "O prazo para recorrer de acórdão concessivo de segurança conta-se da publicação oficial de suas conclusões, e não da anterior ciência à autoridade para cumprimento da decisão".

Todavia, é preciso considerar que o art. 13-*caput* agora prevê a transmissão em ofício do inteiro teor da sentença não só para a autoridade coatora, mas também para a pessoa jurídica interessada.

"A contagem do prazo para apelar da sentença concessiva do mandado de segurança inicia-se no momento em que o **representante judicial** da Fazenda Pública toma conhecimento da decisão" (STJ-1ª T., REsp 888.262, Min. Teori Zavascki, j. 18.12.07, DJU 11.2.08). No mesmo sentido: STJ-2ª T., REsp 882.857, Min. Castro Meira, j. 7.11.06, DJU 17.11.06.

Em sentido contrário à Súmula 392 do STF: "Há de se considerar válida e regular a intimação de sentença, comprovada mediante certidão, feita diretamente à autoridade impetrada, se esta até então não possuía advogado constituído nos autos. Neste caso, o prazo para a interposição do recurso passa a contar da referida intimação e não da publicação da sentença no DOU" (STJ-1ª T., REsp 191.580, Min. José Delgado, j. 11.12.98, DJU 29.3.99). Ainda: RSTJ 157/133.

S/ intimação do representante judicial da Fazenda Pública em mandado de segurança, v. nota 1.

Art. 14: 2c. O **prazo** para o **terceiro interessado** recorrer conta-se da intimação da sentença pela imprensa oficial, e não da ciência dada à autoridade coatora (STF-RJTJESP 62/277).

Art. 14: 2d. Tem o privilégio do prazo em dobro para recorrer:

— a **pessoa jurídica de direito público** (STF-1ª T., RE 97.283-EDcl, Min. Rafael Mayer, j. 23.11.82, DJU 17.12.82; RSTJ 60/350; RT 605/146, p. 147, 750/297; RJTJESP 30/136, 39/50, maioria de votos). V. tb. CPC 183;

— o **Ministério Público** (STJ-2ª T., RMS 1.879, Min. Hélio Mosimann, j. 2.5.96, DJU 3.6.96). V. tb. CPC 180.

No sentido de que o prazo para a autoridade impetrada recorrer não se dobra: RT 495/84. **Contra,** entendendo que o prazo é dobrado: RT 524/86, JTA 41/69.

Art. 14: 3. O prazo para a apelação contra a sentença em mandado de segurança é de quinze dias (CPC, 1.003 § 5º). "Ainda que no mérito a controvérsia dos autos relacione-se ao Estatuto da Criança e do Adolescente, não há como prevalecer o prazo recursal de 10 (dez) dias determinado por seu art. 198, inciso segundo" (STJ-2ª T., REsp 345.875, Min. Paulo Medina, j. 21.2.02, DJU 8.4.02).

Art. 14: 3a. Intimação para a oferta de resposta ao recurso. "A opção legislativa, com a finalidade de manter a celeridade da ação mandamental, limita-se a determinar a notificação para informações e à comunicação de sentença (Lei 1.533/51, arts. 7º e 11). Todavia, apresentado recurso pela impetrante, a intimação, para contrarrazões, deve ser feita ao representante judicial da própria pessoa jurídica" (STJ-RT 831/234). No mesmo sentido: "Em sede de mandado de segurança, havendo recurso ordinário contra decisão denegatória, é preciso que se abra vista à pessoa jurídica de direito público a que está vinculada a autoridade apontada como coatora. Não é o caso de se abrir vista à autoridade, mas sim de dar oportunidade à pessoa jurídica de direito público a cujos quadros ela pertence, que é quem arcará com os ônus advindos de eventual provimento do apelo, para se manifestar sobre o recurso" (STJ-5ª T., RMS 14.176, Min. Felix Fischer, j. 25.6.02, DJU 12.8.02).

Art. 14: 3b. s/ reexame necessário, v. CPC 496.

Art. 14: 4. "Nos termos do art. 12, § ún., da Lei n. 1.533/51, a sentença concessiva de mandado de segurança fica sujeita ao duplo grau de jurisdição, não se aplicando o art. 475 do CPC. A despeito das alterações introduzidas pela Lei 10.352/01, que modificou o art. 475 do CPC, dando nova disciplina ao reexame necessário, há de ser aplicada a norma especial prevista no art. 12 da LMS" (STJ-Corte Especial, ED no REsp 687.216, Min. Castro Meira, j. 4.6.08, DJ 4.8.08). No mesmo sentido: RF 380/373 (acórdão relatado pelo Des. Araken de Assis). Nota: o art. 12 § ún. da Lei 1.533/51 guarda correspondência com o LMS 14 § 1º.

Contra: "A exceção imposta pelo § 2º do art. 475, quanto ao cabimento do reexame necessário, aplica-se às sentenças em mandado de segurança" (RSTJ 186/131: 1ª T., REsp 625.219, um voto vencido). No mesmo sentido: JTJ 310/469, maioria.

Art. 14: 4a. O art. 14 § 1º somente se refere às sentenças; **os acórdãos** concessivos de segurança em processo de competência originária de Tribunal não estão sujeitos ao reexame *ex officio* por Tribunal superior (RTJ 129/1.069; STJ-1ª T., Ag 13.979-0-AgRg, Min. Gomes de Barros, j. 23.6.93, DJU 23.8.93).

Art. 14: 4b. Estão sujeitas ao duplo grau de jurisdição as sentenças concessivas de mandado de segurança contra ato de **sociedade de economia mista.** "A remessa necessária de sentenças concessivas em Mandado de Segurança é disciplinada pelo § ún., do art. 12, da Lei n. 1.533/51, regra especial que deve prevalecer sobre a regra processual civil (art. 475, II, do CPC), de natureza genérica, ainda que se trate de impugnação de ato emanado por preposto de Sociedade de Economia Mista" (STJ-5ª T., REsp 279.217, Min. Jorge Scartezzini, j. 2.8.01, DJU 29.10.01). No mesmo sentido: STJ-4ª T., REsp 316.092, Min. Ruy Rosado, j. 20.9.01, DJU 19.10.01; STJ-6ª T., REsp 280.292, Min. Vicente Leal, j. 17.4.01, DJU 4.6.01. Nota: o art. 12 § ún. da Lei 1.533/51 guarda correspondência com o LMS 14 § 1º.

Art. 14: 5. Além da autoridade coatora, **tem legitimidade para recorrer da sentença concessiva do mandado de segurança:**

— a pessoa jurídica de direito público afetada pela concessão do *writ* (RTJ 88/298, 118/337; RSTJ 89/91, 93/117; STJ-RT 730/201; RTFR 124/11, 128/19, 139/33; RT 521/285);

— o terceiro juridicamente prejudicado (RTJ 83/263);

— o Ministério Público (RSTJ 59/389; STJ-1ª T., REsp 40.730, Min. Cesar Rocha, j. 15.12.93, DJU 7.3.94; RJTJESP 35/100). V. CPC 177, nota 3a.

Art. 14: 5a. s/ execução provisória de sentença, v. CPC 520 a 522.

Art. 14: 5b. O cumprimento provisório da sentença concessiva da segurança "depende da só notificação da autoridade coatora, independentemente de caução, ainda que dela seja interposto qualquer recurso. A medida processual adequada, em casos como o da espécie, é o pedido de suspensão da segurança" (STJ-1ª T., RMS 3.385, Min. Demócrito Reinaldo, j. 11.4.94, DJU 9.5.94).

"Sentença de natureza mandamental, antes de transitada em julgado, pode ser cumprida provisória e imediatamente via simples notificação por ofícios, independentemente de caução ou de carta de sentença" (STJ-1ª T., RMS 2.019, Min. Milton Luiz Pereira, j. 18.4.94, DJU 23.5.94).

"A decisão denegatória de segurança não comporta execução" (STJ-1ª Seção, Incidente de Execução no MS 559, Min. Garcia Vieira, maioria, DJU 6.4.92).

Art. 14: 5c. Lei 9.494, de 10.9.97: "Art. 2º-B. A sentença que tenha por objeto a liberação de recurso, inclusão em folha de pagamento, reclassificação, equiparação, concessão de aumento ou extensão de vantagens a servidores da União, dos Estados, do Distrito Federal e dos Municípios, inclusive de suas autarquias e fundações, somente poderá ser executada após seu trânsito em julgado".

Art. 14: 6. Casos em que é vedada a concessão de medida liminar: art. 7º § 2º.

Art. 14: 7. Súmula 271 do STF: "Concessão de mandado de segurança não produz efeitos patrimoniais, em relação a período pretérito, os quais devem ser reclamados administrativamente ou pela via judicial própria".

"Mandado de segurança. Servidor público. Vantagens remuneratórias. Efeitos patrimoniais. Termo inicial. Ajuizamento do *mandamus*. Súmulas 269 e 271/STF. Opção do legislador. Art. 14, § 4º, da Lei 12.016/2009" (STJ-Corte Especial, ED no REsp 1.087.232, Min. Herman Benjamin, j. 7.12.16, DJ 19.4.17).

Contra: "Nas hipóteses em que o servidor público deixa de auferir seus vencimentos, ou parte deles, em face de ato ilegal ou abusivo do Poder Público, os efeitos financeiros da concessão de ordem mandamental devem retroagir à data do ato impugnado, violador do direito líquido e certo do impetrante, isso porque os efeitos patrimoniais do *decisum* são mera consequência da anulação do ato impugnado que reduziu a pensão da impetrante" (STJ-Corte Especial, ED no REsp 1.164.514, Min. Napoleão Maia, j. 16.12.15, DJ 25.2.16).

V. tb. art. 1º, nota 5a (Súmula 269 do STF).

Art. 14: 8. "Mandado de segurança. Valores devidos entre a data da impetração e a implementação da ordem concessiva. **Submissão ao regime de precatórios**" (STF-Pleno, RE 889.173-RG, Min. Luiz Fux, j. 7.8.15, maioria DJ 17.8.15). No mesmo sentido: STJ-Corte Especial, ED no REsp 1.182.843, Min. Herman Benjamin, j. 19.10.16, DJ 4.11.16.

Art. 15. Quando, a requerimento de pessoa jurídica de direito público interessada ou do Ministério Público[1 a 1b] e para evitar grave lesão à ordem, à saúde, à segurança e à economia públicas,[1c a 2b] o presidente do tribunal ao qual couber o conhecimento do respectivo recurso suspender,[2c a 4a] em decisão fundamentada, a execução da liminar e da sentença, dessa decisão caberá agravo,[5] sem efeito suspensivo, no prazo de 5 (cinco) dias,[5a a 7] que será levado a julgamento na sessão seguinte à sua interposição.

§ 1º Indeferido o pedido de suspensão ou provido o agravo a que se refere o *caput* deste artigo, caberá novo pedido de suspensão ao presidente do tribunal competente para conhecer de eventual recurso especial ou extraordinário.

§ 2º É cabível também o pedido de suspensão a que se refere o § 1º deste artigo, quando negado provimento a agravo de instrumento interposto contra a liminar a que se refere este artigo.

§ 3º A interposição de agravo de instrumento contra liminar concedida nas ações movidas contra o poder público e seus agentes não prejudica nem condiciona o julgamento do pedido de suspensão a que se refere este artigo.[8]

§ 4º O presidente do tribunal poderá conferir ao pedido efeito suspensivo liminar se constatar, em juízo prévio, a plausibilidade do direito invocado e a urgência na concessão da medida.

§ 5º As liminares cujo objeto seja idêntico poderão ser suspensas em uma única decisão, podendo o presidente do tribunal estender os efeitos da suspensão a liminares supervenientes, mediante simples aditamento do pedido original.

Art. 15: 1. "Tendo sido admitidos, no processo do mandado de segurança, como litisconsortes passivos ou como assistentes da autoridade coatora e não se havendo consumado definitivamente sua posterior exclusão do feito, têm os Municípios legitimidade para requerer a suspensão de medida liminar que, segundo alegam, afeta seus direitos e interesses. Tanto mais porque a jurisprudência do STF reconhece a pessoas jurídicas de direito público o direito de requererem tal suspensão, como interessadas, mesmo que não tenham ainda requerido sua intervenção no processo do mandado de segurança, dada a urgência da medida" (RTJ 149/727).

Art. 15: 1a. "**Sociedade de economia mista** da administração indireta tem legitimidade ativa *ad causam* para requerer suspensão de decisão" (STJ-Corte Especial, Pet 1.621-AgRg, Min. Nilson Naves, j. 24.6.02, DJU 14.4.03).

"A jurisprudência dos Tribunais Superiores tem admitido também o ajuizamento da excepcional medida por **entidades de direito privado** no exercício de atividade delegada da Administração Pública, como as sociedades de economia mista e as concessionárias prestadoras de serviço público, quando na defesa de interesse público, naturalmente" (STJ-Corte Especial, SS 1.277-AgRg, Min. Edson Vidigal, j. 25.10.04, DJU 6.12.04).

"A **empresa pública** equipara-se a entidade de direito público, quanto à legitimidade para requerer a suspensão de liminar, quando a medida se relacionar com aspectos públicos ligados à sua área de atuação" (RSTJ 54/427). No mesmo sentido: RSTJ 136/152.

"Empresa pública, órgão da administração indireta do Distrito Federal, legalmente incumbida de típico serviço público, a Cia. de Água e Esgotos de Brasília está legitimada para interpor pedido de suspensão de segurança, quando os pressupostos da medida sejam pertinentes à sua área de atuação" (RTJ 124/406).

Contra: "Só a pessoa jurídica de direito público tem legitimidade ativa para formular o pedido de suspensão. À pessoa jurídica de direito privado, ainda que exercente de atividade delegada do poder público, falta autoridade para falar em nome da ordem, da saúde, da segurança e da economia públicas" (Bol. do TRF-3ª Reg. 10/68, AgRg na SS 1.372, Juiz Márcio Moraes, j. 27.5.93, maioria).

V. tb. nota 1 ao art. 4º da Lei 8.437, de 30.6.92 (no tít. MEDIDA CAUTELAR).

Art. 15: 1b. Sindicato não é autoridade pública; logo, não tem legitimação para requerer a suspensão de segurança (TFR-Pleno, SS 7.261-AgRg, Min. Gueiros Leite, j. 18.6.87, DJU 22.10.87).

"Pretensão de ver suspensa medida liminar concessiva de efeito suspensivo à decisão de juiz criminal que julgara procedente ação de pedido de resposta. Sendo a faculdade privativa da pessoa jurídica de direito público interessada, não é parte legítima, para requerer suspensão de liminar, a **pessoa física** cuja honra se diz atacada, mesmo em se tratando de juiz federal que se considere ofendido em razão do seu ofício" (RTJ 149/369).

Art. 15: 1c. "A **ordem jurídica** não se encontra entre os valores tutelados pelo art. 4º da Lei n. 4.348/64" (STJ-Corte Especial, SS 1.718-AgRg, Min. Barros Monteiro, j. 16.5.07, DJU 6.8.07). Nota: o art. 4º da Lei 4.348/64 guarda correspondência com a LMS 15.

"Em processo de suspensão de segurança, para deferi-la ou indeferi-la, o Presidente do Tribunal — a que compete o exame de eventual recurso contra a decisão concessiva — não examina as questões processuais ou de mérito da causa em que proferida. Limita-se a verificar a ocorrência dos pressupostos dos arts. 4º da Lei n. 4.348, de 26.6.64, 297 do RISTF e 25 da Lei n. 8.038, de 28.5.90" (RTJ 147/512).

V. tb. Lei 8.437, de 30.6.92, art. 4º, nota 3 (no tít. MEDIDA CAUTELAR).

Art. 15: 1d. É cabível a suspensão nos casos "em que o cumprimento imediato do julgado ou da liminar pode ferir ou ameaçar os interesses superiores legalmente protegidos" (RTJ 118/861, maioria).

"A suspensão de segurança exige **prova inequívoca** de grave lesão à ordem e à economia públicas" (decisão do Min. Celso de Mello: RDA 213/237). No mesmo sentido: RSTJ 181/39.

V. tb. Lei 8.437, de 30.6.92, art. 4º, nota 3a (no tít. MEDIDA CAUTELAR).

Art. 15: 2. "Há lesão a **ordem pública administrativa** quando a decisão atacada interfere no critério de conveniência e oportunidade do ato administrativo impugnado" (STJ-Corte Especial, SS 1.519-AgRg, Min. Edson Vidigal, j. 20.3.06, DJU 10.4.06).

"A suspensão da vigência do ato que cria, para o Estado de São Paulo, o Colégio Recursal dos Juizados Especiais Cíveis e Criminais, centralizado na Capital, é suscetível de causar dano à ordem pública administrativa" (STJ-Corte Especial, SS 1.784-AgRg, Min. Barros Monteiro, j. 21.11.07, DJU 10.12.07).

Mas: "A necessidade de prestar o serviço público deve ser compatibilizada com o respeito às regras da licitação; suspensa por ordem judicial a realização desta, a lesão ao interesse público pode ser evitada por meio de contratação emergencial" (STJ-Corte Especial, SS 2.476-AgRg, Min. Ari Pargendler, j. 1.7.11, DJ 28.9.11).

Art. 15: 2a. "Evidente o alegado risco à **saúde pública** quando ameaçado o próprio funcionamento de serviço essencial, no caso o abastecimento de água e esgoto da municipalidade" (STJ-Corte Especial, SS 1.581-AgRg, Min. Edson Vidigal, j. 20.3.06, DJU 10.4.06).

A suspensão de licitação para a aquisição de material essencial "ao funcionamento de centros cirúrgicos e unidades de terapia intensiva configura risco de grave lesão à saúde e à economia públicas" (STJ-Corte Especial, SS 1.550-AgRg, Min. Edson Vidigal, j. 20.3.06, DJU 10.4.06).

Art. 15: 2b. "O juízo acerca de eventual lesividade da medida impugnada na via da suspensão de segurança é político, razão pela qual a concessão dessa medida, em princípio, é alheia ao mérito da causa originária. O superávit arrecadatório e a existência de previsão orçamentária para concessão de isenção fiscal não afastam, necessariamente, a possibilidade de perda de arrecadação do ente estatal na hipótese de revogação do benefício. Há risco à **economia pública** quando o benefício fiscal deferido liminarmente envolve valores de grande monta, aptos a impactar negativamente as finanças estatais" (STJ-Corte Especial, SS 2.973-AgInt, Min. João Otávio, j. 27.11.18, DJ 3.12.18).

"A concessão generalizada de aumento de vencimentos pela incorporação de vantagens antes do trânsito em julgado da decisão coloca em situação delicada o equilíbrio das já combalidas finanças públicas estaduais. A interferência abrupta na administração financeira do Estado-Membro é, a todas as luzes, desastrosa e deve ser evitada" (STJ-Corte Especial, SS 1.878-AgRg, Min. Cesar Rocha, j. 3.12.08, DJ 5.2.09).

"Segurança concedida a determinado servidor, em homenagem a seus atributos pessoais, não tem potencial lesivo à economia pública" (STJ-Corte Especial, SS 1.816-AgRg, Min. Gomes de Barros, j. 4.6.08, DJ 7.8.08).

"A decisão que condena critérios adotados no edital não é manifestamente ilegítima, nem lesa os valores protegidos pela Lei 12.016, de 2009, porque, relevantes que sejam os serviços licitados, a eles sobreleva o interesse público de evitar dano às finanças públicas, que fatalmente ocorrerá se, concedida a final a segurança, o pedido de suspensão for deferido" (STJ-Corte Especial, SS 2.384-AgRg, Min. Ari Pargendler, j. 1.7.11, DJ 28.9.11).

Art. 15: 2c. "Suspensão do mandado de segurança pelo presidente do Tribunal", por Cândido Rangel Dinamarco (RF 363/17); "Do conflito entre o agravo de instrumento e o pedido de suspensão de liminar", por Leonardo José Carneiro da Cunha (RT 813/163); "Das liminares em mandado de segurança e o art. 4º da Lei 4.348/64 como norma obstaculizadora de direito fundamental", por Belmiro Jorge Patto (RP 114/107); "Suspensão de execução de decisão judicial na alta jurisprudência brasileira", por Ivan Luiz da Silva (RT 836/69); "Suspensão de liminar e de sentença em mandado de segurança, na jurisprudência das Cortes Superiores", por Angelina Mariz de Oliveira (RDDP 36/9); "Da competência do presidente de tribunal para pedidos de suspensão formulados contra decisões liminares, cautelares e antecipatórias de tutela de magistrados integrantes da Corte presidida", por Francisco de Queiroz Bezerra Cavalcanti e Luciana de Medeiros Fernandes (RDDP 42/31); "Apresentação e crítica de alguns aspectos que tornam a suspensão de segurança um remédio judicial execrável", por Marcelo Abelha Rodrigues (IP 45/39).

Art. 15: 2d. s/ suspensão de segurança, v. Lei 8.038/90, art. 25 (v. ínt. no tít. RECURSOS), RISTF 297, RISTJ 271; s/ suspensão de medida liminar ou de sentença em ação cautelar inominada, em ação popular e em ação civil pública, v. Lei 8.437, de 30.6.92, no tít. MEDIDA CAUTELAR, ínt.; s/ recurso especial de decisão proferida em sede de suspensão de segurança, v. RISTJ 255, nota 4-Suspensão de segurança.

Art. 15: 3. "É **desnecessário** o **esgotamento** da instância ordinária para que o ente público ajuíze aqui pedido de suspensão de segurança" (STJ-Corte Especial, SS 855-AgRg, Min. Gomes de Barros, j. 29.5.08, DJU 12.6.08).

V. tb. Lei 8.437/92, art. 4º, nota 2 (no tít. MEDIDA CAUTELAR).

Art. 15: 3a. Nos casos em que a medida liminar ou a decisão concessiva do mandado de segurança é dada por tribunal local, em julgamento de única ou última instância, a competência para a sua suspensão é do **Presidente do STF ou do STJ,** conforme se trate, respectivamente, de mandado de segurança com fundamento constitucional ou infraconstitucional (v. LR 25-*caput*, especialmente nota 1, RISTF 297, especialmente nota 1, e RISTJ 271). O mesmo vale para a suspensão de liminar regulada pela Lei 8.437, de 30.6.92 (v. art. 4º, nota 1e, dessa lei, no tít. MEDIDA CAUTELAR).

Por isso, cabe **reclamação** ao STF ou ao STJ contra a decisão de presidente de tribunal local que suspende medida liminar concedida por relator (v. LR 25, nota 1a).

Art. 15: 3b. "Suspensão de segurança: cuidando-se de procedimento sumário e de cognição incompleta, não se reclama, para o deferimento da medida, o prejulgamento em favor da entidade pública da questão de fundo, objeto do mandado de segurança, mas apenas que se verifique, em **juízo de delibação,** a plausibilidade das razões por ela opostas à pretensão do impetrante, somada à existência de riscos de grave lesão à ordem, à saúde, à segurança e à economia públicas que a execução provisória acarretaria" (RTJ 170/777).

"No âmbito estreito do pedido de suspensão de decisão proferida contra o Poder Público, é vedado o exame do mérito da controvérsia principal, bastando a verificação da ocorrência dos pressupostos atinentes ao risco de grave lesão à ordem, à saúde, à segurança e à economia públicas" (STJ-Corte Especial, Rcl 541, Min. Pádua Ribeiro, j. 18.12.98, DJU 12.4.99).

"Necessidade de, na decisão que examina o pedido de suspensão da segurança, observar-se um mínimo de deliberação da matéria discutida na segurança. É que, se para a concessão da cautelar examina-se a relevância do fundamento, o *fumus boni juris* e o *periculum in mora* (Lei n. 1.533/51, art. 7º, II), na sua suspensão, que constitui contracautela, não pode o Presidente do Tribunal furtar-se a um mínimo de apreciação daqueles requisitos" (RTJ 177/587).

"Na espécie a grave lesão à saúde ficou demonstrada. Se o reconhecimento dessa lesão partiu de alegações falsas e de documentos elaborados para confirmá-las, a responsabilização de quem as emitiu deve ser buscada na via própria, que não é a do pedido de suspensão, onde, por ausência de dilação probatória, deve-se presumir a legitimidade do ato administrativo" (STJ-Corte Especial, SS 2.408-AgRg, Min. Ari Pargendler, j. 1.7.11, DJ 28.9.11).

Art. 15: 4. Eficácia da suspensão da execução da liminar e ulterior sentença concessiva do mandado de segurança.

Súmula 626 do STF: "A suspensão da liminar em mandado de segurança, salvo determinação em contrário da decisão que a deferir, vigorará até o trânsito em julgado da decisão definitiva de concessão da segurança ou, havendo recurso, até a sua manutenção pelo Supremo Tribunal Federal, desde que o objeto da liminar deferida coincida, total ou parcialmente, com o da impetração".

No mesmo sentido, no STJ: "O deferimento do pedido de suspensão mantém seus efeitos até o trânsito em julgado da decisão concessiva ou até sua ratificação pelo STJ" (STJ-Corte Especial, SS 1.021-AgRg, Min. Nilson Naves, j. 29.8.02, DJU 26.5.03). Assim, "o deferimento de pedido de suspensão de liminar possui eficácia mesmo após proferida sentença no *mandamus*, assim permanecendo até que o Superior Tribunal mantenha a decisão concessiva ou até que ocorra o seu trânsito em julgado" (citação do voto do relator). V. LR 25 § 3º.

Contra: "Suspensão da liminar. Superveniência da sentença concessiva da segurança. Necessidade de novo pedido para a mantença da suspensão. Se a sentença que julga procedente ação de mandado de segurança constitui-se em ordem para cumprimento imediato pela autoridade coatora — por isso que contra ela recurso não pode ter efeito suspensivo —, é inconcebível ampliar-se a eficácia de decisão suspensiva de liminar para momento após a solução final do litígio, ainda que, porventura, não tenha ocorrido o trânsito em julgado" (STJ-2ª T., REsp 184.144, Min. Franciulli Netto, j. 19.3.02, DJU 28.10.03).

Art. 15: 4a. "O art. 25 da Lei n. 8.038, de 28.5.90, dá competência ao Presidente do STJ para suspender a execução de liminar ou decisão concessiva de segurança, proferida em única ou última instância pelos Tribunais Regionais Federais, ou pelos Tribunais dos Estados e do Distrito Federal, e não para restabelecer liminar que fora cassada" (STJ-Corte Especial, Pet 720-AgRg, Min. Pádua Ribeiro, j. 20.11.96, dois votos vencidos, DJU 8.4.97).

Art. 15: 5. A **Súmula 506 do STF** e a **Súmula 217 do STJ** dispunham que o agravo cabia apenas da decisão de deferimento da suspensão de segurança, mas foram **revogadas** (STF-Pleno: RTJ 186/112, maioria; STJ-Corte Especial, SS 1.204-AgRg, Min. Nilson Naves, j. 23.10.03, DJU 22.3.04).

Assim, também é agravável a decisão que indefere o pedido de suspensão de segurança.

No STF, antes da revogação da Súmula 506, há notícia de decisão conhecendo de mandado de segurança contra a decisão de indeferimento do pedido de suspensão de segurança (STF-Pleno, MS 24.159, Min. Ellen Gracie, j. 26.6.02, um voto vencido, DJU 31.10.03).

Já no STJ, mesmo antes do cancelamento da Súmula 217, não se admitia o mandado de segurança contra a decisão de indeferimento do pedido de suspensão de segurança, "por não se tratar de ato administrativo, mas jurisdicional" (STJ-Corte Especial, MS 7.029, Min. Sálvio de Figueiredo, j. 25.6.01, 10 votos a 7, DJU 14.10.02).

Art. 15: 5a. Esse prazo agora é de **15 dias** (v. CPC 1.003 § 5º e 1.070).

Art. 15: 6. Havendo **litisconsortes com advogados diferentes,** o prazo é em dobro (RTJ 150/402, 163/59). V. CPC 229.

Art. 15: 7. "Os beneficiários do CPC, art. 188, têm **prazo em dobro** para interpor agravo interno contra decisão monocrática em suspensão de segurança" (STJ-Corte Especial, SS 1.342-AgRg, Min. Edson Vidigal, j. 4.8.04, DJU 30.8.04).

V. **Súmula 116 do STJ** em CPC 180, nota 1, e 183, nota 2.

Art. 15: 8. A interposição de recurso contra a medida liminar ou a sentença concessiva da segurança (agravo de instrumento, agravo interno, apelação etc.) e o requerimento voltado à suspensão de segurança remetem a institutos distintos e com finalidades próprias. Enquanto o recurso coloca em discussão o acerto da decisão impugnada, com ênfase em aspectos jurídicos, a suspensão de segurança desencadeia um incidente do processo, apoiado em razões de interesse público e com forte apelo político. Por isso, eles não se excluem, e o Poder Público pode fazer uso deles concomitantemente.

"Concedida liminar por membro do Tribunal, a competência atribuída ao Presidente do Superior Tribunal de Justiça para apreciação do pedido de suspensão da medida, fundado em risco de grave lesão à ordem, à saúde, à segurança e à economia públicas não afasta, no âmbito daquela Corte, o cabimento de agravo para exame da ocorrência de eventuais vícios (*error in procedendo* ou *in judicando*) na decisão" (STJ-Corte Especial: RSTJ 118/17).

"Tratando-se de liminar que não implica risco de grave lesão à ordem, à saúde, à segurança e à economia públicas, não cabe o requerimento de suspensão ao presidente do tribunal, previsto no art. 4º da Lei 4.348/64, mas, sim, agravo de instrumento para um dos órgãos colegiados da Corte" (RSTJ 103/132).

V. tb. LMS 14, nota 2a, e Lei 8.437, de 30.6.92, art. 4º, nota 2a (no tít. MEDIDA CAUTELAR).

Art. 16. Nos casos de competência[1 a 13a] originária dos tribunais, caberá ao relator a instrução do processo, sendo assegurada a defesa oral na sessão do julgamento do mérito ou do pedido liminar.[14]

Parágrafo único. Da decisão do relator que conceder ou denegar a medida liminar caberá agravo ao órgão competente do tribunal que integre.[14a a 17]

Art. 16: 1. Competência do STF: CF 102-I-*d* e II-*a* e RISTF 200 e notas.

Competência do STJ: CF 105-I-*b* e II-*b* e RISTJ 211 e notas.

Competência dos TRFs: CF 108-I-*c* e II.

Competência da Justiça Federal de primeiro grau: v. art. 2º.

Competência originária do TJ: LOM 101 § 3º-*d*.

V. tb. CF 109-VIII, inclusive notas 20 a 21; CF 109, nota 3 (Junta Comercial).

A competência da Justiça Estadual é geral: o que não pertencer às demais, cabe a ela.

Art. 16: 2. Os tribunais são competentes para julgar originariamente mandados de segurança contra os seus próprios atos (RTJ 151/482, 173/370; STJ-4ª T., RMS 21.334, Min. Fernando Gonçalves, j. 6.11.07, DJU 3.12.07). V. LOM 21-VI, RISTF 200, nota 4 (Súmulas 330 e 624 do STF), e RISTJ 211, nota 3 (Súmula 41 do STJ).

Art. 16: 3. O mandado de segurança é **ação civil,** ainda quando impetrado contra ato de juiz criminal (RTJ 118/730, especialmente p. 741; STF-RTJ 83/255 e RF 260/214). Nesse sentido: "Mandado de segurança. Matéria penal. Competência", por Rosa Maria de Andrade Nery (RP 37/198-parecer).

Mandado de Segurança

Art. 16: 4. "A competência para julgar mandado de segurança define-se pela **categoria da autoridade coatora** e pela sua sede funcional" (STJ-1ª Seção, CC 18.894, Min. Pádua Ribeiro, j. 28.5.97, DJU 23.6.97).

Assim: "Irrelevante, para fixação de competência, a matéria a ser discutida em mandado de segurança, posto que é em razão da autoridade da qual emanou o ato, dito lesivo, que se determina qual o juízo a que deve ser submetida a causa" (STJ-3ª Seção, CC 6.388, Min. Felix Fischer, j. 28.5.97, DJU 30.6.97). "O fato de se acharem envolvidos na impetração dois municípios não justifica, por construção, fixar a competência originária do Tribunal de Justiça para conhecer da impetração" (RSTJ 85/141).

Art. 16: 5. "O juízo competente para processar e julgar o mandado de segurança é o da **sede da autoridade coatora**" (RTFR 132/259), salvo caso de competência funcional (CF 102-I-*d*, 105-I-*b*). No mesmo sentido: RSTJ 2/347, RTFR 119/26, 132/243, 132/266, 134/35, 160/227.

O fato de a autoridade impetrada ter sido removida não interfere na competência do foro (RT 441/210). E é irrelevante que o impetrante seja domiciliado em outra seção que não a da sede da autoridade coatora (RSTJ 45/68). Entendendo que o mandado de segurança tem de ser impetrado no foro da sede funcional da autoridade coatora, não podendo ser apresentado em foro no qual há sucursal desta: STJ-1ª T., REsp 1.101.738, Min. Benedito Gonçalves, j. 19.3.09, um voto vencido, DJ 6.4.09.

Todavia, em sede de Justiça Federal, admite-se a impetração do mandado de segurança no foro do domicílio do impetrante (v. CF 109 § 2º, especialmente nota 24).

Art. 16: 6. "Reconhecida a falta de competência originária do STF para o processo mandamental, impor-se-á o **encaminhamento dos autos** ao Tribunal originariamente competente para processar e julgar a ação de mandado de segurança" (STF-Pleno, MS 26.006-AgRg, Min. Celso de Mello, j. 2.4.07, DJU 15.2.08). Com isso, tende a ficar superada a jurisprudência no sentido de que "não compete a este STF proceder à remessa, ao juízo competente, dos autos de processos indevidamente ajuizados nesta Casa de Justiça" (STF-Pleno, MS 25.258-AgRg, Min. Carlos Britto, j. 1.6.05, quatro votos vencidos, DJU 2.6.06).

De modo geral, ao reconhecer sua incompetência para o processamento de mandado de segurança, qualquer tribunal deve "indicar o órgão jurisdicional competente e fazer o envio respectivo dos autos, e não meramente extinguir a inicial do *writ*" (STJ-4ª T., RMS 14.891, Min. Aldir Passarinho Jr., j. 6.11.07, DJU 3.12.07). No mesmo sentido: STJ-1ª Seção, MS 16.287-AgRg, Min. Castro Meira, j. 22.6.11, DJ 30.6.11.

A hipótese é diversa do mandado de segurança impetrado com a indicação errônea da autoridade coatora (v. art. 6º, nota 7).

Art. 16: 7. "Mandado de segurança impetrado por servidores do TRF e da Justiça Federal de 1ª instância contra o Presidente do Conselho da Justiça Federal, que estaria deixando de reajustar seus vencimentos de acordo com o critério que consideram jurídico. Equivocado endereçamento da impetração, pois a competência para processar e julgar o mandado de segurança é do próprio TRF (CF 108-I-*c*)" (STJ-Corte Especial, MS 524, Min. Carlos Thibau, j. 13.12.90, DJU 11.3.91).

Art. 16: 8. Súmula 433 do STF: "É competente o Tribunal Regional do Trabalho para julgar mandado de segurança contra ato de seu Presidente em execução de sentença trabalhista" (cf. CF 114-*caput, in fine*). Também contra ato administrativo: RTJ 73/158, 80/249, 80/701; RT 525/236.

Art. 16: 9. Súmula 511 do STF: "Compete à Justiça Federal, em ambas as instâncias, processar e julgar as causas entre autarquias federais e entidades públicas locais, inclusive mandados de segurança, ressalvada a ação fiscal, nos termos da Constituição Federal de 1967, art. 119 § 3º". A ressalva contida na CF de 1967, art. 119 § 3º, quanto às ações fiscais, foi reproduzida na CF de 1969, art. 126, e, menos explícita, na CF atual, art. 109 § 3º.

"Impetrado o mandado de segurança por **autarquia federal,** compete à Justiça Federal processá-lo e julgá-lo, ainda que apontada como coatora autoridade estadual ou municipal" (STJ-1ª Seção, CC 4.606, Min. Garcia Vieira, j. 4.5.93, DJU 7.6.93).

A Súmula 511 aplica-se também às **empresas públicas federais** (RTJ 95/795, 101/1.295, 105/209; STJ-1ª Seção, CC 4.394, Min. Gomes de Barros, j. 25.5.93, DJU 2.8.93; RTFR 126/335).

S/ mandado de segurança impetrado por ente público federal contra ato de juiz estadual, v. CF 109, nota 20b.

Art. 16: 10. Súmula 60 do TFR: "Compete à Justiça Federal decidir da admissibilidade de mandado de segurança impetrado contra atos de dirigentes de pessoas jurídicas privadas, ao argumento de estarem agindo por delegação do poder público federal" (v. jurisprudência s/ esta Súmula em RTFR 79/260). Esta Súmula continua em vigor (STJ-1ª Seção, CC 1.195, Min. Carlos Velloso, j. 22.5.90, maioria, DJU 13.8.90).

Nessas condições, se a autoridade estadual age no exercício de **competência federal delegada** (como, p. ex., no caso de cobrança da Taxa Rodoviária Única, que era feita pelo Estado, embora o tributo fosse da União), cabe à Justiça Federal conhecer do mandado de segurança (RTFR 104/177). No mesmo sentido: TFR-RDA 160/220.

A delegação, a funcionário estadual ou municipal, da execução de serviço federal não descaracteriza a natureza do encargo, sendo, por isso, competente a Justiça Federal para processar e julgar qualquer ação com ele relacionada (RTJ 98/345 e RJTJESP 72/46).

"Sendo a empresa pública estadual pessoa jurídica de direito privado, ela, na execução de atos de delegação por parte da União, se apresenta, para efeitos de mandado de segurança, como autoridade federal" (RTJ 113/309).

S/ competência e mandado de segurança contra ato de autoridade delegada, v. tb. art. 1º, nota 34.

Art. 16: 10a. "O presidente da seccional da OAB exerce função delegada federal, motivo pelo qual a competência para o julgamento do mandado de segurança contra ele impetrado é da Justiça Federal" (STJ-2ª T., REsp 1.255.052-AgRg, Min. Humberto Martins, j. 6.11.12, DJ 14.11.12).

Art. 16: 10b. "A teor do art. 157, I, da Const. Federal, o imposto de renda retido na fonte é tributo estadual. Assim, o agente estadual, quando efetua a retenção, age no exercício de competência própria — não delegada. Compete à Justiça Estadual conhecer de mandado de segurança impetrado contra retenção de imposto de renda, no pagamento de vencimentos de servidor público estadual" (RSTJ 74/28).

Art. 16: 10c. Súmula 15 do TFR: "Compete à Justiça Federal julgar mandado de segurança contra ato que diga respeito ao ensino superior, praticado por dirigente de estabelecimento particular" (v. jurisprudência s/ esta Súmula em RTFR 75/318). No mesmo sentido: RTJ 111/452, 111/779, STF-RDA 161/213, STF-RJTJESP 91/174. Esta Súmula continua em vigor (RSTJ 48/45).

No mesmo sentido da Súmula 15 do TFR: "No exercício das atividades relativas a **ensino superior,** age o agente do corpo docente como delegado do Poder Público, sendo competente para o exame judicial de tais atos a Justiça Federal" (STJ-1ª Seção, CC 22.473, Min. Eliana Calmon, j. 22.9.99, DJU 8.11.99). "Compete à Justiça Federal processar e julgar as causas que versem sobre matrícula e que digam respeito aos requisitos de acesso ao ensino superior, visto que, nessa hipótese específica, a entidade educacional age por delegação federal" (STJ-1ª Seção, CC 39.973, Min. José Delgado, j. 11.2.04, DJU 8.3.04).

Assim: "Mandado de segurança. Versando a causa sobre o **indeferimento de matrícula** em estabelecimento particular de ensino superior, este estará no exercício de função delegada da União, devendo a ação ser ajuizada perante a Justiça Federal" (STJ-1ª Seção, CC 40.512, Min. Luiz Fux, j. 10.3.04, DJU 5.4.04).

Todavia: "Mandado de segurança. As **universidades estaduais e municipais** gozam de total autonomia para organizar e gerir seus sistemas de ensino (CF/88, art. 211) e seus dirigentes não agem por delegação da União. A apreciação jurisdicional de seus atos é da competência da Justiça Estadual" (RSTJ 178/66: 1ª Seção).

Os dirigentes de universidades que sejam autarquias estaduais não praticam atos por delegação da União Federal; competente para processar e julgar tais atos é, portanto, a Justiça comum do Estado-membro (STF-Pleno: RTJ 105/303).

Compete também à Justiça Estadual julgar mandado de segurança contra diretor de estabelecimento de ensino superior, tratando-se de ato meramente administrativo, que não diga respeito à atividade delegada pelo poder público federal (STJ-1ª Seção, CC 9.418, Min. Cesar Rocha, j. 23.8.94, DJU 12.9.94).

A jurisprudência acima diz respeito apenas a mandado de segurança; s/ competência da Justiça Estadual, para **outras ações** contra estabelecimentos particulares de ensino superior, v. CF 109, nota 3-Ensino superior.

Art. 16: 10d. Súmula 16 do TFR: "Compete à Justiça Estadual julgar mandado de segurança contra ato referente ao ensino de 1º e 2º graus e exames supletivos (Lei n. 5.692, de 1971), salvo se praticado por autoridade federal" (v. jurisprudência s/ esta Súmula em RTFR 77/1). No mesmo sentido: STF-1ª T., RE 108.636, Min. Oscar Corrêa, j. 24.11.87, DJU 18.12.87.

"Estabelecimento particular de ensino de 1º e 2º graus. Mensalidades ('aumentos abusivos'). Mandado de segurança. Em casos que tais, inexiste delegação do poder público, sendo de ordem estadual a competência para processar e julgar o mandado de segurança" (STJ-2ª Seção, CC 1.622, Min. Nilson Naves, j. 27.2.91, DJU 25.3.91).

Art. 16: 11. Súmula 34 do STJ: "Compete à Justiça Estadual processar e julgar causa relativa a mensalidade escolar, cobrada por estabelecimento particular de ensino" (v. jurisprudência s/ esta Súmula em RSTJ 33/399).

Art. 16: 11a. Súmula 216 do TFR: "Compete à Justiça Federal processar e julgar mandado de segurança impetrado contra ato de autoridade previdenciária, ainda que localizada em comarca do interior" (v. jurisprudência s/ esta Súmula em RTFR 142/327). Esta Súmula continua em vigor: STJ-1ª Seção, CC 3.224, Min. José de Jesus Filho, j. 20.4.93, DJU 17.5.93.

A disposição da CF 109-VIII prevalece sobre a do § 3º, primeira parte **(matéria previdenciária),** do mesmo artigo (RTRF-3ª Reg. 1/320). Já era assim na vigência da CF/1969 (RTJ 66/286, 86/831, RTFR 123/302, RDP 97/282).

V. tb. RTJ 66/286, 86/831.

Art. 16: 12. CF 217: "§ 1º O Poder Judiciário só admitirá ações relativas à disciplina e às competições desportivas após esgotarem-se as instâncias da justiça desportiva, regulada em lei".

Mandado de Segurança

A Justiça Federal é competente para a concessão de mandado de segurança contra o Conselho Nacional de Desportos, órgão da administração federal; e a Justiça Estadual é competente para as causas em que só estão presentes associações civis dedicadas ao futebol (RTJ 108/522).

Observe-se, porém, que função delegada pelo Estado e atividade fiscalizada por este não se confundem. As **entidades desportivas** são associações civis, que não exercem função delegada pelo Conselho Nacional de Desportos, embora sejam por este fiscalizadas. Assim sendo, é competente para conhecer de atos praticados por seus dirigentes a Justiça Estadual (STF-Pleno, v.u., j. 3.2.82: RTJ 104/981 e RT 559/235). No mesmo sentido: RTJ 92/543, STF-RT 636/201, RTFR 103/323, TFR-RDA 149/147. Mas, na Justiça Estadual, o *writ* deverá ser denegado, justamente porque as entidades desportivas não exercem função delegada do poder público (cf. RJTJESP 98/185).

Em outra linha de pensamento, porém paralela, o TFR vinha entendendo que, "se a entidade não está agindo como delegada do poder público, o *mandamus* é inviável. Se, ao contrário, o ato impugnado decorre do exercício daquela função, é ele cabível, e, em sendo, somente a Justiça Federal é competente para apreciá-lo, podendo, então, fazê-lo no tocante à admissibilidade da impetração" (TFR-Pleno, v.u., j. 18.9.80: RTFR 89/216, especialmente p. 218).

V., a propósito, RTJ 108/522.

Art. 16: 13. Contra ato jurisdicional de **juiz estadual,** competente ou não para processar a causa e desde que não se encontre no exercício de jurisdição federal, cabe mandado de segurança para tribunal estadual, e não para a Justiça Federal (STF-Pleno: RTJ 88/51, v.u.; RJTJESP 102/327). Por outro lado: "Não pode o Tribunal Regional do Trabalho julgar recurso de sentença de juiz de direito", salvo se este estiver exercendo jurisdição trabalhista, por inexistência de Vara do Trabalho na comarca (RTJ 121/465, 125/94).

Contra, em termos: "Compete ao TFR processar e julgar mandado de segurança contra ato praticado por juiz estadual, mesmo que não esteja no exercício de jurisdição federal, se versar sobre interesse de empresa pública federal" (RTFR 134/331).

Art. 16: 13a. "Compete à Justiça comum, não à Justiça Eleitoral, julgar mandado de segurança contra ato de extinção de mandato de vereador" (RTJ 62/12).

Art. 16: 14. Redação do *caput* de acordo com a Lei 13.676, de 11.6.18.

✎ **Art. 16: 14a.** "Recursos em mandado de segurança", por Milton Flaks (RT 745/118, RF 342/141, RDA 208/55); "Agravo de instrumento e regimental em mandado de segurança", por José Rubens Costa (RJTAMG 69/49).

Art. 16: 14b. s/ recurso contra a deliberação do juiz de primeiro grau acerca de medida liminar em mandado de segurança, v. art. 7º § 1º.

Art. 16: 15. Está **superada** a **Súmula 622 do STF:** "Não cabe agravo regimental contra decisão do relator que concede ou indefere liminar em mandado de segurança".

Art. 16: 15a. Esse não é o único caso de decisão interlocutória recorrível em sede de mandado de segurança. De modo geral, toda decisão interlocutória proferida no curso do mandado de segurança é agravável.

Art. 16: 15b. Daí ser incabível mandado de segurança contra decisão que delibera sobre medida liminar em outro mandado de segurança, a não ser no caso de terceiro figurar como impetrante (v. art. 5º, notas 8 e 9).

Art. 16: 16. Agravo para o STJ não é mecanismo adequado para impugnar decisão liminar proferida pelo tribunal local em mandado de segurança (STJ-2ª T., AI 903.232-AgRg, Min. Eliana Calmon, j. 20.11.07, DJU 30.11.07; STJ-3ª T., AI 1.051.208-AgRg, Min. Sidnei Beneti, j. 19.6.08, DJU 1.7.08; STJ-1ª T., AI 1.314.489-RcDesp-AgRg, Min. Luiz Fux, j. 24.8.10, DJ 7.12.10).

Art. 16: 17. "A revogação de liminar concedida em mandado de segurança, pelo próprio relator, ao examinar agravo regimental, compõe-se nos limites do juízo de retratação, não constituindo violação ao princípio contido no art. 25 da Lei n. 8.038, de 1990" (STJ-Corte Especial, Rcl 177, Min. William Patterson, j. 27.5.93, DJU 21.6.93). No mesmo sentido: RTJ 127/9. **Contra:** RT 708/121, RJTJERGS 179/219.

S/ suspensão da execução de liminar por Presidente de Tribunal, a requerimento do órgão público interessado, v. art. 15.

Art. 17. Nas decisões proferidas em mandado de segurança e nos respectivos recursos, quando não publicado, no prazo de 30 (trinta) dias, contado da data do julgamento, o acórdão será substituído pelas respectivas notas taquigráficas, independentemente de revisão.

Art. 18. Das decisões em mandado de segurança proferidas em única instância pelos tribunais cabe recurso especial e extraordinário, nos casos legalmente previstos, e recurso ordinário, quando a ordem for denegada.[1]

Art. 18: 1. As decisões proferidas em única instância são também passíveis de embargos de declaração, tanto no caso de concessão quanto no de denegação da ordem.

Art. 19. A sentença ou o acórdão que denegar mandado de segurança, sem decidir o mérito, não impedirá que o requerente, por ação própria, pleiteie os seus direitos e os respectivos efeitos patrimoniais.[1-1a]

Art. 19: 1. v. arts. 6º § 6º (renovação do mandado de segurança) e 14, nota 7 (Súmula 271 do STF); CPC 337, nota 24a (litispendência entre mandado de segurança e ação cautelar ou ação ordinária).

Art. 19: 1a. **Súmula 304 do STF:** "Decisão denegatória de mandado de segurança, não fazendo **coisa julgada** contra o impetrante, não impede o uso da ação própria". No mesmo sentido: RTJ 158/846.

Mas a decisão que denega a segurança, se aprecia o mérito do pedido e entende que o impetrante não tem direito algum (e não que apenas lhe falta direito líquido e certo), faz coisa julgada material, impedindo a reapreciação da controvérsia em ação ordinária (RTJ 38/184, 46/255, 51/646, 52/344, 53/396, 55/689, 58/324, 58/735, 60/516, 64/442, 67/573, 67/872, 71/163, 74/852, 75/508, 75/633, RT 459/252, 464/259, 468/260, 492/252, 497/252, RF 243/101, 244/115, 245/111, 257/195), e comporta, inclusive, ação rescisória (RTJ 62/287, 63/11, 63/505, RJTJESP 97/143, Bol. AASP 1.558/255). No mesmo sentido: STJ-1ª T., REsp 4.157, Min. Cesar Rocha, j. 4.10.93, DJU 25.10.93.

Por identidade de razões, se a decisão no mandado de segurança se limita a dizer que o impetrante não tem direito líquido e certo, não é rescindível (RTJ 104/813), porque não lhe impede o uso das vias ordinárias.

"A decisão denegatória do mandado de segurança somente faz coisa julgada, impedindo a posterior demanda na via ordinária, quando negado, à luz da legislação, que houve violação ao direito reclamado pelo impetrante. A denegação do *writ* em virtude da ausência de liquidez e certeza do direito, porém, não impede que se busque, na via própria, novamente, a satisfação do direito" (RSTJ 140/539). No mesmo sentido: RJTJERGS 216/272.

Art. 20. Os processos de mandado de segurança e os respectivos recursos terão prioridade[1 a 1b] sobre todos os atos judiciais, salvo *habeas corpus*.

§ 1º Na instância superior, deverão ser levados a julgamento na primeira sessão[2] que se seguir à data em que forem conclusos ao relator.

§ 2º O prazo para a conclusão dos autos não poderá exceder de 5 (cinco) dias.

Art. 20: 1. **Lei 4.410, de 24.9.64: "Art. 1º** Os feitos eleitorais terão prioridade na participação do Ministério Público e na dos juízes de todas as Justiças e instâncias, ressalvados os processos de *habeas corpus* e mandado de segurança".

Art. 20: 1a. A prioridade dos mandados de segurança incide mesmo antes de sua distribuição; ou seja, também nos tribunais em que os processos são represados e distribuídos de acordo com a ordem de entrada (STJ-1ª T., REsp 625.924, Min. José Delgado, j. 20.4.04, DJU 17.5.04).

Art. 20: 1b. Dentre os mandados de segurança e os respectivos recursos, terão prioridade ainda maior aqueles em que houver medida liminar deferida (v. art. 7º § 4º).

Art. 20: 2. O mandado de segurança originário deve ser obrigatoriamente publicado na pauta do órgão oficial, com prévia intimação das partes e advogados, visto comportar sustentação oral (RTJ 76/252, 107/397, RT 494/223; STJ-2ª T., RMS 414, Min. Américo Luz, j. 22.5.91, DJU 17.6.91; STJ-1ª T., RMS 1.875, Min. Cesar Rocha, j. 25.8.93, DJU 27.9.93; STJ-5ª T., RMS 7.143, Min. Felix Fischer, j. 16.4.98, DJU 29.6.98; STJ-3ª T., RMS 5.783, Min. Menezes Direito, j. 20.11.01, DJU 18.2.02).

As apelações em mandado de segurança, como todos os demais recursos dessa natureza, comportam sustentação oral.

Art. 21. O mandado de segurança coletivo[1-2] pode ser impetrado por partido político com representação no Congresso Nacional, na defesa de seus interesses legítimos relativos a seus integrantes ou à finalidade partidária,[3] ou por organização sindical,[3a] entidade de classe ou associação legalmente constituída e em funcionamento há, pelo menos, 1 (um) ano,[4] em defesa de direitos líquidos e certos da totalidade, ou de parte, dos seus membros ou associados, na forma dos seus estatutos e desde que pertinentes às suas finalidades, dispensada, para tanto, autorização especial.[4a a 11]

Mandado de Segurança

Parágrafo único. Os direitos protegidos pelo mandado de segurança coletivo podem ser:

I — coletivos, assim entendidos, para efeito desta Lei, os transindividuais, de natureza indivisível, de que seja titular grupo ou categoria de pessoas ligadas entre si ou com a parte contrária por uma relação jurídica básica;

II — individuais homogêneos, assim entendidos, para efeito desta Lei, os decorrentes de origem comum e da atividade ou situação específica da totalidade ou de parte dos associados ou membros do impetrante.

Art. 21: 1. s/ mandado de segurança coletivo: "O mandado de segurança coletivo e os partidos políticos", por Ivan Lira de Carvalho (Ajuris 63/234, RTJE 126/47, 129/31); "Defesa de direitos coletivos e defesa coletiva de direitos", por Teori Albino Zavascki (RF 329/147, RJ 212/16); "Mandado de segurança das organizações", por Uadi Lammêgo Bulos (RT 716/78); "Instrumentos processuais de defesa coletiva", por Milton Flaks (RCDUFU 21/239; s/ mandado de segurança coletivo: p. 251); "Ações coletivas", por Salvador Pompeu de Barros Filho (RTJE 162/9); "Mandado de segurança coletivo e sua impetração por partido político", por Edilson Pereira Nobre Júnior (RT 847/40); "Reflexões sobre a tutela jurisdicional diferenciada dos direitos e interesses supraindividuais pelo mandado de segurança coletivo", por Ricardo Raboneze (RIDCPC 42/55); "Legitimidade ativa e objeto material no mandado de segurança coletivo", por Antonio Herman V. Benjamin e Gregório Assagra de Almeida (RT 895/9); "Mandado de segurança coletivo. Legitimidade e objeto. Análise dos seus principais aspectos. Lei 12.016/2009", por Luiz Manoel Gomes Jr. e Rogério Favreto (RT 898/79); "O mandado de segurança coletivo em cotejo com as ações coletivas constitucionais", por Humberto Theodoro Jr. (RMDCPC 39/5, RMDECC 35/5, RF 413/187, RSDCPC 71/71); "Mandado de segurança coletivo", por Paulo Osternack Amaral e Ricardo Alexandre da Silva (RDDP 105/88).

Art. 21: 2. CF 5º: "LXX — o mandado de segurança coletivo pode ser impetrado por:

"a) partido político com representação no Congresso Nacional;

"b) organização sindical, entidade de classe ou associação legalmente constituída e em funcionamento há pelo menos um ano, em defesa dos interesses de seus membros ou associados".

Art. 21: 3. "Falta a **partido político** *legitimatio ad causam* para impetrar mandado de segurança coletivo, se este não tem por objetivo direitos subjetivos ou interesses atinentes à finalidade partidária" (RSTJ 32/159 e STJ-RDA 188/187, maioria). No mesmo sentido: RSTJ 31/255, maioria; RT 913/792 (TJSP, AgRg 0036747-66.2011.8.26.0000/50001).

"Quando a Constituição autoriza um partido político a impetrar mandado de segurança coletivo, só pode ser no sentido de defender os seus filiados e em questões políticas; ainda assim, quando autorizado por lei ou pelo estatuto. Impossibilidade de dar a um partido político legitimidade para vir a juízo defender 50 milhões de aposentados, que não são, em sua totalidade, filiados ao partido e que não autorizam o mesmo a impetrar mandado de segurança em nome deles" (STJ-1ª Seção: RSTJ 12/215, maioria).

Art. 21: 3a. v. CPC 75, nota 3.

Art. 21: 4. Não se conhece de mandado de segurança coletivo se o impetrante não faz liminarmente a prova de que é entidade legalmente constituída e em funcionamento há pelo menos um ano (RTJ 137/663, maioria).

Admitindo, em tese, a impetração de mandado de segurança coletivo por associação constituída há menos de um ano quando evidenciado o interesse público: STJ-2ª T., RMS 15.311, Min. Eliana Calmon. j. 20.3.03, DJU 14.4.03.

Art. 21: 4a. s/ demandas movidas por sindicato ou associação de classe, v. CPC 18, nota 4.

Art. 21: 4b. Lei 9.494, de 10.9.97: "Art. 2º-A § ún. Nas ações coletivas propostas contra a União, os Estados, o Distrito Federal, os Municípios e suas autarquias e fundações, a petição inicial deverá obrigatoriamente estar instruída com a ata da assembleia da entidade associativa que a autorizou, acompanhada da relação nominal dos seus associados e indicação dos respectivos endereços".

Art. 21: 5. Súmula 629 do STF: "A impetração de mandado de segurança coletivo por entidade de classe em favor dos associados independe da autorização destes".

Em matéria de ação ordinária, v. CPC 75, nota 2a.

Súmula 630 do STF: "A entidade de classe tem legitimação para o mandado de segurança ainda quando a pretensão veiculada interesse apenas a uma parte da respectiva categoria".

Condicionando o mandado de segurança coletivo para a defesa de parte da comunidade de filiados ou associados ao fato de os interesses terem "abrangência suficiente para assumir a condição de coletivos": RT 657/74 (TJSP-Pleno, 14 votos a 10).

Todavia, se parte da categoria representada pela impetrante "tem **interesse divergente** em relação à outra parte, não há legitimidade para o substituto processual representar apenas uma parte do todo" (STJ-2ª T., RMS 15.311, Min. Eliana Calmon, j. 20.3.03, DJU 14.4.03). No mesmo sentido: STJ-6ª T., RMS 13.131, Min. Hamilton Carvalhido,

j. 25.11.03, DJU 2.2.04; RSTJ 69/141, RJTJESP 124/395, JTJ 158/102. **Contra,** permitindo o mandado de segurança coletivo mesmo em caso de ato contrário a uma parcela da categoria profissional e favorável a outros associados: RTJ 134/666 (STF-Pleno).

No sentido de que a impetração do mandado de segurança coletivo independe da demonstração do direito subjetivo dos filiados da entidade ou associação impetrante: TJSP-Pleno: JTJ 145/260.

Exigindo "a delimitação, na inicial, de quais e quantos associados serão beneficiados pela concessão da ordem, por tratar-se de defesa de direitos coletivos": STJ-1ª Seção, MS 6.307, Min. Garcia Vieira, j. 22.9.99, DJU 18.10.99.

Considerando a apresentação da relação nominal dos filiados "exigência que desborda dos fins da ação constitucional": RSTJ 99/24, um voto vencido. No mesmo sentido: RT 657/74 (TJSP-Pleno), JTJ 145/260.

"São beneficiários de sentença proferida em ação coletiva ajuizada por entidade sindical todos os servidores que se filiaram ao sindicato até a data do ajuizamento da execução" (RT 927/565: TJDF, Exe 2008002000078-3, maioria; com comentário de Luiz Guilherme Marinoni e Sérgio Cruz Arenhart).

Art. 21: 6. Inaplicabilidade, ao mandado de segurança coletivo, do art. 5º-XXI da CF: "Na disciplina constitucional do mandado de segurança coletivo, inconfundível com a relativa à ação direta de inconstitucionalidade, não se tem, quanto à legitimação ativa, a exigência de tratar-se de entidade de classe que congregue categoria única. Constatada a abrangência, a ponto de alcançar os titulares do direito substancial em questão, mister é concluir pela configuração de hipótese ensejadora da substituição processual que distingue a espécie de mandado de segurança que é o coletivo" (STF-RDA 193/228).

Art. 21: 7. "Não se pode aceitar como óbice à legitimação ativa da associação o fato de também estar defendendo direitos individuais dos seus associados e, dentre os interessados, estarem pessoas estranhas aos seus quadros, pois, pelo alcance da norma contida no art. 5º, LXX, *b*, da CF/88, a hipótese não é de representação, mas de defesa dos interesses de seus filiados e, também, da categoria" (STJ-5ª T., RMS 4.821, Min. Edson Vidigal, j. 4.5.99, DJU 31.5.99).

Art. 21: 7a. "O interesse exigido para a impetração de mandado de segurança coletivo há de ter ligação com o objeto da entidade sindical e, portanto, com o interesse jurídico desta" (RTJ 162/386 e RT 724/228).

Art. 21: 8. "O objeto do mandado de segurança coletivo será um direito dos associados, independentemente de guardar vínculo com os fins próprios da entidade impetrante do *writ*, exigindo-se, entretanto, que o direito esteja compreendido na titularidade dos associados e que exista ele em razão das atividades exercidas pelos associados, mas não se exigindo que o direito seja peculiar, próprio, da classe" (RTJ 162/1.108).

Art. 21: 9. A OAB tem legitimidade ativa para impetrar mandado de segurança contra portaria ofensiva a direito de seus associados, se a norma impugnada tem efeitos concretos (RT 665/79, v.u., nesse ponto). V. tb. RJTJESP 132/190 (ato de delegado de polícia).

Admitindo a impetração de mandado de segurança coletivo por Seção da OAB, "em favor de seus associados, impugnando a limitação de idade no concurso para o cargo de promotor de justiça": STJ-2ª T., RMS 1.906, Min. Peçanha Martins, j. 20.9.93, DJU 25.10.93.

Art. 21: 9a. "A legitimação conferida a entidades associativas em geral para tutelar, em juízo, em nome próprio, direitos de seus associados (CF, art. 5º, XXI), inclusive por mandado de segurança coletivo (CF, art. 5º, LXX, *b*, e Lei 12.016/09, art. 21), **não se aplica quando os substituídos processuais são pessoas jurídicas de direito público.** A tutela em juízo dos direitos e interesses das pessoas de direito público tem regime próprio, revestido de garantias e privilégios de direito material e de direito processual, insuscetível de renúncia ou de delegação a pessoa de direito privado, sob forma de substituição processual. A incompatibilidade do regime de substituição processual de pessoa de direito público por entidade privada se mostra particularmente evidente no atual regime do mandado de segurança coletivo, previsto nos arts. 21 e 22 da Lei 12.016/09, que prevê um sistema automático de vinculação tácita dos substituídos processuais ao processo coletivo, podendo sujeitá-los inclusive aos efeitos de coisa julgada material em caso de denegação da ordem. No caso, a associação impetrante não tem — nem poderia ter — entre os seus objetivos institucionais a tutela judicial dos interesses e direitos dos Municípios associados" (STJ-RT 916/686: 1ª T., RMS 34.270).

V. tb. CPC 75, nota 12.

Art. 21: 10. O Estado-membro não tem legitimidade para propor mandado de segurança coletivo contra autoridade federal (STF-Pleno: RTJ 133/653, RT 669/214 e RF 317/213).

Art. 21: 10a. Admite-se a **conversão** do mandado de segurança coletivo em individual, quando não preenchidos os requisitos daquele (RJTJESP 131/200).

Art. 21: 11. "O mandado de segurança coletivo, embora mantendo objeto constitucional e sumariedade de rito próprios do mandado de segurança individual, tem características de ação coletiva, a significar que a sentença nele proferida é de caráter genérico, não comportando exame de situações particulares dos substituídos e nem operando, em relação a eles, os efeitos da coisa julgada, salvo em caso de procedência. Consideradas tais características, não é cabível, no âmbito do mandado de segurança coletivo, promover depósitos judiciais de valores relativos a tributos individualmente devidos pelos substituídos" (STJ-1ª T., REsp 707.849, Min. Teori Zavascki, j. 6.3.08, DJU 26.3.08).

Art. 22. No mandado de segurança coletivo, a sentença fará coisa julgada limitadamente aos membros do grupo ou categoria substituídos pelo impetrante.[1-1a]

§ 1º O mandado de segurança coletivo não induz litispendência para as ações individuais, mas os efeitos da coisa julgada não beneficiarão o impetrante a título individual se não requerer a desistência de seu mandado de segurança no prazo de 30 (trinta) dias a contar da ciência comprovada da impetração da segurança coletiva.[2]

§ 2º No mandado de segurança coletivo, a liminar só poderá ser concedida após a audiência do representante judicial da pessoa jurídica de direito público, que deverá se pronunciar no prazo de 72 (setenta e duas) horas.[2a-3]

Art. 22: 1. "O processo originário é um mandado de segurança coletivo impetrado por associação, hipótese de substituição processual prevista no art. 5º, LXX, da Constituição Federal, na qual **não se exige a apresentação de autorização dos associados nem lista nominal** para impetração do *writ*, ou seja, trata-se de situação diversa da tratada no RE 612.043 (representação processual), razão pela qual referido entendimento não incide na espécie. Segundo jurisprudência do Supremo Tribunal, o mandado de segurança coletivo configura hipótese de substituição processual, por meio da qual o impetrante, no caso a associação agravada, atua em nome próprio defendendo direito alheio, pertencente a todos os associados ou parte deles, sendo desnecessária para a impetração do *mandamus* apresentação de autorização dos substituídos ou mesmo lista nominal. Súmulas 629 e 630/STF. Desta forma, os efeitos da decisão proferida em mandado de segurança coletivo beneficiam todos os associados, ou parte deles cuja situação jurídica seja idêntica àquela tratada no *decisum*, sendo **irrelevante se a filiação ocorreu após a impetração** do *writ*" (STJ-2ª T., Ag em REsp 1.187.832-AgInt-AgInt, Min. Mauro Campbell, j. 12.6.18, DJ 20.6.18). No mesmo sentido: STJ-1ª T., Ag em REsp 1.385.746-AgInt, Min. Napoleão Maia Filho, j. 12.8.19, DJ 14.8.19.

"Por ser indivisível, o interesse coletivo implica em que a coisa julgada no *writ* coletivo a todos aproveita, seja aos filiados à entidade associativa impetrante, seja aos que integram a classe titular do direito subjetivo" (STJ-1ª T., AI 435.851-AgRg, Min. Luiz Fux, j. 6.5.03, DJU 19.5.03). Assim: "O fato de haver sido impetrado o mandado de segurança coletivo relativamente a alguns dos filiados não constitui óbice à extensão da medida liminar a outros membros da categoria" (RP 147/263).

"Irreprochável o entendimento de que a abrangência da coisa julgada é determinada pelo pedido, pelas pessoas afetadas e que a imutabilidade dos efeitos que uma sentença coletiva produz deriva de seu trânsito em julgado — e não da competência do órgão jurisdicional que a proferiu" (STJ-2ª T., REsp 1.714.320, Min. Herman Benjamin, j. 20.2.18, DJ 14.11.18). Do voto do relator: "Com relação aos limites territoriais de eficácia da coisa julgada, a necessidade de maior extensão aos efeitos da sentença prolatada em ações coletivas é consequência primeira da indivisibilidade dos interesses tutelados (materiais ou processuais), pois a lesão a um interessado implica lesão a todos, e o proveito a um a todos beneficia. Nesse sentido, **impossível cindir (territorialmente,** neste caso) os efeitos de decisões com tal natureza".

V. tb. art. 2º-A, nota 1, da Lei 9.494/97 (no tít. FAZENDA PÚBLICA).

Art. 22: 1a. "É necessário aguardar o **trânsito em julgado** da sentença em mandado de segurança coletivo para o ajuizamento da ação de cobrança pretendendo o recebimento de parcelas pretéritas" (STJ-2ª T., REsp 1.806.237, Min. Herman Benjamin, j. 25.6.19, DJ 1.7.19). No mesmo sentido: STJ-1ª T., REsp 1.816.880-AgInt, Min. Gurgel de Faria, j. 16.12.19, DJ 19.12.19.

Art. 22: 2. v. CDC 104.

✎ **Art. 22: 2a.** "Restrições à concessão de liminares em mandado de segurança individual e coletivo", por Flávia de Almeida Montingelli Zanferdini (RDDP 97/37).

Art. 22: 3. No mesmo sentido: Lei 8.437, de 30.6.92, art. 2º (no tít. MEDIDA CAUTELAR).

Art. 23. O direito de requerer mandado de segurança extinguir-se-á decorridos 120 (cento e vinte) dias, contados da ciência, pelo interessado, do ato impugnado.[1 a 17]

✎ **Art. 23: 1.** "A questão da decadência do mandado de segurança", por Francisco Wildo Lacerda Dantas (RT 703/23); "Mandado de segurança. O princípio da inafastabilidade do controle jurisdicional e o prazo de impetração", por Cláudio Teixeira da Silva (RJ 230/10); "Natureza jurídica do prazo para impetração do mandado de segurança", por Guilherme Freire de Barros Teixeira (RP 149/11); "Termo final do prazo para impetração do mandado de segurança", por Hugo de Brito Machado (RDDP 88/30).

Art. 23: 1a. s/ decadência, v. tb. art. 6º, nota 6 (indicação errônea da autoridade coatora).

Art. 23: 2. **Súmula 632 do STF:** "É constitucional lei que fixa o prazo de decadência para a impetração de mandado de segurança".

Art. 23: 2a. A impetração do mandado de segurança perante **juiz incompetente** é apta a obstar a decadência, desde que respeitado o prazo de 120 dias (STF-RDDP 63/148: Pleno, MS 26.006-AgRg; STJ-6ª T., RMS 17.362-AgRg, Min. Og Fernandes, j. 7.3.13, DJ 19.3.13).

"Não se configura a decadência quando o mandado de segurança é impetrado no prazo de 120 dias, contados da data da intimação do ato impugnado, ainda que protocolizada a inicial perante juízo absolutamente incompetente" (STJ-1ª Seção, MS 11.957, Min. Teori Zavascki, j. 14.11.07, DJU 10.12.07).

Art. 23: 3. **Súmula 430 do STF:** "Pedido de reconsideração na via administrativa não interrompe o prazo para o mandado de segurança". Também não o suspende. No sentido da Súmula: RSTJ 22/213, 102/480, 153/422, STJ-RT 672/201; STJ-3ª Seção, MS 8.389-AgRg, Min. Paulo Medina, j. 24.3.04, DJU 3.5.04; STJ-1ª T., RMS 11.257, Min. Garcia Vieira, j. 21.6.01, DJU 27.8.01; STJ-2ª T., RMS 11.298, Min. Peçanha Martins, j. 26.2.02, DJU 13.5.02; STJ-3ª T., RMS 4.960, Min. Menezes Direito, j. 8.4.02, DJU 27.5.02; RJTJERGS 140/137.

Aplica-se a Súmula 430 se a lei não exige expressamente a apresentação de **pedido de reconsideração** para que seja aberta ao interessado a via judicial (STF-Pleno: RTJ 105/56, v.u.).

Se o pedido de reconsideração é especificamente previsto em lei e tem efeito suspensivo, não corre o prazo para impetração da segurança (TFR-3ª T., AMS 75.108, Min. Aldir Passarinho, j. 10.3.76, maioria de votos, DJU 29.9.77). No mesmo sentido: RTFR 112/345, RJTJESP 135/172.

Se o recurso administrativo é impropriamente designado, em lei, como pedido de reconsideração, o prazo para a impetração do mandado de segurança se conta do momento em que a decisão desse recurso é apta a produzir a lesão ao direito do impetrante (RTFR 123/326). No mesmo sentido: TFR-2ª T., AMS 116.945, Min. William Patterson, j. 28.4.87, DJU 7.5.87.

A Súmula 430 "se aplica à hipótese de pedido de reconsideração e não ao caso de recurso administrativo hierárquico" (RTJ 124/835).

Art. 23: 3a. "A rejeição do pedido de reconsideração é mero desdobramento do ato coator anterior, e não uma nova violação a direito líquido e certo. Pedido de reconsideração não suspende ou interrompe o prazo para impetrar mandado de segurança" (STJ-3ª T., RMS 24.654, Min. Nancy Andrighi, j. 4.12.07, DJU 19.12.07).

Art. 23: 3b. "O prazo decadencial de mandado de segurança contra ato do Órgão Especial que, em agravo regimental, mantém decisão do Presidente do Tribunal relativa a pedido de sequestro de verba pública para fins de pagamento de precatório, tem início com a **publicação do** respectivo **acórdão**" (STJ-1ª T., RMS 33.490, Min. Teori Zavascki, j. 1.9.11, DJ 8.9.11). Em sentido semelhante: STJ-2ª T., RMS 35.234, Min. Eliana Calmon, j. 17.10.13, DJ 24.10.13.

Art. 23: 3c. "Em se tratando de **lei** de efeito concreto, a ponto de ser possível atacá-la por via mandamental, o prazo decadencial tem início com a **publicação** da norma ilegal" (RSTJ 151/209: 2ª T., REsp 260.633).

"Sendo o ato atacado no presente *writ* lei que reclassificou os salários dos servidores públicos estaduais, por se tratar de norma de efeitos concretos, o prazo decadencial tem início com a sua vigência" (STJ-5ª T., RMS 16.577, Min. Felix Fischer, j. 28.10.03, DJ 1.12.03).

"O prazo do art. 23 da Lei 12.016/09, em casos de alteração, por força de lei, na estrutura remuneratória de servidores, conta-se a partir da publicação da lei, e não do recebimento dos vencimentos, uma vez que é a partir do início de vigência da lei que há a reestruturação remuneratória, a qual os impetrantes entendem violar direito líquido e certo" (STJ-1ª T., RMS 33.027, Min. Benedito Gonçalves, j. 11.9.12, DJ 17.9.12).

Art. 23: 3d. Sustada liminarmente a eficácia de determinada lei, em razão de concessão de medida cautelar em ADIN, o prazo para impetrar mandado de segurança com base naquela lei somente volta a correr depois de cessada a aludida sustação (RSTJ 57/201: 1ª T., REsp 8.305).

Art. 23: 3e. "Com a **publicação do edital de licitação,** tem início o prazo de 120 dias para impugnar suas normas. Após o transcurso desse prazo, opera-se a decadência" (STJ-2ª T., REsp 550.562, Min. João Otávio, j. 3.5.07, DJU 25.5.07).

Art. 23: 3f. "A **data da publicação da portaria** que se pretende anular constitui o *dies a quo* do prazo decadencial para ajuizamento de mandado de segurança" (STJ-3ª Seção, MS 12.288, Min. Felix Fischer, j. 14.3.07, DJU 16.4.07). No mesmo sentido: RSTJ 102/31 (1ª Seção, MS 4.797).

Todavia: "O prazo de decadência do direito de agir na ação mandamental começa a fluir a partir do momento em que o ato malsinado se torna eficaz, com a devida ciência daqueles por ele atingidos" (RSTJ 147/55: 1ª Seção, MS

5.109). Do voto da relatora: "A efetiva ciência do fato pelos impetrantes ocorreu quando do recebimento da notícia pelo correio".

"O prazo de 120 dias para impetração começa a fluir do conhecimento oficial ao interessado do ato impugnado" (RSTJ 67/503: 1ª T., REsp 53.501). Do voto do relator: "Em se tratando de um engenheiro mecânico e não de um advogado, não se poderia exigir dele a obrigatoriedade de viver lendo o diário oficial. É claro que ele, impetrante, não tomou ciência da Portaria Detran-1.300 de 23.9.91, publicada no Diário Oficial do Estado, que determinou a apreensão da Carteira Nacional de Habilitação do recorrido e de várias outras pessoas de várias unidades da Federação. É claro que, para a efetivação deste ato, seria necessária ainda a apreensão da Carteira e o impetrante só tomou ciência de que isto iria acontecer no dia de seu comparecimento ao 5º Ciretran".

"O prazo para atacar o ato administrativo começa a correr a partir da ciência, pelo interessado, do ato impugnado. Desarrazoado é exigir que os cidadãos devam ler diariamente o Diário Oficial para não serem desavisadamente afetados nos seus direitos. Ademais, a portaria só se tornou exequível no dia em que afetou o direito dos impetrantes, vale dizer, no dia em que efetivamente lhes reduziu os vencimentos" (STJ-2ª T., REsp 24.046, Min. Adhemar Maciel, j. 4.9.98, DJU 8.3.99).

Art. 23: 4. No sentido de que o prazo para impetração de mandado de segurança contra **decreto expropriatório** conta-se de sua **publicação** no Diário Oficial: RTJ 155/773.

Art. 23: 4a. Contando o prazo para o mandado de segurança da publicação no Diário Oficial do decreto de demissão do funcionário público: STF-RT 789/158 (Pleno, MS 23.795-AgRg).

Art. 23: 4b. "O termo *a quo* do prazo decadencial para a impetração de mandado de segurança em que se impugna regra prevista no edital de **concurso público,** conta-se a partir do momento em que o candidato toma ciência do ato administrativo que, fundado em regra editalícia, determina a sua eliminação do certame" (STJ-Corte Especial, ED no REsp 1.266.278, rel. Min. Eliana Calmon, j. 25.4.13, DJ 10.5.13). No mesmo sentido: STF-2ª T., RMS 23.586, Min. Gilmar Mendes, j. 25.10.11, DJ 16.11.11.

"Não configura ato coator a exigência que, no momento da publicação do edital, não fere o direito líquido e certo do candidato, detentor, tão somente, da mera expectativa em ser aprovado. A coação surge apenas no momento em que o candidato, ora impetrante, veio a ser eliminado do certame. Somente a partir desse momento, a regra editalícia passa a afetar seu direito subjetivo, legitimando-o para a impetração. Assim, o termo *a quo* para a fluência do prazo decadencial é o ato administrativo que determina a eliminação do candidato, a partir da divulgação dos nomes dos habilitados a prosseguirem nas fases seguintes do concurso, e não a mera publicação do respectivo edital" (STJ-2ª T., REsp 1.230.048, Min. Castro Meira, j. 17.5.11, DJ 2.6.11).

"O termo *a quo* para a contagem do prazo decadencial para a impetração do mandado de segurança que se insurge contra resultado obtido em exame psicotécnico é a publicação do ato administrativo que determina a eliminação do candidato e, não, a publicação do edital do certame" (STJ-2ª T., Ag em REsp 202.442-AgRg, Min. Mauro Campbell, j. 9.10.12, DJ 16.10.12).

"O prazo para impetrar-se mandado de segurança atacando decisão de recurso administrativo contra resultado de concurso público tem início quando de sua publicação, não do dia em que foi publicada nomeação de candidato aprovado" (RSTJ 46/510).

"A abertura de novo concurso caracteriza-se como ato concreto de recusa dos candidatos remanescentes do certame anterior, iniciando-se, com a publicação do respectivo edital, o prazo decadencial para a impetração do mandado de segurança no qual se alega preterição" (STJ-6ª T., REsp 731.700-AgRg, Min. Paulo Gallotti, j. 9.2.06, DJU 27.3.06).

"O prazo decadencial para a impetração de mandado de segurança — nos casos em que o candidato, apesar de aprovado em concurso público, não foi nomeado — inicia-se com o término do prazo de validade do certame" (STJ-2ª T., REsp 1.200.622, Min. Mauro Campbell, j. 19.5.11, DJ 31.5.11). No mesmo sentido: STJ-1ª Seção, MS 19.227, Min. Arnaldo Esteves, j. 13.3.13, maioria, DJ 30.4.13.

Art. 23: 5. "Radiograma circular, no qual determinou a autoridade impetrada a suspensão do processamento dos vários pedidos de servidores, até regulamentação de determinada lei. Ato que não se presta à fixação do prazo de decadência, por não implicar em negativa do direito pleiteado" (RSTJ 73/27).

Art. 23: 6. "É de se ter como tempestivo o mandado de segurança, se foi ele impetrado no prazo de 120 dias contados da ciência do ato indeferitório do pedido de **revisão do processo administrativo,** em razão do qual foi demitido o impetrante" (STF-2ª T., MS 20.603, Min. Aldir Passarinho, j. 10.9.86, DJU 3.10.86).

Art. 23: 7. "O **recurso administrativo** destituído de **efeito suspensivo** não tem o condão de interromper o prazo decadencial do mandado de segurança" (STJ-3ª Seção, MS 12.665, Min. Felix Fischer, j. 27.6.07, DJU 10.9.07). No mesmo sentido, afirmando que apenas o recurso administrativo com eficácia suspensiva represa o prazo para a impetração do mandado de segurança: STJ-2ª T., RMS 25.112, Min. Eliana Calmon, j. 15.4.08, DJU 30.4.08. Ainda: RTJ 79/252.

Assim, parece estar superada a jurisprudência no sentido de que o recurso administrativo desprovido de efeito suspensivo, por alongar a via administrativa, também interromperia o prazo para a impetração do mandado de segurança (p/ essa jurisprudência, v. TFR-Pleno, Rec. de Revista 1.970; TFR-3ª T., AMS 92.798; RTFR 114/320, RTFR 130/363).

S/ recurso administrativo e prazo para mandado de segurança, v. tb. RJTJESP 84/137.

S/ mandado de segurança contra ato de que caiba recurso administrativo, v. art. 5º-I.

Art. 23: 8. No sentido de que o prazo para impetração do mandado de segurança inicia com a publicação do acórdão que julgou o recurso administrativo e não com o julgamento deste: STJ-2ª T., RMS 25.112, Min. Eliana Calmon, j. 15.4.08, DJU 30.4.08.

Art. 23: 9. Se do ato administrativo cabe recurso com efeito suspensivo, embora a parte não o interponha, o prazo de 120 dias começa a correr do dia seguinte ao último em que o recurso podia ser interposto (STJ-1ª T., REsp 109.882, Min. José Delgado, j. 17.2.97, DJU 31.3.97; RJTJESP 98/189).

Se o ato administrativo comporta recurso com efeito suspensivo, o qual é interposto intempestivamente, este se considera como não apresentado; assim, também nessa hipótese o prazo para a impetração do mandado de segurança conta-se do término do prazo para o recurso (RSTJ 186/194: REsp 253.980).

Art. 23: 10. O prazo para **terceiro** impetrar segurança contra decisão judicial não corre da data em que esta é intimada às partes, mas do momento em que a constrição judicial daí resultante causa prejuízo ao terceiro (RJTJESP 100/384) ou é conhecida deste.

Art. 23: 10a. "Havendo **pedidos cumulados,** cujo julgamento há que ser em conjunto, conta-se o prazo para impetração do *mandamus* do primeiro ato que possa ter ferido o direito do postulante" (STJ-5ª T., RMS 2.981, Min. Flaquer Scartezzini, j. 26.5.97, DJU 30.6.97).

Art. 23: 11. "O **ato omissivo** tem efeitos que se protraem no tempo, e, enquanto não cessada a omissão, não se inicia o prazo decadencial" (STJ-1ª Seção, MS 8.301, Min. Eliana Calmon, j. 9.10.02, DJU 2.12.02). No mesmo sentido: RSTJ 118/364, 132/570.

Todavia: "Mandado de segurança. Ato omissivo. Se marca a lei prazo para a prática do ato, após o decurso desse prazo começa a omissão a violar o direito do impetrante. Logo, a contar do fim daquele prazo começou a ilegalidade por omissão, devendo-se daí contar o prazo de 120 dias para ingresso em juízo" (RTJ 50/154). No mesmo sentido: RTJ 140/67, 175/128.

"Quando a lei fixar prazo para a autoridade praticar o ato e a realização deste não depender de pedido do interessado, devendo ser praticado *ex officio*, o prazo para o requerimento do mandado de segurança começará a correr no dia em que terminar aquele prazo fixado na lei, pois aí começará o ato lesivo" (STJ-6ª T., RMS 14.672, Min. Paulo Gallotti, j. 3.12.02, DJU 13.10.03).

Art. 23: 12. "Não se opera a decadência em *writ* **preventivo,** pois que a lesão temida está sempre presente, em um renovar constante" (STJ-1ª T., REsp 46.174-0, Min. Cesar Rocha, j. 23.5.94, DJU 20.6.94). No mesmo sentido: STJ-2ª T., Resp 652.046, Min. João Otávio, j. 24.8.04, DJU 11.10.04; RF 377/352, JTJ 162/83.

Art. 23: 13. "A jurisprudência predominante nos tribunais tem feito a 'distinção entre **ato administrativo único mas com efeitos permanentes, e atos administrativos sucessivos e autônomos,** embora tendo como origem norma inicial idêntica. Na primeira hipótese, o prazo do art. 18 da Lei do Mandado de Segurança deve ser contado da data do ato impugnado; na segunda, porém, cada ato pode ser atacado pelo *writ* e, assim, a cada qual corresponderá prazo próprio e independente" (RE 95.238-PR, Min. Néri da Silveira, DJ 6.4.84, p. 5.104)" (RSTJ 51/475).

Assim, "em se tratando de prestações de trato sucessivo, o prazo renova-se a cada ato" (STF-RT 841/193: 2ª T., RMS 24.736).

Já quando se trata de ato administrativo único com efeitos permanentes, cujas consequências prolongam-se no tempo, não há renovação do prazo a cada lesividade; o prazo é contado da data do próprio ato (STJ-2ª T., RMS 13.792, Min. Eliana Calmon, j. 20.6.02, um voto vencido, DJU 5.5.03; STJ-1ª T., RMS 16.965, Min. Denise Arruda, j. 27.4.04, DJU 17.5.04).

"Incide a decadência quando a impetração, embora a envolver relação jurídica de débito continuado, está dirigida contra ato comissivo, e não simplesmente omissivo, da autoridade coatora" (STJ-6ª T., REsp 792.645, Min. Paulo Gallotti, j. 27.3.07, um voto vencido, DJU 28.5.07).

Casos tratados como sendo de ato único com efeitos permanentes:

— "a aplicação da teoria do trato sucessivo deve se restringir às hipóteses em que se repute como ilegal a omissão da autoridade coatora, devendo o ato comissivo, seja de supressão ou de redução de vencimentos, ser atacado dentro do prazo de que cuida o art. 18 da Lei 1.533/51" (STJ-3ª Seção, ED no REsp 967.961, Min. Maria Thereza, j. 11.3.09, um voto vencido, DJ 23.9.09);

— "o enquadramento funcional" (STJ-5ª T., RMS 16.945, Min. Felix Fischer, j. 5.8.04, DJU 30.8.04). No mesmo sentido: STJ-1ª Seção, ED no Ag em REsp 538.069, Min. Mauro Campbell, j. 24.5.17, DJ 30.5.17;

— "a suspensão de benefício previdenciário" (STJ-6ª T., REsp 569.324-AgRg, Min. Quaglia Barbosa, j. 7.12.04, DJU 17.12.04);

— "o ato administrativo que lesa direito do servidor público, suprimindo-lhe vantagem" (STJ-5ª T., AI 718.391-AgRg, Min. Laurita Vaz, j. 9.5.06, DJU 19.6.06). No mesmo sentido: STJ-6ª T., REsp 792.645, Min. Paulo Gallotti, j. 27.3.07, um voto vencido, DJU 28.5.07;

— portaria ou edital emanado do Poder Judiciário para estabelecer horário para atendimento a advogado (STJ-2ª T., RMS 13.792, Min. Eliana Calmon, j. 20.6.02, um voto vencido, DJU 5.5.03; STJ-1ª T., RMS 16.965, Min. Denise Arruda, j. 27.4.04, DJU 17.5.04).

Casos tratados como sendo de atos sucessivos:

— "na espécie, em lide prestações de trato sucessivo, o prazo de impetração não se conta da lei que, com base nela, concretizou a ofensa ao direito, considerando-se a coerção renovada periodicamente" (RSTJ 68/131: 1ª T., RMS 1.030). No caso, "a segurança foi impetrada por funcionários aposentados, visando ao reconhecimento de direito líquido e certo à percepção da 'gratificação de regência de classe', no percentual de 40% sobre o vencimento base e da incidência das vantagens por tempo de serviço e assiduidade". No mesmo sentido: STJ-2ª T., RMS 1.286, Min. José de Jesus Filho, j. 23.9.92, DJU 3.11.92;

— "a redução do valor de vantagem nos proventos ou remuneração do servidor, ao revés da supressão destas, configura relação de trato sucessivo, pois não equivale à negação do próprio fundo de direito, motivo pelo qual o prazo decadencial para se impetrar a ação mandamental renova-se mês a mês, não havendo que se falar, portanto, em decadência do mandado de segurança" (STJ-Corte Especial, ED no REsp 1.164.514, Min. Napoleão Maia, j. 16.12.15, DJ 25.2.16);

— "a não aplicação correta dos critérios legais de cálculo de vencimentos ou proventos de servidores públicos configura ato omissivo continuado da Administração Pública. Tratando-se, portanto, de relação de trato sucessivo, que se renova mês a mês a cada pagamento dos proventos a menor, há a renovação periódica do prazo decadencial para o ajuizamento da ação de segurança" (STJ-2ª T., RMS 38.389-AgRg, Min. Castro Meira, j. 15.8.13, DJ 22.8.13);

— "não ocorre a decadência do prazo previsto no art. 18 da Lei 1.533/51, quando o impetrante se insurge contra reclassificação de cargo e, por conseguinte, alteração no pagamento de seus proventos, que corresponde, a seu turno, à prestação de trato sucessivo" (STJ-RT 845/191: 6ª T., RMS 17.714-AgRg);

— "omissão da autoridade coatora em atualizar a vantagem pessoal denominada 'quintos'" (STJ-5ª T., AI 1.024.068-AgRg, Min. Laurita Vaz, j. 30.5.08, DJU 23.6.08);

— "a redução do valor do auxílio-invalidez ocorre mês a mês com o respectivo pagamento, diferenciando-se, portanto, de ato que suprime determinada vantagem pecuniária" (STJ-3ª Seção, MS 12.473, Min. Felix Fischer, j. 11.2.09, DJ 14.4.09);

— "a redução do adicional de insalubridade ocorre, mensalmente, com o respectivo pagamento" (STJ-6ª T., RMS 20.995, Min. Paulo Medina, j. 15.3.07, DJU 2.4.07);

— "omissão da administração em dar cumprimento ao que determinado na nova legislação regente da categoria dos servidores públicos" (STJ-6ª T., REsp 1.003.253-AgRg, Min. Maria Thereza, j. 15.4.08, DJU 12.5.08);

— "a suscitada omissão da autoridade impetrada, quanto ao descumprimento parcial da portaria que reconheceu a condição de anistiado político, renova-se continuamente" (STJ-3ª Seção, MS 12.771, Min. Felix Fischer, j. 13.6.07, DJU 24.9.07);

— "os descontos efetuados indevidamente a título de imposto de renda configuram atos administrativos de execução sucessiva" (STJ-1ª Seção, MS 11.038, Min. João Otávio, j. 28.6.06, DJU 14.8.06);

— "os efeitos da penhora se renovam mês a mês, a cada depósito de salário (e consequente bloqueio) realizado na conta bancária do devedor/impetrante" (STJ-4ª T., RMS 29.391, Min. João Otávio, j. 20.5.10, DJ 27.5.10).

Art. 23: 14. "A demora no fornecimento de certidões para instruir o pedido não suspende o curso do prazo decadencial", à vista do art. 6º § 1º (TFR-2ª Seção, MS 99.148, Min. Américo Luz, j. 12.4.83, maioria, DJU 3.6.83).

Art. 23: 15. No sentido de que não basta, para evitar a decadência do direito, o ajuizamento do mandado de segurança; é necessário despacho ordenando que se requisitem informações da autoridade coatora: RJTJESP 135/343.

Art. 23: 15a. Afirmando que, na contagem do prazo de 120 dias, exclui-se o dia do começo e inclui-se o do vencimento (CPC 224): STJ-1ª Seção, ED no REsp 964.787, Min. Francisco Falcão, j. 26.11.08, DJ 9.12.08; STJ-6ª T., REsp 201.111, Min. Maria Thereza, j. 8.3.07, DJU 26.3.07.

"O prazo para a impetração do mandado de segurança tem início no primeiro dia útil após a ciência do ato impugnado" (STJ-RJ 388/145: 2ª T., RMS 22.573).

Todavia: "Por se tratar de prazo decadencial, não se aplicam as normas do CPC na contagem de prazo, incluindo-se o dia de início. Ocorre que o dia 13.3.2011 é um domingo, dia sem expediente forense, sendo o início do prazo prorrogado para o primeiro dia útil seguinte, no caso, 14.3.2011 (segunda-feira)" (STJ-2ª T., RMS 39.487, Min. Mauro Campbell, j. 5.3.13, DJ 12.3.13).

Art. 23: 16. "O prazo para a impetração do mandado de segurança é decadencial e, como tal, não possui natureza de prazo processual. Trata-se de **prazo contado em dias corridos** e não apenas nos dias úteis, sendo inaplicável a regra do art. 219 do CPC" (STJ-4ª T., RMS 58.440-AgInt-EDcl, Min. Isabel Gallotti, j. 17.12.19, DJ 19.12.19).

Art. 23: 16a. O prazo para impetrar mandado de segurança se prorroga se seu vencimento ocorre em dia não útil?

Sim: "O prazo para a impetração do mandado de segurança, apesar de ser decadencial, prorroga-se quando o termo final recair em feriado forense" (STJ-3ª Seção, MS 10.220, Min. Arnaldo Esteves, j. 27.6.07, DJU 13.8.07). No mesmo sentido, afirmando a prorrogação para o primeiro dia útil subsequente: RTJ 78/461; STJ-2ª T., RMS 22.573, Min. Castro Meira, j. 9.2.10, DJ 24.2.10; RT 487/224, 490/71, 514/269.

Não: "Se o termo final ocorreu em dia feriado, não se adia o vencimento do prazo decadencial para a impetração de segurança" (STJ-1ª T., RMS 13.062, Min. Milton Luiz Pereira, j. 11.6.02, DJU 23.9.02). No mesmo sentido, afirmando que o prazo decadencial não se suspende nem se prorroga: RT 499/155, RP 22/242, RJM 174/270 (enfatizando a existência de plantão judicial nos feriados e fins de semana).

Art. 23: 17. "Mandado de segurança. Impetração após os 120 dias. Irrelevância. Questão exclusivamente de direito. Inexistência de diferença entre modalidades de tutela. Eventuais especificidades do procedimento já superadas. Ausência de prejuízo ao contraditório. Instrumentalidade do processo" (RF 389/355, acórdão relatado pelo Des. Roberto Bedaque). No mesmo sentido, para os casos em que o mandado de segurança faz as vezes de mera ação declaratória: RP 148/221 (acórdão relatado pelo Des. Ernane Fidélis).

Art. 24. Aplicam-se ao mandado de segurança os arts. 46 a 49 da Lei n. 5.869, de 11 de janeiro de 1973 — Código de Processo Civil.[1 a 8]

Art. 24: 1. "O litisconsórcio no mandado de segurança contra ato judicial", por Marcos Afonso Borges (RT 728/56); "Mandado de segurança contra ato judicial: um caso de litisconsórcio necessário?", por Carlos Augusto de Assis (RP 169/345).

Art. 24: 2. s/ litisconsórcio e mandado de segurança, v. art. 10 § 2º.

Art. 24: 3. Súmula 631 do STF: "Extingue-se o processo de mandado de segurança se o impetrante não promove, no prazo assinado, a citação do litisconsorte passivo necessário".

No mesmo sentido, há a **Súmula 145 do TFR:** "Extingue-se o processo de mandado de segurança, se o autor não promover, no prazo assinado, a citação do litisconsorte necessário" (v. jurisprudência s/ esta Súmula em RTFR 109/231). Ainda: STJ-1ª Seção, MS 5.603, Min. Demócrito Reinaldo, j. 6.11.98, DJU 1.2.99; STJ-4ª T., RMS 4.152, Min. Sálvio de Figueiredo, j. 31.5.94, DJU 27.6.94; STJ-3ª T., RMS 3.108, Min. Nilson Naves, j. 23.8.94, DJU 26.9.94.

"Impõe-se o **litisconsórcio passivo** quando a concessão da segurança importar em modificação da posição de quem juridicamente beneficiado pelo ato impugnado. O litisconsorte passivo deve ser regularmente citado, tal como dispõe o CPC. Não é suficiente, em ação de segurança contra ato judicial, a mera notificação ou cientificação do advogado da parte adversa, constituído nos autos do processo em que efetivado o ato judicial impugnado pela via do *mandamus*" (STJ-2ª Seção: RF 327/175, maioria). **Contra,** entendendo suficiente que se dê ciência da impetração ao litisconsorte passivo necessário: Lex-JTA 141/402, Bol. AASP 1.471/47.

"Viola a lei federal o aresto proferido em mandado de segurança no qual não se convocou à relação jurídica processual o litisconsorte necessário. Dá-se litisconsórcio necessário na via do *mandamus* quando este importar em modificação da posição de quem juridicamente beneficiado pelo ato impugnado. Na ocorrência de litisconsórcio necessário, a citação independe de requerimento da parte, impondo-se sua determinação mesmo de ofício" (Just. 153/184). No mesmo sentido: STJ-3ª T., RMS 597, Min. Waldemar Zveiter, j. 4.12.90, DJU 4.2.91. Sustentando que o juiz deve, neste caso, determinar de ofício a citação do litisconsorte: STJ-5ª T., RMS 15.939-AgRg, Min. Gilson Dipp, j. 16.9.03, DJU 6.10.03; RT 766/392.

É litisconsorte passivo necessário aquele a quem afeta a concessão da segurança (STF-RTJ 64/277, 82/618; RSTJ 45/504, 180/78; nesse sentido, em arrematação: RSTJ 36/295), inclusive quando impetrada contra ato judicial (RTJ 78/877, 94/481-Pleno, v.u., 103/1.074, 114/627; STF-RT 567/230; RSTJ 6/303, 40/154, 45/504; 2º TASP-Pleno: RT 494/129, com 12 votos vencidos), sendo "irremediavelmente nulo o processo em que não foi citado o litisconsorte necessário" (RSTJ 31/228).

S/ a intervenção, em mandado de segurança, da pessoa jurídica de direito público em que o impetrado exerce suas funções, v. art. 7º, nota 7.

Art. 24: 4. "Em tema de mandado de segurança impetrado contra atos que regem **concursos públicos,** não há necessidade de citação dos demais **candidatos aprovados,** visto que estes detêm mera expectativa de direito de serem nomeados" (STJ-6ª T., AI 495.736-AgRg, Min. Paulo Gallotti, j. 7.8.03, DJU 1.2.05). No mesmo sentido: STJ-5ª T., REsp 642.024, Min. José Arnaldo, j. 26.4.05, DJU 23.5.05.

"Desnecessidade de formação de litisconsórcio necessário em situação na qual se discuta o direito de candidato aprovado dentro das vagas previstas em edital ser nomeado para o cargo em disputa, isso porque os demais participantes não comungam dos mesmos interesses e a decisão não lhes afetará o patrimônio jurídico" (STJ-2ª T., Ag em REsp 1.244.080, Min. Mauro Campbell, j. 10.4.18, DJ 16.4.18).

Todavia: "Visando o mandado de segurança **anular atos** administrativos **de nomeação,** é indispensável a citação dos nomeados, na condição de litisconsortes passivos necessários" (STJ-1ª T., RMS 19.096, Min. Teori Zavascki, j. 12.12.06, DJU 12.4.07).

"Os candidatos que foram aprovados e devidamente nomeados em concurso público são litisconsortes necessários na ação em que se busca a anulação do certame" (STJ-5ª T., RMS 19.448, Min. Arnaldo Esteves, j. 7.3.06, DJU 1.8.06).

"Necessidade de que os candidatos nomeados no certame em decorrência da nova classificação sejam citados para integrar a lide, posto que a eventual concessão da segurança implicará necessariamente invasão da esfera jurídica destes. Litisconsórcio necessário" (STJ-5ª T., RMS 20.780, Min. Felix Fischer, j. 9.8.07, DJU 17.9.07).

V. tb. CPC 114, nota 6.

Art. 24: 4a. "Recurso em mandado de segurança. Falecimento de litisconsorte. Habilitação dos sucessores. Nulidade. Falecendo o litisconsorte necessário, sem comunicação nos autos e sem habilitação dos seus sucessores para manifestarem o interesse na demanda, os atos processuais até então praticados tornam-se nulos" (RSTJ 53/389).

Art. 24: 5. Denegado o *writ* e havendo recurso do impetrante, deve, *ad cautelam*, ser sanada a falta de citação do litisconsorte passivo necessário, para que este, querendo, contra-arrazoe o recurso (STJ-6ª T., RMS 1.886, Min. Vicente Cernicchiaro, j. 18.12.92, DJU 15.2.93).

Art. 24: 6. "Havendo a parte beneficiária do ato judicial impugnado atendido à convocação e ingressado no mandado de segurança como litisconsorte passivo, expendendo inclusive argumentos em defesa da manutenção do mencionado ato, cumpria fosse ela regularmente intimada para o respectivo julgamento, com observância do disposto nos arts. 236, § 1º, e 552, CPC" (STJ-4ª T., REsp 32.159, Min. Sálvio de Figueiredo, j. 14.6.93, DJU 2.8.93).

Art. 24: 7. "Não se admite **assistência** em mandado de segurança" (STF-Pleno, MS 24.414-3, Min. Cezar Peluso, j. 4.9.03, dois votos vencidos, DJU 21.11.03). No mesmo sentido: RTJ 123/722, STF-RT 626/242; STJ-1ª Seção, ED no REsp 278.993, Min. Teori Zavascki, j. 9.6.10, DJ 30.6.10; RSTJ 85/364, STJ-RT 732/186. V., nesse sentido, RP 46/235, com comentário de Arlete Inês Aurelli.

Contra: "A assistência, simples ou litisconsorcial, tem cabimento em qualquer procedimento ou grau de jurisdição, inexistindo óbice a que se admita o ingresso do assistente em mandado de segurança, ainda que depois de transcorrido o prazo decadencial do *writ*" (STJ-2ª T., REsp 616.485, Min. Eliana Calmon, j. 11.4.06, DJU 22.5.06). No sentido da admissão da assistência, v. Ivan Lira de Carvalho, em Ajuris 63/255, *in fine*.

✎ "Mandado de segurança. Assistência e *amicus curiae*", por Athos Gusmão Carneiro (RF 371/73).

Art. 24: 7a. Admitindo a intervenção de *amicus curiae* em mandado de segurança: STF-Pleno, MS 32.033-AgRg, Min. Teori Zavascki, j. 20.6.13, maioria, DJ 18.2.14.

Art. 24: 7b. "O **art. 5º, § ún., da Lei 9.469/97** não alcança o processo de mandado de segurança. Bem por isso não é lícito às pessoas jurídicas de direito público invocarem o permissivo nele contido, para intervirem em tais processos" (STJ-1ª Seção, MS 5.690-AgRg-EDcl, Min. Gomes de Barros, j. 27.2.02, DJU 18.3.02).

Art. 24: 8. No sentido de que aquele que poderia intervir como litisconsorte ativo voluntário, por ter direito igual ao do impetrante, mas não interveio, pode **apelar** da sentença contrária, **como terceiro prejudicado:** RJTJESP 114/427 e Bol. AASP 1.569/8.

Art. 25. Não cabem, no processo de mandado de segurança, a interposição de embargos infringentes[1-1a] e a condenação ao pagamento dos honorários advocatícios,[2 a 3] sem prejuízo da aplicação de sanções no caso de litigância de má-fé.[4]

Art. 25: 1. s/ extensão do julgamento por maioria de votos em apelação, v. CPC 942, nota 1.

Art. 25: 1a. Não mais existem embargos infringentes contra julgamento não unânime no processo civil. Isso torna **superadas as Súmulas 597 do STF** ("Não cabem embargos infringentes de acórdão que, em mandado de segurança, decidiu por maioria de votos a apelação") **e 169 do STJ** ("São inadmissíveis embargos infringentes no processo de mandado de segurança").

Art. 25: 2. "Honorários de advogado no mandado de segurança", por Eduardo Augusto Jardim (RJ 240/12); "O cabimento de honorários advocatícios em mandado de segurança", por Cristiano Chaves de Farias (RT 765/78); "Breves considerações sobre o cabimento dos honorários advocatícios em mandado de segurança", por Gilberto Gomes Bruschi e Denis Donoso (RBDP 64/163).

Art. 25: 2a. **Súmula 512 do STF:** "Não cabe condenação em honorários de advogado na ação de mandado de segurança". **Súmula 105 do STJ:** "Na ação de mandado de segurança não se admite condenação em honorários advocatícios".

"A presença de litisconsorte passivo na ação não afasta a aplicação das Súmulas n. 512 do STF e 105 do STJ" (RSTJ 79/168).

Todavia: "Cabe a fixação de honorários advocatícios, caso a execução da decisão mandamental seja embargada. Afinal, os embargos à execução, constituindo demanda à parte, com feições próprias e específicas, exige novo embate judicial, inclusive com abertura de novo contraditório regular" (STJ-1ª Seção, AR 4.365, Min. Humberto Martins, j. 9.5.12, maioria, RP 211/422).

Art. 25: 3. A lei não isenta a parte que deu causa à instauração do mandado de segurança do pagamento das respectivas custas. Assim, em caso de concessão da segurança, a autoridade coatora deve em regra ser condenada ao pagamento de custas (RT 673/71). Denegada a segurança, deve o impetrante em regra responder pelas custas.

"A parte vencida no *writ* deve reembolsar as custas adiantadas pela impetrante. Em sede de mandado de segurança, os efeitos patrimoniais da demanda são suportados pelo ente público, que deve arcar com o reembolso das custas" (STJ-2ª T., REsp 1.381.546, Min. Eliana Calmon, j. 15.10.13, DJ 28.10.13).

"Mesmo que tenha desaparecido o ato que ensejara o pedido de segurança, permanece o interesse do impetrante em ver definida a responsabilidade pelas custas judiciais" (STJ-1ª T., RMS 290-EDcl, Min. Gomes de Barros, j. 10.12.93, DJU 21.2.94).

Art. 25: 4. O impetrante, vencido, pode, se for o caso, ser condenado por dano processual (RTFR 143/307, RJTJESP 32/80, JTA 62/62, 96/161). **Contra:** JTJ 200/175, 213/121.

Art. 26. Constitui crime de desobediência, nos termos do art. 330 do Decreto-Lei n. 2.848, de 7 de dezembro de 1940, o não cumprimento das decisões proferidas em mandado de segurança, sem prejuízo das sanções administrativas e da aplicação da Lei n. 1.079, de 10 de abril de 1950, quando cabíveis.

Art. 27. Os regimentos dos tribunais e, no que couber, as leis de organização judiciária deverão ser adaptados às disposições desta Lei no prazo de 180 (cento e oitenta) dias, contado da sua publicação.

Art. 28. Esta Lei entra em vigor na data de sua publicação.

Art. 29. Revogam-se as Leis n. 1.533, de 31 de dezembro de 1951, 4.166, de 4 de dezembro de 1962, 4.348, de 26 de junho de 1964, 5.021, de 9 de junho de 1966; o art. 3º da Lei n. 6.014, de 27 de dezembro de 1973, o art. 1º da Lei n. 6.071, de 3 de julho de 1974, o art. 12 da Lei n. 6.978, de 19 de janeiro de 1982, e o art. 2º da Lei n. 9.259, de 9 de janeiro de 1996.

Brasília, 7 de agosto de 2009; 188º da Independência e 121º da República.
LUIZ INÁCIO LULA DA SILVA — **Tarso Genro — José Antonio Dias Toffoli.**

Ementário
Medida Cautelar

Lei 8.397, de 6.1.92 — Institui medida cautelar fiscal e dá outras providências (Lex 1992/11, RDA 187/369; v. adiante, texto integral). Os arts. 1º e 2º foram alterados pela **Lei 9.532, de 10.12.97,** art. 65 (Lex 1997/4.482, RT 746/739, RF 340/494).

Lei 8.437, de 30.6.92 — Dispõe sobre a concessão de medidas cautelares contra atos do Poder Público e dá outras providências (Lex 1992/381, RDA 189/400, RF 319/329, Just. 159/230, Bol. AASP 1.751/4; v. adiante, texto integral).

Med. Prov. 2.180-35, de 24.8.01 — Na Lei 8.437: introduziu o art. 1º §§ 4º e 5º; alterou o art. 4º §§ 2º e 3º, acrescentando-lhe os §§ 4º a 9º.

Lei n. 8.397, de 6 de janeiro de 1992

Institui medida cautelar fiscal[1] *e dá outras providências.*

O Presidente da República
Faço saber que o Congresso Nacional decreta e eu sanciono a seguinte lei:

LEI 8.397: 1. "Medida cautelar fiscal", pelo Min. José Augusto Delgado (RTJE 149/73, RCDUFU 22, n. 1/2, p. 141); "Medida cautelar fiscal. Responsabilidade tributária do sócio-gerente (CTN, art. 135)", por Humberto Theodoro Jr. (RJ 235/59-parecer; RT 739/115).

Art. 1º O procedimento cautelar fiscal poderá ser instaurado após a constituição do crédito, inclusive no curso da execução judicial da Dívida Ativa da União, dos Estados, do Distrito Federal, dos Municípios e respectivas autarquias. [1]

Parágrafo único. O requerimento da medida cautelar, na hipótese dos incisos V, alínea *b*, e VII, do art. 2º, independe da prévia constituição do crédito tributário. [2]

Art. 1º: 1. Redação do *caput* de acordo com a Lei 9.532, de 10.12.97, art. 65.

Art. 1º: 2. Redação do § ún. de acordo com a Lei 9.532, de 10.12.97, art. 65.

Art. 2º A medida cautelar fiscal poderá ser requerida contra o sujeito passivo de crédito tributário ou não tributário, quando o devedor: [1]

I — sem domicílio certo, intenta ausentar-se ou alienar bens que possui ou deixa de pagar a obrigação no prazo fixado;

II — tendo domicílio certo, ausenta-se ou tenta se ausentar, visando a elidir o adimplemento da obrigação;

III — caindo em insolvência, aliena ou tenta alienar bens; [2]

IV — contrai ou tenta contrair dívidas que comprometam a liquidez do seu patrimônio; [3]

V — notificado pela Fazenda Pública para que proceda ao recolhimento do crédito fiscal: [4]

a) deixa de pagá-lo no prazo legal, salvo se suspensa sua exigibilidade; [5]

b) põe ou tenta pôr seus bens em nome de terceiros;

VI — possui débitos, inscritos ou não em Dívida Ativa, que somados ultrapassem trinta por cento do seu patrimônio conhecido; [6-7]

VII — aliena bens ou direitos sem proceder à devida comunicação ao órgão da Fazenda Pública competente, quando exigível em virtude de lei; [8]

VIII — tem sua inscrição no cadastro de contribuintes declarada inapta, pelo órgão fazendário; [9]

IX — pratica outros atos que dificultem ou impeçam a satisfação do crédito. [10]

Art. 2º: 1. Redação do *caput* de acordo com a Lei 9.532, de 10.12.97, art. 65.

Art. 2º: 2 a 4. Redação dos incisos III a V de acordo com a Lei 9.532, de 10.12.97, art. 65.

Art. 2º: 5. "Consoante expressa disposição legal (art. 2º, V, *a*, da Lei 8.397/92), regra geral é vedado conceder medida cautelar fiscal para acautelar crédito tributário com a exigibilidade anteriormente suspensa. Em tais situações excepcionalmente é possível o deferimento de medida cautelar fiscal quando o devedor busca indevidamente a alienação de seus bens como forma de esvaziar seu patrimônio que poderia responder pela dívida (art. 2º, V, *b*, e VII da Lei 8.397/92). No caso concreto, a medida cautelar fiscal foi proposta com fulcro no art. 2º, VI, da Lei n. 8.397/92 (VI — possui débitos, inscritos ou não em Dívida Ativa, que somados ultrapassem trinta por cento do seu patrimônio conhecido). O dispositivo legal invocado não se encontra dentre as exceções que autorizam a concessão da medida" (STJ-2ª T., REsp 1.163.392, Min. Mauro Campbell, j. 21.8.12, DJ 28.8.12).

Art. 2º: 6. Redação do inciso VI de acordo com a Lei 9.532, de 10.12.97, art. 65.

Art. 2º: 7. v. nota 5.

Art. 2º: 8 a 10. Redação dos incisos VII a IX do art. 2º de acordo com a Lei 9.532, de 10.12.97, art. 65.

Art. 3º Para a concessão da medida cautelar fiscal é essencial:

I — prova literal da constituição do crédito fiscal;

II — prova documental de algum dos casos mencionados no artigo antecedente.

Art. 4º A decretação da medida cautelar fiscal produzirá, de imediato, a indisponibilidade dos bens do requerido, até o limite da satisfação da obrigação.

§ 1º Na hipótese de pessoa jurídica, a indisponibilidade recairá somente sobre os bens do ativo permanente, podendo, ainda, ser estendida aos bens do acionista controlador e aos dos que em razão do contrato social ou estatuto tenham poderes para fazer a empresa cumprir suas obrigações fiscais, ao tempo:

a) do fato gerador, nos casos de lançamento de ofício;

b) do inadimplemento da obrigação fiscal, nos demais casos.

§ 2º A indisponibilidade patrimonial poderá ser estendida em relação aos bens[1] adquiridos a qualquer título do requerido ou daqueles que estejam ou tenham estado na função de administrador (§ 1º), desde que seja capaz de frustrar[2] a pretensão da Fazenda Pública.[3]

§ 3º Decretada a medida cautelar fiscal, será comunicada imediatamente ao registro público de imóveis, ao Banco Central do Brasil, à Comissão de Valores Mobiliários e às demais repartições que processem registros de transferência de bens, a fim de que, no âmbito de suas atribuições, façam cumprir a constrição judicial.

Art. 4º: 1. "O bem de família deve ser considerado indisponível para o fim específico de garantir, no futuro, execução de dívida tributária. Interpretação do alcance do art. 4º, § 2º, da Lei n. 8.397, de 6 de janeiro de 1992" (STJ-1ª T., REsp 671.632, Min. José Delgado, j. 15.3.05, DJU 2.5.05).

Art. 4º: 2. Conforme retificação no DOU 16.1.92, p. 1.

Art. 4º: 3. "O art. 4º, § 2º, da Lei 8.397/92, autoriza o requerimento da medida cautelar fiscal contra terceiros, desde que tenham adquirido bens do sujeito passivo (contribuinte ou responsável) em condições que sejam capazes de frustrar a satisfação do crédito pretendido. Essas condições remontam à fraude de execução e à fraude contra credores. Descaracterizada a fraude à execução e não ajuizada a ação pauliana ou revocatória em tempo hábil, impõe-se o reconhecimento da perda superveniente do interesse de agir do credor em medida cautelar fiscal contra terceiros" (STJ-2ª T., REsp 962.023, Min. Mauro Campbell, j. 17.5.11, DJ 16.3.12).

Art. 5º A medida cautelar fiscal será requerida ao juiz competente para a execução judicial da Dívida Ativa da Fazenda Pública.[1-2]

Parágrafo único. Se a execução judicial estiver em Tribunal, será competente o relator do recurso.

Art. 5º: 1. s/ juiz competente para execução fiscal, v. CPC 46 § 5º e LEF 5º.

Art. 5º: 2. "É possível o ajuizamento de uma única medida cautelar fiscal para também assegurar créditos tributários cobrados em outras execuções fiscais distribuídas em juízos distintos. Isso porque a medida cautelar fiscal, como cediço, tem por escopo assegurar a utilidade do processo executivo mediante a decretação da indisponibilidade de bens dos requeridos. A efetividade dessa medida, por óbvio, exige rápida resposta do Poder Judiciário, sob pena de imprestabilidade do provimento almejado. Assim, se o fisco consegue demonstrar perante qualquer um dos juízos que processam tais feitos executivos a satisfação dos requisitos exigidos pelo art. 3º da Lei 8.397/92, quais sejam, prova documental da constituição dos créditos tributários cobrados em todas as execuções e da concretização de uma das situações previstas no art. 2º, tendentes a dificultar ou impedir a satisfação do crédito, pode o magistrado, pelo poder geral de cautela que lhe é conferido pelo art. 798 do CPC, com o escopo de evitar dano à Fazenda Pública, estender essa garantia à totalidade dos créditos tributários que lhe foram demonstrados, ainda que cobrados perante outro juízo. Pensar diferente, indubitavelmente, atentaria contra a efetividade da medida, pois a pretendida multiplicidade de cautelares possibilitaria aos envolvidos a dispersão do patrimônio" (STJ-1ª T., REsp 1.190.274, Min. Benedito Gonçalves, j. 23.8.11, DJ 26.8.11).

Art. 6º A Fazenda Pública pleiteará a medida cautelar fiscal em petição devidamente fundamentada, que indicará:

I — o juiz a quem é dirigida;

II — a qualificação e o endereço, se conhecido, do requerido;

III — as provas que serão produzidas;

IV — o requerimento para citação.

Art. 7º O juiz concederá liminarmente a medida cautelar fiscal, dispensada a Fazenda Pública de justificação prévia e de prestação de caução.

Parágrafo único. Do despacho que conceder liminarmente a medida cautelar caberá agravo de instrumento.

Art. 8º O requerido será citado para, no prazo de quinze dias, contestar o pedido, indicando as provas que pretenda produzir.

Parágrafo único. Conta-se o prazo da juntada aos autos do mandado:

a) de citação, devidamente cumprido;

b) da execução da medida cautelar fiscal, quando concedida liminarmente.

Art. 9º Não sendo contestado o pedido, presumir-se-ão aceitos pelo requerido, como verdadeiros, os fatos alegados pela Fazenda Pública, caso em que o juiz decidirá em dez dias.

Parágrafo único. Se o requerido contestar no prazo legal, o juiz designará audiência de instrução e julgamento, havendo prova a ser nela produzida.

Art. 10. A medida cautelar fiscal decretada poderá ser substituída, a qualquer tempo, pela prestação de garantia correspondente ao valor da pretensão da Fazenda Pública, na forma do art. 9º da Lei n. 6.830, de 22 de setembro de 1980.[1]

Parágrafo único. A Fazenda Pública será ouvida necessariamente sobre o pedido de substituição, no prazo de cinco dias, presumindo-se da omissão a sua aquiescência.

Art. 10: 1. Lei 6.830: no tít. EXECUÇÃO FISCAL.

Art. 11. Quando a medida cautelar fiscal for concedida em procedimento preparatório, deverá a Fazenda Pública propor a execução judicial da Dívida Ativa no prazo de sessenta dias, contados da data em que a exigência se tornar irrecorrível na esfera administrativa.

Art. 12. A medida cautelar fiscal conserva a sua eficácia no prazo do artigo antecedente e na pendência do processo de execução judicial da Dívida Ativa, mas pode, a qualquer tempo, ser revogada ou modificada.

Parágrafo único. Salvo decisão em contrário, a medida cautelar fiscal conservará sua eficácia durante o período de suspensão do crédito tributário ou não tributário.

Art. 13. Cessa a eficácia da medida cautelar fiscal:

I — se a Fazenda Pública não propuser a execução judicial da Dívida Ativa no prazo fixado no art. 11 desta lei;

II — se não for executada dentro de trinta dias;

III — se for julgada extinta a execução judicial da Dívida Ativa da Fazenda Pública;

IV — se o requerido promover a quitação do débito que está sendo executado.

Parágrafo único. Se, por qualquer motivo, cessar a eficácia da medida, é defeso à Fazenda Pública repetir o pedido pelo mesmo fundamento.

Art. 14. Os autos do procedimento cautelar fiscal serão apensados aos do processo de execução judicial da Dívida Ativa da Fazenda Pública.

Art. 15. O indeferimento da medida cautelar fiscal não obsta a que a Fazenda Pública intente a execução judicial da Dívida Ativa, nem influi no julgamento desta, salvo se o juiz, no procedimento cautelar fiscal, acolher alegação de pagamento, de compensação, de transação, de remissão, de prescrição ou decadência, de conversão do depósito em renda, ou qualquer outra modalidade de extinção da pretensão deduzida.

Art. 16. Ressalvado o disposto no art. 15, a sentença proferida na medida cautelar fiscal não faz coisa julgada, relativamente à execução judicial da Dívida Ativa da Fazenda Pública.

Art. 17. Da sentença que decretar a medida cautelar fiscal caberá apelação, sem efeito suspensivo, salvo se o requerido oferecer garantia na forma do art. 10 desta lei.

Art. 18. As disposições desta lei aplicam-se, também, ao crédito proveniente das contribuições sociais previstas no art. 195 da Constituição Federal.

Art. 19. Esta lei entra em vigor na data de sua publicação.

Art. 20. Revogam-se as disposições em contrário.

Brasília, 6 de janeiro de 1992; 171º da Independência e 104º da República — FERNANDO COLLOR — **Marcílio Marques Moreira.**

Lei n. 8.437, de 30 de junho de 1992

Dispõe sobre a concessão de medidas cautelares contra atos do Poder Público e dá outras providências.

O Presidente da República

Faço saber que o Congresso Nacional decreta e eu sanciono a seguinte lei:

Art. 1º Não será cabível medida liminar[1 a 3] contra atos do Poder Público, no procedimento cautelar ou em quaisquer outras ações de natureza cautelar ou preventiva, toda vez que providência semelhante não puder ser concedida em ações de mandado de segurança, em virtude de vedação legal.

§ 1º Não será cabível, no juízo de primeiro grau, medida cautelar inominada ou a sua liminar, quando impugnado ato de autoridade sujeita, na via de mandado de segurança, à competência originária de tribunal.[3a]

§ 2º O disposto no parágrafo anterior não se aplica aos processos de ação popular e de ação civil pública.

§ 3º Não será cabível medida liminar que esgote, no todo ou em parte, o objeto da ação.[3b a 5]

§ 4º (*acrescido pela Med. Prov. 2.180-35, de 24.8.01*) Nos casos em que cabível medida liminar, sem prejuízo da comunicação ao dirigente do órgão ou entidade, o respectivo representante judicial dela será imediatamente intimado.

§ 5º (*acrescido pela Med. Prov. 2.180-35, de 24.8.01*) Não será cabível medida liminar que defira compensação de créditos tributários ou previdenciários.

Art. 1º: 1. "Restrições à concessão de medidas liminares", por Teori Albino Zavascki (RJ 195/28, Just. 168/90, RTJE 125/67, RJTAMG 53/13); "Nota sobre a atual natureza jurídica da suspensão de decisões contrárias ao 'Poder Público', à luz do seu regime de eficácia", por Eduardo Talamini (RDDP 67/43).

Art. 1º: 1a. v. Lei 9.494, de 10.9.97, no tít. FAZENDA PÚBLICA.

Art. 1º: 1b. s/ liminar em ação anulatória de débito fiscal, v. LEF 38, nota 3a.

Art. 1º: 2. "Admissibilidade (...) de condições e limitações legais do poder cautelar do juiz. A tutela cautelar e o risco do constrangimento precipitado a direitos da parte contrária, com violação da garantia do devido processo legal. Consequente necessidade de controle da razoabilidade das restrições, a partir do caráter essencialmente provisório de todo provimento cautelar, liminar ou não" (STF-Pleno: RTJ 132/571, 2 votos vencidos).

Art. 1º: 3. "O art. 1º da Lei 8.437/92 veda liminares em favor de quem litiga com o Estado. A vedação nele contida não opera no processo de ação popular. É que, neste processo, o autor não é adversário do Estado, mas seu substituto processual" (STJ-1ª T., RMS 5.621-0, Min. Gomes de Barros, j. 31.5.95, DJU 7.8.95). No mesmo sentido: STJ-6ª T., REsp 73.083, Min. Fernando Gonçalves, j. 9.9.97, DJU 6.10.97; RSTJ 105/193.

Art. 1º: 3a. v. CF 105, nota 19.

Art. 1º: 3b. v. tb. Lei 9.494/97, art. 1º, nota 4 (no tít. FAZENDA PÚBLICA).

Art. 1º: 3c. "Ao estabelecer que 'não será cabível medida liminar que esgote, no todo ou em parte, o objeto da ação', o § 3º do art. 1º, da Lei 8.437/92, está se referindo, embora sem apuro técnico de linguagem, às liminares satisfativas irreversíveis, ou seja, àquelas cuja execução produz resultado prático que inviabiliza o retorno ao *status quo ante*, em caso de sua revogação" (STJ-1ª T., REsp 664.224, Min. Teori Zavascki, j. 5.9.06, DJ 1.3.07).

Art. 1º: 4. Contra ato do Poder Público: "É vedada, como princípio geral, a concessão de liminar de caráter eminentemente satisfativo, excepcionando-se as hipóteses de providências médicas urgentes" (RSTJ 127/227).

"Ainda que o art. 1º, § 3º, da Lei 8.437/92 vede a concessão de liminar contra atos do poder público no procedimento cautelar, que esgote, no todo ou em parte, o objeto da ação, há que se considerar que, tratando-se de aquisição de medicamento indispensável à sobrevivência da parte, impõe-se que seja assegurado o direito à vida da requerente" (STJ-1ª T., MC 11.120, Min. José Delgado, j. 18.5.06, DJU 8.6.06).

Art. 1º: 5. "O art. 1º, § 3º, da Lei n. 8.437/92, não se aplica às liminares em mandado de segurança ante o caráter satisfativo do *writ*" (STJ-1ª Seção, MS 8.130-AgRg, Min. Luiz Fux, j. 13.3.02, DJU 3.6.02). No mesmo sentido: RP 139/206.

Art. 2º No mandado de segurança coletivo e na ação civil pública,[1] a liminar será concedida, quando cabível, após a audiência do representante judicial da pessoa jurídica de direito público, que deverá se pronunciar no prazo de setenta e duas horas.[1a a 4]

Art. 2º: 1. não na ação popular (RSTJ 105/193). V. art. 1º, nota 3.

Art. 2º: 1a. No mesmo sentido: LMS 22 § 2º.

Art. 2º: 1b. Esta restrição não se aplica às sociedades de economia mista (JTJ 174/171).

Art. 2º: 2. "Liminar concedida sem respeito a este prazo é nula" (STJ-1ª T., REsp 303.206-AgRg-AgRg, Min. Francisco Falcão, j. 28.8.01, DJU 18.2.02).

Todavia: "Excepcionalmente, o rigor do disposto no art. 2º da Lei 8.437/92 deve ser mitigado em face da possibilidade de graves danos decorrentes da demora no cumprimento da liminar, especialmente quando se tratar da saúde de pessoa idosa que necessita de tratamento médico urgente" (STJ-1ª T., REsp 860.840, Min. Denise Arruda, j. 20.3.07, DJU 23.4.07). Também mitigando a regra: RT 857/284.

Art. 2º: 3. "Não se aplica às hipóteses de concessão de liminar em ação de improbidade administrativa a regra de intimação prévia no prazo de 72 horas, prevista no art. 2º da Lei 8.437/92, porquanto, via de regra, a ação não se direciona de forma direta a impugnar ato administrativo da pessoa jurídica de direito público, mas atos praticados por agentes públicos" (STJ-2ª T., REsp 1.018.614, Min. Eliana Calmon, j. 17.6.08, DJ 6.8.08). No mesmo sentido: STJ-1ª T., REsp 1.038.467, Min. Teori Zavascki, j. 12.5.09, DJ 20.5.09.

Art. 2º: 4. Afastando a exigência da oitiva prévia da pessoa jurídica de direito público em matéria de "ação ordinária de obrigação de fazer, com pedido liminar de tutela antecipada": "vedação à interpretação ampliativa e taxatividade do art. 2º" (STJ-1ª T., REsp 1.559.531, Min. Napoleão Maia Filho, j. 3.4.18, DJ 16.4.18).

Art. 3º O recurso voluntário ou *ex-officio*, interposto contra sentença em processo cautelar, proferida contra pessoa jurídica de direito público ou seus agentes, que importe em outorga ou adição de vencimentos ou de reclassificação funcional, terá efeito suspensivo.[1]

Art. 3º: 1. v. art. 1º, nota 1a.

Art. 4º Compete ao presidente do tribunal, ao qual couber o conhecimento do respectivo recurso, suspender, em despacho fundamentado, a execução da liminar nas ações movidas contra o Poder Público ou seus agentes, a requerimento do Ministério Público ou da pessoa jurídica de direito público interessada,[1-1a] em caso de manifesto interesse público ou de flagrante ilegitimidade, e para evitar grave lesão à ordem, à saúde, à segurança e à economia públicas.[1b a 3d]

§ 1º Aplica-se o disposto neste artigo à sentença proferida em processo de ação cautelar inominada, no processo de ação popular e na ação civil pública, enquanto não transitada em julgado.

§ 2º (*redação da Med. Prov. 2.180-35, de 24.8.01*) O presidente do tribunal poderá ouvir o autor e o Ministério Público, em setenta e duas horas.[3e]

§ 3º (*redação da Med. Prov. 2.180-35, de 24.8.01*) Do despacho que conceder ou negar a suspensão, caberá agravo, no prazo de cinco dias,[3f-4] que será levado a julgamento na sessão seguinte a sua interposição.[4a-4b]

§ 4º (*acrescido pela Med. Prov. 2.180-35, de 24.8.01*) Se do julgamento do agravo de que trata o § 3º resultar a manutenção ou o restabelecimento da decisão que se pretende suspender, caberá novo pedido de suspensão ao presidente do tribunal competente para conhecer de eventual recurso especial ou extraordinário.[5]

§ 5º (*acrescido pela Med. Prov. 2.180-35, de 24.8.01*) É cabível também o pedido de suspensão a que se refere o § 4º, quando negado provimento a agravo de instrumento interposto contra a liminar a que se refere este artigo.[5a]

§ 6º (*acrescido pela Med. Prov. 2.180-35, de 24.8.01*) A interposição do agravo de instrumento contra liminar concedida nas ações movidas contra o Poder Público e seus agentes não prejudica nem condiciona o julgamento do pedido de suspensão a que se refere este artigo.

§ 7º (*acrescido pela Med. Prov. 2.180-35, de 24.8.01*) O presidente do tribunal poderá conferir ao pedido efeito suspensivo liminar, se constatar, em juízo prévio, a plausibilidade do direito invocado e a urgência na concessão da medida.

§ 8º (*acrescido pela Med. Prov. 2.180-35, de 24.8.01*) As liminares cujo objeto seja idêntico poderão ser suspensas em uma única decisão, podendo o presidente do tribunal estender os efeitos da suspensão a liminares supervenientes, mediante simples aditamento do pedido original.

§ 9º (*acrescido pela Med. Prov. 2.180-35, de 24.8.01*) A suspensão deferida pelo presidente do tribunal vigorará até o trânsito em julgado da decisão de mérito na ação principal.[6 a 8]

Art. 4º: 1. "As pessoas jurídicas de direito privado no exercício de função delegada do poder público têm legitimidade para requerer a suspensão de execução de liminar ou de sentença, desde que em defesa do interesse público" (STJ-Corte Especial, SL 765-AgRg, Min. Barros Monteiro, j. 21.11.07, DJU 10.12.07). **Todavia,** "o sindicato que as congrega não tem essa legitimidade" (STJ-Corte Especial, SL 1.002-AgRg, Min. Ari Pargendler, j. 1.4.09, DJ 7.5.09).

"A concessionária de serviço público, atuando na defesa de interesses particulares, não tem legitimidade para pedir a suspensão de liminar" (STJ-Corte Especial, SL 357-AgRg, Min. Barros Monteiro, j. 16.5.07, DJU 27.8.07).

V. tb. LMS 15, nota 1a.

Art. 4º: 1a. "A Câmara Municipal, agindo na defesa de suas prerrogativas, tem legitimidade para formular o pedido de suspensão" (STJ-Corte Especial, SL 618-AgRg, Min. Barros Monteiro, j. 19.12.07, DJU 11.2.08).

"O agente político tem legitimidade ativa para ajuizar pedido de suspensão visando subtrair eficácia da decisão judicial que o afastou do cargo" (STJ-Corte Especial, SL 876-AgRg, Min. Gomes de Barros, j. 30.6.08, DJ 27.11.08).

Art. 4º: 1b. "Da intervenção da União Federal, como *amicus curiae*. Ilegitimidade para, nesta qualidade, requerer a suspensão dos efeitos de decisão jurisdicional. Leis n. 8.437, art. 4º, e n. 9.469/97, art. 5º", pelo Min. Athos Gusmão Carneiro (RF 363/181-parecer).

Art. 4º: 1c. O art. 4º guarda semelhança com a LMS 15.

S/ recurso especial contra suspensão de decisão liminar, v. RISTJ 255, nota 4-Suspensão de decisão liminar.

Art. 4º: 1d. "O pedido de contracautela visa a suspender a eficácia de decisão cautelar que promove alteração na situação jurídica em que se encontrava o Poder Público anteriormente ao ajuizamento de processo judicial. Por isso, pressupõe-se que a Fazenda Pública figure **no polo passivo** da causa originária principal. Nas hipóteses em que a Administração é demandante (autora), é ela quem almeja a modificação do *status quo ante*. Tal quadro não permite o manejo da suspensão de liminar e sentença, segundo as Leis 7.347/1985 (art. 12, § 1º), 8.038/90 (art. 25, *caput* e parágrafos), 8.437/92 (art. 4º, *caput* e parágrafos), 9.494/97 (art. 1º), 9.507/97 (art. 16) e 12.016/09 (art. 15, *caput* e parágrafos). Caso pretenda o restabelecimento de provimento judicial que lhe favoreceu — ou seja, a reforma da decisão posterior —, a Fazenda Pública deve valer-se da via ou do sucedâneo recursal adequado, e não do requerimento suspensivo, que não tem natureza jurídica de recurso e deve ser fundado tão somente na possi-

Medida Cautelar

bilidade de grave lesão a um dos bens tutelados pela legislação de regência (quais sejam, a ordem, a saúde, a segurança e a economia públicas)" (STJ-Corte Especial, SL 2.328-AgInt, Min. Laurita Vaz, j. 6.6.18, DJ 12.6.18).

Art. 4º: 1e. A suspensão de decisão liminar proferida pelos Tribunais Regionais Federais ou pelos Tribunais dos Estados e do Distrito Federal é da competência do Presidente do STF ou do STJ, conforme a mesma diretriz estabelecida para a suspensão de liminar ou decisão concessiva de mandado de segurança (v. LMS 15, nota 3a, LR 25-*caput*, especialmente nota 1, RISTF 297, especialmente nota 1, e RISTJ 271). Assim: "Se a ação que deu origem ao pedido de suspensão tem causa de pedir vinculada a tema constitucional, a competência é do STF; sendo outro o tema da causa de pedir — qualquer outro — a competência é do Superior Tribunal de Justiça" (STJ-Corte Especial, SL 876-AgRg, Min. Gomes de Barros, j. 30.6.08, DJ 27.11.08). Ainda, no sentido de que não compete ao STJ "o julgamento de suspensão de liminar e de sentença quando o tema de fundo tem natureza exclusivamente constitucional": STJ-Corte Especial, SL 937, Min. Cesar Rocha, j. 5.11.08, DJ 24.11.08. "Havendo concorrência de matéria constitucional e infraconstitucional, o entendimento desta Corte é no sentido de que ocorre *vis attractiva* da competência do em. Ministro Presidente do Supremo Tribunal Federal" (STJ-Corte Especial, SL 1.334-AgRg-AgRg, Min. Ari Pargendler, j. 14.6.12, DJ 13.8.12).

Cabe reclamação ao STF ou ao STJ contra a decisão de Presidente de Tribunal que suspende liminar de relator em processo de competência originária de tribunais.

Art. 4º: 2. Nos casos em que a medida liminar é deferida isoladamente pelo relator em sede de agravo de instrumento (CPC 1.019-I), o pedido de suspensão para os tribunais superiores independe de prévio recurso para o órgão colegiado do tribunal local: "Pedido de suspensão de liminar indeferido pelo Presidente do STF. Entendimento no sentido de que o ato da relatora deveria ter sido atacado por meio de agravo regimental para o órgão colegiado ao qual ela se encontra integrada. Completa reformulação da legislação, quanto à suspensão das liminares nos diversos processos, até mesmo na ação civil pública e na ação popular. Disciplina prevista no art. 4º da Lei 8.437, de 30.6.92. Agravo regimental provido, para deferir a suspensão da liminar" (STF-RTJ 192/141: Pleno, Pet 2.455-3-AgRg). No mesmo sentido, ponderando quanto à desnecessidade da interposição de agravo interno nessas circunstâncias ou de aguardar seu desfecho, nas situações em que haja sido interposto: STJ-Corte Especial, SL 26-AgRg-AgRg-EDcl, Min. Nilson Naves, j. 6.12.06, sete votos vencidos, DJU 2.4.07.

Assim, tende a ficar superado, no STJ, o entendimento que exigia o prévio esgotamento de instância nessas circunstâncias (p/ esse entendimento, v. STJ-Corte Especial, STA 55-AgRg e SL 63-AgRg).

V. tb. LMS 15, nota 3.

Art. 4º: 2a. "Cabe à pessoa jurídica de direito público escolher a via processual através da qual deseja impugnar decisão concessiva de liminar. Não pode o tribunal de segundo grau deixar de conhecer do agravo de instrumento interposto pelo ente público. O fato de a pessoa jurídica de direito público poder, pelo menos em tese, utilizar o expediente previsto no art. 4º da Lei 8.437/92, não impede o manejo do agravo de instrumento, pois aquele só serve para suspender a eficácia da decisão, enquanto o recurso de agravo possibilita a reforma ou a cassação do *decisum* causador da insatisfação" (STJ-2ª T., REsp 160.217, Min. Adhemar Maciel, j. 3.9.98, DJU 28.9.98).

Assim, o pedido de suspensão da liminar independe da interposição de agravo de instrumento para ter eficácia: "A lei permite a interposição do agravo, não obriga" (STJ-2ª T., REsp 193.319, Min. João Otávio, j. 22.2.05, DJU 11.4.05).

"A existência de recurso especial ou medida cautelar pendentes de julgamento pelo órgão colegiado competente não impede o exame de pedido de suspensão pela Presidência do Tribunal" (STJ-Corte Especial, SL 876-AgRg, Min. Gomes de Barros, j. 30.6.08, DJ 27.11.08).

Tudo isso acontece em razão de os institutos se situarem em planos distintos: a medida suspensiva especial funda-se em razões de interesse público e tem forte apelo político, enquanto o recurso apoia-se em desacerto da decisão recorrida, com ênfase em aspectos jurídicos. V. tb. LMS 14, nota 2a, e 15, nota 8.

Art. 4º: 2b. "Não se aplica o art. 4º da Lei n. 8.437, de 30.6.92, à suspensão de medida liminar de sequestro, relativo ao procedimento administrativo para pagamento de precatório. Esse sequestro nada tem a ver com o de coisa litigiosa, pois, ao ser ordenado, não há mais litígio" (STJ-Corte Especial, Pet 724-AL-AgRg, Min. Pádua Ribeiro, j. 21.8.96, dois votos vencidos, DJU 16.6.97).

Art. 4º: 2c. "Substituída a decisão liminar por sentença de mérito, proferida por Juiz de primeiro grau, ao STJ falece competência para conhecer do pedido de suspensão" (STJ-Corte Especial, SL 229-AgRg, Min. Edson Vidigal, j. 20.3.06, DJU 10.4.06).

Art. 4º: 3. "Não cabe na suspensão de liminar prevista na Lei 8.437/92, art. 4º, o exame de matérias relacionadas ao mérito da causa em que proferida, nem a reapreciação dos requisitos necessários à concessão da liminar. Via restrita a verificação da ocorrência dos pressupostos relacionados ao risco de grave lesão à ordem, à saúde, à segurança e à economia públicas" (STJ-Corte Especial, SL 69-AgRg, Min. Edson Vidigal, j. 19.5.04, DJU 4.10.04).

"Não se examina em pedido de suspensão lesão à ordem jurídica, erro de julgamento ou de procedimento, cuja análise deve se dar nas vias recursais ordinárias" (STJ-Corte Especial, SL 150-AgRg, Min. Edson Vidigal, j. 20.3.06, DJU 10.4.06).

"O exame do *quantum* devido pela União para pagamento de precatório diz respeito ao mérito da controvérsia, insuscetível de apreciação em sede de suspensão de liminar" (STJ-Corte Especial, SL 721-AgRg, Min. Barros Monteiro, j. 7.11.07, DJU 10.12.07).

"A questão pertinente à ilegitimidade ativa do Ministério Público remonta à suposta ofensa à ordem jurídica — e de lesão à ordem jurídica não se há falar na excepcional via da suspensão de liminar ou de sentença" (STJ-Corte Especial, SL 169-AgRg, Min. Edson Vidigal, j. 20.3.06, DJU 10.4.06).

"A pretensão do agravante de reconhecimento da intempestividade do agravo de instrumento, no qual fora prolatada a decisão cujos efeitos se busca suspender, evidencia a utilização do pedido suspensivo como sucedâneo recursal, o que é manifestamente descabido" (STJ-Corte Especial, SL 2.194-AgInt, Min. Laurita Vaz, j. 15.3.17, DJ 4.4.17).

Todavia: "A decisão que antecipou os efeitos da tutela incorre no que a lei denomina de flagrante ilegitimidade porque a lei veda a concessão de medida liminar ou tutela antecipada que tenha por objeto pagamento de qualquer natureza (art. 2º-B da Lei 9.494, de 1997, e art. 7º, § 2º, da Lei 12.016, de 2009) e na espécie é disso que se trata" (STJ-Corte Especial, SL 1.502-AgRg, Min. Ari Pargendler, j. 29.8.12, DJ 6.9.12).

V. tb. LMS 15, nota 1c.

Art. 4º: 3a. Casos em que se deferiu a medida suspensiva:

— "É inegável a potencialidade lesiva à ordem pública de decisão que suspende, enquanto se discute o valor da indenização devida a um único particular, a construção de linha de transmissão de energia elétrica, cuja implementação beneficiará a população de diversos municípios" (STJ-Corte Especial, SL 342-AgRg-AgRg, Min. Barros Monteiro, j. 7.11.07, DJU 10.12.07);

— "O funcionamento de estabelecimentos comerciais em edificações irregulares, sem alvarás de construção e sem habite-se, pode acarretar dano grave à ordem e à segurança públicas" (STJ-Corte Especial, SL 1.066-AgRg, Min. Cesar Rocha, j. 18.11.09, DJ 18.12.09);

— "A impossibilidade de cobrança da tarifa de assinatura básica residencial pode causar o desequilíbrio econômico-financeiro do contrato, em prejuízo do sistema de telefonia como um todo, atingindo a manutenção, adequação e eficiência do setor, o que contraria o interesse público" (STJ-Corte Especial, SL 765-AgRg, Min. Barros Monteiro, j. 21.11.07, DJU 10.12.07; a citação é do voto do relator);

— "A interferência judicial para invalidar a estipulação das tarifas de transporte público urbano viola gravemente a ordem pública. A legalidade estrita orienta que, até prova definitiva em contrário, prevalece a presunção de legitimidade do ato administrativo praticado pelo Poder Público. Impedir judicialmente o reajuste das tarifas a serem pagas pelos usuários também configura grave violação da ordem econômica, por não haver prévia dotação orçamentária para que o Estado de São Paulo custeie as vultosas despesas para a manutenção do equilíbrio econômico-financeiro dos acordos administrativos firmados pelo Poder Público com as concessionárias de transporte público" (STJ-Corte Especial, SL 2.240-AgInt-AgInt, Min. Laurita Vaz, j. 7.6.17, DJ 20.6.17);

— "Presidência de fundação cultural. Ato de nomeação de livre escolha do chefe do Poder Executivo. Observância dos requisitos legais. Interferência indevida do Poder Judiciário caracterizada. Incide em grave violação da ordem pública a decisão judicial que, a pretexto de fiscalizar a legalidade de nomeação realizada no âmbito do Poder Executivo, interfere, de forma indevida, nos critérios de conveniência e oportunidade do ato em questão, causando entraves ao exercício da atividade administrativa estatal" (STJ-Corte Especial, SL 2.650-AgInt, Min. João Otávio, j. 5.8.20, DJ 13.8.20);

— "Visualiza-se, no caso, risco de grave lesão à ordem pública, consubstanciada na manutenção, no cargo, de agente político sob investigação por atos de improbidade administrativa, perfazendo um total de 20 ações ajuizadas até o momento, nas quais existem indícios de esquema de fraudes em licitações, apropriação de bens e desvio de verbas públicas" (STJ-Corte Especial, SL 467-AgRg, Min. Barros Monteiro, j. 7.11.07, DJU 10.12.07);

— "A decisão que determina o afastamento cautelar do agente político por fundamento distinto daquele previsto no art. 20, § ún., da Lei 8.429/92, revela indevida interferência do Poder Judiciário em outro Poder, rompendo o delicado equilíbrio institucional tutelado pela Constituição. Surge, então, grave lesão à ordem pública institucional, reparável por meio dos pedidos de suspensão de decisão judicial" (STJ-Corte Especial, SL 857, Min. Gomes de Barros, j. 29.5.08, DJU 30.6.08);

— "A paralisação das atividades de instituição de ensino superior pode causar graves prejuízos à comunidade acadêmica do Município requerente" (STJ-Corte Especial, SL 697-AgRg, Min. Barros Monteiro, j. 5.12.07, DJU 11.2.08);

— "Causa grave lesão à ordem pública a decisão que determina a suspensão de concursos públicos para a contratação de servidores, ameaçando o funcionamento do serviço público municipal em áreas essenciais como a da saúde e a da educação" (STJ-Corte Especial, SL 1.449-AgRg, Min. Ari Pargendler, j. 29.6.12, DJ 31.8.12);

— "A imposição do fornecimento gratuito, aleatório e eventual de medicação não especificada ou sequer discriminada tem potencial suficiente para inviabilizar o aparelho de aquisição e distribuição de medicamentos à população carente e, por isso, o próprio sistema de saúde pública" (STJ-Corte Especial, STA 59-AgRg, Min. Edson Vidigal, j. 25.10.04, DJU 28.2.05). **Todavia:** "O fornecimento de medicamento a uma única pessoa acometida de moléstia grave que, em razão de suas circunstâncias pessoais, necessita fazer uso urgente dele não tem, por si, o potencial de causar dano concreto e iminente aos bens jurídicos protegidos pela referida lei" (STJ-Corte Especial, SL 951-AgRg, Min. Cesar Rocha, j. 3.12.08, DJ 5.2.09). No mesmo sentido: STF-Pleno, STA 175-AgRg, Min. Gilmar Mendes, j. 17.3.10, DJ 30.4.10.

V. tb. LMS 15, notas 1d e segs.

Art. 4º: 3b. **Liminar em ação direta de inconstitucionalidade.** "A Lei n. 8.437/92, viabilizadora da suspensão da cautelar contra ato do Poder Público, não tem aplicação no processo objetivo mediante o qual se chega ao controle concentrado de constitucionalidade" (STF-Pleno, Pet 1.543-8, Min. Marco Aurélio, j. 10.10.01, DJU 9.11.01).

Há um acórdão com a seguinte ementa: "Aplicabilidade da Lei 8.437, de 30.6.92, que dispõe sobre a concessão de medidas cautelares contra atos do Poder Público, em controle concentrado de constitucionalidade" (STF-Pleno, Pet 2.701-9, Min. Gilmar Mendes, j. 8.10.03, maioria, DJU 19.3.04). Todavia, a questão do cabimento da suspensão da cautelar em ação direta de inconstitucionalidade não foi objeto de decisão do STF, mas apenas expressa pelo relator *obiter dictum*.

Art. 4º: 3c. "A **assistência** não é cabível em pedido de suspensão, sob pena de se admitir a defesa de interesse privado no âmbito de instituto de direito público, salvo se houver decisão na origem a respeito do alegado interesse jurídico, inexistente na espécie" (STJ-Corte Especial, SL 1.358-Pet-AgRg, Min. Ari Pargendler, j. 31.8.11, DJ 29.2.12).

Art. 4º: 3d. "Os atos praticados em execução de sentença não estão sujeitos ao controle previsto no art. 4º, *caput*, da Lei 8.437, de 1992, quando decorrente de ação ordinária" (STJ-Corte Especial, SL 1.401-AgRg, Min. Ari Pargendler, j. 1.7.11, DJ 28.9.11).

Art. 4º: 3e. "Oitiva da parte contrária é mera faculdade do Presidente do Tribunal" (STJ-Corte Especial, SL 613-AgRg-AgRg, Min. Gomes de Barros, j. 4.6.08, DJ 14.8.08).

Art. 4º: 3f. Esse prazo agora é de **15 dias** (v. CPC 1.070).

Art. 4º: 4. Negando o **prazo em dobro** para a interposição do agravo: STJ-2ª T., REsp 1.331.730, Min. Herman Benjamin, j. 7.5.13, DJ 21.5.13; STJ-1ª T., Ag em REsp 280.749-AgInt, Min. Gurgel de Faria, j. 6.12.16, DJ 6.2.17.

Art. 4º: 4a. Quem não tem legitimidade para requerer a suspensão também não tem legitimidade para impugnar a decisão que a denega, p. ex., na condição de terceiro interessado (STJ-Corte Especial, SL 1.044-AgRg-EDcl-AgRg, Min. Cesar Rocha, j. 16.6.10, DJ 3.8.10).

Art. 4º: 4b. "Não há previsão legal para pedido de suspensão da suspensão" (STJ-Corte Especial, SL 848-AgRg, Min. Fernando Gonçalves, j. 8.9.08, um voto vencido, DJ 22.9.08), i.e., uma vez concedida a suspensão da liminar pelo presidente do tribunal local, não pode a parte contrária apresentar no tribunal superior pedido para que se suspenda a suspensão. A concessão da suspensão somente é atacável por meio de agravo.

Art. 4º: 5. "O ajuizamento de novo pedido de suspensão junto ao Superior Tribunal de Justiça, após negado o primeiro pelo Presidente do Tribunal *a quo*, não se condiciona à interposição ou ao julgamento de agravo interno na origem" (STJ-Corte Especial, SL 370-AgRg, Min. Barros Monteiro, j. 6.6.07, um voto vencido, DJU 13.8.07). **Contra,** no sentido de ser indispensável a prévia apresentação de agravo antes da formulação do novo pedido de suspensão aos tribunais superiores: STJ-RF 377/291 (Corte Especial, SL 50-AgRg).

Art. 4º: 5a. "O julgamento colegiado do agravo de instrumento manejado contra a decisão que deferiu liminar ou tutela antecipada, com o exaurimento da instância ordinária, faz cessar a competência da Presidência do Tribunal de Justiça e inaugura a do Presidente do Superior Tribunal de Justiça, Corte competente para conhecer de eventual recurso especial, para o processamento e julgamento de pedido de suspensão da execução da liminar ou da tutela antecipada" (STJ-Corte Especial, Rcl 6.953-AgRg, Min. Raul Araújo, j. 5.11.14, DJ 11.12.14).

Art. 4º: 6. "Conquanto o § 9º do art. 4º da Lei n. 8.437/92 disponha expressamente que 'a suspensão deferida pelo Presidente do Tribunal vigorará até o trânsito em julgado da decisão de mérito na ação principal', nada obsta a que o Presidente delimite tempo inferior àquele estabelecido na legislação. Tal dispositivo, portanto, só é de ser aplicado no silêncio da decisão quanto à duração de seus efeitos" (STJ-Corte Especial, SL 162-AgRg, Min. Barros Monteiro, j. 4.10.06, DJU 11.12.06).

Art. 4º: 7. "Enquanto não ocorrer o trânsito em julgado da decisão de mérito, é cabível o pedido de suspensão, nos termos do art. 4º, § 9º, da Lei n. 8.437/1992" (STJ-Corte Especial, SL 765-AgRg, Min. Barros Monteiro, j. 21.11.07, DJU 10.12.07).

"A interpretação conjunta dos §§ 1º e 9º do art. 4º da Lei 8.437/1992 impede a propositura do pedido de suspensão após o trânsito em julgado da ação principal" (STJ-Corte Especial, SL 2.181-AgInt, Min. Laurita Vaz, j. 16.11.16, DJ 6.12.16).

Art. 4º: 7a. "A superveniência do julgamento do agravo de instrumento, reformando a decisão proferida pelo magistrado de 1º grau, não importa em perda de objeto porque a decisão que defere o pedido de suspensão tem eficácia até o trânsito em julgado da ação principal" (STJ-Corte Especial, SL 1.216-AgRg, Min. Ari Pargendler, j. 1.7.11, DJ 28.9.11).

Art. 4º: 8. "Se o STJ suspendeu decisão emitida em ação cautelar, não é lícito ao juízo de primeiro grau repetir a decisão suspensa nos autos da ação principal (Art. 4º, § 9º, da Lei 8.437/92)" (STJ-Corte Especial, Rcl 2.809-AgRg, Min. Gomes de Barros, j. 30.6.08, DJ 10.11.08).

Art. 5º Esta lei entra em vigor na data de sua publicação.

Art. 6º Revogam-se as disposições em contrário.

Brasília, 30 de junho de 1992; 171º da Independência e 104º da República — FERNANDO COLLOR — **Célio Borja — Marcílio Marques Moreira.**

Ementário

Processo Eletrônico

Lei 11.419, de 19.12.06 — Dispõe sobre a informatização do processo judicial; altera a Lei n. 5.869, de 11 de janeiro de 1973 — Código de Processo Civil; e dá outras providências (DOU 20.12.06; v. adiante texto integral).

Resolução 341 do STF, de 16.4.07 — Institui o Diário da Justiça Eletrônico do Supremo Tribunal Federal e dá outras providências (DJU 18.4.07).

Resolução 8 do STJ, de 20.9.07 — Institui o Diário da Justiça Eletrônico do Superior Tribunal de Justiça — DJ *on-line* e dá outras providências (DJU 1.10.07). Alterada pela Resolução 11, de 11.12.07 (DJU 14.12.07).

Resolução 10 do STJ, de 6.10.15 — Regulamenta o processo judicial eletrônico no Superior Tribunal de Justiça (DJ 7.10.15).

Lei 13.793, de 3.1.19 — Altera as Leis n. 8.906, de 4 de julho de 1994, 11.419, de 19 de dezembro de 2006, e 13.105, de 16 de março de 2015 (Código de Processo Civil), para assegurar a advogados o exame e a obtenção de cópias de atos e documentos de processos e de procedimentos eletrônicos.

Lei n. 11.419, de 19 de dezembro de 2006[1]

Dispõe sobre a informatização do processo judicial; altera a Lei n. 5.869, de 11 de janeiro de 1973 — Código de Processo Civil; e dá outras providências.

O Presidente da República

Faço saber que o Congresso Nacional decreta e eu sanciono a seguinte Lei:

✎ **LEI 11.419: 1.** "Processo e procedimento virtual — comentários à Lei 11.419/06 e suas importantes inovações", por Leopoldo Fernandes da Silva Lopes (RJ 353/61); "Comunicação eletrônica de atos processuais na Lei n. 11.419/2006", por Demócrito Reinaldo Filho (RMDCPC 17/87); "Processo eletrônico e cognição no Direito democrático", por Dhenis Cruz Madeira (RDDP 55/51); "A validade e os conceitos processuais no procedimento eletrônico da Lei 11.419/06", por Jean Carlos Dias (RDDP 67/67); "A justiça brasileira e o processo eletrônico", por Alexandre Atheniense (RBDP 65/69); "As práticas processuais por meio eletrônico em Minas Gerais", por Alexandre Atheniense (RBDP 68/213); "O modelo oral de processo no século XXI", por Petrônio Calmon (RP 178/47); "Do papel ao *byte* — a nova aparência do processo judicial do século XXI", por Renato de Magalhães Dantas Neto (RMDCPC 39/56); "Processo eletrônico", por Heloisa Leonor Buika (RSDCPC 81/101).

Capítulo I | DA INFORMATIZAÇÃO DO PROCESSO JUDICIAL

Art. 1º O uso de meio eletrônico na tramitação de processos judiciais, comunicação de atos e transmissão de peças processuais será admitido nos termos desta Lei.[1]

§ 1º Aplica-se o disposto nesta Lei, indistintamente, aos processos civil, penal e trabalhista, bem como aos juizados especiais, em qualquer grau de jurisdição.

§ 2º Para o disposto nesta Lei, considera-se:

I — meio eletrônico qualquer forma de armazenamento ou tráfego de documentos e arquivos digitais;

II — transmissão eletrônica toda forma de comunicação a distância com a utilização de redes de comunicação, preferencialmente a rede mundial de computadores;

III — assinatura eletrônica as seguintes formas de identificação inequívoca do signatário:

a) assinatura digital baseada em certificado digital emitido por Autoridade Certificadora credenciada, na forma de lei específica;

b) mediante cadastro de usuário no Poder Judiciário, conforme disciplinado pelos órgãos respectivos.

Art. 1º: 1. v. CPC 188.

Art. 2º O envio de petições, de recursos e a prática de atos processuais em geral por meio eletrônico[1] serão admitidos mediante uso de assinatura eletrônica,[1a a 2] na forma do art. 1º desta Lei, sendo obrigatório o credenciamento prévio no Poder Judiciário, conforme disciplinado pelos órgãos respectivos.

§ 1º O credenciamento no Poder Judiciário será realizado mediante procedimento no qual esteja assegurada a adequada identificação presencial do interessado.

§ 2º Ao credenciado será atribuído registro e meio de acesso ao sistema, de modo a preservar o sigilo, a identificação e a autenticidade de suas comunicações.

§ 3º Os órgãos do Poder Judiciário poderão criar um cadastro único para o credenciamento previsto neste artigo.

Art. 2º: 1. "Ao fazer uso do sistema de peticionamento eletrônico, a parte se responsabiliza pela correta transmissão dos documentos, devendo, por isso, arcar com as consequências do envio incompleto de suas razões recursais. O registro do protocolo efetuado pelo serventuário da Justiça goza de fé pública, sendo necessária a produção de prova em contrário para afastar a presunção *iuris tantum* de veracidade das informações. É dever do agravante zelar pela correta instrução do recurso, inclusive no que diz respeito a verificar, antes da interposição perante esta Corte, se a mencionada peça contém todas as páginas que deveriam integrá-la" (STJ-3ª T., Ag em REsp 437.796-Pet-AgRg, Min. Sidnei Beneti, j. 20.3.14, DJ 14.4.14).

Art. 2º: 1a. "A prática eletrônica de ato judicial, na forma da Lei 11.419/2006, reclama que o **titular do certificado digital** utilizado possua procuração nos autos, sendo irrelevante que na petição esteja ou não grafado o seu nome. A assinatura digital destina-se à identificação inequívoca do signatário do documento, o qual passa a ostentar o nome do detentor do certificado digital utilizado, o número de série do certificado, bem como a data e a hora do lançamento da firma digital. Dessa sorte, o atendimento da regra contida na alínea a do inciso III do parágrafo 2º do artigo 1º da Lei 11.419/2006 depende tão somente de o signatário digital possuir procuração nos autos" (STJ-Corte Especial, REsp 1.347.278-AgRg, Min. Luis Felipe, j. 19.6.13, RP 224/525). No caso, certificou-se que "o nome do advogado indicado como autor da presente petição não confere com o nome do titular do certificado digital utilizado para assinar a transmissão eletrônica do documento".

A petição eletrônica assinada digitalmente dispensa a assinatura de próprio punho do seu subscritor (STJ-5ª T., REsp 1.015.543-EDcl-AgRg, Min. Arnaldo Esteves, j. 29.5.08, DJ 4.8.08).

Ainda, é irrelevante o fato de não constar na petição o "nome por extenso daquele que, com procuração nos autos, a assinou digitalmente" (STJ-3ª T., Pet 7.722-EDcl-AgRg, Min. Paulo Sanseverino, j. 21.10.10, DJ 28.10.10; a citação é do voto do relator). No caso, havia constado na petição o nome de um outro advogado, que também tinha procuração nos autos.

"É possível o conhecimento de petição eletrônica encaminhada por advogado representante *ex lege* de pessoa jurídica de direito público ou no caso de advogado privado cujo nome conste da procuração ou de instrumento de substabelecimento, ainda que haja divergência entre o advogado que consta como subscritor da peça processual e aquele que a encaminhou por meio eletrônico" (STJ-2ª T., REsp 1.304.123-AgRg, Min. Humberto Martins, j. 22.5.12, DJ 29.5.12).

Art. 2º: 1b. No sentido de que "é dispensável que o autor do ato eletrônico de transmissão possua **capacidade postulatória,** sendo suficiente que a peça protocolada esteja subscrita por detentor da referida capacidade": STF-Pleno, RMS 25.841-EDcl, Min. Marco Aurélio, j. 19.3.14, DJ 7.4.14 (no caso, a peça foi assinada por advogados da Advocacia Geral da União, mas protocolada por servidor desprovido de capacidade postulatória).

Art. 2º: 2. "A utilização de certificado digital emitido em nome da **sociedade de advogados** não atende às normas citadas, ante a impossibilidade de aferição do advogado subscritor" (STJ-4ª T., Ag em REsp 220.932-AgRg, Min. Luis Felipe, j. 20.8.13, DJ 27.8.13).

Art. 3º Consideram-se realizados os atos processuais por meio eletrônico no dia e hora do seu envio ao sistema do Poder Judiciário, do que deverá ser fornecido protocolo eletrônico.

Parágrafo único. Quando a petição eletrônica for enviada para atender prazo processual, serão consideradas tempestivas as transmitidas até as 24 (vinte e quatro) horas do seu último dia.[1]

Art. 3º: 1. v. CPC 213.

Capítulo II DA COMUNICAÇÃO ELETRÔNICA DOS ATOS PROCESSUAIS

Art. 4º Os tribunais poderão criar Diário da Justiça eletrônico, disponibilizado em sítio da rede mundial de computadores, para publicação de atos judiciais e administrativos próprios e dos órgãos a eles subordinados, bem como comunicações em geral.[1]

§ 1º O sítio e o conteúdo das publicações de que trata este artigo deverão ser assinados digitalmente com base em certificado emitido por Autoridade Certificadora credenciada na forma da lei específica.

§ 2º A publicação eletrônica na forma deste artigo substitui qualquer outro meio e publicação oficial, para quaisquer efeitos legais, à exceção dos casos que, por lei, exigem intimação ou vista pessoal.[2]

§ 3º Considera-se como data da publicação o primeiro dia útil seguinte ao da disponibilização da informação no Diário da Justiça eletrônico.[3]

§ 4º Os prazos processuais terão início no primeiro dia útil que seguir ao considerado como data da publicação.[4]

§ 5º A criação do Diário da Justiça eletrônico deverá ser acompanhada de ampla divulgação, e o ato administrativo correspondente será publicado durante 30 (trinta) dias no diário oficial em uso.

Art. 4º: 1. Assim fizeram o STF (v. **Res. 341 do STF, de 16.4.07** — DJU 18.4.07) e o STJ (v. **Res. 8 do STJ, de 20.9.07** — DJU 1.10.07).

Art. 4º: 2. v. arts. 5º, em especial § 6º, e 9º. V. ainda CPC 180 (MP), 183 (Fazenda Pública) e 186 (Defensoria Pública).

Art. 4º: 3. "Hipótese em que o acórdão embargado foi disponibilizado no Diário da Justiça Eletrônico de 15 de abril de 2008 (terça-feira), considerando-se como data da efetiva publicação o primeiro dia útil seguinte (16 de abril de 2008), nos termos do art. 4º, § 3º, da Lei 11.419/06, de modo que o prazo para recurso teve início no dia 17 de abril de 2008 (quinta-feira). A petição dos embargos de declaração, no entanto, somente foi protocolada no dia 24 de abril de 2008 (quinta-feira), fora, portanto, do prazo para sua apresentação" (STJ-1ª T., REsp 968.030-EDcl, Min. Denise Arruda, j. 27.5.08, DJU 11.6.08).

"É irrelevante o horário em que se deu a disponibilização da decisão recorrida no Diário da Justiça Eletrônico, vez que sempre é considerado o primeiro dia útil seguinte como data da efetiva publicação" (STJ-4ª T., AI 1.008.918-AgRg, Min. Aldir Passarinho Jr., j. 10.6.08, DJ 4.8.08).

Art. 4º: 4. s/ contagem de prazo, v. CPC 224.

Art. 5º As intimações serão feitas por meio eletrônico em portal próprio aos que se cadastrarem na forma do art. 2º desta Lei, dispensando-se a publicação no órgão oficial, inclusive eletrônico.[1]

§ 1º Considerar-se-á realizada a intimação no dia em que o intimando efetivar a consulta eletrônica ao teor da intimação, certificando-se nos autos a sua realização.

§ 2º Na hipótese do § 1º deste artigo, nos casos em que a consulta se dê em dia não útil, a intimação será considerada como realizada no primeiro dia útil seguinte.

§ 3º A consulta referida nos §§ 1º e 2º deste artigo deverá ser feita em até 10 (dez) dias corridos contados da data do envio da intimação, sob pena de considerar-se a intimação automaticamente realizada na data do término desse prazo.[1a-2]

§ 4º Em caráter informativo, poderá ser efetivada remessa de correspondência eletrônica, comunicando o envio da intimação e a abertura automática do prazo processual nos termos do § 3º deste artigo, aos que manifestarem interesse por esse serviço.

§ 5º Nos casos urgentes em que a intimação feita na forma deste artigo possa causar prejuízo a quaisquer das partes ou nos casos em que for evidenciada qualquer tentativa de burla ao sistema, o ato processual deverá ser realizado por outro meio que atinja a sua finalidade, conforme determinado pelo juiz.[3]

§ 6º As intimações feitas na forma deste artigo, inclusive da Fazenda Pública, serão consideradas pessoais para todos os efeitos legais.

Art. 5º: 1. v. CPC 272, nota 10a.

Art. 5º: 1a. No STJ, v. Res. 10 do STJ, de 6.10.15, art. 22.

Art. 5º: 2. "Malgrado o § 3º do art. 5º da Lei 11.419/06, que dispõe sobre a intimação tácita, não trate expressamente da possível prorrogação para o primeiro dia útil seguinte, se o último dia do decêndio for feriado ou outro dia não útil, o § 2º do mesmo dispositivo legal prevê que, 'nos casos em que a consulta se dê em dia não útil, a intimação será considerada como realizada no primeiro dia útil seguinte'. A interpretação sistemática, portanto, induz a conclusão de que, recaindo a data da consulta eletrônica ou o **término do decêndio em feriado ou dia não útil,** considera-se como data da intimação o primeiro dia útil seguinte" (STJ-3ª T., REsp 1.663.172, Min. Nancy Andrighi, j. 8.8.17, DJ 14.8.17). No mesmo sentido: STJ-4ª T., REsp 1.661.068-AgInt, Min. Antonio Ferreira, j. 13.3.18, DJ 23.3.18.

Art. 5º: 3. v. CPC 188.

Art. 6º Observadas as formas e as cautelas do art. 5º desta Lei, as citações, inclusive da Fazenda Pública, excetuadas as dos Direitos Processuais Criminal e Infracional, poderão ser feitas por meio eletrônico, desde que a íntegra dos autos seja acessível ao citando.

Art. 7º As cartas precatórias, rogatórias, de ordem e, de um modo geral, todas as comunicações oficiais que transitem entre órgãos do Poder Judiciário, bem como entre os deste e os dos demais Poderes, serão feitas preferentemente por meio eletrônico.

Capítulo III | DO PROCESSO ELETRÔNICO

Art. 8º Os órgãos do Poder Judiciário poderão desenvolver sistemas eletrônicos de processamento de ações judiciais por meio de autos total ou parcialmente digitais, utilizando, preferencialmente, a rede mundial de computadores e acesso por meio de redes internas e externas.

Parágrafo único. Todos os atos processuais do processo eletrônico serão assinados eletronicamente na forma estabelecida nesta Lei.[1]

Art. 8º: 1. v. art. 1º-III.

Art. 9º No processo eletrônico, todas as citações, intimações e notificações, inclusive da Fazenda Pública, serão feitas por meio eletrônico, na forma desta Lei.

§ 1º As citações, intimações, notificações e remessas que viabilizem o acesso à íntegra do processo correspondente serão consideradas vista pessoal do interessado para todos os efeitos legais.[1]

§ 2º Quando, por motivo técnico, for inviável o uso do meio eletrônico para a realização de citação, intimação ou notificação, esses atos processuais poderão ser praticados segundo as regras ordinárias,[2] digitalizando-se o documento físico, que deverá ser posteriormente destruído.

Art. 9º: 1. s/ processo eletrônico e ciência inequívoca, v. CPC 231, nota 5.

Art. 9º: 2. v. CPC 236 e segs.

Art. 10. A distribuição da petição inicial e a juntada da contestação, dos recursos e das petições em geral, todos em formato digital, nos autos de processo eletrônico, podem ser feitas diretamente pelos advogados públicos e privados, sem necessidade da intervenção do cartório ou secretaria judicial, situação em que a autuação deverá se dar de forma automática, fornecendo-se recibo eletrônico de protocolo.

§ 1º Quando o ato processual tiver que ser praticado em determinado prazo, por meio de petição eletrônica, serão considerados tempestivos os efetivados até as 24 (vinte e quatro) horas do último dia.[1]

§ 2º No caso do § 1º deste artigo, se o Sistema do Poder Judiciário se tornar indisponível por motivo técnico, o prazo fica automaticamente[2] prorrogado para o primeiro dia útil seguinte à resolução do problema.

§ 3º Os órgãos do Poder Judiciário deverão manter equipamentos de digitalização e de acesso à rede mundial de computadores à disposição dos interessados para distribuição de peças processuais.

Art. 10: 1. v. CPC 213.

Art. 10: 2. Logo, não se deve exigir da parte a prova da indisponibilidade para a prorrogação do prazo. Todavia, por cautela, é recomendável que ela a documente, para evitar surpresas.

V. tb. CPC 224, nota 13.

Art. 11. Os documentos produzidos eletronicamente e juntados aos processos eletrônicos com garantia da origem e de seu signatário, na forma estabelecida nesta Lei, serão considerados originais para todos os efeitos legais.[1-1a]

§ 1º Os extratos digitais e os documentos digitalizados e juntados aos autos pelos órgãos da Justiça e seus auxiliares, pelo Ministério Público e seus auxiliares, pelas procuradorias, pelas autoridades policiais, pelas repartições públicas em geral e por advogados públicos e privados têm a mesma força probante dos originais, ressalvada a alegação motivada e fundamentada de adulteração antes ou durante o processo de digitalização.

§ 2º A arguição de falsidade do documento original será processada eletronicamente na forma da lei processual em vigor.[2]

§ 3º Os originais dos documentos digitalizados, mencionados no § 2º deste artigo, deverão ser preservados pelo seu detentor até o trânsito em julgado da sentença ou, quando admitida, até o final do prazo para interposição de ação rescisória.[3]

§ 4º (VETADO)

§ 5º Os documentos cuja digitalização seja tecnicamente inviável devido ao grande volume ou por motivo de ilegibilidade deverão ser apresentados ao cartório ou secretaria no prazo de 10 (dez) dias contados do envio de petição eletrônica comunicando o fato, os quais serão devolvidos à parte após o trânsito em julgado.

§ 6º Os documentos digitalizados juntados em processo eletrônico estarão disponíveis para acesso por meio da rede externa pelas respectivas partes processuais, pelos advogados, independentemente de procuração nos autos, pelos membros do Ministério Público e pelos magistrados, sem prejuízo da possibilidade de visualização nas secretarias dos órgãos julgadores, à exceção daqueles que tramitarem em segredo de justiça.[4-4a]

§ 7º Os sistemas de informações pertinentes a processos eletrônicos devem possibilitar que advogados, procuradores e membros do Ministério Público cadastrados, mas não vinculados a processo previamente identificado, acessem automaticamente todos os atos e documentos processuais armazenados em meio eletrônico, desde que demonstrado interesse para fins apenas de registro, salvo nos casos de processos em segredo de justiça.[5]

Art. 11: 1. v. CPC 425-IV.

Art. 11: 1a. **Lei 12.682, de 9.7.12** — Dispõe sobre a elaboração e o arquivamento de documentos em meios eletromagnéticos.

Art. 11: 2. v. CPC 430 a 433.

Art. 11: 3. v. CPC 425 § 1º.

Art. 11: 4. Redação do § 6º de acordo com a Lei 13.793, de 3.1.19.

Art. 11: 4a. v. CPC 189.

Art. 11: 5. Redação do § 7º de acordo com a Lei 13.793, de 3.1.19.

Art. 12. A conservação dos autos do processo poderá ser efetuada total ou parcialmente por meio eletrônico.

§ 1º Os autos dos processos eletrônicos deverão ser protegidos por meio de sistemas de segurança de acesso e armazenados em meio que garanta a preservação e integridade dos dados, sendo dispensada a formação de autos suplementares.

§ 2º Os autos de processos eletrônicos que tiverem de ser remetidos a outro juízo ou instância superior que não disponham de sistema compatível deverão ser impressos em papel, autuados na forma dos arts. 166 a 168 da Lei n. 5.869, de 11 de janeiro de 1973 — Código de Processo Civil, ainda que de natureza criminal ou trabalhista, ou pertinentes a juizado especial.

§ 3º No caso do § 2º deste artigo, o escrivão ou o chefe de secretaria certificará os autores ou a origem dos documentos produzidos nos autos, acrescentando, ressalvada a hipótese de existir segredo de justiça,[1] a forma pela qual o banco de dados poderá ser acessado para aferir a autenticidade das peças e das respectivas assinaturas digitais.

§ 4º Feita a autuação na forma estabelecida no § 2º deste artigo, o processo seguirá a tramitação legalmente estabelecida para os processos físicos.

§ 5º A digitalização de autos em mídia não digital, em tramitação ou já arquivados, será precedida de publicação de editais de intimações ou da intimação pessoal das partes e de seus procuradores, para que, no prazo preclusivo de 30 (trinta) dias, se manifestem sobre o desejo de manterem pessoalmente a guarda de algum dos documentos originais.[2]

Art. 12: 1. v. CPC 189.

Art. 12: 2. A digitalização em questão é uma faculdade; não pode ser imposta à parte (STJ-2ª T., REsp 1.448.424, Min. Herman Benjamin, j. 22.5.14, DJ 20.6.14).

Art. 13. O magistrado poderá determinar que sejam realizados por meio eletrônico a exibição e o envio de dados e de documentos necessários à instrução do processo.[1]

§ 1º Consideram-se cadastros públicos, para os efeitos deste artigo, dentre outros existentes ou que venham a ser criados, ainda que mantidos por concessionárias de serviço público ou empresas privadas, os que contenham informações indispensáveis ao exercício da função judicante.

§ 2º O acesso de que trata este artigo dar-se-á por qualquer meio tecnológico disponível, preferentemente o de menor custo, considerada sua eficiência.

§ 3º (VETADO)

Art. 13: 1. v. CPC 438 § 2º.

Capítulo IV | DISPOSIÇÕES GERAIS E FINAIS

Art. 14. Os sistemas a serem desenvolvidos pelos órgãos do Poder Judiciário deverão usar, preferencialmente, programas com código aberto, acessíveis ininterruptamente por meio da rede mundial de computadores, priorizando-se a sua padronização.

Parágrafo único. Os sistemas devem buscar identificar os casos de ocorrência de prevenção,[1] litispendência[2] e coisa julgada.[3]

Art. 14: 1. v. CPC 59.

Art. 14: 2. v. CPC 337 §§ 1º a 3º.

Art. 14: 3. v. CPC 337 §§ 1º, 2º e 4º.

Art. 15. Salvo impossibilidade que comprometa o acesso à justiça, a parte deverá informar, ao distribuir a petição inicial de qualquer ação judicial, o número no cadastro de pessoas físicas ou jurídicas, conforme o caso, perante a Secretaria da Receita Federal.[1]

Parágrafo único. Da mesma forma, as peças de acusação criminais deverão ser instruídas pelos membros do Ministério Público ou pelas autoridades policiais com os números de registros dos acusados no Instituto Nacional de Identificação do Ministério da Justiça, se houver.

Art. 15: 1. v. CPC 319-II.

Art. 16. Os livros cartorários e demais repositórios dos órgãos do Poder Judiciário poderão ser gerados e armazenados em meio totalmente eletrônico.

Art. 17. (VETADO)

Art. 18. Os órgãos do Poder Judiciário regulamentarão esta Lei, no que couber, no âmbito de suas respectivas competências.

Art. 19. Ficam convalidados os atos processuais praticados por meio eletrônico até a data de publicação desta Lei, desde que tenham atingido sua finalidade e não tenha havido prejuízo para as partes.

Art. 20. A Lei n. 5.869, de 11 de janeiro de 1973 — Código de Processo Civil, passa a vigorar com as seguintes alterações:[1]

....

Art. 20: 1. Este dispositivo se refere ao CPC rev.

Art. 21. (VETADO)

Art. 22. Esta Lei entra em vigor 90 (noventa) dias depois de sua publicação.

Brasília, 19 de dezembro de 2006; 185º da Independência e 118º da República — LUIZ INÁCIO LULA DA SILVA — **Márcio Thomaz Bastos.**

Ementário

Promessa de Compra e Venda e Loteamento

Dec. lei 58, de 10.12.37 — Dispõe sobre o loteamento e a venda de terrenos para pagamento em prestações (v. adiante, texto integral, com todas as alterações posteriores, conferido com a republicação no DOU 8.4.74, supl., determinada pelo art. 20 da Lei 6.014, de 27.12.73). O Dec. lei 58 foi regulamentado pelo **Dec. 3.079, de 15.9.38** (no CCLCV, tít. PROMESSA DE COMPRA E VENDA E LOTEAMENTO, ínt.).

Lei 649, de 11.3.49 — Autoriza o Poder Executivo a dar nova redação ao art. 22 do Dec. lei n. 58, de 10 de dezembro de 1937, que dispõe sobre as escrituras de compromisso de compra e venda de imóveis loteados (RT 179/439, Lex 1949/58).

Lei 4.380, de 21.8.64 — Institui a correção monetária nos contratos imobiliários de interesse social, o sistema financeiro para aquisição da casa própria, cria o Banco Nacional da Habitação (BNH), e Sociedades de Crédito Imobiliário, as Letras Imobiliárias, o Serviço Federal de Habitação e Urbanismo e dá outras providências (no CCLCV, tít. CONTRATOS IMOBILIÁRIOS, ínt.). **Art. 69:** "O contrato de promessa de cessão de direitos relativos a imóveis não loteados, sem cláusula de arrependimento e com imissão de posse, uma vez inscrita no Registro Geral de Imóveis, atribui ao promitente-cessionário direito real oponível a terceiro e confere direito a obtenção compulsória da escritura definitiva de cessão, aplicando-se, neste caso, no que couber, o disposto no art. 16 do Dec. lei n. 58, de 10 de dezembro de 1937, e no art. 346 do Código de Processo Civil".

Lei 4.591, de 16.12.64 — Dispõe sobre o condomínio em edificações e as incorporações imobiliárias (no CCLCV, tít. CONDOMÍNIO E INCORPORAÇÃO, ínt.).

Lei 4.778, de 22.9.65 — Dispõe sobre a obrigatoriedade de serem ouvidas as autoridades florestais na aprovação de plantas e planos de loteamento para venda de terreno em prestações (RT 362/557). Alterou o art. 1º § 1º do Dec. lei 58/37.

Lei 4.864, de 29.11.65 — Cria medidas de estímulo à indústria de construção civil (no CCLCV, tít. CONTRATOS IMOBILIÁRIOS, ínt.). Nos arts. 5º, 7º, 8º, 10 e 11, altera os arts. 2º, 9º, 18, 32 e 65 da Lei 4.591, supra; nos arts. 6º, 8º, 12, 13, 14 e 18, refere-se aos arts. 8º, 28 e segs., 33, 35, 54, 32-*h*, 58-I e II e 63 §§ 8º e 9º da Lei 4.591, supra.

Dec. lei 271, de 28.2.67 — Dispõe sobre loteamento urbano, responsabilidade do loteador, concessão de uso e espaço aéreo e dá outras providências (no CCLCV, tít. PROMESSA DE COMPRA E VENDA E LOTEAMENTO, ínt.). **Art. 10:** "Este decreto-lei entrará em vigor na data de sua publicação, mantidos o Decreto-lei n. 58, de 10 de dezembro de 1937, e o Decreto n. 3.079, de 15 de setembro de 1938, no que couber e não for revogado por dispositivo expresso deste decreto-lei, da Lei n. 4.591, de 16 de dezembro de 1964 e dos atos normativos mencionados no art. 2º deste Decreto-lei". O Dec. lei 271 acha-se em grande parte revogado implicitamente pela **Lei 6.766, de 19.12.79** (v. abaixo), que dispôs s/ o mesmo assunto.

Lei 5.532, de 14.11.68 — Acrescenta parágrafo ao art. 1º do Dec. lei n. 58, de 10 de dezembro de 1937, que dispõe sobre o loteamento de terrenos para pagamento em prestações (RT 397/415, RF 225/439).

Dec. lei 745, de 7.8.69 — Dispõe sobre os contratos a que se refere o art. 22 do Dec. lei n. 58, de 10 de dezembro de 1937, e dá outras providências (RT 406/385, Lex 1969/1.274). V. texto do art. 1º do Dec. lei 745/69, na nota 4 ao art. 22 do Dec. lei 58/37.

Dec. lei 981, de 21.10.69 — Dá nova redação ao art. 18 da Lei n. 4.591, de 16.12.64 (RT 408/113, Lex 1969/1.662).

Lei 6.014, de 27.12.73 — Adapta ao novo Código de Processo Civil as leis que menciona (RT 458/496, Lex 1973/1.992, RF 245/465, Bol. AASP 787/supl.). O art. 1º altera o art. 2º §§ 1º e 2º, o art. 16 e §§ e o art. 22 do Dec. lei 58/37.

Lei 6.434, de 15.7.77 — Acrescenta dispositivo à Lei n. 4.591, de 16 de dezembro de 1964, que "dispõe sobre o condomínio em edificações e as incorporações imobiliárias" (Lex 1977/479, RF 259/373, Bol. AASP 971/4). Esta lei acrescentou alínea *g* ao art. 22 § 1º da Lei 4.591.

Lei 6.530, de 12.5.78 — Dá nova regulamentação à profissão de corretor de imóveis, disciplina o funcionamento de seus órgãos de fiscalização, e dá outras providências (Lex 1978/373 e 1979/283, ret., RDA 133/414). **Art. 20:** "Ao corretor de imóveis e à pessoa jurídica inscritos nos órgãos de que trata a presente lei é vedado: ... **V** — anunciar imóvel loteado ou em condomínio sem mencionar o número de registro do loteamento ou da incorporação no registro de imóveis". Esta lei foi regulamentada pelo **Dec. 81.871, de 29.6.78** (Lex 1978/568).

Lei 6.709, de 31.10.79 — Altera a redação do art. 17 da Lei n. 4.591, de 16 de dezembro de 1964 (Lex 1979/860, RF 268/472, Bol. AASP 1.091/3).

Lei 6.766, de 19.12.79 — Dispõe sobre o parcelamento do solo urbano e dá outras providências (no CCLCV, tít. PROMESSA DE COMPRA E VENDA E LOTEAMENTO, ínt.).

Lei 9.267, de 25.3.96 — Altera a redação do § 4º do art. 24 da Lei n. 4.591, de 16 de dezembro de 1964, que dispõe sobre o condomínio em edificações e as incorporações imobiliárias (Lex 1996/836, RT 725/756, Bol. AASP 1.946/2)

Lei 10.932, de 3.8.04 — Altera o art. 4º da Lei 6.766, de 19.12.79 (DOU 4.8.04).

Decreto-lei n. 58, de 10 de dezembro de 1937

Dispõe sobre o loteamento e a venda de terrenos para pagamento em prestações.

O Presidente da República dos Estados Unidos do Brasil, usando da atribuição que lhe confere o art. 180 da Constituição:

Considerando o crescente desenvolvimento da loteação de terrenos para venda mediante o pagamento do preço em prestações;

Considerando que as transações assim realizadas não transferem o domínio ao comprador, uma vez que o art. 1.088 do Código Civil[1] permite a qualquer das partes arrepender-se, antes da assinatura da escritura da compra e venda;

Considerando que esse dispositivo deixa praticamente sem amparo numerosos compradores de lotes, que têm assim por exclusiva garantia a seriedade, a boa-fé e a solvabilidade das empresas vendedoras;

Considerando que, para segurança das transações realizadas mediante contrato de compromisso de compra e venda de lotes, cumpre acautelar o compromissário contra futuras alienações ou onerações dos lotes comprometidos;

Considerando ainda que a loteação e venda de terrenos urbanos e rurais se opera frequentemente sem que aos compradores seja possível a verificação dos títulos de propriedade dos vendedores;

PREÂMBULO: 1. O art. 1.088 do CC rev. não foi reproduzido no CC.

Decreta:

Art. 1º Os proprietários ou coproprietários de terras rurais[1-1a] ou terrenos urbanos,[2] que pretendam vendê-los, divididos em lotes e por oferta pública, mediante pagamento do preço a prazo em prestações sucessivas e periódicas, são obrigados, antes de anunciar a venda, a depositar no cartório do registro de imóveis da circunscrição respectiva:

I — Um memorial, por eles assinado ou por procuradores com poderes especiais, contendo:

a) denominação, área, limites, situação e outros característicos do imóvel;

b) relação cronológica dos títulos de domínio, desde 30 anos,[2a] com indicação da natureza e data de cada um, e do número e data das transcrições, ou cópia autêntica dos títulos e prova de que se acham devidamente transcritos;

c) plano de loteamento de que conste o programa de desenvolvimento urbano, ou de aproveitamento industrial ou agrícola; nesta última hipótese, informações sobre a qualidade das terras, águas, servidões ativas e passivas, estradas e caminhos, distância da sede do município e das estações de transporte de acesso mais fácil.

II — Planta do imóvel, assinada também pelo engenheiro que haja efetuado a medição e o loteamento e com todos os requisitos técnicos e legais; indicadas a situação, as dimensões e a numeração dos lotes, as dimensões e a nomenclatura das vias de comunicação e espaços livres, as construções e benfeitorias, e as vias públicas de comunicação.

III — Exemplar de caderneta ou do contrato-tipo de compromisso de venda dos lotes.

IV — Certidão negativa de impostos e de ônus reais.

V — Certidão dos documentos referidos na letra *b* do n. I.

§ 1º Tratando-se de propriedade urbana, o plano e a planta de loteamento devem ser previamente aprovados pela Prefeitura Municipal, ouvidas, quanto ao que lhes disser respeito, as autoridades sanitárias, militares e, desde que se trate de área total ou parcialmente florestada, as autoridades florestais. [3-4]

§ 2º As certidões positivas da existência de ônus reais, de impostos e de qualquer ação real ou pessoal, bem como qualquer protesto de título de dívida civil ou comercial não impedem o registro.

§ 3º Se a propriedade estiver gravada de ônus real, o memorial será acompanhado da escritura pública em que o respectivo titular estipule as condições em que se obriga a liberar os lotes no ato do instrumento definitivo de compra e venda.

§ 4º O plano de loteamento poderá ser modificado quanto aos lotes não comprometidos e o de arruamento [5] desde que a modificação não prejudique os lotes comprometidos ou definitivamente adquiridos, se a Prefeitura Municipal aprovar a modificação. A planta e o memorial assim aprovados serão depositados no cartório do registro para nova inscrição, observando o disposto no art. 2º e parágrafos.

§ 5º O memorial, o plano de loteamento e os documentos depositados serão franqueados, pelo oficial do registro, ao exame de qualquer interessado, independentemente do pagamento de emolumentos, ainda que a título de busca.

O oficial, neste caso, receberá apenas as custas regimentais das certidões que fornecer.

§ 6º Sob pena de incorrerem em crime de fraude, os vendedores, se quiserem invocar, como argumento de propaganda, a proximidade do terreno com algum acidente geográfico, cidade, fonte hidromineral ou termal ou qualquer outro motivo de atração ou valorização, serão obrigados a declarar no memorial descritivo e a mencionar nas divulgações, anúncios [6] e prospectos de propaganda, a distância métrica a que [7] se situa o imóvel do ponto invocado ou tomado como referência. [8]

Art. 1º: 1. **Lei 4.947, de 6.4.66** — Fixa normas de direito agrário, dispõe sobre o sistema de organização e funcionamento do Instituto Brasileiro de Reforma Agrária, e dá outras providências (RT 369/363, Lex 1966/478, RF 215/388): **"Art. 10.** Fica vedada a inscrição de loteamentos rurais no registro de imóveis, sem prova de prévia aprovação pela autoridade pública competente a que se refere o art. 61 da Lei n. 4.504, de 30 de novembro de 1964.

"§ 1º São nulos de pleno direito a inscrição e todos os atos dela decorrentes, quando praticados com infração do disposto neste artigo.

"§ 2º (redação da Lei 5.672, de 2.7.71) Nos loteamentos já inscritos até a publicação da Lei n. 4.947, de 6 de abril de 1966, é permitida a venda dos lotes rurais remanescentes, com área inferior à do módulo fixado para a respectiva região.

"§ 3º Ao fim de cada exercício, para fins estatísticos, o IBRA enviará ao Tribunal de Contas relação pormenorizada das alienações efetuadas".

O **ET** dispõe, em seu art. 61 § 2º, sobre loteamento de imóveis rurais, para fins de urbanização ou formação de sítios de recreio, e a **Lei 5.709, de 7.10.71** (no CCLCV, tít. PROPRIEDADE RURAL ADQUIRIDA POR ESTRANGEIRO, ínt.), contém, em seu art. 17, disposição transitória sobre o assunto.

V. tb. **CTN** 32 §§ 1º e 2º; **Dec. lei 57, de 18.11.66,** art. 16; s/ loteamento rural promovido por pessoa jurídica estrangeira, v. **Lei 5.709, de 7.10.71** (no CCLCV, tít. PROPRIEDADE RURAL ADQUIRIDA POR ESTRANGEIRO, ínt.), arts. 3º e 5º, e **Dec. 74.965, de 26.11.74,** arts. 11 e 12; s/ loteamento rural na Faixa de Fronteira, v. **Lei 6.634, de 2.5.79,** art. 2º-IV-*b* e V, art. 5º e art. 6º (a Lei 6.634 foi regulamentada pelo **Dec. 85.064, de 26.8.80).**

Art. 1º: 1a. Principais restrições à liberdade contratual, instituídas pelo CDC, nos contratos de promessa de compra e venda em que o promitente vendedor possa ser definido como fornecedor (CDC, art. 3º):

— quanto à correção monetária das prestações: art. 51 § ún.-X;

— quanto à indenização por benfeitorias necessárias: art. 51 § ún.-XVI;

— quanto à perda das prestações pagas: art. 53, *caput*;

— quanto à multa moratória: limitada a 2%, pelo art. 52 § 1º (na redação da Lei 9.298, de 1.8.96);

— quanto a honorários de advogado e despesas judiciais: art. 51 § ún.-XI;

— quanto ao pagamento antecipado do preço, no todo ou em parte: art. 52 § 2º.

Quanto a juros, v. **Súmula 176 do STJ:** "É nula a cláusula contratual que sujeita o devedor à **taxa de juros** divulgada pela ANBID-CETIP" (v. jurisprudência s/ esta Súmula em RSTJ 91/235).

Art. 1º: 2. s/ loteamentos urbanos, v., no ementário, Dec. lei 271, de 28.2.67, e Lei 6.766, de 19.12.79.

Art. 1º: 2a. Reduzido para **20 anos** o prazo, pela Lei 2.437, de 7.3.55. V. tb. art. 1º-I-*b* do Dec. 3.079, de 15.9.38, que regulamentou o Dec. lei 58 (v. ementário).

Art. 1º: 3. O § 1º está de acordo com a redação dada pela Lei 4.778, de 22.9.65.

Art. 1º: 4. v. art. 25-III da Lei 12.651, de 25.5.12 (Código Florestal).

Art. 1º: 5. v. art. 3º.

Art. 1º: 6. v. art. 10.

Art. 1º: 7. Na republicação pelo DOU 8.4.74, supl., lê-se: "em que", o que não confere com o texto da Lei 5.532.

Art. 1º: 8. O § 6º foi acrescentado pela Lei 5.532, de 14.11.68.

Art. 2º Recebidos o memorial e os documentos mencionados no art. 1º, o oficial do registro dará recibo ao depositante e, depois de autuá-los e verificar a sua conformidade com a lei, tornará público o depósito por edital afixado no lugar do costume e publicado três vezes, durante 10 dias, no jornal oficial do Estado e em jornal da sede da comarca, ou que nesta circule.

§ 1º Decorridos 30 dias da última publicação, e não havendo impugnação de terceiros, o oficial procederá ao registro[1] se os documentos estiverem em ordem. Caso contrário, os autos serão desde logo conclusos ao juiz competente para conhecer da dúvida[2] ou impugnação, publicada a sentença em cartório pelo oficial, que dela dará ciência aos interessados.[3]

§ 2º Da sentença que negar ou conceder o registro caberá apelação.[4]

Art. 2º: 1. v. LRP 167-I-19.

Art. 2º: 2. v. LRP 198 e segs., no tít. REGISTROS PÚBLICOS.

Art. 2º: 3. O § 1º está de acordo com a redação dada pela Lei 6.014, de 27.12.73, art. 1º. Na republicação pelo DOU 8.4.74, está, erroneamente: "que dará ciência aos interessados".

Art. 2º: 4. O § 2º está conforme a redação dada pela Lei 6.014, de 27.12.73, art. 1º.

Art. 3º A inscrição torna inalienáveis, por qualquer título, as vias de comunicação e os espaços livres constantes do memorial e da planta.[1]

Art. 3º: 1. Este artigo foi complementado pelo **Dec. lei 271, de 28.2.67** (v. ementário), art. 4º.

A respeito, vigora, atualmente, a **Lei 6.766, de 19.12.79** (v. ementário): **"Art. 22.** Desde a data de registro do loteamento, passam a integrar o domínio do Município as vias e praças, os espaços livres e as áreas destinadas a edifícios públicos e outros equipamentos urbanos, constantes do projeto e do memorial descritivo. Parágrafo único (*redação da Lei 12.424, de 16.6.11*). Na hipótese de parcelamento do solo implantado e não registrado, o Município poderá requerer, por meio da apresentação de planta de parcelamento elaborada pelo loteador ou aprovada pelo Município e de declaração de que o parcelamento se encontra implantado, o registro das áreas destinadas a uso público, que passarão dessa forma a integrar o seu domínio".

Art. 4º Nos cartórios do registro imobiliário haverá um livro auxiliar na forma da lei respectiva e de acordo com o modelo anexo.

Nele se registrarão, resumidamente:

a) por inscrição,[1] o memorial de propriedade loteada;

b) por averbação,[2] os contratos de compromisso de venda e de financiamento, suas transferências e rescisões.

Parágrafo único. No livro de transcrição, e à margem do registro da propriedade loteada, averbar-se-á a inscrição assim que efetuada.

Art. 4º: 1. atualmente, registro (v. LRP 167-I-19 e 168).

Art. 4º: 2. A averbação é só para os contratos antigos (LRP 167-II-3); os atuais estão sujeitos a registro (LRP 167-I-20).

Art. 5º A averbação[1] atribui ao compromissário direito real[2] oponível a terceiro, quanto à alienação ou oneração posterior, e far-se-á à vista do instrumento de compromisso de venda, em que o oficial lançará a nota indicativa do livro, página e data do assentamento.

Art. 5º: 1. v. art. 4º, nota 2.

Art. 5º: 2. v. CC 1.225.

Art. 6º A inscrição[1] não pode ser cancelada senão:

a) em cumprimento de sentença;

b) a requerimento do proprietário, enquanto nenhum lote for objeto de compromisso devidamente inscrito, ou mediante o consentimento de todos os compromissários ou seus cessionários, expresso em documento por eles assinado ou por procuradores com poderes especiais.

Art. 6º: 1. v. art. 4º-*a*.

Art. 7º Cancela-se a averbação:[1]

a) a requerimento das partes contratantes do compromisso de venda;

b) pela resolução do contrato;[2]

c) pela transcrição do contrato definitivo de compra e venda;

d) por mandado judicial.

Art. 7º: 1. v. art. 4º-*b*.

Art. 7º: 2. v. art. 14 § 3º.

Art. 8º O registro instituído por esta lei, tanto por inscrição quanto por averbação, não dispensa nem substitui o dos atos constitutivos ou translativos de direitos reais, na forma e para os efeitos das leis e regulamentos dos registros públicos.

Art. 9º O adquirente por ato "inter vivos", ainda que em hasta pública, ou por sucessão legítima ou testamentária, da propriedade loteada e inscrita, sub-roga-se[1] nos direitos e obrigações dos alienantes, autores da herança ou testadores, sendo nula qualquer disposição em contrário.

Art. 9º: 1. v. CC 346 a 351.

Art. 10. Nos anúncios[1] e outras publicações de propaganda de venda de lotes a prestações, sempre se mencionará o número e data da inscrição do memorial e dos documentos no registro imobiliário.

Art. 10: 1. O corretor de imóveis não pode "anunciar imóvel loteado ou em condomínio sem mencionar o número de registro do loteamento ou da incorporação no registro de imóveis" **(Lei 6.530, de 12.5.78, art. 20-V,** no ementário).

Art. 11. Do compromisso de compra e venda a que se refere esta lei, contratado por instrumento público ou particular,[1-2] constarão sempre as seguintes especificações:

a) nome, nacionalidade, estado e domicílio dos contratantes;

b) denominação e situação da propriedade, número e data da inscrição;

c) descrição do lote ou dos lotes que forem objeto do compromisso, confrontações, áreas e outros característicos, bem como os números correspondentes na planta arquivada;

d) prazo, preço e forma de pagamento, e importância do sinal;

e) juros devidos sobre o débito em aberto e sobre as prestações vencidas e não pagas;

f) cláusula penal não superior a 10% do débito, só exigível no caso de intervenção judicial;

g) declaração da existência ou inexistência de servidão ativa ou passiva e outros ônus reais ou quaisquer outras restrições ao direito de propriedade;

h) indicação do contratante a quem incumbe o pagamento das taxas e impostos.

§ 1º O contrato, que será manuscrito, datilografado, ou impresso, com espaços em branco preenchíveis em cada caso, lavrar-se-á em duas vias, assinadas pelas partes e por duas testemunhas, devidamente reconhecidas as firmas por tabelião.

Ambas as vias serão entregues dentro em 10 dias ao oficial do registro, para averbá-las e restituí-las devidamente anotadas a cada uma das partes.

§ 2º É indispensável outorga uxória[3 a 5] quando seja casado o vendedor.

§ 3º As procurações dos contratantes, que não tiverem sido arquivadas anteriormente, sê-lo-ão no cartório do registro, junto aos respectivos autos.

Art. 11: 1. v. LRP 194.

Art. 11: 2. "Promessa de compra e venda de imóvel por instrumento particular não é nula, produzindo todos os efeitos obrigacionais dela decorrentes" (RTJ 97/379).

Art. 11: 3. cf. CC 1.647-I.

Art. 11: 4. A falta de outorga uxória impede que o contrato seja registrado no registro de imóveis; mas o contrato não é nulo (RSTJ 92/256).

"Tendo em vista a natureza evidentemente pessoal dos direitos resultantes do contrato de compromisso de compra e venda, desnecessária é a outorga uxória da mulher daquele que firmou o pacto" (STJ-RT 740/240: 4ª T., REsp 37.466). No mesmo sentido: "A ação de revisão de contrato para aquisição de casa própria é de natureza obrigacional" (STJ-3ª T., REsp 491.367, Min. Menezes Direito, j. 29.3.05, DJU 30.5.05). Ainda no mesmo sentido: JTJ 166/54, RJM 179/127.

Art. 11: 5. "Outorga uxória. Não necessariamente, deve constar do instrumento inicial da promessa, podendo constar de documento posteriormente assinado pelo casal vendedor" (STJ-4ª T., REsp 8.944, Min. Athos Carneiro, j. 4.8.92, DJU 8.9.92).

Art. 12. Subentende-se no contrato a condição resolutiva[1] da legitimidade e validade do título de domínio.

§ 1º Em caso de resolução, além de se devolverem as prestações recebidas, com juros convencionados, ou os da lei, desde a data do pagamento, haverá, quando provada a má-fé, direito a indenização de perdas e danos.

§ 2º O falecimento dos contratantes não resolve o contrato, que se transmitirá aos herdeiros.

Também não o resolve a sentença declaratória de falência;[2] na dos proprietários, dar-lhe-ão cumprimento o síndico e o liquidatário; na dos compromissários, será ele arrecadado pelo síndico e vendido, em hasta pública, pelo liquidatário.

Art. 12: 1. v. CC 127 e 128.

Art. 12: 2. v. art. 21.

Art. 13. O contrato transfere-se por simples trespasse lançado no verso das duas vias, ou por instrumento separado, sempre com as formalidades dos parágrafos do art. 11.

§ 1º No primeiro caso, presume-se a anuência do proprietário. A falta de consentimento não impede a transferência, mas torna os adquirentes e os alienantes solidários nos direitos e obrigações contratuais.

§ 2º Averbando a transferência para a qual não conste o assentimento do proprietário, o oficial dela lhe dará ciência por escrito.

Art. 14. Vencida e não paga a prestação, considera-se o contrato rescindido[1] 30 dias depois de constituído em mora o devedor.[1a a 1c]

§ 1º Para este efeito será ele intimado, a requerimento do compromitente, pelo oficial do registro[2] a satisfazer as prestações vencidas e as que se vencerem até a data do pagamento, juros convencionados e custas da intimação.[2a]

§ 2º Purgada a mora, convalescerá o compromisso.

§ 3º Com a certidão de não haver sido feito pagamento em cartório, os compromitentes requererão ao oficial do registro o cancelamento da averbação.[3]

Art. 14: 1. CDC 53-*caput*: "Nos contratos de compra e venda de móveis ou imóveis mediante pagamento em prestações, bem como nas alienações fiduciárias em garantia, consideram-se nulas de pleno direito as cláusulas que estabeleçam a perda total das prestações pagas em benefício do credor que, em razão do inadimplemento, pleitear a resolução do contrato e a retomada do produto alienado".

S/ esse dispositivo, inclusive a rescisão da promessa de venda e compra, pelo comprador, com a restituição das parcelas pagas, v. CDC 53 e notas, no CCLCV.

Art. 14: 1a. Para imóvel não loteado, v. Dec. lei 745, de 7.8.69, em nota 4 ao art. 22.

Para loteamento urbano, v. **Lei 6.766, de 19.12.79** (em CCLCV, tít. PROMESSA DE COMPRA E VENDA E LOTEAMENTO, ínt.): **"Art. 32.** Vencida e não paga a prestação, o contrato será considerado rescindido 30 (trinta) dias depois de constituído em mora o devedor.

"§ 1º Para os fins deste artigo o devedor-adquirente será intimado, a requerimento do credor, pelo oficial do registro de imóveis, a satisfazer as prestações vencidas e as que se vencerem até a data do pagamento, os juros convencionados e as custas de intimação.

"§ 2º Purgada a mora, convalescerá o contrato.

"§ 3º Com a certidão de não haver sido feito o pagamento em cartório, o vendedor requererá ao oficial do registro o cancelamento da averbação".

"Não se aplica o art. 1º do Dec. lei n. 745/69 aos contratos de compromisso de compra e venda, quando a pretensão diz respeito à caracterização da mora do promitente vendedor, e não do promissário-comprador" (RSTJ 132/413).

Art. 14: 1b. "Em princípio, são incompatíveis as condutas do promitente vendedor que, ao mesmo tempo, promove a execução dos títulos e propõe ação para extinguir o contrato" (RSTJ 62/247).

✎ **Art. 14: 1c.** "Compra e venda: o compromisso de compra e venda e a desnecessidade de interpelação em sua resolução", por Renato Maso Previde (RSDCPC 23/57).

Art. 14: 2. Vale a intimação feita por via judicial (RT 571/73, RJTJESP 76/52), "mesmo em se tratando de imóveis loteados" (STJ-RT 745/191).

Art. 14: 2a. "Sem embargo da notificação (*rectius*, interpelação) pelo cartório ter incluído multa pactuada, não contemplada no art. 14 do DL 58/37, apresenta-se a mesma válida para os fins da constituição em mora do promissário comprador inadimplente" (STJ-4ª T., REsp 2.235, Min. Sálvio de Figueiredo, j. 24.4.90, DJU 28.5.90).

Art. 14: 3. O cancelamento não importa, por si só, rescisão do compromisso, podendo o ato do oficial ser revisto, a todo tempo, pelo juiz (RT 513/155).

Art. 15. Os compromissários têm o direito de, antecipando ou ultimando o pagamento integral do preço, e estando quites com os impostos e taxas, exigir a outorga da escritura de compra e venda.[1]

Art. 15: 1. O pagamento dos impostos e taxas incidentes sobre o imóvel não é requisito para a adjudicação compulsória, quando disposto no contrato serem tais encargos de responsabilidade do vendedor (STJ-4ª T., REsp 240.608, Min. Aldir Passarinho Jr., j. 21.3.06, DJU 24.4.06).

Art. 16. Recusando-se os compromitentes a outorgar a escritura definitiva no caso do art. 15, o compromissário[1] poderá propor, para o cumprimento da obrigação, ação de adjudicação compulsória,[1a a 3b] que tomará o rito sumaríssimo.[4 a 7b]

§ 1º A ação não será acolhida se a parte, que a intentou, não cumprir a sua prestação nem a oferecer nos casos e formas legais.[8]

§ 2º Julgada procedente a ação, a sentença, uma vez transitada em julgado, adjudicará o imóvel ao compromissário, valendo como título para a transcrição.[9-10]

§ 3º Das sentenças proferidas nos casos deste artigo, caberá apelação.[11]

Art. 16: 1. Também o cessionário de compromisso de compra e venda, nos termos do art. 22, abaixo, e do art. 69 da Lei 4.380, de 21.8.64, transcrito no ementário.

✎ **Art. 16: 1a.** "Da ação de adjudicação compulsória resultante do contrato preliminar e do contrato de compromisso de venda e compra", por Luiz Tadeu Barbosa Silva (RT 845/50); "Noções práticas sobre o processo de adjudicação compulsória", por Ricardo Arcoverde Credie (RJ 223/141).

Art. 16: 2. v., s/ loteamentos urbanos, Lei 6.766, de 19.12.79 (no ementário), art. 25, também conferindo ação de adjudicação compulsória.

Art. 16: 3. v., s/ compromisso não registrado e embargos de terceiro, CPC 674, nota 12 (Súmula 84 do STJ); s/ rescisão de compromisso e reintegração de posse, CPC 560, nota 2.

Art. 16: 3a. A ação de adjudicação compulsória é **imprescritível?**

— **Sim:** "Não prescreve o direito de a promissária compradora obter a escritura definitiva do imóvel, direito que só se extingue frente ao de outrem, amparado por usucapião" (STJ-4ª T., REsp 369.206, Min. Ruy Rosado, j. 11.3.03, maioria, DJU 30.6.03). No mesmo sentido: STJ-RF 345/257, JTJ 176/11, 209/120, 234/159. Também é imprescritível a ação para cumprimento de obrigação de fazer, consistente em outorga de escritura de venda e compra de imóvel: RJ 260/69.

— **Não:** "Decorrido o prazo de vinte anos, do pagamento integral do preço, prescreve o direito de exigir o cumprimento da obrigação. Prescrito este, o mesmo sucederá com o direito à indenização, fundado em que o promitente vendedor tornou impossível o adimplemento do avençado" (STJ-3ª T., REsp 939, Min. Eduardo Ribeiro, j. 24.10.89, DJU 20.11.89).

Há um acórdão com a seguinte ementa: "Promessa de compra e venda de bem imóvel. Outorga de escritura definitiva. Prescrição. Tratando-se de promessa de compra e venda, o direito de exigir o cumprimento da obrigação prescreve em vinte anos, contado o prazo do pagamento integral do preço" (STJ-3ª T., REsp 299.485, Min. Menezes Direito, j. 2.10.01, DJU 12.11.01). **Todavia,** o recurso especial, interposto pelo compromissário vendedor contra o acórdão local que havia considerado imprescritível a ação de adjudicação, não foi conhecido.

Caso se considere a ação de adjudicação passível de prescrição, nada impede, porém, que o compromissário mova **ação de usucapião,** pois o compromisso apto à adjudicação compulsória é justo título para o usucapião (JTA 123/143).

Art. 16: 3b. "Na ação de adjudicação compulsória, o ato jurisdicional, para ser exequível, deve reunir todas as exigências previstas na Lei de Registros Públicos, e nas demais ordenadoras do parcelamento do solo, a fim de facultar o registro do título no cartório respectivo. Detectada, no caso concreto, a impossibilidade jurídica do pedido de registro, haja vista a falta de prévia averbação do desmembramento de gleba rural originária, e posteriores aberturas de matrículas individualizadas das glebas desvinculadas e prometidas à venda pelo réu. Ausente, portanto, uma das condições específicas da ação de adjudicação compulsória, na dicção do art. 16, § 2º, do Decreto-lei 58/1937 — existência de imóvel registrável" (STJ-4ª T., REsp 1.297.784, Min. Isabel Gallotti, j. 16.9.14, DJ 24.9.14).

Art. 16: 4. A redação do *caput* é a consignada na Lei 6.014, de 27.12.73, art. 1º.

Art. 16: 4a. Não há mais procedimento sumaríssimo ou sumário no CPC; agora há um único procedimento para o processo de conhecimento ordinário, qual seja, o **procedimento comum** (v. CPC 318 e segs. e 1.049 § ún.).

Art. 16: 5. "Para que se opere a adjudicação compulsória determinada pelo art. 16, § 2º, do Dec. lei 58/37, é indispensável que conste da inicial a perfeita individuação do imóvel objeto do compromisso de compra e venda, sob pena de extinção do processo sem julgamento do mérito, com base no inciso IV do art. 267 do CPC" (RJTAMG 58/188).

Art. 16: 6. SÚMULAS DO STF SOBRE PROMESSA DE COMPRA E VENDA:

Súmula 166 do STF: "É inadmissível o **arrependimento** do compromisso de compra e venda sujeito ao regime do Dec. lei 58, de 10.12.37". S/ arrependimento, v. art. 22, nota 1c.

Súmula 167 do STF: v. nota 6a.

Súmula 168 do STF: "Para os efeitos do Dec. lei 58, de 10.12.37, admite-se a **inscrição imobiliária do compromisso de compra e venda no curso da ação**".

Súmula 412 do STF: "No compromisso de compra e venda com cláusula de **arrependimento,** a devolução do sinal, por quem o deu, ou a sua restituição em dobro, por quem o recebeu, exclui indenização maior, a título de perdas e danos, salvo os juros moratórios e os encargos do processo" e a correção monetária (RSTJ 110/281).

Súmula 413 do STF: "O compromisso de compra e venda de imóveis, ainda que não loteados, dá direito à **execução compulsória,** quando reunidos os requisitos legais". V. nota 7.

Art. 16: 6a. SÚMULAS DO STJ SOBRE PROMESSA DE COMPRA E VENDA:

Súmula 76 do STJ: "A falta de registro do compromisso de compra e venda de imóvel não dispensa a **prévia interpelação** para constituir em **mora** o devedor" (v. jurisprudência s/ esta Súmula em RSTJ 49/107), "sendo ineficaz a existência de cláusula resolutória expressa no referido tipo de pacto, de acordo com a jurisprudência desta Corte" (STJ-4ª T., REsp 8.877, Min. Cesar Rocha, j. 27.5.97, DJU 1.9.97).

Súmula 239 do STJ: "O ***direito* à adjudicação compulsória não se condiciona ao registro do compromisso** de compra e venda no cartório de imóveis" (v. jurisprudência s/ esta Súmula em RSTJ 144/17). No mesmo sentido: RSTJ 3/1.043, 25/465, 29/356, 32/309, 42/407, STJ-RT 760/227, 778/241. Esta Súmula **revoga** o disposto na **Súmula 167 do STF.** V. nota seguinte.

S/ interpelação, v. **Dec. lei 745, de 7.8.69,** em nota 4 ao art. 22; jurisprudência s/ interpelação, art. 22, notas 5 a 14.

Para a purgação da mora em loteamento urbano, v. **Lei 6.766, de 19.12.79,** art. 32 (em nota 1a ao art. 14).

Art. 16: 7. A falta de registro do compromisso não inviabiliza a ação de adjudicação compulsória. O **art. 27 § 3º** da **Lei 6.766, de 19.12.79,** confere expressamente tal direito ao contratante nas hipóteses de pré-contrato não registrado.

"Na ação de adjudicação compulsória o registro imobiliário do pré-contrato somente se mostra imprescindível para surtir efeitos *erga omnes*, hipóteses em que a sentença transfere a propriedade do bem, ao passo que, não havendo o prévio registro, produzirá efeitos apenas entre as partes, tão somente substituindo a vontade do vendedor, nos termos da Súmula n. 239/STJ" (STJ-4ª T., REsp 195.236, Min. Cesar Rocha, j. 23.10.01, DJU 15.4.02).

Art. 16: 7a. s/ falta de outorga uxória, v. art. 11, notas 4 e 5.

Art. 16: 7b. "Ação de adjudicação contra o promitente vendedor. Alienação do imóvel a terceiros, com registro da respectiva escritura pública. A promessa de venda gera efeitos obrigacionais, ainda que não formalizada por instrumento particular e não registrada. Mas a pretensão à adjudicação compulsória é de caráter pessoal, restrita assim aos contratantes, não podendo prejudicar os direitos de terceiros, que entrementes hajam adquirido o imóvel e obtido o devido registro, em seu nome, no ofício imobiliário" (RSTJ 43/458).

Art. 16: 8. A redação do § 1º está conforme a Lei 6.014, de 27.12.73, art. 1º.

Art. 16: 9. A redação do § 2º confere com a da Lei 6.014, de 27.12.73, art. 1º.

Art. 16: 10. atualmente, para o registro (v. LRP 168).

Art. 16: 11. A redação do § 3º está de acordo com a Lei 6.014, de 27.12.73, art. 1º.

Art. 17. Pagas todas as prestações do preço, é lícito ao compromitente requerer a intimação judicial do compromissário para, no prazo de trinta dias, que correrá em cartório, receber a escritura de compra e venda.

Parágrafo único. Não sendo assinada a escritura nesse prazo, depositar-se-á o lote comprometido por conta e risco do compromissário, respondendo este pelas despesas judiciais e custas do depósito.

Art. 18. Os proprietários ou coproprietários dos terrenos urbanos loteados a prestação, na forma desta lei, que se dispuserem a fornecer aos compromissários, por empréstimo, recursos para a construção do prédio, nos lotes comprometidos, ou tomá-la por empreitada, por conta dos compromissários, depositarão no cartório do Registro Imobiliário um memorial indicando as condições gerais do empréstimo ou da empreitada e da amortização da dívida em prestações.

§ 1º O contrato, denominado de financiamento, será feito por instrumento público ou particular, com as especificações do art. 11, que lhe forem aplicáveis. Esse contrato será registrado, por averbação, no livro a que alude o art. 4º, fazendo-se-lhe resumida referência na coluna apropriada.

§ 2º Com o memorial também se depositará o contrato-tipo de financiamento, contendo as cláusulas gerais para todos os casos, com os claros a serem preenchidos em cada caso.

Art. 19. O contrato de compromisso não poderá ser transferido sem o de financiamento, nem este sem aquele. A rescisão do compromisso de venda acarretará a do contrato de financiamento e vice-versa, na forma do art. 14.

Art. 20. O adquirente, por qualquer título, do lote, fica solidariamente[1] responsável, com o compromissário, pelas obrigações constantes e decorrentes do contrato de financiamento, se devidamente averbado.

Art. 20: 1. v. CC 275 a 285.

Art. 21. Em caso de falência, os contratos de compromisso de venda e de financiamento serão vendidos conjuntamente em hasta pública, anunciada dentro de quinze dias depois da primeira assembleia de credores, sob pena de destituição do liquidatário. Essa pena será aplicada pelo juiz a requerimento dos interessados, que poderão pedir designação de dia e hora para a hasta pública.

Disposições Gerais

Art. 22. Os contratos,[1] sem cláusula de arrependimento,[1a a 1c] de compromisso de compra e venda e cessão de direitos de imóveis não loteados, cujo preço tenha sido pago no ato de sua constituição ou deva sê-lo em uma ou mais prestações, desde que inscritos a qualquer tempo, atribuem aos compromissários direito real oponível a terceiros, e lhes conferem o direito de adjudicação compulsória[1d] nos termos dos arts. 16 desta lei, 640 e 641 do Código de Processo Civil.[2 a 14]

Art. 22: 1. "Não é nulo o contrato preliminar de compra e venda que tem por objeto bem gravado com cláusula de inalienabilidade, por se tratar de compromisso próprio, a prever desfazimento do negócio em caso de impossibilidade de sub-rogação do ônus" (RSTJ 90/238).

✎ **Art. 22: 1a.** "O direito de arrependimento do consumidor nas promessas de compra e venda de imóveis", por James Eduardo M. C. Oliveira (RT 735/106); "Noções práticas sobre o processo de adjudicação compulsória", por Ricardo Arcoverde Credie (RJ 223/141).

Art. 22: 1b. "A promessa de compra e venda irretratável e irrevogável transfere ao promitente comprador os direitos inerentes ao exercício do domínio e confere-lhe o direito de buscar o bem que se encontra injustamente em poder de terceiro. Serve, por isso, como título para embasar ação reivindicatória" (RSTJ 111/157 e RT 757/126).

Art. 22: 1c. "Ainda que se trate de promessa de venda e compra não registrada, somente poderá arrepender-se o promitente vendedor quando houver cláusula inserta no contrato, prevendo expressamente essa faculdade" (RSTJ 87/260). No mesmo sentido: STJ-3ª T., REsp 20.014-7, Min. Cláudio Santos, j. 16.12.92, DJU 12.4.93.

"Não se admite a rescisão de contrato de promessa de venda, mediante o depósito do dobro do valor da prestação inicial de pagamento, após iniciada a execução do contrato, pela imissão na posse do compromissário comprador e pelo pagamento de parcelas de amortização da dívida" (STJ-3ª T., REsp 7.168, Min. Dias Trindade, j. 2.4.91, DJU 13.5.91).

"Após o advento da Lei 6.766/79, o compromisso preliminar de compra e venda firmado pelas partes, ainda que ultimado por meio de proposta aceita pelo alienante, ou outro qualquer instrumento do qual conste manifesta a vontade dos contratantes, confere direito ao adquirente e não pode ser rescindido pelo compromitente vendedor, imotivadamente, notadamente quando inexiste cláusula de arrependimento" (STJ-3ª T., REsp 1.143, Min. Waldemar Zveiter, j. 14.11.89, DJU 11.12.89).

Pago todo o preço, já não se admite mais arrependimento por parte do compromitente vendedor (RTJ 119/705 e STF-JTA 93/168).

"Para que haja adjudicação é preciso que o preço do imóvel tenha sido pago integralmente. A prescrição da ação para cobrança das prestações convencionadas no compromisso não implica quitação do preço, que é o requisito legal necessário a ensejar a adjudicação compulsória" (RT 604/195, maioria).

Art. 22: 1d. A ação de adjudicação compulsória de imóvel é imprescritível? v. art. 16, nota 3a.

Art. 22: 2. Redação de acordo com a Lei 6.014, de 27.12.73, art. 1º.

Art. 22: 3. v. acima, art. 16, inclusive notas 6 (Súmulas 412 e 413 do STF) e 7. V, tb. CPC 560, nota 2 (rescisão de compromisso e reintegração de posse).

Art. 22: 4. **Dec. lei 745, de 7.8.69** — Dispõe sobre os contratos a que se refere o art. 22 do Dec. lei 58, de 10 de dezembro de 1937, e dá outras providências:

"**Art. 1º** Nos contratos a que se refere o art. 22 do Decreto-Lei n. 58, de 10 de dezembro de 1937, ainda que não tenham sido registrados junto ao Cartório de Registro de Imóveis competente, o inadimplemento absoluto do promissário comprador só se caracterizará se, interpelado por via judicial ou por intermédio de cartório de Registro de Títulos e Documentos, deixar de purgar a mora, no prazo de 15 (quinze) dias contados do recebimento da interpelação.

Parágrafo único. Nos contratos nos quais conste cláusula resolutiva expressa, a resolução por inadimplemento do promissário comprador se operará de pleno direito (art. 474 do Código Civil), desde que decorrido o prazo previsto na interpelação referida no *caput*, sem purga da mora".

Para a purgação da mora em loteamento urbano, v. **Lei 6.766, de 19.12.79, art. 32** (no ementário).

V. Súmula 76 do STJ, no art. 16, nota 6a.

Art. 22: 5. s/ necessidade de intervenção do MP, na interpelação judicial contra menor, v. CPC 178, nota 13.

Art. 22: 5a. A citação para a ação de rescisão de promessa de compra e venda não supre a falta de interpelação, que é imprescindível para a constituição em mora do promissário comprador (STJ-3ª T., REsp 43.377, Min. Nilson Naves, j. 9.4.96, DJU 20.5.96). No mesmo sentido: STJ-4ª T., REsp 21.130-3, Min. Sálvio de Figueiredo, j. 11.5.93, DJU 7.6.93; RSTJ 18/490, STJ-RT 676/200, STJ-RJTJERGS 181/24, RJTJESP 99/69.

Todavia, para a simples cobrança de prestações, a citação faz as vezes da interpelação prevista no art. 1º do Dec. lei 745, de 7.8.69 (STJ-4ª T., REsp 109.716, Min. Barros Monteiro, j. 22.3.01, maioria, DJU 4.2.02).

Art. 22: 5b. "A necessidade da constituição do devedor em mora, como pressuposto processual da ação de rescisão de compromisso de compra e venda, não impede a incidência dos juros legais, que decorrem do simples atraso no pagamento da dívida" (RT 541/160).

Art. 22: 5c. "A rescisão da promessa de compra e venda de imóvel não loteado depende de prévia interpelação judicial nos termos do Decreto-lei 745, de 1969, sendo ineficaz a cláusula de resolução expressa" (STJ-3ª T., REsp 57.795, Min. Ari Pargendler, j. 17.6.99, DJU 9.8.99).

Art. 22: 6. Não se aplica à compra e venda o Dec. lei 745/69 (RTJ 100/829).

Art. 22: 6a. É desnecessária a interpelação prevista no Dec. lei 745/69, se o compromissário comprador já havia movido ação de consignação, com a finalidade de purgar a mora (RSTJ 67/352) e, com mais razão ainda, se "em reconvenção, em que propugna pela resolução do contrato, o promitente vendedor concedeu ao promitente comprador prazo para purgá-la" (RSTJ 96/287: REsp 26.830, maioria).

Art. 22: 7. Vale a interpelação feita em comarca diversa da do foro de eleição (JTA 62/33).

Art. 22: 8. Vale a interpelação feita para pagamento em indexador da moeda, se este foi utilizado no contrato (RTJ 120/785).

Art. 22: 8a. "A interpelação premonitória de que trata o art. 1º do Dec. lei 745/69, quando comina prazo para emenda da mora inferior ao mínimo legal (15 dias), não é só por isso inválida, impondo-se ao interpelado em casos tais purgá-la no lapso quinzenal" (STJ-4ª T., REsp 13.908-0, Min. Sálvio de Figueiredo, j. 10.8.93, DJU 22.11.93). No mesmo sentido: RSTJ 56/143 e STJ-RT 701/158, STJ-RF 330/297.

Art. 22: 8b. "Cancelado o contrato por ato do oficial do Registro Imobiliário com observância do art. 32 e §§ da Lei n. 6.766, de 19.12.79, não há falar em falta da prévia interpelação do compromissário comprador" (RSTJ 66/412).

Art. 22: 9. A notificação para constituição em mora, quando o contrato foi levado ao registro de imóveis, deve ser feita ao marido e à mulher (RTJ 38/548, 43/429, 50/441, 93/222; STF-RT 415/183, 468/211, 469/163, 470/180); em caso contrário, só ao marido (RTJ 81/587, 84/1.051; STF-JTA 94/211; STJ-4ª T., REsp 29.429-4, Min. Sálvio de Figueiredo, j. 21.6.95, DJU 11.9.95).

Com maioria de razão, a notificação da mulher é desnecessária se, além de não inscrito o contrato, ela não figurou nele (RTJ 73/948, JTA 59/233, RF 256/211).

Art. 22: 10. "A inclusão, na **interpelação** a que alude o art. 1º do Dec. lei 745/69, de parcelas que o interpelando reputa indevidas, não desnatura o objetivo perseguido pelo ato interpelatório, que é o de despertar a atenção do devedor em atraso, concedendo-lhe prazo para que cumpra as obrigações assumidas" (STJ-4ª T., REsp 11.023, Min. Sálvio de Figueiredo, j. 23.11.99, DJU 13.3.00). No mesmo sentido: STJ-3ª T., REsp 332.194, Min. Menezes Direito, j. 20.11.01, DJU 25.2.02.

Contra: "É ineficaz notificação para constituir em mora o devedor quando não mencionar o *quantum* exigido e nem se revestir da necessária clareza" (STJ-RT 736/175). Considerando inválida a notificação onde o compromitente vendedor exigia mais que o devido: RT 510/149, 537/117, 541/137, 717/160; ou havia deixado de mencionar o *quantum* exigido: RT 541/134, JTA 61/100, maioria.

Art. 22: 11. "É válida e eficaz a **interpelação prévia** que menciona o montante original da dívida (atualizável mediante operação aritmética), de molde a permitir ao devedor, acaso pretendesse, resgatar o débito pendente" (RSTJ 102/384). **Contra,** não se considerou válida notificação onde havia "cálculos de alguma complexidade" (STJ-3ª T., REsp 41.368-0, Min. Eduardo Ribeiro, j. 7.6.94, DJU 27.6.94).

Art. 22: 12. "A inclusão da verba correspondente à multa contratual na notificação prévia não ofende o art. 1º do Dec. lei n. 745, de 7.8.69" (STJ-4ª T., REsp 3.823, Min. Barros Monteiro, j. 12.3.91, DJU 15.4.91).

Art. 22: 13. Feita a interpelação nos termos do Dec. lei 745, já não é mais possível a emenda da mora no prazo para contestação da ação de rescisão do contrato (RTJ 72/254, 72/287, 83/401, 83/416, 85/1.003, 114/703; STF-RT 504/257; RSTJ 56/143; STJ-RT 701/158; STJ-RF 330/297; Bol. AASP 876/270).

Caso especial: "A purgação da mora pode ocorrer ainda após o prazo de contestação, demonstrada a boa-fé do devedor" (RSTJ 62/247). No caso, o compromitente comprador, na contestação, pediu e obteve prazo para purgar a mora, sob alegação de que não tinha sido previamente notificado para fazê-lo. Igualmente: STJ-RT 736/175.

Art. 22: 14. "Enquanto não regularmente constituído em mora, é facultado ao compromissário comprador intentar a ação de consignação em pagamento, a todo o tempo, não importando a delonga havida" (STJ-4ª T., REsp 58.620, Min. Barros Monteiro, j. 25.6.96, DJU 23.9.96).

"O art. 1º do Dec. lei n. 745, de 7.8.69, em conjunto com a legislação esparsa sobre o compromisso de compra e venda, acarretou a substituição do princípio *dies interpellat* pelo da mora *ex persona*. Proposta ação de consignação em pagamento, ante a recusa da credora, no prazo da interpelação, tem-se como afastado o inadimplemento contratual" (STJ-3ª T., REsp 8.012, Min. Cláudio Santos, j. 18.6.91, DJU 5.8.91).

"Vencido em ação de consignação em pagamento de prestação do preço de imóvel compromissado, não pode o compromissário comprador pretender purgar a mora, após citado na ação de rescisão do contrato ajuizada com base na mesma relação jurídica" (RSTJ 32/301).

Art. 23. Nenhuma ação ou defesa se admitirá, fundada nos dispositivos desta lei, sem apresentação de documento comprobatório do registro por ela instituído.[1]

Art. 23: 1. v. art. 16, notas 6 (Súmula 168 do STF) e 6a (Súmula 239 do STJ).

Art. 24. Em todos os casos de procedimento judicial, o foro competente será o da situação do lote comprometido ou a que se referir o contrato de financiamento, quando as partes não hajam contratado outro foro.[1]

Art. 24: 1. v. CPC 47, notas 3 e segs.

Art. 25. O oficial do registro perceberá:[1]

a) pelo depósito e inscrição, a taxa fixa de 100$000, além das custas que forem devidas pelos demais atos;

b) pela averbação, a de 5$000 por via de compromisso de venda ou de financiamento;

c) pelo cancelamento de averbação, a de 5$000.

Art. 25: 1. As quantias a seguir são expressas em mil-réis.

Art. 26. Todos os requerimentos e documentos atinentes ao registro se juntarão aos autos respectivos, independentemente de despacho judicial.

Disposições Transitórias

Art. 1º Os proprietários de terras e terrenos loteados em curso de venda deverão, dentro de três meses, proceder ao depósito e registro nos termos desta lei, indicando no memorial os lotes já comprometidos cujas prestações estejam em dia.[1] Se até 30 dias depois de esgotado esse prazo não houverem cumprido o disposto na lei, incorrerão os vendedores em multas de 10 a 20 contos de réis, aplicadas no dobro, quando decorridos mais três meses.

Parágrafo único. Efetuada a inscrição da propriedade loteada, os compromissários apresentarão as suas cadernetas ou contratos para serem averbados, ainda que não tenham todos os requisitos do art. 11, contanto que sejam anteriores a esta lei.

Art. 1º: 1. O prazo foi sucessivamente prorrogado pelo **Dec. lei 371, de 13.4.38** (RT 114/405) e pelo **Dec. lei 508, de 21.6.38** (RT 115/438, Lex 1938/258, RF 75/442).

Art. 2º As penhoras, arrestos e sequestros de imóveis, para os efeitos da apreciação da fraude[1] de alienações posteriores, serão inscritos[2] obrigatoriamente, dependendo da prova desse procedimento o curso da ação.

Art. 2º: 1. v. CPC 792 (fraude de execução) e CC 158 a 165 (fraude contra credores); v. tb. LRP 240 (quanto aos efeitos da penhora registrada).

Art. 2º: 2. atualmente, registrados (LRP 167-I-5).

Art. 3º A mudança de numeração, a construção, a reconstrução, a demolição, a adjudicação, o desmembramento, a alteração do nome por casamento ou desquite[1] serão obrigatoriamente averbados[2] nas transcrições dos imóveis a que se referirem, mediante prova, a critério do oficial do registro de imóveis.

Art. 3º: 1. hoje, separação judicial.

V. LDi 2º, nota 2b **(Em. Const. 66, de 13.7.10).**

Art. 3º: 2. v. LRP 167-II-1, 4 e 5 c/c 246.

Art. 4º Esta lei entrará em vigor na data da sua publicação, revogadas as disposições em contrário.[1]

Art. 4º: 1. O **Dec. lei 271, de 28.2.67** (v. ementário neste tít.), em seu art. 10, declarou expressamente que o Dec. lei 58, de 10.12.37, e o Dec. 3.079, de 15.9.38, ficavam mantidos, no que não tivesse sido "revogado por dispositivo expresso deste Decreto-lei, da Lei n. 4.591, de 16 de dezembro de 1964, e dos atos normativos mencionados no art. 2º deste Decreto-lei".

Isso não obstante, nada encontramos, de importante, que tais diplomas ou atos normativos houvessem revogado no Dec. lei 58 ou no Dec. 3.079.

Rio de Janeiro, 10 de dezembro de 1937; 116º da Independência e 49º da República — GETULIO VARGAS — **Francisco Campos.**

Ementário

Recuperação e Falência

Dec. lei 1.477, de 26.8.76 — Dispõe sobre correção monetária nos casos de liquidação extrajudicial ou falência das entidades que especifica, e dá outras providências (RT 490/450, Lex 1976/678, RDA 126/716, RF 256/477, Bol. AASP 925/2). Refere-se às entidades financeiras cuja liquidação extrajudicial ou judicial é disciplinada pela **Lei 6.024, de 13.3.74** (Lex 1974/648, RDA 117/460, RF 246/464).

Lei 11.101, de 9.2.05 (Lei de Falências) (v. adiante, texto integral) — Regula a recuperação judicial, a extrajudicial e a falência do empresário e da sociedade empresária. Em vigor 120 dias após a sua publicação (DOU 9.2.05).

Lei 11.196, de 21.11.05 — Altera o art. 199 da Lei 11.101, de 9.2.05 (DOU 22.11.05).

Lei 12.873, de 24.10.13 — Na LRF: acrescenta § 2º ao art. 48.

LC 147, de 7.8.14 — Altera a Lei Complementar n. 123, de 14 de dezembro de 2006, e as Leis n. 5.889, de 8 de junho de 1973, 11.101, de 9 de fevereiro de 2005, 9.099, de 26 de setembro de 1995, 11.598, de 3 de dezembro de 2007, 8.934, de 18 de novembro de 1994, 10.406, de 10 de janeiro de 2002, e 8.666, de 21 de junho de 1993; e dá outras providências. Na LRF: altera os arts. 24, 26, 41, 45, 48, 68, 71, 72 e 83.

Lei 14.112, de 24.12.20 — Altera as Leis ns. 11.101, de 9 de fevereiro de 2005, 10.522, de 19 de julho de 2002, e 8.929, de 22 de agosto de 1994, para atualizar a legislação referente à recuperação judicial, à recuperação extrajudicial e à falência do empresário e da sociedade empresária.

Lei n. 11.101, de 9 de fevereiro de 2005

Regula a recuperação judicial, a extrajudicial e a falência do empresário e da sociedade empresária.[1]

O Presidente da República

Faço saber que o Congresso Nacional decreta e eu sanciono a seguinte Lei:

✎ **LEI 11.101: 1.** "Uma visão crítica da recuperação judicial instituída pela Lei 11.101/05 (nova Lei de Falências)", por Antonio Marcelo Caleffi (RJ 333/49); "Direito da empresa em crise (a nova Lei de Recuperação da Empresa)", por Jorge Lobo (RF 379/119); "A falência: inovações introduzidas pela Lei n. 11.101/2005", por Moacyr Lobato de Campos Filho (RJM 172/19); "Análise econômico-jurídica da Lei de Falências e de Recuperação de Empresas de 2005", por Paulo Roberto Colombo Arnoldi (RDPr 24/220); "Alguns aspectos processuais da nova Lei de Falências", por Humberto Theodoro Júnior (RIDCPC 39/33 e RF 385/101); "Lei de Recuperação de Empresas", por Deborah Pierri (RDPr 25/123); "Falências e recuperação de empresas", por José Paulo Baltazar (RJ 342/41); "Dos poderes do juiz na nova Lei de Falências", por Antônio Carlos Esteves Torres (RF 382/451); "Responsabilidade por obrigações e dívidas da sociedade empresária na recuperação extrajudicial, na recuperação judicial e na falência", por Jorge Lobo (RJ 355/47); "Alterações da nova Lei de Falências e de Recuperação das Empresas", por Rubens Approbato Machado (RIDCPC 50/7); "A falência internacional", por Ruber David Kreile (RT 888/74); "Falência e problemas de desconsideração de personalidade jurídica", por Gustavo Saad Diniz (RMDECC 31/10); "A recuperação judicial da empresa: requerimento, processamento inicial, habilitação e impugnação de créditos", por Pedro Roberto Decomain (RDDP 103/117); "O poder dos credores e o poder do juiz na falência e recuperação judicial", por Gerson Luiz Carlos Branco (RT 936/43).

Capítulo I | DISPOSIÇÕES PRELIMINARES

Art. 1º Esta Lei disciplina a recuperação judicial,[1 a 1b] a recuperação extrajudicial[2] e a falência[2a] do empresário[2b] e da sociedade empresária,[3-4] doravante referidos simplesmente como devedor.

Art. 1º: 1. v. arts. 5º a 46 (disposições comuns à recuperação judicial e à falência).

Art. 1º: 1a. s/ recuperação judicial, v. arts. 47 a 72.

Art. 1º: 1b. s/ convolação da recuperação judicial em falência, v. arts. 73 a 75.

Art. 1º: 2. s/ recuperação extrajudicial, v. arts. 161 a 167.

Art. 1º: 2a. s/ falência, v. arts. 75 a 160.

Art. 1º: 2b. s/ empresário, v., no CCLCV, CC 966 a 980.

Art. 1º: 3. s/ sociedade empresária, v., no CCLCV, CC 982 e 983.

Art. 1º: 4. "Nos termos do art. 982, § ún., do CC/02, a cooperativa é considerada sociedade simples, razão pela qual, em face do disposto nos arts. 1º da Lei 11.101/05 e 4º da Lei 5.764/71, as cooperativas não estão sujeitas à falência" (RT 850/262). No mesmo sentido: STJ-1ª T., REsp 772.447, Min. Luiz Fux, j. 4.11.08, DJ 27.11.08; RT 873/271 (TJMG, AP 1.0081.07.006218-7/001); STJ-2ª T., REsp 782.934, Min. Herman Benjamin, j. 20.11.08, DJ 9.3.09.

Art. 2º Esta Lei não se aplica a:

I — empresa pública e sociedade de economia mista;[1-1a]

II — instituição financeira pública ou privada, cooperativa de crédito, consórcio, entidade de previdência complementar, sociedade operadora de plano de assistência à saúde, sociedade seguradora, sociedade de capitalização e outras entidades legalmente equiparadas às anteriores.

✎ **Art. 2º: 1.** "Sobre a falência das empresas públicas e sociedades de economia mista, em face da nova Lei de Falências (Lei 11.101, de 9.2.05)", por Carlos Alexandre Rodrigues (RT 835/11).

Art. 2º: 1a. s/ o regime jurídico das empresas públicas e sociedades de economia mista, v. CF 173.

Art. 3º É competente[1-2] para homologar o plano de recuperação extrajudicial, deferir a recuperação judicial ou decretar a falência o juízo do local do principal estabelecimento[3] do devedor ou da filial de empresa que tenha sede fora do Brasil.

Art. 3º: 1. s/ competência e: recuperação judicial, v. tb. art. 52, notas 1a e segs.; falência, v. tb. art. 76 e notas. S/ prevenção, v. art. 6º § 8º.

Art. 3º: 2. "O art. 3º da Lei n. 11.101/05 estabelece que o Juízo do local do principal estabelecimento do devedor é **absolutamente competente** para decretar a falência, homologar o plano de recuperação extrajudicial ou deferir a recuperação" (STJ-2ª Seção, CC 116.743, Min. Luis Felipe, j. 10.10.12, maioria, DJ 17.12.12).

Art. 3º: 3. "O foro competente para o processamento da recuperação judicial e a decretação de falência é aquele onde se situe o principal estabelecimento da sociedade, assim considerado o local onde haja o maior volume de negócios, ou seja, o local mais importante da atividade empresária sob o ponto de vista econômico. No caso, ante as evidências apuradas pelo Juízo de Direito do Foro Central de São Paulo, o principal estabelecimento da recuperanda encontra-se em Cabo de Santo Agostinho/PE, onde situados seu polo industrial e seu **centro administrativo e operacional**" (STJ-2ª Seção, CC 147.714-AgInt, Min. Luis Felipe, j. 22.2.17, DJ 7.3.17).

"Principal estabelecimento para definir a competência (Lei 11.101/05, art. 3º) é onde está a sede administrativa dos negócios e onde estão os livros fiscais e sociais da empresa" (JTJ 305/478).

Art. 4º (VETADO)

Capítulo II — DISPOSIÇÕES COMUNS À RECUPERAÇÃO JUDICIAL E À FALÊNCIA

Seção I — DISPOSIÇÕES GERAIS

Art. 5º Não são exigíveis do devedor, na recuperação judicial ou na falência:

I — as obrigações a título gratuito;[1]

II — as despesas que os credores fizerem para tomar parte na recuperação judicial ou na falência, salvo as custas judiciais decorrentes de litígio com o devedor.[2]

Art. 5º: 1. "Garantia pessoal que não pode ser considerada obrigação a título gratuito (art. 5º, I, da Lei 11.101/05). Não é ato gratuito aquele em relação ao qual é possível identificar contraprestação, ainda que intangível; não é ato gratuito aquele que não está isolado da atividade empresarial" (JTJ 330/645: AI 555.224-4/0-00).

"Tratando-se, como no particular, de aval prestado por sociedade empresária, não se pode presumir que a garantia cambiária tenha sido concedida como ato de mera liberalidade, devendo-se apurar as circunstâncias que ensejaram sua concessão. De fato, é bastante comum que as relações negociais travadas no âmbito empresarial envolvam a prestação de garantias em contrapartida a algum outro ato praticado (ou a ser praticado) pelo avalizado ou por terceiros interessados. Conforme anota respeitável doutrina, ainda que não exista contraprestação direta pelo aval, há situações em que a garantia foi prestada com o objetivo de auferir algum ganho, mesmo que intangível, como ocorre na hipótese de aval prestado em benefício de sociedades do mesmo grupo econômico ou para viabilizar operações junto a parceiros comerciais, hipóteses nas quais não se pode considerar tal obrigação como a título gratuito" (STJ-3ª T., REsp 1.829.790, Min. Nancy Andrighi, j. 19.11.19, DJ 22.11.19).

Art. 5º: 2. "Qualificando-se o encargo legal do Dec. lei 1.025/69 como receita de Fundo contábil, e não como despesa, a regra do art. 5º, II, da Lei 11.101/05 não pode ser utilizada para excluí-la na habilitação do crédito da Fazenda Pública" (STJ-2ª T., REsp 1.234.893, Min. Herman Benjamin, j. 18.8.11, DJ 8.9.11; a citação é do voto do relator).

V. tb. art. 83, nota 2c, e LEF 2º, nota 7a.

Art. 6º A decretação da falência ou o deferimento do processamento da recuperação judicial implica:[1-1a]

I — suspensão do curso da prescrição[1b] das obrigações do devedor sujeitas ao regime desta Lei;[1c]

II — suspensão das execuções[1d a 1j] ajuizadas contra o devedor, inclusive daquelas dos credores particulares do sócio solidário,[1k] relativas a créditos ou obrigações sujeitos à recuperação judicial ou à falência;[1l]

III — proibição de qualquer forma de retenção, arresto, penhora, sequestro, busca e apreensão e constrição judicial ou extrajudicial sobre os bens do devedor, oriunda de demandas judiciais ou extrajudiciais cujos créditos ou obrigações sujeitem-se à recuperação judicial ou à falência.[1m]

§ 1º Terá prosseguimento no juízo no qual estiver se processando a ação que demandar quantia ilíquida.[2-2a]

§ 2º É permitido pleitear, perante o administrador judicial, habilitação, exclusão ou modificação de créditos derivados da relação de trabalho, mas as ações de natureza trabalhista, inclusive as impugnações a que se refere o art. 8º desta Lei, serão processadas perante a justiça especializada[2b] até a apuração do respectivo crédito, que será inscrito no quadro-geral de credores pelo valor determinado em sentença.[2c]

§ 3º O juiz competente para as ações referidas nos §§ 1º e 2º deste artigo poderá determinar a reserva da importância que estimar devida na recuperação judicial ou na falência,[3] e, uma vez reconhecido líquido o direito, será o crédito incluído na classe própria.

§ 4º Na recuperação judicial, as suspensões e a proibição de que tratam os incisos I, II e III do *caput* deste artigo perdurarão pelo prazo de 180 (cento e oitenta) dias, contado do deferimento do processamento da recuperação, prorrogável por igual período, uma única vez, em caráter excepcional, desde que o devedor não haja concorrido com a superação do lapso temporal.[3a a 5b]

§ 4º-A O decurso do prazo previsto no § 4º deste artigo sem a deliberação a respeito do plano de recuperação judicial proposto pelo devedor faculta aos credores a propositura de plano alternativo, na forma dos §§ 4º, 5º, 6º e 7º do art. 56 desta Lei, observado o seguinte:[5c]

I — as suspensões e a proibição de que tratam os incisos I, II e III do *caput* deste artigo não serão aplicáveis caso os credores não apresentem plano alternativo no prazo de 30 (trinta) dias, contado do final do prazo referido no § 4º deste artigo ou no § 4º do art. 56 desta Lei;

II — as suspensões e a proibição de que tratam os incisos I, II e III do *caput* deste artigo perdurarão por 180 (cento e oitenta) dias contados do final do prazo referido no § 4º deste artigo, ou da realização da assembleia-geral de credores referida no § 4º do art. 56 desta Lei, caso os credores apresentem plano alternativo no prazo referido no inciso I deste parágrafo ou no prazo referido no § 4º do art. 56 desta Lei.

§ 5º O disposto no § 2º deste artigo aplica-se à recuperação judicial durante o período de suspensão de que trata o § 4º deste artigo.[6]

Recuperação e Falência

§ 6º Independentemente da verificação periódica perante os cartórios de distribuição, as ações que venham a ser propostas contra o devedor deverão ser comunicadas ao juízo da falência ou da recuperação judicial:

I — pelo juiz competente, quando do recebimento da petição inicial;

II — pelo devedor, imediatamente após a citação.

§ 7º (Revogado).[7]

§ 7º-A. O disposto nos incisos I, II e III do *caput* deste artigo não se aplica aos créditos referidos nos §§ 3º e 4º do art. 49 desta Lei, admitida, todavia, a competência do juízo da recuperação judicial para determinar a suspensão dos atos de constrição que recaiam sobre bens de capital essenciais à manutenção da atividade empresarial durante o prazo de suspensão a que se refere o § 4º deste artigo, a qual será implementada mediante a cooperação jurisdicional, na forma do art. 69 da Lei n. 13.105, de 16 de março de 2015 (Código de Processo Civil), observado o disposto no art. 805 do referido Código.[8]

§ 7º-B. O disposto nos incisos I, II e III do *caput* deste artigo não se aplica às execuções fiscais, admitida, todavia, a competência do juízo da recuperação judicial para determinar a substituição dos atos de constrição que recaiam sobre bens de capital essenciais à manutenção da atividade empresarial até o encerramento da recuperação judicial, a qual será implementada mediante a cooperação jurisdicional, na forma do art. 69 da Lei n. 13.105, de 16 de março de 2015 (Código de Processo Civil), observado o disposto no art. 805 do referido Código.[8a a 8c]

§ 8º A distribuição do pedido de falência ou de recuperação judicial ou a homologação de recuperação extrajudicial previne a jurisdição para qualquer outro pedido de falência, de recuperação judicial ou de homologação de recuperação extrajudicial relativo ao mesmo devedor.[9-10]

§ 9º O processamento da recuperação judicial ou a decretação da falência não autoriza o administrador judicial a recusar a eficácia da convenção de arbitragem, não impedindo ou suspendendo a instauração de procedimento arbitral.[11]

§ 10. (VETADO)[12]

§ 11. O disposto no § 7º-B deste artigo aplica-se, no que couber, às execuções fiscais e às execuções de ofício que se enquadrem respectivamente nos incisos VII e VIII do *caput* do art. 114 da Constituição Federal, vedados a expedição de certidão de crédito e o arquivamento das execuções para efeito de habilitação na recuperação judicial ou na falência.[13]

§ 12. Observado o disposto no art. 300 da Lei n. 13.105, de 16 de março de 2015 (Código de Processo Civil), o juiz poderá antecipar total ou parcialmente os efeitos do deferimento do processamento da recuperação judicial.[14]

§ 13. (VETADO)[15]

Art. 6º: 1. Redação de acordo com a Lei 14.112, de 24.12.20.

Art. 6º: 1a. v. o § 7º-A.

Art. 6º: 1b. s/ prescrição, v., no CCLCV, CC 189 a 206.

Art. 6º: 1c. Redação de acordo com a Lei 14.112, de 24.12.20.

Art. 6º: 1d. v. art. 52-III (recuperação judicial) e art. 99-V (falência).

Art. 6º: 1e. Entendendo que não pode seguir adiante a execução mesmo em caso de desconsideração da personalidade jurídica do devedor: "Responsabilidade dos sócios que é de competência do juízo da falência" (JTJ 333/673: AI 575.958-4/5-00).

V. tb. arts. 52, nota 1b, e 76, nota 3.

Art. 6º: 1f. **Súmula 581 do STJ:** "A recuperação judicial do devedor principal não impede o prosseguimento das ações e execuções ajuizadas contra **terceiros devedores solidários ou coobrigados** em geral, por garantia cambial, real ou fidejussória".

"Falência. Execução. Suspensão ordenada pelo juízo, atingindo os garantes da operação de crédito. Inadmissibilidade, sendo possível a suspensão apenas contra a falida, mas não contra eventuais coobrigados. Inteligência dos arts. 59, 61 e 62 da Lei 11.101/2005" (RT 895/265: TJSP, AI 7.394.089-7).

V. tb. art. 49, nota 1b.

Art. 6º: 1g. O deferimento da recuperação judicial não obsta a retomada do imóvel concedida por sentença proferida em **ação de despejo:** "A medida executiva do despejo não se confunde com eventual execução de valores relativos a aluguéis" (JTJ 347/134: AI 990.09.343932-8).

Contra: "O superveniente deferimento de recuperação judicial suspende o despejo (Lei 11.101/05, art. 6º)" (RT 920/575: TJRJ, AI 0007989-38.2012.8.19.0000, com comentário de Gustavo Saad Diniz).

V. tb. arts. 49, nota 2d, e 52, nota 2.

Art. 6º: 1h. "O processo de **homologação de sentença estrangeira** tem natureza constitutiva, destinando-se a viabilizar a eficácia jurídica de provimento jurisdicional alienígena no território nacional, de modo que tal decisão possa vir a ser aqui executada. É, portanto, um pressuposto lógico da execução da decisão estrangeira, não se confundindo, por óbvio, com o próprio feito executivo, o qual será instalado posteriormente — se for o caso —, e em conformidade com a legislação pátria, na hipótese aplicando-se a Lei n. 11.101/2005, tendo em vista que a requerida se encontra em recuperação judicial. Por conseguinte, não há falar na incidência do art. 6º, § 4º, da Lei de Quebras como óbice à homologação da sentença arbitral, uma vez que se está em fase antecedente à execução, apenas emprestando eficácia jurídica ao provimento homologando" (STJ-Corte Especial, SE 14.408, Min. Luis Felipe, j. 21.6.17, DJ 31.8.17).

Art. 6º: 1i. "Controvérsia acerca do prosseguimento da execução individual de um crédito existente ao tempo do ajuizamento do pedido de recuperação judicial, mas não incluído no quadro geral de credores (QGC). Caso concreto em que o credor preterido não promoveu habilitação retardatária tampouco retificação do QGC, tendo optado por prosseguir com a execução individual. Descabimento da extinção da execução, tendo em vista a possibilidade de prosseguimento desta após encerrada a recuperação judicial, conforme decidido no supracitado CC 114.952/SP. Manutenção da decisão do juízo de origem, embora por outros fundamentos, prorrogando-se o prazo de suspensão e indeferindo-se o requerimento de extinção da execução" (STJ-3ª T., REsp 1.571.107, Min. Paulo Sanseverino, j. 13.12.16, DJ 3.2.17).

Art. 6º: 1j. "Não se justifica a suspensão das execuções promovidas contra os sócios de responsabilidade limitada, pois o patrimônio da falida permanece livre de constrição" (STJ-2ª Seção, CC 116.595-AgRg, Min. Ricardo Cueva, j. 28.9.11, DJ 5.10.11). No mesmo sentido: "A parte final do art. 6º da Lei 11.101/05 diz respeito apenas às sociedades cujos sócios respondam de forma ilimitada" (STJ-3ª T., MC 19.138-AgRg, Min. Paulo Sanseverino, j. 2.8.12, DJ 7.8.12).

Art. 6º: 1k. "A Lei de Falências e os devedores solidários na jurisprudência do Tribunal de Justiça de São Paulo", por Fernando Netto Boiteux (RDDP 79/9).

Art. 6º: 1l. Redação de acordo com a Lei 14.112, de 24.12.20.

Art. 6º: 1m. Redação de acordo com a Lei 14.112, de 24.12.20.

Art. 6º: 2. v. art. 76, nota 2a.

Art. 6º: 2a. O mesmo juízo será competente para a ação com a finalidade de excluir, dar outra classificação ou retificar crédito (cf. art. 19 § 1º).

Art. 6º: 2b. Também será da Justiça do Trabalho a competência para a ação com a finalidade de excluir, dar outra classificação ou retificar crédito originariamente por ela reconhecido (cf. art. 19 § 1º).

Art. 6º: 2c. "Declarada a falência da empresa, as execuções em curso na Justiça do Trabalho devem prosseguir no juízo falimentar" (STF-1ª T., AI 625.709-AgRg, Min. Dias Toffoli, j. 14.2.12, DJ 15.3.12).

"Uma vez deferido o processamento da recuperação judicial, ao Juízo Laboral compete tão somente a análise da matéria referente à relação de trabalho, vedada a alienação ou disponibilização do ativo em ação cautelar ou reclamação trabalhista" (STJ-2ª Seção, CC 112.799, Min. Luis Felipe, j. 14.3.11, DJ 22.3.11).

"A partir da aprovação tempestiva do plano de recuperação judicial, não se pode desconsiderar sua existência, validade e eficácia. Ela implica 'novação dos créditos anteriores ao pedido', obrigando 'o devedor e todos os credores a ele sujeitos' (art. 59 da Lei de Falências — LF). O descumprimento de qualquer obrigação contida no plano implica a convolação da recuperação em falência (art. 61, § 1º, LF). Se o devedor assume, de modo expresso, no plano de recuperação, o dever de adimplir em um ano os débitos trabalhistas (art. 54 da LF), o alegado descumprimento desse dever deve ser levado a conhecimento do juízo da recuperação a quem compete, com exclusividade: (i) apurar se o descumprimento efetivamente ocorreu; (ii) fixar as consequências desse descumprimento, podendo chegar à falência do devedor" (STJ-2ª Seção, CC 112.716, Min. Nancy Andrighi, j. 9.2.11, maioria, DJ 20.5.11).

"A probabilidade da inviabilização da recuperação judicial, diante de pedido de indisponibilização/arresto dos bens e direitos da empresa, faz o juízo universal competente para a sua análise, em homenagem aos princípios da manutenção da empresa e da sua função social (art. 47 da LF)" (STJ-2ª Seção, CC 104.355, Min. Paulo Sanseverino, j. 13.10.10, DJ 25.10.10).

"É da competência do juízo da recuperação a execução de créditos líquidos apurados em outros órgãos judiciais, inclusive a destinação dos depósitos recursais feitos no âmbito do processo do trabalho" (STJ-2ª Seção, CC 162.769, Min. Isabel Gallotti, j. 24.6.20, DJ 30.6.20).

"Decretada a falência ou deferido o processamento da recuperação judicial, as execuções contra o devedor não podem prosseguir, ainda que exista prévia penhora. Na hipótese de adjudicação posterior levada a efeito em juízo diverso, o ato deve ser desfeito, em razão da competência do juízo universal e da observância do princípio da preservação da empresa" (STJ-2ª Seção, CC 111.614, Min. Nancy Andrighi, j. 12.6.13, DJ 19.6.13).

"Após a liquidação do crédito, o Juízo falimentar é competente para a execução dos julgados da Justiça Trabalhista contra a empresa em recuperação judicial. Contudo, ultimada a arrematação perante a Justiça Especializada, esta não pode ser declarada nula, apenas deve o produto da venda judicial reverter em favor do Juízo competente" (STJ-RMDECC 35/117: 2ª Seção, CC 112.673-AgRg).

"O débito trabalhista omitido ou não incluído no plano de recuperação judicial não está sujeito à competência do Juízo falimentar" (STJ-2ª Seção, CC 113.649-AgRg, Min. Aldir Passarinho Jr., j. 9.2.11, DJ 1.3.11).

V. tb. art. 52, nota 1a.

Art. 6º: 3. "A competência para determinar a reserva de valores na recuperação judicial é do juízo perante o qual tramita a reclamação trabalhista não suspensa" (STJ-2ª Seção, CC 95.627, Min. Fernando Gonçalves, j. 26.11.08, DJ 9.12.08).

Art. 6º: 3a. Redação de acordo com a Lei 14.112, de 24.12.20.

Art. 6º: 4. v. art. 49 § 5º.

Art. 6º: 5. Não é permitida a venda ou a retirada do estabelecimento do devedor dos bens de capital essenciais a sua atividade empresarial no curso desse prazo (cf. art. 49 § 3º).

Art. 6º: 5a. Estendendo o período de suspensão para além dos 180 dias previstos no § 4º: "Aprovado o plano de recuperação judicial, os créditos serão satisfeitos de acordo com as condições ali estipuladas. Nesse contexto, mostra-se incabível o prosseguimento das execuções individuais" (STJ-2ª Seção, CC 88.661, Min. Fernando Gonçalves, j. 28.5.08, DJU 3.6.08). No mesmo sentido: STJ-RT 878/141 (1ª Seção, CC 79.170). Ainda, em matéria de crédito trabalhista: STJ-2ª Seção, CC 90.504, Min. Fernando Gonçalves, j. 25.6.08, DJU 1.7.08.

"O prazo de 180 dias para a suspensão das ações e execuções ajuizadas em face da empresa em dificuldades, previsto no art. 6º, § 3º, da Lei 11.101/05, pode ser prorrogado conforme as peculiaridades de cada caso concreto, se a sociedade comprovar que diligentemente obedeceu aos comandos impostos pela legislação e que não está, direta ou indiretamente, contribuindo para a demora na aprovação do plano de recuperação que apresentou" (STJ-2ª Seção, CC 111.614-AgRg, Min. Nancy Andrighi, j. 10.11.10, DJ 19.11.10).

Todavia: "Superado o prazo de suspensão previsto no art. 6º, §§ 4º e 5º, da Lei 11.101/05, sem que tenha havido a aprovação do plano de recuperação, devem as ações e execuções individuais retomar o seu curso, até que seja aprovado o plano ou decretada a falência da empresa. Outrossim, uma vez aprovado o plano de recuperação, não se faz plausível a retomada das ações e execuções individuais após o decurso do prazo legal de 180 dias, pois nos termos do art. 59 da Lei 11.101/05, tal aprovação implica novação. Em situações excepcionais, a serem oportunamente enfrentadas por esta Corte, a regra pode comportar exceções. O temperamento banalizado e desmedido do prazo de suspensão pode, desde já, importar retrocesso para o drama vivido na época das intermináveis concordatas, que o legislador procurou sepultar" (STJ-2ª Seção, CC 110.250-AgRg, Min. Nancy Andrighi, j. 8.9.10, DJ 16.9.10).

Art. 6º: 5b. "A forma de contagem do prazo — de 180 dias de suspensão das ações executivas e de 60 dias para a apresentação do plano de recuperação judicial — em **dias corridos** é a que melhor preserva a unidade lógica da recuperação judicial: alcançar, de forma célere, econômica e efetiva, o regime de crise empresarial, seja pelo soerguimento econômico do devedor e alívio dos sacrifícios do credor, na recuperação, seja pela liquidação dos ativos e satisfação dos credores, na falência. O microssistema recuperacional e falimentar foi pensado em espectro lógico e sistemático peculiar, com previsão de uma sucessão de atos, em que a celeridade e a efetividade se impõem, com prazos próprios e específicos, que, via de regra, devem ser breves, peremptórios, inadiáveis e, por conseguinte, contínuos, sob pena de vulnerar a racionalidade e a unidade do sistema. A adoção da forma de contagem prevista no Novo Código de Processo Civil, em dias úteis, para o âmbito da Lei 11.101/05, com base na distinção entre prazos processuais e materiais, revelar-se-á árdua e complexa, não existindo entendimento teórico satisfatório, com critério seguro e científico para tais discriminações. Além disso, acabaria por trazer perplexidades ao regime especial, com riscos a harmonia sistêmica da LRF, notadamente quando se pensar na velocidade exigida para a prática de alguns atos e na morosidade de outros, inclusive colocando em xeque a isonomia dos seus participantes, haja vista a dualidade de tratamento. Na hipótese, diante do exame sistemático dos mecanismos engendrados pela Lei de Recuperação e Falência, os prazos de 180 dias de suspensão das ações executivas em face do devedor (art. 6º, § 4º) e de 60 dias para a apresentação do plano de recuperação judicial (art. 53, *caput*) deverão ser contados de forma contínua" (STJ-4ª T., REsp 1.699.528, Min. Luis Felipe, j. 10.4.18, DJ 13.6.18). Em sentido semelhante: STJ-3ª T., REsp 1.698.283, Min. Marco Bellizze, j. 21.5.19, DJ 23.5.19.

V. tb. art. 189, § 1º-I.

Art. 6º: 5c. Redação de acordo com a Lei 14.112, de 24.12.20.

Art. 6º: 6. Redação de acordo com a Lei 14.112, de 24.12.20.

Art. 6º: 7. Revogado pela Lei 14.112, de 24.12.20.

Art. 6º: 8 e 8a. Redação de acordo com a Lei 14.112, de 24.12.20.

Art. 6º: 8b. v. § 11. V. tb. LEF 29.

Art. 6º: 8c. "Tendo as contribuições previdenciárias inegável natureza fiscal, sua execução não é alcançada pela *vis attractiva* da recuperação judicial" (STJ-2ª Seção, CC 107.213, Min. Nancy Andrighi, j. 23.9.09, DJ 30.9.09).

Art. 6º: 9. Redação de acordo com a Lei 14.112, de 24.12.20.

Art. 6º: 10. "Conquanto o pedido de recuperação judicial tenha sido efetuado por cinco empresas que compõem um grupo econômico, certo é que contra uma dessas empresas já havia requerimento de falência em curso, o que, consoante o teor do art. 6º, § 8º, da Lei n. 11.101/05, torna prevento o Juízo no qual este se encontra para apreciar o pleito que busca o soerguimento das demandantes" (STJ-2ª Seção, CC 116.743, Min. Luis Felipe, j. 10.10.12, maioria, DJ 17.12.12).

Art. 6º: 11 a 15. Redação de acordo com a Lei 14.112, de 24.12.20.

Art. 6º-A. É vedado ao devedor, até a aprovação do plano de recuperação judicial, distribuir lucros ou dividendos a sócios e acionistas, sujeitando-se o infrator ao disposto no art. 168 desta Lei.[1]

Art. 6º-A: 1. Redação de acordo com a Lei 14.112, de 24.12.20.

Art. 6º-B (VETADO)[1]

Art. 6º-B: 1. Redação de acordo com a Lei 14.112, de 24.12.20.

Art. 6º-C. É vedada atribuição de responsabilidade a terceiros em decorrência do mero inadimplemento de obrigações do devedor falido ou em recuperação judicial, ressalvadas as garantias reais e fidejussórias, bem como as demais hipóteses reguladas por esta Lei.[1]

Art. 6º-C: 1. Redação de acordo com a Lei 14.112, de 24.12.20.

Seção II | DA VERIFICAÇÃO E DA HABILITAÇÃO DE CRÉDITOS

Art. 7º A verificação dos créditos será realizada pelo administrador judicial, com base nos livros contábeis e documentos comerciais e fiscais do devedor e nos documentos que lhe forem apresentados pelos credores, podendo contar com o auxílio de profissionais ou empresas especializadas.

§ 1º Publicado o edital previsto no art. 52, § 1º, ou no parágrafo único do art. 99 desta Lei, os credores terão o prazo de 15 (quinze) dias[1-1a] para apresentar ao administrador judicial suas habilitações[2] ou suas divergências quanto aos créditos relacionados.

§ 2º O administrador judicial, com base nas informações e documentos colhidos na forma do *caput* e do § 1º deste artigo, fará publicar edital contendo a relação de credores[2a a 4] no prazo de 45 (quarenta e cinco) dias, contado do fim do prazo do § 1º deste artigo, devendo indicar o local, o horário e o prazo comum em que as pessoas indicadas no art. 8º desta Lei terão acesso aos documentos que fundamentaram a elaboração dessa relação.

Art. 7º: 1. s/ habilitação retardatária, v. art. 10; s/ divergência retardatária, v. art. 10, nota 1a.

Art. 7º: 1a. Esse prazo deve ser consignado no edital de processamento da recuperação judicial (cf. art. 52 § 1º-III) e na sentença declaratória da falência (art. 99-IV), a qual será reproduzida integralmente no edital (art. 99 § ún.).

Art. 7º: 2. s/ requisitos da habilitação de crédito, v. art. 9º.

Art. 7º: 2a. A elaboração da relação de credores compete ao administrador judicial (cf. art. 22-I-*e*).

Art. 7º: 2b. A partir da publicação do edital contendo a relação de credores inicia-se o prazo de 30 dias para qualquer credor manifestar ao juiz sua objeção ao plano de recuperação judicial (cf. art. 55).

Art. 7º: 2c. "A publicação da relação de credores pelo administrador judicial não é ato judicial que exija a intimação dos credores, ainda que tenha procurador nos autos" (JTJ 310/416; a citação é do voto do relator). No mesmo sentido: STJ-3ª T., REsp 1.163.143, Min. João Otávio, j. 11.2.14, DJ 17.2.14.

Art. 7º: 3. Se nenhum crédito sofrer impugnação, a relação de credores contida no edital será homologada como quadro-geral de credores e a publicação deste prevista no art. 18 § ún. será dispensada (cf. art. 14).

Art. 7º: 4. e dos respectivos valores (cf. art. 15-I).

Art. 7º-A. Na falência, após realizadas as intimações e publicado o edital, conforme previsto, respectivamente, no inciso XIII do *caput* e no § 1º do art. 99 desta Lei, o juiz instaurará, de ofício, para cada Fazenda Pública credora, incidente de classificação de crédito público e determinará a sua intimação eletrônica para que, no prazo de 30 (trinta) dias, apresente diretamente ao administrador judicial ou em juízo, a depender do momento processual, a relação completa de seus créditos inscritos em dívida ativa, acompanhada dos cálculos, da classificação e das informações sobre a situação atual.[1]

§ 1º Para efeito do disposto no *caput* deste artigo, considera-se Fazenda Pública credora aquela que conste da relação do edital previsto no § 1º do art. 99 desta Lei, ou que, após a intimação prevista no inciso XIII do *caput* do art. 99 desta Lei, alegue nos autos, no prazo de 15 (quinze) dias, possuir crédito contra o falido.

§ 2º Os créditos não definitivamente constituídos, não inscritos em dívida ativa ou com exigibilidade suspensa poderão ser informados em momento posterior.

§ 3º Encerrado o prazo de que trata o *caput* deste artigo:

I — o falido, os demais credores e o administrador judicial disporão do prazo de 15 (quinze) dias para manifestar objeções, limitadamente, sobre os cálculos e a classificação para os fins desta Lei;

II — a Fazenda Pública, ultrapassado o prazo de que trata o inciso I deste parágrafo, será intimada para prestar, no prazo de 10 (dez) dias, eventuais esclarecimentos a respeito das manifestações previstas no referido inciso;

III — os créditos serão objeto de reserva integral até o julgamento definitivo quando rejeitados os argumentos apresentados de acordo com o inciso II deste parágrafo;

IV — os créditos incontroversos, desde que exigíveis, serão imediatamente incluídos no quadro-geral de credores, observada a sua classificação;

V — o juiz, anteriormente à homologação do quadro-geral de credores, concederá prazo comum de 10 (dez) dias para que o administrador judicial e a Fazenda Pública titular de crédito objeto de reserva manifestem-se sobre a situação atual desses créditos e, ao final do referido prazo, decidirá acerca da necessidade de mantê-la.

§ 4º Com relação à aplicação do disposto neste artigo, serão observadas as seguintes disposições:

I — a decisão sobre os cálculos e a classificação dos créditos para os fins do disposto nesta Lei, bem como sobre a arrecadação dos bens, a realização do ativo e o pagamento aos credores, competirá ao juízo falimentar;

II — a decisão sobre a existência, a exigibilidade e o valor do crédito, observado o disposto no inciso II do *caput* do art. 9º desta Lei e as demais regras do processo de falência, bem como sobre o eventual prosseguimento da cobrança contra os corresponsáveis, competirá ao juízo da execução fiscal;

III — a ressalva prevista no art. 76 desta Lei, ainda que o crédito reconhecido não esteja em cobrança judicial mediante execução fiscal, aplicar-se-á, no que couber, ao disposto no inciso II deste parágrafo;

IV — o administrador judicial e o juízo falimentar deverão respeitar a presunção de certeza e liquidez de que trata o art. 3º da Lei n. 6.830, de 22 de setembro de 1980, sem prejuízo do disposto nos incisos II e III deste parágrafo;

V — as execuções fiscais permanecerão suspensas até o encerramento da falência, sem prejuízo da possibilidade de prosseguimento contra os corresponsáveis;

VI — a restituição em dinheiro e a compensação serão preservadas, nos termos dos arts. 86 e 122 desta Lei; e

VII — o disposto no art. 10 desta Lei será aplicado, no que couber, aos créditos retardatários.

§ 5º Na hipótese de não apresentação da relação referida no *caput* deste artigo no prazo nele estipulado, o incidente será arquivado e a Fazenda Pública credora poderá requerer o desarquivamento, observado, no que couber, o disposto no art. 10 desta Lei.

§ 6º As disposições deste artigo aplicam se, no que couber, às execuções fiscais e às execuções de ofício que se enquadrem no disposto nos incisos VII e VIII do *caput* do art. 114 da Constituição Federal.

§ 7º O disposto neste artigo aplica-se, no que couber, aos créditos do Fundo de Garantia do Tempo de Serviço (FGTS).

§ 8º Não haverá condenação em honorários de sucumbência no incidente de que trata este artigo.

Art. 7º-A: 1. Redação de acordo com a Lei 14.112, de 24.12.20.

Art. 8º No prazo de 10 (dez) dias,[1] contado da publicação da relação referida no art. 7º, § 2º, desta Lei, o Comitê, qualquer credor, o devedor ou seus sócios ou o Ministério Público podem apresentar ao juiz impugnação[1a-1b] contra a relação de credores, apontando a ausência de qualquer crédito ou manifestando-se contra a legitimidade, importância[2] ou classificação de crédito relacionado.

Recuperação e Falência

Parágrafo único. Autuada em separado, a impugnação será processada nos termos dos arts. 13 a 15 desta Lei.

Art. 8º: 1. "Impugnação de crédito. Intempestividade. Decurso do prazo do art. 8º, *caput*, da Lei 11.101/05. A norma do artigo retro citado contém regra de aplicação cogente, que revela, sem margem para dúvida acerca de seu alcance, a opção legislativa a incidir na hipótese concreta. Trata-se de **prazo peremptório** específico, estipulado expressamente pela lei de regência. Eventual superação de regra legal deve ser feita de forma excepcional, observadas determinadas condições específicas, tais como elevado grau de imprevisibilidade, ineficiência ou desigualdade, circunstâncias não verificadas na espécie" (STJ-3ª T., REsp 1.704.201, Min. Nancy Andrighi, j. 7.5.19, maioria, DJ 24.5.19).

Art. 8º: 1a. v. art. 6º § 2º.

Art. 8º: 1b. A impugnação não pode ser recebida como objeção ao plano de recuperação judicial (v. art. 55, nota 1a).

Art. 8º: 2. s/ impugnação parcial, v. art. 16 § ún.

Art. 9º A habilitação de crédito realizada pelo credor nos termos do art. 7º, § 1º, desta Lei deverá conter:

I — o nome, o endereço do credor e o endereço em que receberá comunicação de qualquer ato do processo;

II — o valor do crédito, atualizado até a data da decretação da falência[1] ou do pedido de recuperação judicial,[1a] sua origem e classificação;[1b]

III — os documentos comprobatórios do crédito e a indicação das demais provas a serem produzidas;[2]

IV — a indicação da garantia prestada pelo devedor, se houver, e o respectivo instrumento;

V — a especificação do objeto da garantia que estiver na posse do credor.

Parágrafo único. Os títulos e documentos que legitimam os créditos deverão ser exibidos no original ou por cópias autenticadas se estiverem juntados em outro processo.[3]

Art. 9º: 1. v. art. 124, nota 1.

Art. 9º: 1a. "Em habilitação de créditos, aceitar a **incidência de juros de mora e correção monetária** em data posterior ao pedido da recuperação judicial implica negativa de vigência ao art. 9º, II, da LRF. O plano de recuperação judicial implica novação dos créditos anteriores ao pedido, e obriga o devedor e todos os credores a ele sujeitos. Assim, todos os créditos devem ser atualizados até a data do pedido de recuperação judicial, sem que isso represente violação da coisa julgada, pois a execução seguirá as condições pactuadas na novação e não na obrigação extinta, sempre respeitando-se o tratamento igualitário entre os credores" (STJ-3ª T., REsp 1.662.793, Min. Nancy Andrighi, j. 8.8.17, DJ 14.8.17).

Art. 9º: 1b. "Impugnação embasada em títulos de crédito. Indícios de fraude. Necessidade de comprovação da origem do crédito. Inteligência do art. 9º-II da Lei 11.101/05. Exceção ao princípio da autonomia e abstração dos títulos de crédito" (JTJ 373/609: AI 157142-87.2011.8.26.0000; ementa da redação).

Art. 9º: 2. "A sentença da Justiça Laboral — que condenou o empregador a uma obrigação de caráter trabalhista e, por consequência, reconheceu a existência do fato gerador da obrigação tributária — insere-se na categoria geral de 'sentença proferida no processo civil que reconhece a existência de obrigação de fazer, não fazer, entregar coisa ou pagar quantia' (art. 475-N, CPC), consubstanciando, ela própria, o título executivo judicial no qual subjaz o crédito para a Fazenda Pública. Recurso especial provido para dispensar a apresentação da Certidão de Dívida Ativa pela Fazenda Nacional e determinar o prosseguimento do pedido de habilitação de crédito" (STJ-4ª T., REsp 1.170.750, Min. Luis Felipe, j. 27.8.13, DJ 19.11.13). No mesmo sentido: STJ-3ª T., REsp 1.591.141, Min. Paulo Sanseverino, j. 5.12.17, DJ 18.12.17.

Art. 9º: 3. "Possibilidade de apresentação de cópia de cambial autenticada, mediante protesto da exibição do título original ao administrador judicial na presença do juiz ou de notário público, considerando-se o alto valor da cambial" (JTJ 308/479).

Art. 10. Não observado o prazo estipulado no art. 7º, § 1º, desta Lei, as habilitações de crédito serão recebidas como retardatárias.[1-1a]

§ 1º Na recuperação judicial, os titulares de créditos retardatários, excetuados os titulares de créditos derivados da relação de trabalho, não terão direito a voto nas deliberações da assembleia-geral de credores.[1b]

§ 2º Aplica-se o disposto no § 1º deste artigo ao processo de falência, salvo se, na data da realização da assembleia-geral, já houver sido homologado o quadro-geral de credores contendo o crédito retardatário.

§ 3º Na falência, os créditos retardatários perderão o direito a rateios eventualmente realizados[2] e ficarão sujeitos ao pagamento de custas,[2a] não se computando os acessórios compreendidos entre o término do prazo e a data do pedido de habilitação.

§ 4º Na hipótese prevista no § 3º deste artigo, o credor poderá requerer a reserva de valor para satisfação de seu crédito.

§ 5º As habilitações de crédito retardatárias, se apresentadas antes da homologação do quadro-geral de credores, serão recebidas como impugnação e processadas na forma dos arts. 13 a 15 desta Lei.

§ 6º Após a homologação do quadro-geral de credores, aqueles que não habilitaram seu crédito poderão, observado, no que couber, o procedimento ordinário previsto no Código de Processo Civil,[3] requerer ao juízo da falência ou da recuperação judicial a retificação do quadro-geral para inclusão do respectivo crédito.[4]

§ 7º O quadro-geral de credores será formado com o julgamento das impugnações tempestivas e com as habilitações e as impugnações retardatárias decididas até o momento da sua formação.[5]

§ 8º As habilitações e as impugnações retardatárias acarretarão a reserva do valor para a satisfação do crédito discutido.[6]

§ 9º A recuperação judicial poderá ser encerrada ainda que não tenha havido a consolidação definitiva do quadro-geral de credores, hipótese em que as ações incidentais de habilitação e de impugnação retardatárias serão redistribuídas ao juízo da recuperação judicial como ações autônomas e observarão o rito comum.[7-7a]

§ 10. O credor deverá apresentar pedido de habilitação ou de reserva de crédito em, no máximo, 3 (três) anos, contados da data de publicação da sentença que decretar a falência, sob pena de decadência.[8]

✎ **Art. 10: 1.** "Ação incidental de habilitação retardatária de crédito na Lei de Falências e Recuperação Judicial", por Renato Lisboa Altemani e Ricardo Alexandre da Silva (RP 123/159).

Art. 10: 1a. A divergência retardatária também deve ser aceita (JTJ 314/452: AI 461.220-4/1-00).

Art. 10: 1b. s/ assembleia-geral de credores, v. arts. 35 a 46.

Art. 10: 2. "A habilitação retardatária não exclui o credor trabalhista dos **rateios posteriores** ao seu ingresso no quadro geral de credores, tampouco prejudica a **preferência legal** que lhe é inerente" (STJ-3ª T., REsp 1.627.459, Min. Paulo Sanseverino, j. 6.12.16, maioria, DJ 14.3.17).

Art. 10: 2a. "O art. 10, § 3º, da Lei 11.101/2005, na parte em que determina o pagamento de custas em habilitações retardatárias, aplica-se não apenas ao processo de falência, mas também ao processo de recuperação judicial" (STJ-4ª T., AI 1.271.993-AgRg, Min. Marco Buzzi, j. 2.10.14, DJ 14.10.14).

Art. 10: 3. v. CPC 318 e segs. (procedimento comum).

Art. 10: 4. "Recuperação judicial. Habilitação retardatária de crédito trabalhista. **Termo final de apresentação.** Sentença de encerramento do processo de soerguimento. O pedido de habilitação foi formulado quando a recuperação judicial já havia se findado, de modo que não há razão apta a ensejar o acolhimento da pretensão do recorrente, que deve se utilizar das vias executivas ordinárias para buscar a satisfação de seu crédito" (STJ-3ª T., REsp 1.840.166, Min. Nancy Andrighi, j. 10.12.19, DJ 13.12.19).

Art. 10: 5 a 7. Redação de acordo com a Lei 14.112, de 24.12.20.

Art. 10: 7a. **Lei 14.112, de 24.12.20: "Art. 5º** Observado o disposto no art. 14 da Lei n. 13.105, de 16 de março de 2015 (Código de Processo Civil), esta Lei aplica-se de imediato aos processos pendentes. (...) **§ 2º** As recuperações judiciais em curso poderão ser encerradas independentemente de consolidação definitiva do quadro-geral de credores, facultada ao juiz essa possibilidade no período previsto no art. 61 da Lei n. 11.101, de 9 de fevereiro de 2005".

Art. 10: 8. Redação de acordo com a Lei 14.112, de 24.12.20.

Art. 11. Os credores cujos créditos forem impugnados serão intimados para contestar a impugnação, no prazo de 5 (cinco) dias, juntando os documentos que tiverem e indicando outras provas que reputem necessárias.

Art. 12. Transcorrido o prazo do art. 11 desta Lei, o devedor e o Comitê, se houver, serão intimados pelo juiz para se manifestar sobre ela no prazo comum de 5 (cinco) dias.

Parágrafo único. Findo o prazo a que se refere o *caput* deste artigo, o administrador judicial será intimado pelo juiz para emitir parecer no prazo de 5 (cinco) dias, devendo juntar à sua manifestação o laudo elaborado pelo profissional ou empresa especializada, se for o caso,[1] e todas as informações existentes nos livros fiscais e demais documentos do devedor acerca do crédito, constante ou não da relação de credores, objeto da impugnação.

Art. 12: 1. A produção do **laudo** é **facultativa,** cabendo ao administrador judicial avaliar a sua pertinência no caso concreto (STJ-3ª T., Ag em REsp 190.880-AgInt, Min. Ricardo Cueva, j. 23.8.16, DJ 2.9.16; JTJ 375/627: AI 25915-37.2012.8.26.0000).

Art. 13. A impugnação será dirigida ao juiz por meio de petição, instruída com os documentos que tiver o impugnante, o qual indicará as provas consideradas necessárias.[1]

Parágrafo único. Cada impugnação será autuada em separado, com os documentos a ela relativos, mas terão uma só autuação as diversas impugnações versando sobre o mesmo crédito.

Art. 13: 1. "O incidente de impugnação de crédito configura procedimento de cognição exauriente, possibilitando o pleno contraditório e a ampla instrução probatória, em **rito semelhante ao ordinário.** Inteligência dos arts. 13 e 15 da Lei n. 11.101/05. Apesar de, no incidente de impugnação de crédito, apenas poderem ser arguidas as matérias elencadas no art. 8º da Lei n. 11.101/05, não há restrição ao exercício do amplo direito de defesa, que apenas se verifica em exceções expressamente previstas no ordenamento jurídico. Tendo sido apresentada impugnação de crédito acerca de matéria passível de discussão no incidente, a defesa não encontra restrições, estando autorizada inclusive a defesa material indireta, sendo despiciendo o ajuizamento de ação autônoma. **Possibilidade de se alegar, como defesa** à pretensão do credor de serem acrescidos encargos moratórios ao crédito relacionado, a **abusividade** das cláusulas **dos contratos** de financiamento" (STJ-3ª T., REsp 1.799.932, Min. Paulo Sanseverino, j. 1.9.20, DJ 9.9.20).

Art. 14. Caso não haja impugnações, o juiz homologará, como quadro-geral de credores, a relação dos credores de que trata o § 2º do art. 7º, ressalvado o disposto no art. 7º-A desta Lei.[1]

Art. 14: 1. Redação de acordo com a Lei 14.112, de 24.12.20.

Art. 15. Transcorridos os prazos previstos nos arts. 11 e 12 desta Lei, os autos de impugnação serão conclusos ao juiz, que:

I — determinará a inclusão no quadro-geral de credores das habilitações de créditos não impugnadas, no valor constante da relação referida no § 2º do art. 7º desta Lei;

II — julgará as impugnações que entender suficientemente esclarecidas pelas alegações e provas apresentadas pelas partes, mencionando, de cada crédito, o valor e a classificação;

III — fixará, em cada uma das restantes impugnações, os aspectos controvertidos e decidirá as questões processuais pendentes;

IV — determinará as provas a serem produzidas,[1] designando audiência de instrução e julgamento,[2] se necessário.

Art. 15: 1. v. art. 13, inclusive nota 1.

Art. 15: 2. v. CPC 358 a 368.

Art. 16. Para fins de rateio na falência, deverá ser formado quadro-geral de credores, composto pelos créditos não impugnados constantes do edital de que trata o § 2º do art. 7º desta Lei, pelo julgamento de todas as impugnações apresentadas no prazo previsto no art. 8º desta Lei e pelo julgamento realizado até então das habilitações de crédito recebidas como retardatárias.[1]

§ 1º As habilitações retardatárias não julgadas acarretarão a reserva do valor controvertido, mas não impedirão o pagamento da parte incontroversa.[2]

§ 2º Ainda que o quadro-geral de credores não esteja formado, o rateio de pagamentos na falência poderá ser realizado desde que a classe de credores a ser satisfeita já tenha tido todas as impugnações judiciais apresentadas no prazo previsto no art. 8º desta Lei, ressalvada a reserva dos créditos controvertidos em função das habilitações retardatárias de créditos distribuídas até então e ainda não julgadas.[3]

Art. 16: 1 a 3. Redação de acordo com a Lei 14.112, de 24.12.20.

Art. 17. Da decisão judicial sobre a impugnação[1-1a] caberá agravo.[1b-1c]

Parágrafo único. Recebido o agravo, o relator poderá conceder efeito suspensivo[2] à decisão que reconhece o crédito ou determinar a inscrição ou modificação do seu valor ou classificação no quadro-geral de credores, para fins de exercício de direito de voto em assembleia-geral.

Art. 17: 1. "São devidos **honorários advocatícios** nas hipóteses em que o pedido de habilitação de crédito em recuperação judicial for impugnado, conferindo litigiosidade ao processo" (STJ-3ª T., REsp 1.197.177, Min. Nancy Andrighi, j. 3.9.13, DJ 12.9.13).

"O interesse da falida que participou do procedimento de habilitação justifica seu direito de receber honorários advocatícios, no caso de sair-se vencedora, pois também contratou profissional para defender seus direitos e contribuiu para a solução a final alcançada" (STJ-3ª T., REsp 881.008, Min. Sidnei Beneti, j. 12.5.09, DJ 29.5.09). No mesmo sentido: STJ-4ª T., AI 972.956-AgRg, Min. Luis Felipe, j. 28.9.10, DJ 4.10.10.

"Habilitação de crédito. Sucumbência do credor habilitante reconhecida por decisão passada em julgado. Atuação substancial do falido impugnando os créditos. Assistência litisconsorcial. Honorários advocatícios devidos à massa falida e ao falido" (STJ-4ª T., REsp 1.003.359, Min. Luis Felipe, j. 6.9.12, DJ 2.10.12).

"O não acolhimento de pedido de impugnação de crédito formulado pelo credor no bojo do processo de recuperação judicial não tem o condão de exonerar a recuperanda do pagamento do débito. O incidente tem como único objetivo verificar se o crédito deve ou não ser submetido aos efeitos da recuperação judicial. Não é possível concluir que o valor do crédito objeto da controvérsia corresponde exatamente ao proveito econômico do incidente, para fins sucumbenciais" (STJ-3ª T., REsp 1.765.555, Min. Ricardo Cueva, j. 23.4.19, DJ 2.5.19).

Adotando como referência para a fixação dos honorários nessas circunstâncias o valor da causa, ainda que ele correspondesse no caso ao valor do crédito: STJ-3ª T., REsp 1.821.865, Min. Marco Bellizze, j. 24.9.19, DJ 1.10.19.

Todavia: "Impugnação de crédito. Extinção sem resolução de mérito. Litispendência. Honorários advocatícios sucumbenciais. Fixação em favor do administrador judicial. Descabimento" (STJ-3ª T., REsp 1.759.004, Min. Nancy Andrighi, j. 10.12.19, DJ 13.12.19).

Art. 17: 1a. "Proferida a sentença em processo de habilitação de crédito, **competente para executá-la** — inclusive quanto aos honorários advocatícios — é o juiz da própria falência, nada importando que o devedor seja uma das pessoas jurídicas que atraem a competência da Justiça Federal. Se esse juízo da falência pode o mais, isto é, indeferir o pedido de habilitação de crédito, pode também o menos, qual seja, processar a execução da sentença no tópico relativo aos honorários de advogado" (STJ-1ª Seção, CC 120.240, Min. Ari Pargendler, j. 13.3.13, DJ 25.3.13).

V. tb. CF 109, nota 3-Execução de título judicial.

Art. 17: 1b. s/ agravo, v. CPC 1.015 a 1.020. S/ julgamento por maioria de votos e sua consequente extensão, v. CPC 942, nota 5.

Art. 17: 1c. "**Inadequado** o recurso de **apelação** contra decisão que decide habilitação de crédito em recuperação judicial. Aplicação do art. 17 da LF" (Bol. AASP 2.680: TJMG, AP 1.0024.07.448375-1/001).

Art. 17: 2. v. CPC 1.019-I.

Art. 18. O administrador judicial será responsável pela consolidação do quadro-geral de credores,[1] a ser homologado pelo juiz, com base na relação dos credores a que se refere o art. 7º, § 2º, desta Lei e nas decisões proferidas nas impugnações oferecidas.[2]

Parágrafo único. O quadro-geral,[2a] assinado pelo juiz e pelo administrador judicial, mencionará a importância e a classificação de cada crédito na data do requerimento da recuperação judicial ou da decretação da falência, será juntado aos autos e publicado[3] no órgão oficial, no prazo de 5 (cinco) dias, contado da data da sentença que houver julgado as impugnações.

Art. 18: 1. v. art. 22-I-*f*.

Art. 18: 2. "A consolidação do quadro-geral de credores ocorre após o julgamento de todos os incidentes suscitados perante o juízo da falência, independentemente de trânsito em julgado" (STJ-3ª T., REsp 1.300.455, Min. Paulo Sanseverino, j. 17.10.13, DJ 25.10.13).

V. tb. art. 149, nota 4.

Art. 18: 2a. A realização do ativo independe da formação do quadro-geral de credores (cf. art. 140 § 2º).

Art. 18: 3. Se não houver impugnações de crédito, dispensa-se a publicação do quadro-geral (cf. art. 14).

Art. 19. O administrador judicial, o Comitê, qualquer credor ou o representante do Ministério Público poderá, até o encerramento da recuperação judicial ou da falência, observado, no que couber, o procedimento ordinário previsto no Código de Processo Civil,[1] pedir a exclusão, outra classificação ou a retificação de qualquer crédito, nos casos de descoberta de falsidade, dolo, simulação, fraude, erro essencial ou, ainda, documentos ignorados na época do julgamento do crédito ou da inclusão no quadro-geral de credores.

§ 1º A ação prevista neste artigo será proposta exclusivamente perante o juízo da recuperação judicial ou da falência ou, nas hipóteses previstas no art. 6º, §§ 1º e 2º, desta Lei, perante o juízo que tenha originariamente reconhecido o crédito.

§ 2º Proposta a ação de que trata este artigo, o pagamento ao titular do crédito por ela atingido somente poderá ser realizado mediante a prestação de caução no mesmo valor do crédito questionado.

Art. 19: 1. v. CPC 318 e segs. (procedimento comum).

Art. 20. As habilitações dos credores particulares do sócio ilimitadamente responsável processar-se-ão de acordo com as disposições desta Seção.

Seção II-A | DAS CONCILIAÇÕES E DAS MEDIAÇÕES ANTECEDENTES OU INCIDENTAIS AOS PROCESSOS DE RECUPERAÇÃO JUDICIAL[1]

Seç. II-A: 1. Redação de acordo com a Lei 14.112, de 24.12.20.

Art. 20-A. A conciliação e a mediação deverão ser incentivadas em qualquer grau de jurisdição, inclusive no âmbito de recursos em segundo grau de jurisdição e nos Tribunais Superiores, e não implicarão a suspensão dos prazos previstos nesta Lei, salvo se houver consenso entre as partes em sentido contrário ou determinação judicial.

Art. 20-B. Serão admitidas conciliações e mediações antecedentes ou incidentais aos processos de recuperação judicial, notadamente:

I — nas fases pré-processual e processual de disputas entre os sócios e acionistas de sociedade em dificuldade ou em recuperação judicial, bem como nos litígios que envolverem credores não sujeitos à recuperação judicial, nos termos dos §§ 3º e 4º do art. 49 desta Lei, ou de credores extraconcursais;

II — em conflitos que envolverem concessionárias ou permissionárias de serviços públicos em recuperação judicial e órgãos reguladores ou entes públicos municipais, distritais, estaduais ou federais;

III — na hipótese de haver créditos extraconcursais contra empresas em recuperação judicial durante período de vigência de estado de calamidade pública, a fim de permitir a continuidade da prestação de serviços essenciais;

IV — na hipótese de negociação de dívidas e respectivas formas de pagamento entre a empresa em dificuldade e seus credores, em caráter antecedente ao ajuizamento de pedido de recuperação judicial.

§ 1º Na hipótese prevista no inciso IV do *caput* deste artigo, será facultado às empresas em dificuldade que preencham os requisitos legais para requerer recuperação judicial obter tutela de urgência cautelar, nos termos do art. 305 e seguintes da Lei n. 13.105, de 16 de março de 2015 (Código de Processo Civil), a fim de que sejam suspensas as execuções contra elas propostas pelo prazo de até 60 (sessenta) dias, para tentativa de composição com seus credores, em procedimento de mediação ou conciliação já instaurado perante o Centro Judiciário de Solução de Conflitos e Cidadania (Cejusc) do tribunal competente ou da câmara especializada, observados, no que couber, os arts. 16 e 17 da Lei n. 13.140, de 26 de junho de 2015.

§ 2º São vedadas a conciliação e a mediação sobre a natureza jurídica e a classificação de créditos, bem como sobre critérios de votação em assembleia-geral de credores.

§ 3º Se houver pedido de recuperação judicial ou extrajudicial, observados os critérios desta Lei, o período de suspensão previsto no § 1º deste artigo será deduzido do período de suspensão previsto no art. 6º desta Lei.

Art. 20-C. O acordo obtido por meio de conciliação ou de mediação com fundamento nesta Seção deverá ser homologado pelo juiz competente conforme o disposto no art. 3º desta Lei.

Parágrafo único. Requerida a recuperação judicial ou extrajudicial em até 360 (trezentos e sessenta) dias contados do acordo firmado durante o período da conciliação ou de mediação pré-processual, o credor terá reconstituídos seus direitos e garantias nas condições originalmente contratadas, deduzidos os valores eventualmente pagos e ressalvados os atos validamente praticados no âmbito dos procedimentos previstos nesta Seção.

Art. 20-D. As sessões de conciliação e de mediação de que trata esta Seção poderão ser realizadas por meio virtual, desde que o Cejusc do tribunal competente ou a câmara especializada responsável disponham de meios para a sua realização.

Seção III | DO ADMINISTRADOR JUDICIAL E DO COMITÊ DE CREDORES

Art. 21. O administrador judicial[1-2] será profissional idôneo, preferencialmente advogado, economista, administrador de empresas ou contador, ou pessoa jurídica especializada.

Parágrafo único. Se o administrador judicial nomeado for pessoa jurídica, declarar-se-á, no termo de que trata o art. 33 desta Lei, o nome de profissional responsável pela condução do processo de falência ou de recuperação judicial, que não poderá ser substituído sem autorização do juiz.

Art. 21: 1. Compete ao juiz nomear o administrador judicial ao deferir o processamento da recuperação judicial (art. 52-I), ou ao decretar a falência (art. 99-IX). Cabe à assembleia-geral de credores deliberar sobre a substituição do administrador judicial e a indicação do substituto na recuperação judicial (art. 35-I-*c*) e na falência (art. 35-II-*a*).

Art. 21: 2. "Tanto a antiga Lei de Falências, como a atual Lei 11.101/05 não exigem que esse cargo seja ocupado por credor da massa. Nomeação que está ligada ao controle judicial dos atos. Confiança necessária entre o magistrado e esse auxiliar do juízo" (JTJ 299/357).

Art. 22. Ao administrador judicial compete, sob a fiscalização do juiz e do Comitê, além de outros deveres que esta Lei lhe impõe:

I — na recuperação judicial e na falência:

a) enviar correspondência aos credores constantes na relação de que trata o inciso III do *caput* do art. 51, o inciso III do *caput* do art. 99 ou o inciso II do *caput* do art. 105 desta Lei, comunicando a data do pedido de recuperação judicial ou da decretação da falência, a natureza, o valor e a classificação dada ao crédito;

b) fornecer, com presteza, todas as informações pedidas pelos credores interessados;

c) dar extratos dos livros do devedor, que merecerão fé de ofício, a fim de servirem de fundamento nas habilitações e impugnações de créditos;

d) exigir dos credores, do devedor ou seus administradores quaisquer informações;[1]

e) elaborar a relação de credores de que trata o § 2º do art. 7º desta Lei;

f) consolidar o quadro-geral de credores nos termos do art. 18 desta Lei;

g) requerer ao juiz convocação da assembleia-geral de credores nos casos previstos nesta Lei quando entender necessária sua ouvida para a tomada de decisões;

h) contratar, mediante autorização judicial, profissionais ou empresas especializadas para, quando necessário, auxiliá-lo no exercício de suas funções;[1a]

i) manifestar-se nos casos previstos nesta Lei;

j) estimular, sempre que possível, a conciliação, a mediação e outros métodos alternativos de solução de conflitos relacionados à recuperação judicial e à falência, respeitados os direitos de terceiros, na forma do § 3º do art. 3º da Lei n. 13.105, de 16 de março de 2015 (Código de Processo Civil);[1b]

k) manter endereço eletrônico na internet, com informações atualizadas sobre os processos de falência e de recuperação judicial, com a opção de consulta às peças principais do processo, salvo decisão judicial em sentido contrário;[1c]

l) manter endereço eletrônico específico para o recebimento de pedidos de habilitação ou a apresentação de divergências, ambos em âmbito administrativo, com modelos que poderão ser utilizados pelos credores, salvo decisão judicial em sentido contrário;[1d]

m) providenciar, no prazo máximo de 15 (quinze) dias, as respostas aos ofícios e às solicitações enviadas por outros juízos e órgãos públicos, sem necessidade de prévia deliberação do juízo;[1e]

II — na recuperação judicial:

a) fiscalizar as atividades do devedor e o cumprimento do plano de recuperação judicial;

b) requerer a falência no caso de descumprimento de obrigação assumida no plano de recuperação;

c) apresentar ao juiz, para juntada aos autos, relatório mensal das atividades do devedor,[1f] fiscalizando a veracidade e a conformidade das informações prestadas pelo devedor;[1g]

d) apresentar o relatório sobre a execução do plano de recuperação, de que trata o inciso III do *caput* do art. 63 desta Lei;[1h]

e) fiscalizar o decurso das tratativas e a regularidade das negociações entre devedor e credores;[1i]

f) assegurar que devedor e credores não adotem expedientes dilatórios, inúteis ou, em geral, prejudiciais ao regular andamento das negociações;[1j]

g) assegurar que as negociações realizadas entre devedor e credores sejam regidas pelos termos convencionados entre os interessados ou, na falta de acordo, pelas regras propostas pelo administrador judicial e homologadas pelo juiz, observado o princípio da boa-fé para solução construtiva de consensos, que acarretem maior efetividade econômico-financeira e proveito social para os agentes econômicos envolvidos;[1k]

h) apresentar, para juntada aos autos, e publicar no endereço eletrônico específico relatório mensal das atividades do devedor e relatório sobre o plano de recuperação judicial, no prazo de até 15 (quinze) dias contado da apresentação do plano, fiscalizando a veracidade e a conformidade das informações prestadas pelo devedor, além de informar eventual ocorrência das condutas previstas no art. 64 desta Lei;[1l]

III — na falência:

a) avisar, pelo órgão oficial, o lugar e hora em que, diariamente, os credores terão à sua disposição os livros e documentos do falido;

b) examinar a escrituração do devedor;

c) relacionar os processos e assumir a representação judicial e extrajudicial, incluídos os processos arbitrais, da massa falida;[1m]

d) receber e abrir a correspondência dirigida ao devedor, entregando a ele o que não for assunto de interesse da massa;

e) apresentar, no prazo de 40 (quarenta) dias, contado da assinatura do termo de compromisso, prorrogável por igual período, relatório[2] sobre as causas e circunstâncias que conduziram à situação de falência, no qual apontará a responsabilidade civil e penal[2a] dos envolvidos, observado o disposto no art. 186 desta Lei;

f) arrecadar os bens e documentos do devedor e elaborar o auto de arrecadação, nos termos dos arts. 108 e 110 desta Lei;

g) avaliar os bens arrecadados;[2b]

h) contratar avaliadores, de preferência oficiais, mediante autorização judicial, para a avaliação dos bens caso entenda não ter condições técnicas para a tarefa;[2c]

i) praticar os atos necessários à realização do ativo[3] e ao pagamento dos credores;[3a]

j) proceder à venda de todos os bens da massa falida no prazo máximo de 180 (cento e oitenta) dias, contado da data da juntada do auto de arrecadação, sob pena de destituição, salvo por impossibilidade fundamentada, reconhecida por decisão judicial;[3b]

l) praticar todos os atos conservatórios de direitos e ações, diligenciar a cobrança de dívidas e dar a respectiva quitação;

m) remir, em benefício da massa e mediante autorização judicial, bens apenhados, penhorados ou legalmente retidos;

n) representar a massa falida em juízo, contratando, se necessário, advogado, cujos honorários serão previamente ajustados e aprovados pelo Comitê de Credores;

o) requerer todas as medidas e diligências que forem necessárias para o cumprimento desta Lei, a proteção da massa ou a eficiência da administração;

p) apresentar ao juiz para juntada aos autos, até o 10º (décimo) dia do mês seguinte ao vencido, conta demonstrativa da administração, que especifique com clareza a receita e a despesa;[3c]

q) entregar ao seu substituto todos os bens e documentos da massa em seu poder, sob pena de responsabilidade;

r) prestar contas[4-5] ao final do processo, quando for substituído, destituído ou renunciar ao cargo.

s) arrecadar os valores dos depósitos realizados em processos administrativos ou judiciais nos quais o falido figure como parte, oriundos de penhoras, de bloqueios, de apreensões, de leilões, de alienação judicial e de outras hipóteses de constrição judicial, ressalvado o disposto nas Leis ns. 9.703, de 17 de novembro de 1998, e 12.099, de 27 de novembro de 2009, e na Lei Complementar n. 151, de 5 de agosto de 2015.[6]

§ 1º As remunerações dos auxiliares do administrador judicial serão fixadas pelo juiz, que considerará a complexidade dos trabalhos a serem executados e os valores praticados no mercado para o desempenho de atividades semelhantes.

§ 2º Na hipótese da alínea *d* do inciso I do *caput* deste artigo, se houver recusa, o juiz, a requerimento do administrador judicial, intimará aquelas pessoas para que compareçam à sede do juízo, sob pena de desobediência, oportunidade em que as interrogará na presença do administrador judicial, tomando seus depoimentos por escrito.

§ 3º Na falência, o administrador judicial não poderá, sem autorização judicial, após ouvidos o Comitê e o devedor no prazo comum de 2 (dois) dias, transigir sobre obrigações e direitos da massa falida e conceder abatimento de dívidas, ainda que sejam consideradas de difícil recebimento.

§ 4º Se o relatório de que trata a alínea *e* do inciso III do *caput* deste artigo apontar responsabilidade penal de qualquer dos envolvidos, o Ministério Público será intimado para tomar conhecimento de seu teor.

Art. 22: 1. Na hipótese de recusa, v. § 2º.

Art. 22: 1a. s/ a remuneração dos auxiliares do administrador judicial, v. § 1º (fixação pelo juiz), art. 84-I (crédito extraconcursal) e art. 149 (pagamento).

Art. 22: 1b a 1e. Redação de acordo com a Lei 14.112, de 24.12.20.

Art. 22: 1f. Não apresentado o relatório, o administrador judicial será intimado pessoalmente a fazê-lo, sob pena de desobediência (cf. art. 23).

Art. 22: 1g. Redação de acordo com a Lei 14.112, de 24.12.20.

Art. 22: 1h. v. nota 1a.

Art. 22: 1i a 1m. Redação de acordo com a Lei 14.112, de 24.12.20.

Art. 22: 2. v. nota 1a.

Art. 22: 2a. s/ intimação do MP, nessa hipótese, v. § 4º.

Art. 22: 2b. s/ avaliação dos bens arrecadados, v. arts. 108 e 110.

Art. 22: 2c. As despesas com a contratação de avaliadores são consideradas créditos extraconcursais (art. 84-III) e pagas cf. o art. 149.

Art. 22: 3. s/ a realização do ativo, v. arts. 139 a 148.

Art. 22: 3a. s/ o pagamento aos credores, v. arts. 149 a 153.

Art. 22: 3b. Redação de acordo com a Lei 14.112, de 24.12.20.

Art. 22: 3c. v. notas 4 e 5 e art. 148.

Art. 22: 4. s/ apresentação das contas pelo administrador judicial, v. art. 154; s/ competência do Comitê de Credores para examiná-las, v. art. 27-I-*a*.

Art. 22: 5. Não prestadas as contas, o administrador judicial será intimado pessoalmente a fazê-lo, sob pena de desobediência (cf. art. 23).

Art. 22: 6. Redação de acordo com a Lei 14.112, de 24.12.20.

Art. 23. O administrador judicial que não apresentar, no prazo estabelecido, suas contas ou qualquer dos relatórios previstos nesta Lei[1] será intimado pessoalmente a fazê-lo no prazo de 5 (cinco) dias, sob pena de desobediência.

Parágrafo único. Decorrido o prazo do *caput* deste artigo, o juiz destituirá o administrador judicial e nomeará substituto para elaborar relatórios ou organizar as contas, explicitando as responsabilidades de seu antecessor.

Art. 23: 1. Relatórios e contas a cargo do administrador judicial:

— na falência: relatório sobre as causas e circunstâncias que conduziram à situação de falência, no qual apontará a responsabilidade civil e penal dos envolvidos (art. 22-III-*e* c/c art. 186); conta demonstrativa da administração, que especifique com clareza a receita e a despesa (art. 22-III-*p* c/c art. 148); contas a serem prestadas quando for substituído, destituído ou renunciar ao cargo (art. 22-III-*r* c/c art. 31 § 2º); contas da sua administração, a serem prestadas no final do processo, após a realização do ativo e a sua distribuição aos credores (art. 154); e relatório final da falência (art. 155);

— na recuperação judicial: relatório sobre a situação do devedor, a cada 30 (trinta) dias (art. 27-II-*a*, c/c art. 28); relatório mensal das atividades do devedor (art. 22-II-*c*); relatório sobre a execução do plano de recuperação (art. 22-II-*d* e art. 63-III); contas a serem prestadas após o encerramento da recuperação judicial, no prazo de 30 dias da respectiva sentença (art. 63-I); e relatório circunstanciado sobre a execução do plano de recuperação pelo devedor (art. 63-III).

Art. 24. O juiz fixará o valor e a forma de pagamento da remuneração do administrador judicial,[1] observados a capacidade de pagamento do devedor, o grau de complexidade do trabalho e os valores praticados no mercado para o desempenho de atividades semelhantes.

§ 1º Em qualquer hipótese, o total pago ao administrador judicial não excederá 5% (cinco por cento) do valor devido aos credores submetidos à recuperação judicial ou do valor de venda dos bens na falência.

§ 2º Será reservado 40% (quarenta por cento) do montante devido ao administrador judicial para pagamento após atendimento do previsto nos arts. 154 e 155 desta Lei.[1a]

§ 3º O administrador judicial substituído será remunerado proporcionalmente ao trabalho realizado, salvo se renunciar sem relevante razão ou for destituído de suas funções por desídia, culpa, dolo ou descumprimento das obrigações fixadas nesta Lei, hipóteses em que não terá direito à remuneração.

§ 4º Também não terá direito a remuneração o administrador que tiver suas contas desaprovadas.

§ 5º A remuneração do administrador judicial fica reduzida ao limite de 2% (dois por cento), no caso de microempresas e de empresas de pequeno porte, bem como na hipótese de que trata o art. 70-A desta Lei.[2]

Art. 24: 1. v. art. 63-I.

Art. 24: 1a. "O art. 24, § 2º, da LFRE faculta a reserva de 40% dos honorários do administrador judicial para pagamento posterior, providência que se condiciona, segundo a mesma norma, à verificação e à realização de procedimentos relativos estritamente a processos de falência — (i) prestação de contas (após a realização do ativo e a distribuição do produto entre os credores); e (ii) apresentação do relatório final da falência, indicando valores patrimoniais e pagamentos feitos, bem como as responsabilidades com que continuará o falido. Diante disso, uma vez que as condições a que se sujeita o pagamento diferido guardam relação com procedimentos específicos de processos falimentares, não se pode considerar tal providência **aplicável às ações de recuperação judicial**" (STJ-3ª T., REsp 1.700.700, Min. Nancy Andrighi, j. 5.2.19, DJ 8.2.19).

Art. 24: 2. Redação de acordo com a Lei 14.112, de 24.12.20.

Art. 25. Caberá ao devedor ou à massa falida arcar com as despesas relativas à remuneração do administrador judicial e das pessoas eventualmente contratadas para auxiliá-lo.[1]

Art. 25: 1. "O art. 25 da Lei 11.101/2005 é expresso ao indicar o devedor ou a massa falida como responsável pelas despesas relativas à remuneração do administrador judicial. Na hipótese, o ônus de providenciar a caução da remuneração do administrador judicial recaiu sobre o credor, porque a empresa ré não foi encontrada, tendo ocorrido citação por edital, além de não se saber se os bens arrecadados serão suficientes a essa remuneração. É possível a aplicação do art. 19 do Código de Processo Civil ao caso em apreço, pois deve a parte litigante agir com responsabilidade, arcando com as despesas dos atos necessários, e por ela requeridos, para reaver seu crédito" (STJ-3ª T., REsp 1.526.790, Min. Ricardo Cueva, j. 10.3.16, DJ 28.3.16).

Art. 26. O Comitê de Credores será constituído por deliberação de qualquer das classes de credores na assembleia-geral[1] e terá a seguinte composição:

I — 1 (um) representante indicado pela classe de credores trabalhistas, com 2 (dois) suplentes;

II — 1 (um) representante indicado pela classe de credores com direitos reais de garantia ou privilégios especiais, com 2 (dois) suplentes;

III — 1 (um) representante indicado pela classe de credores quirografários e com privilégios gerais, com 2 (dois) suplentes.

IV — 1 (um) representante indicado pela classe de credores representantes de microempresas e empresas de pequeno porte, com 2 (dois) suplentes.[2]

§ 1º A falta de indicação de representante por quaisquer das classes não prejudicará a constituição do Comitê, que poderá funcionar com número inferior ao previsto no *caput* deste artigo.

§ 2º O juiz determinará, mediante requerimento subscrito por credores que representem a maioria dos créditos de uma classe, independentemente da realização de assembleia:

I — a nomeação do representante e dos suplentes da respectiva classe ainda não representada no Comitê; ou

II — a substituição do representante ou dos suplentes da respectiva classe.

§ 3º Caberá aos próprios membros do Comitê indicar, entre eles, quem irá presidi-lo.

Art. 26: 1. v. art. 56 § 2º.

Art. 26: 2. O inc. IV foi acrescido pela LC 147, de 7.8.14.

Art. 27. O Comitê de Credores terá as seguintes atribuições, além de outras previstas nesta Lei:

I — na recuperação judicial e na falência:

a) fiscalizar as atividades e examinar as contas[1] do administrador judicial;

b) zelar pelo bom andamento do processo e pelo cumprimento da lei;

c) comunicar ao juiz, caso detecte violação dos direitos ou prejuízo aos interesses dos credores;

d) apurar e emitir parecer sobre quaisquer reclamações dos interessados;

e) requerer ao juiz a convocação da assembleia-geral de credores;[2]

f) manifestar-se nas hipóteses previstas nesta Lei;

II — na recuperação judicial:

a) fiscalizar a administração das atividades do devedor, apresentando, a cada 30 (trinta) dias, relatório de sua situação;[2a]

b) fiscalizar a execução do plano de recuperação judicial;[3]

c) submeter à autorização do juiz, quando ocorrer o afastamento do devedor[4] nas hipóteses previstas nesta Lei, a alienação de bens do ativo permanente, a constituição de ônus reais e outras garantias, bem como atos de endividamento necessários à continuação da atividade empresarial durante o período que antecede a aprovação do plano de recuperação judicial.

§ 1º As decisões do Comitê, tomadas por maioria, serão consignadas em livro de atas, rubricado pelo juízo, que ficará à disposição do administrador judicial, dos credores e do devedor.

§ 2º Caso não seja possível a obtenção de maioria em deliberação do Comitê, o impasse será resolvido pelo administrador judicial ou, na incompatibilidade deste, pelo juiz.

Art. 27: 1. s/ a apresentação das contas pelo administrador judicial, ao juiz, v. art. 154.

Art. 27: 2. s/ a assembleia-geral de credores, v. arts. 35 a 46.

Art. 27: 2a. Não apresentado o relatório, o administrador judicial será intimado pessoalmente a fazê-lo, sob pena de desobediência (cf. art. 23).

Art. 27: 3. s/ o plano de recuperação judicial, v. arts. 53 e 54.

Art. 27: 4. s/ o afastamento do devedor, v. art. 64.

Art. 28. Não havendo Comitê de Credores, caberá ao administrador judicial ou, na incompatibilidade deste, ao juiz exercer suas atribuições.

Art. 29. Os membros do Comitê não terão sua remuneração custeada pelo devedor ou pela massa falida, mas as despesas realizadas para a realização de ato previsto nesta Lei, se devidamente comprovadas e com a autorização do juiz, serão ressarcidas atendendo às disponibilidades de caixa.

Art. 30. Não poderá integrar o Comitê ou exercer as funções de administrador judicial quem, nos últimos 5 (cinco) anos, no exercício do cargo de administrador judicial ou de membro do Comitê em falência ou recuperação judicial anterior, foi destituído, deixou de prestar contas dentro dos prazos legais ou teve a prestação de contas desaprovada.

§ 1º Ficará também impedido de integrar o Comitê ou exercer a função de administrador judicial quem tiver relação de parentesco ou afinidade até o 3º (terceiro) grau com o devedor, seus administradores, controladores ou representantes legais ou deles for amigo, inimigo ou dependente.

§ 2º O devedor, qualquer credor ou o Ministério Público poderá requerer ao juiz a substituição do administrador judicial ou dos membros do Comitê nomeados em desobediência aos preceitos desta Lei.

§ 3º O juiz decidirá, no prazo de 24 (vinte e quatro) horas, sobre o requerimento do § 2º deste artigo.

Art. 31. O juiz, de ofício ou a requerimento fundamentado de qualquer interessado, poderá determinar a destituição do administrador judicial ou de quaisquer dos membros do Comitê de Credores quando verificar desobediência aos preceitos desta Lei, descumprimento de deveres, omissão, negligência ou prática de ato lesivo às atividades do devedor ou a terceiros.

§ 1º No ato de destituição, o juiz nomeará novo administrador judicial ou convocará os suplentes para recompor o Comitê.

§ 2º Na falência, o administrador judicial substituído prestará contas no prazo de 10 (dez) dias,[1] nos termos dos §§ 1º a 6º do art. 154 desta Lei.

Art. 31: 1. Não apresentadas as contas, o administrador judicial será intimado pessoalmente a fazê-lo, sob pena de desobediência (cf. art. 23).

Art. 32. O administrador judicial e os membros do Comitê responderão pelos prejuízos causados à massa falida, ao devedor ou aos credores por dolo ou culpa, devendo o dissidente em deliberação do Comitê consignar sua discordância em ata para eximir-se da responsabilidade.

Art. 33. O administrador judicial[1] e os membros do Comitê de Credores, logo que nomeados, serão intimados pessoalmente para, em 48 (quarenta e oito) horas, assinar, na sede do juízo, o termo de compromisso de bem e fielmente desempenhar o cargo e assumir todas as responsabilidades a ele inerentes.

Art. 33: 1. Se o administrador judicial nomeado for pessoa jurídica, o termo de compromisso deve indicar o nome de profissional responsável pela condução do processo de falência ou de recuperação judicial, que não poderá ser substituído sem autorização do juiz (cf. art. 21).

Art. 34. Não assinado o termo de compromisso no prazo previsto no art. 33 desta Lei, o juiz nomeará outro administrador judicial.

Seção IV | DA ASSEMBLEIA-GERAL DE CREDORES[1-2]

SEÇ. IV: 1. "Assembleia geral de credores", por Rénan Kfuri Lopes (RJ-Lex 65/140).

SEÇ. IV: 2. Não há convocação de assembleia-geral de credores na recuperação judicial de microempresas ou empresas de pequeno porte, em que o devedor opte pelo plano especial previsto nos arts. 70 a 72 (cf. art. 72-*caput*).

Art. 35. A assembleia-geral de credores terá por atribuições deliberar sobre:

I — na recuperação judicial:

a) aprovação, rejeição ou modificação do plano de recuperação judicial apresentado pelo devedor;[1]

b) a constituição do Comitê de Credores, a escolha de seus membros e sua substituição;[1a]

c) (VETADO)

d) o pedido de desistência do devedor, nos termos do § 4º do art. 52 desta Lei;

e) o nome do gestor judicial,[2] quando do afastamento do devedor;

f) qualquer outra matéria que possa afetar os interesses dos credores;

g) alienação de bens ou direitos do ativo não circulante do devedor, não prevista no plano de recuperação judicial;[2a]

II — na falência:

a) (VETADO)

b) a constituição do Comitê de Credores, a escolha de seus membros e sua substituição;[3]

c) a adoção de outras modalidades de realização do ativo, na forma do art. 145 desta Lei;

d) qualquer outra matéria que possa afetar os interesses dos credores.

Art. 35: 1. v. art. 45.

Art. 35: 1a. v. art. 44.

Art. 35: 2. s/ a convocação da assembleia-geral de credores, para deliberar sobre o nome do gestor judicial, v. art. 65.

Art. 35: 2a. Redação de acordo com a Lei 14.112, de 24.12.20.

Art. 35: 3. v. art. 44.

Art. 36. A assembleia-geral de credores será convocada pelo juiz por meio de edital publicado no diário oficial eletrônico e disponibilizado no sítio eletrônico do administrador judicial, com antecedência mínima de 15 (quinze) dias, o qual conterá:[1-2]

I — local, data e hora da assembleia em 1ª (primeira) e em 2ª (segunda) convocação, não podendo esta ser realizada menos de 5 (cinco) dias depois da 1ª (primeira);

II — a ordem do dia;

III — local onde os credores poderão, se for o caso, obter cópia do plano de recuperação judicial a ser submetido à deliberação da assembleia.

§ 1º Cópia do aviso de convocação da assembleia deverá ser afixada de forma ostensiva na sede e filiais do devedor.

§ 2º Além dos casos expressamente previstos nesta Lei, credores que representem no mínimo 25% (vinte e cinco por cento) do valor total dos créditos de uma determinada classe poderão requerer ao juiz a convocação de assembleia-geral.

§ 3º As despesas com a convocação e a realização da assembleia-geral correm por conta do devedor ou da massa falida, salvo se convocada em virtude de requerimento do Comitê de Credores ou na hipótese do § 2º deste artigo.

Art. 36: 1. Redação de acordo com a Lei 14.112, de 24.12.20.

Art. 36: 2. "Somente se pronuncia a nulidade do ato com a demonstração de efetivo prejuízo, o que não ocorre quando **descumprido** o **prazo** exigido para a realização de primeira convocação nem sequer instalada. As deliberações a serem tomadas pela assembleia de credores restringem-se a decisões nas esferas negocial e patrimonial, envolvendo, pois, os destinos da empresa em recuperação. Inexiste ato judicial específico que exija a participação do advogado de qualquer dos credores, razão pela qual é **desnecessário** constar do edital **intimação** dirigida aos **advogados** constituídos" (STJ-3ª T., REsp 1.513.260, Min. João Otávio, j. 5.5.16, DJ 10.5.16).

Art. 37. A assembleia será presidida pelo administrador judicial, que designará 1 (um) secretário dentre os credores presentes.

§ 1º Nas deliberações sobre o afastamento do administrador judicial ou em outras em que haja incompatibilidade deste, a assembleia será presidida pelo credor presente que seja titular do maior crédito.

§ 2º A assembleia instalar-se-á, em 1ª (primeira) convocação, com a presença de credores titulares de mais da metade dos créditos de cada classe, computados pelo valor, e, em 2ª (segunda) convocação, com qualquer número.

§ 3º Para participar da assembleia, cada credor deverá assinar a lista de presença, que será encerrada no momento da instalação.

§ 4º O credor poderá ser representado na assembleia-geral por mandatário ou representante legal, desde que entregue ao administrador judicial, até 24 (vinte e quatro) horas antes da data prevista no aviso de convocação, documento hábil que comprove seus poderes ou a indicação das folhas dos autos do processo em que se encontre o documento.

§ 5º Os sindicatos de trabalhadores poderão representar seus associados titulares de créditos derivados da legislação do trabalho ou decorrentes de acidente de trabalho que não comparecerem, pessoalmente ou por procurador, à assembleia.

§ 6º Para exercer a prerrogativa prevista no § 5º deste artigo, o sindicato deverá:

I — apresentar ao administrador judicial, até 10 (dez) dias antes da assembleia, a relação dos associados que pretende representar, e o trabalhador que conste da relação de mais de um sindicato deverá esclarecer, até 24 (vinte e quatro) horas antes da assembleia, qual sindicato o representa, sob pena de não ser representado em assembleia por nenhum deles; e

II — (VETADO)

§ 7º Do ocorrido na assembleia, lavrar-se-á ata que conterá o nome dos presentes e as assinaturas do presidente, do devedor e de 2 (dois) membros de cada uma das classes votantes, e que será entregue ao juiz, juntamente com a lista de presença, no prazo de 48 (quarenta e oito) horas.

Art. 38. O voto do credor[1] será proporcional ao valor de seu crédito, ressalvado, nas deliberações sobre o plano de recuperação judicial, o disposto no § 2º do art. 45 desta Lei.[2]

Parágrafo único. Na recuperação judicial, para fins exclusivos de votação em assembleia-geral, o crédito em moeda estrangeira será convertido para moeda nacional pelo câmbio da véspera da data de realização da assembleia.

Art. 38: 1. "Credora em virtude de novação de obrigação. Direito de participar da assembleia-geral de credores com voz e voto, este na proporção do valor do crédito que foi objeto da novação, bastando, para tanto, que tenha pedido sua habilitação, formulado divergência ou deduzido impugnação judicial" (JTJ 314/456: AI 429.621-4/7-00).

Art. 38: 2. Na classe dos titulares de créditos derivados da legislação do trabalho ou decorrentes de acidentes de trabalho a proposta deverá ser aprovada pela maioria simples dos credores presentes, independentemente do valor de seu crédito.

Art. 39. Terão direito a voto na assembleia-geral as pessoas arroladas no quadro-geral de credores ou, na sua falta, na relação de credores apresentada pelo administrador judicial na forma do art. 7º, § 2º, desta Lei,[1] ou, ainda, na falta desta, na relação apresentada pelo próprio devedor nos termos dos arts. 51, incisos III e IV do *caput*, 99, inciso III do *caput*, ou 105, inciso II do *caput*, desta Lei, acrescidas, em qualquer caso, das que estejam habilitadas na data da realização da assembleia ou que tenham créditos admitidos ou alterados por decisão judicial, inclusive as que tenham obtido reserva de importâncias, observado o disposto nos §§ 1º e 2º do art. 10 desta Lei.[1a]

§ 1º Não terão direito a voto[2] e não serão considerados para fins de verificação do *quorum* de instalação e de deliberação os titulares de créditos excetuados na forma dos §§ 3º e 4º do art. 49 desta Lei.[3]

§ 2º As deliberações da assembleia-geral não serão invalidadas em razão de posterior decisão judicial acerca da existência, quantificação ou classificação de créditos.

§ 3º No caso de posterior invalidação de deliberação da assembleia, ficam resguardados os direitos de terceiros de boa-fé, respondendo os credores que aprovarem a deliberação pelos prejuízos comprovados causados por dolo ou culpa.

§ 4º Qualquer deliberação prevista nesta Lei a ser realizada por meio de assembleia-geral de credores poderá ser substituída, com idênticos efeitos, por:[4]

I — termo de adesão firmado por tantos credores quantos satisfaçam o quórum de aprovação específico, nos termos estabelecidos no art. 45-A desta Lei;[4a]

II — votação realizada por meio de sistema eletrônico que reproduza as condições de tomada de voto da assembleia-geral de credores; ou[4b]

III — outro mecanismo reputado suficientemente seguro pelo juiz.[4c]

§ 5º As deliberações nos formatos previstos no § 4º deste artigo serão fiscalizadas pelo administrador judicial, que emitirá parecer sobre sua regularidade, previamente à sua homologação judicial, independentemente da concessão ou não da recuperação judicial.[5]

§ 6º O voto será exercido pelo credor no seu interesse e de acordo com o seu juízo de conveniência e poderá ser declarado nulo por abusividade somente quando manifestamente exercido para obter vantagem ilícita para si ou para outrem.[6]

§ 7º A cessão ou a promessa de cessão do crédito habilitado deverá ser imediatamente comunicada ao juízo da recuperação judicial.[7]

Art. 39: 1. "Direito de voto de credor que deve ser exercido proporcionalmente ao valor indicado na relação de credores apresentada pelo administrador judicial. Havendo divergência e pretendendo o credor o reconhecimento de valor maior, apenas quando for julgada em primeiro grau a impugnação apresentada é que o eventual valor reconhecido servirá de base para o exercício do direito de voto" (JTJ 317/440: AI 468.640-4/9-00).

Art. 39: 1a. "Reconhecimento do direito do agente fiduciário, como órgão representativo da massa de credores, de participar, com voz e voto, da assembleia de credores, tanto na recuperação judicial da sociedade emitente, como na da garantidora e devedora solidária dos títulos. Figura similar ao agente fiduciário dos debenturistas, prevista na Lei de Sociedades Anônimas" (JTJ 298/466).

Art. 39: 2. Na recuperação judicial, não têm direito a voto os titulares de créditos retardatários, excetuados os titulares de créditos derivados da relação de trabalho. O mesmo ocorre na falência, salvo se, na data da realização da assembleia-geral, já houver sido homologado o quadro-geral de credores contendo o crédito retardatário (cf. art. 10 §§ 1º e 2º).

Art. 39: 3. Renúncia da garantia fiduciária e direito de voto. "É possível ao **credor fiduciário renunciar** aos efeitos privilegiados que seu crédito lhe garante por força de legislação específica. Essa renúncia somente diz respeito ao próprio credor renunciante, pois o ato prejudica a garantia a que tem direito, sendo desnecessária a prévia anuência de todos os outros credores quirografários" (STJ-3ª T., REsp 1.513.260, Min. João Otávio, j. 5.5.16, DJ 10.5.16).

V. tb. art. 49, nota 1d.

Art. 39: 4 a 7. Redação de acordo com a Lei 14.112, de 24.12.20.

Art. 40. Não será deferido provimento liminar, de caráter cautelar ou antecipatório dos efeitos da tutela, para a suspensão ou adiamento da assembleia-geral de credores em razão de pendência de discussão acerca da existência, da quantificação ou da classificação de créditos.

Art. 41. A assembleia-geral será composta pelas seguintes classes de credores:

I — titulares de créditos derivados da legislação do trabalho ou decorrentes de acidentes de trabalho;[1]

II — titulares de créditos com garantia real;

III — titulares de créditos quirografários, com privilégio especial, com privilégio geral ou subordinados.

IV — titulares de créditos enquadrados como microempresa ou empresa de pequeno porte.[2]

§ 1º Os titulares de créditos derivados da legislação do trabalho votam com a classe prevista no inciso I do *caput* deste artigo com o total de seu crédito, independentemente do valor.

§ 2º Os titulares de créditos com garantia real votam com a classe prevista no inciso II do *caput* deste artigo até o limite do valor do bem gravado e com a classe prevista no inciso III do *caput* deste artigo pelo restante do valor de seu crédito.

Art. 41: 1. "Para a inclusão do recorrido no rol dos credores trabalhistas, não importa que a solução da lide que deu origem ao montante a que tem direito dependa do enfrentamento de questões de direito civil, mas sim que o dano tenha ocorrido no desempenho das atividades laborais, no curso da relação de emprego. A própria CLT é expressa — em seu art. 449, § 1º — ao dispor que 'a totalidade dos salários devidos aos empregados e a totalidade das indenizações a que tiver direito' constituem créditos com o mesmo privilégio. No particular, destarte, por se tratar de crédito constituído como decorrência direta da **inobservância de um dever sanitário** a que estava obrigada a recuperanda na condição de empregadora do recorrido, afigura-se correta — diante da indissociabilidade entre o fato gerador da **indenização** e a relação trabalhista existente entre as partes — a classificação conforme o disposto no art. 41, I" (STJ-3ª T., REsp 1.869.964, Min. Nancy Andrighi, j. 16.6.20, DJ 19.6.20).

V. tb. art. 83, nota 1e.

Art. 41: 2. O inc. IV foi acrescido pela LC 147, de 7.8.14.

Art. 42. Considerar-se-á aprovada a proposta que obtiver votos favoráveis de credores que representem mais da metade do valor total dos créditos presentes à assembleia-geral, exceto nas deliberações sobre o plano de recuperação judicial nos termos da alínea *a* do inciso I do *caput* do art. 35 desta Lei, a composição do Comitê de Credores[1] ou forma alternativa de realização do ativo nos termos do art. 145 desta Lei.

Art. 42: 1. v. art. 44.

Art. 43. Os sócios do devedor, bem como as sociedades coligadas, controladoras, controladas ou as que tenham sócio ou acionista com participação superior a 10% (dez por cento) do capital social do devedor ou em que o devedor ou algum de seus sócios detenham participação superior a 10% (dez por cento) do capital social, poderão participar da assembleia-geral de credores, sem ter direito a voto e não serão considerados para fins de verificação do *quorum* de instalação e de deliberação.

Parágrafo único. O disposto neste artigo também se aplica ao cônjuge ou parente, consanguíneo ou afim, colateral até o 2º (segundo) grau, ascendente ou descendente do devedor, de administrador, do sócio controlador, de membro dos conselhos consultivo, fiscal ou semelhantes da sociedade devedora e à sociedade em que quaisquer dessas pessoas exerçam essas funções.

Art. 44. Na escolha dos representantes de cada classe no Comitê de Credores, somente os respectivos membros poderão votar.

Art. 45. Nas deliberações sobre o plano de recuperação judicial, todas as classes de credores referidas no art. 41 desta Lei deverão aprovar a proposta.[1]

§ 1º Em cada uma das classes referidas nos incisos II e III do art. 41 desta Lei, a proposta deverá ser aprovada por credores que representem mais da metade do valor total dos créditos presentes à assembleia e, cumulativamente, pela maioria simples dos credores presentes.[2-2a]

§ 2º Nas classes previstas nos incisos I e IV do art. 41 desta Lei, a proposta deverá ser aprovada pela maioria simples dos credores presentes, independentemente do valor de seu crédito.[3]

§ 3º O credor não terá direito a voto e não será considerado para fins de verificação de *quorum* de deliberação se o plano de recuperação judicial não alterar o valor ou as condições originais de pagamento de seu crédito.

Art. 45: 1. Ainda que o plano não obtenha a aprovação de todas as classes de credores, o juiz poderá conceder a recuperação judicial na forma dos §§ 1º e 2º do art. 58.

Art. 45: 2. Por analogia com a LSA 129-*caput*, "o crédito do credor que comparece à assembleia-geral de credores, mas se abstém de votar, vale dizer, não vota favorável ou contrariamente, não deve ser considerado para o cômputo do *quorum* de aprovação do plano" (JTJ 315/472: AI 450.859-4/1-00).

Art. 45: 2a. **Não se admite,** "na hipótese de apresentação de plano único, que sejam **contados em dobro** os **votos** favoráveis ao plano, sob o argumento de que os credores detinham créditos perante ambas as empresas em recuperação" (STJ-3ª T., REsp 1.626.184, Min. Ricardo Cueva, j. 1.9.20, DJ 4.9.20). Do voto do relator: "Se o plano de recuperação judicial é único, tudo se passa como se houvesse apenas uma empresa em recuperação: os créditos para formação das classes de credores devem ser somados e o percentual dos votos para aprovação do plano deve considerar esse valor (credores que representem mais da metade do valor total dos créditos presentes à assembleia). Além disso, a contagem de votos por cabeça deve considerar os credores presentes na assembleia (maioria simples dos credores presentes) independente de qual empresa seja a devedora do seu crédito".

Art. 45: 3. Redação da LC 147, de 7.8.14.

Art. 45-A. As deliberações de assembleia-geral de credores previstas nesta Lei poderão ser substituídas pela comprovação da adesão de credores que representem mais da metade do valor dos créditos sujeitos à recuperação judicial, observadas as exceções previstas nesta Lei.[1]

§ 1º Nos termos do art. 56-A desta Lei, as deliberações sobre o plano de recuperação judicial poderão ser substituídas por documento que comprove o cumprimento do disposto no art. 45 desta Lei.

§ 2º As deliberações sobre a constituição do Comitê de Credores poderão ser substituídas por documento que comprove a adesão da maioria dos créditos de cada conjunto de credores previsto no art. 26 desta Lei.

§ 3º As deliberações sobre a forma alternativa de realização do ativo na falência, nos termos do art. 145 desta Lei, poderão ser substituídas por documento que comprove a adesão de credores que representem 2/3 (dois terços) dos créditos.

§ 4º As deliberações no formato previsto neste artigo serão fiscalizadas pelo administrador judicial, que emitirá parecer sobre sua regularidade, com oitiva do Ministério Público, previamente à sua homologação judicial, independentemente da concessão ou não da recuperação judicial.

Art. 45-A: 1. Redação de acordo com a Lei 14.112, de 24.12.20.

Art. 46. A aprovação de forma alternativa de realização do ativo na falência, prevista no art. 145 desta Lei, dependerá do voto favorável de credores que representem 2/3 (dois terços) dos créditos presentes à assembleia.

Capítulo III | DA RECUPERAÇÃO JUDICIAL[1]

Seção I | DISPOSIÇÕES GERAIS

✎ **CAP. III: 1.** "Nova Lei de Falências n. 11.101/2005. A recuperação judicial das empresas e o juiz", por Márcia de Paoli Balbino (RJM 171/35).

Art. 47. A recuperação judicial tem por objetivo viabilizar a superação da situação de crise econômico-financeira do devedor, a fim de permitir a manutenção da fonte produtora, do emprego dos trabalhadores e dos interesses dos credores, promovendo, assim, a preservação da empresa, sua função social e o estímulo à atividade econômica.

Art. 48. Poderá requerer recuperação judicial o devedor que, no momento do pedido, exerça regularmente suas atividades há mais de 2 (dois) anos[1 a 1d] e que atenda aos seguintes requisitos, cumulativamente:

I — não ser falido e, se o foi, estejam declaradas extintas, por sentença transitada em julgado, as responsabilidades daí decorrentes;

II — não ter, há menos de 5 (cinco) anos, obtido concessão de recuperação judicial;

III — não ter, há menos de 5 (cinco) anos, obtido concessão de recuperação judicial com base no plano especial de que trata a Seção V deste Capítulo;[2-2a]

IV — não ter sido condenado ou não ter, como administrador ou sócio controlador, pessoa condenada por qualquer dos crimes previstos nesta Lei.

§ 1º A recuperação judicial também poderá ser requerida pelo cônjuge sobrevivente, herdeiros do devedor, inventariante ou sócio remanescente.[3]

§ 2º No caso de exercício de atividade rural por pessoa jurídica, admite-se a comprovação do prazo estabelecido no *caput* deste artigo por meio da Escrituração Contábil Fiscal (ECF), ou por meio de obrigação legal de registros contábeis que venha a substituir a ECF, entregue tempestivamente.[4-5]

§ 3º Para a comprovação do prazo estabelecido no *caput* deste artigo, o cálculo do período de exercício de atividade rural por pessoa física é feito com base no Livro Caixa Digital do Produtor Rural (LCDPR), ou por meio de obrigação legal de registros contábeis que venha a substituir o LCDPR, e pela Declaração do Imposto sobre a Renda da Pessoa Física (DIRPF) e balanço patrimonial, todos entregues tempestivamente.[5a-5b]

§ 4º Para efeito do disposto no § 3º deste artigo, no que diz respeito ao período em que não for exigível a entrega do LCDPR, admitir-se-á a entrega do livro-caixa utilizado para a elaboração da DIRPF.[6]

§ 5º Para os fins de atendimento ao disposto nos §§ 2º e 3º deste artigo, as informações contábeis relativas a receitas, a bens, a despesas, a custos e a dívidas deverão estar organizadas de acordo com a legislação e com o padrão contábil da legislação correlata vigente, bem como guardar obediência ao regime de competência e de elaboração de balanço patrimonial por contador habilitado.[7]

Art. 48: 1. "O deferimento da recuperação judicial pressupõe a comprovação documental da qualidade de empresário, mediante a juntada com a petição inicial, ou em prazo concedido nos termos do CPC 284, de certidão de inscrição na Junta Comercial, realizada antes do ingresso do pedido em juízo, comprovando o exercício das atividades por mais de dois anos, inadmissível a inscrição posterior ao ajuizamento" (STJ-3ª T., REsp 1.193.115, Min. Sidnei Beneti, j. 20.8.13, maioria, DJ 7.10.13).

Art. 48: 1a. Empresa que não mais está no efetivo exercício das suas atividades não tem direito à recuperação judicial (JTJ 331/591: AP 576.793-4/9-00).

Art. 48: 1b. "O requisito 'exercício regular das atividades empresariais há mais de dois anos no momento do pedido de recuperação judicial' **não exige inscrição na Junta Comercial por tal período** mínimo. Integrando a requerente da recuperação judicial grupo econômico existente há 15 anos, e sendo constituída há menos de dois anos mediante transferência de ativos das empresas do grupo para prosseguir no exercício de atividade já exercida por tais empresas, é de se ter como atendido o pressuposto do biênio mínimo de atividade empresarial no momento do pedido" (JTJ 336/644: AI 604.160-4/8-00).

"Empresário rural e recuperação judicial. Regularidade do exercício da atividade rural anterior ao registro do empreendedor (Código Civil, arts. 966, 967, 968, 970 e 971). Efeitos *ex tunc* da inscrição do produtor rural. Pedido de recuperação judicial (Lei 11.101/2005, art. 48). **Cômputo do período de exercício da atividade rural anterior ao registro.** Possibilidade" (STJ-4ª T., REsp 1.800.032, Min. Raul Araújo, j. 5.11.19, maioria, DJ 10.2.20). No mesmo sentido: STJ-3ª T., REsp 1.811.953, Min. Marco Bellizze, j. 6.10.20, maioria, DJ 15.10.20.

Art. 48: 1c. "Para o processamento da recuperação judicial, a Lei, em seu art. 48, não exige somente a regularidade no exercício da atividade, mas também o exercício por mais de dois anos, devendo-se entender tratar-se da prática, no lapso temporal, da **mesma atividade** (ou de correlata) **que se pretende recuperar**" (STJ-4ª T., REsp 1.478.001, Min. Raul Araújo, j. 10.11.15, DJ 19.11.15).

Art. 48: 1d. "As sociedades empresárias integrantes de grupo econômico devem demonstrar **individualmente** o cumprimento do requisito temporal de 2 anos de exercício regular de suas atividades para postular a recuperação judicial em **litisconsórcio ativo**" (STJ-3ª T., REsp 1.665.042, Min. Ricardo Cueva, j. 25.6.19, DJ 1.7.19).

Art. 48: 2. Redação da LC 147, de 7.8.14.

Art. 48: 2a. A Seção V trata da recuperação judicial de microempresas e empresas de pequeno porte.

Art. 48: 3. O § 1º foi renumerado pela Lei 12.873, de 24.10.13.

Art. 48: 4. Redação de acordo com a Lei 14.112, de 24.12.20.

Art. 48: 5. v. nota 1b. V. tb. art. 49 § 6º.

Art. 48: 5a. Redação de acordo com a Lei 14.112, de 24.12.20.

Art. 48: 5b. v. art. 49 § 6º.

Art. 48: 6 e 7. Redação de acordo com a Lei 14.112, de 24.12.20.

Art. 48-A. Na recuperação judicial de companhia aberta, serão obrigatórios a formação e o funcionamento do conselho fiscal, nos termos da Lei n. 6.404, de 15 de dezembro de 1976, enquanto durar a fase da recuperação judicial, incluído o período de cumprimento das obrigações assumidas pelo plano de recuperação.[1]

Art. 48-A: 1. Redação de acordo com a Lei 14.112, de 24.12.20.

Art. 49. Estão sujeitos à recuperação judicial todos os créditos existentes na data do pedido, ainda que não vencidos.[1-1a]

§ 1º Os credores do devedor em recuperação judicial conservam seus direitos e privilégios contra os coobrigados, fiadores e obrigados de regresso.[1b]

§ 2º As obrigações anteriores à recuperação judicial observarão as condições originalmente contratadas ou definidas em lei, inclusive no que diz respeito aos encargos, salvo se de modo diverso ficar estabelecido no plano de recuperação judicial.

§ 3º Tratando-se de credor titular da posição de proprietário fiduciário de bens móveis ou imóveis,[1c a 2] de arrendador mercantil, de proprietário ou promitente vendedor de imóvel cujos respectivos contratos contenham cláusula de irrevogabilidade ou irretratabilidade, inclusive em incorporações imobiliárias, ou de proprietário em contrato de venda com reserva de domínio, seu crédito não se submeterá aos efeitos da recuperação judicial[2a a 2d] e prevalecerão os direitos de propriedade sobre a coisa e as condições contratuais, observada a legislação respectiva, não se permitindo, contudo, durante o prazo de suspensão a que se refere o § 4º do art. 6º desta Lei, a venda ou a retirada do estabelecimento do devedor dos bens de capital essenciais a sua atividade empresarial.

§ 4º Não se sujeitará aos efeitos da recuperação judicial a importância a que se refere o inciso II do art. 86 desta Lei.[3-4]

§ 5º Tratando-se de crédito garantido por penhor sobre títulos de crédito, direitos creditórios, aplicações financeiras ou valores mobiliários, poderão ser substituídas ou renovadas as garantias liquidadas ou vencidas durante a recuperação judicial e, enquanto não renovadas ou substituídas, o valor eventualmente recebido em pagamento das garantias permanecerá em conta vinculada durante o período de suspensão de que trata o § 4º do art. 6º desta Lei.

§ 6º Nas hipóteses de que tratam os §§ 2º e 3º do art. 48 desta Lei, somente estarão sujeitos à recuperação judicial os créditos que decorram exclusivamente da atividade rural e estejam discriminados nos documentos a que se referem os citados parágrafos, ainda que não vencidos.[5-5a]

§ 7º Não se sujeitarão aos efeitos da recuperação judicial os recursos controlados e abrangidos nos termos dos arts. 14 e 21 da Lei n. 4.829, de 5 de novembro de 1965.[6-7]

§ 8º Estarão sujeitos à recuperação judicial os recursos de que trata o § 7º deste artigo que não tenham sido objeto de renegociação entre o devedor e a instituição financeira antes do pedido de recuperação judicial, na forma de ato do Poder Executivo.[7a]

§ 9º Não se enquadrará nos créditos referidos no *caput* deste artigo aquele relativo à dívida constituída nos 3 (três) últimos anos anteriores ao pedido de recuperação judicial, que tenha sido contraída com a finalidade de aquisição de propriedades rurais, bem como as respectivas garantias.[8]

Art. 49: 1. v., porém, § 9º. S/ crédito não incluído no quadro geral de credores, v. art. 6º, nota 1i.

Art. 49: 1a. Sujeição ou não de créditos à recuperação judicial.

"Para o fim de submissão aos efeitos da recuperação judicial, considera-se que a existência do crédito é determinada pela **data** em que ocorreu o seu **fato gerador**" (STJ-2ª Seção, REsp 1.840.531, Min. Ricardo Cueva, j. 9.12.20, DJ 17.12.20). "Para os fins do art. 49, *caput*, da Lei 11.101/05, a constituição do crédito discutido em ação de **responsabilidade civil** não se condiciona ao provimento judicial que declare sua existência e determine sua quantificação. Na hipótese, tratando-se de crédito derivado de fato ocorrido em momento anterior àquele em que requerida a recuperação judicial, deve ser reconhecida sua sujeição ao plano de soerguimento da sociedade devedora" (STJ-3ª T., REsp 1.727.771, Min. Nancy Andrighi, j. 15.5.18, DJ 18.5.18).

"**Honorários advocatícios sucumbenciais.** Se a sentença que arbitrou os honorários sucumbenciais se deu posteriormente ao pedido de recuperação judicial, o crédito que dali emana, necessariamente, nascerá com natureza extraconcursal, já que, nos termos do art. 49, *caput* da Lei 11.101/05, sujeitam-se ao plano de soerguimento os créditos existentes na data do pedido de recuperação judicial, ainda que não vencidos, e não os posteriores. Por outro lado, se a sentença que arbitrou os honorários advocatícios for anterior ao pedido recuperacional, o crédito dali decorrente deverá ser tido como concursal, devendo ser habilitado e pago nos termos do plano de recuperação judicial. Na hipótese, a sentença que fixou os honorários advocatícios foi prolatada após o pedido de recuperação judicial e, por conseguinte, em se tratando de crédito constituído posteriormente ao pleito recuperacional, tal verba não deverá se submeter aos seus efeitos, ressalvando-se o controle dos atos expropriatórios pelo juízo universal" (STJ-2ª Seção, REsp 1.841.960, Min. Luis Felipe, j. 12.2.20, maioria, DJ 13.4.20).

"A consolidação do crédito (ainda que inexigível e ilíquido) não depende de provimento judicial que o declare — e muito menos do transcurso de seu trânsito em julgado —, para efeito de sua sujeição aos efeitos da recuperação judicial. O crédito trabalhista anterior ao pedido de recuperação judicial pode ser incluído, de forma extrajudicial, inclusive, consoante o disposto no art. 7º da Lei 11.101/05. É possível, assim, ao próprio administrador judicial, quando da confecção do plano, relacionar os créditos trabalhistas pendentes, a despeito de o trabalhador sequer ter promovido a respectiva reclamação. Logo, o **crédito trabalhista,** oriundo de prestação de serviço efetivada em momento anterior ao pedido de recuperação judicial, aos seus efeitos se submete" (STJ-3ª T., REsp 1.634.046, Min. Marco Bellizze, j. 25.4.17, maioria, DJ 18.5.17). Assim: "As verbas trabalhistas relacionadas à prestação de serviço realizada em período anterior ao pedido de recuperação judicial, ainda que a sentença condenatória tenha sido proferida após o pedido de recuperação judicial, devem se sujeitar aos seus efeitos" (STJ-3ª T., REsp 1.641.191, Min.

Ricardo Cueva, j. 13.6.17, DJ 23.6.17). No mesmo sentido: STJ-2ª Seção, CC 139.332, Min. Lázaro Guimarães, j. 25.4.18, DJ 30.4.18. **Doutra parte:** "O valor oriundo de prestação de serviço efetivada em momento posterior ao pedido de recuperação judicial deve ser concebido como extraconcursal" (STJ-3ª T., REsp 1.839.101-AgInt, Min. Marco Bellizze, j. 10.2.20, DJ 13.2.20). No mesmo sentido: STJ-4ª T., REsp 1.829.149-AgInt, Min. Luis Felipe, j. 31.8.20, DJ 9.9.20.

"Representante de seguros que recebe os prêmios na condição de mandatário e de depositário (irregular). Aplicação das regras do mútuo (transferência da propriedade). Submissão à recuperação judicial. Em se tratando de bens de terceiros que, efetivamente passaram a integrar a propriedade da recuperanda, como se dá no **depósito irregular de coisas fungíveis,** regulado, pois, pelas regras do mútuo, a submissão ao concurso recuperacional afigura-se de rigor" (STJ-3ª T., REsp 1.559.595, Min. Marco Bellizze, j. 10.12.19, DJ 13.12.19).

"**Fiança.** Garantia prestada em favor da recuperanda. Inexistência do crédito à época da formulação do pedido de recuperação judicial. Extraconcursalidade. O crédito passível de ser perseguido pelo fiador em face do afiançado — hipótese em exame —, somente se constitui a partir do adimplemento da obrigação principal pelo garante. Antes disso, não existe dever jurídico de caráter patrimonial em favor deste" (STJ-3ª T., REsp 1.860.368, Min. Nancy Andrighi, j. 5.5.20, DJ 11.5.20).

V. tb. art. 52, nota 1a.

Art. 49: 1b. "Devedora em recuperação judicial. Credor com garantia de terceiro (no caso, aval) que, mesmo sujeito aos efeitos da recuperação, **pode executar o garantidor.** Inteligência da LF 49 § 1º" (JTJ 332/158: AI 7.239.650-6). No mesmo sentido: STJ-2ª Seção, ED no AI 1.179.654, Min. Sidnei Beneti, j. 28.3.12, DJ 13.4.12.

Todavia, chancelando para todos os credores cláusula do plano de recuperação judicial que prevê supressão de garantias fidejussórias prestadas por terceiros, inclusive para os que não votaram favoravelmente à sua aprovação: STJ-3ª T., REsp 1.850.287, Min. Marco Bellizze, j. 1.12.20, DJ 18.12.20. V. tb. art. 50, nota 6.

V. ainda art. 6º, nota 1f.

✎ **Art. 49: 1c.** "A cessão fiduciária de títulos de crédito ou direitos creditórios e a recuperação judicial do devedor cedente", por Fábio Ulhoa Coelho (RMDCPC 37/32).

Art. 49: 1d. "Alienação fiduciária em garantia. Crédito não sujeito aos efeitos da recuperação da devedora. Art. 49, § 3º, da Lei 11.101/2005. Execução extrajudicial. Pedido de penhora *on line.* **Renúncia à garantia fiduciária. Inocorrência.** A renúncia à garantia fiduciária deve ser expressa, cabendo, excepcionalmente, a presunção da abdicação de tal direito (art. 66-B, § 5º, da Lei 4.728/1965 c/c art. 1.436 do CC/2002). Na hipótese, não houve renúncia expressa nem tácita da garantia fiduciária pelo credor, mas sim, em razão das circunstâncias do caso, como medida acautelatória, pedido de penhora do ativo até que as garantias fossem devidamente efetivadas" (STJ-4ª T., REsp 1.338.748, Min. Luis Felipe, j. 2.6.16, DJ 28.6.16).

V. tb. art. 39 § 1º, inclusive nota 3.

Art. 49: 1e. "Tratando-se de titularidade derivada de cessão fiduciária, a condição de proprietário é alcançada desde a contratação da garantia. Nessas hipóteses, uma vez preenchidos os requisitos exigidos pelo arts. 66-B da Lei do Mercado de Capitais e 18 da Lei 9.514/97, opera-se a transferência plena da titularidade dos créditos para o cessionário, haja vista a própria natureza do objeto da garantia, fato que o torna o verdadeiro proprietário dos bens, em substituição ao credor da relação jurídica originária. Essas circunstâncias são suficientes para exclusão dos créditos em questão dos efeitos da recuperação judicial do devedor-cedente, pois o art. 49, § 3º, da LFRE exige, apenas e tão somente, que o respectivo credor figure como titular da posição de proprietário fiduciário, condição que, como visto, **independe do registro do contrato no Cartório de Títulos e Documentos"** (STJ-3ª T., REsp 1.592.647, Min. Nancy Andrighi, j. 24.10.17, DJ 28.11.17). Em sentido semelhante, dispensando o registro do contrato com reserva de domínio: STJ-3ª T., REsp 1.829.641, Min. Nancy Andrighi, j. 3.9.19, DJ 5.9.19.

Todavia: "Imprescindível para configuração da propriedade fiduciária que os respectivos créditos estejam devidamente formalizados e registrados no Cartório de Títulos e Documentos do domicílio do devedor em data anterior à distribuição do pedido de recuperação judicial, sob pena de não poder ser arguida a garantia em detrimento dos demais credores e da recuperanda" (RT 931/745: TJMG, AI 1.0702.12.065418-2/001).

Art. 49: 1f. "A perfectibilização do negócio fiduciário, capaz de excluir o credor titular da posição fiduciária dos efeitos da recuperação judicial, **não exige** a **indicação precisa dos títulos** representativos dos créditos cedidos fiduciariamente, bastando para tanto a identificação do crédito objeto de cessão" (STJ-3ª T., Ag em REsp 1.569.510-AgInt, Min. Ricardo Cueva, j. 17.2.20, DJ 20.2.20).

Art. 49: 1g. "Ação de recuperação judicial. Credor titular de propriedade fiduciária. **Garantia prestada por terceiro.** Incidência do art. 49, § 3º, da Lei 11.101/05" (STJ-3ª T., REsp 1.549.529, Min. Marco Bellizze, j. 18.10.16, DJ 28.10.16).

Art. 49: 2. "Cédula de crédito bancário com contrato de constituição de alienação fiduciária em garantia (cessão fiduciária de direitos de crédito). Os direitos de créditos são bens móveis para os efeitos legais (art. 83, III, do CC) e se incluem no § 3º do art. 49 da Lei 11.101/2005" (JTJ 333/680: AI 585.273-4/7-00, bem fundamentado).

"Contrato de cessão fiduciária de duplicatas. Em face da regra do art. 49 § 3º da Lei 11.101/2005, não se submetem aos efeitos da recuperação judicial os créditos garantidos por cessão fiduciária" (STJ-4ª T., REsp 1.263.500, Min. Isabel Gallotti, j. 5.2.13, maioria, DJ 12.4.13).

"A alienação fiduciária de coisa fungível e a cessão fiduciária de direitos sobre coisas móveis, bem como de títulos de crédito, possuem a natureza jurídica de propriedade fiduciária, não se sujeitando aos efeitos da recuperação judicial, nos termos do art. 49, § 3º, da Lei 11.101/2005" (STJ-3ª T., REsp 1.202.918, Min. Ricardo Cueva, j. 7.3.13, maioria, DJ 10.4.13).

Art. 49: 2a. v. art. 52-III.

Art. 49: 2b. quanto à recuperação judicial de microempresas e empresas de pequeno porte, v. art. 71-I.

Art. 49: 2c. "Em face da regra do art. 49, § 3º, da Lei 11.101/2005, não se submetem aos efeitos da recuperação judicial os créditos garantidos por alienação fiduciária. Hipótese em que os imóveis rurais sobre os quais recai a garantia não são utilizados como sede da unidade produtiva, não se tratando de bens de capital imprescindíveis à atividade empresarial das devedoras em recuperação judicial, tanto que destinados à venda no plano de recuperação aprovado" (STJ-2ª Seção, CC 131.656, Min. Isabel Gallotti, j. 8.10.14, DJ 20.10.14; com boa retrospectiva jurisprudencial).

Todavia: "Em regra, o credor titular da posição de proprietário fiduciário de bem imóvel (Lei 9.514/97) não se submete aos efeitos da recuperação judicial, consoante disciplina o art. 49, § 3º, da Lei 11.101/05. Na hipótese, porém, há peculiaridade que recomenda excepcionar a regra. É que o imóvel alienado fiduciariamente, objeto da ação de imissão de posse movida pelo credor ou proprietário fiduciário, é aquele em que situada a própria planta industrial da sociedade empresária sob recuperação judicial, mostrando-se indispensável à preservação da atividade econômica da devedora, sob pena de inviabilização da empresa e dos empregos ali gerados. Esse tratamento especial, que leva em conta o fato de o bem estar sendo empregado em benefício da coletividade, cumprindo sua função social (CF, arts. 5º, XXIV, e 170, III), não significa, porém, que o imóvel não possa ser entregue oportunamente ao credor fiduciário, mas sim que, em atendimento ao princípio da preservação da empresa (art. 47 da Lei 11.101/05), caberá ao juízo da recuperação judicial processar e julgar a ação de imissão de posse, segundo prudente avaliação própria dessa instância ordinária" (STJ-2ª Seção, CC 110.392, Min. Raul Araújo, j. 24.11.10, maioria, DJ 22.3.11).

V. tb. art. 52, nota 1a.

Art. 49: 2d. "Recuperação judicial. Locação. Ação de despejo. O credor proprietário de imóvel, quanto à retomada do bem, não está sujeito aos efeitos da recuperação judicial (Lei 11.101/2005, art. 49, § 3º)" (STJ-2ª Seção, CC 122.440, Min. Raul Araújo, j. 14.8.14, DJ 15.10.14).

V. tb. arts. 6º, nota 1g, e 52, nota 2.

Art. 49: 3. v. art. 52-III.

Art. 49: 4. quanto à recuperação judicial de microempresas e empresas de pequeno porte, v. art. 71-I.

Art. 49: 5. Redação de acordo com a Lei 14.112, de 24.12.20, em vigor 30 dias após sua publicação (DOU 24.12.20 — ed. extra).

Art. 49: 5a. **Lei 14.112, de 24.12.20: "Art. 5º** Observado o disposto no art. 14 da Lei n. 13.105, de 16 de março de 2015 (Código de Processo Civil), esta Lei aplica-se de imediato aos processos pendentes. **§ 1º** Os dispositivos constantes dos incisos seguintes somente serão aplicáveis às falências decretadas, inclusive as decorrentes de convolação, e aos pedidos de recuperação judicial ou extrajudicial ajuizados após o início da vigência desta Lei: (...) **II** — as alterações sobre a sujeição de créditos na recuperação judicial e sobre a ordem de classificação de créditos na falência, previstas, respectivamente, nos arts. 49, 83 e 84 da Lei n. 11.101, de 9 de fevereiro de 2005".

Art. 49: 6. Redação de acordo com a Lei 14.112, de 24.12.20, em vigor 30 dias após sua publicação (DOU 24.12.20 — ed. extra).

Art. 49: 7. v. nota 5a e § 8º.

Art. 49: 7a e 8. Redação de acordo com a Lei 14.112, de 24.12.20, em vigor 30 dias após sua publicação (DOU 24.12.20 — ed. extra). V. nota 5a, acima.

Art. 50. Constituem meios de recuperação judicial, observada a legislação pertinente a cada caso, dentre outros:

I — concessão de prazos e condições especiais para pagamento das obrigações vencidas ou vincendas;

II — cisão, incorporação, fusão ou transformação de sociedade,[1] constituição de subsidiária integral,[2] ou cessão de cotas ou ações, respeitados os direitos dos sócios, nos termos da legislação vigente;

III — alteração do controle societário;

IV — substituição total ou parcial dos administradores do devedor ou modificação de seus órgãos administrativos;

V — concessão aos credores de direito de eleição em separado de administradores e de poder de veto em relação às matérias que o plano especificar;

VI — aumento de capital social;

VII — trespasse ou arrendamento de estabelecimento, inclusive à sociedade constituída pelos próprios empregados;

VIII — redução salarial, compensação de horários e redução da jornada, mediante acordo ou convenção coletiva;

IX — dação em pagamento[2a] ou novação[3] de dívidas do passivo, com ou sem constituição de garantia própria ou de terceiro;

X — constituição de sociedade de credores;

XI — venda parcial dos bens;

XII — equalização de encargos financeiros relativos a débitos de qualquer natureza, tendo como termo inicial a data da distribuição do pedido de recuperação judicial, aplicando-se inclusive aos contratos de crédito rural, sem prejuízo do disposto em legislação específica;

XIII — usufruto da empresa;[3a]

XIV — administração compartilhada;

XV — emissão de valores mobiliários;

XVI — constituição de sociedade de propósito específico para adjudicar, em pagamento dos créditos, os ativos do devedor.

XVII — conversão de dívida em capital social;[3b]

XVIII — venda integral da devedora, desde que garantidas aos credores não submetidos ou não aderentes condições, no mínimo, equivalentes àquelas que teriam na falência, hipótese em que será, para todos os fins, considerada unidade produtiva isolada.[3c]

§ 1º Na alienação de bem objeto de garantia real, a supressão da garantia ou sua substituição somente serão admitidas mediante aprovação expressa do credor titular da respectiva garantia.[4 a 6]

§ 2º Nos créditos em moeda estrangeira, a variação cambial será conservada como parâmetro de indexação da correspondente obrigação e só poderá ser afastada se o credor titular do respectivo crédito aprovar expressamente previsão diversa no plano de recuperação judicial.

§ 3º Não haverá sucessão ou responsabilidade por dívidas de qualquer natureza a terceiro credor, investidor ou novo administrador em decorrência, respectivamente, da mera conversão de dívida em capital, de aporte de novos recursos na devedora ou de substituição dos administradores desta.[7]

§ 4º O imposto sobre a renda e a Contribuição Social sobre o Lucro Líquido (CSLL) incidentes sobre o ganho de capital resultante da alienação de bens ou direitos pela pessoa jurídica em recuperação judicial poderão ser parcelados, com atualização monetária das parcelas, observado o seguinte:[8]

I — o disposto na Lei n. 10.522, de 19 de julho de 2002; e[8a]

II — a utilização, como limite, da mediana de alongamento no plano de recuperação judicial em relação aos créditos a ele sujeitos.[8b]

§ 5º O limite de alongamento de prazo a que se refere o inciso II do § 4º deste artigo será readequado na hipótese de alteração superveniente do plano de recuperação judicial.[9]

Art. 50: 1. s/ transformação, incorporação, fusão e cisão das sociedades, v., no CCLCV, CC 1.113 a 1.122. V. tb. LSA 220 a 234.

Art. 50: 2. s/ companhia subsidiária integral, v. LSA 251 a 253.

Art. 50: 2a. v. CC 356 a 359.

Art. 50: 3. v. CC 360 a 367.

Art. 50: 3a. v. CC 1.144 e 1.147.

Art. 50: 3b e 3c. Redação de acordo com a Lei 14.112, de 24.12.20.

Art. 50: 4. v. art. 59-*caput*.

Art. 50: 5. "Plano de recuperação aprovado. Novação de créditos anteriores ao pedido de recuperação. Inexistência de esvaziamento, substituição ou supressão de garantias reais (penhora agrícola de safras). Harmonização entre o art. 50, § 1º, da Lei 11.101/05 e o art. 1.443 do Código Civil. Preservação não apenas dos interesses dos credores, mas também das próprias garantias contratadas, fazendo, na espécie, aplicar-se o art. 1.443 do CCB, cuja incidência não ofende o quanto disposto no § 1º do art. 50 da Lei 11.101/05, já que não se estará a substituir o penhor agrícola das safras, nem a suprimi-lo, restando a garantia hígida, acaso sobrevenha o insucesso da recuperação. Impedir a empresa em recuperação de transformar as suas colheitas no produto que será objeto de renda para o pagamento das suas diuturnas obrigações, e de cumprir os contratos consoante esquematizado no plano, apenas malograria o objetivo principal da recuperação" (STJ-3ª T., REsp 1.388.948, Min. Paulo Sanseverino, j. 1.4.14, DJ 8.4.14).

Art. 50: 6. "Inadequado restringir a supressão das garantias reais e fidejussórias, tal como previsto no plano de recuperação judicial aprovado pela assembleia geral, somente aos credores que tenham votado favoravelmente nesse sentido, conferindo tratamento diferenciado aos demais credores da mesma classe, em manifesta contrariedade à deliberação majoritária. Por ocasião da deliberação do plano de recuperação apresentado, credores, representados por sua respectiva classe, e devedora procedem às tratativas negociais destinadas a adequar os interesses contrapostos, bem avaliando em que extensão de esforços e renúncias estariam dispostos a suportar, no intento de reduzir os prejuízos que se avizinham (sob a perspectiva dos credores), bem como de permitir a reestruturação da empresa em crise (sob o enfoque da devedora). E, de modo a permitir que os credores ostentem adequada representação, seja para instauração da assembleia geral, seja para a aprovação do plano de recuperação judicial, a lei de regência estabelece, nos arts. 37 e 45, o respectivo quórum mínimo. Na hipótese dos autos, a supressão das garantias real e fidejussórias restou estampada expressamente no plano de recuperação judicial, que contou com a aprovação dos credores devidamente representados pelas respectivas classes (providência, portanto, que converge, numa ponderação de valores, com os interesses destes majoritariamente), o que importa, reflexamente, na observância do § 1º do art. 50 da Lei n. 11.101/2005, e, principalmente, na vinculação de todos os credores, indistintamente" (STJ-3ª T., REsp 1.532.943, Min. Marco Belizze, j. 13.9.16, maioria, DJ 10.10.16).

V. tb. art. 49, nota 1b.

Art. 50: 7 a 9. Redação de acordo com a Lei 14.112, de 24.12.20.

Art. 50-A. (VETADO)[1]

Art. 50-A: 1. Redação de acordo com a Lei 14.112, de 24.12.20.

Seção II — DO PEDIDO E DO PROCESSAMENTO DA RECUPERAÇÃO JUDICIAL

Art. 51. A petição inicial[1-1a] de recuperação judicial será instruída com:

I — a exposição das causas concretas da situação patrimonial do devedor e das razões da crise econômico-financeira;

II — as demonstrações contábeis[2] relativas aos 3 (três) últimos exercícios sociais e as levantadas especialmente para instruir o pedido, confeccionadas com estrita observância da legislação societária aplicável e compostas obrigatoriamente de:

a) balanço patrimonial;

b) demonstração de resultados acumulados;

c) demonstração do resultado desde o último exercício social;

d) relatório gerencial de fluxo de caixa e de sua projeção;

e) descrição das sociedades de grupo societário, de fato ou de direito;[2a]

III — a relação nominal completa dos credores,[2b-3] sujeitos ou não à recuperação judicial, inclusive aqueles por obrigação de fazer ou de dar, com a indicação do endereço físico e eletrônico de cada um, a natureza, conforme estabelecido nos arts. 83 e 84 desta Lei, e o valor atualizado do crédito, com a discriminação de sua origem, e o regime dos vencimentos;[3a]

IV — a relação integral dos empregados, em que constem as respectivas funções, salários, indenizações e outras parcelas a que têm direito, com o correspondente mês de competência, e a discriminação dos valores pendentes de pagamento;

V — certidão de regularidade do devedor no Registro Público de Empresas, o ato constitutivo atualizado e as atas de nomeação dos atuais administradores;

VI — a relação dos bens particulares dos sócios controladores e dos administradores do devedor;

VII — os extratos atualizados das contas bancárias do devedor e de suas eventuais aplicações financeiras de qualquer modalidade, inclusive em fundos de investimento ou em bolsas de valores, emitidos pelas respectivas instituições financeiras;

VIII — certidões dos cartórios de protestos situados na comarca do domicílio ou sede do devedor e naquelas onde possui filial;

IX — a relação, subscrita pelo devedor, de todas as ações judiciais e procedimentos arbitrais em que este figure como parte,[4] inclusive as de natureza trabalhista, com a estimativa dos respectivos valores demandados;[4a]

X — o relatório detalhado do passivo fiscal; e[5]

XI — a relação de bens e direitos integrantes do ativo não circulante, incluídos aqueles não sujeitos à recuperação judicial, acompanhada dos negócios jurídicos celebrados com os credores de que trata o § 3º do art. 49 desta Lei.[6]

§ 1º Os documentos de escrituração contábil e demais relatórios auxiliares, na forma e no suporte previstos em lei, permanecerão à disposição do juízo, do administrador judicial e, mediante autorização judicial, de qualquer interessado.

§ 2º Com relação à exigência prevista no inciso II do *caput* deste artigo, as microempresas e empresas de pequeno porte poderão apresentar livros e escrituração contábil simplificados nos termos da legislação específica.

§ 3º O juiz poderá determinar o depósito em cartório dos documentos a que se referem os §§ 1º e 2º deste artigo ou de cópia destes.

§ 4º Na hipótese de o ajuizamento da recuperação judicial ocorrer antes da data final de entrega do balanço correspondente ao exercício anterior, o devedor apresentará balanço prévio e juntará o balanço definitivo no prazo da lei societária aplicável.[7]

§ 5º O valor da causa corresponderá ao montante total dos créditos sujeitos à recuperação judicial.[8]

§ 6º Em relação ao período de que trata o § 3º do art. 48 desta Lei:[9]

I — a exposição referida no inciso I do *caput* deste artigo deverá comprovar a crise de insolvência, caracterizada pela insuficiência de recursos financeiros ou patrimoniais com liquidez suficiente para saldar suas dívidas;[9a]

II — os requisitos do inciso II do *caput* deste artigo serão substituídos pelos documentos mencionados no § 3º do art. 48 desta Lei relativos aos últimos 2 (dois) anos.[9b]

Art. 51: 1. v. CPC 319 e segs.

Art. 51: 1a. Deficiências da petição inicial de recuperação judicial não devem ser necessariamente causa de seu pronto indeferimento. Quando se tratar de vício sanável, deve o juiz abrir oportunidade para sua sanação, nos moldes do CPC 321 (RT 852/253 e JTJ 301/429).

Art. 51: 2. quanto às microempresas e empresas de pequeno porte, v. § 2º.

Art. 51: 2a. Redação de acordo com a Lei 14.112, de 24.12.20.

Art. 51: 2b. v. art. 22-I-*a*.

Art. 51: 3. s/ simulação ou omissão de créditos, na relação de credores, v. art. 64-IV-*d*.

Art. 51: 3a. Redação de acordo com a Lei 14.112, de 24.12.20.

Art. 51: 4. "A exigência constante do art. 51, IX, da Lei 11.101/05 abrange tanto as ações judiciais em que o devedor esteja no polo passivo, quanto aquelas em que é autor da demanda" (STJ-3ª T., REsp 1.157.846, Min. Nancy Andrighi, j. 2.12.10, DJ 10.10.11).

Art. 51: 4a a 9b. Redação de acordo com a Lei 14.112, de 24.12.20.

Art. 51-A. Após a distribuição do pedido de recuperação judicial, poderá o juiz, quando reputar necessário, nomear profissional de sua confiança, com capacidade técnica e idoneidade, para promover a constatação exclusivamente das reais condições de funcionamento da requerente e da regularidade e da completude da documentação apresentada com a petição inicial.[1]

§ 1º A remuneração do profissional de que trata o *caput* deste artigo deverá ser arbitrada posteriormente à apresentação do laudo e deverá considerar a complexidade do trabalho desenvolvido.

§ 2º O juiz deverá conceder o prazo máximo de 5 (cinco) dias para que o profissional nomeado apresente laudo de constatação das reais condições de funcionamento do devedor e da regularidade documental.

§ 3º A constatação prévia será determinada sem que seja ouvida a outra parte e sem apresentação de quesitos por qualquer das partes, com a possibilidade de o juiz determinar a realização da diligência sem a prévia ciência do devedor, quando entender que esta poderá frustrar os seus objetivos.

§ 4º O devedor será intimado do resultado da constatação prévia concomitantemente à sua intimação da decisão que deferir ou indeferir o processamento da recuperação judicial, ou que determinar a emenda da petição inicial, e poderá impugná-la mediante interposição do recurso cabível.

§ 5º A constatação prévia consistirá, objetivamente, na verificação das reais condições de funcionamento da empresa e da regularidade documental, vedado o indeferimento do processamento da recuperação judicial baseado na análise de viabilidade econômica do devedor.

§ 6º Caso a constatação prévia detecte indícios contundentes de utilização fraudulenta da ação de recuperação judicial, o juiz poderá indeferir a petição inicial, sem prejuízo de oficiar ao Ministério Público para tomada das providências criminais eventualmente cabíveis.

§ 7º Caso a constatação prévia demonstre que o principal estabelecimento do devedor não se situa na área de competência do juízo, o juiz deverá determinar a remessa dos autos, com urgência, ao juízo competente.

Art. 51-A: 1. Redação de acordo com a Lei 14.112, de 24.12.20.

Art. 52. Estando em termos a documentação exigida no art. 51 desta Lei, o juiz[1 a 2] deferirá[2a a 3a] o processamento da recuperação judicial e, no mesmo ato:

I — nomeará o administrador judicial, observado o disposto no art. 21 desta Lei;

II — determinará a dispensa da apresentação de certidões negativas para que o devedor exerça suas atividades, observado o disposto no § 3º do art. 195 da Constituição Federal e no art. 69 desta Lei;[3b]

III — ordenará a suspensão de todas as ações ou execuções contra o devedor, na forma do art. 6º desta Lei, permanecendo os respectivos autos no juízo onde se processam, ressalvadas as ações previstas nos §§ 1º, 2º e 7º do art. 6º desta Lei e as relativas a créditos excetuados na forma dos §§ 3º e 4º do art. 49 desta Lei;

IV — determinará ao devedor a apresentação de contas demonstrativas mensais enquanto perdurar a recuperação judicial, sob pena de destituição de seus administradores;

V — ordenará a intimação eletrônica do Ministério Público[3c] e das Fazendas Públicas federal e de todos os Estados, Distrito Federal e Municípios em que o devedor tiver estabelecimento, a fim de que tomem conhecimento da recuperação judicial e informem eventuais créditos perante o devedor, para divulgação aos demais interessados.[3d]

§ 1º O juiz ordenará a expedição de edital, para publicação[4] no órgão oficial, que conterá:

I — o resumo do pedido do devedor e da decisão que defere o processamento da recuperação judicial;

II — a relação nominal de credores, em que se discrimine o valor atualizado e a classificação de cada crédito;

III — a advertência acerca dos prazos para habilitação dos créditos, na forma do art. 7º, § 1º, desta Lei, e para que os credores apresentem objeção ao plano de recuperação judicial apresentado pelo devedor nos termos do art. 55 desta Lei.

§ 2º Deferido o processamento da recuperação judicial, os credores poderão, a qualquer tempo, requerer a convocação de assembleia-geral para a constituição do Comitê de Credores ou substituição de seus membros, observado o disposto no § 2º do art. 36 desta Lei.

§ 3º No caso do inciso III do *caput* deste artigo, caberá ao devedor comunicar a suspensão aos juízos competentes.

§ 4º O devedor não poderá desistir do pedido de recuperação judicial após o deferimento de seu processamento, salvo se obtiver aprovação da desistência na assembleia-geral de credores.[5]

Art. 52: 1. s/ juízo competente para decidir sobre o pedido da recuperação judicial, v. art. 3º.

Art. 52: 1a. "Se o bem constrito na execução trabalhista dá suporte ao plano da recuperação judicial, prevalece o juízo desta" (STJ-2ª Seção, CC 72.661, Min. Ari Pargendler, j. 12.3.08, DJ 16.10.08).

"O juízo da recuperação judicial é competente para julgar ação que pretende anular protesto extrajudicial de sentença trabalhista, cuja dívida se sujeita ao plano de recuperação judicial" (STJ-2ª Seção, CC 118.819, Min. Ricardo Cueva, j. 26.9.12, DJ 28.9.12).

"Com a edição da Lei 11.101, de 2005, respeitadas as especificidades da falência e da recuperação judicial, é competente o respectivo juízo para prosseguimento dos atos de execução, tais como alienação de ativos e pagamento de credores, que envolvam créditos apurados em outros órgãos judiciais, ainda que tenha ocorrido a constrição de bens do devedor. Se, de um lado, deve-se respeitar a exclusiva competência do Juizado Especial Cível para dirimir as demandas previstas na Lei 9.099/95, de outro, não se pode perder de vista que, após a apuração do montante devido à parte autora naquela jurisdição especial, processar-se-á no juízo da recuperação judicial a correspondente habilitação, consoante os princípios e normas legais que regem o plano de reorganização da empresa recuperanda" (STJ-2ª Seção, CC 105.135-AgRg, Min. João Otávio, j. 10.8.11, DJ 19.8.11).

"É do juízo da recuperação judicial a competência para definir a existência de sucessão dos ônus e obrigações, nos casos de alienação de unidade produtiva da sociedade recuperanda, inclusive quanto à responsabilidade tributária da sociedade adquirente" (STJ-2ª Seção, CC 116.036-AgRg, Min. Nancy Andrighi, j. 12.6.13, DJ 17.6.13).

"É atribuição exclusiva do juízo universal apreciar atos de constrição que irão interferir na preservação da atividade empresarial, sendo competente para constatar o caráter extraconcursal do crédito discutido nos autos da ação de execução. A concessão da recuperação judicial não suspende a realização dos atos executórios em relação aos avalistas, nos termos do art. 49, § 1º, da Lei 11.101/2005" (STJ-2ª Seção, CC 124.795-AgRg, Min. Antonio Ferreira, j. 26.6.13, DJ 1.8.13).

"Tratando-se de crédito constituído depois de ter o devedor ingressado com o pedido de recuperação judicial (crédito extraconcursal), está excluído do plano e de seus efeitos (art. 49, *caput*, da Lei 11.101/2005). Porém, a jurisprudência desta Corte tem entendido que, como forma de preservar tanto o direito creditório quanto a viabilidade do plano de recuperação judicial, o controle dos atos de constrição patrimonial relativos aos créditos extraconcursais deve prosseguir no juízo universal. Franquear o pagamento dos créditos posteriores ao pedido de recuperação por meio de atos de constrição de bens sem nenhum controle de essencialidade por parte do juízo universal acabará por inviabilizar, a um só tempo, o pagamento dos credores preferenciais, o pagamento dos credores concursais e, mais ainda, a retomada do equilíbrio financeiro da sociedade, o que terminará por ocasionar na convolação da recuperação judicial em falência, em prejuízo de todos os credores, sejam eles anteriores ou posteriores à recuperação judicial" (STJ-2ª Seção, CC 136.571-EDcl-AgRg, Min. Marco Bellizze, j. 24.5.17, DJ 31.5.17).

"Apesar de credor titular da posição de proprietário fiduciário de bens móveis ou imóveis não se submeter aos efeitos da recuperação judicial, o juízo universal é competente para avaliar se o bem é indispensável à atividade produtiva da recuperanda. Nessas hipóteses, não se permite a venda ou a retirada do estabelecimento do devedor dos bens de capital essenciais a sua atividade empresarial (art. 49, § 3º, da Lei 11.101/05)" (STJ-3ª T., REsp 1.660.893, Min. Nancy Andrighi, j. 8.8.17, DJ 14.8.17). No mesmo sentido: STJ-2ª Seção, CC 159.480-AgInt, Min. Luis Felipe, j. 25.9.19, DJ 30.9.19.

"Devedor fiduciante em recuperação judicial. Consolidação da propriedade pelo fiduciário. Venda do bem. Extinção da propriedade fiduciária. Valor arrecadado insuficiente para o pagamento da dívida. Saldo devedor. Natureza quirografária. Satisfação do remanescente da dívida. Competência do juízo da recuperação judicial" (STJ-2ª Seção, CC 128.194, Min. Raul Araújo, j. 28.6.17, DJ 1.8.17).

"A interposição de recurso quando da extinção do processo de recuperação judicial, recebido no duplo efeito, impede o trânsito em julgado da sentença. Logo, permanece a competência do juízo que deferiu o pedido de recuperação, para a administração dos bens da empresa recuperanda" (STJ-2ª Seção, CC 132.798-AgRg-EDcl-EDcl, Min. Moura Ribeiro, j. 22.6.16, DJ 29.6.16).

V. tb. arts. 6º, nota 2c, e 49, notas 1a e 2c.

Art. 52: 1b. **Súmula 480 do STJ:** "O juízo da recuperação judicial não é competente para decidir sobre a **constrição de bens não abrangidos pelo plano** de recuperação da empresa".

"Se os ativos da empresa pertencente ao mesmo grupo econômico não estão abrangidos pelo plano de recuperação judicial da controladora, não há como concluir pela competência do juízo da recuperação para decidir acerca de sua destinação" (STJ-2ª Seção, CC 86.594-AgRg, Min. Fernando Gonçalves, j. 25.6.08, DJU 1.7.08), "afigurando-se possível o prosseguimento da execução trabalhista em curso, inclusive com a realização de atos expropriatórios, tendo em vista a sua condição de devedora solidária" (STJ-2ª Seção, CC 103.711, Min. Sidnei Beneti, j. 10.6.09, maioria, DJ 24.9.09).

"Não configura conflito positivo de competência a apreensão, pela Justiça Especializada, por aplicação da teoria da desconsideração da personalidade jurídica (*disregard doctrine*), de bens de sócio da sociedade em recuperação ou de outra sociedade do mesmo grupo econômico, porquanto essas medidas não implicam a constrição de bens vinculados ao cumprimento do plano de reorganização da sociedade empresária, tampouco interferem em atos de competência do juízo da recuperação. Os bens dos sócios ou de outras sociedades do mesmo grupo econômico da devedora não estão sob a tutela da recuperação judicial, a menos que haja decisão do juízo da recuperação em sentido contrário" (STJ-2ª Seção, CC 121.487-AgRg, Min. Raul Araújo, j. 27.6.12, DJ 1.8.12).

"Depósito clássico de bens fungíveis. Contrato típico. Diferenciação do depósito atípico. Grãos de soja. Restituição. Não submissão ao juízo da recuperação judicial. Competência do juízo do foro de eleição contratual. Diferentemente de depósito bancário, o armazenador que comercializa a mesma espécie de bens dos que mantém em depósito deve conservar fisicamente em estoque o produto submetido a sua guarda, do qual não pode dispor sem autorização expressa do depositante. Disciplina legal própria, que distingue o depósito regular de bens fungíveis em estabelecimento cuja destinação social é o armazenamento de produtos agropecuários do depósito irregular de coisa fungível, que se caracteriza pela transferência da propriedade para o depositário, mantido o crédito escrituralmente. Constituindo, por conseguinte, bem de terceiro cuja propriedade não se transferiu para a empresa em recuperação judicial, não se submete ao regime previsto na Lei 11.101/2005" (STJ-2ª Seção, CC 147.927, Min. Isabel Gallotti, j. 22.3.17, maioria, DJ 10.4.17).

"O protesto judicial não implica a constrição de bens da sociedade em recuperação judicial, o que afasta a competência do juízo da recuperação judicial para o seu processamento" (STJ-2ª Seção, CC 158.495-AgInt, Min. Ricardo Cueva, j. 14.5.19, DJ 21.5.19). V. tb. arts. 6º, nota 1e, e 76, nota 3.

Art. 52: 1c. "O juízo da recuperação judicial não é competente para a ação ordinária em que se postula quantia ilíquida contra a empresa recuperanda. Só há falar em juízo universal na recuperação para os créditos, líquidos e certos (leia-se classe de credores), devidamente habilitados no plano recuperatório e por ela abrangidos. Na recuperação não há quebra e extinção da empresa, pois continua ela existindo e executando todas as suas atividades, não fazendo sentido canalizar toda e qualquer ação da recuperanda ou contra ela para o juízo da recuperação" (STJ-2ª Seção, CC 107.395, Min. Fernando Gonçalves, j. 11.11.09, DJ 23.11.09).

"As ações em que a empresa em recuperação judicial, como autora e credora, busca cobrar créditos seus contra terceiros não se encontram abrangidas pela indivisibilidade e universabilidade do juízo da falência, devendo a parte observar as regras de competência legais e constitucionais existentes" (STJ-3ª T., REsp 1.236.664, Min. João Otávio, j. 11.11.14, DJ 18.11.14).

Art. 52: 2. "Em ação de despejo movida pelo proprietário locador, a retomada da posse direta do imóvel locado à sociedade empresária em recuperação judicial, com base nas previsões da lei específica (a Lei do Inquilinato n. 8.245/91), não se submete à competência do juízo universal da recuperação" (STJ-2ª Seção, CC 122.440, Min. Raul Araújo, j. 14.8.14, DJ 15.10.14).

V. tb. arts. 6º, nota 1g, e 49, nota 2d.

Art. 52: 2a. É agravável a decisão do juiz que defere o processamento da recuperação judicial (JTJ 336/644: AI 604.160-4/8-00).

Art. 52: 2b. "A interpretação conjunta da regra do art. 52, V, da LFRE — que determina a intimação do Ministério Público acerca da decisão que defere o processamento da recuperação judicial — e daquela constante no art. 179, II, do CPC/15 — que autoriza, expressamente, a interposição de recurso pelo órgão ministerial quando a este incumbir intervir como fiscal da ordem jurídica — evidencia a **legitimidade recursal do *Parquet*** na hipótese concreta" (STJ-3ª T., REsp 1.884.860, Min. Nancy Andrighi, j. 20.10.20, DJ 29.10.20).

V. tb. art. 58, nota 3.

Art. 52: 3. Naturalmente, não estando em termos a documentação exigida no art. 51, o juiz indeferirá a petição inicial. Também deverá ser indeferida a petição inicial nas situações previstas no CPC 330. Dessa decisão, cabe apelação, mas há acórdão que conheceu de agravo de instrumento interposto nessas circunstâncias, aplicando o princípio da fungibilidade (RT 852/253 e JTJ 301/429, maioria).

Art. 52: 3a. "O deferimento do processamento do pedido de recuperação judicial não impede o protesto dos títulos a ela sujeitos" (JTJ 333/670: AI 547.904-4/0-00).

V. Lei 9.492/97, art. 24.

Art. 52: 3b. Redação de acordo com a Lei 14.112, de 24.12.20.

✎ **Art. 52: 3c.** "O Ministério Público na nova Lei de Falências", por Mario Moraes Marques Junior (RT 837/43 e RF 379/431).

Art. 52: 3d. Redação de acordo com a Lei 14.112, de 24.12.20.

Art. 52: 4. A partir da publicação do edital os credores terão o prazo de 15 (quinze) dias para apresentar ao administrador judicial suas habilitações ou suas divergências quanto aos créditos relacionados (v. art. 7º § 2º).

Art. 52: 5. Compete à assembleia-geral de credores deliberar sobre o pedido de desistência da recuperação judicial, formulado pelo devedor após o deferimento de seu processamento (cf. art. 35-I-*d*).

Seção III | DO PLANO DE RECUPERAÇÃO JUDICIAL[1]

SEÇ. III: 1. v. arts. 70 a 72 (disposições especiais sobre plano de recuperação judicial de microempresas e empresas de pequeno porte).

Art. 53. O plano de recuperação será apresentado pelo devedor em juízo no prazo improrrogável de 60 (sessenta) dias[1] da publicação da decisão que deferir o processamento da recuperação judicial, sob pena de convolação em falência, e deverá conter:

I — discriminação pormenorizada dos meios de recuperação a ser empregados, conforme o art. 50 desta Lei, e seu resumo;

II — demonstração de sua viabilidade econômica; e

III — laudo econômico-financeiro e de avaliação dos bens e ativos do devedor, subscrito por profissional legalmente habilitado ou empresa especializada.

Parágrafo único. O juiz ordenará a publicação de edital contendo aviso aos credores sobre o recebimento do plano de recuperação e fixando o prazo para a manifestação de eventuais objeções, observado o art. 55 desta Lei.

Art. 53: 1. v. art. 6º, nota 5b (forma de contagem).

Art. 54. O plano de recuperação judicial não poderá prever prazo superior a 1 (um) ano para pagamento dos créditos derivados da legislação do trabalho ou decorrentes de acidentes de trabalho vencidos até a data do pedido de recuperação judicial.

§ 1º O plano não poderá, ainda, prever prazo superior a 30 (trinta) dias para o pagamento, até o limite de 5 (cinco) salários mínimos por trabalhador, dos créditos de natureza estritamente salarial vencidos nos 3 (três) meses anteriores ao pedido de recuperação judicial.[1]

§ 2º O prazo estabelecido no *caput* deste artigo poderá ser estendido em até 2 (dois) anos, se o plano de recuperação judicial atender aos seguintes requisitos, cumulativamente:[1a]

I — apresentação de garantias julgadas suficientes pelo juiz;[1b]

II — aprovação pelos credores titulares de créditos derivados da legislação trabalhista ou decorrentes de acidentes de trabalho, na forma do § 2º do art. 45 desta Lei; e[1c]

III — garantia da integralidade do pagamento dos créditos trabalhistas.[1d]

Art. 54: 1. O § 1º foi renumerado pela Lei 14.112, de 24.12.20.

Art. 54: 1a a 1d. Redação de acordo com a Lei 14.112, de 24.12.20.

Seção IV | DO PROCEDIMENTO DE RECUPERAÇÃO JUDICIAL

Art. 55. Qualquer credor poderá manifestar ao juiz sua objeção[1-1a] ao plano de recuperação judicial no prazo de 30 (trinta) dias contado da publicação da relação de credores de que trata o § 2º do art. 7º desta Lei.

Parágrafo único. Caso, na data da publicação da relação de que trata o *caput* deste artigo, não tenha sido publicado o aviso previsto no art. 53, parágrafo único, desta Lei, contar-se-á da publicação deste o prazo para as objeções.[2]

Art. 55: 1. v. art. 52 § 1º-III.

Art. 55: 1a. "Os fins perseguidos com a objeção ao plano de recuperação, a específica regulação legal para o instituto e a sua natureza notoriamente privada desautorizam o recebimento de impugnação ao valor de crédito como se objeção fosse" (STJ-3ª T., REsp 1.157.846, Min. Nancy Andrighi, j. 2.12.10, DJ 10.10.11).

Recuperação e Falência

Art. 55: 2. "O termo inicial do prazo para objeções ao plano conta-se da publicação do edital com a relação dos credores feita pelo Administrador Judicial ou do edital contendo aviso sobre o recebimento do plano, iniciando-se a sua fluência da publicação que ocorrer por último" (JTJ 342/675: AI 641.823-4/5-00).

Art. 56. Havendo objeção de qualquer credor ao plano de recuperação judicial, o juiz convocará a assembleia-geral de credores para deliberar sobre o plano de recuperação.[1 a 2]

§ 1º A data designada para a realização da assembleia-geral não excederá 150 (cento e cinquenta) dias contados do deferimento do processamento da recuperação judicial.

§ 2º A assembleia-geral que aprovar o plano de recuperação judicial poderá indicar os membros do Comitê de Credores, na forma do art. 26 desta Lei, se já não estiver constituído.

§ 3º O plano de recuperação judicial poderá sofrer alterações na assembleia-geral, desde que haja expressa concordância do devedor e em termos que não impliquem diminuição dos direitos exclusivamente dos credores ausentes.

§ 4º Rejeitado o plano de recuperação judicial, o administrador judicial submeterá, no ato, à votação da assembleia-geral de credores a concessão de prazo de 30 (trinta) dias para que seja apresentado plano de recuperação judicial pelos credores.[2a a 2c]

§ 5º A concessão do prazo a que se refere o § 4º deste artigo deverá ser aprovada por credores que representem mais da metade dos créditos presentes à assembleia-geral de credores.[2d]

§ 6º O plano de recuperação judicial proposto pelos credores somente será posto em votação caso satisfeitas, cumulativamente, as seguintes condições:[2e]

I — não preenchimento dos requisitos previstos no § 1º do art. 58 desta Lei;[3]

II — preenchimento dos requisitos previstos nos incisos I, II e III do *caput* do art. 53 desta Lei;[3a]

III — apoio por escrito de credores que representem, alternativamente:[4]

a) mais de 25% (vinte e cinco por cento) dos créditos totais sujeitos à recuperação judicial; ou[4a]

b) mais de 35% (trinta e cinco por cento) dos créditos dos credores presentes à assembleia-geral a que se refere o § 4º deste artigo;[4b]

IV — não imputação de obrigações novas, não previstas em lei ou em contratos anteriormente celebrados, aos sócios do devedor;[5]

V — previsão de isenção das garantias pessoais prestadas por pessoas naturais em relação aos créditos a serem novados e que sejam de titularidade dos credores mencionados no inciso III deste parágrafo ou daqueles que votarem favoravelmente ao plano de recuperação judicial apresentado pelos credores, não permitidas ressalvas de voto; e[5a]

VI — não imposição ao devedor ou aos seus sócios de sacrifício maior do que aquele que decorreria da liquidação na falência.[5b]

§ 7º O plano de recuperação judicial apresentado pelos credores poderá prever a capitalização dos créditos, inclusive com a consequente alteração do controle da sociedade devedora, permitido o exercício do direito de retirada pelo sócio do devedor.[6]

§ 8º Não aplicado o disposto nos §§ 4º, 5º e 6º deste artigo, ou rejeitado o plano de recuperação judicial proposto pelos credores, o juiz convolará a recuperação judicial em falência.[7]

§ 9º Na hipótese de suspensão da assembleia-geral de credores convocada para fins de votação do plano de recuperação judicial, a assembleia deverá ser encerrada no prazo de até 90 (noventa) dias, contado da data de sua instalação.[8]

Art. 56: 1. "A discussão a respeito da existência, ou não, de um crédito da recuperanda em face de uma empresa, que adquiriu as quotas sociais, é tema de deliberação da assembleia geral de credores, e não do juízo que preside o processo de recuperação judicial" (JTJ 314/460: 459.925-4/9-00; a citação é do voto do relator).

Art. 56: 1a. "A assembleia de credores é soberana em suas decisões quanto aos planos de recuperação judicial. Contudo, as deliberações desse plano estão sujeitas aos requisitos de validade dos atos jurídicos em geral, requisitos esses que estão sujeitos a controle judicial" (STJ-3ª T., REsp 1.314.209, Min. Nancy Andrighi, j. 22.5.12, DJ 1.6.12).

Art. 56: 2. "O credor pode desistir da objeção ao plano de recuperação judicial se o pedido de desistência tiver sido apresentado antes de convocada a assembleia geral de credores" (STJ-4ª T., REsp 1.014.153, Min. João Otávio, j. 4.8.11, DJ 5.9.11).

Art. 56: 2a. Redação de acordo com a Lei 14.112, de 24.12.20, em vigor 30 dias após sua publicação (DOU 24.12.20 — ed. extra).

Art. 56: 2b. **Lei 14.112, de 24.12.20: "Art. 5º** Observado o disposto no art. 14 da Lei n. 13.105, de 16 de março de 2015 (Código de Processo Civil), esta Lei aplica-se de imediato aos processos pendentes. **§ 1º** Os dispositivos constantes dos incisos seguintes somente serão aplicáveis às falências decretadas, inclusive as decorrentes de convolação, e aos pedidos de recuperação judicial ou extrajudicial ajuizados após o início da vigência desta Lei: **I** — a proposição do plano de recuperação judicial pelos credores, conforme disposto no art. 56 da Lei n. 11.101, de 9 de fevereiro de 2005".

Art. 56: 2c. v. art. 73-III.

Art. 56: 2d a 8. Redação de acordo com a Lei 14.112, de 24.12.20, em vigor 30 dias após sua publicação (DOU 24.12.20 — ed. extra). V. nota 2b, acima.

Art. 56-A. Até 5 (cinco) dias antes da data de realização da assembleia-geral de credores convocada para deliberar sobre o plano, o devedor poderá comprovar a aprovação dos credores por meio de termo de adesão, observado o quórum previsto no art. 45 desta Lei, e requerer a sua homologação judicial.[1]

§ 1º No caso previsto no *caput* deste artigo, a assembleia-geral será imediatamente dispensada, e o juiz intimará os credores para apresentarem eventuais oposições, no prazo de 10 (dez) dias, o qual substituirá o prazo inicialmente estipulado nos termos do *caput* do art. 55 desta Lei.

§ 2º Oferecida oposição prevista no § 1º deste artigo, terá o devedor o prazo de 10 (dez) dias para manifestar-se a respeito, ouvido a seguir o administrador judicial, no prazo de 5 (cinco) dias.

§ 3º No caso de dispensa da assembleia-geral ou de aprovação do plano de recuperação judicial em assembleia-geral, as oposições apenas poderão versar sobre:

I — não preenchimento do quórum legal de aprovação;

II — descumprimento do procedimento disciplinado nesta Lei;

III — irregularidades do termo de adesão ao plano de recuperação; ou

IV — irregularidades e ilegalidades do plano de recuperação.

Art. 56-A: 1. Redação de acordo com a Lei 14.112, de 24.12.20.

Art. 57. Após a juntada aos autos do plano aprovado pela assembleia-geral de credores ou decorrido o prazo previsto no art. 55 desta Lei sem objeção de credores, o devedor apresentará certidões negativas de débitos tributários[1 a 1c] nos termos dos arts. 151, 205, 206 da Lei n. 5.172, de 25 de outubro de 1966 — Código Tributário Nacional.[2]

✎ **Art. 57: 1.** "Débitos fiscais e a recuperação judicial de empresas", por José Eli Salamacha (RDPr 26/172).

Art. 57: 1a. **CTN 155-A: "§ 3º** (*acrescido pela LC 118, de 9.2.05*) Lei específica disporá sobre as condições de parcelamento dos créditos tributários do devedor em recuperação judicial.

"**§ 4º** (*acrescido pela LC 118, de 9.2.05*) A inexistência da lei específica a que se refere o § 3º deste artigo importa na aplicação das leis gerais de parcelamento do ente da Federação ao devedor em recuperação judicial, não podendo, neste caso, ser o prazo de parcelamento inferior ao concedido pela lei federal específica".

CTN 191-A (*acrescido pela LC 118, de 9.2.05*). "A concessão de recuperação judicial depende da apresentação da prova de quitação de todos os tributos, observado o disposto nos arts. 151, 205 e 206 desta Lei".

Art. 57: 1b. A concessão da recuperação judicial sem a apresentação de tais certidões somente pode ser impugnada pela Fazenda; não se admite recurso de credor nessas circunstâncias (JTJ 309/442; 342/673: AI 638.476-4/3-00).

A Fazenda tem interesse em recorrer da decisão que aprova plano de recuperação judicial sem a apresentação das certidões negativas de débitos tributários, "mesmo não estando os créditos tributários sujeitos à habilitação na recuperação judicial" (JTJ 314/444: AI 439.602-4/9-00).

Art. 57: 1c. É dispensável a apresentação das certidões negativas de débitos tributários exigidas pelo art. 57 para a concessão da recuperação judicial.

"Recuperação judicial. Exigência de que a empresa recuperanda comprove sua regularidade tributária. Art. 57 da Lei 11.101/2005 (LRF) e art. 191-A do Código Tributário Nacional (CTN). Inoperância dos mencionados dispositivos. Inexistência de lei específica a disciplinar o parcelamento da dívida fiscal e previdenciária de empresas em recuperação judicial. O parcelamento tributário é direito da empresa em recuperação judicial que conduz a situação de regularidade fiscal, de modo que eventual descumprimento do que dispõe o art. 57 da LRF só pode ser atribuído, ao menos imediatamente e por ora, à ausência de legislação específica que discipline o parcelamento em sede de recuperação judicial, não constituindo ônus do contribuinte, enquanto se fizer inerte o legislador, a apresentação de certidões de regularidade fiscal para que lhe seja concedida a recuperação" (STJ-Corte Especial, REsp 1.187.404, Min. Luis Felipe, j. 19.6.13, DJ 21.8.13).

"Exigência do art. 57 LF que configura antinomia jurídica com outras normas que integram a Lei 11.101/05, em especial, o art. 47. Abusividade da exigência, enquanto não for cumprido o art. 68 da nova Lei, que prevê a edição de lei específica sobre o parcelamento do crédito tributário para devedores em recuperação judicial" (JTJ 314/443: 439.602-4/9-00).

Art. 57: 2. **CTN: "Art. 151.** Suspendem a exigibilidade do crédito tributário:

"I — moratória;

"II — o depósito do seu montante integral;

"III — as reclamações e os recursos, nos termos das leis reguladoras do processo tributário administrativo;

"IV — a concessão de medida liminar em mandado de segurança;

"V — a concessão de medida liminar ou de tutela antecipada, em outras espécies de ação judicial (incluído pela LC 104, de 10.1.01);

"VI — o parcelamento (inc. VI incluído pela LC 104, de 10.1.01).

"Parágrafo único. O disposto neste artigo não dispensa o cumprimento das obrigações assessórias dependentes da obrigação principal cujo crédito seja suspenso, ou dela consequentes.

"**Art. 205.** A lei poderá exigir que a prova da quitação de determinado tributo, quando exigível, seja feita por certidão negativa, expedida à vista de requerimento do interessado, que contenha todas as informações necessárias à identificação de sua pessoa, domicílio fiscal e ramo de negócio ou atividade e indique o período a que se refere o pedido.

"Parágrafo único. A certidão negativa será sempre expedida nos termos em que tenha sido requerida e será fornecida dentro de 10 (dez) dias da data da entrada do requerimento na repartição.

"**Art. 206.** Tem os mesmos efeitos previstos no artigo anterior a certidão de que conste a existência de créditos não vencidos, em curso de cobrança executiva em que tenha sido efetivada a penhora, ou cuja exigibilidade esteja suspensa."

Art. 58. Cumpridas as exigências desta Lei, o juiz concederá[1 a 4] a recuperação judicial do devedor cujo plano não tenha sofrido objeção de credor nos termos do art. 55 desta Lei ou tenha sido aprovado pela assembleia-geral de credores na forma dos arts. 45 ou 56-A desta Lei.[4a]

§ 1º O juiz poderá conceder a recuperação judicial com base em plano que não obteve aprovação na forma do art. 45 desta Lei, desde que, na mesma assembleia, tenha obtido, de forma cumulativa:

I — o voto favorável de credores que representem mais da metade do valor de todos os créditos presentes à assembleia, independentemente de classes;

II — a aprovação de 3 (três) das classes de credores ou, caso haja somente 3 (três) classes com credores votantes, a aprovação de pelo menos 2 (duas) das classes ou, caso haja somente 2 (duas) classes com credores votantes, a aprovação de pelo menos 1 (uma) delas, sempre nos termos do art. 45 desta Lei;[5]

III — na classe que o houver rejeitado, o voto favorável de mais de 1/3 (um terço) dos credores, computados na forma dos §§ 1º e 2º do art. 45 desta Lei.

§ 2º A recuperação judicial somente poderá ser concedida com base no § 1º deste artigo se o plano não implicar tratamento diferenciado entre os credores da classe que o houver rejeitado.

§ 3º Da decisão que conceder a recuperação judicial serão intimados eletronicamente o Ministério Público e as Fazendas Públicas federal e de todos os Estados, Distrito Federal e Municípios em que o devedor tiver estabelecimento.[6]

Art. 58: 1. v. art. 61-*caput*.

Art. 58: 1a. "Cumpridas as exigências legais, o juiz deve conceder a recuperação judicial do devedor cujo plano tenha sido aprovado em assembleia (art. 58, *caput*, da Lei 11.101/2005), não lhe sendo dado se imiscuir no aspecto da viabilidade econômica da empresa, uma vez que tal questão é de exclusiva apreciação assemblear. O magistrado deve exercer o controle de legalidade do plano de recuperação — no que se insere o repúdio à fraude e ao abuso de direito —, mas não o controle de sua viabilidade econômica. Nesse sentido, Enunciados n. 44 e 46 da I Jornada de Direito Comercial CJF/STJ" (STJ-4ª T., REsp 1.359.311, Min. Luis Felipe, j. 9.9.14, DJ 30.9.14). Em sentido semelhante: STJ-3ª T., REsp 1.513.260, Min. João Otávio, j. 5.5.16, DJ 10.5.16.

V. tb. art. 73, nota 1.

Art. 58: 2. "A homologação ao plano de recuperação judicial da empresa não está vinculada à prévia decisão de 1º grau sobre as impugnações a créditos porventura existentes" (STJ-3ª T., REsp 1.157.846, Min. Nancy Andrighi, j. 2.12.10, DJ 10.10.11).

Art. 58: 3. "Há previsão legal específica quanto à **legitimidade do Ministério Público** para impugnar valor de crédito apresentado, decorrendo daí sua legitimidade para **interpor recurso** contra decisão que homologa o plano de recuperação judicial, sem a apreciação das impugnações ao valor de créditos" (STJ-3ª T., REsp 1.157.846, Min. Nancy Andrighi, j. 2.12.10, DJ 10.10.11).

V. tb. art. 52, nota 2b.

Art. 58: 4. "Não tem interesse, em princípio, a instituição financeira credora de contrato de adiantamento de câmbio em demandar pela nulidade da decisão que homologa o plano de recuperação judicial se a ele não se submete" (STJ-4ª T., AI 1.197.871-AgRg, Min. Isabel Gallotti, j. 11.12.12, DJ 19.12.12).

Art. 58: 4a a 6. Redação de acordo com a Lei 14.112, de 24.12.20.

Art. 58-A. Rejeitado o plano de recuperação proposto pelo devedor ou pelos credores e não preenchidos os requisitos estabelecidos no § 1º do art. 58 desta Lei, o juiz convolará a recuperação judicial em falência.[1]

Parágrafo único. Da sentença prevista no *caput* deste artigo caberá agravo de instrumento.

Art. 58-A: 1. Redação de acordo com a Lei 14.112, de 24.12.20.

Art. 59. O plano de recuperação judicial implica novação[1-1a] dos créditos anteriores ao pedido, e obriga o devedor e todos os credores a ele sujeitos, sem prejuízo das garantias, observado o disposto no § 1º do art. 50 desta Lei.

Recuperação e Falência

§ 1º A decisão judicial que conceder a recuperação judicial constituirá título executivo judicial, nos termos do art. 584, inciso III, do *caput* da Lei n. 5.869, de 11 de janeiro de 1973 — Código de Processo Civil.[1b]

§ 2º Contra a decisão que conceder a recuperação judicial caberá agravo, que poderá ser interposto por qualquer credor e pelo Ministério Público.[2 a 4]

§ 3º Da decisão que conceder a recuperação judicial serão intimadas eletronicamente as Fazendas Públicas federal e de todos os Estados, Distrito Federal e Municípios em que o devedor tiver estabelecimento.[5]

Art. 59: 1. "Uma vez homologado o plano de recuperação judicial, os órgãos competentes devem ser oficiados a providenciar a baixa dos protestos e a retirada, dos cadastros de inadimplentes, do nome da recuperanda e dos seus sócios, por débitos sujeitos ao referido plano, com a ressalva expressa de que essa providência será adotada sob a condição resolutiva de a devedora cumprir todas as obrigações previstas no acordo de recuperação" (STJ-3ª T., REsp 1.260.301, Min. Nancy Andrighi, j. 14.8.12, DJ 21.8.12). **Todavia:** "Pedido de cancelamento dos protestos dos títulos sujeitos à recuperação judicial em face da novação operada. Indeferimento. Recurso. Novação que somente se tornará definitiva após o prazo de 2 (dois) anos, desde que cumpridas as obrigações do plano. Recurso não provido" (JTJ 318/487: AI 480.487-4/8-00).

Art. 59: 1a. "Recuperação judicial. Aprovação do plano. **Novação. Execuções** individuais ajuizadas **contra a recuperanda. Extinção**" (STJ-4ª T., REsp 1.732.178-AgInt, Min. Luis Felipe, j. 18.9.18, DJ 21.9.18).

Art. 59: 1b. v. CPC 515-II.

Art. 59: 2. s/ recurso cabível contra a decisão que indefere a petição inicial de recuperação judicial, v. art. 52, nota 3.

Art. 59: 3. Não se admite recurso de acionista minoritário contra a decisão que concede a recuperação judicial (JTJ 301/411).

Art. 59: 4. "Os litisconsortes passivos do processo de recuperação judicial não dispõem de prazo em dobro para recorrer das decisões proferidas, sendo inaplicável a regra inserta no art. 191 do referido diploma processual. Evidenciado que a decisão singular deferiu o processamento da recuperação judicial e que o agravo de instrumento correspondente foi interposto no dia subsequente ao término do prazo decendial, imperioso é o acolhimento da preliminar de intempestividade, a fim de não conhecer do recurso" (RT 925/908: TJBA, AI 0008546-49.2011.8.05.0000).

V. tb. art. 189, nota 2.

Art. 59: 5. Redação de acordo com a Lei 14.112, de 24.12.20.

Art. 60. Se o plano de recuperação judicial aprovado envolver alienação judicial de filiais ou de unidades produtivas isoladas do devedor, o juiz ordenará a sua realização, observado o disposto no art. 142 desta Lei.

Parágrafo único. O objeto da alienação estará livre de qualquer ônus e não haverá sucessão do arrematante nas obrigações do devedor, inclusive as de natureza tributária,[1] observado o disposto no § 1º do art. 141 desta Lei.[2]

Art. 60: 1. v. art. 140, nota 1 (CTN 133 § 1º-II e § 2º).

Art. 60: 2. Esse § ún. não é inconstitucional (STF-Pleno, ADI 3.934, Min. Ricardo Lewandowski, j. 27.5.09, DJ 6.11.09).

Art. 60-A. A unidade produtiva isolada de que trata o art. 60 desta Lei poderá abranger bens, direitos ou ativos de qualquer natureza, tangíveis ou intangíveis, isolados ou em conjunto, incluídas participações dos sócios.[1]

Parágrafo único. O disposto no *caput* deste artigo não afasta a incidência do inciso VI do *caput* e do § 2º do art. 73 desta Lei.

Art. 60-A: 1. Redação de acordo com a Lei 14.112, de 24.12.20.

Art. 61. Proferida a decisão prevista no art. 58 desta Lei, o juiz poderá determinar a manutenção do devedor em recuperação judicial até que sejam cumpridas todas as obrigações previstas no plano que vencerem até, no máximo, 2 (dois) anos depois da concessão da recuperação judicial, independentemente do eventual período de carência.[1 a 2]

§ 1º Durante o período estabelecido no *caput* deste artigo, o descumprimento de qualquer obrigação prevista no plano acarretará a convolação da recuperação em falência, nos termos do art. 73 desta Lei.

§ 2º Decretada a falência, os credores terão reconstituídos seus direitos e garantias nas condições originalmente contratadas, deduzidos os valores eventualmente pagos e ressalvados os atos validamente praticados no âmbito da recuperação judicial.

Art. 61: 1. Redação de acordo com a Lei 14.112, de 24.12.20.

Art. 61: 1a. "A Lei 11.101/2005 estabeleceu o prazo de 2 anos para o devedor permanecer em recuperação judicial, que se inicia com a concessão da recuperação judicial e se encerra com o cumprimento de todas as obrigações previstas no plano que se vencerem até 2 anos do termo inicial. A apresentação de **aditivos ao plano** de recuperação judicial pressupõe que o plano estava sendo cumprido e, por situações que somente se mostraram depois, teve que ser modificado, o que foi admitido pelos credores. Não há, assim, propriamente uma ruptura da fase de execução, motivo pelo qual **inexiste** justificativa para a **modificação do termo inicial** da contagem **do prazo bienal** para o encerramento da recuperação judicial. A existência de habilitações/impugnações de crédito ainda pendentes de trânsito em julgado, o que evidencia não estar definitivamente consolidado o quadro geral de credores, não impede o encerramento da recuperação" (STJ-3ª T., REsp 1.853.347, Min. Ricardo Cueva, j. 5.5.20, DJ 11.5.20).

Art. 61: 2. "**Modificação do plano de recuperação após o biênio de supervisão judicial.** Possibilidade, desde que não tenha ocorrido o encerramento daquela. Princípio da preservação da empresa. Alteração submetida à assembleia geral de credores. Soberania do órgão. Devedor dissidente que deve se submeter aos novos ditames do plano. Princípios da relevância dos interesses dos credores e da *par conditio creditorum*" (STJ-4ª T., REsp 1.302.735, Min. Luis Felipe, j. 17.3.16, DJ 5.4.16).

Art. 62. Após o período previsto no art. 61 desta Lei, no caso de descumprimento de qualquer obrigação prevista no plano de recuperação judicial, qualquer credor poderá requerer a execução específica ou a falência com base no art. 94 desta Lei.[1]

Art. 62: 1. v. art. 94-III-*g*.

Art. 63. Cumpridas as obrigações vencidas no prazo previsto no *caput* do art. 61 desta Lei, o juiz decretará por sentença o encerramento da recuperação judicial e determinará:

I — o pagamento do saldo de honorários ao administrador judicial, somente podendo efetuar a quitação dessas obrigações mediante prestação de contas, no prazo de 30 (trinta) dias,[1] e aprovação do relatório previsto no inciso III do *caput* deste artigo;

II — a apuração do saldo das custas judiciais a serem recolhidas;

III — a apresentação de relatório circunstanciado do administrador judicial,[1a] no prazo máximo de 15 (quinze) dias,[2] versando sobre a execução do plano de recuperação pelo devedor;

IV — a dissolução do Comitê de Credores e a exoneração do administrador judicial;

V — a comunicação ao Registro Público de Empresas e à Secretaria Especial da Receita Federal do Brasil do Ministério da Economia para as providências cabíveis.[3]

Parágrafo único. O encerramento da recuperação judicial não dependerá da consolidação do quadro-geral de credores.[3a-3b]

Art. 63: 1. Não prestadas as contas, o administrador judicial será intimado pessoalmente a fazê-lo, sob pena de desobediência (cf. art. 23).

Art. 63: 1a. v. art. 22-II-*d*.

Art. 63: 2. Não apresentado o relatório, o administrador judicial será intimado pessoalmente a fazê-lo, sob pena de desobediência (cf. art. 23).

Art. 63: 3 e 3a. Redação de acordo com a Lei 14.112, de 24.12.20.

Art. 63: 3b. **Lei 14.112, de 24.12.20: "Art. 5º** Observado o disposto no art. 14 da Lei n. 13.105, de 16 de março de 2015 (Código de Processo Civil), esta Lei aplica-se de imediato aos processos pendentes. (...) **§ 2º** As recuperações judiciais em curso poderão ser encerradas independentemente de consolidação definitiva do quadro-geral de credores, facultada ao juiz essa possibilidade no período previsto no art. 61 da Lei n. 11.101, de 9 de fevereiro de 2005".

Art. 64. Durante o procedimento de recuperação judicial, o devedor ou seus administradores serão mantidos na condução da atividade empresarial, sob fiscalização do Comitê, se houver, e do administrador judicial, salvo se qualquer deles:

I — houver sido condenado em sentença penal transitada em julgado por crime cometido em recuperação judicial ou falência anteriores ou por crime contra o patrimônio, a economia popular ou a ordem econômica previstos na legislação vigente;

II — houver indícios veementes de ter cometido crime previsto nesta Lei;

III — houver agido com dolo, simulação ou fraude contra os interesses de seus credores;

IV — houver praticado qualquer das seguintes condutas:

a) efetuar gastos pessoais manifestamente excessivos em relação a sua situação patrimonial;

b) efetuar despesas injustificáveis por sua natureza ou vulto, em relação ao capital ou gênero do negócio, ao movimento das operações e a outras circunstâncias análogas;

c) descapitalizar injustificadamente a empresa ou realizar operações prejudiciais ao seu funcionamento regular;

d) simular ou omitir créditos ao apresentar a relação de que trata o inciso III do *caput* do art. 51 desta Lei, sem relevante razão de direito ou amparo de decisão judicial;

V — negar-se a prestar informações solicitadas pelo administrador judicial ou pelos demais membros do Comitê;

VI — tiver seu afastamento previsto no plano de recuperação judicial.

Parágrafo único. Verificada qualquer das hipóteses do *caput* deste artigo, o juiz destituirá o administrador, que será substituído na forma prevista nos atos constitutivos do devedor ou do plano de recuperação judicial.

Art. 65. Quando do afastamento do devedor, nas hipóteses previstas no art. 64 desta Lei, o juiz convocará a assembleia-geral de credores para deliberar sobre o nome do gestor judicial[1] que assumirá a administração das atividades do devedor, aplicando-se-lhe, no que couber, todas as normas sobre deveres, impedimentos e remuneração do administrador judicial.

§ 1º O administrador judicial exercerá as funções de gestor enquanto a assembleia-geral não deliberar sobre a escolha deste.

§ 2º Na hipótese de o gestor indicado pela assembleia-geral de credores recusar ou estar impedido de aceitar o encargo para gerir os negócios do devedor, o juiz convocará, no prazo de 72 (setenta e duas) horas, contado da recusa ou da declaração do impedimento nos autos, nova assembleia-geral, aplicado o disposto no § 1º deste artigo.

Art. 65: 1. s/ atribuição à assembleia-geral de credores, para deliberar sobre o nome do gestor judicial, v. art. 35-I.

Art. 66. Após a distribuição do pedido de recuperação judicial, o devedor não poderá alienar ou onerar bens ou direitos de seu ativo não circulante,[1] inclusive para os fins previstos no art. 67 desta Lei, salvo mediante autorização do juiz,[2] depois de ouvido o Comitê de Credores, se houver, com exceção daqueles previamente autorizados no plano de recuperação judicial.[3]

§ 1º Autorizada a alienação de que trata o *caput* deste artigo pelo juiz, observar-se-á o seguinte:[3a]

I — nos 5 (cinco) dias subsequentes à data da publicação da decisão, credores que corresponderem a mais de 15% (quinze por cento) do valor total de créditos sujeitos à recuperação judicial, comprovada a prestação da caução equivalente ao valor total da alienação, poderão manifestar ao administrador judicial, fundamentadamente, o interesse na realização da assembleia-geral de credores para deliberar sobre a realização da venda;

II — nas 48 (quarenta e oito) horas posteriores ao final do prazo previsto no inciso I deste parágrafo, o administrador judicial apresentará ao juiz relatório das manifestações recebidas e, somente na hipótese de cumpridos os requisitos estabelecidos, requererá a convocação de assembleia-geral de credores, que será realizada da forma mais célere, eficiente e menos onerosa, preferencialmente por intermédio dos instrumentos referidos no § 4º do art. 39 desta Lei.

§ 2º As despesas com a convocação e a realização da assembleia-geral correrão por conta dos credores referidos no inciso I do § 1º deste artigo, proporcionalmente ao valor total de seus créditos.[3b]

§ 3º (VETADO)[4]

§ 4º O disposto no *caput* deste artigo não afasta a incidência do inciso VI do *caput* e do § 2º do art. 73 desta Lei.[5]

Art. 66: 1. "Tratando-se de disponibilidades financeiras e de direitos creditórios realizáveis no curso do exercício social subsequente ou após o término deste, tais bens se inserem nas categorias 'ativo circulante' ou 'ativo realizável a longo prazo', conforme se depreende da redação original dos arts. 178, § 1º, 'a', 'b' e 'c' e 179, I e II, da Lei 6.404/76 (vigente à época da edição da Lei 11.101/05). Assim, sejam os direitos creditórios (a depender de seu vencimento) classificados como 'ativo circulante' ou como 'ativo realizável a longo prazo', o fato é que, como tais rubricas não podem ser classificadas na categoria 'ativo permanente', a restrição à **celebração de contratos de *factoring*** por empresa em recuperação judicial **não** está **abrangida** pelo comando normativo do art. 66 da LFRE" (STJ-3ª T., REsp 1.783.068, Min. Nancy Andrighi, j. 5.2.19, DJ 8.2.19).

Art. 66: 2. "Autorização judicial para alienação de bens que integram o ativo permanente das sociedades devedoras. Observância dos requisitos do art. 142 da Lei 11.101/05. Desnecessidade. Norma que se destina à realização do ativo de sociedades falidas. **Não há exigência** legal **de** qualquer **formalidade** específica **para avaliação** dos ativos a serem alienados, incumbindo ao juiz verificar as circunstâncias específicas de cada caso e adotar as providências que entender cabíveis para alcançar o melhor resultado, tanto para a empresa quanto para os credores e demais interessados" (STJ-3ª T., REsp 1.819.057, Min. Nancy Andrighi, j. 10.3.20, DJ 12.3.20).

Art. 66: 3 a 5. Redação de acordo com a Lei 14.112, de 24.12.20.

Art. 66-A. A alienação de bens ou a garantia outorgada pelo devedor a adquirente ou a financiador de boa-fé, desde que realizada mediante autorização judicial expressa ou prevista em plano de recuperação judicial ou extrajudicial aprovado, não poderá ser anulada ou tornada ineficaz após a consumação do negócio jurídico com o recebimento dos recursos correspondentes pelo devedor.[1]

Art. 66-A: 1. Redação de acordo com a Lei 14.112, de 24.12.20.

Art. 67. Os créditos decorrentes de obrigações contraídas pelo devedor durante a recuperação judicial,[1-2] inclusive aqueles relativos a despesas com fornecedores de bens ou serviços e contratos de mútuo,[3] serão considerados extraconcursais, em caso de decretação de falência, respeitada, no que couber, a ordem estabelecida no art. 83 desta Lei.[4]

Parágrafo único. O plano de recuperação judicial poderá prever tratamento diferenciado aos créditos sujeitos à recuperação judicial pertencentes a fornecedores de bens ou serviços que continuarem a provê-los normalmente após o pedido de recuperação judicial, desde que tais bens ou serviços sejam necessários para a manutenção das atividades e que o tratamento diferenciado seja adequado e razoável no que concerne à relação comercial futura.[5]

Art. 67: 1. "Falência. Decretação após concessão da recuperação judicial. Crédito resultante de obrigação assumida com escritório de advocacia contratado para ajuizar o pedido de recuperação judicial. Classificação, pelo administrador judicial, como crédito extraconcursal. Impugnação feita por sócio da falida sustentando ser crédito quirografário, por ter sido o contrato celebrado antes do ajuizamento do pedido de recuperação judicial. Crédito que decorreu de contrato celebrado para prestação de serviços visando a superação da crise econômico-financeira da devedora. Interpretação da expressão 'durante a recuperação judicial' do art. 67 da Lei 11.101/05. Recurso provido para restaurar a classificação atribuída pelo administrador judicial em seu rol de credores" (JTJ 357/645: AI 990.10.196753-7). Esse acórdão foi mantido no julgamento do subsequente recurso especial: "Recuperação judicial convolada em falência. Crédito correspondente aos honorários advocatícios devidos à sociedade de advogados contratada para formular e acompanhar o pedido de recuperação judicial. Crédito extraconcursal" (STJ-4ª T., REsp 1.368.550, Min. Luis Felipe, j. 4.10.16, DJ 23.11.16).

V. tb. art. 84, nota 3.

Art. 67: 2. "O ato que deflagra a propagação dos principais efeitos da recuperação judicial é a decisão que defere o pedido de seu processamento. É ele que confere, também, publicidade à situação de crise econômico-financeira da sociedade. Ainda que a recuperação judicial se mostre inviável e, por qualquer motivo, seja convolada em falência, como no particular, é salutar reconhecer que quem negociou com o devedor a partir do momento em que se evidenciou a situação de crise — data do deferimento do pedido de processamento da recuperação judicial — colaborou sobremaneira com a tentativa de reerguimento da sociedade e, portanto, deve ocupar uma posição privilegiada na fila de credores. Atribuir precedência na ordem de pagamento àqueles que participarem ativamente do processo de soerguimento da empresa, na hipótese de quebra do devedor, foi a maneira encontrada pelo legislador para compensar o incremento do risco experimentado" (STJ-3ª T., REsp 1.398.092, Min. Nancy Andrighi, j. 6.5.14, DJ 19.5.14).

"A expressão 'durante a recuperação judicial', gravada nos arts. 67, *caput*, e 84, V, da Lei de Falências e de Recuperação de Empresas, abrange o período compreendido entre a data em que se defere o processamento da recuperação judicial e a decretação da falência, interpretação que melhor harmoniza a norma legal com as demais disposições da lei de regência e, em especial, o princípio da preservação da empresa (LF, art. 47)" (STJ-4ª T., REsp 1.185.567, Min. Antonio Ferreira, j. 5.6.14, maioria, DJ 10.10.14).

Art. 67: 3. s/ a precedência desses créditos, v. art. 84-V.

Art. 67: 4. "Os créditos de fornecedores que realizam operações comerciais com a empresa em recuperação — classificados como extraconcursais — preferem aos demais, inclusive aos de natureza trabalhista. O benefício deve alcançar os débitos contraídos pela empresa após o processamento do pedido de recuperação judicial, sob pena de inviabilizar a proteção legal, pois este o momento em que a situação de crise da empresa vem ao conhecimento público" (RJTJERGS 275/176: AI 70025116567).

Art. 67: 5. Redação de acordo com a Lei 14.112, de 24.12.20.

Art. 68. As Fazendas Públicas e o Instituto Nacional do Seguro Social — INSS poderão deferir, nos termos da legislação específica, parcelamento de seus créditos, em sede de recuperação judicial, de acordo com os parâmetros estabelecidos na Lei n. 5.172, de 25 de outubro de 1966 — Código Tributário Nacional.

Parágrafo único. As microempresas e empresas de pequeno porte farão jus a prazos 20% (vinte por cento) superiores àqueles regularmente concedidos às demais empresas.[1]

Art. 68: 1. Parágrafo único acrescido pela LC 147, de 7.8.14.

Art. 69. Em todos os atos, contratos e documentos firmados pelo devedor sujeito ao procedimento de recuperação judicial deverá ser acrescida, após o nome empresarial, a expressão "em Recuperação Judicial".[1]

Parágrafo único. O juiz determinará ao Registro Público de Empresas e à Secretaria Especial da Receita Federal do Brasil a anotação da recuperação judicial nos registros correspondentes.[2]

Art. 69: 1. v. art. 52-II.

Art. 69: 2. Redação de acordo com a Lei 14.112, de 24.12.20.

Seção IV-A | DO FINANCIAMENTO DO DEVEDOR E DO GRUPO DEVEDOR DURANTE A RECUPERAÇÃO JUDICIAL[1]

Seç. IV-A: 1. Redação de acordo com a Lei 14.112, de 24.12.20.

Art. 69-A. Durante a recuperação judicial, nos termos dos arts. 66 e 67 desta Lei, o juiz poderá, depois de ouvido o Comitê de Credores, autorizar a celebração de contratos de financiamento com o devedor, garantidos pela oneração ou pela alienação fiduciária de bens e direitos, seus ou de terceiros, pertencentes ao ativo não circulante, para financiar as suas atividades e as despesas de reestruturação ou de preservação do valor de ativos.

Art. 69-B. A modificação em grau de recurso da decisão autorizativa da contratação do financiamento não pode alterar sua natureza extraconcursal, nos termos do art. 84 desta Lei, nem as garantias outorgadas pelo devedor em favor do financiador de boa-fé, caso o desembolso dos recursos já tenha sido efetivado.

Art. 69-C. O juiz poderá autorizar a constituição de garantia subordinada sobre um ou mais ativos do devedor em favor do financiador de devedor em recuperação judicial, dispensando a anuência do detentor da garantia original.

§ 1º A garantia subordinada, em qualquer hipótese, ficará limitada ao eventual excesso resultante da alienação do ativo objeto da garantia original.

§ 2º O disposto no *caput* deste artigo não se aplica a qualquer modalidade de alienação fiduciária ou de cessão fiduciária.

Art. 69-D. Caso a recuperação judicial seja convolada em falência antes da liberação integral dos valores de que trata esta Seção, o contrato de financiamento será considerado automaticamente rescindido.

Parágrafo único. As garantias constituídas e as preferências serão conservadas até o limite dos valores efetivamente entregues ao devedor antes da data da sentença que convolar a recuperação judicial em falência.

Art. 69-E. O financiamento de que trata esta Seção poderá ser realizado por qualquer pessoa, inclusive credores sujeitos ou não à recuperação judicial, familiares, sócios e integrantes do grupo do devedor.

Art. 69-F. Qualquer pessoa ou entidade pode garantir o financiamento de que trata esta Seção mediante a oneração ou a alienação fiduciária de bens e direitos, inclusive o próprio devedor e os demais integrantes do seu grupo, estejam ou não em recuperação judicial.

Seção IV-B | DA CONSOLIDAÇÃO PROCESSUAL E DA CONSOLIDAÇÃO SUBSTANCIAL[1]

Seç. IV-B: 1. Redação de acordo com a Lei 14.112, de 24.12.20.

Art. 69-G. Os devedores que atendam aos requisitos previstos nesta Lei e que integrem grupo sob controle societário comum poderão requerer recuperação judicial sob consolidação processual.

§ 1º Cada devedor apresentará individualmente a documentação exigida no art. 51 desta Lei.

§ 2º O juízo do local do principal estabelecimento entre os dos devedores é competente para deferir a recuperação judicial sob consolidação processual, em observância ao disposto no art. 3º desta Lei.

§ 3º Exceto quando disciplinado de forma diversa, as demais disposições desta Lei aplicam-se aos casos de que trata esta Seção.

Art. 69-H. Na hipótese de a documentação de cada devedor ser considerada adequada, apenas um administrador judicial será nomeado, observado o disposto na Seção III do Capítulo II desta Lei.

Art. 69-I. A consolidação processual, prevista no art. 69-G desta Lei, acarreta a coordenação de atos processuais, garantida a independência dos devedores, dos seus ativos e dos seus passivos.

§ 1º Os devedores proporão meios de recuperação independentes e específicos para a composição de seus passivos, admitida a sua apresentação em plano único.

§ 2º Os credores de cada devedor deliberarão em assembleias-gerais de credores independentes.

§ 3º Os quóruns de instalação e de deliberação das assembleias-gerais de que trata o § 2º deste artigo serão verificados, exclusivamente, em referência aos credores de cada devedor, e serão elaboradas atas para cada um dos devedores.

§ 4º A consolidação processual não impede que alguns devedores obtenham a concessão da recuperação judicial e outros tenham a falência decretada.

§ 5º Na hipótese prevista no § 4º deste artigo, o processo será desmembrado em tantos processos quantos forem necessários.

Art. 69-J. O juiz poderá, de forma excepcional, independentemente da realização de assembleia-geral, autorizar a consolidação substancial de ativos e passivos dos devedores integrantes do mesmo grupo econômico que estejam em recuperação judicial sob consolidação processual, apenas quando constatar a interconexão e a confusão entre ativos ou passivos dos devedores, de modo que não seja possível identificar a sua titularidade sem excessivo dispêndio de tempo ou de recursos, cumulativamente com a ocorrência de, no mínimo, 2 (duas) das seguintes hipóteses:

I — existência de garantias cruzadas;

II — relação de controle ou de dependência;

III — identidade total ou parcial do quadro societário; e

IV — atuação conjunta no mercado entre os postulantes.

Art. 69-K. Em decorrência da consolidação substancial, ativos e passivos de devedores serão tratados como se pertencessem a um único devedor.

§ 1º A consolidação substancial acarretará a extinção imediata de garantias fidejussórias e de créditos detidos por um devedor em face de outro.

§ 2º A consolidação substancial não impactará a garantia real de nenhum credor, exceto mediante aprovação expressa do titular.

Art. 69-L. Admitida a consolidação substancial, os devedores apresentarão plano unitário, que discriminará os meios de recuperação a serem empregados e será submetido a uma assembleia-geral de credores para a qual serão convocados os credores dos devedores.

§ 1º As regras sobre deliberação e homologação previstas nesta Lei serão aplicadas à assembleia-geral de credores a que se refere o *caput* deste artigo.

§ 2º A rejeição do plano unitário de que trata o *caput* deste artigo implicará a convolação da recuperação judicial em falência dos devedores sob consolidação substancial.

Seção V — DO PLANO DE RECUPERAÇÃO JUDICIAL PARA MICROEMPRESAS E EMPRESAS DE PEQUENO PORTE

Art. 70. As pessoas de que trata o art. 1º desta Lei e que se incluam nos conceitos de microempresa ou empresa de pequeno porte, nos termos da legislação vigente,[1] sujeitam-se às normas deste Capítulo.

§ 1º As microempresas e as empresas de pequeno porte, conforme definidas em lei, poderão apresentar plano especial de recuperação judicial, desde que afirmem sua intenção de fazê-lo na petição inicial de que trata o art. 51 desta Lei.

§ 2º Os credores não atingidos pelo plano especial não terão seus créditos habilitados na recuperação judicial.

Art. 70: 1. **LC 123, de 14.12.06** — Institui o Estatuto Nacional da Microempresa e da Empresa de Pequeno Porte, e dá outras providências.

Art. 70-A. O produtor rural de que trata o § 3º do art. 48 desta Lei poderá apresentar plano especial de recuperação judicial, nos termos desta Seção, desde que o valor da causa não exceda a R$ 4.800.000,00 (quatro milhões e oitocentos mil reais).[1]

Art. 70-A: 1. Redação de acordo com a Lei 14.112, de 24.12.20.

Art. 71. O plano especial de recuperação judicial será apresentado no prazo previsto no art. 53 desta Lei[1] e limitar-se á às seguintes condições:

I — abrangerá todos os créditos existentes na data do pedido, ainda que não vencidos, excetuados os decorrentes de repasse de recursos oficiais, os fiscais e os previstos nos §§ 3º e 4º do art. 49;[2]

II — preverá parcelamento em até 36 (trinta e seis) parcelas mensais, iguais e sucessivas, acrescidas de juros equivalentes à taxa Sistema Especial de Liquidação e de Custódia — SELIC, podendo conter ainda a proposta de abatimento do valor das dívidas;[3]

III — preverá o pagamento da 1ª (primeira) parcela no prazo máximo de 180 (cento e oitenta) dias, contado da distribuição do pedido de recuperação judicial;

IV — estabelecerá a necessidade de autorização do juiz, após ouvido o administrador judicial e o Comitê de Credores, para o devedor aumentar despesas ou contratar empregados.

Parágrafo único. O pedido de recuperação judicial com base em plano especial não acarreta a suspensão do curso da prescrição nem das ações e execuções por créditos não abrangidos pelo plano.

Art. 71: 1. ou seja, no prazo de 60 dias da publicação da decisão que deferir o processamento da recuperação judicial (cf. art. 53-*caput*).

Art. 71: 2. Redação da LC 147, de 7.8.14.

Art. 71: 3. Redação da LC 147, de 7.8.14.

Art. 72. Caso o devedor de que trata o art. 70 desta Lei opte pelo pedido de recuperação judicial com base no plano especial disciplinado nesta Seção, não será convocada assembleia-geral de credores para deliberar sobre o plano, e o juiz concederá a recuperação judicial se atendidas as demais exigências desta Lei.

Parágrafo único. O juiz também julgará improcedente o pedido de recuperação judicial e decretará a falência do devedor se houver objeções, nos termos do art. 55, de credores titulares de mais da metade de qualquer uma das classes de créditos previstos no art. 83, computados na forma do art. 45, todos desta Lei.[1]

Art. 72: 1. Redação da LC 147, de 7.8.14.

Capítulo IV DA CONVOLAÇÃO DA RECUPERAÇÃO JUDICIAL EM FALÊNCIA

Art. 73. O juiz decretará a falência durante o processo de recuperação judicial:[1]

I — por deliberação da assembleia-geral de credores, na forma do art. 42 desta Lei;

II — pela não apresentação, pelo devedor, do plano de recuperação no prazo do art. 53 desta Lei;[1a]

III — quando não aplicado o disposto nos §§ 4º, 5º e 6º do art. 56 desta Lei, ou rejeitado o plano de recuperação judicial proposto pelos credores, nos termos do § 7º do art. 56 e do art. 58-A desta Lei;[1b]

IV — por descumprimento de qualquer obrigação assumida no plano de recuperação, na forma do § 1º do art. 61 desta Lei.[2-3]

V — por descumprimento dos parcelamentos referidos no art. 68 desta Lei ou da transação prevista no art. 10-C da Lei n. 10.522, de 19 de julho de 2002; e[4]

VI — quando identificado o esvaziamento patrimonial da devedora que implique liquidação substancial da empresa, em prejuízo de credores não sujeitos à recuperação judicial, inclusive as Fazendas Públicas.[5]

§ 1º O disposto neste artigo não impede a decretação da falência por inadimplemento de obrigação não sujeita à recuperação judicial, nos termos dos incisos I ou II do *caput* do art. 94 desta Lei, ou por prática de ato previsto no inciso III do *caput* do art. 94 desta Lei.[5a]

§ 2º A hipótese prevista no inciso VI do *caput* deste artigo não implicará a invalidade ou a ineficácia dos atos, e o juiz determinará o bloqueio do produto de eventuais alienações e a devolução ao devedor dos valores já distribuídos, os quais ficarão à disposição do juízo.[6]

§ 3º Considera-se substancial a liquidação quando não forem reservados bens, direitos ou projeção de fluxo de caixa futuro suficientes à manutenção da atividade econômica para fins de cumprimento de suas obrigações, facultada a realização de perícia específica para essa finalidade.[6a]

Art. 73: 1. "Agravo de instrumento dirigido contra a decisão que convolou a recuperação judicial em falência. **Obrigatória convocação de nova assembleia de credores quando anulada** aquela que aprovara o plano de recuperação judicial. Inexistente qualquer uma das causas taxativas de convolação. Em vez da convolação da recuperação em falência, cabia ao magistrado submeter, novamente, o plano e o conteúdo das objeções suscitadas por alguns credores à deliberação assemblear, o que poderia ensejar a rejeição do plano ou a ponderação sobre a inviabilidade do soerguimento da atividade empresarial, hipóteses estas autorizadoras da quebra. Ademais, caso constatada a existência de matérias de alta indagação e que reclamem dilação probatória, incumbir-lhe-ia remeter os interessados às vias ordinárias, já que o plano de recuperação fora aprovado sem qualquer impugnação. Recurso especial provido a fim de cassar a decisão de convolação da recuperação judicial em falência e determinar que o magistrado de primeiro grau providencie a convocação de nova assembleia geral de credores" (STJ-4ª T., REsp 1.587.559, Min. Luis Felipe, j. 6.4.17, DJ 22.5.17).

V. tb. art. 58, nota 1a.

Art. 73: 1a. ou seja, no prazo de 60 dias da publicação da decisão que deferir o processamento da recuperação judicial (cf. art. 53-*caput*).

Art. 73: 1b. Redação de acordo com a Lei 14.112, de 24.12.20.

Art. 73: 2. ou seja, durante o período de 2 anos depois da concessão da recuperação judicial (cf. art. 61 § 1º).

Art. 73: 3. "Inteligência do disposto no art. 73, IV, da Lei 11.101/05, ou seja, o juiz decretará a falência durante o processo de recuperação judicial por descumprimento de qualquer obrigação assumida no plano de recuperação. Atraso no depósito da primeira parcela de amortização do plano. Depósito, contudo, efetuado, com correção monetária e juros de mora, cinco dias após a decretação da quebra, porém antes que a devedora tivesse ciência da decisão. Doutrina que recomenda a mitigação da dureza e da inflexibilidade do comando nele contido" (JTJ 356/645: AI 990.10.234502-5).

Art. 73: 4 e 5. Redação de acordo com a Lei 14.112, de 24.12.20.

Art. 73: 5a. O § 1º foi renumerado pela Lei 14.112, de 24.12.20.

Art. 73: 6 e 6a. Redação de acordo com a Lei 14.112, de 24.12.20.

Art. 74. Na convolação da recuperação em falência, os atos de administração, endividamento, oneração ou alienação praticados durante a recuperação judicial presumem-se válidos, desde que realizados na forma desta Lei.

Capítulo V | DA FALÊNCIA

Seção I | DISPOSIÇÕES GERAIS

Art. 75. A falência, ao promover o afastamento do devedor de suas atividades, visa a:[1]

I — preservar e a otimizar a utilização produtiva dos bens, dos ativos e dos recursos produtivos, inclusive os intangíveis, da empresa;

II — permitir a liquidação célere das empresas inviáveis, com vistas à realocação eficiente de recursos na economia; e

III — fomentar o empreendedorismo, inclusive por meio da viabilização do retorno célere do empreendedor falido à atividade econômica.

§ 1º O processo de falência atenderá aos princípios da celeridade e da economia processual, sem prejuízo do contraditório, da ampla defesa e dos demais princípios previstos na Lei n. 13.105, de 16 de março de 2015 (Código de Processo Civil).

§ 2º A falência é mecanismo de preservação de benefícios econômicos e sociais decorrentes da atividade empresarial, por meio da liquidação imediata do devedor e da rápida realocação útil de ativos na economia.

Art. 75: 1. Redação de acordo com a Lei 14.112, de 24.12.20.

Art. 76. O juízo da falência é indivisível e competente para conhecer todas as ações sobre bens, interesses e negócios do falido, ressalvadas as causas trabalhistas, fiscais e aquelas não reguladas nesta Lei em que o falido figurar como autor ou litisconsorte ativo.[1 a 5a]

Parágrafo único. Todas as ações, inclusive as excetuadas no *caput* deste artigo, terão prosseguimento com o administrador judicial, que deverá ser intimado para representar a massa falida, sob pena de nulidade do processo.[6]

Art. 76: 1. s/ juízo competente para decidir sobre o pedido de falência, v. art. 3º.

Art. 76: 2. "Os motivos que justificam a improrrogabilidade da competência das ações reais imobiliárias parecem ceder diante da competência conferida ao juízo indivisível da falência, o qual, por definição, é um foro de atração, para o qual converge a discussão de todas as causas e ações pertinentes a um patrimônio com universalidade jurídica" (STJ-RF 393/313: 2ª Seção, CC 84.752).

Art. 76: 2a. "A decretação da falência, a despeito de instaurar o juízo universal falimentar, não acarreta a suspensão nem a atração das ações que demandam quantia ilíquida: se elas já tinham sido ajuizadas antes, continuam tramitando no juízo onde foram propostas; se forem ajuizadas depois, serão distribuídas normalmente segundo as regras gerais de competência. Em ambos os casos, as ações tramitarão no juízo respectivo até a eventual definição de crédito líquido" (STJ-4ª T., REsp 1.471.615-AgRg, Min. Marco Buzzi, j. 16.9.14, DJ 24.9.14).

V. art. 6º § 1º.

Art. 76: 3. "Se a execução promovida contra pessoa jurídica foi direcionada para atingir um dos sócios, não mais se justifica a remessa dos autos ao juízo falimentar — eis que o patrimônio da falida quedou-se livre de constrição" (STJ-2ª Seção, CC 53.215-AgRg-EDcl, Min. Gomes de Barros, j. 13.6.07, DJU 2.8.07).

V. tb. arts. 6º, nota 1e, e 52, nota 1b.

Art. 76: 4. "Havendo conflito de competência entre o juízo criminal — que determina a perda de bens em favor da União com base no art. 91, II, do Código Penal após o trânsito em julgado — e o juízo falimentar quanto a atos de disposição dos bens da massa falida, deverá ser prestigiada a *vis attractiva* do foro da falência, que é — por assim dizer — o idôneo distribuidor do acervo da massa falida" (STJ-2ª Seção, CC 76.740, Min. Massami Uyeda, j. 13.5.09, DJ 15.6.09).

Art. 76: 4a. "O destino dos aluguéis, frutos civis dos imóveis arrecadados na falência, deve ser decidido no Juízo universal, máxime quando tramita perante o mesmo juízo ação revocatória proposta pela massa falida buscando anular os atos de alienação desses bens, sob pena de serem proferidas decisões conflitantes, além de serem beneficiados alguns credores da falida em detrimento dos demais" (STJ-2ª Seção, CC 112.697, Min. Raul Araújo, j. 22.6.11, DJ 2.9.11).

Art. 76: 5. A convenção de arbitragem celebrada antes da quebra da empresa não tem sua validade afetada pela falência. Assim, a quebra da empresa no curso do **processo arbitral** não implica, por si, a paralisação deste. Seguindo adiante, tal processo se desenvolve com a participação do administrador judicial, na condição de representante da massa falida. Não há lugar para a intervenção do Ministério Público na arbitragem. Estabelecido no processo arbitral o *quantum* devido pelo falido, procede-se à habilitação do crédito na falência (JTJ 329/652: AI 531.020-4/3-00).

✎ "Arbitragem e insolvência", por Paulo Fernando Campos Salles de Toledo (RAM 20/25).

Art. 76: 5a. "Decisão do Juízo da Recuperação que obsta a averbação ou registro de ordens constritivas que não sejam dele próprio. Descabimento. Inexistência de juízo uno, indivisível e universal. *Vis attractiva* prevista na LF 76 que só se aplica ao processo de falência. Falta de amparo legal para o reconhecimento da competência do Juízo da Recuperação para decidir acerca de execuções individuais fundadas em créditos excluídos dos efeitos da moratória" (JTJ 344/661: AI 666.237-4/3-00; ementa da redação).

Art. 76: 6. "É de se reconhecer o interesse jurídico do credor do falido, devidamente habilitado na ação falimentar, para intervir como **assistente da massa falida** nos autos em que ela atuar como parte" (STJ-3ª T., REsp 1.025.633, Min. Massami Uyeda, j. 24.5.11, DJ 29.9.11). No mesmo sentido: STJ-4ª T., REsp 1.694.810-AgInt, Min. Antonio Ferreira, j. 20.8.19, DJ 26.8.19.

Art. 77. A decretação da falência determina o vencimento antecipado das dívidas do devedor e dos sócios ilimitada e solidariamente responsáveis, com o abatimento proporcional dos juros, e converte todos os créditos em moeda estrangeira para a moeda do País, pelo câmbio do dia da decisão judicial, para todos os efeitos desta Lei.

Art. 78. Os pedidos de falência estão sujeitos a distribuição obrigatória, respeitada a ordem de apresentação.

Parágrafo único. As ações que devam ser propostas no juízo da falência estão sujeitas a distribuição por dependência.

Art. 79. Os processos de falência e os seus incidentes preferem a todos os outros na ordem dos feitos, em qualquer instância.

Art. 80. Considerar-se-ão habilitados os créditos remanescentes da recuperação judicial, quando definitivamente incluídos no quadro-geral de credores, tendo prosseguimento as habilitações que estejam em curso.

Art. 81. A decisão que decreta a falência da sociedade com sócios ilimitadamente responsáveis também acarreta a falência destes, que ficam sujeitos aos mesmos efeitos jurídicos produzidos em relação à sociedade falida e, por isso, deverão ser citados para apresentar contestação, se assim o desejarem.

§ 1º O disposto no *caput* deste artigo aplica-se ao sócio que tenha se retirado voluntariamente ou que tenha sido excluído da sociedade, há menos de 2 (dois) anos, quanto às dívidas existentes na data do arquivamento da alteração do contrato, no caso de não terem sido solvidas até a data da decretação da falência.

§ 2º As sociedades falidas serão representadas na falência por seus administradores ou liquidantes, os quais terão os mesmos direitos e, sob as mesmas penas, ficarão sujeitos às obrigações que cabem ao falido.

Art. 82. A responsabilidade pessoal dos sócios de responsabilidade limitada, dos controladores e dos administradores da sociedade falida, estabelecida nas respectivas leis, será apurada no próprio juízo da falência, independentemente da realização do ativo e da prova da sua insuficiência para cobrir o passivo, observado o procedimento ordinário previsto no Código de Processo Civil.[1 a 3]

§ 1º Prescreverá em 2 (dois) anos, contados do trânsito em julgado da sentença de encerramento da falência, a ação de responsabilização prevista no *caput* deste artigo.

§ 2º O juiz poderá, de ofício ou mediante requerimento das partes interessadas, ordenar a indisponibilidade de bens particulares dos réus, em quantidade compatível com o dano provocado, até o julgamento da ação de responsabilização.

✎ **Art. 82: 1.** "Extensão da falência e o grupo de sociedades", por Jorge Lobo (RF 399/485).

Art. 82: 2. v. CPC 318 e segs. (procedimento comum).

Art. 82: 3. "Em situação na qual dois grupos econômicos, unidos em torno de um propósito comum, promovem uma cadeia de negócios formalmente lícitos mas com intuito substancial de desviar patrimônio de empresa em situação pré-falimentar, é necessário que o Poder Judiciário também inove sua atuação, no intuito de encontrar meios eficazes de reverter as manobras lesivas, punindo e responsabilizando os envolvidos. É possível ao juízo antecipar a decisão de estender os efeitos de sociedade falida a empresas coligadas na hipótese em que, verificando claro conluio para prejudicar credores, há transferência de bens para desvio patrimonial. Não há nulidade no exercício diferido do direito de defesa nessas hipóteses. A extensão da quebra a pessoas físicas que participem desses grupos demanda que se demonstre a efetiva participação de cada um a quem os efeitos da falência serão estendidos. Na hipótese em que as pessoas físicas se limitaram à constituição de uma empresa, com sua posterior transferência a sociedades integrantes do grupo econômico falido, sem qualquer ingerência posterior demonstrada, a extensão da quebra demanda prévia citação, possibilitando-se o exercício, pelos destinatários da ordem, de seu direito de defesa" (STJ-3ª T., REsp 1.125.767, Min. Nancy Andrighi, j. 9.8.11, DJ 25.8.11).

"A extensão da falência a sociedades coligadas pode ser feita independentemente da instauração de processo autônomo. A verificação da existência de coligação entre sociedades pode ser feita com base em elementos fáticos que demonstrem a efetiva influência de um grupo societário nas decisões do outro, independentemente de se constatar a existência de participação no capital social. O contador que presta serviços de administração à sociedade falida, assumindo a condição pessoal de administrador, pode ser submetido ao decreto de extensão da quebra, independentemente de ostentar a qualidade de sócio, notadamente nas hipóteses em que, estabelecido profissionalmente, presta tais serviços a diversas empresas, desenvolvendo atividade intelectual com elemento de empresa" (STJ-3ª T., REsp 1.266.666, Min. Nancy Andrighi, j. 9.8.11, DJ 25.8.11).

Art. 82-A. É vedada a extensão da falência ou de seus efeitos, no todo ou em parte, aos sócios de responsabilidade limitada, aos controladores e aos administradores da sociedade falida, admitida, contudo, a desconsideração da personalidade jurídica.[1]

Parágrafo único. A desconsideração da personalidade jurídica da sociedade falida, para fins de responsabilização de terceiros, grupo, sócio ou administrador por obrigação desta, somente pode ser decretada pelo juízo falimentar com a observância do art. 50 da Lei n. 10.406, de 10 de janeiro de 2002 (Código Civil) e dos arts. 133, 134, 135, 136 e 137 da Lei n. 13.105, de 16 de março de 2015 (Código de Processo Civil), não aplicada a suspensão de que trata o § 3º do art. 134 da Lei n. 13.105, de 16 de março de 2015 (Código de Processo Civil).[2]

Art. 82-A: 1. Redação de acordo com a Lei 14.112, de 24.12.20, em vigor 30 dias após sua publicação (DOU 24.12.20 — ed. extra).

Art. 82-A: 2. **Lei 14.112, de 24.12.20: "Art. 5º** Observado o disposto no art. 14 da Lei n. 13.105, de 16 de março de 2015 (Código de Processo Civil), esta Lei aplica-se de imediato aos processos pendentes. **§ 1º** Os dispositivos constantes dos incisos seguintes somente serão aplicáveis às falências decretadas, inclusive as decorrentes de convolação, e aos pedidos de recuperação judicial ou extrajudicial ajuizados após o início da vigência desta Lei: (...) **III** — as disposições previstas no *caput* do art. 82-A da Lei n. 11.101, de 9 de fevereiro de 2005".

Seção II | DA CLASSIFICAÇÃO DOS CRÉDITOS

Art. 83. A classificação dos créditos na falência obedece à seguinte ordem:[1 a 1b]

I — os créditos derivados da legislação trabalhista,[1c a 1f] limitados a 150 (cento e cinquenta) salários-mínimos por credor,[1g] e aqueles decorrentes de acidentes de trabalho;[1h a 1j]

II — os créditos gravados com direito real de garantia até o limite do valor do bem gravado;[1k a 2a]

III — os créditos tributários,[2b-2c] independentemente da sua natureza e do tempo de constituição, exceto os créditos extraconcursais e as multas tributárias;[2d]

IV — (revogado);[2e]

a) (revogada);

b) (revogada);

c) (revogada);

d) (revogada);

V — (revogado);[2f]

a) (revogada);

b) (revogada);

c) (revogada);

VI — os créditos quirografários, a saber:[3]

a) aqueles não previstos nos demais incisos deste artigo;

b) os saldos dos créditos não cobertos pelo produto da alienação dos bens vinculados ao seu pagamento; e[3a]

c) os saldos dos créditos derivados da legislação trabalhista que excederem o limite estabelecido no inciso I do *caput* deste artigo;[3b-4]

VII — as multas contratuais e as penas pecuniárias por infração das leis penais ou administrativas, incluídas as multas tributárias;[4a-4b]

VIII — os créditos subordinados, a saber:[4c]

a) os previstos em lei ou em contrato; e[4d]

b) os créditos dos sócios e dos administradores sem vínculo empregatício cuja contratação não tenha observado as condições estritamente comutativas e as práticas de mercado; e[4e]

IX — os juros vencidos após a decretação da falência, conforme previsto no art. 124 desta Lei.[4f]

§ 1º Para os fins do inciso II do *caput* deste artigo, será considerado como valor do bem objeto de garantia real a importância efetivamente arrecadada com sua venda, ou, no caso de alienação em bloco,[5] o valor de avaliação do bem individualmente considerado.

§ 2º Não são oponíveis à massa os valores decorrentes de direito de sócio ao recebimento de sua parcela do capital social na liquidação da sociedade.

§ 3º As cláusulas penais dos contratos unilaterais não serão atendidas se as obrigações neles estipuladas se vencerem em virtude da falência.

§ 4º (Revogado).[6]

§ 5º Para os fins do disposto nesta Lei, os créditos cedidos a qualquer título manterão sua natureza e classificação.[7]

§ 6º Para os fins do disposto nesta Lei, os créditos que disponham de privilégio especial[8] ou geral[8a] em outras normas integrarão a classe dos créditos quirografários.[9]

Art. 83: 1. "A ordem de preferência na nova Lei de Falências", por Carlos Alberto Farracha de Castro (RDPr 20/71 e RJ 325/88); "Classificação dos créditos na falência", por Sérgio Lúcio de Oliveira e Cruz (RJ 354/85).

Art. 83: 1a. s/ alterações da Lei 14.112, de 24.12.20, e direito intertemporal, v. nota 1i.

S/ a ordem de pagamento aos credores, v. arts. 149 a 153.

Em matéria de honorários advocatícios, v. EA 24-*caput*, especialmente notas 1d e 1e.

Art. 83: 1b. Observada a ordem de preferência dos créditos disposta no art. 83, todos os credores sub-rogam-se no produto da realização do ativo (cf. art. 141-I).

Art. 83: 1c. **CLT 449 § 1º** (*redação da Lei 6.449, de 14.10.77*): "Na falência constituirão créditos privilegiados a totalidade dos salários devidos ao empregado e a totalidade das indenizações a que tiver direito".

Art. 83: 1d. "Débitos relativos à **contribuição** devida pela empresa em recuperação **para o FGTS.** Pretensão da recuperanda à inclusão da contribuição do FGTS na classe dos credores trabalhistas do art. 83, I, da Lei n. 11.101/05. Natureza jurídica dúplice da contribuição do FGTS: tributária e trabalhista (salário diferido). Não sujeição dos débitos referentes ao FGTS aos efeitos da recuperação judicial" (JTJ 357/648: AI 990.10.395031-3).

Art. 83: 1e. "As verbas indenizatórias, como por exemplo, **multas,** possuem **natureza salarial** e devem ser classificadas, no processo de falência, como crédito prioritário trabalhista" (STJ-3ª T., Ag em REsp 190.880-AgInt, Min. Ricardo Cueva, j. 23.8.16, DJ 2.9.16).

"Versando a hipótese sobre valores que ostentam indubitável natureza alimentar, pois se referem à **pensão** fixada em decorrência de **perda** definitiva **da capacidade laboral** do recorrido, deve ser observado, quanto a esses, o tratamento conferido aos créditos derivados da legislação do trabalho" (STJ-3ª T., REsp 1.799.041, Min. Nancy Andrighi, j. 2.4.19, DJ 4.4.19).

Todavia: "Habilitação de crédito. Pretensão de habilitar crédito decorrente de **multa processual (*astreintes*)** aplicada pelo juízo trabalhista, na classe trabalhista. Descabimento. Caráter coercitivo e intimidatório (técnica executiva, instrumental). Sanção pecuniária processual. Viés indenizatório ou alimentar inexistentes, sem nenhuma relação, nem sequer reflexa, com o vínculo empregatício" (STJ-3ª T., REsp 1.804.563, Min. Marco Bellizze, j. 25.8.20, DJ 31.8.20).

V. tb. art. 41, nota 1.

Art. 83: 1f. "Sociedade simples. Valores referentes à **prestação de serviços contábeis** e afins. Verba de natureza análoga a salários. O tratamento dispensado aos honorários devidos a profissionais liberais — no que se refere à sujeição ao plano de recuperação judicial — deve ser o mesmo conferido aos créditos de origem trabalhista, em virtude de ambos ostentarem natureza alimentar. Esse entendimento não é obstado pelo fato de o titular do crédito ser uma sociedade de contadores, porquanto, mesmo nessa hipótese, a natureza alimentar da verba não é modificada" (STJ-3ª T., REsp 1.851.770, Min. Nancy Andrighi, j. 18.2.20, DJ 20.2.20).

Art. 83: 1g. "Cabe às recuperandas e aos credores da respectiva classe, segundo os critérios e quórum definidos em lei, deliberarem sobre o estabelecimento de um patamar máximo para o tratamento preferencial dos créditos trabalhistas, não havendo a incidência automática do limite previsto no art. 83, I, da LRF, tal como pretendido, subsidiariamente, pelas recuperandas. Na presente hipótese, em relação aos débitos trabalhistas, no que se inserem os honorários advocatícios, as recuperandas estipularam o limite de R$ 2.000.000,00, a fim de assegurar a natureza alimentar, sendo que qualquer valor que excedesse esse limite seria tratado como crédito quirografário, o que foi devidamente aprovado pela correlata classe de credores. Justamente para evitar que os poucos credores trabalhistas, titulares de expressivos créditos, imponham seus interesses em detrimento dos demais, a lei de regência, atenta às particularidades dessa classe, determina que 'a proposta deverá ser aprovada pela maioria simples dos credores presentes, independentemente do valor de seu crédito' (§ 2º do art. 45 da LRF). Se assim é, a sociedade de advogados recorrente, que pretende ser reconhecida, por equiparação, como credora trabalhista, há, naturalmente, de se submeter às decisões da respectiva classe. Afigurar-se-ia de todo descabido, aliás, concebê-la como credora trabalhista equiparada, com os privilégios legais daí advindos, e afastar-lhe o limite quantitativo imposto aos demais trabalhadores, integrantes dessa classe de credores" (STJ-3ª T., REsp 1.649.774, Min. Marco Bellizze, j. 12.2.19, DJ 15.2.19).

Art. 83: 1h. Redação de acordo com a Lei 14.112, de 24.12.20, em vigor 30 dias após sua publicação (DOU 24.12.20 — ed. extra).

Art. 83: 1i. **Lei 14.112, de 24.12.20: "Art. 5º** Observado o disposto no art. 14 da Lei n. 13.105, de 16 de março de 2015 (Código de Processo Civil), esta Lei aplica-se de imediato aos processos pendentes. **§ 1º** Os dispositivos constantes dos incisos seguintes somente serão aplicáveis às falências decretadas, inclusive as decorrentes de convolação, e aos pedidos de recuperação judicial ou extrajudicial ajuizados após o início da vigência desta Lei: (...) **II** — as alterações sobre a sujeição de créditos na recuperação judicial e sobre a ordem de classificação de créditos na falência, previstas, respectivamente, nos arts. 49, 83 e 84 da Lei n. 11.101, de 9 de fevereiro de 2005".

Art. 83: 1j. Esse inciso I não é inconstitucional (STF-Pleno, ADI 3.934, Min. Ricardo Lewandowski, j. 27.5.09, maioria, DJ 6.11.09).

Art. 83: 1k. Redação de acordo com a Lei 14.112, de 24.12.20, em vigor 30 dias após sua publicação (DOU 24.12.20 — ed. extra).

Art. 83: 2. v. § 1º.

Art. 83: 2a. "A prelação da penhora não incide no concurso de credores instaurado na recuperação judicial, onde a classificação dos credores que se submetem a seus efeitos observa a LF 83. O credor titular de garantia pignoratícia de segundo grau deve ser classificado como credor com garantia real e não como quirografário" (JTJ 352/640: AI 990.10.067724-1).

Art. 83: 2b. **CTN 186** (*redação da LC 118, de 9.2.05*): "O crédito tributário prefere a qualquer outro, seja qual for sua natureza ou o tempo de sua constituição, ressalvados os créditos decorrentes da legislação do trabalho ou do acidente de trabalho.

"Parágrafo único. Na falência:

"I — o crédito tributário não prefere aos créditos extraconcursais ou às importâncias passíveis de restituição, nos termos da lei falimentar, nem aos créditos com garantia real, no limite do valor do bem gravado;

"II — a lei poderá estabelecer limites e condições para a preferência dos créditos decorrentes da legislação do trabalho; e

"III — a multa tributária prefere apenas aos créditos subordinados".

Art. 83: 2c. "O **encargo do DL n. 1.025/1969** tem as mesmas preferências do crédito tributário devendo, por isso, ser classificado, na falência, na ordem estabelecida pelo art. 83, III, da Lei n. 11.101/2005" (STJ-1ª Seção, REsp 1.521.999, Min. Gurgel de Faria, j. 28.11.18, maioria, DJ 22.3.19).

V. tb. art. 5º, nota 2, e LEF 2º, nota 7a.

Art. 83: 2d. Redação de acordo com a Lei 14.112, de 24.12.20, em vigor 30 dias após sua publicação (DOU 24.12.20 — ed. extra).

Art. 83: 2e. O inc. IV foi revogado pela Lei 14.112, de 24.12.20.

Art. 83: 2f. O inc. V foi revogado pela Lei 14.112, de 24.12.20.

Art. 83: 3 a 3b. Redação de acordo com a Lei 14.112, de 24.12.20, em vigor 30 dias após sua publicação (DOU 24.12.20 — ed. extra).

Art. 83: 4. Essa alínea *c* não é inconstitucional (STF-Pleno, ADI 3.934, Min. Ricardo Lewandowski, j. 27.5.09, maioria, DJ 6.11.09).

Art. 83: 4a. Redação de acordo com a Lei 14.112, de 24.12.20, em vigor 30 dias após sua publicação (DOU 24.12.20 — ed. extra).

Art. 83: 4b. "Com a vigência da Lei 11.101/2005, tornou-se possível a cobrança da multa moratória de natureza tributária da massa falida, tendo em vista que o art. 83, VII, da lei referida impõe que 'as multas contratuais e as penas pecuniárias por infração das leis penais ou administrativas, inclusive as multas tributárias' sejam incluídas na classificação dos créditos na falência. Cumpre registrar que, em se tratando de falência decretada na vigência da

Lei 11.101/2005, a inclusão de multa tributária na classificação dos créditos na falência, referente a créditos tributários ocorridos no período anterior à vigência da lei mencionada, não implica retroatividade em prejuízo da massa falida" (STJ-2ª T., REsp 1.223.792, Min. Mauro Campbell, j. 19.2.13, DJ 26.2.13).

Art. 83: 4c a 4f. Redação de acordo com a Lei 14.112, de 24.12.20, em vigor 30 dias após sua publicação (DOU 24.12.20 — ed. extra).

Art. 83: 5. s/ avaliação em bloco, v. art. 108.

Art. 83: 6. O § 4º foi revogado pela Lei 14.112, de 24.12.20.

Art. 83: 7. Redação de acordo com a Lei 14.112, de 24.12.20, em vigor 30 dias após sua publicação (DOU 24.12.20 — ed. extra).

Art. 83: 8. v. CC 964.

Art. 83: 8a. v. CC 965.

Art. 83: 9. Redação de acordo com a Lei 14.112, de 24.12.20, em vigor 30 dias após sua publicação (DOU 24.12.20 — ed. extra).

Art. 84. Serão considerados créditos extraconcursais[1-2] e serão pagos com precedência sobre os mencionados no art. 83 desta Lei, na ordem a seguir, aqueles relativos:[2a-2b]

I — (revogado);

I-A — às quantias referidas nos arts. 150 e 151 desta Lei;

I-B — ao valor efetivamente entregue ao devedor em recuperação judicial pelo financiador, em conformidade com o disposto na Seção IV-A do Capítulo III desta Lei;

I-C — aos créditos em dinheiro objeto de restituição, conforme previsto no art. 86 desta Lei;

I-D — às remunerações devidas ao administrador judicial e aos seus auxiliares, aos reembolsos devidos a membros do Comitê de Credores, e aos créditos derivados da legislação trabalhista ou decorrentes de acidentes de trabalho relativos a serviços prestados após a decretação da falência;

I-E — às obrigações resultantes de atos jurídicos válidos praticados durante a recuperação judicial, nos termos do art. 67 desta Lei, ou após a decretação da falência;[2c]

II — às quantias fornecidas à massa falida pelos credores;

III — às despesas com arrecadação, administração, realização do ativo,[3] distribuição do seu produto e custas do processo de falência;

IV — às custas judiciais relativas às ações e às execuções em que a massa falida tenha sido vencida;

V — aos tributos relativos a fatos geradores ocorridos após a decretação da falência, respeitada a ordem estabelecida no art. 83 desta Lei.

§ 1º As despesas referidas no inciso I-A do *caput* deste artigo serão pagas pelo administrador judicial com os recursos disponíveis em caixa.

§ 2º O disposto neste artigo não afasta a hipótese prevista no art. 122 desta Lei.

Art. 84: 1. CTN 188 (*redação da LC 118, de 9.2.05*): "São extraconcursais os créditos tributários decorrentes de fatos geradores ocorridos no curso do processo de falência".

Art. 84: 2. Também são considerados extraconcursais os créditos decorrentes de obrigações contraídas pelo devedor durante a recuperação judicial, inclusive aqueles relativos a despesas com fornecedores de bens ou serviços e contratos de mútuo (cf. art. 67).

Art. 84: 2a. Redação de acordo com a Lei 14.112, de 24.12.20, em vigor 30 dias após sua publicação (DOU 24.12.20 — ed. extra).

Art. 84: 2b. **Lei 14.112, de 24.12.20: "Art. 5º** Observado o disposto no art. 14 da Lei n. 13.105, de 16 de março de 2015 (Código de Processo Civil), esta Lei aplica-se de imediato aos processos pendentes. **§ 1º** Os dispositivos constantes dos incisos seguintes somente serão aplicáveis às falências decretadas, inclusive as decorrentes de convolação, e aos pedidos de recuperação judicial ou extrajudicial ajuizados após o início da vigência desta Lei: (...) **II** — as alterações sobre a sujeição de créditos na recuperação judicial e sobre a ordem de classificação de créditos na falência, previstas, respectivamente, nos arts. 49, 83 e 84 da Lei n. 11.101, de 9 de fevereiro de 2005".

Art. 84: 2c. "São créditos extraconcursais os **honorários de advogado** resultantes de trabalhos prestados à massa falida, depois do decreto de falência, nos termos dos arts. 84 e 149 da Lei n. 11.101/2005" (STJ-Corte Especial, REsp 1.152.218, Min. Luis Felipe, j. 7.5.14, maioria, DJ 9.10.14).

V. tb. art. 67, nota 1.

Art. 84: 3. "A **taxa de condomínio** se enquadra no conceito de despesa necessária à administração do ativo, tratando-se, portanto, de crédito extraconcursal, não se sujeitando à habilitação de crédito, tampouco à suspensão determinada pelo art. 99 da Lei de Falências" (STJ-3ª T., REsp 1.646.272-AgInt, Min. Moura Ribeiro, j. 24.4.18, DJ 30.4.18). No mesmo sentido: STJ-4ª T., REsp 1.631.681-EDcl-AgInt, Min. Luis Felipe, j. 21.9.20, DJ 29.9.20.

Seção III | DO PEDIDO DE RESTITUIÇÃO

Art. 85. O proprietário de bem arrecadado no processo de falência ou que se encontre em poder do devedor na data da decretação da falência poderá pedir sua restituição.[1-2]

Parágrafo único. Também pode ser pedida a restituição de coisa vendida a crédito e entregue ao devedor nos 15 (quinze) dias anteriores ao requerimento de sua falência, se ainda não alienada.

Art. 85: 1. "Nos termos do art. 85 da Lei 11.101/05, é pressuposto inafastável do pedido de restituição a arrecadação do bem, sendo certo que este dispositivo somente se refere à 'bem arrecadado'. E, como sabido, em sede de recuperação judicial não há arrecadação de bens. Assim, o pedido restituitório, que antes era aplicável à concordata por força do art. 166 do Decreto-Lei 7.661/45, não se aplica à recuperação judicial, por ausência de previsão legal" (RMDECC 49/131: TJMG, AP 1.0287.12.007388-0/001).

Art. 85: 2. "O **depósito bancário** não se equipara às hipóteses em que o devedor ostenta a condição de mero detentor ou custodiante do bem, hipóteses fáticas que atraem a incidência do art. 85 da LFRE. Nos contratos de depósito bancário, ocorre a transferência da propriedade do bem para a instituição financeira, ocupando o depositante a posição de credor dos valores correspondentes. A natureza creditícia da relação existente entre a recorrente e a instituição financeira exige que o montante impugnado se sujeite aos efeitos da execução concursal, em respeito ao *par conditio creditorum*" (STJ-3ª T., REsp 1.801.031, Min. Nancy Andrighi, j. 4.6.19, DJ 7.6.19).

Art. 86. Proceder-se-á à restituição em dinheiro:

I — se a coisa não mais existir ao tempo do pedido de restituição, hipótese em que o requerente receberá o valor da avaliação do bem, ou, no caso de ter ocorrido sua venda, o respectivo preço, em ambos os casos no valor atualizado;

II — da importância entregue ao devedor, em moeda corrente nacional, decorrente de adiantamento a contrato de câmbio para exportação, na forma do art. 75, §§ 3º e 4º, da Lei n. 4.728, de 14 de julho de 1965, desde que o prazo total da operação, inclusive eventuais prorrogações, não exceda o previsto nas normas específicas da autoridade competente;[1 a 4]

III — dos valores entregues ao devedor pelo contratante de boa-fé na hipótese de revogação ou ineficácia do contrato, conforme disposto no art. 136 desta Lei.

IV — às Fazendas Públicas, relativamente a tributos passíveis de retenção na fonte, de descontos de terceiros ou de sub-rogação e a valores recebidos pelos agentes arrecadadores e não recolhidos aos cofres públicos.[5]

Parágrafo único. (Revogado).[6]

Art. 86: 1. v. art. 58, nota 4.

Art. 86: 1a. **Lei 4.728, de 14.7.65** — Disciplina o mercado de capitais e estabelece medidas para o seu desenvolvimento: **"Art. 75.** O contrato de câmbio, desde que protestado por oficial competente para o protesto de títulos, constitui instrumento bastante para requerer a ação executiva.

"§ 1º Por esta via, o credor haverá a diferença entre a taxa de câmbio do contrato e a da data em que se efetuar o pagamento, conforme cotação fornecida pelo Banco Central, acrescida dos juros de mora.

"§ 2º Pelo mesmo rito, serão processadas as ações para cobrança dos adiantamentos feitos pelas instituições financeiras aos exportadores, por conta do valor do contrato de câmbio, desde que as importâncias correspondentes estejam averbadas no contrato, com anuência do vendedor.

"§ 3º No caso de falência ou concordata, o credor poderá pedir a restituição das importâncias adiantadas, a que se refere o parágrafo anterior.

"§ 4º As importâncias adiantadas na forma do § 2º deste artigo serão destinadas na hipótese de falência, liquidação extrajudicial ou intervenção em instituição financeira, ao pagamento das linhas de crédito comercial que lhes deram origem, nos termos e condições estabelecidos pelo Banco Central do Brasil" (§ 4º incluído pela Lei 9.450, de 14.3.97).

Art. 86: 2. A importância referida nesse inciso não se sujeita aos efeitos da recuperação judicial (cf. art. 49 § 4º).

"Porém, isso não significa que as execuções possam prosseguir em outro **juízo** que não o **da recuperação judicial,** pois cabe a este apurar, mediante pedido de restituição formulado pela instituição financeira, se o crédito reclamado é extraconcursal" (STJ-2ª Seção, CC 113.861-AgRg, Min. Luis Felipe, j. 14.9.11, DJ 11.10.11).

Art. 86: 3. "O adiantamento de contrato de câmbio, por representar patrimônio do credor em poder da falida, e não bem da massa, não pode ser preterido em favor de créditos trabalhistas, cabendo ser restituído ao banco titular, antes do pagamento daqueles" (STJ-4ª T., REsp 1.047.458-AgRg, Min. Raul Araújo, j. 7.8.12, DJ 3.9.12).

Art. 86: 4. "Muito embora os arts. 49, § 4º, e 86, II, da Lei 11.101/05 estabeleçam a extraconcursalidade dos créditos referentes a adiantamento de contratos de câmbio, há de se notar que tais normas não dispõem, especificamente, quanto à destinação que deva ser conferida aos **encargos** incidentes sobre o montante adiantado ao exportador pela instituição financeira. Inexistindo regra expressa a tratar da questão, a hermenêutica aconselha ao julgador que resolva a controvérsia de modo a garantir efetividade aos valores que o legislador privilegiou ao editar o diploma normativo. Como é cediço, o objetivo primordial da recuperação judicial, estampado no art. 47 da Lei 11.101/05, é viabilizar a superação da situação de crise econômico-financeira do devedor, a fim de permitir a manutenção da fonte produtora, do emprego dos trabalhadores e dos interesses dos credores. A sujeição dos valores impugnados aos efeitos do procedimento recuperacional é a medida que mais se coaduna à finalidade retromencionada, pois permite que a empresa e seus credores, ao negociar as condições de pagamento, alcancem a melhor saída para a crise enfrentada" (STJ-3ª T., REsp 1.810.447, Min. Nancy Andrighi, j. 5.11.19, maioria, DJ 22.11.19).

Art. 86: 5. Redação de acordo com a Lei 14.112, de 24.12.20.

Art. 86: 6. Revogado pela Lei 14.112, de 24.12.20.

Art. 87. O pedido de restituição deverá ser fundamentado e descreverá a coisa reclamada.

§ 1º O juiz mandará autuar em separado o requerimento com os documentos que o instruírem e determinará a intimação do falido, do Comitê, dos credores e do administrador judicial para que, no prazo sucessivo de 5 (cinco) dias, se manifestem, valendo como contestação a manifestação contrária à restituição.

§ 2º Contestado o pedido e deferidas as provas porventura requeridas, o juiz designará audiência de instrução e julgamento, se necessária.

§ 3º Não havendo provas a realizar, os autos serão conclusos para sentença.

Art. 88. A sentença que reconhecer o direito do requerente determinará a entrega da coisa no prazo de 48 (quarenta e oito) horas.

Parágrafo único. Caso não haja contestação, a massa não será condenada ao pagamento de honorários advocatícios.[1]

Art. 88: 1. Havendo resistência da massa ao pedido de restituição, ela será condenada ao pagamento de honorários advocatícios (STJ-4ª T., REsp 536.523, Min. Aldir Passarinho Jr., j. 26.10.10, DJ 11.11.10).

Art. 89. A sentença que negar a restituição, quando for o caso, incluirá o requerente no quadro-geral de credores, na classificação que lhe couber, na forma desta Lei.

Art. 90. Da sentença que julgar o pedido de restituição caberá apelação sem efeito suspensivo.

Parágrafo único. O autor do pedido de restituição que pretender receber o bem ou a quantia reclamada antes do trânsito em julgado da sentença prestará caução.

Art. 91. O pedido de restituição suspende a disponibilidade da coisa até o trânsito em julgado.

Parágrafo único. Quando diversos requerentes houverem de ser satisfeitos em dinheiro e não existir saldo suficiente para o pagamento integral, far-se-á rateio proporcional entre eles.

Art. 92. O requerente que tiver obtido êxito no seu pedido ressarcirá a massa falida ou a quem tiver suportado as despesas de conservação da coisa reclamada.

Art. 93. Nos casos em que não couber pedido de restituição, fica resguardado o direito dos credores de propor embargos de terceiros, observada a legislação processual civil.[1]

Art. 93: 1. v. CPC 674 a 681.

Seção IV | DO PROCEDIMENTO PARA A DECRETAÇÃO DA FALÊNCIA

Art. 94. Será decretada a falência do devedor que:[1-1a]

I — sem relevante razão de direito, não paga, no vencimento, obrigação líquida materializada em título[1b a 1d] ou títulos executivos protestados cuja soma ultrapasse o equivalente a 40 (quarenta) salários mínimos[1e-1f] na data do pedido de falência;[1g-1h]

II — executado[2] por qualquer quantia líquida,[2a] não paga, não deposita e não nomeia à penhora bens suficientes dentro do prazo legal;[2b]

III — pratica qualquer dos seguintes atos,[2c] exceto se fizer parte de plano de recuperação judicial:

a) procede à liquidação precipitada de seus ativos ou lança mão de meio ruinoso ou fraudulento para realizar pagamentos;

b) realiza ou, por atos inequívocos, tenta realizar, com o objetivo de retardar pagamentos ou fraudar credores, negócio simulado ou alienação de parte ou da totalidade de seu ativo a terceiro, credor ou não;

c) transfere estabelecimento a terceiro, credor ou não, sem o consentimento de todos os credores e sem ficar com bens suficientes para solver seu passivo;

d) simula a transferência de seu principal estabelecimento com o objetivo de burlar a legislação ou a fiscalização ou para prejudicar credor;

e) dá ou reforça garantia a credor por dívida contraída anteriormente sem ficar com bens livres e desembaraçados suficientes para saldar seu passivo;

f) ausenta-se sem deixar representante habilitado e com recursos suficientes para pagar os credores, abandona estabelecimento ou tenta ocultar-se de seu domicílio, do local de sua sede ou de seu principal estabelecimento;

g) deixa de cumprir, no prazo estabelecido, obrigação assumida no plano de recuperação judicial.[3]

§ 1º Credores podem reunir-se em litisconsórcio a fim de perfazer o limite mínimo para o pedido de falência com base no inciso I do *caput* deste artigo.

§ 2º Ainda que líquidos, não legitimam o pedido de falência os créditos que nela não se possam reclamar.[3a]

§ 3º Na hipótese do inciso I do *caput* deste artigo, o pedido de falência será instruído com os títulos executivos na forma do parágrafo único do art. 9º desta Lei, acompanhados, em qualquer caso, dos respectivos instrumentos de protesto para fim falimentar nos termos da legislação específica.[4 a 6]

§ 4º Na hipótese do inciso II do *caput* deste artigo, o pedido de falência será instruído com certidão expedida pelo juízo em que se processa a execução.

§ 5º Na hipótese do inciso III do *caput* deste artigo, o pedido de falência descreverá os fatos que a caracterizam, juntando-se as provas que houver e especificando-se as que serão produzidas.

Art. 94: 1. Pode ser pedida e decretada a falência com fundamento no art. 94, ainda que se trate de devedor em recuperação judicial e não haja motivo para a convolação desta em falência (cf. art. 73 § ún.).

Art. 94: 1a. s/ pedido de falência em face de empresa aérea, v. art. 199, nota 1a.

Art. 94: 1b. s/ a defesa do devedor no pedido de falência com fundamento no inc. I, v. art. 96.

Art. 94: 1c. O título deve ser apresentado no original ou por cópias autenticadas, se estiverem juntados em outro processo (v. § 3º e art. 9º § ún.).

Art. 94: 1d. A nota promissória assinada em branco que houver sido preenchida de acordo com a relação de direito material que vinculava as partes, sem abusos, é apta a instruir requerimento de falência (RT 866/202).

Art. 94: 1e. Entendendo que o parâmetro de 40 salários mínimos leva em conta apenas o valor principal da dívida: RMDECC 46/143 (TJSP, AP 0021225-53.2012.8.26.0100). Do voto do relator: "Se não existe regra estabelecendo que o valor da dívida deva ser o principal mais os acréscimos, é correto entender que o *quantum* limite haverá de ser aquele decorrente da prestação original, para não correr o risco de desvirtuamento da ideologia falimentar".

Art. 94: 1f. "É imperioso que todos os títulos executivos não pagos sejam protestados ou, pelo menos, caso o protesto se refira a apenas alguns desse títulos, que perfaçam o valor de 40 salários mínimos, conforme expressa disposição legal. No caso em exame, o protesto realizado pelo ora agravante foi de apenas um dos títulos executivos, sem que fosse alcançado o valor estipulado em lei" (STJ-3ª T., REsp 1.124.763-AgRg, Min. Ricardo Cueva, j. 11.2.14, DJ 28.2.14).

Art. 94: 1g. s/ depósito elidente da falência, v. art. 98 § ún.

Art. 94: 1h. **Não se exige** para o pedido de falência fundado na impontualidade do devedor qualquer prova de **insolvência ou** de **insuficiência patrimonial**; basta o inadimplemento (STJ-3ª T., REsp 1.532.154, Min. Paulo Sanseverino, j. 18.10.16, DJ 3.2.17).

Art. 94: 2. v. § 4º.

Art. 94: 2a. Aqui não incide a exigência do valor mínimo de 40 salários mínimos presente no inciso I: execução de qualquer valor autoriza o pedido de falência (JTJ 319/138: AP 506.116-4/3-00).

Art. 94: 2b. s/ depósito elidente da falência, v. art. 98 § ún.

Art. 94: 2c. v. § 5º.

Art. 94: 3. v. art. 62.

Art. 94: 3a. v. art. 5º-I e II e art. 83 §§ 2º e 3º.

Art. 94: 4. **Lei 9.492, de 10.9.97** — Define competência, regulamenta os serviços concernentes ao protesto de títulos e outros documentos de dívida e dá outras providências (no CCLCV, tít. PROTESTO DE TÍTULOS, ínt.):

"Art. 14. Protocolizado o título ou documento de dívida, o Tabelião de Protesto expedirá a intimação ao devedor, no endereço fornecido pelo apresentante do título ou documento, considerando-se cumprida quando comprovada a sua entrega no mesmo endereço.

"§ 1º A remessa da intimação poderá ser feita por portador do próprio tabelião, ou por qualquer outro meio, desde que o recebimento fique assegurado e comprovado através de protocolo, aviso de recepção (AR) ou documento equivalente.

"§ 2º A intimação deverá conter nome e endereço do devedor, elementos de identificação do título ou documento de dívida, e prazo limite para cumprimento da obrigação no Tabelionato, bem como número do protocolo e valor a ser pago".

Art. 94: 4a. **Súmula 361 do STJ:** "A notificação do protesto, para requerimento de falência da empresa devedora, exige a identificação da pessoa que a recebeu".

"Quando a notificação pessoal do protesto não logra obter a identificação de quem se recusou a assinar a carta registrada, é de rigor a realização da intimação do protesto por edital como requisito necessário para sustentar o pedido de falência, tudo conforme o art. 15 da Lei n. 9.492/97 e os princípios da preservação e conservação da empresa" (STJ-3ª T., REsp 1.052.495, Min. Massami Uyeda, j. 8.9.09, DJ 18.11.09).

Dispensando que "a pessoa identificada tenha poderes formais para o recebimento da referida notificação": STJ-4ª T., REsp 1.016.893-AgRg, Min. Isabel Gallotti, j. 1.9.11, DJ 8.9.11.

Art. 94: 4b. "É prescindível o protesto especial para a formulação do pedido de falência" (STJ-3ª T., REsp 1.052.495, Min. Massami Uyeda, j. 8.9.09, DJ 18.11.09). No mesmo sentido: STJ-4ª T., REsp 1.016.893-AgRg, Min. Isabel Gallotti, j. 1.9.11, DJ 8.9.11.

"Estando as cambiais protestadas por falta de pagamento, não há necessidade do protesto especial para fins falimentares" (JTJ 319/400: AI 498.367-4/7-00).

Art. 94: 5. "O pedido de falência do endossante de cambial deve ser instruído com a certidão de que foi intimado do protesto do título" (STJ-3ª T., REsp 435.279, Min. Ari Pargendler, j. 16.3.06, um voto vencido, DJ 26.11.08). Do voto do relator: "O endossante não pode ser surpreendido com o pedido de falência".

Art. 94: 6. "Considerando que os protestos dos títulos são imperativos para o ajuizamento da ação de falência, a sustação judicial dos protestos em decorrência de liminar em ação cautelar interrompe o prazo da prescrição" (STJ-3ª T., REsp 674.125, Min. Menezes Direito, j. 16.11.06, DJU 12.3.07). No mesmo sentido: STJ-RBDP 60/193 (4ª T., REsp 251.678).

Art. 95. Dentro do prazo de contestação, o devedor poderá pleitear sua recuperação judicial.

Art. 96. A falência requerida com base no art. 94, inciso I do *caput*, desta Lei, não será decretada se o requerido provar:

I — falsidade de título;

II — prescrição;[1]

III — nulidade de obrigação ou de título;

IV — pagamento da dívida;

V — qualquer outro fato que extinga ou suspenda obrigação ou não legitime a cobrança de título;

VI — vício em protesto ou em seu instrumento;

VII — apresentação de pedido de recuperação judicial no prazo da contestação, observados os requisitos do art. 51 desta Lei;

VIII — cessação das atividades empresariais mais de 2 (dois) anos antes do pedido de falência, comprovada por documento hábil do Registro Público de Empresas,[2] o qual não prevalecerá contra prova de exercício posterior ao ato registrado.

§ 1º Não será decretada a falência de sociedade anônima após liquidado e partilhado seu ativo nem do espólio após 1 (um) ano da morte do devedor.

§ 2º As defesas previstas nos incisos I a VI do *caput* deste artigo não obstam a decretação de falência se, ao final, restarem obrigações não atingidas pelas defesas em montante que supere o limite previsto naquele dispositivo.

Art. 96: 1. v. art. 94, nota 5.

Art. 96: 2. "Admitem-se outros meios de prova para demonstrar a cessação das atividades empresariais que impede o decreto de quebra, mesmo que não se apresente o 'documento hábil' da Junta Comercial" (JTJ 341/680: AP 628.726-4/7-00).

Art. 97. Podem requerer a falência do devedor:

I — o próprio devedor, na forma do disposto nos arts. 105 a 107 desta Lei;

II — o cônjuge sobrevivente, qualquer herdeiro do devedor ou o inventariante;

III — o cotista ou o acionista do devedor na forma da lei ou do ato constitutivo da sociedade;

IV — qualquer credor.[1]

§ 1º O credor empresário apresentará certidão do Registro Público de Empresas que comprove a regularidade de suas atividades.

§ 2º O credor que não tiver domicílio no Brasil deverá prestar caução relativa às custas e ao pagamento da indenização de que trata o art. 101 desta Lei.

Art. 97: 1. "Crédito tributário. **Fazenda Pública. Ausência de legitimidade** para requerer a falência de empresa" (STJ-2ª T., REsp 363.206, Min. Humberto Martins, j. 4.5.10, DJ 21.5.10).

Art. 98. Citado, o devedor poderá apresentar contestação[1] no prazo de 10 (dez) dias.[2]

Parágrafo único. Nos pedidos baseados nos incisos I e II do *caput* do art. 94 desta Lei, o devedor poderá, no prazo da contestação, depositar[2a a 4] o valor correspondente ao total do crédito, acrescido de correção monetária, juros e honorários advocatícios, hipótese em que a falência não será decretada e, caso julgado procedente o pedido de falência, o juiz ordenará o levantamento do valor pelo autor.

Art. 98: 1. "O pedido de recuperação judicial não pode ser usado apenas como defesa na ação falimentar. Para se revestir de credibilidade e de verossimilhança a agravante deveria, no prazo da defesa na ação de falência, ter protocolizado o pedido de recuperação judicial com a exposição das causas concretas da sua situação patrimonial e das razões da crise econômico-financeira" (JTJ 318/417: AI 498.097-4/4-00).

Art. 98: 2. O mandado de citação deve consignar expressamente o prazo para a contestação (v. CPC 250, nota 4).

✎ **Art. 98: 2a.** "Efeitos processuais do depósito elisivo na falência", por Eduardo Henrique de Oliveira Yoshikawa (RDDP 111/45).

Art. 98: 2b. **Súmula 29 do STJ:** "No pagamento em juízo para elidir falência, são devidos correção monetária, juros e honorários de advogado" (v. jurisprudência s/ esta Súmula em RSTJ 33/217).

Art. 98: 3. "**Depósito elisivo** e contestação. Pretensão do credor ao **levantamento** do valor depositado, mediante prestação de caução. Indeferimento. Decisão correta, pois, o depósito elisivo não configura consignação ou pagamento do débito, mas sim, garante ao devedor, discutir a legitimidade do pedido de falência, sem correr o risco de seu decreto. O juiz deverá apreciar as alegações da defesa, sua comprovação, para decidir quem tem razão, para, só então, ordenar o levantamento do valor" (JTJ 298/404).

Art. 98: 3a. "O depósito elisivo da falência (art. 98, parágrafo único, da Lei 11.101/2005), por óbvio, não é fato que autoriza o fim do processo. Elide-se o estado de insolvência presumida, de modo que a decretação da falência fica afastada, mas o processo converte-se em verdadeiro rito de cobrança, pois remanescem as questões alusivas à existência e exigibilidade da dívida cobrada. No sistema inaugurado pela Lei 11.101/2005, os pedidos de falência por impontualidade de dívidas aquém do piso de 40 salários mínimos são legalmente considerados abusivos, e a própria lei encarrega-se de embaraçar o atalhamento processual, pois elevou tal requisito à condição de procedibilidade da falência (art. 94, I). Porém, superando-se esse valor, a ponderação legal já foi realizada segundo a ótica e prudência do legislador. Assim, tendo o pedido de falência sido aparelhado em impontualidade injustificada de títulos que superam o piso previsto na lei (art. 94, I, Lei 11.101/2005), por absoluta presunção legal, fica afastada a alegação de atalhamento do processo de execução/cobrança pela via falimentar. Não cabe ao Judiciário, nesses casos, obstar pedidos de falência que observaram os critérios estabelecidos pela lei, a partir dos quais o legislador separou as situações já de longa data conhecidas, de uso controlado e abusivo da via falimentar" (STJ-4ª T., REsp 1.433.652, Min. Luis Felipe, j. 18.9.14, DJ 29.10.14).

Art. 98: 4. Não se aplica aqui o CPC 916, de modo que não se pode impor ao autor o parcelamento do valor a ser depositado para fins de elisão da falência (RT 928/867: TJSP, AI 0004376-15.2012.8.26.0000).

Art. 99. A sentença que decretar a falência do devedor,[1] dentre outras determinações:

I — conterá a síntese do pedido, a identificação do falido e os nomes dos que forem a esse tempo seus administradores;

II — fixará o termo legal da falência, sem poder retrotraí-lo por mais de 90 (noventa) dias contados do pedido de falência, do pedido de recuperação judicial ou do 1º (primeiro) protesto por falta de pagamento, excluindo-se, para esta finalidade, os protestos que tenham sido cancelados;

III — ordenará ao falido que apresente, no prazo máximo de 5 (cinco) dias, relação nominal dos credores,[1a] indicando endereço, importância, natureza e classificação dos respectivos créditos, se esta já não se encontrar nos autos, sob pena de desobediência;

IV — explicitará o prazo[1b] para as habilitações de crédito, observado o disposto no § 1º do art. 7º desta Lei;

V — ordenará a suspensão de todas as ações ou execuções contra o falido, ressalvadas as hipóteses previstas nos §§ 1º e 2º do art. 6º desta Lei;[2]

VI — proibirá a prática de qualquer ato de disposição ou oneração de bens do falido, submetendo-os preliminarmente à autorização judicial e do Comitê, se houver, ressalvados os bens cuja venda faça parte das atividades normais do devedor se autorizada a continuação provisória nos termos do inciso XI do *caput* deste artigo;

VII — determinará as diligências necessárias para salvaguardar os interesses das partes envolvidas, podendo ordenar a prisão preventiva do falido ou de seus administradores quando requerida com fundamento em provas da prática de crime definido nesta Lei;

VIII — ordenará ao Registro Público de Empresas e à Secretaria Especial da Receita Federal do Brasil que procedam à anotação da falência no registro do devedor, para que dele constem a expressão "falido", a data da decretação da falência e a inabilitação de que trata o art. 102 desta Lei;[2a-2b]

IX — nomeará o administrador judicial,[3] que desempenhará suas funções na forma do inciso III do *caput* do art. 22[3a] desta Lei sem prejuízo do disposto na alínea *a* do inciso II do *caput* do art. 35 desta Lei;

X — determinará a expedição de ofícios aos órgãos e repartições públicas e outras entidades para que informem a existência de bens e direitos do falido;

XI — pronunciar-se-á a respeito da continuação provisória das atividades do falido com o administrador judicial ou da lacração dos estabelecimentos, observado o disposto no art. 109 desta Lei;[3b-4]

XII — determinará, quando entender conveniente, a convocação da assembleia-geral de credores para a constituição de Comitê de Credores, podendo ainda autorizar a manutenção do Comitê eventualmente em funcionamento na recuperação judicial quando da decretação da falência;

XIII — ordenará a intimação eletrônica, nos termos da legislação vigente e respeitadas as prerrogativas funcionais, respectivamente, do Ministério Público[4a a 4d] e das Fazendas Públicas federal e de todos os Estados, Distrito Federal e Municípios em que o devedor tiver estabelecimento, para que tomem conhecimento da falência.[4e]

§ 1º O juiz ordenará a publicação de edital[5] eletrônico com a íntegra da decisão que decreta a falência e a relação de credores apresentada pelo falido.[5a]

§ 2º A intimação eletrônica das pessoas jurídicas de direito público integrantes da administração pública indireta dos entes federativos referidos no inciso XIII do *caput* deste artigo será direcionada:[5b]

I — no âmbito federal, à Procuradoria-Geral Federal e à Procuradoria-Geral do Banco Central do Brasil;[6]

II — no âmbito dos Estados e do Distrito Federal, à respectiva Procuradoria-Geral, à qual competirá dar ciência a eventual órgão de representação judicial específico das entidades interessadas; e[6a]

III — no âmbito dos Municípios, à respectiva Procuradoria-Geral ou, se inexistir, ao gabinete do Prefeito, à qual competirá dar ciência a eventual órgão de representação judicial específico das entidades interessadas.[6b]

§ 3º Após decretada a quebra ou convolada a recuperação judicial em falência, o administrador deverá, no prazo de até 60 (sessenta) dias, contado do termo de nomeação, apresentar, para apreciação do juiz, plano detalhado de realização dos ativos, inclusive com a estimativa de tempo não superior a 180 (cento e oitenta) dias a partir da juntada de cada auto de arrecadação, na forma do inciso III do *caput* do art. 22 desta Lei.[7]

Art. 99: 1. "O bem imóvel, ocupado por quem tem expectativa de adquiri-lo por meio da usucapião, passa a compor um só **patrimônio afetado** na **decretação da falência,** correspondente à massa falida objetiva. Assim, o curso da prescrição aquisitiva da propriedade de bem que compõe a massa falida é interrompido com a decretação da falência, pois o possuidor (seja ele o falido ou terceiros) perde a posse pela incursão do Estado na sua esfera jurídica" (STJ-3ª T., REsp 1.680.357, Min. Nancy Andrighi, j. 10.10.17, DJ 16.10.17).

Art. 99: 1a. v. art. 22-I-*a*.

Art. 99: 1b. que é de 15 dias, a partir da publicação do edital previsto no § ún. (cf. art. 7º § 1º).

Art. 99: 2. As hipóteses previstas nos §§ 1º e 2º do art. 6º são de ação que demandar quantia ilíquida e ações de natureza trabalhista.

Art. 99: 2a. Redação de acordo com a Lei 14.112, de 24.12.20.

Art. 99: 2b. Trata-se da inabilitação para exercer qualquer atividade empresarial a partir da decretação da falência e até a sentença que extingue suas obrigações (cf. art. 102) ou, havendo condenação por crime falimentar, até cinco anos após a extinção da punibilidade, ressalvada a hipótese de anterior reabilitação penal (cf. art. 181 § 1º).

Art. 99: 3. s/ capacitação profissional do administrador judicial, v. art. 21.

Art. 99: 3a. e, ainda, do inc. I do *caput* do art. 22, que também diz respeito aos deveres do administrador judicial na falência.

Art. 99: 3b. Cabe à assembleia-geral de credores deliberar sobre a substituição do administrador judicial e a indicação do substituto (cf. art. 35-II-*a*).

Art. 99: 4. "Lacração do estabelecimento. Medida obrigatória quando não se trata da continuidade temporária da atividade empresarial. Inteligência dos arts. 99, XI, e 109 da Lei n. 11.101/05" (JTJ 354/621: AI 990.10.020642-7). V. art. 109.

✎ **Art. 99: 4a.** "O Ministério Público na nova Lei de Falências", por Mario Moraes Marques Junior (RT 837/43 e RF 379/431).

Art. 99: 4b. "Evidenciada a legitimidade do MP para requerer, no curso do processo falimentar, a extensão dos efeitos da falência a pessoas jurídicas componentes do mesmo grupo econômico que o da falida" (JTJ 318/424: AI 475.195-4/3-00).

Art. 99: 4c. "O interesse público que justifica a intervenção do Ministério Público nos procedimentos falimentares não deve ser confundido com a repercussão econômica que toda quebra compreende, ou mesmo com interesses específicos de credores trabalhistas ou fiscais. Não há, na Lei 11.101/05, qualquer dispositivo que determine a manifestação do Ministério Público em estágio **anterior ao decreto de quebra** nos pedidos de falência" (STJ-3ª T., REsp 1.094.500, Min. Nancy Andrighi, j. 16.9.10, um voto vencido, DJ 20.10.10).

Art. 99: 4d. "O art. 4º da Lei 11.101/2005, que previa ampla participação do *Parquet* nos processos de falência e recuperação de empresas, foi vetado pela Presidência da República. Assim, prevalece o entendimento de que, na vigência da atual legislação falimentar, a intervenção do Ministério Público só é obrigatória quando expressamente prevista na lei, não sendo plausível o argumento de que toda falência envolve interesse público a exigir a atuação ministerial em todas as suas fases e em qualquer de seus incidentes. Ainda que se considerasse obrigatória a intervenção do Ministério Público em todas as fases do processo falimentar, a simples ausência de sua intimação numa determinada fase não seria suficiente, por si só, para acarretar a nulidade do processo desde então. Mesmo nessa eventual situação seria necessária a demonstração de prejuízo concreto, em respeito ao princípio da instrumentalidade das formas e à máxima 'pas de nullité sans grief' (não há nulidade sem prejuízo)" (STJ-4ª T., AI 1.328.934-AgRg, Min. Marco Buzzi, j. 4.11.14, DJ 14.11.14).

Art. 99: 4e. Redação de acordo com a Lei 14.112, de 24.12.20.

Art. 99: 5. A partir da publicação do edital tem início o prazo de 15 dias para a apresentação das habilitações de crédito (inc. IV e art. 7º § 1º).

Art. 99: 5a a 7. Redação de acordo com a Lei 14.112, de 24.12.20.

Art. 100. Da decisão que decreta a falência cabe agravo, e da sentença que julga a improcedência do pedido cabe apelação.[1-2]

Art. 100: 1. v. CPC 966, nota 3a (ação rescisória).

Art. 100: 2. "O **terceiro** que contratou com o falido ostenta interesse jurídico em impugnar a decisão do juiz falimentar que fixa o termo legal da falência de modo a alcançar o negócio jurídico por ele celebrado, fazendo pesar sobre dito negócio a suspeita de fraude" (STJ-3ª T., REsp 752.624, Min. Sidnei Beneti, j. 10.11.09, DJ 23.11.09).

Art. 101. Quem por dolo requerer a falência de outrem será condenado, na sentença que julgar improcedente o pedido, a indenizar o devedor, apurando-se as perdas e danos em liquidação de sentença.[1 a 3]

§ 1º Havendo mais de 1 (um) autor do pedido de falência, serão solidariamente responsáveis aqueles que se conduziram na forma prevista no *caput* deste artigo.

§ 2º Por ação própria, o terceiro prejudicado também pode reclamar indenização dos responsáveis.

Art. 101: 1. s/ caução para o pagamento dessa indenização, a ser prestada pelo credor que não tiver domicílio no Brasil, v. art. 97 § 2º.

Art. 101: 2. "O pedido abusivo de falência gera **dano moral,** porque a violação, no caso, é *in re ipsa*. Ou seja, a configuração do dano está ínsita à própria eclosão do fato pernicioso, não exigindo, pois, comprovação" (STJ-RDDP 92/126: 3ª T., REsp 1.012.318).

Art. 101: 3. "A obrigação de indenizar, por abuso no pedido de falência, só se manifesta quando a sentença indefere o pedido por ausência de seus requisitos. A extinção do processo por **vício de citação ou depósito elisivo** não fazem incidir o art. 20 da Lei de Falências" (STJ-3ª T., REsp 457.283, Min. Gomes de Barros, j. 4.11.03, DJ 1.3.04). Nota: o art. 20 da antiga Lei de Falências guarda relação com este art. 101.

Seção V | DA INABILITAÇÃO EMPRESARIAL, DOS DIREITOS E DEVERES DO FALIDO

Art. 102. O falido fica inabilitado[1] para exercer qualquer atividade empresarial a partir da decretação da falência e até a sentença que extingue suas obrigações,[1a] respeitado o disposto no § 1º do art. 181 desta Lei.

Parágrafo único. Findo o período de inabilitação,[2] o falido poderá requerer ao juiz da falência que proceda à respectiva anotação em seu registro.

Art. 102: 1. A inabilitação deve ser anotada no Registro Público de Empresas (cf. art. 99-VIII).

Art. 102: 1a. v. art. 159.

Art. 102: 2. A inabilitação perdura até a sentença que extingue as obrigações do falido (cf. art. 102) ou, havendo condenação por crime falimentar, até cinco anos após a extinção da punibilidade, ressalvada a hipótese de anterior reabilitação penal (cf. art. 181 § 1º).

Art. 103. Desde a decretação da falência ou do sequestro, o devedor perde o direito de administrar os seus bens ou deles dispor.[1]

Parágrafo único. O falido poderá, contudo, fiscalizar a administração da falência, requerer as providências necessárias para a conservação de seus direitos ou dos bens arrecadados e intervir nos processos em que a massa falida seja parte ou interessada, requerendo o que for de direito e interpondo os recursos cabíveis.[1a a 3]

Art. 103: 1. "Falência. Ação monitória movida pela empresa falida. Legitimação ativa. Inadmissibilidade" (STJ-3ª T., REsp 1.330.167, Min. Sidnei Beneti, j. 5.2.13, DJ 22.2.13). Do voto do relator: "O síndico (*agora, o administrador judicial*) é que é legitimado para mover as ações no interesse da massa falida, não a empresa falida, que não mais possui personalidade jurídica e que, portanto, não é mais, para efeitos processuais, ante a expressa disposição legal contrária (CPC, art. 12, III), representada nem 'presentada' por ninguém, nem mesmo pelo seu anterior sócio-gerente". No mesmo sentido: STJ-4ª T., REsp 1.266.415-AgInt, Min. Antonio Ferreira, j. 18.2.20, DJ 28.2.20.

Art. 103: 1a. v. art. 159, nota 1.

Art. 103: 2. "A decisão que deflagrou a irresignação da recorrente, no particular, decretou a **indisponibilidade de bens pertencentes aos sócios da falida,** de modo que a sociedade, por não ocupar a posição de titular das relações patrimoniais atingidas pela medida imposta, carece, especificamente quanto ao ponto, de legitimidade para recorrer" (STJ-3ª T., REsp 1.639.940, Min. Nancy Andrighi, j. 2.4.19, DJ 4.4.19).

V. tb. CPC 137, nota 1, e LEF 4º, nota 8b.

Art. 103: 3. "A empresa falida possui legitimidade para ajuizar conflito de competência com a finalidade de proteger o acervo patrimonial da massa falida, ao passo que tal atribuição não é exclusiva do administrador judicial" (STJ-2ª Seção, CC 165.741-AgInt, Min. Luis Felipe, j. 18.8.20, DJ 26.8.20).

Art. 104. A decretação da falência impõe aos representantes legais do falido os seguintes deveres:[1]

I — assinar nos autos, desde que intimado da decisão, termo de comparecimento, com a indicação do nome, da nacionalidade, do estado civil e do endereço completo do domicílio, e declarar, para constar do referido termo, diretamente ao administrador judicial, em dia, local e hora por ele designados, por prazo não superior a 15 (quinze) dias após a decretação da falência, o seguinte:[1a]

a) as causas determinantes da sua falência, quando requerida pelos credores;

b) tratando-se de sociedade, os nomes e endereços de todos os sócios, acionistas controladores, diretores ou administradores, apresentando o contrato ou estatuto social e a prova do respectivo registro, bem como suas alterações;

c) o nome do contador encarregado da escrituração dos livros obrigatórios;

d) os mandatos que porventura tenha outorgado, indicando seu objeto, nome e endereço do mandatário;

e) seus bens imóveis e os móveis que não se encontram no estabelecimento;

f) se faz parte de outras sociedades, exibindo respectivo contrato;

g) suas contas bancárias, aplicações, títulos em cobrança e processos em andamento em que for autor ou réu;

II — entregar ao administrador judicial os seus livros obrigatórios e os demais instrumentos de escrituração pertinentes, que os encerrará por termo;[2]

III — não se ausentar do lugar onde se processa a falência sem motivo justo e comunicação expressa ao juiz,[2a] e sem deixar procurador bastante, sob as penas cominadas na lei;

IV — comparecer a todos os atos da falência, podendo ser representado por procurador, quando não for indispensável sua presença;

V — entregar ao administrador judicial, para arrecadação, todos os bens, papéis, documentos e senhas de acesso a sistemas contábeis, financeiros e bancários, bem como indicar aqueles que porventura estejam em poder de terceiros;[3]

VI — prestar as informações reclamadas pelo juiz, administrador judicial, credor ou Ministério Público sobre circunstâncias e fatos que interessem à falência;

VII — auxiliar o administrador judicial com zelo e presteza;

VIII — examinar as habilitações de crédito apresentadas;

IX — assistir ao levantamento, à verificação do balanço e ao exame dos livros;

X — manifestar-se sempre que for determinado pelo juiz;

XI — apresentar ao administrador judicial a relação de seus credores, em arquivo eletrônico, no dia em que prestar as declarações referidas no inciso I do *caput* deste artigo;[4]

XII — examinar e dar parecer sobre as contas do administrador judicial.

Parágrafo único. Faltando ao cumprimento de quaisquer dos deveres que esta Lei lhe impõe, após intimado pelo juiz a fazê-lo, responderá o falido por crime de desobediência.

Art. 104: 1 a 2. Redação de acordo com a Lei 14.112, de 24.12.20.

Art. 104: 2a. "*Habeas corpus*. Retenção de passaporte. Superveniência da nova Lei de Falências. Desnecessidade de autorização judicial para ausentar-se do local da falência. Suficiente mera comunicação (Lei 11.105/2006, art. 104). Ordem concedida, confirmando-se a liminar" (STJ-4ª T., HC 279.036, Min. Raul Araújo, j. 21.11.13, DJ 10.12.13).

Art. 104: 3 e 4. Redação de acordo com a Lei 14.112, de 24.12.20.

Seção VI | DA FALÊNCIA REQUERIDA PELO PRÓPRIO DEVEDOR

Art. 105. O devedor em crise econômico-financeira que julgue não atender aos requisitos para pleitear sua recuperação judicial deverá[1] requerer ao juízo sua falência, expondo as razões da impossibilidade de prosseguimento da atividade empresarial, acompanhadas dos seguintes documentos:

I — demonstrações contábeis referentes aos 3 (três) últimos exercícios sociais e as levantadas especialmente para instruir o pedido, confeccionadas com estrita observância da legislação societária aplicável e compostas obrigatoriamente de:

a) balanço patrimonial;

b) demonstração de resultados acumulados;

c) demonstração do resultado desde o último exercício social;

d) relatório do fluxo de caixa;

II — relação nominal dos credores,[2] indicando endereço, importância, natureza e classificação dos respectivos créditos;

III — relação dos bens e direitos que compõem o ativo, com a respectiva estimativa de valor e documentos comprobatórios de propriedade;

IV — prova da condição de empresário, contrato social ou estatuto em vigor ou, se não houver, a indicação de todos os sócios, seus endereços e a relação de seus bens pessoais;

V — os livros obrigatórios e documentos contábeis que lhe forem exigidos por lei;

VI — relação de seus administradores nos últimos 5 (cinco) anos, com os respectivos endereços, suas funções e participação societária.

✎ **Art. 105: 1.** "A autofalência como dever: reflexos do descumprimento do disposto no art. 105 da Lei n. 11.101/2005", por André Fernandes Estevez e Rafael Fritsch de Souza (RSDCPC 73/9).

Art. 105: 2. v. art. 22-I-*a*.

Art. 106. Não estando o pedido regularmente instruído, o juiz determinará que seja emendado.[1]

Art. 106: 1. "Autofalência. Emenda. Não atendimento. Indeferimento da inicial e extinção do processo. Admissibilidade. Além da não observância do disposto no art. 106 da Lei 11.101/05, o processo não contém elementos de convicção suficientes para a decretação da quebra" (RT 886/205: TJSP, AP 625.224-4/4-00). Do voto do relator: "Não é qualquer instrução deficiente que renderá ensejo ao indeferimento da inicial e à extinção do processo, sem resolução do mérito. Ou seja, se o documento faltante for irrelevante, pouco importante ou possa ser obtido posteriormente, a falência deverá ser decretada. Contudo, se os documentos faltantes forem substanciais ou se houver dúvida fundada no espírito do julgador, a falência não deverá ser decretada, e sim a petição inicial indeferida".

Art. 107. A sentença que decretar a falência do devedor observará a forma do art. 99 desta Lei.

Parágrafo único. Decretada a falência, aplicam-se integralmente os dispositivos relativos à falência requerida pelas pessoas referidas nos incisos II a IV do *caput* do art. 97 desta Lei.

Seção VII | DA ARRECADAÇÃO E DA CUSTÓDIA DOS BENS

Art. 108. Ato contínuo à assinatura do termo de compromisso, o administrador judicial efetuará a arrecadação dos bens e documentos[1] e a avaliação dos bens,[1a] separadamente ou em bloco, no local em que se encontrem, requerendo ao juiz, para esses fins, as medidas necessárias.

§ 1º Os bens arrecadados ficarão sob a guarda do administrador judicial ou de pessoa por ele escolhida, sob responsabilidade daquele, podendo o falido ou qualquer de seus representantes ser nomeado depositário dos bens.[1b]

§ 2º O falido poderá acompanhar a arrecadação e a avaliação.

§ 3º O produto dos bens penhorados ou por outra forma apreendidos entrará para a massa, cumprindo ao juiz deprecar, a requerimento do administrador judicial, às autoridades competentes, determinando sua entrega.

§ 4º Não serão arrecadados os bens absolutamente impenhoráveis.[2]

§ 5º Ainda que haja avaliação em bloco, o bem objeto de garantia real será também avaliado separadamente, para os fins do § 1º do art. 83 desta Lei.

Art. 108: 1. v. art. 22-III-*f*.

Art. 108: 1a. s/ contratação de avaliadores pelo administrador judicial, v. art. 22-III-*h*.

Art. 108: 1b. **Lei 11.343, de 23.8.06** — Institui o Sistema Nacional de Políticas Públicas sobre Drogas — Sisnad; prescreve medidas para prevenção do uso indevido, atenção e reinserção social de usuários e dependentes de drogas; estabelece normas para repressão à produção não autorizada e ao tráfico ilícito de drogas; define crimes e dá outras providências: "**Art. 69.** No caso de falência ou liquidação extrajudicial de empresas ou estabelecimentos hospitalares, de pesquisa, de ensino, ou congêneres, assim como nos serviços de saúde que produzirem, venderem, adquirirem, consumirem, prescreverem ou fornecerem drogas ou de qualquer outro em que existam essas substâncias ou produtos, incumbe ao juízo perante o qual tramite o feito: **I** — determinar, imediatamente à ciência da falência ou liquidação, sejam lacradas suas instalações; **II** — ordenar à autoridade sanitária competente a urgente adoção das medidas necessárias ao recebimento e guarda, em depósito, das drogas arrecadadas; **III** — dar ciência ao órgão do Ministério Público, para acompanhar o feito".

Art. 108: 2. s/ bens impenhoráveis, v. CPC 833.

Art. 109. O estabelecimento será lacrado sempre que houver risco para a execução da etapa de arrecadação ou para a preservação dos bens da massa falida ou dos interesses dos credores.[1]

Art. 109: 1. v. art. 99-XI.

Art. 110. O auto de arrecadação, composto pelo inventário e pelo respectivo laudo de avaliação dos bens, será assinado pelo administrador judicial,[1] pelo falido ou seus representantes e por outras pessoas que auxiliarem ou presenciarem o ato.

§ 1º Não sendo possível a avaliação dos bens no ato da arrecadação, o administrador judicial requererá ao juiz a concessão de prazo para apresentação do laudo de avaliação, que não poderá exceder 30 (trinta) dias, contados da apresentação do auto de arrecadação.

§ 2º Serão referidos no inventário:

I — os livros obrigatórios e os auxiliares ou facultativos do devedor, designando-se o estado em que se acham, número e denominação de cada um, páginas escrituradas, data do início da escrituração e do último lançamento, e se os livros obrigatórios estão revestidos das formalidades legais;

II — dinheiro, papéis, títulos de crédito, documentos e outros bens da massa falida;

III — os bens da massa falida em poder de terceiro, a título de guarda, depósito, penhor ou retenção;

IV — os bens indicados como propriedade de terceiros ou reclamados por estes, mencionando-se essa circunstância.

§ 3º Quando possível, os bens referidos no § 2º deste artigo serão individualizados.

§ 4º Em relação aos bens imóveis, o administrador judicial, no prazo de 15 (quinze) dias após a sua arrecadação, exibirá as certidões de registro, extraídas posteriormente à decretação da falência, com todas as indicações que nele constarem.

Art. 110: 1. v. art. 22-III-*f*.

Art. 111. O juiz poderá autorizar os credores, de forma individual ou coletiva, em razão dos custos e no interesse da massa falida, a adquirir ou adjudicar, de imediato, os bens arrecadados, pelo valor da avaliação, atendida a regra de classificação e preferência entre eles, ouvido o Comitê.

Art. 112. Os bens arrecadados poderão ser removidos, desde que haja necessidade de sua melhor guarda e conservação, hipótese em que permanecerão em depósito sob responsabilidade do administrador judicial, mediante compromisso.

Art. 113. Os bens perecíveis, deterioráveis, sujeitos à considerável desvalorização ou que sejam de conservação arriscada ou dispendiosa,[1] poderão ser vendidos antecipadamente, após a arrecadação e a avaliação, mediante autorização judicial, ouvidos o Comitê e o falido no prazo de 48 (quarenta e oito) horas.

Art. 113: 1. v. art. 22-III-*j*.

Art. 114. O administrador judicial poderá alugar ou celebrar outro contrato referente aos bens da massa falida, com o objetivo de produzir renda para a massa falida, mediante autorização do Comitê.[1]

§ 1º O contrato disposto no *caput* deste artigo não gera direito de preferência na compra e não pode importar disposição total ou parcial dos bens.

§ 2º O bem objeto da contratação poderá ser alienado a qualquer tempo, independentemente do prazo contratado, rescindindo-se, sem direito a multa, o contrato realizado, salvo se houver anuência do adquirente.

Art. 114: 1. "O arrendamento dos bens da massa, pelo administrador judicial, dependente de autorização do Comitê de Credores (Lei 11.101/05, art. 114) ou do juiz, caso inexistente o Comitê (Lei 11.101/05, art. 28), deve ser realizado segundo as circunstâncias de cada caso, podendo ser dispensada a publicidade aos interessados se urgente a providência" (RT 858/255).

Art. 114-A. Se não forem encontrados bens para serem arrecadados, ou se os arrecadados forem insuficientes para as despesas do processo, o administrador judicial informará imediatamente esse fato ao juiz, que, ouvido o representante do Ministério Público, fixará, por meio de edital, o prazo de 10 (dez) dias para os interessados se manifestarem.[1]

§ 1º Um ou mais credores poderão requerer o prosseguimento da falência, desde que paguem a quantia necessária às despesas e aos honorários do administrador judicial, que serão considerados despesas essenciais nos termos estabelecidos no inciso I-A do *caput* do art. 84 desta Lei.

§ 2º Decorrido o prazo previsto no *caput* sem manifestação dos interessados, o administrador judicial promoverá a venda dos bens arrecadados no prazo máximo de 30 (trinta) dias, para bens móveis, e de 60 (sessenta) dias, para bens imóveis, e apresentará o seu relatório, nos termos e para os efeitos dispostos neste artigo.

§ 3º Proferida a decisão, a falência será encerrada pelo juiz nos autos.

Art. 114-A: 1. Redação de acordo com a Lei 14.112, de 24.12.20.

Seção VIII — DOS EFEITOS DA DECRETAÇÃO DA FALÊNCIA SOBRE AS OBRIGAÇÕES DO DEVEDOR

Art. 115. A decretação da falência sujeita todos os credores, que somente poderão exercer os seus direitos sobre os bens do falido e do sócio ilimitadamente responsável na forma que esta Lei prescrever.

Art. 116. A decretação da falência suspende:

I — o exercício do direito de retenção sobre os bens sujeitos à arrecadação, os quais deverão ser entregues ao administrador judicial;

II — o exercício do direito de retirada ou de recebimento do valor de suas quotas ou ações, por parte dos sócios da sociedade falida.

Art. 117. Os contratos bilaterais não se resolvem pela falência e podem ser cumpridos pelo administrador judicial se o cumprimento reduzir ou evitar o aumento do passivo da massa falida ou for necessário à manutenção e preservação de seus ativos, mediante autorização do Comitê.[1]

§ 1º O contratante pode interpelar o administrador judicial, no prazo de até 90 (noventa) dias, contado da assinatura do termo de sua nomeação, para que, dentro de 10 (dez) dias, declare se cumpre ou não o contrato.

§ 2º A declaração negativa ou o silêncio do administrador judicial confere ao contraente o direito à indenização, cujo valor, apurado em processo ordinário, constituirá crédito quirografário.

Art. 117: 1. "É possível ao síndico, independentemente de ação própria, rescindir os contratos bilaterais, diferindo-se a apuração de danos para eventual ação a ser proposta pelo prejudicado, caso entenda necessário" (STJ-3ª T., REsp 1.260.409, Min. Nancy Andrighi, j. 9.8.11, DJ 25.8.11).

Art. 118. O administrador judicial, mediante autorização do Comitê, poderá dar cumprimento a contrato unilateral se esse fato reduzir ou evitar o aumento do passivo da massa falida ou for necessário à manutenção e preservação de seus ativos, realizando o pagamento da prestação pela qual está obrigada.

Art. 119. Nas relações contratuais a seguir mencionadas prevalecerão as seguintes regras:

I — o vendedor não pode obstar a entrega das coisas expedidas ao devedor e ainda em trânsito, se o comprador, antes do requerimento da falência, as tiver revendido, sem fraude, à vista das faturas e conhecimentos de transporte, entregues ou remetidos pelo vendedor;

II — se o devedor vendeu coisas compostas e o administrador judicial resolver não continuar a execução do contrato, poderá o comprador pôr à disposição da massa falida as coisas já recebidas, pedindo perdas e danos;

III — não tendo o devedor entregue coisa móvel ou prestado serviço que vendera ou contratara a prestações, e resolvendo o administrador judicial não executar o contrato, o crédito relativo ao valor pago será habilitado na classe própria;

IV — o administrador judicial, ouvido o Comitê, restituirá a coisa móvel comprada pelo devedor com reserva de domínio[1] do vendedor se resolver não continuar a execução do contrato, exigindo a devolução, nos termos do contrato, dos valores pagos;

V — tratando-se de coisas vendidas a termo, que tenham cotação em bolsa ou mercado, e não se executando o contrato pela efetiva entrega daquelas e pagamento do preço, prestar-se-á a diferença entre a cotação do dia do contrato e a da época da liquidação em bolsa ou mercado;

VI — na promessa de compra e venda de imóveis, aplicar-se-á a legislação respectiva;[1a]

VII — a falência do locador não resolve o contrato de locação e, na falência do locatário, o administrador judicial pode, a qualquer tempo, denunciar o contrato;

VIII — caso haja acordo para compensação e liquidação de obrigações no âmbito do sistema financeiro nacional, nos termos da legislação vigente, a parte não falida poderá considerar o contrato vencido antecipadamente, hipótese em que será liquidado na forma estabelecida em regulamento, admitindo-se a compensação de eventual crédito que venha a ser apurado em favor do falido com créditos detidos pelo contratante;

IX — os patrimônios de afetação,[2] constituídos para cumprimento de destinação específica, obedecerão ao disposto na legislação respectiva, permanecendo seus bens, direitos e obrigações separados dos do falido até o advento do respectivo termo ou até o cumprimento de sua finalidade, ocasião em que o administrador judicial arrecadará o saldo a favor da massa falida ou inscreverá na classe própria o crédito que contra ela remanescer.[3]

Art. 119: 1. s/ venda com reserva de domínio, v. CC 521 a 528.

Art. 119: 1a. **Dec. lei 58, de 10.12.37** — Dispõe sobre o loteamento e a venda de terrenos para pagamento em prestações: **"Art. 12.** Subentende-se no contrato a condição resolutiva da legitimidade e validade do título de domínio.

"§ 1º Em caso de resolução, além de se devolverem as prestações recebidas, com juros convencionados ou os da lei, desde a data do pagamento, haverá, quando provada a má-fé, direito à indenização de perdas e danos.

"§ 2º O falecimento dos contratantes não resolve o contrato, que se transmitirá aos herdeiros. Também não o resolve a sentença declaratória de falência; na dos proprietários, dar-lhe-ão cumprimento o síndico e o liquidatário; na dos compromissários, será ele arrecadado pelo síndico e vendido, em hasta pública, pelo liquidatário".

Lei 6.766, de 19.12.79 — Dispõe sobre o parcelamento do solo urbano e dá outras providências: **"Art. 30.** A sentença declaratória de falência ou da insolvência de qualquer das partes não rescindirá os contratos de compromisso de compra e venda ou de promessa de cessão que tenham por objeto a área loteada ou lotes da mesma. Se a falência ou insolvência for do proprietário da área loteada ou do titular de direito sobre ela, incumbirá ao síndico ou ao administrador dar cumprimento aos referidos contratos; se do adquirente do lote, seus direitos serão levados à praça".

Art. 119: 2. s/ patrimônio de afetação, v., no CCLCV, tít. CONDOMÍNIO E INCORPORAÇÃO, Lei 4.591, de 16.12.64, arts. 31-A a 31-F.

Art. 119: 3. "O patrimônio de afetação referido no art. 119-IX da LFR há de ser o constituído ou autorizado por lei, vedada a instituição de patrimônio separado por aplicação analógica de dispositivos disciplinadores de hipóteses diferentes da versada nos autos" (JTJ 373/613: AP 117169-67.2007.8.26.0000). Esse acórdão foi mantido no subsequente julgamento do recurso especial: "Necessidade de previsão legal específica para se estabelecer patrimônios de afetação. Ausência de amparo legal para atribuição de efeitos reais ao contrato de 'trust' no ordenamento jurídico brasileiro. Inaplicabilidade do art. 119, inciso IX, da Lei 11.101/2005. Validade da arrecadação do saldo em conta corrente em favor da massa falida do banco depositário, não obstante a condição de 'trustee'" (STJ-3ª T., REsp 1.438.142, Min. Paulo Sanseverino, j. 15.5.18, DJ 9.8.18).

Art. 120. O mandato[1] conferido pelo devedor, antes da falência, para a realização de negócios, cessará seus efeitos com a decretação da falência, cabendo ao mandatário prestar contas de sua gestão.

§ 1º O mandato conferido para representação judicial[2] do devedor continua em vigor até que seja expressamente revogado pelo administrador judicial.

§ 2º Para o falido, cessa o mandato ou comissão[3] que houver recebido antes da falência, salvo os que versem sobre matéria estranha à atividade empresarial.

Art. 120: 1. s/ mandato, v. CC 653 a 692.

Art. 120: 2. s/ representação do devedor falido, em juízo, v. CPC 75-V.

Art. 120: 3. s/ contrato de comissão, v. CC 693 a 709.

Art. 121. As contas correntes com o devedor consideram-se encerradas no momento de decretação da falência, verificando-se o respectivo saldo.

Art. 122. Compensam-se, com preferência sobre todos os demais credores, as dívidas do devedor vencidas até o dia da decretação da falência, provenha o vencimento da sentença de falência ou não, obedecidos os requisitos da legislação civil.[1]

Parágrafo único. Não se compensam:

I — os créditos transferidos após a decretação da falência, salvo em caso de sucessão por fusão, incorporação, cisão ou morte; ou

II — os créditos, ainda que vencidos anteriormente, transferidos quando já conhecido o estado de crise econômico-financeira do devedor ou cuja transferência se operou com fraude ou dolo.

Art. 122: 1. "A compensação na falência: subclasse no quadro geral de credores", por Vinícius José Marques Gontijo (RT 883/57).

Art. 123. Se o falido fizer parte de alguma sociedade como sócio comanditário ou cotista, para a massa falida entrarão somente os haveres que na sociedade ele possuir e forem apurados na forma estabelecida no contrato ou estatuto social.

§ 1º Se o contrato ou o estatuto social nada disciplinar a respeito, a apuração far-se-á judicialmente, salvo se, por lei, pelo contrato ou estatuto, a sociedade tiver de liquidar-se, caso em que os haveres do falido, somente após o pagamento de todo o passivo da sociedade, entrarão para a massa falida.

§ 2º Nos casos de condomínio indivisível[1] de que participe o falido, o bem será vendido e deduzir-se-á do valor arrecadado o que for devido aos demais condôminos, facultada a estes a compra da quota-parte do falido nos termos da melhor proposta obtida.

Art. 123: 1. s/ condomínio em coisa indivisível, v. CC 1.322.

Art. 124. Contra a massa falida não são exigíveis juros vencidos após a decretação da falência,[1] previstos em lei[1a] ou em contrato, se o ativo apurado não bastar para o pagamento dos credores subordinados.[1b]

Parágrafo único. Excetuam-se desta disposição os juros das debêntures[2] e dos créditos com garantia real,[3] mas por eles responde, exclusivamente, o produto dos bens que constituem a garantia.

Art. 124: 1. "No processo de falência, a incidência de juros e correção monetária sobre os créditos habilitados deve ocorrer até a decretação da quebra, entendida como a **data da prolação da sentença** e não sua publicação" (STJ-3ª T., REsp 1.660.198, Min. Nancy Andrighi, j. 3.8.17, DJ 10.8.17).

Art. 124: 1a. s/ juros, v. CC 389, 395, 406 e 407.

Art. 124: 1b. "O art. 26 do Dec. lei n. 7.661/1945 (equivalente ao art. 124 da atual LF) cuida da suspensão da fluência de juros e não da sua isenção, de sorte que, se com a venda dos bens da falida gerou-se produto suficiente à satisfação das obrigações da massa falida e ainda sobraram recursos, então, são devidos os juros posteriores à quebra" (Bol. AASP 2.633: TJDFT, AI 20080020015582).

Art. 124: 2. s/ debêntures, v. LSA 52 a 74.

Art. 124: 3. v. CC 1.361 a 1.368 (alienação fiduciária) e 1.419 a 1.510 (penhor, hipoteca e anticrese). V., tb., Lei 10.931, de 2.8.04, arts. 12 a 17 (letra de crédito imobiliário), 18 a 25 (cédula de crédito imobiliário) e 26 a 45 (cédula de crédito bancário).

V., ainda, no CCLCV, os títs. ALIENAÇÃO FIDUCIÁRIA, CÉDULA DE PRODUTO RURAL, CÉDULA HIPOTECÁRIA, TÍTULOS DE CRÉDITO À EXPORTAÇÃO, TÍTULOS DE CRÉDITO COMERCIAL, TÍTULOS DE CRÉDITO INDUSTRIAL, TÍTULOS DE CRÉDITO RURAL.

Art. 125. Na falência do espólio, ficará suspenso o processo de inventário, cabendo ao administrador judicial a realização de atos pendentes em relação aos direitos e obrigações da massa falida.

Art. 126. Nas relações patrimoniais não reguladas expressamente nesta Lei, o juiz decidirá o caso atendendo à unidade, à universalidade do concurso e à igualdade de tratamento dos credores, observado o disposto no art. 75 desta Lei.

Art. 127. O credor de coobrigados solidários[1] cujas falências sejam decretadas tem o direito de concorrer, em cada uma delas, pela totalidade do seu crédito, até recebê-lo por inteiro, quando então comunicará ao juízo.

§ 1º O disposto no *caput* deste artigo não se aplica ao falido cujas obrigações tenham sido extintas por sentença, na forma do art. 159 desta Lei.

§ 2º Se o credor ficar integralmente pago por uma ou por diversas massas coobrigadas, as que pagaram terão direito regressivo contra as demais, em proporção à parte que pagaram e àquela que cada uma tinha a seu cargo.

§ 3º Se a soma dos valores pagos ao credor em todas as massas coobrigadas exceder o total do crédito, o valor será devolvido às massas na proporção estabelecida no § 2º deste artigo.

§ 4º Se os coobrigados eram garantes uns dos outros, o excesso de que trata o § 3º deste artigo pertencerá, conforme a ordem das obrigações, às massas dos coobrigados que tiverem o direito de ser garantidas.

Art. 127: 1. s/ solidariedade passiva, v. CC 275 a 285.

Art. 128. Os coobrigados solventes e os garantes do devedor ou dos sócios ilimitadamente responsáveis podem habilitar o crédito correspondente às quantias pagas ou devidas, se o credor não se habilitar no prazo legal.

Seção IX | DA INEFICÁCIA E DA REVOGAÇÃO DE ATOS PRATICADOS ANTES DA FALÊNCIA

Art. 129. São ineficazes em relação à massa falida, tenha ou não o contratante conhecimento do estado de crise econômico-financeira do devedor, seja ou não intenção deste fraudar credores:[1]

I — o pagamento de dívidas não vencidas realizado pelo devedor dentro do termo legal, por qualquer meio extintivo do direito de crédito, ainda que pelo desconto do próprio título;

II — o pagamento de dívidas vencidas e exigíveis realizado dentro do termo legal, por qualquer forma que não seja a prevista pelo contrato;

III — a constituição de direito real de garantia, inclusive a retenção, dentro do termo legal, tratando-se de dívida contraída anteriormente; se os bens dados em hipoteca forem objeto de outras posteriores, a massa falida receberá a parte que devia caber ao credor da hipoteca revogada;

IV — a prática de atos a título gratuito, desde 2 (dois) anos antes da decretação da falência;

V — a renúncia à herança[1a] ou a legado, até 2 (dois) anos antes da decretação da falência;

VI — a venda ou transferência de estabelecimento feita sem o consentimento expresso ou o pagamento de todos os credores, a esse tempo existentes, não tendo restado ao devedor bens suficientes para solver o seu passivo, salvo se, no prazo de 30 (trinta) dias, não houver oposição dos credores, após serem devidamente notificados, judicialmente ou pelo oficial do registro de títulos e documentos;[1b-2]

VII — os registros de direitos reais e de transferência de propriedade entre vivos, por título oneroso ou gratuito, ou a averbação relativa a imóveis realizados após a decretação da falência, salvo se tiver havido prenotação anterior.

Parágrafo único. A ineficácia poderá ser declarada de ofício pelo juiz, alegada em defesa ou pleiteada mediante ação própria ou incidentalmente no curso do processo.[3-4]

Art. 129: 1. v. Lei 13.097, de 19.1.15, arts. 54 a 58, 61 e 168.

Art. 129: 1a. s/ renúncia da herança, v. CC 1.806 a 1.813.

Art. 129: 1b. "O 'estabelecimento comercial' é composto por patrimônio material e imaterial, constituindo exemplos do primeiro os bens corpóreos essenciais à exploração comercial, como mobiliários, utensílios e automóveis, e, do segundo, os bens e direitos industriais, como patente, nome empresarial, marca registrada, desenho industrial e o ponto. Assim, a alienação dos direitos de exploração de posto de combustível equivale à venda do **ponto comercial,** elemento essencial e constitutivo do estabelecimento, transação que, sem a autorização dos credores da alienante, rende ensejo à declaração de ineficácia em relação à massa falida" (STJ-4ª T., REsp 633.179, Min. Luis Felipe, j. 2.12.10, DJ 1.2.11).

Art. 129: 2. "As **mercadorias do estoque** constituem um dos elementos materiais do estabelecimento empresarial, visto tratar-se de bens corpóreos utilizados na exploração da sua atividade econômica. A venda regular de mercadoria integrante do estoque não constitui venda ou transferência do estabelecimento empresarial, na acepção do art. 52, VIII, do DL 7.661/45 (atual art. 129, VI, da Lei 11.101/05). Trata-se, na realidade, de mero desenvolvimento da atividade econômica da empresa, ainda que realizada numa situação pré-falimentar. Esse raciocínio não se aplica às alienações realizadas de má-fé, em que há desvio de numerário e/ou a dilapidação do patrimônio da empresa com o fito de prejudicar credores. A revogação do ato de alienação do bem, realizado no termo legal da falência e antes de decretada a quebra, depende da prova da fraude" (STJ-3ª T., REsp 1.079.781, Min. Nancy Andrighi, j. 14.9.10, DJ 24.9.10).

✎ Art. 129: 3. "A inconstitucionalidade parcial do art. 129, § ún., da Lei n. 11.101/2005", por Pedro Luiz Pozza (Ajuris 112/245).

Art. 129: 4. Se a ineficácia do ato do falido é declarada incidentalmente no curso do processo, o recurso cabível contra essa decisão é o agravo (JTJ 346/660: AI 666.194-4/6-00; no caso, não se conheceu da apelação interposta). Já se a ineficácia é declarada em ação própria, o recurso cabível contra essa decisão é a apelação.

Art. 130. São revogáveis os atos praticados com a intenção de prejudicar credores, provando-se o conluio fraudulento entre o devedor e o terceiro que com ele contratar e o efetivo prejuízo sofrido pela massa falida.[1]

Art. 130: 1. v. Lei 13.097, de 19.1.15, arts. 54 a 58, 61 e 168.

Art. 131. Nenhum dos atos referidos nos incisos I, II, III e VI do *caput* do art. 129 desta Lei que tenham sido previstos e realizados na forma definida no plano de recuperação judicial ou extrajudicial será declarado ineficaz ou revogado.[1]

Art. 131: 1. Redação de acordo com a Lei 14.112, de 24.12.20.

Art. 132. A ação revocatória, de que trata o art. 130 desta Lei, deverá ser proposta pelo administrador judicial, por qualquer credor ou pelo Ministério Público[1] no prazo de 3 (três) anos contado da decretação da falência.

Art. 132: 1. "A legitimidade do Ministério Público para a ação revocatória da Lei n. 11.101/05", por Hugo Nigro Mazzilli (RSDCPC 38/53).

Art. 133. A ação revocatória pode ser promovida:

I — contra todos os que figuraram no ato ou que por efeito dele foram pagos, garantidos ou beneficiados;

II — contra os terceiros adquirentes, se tiveram conhecimento, ao se criar o direito, da intenção do devedor de prejudicar os credores;

III — contra os herdeiros ou legatários das pessoas indicadas nos incisos I e II do *caput* deste artigo.

Art. 134. A ação revocatória correrá perante o juízo da falência e obedecerá ao procedimento ordinário previsto na Lei n. 5.869, de 11 de janeiro de 1973 — Código de Processo Civil.[1]

Art. 134: 1. v. CPC 318 e segs. (procedimento comum).

Art. 135. A sentença que julgar procedente a ação revocatória determinará o retorno dos bens à massa falida em espécie, com todos os acessórios, ou o valor de mercado, acrescidos das perdas e danos.

Parágrafo único. Da sentença cabe apelação.

Art. 136. Reconhecida a ineficácia ou julgada procedente a ação revocatória, as partes retornarão ao estado anterior, e o contratante de boa-fé terá direito à restituição[1] dos bens ou valores entregues ao devedor.

§ 1º Na hipótese de securitização de créditos do devedor, não será declarada a ineficácia ou revogado o ato de cessão em prejuízo dos direitos dos portadores de valores mobiliários emitidos pelo securitizador.

§ 2º É garantido ao terceiro de boa-fé, a qualquer tempo, propor ação por perdas e danos contra o devedor ou seus garantes.

Art. 136: 1. v. art. 86-III.

Art. 137. O juiz poderá, a requerimento do autor da ação revocatória, ordenar, como medida preventiva, na forma da lei processual civil, o sequestro[1] dos bens retirados do patrimônio do devedor que estejam em poder de terceiros.

Art. 137: 1. v. CPC 301.

Art. 138. O ato pode ser declarado ineficaz ou revogado, ainda que praticado com base em decisão judicial, observado o disposto no art. 131 desta Lei.

Parágrafo único. Revogado o ato ou declarada sua ineficácia, ficará rescindida a sentença que o motivou.

Seção X | DA REALIZAÇÃO DO ATIVO[1]

SEÇ. X: 1. Compete ao administrador judicial, sob a fiscalização do juiz e do Comitê, a prática dos atos necessários à realização do ativo (cf. art. 22-III-*i*).

Art. 139. Logo após a arrecadação dos bens, com a juntada do respectivo auto ao processo de falência, será iniciada a realização do ativo.

Art. 140. A alienação dos bens[1] será realizada de uma das seguintes formas, observada a seguinte ordem de preferência:

I — alienação da empresa, com a venda de seus estabelecimentos em bloco;

II — alienação da empresa, com a venda de suas filiais ou unidades produtivas isoladamente;

III — alienação em bloco dos bens que integram cada um dos estabelecimentos do devedor;

IV — alienação dos bens individualmente considerados.

§ 1º Se convier à realização do ativo, ou em razão de oportunidade, podem ser adotadas mais de uma forma de alienação.

§ 2º A realização do ativo terá início independentemente da formação do quadro-geral de credores.[1a]

§ 3º A alienação da empresa terá por objeto o conjunto de determinados bens necessários à operação rentável da unidade de produção, que poderá compreender a transferência de contratos específicos.

§ 4º Nas transmissões de bens alienados na forma deste artigo que dependam de registro público, a este servirá como título aquisitivo suficiente o mandado judicial respectivo.[2]

Art. 140: 1. **CTN 133:** "A pessoa natural ou jurídica de direito privado que adquirir de outra, por qualquer título, fundo de comércio ou estabelecimento comercial, industrial ou profissional, e continuar a respectiva exploração, sob a mesma ou outra razão social ou sob firma ou nome individual, responde pelos tributos, relativos ao fundo ou estabelecimento adquirido, devidos até a data do ato:

"I — integralmente, se o alienante cessar a exploração do comércio, indústria ou atividade;

"II — subsidiariamente com o alienante, se este prosseguir na exploração ou iniciar dentro de seis meses a contar da data da alienação, nova atividade no mesmo ou em outro ramo de comércio, indústria ou profissão.

"§ 1º (*redação da LC 118, de 9.2.05*) O disposto no *caput* deste artigo não se aplica na hipótese de alienação judicial:

"I (*redação da LC 118, de 9.2.05*) — em processo de falência;

"II (*redação da LC 118, de 9.2.05*) — de filial ou unidade produtiva isolada, em processo de recuperação judicial.

"§ 2º (*redação da LC 118, de 9.2.05*) Não se aplica o disposto no § 1º deste artigo quando o adquirente for:

"I (*redação da LC 118, de 9.2.05*) — sócio da sociedade falida ou em recuperação judicial, ou sociedade controlada pelo devedor falido ou em recuperação judicial;

"II (*redação da LC 118, de 9.2.05*) — parente, em linha reta ou colateral até o 4º (quarto) grau, consanguíneo ou afim, do devedor falido ou em recuperação judicial ou de qualquer de seus sócios; ou

"III (*redação da LC 118, de 9.2.05*) — identificado como agente do falido ou do devedor em recuperação judicial com o objetivo de fraudar a sucessão tributária.

"§ 3º (*redação da LC 118, de 9.2.05*) Em processo da falência, o produto da alienação judicial de empresa, filial ou unidade produtiva isolada permanecerá em conta de depósito à disposição do juízo de falência pelo prazo de 1 (um) ano, contado da data de alienação, somente podendo ser utilizado para o pagamento de créditos extraconcursais ou de créditos que preferem ao tributário".

Art. 140: 1a. s/ a homologação do quadro-geral de credores, v. art. 18.

Art. 140: 2. s/ registro de mandado judicial, no Registro de Imóveis, v. LRP 221.

Art. 141. Na alienação conjunta ou separada de ativos, inclusive da empresa ou de suas filiais, promovida sob qualquer das modalidades de que trata o art. 142:[1]

I — todos os credores, observada a ordem de preferência definida no art. 83 desta Lei, sub-rogam-se no produto da realização do ativo;

II — o objeto da alienação estará livre de qualquer ônus e não haverá sucessão do arrematante nas obrigações do devedor, inclusive as de natureza tributária, as derivadas da legislação do trabalho e as decorrentes de acidentes de trabalho.[1a]

§ 1º O disposto no inciso II do *caput* deste artigo não se aplica quando o arrematante for:

I — sócio da sociedade falida, ou sociedade controlada pelo falido;

II — parente, em linha reta ou colateral até o 4º (quarto) grau, consanguíneo ou afim, do falido ou de sócio da sociedade falida; ou

III — identificado como agente do falido com o objetivo de fraudar a sucessão.

§ 2º Empregados do devedor contratados pelo arrematante serão admitidos mediante novos contratos de trabalho e o arrematante não responde por obrigações decorrentes do contrato anterior.

§ 3º A alienação nas modalidades de que trata o art. 142 desta Lei poderá ser realizada com compartilhamento de custos operacionais por 2 (duas) ou mais empresas em situação falimentar.[2]

Art. 141: 1. Redação de acordo com a Lei 14.112, de 24.12.20.

Art. 141: 1a. Esse inciso II não é inconstitucional (STF-Pleno, ADI 3.934, Min. Ricardo Lewandowski, j. 27.5.09, DJ 6.11.09).

Art. 141: 2. Redação de acordo com a Lei 14.112, de 24.12.20.

Art. 142. A alienação de bens dar-se-á por uma das seguintes modalidades:[1-1a]

I — leilão eletrônico, presencial ou híbrido;[1b]

II — (revogado);[1c]

III — (revogado);[1d]

IV — processo competitivo organizado promovido por agente especializado e de reputação ilibada, cujo procedimento deverá ser detalhado em relatório anexo ao plano de realização do ativo ou ao plano de recuperação judicial, conforme o caso;[2]

V — qualquer outra modalidade, desde que aprovada nos termos desta Lei.[2a]

§ 1º (Revogado).[2b]

§ 2º (Revogado).[2c]

§ 2º-A. A alienação de que trata o *caput* deste artigo:[3]

I — dar-se-á independentemente de a conjuntura do mercado no momento da venda ser favorável ou desfavorável, dado o caráter forçado da venda;[3a]

II — independerá da consolidação do quadro-geral de credores;[3b]

III — poderá contar com serviços de terceiros como consultores, corretores e leiloeiros;[3c]

IV — deverá ocorrer no prazo máximo de 180 (cento e oitenta) dias, contado da data da lavratura do auto de arrecadação, no caso de falência;[3d]

V — não estará sujeita à aplicação do conceito de preço vil.[3e]

§ 3º Ao leilão eletrônico, presencial ou híbrido aplicam-se, no que couber, as regras da Lei n. 13.105, de 16 de março de 2015 (Código de Processo Civil).[4]

§ 3º-A. A alienação por leilão eletrônico, presencial ou híbrido dar-se-á:[5]

I — em primeira chamada, no mínimo pelo valor de avaliação do bem;[5a]

II — em segunda chamada, dentro de 15 (quinze) dias, contados da primeira chamada, por no mínimo 50% (cinquenta por cento) do valor de avaliação; e[5b]

III — em terceira chamada, dentro de 15 (quinze) dias, contados da segunda chamada, por qualquer preço.[5c]

§ 3º-B. A alienação prevista nos incisos IV e V do *caput* deste artigo, conforme disposições específicas desta Lei, observará o seguinte:[6]

I — será aprovada pela assembleia-geral de credores;[6a]

II — decorrerá de disposição de plano de recuperação judicial aprovado; ou[6b]

III — deverá ser aprovada pelo juiz, considerada a manifestação do administrador judicial e do Comitê de Credores, se existente.[6c]

§ 4º (Revogado).[6d]

§ 5º (Revogado).[6e]

§ 6º (Revogado).[6f]

§ 7º Em qualquer modalidade de alienação, o Ministério Público e as Fazendas Públicas serão intimados por meio eletrônico, nos termos da legislação vigente e respeitadas as respectivas prerrogativas funcionais, sob pena de nulidade.[7]

§ 8º Todas as formas de alienação de bens realizadas de acordo com esta Lei serão consideradas, para todos os fins e efeitos, alienações judiciais.[8]

Art. 142: 1. Redação de acordo com a Lei 14.112, de 24.12.20.

Art. 142: 1a. v. arts. 144 e 145.

Art. 142: 1b a 3e. Redação de acordo com a Lei 14.112, de 24.12.20.

Art. 142: 4. v. CPC 881 e segs.

Art. 142: 5 a 8. Redação de acordo com a Lei 14.112, de 24.12.20.

Art. 143. Em qualquer das modalidades de alienação referidas no art. 142 desta Lei, poderão ser apresentadas impugnações por quaisquer credores, pelo devedor ou pelo Ministério Público,[1] no prazo de 48 (quarenta e oito) horas da arrematação, hipótese em que os autos serão conclusos ao juiz, que, no prazo de 5 (cinco) dias, decidirá sobre as impugnações e, julgando-as improcedentes, ordenará a entrega dos bens ao arrematante, respeitadas as condições estabelecidas no edital.

§ 1º Impugnações baseadas no valor de venda do bem somente serão recebidas se acompanhadas de oferta firme do impugnante ou de terceiro para a aquisição do bem, respeitados os termos do edital, por valor presente superior ao valor de venda, e de depósito caucionário equivalente a 10% (dez por cento) do valor oferecido.[2]

§ 2º A oferta de que trata o § 1º deste artigo vincula o impugnante e o terceiro ofertante como se arrematantes fossem.[3]

§ 3º Se houver mais de uma impugnação baseada no valor de venda do bem, somente terá seguimento aquela que tiver o maior valor presente entre elas.[4]

§ 4º A suscitação infundada de vício na alienação pelo impugnante será considerada ato atentatório à dignidade da justiça e sujeitará o suscitante à reparação dos prejuízos causados e às penas previstas na Lei n. 13.105, de 16 de março de 2015 (Código de Processo Civil), para comportamentos análogos.[5]

Art. 143: 1. "Impugnação à alienação de bens do falido. Legitimidade circunscrita às pessoas referidas no art. 143 da Lei 11.101/05. Descabimento do ajuizamento de embargos à arrematação, diante de mecanismo específico previsto na Lei 11.101/05. Impugnação intempestiva e ajuizada por quem não tinha legitimidade a tanto" (JTJ 374/642: AI 10185-83.2012.8.26.0000).

Art. 143: 2 a 5. Redação de acordo com a Lei 14.112, de 24.12.20.

Art. 144. Havendo motivos justificados, o juiz poderá autorizar, mediante requerimento fundamentado do administrador judicial ou do Comitê, modalidades de alienação judicial diversas das previstas no art. 142 desta Lei.

Art. 144-A. Frustrada a tentativa de venda dos bens da massa falida e não havendo proposta concreta dos credores para assumi-los, os bens poderão ser considerados sem valor de mercado e destinados à doação.[1]

Parágrafo único. Se não houver interessados na doação referida no *caput* deste artigo, os bens serão devolvidos ao falido.

Art. 144-A: 1. Redação de acordo com a Lei 14.112, de 24.12.20.

Art. 145. Por deliberação tomada nos termos do art. 42 desta Lei, os credores poderão adjudicar os bens alienados na falência ou adquiri-los por meio de constituição de sociedade, de fundo ou de outro veículo de investimento, com a participação, se necessária, dos atuais sócios do devedor ou de terceiros, ou mediante conversão de dívida em capital.[1]

§ 1º Aplica-se irrestritamente o disposto no art. 141 desta Lei à transferência dos bens à sociedade, ao fundo ou ao veículo de investimento mencionados no *caput* deste artigo.[2]

§ 2º (Revogado).[3]

§ 3º (Revogado).[3a]

§ 4º Será considerada não escrita qualquer restrição convencional à venda ou à circulação das participações na sociedade, no fundo de investimento ou no veículo de investimento a que se refere o *caput* deste artigo.[4]

Art. 145: 1 a 4. Redação de acordo com a Lei 14.112, de 24.12.20.

Art. 146. Em qualquer modalidade de realização do ativo adotada, fica a massa falida dispensada da apresentação de certidões negativas.

Art. 147. As quantias recebidas a qualquer título serão imediatamente depositadas em conta remunerada de instituição financeira, atendidos os requisitos da lei ou das normas de organização judiciária.

Art. 148. O administrador judicial fará constar do relatório de que trata a alínea *p* do inciso III do art. 22 os valores eventualmente recebidos no mês vencido, explicitando a forma de distribuição dos recursos entre os credores, observado o disposto no art. 149 desta Lei.

Seção XI | DO PAGAMENTO AOS CREDORES[1]

SEÇ. XI: 1. Compete ao administrador judicial, sob a fiscalização do juiz e do Comitê, a prática dos atos necessários ao pagamento aos credores (cf. art. 22-III-*i*).

Art. 149. Realizadas as restituições,[1] pagos os créditos extraconcursais,[2] na forma do art. 84 desta Lei, e consolidado o quadro-geral de credores,[3] as importâncias recebidas com a realização do ativo serão destinadas ao pagamento dos credores,[4] atendendo à classificação prevista no art. 83 desta Lei, respeitados os demais dispositivos desta Lei e as decisões judiciais que determinam reserva de importâncias.

§ 1º Havendo reserva de importâncias, os valores a ela relativos ficarão depositados até o julgamento definitivo do crédito e, no caso de não ser este finalmente reconhecido, no todo ou em parte, os recursos depositados serão objeto de rateio suplementar entre os credores remanescentes.

§ 2º Os credores que não procederem, no prazo fixado pelo juiz, ao levantamento dos valores que lhes couberam em rateio serão intimados a fazê-lo no prazo de 60 (sessenta) dias, após o qual os recursos serão objeto de rateio suplementar entre os credores remanescentes.

Art. 149: 1. s/ restituições, v. arts. 85 a 93.

Art. 149: 2. s/ créditos extraconcursais, v. art. 84.

Art. 149: 3. s/ a consolidação do quadro-geral de credores, v. art. 18.

Art. 149: 4. "A pendência de recurso sem agregação de efeito suspensivo contra decisão do juízo da falência não obsta a consolidação do quadro-geral de credores, não impedindo que se inicie o pagamento aos credores. Interpretação dos arts. 18 e 149 da Lei 11.101/05. Necessidade de se garantir a efetividade do processo de falência" (STJ-3ª T., REsp 1.300.455, Min. Paulo Sanseverino, j. 17.10.13, DJ 25.10.13).

V. tb. art. 18, nota 2.

Art. 150. As despesas cujo pagamento antecipado seja indispensável à administração da falência, inclusive na hipótese de continuação provisória das atividades previstas no inciso XI do *caput* do art. 99 desta Lei, serão pagas pelo administrador judicial com os recursos disponíveis em caixa.

Art. 151. Os créditos trabalhistas de natureza estritamente salarial vencidos nos 3 (três) meses anteriores à decretação da falência, até o limite de 5 (cinco) salários mínimos por trabalhador, serão pagos tão logo haja disponibilidade em caixa.[1]

Art. 151: 1. mesmo antes das restituições em dinheiro (cf. art. 86 § ún.).

Art. 152. Os credores restituirão em dobro as quantias recebidas, acrescidas dos juros legais, se ficar evidenciado dolo ou má-fé na constituição do crédito ou da garantia.

Art. 153. Pagos todos os credores, o saldo, se houver, será entregue ao falido.

Seção XII DO ENCERRAMENTO DA FALÊNCIA E DA EXTINÇÃO DAS OBRIGAÇÕES DO FALIDO

Art. 154. Concluída a realização de todo o ativo, e distribuído o produto entre os credores, o administrador judicial apresentará suas contas ao juiz no prazo de 30 (trinta) dias.[1]

§ 1º As contas, acompanhadas dos documentos comprobatórios, serão prestadas em autos apartados que, ao final, serão apensados aos autos da falência.

§ 2º O juiz ordenará a publicação de aviso de que as contas foram entregues e se encontram à disposição dos interessados, que poderão impugná-las no prazo de 10 (dez) dias.

§ 3º Decorrido o prazo do aviso e realizadas as diligências necessárias à apuração dos fatos, o juiz intimará o Ministério Público para manifestar-se no prazo de 5 (cinco) dias, findo o qual o administrador judicial será ouvido se houver impugnação ou parecer contrário do Ministério Público.

§ 4º Cumpridas as providências previstas nos §§ 2º e 3º deste artigo, o juiz julgará as contas por sentença.

§ 5º A sentença que rejeitar as contas do administrador judicial fixará suas responsabilidades, poderá determinar a indisponibilidade ou o sequestro de bens e servirá como título executivo para indenização da massa.

§ 6º Da sentença cabe apelação.

Art. 154: 1. Decorrido esse prazo sem a apresentação das contas, o administrador judicial será intimado a fazê-lo no prazo de 5 dias, sob pena de desobediência (cf. art. 23).

Art. 155. Julgadas as contas do administrador judicial, ele apresentará o relatório final da falência no prazo de 10 (dez) dias,[1] indicando o valor do ativo e o do produto de sua realização, o valor do passivo e o dos pagamentos feitos aos credores, e especificará justificadamente as responsabilidades com que continuará o falido.

Art. 155: 1. Não apresentado o relatório, o administrador judicial será intimado pessoalmente a fazê-lo, sob pena de desobediência (cf. art. 23).

Art. 156. Apresentado o relatório final,[1] o juiz encerrará a falência por sentença[2] e ordenará a intimação eletrônica às Fazendas Públicas federal e de todos os Estados, Distrito Federal e Municípios em que o devedor tiver estabelecimento e determinará a baixa da falida no Cadastro Nacional da Pessoa Jurídica (CNPJ), expedido pela Secretaria Especial da Receita Federal do Brasil.[3]

Parágrafo único. A sentença de encerramento será publicada por edital e dela caberá apelação.

Art. 156: 1. Apresentado o relatório final, deverá ser paga a parte da remuneração do administrador judicial, reservada na forma do art. 24 § 2º.

Art. 156: 2. "O mero encerramento da falência, com a comunicação do ato ao registro comercial, não conduz à dissolução da sociedade, à extinção das obrigações do falido ou à revogação do decreto de quebra. A personalidade jurídica da falida não desaparece com o encerramento do procedimento falimentar, pois a sociedade pode prosseguir no comércio a requerimento do falido e deferimento do juízo" (STJ-3ª T., REsp 883.802, Min. Nancy Andrighi, j. 27.4.10, DJ 12.5.10).

V. tb. art. 159, nota 1.

Art. 156: 3. Redação de acordo com a Lei 14.112, de 24.12.20.

Art. 157. ....[1]

Art. 157: 1. O art. 157 foi revogado pela Lei 14.112, de 24.12.20.

Art. 158. Extingue as obrigações do falido:

I — o pagamento de todos os créditos;

II — o pagamento, após realizado todo o ativo, de mais de 25% (vinte e cinco por cento) dos créditos quirografários, facultado ao falido o depósito da quantia necessária para atingir a referida porcentagem se para isso não tiver sido suficiente a integral liquidação do ativo;[1]

III — (revogado);[2]

IV — (revogado);[2a]

V — o decurso do prazo de 3 (três) anos, contado da decretação da falência, ressalvada a utilização dos bens arrecadados anteriormente, que serão destinados à liquidação para a satisfação dos credores habilitados ou com pedido de reserva realizado;[3-3a]

VI — O encerramento da falência nos termos do arts. 114-A ou 156 desta Lei.[4-5]

Art. 158: 1 a 3. Redação de acordo com a Lei 14.112, de 24.12.20, em vigor 30 dias após sua publicação (DOU 24.12.20 — ed. extra).

Art. 158: 3a. Lei 14.112, de 24.12.20: "Art. 5º Observado o disposto no art. 14 da Lei n. 13.105, de 16 de março de 2015 (Código de Processo Civil), esta Lei aplica-se de imediato aos processos pendentes. **§ 1º** Os dispositivos constantes dos incisos seguintes somente serão aplicáveis às falências decretadas, inclusive as decorrentes de convolação, e aos pedidos de recuperação judicial ou extrajudicial ajuizados após o início da vigência desta Lei: (...) **IV** — as disposições previstas no inciso V do *caput* do art. 158 da Lei n. 11.101, de 9 de fevereiro de 2005".

Art. 158: 4. Redação de acordo com a Lei 14.112, de 24.12.20, em vigor 30 dias após sua publicação (DOU 24.12.20 — ed. extra).

Art. 158: 5. Lei 14.112, de 24.12.20: "Art. 5º Observado o disposto no art. 14 da Lei n. 13.105, de 16 de março de 2015 (Código de Processo Civil), esta Lei aplica-se de imediato aos processos pendentes. **§ 5º** O disposto no inciso VI do *caput* do art. 158 terá aplicação imediata, inclusive às falências regidas pelo Decreto-Lei n. 7.661, de 21 de junho de 1945".

Art. 159. Configurada qualquer das hipóteses do art. 158 desta Lei, o falido poderá requerer ao juízo da falência que suas obrigações sejam declaradas extintas por sentença.[1]

§ 1º A secretaria do juízo fará publicar imediatamente informação sobre a apresentação do requerimento a que se refere este artigo, e, no prazo comum de 5 (cinco) dias, qualquer credor, o administrador judicial e o Ministério Público poderão manifestar-se exclusivamente para apontar inconsistências formais e objetivas.[2]

§ 2º (Revogado).[2a]

§ 3º Findo o prazo, o juiz, em 15 (quinze) dias, proferirá sentença que declare extintas todas as obrigações do falido, inclusive as de natureza trabalhista.[3]

§ 4º A sentença que declarar extintas as obrigações será comunicada a todas as pessoas e entidades informadas da decretação da falência.

§ 5º Da sentença cabe apelação.

§ 6º Após o trânsito em julgado, os autos serão apensados aos da falência.

Art. 159: 1. "A decretação da falência, que enseja a dissolução, é o primeiro ato do procedimento e **não** importa, por si, na **extinção da personalidade jurídica** da sociedade. A extinção, precedida das fases de liquidação do patrimônio social e da partilha do saldo, dá-se somente ao fim do processo de liquidação, que todavia pode ser antes interrompido, se acaso revertidas as razões que ensejaram a dissolução, como na hipótese em que requerida e declarada a extinção das obrigações" (STJ-4ª T., REsp 1.265.548-AgRg, Min. Antonio Ferreira, j. 25.6.19, maioria, DJ 5.8.19).

V. tb. art. 156, nota 2.

Art. 159: 2 a 3. Redação de acordo com a Lei 14.112, de 24.12.20.

Art. 159-A. A sentença que declarar extintas as obrigações do falido, nos termos do art. 159 desta Lei, somente poderá ser rescindida por ação rescisória, na forma prevista na Lei n. 13.105, de 16 de março de 2015 (Código de Processo Civil), a pedido de qualquer credor, caso se verifique que o falido tenha sonegado bens, direitos ou rendimentos de qualquer espécie anteriores à data do requerimento a que se refere o art. 159 desta Lei.[1]

Parágrafo único. O direito à rescisão de que trata o *caput* deste artigo extinguir-se-á no prazo de 2 (dois) anos, contado da data do trânsito em julgado da sentença de que trata o art. 159 desta Lei.

Art. 159-A: 1. Redação de acordo com a Lei 14.112, de 24.12.20.

Art. 160. Verificada a prescrição ou extintas as obrigações nos termos desta Lei, o sócio de responsabilidade ilimitada também poderá requerer que seja declarada por sentença a extinção de suas obrigações na falência.

Capítulo VI | DA RECUPERAÇÃO EXTRAJUDICIAL[1]

CAP. VI: 1. "Breve notícia sobre a recuperação extrajudicial", por Paulo Penalva Santos (RF 381/189); "Recuperação extrajudicial: inovação ou retrocesso?", por Carlos Alberto Farracha de Castro (RT 937/377, RJ-Lex 60/42, RMDECC 47/90).

Art. 161. O devedor que preencher os requisitos do art. 48 desta Lei poderá propor e negociar com credores plano de recuperação extrajudicial.

§ 1º Estão sujeitos à recuperação extrajudicial todos os créditos existentes na data do pedido, exceto os créditos de natureza tributária e aqueles previstos no § 3º do art. 49 e no inciso II do *caput* do art. 86 desta Lei, e a sujeição dos créditos de natureza trabalhista e por acidentes de trabalho exige negociação coletiva com o sindicato da respectiva categoria profissional.[1]

§ 2º O plano não poderá contemplar o pagamento antecipado de dívidas nem tratamento desfavorável aos credores que a ele não estejam sujeitos.

§ 3º O devedor não poderá requerer a homologação de plano extrajudicial, se estiver pendente pedido de recuperação judicial ou se houver obtido recuperação judicial ou homologação de outro plano de recuperação extrajudicial há menos de 2 (dois) anos.

§ 4º O pedido de homologação do plano de recuperação extrajudicial não acarretará suspensão de direitos, ações ou execuções, nem a impossibilidade do pedido de decretação de falência pelos credores não sujeitos ao plano de recuperação extrajudicial.

§ 5º Após a distribuição do pedido de homologação, os credores não poderão desistir da adesão ao plano, salvo com a anuência expressa dos demais signatários.

§ 6º A sentença[1a] de homologação do plano de recuperação extrajudicial constituirá título executivo judicial, nos termos do art. 584, inciso III do *caput*, da Lei n. 5.869, de 11 de janeiro de 1973 — Código de Processo Civil.[2]

Art. 161: 1. Redação de acordo com a Lei 14.112, de 24.12.20.

Art. 161: 1a. s/ juízo competente para homologar o plano de recuperação extrajudicial, v. art. 3º.

Art. 161: 2. v. CPC 515-II.

Art. 162. O devedor poderá requerer a homologação em juízo do plano de recuperação extrajudicial, juntando sua justificativa e o documento que contenha seus termos e condições, com as assinaturas dos credores que a ele aderiram.[1]

Art. 162: 1. Também deverá juntar os documentos previstos no art. 163 § 6º.

Art. 163. O devedor poderá também requerer a homologação de plano de recuperação extrajudicial que obriga todos os credores por ele abrangidos, desde que assinado por credores que representem mais da metade dos créditos de cada espécie abrangidos pelo plano de recuperação extrajudicial.[1]

§ 1º O plano poderá abranger a totalidade de uma ou mais espécies de créditos previstos no art. 83, incisos II, IV, V, VI e VIII do *caput*, desta Lei, ou grupo de credores de mesma natureza e sujeito a semelhantes condições de pagamento, e, uma vez homologado, obriga a todos os credores das espécies por ele abrangidas, exclusivamente em relação aos créditos constituídos até a data do pedido de homologação.

§ 2º Não serão considerados para fins de apuração do percentual previsto no *caput* deste artigo os créditos não incluídos no plano de recuperação extrajudicial, os quais não poderão ter seu valor ou condições originais de pagamento alteradas.

§ 3º Para fins exclusivos de apuração do percentual previsto no *caput* deste artigo:

I — o crédito em moeda estrangeira será convertido para moeda nacional pelo câmbio da véspera da data de assinatura do plano; e

II — não serão computados os créditos detidos pelas pessoas relacionadas no art. 43 deste artigo.[2]

§ 4º Na alienação de bem objeto de garantia real, a supressão da garantia ou sua substituição somente serão admitidas mediante a aprovação expressa do credor titular da respectiva garantia.

§ 5º Nos créditos em moeda estrangeira, a variação cambial só poderá ser afastada se o credor titular do respectivo crédito aprovar expressamente previsão diversa no plano de recuperação extrajudicial.

§ 6º Para a homologação do plano de que trata este artigo, além dos documentos previstos no *caput* do art. 162 desta Lei, o devedor deverá juntar:

I — exposição da situação patrimonial do devedor;

II — as demonstrações contábeis relativas ao último exercício social e as levantadas especialmente para instruir o pedido, na forma do inciso II do *caput* do art. 51 desta Lei; e

III — os documentos que comprovem os poderes dos subscritores para novar ou transigir, relação nominal completa dos credores, com a indicação do endereço de cada um, a natureza, a classificação e o valor atualizado do crédito, discriminando sua origem, o regime dos respectivos vencimentos e a indicação dos registros contábeis de cada transação pendente.

§ 7º O pedido previsto no *caput* deste artigo poderá ser apresentado com comprovação da anuência de credores que representem pelo menos 1/3 (um terço) de todos os créditos de cada espécie por ele abrangidos e com o compromisso de, no prazo improrrogável de 90 (noventa) dias, contado da data do pedido, atingir o quórum previsto no *caput* deste artigo, por meio de adesão expressa, facultada a conversão do procedimento em recuperação judicial a pedido do devedor.[3]

§ 8º Aplica-se à recuperação extrajudicial, desde o respectivo pedido, a suspensão de que trata o art. 6º desta Lei, exclusivamente em relação às espécies de crédito por ele abrangidas, e somente deverá ser ratificada pelo juiz se comprovado o quórum inicial exigido pelo § 7º deste artigo.[4]

Art. 163: 1. Redação de acordo com a Lei 14.112, de 24.12.20.

Art. 163: 2. *sic*; deve ser "desta lei".

Art. 163: 3 e 4. Redação de acordo com a Lei 14.112, de 24.12.20.

Art. 164. Recebido o pedido de homologação do plano de recuperação extrajudicial previsto nos arts. 162 e 163 desta Lei, o juiz ordenará a publicação de edital eletrônico com vistas a convocar os credores do devedor para apresentação de suas impugnações ao plano de recuperação extrajudicial, observado o disposto no § 3º deste artigo.[1]

§ 1º No prazo do edital, deverá o devedor comprovar o envio de carta a todos os credores sujeitos ao plano, domiciliados ou sediados no país, informando a distribuição do pedido, as condições do plano e prazo para impugnação.

§ 2º Os credores terão prazo de 30 (trinta) dias, contado da publicação do edital, para impugnarem o plano, juntando a prova de seu crédito.

§ 3º Para opor-se, em sua manifestação, à homologação do plano, os credores somente poderão alegar:

I — não preenchimento do percentual mínimo previsto no *caput* do art. 163 desta Lei;

II — prática de qualquer dos atos previstos no inciso III do art. 94 ou do art. 130 desta Lei, ou descumprimento de requisito previsto nesta Lei;

III — descumprimento de qualquer outra exigência legal.

§ 4º Sendo apresentada impugnação, será aberto prazo de 5 (cinco) dias para que o devedor sobre ela se manifeste.

§ 5º Decorrido o prazo do § 4º deste artigo, os autos serão conclusos imediatamente ao juiz para apreciação de eventuais impugnações e decidirá, no prazo de 5 (cinco) dias, acerca do plano de recuperação extrajudicial, homologando-o por sentença se entender que não implica prática de atos previstos no art. 130 desta Lei e que não há outras irregularidades que recomendem sua rejeição.

§ 6º Havendo prova de simulação de créditos ou vício de representação dos credores que subscreverem o plano, a sua homologação será indeferida.

§ 7º Da sentença cabe apelação sem efeito suspensivo.

§ 8º Na hipótese de não homologação do plano o devedor poderá, cumpridas as formalidades, apresentar novo pedido de homologação de plano de recuperação extrajudicial.

Art. 164: 1. Redação de acordo com a Lei 14.112, de 24.12.20.

Art. 165. O plano de recuperação extrajudicial produz efeitos após sua homologação judicial.

§ 1º É lícito, contudo, que o plano estabeleça a produção de efeitos anteriores à homologação, desde que exclusivamente em relação à modificação do valor ou da forma de pagamento dos credores signatários.

§ 2º Na hipótese do § 1º deste artigo, caso o plano seja posteriormente rejeitado pelo juiz, devolve-se aos credores signatários o direito de exigir seus créditos nas condições originais, deduzidos os valores efetivamente pagos.

Art. 166. Se o plano de recuperação extrajudicial homologado envolver alienação judicial de filiais ou de unidades produtivas isoladas do devedor, o juiz ordenará a sua realização, observado, no que couber, o disposto no art. 142 desta Lei.

Art. 167. O disposto neste Capítulo não implica impossibilidade de realização de outras modalidades de acordo privado entre o devedor e seus credores.

Capítulo VI-A | DA INSOLVÊNCIA TRANSNACIONAL[1]

Cap. VI-A: 1. Redação de acordo com a Lei 14.112, de 24.12.20.

Seção I | DISPOSIÇÕES GERAIS

Art. 167-A. Este Capítulo disciplina a insolvência transnacional, com o objetivo de proporcionar mecanismos efetivos para:

I — a cooperação entre juízes e outras autoridades competentes do Brasil e de outros países em casos de insolvência transnacional;

II — o aumento de segurança jurídica para a atividade econômica e para o investimento;

III — a administração justa e eficiente de processos de insolvência transnacional, de modo a proteger os interesses de todos os credores e dos demais interessados, inclusive do devedor;

IV — a proteção e maximização do valor dos ativos do devedor;

V — a promoção da recuperação de empresas em crise econômico-financeira, com a proteção de investimentos e a preservação de empregos; e

VI — a promoção da liquidação dos ativos da empresa em crise econômico-financeira, com a preservação e a otimização da utilização produtiva dos bens, dos ativos e dos recursos produtivos da empresa, inclusive os intangíveis.

§ 1º Na interpretação das disposições deste Capítulo, deverão ser considerados o seu objetivo de cooperação internacional, a necessidade de uniformidade de sua aplicação e a observância da boa-fé.

§ 2º As medidas de assistência aos processos estrangeiros mencionadas neste Capítulo formam um rol meramente exemplificativo, de modo que outras medidas, ainda que previstas em leis distintas, solicitadas pelo representante estrangeiro, pela autoridade estrangeira ou pelo juízo brasileiro poderão ser deferidas pelo juiz competente ou promovidas diretamente pelo administrador judicial, com imediata comunicação nos autos.

§ 3º Em caso de conflito, as obrigações assumidas em tratados ou convenções internacionais em vigor no Brasil prevalecerão sobre as disposições deste Capítulo.

§ 4º O juiz somente poderá deixar de aplicar as disposições deste Capítulo se, no caso concreto, a sua aplicação configurar manifesta ofensa à ordem pública.

§ 5º O Ministério Público intervirá nos processos de que trata este Capítulo.

§ 6º Na aplicação das disposições deste Capítulo, será observada a competência do Superior Tribunal de Justiça prevista na alínea *i* do inciso I do *caput* do art. 105 da Constituição Federal, quando cabível.

Art. 167-B. Para os fins deste Capítulo, considera-se:

I — processo estrangeiro: qualquer processo judicial ou administrativo, de cunho coletivo, inclusive de natureza cautelar, aberto em outro país de acordo com disposições relativas à insolvência nele vigentes, em que os bens e as atividades de um devedor estejam sujeitos a uma autoridade estrangeira, para fins de reorganização ou liquidação;

II — processo estrangeiro principal: qualquer processo estrangeiro aberto no país em que o devedor tenha o centro de seus interesses principais;

III — processo estrangeiro não principal: qualquer processo estrangeiro que não seja um processo estrangeiro principal, aberto em um país em que o devedor tenha estabelecimento ou bens;

IV — representante estrangeiro: pessoa ou órgão, inclusive o nomeado em caráter transitório, que esteja autorizado, no processo estrangeiro, a administrar os bens ou as atividades do devedor, ou a atuar como representante do processo estrangeiro;

V — autoridade estrangeira: juiz ou autoridade administrativa que dirija ou supervisione um processo estrangeiro; e

VI — estabelecimento: qualquer local de operações em que o devedor desenvolva uma atividade econômica não transitória com o emprego de recursos humanos e de bens ou serviços.

Art. 167-C. As disposições deste Capítulo aplicam-se aos casos em que:

I — autoridade estrangeira ou representante estrangeiro solicita assistência no Brasil para um processo estrangeiro;

II — assistência relacionada a um processo disciplinado por esta Lei é pleiteada em um país estrangeiro;

III — processo estrangeiro e processo disciplinado por esta Lei relativos ao mesmo devedor estão em curso simultaneamente; ou

IV — credores ou outras partes interessadas, de outro país, têm interesse em requerer a abertura de um processo disciplinado por esta Lei, ou dele participar.

Art. 167-D. O juízo do local do principal estabelecimento do devedor no Brasil é o competente para o reconhecimento de processo estrangeiro e para a cooperação com a autoridade estrangeira nos termos deste Capítulo.

§ 1º A distribuição do pedido de reconhecimento do processo estrangeiro previne a jurisdição para qualquer pedido de recuperação judicial, de recuperação extrajudicial ou de falência relativo ao devedor.

§ 2º A distribuição do pedido de recuperação judicial, de recuperação extrajudicial ou de falência previne a jurisdição para qualquer pedido de reconhecimento de processo estrangeiro relativo ao devedor.

Art. 167-E. São autorizados a atuar em outros países, independentemente de decisão judicial, na qualidade de representante do processo brasileiro, desde que essa providência seja permitida pela lei do país em que tramitem os processos estrangeiros:

I — o devedor, na recuperação judicial e na recuperação extrajudicial;

II — o administrador judicial, na falência.

§ 1º Na hipótese de que trata o inciso II do *caput* deste artigo, poderá o juiz, em caso de omissão do administrador judicial, autorizar terceiro para a atuação prevista no *caput* deste artigo.

§ 2º A pedido de qualquer dos autorizados, o juízo mandará certificar a condição de representante do processo brasileiro.

Seção II | DO ACESSO À JURISDIÇÃO BRASILEIRA

Art. 167-F. O representante estrangeiro está legitimado a postular diretamente ao juiz brasileiro, nos termos deste Capítulo.

§ 1º O pedido feito ao juiz brasileiro não sujeita o representante estrangeiro nem o devedor, seus bens e suas atividades à jurisdição brasileira, exceto no que diz respeito aos estritos limites do pedido.

§ 2º Reconhecido o processo estrangeiro, o representante estrangeiro está autorizado a:

I — ajuizar pedido de falência do devedor, desde que presentes os requisitos para isso, de acordo com esta Lei;

II — participar do processo de recuperação judicial, de recuperação extrajudicial ou de falência do mesmo devedor, em curso no Brasil;

III — intervir em qualquer processo em que o devedor seja parte, atendidas as exigências do direito brasileiro.

Art. 167-G. Os credores estrangeiros têm os mesmos direitos conferidos aos credores nacionais nos processos de recuperação judicial, de recuperação extrajudicial ou de falência.

§ 1º Os credores estrangeiros receberão o mesmo tratamento dos credores nacionais, respeitada a ordem de classificação dos créditos prevista nesta Lei, e não serão discriminados em razão da sua nacionalidade ou da localização de sua sede, estabelecimento, residência ou domicílio, respeitado o seguinte:

I — os créditos estrangeiros de natureza tributária e previdenciária, bem como as penas pecuniárias por infração de leis penais ou administrativas, inclusive as multas tributárias devidas a Estados estrangeiros, não serão considerados nos processos de recuperação judicial e serão classificados como créditos subordinados nos processos de falência, independentemente de sua classificação nos países em que foram constituídos;

II — o crédito do representante estrangeiro será equiparado ao do administrador judicial nos casos em que fizer jus a remuneração, exceto quando for o próprio devedor ou seu representante;

III — os créditos que não tiverem correspondência com a classificação prevista nesta Lei serão classificados como quirografários, independentemente da classificação atribuída pela lei do país em que foram constituídos.

§ 2º O juiz deve determinar as medidas apropriadas, no caso concreto, para que os credores que não tiverem domicílio ou estabelecimento no Brasil tenham acesso às notificações e às informações dos processos de recuperação judicial, de recuperação extrajudicial ou de falência.

§ 3º As notificações e as informações aos credores que não tiverem domicílio ou estabelecimento no Brasil serão realizadas por qualquer meio considerado adequado pelo juiz, dispensada a expedição de carta rogatória para essa finalidade.

§ 4º A comunicação do início de um processo de recuperação judicial ou de falência para credores estrangeiros deverá conter as informações sobre providências necessárias para que o credor possa fazer valer seu direito, inclusive quanto ao prazo para apresentação de habilitação ou de divergência e à necessidade de os credores garantidos habilitarem seus créditos.

§ 5º O juiz brasileiro deverá expedir os ofícios e os mandados necessários ao Banco Central do Brasil para permitir a remessa ao exterior dos valores recebidos por credores domiciliados no estrangeiro.

Seção III | DO RECONHECIMENTO DE PROCESSOS ESTRANGEIROS

Art. 167-H. O representante estrangeiro pode ajuizar, perante o juiz, pedido de reconhecimento do processo estrangeiro em que atua.

§ 1º O pedido de reconhecimento do processo estrangeiro deve ser acompanhado dos seguintes documentos:

I — cópia apostilada da decisão que determine a abertura do processo estrangeiro e nomeie o representante estrangeiro;

II — certidão apostilada expedida pela autoridade estrangeira que ateste a existência do processo estrangeiro e a nomeação do representante estrangeiro; ou

III — qualquer outro documento emitido por autoridade estrangeira que permita ao juiz atingir plena convicção da existência do processo estrangeiro e da identificação do representante estrangeiro.

§ 2º O pedido de reconhecimento do processo estrangeiro deve ser acompanhado por uma relação de todos os processos estrangeiros relativos ao devedor que sejam de conhecimento do representante estrangeiro.

§ 3º Os documentos redigidos em língua estrangeira devem estar acompanhados de tradução oficial para a língua portuguesa, salvo quando, sem prejuízo aos credores, for expressamente dispensada pelo juiz e substituída por tradução simples para a língua portuguesa, declarada fiel e autêntica pelo próprio advogado, sob sua responsabilidade pessoal.

Art. 167-I. Independentemente de outras medidas, o juiz poderá reconhecer:

I — a existência do processo estrangeiro e a identificação do representante estrangeiro, a partir da decisão ou da certidão referidas no § 1º do art. 167-H desta Lei que os indicarem como tal;

II — a autenticidade de todos ou de alguns documentos juntados com o pedido de reconhecimento de processo estrangeiro, mesmo que não tenham sido apostilados;

III — o país onde se localiza o domicílio do devedor, no caso dos empresários individuais, ou o país da sede estatutária do devedor, no caso das sociedades, como seu centro de interesses principais, salvo prova em contrário.

Art. 167-J. Ressalvado o disposto no § 4º do art. 167-A desta Lei, o juiz reconhecerá o processo estrangeiro quando:

I — o processo enquadrar-se na definição constante do inciso I do *caput* do art. 167-B desta Lei;

II — o representante que tiver requerido o reconhecimento do processo enquadrar-se na definição de representante estrangeiro constante do inciso IV do *caput* do art. 167-B desta Lei;

III — o pedido cumprir os requisitos estabelecidos no art. 167-H desta Lei; e

IV — o pedido tiver sido endereçado ao juiz, conforme o disposto no art. 167-D desta Lei.

§ 1º Satisfeitos os requisitos previstos no *caput* deste artigo, o processo estrangeiro deve ser reconhecido como:

I — processo estrangeiro principal, caso tenha sido aberto no local em que o devedor tenha o seu centro de interesses principais; ou

II — processo estrangeiro não principal, caso tenha sido aberto em local em que o devedor tenha bens ou estabelecimento, na forma definida no inciso VI do *caput* do art. 167-B desta Lei.

§ 2º Não obstante o previsto nos incisos I e II do § 1º deste artigo, o processo estrangeiro será reconhecido como processo estrangeiro não principal se o centro de interesses principais do devedor tiver sido transferido ou de outra forma manipulado com o objetivo de transferir para outro Estado a competência jurisdicional para abertura do processo.

§ 3º A decisão de reconhecimento do processo estrangeiro poderá ser modificada ou revogada, a qualquer momento, a pedido de qualquer parte interessada, se houver elementos que comprovem que os requisitos para o reconhecimento foram descumpridos, total ou parcialmente, ou deixaram de existir.

§ 4º Da decisão que acolher o pedido de reconhecimento caberá agravo, e da sentença que o julgar improcedente caberá apelação.

Art. 167-K. Após o pedido de reconhecimento do processo estrangeiro, o representante estrangeiro deverá imediatamente informar ao juiz:

I — qualquer modificação significativa no estado do processo estrangeiro reconhecido ou no estado de sua nomeação como representante estrangeiro;

II — qualquer outro processo estrangeiro relativo ao mesmo devedor de que venha a ter conhecimento.

Art. 167-L. Após o ajuizamento do pedido de reconhecimento do processo estrangeiro, e antes de sua decisão, o juiz poderá conceder liminarmente as medidas de tutela provisória, fundadas em urgência ou evidência, necessárias para o cumprimento desta Lei, para a proteção da massa falida ou para a eficiência da administração.

§ 1º Salvo no caso do disposto no inciso IV do *caput* do art. 167-N desta Lei, as medidas de natureza provisória encerram-se com a decisão sobre o pedido de reconhecimento.

§ 2º O juiz poderá recusar-se a conceder as medidas de assistência provisória que possam interferir na administração do processo estrangeiro principal.

Art. 167-M. Com o reconhecimento de processo estrangeiro principal, decorrem automaticamente:

I — a suspensão do curso de quaisquer processos de execução ou de quaisquer outras medidas individualmente tomadas por credores relativas ao patrimônio do devedor, respeitadas as demais disposições desta Lei;

II — a suspensão do curso da prescrição de quaisquer execuções judiciais contra o devedor, respeitadas as demais disposições desta Lei;

III — a ineficácia de transferência, de oneração ou de qualquer forma de disposição de bens do ativo não circulante do devedor realizadas sem prévia autorização judicial.

§ 1º A extensão, a modificação ou a cessação dos efeitos previstos nos incisos I, II e III do *caput* deste artigo subordinam-se ao disposto nesta Lei.

§ 2º Os credores conservam o direito de ajuizar quaisquer processos judiciais e arbitrais, e de neles prosseguir, que visem à condenação do devedor ou ao reconhecimento ou à liquidação de seus créditos, e, em qualquer caso, as medidas executórias deverão permanecer suspensas.

§ 3º As medidas previstas neste artigo não afetam os credores que não estejam sujeitos aos processos de recuperação judicial, de recuperação extrajudicial ou de falência, salvo nos limites permitidos por esta Lei.

Art. 167-N. Com a decisão de reconhecimento do processo estrangeiro, tanto principal como não principal, o juiz poderá determinar, a pedido do representante estrangeiro e desde que necessárias para a proteção dos bens do devedor e no interesse dos credores, entre outras, as seguintes medidas:

I — a ineficácia de transferência, de oneração ou de qualquer forma de disposição de bens do ativo não circulante do devedor realizadas sem prévia autorização judicial, caso não tenham decorrido automaticamente do reconhecimento previsto no art. 167-M desta Lei;

II — a oitiva de testemunhas, a colheita de provas ou o fornecimento de informações relativas a bens, a direitos, a obrigações, à responsabilidade e à atividade do devedor;

III — a autorização do representante estrangeiro ou de outra pessoa para administrar e/ou realizar o ativo do devedor, no todo ou em parte, localizado no Brasil;

IV — a conversão, em definitiva, de qualquer medida de assistência provisória concedida anteriormente;

V — a concessão de qualquer outra medida que seja necessária.

§ 1º Com o reconhecimento do processo estrangeiro, tanto principal como não principal, o juiz poderá, a requerimento do representante estrangeiro, autorizá-lo, ou outra pessoa nomeada por aquele, a promover a destinação do ativo do devedor, no todo ou em parte, localizado no Brasil, desde que os interesses dos credores domiciliados ou estabelecidos no Brasil estejam adequadamente protegidos.

§ 2º Ao conceder medida de assistência prevista neste artigo requerida pelo representante estrangeiro de um processo estrangeiro não principal, o juiz deverá certificar-se de que as medidas para efetivá-la se referem a bens que, de acordo com o direito brasileiro, devam ser submetidos à disciplina aplicável ao processo estrangeiro não principal, ou certificar-se de que elas digam respeito a informações nele exigidas.

Art. 167-O. Ao conceder ou denegar uma das medidas previstas nos arts. 167-L e 167-N desta Lei, bem como ao modificá-las ou revogá-las nos termos do § 2º deste artigo, o juiz deverá certificar-se de que o interesse dos credores, do devedor e de terceiros interessados será adequadamente protegido.

§ 1º O juiz poderá condicionar a concessão das medidas previstas nos arts. 167-L e 167-N desta Lei ao atendimento de condições que considerar apropriadas.

§ 2º A pedido de qualquer interessado, do representante estrangeiro ou de ofício, o juiz poderá modificar ou revogar, a qualquer momento, medidas concedidas com fundamento nos arts. 167-L e 167-N desta Lei.

§ 3º Com o reconhecimento do processo estrangeiro, tanto principal quanto não principal, o representante estrangeiro poderá ajuizar medidas com o objetivo de tornar ineficazes quaisquer atos realizados, nos termos dos arts. 129 e 130, observado ainda o disposto no art. 131, todos desta Lei.

§ 4º No caso de processo estrangeiro não principal, a ineficácia referida no § 3º deste artigo dependerá da verificação, pelo juiz, de que, de acordo com a lei brasileira, os bens devam ser submetidos à disciplina aplicável ao processo estrangeiro não principal.

Seção IV | DA COOPERAÇÃO COM AUTORIDADES E REPRESENTANTES ESTRANGEIROS

Art. 167-P. O juiz deverá cooperar diretamente ou por meio do administrador judicial, na máxima extensão possível, com a autoridade estrangeira ou com representantes estrangeiros, na persecução dos objetivos estabelecidos no art. 167-A desta Lei.

§ 1º O juiz poderá comunicar-se diretamente com autoridades estrangeiras ou com representantes estrangeiros, ou deles solicitar informação e assistência, sem a necessidade de expedição de cartas rogatórias, de procedimento de auxílio direto ou de outras formalidades semelhantes.

§ 2º O administrador judicial, no exercício de suas funções e sob a supervisão do juiz, deverá cooperar, na máxima extensão possível, com a autoridade estrangeira ou com representantes estrangeiros, na persecução dos objetivos estabelecidos no art. 167-A desta Lei.

§ 3º O administrador judicial, no exercício de suas funções, poderá comunicar-se com as autoridades estrangeiras ou com os representantes estrangeiros.

Art. 167-Q. A cooperação a que se refere o art. 167-P desta Lei poderá ser implementada por quaisquer meios, inclusive pela:

I — nomeação de uma pessoa, natural ou jurídica, para agir sob a supervisão do juiz;

II — comunicação de informações por quaisquer meios considerados apropriados pelo juiz;

III — coordenação da administração e da supervisão dos bens e das atividades do devedor;

IV — aprovação ou implementação, pelo juiz, de acordos ou de protocolos de cooperação para a coordenação dos processos judiciais; e

V — coordenação de processos concorrentes relativos ao mesmo devedor.

Seção V | DOS PROCESSOS CONCORRENTES

Art. 167-R. Após o reconhecimento de um processo estrangeiro principal, somente se iniciará no Brasil um processo de recuperação judicial, de recuperação extrajudicial ou de falência se o devedor possuir bens ou estabelecimento no País.

Parágrafo único. Os efeitos do processo ajuizado no Brasil devem restringir-se aos bens e ao estabelecimento do devedor localizados no Brasil e podem estender-se a outros, desde que esta medida seja necessária para a cooperação e a coordenação com o processo estrangeiro principal.

Art. 167-S. Sempre que um processo estrangeiro e um processo de recuperação judicial, de recuperação extrajudicial ou de falência relativos ao mesmo devedor estiverem em curso simultaneamente, o juiz deverá buscar a cooperação e a coordenação entre eles, respeitadas as seguintes disposições:

I — se o processo no Brasil já estiver em curso quando o pedido de reconhecimento do processo estrangeiro tiver sido ajuizado, qualquer medida de assistência determinada pelo juiz nos termos dos arts. 167-L ou 167-N desta Lei deve ser compatível com o processo brasileiro, e o previsto no art. 167-M desta Lei não será aplicável se o processo estrangeiro for reconhecido como principal;

II — se o processo no Brasil for ajuizado após o reconhecimento do processo estrangeiro ou após o ajuizamento do pedido de seu reconhecimento, todas as medidas de assistência concedidas nos termos dos arts. 167-L ou 167-N desta Lei deverão ser revistas pelo juiz e modificadas ou revogadas se forem incompatíveis com o processo no Brasil e, quando o processo estrangeiro for reconhecido como principal, os efeitos referidos nos incisos I, II e III do *caput* do art. 167-M serão modificados ou cessados, nos termos do § 1º do art. 167-M desta Lei, se incompatíveis com os demais dispositivos desta Lei;

III — qualquer medida de assistência a um processo estrangeiro não principal deverá restringir-se a bens e a estabelecimento que, de acordo com o ordenamento jurídico brasileiro, devam ser submetidos à disciplina aplicável ao processo estrangeiro não principal, ou a informações nele exigidas.

Art. 167-T. Na hipótese de haver mais de um processo estrangeiro relativo ao mesmo devedor, o juiz deverá buscar a cooperação e a coordenação de acordo com as disposições dos arts. 167-P e 167-Q desta Lei, bem como observar o seguinte:

I — qualquer medida concedida ao representante de um processo estrangeiro não principal após o reconhecimento de um processo estrangeiro principal deve ser compatível com este último;

II — se um processo estrangeiro principal for reconhecido após o reconhecimento ou o pedido de reconhecimento de um processo estrangeiro não principal, qualquer medida concedida nos termos dos arts. 167-L ou 167-N desta Lei deverá ser revista pelo juiz, que a modificará ou a revogará se for incompatível com o processo estrangeiro principal;

III — se, após o reconhecimento de um processo estrangeiro não principal, outro processo estrangeiro não principal for reconhecido, o juiz poderá, com a finalidade de facilitar a coordenação dos processos, conceder, modificar ou revogar qualquer medida antes concedida.

Art. 167-U. Na ausência de prova em contrário, presume-se a insolvência do devedor cujo processo estrangeiro principal tenha sido reconhecido no Brasil.

Parágrafo único. O representante estrangeiro, o devedor ou os credores podem requerer a falência do devedor cujo processo estrangeiro principal tenha sido reconhecido no Brasil, atendidos os pressupostos previstos nesta Lei.

Art. 167-V. O juízo falimentar responsável por processo estrangeiro não principal deve prestar ao juízo principal as seguintes informações, entre outras:

I — valor dos bens arrecadados e do passivo;

II — valor dos créditos admitidos e sua classificação;

III — classificação, segundo a lei nacional, dos credores não domiciliados ou sediados nos países titulares de créditos sujeitos à lei estrangeira;

IV — relação de ações judiciais em curso de que seja parte o falido, como autor, réu ou interessado;

V — ocorrência do término da liquidação e o saldo, credor ou devedor, bem como eventual ativo remanescente.

Art. 167-W. No processo falimentar transnacional, principal ou não principal, nenhum ativo, bem ou recurso remanescente da liquidação será entregue ao falido se ainda houver passivo não satisfeito em qualquer outro processo falimentar transnacional.

Art. 167-X. O processo de falência transnacional principal somente poderá ser finalizado após o encerramento dos processos não principais ou após a constatação de que, nesses últimos, não haja ativo líquido remanescente.

Art. 167-Y. Sem prejuízo dos direitos sobre bens ou decorrentes de garantias reais, o credor que tiver recebido pagamento parcial de seu crédito em processo de insolvência no exterior não poderá ser pago pelo mesmo crédito em processo no Brasil referente ao mesmo devedor enquanto os pagamentos aos credores da mesma classe forem proporcionalmente inferiores ao valor já recebido no exterior.

Capítulo VII | DISPOSIÇÕES PENAIS[1]

Seção I | DOS CRIMES EM ESPÉCIE

✎ CAP. VII: 1. "Crimes falimentares na nova Lei de Falências e a recuperação da empresa", por J. A. Penalva Santos (RF 378/173).

Fraude a credores

Art. 168. Praticar, antes ou depois da sentença que decretar a falência, conceder a recuperação judicial ou homologar a recuperação extrajudicial, ato fraudulento de que resulte ou possa resultar prejuízo aos credores, com o fim de obter ou assegurar vantagem indevida para si ou para outrem:

Pena — reclusão, de 3 (três) a 6 (seis) anos, e multa.

Aumento da pena

§ 1º A pena aumenta-se de 1/6 (um sexto) a 1/3 (um terço), se o agente:

I — elabora escrituração contábil ou balanço com dados inexatos;

II — omite, na escrituração contábil ou no balanço, lançamento que deles deveria constar, ou altera escrituração ou balanço verdadeiros;

III — destrói, apaga ou corrompe dados contábeis ou negociais armazenados em computador ou sistema informatizado;

IV — simula a composição do capital social;

V — destrói, oculta ou inutiliza, total ou parcialmente, os documentos de escrituração contábil obrigatórios.

Contabilidade paralela e distribuição de lucros ou dividendos a sócios e acionistas até a aprovação do plano de recuperação judicial[1]

§ 2º A pena é aumentada de 1/3 (um terço) até metade se o devedor manteve ou movimentou recursos ou valores paralelamente à contabilidade exigida pela legislação, inclusive na hipótese de violação do disposto no art. 6º-A desta Lei.[1a]

Concurso de pessoas

§ 3º Nas mesmas penas incidem os contadores, técnicos contábeis, auditores e outros profissionais que, de qualquer modo, concorrerem para as condutas criminosas descritas neste artigo, na medida de sua culpabilidade.

Redução ou substituição da pena

§ 4º Tratando-se de falência de microempresa ou de empresa de pequeno porte, e não se constatando prática habitual de condutas fraudulentas por parte do falido, poderá o juiz reduzir a pena de reclusão de 1/3 (um terço) a 2/3 (dois terços) ou substituí-la pelas penas restritivas de direitos, pelas de perda de bens e valores ou pelas de prestação de serviços à comunidade ou a entidades públicas.

Art. 168: 1 e 1a. Redação de acordo com a Lei 14.112, de 24.12.20.

Violação de sigilo empresarial

Art. 169. Violar, explorar ou divulgar, sem justa causa, sigilo empresarial ou dados confidenciais sobre operações ou serviços, contribuindo para a condução do devedor a estado de inviabilidade econômica ou financeira:

Pena — reclusão, de 2 (dois) a 4 (quatro) anos, e multa.

Divulgação de informações falsas

Art. 170. Divulgar ou propalar, por qualquer meio, informação falsa sobre devedor em recuperação judicial, com o fim de levá-lo à falência ou de obter vantagem:

Pena — reclusão, de 2 (dois) a 4 (quatro) anos, e multa.

Indução a erro

Art. 171. Sonegar ou omitir informações ou prestar informações falsas no processo de falência, de recuperação judicial ou de recuperação extrajudicial, com o fim de induzir a erro o juiz, o Ministério Público, os credores, a assembleia-geral de credores, o Comitê ou o administrador judicial:

Pena — reclusão, de 2 (dois) a 4 (quatro) anos, e multa.

Favorecimento de credores

Art. 172. Praticar, antes ou depois da sentença que decretar a falência, conceder a recuperação judicial ou homologar plano de recuperação extrajudicial, ato de disposição ou oneração patrimonial ou gerador de obrigação, destinado a favorecer um ou mais credores em prejuízo dos demais:

Pena — reclusão, de 2 (dois) a 5 (cinco) anos, e multa.

Parágrafo único. Nas mesmas penas incorre o credor que, em conluio, possa beneficiar-se de ato previsto no *caput* deste artigo.

Desvio, ocultação ou apropriação de bens

Art. 173. Apropriar-se, desviar ou ocultar bens pertencentes ao devedor sob recuperação judicial ou à massa falida, inclusive por meio da aquisição por interposta pessoa:

Pena — reclusão, de 2 (dois) a 4 (quatro) anos, e multa.

Aquisição, recebimento ou uso ilegal de bens

Art. 174. Adquirir, receber, usar, ilicitamente, bem que sabe pertencer à massa falida ou influir para que terceiro, de boa-fé, o adquira, receba ou use:

Pena — reclusão, de 2 (dois) a 4 (quatro) anos, e multa.

Habilitação ilegal de crédito

Art. 175. Apresentar, em falência, recuperação judicial ou recuperação extrajudicial, relação de créditos, habilitação de créditos ou reclamação falsas, ou juntar a elas título falso ou simulado:

Pena — reclusão, de 2 (dois) a 4 (quatro) anos, e multa.

Exercício ilegal de atividade

Art. 176. Exercer atividade para a qual foi inabilitado ou incapacitado por decisão judicial, nos termos desta Lei:

Pena — reclusão, de 1 (um) a 4 (quatro) anos, e multa.

Violação de impedimento

Art. 177. Adquirir o juiz, o representante do Ministério Público, o administrador judicial, o gestor judicial, o perito, o avaliador, o escrivão, o oficial de justiça ou o leiloeiro, por si ou por interposta pessoa, bens de massa falida ou de devedor em recuperação judicial, ou, em relação a estes, entrar em alguma especulação de lucro, quando tenham atuado nos respectivos processos:

Pena — reclusão, de 2 (dois) a 4 (quatro) anos, e multa.

Omissão dos documentos contábeis obrigatórios

Art. 178. Deixar de elaborar, escriturar ou autenticar, antes ou depois da sentença que decretar a falência, conceder a recuperação judicial ou homologar o plano de recuperação extrajudicial, os documentos de escrituração contábil obrigatórios:

Pena — detenção, de 1 (um) a 2 (dois) anos, e multa, se o fato não constitui crime mais grave.

Seção II | DISPOSIÇÕES COMUNS

Art. 179. Na falência, na recuperação judicial e na recuperação extrajudicial de sociedades, os seus sócios, diretores, gerentes, administradores e conselheiros, de fato ou de direito, bem como o administrador judicial, equiparam-se ao devedor ou falido para todos os efeitos penais decorrentes desta Lei, na medida de sua culpabilidade.

Art. 180. A sentença que decreta a falência, concede a recuperação judicial ou concede a recuperação extrajudicial de que trata o art. 163 desta Lei é condição objetiva de punibilidade das infrações penais descritas nesta Lei.

Art. 181. São efeitos da condenação por crime previsto nesta Lei:

I — a inabilitação para o exercício de atividade empresarial;[1]

II — o impedimento para o exercício de cargo ou função em conselho de administração, diretoria ou gerência das sociedades sujeitas a esta Lei;

III — a impossibilidade de gerir empresa por mandato ou por gestão de negócio.

§ 1º Os efeitos de que trata este artigo não são automáticos, devendo ser motivadamente declarados na sentença, e perdurarão até 5 (cinco) anos após a extinção da punibilidade, podendo, contudo, cessar antes pela reabilitação penal.

§ 2º Transitada em julgado a sentença penal condenatória, será notificado o Registro Público de Empresas para que tome as medidas necessárias para impedir novo registro em nome dos inabilitados.

Art. 181: 1. s/ inabilitação empresarial, v. art. 102.

Art. 182. A prescrição dos crimes previstos nesta Lei reger-se-á pelas disposições do Dec. lei n. 2.848, de 7 de dezembro de 1940 — Código Penal, começando a correr do dia da decretação da falência,[1] da concessão da recuperação judicial[2] ou da homologação do plano de recuperação extrajudicial.[3]

Parágrafo único. A decretação da falência do devedor interrompe a prescrição cuja contagem tenha iniciado com a concessão da recuperação judicial ou com a homologação do plano de recuperação extrajudicial.

Art. 182: 1. v. arts. 72 § ún., 73 e 99.

Art. 182: 2. v. arts. 58 e 72.

Art. 182: 3. v. art. 164 § 5º.

Seção III | DO PROCEDIMENTO PENAL

Art. 183. Compete ao juiz criminal da jurisdição onde tenha sido decretada a falência, concedida a recuperação judicial ou homologado o plano de recuperação extrajudicial, conhecer da ação penal pelos crimes previstos nesta Lei.

Art. 184. Os crimes previstos nesta Lei são de ação penal pública incondicionada.

Parágrafo único. Decorrido o prazo a que se refere o art. 187, § 1º, sem que o representante do Ministério Público ofereça denúncia, qualquer credor habilitado ou o administrador judicial poderá oferecer ação penal privada subsidiária da pública, observado o prazo decadencial de 6 (seis) meses.

Art. 185. Recebida a denúncia ou a queixa, observar-se-á o rito previsto nos arts. 531 a 540 do Dec. lei n. 3.689, de 3 de outubro de 1941 — Código de Processo Penal.

Art. 186. No relatório previsto na alínea *e* do inciso II do *caput* do art. 22 desta Lei, o administrador judicial apresentará ao juiz da falência exposição circunstanciada, considerando as causas da falência, o procedimento do devedor, antes e depois da sentença, e outras informações detalhadas a respeito da conduta do devedor e de outros responsáveis, se houver, por atos que possam constituir crime relacionado com a recuperação judicial ou com a falência, ou outro delito conexo a estes.

Parágrafo único. A exposição circunstanciada será instruída com laudo do contador encarregado do exame da escrituração do devedor.

Art. 187. Intimado da sentença que decreta a falência ou concede a recuperação judicial, o Ministério Público, verificando a ocorrência de qualquer crime previsto nesta Lei, promoverá imediatamente a competente ação penal ou, se entender necessário, requisitará a abertura de inquérito policial.

§ 1º O prazo para oferecimento da denúncia regula-se pelo art. 46 do Dec. lei n. 3.689, de 3 de outubro de 1941 — Código de Processo Penal, salvo se o Ministério Público, estando o réu solto ou afiançado, decidir aguardar a apresentação da exposição circunstanciada de que trata o art. 186 desta Lei, devendo, em seguida, oferecer a denúncia em 15 (quinze) dias.

§ 2º Em qualquer fase processual, surgindo indícios da prática dos crimes previstos nesta Lei, o juiz da falência ou da recuperação judicial ou da recuperação extrajudicial cientificará o Ministério Público.

Art. 188. Aplicam-se subsidiariamente as disposições do Código de Processo Penal, no que não forem incompatíveis com esta Lei.

Capítulo VIII | DISPOSIÇÕES FINAIS E TRANSITÓRIAS

Art. 189. Aplica-se, no que couber, aos procedimentos previstos nesta Lei, o disposto na Lei n. 13.105, de 16 de março de 2015 (Código de Processo Civil), desde que não seja incompatível com os princípios desta Lei.[1]

§ 1º Para os fins do disposto nesta Lei:

I — todos os prazos[2] nela previstos ou que dela decorram serão contados em dias corridos; e

II — as decisões proferidas nos processos a que se refere esta Lei serão passíveis de agravo de instrumento, exceto nas hipóteses em que esta Lei previr de forma diversa.

§ 2º Para os fins do disposto no art. 190 da Lei n. 13.105, de 16 de março de 2015 (Código de Processo Civil), a manifestação de vontade do devedor será expressa e a dos credores será obtida por maioria, na forma prevista no art. 42 desta Lei.

Art. 189: 1. Redação do *caput* e dos parágrafos de acordo com a Lei 14.112, de 24.12.20.

Art. 189: 2. "Credores habilitados. Diferentes procuradores. Art. 191 do CPC/73. **Prazo em dobro** para recorrer. Aplicabilidade. À míngua de disposições específicas na LFRE em sentido contrário, deve ser reconhecida a incidência da norma do art. 191 do CPC/73 para a prática de atos processuais pelos credores habilitados no processo falimentar quando representados por diferentes procuradores" (STJ-3ª T., REsp 1.634.850, Min. Nancy Andrighi, j. 20.3.18, DJ 23.3.18).

V. tb. art. 59, nota 4.

Art. 189-A. Os processos disciplinados nesta Lei e os respectivos recursos, bem como os processos, os procedimentos e a execução dos atos e das diligências judiciais em que figure como parte empresário individual ou sociedade empresária em regime de recuperação judicial ou extrajudicial ou de falência terão prioridade sobre todos os atos judiciais, salvo o *habeas corpus* e as prioridades estabelecidas em leis especiais.[1]

Art. 189-A: 1. Redação de acordo com a Lei 14.112, de 24.12.20.

Art. 190. Todas as vezes que esta Lei se referir a devedor ou falido, compreender-se-á que a disposição também se aplica aos sócios ilimitadamente responsáveis.

Art. 191. Ressalvadas as disposições específicas desta Lei, as publicações ordenadas serão feitas em sítio eletrônico próprio, na internet, dedicado à recuperação judicial e à falência, e as intimações serão realizadas por notificação direta por meio de dispositivos móveis previamente cadastrados e autorizados pelo interessado.[1]

Parágrafo único. As publicações ordenadas nesta Lei conterão a epígrafe "recuperação judicial de", "recuperação extrajudicial de" ou "falência de".

Art. 191: 1. Redação de acordo com a Lei 14.112, de 24.12.20.

Art. 192. Esta Lei não se aplica aos processos de falência ou de concordata ajuizados anteriormente ao início de sua vigência, que serão concluídos nos termos do Dec. lei n. 7.661, de 21 de junho de 1945.

§ 1º Fica vedada a concessão de concordata suspensiva nos processos de falência em curso, podendo ser promovida a alienação dos bens da massa falida assim que concluída sua arrecadação, independentemente da formação do quadro-geral de credores e da conclusão do inquérito judicial.

§ 2º A existência de pedido de concordata anterior à vigência desta Lei não obsta o pedido de recuperação judicial pelo devedor que não houver descumprido obrigação no âmbito da concordata, vedado, contudo, o pedido baseado no plano especial de recuperação judicial para microempresas e empresas de pequeno porte a que se refere a Seção V do Capítulo III desta Lei.

§ 3º No caso do § 2º deste artigo, se deferido o processamento da recuperação judicial, o processo de concordata será extinto e os créditos submetidos à concordata serão inscritos por seu valor original na recuperação judicial, deduzidas as parcelas pagas pelo concordatário.

§ 4º Esta Lei aplica-se às falências decretadas em sua vigência resultantes de convolação de concordatas ou de pedidos de falência anteriores, às quais se aplica, até a decretação, o Dec. lei n. 7.661, de 21 de junho de 1945, observado, na decisão que decretar a falência, o disposto no art. 99 desta Lei.

§ 5º O juiz poderá autorizar a locação ou arrendamento de bens imóveis ou móveis a fim de evitar a sua deterioração, cujos resultados reverterão em favor da massa.[1]

Art. 192: 1. § 5º acrescido pela Lei 11.127, de 28.6.05 (DOU 29.6.05).

Art. 193. O disposto nesta Lei não afeta as obrigações assumidas no âmbito das câmaras ou prestadoras de serviços de compensação e de liquidação financeira, que serão ultimadas e liquidadas pela câmara ou prestador de serviços, na forma de seus regulamentos.

Art. 193-A. O pedido de recuperação judicial, o deferimento de seu processamento ou a homologação do plano de recuperação judicial não afetarão ou suspenderão, nos termos da legislação aplicável, o exercício dos direitos de vencimento antecipado e de compensação no âmbito de operações compromissadas e de derivativos, de modo que essas operações poderão ser vencidas antecipadamente, desde que assim previsto nos contratos celebrados entre as partes ou em regulamento, proibidas, no entanto, medidas que impliquem a redução, sob qualquer forma, das garantias ou de sua condição de excussão, a restrição do exercício de direitos, inclusive de vencimento antecipado por inexecução, e a compensação previstas contratualmente ou em regulamento.[1]

§ 1º Em decorrência do vencimento antecipado das operações compromissadas e de derivativos conforme previsto no *caput* deste artigo, os créditos e débitos delas decorrentes serão compensados e extinguirão as obrigações até onde se compensarem.

§ 2º Se houver saldo remanescente contra o devedor, será este considerado crédito sujeito à recuperação judicial, ressalvada a existência de garantia de alienação ou de cessão fiduciária.

Art. 193-A: 1. Redação de acordo com a Lei 14.112, de 24.12.20.

Art. 194. O produto da realização das garantias prestadas pelo participante das câmaras ou prestadores de serviços de compensação e de liquidação financeira submetidos aos regimes de que trata esta Lei, assim como os títulos, valores mobiliários e quaisquer outros de seus ativos objetos de compensação ou liquidação serão destinados à liquidação das obrigações assumidas no âmbito das câmaras ou prestadoras de serviços.

Art. 195. A decretação da falência das concessionárias de serviços públicos implica extinção da concessão, na forma da lei.

Art. 196. Os Registros Públicos de Empresas, em cooperação com os Tribunais de Justiça, manterão banco de dados público e gratuito, disponível na internet, com a relação de todos os devedores falidos ou em recuperação judicial.[1]

Parágrafo único. Os Registros Públicos de Empresas, em cooperação com o Conselho Nacional de Justiça, deverão promover a integração de seus bancos de dados em âmbito nacional.

Art. 196: 1. Redação de acordo com a Lei 14.112, de 24.12.20.

Art. 197. Enquanto não forem aprovadas as respectivas leis específicas, esta Lei aplica-se subsidiariamente, no que couber, aos regimes previstos no Dec. lei n. 73,[1] de 21 de novembro de 1966, na Lei n. 6.024,[2] de 13 de março de 1974, no Dec. lei n. 2.321,[3] de 25 de fevereiro de 1987, e na Lei n. 9.514,[4] de 20 de novembro de 1997.

Art. 197: 1. Dec. lei 73, de 21.11.66 — Dispõe sobre o Sistema Nacional de Seguros Privados, regula as operações de seguros e resseguros e dá outras providências.

Art. 197: 2. Lei 6.024, de 13.3.74 — Dispõe sobre a intervenção e a liquidação extrajudicial de instituições financeiras e dá outras providências.

Art. 197: 3. Dec. lei 2.321, de 25.2.87 — Institui, em defesa das finanças públicas, regime de administração especial temporária, nas instituições financeiras privadas e públicas não federais, e dá outras providências.

Art. 197: 4. Lei 9.514, de 20.11.97 — Dispõe sobre o Sistema de Financiamento Imobiliário, institui a alienação fiduciária de coisa imóvel e dá outras providências.

Art. 198. Os devedores proibidos de requerer concordata nos termos da legislação específica em vigor na data da publicação desta Lei ficam proibidos de requerer recuperação judicial ou extrajudicial nos termos desta Lei.[1]

Art. 198: 1. v. art. seguinte.

Art. 199. Não se aplica o disposto no art. 198 desta Lei às sociedades a que se refere o art. 187 da Lei n. 7.565, de 19 de dezembro de 1986.[1 a 2]

§ 1º Na recuperação judicial e na falência das sociedades de que trata o *caput* deste artigo, em nenhuma hipótese ficará suspenso o exercício de direitos derivados de contratos de locação, arrendamento mercantil ou de qualquer outra modalidade de arrendamento de aeronaves ou de suas partes.

§ 2º Os créditos decorrentes dos contratos mencionados no § 1º deste artigo não se submeterão aos efeitos da recuperação judicial ou extrajudicial, prevalecendo os direitos de propriedade sobre a coisa e as condições contratuais, não se lhes aplicando a ressalva contida na parte final do § 3º do art. 49 desta Lei.

§ 3º Na hipótese de falência das sociedades de que trata o *caput* deste artigo, prevalecerão os direitos de propriedade sobre a coisa relativos a contratos de locação, de arrendamento mercantil ou de qualquer outra modalidade de arrendamento de aeronaves ou de suas partes.

Art. 199: 1. **Lei 7.565, de 19.12.86** — Dispõe sobre o Código Brasileiro de Aeronáutica: **"Art. 187.** Não podem impetrar concordata as empresas que, por seus atos constitutivos, tenham por objeto a exploração de serviços aéreos de qualquer natureza ou de infraestrutura aeronáutica".

Art. 199: 1a. "Interpretação do art. 188 do Código Brasileiro de Aeronáutica, que ao prever que o Poder Executivo poderá intervir nas empresas aéreas não estabelece uma faculdade, mas sim, poder-dever, ato vinculado e não discricionário. Regime especial das **empresas aéreas,** que só poderão ter contra si o pedido de falência, após a intervenção administrativa do Poder Público, se caracterizadas as hipóteses legais, albergadas em *numerus clausus*" (JTJ 300/95).

Art. 199: 2. Os §§ 1º, 2º e 3º foram acrescidos pela Lei 11.196, de 21.11.05, e não se aplicam aos processos de falência, recuperação judicial ou extrajudicial que estejam em curso na data da publicação desta Lei.

Art. 200. Ressalvado o disposto no art. 192 desta Lei, ficam revogados o Dec. lei n. 7.661, de 21 de junho de 1945, e os arts. 503 a 512 do Dec. lei n. 3.689, de 3 de outubro de 1941 — Código de Processo Penal.

Art. 201. Esta Lei entra em vigor 120 (cento e vinte) dias após sua publicação.

Brasília, 9 de fevereiro de 2005; 184º da Independência e 117º da República — LUIZ INÁCIO LULA DA SILVA — **Márcio Thomaz Bastos** — **Antonio Palocci Filho** — **Ricardo José Ribeiro Berzoini** — **Luiz Fernando Furlan.**

Ementário
Recursos

Lei 8.038, de 28.5.90 — Institui normas procedimentais para os processos que especifica, perante o Superior Tribunal de Justiça e o Supremo Tribunal Federal (v. adiante, texto parcial).

Lei 8.658, de 26.5.93 — Dispõe sobre a aplicação, nos Tribunais de Justiça e nos Tribunais Regionais Federais, das normas da Lei n. 8.038, de 28 de maio de 1990, sobre ações penais originárias (Lex 1993/383, RF 322/409, Just. 162/162, Bol. AASP 1.798/4).

Lei 9.756, de 17.12.98 — Dispõe sobre o processamento de recursos nos âmbitos dos tribunais (Lex 1998/5.232). Acrescentou arts. 41-A e 41-B à LR.

Lei 13.105, de 16.3.15 — Código de Processo Civil. Na LR: revogou os arts. 13 a 18, 26 a 29 e 38.

Lei n. 8.038, de 28 de maio de 1990

Institui normas procedimentais para os processos que especifica,[1] *perante o Superior Tribunal de Justiça*[2] *e o Supremo Tribunal Federal.*[3]

LEI 8.038: 1. Sempre que possível, as notas relativas a recursos para o STF e para o STJ estão lançadas no CPC, arts. 1.027 e segs., e nos Regimentos Internos desses Tribunais. Por isso, remete-se o leitor a elas. As notas à LR são limitadas aos casos em que ela é especificamente citada.

LEI 8.038: 2. v. CF 105-II e III.

LEI 8.038: 3. v. CF 102-II e III.

O Presidente da República

Faço saber que o Congresso Nacional decreta e eu sanciono a seguinte lei:

Título I | PROCESSOS DE COMPETÊNCIA ORIGINÁRIA

Capítulo I | AÇÃO PENAL ORIGINÁRIA

Arts. 1º a 12. .... [1]

Arts. 1º a 12: 1. As normas dos arts. 1º a 12 aplicam-se às ações penais de competência originária dos Tribunais de Justiça dos Estados e do Distrito Federal, bem como dos Tribunais Regionais Federais (Lei 8.658, no ementário).

Capítulo II | RECLAMAÇÃO

Arts. 13 a 18. .... [1]

Arts. 13 a 18: 1. Os arts. 13 a 18 foram expressamente revogados pela Lei 13.105, de 16.3.15, em vigor um ano após sua publicação (DOU 17.3.15).

V. CPC 1.072-IV.

Capítulo III | INTERVENÇÃO FEDERAL

Art. 19. A requisição de intervenção federal prevista nos incisos II e IV do art. 36 da Constituição Federal será promovida:

I — de ofício, ou mediante pedido de Presidente de Tribunal de Justiça do Estado, ou de Presidente de Tribunal Federal, quando se tratar de prover a execução de ordem ou decisão judicial, com ressalva, conforme a matéria, da competência do Supremo Tribunal Federal ou do Tribunal Superior Eleitoral;

II — de ofício, ou mediante pedido da parte interessada, quando se tratar de prover a execução de ordem ou decisão do Superior Tribunal de Justiça;

III — mediante representação do Procurador-Geral da República, quando se tratar de prover a execução de lei federal.

Art. 20. O Presidente, ao receber o pedido:

I — tomará as providências que lhe parecerem adequadas para remover, administrativamente, a causa do pedido;

II — mandará arquivá-lo, se for manifestamente infundado, cabendo do seu despacho agravo regimental.

Art. 21. Realizada a gestão prevista no inciso I do artigo anterior, solicitadas informações à autoridade estadual e ouvido o Procurador-Geral, o pedido será distribuído a um relator.

Parágrafo único. Tendo em vista o interesse público, poderá ser permitida a presença no recinto às partes e seus advogados, ou somente a estes.

Art. 22. Julgado procedente o pedido, o Presidente do Superior Tribunal de Justiça comunicará, imediatamente, a decisão aos órgãos do poder público interessados e requisitará a intervenção ao Presidente da República.

Capítulo IV | *HABEAS CORPUS*

Art. 23. Aplicam-se ao *habeas corpus* perante o Superior Tribunal de Justiça as normas do Livro III, Título II, Capítulo X, do Código de Processo Penal.

Capítulo V | OUTROS PROCEDIMENTOS

Art. 24. Na ação rescisória,[1] nos conflitos de competência,[2] de jurisdição e de atribuições,[3] na revisão criminal e no mandado de segurança,[4] será aplicada a legislação processual em vigor.

Parágrafo único. No mandado de injunção[5] e no *habeas data*,[6-7] serão observadas, no que couber, as normas do mandado de segurança, enquanto não editada legislação específica.

Art. 24: 1. v. CPC 966 a 975; RISTF 259 a 262; RISTJ 233 a 238.

Art. 24: 2. v. CF 102-I-*o* e 105-I-*d*; CPC 951 a 958; RISTF 163 a 168; RISTJ 193 a 198.

Art. 24: 3. v. CF 105-I-*g*; CPC 959; RISTF 163 a 168; RISTJ 193 a 198.

Art. 24: 4. v. tít. MANDADO DE SEGURANÇA; CF 102-I-*d*, 105-I-*b*; RISTF 200 a 206; RISTJ 211 a 215.

Art. 24: 5. s/ mandado de injunção, v. Lei 13.300, de 23.6.16 (LMI), no tít. MANDADO DE INJUNÇÃO, ínt., e notas.

Art. 24: 6. No DOU 29.5.90, está, corretamente, *habeas data*. Na Coleção das Leis da União, erradamente, consta *habeas-corpus*.

Art. 24: 7. s/ *habeas data*, v. Lei 9.507, de 12.11.97 (no tít. *HABEAS DATA*).

Art. 25. Salvo quando a causa tiver por fundamento matéria constitucional,[1] compete ao Presidente do Superior Tribunal de Justiça,[1a] a requerimento do Procurador-Geral da República ou da pessoa jurídica de direito público interessada, e para evitar grave lesão à ordem, à saúde, à segurança e à economia pública, suspender,[2] em despacho fundamentado, a execução de liminar ou de decisão concessiva[2a] de mandado de segurança, proferida, em única ou última instância, pelos Tribunais Regionais Federais ou pelos Tribunais dos Estados e do Distrito Federal.

§ 1º O Presidente pode ouvir o impetrante, em cinco dias,[3] e o Procurador-Geral[4] quando não for o requerente, em igual prazo.

§ 2º Do despacho que conceder a suspensão caberá agravo regimental.[5-6]

§ 3º A suspensão de segurança vigorará enquanto pender o recurso, ficando sem efeito, se a decisão concessiva for mantida pelo Superior Tribunal de Justiça ou transitar em julgado.[7]

Art. 25: 1. Se a causa tiver por fundamento exclusivamente matéria constitucional, a competência para determinar a suspensão da liminar ou da sentença concessiva de mandado de segurança é do Presidente do STF (RTJ 153/52). V. LMS 15, nota 3a, e RISTF 297, nota 1.

O mesmo vale para a suspensão de liminar regulada pela Lei 8.437, de 30.6.92 (v. art. 4º, nota 1e, no tít. MEDIDA CAUTELAR).

S/ não cabimento de recurso extraordinário contra acórdão que defere medida liminar, v. RISTF 321, nota 2-Súmula 735 do STF.

Art. 25: 1a. "Caracteriza usurpação de competência do Presidente deste STJ a suspensão, pelo presidente de tribunal estadual, de liminar concedida em mandado de segurança originário daquela corte" (STJ-Corte Especial, Rcl 4.407-AgRg, Min. João Otávio, j. 6.10.10, DJ 3.3.11).

Art. 25: 2. v. LMS 15; RISTF 297; RISTJ 271.

Art. 25: 2a. s/ o alcance deste dispositivo, v., LMS 15, nota 4a.

Art. 25: 3. cf. RISTF 297 § 1º.

Art. 25: 4. cf. RISTF 297 § 1º; RISTJ 271 § 1º.

Art. 25: 5. Também cabe agravo da **decisão que indefere o pedido de suspensão de segurança.**

V. LMS 15; RISTJ 271 § 2º c/c 259; RISTF 297 § 2º c/c 317.

Art. 25: 6. A denominação "agravo regimental" é imprópria. Se o agravo está previsto em lei, deixa de ser "regimental".

Art. 25: 7. s/ eficácia da suspensão da segurança em relação à posterior decisão concessiva da segurança, v. LMS 15, nota 4, especialmente a **Súmula 626 do STF.**

Título II | RECURSOS

Capítulo I | RECURSO EXTRAORDINÁRIO E RECURSO ESPECIAL

Arts. 26 a 29. 1

Arts. 26 a 29: 1. Os arts. 26 a 29 foram expressamente revogados pela Lei 13.105, de 16.3.15, em vigor um ano após sua publicação (DOU 17.3.15).

V. CPC 1.072-IV.

Capítulo II | RECURSO ORDINÁRIO EM *HABEAS CORPUS*

Art. 30. O recurso ordinário para o Superior Tribunal de Justiça, das decisões denegatórias de *habeas corpus*, proferidas pelos Tribunais Regionais Federais ou pelos Tribunais dos Estados e do Distrito Federal, será interposto no prazo de 5 (cinco) dias, com as razões do pedido de reforma.[1]

Art. 30: 1. "Ao disciplinar especificamente somente duas hipóteses de cabimento do recurso ordinário constitucional e ao não revogar, expressamente, o art. 30 da Lei 8.038/1990, o legislador do CPC/15 excluiu o recurso ordinário em *habeas corpus* da abrangência da nova legislação processual, devendo essa espécie recursal ser regida pela lei especial, que prevalece em relação aos ditames da lei geral no que se refere ao prazo para interposição do recurso. Assim, o **prazo** para interposição de recurso ordinário em *habeas corpus*, ainda que se trate de matéria não criminal, continua sendo **de 5 dias,** nos termos do art. 30 da Lei 8.038/1990, não se aplicando à hipótese os arts. 1.003, § 5º, e 994, V, ambos do CPC/15" (STJ-3ª T., RHC 109.330, Min. Nancy Andrighi, j. 9.4.19, DJ 12.4.19).

Art. 31. Distribuído o recurso, a Secretaria, imediatamente, fará os autos com vista ao Ministério Público, pelo prazo de 2 (dois) dias.

Parágrafo único. Conclusos os autos ao relator, este submeterá o feito a julgamento independentemente de pauta.

Art. 32. Será aplicado, no que couber, ao processo e julgamento do recurso, o disposto com relação ao pedido originário de *habeas corpus*.

Capítulo III | RECURSO ORDINÁRIO EM MANDADO DE SEGURANÇA

Arts. 33 a 35. ....[1]

Arts. 33 a 35: 1. Para a disciplina do assunto, v. CPC 1.027 e 1.028.

Capítulo IV | APELAÇÃO CÍVEL E AGRAVO DE INSTRUMENTO

Arts. 36 e 37. ....[1]

Arts. 36 e 37: 1. Para a disciplina do assunto, v. CPC 1.027 e 1.028.

Título III | DISPOSIÇÕES GERAIS

Art. 38. ....[1]

Art. 38: 1. O art. 38 foi expressamente revogado pela Lei 13.105, de 16.3.15, em vigor um ano após sua publicação (DOU 17.3.15).

V. CPC 1.072-IV.

Art. 39. Da decisão do Presidente do Tribunal, de Seção, de Turma ou de relator que causar gravame à parte, caberá agravo para o órgão especial, Seção ou Turma, conforme o caso, no prazo de cinco dias.[1-2]

Art. 39: 1. "**Penal. Processual penal.** Agravo regimental interposto após o **prazo de 5 dias** previsto na Lei 8.038/1990. Intempestividade. Novo Código de Processo Civil. Inaplicabilidade. O agravo regimental contra decisão proferida monocraticamente por relator, em matéria penal ou processual penal, não segue as disposições contidas no novo Código de Processo Civil no que concerne à contagem dos prazos em dias úteis (art. 219 da Lei 13.105/2015). A norma especial da Lei 8.038/1990, que prevê o prazo de 5 dias para a interposição do agravo regimental, não foi expressamente revogada pela Lei 13.105/2015" (STJ-Corte Especial, Ag em REsp 654.914-AgRg-AgRg-EDcl-RE-AgRg, Min. Humberto Martins, j. 7.12.16, DJ 16.12.16).

V. tb. CPC 1.070 e RISTJ 258-*caput*.

Art. 39: 2. "O art. 39 da Lei 8.038/90, que disciplina o cabimento do agravo interno contra decisão singular proferida por membro do Superior Tribunal de Justiça e do Supremo Tribunal Federal, deve ser aplicado, por analogia, a **todos os tribunais do País,** em razão do princípio da colegialidade dos tribunais" (STJ-2ª T., RMS 21.786, Min. Castro Meira, j. 27.3.07, DJU 12.4.07). No mesmo sentido: STJ-4ª T., RMS 9.395-AgRg, Min. Sálvio de Figueiredo, j. 1.9.98, DJU 14.12.98.

"O art. 39 da Lei 8.038/90, que disciplina o cabimento do agravo interno contra decisão singular proferida por membro do Superior Tribunal de Justiça e ao Supremo Tribunal Federal, deve ser aplicado, por analogia, aos demais tribunais pátrios, **ainda que inexista previsão no Regimento Interno** do Tribunal de Segunda Instância" (STJ-1ª T., AI 827.242-AgRg, Min. Luiz Fux, j. 7.12.06, DJU 1.2.07).

Art. 40. Haverá revisão, no Superior Tribunal de Justiça, nos seguintes processos:[1]

I — ação rescisória;[2]

II — ação penal originária;

III — revisão criminal.

Art. 40: 1. cf. RISTJ 35.

Art. 40: 2. "Embora o CPC/2015 tenha suprimido a **revisão** como regra geral no processo civil e tenha também revogado explicitamente diversos preceitos da Lei 8.038/1990, não o fez quanto ao art. 40, que permanece em vigor e, por isso, as **ações rescisórias** processadas e julgadas originalmente no Superior Tribunal de Justiça continuam a submeter-se a tal fase procedimental" (STJ-Corte Especial, AR 5.241, Min. Mauro Campbell, j. 5.4.17, maioria, DJ 12.5.17).

Art. 41. Em caso de vaga ou afastamento de Ministro do Superior Tribunal de Justiça, por prazo superior a trinta dias, poderá ser convocado Juiz de Tribunal Regional Federal ou Desembargador, para substituição, pelo voto da maioria absoluta dos seus membros.

Art. 41-A. A decisão de Turma, no Superior Tribunal de Justiça, será tomada pelo voto da maioria absoluta de seus membros.[1]

Parágrafo único. Em *habeas corpus* originário ou recursal, havendo empate, prevalecerá a decisão mais favorável ao paciente.[2]

Art. 41-A: 1. Redação do *caput* de acordo com a Lei 9.756, de 17.12.98.

Art. 41-A: 2. Redação do § ún. de acordo com a Lei 9.756, de 17.12.98.

Art. 41-B. As despesas do porte de remessa e retorno dos autos serão recolhidas mediante documento de arrecadação, de conformidade com instruções e tabela expedidas pelo Supremo Tribunal Federal e pelo Superior Tribunal de Justiça.[1]

Parágrafo único. A secretaria do tribunal local zelará pelo recolhimento das despesas postais.[2]

Art. 41-B: 1. Redação do *caput* de acordo com a Lei 9.756, de 17.12.98.

Art. 41-B: 2. Redação do § ún. de acordo com a Lei 9.756, de 17.12.98.

Art. 42. ....[1]

Art. 42: 1. O art. 42 deu nova redação a dispositivos do CPC rev.

Art. 43. Esta lei entra em vigor na data de sua publicação.

Art. 44. Revogam-se as disposições em contrário, especialmente os arts. 541 a 546 do Código de Processo Civil[1] e a Lei n. 3.396, de 2 de junho de 1958.

Art. 44: 1. Essas disposições são do CPC rev.

Brasília, em 28 de maio de 1990; 169º da Independência e 102º da República — FERNANDO COLLOR — **Bernardo Cabral.**

Ementário

Registros Públicos

— v. CF 22-XXV e § ún.

Lei 5.972, de 11.12.73 — Regula o procedimento para o registro da propriedade de bens imóveis discriminados administrativamente ou possuídos pela União (RT 458/488, Lex 1973/1.904, RDA 116/537, RF 245/457). A **Lei 6.282, de 9.12.75** (Lex 1975/764, RF 253/508), prorrogou o prazo do art. 1º-*caput* e alterou o art. 2º § ún. da Lei 5.972. O prazo do art. 1º foi prorrogado até 31.12.88 pela **Lei 6.584, de 24.10.78** (Lex 1978/987), e até 31.12.98 pela **Lei 7.699, de 20.12.88** (Lex 1988/1.069). O art. 1º foi alterado pela **Lei 9.821, de 23.8.99** (Lex 1999/4.840), deixando de estabelecer prazo para o Poder Executivo promover o registro da propriedade de bens imóveis da União.

Lei 6.015, de 31.12.73 — Dispõe sobre os registros públicos e dá outras providências (v., adiante, texto parcial, arts. 109 a 113, 198 a 216, 260 a 288 e 296, com as respectivas alterações; **v. texto integral no nosso CCLCV,** tít. REGISTROS PÚBLICOS). Esta lei, cuja vigência estava inicialmente prevista para 1.7.74 (art. 310), só entrou em vigor em 1.1.76 (redação dada pela Lei 6.216 ao art. 295, que substituiu o art. 310 e que foi renumerado para 298 pela Lei 6.941). Foi republicada, com as alterações trazidas pelas Leis 6.140 e 6.216, no DOU 16.9.75, supl.

Dec. lei 1.537, de 13.4.77 — Isenta do pagamento de custas e emolumentos a prática de quaisquer atos, pelos Ofícios e Cartórios de Registro de Imóveis, de Registro de Títulos e Documentos e de Notas, relativos às solicitações feitas pela União (Lex 1977/240, RDA 129/390, RF 259/362, Bol. AASP 959/4).

Lei 6.739, de 5.12.79 — Dispõe sobre a matrícula e o registro de imóveis rurais e dá outras providências (no CCLCV, tít. REGISTROS PÚBLICOS, ínt.).

Lei 7.433, de 18.12.85 — Dispõe sobre os requisitos para a lavratura de escrituras públicas e dá outras providências. Essa Lei foi regulamentada pelo **Dec. 93.240, de 9.9.86.**

Lei 8.934, de 18.11.94 — Dispõe sobre o Registro Público de Empresas Mercantis e atividades afins, e dá outras providências (Lex 1994/1.471, ret. a referenda em Lex 1996/1.457; Just. 168/175). Regulamentada pelo **Dec. 1.800, de 30.1.96** (Lex 1996/178, RT 723/731, RF 332/482).

Lei 8.935, de 18.11.94 — Regulamenta o art. 236 da Constituição Federal, dispondo sobre serviços notariais e de registro (Lex 1994/1.482). O art. 16 foi alterado pela Lei 10.506, de 9.7.02.

Lei 9.465, de 7.7.97 — Dispõe sobre fornecimento gratuito de registro extemporâneo de nascimento (Lex 1997/1.907, RT 741/753, RF 339/465).

Lei 9.492, de 10.9.97 — Define competência, regulamenta os serviços concernentes ao protesto de títulos e outros documentos de dívida e dá outras providências (no CCLCV, tít. PROTESTO DE TÍTULOS, ínt.).

Lei 10.169, de 29.12.00 — Regula o § 2º do art. 236 da Constituição Federal, mediante o estabelecimento de normas gerais para a fixação de emolumentos relativos aos atos praticados pelos serviços notariais e de registro (Lex 2000/5.695, RF 352/609, RDA 223/362, Bol. AASP 2.195/supl., p. 5).

Lei 10.215, de 6.4.01 — Dá nova redação ao art. 46 da Lei 6.015, de 31 de dezembro de 1973, que dispõe sobre os registros públicos (Lex 2001/1.784, RF 354/431, Bol. AASP 2.009/supl., p. 11).

Lei 10.257, de 10.7.01 — Regulamenta os arts. 182 e 183 da Constituição Federal, estabelece diretrizes gerais da política urbana e dá outras providências (Lex 2001/3.153, RF 356/441, Bol. AASP 2.222/supl., p. 11). Alterou o art. 167-I-28; acrescentou ao art. 167-I os itens 37, 38 (vetado) e 39; ao art. 167-II acrescentou os itens 18 a 20, todos da LRP.

Med. Prov. 2.187-13, de 24.8.01 — Acrescentou item 12 ao art. 80 da LRP.

Lei 10.267, de 28.8.01 — Altera dispositivos das Leis 4.947, de 6 de abril de 1966, 5.868, de 12 de dezembro de 1972, 6.015, de 31 de dezembro de 1973, 6.739, de 5 de dezembro de 1979, 9.393, de 19 de dezembro de 1996, e dá outras providências (Lex 2001/3.576, RF 356/461). Alterou ou acrescentou à LRP os arts. 169-II, 176 § 1º-II-3 e §§ 3º e 4º, 225 § 3º e 246 §§ 1º a 4º. Alterou a redação do art. 8º § 3º da Lei 5.868, de 12.12.72. Acrescentou os arts. 8º-A, 8º-B e 8º-C à Lei 6.739, de 5.12.79. Regulamentada pelo **Dec. 4.449, de 30.10.02** (RF 363/492).

Med. Prov. 2.220, de 4.9.01 — Alterou ou acrescentou ao art. 167-I os itens 27, 28 e 30.

Lei 10.931, de 2.8.04 — Alterou os arts. 167, 212, 213 e 214 da LRP (DOU 3.8.04).

Lei 11.284, de 2.3.06 — Acrescentou ao art. 167-II da LRP os itens 22 e 23 (DOU 3.3.06).

Lei Complementar 123, de 14.12.06 — Institui o Estatuto Nacional da Microempresa e da Empresa de Pequeno Porte, e dá outras providências.

Lei 12.100, de 27.11.09 — Dá nova redação aos arts. 40, 57 e 110 da LRP.

Lei 12.424, de 16.6.11 — Altera a Lei n. 11.977, de 7 de julho de 2009, que dispõe sobre o Programa Minha Casa, Minha Vida — PMCMV e a regularização fundiária de assentamentos localizados em áreas urbanas, as Leis ns. 10.188, de 12 de fevereiro de 2001, 6.015, de 31 de dezembro de 1973, 6.766, de 19 de dezembro de 1979, 4.591, de 16 de dezembro de 1964, 8.212, de 24 de julho de 1991, e 10.406, de 10 de janeiro de 2002 — Código Civil; revoga dispositivos da Medida Provisória n. 2.197-43, de 24 de agosto de 2001; e dá outras providências.

Lei 12.662, de 5.6.12 — Assegura validade nacional à Declaração de Nascido Vivo — DNV, regula sua expedição, altera a LRP, e dá outras providências.

Lei 12.693, de 24.7.12 — Altera as Leis n. 12.409, de 25 de maio de 2011, 11.578, de 26 de novembro de 2007, 11.977, de 7 de julho de 2009, 10.188, de 12 de fevereiro de 2001, 10.150, de 21 de dezembro de 2000, 10.637, de 30 de dezembro de 2002, 9.636, de 15 de maio de 1998, 6.015, de 31 de dezembro de 1973, e 11.941, de 27 de maio de 2009. Na LRP: alterou o *caput* do art. 195-B.

Lei 12.703, de 7.8.12 — Altera o art. 12 da Lei n. 8.177, de 1º de março de 1991, que estabelece regras para a desindexação da economia e dá outras providências, o art. 25 da Lei n. 9.514, de 20 de novembro de 1997, que dispõe sobre o Sistema de Financiamento Imobiliário, institui a alienação fiduciária de coisa imóvel e dá outras providências, e o inciso II do art. 167 da Lei n. 6.015, de 31 de dezembro de 1973, que dispõe sobre os registros públicos e dá outras providências. Na LRP: acrescentou n. 30 ao art. 167-II.

Lei 12.810, de 15.5.13 — Dispõe sobre o parcelamento de débitos com a Fazenda Nacional relativos às contribuições previdenciárias de responsabilidade dos Estados, do Distrito Federal e dos Municípios. Na LRP: alterou o art. 167-II-30.

Lei 13.105, de 16.3.15 — Código de Processo Civil. Na LRP: acrescentou o art. 216-A.

Lei 13.484, de 26.9.17 — Altera a Lei n. 6.015, de 31 de dezembro de 1973, que dispõe sobre os registros públicos.

Lei n. 6.015, de 31 de dezembro de 1973[1]

Dispõe sobre os registros públicos e dá outras providências.

Título II | DO REGISTRO CIVIL DE PESSOAS NATURAIS

Capítulo XIV | DAS RETIFICAÇÕES, RESTAURAÇÕES E SUPRIMENTOS[1]

LEI 6.015: 1. **O texto integral desta lei, com todas as modificações, pode ser lido em nosso CCLCV.**

CAP. XIV: 1. Na redação primitiva da Lei 6.015, os atuais arts. 109 a 113 constituíam os arts. 110 a 114. A Lei 6.216 alterou-lhes a numeração e apenas modificou o § 1º do primitivo art. 111 (atual 110).

Art. 109. Quem pretender que se restaure, supra ou retifique assentamento no registro civil,[1 a 1e] requererá,[2] em petição fundamentada e instruída com documentos[3] ou com indicação de testemunhas, que o juiz[3a] o ordene, ouvido o órgão do Ministério Público e os interessados, no prazo de cinco dias, que correrá em cartório.

§ 1º Se qualquer interessado ou o órgão do Ministério Público impugnar o pedido,[3b] o juiz determinará a produção da prova, dentro do prazo de dez dias e ouvidos, sucessivamente, em três dias, os interessados e o órgão do Ministério Público, decidirá em cinco dias.

§ 2º Se não houver impugnação ou necessidade de mais provas, o juiz decidirá no prazo de cinco dias.

§ 3º Da decisão do juiz, caberá o recurso de apelação com ambos os efeitos.[4]

§ 4º Julgado procedente o pedido, o juiz ordenará que se expeça mandado para que seja lavrado, restaurado ou retificado o assentamento, indicando, com precisão, os fatos ou circunstâncias que devam ser retificados, e em que sentido, ou os que devam ser objeto do novo assentamento.

§ 5º Se houver de ser cumprido em jurisdição diversa, o mandado será remetido, por ofício, ao juiz sob cuja jurisdição estiver o cartório do Registro Civil e, com o seu "cumpra-se", executar-se-á.

§ 6º As retificações serão feitas à margem do registro, com as indicações necessárias, ou, quando for o caso, com a trasladação do mandado, que ficará arquivado. Se não houver espaço, far-se-á o transporte do assento, com as remissões à margem do registro original.

Art. 109: 1. s/ medidas de proteção à criança e regularização do registro civil, v. ECA 102; s/ averbação de reconhecimento da paternidade, v. LIP 2º § 3º.

Art. 109: 1a. Demonstrado o interesse do requerente, admite-se sua legitimidade para pedir a retificação de registros de seus **ascendentes** (JTJ 200/231).

Todavia: "Ação de retificação de registro civil destinada a modificar o assento de nascimento do bisavô do demandante, a viabilizar a obtenção de cidadania italiana. Extinção do processo sem julgamento de mérito pelas instâncias ordinárias, ante a impropriedade da via eleita. A pretensão encerrada na presente ação de retificação destina-se, na verdade, a desconstituir a filiação de seu ascendente, desiderato que somente pode ser viabilizado por meio da competente ação de estado" (STJ-4ª T., REsp 1.168.757, Min. Marco Buzzi, j. 25.2.14, maioria, RT 946/361).

Art. 109: 1b. "A **pessoa transgênero** que comprove sua identidade de gênero dissonante daquela que lhe foi designada ao nascer por autoidentificação firmada em declaração escrita desta sua vontade dispõe do direito fundamental subjetivo à alteração do prenome e da classificação de gênero no registro civil pela via administrativa ou judicial, independentemente de procedimento cirúrgico e laudos de terceiros, por se tratar de tema relativo ao direito fundamental ao livre desenvolvimento da personalidade" (STF-Pleno, ADI 4.275, Min. Edson Fachin, j. 1.3.18, maioria, DJ 7.3.19). Em sentido semelhante: STJ-4ª T., REsp 1.626.739, Min. Luis Felipe, j. 9.5.17, maioria, DJ 1.8.17; STJ-3ª T., REsp 1.561.933, Min. Paulo Sanseverino, j. 20.3.18, DJ 23.4.18; RT 940/690 (TJSP, AP 0082646-81.2011.8.26.0002).

"Impossibilidade de se conceber mudança para nome feminino, sem a consequente alteração do sexo. Princípio constitucional da dignidade da pessoa humana. Adequação das regras jurídicas às necessidades humanas de convivência e coerência. Evitada a exposição ao ridículo e contradição em documento revestido de fé pública" (JTJ 314/318: AP 437.843-4/3-00, maioria, acórdão relatado pelo Des. Caetano Lagrasta). No mesmo sentido: STJ-3ª T., REsp 1.008.398, Min. Nancy Andrighi, j. 15.10.09, DJ 18.11.09 (bem fundamentado); RT 874/111 (TJSP, AP 354.845-4/8-00), 884/283 (TJPA, AP 2007.3.004934-0), JTJ 320/603 (AP 447.868-4/5-00, maioria), 328/544 (AP 354.845-4/8-00), RTDC 34/125 (TJRS, AP 70022952261).

"Direito subjetivo à alteração do nome e da classificação de gênero no assento de nascimento. Essa alteração deve ser averbada à margem no assento de nascimento, sendo vedada a inclusão do termo 'transexual'. Nas certidões do registro não constará nenhuma observação sobre a origem do ato, sendo vedada a expedição de certidão de inteiro teor, salvo a requerimento do próprio interessado ou por determinação judicial. Efetuando-se o procedimento pela via judicial, caberá ao magistrado determinar, de ofício ou a requerimento do interessado, a expedição de mandados específicos para a alteração dos demais registros nos órgãos públicos ou privados pertinentes, os quais deverão preservar o sigilo sobre a origem dos atos" (STF-Pleno, RE 670.422, Min. Dias Toffoli, j. 15.8.18, maioria, DJ 10.3.20). No mesmo sentido, para determinar que a alteração do nome e do sexo seja feita sem menção à correlata decisão judicial e à causa dessa alteração (redesignação sexual de transexual): STJ-3ª T., REsp 1.008.398, Min. Nancy Andrighi, j. 15.10.09, DJ 18.11.09. Ponderando que, "em vistas da dignidade e da privacidade do apelante, não se deve fazer averbação da alteração": RT 884/283 (TJPA, AP 2007.3.004934-0). **Contra,** no sentido de que a retificação do registro deve vir acompanhada de averbação informando que "a modificação do nome e do sexo do recorrido decorreu de decisão judicial": STJ-RJTJERGS 265/37 (3ª T., REsp 678.933). Em sentido semelhante, afirmando que as modificações de nome e sexo "devem ser averbadas em cartório para que se preserve a continuidade do registro civil e os direitos de terceiro": RT 885/249 (TJSP, AP 619.672-4/9). Ainda: STJ-RBDFS 14/116 (4ª T., REsp 737.993; do voto do relator: "tal averbação deve constar apenas do livro de registros, não devendo constar nas certidões do registro público competente nenhuma referência de que a aludida alteração é oriunda de decisão judicial, tampouco que ocorreu por motivo de cirurgia de mudança de sexo, sob pena de manter a exposição do indivíduo a situações constrangedoras e discriminatórias"), JTJ 348/604 (AP 994.09.320417-4, maioria).

Art. 109: 1c. "O nome pode ser alterado mesmo depois de esgotado o prazo de um ano, contado da maioridade, desde que presente razão suficiente para excepcionar a regra temporal prevista no art. 56 da Lei 6.015/73, assim reconhecido em sentença (art. 57)" (STJ-2ª Seção, REsp 220.059, Min. Ruy Rosado, j. 22.11.00, um voto vencido, DJU 12.2.01). No caso, permitiu-se a inclusão do sobrenome do padrasto no nome da requerente, pelo "fato de a pessoa ter sido criada desde tenra idade pelo padrasto, querendo por isso se apresentar com o mesmo nome usado pela mãe e pelo marido dela". Mais recentemente, autorizando a inclusão do sobrenome das pessoas que criaram a requerente, considerados por esta como seus verdadeiros pais: STJ-3ª T., REsp 605.708, Min. Castro Filho, j. 16.8.07, DJ 5.8.08. No mesmo sentido: RBDF 28/118.

A jurisprudência tem **autorizado alterações no nome** também para:

— exclusão do sobrenome paterno, pois, "além do abandono pelo pai, o autor sempre foi conhecido por outro patronímico" (STJ-4ª T., REsp 66.643, Min. Sálvio de Figueiredo, j. 21.10.97, DJU 9.12.97). No mesmo sentido: RJTJERGS 252/236, RBDFS 5/145 (TJPR, AP 400.884-4); RT 918/1.187 e RJ-Lex 54/304 (TJSC, AP 2008.010577-5). Autorizando a exclusão de um dos sobrenomes paternos: RT 873/292 (TJPR, AP 447.779-8);

— "excluir patronímicos que não fazem parte do grupo familiar, para manter apenas os apelidos obrigatórios concernentes à sua família" (RT 887/287: TJGO, AP 137482-4/188). "A supressão de dois termos que não se confundem com os apelidos de família, e tampouco com o prenome (*stricto sensu*), não tem o condão de vulnerar a segurança e estabilidade das relações cíveis, mormente quando o autor é menor impúbere" (STJ-3ª T., REsp 1.673.048, Min. Nancy Andrighi, j. 8.8.17, DJ 25.8.17);

— "a exclusão do sobrenome marital, em atenção ao exercício socioprofissional do recorrente" (RT 868/374);

— a inclusão do sobrenome materno (STJ-3ª T., REsp 1.069.864, Min. Nancy Andrighi, j. 18.12.08, DJ 3.2.09). "A retificação do registro civil para inclusão do patronímico materno é admitida pela lei, uma vez que não configura mudança de nome. A exclusão do agnome que se reporta ao nome do avô paterno é consectário natural da inclusão do sobrenome da mãe" (RJTJERGS 248/173);

— a inclusão do sobrenome paterno e a exclusão do agnome *bisneto* (STJ-3ª T., REsp 1.104.743, Min. Ricardo Cueva, j. 22.5.14, DJ 5.6.14);

— acréscimos e inversão no sobrenome, em razão da inclusão de sobrenome paterno (STJ-3ª T., REsp 1.323.677, Min. Nancy Andrighi, j. 5.2.13, RJ 424/137) ou do ulterior reconhecimento da paternidade (RT 864/333, maioria);

— exclusão de parcela do prenome (STJ-3ª T., REsp 213.682, rel. Min. Ari Pargendler, j. 5.9.02, não conheceram, v.u., DJU 2.12.02, p. 305). No caso, Francisca Fátima passou a se chamar simplesmente Fátima. V. abaixo caso em que não se permitiu a exclusão do prenome Francisca;

— acréscimos ao prenome (RT 824/326). No caso, Francisca Nonata passou a se chamar Francisca Nonata Renata;

— alterações no prenome (STJ-RT 836/147: 3ª T.). No caso, Maria Raimunda passou a se chamar Maria Isabela. Em sentido semelhante, autorizando que Raimunda passe a se chamar Danielle: STJ-4ª T., REsp 1.217.166, Min. Marco Buzzi, j. 14.2.17, maioria, DJ 24.3.17;

— retificações no prenome, ante "erro gráfico que transparece evidente" (RT 883/221: TJSP, AP 526.157-4/6-00). No caso, Hamorah passou a ser grafado Hamurab;

— retificações na grafia do nome dos ascendentes, para viabilizar a obtenção de cidadania estrangeira (RT 840/248). "Nome civil. Retificação do patronímico. Erro de grafia. Pretensão de obtenção de dupla cidadania. Possibilidade. Desnecessidade da presença em juízo de todos os integrantes da família" (STJ-4ª T., REsp 1.138.103, Min. Luis Felipe, j. 6.9.11, DJ 29.9.11);

— "Nome civil. Retificação. Dupla cidadania. Adequação do nome brasileiro ao italiano. Alteração do sobrenome intermediário. Justa causa. Princípio da simetria. Razoabilidade do requerimento" (STJ-3ª T., REsp 1.310.088, Min. Paulo Sanseverino, j. 17.5.16, maioria, DJ 19.8.16). Do voto do relator: "Se para postular o requerimento à dupla cidadania, esta Corte Superior flexibiliza a regra de imutabilidade, com mais razão deve-se admitir a possibilidade dessa flexibilização para aquele que já a obteve e, agora, pretende a uniformização e simetria de seus assentos".

Todavia, há notícia de acórdãos que **não permitiram alterações** no nome para:

— modificar o prenome de Tatiane para Tatiana: "Argumento de que a autora é assim reconhecida na sociedade, bem como de que houve erro na grafia do nome pelo oficial do cartório. Ausência de previsão legal, bem como de fundamento razoável para se afastar o princípio da imutabilidade do prenome, previsto no art. 58 da lei de registros públicos" (STJ-3ª T., REsp 1.728.039, Min. Marco Bellizze, j. 12.6.18, DJ 19.6.18).

— exclusão do sobrenome Pinto (RT 866/194, maioria). No caso, tratava-se de criança que dizia ser alvo de chacota na escola e que se propunha a manter a outra parcela do sobrenome paterno. Consta do acórdão que o sobrenome não exporia a pessoa ao ridículo, em razão de sua origem, tradição e respeito, e que sua exclusão traria prejuízo à ancestralidade. Já para o voto vencido, o pedido de exclusão era acolhido, em razão da sua razoabilidade e da pouca maturidade dos colegas da criança. Em sentido semelhante: RT 939/545 (TJSP, AP 0028966-35.2012.8.26.0007). **Porém,** autorizando a exclusão do sobrenome Pinto: RJ-Lex 56/338 (TJSP, AP 9170085-22.2007.8.26.0000);

— "exclusão do patronímico paterno por razões de ordem religiosa — especialmente se a supressão pretendida prejudica o apelido familiar, tornando impossível a identificação do indivíduo com seus ascendentes paternos" (STJ-3ª T., REsp 1.189.158, Min. Nancy Andrighi, j. 14.12.10, DJ 11.2.11);

— exclusão de parcela do prenome, por se entender ausente erro de grafia ou exposição ao ridículo (JTJ 310/247). No caso, Francisca Cláudia permaneceu com esse nome, sem a exclusão do prenome Francisca. V. acima caso em que se permitiu a exclusão do prenome Francisca;

— modificação de prenome, por se considerar ausente situação vexatória (RT 870/273). No caso, Deleuza não pôde ter seu nome alterado para Sharon Carol;

— inclusões no prenome (RT 881/225: TJSP, AP 568.835-4/8-00). No caso, Nívea não pôde acrescer Marina ao seu nome;

— novo pedido de retificação, em contraposição ao primeiro: "Uma vez que foram os próprios recorrentes, na ação anterior, que pediram a alteração de seus nomes, com o objetivo de obter a nacionalidade portuguesa e tiveram seu pedido atendido na integralidade, não podem, agora, simplesmente pretender o restabelecimento do *statu quo ante*, alegando que houve equívoco no pedido e que os custos de alteração de todos os seus documentos são muito elevados. Ainda que a ação de retificação de registro civil se trate de um procedimento de jurisdição voluntária, em que não há lide, partes e formação da coisa julgada material, permitir sucessivas alterações nos registros públicos, de acordo com a conveniência das partes implica grave insegurança. Se naquele primeiro momento, a alteração do nome dos recorrentes — leia-se: a supressão da partícula 'DE' e inclusão da partícula 'DOS' — não representou qualquer ameaça ou mácula aos seus direitos de personalidade, ou prejuízo à sua individualidade e autodeterminação, tanto que o requereram expressamente, agora, também não se vislumbra esse risco" (STJ-3ª T., REsp 1.412.260, Min. Nancy Andrighi, j. 15.5.14, DJ 22.5.14).

S/ homologação de sentença estrangeira que dispõe sobre alteração no nome, v. CPC 963, nota 9.

Art. 109: 1d. "Pedido de retificação de assento de óbito para exclusão dos nomes das requeridas como filhas do falecido. Impossibilidade enquanto não se anular por ação própria os respectivos registros de nascimento, que continuam produzindo os seus efeitos, inclusive para fins sucessórios" (JTJ 316/278: AP 372.072-4/1-00).

Art. 109: 1e. "Demonstrado, através de provas testemunhal e documental, que a **profissão** da apelada, a partir de seu matrimônio, passou a ser a de lavradora e não de estudante, justifica-se a **retificação do registro de casamento**" (RT 868/390).

Contra, negando a retificação nessas condições: "Impossível a alteração para a condição de agricultora, já que não consta dos autos prova de que, à época do matrimônio, a apelada exercia essa profissão" (RT 882/258: TJPE, AP 175300-8).

"Não é possível que se permita desnaturar o instituto da retificação do registro civil que, como é notório, serve para corrigir erros quanto a dados essenciais dos interessados, a saber, filiação, data de nascimento e naturalidade, e não quanto a circunstâncias absolutamente transitórias como domicílio e profissão" (STJ-3ª T., REsp 1.194.378, Min. Massami Uyeda, j. 15.2.11, DJ 24.2.11). No mesmo sentido: RT 929/1.055 (TJMA, AP 25629/2012).

V. tb., no CCLCV, LRP 54, nota 4.

Art. 109: 2. "O que se extrai dos preceitos legais que tratam das retificações, restaurações e suprimentos do assento de registro civil das pessoas naturais é que a atuação do juiz se fará sempre por provocação da parte interessada, **vedando-se,** portanto, **a atividade de ofício**" (RT 796/243, a citação é do voto do relator, Des. J. Roberto Bedran).

S/ pedido implícito de retificação de assento de nascimento, na ação de investigação de paternidade, v. CPC 322, nota 16.

Art. 109: 3. "Para a retificação de nome, além da plena justificação do pleito, deve o requerente juntar **certidões de protestos e dos distribuidores da Justiça local,** a fim de demonstrar a inexistência de expediente escuso para fugir de credores" (JTJ 141/168).

Art. 109: 3a. "A ação de retificação de registro civil pode ser proposta tanto no juízo da comarca em que situado o cartório no qual foi lavrado o assento, quanto no da residência do autor" (STJ-2ª Seção, CC 33.172, Min. Nancy Andrighi, j. 28.11.01, DJU 18.2.02). No mesmo sentido: STJ-RT 800/215.

Considerando competente o juízo do domicílio do requerente: RJTJESP 60/154.

O juiz estadual é competente para o pedido de retificação de registro civil, "ainda que o alegado propósito da requerente seja o de fazer prova perante o INSS" (STJ-2ª Seção, CC 11.603-1, Min. Nilson Naves, j. 14.12.94, DJU 13.2.95).

"Compete à Justiça Estadual a apreciação de pedido de modificação de registro de brasileiro naturalizado para inclusão de alcunha, pretensão que não diz com a questão da nacionalidade" (STJ-2ª Seção, CC 18.251, Min. Cesar Rocha, j. 22.10.97, DJU 16.3.98).

Art. 109: 3b. Havendo impugnação do MP, o juiz não pode decidir de plano, "mesmo que convencido da simplicidade do processo" (JTJ 191/184). Em sentido semelhante: RT 926/1.083 (TJGO, AP 376065-07.2009.8.09.0006).

Art. 109: 4. v. CPC 1.009 a 1.014.

Art. 110 (*redação da Lei 13.484, de 26.9.17*). O oficial retificará o registro, a averbação ou a anotação, de ofício ou a requerimento do interessado, mediante petição assinada pelo interessado, representante legal ou procurador, independentemente de prévia autorização judicial ou manifestação do Ministério Público, nos casos de:

I (*acrescido pela Lei 13.484, de 26.9.17*) — erros que não exijam qualquer indagação para a constatação imediata de necessidade de sua correção;

II (*acrescido pela Lei 13.484, de 26.9.17*) — erro na transposição dos elementos constantes em ordens e mandados judiciais, termos ou requerimentos, bem como outros títulos a serem registrados, averbados ou anotados, e o documento utilizado para a referida averbação e/ou retificação ficará arquivado no registro no cartório;

III (*acrescido pela Lei 13.484, de 26.9.17*) — inexatidão da ordem cronológica e sucessiva referente à numeração do livro, da folha, da página, do termo, bem como da data do registro;

IV (*acrescido pela Lei 13.484, de 26.9.17*) — ausência de indicação do Município relativo ao nascimento ou naturalidade do registrado, nas hipóteses em que existir descrição precisa do endereço do local do nascimento;
V (*acrescido pela Lei 13.484, de 26.9.17*) — elevação de Distrito a Município ou alteração de suas nomenclaturas por força de lei.
§ 1º (*revogado pela Lei 13.484, de 26.9.17*).
§ 2º (*revogado pela Lei 13.484, de 26.9.17*).
§ 3º (*revogado pela Lei 13.484, de 26.9.17*).
§ 4º (*revogado pela Lei 13.484, de 26.9.17*).
§ 5º (*acrescido pela Lei 13.484, de 26.9.17*) Nos casos em que a retificação decorra de erro imputável ao oficial, por si ou por seus prepostos, não será devido pelos interessados o pagamento de selos e taxas.

Art. 111. Nenhuma justificação em matéria de registro civil, para retificação, restauração ou abertura de assento, será entregue à parte.

Art. 112. Em qualquer tempo poderá ser apreciado o valor probante da justificação, em original ou por traslado, pela autoridade judiciária competente, ao conhecer de ações que se relacionem com os fatos justificados.

Art. 113. As questões de filiação legítima ou ilegítima serão decididas em processo contencioso para anulação ou reforma de assento.

....

Título V | DO REGISTRO DE IMÓVEIS

Capítulo III | DO PROCESSO DE REGISTRO[1]

CAP. III: 1. Os arts. 198 a 216 foram todos, sem exceção, alterados pela Lei 6.216, de 30.6.75, obedecendo-se, por isso, no texto *infra*, à redação que esta lhes deu.

Art. 198. Havendo exigência a ser satisfeita, o oficial indicá-la-á por escrito. Não se conformando o apresentante com a exigência do oficial, ou não a podendo satisfazer, será o título, a seu requerimento e com a declaração de dúvida, remetido ao juízo competente para dirimi-la, obedecendo-se ao seguinte:[1 a 8]
I — no Protocolo, anotará o oficial, à margem da prenotação, a ocorrência da dúvida;
II — após certificar, no título, a prenotação e a suscitação da dúvida, rubricará o oficial todas as suas folhas;
III — em seguida, o oficial dará ciência dos termos da dúvida ao apresentante, fornecendo-lhe cópia da suscitação e notificando-o para impugná-la, perante juízo competente, no prazo de quinze dias;
IV — certificado o cumprimento do disposto no item anterior, remeter-se-ão ao juízo competente, mediante carga, as razões da dúvida, acompanhadas do título.

✎ **Art. 198: 1.** "Juiz competente no procedimento de dúvida", por Marcelo Guimarães Rodrigues (RJM 183/19).
Art. 198: 1a. s/ aplicação do procedimento de dúvida aos demais registros previstos na LRP, v. art. 296.

Art. 198: 2. **Lei 5.972, de 11.12.73** — Regula o procedimento para o registro da propriedade de bens imóveis discriminados administrativamente ou possuídos pela União: **"Art. 3º** Nos quinze dias seguintes à data do protocolo do requerimento da União, o Oficial do Registro verificará se o imóvel descrito se acha lançado em nome de outrem. Inexistindo registro anterior, o oficial procederá imediatamente à transcrição do decreto de que trata o artigo 2º, que servirá de título aquisitivo da propriedade do imóvel pela União. Estando o imóvel lançado em nome de outrem, o Oficial do Registro, dentro dos cinco dias seguintes ao vencimento daquele prazo, remeterá o requerimento da União, com a declaração de dúvida, ao Juiz Federal competente para decidi-la".

Art. 198: 3. "Enquadrando-se a hipótese no art. 3º da Lei 5.972, de 1973, a **competência** para apreciar os incidentes de suscitação de dúvida é da **Justiça Federal,** independentemente da natureza contenciosa ou não da questão jurisdicional" (STJ-1ª Seção, CC 259.890, Min. Teori Zavascki, j. 25.8.04, DJU 13.9.04).

Nos demais casos, a quem compete decidir a dúvida suscitada por Oficial de Registro, em que a União tenha interesse?

Afirmando a competência da **Justiça Federal:** "Registro de Imóvel por parte da União. À luz do sistema constitucional de prerrogativas da União, a decisão de qualquer procedimento judicial que possa infirmar o seu domínio deve tramitar na Justiça Federal, consoante a *ratio essendi* da Súmula 150 do STJ" (STJ-1ª Seção, CC 32.584, Min. Luiz Fux, j. 11.12.02, DJU 26.4.04). No mesmo sentido: RJTJERGS 148/232.

Afirmando a competência da **Justiça Estadual:** "Em face de sua natureza administrativa, o procedimento de dúvida deve ser decidido pelo Juízo Estadual Corregedor do Cartório de Registro de Imóveis, que o formulou" (STJ-2ª Seção, CC 4.840, Min. Barros Monteiro, j. 8.9.93, DJU 4.10.93). No mesmo sentido: RSTJ 6/120 (1ª Seção).

S/ competência para a retificação de registro imobiliário, v. art. 212, nota 2.

Art. 198: 4. "Havendo exigências a serem satisfeitas quanto ao registro pretendido, o titular do respectivo Cartório de Imóveis deve suscitar dúvida ao juízo, conforme preconiza o art. 198 da Lei 6.015/73; e, caso assim não proceder, compete à parte formular reclamação perante o juízo competente acerca do retardamento do seu registro" (RJM 195/86: AP 1.0534.09.018492-8/001).

Art. 198: 4a. Na vigência da atual LRP, não se admite a chamada "dúvida inversa", que era aquela dirigida diretamente ao juiz pela parte, e não pelo oficial do registro (RTJ 107/628). **Contra,** admitindo-a: RT 500/102, 515/109. Não a admitindo, porém julgando-a, por economia processual: RJTJESP 134/550.

Art. 198: 4b. "Tendo em vista os princípios da disponibilidade, especialidade e continuidade que norteiam os registros públicos, assegurando-lhes a confiabilidade dos mesmos, pode o Oficial do Registro suscitar dúvida, independentemente de ser título judicial ou extrajudicial" (STJ-3ª T., RMS 9.372, Min. Pádua Ribeiro, j. 19.5.05, DJU 13.6.05).

Art. 198: 4c. "Em processo de dúvida não é possível a invalidação de registro imobiliário anterior" (STJ-3ª T., REsp 27.157-9, Min. Cláudio Santos, j. 20.6.95, DJU 11.9.95).

"A simples determinação administrativa do juiz de registros públicos, ao dirimir procedimento de dúvida suscitado pelo notário, de registrar carta de arrematação formalmente perfeita, com o consequente cancelamento do registro de compromisso de compra e venda anteriormente avençado com terceiro pelo devedor hipotecário, não viola direito líquido e certo do promissário comprador, que adquirira do devedor hipotecário o imóvel gravado de ônus real" (STJ-4ª T., RMS 9.728, Min. Sálvio de Figueiredo, j. 20.4.99, DJU 21.6.99).

Art. 198: 5. A falta de contestação da dúvida não acarreta qualquer consequência processual, nem impede o interessado de recorrer da sentença que a acolhe (RT 514/112).

Art. 198: 6. **"Descabida a intervenção de terceiros** no âmbito da dúvida registrária, porquanto inexiste previsão normativa nesse sentido nos dispositivos legais que regulam o procedimento, quais sejam, os artigos 198 a 207 da Lei 6.015 de 1973, sendo inviável a aplicação subsidiária dos artigos 56 ao 80 do Código de Processo Civil de 1973" (STJ-4ª T., RMS 39.236, Min. Marco Buzzi, j. 26.4.16, DJ 3.5.16). No mesmo sentido, em matéria de assistência: RF 262/171.

Art. 198: 7. No sentido de que o único recurso cabível, nos processos de dúvida, é a apelação, que deve ser interposta e arrazoada no prazo de 15 dias: RF 259/170.

Negando o cabimento de agravo de instrumento: RT 522/108.

V. tb. RISTJ 255, nota 4-Dúvida no registro público.

Art. 198: 8. "O Ministério Público Estadual é legitimado, diante da impossibilidade de interpor recurso especial, à impetração de mandado de segurança, em legitimação extraordinária, para defesa, no interesse da sociedade e da preservação da regularidade registral imobiliária, impetração essa perante o Órgão Especial do Tribunal de Justiça competente, diante do deferimento de matrícula, em caráter qualificado como teratológico, de área de grandes dimensões, em região ocupada há tempos" (STJ-3ª T., REsp 1.418.189, Min. Sidnei Beneti, j. 10.6.14, DJ 1.7.14).

Todavia: "Mandado de segurança. Impetração pelo registrador, contra ato judicial. Ordenado o registro de hipoteca judicial, em cumprimento de carta de ordem expedida pelo Tribunal de Alçada, e julgadas improcedentes as objeções formuladas, cabe ao serventuário cumprir a ordem. Afora o procedimento previsto no art. 198 da Lei dos Registros Públicos, não tem ele direito líquido e certo a defender em mandado de segurança contra decisão judicial, sob o fundamento de que, na sua opinião, faltavam alguns requisitos de natureza formal" (STJ-4ª T., RMS 8.310, Min. Ruy Rosado, j. 10.3.98, DJU 18.12.98).

Art. 199. Se o interessado não impugnar a dúvida no prazo referido no item III do artigo anterior, será ela, ainda assim, julgada por sentença.

Art. 200. Impugnada a dúvida com os documentos que o interessado apresentar, será ouvido o Ministério Público,[1] no prazo de dez dias.

Art. 200: 1. v. RF 254/331.

Art. 201. Se não forem requeridas diligências, o juiz proferirá decisão no prazo de quinze dias, com base nos elementos constantes dos autos.

Art. 202. Da sentença, poderão interpor apelação,[1] com os efeitos devolutivo e suspensivo, o interessado,[2] o Ministério Público e o terceiro prejudicado.

Art. 202: 1. v. CPC 1.009 a 1.014.

Art. 202: 2. O tabelião de notas que lavrou a escritura objeto do procedimento de dúvida e a apresentou ao registro imobiliário não é considerado interessado, para os fins deste dispositivo (RJTJESP 92/538, 100/558).

Art. 203. Transitada em julgado a decisão da dúvida, proceder-se-á do seguinte modo:

I — se for julgada procedente, os documentos serão restituídos à parte independentemente de traslado, dando-se ciência da decisão ao oficial, para que a consigne no Protocolo e cancele a prenotação;

II — se for julgada improcedente, o interessado apresentará, de novo, os seus documentos, com o respectivo mandado, ou certidão da sentença, que ficarão arquivados, para que, desde logo, se proceda ao registro, declarando o oficial o fato na coluna de anotações do Protocolo.

Art. 204. A decisão da dúvida tem natureza administrativa e não impede o uso do processo contencioso competente.[1]

Art. 204: 1. Por isso mesmo, não cabe rescisória em processo de dúvida.

Art. 205. Cessarão automaticamente os efeitos da prenotação se, decorridos trinta dias do seu lançamento no Protocolo, o título não tiver sido registrado, por omissão do interessado em atender às exigências legais.

Parágrafo único (*redação da Lei 12.424, de 16.6.11*). Nos procedimentos de regularização fundiária de interesse social, os efeitos da prenotação cessarão decorridos 60 (sessenta) dias de seu lançamento no protocolo.

Art. 206. Se o documento, uma vez prenotado, não puder ser registrado, ou o apresentante desistir de seu registro, a importância relativa às despesas previstas no art. 14 será restituída, deduzida a quantia correspondente às buscas e à prenotação.

Art. 207. No processo de dúvida, somente serão devidas custas, a serem pagas pelo interessado, quando a dúvida for julgada procedente.[1]

Art. 207: 1. É ilegal a condenação do serventuário em custas e honorários de advogado, na dúvida julgada improcedente (STF-RTJ 93/1.211; RT 537/219).

Art. 208. O registro começado dentro das horas fixadas não será interrompido, salvo motivo de força maior declarado, prorrogando-se o expediente até ser concluído.

Art. 209. Durante a prorrogação nenhuma nova apresentação será admitida, lavrando-se termo de encerramento no Protocolo.[1]

Art. 209: 1. Redação de acordo com o texto primitivo da Lei 6.015; o da Lei 6.216, de 30.6.75, posterior, reza: "lavrando o termo de encerramento no protocolo".

Art. 210. Todos os atos serão assinados e encerrados pelo oficial, por seu substituto legal, ou por escrevente expressamente designado pelo oficial ou por seu substituto legal e autorizado pelo juiz competente, ainda que os primeiros não estejam nem afastados nem impedidos.

Art. 211. Nas vias dos títulos restituídas aos apresentantes, serão declarados resumidamente, por carimbo, os atos praticados.

Art. 212. Se o registro ou a averbação for omissa, imprecisa ou não exprimir a verdade, a retificação será feita pelo Oficial do Registro de Imóveis competente, a requerimento do interessado, por meio do procedimento administrativo previsto no art. 213, facultado ao interessado requerer a retificação por meio de procedimento judicial.[1-2]

Parágrafo único. A opção pelo procedimento administrativo previsto no art. 213 não exclui a prestação jurisdicional, a requerimento da parte prejudicada.[3]

Art. 212: 1. Redação do *caput* alterada pela Lei 10.931, de 2.8.04.

Art. 212: 2. **Competência.** "Enquanto de natureza meramente administrativa o requerimento, inexistindo lide, compete ao Juiz de Direito, corregedor dos registros públicos, processar e julgar pedido de retificação de registro imobiliário, ainda quando formulado por ente federal com prerrogativa de foro na Justiça Federal, em face da natureza administrativa do requerimento" (RSTJ 92/164, 98/187, STJ-RT 750/211).

S/ competência para o julgamento do procedimento de dúvida, v. art. 198, nota 3.

Art. 212: 3. O § ún. foi introduzido pela Lei 10.931, de 2.8.04.

Art. 213 (*redação da Lei 10.931, de 2.8.04*). O oficial retificará[1 a 2a] o registro ou a averbação:

I (*redação da Lei 10.931, de 2.8.04*) — de ofício ou a requerimento do interessado[2b] nos casos de:

a) omissão ou erro cometido na transposição de qualquer elemento do título;

b) indicação ou atualização de confrontação;

c) alteração de denominação de logradouro público, comprovada por documento oficial;

d) retificação que vise a indicação de rumos, ângulos de deflexão ou inserção de coordenadas georreferenciadas, em que não haja alteração das medidas perimetrais;

e) alteração ou inserção que resulte de mero cálculo matemático feito a partir das medidas perimetrais constantes do registro;

f) reprodução de descrição de linha divisória de imóvel confrontante que já tenha sido objeto de retificação;

g) inserção ou modificação dos dados de qualificação pessoal das partes, comprovada por documentos oficiais, ou mediante despacho judicial quando houver necessidade de produção de outras provas;

II (*redação da Lei 10.931, de 2.8.04*) — a requerimento do interessado, no caso de inserção ou alteração de medida perimetral de que resulte, ou não, alteração de área,[3] instruído com planta e memorial descritivo assinado por profissional legalmente habilitado, com prova de anotação de responsabilidade técnica no competente Conselho Regional de Engenharia e Arquitetura — CREA, bem assim pelos confrontantes.

§ 1º (*redação da Lei 10.931, de 2.8.04*) Uma vez atendidos os requisitos de que trata o *caput* do art. 225, o oficial averbará a retificação.

§ 2º (*redação da Lei 10.931, de 2.8.04*) Se a planta não contiver a assinatura de algum confrontante, este será notificado pelo Oficial de Registro de Imóveis competente, a requerimento do interessado, para se manifestar em quinze dias, promovendo-se a notificação pessoalmente ou pelo correio, com aviso de recebimento, ou, ainda, por solicitação do Oficial de Registro de Imóveis, pelo Oficial de Registro de Títulos e Documentos da comarca da situação do imóvel ou do domicílio de quem deva recebê-la.

§ 3º (*redação da Lei 10.931, de 2.8.04*) A notificação será dirigida ao endereço do confrontante constante do Registro de Imóveis, podendo ser dirigida ao próprio imóvel contíguo ou àquele fornecido pelo requerente; não sendo encontrado o confrontante ou estando em lugar incerto e não sabido, tal fato será certificado pelo oficial encarregado da diligência, promovendo-se a notificação do confrontante mediante edital, com o mesmo prazo fixado no § 2º, publicado por duas vezes em jornal local de grande circulação.

§ 4º (*redação da Lei 10.931, de 2.8.04*) Presumir-se-á a anuência do confrontante que deixar de apresentar impugnação no prazo da notificação.

§ 5º (*redação da Lei 10.931, de 2.8.04*) Findo o prazo sem impugnação, o oficial averbará a retificação requerida; se houver impugnação fundamentada por parte de algum confrontante, o oficial intimará o requerente e o profissional que houver assinado a planta e o memorial a fim de que, no prazo de cinco dias, se manifestem sobre a impugnação.

§ 6º (*redação da Lei 10.931, de 2.8.04*) Havendo impugnação e se as partes não tiverem formalizado transação amigável para solucioná-la, o oficial remeterá o processo ao juiz competente, que decidirá de plano ou após instrução sumária, salvo se a controvérsia versar sobre o direito de propriedade de alguma das partes, hipótese em que remeterá o interessado para as vias ordinárias.[4]

§ 7º (*redação da Lei 10.931, de 2.8.04*) Pelo mesmo procedimento previsto neste artigo poderão ser apurados os remanescentes de áreas parcialmente alienadas, caso em que serão considerados como confrontantes tão somente os confinantes das áreas remanescentes.

§ 8º (*redação da Lei 10.931, de 2.8.04*) As áreas públicas poderão ser demarcadas ou ter seus registros retificados pelo mesmo procedimento previsto neste artigo, desde que constem do registro ou sejam logradouros devidamente averbados.

§ 9º (*redação da Lei 10.931, de 2.8.04*) Independentemente de retificação, dois ou mais confrontantes poderão, por meio de escritura pública, alterar ou estabelecer as divisas entre si e, se houver transferência de área, com o recolhimento do devido imposto de transmissão e desde que preservadas, se rural o imóvel, a fração mínima de parcelamento e, quando urbano, a legislação urbanística.

§ 10 (*redação da Lei 10.931, de 2.8.04*). Entendem-se como confrontantes não só os proprietários dos imóveis contíguos, mas, também, seus eventuais ocupantes; o condomínio geral, de que tratam os arts. 1.314 e seguintes do Código Civil, será representado por qualquer dos condôminos e o condomínio edilício, de que tratam os arts. 1.331 e seguintes do Código Civil, será representado, conforme o caso, pelo síndico ou pela Comissão de Representantes.

§ 11 (*redação da Lei 10.931, de 2.8.04*). Independe de retificação:

I (*redação da Lei 12.424, de 16.6.11*) — a regularização fundiária de interesse social realizada em Zonas Especiais de Interesse Social, promovida por Município ou pelo Distrito Federal, quando os lotes já estiverem cadastrados individualmente ou com lançamento fiscal há mais de 10 (dez) anos;

II (*redação da Lei 10.931, de 2.8.04*) — a adequação da descrição de imóvel rural às exigências dos arts. 176, §§ 3º e 4º, e 225, § 3º, desta Lei.

III (*redação da Lei 12.424, de 16.6.11*) — a adequação da descrição de imóvel urbano decorrente de transformação de coordenadas geodésicas entre os sistemas de georreferenciamento oficiais;

IV (*redação da Lei 12.424, de 16.6.11*) — a averbação do auto de demarcação urbanística e o registro do parcelamento decorrente de projeto de regularização fundiária de interesse social de que trata a Lei n. 11.977, de 7 de julho de 2009; e

V (*redação da Lei 12.424, de 16.6.11*) — o registro do parcelamento de glebas para fins urbanos anterior a 19 de dezembro de 1979, que esteja implantado e integrado à cidade, nos termos do art. 71 da Lei n. 11.977, de 7 de julho de 2009.

§ 12 (*redação da Lei 10.931, de 2.8.04*). Poderá o oficial realizar diligências no imóvel para a constatação de sua situação em face dos confrontantes e localização na quadra.

§ 13 (*redação da Lei 10.931, de 2.8.04*). Não havendo dúvida quanto à identificação do imóvel, o título anterior à retificação poderá ser levado a registro desde que requerido pelo adquirente, promovendo-se o registro em conformidade com a nova descrição.

§ 14 (*redação da Lei 10.931, de 2.8.04*). Verificado a qualquer tempo não serem verdadeiros os fatos constantes do memorial descritivo, responderão os requerentes e o profissional que o elaborou pelos prejuízos causados, independentemente das sanções disciplinares e penais.

§ 15 (*redação da Lei 10.931, de 2.8.04*). Não são devidos custas ou emolumentos notariais ou de registro decorrentes de regularização fundiária de interesse social a cargo da administração pública.

§ 16 (*redação da Lei 12.424, de 16.6.11*). Na retificação de que trata o inciso II do *caput*, serão considerados confrontantes somente os confinantes de divisas que forem alcançadas pela inserção ou alteração de medidas perimetrais.

Art. 213: 1. **Lei 6.739, de 5.12.79** (v. ementário): "**Art. 2º** A retificação do registro sempre será feita por serventuário competente, mediante despacho judicial, como dispõe o art. 213 da Lei 6.015, de 31 de dezembro de 1973, alterada pela Lei n. 6.216, de 30 de junho de 1975, e, quando feita em livro impróprio, será procedida por determinação do Corregedor-Geral, na forma do art. 1º.

"**Art. 3º** A parte interessada, se inconformada com o provimento, poderá ingressar com ação anulatória, perante o juiz competente, contra a pessoa jurídica de direito público que requereu o cancelamento, ação que não sustará os efeitos deste, admitido o registro da citação, nos termos do art. 167, I, 21, da Lei n. 6.015, de 31 de dezembro de 1973, alterada pela Lei n. 6.216, de 30 de junho de 1975.

"Parágrafo único. Da decisão proferida, caberá apelação e, quando contrária ao requerente do cancelamento, ficará sujeita ao duplo grau de jurisdição".

Art. 213: 2. Por simples retificação no registro não se admite que um imóvel passe a constar como situado em outro município; o caso seria de alteração de registro, e não de retificação (JTJ 200/143).

Art. 213: 2a. Se os elementos identificadores dos imóveis existentes no cartório forem insuficientes para a fusão ou a unificação, previstas nos arts. 234 e 235, o interessado poderá se valer do procedimento de retificação de registro, para obter a nova descrição da área total (JTJ 192/144).

Art. 213: 2b. "O compromissário comprador, o donatário, o outorgado em doação em pagamento, o adjudicatário, o arrematante, todos têm legítimo interesse em postular a retificação de registro relativo a imóvel sobre o qual têm título" (JTJ 188/165).

Mas não é admissível retificação de área, postulada por mero possuidor (RT 756/324).

Art. 213: 3. "No procedimento de retificação, previsto nos arts. 213 e 214 da LRP, não importa a extensão da área a ser retificada, desde que os demais requisitos estejam preenchidos" (STJ-3ª T., REsp 120.196, Min. Eduardo Ribeiro, j. 4.3.99, DJU 10.5.99).

"O procedimento de jurisdição voluntária é o adequado para o pedido de retificação de registro de imóvel, mesmo que a sua procedência importe em substancial aumento de área nele constante, já que a Lei 6.015/73 não traz esta restrição, sendo inadmissível a remessa às vias ordinárias, desde que, citados, os interessados não tenham apresentado impugnação fundamentada, não havendo que se falar em impossibilidade jurídica do pedido, se o mesmo encontra amparo no art. 213 daquele diploma legal" (RT 781/350). Em sentido semelhante: STJ-4ª T., REsp 343.543, Min. Ruy Rosado, j. 2.5.02, DJ 24.3.03.

Todavia: "Retificação de registro de imóvel. Art. 213 da Lei n. 6.015/73. Pretensão de aquisição de propriedade. Impossibilidade. Não serve o procedimento de retificação constante da Lei de Registros Públicos como forma de aquisição ou aumento de propriedade imobiliária, pois destinado apenas à correção dos assentos existentes no registro de imóveis, considerando-se a situação fática do bem" (STJ-3ª T., REsp 1.228.288, Min. João Otávio, j. 3.3.16, DJ 10.3.16).

"Se a pretensão é a de incorporar excesso ou aumento de área, a retificação não constitui a via adequada" (RT 782/363).

"O acréscimo de área resultante de retificação contemplada pelo art. 213 da Lei 6.015/73 não poderá ultrapassar o limite previsto pelo art. 1.136, parágrafo único, do CC, sob pena de se estar criando uma nova maneira de aquisição da propriedade imóvel" (RJTJERGS 172/348). O art. 1.136 § ún. do CC rev. corresponde ao CC 500 § 1º.

Art. 213: 4. "Não são devidos **honorários advocatícios** no pedido de retificação do registro imobiliário — procedimento de jurisdição voluntária. Eventual impugnação não transforma em jurisdicional a atividade administrativa nele exercida pelo juiz" (STJ-3ª T., AI 387.066-AgRg, Min. Gomes de Barros, j. 25.9.06, DJU 16.10.06).

Art. 214. As nulidades de pleno direito do registro, uma vez provadas, invalidam-no, independentemente de ação direta.[1 a 3]

§ 1º *(acrescido pela Lei 10.931, de 2.8.04)* A nulidade será decretada depois de ouvidos os atingidos.

§ 2º *(acrescido pela Lei 10.931, de 2.8.04)* Da decisão tomada no caso do § 1º caberá apelação ou agravo conforme o caso.

§ 3º *(acrescido pela Lei 10.931, de 2.8.04)* Se o juiz entender que a superveniência de novos registros poderá causar danos de difícil reparação poderá determinar de ofício, a qualquer momento, ainda que sem oitiva das partes, o bloqueio da matrícula do imóvel.

§ 4º *(acrescido pela Lei 10.931, de 2.8.04)* Bloqueada a matrícula, o oficial não poderá mais nela praticar qualquer ato, salvo com autorização judicial, permitindo-se, todavia, aos interessados a prenotação de seus títulos, que ficarão com o prazo prorrogado até a solução do bloqueio.

§ 5º (*acrescido pela Lei 10.931, de 2.8.04*) A nulidade não será decretada se atingir terceiro de boa-fé que já tiver preenchido as condições de usucapião do imóvel.

Art. 214: 1. "As nulidades de pleno direito invalidam o registro. Segundo boa parte da doutrina, a nulidade, além de insanável, é imprescritível: 'Resultando provado que a escritura de compra e venda foi forjada, o ato é tido como nulo e não convalesce pela prescrição'" (STJ-RF 355/226).

Art. 214: 2. Ainda que nulo, somente mediante ação direta pode ser invalidado o registro feito em decorrência de decisão judicial (STJ-4ª T., RMS 127, Min. Athos Carneiro, j. 14.8.90, DJU 10.9.90).

Art. 214: 3. "Não existindo lide, compete ao Juízo de Direito corregedor processar e julgar o pedido de cancelamento de registros imobiliários, não importando se este foi formulado por ente federal, porquanto a questão é de natureza meramente administrativa" (STJ-2ª Seção, CC 31.046, Min. Fernando Gonçalves, j. 11.6.03, DJU 30.6.03).

Art. 215. São nulos[1] os registros efetuados após sentença de abertura de falência, ou do termo legal nela fixado, salvo se a apresentação tiver sido feita anteriormente.

Art. 215: 1. "A adjudicação ocorrida, em sede de execução trabalhista, em data anterior à decretação da quebra, pode, mesmo após referida decretação, ser levada a registro pelos adjudicatários, isso em razão de não consubstanciar ato da falida, mas sim medida expropriatória que se efetiva por imperativo estatal" (STJ-4ª T., REsp 12.106-0, Min. Sálvio de Figueiredo, j. 14.9.93, DJU 11.10.93).

Art. 216. O registro poderá também ser retificado ou anulado por sentença em processo contencioso,[1-2] ou por efeito do julgado em ação de anulação ou de declaração de nulidade de ato jurídico,[3] ou de julgado sobre fraude à execução.[4]

Art. 216: 1. sem intervenção do MP (RTJ 90/936, RSTJ 50/148).

Art. 216: 2. **Lei 6.739, de 5.12.79** (v. ementário): **"Art. 4º** Nas ações anulatórias de registro ou de matrícula de imóvel rural, a citação será pessoal aos réus residentes na comarca e por edital aos demais.

"§ 1º Aplicam-se, quando editalícia a citação, os arts. 232 e 233 do Código de Processo Civil.

"§ 2º O edital será, ainda, publicado, por 2 (duas) vezes, no espaço de 15 (quinze) dias, em jornal de grande circulação da Capital do Estado ou do Território".

Art. 216: 3. v. CPC 966 § 4º.

Art. 216: 4. v. CPC 792.

Art. 216-A. Sem prejuízo da via jurisdicional,[1] é admitido o pedido de reconhecimento extrajudicial de usucapião, que será processado diretamente perante o cartório do registro de imóveis da comarca em que estiver situado o imóvel usucapiendo, a requerimento do interessado, representado por advogado, instruído com:[1a]

I (*redação da Lei 13.465, de 11.7.17*) — ata notarial lavrada pelo tabelião, atestando o tempo de posse do requerente e de seus antecessores, conforme o caso e suas circunstâncias, aplicando-se o disposto no art. 384 da Lei n. 13.105, de 16 de março de 2015 (Código de Processo Civil);

II (*redação da Lei 13.465, de 11.7.17*) — planta e memorial descritivo assinado por profissional legalmente habilitado, com prova de anotação de responsabilidade técnica no respectivo conselho de fiscalização profissional, e pelos titulares de direitos registrados ou averbados na matrícula do imóvel usucapiendo ou na matrícula dos imóveis confinantes;

III — certidões negativas dos distribuidores da comarca da situação do imóvel e do domicílio do requerente;

IV — justo título ou quaisquer outros documentos que demonstrem a origem, a continuidade, a natureza e o tempo da posse, tais como o pagamento dos impostos e das taxas que incidirem sobre o imóvel.

§ 1º O pedido será autuado pelo registrador, prorrogando-se o prazo da prenotação até o acolhimento ou a rejeição do pedido.

§ 2º (*redação da Lei 13.465, de 11.7.17*) Se a planta não contiver a assinatura de qualquer um dos titulares de direitos registrados ou averbados na matrícula do imóvel usucapiendo ou na matrícula dos imóveis confinantes, o titular será notificado pelo registrador competente, pessoalmente ou pelo correio com aviso de recebimento, para manifestar consentimento expresso em quinze dias, interpretado o silêncio como concordância.

§ 3º O oficial de registro de imóveis dará ciência à União, ao Estado, ao Distrito Federal e ao Município, pessoalmente, por intermédio do oficial de registro de títulos e documentos, ou pelo correio com aviso de recebimento, para que se manifestem, em 15 (quinze) dias, sobre o pedido.

§ 4º O oficial de registro de imóveis promoverá a publicação de edital em jornal de grande circulação, onde houver, para a ciência de terceiros eventualmente interessados, que poderão se manifestar em 15 (quinze) dias.

§ 5º Para a elucidação de qualquer ponto de dúvida, poderão ser solicitadas ou realizadas diligências pelo oficial de registro de imóveis.

§ 6º (*redação da Lei 13.465, de 11.7.17*) Transcorrido o prazo de que trata o § 4º deste artigo, sem pendência de diligências na forma do § 5º deste artigo e achando-se em ordem a documentação, o oficial de registro de imóveis registrará a aquisição do imóvel com as descrições apresentadas, sendo permitida a abertura de matrícula, se for o caso.

§ 7º Em qualquer caso, é lícito ao interessado suscitar o procedimento de dúvida, nos termos desta Lei.

§ 8º Ao final das diligências, se a documentação não estiver em ordem, o oficial de registro de imóveis rejeitará o pedido.

§ 9º A rejeição do pedido extrajudicial não impede o ajuizamento de ação de usucapião.

§ 10. Em caso de impugnação do pedido de reconhecimento extrajudicial de usucapião, apresentada por qualquer um dos titulares de direito reais e de outros direitos registrados ou averbados na matrícula do imóvel usucapiendo e na matrícula dos imóveis confinantes, por algum dos entes públicos ou por algum terceiro interessado, o oficial de registro de imóveis remeterá os autos ao juízo competente da comarca da situação do imóvel, cabendo ao requerente emendar a petição inicial para adequá-la ao procedimento comum.[2]

§ 11 (*acrescido pela Lei 13.465, de 11.7.17*). No caso de o imóvel usucapiendo ser unidade autônoma de condomínio edilício, fica dispensado consentimento dos titulares de direitos reais e outros direitos registrados ou averbados na matrícula dos imóveis confinantes e bastará a notificação do síndico para se manifestar na forma do § 2º deste artigo.

§ 12 (*acrescido pela Lei 13.465, de 11.7.17*). Se o imóvel confinante contiver um condomínio edilício, bastará a notificação do síndico para o efeito do § 2º deste artigo, dispensada a notificação de todos os condôminos.

§ 13 (*acrescido pela Lei 13.465, de 11.7.17*). Para efeito do § 2º deste artigo, caso não seja encontrado o notificando ou caso ele esteja em lugar incerto ou não sabido, tal fato será certificado pelo registrador, que deverá promover a sua notificação por edital mediante publicação, por duas vezes, em jornal local de grande circulação, pelo prazo de quinze dias cada um, interpretado o silêncio do notificando como concordância.

§ 14 (*acrescido pela Lei 13.465, de 11.7.17*). Regulamento do órgão jurisdicional competente para a correição das serventias poderá autorizar a publicação do edital em meio eletrônico, caso em que ficará dispensada a publicação em jornais de grande circulação.

§ 15 (*acrescido pela Lei 13.465, de 11.7.17*). No caso de ausência ou insuficiência dos documentos de que trata o inciso IV do *caput* deste artigo, a posse e os demais dados necessários poderão ser comprovados em procedimento de justificação administrativa perante a serventia extrajudicial, que obedecerá, no que couber, ao disposto no § 5º do art. 381 e ao rito previsto nos arts. 382 e 383 da Lei n. 13.105, de 16 março de 2015 (Código de Processo Civil).

Art. 216-A: 1. "Existência de interesse jurídico no ajuizamento direto de ação de usucapião, independentemente de prévio pedido na via extrajudicial" (STJ-3ª T., REsp 1.824.133, Min. Paulo Sanseverino, j. 11.2.20, DJ 14.2.20).

Art. 216-A: 1a. Redação da Lei 13.105, de 16.3.15, em vigor um ano após sua publicação (DOU 17.3.15). V. CPC 1.071.

Art. 216-A: 2. v. CPC 318 e segs.

....

Capítulo IX | DO BEM DE FAMÍLIA[1]

CAP. IX: 1. v. LRP 167-I-1; CC 1.711 a 1.722; Lei 8.009, de 29.3.90 (no tít. BEM DE FAMÍLIA).

Art. 260. A instituição do bem de família far-se-á por escritura pública, declarando o instituidor que determinado prédio se destina a domicílio de sua família e ficará isento de execução por dívida.

Art. 261. Para a inscrição[1] do bem de família, o instituidor apresentará ao oficial do registro a escritura pública de instituição, para que mande publicá-la na imprensa local e, à falta, na Capital do Estado ou do Território.

Art. 261: 1. aliás, "o registro" (v. LRP 168).

Art. 262. Se não ocorrer razão para dúvida,[1] o oficial fará a publicação, em forma de edital, do qual constará:

I — o resumo da escritura, nome, naturalidade e profissão do instituidor, data do instrumento e nome do tabelião que o fez, situação e característicos do prédio;

II — o aviso de que, se alguém se julgar prejudicado, deverá, dentro em trinta (30) dias, contados da data da publicação, reclamar[2] contra a instituição, por escrito e perante o oficial.

Art. 262: 1. v. LRP 198 a 204.

Art. 262: 2. "A preclusão da faculdade de reclamar administrativamente contra instituição de bem de família não constitui óbice ao ajuizamento de ação pauliana" (JTJ 141/32).

Art. 263. Findo o prazo do n. II do artigo anterior sem que tenha havido reclamação, o oficial transcreverá a escritura integralmente no Livro n. 3[1] e fará a inscrição[2] na competente matrícula, arquivando um exemplar do jornal em que a publicação houver sido feita e restituindo o instrumento ao apresentante, com a nota da inscrição.[3]

Art. 263: 1. Conforme redação primitiva da Lei 6.015; na republicação, está: "ao Livro n. 3".

Art. 263: 2. i. e., "o registro" (v. LRP 168).

Art. 263: 3. v. nota 2.

Art. 264. Se for apresentada reclamação, dela fornecerá o oficial ao instituidor, cópia autêntica e lhe restituirá a escritura, com a declaração de haver sido suspenso o registro, cancelando a prenotação.

§ 1º O instituidor poderá requerer ao juiz que ordene o registro, sem embargo da reclamação.

§ 2º Se o juiz determinar que se proceda ao registro, ressalvará ao reclamante o direito de recorrer à ação competente para anular a instituição ou de fazer execução sobre o prédio instituído, na hipótese de tratar-se de dívida anterior e cuja solução se tornou inexequível em virtude do ato da instituição.

§ 3º O despacho do juiz será irrecorrível e, se deferir o pedido, será transcrito integralmente, juntamente com o instrumento.

Art. 265. Quando o bem de família for instituído juntamente com a transmissão da propriedade (Decreto-lei n. 3.200, de 14 de abril de 1941, art. 8º, § 5º),[1] a inscrição far-se-á imediatamente após o registro da transmissão ou, se for o caso, com a matrícula.

Art. 265: 1. **Dec. lei 3.200, de 14.4.41** — Dispõe sobre a organização e proteção da família (Lex 1941/228, RT 132/390, RF 86/735 e 88/318): **"Art. 8º § 5º** Será feita a transcrição do título de transferência da propriedade, em nome do mutuário, com a averbação de bem de família, e com as cláusulas de inalienabilidade e de impenhorabilidade, a não ser pelo crédito da instituição mutuante". Trata-se, no caso, de mútuo para casamento.

Capítulo X | DA REMIÇÃO DO IMÓVEL HIPOTECADO[1-2]

CAP. X: 1. Os atuais arts. 266 a 276 constituíam, primitivamente, os arts. 267 a 277; foram renumerados, sem qualquer alteração de redação, pela Lei 6.216, de 30.6.75.

CAP. X: 2. v. CC 1.481.

Art. 266. Para remir o imóvel hipotecado, o adquirente requererá, no prazo legal, a citação dos credores hipotecários, propondo, para a remição, no mínimo, o preço por que adquiriu o imóvel.

Art. 267. Se o credor, citado, não se opuser à remição, ou não comparecer, lavrar-se-á termo de pagamento e quitação e o juiz ordenará, por sentença, o cancelamento da hipoteca.

Parágrafo único. No caso de revelia, consignar-se-á o preço à custa do credor.

Art. 268. Se o credor, citado, comparecer e impugnar o preço oferecido, o juiz mandará promover a licitação entre os credores hipotecários, os fiadores e o próprio adquirente, autorizando a venda judicial a quem oferecer maior preço.

Registros Públicos

§ 1º Na licitação, será preferido, em igualdade de condições, o lanço do adquirente.

§ 2º Na falta de arrematante, o valor será o proposto pelo adquirente.

Art. 269. Arrematado o imóvel e depositado, dentro de quarenta e oito (48) horas, o respectivo preço, o juiz mandará cancelar a hipoteca, sub-rogando-se no produto da venda os direitos do credor hipotecário.

Art. 270. Se o credor de segunda hipoteca, embora não vencida a dívida, requerer a remição, juntará o título e certidão da inscrição da anterior e depositará a importância devida ao primeiro credor, pedindo a citação deste para levantar o depósito e a do devedor para dentro do prazo de cinco dias remir a hipoteca, sob pena de ficar o requerente sub-rogado nos direitos creditórios, sem prejuízo dos que lhe couberem em virtude da segunda hipoteca.

Art. 271. Se o devedor não comparecer ou não remir a hipoteca, os autos serão conclusos ao juiz para julgar por sentença a remição pedida pelo segundo credor.

Art. 272. Se o devedor comparecer e quiser efetuar a remição, notificar-se-á o credor para receber o preço, ficando sem efeito o depósito realizado pelo autor.

Art. 273. Se o primeiro credor estiver promovendo a execução da hipoteca, a remição, que abrangerá a importância das custas e despesas realizadas, não se efetuará antes da primeira praça, nem depois de assinado o auto de arrematação.

Art. 274. Na remição de hipoteca legal em que haja interesse de incapaz intervirá o Ministério Público.

Art. 275. Das sentenças que julgarem o pedido de remição caberá o recurso de apelação com ambos os efeitos.[1]

Art. 275: 1. v. CPC 1.009 a 1.014.

Art. 276. Não é necessária a remição quando o credor assinar, com o vendedor, escritura de venda do imóvel gravado.

Capítulo XI | DO REGISTRO TORRENS[1]

CAP. XI: 1. Na numeração primitiva da LRP, os artigos deste capítulo iam de 278 a 289; foram renumerados, sem qualquer alteração de redação ou de ordem, pela Lei 6.216, de 30.6.75, passando a ser os arts. 277 a 288.

Art. 277. Requerida a inscrição de imóvel rural no registro Torrens, o oficial protocolará[1] e autuará o requerimento e documentos que o instruírem e verificará se o pedido se acha em termos de ser despachado.

Art. 277: 1. O art. 278 da Lei 6.015 passou, sem alteração, a ser o art. 277 da LRP. A publicação da Lei 6.015 consigna "protocolará"; a republicação no DOU 16.9.75, supl., com as alterações trazidas pelas Leis 6.140 e 6.216, registra "protocolizará".

Art. 278. O requerimento será instruído com:

I — os documentos comprobatórios do domínio do requerente;

II — a prova de quaisquer atos que modifiquem ou limitem a sua propriedade;

III — o memorial de que constem os encargos do imóvel, os nomes dos ocupantes, confrontantes, quaisquer interessados, e a indicação das respectivas residências;

IV — a planta do imóvel, cuja escala poderá variar entre os limites: 1:500m (1/500) e 1:5.000m (1/5.000).

§ 1º O levantamento da planta obedecerá às seguintes regras:[1]

I — empregar-se-ão goniômetros ou outros instrumentos de maior precisão;

II — a planta será orientada segundo o mediano do lugar, determinada a declinação magnética;

III — fixação dos pontos de referência necessários a verificações ulteriores e de marcos especiais, ligados a pontos certos e estáveis nas sedes das propriedades, de maneira que a planta possa incorporar-se à carta geral cadastral.

§ 2º Às plantas serão anexados o memorial e as cadernetas das operações de campo, autenticadas pelo agrimensor.

Art. 278: 1. O art. 279 da Lei 6.015 passou, sem alteração, a ser o art. 278 da LRP, após as modificações trazidas pelas Leis 6.140 e 6.216. Assim sendo, o § 1º tem incisos, e não alíneas, embora na republicação feita pelo DOU 16.9.75, supl., os incisos I, II e III desse § tenham sido alterados para alíneas *a*, *b* e *c*, respectivamente.

Art. 279. O imóvel sujeito a hipoteca ou ônus real não será admitido a registro sem consentimento expresso do credor hipotecário ou da pessoa em favor de quem se tenha instituído o ônus.

Art. 280. Se o oficial considerar irregular o pedido ou a documentação poderá conceder o prazo de trinta dias para que o interessado os regularize. Se o requerente não estiver de acordo com a exigência do oficial, este suscitará dúvida.[1]

Art. 280: 1. v. arts. 198 a 207.

Art. 281. Se o oficial considerar em termos o pedido, remetê-lo-á a juízo para ser despachado.

Art. 282. O juiz, distribuído o pedido a um dos cartórios judiciais, se entender que os documentos justificam a propriedade do requerente, mandará expedir edital que será afixado no lugar de costume e publicado uma vez no órgão oficial do Estado e três vezes na imprensa local, se houver, marcando prazo não menor de dois meses, nem maior de quatro meses para que se ofereça oposição.

Art. 283. O juiz ordenará, de ofício ou a requerimento da parte, que, à custa do peticionário, se notifiquem do requerimento as pessoas nele indicadas.

Art. 284. Em qualquer hipótese, será ouvido o órgão do Ministério Público, que poderá impugnar o registro por falta de prova completa do domínio ou preterição de outra formalidade legal.

Art. 285. Feita a publicação do edital, a pessoa que se julgar com direito sobre o imóvel, no todo ou em parte, poderá contestar[1] o pedido no prazo de quinze dias.

§ 1º A contestação mencionará o nome e a residência do réu, fará a descrição exata do imóvel e indicará os direitos reclamados e os títulos em que se fundarem.

§ 2º Se não houver contestação, e se o Ministério Público não impugnar o pedido, o juiz ordenará que se inscreva o imóvel, que ficará, assim, submetido aos efeitos do registro Torrens.

Art. 285: 1. "A falta de contestação ou impugnação não leva necessariamente ao acolhimento do pedido, pois existem matérias que podem ser conhecidas de ofício. A circunstância de não haver oferecido contestação o que se apresenta como interessado não o impede de recorrer. Outra questão está em saber quais as matérias que podem ser utilmente deduzidas na apelação" (RSTJ 78/237).

Art. 286. Se houver contestação ou impugnação, o procedimento será ordinário,[1] cancelando-se, mediante mandado, a prenotação.

Art. 286: 1. v. CPC 318 e segs. (procedimento comum).

Art. 287. Da sentença que deferir, ou não, o pedido, cabe o recurso de apelação, com ambos os efeitos.[1]

Art. 287: 1. v. CPC 1.009 a 1.014.

Art. 288. Transitada em julgado a sentença que deferir o pedido, o oficial inscreverá, na matrícula, o julgado que determinou a submissão do imóvel aos efeitos do registro Torrens, arquivando em cartório a documentação autuada.

....

Título VI | DAS DISPOSIÇÕES FINAIS E TRANSITÓRIAS

....

Art. 296. Aplicam-se aos registros referidos no art. 1º, § 1º, incisos I, II e III, desta lei, as disposições relativas ao processo de dúvida[1] no registro de imóveis.[2]

Art. 296: 1. v. arts. 198 e 204 a 207.

Art. 296: 2. O primitivo art. 293 foi renumerado para 296 pela Lei 6.941, de 14.9.81.

Ementário

Superior Tribunal de Justiça

Lei 7.746, de 30.3.89 — Dispõe sobre a composição e instalação do Superior Tribunal de Justiça, cria o respectivo Quadro de Pessoal, disciplina o funcionamento do Conselho da Justiça Federal e dá outras providências. O STJ foi instalado em 7.4.89.

Regimento Interno do Superior Tribunal de Justiça (RISTJ) — Aprovado em sessão plenária de 22.6.89, publicado no DJU 7.7.89 e em RSTJ 1/47, entrou em vigor a 23.7.89 (v., adiante, texto integral). Retificado no DJU 17.8.89, seção I, p. 13.197.

Emendas Regimentais — **1,** de 23.5.91; **2,** de 4.6; **3,** de 9.8.93; **4,** de 2.12.93; **5,** de 23.5.95; **6,** de 12.8.02; **7,** de 1.3.04; **8,** de 3.8.05; **9,** de 24.9.08; **10,** de 11.11.09; **11,** de 6.4.10; **12,** de 1.9.10; **13,** de 9.5.11; **14,** de 5.12.11; **15,** de 17.9.14; **16,** de 19.11.14; **17,** de 17.12.14; **18,** de 17.12.14; **19,** de 11.11.15; **20,** de 2.12.15; **21,** de 3.2.16; **22,** de 16.3.16; **23,** de 28.9.16; **24,** de 28.9.16; **25,** de 13.12.16; **26,** de 13.12.16; **27,** de 13.12.16; **28,** de 6.12.17; **29,** de 22.5.18; **30,** de 22.5.18; **31,** de 8.5.19; **32,** de 8.5.19; **33,** de 8.5.19; **34,** de 8.5.19; **35,** de 8.5.19; **36,** de 24.3.20; **37,** de 4.9.20; **38,** de 4.9.20.

ATOS COMPLEMENTARES:

Resolução 19 do STJ, de 19.12.95 — Dispõe sobre o funcionamento da Corte Especial, das Seções, das Turmas e do Plenário do Superior Tribunal de Justiça (DJ 26.12.95).

Resolução 8 do STJ, de 20.9.07 — Institui o Diário da Justiça Eletrônico do Superior Tribunal de Justiça — DJ *on-line* e dá outras providências (DJU 1.10.07).

Resolução 10 do STJ, de 21.11.07 — Dispõe sobre o processamento, no Superior Tribunal de Justiça, do incidente de uniformização da jurisprudência dos Juizados Especiais Federais (DJU 23.11.07).

Lei 11.636, de 28.12.07 (RCSTJ) — Dispõe sobre as custas judiciais devidas no âmbito do Superior Tribunal de Justiça (DOU 31.12.07; v., adiante, texto integral).

Instrução Normativa 1 do Diretor da RSTJ, de 11.2.08 — Dispõe sobre o registro dos repositórios autorizados e credenciados da jurisprudência do Superior Tribunal de Justiça, em mídia impressa e eletrônica, e em páginas em portais da Rede Mundial de Computadores (DJ 22.2.08). Alterada pela Instrução Normativa 2, de 18.8.08 (DJ 8.10.08). V. art. 134 do RISTJ.

Instrução Normativa 2 do Presidente do STJ, de 10.2.10 — Regulamenta procedimentos judiciais e administrativos (DJ 12.2.10). Alterada pela Instrução Normativa 8, de 13.12.12 (DJ 14.12.12), e pela Instrução Normativa 5, de 23.5.14 (DJ 26.5.14).

Instrução Normativa 6 do Presidente do STJ, de 26.10.12 — Estabelece o plantão judiciário e os procedimentos relativos ao exame de matérias urgentes apresentadas nos dias em que não houver expediente no Tribunal, fora dos períodos de recesso e férias coletivas (DJ 31.10.12).

Instrução Normativa 3 do Presidente do STJ, de 11.2.14 — Dispõe sobre os procedimentos aplicáveis ao processamento da execução contra a Fazenda Pública e à expedição, processamento e pagamento dos precatórios e das requisições de pequeno valor no Superior Tribunal de Justiça (DJ 25.4.14).

Instrução Normativa 7 do Presidente do STJ, de 18.9.14 — Regulamenta a distribuição dos feitos da competência — originária e recursal — do Tribunal (DJ 22.9.14). V. art. 69 do RISTJ.

Resolução 4 do STJ, de 20.4.15 — Regulamenta o art. 162, *caput* e §§ 1º e 2º, do Regimento Interno do Superior Tribunal de Justiça, que dispõe sobre o prazo de pedido de vista em sessão de julgamento (DJ 22.4.15).

Resolução 10 do STJ, de 6.10.15 — Regulamenta o processo judicial eletrônico no Superior Tribunal de Justiça (DJ 7.10.15).

Resolução 15 do STJ, de 20.11.15 — Regulamenta os §§ 6º e 7º do art. 103 do Regimento Interno, que tratam do prazo de publicação do acórdão (DJ 23.11.15).

Resolução 3 do STJ, de 7.4.16 — Dispõe sobre a competência para processar e julgar as Reclamações destinadas a dirimir divergência entre acórdão prolatado por turma recursal estadual ou do Distrito Federal e a jurisprudência do Superior Tribunal de Justiça (DJ 8.4.16; v. texto em nota ao CPC 988).

Resolução 8 do STJ, de 19.4.16 — Regulamenta os artigos 21-A, 21-B e 21-C do Regimento Interno (DJ 22.4.16).

Resolução 14 do STJ, de 22.6.16 — Regulamenta a Lei n. 12.527/2011 no Superior Tribunal de Justiça e dá outras providências (DJ 1.7.16).

Súmulas do STJ — v. Índice de Súmulas, no fim deste volume (só a parte relativa a processo civil).

Regimento Interno do Superior Tribunal de Justiça[1]

O Superior Tribunal de Justiça, no uso de suas atribuições, resolve aprovar o seguinte Regimento Interno:

RISTJ: 1. Não foram feitas notas e observações a preceitos relativos exclusivamente a matéria penal ou trabalhista.

Parte I | DA COMPOSIÇÃO, ORGANIZAÇÃO E COMPETÊNCIA

Título I | DO TRIBUNAL

Capítulo I | DA COMPOSIÇÃO E ORGANIZAÇÃO

Art. 1º O Superior Tribunal de Justiça,[1] com sede na Capital Federal e jurisdição em todo o território nacional, compõe-se de trinta e três Ministros.

Art. 1º: 1. v. CF 104 e 105.

Art. 2º O Tribunal funciona:

I — em Plenário[1] e pelo seu órgão especial (Constituição, art. 93, XI), denominado Corte Especial;[2]

II — em Seções especializadas;[3]

III — em Turmas especializadas.[4]

§ 1º O Plenário, constituído da totalidade dos Ministros, é presidido pelo Presidente do Tribunal.

§ 2º A Corte Especial será integrada pelos quinze Ministros mais antigos e presidida pelo Presidente do Tribunal.[4a]

§ 3º Há no Tribunal três Seções,[5] integradas pelos componentes das Turmas da respectiva área de especialização. As Seções são presididas pelo Ministro mais antigo, por um período de dois anos, vedada a recondução, até que todos os componentes da Seção hajam exercido a presidência.

§ 4º As Seções compreendem seis Turmas,[6] constituídas de cinco Ministros cada uma. A Primeira e a Segunda Turmas compõem a Primeira Seção; a Terceira e a Quarta Turmas, a Segunda Seção; e a Quinta e a Sexta Turmas, a Terceira Seção. O Ministro mais antigo integrante da Turma é o seu presidente, observada a disposição do parágrafo anterior quanto à periodicidade.[6a]

§ 5º Na composição das Turmas,[7] observar-se-á a opção feita pelo Ministro, atendendo-se à ordem de antiguidade.

§ 6º Para os fins dos §§ 3º e 4º deste artigo, considerar-se-á a antiguidade dos Ministros no respectivo órgão fracionário.[8]

Art. 2º: 1. v. arts. 10 e 336 (disposição transitória).

Art. 2º: 2. v. arts. 11, 15, 16, 172 a 175, 304-I e 336 (disposição transitória).

Art. 2º: 3. v. §§ 3º e 4º, bem como art. 9º (competência das Seções).

Art. 2º: 4. v. §§ 4º e 5º, bem como arts. 2º a 5º e 304-III.

Art. 2º: 4a. Redação do § 2º de acordo com a Em. Reg. 9, de 24.9.08.

Art. 2º: 5. v. arts. 9º e 304-II.

Art. 2º: 6. v. arts. 3º a 5º.

Art. 2º: 6a. Redação do § 4º de acordo com a Em. Reg. 4, de 2.12.93.

Art. 2º: 7. v. art. 4º.

Art. 2º: 8. O § 6º foi acrescido pela Em. Reg. 4, de 2.12.93.

Art. 3º O Presidente, o Vice-Presidente e o Corregedor Nacional de Justiça são eleitos pelo Plenário, dentre os seus membros;[1] o Corregedor-Geral da Justiça Federal é o Vice-Presidente e o Vice-Corregedor-Geral, o Ministro mais antigo integrante do Conselho da Justiça Federal, que não exerça cargo de direção naquele órgão.[2]

§ 1º O Presidente, o Vice-Presidente e o Corregedor Nacional de Justiça integram apenas o Plenário e a Corte Especial, respeitado o art. 2º, § 2º, deste Regimento.

§ 2º O Presidente, o Vice-Presidente e o Corregedor Nacional de Justiça ao concluírem seus mandatos e retornarem às Turmas, ocuparão as vagas disponíveis, respeitada sempre, nas escolhas, a ordem de antiguidade.

§ 3º O Ministro que houver exercido o cargo de Presidente do Superior Tribunal de Justiça não poderá ocupar outro cargo ou função administrativa no âmbito do Tribunal, no Conselho da Justiça Federal, no Conselho Nacional de Justiça, na Escola Nacional de Formação e Aperfeiçoamento de Magistrados Ministro Sálvio de Figueiredo Teixeira e no Tribunal Superior Eleitoral, salvo presidência de Turma, Seção ou composição de Comissão Permanente.

§ 4º Os Ministros não poderão exercer mais de uma função administrativa cumulativamente, com exceção da hipótese prevista no *caput* deste artigo, no caso de todas já terem sido preenchidas e nos casos previstos em lei.

§ 5º Não há vedação para acumulação de cargo administrativo com suplência nem de cargo administrativo com função jurisdicional, inclusive quando se tratar do Tribunal Superior Eleitoral, salvo para o exercício dos cargos de Corregedor-Geral da Justiça Eleitoral, Corregedor Nacional de Justiça e Diretor-Geral da Escola Nacional de Formação e Aperfeiçoamento de Magistrados Ministro Sálvio de Figueiredo Teixeira.

§ 6º Não será elegível o Ministro para os cargos de Presidente e Vice-Presidente do Tribunal, Corregedor Nacional de Justiça, membro efetivo do Conselho da Justiça Federal, Diretor-Geral da Escola Nacional de Formação e Aperfeiçoamento de Magistrados Ministro Sálvio de Figueiredo Teixeira, Ministro Ouvidor do Superior Tribunal de Justiça e membro efetivo e suplente do Tribunal Superior Eleitoral, caso Ministro mais novo em ordem de antiguidade já tenha exercido o mesmo cargo ou função.[3]

Art. 3º: 1. v. art. 17.

Art. 3º: 2. Redação do *caput* e dos §§ 1º ao 5º de acordo com a Em. Reg. 29, de 22.5.18. **Nota:** nos termos do art. 3º da Em. Reg. 29, de 22.5.18, ela "entra em vigor no dia de sua publicação no Diário da Justiça eletrônico, respeitado o mandato do atual Corregedor-Geral da Justiça Federal, excetuada a referência à criação e ao provimento do cargo de Vice-Corregedor-Geral da Justiça Federal, que vigerá com a publicação da alteração da Lei n. 11.798/2008 (PL n. 9.557/2018)".

Art. 3º: 3. O § 6º foi acrescido pela Em. Reg. 15, de 17.9.14.

Art. 4º O Ministro empossado integrará a Turma onde se deu a vaga para a qual foi nomeado, ou ocupará vaga resultante da transferência de Ministro (art. 32).

Art. 5º O Conselho de Administração[1] será integrado pelos onze Ministros mais antigos e presidido pelo Presidente do Tribunal, competindo-lhe decidir sobre matéria administrativa, nos termos deste Regimento.[2]

§ 1º O Conselho de Administração reunir-se-á, ordinariamente, ao menos uma vez a cada trimestre.[3]

§ 2º As reuniões ordinárias do Conselho de Administração serão convocadas pelo Presidente, mediante aviso escrito enviado com antecedência mínima de cinco dias corridos, contendo a pauta correspondente.[3a]

§ 3º O Presidente convocará o Conselho de Administração em caráter extraordinário, sempre que a necessidade exigir, não sendo necessária a observância do prazo previsto no parágrafo anterior.[4]

Art. 5º: 1. v. arts. 38 a 39 e 183.

Art. 5º: 2. Redação do *caput* de acordo com a Em. Reg. 9, de 24.9.08.

Art. 5º: 3 a 4. Os §§ 1º a 3º foram acrescidos pela Em. Reg. 38, de 4.9.20.

Art. 6º Junto ao Tribunal funciona o Conselho da Justiça Federal,[1] com atuação em todo o território nacional, cabendo-lhe a supervisão administrativa e orçamentária da Justiça Federal de primeiro e segundo graus.[2]

Art. 6º: 1. v. arts. 47 a 49, 7º, 20, 22 § 2º-II, 23-*caput*, 137 e 339 (disposição transitória); CF 105 § ún.; Lei 11.798, de 29.10.08.

Art. 6º: 2. Redação do art. 6º de acordo com a Em. Reg. 4, de 2.12.93.

Art. 7º O Conselho da Justiça Federal é integrado pelo Presidente, Vice-Presidente[1] e três Ministros do Tribunal, eleitos por dois anos, e pelos Presidentes dos cinco Tribunais Regionais Federais.[2]

§ 1º O Presidente do Tribunal preside o Conselho da Justiça Federal.[3]

§ 2º Ao escolher os três Ministros que integrarão o Conselho, o Tribunal elegerá, também, os respectivos suplentes.[4]

Art. 7º: 1. v. art. 22 § 2º-II.

Art. 7º: 2. Redação do *caput* de acordo com a Em. Reg. 4, de 2.12.93.

Art. 7º: 3. O § 1º foi acrescentado pela Em. Reg. 4, de 2.12.93.

Art. 7º: 4. O § 2º foi acrescido pela Em. Reg. 4, de 2.12.93.

Capítulo II | DA COMPETÊNCIA DO PLENÁRIO, DA CORTE ESPECIAL, DAS SEÇÕES E DAS TURMAS

Seção I | DAS ÁREAS DE ESPECIALIZAÇÃO

Art. 8º Há no Tribunal três áreas de especialização estabelecidas em razão da matéria.[1]

Parágrafo único. A competência da Corte Especial não está sujeita à especialização.

Art. 8º: 1. Redação do *caput* de acordo com a Em. Reg. 2, de 4.6.92.

Art. 9º A competência das Seções e das respectivas Turmas é fixada em função da natureza da relação jurídica litigiosa.[1]

§ 1º À Primeira Seção cabe processar e julgar os feitos relativos a:[1a]

I — licitação e contratos administrativos;

II — nulidade ou anulabilidade de atos administrativos;

III — ensino superior;

IV — inscrição e exercício profissionais;

V — direito sindical;

VI — nacionalidade;

VII — desapropriação, inclusive a indireta;

VIII — responsabilidade civil do Estado;

IX — tributos de modo geral, impostos, taxas, contribuições e empréstimos compulsórios;[1b]

X — preços públicos e multas de qualquer natureza;

XI — servidores públicos civis e militares;[1c]

XII — *habeas corpus* referentes às matérias de sua competência;[1d]

XIII — benefícios previdenciários, inclusive os decorrentes de acidentes do trabalho;[1e]

XIV — direito público em geral.[1f-2]

§ 2º À Segunda Seção cabe processar e julgar os feitos relativos a:[3]

I — domínio, posse e direitos reais sobre coisa alheia, salvo quando se tratar de desapropriação;

II — obrigações em geral de direito privado, mesmo quando o Estado participar do contrato;[3a]

III — responsabilidade civil, salvo quando se tratar de responsabilidade civil do Estado;[3b]

IV — direito de família e sucessões;

V — direito do trabalho;

VI — propriedade industrial, mesmo quando envolverem arguição de nulidade do registro;

VII — constituição, dissolução e liquidação de sociedade;

VIII — comércio em geral, inclusive o marítimo e o aéreo, bolsas de valores, instituições financeiras e mercado de capitais;

IX — falências e concordatas;[3c-3d]

X — títulos de crédito;

XI — registros públicos, mesmo quando o Estado participar da demanda;

XII — locação predial urbana;[3e]

XIII — *habeas corpus* referentes às matérias de sua competência;[4]

XIV — direito privado em geral.[4a]

§ 3º À Terceira Seção cabe processar e julgar os feitos relativos à matéria penal em geral, salvo os casos de competência originária da Corte Especial e os *habeas corpus* de competência das Turmas que compõem a Primeira e a Segunda Seção.[5]

Art. 9º: 1. "A **competência** regimental entre órgãos fracionários desta Corte é **relativa** e depende de provocação da parte interessada na primeira oportunidade que tem para expor nos autos" (STJ-Corte Especial, ED no AI 1.229.612-AgRg-EDcl-EDcl, Min. Castro Meira, j. 3.10.12, DJ 10.10.12).

Art. 9º: 1a. Redação do § 1º e alíneas de acordo com a Em. Reg. 2, de 4.6.92.

Art. 9º: 1b. v. nota 3d.

Art. 9º: 1c. Redação do inciso XI de acordo com a Em. Reg. 11, de 6.4.10.

Art. 9º: 1d. Inciso XII acrescido pela Em. Reg. 11, de 6.4.10.

Art. 9º: 1e. Redação do inciso XIII de acordo com a Em. Reg. 14, de 5.12.11.

Art. 9º: 1f. Inciso XIV acrescido pela Em. Reg. 14, de 5.12.11.

Art. 9º: 2. É da competência da 1ª Seção mandado de segurança contra ato de ministro de Estado (RSTJ 7/85, maioria; STJ-Corte Especial, CC 14.120-2, Min. Américo Luz, 7 votos vencidos, j. 31.8.95, DJU 23.10.95).

Art. 9º: 3. Redação do § 2º e alíneas de acordo com a Em. Reg. 2, de 4.6.92.

Art. 9º: 3a. v. RSTJ 87/24.

Art. 9º: 3b. A sociedade de economia mista, "ainda que exerça atividade concedida pelo Estado, responde em nome próprio pelos seus atos, devendo reparar os danos ou lesões causadas a terceiros. De efeito, a existência de concessão feita pelo Estado, por si, não o aprisiona diretamente nas obrigações de direito privado, uma vez que a atividade cedida é desempenhada livremente e sob a responsabilidade da empresa concessionária. Ordenadas as ideias, em razão da matéria, fixa-se a competência da Segunda Seção para o processamento e julgamento dos recursos decorrentes" (STJ-Corte Especial, REsp 287.599-QO, Min. Milton Luiz Pereira, j. 26.9.02, seis votos vencidos, DJU 9.6.03).

Art. 9º: 3c. A concordata deu lugar à recuperação judicial ou extrajudicial.

Art. 9º: 3d. "O fato de a execução fiscal em trâmite na Justiça trabalhista se dirigir contra empresa em recuperação judicial atrai para a Segunda Seção a competência para processar e julgar o conflito de competência, a teor do que preconiza o art. 9º, § 2º, IX, do RISTJ" (STJ-2ª Seção, CC 120.407-AgRg, Min. Luis Felipe, j. 27.6.12, DJ 1.8.12).

"A 2ª Seção é competente para o julgamento do conflito, uma vez que não se discute nos autos a competência para processar e julgar cobrança de crédito fiscal, mas sim para decidir sobre o patrimônio de sociedade em recuperação judicial" (STJ-2ª Seção, CC 123.474-AgRg, Min. Nancy Andrighi, j. 24.10.12, DJ 26.10.12).

Art. 9º: 3e. Redação do inciso XII de acordo com a Em. Reg. 11, de 6.4.10.

Art. 9º: 4. Inciso XIII acrescido pela Em. Reg. 11, de 6.4.10.

Art. 9º: 4a. Inciso XIV acrescido pela Em. Reg. 11, de 6.4.10.

Art. 9º: 5. Redação do § 3º de acordo com a Em. Reg. 14, de 5.12.11.

Seção II | DA COMPETÊNCIA DO PLENÁRIO

Art. 10. Compete ao Plenário:[1]

I — dar posse aos membros do Tribunal;

II — eleger o Presidente e o Vice-Presidente do Tribunal,[2] os Ministros membros do Conselho da Justiça Federal, titulares e suplentes,[3] e o Diretor da Revista do Tribunal, dando-lhes posse;[3a]

III — eleger, dentre os Ministros do Tribunal, os que devam compor o Tribunal Superior Eleitoral, na condição de membros efetivos e substitutos;

IV — decidir sobre a disponibilidade e aposentadoria de membro do Tribunal, por interesse público;

V — votar o Regimento Interno e as suas emendas;

VI — elaborar as listas tríplices dos Juízes, Desembargadores, advogados e membros do Ministério Público que devam compor o Tribunal (Constituição, art. 104 e seu parágrafo único);

VII — propor ao Poder Legislativo a alteração do número de membros do Tribunal e dos Tribunais Regionais Federais,[4] a criação e a extinção de cargos, e a fixação de vencimentos de seus membros, dos Juízes dos Tribunais Regionais e dos Juízes Federais, bem assim a criação ou extinção de Tribunal Regional Federal e a alteração da organização e divisão judiciárias;[5]

VIII — aprovar o Regimento Interno do Conselho da Justiça Federal.[6]

IX — eleger, dentre os Ministros do Tribunal, o que deve compor o Conselho Nacional de Justiça, observada a ordem de antiguidade;[7]

X — indicar, na forma do inciso XXXII e do parágrafo único do art. 21, um juiz federal e um juiz de Tribunal Regional Federal para as vagas do Conselho Nacional de Justiça e um juiz para a vaga do Conselho Nacional do Ministério Público.[8]

Art. 10: 1. v. arts. 171-*caput* e § ún. (*quorum*), 21-VI (voto do Presidente) e 336 (disposição transitória).

Art. 10: 2. v. art. 17.

Art. 10: 3. v. art. 7º § 2º.

Art. 10: 3a. Redação do inciso II de acordo com a Em. Reg. 4, de 2.12.93.

Art. 10: 4. v. CF 96-II-*a*.

Art. 10: 5. Redação do inciso VII de acordo com a Em. Reg. 4, de 2.12.93.

Art. 10: 6. O inciso VIII foi acrescentado pela Em. Reg. 4, de 2.12.93.

Art. 10: 7. O inciso IX foi acrescido pela Em. Reg. 15, de 17.9.14.

Art. 10: 8. O inciso X foi acrescido pela Em. Reg. 15, de 17.9.14.

Seção III | DA COMPETÊNCIA DA CORTE ESPECIAL

Art. 11. Compete à Corte Especial[1] processar e julgar:

I — nos crimes comuns, os Governadores dos Estados e do Distrito Federal, e, nestes e nos de responsabilidade, os Desembargadores dos Tribunais de Justiça dos Estados e do Distrito Federal, os membros dos Tribunais de Contas dos Estados e do Distrito Federal, os dos Tribunais Regionais Federais, dos Tribunais Regionais Eleitorais e do Trabalho, os membros dos Conselhos ou Tribunais de Contas dos Municípios e os do Ministério Público da União que oficiem perante Tribunais;

II — os *habeas corpus*, quando for paciente qualquer das pessoas mencionadas no inciso anterior;

III — os mandados de injunção,[2] quando a elaboração da norma regulamentadora for atribuição de órgão, entidade ou autoridade federal, da administração direta ou indireta, excetuados os casos de competência do Supremo Tribunal Federal e dos órgãos da Justiça Militar, da Justiça Eleitoral, da Justiça do Trabalho e da Justiça Federal;

IV — os mandados de segurança[3] e os *habeas data* contra ato do próprio Tribunal ou de qualquer de seus órgãos;

V — as revisões criminais e as ações rescisórias[4] de seus próprios julgados;

VI — o incidente de assunção de competência quando a matéria for comum a mais de uma seção;[4a]

VII — a exceção da verdade, quando o querelante, em virtude de prerrogativa de função, deva ser julgado originariamente pelo Tribunal;

VIII — a requisição de intervenção federal[5] nos Estados e no Distrito Federal, ressalvada a competência do Supremo Tribunal Federal e do Tribunal Superior Eleitoral (Constituição, art. 36, II e IV);

IX — as arguições de inconstitucionalidade de lei[6] ou ato normativo suscitadas nos processos submetidos ao julgamento do Tribunal;

X — as reclamações[7] para a preservação de sua competência e garantia de suas decisões;

XI — as questões incidentes, em processos da competência das Seções ou Turmas, as quais lhe tenham sido submetidas (art. 16);

XII — os conflitos de competência entre relatores ou Turmas integrantes de Seções diversas, ou entre estas;

XIII — os embargos de divergência, se a divergência for entre Turmas de Seções diversas, entre Seções, entre Turma e Seção que não integre ou entre Turma e Seção com a própria Corte Especial;[7a-7b]

XIV — ....[7c]

XV — as suspeições e impedimentos[8] levantados contra Ministro em processo de sua competência.

XVI — o recurso especial repetitivo.[8a]

Parágrafo único. Compete, ainda, à Corte Especial:

I — prorrogar o prazo para a posse e o início do exercício dos Ministros, na forma da lei;

II — dirimir as dúvidas que lhe forem submetidas pelo Presidente ou pelos Ministros, sobre a interpretação e execução de norma regimental ou a ordem dos processos de sua competência;

III — conceder licença ao Presidente e aos Ministros, bem assim julgar os processos de verificação de invalidez de seus membros;

IV — constituir comissões, bem como aprovar a designação do Ministro Coordenador do Centro de Soluções Consensuais de Conflitos do Superior Tribunal de Justiça;[8b]

V — elaborar e encaminhar a proposta orçamentária do Superior Tribunal de Justiça, bem como aprovar e encaminhar as propostas orçamentárias dos Tribunais Regionais Federais, da Justiça Federal de primeiro grau e do Conselho da Justiça Federal;[9]

VI — deliberar sobre a substituição de Ministro, nos termos do art. 56;[10]

VII — sumular a jurisprudência uniforme[11] comum às Seções e deliberar sobre a alteração e o cancelamento de suas súmulas;

VIII — apreciar e encaminhar ao Poder Legislativo propostas de criação ou extinção de cargos do quadro de servidores do Tribunal e a fixação dos respectivos vencimentos, bem como do Conselho da Justiça Federal e da Justiça Federal de primeiro e segundo graus;[12]

IX — apreciar e encaminhar ao Poder Legislativo projeto de lei sobre o regimento de custas da Justiça Federal e do Superior Tribunal de Justiça.[13]

X — ....[14]

Art. 11: 1. v. arts. 15, 16, 81 § 1º, 172 a 175, 304-I e 336 (disposição transitória); v. tb. art. 21-VI (voto do Presidente).

Art. 11: 2. v. CF 105-I-*h*; RISTJ 216.

Art. 11: 3. v. arts. 211 a 215.

Também é da competência da Corte Especial julgar os agravos contra decisão do Presidente que concede a suspensão de segurança (art. 271 § 2º).

Art. 11: 4. v. arts. 233 a 238.

Art. 11: 4a. Redação do inciso VI de acordo com a Em. Reg. 24, de 28.9.16.

Art. 11: 5. v. arts. 312 a 315.

Art. 11: 6. v. arts. 199 a 200, 16-I, 136 e 172 § ún.

Art. 11: 7. v. arts. 187 a 192.

Art. 11: 7a. Redação do inciso XIII de acordo com a Em. Reg. 24, de 28.9.16.

Art. 11: 7b. v. art. 267, nota 2.

Art. 11: 7c. O inciso XIV foi revogado pela Em. Reg. 22, de 16.3.16.

Art. 11: 8. v. arts. 272 a 282.

Art. 11: 8a. O inciso XVI foi acrescido pela Em. Reg. 24, de 28.9.16.

Art. 11: 8b. Redação do inciso IV do § ún. de acordo com a Em. Reg. 23, de 28.9.16.

Art. 11: 9. Redação do inciso V do § ún. de acordo com a Em. Reg. 4, de 2.12.93.

Art. 11: 10. Redação do inciso VI do § ún. de acordo com a Em. Reg. 3, de 9.8.93.

Art. 11: 11. v. arts. 122 a 127.

Art. 11: 12. Redação do inciso VIII do § ún. de acordo com a Em. Reg. 4, de 2.12.93.

Art. 11: 13. Redação do inciso IX do § ún. de acordo com a Em. Reg. 22, de 16.3.16.

Art. 11: 14. O inciso X do § ún. foi revogado pela Em. Reg. 9, de 24.9.08.

Seção IV | DA COMPETÊNCIA DAS SEÇÕES

Art. 12. Compete às Seções[1] processar e julgar:

I — os mandados de segurança,[2] os *habeas corpus* e os *habeas data* contra ato de Ministro de Estado;

II — as revisões criminais e as ações rescisórias[3] de seus julgados e das Turmas que compõem a respectiva área de especialização;[3a]

III — as reclamações[4] para a preservação de suas competências e garantia da autoridade de suas decisões e das Turmas;

IV — os conflitos de competência[5] entre quaisquer tribunais, ressalvada a competência do Supremo Tribunal Federal (Constituição, art. 102, I, *o*), bem assim entre Tribunal e Juízes a ele não vinculados e Juízes vinculados a Tribunais diversos;

V — os conflitos de competência entre relatores e Turmas integrantes da Seção;

VI — os conflitos de atribuições[6] entre autoridades administrativas e judiciárias da União, ou entre autoridades judiciárias de um Estado e administrativas de outro, ou do Distrito Federal, ou entre as deste e da União;

VII — as questões incidentes em processos da competência das Turmas da respectiva área de especialização, as quais lhes tenham sido submetidas por essas;

VIII — as suspeições e os impedimentos[7] levantados contra os Ministros, salvo em se tratando de processo da competência da Corte Especial;

IX — o incidente de assunção de competência quando a matéria for restrita a uma Seção;[7a]

X — o recurso especial repetitivo.[7b]

Parágrafo único. Compete, ainda, às Seções:

I — julgar embargos de divergência, quando as Turmas divergirem entre si ou de decisão da Seção que integram;[7c-8]

II — julgar feitos de competência de Turma, e por esta remetidos (art. 14);

III — sumular a jurisprudência uniforme[9] das Turmas da respectiva área de especialização e deliberar sobre a alteração e o cancelamento de súmulas.

Art. 12: 1. v. arts. 2º §§ 3º e 4º, 9º, 14 e 24; v. tb. art. 16 (remessa dos feitos à Corte Especial).

Art. 12: 2. v. arts. 211 a 215.

Art. 12: 3. v. arts. 233 a 238.

Art. 12: 3a. "Compete à Seção julgar as ações rescisórias movidas contra **decisões monocráticas** dos ministros que a integram" (STJ-2ª Seção, AR 3.579, Min. Sidnei Beneti, j. 27.10.10, DJ 7.2.11).

Art. 12: 4. v. arts. 187 a 192.

Art. 12: 5. v. arts. 193 a 198.

Art. 12: 6. v. arts. 193 a 198.

Art. 12: 7. v. arts. 272 a 282.

Art. 12: 7a. Redação do inciso IX de acordo com a Em. Reg. 24, de 28.9.16.

Art. 12: 7b. O inciso X foi acrescido pela Em. Reg. 24, de 28.9.16.

Art. 12: 7c. Redação do inciso I do § ún. de acordo com a Em. Reg. 24, de 28.9.16.

Art. 12: 8. v. art. 267, nota 2.

Art. 12: 9. v. arts. 122 a 127.

Seção V | DA COMPETÊNCIA DAS TURMAS

Art. 13. Compete às Turmas:[1]

I — processar e julgar, originariamente:

a) os *habeas corpus*, quando for coator Governador de Estado e do Distrito Federal, Desembargador dos Tribunais de Justiça dos Estados e do Distrito Federal, membro dos Tribunais de Contas dos Estados e do Distrito Federal, dos Tribunais Regionais Federais, dos Tribunais Regionais Eleitorais e do Trabalho, dos Conselhos ou Tribunais de Contas dos Municípios e do Ministério Público da União que oficie perante Tribunais;

b) os *habeas corpus*, quando o coator for Tribunal cujos atos estejam diretamente subordinados à jurisdição do Superior Tribunal de Justiça;

II — julgar em recurso ordinário:

a) os *habeas corpus* decididos em única ou última instância pelos Tribunais Regionais Federais ou pelos Tribunais dos Estados, do Distrito Federal e Territórios, quando denegatória a decisão;

b) os mandados de segurança[2] decididos em única instância pelos Tribunais Regionais Federais ou pelos Tribunais dos Estados, do Distrito Federal e Territórios, quando denegatória a decisão;

III — julgar os recursos ordinários[3] e os agravos[4] nas causas em que forem partes Estado estrangeiro ou organismo internacional de um lado e, do outro, Município ou pessoa residente ou domiciliada no país;[4a]

IV — julgar, em recurso especial,[5] as causas decididas em única ou última instância pelos Tribunais Regionais Federais ou pelos Tribunais dos Estados, do Distrito Federal e Territórios, quando a decisão recorrida:

a) contrariar tratado ou lei federal, ou negar-lhes vigência;

b) julgar válida lei[6] ou ato de governo local contestado em face da lei federal;

c) der a lei federal interpretação divergente da que lhe haja atribuído outro Tribunal.

Art. 13: 1. v. art. 2º §§ 4º e 5º (composição das Turmas) e art. 304-III (competência em execução).

Art. 13: 2. v. CF 105-II-*b*.

Art. 13: 3. v. CF 105-II-*c*; RISTJ 249 a 251.

Art. 13: 4. v. CF 105-II-*c*; RISTJ 254.

Art. 13: 4a. Redação do inciso III de acordo com a Em. Reg. 24, de 28.9.16.

Art. 13: 5. v. CF 105-III; RISTJ 255 e segs.

Art. 13: 6. A competência para apreciar recurso interposto contra acórdão que julgou válida lei local contestada em face de lei federal passou ao Supremo Tribunal Federal (CF 102-III-*d*).

Art. 14. As Turmas remeterão os feitos de sua competência à Seção[1] de que são integrantes:

I — quando algum dos Ministros propuser revisão da jurisprudência assentada em Súmula pela Seção;

II — quando convier pronunciamento da Seção, em razão da relevância da questão,[2] e para prevenir divergência entre as Turmas da mesma Seção;

III — nos incidentes de assunção de competência.[3]

Parágrafo único. A remessa do feito à Seção far-se-á independentemente de acórdão, salvo no caso do item III (art. 118, § 1º).[4]

Art. 14: 1. v. art. 12.

Art. 14: 2. v. art. 127; s/ audiência do MP, v. art. 64-XII.

Art. 14: 3. Redação do inciso III de acordo com a Em. Reg. 24, de 28.9.16.

Art. 14: 4. O art. 118 foi revogado pela Em. Reg. 22, de 16.3.16.

Seção VI | DISPOSIÇÕES COMUNS

Art. 15. À Corte Especial, às Seções e às Turmas cabe, ainda, nos processos de sua competência:

I — julgar os agravos,[1] os embargos de declaração[2] e as demais arguições;[3]

II — julgar os incidentes de execução que lhes forem submetidos;

III — julgar a restauração de autos físicos ou eletrônicos desaparecidos;[4]

IV — representar à autoridade competente, quando, em autos ou documentos de que conhecer, houver indício de crime de ação pública.

Art. 15: 1. v. arts. 253, 254, 258 e 259.

Art. 15: 2. v. arts. 263 a 265.

Art. 15: 3. Redação do inciso I de acordo com a Em. Reg. 22, de 16.3.16.

Art. 15: 4. Redação do inciso III de acordo com a Em. Reg. 22, de 16.3.16.

Art. 16. As Seções e as Turmas remeterão os feitos de sua competência à Corte Especial:

I — quando acolherem a arguição de inconstitucionalidade, desde que a matéria ainda não tenha sido decidida pela Corte Especial;

II — quando algum dos Ministros propuser revisão da jurisprudência assentada em Súmula pela Corte Especial;

III — ....[1]

IV — quando convier pronunciamento da Corte Especial em razão da relevância da questão jurídica,[2] ou da necessidade de prevenir divergência entre as Seções.

Parágrafo único. A remessa do feito à Corte Especial far-se-á independentemente de acórdão, salvo nos casos dos itens I e III.

Art. 16: 1. O inciso III foi revogado pela Em. Reg. 22, de 16.3.16.

Art. 16: 2. v. art. 127; s/ audiência do MP, v. art. 64-XII.

Capítulo III | DO PRESIDENTE E DO VICE-PRESIDENTE

Seção I | DISPOSIÇÕES GERAIS

Art. 17. O Presidente e o Vice-Presidente têm mandato por dois anos, a contar da posse, vedada a reeleição.

§ 1º O disposto neste artigo aplica-se aos Ministros efetivos e suplentes do Conselho da Justiça Federal e ao Diretor da Revista.[1]

§ 2º A eleição, por voto secreto do Plenário, dar-se-á trinta dias antes do término do biênio; a posse, no último dia desse. Se as respectivas datas não recaírem em dia útil, a eleição ou a posse serão transferidas para o primeiro dia útil seguinte.[2]

§ 3º A eleição far-se-á com a presença de, pelo menos, dois terços dos membros do Tribunal, inclusive o Presidente. Não se verificando *quorum*, será designada sessão extraordinária para a data mais próxima, convocados os Ministros ausentes. Ministro licenciado não participará da eleição.

§ 4º Considera-se eleito, em primeiro escrutínio, o Ministro que obtiver a maioria absoluta dos votos dos membros do Tribunal. Em segundo escrutínio, concorrerão somente os dois Ministros mais votados no primeiro, concorrendo, entretanto, todos os nomes com igual número de votos na última posição a considerar. Se nenhum reunir a maioria absoluta de sufrágios, proclamar-se-á eleito o mais votado, ou o mais antigo, no caso de empate.

§ 5º A eleição do Presidente precederá à do Vice-Presidente, quando ambas se realizarem na mesma sessão.

Art. 17: 1. Redação do § 1º de acordo com a Em. Reg. 4, de 2.12.93.

Art. 17: 2. Redação do § 2º de acordo com a Em. Reg. 5, de 23.5.95.

Art. 18. O Vice-Presidente assumirá a Presidência quando ocorrer vacância e imediatamente convocará o Plenário para, no prazo máximo de trinta dias, fazer a eleição.[1]

§ 1º O eleito tomará posse no prazo de quinze dias, exercendo o mandato pelo período fixado no art. 17.[2]

§ 2º No caso de o Vice-Presidente ser eleito Presidente, na mesma sessão eleger-se-á o seu sucessor, aplicando-se-lhe o disposto no parágrafo anterior.[3]

Art. 18: 1. Redação do *caput* de acordo com a Em. Reg. 5, de 23.5.95.

Art. 18: 2. O § 1º foi acrescido pela Em. Reg. 5, de 23.5.95.

Art. 18: 3. O § 2º foi acrescido pela Em. Reg. 5, de 23.5.95.

Art. 19. Se ocorrer vaga no cargo de Vice-Presidente, será o Plenário convocado a fazer eleição. O eleito completará o período do seu antecessor, salvo o caso previsto no § 2º do artigo anterior.[1]

Art. 19: 1. Redação do art. 19 de acordo com a Em. Reg. 5, de 23.5.95.

Art. 20. A eleição, por votação secreta, do Corregedor Nacional de Justiça, dos membros do Conselho da Justiça Federal[1] e de seus suplentes e do Ministro Diretor da Revista far-se-á juntamente com a do Presidente e do Vice-Presidente, salvo se, por qualquer motivo, não houver coincidência do mandato, caso em que a eleição se realizará no prazo máximo de trinta dias antes do término do biênio.[2]

Parágrafo único. Ocorrendo vaga em qualquer desses cargos, o Plenário será convocado a fazer eleição, assegurado ao eleito o mandato de dois anos.[3]

Art. 20: 1. v. arts. 6º e 7º.

Art. 20: 2. Redação do *caput* de acordo com a Em. Reg. 15, de 17.9.14.

Art. 20: 3. O § ún. foi aditado pela Em. Reg. 5, de 23.5.95.

Seção II | DAS ATRIBUIÇÕES DO PRESIDENTE

Art. 21. São atribuições do Presidente:[1]

I — representar o Tribunal perante os Poderes da República, dos Estados e dos Municípios, e demais autoridades;

II — velar pelas prerrogativas do Tribunal, cumprindo e fazendo cumprir o seu Regimento Interno;

III — dirigir os trabalhos do Tribunal, presidindo as sessões plenárias e da Corte Especial;

IV — convocar as sessões extraordinárias do Plenário e da Corte Especial;

V — designar dia para julgamento dos processos da competência do Plenário e da Corte Especial;

VI — proferir, no Plenário e na Corte Especial, o voto de desempate;[1a]

VII — relatar o agravo interposto de sua decisão;[1b]

IX — submeter questões de ordem ao Tribunal;

X — determinar as providências necessárias ao cumprimento das ordens e das decisões do Tribunal, ressalvadas as atribuições dos Presidentes das Seções, das Turmas e dos relatores;[2]

XI — assinar, com o relator, os acórdãos da Corte Especial, bem assim as cartas de sentença[3] e as rogatórias;

XII — ....[4]

XIII — decidir:

a) as petições de recursos para o Supremo Tribunal Federal, resolvendo os incidentes que se suscitarem;[5]

b) os pedidos de suspensão da execução de medida liminar ou de sentença, sendo ele o relator das reclamações para preservar a sua competência ou garantir a autoridade das suas decisões nesses feitos;[6-6a]

c) durante o recesso do Tribunal ou nas férias coletivas dos seus membros, os pedidos de liminar em mandado de segurança, podendo, ainda, determinar liberdade provisória ou sustação de ordem de prisão, e demais medidas que reclamem urgência;

d) sobre pedidos de livramento condicional, bem assim sobre os incidentes em processos de indulto, anistia e graça;

e) sobre deserção de recursos não preparados no Tribunal;

f) sobre a expedição de ordens de pagamento devido pela Fazenda Pública, despachando os precatórios;[7]

g) sobre o sequestro, no caso do art. 731 do CPC;

h) os pedidos de extração de carta de sentença;[8]

i) ....[9]

j) as reclamações, por erro da ata[10] do Plenário e da Corte Especial, e na publicação de acórdãos;

k) ....[10a]

l) sobre dúvidas suscitadas pela Secretaria do Tribunal relacionadas a distribuição de feitos e a incidentes referentes à redistribuição disciplinada no art. 72;[10b]

m) sobre os pedidos de suspensão de processos em incidente de resolução de demandas repetitivas;[10c]

n) sobre a necessidade de determinar, na autuação do feito, a identificação do nome da parte apenas por suas iniciais, nas hipóteses em que, expressamente, a lei indicar ser indispensável a restrição à publicidade de seu nome como meio para a proteção de bem objeto de sigilo no processo.[10d]

XIV — proferir os despachos do expediente;

XV — dar posse aos Ministros durante o recesso do Tribunal ou nas férias, e conceder-lhes transferências de Seção ou Turma;

XVI — conceder licença aos Ministros *ad referendum* da Corte Especial;

XVII — criar comissões temporárias e designar os seus membros e ainda os das comissões permanentes, bem como designar o Ministro Coordenador do Centro de Soluções Consensuais de Conflitos do Superior Tribunal de Justiça, com aprovação da Corte Especial;[10e]

XVIII — determinar, em cumprimento de deliberação do Tribunal, o início do processo de verificação da invalidez de Ministro;

XIX — nomear curador ao paciente, na hipótese do item anterior, se se tratar de incapacidade mental, bem assim praticar os demais atos preparatórios do procedimento;

XX — baixar as resoluções e instruções normativas referentes à deliberação do Plenário, da Corte Especial ou do Conselho de Administração, bem como as que digam respeito à rotina dos trabalhos de distribuição;

XXI — baixar os atos indispensáveis à disciplina dos serviços e à polícia do Tribunal;

XXII — adotar as providências necessárias à elaboração da proposta orçamentária do Tribunal e encaminhar pedidos de abertura de créditos adicionais e especiais;

XXIII — resolver as dúvidas suscitadas na classificação dos feitos[11] e papéis registrados na Secretaria do Tribunal, baixando as instruções necessárias;

XXIV — rubricar os livros necessários ao expediente ou designar funcionário para fazê-lo;

XXV — assinar os atos de provimento e vacância dos cargos e empregos da Secretaria do Tribunal, dando posse aos servidores;

XXVI — assinar os atos relativos à vida funcional dos servidores;[12]

XXVII — impor penas disciplinares aos servidores da Secretaria;

XXVIII — delegar, nos termos da lei, competência ao Diretor-Geral da Secretaria do Tribunal, para a prática de atos administrativos;[13]

XXIX — velar pela regularidade e exatidão das publicações dos dados estatísticos sobre os trabalhos do Tribunal a cada mês;

XXX — apresentar ao Tribunal, no mês de fevereiro, relatório circunstanciado dos trabalhos efetuados no ano decorrido, bem como mapas dos julgados;

XXXI — praticar todos os demais atos de gestão necessários ao funcionamento dos serviços administrativos.[14]

XXXII — fixar a data de início do procedimento de escolha e indicação de um juiz federal e de um juiz do Tribunal Regional Federal para as vagas do Conselho Nacional de Justiça e de um juiz para a vaga do Conselho Nacional do Ministério Público.[15]

Parágrafo único. O procedimento previsto neste inciso terá início até sessenta dias do término do mandato do conselheiro, ou, caso não cumprido integralmente, logo após a vacância do cargo, observadas as seguintes disposições:[16]

I — os magistrados de primeiro e segundo graus interessados em ocupar uma das vagas disponíveis deverão apresentar seus currículos ao Superior Tribunal de Justiça e serão convocados mediante:

a) publicação no Diário da Justiça eletrônico;

b) divulgação na página eletrônica do Superior Tribunal de Justiça na rede mundial de computadores (internet);

c) comunicação aos respectivos Tribunais, para que divulguem, por todos os meios disponíveis, o prazo e a forma de inscrição aos juízes de primeiro e segundo graus a eles vinculados, informando à Presidência do Superior Tribunal de Justiça as medidas efetivamente tomadas para a divulgação da convocação;

II — o prazo para encaminhamento dos currículos será de dez dias, se outro não fixar a Presidência, contados da data da publicação da convocação no Diário da Justiça eletrônico;

III — o currículo deverá ser encaminhado ao Superior Tribunal de Justiça por via eletrônica, e seu conteúdo deverá ser preenchido em formulário padronizado posto à disposição na página eletrônica;

IV — encerrado o prazo, a Presidência colocará os currículos à disposição dos Ministros e convocará sessão do Plenário para a escolha do nome;

V — a lista de magistrados inscritos, com *links* para os respectivos currículos, será colocada à disposição do público, inclusive na página eletrônica;

VI — a indicação será definida em sessão do Plenário, por votação secreta, cabendo a cada Ministro votar em um juiz ou em um desembargador por vaga;

VII — será indicado o juiz ou o desembargador que obtiver a maioria absoluta dos votos;

VIII — não sendo alcançada a maioria absoluta de votos por nenhum juiz ou desembargador, seguir-se-á um segundo sufrágio, em que concorrerão os candidatos que tiverem obtido as duas maiores votações na etapa anterior, sendo indicado o que obtiver a maioria simples dos votos;

IX — em caso de empate no segundo sufrágio, será indicado o juiz ou o desembargador mais antigo na carreira e, persistindo o empate, o mais idoso;

X — o nome do juiz ou do desembargador escolhido será publicado no Diário da Justiça eletrônico e divulgado na página eletrônica do Superior Tribunal de Justiça.

Art. 21: 1. v. arts. 2º §§ 1º e 2º, 3º, 77, 82-I, 83 § 1º, 175 (voto na Corte Especial), 192, 270, 271-*caput*, 301, 313, 336 (disposição transitória).

Art. 21: 1a. "Em matéria constitucional, o Presidente tem direito a voto, e não apenas a voto de desempate. RISTJ, arts. 21-VI, e 175-I" (RSTJ 90/23).

Art. 21: 1b. Redação do inciso VII de acordo com a Em. Reg. 22, de 16.3.16.

Art. 21: 2. Redação de acordo com a Em. Reg. 22, de 16.3.16.

Art. 21: 3. v. art. 34-XIII.

Art. 21: 4. O inciso XII foi revogado pela Em. Reg. 10, de 11.11.09.

Art. 21: 5. v. arts. 22 § 2º e 270.

Art. 21: 6. v. art. 271.

Art. 21: 6a. Redação da alínea *b* de acordo com a Em. Reg. 7, de 1.3.04.

Art. 21: 7. v. art. 310.

Art. 21: 8. v. art. 306.

Art. 21: 9. A alínea *i* foi revogada pela Em. Reg. 24, de 28.9.16.

Art. 21: 10. v. arts. 96 a 99.

Art. 21: 10a. A alínea *k* foi revogada pela Em. Reg. 24, de 28.9.16

Art. 21: 10b a 10d. As alíneas *l*, *m* e *n* foram acrescidas pela Em. Reg. 24, de 28.9.16.

Art. 21: 10e. Redação do inciso XVII de acordo com a Em. Reg. 23, de 28.9.16.

Art. 21: 11. v. art. 67 § ún.

Art. 21: 12. Redação do inciso XXVI de acordo com a Em. Reg. 4, de 2.12.93.

Art. 21: 13. Redação do inciso XXVIII de acordo com a Em. Reg. 4, de 2.12.93.

Art. 21: 14. Redação do inciso XXXI de acordo com a Em. Reg. 4, de 2.12.93.

Art. 21: 15. O inciso XXXII foi acrescido pela Em. Reg. 15, de 17.9.14.

Art. 21: 16. O § ún. e seus incisos foram acrescidos pela Em. Reg. 15, de 17.9.14.

Art. 21-A. O Presidente do Tribunal, por indicação do relator, poderá convocar magistrado vitalício para a realização de atos de instrução das sindicâncias, inquéritos, ações e demais procedimentos penais originários, na sede do STJ ou no local onde se deva produzir o ato, bem como definir os limites de sua atuação.[1]

§ 1º Caberá ao magistrado instrutor convocado na forma do *caput*:

I — designar e realizar as audiências de interrogatório, inquirição de testemunhas, acareação, transação, suspensão condicional do processo, admonitórias e outras;

II — requisitar testemunhas e determinar condução coercitiva, caso necessário;

III — expedir e controlar o cumprimento das cartas de ordem;

IV — determinar intimações e notificações;

V — decidir questões incidentes durante a realização dos atos sob sua responsabilidade;

VI — requisitar documentos ou informações existentes em bancos de dados;

VII — fixar ou prorrogar prazos para a prática de atos durante a instrução;

VIII — realizar inspeções judiciais;

IX — requisitar aos órgãos locais do Poder Judiciário apoio de pessoal e de equipamentos e instalações adequados para os atos processuais que devam ser produzidos fora da sede do Tribunal;

X — exercer outras funções que lhe sejam delegadas pelo relator ou pelo Tribunal.

§ 2º As decisões proferidas pelo magistrado instrutor no exercício das atribuições previstas no parágrafo anterior ficam sujeitas a posterior controle do relator, de ofício ou mediante provocação do interessado, no prazo de cinco dias da ciência do ato.

§ 3º A convocação de magistrados instrutores vigerá pelo prazo de seis meses, prorrogável por igual período, até o máximo de dois anos, a critério do relator, sem prejuízo das vantagens e direitos de seu cargo de origem, ficando condicionada à disponibilidade orçamentária.

§ 4º O número máximo de juízes instrutores no Tribunal é restrito a treze, um para cada gabinete de Ministro integrante da Corte Especial, excluídos o Presidente e o Corregedor Nacional de Justiça.

Art. 21-A: 1. Art. 21-A acrescido pela Em. Reg. 21, de 3.2.16.

Art. 21-B. O Presidente do Tribunal poderá convocar magistrados vitalícios até o número de sete, para atuarem como juízes auxiliares em apoio à Presidência.[1]

§ 1º O Presidente ainda convocará um juiz federal para exercer a função de Secretário-Geral do Conselho da Justiça Federal e um juiz vitalício para prestar auxílio à Escola Nacional de Formação e Aperfeiçoamento de Magistrados Ministro Sálvio de Figueiredo Teixeira, por indicação do Diretor-Geral da Escola.[1a]

§ 2º A convocação de juiz auxiliar vigerá pelo prazo de um ano, prorrogável por igual período, sem prejuízo dos direitos e vantagens de seu cargo de origem, ficando condicionada à disponibilidade orçamentária.[2]

§ 3º...[2a]

Art. 21-B: 1 a 2. Redação de acordo com a Em. Reg. 37, de 4.9.20.

Art. 21-B: 2a. Revogado pela Em. Reg. 37, de 4.9.20.

Art. 21-C. Sem prejuízo dos arts. 21-A e 21-B, os Ministros podem indicar ao Presidente a convocação de um magistrado vitalício para auxiliá-

-los nos afazeres de seus gabinetes, em caráter excepcional, quando o justificado acúmulo de serviço o exigir.[1]

Parágrafo único. A convocação de juiz auxiliar vigerá pelo prazo de um ano, prorrogável por igual período, sem prejuízo dos direitos e vantagens de seu cargo de origem, ficando condicionada à disponibilidade orçamentária.

Art. 21-C: 1. Art. 21-C acrescido pela Em. Reg. 21, de 3.2.16.

Art. 21-D. Serão regulados por resolução as convocações, direitos, vantagens, vencimentos e dispensas dos magistrados instrutores e auxiliares.[1-2]

Art. 21-D: 1. Art. 21-D acrescido pela Em. Reg. 21, de 3.2.16.

Art. 21-D: 2. v. Res. 8 do STJ, de 19.4.16.

Art. 21-E. São atribuições do Presidente antes da distribuição:[1]

I — apreciar e homologar pedidos de desistência, de autocomposição das partes e de habilitação em razão de falecimento de qualquer das partes;

II — apreciar os pedidos de gratuidade da justiça nos feitos de competência originária;

III — determinar o cancelamento do registro do feito se a parte, intimada na pessoa de seu advogado, não realizar o pagamento, em quinze dias, das custas e despesas de ingresso;

IV — apreciar os *habeas corpus* e as revisões criminais inadmissíveis por incompetência manifesta, encaminhando os autos ao órgão que repute competente;

V — não conhecer de recurso inadmissível, prejudicado ou que não tiver impugnado especificamente todos os fundamentos da decisão recorrida;

VI — negar provimento a recurso que for contrário a súmula do Supremo Tribunal Federal ou do Superior Tribunal de Justiça, a acórdão proferido em julgamento de recursos repetitivos ou a entendimento firmado em incidente de assunção de competência;

VII — dar provimento a recurso se a decisão recorrida for contrária a súmula do Supremo Tribunal Federal ou do Superior Tribunal de Justiça, a acórdão proferido em julgamento de recursos repetitivos ou a entendimento firmado em incidente de assunção de competência;

VIII — determinar a devolução ao Tribunal de origem dos recursos fundados em controvérsia idêntica àquela já submetida ao rito de julgamento de casos repetitivos para adoção das medidas cabíveis;

IX — remeter o processo ao Supremo Tribunal Federal após juízo positivo de admissibilidade quando entender versar o recurso especial sobre matéria constitucional, dando vista ao recorrente pelo prazo de quinze dias para que demonstre a existência de repercussão geral e manifeste-se sobre a questão constitucional, bem como vista à parte adversa para, por igual prazo, apresentar contrarrazões.

§ 1º Opostos embargos de declaração contra decisão do Presidente, caberá a ele a sua análise.

§ 2º Interposto agravo interno contra a decisão do Presidente proferida no exercício das competências previstas neste artigo, os autos serão distribuídos, observado o disposto no art. 9º deste Regimento, caso não haja retratação da decisão agravada.

§ 3º O Presidente do Tribunal poderá delegar ao Vice-Presidente e aos Presidentes das Seções, dentro de suas respectivas áreas de atuação, a análise das matérias previstas neste artigo, observado o que dispõem os §§ 1º e 2º.

§ 4º A delegação de que trata o § 3º far-se-á mediante ato do Presidente do Tribunal, se houver concordância dos delegatários.

§ 5º Os Presidentes das Seções poderão indicar ao Presidente do Tribunal, para subdelegação, um membro integrante da respectiva Seção.

Art. 21-E: 1. Redação do art. 21-E de acordo com a Em. Reg. 24, de 28.9.16.

Seção III | DAS ATRIBUIÇÕES DO VICE-PRESIDENTE

Art. 22. Ao Vice-Presidente[1] incumbe substituir o Presidente nas férias, licenças, ausências e impedimentos eventuais, e sucedê-lo, no caso de vaga, na forma do art. 18.

§ 1º O Vice-Presidente integra o Plenário e a Corte Especial também nas funções de relator e revisor.

§ 2º Ao Vice-Presidente incumbe, ainda:

I — por delegação do Presidente:

a) decidir as petições de recursos para o Supremo Tribunal Federal,[2] resolvendo os incidentes que se suscitarem;

b) auxiliar na supervisão e fiscalização dos serviços da Secretaria do Tribunal;

c) ....[3]

d) decidir as matérias previstas no art. 21-E deste Regimento.[4]

II — exercer, no Conselho da Justiça Federal, as funções que lhe competirem, de acordo com o Regimento Interno.

§ 3º A delegação das atribuições previstas no item I do parágrafo anterior far-se-á mediante ato do Presidente e de comum acordo com o Vice-Presidente.

Art. 22: 1. v. arts. 18 a 20 e 82-I.

Art. 22: 2. v. § 3º.

Art. 22: 3. A alínea *c* foi revogada pela Em. Reg. 10, de 11.11.09.

Art. 22: 4. A alínea *d* foi acrescida pela Em. Reg. 24, de 28.9.16.

Capítulo IV | DAS ATRIBUIÇÕES DO CORREGEDOR-GERAL DA JUSTIÇA FEDERAL[1]

CAP. IV: 1. Redação da epígrafe do Capítulo de acordo com a Em. Reg. 22, de 16.3.16.

Art. 23. O Corregedor-Geral exercerá, no Conselho da Justiça Federal, as atribuições que lhe couberem, na conformidade da lei e do seu Regimento Interno e integrará o Plenário e a Corte Especial também nas funções de relator e revisor.[1]

Art. 23: 1. Redação do art. 23 de acordo com a Em. Reg. 22, de 16.3.16.

Capítulo V | DAS ATRIBUIÇÕES DO PRESIDENTE DE SEÇÃO

Art. 24. Compete ao Presidente de Seção:[1]

I — presidir as sessões, onde terá apenas o voto de desempate;

II — manter a ordem nas sessões;

III — convocar sessões extraordinárias;

IV — mandar incluir em pauta os processos de sua Seção e assinar as atas das sessões;

V — assinar os ofícios executórios e quaisquer comunicações referentes aos processos julgados pela respectiva Seção;[2]

VI — indicar ao Presidente funcionários da Secretaria do Tribunal a serem designados para os cargos de direção de sua Seção;[3]

VII — assinar a correspondência de sua Seção.[4]

VIII — decidir, por delegação do Presidente do Tribunal e no âmbito de sua atuação, as matérias previstas no art. 21-E deste Regimento.[5]

Art. 24: 1. v. art. 9º.

Art. 24: 2. Redação do inciso V de acordo com a Em. Reg. 6, de 12.8.02.

Art. 24: 3. Redação do inciso VI de acordo com a Em. Reg. 6, de 12.8.02.

Art. 24: 4. Redação do inciso VII de acordo com a Em. Reg. 6, de 12.8.02.

Art. 24: 5. O inciso VIII foi acrescido pela Em. Reg. 24, de 28.9.16.

Capítulo VI | DAS ATRIBUIÇÕES DO PRESIDENTE DE TURMA

Art. 25. Compete ao Presidente de Turma:[1]

I — presidir as sessões de sua Turma, onde terá participação também na condição de relator, revisor ou vogal;

II — manter a ordem nas sessões;

III — convocar as sessões extraordinárias;

IV — mandar incluir em pauta os processos da respectiva Turma e assinar as atas das sessões;

V — assinar os ofícios executórios e quaisquer comunicações referentes aos processos julgados pela respectiva Turma;[2]

VI — indicar ao Presidente funcionários da Secretaria do Tribunal a serem designados para os cargos de direção de sua Turma;[3]

VII — assinar a correspondência de sua Turma.[4]

Art. 25: 1. v. art. 13.

Art. 25: 2. Redação do inciso V de acordo com a Em. Reg. 6, de 12.8.02.

Art. 25: 3. Redação do inciso VI de acordo com a Em. Reg. 6, de 12.8.02.

Art. 25: 4. Redação do inciso VII de acordo com a Em. Reg. 6, de 12.8.02.

Capítulo VII | DOS MINISTROS

Seção I | DISPOSIÇÕES GERAIS

Art. 26. A indicação, pelo Superior Tribunal de Justiça, de Juízes, Desembargadores, advogados e membros do Ministério Público, a serem nomeados pelo Presidente da República, para comporem o Tribunal, far-se-á em lista tríplice.[1]

§ 1º Ocorrendo vaga destinada a advogado ou a membro do Ministério Público, o Presidente do Tribunal, nos cinco dias seguintes, solicitará ao órgão de representação da classe que providencie a lista sêxtupla dos candidatos, observados os requisitos constitucionais (Constituição, art. 104, parágrafo único).

§ 2º Tratando-se de vaga a ser preenchida por Juiz ou Desembargador,[2] o Presidente solicitará aos Tribunais Regionais Federais e aos Tribunais de Justiça que enviem, no prazo de dez dias, relação dos magistrados que contem mais de trinta e cinco e menos de sessenta e cinco anos de idade, com indicação das datas de nascimento (Constituição, art. 104, parágrafo único).

§ 3º Recebida a lista sêxtupla, ou esgotado o prazo indicado no parágrafo anterior, convocará o Presidente, de imediato, sessão do Tribunal para elaboração da lista tríplice.

§ 4º Para a composição da lista tríplice, o Tribunal reunir-se-á, em sessão pública, com o *quorum* de dois terços de seus membros, além do Presidente.

§ 5º Somente constará de lista tríplice o candidato que obtiver, em primeiro ou subsequente escrutínio, a maioria absoluta dos votos dos membros do Tribunal, observado o disposto no art. 27, § 3º.[3]

§ 6º Os candidatos figurarão na lista de acordo com a ordem decrescente dos sufrágios que obtiverem, respeitado, também, o número de ordem do escrutínio. Em caso de empate, terá preferência o mais idoso.[4]

§ 7º A escolha dos nomes que comporão lista tríplice far-se-á em votação secreta, realizando-se tantos escrutínios quantos forem necessários.

§ 8º Para colocação dos nomes na lista, em caso de empate, far-se-á o desempate em favor do candidato mais idoso; se ainda persistir o empate, adotar-se-á o critério do tempo de serviço público no cargo, para os magistrados e membros do Ministério Público, ou o tempo de inscrição na Ordem como advogado, para os advogados.

Art. 26: 1. v. CF 104 § ún.-I.

Art. 26: 2. **LR 41:** "Em caso de vaga ou afastamento de Ministro do Superior Tribunal de Justiça, por prazo superior a trinta dias, poderá ser convocado Juiz do Tribunal Regional Federal ou Desembargador, para substituição, pelo voto da maioria absoluta dos seus membros".

Art. 26: 3. Redação do § 5º de acordo com a Em. Reg. 1, de 23.5.91.

Art. 26: 4. Redação do § 6º de acordo com a Em. Reg. 1, de 23.5.91.

Art. 27. Aberta a sessão, será ela transformada em conselho,[1] para que o Tribunal aprecie aspectos gerais referentes à escolha dos candidatos, seus currículos, vida pregressa e se satisfazem os requisitos constitucionais exigidos. Os membros do Tribunal receberão, quando possível, com antecedência de, no mínimo, setenta e duas horas da data da sessão, relação dos candidatos, instruída com cópia dos respectivos currículos.

§ 1º Tornada pública a sessão, o Presidente designará a Comissão Escrutinadora, que será integrada por três membros do Tribunal.

§ 2º Existindo mais de uma vaga a ser preenchida por advogado ou membro do Ministério Público, para cada lista sêxtupla, será elaborada lista tríplice, observando-se o que dispõe o § 3º deste artigo.

§ 3º Tratando-se de lista tríplice única, cada Ministro, no primeiro escrutínio, votará em três nomes. Ter-se-á como constituída se, em primeiro escrutínio, três ou mais candidatos obtiverem maioria absoluta dos votos do Tribunal, hipótese em que figurarão na lista, pela ordem decrescente de sufrágios, os nomes dos três mais votados. Em caso contrário, efetuar-se-á segundo escrutínio e, se necessário, novos escrutínios, concorrendo, em cada um, candidatos em número correspondente ao dobro dos nomes a serem inseridos, ainda, na lista, de acordo com a ordem da votação alcançada no escrutínio anterior, incluídos, entretanto, todos os nomes com igual número de votos na última posição a ser considerada. Restando, apenas, uma vaga a preencher, será considerado escolhido o candidato mais votado, com preferência ao mais idoso, em caso de empate.[2]

§ 4º Se existirem duas ou mais vagas a serem providas dentre Juízes ou Desembargadores, o Tribunal deliberará, preliminarmente, se as listas se constituirão, cada uma, com três nomes distintos, ou se, composta a primeira com três nomes, a segunda e subsequentes deverão ser integradas pelos dois nomes remanescentes da lista anterior, acrescidos de mais um nome.

§ 5º Se o Tribunal deliberar que, em cada lista, constarão três nomes distintos, cada Ministro, no primeiro escrutínio, votará em tantos nomes quantos necessários à constituição das listas tríplices. Nesse caso, na organização simultânea das listas, os nomes que obtiverem, em primeiro escrutínio, maioria absoluta de votos dos membros do Tribunal, figurarão, pela ordem decrescente de votos, em primeiro lugar, em cada uma das listas, de acordo com sua numeração, e nos lugares subsequentes das listas, horizontalmente considerados, pela mesma ordem, da primeira à última. Se, no primeiro escrutínio, não se preencherem todos os lugares das diversas listas, proceder-se-á a segundo e, se necessário, a novos escrutínios, na forma definida na última parte do § 3º deste artigo, distribuindo-se, nas listas, os nomes escolhidos, de acordo com a ordem prevista para o primeiro escrutínio. No segundo e subsequentes escrutínios, cada Ministro votará em tantos nomes quantos faltarem para serem incluídos nas listas.

§ 6º Se o Tribunal deliberar que, na constituição das listas, será adotado o critério previsto na segunda hipótese do § 4º deste artigo, cada Ministro, em primeiro escrutínio, votará em tantos nomes quantas forem as vagas a preencher e em mais dois. Nessa hipótese, na organização simultânea das listas, atendido o disposto no § 5º do art. 27, a primeira será integrada, na ordem decrescente dos sufrágios alcançados, por três nomes; a segunda lista constituir-se-á dos dois nomes remanescentes da primeira, mais o nome que tenha obtido a quarta votação; a terceira lista dar-se-á por composta dos dois nomes remanescentes da lista anterior, mais o nome que haja obtido a quinta votação, respeitada a ordem dos escrutínios, e assim sucessivamente. Se, no primeiro escrutínio, não se preencherem todos os lugares das diversas listas, nos termos deste parágrafo, proceder-se-á a segundo e a novos escrutínios, na forma definida no parágrafo anterior e na última parte do § 3º deste artigo.

§ 7º No ofício de encaminhamento ao Poder Executivo, da lista tríplice única ou das diversas listas tríplices, far-se-á referência ao número de votos obtidos pelos indicados e à ordem do escrutínio em que se deu a escolha.

Art. 27: 1. v. art. 182-I.

Art. 27: 2. Redação do § 3º de acordo com a Em. Reg. 1, de 23.5.91.

Art. 28. Os Ministros tomarão posse, no prazo de trinta (30) dias, em sessão plenária e solene do Tribunal, podendo fazê-lo perante o Presidente em período de recesso ou férias.[1]

§ 1º No ato da posse, o Ministro prestará compromisso de bem desempenhar os deveres do cargo, e de bem cumprir e fazer cumprir a Constituição e as leis do País.

§ 2º Do compromisso, lavrar-se-á, em livro especial, termo que será assinado pelo Presidente, pelo empossado e pelo Diretor-Geral da Secretaria.

§ 3º Somente será dada posse ao Ministro que antes haja provado:

a) ser brasileiro;

b) contar mais de trinta e cinco e menos de sessenta e cinco anos de idade;

c) satisfazer aos demais requisitos inscritos em lei.

§ 4º O prazo para a posse poderá ser prorrogado pela Corte Especial, na forma da lei.

Art. 28: 1. Redação do *caput* de acordo com a Em. Reg. 1, de 23.5.91.

Art. 29. Os Ministros têm as prerrogativas, garantias, direitos e incompatibilidades inerentes ao exercício da Magistratura.

§ 1º Os Ministros receberão o tratamento de Excelência e usarão vestes talares nas sessões solenes, e capas, nas sessões ordinárias ou extraordinárias; conservarão o título e as honras correspondentes, mesmo depois da aposentadoria.[1]

§ 2º A Presidência do Tribunal velará pela preservação dos direitos, interesses e prerrogativas dos Ministros aposentados.[2]

Art. 29: 1. O § ún. do art. 29 passou a § 1º pela Em. Reg. 1, de 23.5.91.

Art. 29: 2. O § 2º foi acrescido pela Em. Reg. 1, de 23.5.91.

Art. 30. A antiguidade do Ministro no Tribunal, para sua colocação nas sessões, distribuição de serviços, revisão dos processos, substituições e outros quaisquer efeitos legais ou regimentais, é regulada na seguinte ordem:

I — pela posse;

II — pela nomeação;

III — pela idade.

Parágrafo único. Respeitar-se-á, no Superior Tribunal de Justiça, a antiguidade que vinha sendo observada no Tribunal Federal de Recursos, em relação aos seus Ministros.

Art. 31. Havendo, dentre os Ministros do Tribunal, cônjuges, parentes consanguíneos ou afins, em linha reta ou no terceiro grau da linha colateral, integrarão Seções diferentes, e o primeiro que conhecer da causa impede que o outro participe do julgamento quando da competência da Corte Especial.

Art. 32. Os Ministros têm direito de transferir-se para Seção ou Turma, onde haja vaga, antes da posse de novo Ministro, ou, em caso de permuta, para qualquer outra. Havendo mais de um pedido, terá preferência o do mais antigo.

Art. 33. Os Ministros têm jurisdição em todo o território nacional e domicílio no Distrito Federal.[1]

Parágrafo único. É dever dos Ministros, entre outros estabelecidos em lei e neste Regimento:

I — manter residência no Distrito Federal;

II — comparecer às sessões de julgamento, nelas permanecendo até o seu final, salvo com autorização prévia do Presidente do órgão julgador.

Art. 33: 1. Redação do *caput* de acordo com a Em. Reg. 7, de 1.3.04, que acrescentou o § ún. e seus dois incisos.

Seção II | DO RELATOR

Art. 34. São atribuições do relator:[1]

I — ordenar e dirigir o processo;

II — determinar às autoridades judiciárias e administrativas, sujeitas à sua jurisdição, providências relativas ao andamento e à instrução do processo, exceto se forem da competência da Corte Especial, da Seção, da Turma ou de seus Presidentes;

III — delegar atribuições a autoridades judiciárias de instância inferior, nos casos previstos em lei ou neste Regimento;

IV — submeter à Corte Especial, à Seção, à Turma, ou ao Presidente, conforme a competência, questões de ordem[2] para o bom andamento dos processos;

V — submeter à Corte Especial, à Seção, à Turma, nos processos da competência respectiva, medidas cautelares[3] ou tutelas provisórias necessárias à proteção de direito suscetível de grave dano de incerta reparação ou ainda destinadas a garantir a eficácia da ulterior decisão da causa;[3a]

VI — determinar, em caso de urgência, as medidas ou tutelas do inciso anterior, *ad referendum* da Corte Especial, da Seção ou da Turma;[3b]

VII — decidir o agravo interposto de decisão que inadmitir recurso especial;[3c-4]

VIII — requisitar os autos originais, quando necessário;

IX — apreciar e homologar pedidos de desistência, de autocomposição das partes e de habilitação em razão de falecimento de qualquer das partes, ainda que o feito se ache em pauta ou em mesa para julgamento;[4a]

X — pedir dia para julgamento dos feitos que lhe couberem por distribuição, ou passá-los ao revisor, com o relatório, se for o caso;[5]

XI — julgar prejudicado pedido ou recurso que haja perdido o objeto;

XII — propor à Seção ou à Turma seja o processo submetido à Corte Especial ou à Seção,[6] conforme o caso;

XIII — decidir o pedido de carta de sentença[7] e assiná-la;

XIV — apresentar em mesa para julgamento os feitos que independem de pauta;[8]

XV — redigir o acórdão, quando o seu voto for o vencedor no julgamento;

XVI — determinar a autuação do agravo como recurso especial;

XVII — determinar o arquivamento de inquérito, ou peças informativas, quando o requerer o Ministério Público, ou submeter o requerimento à decisão do órgão competente do Tribunal;

XVIII — distribuídos os autos:[9]

a) não conhecer do recurso ou pedido inadmissível, prejudicado ou daquele que não tiver impugnado especificamente todos os fundamentos da decisão recorrida;[9a]

b) negar provimento ao recurso ou pedido que for contrário a tese fixada em julgamento de recurso repetitivo ou de repercussão geral, a entendimento firmado em incidente de assunção de competência, a súmula do Supremo Tribunal Federal ou do Superior Tribunal de Justiça ou, ainda, a jurisprudência dominante acerca do tema;[9b]

c) dar provimento ao recurso se o acórdão recorrido for contrário a tese fixada em julgamento de recurso repetitivo ou de repercussão geral, a entendimento firmado em incidente de assunção de competência, a súmula do Supremo Tribunal Federal ou do Superior Tribunal de Justiça ou, ainda, a jurisprudência dominante acerca do tema;[9c]

XIX — decidir o mandado de segurança quando for inadmissível, prejudicado ou quando se conformar com tese fixada em julgamento de recurso repetitivo ou de repercussão geral, a entendimento firmado em incidente de assunção de competência, a súmula do Superior Tribunal de Justiça ou do Supremo Tribunal Federal, a jurisprudência dominante acerca do tema ou as confrontar;[10-11]

XX — decidir o *habeas corpus* quando for inadmissível, prejudicado ou quando a decisão impugnada se conformar com tese fixada em julgamento de recurso repetitivo ou de repercussão geral, a entendimento firmado em incidente de assunção de competência, a súmula do Superior Tribunal de Justiça ou do Supremo Tribunal Federal, a jurisprudência dominante acerca do tema ou as confrontar;[12-13]

XXI — decidir o agravo de instrumento interposto com base no art. 1.027, § 1º, do CPC;[14]

XXII — decidir o conflito de competência quando for inadmissível, prejudicado ou quando se conformar com tese fixada em julgamento de recurso repetitivo ou de repercussão geral, a entendimento firmado em incidente de assunção de competência, a súmula do Superior Tribunal de Justiça ou do Supremo Tribunal Federal, a jurisprudência dominante acerca do tema ou as confrontar;[15]

XXIII — remeter o processo ao Supremo Tribunal Federal após juízo positivo de admissibilidade quando entender versar o recurso especial sobre matéria constitucional, dando vista ao recorrente pelo prazo de quinze dias para que demonstre a existência de repercussão geral e manifeste-se sobre a questão constitucional, bem como vista à parte adversa para, por igual prazo, apresentar contrarrazões;[16]

XXIV — determinar a devolução ao Tribunal de origem dos recursos especiais fundados em controvérsia idêntica àquela já submetida ao rito de julgamento de casos repetitivos para adoção das medidas cabíveis;[17]

XXV — julgar recurso fundado em nulidade da decisão recorrida por vício de procedimento;[18]

XXVI — executar e fazer cumprir os despachos, as decisões monocráticas, as ordens e os acórdãos transitados em julgado nas ações penais, inquéritos e demais procedimentos penais originários de sua relatoria, bem como determinar às autoridades judiciárias e administrativas providências relativas ao andamento e à instrução de processos, facultada a delegação de atribuições para a prática de atos processuais previstos no art. 21-A deste Regimento a outros Tribunais e a juízos de primeiro grau de jurisdição, ficando as decisões proferidas sujeitas a posterior controle do relator, de ofício ou mediante provocação do interessado, no prazo de cinco dias da ciência do ato.[19]

Art. 34: 1. v. arts. 22 § 1º (Vice-Presidente como relator), 52 (substituição do relator), 70 § 3º (impedimento), 71 (prevenção), 72 (na reclamação), 73 (nos embargos de declaração e nas questões incidentes; s/ embargos de declaração, v. tb. art. 263 § 1º), 74 e 78 (nos embargos de divergência), 77 (eleição do relator para cargo de direção), 79 (na rescisória), 80 (como preparador do processo), 162 § 1º (ausência do relator, no julgamento adiado), 181 § 1º (Presidente da Turma), 200 § 3º (na declaração de inconstitucionalidade), 212 (indeferimento liminar de segurança), 259 § 3º (no agravo interno), 288 § 2º (deferimento de liminar), 302-III (na execução).

Art. 34: 2. v. art. 91-II.

Art. 34: 3. v. art. 288 § 2º.

Art. 34: 3a. Redação do inciso V de acordo com a Em. Reg. 24, de 28.9.16.

Art. 34: 3b. Redação do inciso VI de acordo com a Em. Reg. 24, de 28.9.16.

Art. 34: 3c. Redação do inciso VII de acordo com a Em. REg. 22, de 16.3.16.

Art. 34: 4. v. CPC 1.042.

Art. 34: 4a. Redação do inciso IX de acordo com a Em. Reg. 24, de 28.9.16.

Art. 34: 5. v. art. 35.

Art. 34: 6. v. art. 16.

Art. 34: 7. v. art. 21-XI.

Art. 34: 8. v. art. 91.

Art. 34: 9. Redação do inciso XVIII de acordo com a Em. Reg. 22, de 16.3.16.

Art. 34: 9a. A alínea *a* do inciso XVIII foi acrescida pela Em. Reg. 22, de 16.3.16.

Art. 34: 9b. A alínea *b* do inciso XVIII foi acrescida pela Em. Reg. 22, de 16.3.16.

Art. 34: 9c. A alínea *c* do inciso XVIII foi acrescida pela Em. Reg. 22, de 16.3.16.

Art. 34: 10. Redação do inciso XIX de acordo com a Em. Reg. 24, de 28.9.16.

Art. 34: 11. v. art. 214 § ún.

Art. 34: 12. Redação do inciso XX de acordo com a Em. Reg. 24, de 28.9.16.

Art. 34: 13. v. art. 202-*caput*.

Art. 34: 14. O inciso XXI foi acrescido pela Em. Reg. 22, de 16.3.16.

Art. 34: 15 a 19. Os incisos XXII a XXVI foram acrescidos pela Em. Reg. 24, de 28.9.16.

Seção III | DO REVISOR

Art. 35. Sujeitam-se a revisão os seguintes processos:[1]

I — ação rescisória;[2]

II — ação penal originária;

III — revisão criminal.

Art. 35: 1. Redação do *caput* e dos incisos do art. 35 de acordo com a Em. Reg. 1, de 23.5.91.

Art. 35: 2. v. LR 40, nota 2.

Art. 36. Será revisor o Ministro que se seguir ao relator, na ordem decrescente de antiguidade, no órgão julgador.

Parágrafo único. Em caso de substituição definitiva do relator,[1] será também substituído o revisor, na conformidade do disposto neste artigo.[2]

Art. 36: 1. v. arts. 52 e 77.

Art. 36: 2. O § ún. está de acordo com a redação dada pela Em. Reg. 4, de 2.12.93, e substitui os primitivos §§ 1º e 2º.

Art. 37. Compete ao revisor:

I — sugerir ao relator medidas ordinatórias do processo, que tenham sido omitidas;

II — confirmar, completar ou retificar o relatório;

III — pedir dia para julgamento;

IV — determinar a juntada de petição, enquanto os autos lhe estiverem conclusos, submetendo, conforme o caso, desde logo, a matéria à consideração do relator.

Capítulo VIII | DO CONSELHO DE ADMINISTRAÇÃO

Art. 38. Ao Conselho de Administração[1] incumbe:

I — deliberar sobre a organização dos serviços administrativos da Secretaria do Tribunal;[2]

II — dispor sobre os cargos de direção e assessoramento superiores, as funções de direção e assistência intermediárias e as funções de representação de gabinete, a forma do respectivo provimento, os níveis de vencimentos e gratificação, dentro dos limites estabelecidos em lei;

III — aprovar os critérios para as progressões e ascensões funcionais dos servidores da Secretaria do Tribunal;

IV — deliberar sobre as demais matérias administrativas e referentes a servidores do Tribunal, que lhe sejam submetidas pelo Presidente;

V — exercer as atribuições administrativas não previstas na competência do Plenário, da Corte Especial ou do Presidente ou as que lhe hajam sido delegadas;

VI — ....[3]

Parágrafo único. Para ausentar-se do território nacional, o ministro deverá comunicar o fato, em regra, com a antecedência mínima de 15 dias, ao Conselho de Administração, salvo quando se tratar de férias, licença, recesso ou feriado.[4]

Art. 38: 1. v. arts. 5º e 183 § ún.

Art. 38: 2. Redação do inciso I de acordo com a Em. Reg. 4, de 2.12.93.

Art. 38: 3. O inc. VI foi revogado pela Em. Reg. 19, de 11.11.15.

Art. 38: 4. O § ún. foi acrescido pela Em. Reg. 19, de 11.11.15.

Art. 39. Dos atos e decisões do Conselho de Administração não cabe recurso administrativo.

Capítulo IX | DAS COMISSÕES

Art. 40. As comissões, permanentes ou temporárias, colaboram no desempenho dos encargos do Tribunal.

§ 1º São comissões permanentes:[1]

I — a Comissão de Regimento Interno;

II — a Comissão de Jurisprudência;

III — a Comissão de Documentação;

IV — a Comissão de Coordenação.

V — a Comissão Gestora de Precedentes.[1a-1b]

§ 2º As Comissões permanentes serão integradas de três Ministros efetivos e um suplente, salvo a de Jurisprudência e a de Regimento Interno, que serão compostas de seis Ministros efetivos, respeitada, em todos os casos, a paridade de representação de cada uma das Seções do Tribunal.[2]

§ 3º As Comissões temporárias, que podem ser criadas pela Corte Especial ou pelo Presidente do Tribunal e ter qualquer número de membros, extinguem-se, preenchido o fim a que se destinem.[3]

Art. 40: 1. Redação do § 1º e seus incisos de acordo com a Em. Reg. 2, de 4.6.92.

Art. 40: 1a. O inciso V foi acrescido pela Em. Reg. 26, de 13.12.16.

Art. 40: 1b. v. art. 46-A.

Art. 40: 2. Redação do § 2º de acordo com a Em. Reg. 30, de 22.5.18.

Art. 40: 3. O § 3º foi acrescentado pela Em. Reg. 2, de 4.6.92.

Art. 41. O Presidente designará os membros das comissões, submetendo--os à aprovação da Corte Especial.

§ 1º A comissão será presidida pelo Ministro mais antigo dentre os seus integrantes.

§ 2º...[1]

Art. 41: 1. O § 2º foi revogado pela Em. Reg. 15, de 17.9.14.

Art. 42. As comissões permanentes ou temporárias poderão:

I — sugerir ao Presidente do Tribunal normas de serviço relativas à matéria de sua competência;

II — entender-se, por seu Presidente, com outras autoridades ou instituições, nos assuntos de sua competência, por delegação do Presidente do Tribunal.

Art. 43. À Comissão de Regimento Interno cabe:

I — velar pela atualização do Regimento, propondo emendas ao texto em vigor e emitindo parecer sobre as emendas de iniciativa de outra comissão ou de Ministro;

II — opinar em processo administrativo, quando consultada pelo Presidente.

Art. 44. À Comissão de Jurisprudência cabe:

I — velar pela expansão, atualização e publicação da Súmula da Jurisprudência Predominante do Tribunal;

II — supervisionar os serviços de sistematização da jurisprudência do Tribunal, sugerindo medidas que facilitem a pesquisa de julgados ou processos;

III — orientar iniciativas de coleta e divulgação dos trabalhos dos Ministros que já se afastaram definitivamente do Tribunal;

IV — propor à Corte Especial ou à Seção que seja compendiada em súmula a jurisprudência do Tribunal, quando verificar que as Turmas não divergem na interpretação do direito;

V — sugerir medidas destinadas a abreviar a publicação dos acórdãos.

Art. 45. À Comissão de Documentação cabe:[1]

I — supervisionar a administração dos serviços da biblioteca, do arquivo e do museu do Tribunal, sugerindo ao Presidente medidas tendentes ao seu aperfeiçoamento;

II — acompanhar a política de guarda e conservação de processos, livros, periódicos e documentos históricos do Tribunal;

III — manter, na Secretaria de Documentação, serviço de documentação para recolher elementos que sirvam de subsídio à história do Tribunal, com pastas individuais contendo dados biográficos e bibliográficos dos Ministros;

IV — deliberar sobre questões que excedam a esfera de competência administrativa da Secretaria de Documentação.[2]

Art. 45: 1. Redação dos incisos I, II e III de acordo com a Em. Reg. 7, de 1.3.04.

Art. 45: 2. O inciso IV foi acrescido pela Em. Reg. 7, de 1.3.04.

Art. 46. À Comissão de Coordenação cabe:

I — sugerir ao Presidente medidas tendentes à modernização administrativa do Tribunal;

II — sugerir aos Presidentes do Tribunal, das Seções e das Turmas, medidas destinadas a aumentar o rendimento das sessões, abreviar a publicação dos acórdãos e facilitar a tarefa dos advogados;

III — supervisionar os serviços de informática, fiscalizando a sua execução e propondo as providências para a sua atualização e aperfeiçoamento.

Art. 46-A. À Comissão Gestora de Precedentes cabe:[1]

I — supervisionar os trabalhos do Núcleo de Gerenciamento de Precedentes — Nugep, em especial os relacionados à gestão dos casos repetitivos e dos incidentes de assunção de competência, bem como ao controle e ao acompanhamento de processos sobrestados na Corte em razão da aplicação da sistemática dos recursos repetitivos e da repercussão geral;

II — sugerir ao Presidente do Tribunal medidas para o aperfeiçoamento da formação e da divulgação dos precedentes qualificados, conforme disposto no Código de Processo Civil;

III — sugerir aos Presidentes do Tribunal e das Seções medidas destinadas a ampliar a afetação de processos aos ritos dos recursos repetitivos e da assunção de competência;

IV — desenvolver trabalho de inteligência, em conjunto com o Conselho Nacional de Justiça, com os Tribunais Regionais Federais e com os Tribunais de Justiça, a fim de identificar matérias com potencial de repetitividade ou com relevante questão de direito, de grande repercussão social, aptas a serem submetidas ao Superior Tribunal de Justiça sob a sistemática dos recursos repetitivos e da assunção de competência;

V — acompanhar, inclusive antes da distribuição, os processos que possuam matéria com potencial de repetitividade ou com relevante questão de direito, de grande repercussão social, a fim de propor ao Presidente do Tribunal medidas para a racionalização dos julgamentos desta Corte por meio de definições de teses jurídicas em recursos repetitivos ou em assunção de competência;

VI — deliberar sobre questões que excedam a esfera de competência administrativa do Núcleo de Gerenciamento de Precedentes — Nugep, além de outras atribuições referentes a casos repetitivos e a incidentes de assunção de competência.

Art. 46-A: 1. O art. 46-A foi acrescido pela Em Reg. 26, de 13.12.16.

Capítulo X | DO CONSELHO DA JUSTIÇA FEDERAL[1]

CAP. X: 1. v. Lei 11.798, de 29.10.08.

Art. 47. Ao Conselho da Justiça Federal,[1] que funciona junto ao Tribunal, cabe exercer a supervisão administrativa e orçamentária da Justiça Federal de primeiro e segundo graus.[2]

Art. 47: 1. v. arts. 6º, 7º, 20, 22 § 2º-II, 23-*caput*, 137 e 339 (disposição transitória); CF 105 § ún.; Lei 11.798, de 29.10.08.

Art. 47: 2. Redação do art. 47 de acordo com a Em. Reg. 4, de 2.12.93.

Art. 48. O Conselho da Justiça Federal elaborará o seu Regimento Interno[1] e o submeterá à aprovação do Plenário do Tribunal.[2-3]

Art. 48: 1. v. Regimento Interno do Conselho da Justiça Federal, em Bol. AASP 1.780, supl.

Art. 48: 2. Redação do art. 48 de acordo com a Em. Reg. 4, de 2.12.93.

Art. 48: 3. v. art. 10-VIII.

Art. 49. Dos atos e decisões do Conselho da Justiça Federal não cabe recurso administrativo.

Capítulo XI | DAS LICENÇAS, SUBSTITUIÇÕES E CONVOCAÇÕES

Art. 50. A licença é requerida pelo Ministro com a indicação do prazo e do dia do início.

§ 1º Salvo contraindicação médica, o Ministro licenciado poderá proferir decisões em processos de que, antes da licença, haja pedido vista, ou que tenham recebido o seu visto como relator ou revisor.

§ 2º O Ministro licenciado pode reassumir o cargo, a qualquer tempo, entendendo-se que desistiu do restante do prazo.

§ 3º Se a licença for para tratamento da própria saúde, o Ministro somente poderá reassumir o cargo, antes do término do prazo, se não houver contraindicação médica.

Art. 51. Nas ausências ou impedimentos eventuais ou temporários, a substituição no Tribunal dar-se-á da seguinte maneira:

I — o Presidente do Tribunal, pelo Vice-Presidente, e este, pelos demais Ministros, na ordem decrescente de antiguidade;

II — o Presidente da Seção, pelo Ministro que o seguir na antiguidade dentre os seus membros;

III — o Presidente da Turma, pelo Ministro que o seguir na antiguidade dentre os seus membros;

IV — os Presidentes das Comissões, pelo mais antigo dentre os seus membros;

V — qualquer dos membros das comissões, pelo suplente;

VI — O Corregedor-Geral da Justiça Federal, pelo Vice-Corregedor-Geral, inclusive mediante delegação, e esse pelo Ministro integrante do Conselho da Justiça Federal imediato em antiguidade naquele órgão.[1]

Art. 51: 1. Redação de acordo com a Em. Reg. 29, de 22.5.18. **Nota:** nos termos do art. 3º da Em. Reg. 29, de 22.5.18, ela "entra em vigor no dia de sua publicação no Diário da Justiça eletrônico, respeitado o mandato do atual Corregedor-Geral da Justiça Federal, excetuada a referência à criação e ao provimento do cargo de Vice-Corregedor-Geral da Justiça Federal, que vigerá com a publicação da alteração da Lei n. 11.798/2008 (PL n. 9.557/2018)".

Art. 52. O relator é substituído:[1]

I — no caso de impedimento, ausência ou obstáculos eventuais, em se cogitando da adoção de medidas urgentes, pelo revisor, se houver, ou pelo Ministro imediato em antiguidade, no Plenário, na Corte Especial, na Seção ou na Turma, conforme a competência;

II — quando vencido, em sessão de julgamento, pelo Ministro designado para redigir o acórdão;

III — em caso de ausência por mais de trinta dias, mediante redistribuição;

IV — em caso de transferência para outra Seção, salvo quanto aos processos em que tiver lançado seu visto e, bem assim, quando de aposentadoria, exoneração ou morte:[2]

a) pelo Ministro que preencher sua vaga na Turma;

b) pelo Ministro que tiver proferido o primeiro voto vencedor, condizente com o do relator, para lavrar ou assinar os acórdãos dos julgamentos anteriores à abertura da vaga;

c) pela mesma forma da letra *b* deste inciso, e, enquanto não preenchida sua vaga, para assinar carta de sentença e admitir recurso.[3]

Art. 52: 1. s/ substituição automática do revisor, v. art. 36 § ún.

Art. 52: 2. Redação do inciso IV-*caput* de acordo com a Em. Reg. 1, de 23.5.91.

Art. 52: 3. Redação da alínea *c* do inciso IV de acordo com a Em. Reg. 1, de 23.5.91.

Art. 53. O revisor é substituído, em caso de vaga, impedimento ou licença por mais de trinta dias, na Corte Especial, Seção ou Turma, pelo Ministro que o seguir em antiguidade.

Art. 54. ....[1]

Art. 54: 1. O art. 54 foi revogado pela Em. Reg. 22, de 16.3.16.

Art. 55. Para as sessões da Corte Especial, nos casos de impedimento de Ministros dela integrantes, serão convocados outros Ministros, obedecida a ordem de antiguidade.[1]

Parágrafo único. Para completar *quorum*[2] em uma das Seções, serão convocados Ministros de outra Seção, e, em uma das Turmas, Ministros de outra Turma, de preferência da mesma Seção, observada, quando possível, a ordem de antiguidade, de modo a que a substituição seja feita por Ministro que ocupe, em sua Seção ou Turma, posição correspondente à do substituído.[3]

Art. 55: 1. Redação do *caput* de acordo com a Em. Reg. 1, de 23.5.91.

Art. 55: 2. s/ *quorum*, v. art. 171, nota 2.

Art. 55: 3. O § ún. foi acrescido pela Em. Reg. 1, de 23.5.91.

Art. 56. Em caso de vaga ou de afastamento de Ministro, por prazo superior a trinta dias, poderá ser convocado Juiz de Tribunal Regional Federal ou Desembargador, sempre pelo voto da maioria absoluta dos membros da Corte Especial.[1-2]

Parágrafo único. O magistrado convocado receberá a diferença de vencimento correspondente ao cargo de Ministro, inclusive diárias e transporte, se for o caso.

Art. 56: 1. Redação do *caput* de acordo com a Em. Reg. 29, de 22.5.18.

Art. 56: 2. v. LOMAN 118, nota 2a.

Capítulo XII | DA POLÍCIA DO TRIBUNAL

Art. 57. O Presidente, no exercício da atribuição referente à polícia do Tribunal, poderá requisitar o auxílio de outras autoridades, quando necessário.

Art. 58. Ocorrendo infração à lei penal na sede ou dependências do Tribunal, o Presidente instaurará inquérito, se envolver autoridade ou pessoa sujeita à sua jurisdição, ou delegará esta atribuição a outro Ministro.

§ 1º Nos demais casos, o Presidente poderá proceder na forma deste artigo ou requisitar a instauração de inquérito à autoridade competente.

§ 2º O Ministro incumbido do inquérito designará secretário dentre os servidores do Tribunal.

Art. 59. A polícia das sessões e das audiências compete ao seu Presidente.

Capítulo XIII | DA REPRESENTAÇÃO POR DESOBEDIÊNCIA OU DESACATO

Art. 60. Sempre que tiver conhecimento de desobediência a ordem emanada do Tribunal ou de seus Ministros, no exercício da função, ou de desacato ao Tribunal, ou a seus Ministros, o Presidente comunicará o fato ao órgão competente do Ministério Público, provendo-o dos elementos de que dispuser para a propositura da ação penal.

Parágrafo único. Decorrido o prazo de trinta dias, sem que tenha sido instaurada a ação penal, o Presidente dará ciência ao Tribunal, em sessão secreta, para as providências que julgar necessárias.

Título II | DO MINISTÉRIO PÚBLICO

Art. 61. Perante o Tribunal, funciona o Procurador-Geral da República, ou o Subprocurador-Geral, mediante delegação do Procurador-Geral.

Art. 62. O Ministério Público Federal manifestar-se-á nas oportunidades previstas em lei e neste Regimento.[1]

Art. 62: 1. s/ MP, v. arts. 104-II, 125 § 2º, 157, 159 § 2º, 160 §§ 1º, 4º e 5º, 187-*caput*, 190, 195, 198-*caput*, 199-*caput*, 214, 237, 248, 250, 253 § ún., 256, 271 § 1º, 312-III e 314.

Art. 63. Nos processos em que atuar como titular da ação penal, o Procurador-Geral ou o Subprocurador-Geral têm os mesmos poderes e ônus que as partes, ressalvadas as disposições expressas em lei ou neste Regimento.

Art. 64. O Ministério Público terá vista dos autos:

I — nas arguições de inconstitucionalidade;

II — nos incidentes de assunção de competência;[1]

III — nos mandados de segurança, mandados de injunção, *habeas corpus* e *habeas data*, originários ou em grau de recurso;

IV — nas ações penais originárias e nas revisões criminais;

V — nos conflitos de competência e de atribuições;

VI — nas ações rescisórias e apelações cíveis;

VII — nos pedidos de intervenção federal;

VIII — nas notícias crime;[1a]

IX — nos inquéritos de que possa resultar responsabilidade penal;

X — nos recursos criminais;

XI — nas reclamações que não houver formulado;

XII — nos outros processos em que a lei impuser a intervenção do Ministério Público;[1b]

XIII — nos demais feitos quando, pela relevância da matéria, ele a requerer, ou for determinada pelo relator.[2]

Parágrafo único. Salvo na ação penal originária ou nos inquéritos, poderá o relator, quando houver urgência, ou quando sobre a matéria versada no processo já houver a Corte Especial firmado jurisprudência, tomar o parecer do Ministério Público oralmente.[3]

Art. 64: 1. Redação do inciso II de acordo com a Em. Reg. 24, de 28.9.16.

Art. 64: 1a. O inciso VIII foi acrescentado pela Em. Reg. 4, de 2.12.93, renumerando-se os antigos incisos VIII a XII, que passaram a ser incisos IX a XIII.

Art. 64: 1b. v. CPC 178.

Art. 64: 2. v. art. 16-IV.

Art. 64: 3. Conforme redação da Em. Reg. 4, de 2.12.93, que não alterou o texto anterior.

Art. 65. O Procurador-Geral ou Subprocurador-Geral poderão pedir preferência para julgamento de processo em pauta.

Título III[1] | DA DEFENSORIA PÚBLICA

TÍT. III: 1. Título acrescido pela Em. Reg. 19, de 11.11.15.

Art. 65-A. Perante o Tribunal, atuarão os defensores públicos:[1]

I — em processos oriundos:

a) da Defensoria Pública da União nos Estados e no Distrito Federal;

b) das Defensorias Públicas dos Estados e do Distrito Federal;

II — nos casos de curadoria especial;

III — em processos nos quais houver parte desassistida por advogado ou patrocinada por advogado dativo.

Art. 65-A: 1. Art. 65-A acrescido pela Em. Reg. 19, de 11.11.15.

Art. 65-B. O relator do recurso especial repetitivo poderá autorizar manifestação da Defensoria Pública na condição de *amicus curiae*.[1-2]

Art. 65-B: 1. Art. 65-B acrescido pela Em. Reg. 19, de 11.11.15.

Art. 65-B: 2. v. CPC 1.038-I.

Parte II | DO PROCESSO

Título I | DISPOSIÇÕES GERAIS

Capítulo I | DO REGISTRO E CLASSIFICAÇÃO DOS FEITOS

Art. 66. As petições e os processos serão registrados no protocolo da Secretaria do Tribunal no mesmo dia do recebimento.[1]

Parágrafo único. O Presidente do Tribunal, mediante instrução normativa, disciplinará o uso de meio eletrônico na tramitação de processos judiciais, comunicação de atos e transmissão de peças processuais, com observância da lei processual.[2]

Art. 66: 1. "Cabe, pois, à parte entregar a sua petição no protocolo da Secretaria e não no gabinete do Ministro" (STJ-3ª T., Ag 30.914-3-AgRg-EDcl, Min. Nilson Naves, j. 10.5.93, DJU 31.5.93).

Art. 66: 2. Redação do § ún. de acordo com a Em. Reg. 22, de 16.3.16.

Art. 67. O registro far-se-á em numeração contínua e seriada em cada uma das classes seguintes:[1 a 1c]

I — Ação Penal (APn);

II — Ação Rescisória (AR);

III — Agravo de Instrumento (Ag);

IV — Recurso Ordinário (RO);[1d]

V — Comunicação (Com);

VI — Conflito de Competência (CC);

VII — Conflito de Atribuições (CAt);

VIII — Exceção de Impedimento (ExImp);

IX — Exceção de Suspeição (ExSusp);

X — Exceção da Verdade (ExVerd);

XI — *Habeas Corpus* (HC);

XII — *Habeas Data* (HD);

XIII — Inquérito (Inq);

XIV — Interpelação Judicial (IJ);

XV — Intervenção Federal (IF);

XVI — Mandado de Injunção (MI);

XVII — Mandado de Segurança (MS);
XVIII — Pedido de Tutela Provisória (TP);[1e]
XIX — Petição (Pet);
XX — Precatório (Prc);
XXI — Processo Administrativo (PA);
XXII — Reclamação (Rcl);
XXIII — Recurso Especial (REsp);
XXIV — Representação (Rp);
XXV — Recurso em *Habeas Corpus* (RHC);
XXVI — Recurso em Mandado de Segurança (RMS);
XXVII — Revisão Criminal (RvCr);
XXVIII — Sindicância (Sd);
XXIX — Suspensão de Liminar e de Sentença (SLS);
XXX — Suspensão de Segurança (SS).
XXXI — Homologação de Decisão Estrangeira (HDE);[1f]
XXXII — Carta Rogatória (CR).
XXXIII — Agravo em Recurso Especial (AREsp);
XXXIV — Embargos de Divergência em Recurso Especial (EREsp);
XXXV — Embargos de Divergência em Agravo em Recurso Especial (EAREsp);
XXXVI — Suspensão em Incidente de Resolução de Demandas Repetitivas (SIRDR);
XXXVII — Medidas Protetivas de Urgência — Lei Maria da Penha (MPUMP);
XXXVIII — Medidas Protetivas — Estatuto do Idoso (MPEI);
XXXIX — Pedido de Busca e Apreensão Criminal (PBAC);
XL — Pedido de Prisão Preventiva (PePrPr);
XLI — Pedido de Prisão Temporária (PePrTe);
XLII — Pedido de Quebra de Sigilo de Dados e/ou Telefônico (QuebSig);
XLIII — Medidas Investigativas sobre Organizações Criminosas (MISOC);
XLIV — Cautelar Inominada Criminal (CauInomCrim);
XLV — Alienação de Bens do Acusado (AlienBac);
XLVI — Embargos de Terceiro (ET);
XLVII — Embargos do Acusado (EmbAc);
XLVIII — Insanidade Mental do Acusado (InsanAc);
XLIX — Restituição de Coisas Apreendidas (ReCoAp);
L — Pedido de Uniformização de Interpretação de Lei (PUIL).

Parágrafo único. O Presidente resolverá, mediante instrução normativa, as dúvidas que se suscitarem na classificação dos feitos e papéis, observando-se as seguintes normas:[1g]

I — na classe Comunicação (Com), incluem-se as comunicações de prisão;

II — na classe Recurso Especial (REsp), incluem-se os recursos especiais de modo geral: cíveis, criminais, em mandado de segurança e em *habeas corpus*;

III — a classe Recurso Ordinário (RO) compreende o recurso ordinário interposto nas causas em que forem partes Estado estrangeiro ou organismo internacional de um lado e, do outro, Município ou pessoa residente ou domiciliada no País;[1h]

IV — as classes Recurso em *Habeas Corpus* (RHC) e Recurso em Mandado de Segurança (RMS) compreendem os recursos ordinários interpostos na forma do disposto no art. 105, II, *a* e *b*, da Constituição;[2]

IV-A — a classe Suspensão em Incidente de Resolução de Demandas Repetitivas (SIRDR) compreende o pedido de suspensão de todos os processos individuais ou coletivos em curso no território nacional que versem sobre a questão objeto do incidente já instaurado;[2a]

V — na classe Inquérito (Inq), são incluídos os policiais e os administrativos que possam resultar em responsabilidade penal, e que só passarão à classe Ação Penal (APn) após oferecimento da denúncia ou queixa;[3]

VI — na classe Sindicância (Sd), são incluídas as administrativas ou policiais, assim como quaisquer informações relativas à prática de ilícitos;[4]

VII — a classe Intervenção Federal (IF) compreende os pedidos autônomos e os formulados em execução de julgado do Tribunal; estes últimos serão autuados em apenso, salvo se os autos principais tiverem sido enviados a outra instância;

VIII — os expedientes que não tenham classificação específica, nem sejam acessórios ou incidentes, serão incluídos na classe Petição (Pet), se contiverem requerimento, ou na classe Comunicação (Com), em qualquer outro caso;

VIII-A — a classe Pedido de Uniformização de Interpretação de Lei (PUIL) compreende a medida interposta contra decisão: a) da Turma Nacional de Uniformização no âmbito da Justiça Federal que, em questões de direito material, contrarie súmula ou jurisprudência dominante no Superior Tribunal de Justiça; b) da Turma Recursal dos Juizados Especiais da Fazenda Pública no âmbito dos Estados, do Distrito Federal, dos Territórios e dos Municípios quando as Turmas de diferentes Estados derem a lei federal interpretações divergentes, ou quando a decisão proferida estiver em contrariedade com súmula do Superior Tribunal de Justiça; e c) das Turmas de Uniformização dos Juizados Especiais da Fazenda Pública no âmbito dos Estados, do Distrito Federal, dos Territórios e dos Municípios quando a orientação adotada pelas Turmas de Uniformização contrariar súmula do Superior Tribunal de Justiça;[4a]

VIII-B — a classe Pedido de Tutela Provisória (TP) compreende o pedido de tutela provisória de urgência de caráter antecedente;[4b]

IX — não se altera a classe do processo:

a) pela oposição de Embargos de Declaração (EDcl) e pela interposição de Agravo Interno (AgInt);[5]

b) pelos pedidos incidentes ou acessórios, inclusive pela interposição de exceções de impedimento e de suspeição;

c) pela arguição de inconstitucionalidade formulada incidentemente pelas partes;

d) pelos pedidos de execução, salvo a intervenção federal;

X — far-se-á na autuação nota distintiva do recurso ou incidente, quando este não alterar a classe e o número do processo.

Art. 67: 1. Os incisos XIV a XVIII tiveram nova redação de acordo com a Em. Reg. 4, de 2.12.93.

Art. 67: 1a. Os incisos XIX a XXIX tiveram nova redação e o inciso XXX foi acrescido pela Em. Reg. 7, de 1.3.04.

Art. 67: 1b. Os incisos XXXI e XXXII foram acrescidos pela Em. Reg. 18, de 17.12.14.

Art. 67: 1c. Os incisos XXXIII a L foram acrescidos pela Em. Reg. 22, de 16.3.16.

Art. 67: 1d. O inciso IV está de acordo com a Em. Reg. 24, de 28.9.16.

Art. 67: 1e. O inciso XVIII está de acordo com a Em. Reg. 24, de 28.9.16.

Art. 67: 1f. O inciso XXXI está de acordo com a Em. Reg. 24, de 28.9.16.

Art. 67: 1g. O primitivo § 1º passou a § ún. pela Em. Reg. 4, de 2.12.93.

Art. 67: 1h. O inciso III de acordo com a Em. Reg. 24, de 28.9.16.

Art. 67: 2. Redação do inciso IV do § ún. de acordo com a Em. Reg. 4, de 2.12.93.

Art. 67: 2a. O inciso IV-A foi acrescido pela Em. Reg. 22, de 16.3.16.

Art. 67: 3. Redação do inciso V do § ún. de acordo com a Em. Reg. 4, de 2.12.93.

Art. 67: 4. Redação do inciso VI do § ún. de acordo com a Em. Reg. 7, de 1.3.04.

Art. 67: 4a. O inciso VIII-A foi acrescido pela Em. Reg. 22, de 16.3.16, e alterado pela Em. Reg. 24, de 28.9.16.

Art. 67: 4b. O inciso VIII-B foi acrescido pela Em. Reg. 24, de 28.9.16.

Art. 67: 5. Redação da alínea *a* do inciso IX de acordo com a Em. Reg. 22, de 16.3.16.

Capítulo II | DA DISTRIBUIÇÃO

Art. 68. Os processos da competência do Tribunal serão distribuídos[1] por classe, tendo, cada uma, designação distintiva e numeração segundo a ordem em que houverem sido apresentados os feitos, observando-se as classes mencionadas no art. 67.

Parágrafo único. Fazendo-se a distribuição pelo computador, além da numeração por classe, adotar-se-á numeração geral, que poderá ser a que tomou o feito na instância inferior, desde que integrada no sistema de computação eletrônica do Tribunal.

Art. 68: 1. s/ distribuição, v. arts. 21-XII, 22 § 2º-I-*c*, 185-I e 238.

Art. 69. Far-se-á a distribuição dos feitos da competência do Tribunal mediante sorteio automático, por sistema informatizado, observados os princípios da publicidade e da alternatividade, bem como a instrução normativa[1] prevista no art. 21, XX, deste Regimento.[2]

Parágrafo único. O registro ao Presidente do Tribunal equipara-se em seus efeitos à distribuição regular.[3]

Art. 69: 1. v. Instrução Normativa 7 do Presidente do STJ, de 18.9.14.

Art. 69: 2. Redação de acordo com a Em. Reg. 22, de 16.3.16.

Art. 69: 3. O § ún. foi acrescido pela Em. Reg. 22, de 16.3.16.

Art. 70. Far-se-á a distribuição entre todos os Ministros, inclusive os licenciados por até trinta dias.

§ 1º A distribuição poderá ser dispensada pela Corte Especial.

§ 2º Não será compensada a distribuição que deixar de ser feita ao Vice-Presidente, quando substituir o Presidente.

§ 3º Em caso de impedimento do relator, será feito novo sorteio, compensando-se a distribuição.

§ 4º Haverá também compensação quando o processo tiver de ser distribuído, por prevenção, a determinado Ministro.

§ 5º O Ministro que se deva aposentar por implemento de idade ficará excluído da distribuição, a requerimento seu, durante os sessenta dias que antecederem o afastamento; aplica-se a mesma regra ao que requerer aposentadoria, suspendendo-se a distribuição a partir da apresentação do requerimento e pelo prazo máximo de sessenta dias. Se ocorrer desistência do pedido, proceder-se-á a compensação.[1]

§ 6º Suspende-se a distribuição de processos, sem posterior compensação, aos Ministros que compõem o Tribunal Superior Eleitoral na condição de membros efetivos, nos seguintes termos:[2]

I — para o Corregedor da Justiça Eleitoral, entre os noventa dias anteriores e os trinta posteriores à data fixada para a realização das eleições;

II — para o outro membro efetivo, entre os sessenta dias anteriores e os trinta posteriores à data fixada para a realização das eleições.

Art. 70: 1. O § 5º foi incluído pela Em. Reg. 4, de 2.12.93.

Art. 70: 2. O § 6º foi acrescido pela Em. Reg. 22, de 16.3.16.

Art. 71. A distribuição da ação, do recurso ou do incidente torna preventa[1-1a] a competência do relator para todos os feitos posteriores referentes ao mesmo processo ou a processo conexo, inclusive na fase de cumprimento de decisão; a distribuição do inquérito e da sindicância, bem como a realizada para efeito da concessão de fiança ou de decretação de prisão preventiva ou de qualquer diligência anterior à denúncia ou queixa, prevenirá a da ação penal.[2]

§ 1º Se o relator deixar o Tribunal ou transferir-se de Seção, a prevenção será do órgão julgador.

§ 2º Vencido o relator, a prevenção referir-se-á ao Ministro designado para lavrar o acórdão.

§ 3º Se o recurso tiver subido por decisão do relator no agravo de instrumento, ser-lhe-á distribuído ou ao seu sucessor.

§ 4º A prevenção, se não for reconhecida de ofício, poderá ser arguida por qualquer das partes ou pelo órgão do Ministério Público, até o início do julgamento.[3]

§ 5º Observar-se-á a regra da distribuição por prevenção de processo para o Presidente de Seção e para as hipóteses previstas no art. 70, §§ 5º e 6º.[4]

§ 6º Há prevenção nas ações e nos recursos decorrentes do mesmo procedimento policial investigatório, ainda que derivados de inquéritos diversos.[5]

Art. 71: 1. "Segundo a dicção do art. 71, RISTJ, somente ocorre prevenção se o recurso de que se cogita for referente a ação originária ou recurso anteriormente distribuído a relator diverso, o que só ocorre quando não guardem autonomia processual entre si, vale dizer, quando um tenha como pressuposto necessário a existência do outro" (STJ-4ª T., RMS 513-0-EDcl, Min. Sálvio de Figueiredo, j. 8.3.94, DJU 4.4.94).

Art. 71: 1a. "No Superior Tribunal de Justiça, vencido o Relator originário do feito recursal, dá-se a sua substituição pelo Ministro designado para lavrar o acórdão do julgamento, se não houver revisor ou este também restar vencido (arts. 52, II, e 101 do RISTJ); o Relator assim designado fica prevento para a relatoria dos feitos recursais subsequentes conexos (art. 71, § 2º, do RISTJ), sem prejuízo da sua eventual suspeição ou impedimento em algum dos feitos conexos" (STJ-1ª T., MC 22.833-AgRg, Min. Napoleão Maia Filho, j. 4.9.14, DJ 6.10.14).

Art. 71: 2. Redação do *caput* de acordo com a Em. Reg. 24, de 28.9.16.

Art. 71: 3. "A prevenção estabelecida no regimento interno para julgamento de recurso, quando não observada, não gera nulidade absoluta do ato decisório proferido por outro relator deste Tribunal, apenas relativa. Destarte, não tendo sido alegada em momento próprio, resta convalidada eventual nulidade" (STJ-4ª T., AI 335.243-AgRg-AgRg, Min. Barros Monteiro, j. 14.2.06, DJU 10.4.06).

"A prevenção deve ser alegada até o julgamento, sendo inoportuna a manifestação somente depois de interposto o agravo regimental" (STJ-3ª T., AI 686.577-AgRg, Min. Menezes Direito, j. 14.11.06, DJU 19.3.07). No mesmo sentido: STJ-2ª T., AI 668.957-AgRg, Min. João Otávio, j. 4.8.05, DJU 26.9.05; STJ-1ª T., Ag em REsp 15.730-AgRg, Min. Arnaldo Esteves, j. 2.5.13, DJ 10.5.13.

Art. 71: 4. O § 5º foi acrescido pela Em. Reg. 24, de 28.9.16.

Art. 71: 5. O § 6º foi acrescido pela Em. Reg. 24, de 28.9.16.

Art. 72. Nos casos de afastamento de Ministro, proceder-se-á da seguinte forma:[1]

I — se o afastamento for por prazo entre quatro e trinta dias, os processos considerados de natureza urgente, consoante fundada alegação do interessado, serão redistribuídos aos demais integrantes da respectiva Seção ou, se for o caso, da Corte Especial, com oportuna compensação;[1a]

II — se o afastamento for por prazo superior a trinta dias e não for convocado substituto, será suspensa a distribuição ao Ministro afastado, e os processos a seu cargo, considerados de natureza urgente, consoante fundada alegação do interessado, serão redistribuídos aos demais integrantes da respectiva Seção ou, se for o caso, da Corte Especial, com oportuna compensação;[2]

III — se o afastamento for por prazo superior a trinta dias e for convocado substituto, não haverá redistribuição, e o substituto receberá os processos que lhe foram distribuídos e os do substituído; nesta última hipótese, renova-se, se for o caso, o pedido de data para o julgamento ou o relatório.

Parágrafo único. Quando o Ministro afastado já houver proferido decisão em processo de competência de Turma, a redistribuição mencionada nas hipóteses dos incisos I e II far-se-á somente entre os membros daquele Órgão Julgador.[3]

Art. 72: 1. Redação do *caput* de acordo com a Em. Reg. 1, de 23.5.91.

Art. 72: 1a. Redação do inciso I de acordo com a Em. Reg. 22, de 16.3.16.

Art. 72: 2. Redação do inciso II de acordo com a Em. Reg. 22, de 16.3.16.

Art. 72: 3. O § ún. foi acrescido pela Em. Reg. 22, de 16.3.16.

Art. 73. Os embargos declaratórios e as questões incidentes terão como relator o Ministro que redigiu o acórdão embargado.[1-1a]

Art. 73: 1. v. art. 263 § 1º.

Art. 73: 1a. Redação de acordo com a Em. Reg. 7, de 1.3.04.

Art. 74. No caso de embargos de divergência, apenas se fará o sorteio de novo relator.[1]

Art. 74: 1. Redação de acordo com a Em. Reg. 22, de 16.3.16.

Art. 75. O prolator da decisão impugnada será o relator do agravo regimental, com direito a voto.

Art. 76. Na arguição de suspeição a Ministro, observar-se-á o disposto no art. 276.[1]

Art. 76: 1. Redação de acordo com a Em. Reg. 1, de 23.5.91.

Art. 77. O Ministro eleito Presidente, Vice-Presidente ou Corregedor-Geral da Justiça Federal continuará como relator ou revisor do processo em que tiver lançado o relatório ou aposto o seu visto.[1]

Art. 77: 1. Redação de acordo com a Em. Reg. 22, de 16.3.16.

Art. 78. Se a decisão embargada for de uma Turma, far-se-á distribuição dos embargos dentre os Ministros da outra; se da Corte Especial, serão excluídos da distribuição o relator e o revisor.

Art. 79. Na distribuição de ação rescisória e de revisão criminal, será observado o critério estabelecido no artigo anterior.[1]

Parágrafo único. A distribuição do mandado de segurança contra ato do próprio Tribunal, far-se-á de preferência a Ministro que não haja participado da decisão impugnada.[1a-2]

Art. 79: 1. "Considerando que, à luz do art. 800 do CPC/1973, a medida cautelar preparatória deve ser dirigida ao juiz competente para conhecer da ação principal, a cautelar preparatória de ação rescisória de acórdão prolatado pela Quarta Turma do STJ deveria ser distribuída a um dos Ministros integrantes da Terceira Turma, por força dos arts. 78 e 79 do RISTJ" (STJ-2ª Seção, MC 24.443, Min. João Otávio, j. 10.8.16, DJ 22.8.16).

Art. 79: 1a. O § ún. foi acrescido pela Em. Reg. 2, de 4.6.92.

Art. 79: 2. O descumprimento desta regra não é causa de nulidade do processo (STJ-Corte Especial, MS 8.080-AgRg, rel. Min. Ruy Rosado, j. 15.5.02, três votos vencidos, DJU 23.9.02).

Art. 80. O Ministro a quem tocar a distribuição é o preparador e relator do processo.

Capítulo III | DOS ATOS E FORMALIDADES

Seção I | DISPOSIÇÕES GERAIS

Art. 81. O ano judiciário no Tribunal divide-se em dois períodos, recaindo as férias dos Ministros nos períodos de 2 a 31 de janeiro e de 2 a 31 de julho.[1]

§ 1º O Tribunal iniciará e encerrará seus trabalhos, respectivamente, no primeiro e no último dia útil de cada período, com a realização de sessão da Corte Especial.

§ 2º Além dos fixados em lei, serão feriados[2-3] no Tribunal:

I — os dias compreendidos no período de 20 de dezembro a 6 de janeiro;[4]

II — os dias da Semana Santa, compreendidos desde a quarta-feira até o domingo de Páscoa;

III — os dias de segunda e terça-feira de carnaval;

IV — os dias 11 de agosto, 1º e 2 de novembro e 8 de dezembro.

Art. 81: 1. v. LOM 66 § 1º.

Art. 81: 2. v. CPC 216 e notas.

Art. 81: 3. Salvo nas hipóteses previstas em lei, no STJ não corre prazo nas férias e no período de recesso (art. 106-*caput*).

Art. 81: 4. Redação do inciso I de acordo com a Em. Reg. 16, de 19.11.14.

Superior Tribunal de Justiça

Art. 82. Se a necessidade do serviço judiciário lhes exigir a contínua presença no Tribunal, gozarão trinta dias consecutivos de férias individuais, por semestre:

I — o Presidente e o Vice-Presidente;

II — o Corregedor-Geral da Justiça Federal.[1]

Art. 82: 1. Redação do inciso II de acordo com a Em. Reg. 22, de 16.3.16.

Art. 83. Suspendem-se as atividades judicantes do Tribunal nos feriados, nas férias coletivas e nos dias em que o Tribunal o determinar.

§ 1º Nas hipóteses previstas neste artigo, poderá o Presidente ou seu substituto legal decidir pedidos de liminar em mandado de segurança e *habeas corpus*, determinar liberdade provisória ou sustação de ordem de prisão, e demais medidas que reclamem urgência.

§ 2º Os Ministros indicarão seu endereço para eventual convocação durante as férias.

Art. 84. Os atos e termos do processo serão autenticados, conforme o caso, mediante a assinatura ou rubrica dos Ministros ou a dos servidores para tal fim qualificados, podendo ser produzidos, transmitidos, armazenados e assinados por meio eletrônico, na forma da lei.[1]

§ 1º...[2]

§ 2º...[3]

§ 3º...[4]

Art. 84: 1. Redação do *caput* de acordo com a Em. Reg. 22, de 16.3.16.

Art. 84: 2 a 4. Os §§ 1º a 3º foram revogados pela Em. Reg. 22, de 16.3.16.

Art. 85. As peças que devam integrar ato ordinatório, instrutório ou executório poderão ser a ele anexadas em cópia autenticada.

Art. 86. Se as nulidades ou irregularidades no processamento dos feitos forem sanáveis, proceder-se-á pelo modo menos oneroso para as partes e para o serviço do Tribunal.[1]

Art. 86: 1. v. art. 164 § 2º.

Art. 87. A critério do Presidente do Tribunal, dos Presidentes das Seções, das Turmas ou do relator, a comunicação oficial dos atos será feita:[1-2]

I — por servidor credenciado da Secretaria, na forma da lei processual;

II — por meio eletrônico, via postal ou qualquer outro modo eficaz de telecomunicação, com as cautelas necessárias à autenticação da mensagem e do seu recebimento.

Parágrafo único. Poder-se-á admitir a resposta pela forma indicada no inciso II deste artigo.

Art. 87: 1. Redação do *caput* e incisos de acordo com a Em. Reg. 22, de 16.3.16.

Art. 87: 2. v. art. 143.

Art. 88. Da autuação e da publicação do expediente de cada processo constará, além do nome das partes e o de seu advogado, o da respectiva sociedade a que pertença, desde que esta esteja devidamente registrada na Ordem dos Advogados do Brasil.[1]

§ 1º Constando dos autos pedido expresso para que as comunicações dos atos processuais sejam feitas especificamente em nome dos advogados ou das sociedades indicadas, a Secretaria adotará as medidas necessárias ao seu atendimento, conforme a lei processual.

§ 2º O Presidente do Tribunal, mediante ato próprio, disciplinará o cadastramento das sociedades de advogados perante o Superior Tribunal de Justiça, para atender aos fins previstos na legislação processual.

Art. 88: 1. Redação do art. 88 e §§ de acordo com a Em. Reg. 22, de 16.3.16.

Art. 89. As pautas do Plenário, da Corte Especial, das Seções e das Turmas serão organizadas pelos Secretários, com aprovação dos respectivos Presidentes.

Art. 90. A publicação da pauta de julgamento antecederá cinco dias úteis, pelo menos, à sessão em que os processos poderão ser chamados e será certificada nos autos.[1-2]

§ 1º A pauta de julgamento será afixada na entrada da sala em que se realizará a sessão de julgamento.

§ 2º Serão incluídos em nova pauta os processos que não tiverem sido julgados, salvo aqueles expressamente adiados para a primeira sessão seguinte, observado o disposto no parágrafo único do art. 150 deste Regimento.

Art. 90: 1. Redação do art. 90 de acordo com a Em. Reg. 20, de 2.12.15, em vigor, neste particular, concomitantemente com o CPC de 2015 (v. CPC 1.045).

Art. 90: 2. v. CPC 935-*caput*.

Art. 91. Independem de pauta:[1]

I — o julgamento de *habeas corpus*, recursos de *habeas corpus*, conflitos de competência e de atribuições e exceções de suspeição e impedimento;[2]

II — as questões de ordem sobre o processamento de feitos.

Parágrafo único. A regra deste artigo não se aplica ao processo cuja matéria tenha sido objeto de audiência pública nos termos do inciso I do art. 185 deste Regimento.[3]

Art. 91: 1. Independem de acórdão os pronunciamentos referidos no art. 100 § ún.

Art. 91: 2. Redação do inciso I de acordo com a Em. Reg. 22, de 16.3.16.

Art. 91: 3. Redação do § ún. de acordo com a Em. Reg. 22, de 16.3.16.

Art. 92. Os editais destinados à divulgação do ato poderão conter, apenas, o essencial à defesa ou à resposta, observados os requisitos processuais.

§ 1º A parte que requerer a publicação nos termos deste artigo fornecerá o respectivo resumo, respondendo pelas suas deficiências, nos termos da lei processual.[1]

§ 2º O prazo do edital será determinado entre vinte e sessenta dias, a critério do relator, e correrá da data de sua publicação no Diário da Justiça eletrônico, com observância da lei processual.[2]

§ 3º A publicação do edital deverá ser feita no prazo de vinte dias, contados de sua expedição, e certificada nos autos, sob pena de extinguir-se o processo sem resolução do mérito, se a parte, intimada pelo Diário da Justiça eletrônico, não suprir a falta em dez dias.[3]

§ 4º O prazo para a defesa ou resposta começará a correr do termo do prazo determinado no edital.

Art. 92: 1. Redação do § 1º de acordo com a Em. Reg. 22, de 16.3.16.

Art. 92: 2. Redação do § 2º de acordo com a Em. Reg. 22, de 16.3.16.

Art. 92: 3. Redação do § 3º de acordo com a Em. Reg. 22, de 16.3.16.

Art. 93. Nenhuma publicação terá efeito de citação ou intimação, quando ocorrida nos feriados ou nas férias do Tribunal, salvo nos casos do art. 83, § 1º.[1]

Art. 93: 1. Conforme retificação no DJU 17.8.89.

Cf. **RISTF 85:** "Nenhuma publicação terá efeito de citação ou intimação, quando ocorrida durante o recesso ou as férias do Tribunal".

Art. 94. A vista às partes transcorre na Secretaria, podendo o advogado retirar autos[1] nos casos previstos em lei, mediante recibo.

§ 1º Os advogados constituídos após a remessa do processo ao Tribunal poderão, a requerimento, ter vista dos autos, na oportunidade e pelo prazo que o relator estabelecer.

§ 2º O relator indeferirá o pedido, se houver justo motivo.

Art. 94: 1. "Mero despacho que concede vista dos autos a advogado independe de publicação" (RSTJ 7/195).

Seção II | DAS ATAS E DA RECLAMAÇÃO POR ERRO

Art. 95. As atas serão lidas e submetidas à aprovação na sessão seguinte.

Art. 96. Contra erro contido em ata, poderá o interessado reclamar, dentro de quarenta e oito horas, em petição dirigida ao Presidente do Tribunal, da Seção ou da Turma, conforme o caso.

§ 1º Não se admitirá a reclamação quando importar modificação do julgado.

§ 2º A reclamação não suspenderá o prazo para recurso, salvo o disposto no art. 98.

Art. 97. A petição será entregue ao protocolo, e por este encaminhada ao encarregado da ata, que a levará a despacho no mesmo dia, com sua informação.

Art. 98. Se o pedido for julgado procedente, far-se-á retificação da ata e nova publicação.

Art. 99. A decisão que julgar a reclamação será irrecorrível.

Seção III | DAS DECISÕES[1]

Seç. III: 1. Redação de acordo com a Em. Reg. 35, de 8.5.19.

Art. 100. As conclusões da Corte Especial, das Seções e das Turmas, em suas decisões, constarão de acórdão.[1]

Parágrafo único. Dispensam acórdão:[1a]

I — a remessa do feito à Seção ou à Corte Especial, em razão da relevância da questão jurídica,[2] ou da necessidade de prevenir divergência entre as Turmas;

II — a remessa do feito à Corte Especial, ou à Seção respectiva, para o fim de ser compendiada em Súmula a jurisprudência do Tribunal ou para revisão da Súmula;[3]

III — a conversão do julgamento em diligência;[4]

IV — se o órgão julgador do Tribunal o determinar.

Art. 100: 1. Redação do *caput* de acordo com a Em. Reg. 35, de 8.5.19.

Art. 100: 1a. v. art. 102 § ún.

Feitos que independem de pauta: art. 91.

Julgada procedente a reclamação, a decisão se executa imediatamente, lavrando-se posteriormente o acórdão (art. 192). O mesmo ocorre com o conflito de competência e o de atribuições (art. 198 § 1º).

Art. 100: 2. v. arts. 14-II, 16-IV e 127.

Art. 100: 3. v. art. 125 § 2º.

Art. 100: 4. v. art. 168.

Art. 101. Subscreve o acórdão o relator que o lavrou, e, na Corte Especial, também o Ministro que presidiu o julgamento. Se o relator for vencido na questão principal, ficará designado o revisor para redigir o acórdão. Se não houver revisor, ou se este também tiver sido vencido, será designado para redigir o acórdão o Ministro que proferiu o primeiro voto vencedor (art. 52, II).[1-2]

§ 1º Se o relator, por ausência ou outro motivo relevante, não o puder fazer, lavrará o acórdão o revisor, ou o Ministro que o seguir na ordem de antiguidade.

§ 2º Se o Ministro que presidiu o julgamento na Corte Especial, por ausência ou outro motivo relevante, não puder assinar o acórdão, apenas o relator o fará, mencionando-se, no local da assinatura do Presidente, a circunstância.[3]

Art. 101: 1. Redação do *caput* de acordo com a Em. Reg. 6, de 12.8.02.

Art. 101: 2. "Inexiste erro material pelo fato de atribuir-se a lavratura de acórdão a Ministro que não tenha participado da sessão" (STJ-2ª T., REsp 8.490-EDcl, Min. Eliana Calmon, j. 6.6.00, DJU 30.10.00).

Art. 101: 3. Redação do § 2º de acordo com a Em. Reg. 6, de 12.8.02.

Art. 102. A publicação do acórdão por suas conclusões e ementa far-se-á, para intimar as partes, no Diário da Justiça eletrônico.[1]

Parágrafo único. As partes serão intimadas, das decisões em que se tiver dispensado o acórdão, pela publicação da ata da sessão de julgamento.

Art. 102: 1. Redação do *caput* de acordo com a Em. Reg. 22, de 16.3.16.

Art. 103. Em cada julgamento, o relatório e os votos, fundamentados, serão juntados aos autos com o acórdão, depois de revistos.[1]

§ 1º As inexatidões materiais e os erros de escrita ou cálculo contidos na decisão poderão ser corrigidos por despacho do relator[2] ou por via de embargos de declaração,[2a] quando couberem.[3]

§ 2º Concluído o julgamento, o Gabinete do Ministro providenciará a elaboração dos documentos para publicação no prazo improrrogável de trinta dias.

§ 3º Decorridos os trinta dias mencionados no parágrafo anterior, os autos serão conclusos ao relator, para que lavre o acórdão.

§ 4º A publicação do acórdão no Diário da Justiça eletrônico far-se-á no prazo máximo de quarenta dias, contados a partir da data da sessão em que tiver sido proclamado o resultado do julgamento.

§ 5º Escoado o prazo de que trata o parágrafo anterior sem que tenha sido publicado o acórdão, a secretaria do órgão julgador providenciará, nos dez dias subsequentes, a publicação do acórdão independentemente de revisão, adotando-se como ementa a apresentação em sessão.

§ 6º O prazo de publicação ficará suspenso nos períodos de recesso e de férias coletivas.

§ 7º..[4]

§ 8º..[5]

Art. 103: 1. Redação do *caput* e dos §§ 1º a 6º de acordo com a Em. Reg. 35, de 8.5.19.

Art. 103: 2. v. CPC 494-I.

Art. 103: 2a. v. arts. 263 a 265.

Art. 103: 3. v. tb. CPC 943, nota 8.

Art. 103: 4 e 5. Os §§ 7º e 8º foram revogados pela Em. Reg. 35, de 8.5.19.

Art. 104. Também se juntará aos autos, como parte integrante do acórdão, a minuta do julgamento que conterá:

I — a decisão proclamada pelo Presidente;

II — os nomes do Presidente do órgão julgador, do relator, ou, quando vencido, do que for designado, dos demais Ministros que tiverem participado do julgamento e do Subprocurador-Geral, quando presente;

III — os nomes dos Ministros impedidos e ausentes;

IV — os nomes dos advogados que tiverem feito sustentação oral.

Art. 104-A. Os acórdãos proferidos em julgamento de incidente de assunção de competência e de recursos especiais repetitivos deverão, nos termos do § 3º do art. 1.038, c/c art. 984, § 2º, do Código de Processo Civil, conter:[1]

I — os fundamentos relevantes da questão jurídica discutida, favoráveis ou contrários, entendidos esses como a conclusão dos argumentos deduzidos no processo capazes de, em tese, respectivamente, confirmar ou infirmar a conclusão adotada pelo órgão julgador;

II — a definição dos fundamentos determinantes do julgado;

III — a tese jurídica firmada pelo órgão julgador, em destaque;

IV — a solução dada ao caso concreto pelo órgão julgador.

§ 1º Para definição dos fundamentos determinantes do julgado, o processo poderá ter etapas diferentes de deliberação, caso o órgão julgador, mesmo com votos convergentes, tenha adotado fundamentos diversos para a solução da causa.

§ 2º O Presidente do órgão julgador, identificando que o(s) fundamento(s) determinante(s) para o julgamento da causa não possui(em) a adesão da maioria dos votos dos Ministros, convocará, na mesma sessão de julgamento, nova etapa de deliberação, que contemplará apenas a definição do(s) fundamento(s) determinante(s).

Art. 104-A: 1. O art. 104-A foi acrescido pela Em. Reg. 24, de 28.9.16.

Seção IV | DOS PRAZOS

Art. 105. A contagem dos prazos observará o disposto na lei processual.[1-2]

§ 1º..........[3]

§ 2º..........[4]

Art. 105: 1. Redação do *caput* de acordo com a Em. Reg. 22, de 16.3.16.

Art. 105: 2. v. CPC 219 e segs.

Art. 105: 3 e 4. Os §§ 1º e 2º foram revogados pela Em. Reg. 22, de 16.3.16.

Art. 106. Não correm os prazos no período aludido no art. 81, § 2º, inciso I, e nas férias, salvo nas hipóteses previstas em lei.[1-2]

§ 1º Nos casos deste artigo, os prazos começam ou continuam a fluir no dia de reabertura do expediente.

§ 2º Também não corre prazo nas hipóteses previstas em lei, quando houver obstáculo criado em detrimento da parte ou for comprovado motivo de força maior, reconhecido pelo Tribunal.[3-4]

§ 3º As informações oficiais apresentadas fora do prazo por justo motivo poderão ser admitidas, se ainda oportuna a sua apreciação.

Art. 106: 1. Redação do *caput* do art. 106 de acordo com a Em. Reg. 1, de 23.5.91.

Art. 106: 2. v. art. 93.

Art. 106: 3. Redação do § 2º de acordo com a Em. Reg. 22, de 16.3.16.

Art. 106: 4. v. CPC 223 e 1.004.

Art. 107. Mediante pedido conjunto das partes, o relator poderá admitir prorrogação de prazo por tempo razoável.

Art. 108. Os prazos para diligências serão fixados nos atos que as ordenarem, salvo disposição em contrário deste Regimento.

Art. 109. Os prazos não especificados em lei ou neste Regimento serão fixados pela Corte Especial, pelo Presidente, pelas Seções, pelas Turmas, ou por seus Presidentes, ou pelo relator, conforme o caso.

§ 1º Computar-se-á em dobro o prazo para manifestações nos autos, quando forem partes o Ministério Público, a Defensoria Pública, a União, os Estados, o Distrito Federal, os Municípios ou suas respectivas autarquias e fundações de direito público.[1]

§ 2º O Ministério Público, a Defensoria Pública e os entes públicos mencionados no § 1º serão intimados pessoalmente, mediante carga, nos autos físicos, ou por meio eletrônico, contando-se-lhes em dobro todos os prazos.[2-3]

§ 3º Não se aplica o prazo em dobro ao Ministério Público quando se tratar de processo criminal.[4]

Art. 109: 1. Redação do § 1º de acordo com a Em. Reg. 24, de 28.9.16.

Art. 109: 2. Redação do § 2º de acordo com a Em. Reg. 19, de 11.11.15.

Art. 109: 3. v. CPC 186.

Art. 109: 4. O § 3º foi acrescido pela Em. Reg. 24, de 28.9.16.

Art. 110. Os prazos para os Ministros, salvo acúmulo de serviço, se de outra forma não dispuser a lei processual ou este Regimento, são os seguintes:[1]

I — dez dias para atos administrativos e para decisões interlocutórias;[2]

II — vinte dias para o "visto" do revisor;

III — trinta dias para o "visto" do relator.

Art. 110: 1. Redação do *caput* de acordo com a Em. Reg. 22, de 16.3.16.

Art. 110: 2. Redação do inciso I de acordo com a Em. Reg. 22, de 16.3.16.

Art. 111. Salvo disposição em contrário, os servidores do Tribunal terão o prazo de cinco dias[1] para executar os atos do processo, inclusive para certificar a data do trânsito em julgado da decisão e, na sequência, independentemente de despacho e conforme o caso, arquivar os autos, remeter ao Supremo Tribunal Federal ou baixar ao juízo de origem.[2-3]

Art. 111: 1. v. CPC 228.

Art. 111: 2. Redação de acordo com a Em. Reg. 22, de 16.3.16.

Art. 111: 3. v. CPC 1.006.

Seção V | DAS DESPESAS PROCESSUAIS

Art. 112. No Tribunal, serão devidas custas nos processos de sua competência originária e recursal, nos termos da lei.[1-2]

§ 1º Não são custas os preços cobrados pelo fornecimento de cópias autenticadas ou não, ou de certidões e traslados por fotocópia ou processo equivalente de reprodução.

§ 2º O pagamento dos preços será antecipado ou garantido com depósito, consoante tabela aprovada pelo Presidente.

§ 3º O Presidente do Tribunal, anualmente, fará expedir a tabela de custas atualizada segundo o índice estabelecido em lei.[3]

§ 4º É dispensado o recolhimento do porte de remessa e de retorno no processo em autos eletrônicos.[4-4a]

§ 5º O Presidente do Tribunal, mediante instrução normativa, disciplinará o regime de cobrança do porte de remessa e retorno dos autos dos processos que tiverem de ser digitalizados.[5]

Art. 112: 1. Redação do *caput* de acordo com a Em. Reg. 9, de 24.9.08.

Art. 112: 2. v. RCSTJ, mais adiante, neste tít.

Art. 112: 3. O § 3º foi acrescido pela Em. Reg. 9, de 24.9.08.

Art. 112: 4. O § 4º foi acrescido pela Em. Reg. 22, de 16.3.16.

Art. 112: 4a. v. CPC 1.007 § 3º.

Art. 112: 5. O § 5º foi acrescido pela Em. Reg. 22, de 16.3.16.

Art. 113. O preparo de recurso da competência do Supremo Tribunal Federal será feito no prazo e na forma do disposto na lei processual,[1] bem como no Regimento Interno[1a] e na Tabela de Custas do Supremo Tribunal Federal.[2]

Art. 113: 1. v. CPC 1.007.

Art. 113: 1a. v. RISTF 57 e segs.

Art. 113: 2. Redação de acordo com a Em. Reg. 22, de 16.3.16.

Seção VI | DA ASSISTÊNCIA JUDICIÁRIA

Art. 114. O requerimento dos benefícios da assistência judiciária,[1] no Tribunal, será apresentado ao Presidente ou ao relator, conforme o estado da causa, na forma da Lei n. 1.060/50, com as alterações introduzidas pela Lei n. 7.510/86.

Art. 114: 1. v. CPC 98 e segs.

Art. 115. Sem prejuízo da nomeação, quando couber, de defensor ou curador dativo, o pedido de assistência judiciária será decidido de acordo com a legislação em vigor.

§ 1º Não cabe recurso da decisão que se proferir, mas a Corte Especial, a Seção ou a Turma, ao conhecerem do feito, poderão conceder o benefício negado.

§ 2º Prevalecerá no Tribunal a assistência judiciária já concedida em outra instância.

Art. 116. Nos crimes de ação privada, o Presidente ou o relator, a requerimento da parte necessitada, oficiará à Defensoria Pública da União para que promova a ação penal quando de competência originária do Tribunal, ou intimará membro da Defensoria Pública a prosseguir no processo quando em grau de recurso.[1]

Art. 116: 1. Redação de acordo com a Em. Reg. 19, de 11.11.15.

Seção VII | DOS DADOS ESTATÍSTICOS

Art. 117. Serão divulgados, mensalmente, dados estatísticos sobre os trabalhos do Tribunal no mês anterior, entre os quais: o número de votos que cada Ministro, nominalmente indicado, proferiu como relator ou revisor; o número de feitos que lhe foram distribuídos no mesmo período e o número de processos que recebeu em consequência de pedido de vista ou como revisor.

Parágrafo único. Os dados estatísticos solicitados pelo Conselho Nacional de Justiça serão transmitidos eletronicamente.[1]

Art. 117: 1. O § ún. foi acrescido pela Em. Reg. 22, de 16.3.16.

Capítulo IV | DA JURISPRUDÊNCIA

Seção I | DA UNIFORMIZAÇÃO DE JURISPRUDÊNCIA[1]

SEÇ. I: 1. A Seção I, denominada "Da Uniformização de Jurisprudência", e todos os seus artigos foram revogados pela Em. Reg. 22, de 16.3.16.

Art. 118. ....[1]

Art. 118: 1. O art. 118 foi revogado pela Em. Reg. 22, de 16.3.16.

Art. 119. ....[1]

Art. 119: 1. O art. 119 foi revogado pela Em. Reg. 22, de 16.3.16.

Art. 120. ....[1]

Art. 120: 1. O art. 120 foi revogado pela Em. Reg. 22, de 16.3.16.

Art. 121. ....[1]

Art. 121: 1. O art. 121 foi revogado pela Em. Reg. 22, de 16.3.16.

Seção I-A | DO REGISTRO E DA FORMAÇÃO DOS PRECEDENTES QUALIFICADOS[1]

SEÇ. I-A: 1. A Seção I-A foi acrescido pela Em. Reg. 24, de 28.9.16.

Art. 121-A. Os acórdãos proferidos em julgamento de incidente de assunção de competência e de recursos especiais repetitivos bem como os enunciados de súmulas do Superior Tribunal de Justiça constituem, segundo o art. 927 do Código de Processo Civil, precedentes qualificados de estrita observância pelos Juízes e Tribunais.

§ 1º Os incidentes de assunção de competência e os processos afetados para julgamento sob o rito dos recursos especiais repetitivos serão organizados e divulgados por meio de enunciados de temas com numeração sequencial, contendo o registro da matéria a ser decidida e, após o julgamento, a tese firmada e seus fundamentos determinantes.

§ 2º Os precedentes qualificados deverão ser divulgados na internet, de forma sistematizada, com a indicação precisa das informações relacionadas a todas as fases percorridas de seu procedimento.

Seção II | DA SÚMULA

Art. 122. A jurisprudência firmada pelo Tribunal será compendiada na Súmula do Superior Tribunal de Justiça.[1]

§ 1º Poderão ser inscritos na súmula os enunciados correspondentes às decisões firmadas por unanimidade dos membros componentes da Corte Especial ou da Seção, em um caso, por maioria absoluta em pelo menos dois julgamentos concordantes.[1a]

§ 2º A inclusão da matéria objeto de julgamento na Súmula da Jurisprudência do Tribunal será deliberada pela Corte Especial ou pela Seção, por maioria absoluta dos seus membros.

§ 3º Se a Seção entender que a matéria a ser sumulada é comum às Seções, remeterá o feito à Corte Especial.[2]

Art. 122: 1. v. arts. 125 (aplicação obrigatória, no STF, das súmulas), 11 § ún.-VII (competência da Corte Especial), 12 § ún.-III (competência das Seções), 14-I e 16-II (revisão de súmula), 34-XVIII (arquivamento de recurso contrário a súmula), 131-III (publicação das súmulas), 172 § ún. e 176 § ún. (*quorum* para aprovação e revisão de súmula).

Art. 122: 1a. Redação de acordo com a Em. Reg. 24, de 28.9.16.

Art. 122: 2. v. art. 11-VI.

Art. 123. Os enunciados da Súmula, seus adendos e emendas, datados e numerados, serão publicados três vezes no Diário da União, em datas próximas.

Parágrafo único. As edições ulteriores da Súmula incluirão os adendos e emendas.

Art. 124. A citação da Súmula pelo número correspondente dispensará, perante o Tribunal, a referência a outros julgados no mesmo sentido.[1]

Art. 124: 1. "A referência a verbete da Súmula dispensa a reprodução dos acórdãos que conduziram a sua edição, meio legítimo que é de tornar mais rápida a prestação jurisdicional" (STJ-3ª T., REsp 10.798-EDcl, Min. Dias Trindade, j. 10.9.91, DJU 30.9.91).

V., todavia, art. 255, nota 7f, e CPC 1.043 nota 11a.

Art. 125. Os enunciados da Súmula[1-2] prevalecem e serão revistos na forma estabelecida neste Regimento Interno.

§ 1º Qualquer dos Ministros poderá propor, em novos feitos, a revisão da jurisprudência compendiada na Súmula, sobrestando-se o julgamento, se necessário.

§ 2º Se algum dos Ministros propuser revisão da jurisprudência compendiada na súmula, em julgamento perante a Turma, esta, se acolher a proposta, remeterá o feito ao julgamento da Corte Especial ou da Seção, dispensada a lavratura do acórdão, juntando-se, entretanto, a certidão de julgamento e tomando-se o parecer do Ministério Público Federal.[3]

§ 3º A alteração ou o cancelamento do enunciado da Súmula serão deliberados na Corte Especial ou nas Seções, conforme o caso, por maioria absoluta dos seus membros, com a presença de, no mínimo, dois terços de seus componentes.

§ 4º Ficarão vagos, com a nota correspondente, para efeito de eventual restabelecimento, os números dos enunciados que o Tribunal cancelar ou alterar, tomando os que forem modificados novos números da série.

Art. 125: 1. "Respeitadas as ressalvas legais, mesmo reiterada e diuturna a jurisprudência, não tem força de vincular os pronunciamentos jurisdicionais. Não se justifica, no entanto, que os órgãos julgadores se mantenham renitentes à jurisprudência sumulada, cujo escopo, dentro do sistema jurídico, é alcançar exegese que dê certeza aos jurisdicionados em temas polêmicos, uma vez que ninguém fica seguro de seu direito ante jurisprudência incerta" (STJ-4ª T., REsp 14.945-0, Min. Sálvio de Figueiredo, j. 17.3.92, DJU 13.4.92).

Art. 125: 2. "A divergência com princípio sumulado há de ser em relação ao que nele estiver disposto, e não quanto ao que virtualmente nele se contenha" (RSTJ 145/239).

Art. 125: 3. Redação de acordo com a Em. Reg. 35, de 8.5.19.

Art. 126. Qualquer Ministro poderá propor, na Turma, a remessa do feito à Corte Especial, ou à Seção, para o fim de ser compendiada em Súmula a jurisprudência do Tribunal, quando verificar que as Turmas não divergem na interpretação do direito.

§ 1º Na hipótese referida neste artigo, dispensa-se a lavratura de acórdão, certificada nos autos a decisão da Turma.[1]

§ 2º O processo e o julgamento observarão, no que couber, o disposto nos arts. 271-B e seguintes deste Regimento.[1a]

§ 3º A Comissão de Jurisprudência poderá, também, propor à Corte Especial ou à Seção que seja compendiada em Súmula a jurisprudência do Tribunal, quando verificar que as Turmas não divergem na interpretação do direito.

§ 4º Proferido o julgamento, em decisão tomada pela maioria absoluta dos membros que integram o Órgão Julgador, o relator deverá redigir o projeto de súmula, a ser aprovado pelo Tribunal na mesma sessão ou na primeira sessão ordinária seguinte.[2]

Art. 126: 1. Redação de acordo com a Em. Reg. 35, de 8.5.19.

Art. 126: 1a. Redação de acordo com a Em. Reg. 24, de 28.9.16.

Art. 126: 2. O § 4º foi acrescido pela Em. Reg. 22, de 16.3.16.

Art. 127. Quando convier pronunciamento da Corte Especial ou da Seção, em razão da relevância da questão jurídica, ou da necessidade de prevenir divergências entre as Turmas, o relator, ou outro Ministro, no julgamento de qualquer recurso, poderá propor a remessa do feito à apreciação da Seção respectiva, ou da Corte Especial, se a matéria for comum às Seções.

§ 1º Acolhida a proposta, a Turma remeterá o feito ao julgamento da Seção ou da Corte Especial, dispensada a lavratura do acórdão. Com a certidão de julgamento, os autos irão ao Presidente do órgão do Tribunal, para designar a sessão de julgamento. A secretaria expedirá cópias do relatório e fará sua distribuição aos Ministros que compuserem o órgão competente para o julgamento.[1]

§ 2º Proferido o julgamento, cópia do acórdão será, no prazo da sua publicação, remetida à Comissão de Jurisprudência, para elaboração de projeto de Súmula, se for o caso.

Art. 127: 1. Redação de acordo com a Em. Reg. 35, de 8.5.19.

Seção III | DA DIVULGAÇÃO DA JURISPRUDÊNCIA[1]

SEÇ. III: 1. Redação do título da Seção de acordo com a Em. Reg. 1, de 23.5.91.

Art. 128. A jurisprudência do Tribunal será divulgada pelas seguintes publicações:[1]

I — Diário da Justiça eletrônico;[1a]

II — ....[1b]

III — Revista do Superior Tribunal de Justiça;

IV — repositórios autorizados.[2]

Art. 128: 1. Redação de acordo com a Em. Reg. 1, de 23.5.91.

Art. 128: 1a. Redação do inciso I de acordo com a Em. Reg. 22, de 16.3.16.

Art. 128: 1b. O inciso II foi revogado pela Em. Reg. 10, de 11.11.09.

Art. 128: 2. v. arts. 133 a 136.

Art. 129. Serão publicadas no Diário da Justiça eletrônico as ementas de todos os acórdãos do Tribunal e as decisões dos relatores, sem prejuízo de sua divulgação em meio eletrônico diverso.[1]

§ 1º Autorizando o relator, as suas decisões poderão ser publicadas por ementas.[2]

§ 2º Quando de idêntico conteúdo, as decisões e as ementas de acórdãos e de decisões poderão ser publicadas com única redação, indicando-se o número dos respectivos processos.[3]

Art. 129: 1. Redação do *caput* de acordo com a Em. Reg. 22, de 16.3.16.

Art. 129: 2. O § 1º foi acrescido pela Em. Reg. 6, de 12.8.02.

Art. 129: 3. O § 2º foi acrescido pela Em. Reg. 6, de 12.8.02.

Seção III-A | DO GABINETE DA REVISTA

Art. 129-A. O Gabinete da Revista será responsável por editar as seguintes publicações repositório de jurisprudência:[1]

I — Revista do Superior Tribunal de Justiça;

II — Revista de Súmulas do Superior Tribunal de Justiça;

III — Outras a critério do Ministro Diretor da Revista.

Art. 129-A: 1. O art. 129-A foi acrescido pela Em. Reg. 34, de 8.5.19.

Art. 129-B. Mediante ato do Ministro Diretor da Revista, o Gabinete editará, ainda, as publicações especiais em memória de eventos relevantes do Tribunal, o Regimento Interno do Superior Tribunal de Justiça e a Revista Jurídica do Superior Tribunal de Justiça.[1]

Art. 129-B: 1. O art. 129-B foi acrescido pela Em. Reg. 34, de 8.5.19.

Art. 130. ....[1]

Art. 130: 1. O art. 130 foi revogado pela Em. Reg. 10, de 11.11.09.

Art. 131. Na Revista do Superior Tribunal de Justiça serão publicados em seu inteiro teor:[1]

I — os acórdãos selecionados pelo Ministro Diretor;

II — os atos normativos expedidos pelo Tribunal e pelo Conselho da Justiça Federal;

III — as Súmulas editadas pela Corte e pelas Seções.

§ 1º As decisões sobre matéria constitucional e as que ensejarem a edição de Súmulas serão, também, publicadas em volumes seriados, distintos da publicação normal da Revista.[2]

§ 2º A Comissão de Jurisprudência colaborará na seleção dos acórdãos a publicar, dando-se preferência aos que forem indicados pelos respectivos relatores.[3]

§ 3º ....[4]

Art. 131: 1. Redação do *caput* e dos incisos de acordo com a Em. Reg. 1, de 23.5.91.

Art. 131: 2. Redação do § 1º de acordo com a Em. Reg. 1, de 23.5.91.

Art. 131: 3. Redação do § 2º de acordo com a Em. Reg. 1, de 23.5.91.

Art. 131: 4. O § 3º foi revogado pela Em. Reg. 34, de 8.5.19.

Art. 132. A direção da Revista é exercida por um Ministro, escolhido pelo Tribunal, nos termos do art. 17 deste Regimento.[1]

Parágrafo único. No caso de vacância, o Tribunal escolherá outro Ministro para completar o período.[2]

Art. 132: 1. Redação do *caput* de acordo com a Em. Reg. 4, de 2.12.93.

Art. 132: 2. Redação do § ún. de acordo com a Em. Reg. 1, de 23.5.91. Este parágrafo único não foi revogado expressamente pela Em. Reg. 4, de 2.12.93, e não é com ela incompatível.

Art. 133. São repositórios autorizados[1 a 2a] as publicações de entidades oficiais ou particulares, habilitadas na forma deste Regimento.[3]

Art. 133: 1. A lista dos repositórios de jurisprudência autorizados pelo STJ pode ser obtida no *site* do tribunal (www.stj.jus.br), a partir do ícone "jurisprudência".

Art. 133: 1a. A Revista Eletrônica da Jurisprudência do STJ, que disponibiliza o inteiro teor de acórdãos daquele Tribunal, é repositório oficial de jurisprudência (Ato n. 88, de 14.6.02, do Presidente do STJ, DJU 19.6.02, p. 128).

Art. 133: 2. O **Boletim da AASP** não é repertório autorizado da jurisprudência do STJ (RSTJ 102/278, à p. 280), por não estar devidamente inscrito nesse Tribunal.

Art. 133: 2a. "O **Diário da Justiça** não constitui repositório oficial de jurisprudência (art. 255, § 3º, do RISTJ), é apenas órgão de divulgação (art. 128, I, do RISTJ). Nele é publicada somente a ementa do acórdão" (STJ-Corte Especial, ED no REsp 932.334-AgRg, Min. João Otávio, j. 7.11.12, DJ 21.11.12). V. art. 255, notas 6d e 17.

Art. 133: 3. Redação de acordo com a Em. Reg. 1, de 23.5.91.

Art. 134. Para a habilitação prevista no artigo anterior,[1] o representante ou editor responsável pela publicação solicitará inscrição por escrito ao Ministro Diretor da Revista, com os seguintes elementos:[2]

I — denominação, sede e endereço da pessoa jurídica que edita a revista;

II — nome de seu diretor ou responsável;

III — um exemplar dos três números antecedentes ao mês do pedido de inscrição, dispensáveis no caso de a Biblioteca do Tribunal já os possuir;

IV — compromisso de os acórdãos selecionados para publicação corresponderem, na íntegra, às cópias fornecidas, gratuitamente, pelo Tribunal, autorizada a supressão do nome das partes e seus advogados.

Parágrafo único. Poderão ser credenciadas como repositório de jurisprudência, para os efeitos do § 1º, *b*, do art. 255 deste Regimento, publicações especializadas, sem a obrigação de divulgar a jurisprudência deste Tribunal.[3]

Art. 134: 1. **Instrução Normativa 1, de 12.12.17** — Dispõe sobre o registro dos repositórios autorizados e credenciados da jurisprudência do Superior Tribunal de Justiça, em mídia impressa ou eletrônica e em páginas em portais da Rede Mundial de Computadores.

Art. 134: 2. Redação do *caput* e dos incisos de acordo com a Em. Reg. 1, de 23.5.91.

Art. 134: 3. Redação do § ún. de acordo com a Em. Reg. 1, de 23.5.91.

Art. 135. O deferimento da inscrição implicará a obrigação de fornecer, gratuitamente, dois exemplares de cada publicação subsequente à Biblioteca do Tribunal.[1]

Art. 135: 1. Redação de acordo com a Em. Reg. 1, de 23.5.91.

Art. 136. A inscrição poderá ser cancelada a qualquer tempo, por conveniência do Tribunal.[1]

Art. 136: 1. Redação de acordo com a Em. Reg. 1, de 23.5.91.

Art. 137. As publicações inscritas poderão mencionar seu registro como repositórios autorizados de divulgação dos julgados do Tribunal.[1]

Art. 137: 1. Redação de acordo com a Em. Reg. 1, de 23.5.91.

Art. 138. A direção da Revista manterá em dia o registro das inscrições e cancelamentos, articulando-se com a Biblioteca para efeito de acompanhar o atendimento da obrigação prevista no art. 135.[1]

Art. 138: 1. Redação de acordo com a Em. Reg. 1, de 23.5.91.

Título II | DAS PROVAS

Capítulo I | DISPOSIÇÃO GERAL

Art. 139. A proposição, admissão e produção de provas, no Tribunal, obedecerão às leis processuais,[1] observados os preceitos especiais deste título.

Art. 139: 1. v. CPC 369 e segs.

Capítulo II | DOS DOCUMENTOS E INFORMAÇÕES

Art. 140. Se a parte não puder instruir, desde logo, suas alegações, por impedimento ou demora em obter certidões ou cópias autenticadas de notas ou registros em estabelecimentos públicos, o relator conceder-lhe-á prazo para esse fim ou as requisitará diretamente àqueles estabelecimentos.

Art. 141. ....[1]

Art. 141: 1. O art. 141 foi revogado pela Em. Reg. 22, de 16.3.16.

Art. 142. Em caso de impugnação, ou por determinação do relator, as partes deverão provar a fidelidade da transcrição de textos de leis e demais atos do poder público, bem como a vigência e o teor de normas pertinentes à causa, quando emanarem de Estado estrangeiro,[1] de organismo internacional, ou, no Brasil, de Estados e Municípios.

Art. 142: 1. v. CPC 376.

Art. 143. A parte será intimada por publicação no Diário da Justiça eletrônico ou, se o relator o determinar, pela forma indicada no art. 87 deste Regimento, para pronunciar-se sobre documento juntado pela parte contrária, após a última intervenção dela no processo.[1]

Art. 143: 1. Redação de acordo com a Em. Reg. 22, de 16.3.16.

Art. 144. Os Ministros poderão solicitar esclarecimentos ao advogado,[1] durante o julgamento, sobre peças dos autos e sobre as citações que tiver feito de textos legais, de precedentes judiciais e de trabalhos doutrinários.

Art. 144: 1. v. art. 151 § 1º.

Capítulo III | DA APRESENTAÇÃO DE PESSOAS E OUTRAS DILIGÊNCIAS

Art. 145. Quando, em qualquer processo, for necessária a apresentação da parte ou de terceiro que não tiver atendido à notificação, a Corte Especial, a Seção, a Turma ou o relator poderá expedir ordem de condução do recalcitrante.

Art. 146. Observar-se-ão as formalidades da lei na realização de exames periciais, arbitramentos, buscas e apreensões, na exibição e conferência de documentos e em quaisquer outras diligências determinadas ou deferidas pela Corte Especial, pela Seção, pela Turma ou pelo relator.

Capítulo IV | DOS DEPOIMENTOS

Art. 147. Os depoimentos poderão ser gravados com a utilização de recursos audiovisuais, e os termos de audiência serão assinados no ato pelo relator, pelo depoente, pelo membro do Ministério Público e pelos advogados.[1]

§ 1º Admite-se a prática de atos processuais por meio de videoconferência ou de outro recurso tecnológico de transmissão de sons e imagens em tempo real.[2-2a]

§ 2º Aplica-se o disposto neste artigo ao interrogatório.[3]

Art. 147: 1. Redação do *caput* de acordo com a Em. Reg. 35, de 8.5.19.

Art. 147: 2. O § 1º foi acrescido pela Em. Reg. 22, de 16.3.16.

Art. 147: 2a. v. CPC 385 § 3º e 453 § 1º.

Art. 147: 3. O § 2º foi acrescido pela Em. Reg. 22, de 16.3.16.

Título III | DAS SESSÕES

Capítulo I | DISPOSIÇÕES GERAIS

Art. 148. O Plenário reúne-se, mediante convocação do Presidente, quando houver matéria em pauta.[1]

Parágrafo único. Haverá sessão da Corte Especial, de Seção ou de Turmas nos dias designados[2] e, extraordinariamente, mediante convocação especial.

Art. 148: 1. s/ pauta, v. arts. 89 a 91.

Art. 148: 2. **Res. 19 do STJ, de 19.12.95** (DOU 29.1.96, seç. 1, p. 153): **"Art. 1º** A Corte Especial, as Seções e as Turmas funcionarão, ordinariamente:

"I — Corte Especial, 1ª e 3ª quartas-feiras de cada mês;

"II — 1ª, 2ª e 3ª Seções, 2ª e 4ª quartas-feiras de cada mês;

"III — 1ª e 2ª Turmas, 1ª e 3ª segundas-feiras de cada mês e quatro primeiras quintas-feiras de cada mês;

"IV — 3ª, 4ª, 5ª e 6ª Turmas, 2ª e 4ª segundas-feiras e quatro primeiras terças-feiras de cada mês.

"Art. 2º Sempre que houver necessidade, haverá sessão extraordinária, observado o que a respeito dispõe o Regimento Interno".

Art. 149. Nas sessões, o Presidente tem assento na parte central da mesa de julgamento, ficando o representante do Ministério Público à sua direita. Os demais Ministros sentar-se-ão, pela ordem de antiguidade, alternadamente, nos lugares laterais, a começar pela direita.

§ 1º Se o Presidente do Tribunal comparecer à Seção ou à Turma, para julgar processo a que estiver vinculado, assumirá a sua presidência.

§ 2º Havendo juiz convocado, este tomará o lugar do Ministro mais moderno; se houver mais de um juiz convocado, a antiguidade será regulada na seguinte ordem:

a) pela data de convocação;

b) pela posse no Tribunal de origem.

Art. 150. As sessões ordinárias começarão às quatorze horas, podendo ser prorrogadas após as dezoito horas, sempre que o serviço o exigir.

Parágrafo único. Em caso de acúmulo de processos pendentes de julgamento, poderá a Seção ou a Turma marcar o prosseguimento da sessão para o subsequente dia livre, considerando-se intimados os interessados, mediante o anúncio em sessão.[1-2]

Art. 150: 1. Redação do § ún. dada pela Em. Reg. 1, de 23.5.91.

Art. 150: 2. "O advogado que não postula preferência para o julgamento e que se omite de apresentar pedido escrito ou verbal de sustentação oral não pode alegar nulidade pela circunstância de o julgamento de seu interesse haver ocorrido na segunda etapa da sessão, realizada nos estritos termos do permissivo do art. 150, § ún., do RISTJ, e à qual foi ausente" (STJ-4ª T., REsp 9.818-0-EDcl, Min. Athos Carneiro, j. 28.6.93, DJU 2.8.93).

Art. 151. As sessões e votações serão públicas, ressalvada a hipótese prevista no art. 93, inciso IX, da Constituição Federal[1] e as disposições inscritas nos arts. 182, 183 e 184 deste Regimento.[1a]

§ 1º Os advogados ocuparão a tribuna para formular requerimento, produzir sustentação oral,[2] ou para responder às perguntas[2a] que lhes forem feitas pelos Ministros.

§ 2º Aos advogados é facultado requerer que conste da ata sua presença na sessão de julgamento,[3] podendo prestar esclarecimentos em matéria de fato.

§ 3º Os advogados deverão usar beca sempre que ocuparem a tribuna.

Art. 151: 1. **CF 93: "IX** — todos os julgamentos dos órgãos do Poder Judiciário serão públicos, e fundamentadas todas as decisões, sob pena de nulidade, podendo a lei limitar a presença, em determinados atos, às próprias partes e a seus advogados, ou somente a estes, em casos nos quais a preservação do direito à intimidade do interessado no sigilo não prejudique o interesse público à informação".

Art. 151: 1a. "O não apregoamento do feito, por si só, não enseja nulidade, tampouco inobservância do disposto no art. 151 do RISTJ" (STJ-1ª T., AI 1.026.439-AgRg-EDcl-EDcl, Min. Denise Arruda, j. 21.5.09, DJ 22.6.09).

Art. 151: 2. v. arts. 104-IV 158 a 160 e 162 § 5º.

Art. 151: 2a. v. arts. 103-*caput* e 144.

Art. 151: 3. cf. art. 104-*caput*.

Art. 152. Nas sessões do Plenário, da Corte Especial, de Seção e de Turma, observar-se-á a seguinte ordem, no que couber:

I — verificação do número de Ministros;

II — leitura, discussão e aprovação da ata da sessão anterior;

III — indicações e propostas;

IV — julgamento dos processos.

Art. 153. Os processos conexos poderão ser objeto de um só julgamento, fazendo-se a oportuna apensação.

Parágrafo único. Os processos que versem sobre a mesma questão jurídica, ainda que apresentem aspectos peculiares, poderão ser julgados conjuntamente.[1]

Art. 153: 1. Parágrafo acrescido pela Em. Reg. 1, de 23.5.91.

Art. 154. No julgamento das ações penais originárias, das revisões criminais, dos pedidos de intervenção federal, dos recursos especiais, dos embargos de divergência, dos recursos ordinários, dos mandados de segurança, dos recursos ordinários em mandados de segurança, dos mandados de injunção e das ações rescisórias, o relator distribuirá, sempre que possível, por meio eletrônico, cópia do relatório aos demais integrantes do órgão julgador.[1]

Art. 154: 1. Redação de acordo com a Em. Reg. 24. de 28.9.16.

Art. 155. Os julgamentos a que este Regimento ou a lei não derem prioridade[1] serão realizados, preferencialmente, segundo a ordem de conclusão dos feitos, nos termos da legislação processual.[2-2a]

Parágrafo único....[3]

Art. 155: 1. s/ preferência para julgamento, v. arts. 65, 156, 157, 166, 173, 177, 180 e 215.

Art. 155: 2. Redação de acordo com a Em. Reg. 22, de 16.3.16.

Art. 155: 2a. v. CPC 12.

Art. 155: 3. O § ún. foi revogado pela Em. Reg. 22, de 16.3.16.

Art. 156. A Secretaria atenderá, preferencialmente, à ordem cronológica de recebimento dos pronunciamentos judiciais para sua publicação e efetivação, nos termos da legislação processual.[1]

Art. 156: 1. Redação de acordo com a Em. Reg. 22, de 16.3.16.

Art. 157. Quando deferida preferência solicitada pelo representante do Ministério Público, para processo em que houver medida liminar ou acautelatória, o julgamento far-se-á com prioridade.

Art. 158. O pedido de sustentação oral[1] deverá ser requerido à coordenadoria do órgão julgador:[2]

I — até dois dias úteis após a publicação da pauta, com preferência sobre as demais sustentações, respeitada a ordem de inscrição, e sem prejuízo das preferências legais e regimentais;[3]

II — ainda que ultrapassado o prazo previsto no inciso anterior, o pedido de sustentação oral poderá ser feito até o início da sessão.[4-4a]

§ 1º Terão preferência para a sustentação oral, na seguinte ordem, mediante comprovação de sua condição, aqueles com necessidades especiais; as gestantes, as lactantes, enquanto perdurar o estado gravídico ou o período de amamentação; as adotantes, as que derem à luz, pelo período de 120 dias (art. 7º-A da Lei n. 8.906, de 4 de julho de 1994); e os idosos com idade igual ou superior a sessenta anos.

§ 2º O Plenário poderá disciplinar o uso de videoconferência ou de outro recurso tecnológico de transmissão de sons e imagens em tempo real, para realização de sustentação oral.[5]

Art. 158: 1. v. arts. 104-IV, 151 § 1º, 159, 160 e 162 § 5º.

Art. 158: 2. Redação do *caput* de acordo com a Em. Reg. 28, de 6.12.17.

Art. 158: 3 e 4. Os incisos I e II foram acrescidos pela Em. Reg. 28, de 6.12.17.

Art. 158: 4a. Indeferindo pedido de sustentação oral "realizado intempestivamente, somente após a publicação da pauta de julgamentos, sendo necessária sua postulação nas razões do recurso, sob pena de preclusão": STJ-2ª Seção, Rcl 36.371-AgInt-EDcl, Min. Luis Felipe, j. 22.5.19, DJ 28.5.19.

Art. 158: 5. Redação do § 2º de acordo com a Em. Reg. 28, de 6.12.17.

Art. 159. Não haverá sustentação oral no julgamento de:[1]

I — embargos declaratórios;

II — arguição de suspeição;

III — tutela de urgência requerida no Superior Tribunal de Justiça, em caráter antecedente;

IV — agravo, salvo expressa disposição legal em contrário;[2]

V — exceção de suspeição;

VI — exceção de impedimento;

VII — medidas protetivas de urgência — Lei Maria da Penha;

VIII — medidas protetivas — Estatuto do Idoso;
IX — pedido de busca e apreensão criminal;
X — pedido de quebra de sigilo de dados e/ou telefônico;
XI — cautelar inominada criminal;
XII — alienação de bens do acusado;
XIII — embargos de terceiro;
XIV — embargos do acusado;
XV — insanidade mental do acusado;
XVI — restituição de coisas apreendidas;
XVII — pedido de uniformização de interpretação de lei;
XVIII — prisão preventiva;
XIX — prisão temporária.

§ 1º Nos demais julgamentos, o Presidente da Corte Especial, da Seção ou da Turma, feito o relatório, dará a palavra, sucessivamente, ao autor, recorrente ou impetrante, e ao réu, recorrido ou impetrado, para sustentação de suas alegações.

§ 2º Se o representante do Ministério Público estiver agindo como fiscal da lei, fará uso da palavra após o recorrente e o recorrido.

Art. 159: 1. Redação de acordo com a Em. Reg. 22, de 16.3.16, que acresceu os incisos I a XIX.

Art. 159: 2. v. CPC 937 § 3º e 1.042 § 5º.

Art. 160. Nos casos do § 1º do artigo anterior, cada uma das partes falará pelo tempo máximo de quinze minutos, excetuado o julgamento da ação penal originária, na qual o prazo será de uma hora (art. 229, V).

§ 1º O representante do Ministério Público terá prazo igual ao das partes, quando em tal situação processual estiver agindo.

§ 2º Se houver litisconsortes não representados pelo mesmo advogado, o prazo será contado em dobro e dividido igualmente entre os do mesmo grupo, se diversamente não o convencionarem.

§ 3º O opoente falará após as partes originárias e pelo mesmo prazo.

§ 4º O assistente, na ação penal pública, falará depois do representante do Ministério Público, a menos que o recurso seja dele.

§ 5º O representante do Ministério Público falará depois do autor da ação penal privada.

§ 6º Se, em ação penal, houver recurso de corréus, em posição antagônica, cada grupo terá prazo completo para falar.

§ 7º Nos processos criminais, havendo corréus que sejam coautores do delito, se não tiverem o mesmo defensor, o prazo será contado em dobro e dividido igualmente entre os defensores, salvo se convencionarem outra divisão do tempo.

§ 8º Admitida a intervenção de terceiros nas hipóteses de recurso especial repetitivo, fica-lhes facultado produzir sustentação oral, observado o § 2º deste artigo.[1]

Art. 160: 1. O § 8º foi acrescido pela Em. Reg. 20, de 2.12.15.

Art. 161. Cada Ministro poderá falar duas vezes sobre o assunto em discussão e mais uma vez, se for o caso, para explicar a modificação de voto. Nenhum falará sem que o Presidente lhe conceda a palavra, nem interromperá aquele que a estiver usando.

§ 1º Em qualquer fase do julgamento, posterior ao relatório ou à sustentação oral, poderão os julgadores pedir esclarecimentos ao relator, ao revisor e aos advogados dos litigantes, quando presentes, sobre fatos e circunstâncias pertinentes à matéria em debate, ou, ainda, pedir vista dos autos, caso em que o julgamento será suspenso. Surgindo questão nova, o próprio relator poderá pedir a suspensão do julgamento por uma única oportunidade.[1]

§ 2º Havendo segundo pedido de vista dos autos, o pleito será tido como coletivo, de modo que o prazo de sessenta dias constante do art. 162 deste Regimento será contado de forma conjunta, beneficiando-se da prorrogação do prazo por trinta dias apenas os Ministros que a requererem.[2]

§ 3º O pedido de vista coletivo impede a posterior solicitação de vista de qualquer Ministro.[3]

§ 4º O julgador poderá proferir seu voto-vista mesmo que os Ministros que o antecedem na ordem de votação ainda não estejam habilitados para tal.[4]

Art. 161: 1 a 4. Redação dos §§ 1º a 4º de acordo com a Em. Reg. 33, de 8.5.19.

Art. 162. Nos julgamentos, o pedido de vista não impede votem os Ministros que se tenham por habilitados a fazê-lo, e o Ministro que o formular restituirá os autos ao Presidente do Órgão Julgador dentro de, no máximo, sessenta dias a contar do momento em que os autos lhe forem disponibilizados, devendo prosseguir o julgamento do feito na sessão subsequente ao fim do prazo, com ou sem o voto-vista.[1]

§ 1º O prazo a que se refere o *caput* poderá ser prorrogado por trinta dias, mediante requerimento fundamentado ao Colegiado.[1a]

§ 2º O prazo de restituição dos autos ficará suspenso nos períodos de recesso e de férias coletivas.[1b]

§ 3º O julgamento que tiver sido iniciado prosseguirá, computando-se os votos já proferidos pelos Ministros, mesmo que não compareçam ou hajam deixado o exercício do cargo, ainda que o Ministro afastado seja o relator.[1c]

§ 4º Não participará do julgamento o Ministro que não tiver assistido à sustentação oral.[2]

§ 5º Se, para efeito do *quorum* ou desempate na votação, for necessário o voto de Ministro que não tenha assistido à sustentação oral, esta será renovada, computando-se os votos proferidos.[2a]

§ 6º Nos casos de julgamento de declaração de inconstitucionalidade de lei ou ato normativo do Poder Público, recurso especial repetitivo, revisão de tese firmada em recurso repetitivo, incidente de assunção de competência e revisão de tese firmada em incidente de assunção de competência, se o órgão julgador entender necessária a tomada de votos de Ministros que não assistiram à sustentação oral, aplicar-se-á o disposto no parágrafo anterior.[3]

§ 7º Se estiver ausente o Ministro que houver comparecido ao início do julgamento, mas ainda não tiver votado, o seu voto será dispensado, desde que obtidos suficientes votos concordantes sobre todas as questões.[4]

§ 8º Ausente o Presidente que iniciou o julgamento, este prosseguirá sob a presidência de seu substituto. Na Corte Especial ou na Seção, a substituição será feita por quem não houver proferido voto.[5]

Art. 162: 1 a 1c. Redação do *caput* e dos §§ 1º a 3º conforme a Em. Reg. 17, de 17.12.14.

Art. 162: 2 a 4. Redação dos §§ 4º a 7º conforme a Em. Reg. 32, de 8.5.19.

Art. 162: 5. O § 8º foi acrescido pela Em. Reg. 32, de 8.5.19.

Art. 163. Concluído o debate oral, o Presidente tomará os votos do relator, do revisor, se houver, e dos outros Ministros, que os seguirem na ordem decrescente de antiguidade. Esgotada a lista, o imediato ao Ministro mais moderno será o mais antigo. Encerrada a votação, o Presidente proclamará a decisão.

Art. 164. As questões preliminares serão julgadas antes do mérito, deste não se conhecendo se incompatível com a decisão daquelas.[1]

§ 1º Se, antes ou no curso do relatório, algum dos Ministros suscitar preliminar, será ela, antes de julgada, discutida pelas partes, que poderão usar da palavra. Se não for acolhida, o relator fará o relatório, prosseguindo-se no julgamento.

§ 2º Quando a preliminar versar nulidade suprível,[2] converter-se-á o julgamento em diligência[3] e o relator, se for necessário, ordenará a remessa dos autos à instância inferior, para os fins de direito.

Art. 164: 1. v. CPC 938.

Art. 164: 2. v. art. 86.

Art. 164: 3. sem acórdão (art. 100 § ún.-III).

Art. 165. Se for rejeitada a preliminar, ou, se embora acolhida, não vedar a apreciação do mérito,[1] seguir-se-ão a discussão e o julgamento da matéria principal, e sobre ela também proferirão votos os Ministros vencidos na anterior conclusão.

Art. 165: 1. v., p. ex., CPC 282 § 2º.

Art. 166. Preferirá aos demais, com dia designado, o processo cujo julgamento houver sido suspenso, salvo se o adiamento tiver resultado de vista e se estiver aguardando a devolução dos autos.

Art. 167. O julgamento, uma vez iniciado, ultimar-se-á na mesma sessão, ainda que excedida a hora regimental.

Art. 168. A Corte Especial, a Seção ou a Turma poderão converter o julgamento em diligência[1] quando necessária à decisão da causa. Neste caso, o feito será novamente incluído em pauta.[2]

Art. 168: 1. sem acórdão (art. 100 § ún.-III).

Art. 168: 2. Redação do art. 168 de acordo com a Em. Reg. 1, de 23.5.91.

Capítulo II | DAS SESSÕES SOLENES

Art. 169. O Tribunal, pelo seu Plenário, reúne-se em sessão solene:

I — para dar posse aos Ministros e aos titulares de sua direção;

II — para celebrar acontecimentos de alta relevância, mediante convocação do Presidente.

Art. 170. O cerimonial das sessões será regulado por ato do Presidente.

Capítulo III | DAS SESSÕES DO PLENÁRIO

Art. 171. O Plenário, que se reúne com a presença da maioria absoluta[1] dos seus membros,[2] é dirigido pelo Presidente do Tribunal.

Parágrafo único. Quando o Plenário se reunir para apreciar e deliberar a respeito das matérias inscritas no art. 10, incisos II, IV, V, VI e VII, deste Regimento, será observado o *quorum* de dois terços dos membros do Tribunal.

Art. 171: 1. s/ *quorum*: "Uma teoria do *quorum*", por José Wilson Ferreira Sobrinho (RTJE 124/29).

Art. 171: 2. s/ *quorum*, v. arts. 122 § 1º (para aprovação de súmula), 162 § 3º (convocação de ministro), 172-*caput*, § ún. e 174 (na Corte Especial), 176-*caput*, § ún. e 178 (na Seção), 179 e 181 (na Turma) e 199 § 2º (declaração de inconstitucionalidade).

Capítulo IV | DAS SESSÕES DA CORTE ESPECIAL

Art. 172. A Corte Especial, que se reúne com a presença da maioria absoluta de seus membros, é dirigida pelo Presidente do Tribunal.

Parágrafo único. No julgamento de matéria constitucional, intervenção federal, ação penal originária, sumulação de jurisprudência e alteração ou cancelamento de enunciado de súmula e incidente de assunção de competência, será exigida a presença de dois terços de seus membros.[1]

Art. 172: 1. Redação do § ún. de acordo com a Em. Reg. 24, de 28.9.16.

Art. 173. Terão prioridade no julgamento da Corte Especial:

I — as causas criminais, havendo réu preso;

II — o mandado de segurança,[1] o mandado de injunção e o *habeas data*;

III — a requisição de intervenção federal nos Estados;

IV — as reclamações;

V — os conflitos de competência e de atribuições.

VI — recurso especial repetitivo.[2]

Art. 173: 1. v. art. 215.

Art. 173: 2. O inciso VI foi acrescido pela Em. Reg. 22, de 16.3.16.

Art. 174. Excetuados os casos em que se exige o voto de maioria qualificada, as decisões serão tomadas pelo voto da maioria dos Ministros.

Art. 175. O Presidente não proferirá voto, salvo:

I — nos casos em que o julgamento depender de *quorum* qualificado para apuração do resultado;

II — em matéria administrativa;

III — nos demais casos, quando ocorrer empate.

Superior Tribunal de Justiça

Capítulo V | DAS SESSÕES DAS SEÇÕES

Art. 176. As Seções se reúnem com a presença da maioria absoluta de seus integrantes.

Parágrafo único. No julgamento da sumulação de jurisprudência e alteração ou cancelamento de súmula e incidente de assunção de competência, será exigida a presença de dois terços de seus membros.[1]

Art. 176: 1. Redação do § ún. de acordo com a Em. Reg. 24, de 28.9.16.

Art. 177. Terão prioridade no julgamento da Seção:

I — as causas criminais, havendo réu preso;

II — os *habeas corpus*;

III — o mandado de segurança[1] e o *habeas data*;

IV — os conflitos de competência e de atribuições.

V — recurso especial repetitivo.[2]

Art. 177: 1. v. art. 215.

Art. 177: 2. O inciso V foi acrescido pela Em. Reg. 22, de 16.3.16.

Art. 178. Excetuados os casos em que se exige o voto da maioria absoluta dos seus membros, as decisões serão tomadas pelo voto da maioria dos Ministros.

Capítulo VI | DAS SESSÕES DAS TURMAS

Art. 179. As Turmas reúnem-se com a presença de, pelo menos, três Ministros.

Art. 180. Terão prioridade no julgamento das Turmas:

I — as causas criminais, havendo réu preso;

II — os *habeas corpus*.

Art. 181. A decisão da Turma será tomada pelo voto da maioria absoluta dos seus membros.[1-1a]

§ 1º O Presidente da Turma participa dos seus julgamentos com as funções de relator, revisor e vogal.

§ 2º Não alcançada a maioria de que trata este artigo, será adiado o julgamento para o fim de ser tomado o voto do Ministro ausente.

§ 3º Persistindo a ausência, ou havendo vaga, impedimento ou licença, por mais de um mês, convocar-se-á Ministro de outra Turma (art. 55).

§ 4º No *habeas-corpus* e no recurso em *habeas corpus*, havendo empate, prevalecerá a decisão mais favorável ao paciente.

Art. 181: 1. O STF considerou inconstitucional a expressão "absoluta de seus membros" (STF-Pleno: RTJ 162/688, dois votos vencidos). Mas a Lei 9.756, de 17.12.98, que introduziu o art. 41-A na LR, repetiu a disposição.

No caso de empate, em *habeas corpus*, prevalece a decisão mais favorável ao paciente (citado art. 41-A, § ún.).

Art. 181: 1a. "Recurso Especial. Votos divergentes. Maioria. Estando presentes quatro integrantes da turma, três conhecendo, sendo que um dava provimento e dois improviam e o último não conhecendo do recurso, por desatenção a requisitos de admissibilidade, é preciso então colher o voto do julgador que não conheceu do recurso, para que se manifeste sobre o mérito, pois são necessários três votos convergentes a fim de se obter a decisão da turma sobre o mérito do recurso conhecido" (STJ-4ª T., REsp 16.859-0-EDcl, Min. Ruy Rosado, j. 20.6.95, DJU 16.10.95).

Capítulo VII | DAS SESSÕES ADMINISTRATIVAS E DE CONSELHO

Art. 182. Observado o disposto no art. 151, serão reservadas as sessões:

I — quando o Presidente ou algum dos Ministros pedir que a Corte Especial, a Seção ou Turma se reúna em Conselho;[1]

II — quando convocadas pelo Presidente para assunto administrativo ou da economia interna do Tribunal.

Art. 182: 1. v. art. 151.

Art. 183. As sessões do Conselho de Administração serão reservadas.

Parágrafo único. Nenhuma pessoa, além dos Ministros, será admitida às sessões reservadas do Conselho de Administração e nos casos do inciso II do artigo anterior.

Art. 184. As decisões tomadas em sessão administrativa serão motivadas, sendo as disciplinares tomadas pelo voto da maioria absoluta dos membros do órgão julgador.[1]

Art. 184: 1. A sessão administrativa a que se refere o art. 27 é reservada (v. *caput* desse art.).

Título III-A | DO JULGAMENTO VIRTUAL[1-2]

TÍT. III-A: 1. O Tít. III-A foi acrescido pela Em. Reg. 27, de 13.12.16.

TÍT. III-A: 2. Em. Reg. 27, de 13.12.16: "Art. 2º O sistema de julgamentos virtuais será implantado mediante ato próprio da Presidência do Tribunal e havendo inviabilidade de utilização do sistema Justiça para a implantação das sessões virtuais, faculta-se o uso de outros devidamente adequados à sistemática das sessões virtuais".

Capítulo I | DISPOSIÇÕES GERAIS[1]

CAP. I: 1. O Cap. I foi acrescido pela Em. Reg. 27, de 13.12.16.

Art. 184-A. Ficam criados órgãos julgadores virtuais correspondentes à Corte Especial, às Seções e às Turmas do Superior Tribunal de Justiça, com a finalidade de julgamento eletrônico de recursos.[1]

Parágrafo único. Os seguintes recursos podem ser submetidos ao julgamento virtual:

I — Embargos de Declaração;

II — Agravo Interno;

III — Agravo Regimental.

Art. 184-A: 1. Redação do *caput* de acordo com a Em. Reg. 36, de 24.3.20.

Art. 184-B. As sessões virtuais devem estar disponíveis para acesso às partes, a seus advogados, aos defensores públicos e ao Ministério Público na página do Superior Tribunal de Justiça na internet, mediante a identificação por certificado digital.[1]

Art. 184-B: 1. O art. 184-B foi acrescido pela Em. Reg. 27, de 13.12.16.

Art. 184-C. As sessões virtuais contemplarão as seguintes etapas:[1]

I — inclusão do processo, pelo relator, na plataforma eletrônica para julgamento;

II — publicação da pauta no Diário da Justiça eletrônico com a informação da inclusão do processo;

III — início das sessões virtuais, que coincidirá, preferencialmente, com as sessões ordinárias dos respectivos órgãos colegiados, restringindo-se, no caso das Turmas, às sessões ordinárias de terça-feira;[2]

IV — fim do julgamento, que corresponderá ao sétimo dia corrido do início do julgamento.

Art. 184-C: 1. O art. 184-C foi acrescido pela Em. Reg. 27, de 13.12.16.

Art. 184-C: 2. Redação de acordo com a Em. Reg. 36, de 24.3.20.

Capítulo II | DO PROCEDIMENTO PARA JULGAMENTO VIRTUAL[1]

CAP. II: 1. O Cap. II foi acrescido pela Em. Reg. 27, de 13.12.16.

Art. 184-D. O relator no julgamento virtual incluirá os dados do processo na plataforma eletrônica do STJ com a indicação do Órgão Julgador, acompanhados do relatório e do voto do processo.[1]

Parágrafo único. A pauta será publicada no Diário da Justiça eletrônico cinco dias úteis antes do início da sessão de julgamento virtual, prazo no qual:

I — é facultado aos integrantes do Órgão Julgador expressar a não concordância com o julgamento virtual;

II — as partes, por meio de advogado devidamente constituído, bem como o Ministério Público e os defensores públicos poderão apresentar memoriais e, de forma fundamentada, manifestar oposição ao julgamento virtual ou solicitar sustentação oral, observado o disposto no art. 159.

Art. 184-D: 1. O art. 184-D foi acrescido pela Em. Reg. 27, de 13.12.16.

Art. 184-E. Transcorrido o prazo previsto no parágrafo único do art. 184-D, de maneira automática, será liberada a consulta ao relatório e voto do relator aos Ministros integrantes do respectivo Órgão Julgador que decidirão, no prazo de sete dias corridos, os processos incluídos na sessão de julgamento eletrônico.[1]

Art. 184-E: 1. O art. 184-E foi acrescido pela Em. Reg. 27, de 13.12.16.

Art. 184-F. A não manifestação do Ministro no prazo de sete dias corridos previstos no art. 184-E acarretará a adesão integral ao voto do relator.[1]

§ 1º O disposto no *caput* não se aplica ao Ministro que deixar de votar por motivo de impedimento ou suspeição ou por licença ou afastamento que perdurem os cinco últimos dias de votação.

§ 2º O processo será excluído da pauta de julgamento virtual nas hipóteses em que, no prazo do parágrafo único do art. 184-D, qualquer integrante do Órgão Julgador expresse não concordância com o julgamento virtual, se acolhida a oposição feita por qualquer das partes, pelo defensor público ou pelo Ministério Público ou se houver o deferimento de sustentação oral.

§ 3º Aplicam-se ao julgamento virtual, no que couber, as disposições dos arts. 55 e 103, §§ 6º e 8º.

Art. 184-F: 1. O art. 184-F foi acrescido pela Em. Reg. 27, de 13.12.16.

Art. 184-G. Findo o prazo de sete dias corridos de que trata o art. 184-E, o sistema contará os votos e lançará, de forma automatizada, na plataforma eletrônica, o resultado do julgamento.[1]

Art. 184-G: 1. O art. 184-G foi acrescido pela Em. Reg. 27, de 13.12.16.

Art. 184-H. Caberá às Coordenadorias dos Órgãos Julgadores a finalização dos acórdãos relativos aos processos julgados em sessões virtuais, disponibilizando-os, lavrados, para assinatura dos Ministros.[1]

Art. 184-H: 1. O art. 184-H foi acrescido pela Em. Reg. 27, de 13.12.16.

Título IV | DAS AUDIÊNCIAS

Art. 185. Serão públicas as audiências:

I — do Presidente ou do relator para ouvir pessoas ou entidades com experiência e conhecimento em matéria de interesse para a fixação ou alteração de tese repetitiva ou de enunciado de súmula;[1-2]

II — do relator, para instrução do processo, salvo exceção legal.

Art. 185: 1. Redação do inciso I de acordo com a Em. Reg. 22, de 16.3.16.

Art. 185: 2. v. art. 186 §§ 3º e 4º.

Art. 186. O Ministro que presidir a audiência deliberará sobre o que lhe for requerido, ressalvada a competência da Corte Especial, da Seção, da Turma e dos demais Ministros.

§ 1º Respeitada a prerrogativa dos advogados e dos membros do Ministério Público, nenhum dos presentes se dirigirá ao Presidente da audiência, a não ser de pé e com a sua licença.

§ 2º O Secretário da audiência fará constar em ata o que nela ocorrer.

§ 3º A audiência pública prevista no inciso I do art. 185 será presidida pelo Ministro que a convocou, facultada a delegação a outro Ministro.[1]

§ 4º O Ministro que convocou a audiência prevista no inciso I do art. 185 divulgará, com antecedência mínima de trinta dias, as orientações gerais sobre o procedimento a ser adotado, observado o seguinte:[2]

I — o despacho convocatório da audiência pública será amplamente divulgado e delimitará a(s) questão(ões) objeto de debate, fixará prazo para a indicação das pessoas a serem ouvidas e determinará a notificação dos Ministros do respectivo Órgão Julgador e o encaminhamento de convites a pessoas ou a entidades que possuam estreita relação com a questão a ser apresentada;

II — será garantida a participação de pessoas ou de entidades que defendam diferentes opiniões relativas à matéria objeto da audiência pública;

III — caberá ao Ministro que presidir a audiência pública selecionar as pessoas que serão ouvidas, divulgar a lista dos habilitados, determinar a ordem dos trabalhos, fixar o tempo de que cada um disporá para se manifestar e zelar, na medida do possível, pela garantia de pluralidade de expositores;

IV — os depoentes deverão limitar-se à questão em debate;

V — os trabalhos da audiência pública serão registrados e juntados aos autos do processo e ao projeto de súmula e disponibilizados no sítio eletrônico do Tribunal;

VI — os casos omissos serão resolvidos pelo Ministro que convocou a audiência.

Art. 186: 1. O § 3º foi acrescido pela Em. Reg. 22, de 16.3.16.

Art. 186: 2. O § 4º e seus incisos foram acrescidos pela Em. Reg. 22, de 16.3.16.

Título V | DOS PROCESSOS SOBRE COMPETÊNCIA

Capítulo I | DA RECLAMAÇÃO[1]

CAP. I: 1. v. CF 105-I-*f*; CPC 988 a 993; RISTF 156 a 162; RISTJ 11-X (competência), 12-III (competência), 64-X (vista ao MP), 173-IV (preferência para julgamento).

Art. 187. Para preservar a competência do Tribunal, garantir a autoridade de suas decisões e a observância de julgamento proferido em incidente de assunção de competência, caberá reclamação da parte interessada ou do Ministério Público desde que, na primeira hipótese, haja esgotado a instância ordinária.[1-1a]

Parágrafo único. A reclamação, dirigida ao Presidente do Tribunal e instruída com prova documental, será autuada e distribuída ao relator da causa principal, sempre que possível.

Art. 187: 1. Redação do *caput* de acordo com a Em. Reg. 24, de 28.9.16.

Art. 187: 1a. v. CPC 988 a 993 e notas.

Art. 188. Ao despachar a reclamação, o relator:

I — requisitará informações da autoridade a quem for imputada a prática do ato impugnado, a qual as prestará no prazo de dez dias;[1]

II — ordenará, se necessário, para evitar dano irreparável a suspensão[2] do processo ou do ato impugnado.

III — determinará a citação do beneficiário da decisão impugnada, que terá quinze dias para apresentar contestação.[3-4]

Art. 188: 1. cf. CPC 989-I; s/ informações fora de prazo, v. art. 106 § 3º.

Art. 188: 2. cf. CPC 989-II.

Art. 188: 3. O inciso III foi acrescido pela Em. Reg. 22, de 16.3.16.

Art. 188: 4. v. CPC 989-III.

Art. 189. Qualquer interessado poderá impugnar o pedido do reclamante.

Art. 190. O Ministério Público, nas reclamações que não houver formulado, terá vista do processo por cinco dias, após o decurso do prazo para informações e para oferecimento da contestação pelo beneficiário do ato impugnado.[1-2]

Art. 190: 1. Redação de acordo com a Em. Reg. 22, de 16.3.16.

Art. 190: 2. cf. CPC 991.

Art. 191. Julgando procedente a reclamação, o Tribunal cassará a decisão exorbitante de seu julgado ou determinará medida adequada à preservação de sua competência.[1]

Art. 191: 1. cf. CPC 992.

Art. 192. O Presidente determinará o imediato cumprimento da decisão, lavrando-se o acórdão posteriormente.[1]

Art. 192: 1. cf. CPC 993.

Capítulo II — DO CONFLITO DE COMPETÊNCIA E DE ATRIBUIÇÕES

Art. 193. O conflito de competência poderá ocorrer entre autoridades judiciárias; o de atribuições, entre autoridades judiciárias e administrativas.[1]

Art. 193: 1. v. CF 105-I-*d* e *g*; CPC 951 a 959; RISTF 163 a 168; RISTJ 11-XII (competência da Corte Especial), 12-IV a VI (competência da Seção), 64-V (vista ao MP), 91-I (dispensa de pauta), 173-V (preferência para julgamento na Corte Especial) e 177-IV (preferência para julgamento na Seção).

Art. 194. Dar-se-á conflito nos casos previstos nas leis processuais.

Art. 195. O conflito poderá ser suscitado pela parte interessada, pelo Ministério Público, ou por qualquer das autoridades conflitantes.[1]

Art. 195: 1. Se as autoridades conflitantes são o TCU e Juízo Federal de primeiro grau, não deve ser conhecido conflito suscitado por Tribunal Regional Eleitoral (STJ-1ª Seção, CA 15, Min. Gomes de Barros, j. 23.3.93, DJU 26.4.93).

Art. 196. Poderá o relator, de ofício, ou a requerimento de qualquer das partes, determinar, quando o conflito for positivo, seja sobrestado o processo, e, neste caso, bem assim no de conflito negativo, designar um dos órgãos para resolver, em caráter provisório, as medidas urgentes.[1]

Art. 196: 1. "De conformidade com o poder cautelar genérico inerente à função jurisdicional, é lícito ao relator do conflito de atribuição ordenar as medidas urgentes que entender necessárias à proteção de qualquer direito suscetível de grave dano de incerta reparação ou ainda destinadas a garantir a eficácia de ulterior decisão da causa. Inteligência dos arts. 124 do CPC; 24, parágrafo único do Ato Regimental n. 01/89, do STJ, 166 do RISTF; 33, ns. V e VI, do RISTF. Precedente do STF. Agravo regimental a que se nega provimento" (RSTJ 5/51).

Art. 197. Sempre que necessário, o relator mandará ouvir as autoridades em conflito no prazo de dez dias.[1]

Art. 197: 1. s/ informações fora de prazo, v. art. 106 § 3º.

Art. 198. Prestadas ou não as informações, o relator dará vista do processo ao Ministério Público, pelo prazo de quinze dias, e, após, apresentá-lo-á em mesa para julgamento.[1]

§ 1º Da decisão será dada ciência, antes mesmo da lavratura do acórdão, por via telegráfica, aos órgãos envolvidos no conflito.

§ 2º No caso de conflito entre relatores ou Turmas integrantes de Seções diversas, ou entre estas, feita a distribuição, proceder-se-á, no que couber, na forma estabelecida no presente capítulo.

Art. 198: 1. Redação do *caput* de acordo com a Em. Reg. 1, de 23.5.91.

Título VI DA DECLARAÇÃO DE INCONSTITUCIONALIDADE DE LEI OU DE ATO NORMATIVO DO PODER PÚBLICO

Art. 199. Se, por ocasião do julgamento perante a Corte Especial, for arguida a inconstitucionalidade de lei[1] ou ato normativo do poder público, suspender-se-á o julgamento, a fim de ser tomado o parecer do Ministério Público,[2] no prazo de quinze dias.

§ 1º Devolvidos os autos e lançado o relatório, serão eles encaminhados ao Presidente da Corte Especial para designar a sessão de julgamento.[3] A Secretaria distribuirá cópias autenticadas do relatório aos Ministros.

§ 2º Proclamar-se-á a inconstitucionalidade ou a constitucionalidade do preceito ou ato impugnado, se num ou noutro sentido se tiver manifestado a maioria absoluta dos membros da Corte Especial.[4-5]

§ 3º Se não for alcançada a maioria absoluta necessária à declaração de inconstitucionalidade, estando ausentes Ministros em número que possa influir no julgamento, este será suspenso, a fim de aguardar-se o comparecimento dos Ministros ausentes, até que se atinja o *quorum*; não atingido, desta forma, o *quorum*, será convocado Ministro não integrante da Corte, observada a ordem de antiguidade (art. 162, § 3º).[6]

§ 4º Cópia do acórdão será, no prazo para sua publicação, remetida à Comissão de Jurisprudência que, após registrá-lo, ordenará a sua publicação na Revista do Tribunal.

Art. 199: 1. v. CF 97; CPC 948 a 950; RISTF 169 a 177 (especialmente notas).

Art. 199: 2. cf. art. 64-I.

Art. 199: 3. Para o julgamento, exige-se a presença de pelo menos dois terços dos membros da Corte Especial (art. 172 § ún.).

Art. 199: 4. Conforme retificação no DJU 17.8.89.

Art. 199: 5. As decisões da Corte Especial, em questões constitucionais, aplicam-se obrigatoriamente aos casos ainda não julgados pelo STJ (cf. art. 136).

Art. 199: 6. Conforme retificação no DJU 17.8.89.

Art. 200. A Seção ou a Turma remeterá o feito ao julgamento da Corte Especial[1] quando a maioria acolher arguição de inconstitucionalidade[2] por ela ainda não decidida.

§ 1º Acolhida a arguição, será publicado o acórdão, ouvido, em seguida, o representante do Ministério Público, em quinze dias.

§ 2º Devolvidos os autos, observar-se-á o disposto nos §§ 1º e 3º do artigo anterior.

§ 3º O relator, ainda que não integre a Corte Especial, dela participará no julgamento do incidente, excluindo-se o Ministro mais moderno.

Art. 200: 1. v. art. 16-I c/c 11-IX.

Art. 200: 2. Arguição de inconstitucionalidade em recurso especial. No exercício das competências previstas no art. 105, inc. I e II da CF, cabe ao STJ plenamente declarar a inconstitucionalidade de lei ou ato normativo. Todavia, ao julgar recurso especial, é lícito ao STJ previamente declarar a inconstitucionalidade de lei ou ato normativo, "desde que a declaração não seja a favor do recorrente; a favor do recorrido, sim" (STJ-Corte Especial, REsp 215.881-AI, Min. Nilson Naves, j. 18.4.01, maioria, DJU 8.4.02).

Título VII | DAS GARANTIAS CONSTITUCIONAIS

Capítulo I | DOS *HABEAS CORPUS*

Art. 201. O relator[1] requisitará informações do apontado coator, no prazo que fixar, podendo, ainda:

I — nomear advogado para acompanhar e defender oralmente o pedido, se o impetrante não for bacharel em Direito;

II — ordenar diligências necessárias à instrução do pedido;

III — se convier ouvir o paciente, determinar sua apresentação à sessão do julgamento;

IV — no *habeas corpus* preventivo, expedir salvo-conduto em favor do paciente, até decisão do feito, se houver grave risco de consumar-se a violência.

Art. 201: 1. "Não cabe agravo da decisão do relator que, fundamentadamente, indefere liminar em *habeas corpus*" (STJ-4ª T., HC 35.443-AgRg, Min. Cesar Rocha, j. 22.6.04, DJU 23.8.04).

Art. 202. Instruído o processo e ouvido o Ministério Público em dois dias, o relator o colocará em mesa para julgamento, na primeira sessão da Turma, da Seção ou da Corte Especial, ou, se a matéria for objeto de jurisprudência consolidada do Superior Tribunal de Justiça ou do Supremo Tribunal Federal, poderá decidir monocraticamente.[1-2]

§ 1º Opondo-se o paciente, não se conhecerá do pedido.

§ 2º Às comunicações de prisão aplicam-se o procedimento previsto neste artigo e, no que couber, as disposições do presente capítulo.

Art. 202: 1. Redação do *caput* de acordo com a Em. Reg. 16, de 19.11.14.

Superior Tribunal de Justiça

Art. 202: 2. v. art. 34-XX.

Art. 203. O Tribunal poderá, de ofício:

I — se convier ouvir o paciente, determinar sua apresentação à sessão de julgamento;

II — expedir ordem de *habeas corpus*, quando, no curso de qualquer processo, verificar que alguém sofre ou está na iminência de sofrer coação ilegal.

Art. 204. A decisão concessiva de *habeas corpus*[1] será imediatamente comunicada às autoridades a quem couber cumpri-la, sem prejuízo da remessa de cópia do acórdão.

§ 1º A comunicação, mediante ofício ou telegrama, bem como o salvo-conduto, em caso de ameaça de violência ou coação, serão firmados pelo Presidente do órgão julgador que tiver concedido a ordem.

§ 2º Na hipótese de anulação do processo, poderá o Tribunal ou o Juiz aguardar o recebimento da cópia do acórdão para o efeito de renovação dos atos processuais.

Art. 204: 1. LR 41-A § ún.: "Em *habeas corpus* originário ou recursal, havendo empate, prevalecerá a decisão mais favorável ao paciente".

Art. 205. Ordenada a soltura do paciente, em virtude de *habeas corpus*, a autoridade que, por má-fé ou evidente abuso de poder, tiver determinado a coação, será condenada nas custas, remetendo-se ao Ministério Público traslado das peças necessárias à propositura da ação penal.

Art. 206. O carcereiro ou o diretor da prisão, o escrivão, o oficial de justiça ou a autoridade judiciária, policial ou militar, que embaraçarem ou procrastinarem o encaminhamento do pedido de *habeas corpus*, ou as informações sobre a causa da violência, coação ou ameaça, serão multados na forma da legislação processual vigente, sem prejuízo de outras sanções penais ou administrativas.

Art. 207. Havendo desobediência ou retardamento abusivo no cumprimento da ordem de *habeas corpus*, de parte do detentor ou carcereiro, o Presidente do Tribunal, Seção ou da Turma expedirá mandado contra o desobediente e oficiará ao Ministério Público, a fim de que promova a ação penal.

Parágrafo único. Na hipótese deste artigo, a Seção, a Turma ou respectivo Presidente tomará as providências necessárias ao cumprimento da decisão, com emprego dos meios legais cabíveis, e determinará, se necessário, a apresentação do paciente ao relator ou ao juiz por ele designado.

Art. 208. As fianças que tiverem de ser prestadas perante o Tribunal serão processadas e julgadas pelo relator, a menos que este delegue essa atribuição a outro magistrado.

Art. 209. Se, pendente o processo de *habeas corpus*, cessar a violência ou coação, julgar-se-á prejudicado o pedido, podendo, porém, o Tribunal declarar a ilegalidade do ato e tomar as providências cabíveis para punição do responsável.

Art. 210. Quando o pedido for manifestamente incabível, ou for manifesta a incompetência do Tribunal para dele tomar conhecimento originariamente, ou for reiteração de outro com os mesmos fundamentos, o relator o indeferirá liminarmente.

Capítulo II | DO MANDADO DE SEGURANÇA

Art. 211. O mandado de segurança, de competência originária do Tribunal,[1 a 4] terá seu processo iniciado por petição em duplicata que preencherá os requisitos legais e conterá a indicação precisa da autoridade a quem se atribua o ato impugnado.

§ 1º A segunda via da inicial será instruída com cópias de todos os documentos, autenticadas pelo requerente e conferidas pela Secretaria do Tribunal.

§ 2º Se o requerente afirmar que o documento necessário à prova de suas alegações se acha em repartição ou estabelecimento público, ou em poder de autoridade que lhe recuse certidão, o relator requisitará, preliminarmente, por ofício, a exibição do documento, em original ou cópia autenticada, no prazo de dez dias. Se a autoridade indicada pelo requerente for a coatora, a requisição se fará no próprio instrumento da notificação.

§ 3º Nos casos do parágrafo anterior, a Secretaria do Tribunal mandará extrair tantas cópias do documento quantas se tornarem necessárias à instrução do processo.

Art. 211: 1. v. CF 105-I-*b*; s/ legislação ordinária, v. tít. MANDADO DE SEGURANÇA; s/ recurso ordinário em mandado de segurança, v. arts. 247 a 248; s/ suspensão de segurança, v. art. 271.

Art. 211: 2. v. CF 105-I-*b*; RISTJ 11-IX (competência da Corte Especial), 12-I (competência da Seção) e LMS 16 (competência do relator para a instrução do processo, em mandado de segurança originário dos tribunais).

Art. 211: 3. **Súmula 41 do STJ:** "O Superior Tribunal de Justiça não tem competência para processar e julgar, originariamente, mandado de segurança contra **atos de outros tribunais** ou dos respectivos órgãos" (v. jurisprudência s/ esta Súmula em RSTJ 38/17 a 40). No mesmo sentido: RSTJ 25/219, 38/23, 38/35, STJ-RT 667/171.

Em resumo: cabe ao STJ, "no que concerne aos mandados de segurança contra ato de Tribunais de Justiça, apreciá-los apenas em grau de recurso ordinário, quando a decisão for denegatória (Constituição, art. 105, II, *b*), ou de recurso especial, quando a decisão for concessiva e enquadrar-se no inciso III do art. 105 da Lei Maior" (RSTJ 24/243).

Art. 211: 3a. "As decisões judiciais das Turmas e das Seções não admitem, em princípio, mandado de segurança, já que as Turmas e as Seções prestam jurisdição em nome do Tribunal, não como instância inferior dentro do Tribunal. O art. 105, I, *b*, parte final, da Constituição, abrange os atos administrativos da Corte e de seus órgãos e, excepcionalmente, atos judiciais manifestamente ilegais e que revelem possibilidade de dano irreparável" (STJ-RT 850/203: Corte Especial, MS 11.259-AgRg). No mesmo sentido: RSTJ 31/209, STJ-RT 678/196.

Súmula 121 do TFR: "Não cabe mandado de segurança contra ato ou decisão, de natureza jurisdicional, emanado de Relator ou Presidente de Turma" (v. jurisprudência s/ esta Súmula em RTFR 95/136). Esta Súmula, destinada exclusivamente ao extinto TFR, continua em vigor, relativamente ao STJ (STJ-Corte Especial, MS 2.928-9, Min. Peçanha Martins, j. 11.11.93, DJU 21.3.94).

Mas: "O mandado de segurança é remédio cabível quando o ato judicial não comporta recurso e é marcado pela teratologia. No caso, tendo em vista que se trata da determinação de desentranhamento da petição recursal, inviabilizando a apreciação, pelo colegiado, do recurso interposto, a medida qualifica-se como excepcionalíssima. Havendo, na petição de recurso, pedido expresso para que as intimações futuras sejam feitas em nome de advogado substabelecido, é nula a intimação expedida em nome de outro advogado também constituído nos autos" (STJ-Corte Especial, MS 20.490, Min. Og Fernandes, j. 3.9.14, DJ 23.9.14).

Art. 211: 4. **Ato de Ministro de Estado.** "Compete ao STJ, por força da norma constitucional, processar e julgar mandado de segurança impetrado contra ato de Ministro de Estado ligado à sua atividade específica" (STJ-1ª Seção: RSTJ 46/52, v.u.). No mesmo sentido: STJ-1ª Seção: RT 657/169, maioria.

Superior Tribunal de Justiça

Mas, v. **Súmula 177 do STJ:** "O Superior Tribunal de Justiça é incompetente para processar e julgar originariamente mandado de segurança contra **ato de órgão colegiado presidido por Ministro de Estado**" (v. jurisprudência s/ esta Súmula em RSTJ 91/289). "Em sede de mandado de segurança, o juízo natural do presidente do colegiado é o mesmo do colegiado" (RSTJ 55/363).

"O Ministro de Estado só se legitima como autoridade coatora quando pratica pessoalmente o ato impugnado" (STJ-1ª Seção, MS 9.189, Min. João Otávio, j. 22.9.04, DJU 18.10.04).

S/ competência para o mandado de segurança contra ato de Ministro de Estado, posteriormente ratificado pelo Presidente da República, v. CF 105, nota 4a; s/ mandado de segurança contra ato praticado por autoridade no exercício de competência delegada por Ministro de Estado, v. LMS 1º, nota 31.

Art. 212. Se for manifesta a incompetência do Tribunal, ou manifestamente incabível a segurança, ou se a petição inicial não atender aos requisitos legais, ou excedido o prazo estabelecido no art. 18, da Lei n. 1.533, de 1951,[1] poderá o relator indeferir, desde logo, o pedido.

Art. 212: 1. O prazo para a impetração do mandado de segurança é agora disciplinado pelo art. 23 da Lei 12.016, de 7.8.09, que revogou a Lei 1.533, de 1951.

Art. 213. Ao despachar a inicial, o relator[1] mandará ouvir a autoridade apontada coatora, mediante ofício, acompanhado da segunda via da petição, instruída com as cópias dos documentos, a fim de que preste informações, no prazo de dez dias.

§ 1º Se o relator[2] entender relevante o fundamento do pedido, e do ato impugnado puder resultar a ineficácia da medida, caso deferida, ordenará a respectiva suspensão liminar[3-4] até o julgamento.

§ 2º Havendo litisconsortes,[5] a citação far-se-á, também mediante ofício, para o que serão apresentadas tantas cópias quantos forem os citados. O ofício será remetido pelo correio, através de carta registrada, com aviso de recepção, a fim de ser juntado aos autos.

§ 3º A Secretaria juntará aos autos cópia autenticada do ofício e prova de sua remessa ao destinatário.

Art. 213: 1. O relator do mandado de segurança é o relator de "todos os recursos posteriores, tanto na ação como na execução referentes ao mesmo processo" (art. 71).

Art. 213: 2. ou o Presidente, em casos excepcionais (art. 83 § 1º c/c art. 21-XIII-*c*).

Art. 213: 3. v. LMS 7º-III.

Casos em que não tem cabimento a medida liminar: LMS 7º § 2º; Lei 8.437, de 30.6.92, art. 1º (no tít. MEDIDA CAUTELAR).

Art. 213: 4. s/ agravo contra decisão do relator que concede ou indefere liminar em mandado de segurança de competência originária dos tribunais, v. LMS 16 § ún.

Art. 213: 5. v. LMS 24.

Art. 214. Transcorrido o prazo de dez dias do pedido de informações, com ou sem estas,[1] serão os autos[2] encaminhados ao Ministério Público que emitirá parecer no prazo de cinco dias.

Parágrafo único. Devolvidos os autos, o relator, em cinco dias, pedirá dia para julgamento, ou, se a matéria for objeto de jurisprudência consolidada do Superior Tribunal de Justiça ou do Supremo Tribunal Federal, poderá decidir monocraticamente.[3-4]

Art. 214: 1. s/ informações fora de prazo, v. art. 106 § 3º.

Art. 214: 2. Na publicação oficial, está "outros", e não "autos".

Art. 214: 3. Redação do § ún. de acordo com a Em. Reg. 16, de 19.11.14.

Art. 214: 4. v. art. 34-XIX.

Art. 215. Os processos de mandado de segurança terão prioridade sobre todos os feitos, salvo *habeas corpus*.

Capítulo III | DO MANDADO DE INJUNÇÃO E DO *HABEAS DATA*

Art. 216. No mandado de injunção[1] e no *habeas data*,[2] serão observadas as normas da legislação de regência. Enquanto estas não forem promulgadas, observar-se-ão, no que couber, o Código de Processo Civil e a Lei 1.533, de 1951.

Art. 216: 1. v. CF 105-I-*h* e LMI (no tít. MANDADO DE INJUNÇÃO).

Art. 216: 2. v. CF 105-I-*b* e LHD (no tít. *HABEAS DATA*).

Título VII-A | DOS PROCESSOS ORIUNDOS DE ESTADOS ESTRANGEIROS[1]

TÍT. VII-A: 1. Título acrescido pela Em. Reg. 18, de 17.12.14.

Capítulo I | DA HOMOLOGAÇÃO DE DECISÃO ESTRANGEIRA[1-2]

CAP. I: 1. Título alterado pela Em. Reg. 24, de 28.9.16.

CAP. I: 2. v. CPC 960 e segs., bem como respectivas notas.

Art. 216-A. É atribuição do Presidente do Tribunal homologar decisão estrangeira, ressalvado o disposto no art. 216-K.[1]

§ 1º Serão homologados os provimentos não judiciais que, pela lei brasileira, tiverem natureza de sentença.

§ 2º As decisões estrangeiras poderão ser homologadas parcialmente.[2]

Art. 216-A: 1. Redação do *caput* de acordo com a Em. Reg. 24, de 28.9.16.

Art. 216-A: 2. Redação do § 2º de acordo com a Em. Reg. 24, de 28.9.16.

Art. 216-B. A decisão estrangeira não terá eficácia no Brasil sem a prévia homologação do Superior Tribunal de Justiça.[1]

Art. 216-B: 1. Redação do art. 216-B de acordo com a Em. Reg. 24, de 28.9.16.

Art. 216-C. A homologação da decisão estrangeira será proposta pela parte requerente, devendo a petição inicial conter os requisitos indicados na lei processual, bem como os previstos no art. 216-D, e ser instruída com o original ou cópia autenticada da decisão homologanda e de outros documentos indispensáveis, devidamente traduzidos por tradutor oficial ou juramentado no Brasil e chancelados pela autoridade consular brasileira competente, quando for o caso.[1]

Art. 216-C: 1. Redação do art. 216-C de acordo com a Em. Reg. 24, de 28.9.16.

Art. 216-D. A decisão estrangeira deverá:[1]

I — ter sido proferida por autoridade competente;

II — conter elementos que comprovem terem sido as partes regularmente citadas ou ter sido legalmente verificada a revelia;

III — ter transitado em julgado.[2]

Art. 216-D: 1. Redação do *caput* de acordo com a Em. Reg. 24, de 28.9.16.

Art. 216-D: 2. Na verdade, basta para a homologação que a decisão seja eficaz, ainda que não tenha transitado em julgado.

V. CPC 963-III, inclusive nota 6.

Art. 216-E. Se a petição inicial não preencher os requisitos exigidos nos artigos anteriores ou apresentar defeitos ou irregularidades que dificultem o julgamento do mérito, o Presidente assinará prazo razoável para que o requerente a emende ou complete.[1]

Parágrafo único. Após a intimação, se o requerente ou o seu procurador não promover, no prazo assinalado, ato ou diligência que lhe for determinada no curso do processo, será este arquivado pelo Presidente.

Art. 216-E: 1. Art. 216-E acrescido pela Em. Reg. 18, de 17.12.14.

Art. 216-F. Não será homologada a decisão estrangeira que ofender a soberania nacional, a dignidade da pessoa humana e/ou a ordem pública.[1]

Art. 216-F: 1. Redação do art. 216-F de acordo com a Em. Reg. 24, de 28.9.16.

Art. 216-G. Admitir-se-á a tutela provisória nos procedimentos de homologação de decisão estrangeira.[1]

Art. 216-G: 1. Redação do art. 216-G de acordo com a Em. Reg. 24, de 28.9.16.

Art. 216-H. A parte interessada será citada para, no prazo de quinze dias, contestar o pedido.[1]

Parágrafo único. A defesa somente poderá versar sobre a inteligência da decisão alienígena e a observância dos requisitos indicados nos arts. 216-C, 216-D e 216-F.

Art. 216-H: 1. Art. 216-H acrescido pela Em. Reg. 18, de 17.12.14.

Art. 216-I. Revel ou incapaz o requerido, dar-se-lhe-á curador especial, que será pessoalmente notificado.[1]

Art. 216-I: 1. Art. 216-I acrescido pela Em. Reg. 18, de 17.12.14.

Art. 216-J. Apresentada contestação, serão admitidas réplica e tréplica em cinco dias.[1]

Art. 216-J: 1. Art. 216-J acrescido pela Em. Reg. 18, de 17.12.14.

Art. 216-K. Contestado o pedido, o processo será distribuído para julgamento pela Corte Especial, cabendo ao relator os demais atos relativos ao andamento e à instrução do processo.[1]

Parágrafo único. O relator poderá decidir monocraticamente nas hipóteses em que já houver jurisprudência consolidada da Corte Especial a respeito do tema.

Art. 216-K: 1. Art. 216-K acrescido pela Em. Reg. 18, de 17.12.14.

Art. 216-L. O Ministério Público terá vista dos autos pelo prazo de quinze dias, podendo impugnar o pedido.[1]

Art. 216-L: 1. Redação do art. 216-L de acordo com a Em. Reg. 24, de 28.9.16.

Art. 216-M. Das decisões do Presidente ou do relator caberá agravo.[1]

Art. 216-M: 1. Art. 216-M acrescido pela Em. Reg. 18, de 17.12.14.

Art. 216-N. A decisão estrangeira homologada será executada por carta de sentença no Juízo Federal competente.[1]

Art. 216-N: 1. Redação do art. 216-N de acordo com a Em. Reg. 24, de 28.9.16.

Capítulo II — DA CONCESSÃO DE *EXEQUATUR* A CARTAS ROGATÓRIAS[1]

Cap. II: 1. v. CPC 36 e 960 e segs., bem como respectivas notas.

Art. 216-O. É atribuição do Presidente conceder *exequatur* a cartas rogatórias, ressalvado o disposto no art. 216-T.[1]

§ 1º Será concedido *exequatur* à carta rogatória que tiver por objeto atos decisórios ou não decisórios.

§ 2º Os pedidos de cooperação jurídica internacional que tiverem por objeto atos que não ensejem juízo deliberatório do Superior Tribunal de Justiça, ainda que denominados de carta rogatória, serão encaminhados ou devolvidos ao Ministério da Justiça para as providências necessárias ao cumprimento por auxílio direto.[2]

Art. 216-O: 1. Art. 216-O acrescido pela Em. Reg. 18, de 17.12.14.

Art. 216-O: 2. v. CPC 28 e segs.

Art. 216-P. Não será concedido *exequatur* à carta rogatória que ofender a soberania nacional, a dignidade da pessoa humana e/ou a ordem pública.[1-2]

Art. 216-P: 1. Art. 216-P acrescido pela Em. Reg. 18, de 17.12.14.

Art. 216-P: 2. "Não ofende a soberania do Brasil ou a ordem pública conceder *exequatur* para citar alguém a se defender contra cobrança de dívida de jogo contraída e exigida em Estado estrangeiro, onde tais pretensões são lícitas" (STJ-Corte Especial, CR 3.198-AgRg, Min. Gomes de Barros, j. 30.6.08, DJ 10.9.08).

Art. 216-Q. A parte requerida será intimada para, no prazo de quinze dias, impugnar o pedido de concessão do *exequatur*.[1]

§ 1º A medida solicitada por carta rogatória poderá ser realizada sem ouvir a parte requerida, quando sua intimação prévia puder resultar na ineficiência da cooperação internacional.

§ 2º No processo de concessão do *exequatur*, a defesa somente poderá versar sobre a autenticidade dos documentos, a inteligência da decisão e a observância dos requisitos previstos neste Regimento.

Art. 216-Q: 1. Art. 216-Q acrescido pela Em. Reg. 18, de 17.12.14.

Art. 216-R. Revel ou incapaz a parte requerida, dar-se-lhe-á curador especial.[1]

Art. 216-R: 1. Art. 216-R acrescido pela Em. Reg. 18, de 17.12.14.

Art. 216-S. O Ministério Público terá vista dos autos nas cartas rogatórias pelo prazo de quinze dias, podendo impugnar o pedido de concessão do *exequatur*.[1]

Art. 216-S: 1. O art. 216-L de acordo com a Em. Reg. 24, de 28.9.16.

Art. 216-T. Havendo impugnação ao pedido de concessão de *exequatur* a carta rogatória de ato decisório, o Presidente poderá determinar a distribuição dos autos do processo para julgamento pela Corte Especial.[1]

Art. 216-T: 1. Art. 216-T acrescido pela Em. Reg. 18, de 17.12.14.

Art. 216-U. Das decisões do Presidente ou do relator na concessão de *exequatur* a carta rogatória caberá agravo.[1]

Art. 216-U: 1. Art. 216-U acrescido pela Em. Reg. 18, de 17.12.14.

Art. 216-V. Após a concessão do *exequatur*, a carta rogatória será remetida ao Juízo Federal competente para cumprimento.[1-2]

§ 1º Das decisões proferidas pelo Juiz Federal competente no cumprimento da carta rogatória caberão embargos, que poderão ser opostos pela parte interessada ou pelo Ministério Público Federal no prazo de dez dias, julgando-os o Presidente deste Tribunal.

§ 2º Os embargos de que trata o parágrafo anterior poderão versar sobre qualquer ato referente ao cumprimento da carta rogatória, exceto sobre a própria concessão da medida ou o seu mérito.

Art. 216-V: 1. Art. 216-V acrescido pela Em. Reg. 18, de 17.12.14.

Art. 216-V: 2. v. CF 109-X.

Art. 216-W. Da decisão que julgar os embargos cabe agravo.[1]

Parágrafo único. O Presidente ou o relator do agravo, quando possível, poderá ordenar diretamente o atendimento à medida solicitada.

Art. 216-W: 1. Art. 216-W acrescido pela Em. Reg. 18, de 17.12.14.

Art. 216-X. Cumprida a carta rogatória ou verificada a impossibilidade de seu cumprimento, será devolvida ao Presidente deste Tribunal no prazo de dez dias, e ele a remeterá, em igual prazo, por meio do Ministério da Justiça ou do Ministério das Relações Exteriores, à autoridade estrangeira de origem.[1]

Art. 216-X: 1. Art. 216-X acrescido pela Em. Reg. 18, de 17.12.14.

Título VIII | DAS AÇÕES ORIGINÁRIAS

Capítulo I | DA AÇÃO PENAL ORIGINÁRIA

Art. 217. Nos crimes de ação penal pública, o Ministério Público terá o prazo de quinze dias para oferecer denúncia ou pedir arquivamento do inquérito ou das peças informativas.

§ 1º Diligências complementares poderão ser deferidas pelo relator, com interrupção do prazo deste artigo.

§ 2º Se o indiciado estiver preso:

a) o prazo para oferecimento da denúncia será de cinco dias;

b) as diligências complementares não interromperão o prazo, salvo se o relator, ao deferi-las, determinar o relaxamento da prisão.

Art. 218. O relator será o juiz da instrução, que se realizará segundo o disposto neste capítulo, no Código de Processo Penal, no que for aplicável, e neste Regimento Interno.

Parágrafo único. O relator terá as atribuições que a legislação penal confere aos juízes singulares, podendo submeter diretamente à decisão do órgão colegiado competente as questões surgidas durante a instrução.[1]

Art. 218: 1. Redação do § ún. de acordo com a Em. Reg. 2, de 4.6.92.

Art. 219. Competirá ao relator:

I — determinar o arquivamento do inquérito ou das peças informativas, quando o requerer o Ministério Público, ou submeter o requerimento à decisão da Corte Especial;

II — decretar a extinção da punibilidade nos casos previstos em lei.

Art. 220. Apresentada a denúncia ou a queixa ao Tribunal, far-se-á a notificação do acusado para oferecer resposta no prazo de quinze dias.

§ 1º Com a notificação, serão entregues ao acusado cópia da denúncia ou da queixa, do despacho do relator e dos documentos por este indicados.

§ 2º Se desconhecido o paradeiro do acusado, ou se este criar dificuldades para que o oficial cumpra a diligência, proceder-se-á a sua notificação por edital, contendo o teor resumido da acusação, para que compareça ao Tribunal, em cinco dias, onde terá vista dos autos pelo prazo de quinze dias, a fim de apresentar a resposta prevista neste artigo.

Art. 221. Se, com a resposta, forem apresentados novos documentos, será intimada a parte contrária para sobre eles se manifestar no prazo de cinco dias.

Parágrafo único. Na ação penal de iniciativa privada, será ouvido, em igual prazo, o Ministério Público.

Art. 222. A seguir, o relator pedirá dia para que a Corte Especial delibere sobre o recebimento ou a rejeição da denúncia ou da queixa, ou sobre a improcedência da acusação, se a decisão não depender de outras provas.

§ 1º No julgamento de que trata este artigo, será facultada sustentação oral pelo prazo de quinze minutos, primeiro à acusação, depois à defesa.

§ 2º Encerrados os debates, a Corte Especial passará a deliberar, determinando o Presidente as pessoas que poderão permanecer no recinto, observado o disposto no art. 229, VI.

Art. 223. Recebida a denúncia ou a queixa, o relator designará dia e hora para o interrogatório, mandando citar o acusado ou querelado, e intimar o órgão do Ministério Público, bem como o querelante ou o assistente, se for o caso.

Art. 224. O prazo para defesa prévia será de cinco dias, contado do interrogatório ou da intimação do defensor dativo.

Art. 225. A instrução obedecerá, no que couber, ao procedimento comum do Código de Processo Penal.

§ 1º O relator poderá delegar a realização do interrogatório ou de outro ato da instrução a juiz ou membro de Tribunal do local de cumprimento da carta de ordem.

§ 2º Por expressa determinação do relator, as intimações poderão ser feitas por carta registrada com aviso de recebimento.

Art. 226. Concluída a inquirição de testemunhas, serão intimadas a acusação e a defesa, para requerimento de diligências no prazo de cinco dias.

Art. 227. Realizadas as diligências ou não sendo estas requeridas nem determinadas pelo relator, serão intimadas a acusação e a defesa para, sucessivamente, apresentarem, no prazo de quinze dias, alegações escritas.

§ 1º Será comum o prazo do acusador e do assistente, bem como o dos corréus.

§ 2º Na ação penal de iniciativa privada, o Ministério Público terá vista, por igual prazo, após as alegações das partes.

§ 3º O relator poderá, após as alegações escritas, determinar, de ofício, a realização de provas reputadas imprescindíveis para o julgamento da causa.

Art. 228. Finda a instrução, o relator dará vista do processo às partes, pelo prazo de cinco dias, para requererem o que considerarem conveniente apresentar na sessão de julgamento.

§ 1º O relator apreciará e decidirá esses requerimentos para, em seguida, lançando relatório nos autos, encaminhá-los ao revisor, que pedirá dia para o julgamento.

§ 2º Ao designar a sessão de julgamento, o Presidente determinará a intimação das partes e das testemunhas cujos depoimentos o relator tenha deferido.

§ 3º A Secretaria expedirá cópias do relatório e fará sua distribuição aos Ministros.

Art. 229. Na sessão de julgamento, observar-se-á o seguinte:

I — a Corte Especial reunir-se-á com a presença de pelo menos dois terços de seus membros, excluído o Presidente;

II — aberta a sessão, apregoadas as partes e as testemunhas arroladas e admitidas, lançado o querelante que deixar de comparecer (CPP, art. 29) e, salvo o caso do art. 60, III, do CPP, proceder-se-á às demais diligências preliminares;

III — a seguir, o relator apresentará relatório do feito, resumindo as principais peças dos autos e a prova produzida. Se algum dos Ministros solicitar a leitura integral dos autos ou de partes deles, o relator poderá ordenar seja ela efetuada pelo Secretário;

IV — o relator passará a inquirir as testemunhas cujos depoimentos tenha deferido, podendo reperguntá-las os outros Ministros, o órgão do Ministério Público e as partes;

V — findas as inquirições e efetuadas as diligências que o relator ou o Tribunal houver determinado, o Presidente dará a palavra, sucessivamente, ao querelante, se houver, ao órgão do Ministério Público e ao acusado, ou ao seu defensor, para sustentação oral, podendo cada um ocupar a tribuna durante uma hora, assegurado ao assistente um quarto do tempo da acusação;

VI — encerrados os debates, a Corte Especial passará a proferir o julgamento, podendo o Presidente limitar a presença no recinto às partes e aos seus advogados, ou somente a estes, se o interesse público o exigir.

Art. 230. O julgamento efetuar-se-á em uma ou mais sessões, a critério do Tribunal, observado, no que for aplicável, o disposto no Título XII do Livro I, do Código de Processo Penal (arts. 381 a 393 do Código de Processo Penal).

Art. 231. O acórdão será lavrado pelo relator e, se vencido este, pelo Ministro que for designado (art. 52, II).[1]

Art. 231: 1. Redação do art. 231 de acordo com a Em. Reg. 1, de 23.5.91.

Art. 232. Nos casos em que somente se procede mediante queixa, considerar-se-á perempta a ação penal quando o querelante deixar de comparecer, sem motivo justificado, a qualquer ato a que deva estar presente, ou deixar de formular o pedido de condenação nas alegações finais, tudo na forma da lei processual.

Capítulo II | DA AÇÃO RESCISÓRIA

Art. 233. A ação rescisória[1-2] terá início por petição escrita, acompanhada de tantas cópias quantos forem os réus.

Art. 233: 1. v. CPC 966 a 975. V. tb. CF 105-I-*e* (competência do STJ), RISTJ 11-V (competência da Corte Especial), 12-II (competência da Seção).

Art. 233: 2. SÚMULAS DO STF QUE PODEM SER APLICADAS AO STJ:

— **Súmula 249 do STF:** "É competente o Supremo Tribunal Federal para a **ação rescisória** quando, embora não tendo conhecido do recurso extraordinário, ou havendo negado provimento ao agravo, tiver apreciado a questão federal controvertida".

"Ação rescisória objetivando rescindir despacho de relator, negando provimento a agravo de instrumento. O STJ é competente para a ação quando, negando provimento ao agravo, tenha o relator apreciado a questão federal controvertida" (RSTJ 82/139: 2ª Seção, AR 311, três votos vencidos). No mesmo sentido: RSTJ 139/414 (3ª Seção, AR 702).

Aplicando a Súmula 249 no STJ: STJ-2ª Seção, em RT 703/171 (v. p. 177); STJ-3ª Seção, AR 1.597, Min. Maria Thereza, j. 8.8.07, DJU 3.9.07.

— **Súmula 515 do STF:** "A competência para a **ação rescisória** não é do Supremo Tribunal Federal, quando a questão federal, apreciada no recurso extraordinário ou no agravo de instrumento, seja diversa da que foi suscitada no pedido rescisório".

"A apreciação pelo acórdão rescindendo de um dos temas discutidos na ação principal não atrai a competência desta Corte Superior para julgamento das demais questões independentes, diante da incidência, por analogia, da Súmula 515/STF" (STJ-1ª Seção, AR 2.711-AgRg-EDcl-AgRg, Min. Mauro Campbell, j. 9.8.10, DJ 19.8.10).

Todavia: "Havendo decidido parte do mérito da causa, compete ao STJ julgar, na integralidade, a ação rescisória subsequente, ainda que o respectivo objeto se estenda a tópicos que ele não decidiu" (STJ-2ª Seção: RF 373/261, dois votos vencidos). No mesmo sentido, mais recentemente: STJ-2ª Seção, MC 24.443, Min. João Otávio, j. 10.8.16, DJ 22.8.16.

V. jurisprudência s/ as Súmulas 249 e 515 do STF em RISTF 259, nota 2.

"Ação rescisória, incompetência e carência de ação", por Cândido Rangel Dinamarco em RF 360/3.

Art. 234. Distribuída a inicial, preenchendo esta os requisitos legais (Código de Processo Civil, arts. 319, 320, 330, 332 e 968), o relator mandará citar o réu, assinando-lhe prazo nunca inferior a quinze dias nem superior a trinta, para responder aos termos da ação.[1]

Art. 234: 1. Redação de acordo com a Em. Reg. 22, de 16.3.16.

Art. 235. Contestada a ação, ou transcorrido o prazo, o relator fará o saneamento do processo, deliberando sobre as provas requeridas.

Art. 236. O relator poderá delegar competência a juiz ou a membro de outro Tribunal do local onde deva ser produzida a prova, fixando prazo para a devolução dos autos.

Art. 237. Concluída a instrução, o relator abrirá vista, sucessivamente, ao autor e ao réu pelo prazo de dez dias, para razões finais, cabendo ao representante do Ministério Público emitir parecer após o prazo para as razões finais do autor e do réu; em seguida, o relator pedirá dia para julgamento.[1-1a]

Parágrafo único. A Secretaria, ao ser incluído o feito em pauta, expedirá cópias autenticadas do relatório e as distribuirá entre os Ministros que compuserem o órgão do Tribunal competente para o julgamento.[2]

Art. 237: 1. Redação do *caput* de acordo com a Em. Reg. 24, de 28.9.16.

Art. 237: 1a. s/ revisão prévia ao julgamento, v. LR 40, nota 2.

Art. 237: 2. A ação rescisória comporta sustentação oral (art. 159-*caput*). Os julgadores que participaram do julgamento rescindendo não estão impedidos para o seu julgamento (v. Súmula 252 do STF em CPC 144, nota 6).

Art. 238. A escolha de relator recairá, sempre que possível, em Ministro que não haja participado do julgamento rescindendo.[1]

Art. 238: 1. Redação do art. 238 de acordo com a Em. Reg. 24, de 28.9.16.

Capítulo III | DA REVISÃO CRIMINAL

Art. 239. À Corte Especial caberá a revisão de decisões criminais que tiver proferido, e à Seção, das decisões suas e das Turmas.

Art. 240. No caso do inciso I, primeira parte, do art. 621 do Código de Processo Penal, caberá a revisão, pelo Tribunal, do processo em que a condenação tiver sido por ele proferida ou mantida no julgamento de recurso especial, se seu fundamento coincidir com a questão federal apreciada.

Art. 241. A revisão terá início por uma petição instruída com a certidão de haver passado em julgado a decisão condenatória e com as peças necessárias à comprovação dos fatos arguidos, e será processada e julgada na forma da lei processual.

Art. 242. Dirigida ao Presidente, será a petição distribuída, quando possível, a um relator que não haja participado do julgamento objeto da revisão.

§ 1º O relator poderá determinar que se apensem os autos originais, se daí não advier dificuldade à execução normal da sentença.

§ 2º Não estando a petição suficientemente instruída, e julgando o relator inconveniente ao interesse da Justiça que se apensem os autos originais, este a indeferirá liminarmente.

Art. 243. Se a petição for recebida, será ouvido o Ministério Público, que dará parecer no prazo de dez dias. Em seguida, o relator, lançando relatório, passará os autos ao revisor, que pedirá dia para julgamento.

Parágrafo único. A Secretaria expedirá cópias do relatório e fará a sua distribuição aos Ministros.

Título IX | DOS RECURSOS[1]

Capítulo I | DOS RECURSOS ORDINÁRIOS

Seção I | DO RECURSO ORDINÁRIO EM *HABEAS CORPUS*

TÍT. IX: 1. "Sistema de recursos cíveis no STJ", pelo Min. Gomes de Barros (RJ 207/5).

Art. 244. O recurso ordinário em *habeas corpus* será interposto na forma e no prazo estabelecidos na legislação processual vigente.[1]

Art. 244: 1. v. LR 30, inclusive nota 1.

Art. 245. Distribuído o recurso, a Secretaria fará os autos com vista ao Ministério Público pelo prazo de dois dias.

Parágrafo único. Conclusos os autos ao relator, este submeterá o feito a julgamento na primeira sessão que se seguir à data da conclusão.

Art. 246. Será aplicado, no que couber, ao processo e julgamento[1] do recurso, o disposto com relação ao pedido originário de *habeas corpus* (arts. 201 e seguintes).

Art. 246: 1. **LR 41-A § ún.:** "Em *habeas corpus* originário ou recursal, havendo empate, prevalecerá a decisão mais favorável ao paciente".

Seção II | DO RECURSO ORDINÁRIO EM MANDADO DE SEGURANÇA[1]

SEÇ. II: 1. "Competência do STJ; recurso especial e recurso ordinário", pelo Min. Cláudio Santos (RTJE 151/9).

Art. 247. Aplicam-se ao recurso ordinário em mandado de segurança, quanto aos requisitos de admissibilidade e ao procedimento no Tribunal recorrido, as regras do art. 1.028 do Código de Processo Civil.[1]

Art. 247: 1. Redação de acordo com a Em. Reg. 22, de 16.3.16.

Art. 248. Distribuído o recurso, a Secretaria fará os autos com vista ao Ministério Público pelo prazo de cinco dias.

Parágrafo único. Conclusos os autos ao relator, este pedirá dia para julgamento.

Seção III | DO RECURSO ORDINÁRIO EM PROCESSOS EM QUE FOR PARTE ESTADO ESTRANGEIRO[1]

SEÇ. III: 1. Seção renomeada pela Em. Reg. 22, de 16.3.16.

Art. 249. Aplicam-se ao recurso ordinário, quanto aos requisitos de admissibilidade e ao procedimento no Juízo de origem, as normas do Código de Processo Civil relativas à apelação, no que couber.[1]

Art. 249: 1. Redação de acordo com a Em. Reg. 22, de 16.3.16.

Art. 250. Distribuído o recurso ordinário, será aberta vista ao Ministério Público pelo prazo de vinte dias.[1]

Parágrafo único. Conclusos os autos ao relator, este pedirá dia para julgamento.

Art. 250: 1. Redação do *caput* de acordo com a Em. Reg. 22, de 16.3.16.

Art. 251. O recurso ordinário não será incluído em pauta antes do agravo de instrumento interposto do mesmo processo.[1]

Art. 251: 1. Redação de acordo com a Em. Reg. 22, de 16.3.16.

Art. 252. ....[1]

Art. 252: 1. O art. 252 foi revogado pela Em. Reg. 22, de 16.3.16.

Seção IV | DO AGRAVO EM RECURSO ESPECIAL[1]

SEÇ. IV: 1. Seção renomeada pela Em. Reg. 16, de 19.11.14.

Art. 253. O agravo interposto de decisão que não admitiu o recurso especial obedecerá, no Tribunal de origem, às normas da legislação processual vigente.[1-2]

Parágrafo único. Distribuído o agravo e ouvido, se necessário, o Ministério Público no prazo de cinco dias, o relator poderá:

I — não conhecer do agravo inadmissível, prejudicado ou daquele que não tenha impugnado especificamente todos os fundamentos da decisão recorrida;[3]

II — conhecer do agravo para:[4-5]

a) não conhecer do recurso especial inadmissível, prejudicado ou daquele que não tenha impugnado especificamente todos os fundamentos da decisão recorrida;[6]

b) negar provimento ao recurso especial que for contrário a tese fixada em julgamento de recurso repetitivo ou de repercussão geral, a entendimento firmado em incidente de assunção de competência, a súmula do Supremo Tribunal Federal ou do Superior Tribunal de Justiça ou, ainda, a jurisprudência dominante acerca do tema;[7]

c) dar provimento ao recurso especial se o acórdão recorrido for contrário a tese fixada em julgamento de recurso repetitivo ou de repercussão geral, a entendimento firmado em incidente de assunção de competência, a súmula do Supremo Tribunal Federal ou do Superior Tribunal de Justiça ou, ainda, a jurisprudência dominante acerca do tema.[8]

d) determinar sua autuação como recurso especial quando não verificada qualquer das hipóteses previstas nas alíneas **b** e **c**, observando-se, daí em diante, o procedimento relativo a esse recurso.[9]

Art. 253: 1. Redação do art. 253 de acordo com a Em. Reg. 16, de 19.11.14.

Art. 253: 2. v. CPC 1.042.

Art. 253: 3. Redação do inciso I de acordo com a Em. Reg. 22, de 16.3.16.

Art. 253: 4. Redação do inciso II de acordo com a Em. Reg. 22, de 16.3.16.

Art. 253: 5. v. CPC 1.042 § 5º.

Art. 253: 6. Redação da alínea *a* de acordo com a Em. Reg. 22, de 16.3.16.

Art. 253: 7. Redação da alínea *b* de acordo com a Em. Reg. 22, de 16.3.16.

Art. 253: 8. Redação da alínea *c* de acordo com a Em. Reg. 22, de 16.3.16.

Art. 253: 9. "É **irrecorrível** a **decisão de** relator que dá provimento a agravo para determinar sua **conversão** em recurso especial, exceto se houver descumprimento de requisito formal, o que não se configura neste caso. A conversão não prejudica novo exame acerca do cabimento do recurso especial, a ser realizado em momento oportuno" (STJ-3ª T., REsp 1.829.671-AgInt, Min. Paulo Sanseverino, j. 9.12.19, DJ 13.12.19).

Seção V | DO AGRAVO DE INSTRUMENTO[1]

SEÇ. V: 1. Seção acrescida pela Em. Reg. 16, de 19.11.14.

Art. 254. O agravo interposto de decisão interlocutória nas causas em que forem partes Estado estrangeiro ou organismo internacional de um lado e, do outro, Município ou pessoa residente ou domiciliada no País seguirá o disposto na legislação processual em vigor.[1-2]

Art. 254: 1. Redação de acordo com a Em. Reg. 16, de 19.11.14.

Art. 254: 2. v. CPC 1.027 § 1º e 1.028 § 1º.

Capítulo II | DO RECURSO ESPECIAL[1]

CAP. II: 1. "O recurso especial e as decisões interlocutórias desafiadas por agravo de instrumento", pelo Min. Demócrito Ramos Reinaldo (RT 715/56, RDA 200/85, RF 333/65, RTJE 135/69); "Controle constitucional do cabimento do recurso especial", por Guilherme Caldas da Cunha (RT 704/36); "Admissibilidade do recurso especial", por Honildo Amaral de Mello Castro (RF 329/77); "Do recurso especial e seus pressupostos de admissibilidade", pelo Min. Athos Gusmão Carneiro (RF 331/75, Ajuris 66/39, RJ 210/80); "Do recurso extraordinário e do recurso especial", por Roque Antônio Carrazza (Just. 167/51); "Da intervenção do MP no recurso especial", por Oswaldo Hamilton Tavares (Just. 169/68); "Recurso especial por violação de princípio jurídico", por Ovídio A. Baptista da Silva (RT 738/100); "Recurso especial: a visão de um presidente", por Honildo Amaral de Mello Castro (RF 338/85); "Recurso especial: interposição contra acórdão proferido em ação rescisória e revisão criminal", por Ivan Fernando de Medeiros Chaves (RJ 236/33); "Competência do Superior Tribunal de Justiça: recurso especial e recurso ordinário", pelo Min. Cláudio Santos (RTJE 151/9); "Recursos extraordinários: juízo de admissibilidade — CF, arts. 102, III, e 105, III, alínea *a*", por Carlos Alberto de Oliveira (RJ 249/131); "Recurso especial e conceito de 'causas decididas'", por Derly Barreto e Silva Filho (RT 698/255; RCDUFU 22, n. 1/2, p. 341); "Aspectos do recurso especial com base em dissídio jurisprudencial", por Domingos Afonso Kriger Filho (RJ 285/69); "Julgamento do recurso especial, 'ex' art. 105, III, *a*, da Constituição da República: Sinais de uma evolução auspiciosa", por José Carlos Barbosa Moreira (Ajuris 75/57); "Requisitos específicos de admissibilidade do recurso especial", por Athos Gusmão Carneiro (RF 347/29).

Art. 255. O recurso especial[1 a 5] será interposto na forma e no prazo estabelecido na legislação processual vigente e recebido no efeito devolutivo, salvo quando interposto do julgamento de mérito do incidente de resolução de demandas repetitivas, hipótese em que terá efeito suspensivo.[6-6a]

§ 1º Quando o recurso fundar-se em dissídio jurisprudencial, o recorrente fará a prova da divergência[6b a 10] com a certidão, cópia[11] ou citação do repositório de jurisprudência,[12] oficial[13] ou credenciado,[14-15] inclusive em mídia eletrônica, em que houver sido publicado o acórdão divergente, ou ainda com a reprodução de julgado disponível na internet, com indicação da respectiva fonte, devendo-se, em qualquer caso, mencionar as circunstâncias que identifiquem ou assemelhem os casos confrontados.[16 a 18]

§ 2º ....[18a]

§ 3º São repositórios oficiais de jurisprudência, para o fim do § 1º deste artigo, a Revista Trimestral de Jurisprudência do Supremo Tribunal Federal, a Revista do Superior Tribunal de Justiça e a Revista do Tribunal Federal de Recursos e, autorizados ou credenciados,[19] os habilitados na forma do art. 134 e seu parágrafo único deste Regimento.[20]

§ 4º Distribuído o recurso, o relator, após vista ao Ministério Público, se necessário, pelo prazo de vinte dias, poderá:[21]

I — não conhecer do recurso especial inadmissível, prejudicado ou que não tiver impugnado especificamente os fundamentos da decisão recorrida;

II — negar provimento ao recurso especial que for contrário a tese fixada em julgamento de recurso repetitivo ou de repercussão geral, a entendimento firmado em incidente de assunção de competência, ou, ainda, a súmula ou jurisprudência consolidada do Supremo Tribunal Federal ou do Superior Tribunal de Justiça;

III — dar provimento ao recurso especial após vista ao recorrido, se o acórdão recorrido for contrário a tese fixada em julgamento de recurso repetitivo ou de repercussão geral, a entendimento firmado em incidente de assunção de competência ou, ainda, a súmula ou jurisprudência consolidada do Supremo Tribunal Federal ou do Superior Tribunal de Justiça.

§ 5º No julgamento do recurso especial, verificar-se-á, preliminarmente, se o recurso é cabível. Decidida a preliminar pela negativa, a Turma não conhecerá do recurso; se pela afirmativa, julgará a causa, aplicando o direito à espécie,[21a] com observância da regra prevista no art. 10 do Código de Processo Civil.[22]

§ 6º Julgado o recurso especial criminal, a decisão favorável ao réu preso será imediatamente comunicada às autoridades a quem couber cumpri-la, sem prejuízo da remessa de cópia do acórdão.[23]

Art. 255: 1. s/ recurso especial, v. CF 105-III; CPC 1.029 a 1.041; RISTJ 13-IV (cabimento), 71 (prevenção de relator), 155, nota 1 (preferência para julgamento), 158 a 160 (sustentação oral), 179 e 181 (*quorum* da Turma Julgadora), 253 (agravo de despacho denegatório), 266 e 267 (embargos de divergência), 268, notas 3 a 4 (recurso extraordinário em recurso especial).

Art. 255: 2. SÚMULAS DO STJ RELATIVAS A RECURSO ESPECIAL:

— **Súmula 5 do STJ:** "A **simples interpretação de cláusula contratual** não enseja recurso especial" (v. jurisprudência s/ esta Súmula em RSTJ 16/95).

"Não se presta o recurso especial à verificação do acerto de determinado critério para calcular-se o valor da prestação em face do que reza o contrato" (STJ-4ª T., REsp 10.799, Min. Barros Monteiro, j. 29.10.91, DJU 9.12.91).

Todavia: "A análise jurídica da legalidade de cláusula contratual não se confunde com reexame de contrato" (STJ-3ª T., REsp 505.970-AgRg, Min. Nancy Andrighi, j. 15.4.08, DJ 29.4.08). No mesmo sentido: STJ-4ª T., REsp 179.711-AgRg-EDcl, Min. Luis Felipe, j. 6.11.08, DJ 1.12.08.

"Não incide a Súmula 5/STJ se a questão submetida a julgamento extrapola a simples interpretação de cláusula contratual. Trata-se, no caso, de definir não o alcance do que as partes pactuaram, mas o que significa, perante a lei, aquilo que pactuaram" (STJ-4ª T., Ag 1.097.056-AgRg, Min. João Otávio, j. 2.8.11, maioria, DJ 19.8.11).

V. tb., na nota 4, Qualificação jurídica dos fatos e Transação.

— **Súmula 7 do STJ:** "A pretensão de **simples reexame de prova** não enseja recurso especial" (v. jurisprudência s/ esta Súmula em RSTJ 16/157).

"A instância especial recebe a situação fática da causa tal como a retrata a decisão recorrida" (RSTJ 78/247).

Todavia: "Afasto, inicialmente, o equívoco manifesto do acórdão quando afirma que os réus não especificaram com clareza 'o destino que irão dar ao imóvel, detalhando os ramos de comércio que pretendem explorar' (fls. 334). Só mesmo a leitura apressada dos itens 3º a 6º da contestação, transcritos *ipsis litteris* no relatório, poderia justificar essa afirmação errônea, razão pela qual a rejeito, já que, assim procedendo, não reexamino provas, limitando-me a ler uma peça dos autos — a contestação — na melhor das hipóteses, mal interpretada nesse tópico fundamental pelo acórdão da apelação" (RSTJ 60/305; a citação é do voto do Min. Assis Toledo, à p. 309).

V. tb., na nota 4, Prescrição e decadência, Qualificação jurídica dos fatos, Rescisória. Erro de fato e Valoração legal da prova.

Em matéria de ação renovatória de locação, v. LI 51, nota 5c (soma de prazo), 71, nota 8b (idoneidade do fiador), e 72, nota 10a (fixação de aluguel).

✎ "Distinção sobre questão de fato e questão de direito para fins de cabimento de recurso especial", por Teresa Arruda Alvim Wambier (Ajuris 74/253); "Reexame da prova diante dos recursos especial e extraordinário", por Luiz Guilherme Marinoni (RJ 330/17 e RP 130/19); "Distinção entre questão de fato e questão de direito: reexame e valoração da prova no recurso especial", por Eduardo Henrique de Oliveira Yoshikawa (RDDP 43/29); "Controle e verificação do juízo de fato no julgamento singular, no apelacional e no revisional", por Gabriel Pintaúde (RP 149/71); "Recurso Especial — Distinção entre reexame e revaloração da prova — Diferença entre fato e qualificação jurídica do fato", por João Batista Lopes (RDDP 60/113-parecer).

— **Súmula 13 do STJ:** "A divergência de **julgados do mesmo Tribunal** não enseja recurso especial" (v. jurisprudência s/ esta Súmula em RSTJ 16/331). No mesmo sentido: RSTJ 26/417, 100/186, 107/83, 148/365, STJ-RT 670/190, 671/189.

V., em termos semelhantes, nota 8a.

— **Súmula 83 do STJ:** "Não se conhece do recurso especial pela **divergência,** quando **a orientação do Tribunal se firmou no mesmo sentido** da decisão recorrida" (v. jurisprudência s/ esta Súmula em RSTJ 49/267).

Esta Súmula também se aplica aos recursos especiais fundados na letra *a* do permissivo constitucional (STJ-2ª T., REsp 256.156, rel. Min. Franciulli Netto, j. 15.4.04, não conheceram, v.u., DJU 30.6.04, p. 283).

— **Súmula 86 do STJ:** "Cabe recurso especial contra acórdão proferido no julgamento de **agravo de instrumento**" (v. jurisprudência s/ esta Súmula em RSTJ 49/423).

— **Súmula 98 do STJ: "Embargos de declaração** manifestados com notório **propósito de prequestionamento** não têm caráter protelatório" (v. jurisprudência s/ esta Súmula em RSTJ 61/307 a 324). No mesmo sentido: RTJ 113/830, 130/401, STF-RT 578/281.

V., ainda, na nota seguinte, **Súmula 282 do STF (Prequestionamento).**

— **Súmula 123 do STJ:** "A decisão que admite, ou não, o recurso especial deve ser fundamentada, com o exame dos seus pressupostos gerais e constitucionais".

— **Súmula 126 do STJ:** "É inadmissível recurso especial, quando o acórdão recorrido assenta em **fundamentos constitucional e infraconstitucional,** qualquer deles suficiente, por si só, para mantê-lo, e a parte vencida não manifesta recurso extraordinário" (v. jurisprudência s/ esta Súmula em RSTJ 72/209).

"É inadmissível o recurso especial se a decisão recorrida contém fundamento constitucional suficiente e não tiver sido interposto o recurso extraordinário simultâneo" (RTJ 157/708).

"Se o aresto recorrido se assenta em fundamento constitucional e infraconstitucional, qualquer deles suficiente para mantê-lo, e a parte vencida não manifesta recurso extraordinário, o especial perde sua eficácia em razão do trânsito em julgado da matéria constitucional" (STF-2ª T., AI 152.825-8-AgRg, Min. Maurício Corrêa, j. 1.9.95, DJU 10.11.95).

Inversamente, não há necessidade de ser interposto recurso extraordinário concomitantemente com recurso especial, se o fundamento constitucional invocado não é suficiente, por si só, para a manutenção do acórdão recorrido (STJ-2ª T., REsp 27.380-1-EDcl, Min. Pádua Ribeiro, j. 9.12.92, DJU 1.2.93).

Para que se possa vislumbrar no acórdão a concomitante existência de fundamento constitucional não basta estar diante de matéria mencionada na Constituição Federal; é preciso que se esteja diante de tema materialmente constitucional. Por exemplo, discussões em torno da existência do dano moral e do seu valor estão restritas à "esfera infraconstitucional, não servindo para deslocá-la ao outro plano a simples menção de que a Constituição Federal prevê a reparação do dano moral nos termos do art. 5º, V e X" (STJ-RF 380/294: Corte Especial, ED no REsp 409.451). Por isso, no caso, afastou-se a incidência da Súmula 126.

"Se o acórdão recorrido apoia-se em fundamento constitucional e fundamento infraconstitucional, o trânsito em julgado do primeiro, suficiente por si só para mantê-lo, prejudica o exame do outro. Sobrestamento, no caso, do julgamento do recurso especial, até que o STF decida o agravo de instrumento interposto do despacho denegatório da subida de recurso extraordinário manifestado pela União" (STJ-RT 686/210).

V. tb., em nota 4, Prejudicialidade do recurso extraordinário, em relação ao recurso especial. V. ainda CPC 1.031 e 1.032, nota 1c, e RISTF 321, nota 2-Súmula 283 do STF.

— **Súmula 207 do STJ:** "É inadmissível recurso especial quando cabíveis embargos infringentes contra o acórdão proferido no tribunal de origem". Esta Súmula está **superada,** em razão da extinção dos embargos infringentes contra julgamento não unânime no processo civil. Mas a exigência de exaurimento das instâncias ordinárias para a admissão do recurso especial permanece viva (v., na nota seguinte, **Súmula 281 do STF).**

Art. 255: 3. SÚMULAS SOBRE RECURSO EXTRAORDINÁRIO APLICÁVEIS AO RECURSO ESPECIAL (cf. tb. RISTF 321, nota 2):

— **Súmula 280 do STF:** "Por ofensa a **direito local** não cabe recurso extraordinário".

É norma de direito local a que se aplica exclusivamente ao Distrito Federal; a controvérsia nela fundada não enseja recurso especial (STJ-1ª T., Ag 7.262-AgRg, Min. Garcia Vieira, j. 20.2.91, DJU 1.4.91; STJ-6ª T., REsp 28.589-0, Min. José Cândido, j. 15.3.93, DJU 28.6.93).

O fato de a lei estadual dizer que se aplica supletivamente a federal não abre ensejo ao recurso especial (RSTJ 73/389).

"Não cabe recurso especial, se a referência ao direito federal afluiu, no curso do julgamento, como simples reforço de argumento, na interpretação de lei estadual" (STJ-1ª T., REsp 6.318, Min. Gomes de Barros, j. 5.8.92, DJU 14.9.92). No mesmo sentido: RSTJ 112/78.

"Não se conhece do recurso especial quando se alega violação a lei federal, mas que esse exame passa, necessariamente, pela apreciação de lei local" (STJ-1ª T., REsp 46.603-2, Min. Cesar Rocha, j. 1.6.94, DJU 27.6.94). No mesmo sentido: RSTJ 90/57.

"Não se conhece de recurso especial quando a relação jurídica posta em julgamento é regida por lei do Distrito Federal. Esta é lei local. Ainda que o Distrito Federal se valha de lei federal. Nesse caso, passa a ser lei local. Diga-se o mesmo da lei federal de efeito local" (STJ-6ª T., REsp 61.942-4, Min. Vicente Cernicchiaro, j. 24.4.95, DJU 19.6.95).

"Dissenso caracterizado entre acórdão de Tribunal de Justiça e aresto desta Corte, proferido em recurso interposto contra decisão denegatória de mandado de segurança, versando sobre a interpretação de direito local. Descabimento. Embora caracterizado o dissenso entre o acórdão recorrido e o paradigma trazido a confronto, proferido por turma desta Corte, não há como conhecer-se do recurso especial. Com efeito, os citados julgados versaram sobre a interpretação e aplicação do direito local, o que não se inclui no âmbito do recurso interposto (Súmula n. 280-STF). Note-se que, ao julgar recurso ordinário, pode esta Corte adentrar no exame do direito estadual, tarefa, porém, que não lhe cabe exercitar ao julgar recurso especial" (STJ-2ª T., REsp 48.314, Min. Pádua Ribeiro, j. 22.8.96, DJU 9.9.96).

"A referência à 'legislação pertinente', contida no art. 511, *caput*, do CPC, consagra norma em branco que remete à Lei estadual a instituição da taxa de preparo. O recurso especial não é instrumento adequado para verificar se a Lei federal foi violada quando, para tanto, for necessário examinar, antes, a legislação local" (STJ-2ª Seção, Pet 5.153, Min. Gomes de Barros, j. 8.8.07, DJU 10.12.07).

— **Súmula 281 do STF:** "É inadmissível o recurso extraordinário, quando couber, na Justiça de origem, recurso ordinário da decisão impugnada". V. em RISTF 321, nota 2, anotações s/ essa Súmula. V., ainda, em nota 4, Decisão recorrível.

"No caso em que o Tribunal da origem num primeiro momento denega por acórdão a ordem mandamental, sob o fundamento da ilegitimidade 'ad causam', mas em seguida dá a embargos de declaração efeitos infringentes para modificar esse resultado e determinar o retorno dos autos ao seu relator, a fim de que prossiga no exame do mérito, não há falar propriamente em esgotamento de instância porque a rigor o julgamento deve ainda prosseguir e somente com isso é que se abrirá a competência recursal do Superior Tribunal de Justiça" (STJ-2ª T., REsp 1.679.757, Min. Mauro Campbell, j. 3.10.17, DJ 11.10.17).

— **Súmula 282 do STF:** "É inadmissível o recurso extraordinário, quando **não ventilada, na decisão recorrida,** a questão federal suscitada". V. tb. Súmula 356 do STF, abaixo; v., ainda, em nota 4, Condições da ação, Fato superveniente, Irregularidade de representação processual, Legitimidade de parte, Litisconsórcio necessário, Litispendência.

"O prequestionamento para a admissibilidade do recurso especial", por Antonio Carlos Amaral Leão (RT 650/236); "Do prequestionamento", por Elio Wanderley de Siqueira Filho (RT 673/35, RTJE 91/59); "Prequestionamento", por Alcides de Mendonça Lima (RT 692/197, Ajuris 57/228, RJ 192/19); "Prequestionamento em recurso especial", por David Sérgio da Silva Brito (RJ 232/145); "Breves considerações sobre o prequestionamento", por Hélio Rubens Batista Ribeiro Costa (RIASP 6/258); "Prequestionamento e embargos de declaração", por Araken de Assis (RJ 288/5); "Litisconsórcio necessário e nulidade do processo (Matéria que independe de prequestionamento)", por Ada Pellegrini Grinover (RT 804/97-parecer); "Prequestionamento", por Alexandre Moreira Tavares dos Santos (RT 802/95); "Prequestionamento", por Galeno Lacerda (RF 346/198); "Recurso especial. Prequestionamento", por Humberto Theodoro Jr. (RSDCPC 34/131); "O prequestionamento e as matérias de ordem pública nos recursos extraordinário e especial", por Andréa Cherem Fabrício de Melo (RP 132/7).

V. ementário de jurisprudência s/ prequestionamento em RJ 233/149.

Prequestionamento. Matéria de ordem pública ou questão cognoscível de ofício. "Não é possível o Tribunal, ao apreciar recurso especial, declarar de ofício nulidade não alegada pelo recorrente, ou seja, sem prequestionamento da questão federal" (STJ-Corte Especial, REsp 705.118, Min. Pádua Ribeiro, j. 19.4.06, sete votos vencidos, DJU 7.5.07). Tal diretriz é seguida também nos casos de nulidade absoluta (STJ-3ª T., REsp 3.409, Min. Eduardo Ribeiro, j. 29.10.90, DJU 19.11.90) ou insanável (STJ-4ª T., Ag 47.754-1-AgRg, Min. Ruy Rosado, j. 7.3.95, DJU 8.5.95).

Também exigindo o prequestionamento para conhecer de:

— "matéria de ordem pública": STJ-2ª T., REsp 449.271-AgRg, Min. Laurita Vaz, j. 5.11.02, DJU 23.6.03; STJ-3ª T., REsp 405.746-AgRg, Min. Nancy Andrighi, j. 27.11.01, DJU 25.2.02;

— condições da ação (STJ-Corte Especial, ED no REsp 173.421, Min. Gomes de Barros, j. 27.11.08, DJ 2.4.09);

— incompetência absoluta: STJ-RT 665/175, RSTJ 43/382, maioria, 56/281.

Todavia: "Superado o juízo de admissibilidade, o recurso especial comporta efeito devolutivo amplo, já que cumprirá ao Tribunal 'julgar a causa, aplicando o direito à espécie' (art. 257 do RISTJ; Súmula 456 do STF). Para assim proceder cabe ao órgão julgador, se necessário, enfrentar a matéria prevista no art. 267, § 3º e no art. 301, § 4º, do CPC. Em outras palavras, a devolutividade do recurso especial, em seu nível vertical, engloba o efeito translativo, consistente na possibilidade, atribuída ao órgão julgador, de conhecer de ofício as questões de ordem pública" (STJ-1ª T., REsp 869.534, Min. Teori Zavascki, j. 27.11.07, DJU 10.12.07). No mesmo sentido: STJ-2ª T., REsp 799.780, Min. Eliana Calmon, j. 17.5.07, um voto vencido, DJU 8.6.07; STJ-5ª T., REsp 906.839, Min. Arnaldo Esteves, j. 21.8.08, DJ 29.9.08.

"Ao tomar conhecimento do recurso especial, o STJ deve apreciar, de ofício, nulidades relacionadas com os pressupostos processuais e as condições da ação. Não é razoável que — mesmo enxergando vício fundamental do acórdão recorrido — o STJ nele opere modificação cosmética, perpetuando-se a nulidade" (RSTJ 103/65).

"Matéria de ordem pública pode ser suscitada em qualquer fase do processo, até mesmo no recurso extraordinário ou recurso especial e ainda que não prequestionada" (STJ-RJTAMG 64/473).

"Independentemente do requisito do prequestionamento (Súmulas 282 e 356 do STF), a parte prejudicada pode arguir, em recurso especial, a nulidade do julgamento, por não ter sido o feito incluído na pauta de julgamento (art. 552 do

CPC)" (RSTJ 39/496). No mesmo sentido era o entendimento do STF: RTJ 34/453, 45/275, 50/527, 52/282, 53/267, 55/276, 56/70, 57/132, 57/207, 58/62, 59/524, 61/269, 63/233, 65/815, 66/431, 66/875, 73/213, 75/632, 86/242, 95/72.

"Não composta a maioria no julgamento face a absoluta disparidade dos votos, nulo é o acórdão, até porque minguado de fundamento. Desnecessários os embargos declaratórios, no caso" (RSTJ 53/179, maioria).

"Requisitos de admissibilidade. Prequestionamento. Não incidência da jurisprudência da corte. Peculiaridades do caso. Conhecimento *ex officio*. Possibilidade. Os requisitos do recurso especial passam por duplo juízo de admissibilidade, cabendo ao Superior Tribunal de Justiça, inclusive de ofício, proceder ao exame de toda e qualquer matéria que possa obstaculizar o julgamento válido, regular e eficaz do mérito recursal, seja quanto aos requisitos intrínsecos ou aos extrínsecos. A ausência de intimação de um dos litisconsortes que sucumbiu no julgamento de apelação 'pode ser enquadrado no âmbito dos requisitos intrínsecos do juízo de admissibilidade do recurso especial interposto pelo outro litisconsorte' e, se confirmado o vício, 'resultará configurada a nulidade dos atos processuais subsequentes' (Ministro Teori Zavascki)" (STJ-Corte Especial, ED no REsp 888.466, Min. João Otávio, j. 6.8.14, maioria, DJ 19.9.14).

"A incompetência absoluta em razão da matéria verificada na espécie constitui nulidade de ordem pública que pode ser conhecida a qualquer tempo, inclusive de ofício e até mesmo em recurso especial" (STJ-3ª T., REsp 1.372.278-AgRg, Min. Marco Bellizze, j. 24.5.16, DJ 10.6.16).

V., na nota seguinte: Legitimidade de parte, Litisconsorte necessário e Litispendência.

✎ "O efeito translativo no âmbito dos recursos extraordinários", por Pérsio Thomaz Ferreira Rosa (RP 138/27).

Prequestionamento implícito ou explícito. "Para que se tenha por configurado o pressuposto do prequestionamento, é bastante que o tribunal de origem haja debatido e decidido a questão federal controvertida, não se exigindo que haja expressa menção ao dispositivo legal pretensamente violado no especial" (RSTJ 157/27, v.u., acórdão da Corte Especial). No mesmo sentido: RSTJ 30/341, 84/268, 102/170, 148/247, 154/1993, STJ-RT 659/192. Mais recentemente: STJ-Corte Especial, ED no REsp 161.419, Min. Ari Pargendler, j. 15.8.07, DJ 10.11.08.

Em síntese: "O prequestionamento, como requisito de admissibilidade do recurso especial, somente se configura nas seguintes hipóteses: (a) ter sido a causa decidida com base na legislação federal indicada, com emissão de juízo de valor acerca dos respectivos dispositivos legais, interpretando-se sua aplicação ou não ao caso concreto; (b) implicitamente, quando demonstrada a apreciação da causa à luz da legislação federal tida por violada, embora não haja menção expressa do dispositivo legal; (c) se a questão federal surgir durante o julgamento proferido pelo Tribunal de origem, deve a parte opor embargos declaratórios, visando ao pronunciamento judicial sobre o tema" (STJ-1ª T., REsp 732.459, Min. Denise Arruda, j. 11.11.08, DJ 15.12.08).

V. tb. CPC 1.025.

Prequestionamento. Questão invocada em contrarrazões de recurso especial. "É bastante fácil perceber que os ora embargantes não dispunham, após o julgamento da apelação, de nenhum dos dois requisitos: não eram vencidos (sucumbentes) e não existia perspectiva de melhora na sua situação jurídica. Logo, agiram segundo a ordem e a dogmática jurídicas quando se abstiveram de recorrer. Tenho por bem compor a divergência entre os acórdãos confrontados adotando o entendimento do acórdão paradigma, segundo o qual se consideram prequestionados os fundamentos adotados nas razões de apelação e desprezados no julgamento do respectivo recurso, desde que, interposto recurso especial, sejam reiterados nas contrarrazões da parte vencedora" (STJ-Corte Especial, ED no Ag em REsp 227.767, Min. Francisco Falcão, j. 17.6.20, DJ 29.6.20).

Todavia: "A fim de merecer pronunciamento nesta instância excepcional, as questões veiculadas nas contrarrazões do recurso especial devem ter sido objeto de deliberação no tribunal *a quo*, em observância ao requisito do prequestionamento" (STJ-3ª T., REsp 185.269-EDcl, Min. Castro Filho, j. 12.11.01, DJU 4.2.02). No mesmo sentido: STJ-4ª T., REsp 771.270-AgRg, Min. Cesar Rocha, j. 2.2.06, DJU 10.4.06.

Prequestionamento. Questão suscitada em sustentação oral. "Não sendo possível aferir do acórdão o teor da sustentação oral proferida pelo patrono do recorrente, no julgamento da apelação, carece o apelo do requisito específico do prequestionamento" (STJ-4ª T., REsp 189.650, Min. Sálvio de Figueiredo, j. 23.11.99, DJU 14.2.00).

Prequestionamento. Questão federal ventilada apenas no voto vencido. V. CPC 941 § 3º.

Prequestionamento. Questão nova suscitada em embargos de declaração. O STJ exige que a questão objeto do recurso especial tenha sido prequestionada pelo recorrente **anteriormente ao acórdão recorrido.** Isso significa que não cabem embargos de declaração com o objetivo de prequestionar matéria que não tenha sido previamente suscitada porque, no caso, não haveria prequestionamento, mas sim pós-questionamento. Assim: "A oposição de embargos declaratórios para prequestionamento deve estar conjugada com a efetiva omissão, contradição ou obscuridade do acórdão embargado, não importando em violação ao artigo 535, incisos I e II, do CPC, o resultado contrário à pretensão da embargante" (STJ-1ª T., AI 335.580-AgRg, Min. Gomes de Barros, j. 24.9.02, DJU 25.11.02).

"Questão federal, ao redor de determinada disposição de lei, somente suscitada nos embargos de declaração. Não cabimento do recurso. Em tal caso, os embargos não têm o dom de chamar à baila a questão, a fim de tornar-se viável o apelo ao STJ. Trata-se de questão em torno da qual não se formou o contraditório. É caso, pois, de aplicação da Súmula 282/STF" (STJ-3ª T., REsp 33.736-0, Min. Nilson Naves, j. 9.11.93, DJU 6.12.93).

"O reconhecimento de que o Tribunal *a quo* contrariou o artigo 535, II do CPC supõe embargos de declaração que aludam às normas legais, e às questões deles emergentes, não examinadas no acórdão, embora articuladas anteriormente; o prequestionamento implícito pode ser identificado no julgado — não nos embargos de declaração, que devem ser explícitos quanto às normas legais alegadamente pendentes de apreciação" (STJ-3ª T., MC 3.693-EDcl, Min. Ari Pargendler, j. 6.9.01, DJU 29.10.01).

V., todavia, CPC 1.022, nota 4.

Prequestionamento e recurso especial de terceiro prejudicado. "Também o terceiro, que se considere juridicamente atingido pela decisão, haverá de apresentar pedido de declaração, se o tema que pretende versar não houver sido examinado pelo acórdão" (STJ-3ª T., REsp 248.089, Min. Eduardo Ribeiro, j. 6.6.00, dois votos vencidos, DJU 28.5.01).

V., todavia, nota 4-Litisconsorte necessário.

Prequestionamento. Questão surgida no próprio acórdão recorrido. "Surgida a questão federal no acórdão do Tribunal de origem e não opostos embargos de declaração, ressente-se o recurso especial do necessário prequestionamento" (STJ-Corte Especial, ED no REsp 241.052-AgRg, Min. Fernando Gonçalves, j. 1.8.03, DJU 18.8.03).

"É assente que a questão de direito surgida no acórdão recorrido, ainda que verse nulidade processual, se submete ao pressuposto recursal específico do prequestionamento, para viabilizar o processamento do recurso especial" (STJ-3ª T., REsp 363.614, Min. Nancy Andrighi, j. 26.2.02, DJU 22.4.02).

"Não se conhece do recurso especial, por ausência de prequestionamento, no tópico referente à nulidade por julgamento *extra petita*, tendo em vista que, mesmo em se tratando de questão surgida no próprio acórdão recorrido, deveria a parte provocar a sua apreciação pelo tribunal de origem quando opôs os embargos declaratórios" (STJ-5ª T., REsp 492.979, Min. Felix Fischer, j. 16.3.04, DJU 3.5.04).

Essa jurisprudência supera o entendimento anterior do STF e do STJ, em sentido contrário: RTJ 101/713, RSTJ 3/1.017, 36/443, 79/279; STJ-Bol. AASP 1.877/393j.

"São devolvidas no recurso especial as questões relativas ao processamento do recurso junto ao Tribunal recorrido, desde que devidamente prequestionadas" (STJ-2ª T., REsp 415.027, Min. Eliana Calmon, j. 17.6.04, DJU 13.9.04).

S/ embargos de declaração relativos à composição da turma julgadora, v. CPC 941, nota 5.

Prequestionamento e recurso especial pela letra *c*. "Tal como se dá no recurso fundado na letra *a* do inciso I do art. 105 da CF/88, o especial interposto pela alínea *c* do permissivo constitucional também deve atender à exigência do prequestionamento. Isso porque é impossível haver divergência sobre determinada questão federal se o acórdão recorrido nem sequer chegou a emitir juízo acerca da matéria jurídica" (STJ-2ª T., REsp 146.834, Min. Adhemar Maciel, j. 1.12.97, DJU 2.2.98). No mesmo sentido: STJ-3ª T., AI 784.212-AgRg, Min. Sidnei Beneti, j. 5.3.09, DJ 24.3.09.

— **Súmula 283 do STF:** "É inadmissível o recurso extraordinário, quando a **decisão recorrida assenta em mais de um fundamento** suficiente e o recurso não abrange todos eles". V. tb. nota 2-Súmula 126 do STJ (Fundamento constitucional inatacado), art. 268, notas 3 a 4 (recurso extraordinário contra acórdão do STJ), e RISTF 321, nota 2-Súmula 283 do STF.

Aplicando a Súmula 283 do STF no STJ:

"Se o acórdão objeto de recurso especial arrima-se em dois fundamentos bastantes para mantê-lo, a falta de impugnação de um deles, que fica incólume, atrai a incidência da Súmula 283-STF, obstando aquela irresignação" (STJ-Corte Especial, ED no REsp 147.187, Min. Fernando Gonçalves, j. 1.4.02, DJU 12.8.02). No mesmo sentido: RSTJ 67/306, 71/312.

"Não cabe conhecer do recurso especial, quando o *decisum* assenta em mais de um fundamento suficiente para mantê-lo e a irresignação recursal não abrange todos eles" (STJ-1ª T., REsp 361.517, Min. Garcia Vieira, j. 7.5.02, DJU 3.6.02).

— **Súmula 284 do STF:** "É inadmissível o recurso extraordinário, quando a **deficiência** na sua **fundamentação** não permitir a exata compreensão da controvérsia".

Aplicando a Súmula 284 do STF no STJ:

"Impossibilidade de se conhecer do recurso, em face da deficiência na sua fundamentação, pois o recorrente sequer indicou o dispositivo legal que considerou violado (Súmula 284)" (STJ-5ª T., REsp 423.158, Min. Felix Fischer, j. 13.8.02, DJU 9.9.02). V. tb. nota 4-Fundamentação do recurso especial (alínea *a*). Indicação do texto legal violado.

"Não se pode, em recurso especial, simplesmente impugnar o entendimento esposado pelo colegiado *a quo* — como se de mera apelação se tratasse —, sem ao menos procurar demonstrar a efetiva violação à lei federal" (STJ-2ª T., REsp 190.294, Min. Franciulli Netto, j. 26.3.02, DJU 1.7.02).

"Ausente a demonstração analítica do dissenso, incide a censura da Súmula 284 do STF" (STJ-6ª T., REsp 272.734, Min. Fernando Gonçalves, j. 20.8.02, DJU 9.9.02). V. tb. nota 8c.

Ainda: STJ-3ª T., REsp 251.981, Min. Waldemar Zveiter, j. 26.9.00, DJU 13.11.00; STJ-4ª T., REsp 257.837, Min. Aldir Passarinho Jr., j. 21.9.00, DJU 20.11.00.

— **Súmula 291 do STF:** "No recurso extraordinário pela letra *d* do art. 101, n. III, da Constituição, a prova do **dissídio jurisprudencial** far-se-á por certidão, ou mediante indicação do 'Diário da Justiça' ou do repertório de jurisprudência autorizado, com a transcrição do trecho que configure a divergência, mencionadas as circunstâncias que identifiquem ou assemelhem os casos confrontados". V. art. 255 §§ 1º e 3º, CPC 1.029 § 1º.

— **Súmula 292 do STF:** "Interposto o **recurso extraordinário** por **mais de um dos fundamentos** indicados no art. 101, n. III, da Constituição, a admissão apenas por um deles não prejudica o seu conhecimento por qualquer dos outros".

O art. 101-III, citado na Súmula, refere-se à Constituição de 1946 e equivale ao art. 119-III da CF de 1969 e aos arts. 102-III e 105-III da CF atual.

V. CPC 1.030, nota 6.

— **Súmula 322 do STF:** "Não terá seguimento pedido ou recurso dirigido ao Supremo Tribunal Federal, quando **manifestamente incabível,** ou apresentado **fora do prazo,** ou quando for evidente a **incompetência** do Tribunal".

"O recurso especial e o recurso extraordinário são excepcionais e específicos, dirigidos a Cortes diversas e com pressupostos constitucionais e legais bem definidos, circunstâncias que afastam a aplicação do princípio da fungibilidade" (STJ-2ª T., Ag 38.068-8-AgRg, Min. Pádua Ribeiro, j. 16.8.93, DJU 30.8.93). No mesmo sentido: STJ-1ª T., REsp 12.180, Min. Pedro Acioli, j. 16.9.91, DJU 30.9.91.

"Erro grosseiro não dá margem à conversão do recurso interposto como extraordinário em recurso especial. Não é cabível recurso extraordinário para o exame de alegações referentes exclusivamente a ofensa a norma infraconstitucional" (STF-1ª T., RE 175.619-5, Min. Moreira Alves, j. 12.12.97, DJU 6.3.98).

V. tb. Erro na designação do recurso, em nota 4.

— **Súmula 356 do STF:** "O ponto omisso da decisão, sobre o qual não foram opostos **embargos declaratórios,** não pode ser objeto de recurso extraordinário, por faltar o requisito do **prequestionamento".** V. tb. Súmula 282 do STF, acima.

"Se o ponto omisso, sem embargos de declaração, não enseja o recurso especial (Súmula 356 do STF), o mesmo se há de dizer do ponto obscuro, duvidoso ou contraditório" (STJ-RT 665/193).

V. tb. CPC 1.025.

— **Súmula 389 do STF:** "Salvo limite legal, a fixação de **honorários de advogado,** em complemento da condenação, depende das circunstâncias da causa, não dando lugar a recurso extraordinário".

Essa Súmula nada mais faz do que expressar a vedação do reexame de fatos pelas instâncias superiores (Súmula 279 do STF e Súmula 7 do STJ). Todavia, isso não significa que elas estejam proibidas de deliberar sobre honorários:

— "Conhecendo o recurso especial e aplicando o direito à espécie, para julgar o pedido inicial procedente ou improcedente, o Tribunal Superior estabelece os honorários advocatícios, sem que, com isso, subverta os fatos que recebe como julgados na Corte *a quo*" (STJ-3ª Seção, ED no REsp 287.820, Min. Hamilton Carvalhido, j. 8.11.01, DJU 18.2.02);

— "A distribuição dos ônus da sucumbência está atrelada à situação concreta no momento da prestação jurisdicional, sem que isto implique qualquer revolvimento de matéria fática ou julgamento *extra petita*" (STJ-3ª T., REsp 779.221-AgRg, Min. Menezes Direito, j. 23.11.05, DJU 24.4.06);

— para elevar seu montante ao patamar mínimo de 10% sobre o valor da condenação (STJ-1ª T., REsp 19.882-0, Min. Demócrito Reinaldo, j. 30.11.92, DJU 1.2.93; RSTJ 99/130, dois votos vencidos);

— para decidir quanto ao alcance da expressão "parte mínima do pedido", desde que "haja nos autos dados objetivos que permitam ao julgador aferir a inadequação da subsunção da norma estatuída no § ún. do art. 21 do CPC ao caso concreto" (STJ-3ª T., REsp 278.197, Min. Nancy Andrighi, j. 19.12.00, DJU 18.6.01). "Incabível, via de regra, em sede de recurso especial, apreciar a distribuição dos ônus da sucumbência, procedida nas instâncias ordinárias, na medida em que resultante de avaliação subjetiva levada a efeito pelo órgão julgador diante das circunstâncias de cada causa. Existência, contudo, *in casu*, de fato notório, desconsiderado pelo acórdão recorrido, suficiente a ensejar o reconhecimento de inaplicabilidade à espécie do disposto no parágrafo único do art. 21, CPC" (STJ-4ª T., REsp 28.866-0, Min. Sálvio de Figueiredo, j. 25.10.93, DJU 29.11.93).

Com o passar do tempo, a Súmula 389 do STF foi sendo objeto de flexibilização no STJ. Mesmo em situação em que pudesse barrar o recurso especial, ela passou a ser deixada de lado, a fim de combater acórdão que, no arbitramento dos honorários, "fira a chamada 'lógica do razoável' que, pelas peculiaridades da espécie, deve guardar legítima correspondência com o valor do benefício patrimonial discutido, pois em nome da equidade não se pode baratear a sucumbência, nem elevá-la a patamares pinaculares" (RSTJ 105/355).

Assim, paulatinamente se firmou o seguinte entendimento: **"É pertinente no recurso especial a revisão do valor dos honorários de advogado quando exorbitantes ou ínfimos"** (STJ-Corte Especial, ED no REsp 494.377, Min. José Arnaldo, j. 6.4.05, DJU 1.7.05). Seguindo essa diretriz, para redimensionar os honorários:

— de R$ 100,00 para R$ 2.000,00, em causa com valor equivalente a R$ 100.000,00: STJ-2ª T., REsp 612.038, Min. João Otávio, j. 6.2.07, DJU 26.2.07;

— de R$ 1.000,00 para R$ 100.000,00, em causa com valor equivalente a R$ 44.000.000,00: STJ-1ª T., REsp 750.170, Min. Teori Zavascki, j. 9.8.05, um voto vencido, DJU 13.3.06;

— de R$ 1.000,00 para 3% do valor da condenação em ação coletiva: STJ-5ª T., REsp 578.504, Min. Laurita Vaz, j. 3.10.06, DJU 16.10.06;

— de R$ 3.000,00 para R$ 30.000,00, em causa com valor atualizado superior a R$ 1.500.000,00: STJ-2ª T., REsp 1.038.525, Min. Humberto Martins, j. 15.4.08, um voto vencido, DJU 16.5.08;

— de R$ 3.000,00 para 5% do valor da execução (R$ 24.902.737,84), ou seja, para R$ 1.245.136,89: STJ-RP 151/209 (3ª T., REsp 931.434, um voto vencido);

— de R$ 5.000,00 para R$ 100.000,00, em causa com valor equivalente a R$ 1.291.959,00: STJ-3ª T., REsp 331.108, Min. Menezes Direito, j. 6.5.02, DJU 5.8.02;

— de R$ 5.400,00 para R$ 40.000,00, em execução que tinha por objeto R$ 849.199,00: STJ-4ª T., REsp 251.017, Min. Ruy Rosado, j. 3.8.00, DJU 11.9.00;

— de R$ 20.000,00 para R$ 1.500.000,00, em execução de R$ 99.892.863,96, na qual foram considerados devidos R$ 34.478.726,25 (STJ-3ª T., REsp 1.320.381, Min. Sidnei Beneti, j. 28.8.12, DJ 13.9.12);

— de R$ 134.065,11 para R$ 10.000,00, em execução que tinha por objeto R$ 2.681.302,28: STJ-1ª T., REsp 766.505, Min. Luiz Fux, j. 5.9.06, DJU 9.10.06.

Para outros acórdãos relacionados com o tema, v. CPC 85, nota 46.

— **Súmula 399 do STF:** "Não cabe recurso extraordinário, por violação de lei federal, quando a ofensa alegada for a **regimento de tribunal"**. No mesmo sentido: RSTJ 75/268 (2ª T.), STJ-RT 727/111 (4ª T.), STJ-3ª T., REsp 13.640-EDcl, Min. Dias Trindade, j. 19.11.91, DJU 16.12.91; STJ-2ª T., REsp 654.449, Min. Eliana Calmon, j. 14.9.04, DJU 6.12.04.

Contra: "Regimento interno de Tribunal é, substancialmente, regulamento de lei federal. Acórdão que o contraria enseja recurso especial" (STJ-1ª T., REsp 13.980-0, Min. Gomes de Barros, j. 24.3.93, DJU 10.5.93).

— **Súmula 400 do STF:** "Decisão que deu **razoável interpretação** à lei, ainda que não seja a melhor, não autoriza recurso extraordinário pela letra *a* do art. 101, III, da Constituição Federal".

Esta **Súmula está superada:** "O enunciado n. 400 da Súmula STF é incompatível com a teleologia do sistema recursal introduzido pela Constituição de 1988" (STJ-4ª T., REsp 5.936, Min. Sálvio de Figueiredo, j. 4.6.91, DJU 7.10.91). No mesmo sentido: STJ-3ª T., REsp 10.974, Min. Nilson Naves, j. 12.8.91, DJU 9.9.91.

Entendendo inaplicável ao recurso especial a Súmula 400: RSTJ 3/1.087, voto do Min. Carlos Velloso, à p. 1.090.

Não aplicando a Súmula 400 no próprio STF: voto bem fundamentado do Min. Oscar Corrêa, em RT 640/205, de p. 212 a 214.

— **Súmula 432 do STF:** "Não cabe recurso extraordinário com fundamento no art. 101-III-*d* da Constituição Federal, quando a divergência alegada for entre **decisões da Justiça do Trabalho"**.

— **Súmula 456 do STF:** "O Supremo Tribunal Federal, conhecendo do recurso extraordinário, **julgará a causa,** aplicando o direito à espécie". V. art. 257 e CPC 1.034.

— **Súmula 527 do STF:** "Após a vigência do Ato Institucional n. 6, que deu nova redação ao art. 114, III, da Constituição Federal de 1967, não cabe recurso extraordinário das decisões do **juiz singular"**.

Em regra, essa Súmula é aplicável (v., em nota 4, Causas de alçada em execução fiscal; v. tb. CPC 1.021, nota 4), mas tem sua incidência excepcionada em particular hipótese de recurso extraordinário (v. RISTF 321, nota 2-Súmula 640 do STF).

Súmula 528 do STF: "Se a decisão contiver partes autônomas, a admissão parcial, pelo Presidente do Tribunal *a quo*, de recurso extraordinário que sobre qualquer delas se manifestar, não limitará a apreciação de todas pelo Supremo Tribunal Federal, independentemente de interposição de agravo de instrumento".

V. CPC 1.030, nota 6.

Art. 255: 4. JURISPRUDÊNCIA SOBRE RECURSO ESPECIAL:

— **Acórdão do próprio STJ.** Não cabe recurso especial contra acórdão do STJ (STJ-RT 666/174).

— **Acórdão em agravo de instrumento:** v. Súmula 86 do STJ, em nota 2.

— **Acórdão que anula sentença.** "Se a decisão do colegiado de jurisdição ordinária cassou a sentença devolvendo ao exame do juízo singular todas as questões debatidas na ação, não se podem ter como contrariadas as disposições que dizem respeito aos temas que serão reapreciados" (STJ-3ª T., REsp 6.595, Min. Cláudio Santos, j. 5.2.91, DJU 25.2.91).

— **Acórdão recorrido.** "Para fins de apreciação e julgamento de recurso especial, o voto-vista proferido na Segunda Instância é parte integrante do acórdão recorrido, e não apenas o voto do relator originário" (STJ-1ª T., REsp 384.487-AgRg, Min. José Delgado, j. 26.3.02, DJU 29.4.02).

— **Alimentos.** "Constatado evidente exagero ou manifesta irrisão na fixação, pelas instâncias ordinárias, do montante da pensão alimentícia, em flagrante violação ao princípio da razoabilidade, às regras de experiência, ao bom senso e à moderação, distanciando-se, por conseguinte, das finalidades da lei, é possível a revisão, nesta Corte, de aludida quantificação, sem mácula aos ditames da Súmula 7, a exemplo do que ocorre com a estipulação de valor indenizatório por danos morais e de honorários advocatícios" (STJ-4ª T., REsp 665.561, Min. Jorge Scartezzini, j. 15.3.05, maioria, DJU 2.5.05; o acórdão determinou a redução da verba de R$ 20.000,00 para R$ 10.000,00).

É possível, em recurso especial, a revisão da pensão alimentícia devida por ato ilícito, no caso de valor irrisório ou exorbitante fixado pelo tribunal recorrido (STJ-1ª T., REsp 466.969, Min. Luiz Fux, j. 15.4.03, DJU 5.5.03).

V., na nota 2, **Súmula 7 do STJ.**

— **Assinatura.** V. Recurso sem assinatura.

— **Ato jurídico perfeito.** V. **Violação de direito adquirido.**

— **Ato normativo.** "O recurso especial visa a propiciar a uniformização da interpretação da lei federal, admitindo-se seu cabimento também quando se questione a respeito de regulamento tendente à sua aplicação. Não, entretanto, ao se cuidar de outros atos normativos, de menor hierarquia" (STJ-3ª T., REsp 13.611, Min. Eduardo Ribeiro, j. 29.10.91, DJU 25.11.91). Tratava-se, no caso, de resolução do Conselho Federal de Engenharia e Arquitetura.

V. tb. Circular, Decreto e regulamento, Portaria ministerial e Resolução administrativa.

— **"Causa":** v. tb. Súmula 86 do STJ (em nota 2) e, nesta nota, Dúvida no registro público.

O vocábulo "causa", inserto no inciso III do art. 105 da CF, deve ser entendido em sentido amplo. No mesmo sentido: RISTF 321, nota 3-"Causa".

— **Causas de alçada em execução fiscal.** Não cabe recurso especial de decisão proferida por juiz singular, nas causas de alçada em execução fiscal (RSTJ 51/182, maioria, 65/347; STJ-1ª T., REsp 7.634, Min. Garcia Vieira, j. 17.4.91, DJU 13.5.91).

— **Circular.** "A circular, conquanto tenha natureza normativa, não se inclui na abrangência do conceito de 'lei federal'" (RSTJ 82/258).

V. tb. Ato normativo.

— **Coisa julgada.** V. **Violação de direito adquirido.**

— **Competência do STF.** "A competência do STF exclui a do STJ; na zona cinzenta em que uma e outra podem se confundir, o critério para defini-las é prático: decidida determinada matéria pelo STF, o STJ já não pode examiná-la em recurso especial" (STJ-1ª Seção, ED no REsp 137.170, Min. Ari Pargendler, j. 7.4.00, DJU 15.5.00).

— **Complementação ou ampliação dos fundamentos do recurso.** "Admissível a complementação dos fundamentos do recurso, se efetuada no prazo de sua interposição, antes que o processo tenha caminhado para fase subsequente" (RSTJ 10/471).

Todavia, não é possível, em agravo regimental, invocar novo fundamento para o recurso especial denegado, ainda que se trate de dissídio jurisprudencial posterior à sua interposição (STJ-2ª T., Ag 7.699-AgRg, Min. Américo Luz, j. 12.6.91, DJU 1.7.91).

— **Condições da ação.** "É duvidoso que a questão relativa às condições da ação pudesse ter sido suscitada e decidida de ofício, contra a recorrente, na instância extraordinária do recurso especial, mas o problema só poderia ser discutido em recurso extraordinário contra o acórdão do STJ, que não foi interposto" (STF-1ª T., RE 182.316-1-AgRg, Min. Moreira Alves, j. 28.4.95, DJU 17.11.95).

V. tb., na nota anterior, Súmula 282 do STF (Prequestionamento. Conhecimento de ofício da questão federal).

— **Contrariedade à Constituição.** "É de não se conhecer de recurso especial quando o acórdão recorrido está assentado, de modo nuclear, em matéria de nível constitucional" (RSTJ 146/108).

Não se admite recurso especial por **divergência jurisprudencial** se a matéria do acórdão recorrido e do paradigma tem conteúdo constitucional; nesse caso, é cabível, em tese, recurso extraordinário ao STF (STJ-1ª T., REsp 373.611-AgRg-EDcl, Min. José Delgado, j. 23.4.02, DJU 20.5.02). V. Matéria constitucional.

— **Contrariedade à lei.** "Tanto vulnera a lei o provimento judicial que implica exclusão do campo de aplicação de hipótese contemplada, como o que inclui exigência que se lhe mostra estranha" (STF-Pleno: RTJ 133/1.355, maioria, RTJ 135/413, maioria, ambos em matéria infraconstitucional).

"Se a decisão recorrida é fundada única e exclusivamente em declaração de inconstitucionalidade de norma de lei federal, o recurso cabível é o extraordinário, destinado ao Pretório Excelso, e não o recurso especial, deste assim não se conhecendo" (STJ-4ª T., REsp 4.219, Min. Athos Carneiro, j. 15.4.91, DJU 27.5.91).

V. tb. Lei federal.

— **Convênio entre Estados.** "Consoante orientação traçada pelo Excelso Pretório, os convênios interestaduais têm força de lei federal; destarte, sua infringência viabiliza a interposição de recurso especial" (STJ-2ª T., REsp 60.658, Min. Peçanha Martins, j. 4.3.98, maioria, DJU 21.9.98).

Contra: "Os tratados, como dispõe o texto constitucional, não se confundem com simples convênios e nem a eles se equiparam. Referindo-se a Carta Magna a tratado ou lei federal — e não a convênio — não se conhece do recurso especial" (RSTJ 25/384: 2ª T., REsp 5.410).

— **Conversão do julgamento em diligência.** "O STJ tem admitido a interposição de recurso especial contra acórdão que determinou a conversão do julgamento em diligências tão somente nas hipóteses em que não puder a parte em outra oportunidade impugnar alguma questão então decidida" (STJ-5ª T., REsp 417.040, Min. Felix Fischer, j. 16.12.03, DJU 9.2.04).

— **Dano moral:** v. Indenização e Qualificação jurídica dos fatos.

— **Decisão de juiz singular.** v. Causas de alçada em execução fiscal e Súmula 527 do STF, em nota 3. V. tb. CPC 1.021, nota 4.

— **Decisão de única ou última instância.** "Recurso especial contra acórdão que julgou agravo interno de decisão que indeferiu a antecipação de tutela recursal em agravo de instrumento. Inadmissibilidade. O recurso especial em momento algum indica a existência de acórdão que tenha julgado, em caráter final, o mérito do agravo de instrumento. Dessa forma, não houve exaurimento das instâncias de origem" (STJ-2ª T., REsp 1.825.783, Min. Herman Benjamin, j. 10.9.19, DJ 18.10.19).

— **Decisão recorrível.** A decisão unipessoal do relator que julga recurso é impugnável nas instâncias ordinárias por agravo interno; logo, contra ela não é admissível a interposição direta de recurso especial (STJ-3ª T., AI 842.487-AgRg, Min. Gomes de Barros, j. 24.4.07, DJU 14.5.07; STJ-1ª T., AI 746.103-AgRg, Min. José Delgado, j. 23.5.06, DJU 12.6.06; STJ-5ª T., AI 497.577-AgRg, Min. Gilson Dipp, j. 10.6.03, DJU 4.8.03).

V. Súmula 281 do STF, na nota 3, e RISTF 321, nota 3-Decisão recorrível. V. tb. CPC 1.021, nota 4.

— **Decisão recorrível. Embargos de declaração contra acórdão julgados monocraticamente.** "É inadmissível o recurso especial quando couber, na justiça de origem, agravo regimental a ser interposto contra decisão que, monocraticamente, rejeitou os embargos de declaração opostos a acórdão recorrido" (STJ-Corte Especial, AI 442.714-AgRg, Min. Pádua Ribeiro, j. 19.12.03, maioria, DJU 16.11.04).

Todavia, admitindo o recurso especial quando os embargos de declaração julgados monocraticamente ventilavam **matéria que não foi tratada** naquele recurso: STJ-Corte Especial, ED no REsp 884.009, Min. Hamilton Carvalhido, j. 15.9.10, DJ 14.10.10.

"No caso dos autos, os embargos de declaração interpostos contra o acórdão que julgou a apelação foram decididos monocraticamente, o que indicava o cabimento de agravo regimental ou mesmo de mandado de segurança. A exigência de tais medidas somente poderia ser atribuída, porém, à parte que interpôs os embargos de declaração. Não se podia impor à parte embargada, antes de interpor recurso especial, que ingressasse com agravo regimental ou mandado de segurança em benefício da ***ex adversa,*** apenas para que se tivesse por esgotada a instância" (STJ-3ª T., REsp 1.417.292, Min. Sidnei Beneti, j. 25.2.14, DJ 19.3.14).

Contra: "Rejeitados, por decisão unipessoal, os embargos declaratórios, a interposição de recurso especial não está condicionada ao manejo de agravo interno. É que a rejeição faz prevalecer o dispositivo do acórdão atacado pelos declaratórios rejeitados. Em consequência, remanesce, hígido, o acórdão que decidiu a apelação" (STJ-3ª T., REsp 506.436, Min. Gomes de Barros, j. 22.6.04, DJU 3.11.04).

Com a devida vênia, mais acertada parece a posição que não exige da parte a interposição do agravo para o acesso às instâncias superiores nessas situações. Afinal, se a oposição de embargos de declaração não é uma exigência para o conhecimento do recurso especial ou extraordinário, também não deve sê-lo a apresentação de agravo contra o julgamento dos mesmos embargos. Ademais, a decisão dos embargos se integra ao acórdão proferido pela turma julgadora, formando um só conjunto decisório, de modo que o resultado final continua sendo uma manifestação do órgão colegiado, ou seja, passível de recurso aos tribunais superiores. Além disso, tem-se que a exigência do agravo nessas circunstâncias vai de encontro ao escopo de aceleração na formação dos pronunciamentos judiciais, congestionando ainda mais os tribunais locais.

— **Decreto e regulamento.** "Segundo a melhor doutrina, e mesmo na corrente restritiva, o decreto e o regulamento federais estão compreendidos no conceito de lei federal, para os fins do recurso especial" (RSTJ 12/372: 4ª T.).

"'O termo lei federal, para fins de interposição do recurso especial, abrange também os decretos' (EREsp 663.562, Min. Ari Pargendler, Corte Especial, DJ 18.2.08). Conquanto o Decreto 2.040/96 tenha sido editado com base no inc. IV do art. 84 da CF, caracterizando-se, em princípio, como ato normativo secundário, certo é que se trata de norma jurídica de caráter geral, abstrato, impessoal e obrigatório, que não possui cunho meramente regulamentador, mas cria deveres e concede direitos aos militares movimentados, se apresentando como verdadeira lei em sentido material, de sorte que deve ser enquadrado no conceito de 'lei federal' para efeito de cabimento do recurso especial" (STJ-Corte Especial, ED no REsp 919.274, Min. Nancy Andrighi, j. 1.8.13, maioria, DJ 12.8.13).

Contra: "Porquanto os decretos não se incluem no rol de diplomas legais abrangidos pela expressão 'lei federal', pelo fato de advir do exercício de competência privativa do Chefe do Poder Executivo, descabe a alegação de violação a dispositivo constante dessa espécie normativa em sede de recurso especial" (STJ-RJTJERGS 242/31: 3ª T., REsp 295.310, um voto vencido).

V. tb. Ato normativo, Portaria ministerial e, na nota 3, **Súmula 399 do STF.**

— **Delimitação de temas cabíveis no recurso especial.** "As questões com as quais a parte se conformou na primeira instância ou sobre as quais não versou o acórdão recorrido não dão ensejo à admissibilidade do recurso especial" (STJ-RF 310/123).

— **Deserção.** O recurso especial está sujeito a preparo, sob pena de deserção.

O recurso especial interposto contra acórdão que nega o benefício da assistência judiciária não depende de preparo; "a não ser assim, o pobre não poderia se valer dos recursos legalmente previstos, frustrando a garantia constitucional do acesso ao Poder Judiciário" (STJ-2ª Seção, Rcl 675, Min. Ari Pargendler, j. 26.9.01, DJU 22.10.01).

— **Direito adquirido:** v. Violação de direito adquirido.

— **Direito local:** v. Súmula 280 do STF, em nota 3.

— **Dissídio jurisprudencial:** v. notas aos §§ 1º a 3º.

— **Dissídio jurisprudencial superado:** v. Súmula 83 do STJ, em nota 2.

— **Dúvida no registro público.** "O procedimento de dúvida registral, previsto no art. 198 e seguintes da Lei de Registros Públicos, tem, por força de expressa previsão legal (LRP, art. 204), natureza administrativa, não qualificando prestação jurisdicional. Não cabe recurso especial contra decisão proferida em procedimento administrativo, afigurando-se irrelevantes a existência de litigiosidade ou o fato de o julgamento emanar de órgão do Poder Judiciário, em função atípica" (STJ-2ª Seção, REsp 1.570.655, Min. Antonio Ferreira, j. 23.11.16, DJ 9.12.16).

Contra: "Havendo litígio entre os interessados, e não apenas dissídio entre o requerente e o Oficial do Registro Imobiliário, configura-se a existência de uma 'causa', conforme exigido no art. 105 da Constituição, para o cabimento do recurso especial" (STJ-4ª T., REsp 119.600, Min. Aldir Passarinho Jr., j. 14.12.00, DJU 5.11.01; a citação é do voto do Min. Sálvio de Figueiredo, ao qual aderiram expressamente os demais integrantes da turma). No mesmo sentido: STJ-3ª T., REsp 783.039, Min. Nancy Andrighi, j. 25.9.07, DJU 22.10.07.

— **Efeito suspensivo excepcional:** v. CPC 1.029 § 5º.

— **Erro na designação do recurso.** "O simples erro na aposição do *nomen juris* da irresignação (recurso extraordinário, ao invés de recurso especial) não constitui obstáculo intransponível a seu conhecimento, desde que esteja corretamente fundamentada (art. 105, III, CF)" (RSTJ 37/290).

— **Fato:** v. Matéria de fato.

— **Fato superveniente.** "Mesmo nesta instância especial, devem-se relevar os fatos supervenientes à interposição do recurso (art. 462, CPC)" (STJ-3ª T., REsp 77.247, Min. Menezes Direito, j. 22.10.96, DJU 3.2.97). No caso, tratava-se de recurso especial em ação movida pelo MP para a apuração de responsabilidade de ex-administradores de instituição financeira (Lei 6.024, de 13.3.74). No julgamento do recurso especial, extinguiu-se o processo sem julgamento do mérito, considerando-se como fato superveniente o encerramento da liquidação extrajudicial da instituição, pelo qual o MP perdera a legitimidade ativa para a ação.

"Deve ser considerado o laudo de exame de DNA que exclui a paternidade do recorrente, a despeito de ter sido produzido apenas após a interposição do recurso especial, quando já encerrada, portanto, a fase probatória" (STJ-RP 137/216: 3ª T., REsp 348.007). "O fato superveniente — consubstanciado na coisa julgada produzida em lide (ação declaratória) que tramitava paralelamente ao processo de execução que deu origem aos presentes autos — é tema relevante e deve guiar a solução do presente recurso especial" (STJ-3ª T., REsp 911.932, Min. Ricardo Cueva, j. 19.3.13, RP 222/335). Em sentido semelhante, examinando fato superveniente em recurso especial: STJ-2ª T., REsp 813.626, Min. Eliana Calmon, j. 1.10.09, DJ 4.11.09; STJ-3ª T., REsp 688.151, Min. Nancy Andrighi, j. 7.4.05, DJ 8.8.05; STJ-4ª T., REsp 704.637, Min. Luis Felipe, j. 17.3.11, DJ 22.3.11.

"Fato superveniente. O art. 462 do CPC pode ser aplicado no âmbito do recurso especial; **não, todavia, após o respectivo julgamento,** na renovação dos embargos de declaração" (STJ-3ª T., REsp 317.255-EDcl-EDcl, Min. Ari Pargendler, j. 7.8.03, DJU 1.9.03).

Contra: "No julgamento do especial, em face do princípio do prequestionamento, que decorre de texto constitucional, não tem cabimento a regra do art. 462 do CPC, em razão da impossibilidade de se considerar fato jurígeno superveniente" (STJ-1ª T., REsp 97.869-EDcl, Min. Demócrito Reinaldo, j. 19.2.98, DJU 30.3.98). Em sentido semelhante: RSTJ 171/511; STJ-1ª T., REsp 478.160-EDcl, Min. José Delgado, j. 12.8.03, DJU 13.10.03.

— **Fundamentação do recurso especial. Ausência de indicação da alínea do inc. III do art. 105 da CF em que se funda o recurso especial.** "O recurso, para ter acesso à sua apreciação nesta Corte Superior, deve indicar, quando da sua interposição, expressamente, o dispositivo e alínea que autorizam sua admissão. Em assim não ocorrendo, ou se de modo deficiente, o recurso torna-se inadmissível" (STJ-4ª T., AI 516.986-AgRg, Min. Jorge Scartezzini, j. 21.10.04, DJU 17.12.04).

"Impossibilidade de se conhecer do recurso se a parte não indica a alínea do permissivo constitucional na qual se embase a irresignação" (STJ-5ª T., REsp 241.394, Min. Felix Fischer, j. 18.5.00, DJU 26.6.00). No mesmo sentido: STJ-2ª T., AI 600.449-AgRg, Min. João Otávio, j. 4.11.04, DJU 17.12.04.

Contra, a nosso ver com razão: "A falta de indicação do permissivo constitucional em que se baseia o recurso especial não impede sua apreciação se ficaram claramente apontados, nas razões recursais, os artigos da lei federal que se têm por contrariados" (STJ-2ª T., REsp 974.304-EDcl, Min. Castro Meira, j. 19.6.08, DJ 5.8.08). No mesmo sentido: STJ-6ª T., REsp 948.326-AgRg, Min. Paulo Gallotti, j. 18.11.08, DJ 19.12.08; STJ-4ª T., AI 1.343.326-AgRg, Min. Isabel Gallotti, j. 2.10.14, DJ 29.10.14.

— **Fundamentação do recurso especial. Equívoco quanto à alínea do inc. III do art. 105 da CF.** "A ocorrência de mero equívoco na petição de interposição do recurso especial, consistente na errônea indicação da alínea que o autoriza (art. 105, III, CF), não compromete o seu conhecimento, quando nas respectivas razões encontra-se suficientemente demonstrado o dissenso pretoriano que lavra sobre o tema" (STJ-4ª T., REsp 4.206, Min. Bueno de Souza, j. 26.5.92, DJU 3.8.92).

"Manifesto o equívoco na indicação de alínea do permissivo constitucional, por si, não inviabiliza o conhecimento do recurso, quando os seus requisitos processuais foram satisfeitos" (RSTJ 63/144).

Recurso especial interposto pela alínea *a*, mas conhecido pela alínea *c*: "Mesmo arrimado somente na letra *a* do permissivo constitucional, merece provimento o especial onde há inequívoca demonstração do dissenso pretoriano. A errônea indicação da alínea não impede a apreciação do mérito do recurso, notadamente quando a matéria a ele referente se encontra pacificada (Súmula 105-STJ)" (STJ-Corte Especial, ED no REsp 72.075, Min. Fernando Gonçalves, j. 1.8.02, DJU 19.8.02).

Contra, não admitindo o **equívoco** a respeito da indicação da alínea do inc. III do art. 105 da CF: "Ainda que a parte tenha cometido erro material ao interpor o Recurso Especial com base na alínea *c*, quando, na verdade, toda a fundamentação foi feita com base na alínea *a*, não há de se prover o Agravo Regimental, porquanto o recurso especial reveste-se de tecnicidade, cabendo à parte demonstrar clareza e objetividade em seu recurso, sob pena de aplicação da Súmula 284/STF" (STJ-4ª T., AI 634.896-AgRg, Min. Jorge Scartezzini, j. 17.3.05, DJU 9.5.05).

— **Fundamentação do recurso especial (alínea *a*). Indicação do texto legal violado.** "Indicando o recurso, de modo induvidoso, qual a questão jurídica, e daí resultando clara a violação da lei, não importa tenha deixado de mencionar o dispositivo legal infringido. Poderá o julgador precisar a qual deva submeter-se" (RSTJ 45/565: 2ª Seção, ED no REsp 7.821, dois votos vencidos). No mesmo sentido: STJ-2ª T., REsp 116.661, Min. Adhemar Maciel, j. 3.4.97, DJU 28.4.97.

Contra: "Cabe ao recorrente mencionar, com clareza, as normas que tenham sido contrariadas ou cuja vigência tenha sido negada. Em assim não ocorrendo, ou se dê de modo deficiente, o recurso torna-se inadmissível" (STJ-1ª T., AI 635.465-AgRg, Min. José Delgado, j. 8.3.05, DJU 18.4.05). Ainda contra: "A falta de indicação do artigo de lei federal tido por violado obsta o conhecimento do recurso especial, a teor da Súmula 284/STF" (STJ-2ª T., REsp 576.802, Min. Eliana Calmon, j. 21.10.04, DJU 13.12.04). No mesmo sentido: RSTJ 27/467, 46/148, 58/419. Também não conhecendo do recurso por falta da "particularização dos artigos de lei reputados de violados": RSTJ 62/294.

"O uso da fórmula aberta 'e seguintes' para a indicação dos artigos tidos por violados revela fundamentação deficiente, o que faz incidir a Súmula n. 284/STF. Isso porque o especial é recurso de fundamentação vinculada, não lhe sendo aplicável o brocardo *iura novit curia* e, portanto, ao relator, por esforço hermenêutico, não cabe extrair da argumentação qual dispositivo teria sido supostamente contrariado a fim de suprir deficiência da fundamentação recursal, cuja responsabilidade é inteiramente do recorrente" (STJ-4ª T., Ag em REsp 1.411.032-AgInt, Min. Luis Felipe, j. 24.9.19, DJ 30.9.19).

V., nesta nota, Negativa de vigência de lei federal. V. tb., na nota anterior, Súmula 284 do STF.

— **Fundamentação do recurso especial. Equívoco quanto ao dispositivo legal violado.** "O mero equívoco em que tenha incorrido o recorrente, ao apontar o dispositivo legal tido como contrariado, quiçá causado por simples erro datilográfico, não deve obstacular o conhecimento do recurso especial, desde que o lapso se evidencie do teor das razões do inconformismo" (RSTJ 39/341).

"O simples equívoco na indicação da norma legal vulnerada não deve servir de obstáculo à apreciação do recurso especial quando nítido o teor da impugnação, mesmo porque ele se destina a preservar a autoridade e unidade do direito federal e não apenas da lei federal" (STJ-RT 734/287). No mesmo sentido: STJ-RT 806/135.

"A ausência de indicação precisa do dispositivo legal tido por violado (arguição de afronta ao art. 515, § 1º, CPC, quando mais apropriada seria a invocação de ofensa ao art. 535, II, do diploma instrumental) não obsta o conhecimento do especial se exposta, nas razões respectivas, de modo claro e inequívoco, a questão jurídica objeto do inconformismo ('negativa de prestação jurisdicional')" (RSTJ 156/378, citação da p. 382).

— **Fundamentação do recurso especial. Razões da violação da lei federal.** No recurso especial pela alínea *a*, não é suficiente indicar o texto legal supostamente violado; compete ao recorrente dar as razões da vulneração (RSTJ 16/348).

"Em tema de recurso especial, com fundamento na letra *a* do permissivo constitucional, deve o recorrente explicitar os motivos pelos quais, a seu ver, houve ofensa à lei federal, não bastando, para tanto, simples referência a dispositivo legal, desacompanhado de maiores razões" (STJ-RT 690/160). No mesmo sentido: RSTJ 157/77, 157/321, STJ-RT 714/257.

As razões do recurso especial devem demonstrar a ofensa direta e frontal à legislação infraconstitucional; a violação não pode ser oblíqua (RSTJ 57/21).

V. tb., nesta nota, Negativa de vigência de lei federal.

— **Hierarquia das leis:** v. Violação de lei complementar.

— **Honorários de advogado:** v., em nota 3, Súmula 389 do STF e jurisprudência do STJ s/ recurso especial a respeito.

— **Incompetência absoluta:** v., na nota anterior, Súmula 282 do STF (Prequestionamento. Matéria de ordem pública ou questão cognoscível de ofício).

— **Indenização.** "O valor da indenização por **dano moral** sujeita-se ao controle do Superior Tribunal de Justiça quando a quantia arbitrada se mostrar ínfima, de um lado, ou visivelmente exagerada, de outro" (STJ-4ª T., REsp 588.572, Min. Barros Monteiro, j. 20.10.05, DJU 19.12.05). No mesmo sentido: STJ-3ª T., AI 585.849-AgRg, Min. Castro Filho, j. 15.2.05, DJU 7.3.05.

"A fixação do valor indenizatório por dano moral pode ser feita desde logo, nesta instância, buscando dar solução definitiva ao caso e evitando inconvenientes e retardamento na solução jurisdicional" (STJ-RF 355/201: REsp 125.127).

Todavia: "Em se tratando de danos morais, torna-se incabível a análise do recurso com base na **divergência pretoriana,** pois, ainda que haja grande semelhança nas características externas e objetivas, no aspecto subjetivo, os acórdãos são distintos" (STJ-4ª T., Ag 1.347.713-AgRg, Min. João Otávio, j. 16.12.10, DJ 1.2.11).

"A quantificação dos danos morais pelo Superior Tribunal de Justiça", por José Roberto Ferreira Gouvêa e Vanderlei Arcanjo da Silva (RJ 323/31 e RSDCPC 37/147).

— **Interposição por fax:** v. Lei 9.800/99, no tít. FAX.

— **Interpretação de sentença.** "A interpretação da sentença, que é um ato do processo, constitui questão de direito que pode ser dirimida na via do recurso especial" (STJ-3ª T., REsp 909.286-AgRg, Min. Ari Pargendler, j. 7.8.08, DJ 5.11.08).

— **Juizados Especiais. Súmula 203 do STJ:** "Não cabe recurso especial contra decisão proferida por órgão de Segundo Grau dos Juizados Especiais" (v. jurisprudência s/ esta Súmula em RSTJ 108/79).

Originariamente, a Súmula 203 tinha o seguinte enunciado: "Não cabe recurso especial contra decisão proferida, nos limites de sua competência, por órgão de segundo grau dos juizados especiais". Em decisão tomada pela Corte Especial do STJ (STJ-Corte Especial, AI 400.076-AgRg, Min. Ari Pargendler, j. 23.5.02, três votos vencidos, DJU 7.4.03), foi cancelada a expressão "nos limites de sua competência".

Reafirmou-se, desse modo, que não cabe recurso especial contra decisão proferida por órgão de segundo grau dos juizados especiais, mesmo quando o recorrente alegar que o caso julgado excedia os limites da competência do Juizado Especial. Neste sentido, já havia acórdãos do STJ: STJ-3ª T., AI 334.644-AgRg, Min. Nancy Andrighi, j. 12.12.00, DJU 5.2.01; STJ-3ª T., Ag 357.519-AgRg, Min. Ari Pargendler, j. 15.10.01, DJU 5.11.01.

— **Legitimidade de parte.** "A questão relativa à legitimidade de parte só pode ser objeto de recurso especial se prequestionada (Súmulas ns. 282 e 356 do STF). Se a matéria não foi prequestionada, isso não impede o seu conhecimento de ofício por esta Corte, mas só no caso de o recurso especial ser conhecido" (STJ-2ª T., AI 95.597-AgRg,

Min. Pádua Ribeiro, j. 25.4.96, DJU 13.5.96). No mesmo sentido: "A regra do art. 267, § 3º, do CPC, só pode ser aplicada na instância especial uma vez conhecido o recurso, quando, então, aplica-se o direito a espécie" (STJ-3ª T., AI 65.828-7-AgRg, Min. Costa Leite, j. 12.6.95, DJU 13.5.96). Mais recentemente, no julgamento de recursos especiais que romperam a barreira da admissibilidade, a 2ª Turma se manifestou tanto pela exigência do prequestionamento da matéria relacionada com a ilegitimidade de parte para o seu conhecimento (STJ-2ª T., REsp 247.893, Min. João Otávio, j. 4.11.03, maioria, DJU 24.11.03) como pela desnecessidade do prequestionamento nessas circunstâncias (STJ-2ª T., REsp 610.438, Min. Castro Meira, j. 15.12.05, maioria, DJU 30.3.06).

V. tb., nesta nota: Questões apreciáveis de ofício pelo tribunal.

— **Lei complementar:** v. Violação de lei complementar.

— **Lei federal.** "Na expressão 'lei federal' estão compreendidos apenas a lei, o decreto, o regulamento e o direito estrangeiro; não se incluem a portaria, a resolução, a instrução normativa, a circular, o ato normativo, o regimento interno dos tribunais e o provimento da OAB" (STJ-RT 698/223).

"O conceito de lei federal, para efeito de admissibilidade do recurso especial na jurisprudência assentada no STJ, compreende regras de caráter geral e abstrato, produzidas por órgão da União com base em competência derivada da própria Constituição, como o são as leis (complementares, ordinárias, delegadas) e as medidas provisórias, bem assim os decretos autônomos e regulamentares expedidos pelo Presidente da República (EDcl no REsp 663.562, 2ª T., Min. Castro Meira, DJ de 7.11.05). Não se incluem nesse conceito os atos normativos secundários produzidos por autoridades administrativas, tais como resoluções, circulares e portarias (REsp 88.396, 4ª T., Min. Sálvio de Figueiredo, DJ de 13.8.96; AgRg no AI 573.274, 2ª T. Min. Franciulli Netto, DJ de 21.2.05), instruções normativas (REsp 352.963, 2ª T., Min. Castro Meira, DJ de 18.4.05), atos declaratórios da SRF (REsp 784.378, 1ª T., Min. José Delgado, DJ de 5.12.05), ou provimentos da OAB (AgRg no AI 21.337, 1ª T., Min. Garcia Vieira, DJ de 3.8.92)" (STJ-1ª T., REsp 815.123, Min. Luiz Fux, j. 21.9.06, DJU 5.10.06).

V. tb. Ato normativo, Decreto e regulamento, Manual, normas ou instruções, Portaria ministerial, Resolução administrativa e Súmula; em nota 3, v. Súmula 280 do STF (Direito local).

— **Lei federal aplicada como supletiva de lei local.** "Quando o Tribunal de Justiça, invocando lei federal, supre omissão da legislação estadual, integrando-a, gera norma inspirada em outra; por isso, é de natureza estadual" e sua aplicação não dá lugar a recurso especial (RSTJ 68/366).

V. tb. Súmula 280 do STF, em nota 3.

— **Lei não recepcionada pela Constituição.** "Na hipótese em exame, a Lei de Imprensa foi utilizada como fundamento do v. acórdão recorrido e o recurso especial discute sua interpretação e aplicação. Quando o v. acórdão recorrido foi proferido e o recurso especial foi interposto, a Lei 5.250/67 estava sendo normalmente aplicada às relações jurídicas a ela subjacentes, por ser existente e presumivelmente válida e, assim, eficaz. Deve, pois, ser admitido o presente recurso para que seja aplicado o direito à espécie, nos termos do art. 257 do RISTJ, sendo possível a análise da controvérsia com base no art. 159 do Código Civil de 1916, citado nos acórdãos trazidos como paradigmas na petição do especial" (STJ-4ª T., REsp 801.109, Min. Raul Araújo, j. 12.6.12, DJ 12.3.13).

V. tb., nesta nota, Revogação de lei ordinária por texto constitucional.

— **Litisconsórcio facultativo.** "Em sede de recurso especial, é inviável proceder-se ao reexame dos requisitos de natureza fático-probatória que conduziram ao desmembramento do feito proposto em litisconsórcio facultativo" (STJ-2ª T., REsp 633.719, Min. João Otávio, j. 4.11.04, DJU 17.12.04).

— **Litisconsorte necessário.** "O litisconsorte necessário pode manifestar recurso especial, mesmo que não tenha participado da causa, fazendo-o na qualidade de terceiro prejudicado (CPC, art. 499-*caput* e § 1º). Na hipótese mencionada, é dispensável o prequestionamento, pois o recorrente só entrou nos autos após a prolação do acórdão, para insurgir-se contra ausência da sua citação como litisconsorte necessário" (RSTJ 184/242: 3ª T., REsp 316.441). No mesmo sentido: STJ-4ª T., REsp 1.106.804, Min. Aldir Passarinho Jr., j. 18.8.09, DJ 5.10.09; STJ-1ª T., REsp 927.334, Min. Luiz Fux, j. 20.10.09, DJ 6.11.09. V., todavia, nota 3-Súmula 282 do STF (Prequestionamento e recurso especial de terceiro prejudicado).

— **Mandado de segurança.** "O direito líquido e certo que enseja a impetração do mandado de segurança pressupõe a incidência de regra jurídica sobre fatos certos demonstrados de plano, de sorte que a suscitação do tema em sede de recurso especial, em princípio, esbarra no enunciado 7 da súmula deste Tribunal" (STJ-Corte Especial, ED no REsp 124.442, Min. Sálvio de Figueiredo, j. 17.9.03, seis votos vencidos, DJU 5.4.04).

No sentido de que "a discussão sobre a existência, ou não, de prova suficiente a demonstração do alegado 'justo receio' da impetrante, conduziria, necessariamente, ao reexame de matéria fática, insuscetível de apreciação em sede de recurso especial": STJ-1ª T., REsp 17.037-0, Min. Demócrito Reinaldo, j. 1.6.94, DJU 27.6.94.

Todavia: O LMS 1º "é ofendido, quando se defere mandado de segurança individual, para defender interesses de terceiros, que não o impetrante. Ressalvadas as hipóteses previstas na Constituição Federal, não se admite substituição processual, em mandado de segurança" (RSTJ 97/84). V. LMS 3º e notas.

— **Manual, normas ou instruções.** "Pela alínea *a*, a contrariedade ou a negativa de vigência há de ser de tratado ou de lei federal. Manual, normas ou instruções, tais não dão ensejo ao recurso por essa alínea" (RSTJ 19/388).

— **Matéria administrativa.** "Descabe recurso especial contra decisão tipicamente administrativa, ainda que em procedimentos censórios" (RSTJ 110/259).

"O pedido de intervenção estadual em município tem natureza político-administrativa, e não jurisdicional. Por conseguinte, da decisão do tribunal de origem que o julgar não cabe recurso especial" (STJ-5ª T., AI 723.510, Min. Arnaldo Esteves, j. 16.3.06, DJU 24.4.06).

— **Matéria constitucional:** s/ recurso especial com fundamento constitucional e infraconstitucional, v., em nota 2, Súmula 126 do STJ e, em nota 3, acórdãos s/ Súmula 283 do STF.

✎ "O Superior Tribunal e a questão constitucional", pelo Min. Nilson Naves (RF 361/109).

V. tb., nesta nota 4, Contrariedade à Constituição, Norma constitucional reproduzida em norma infraconstitucional, Responsabilidade objetiva do Estado, Revogação de lei ordinária por texto constitucional e Violação de direito adquirido.

"Recurso especial. Possibilidade de cuidar-se de matéria constitucional quando o pedido tenha dois fundamentos e o de natureza constitucional não é examinado na origem porque acolhido o pedido com base no outro. Afastado o que levou à procedência do pedido, cumpre passar-se à alegação de inconstitucionalidade que, de outra forma, jamais seria examinada, uma vez que o vencedor não poderia interpor extraordinário, por falta de interesse de recorrer" (RSTJ 129/223).

A mera referência de um acórdão do STJ a um preceito constitucional não envolve usurpação da competência do STF (STF-Pleno: RTJ 132/103, RSTJ 99/64).

"O STJ não pode conhecer do recurso especial por violação de dispositivo constitucional, mas nada o impede de, conhecendo do recurso por afronta a dispositivo de lei, interpretar norma constitucional que entenda aplicável ao caso" (STJ-1ª Seção, ED no REsp 789.037, Min. Castro Meira, j. 22.10.08, DJ 3.11.08).

Todavia: "A compatibilidade entre dispositivo de constituição estadual e preceitos de leis federais é matéria de natureza constitucional, insuscetível de debate em recurso especial" (STJ-1ª T., REsp 30.969-8, Min. Gomes de Barros, j. 6.12.93, DJU 21.2.94).

"Mesmo quando se trata de compor dissídio pretoriano, o STJ não pode conhecer de recurso especial versando temas de direito constitucional" (STJ-1ª T., REsp 439.082-AgRg, Min. Gomes de Barros, j. 1.4.03, DJU 12.5.03). No mesmo sentido: RSTJ 60/314, maioria.

— **Matéria de fato:** v., nesta nota: Alimentos, Dano moral, Qualificação jurídica dos fatos; na nota anterior, Súmula 389 do STF (Honorários de advogado); e, na nota 2, Súmula 7 do STJ (reexame da prova).

— **Multa coercitiva.** Afirmando que o valor da multa pode ser revisto em sede de recurso especial, sem esbarrar no óbice da Súmula 7 do STJ: STJ-2ª T., REsp 1.234.990-AgRg-AgRg, Min. Herman Benjamin, j. 7.6.11, DJ 12.9.11; STJ-3ª T., REsp 1.129.657-AgRg, Min. Massami Uyeda, j. 16.9.10, DJ 5.10.10; STJ-6ª T., REsp 700.245, Min. Nilson Naves, j. 26.5.08, DJ 4.8.08. **Contra,** no sentido de que tal pretensão esbarra na Súmula 7: STJ-2ª T., REsp 237.006, Min. Castro Meira, j. 28.10.03, DJU 1.12.03; STJ-1ª T., REsp 1.054.413-AgRg, Min. Francisco Falcão, j. 21.8.08, DJ 1.9.08. **Meio-termo:** "Em princípio, o valor das *astreintes* não pode ser revisto em sede de recurso especial, em face do óbice da Súmula 7/STJ. Contudo, em situações excepcionais, nas quais o exagero na fixação configura desrespeito aos princípios da proporcionalidade e da razoabilidade, a jurisprudência deste Tribunal afasta a vedação da Súmula 7/STJ para reduzir e adequar a multa diária" (STJ-4ª T., AI 1.220.010-AgRg, Min. Luis Felipe, j. 15.12.11, DJ 1.2.12; no caso, o valor da multa foi alterado). No mesmo sentido: STJ-2ª T., REsp 1.589.213-AgInt, Min. Assusete Magalhães, j. 23.8.18, DJ 3.9.18.

— **Negativa de vigência de lei federal.** "Na técnica do recurso especial pela letra *a*, o respectivo conhecimento se dá para **aplicar** o artigo de lei federal que deixou de ser ou foi mal aplicado pelo julgado, ou para **afastar** aquele aplicado em hipótese imprópria, isto é, sem ter incidido" (STJ-3ª T., REsp 197.325, Min. Ari Pargendler, j. 16.12.99, DJU 21.2.00).

"Nega-se vigência (ou se contraria) quando se aplica disposição não aplicável" (RSTJ 110/203).

"Não é dado divisar ofensa a um dispositivo em razão de sua aplicação analógica" (STJ-3ª T., REsp 156.246, Min. Costa Leite, j. 6.10.98, DJU 1.3.99).

"Não viola o comando legal a decisão que examina situação fática diversa daquela hipoteticamente descrita na letra da lei" (STJ-3ª T., REsp 6.820, Min. Cláudio Santos, j. 19.2.91, DJU 11.3.91).

"Alegação de inconstitucionalidade não examinada no julgamento da apelação, uma vez que reconhecido o direito das autoras, com base em que a norma a que se atribuiu o vício não se aplicava à hipótese. Conhecido o especial, por entender-se que incidia aquela norma, cumpre passar ao exame da afirmada incompatibilidade com a Constituição, pena de frustrar-se a prestação jurisdicional" (RSTJ 85/189).

V. tb. Fundamentação do recurso especial.

— **Norma constitucional reproduzida em norma infraconstitucional.** "A concretização das normas constitucionais depende, em muitos casos, da intermediação do legislador ordinário, a quem compete prover o sistema com indispensáveis preceitos complementares, regulamentares ou procedimentais. Dessa pluralidade de fontes normativas resulta a significativa presença, em nosso sistema, de matérias juridicamente miscigenadas, a ensejar (a) que as decisões judiciais invoquem, simultaneamente, tanto as normas primárias superiores quanto as normas secundárias e derivadas e (b) que também nos recursos possa ser alegada, de modo concomitante, ofensa a preceitos constitucionais e a infraconstitucionais, tornando problemática a definição do recurso cabível para as instâncias extraordinárias (STF e STJ). O critério em geral adotado pelo STJ para definir o recurso cabível nessas situações é o de que não cabe o recurso especial, e sim o extraordinário, quando a norma infraconstitucional apontada como violada simplesmente reproduz uma norma constitucional. O sentido positivo inverso do critério é, consequentemente, o do cabimento do recurso especial quando a norma infraconstitucional não é mera reprodução da norma superior, mas traz uma disciplina mais abrangente ou mais específica da matéria tratada. A dificuldade, muitas vezes presente, de distinguir a simples reprodução da efetiva inovação no campo normativo deve ser superada à luz do princípio do acesso à justiça, afastando, desse modo, o sério risco de se negar ao jurisdicionado tanto um quanto outro dos recursos à instância extraordinária. O chamado princípio da reserva de plenário para declaração incidental de inconstitucionalidade de atos normativos é típica hipótese dessa miscigenação jurídica imposta pela pluralidade de fontes, já que tratada concomitantemente no art. 97 da Constituição e nos arts. 480 a 482 do CPC. Todavia, os dispositivos processuais não representam mera reprodução da norma constitucional. Além de incorporar a essência da norma superior (que, no fundo, não é uma norma propriamente de processo, mas de afirmação do princípio da presunção de validade dos atos normativos, presunção que somente pode ser desfeita nas condições ali previstas), esses dispositivos estabelecem o procedimento próprio a ser observado pelos tribunais para a concretização da norma constitucional. Assim, embora, na prática, a violação da lei federal possa representar também violação à Constituição, o que é em casos tais um fenômeno inafastável, cumpre ao STJ atuar na parte que lhe toca, relativa à correta aplicação da lei federal ao caso, admitindo o recurso especial" (STJ-RP 200/433: Corte Especial, ED no REsp 547.653, dois votos vencidos).

"Se o dispositivo constitucional tido como violado não passa de mera reprodução de norma constitucional, que o absorve totalmente, é do STF a competência exclusiva para dispor sobre a temática controvertida" (STJ-RT 698/198).

V. tb. Súmula 126 do STJ, na nota 2, e Súmula 283 do STF, na nota 3.

V. ainda, nesta nota 4, Contrariedade à Constituição, Matéria constitucional, Responsabilidade objetiva do Estado, Revogação de lei ordinária por texto constitucional e Violação de direito adquirido.

— **Nulidade absoluta:** v., na nota anterior, Súmula 282 do STF (Prequestionamento. Conhecimento de ofício da questão federal).

— **Ofensa a norma regimental:** v. Súmula 399 do STF (em nota 3).

— **Portaria ministerial.** "Portaria não integra o conceito de lei federal" (RSTJ 88/155). No mesmo sentido: RSTJ 75/287, 87/39.

V. tb. Ato normativo, Decreto e regulamento e Resolução administrativa.

— **Precatório.** As decisões do presidente do tribunal em sede de precatório têm caráter administrativo (v. **Súmula 311 do STJ** no CPC 535, nota 22), razão pela qual não são atacáveis por meio de recurso especial (STJ-1ª T., AI 721.024-AgRg, Min. José Delgado, j. 12.9.06, DJU 16.10.06). V. tb. RISTF 321, nota 2-**Súmula 733 do STF** e nota 3-Precatório.

— **Preparo do recurso especial:** v. Deserção.

— **Prequestionamento:** v. Súmulas 282 e 356 do STF, ambas em nota 3.

— **Prescrição e decadência.** "Nos termos do art. 257 do RISTJ e da Súmula 456/STF, é cabível o reconhecimento de ofício da prescrição na instância especial" (STJ-2ª T., REsp 844.415-AgRg, Min. Eliana Calmon, j. 2.10.08, DJ 29.10.08).

Entendendo que a prescrição e a decadência somente podem ser enfrentadas nas instâncias superiores se prequestionadas: STJ-1ª Seção, ED no REsp 85.558-AgRg, Min. Eliana Calmon, j. 7.4.00, DJU 12.6.00; STJ-5ª T., REsp 366.095, Min. Laurita Vaz, j. 28.6.05, DJU 29.8.05. No mesmo sentido, à luz da Lei 11.280, de 16.2.06: STJ-2ª T., REsp 832.258, Min. Castro Meira, j. 3.8.06, DJU 15.8.06; STJ-RDDP 46/145 (5ª T., REsp 823.784-AgRg). **Contra,** à luz da Lei 11.280, de 16.2.06: "Por ser matéria de ordem pública, a prescrição há de ser decretada de imediato, mesmo que não tenha sido debatida nas instâncias ordinárias. *In casu*, tem-se direito superveniente que não se prende a direito substancial, devendo-se aplicar, imediatamente, a nova lei processual" (STJ-1ª T., REsp 836.083, Min. José Delgado, j. 3.8.06, DJU 31.8.06).

Exigindo que o enfrentamento da matéria não envolva o reexame de fato para a sua viabilidade nas instâncias superiores: STJ-6ª T., REsp 347.230, Min. Fernando Gonçalves, j. 11.6.02, DJU 1.7.02; RSTJ 112/200. **Contra:** RSTJ

17/457, maioria (do voto condutor: "ainda que necessário ao juiz analisar os elementos fáticos para chegar à conclusão de estar ou não prescrito ou decadente o direito de ação").

— **Qualificação jurídica dos fatos.** "Não ofende o princípio da Súmula 7 emprestar-se, no julgamento do especial, significado diverso aos fatos estabelecidos pelo acórdão recorrido. Inviável é ter como ocorridos fatos cuja existência o acórdão negou ou negar fatos que se tiveram como verificados" (STJ-Corte Especial, ED no REsp 134.108-AgRg, Min. Eduardo Ribeiro, j. 2.6.99, DJU 16.8.99).

"As questões relativas ao exame da prova pericial e ao *quantum* fixado a título de indenização, *in casu*, não consistem em matéria puramente de fato. Em verdade, cuida-se a hipótese de qualificação jurídica dos fatos" (STJ-2ª T., REsp 196.456, Min. Franciulli Netto, j. 7.8.01, DJU 11.3.02). No caso, reduziu-se o valor da indenização, por se considerar inexistente, em razão de prévia limitação legal, direito que havia sido levado em conta no dimensionamento da verba indenizatória.

"Tanto a questão do cabimento de lucros cessantes quanto o pretendido pagamento pelo acréscimo de obras realizadas podem ser apreciados por esta Corte através da qualificação jurídica dos fatos, que difere da mera análise fático-probatória" (STJ-2ª T., AI 680.476-AgRg, Min. Humberto Martins, j. 26.6.07, maioria, DJU 27.8.07).

Afirmando que a incidência dos juros compensatórios e a definição do termo inicial dos juros moratórios podem ser revisadas em recurso especial: STJ-1ª T., REsp 891.547, Min. José Delgado, j. 18.3.08, maioria, DJ 27.8.08.

"Impossível o reexame do nexo causal no tocante à conclusão da instância ordinária de 2º grau no sentido de que a doença de que padecia a autora não sofreu agravamento em razão da erronia verificada no laudo radiológico produzido pela clínica. Viável, todavia, à Turma, partindo do fato incontroverso posto no aresto recorrido de que o laudo tomográfico estava errado, daí extrair lesão moral à consumidora gravemente doente, que viu-se frustrada, angustiada e vítima de incerteza sobre seu real diagnóstico, a justificar ressarcimento por sua dor" (STJ-3ª T., REsp 594.962-EDcl, Min. Aldir Passarinho Jr., j. 11.12.07, maioria, DJ 8.8.08).

Entendendo possível concluir que não gerou dano moral o descumprimento de contrato que o tribunal local havia considerado danoso do ponto de vista moral: STJ-3ª T., REsp 761.801-AgRg, Min. Gomes de Barros, j. 3.12.07, DJU 12.12.07.

Também entendendo possível concluir que não existiu o contrato de corretagem que o tribunal *a quo* afirmou ter existido, à luz dos fatos constantes dos autos: STJ-4ª T., REsp 214.410, Min. Aldir Passarinho Jr., j. 6.11.07, um voto vencido, DJU 14.4.08.

Provendo recurso especial para dar pela responsabilidade objetiva do Estado em razão da morte de detento no presídio e condená-lo ao pagamento de indenização, em situação na qual o tribunal local entendera ser caso de responsabilidade subjetiva (*faute de service*) e o isentara de qualquer condenação: STJ-1ª T., REsp 944.884, Min. Luiz Fux, j. 18.10.07, um voto vencido, DJU 17.4.08.

Dando provimento a recurso especial por entender presumida a culpa do motorista que colide por trás (presunção *iuris tantum*), em caso no qual esse motorista havia sido considerado não culpado pelo tribunal local: STJ-4ª T., REsp 198.196, Min. Sálvio de Figueiredo, j. 18.2.99, DJU 12.4.99. Em sentido semelhante, em caso de derrapagem do veículo: STJ-4ª T., REsp 236.458, Min. Ruy Rosado, j. 7.12.99, DJU 28.2.00.

Cabe recurso especial "quando se discute qualificação jurídica de documento", como, p. ex., saber se determinado documento constitui ou não título executivo (RSTJ 52/131: 3ª T., REsp 24.654, maioria; a citação é do voto do relator). Em sentido semelhante: STJ-1ª T., Ag em REsp 240.491-AgRg, Min. Ari Pargendler, j. 17.12.13, maioria, DJ 22.4.14.

"A qualificação do negócio jurídico, através do exame da sua existência e natureza, é diligência judicial passível de exame no recurso especial, da mesma maneira como ocorre com o recurso que se nutre dos efeitos da decisão que afirma ou nega a adequação da prova a certas situações de índole jurídica (Súmula STF n. 279)" (STJ-3ª T., REsp 1.800, Min. Gueiros Leite, j. 24.4.90, DJU 28.5.90).

"Ação ajuizada por promitentes compradores de apartamento. Hipótese em que o acórdão local definiu o fato da causa como locação, no ponto objeto do recurso. Definição errônea, pois aluguel é o preço que alguém paga pela locação de uma coisa. Ofensa ao art. 1.188 do CC e à Lei n. 6.649/79" (STJ-3ª T., REsp 3.199, Min. Nilson Naves, j. 11.9.90, DJU 9.10.90). O art. 1.188 do CC rev. corresponde ao CC 565.

"É questão federal, para efeito de cabimento do recurso especial, a concernente à qualificação jurídica do contrato, à natureza jurídica de documento. É mandato em causa própria, e não simplesmente *ad negotia*, aquele em que o mandante confere poderes para alienar imóvel, declara o recebimento do preço, isenta de prestações de contas, passando assim o procurador a agir realmente em seu próprio interesse e por conta própria" (RSTJ 27/303: 4ª T., REsp 4.589).

"Sendo o dia do nascimento da investigante fato incontroverso nos autos, proceder ao seu devido enquadramento no sistema normativo, a fim de obter determinada consequência jurídica, é tarefa compatível com a natureza excepcional do recurso especial, a qual não se confunde com o reexame de prova" (STJ-3ª T., REsp 973.311, Min. Sidnei Beneti, j. 21.2.08, DJU 10.3.08).

Em matéria processual, considera-se mera qualificação jurídica dos fatos:

— analisar a petição inicial para afastar decisão do tribunal *a quo* que julgara inepta a petição inicial por entender ausentes o pedido e a causa de pedir (STJ-2ª T., REsp 307.072, Min. Franciulli Netto, j. 18.5.04, DJU 18.10.04);

— "examinar a existência, ou não, de suspeição de magistrado, em vista de decisão singular, supostamente de mérito", em caso no qual este teria "prejulgado o mérito da causa" na sua decisão terminativa (STJ-4ª T., AI 564.653-AgRg-EDcl, Min. Quaglia Barbosa, j. 15.8.06, maioria, DJU 25.9.06; a citação é do voto do relator).

— **Questão relevante.** "O Superior Tribunal de Justiça, pela relevância da sua missão constitucional, não pode deter-se em sutilezas de ordem formal que impeçam a apreciação das grandes teses jurídicas que estão a reclamar pronunciamento e orientação pretoriana" (RSTJ 26/378, maioria). O caso era de ação negatória de paternidade.

— **Questões apreciáveis de ofício pelo Tribunal:** v. Condições da ação, Legitimidade de parte, Litisconsórcio necessário e Litispendência. V. tb., na nota anterior, Súmula 282 do STF (Prequestionamento. Matéria de ordem pública ou questão cognoscível de ofício).

— **Recurso adesivo.** "Como cediço, o recurso adesivo é dependente do principal no que tange aos requisitos de conhecimento. Assim, para apreciação do mérito desta via especial adesiva, necessariamente deveria ter passado o recurso principal pelo crivo da admissibilidade" (STJ-4ª T., REsp 662.804, Min. Jorge Scartezzini, j. 26.4.05, DJU 16.5.05).

"Inadmitido o recurso especial, prejudicada fica a análise do recurso especial adesivo, ante a impossibilidade de prosseguimento do mesmo, independente do principal" (STJ-1ª T., AI 463.442, Min. Francisco Falcão, j. 5.12.02, DJU 3.2.03). No mesmo sentido: RSTJ 154/33; STJ-3ª T., AI 183.847-AgRg, Min. Menezes Direito, j. 22.9.98, DJU 16.11.98.

"Além de subordinar-se à admissibilidade do recurso principal, nos termos do art. 500 do CPC, o próprio recurso adesivo também deve reunir condições de ser conhecido. Nesse contexto, a desídia da parte em se opor à decisão que nega seguimento ao recurso adesivo inviabiliza a sua apreciação pelo STJ, ainda que o recurso especial principal venha a ser conhecido" (STJ-3ª T., REsp 1.239.060, Min. Nancy Andrighi, j. 10.5.11, DJ 18.5.11).

Mas: "O recurso adesivo merece ser apreciado quando, embora não conhecido o especial pela letra *a*, tenha sido a questão federal apreciada" (RSTJ 140/358, maioria). Na realidade, o especial pela letra *a* em questão teve seu provimento negado, apesar da terminologia "não conhecido". Daí o acerto da decisão, no que diz respeito ao conhecimento do recurso adesivo.

"Se o recurso especial adesivo não é admitido pelo Tribunal de origem em função da inadmissão do recurso especial principal (art. 500, III, do CPC), e se apenas a parte que interpôs o recurso principal recorre contra essa decisão, o provimento do agravo, com a determinação de subida dos autos para julgamento do recurso principal, implica a necessidade de apreciação também do recurso especial adesivo" (STJ-3ª T., REsp 1.245.527, Min. Nancy Andrighi, j. 14.2.12, DJ 24.2.12). Em sentido semelhante: STJ-2ª T., REsp 1.285.932-EDcl, Min. Mauro Campbell, j. 2.10.12, DJ 8.10.12.

— **Recurso extraordinário em recurso especial:** v. art. 268, notas 3 a 4.

— **Recurso ordinário interposto em lugar do especial cabível.** "Constitui erro grosseiro interpor recurso ordinário, em vez de recurso especial, contra acórdão de apelação em mandado de segurança" (STJ-2ª T., RMS 33.987, Min. Herman Benjamin, j. 11.10.11, DJ 17.10.11). No mesmo sentido: STJ-3ª T., RMS 36.009-AgRg, Min. Ricardo Cueva, j. 6.3.12, DJ 12.3.12.

— **Recurso sem assinatura.** "Salvo a hipótese de má-fé, deve-se ensejar à parte recorrente oportunidade de seu procurador subscrever a petição recursal sem assinatura. A evolução do processo civil contemporâneo recomenda ensejar o suprimento das nulidades relativas, como no caso de ausência de assinatura na petição recursal" (STJ-Corte Especial, ED no REsp 293.336-AgRg, Min. Sálvio de Figueiredo, j. 17.4.02, 12 votos a 6, DJU 25.11.02).

"Estando assinada a petição de interposição do recurso especial, não prejudica o conhecimento do apelo a ausência de assinatura do advogado nas razões recursais" (STJ-RF 385/273: 3ª T., REsp 665.662-EDcl-AgRg). No mesmo sentido: STJ-2ª T., AI 671.788-AgRg-AgRg-EDcl, Min. Peçanha Martins, j. 15.12.05, DJU 6.3.06; STJ-5ª T., REsp 1.025.657, Min. Felix Fischer, j. 18.3.08, DJU 12.5.08.

V. tb. arts. 932 § ún. e 1.010, nota 5 (apelação), e RISTF 321, nota 3-Recurso sem assinatura.

— **Regimento Interno:** v. Súmula 399 do STF, em nota 3.

— **Regulamento:** v. Decreto e regulamento.

— **Rescisória.** O recurso especial interposto contra acórdão proferido em ação rescisória pode trazer como fundamento as mesmas violações à lei que serviram de suporte para o pedido de rescisão do julgado, não ficando restrito aos pressupostos da ação rescisória (STJ-RF 380/302: Corte Especial, REsp 476.665, maioria). No mesmo sentido: "O recurso especial pode vir calcado nos mesmos dispositivos que ensejaram a ação rescisória por violação literal a disposição de lei" (STJ-3ª T., AI 580.593-AgRg, Min. Gomes de Barros, j. 21.2.06, DJU 20.3.06). Ainda: STJ-1ª T., REsp 772.233, Min. Luiz Fux, j. 22.8.06, DJU 18.9.06.

Com isso, fica superado o entendimento no sentido de que "o recurso especial, ao atacar julgado proferido em ação rescisória, não pode pretender seja revista a questão jurídica examinada pela ação de impugnação. A parte irresignada com o resultado da ação rescisória, só pode atacá-la por violação de normas infraconstitucionais no processamento ou no julgamento da ação" (STJ-2ª T., REsp 286.934, Min. Eliana Calmon, j. 21.3.02, DJU 29.4.02). Ainda na linha do entendimento superado, v. STJ-Corte Especial, ED no REsp 331.047-AgRg, Min. Peçanha Martins, j. 19.11.03, DJU 9.2.04.

V. RISTF 321, nota 3-Rescisória.

"Recurso extraordinário em ação rescisória", por Ovídio A. Baptista da Silva (RP 163/9).

Rescisória indeferida monocraticamente nos tribunais inferiores: "Da decisão do relator, em ação rescisória, extinguindo o processo, por decadência, não cabe recurso especial, mas agravo, de previsão regimental, para o órgão colegiado do próprio tribunal de origem" (STJ-3ª T., REsp 13.640, Min. Dias Trindade, j. 8.10.91, DJU 4.11.91).

Rescisória contra decisão de relator, no STJ: "A decisão monocrática proferida por relator pode ensejar ação rescisória, mas tão só quando essa decisão, embora não tenha conhecido do especial, ou negado provimento a agravo de instrumento, tenha apreciado o mérito da questão federal controvertida" (STJ-1ª Seção, AR 438-2, Min. Demócrito Reinaldo, j. 30.5.95, DJU 7.8.95). No mesmo sentido, julgando cabível rescisória contra decisão do ministro relator que, ao negar provimento a agravo de instrumento, aprecia a questão federal controvertida: RSTJ 82/139 (2ª Seção, AR 311, três votos vencidos).

Para a interposição de recurso especial ou extraordinário contra acórdão proferido em ação rescisória não é exigido que na ação originária tenham sido apresentados recursos para os tribunais de superposição.

— **Rescisória. Erro de fato.** Afastando o obstáculo da Súmula 7 do STJ no caso de recurso especial contra o decreto de improcedência de ação rescisória fundada em erro de fato, sob o argumento de que se está diante de "questão de direito que se confunde com questão de fato": STJ-4ª T., REsp 1.332.603-AgRg, Min. Luis Felipe, j. 21.3.13, DJ 2.4.13.

— **Rescisória. Matéria constitucional.** "O acórdão que, julgando o mérito de ação rescisória, afirma a existência ou a inexistência de violação à Constituição, está sujeito a controle por recurso extraordinário (CF, art. 102, III, *a*), e não por recurso especial" (STJ-1ª T., REsp 758.383, Min. Teori Zavascki, j. 3.5.07, DJU 17.5.07).

— **Reserva de plenário.** O acórdão do tribunal local que viola o princípio da reserva de plenário também infringe regras infraconstitucionais e é impugnável pela via do recurso especial (STJ-Corte Especial, REsp 899.302-AgRg, Min. Luiz Fux, j. 16.9.09, DJ 8.10.09). **Contra:** "O princípio da reserva de plenário, em matéria de controle difuso de constitucionalidade, é tema disciplinado pelo art. 97 da CF, razão pela qual, independentemente de vir reproduzido em legislação ordinária, deve ser enfrentada por recurso extraordinário. A apreciação de matéria constitucional em recurso especial significaria usurpar a competência do STF" (STJ-1ª T., REsp 787.626, Min. Teori Zavascki, j. 16.2.06, DJ 6.3.06; a citação é do voto do relator). Ainda: STJ-2ª T., REsp 889.620, Min. Herman Benjamin, j. 3.5.07, DJ 17.10.08.

— **Resolução administrativa.** "Não pode ser conhecido recurso especial que indica ofensa a comando de resolução, por não estar esta espécie de ato normativo compreendida na expressão 'lei federal', constante da alínea *a* do inc. III do art. 105 da CF" (STJ-1ª T., REsp 764.960, Min. Teori Zavascki, j. 1.9.05, DJU 19.9.05). No caso, tratava-se de resolução de DETRAN.

— **Responsabilidade objetiva do Estado.** "A responsabilidade objetiva do Estado é tema de direito constitucional. O art. 15 do CC é repetição mitigada do art. 36 § 6º da CF. Acórdão que versa sobre este tema deve ser enfrentado por recurso extraordinário" (RSTJ 55/132). O art. 15 do CC rev. corresponde ao CC 43.

— **Revogação de lei ordinária por texto constitucional.** "Derrogação de lei por dispositivo de Constituição nova. Acórdão que examina a revogação por inconstitucionalidade expõe-se, tão somente, a recurso extraordinário. O recurso especial é instrumento impróprio para o enfrentar" (STJ-1ª T., REsp 68.717-EDcl, Min. Gomes de Barros, j. 18.4.96, DJU 3.6.96). No mesmo sentido: STJ-2ª T., Ag 171.803-AgRg, Min. Ari Pargendler, j. 10.3.98, DJU 30.3.98.

Com isso tende a ficar superado o entendimento de que "a questão relativa à revogação de lei por texto constitucional superveniente é de índole infraconstitucional" (RSTJ 66/293: 2ª T., REsp 33.531). No mesmo sentido: STJ-1ª Seção, ED no REsp 914, Min. Pádua Ribeiro, j. 17.5.94, maioria, DJU 27.6.94.

V. tb., nesta nota, Lei não recepcionada pela Constituição.

— **Súmula. Súmula 518 do STJ:** "Para fins do art. 105, III, *a*, da Constituição Federal, não é cabível recurso especial fundado em alegada violação de enunciado de súmula".

S/ invocação de súmula como paradigma para a interposição de recurso especial fundado em divergência jurisprudencial, v. nota 7f.

— **Suspensão de decisão liminar.** Não se admite recurso especial contra suspensão de decisão liminar concedida com amparo na Lei 8.437, de 30.6.92, art. 4º (STJ-1ª T., Ag em REsp 126.036-AgRg, Min. Benedito Gonçalves, j. 4.12.12, DJ 7.12.12).

— **Suspensão de segurança.** "A decisão que defere o pedido de suspensão fica sujeita a revisão pelo órgão colegiado no Tribunal de origem (art. 4º, parte final, da Lei 4.348/64), mas não se mostra amoldada à revisão por recurso especial, nomeadamente em face do enunciado da Súmula 07/STJ" (STJ-1ª T., AI 559.359-AgRg, Min. Teori Zavascki, j. 6.4.04, DJU 19.4.04). No mesmo sentido: RSTJ 93/179 (com declaração de voto do Min. Pádua Ribeiro, entendendo cabível, em tese, o recurso especial), 99/108.

"A decisão suspensiva da execução de medida liminar em mandado de segurança, na forma do art. 4º da Lei 4.348/64, não se sujeita a recurso especial, em face de seu viés eminentemente político" (STJ-2ª T., REsp 265.933, Min. João Otávio, j. 6.12.05, DJU 13.3.06).

Nota: a suspensão de segurança é agora regulada na LMS 15.

— **Transação.** Em princípio, não cabe recurso especial para a interpretação de cláusula estabelecida em transação (v., na nota 2, Súmula 5 do STJ). **Todavia:** "O STJ só não pode revisar, em recurso especial, a **interpretação restritiva** da transação; pode e deve fazê-lo quando a interpretação for extensiva" (RSTJ 158/260). S/ interpretação restritiva da transação, v. CC 843.

— **Tutela antecipada.** "Em razão da natureza precária da decisão, o STF sumulou entendimento segundo o qual 'não cabe recurso extraordinário contra acórdão que defere medida liminar' (Súmula 735 do STF). Relativamente ao recurso especial, não se pode afastar, de modo absoluto, a sua aptidão como meio de controle da legitimidade das decisões que deferem ou indeferem medidas liminares. Todavia, a exemplo do recurso extraordinário, o âmbito da revisibilidade dessas decisões, por recurso especial, não se estende aos pressupostos específicos da relevância do direito (*fumus boni iuris*) e do risco de dano (*periculum in mora*). Relativamente ao primeiro, porque não há juízo definitivo e conclusivo das instâncias ordinárias sobre a questão federal que dá suporte ao direito afirmado; e relativamente ao segundo, porque há, ademais, a circunstância impeditiva decorrente da Súmula 7/STJ, uma vez que a existência ou não de risco de dano é matéria em geral relacionada com os fatos e as provas da causa. Também não pode ser conhecido o recurso especial quanto à alegação de ofensa a dispositivos de lei relacionados com a matéria de mérito da causa, que, em liminar, é tratada apenas sob juízo precário de mera verossimilhança. Quanto a tal matéria, somente haverá 'causa decidida em única ou última instância' com o julgamento definitivo" (STJ-RF 390/356: 1ª T., REsp 765.375, um voto vencido). V. tb. STJ-4ª T., REsp 431.100, Min. Cesar Rocha, j. 1.10.02, DJU 19.12.02; STJ-5ª T., AI 428.143, Min. Edson Vidigal, j. 2.4.02, DJU 29.4.02.

Por isso, "em recurso especial contra acórdão que nega ou concede medida cautelar ou antecipação da tutela, as questões federais suscetíveis de exame são as relacionadas com as normas que disciplinam os requisitos ou o regime da tutela de urgência. Não é apropriado invocar desde logo e apenas ofensa às disposições normativas relacionadas com o próprio mérito da demanda" (STJ-1ª T., REsp 862.897, Min. Teori Zavascki, j. 26.9.06, DJU 16.10.06).

— **Valoração legal da prova.** "A chamada 'valoração de prova', a ensejar o recurso especial, é aquela em que há errônea aplicação de um princípio legal ou negativa de vigência de norma pertinente ao direito probatório" (STJ-4ª T., AI 553.737-AgRg, Min. Barros Monteiro, j. 27.4.04, DJU 14.6.04).

"O chamado erro na valoração ou valorização das provas, invocado para permitir o conhecimento do recurso extraordinário, somente pode ser o erro de direito, quanto ao valor da prova abstratamente considerado. Assim, se a lei federal exige determinado meio de prova no tocante a certo ato ou negócio jurídico, decisão judicial que tenha como provado o ato ou negócio por outro meio de prova ofende o direito federal. Se a lei federal exclui baste certo meio de prova quanto a determinados atos jurídicos, acórdão que admita esse meio de prova excluído ofende a lei federal. Somente nesses casos há direito federal sobre prova, acaso ofendido, a justificar a defesa do *ius constitutionis*" (RSTJ 8/478: 4ª T., REsp 1.513; citação da p. 481).

Assim, p. ex., constitui problema de valoração legal da prova saber se a parceria rural pode ser provada exclusivamente por testemunhas (STJ-3ª T., REsp 10.807, Min. Dias Trindade, j. 21.6.91, DJU 19.8.91).

Em suma, cabe o recurso especial quando se cuida de "erro de direito quanto ao valor da prova abstratamente considerado", e não quando o recorrente apenas pretende reexame da matéria probatória (RSTJ 30/17: 4ª T., AI 7.953-AgRg).

V. tb. RISTF 321, nota 3-Valoração legal da prova.

— **Violação de direito adquirido.** Tendo em vista entendimento do STF no sentido de que a ocorrência, ou não, da violação ao **direito adquirido,** ao **ato jurídico perfeito** e à **coisa julgada** não tem índole constitucional — razão por que não cabe recurso extraordinário em relação a essa matéria (v. RISTF 321, nota 3-Direito adquirido) —, a Corte Especial do STJ passou a admitir a sua discussão em recurso especial (STJ-RP 121/223: Corte Especial, REsp 274.732, quatro votos vencidos).

"Não inibe o STJ de conhecer de recurso especial se este se funda em alegação de desrespeito a direito adquirido sob invocação do art. 6º § 2º da LICC, ainda que seja necessário, para tal constatação, o confronto de legislação que não a federal" (STJ-5ª T., REsp 510.330, Min. José Arnaldo, j. 16.11.04, DJU 13.12.04).

Acórdãos anteriores do STJ, em sentido contrário: RSTJ 18/409, 137/581; STJ-6ª T., REsp 374.604, Min. Fernando Gonçalves, j. 5.3.02, DJU 25.3.02; STJ-2ª T., REsp 164.329-EDcl, Min. Ari Pargendler, j. 18.2.99, DJU 29.3.99; STJ-3ª T., REsp 35.996-1, Min. Eduardo Ribeiro, j. 8.11.93, DJU 29.11.93.

Acórdão ulterior do STJ, em sentido contrário: "Os princípios inscritos na LICC — direito adquirido, ato jurídico perfeito e coisa julgada —, após adquirirem índole eminentemente constitucional, são insuscetíveis de exame na estreita via do especial" (STJ-2ª T., AI 513.483-AgRg, Min. João Otávio, j. 16.3.06, DJU 24.4.06).

V. tb., nesta nota 4, Contrariedade à Constituição, Matéria constitucional, Norma constitucional reproduzida em norma infraconstitucional, Responsabilidade objetiva do Estado e Revogação de lei ordinária por texto constitucional.

— **Violação de lei complementar.** "A violação de dispositivo do CTN, lei complementar, pela legislação federal apontada, é matéria atinente ao princípio da hierarquia das leis, de natureza constitucional, que foge aos limites do recurso especial, traçados pela CF, ao determinar a competência deste Tribunal" (STJ-RT 734/279).

"Devido à natureza analítica da CF, não raras vezes nos deparamos com disposições equivalentes a nível constitucional e infraconstitucional, o que permite ao julgador, muitas vezes, fundamentar suas decisões pormenorizadamente quer na CF, quer na legislação ordinária. Desta forma, considerando a opção do legislador constituinte pela repartição da competência entre o STJ e o STF em torno do recurso especial e do recurso extraordinário, não se pode perder de vista que o cabimento de um ou outro recurso depende exclusivamente do enfoque dado pelo Tribunal de origem ao tema, e não necessariamente da matéria em discussão. Pode o Tribunal de origem examinar determinada questão unicamente pela ótica constitucional, ainda que se trate de tema previsto em legislação ordinária. Tal hipótese ocorre quando é cotejada a norma infraconstitucional com a Constituição, sendo cabível, desta forma, apenas o recurso extraordinário. Diferentemente, quando o aresto impugnado, além de fundamentar sua convicção na Carta Magna, vale-se de argumentos constantes do ordenamento infraconstitucional, são cabíveis e indispensáveis tanto o recurso especial quanto o recurso extraordinário, sob pena de aplicação da Súmula 126/STJ" (STJ-Bol. AASP 2.421/3.497: 1ª Seção, dois votos vencidos; tratava-se de conflito entre uma lei ordinária e uma lei complementar cuja matéria não dizia respeito a assunto reservado à lei complementar; o acórdão decidiu, no caso, pelo cabimento do recurso especial).

S/ recurso especial contra acórdão com fundamentos constitucional e infraconstitucional, v. Súmula 126 do STJ, na nota 2.

Art. 255: 5. "Constitui erro grosseiro, a ensejar o não conhecimento do recurso, a interposição de embargos de divergência, quando cabível o recurso especial" (STJ-1ª T., REsp 19.693-0, Min. Garcia Vieira, j. 8.4.92, DJU 8.6.92; STJ-2ª T., REsp 14.964-0, Min. Hélio Mosimann, j. 24.6.92, DJU 17.8.92).

Art. 255: 6. Redação do *caput* de acordo com a Em. Reg. 22, de 16.3.16.

Art. 255: 6a. s/ efeito suspensivo, v. CPC 987 § 1º e 1.029 § 5º.

✎ **Art. 255: 6b.** "Recurso especial fundado em divergência jurisprudencial", por Gilberto Gomes Bruschi (RP 148/119).

Art. 255: 6c. s/ comprovação da divergência, v. CPC 1.029 § 1º.

Art. 255: 6d. É possível a **comprovação da divergência** também por meio da "reprodução de julgado disponível na rede mundial de computadores, com indicação da respectiva fonte" (CPC 1.029 § 1º).

No *site* do STJ (www.stj.jus.br), a íntegra de seus acórdãos é disponibilizada a partir do ícone "jurisprudência". E a correlata Revista Eletrônica da Jurisprudência do STJ, é repositório oficial de jurisprudência (Ato n. 88, de 14.6.02, do Presidente do STJ, DJU 19.6.02, p. 128).

"O acórdão colacionado como paradigma, nos embargos de divergência, é o do próprio STJ. Neste caso, dispensa-se a indicação do repositório oficial onde foi publicado, admitida, inclusive, a comprovação do dissenso através de documento extraído da página da internet desta Corte" (STJ-Corte Especial, ED no REsp 430.810, Min. Fernando Gonçalves, j. 1.7.04, um voto vencido, DJU 9.2.05).

"Malgrado não tenha sido colacionado aos autos as cópias integrais autenticadas dos arestos paradigmas, ou sequer tenha havido a indicação do repositório oficial nos quais foram publicados, o dissídio pretoriano restou demonstrado pois, além de se tratar de divergência notória, a parte embargante transcreveu ementa de julgado do próprio STJ disponível na Internet, indicando a respectiva fonte" (STJ-RDDP 68/147: 1ª Seção, ED no REsp 845.982-AgRg, três votos vencidos).

Art. 255: 6e. "As exigências, postas no art. 255, § 1º, do RISTJ, para a demonstração da divergência, não são cumulativas; a respectiva comprovação é feita ou por cópia do acórdão ou pela citação de repositório que o publicou, dispensada, no primeiro caso, a autenticação, se o julgado for do próprio Tribunal" (STJ-1ª Seção, ED no REsp 18.429-EDcl, Min. Ari Pargendler, j. 12.8.98, DJU 8.9.98).

Art. 255: 7. **Divergência notória.** "No caso de divergência notória, pode o relator abrandar as exigências para a sua comprovação" (STJ-1ª Seção, ED no REsp 90.508-AgRg, Min. Pádua Ribeiro, j. 28.5.97, DJU 23.6.97).

"As exigências de natureza formal (cópia autenticada dos arestos paradigmas ou a menção do repositório em que estejam publicados) devem ser mitigadas quando se cuidar de dissonância interpretativa notória, manifestamente conhecida do Tribunal" (STJ-Corte Especial, ED no REsp 64.465, Min. Barros Monteiro, j. 15.10.97, 5 votos vencidos, DJU 6.4.98).

V. tb. nota 17.

Art. 255: 7a. "No que tange à divergência jurisprudencial, descabe, em sede de agravo regimental, colacionar outros arestos supostamente divergentes, tentando suprir eventuais deficiências do especial, cumprindo ao recorrente, tão somente, infirmar os fundamentos da decisão agravada" (STJ-4ª T., AI 79.927-AgRg, Min. Sálvio de Figueiredo, j. 22.4.96, DJU 20.5.96).

Art. 255: 7b. "A simples circunstância de o acórdão, apontado como paradigma, expor-se, em tese, a embargos infringentes, não afasta possa prestar-se para justificar o dissídio" (STJ-3ª T., REsp 16.948, Min. Eduardo Ribeiro, j. 31.3.92, maioria, DJU 25.5.92).

Contra: "Tomado por maioria de votos o acórdão em apelação, impróprio é para demonstração de dissídio jurisprudencial" (STJ-4ª T., Ag 15.326-AgRg, Min. Fontes de Alencar, j. 31.3.92, DJU 29.6.92).

Com a devida vênia, não nos parece necessário que a decisão invocada como divergente seja unânime. Afinal, a lei não faz qualquer exigência dessa ordem. Aliás, o fato de a decisão tomada como paradigma não ser unânime somente reforça o fato de a jurisprudência divergir sobre a matéria, de modo a tornar da mais absoluta pertinência um pronunciamento do STJ a respeito do tema.

Art. 255: 7c. Não serve para comprovação de dissídio jurisprudencial a **decisão monocrática,** quer tenha sido ela proferida por desembargador (STJ-2ª T., REsp 231.992, Min. Peçanha Martins, j. 21.2.02, DJU 12.8.02), quer por ministro do STJ (STJ-2ª T., REsp 562.230, Min. Franciulli Netto, j. 19.8.04, DJU 1.2.05).

Art. 255: 7d. "Não se configura o dissídio entre acórdão que não conheceu de recurso especial e outro que, ultrapassando o juízo prévio de admissibilidade, adentrou no mérito recursal" (STJ-1ª Seção, ED no REsp 469.847-AgRg, Min. Eliana Calmon, j. 26.4.06, DJU 19.6.06).

Art. 255: 7e. "Não há que se conhecer do recurso se a divergência só se caracterizou posteriormente à sua interposição" (STJ-1ª T., REsp 9.258, Min. Garcia Vieira, j. 24.4.91, DJU 10.6.91).

Art. 255: 7f. Divergência com súmula. "O dissídio jurisprudencial com Súmula não autoriza a interposição do recurso especial fundado na letra c do permissivo constitucional, impondo-se a demonstração do dissenso com os julgados que originaram o verbete indicado como divergente" (STJ-2ª T., REsp 338.474, Min. Peçanha Martins, j. 6.5.04, DJU 30.6.04). No mesmo sentido: STJ-6ª T., AI 622.266-AgRg, Min. Paulo Medina, j. 7.6.05, DJU 1.8.05; STJ-1ª T., AI 731.091-AgRg, Min. Francisco Falcão, j. 16.3.06, DJU 10.4.06; STJ-4ª T., REsp 786.114, Min. Aldir Passarinho Jr., j. 6.3.07, DJU 14.5.07.

V. tb. arts. 124, nota 1, 255, nota 4-Súmula, e CPC 1.043, nota 11a.

Art. 255: 8. O dissídio jurisprudencial que autoriza recurso especial pode ser com acórdão do STF (RSTJ 3/1.043, à p. 1.045).

Todavia, quanto a embargos de divergência, v. CPC 1.043, nota 8b.

Art. 255: 8a. "A expressão 'outro tribunal', contida na letra *c* do item III do art. 105 da Constituição, há de entender-se como compreendendo o próprio STJ" (STJ-3ª T., REsp 74.370, Min. Eduardo Ribeiro, j. 9.10.95, DJU 20.11.95). E, no caso de divergência com acórdão do STJ, não importa a espécie de recurso em que este tenha sido proferido (STJ-6ª T., AI 57.737-AgRg, Min. Vicente Cernicchiaro, j. 15.8.95, maioria, DJU 2.12.96).

Art. 255: 8b. "O conhecimento do recurso especial pela alínea *c* pressupõe divergência de interpretação de lei federal, não sendo adequado quando a divergência se haja estabelecido quanto à exegese de norma constitucional" (RSTJ 37/424). No mesmo sentido: RSTJ 39/458, 99/133, Bol. AASP 1.778/25, maioria.

S/ arguição de inconstitucionalidade de lei ou ato normativo, no julgamento de recurso especial, v. art. 200, nota 2.

Art. 255: 8c. Não se conhece do recurso especial fundado em dissídio jurisprudencial se o recorrente não aponta o artigo de lei federal objeto da interpretação divergente (STJ-Corte Especial, REsp 1.346.588-AgRg, Min. Arnaldo Esteves, j. 18.12.13, DJ 17.3.14).

V. tb. Súmula 284 do STF em nota 3.

Art. 255: 8d. "A extinção do Tribunal Federal de Recursos não invalida a força de jurisprudência de seus acórdãos, para que permaneçam servindo de padrão de divergência, de modo a ensejar o cabimento de recurso especial (art. 105, III, *c*, da Constituição)" (RTJ 141/665). No mesmo sentido: STJ-RT 707/170.

Aliás, a Revista do Tribunal Federal de Recursos é repertório autorizado de jurisprudência para o STJ (v. § 3º).

Todavia, quanto a embargos de divergência, v. CPC 1.043, nota 8a.

Art. 255: 9. "Julgado do extinto Tribunal Federal de Recursos serve para configurar o dissenso pretoriano quando em confronto com decisões dos Tribunais Regionais Federais" (STJ-1ª Seção, ED no REsp 939, Min. Cesar Rocha, j. 12.4.94, DJU 6.6.94). No mesmo sentido: RSTJ 67/117.

Contra: "Acórdão do antigo Tribunal Federal de Recursos não se presta a confronto com aresto de Tribunal Regional Federal, para efeito de recurso especial" (RSTJ 56/221, maioria). No mesmo sentido: RSTJ 29/516.

Art. 255: 10. "Ao STJ é que cabe verificar se está caracterizado o dissídio jurisprudencial a que se refere o art. 105, III, *c*, da CF. Não ao STF", em recurso extraordinário contra o acórdão do STJ (STF-1ª T., AI 161.370-1-AgRg, Min. Sydney Sanches, j. 12.9.95, DJU 27.10.95).

Art. 255: 11. "Acórdãos apresentados para análise de divergência, mesmo sem serem autenticados e sem indicação da fonte onde foram publicados, merecem ser considerados como eficazes para tal fim, quando não se alega e se prova qualquer vício sobre a sua real constituição e o que eles expressam" (RSTJ 94/54).

"Documentada, por cópia, a constituição do acórdão apontado como paradigma e indicada a fonte oficial de publicação, estão satisfeitas as exigências regimentais (art. 266 § 1º c/c art. 255 § 1º, *a* e *b*, RISTJ). Assim, no caso concreto, a falta de formal autenticação da cópia, por si, não obsta o conhecimento, salvo entoando-se louvação a exacerbado formalismo e criando-se cisma a instrumentalidade do processo, com desnecessário óbice a prestação jurisdicional pedida" (RSTJ 87/31: 1ª Seção, ED no REsp 18.426-EDcl).

Art. 255: 12. "Obra doutrinária, não obstante sua excelência e idoneidade, não se presta à demonstração do dissídio através de simples transcrição de ementas quando para tanto não autorizada" (STJ-RT 709/207).

Art. 255: 13. v. § 3º.

Art. 255: 14. s/ repositórios credenciados, v. § 3º e art. 133 e notas.

Art. 255: 15. Não se conhece de recurso que, para justificar dissídio jurisprudencial, invoca repertório de jurisprudência não autorizado (STJ-3ª T., REsp 9.003, Min. Eduardo Ribeiro, j. 27.5.91, DJU 1.7.91; STJ-4ª T., REsp 5.097, Min. Sálvio de Figueiredo, j. 20.11.90, DJU 17.12.90).

Art. 255: 16. Redação do § 1º de acordo com a Em. Reg. 22, de 16.3.16.

Art. 255: 16a. cf. Súmula 291 do STF (em nota 3).

Art. 255: 17. "O conhecimento do recurso especial, fundado na alínea *c* do permissivo constitucional, requisita não apenas a apresentação dos trechos dos acórdãos que configurem o dissídio alegado, mas também a demonstração das circunstâncias que identifiquem ou assemelhem os casos confrontados, de modo a **demonstrar analiticamente a divergência** jurisprudencial" (STJ-6ª T., REsp 369.935, Min. Hamilton Carvalhido, j. 26.3.02, DJU 19.12.02). No mesmo sentido: RSTJ 157/526.

Por isso, em regra, a simples **transcrição de ementas** não basta à demonstração do dissídio jurisprudencial (RSTJ 19/529, 24/457, 27/467, 28/19, 65/17, 75/43, 102/458, 127/218, 135/434, STJ-RT 662/175, 671/190, 695/211, 729/161, 810/189). "Feita a citação apenas de ementas publicadas no *Diário da Justiça*, não se conhece do recurso quando não se evidencie, de maneira induvidosa, que o entendimento adotado no julgamento abrangeria também a hipótese em exame, o que, no caso, só a íntegra do acórdão poderia esclarecer" (STJ-3ª T., REsp 3.725, Min. Eduardo Ribeiro, j. 27.8.90, DJU 17.9.90).

Todavia: "No caso de **dissídio notório,** não se exige a transcrição de trechos dos acórdãos trazidos a confronto, nem que se faça o cotejo analítico entre eles e o acórdão impugnado, notadamente quando o paradigma é oriundo deste Tribunal" (STJ-4ª T., REsp 476.752, Min. Sálvio de Figueiredo, j. 20.2.03, DJU 17.3.03). Também dispensando a demonstração analítica da divergência em caso de notório dissídio, "dado o escopo do recurso em assegurar a unidade do Direito federal": STJ-RT 668/167. Ainda: "A notoriedade da divergência jurisprudencial suscitada permite mitigar algumas formalidades, em nome da realização da Justiça" (RSTJ 148/247).

Assim, em certas condições, até a simples transcrição de ementas pode ser suficiente para a comprovação do dissídio jurisprudencial. Exemplos:

— se a ementa traduz, "com fidelidade, o conteúdo da decisão" (STJ-2ª T., REsp 5.315, Min. Vicente Cernicchiaro, j. 17.10.90, DJU 19.11.90);

— se o dissídio é notório (RSTJ 153/252, STJ-RT 706/222; STJ-2ª T., REsp 147.828, Min. Franciulli Netto, j. 16.10.01, DJU 4.2.02); inclusive por existir súmula a respeito no caso concreto (STJ-4ª T., REsp 41.731, Min. Sálvio de Figueiredo, j. 15.3.94, maioria, DJU 23.5.94);

— "como no caso em que a ementa do paradigma colacionado é suficiente para caracterizar a dissidência de julgados, sendo o seu teor do conhecimento do relator, que, em diversos precedentes, teve ensejo de mencioná-lo" (STJ-2ª T., REsp 22.948, Min. Pádua Ribeiro, j. 31.3.93, DJU 26.4.93).

V. tb. nota 7.

Art. 255: 18. "A mera juntada de cópias do acórdão indicado como padrão não corresponde à comprovação de dissídio pretoriano" (STJ-RT 662/175). No mesmo sentido: STJ-3ª T., REsp 6.160, Min. Eduardo Ribeiro, j. 18.6.91, DJU 12.8.91; STJ-4ª T., REsp 102.313, Min. Sálvio de Figueiredo, j. 9.12.96, DJU 24.2.97.

Art. 255: 18a. O § 2º foi revogado pela Em. Reg. 22, de 16.3.16.

Art. 255: 19. s/ repositórios autorizados ou credenciados, v. art. 133 e notas.

Art. 255: 20. Redação do § 3º de acordo com a Em. Reg. 22, de 16.3.16.

Art. 255: 21. O § 4º e seus incisos foram acrescidos pela Em. Reg. 22, de 16.3.16 e sua redação está de acordo com a Em. Reg. 24, de 28.9.16.

Art. 255: 21a. v. CPC 1.034.

Art. 255: 22. O § 5º foi acrescido pela Em. Reg. 24, de 28.9.16.

Art. 255: 23. O § 6º foi acrescido pela Em. Reg. 24, de 28.9.16.

Capítulo II-A | DO RECURSO ESPECIAL REPETITIVO[1]

CAP. II: 1. O Cap. II-A foi acrescido pela Em. Reg. 24, de 28.9.16.

Seção I | DO RECURSO ESPECIAL REPRESENTATIVO DA CONTROVÉRSIA[1]

SEÇ. I: 1. A Seção I foi acrescida pela Em. Reg. 24, de 28.9.16.

Art. 256. Havendo multiplicidade de recursos especiais com fundamento em idêntica questão de direito, caberá ao presidente ou ao vice-presidente dos Tribunais de origem (Tribunal de Justiça ou Tribunal Regional Federal), conforme o caso, admitir dois ou mais recursos especiais representativos da controvérsia, que serão encaminhados ao Superior Tribunal de Justiça, ficando os demais processos, individuais ou coletivos, suspensos até o pronunciamento do STJ.[1]

§ 1º Os recursos especiais representativos da controvérsia serão selecionados pelo Tribunal de origem, que deverá levar em consideração o preenchimento dos requisitos de admissibilidade e, preferencialmente:

I — a maior diversidade de fundamentos constantes do acórdão e dos argumentos no recurso especial;

II — a questão de mérito que puder tornar prejudicadas outras questões suscitadas no recurso;

III — a divergência, se existente, entre órgãos julgadores do Tribunal de origem, caso em que deverá ser observada a representação de todas as teses em confronto.

§ 2º O Tribunal de origem, no juízo de admissibilidade:

I — delimitará a questão de direito a ser processada e julgada sob o rito do recurso especial repetitivo, com a indicação dos respectivos códigos de assuntos da Tabela Processual Unificada do Conselho Nacional de Justiça;

II — informará, objetivamente, a situação fática específica na qual surgiu a controvérsia;

III — indicará, precisamente, os dispositivos legais em que se fundou o acórdão recorrido;

IV — informará a quantidade de processos que ficarão suspensos na origem com a mesma questão de direito em tramitação no STJ;

V — informará se outros recursos especiais representativos da mesma controvérsia estão sendo remetidos conjuntamente, destacando, na decisão de admissibilidade de cada um deles, os números dos demais;

VI — explicitará, na parte dispositiva, que o recurso especial foi admitido como representativo da controvérsia.

Art. 256: 1. Redação do art. 256, parágrafos e incisos de acordo com a Em. Reg. 24, de 28.9.16.

Art. 256-A. No Superior Tribunal de Justiça, os recursos especiais encaminhados pelos Tribunais de origem como representativos da controvérsia deverão receber identificação própria no sistema informatizado e, após as etapas de autuação e classificação, ser registrados ao Presidente do STJ.[1]

Art. 256-A: 1. O art. 256-A foi acrescido pela Em. Reg. 24, de 28.9.16.

Art. 256-B. Compete ao Presidente do STJ:[1]

I — oficiar ao presidente ou ao vice-presidente do Tribunal de origem, conforme o caso, para complementar informações do recurso especial representativo da controvérsia;

II — abrir vista dos autos ao Ministério Público Federal para que, no prazo improrrogável de quinze dias, manifeste-se exclusivamente a respeito dos pressupostos de admissibilidade do recurso especial como representativo da controvérsia.

Art. 256-B: 1. O art. 256-B e seus incisos foram acrescidos pela Em. Reg. 24, de 28.9.16.

Art. 256-C. Com ou sem o parecer do Ministério Público Federal, o processo será concluso ao Presidente do STJ para que, no prazo de vinte dias, em despacho irrecorrível, decida se o recurso especial representativo da controvérsia preenche os requisitos do art. 256 deste Regimento.[1]

Art. 256-C: 1. O art. 256-C foi acrescido pela Em. Reg. 24, de 28.9.16.

Art. 256-D. Caso o Presidente do STJ admita o recurso especial, determinará a distribuição dos autos nos seguintes termos:[1]

I — por dependência, para os recursos especiais representativos da controvérsia que contiverem a mesma questão de direito;

II — de forma livre, mediante sorteio automático, para as demais hipóteses.

Parágrafo único. O Superior Tribunal de Justiça manterá, em sua página na internet, em destaque, relação dos recursos especiais representativos da controvérsia aptos, com a respectiva descrição da questão de direito e com o número sequencial correspondente à controvérsia.

Art. 256-D: 1. O art. 256-D, seus incisos e § ún. foram acrescido pela Em. Reg. 24, de 28.9.16.

Art. 256-E. Compete ao relator do recurso especial representativo da controvérsia, no prazo máximo de sessenta dias úteis a contar da data de conclusão do processo, reexaminar a admissibilidade do recurso representativo da controvérsia a fim de:[1]

I — rejeitar, de forma fundamentada, a indicação do recurso especial como representativo da controvérsia devido à ausência dos pressupostos recursais genéricos ou específicos e ao não cumprimento dos requisitos regimentais, observado o disposto no art. 256-F deste Regimento;

II — propor à Corte Especial ou à Seção a afetação do recurso especial representativo da controvérsia para julgamento sob o rito dos recursos repetitivos, nos termos do Código de Processo Civil e da Seção II deste Capítulo.

Art. 256-E: 1. O art. 256-E e seus incisos foram acrescidos pela Em. Reg. 24, de 28.9.16.

Art. 256-F. Caso o relator inadmita o recurso especial como representativo da controvérsia devido à ausência dos pressupostos recursais genéricos ou específicos ou ao não cumprimento dos requisitos previstos neste Regimento, indicará recursos especiais existentes em seu acervo em substituição ao recurso inadmitido ou determinará a comunicação ao presidente ou vice-presidente do Tribunal de origem para que remeta ao STJ, em substituição, dois ou mais recursos especiais aptos que tratem da mesma questão de direito.[1]

§ 1º Será inadmitido na origem recurso especial que apresente o mesmo óbice de admissibilidade reconhecido pelo Presidente do STJ ou pelo relator no julgamento de recurso representativo de idêntica questão de direito.

§ 2º Os recursos especiais aptos encaminhados pelo Tribunal de origem em substituição, nos termos do *caput* deste artigo, seguirão, no STJ, o mesmo procedimento do recurso representativo da controvérsia.

§ 3º Os recursos anteriormente suspensos nos Tribunais de origem permanecerão nessa condição, contendo a indicação do número sequencial da controvérsia de que trata o parágrafo único do art. 256-D deste Regimento.

§ 4º Caso o relator inadmita o recurso especial representativo da controvérsia porque a matéria não é apta a julgamento repetitivo ou porque não caracterizada a multiplicidade de recursos capaz de ensejar a afetação do processo para julgamento pelo sistema dos recursos repetitivos à Seção ou à Corte Especial, os processos suspensos em todo o território nacional retomarão seu curso normal.

Art. 256-F: 1. O art. 256-F e seus §§ foram acrescidos pela Em. Reg. 24, de 28.9.16.

Art. 256-G. Não adotadas as providências previstas nos incisos I e II do art. 256-E deste Regimento no prazo estabelecido no seu *caput*, presumir-se-á que o recurso especial representativo da controvérsia teve sua indicação rejeitada pelo relator.[1]

§ 1º A rejeição, expressa ou presumida,[2] do recurso especial representativo da controvérsia será comunicada aos Ministros do STJ e aos presidentes ou vice-presidentes dos Tribunais de origem.

§ 2º Os processos suspensos em todo o território nacional em razão de recurso especial representativo da controvérsia rejeitado retomarão seu curso normal.

Art. 256-G: 1. O art. 256-G e seus §§ foram acrescidos pela Em. Reg. 24, de 28.9.16.

Art. 256-G: 2. Em. Reg. 24, de 28.9.16: "Art. 2º Os recursos especiais indicados pelos Tribunais de origem como representativos da controvérsia em tramitação nesta Corte que não possuem decisão de afetação ao rito dos recursos repetitivos deverão ser analisados pelo relator, a fim de confirmar ou não a indicação do Tribunal de origem, no prazo de sessenta dias úteis a contar da publicação desta emenda. **Parágrafo único.** Não adotada a providência prevista no *caput*, presumir-se-á que o recurso teve sua indicação de representativo da controvérsia rejeitada pelo relator, nos termos do art. 1º desta emenda, no que se refere à inclusão do art. 256-G ao Regimento Interno".

Art. 256-H. Os recursos especiais interpostos em julgamento de mérito do incidente de resolução de demandas repetitivas serão processados nos termos desta Seção, não se aplicando a presunção prevista no art. 256-G deste Regimento.[1]

Art. 256-H: 1. O art. 256-H foi acrescido pela Em. Reg. 24, de 28.9.16.

Seção II — DA COMPETÊNCIA PARA AFETAÇÃO E DO PROCEDIMENTO PREPARATÓRIO PARA O JULGAMENTO DO RECURSO ESPECIAL REPETITIVO[1]

SEÇ. II: 1. A Seção II foi acrescida pela Em. Reg. 24, de 28.9.16.

Art. 256-I. O recurso especial representativo da controvérsia apto, bem como o recurso especial distribuído cuja multiplicidade de processos com idêntica questão de direito seja reconhecida pelo relator, nos termos do art. 1.037 do Código de Processo Civil, será submetido pela Seção ou pela Corte Especial, conforme o caso, ao rito dos recursos repetitivos para julgamento, observadas as regras previstas no Capítulo II-B do Título IX da Parte I do Regimento Interno.[1]

Parágrafo único. O Superior Tribunal de Justiça manterá, em sua página na internet, em destaque, relação dos recursos especiais afetados, com a respectiva descrição da questão de direito e com o número sequencial correspondente ao tema afetado.

Art. 256-I: 1. O art. 256-I e § ún. foram acrescidos pela Em. Reg. 24, de 28.9.16.

Art. 256-J. O relator poderá solicitar informações aos Tribunais de origem a respeito da questão afetada e autorizar, em decisão irrecorrível, ante a relevância da matéria, a manifestação escrita de pessoas naturais ou jurídicas, órgãos ou entidades especializadas, com representatividade adequada, a serem prestadas no prazo improrrogável de quinze dias.[1]

Art. 256-J: 1. O art. 256-J foi acrescido pela Em. Reg. 24, de 28.9.16.

Art. 256-K. A fim de instruir o procedimento, pode o relator, nos termos dos arts. 185 e 186 deste Regimento, fixar data para ouvir pessoas ou entidades com experiência e conhecimento na matéria em audiência pública.[1]

Art. 256-K: 1. O art. 256-K foi acrescido pela Em. Reg. 24, de 28.9.16.

Art. 256-L. Publicada a decisão de afetação, os demais recursos especiais em tramitação no STJ fundados em idêntica questão de direito:[1]

I — se já distribuídos, serão devolvidos ao Tribunal de origem, para nele permanecerem suspensos, por meio de decisão fundamentada do relator;

II — se ainda não distribuídos, serão devolvidos ao Tribunal de origem por decisão fundamentada do Presidente do STJ.

Art. 256-L: 1. O art. 256-L e seus incisos foram acrescidos pela Em. Reg. 24, de 28.9.16.

Art. 256-M. Após a publicação da decisão de afetação, será concedida vista dos autos ao Ministério Público Federal pelo prazo de quinze dias.[1]

Parágrafo único. Com ou sem o parecer do Ministério Público Federal, o processo será concluso ao relator para elaboração do voto.

Art. 256-M: 1. O art. 256-M e § ún. foram acrescidos pela Em. Reg. 24, de 28.9.16.

Seção III | DO JULGAMENTO DO RECURSO ESPECIAL REPETITIVO[1]

SEÇ. III: 1. A Seção III foi acrescida pela Em. Reg. 24, de 28.9.16.

Art. 256-N. Após a liberação do relator, o processo será incluído na pauta para julgamento na Seção ou na Corte Especial.[1]

§ 1º O julgamento de recurso especial repetitivo terá preferência sobre os demais processos, ressalvados os casos de réu preso e os pedidos de *habeas corpus* e de mandado de segurança.

§ 2º Deve ser observado o prazo máximo de um ano para o julgamento do tema repetitivo, a contar da data da publicação da afetação.

§ 3º Quando o órgão julgador decidir questão relativa ao procedimento de recursos repetitivos ou à aplicação da sistemática da repercussão geral no Tribunal, os documentos relacionados ao julgamento serão disponibilizados ao Núcleo de Gerenciamento de Precedentes — Nugep.

Art. 256-N: 1. O art. 256-N e seus §§ foram acrescidos pela Em. Reg. 24, de 28.9.16.

Art. 256-O. Desafetado o processo da sistemática do recurso repetitivo, deverão constar da decisão ou do resultado do julgamento as consequências desse ato e sua motivação.[1]

§ 1º Caso não seja cancelado o tema, a decisão de que trata o *caput* explicitará, ainda, se há necessidade de envio de novos recursos representativos da controvérsia tratando da mesma questão de direito, em substituição, para julgamento do mérito do tema.

§ 2º A Secretaria comunicará o teor da decisão proferida nos termos do *caput* e do § 1º deste artigo aos Ministros integrantes do respectivo órgão julgador e aos Tribunais de origem.

§ 3º Os recursos especiais enviados em substituição serão distribuídos por dependência ao Ministro que determinou a desafetação do recurso especial ou ao sucessor do acervo, excetuada a hipótese de o Ministro não compor mais o órgão julgador competente para apreciar a matéria ou de alteração de competência para apreciação da matéria, caso em que o recurso será distribuído entre os integrantes do órgão julgador competente para apreciar a questão.

§ 4º Na hipótese do § 2º deste artigo, os recursos anteriormente suspensos permanecerão nessa condição, vinculados ao número do tema no STJ.

§ 5º Caso seja cancelado o tema, os processos suspensos em todo o território nacional retomarão seu curso normal.

Art. 256-O: 1. O art. 256-O e seus §§ foram acrescidos pela Em. Reg. 24, de 28.9.16.

Art. 256-P. O Presidente do respectivo órgão julgador velará pelo cumprimento dos prazos previstos neste capítulo.[1]

Parágrafo único. A fim de dar cumprimento ao disposto no *caput*, quando ultrapassados oito meses a contar da publicação da decisão de afetação, o Presidente do órgão julgador determinará que seja cientificado o relator ou o Ministro que tiver pedido vista, respeitados os prazos do art. 162 deste Regimento.

Art. 256-P: 1. O art. 256-P e § ún. foram acrescidos pela Em. Reg. 24, de 28.9.16.

Art. 256-Q. No julgamento de mérito do tema repetitivo, o relator ou o Ministro relator para acórdão delimitará objetivamente a tese firmada pelo órgão julgador.[1]

§ 1º Alterada a tese firmada no julgamento de recurso interposto contra o acórdão citado no *caput*, proceder-se-á à nova delimitação com os fundamentos determinantes da tese.

§ 2º A decisão de que trata o § 1º deste artigo será objeto de comunicação aos Ministros do órgão julgador, ao Presidente do STJ e aos presidentes ou vice-presidentes dos Tribunais de origem.

§ 3º O acórdão deverá ser redigido nos termos do art. 104-A deste Regimento.

Art. 256-Q: 1. O art. 256-Q e seus §§ foram acrescidos pela Em. Reg. 24, de 28.9.16.

Seção IV | DA PUBLICAÇÃO DO ACÓRDÃO[1]

SEÇ. IV: 1. A Seção IV foi acrescida pela Em. Reg. 24, de 28.9.16.

Art. 256-R. O acórdão proferido no julgamento do recurso especial repetitivo gerará as seguintes consequências nos demais recursos especiais fundados em idêntica questão de direito:[1]

I — se já distribuídos e não devolvidos à origem por trazerem outras questões além da afetada, serão julgados pelo relator, observada a tese firmada no julgamento de mérito do respetivo tema;

II — se ainda não distribuídos e não devolvidos à origem, serão julgados pelo Presidente do STJ;

III — se suspensos nas instâncias de origem, aplicam-se os arts. 1.040 e 1.041 do Código de Processo Civil.

Parágrafo único. O disposto no inciso III aplica-se a todos os processos que tratem de idêntica questão de direito, mesmo que não tenham sido objeto de suspensão.

Art. 256-R: 1. O art. 256-R foi acrescido pela Em. Reg. 24, de 28.9.16.

Seção V | DA REVISÃO DE ENTENDIMENTO FIRMADO EM TEMA REPETITIVO[1]

SEÇ. V: 1. A Seção V foi acrescida pela Em. Reg. 24, de 28.9.16.

Art. 256-S. É cabível a revisão de entendimento consolidado em enunciado de tema repetitivo, por proposta de Ministro integrante do respectivo órgão julgador ou de representante do Ministério Público Federal que oficie perante o Superior Tribunal de Justiça.[1]

§ 1º A revisão ocorrerá nos próprios autos do processo julgado sob o rito dos recursos repetitivos, caso ainda esteja em tramitação, ou será objeto de questão de ordem, independentemente de processo a ela vinculado.

§ 2º A revisão de entendimento terá como relator o Ministro integrante do órgão julgador que a propôs ou o seu Presidente nos casos de proposta formulada pelo representante do Ministério Público Federal.

§ 3º O acórdão proferido na questão de ordem será inserido, como peça eletrônica complementar, no(s) processo(s) relacionado(s) ao enunciado de tema repetitivo.

Art. 256-S: 1. O art. 256-S e seus §§ foram acrescidos pela Em. Reg. 24, de 28.9.16.

Art. 256-T. O procedimento de revisão de entendimento será iniciado por:[1]

I — decisão do Ministro proponente com a indicação expressa de se tratar de proposta de revisão de enunciado de tema repetitivo e exposição dos fundamentos da alteração da tese anteriormente firmada;

II — petição do representante do Ministério Público Federal dirigida ao relator do processo que ensejou a criação do tema, ou ao Presidente do órgão julgador, dependendo do caso, com os requisitos previstos no inciso I.

§ 1º No prazo de vinte dias, o relator do processo que ensejou a criação do tema ou o Presidente do órgão julgador decidirá se a proposta de revisão de entendimento preenche os requisitos deste artigo.

§ 2º Nos casos de propostas formuladas por Ministro do STJ, será concedida vista dos autos ao Ministério Público Federal pelo prazo improrrogável de quinze dias para manifestação sobre a revisão proposta.

Art. 256-T: 1. O art. 256-T, incisos e §§ foram acrescidos pela Em. Reg. 24, de 28.9.16.

Art. 256-U. Com ou sem o parecer do Ministério Público Federal, o processo será concluso ao relator ou ao Presidente do órgão julgador, conforme o caso, para julgamento.[1]

Parágrafo único. A revisão deve observar, em relação ao julgamento e à publicação do acórdão, o disposto nas Seções III e IV deste Capítulo.

Art. 256-U: 1. O art. 256-U e § ún. foram acrescidos pela Em. Reg. 24, de 28.9.16.

Art. 256-V. O Presidente do órgão julgador poderá propor, em questão de ordem, a revisão de entendimento consolidado em enunciado de tema repetitivo para adequação ao entendimento do Supremo Tribunal Federal em repercussão geral, em ação de controle concentrado de constitucionalidade, em enunciado de súmula vinculante e em incidente de assunção de competência.[1]

§ 1º A revisão ocorrerá nos próprios autos do recurso julgado sob o rito dos repetitivos, caso ainda esteja em tramitação, ou será objeto de questão de ordem, independentemente de processo a ela vinculado.

§ 2º O acórdão proferido na questão de ordem será inserido, como peça eletrônica complementar, no(s) processo(s) relacionado(s) ao tema repetitivo.

Art. 256-V: 1. O art. 256-V e §§ foram acrescidos pela Em. Reg. 24, de 28.9.16.

Seção VI | DAS DISPOSIÇÕES FINAIS[1]

SEÇ. VI: 1. A Seção VI foi acrescida pela Em. Reg. 24, de 28.9.16.

Art. 256-W. O Superior Tribunal de Justiça publicará, em sua página na internet, até o dia 15 de cada mês, relatório com o quantitativo de decisões proferidas pela Presidência com fundamento nos incisos I e II do art. 1.040 do Código de Processo Civil.[1]

Parágrafo único. O relatório previsto no *caput* será encaminhado eletronicamente ao Conselho Nacional de Justiça.

Art. 256-W: 1. O art. 256-W e § ún. foram acrescidos pela Em. Reg. 24, de 28.9.16.

Art. 256-X. As competências atribuídas ao Presidente do STJ neste capítulo podem ser delegadas ao Vice-Presidente e aos Presidentes das Seções, dentro de suas respectivas áreas de atuação.[1]

§ 1º A delegação de que trata o *caput* far-se-á mediante ato do Presidente do Tribunal, se houver concordância do Presidente do respectivo Órgão Fracionário.

§ 2º Os Presidentes das Seções poderão indicar ao Presidente do Tribunal, para subdelegação, um membro integrante da respectiva Seção.

Art. 256-X: 1. O art. 256-X e §§ foram acrescidos pela Em. Reg. 24, de 28.9.16.

Capítulo II-B | DA AFETAÇÃO DE PROCESSOS À SISTEMÁTICA DOS RECURSOS REPETITIVOS E DA ADMISSÃO DE INCIDENTE DE ASSUNÇÃO DE COMPETÊNCIA EM MEIO ELETRÔNICO[1]

CAP. II-B: 1. O Cap. II-B foi acrescido pela Em. Reg. 24, de 28.9.16.

Art. 257. É obrigatório ao relator o uso da ferramenta eletrônica de afetação do recurso especial à sistemática dos repetitivos e de admissão do incidente de assunção de competência, nos termos desse capítulo.[1-2]

Art. 257: 1. Redação de acordo com a Em. Reg. 24, de 28.9.16.

Art. 257: 2. Em. Reg. 24, de 28.9.16: "Art. 3º Enquanto não desenvolvida a ferramenta eletrônica para afetação de processo ao rito dos repetitivos ou para admissão do incidente de assunção de competência na forma do art. 257 do Regimento Interno do STJ, segundo a redação determinada pelo art. 1º desta emenda, estes atos poderão ser adotados em sessão de julgamento pela Corte Especial ou Seção, conforme o caso, podendo, no entanto, ser utilizadas outras ferramentas tecnológicas".

Art. 257-A. Incluída pelo relator, em meio eletrônico, a proposta de afetação ou de admissão do processo à sistemática dos recursos repetitivos ou da assunção de competência, os demais Ministros do respectivo órgão julgador terão o prazo de sete dias corridos para se manifestar sobre a proposição.[1-2]

§ 1º Para a afetação ou admissão eletrônica, os Ministros deverão observar, entre outros requisitos, se o processo veicula matéria de competência do STJ, se preenche os pressupostos recursais genéricos e específicos, se não possui vício grave que impeça o seu conhecimento e, no caso da afetação do recurso à sistemática dos repetitivos, se possui multiplicidade de processos com idêntica questão de direito ou potencial de multiplicidade.

§ 2º Caso a maioria dos Ministros integrantes do respectivo órgão julgador decidam, na sessão eletrônica, pelo não preenchimento dos requisitos previstos no § 1º, a questão não será afetada ou admitida para julgamento repetitivo ou como assunção de competência, retornando os autos ao relator para decisão.

§ 3º Rejeitada a proposta de afetação ou de admissão porque a questão não é de competência do STJ, a matéria discutida no processo não será objeto de nova inclusão para afetação ou admissão eletrônica.

Art. 257-A: 1. Redação do art. 257-A-*caput* de acordo com a Em. Reg. 24, de 28.9.16.

Art. 257-A: 2. Os §§ foram acrescidos pela Em. Reg. 24, de 28.9.16.

Art. 257-B. Não sendo o caso de impedimento ou suspeição, ou de licença ou afastamento que perdurem pelos cinco últimos dias de votação, a não manifestação do Ministro no prazo do art. 257-A deste Regimento acarretará a adesão à manifestação de afetação ou de admissão apresentada pelo relator.[1]

Art. 257-B: 1. O art. 257-B foi acrescido pela Em. Reg. 24, de 28.9.16.

Art. 257-C. Findo o prazo de que trata o art. 257-A deste Regimento, o sistema contabilizará as manifestações e lançará, de forma automatizada, na plataforma eletrônica, suma com o resultado da deliberação colegiada sobre a afetação do processo à sistemática dos recursos repetitivos ou a admissão do incidente de assunção de competência.[1]

Parágrafo único. Será afetado para julgamento pela sistemática dos recursos repetitivos ou admitido o incidente de assunção de competência à Corte Especial ou à Seção o processo que contar com o voto da maioria simples dos Ministros.

Art. 257-C: 1. O art. 257-C foi acrescido pela Em. Reg. 24, de 28.9.16.

Art. 257-D. Afetado o recurso ou admitido o incidente, os dados serão incluídos no sistema informatizado do Tribunal, sendo-lhe atribuído número sequencial referente ao enunciado de tema.[1]

Art. 257-D: 1. O art. 257-D foi acrescido pela Em. Reg. 24, de 28.9.16.

Art. 257-E. Será publicada, no Diário da Justiça eletrônico, a decisão colegiada pela afetação do recurso ou pela admissão do incidente, acompanhada das manifestações porventura apresentadas pelos demais Ministros.[1]

Art. 257-E: 1. O art. 257-E foi acrescido pela Em. Reg. 24, de 28.9.16.

Capítulo III | DOS RECURSOS DE DECISÕES PROFERIDAS NO TRIBUNAL

Seção I | DO AGRAVO REGIMENTAL EM MATÉRIA PENAL[1]

SEÇ. I: 1. Redação de acordo com a Em. Reg. 24, de 28.9.16.

Art. 258. A parte que se considerar agravada por decisão do Presidente da Corte Especial, de Seção, de Turma ou de relator, à exceção do indeferimento de liminar em procedimento de *habeas corpus* e recurso ordinário em *habeas corpus*, poderá requerer, dentro de cinco dias,[1] a apresentação do feito em mesa relativo à matéria penal em geral, para que a Corte Especial, a Seção ou a Turma sobre ela se pronuncie, confirmando-a ou reformando-a.[2]

§ 1º O órgão do Tribunal competente para conhecer do agravo é o que seria competente para o julgamento do pedido ou recurso.

§ 2º Não cabe agravo regimental da decisão do relator que der provimento a agravo de instrumento, para determinar a subida de recurso não admitido.

§ 3º O agravo regimental será submetido ao prolator da decisão, que poderá reconsiderá-la ou submeter o agravo ao julgamento da Corte Especial, da Seção ou da Turma, conforme o caso, computando-se também o seu voto.[3]

§ 4º Se a decisão agravada for do Presidente da Corte Especial ou da Seção, o julgamento será presidido por seu substituto, que votará no caso de empate.[4]

Art. 258: 1. v. LR 39, nota 1.

Art. 258: 2. Redação do *caput* de acordo com a Em. Reg. 24, de 28.9.16.

Art. 258: 3. O § 3º foi acrescido pela Em. Reg. 24, de 28.9.16.

Art. 258: 4. O § 4º foi acrescido pela Em. Reg. 24, de 28.9.16.

Seção I-A | DO AGRAVO INTERNO[1]

SEÇ. I-A: 1. A Seção I-A foi acrescida pela Em. Reg. 24, de 28.9.16.

Art. 259. Contra decisão proferida por Ministro caberá agravo interno para que o respectivo órgão colegiado sobre ela se pronuncie, confirmando-a ou reformando-a.[1 a 1b]

§ 1º O órgão do Tribunal competente para conhecer do agravo é o que seria competente para o julgamento do pedido ou recurso.[1c]

§ 2º Na petição de agravo interno, o recorrente impugnará especificadamente os fundamentos da decisão agravada.[2 a 2b]

§ 3º O agravo será dirigido ao relator, que intimará o agravado para manifestar-se sobre o recurso no prazo de quinze dias, ao final do qual, não havendo retratação, o relator levá-lo-á a julgamento pelo órgão colegiado, com inclusão em pauta.[3]

§ 4º Quando o agravo interno for declarado manifestamente inadmissível ou improcedente em votação unânime, o órgão colegiado, em decisão fundamentada, condenará o agravante a pagar ao agravado multa fixada entre 1% e 5% do valor atualizado da causa.[4]

§ 5º A interposição de qualquer outro recurso está condicionada ao depósito prévio do valor da multa prevista no § 4º, à exceção da Fazenda Pública e do beneficiário de gratuidade da justiça, que farão o pagamento ao final.[5]

§ 6º O agravo interno será submetido ao prolator da decisão, que poderá reconsiderá-la ou submeter o agravo ao julgamento da Corte Especial, da Seção ou da Turma,[6-7] conforme o caso, computando-se também o seu voto.

§ 7º Se a decisão agravada for do Presidente da Corte Especial ou da Seção, o julgamento será presidido por seu substituto, que votará no caso de empate.

Art. 259: 1. Redação do art. 259 de acordo com a Em. Reg. 24, de 28.9.16.

Art. 259: 1a. v. CPC 1.021 e notas e 1.070 e LR 39. No RISTJ, v. arts. 15-I (competência para julgamento), 21-VII (Presidente, como relator do agravo), 75 (relator), 271 § 2º (agravo, em suspensão de segurança), 284 (agravo, na habilitação incidente), 313-II (agravo, no arquivamento do pedido de intervenção federal).

V. ainda LMS 16 § ún. (agravo contra decisão de relator que delibera sobre liminar em mandado de segurança).

Art. 259: 1b. "O ***referendum*** **da Turma** se superpõe à decisão singular do relator, circunstância que retira a viabilidade do agravo regimental" (STJ-4ª T., MC 13.314-AgRg, Min. Fernando Gonçalves, j. 20.11.07, DJU 3.12.07). No mesmo sentido: STJ-3ª T., MC 1.978-AgRg, Min. Ari Pargendler, j. 26.10.99, DJU 29.11.99; STJ-2ª T., MC 15.834, Min. Castro Meira, j. 6.10.09, DJ 15.10.09.

V. tb. CPC 1.021, nota 3.

Art. 259: 1c. "O agravo regimental **não pode ser trancado pelo relator;** é da natureza do recurso que, mantida a decisão, o órgão colegiado se pronuncie a respeito dela" (STJ-Corte Especial, MS 12.220, Min. Ari Pargendler, j. 19.9.07, DJU 22.10.07).

V. tb. CPC 1.021, nota 8.

Art. 259: 2. v. CPC 1.021 § 1º.

Art. 259: 2a. **Não se conhece de agravo sem razões** que impugnem a fundamentação da decisão agravada (RSTJ 12/47, STJ-RT 675/239, Bol. AASP 1.715/281).

V. tb. CPC 1.021, nota 5 (Súmula 182 do STJ).

Art. 259: 2b. **"Inadmissível a inovação** de tese jurídica no agravo regimental, com agitação de controvérsia não tratada anteriormente e cuja discussão vai de encontro à pretensão originalmente manifestada no recurso especial" (STJ-4ª T., Ag 28.423-7-AgRg, Min. Sálvio de Figueiredo, j. 9.2.93, DJU 8.3.93).

"Temas trazidos em agravo regimental que não haviam antes sido apresentados a exame. Impossibilidade" (STJ-3ª T., Ag 37.832-AgRg-EDcl, Min. Eduardo Ribeiro, j. 9.11.93, DJU 29.11.93).

V. tb. CPC 1.021, nota 5a.

Art. 259: 3. v. CPC 1.021 § 2º.

Art. 259: 4. v. CPC 1.021 § 4º.

Art. 259: 5. v. CPC 1.021 § 5º.

Art. 259: 6. v. nota 1c.

Art. 259: 7. Em regra, não cabe **sustentação oral** no julgamento do agravo interno (STJ-3ª Seção, ED no REsp 998.249-AgRg-EDcl, Min. Sebastião Reis Jr., j. 10.10.12, DJ 8.11.12; STJ-4ª T., REsp 985.802-AgRg-EDcl, Min. Antonio Ferreira, j. 7.2.13, DJ 21.2.13; STJ-3ª T., REsp 1.226.161-Pet-AgRg, Min. Paulo Sanseverino, j. 25.6.13, DJ 28.6.13).

V. tb. art. 159-*caput* e CPC 1.021, nota 10. Todavia, v. CPC 937 § 3º.

Seção II | ....[1]

SEÇ.II: 1. A Seção II foi revogada pela Em. Reg. 22, de 16.3.16.

Art. 260....[1]

Art. 260: 1. O art. 260 foi revogado pela Em. Reg. 22, de 16.3.16.

Art. 261....[1]

Art. 261: 1. O art. 261 foi revogado pela Em. Reg. 22, de 16.3.16.

Art. 262....[1]

Art. 262: 1. O art. 262 foi revogado pela Em. Reg. 22, de 16.3.16.

Seção III | DOS EMBARGOS DE DECLARAÇÃO

Art. 263. Cabem embargos de declaração[1] contra qualquer decisão judicial, a serem opostos no prazo legal, para:[2]

I — esclarecer obscuridade ou eliminar contradição;

II — suprir omissão de ponto ou questão sobre a qual devia pronunciar-se o Órgão Julgador de ofício ou a requerimento; ou

III — corrigir erro material.

§ 1º O embargado será intimado para, querendo, manifestar-se, no prazo legal, sobre os embargos opostos, caso seu eventual acolhimento possa implicar a modificação da decisão embargada.[3-4]

§ 2º...[5]

Art. 263: 1. v. CPC 1.022 a 1.026, bem como respectivas notas. No RISTJ, v. art. 15-I (competência), 73 (relator), 91-I (dispensa de pauta), 103 § 2º (correção de inexatidão material), 155, nota 1 (preferência para julgamento), 159-*caput* (não cabimento de sustentação oral) e 340 (disposição transitória).

Art. 263: 2. Redação do *caput* de acordo com a Em. Reg. 22, de 16.3.16, que lhe acresceu os incisos I a III.

Art. 263: 3. Redação do § 1º de acordo com a Em. Reg. 22, de 16.3.16.

Art. 263: 4. v. CPC 1.023 § 2º.

Art. 263: 5. O § 2º foi revogado pela Em. Reg. 22, de 16.3.16.

Art. 264. Os embargos de declaração serão incluídos em pauta, salvo se opostos nas classes previstas no art. 91 deste Regimento ou nas demais classes criminais.[1-2]

§ 1º Se os embargos de declaração forem opostos contra decisão de relator ou outra decisão unipessoal, o Órgão Julgador da decisão embargada decidi-los-á monocraticamente.[3-4]

§ 2º Quando manifestamente protelatórios os embargos de declaração, na forma do § 4º do art. 1.026 do Código de Processo Civil,[4a] condenar-se-á o embargante, em decisão fundamentada, a pagar ao embargado multa não excedente a 2% sobre o valor atualizado da causa.[5-6]

Art. 264: 1. Redação do *caput* de acordo com a Em. Reg. 24, de 28.9.16.

Art. 264: 2. v. CPC 1.024 § 1º.

Art. 264: 3. O § 1º foi acrescido pela Em. Reg. 22, de 16.3.16.

Art. 264: 4. v. CPC 1.024 § 2º.

Art. 264: 4a. A remissão ao § 4º do CPC 1.026 está equivocada. Na verdade, o § 2º do art. 264 remete ao § 2º do CPC 1.026.

Art. 264: 5. O § 2º foi acrescido pela Em. Reg. 22, de 16.3.16.

Art. 264: 6. s/ reiteração de embargos manifestamente protelatórios, v. CPC 1.026 § 3º.

Art. 265. Os embargos de declaração interrompem o prazo para a interposição de recursos por qualquer das partes,[1] salvo quando manifestamente protelatórios, na forma do § 4º do art. 1.026 do Código de Processo Civil.[1a]

Parágrafo único. ....[2]

Art. 265: 1. v. CPC 1.026-*caput*.

Art. 265: 1a. Redação do *caput* de acordo com a Em. Reg. 22, de 16.3.16

Art. 265: 2. O § ún. foi revogado pela Em. Reg. 22, de 16.3.16.

Seção IV | DOS EMBARGOS DE DIVERGÊNCIA

Art. 266. Cabem embargos de divergência[1] contra acórdão de Órgão Fracionário que, em recurso especial, divergir do julgamento atual de qualquer outro Órgão Jurisdicional deste Tribunal, sendo:[1a]

I — os acórdãos, embargado e paradigma, de mérito;

II — um acórdão de mérito e outro que não tenha conhecido do recurso, embora tenha apreciado a controvérsia.[2]

§ 1º Poderão ser confrontadas teses jurídicas contidas em julgamentos de recursos e de ações de competência originária.[3]

§ 2º A divergência que autoriza a interposição de embargos de divergência pode verificar-se na aplicação do direito material ou do direito processual.[4]

§ 3º Cabem embargos de divergência quando o acórdão paradigma for do mesmo Órgão Fracionário que proferiu a decisão embargada, desde que sua composição tenha sofrido alteração em mais da metade de seus membros.[5]

§ 4º O recorrente provará a divergência com certidão, cópia ou citação de repositório oficial ou credenciado de jurisprudência, inclusive em mídia eletrônica, em que foi publicado o acórdão divergente, ou com a reprodução de julgado disponível na internet, indicando a respectiva fonte, e mencionará as circunstâncias que identificam ou assemelham os casos confrontados.[6]

Art. 266: 1. v. **CPC 1.043 e 1.044, bem como respectivas notas.**

V. arts. 11-XIII e 12 § ún.-I (competência da Corte Especial e da Seção), 74 (relator), 155, nota 1 (preferência para julgamento) e 159 (cabimento de sustentação oral).

Art. 266: 1a. Redação do art. 266-*caput*, incisos e §§ de acordo com a Em. Reg. 22, de 16.3.16.

Art. 266: 2. v. CPC 1.043-III.

Art. 266: 3. v. CPC 1.043 § 1º.

Art. 266: 4. v. CPC 1.043 § 2º.

Art. 266: 5. v. CPC 1.043 § 3º.

Art. 266: 6. v. CPC 1.043 § 4º.

Art. 266-A. Os embargos de divergência serão juntados aos autos independentemente de despacho, e sua oposição interrompe o prazo para interposição de recurso extraordinário por qualquer das partes.[1-2]

Art. 266-A: 1. O art. 266-A foi acrescido pela Em. Reg. 22, de 16.3.16.

Art. 266-A: 2. v. CPC 1.044 § 1º.

Art. 266-B. Se os embargos de divergência não forem providos ou não alterarem a conclusão do julgamento anterior, o recurso extraordinário interposto pela outra parte antes da publicação do julgamento dos embargos de divergência será processado e julgado independentemente de ratificação.[1-2]

Art. 266-B: 1. O art. 266-B foi acrescido pela Em. Reg. 22, de 16.3.16.

Art. 266-B: 2. v. CPC 1.044 § 2º.

Art. 266-C. Sorteado o relator, ele poderá indeferir os embargos de divergência liminarmente se intempestivos ou se não comprovada ou não configurada a divergência jurisprudencial atual, ou negar-lhes provimento caso a tese deduzida no recurso seja contrária a fixada em julgamento de recurso repetitivo ou de repercussão geral, a entendimento firmado em incidente de assunção de competência, a súmula do Supremo Tribunal Federal ou do Superior Tribunal de Justiça ou, ainda, a jurisprudência dominante acerca do tema.[1 a 5]

Art. 266-C: 1. O art. 266-C foi acrescido pela Em. Reg. 22, de 16.3.16.

Art. 266-C: 2. v. art. 267, nota 1a. V. tb. CPC 932-III e IV.

Art. 266-C: 3. "O indeferimento liminar dos embargos de divergência não está limitado às hipóteses previstas no art. 266, § 3º, do RISTJ, cabendo ao relator, também, a verificação dos **pressupostos genéricos** para o conhecimento do recurso" (STJ-1ª Seção, ED no REsp 884.621, Min. Benedito Gonçalves, j. 23.2.11, DJ 2.3.11).

Art. 266-C: 4. "O relator pode, nos embargos de divergência, exercer, monocraticamente, o juízo positivo, a saber, pode **'dar provimento** ao recurso' (CPC, art. 557, § 1º-A)" (STJ-Corte Especial, ED no REsp 195.678-AgRg, Min. Eliana Calmon, j. 11.12.00, quatro votos vencidos, DJU 1.7.02).

Art. 266-C: 5. O julgamento monocrático dos embargos de divergência pelo relator é impugnável por **agravo interno** (CPC 1.021 e RISTJ 259).

Art. 266-D. O Ministério Público, quando necessário seu pronunciamento sobre os embargos de divergência, terá vista dos autos por vinte dias.[1]

Art. 266-D: 1. O art. 266-D foi acrescido pela Em. Reg. 22, de 16.3.16.

Art. 267. Admitidos[1 a 1b] os embargos de divergência em decisão fundamentada, promover-se-á a publicação, no Diário da Justiça eletrônico, do termo de vista ao embargado, para apresentar impugnação nos quinze dias subsequentes.[1c]

Parágrafo único. Impugnados ou não os embargos, serão os autos conclusos ao relator, que pedirá a inclusão do feito na pauta de julgamento.[2 a 5]

Art. 267: 1. "Nos embargos de divergência não se aprecia, quanto à sua **admissibilidade,** o acerto ou desacerto da decisão proferida no âmbito do recurso especial" (STJ-Corte Especial, REsp 9.612-AgRg-ED, Min. Sálvio de Figueiredo, j. 8.11.91, DJU 9.12.91).

"No âmbito do juízo de admissibilidade dos embargos de divergência, o Tribunal não pode ir além do confronto entre o acórdão impugnado e aquele indicado como paradigma, só mandando processá-los se constatada a discrepância dos julgados; acaso existente algum defeito no acórdão proferido no julgamento do recurso especial, o remédio próprio é o dos embargos de declaração perante a Turma competente, no prazo fixado em lei" (STJ-1ª Seção, ED no REsp 102.072-Ag-EDcl, Min. Ari Pargendler, j. 12.8.98, DJU 8.9.98).

Art. 267: 1a. "Pode o Relator **negar seguimento** aos embargos de divergência, monocraticamente, **mesmo depois de admitidos**" (STJ-Corte Especial, ED no REsp 69.742-AgRg-AgRg, Min. Menezes Direito, j. 25.10.04, DJU 29.11.04).

V. tb. nota 2b.

Art. 267: 1b. "É **incabível** a interposição de **agravo** regimental contra **despacho de admissibilidade positivo** de embargos de divergência" (STJ-3ª Seção, Pet 2.618-AgRg, Min. Hamilton Carvalhido, j. 14.5.08, DJ 5.8.08). No mesmo sentido: STJ-2ª Seção, ED no REsp 1.193.789-AgRg, Min. Isabel Gallotti, j. 26.11.14, maioria, DJ 4.3.15.

Art. 267: 1c. Redação do *caput* de acordo com a Em. Reg. 22, de 16.3.16.

Art. 267: 2. "Se os embargos de divergência fundamentam-se em **paradigmas de Turma da mesma Seção** em que se originou o acórdão embargado, **e de outras Seções,** faz-se necessária a cisão do julgamento, uma vez que compete à Seção respectiva julgar os embargos de divergência quanto aos seus paradigmas internos, e à Corte Especial os demais. O acórdão que silencia sobre essa necessidade de cisão do julgamento padece de omissão. Embargos declaratórios acolhidos, com efeito modificativo, para limitar o escopo do julgamento e remeter os autos à Seção competente para o julgamento em relação aos demais paradigmas" (STJ-Corte Especial, ED no Ag em REsp 235.365-EDcl, Min. Raul Araújo, j. 15.3.17, DJ 28.3.17).

V. tb. arts. 11-XIII e 12 § ún.-I.

Art. 267: 2a. "Os embargos de divergência são **julgados pela integralidade dos membros** que compõem a Corte Especial, não se reconhecendo qualquer impedimento de ministro que tenha atuado no julgamento do recurso especial" (STJ-Corte Especial, ED no REsp 1.137.553-AgRg-EDcl, Min. Felix Fischer, j. 12.5.11, DJ 6.6.11).

Art. 267: 2b. "A reconsideração da decisão que indeferiu liminarmente os embargos de divergência ocorreu em sede de juízo provisório de admissibilidade do recurso, antes da intimação do embargado para o oferecimento de impugnação e da oitiva do Ministério Público, não havendo óbices ao posterior não conhecimento dos embargos" (STJ-Corte Especial, ED no REsp 799.078-AgRg, Min. Teori Zavascki, j. 12.11.09, DJ 23.11.09).

"A decisão de admissibilidade, de cognição sumária, além de examinar a prévia conformação dos embargos de divergência em recurso especial com seus requisitos legais e regimentais, permite, ou não, que a parte embargada apresente impugnação. Superada esse fase, passa-se ao exame do recurso em caráter definitivo, hipótese em que o relator, em cognição exauriente, pode decidi-lo monocraticamente, com base no art. 557 do CPC, ou incluir o feito em pauta, para julgamento pelo órgão colegiado. A circunstância de o relator haver admitido os embargos de divergência para processamento não impede que, posteriormente, atento aos ditames do art. 557, *caput*, do CPC proceda ao julgamento monocrático do recurso, em caráter definitivo. Não se pode falar em superação da fase de conhecimento dos embargos de divergência quando há mera admissão para processamento. **Tanto o relator quanto o órgão colegiado podem rever os requisitos de admissibilidade,** sem que se comprometam os princípios da legalidade, do devido processo legal e da ampla defesa" (STJ-Corte Especial, ED no REsp 875.618-AgRg, Min. Arnaldo Esteves, j. 3.10.12, DJ 1.2.13).

V. tb. nota 1a.

Art. 267: 3. "Conhecidos os embargos de divergência, a decisão a ser adotada não se restringe às teses suscitadas nos arestos em confronto — recorrido e paradigma —, sendo possível aplicar-se uma **terceira tese,** pois cabe a Seção ou Corte aplicar o direito à espécie" (STJ-Corte Especial, ED no REsp 513.608, Min. João Otávio, j. 5.11.08, DJ 27.11.08).

Art. 267: 4. "No julgamento dos embargos de divergência, é **vedada a alteração das premissas de fato** que embasam o acórdão embargado. A base empírica do julgado é insuscetível de reapreciação" (STJ-1ª Seção, ED no REsp 799.472-AgRg, Min. Castro Meira, j. 27.9.06, DJU 16.10.06).

V. tb. CPC 1.043, nota 6c.

Art. 267: 5. "É vedado, nos embargos de divergência, analisar qualquer outra questão que não aquela que representa o objeto do dissídio, ainda que se trate de **matéria de ordem pública.** Essas questões podem ser alegadas em qualquer tempo e juízo, independentemente de provocação das partes, desde que limitadas às instâncias ordinárias" (STJ-1ª Seção, ED no REsp 754.943-AgRg-EDcl, Min. Castro Meira, j. 25.10.06, DJU 13.11.06).

Capítulo IV | DOS RECURSOS PARA O SUPREMO TRIBUNAL FEDERAL

Art. 268. Das decisões do Tribunal são cabíveis os seguintes recursos para o Supremo Tribunal Federal:

I — recurso ordinário, nos casos previstos no art. 102, II, *a*, da Constituição;[1]

II — recurso extraordinário, nos casos previstos no art. 102, III, *a*, *b* e *c*, da Constituição.[2 a 4]

Art. 268: 1. v. CPC 1.027 e 1.028.

Art. 268: 2. v. CPC 1.029 a 1.041.

Art. 268: 3. A interposição de recurso extraordinário contra o julgamento do recurso especial somente pode ter por objeto assunto constitucional surgido ineditamente por ocasião deste. Para tanto, pouco importa que a parte não tenha interposto recurso para o STF contra o acórdão do tribunal local.

Com relação às matérias constitucionais veiculadas já no acórdão do tribunal local, uma de duas: ou elas não foram impugnadas oportunamente e não mais poderão sê-lo, ou elas foram objeto de recurso extraordinário anteriormente interposto, que seguirá adiante ou será dado por prejudicado (CPC 1.031 § 1º).

"Da decisão do STJ que não admite o recurso especial somente cabe recurso extraordinário se a questão constitucional exsurgir nesse julgado e for diversa da que houver sido resolvida pela instância ordinária" (RTJ 154/235). No mesmo sentido: RTJ 152/931, 153/986, 154/693, 154/973, 156/288, 156/648, 157/312; STF-RT 709/233, 796/197. Mais recentemente: STF-1ª T., AI 536.705-EDcl, Min. Sepúlveda Pertence, j. 9.8.05, DJU 9.9.05.

V. CPC 1.029, nota 4, e 1.031, nota 2, e RISTF 321, nota 3-Recurso extraordinário e recurso especial simultaneamente interpostos. V. ainda CPC 1.008, nota 3 (limites da substituição do acórdão do tribunal local por ocasião do julgamento do recurso especial).

Art. 268: 3a. "A alegação de ofensa ao art. 105, III, CF, pode servir de base a recurso extraordinário, quando, para conhecer ou não do recurso especial, a decisão do STJ contiver proposição contrária, em tese, aos seus pressupostos típicos de admissibilidade, que aquele preceito constitucional define; não cabe, porém, o extraordinário para o reexame das premissas concretas de que haja partido a decisão do STJ, em tese, correta" (RTJ 161/667). Logo: "A verificação da ocorrência dos pressupostos do recurso especial, já que situada no campo infraconstitucional, é do STJ", não comportando reexame pelo STF em recurso extraordinário (RTJ 152/264, 154/648, STF-RT 738/219). No mesmo sentido: STF-2ª T., AI 220.604-2-AgRg, Min. Maurício Corrêa, j. 18.9.98, DJU 30.10.98.

"Saber se uma questão foi, ou não, prequestionada é matéria que se situa na esfera do exame de fatos, para o qual não é cabível o recurso extraordinário" (STF-1ª T., AI 158.855-2-Ag, Min. Moreira Alves, j. 28.11.95, DJU 26.4.96).

Art. 268: 4. "Não constitui óbice para que o STF conheça do recurso extraordinário o fato de o recurso especial não ter sido conhecido pelo STJ" (STF-RT 795/158, um voto vencido).

Art. 269. Os recursos serão processados, no âmbito do Tribunal, na conformidade da legislação processual vigente[1] e do Regimento Interno do Supremo Tribunal Federal.

Art. 269: 1. Em matéria de: recurso ordinário, v. CPC 1.027 e 1.028; recurso extraordinário, v. CPC 1.029 e segs.

Art. 270. O Presidente do Tribunal decidirá a respeito da admissibilidade do recurso.[1]

Parágrafo único. Da decisão que não admitir o recurso, caberá agravo para o Supremo Tribunal Federal, salvo quando fundado na aplicação de entendimento firmado em regime de repercussão geral ou em julgamento de recurso repetitivo.[2]

Art. 270: 1. Não há mais juízo de admissibilidade no recurso ordinário (v. CPC 1.028 § 3º). No caso do recurso extraordinário, v. CPC 1.030.

Art. 270: 2. Redação do § ún. de acordo com a Em. Reg. 24, de 28.9.16.

Título X | DOS PROCESSOS INCIDENTES

Capítulo I | DA SUSPENSÃO DE SEGURANÇA

Art. 271. Poderá o Presidente do Tribunal, a requerimento de pessoa jurídica de direito público interessada ou do Procurador-Geral da República, e para evitar grave lesão à ordem, à saúde, à segurança e à economia públicas, suspender,[1-2] em despacho fundamentado, a execução de liminar ou de decisão concessiva de mandado de segurança, proferida, em única ou última instância, pelos Tribunais Regionais Federais ou pelos Tribunais dos Estados e do Distrito Federal.

Igualmente, em caso de manifesto interesse público ou de flagrante ilegitimidade e para evitar grave lesão à ordem, à saúde, à segurança e à economia públicas, poderá o Presidente do Tribunal suspender, em despacho fundamentado, a requerimento do Ministério Público ou da pessoa jurídica de direito público interessada, a execução da liminar nas ações movidas contra o Poder Público ou seus agentes que for concedida ou mantida pelos Tribunais Regionais Federais ou pelos Tribunais dos Estados e do Distrito Federal, inclusive em tutela antecipada, bem como suspender a execução de sentença proferida em processo de ação cautelar inominada, em processo de ação popular e em ação civil pública, enquanto não transitada em julgado.[3]

§ 1º O Presidente poderá ouvir o impetrante, **em cinco dias,** e o Procurador-Geral, quando este não for o requerente, em igual prazo.[3a]

§ 2º Da decisão a que se refere este artigo caberá agravo regimental, no prazo de cinco dias, para a Corte Especial.[3b-4]

§ 3º A suspensão vigorará[4a] enquanto pender o recurso, ficando sem efeito se a decisão concessiva for mantida pelo Superior Tribunal de Justiça ou transitar em julgado.[5]

Art. 271: 1. s/ suspensão de segurança, v. LMS 15, LR 25 e Lei 8.437, de 30.6.92, art. 4º, no tít. MEDIDA CAUTELAR; cf. RISTF 297.

Art. 271: 2. Somente ao Presidente do STJ compete conceder a sustação de liminar em mandado de segurança, deferida por desembargador (RTJ 65/300, RT 444/219).

Se o mandado de segurança tiver sido impetrado unicamente com invocação de preceito constitucional, é competente para a suspensão o Presidente do STF (argumento da LR 25-*caput*; v. RISTF 297, nota 1).

Cabe reclamação ao STJ se a sustação foi ordenada por presidente de tribunal local (RTJ 65/300).

V. LMS 15, nota 3a.

Art. 271: 3. Redação do *caput* de acordo com a Em. Reg. 7, de 1.3.04.

Art. 271: 3a. Redação do § 1º de acordo com a Em. Reg. 1, de 23.5.91.

Art. 271: 3b. Redação do § 2º de acordo com a Em. Reg. 12, de 1.9.10.

Art. 271: 4. São agraváveis tanto a decisão concessiva quanto a denegatória da suspensão de segurança (v. LMS 15, nota 5).

Art. 271: 4a. s/ eficácia da suspensão da segurança em relação à posterior decisão concessiva da segurança, v. LMS 15, nota 4, especialmente a Súmula 626 do STF. V. tb. LR 25 § 3º.

Art. 271: 5. O § 3º foi acrescido pela Em. Reg. 1, de 23.5.91.

Capítulo I-A | DA SUSPENSÃO DE PROCESSOS EM INCIDENTE DE RESOLUÇÃO DE DEMANDAS REPETITIVAS[1]

CAP. I-A: 1. O Cap. I-A foi acrescido pela Em. Reg. 22, de 16.3.16.

Art. 271-A. Poderá o Presidente do Tribunal, a requerimento do Ministério Público, da Defensoria Pública ou das partes de incidente de resolução de demandas repetitivas[1] em tramitação, considerando razões de segurança jurídica ou de excepcional interesse social, suspender, em decisão fundamentada, todos os processos individuais ou coletivos em curso no território nacional que versem sobre a questão objeto do incidente.[1a-2]

§ 1º A parte de processo em curso em localidade de competência territorial diversa daquela em que tramita o incidente de resolução de demandas repetitivas deverá comprovar a inadmissão do incidente no Tribunal com jurisdição sobre o estado ou região em que tramite a sua demanda.

§ 2º O Presidente poderá ouvir, no prazo de cinco dias, o relator do incidente no Tribunal de origem e o Ministério Público Federal.

§ 3º A suspensão vigorará até o trânsito em julgado da decisão proferida no incidente de resolução de demanda repetitiva.

Art. 271-A: 1. v. CPC 976 e segs.

Art. 271-A: 1a. Art. 271-A e §§ acrescidos pela Em. Reg. 22, de 16.3.16.

Art. 271-A: 2. v. CPC 982 § 3º e 1.029 § 4º.

Capítulo I-B | DO INCIDENTE DE ASSUNÇÃO DE COMPETÊNCIA[1]

CAP. I-B: 1. O Cap. I-B foi acrescido pela Em. Reg. 24, de 28.9.16.

Art. 271-B. O relator ou o Presidente proporá, de ofício ou a requerimento da parte, do Ministério Público ou da Defensoria Pública, na forma preconizada pelo Capítulo II-B do Título IX da Parte I do Regimento Interno, mediante decisão irrecorrível, a assunção de competência de julgamento de recurso, de remessa necessária ou de processo de competência originária que envolver relevante questão de direito, com grande repercussão social, sem repetição em múltiplos processos.[1]

§ 1º A Corte Especial ou a Seção, conforme o caso, admitirá o recurso, a remessa necessária ou o processo de competência originária se reconhecer interesse público na assunção de competência.

§ 2º A desistência ou o abandono do processo não impedem o exame do mérito.

§ 3º Se não for o requerente, o Ministério Público intervirá obrigatoriamente no processo e deverá assumir sua titularidade em caso de desistência ou de abandono.

Art. 271-B: 1. O art. 271-B e §§ foram acrescidos pela Em. Reg. 24, de 28.9.16.

Art. 271-C. Na decisão que determinou a assunção de competência, o relator ou o Presidente identificará com precisão a questão a ser submetida a julgamento.[1]

Art. 271-C: 1. O art. 271-C foi acrescido pela Em. Reg. 24, de 28.9.16.

Art. 271-D. O relator ou o Presidente ouvirá as partes e os demais interessados, inclusive pessoas, órgãos e entidades com interesse na controvérsia, que, no prazo comum de quinze dias, poderão requerer a juntada de documentos, bem como as diligências necessárias para a elucidação da questão de direito controvertida; em seguida, manifestar-se-á o Ministério Público Federal no mesmo prazo.[1]

§ 1º A fim de instruir o procedimento, pode o Presidente ou o relator, nos termos dos arts. 185 e 186 deste Regimento, fixar data para ouvir pessoas ou entidades com experiência e conhecimento na matéria em audiência pública.

§ 2º Concluídas as diligências, o Presidente ou o relator solicitará dia para julgamento do processo.

Art. 271-D: 1. O art. 271-D e §§ foram acrescidos pela Em. Reg. 24, de 28.9.16.

Art. 271-E. No julgamento do incidente de assunção de competência, a Corte Especial e as Seções se reunirão com o *quorum* mínimo de dois terços de seus membros.[1]

Art. 271-E: 1. O art. 271-E foi acrescido pela Em. Reg. 24, de 28.9.16.

Art. 271-F. O acórdão deverá ser redigido nos termos do art. 104-A deste Regimento.[1]

Art. 271-F: 1. O art. 271-F foi acrescido pela Em. Reg. 24, de 28.9.16.

Art. 271-G. O acórdão proferido, em assunção de competência, pela Corte Especial vinculará todos os órgãos do Tribunal e, pela Seção, vinculará as Turmas e Ministros que a compõem, exceto se houver revisão de tese.[1]

Parágrafo único. O Superior Tribunal de Justiça manterá, em sua página na internet, em destaque, relação dos incidentes de assunção de competência pendentes de julgamento e julgados, com a indicação da respectiva descrição da questão de direito e com o número sequencial do incidente.

Art. 271-G: 1. O art. 271-G e § ún. foram acrescidos pela Em. Reg. 24, de 28.9.16.

Capítulo II | DOS IMPEDIMENTOS E DA SUSPEIÇÃO

Art. 272. Os Ministros se declararão impedidos[1-2] ou suspeitos nos casos previstos em lei.

Parágrafo único. Poderá o Ministro, ainda, dar-se por suspeito se afirmar a existência de motivo de ordem íntima que, em consciência, o iniba de julgar.

Art. 272: 1. s/ suspeição e impedimento, v. CPC 144 a 148.

Art. 272: 2. v. art. 31.

Art. 273. Se a suspeição ou impedimento for do relator ou revisor, tal fato será declarado por despacho nos autos. Se for do relator, irá o processo ao Presidente, para nova distribuição; se do revisor, o processo passará ao Ministro que o seguir na ordem de antiguidade.

Parágrafo único. Nos demais casos, o Ministro declarará o seu impedimento verbalmente, registrando-se na ata a declaração.

Art. 274. A arguição de suspeição do relator poderá ser suscitada até quinze dias após a distribuição, quando fundada em motivo preexistente; no caso de motivo superveniente, o prazo de quinze dias será contado do fato que a ocasionou. A do revisor, em igual prazo, após a conclusão; a dos demais Ministros, até o início do julgamento.[1]

Art. 274: 1. Logo, "é extemporânea a arguição de suspeição de Ministro, integrante do órgão julgador e sem função de relatoria, quando suscitada após o início do julgamento" (STJ-1ª Seção, Pet 5.748-AgRg-EDcl, Min. Teori Zavascki, j. 13.2.08, DJU 3.3.08).

Art. 275. A suspeição deverá ser deduzida em petição assinada pela própria parte, ou procurador com poderes especiais, indicando os fatos que a motivaram e acompanhada de prova documental e rol de testemunhas, se houver.[1]

Art. 275: 1. "O excipiente, que não é advogado, embora possa arguir a suspeição (RISTJ 275), não tem capacidade postulatória para recorrer de decisão que lhe for desfavorável, porque a permissão regimental se limita, tão somente, a possibilitar que a própria parte deduza a suspeição, não lhe dando a faculdade de interpor recurso em face do indeferimento do respectivo pedido. A interposição de recurso, por sua complexidade, exige específicos conhecimentos técnico-jurídicos, que o excipiente leigo não tem, pelo que se torna imprescindível a presença de advogado para arrazoar agravo regimental que pretenda interpor" (STJ-Corte Especial, ExSusp 24-AgRg, Min. Edson Vidigal, j. 29.6.05, DJ 19.9.05).

Art. 276. Se o Ministro averbado de suspeito for o relator e reconhecer a suspeição, por despacho nos autos, ordenará a remessa deles ao Presidente, para nova distribuição; se for o revisor, passará ao Ministro que o seguir na ordem de antiguidade.

§ 1º Não aceitando a suspeição, o Ministro continuará vinculado ao feito. Neste caso, será suspenso o julgamento até a solução do incidente, que será autuado em apartado, com designação do relator.[1]

§ 2º Em matéria penal, nos processos de competência originária da Corte Especial, será relator o Presidente do Tribunal ou o Vice-Presidente se aquele for o recusado.[2]

Art. 276: 1. Redação do § 1º de acordo com a Em. Reg. 1, de 23.5.91.

Art. 276: 2. Redação do § 2º de acordo com a Em. Reg. 22, de 16.3.16.

Art. 277. Autuada e distribuída a petição, e se reconhecida, preliminarmente, a relevância da arguição, o relator mandará ouvir o Ministro recusado, no prazo de dez dias, e, com ou sem resposta, ordenará o processo, colhendo as provas.

§ 1º Se a suspeição for de manifesta improcedência, o relator a rejeitará liminarmente.

§ 2º A afirmação de suspeição pelo arguido, ainda que por outro fundamento, põe fim ao incidente.

Art. 278. Preenchidas as formalidades do artigo anterior, o relator levará o incidente à mesa, na primeira sessão, quando se procederá ao julgamento, sem a presença do Ministro recusado.[1]

Parágrafo único. Competirá à Seção da qual participe o Ministro recusado o julgamento do incidente, a menos que este haja sido suscitado em processo da competência da Corte Especial, caso em que a esta competirá o julgamento.

Art. 278: 1. Não se admite sustentação oral (art. 159-*caput*).

Art. 279. Reconhecida a procedência da suspeição, se haverá por nulo o que tiver sido processado perante o Ministro recusado, após o fato que ocasionou a suspeição. Caso contrário, o arguente será condenado ao pagamento das custas.

Parágrafo único. Será ilegítima a suspeição quando o arguente a tiver provocado ou, depois de manifestada a causa, praticar qualquer ato que importe a aceitação do Ministro recusado.

Art. 280. Afirmados o impedimento ou a suspeição pelo arguido, ter-se-ão por nulos os atos por ele praticados.

Art. 281. A arguição será sempre individual, não ficando os demais Ministros impedidos de apreciá-la, ainda que também recusados.

Art. 282. Não se fornecerá, salvo ao arguente e ao arguido, certidão de qualquer peça do processo de suspeição.

Parágrafo único. Da certidão constará, obrigatoriamente, o nome do requerente e a decisão que houver sido proferida.

Capítulo III | DA HABILITAÇÃO INCIDENTE

Art. 283. A habilitação incidente[1] será processada na forma da lei processual.

Art. 283: 1. v. CPC 687 a 692.

Art. 284. O relator, se contestado o pedido, facultará às partes sumária produção de provas, em cinco dias, e julgará, em seguida, a habilitação, cabendo agravo regimental da decisão.

Art. 285. Não dependerá de decisão do relator o pedido de habilitação:

I — do cônjuge e herdeiros necessários que provem por documento sua qualidade e o óbito do *de cujus*, e promovam a citação dos interessados para a renovação da instância;

II — fundado em sentença, com trânsito em julgado, que atribua ao requerente a qualidade de herdeiro necessário ou sucessor;

III — quando confessado ou não impugnado pela outra parte o parentesco, e se não houver oposição de terceiro.

Art. 286. Já havendo pedido de dia para julgamento, não se decidirá o requerimento de habilitação.

Art. 287. A parte que não se habilitar perante o Tribunal, poderá fazê-lo na instância inferior.

Capítulo IV | DA TUTELA PROVISÓRIA[1]

CAP. IV: 1. Cap. IV renomeado pela Em. Reg. 22, de 16.3.16.

Art. 288. Admitir-se-ão tutela de urgência ou tutela da evidência requeridas em caráter antecedente ou incidental na forma da lei processual.[1 a 2]

§ 1º A petição inicial da ação que visa à prestação de tutela de urgência em caráter antecedente será apensada oportunamente ao processo a que se refere.

§ 2º O relator poderá apreciar a liminar e a própria tutela de urgência, ou submetê-las ao Órgão Julgador competente.[3]

Art. 288: 1. Redação do art. 288, *caput* e §§, de acordo com a Em. Reg. 22, de 16.3.16.

Art. 288: 1a. v. CPC 294 e segs. Neste RISTJ, v. arts. 15-I (competência), 34-V e VI (competência do relator), 159-III (sustentação oral).

Art. 288: 2. **LC 64, de 18.5.90** — Estabelece, de acordo com o art. 14, § 9º, da Constituição Federal, casos de inelegibilidade, prazos de cessação, e determina outras providências: **"Art. 26-C** (*redação da LC 135, de 4.6.10*). O órgão colegiado do tribunal ao qual couber a apreciação do recurso contra as decisões colegiadas a que se referem as alíneas *d, e, h, j, l* e *n* do inciso I do art. 1º poderá, em caráter cautelar, suspender a inelegibilidade sempre que existir plausibilidade da pretensão recursal e desde que a providência tenha sido expressamente requerida, sob pena de preclusão, por ocasião da interposição do recurso. **§ 1º** Conferido efeito suspensivo, o julgamento do recurso terá prioridade sobre todos os demais, à exceção dos de mandado de segurança e de *habeas corpus*. **§ 2º** Mantida a condenação de que derivou a inelegibilidade ou revogada a suspensão liminar mencionada no *caput*, serão desconstituídos o registro ou o diploma eventualmente concedidos ao recorrente. **§ 3º** A prática de atos manifestamente protelatórios por parte da defesa, ao longo da tramitação do recurso, acarretará a revogação do efeito suspensivo".

Art. 288: 3. "Sendo o despacho concessivo de liminar em cautelar uma prerrogativa do relator, submetê-lo ao *referendum* do órgão julgador constitui uma liberalidade e não uma obrigatoriedade; porém, se provocado pela parte, deve o pedido ser recebido como agravo regimental" (MC 1.048-AgRg, Min. Flaquer Scartezzini, j. 11.11.97, DJU 15.12.97).

Capítulo V | DA MEDIAÇÃO[1]

CAP. V: 1. O Cap. V foi acrescido pela Em. Reg. 23, de 28.9.16.

Art. 288-A. O Centro de Soluções Consensuais de Conflitos do Superior Tribunal de Justiça, responsável por realizar sessões e audiências de conciliação e mediação e por desenvolver programas destinados a auxiliar, orientar e estimular a autocomposição, será coordenado pelo Ministro designado pelo Presidente.[1]

Parágrafo único. O Presidente, por proposta do Ministro Coordenador, disciplinará a criação e o funcionamento do Centro, bem como a inscrição, a remuneração, os impedimentos, a forma de desligamento e os afastamentos dos mediadores, com observância das normas de regência.

Art. 288-A: 1. O art. 288-A e § ún. foram acrescidos pela Em. Reg. 23, de 28.9.16.

Art. 288-B. O mediador judicial será designado pelo Ministro Coordenador dentre aqueles que constarem do cadastro de mediadores mantido pelo Centro de Soluções Consensuais de Conflitos do Superior Tribunal de Justiça ou de cadastro de âmbito nacional.[1]

§ 1º O relator poderá solicitar ao Centro a indicação de mediador para auxiliá-lo também em procedimento de conciliação.

§ 2º O relator pode encaminhar o processo de ofício para a mediação.

Art. 288-B: 1. **O art. 288-B e §§ foram acrescidos pela Em. Reg. 23, de 28.9.16.**

Art. 288-C. É admitido o uso da mediação para solução das controvérsias sujeitas à competência do Tribunal que versem sobre direitos disponíveis ou sobre direitos indisponíveis que admitam transação, conforme a legislação de regência, resguardada a gratuidade da mediação aos necessitados.[1]

Art. 288-C: 1. **O art. 288-C foi acrescido pela Em. Reg. 23, de 28.9.16.**

Capítulo VI — DA DESCONSIDERAÇÃO DA PERSONALIDADE JURÍDICA[1]

CAP. VI: 1. **O CAP. VI foi acrescido pela Em. Reg. 24, de 28.9.16.**

Art. 288-D. O incidente de desconsideração da personalidade jurídica será instaurado a pedido da parte ou do Ministério Público, quando lhe couber intervir no processo, e é cabível em todas as fases da ação de competência originária.[1]

§ 1º Compete ao relator apreciar o pedido de desconsideração da personalidade jurídica, que deve ser fundamentado e demonstrar o preenchimento dos pressupostos específicos previstos em lei.

§ 2º A instauração do incidente de desconsideração da personalidade jurídica suspenderá o processo e será comunicada imediatamente à Secretaria Judiciária, para as anotações devidas.

§ 3º Dispensa-se a instauração do incidente se a desconsideração da personalidade jurídica for requerida na petição inicial de ação de competência originária, hipótese em que haverá imediata distribuição, será citado o sócio ou a pessoa jurídica e não se suspenderá o processo.

Art. 288-D: 1. **O art. 288-D e §§ foram acrescidos pela Em. Reg. 24, de 28.9.16.**

Art. 288-E. Instaurado o incidente, o sócio ou a pessoa jurídica será citado para manifestar-se e requerer as provas cabíveis no prazo de quinze dias.[1]

Art. 288-E: 1. **O art. 288-E foi acrescido pela Em. Reg. 24, de 28.9.16.**

Art. 288-F. Concluída a instrução, se necessária, o incidente será resolvido pelo relator por decisão interlocutória, sujeita a agravo interno.[1]

Art. 288-F: 1. **O art. 288-F foi acrescido pela Em. Reg. 24, de 28.9.16.**

Art. 288-G. Aplica-se o disposto neste Capítulo à hipótese de desconsideração inversa da personalidade jurídica.[1]

Art. 288-G: 1. O art. 288-G foi acrescido pela Em. Reg. 24, de 28.9.16.

Título XI | DOS PROCEDIMENTOS ADMINISTRATIVOS

Arts. 289 a 300. ....[1]

Arts. 289 a 300: 1. Contêm: Cap. I — Da Eleição de Membros do Tribunal Superior Eleitoral (art. 289); Cap. II — Da Disponibilidade e da Aposentadoria por Interesse Público (art. 290); Cap. III — Da Verificação de Invalidez (arts. 291 a 300).

Título XII | DO CUMPRIMENTO DAS DECISÕES DO TRIBUNAL[1]

TÍT. XII: 1. Tít. XII renomeado pela Em. Reg. 22, de 16.3.16.

Capítulo I | DISPOSIÇÕES GERAIS

Art. 301. As determinações necessárias ao cumprimento das decisões competem:[1]

I — ao Presidente, quanto às decisões que houver proferido e quanto às decisões tomadas pelo Plenário, pela Corte Especial e pelo Conselho de Administração.

II — ao Presidente da Seção, quanto aos acórdãos e às decisões desta e às suas decisões individuais.

III — ao Presidente de Turma, quanto aos acórdãos e às decisões desta e às suas decisões individuais;

IV — ao relator, quanto às suas decisões acautelatórias ou de instrução e direção do processo.

Parágrafo único. As disposições deste artigo não se aplicam às ações penais originárias.[2]

Art. 301: 1. Redação do art. 301-*caput* e incisos de acordo com a Em. Reg. 22, de 16.3.16.

Art. 301: 2. O § ún. foi acrescido pela Em. Reg. 24, de 28.9.16.

Art. 302. ....[1]

Art. 302: 1. O art. 302 foi revogado pela Em. Reg. 22, de 16.3.16.

Art. 302-A. Nas ações penais originárias, os atos de execução e de cumprimento das decisões e acórdãos transitados em julgado serão requisitados diretamente ao Ministro que funcionou como relator do processo na fase de conhecimento.[1]

Art. 302-A: 1. O art. 302-A foi acrescido pela Em. Reg. 24, de 28.9.16.

Art. 303. Os atos executivos de cumprimento das decisões do Tribunal serão requisitados ou delegados a quem os deva praticar.[1]

Art. 303: 1. Redação de acordo com a Em. Reg. 22, de 16.3.16.

Art. 304. As impugnações ao cumprimento das decisões e os eventuais incidentes poderão ser levados à apreciação:[1-2]

I — da Corte Especial, pelo Presidente, pelo relator, pela Seção ou pela Turma ou por seus Presidentes;

II — da Seção, por seu Presidente ou pelo relator;

III — da Turma, por seu Presidente ou pelo relator.

Art. 304: 1. Redação do *caput* de acordo com a Em. Reg. 22, de 16.3.16.

Art. 304: 2. v. art. 15-II.

Art. 305. O cumprimento das decisões do Tribunal atenderá, no que couber, à legislação processual.[1-2]

Art. 305: 1. Redação de acordo com a Em. Reg. 22, de 16.3.16.

Art. 305: 2. v. CPC 513 e segs.

Capítulo II | DA CARTA DE SENTENÇA PENAL[1]

CAP. II: 1. Redação de acordo com a Em. Reg. 24, de 28.9.16.

Art. 306. A carta de sentença deve conter, pelo menos, as seguintes peças e informações:[1]

I — qualificação completa do executado;

II — interrogatório do executado na polícia e em juízo, conforme o caso;

III — cópia da denúncia;

IV — cópia da sentença, voto(s) e acórdão(s) e respectivo(s) termo(s) de publicação, inclusive contendo, se for o caso, a menção expressa ao deferimento de detração que importe determinação de regime de cumprimento de pena mais benéfico do que o legalmente cabível sem a detração, pelo próprio juízo do processo de conhecimento, nos termos do art. 387, § 2º, do Código de Processo Penal, acrescentado pela Lei n. 12.736/2012;

V — informação sobre os endereços em que o executado possa ser localizado, os antecedentes criminais e o grau de instrução;

VI — instrumentos de mandato, substabelecimentos, despachos de nomeação de defensores dativos ou de intimação da Defensoria Pública;

VII — certidões de trânsito em julgado da condenação para a acusação e para a defesa;

VIII — cópia do mandado de prisão temporária e/ou preventiva, com a respectiva certidão da data do cumprimento, para cômputo da detração;

IX — cópia de eventual alvará de soltura, com a certidão da data do cumprimento da ordem de soltura, para cômputo da detração, caso esta já não tenha sido apreciada pelo Juízo do processo de conhecimento para determinação do regime de cumprimento de pena, nos termos do art. 387, § 2º, do Código de Processo Penal, acrescentado pela Lei n. 12.736/2012;

X — nome e endereço do curador, se houver;

XI — informações acerca do estabelecimento prisional em que o condenado encontra-se recolhido e para o qual deve ser removido, na hipótese de deferimento de detração que importe determinação de regime de cumprimento de pena mais benéfico do que o legalmente cabível sem a detração pelo próprio juízo do processo de conhecimento, nos termos do art. 387, § 2º, do Código de Processo Penal, acrescentado pela Lei n. 12.736/2012;

XII — cópias da decisão de pronúncia e da certidão de preclusão em se tratando de condenação em crime doloso contra a vida;

XIII — certidão carcerária;

XIV — cópias de outras peças do processo reputadas indispensáveis à adequada execução da pena, a critério do relator.

Art. 306: 1. Redação de acordo com a Em. Reg. 24, de 28.9.16.

Art. 307. ....[1]

Art. 307: 1. O artigo foi revogado pela Em. Reg. 24, de 28.9.16.

Art. 308. ....[1]

Art. 308: 1. O artigo foi revogado pela Em. Reg. 24, de 28.9.16.

Capítulo III DO CUMPRIMENTO DE DECISÃO DO TRIBUNAL QUE RECONHEÇA A EXIGIBILIDADE DE OBRIGAÇÃO DE PAGAR QUANTIA CERTA PELA FAZENDA PÚBLICA[1]

CAP. III: 1. Cap. III renomeado pela Em. Reg. 22, de 16.3.16.

Art. 309. A execução por quantia certa fundada em decisão proferida contra a Fazenda Pública em ação da competência originária do Tribunal observará o disposto na lei processual.[1-2]

I — ....[3]

II — ....[3a]

§ 1º A Fazenda Pública será intimada na pessoa de seu representante judicial por carga ou meio eletrônico, para, querendo, no prazo de trinta dias e nos próprios autos, impugnar o cumprimento de decisão.[4-4a]

§ 2º Se não houver impugnação no prazo regimental ou se forem rejeitadas as arguições da executada, observar-se-á o disposto na lei processual.[5-6]

Art. 309: 1. Redação do *caput* de acordo com a Em. Reg. 22, de 16.3.16.

Art. 309: 2. v. CF 100 e CPC 534 e 535.

Art. 309: 3 e 3a. Os incisos I e II foram revogados pela Em. Reg. 22, de 16.3.16.

Art. 309: 4. O § 1º foi acrescido pela Em. Reg. 22, de 16.3.16.

Art. 309: 4a. v. CPC 535.

Art. 309: 5. O § 2º foi acrescido pela Em. Reg. 22, de 16.3.16.

Art. 309: 6. v. CPC 535 § 3º.

Art. 310. As requisições de pagamento das somas ao qual a Fazenda Pública for condenada serão dirigidas ao Presidente do Tribunal, que determinará as providências ao devedor para depósito ou alocação orçamentária.[1]

Art. 310: 1. Redação de acordo com a Em. Reg. 22, de 16.3.16.

Art. 311. O Presidente do Tribunal determinará o pagamento integral das requisições e autorizará, a requerimento do credor e exclusivamente para os casos de preterimento de seu direito de precedência ou de não alocação orçamentária do valor necessário à satisfação do seu débito, o sequestro da quantia respectiva.[1]

Art. 311: 1. Redação de acordo com a Em. Reg. 22, de 16.3.16.

Capítulo IV | DA INTERVENÇÃO FEDERAL NOS ESTADOS

Art. 312. A requisição de intervenção federal,[1] prevista nos arts. 34, VI, e 36, II e IV, da Constituição, será promovida:[2]

I — de ofício, ou mediante pedido do Presidente do Tribunal de Justiça do Estado, ou do Presidente de Tribunal Federal, quando se tratar de prover a execução de ordem ou decisão judicial, com ressalva, conforme a matéria, da competência do Supremo Tribunal Federal ou do Tribunal Superior Eleitoral (Constituição, art. 34, VI, e art. 36, II);

II — de ofício, ou mediante pedido da parte interessada, quando se tratar de prover a execução de ordem ou decisão do Superior Tribunal de Justiça (Constituição, art. 34, VI, e art. 36, II);

III — mediante representação do Procurador-Geral da República, quando se tratar de prover a execução de lei federal (Constituição, art. 34, VI, e art. 36, IV).

Art. 312: 1. "Não é de ser deferido pedido de intervenção federal para cumprimento de decisão liminar, modificável a qualquer tempo" (STJ-Corte Especial, IF 83, Min. Ruy Rosado, j. 29.5.03, dois votos vencidos, DJU 15.9.03).

Art. 312: 2. "O credor de título executivo judicial não tem legitimidade de iniciativa para provocar a requisição de intervenção federal por esta Corte quando a decisão judicial descumprida emana de Tribunal de Segundo Grau" (STJ-Corte Especial, IF 49, Min. Vicente Leal, j. 29.6.01, DJU 22.10.01).

Art. 313. O Presidente, ao receber o pedido:

I — tomará as providências oficiais que lhe parecerem adequadas para remover, administrativamente, a causa do pedido;

II — mandará arquivá-lo, se for manifestamente infundado, cabendo da sua decisão agravo regimental.

Art. 314. Realizada a gestão prevista no inciso I do artigo anterior, solicitadas informações à autoridade estadual, que as deverá prestar, no prazo de trinta (30) dias, e ouvido o Procurador-Geral, em igual prazo, o pedido será distribuído a um relator.[1-2]

Parágrafo único. Tendo em vista o interesse público, poderá a Corte Especial limitar a presença no recinto às partes e seus advogados, ou somente a estes.[3]

Art. 314: 1. Redação do *caput* de acordo com a Em. Reg. 1, de 23.5.91.

Art. 314: 2. *Quorum*: art. 172 § ún.

Art. 314: 3. O § ún. foi incluído pela Em. Reg. 1, de 23.5.91.

Art. 315. Julgado procedente o pedido, o Presidente do Tribunal comunicará imediatamente a decisão aos órgãos interessados do Poder Público e requisitará a intervenção ao Presidente da República.

Parte III | DOS SERVIÇOS ADMINISTRATIVOS

Arts. 316 a 331. ....[1]

Arts. 316 a 331: 1. Contêm: Tít. I — Da Secretaria do Tribunal (arts. 316 a 321); Tít. II — Do Gabinete do Presidente (arts. 322 a 324); Tít. III — Do Gabinete dos Ministros (arts. 325 a 327).

O Tít. IV — Da Secretaria do Conselho da Justiça Federal (arts. 328 a 331) foi revogado pela Em. Reg. 4, de 2.12.93.

Parte IV | DISPOSIÇÕES FINAIS

Título I | DAS EMENDAS AO REGIMENTO

Art. 332. A iniciativa de emenda ao Regimento Interno cabe a qualquer membro ou Comissão do Tribunal.

Parágrafo único. A proposta de emenda que não for de iniciativa da Comissão de Regimento será encaminhada a ela, que dará seu parecer, dentro de dez dias. Nos casos urgentes, esse prazo poderá ser reduzido.

Art. 333. Quando ocorrer mudança na legislação que determine alteração do Regimento Interno esta será proposta ao Tribunal pela Comissão de Regimento, no prazo de dez dias, contados da vigência da lei.

Art. 334. As emendas considerar-se-ão aprovadas se obtiverem o voto favorável de dois terços dos membros do Tribunal, não entrando em vigor antes de sua publicação no Diário da Justiça eletrônico.[1]

Art. 334: 1. Redação de acordo com a Em. Reg. 22, de 16.3.16.

Art. 335. As emendas aprovadas serão numeradas ordinalmente.

Título II | DAS DISPOSIÇÕES GERAIS E TRANSITÓRIAS

Art. 336. Ocorrendo alteração do número de Ministros, previsto na data da publicação deste Regimento, a competência do Plenário limitar-se-á às eleições do Presidente do Tribunal, do Vice-Presidente, dos membros do Conselho da Justiça Federal e do Diretor da Revista, transferindo-se para a Corte Especial as demais competências elencadas no art. 10.

Art. 337. O Tribunal presta homenagem aos Ministros:

I — por motivo de afastamento definitivo do seu serviço;

II — por motivo de falecimento;

III — para celebrar centenário de nascimento.

Parágrafo único. Por deliberação da Corte Especial, tomada com a presença de dois terços dos seus membros e pelo voto da maioria absoluta dos seus integrantes, o Tribunal pode homenagear pessoa estranha e falecida, de excepcional relevo no governo do País, na administração da Justiça ou no aperfeiçoamento das instituições jurídicas.

Art. 338. O Presidente do Tribunal, mediante instrução normativa, disciplinará a remessa aos Tribunais Regionais Federais, dos feitos da competência destes e que se encontrem na Secretaria do Superior Tribunal de Justiça, pendentes de julgamento.

Art. 339. O Conselho da Justiça Federal elaborará o seu Regimento Interno e o submeterá à aprovação da Corte Especial, no prazo de cento e vinte dias da vigência deste Regimento.[1]

Art. 339: 1. v. art. 48.

Art. 340. Os embargos de declaração, interpostos de acórdãos proferidos em processos dos quais o Tribunal haja perdido a competência para julgar, serão encaminhados ao Tribunal Regional Federal respectivo.

Art. 341. Os acórdãos proferidos pelo Tribunal Federal de Recursos e ainda não publicados, serão incluídos no expediente de publicação do Tribunal, e aguardarão, na Secretaria deste, a interposição de recurso.

Parágrafo único. Interposto o recurso, serão os autos encaminhados ao Tribunal Regional Federal respectivo, para o seu processamento. Igual procedimento será adotado em relação a recursos interpostos de acórdãos do Tribunal Federal de Recursos, que estejam sendo processados na Secretaria do Superior Tribunal de Justiça.

Art. 342. Os feitos da competência do Tribunal Federal de Recursos e incluídos na competência do Superior Tribunal de Justiça serão redistribuídos.

Art. 343. Os precatórios de requisição de pagamento das somas a que a Fazenda Pública tiver sido condenada e em andamento na Secretaria do Tribunal, serão objeto de resolução a ser baixada pela Presidência do Tribunal.

Art. 344. Este Regimento Interno entrará em vigor quinze dias após a sua publicação, revogadas as disposições em contrário.

Superior Tribunal de Justiça, 22 de junho de 1989 — Ministro EVANDRO GUEIROS LEITE, Presidente (seguem-se as demais assinaturas dos Srs. Ministros).

Lei n. 11.636, de 28 de dezembro de 2007

Dispõe sobre as custas judiciais devidas no âmbito do Superior Tribunal de Justiça.

O Presidente da República

Faço saber que o Congresso Nacional decreta e eu sanciono a seguinte Lei:

Art. 1º Esta Lei dispõe sobre a incidência e a cobrança das custas devidas à União que tenham como fato gerador a prestação de serviços públicos de natureza forense, no âmbito do Superior Tribunal de Justiça, nos processos de competência originária ou recursal.

Art. 2º Os valores e as hipóteses de incidência das custas são os constantes do Anexo desta Lei.

Parágrafo único. Os valores das custas judiciais do Superior Tribunal de Justiça constantes das Tabelas do Anexo desta Lei serão corrigidos anualmente pela variação do Índice Nacional de Preços ao Consumidor Amplo — IPCA, do IBGE, observado o disposto no art. 15 desta Lei.

Art. 3º As custas previstas nesta Lei não excluem as despesas estabelecidas em legislação processual específica, inclusive o porte de remessa e retorno dos autos.

Art. 4º O pagamento das custas deverá ser feito em bancos oficiais, mediante preenchimento de guia de recolhimento de receita da União, de conformidade com as normas estabelecidas pela Secretaria da Receita Federal do Ministério da Fazenda e por resolução do presidente do Superior Tribunal de Justiça.

Art. 5º Exceto em caso de isenção legal, nenhum feito será distribuído sem o respectivo preparo, nem se praticarão nele atos processuais, salvo os que forem ordenados de ofício pelo relator.

Parágrafo único. O preparo compreende todos os atos do processo, inclusive a baixa dos autos.

Art. 6º Quando autor e réu recorrerem, cada recurso estará sujeito a preparo integral e distinto, composto de custas e porte de remessa e retorno.

§ 1º Se houver litisconsortes necessários, bastará que um dos recursos seja preparado para que todos sejam julgados, ainda que não coincidam suas pretensões.

§ 2º Para efeito do disposto no § 1º deste artigo, o assistente é equiparado ao litisconsorte.

§ 3º O terceiro prejudicado que recorrer fará o preparo do seu recurso, independentemente do preparo dos recursos que, porventura, tenham sido interpostos pelo autor ou pelo réu.

Art. 7º Não são devidas custas nos processos de *habeas data*, *habeas corpus* e recursos em *habeas corpus*, e nos demais processos criminais, salvo a ação penal privada.

Art. 8º Não haverá restituição das custas quando se declinar da competência do Superior Tribunal de Justiça para outros órgãos jurisdicionais.

Art. 9º Quando se tratar de feitos de competência originária, o comprovante do recolhimento das custas deverá ser apresentado na unidade competente do Superior Tribunal de Justiça, no ato de protocolo.

Art. 10. Quando se tratar de recurso, o recolhimento do preparo, composto de custas e porte de remessa e retorno, será feito no tribunal de origem, perante as suas secretarias e no prazo da sua interposição.

Parágrafo único. Nenhum recurso subirá ao Superior Tribunal de Justiça, salvo caso de isenção, sem a juntada aos autos do comprovante de recolhimento do preparo.

Art. 11. O abandono ou desistência do feito, ou a existência de transação que lhe ponha termo, em qualquer fase do processo, não dispensa a parte do pagamento das custas nem lhe dá o direito à restituição.

Art. 12. Extinto o processo, se a parte responsável pelo pagamento das custas ou porte de remessa e retorno, devidamente intimada, não o fizer dentro de 15 (quinze) dias, o responsável pela unidade administrativa competente do órgão julgador a que estiver afeto o processo encaminhará os elementos necessários ao relator e este à Procuradoria-Geral da Fazenda Nacional, para sua inscrição como dívida ativa da União.

Art. 13. A assistência judiciária, perante o Superior Tribunal de Justiça, será requerida ao presidente antes da distribuição, e, nos demais casos, ao relator.

Parágrafo único. Prevalecerá no Superior Tribunal de Justiça a assistência judiciária já concedida em outra instância.

Art. 14. O regimento interno do Superior Tribunal de Justiça disporá sobre os atos complementares necessários ao cumprimento desta Lei.

Art. 15. Esta Lei entra em vigor na data de sua publicação, produzindo efeitos respeitando-se o disposto nas alíneas *b* e *c* do inciso III do *caput* do art. 150 da Constituição Federal.

Brasília, 28 de dezembro de 2007; 186º da Independência e 119º da República — LUIZ INÁCIO LULA DA SILVA — **Tarso Genro.**

ANEXO

Tabela de Custas Judiciais do Superior Tribunal de Justiça

TABELA A

Recursos Interpostos em Instância Inferior

RECURSO	VALOR (em R$)
I — Recurso em Mandado de Segurança	
II — Recurso Especial	
III — Apelação Cível (art. 105, inciso II, alínea *c*, da Constituição Federal)	

TABELA B

Feitos de Competência Originária

FEITO	VALOR (em R$)
I — Ação Penal	
II — Ação Rescisória	
III — Comunicação	
IV — Conflito de Competência	
V — Conflito de Atribuições	
VI — Exceção de Impedimento	
VII — Exceção de Suspeição	
VIII — Exceção da Verdade	
IX — Inquérito	
X — Interpelação Judicial	
XI — Intervenção Federal	
XII — Mandado de Injunção	
XIII — Mandado de Segurança:	
a) um impetrante	
b) mais de um impetrante (cada excedente)	
XIV — Medida Cautelar	
XV — Petição	
XVI — Reclamação	
XVII — Representação	
XVIII — Revisão Criminal	
XIX — Suspensão de Liminar e de Sentença	
XX — Suspensão de Segurança	
XXI — Embargos de Divergência	
XXII — Ação de Improbidade Administrativa	
XXIII — Homologação de Sentença Estrangeira	

Observação: s/ valores, v. art. 2º § ún.

Ementário

Supremo Tribunal Federal

Regimento Interno do Supremo Tribunal Federal — Aprovado em sessão de 15.10.80, com entrada em vigor a 1.12.80 (v., adiante, texto parcial).

Emendas Regimentais: **1,** de 25.11.81; **2,** de 4.12.85; **3,** de 18.4.89; **4,** de 28.9.92; **5,** de 4.5.95; **6,** de 12.6.96; **7,** de 6.4.98; **8,** de 8.5.01; **9,** de 8.10.01; **10,** de 9.10.03; **11,** de 9.10.03; **12,** de 12.12.03; **13,** de 25.3.04; **14,** de 25.3.04; **15,** de 30.3.04; **16,** de 25.8.05; **17,** de 9.2.06; **18,** de 2.8.06; **19,** de 16.8.06; **20,** de 16.10.06; **21,** de 30.4.07; **22,** de 30.11.07; **23,** de 11.3.08; **24,** de 20.5.08; **25,** de 26.6.08; **26,** de 22.10.08; **27,** de 28.11.08; **28,** de 18.2.09; **29,** de 18.2.09; **30,** de 29.5.09; **31,** de 29.5.09; **32,** de 7.8.09; **33,** de 7.8.09; **34,** de 7.8.09; **35,** de 2.12.09; **36,** de 2.12.09; **37,** de 11.2.10; **38,** de 11.2.10; **39,** de 5.8.10; **40,** de 5.8.10; **41,** de 16.9.10; **42,** de 2.12.10; **43,** de 2.12.10; **44,** de 2.6.11; **45,** de 10.6.11; **46,** de 6.7.11; **47,** de 24.2.12; **48,** de 3.4.12; **49,** de 3.6.14; **50,** de 19.4.16; **51,** de 22.6.16; **52,** de 14.6.19; **53,** de 18.3.20; **54,** de 1.7.20; **55,** de 12.8.20; **56,** de 12.8.20.

Súmulas do STF — v. nota 1a ao art. 102 do RISTF e Índice de Súmulas, no fim deste volume (só a parte relativa a processo civil).

Lei 11.417, de 19.12.06 — Regulamenta o art. 103-A da Constituição Federal e altera a Lei n. 9.784, de 29 de janeiro de 1999, disciplinando a edição, a revisão e o cancelamento de enunciado de súmula vinculante pelo Supremo Tribunal Federal, e dá outras providências (DOU 20.12.06; v., adiante, texto integral).

Resolução 404 do STF, de 7.8.09 — Dispõe sobre as intimações das decisões proferidas no âmbito do Supremo Tribunal Federal em processos físicos ou eletrônicos e dá outras providências (DJ 12.8.09; v. adiante texto integral).

Regimento Interno do Supremo Tribunal Federal[1 a 3]

RISTF: 1. com vigência a partir de 1.12.80 (v. art. 368).

RISTF: 2. "O regimento interno dos tribunais é lei material. Na taxinomia das normas jurídicas o regimento interno dos tribunais se equipara à lei. A prevalência de uma ou outro depende da matéria regulada, pois são normas de igual categoria. Em matéria processual, prevalece a lei; no que tange ao funcionamento dos tribunais, o regimento interno prepondera" (RTJ 177/102, dois votos vencidos).

RISTF: 3. Não foram feitas notas e observações a preceitos relativos exclusivamente a matéria penal ou trabalhista.

Disposição Inicial

Art. 1º Este Regimento[1] estabelece a composição e a competência dos órgãos do Supremo Tribunal Federal, regula o processo e o julgamento dos feitos que lhe são atribuídos pela Constituição da República[2] e a disciplina dos seus serviços.[3]

Art. 1º: 1. v. notas de jurisprudência s/ o RISTF por Arruda Alvim e Antônio Alberti Neto (RP 41/298).

Art. 1º: 2. v. CF 102.

Art. 1º: 3. v. CF 96-I.

Parte I | DA ORGANIZAÇÃO E COMPETÊNCIA

Título I | DO TRIBUNAL

Capítulo I | DA COMPOSIÇÃO DO TRIBUNAL

Art. 2º O Tribunal compõe-se de onze Ministros, tem sede na Capital da República e jurisdição em todo território nacional.

Parágrafo único. O Presidente e Vice-Presidente são eleitos pelo Tribunal, dentre os Ministros.

Art. 3º São órgãos do Tribunal o Plenário, as Turmas e o Presidente.

Art. 4º As Turmas são constituídas de cinco Ministros.

§ 1º A Turma é presidida pelo Ministro mais antigo dentre seus membros, por um período de um ano, vedada a recondução, até que todos os seus integrantes hajam exercido a Presidência, observada a ordem decrescente de antiguidade.[1]

§ 2º É facultado ao Ministro mais antigo recusar a Presidência, desde que o faça antes da proclamação de sua escolha.[2]

§ 3º Na hipótese de vacância do cargo de Presidente de Turma, assumir-lhe-á, temporariamente, a Presidência o Ministro mais antigo que nela tiver assento.[3]

§ 4º A escolha do Presidente da Turma, observado o critério estabelecido no § 1º deste artigo, dar-se-á na última sessão ordinária da Turma que preceder a cessação ordinária do mandato atual, ressalvada a situação prevista no parágrafo seguinte.[4]

§ 5º Se a Presidência da Turma vagar-se por outro motivo, a escolha a que se refere o § 4º deste artigo dar-se-á na sessão ordinária imediatamente posterior à ocorrência da vaga, hipótese em que o novo Presidente exercerá, por inteiro, o mandato de um ano a contar da data de sua investidura.[5]

§ 6º Considera-se empossado o sucessor, em qualquer das situações a que se referem os § 4º e § 5º deste artigo, na mesma data de sua escolha para a Presidência da Turma, com início e exercício do respectivo mandato a partir da primeira sessão subsequente.[6]

§ 7º O Presidente da Turma é substituído, nas suas ausências ou impedimentos eventuais ou temporários, pelo Ministro mais antigo dentre os membros que a compõem.[7]

§ 8º O Presidente do Tribunal, ao deixar o cargo, passa a integrar a Turma de que sai o novo Presidente.[8]

§ 9º O Ministro que for eleito Vice-Presidente permanece em sua Turma.[9]

§ 10 O Ministro que se empossa no Supremo Tribunal Federal integra a Turma onde existe a vaga.[10]

Art. 4º: 1. Redação de acordo com a Em. Reg. 25, de 26.6.08.

Art. 4º: 2. Redação de acordo com a Em. Reg. 25, de 26.6.08.

Art. 4º: 3. Redação de acordo com a Em. Reg. 25, de 26.6.08.

Art. 4º: 4. Redação de acordo com a Em. Reg. 25, de 26.6.08.

Art. 4º: 5. Redação de acordo com a Em. Reg. 25, de 26.6.08.

Art. 4º: 6. Redação de acordo com a Em. Reg. 25, de 26.6.08.

Art. 4º: 7. Redação de acordo com a Em. Reg. 25, de 26.6.08.

Art. 4º: 8. Redação de acordo com a Em. Reg. 25, de 26.6.08.

Art. 4º: 9. Redação de acordo com a Em. Reg. 25, de 26.6.08.

Art. 4º: 10. Redação de acordo com a Em. Reg. 25, de 26.6.08.

Capítulo II | DA COMPETÊNCIA DO PLENÁRIO

Arts. 5º a 8º ....

Capítulo III | DA COMPETÊNCIA DAS TURMAS

Arts. 9º a 11. ....

Capítulo IV | DO PRESIDENTE E DO VICE-PRESIDENTE

Art. 12. O Presidente e o Vice-Presidente têm mandato por dois anos, vedada a reeleição para o período imediato.

§ 1º Proceder-se-á à eleição, por voto secreto, na segunda sessão ordinária do mês anterior ao da expiração do mandato, ou na segunda sessão ordinária imediatamente posterior à ocorrência de vaga por outro motivo.

§ 2º O *quorum* para a eleição é de oito Ministros; se não alcançado, será designada sessão extraordinária para a data mais próxima, convocados os Ministros ausentes.

§ 3º Considera-se presente à eleição o Ministro, mesmo licenciado, que enviar o seu voto, em sobrecarta fechada, que será aberta publicamente pelo Presidente, depositando-se a cédula na urna, sem quebra do sigilo.

§ 4º Está eleito, em primeiro escrutínio, o Ministro que obtiver número de votos superior à metade dos membros do Tribunal.

§ 5º Em segundo escrutínio, concorrerão somente os dois Ministros mais votados no primeiro.

§ 6º Não alcançada, no segundo escrutínio, a maioria a que se refere o § 4º, proclamar-se-á eleito, dentre os dois, o mais antigo.

§ 7º Realizar-se-á a posse, em sessão solene, em dia e hora marcados naquela em que se proceder à eleição.

§ 8º Os mandatos do Presidente e do Vice-Presidente estender-se-ão até a posse dos respectivos sucessores, se marcada para data excedente do biênio.

Art. 13. São atribuições do Presidente:

I — velar pelas prerrogativas do Tribunal;

II — representá-lo perante os demais poderes e autoridades;

III — dirigir-lhe os trabalhos e presidir-lhe as sessões plenárias, cumprindo e fazendo cumprir este Regimento;

IV — (Suprimido)[1]

V — despachar:

a) antes da distribuição, o pedido de assistência judiciária;

b) a reclamação por erro de ata referente a sessão que lhe caiba presidir;

c) como Relator, nos termos dos arts. 932 e 1.042 do Código de Processo Civil, até eventual distribuição, as petições, os recursos extraordinários e os agravos em recurso extraordinário ineptos ou manifestamente inadmissíveis, inclusive por incompetência, intempestividade, deserção, prejuízo ou ausência de preliminar formal e fundamentada de repercussão geral, bem como aqueles cujo tema seja destituído de repercussão geral, conforme jurisprudência do Tribunal;[2]

d) como Relator, nos termos dos arts. 932 e 1.042 do Código de Processo Civil, até eventual distribuição, os recursos extraordinários e os agravos que veiculem pretensão contrária a jurisprudência dominante ou a súmula do Supremo Tribunal Federal;[3]

e) como Relator, até eventual distribuição, os *habeas corpus* que sejam inadmissíveis em razão de incompetência manifesta, encaminhando os autos ao órgão que repute competente.[3a]

VI — executar e fazer cumprir os seus despachos, suas decisões monocráticas, suas resoluções, suas ordens e os acórdãos transitados em julgado e por ele relatados, bem como as deliberações do Tribunal tomadas em sessão administrativa e outras de interesse institucional, facultada a delegação de atribuições para a prática de atos processuais não decisórios;[4]

VII — decidir questões de ordem ou submetê-las ao Tribunal quando entender necessário;

VIII — decidir questões urgentes nos períodos de recesso ou de férias;[5]

IX — proferir voto de qualidade nas decisões do Plenário, para as quais o Regimento Interno não preveja solução diversa, quando o empate na votação decorra de ausência de Ministro em virtude de:[6]

a) impedimento ou suspeição;

b) vaga ou licença médica superior a trinta dias, quando seja urgente a matéria e não se possa convocar o Ministro licenciado;

X — dar posse aos Ministros e conceder-lhes transferência de Turma;

XI — conceder licença aos Ministros, de até três meses, e aos servidores do Tribunal;

XII — nomear e dar posse ao Diretor-Geral, ao Secretário-Geral da Presidência, aos Secretários e aos Assessores-Chefes;[6a]

XIII — superintender a ordem e a disciplina do Tribunal, bem como aplicar penalidades aos seus servidores;

XIV — apresentar ao Tribunal relatório circunstanciado dos trabalhos do ano;

XV — relatar a arguição de suspeição oposta a Ministro;

XVI — assinar a correspondência destinada ao Presidente da República; ao Vice-Presidente da República; ao Presidente do Senado Federal; aos Presidentes dos Tribunais Superiores, entre estes incluído o Tribunal de Contas da União; ao Procurador-Geral da República; aos Governadores dos Estados e do Distrito Federal; aos Chefes de Governo estrangeiro e seus representantes no Brasil; às autoridades públicas, em resposta a pedidos de informação sobre assunto pertinente ao Poder Judiciário e ao Supremo Tribunal Federal, ressalvado o disposto no inciso XVI do art. 21;[7]

XVI-A — designar magistrados para atuação como Juiz Auxiliar do Supremo Tribunal Federal em auxílio à Presidência e aos Ministros, sem prejuízo dos direitos e vantagens de seu cargo, além dos definidos pelo Presidente em ato próprio;[8]

XVII — convocar audiência pública para ouvir o depoimento de pessoas com experiência e autoridade em determinada matéria, sempre que entender necessário o esclarecimento de questões ou circunstâncias de fato, com repercussão geral e de interesse público relevante, debatidas no âmbito do Tribunal.[9]

XVIII — decidir, de forma irrecorrível, sobre a manifestação de terceiros, subscrita por procurador habilitado, em audiências públicas ou em qualquer processo em curso no âmbito da Presidência;[10]

XIX — praticar os demais atos previstos na lei e no Regimento.[11]

Parágrafo único. O Presidente poderá delegar a outro Ministro o exercício da faculdade prevista no inciso VIII.

Art. 13: 1. Redação de acordo com a Em. Reg. 18, de 2.8.06.

Art. 13: 2 a 3a. Redação de acordo com a Em. Reg. 54, de 1.7.20.

Art. 13: 4. Redação de acordo com a Em. Reg. 41, de 16.9.10.

Art. 13: 5. Redação de acordo com a Em. Reg. 26, de 22.10.08.

Art. 13: 6. Redação do inciso e alíneas de acordo com a Em. Reg. 35, de 2.12.09.

Art. 13: 6a. Redação de acordo com a Em. Reg. 50, de 19.4.16.

Art. 13: 7. Redação de acordo com a Em. Reg. 7, de 6.4.98.

Art. 13: 8. Redação de acordo com a Em. Reg. 32, de 7.8.09.

Art. 13: 9 a 11. Redação de acordo com a Em. Reg. 29, de 18.2.09.

Art. 14. O Vice-Presidente substitui o Presidente nas licenças, ausências e impedimentos eventuais. Em caso de vaga, assume a presidência até a posse do novo titular.

Capítulo V | DOS MINISTROS

Seção I | DISPOSIÇÕES GERAIS

Art. 15. Os Ministros tomam posse em sessão solene do Tribunal, ou perante o Presidente, em período de recesso ou de férias.

§ 1º No ato da posse, o Ministro prestará compromisso de bem cumprir os deveres do cargo, de conformidade com a Constituição e as leis da República.

§ 2º Do compromisso de posse será lavrado termo assinado pelo Presidente, pelo empossado, pelos Ministros presentes e pelo Diretor-Geral.

Art. 16. Os Ministros têm as prerrogativas, garantias, direitos e incompatibilidades inerentes ao exercício da magistratura.

Parágrafo único. Receberão o tratamento de Excelência, conservando o título e as honras correspondentes, mesmo após a aposentadoria, e usarão vestes talares, nas sessões solenes, e capas, nas sessões ordinárias ou extraordinárias.

Art. 17. A antiguidade do Ministro no Tribunal é regulada na seguinte ordem:

I — a posse;

II — a nomeação;

III — a idade.

Parágrafo único. Esgotada a lista, nos casos em que o Regimento manda observar a antiguidade decrescente, o imediato ao Ministro mais moderno será o mais antigo no Tribunal, ou na Turma conforme o caso.

Art. 18. Não podem ter assento, simultaneamente, no Tribunal, parentes consanguíneos ou afins na linha ascendente ou descendente, e na colateral, até o terceiro grau, inclusive.

Parágrafo único. A incompatibilidade resolve-se na seguinte ordem:

I — antes da posse:

a) contra o último nomeado;

b) se a nomeação for da mesma data, contra o menos idoso;

II — depois da posse:

a) contra o que deu causa à incompatibilidade;

b) se a causa for imputável a ambos, contra o mais moderno.

Art. 19. O Ministro de uma Turma tem o direito de transferir-se para outra onde haja vaga; havendo mais de um pedido, terá preferência o do mais antigo.

Art. 20. Os Ministros têm jurisdição em todo o território nacional.

Seção II | DO RELATOR

Art. 21. São atribuições do Relator:

I — ordenar e dirigir o processo;

II — executar e fazer cumprir os seus despachos, suas decisões monocráticas, suas ordens e seus acórdãos transitados em julgado, bem como determinar às autoridades judiciárias e administrativas providências relativas ao andamento e à instrução dos processos de sua competência, facultada a delegação de atribuições para a prática de atos processuais não decisórios a outros Tribunais e a juízos de primeiro grau de jurisdição;[1]

III — submeter ao Plenário, à Turma, ou aos Presidentes, conforme a competência, questões de ordem para o bom andamento dos processos;

IV — submeter ao Plenário ou à Turma, nos processos da competência respectiva, medidas cautelares necessárias à proteção de direito suscetível de grave dano de incerta reparação, ou ainda destinadas a garantir a eficácia da ulterior decisão da causa;

V — determinar, em caso de urgência, as medidas do inciso anterior, *ad referendum* do Plenário ou da Turma;

V-A — decidir questões urgentes no plantão judicial realizado nos dias de sábado, domingo, feriados e naqueles em que o Tribunal o determinar, na forma regulamentada em Resolução;[2]

VI — determinar, em agravo de instrumento, a subida, com as razões das partes, de recurso denegado ou procrastinado, para melhor exame;

VII — requisitar os autos originais, quando necessário;

VIII — homologar as desistências, ainda que o feito se ache em mesa para julgamento;

IX — julgar prejudicado pedido ou recurso que haja perdido o objeto;

X — pedir dia para julgamento dos feitos nos quais estiver habilitado a proferir voto, ou passá-los ao Revisor, com o relatório, se for o caso;

XI — remeter *habeas corpus* ou recurso de *habeas corpus* ao julgamento do Plenário;

XII — assinar cartas de sentença;

XIII — delegar atribuições a outras autoridades judiciárias, nos casos previstos em lei e neste Regimento;

XIV — apresentar em mesa para julgamento os feitos que independam de pauta;

XV — determinar a instauração de inquérito a pedido do Procurador-Geral da República, da autoridade policial ou do ofendido, bem como o seu arquivamento, quando o requerer o Procurador-Geral da República, ou quando verificar:[3]

a) a existência manifesta de causa excludente da ilicitude do fato;

b) a existência manifesta de causa excludente da culpabilidade do agente, salvo inimputabilidade;

c) que o fato narrado evidentemente não constitui crime;

d) extinta a punibilidade do agente; ou

e) ausência de indícios mínimos de autoria ou materialidade;

XVI — assinar a correspondência oficial, em nome do Supremo Tribunal Federal, nas matérias e nos processos sujeitos à sua competência jurisdicional, podendo dirigir-se a qualquer autoridade pública, inclusive ao Chefe dos Poderes da República.[4]

XVII — convocar audiência pública para ouvir o depoimento de pessoas com experiência e autoridade em determinada matéria, sempre que entender necessário o esclarecimento de questões ou circunstâncias de fato, com repercussão geral ou de interesse público relevante;[5]

XVIII — decidir, de forma irrecorrível, sobre a manifestação de terceiros, subscrita por procurador habilitado, em audiências públicas ou nos processos de sua relatoria;[6]

XIX — julgar o pedido de assistência judiciária;[7]

XX — praticar os demais atos que lhe incumbam ou sejam facultados em lei e no Regimento.[8]

§ 1º Poderá o(a) Relator(a) negar seguimento a pedido ou recurso manifestamente inadmissível, improcedente ou contrário à jurisprudência dominante ou à súmula do Tribunal, deles não conhecer em caso de incompetência manifesta, encaminhando os autos ao órgão que repute competente, bem como cassar ou reformar, liminarmente, acórdão contrário à orientação firmada nos termos do art. 543-B do Código de Processo Civil.[9]

§ 2º Poderá ainda o Relator, em caso de manifesta divergência com a Súmula, prover, desde logo, o recurso extraordinário.[10]

§ 3º Ao pedir dia para julgamento ou apresentar o feito em mesa, indicará o Relator, nos autos, se o submete ao Plenário ou à Turma, salvo se pela simples designação da classe estiver fixado o órgão competente.[11]

§ 4º O Relator comunicará à Presidência, para os fins do art. 328 deste Regimento, as matérias sobre as quais proferir decisões de sobrestamento ou devolução de autos, nos termos do art. 543-B do CPC.[12]

Art. 21: 1. Redação de acordo com a Em. Reg. 41, de 16.9.10.

Art. 21: 2. Redação de acordo com a Em. Reg. 42, de 2.12.10.

Art. 21: 3. Redação do inciso e alíneas de acordo com a Em. Reg. 44, de 2.6.11.

Art. 21: 4. Redação de acordo com a Em. Reg. 7, de 6.4.98.

Art. 21: 5. Redação de acordo com a Em. Reg. 29, de 18.2.09.

Art. 21: 6. Redação de acordo com a Em. Reg. 29, de 18.2.09.

Art. 21: 7. Redação de acordo com a Em. Reg. 33, de 7.8.09.

Art. 21: 8. Redação de acordo com a Em. Reg. 33, de 7.8.09.

Art. 21: 9. Redação de acordo com a Em. Reg. 21, de 30.4.07.

Art. 21: 10. Redação de acordo com a Em. Reg. 21, de 4.12.85.

Art. 21: 11. Redação de acordo com a Em. Reg. 21, de 4.12.85.

Art. 21: 12. Redação de acordo com a Em. Reg. 22, de 30.11.07.

Art. 21-A. Compete ao relator convocar juízes ou desembargadores para a realização do interrogatório e de outros atos da instrução dos inquéritos criminais e ações penais originárias, na sede do tribunal ou no local onde se deva produzir o ato, bem como definir os limites de sua atuação.[1]

§ 1º Caberá ao magistrado instrutor, convocado na forma do *caput*:

I — designar e realizar as audiências de interrogatório, inquirição de testemunhas, acareação, transação, suspensão condicional do processo, admonitórias e outras;

II — requisitar testemunhas e determinar condução coercitiva, caso necessário;

III — expedir e controlar o cumprimento das cartas de ordem;

IV — determinar intimações e notificações;

V — decidir questões incidentes durante a realização dos atos sob sua responsabilidade;

VI — requisitar documentos ou informações existentes em bancos de dados;

VII — fixar ou prorrogar prazos para a prática de atos durante a instrução;

VIII — realizar inspeções judiciais;

IX — requisitar, junto aos órgãos locais do Poder Judiciário, o apoio de pessoal, equipamentos e instalações adequados para os atos processuais que devam ser produzidos fora da sede do Tribunal;

X — exercer outras funções que lhes sejam delegadas pelo Relator ou pelo Tribunal e relacionadas à instrução dos inquéritos criminais e das ações penais originárias.

§ 2º As decisões proferidas pelo magistrado instrutor, no exercício das atribuições previstas no parágrafo anterior, ficam sujeitas ao posterior controle do relator, de ofício ou mediante provocação do interessado, no prazo de cinco dias contados da ciência do ato.

Art. 21-A: 1. O art. 21-A foi acrescido pela Em. Reg. 36, de 2.12.09.

Art. 21-B. Todos os processos de competência do Tribunal poderão, a critério do relator ou do ministro vistor com a concordância do relator, ser submetidos a julgamento em listas de processos em ambiente presencial ou eletrônico, observadas as respectivas competências das Turmas ou do Plenário.[1-2]

§ 1º Serão julgados preferencialmente em ambiente eletrônico os seguintes processos:

I — agravos internos, agravos regimentais e embargos de declaração;

II — medidas cautelares em ações de controle concentrado;

III — referendo de medidas cautelares e de tutelas provisórias;

IV — demais classes processuais, inclusive recursos com repercussão geral reconhecida, cuja matéria discutida tenha jurisprudência dominante no âmbito do STF.

§ 2º Nas hipóteses de cabimento de sustentação oral previstas neste regimento interno, fica facultado à Procuradoria-Geral da República, à Advocacia-Geral da União, à Defensoria Pública da União, aos advogados e demais habilitados nos autos encaminhar as respectivas sustentações por meio eletrônico após a publicação da pauta e até 48 horas antes de iniciado o julgamento em ambiente virtual.

§ 3º No caso de pedido de destaque feito por qualquer ministro, o relator encaminhará o processo ao órgão colegiado competente para julgamento presencial, com publicação de nova pauta.

§ 4º Em caso de excepcional urgência, o Presidente do Supremo Tribunal Federal e os Presidentes das Turmas poderão convocar sessão virtual extraordinária, com prazos fixados no respectivo ato convocatório.

§ 5º Ato do Presidente do Tribunal regulamentará os procedimentos das sessões virtuais.

Art. 21-B: 1. O art. 21-B foi alterado pela Em. Reg. 53, de 18.3.20.

Art. 21-B: 2. v. Res. 642, de 14.6.19.

Art. 22. O Relator submeterá o feito ao julgamento do Plenário, quando houver relevante arguição de inconstitucionalidade ainda não decidida.

Parágrafo único. Poderá o Relator proceder na forma deste artigo:

a) quando houver matérias em que divirjam as Turmas entre si ou alguma delas em relação ao Plenário.

b) quando em razão da relevância da questão jurídica ou da necessidade de prevenir divergência entre as Turmas, convier pronunciamento do Plenário.

Seção III | DO REVISOR

Arts. 23 a 25. ....

Capítulo VI | DAS COMISSÕES

Arts. 26 a 34. ....

Capítulo VII | DAS LICENÇAS, SUBSTITUIÇÕES E CONVOCAÇÕES

Arts. 35 a 41. ....

Capítulo VIII | DA POLÍCIA DO TRIBUNAL

Arts. 42 a 45. ....

Capítulo IX | DA REPRESENTAÇÃO POR DESOBEDIÊNCIA OU DESACATO

Arts. 46 e 47. ....

Título II | DA PROCURADORIA-GERAL DA REPÚBLICA

Arts. 48 a 53. ....

Parte II | DO PROCESSO

Título I | DISPOSIÇÕES GERAIS

Capítulo II | DO PREPARO E DA DESERÇÃO

Art. 57. Salvo os casos de isenção,[1] compete às partes antecipar o pagamento do respectivo preparo.[2]

Parágrafo único. O preparo compreende o recolhimento de custas e das despesas de todos os atos do processo, inclusive o porte de remessa e retorno, quando for o caso.

Art. 57: 1. v. art. 61 § 1º.

Art. 57: 2. Redação do *caput* e § ún. de acordo com a Em. Reg. 42, de 2.12.10.

Art. 58. Quando autor e réu recorrerem, cada recurso estará sujeito a preparo integral.

§ 1º Tratando-se de litisconsortes necessários,[1] bastará que um dos recursos seja preparado, para que todos sejam julgados, ainda que não coincidam suas pretensões.

§ 2º O assistente é equiparado para esse efeito ao litisconsorte.

§ 3º O terceiro prejudicado que recorrer fará o preparo do seu recurso, independentemente do preparo dos recursos que, porventura, tenham sido interpostos pelo autor ou pelo réu.

Art. 58: 1. v. CPC 114.

Art. 59. O recolhimento do preparo:[1-1a]

I — quando se tratar de recurso, será feito no tribunal de origem, perante as suas secretarias e no prazo previsto na lei processual;[2]

II — quando se tratar de feitos de competência originária, será comprovado no ato de seu protocolo.

§ 1º Nenhum recurso subirá ao Supremo Tribunal Federal, salvo caso de isenção,[3] sem a prova do respectivo preparo e do pagamento das despesas de remessa e retorno, no prazo legal.

§ 2º O preparo efetuar-se-á, mediante guia, à repartição arrecadadora competente, juntando-se aos autos o comprovante.

§ 3º A não comprovação do pagamento do preparo no ato do protocolo da ação originária ou seu pagamento parcial serão certificados nos autos pela Secretaria Judiciária.[4]

Art. 59: 1. Redação do *caput*, inclusive incs. I e II, de acordo com a Em. Reg. 42, de 2.12.10.

Art. 59: 1a. O art. 107 concede 10 dias para o preparo no âmbito do STF. Todavia, esse art. 107 colide com as disposições deste art. 59, que exige o preparo em matéria de recurso no "prazo previsto na lei processual" (inc. I), i. e., "no ato de interposição" (CPC 1.007-*caput*), e em matéria de feito de competência originária, "no ato de seu protocolo" (inc. II). Na nossa opinião, as disposições do art. 59 prevalecem sobre as do art. 107.

As consequências da falha no preparo são diferentes conforme se trate de feito de competência originária ou de recurso. V. CPC 290 e 1.007.

Art. 59: 2. v. CPC 1.007.

Art. 59: 3. v. art. 61 § 1º.

Art. 59: 4. Redação do § 3º de acordo com a Em. Reg. 42, de 2.12.10.

Art. 60. Com ou sem o preparo, os autos serão distribuídos[1] ao Relator ou registrados à Presidência, de acordo com a respectiva competência, salvo os casos definidos neste Regimento.[2]

Art. 60: 1. v. arts. 66 a 77.

Art. 60: 2. Redação de acordo com a Em. Reg. 42, de 2.12.10.

Art. 61. Cabe às partes prover o pagamento antecipado das despesas dos atos que realizem ou requeiram no processo, ficando o vencido, afinal, responsável pelas custas e despesas pagas pelo vencedor.

§ 1º Haverá isenção do preparo:

I — nos conflitos de jurisdição, nos *habeas corpus* e nos demais processos criminais, salvo a ação penal privada;

II — nos pedidos e recursos formulados ou interpostos pelo Procurador-Geral da República, pela Fazenda Pública em geral ou por beneficiário de assistência judiciária.

§ 2º Nas causas em que forem partes Estados estrangeiros e organismos internacionais, prevalecerá o que dispuserem os tratados ratificados pelo Brasil.

Art. 62. A assistência judiciária, perante o Tribunal, será requerida ao Presidente antes da distribuição; nos demais casos, ao relator.

Art. 63. Sem prejuízo da nomeação, quando couber, de defensor ou curador dativo, o pedido de assistência judiciária será deferido ou não, de acordo com a legislação em vigor.[1]

Parágrafo único. Prevalecerá no Tribunal a assistência judiciária já concedida em outra instância.

Art. 63: 1. v. CPC 98 e segs.

Art. 64. O pagamento dos preços cobrados pelo fornecimento de cópias, autenticadas ou não, ou de certidões por fotocópia ou meio equivalente será antecipado ou garantido com depósito na Secretaria, consoante tabela aprovada pelo Presidente.

Art. 65. A deserção do recurso por falta de preparo será declarada:

I — pelo Presidente, antes da distribuição;

II — pelo relator;

III — pelo Plenário ou pela Turma, ao conhecer do feito.

Parágrafo único. Do despacho que declarar a deserção caberá agravo regimental.[1]

Art. 65: 1. v. art. 317.

Capítulo III | DA DISTRIBUIÇÃO

Arts. 66 a 77. .... [1]

Arts. 66 a 77: 1. Os arts. 66 a 77 do RISTF referem-se à distribuição.

Capítulo IV | DOS ATOS E FORMALIDADES

Seção I | DISPOSIÇÕES GERAIS

Art. 78. O ano judiciário no Tribunal divide-se em dois períodos, recaindo as férias em janeiro e julho.[1]

§ 1º Constituem recesso os feriados forenses compreendidos entre os dias 20 de dezembro e 6 de janeiro, inclusive.[1a-2]

§ 2º Sem prejuízo do disposto no inciso VIII do art. 13 e inciso V-A do art. 21,[2a] suspendem-se os trabalhos do Tribunal durante o recesso e as férias,[3] bem como nos sábados, domingos, feriados e nos dias em que o Tribunal o determinar.[4]

§ 3º Os Ministros indicarão seu endereço para eventual convocação durante as férias ou recesso.

Art. 78: 1. De acordo com a LOM 66 § 1º, os dias 1º de janeiro e 1º de julho não se compreendem nas férias.

Art. 78: 1a. Redação do § 1º de acordo com a Em. Reg. 50, de 19.4.16.

Art. 78: 2. cf. LOJF 62-I.

Art. 78: 2a. i. e., sem prejuízo da possibilidade de o presidente e o relator decidirem questões urgentes (art. 13-VIII e 21-V-A).

Art. 78: 3. ficando suspensos os prazos (art. 105-*caput* e § 1º).

Art. 78: 4. Redação do § 2º de acordo com a Em. Reg. 42, de 2.12.10.

Art. 79. Os atos processuais serão autenticados, conforme o caso, mediante a assinatura ou a rubrica do Presidente, dos Ministros ou dos servidores para tal fim qualificados.

§ 1º É exigida a assinatura usual nos acórdãos, na correspondência oficial, no fecho das cartas de sentença e nas certidões.

§ 2º Os livros necessários ao expediente serão rubricados pelo Presidente ou por funcionário designado.

§ 3º As rubricas e assinaturas usuais dos servidores serão registradas em livro próprio, para identificação do signatário.

Art. 80. As peças que devam integrar ato ordinatório ou executório poderão ser-lhe anexadas em cópia autenticada.

Art. 81. A critério do Presidente do Tribunal, dos Presidentes das Turmas ou do relator, conforme o caso, a notificação de ordens ou decisões será feita:

I — por servidor credenciado da Secretaria;

II — por via postal ou por qualquer modo eficaz de telecomunicação, com as cautelas necessárias à autenticação da mensagem e do seu recebimento.

Parágrafo único. Poder-se-á admitir a resposta pela forma indicada no inciso II deste artigo.

Art. 82. Da publicação do expediente de cada processo constará, além do nome das partes e o de seu advogado, o número sequencial indicativo de sua posição na edição respectiva.[1-1a]

§ 1º Nos recursos, figurarão os nomes dos advogados constituídos pelas partes no processo, salvo se constituído perante o Tribunal outro advogado que requeira a menção de seu nome nas publicações.[2]

§ 2º É suficiente a indicação do nome de um dos advogados, quando a parte houver constituído mais de um, ou o constituído substabelecer a outro com reserva de poderes.[3]

§ 3º As publicações dos expedientes dos diversos processos serão acompanhadas, em cada edição do *Diário da Justiça*, do índice alfabético dos nomes de todos os advogados neles indicados e do índice numérico dos feitos cujo expediente constar da edição, ambos referidos aos números sequenciais mencionados no *caput* deste artigo.[4]

§ 4º Quando a parte não estiver representada por advogado, constará do índice alfabético o seu nome.[5]

§ 5º O erro ou omissão das referências correspondentes a determinado processo nos índices alfabético ou numérico implicará a ineficácia da respectiva publicação.[6]

§ 6º A retificação de publicação no *Diário da Justiça*, com efeito de intimação, decorrente de incorreções ou omissões, será providenciada pela Secretaria, *ex officio*, ou mediante despacho do Presidente ou do relator, conforme dispuser ato normativo da Presidência do Tribunal.[7-8]

Art. 82: 1. Redação do *caput* de acordo com a Em. Reg. 6, de 12.6.96.

Art. 82: 1a. v. **Res. 404 do STF, de 7.8.09,** que dispõe sobre as intimações das decisões proferidas no âmbito do Supremo Tribunal Federal em processos físicos ou eletrônicos (DJ 12.8.09; neste tít.).

Art. 82: 2. Redação do § 1º de acordo com a Em. Reg. 6, de 12.6.96, que não alterou o seu texto primitivo.

Art. 82: 3. Redação do § 2º de acordo com a Em. Reg. 6, de 12.6.96, que não alterou o seu texto primitivo.

Art. 82: 4. Redação do § 3º de acordo com a Em. Reg. 6, de 12.6.96.

Art. 82: 5. Redação do § 4º de acordo com a Em. Reg. 6, de 12.6.96.

Art. 82: 6. Redação do § 5º de acordo com a Em. Reg. 6, de 12.6.96.

Art. 82: 7. Redação do § 6º de acordo com a Em. Reg. 6, de 12.6.96, que reproduziu, sem qualquer alteração, o texto do primitivo § 3º.

Art. 82: 8. Port. 104 do Pres. do STF, de 18.5.78 (DJU 22.5.78, p. 3.531):

"**Art. 6º** A retificação de publicações no *Diário da Justiça*, com efeito de intimação, decorrente de incorreções ou omissões, será providenciada:

"I — *ex officio*, pela Secretaria, quando ocorrer:

"a) omissão total do nome ou supressão parcial do prenome ou sobrenome usual da parte ou do advogado constituído na origem;

"b) omissão total do nome ou supressão parcial do prenome ou sobrenome usual do advogado, constituído perante o Supremo Tribunal Federal, que haja procedido nos termos do art. 79 do Regimento Interno;

"c) erro grosseiro na grafia do nome da parte ou do advogado, de forma a tornar impossível a identificação;

"d) omissão ou erro no número de processo ou na respectiva classe; e

"e) omissão, inversão ou truncamento no texto de despacho ou ementa de acórdão, de maneira a tornar o sentido ininteligível ou diverso daquilo que foi decidido;

"II — por decisão do Presidente ou do Relator, mediante petição do interessado ou dúvida suscitada pela Secretaria, no prazo de cinco dias contados da publicação, nos casos não cogitados nas alíneas do inciso anterior".

O art. 79 do regimento anterior a que se refere a Portaria supra corresponde ao art. 82 § 1º do RISTF.

Art. 83. A publicação da pauta de julgamento antecederá quarenta e oito horas,[1] pelo menos, à sessão em que os processos possam ser chamados.

§ 1º Independem de pauta:

I — as questões de ordem sobre a tramitação dos processos;

II — o julgamento do processo remetido pela Turma ao Plenário;

III — o julgamento de *habeas corpus* ou de conflito de jurisdições, competências ou atribuições; e[2]

IV — o julgamento de embargos de declaração ou de agravo regimental em matéria processual penal.[3]

§ 2º Havendo expressa concordância das partes, poderá ser dispensada a inclusão de outros processos na pauta de julgamento.

Art. 83: 1. Esse prazo agora é de **5 dias** (v. CPC 935-*caput*).

Art. 83: 2 e 3. Redação de acordo com a Em. Reg. 54, de 1.7.20.

Art. 84. Os editais destinados a divulgação de ato poderão conter, apenas, o essencial à defesa ou resposta, observados os requisitos processuais.

§ 1º A parte que requerer a publicação nos termos deste artigo fornecerá o respectivo resumo, respondendo pelas suas deficiências.

§ 2º O prazo do edital será determinado entre vinte e sessenta dias,[1] a critério do relator, e correrá da data de sua publicação, por uma só vez, no *Diário da Justiça*.

§ 3º A publicação do edital deverá ser feita no prazo de vinte dias contados de sua expedição, certificada nos autos, sob pena de extinguir-se o processo, sem julgamento do mérito, se a parte, intimada pelo *Diário da Justiça*, não suprir a falta em dez dias.

§ 4º O prazo para a defesa ou resposta começará a correr do termo do prazo determinado no edital.

Art. 84: 1. Neste sentido: CPC 257-III.

Art. 85. Nenhuma publicação[1] terá efeito de citação ou intimação, quando ocorrida durante o recesso ou as férias[2] do Tribunal.

Art. 85: 1. Só se refere à publicação pelo *Diário da Justiça*, não à citação ou à intimação pessoais.

Art. 85: 2. v. art. 78-*caput* e § 1º.

Art. 86. A vista às partes transcorre na Secretaria, podendo o advogado retirar autos nos casos previstos em lei,[1] mediante recibo, pelo prazo de cinco dias se outro não lhe for assinado, observando-se, em relação ao Procurador-Geral, o disposto nos arts. 50 e 52.

§ 1º Os advogados constituídos após a remessa do processo ao Tribunal poderão, a requerimento, ter vista dos autos, na oportunidade e pelo prazo que o relator estabelecer.

§ 2º O relator indeferirá o pedido, se houver justo motivo.

Art. 86: 1. v. CPC 107-II e III, EA 6º-XV e XVI.

Art. 87. Aos Ministros julgadores será distribuída cópia do relatório antecipadamente:

I — nas representações por inconstitucionalidade ou para interpretação de lei ou ato normativo federal ou estadual;

II — nos feitos em que haja revisor;[1]

III — nas causas avocadas;

IV — nos demais feitos, a critério do relator.

Art. 87: 1. v. art. 23.

Seção II | DAS ATAS E DA RECLAMAÇÃO POR ERRO

Art. 88. As atas serão submetidas a aprovação na sessão seguinte.

Art. 89. Contra erro contido em ata, poderá o interessado reclamar, dentro de 48 horas, em petição[1] dirigida ao Presidente do Tribunal ou da Turma,[2] conforme o caso.

§ 1º Não se admitirá a reclamação a pretexto de modificar o julgado.

§ 2º A reclamação não suspenderá o prazo para recurso, salvo o disposto no art. 91.

Art. 89: 1. Pode ser determinada de ofício a retificação da ata, quando em desconformidade com os votos proferidos. Neste sentido: STF-Pleno, RE 78.866-AgRg, Min. Thompson Flores, j. 31.8.77, DJU 12.12.77.

Art. 89: 2. v. tb. art. 96 § 3º.

Art. 90. A petição será entregue ao protocolo, e por este encaminhada ao encarregado da ata, que levará a despacho no mesmo dia, com sua informação.

Art. 91. Se o pedido for julgado procedente, far-se-á retificação da ata e nova publicação.[1]

Art. 91: 1. v. art. 89 § 2º.

Art. 92. O despacho que julgar a reclamação será irrecorrível.

Seção III | DAS DECISÕES

Art. 93. As conclusões do Plenário e das Turmas, em suas decisões, constarão de acórdão, do qual fará parte a transcrição do áudio do julgamento.[1-2]

Parágrafo único. Dispensam acórdão as decisões de remessa de processo ao Plenário e de provimento de agravo de instrumento.

Art. 93: 1. Redação do *caput* de acordo com a Em. Reg. 26, de 22.10.08.

Art. 93: 2. v. art. 96.

Art. 94. Nos processos julgados no Pleno e nas Turmas, o Relator subscreverá o acórdão, registrando o nome do Presidente.[1]

Parágrafo único. ....[2]

Art. 94: 1. Redação do *caput* de acordo com o art. 1º da Em. Reg. 16, de 25.8.05.

Art. 94: 2. O parágrafo único foi suprimido pela Em. Reg. 16, de 25.8.05.

Art. 95. A publicação do acórdão, por suas conclusões e ementa, far-se-á, para todos os efeitos, no *Diário da Justiça*.[1]

§ 1º Salvo manifestação expressa de ministro em sentido contrário, a publicação do acórdão no *Diário da Justiça* far-se-á automaticamente quando transcorrido o prazo de sessenta dias desde a proclamação do resultado do julgamento.[2]

§ 2º Nos casos em que não tenham sido liberados pelos respectivos Ministros o relatório, os votos escritos e a revisão de apartes de julgamento, no prazo previsto no § 1º, a Secretaria Judiciária fará constar do texto transcrito do julgamento a ressalva de que ele não foi revisto pelo respectivo ministro.[3]

§ 3º Na hipótese prevista no § 2º, a ementa do acórdão consistirá no dispositivo do voto vencedor.[4]

Art. 95: 1. v. art. 85.

Art. 95: 2 a 4. Redação de acordo com a Em. Reg. 54, de 1.7.20.

Art. 96. Em cada julgamento a transcrição do áudio registrará o relatório, a discussão, os votos fundamentados, bem como as perguntas feitas aos advogados e suas respostas,[1] e será juntada aos autos com o acórdão, depois de revista e rubricada.[2]

§ 1º Após a sessão de julgamento, a Secretaria das Sessões procederá à transcrição da discussão, dos votos orais, bem como das perguntas feitas aos advogados e suas respostas.

§ 2º Os gabinetes dos Ministros liberarão o relatório, os votos escritos e a transcrição da discussão, no prazo de vinte dias contados da sessão de julgamento.

§ 3º A Secretaria das Sessões procederá à transcrição do áudio do relatório e dos votos lidos que não tenham sido liberados no prazo do § 2º, com a ressalva de que não foram revistos.

§ 4º A Secretaria das Sessões encaminhará os autos ao Relator sorteado ou ao Relator para o acórdão, para elaboração deste e da ementa no prazo de dez dias.

§ 5º A transcrição do áudio dos feitos julgados conjuntamente[3] será trasladada para os autos do chamado em primeiro lugar e anexada aos demais em cópia autêntica.

§ 6º As inexatidões materiais e os erros de escrita ou de cálculo, contidos na decisão, podem ser corrigidos por despacho do Relator,[4] mediante reclamação, quando referentes à ata,[5] ou por via de embargos de declaração,[6] quando couberem.[7]

§ 7º O Relator sorteado ou o Relator para o acórdão poderá autorizar, antes da publicação, a divulgação, em texto ou áudio, do teor do julgamento.

Art. 96: 1. v. art. 118.

Art. 96: 2. Redação do art. 96 e parágrafos de acordo com a Em. Reg. 26, de 22.10.08.

Art. 96: 3. v. arts. 126 e 127.

Art. 96: 4. cf. CPC 494-I.

Art. 96: 5. v. arts. 89 a 92.

Art. 96: 6. v. arts. 337 a 339.

Art. 96: 7. v. tb. CPC 943, nota 8.

Art. 97. Também se juntará aos autos, como parte integrante do acórdão, um extrato da ata que conterá:

I — a decisão proclamada pelo Presidente;

II — os nomes do Presidente, do relator, ou, quando vencido, do que for designado,[1] dos demais Ministros que tiverem participado do julgamento, e do Procurador-Geral ou Subprocurador-Geral, quando presente;

III — os nomes dos Ministros impedidos e ausentes;

IV — os nomes dos advogados que tiverem feito sustentação oral.

Art. 97: 1. v. art. 135 §§ 3º e 4º.

Art. 98. O acórdão de julgamento em sessão secreta[1] será lavrado pelo autor do primeiro voto vencedor, que não se mencionará, e conterá, de forma sucinta, a exposição da controvérsia, a fundamentação adotada e o dispositivo, bem como o enunciado da conclusão de voto divergente se houver.

Parágrafo único. O acórdão será assinado pelo Presidente, que lhe rubricará todas as folhas, e pelos Ministros que houverem participado do julgamento, na ordem decrescente de antiguidade.

Art. 98: 1. v. arts. 151 a 153.

Seção IV | DA JURISPRUDÊNCIA

Art. 99. São repositórios oficiais da jurisprudência do Tribunal:

I — o *Diário da Justiça*, a *Revista Trimestral de Jurisprudência*,[1] a *Súmula da Jurisprudência Predominante do Supremo Tribunal Federal*[2] e outras publicações por ele editadas, bem como as de outras entidades, que venham a ser autorizadas mediante convênio;

II — para períodos anteriores, as seguintes publicações: *Supremo Tribunal Federal-Jurisprudência* (1892-1898); *Revista do Supremo Tribunal Federal*; *Jurisprudência do Supremo Tribunal Federal*, a primeira e a última editadas pela Imprensa Nacional.

Parágrafo único. Além dos consagrados por sua tradição, são repositórios autorizados para indicação de julgados, perante o Tribunal,[3] os repertórios, revistas e periódicos, registrados de conformidade com ato normativo baixado pela Presidência.

Art. 99: 1. v. art. 32-I e V-*b*.

Art. 99: 2. v. arts. 102 a 103, 7º-VII, 11-III e 32-IV.

Art. 99: 3. Tendo sido suprimido o recurso extraordinário por dissídio jurisprudencial, não há mais razão para falar-se, no STF, em repertório de jurisprudência autorizado.

Art. 100. Constarão do *Diário da Justiça* a ementa e conclusões de todos os acórdãos; e, dentre eles, a Comissão de Jurisprudência[1] selecionará os que devam publicar-se em seu inteiro teor na *Revista Trimestral de Jurisprudência*.

Parágrafo único. A distribuição gratuita das publicações do Tribunal far-se-á de acordo com os planos organizados (Decreto-lei n. 102, de 13 de janeiro de 1967, alterado pela Lei n. 6.201, de 16 de abril de 1975).[2]

Art. 100: 1. v. art. 32.

Art. 100: 2. **Dec. lei 102, de 13.1.67** — Dispõe sobre a distribuição gratuita à magistratura e magistério especializado das publicações do Supremo Tribunal Federal, e dá outras providências (RDA 88/317).

O art. 1º do Dec. lei 102 foi alterado pela **Lei 6.201, de 16.4.75** (RDA 121/508, RF 251/489).

Art. 101. A declaração de constitucionalidade ou inconstitucionalidade de lei ou ato normativo,[1-1a] pronunciada por maioria qualificada,[2] aplica-se aos novos feitos submetidos às Turmas ou ao Plenário, salvo o disposto no art. 103.[3]

Art. 101: 1. v. art. 173.

Art. 101: 1a. "A declaração de constitucionalidade ou de inconstitucionalidade de lei ou ato normativo, emanada do Plenário do STF, em decisão proferida por maioria qualificada, aplica-se aos novos processos submetidos à apreciação das Turmas ou à deliberação dos Juízes que integram a Corte, viabilizando, em consequência, o julgamento imediato de causas que versem o mesmo tema, ainda que o acórdão plenário — que firmou o precedente no *leading case* — não tenha sido publicado, ou, caso já publicado, ainda não haja transitado em julgado" (STF-Pleno, RTJ 174/911).

S/ *leading case*, v. tb. CPC 932, nota 11, e 1.040, nota 2.

Art. 101: 2. i. e., por seis Ministros (v. LADIN 23).

Art. 101: 3. v. tb. art. 11-III.

Art. 102. A jurisprudência assentada pelo Tribunal será compendiada na "Súmula do Supremo Tribunal Federal".[1-2]

§ 1º A inclusão de enunciados na "Súmula", bem como a sua alteração ou cancelamento, serão deliberados em Plenário,[3] por maioria absoluta.

§ 2º Os verbetes cancelados ou alterados guardarão a respectiva numeração com a nota correspondente, tomando novos números os que forem modificados.

§ 3º Os adendos e emendas à "Súmula", datados e numerados em séries separadas e sucessivas, serão publicados três vezes consecutivas no "Diário da Justiça".

§ 4º A citação da "Súmula", pelo número correspondente, dispensará, perante o Tribunal, a referência a outros julgados no mesmo sentido.

Art. 102: 1. v. tb. Tít. XIII da Parte II deste RISTF, inclusive sua nota 3, e os arts. que a compõem (354-A a 354-G).

Art. 102: 2. "Mas, se se conhece a Súmula — e o juiz brasileiro não a pode desconhecer — e se não aplica, autoriza-se a interposição do remédio processual para repor a orientação da Corte Maior; e se obriga, desnecessariamente, a iniciativa da parte, exigem-se ônus injustificáveis e requere-se prestação jurisdicional que se poderia e deveria evitar" (RTJ 113/454; a citação é da p. 458).

"Que mantenha o juiz sua convicção contrária à decisão da sua Corte, ou mesmo da Corte Suprema, admite-se, nem importa rebeldia; mas, aplicando-a, enquanto se não muda. Que se recuse a aplicar a diretriz firmada pela maioria, ou, como no caso, que insista em inaplicá-la — consubstanciada em Súmula e aplicada, sem discrepância, pelo Supremo Tribunal Federal — não se justifica" (p. 459).

Art. 102: 3. v. art. 7º-VII.

Art. 103. Qualquer dos Ministros pode propor a revisão[1] da jurisprudência assentada em matéria constitucional e da compendiada na "Súmula", procedendo-se ao sobrestamento do feito, se necessário.

Art. 103: 1. v. tb. arts. 11-III e 332.

Capítulo V | DOS PRAZOS

Art. 104. Os prazos no Tribunal correm da publicação do ato ou do aviso no *Diário da Justiça*,[1-2] salvo o disposto nos parágrafos seguintes.[3]

§ 1º As intimações decorrentes de publicação de ato ou aviso consideram-se feitas no dia da circulação do *Diário da Justiça*.

§ 2º Os prazos somente começam a correr a partir do primeiro dia útil após a intimação.[4]

§ 3º As decisões ou despachos designativos de prazos podem determinar que estes corram da intimação pessoal ou da ciência por outro meio eficaz.[5]

§ 4º Os prazos marcados em correspondência postal, telegráfica ou telefônica correm do seu recebimento, a menos que, sendo confirmativa ou *pro memoria*, tal comunicação se refira a prazo com data diversa para o seu começo.

§ 5º Considera-se prorrogado o prazo até o primeiro dia útil imediato, se o vencimento cair em feriado, ou em dia em que for determinado o fechamento da Secretaria ou o encerramento do expediente antes da hora normal.[6]

§ 6º As citações obedecerão ao disposto nas leis processuais.[7]

Art. 104: 1. A publicação para efeito de citação ou intimação não pode ser feita durante as férias ou o recesso do Tribunal (v. art. 85).

Art. 104: 2. Compete ao interessado fazer a prova de que o jornal não foi distribuído na data marcada em seu cabeçalho (STF-1ª T., RE 91.072-7, Min. Soares Muñoz, j. 16.11.79, DJU 7.12.79).

Art. 104: 3. e no art. 117 (prazo para falar s/ documento).

Art. 104: 4. cf. CPC 224 § 3º.

Art. 104: 5. v., p. ex., art. 81.

Art. 104: 6. cf. CPC 224 § 1º.

Art. 104: 7. v. CPC 238 e segs.

Art. 105. Não correm os prazos nos períodos de férias e recesso,[1] salvo as hipóteses previstas em lei ou neste Regimento.[2]

§ 1º Nos casos deste artigo, os prazos começam ou continuam a fluir no dia de reabertura do expediente.[3]

§ 2º Também não corre prazo, havendo obstáculo judicial ou motivo de força maior comprovado, reconhecido pelo Tribunal.

§ 3º As informações oficiais, apresentadas fora do prazo por justo motivo, podem ser admitidas, se ainda oportuna a sua apreciação.

§ 4º Ficam inalterados, durante os recessos forenses e as férias do Tribunal, os prazos determinados pela Presidência no exercício da competência prevista no art. 13, VIII, deste Regimento Interno.[4]

Art. 105: 1. Os feriados da Semana Santa não constituem, no STF, férias ou recesso, para os efeitos do art. 105 (RTJ 88/881). No mesmo sentido: STF-1ª T., Ag 103.086-1-AgRg, Min. Rafael Mayer, j. 12.4.85, DJU 26.4.85.

Art. 105: 2. v. arts. 13-VIII (medida cautelar) e 246 (réu preso ou ação penal prestes a extinguir-se pela prescrição).

Art. 105: 3. que deve, portanto, ser dia útil, embora não, necessariamente, o primeiro dia útil após as férias ou o recesso.

Art. 105: 4. O § 4º foi acrescido pela Em. Reg. 37, de 11.2.10.

Art. 106. Mediante pedido conjunto de ambas as partes, inclusive por telegrama ou radiograma, o relator pode admitir redução ou prorrogação de prazo dilatório por tempo razoável.

Parágrafo único. Na hipótese deste artigo, cabe às partes diligenciar o conhecimento do despacho concessivo ou denegatório, independente de publicação ou intimação.

Art. 107. O prazo para o preparo que deva ser feito no Supremo Tribunal Federal é de dez dias.[1]

Art. 107: 1. v. art. 59, nota 1a.

Art. 108. Os prazos para diligências serão fixados nos atos que as ordenarem, salvo disposição em contrário deste Regimento.

Art. 109. Os prazos para editais são os fixados neste Regimento[1] e na lei.

Art. 109: 1. v. art. 84 § 2º.

Art. 110. Os prazos não especificados neste Regimento:

I — serão fixados pelo Tribunal, pelo Presidente, pelas Turmas ou por seus Presidentes, ou pelo relator, conforme o caso;

II — não tendo sido fixado prazo, nos termos do item anterior, este será de quinze dias para contestação e de cinco dias para interposição de recurso ou qualquer outro ato.

Parágrafo único. O Procurador-Geral da República e a Fazenda Pública em geral têm prazo em quádruplo para contestação e em dobro para interposição de recurso, observando-se, no mais, o que dispõem a lei e o Regimento.

Art. 111. Os prazos para os Ministros, salvo acúmulo de serviço, são os seguintes:[1]

I — dez dias para atos administrativos e despachos em geral;

II — vinte dias para o visto do revisor;

III — trinta dias para o visto do relator.

Art. 111: 1. Prazo de vista, quando pedir adiamento: duas sessões ordinárias (art. 134-*caput*).

Art. 112. Salvo disposição em contrário, os servidores do Tribunal terão o prazo de quarenta e oito horas para os atos do processo.

Título II | DAS PROVAS

Capítulo I | DISPOSIÇÕES GERAIS

Art. 113. A proposição, admissão e produção de provas no Tribunal obedecerão às leis processuais, observados os preceitos especiais deste Título.

Capítulo II | DOS DOCUMENTOS E INFORMAÇÕES

Art. 114. Se a parte não puder instruir, desde logo, suas alegações, por impedimento ou demora em obter certidões ou cópias autenticadas de notas ou registros em repartições ou estabelecimentos públicos, o Relator conceder-lhe-á prazo para esse fim. Se houver recusa no fornecimento, o Relator as requisitará.

Art. 115. Nos recursos interpostos em instância inferior, não se admitirá juntada de documentos desde que recebidos os autos no Tribunal, salvo:

I — para comprovação de textos legais ou de precedentes judiciais, desde que estes últimos não se destinem a suprir, tardiamente, pressuposto recursal não observado;

II — para prova de fatos supervenientes, inclusive decisões em processos conexos, que afetem ou prejudiquem os direitos postulados;[1]

III — em cumprimento de determinação do Relator, do Plenário ou da Turma.

§ 1º O disposto neste artigo aplica-se aos recursos interpostos perante o Tribunal.

§ 2º Após o julgamento, serão devolvidos às partes os documentos que estiverem juntos por linha, salvo se deliberada a sua anexação aos autos.

Art. 115: 1. v. arts. 117 (intimação para se manifestar sobre documento juntado pela parte contrária) e 140 (conversão do julgamento em diligência, quando necessária à decisão da causa).

Art. 116. Em caso de impugnação, as partes comprovarão a fidelidade da transcrição de textos de leis e demais atos do poder público, bem como a vigência e o teor de normas pertinentes à causa, quando emanarem de Estado estrangeiro, de organismo internacional ou, no Brasil, de Estado e Municípios.

Art. 117. A parte será intimada por publicação no Diário da Justiça ou, se o Relator o determinar, pela forma indicada no art. 81, para falar sobre o documento junto pela parte contrária, após sua última intervenção no processo.

Art. 118. O advogado prestará os esclarecimentos pedidos pelos Ministros, durante o julgamento, sobre peças dos autos e sobre citações que tiver feito de textos legais, precedentes judiciais e trabalhos doutrinários.

Capítulo III | DA APRESENTAÇÃO DE PESSOAS E OUTRAS DILIGÊNCIAS

Art. 119. No processo em que se fizer necessária a presença da parte ou de terceiro, o Plenário, a Turma ou o Relator poderá, independente de outras sanções legais, expedir ordem de condução da pessoa que, intimada, deixar de comparecer sem motivo justificado.

Art. 120. Observar-se-ão as formalidades da lei na realização de exames periciais, arbitramentos, buscas e apreensões, na exibição de conferência de documentos e em quaisquer outras diligências determinadas ou deferidas pelo Plenário, pela Turma ou pelo Relator.

Capítulo IV | DOS DEPOIMENTOS

Art. 121. Os depoimentos poderão ser gravados e, depois de transcritos, serão assinados pelo Relator e pelo depoente.[1]

Parágrafo único. Aplica-se o disposto neste artigo ao interrogatório dos acusados.

Art. 121: 1. Redação de acordo com a Em. Reg. 26, de 22.10.08.

Título III | DAS SESSÕES

Capítulo I | DISPOSIÇÕES GERAIS

Art. 122. Haverá sessões ordinárias, do Plenário e das Turmas, nos dias designados, e extraordinárias, mediante convocação.

Art. 123. As sessões ordinárias do Plenário terão início às 14 horas e terminarão às 18 horas, com intervalo de trinta minutos, podendo ser prorrogadas sempre que o serviço o exigir.[1]

§ 1º As sessões ordinárias das Turmas terão início às 14 horas e terminarão às 18 horas, com intervalo de trinta minutos, podendo ser prorrogadas sempre que o serviço o exigir.

§ 2º As sessões extraordinárias terão início à hora designada e serão encerradas quando cumprido o fim a que se destinem.

Art. 123: 1. Redação do art. 123, *caput* e parágrafos, de acordo com a Em. Reg. 7, de 6.4.98.

Art. 124. As sessões serão públicas, salvo quando este Regimento determinar que sejam secretas, ou assim o deliberar o Plenário ou a Turma.

Parágrafo único. Os advogados ocuparão a tribuna para formularem requerimento, produzirem sustentação oral, ou responderem às perguntas que lhes forem feitas pelos Ministros.

Art. 125. Nas sessões do Plenário e das Turmas, observar-se-á a seguinte ordem:

I — verificação do número de Ministros;

II — discussão e aprovação da ata anterior;

III — indicações e propostas;

IV — julgamento dos processos em mesa.

Art. 126. Os processos conexos poderão ser objeto de um só julgamento.

Parágrafo único. Se houver mais de um Relator, os relatórios serão feitos sucessivamente, antes do debate e julgamento.

Art. 127. Podem ser julgados conjuntamente os processos que versarem a mesma questão jurídica, ainda que apresentem peculiaridades.

Parágrafo único. Na hipótese deste artigo, os relatórios sucessivos reportar-se-ão ao anterior, indicando as peculiaridades do caso.

Art. 128. Os julgamentos a que o Regimento não der prioridade realizar-se-ão, sempre que possível, de conformidade com a ordem crescente de numeração dos feitos em cada classe.

§ 1º Os processos serão chamados pela ordem de antiguidade decrescente dos respectivos Relatores. O critério da numeração referir-se-á a cada Relator.

§ 2º O Presidente poderá dar preferência aos julgamentos nos quais os advogados devam produzir sustentação oral.

Art. 129. Em caso de urgência, o Relator poderá indicar preferência para o julgamento.

Art. 130. Poderá ser deferida a preferência, a requerimento do Procurador-Geral, de julgamento relativo a processos em que houver medida cautelar.

Art. 131. Nos julgamentos, o Presidente do Plenário ou da Turma, feito o relatório, dará a palavra, sucessivamente, ao autor, recorrente, peticionário ou impetrante, e ao réu, recorrido ou impetrado, para sustentação oral.

§ 1º O assistente somente poderá produzir sustentação oral quando já admitido.

§ 2º Não haverá sustentação oral nos julgamentos de agravo, embargos declaratórios, arguição de suspeição e medida cautelar.

§ 3º Admitida a intervenção de terceiros no processo de controle concentrado de constitucionalidade, fica-lhes facultado produzir sustentação oral, aplicando-se, quando for o caso, a regra do § 2º do art. 132 deste Regimento.[1]

§ 4º No julgamento conjunto de causas ou recursos sobre questão idêntica, a sustentação oral por mais de um advogado obedecerá ao disposto no § 2º do art. 132.[2]

§ 5º Os advogados e procuradores que desejarem realizar sustentação oral por videoconferência, nas sessões presenciais de julgamento do Plenário e das Turmas, deverão inscrever-se, utilizando o formulário eletrônico disponibilizado no sítio eletrônico do Supremo Tribunal Federal até 48 horas antes do dia da sessão.[3]

Art. 131: 1. Acrescido pela Em. Reg. 15 de 30.3.04.

Art. 131: 2. Acrescido pela Em. Reg. 20 de 16.10.06.

Art. 131: 3. Acrescido pela Em. Reg. 53, de 18.3.20.

Art. 132. Cada uma das partes falará pelo tempo máximo de quinze minutos, excetuada a ação penal originária, na qual o prazo será de uma hora, prorrogável pelo Presidente.

§ 1º O Procurador-Geral terá o prazo igual ao das partes, falando em primeiro lugar se a União for autora ou recorrente.

§ 2º Se houver litisconsortes não representados pelo mesmo advogado, o prazo, que se contará em dobro, será dividido igualmente entre os do mesmo grupo, se diversamente entre eles não se convencionar.

§ 3º O opoente terá prazo próprio para falar, igual ao das partes.

§ 4º Havendo assistente, na ação penal pública, falará depois do Procurador-Geral, a menos que o recurso seja deste.

§ 5º O Procurador-Geral falará depois do autor da ação penal privada.

§ 6º Se, em ação penal, houver recurso de corréus em posição antagônica, cada grupo terá prazo completo para falar.

§ 7º Nos processos criminais, havendo corréus que sejam coautores, se não tiverem o mesmo defensor, o prazo será contado em dobro e dividido igualmente entre os defensores, salvo se estes convencionarem outra divisão de tempo.

Art. 133. Cada Ministro poderá falar duas vezes sobre o assunto em discussão e mais uma vez, se for o caso, para explicar a modificação do voto. Nenhum falará sem autorização do Presidente, nem interromperá a quem estiver usando a palavra, salvo para apartes, quando solicitados e concedidos.

Parágrafo único. Os apartes constarão do acórdão, salvo se cancelados pelo Ministro aparteante, caso em que será anotado o cancelamento.[1]

Art. 133: 1. Acrescido pela Em. Reg. 40, de 5.8.10.

Art. 134. O ministro que pedir vista dos autos deverá apresentá-los, para prosseguimento da votação, no prazo de trinta dias, contado da data da publicação da ata de julgamento.[1]

§ 1º Ao reencetar-se o julgamento, serão computados os votos já proferidos pelos Ministros, ainda que não compareçam ou hajam deixado o exercício do cargo.

§ 2º Não participarão do julgamento os Ministros que não tenham assistido ao relatório ou aos debates, salvo quando se derem por esclarecidos.[1a]

§ 3º Se, para o efeito do *quorum* ou desempate na votação, for necessário o voto de Ministro nas condições do parágrafo anterior, serão renovados o relatório e a sustentação oral, computando-se os votos anteriormente proferidos.

§ 4º O prazo a que se refere o *caput* ficará suspenso nos períodos de recesso ou férias coletivas e poderá ser prorrogado, por uma única vez, por igual período, mediante manifestação expressa do ministro vistor ao presidente do respectivo colegiado.[2]

Art. 134: 1. Redação da Em. Reg. 54, de 1.7.20.

Art. 134: 1a. Redação da Em. Reg. 2, de 4.12.85.

Art. 134: 2. Redação da Em. Reg. 54, de 1.7.20.

Art. 135. Concluído o debate oral, o Presidente tomará os votos do Relator, do Revisor, se houver, e dos outros Ministros, na ordem inversa de antiguidade.

§ 1º Os Ministros poderão antecipar o voto se o Presidente autorizar.

§ 2º Encerrada a votação, o Presidente proclamará a decisão.

§ 3º Se o Relator for vencido, ficará designado o Revisor para redigir o acórdão.

§ 4º Se não houver Revisor, ou se este também ficar vencido, designar-se-á para redigir o acórdão o Ministro que houver proferido o primeiro voto prevalecente, ressalvado o disposto no artigo 324, § 3º, deste Regimento.[1]

Art. 135: 1. Redação do § 4º de acordo com a Em. Reg. 49, de 3.6.14.

Art. 136. As questões preliminares serão julgadas antes do mérito, deste não se conhecendo se incompatível com a decisão daquelas.

§ 1º Sempre que, no curso do relatório, ou antes dele, algum dos Ministros suscitar preliminar, será ela, antes de julgada, discutida pelas partes, que poderão usar da palavra pelo prazo regimental. Se não acolhida a preliminar, prosseguir-se-á no julgamento.

§ 2º Quando a preliminar versar nulidade suprível, converter-se-á o julgamento em diligência e o Relator, se for necessário, ordenará a remessa dos autos ao juiz de primeira instância ou ao Presidente do Tribunal *a quo* para os fins de direito.

Art. 137. Rejeitada a preliminar, ou se com ela for compatível a apreciação do mérito, seguir-se-ão a discussão e julgamento da matéria principal, pronunciando-se sobre esta os juízes vencidos na preliminar.

Art. 138. Preferirá aos demais, na sua classe, o processo, em mesa, cujo julgamento tenha sido iniciado.

Art. 139. O julgamento, uma vez iniciado, ultimar-se-á na mesma sessão, ainda que excedida a hora regimental.

Art. 140. O Plenário ou a Turma poderá converter o julgamento em diligência, quando necessária à decisão da causa.[1]

Art. 140: 1. v. art. 115-II (juntada de documentos para a prova de fatos supervenientes).

....

Título IV | DAS AUDIÊNCIAS

Art. 154. Serão públicas as audiências:

I — (Suprimido)[1]

II — para instrução de processo, salvo motivo relevante.

III — para ouvir o depoimento das pessoas de que tratam os arts. 13, inciso XVII, e 21, inciso XVII, deste Regimento.[2]

Parágrafo único. A audiência prevista no inciso III observará o seguinte procedimento:[3]

I — o despacho que a convocar será amplamente divulgado e fixará prazo para a indicação das pessoas a serem ouvidas;

II — havendo defensores e opositores relativamente à matéria objeto da audiência, será garantida a participação das diversas correntes de opinião;

III — caberá ao Ministro que presidir a audiência pública selecionar as pessoas que serão ouvidas, divulgar a lista dos habilitados, determinando a ordem dos trabalhos e fixando o tempo que cada um disporá para se manifestar;

IV — o depoente deverá limitar-se ao tema ou questão em debate;

V — a audiência pública será transmitida pela TV Justiça e pela Rádio Justiça;

VI — os trabalhos da audiência pública serão registrados e juntados aos autos do processo, quando for o caso, ou arquivados no âmbito da Presidência;

VII — os casos omissos serão resolvidos pelo Ministro que convocar a audiência.

Art. 154: 1. Redação da Em. Reg. 18, de 2.8.06.

Art. 154: 2. Inc. III acrescido pela Em. Reg. 29, de 18.2.09.

Art. 154: 3. Parágrafo único acrescido pela Em. Reg. 29, de 18.2.09.

Art. 155. O Ministro que presidir a audiência deliberará sobre o que lhe for requerido.

§ 1º Respeitada a prerrogativa dos advogados, nenhum dos presentes se dirigirá ao presidente da audiência, a não ser de pé e com sua licença.

§ 2º O secretário da audiência fará constar em ata o que nela ocorrer.

Título V | DOS PROCESSOS SOBRE COMPETÊNCIA

Capítulo I | DA RECLAMAÇÃO

Art. 156. Caberá reclamação do Procurador-Geral da República, ou do interessado na causa, para preservar a competência do Tribunal ou garantir a autoridade das suas decisões.[1]

Parágrafo único. A reclamação será instruída com prova documental.

Art. 156: 1. v. CPC 988 a 993.

Art. 157. O relator requisitará informações da autoridade, a quem for imputada a prática do ato impugnado, que as prestará no prazo de cinco dias.[1-2]

Art. 157: 1. O prazo é de **10 dias** CPC 989-I.

Art. 157: 2. s/ informações fora de prazo, v. art. 105 § 3º.

Art. 158. O relator poderá determinar a suspensão[1] do curso do processo em que se tenha verificado o ato reclamado, ou a remessa dos respectivos autos ao Tribunal.

Art. 158: 1. cf. CPC 989-II.

Art. 159. Qualquer interessado poderá impugnar o pedido do reclamante.[1]

Art. 159: 1. cf. CPC 990.

Art. 160. Decorrido o prazo para informações, dar-se-á vista ao Procurador-Geral, quando a reclamação não tenha sido por ele formulada.[1]

Art. 160: 1. cf. CPC 991.

Art. 161. Julgando procedente a reclamação,[1] o Plenário ou a Turma poderá:[1a]

I — avocar o conhecimento do processo em que se verifique usurpação de sua competência;

II — ordenar que lhe sejam remetidos, com urgência, os autos do recurso para ele interposto;[2]

III — cassar decisão exorbitante de seu julgado, ou determinar medida adequada à observância de sua jurisdição.

Parágrafo único. O relator poderá julgar a reclamação quando a matéria for objeto de jurisprudência consolidada do Tribunal.[3]

Art. 161: 1. cf. CPC 992.

Art. 161: 1a. Redação da Em. Reg. 9, de 8.10.01.

Art. 161: 2. v. tb. art. 313-III.

Art. 161: 3. Parágrafo único acrescido pela Em. Reg. 13, de 25.3.04.

Art. 162. O Presidente do Tribunal ou da Turma determinará o imediato cumprimento da decisão, lavrando-se o acórdão posteriormente.[1]

Art. 162: 1. Redação da Em. Reg. 9, de 8.10.01.

Capítulo II | DO CONFLITO DE JURISDIÇÃO OU COMPETÊNCIA E DE ATRIBUIÇÕES

Art. 163. O conflito de jurisdição[1] ou competência[2] poderá ocorrer entre autoridades judiciárias; o de atribuições,[3] entre autoridades judiciárias e administrativas.

Art. 163: 1. v. CF 102-I-*o* e 105-I-*d*.

Art. 163: 2. v. CPC 951 a 959.

Art. 163: 3. v. CF 105-I-g.

Art. 164. Dar-se-á conflito nos casos previstos nas leis processuais.[1]

Art. 164: 1. v. notas ao art. anterior.

Art. 165. O conflito poderá ser suscitado pela parte interessada, pelo Ministério Público ou por qualquer das autoridades conflitantes.[1]

Art. 165: 1. cf. CPC 951-*caput*.

Art. 166. Poderá o relator, de ofício, ou a requerimento de qualquer das partes, determinar, quando o conflito for positivo, seja sobrestado o processo, e, neste caso, bem assim no de conflito negativo, designar um dos órgãos para resolver, em caráter provisório, as medidas urgentes.[1]

Art. 166: 1. cf. CPC 955.

Art. 167. Sempre que necessário, o relator mandará ouvir as autoridades em conflito, no prazo de dez dias.

Art. 168. Prestadas ou não as informações, o relator dará vista do processo ao Procurador-Geral e, a seguir, apresentá-lo-á em mesa para julgamento.

§ 1º Na decisão do conflito, compreender-se-á como expresso o que nela virtualmente se contenha ou dela resulte.

§ 2º Da decisão de conflito não caberá recurso.

§ 3º No caso de conflito positivo, o Presidente poderá determinar o imediato cumprimento da decisão, lavrando-se o acórdão, posteriormente.

Título VI | DA DECLARAÇÃO DE INCONSTITUCIONALIDADE E DA INTERPRETAÇÃO DE LEI

Capítulo I | DA DECLARAÇÃO DE INCONSTITUCIONALIDADE DE LEI OU ATO NORMATIVO

Arts. 169 a 175. .... [1]

Arts. 169 a 175: 1. Estas disposições se encontram inteiramente alteradas pela Lei 9.868, de 10.11.99 (LADIN), no tít. CONTROLE DE CONSTITUCIONALIDADE.

Art. 176. Arguida a inconstitucionalidade de lei ou ato normativo federal, estadual ou municipal, em qualquer outro processo submetido ao Plenário, será ela julgada em conformidade com o disposto nos arts. 172 a 174, depois de ouvido o Procurador-Geral.

§ 1º Feita a arguição em processo de competência da Turma, e considerada relevante, será ele submetido ao Plenário, independente de acórdão, depois de ouvido o Procurador-Geral.

§ 2º De igual modo procederão o Presidente do Tribunal e os das Turmas, se a inconstitucionalidade for alegada em processo de sua competência.

Art. 177. O Plenário julgará a prejudicial de inconstitucionalidade e as demais questões da causa.[1]

Art. 177: 1. **Súmula 72 do STF:** "No julgamento de **questão constitucional,** vinculada a decisão do **Tribunal Superior Eleitoral,** não estão impedidos os Ministros do Supremo Tribunal Federal que ali tenham funcionado no mesmo processo, ou no processo originário".

Art. 178. Declarada, incidentalmente, a inconstitucionalidade, na forma prevista nos arts. 176 e 177, far-se-á a comunicação, logo após a decisão, à autoridade ou órgão interessado, bem como, depois do trânsito em julgado, ao Senado Federal, para os efeitos do art. 42, VII,[1] da Constituição.

Art. 178: 1. cf. CF 52-X.

Capítulo II | DA INTERPRETAÇÃO DE LEI[1]

CAP. II: 1. A CF atual não reproduziu o disposto na CF de 1969, art. 119-I-*l*, na parte em que previa a representação do Procurador-Geral da República para a interpretação, pelo STF, de lei ou ato normativo federal ou estadual, preceito esse regulamentado pelo RISTF 179 a 187.

Atualmente, vigora, quanto à competência do Procurador-Geral da República, a Lei 9.868, de 10.11.99 (no tít. CONTROLE DE CONSTITUCIONALIDADE, ínt.), art. 2º-VI e art. 13-IV.

Arts. 179 a 187. ....

Título VII | DAS GARANTIAS CONSTITUCIONAIS

Arts. 188 a 199. .... [1]

Arts. 188 a 199: 1. Os arts. 188 a 199 do RISTF referem-se ao *habeas corpus*.

Capítulo II | DO MANDADO DE SEGURANÇA

Art. 200. Conceder-se-á mandado de segurança[1] para proteger direito líquido e certo não amparado por *habeas corpus*, quando a autoridade responsável pela ilegalidade ou abuso de poder estiver sob a jurisdição do Tribunal.[2 a 4]

Parágrafo único. O direito de pedir segurança extingue-se após cento e vinte dias da ciência, pelo interessado, do ato impugnado.

Art. 200: 1. v. CF 5º-LXIX e LXX; LMS, especialmente notas, no tít. MANDADO DE SEGURANÇA; s/ suspensão de segurança, v. art. 297.

Art. 200: 2. v. CF 102-I-*d*.

Art. 200: 3. "Mandado de segurança contra ato jurisdicional do STF", por José Antonio Almeida (RP 52/242).

Art. 200: 3a. "Os atos emanados do STF, quando revestidos de conteúdo jurisdicional, não comportam a impetração de mandado de segurança, eis que tais atos decisórios somente podem ser desconstituídos, no âmbito da Suprema Corte, em decorrência da adequada utilização dos recursos cabíveis, ou, na hipótese de julgamento de mérito, com trânsito em julgado, mediante ajuizamento originário da pertinente ação rescisória" (STF-Pleno: RTJ 182/194).

V. LMS 5º-II (mandado de segurança contra ato judicial) e 15, nota 5 (mandado de segurança contra decisão do Presidente do STF de indeferimento do pedido de suspensão de segurança); e RISTJ 211, notas 3 (mandado de segurança no STJ, contra ato de outros tribunais) e 3a (mandado de segurança contra atos do STJ).

Art. 200: 4. Súmula 248 do STF: "É competente, originariamente, o Supremo Tribunal Federal, para mandado de segurança contra **ato do Tribunal de Contas da União"**. Posteriormente, no mesmo sentido: CF de 1969, art. 119-I-*i*; CF atual, art. 102-I-*d*.

Súmula 330 do STF: "O Supremo Tribunal Federal não é competente para conhecer de mandado de segurança contra **atos dos Tribunais de Justiça** dos Estados" (neste sentido: RTJ 89/393, Pleno, v.u.).

Súmula 623 do STF: "Não gera por si só a competência originária do Supremo Tribunal Federal para conhecer do mandado de segurança com base no art. 102, I, *n*, da Constituição, dirigir-se o pedido contra **deliberação administrativa do tribunal de origem,** da qual haja participado a maioria ou a totalidade de seus membros".

Súmula 624 do STF: "Não compete ao Supremo Tribunal Federal conhecer originariamente de mandado de segurança contra **atos de outros tribunais**".

Súmula 627 do STF: "No mandado de segurança contra a **nomeação de magistrado da competência do Presidente da República,** este é considerado autoridade coatora, ainda que o fundamento da impetração seja nulidade ocorrida em fase anterior do procedimento".

Art. 201. Não se dará mandado de segurança quando estiver em causa:[1]

I — ato de que caiba recurso administrativo com efeito suspensivo, independente de caução;

II — despacho ou decisão judicial, de que caiba recurso, ou que seja suscetível de correição;

III — ato disciplinar, salvo se praticado por autoridade incompetente ou com inobservância de formalidade essencial.

Art. 201: 1. cf. LMS 5º.

Art. 202. A petição inicial, que deverá preencher os requisitos dos arts. 282 e 283 do Código de Processo Civil, será apresentada em duas vias,[1] e os documentos que instruírem a primeira deverão ser reproduzidos, por cópia, na segunda, salvo o disposto no art. 114 deste Regimento.

Art. 202: 1. cf. LMS 7º-I.

Art. 203. O relator mandará notificar a autoridade coatora para prestar informações no prazo[1] previsto em lei.

§ 1º Quando relevante o fundamento e do ato impugnado puder resultar a ineficácia da medida, caso deferida, o relator determinar-lhe-á a suspensão,[2-2a] salvo nos casos vedados em lei.

§ 2º A notificação será instruída com a segunda via da inicial e cópias dos documentos,[3] bem como do despacho concessivo da liminar, se houver.

Art. 203: 1. O prazo é de 10 dias (LMS 7º-I).

Art. 203: 2. v. art. 204; cf. LMS 7º-III.

A liminar pode ser concedida durante as férias (LOM 68).

Casos em que não tem cabimento a medida liminar: LMS 7º § 2º; Lei 8.437, de 30.6.92, art. 1º (no tít. MEDIDA CAUTELAR).

Art. 203: 2a. s/ agravo contra decisão do relator que delibera sobre medida liminar em mandado de segurança de competência originária dos tribunais, v. LMS 16 § ún.

Art. 203: 3. cf. LMS 7º-I.

Art. 204. A medida liminar vigorará pelo prazo de noventa dias, contado de sua efetivação e prorrogável por mais trinta dias, se o acúmulo de serviço o justificar.

Parágrafo único. Se, por ação ou omissão, o beneficiário da liminar der causa à procrastinação do julgamento do pedido, poderá o relator revogar a medida.

Art. 205. Recebidas as informações ou transcorrido o respectivo prazo, sem o seu oferecimento,[1] o Relator, após vista ao Procurador-Geral, pedirá dia para julgamento, ou, quando a matéria for objeto de jurisprudência consolidada do Tribunal, julgará o pedido.[2]

Parágrafo único. O julgamento de mandado de segurança contra ato do Presidente do Supremo Tribunal Federal ou do Conselho Nacional da Magistratura será presidido pelo Vice-Presidente ou, no caso de ausência ou impedimento, pelo Ministro mais antigo dentre os presentes à sessão. Se lhe couber votar, nos termos do art. 146, I a III, e seu voto produzir empate, observar-se-á o seguinte:

I — não havendo votado algum Ministro, por motivo de ausência ou licença que não deva durar por mais de três meses, aguardar-se-á o seu voto;

II — havendo votado todos os Ministros, salvo os impedidos ou licenciados por período remanescente superior a três meses, prevalecerá o ato impugnado.

Art. 205: 1. v. art. 105 § 3º.

Art. 205: 2. Redação de acordo com a Em. Reg. 28, de 18.2.09.

Art. 206. A concessão ou a denegação[1] de segurança na vigência de medida liminar serão imediatamente comunicadas à autoridade apontada como coatora.

Art. 206: 1. v. Súmula 405 do STF, em LMS 14, nota 1b.

Título VIII | DOS PROCESSOS ORIUNDOS DE ESTADOS ESTRANGEIROS

Arts. 207 a 214. .... [1]

Arts. 207 a 214: 1. Os arts. 207 a 214 do RISTF referem-se à extradição.

Capítulo II | DA HOMOLOGAÇÃO DE SENTENÇA ESTRANGEIRA[1]

CAP. II: 1. A homologação de sentença estrangeira passou à competência do Superior Tribunal de Justiça (CF 105-I-*i*).

Capítulo III | DA CARTA ROGATÓRIA[1]

CAP. III: 1. A concessão de *exequatur* às cartas rogatórias passou à competência do Superior Tribunal de Justiça (CF 105-I-*i*).

Título IX | DAS AÇÕES ORIGINÁRIAS

Arts. 230 a 246. .... [1]

Arts. 230 a 246: 1. Os arts. 230 a 246 referem-se à ação penal originária.

Capítulo II | DA AÇÃO CÍVEL ORIGINÁRIA

Art. 247. A ação cível originária,[1-1a] prevista no art. 119, I, *c* e *d*,[2] da Constituição, será processada nos termos deste Regimento[3] e da lei.[4-4a]

§ 1º O prazo para a contestação será fixado pelo relator.[5]

§ 2º O relator poderá delegar atos instrutórios a juiz ou membro de outro Tribunal que tenha competência territorial no local onde devam ser produzidos.

Art. 247: 1. inclusive aquela em que é parte Estado estrangeiro (v. arts. 273 a 275).

Art. 247: 1a. Um caso anômalo de competência originária do STF é o previsto na CF 102-I-*n*.

Art. 247: 2. v. CF 102-I-*e* e *f*.

Art. 247: 3. Competência do Plenário: art. 5º-III e IV.

Art. 247: 4. **Súmula 503 do STF:** "A **dúvida,** suscitada por particular, **sobre o direito de tributar,** manifestado por dois Estados, não configura litígio da competência originária do Supremo Tribunal Federal".

Art. 247: 4a. Continua em vigor esta disposição, não afetada pela superveniência da CF de 1988 (STF-Pleno: RT 662/201 e RF 312/91; RTJ 133/3).

Art. 247: 5. "Tendo sido, pelo relator, fixado para a contestação prazo evidentemente insuficiente, possível a sua dilatação para período compatível com a complexidade da matéria de fato da demanda, tudo na conformidade do disposto no art. 110, parágrafo único, com o art. 247, § 1º, ambos do RISTF" (RTJ 123/2).

Art. 248. Encerrada a fase postulatória, o relator proferirá despacho saneador, nos termos da lei processual.[1]

Art. 248: 1. v. CPC 357.

Art. 249. Finda a instrução, o relator dará vista, sucessivamente, ao autor, ao réu e ao Procurador-Geral, se não for parte, para arrazoarem, no prazo de cinco dias.

Art. 250. Findos os prazos do artigo anterior, o relator lançará nos autos o relatório, do qual a Secretaria remeterá cópia aos demais Ministros, e pedirá dia para julgamento.

Art. 251. Na sessão de julgamento, será dada a palavra às partes e ao Procurador-Geral pelo tempo de trinta minutos, prorrogável pelo Presidente.

Capítulo III | DA AVOCAÇÃO DE CAUSAS

Arts. 252 a 258. .... [1]

Arts. 252 a 258: 1. A CF de 1988 não prevê a avocação de causas pelo STF (cf. art. 102-I).

Capítulo IV | DA AÇÃO RESCISÓRIA

Art. 259. Caberá ação rescisória[1 a 2a] de decisão proferida pelo Plenário ou por Turma do Tribunal, bem assim pelo Presidente,[3-4] nos casos previstos na lei processual.

Art. 259: 1. v. CPC 966 a 975. V. tb. CF 102-I-*j* (competência do STF).

Art. 259: 2. SÚMULAS DO STF RELATIVAS A AÇÃO RESCISÓRIA:

— **Súmula 249 do STF:** "É competente o Supremo Tribunal Federal para a ação rescisória quando, embora não tendo conhecido do recurso extraordinário, ou havendo negado provimento ao agravo, tiver **apreciado a questão federal controvertida**".

A competência também é do STF se o **ministro relator,** ao negar provimento ou seguimento ao agravo de instrumento contra decisão denegatória de recurso extraordinário, "tiver apreciado a questão federal controvertida" (RTJ 73/886, 75/29, 92/922) ou "o mérito da causa discutido no recurso extraordinário" (STF-RT 593/241). No mesmo sentido: RTJ 114/475 (voto do Min. Djaci Falcão), 143/535 (Pleno), maioria.

Inversamente: "Se o acórdão do STF não examinou o mérito de qualquer das questões federais sobre as quais versa a ação rescisória, uma vez que não conheceu do recurso extraordinário por falta de prequestionamento e impossibilidade de reexame de prova e de interpretação de cláusulas contratuais, é ele incompetente para julgá-la" (STF-Pleno: RTJ 107/528). V., no mesmo teor: RTJ 118/440, voto do Min. Oscar Corrêa.

"Não compete originariamente ao STF julgar ação rescisória contra acórdão de sua Turma, em agravo regimental, quando este não discutiu a questão federal controvertida" (STF-Pleno: RTJ 132/690).

— **Súmula 515 do STF:** "A competência para a ação rescisória não é do Supremo Tribunal Federal, quando a **questão federal,** apreciada no recurso extraordinário ou no agravo de instrumento, seja **diversa** da que foi suscitada no pedido rescisório". Mas, "sendo o STF competente para julgar um dos aspectos da rescisória, sua competência se prorroga àqueles que por ele não foram examinados anteriormente" (RTJ 86/67: Pleno).

"Quando o acórdão do STF trata de questão que também é invocada na ação rescisória, ao lado de outras, como não é admissível o julgamento parcial desta, por um Tribunal, e a sua complementação por outro, é competente esta Corte para julgar a rescisória em sua totalidade" (RTJ 148/352).

V. jurisprudência s/ as Súmulas 249 e 515 tb. em RISTJ 233, nota 2.

Art. 259: 2a. "Ação rescisória. Competência do STF para julgá-la, quando se imputa violação de lei a acórdão de outro Tribunal, cuja autoridade foi restabelecida mediante provimento de recurso extraordinário" (RTJ 133/131).

Art. 259: 3. quando profere decisão de mérito, pondo termo ao feito.

Art. 259: 4. e até mesmo pelo relator (v. obs. à Súmula 249 do STF, em nota 2).

Art. 260. Distribuída a inicial, o relator mandará citar o réu, fixando-lhe prazo para contestação.

Art. 261. Contestada a ação, ou transcorrido o prazo, o relator proferirá despacho saneador[1] e deliberará sobre as provas requeridas.

Parágrafo único. O relator poderá delegar atos instrutórios a juiz ou membro de outro Tribunal que tenha competência territorial no local onde devam ser produzidos.

Art. 261: 1. v. CPC 357.

Art. 262. Concluída a instrução, o relator abrirá vista sucessiva às partes, por dez dias, para o oferecimento de razões e, após ouvido o Procurador-Geral, lançará o relatório e passará os autos ao revisor que pedirá dia para julgamento.[1]

Art. 262: 1. É competente o Plenário para o julgamento da rescisória (art. 6º-I-*c*). Os julgadores que participaram do julgamento rescindendo não estão impedidos para o seu julgamento (v. Súmula 252 do STF em CPC 144, nota 6).

Capítulo V | DA REVISÃO CRIMINAL

Arts. 263 a 272. ....

Capítulo VI | DOS LITÍGIOS COM ESTADOS ESTRANGEIROS OU ORGANISMOS INTERNACIONAIS

Art. 273. O processo dos litígios entre Estados estrangeiros e a União, os Estados, o Distrito Federal ou os Territórios[1] observará o rito estabelecido para a ação cível originária.[2]

Art. 273: 1. v. art. 5º-III; CF 102-I-*e*.

Art. 273: 2. v. arts. 247 a 251.

Art. 274. Obedecerão ao mesmo procedimento as ações entre os organismos internacionais, de que o Brasil participe, e as entidades de direito público interno referidas no artigo anterior.

Art. 275. A capacidade processual e a legitimidade de representação dos Estados estrangeiros e dos organismos internacionais regulam-se pelas normas estabelecidas nos tratados ratificados pelo Brasil.

Capítulo VII | DA SUSPENSÃO DE DIREITOS

Art. 276. ....

Título X | DOS PROCESSOS INCIDENTES

Capítulo I | DOS IMPEDIMENTOS E DA SUSPEIÇÃO

Art. 277. Os Ministros declarar-se-ão impedidos ou suspeitos nos casos previstos em lei.[1-1a]

Parágrafo único. Não estão impedidos os Ministros que, no Tribunal Superior Eleitoral, tenham funcionado no mesmo processo ou no processo originário,[2] os quais devem ser excluídos, se possível, da distribuição.[3-4]

Art. 277: 1. v. CPC 144 a 148.

Art. 277: 1a. "Não há impedimento do **Presidente do Conselho Nacional de Justiça,** que fez a publicação da decisão, mesmo que tivesse participado eventualmente da própria sessão que deu ensejo à prática do ato" (STF-Pleno, MS 25.938, Min. Cármen Lúcia, j. 24.4.08, DJ 12.9.08).

Art. 277: 2. No mesmo sentido, a **Súmula 72 do STF:** "No julgamento de **questão constitucional,** vinculada a decisão do **Tribunal Superior Eleitoral,** não estão impedidos os Ministros do Supremo Tribunal Federal que ali tenham funcionado no mesmo processo, ou no processo originário".

Art. 277: 3. O primitivo § 1º passou a § ún., pela Em. Reg. 2, de 4.12.85, que suprimiu o § 2º.

Art. 277: 4. **RISTF 77 § ún.:** "Tratando-se de recurso extraordinário eleitoral, de *habeas corpus* contra ato do Tribunal Superior Eleitoral, ou de recurso de *habeas corpus* denegado pelo mesmo Tribunal, serão excluídos da distribuição, se possível, os Ministros que ali tenham funcionado no mesmo processo ou no processo originário".

Art. 278. A suspeição será arguida perante o Presidente, ou o Vice-Presidente, se aquele for o recusado.

Parágrafo único. A petição será instruída com os documentos comprobatórios da arguição e o rol de testemunhas.

Art. 279. A suspeição do relator poderá ser suscitada até cinco dias após a distribuição; a do revisor, em igual prazo, após a conclusão dos autos; e a dos demais Ministros, até o início do julgamento.

Art. 280. O Presidente mandará arquivar a petição, se manifesta a sua improcedência.[1]

Art. 280: 1. Da decisão cabe agravo regimental (art. 317) para o Plenário (art. 6º-II-*d* c/c I-*h*).

Art. 281. Será ilegítima a arguição de suspeição, quando provocada pelo excipiente, ou quando houver ele praticado ato que importe na aceitação do Ministro.

Art. 282. Se admitir a arguição, o Presidente ouvirá o Ministro recusado e, a seguir, inquirirá as testemunhas indicadas, submetendo o incidente ao Tribunal em sessão secreta.

Art. 283. O Ministro que não reconhecer a suspeição funcionará até o julgamento da arguição.

Parágrafo único. A afirmação de suspeição pelo arguido, ainda que por outro fundamento, põe fim ao incidente.

Art. 284. A arguição será sempre individual, não ficando os demais Ministros impedidos de apreciá-la, ainda que também recusados.

Art. 285. Afirmada a suspeição pelo arguido, ou declarada pelo Tribunal, ter-se-ão por nulos os atos por ele praticados.

Art. 286. Não se fornecerá, salvo ao arguente e ao arguido, certidão de qualquer peça do processo de suspeição, antes de afirmada pelo arguido ou declarada pelo Tribunal.

Parágrafo único. Da certidão constará obrigatoriamente o nome de quem a requereu, bem assim o desfecho que houver tido a arguição.

Art. 287. Aplicar-se-á aos impedimentos dos Ministros o processo estabelecido para a suspeição, no que couber.[1]

Art. 287: 1. Sem aplicação, os arts. 279 e 281.

Capítulo II | DA HABILITAÇÃO INCIDENTE

Arts. 288 a 296. ....

Capítulo III | DA SUSPENSÃO DE SEGURANÇA[1]

CAP. III: 1. v. LR 25.

Art. 297. Pode o Presidente,[1] a requerimento do Procurador-Geral, ou da pessoa jurídica de direito público interessada, e para evitar grave lesão à ordem, à saúde, à segurança e à economia pública, suspender, em despacho fundamentado, a execução de liminar, ou da decisão concessiva de mandado de segurança, proferida em única ou última instância, pelos tribunais locais ou federais.[2]

§ 1º O Presidente pode ouvir o impetrante, em cinco dias, e o Procurador-Geral, quando não for o requerente, em igual prazo.

§ 2º Do despacho que conceder a suspensão caberá agravo regimental.[3-3a]

§ 3º A suspensão de segurança vigorará enquanto pender o recurso, ficando sem efeito, se a decisão concessiva for mantida pelo Supremo Tribunal Federal ou transitar em julgado.[4]

Art. 297: 1. Em face da nova Constituição, decidiu o STF, v.u., que "continua em vigor o art. 297 do Regimento Interno quanto à competência do Presidente para decidir pedidos de suspensão de liminar em mandado de segurança originário perante quaisquer Tribunais" (RF 306/175), desde que o pedido de suspensão tenha por fundamento preceito constitucional (RTJ 154/21).

Em consequência, procede a reclamação ao STF para avocar pedido de suspensão de segurança formulado ao STJ, se nele houver questão de **natureza constitucional** (RTJ 142/15).

Mas: "Fundamentando-se a impetração na **matéria infraconstitucional,** compete ao Presidente do STJ julgar pedido de suspensão de efeitos de liminar ou de decisão concessiva de segurança, proferida em única ou última instância pelos Tribunais Regionais Federais ou pelos Tribunais dos Estados e do Distrito Federal" (STF-Pleno, Rcl 330-2, Min. Néri da Silveira, j. 6.3.91, DJU 29.11.91). V. LMS 15, nota 3a, e LR 25, nota 1.

Art. 297: 2. s/ suspensão de segurança, v. LMS 15 e LR 25. Cf. RISTJ 271.

Art. 297: 3. Também é agravável a decisão que indefere o pedido de suspensão (v. LMS 15, nota 5).

Art. 297: 3a. O prazo para a interposição desse agravo é de **15 dias** (v. CPC 1.070).

Art. 297: 4. s/ eficácia da suspensão da segurança em relação à posterior decisão concessiva da segurança, v. LMS 15, nota 4, especialmente a Súmula 626 do STF. V. tb. LR 25 § 3º.

Capítulo IV | DA RECONSTITUIÇÃO DE AUTOS PERDIDOS

Arts. 298 a 303. ....

Título XI | DOS RECURSOS

Capítulo I | DISPOSIÇÕES GERAIS

Art. 304. Admitir-se-ão medidas cautelares[1] nos recursos,[2] independentemente dos seus efeitos.

Art. 304: 1. Art. 21 do RISTF: "São atribuições do relator: ...

"IV — submeter ao Plenário ou à Turma, nos processos da competência respectiva, medidas cautelares necessárias à proteção de direito suscetível de grave dano de incerta reparação, ou ainda destinadas a garantir a eficácia da ulterior decisão da causa;

"V — determinar, em caso de urgência, as medidas do inciso anterior, *ad referendum* do Plenário ou da Turma".

Art. 304: 2. Súmula 322 do STF: "Não terá seguimento pedido ou recurso dirigido ao Supremo Tribunal Federal, quando **manifestamente incabível,** ou apresentado **fora do prazo,** ou quando for evidente a **incompetência** do Tribunal".

Súmula 505 do STF: "Salvo quando contrariarem a Constituição, não cabe recurso para o Supremo Tribunal Federal, de quaisquer **decisões da Justiça do Trabalho,** inclusive dos presidentes de seus Tribunais". Cf. CF 102-III.

Art. 305. Não caberá recurso da deliberação da Turma ou do relator que remeter processo ao julgamento do Plenário, ou que determinar, em agravo de instrumento,[1] o processamento de recurso denegado ou procrastinado.

Art. 305: 1. **Súmula 300 do STF:** "São incabíveis os embargos da Lei 623, de 19.2.49, contra provimento de agravo para subida de recurso extraordinário".

Essa Súmula está **superada** em razão da nova disciplina do agravo em recurso extraordinário, interposto nos próprios autos (CPC 1.042).

Art. 306. Os recursos serão processados, na instância de origem, pelas normas da legislação aplicável, observados os arts. 59, 307 e 308 deste Regimento.

Capítulo II | DOS RECURSOS CRIMINAIS

Arts. 307 a 312. .... [1]

Arts. 307 a 312: 1. Os arts. 307 a 312 do RISTF referem-se a recursos criminais.

Capítulo III | DOS AGRAVOS

Seção I | DO AGRAVO DE INSTRUMENTO

Art. 313. Caberá agravo de instrumento:[1]

I — ....

II — de despacho de Presidente de Tribunal que não admitir recurso da competência do Supremo Tribunal Federal;

III — quando se retardar, injustificadamente, por mais de trinta dias, o despacho a que se refere o inciso anterior, ou a remessa do processo ao Tribunal.

Parágrafo único. ....

Art. 313: 1. O agravo contra a decisão do tribunal recorrido que não admite recurso extraordinário não mais é de instrumento (v. CPC 1.042).

Assim, estão **superadas as Súmulas 288** ("Nega-se provimento a agravo para subida de recurso extraordinário, quando faltar no traslado o despacho agravado, a decisão recorrida, a petição de recurso extraordinário ou qualquer peça essencial à compreensão da controvérsia") **e 639** ("Aplica-se a Súmula 288 quando não constarem do traslado do agravo de instrumento as cópias das peças necessárias à verificação da tempestividade do recurso extraordinário não admitido pela decisão agravada") **do STF.**

O recurso ordinário não mais se sujeita a juízo de admissibilidade no tribunal recorrido (v. CPC 1.028 § 3º).

Por fim, registre-se que o inciso I e o § ún. deste art. 313 diziam respeito ao agravo de instrumento contra decisão interlocutória proferida em processo no qual figuram como partes ente internacional e município ou pessoa domiciliada no Brasil, que desde o advento da Constituição de 1988 é da competência do STJ (art. 105-II-*c*).

Art. 314. O agravo de instrumento obedecerá, no juízo ou Tribunal de origem, às normas da legislação processual vigente.[1]

Art. 314: 1. v. CPC 1.042.

Art. 314-A. O agravo em recurso extraordinário será registrado ao Presidente para que exerça as atribuições conferidas no art. 13, inciso V, alíneas *c* e *d*, ou determine a distribuição dos processos quando não identificar a presença dos óbices nelas previstos.[1]

Parágrafo único. Os agravos oriundos do Tribunal Superior Eleitoral e aqueles concernentes a matérias criminais em que haja prevenção, nos termos deste regimento, serão encaminhados diretamente à distribuição.

Art. 314-A: 1. Incluído pela Em. Reg. 54, de 1.7.20.

Art. 315. Distribuído o agravo e ouvido, se necessário, o Procurador-Geral,[1] o relator o colocará em mesa para julgamento, sem prejuízo das atribuições que lhe confere o art. 21, nos incisos VI e IX e no seu § 1º.

Parágrafo único. ....[2]

Art. 315: 1. v. art. 52.

Art. 315: 2. O § ún. se referia a denegação do processamento da arguição de relevância, devendo-se, portanto, considerar como implicitamente revogado.

Art. 316. O provimento de agravo de instrumento, ou a determinação do relator para que subam os autos, não prejudica o exame e o julgamento, no momento oportuno, do cabimento do recurso denegado.[1]

§ 1º O provimento será registrado na ata e certificado nos autos, juntando-se ulteriormente a transcrição do áudio.[2]

§ 2º O provimento do agravo de instrumento e a determinação do relator para que suba o recurso serão comunicados ao tribunal de origem pelo Presidente do Tribunal para processamento do recurso.

§ 3º Se os autos principais tiverem subido em virtude de recurso da parte contrária, serão devolvidos à origem para processamento do recurso admitido.

Art. 316: 1. Este art. 316 ficou esvaziado com a disciplina do agravo em recurso extraordinário, interposto nos próprios autos (CPC 1.042).

Assim, também fica esvaziada a **Súmula 289 do STF:** "O provimento do agravo, por uma das Turmas do Supremo Tribunal Federal, ainda que sem ressalva, não prejudica a questão do cabimento do recurso extraordinário".

Art. 316: 2. Redação do § 1º de acordo com a Em. Reg. 26, de 22.10.08.

Seção II | DO AGRAVO REGIMENTAL[1]

✎ **SEÇ. II: 1.** "Agravo regimental", por Antonio José Miguel Feu Rosa (RTJ 738/729).

Art. 317. Ressalvadas as exceções previstas neste Regimento, caberá agravo regimental,[1 a 4] no prazo de cinco dias,[5] de decisão do Presidente do Tribunal,[6] de Presidente de Turma ou do relator,[6a-7] que causar prejuízo ao direito da parte.

§ 1º A petição conterá, sob pena de rejeição liminar, as razões do pedido de reforma da decisão agravada.

§ 2º O agravo regimental será protocolado e, sem qualquer outra formalidade, submetido ao prolator do despacho, que poderá reconsiderar o seu ato[7a] ou submeter o agravo ao julgamento[8-9] do Plenário ou da Turma, a quem caiba a competência, computando-se também o seu voto.

§ 3º Provido o agravo, o Plenário ou a Turma determinará o que for de direito.

§ 4º O agravo regimental não terá efeito suspensivo.

§ 5º O agravo interno poderá, a critério do relator, ser submetido a julgamento por meio eletrônico, observada a respectiva competência da Turma ou do Plenário.[10-11]

Art. 317: 1. v. CPC 1.021 e notas e LR 39. No RISTF, v. arts. 65 § ún. (deserção), 297 § 2º (suspensão de segurança), 327 § 2º (recurso extraordinário), 351-II (intervenção federal). V. ainda LMS 16 § ún. (agravo contra decisão de relator que delibera sobre liminar em mandado de segurança).

Art. 317: 2. Esse agravo agora é denominado pelo legislador **agravo interno** (v. CPC 1.021).

Art. 317: 3. "Revela-se inacolhível o agravo regimental cujas razões **não questionam os fundamentos** jurídicos em que se assentou o ato decisório por ele impugnado" (RTJ 156/21). No mesmo sentido: RTJ 117/1.178, 152/618, 156/218.

V. tb. CPC 1.021, nota 5.

Art. 317: 4. No agravo regimental **não é cabível** aduzir-se **fundamento novo,** em aditamento ao recurso extraordinário ou aos embargos de divergência não admitidos (RTJ 116/711, STF-RT 521/278; STF-1ª T., AI 146.031-9-AgRg, Min. Sepúlveda Pertence, j. 6.9.94, DJU 2.6.95).

V. tb. CPC 1.021, nota 5a.

Art. 317: 5. Esse prazo agora é de **15 dias** (v. CPC 1.003 § 5º e 1.070).

Art. 317: 6. "A deliberação do Presidente do Tribunal (embora singular), que **proclama resultado** parcial do julgamento, integra a decisão do Colegiado, contra ela não cabendo a interposição de agravo regimental, mesmo porque não retratável o ato por manifestação unilateral de seu prolator" (STF-Pleno: RT 716/338).

Art. 317: 6a. Não cabe agravo regimental:

— de decisão do Pleno (RTJ 119/602, 120/556, 120/558, 122/485);

— de decisão da Turma (RTJ 118/636; STF-1ª T., RE 95.790-1-AgRg, Min. Rafael Mayer, j. 31.8.82, DJU 24.9.82; STF-2ª T., RE 103.699-1-AgRg, Min. Aldir Passarinho, j. 15.3.85, DJU 19.4.85), inclusive em agravo regimental (STF-2ª T., RE 161.999-7-AgRg-AgRg, Min. Néri da Silveira, j. 28.6.93, DJU 10.9.93).

Art. 317: 7. "Cabe agravo regimental contra decisão monocrática que aprecia **liminar em ação cautelar** inominada" (RTJ 154/39). No mesmo sentido: RTJ 132/634 e STF-RF 323/163, maioria.

Art. 317: 7a. s/ agravo contra a reconsideração da decisão, v. CPC 1.021, notas 7 e 7a.

Art. 317: 8. O agravo interno requer **inclusão em pauta** (v. CPC 1.021 § 2º).

Art. 317: 9. Em regra, não cabe **sustentação oral** no julgamento do agravo interno.

V. tb. CPC 1.021, nota 10. Todavia, v. CPC 937 § 3º.

Art. 317: 10. O § 5º foi acrescido pela Em. Reg. 51, de 22.6.16.

Art. 317: 11. v. Res. 642 do STF, de 14.6.19.

Capítulo IV | DA APELAÇÃO CÍVEL[1]

CAP. IV: 1. A competência do STF prevista na CF de 1969, art. 119-II-*a*, passou ao STJ (CF atual, art. 105-II-*c*). Não há mais apelação ao STF.

Arts. 318 a 320. ....

Capítulo V | DO RECURSO EXTRAORDINÁRIO[1]

✎ **CAP. V: 1.** "Efeito suspensivo ao recurso extraordinário", por Jurandir Fernandes de Sousa (RT 732/132); "Medida cautelar nos recursos especial e extraordinário", por Hugo de Brito Machado (RJ 248/5); "Recursos extraordinários: juízo de admissibilidade. CF, arts. 102, III, e 105, III, alínea 'a'", por Carlos Alberto de Oliveira (RJ 249/131); "Aspectos do recurso extraordinário", por Pedro Gordilho (RDA 225/75); "Recurso extraordinário: aspectos práticos", por Carlos Bastide Horbach (RJ 312/51); "Transformações do recurso extraordinário", por Fredie Didier Jr. (RF 389/491); "O recurso extraordinário, a repercussão geral e a súmula vinculante", por Manoel Lauro Volkmer de Castilho (RP 151/99).

Art. 321. O recurso extraordinário[1 a 3] para o Tribunal será interposto no prazo estabelecido na lei processual pertinente, com indicação do dispositivo que o autorize,[4] dentre os casos previstos nos arts. 102, III, *a, b, c*, e 121, § 3º, da Constituição Federal.[5]

§ 1º Se na causa tiverem sido vencidos autor e réu, qualquer deles poderá aderir ao recurso da outra parte nos termos da lei processual civil.

§ 2º Aplicam-se ao recurso adesivo[6 a 8] as normas de admissibilidade, preparo e julgamento do recurso extraordinário, não sendo processado ou conhecido quando houver desistência do recurso principal, ou for este declarado inadmissível ou deserto.

§ 3º Se o recurso extraordinário for admitido pelo Tribunal ou pelo relator do agravo de instrumento, o recorrido poderá interpor recurso adesivo juntamente com a apresentação de suas contrarrazões.[9]

§ 4º O recurso extraordinário não tem efeito suspensivo.[10]

§ 5º ....[11]

Art. 321: 1. s/ recurso extraordinário, v. CF 102-III, CPC 1.029 a 1.041, RISTF 115 (juntada de documentos), 131 e 132 (sustentação oral), 330 e segs. (embargos de divergência).

Art. 321: 2. SÚMULAS DO STF RELATIVAS A RECURSO EXTRAORDINÁRIO:

— **Súmula 279 do STF:** "Para **simples reexame de prova** não cabe recurso extraordinário". E isso porque "na apreciação de todo e qualquer recurso de natureza extraordinária, parte-se da moldura fática delineada soberanamente pela Corte de origem" (RTJ 153/1.019; no mesmo sentido: RTJ 158/693); "a versão fática do acórdão é imodificável na instância extraordinária" (RTJ 152/612).

✎ "Reexame da prova diante dos recursos especial e extraordinário", por Luiz Guilherme Marinoni (RJ 330/17 e RP 130/19); "Questão de fato em recurso extraordinário", por Ovídio A. Baptista da Silva (RMDCPC 13/79).

— **Súmula 281 do STF:** "É **inadmissível** o recurso extraordinário, **quando couber,** na Justiça de origem, **recurso ordinário** da decisão impugnada". V. nota 3-Decisão recorrível.

— **Súmula 282 do STF:** "É inadmissível o recurso extraordinário, quando **não ventilada, na decisão recorrida,** a questão federal suscitada". V. tb. Súmula 356 do STF, abaixo, e em RISTJ 255, nota 3, anotações s/ Súmula 282 do STF.

É constitucional o requisito do prequestionamento (RTJ 144/658).

Prequestionamento explícito. O prequestionamento exige que o acórdão recorrido tenha se manifestado de maneira clara sobre a matéria constitucional objeto do recurso extraordinário. "Não há prequestionamento implícito, ainda quando se trate de questão constitucional" (RTJ 125/1.368). No mesmo sentido: RTJ 153/989.

"A configuração do instituto pressupõe debate e decisão prévios pela Corte de origem, ou seja, emissão de juízo explícito sobre o tema" (RTJ 158/262). No mesmo sentido: RTJ 133/942, 145/315.

"Considera-se prequestionada a matéria discutida no recurso extraordinário, quando a decisão recorrida adota, como fundamento, mediante simples remissão, verbete sumular com ela diretamente relacionado" (STF-1ª T., RE 196.501, Min. Celso de Mello, j. 26.3.96, DJU 31.10.97).

"Não constando dos autos — sequer por transcrição no acórdão impugnado — as razões e os dispositivos do precedente no qual de forma expressa o aresto se fundamentou, o apelo extremo não satisfaz o requisito do prequestionamento. Embargos de declaração não utilizados. Incidência das Súmulas 282 e 356" (STF-RT 668/220).

Todavia, a exigência de prequestionamento não significa que o artigo da Constituição Federal tenha sido expressamente referido no acórdão recorrido. O prequestionamento deve ser **explícito quanto à matéria** objeto do preceito constitucional. Assim: "Só se dispensa, para efeito de prequestionamento de questão constitucional, a indicação do dispositivo constitucional em causa quando o acórdão recorrido, embora sem referi-lo, julga a questão constitucional a ele relativa porque é ela a questão que foi discutida no recurso objeto de seu julgamento" (STF-1ª T., AI 221.355-6-AgRg, Min. Moreira Alves, j. 14.12.98, DJU 5.3.99). "O prequestionamento para o RE não reclama que o preceito constitucional invocado pelo recorrente tenha sido explicitamente referido pelo acórdão, mas, sim, que este tenha versado inequivocamente a matéria objeto da norma que nele se contenha" (RTJ 152/243).

Prequestionamento apenas nas razões do recurso julgado pelo acórdão recorrido. "O simples fato de determinada matéria haver sido veiculada em razões de recurso não revela o prequestionamento. Este pressupõe o debate e a decisão prévios e, portanto, a adoção de entendimento explícito, pelo órgão investido do ofício judicante, sobre a matéria. Para dizer-se do enquadramento do extraordinário no permissivo legal coteja-se não as razões do recurso julgado pela Corte de origem com o preceito constitucional, mas, sim, o teor do próprio acórdão proferido e que se pretende alvejar" (RTJ 133/945).

Ofensa implícita à Constituição. Necessidade de embargos de declaração. "Quando é o acórdão recorrido que teria ofendido implicitamente texto constitucional, o prequestionamento se faz mediante a interposição de em-

Supremo Tribunal Federal

bargos declaratórios, para que se supra a omissão quanto à questão constitucional por ele não enfrentada" (RTJ 123/383). V., a propósito, Theotonio Negrão, em RT 602/10, princípio. V. tb. CPC 1.025.

Prequestionamento. Questão nova suscitada em embargos de declaração. A pretexto de prequestionar determinado tema, não pode o recorrente embargar de declaração o acórdão, suscitando questão nova, não agitada até o momento; neste caso, a omissão não é do acórdão, mas da parte (RTJ 107/412). No mesmo sentido, entre outros: RTJ 107/827, 109/371, 109/415, 113/789, 115/866, 122/393, 152/243, 152/648. Assim: "A jurisprudência do STF é pacífica ao afirmar que o tema constitucional suscitado originariamente em embargos de declaração não enseja o seu prequestionamento" (STF-2ª T., AI 220.472-9-AgRg, Min. Maurício Corrêa, j. 26.10.98, DJU 16.4.99). V., todavia, CPC 1.022, nota 4.

Prequestionamento. Questão surgida no próprio acórdão recorrido. "Entende a Corte que a matéria constitucional suscitada, mesmo que só surgida em decorrência do próprio julgamento do tribunal, deveria ser provocada por via de embargos de declaração, para que a tivéssemos por prequestionada" (RTJ 144/344, citação da p. 345).

"A jurisprudência do STF, em hipóteses de *error in procedendo* no próprio julgamento recorrido, tem dispensado, sobre o ponto, o requisito do prequestionamento" (RTJ 135/297).

Prequestionamento de matéria objeto de voto vencido. v. CPC 941 § 3º.

Prequestionamento. Recurso extraordinário contra acórdão em recurso especial. "Agravo de instrumento a que se nega provimento, visto não haverem sido ventilados, pelo STJ, no acórdão recorrido, os temas constitucionais suscitados na petição de recurso extraordinário. Não basta, para caracterizar o prequestionamento perante o Supremo Tribunal, a circunstância de haverem sido, aqueles temas constitucionais, ventilados pelo acórdão da Corte estadual reformado em grau de recurso especial" (RTJ 146/297).

Desnecessidade de prequestionamento pelo recorrido. "No recurso extraordinário, ao contrário do recorrente, ao recorrido — vencedor na instância *a quo* — não se impõe o ônus do prequestionamento, nem sequer o de aventar, nas contrarrazões, os motivos, posto que estranhos aos da decisão recorrida, de que possa resultar a manutenção desta, salvo se se trata de matéria a respeito da qual a lei exija a iniciativa da parte interessada" (STF-1ª T., RE 85.944-6-EDcl, Min. Sepúlveda Pertence, j. 30.9.97, DJU 7.11.97).

Prequestionamento. Rejeição, pelo tribunal local, de embargos de declaração opostos para prequestionamento. "O que, a teor da Súm. 356, se reputa carente de prequestionamento é o ponto que, indevidamente omitido pelo acórdão, não foi objeto de embargos de declaração; mas, opostos esses, se, não obstante, se recusa o Tribunal a suprir a omissão, por entendê-la inexistente, nada mais se pode exigir da parte, permitindo-se-lhe, de logo, interpor recurso extraordinário sobre a matéria dos embargos de declaração, e não sobre a recusa, no julgamento deles, de manifestação sobre ela" (STF-RF 347/273). No mesmo sentido: STF-2ª T., RE 184.104-4, Min. Marco Aurélio, j. 16.12.97, DJU 27.3.98.

V. tb. CPC 1.025.

S/ Súmulas 282 e 356 (prequestionamento): "Recurso extraordinário — Prequestionamento (Súmulas ns. 282 e 356 do STF) — Interpretação razoável da lei (Súmula n. 400)", por Hubert Vernon L. Nowill (RT 480/247, RF 254/469); "Os embargos declaratórios e seus efeitos no recurso extraordinário", por Eva da Cruz Feliciano (RT 517/241, JTA 53/223, RBDP 20/51), "Análise da Súmula 282 do STF", por Anete Vasconcelos de Borborema (RP 21/295); "Do prequestionamento", por Élio Wanderley de Siqueira Filho (RT 673/35); "O prequestionamento da questão federal nos recursos extraordinários", por Antonio Janyr Dall'Agnol Jr. (Ajuris 59/131); "Prequestionamento", por E. D. Moniz de Aragão (RF 328/37); "Prequestionamento de matéria constitucional", por Palhares Moreira Reis (RJ 248/11); "Críticas ao prequestionamento", por Galeno Lacerda (RT 758/68); "O prequestionamento e as matérias de ordem pública nos recursos extraordinário e especial", por Andréa Cherem Fabrício de Melo (RP 132/7).

— **Súmula 283 do STF:** "É inadmissível o recurso extraordinário, quando a **decisão recorrida assenta em mais de um fundamento** suficiente e o recurso não abrange todos eles". No mesmo sentido: RTJ 153/997, 153/1.015. V. tb., em RISTJ 255, nota 3-Súmula 283 do STF, e RISTJ 268, notas 3 a 4 (recurso extraordinário contra acórdão do STJ).

É incabível o recurso extraordinário quando "não abrange fundamento condicional ou alternativo, mas, ainda assim, suficiente para justificar a conclusão do acórdão recorrido" (RTJ 113/886).

"Se o STJ, intérprete adequado para matéria infraconstitucional, não conhece de recurso especial por entender que o acórdão tem mais de um fundamento, todos bastantes por si só para sustentar a conclusão, não cabe ao STF reexaminá-la, sob o mesmo fundamento" (RTJ 144/638).

"Se o acórdão de Corte de segundo grau afronta, também, a Constituição, a par de negar vigência a norma ordinária, cumpre a interposição do recurso extraordinário no mesmo prazo do recurso especial. Se isso não sucede, não cabe, após o julgamento do recurso especial confirmando o aresto local, interpor recurso extraordinário contra o acórdão do STJ, com alegação de haver a decisão do Tribunal de 2ª instância ofendido, também, a Constituição. Não é viável sequer, em embargos de declaração ao acórdão do STJ, pretender retomar a matéria constitucional já preclusa, por falta de oportuna interposição do recurso extraordinário" (STF-RT 719/325).

"Se o aresto recorrido se assenta em fundamento constitucional e infraconstitucional, qualquer deles suficiente para mantê-lo, e a parte vencida não manifesta recurso extraordinário, o especial perde sua eficácia, em razão do trânsito em julgado da matéria constitucional" (RTJ 160/674).

Se o acórdão tem dois fundamentos, um de natureza constitucional e outro infraconstitucional e a parte, depois de haver interposto recurso extraordinário quanto à matéria constitucional, dele desiste, já não pode pretender levar ao STF, através de recurso extraordinário contra o acórdão em recurso especial, a questão constitucional, pois esta transitou em julgado (RTJ 153/1.020, 158/268, 159/325).

— **Súmula 284 do STF:** "É inadmissível o recurso extraordinário, quando a **deficiência** na sua **fundamentação** não permitir a exata compreensão da controvérsia". V. tb., em RISTJ 255, nota 3-Súmula 284 do STF.

"Descabe corrigir a petição do recurso extraordinário, carente de requisitos, mediante nova petição apresentada fora do prazo" (STF-1ª T., Ag 112.627-2-AgRg, Min. Rafael Mayer, j. 9.9.86, DJU 26.9.86).

"Se a decisão recorrida apenas se reporta à fundamentação de precedente do tribunal *a quo*, não se conhece do recurso extraordinário se o recorrente não opôs embargos de declaração nem fez prova do teor do precedente invocado" (STF-RT 662/214).

— **Súmula 292 do STF:** "Interposto o **recurso extraordinário** por **mais de um dos fundamentos** indicados no art. 101, n. III, da Constituição, a admissão apenas por um deles não prejudica o seu conhecimento por qualquer dos outros". O art. 101-III, citado na Súmula, refere-se à Constituição de 1946 e equivale ao art. 119-III da CF de 1969 e aos arts. 102-III e 105-III da CF atual.

V. CPC 1.030, nota 6.

— **Súmula 322 do STF:** "Não terá seguimento pedido ou recurso dirigido ao Supremo Tribunal Federal, quando **manifestamente incabível,** ou apresentado **fora do prazo,** ou quando for evidente a **incompetência** do Tribunal".

— **Súmula 356 do STF:** "O ponto omisso da decisão, sobre o qual não foram opostos **embargos declaratórios,** não pode ser objeto de recurso extraordinário, por faltar o requisito do **prequestionamento**".

V., acima, Súmula 282 do STF e notas; e em RISTJ 255, nota 3-Súmula 356 do STF. V. ainda CPC 1.025.

— **Súmula 400 do STF:** "Decisão que deu **razoável interpretação** à lei, ainda que não seja a melhor, não autoriza recurso extraordinário pela letra *a* do art. 101, III, da Constituição Federal". O art. 101-III-*a* da CF de 1946 corresponde ao art. 119-III-*a* da CF de 1969 e aos arts. 102-III-*a* e 105-III-*a* da CF atual.

Esta **Súmula está superada:** "A necessidade de preservar-se a atuação precípua do STF — de guardião da Lei Básica — afasta a jurisprudência segundo a qual a interpretação razoável da lei, embora não seja a melhor, inviabiliza o acesso à via extrema. Ou bem a decisão mostra-se harmônica com a Constituição Federal, ou a contraria, não havendo campo propício a enfoque intermediário" (RTJ 145/303). No mesmo sentido: Min. Moreira Alves (RTJ 105/445), Min. Oswaldo Trigueiro (RTJ 70/460, *in fine*), Min. Luiz Gallotti (RTJ 64/204).

S/ Súmula 400: "Recurso extraordinário (...) Interpretação razoável da lei (Súmula n. 400)", por Hubert Vernon L. Nowill (RT 480/247, RF 254/469).

— **Súmula 456 do STF:** "O Supremo Tribunal Federal, conhecendo do recurso extraordinário, **julgará a causa,** aplicando o direito à espécie". V. CPC 1.034.

— **Súmula 505 do STF:** "Salvo quando contrariem a Constituição, não cabe recurso, para o Supremo Tribunal Federal, de quaisquer **decisões da Justiça do Trabalho,** inclusive dos presidentes de seus Tribunais". V. CF 102-III.

— **Súmula 513 do STF:** "A decisão que enseja a interposição de **recurso ordinário ou extraordinário** não é a do **plenário,** que resolve o incidente de inconstitucionalidade, mas a do órgão (Câmaras, Grupos ou Turmas) que completa o julgamento do feito". V. CPC 950, nota 1.

— **Súmula 528 do STF:** "Se a decisão contiver partes autônomas, a admissão parcial, pelo Presidente do Tribunal *a quo*, de recurso extraordinário que sobre qualquer delas se manifestar, não limitará a apreciação de todas pelo Supremo Tribunal Federal, independentemente de interposição de agravo de instrumento".

V. CPC 1.030, nota 6.

— **Súmula 634 do STF:** "Não compete ao Supremo Tribunal Federal conceder medida cautelar para dar efeito suspensivo a recurso extraordinário que ainda não foi objeto de juízo de admissibilidade na origem".

— **Súmula 635 do STF:** "Cabe ao Presidente do Tribunal de origem decidir o pedido de medida cautelar em recurso extraordinário ainda pendente do seu juízo de admissibilidade".

— **Súmula 636 do STF:** "Não cabe recurso extraordinário por contrariedade ao princípio constitucional da legalidade, quando a sua verificação pressuponha rever a interpretação dada a normas infraconstitucionais pela decisão recorrida".

V. tb. CPC 1.033.

— **Súmula 637 do STF:** "Não cabe recurso extraordinário contra acórdão de Tribunal de Justiça que defere pedido de intervenção estadual em Município".

— **Súmula 638 do STF:** "A controvérsia sobre a incidência, ou não, de correção monetária em operações de crédito rural é de natureza infraconstitucional, não viabilizando recurso extraordinário".

— **Súmula 640 do STF:** "É cabível recurso extraordinário contra decisão proferida por juiz de primeiro grau nas causas de alçada, ou por turma recursal de juizado especial cível e criminal".

Causa de alçada. "Em se tratando de causa de alçada o recurso extraordinário pode ser interposto contra decisão de juízo de primeiro grau, mas desde que esgotada a instância ordinária mediante embargos infringentes, apreciados na mesma instância (art. 102, III, da CF)" (STF-1ª T., RE 140.075-7, Min. Sydney Sanches, j. 6.6.95, DJU 22.9.95). V. LEF 34 § 1º.

"Por uma mudança no critério de admissibilidade do recurso extraordinário por violação indireta à Constituição nas causas de alçada e do juizado especial de pequenas causas", por Márcio Henrique Mendes da Silva (RSDCPC 35/154 e RP 130/123).

— **Súmula 727 do STF:** "Não pode o magistrado deixar de encaminhar ao Supremo Tribunal Federal o agravo de instrumento interposto da decisão que não admite recurso extraordinário, ainda que referente a causa instaurada no âmbito dos juizados especiais". S/ reclamação, nessa hipótese, v. LJE 46, nota 4.

— **Súmula 733 do STF:** "Não cabe recurso extraordinário contra decisão proferida no processamento de precatórios". V. tb. nota 3-Precatório.

— **Súmula 735 do STF:** "Não cabe recurso extraordinário contra acórdão que defere medida liminar".

Art. 321: 3. JURISPRUDÊNCIA SOBRE RECURSO EXTRAORDINÁRIO:

— **Acórdão do TSE ou do TST.** Somente matéria constitucional, e não infraconstitucional, permite acesso ao STF contra decisão do TSE ou do TST (STF-RT 708/228).

— **Acórdão do STJ.** "Admite-se recurso extraordinário contra decisão do STJ que, no exame do cabimento de recurso especial, assenta proposição contrária, em tese, ao disposto no art. 105, III e alíneas, da CF" (RTJ 185/684).

"A alegação de ofensa do art. 105, III, CF pode servir de base a recurso extraordinário quando, para conhecer ou não conhecer do recurso especial, a decisão do STJ contiver proposição contrária, em tese, aos seus pressupostos típicos de admissibilidade, que aquele preceito constitucional define; não cabe, porém, o extraordinário para o reexame das premissas concretas de que haja partido a decisão do STJ, em tese, correta" (RTJ 160/680).

— **Assinatura:** v. Recurso extraordinário sem assinatura.

— **Ato jurídico perfeito:** v., a seguir, Direito adquirido.

— **"Causa".** "O conceito de 'causa' decidida em única ou última instância para efeito do cabimento de recurso extraordinário (CF, art. 102, III) alcança as decisões interlocutórias de caráter terminativo" (STF-Pleno, RE 210.917-7, Min. Sepúlveda Pertence, j. 12.8.98, um voto vencido, DJU 18.6.01).

Cf., no mesmo sentido: RISTJ 255, nota 4-"Causa".

V., nesta nota, Precatório.

— **Causas de alçada:** v. nota 2-**Súmula 640 do STF.**

— **Coisa julgada:** s/ inexistência de coisa julgada enquanto pende recurso, qualquer que seja, v. RISTF 321, nota 10; v. tb., abaixo, Direito adquirido e Preclusão.

"O STF tem entendido que a ofensa à coisa julgada, proscrita pelo art. 153, § 3º, da Constituição, não é só a que promana do legislador, mas igualmente a que vai expressa em decisão judicial, posto que tem a sentença força de lei nos limites da lide (art. 468 do CPC)" (RTJ 128/364). No mesmo sentido: RTJ 133/1.311.

"Só quando partir a decisão recorrida de erro conspícuo quanto ao conteúdo e à autoridade, em tese, da coisa julgada é que se terá questão constitucional a resolver em recurso extraordinário; não, porém, quando o reconhecimento da ofensa ao art. 5º, XXXVI, da Constituição, depender do exame, *in concreto*, dos limites objetivos da coisa julgada" (RTJ 159/682). No mesmo sentido: RTJ 133/439, 159/691.

"Salvo a hipótese de flagrante contrariedade ao decidido, a questão da fixação dos limites objetivos dos efeitos de julgado sob execução, por circunscrever-se ao plano da interpretação de leis processuais, de natureza infraconstitucional, não enseja apreciação pelo STF, em sede de recurso extraordinário" (RTJ 161/1.064).

"Saber se compete ao órgão judicante examinar de ofício suposta violação à coisa julgada é indagação que não possui natureza constitucional" (RTJ 161/663).

"Coisa julgada. Violação manifesta, no processo de liquidação, do que se decidira na sentença condenatória, implicando ofensa à norma constitucional que a protege, segundo a jurisprudência do Supremo Tribunal" (RTJ 133/1.317).

— **Conhecimento do recurso extraordinário.** v. Juízo de admissibilidade e juízo de mérito.

— **Correção monetária.** "Fundamento suficiente para a sustentação do acórdão recorrido no tocante ao índice de correção monetária é o da aplicação do princípio geral de direito relativo à vedação do enriquecimento sem causa. Ora, para chegar a conclusão contrária à que chegou o acórdão recorrido, seria mister examinar-se previamente a correta aplicação desse princípio, que se situa no âmbito infraconstitucional das fontes de direito, o que implica dizer que as alegadas ofensas à Constituição são indiretas ou reflexas, não dando margem, assim, ao cabimento do recurso extraordinário" (STF-1ª T., RE 220.542-7, Min. Moreira Alves, j. 2.12.97, DJU 6.3.98).

S/ correção monetária em operações de crédito rural, v. nota 2-**Súmula 638 do STF.**

— **Decisão de juiz singular:** v. nota 2-**Súmula 640 do STF.** V. tb. CPC 1.021, nota 4.

— **Decisão recorrível.** "Recurso extraordinário. Descabimento. Decisão monocrática que negou seguimento a recurso interposto junto à Turma Recursal dos Juizados Especiais Federais, da qual ainda era cabível agravo regimental (CPC, art. 557, § 1º): incidência da Súmula 281" (STF-1ª T., RE 427.037-AgRg, Min. Sepúlveda Pertence, j. 16.11.04, DJU 3.12.04). No mesmo sentido: STF-RT 870/159 (2ª T., RE 545.580-AgRg).

V. Súmula 281 do STF, na nota 2, e RISTJ 255, nota 4-Decisão recorrível. V. tb. CPC 1.021, nota 4.

— **Deserção.** O recurso extraordinário está sujeito a preparo, sob pena de deserção.

— **Direito adquirido.** "O **direito adquirido,** o **ato jurídico perfeito** e a **coisa julgada** encontram proteção em dois níveis: em nível infraconstitucional, na LICC, art. 6º, e em nível constitucional, art. 5º, XXXVI, CF. Todavia, o conceito de tais institutos não se encontra na Constituição, art. 5º, XXXVI, mas na lei ordinária, art. 6º da LICC. Assim, a decisão que dá pela ocorrência, ou não, no caso concreto, de tais institutos, situa-se no contencioso de direito comum, que não autoriza a admissão de recurso extraordinário" (STF-2ª T., RE 224.895-1-AgRg, Min. Carlos Velloso, j. 22.10.02, DJU 22.11.02). No mesmo sentido: RTJ 171/275, STF-RDA 200/162. **Todavia,** admitindo exame de ofensa a direito adquirido em sede de recurso extraordinário: STF-Pleno, AI 410.946-AgRg, Min. Ellen Gracie, j. 17.3.10, maioria, DJ 7.5.10.

V. tb., nesta nota: **Coisa julgada.** S/ cabimento, nesse caso, de **recurso especial,** v. RISTJ 255, nota 4-Violação de direito adquirido.

— **Dissídio jurisprudencial.** A alegação de dissídio jurisprudencial não constitui fundamento para o recurso extraordinário, porém simples reforço de fundamentação (RTJ 156/288, 156/648).

— **Efeito suspensivo excepcional:** v. CPC 1.029 § 5º.

— **Execução de acórdão do STF.** Tratando-se de determinar a extensão de acórdão proferido pelo STF, tem-se conhecido de recurso extraordinário (RTJ 89/1.046, 99/740, 102/376, RT 552/250). Neste caso, porém, o remédio específico é a reclamação ao STF, "para garantir a autoridade de suas decisões" (RISTF 156; cf. CF 102-I-*l*).

— **Fato superveniente.** "Sendo notório que acaba de ser liberada a última parcela de devolução dos ativos financeiros bloqueados para conversão parcelada em cruzeiros, o presente recurso extraordinário, que ataca o acórdão que concedeu a segurança para a liberação dos ativos financeiros do impetrante, perdeu seu objeto (restauração do bloqueio) por fato superveniente à referida decisão" (RTJ 144/673: Pleno, RE 149.587-QO). **Contra** o exame de fato superveniente em recurso extraordinário: STF-1ª T., RE 191.476-AgRg, Min. Sepúlveda Pertence, j. 6.6.06, DJU 30.6.06; STF-RT 865/128: 2ª T., RE 490.076-AgRg.

V. art. 115-II (juntada de documentos para a prova de fatos supervenientes).

— **Fundamentação do acórdão recorrido.** No recurso extraordinário fundamentado em violação da Constituição (CF 102-*a*), é possível a "confirmação da decisão recorrida por fundamento constitucional diverso daquele em que se alicerçou o acórdão recorrido e em cuja inaplicabilidade ao caso se baseia o recurso extraordinário" (STF-Pleno, RE 300.020-9, Min. Sepúlveda Pertence, j. 6.8.03, DJU 24.10.03).

— **Fundamentação do recurso extraordinário. Indicação do dispositivo da CF que autoriza o recurso (art. 102-III-*a, b, c* ou *d*).** "É de se conhecer do recurso, mesmo havendo erro ou omissão do preceito, da Constituição, em que se fundou o recurso extraordinário entre os casos previstos no art. 102, inciso III, alíneas *a, b, c* e *d*, da Constituição do Brasil. Isso se dos fundamentos do acórdão recorrido e das razões recursais for possível identificá-lo" (STF-2ª T., AI 630.471-AgRg, Min. Eros Grau, j. 5.6.07, DJU 17.8.07). No mesmo sentido: STF-RF 359/211 (1ª T., RE 221.291).

Com isso, tende a ficar superado o entendimento no sentido do não conhecimento do recurso nessas circunstâncias (p/ esse entendimento, v. RTJ 170/220, STF-RT 809/201). Todavia, mais recentemente, a 1ª Turma voltou a prestigiar esse entendimento: "Recurso extraordinário. Indicação do permissivo constitucional. Formalidade essencial" (STF-1ª T., AI 838.930-AgRg, Min. Marco Aurélio, j. 21.6.11, um voto vencido, DJ 17.8.11).

— **Fundamentação do recurso extraordinário. Indicação do dispositivo da CF violado pela decisão recorrida.** No caso, não se trata de falta de indicação da letra do inciso III do art. 102 da Constituição, mas de falta de indicação do dispositivo constitucional que teria sido violado pelo acórdão recorrido, indicação esta que é indispensável ao exame do recurso extraordinário, uma vez que a ele não se aplica o princípio *jura novit curia* (STF-1ª T., AI 193.361-1-AgRg, Min. Moreira Alves, j. 19.8.97, DJU 26.9.97). No mesmo sentido: STF-RT 801/140.

"Esta Corte, em recurso extraordinário, examina a questão jurídica nele posta em face do dispositivo constitucional por ele tido como violado. Se houver equívoco na sua indicação, e se se invocar outro dispositivo que não o que se pretende ofendido, há a aplicação — como bem salientou o parecer da Procuradoria-Geral da República — da Súmula 284" (RTJ 141/1.015). V., na nota anterior, Súmula 284 do STF (Fundamentação deficiente).

Os fundamentos do recurso extraordinário, constantes da petição de interposição, **não podem ser aditados ou alterados,** pois não vigora, quanto à fase preliminar de conhecimento desse recurso, o princípio *jura novit curia* (RTJ 90/516, 90/859, 113/1.409, 133/852, STF-RT 512/278, STF-RTJE 86/143). Isto porque: "O juízo preliminar de conhecimento do RE é estritamente limitado à questão constitucional suscitada na sua interposição" (RTJ 133/1.329. No caso, o recurso se limitou a impugnar a exigibilidade de empréstimo compulsório, no exercício em que havia sido instituído; o STF decidiu que não podia dele conhecer pela inconstitucionalidade da lei que o instituíra, apesar de já ter incidentemente declarado essa inconstitucionalidade).

— **Incompetência absoluta.** "A arguição de incompetência, mesmo absoluta, necessita ter sido discutida e apreciada na instância 'a quo'. Se isto não ocorreu, não é admissível o recurso extraordinário" (STF-RT 687/220).

Cf. RISTJ 255, nota 3-Súmula 282 do STF (Prequestionamento. Matéria de ordem pública ou questão cognoscível de ofício).

— **Inconstitucionalidade decretada de ofício pelo STF.** O STF não pode declarar de ofício a inconstitucionalidade de lei, se esta não foi alegada no recurso extraordinário (RTJ 148/536).

— **Inconstitucionalidade superveniente:** "A incompatibilidade de lei com nova Constituição importa em sua revogação por **inconstitucionalidade superveniente.** É própria do recurso extraordinário — e não do recurso especial — a declaração de inconstitucionalidade superveniente" (STJ-RDA 202/224). No mesmo sentido: STF-RDA 203/243.

— **Interposição por fax:** v. Lei 9.800/99, no tít. FAX.

— **Intervenção de terceiro.** "Tendo em vista as limitações da instância extraordinária — o recurso extraordinário é julgado entre as partes e nos termos em que foi interposto no tocante ao que está prequestionado na decisão recorrida — não cabe a intervenção de quem até sua interposição não figurava como parte, para, alegando sê-lo originariamente, pleitear se substitua a quem nele figure como recorrente ou recorrido. Por isso mesmo, esta Corte, ao julgá-lo, não pode estender o campo de sua apreciação a questões, inclusive relativas a nulidades processuais, que são estranhas a ele e que não impossibilitem a ela a prestação jurisdicional" (RTJ 141/631).

— **Intervenção estadual:** v. nota 2-**Súmula 637 do STF.**

— **Intervenção federal.** "Por não se tratar de causa, em sentido próprio, mas de providência administrativa, da privativa iniciativa do Tribunal de Justiça, não cabe recurso extraordinário contra decisão daquela Corte que julgou procedente pedido de intervenção federal, por suposto descumprimento de decisão judicial (art. 34, VI, da Constituição Federal)" (STF-1ª T., RE 203.175-5, Min. Octavio Gallotti, j. 24.11.98, DJU 23.4.99).

— **Juizados Especiais:** v. nota 2-**Súmula 640 do STF.**

— **Juízo de admissibilidade e juízo de mérito.** "Recurso extraordinário. Letra *a*. Alteração da tradicional orientação jurisprudencial do STF, segundo a qual só se conhece do RE, *a*, se for para dar-lhe provimento: distinção necessária entre o juízo de admissibilidade do RE, *a* — para o qual é suficiente que o recorrente alegue adequadamente a contrariedade pelo acórdão recorrido de dispositivos da Constituição nele prequestionados — e o juízo de mérito, que envolve a verificação da compatibilidade ou não entre a decisão recorrida e a Constituição, ainda que sob prisma diverso daquele em que se hajam baseado o Tribunal *a quo* e o recurso extraordinário" (STF-Pleno, RE 300.020-9, Min. Sepúlveda Pertence, j. 6.8.03, DJU 24.10.03).

— **Matéria constitucional:** v. Ofensa a preceito constitucional.

— **Medida Liminar.** "Não cabe recurso extraordinário contra atos decisórios que deferem, ou não, medidas liminares, qualquer que seja a sede processual de que emanem. É que tais decisões — porque fundadas em mero juízo de deliberação, motivado pelo reconhecimento da ocorrência, ou não, dos requisitos inerentes à plausibilidade jurídica e ao *periculum in mora* — assumem caráter essencialmente precário, provisório e instável, não veiculando, desse modo, qualquer juízo conclusivo de constitucionalidade, o que as torna insuscetíveis de adequação às hipóteses consubstanciadas no art. 102, III, da CF" (STF-RT 802/156).

V. nota 2-**Súmula 735 do STF.**

— **Ministério Público.** A legitimidade dos Ministérios Públicos dos Estados e do Distrito Federal e Territórios "para recorrer ao STF é adstrita ao recurso extraordinário das decisões de primeiro ou segundo grau das respectivas justiças locais, não para interpor recurso ordinário ou extraordinário de decisões do STJ para o Supremo Tribunal" (STF-1ª T., RE 262.178-1, Min. Sepúlveda Pertence, j. 3.10.00, DJU 24.11.00).

— **Nulidade do acórdão recorrido.** "A jurisprudência do STF, em recurso extraordinário, não admite alegação de ofensa à Constituição, por vícios processuais dos acórdãos recorridos" (STF-1ª T., AI 130.702-1-AgRg, Min. Sydney Sanches, j. 21.3.95, DJU 22.9.95).

— **Ofensa a preceito constitucional.** A ofensa a preceito constitucional, para que autorize o recurso extraordinário, há de ser "direta e frontal" (RTJ 107/661, 120/912, 125/705, 155/921, 165/332, STF-RT 717/299, 731/184, 759/161), "direta, e não indireta, reflexa" (RTJ 152/948, 152/955), "direta e não por via reflexa" (RTJ 105/704; neste sentido: RTJ 105/1.279, 127/758, 128/886, 161/685, STJ-RT 640/229, 806/125, STF-RF 357/210).

"Se, para provar a contrariedade à Constituição, tem-se, antes, de demonstrar a ofensa à lei ordinária, é esta que conta para a admissibilidade do recurso" (RTJ 94/462; no mesmo sentido: RTJ 60/294, 84/119, 103/188, 104/191, 141/980, 143/1.003, 150/587, 154/926, 161/685), que, em tal hipótese, somente pode ser o especial.

"Tem-se violação reflexa à Constituição, quando o seu reconhecimento depende de rever a interpretação dada à norma ordinária pela decisão recorrida, caso em que é a hierarquia infraconstitucional dessa última que define, para fins recursais, a natureza de questão federal. Admitir o recurso extraordinário por ofensa reflexa ao princípio constitucional da legalidade seria transformar em questões constitucionais todas as controvérsias sobre a interpretação da lei ordinária, baralhando as competências repartidas entre o STF e os tribunais superiores e usurpando até a autoridade definitiva da Justiça dos Estados para a inteligência do direito local" (RTJ 161/297).

"A ofensa oblíqua da Constituição, inferida de prévia vulneração da lei, não oferece trânsito ao recurso extraordinário. O desrespeito ao texto constitucional, que enseja a interposição do apelo extremo, é aquele direto e frontal, invocado em momento procedimentalmente adequado" (RTJ 132/455 e STF-RT 674/250). No mesmo sentido: RTJ 148/579.

"Não cabe recurso extraordinário para rever os requisitos de admissibilidade do recurso especial cujo seguimento foi negado pelo Superior Tribunal de Justiça. Alegação de violação direta e frontal do art. 5º, XXXV, da Constituição Federal. Necessidade de exame prévio de norma infraconstitucional para a verificação de contrariedade ao Texto Maior. Caracterização de ofensa reflexa ou indireta" (STF-Bol. AASP 2.471/3.897: 2ª T., AI 479.812-AgRg). "A questão atinente aos pressupostos de admissibilidade dos recursos de competência de outros Tribunais possui natureza infraconstitucional" (STF-1ª T., RE 417.819, Min. Ricardo Lewandowski, j. 12.6.12, maioria, DJ 22.11.12).

Contra: "A intangibilidade do preceito constitucional que assegura o devido processo legal direciona ao exame da legislação comum. Daí a insubsistência da tese de que a ofensa à Carta da República suficiente a ensejar o conhecimento de extraordinário há de ser direta e frontal. Caso a caso, compete ao Supremo apreciar a matéria, distinguindo os recursos protelatórios daqueles em que versada, com procedência, a transgressão a texto do Diploma Maior, muito embora se torne necessário, até mesmo, partir-se do que previsto na legislação comum. Entendimento diverso implica relegar à inocuidade dois princípios básicos em um Estado Democrático de Direito: o da legalidade e o do devido processo legal, com a garantia da ampla defesa, sempre a pressuporem a consideração de normas estritamente legais" (STF-1ª T., RE 428.991, Min. Marco Aurélio, j. 26.8.08, DJ 31.10.08). No mesmo sentido: STF-RT 799/174 (2ª T., RE 194.295).

V. tb. CPC 1.033.

— **Precatório.** "O Plenário desta Corte, recentemente, firmou, por maioria de votos, o entendimento de que a decisão do Presidente do Tribunal — inclusive a do agravo regimental a que ela deu margem — em questão relativa a precatório é de natureza administrativa, não dando margem a recurso extraordinário, por não se tratar de causa no sentido em que essa expressão é utilizada no inciso III do art. 102 da Constituição, ou seja, de causa judicial (assim nos agravos regimentais em RE 211.589, 209.737, 215.290 e 213.696, entre outros)" (STF-1ª T., RE 212.156-8, Min. Moreira Alves, j. 12.12.97, DJU 27.3.98). No mesmo sentido: RTJ 173/958, quatro votos vencidos.

V. CF 100, nota 6a.

V. tb. nota 2-Súmula 733 do STF.

— **Preclusão.** "Coisa julgada: proteção constitucional restrita à coisa julgada material, não à simples preclusão" (STF-Pleno: RTJ 133/587).

"A preclusão, instituto de direito ordinário, não encontra exame possível em sede extraordinária" (RTJ 157/720).

— **Preparo do recurso extraordinário:** v. Deserção.

— **Prequestionamento:** v. Súmulas 282 e 356 do STF, em nota 2.

— **Princípio da legalidade.** "A boa ou má interpretação de norma infraconstitucional não enseja o recurso extraordinário sob color de ofensa ao princípio da legalidade (CF, art. 5º, II)" (RTJ 144/962).

V., nesta nota, Ofensa a preceito constitucional.

— **Prosseguimento do processo.** "O recurso extraordinário não tem efeito suspensivo e, permitindo a execução do julgado, com mais razão permite o prosseguimento do processo para o seu julgamento pelo mérito" (RT 477/119).

— **Qualificação jurídica dos fatos.** "Ainda que se possa atribuir à chamada valoração da prova a conotação de uma questão de direito, mister seria que estivesse essa questão vinculada a um tema constitucional, para que tivesse cabimento o recurso extraordinário, no regime da Constituição de 1988" (RTJ 146/906).

— **Questão prejudicial resolvida no STJ.** "Tendo o STJ, *ex officio*, extinto o processo sem julgamento de mérito, por ilegitimidade passiva *ad causam* da autoridade coatora, essa decisão, tomada em nível infraconstitucional, é prejudicial do exame do mérito da causa, quer quanto às questões legais, quer quanto às questões constitucionais a ele atinentes, até pela singela circunstância de que não é possível faltar uma condição da ação — ilegitimidade passiva *ad causam* — que impeça o julgamento do mérito quanto às questões legais e não o impeça quanto às questões constitucionais" (STF-1ª T., RE 180.155-8-AgRg, rel. Min. Moreira Alves, j. 28.4.95, DJU 17.11.95).

"Na interposição simultânea dos recursos especial e extraordinário, ambos dirigidos contra tema de fundo, ou seja, decisão de mérito, a apreciação do primeiro, no sentido da extinção do processo sem adentrar-se o âmago da lide, uma vez trânsita em julgado, prejudica o extraordinário" (STF-2ª T., RE 184.162-2-AgRg, Min. Marco Aurélio, j. 26.9.95, DJU 17.11.95).

— **Recurso extraordinário adesivo:** v. notas 6 e segs.

— **Recurso extraordinário e recurso especial simultaneamente interpostos.** "O provimento do recurso especial prejudicial ao recurso extraordinário, ambos com identidade de pedido, torna prejudicado o extraordinário, por perda de objeto. Ao recorrido, que se conformou com as decisões da apelação e do recurso especial, não assiste o direito de ver julgado o extraordinário" (STF-Pleno: RTJ 145/610).

V. CPC 1.029, nota 4, e 1.031, nota 2. V. ainda CPC 1.008, nota 3 (limites da substituição do acórdão do tribunal local por ocasião do julgamento do recurso especial) e RISTJ 268, nota 3 (recurso extraordinário contra acórdão do STJ).

— **Recurso extraordinário em recurso especial:** v. RISTJ 268, notas 3 a 4.

— **Recurso extraordinário interposto em vez do ordinário cabível:** v. CPC 1.027, nota 4b.

— **Recurso extraordinário pela letra *a*.** "Possibilidade de confirmação da decisão recorrida por fundamento constitucional diverso daquele em que se alicerçou o acórdão recorrido e em cuja inaplicabilidade ao caso se baseia o recurso extraordinário: manutenção, lastreada na garantia da irredutibilidade de vencimentos, da conclusão do acórdão recorrido, não obstante fundamentado este na violação do direito adquirido" (STF-Pleno, RE 298.695, Min. Sepúlveda Pertence, j. 6.8.03, um voto vencido, DJU 24.10.03).

— **Recurso extraordinário pela letra *b*.** "O recurso extraordinário, na hipótese do art. 102, III, *b*, da Constituição, devolve integralmente ao Supremo Tribunal a questão da constitucionalidade da lei federal, negada na decisão recorrida, e, uma vez conhecido, a Corte pode decidir com base em parâmetro constitucional diverso dos invocados nas razões do recorrente" (STF-1ª T., RE 242.431-3, Min. Sepúlveda Pertence, j. 30.3.99, DJU 14.5.99).

"Conhecendo do recurso extraordinário pela letra *b*, pode o tribunal, ainda que afirmando a validade da lei cuja inconstitucionalidade fora declarada pelo acórdão recorrido, manter, por fundamento diverso, a conclusão dele" (RTJ 143/677 e STF-RT 691/238, maioria).

"Recurso interposto com fundamento na alínea *b* do inciso III do art. 102 da Constituição, hipótese em que se revela imprescindível, para sua admissão, a existência de declaração formal de inconstitucionalidade de tratado ou lei federal pelo Plenário ou Órgão Especial do Tribunal" (STF-Bol. AASP 2.585: 2ª T., AI 662.512-AgRg).

"O processamento e o conhecimento do recurso extraordinário interposto com base na alínea *b* do inciso III do art. 102 da CF pressupõe a transcrição da decisão do Plenário da Corte de origem que implicou a declaração de inconstitucionalidade, sem o que inexiste o que cotejar para dizer-se do acerto ou desacerto da decisão atacada" (STF-2ª T., RE 142.002-AgRg, Min. Marco Aurélio, j. 12.5.92, DJU 29.5.92). "A Corte possui entendimento de que o recurso extraordinário interposto com base na alínea *b* do permissivo constitucional deve ser instruído com a juntada do acórdão utilizado como fundamento pela Turma do Tribunal de origem" (STF-1ª T., AI 305.692-AgRg-AgRg, Min. Dias Toffoli, j. 7.2.12, DJ 15.3.12).

— **Recurso extraordinário pela letra *c*.** "É preciso que a contestação seja relevante para ensejar o processamento do apelo extremo, quando se contestar a validade de lei ou ato do governo local em face da Constituição Federal" (RTJ 136/373).

— **Recurso ordinário interposto em lugar do extraordinário cabível.** "Não há que se pretender, no caso, a fungibilidade do recurso ordinário em extraordinário, não só pela evidente ocorrência de erro grosseiro na interposição de um pelo outro, mas também porque o recurso ordinário interposto se limita a questões infraconstitucionais que estão fora do âmbito do recurso extraordinário, que é adstrito a questões constitucionais" (STF-Pleno: RTJ 132/194).

— **Recurso sem assinatura.** "A ausência de assinatura no recurso interposto, desde que o procurador esteja devidamente identificado, com procuração nos autos e atuando no processo, há de ser tida como mero erro material"

(STF-RT 865/132: 1ª T., RE 528.965-AgRg). No mesmo sentido: STF-RP 129/189 (2ª T., AI 519.125-AgRg, dois votos vencidos).

"No caso dos autos, as páginas da peça recursal se encontram rubricadas pelo procurador da recorrente. Demais disso, a falta de assinatura do recurso extraordinário ocorreu por evidente erro material. É que a peça foi escrita em papel timbrado do escritório do profissional da advocacia que, desde o início, oficiou no processo. Noutros termos, inexiste dúvida quanto à identificação do advogado que vinha atuando no feito, até mesmo pelo seu particularizado estilo redacional" (STF-1ª T., RE 363.946-AgRg, Min. Carlos Britto, j. 28.11.06, DJU 20.4.07).

V. tb. art. 932 § ún. e 1.010, nota 5 (apelação), e RISTJ 255, nota 4-Recurso sem assinatura.

— **Rescisória.** "Inadmissível o recurso extraordinário que se limita a dissentir dos fundamentos da decisão rescindenda, ao invés de insurgir-se contra o aresto proferido por ocasião do julgamento da rescisória" (STF-2ª T., AI 152.698-1-AgRg, Min. Maurício Corrêa, j. 13.2.96, DJU 26.4.96). No mesmo sentido: RTJ 133/480, 158/934, 164/316.

V. RISTJ 255, nota 4-Rescisória.

✎ "Recurso extraordinário em ação rescisória", por Ovídio A. Baptista da Silva (RP 163/9).

— **Sentença estrangeira:** v. CPC 960, nota 10 (recorribilidade do acórdão acerca da homologação).

— **Valoração legal da prova.** "A valorização da prova consiste em se examinar o valor jurídico atribuído a uma prova (como, por exemplo, não se admitir prova que a lei admite), e não em se reexaminar a prova produzida para verificar se ela foi corretamente interpretada, hipótese essa que é de reexame de prova, para o qual não é cabível o recurso extraordinário (Súmula 279). Ademais, no atual sistema constitucional, em que o recurso extraordinário se adstringe ao exame da violação direta à Constituição, a análise da questão relativa, efetivamente, à valorização de prova não cabe no âmbito dele, por se tratar de matéria infraconstitucional" (STF-1ª T., Ag 153.836-9-AgRg, Min. Moreira Alves, j. 24.5.94, DJU 16.12.94).

"Negar valor de prova a determinadas declarações é questão que se circunscreve ao âmbito da valorização da prova, matéria infraconstitucional que dá margem, no máximo, a ofensa indireta ou reflexa à Constituição, para cujo exame não é cabível o recurso extraordinário" (RTJ 160/988).

"A valorização da prova diz respeito ao valor jurídico desta, para admiti-la ou não em face da lei que a disciplina, razão por que é questão estritamente de direito. Já o reexame da prova é diverso: implica a reapreciação dos elementos probatórios para concluir-se se eles foram, ou não, bem interpretados — é, portanto, questão que se circunscreve ao terreno dos fatos" (RTJ 132/1.337). No mesmo sentido: RTJ 158/1.004.

— **Violação de direito adquirido:** v. Direito adquirido.

— **Violação de lei complementar.** Violação de lei complementar não equivale a ofensa à Constituição (RTJ 91/325, 103/1.062, 105/1.254, 112/256).

— **Violação reflexa:** v. Ofensa a preceito constitucional.

Art. 321: 4. v., na nota 3, Fundamentação do recurso extraordinário. Indicação do dispositivo da CF que autoriza o recurso (art. 102-III-*a*, *b*, *c* ou *d*).

Art. 321: 5. Redação do *caput* conforme Em. Reg. 12, de 12.12.03.

Art. 321: 6. cf. CPC 997 § 2º-II.

Art. 321: 7. O recurso extraordinário adesivo somente será cabível nos mesmos casos em que teria lugar se interposto como recurso principal (cf. RTJ 96/750).

"Ao interpor recurso extraordinário seu, a parte renuncia a recurso extraordinário adesivo subsequente ao apelo extremo da outra parte" (STF-2ª T., RE 90.889-7, j. 1.6.79, DJU 3.7.79).

Art. 321: 8. "Recurso extraordinário adesivo. Pressupostos de admissibilidade são os preliminares de conhecimento, como o entende o STF, não envolvendo o exame de fundo do recurso" (RTJ 111/1.359 e STF-RF 292/217).

"Não tendo sido conhecido o recurso extraordinário principal, por motivo de mérito, pode sê-lo o adesivo, sendo inaplicável o disposto no art. 500 do CPC, posto que o referido dispositivo o inadmite apenas nas hipóteses em que o principal foi rejeitado por razões tipicamente processuais" (STF-RT 611/245, em. da redação).

Art. 321: 9. O **momento próprio** para a interposição do recurso adesivo é o da resposta ao recurso principal. Ultrapassado o prazo para tanto, não mais é possível recorrer de forma adesiva, ainda que haja ulterior deliberação quanto à admissibilidade do recurso principal.

Art. 321: 10. É provisória a execução de sentença na pendência de recurso extraordinário (STF-Pleno: RTJ 78/638 e RJTJESP 42/227, v.u.). Está, portanto, **revogada** a **Súmula 228 do STF.**

Art. 321: 11. O § 5º e seus incisos foram revogados pela Em. Reg. 21, de 30.4.07.

Art. 322. O Tribunal recusará[1] recurso extraordinário cuja questão constitucional não oferecer repercussão geral, nos termos deste capítulo.[1a-2]

Parágrafo único. Para efeito da repercussão geral, será considerada a existência, ou não, de questões que, relevantes do ponto de vista econômico, político, social ou jurídico, ultrapassem os interesses subjetivos das partes.[3]

Art. 322: 1. ou melhor, não conhecerá do, cf. CPC 1.035-*caput*.

Art. 322: 1a. O art. 322, *caput* e § ún., está com a redação dada pela Em. Reg. 21, de 30.4.07.

Art. 322: 2. e do CPC 1.035 e segs.

Art. 322: 3. v. CPC 1.035 § 1º.

Art. 323. Quando não for caso de inadmissibilidade do recurso por outra razão, o(a) Relator(a) ou o Presidente submeterá, por meio eletrônico, aos demais ministros, cópia de sua manifestação sobre a existência, ou não, de repercussão geral.[1]

§ 1º Nos processos em que o Presidente atuar como relator, sendo reconhecida a existência de repercussão geral, seguir-se-á livre distribuição para o julgamento de mérito.

§ 2º Tal procedimento não terá lugar, quando o recurso versar questão cuja repercussão já houver sido reconhecida pelo Tribunal, ou quando impugnar decisão contrária a súmula ou a jurisprudência dominante, casos em que se presume a existência de repercussão geral.

§ 3º Mediante decisão irrecorrível, poderá o(a) Relator(a) admitir de ofício ou a requerimento, em prazo que fixar, a manifestação de terceiros, subscrita por procurador habilitado, sobre a questão da repercussão geral.

Art. 323: 1. O art. 323, *caput* e §§, está com a redação dada pela Em. Reg. 42, de 2.12.10.

Art. 323-A. O julgamento de mérito de questões com repercussão geral, nos casos de reafirmação de jurisprudência dominante da Corte, também poderá ser realizado por meio eletrônico.[1]

Parágrafo único. Quando o relator não propuser a reafirmação de jurisprudência dominante, outro ministro poderá fazê-lo, mediante manifestação devidamente fundamentada.[2]

Art. 323-A: 1. O art. 323-A foi acrescido pela Em. Reg. 42, de 2.12.10.

Art. 323-A: 2. Redação de acordo com a Em. Reg. 54, de 1.7.20.

Art. 323-B. O relator poderá propor, por meio eletrônico, a revisão do reconhecimento da repercussão geral quando o mérito do tema ainda não tiver sido julgado.[1]

Art. 323-B: 1. Redação de acordo com a Em. Reg. 54, de 1.7.20.

Art. 324. Recebida a manifestação do(a) Relator(a), os demais ministros encaminhar-lhe-ão, também por meio eletrônico, no prazo comum de 20 (vinte) dias, manifestação sobre a questão da repercussão geral.[1]

§ 1º Somente será analisada a repercussão geral da questão se a maioria absoluta dos ministros reconhecerem a existência de matéria constitucional.[2]

§ 2º A decisão da maioria absoluta dos ministros no sentido da natureza infraconstitucional da matéria terá os mesmos efeitos da ausência de repercussão geral, autorizando a negativa de seguimento aos recursos extraordinários sobrestados na origem que versem sobre matéria idêntica.[3]

§ 3º O ministro que não se manifestar no prazo previsto no *caput* terá sua não participação registrada na ata do julgamento.[4]

§ 4º Não alcançado o *quórum* necessário para o reconhecimento da natureza infraconstitucional da questão ou da existência, ou não, de repercussão geral, o julgamento será suspenso e automaticamente retomado na sessão em meio eletrônico imediatamente seguinte, com a coleta das manifestações dos ministros ausentes.[5]

§ 5º No julgamento realizado por meio eletrônico, se vencido o relator, redigirá o acórdão o ministro sorteado dentre aqueles que dele divergiram ou não se manifestaram, a quem competirá relatar o caso para o exame do mérito ou de eventuais incidentes processuais.[6]

Art. 324: 1. Redação do *caput* de acordo com a Em. Reg. 31, de 29.5.09.

Art. 324: 2 a 6. Redação de acordo com a Em. Reg. 54, de 1.7.20.

Art. 325. O(A) Relator(a) juntará cópia das manifestações aos autos, quando não se tratar de processo informatizado, e, uma vez definida a existência da repercussão geral, julgará o recurso ou pedirá dia para seu julgamento, após vista ao Procurador-Geral, se necessária; negada a existência, formalizará e subscreverá decisão de recusa[1] do recurso.[2]

Parágrafo único. O teor da decisão preliminar sobre a existência da repercussão geral, que deve integrar a decisão monocrática ou o acórdão, constará sempre das publicações dos julgamentos no Diário Oficial, com menção clara à matéria do recurso.

Art. 325: 1. ou melhor, de não conhecimento, cf. CPC 1.035-*caput*.

Art. 325: 2. O art. 325, *caput* e § ún., está com a redação dada pela Em. Reg. 21, de 30.4.07.

Art. 325-A. Reconhecida a repercussão geral, serão distribuídos ou redistribuídos ao relator do recurso paradigma, por prevenção, os processos relacionados ao mesmo tema.[1]

Art. 325-A: 1. Art. 325-A acrescido pela Em. Reg. 42, de 2.12.10.

Art. 326. Toda decisão de inexistência de repercussão geral é irrecorrível e, valendo para todos os recursos sobre questão idêntica, deve ser comunicada, pelo(a) Relator(a), à Presidência do Tribunal, para os fins do artigo subsequente e do artigo 329.[1]

§ 1º Poderá o relator negar repercussão geral com eficácia apenas para o caso concreto.[2]

§ 2º Se houver recurso, a decisão do relator de restringir a eficácia da ausência de repercussão geral ao caso concreto deverá ser confirmada por dois terços dos ministros para prevalecer.[2a]

§ 3º Caso a proposta do relator não seja confirmada por dois terços dos ministros, o feito será redistribuído, na forma do art. 324, § 5º, deste Regimento Interno, sem que isso implique reconhecimento automático da repercussão geral da questão constitucional discutida no caso.[3]

§ 4º Na hipótese do § 3º, o novo relator sorteado prosseguirá no exame de admissibilidade do recurso, na forma dos arts. 323 e. 324 deste Regimento Interno.[3a]

Art. 326: 1. Redação do *caput* de acordo com a Em. Reg. 21, de 30.4.07.

Art. 326: 2 a 3a. Redação dos §§ 1º a 4º de acordo com a Em. Reg. 54, de 1.7.20.

Art. 326-A. Os recursos indicados como representativos de controvérsia constitucional pelas instâncias de origem e os feitos julgados no Superior Tribunal de Justiça sob a sistemática de recursos repetitivos serão registrados previamente ao Presidente, que poderá afetar o tema diretamente ao Plenário Virtual, na forma do art. 323 do regimento interno, distribuindo-se o feito por sorteio, em caso de reconhecimento da repercussão geral, a um dos ministros que tenham se manifestado nesse sentido.[1]

§ 1º Caso os recursos representativos de controvérsia constitucional ou os feitos julgados no STJ sob a sistemática de recursos repetitivos não recebam proposta de afetação pelo Presidente e sejam distribuídos, poderá o relator proceder na forma do art. 326, *caput* e parágrafos.

§ 2º A decisão proferida nos processos mencionados no § 1º será comunicada à instância de origem e ao Superior Tribunal de Justiça, respectivamente, inclusive para os fins do art. 1.037, § 1º, do Código de Processo Civil.

Art. 326-A: 1. Incluído pela Em. Reg. 54, de 1.7.20.

Art. 327. A Presidência do Tribunal recusará[1] recursos que não apresentem preliminar formal e fundamentada de repercussão geral, bem como aqueles cuja matéria carecer de repercussão geral, segundo precedente do Tribunal, salvo se a tese tiver sido revista ou estiver em procedimento de revisão.[1a]

§ 1º Igual competência exercerá o(a) Relator(a) sorteado, quando o recurso não tiver sido liminarmente recusado[1b] pela Presidência.

§ 2º Da decisão que recusar[1c] recurso, nos termos deste artigo, caberá agravo.[2]

Art. 327: 1. ou melhor, não conhecerá de, cf. CPC 1.035-*caput*.

Art. 327: 1a. O art. 327, *caput* e §§, está com a redação dada pela Em. Reg. 21, de 30.4.07.

Art. 327: 1b. ou melhor, não conhecido, cf. CPC 1.035-*caput*.

Art. 327: 1c. ou melhor, não conhecer de, cf. CPC 1.035-*caput*.

Art. 327: 2. nos termos do RISTF 317 e CPC 1.021.

Art. 328. Protocolado ou distribuído recurso cuja questão for suscetível de reproduzir-se em múltiplos feitos, a Presidência do Tribunal ou o(a) Relator(a), de ofício ou a requerimento da parte interessada, comunicará o fato aos tribunais ou turmas de juizado especial, a fim de que observem o disposto no art. 543-B do Código de Processo Civil, podendo pedir-lhes informações, que deverão ser prestadas em 5 (cinco) dias, e sobrestar todas as demais causas com questão idêntica.[1]

Parágrafo único. Quando se verificar subida ou distribuição de múltiplos recursos com fundamento em idêntica controvérsia, a Presidência do Tribunal ou o(a) Relator(a) selecionará um ou mais representativos da questão e determinará a devolução[2] dos demais aos tribunais ou turmas de juizado especial de origem, para aplicação dos parágrafos do art. 543-B do Código de Processo Civil.

Art. 328: 1. O art. 328, *caput* e § ún., está com a redação dada pela Em. Reg. 21, de 30.4.07.

Art. 328: 2. "É inadmissível agravo regimental contra ato de mero expediente que determina a devolução do feito ao tribunal de origem para aplicação da sistemática da repercussão geral" (STF-Pleno, AI 778.643-AgRg, Min. Cezar Peluso, j. 10.11.11, um voto vencido, DJ 7.12.11).

No sentido de que não cabe mandado de segurança contra essa decisão: STF-Pleno, MS 28.982-AgRg, Min. Gilmar Mendes, j. 16.9.10, DJ 15.10.10.

Art. 328-A. Nos casos previstos no art. 543-B, *caput*, do Código de Processo Civil, o Tribunal de origem não emitirá juízo de admissibilidade sobre os recursos extraordinários já sobrestados, nem sobre os que venham a ser interpostos, até que o Supremo Tribunal Federal decida os que tenham sido selecionados nos termos do § 1º daquele artigo.[1]

§ 1º Nos casos anteriores, o Tribunal de origem sobrestará os agravos de instrumento[1a] contra decisões que não tenham admitido os recursos extraordinários, julgando-os prejudicados nas hipóteses do art. 543-B, § 2º, e, quando coincidente o teor dos julgamentos, § 3º.[2]

§ 2º Julgado o mérito do recurso extraordinário em sentido contrário ao dos acórdãos recorridos, o Tribunal de origem remeterá ao Supremo Tribunal Federal os agravos em que não se retratar.

Art. 328-A: 1. Art. 328-A e parágrafos acrescidos pela Em. Reg. 23, de 11.3.08.

Art. 328-A: 1a. Estes agravos não mais são de instrumento; são interpostos nos próprios autos (CPC 1.042).

Art. 328-A: 2. Redação do § 1º de acordo com a Em. Reg. 27, de 28.11.08.

Art. 329. A Presidência do Tribunal promoverá ampla e específica divulgação do teor das decisões sobre repercussão geral, bem como formação e atualização de banco eletrônico de dados a respeito.[1]

Art. 329: 1. O art. 329 está com a redação dada pela Em. Reg. 21, de 30.4.07.

Capítulo VI | DOS EMBARGOS

Seção I | DOS EMBARGOS DE DIVERGÊNCIA E DOS EMBARGOS INFRINGENTES

Art. 330. Cabem embargos de divergência[1] à decisão de Turma que, em recurso extraordinário ou em agravo de instrumento, divergir de julgado de outra Turma ou do Plenário na interpretação do direito federal.

Art. 330: 1. v. **CPC 1.043 e 1.044, bem como respectivas notas.**

Art. 331. A divergência será comprovada mediante certidão, cópia autenticada ou pela citação do repositório de jurisprudência, oficial ou credenciado, inclusive em mídia eletrônica, em que tiver sido publicada a decisão divergente, ou ainda pela reprodução de julgado disponível na internet, com indicação da respectiva fonte, mencionando, em qualquer caso, as circunstâncias que identifiquem ou assemelhem os casos confrontados.[1-2]

Art. 331: 1. Redação do art. 331 de acordo com a Em. Reg. 26, de 22.10.08.

Art. 331: 2. O § ún. do art. 331 foi revogado pela Em. Reg. 26, de 22.10.08. Eis seu teor: "Não serve para comprovar divergência acórdão já invocado para demonstrá-la, mas repelido como não dissidente no julgamento do recurso extraordinário". Tal revogação reafirma a **superação** das **Súmulas 253 e 598 do STF.**

Art. 332. Não cabem embargos, se a jurisprudência do Plenário ou de ambas as Turmas estiver firmada no sentido da decisão embargada, salvo o disposto no art. 103.[1]

Art. 332: 1. cf. **Súmula 247 do STF:** "O relator não admitirá os embargos da Lei 623, de 19.2.49, nem deles conhecerá o Supremo Tribunal Federal, quando houver **jurisprudência firme** do Plenário **no mesmo sentido da decisão embargada".**

Art. 333. Cabem embargos infringentes[1] à decisão não unânime do Plenário ou da Turma:

I — que julgar procedente a ação penal;

II — que julgar improcedente a revisão criminal;

III — que julgar a ação rescisória;

IV — ....[2]

V — que, em recurso criminal ordinário, for desfavorável ao acusado.

Parágrafo único. O cabimento dos embargos, em decisão do Plenário, depende da existência, no mínimo, de quatro votos divergentes, salvo nos casos de julgamento criminal em sessão secreta.[3]

Art. 333: 1. Os embargos infringentes contra julgamento por maioria de votos foram extintos no processo civil. No seu lugar, foi estabelecido o desdobramento do julgamento não unânime (CPC 942).

Art. 333: 2. O inciso IV era deste teor: "que julgar a representação de inconstitucionalidade". Esta disposição está revogada pela LADIN 26, que neste caso não admite embargos infringentes, ainda que a decisão não seja unânime.

Art. 333: 3. Redação do § ún. de acordo com a Em. Reg. 2, de 4.12.85.

Art. 334. Os embargos de divergência e os embargos infringentes serão opostos no prazo de quinze dias, perante a Secretaria, e juntos aos autos, independentemente de despacho.

Art. 335. Interpostos os embargos, o Relator abrirá vista ao recorrido, por quinze dias, para contrarrazões.[1]

§ 1º Transcorrido o prazo do *caput*, o Relator do acórdão embargado apreciará a admissibilidade do recurso.

§ 2º Da decisão que não admitir os embargos, caberá agravo, em cinco dias, para o órgão competente para o julgamento do recurso.

§ 3º Admitidos os embargos,[2] proceder-se-á à distribuição nos termos do art. 76.

Art. 335: 1. O art. 335, *caput* e §§, está com a redação dada pela Em. Reg. 47, de 24.2.12.

Art. 335: 2. Essa admissão dos embargos não torna preclusa a matéria relativa à sua admissibilidade, que pode voltar a ser debatida no processo.

Art. 336. Na sessão de julgamento, aplicar-se-ão, supletivamente, as normas do processo originário, observado o disposto no art. 146.

Parágrafo único. Recebidos os embargos de divergência, o Plenário julgará a matéria restante, salvo nos casos do art. 313, I e II,[1] quando determinará a subida do recurso principal.

Art. 336: 1. A remissão deve ser aos incisos II e III.

Seção II | DOS EMBARGOS DE DECLARAÇÃO

Art. 337. Cabem embargos de declaração,[1] quando houver no acórdão obscuridade, dúvida, contradição ou omissão que devam ser sanadas.

§ 1º Os embargos declaratórios serão interpostos no prazo de cinco dias.

§ 2º Independentemente de distribuição ou preparo, a petição será dirigida ao relator do acórdão que, sem qualquer outra formalidade, a submeterá a julgamento na primeira sessão da Turma ou do Plenário, conforme o caso.

§ 3º Os embargos de declaração poderão, a critério do relator, ser submetidos a julgamento por meio eletrônico, observada a respectiva competência da Turma ou do Plenário.[2-3]

Art. 337: 1. v. CPC 1.022 a 1.026, bem como respectivas notas. No RISTF, v. arts. 89 (reclamação contra erro de ata), 96 § 2º (prevalência das notas taquigráficas sobre o teor do acórdão) e 96 § 3º (inexatidão material do acórdão).

Art. 337: 2. O § 3º foi acrescido pela Em. Reg. 51, de 22.6.16.

Art. 337: 3. v. Res. 642 do STF, de 14.6.19.

Art. 338. Se os embargos forem recebidos, a nova decisão se limitará a corrigir a inexatidão, ou a sanar a obscuridade, dúvida, omissão ou contradição, salvo se algum outro aspecto da causa tiver de ser apreciado como consequência necessária.

Art. 339. Os embargos declaratórios suspendem[1] o prazo para interposição de outro recurso, salvo na hipótese do § 2º deste artigo.[2]

§ 1º O prazo para interposição de outro recurso, nos termos deste artigo, é suspenso na data de interposição dos embargos de declaração, e o que lhe sobejar começa a correr do primeiro dia útil seguinte à publicação da decisão proferida nos mesmos embargos.

§ 2º Quando meramente protelatórios, assim declarados expressamente, será o embargante condenado a pagar ao embargado multa não excedente de um por cento sobre o valor da causa.

Art. 339: 1. Aliás, interrompem, e não suspendem (CPC 1.026-*caput*), havendo restituição integral do prazo.

Art. 339: 2. A ausência de efeito interruptivo somente tem lugar quando existentes dois prévios e subsequentes embargos de declaração manifestamente protelatórios (v. CPC 1.026, nota 13).

Título XII | DA EXECUÇÃO

Capítulo I | DISPOSIÇÕES GERAIS

Art. 340. A execução e o cumprimento das decisões do Tribunal observarão o disposto nos artigos 13, VI, e 21, II, do Regimento Interno e, no que couber, à legislação processual.[1-2]

Art. 340: 1. Redação do art. 340 de acordo com a Em. Reg. 41, de 16.9.10.

Art. 340: 2. v. CPC 513 e segs.

Art. 341. Os atos de execução e de cumprimento das decisões e acórdãos transitados em julgado serão requisitados diretamente ao Ministro que funcionou como relator do processo na fase de conhecimento, observado o disposto nos arts. 38, IV, e 75 do Regimento Interno.[1]

Art. 341: 1. Redação do art. 341 de acordo com a Em. Reg. 41, de 16.9.10.

Art. 342. Os atos de execução que não dependerem de carta de sentença[1] serão ordenados a quem os deva praticar ou delegados a outras autoridades judiciárias.

Art. 342: 1. v. arts. 347 a 349.

Art. 343. Se necessário, os incidentes de execução poderão ser levados à apreciação:

I — do Presidente, por qualquer dos Ministros;

II — do Plenário, pelo Presidente, pelo relator ou pelas Turmas ou seus Presidentes;

III — da Turma, por seu Presidente ou pelo relator.

Art. 344. .... [1]

Art. 344: 1. O art. 344 foi expressamente revogado pela Em. Reg. 41, de 16.9.10.

Capítulo II | DA EXECUÇÃO CONTRA A FAZENDA PÚBLICA

Art. 345. Na execução por quantia certa, fundada em decisão proferida contra a Fazenda Pública em ação da competência originária do Tribunal, citar-se-á a devedora para opor embargos em dez dias;[1] se esta não os opuser, no prazo regimental, observar-se-ão as seguintes regras:

I — o Presidente do Tribunal requisitará o pagamento ao Presidente da República, ao Governador ou ao Prefeito, conforme o caso;

II — far-se-á o pagamento na ordem de apresentação do respectivo pedido e à conta do crédito próprio.

Art. 345: 1. v. CPC 534 e 535.

Art. 346. Se o credor for preterido no seu direito de preferência, o Presidente do Tribunal poderá, depois de ouvido o Procurador-Geral, em cinco dias, ordenar o sequestro da quantia necessária para satisfazer o débito.

Capítulo III | DA CARTA DE SENTENÇA

Art. 347. Será extraída carta de sentença, a requerimento do interessado, para execução da decisão:

I — quando deferida a homologação de sentença estrangeira;[1]

II — quando o interessado não a houver providenciado na instância de origem e pender de julgamento do Tribunal recurso sem efeito suspensivo.

Art. 347: 1. v. art. 224.

Art. 348. O pedido será dirigido ao Presidente ou ao relator, que o apreciará.

Art. 349. A carta de sentença conterá as peças indicadas na lei processual e outras que o requerente indicar; será autenticada pelo funcionário encarregado e assinada pelo Presidente ou relator.[1]

Art. 349: 1. v. art. 38-IV-*c*.

Capítulo IV | DA INTERVENÇÃO FEDERAL NOS ESTADOS

Art. 350. A requisição de intervenção federal, prevista no art. 11, § 1º, *a*, *b* e *c*, da Constituição,[1] será promovida:

I — de ofício, ou mediante pedido do Presidente do Tribunal de Justiça do Estado,[2] no caso do inciso IV do art. 10 da Constituição,[3] se a coação for exercida contra o Poder Judiciário;

II — de ofício, ou mediante pedido do Presidente do Tribunal de Justiça do Estado ou de Tribunal Federal, quando se tratar de prover a execução de ordem ou decisão judiciária, com ressalva, conforme a matéria, da competência do Tribunal Superior Eleitoral e do disposto no inciso seguinte;

III — de ofício, ou mediante pedido da parte interessada, quando se tratar de prover a execução de ordem ou decisão do Supremo Tribunal Federal;

IV — mediante representação do Procurador-Geral,[3a] nos casos do inciso VII do art. 10 da Constituição,[4] assim como no inciso VI,[5] quando se tratar de prover a execução de lei federal.

Art. 350: 1. v. CF 34 a 36.

Art. 350: 2. "Se o Presidente do Tribunal de Justiça local (...) entende que a intervenção federal não cabe no caso, não pode o STF, de ofício e à vista do encaminhamento por aquela Presidência do pedido de intervenção federal feito pelo interessado e por ela repelido, examiná-lo" (STF-Pleno: RTJ 114/443, v.u.).

Art. 350: 3. v. CF 34-IV.

Art. 350: 3a. s/ representação interventiva, v. Lei 12.562, de 23.12.11 (no tít. CONTROLE DE CONSTITUCIONALIDADE).

Art. 350: 4. v. CF 34-VII.

Art. 350: 5. v. CF 34-VI.

Art. 351. O Presidente, ao receber o pedido:

I — tomará as providências oficiais que lhe parecerem adequadas para remover, administrativamente, a causa do pedido;

II — mandará arquivá-lo se for manifestamente infundado, cabendo do seu despacho agravo regimental.[1]

Art. 351: 1. v. art. 317.

Art. 352. Realizada a gestão prevista no inciso I do artigo anterior, solicitadas informações à autoridade estadual e ouvido o Procurador-Geral, o pedido será relatado pelo Presidente, em sessão plenária pública ou secreta.

Art. 353. O julgamento, se não tiver sido público, será proclamado em sessão pública.

Art. 354. Julgado procedente o pedido, o Presidente do Supremo Tribunal Federal imediatamente comunicará a decisão aos órgãos do Poder Público interessados e requisitará a intervenção ao Presidente da República.

Título XIII | DA SÚMULA VINCULANTE[1 a 3]

TÍT. XIII: 1. Este tít. foi acrescido pela Em. Reg. 46, de 6.7.11.

TÍT. XIII: 2. v. Lei 11.417, de 19.12.06, neste tít.

TÍT. XIII: 3. **Em. Reg. 46, de 6.7.11: "Art. 2º** Esta emenda aplica-se, no que couber, ao procedimento de edição, revisão ou cancelamento de súmula não vinculante".

Art. 354-A. Recebendo proposta de edição, revisão ou cancelamento de Súmula Vinculante, a Secretaria Judiciária a autuará e registrará ao Presidente, para apreciação, no prazo de 5 (cinco) dias, quanto à adequação formal da proposta.[1]

Art. 354-A: 1. Art. 354-A acrescido pela Em. Reg. 46, de 6.7.11.

Art. 354-B. Verificado o atendimento dos requisitos formais, a Secretaria Judiciária publicará edital no sítio do Tribunal e no Diário da Justiça Eletrônico, para ciência e manifestação de interessados no prazo de 5 (cinco) dias, encaminhando a seguir os autos ao Procurador-Geral da República.[1]

Art. 354-B: 1. Art. 354-B acrescido pela Em. Reg. 46, de 6.7.11.

Art. 354-C. Devolvidos os autos com a manifestação do Procurador-Geral da República, o Presidente submeterá as manifestações e a proposta de edição, revisão ou cancelamento de Súmula aos Ministros da Comissão de Jurisprudência, em meio eletrônico, para que se manifestem no prazo comum de 15 (quinze) dias; decorrido o prazo, a proposta, com ou sem manifestação, será submetida, também por meio eletrônico, aos demais Ministros, pelo mesmo prazo comum.[1]

Art. 354-C: 1. Art. 354-C acrescido pela Em. Reg. 46, de 6.7.11.

Art. 354-D. Decorridos os prazos previstos no art. 354-C, o Presidente submeterá a proposta de edição, revisão ou cancelamento de súmula vinculante à deliberação do Tribunal Pleno, mediante inclusão em pauta, salvo se já houver manifestação contrária à proposta por parte da maioria absoluta dos Ministros do Tribunal, hipótese em que o Presidente a rejeitará monocraticamente.[1]

Parágrafo único. Contra a decisão do Presidente pela rejeição de proposta atinente a súmula vinculante caberá agravo regimental, na forma do art. 317 deste regimento.

Art. 354-D: 1. Redação de acordo com a Em. Reg. 54, de 1.7.20.

Art. 354-E. A proposta de edição, revisão ou cancelamento de Súmula Vinculante poderá versar sobre questão com repercussão geral reconhecida, caso em que poderá ser apresentada por qualquer Ministro logo após o julgamento de mérito do processo, para deliberação imediata do Tribunal Pleno na mesma sessão.[1]

Art. 354-E: 1. Art. 354-E acrescido pela Em. Reg. 46, de 6.7.11.

Art. 354-F. O teor da proposta de Súmula aprovada, que deve constar do acórdão, conterá cópia dos debates que lhe deram origem, integrando-o, e constarão das publicações dos julgamentos no Diário da Justiça Eletrônico.[1]

Art. 354-F: 1. Art. 354-F acrescido pela Em. Reg. 46, de 6.7.11.

Art. 354-G. A proposta de edição, revisão ou cancelamento de Súmula tramitará sob a forma eletrônica, e as informações correspondentes ficarão disponíveis aos interessados no sítio do STF.[1]

Art. 354-G: 1. Art. 354-G acrescido pela Em. Reg. 46, de 6.7.11.

Título XIV — DA SOLICITAÇÃO DE OPINIÃO CONSULTIVA AO TRIBUNAL PERMANENTE DE REVISÃO DO MERCOSUL[1]

TÍT. XIV: 1. Título acrescido pela Em. Reg. 48, de 3.4.12.

Art. 354-H. A solicitação de opinião consultiva deve originar-se necessariamente de processo em curso perante o Poder Judiciário brasileiro e restringe-se exclusivamente à vigência ou interpretação jurídica do Tratado de Assunção, do Protocolo de Ouro Preto, dos protocolos e acordos celebrados no âmbito do Tratado de Assunção, das Decisões do Conselho do Mercado Comum — CMC, das Resoluções do Grupo Mercado Comum — GMC e das Diretrizes da Comissão de Comércio do Mercosul — CCM.[1]

Art. 354-H: 1. Art. 354-H acrescido pela Em. Reg. 48, de 3.4.12.

Art. 354-I. Têm legitimidade para requerer o encaminhamento de solicitação de opinião consultiva ao Tribunal Permanente de Revisão do Mercosul, o juiz da causa ou alguma das partes.[1]

Art. 354-I: 1. Art. 354-I acrescido pela Em. Reg. 48, de 3.4.12.

Art. 354-J. A solicitação de opinião consultiva indicará:

I — a exposição dos fatos e do objeto da solicitação;

II — a descrição das razões que motivaram a solicitação;

III — a indicação precisa da Normativa Mercosul a respeito da qual se realiza a consulta; e

IV — a indicação do juízo e da ação em que originada a solicitação.

Parágrafo único. A solicitação deve ser feita por escrito e poderá estar acompanhada das considerações, se as houver, formuladas pelas partes em litígio e pelo Ministério Público acerca da questão objeto da consulta e de qualquer documentação que possa contribuir para sua instrução.[1]

Art. 354-J: 1. Art. 354-J acrescido pela Em. Reg. 48, de 3.4.12.

Art. 354-K. Ao receber a solicitação, o Presidente do Supremo Tribunal Federal iniciará o processo de colheita de votos dos demais Ministros pelo processo virtual ou, se entender conveniente, encaminhará cópias aos demais Ministros antes da sessão administrativa designada para deliberação sobre a presença dos requisitos de admissibilidade do pedido e sua pertinência processual.[1]

Art. 354-K: 1. Art. 354-K acrescido pela Em. Reg. 48, de 3.4.12.

Art. 354-L. Uma vez preenchidos os requisitos de admissibilidade, a solicitação será encaminhada ao Tribunal Permanente de Revisão, com cópia para a Secretaria do Mercosul, e para as demais Cortes Supremas dos Estados Partes do Mercosul.[1]

Art. 354-L: 1. Art. 354-L acrescido pela Em. Reg. 48, de 3.4.12.

Art. 354-M. A opinião consultiva emitida pelo Tribunal Permanente de Revisão não terá caráter vinculante nem obrigatório.[1]

Art. 354-M: 1. Art. 354-M acrescido pela Em. Reg. 48, de 3.4.12.

Parte III | DOS SERVIÇOS DO TRIBUNAL

Título I | DA SECRETARIA

Art. 355. À Secretaria do Tribunal incumbe a execução dos serviços administrativos e será dirigida pelo Diretor-Geral, com habilitação universitária em nível superior, nomeado, em comissão, pelo Presidente, nos termos da lei.[1]

§ 1º A organização da Secretaria do Tribunal, a competência de seus vários órgãos e as atribuições dos secretários, chefes e servidores serão fixadas, em ato próprio, pelo Tribunal.[2]

§ 2º O Secretário de Controle Interno e os demais titulares das Secretarias que integram a Secretaria do Tribunal serão nomeados, em comissão, pelo Presidente, nos termos da lei.[3]

§ 3º Além das atribuições fixadas no Regulamento da Secretaria, incumbe ao Diretor-Geral:

a) apresentar ao Presidente todas as petições e papéis dirigidos ao Tribunal;

b) manter sob sua direta fiscalização, e permanentemente atualizado, o assentamento funcional dos Ministros;

c) manter sob sua guarda o selo do Tribunal.

§ 4º Ao Secretário do Pleno incumbe:

a) secretariar as sessões e lavrar as respectivas atas, assinando-as, com o Presidente, depois de lidas e aprovadas;

b) secretariar as audiências de instrução processual.

§ 5º As Turmas serão secretariadas pelos funcionários do Quadro da Secretaria que forem designados pelo Presidente do Tribunal.

§ 6º Os funcionários da Secretaria, quando tiverem de comparecer a serviço perante o Plenário ou Turma, em sessão, usarão vestuário adequado e capa preta.

§ 7º Salvo se funcionário efetivo do Tribunal, não poderá ser nomeado para cargo em Comissão, ou designado para função gratificada, cônjuge ou parente (arts. 330 a 336 do Código Civil),[4] em linha reta ou colateral, até terceiro grau, inclusive, de qualquer dos Ministros em atividade.[5]

Art. 355: 1. Redação do *caput* de acordo com a Em. Reg. 55, de 12.8.20.

Art. 355: 2. Redação do § 1º de acordo com a Em. Reg. 8, de 8.5.01.

Art. 355: 3. Redação do § 2º de acordo com a Em. Reg. 11, de 9.10.03.

Art. 355: 4. O texto refere-se ao CC rev.; v., em nosso CCLCV, CC 1.591 a 1.595.

Art. 355: 5. Redação de acordo com a Em. Reg. 2, de 4.12.85.

Parte IV | DISPOSIÇÕES FINAIS

Título Único | DAS EMENDAS REGIMENTAIS E DEMAIS ATOS NORMATIVOS OU INDIVIDUAIS, E DISPOSIÇÕES GERAIS E TRANSITÓRIAS[1]

TÍT. ÚN.: 1. Redação de acordo com a Em. Reg. 1, de 25.11.81.

Capítulo I | DAS EMENDAS REGIMENTAIS E DEMAIS ATOS NORMATIVOS OU INDIVIDUAIS[1]

CAP. I: 1. Redação de acordo com a Em. Reg. 1, de 25.11.81.

Art. 361. Os demais atos da competência do Tribunal, normativos ou individuais, obedecem à seguinte nomenclatura:[1]

I — em matéria regimental:[2]

a) Emenda Regimental — para emendar o Regimento Interno,[3] suprimindo-lhe, acrescentando-lhe ou modificando-lhe disposições;

b) Ato Regimental — para complementar o Regimento Interno.

II — em matéria administrativa:[4]

a) Regulamento da Secretaria — para fixar a organização da Secretaria, a competência de seus vários órgãos e as atribuições dos diretores, chefes e servidores, bem assim para complementar, no âmbito do Tribunal, a legislação relativa ao funcionalismo, ou regular sua aplicação;

b) Ato Regulamentar — para introduzir modificações no Regulamento da Secretaria, bem assim para dispor normativamente, quando necessário ou conveniente, sobre matéria correlata com a que nele se regula;

c) Deliberação — para dar solução, sem caráter normativo, a casos determinados.

Parágrafo único. Salvo o Regulamento da Secretaria e a Deliberação, os atos de que trata este artigo são numerados, como segue:[5]

I — a Emenda Regimental e o Ato Regimental, em séries próprias e numeração seguida que prosseguem enquanto vigente o Regimento Interno ao qual se referem;[6]

II — o Ato Regulamentar, em numeração seguida e ininterrupta.[7]

Art. 361: 1. Redação do art. 361-*caput*, incisos e alíneas, de acordo com a Em. Reg. 1, de 25.11.81.

Art. 361: 2. Redação de todo o inciso I de acordo com a Em. Reg. 1, de 25.11.81.

Art. 361: 3. **Súmula 325 do STF:** "As **emendas ao Regimento** do Supremo Tribunal Federal, sobre julgamento de questão constitucional, aplicam-se aos pedidos ajuizados e aos recursos interpostos anteriormente à sua aprovação". V. art. 364.

Art. 361: 4. Redação de todo o inciso II de acordo com a Em. Reg. 1, de 25.11.81.

Art. 361: 5. Redação do § ún. e incisos de acordo com a Em. Reg. 1, de 25.11.81.

Art. 361: 6. Redação do inciso I do § ún. de acordo com a Em. Reg. 1, de 25.11.81.

Art. 361: 7. Redação do inciso II do § ún. de acordo com a Em. Reg. 1, de 25.11.81.

Art. 362. Ao Presidente, aos Ministros e às Comissões é facultada a apresentação de propostas de atos normativos da competência do Tribunal.[1]

§ 1º As propostas considerar-se-ão aprovadas se obtiverem o voto favorável da maioria absoluta do Tribunal.[2]

§ 2º A Comissão de Regimento opinará previamente, por escrito, sobre as propostas em matéria regimental, salvo quando subscritas por seus membros ou pela maioria do Tribunal, ou em caso de urgência.[3]

Art. 362: 1. Redação do *caput* de acordo com a Em. Reg. 1, de 25.11.81.

Art. 362: 2. Redação do § 1º de acordo com a Em. Reg. 1, de 25.11.81.

Art. 362: 3. Redação do § 2º de acordo com a Em. Reg. 1, de 25.11.81.

Art. 363. Os atos da competência própria do Presidente, em matéria regimental ou administrativa, obedecem à seguinte nomenclatura:[1]

I — Resolução — numerada seguida e ininterruptamente, para complementar o Regimento Interno ou o Regulamento da Secretaria e resolver os casos omissos, bem assim para complementar a legislação relativa ao funcionalismo, ou regular sua aplicação;[2]

II — Portaria — sem numeração, para designar os membros das Comissões Permanentes e Temporárias, nomear, designar, exonerar, demitir e aposentar servidores ou aplicar-lhes penalidades;[3]

III — Despacho — para designar a realização de audiência pública de que trata o art. 13, XVII, deste Regimento.[4]

Art. 363: 1. Redação do *caput* de acordo com a Em. Reg. 1, de 25.11.81.

Art. 363: 2. Redação do inciso I de acordo com a Em. Reg. 1, de 25.11.81.

Art. 363: 3. Redação do inciso II de acordo com a Em. Reg. 1, de 25.11.81.

Art. 363: 4. O inc. III foi acrescido pela Em Reg. 29, de 18.2.09.

Art. 364. Os atos normativos de que trata este Capítulo entrarão em vigor na data de sua publicação no *Diário da Justiça*, salvo se dispuserem de modo diverso.[1]

Parágrafo único. No que se referirem apenas à economia interna do Tribunal, os atos normativos entrarão em vigor desde que aprovados;[2]

Art. 364: 1. Redação do *caput* de acordo com a Em. Reg. 1, de 25.11.81.

Art. 364: 2. Redação do § ún. de acordo com a Em. Reg. 1, de 25.11.81.

Capítulo II | DISPOSIÇÕES GERAIS E TRANSITÓRIAS

Art. 365. O Tribunal presta homenagem aos Ministros:[1]

I — por motivo de afastamento definitivo do seu serviço;

II — por motivo de falecimento;

III — para celebrar o centenário de nascimento.

§ 1º Por deliberação plenária tomada em sessão administrativa com a presença mínima de oito Ministros e os votos favoráveis de seis, o Tribunal pode homenagear pessoa estranha e falecida, de excepcional relevo no governo do País, na administração da justiça ou no aperfeiçoamento das instituições jurídicas.[2]

§ 2º Quando a homenagem consistir na aposição de busto ou estátua em dependência do Tribunal, dependerá de proposta escrita e justificada de quatro Ministros, pelo menos, sobre a qual opinará fundamentadamente Comissão especial de três Ministros, designada pelo Presidente, e de aprovação do Plenário, por maioria mínima de oito votos, em duas sessões administrativas consecutivas, com intervalo não inferior a seis meses entre uma e outra.[3]

Art. 365: 1. Redação do *caput* e dos incisos de acordo com a Em. Reg. 1, de 25.11.81.

Art. 365: 2. Redação do § 1º de acordo com a Em. Reg. 1, de 25.11.81.

Art. 365: 3. Redação do § 2º de acordo com a Em. Reg. 1, de 25.11.81.

Art. 365-A. Quando requerida a realização de sessão administrativa por três Ministros, pelo menos, o Presidente a convocará de imediato para que o Tribunal aprecie a matéria objeto desse requerimento.[1]

Art. 365-A: 1. Acrescido pela Em. Reg. 8, de 8.5.01.

....

Sala das Sessões, em 15 de outubro de 1980 — Antonio Neder, Presidente — Xavier de Albuquerque, Vice-Presidente — Djaci Falcão — Thompson Flores — Leitão de Abreu — Cordeiro Guerra — Moreira Alves — Cunha Peixoto — Soares Muñoz — Decio Miranda — Rafael Mayer.

Lei n. 11.417, de 19 de dezembro de 2006[1]

Regulamenta o art. 103-A da Constituição Federal e altera a Lei n. 9.784, de 29 de janeiro de 1999, disciplinando a edição, a revisão e o cancelamento de enunciado de súmula vinculante pelo Supremo Tribunal Federal, e dá outras providências.

O Presidente da República
Faço saber que o Congresso Nacional decreta e eu sanciono a seguinte Lei:

LEI 11.417: 1. "Efeito vinculante dos julgados da Corte Suprema e dos tribunais superiores", por Dínio de Santis Garcia (RT 734/40); "Anotações sobre o efeito vinculante", por Marco Antonio de Barros (RT 735/100); "Súmulas vinculantes e independência judicial", por Luiz Flávio Gomes (RT 739/11); "Sobre a súmula vinculante", por Cármen Lúcia Antunes Rocha (RDA 210/129); "Decisões vinculantes", por Ivan Lira de Carvalho (RTJE 161/51); "Notas sobre a súmula vinculante no direito brasileiro", por Nagib Slaibi Filho (RF 342/557); "Do Poder Judiciário: como torná-lo mais ágil e dinâmico; efeito vinculante e outros temas", pelo Min. Carlos Mário Velloso (RDA 212/7); "A aplicação do efeito vinculante", por Aymoré Roque Pontes de Mello (Ajuris 72/127); "O controle judicial dos atos administrativos e a súmula vinculante", por Lucia Valle Figueiredo (RTRF-3ª Reg. 42/33); "Súmula vinculante", por Luis Carlos Alcoforado (RT 783/43); "O direito processual brasileiro e o efeito vinculante das decisões dos Tribunais Superiores", por Edilson Pereira Nobre Jr. (RT 785/46); "A Súmula e sua evolução no Brasil", pelo Min. Sálvio de Figueiredo (RTJE 179/15); "Súmula vinculante", por Cândido Rangel Dinamarco (RF 347/51); "O resgate da súmula pelo Supremo Tribunal Federal", por Roberto Luis Luchi Demo (Ajuris 93/289); "Poder Judiciário: controle externo e súmula vinculante", pelo Min. Carlos Mário da Silva Velloso (IP 26/13); "Efeitos vinculantes das decisões dos tribunais superiores: uma realidade", por Carla Mendonça Dias Alves da Silva (RP 115/164); "A aplicação restrita da súmula vinculante em prol da efetividade do direito", por Elizabeth Cristina Campos Martins de Freitas (RP 116/181); "Súmula, jurisprudência, precedente: uma escalada e seus riscos", por José Carlos Barbosa Moreira (RSDCPC 35/5); "A súmula vinculante. O contraditório e a ampla defesa", por Ana Maria Goffi Scartezzini (RP 120/68); "A súmula vinculante perante o princípio constitucional da tripartição dos poderes", por Alan Martins (RSDCPC 35/39); "Reforma do Judiciário: a polêmica em torno da adoção das súmulas vinculantes e a solução oferecida pelas súmulas impeditivas de recursos", por Eduardo Chemale Selistre Peña (RP 120/77); "Súmula vinculante: um desafio", por Eduardo de Avelar Lamy (RP 120/112); "A súmula vinculante para a Administração Pública aprovada pela Reforma do Judiciário", por Bruno Mattos e Silva (RJ 332/57 e RF 379/407); "Da uniformização jurídico-decisória por vinculação às súmulas de jurisprudência: objeções de ordem metodológica, sociocultural e político-jurídica", por Fábio Cardoso Machado (RP 124/123 e Ajuris 99/107); "A súmula vinculante como norma jurídica", por Rodrigo Jansen (RDA 240/225, RF 380/189 e RT 838/42); "Súmula vinculante. Preconceitos e realidade", por Nelson Oscar de Souza (Ajuris 99/181); "Precedentes e vinculação. Instrumentos do *stare decisis* e prática constitucional brasileira", por Patrícia Perrone Campos Mello (RDA 241/177); "Impasses sistêmicos da versão brasileira de precedentes vinculantes", por Vanice Lírio do Valle (RF 384/503); "Repercussão geral no recurso extraordinário (Lei n. 11.418) e súmula vinculante do Supremo Tribunal Federal (Lei n. 11.417)", por Humberto Theodoro Jr. (RMDECC 14/79, RMDCPC 18/5); "A súmula vinculante vista como meio legítimo para diminuir a sobrecarga de trabalho dos tribunais brasileiros", por José Miguel Garcia Medina, Luiz Rodrigues Wambier e Teresa Arruda Alvim Wambier (RMDCPC 21/55); "A súmula com efeito vinculante na Lei n. 11.417/06", por Paulo Roberto Lyrio Pimenta (RDDP 50/86); "Mecanismos de uniformização jurisprudencial e a aplicação da súmula vinculante", por Pierpaolo Cruz Bottini (RT 865/20); "Do cabimento de reclamação pelo descumprimento de súmula vinculante à luz da Lei n. 11.417/2006", por Eduardo Arruda Alvim (RF 394/45); "As súmulas vinculantes e a nova escola da exegese", por Alexandre Gustavo Melo Franco Bahia (RP 206/359).

Art. 1º Esta Lei disciplina a edição, a revisão e o cancelamento de enunciado de súmula vinculante pelo Supremo Tribunal Federal e dá outras providências.[1]

Art. 1º: 1. v. RISTF 354-A a 354-G.

Art. 2º O Supremo Tribunal Federal poderá, de ofício ou por provocação, após reiteradas decisões sobre matéria constitucional, editar enunciado de súmula que, a partir de sua publicação na imprensa oficial, terá efeito vinculante em relação aos demais órgãos do Poder Judiciário e à administração pública direta e indireta, nas esferas federal, estadual e municipal, bem como proceder à sua revisão ou cancelamento, na forma prevista nesta Lei.

§ 1º O enunciado da súmula terá por objeto a validade, a interpretação e a eficácia de normas determinadas, acerca das quais haja, entre órgãos judiciários ou entre esses e a administração pública, controvérsia atual que acarrete grave insegurança jurídica e relevante multiplicação de processos sobre idêntica questão.

§ 2º O Procurador-Geral da República, nas propostas que não houver formulado, manifestar-se-á previamente à edição, revisão ou cancelamento de enunciado de súmula vinculante.

§ 3º A edição, a revisão e o cancelamento de enunciado de súmula com efeito vinculante dependerão de decisão tomada por 2/3 (dois terços)[1] dos membros do Supremo Tribunal Federal, em sessão plenária.

§ 4º No prazo de 10 (dez) dias após a sessão em que editar, rever ou cancelar enunciado de súmula com efeito vinculante, o Supremo Tribunal Federal fará publicar, em seção especial do Diário da Justiça e do Diário Oficial da União, o enunciado respectivo.

Art. 2º: 1. Ou seja, oito dos seus onze ministros.

Art. 3º São legitimados a propor a edição, a revisão ou o cancelamento de enunciado de súmula vinculante:

I — o Presidente da República;

II — a Mesa do Senado Federal;

III — a Mesa da Câmara dos Deputados;

IV — o Procurador-Geral da República;

V — o Conselho Federal da Ordem dos Advogados do Brasil;

VI — o Defensor Público-Geral da União;

VII — partido político com representação no Congresso Nacional;

VIII — confederação sindical ou entidade de classe de âmbito nacional;

IX — a Mesa de Assembleia Legislativa ou da Câmara Legislativa do Distrito Federal;

X — o Governador de Estado ou do Distrito Federal;

XI — os Tribunais Superiores, os Tribunais de Justiça de Estados ou do Distrito Federal e Territórios, os Tribunais Regionais Federais, os Tribunais Regionais do Trabalho, os Tribunais Regionais Eleitorais e os Tribunais Militares.

§ 1º O Município poderá propor, incidentalmente ao curso de processo em que seja parte, a edição, a revisão ou o cancelamento de enunciado de súmula vinculante, o que não autoriza a suspensão do processo.

§ 2º No procedimento de edição, revisão ou cancelamento de enunciado da súmula vinculante, o relator poderá admitir, por decisão irrecorrível, a manifestação de terceiros na questão, nos termos do Regimento Interno do Supremo Tribunal Federal.

Art. 4º A súmula com efeito vinculante tem eficácia imediata, mas o Supremo Tribunal Federal, por decisão de 2/3 (dois terços)[1] dos seus membros, poderá restringir os efeitos vinculantes ou decidir que só tenha eficácia a partir de outro momento, tendo em vista razões de segurança jurídica ou de excepcional interesse público.[2]

Art. 4º: 1. Ou seja, oito dos seus onze ministros.

Art. 4º: 2. A exemplo do que acontece em declaração de inconstitucionalidade de lei ou ato normativo (LADIN 27).

Art. 5º Revogada ou modificada a lei em que se fundou a edição de enunciado de súmula vinculante, o Supremo Tribunal Federal, de ofício ou por provocação, procederá à sua revisão ou cancelamento, conforme o caso.

Art. 6º A proposta de edição, revisão ou cancelamento de enunciado de súmula vinculante não autoriza a suspensão dos processos em que se discuta a mesma questão.

Art. 7º Da decisão judicial ou do ato administrativo que contrariar enunciado de súmula vinculante, negar-lhe vigência ou aplicá-lo indevidamente caberá reclamação[1] ao Supremo Tribunal Federal, sem prejuízo dos recursos ou outros meios admissíveis de impugnação.

§ 1º Contra omissão ou ato da administração pública, o uso da reclamação só será admitido após esgotamento das vias administrativas.

§ 2º Ao julgar procedente a reclamação, o Supremo Tribunal Federal anulará o ato administrativo ou cassará a decisão judicial impugnada, determinando que outra seja proferida com ou sem aplicação da súmula, conforme o caso.

Art. 7º: 1. v. CPC 988 a 993 e respectivas notas. Em especial, s/ reclamação contra decisão transitada em julgado, v. CPC 988, nota 9.

Art. 8º O art. 56 da Lei n. 9.784, de 29 de janeiro de 1999, passa a vigorar acrescido do seguinte § 3º:

"Art. 56. ....

§ 3º Se o recorrente alegar que a decisão administrativa contraria enunciado da súmula vinculante, caberá à autoridade prolatora da decisão impugnada, se não a reconsiderar, explicitar, antes de encaminhar o recurso à autoridade superior, as razões da aplicabilidade ou inaplicabilidade da súmula, conforme o caso".

Art. 9º A Lei n. 9.784, de 29 de janeiro de 1999, passa a vigorar acrescida dos seguintes arts. 64-A e 64-B:

"Art. 64-A. Se o recorrente alegar violação de enunciado da súmula vinculante, o órgão competente para decidir o recurso explicitará as razões da aplicabilidade ou inaplicabilidade da súmula, conforme o caso.

Art. 64-B. Acolhida pelo Supremo Tribunal Federal a reclamação fundada em violação de enunciado da súmula vinculante, dar-se-á ciência à autoridade prolatora e ao órgão competente para o julgamento do recurso, que deverão adequar as futuras decisões administrativas em casos semelhantes, sob pena de responsabilização pessoal nas esferas cível, administrativa e penal".

Art. 10. O procedimento de edição, revisão ou cancelamento de enunciado de súmula com efeito vinculante obedecerá, subsidiariamente, ao disposto no Regimento Interno do Supremo Tribunal Federal.

Art. 11. Esta Lei entra em vigor 3 (três) meses após a sua publicação.

Brasília, 19 de dezembro de 2006; 185º da Independência e 118º da República — LUIZ INÁCIO LULA DA SILVA — **Márcio Thomaz Bastos.**

Resolução n. 404, de 7 de agosto de 2009

Dispõe sobre as intimações das decisões proferidas no âmbito do Supremo Tribunal Federal em processos físicos ou eletrônicos e dá outras providências.

O Presidente do Supremo Tribunal Federal, no uso das atribuições que lhe confere o art. 363, I, do Regimento Interno, considerando a conclusão dos trabalhos do Grupo criado pela Portaria n. 143, de 5 de agosto de 2008, e tendo em vista o decidido na Sessão Administrativa de 5 de agosto de 2009 sobre o Processo n. 337.289,

Resolve:

Art. 1º No Supremo Tribunal Federal, as intimações das decisões serão feitas em nome de apenas um dos procuradores da(s) parte(s), nos termos do art. 82, § 1º e § 2º, do Regimento Interno, salvo deliberação contrária do Relator.

§ 1º Caberá à(s) parte(s) a indicação do procurador em cujo nome serão realizadas as intimações.

§ 2º A substituição do procurador não surtirá efeito para os atos processuais já incluídos em ata de publicação, observado o § 6º do art. 82 do Regimento Interno.

Art. 2º A intimação da União, suas autarquias e fundações públicas observará as seguintes regras:

I — nas ações originárias e nas demais ações em matérias não fiscais de interesse da administração direta da União, será intimado o Advogado-Geral da União;

II — nas causas de natureza fiscal, excetuadas as ações originárias, será intimado o Procurador-Geral da Fazenda Nacional, nos termos do art. 131, § 3º, da Constituição da República, e dos arts. 4º, inc. III, e 12, incs. II e V, da Lei Complementar n. 73/2003;

III — nas causas de interesse da administração autárquica e fundacional da União, exceto o Banco Central do Brasil, será intimado o Procurador-Geral Federal, nos termos do art. 11, *caput*, e § 2º, inc. II, da Lei n. 10.480/2002;

IV — o Banco Central do Brasil será intimado na pessoa do Procurador-Geral do Banco Central, nos termos do art. 17 da Lei Complementar n. 73/1993 e do art. 4º da Lei n. 9.650/1998.

Art. 3º Os Estados, o Distrito Federal e os Municípios serão intimados na pessoa dos titulares de cargos de chefia do respectivo órgão de representação judicial.

Parágrafo único. As intimações das Municipalidades que não tiverem órgão de representação judicial observarão o disposto no art. 1º desta Resolução.

Art. 4º O Ministério Público da União será intimado na pessoa do Procurador-Geral da República, e a Defensoria Pública da União, na do Defensor-Geral da União.

Art. 5º Quando partes na causa, os Ministérios Públicos dos Estados, o Ministério Público do Distrito Federal e Territórios e as Defensorias Públicas dos Estados e do Distrito Federal serão intimados na pessoa que os represente no feito.[1]

Art. 5º: 1. Redação do art. 5º de acordo com a Res. 469 do STF, de 30.9.11.

Art. 6º Nas autuações deverá constar apenas o cargo, sem menção ao nome do procurador que eventualmente esteja exercendo a chefia do órgão central de representação judicial das entidades relacionadas nos arts. 2º, 3º e 4º desta Resolução.

Art. 7º Aplicam-se aos processos em meio eletrônico as disposições desta Resolução, devendo as intimações ser efetivadas mediante igual meio, observado o disposto no art. 5º da Lei n. 11.419/06 e nos arts. 193 a 199 do Código de Processo Civil.[1]

§ 1º As intimações feitas por meio eletrônico, inclusive da Fazenda Pública, serão consideradas pessoais para todos os efeitos legais, nos termos do § 6º do art. 5º da Lei n. 11.419/2006.

§ 2º O processamento das intimações eletrônicas de partes e respectivos procuradores fica condicionado ao prévio cadastramento do usuário no endereço eletrônico institucional do STF.[2]

§ 3º O processamento das intimações eletrônicas das entidades públicas fica condicionado à prévia integração dos sistemas Web disponibilizados pelo STF, após o que se fará o cadastramento do titular do cargo, por meio de solicitação por ofício dirigido à Secretaria Judiciária deste Tribunal, observados os arts. 2º, 3º, 4º e 5º desta Resolução.[3]

Art. 7º: 1 a 3. Redação de acordo com a Res. 693 do STF, de 17.7.20.

Art. 8º A Advocacia-Geral da União, a Procuradoria-Geral Federal e a Procuradoria-Geral da Fazenda Nacional providenciarão o respectivo cadastro em 30 (trinta) dias.

Art. 9º O procedimento de intimação eletrônica será amplamente divulgado aos jurisdicionados, às Seccionais da Ordem dos Advogados do Brasil e aos entes públicos que atuem no Tribunal.

Art. 10. Esta Resolução entra em vigor na data de sua publicação.

Ministro GILMAR MENDES.

Ementário

Usucapião Especial

— s/ usucapião, em geral, v. CF 183 e 191; CC 1.238 a 1.244.

Lei 6.969, de 10.12.81 — Dispõe sobre a aquisição, por usucapião especial, de imóveis rurais, altera a redação do § 2º do art. 589 do Código Civil e dá outras providências (v., adiante, texto integral). O § 2º do art. 589 do CC rev. corresponde ao CC 1.276-*caput* e § 1º.

Dec. 87.040, de 17.3.82 — Especifica áreas indispensáveis à segurança nacional insuscetíveis de usucapião especial, e dá outras providências (Lex 1982/84, RDA 148/283, RF 277/396). Revogado pelo Dec. 11, de 18.1.91, que por sua vez foi revogado pelo Dec. 761, de 19.2.93, o que, todavia, não importou em restaurar a vigência do Dec. 87.040 (cf. LINDB 2º § 3º).

Dec. 87.620, de 21.9.82 — Dispõe sobre o procedimento administrativo para o reconhecimento da aquisição, por usucapião especial, de imóveis rurais compreendidos em terras devolutas (Lex 1982/345, RF 279/429).

Lei 10.257, de 10.7.01 — Regulamenta os arts. 182 e 183 da Constituição Federal, estabelece diretrizes gerais da política urbana e dá outras providências (v., adiante, texto parcial). Os arts. 9º a 14 dispõem sobre a usucapião especial de imóvel urbano (RDA 225/471).

Med. Prov. 2.220, de 4.9.01 — Dispõe sobre a concessão de uso especial de que trata o § 1º do art. 183 da Constituição, cria o Conselho Nacional de Desenvolvimento Urbano — CNDU e dá outras providências (Lex 2001/3.786, Bol. AASP 2.231/supl., p. 6).

Lei n. 6.969, de 10 de dezembro de 1981

Dispõe sobre a aquisição, por usucapião especial,[1-2] de imóveis rurais, altera a redação do § 2º do art. 589 do Código Civil[3] e dá outras providências.

LEI 6.969: 1. "Usucapião Constitucional Rural em áreas inferiores ao módulo rural", por João Cesar dos Santos (Ajuris 89/155).

LEI 6.969: 2. **CF: "Art. 191.** Aquele que, não sendo proprietário de imóvel rural ou urbano, possua como seu, por cinco anos ininterruptos, sem oposição, área de terra, em zona rural, não superior a cinquenta hectares, tornando-a produtiva por seu trabalho ou de sua família, tendo nela sua moradia, adquirir-lhe-á a propriedade.

"Parágrafo único. Os imóveis públicos não serão adquiridos por usucapião".

V. tb. CC 1.239.

LEI 6.969: 3. s/ usucapião especial de imóvel **urbano,** v., adiante, Lei 10.257, de 10.7.01, arts. 9º a 14.

O Presidente da República
Faço saber que o Congresso Nacional decreta e eu sanciono a seguinte lei:

Art. 1º Todo aquele que, não sendo proprietário[1] rural nem urbano, possuir como sua, por 5 (cinco) anos[1a-1b] ininterruptos, sem oposição, área rural contínua, não excedente de 25 (vinte e cinco) hectares,[1c-1d] e a houver tornado produtiva com seu trabalho e nela tiver sua morada, adquirir-lhe-á o domínio, independentemente de justo título e boa-fé, podendo requerer ao juiz que assim o declare por sentença, a qual servirá de título para transcrição no registro de imóveis.

Parágrafo único. Prevalecerá a área do módulo rural[2] aplicável à espécie, na forma da legislação específica, se aquele for superior a 25 (vinte e cinco) hectares.

Art. 1º: 1. "Usucapião especial. Área rural. Admissibilidade. Usucapiente que possui cessão de posse de outro imóvel. Certidão que atesta a inexistência de imóveis em seu nome. Hipótese, ademais, que não se confunde com a propriedade do bem, não havendo que se falar em impedimento para pretensão usucapienda. Inteligência do art. 191 da CF/1988" (RT 932/962: TJPE, AP 219.052-7; ementa da redação).

Art. 1º: 1a. "Cuidando-se de direito novo, a prescrição aquisitiva de terras particulares com fundamento na Lei 6.969/81, que instituiu o usucapião especial, começa a correr da data da sua entrada em vigor" (RT 666/79, maioria). No mesmo sentido: STF-RT 758/129, RT 676/102, RJTJERGS 139/255, JTAERGS 81/145.

Quanto à usucapião especial urbana, v. Lei 10.257/01, art. 9º, nota 1, a seguir.

Art. 1º: 1b. Negando a *accessio possessionis* no caso, ou seja, não permitindo que o possuidor some sua posse com a do antecessor para a caracterização da usucapião: JTA 179/197.

A respeito de *accessio possessionis* em usucapião especial urbana de área coletiva, v., a seguir, Lei 10.257, de 10.7.01, art. 10 § 1º.

Art. 1º: 1c. A CF aumentou esse limite para 50 hectares (art. 191). V. tb. CC 1.239.

Art. 1º: 1d. Na usucapião especial, a área do imóvel usucapiendo pode ser inferior à do módulo rural (JTJ 190/164).

Art. 1º: 2. Definição de módulo: ET 4º-III c/c 5º.

Art. 2º A usucapião especial, a que se refere esta lei, abrange as terras particulares e as terras devolutas, em geral, sem prejuízo de outros direitos conferidos ao posseiro, pelo Estatuto da Terra[1] ou pelas leis que dispõem sobre processo discriminatório de terras devolutas.

Art. 2º: 1. v. ET 97 a 102 (no tít. TERRA).

Art. 3º A usucapião especial não ocorrerá nas áreas indispensáveis à segurança nacional,[1] nas terras habitadas por silvícolas, nem nas áreas de interesse ecológico, consideradas como tais as reservas biológicas ou florestais e os parques nacionais, estaduais ou municipais, assim declarados pelo Poder Executivo, assegurada aos atuais ocupantes a preferência para assentamento em outras regiões, pelo órgão competente.

Parágrafo único. O Poder Executivo, ouvido o Conselho de Segurança Nacional, especificará, mediante decreto,[2] no prazo de 90 (noventa) dias, contados da publicação desta lei, as áreas indispensáveis à segurança nacional, insuscetíveis de usucapião.

Art. 3º: 1. v., no ementário, Dec. 87.040, de 17.3.82.

Art. 3º: 2. v. nota anterior.

Art. 4º A ação de usucapião especial será processada e julgada na comarca da situação do imóvel.[1-1a]

§ 1º Observado o disposto no art. 126 da Constituição Federal,[1b] no caso de usucapião especial, em terras devolutas federais,[1c] a ação será promovida na comarca da situação do imóvel, perante a Justiça do Estado, com recurso para o Tribunal Federal de Recursos,[1d-1e] cabendo ao Ministério Público local, na primeira instância, a representação judicial da União.

§ 2º No caso de terras devolutas, em geral, a usucapião especial poderá ser reconhecida administrativamente, com a consequente expedição do título definitivo de domínio, para transcrição[2] no registro de imóveis.[3]

§ 3º O Poder Executivo, dentro de 90 (noventa) dias, contados da publicação desta lei, estabelecerá, por decreto, a forma do procedimento administrativo a que se refere o parágrafo anterior.

§ 4º Se, decorridos 90 (noventa) dias do pedido ao órgão administrativo, não houver a expedição do título de domínio, o interessado poderá ingressar com a ação de usucapião especial, na forma prevista nesta lei, vedada a concomitância dos pedidos administrativo e judicial.

Art. 4º: 1. Súmula 11 do STJ: "A presença da União ou de qualquer de seus entes, na ação de usucapião especial, não afasta a competência do foro da situação do imóvel" (v. jurisprudência s/ esta Súmula em RSTJ 16/295). Nesse sentido: RSTJ 2/291, 16/297 e 16/299; RTFR 121/31.

Diferente é a situação se se tratar de ação de usucapião comum, e não de usucapião especial: "Ação de usucapião promovida na Justiça Estadual: compete à Justiça Federal emitir juízo de valor sobre o interesse manifestado pela União, vale dizer, avaliar a realidade ou não desse interesse" (STF-2ª T., RE 161.436-6, Min. Carlos Velloso, j. 17.11.97, DJU 20.2.98).

Art. 4º: 1a. "No caso de foro privilegiado ou especial, como no da ação de usucapião especial, não prevalece o foro do juízo da falência" (STJ-2ª Seção, CC 2.137, Min. Nilson Naves, j. 11.12.91, DJU 16.3.92).

Art. 4º: 1b. Corresponde ao art. 109 § 3º da atual CF.

Art. 4º: 1c. Súmula 13 do TFR: "A Justiça Federal é competente para o processo e julgamento da ação de usucapião, desde que o bem usucapiendo confronte com imóvel da União, autarquias ou empresas públicas federais" (v. jurisprudência s/ esta Súmula em RTFR 75/296).

Art. 4º: 1d. "Se o imóvel usucapiendo se situa em comarca que seja sede de Vara Federal, a competência é determinada pela regra geral do art. 109, I, da Constituição. Conflito conhecido, declarando-se a competência do Juízo Federal suscitante" (RSTJ 52/17).

Art. 4º: 1e. Hoje, para um dos TRFs.

Art. 4º: 2. Aliás, "para registro" (v. LRP 167-I-28 e 168).

Art. 4º: 3. Nesse sentido: ET 99.

Art. 5º Adotar-se-á, na ação de usucapião especial, o procedimento sumaríssimo,[1] assegurada a preferência à sua instrução e julgamento.

§ 1º O autor, expondo o fundamento do pedido e individualizando o imóvel, com dispensa da juntada da respectiva planta, poderá requerer, na petição inicial, designação de audiência preliminar, a fim de justificar a posse,[2] e, se comprovada esta, será nela mantido, liminarmente, até a decisão final da causa.

§ 2º O autor requererá também a citação pessoal daquele em cujo nome esteja transcrito o imóvel usucapiendo, bem como dos confinantes e, por edital, dos réus ausentes, incertos e desconhecidos, na forma do art. 232 do Código de Processo Civil, valendo a citação para todos os atos do processo.[3]

§ 3º Serão cientificados por carta, para que manifestem interesse na causa, os representantes da Fazenda Pública da União, dos Estados, do Distrito Federal, dos Territórios e dos Municípios, no prazo de 45 (quarenta e cinco) dias.

§ 4º O prazo para contestar a ação correrá da intimação da decisão que declarar justificada a posse.[4]

§ 5º Intervirá, obrigatoriamente, em todos os atos do processo, o Ministério Público.

Art. 5º: 1. Não há mais procedimento sumaríssimo ou sumário no CPC; agora há um único procedimento para o processo de conhecimento ordinário, qual seja, o **procedimento comum** (v. CPC 318 e segs. e 1.049 § ún.).

Art. 5º: 2. A realização da audiência para justificação da posse é **optativa.**

Art. 5º: 3. v. CPC 246 § 3º e 259-I.

Art. 5º: 4. Se não houver justificação de posse, o **prazo para contestar** orienta-se pelo CPC 335.

Art. 6º O autor da ação de usucapião especial terá, se o pedir, o benefício da assistência judiciária gratuita,[1] inclusive para o registro de imóveis.

Parágrafo único. Provado que o autor tinha situação econômica bastante para pagar as custas do processo e os honorários de advogado, sem prejuízo do sustento próprio e da família, o juiz lhe ordenará que pague, com correção monetária, o valor das isenções concedidas, ficando suspensa a transcrição da sentença até o pagamento devido.

Art. 6º: 1. v. CPC 98 e segs.

Art. 7º A usucapião especial poderá ser invocada como matéria de defesa, valendo a sentença que a reconhecer como título para transcrição no registro de imóveis.[1-2]

Art. 7º: 1. "O réu de ação possessória pode arguir como defesa a sua posse e pedir o reconhecimento da prescrição aquisitiva, mas para a procedência do seu pedido devem estar presentes os requisitos da usucapião, entre eles a descrição da área, o que não aconteceu na espécie" (STJ-4ª T., REsp 182.728, Min. Ruy Rosado, j. 3.11.98, DJU 1.2.99).

Art. 7º: 2. O registro da usucapião no Registro de Imóveis somente será possível se o autor da ação, contra quem o prescribente arguiu a usucapião como defesa, figurar como titular do registro imobiliário ou se inexistir registro do imóvel no Registro de Imóveis.

Art. 8º Observar-se-á, quanto ao imóvel usucapido, a imunidade específica, estabelecida no § 6º do art. 21 da Constituição Federal.[1]

Parágrafo único. Quando prevalecer a área do módulo rural, de acordo com o previsto no parágrafo único do art. 1º desta lei, o imposto territorial rural não incidirá sobre o imóvel usucapido.

Art. 8º: 1. Referia-se ao imposto territorial rural.

Art. 9º O juiz da[1] causa, a requerimento do autor da ação de usucapião especial, determinará que a autoridade policial garanta a permanência no imóvel e a integridade física de seus ocupantes, sempre que necessário.

Art. 9º: 1. *sic*; na publicação oficial, está: "O juiz de causa", etc.

Art. 10. O § 2º do art. 589 do Código Civil[1] passa a vigorar com a seguinte redação:

"Art. 589. ....

§ 2º O imóvel abandonado arrecadar-se-á como bem vago e passará ao domínio do Estado, do Território, ou do Distrito Federal, se se achar nas respectivas circunscrições:

a) 10 (dez) anos depois, quando se tratar de imóvel localizado em zona urbana;

b) 3 (três) anos depois, quando se tratar de imóvel localizado em zona rural".

Art. 10: 1. O art. 589 § 2º do CC rev. corresponde ao CC 1.276-*caput* e § 1º.

Art. 11. Esta lei entrará em vigor 45 (quarenta e cinco) dias após sua publicação.

Art. 12. Revogam-se as disposições em contrário.

Brasília, em 10 de dezembro de 1981; 160º da Independência e 93º da República — JOÃO FIGUEIREDO — **Ibrahim Abi-Ackel — Angelo Amaury Stábile — Danilo Venturini.**

Lei n. 10.257, de 10 de julho de 2001[1]

Regulamenta os arts. 182 e 183 da Constituição Federal,[2] estabelece diretrizes gerais da política urbana e dá outras providências.

LEI 10.257: 1. Também conhecida como **Estatuto da Cidade.**

LEI 10.257: 2. **CF 183:** "Aquele que possuir como sua área urbana de até 250 metros quadrados, por cinco anos, ininterruptamente e sem oposição, utilizando-a para sua moradia ou de sua família, adquirir-lhe-á o domínio, desde que não seja proprietário de outro imóvel urbano ou rural.

"§ 1º O título de domínio e a concessão de uso serão conferidos ao homem ou à mulher, ou a ambos, independentemente do estado civil.

"§ 2º Esse direito não será reconhecido ao mesmo possuidor mais de uma vez.

"§ 3º Os imóveis públicos não serão adquiridos por usucapião".

V. tb. CC 1.240.

Seção V | DA USUCAPIÃO ESPECIAL DE IMÓVEL URBANO[1]

SEÇ. V: 1. "Usucapião constitucional", por Edilson Pereira Nobre Jr. (RT 764/719); "Perfil do usucapião constitucional", por Edilson Pereira Nobre Jr. (RF 355/33); "Aspectos da Usucapião Especial Urbana na Constituição e no Estatuto da Cidade", por Gilberto Schäfer (Ajuris 89/71); "A função social da cidade e da propriedade privada urbana como propriedade de funções", por Jacques Távora Alfonsin (Ajuris 96/141).

Art. 9º Aquele que possuir como sua área ou edificação urbana de até duzentos e cinquenta metros quadrados, por cinco anos,[1] ininterruptamente e sem oposição,[1a] utilizando-a para sua moradia[2] ou de sua família, adquirir-lhe-á o domínio, desde que não seja proprietário de outro imóvel urbano ou rural.

§ 1º O título de domínio será conferido ao homem ou à mulher, ou a ambos, independentemente do estado civil.

§ 2º O direito de que trata este artigo não será reconhecido ao mesmo possuidor mais de uma vez.

§ 3º Para os efeitos deste artigo, o herdeiro legítimo continua, de pleno direito, a posse de seu antecessor, desde que já resida no imóvel por ocasião da abertura da sucessão.

Art. 9º: 1. "Ambas as Turmas do STF adotaram orientação no sentido de o prazo de cinco anos a que se refere o art. 183 da Lei Maior ter seu termo a partir de 5 de outubro de 1988, de referência às situações de ocupação anterior à nova ordem constitucional" (STF-2ª T., RE 174.744-7, Min. Néri da Silveira, j. 17.11.97, DJU 29.5.98). No mesmo sentido: RTJ 164/740, 165/348, 165/371, 175/352, JTJ 158/162, bem fundamentado, 168/182, 174/160, RJTJERGS 143/95, maioria, 146/276, JTAERGS 77/157, 91/167, RJ 182/66, RTJE 118/142, RJTAMG 51/212, maioria, Bol. AASP 1.747/198. **Contra,** contando-o do início da posse, ainda que anterior à CF: RT 672/109, 692/7.

Quanto ao usucapião especial rural, v. Lei 6.969/81, art. 1º, nota 1a, neste título.

Art. 9º: 1a. "Imóveis destinados à população de baixa renda e financiados por meio do Sistema Financeiro de Habitação, gerido pela Caixa Econômica Federal, não estão sujeitos à aquisição originária pela usucapião urbana especial do Estatuto da Cidade se, no período de cinco anos de posse previsto no art. 9º da Lei 10.257/2001, a CEF promovia os atos jurídicos necessários à retomada e refinanciamento. Para efeitos da usucapião, mesmo a especial urbana, a posse exercida com *animus domini* ultrapassa a mera vontade de possuir, devendo resultar do título pelo qual é detida, de forma que posse decorrente de relações contratuais que afetem o proprietário do imóvel prescinde do *animus domini*" (STJ-3ª T., REsp 1.221.243, Min. João Otávio, j. 25.2.14, DJ 10.3.14).

Art. 9º: 2. "A manutenção de pequeno comércio em imóvel também utilizado para moradia não impede o reconhecimento de usucapião constitucional, previsto no art. 183 da CF" (RT 744/367).

Art. 10. Os núcleos urbanos informais existentes sem oposição há mais de cinco anos e cuja área total dividida pelo número de possuidores seja inferior a duzentos e cinquenta metros quadrados por possuidor são suscetíveis de serem usucapidos coletivamente, desde que os possuidores não sejam proprietários de outro imóvel urbano ou rural.[1]

§ 1º O possuidor pode, para o fim de contar o prazo exigido por este artigo, acrescentar sua posse à de seu antecessor, contanto que ambas sejam contínuas.

§ 2º A usucapião especial coletiva de imóvel urbano será declarada pelo juiz, mediante sentença, a qual servirá de título para registro no cartório de registro de imóveis.

§ 3º Na sentença, o juiz atribuirá igual fração ideal de terreno a cada possuidor, independentemente da dimensão do terreno que cada um ocupe, salvo hipótese de acordo escrito entre os condôminos, estabelecendo frações ideais diferenciadas.

§ 4º O condomínio especial constituído é indivisível, não sendo passível de extinção, salvo deliberação favorável tomada por, no mínimo, dois terços dos condôminos, no caso de execução de urbanização posterior à constituição do condomínio.

§ 5º As deliberações relativas à administração do condomínio especial serão tomadas por maioria de votos dos condôminos presentes, obrigando também os demais discordantes ou ausentes.

Art. 10: 1. Redação de acordo com a Lei 13.465, de 11.7.17.

Art. 11. Na pendência da ação de usucapião especial urbana, ficarão sobrestadas quaisquer outras ações, petitórias ou possessórias, que venham a ser propostas relativamente ao imóvel usucapiendo.[1]

Art. 11: 1. No sentido de que o sobrestamento deve perdurar por apenas um ano: "Aplicação subsidiária do art. 265-IV-*a* e § 5º do CPC" (RT 867/196).

Art. 12. São partes legítimas para a propositura da ação de usucapião especial urbana:

I — o possuidor, isoladamente ou em litisconsórcio originário ou superveniente;

II — os possuidores, em estado de composse;

III — como substituto processual, a associação de moradores da comunidade, regularmente constituída, com personalidade jurídica, desde que explicitamente autorizada pelos representados.

§ 1º Na ação de usucapião especial urbana é obrigatória a intervenção do Ministério Público.

§ 2º O autor terá os benefícios da justiça e da assistência judiciária gratuita,[1] inclusive perante o cartório de registro de imóveis.

Art. 12: 1. "A Lei 10.257/2001 concede ao autor da ação de usucapião especial urbana espécie de **presunção relativa de hipossuficiência** que, por isso, é ilidida a partir da comprovação inequívoca de que o autor não pode ser considerado 'necessitado' nos termos do § 2º da Lei 1.060/1950. No caso, o próprio autor reconheceu, em sua petição inicial, não preencher os requisitos da Lei 1.060/1950 para fins de obtenção dos benefícios da justiça gratuita, o que afasta qualquer possibilidade de concessão destes, sendo irrelevante para tanto que tenham sido requeridos com esteio no § 2º do art. 12 do Estatuto da Cidade (Lei 10.257/2001)" (STJ-3ª T., REsp 1.517.822, Min. Ricardo Cueva, j. 21.2.17, DJ 24.2.17).

Art. 13. A usucapião especial de imóvel urbano poderá ser invocada como matéria de defesa, valendo a sentença que a reconhecer como título para registro no cartório de registro de imóveis.

Art. 14. Na ação judicial de usucapião especial de imóvel urbano, o rito processual a ser observado é o sumário.[1]

Art. 14: 1. Não há mais procedimento sumário no CPC; agora há um único procedimento para o processo de conhecimento ordinário, qual seja, o **procedimento comum** (v. CPC 318 e segs. e 1.049 § ún.).

Índice Alfabético-Remissivo*

A

---

* **Não havendo qualquer indicação, as citações se referem a artigos do CPC.** Para outras leis, v. Abreviaturas, no começo deste volume.

A ordem dos artigos nem sempre foi atendida neste índice, tendo-se preferido pôr em primeiro lugar os que tratam mais diretamente do assunto.

Geralmente, os subtítulos só incluem matéria não contida no título, salvo quando extremamente importante; outros desdobramentos devem ser procurados nas remissões. Assim: Recurso 994 a 1.044 significa que tudo quanto estiver contido nos arts. 994 a 1.044 não consta (salvo por exceção) nos subtítulos a seguir.

Os dois-pontos, em seguida ao subtítulo, indicam subdivisão da matéria (Ação de cobrança: movida por credor da herança 741 § 4º). O ponto e vírgula, após o subtítulo, indica que a matéria aí contida é semelhante, tendo sido reunida no subtítulo para maior rapidez e facilidade de consulta ao índice (Responsabilidade civil — do administrador 161; do administrador provisório do espólio 614).

Índice Alfabético-Remissivo

D

Índice Alfabético-Remissivo

Índice Alfabético-Remissivo

J

Índice Alfabético-Remissivo

L

P

U

V

Índice de Leis*

* Contém os textos publicados na íntegra e em vigor. O primeiro número refere-se à página; os demais, ao artigo ou à nota de rodapé, quando for o caso.
Inclui também atos administrativos do Poder Judiciário publicados integralmente.

LEIS COMPLEMENTARES:

MEDIDAS PROVISÓRIAS:

REGIMENTO DE CUSTAS

REGIMENTO INTERNO

SENADO FEDERAL

SUPERIOR TRIBUNAL DE JUSTIÇA (v. tb. CONSELHO DA JUSTIÇA FEDERAL)

Índice de Súmulas*

Súmulas Vinculantes do Supremo Tribunal Federal

Súmulas do Supremo Tribunal Federal

* O primeiro número refere-se à página; os demais, à nota de rodapé, quando for o caso.
Para facilidade de consulta, também foram relacionadas neste índice as Súmulas que, de um modo ou de outro, já não estão mais em vigor.
À falta de outra indicação no texto, a referência é a Súmula do STF.

Súmulas do Superior Tribunal de Justiça

Súmulas do Tribunal Federal de Recursos

Calendário de 1950 a 2050

INSTRUÇÕES: Para saber em que dia da semana recai determinada data, basta ver no índice abaixo o ano a que ela corresponde e procurar, em seguida, na tabela respectiva.

EXEMPLO: O ano de 1995 corresponde à tabela 1; nessa tabela se vê que o dia 11.1.95 recaiu numa quarta-feira.

ÍNDICE

Ano	Tab.	Ano	Tab.	Ano	Tab.	Ano	Tab.	Ano	Tab.	Ano	Tab.	Ano	Tab.	Ano	Tab.	Ano	Tab.
1950	1	1962	2	1974	3	1986	4	1998	5	2010	6	2022	7	2034	1	2046	2
1951	2	1963	3	1975	4	1987	5	1999	6	2011	7	2023	1	2035	2	2047	3
1952	10	1964	11	1976	12	1988	13	2000	14	2012	8	2024	9	2036	10	2048	11
1953	5	1965	6	1977	7	1989	1	2001	2	2013	3	2025	4	2037	5	2049	6
1954	6	1966	7	1978	1	1990	2	2002	3	2014	4	2026	5	2038	6	2050	7
1955	7	1967	1	1979	2	1991	3	2003	4	2015	5	2027	6	2039	7		
1956	8	1968	9	1980	10	1992	11	2004	12	2016	13	2028	14	2040	8		
1957	3	1969	4	1981	5	1993	6	2005	7	2017	1	2029	2	2041	3		
1958	4	1970	5	1982	6	1994	7	2006	1	2018	2	2030	3	2042	4		
1959	5	1971	6	1983	7	1995	1	2007	2	2019	3	2031	4	2043	5		
1960	13	1972	14	1984	8	1996	9	2008	10	2020	11	2032	12	2044	13		
1961	1	1973	2	1985	3	1997	4	2009	5	2021	6	2033	7	2045	1		

DIAS FERIADOS: v. notas 4 e 5 ao art. 173 do CPC.

1 (1995, etc.)

JANEIRO

D	S	T	Q	Q	S	S
1	2	3	4	5	6	7
8	9	10	11	12	13	14
15	16	17	18	19	20	21
22	23	24	25	26	27	28
29	30	31				

FEVEREIRO

D	S	T	Q	Q	S	S
			1	2	3	4
5	6	7	8	9	10	11
12	13	14	15	16	17	18
19	20	21	22	23	24	25
26	27	28				

MARÇO

D	S	T	Q	Q	S	S
			1	2	3	4
5	6	7	8	9	10	11
12	13	14	15	16	17	18
19	20	21	22	23	24	25
26	27	28	29	30	31	

ABRIL

D	S	T	Q	Q	S	S
						1
2	3	4	5	6	7	8
9	10	11	12	13	14	15
16	17	18	19	20	21	22
23	24	25	26	27	28	29
30						

MAIO

D	S	T	Q	Q	S	S
	1	2	3	4	5	6
7	8	9	10	11	12	13
14	15	16	17	18	19	20
21	22	23	24	25	26	27
28	29	30	31			

JUNHO

D	S	T	Q	Q	S	S
				1	2	3
4	5	6	7	8	9	10
11	12	13	14	15	16	17
18	19	20	21	22	23	24
25	26	27	28	29	30	

JULHO

D	S	T	Q	Q	S	S
						1
2	3	4	5	6	7	8
9	10	11	12	13	14	15
16	17	18	19	20	21	22
23	24	25	26	27	28	29
30	31					

AGOSTO

D	S	T	Q	Q	S	S
		1	2	3	4	5
6	7	8	9	10	11	12
13	14	15	16	17	18	19
20	21	22	23	24	25	26
27	28	29	30	31		

SETEMBRO

D	S	T	Q	Q	S	S
					1	2
3	4	5	6	7	8	9
10	11	12	13	14	15	16
17	18	19	20	21	22	23
24	25	26	27	28	29	30

OUTUBRO

D	S	T	Q	Q	S	S
1	2	3	4	5	6	7
8	9	10	11	12	13	14
15	16	17	18	19	20	21
22	23	24	25	26	27	28
29	30	31				

NOVEMBRO

D	S	T	Q	Q	S	S
			1	2	3	4
5	6	7	8	9	10	11
12	13	14	15	16	17	18
19	20	21	22	23	24	25
26	27	28	29	30		

DEZEMBRO

D	S	T	Q	Q	S	S
					1	2
3	4	5	6	7	8	9
10	11	12	13	14	15	16
17	18	19	20	21	22	23
24	25	26	27	28	29	30
31						

2 (2001, etc.)

JANEIRO

D	S	T	Q	Q	S	S
	1	2	3	4	5	6
7	8	9	10	11	12	13
14	15	16	17	18	19	20
21	22	23	24	25	26	27
28	29	30	31			

FEVEREIRO

D	S	T	Q	Q	S	S
				1	2	3
4	5	6	7	8	9	10
11	12	13	14	15	16	17
18	19	20	21	22	23	24
25	26	27	28			

MARÇO

D	S	T	Q	Q	S	S
				1	2	3
4	5	6	7	8	9	10
11	12	13	14	15	16	17
18	19	20	21	22	23	24
25	26	27	28	29	30	31

ABRIL

D	S	T	Q	Q	S	S
1	2	3	4	5	6	7
8	9	10	11	12	13	14
15	16	17	18	19	20	21
22	23	24	25	26	27	28
29	30					

MAIO

D	S	T	Q	Q	S	S
		1	2	3	4	5
6	7	8	9	10	11	12
13	14	15	16	17	18	19
20	21	22	23	24	25	26
27	28	29	30	31		

JUNHO

D	S	T	Q	Q	S	S
					1	2
3	4	5	6	7	8	9
10	11	12	13	14	15	16
17	18	19	20	21	22	23
24	25	26	27	28	29	30

JULHO

D	S	T	Q	Q	S	S
1	2	3	4	5	6	7
8	9	10	11	12	13	14
15	16	17	18	19	20	21
22	23	24	25	26	27	28
29	30	31				

AGOSTO

D	S	T	Q	Q	S	S
			1	2	3	4
5	6	7	8	9	10	11
12	13	14	15	16	17	18
19	20	21	22	23	24	25
26	27	28	29	30	31	

SETEMBRO

D	S	T	Q	Q	S	S
						1
2	3	4	5	6	7	8
9	10	11	12	13	14	15
16	17	18	19	20	21	22
23	24	25	26	27	28	29
30						

OUTUBRO

D	S	T	Q	Q	S	S
	1	2	3	4	5	6
7	8	9	10	11	12	13
14	15	16	17	18	19	20
21	22	23	24	25	26	27
28	29	30	31			

NOVEMBRO

D	S	T	Q	Q	S	S
				1	2	3
4	5	6	7	8	9	10
11	12	13	14	15	16	17
18	19	20	21	22	23	24
25	26	27	28	29	30	

DEZEMBRO

D	S	T	Q	Q	S	S
						1
2	3	4	5	6	7	8
9	10	11	12	13	14	15
16	17	18	19	20	21	22
23	24	25	26	27	28	29
30	31					

3 (2002, etc.)

JANEIRO

D	S	T	Q	Q	S	S
		1	2	3	4	5
6	7	8	9	10	11	12
13	14	15	16	17	18	19
20	21	22	23	24	25	26
27	28	29	30	31		

FEVEREIRO

D	S	T	Q	Q	S	S
					1	2
3	4	5	6	7	8	9
10	11	12	13	14	15	16
17	18	19	20	21	22	23
24	25	26	27	28		

MARÇO

D	S	T	Q	Q	S	S
					1	2
3	4	5	6	7	8	9
10	11	12	13	14	15	16
17	18	19	20	21	22	23
24	25	26	27	28	29	30
31						

ABRIL

D	S	T	Q	Q	S	S
	1	2	3	4	5	6
7	8	9	10	11	12	13
14	15	16	17	18	19	20
21	22	23	24	25	26	27
28	29	30				

MAIO

D	S	T	Q	Q	S	S
			1	2	3	4
5	6	7	8	9	10	11
12	13	14	15	16	17	18
19	20	21	22	23	24	25
26	27	28	29	30	31	

JUNHO

D	S	T	Q	Q	S	S
						1
2	3	4	5	6	7	8
9	10	11	12	13	14	15
16	17	18	19	20	21	22
23	24	25	26	27	28	29
30						

JULHO

D	S	T	Q	Q	S	S
	1	2	3	4	5	6
7	8	9	10	11	12	13
14	15	16	17	18	19	20
21	22	23	24	25	26	27
28	29	30	31			

AGOSTO

D	S	T	Q	Q	S	S
				1	2	3
4	5	6	7	8	9	10
11	12	13	14	15	16	17
18	19	20	21	22	23	24
25	26	27	28	29	30	31

SETEMBRO

D	S	T	Q	Q	S	S
1	2	3	4	5	6	7
8	9	10	11	12	13	14
15	16	17	18	19	20	21
22	23	24	25	26	27	28
29	30					

OUTUBRO

D	S	T	Q	Q	S	S
		1	2	3	4	5
6	7	8	9	10	11	12
13	14	15	16	17	18	19
20	21	22	23	24	25	26
27	28	29	30	31		

NOVEMBRO

D	S	T	Q	Q	S	S
					1	2
3	4	5	6	7	8	9
10	11	12	13	14	15	16
17	18	19	20	21	22	23
24	25	26	27	28	29	30

DEZEMBRO

D	S	T	Q	Q	S	S
1	2	3	4	5	6	7
8	9	10	11	12	13	14
15	16	17	18	19	20	21
22	23	24	25	26	27	28
29	30	31				

4 (2003, etc.)

JANEIRO

D	S	T	Q	Q	S	S
			1	2	3	4
5	6	7	8	9	10	11
12	13	14	15	16	17	18
19	20	21	22	23	24	25
26	27	28	29	30	31	

FEVEREIRO

D	S	T	Q	Q	S	S
						1
2	3	4	5	6	7	8
9	10	11	12	13	14	15
16	17	18	19	20	21	22
23	24	25	26	27	28	

MARÇO

D	S	T	Q	Q	S	S
						1
2	3	4	5	6	7	8
9	10	11	12	13	14	15
16	17	18	19	20	21	22
23	24	25	26	27	28	29
30	31					

ABRIL

D	S	T	Q	Q	S	S
		1	2	3	4	5
6	7	8	9	10	11	12
13	14	15	16	17	18	19
20	21	22	23	24	25	26
27	28	29	30			

MAIO

D	S	T	Q	Q	S	S
				1	2	3
4	5	6	7	8	9	10
11	12	13	14	15	16	17
18	19	20	21	22	23	24
25	26	27	28	29	30	31

JUNHO

D	S	T	Q	Q	S	S
1	2	3	4	5	6	7
8	9	10	11	12	13	14
15	16	17	18	19	20	21
22	23	24	25	26	27	28
29	30					

JULHO

D	S	T	Q	Q	S	S
		1	2	3	4	5
6	7	8	9	10	11	12
13	14	15	16	17	18	19
20	21	22	23	24	25	26
27	28	29	30	31		

AGOSTO

D	S	T	Q	Q	S	S
					1	2
3	4	5	6	7	8	9
10	11	12	13	14	15	16
17	18	19	20	21	22	23
24	25	26	27	28	29	30
31						

SETEMBRO

D	S	T	Q	Q	S	S
	1	2	3	4	5	6
7	8	9	10	11	12	13
14	15	16	17	18	19	20
21	22	23	24	25	26	27
28	29	30				

OUTUBRO

D	S	T	Q	Q	S	S
			1	2	3	4
5	6	7	8	9	10	11
12	13	14	15	16	17	18
19	20	21	22	23	24	25
26	27	28	29	30	31	

NOVEMBRO

D	S	T	Q	Q	S	S
						1
2	3	4	5	6	7	8
9	10	11	12	13	14	15
16	17	18	19	20	21	22
23	24	25	26	27	28	29
30						

DEZEMBRO

D	S	T	Q	Q	S	S
	1	2	3	4	5	6
7	8	9	10	11	12	13
14	15	16	17	18	19	20
21	22	23	24	25	26	27
28	29	30	31			

5 (1998, etc.)

JANEIRO

D	S	T	Q	Q	S	S
				1	2	3
4	5	6	7	8	9	10
11	12	13	14	15	16	17
18	19	20	21	22	23	24
25	26	27	28	29	30	31

FEVEREIRO

D	S	T	Q	Q	S	S
1	2	3	4	5	6	7
8	9	10	11	12	13	14
15	16	17	18	19	20	21
22	23	24	25	26	27	28

MARÇO

D	S	T	Q	Q	S	S
1	2	3	4	5	6	7
8	9	10	11	12	13	14
15	16	17	18	19	20	21
22	23	24	25	26	27	28
29	30	31				

ABRIL

D	S	T	Q	Q	S	S
			1	2	3	4
5	6	7	8	9	10	11
12	13	14	15	16	17	18
19	20	21	22	23	24	25
26	27	28	29	30		

MAIO

D	S	T	Q	Q	S	S
					1	2
3	4	5	6	7	8	9
10	11	12	13	14	15	16
17	18	19	20	21	22	23
24	25	26	27	28	29	30
31						

JUNHO

D	S	T	Q	Q	S	S
	1	2	3	4	5	6
7	8	9	10	11	12	13
14	15	16	17	18	19	20
21	22	23	24	25	26	27
28	29	30				

JULHO

D	S	T	Q	Q	S	S
			1	2	3	4
5	6	7	8	9	10	11
12	13	14	15	16	17	18
19	20	21	22	23	24	25
26	27	28	29	30	31	

AGOSTO

D	S	T	Q	Q	S	S
						1
2	3	4	5	6	7	8
9	10	11	12	13	14	15
16	17	18	19	20	21	22
23	24	25	26	27	28	29
30	31					

SETEMBRO

D	S	T	Q	Q	S	S
		1	2	3	4	5
6	7	8	9	10	11	12
13	14	15	16	17	18	19
20	21	22	23	24	25	26
27	28	29	30			

OUTUBRO

D	S	T	Q	Q	S	S
				1	2	3
4	5	6	7	8	9	10
11	12	13	14	15	16	17
18	19	20	21	22	23	24
25	26	27	28	29	30	31

NOVEMBRO

D	S	T	Q	Q	S	S
1	2	3	4	5	6	7
8	9	10	11	12	13	14
15	16	17	18	19	20	21
22	23	24	25	26	27	28
29	30					

DEZEMBRO

D	S	T	Q	Q	S	S
		1	2	3	4	5
6	7	8	9	10	11	12
13	14	15	16	17	18	19
20	21	22	23	24	25	26
27	28	29	30	31		

6 (1999, etc.)

JANEIRO

D	S	T	Q	Q	S	S
					1	2
3	4	5	6	7	8	9
10	11	12	13	14	15	16
17	18	19	20	21	22	23
24	25	26	27	28	29	30
31						

FEVEREIRO

D	S	T	Q	Q	S	S
	1	2	3	4	5	6
7	8	9	10	11	12	13
14	15	16	17	18	19	20
21	22	23	24	25	26	27
28						

MARÇO

D	S	T	Q	Q	S	S
	1	2	3	4	5	6
7	8	9	10	11	12	13
14	15	16	17	18	19	20
21	22	23	24	25	26	27
28	29	30	31			

ABRIL

D	S	T	Q	Q	S	S
				1	2	3
4	5	6	7	8	9	10
11	12	13	14	15	16	17
18	19	20	21	22	23	24
25	26	27	28	29	30	

MAIO

D	S	T	Q	Q	S	S
						1
2	3	4	5	6	7	8
9	10	11	12	13	14	15
16	17	18	19	20	21	22
23	24	25	26	27	28	29
30	31					

JUNHO

D	S	T	Q	Q	S	S
		1	2	3	4	5
6	7	8	9	10	11	12
13	14	15	16	17	18	19
20	21	22	23	24	25	26
27	28	29	30			

JULHO

D	S	T	Q	Q	S	S
				1	2	3
4	5	6	7	8	9	10
11	12	13	14	15	16	17
18	19	20	21	22	23	24
25	26	27	28	29	30	31

AGOSTO

D	S	T	Q	Q	S	S
1	2	3	4	5	6	7
8	9	10	11	12	13	14
15	16	17	18	19	20	21
22	23	24	25	26	27	28
29	30	31				

SETEMBRO

D	S	T	Q	Q	S	S
			1	2	3	4
5	6	7	8	9	10	11
12	13	14	15	16	17	18
19	20	21	22	23	24	25
26	27	28	29	30		

OUTUBRO

D	S	T	Q	Q	S	S
					1	2
3	4	5	6	7	8	9
10	11	12	13	14	15	16
17	18	19	20	21	22	23
24	25	26	27	28	29	30
31						

NOVEMBRO

D	S	T	Q	Q	S	S
	1	2	3	4	5	6
7	8	9	10	11	12	13
14	15	16	17	18	19	20
21	22	23	24	25	26	27
28	29	30				

DEZEMBRO

D	S	T	Q	Q	S	S
			1	2	3	4
5	6	7	8	9	10	11
12	13	14	15	16	17	18
19	20	21	22	23	24	25
26	27	28	29	30	31	

7 (1994, etc.)

JANEIRO

D	S	T	Q	Q	S	S
						1
2	3	4	5	6	7	8
9	10	11	12	13	14	15
16	17	18	19	20	21	22
23	24	25	26	27	28	29
30	31					

FEVEREIRO

D	S	T	Q	Q	S	S
		1	2	3	4	5
6	7	8	9	10	11	12
13	14	15	16	17	18	19
20	21	22	23	24	25	26
27	28					

MARÇO

D	S	T	Q	Q	S	S
		1	2	3	4	5
6	7	8	9	10	11	12
13	14	15	16	17	18	19
20	21	22	23	24	25	26
27	28	29	30	31		

ABRIL

D	S	T	Q	Q	S	S
					1	2
3	4	5	6	7	8	9
10	11	12	13	14	15	16
17	18	19	20	21	22	23
24	25	26	27	28	29	30

MAIO

D	S	T	Q	Q	S	S
1	2	3	4	5	6	7
8	9	10	11	12	13	14
15	16	17	18	19	20	21
22	23	24	25	26	27	28
29	30	31				

JUNHO

D	S	T	Q	Q	S	S
			1	2	3	4
5	6	7	8	9	10	11
12	13	14	15	16	17	18
19	20	21	22	23	24	25
26	27	28	29	30		

JULHO

D	S	T	Q	Q	S	S
					1	2
3	4	5	6	7	8	9
10	11	12	13	14	15	16
17	18	19	20	21	22	23
24	25	26	27	28	29	30
31						

AGOSTO

D	S	T	Q	Q	S	S
	1	2	3	4	5	6
7	8	9	10	11	12	13
14	15	16	17	18	19	20
21	22	23	24	25	26	27
28	29	30	31			

SETEMBRO

D	S	T	Q	Q	S	S
				1	2	3
4	5	6	7	8	9	10
11	12	13	14	15	16	17
18	19	20	21	22	23	24
25	26	27	28	29	30	

OUTUBRO

D	S	T	Q	Q	S	S
						1
2	3	4	5	6	7	8
9	10	11	12	13	14	15
16	17	18	19	20	21	22
23	24	25	26	27	28	29
30	31					

NOVEMBRO

D	S	T	Q	Q	S	S
		1	2	3	4	5
6	7	8	9	10	11	12
13	14	15	16	17	18	19
20	21	22	23	24	25	26
27	28	29	30			

DEZEMBRO

D	S	T	Q	Q	S	S
				1	2	3
4	5	6	7	8	9	10
11	12	13	14	15	16	17
18	19	20	21	22	23	24
25	26	27	28	29	30	31

8 (1984, etc.)

JANEIRO

D	S	T	Q	Q	S	S
1	2	3	4	5	6	7
8	9	10	11	12	13	14
15	16	17	18	19	20	21
22	23	24	25	26	27	28
29	30	31				

FEVEREIRO

D	S	T	Q	Q	S	S
			1	2	3	4
5	6	7	8	9	10	11
12	13	14	15	16	17	18
19	20	21	22	23	24	25
26	27	28	29			

MARÇO

D	S	T	Q	Q	S	S
				1	2	3
4	5	6	7	8	9	10
11	12	13	14	15	16	17
18	19	20	21	22	23	24
25	26	27	28	29	30	31

ABRIL

D	S	T	Q	Q	S	S
1	2	3	4	5	6	7
8	9	10	11	12	13	14
15	16	17	18	19	20	21
22	23	24	25	26	27	28
29	30					

MAIO

D	S	T	Q	Q	S	S
		1	2	3	4	5
6	7	8	9	10	11	12
13	14	15	16	17	18	19
20	21	22	23	24	25	26
27	28	29	30	31		

JUNHO

D	S	T	Q	Q	S	S
					1	2
3	4	5	6	7	8	9
10	11	12	13	14	15	16
17	18	19	20	21	22	23
24	25	26	27	28	29	30

JULHO

D	S	T	Q	Q	S	S
1	2	3	4	5	6	7
8	9	10	11	12	13	14
15	16	17	18	19	20	21
22	23	24	25	26	27	28
29	30	31				

AGOSTO

D	S	T	Q	Q	S	S
			1	2	3	4
5	6	7	8	9	10	11
12	13	14	15	16	17	18
19	20	21	22	23	24	25
26	27	28	29	30	31	

SETEMBRO

D	S	T	Q	Q	S	S
						1
2	3	4	5	6	7	8
9	10	11	12	13	14	15
16	17	18	19	20	21	22
23	24	25	26	27	28	29
30						

OUTUBRO

D	S	T	Q	Q	S	S
	1	2	3	4	5	6
7	8	9	10	11	12	13
14	15	16	17	18	19	20
21	22	23	24	25	26	27
28	29	30	31			

NOVEMBRO

D	S	T	Q	Q	S	S
				1	2	3
4	5	6	7	8	9	10
11	12	13	14	15	16	17
18	19	20	21	22	23	24
25	26	27	28	29	30	

DEZEMBRO

D	S	T	Q	Q	S	S
						1
2	3	4	5	6	7	8
9	10	11	12	13	14	15
16	17	18	19	20	21	22
23	24	25	26	27	28	29
30	31					

9 (1996, etc.)

JANEIRO

D	S	T	Q	Q	S	S
	1	2	3	4	5	6
7	8	9	10	11	12	13
14	15	16	17	18	19	20
21	22	23	24	25	26	27
28	29	30	31			

FEVEREIRO

D	S	T	Q	Q	S	S
				1	2	3
4	5	6	7	8	9	10
11	12	13	14	15	16	17
18	19	20	21	22	23	24
25	26	27	28	29		

MARÇO

D	S	T	Q	Q	S	S
					1	2
3	4	5	6	7	8	9
10	11	12	13	14	15	16
17	18	19	20	21	22	23
24	25	26	27	28	29	30
31						

ABRIL

D	S	T	Q	Q	S	S
	1	2	3	4	5	6
7	8	9	10	11	12	13
14	15	16	17	18	19	20
21	22	23	24	25	26	27
28	29	30				

MAIO

D	S	T	Q	Q	S	S
			1	2	3	4
5	6	7	8	9	10	11
12	13	14	15	16	17	18
19	20	21	22	23	24	25
26	27	28	29	30	31	

JUNHO

D	S	T	Q	Q	S	S
						1
2	3	4	5	6	7	8
9	10	11	12	13	14	15
16	17	18	19	20	21	22
23	24	25	26	27	28	29
30						

JULHO

D	S	T	Q	Q	S	S
	1	2	3	4	5	6
7	8	9	10	11	12	13
14	15	16	17	18	19	20
21	22	23	24	25	26	27
28	29	30	31			

AGOSTO

D	S	T	Q	Q	S	S
				1	2	3
4	5	6	7	8	9	10
11	12	13	14	15	16	17
18	19	20	21	22	23	24
25	26	27	28	29	30	31

SETEMBRO

D	S	T	Q	Q	S	S
1	2	3	4	5	6	7
8	9	10	11	12	13	14
15	16	17	18	19	20	21
22	23	24	25	26	27	28
29	30					

OUTUBRO

D	S	T	Q	Q	S	S
		1	2	3	4	5
6	7	8	9	10	11	12
13	14	15	16	17	18	19
20	21	22	23	24	25	26
27	28	29	30	31		

NOVEMBRO

D	S	T	Q	Q	S	S
					1	2
3	4	5	6	7	8	9
10	11	12	13	14	15	16
17	18	19	20	21	22	23
24	25	26	27	28	29	30

DEZEMBRO

D	S	T	Q	Q	S	S
1	2	3	4	5	6	7
8	9	10	11	12	13	14
15	16	17	18	19	20	21
22	23	24	25	26	27	28
29	30	31				

10 (1980, etc.)

JANEIRO

D	S	T	Q	Q	S	S
		1	2	3	4	5
6	7	8	9	10	11	12
13	14	15	16	17	18	19
20	21	22	23	24	25	26
27	28	29	30	31		

FEVEREIRO

D	S	T	Q	Q	S	S
					1	2
3	4	5	6	7	8	9
10	11	12	13	14	15	16
17	18	19	20	21	22	23
24	25	26	27	28	29	

MARÇO

D	S	T	Q	Q	S	S
						1
2	3	4	5	6	7	8
9	10	11	12	13	14	15
16	17	18	19	20	21	22
23	24	25	26	27	28	29
30	31					

ABRIL

D	S	T	Q	Q	S	S
		1	2	3	4	5
6	7	8	9	10	11	12
13	14	15	16	17	18	19
20	21	22	23	24	25	26
27	28	29	30			

MAIO

D	S	T	Q	Q	S	S
				1	2	3
4	5	6	7	8	9	10
11	12	13	14	15	16	17
18	19	20	21	22	23	24
25	26	27	28	29	30	31

JUNHO

D	S	T	Q	Q	S	S
1	2	3	4	5	6	7
8	9	10	11	12	13	14
15	16	17	18	19	20	21
22	23	24	25	26	27	28
29	30					

JULHO

D	S	T	Q	Q	S	S
		1	2	3	4	5
6	7	8	9	10	11	12
13	14	15	16	17	18	19
20	21	22	23	24	25	26
27	28	29	30	31		

AGOSTO

D	S	T	Q	Q	S	S
					1	2
3	4	5	6	7	8	9
10	11	12	13	14	15	16
17	18	19	20	21	22	23
24	25	26	27	28	29	30
31						

SETEMBRO

D	S	T	Q	Q	S	S
	1	2	3	4	5	6
7	8	9	10	11	12	13
14	15	16	17	18	19	20
21	22	23	24	25	26	27
28	29	30				

OUTUBRO

D	S	T	Q	Q	S	S
			1	2	3	4
5	6	7	8	9	10	11
12	13	14	15	16	17	18
19	20	21	22	23	24	25
26	27	28	29	30	31	

NOVEMBRO

D	S	T	Q	Q	S	S
						1
2	3	4	5	6	7	8
9	10	11	12	13	14	15
16	17	18	19	20	21	22
23	24	25	26	27	28	29
30						

DEZEMBRO

D	S	T	Q	Q	S	S
	1	2	3	4	5	6
7	8	9	10	11	12	13
14	15	16	17	18	19	20
21	22	23	24	25	26	27
28	29	30	31			

11 (1992, etc.)

JANEIRO

D	S	T	Q	Q	S	S
			1	2	3	4
5	6	7	8	9	10	11
12	13	14	15	16	17	18
19	20	21	22	23	24	25
26	27	28	29	30	31	

FEVEREIRO

D	S	T	Q	Q	S	S
						1
2	3	4	5	6	7	8
9	10	11	12	13	14	15
16	17	18	19	20	21	22
23	24	25	26	27	28	29

MARÇO

D	S	T	Q	Q	S	S
1	2	3	4	5	6	7
8	9	10	11	12	13	14
15	16	17	18	19	20	21
22	23	24	25	26	27	28
29	30	31				

ABRIL

D	S	T	Q	Q	S	S
			1	2	3	4
5	6	7	8	9	10	11
12	13	14	15	16	17	18
19	20	21	22	23	24	25
26	27	28	29	30		

MAIO

D	S	T	Q	Q	S	S
					1	2
3	4	5	6	7	8	9
10	11	12	13	14	15	16
17	18	19	20	21	22	23
24	25	26	27	28	29	30
31						

JUNHO

D	S	T	Q	Q	S	S
	1	2	3	4	5	6
7	8	9	10	11	12	13
14	15	16	17	18	19	20
21	22	23	24	25	26	27
28	29	30				

JULHO

D	S	T	Q	Q	S	S
			1	2	3	4
5	6	7	8	9	10	11
12	13	14	15	16	17	18
19	20	21	22	23	24	25
26	27	28	29	30	31	

AGOSTO

D	S	T	Q	Q	S	S
						1
2	3	4	5	6	7	8
9	10	11	12	13	14	15
16	17	18	19	20	21	22
23	24	25	26	27	28	29
30	31					

SETEMBRO

D	S	T	Q	Q	S	S
		1	2	3	4	5
6	7	8	9	10	11	12
13	14	15	16	17	18	19
20	21	22	23	24	25	26
27	28	29	30			

OUTUBRO

D	S	T	Q	Q	S	S
				1	2	3
4	5	6	7	8	9	10
11	12	13	14	15	16	17
18	19	20	21	22	23	24
25	26	27	28	29	30	31

NOVEMBRO

D	S	T	Q	Q	S	S
1	2	3	4	5	6	7
8	9	10	11	12	13	14
15	16	17	18	19	20	21
22	23	24	25	26	27	28
29	30					

DEZEMBRO

D	S	T	Q	Q	S	S
		1	2	3	4	5
6	7	8	9	10	11	12
13	14	15	16	17	18	19
20	21	22	23	24	25	26
27	28	29	30	31		

12 (2004, etc.)

JANEIRO

D	S	T	Q	Q	S	S
				1	2	3
4	5	6	7	8	9	10
11	12	13	14	15	16	17
18	19	20	21	22	23	24
25	26	27	28	29	30	31

FEVEREIRO

D	S	T	Q	Q	S	S
1	2	3	4	5	6	7
8	9	10	11	12	13	14
15	16	17	18	19	20	21
22	23	24	25	26	27	28
29						

MARÇO

D	S	T	Q	Q	S	S
	1	2	3	4	5	6
7	8	9	10	11	12	13
14	15	16	17	18	19	20
21	22	23	24	25	26	27
28	29	30	31			

ABRIL

D	S	T	Q	Q	S	S
				1	2	3
4	5	6	7	8	9	10
11	12	13	14	15	16	17
18	19	20	21	22	23	24
25	26	27	28	29	30	

MAIO

D	S	T	Q	Q	S	S
						1
2	3	4	5	6	7	8
9	10	11	12	13	14	15
16	17	18	19	20	21	22
23	24	25	26	27	28	29
30	31					

JUNHO

D	S	T	Q	Q	S	S
		1	2	3	4	5
6	7	8	9	10	11	12
13	14	15	16	17	18	19
20	21	22	23	24	25	26
27	28	29	30			

JULHO

D	S	T	Q	Q	S	S
				1	2	3
4	5	6	7	8	9	10
11	12	13	14	15	16	17
18	19	20	21	22	23	24
25	26	27	28	29	30	31

AGOSTO

D	S	T	Q	Q	S	S
1	2	3	4	5	6	7
8	9	10	11	12	13	14
15	16	17	18	19	20	21
22	23	24	25	26	27	28
29	30	31				

SETEMBRO

D	S	T	Q	Q	S	S
			1	2	3	4
5	6	7	8	9	10	11
12	13	14	15	16	17	18
19	20	21	22	23	24	25
26	27	28	29	30		

OUTUBRO

D	S	T	Q	Q	S	S
					1	2
3	4	5	6	7	8	9
10	11	12	13	14	15	16
17	18	19	20	21	22	23
24	25	26	27	28	29	30
31						

NOVEMBRO

D	S	T	Q	Q	S	S
	1	2	3	4	5	6
7	8	9	10	11	12	13
14	15	16	17	18	19	20
21	22	23	24	25	26	27
28	29	30				

DEZEMBRO

D	S	T	Q	Q	S	S
			1	2	3	4
5	6	7	8	9	10	11
12	13	14	15	16	17	18
19	20	21	22	23	24	25
26	27	28	29	30	31	

13 (1988, etc.)

JANEIRO

D	S	T	Q	Q	S	S
					1	2
3	4	5	6	7	8	9
10	11	12	13	14	15	16
17	18	19	20	21	22	23
24	25	26	27	28	29	30
31						

FEVEREIRO

D	S	T	Q	Q	S	S
	1	2	3	4	5	6
7	8	9	10	11	12	13
14	15	16	17	18	19	20
21	22	23	24	25	26	27
28	29					

MARÇO

D	S	T	Q	Q	S	S
		1	2	3	4	5
6	7	8	9	10	11	12
13	14	15	16	17	18	19
20	21	22	23	24	25	26
27	28	29	30	31		

ABRIL

D	S	T	Q	Q	S	S
					1	2
3	4	5	6	7	8	9
10	11	12	13	14	15	16
17	18	19	20	21	22	23
24	25	26	27	28	29	30

MAIO

D	S	T	Q	Q	S	S
1	2	3	4	5	6	7
8	9	10	11	12	13	14
15	16	17	18	19	20	21
22	23	24	25	26	27	28
29	30	31				

JUNHO

D	S	T	Q	Q	S	S
			1	2	3	4
5	6	7	8	9	10	11
12	13	14	15	16	17	18
19	20	21	22	23	24	25
26	27	28	29	30		

JULHO

D	S	T	Q	Q	S	S
					1	2
3	4	5	6	7	8	9
10	11	12	13	14	15	16
17	18	19	20	21	22	23
24	25	26	27	28	29	30
31						

AGOSTO

D	S	T	Q	Q	S	S
	1	2	3	4	5	6
7	8	9	10	11	12	13
14	15	16	17	18	19	20
21	22	23	24	25	26	27
28	29	30	31			

SETEMBRO

D	S	T	Q	Q	S	S
				1	2	3
4	5	6	7	8	9	10
11	12	13	14	15	16	17
18	19	20	21	22	23	24
25	26	27	28	29	30	

OUTUBRO

D	S	T	Q	Q	S	S
						1
2	3	4	5	6	7	8
9	10	11	12	13	14	15
16	17	18	19	20	21	22
23	24	25	26	27	28	29
30	31					

NOVEMBRO

D	S	T	Q	Q	S	S
		1	2	3	4	5
6	7	8	9	10	11	12
13	14	15	16	17	18	19
20	21	22	23	24	25	26
27	28	29	30			

DEZEMBRO

D	S	T	Q	Q	S	S
				1	2	3
4	5	6	7	8	9	10
11	12	13	14	15	16	17
18	19	20	21	22	23	24
25	26	27	28	29	30	31

14 (2000, etc.)

JANEIRO

D	S	T	Q	Q	S	S
						1
2	3	4	5	6	7	8
9	10	11	12	13	14	15
16	17	18	19	20	21	22
23	24	25	26	27	28	29
30	31					

FEVEREIRO

D	S	T	Q	Q	S	S
		1	2	3	4	5
6	7	8	9	10	11	12
13	14	15	16	17	18	19
20	21	22	23	24	25	26
27	28	29				

MARÇO

D	S	T	Q	Q	S	S
			1	2	3	4
5	6	7	8	9	10	11
12	13	14	15	16	17	18
19	20	21	22	23	24	25
26	27	28	29	30	31	

ABRIL

D	S	T	Q	Q	S	S
						1
2	3	4	5	6	7	8
9	10	11	12	13	14	15
16	17	18	19	20	21	22
23	24	25	26	27	28	29
30						

MAIO

D	S	T	Q	Q	S	S
	1	2	3	4	5	6
7	8	9	10	11	12	13
14	15	16	17	18	19	20
21	22	23	24	25	26	27
28	29	30	31			

JUNHO

D	S	T	Q	Q	S	S
				1	2	3
4	5	6	7	8	9	10
11	12	13	14	15	16	17
18	19	20	21	22	23	24
25	26	27	28	29	30	

JULHO

D	S	T	Q	Q	S	S
						1
2	3	4	5	6	7	8
9	10	11	12	13	14	15
16	17	18	19	20	21	22
23	24	25	26	27	28	29
30	31					

AGOSTO

D	S	T	Q	Q	S	S
		1	2	3	4	5
6	7	8	9	10	11	12
13	14	15	16	17	18	19
20	21	22	23	24	25	26
27	28	29	30	31		

SETEMBRO

D	S	T	Q	Q	S	S
					1	2
3	4	5	6	7	8	9
10	11	12	13	14	15	16
17	18	19	20	21	22	23
24	25	26	27	28	29	30

OUTUBRO

D	S	T	Q	Q	S	S
1	2	3	4	5	6	7
8	9	10	11	12	13	14
15	16	17	18	19	20	21
22	23	24	25	26	27	28
29	30	31				

NOVEMBRO

D	S	T	Q	Q	S	S
			1	2	3	4
5	6	7	8	9	10	11
12	13	14	15	16	17	18
19	20	21	22	23	24	25
26	27	28	29	30		

DEZEMBRO

D	S	T	Q	Q	S	S
					1	2
3	4	5	6	7	8	9
10	11	12	13	14	15	16
17	18	19	20	21	22	23
24	25	26	27	28	29	30
31						

Principais prazos para o advogado no CPC

Contagem: arts. 219 e 224

- do prazo para contestação: art. 335
- do prazo para embargos à execução: art. 915
- do prazo para recurso: art. 1.003

Dobra: arts. 180 (MP), 183 (Fazenda Pública), 186 (Defensoria Pública) e 229 (litisconsortes com procuradores diferentes)

Para apresentação de quesitos e indicação de assistente técnico: 15 dias (art. 465 § 1º-II e III)

Para apresentação de rol de testemunhas: não superior a 15 dias (art. 357 § 4º)

Para arguir impedimento ou suspeição:

- de juiz: 15 dias (art. 146-*caput*)
- de perito: 15 dias (art. 465 § 1º-I)

Para contestar:

- no procedimento comum: 15 dias (art. 335)
- requerimento de tutela cautelar antecedente: 5 dias (art. 306)
- reconvenção: 15 dias (art. 343 § 1º)
- na liquidação pelo procedimento comum: 15 dias (art. 511)
- ação de exigir contas: 15 dias (art. 550-*caput*)
- ações possessórias: 15 dias (art. 564-*caput*)
- ação de divisão e demarcação de terras particulares: 15 dias (arts. 577 e 589)
- embargos de terceiro: 15 dias (art. 679)
- oposição: 15 dias (art. 683 § ún.)
- restauração de autos: 5 dias (art. 714-*caput*)
- nos procedimentos de jurisdição voluntária: 15 dias (art. 721)
- interdição: 15 dias (art. 752-*caput*)
- requerimento de remoção de tutor ou curador: 5 dias (art. 761 § ún.)
- ação rescisória: 15 a 30 dias (art. 970)
- reclamação: 15 dias (art. 989-III)

Para embargos:

- de terceiro: até 5 dias depois da adjudicação ou alienação (art. 675-*caput*)
- à ação monitória: 15 dias (art. 702)
- à execução contra a Fazenda Pública: 30 dias (art. 910-*caput*)
- à execução: 15 dias (art. 915)

Para impugnar:

- pedido de assistência: 15 dias (art. 120-*caput*)
- cumprimento da sentença que condena ao pagamento de quantia: 15 dias (art. 525-*caput*)
- cumprimento da sentença que condena a Fazenda Pública ao pagamento de quantia: 30 dias (art. 535-*caput*)

Para pedir a tutela final, quando concedida tutela antecipada antecedente: 15 dias ou mais (art. 303 § 1º-I)

Para pedir a tutela final, quando negada tutela antecipada antecedente: 5 dias (art. 303 § 6º)

Para propositura da demanda principal, quando efetivada tutela cautelar antecedente: 30 dias (art. 308-*caput*)

Para reconvenção: 15 dias (art. 343-*caput* c/c art. 335)

Para recurso: 15 dias (art. 1.003 § 5º), salvo os embargos de declaração, que devem ser opostos em 5 dias (art. 1.023-*caput*)

Para resposta a recurso: 15 dias (art. 1.003 § 5º), salvo os embargos de declaração, que devem ser respondidos em 5 dias (art. 1.023 § 2º)

Para se manifestar: 5 dias, em geral (art. 218 § 3º)

- sobre contestação: 15 dias (arts. 350 e 351)
- sobre documento: 15 dias (art. 437 § 1º); para arguir sua falsidade: 15 dias (art. 430-*caput*)

Suspensão: arts. 220 e 221

Nota

Não se acham consignados acima os prazos previstos em leis especiais como v. g. os da LEF (no tít. EXECUÇÃO FISCAL), da LI (no tít. LOCAÇÃO) e da LJE (no tít. JUIZADOS ESPECIAIS).

Código de Processo Civil revogado

(Lei n. 5.869, de 11-1-1973)

Índice por artigos

Livro I | DO PROCESSO DE CONHECIMENTO (arts. 1º a 565)

Livro II | DO PROCESSO DE EXECUÇÃO (arts. 566 a 795)

Livro III | DO PROCESSO CAUTELAR (arts. 796 a 889)

Livro IV | DOS PROCEDIMENTOS ESPECIAIS (arts. 890 a 1.210)

Código de Processo Civil revogado*

LEI N. 5.869, DE 11 DE JANEIRO DE 1973

Institui o Código de Processo Civil.

O Presidente da República:

Faço saber que o Congresso Nacional decreta e eu sanciono a seguinte Lei:

Livro I | DO PROCESSO DE CONHECIMENTO

Título I | DA JURISDIÇÃO E DA AÇÃO

Capítulo I | DA JURISDIÇÃO

Art. 1º A jurisdição civil, contenciosa e voluntária, é exercida pelos juízes, em todo o território nacional, conforme as disposições que este Código estabelece.

- *Dispositivo correspondente no CPC de 2015: art. 16.*

Art. 2º Nenhum juiz prestará a tutela jurisdicional senão quando a parte ou o interessado a requerer, nos casos e forma legais.

- *Sem dispositivo correspondente no CPC de 2015.*

Capítulo II | DA AÇÃO

Art. 3º Para propor ou contestar ação é necessário ter interesse e legitimidade.

- *Dispositivo correspondente no CPC de 2015: art. 17.*

Art. 4º O interesse do autor pode limitar-se à declaração:

- *Dispositivo correspondente no CPC de 2015: art. 19,* caput.

I — da existência ou da inexistência de relação jurídica;

- *Dispositivo correspondente no CPC de 2015: art. 19, I.*

II — da autenticidade ou falsidade de documento.

- *Dispositivo correspondente no CPC de 2015: art. 19, II.*

Parágrafo único. É admissível a ação declaratória, ainda que tenha ocorrido a violação do direito.

- *Dispositivo correspondente no CPC de 2015: art. 20.*

* As notas de correspondência aos artigos do Código de Processo Civil de 2015 (Lei n. 13.105, de 16 de março de 2015) foram elaboradas e gentilmente cedidas pela Editora Saraiva.

Art. 5º Se, no curso do processo, se tornar litigiosa relação jurídica de cuja existência ou inexistência depender o julgamento da lide, qualquer das partes poderá requerer que o juiz a declare por sentença.

- *Sem dispositivo correspondente no CPC de 2015.*

Art. 6º Ninguém poderá pleitear, em nome próprio, direito alheio, salvo quando autorizado por lei.

- *Dispositivo correspondente no CPC de 2015: art. 18.*

Título II | DAS PARTES E DOS PROCURADORES

Capítulo I | DA CAPACIDADE PROCESSUAL

Art. 7º Toda pessoa que se acha no exercício dos seus direitos tem capacidade para estar em juízo.

- *Dispositivo correspondente no CPC de 2015: art. 70.*

Art. 8º Os incapazes serão representados ou assistidos por seus pais, tutores ou curadores, na forma da lei civil.

- *Dispositivo correspondente no CPC de 2015: art. 71.*

Art. 9º O juiz dará curador especial:

- *Dispositivo correspondente no CPC de 2015: art. 72,* caput.

I — ao incapaz, se não tiver representante legal, ou se os interesses deste colidirem com os daquele;

- *Dispositivo correspondente no CPC de 2015: art. 72, I.*

II — ao réu preso, bem como ao revel citado por edital ou com hora certa.

- *Dispositivo correspondente no CPC de 2015: art. 72, II.*

Parágrafo único. Nas comarcas onde houver representante judicial de incapazes ou de ausentes, a este competirá a função de curador especial.

- *Dispositivo correspondente no CPC de 2015: art. 72, parágrafo único.*

Art. 10. O cônjuge somente necessitará do consentimento do outro para propor ações que versem sobre direitos reais imobiliários.

- *Dispositivo correspondente no CPC de 2015: art. 73,* caput.

§ 1º Ambos os cônjuges serão necessariamente citados para as ações:

- *Dispositivo correspondente no CPC de 2015: art. 73, § 1º.*

I — que versem sobre direitos reais imobiliários;

- *Dispositivo correspondente no CPC de 2015: art. 73, § 1º, I.*

II — resultantes de fatos que digam respeito a ambos os cônjuges ou de atos praticados por eles;

- *Dispositivo correspondente no CPC de 2015: art. 73, § 1º, II.*

III — fundadas em dívidas contraídas pelo marido a bem da família, mas cuja execução tenha de recair sobre o produto do trabalho da mulher ou os seus bens reservados;

- *Dispositivo correspondente no CPC de 2015: art. 73, § 1º, III.*

IV — que tenham por objeto o reconhecimento, a constituição ou a extinção de ônus sobre imóveis de um ou de ambos os cônjuges.

- *Dispositivo correspondente no CPC de 2015: art. 73, § 1º, IV.*

§ 2º Nas ações possessórias, a participação do cônjuge do autor ou do réu somente é indispensável nos casos de composse ou de ato por ambos praticados.

• *Dispositivo correspondente no CPC de 2015: art. 73, § 2º.*

Art. 11. A autorização do marido e a outorga da mulher podem suprir-se judicialmente, quando um cônjuge a recuse ao outro sem justo motivo, ou lhe seja impossível dá-la.

• *Dispositivo correspondente no CPC de 2015: art. 74,* caput.

Parágrafo único. A falta, não suprida pelo juiz, da autorização ou da outorga, quando necessária, invalida o processo.

• *Dispositivo correspondente no CPC de 2015: art. 74, parágrafo único.*

Art. 12. Serão representados em juízo, ativa e passivamente:

• *Dispositivo correspondente no CPC de 2015: art. 75,* caput.

I — a União, os Estados, o Distrito Federal e os Territórios, por seus procuradores;

• *Dispositivo correspondente no CPC de 2015: art. 75, I e II.*

II — o Município, por seu Prefeito ou procurador;

• *Dispositivo correspondente no CPC de 2015: art. 75, III.*

III — a massa falida, pelo síndico;

• *Dispositivo correspondente no CPC de 2015: art. 75, V.*

IV — a herança jacente ou vacante, por seu curador;

• *Dispositivo correspondente no CPC de 2015: art. 75, VI.*

V — o espólio, pelo inventariante;

• *Dispositivo correspondente no CPC de 2015: art. 75, VII.*

VI — as pessoas jurídicas, por quem os respectivos estatutos designarem, ou, não os designando, por seus diretores;

• *Dispositivo correspondente no CPC de 2015: art. 75, VIII.*

VII — as sociedades sem personalidade jurídica, pela pessoa a quem couber a administração dos seus bens;

• *Dispositivo correspondente no CPC de 2015: art. 75, IX.*

VIII — a pessoa jurídica estrangeira, pelo gerente, representante ou administrador de sua filial, agência ou sucursal aberta ou instalada no Brasil (art. 88, parágrafo único);

• *Dispositivo correspondente no CPC de 2015: art. 75, X.*

IX — o condomínio, pelo administrador ou pelo síndico.

• *Dispositivo correspondente no CPC de 2015: art. 75, XI.*

§ 1º Quando o inventariante for dativo, todos os herdeiros e sucessores do falecido serão autores ou réus nas ações em que o espólio for parte.

• *Dispositivo correspondente no CPC de 2015: art. 75, § 1º.*

§ 2º As sociedades sem personalidade jurídica, quando demandadas, não poderão opor a irregularidade de sua constituição.

• *Dispositivo correspondente no CPC de 2015: art. 75, § 2º.*

§ 3º O gerente da filial ou agência presume-se autorizado, pela pessoa jurídica estrangeira, a receber citação inicial para o processo de conhecimento, de execução, cautelar e especial.

• *Dispositivo correspondente no CPC de 2015: art. 75, § 3º.*

Art. 13. Verificando a incapacidade processual ou a irregularidade da representação das partes, o juiz, suspendendo o processo, marcará prazo razoável para ser sanado o defeito.

Não sendo cumprido o despacho dentro do prazo, se a providência couber:

• *Dispositivo correspondente no CPC de 2015: art. 76,* caput, *e § 1º,* caput.

I — ao autor, o juiz decretará a nulidade do processo;

• *Dispositivo correspondente no CPC de 2015: art. 76, § 1º, I.*

II — ao réu, reputar-se-á revel;

• *Dispositivo correspondente no CPC de 2015: art. 76, § 1º, II.*

III — ao terceiro, será excluído do processo.

• *Dispositivo correspondente no CPC de 2015: art. 76, § 1º, III.*

Capítulo II | DOS DEVERES DAS PARTES E DOS SEUS PROCURADORES

Seção I | DOS DEVERES

Art. 14. São deveres das partes e de todos aqueles que de qualquer forma participam do processo:

• *Dispositivo correspondente no CPC de 2015: art. 77,* caput.

I — expor os fatos em juízo conforme a verdade;

• *Dispositivo correspondente no CPC de 2015: art. 77, I.*

II — proceder com lealdade e boa-fé;

• *Dispositivo correspondente no CPC de 2015: art. 5º.*

III — não formular pretensões, nem alegar defesa, cientes de que são destituídas de fundamento;

• *Dispositivo correspondente no CPC de 2015: art. 77, II.*

IV — não produzir provas, nem praticar atos inúteis ou desnecessários à declaração ou defesa do direito;

• *Dispositivo correspondente no CPC de 2015: art. 77, III.*

V — cumprir com exatidão os provimentos mandamentais e não criar embaraços à efetivação de provimentos judiciais, de natureza antecipatória ou final.

• *Dispositivo correspondente no CPC de 2015: art. 77, IV.*

Parágrafo único. Ressalvados os advogados que se sujeitam exclusivamente aos estatutos da OAB, a violação do disposto no inciso V deste artigo constitui ato atentatório ao exercício da jurisdição, podendo o juiz, sem prejuízo das sanções criminais, civis e processuais cabíveis, aplicar ao responsável multa em montante a ser fixado de acordo com a gravidade da conduta e não superior a 20% (vinte por cento) do valor da causa; não sendo paga no prazo estabelecido, contado do trânsito em julgado da decisão final da causa, a multa será inscrita sempre como dívida ativa da União ou do Estado.

• *Dispositivo correspondente no CPC de 2015: art. 77, §§ 2º, 3º e 6º.*

Art. 15. É defeso às partes e seus advogados empregar expressões injuriosas nos escritos apresentados no processo, cabendo ao juiz, de ofício ou a requerimento do ofendido, mandar riscá-las.

• *Dispositivo correspondente no CPC de 2015: art. 78,* caput.

Parágrafo único. Quando as expressões injuriosas forem proferidas em defesa oral, o juiz advertirá o advogado que não as use, sob pena de lhe ser cassada a palavra.

• *Dispositivo correspondente no CPC de 2015: art. 78, § 1º.*

Seção II | DA RESPONSABILIDADE DAS PARTES POR DANO PROCESSUAL

Art. 16. Responde por perdas e danos aquele que pleitear de má-fé como autor, réu ou interveniente.

• *Dispositivo correspondente no CPC de 2015: art. 79.*

Art. 17. Reputa-se litigante de má-fé aquele que:

• *Dispositivo correspondente no CPC de 2015: art. 80,* caput.

I — deduzir pretensão ou defesa contra texto expresso de lei ou fato incontroverso;

• *Dispositivo correspondente no CPC de 2015: art. 80, I.*

II — alterar a verdade dos fatos;

• *Dispositivo correspondente no CPC de 2015: art. 80, II.*

III — usar do processo para conseguir objetivo ilegal;

• *Dispositivo correspondente no CPC de 2015: art. 80, III.*

IV — opuser resistência injustificada ao andamento do processo;

• *Dispositivo correspondente no CPC de 2015: art. 80, IV.*

V — proceder de modo temerário em qualquer incidente ou ato do processo;

• *Dispositivo correspondente no CPC de 2015: art. 80, V.*

VI — provocar incidentes manifestamente infundados;

• *Dispositivo correspondente no CPC de 2015: art. 80, VI.*

VII — interpuser recurso com intuito manifestamente protelatório.

• *Dispositivo correspondente no CPC de 2015: art. 80, VII.*

Art. 18. O juiz ou tribunal, de ofício ou a requerimento, condenará o litigante de má-fé a pagar multa não excedente a 1% (um por cento) sobre o valor da causa e a indenizar a parte contrária dos prejuízos que esta sofreu, mais os honorários advocatícios e todas as despesas que efetuou.

• *Dispositivo correspondente no CPC de 2015: art. 81,* caput.

§ 1º Quando forem dois ou mais os litigantes de má-fé, o juiz condenará cada um na proporção do seu respectivo interesse na causa, ou solidariamente aqueles que se coligaram para lesar a parte contrária.

• *Dispositivo correspondente no CPC de 2015: art. 81, § 1º.*

§ 2º O valor da indenização será desde logo fixado pelo juiz, em quantia não superior a 20% (vinte por cento) sobre o valor da causa, ou liquidado por arbitramento.

• *Dispositivo correspondente no CPC de 2015: art. 81, § 3º.*

Seção III | DAS DESPESAS E DAS MULTAS

Art. 19. Salvo as disposições concernentes à justiça gratuita, cabe às partes prover as despesas dos atos que realizam ou requerem no processo, antecipando-lhes o pagamento desde o início até sentença final; e bem ainda, na execução, até a plena satisfação do direito declarado pela sentença.

• *Dispositivo correspondente no CPC de 2015: art. 82,* caput.

§ 1º O pagamento de que trata este artigo será feito por ocasião de cada ato processual.

• *Sem dispositivo correspondente no CPC de 2015.*

§ 2º Compete ao autor adiantar as despesas relativas a atos, cuja realização o juiz determinar de ofício ou a requerimento do Ministério Público.

• *Dispositivo correspondente no CPC de 2015: art. 82, § 1º.*

Art. 20. A sentença condenará o vencido a pagar ao vencedor as despesas que antecipou e os honorários advocatícios. Essa verba honorária será devida, também, nos casos em que o advogado funcionar em causa própria.

• *Dispositivos correspondentes no CPC de 2015: arts. 82, § 2º, e 85,* caput.

§ 1º O juiz, ao decidir qualquer incidente ou recurso, condenará nas despesas o vencido.

• *Sem dispositivo correspondente no CPC de 2015.*

§ 2º As despesas abrangem não só as custas dos atos do processo, como também a indenização de viagem, diária de testemunha e remuneração do assistente técnico.

• *Dispositivo correspondente no CPC de 2015: art. 84.*

§ 3º Os honorários serão fixados entre o mínimo de 10% (dez por cento) e o máximo de 20% (vinte por cento) sobre o valor da condenação, atendidos:

• *Dispositivo correspondente no CPC de 2015: art. 85, § 2º,* caput.

a) o grau de zelo do profissional;

• *Dispositivo correspondente no CPC de 2015: art. 85, § 2º, I.*

b) o lugar de prestação do serviço;

• *Dispositivo correspondente no CPC de 2015: art. 85, § 2º, II.*

c) a natureza e importância da causa, o trabalho realizado pelo advogado e o tempo exigido para o seu serviço.

• *Dispositivo correspondente no CPC de 2015: art. 85, § 2º, III.*

§ 4º Nas causas de pequeno valor, nas de valor inestimável, naquelas em que não houver condenação ou for vencida a Fazenda Pública, e nas execuções, embargadas ou não, os honorários serão fixados consoante apreciação equitativa do juiz, atendidas as normas das alíneas *a*, *b* e *c* do parágrafo anterior.

• *Dispositivo correspondente no CPC de 2015: art. 85, § 8º.*

§ 5º Nas ações de indenização por ato ilícito contra pessoa, o valor da condenação será a soma das prestações vencidas com o capital necessário a produzir a renda correspondente às prestações vincendas (art. 602), podendo estas ser pagas, também mensalmente, na forma do § 2º do referido art. 602, inclusive em consignação na folha de pagamentos do devedor.

• *Dispositivo correspondente no CPC de 2015: art. 85, § 9º.*

Art. 21. Se cada litigante for em parte vencedor e vencido, serão recíproca e proporcionalmente distribuídos e compensados entre eles os honorários e as despesas.

• *Dispositivo correspondente no CPC de 2015: art. 86,* caput.

Parágrafo único. Se um litigante decair de parte mínima do pedido, o outro responderá, por inteiro, pelas despesas e honorários.

• *Dispositivo correspondente no CPC de 2015: art. 86, parágrafo único.*

Art. 22. O réu que, por não arguir na sua resposta fato impeditivo, modificativo ou extintivo do direito do autor, dilatar o julgamento da lide, será condenado nas custas a partir do saneamento do processo e perderá, ainda que vencedor na causa, o direito a haver do vencido honorários advocatícios.

• *Sem dispositivo correspondente no CPC de 2015.*

Art. 23. Concorrendo diversos autores ou diversos réus, os vencidos respondem pelas despesas e honorários em proporção.

• *Dispositivo correspondente no CPC de 2015: art. 87.*

Art. 24. Nos procedimentos de jurisdição voluntária, as despesas serão adiantadas pelo requerente, mas rateadas entre os interessados.

• *Dispositivo correspondente no CPC de 2015: art. 88.*

Art. 25. Nos juízos divisórios, não havendo litígio, os interessados pagarão as despesas proporcionalmente aos seus quinhões.

• *Dispositivo correspondente no CPC de 2015: art. 89.*

Art. 26. Se o processo terminar por desistência ou reconhecimento do pedido, as despesas e os honorários serão pagos pela parte que desistiu ou reconheceu.

• *Dispositivo correspondente no CPC de 2015: art. 90,* caput.

§ 1º Sendo parcial a desistência ou o reconhecimento, a responsabilidade pelas despesas e honorários será proporcional à parte de que se desistiu ou que se reconheceu.

• *Dispositivo correspondente no CPC de 2015: art. 90, § 1º.*

§ 2º Havendo transação e nada tendo as partes disposto quanto às despesas, estas serão divididas igualmente.

• *Dispositivo correspondente no CPC de 2015: art. 90, § 2º.*

Art. 27. As despesas dos atos processuais, efetuados a requerimento do Ministério Público ou da Fazenda Pública, serão pagas a final pelo vencido.

• *Dispositivo correspondente no CPC de 2015: art. 91.*

Art. 28. Quando, a requerimento do réu, o juiz declarar extinto o processo sem julgar o mérito (art. 267, § 2º), o autor não poderá intentar de novo a ação, sem pagar ou depositar em cartório as despesas e os honorários, em que foi condenado.

• *Dispositivo correspondente no CPC de 2015: art. 92.*

Art. 29. As despesas dos atos, que forem adiados ou tiverem de repetir-se, ficarão a cargo da parte, do serventuário, do órgão do Ministério Público ou do juiz que, sem justo motivo, houver dado causa ao adiamento ou à repetição.

• *Dispositivo correspondente no CPC de 2015: art. 93.*

Art. 30. Quem receber custas indevidas ou excessivas é obrigado a restituí-las, incorrendo em multa equivalente ao dobro de seu valor.

• *Sem dispositivo correspondente no CPC de 2015.*

Art. 31. As despesas dos atos manifestamente protelatórios, impertinentes ou supérfluos serão pagas pela parte que os tiver promovido ou praticado, quando impugnados pela outra.

• *Sem dispositivo correspondente no CPC de 2015.*

Art. 32. Se o assistido ficar vencido, o assistente será condenado nas custas em proporção à atividade que houver exercido no processo.

• *Dispositivo correspondente no CPC de 2015: art. 94.*

Art. 33. Cada parte pagará a remuneração do assistente técnico que houver indicado; a do perito será paga pela parte que houver requerido o exame, ou pelo autor, quando requerido por ambas as partes ou determinado de ofício pelo juiz.

• *Dispositivo correspondente no CPC de 2015: art. 95,* caput.

Parágrafo único. O juiz poderá determinar que a parte responsável pelo pagamento dos honorários do perito deposite em juízo o valor correspondente a essa remuneração. O numerário, recolhido em depósito bancário à ordem do juízo e com correção monetária, será entregue ao perito após a apresentação do laudo, facultada a sua liberação parcial, quando necessária.

• *Dispositivo correspondente no CPC de 2015: art. 95, §§ 1º e 2º.*

Art. 34. Aplicam-se à reconvenção, à oposição, à ação declaratória incidental e aos procedimentos de jurisdição voluntária, no que couber, as disposições constantes desta seção.

• *Dispositivo correspondente no CPC de 2015: art. 85, § 1º.*

Art. 35. As sanções impostas às partes em consequência de má-fé serão contadas como custas e reverterão em benefício da parte contrária; as impostas aos serventuários pertencerão ao Estado.

• *Dispositivo correspondente no CPC de 2015: art. 96.*

Capítulo III | DOS PROCURADORES

Art. 36. A parte será representada em juízo por advogado legalmente habilitado. Ser-lhe-á lícito, no entanto, postular em causa própria, quando tiver habilitação legal ou, não a tendo, no caso de falta de advogado no lugar ou recusa ou impedimento dos que houver.

• *Dispositivo correspondente no CPC de 2015: art. 103.*

§§ 1º e 2º (*Revogados pela Lei n. 9.649, de 27-5-1998.*)

Art. 37. Sem instrumento de mandato, o advogado não será admitido a procurar em juízo. Poderá, todavia, em nome da parte, intentar ação, a fim de evitar decadência ou prescrição, bem como intervir, no processo, para praticar atos reputados urgentes. Nestes casos, o advogado se obrigará, independentemente de caução, a exibir o instrumento de mandato no prazo de 15 (quinze) dias, prorrogável até outros 15 (quinze), por despacho do juiz.

• *Dispositivo correspondente no CPC de 2015: art. 104,* caput.

Parágrafo único. Os atos, não ratificados no prazo, serão havidos por inexistentes, respondendo o advogado por despesas e perdas e danos.

• *Dispositivo correspondente no CPC de 2015: art. 104, § 2º.*

Art. 38. A procuração geral para o foro, conferida por instrumento público, ou particular assinado pela parte, habilita o advogado a praticar todos os atos do processo, salvo para receber citação inicial, confessar, reconhecer a procedência do pedido, transigir, desistir, renunciar ao direito sobre que se funda a ação, receber, dar quitação e firmar compromisso.

• *Dispositivo correspondente no CPC de 2015: art. 105,* caput.

Parágrafo único. A procuração pode ser assinada digitalmente com base em certificado emitido por Autoridade Certificadora credenciada, na forma da lei específica.

• *Dispositivo correspondente no CPC de 2015: art. 105, § 1º.*

Art. 39. Compete ao advogado, ou à parte quando postular em causa própria:

• *Dispositivo correspondente no CPC de 2015: art. 106,* caput.

I — declarar, na petição inicial ou na contestação, o endereço em que receberá intimação;

• *Dispositivo correspondente no CPC de 2015: art. 106, I.*

II — comunicar ao escrivão do processo qualquer mudança de endereço.

• *Dispositivo correspondente no CPC de 2015: art. 106, II.*

Parágrafo único. Se o advogado não cumprir o disposto no n. I deste artigo, o juiz, antes de determinar a citação do réu, mandará que se supra a omissão no prazo de 48 (quarenta e oito) horas, sob pena de indeferimento da petição; se infringir o previsto no n. II, reputar-se-ão válidas as intimações enviadas, em carta registrada, para o endereço constante dos autos.

• *Dispositivo correspondente no CPC de 2015: art. 106, §§ 1º e 2º.*

Art. 40. O advogado tem direito de:

• *Dispositivo correspondente no CPC de 2015: art. 107,* caput.

I — examinar, em cartório de justiça e secretaria de tribunal, autos de qualquer processo, salvo o disposto no art. 155;

• *Dispositivo correspondente no CPC de 2015: art. 107, I.*

II — requerer, como procurador, vista dos autos de qualquer processo pelo prazo de 5 (cinco) dias;

• *Dispositivo correspondente no CPC de 2015: art. 107, II.*

III — retirar os autos do cartório ou secretaria, pelo prazo legal, sempre que lhe competir falar neles por determinação do juiz, nos casos previstos em lei.

• *Dispositivo correspondente no CPC de 2015: art. 107, III.*

§ 1º Ao receber os autos, o advogado assinará carga no livro competente.

• *Dispositivo correspondente no CPC de 2015: art. 107, § 1º.*

§ 2º Sendo comum às partes o prazo, só em conjunto ou mediante prévio ajuste por petição nos autos, poderão os seus procuradores retirar os autos, ressalvada a obtenção de cópias para a qual cada procurador poderá retirá-los pelo prazo de 1 (uma) hora independentemente de ajuste.

• *Dispositivo correspondente no CPC de 2015: art. 107, §§ 2º e 3º.*

Capítulo IV | DA SUBSTITUIÇÃO DAS PARTES E DOS PROCURADORES

Art. 41. Só é permitida, no curso do processo, a substituição voluntária das partes nos casos expressos em lei.

• *Dispositivo correspondente no CPC de 2015: art. 108.*

Art. 42. A alienação da coisa ou do direito litigioso, a título particular, por ato entre vivos, não altera a legitimidade das partes.

• *Dispositivo correspondente no CPC de 2015: art. 109,* caput.

§ 1º O adquirente ou o cessionário não poderá ingressar em juízo, substituindo o alienante, ou o cedente, sem que o consinta a parte contrária.

• *Dispositivo correspondente no CPC de 2015: art. 109, § 1º.*

§ 2º O adquirente ou o cessionário poderá, no entanto, intervir no processo, assistindo o alienante ou o cedente.

• *Dispositivo correspondente no CPC de 2015: art. 109, § 2º.*

§ 3º A sentença, proferida entre as partes originárias, estende os seus efeitos ao adquirente ou ao cessionário.

• *Dispositivo correspondente no CPC de 2015: art. 109, § 3º.*

Art. 43. Ocorrendo a morte de qualquer das partes, dar-se-á a substituição pelo seu espólio ou pelos seus sucessores, observado o disposto no art. 265.

• *Dispositivo correspondente no CPC de 2015: art. 110.*

Art. 44. A parte, que revogar o mandato outorgado ao seu advogado, no mesmo ato constituirá outro que assuma o patrocínio da causa.

• *Dispositivo correspondente no CPC de 2015: art. 111.*

Art. 45. O advogado poderá, a qualquer tempo, renunciar ao mandato, provando que cientificou o mandante a fim de que este nomeie substituto. Durante os 10 (dez) dias seguintes, o advogado continuará a representar o mandante, desde que necessário para lhe evitar prejuízo.

• *Dispositivo correspondente no CPC de 2015: art. 112,* caput *e § 1º.*

Capítulo V | DO LITISCONSÓRCIO E DA ASSISTÊNCIA

Seção I | DO LITISCONSÓRCIO

Art. 46. Duas ou mais pessoas podem litigar, no mesmo processo, em conjunto, ativa ou passivamente, quando:

• *Dispositivo correspondente no CPC de 2015: art. 113,* caput.

I — entre elas houver comunhão de direitos ou de obrigações relativamente à lide;

• *Dispositivo correspondente no CPC de 2015: art. 113, I.*

II — os direitos ou as obrigações derivarem do mesmo fundamento de fato ou de direito;

• *Sem dispositivo correspondente no CPC de 2015.*

III — entre as causas houver conexão pelo objeto ou pela causa de pedir;

• *Dispositivo correspondente no CPC de 2015: art. 113, II.*

IV — ocorrer afinidade de questões por um ponto comum de fato ou de direito.

• *Dispositivo correspondente no CPC de 2015: art. 113, III.*

Parágrafo único. O juiz poderá limitar o litisconsórcio facultativo quanto ao número de litigantes, quando este comprometer a rápida solução do litígio ou dificultar a defesa. O pedido de limitação interrompe o prazo para resposta, que recomeça da intimação da decisão.

• *Dispositivo correspondente no CPC de 2015: art. 113, §§ 1º e 2º.*

Art. 47. Há litisconsórcio necessário, quando, por disposição de lei ou pela natureza da relação jurídica, o juiz tiver de decidir a lide de modo uniforme para todas as partes; caso em que a eficácia da sentença dependerá da citação de todos os litisconsortes no processo.

• *Dispositivo correspondente no CPC de 2015: art. 114.*

Parágrafo único. O juiz ordenará ao autor que promova a citação de todos os litisconsortes necessários, dentro do prazo que assinar, sob pena de declarar extinto o processo.

• *Dispositivo correspondente no CPC de 2015: art. 115, parágrafo único.*

Art. 48. Salvo disposição em contrário, os litisconsortes serão considerados, em suas relações com a parte adversa, como litigantes distintos; os atos e as omissões de um não prejudicarão nem beneficiarão os outros.

• *Dispositivo correspondente no CPC de 2015: art. 117.*

Art. 49. Cada litisconsorte tem o direito de promover o andamento do processo e todos devem ser intimados dos respectivos atos.

• *Dispositivo correspondente no CPC de 2015: art. 118.*

Seção II | DA ASSISTÊNCIA

Art. 50. Pendendo uma causa entre duas ou mais pessoas, o terceiro, que tiver interesse jurídico em que a sentença seja favorável a uma delas, poderá intervir no processo para assisti-la.

• *Dispositivo correspondente no CPC de 2015: art. 119,* caput.

Parágrafo único. A assistência tem lugar em qualquer dos tipos de procedimento e em todos os graus da jurisdição; mas o assistente recebe o processo no estado em que se encontra.

• *Dispositivo correspondente no CPC de 2015: art. 119, parágrafo único.*

Art. 51. Não havendo impugnação dentro de 5 (cinco) dias, o pedido do assistente será deferido. Se qualquer das partes alegar, no entanto, que falece ao assistente interesse jurídico para intervir a bem do assistido, o juiz:

• *Dispositivo correspondente no CPC de 2015: art. 120.*

I — determinará, sem suspensão do processo, o desentranhamento da petição e da impugnação, a fim de serem autuadas em apenso;

• *Sem dispositivo correspondente no CPC de 2015.*

II — autorizará a produção de provas;

• *Sem dispositivo correspondente no CPC de 2015.*

III — decidirá, dentro de 5 (cinco) dias, o incidente.

• *Sem dispositivo correspondente no CPC de 2015.*

Art. 52. O assistente atuará como auxiliar da parte principal, exercerá os mesmos poderes e sujeitar-se-á aos mesmos ônus processuais que o assistido.

• *Dispositivo correspondente no CPC de 2015: art. 121,* caput.

Parágrafo único. Sendo revel o assistido, o assistente será considerado seu gestor de negócios.

• *Dispositivo correspondente no CPC de 2015: art. 121, parágrafo único.*

Art. 53. A assistência não obsta a que a parte principal reconheça a procedência do pedido, desista da ação ou transija sobre direitos controvertidos; casos em que, terminando o processo, cessa a intervenção do assistente.

• *Dispositivo correspondente no CPC de 2015: art. 122.*

Art. 54. Considera-se litisconsorte da parte principal o assistente, toda vez que a sentença houver de influir na relação jurídica entre ele e o adversário do assistido.

• *Dispositivo correspondente no CPC de 2015: art. 124.*

Parágrafo único. Aplica-se ao assistente litisconsorcial, quanto ao pedido de intervenção, sua impugnação e julgamento do incidente, o disposto no art. 51.

• *Sem dispositivo correspondente no CPC de 2015.*

Art. 55. Transitada em julgado a sentença, na causa em que interveio o assistente, este não poderá, em processo posterior, discutir a justiça da decisão, salvo se alegar e provar que:

• *Dispositivo correspondente no CPC de 2015: art. 123,* caput.

I — pelo estado em que recebera o processo, ou pelas declarações e atos do assistido, fora impedido de produzir provas suscetíveis de influir na sentença;

• *Dispositivo correspondente no CPC de 2015: art. 123, I.*

II — desconhecia a existência de alegações ou de provas, de que o assistido, por dolo ou culpa, não se valeu.

• *Dispositivo correspondente no CPC de 2015: art. 123, II.*

Capítulo VI | DA INTERVENÇÃO DE TERCEIROS

Seção I | DA OPOSIÇÃO

Art. 56. Quem pretender, no todo ou em parte, a coisa ou o direito sobre que controvertem autor e réu, poderá, até ser proferida a sentença, oferecer oposição contra ambos.

• *Dispositivo correspondente no CPC de 2015: art. 682.*

Art. 57. O opoente deduzirá o seu pedido, observando os requisitos exigidos para a propositura da ação (arts. 282 e 283). Distribuída a oposição por dependência, serão os opostos citados, na pessoa dos seus respectivos advogados, para contestar o pedido no prazo comum de 15 (quinze) dias.

• *Dispositivo correspondente no CPC de 2015: art. 683.*

Parágrafo único. Se o processo principal correr à revelia do réu, este será citado na forma estabelecida no Título V, Capítulo IV, Seção III, deste Livro.

• *Sem dispositivo correspondente no CPC de 2015.*

Art. 58. Se um dos opostos reconhecer a procedência do pedido, contra o outro prosseguirá o opoente.

• *Dispositivo correspondente no CPC de 2015: art. 684.*

Art. 59. A oposição, oferecida antes da audiência, será apensada aos autos principais e correrá simultaneamente com a ação, sendo ambas julgadas pela mesma sentença.

• *Dispositivo correspondente no CPC de 2015: art. 685,* caput.

Art. 60. Oferecida depois de iniciada a audiência, seguirá a oposição o procedimento ordinário, sendo julgada sem prejuízo da causa principal. Poderá o juiz, todavia, sobrestar no andamento do processo, por prazo nunca superior a 90 (noventa) dias, a fim de julgá-la conjuntamente com a oposição.

• *Dispositivo correspondente no CPC de 2015: art. 685, parágrafo único.*

Art. 61. Cabendo ao juiz decidir simultaneamente a ação e a oposição, desta conhecerá em primeiro lugar.

• *Dispositivo correspondente no CPC de 2015: art. 686.*

Seção II | DA NOMEAÇÃO À AUTORIA

Art. 62. Aquele que detiver a coisa em nome alheio, sendo-lhe demandada em nome próprio, deverá nomear à autoria o proprietário ou o possuidor.

• *Sem dispositivo correspondente no CPC de 2015.*

Art. 63. Aplica-se também o disposto no artigo antecedente à ação de indenização, intentada pelo proprietário ou pelo titular de um direito sobre a coisa, toda vez que o responsável pelos prejuízos alegar que praticou o ato por ordem, ou em cumprimento de instruções de terceiro.

• *Sem dispositivo correspondente no CPC de 2015.*

Art. 64. Em ambos os casos, o réu requererá a nomeação no prazo para a defesa; o juiz, ao deferir o pedido, suspenderá o processo e mandará ouvir o autor no prazo de 5 (cinco) dias.

• *Sem dispositivo correspondente no CPC de 2015.*

Art. 65. Aceitando o nomeado, ao autor incumbirá promover-lhe a citação; recusando-o, ficará sem efeito a nomeação.

• *Sem dispositivo correspondente no CPC de 2015.*

Art. 66. Se o nomeado reconhecer a qualidade que lhe é atribuída, contra ele correrá o processo; se a negar, o processo continuará contra o nomeante.

• *Sem dispositivo correspondente no CPC de 2015.*

Art. 67. Quando o autor recusar o nomeado, ou quando este negar a qualidade que lhe é atribuída, assinar-se-á ao nomeante novo prazo para contestar.

• *Sem dispositivo correspondente no CPC de 2015.*

Art. 68. Presume-se aceita a nomeação se:

• *Sem dispositivo correspondente no CPC de 2015.*

I — o autor nada requereu, no prazo em que, a seu respeito, lhe competia manifestar-se;

• *Sem dispositivo correspondente no CPC de 2015.*

II — o nomeado não comparecer, ou, comparecendo, nada alegar.

• *Sem dispositivo correspondente no CPC de 2015.*

Art. 69. Responderá por perdas e danos aquele a quem incumbia a nomeação:

• *Sem dispositivo correspondente no CPC de 2015.*

I — deixando de nomear à autoria, quando lhe competir;

• *Sem dispositivo correspondente no CPC de 2015.*

II — nomeando pessoa diversa daquela em cujo nome detém a coisa demandada.

• *Sem dispositivo correspondente no CPC de 2015.*

Seção III | DA DENUNCIAÇÃO DA LIDE

Art. 70. A denunciação da lide é obrigatória:

• *Dispositivo correspondente no CPC de 2015: art. 125,* caput.

I — ao alienante, na ação em que terceiro reivindica a coisa, cujo domínio foi transferido à parte, a fim de que esta possa exercer o direito que da evicção lhe resulta;

• *Dispositivo correspondente no CPC de 2015: art. 125, I.*

II — ao proprietário ou ao possuidor indireto quando, por força de obrigação ou direito, em casos como o do usufrutuário, do credor pignoratício, do locatário, o réu, citado em nome próprio, exerça a posse direta da coisa demandada;

• *Sem dispositivo correspondente no CPC de 2015.*

III — àquele que estiver obrigado, pela lei ou pelo contrato, a indenizar, em ação regressiva, o prejuízo do que perder a demanda.

• *Dispositivo correspondente no CPC de 2015: art. 125, II.*

Art. 71. A citação do denunciado será requerida, juntamente com a do réu, se o denunciante for o autor; e, no prazo para contestar, se o denunciante for o réu.

• *Dispositivo correspondente no CPC de 2015: art. 126.*

Art. 72. Ordenada a citação, ficará suspenso o processo.

• *Sem dispositivo correspondente no CPC de 2015.*

§ 1º A citação do alienante, do proprietário, do possuidor indireto ou do responsável pela indenização far-se-á:

• *Sem dispositivo correspondente no CPC de 2015.*

a) quando residir na mesma comarca, dentro de 10 (dez) dias;

• *Sem dispositivo correspondente no CPC de 2015.*

b) quando residir em outra comarca, ou em lugar incerto, dentro de 30 (trinta) dias.

• *Sem dispositivo correspondente no CPC de 2015.*

§ 2º Não se procedendo à citação no prazo marcado, a ação prosseguirá unicamente em relação ao denunciante.

• *Sem dispositivo correspondente no CPC de 2015.*

Art. 73. Para os fins do disposto no art. 70, o denunciado, por sua vez, intimará do litígio o alienante, o proprietário, o possuidor indireto ou o responsável pela indenização e, assim, sucessivamente, observando-se, quanto aos prazos, o disposto no artigo antecedente.

• *Sem dispositivo correspondente no CPC de 2015.*

Art. 74. Feita a denunciação pelo autor, o denunciado, comparecendo, assumirá a posição de litisconsorte do denunciante e poderá aditar a petição inicial, procedendo-se em seguida à citação do réu.

• *Dispositivo correspondente no CPC de 2015: art. 127.*

Art. 75. Feita a denunciação pelo réu:

• *Dispositivo correspondente no CPC de 2015: art. 128,* caput.

I — se o denunciado a aceitar e contestar o pedido, o processo prosseguirá entre o autor, de um lado, e de outro, como litisconsortes, o denunciante e o denunciado;

• *Dispositivo correspondente no CPC de 2015: art. 128, I.*

II — se o denunciado for revel, ou comparecer apenas para negar a qualidade que lhe foi atribuída, cumprirá ao denunciante prosseguir na defesa até final;

• *Dispositivo correspondente no CPC de 2015: art. 128, II.*

III — se o denunciado confessar os fatos alegados pelo autor, poderá o denunciante prosseguir na defesa.

• *Dispositivo correspondente no CPC de 2015: art. 128, III.*

Art. 76. A sentença, que julgar procedente a ação, declarará, conforme o caso, o direito do evicto, ou a responsabilidade por perdas e danos, valendo como título executivo.

• *Dispositivo correspondente no CPC de 2015: art. 129.*

Seção IV | DO CHAMAMENTO AO PROCESSO

Art. 77. É admissível o chamamento ao processo:

• *Dispositivo correspondente no CPC de 2015: art. 130,* caput.

I — do devedor, na ação em que o fiador for réu;

• *Dispositivo correspondente no CPC de 2015: art. 130, I.*

II — dos outros fiadores, quando para a ação for citado apenas um deles;

• *Dispositivo correspondente no CPC de 2015: art. 130, II.*

III — de todos os devedores solidários, quando o credor exigir de um ou de alguns deles, parcial ou totalmente, a dívida comum.

• *Dispositivo correspondente no CPC de 2015: art. 130, III.*

Art. 78. Para que o juiz declare, na mesma sentença, as responsabilidades dos obrigados, a que se refere o artigo antecedente, o réu requererá, no prazo para contestar, a citação do chamado.

• *Dispositivo correspondente no CPC de 2015: art. 131.*

Art. 79. O juiz suspenderá o processo, mandando observar, quanto à citação e aos prazos, o disposto nos arts. 72 e 74.

• *Sem dispositivo correspondente no CPC de 2015.*

Art. 80. A sentença, que julgar procedente a ação, condenando os devedores, valerá como título executivo, em favor do que satisfizer a dívida, para exigi-la, por inteiro, do devedor principal, ou de cada um dos codevedores a sua quota, na proporção que lhes tocar.

• *Dispositivo correspondente no CPC de 2015: art. 132.*

Título III | DO MINISTÉRIO PÚBLICO

Art. 81. O Ministério Público exercerá o direito de ação nos casos previstos em lei, cabendo-lhe, no processo, os mesmos poderes e ônus que às partes.

• *Dispositivo correspondente no CPC de 2015: art. 177.*

Art. 82. Compete ao Ministério Público intervir:

• *Dispositivo correspondente no CPC de 2015: art. 178,* caput.

I — nas causas em que há interesses de incapazes;

• *Dispositivo correspondente no CPC de 2015: art. 178, II.*

II — nas causas concernentes ao estado da pessoa, pátrio poder, tutela, curatela, interdição, casamento, declaração de ausência e disposições de última vontade;

• *Sem dispositivo correspondente no CPC de 2015.*

III — nas ações que envolvam litígios coletivos pela posse da terra rural e nas demais causas em que há interesse público evidenciado pela natureza da lide ou qualidade da parte.

• *Dispositivo correspondente no CPC de 2015: art. 178, III.*

Art. 83. Intervindo como fiscal da lei, o Ministério Público:

• *Dispositivo correspondente no CPC de 2015: art. 179,* caput.

I — terá vista dos autos depois das partes, sendo intimado de todos os atos do processo;

• *Dispositivo correspondente no CPC de 2015: art. 179, I.*

II — poderá juntar documentos e certidões, produzir prova em audiência e requerer medidas ou diligências necessárias ao descobrimento da verdade.

• *Dispositivo correspondente no CPC de 2015: art. 179, II.*

Art. 84. Quando a lei considerar obrigatória a intervenção do Ministério Público, a parte promover-lhe-á a intimação sob pena de nulidade do processo.

• *Sem dispositivo correspondente no CPC de 2015.*

Art. 85. O órgão do Ministério Público será civilmente responsável quando, no exercício de suas funções, proceder com dolo ou fraude.

• *Dispositivo correspondente no CPC de 2015: art. 181.*

Título IV | DOS ÓRGÃOS JUDICIÁRIOS E DOS AUXILIARES DA JUSTIÇA

Capítulo I | DA COMPETÊNCIA

Art. 86. As causas cíveis serão processadas e decididas, ou simplesmente decididas, pelos órgãos jurisdicionais, nos limites de sua competência, ressalvada às partes a faculdade de instituírem juízo arbitral.

• *Dispositivo correspondente no CPC de 2015: art. 42.*

Art. 87. Determina-se a competência no momento em que a ação é proposta. São irrelevantes as modificações do estado de fato ou de direito ocorridas posteriormente, salvo quando suprimirem o órgão judiciário ou alterarem a competência em razão da matéria ou da hierarquia.

• *Dispositivo correspondente no CPC de 2015: art. 43.*

Capítulo II | DA COMPETÊNCIA INTERNACIONAL

Art. 88. É competente a autoridade judiciária brasileira quando:

• *Dispositivo correspondente no CPC de 2015: art. 21,* caput.

I — o réu, qualquer que seja a sua nacionalidade, estiver domiciliado no Brasil;

• *Dispositivo correspondente no CPC de 2015: art. 21, I.*

II — no Brasil tiver de ser cumprida a obrigação;

• *Dispositivo correspondente no CPC de 2015: art. 21, II.*

III — a ação se originar de fato ocorrido ou de ato praticado no Brasil.

• *Dispositivo correspondente no CPC de 2015: art. 21, III.*

Parágrafo único. Para o fim do disposto no n. I, reputa-se domiciliada no Brasil a pessoa jurídica estrangeira que aqui tiver agência, filial ou sucursal.

• *Dispositivo correspondente no CPC de 2015: art. 21, parágrafo único.*

Art. 89. Compete à autoridade judiciária brasileira, com exclusão de qualquer outra:

• *Dispositivo correspondente no CPC de 2015: art. 23,* caput.

I — conhecer de ações relativas a imóveis situados no Brasil;

• *Dispositivo correspondente no CPC de 2015: art. 23, I.*

II — proceder a inventário e partilha de bens, situados no Brasil, ainda que o autor da herança seja estrangeiro e tenha residido fora do território nacional.

• *Dispositivo correspondente no CPC de 2015: art. 23, II.*

Art. 90. A ação intentada perante tribunal estrangeiro não induz litispendência, nem obsta a que a autoridade judiciária brasileira conheça da mesma causa e das que lhe são conexas.

• *Dispositivo correspondente no CPC de 2015: art. 24.*

Capítulo III | DA COMPETÊNCIA INTERNA

Seção I | DA COMPETÊNCIA EM RAZÃO DO VALOR E DA MATÉRIA

Art. 91. Regem a competência em razão do valor e da matéria as normas de organização judiciária, ressalvados os casos expressos neste Código.

• *Dispositivo correspondente no CPC de 2015: art. 44.*

Art. 92. Compete, porém, exclusivamente ao juiz de direito processar e julgar:

• *Sem dispositivo correspondente no CPC de 2015.*

I — o processo de insolvência;

• *Sem dispositivo correspondente no CPC de 2015.*

II — as ações concernentes ao estado e à capacidade da pessoa.

• *Sem dispositivo correspondente no CPC de 2015.*

Seção II | DA COMPETÊNCIA FUNCIONAL

Art. 93. Regem a competência dos tribunais as normas da Constituição da República e de organização judiciária. A competência funcional dos juízes de primeiro grau é disciplinada neste Código.

• *Sem dispositivo correspondente no CPC de 2015.*

Seção III | DA COMPETÊNCIA TERRITORIAL

Art. 94. A ação fundada em direito pessoal e a ação fundada em direito real sobre bens móveis serão propostas, em regra, no foro do domicílio do réu.

• *Dispositivo correspondente no CPC de 2015: art. 46,* caput.

§ 1º Tendo mais de um domicílio, o réu será demandado no foro de qualquer deles.

• *Dispositivo correspondente no CPC de 2015: art. 46, § 1º.*

§ 2º Sendo incerto ou desconhecido o domicílio do réu, ele será demandado onde for encontrado ou no foro do domicílio do autor.

• *Dispositivo correspondente no CPC de 2015: art. 46, § 2º.*

§ 3º Quando o réu não tiver domicílio nem residência no Brasil, a ação será proposta no foro do domicílio do autor. Se este também residir fora do Brasil, a ação será proposta em qualquer foro.

• *Dispositivo correspondente no CPC de 2015: art. 46, § 3º.*

§ 4º Havendo dois ou mais réus, com diferentes domicílios, serão demandados no foro de qualquer deles, à escolha do autor.

• *Dispositivo correspondente no CPC de 2015: art. 46, § 4º.*

Art. 95. Nas ações fundadas em direito real sobre imóveis é competente o foro da situação da coisa. Pode o autor, entretanto, optar pelo foro do domicílio ou de eleição, não recaindo o litígio sobre direito de propriedade, vizinhança, servidão, posse, divisão e demarcação de terras e nunciação de obra nova.

• *Dispositivos correspondentes no CPC de 2015: art. 47,* caput *e § 1º.*

Art. 96. O foro do domicílio do autor da herança, no Brasil, é o competente para o inventário, a partilha, a arrecadação, o cumprimento de disposições de última vontade e todas as ações em que o espólio for réu, ainda que o óbito tenha ocorrido no estrangeiro.

• *Dispositivo correspondente no CPC de 2015: art. 48,* caput.

Parágrafo único. É, porém, competente o foro:

• *Dispositivo correspondente no CPC de 2015: art. 48, parágrafo único.*

I — da situação dos bens, se o autor da herança não possuía domicílio certo;

• *Sem dispositivo correspondente no CPC de 2015.*

II — do lugar em que ocorreu o óbito se o autor da herança não tinha domicílio certo e possuía bens em lugares diferentes.

• *Sem dispositivo correspondente no CPC de 2015.*

Art. 97. As ações em que o ausente for réu correm no foro de seu último domicílio, que é também o competente para a arrecadação, o inventário, a partilha e o cumprimento de disposições testamentárias.

• *Dispositivo correspondente no CPC de 2015: art. 49.*

Art. 98. A ação em que o incapaz for réu se processará no foro do domicílio de seu representante.

• *Dispositivo correspondente no CPC de 2015: art. 50.*

Art. 99. O foro da Capital do Estado ou do Território é competente:

• *Dispositivo correspondente no CPC de 2015: art. 51.*

I — para as causas em que a União for autora, ré ou interveniente;

• *Dispositivo correspondente no CPC de 2015: art. 51.*

II — para as causas em que o Território for autor, réu ou interveniente.

• *Sem dispositivo correspondente no CPC de 2015.*

Parágrafo único. Correndo o processo perante outro juiz, serão os autos remetidos ao juiz competente da Capital do Estado ou Território, tanto que neles intervenha uma das entidades mencionadas neste artigo. Excetuam-se:

• *Dispositivo correspondente no CPC de 2015: art. 45,* caput.

I — o processo de insolvência;

• *Dispositivo correspondente no CPC de 2015: art. 45, I.*

II — os casos previstos em lei.

• *Sem dispositivo correspondente no CPC de 2015.*

Art. 100. É competente o foro:

• *Dispositivo correspondente no CPC de 2015: art. 53,* caput.

I — da residência da mulher, para a ação de separação dos cônjuges e a conversão desta em divórcio, e para a anulação de casamento;

• *Dispositivo correspondente no CPC de 2015: art. 53, I.*

II — do domicílio ou da residência do alimentando, para a ação em que se pedem alimentos;

• *Dispositivo correspondente no CPC de 2015: art. 53, II.*

III — do domicílio do devedor, para a ação de anulação de títulos extraviados ou destruídos;

• *Sem dispositivo correspondente no CPC de 2015.*

IV — do lugar:

• *Dispositivo correspondente no CPC de 2015: art. 53, III,* caput.

a) onde está a sede, para a ação em que for ré a pessoa jurídica;

• *Dispositivo correspondente no CPC de 2015: art. 53, III,* a.

b) onde se acha a agência ou sucursal, quanto às obrigações que ela contraiu;

• *Dispositivo correspondente no CPC de 2015: art. 53, III,* b.

c) onde exerce a sua atividade principal, para a ação em que for ré a sociedade, que carece de personalidade jurídica;

• *Dispositivo correspondente no CPC de 2015: art. 53, III,* c.

d) onde a obrigação deve ser satisfeita, para a ação em que se lhe exigir o cumprimento;

• *Dispositivo correspondente no CPC de 2015: art. 53, III,* d.

V — do lugar do ato ou fato:

• *Dispositivo correspondente no CPC de 2015: art. 53, IV,* caput.

a) para a ação de reparação do dano;

• *Dispositivo correspondente no CPC de 2015: art. 53, IV,* a.

b) para a ação em que for réu o administrador ou gestor de negócios alheios.

• *Dispositivo correspondente no CPC de 2015: art. 53, IV,* b.

Parágrafo único. Nas ações de reparação do dano sofrido em razão de delito ou acidente de veículos, será competente o foro do domicílio do autor ou do local do fato.

• *Dispositivo correspondente no CPC de 2015: art. 53, V.*

Art. 101. (*Revogado pela Lei n. 9.307, de 23-9-1996.*)

Seção IV | DAS MODIFICAÇÕES DA COMPETÊNCIA

Art. 102. A competência, em razão do valor e do território, poderá modificar-se pela conexão ou continência, observado o disposto nos artigos seguintes.

• *Dispositivo correspondente no CPC de 2015: art. 54.*

Art. 103. Reputam-se conexas duas ou mais ações, quando lhes for comum o objeto ou a causa de pedir.

• *Dispositivo correspondente no CPC de 2015: art. 55.*

Art. 104. Dá-se a continência entre duas ou mais ações sempre que há identidade quanto às partes e à causa de pedir, mas o objeto de uma, por ser mais amplo, abrange o das outras.

• *Dispositivo correspondente no CPC de 2015: art. 56.*

Art. 105. Havendo conexão ou continência, o juiz, de ofício ou a requerimento de qualquer das partes, pode ordenar a reunião de ações propostas em separado, a fim de que sejam decididas simultaneamente.

• *Dispositivo correspondente no CPC de 2015: art. 57.*

Art. 106. Correndo em separado ações conexas perante juízes que têm a mesma competência territorial, considera-se prevento aquele que despachou em primeiro lugar.

• *Dispositivo correspondente no CPC de 2015: art. 58.*

Art. 107. Se o imóvel se achar situado em mais de um Estado ou comarca, determinar-se-á o foro pela prevenção, estendendo-se a competência sobre a totalidade do imóvel.

• *Dispositivo correspondente no CPC de 2015: art. 60.*

Art. 108. A ação acessória será proposta perante o juiz competente para a ação principal.

• *Dispositivo correspondente no CPC de 2015: art. 61.*

Art. 109. O juiz da causa principal é também competente para a reconvenção, a ação declaratória incidente, as ações de garantia e outras que respeitam ao terceiro interveniente.

• *Sem dispositivo correspondente no CPC de 2015.*

Art. 110. Se o conhecimento da lide depender necessariamente da verificação da existência de fato delituoso, pode o juiz mandar sobrestar no andamento do processo até que se pronuncie a justiça criminal.

• *Dispositivo correspondente no CPC de 2015: art. 315,* caput.

Parágrafo único. Se a ação penal não for exercida dentro de 30 (trinta) dias, contados da intimação do despacho de sobrestamento, cessará o efeito deste, decidindo o juiz cível a questão prejudicial.

• *Dispositivo correspondente no CPC de 2015: art. 315, § 1º.*

Art. 111. A competência em razão da matéria e da hierarquia é inderrogável por convenção das partes; mas estas podem modificar a competência em razão do valor e do território, elegendo foro onde serão propostas as ações oriundas de direitos e obrigações.

• *Dispositivos correspondentes no CPC de 2015: arts. 62 e 63,* caput.

§ 1º O acordo, porém, só produz efeito, quando constar de contrato escrito e aludir expressamente a determinado negócio jurídico.

• *Dispositivo correspondente no CPC de 2015: art. 63, § 1º.*

§ 2º O foro contratual obriga os herdeiros e sucessores das partes.

• *Dispositivo correspondente no CPC de 2015: art. 63, § 2º.*

Seção V | DA DECLARAÇÃO DE INCOMPETÊNCIA

Art. 112. Argui-se, por meio de exceção, a incompetência relativa.

• *Dispositivo correspondente no CPC de 2015: art. 64,* caput.

Parágrafo único. A nulidade da cláusula de eleição de foro, em contrato de adesão, pode ser declarada de ofício pelo juiz, que declinará de competência para o juízo de domicílio do réu.

• *Sem dispositivo correspondente no CPC de 2015.*

Art. 113. A incompetência absoluta deve ser declarada de ofício e pode ser alegada, em qualquer tempo e grau de jurisdição, independentemente de exceção.

• *Dispositivo correspondente no CPC de 2015: art. 64, § 1º.*

§ 1º Não sendo, porém, deduzida no prazo da contestação, ou na primeira oportunidade em que lhe couber falar nos autos, a parte responderá integralmente pelas custas.

• *Sem dispositivo correspondente no CPC de 2015.*

§ 2º Declarada a incompetência absoluta, somente os atos decisórios serão nulos, remetendo-se os autos ao juiz competente.

• *Dispositivo correspondente no CPC de 2015: art. 64, § 2º.*

Art. 114. Prorrogar-se-á a competência se dela o juiz não declinar na forma do parágrafo único do art. 112 desta Lei ou o réu não opuser exceção declinatória nos casos e prazos legais.

• *Dispositivo correspondente no CPC de 2015: art. 65.*

Art. 115. Há conflito de competência:

• *Dispositivo correspondente no CPC de 2015: art. 66,* caput.

I — quando dois ou mais juízes se declaram competentes;

• *Dispositivo correspondente no CPC de 2015: art. 66, I.*

II — quando dois ou mais juízes se consideram incompetentes;

• *Dispositivo correspondente no CPC de 2015: art. 66, II.*

III — quando entre dois ou mais juízes surge controvérsia acerca da reunião ou separação de processos.

• *Dispositivo correspondente no CPC de 2015: art. 66, III.*

Art. 116. O conflito pode ser suscitado por qualquer das partes, pelo Ministério Público ou pelo juiz.

• *Dispositivo correspondente no CPC de 2015: art. 951,* caput.

Parágrafo único. O Ministério Público será ouvido em todos os conflitos de competência; mas terá qualidade de parte naqueles que suscitar.

• *Dispositivo correspondente no CPC de 2015: art. 951, parágrafo único.*

Art. 117. Não pode suscitar conflito a parte que, no processo, ofereceu exceção de incompetência.

• *Dispositivo correspondente no CPC de 2015: art. 952,* caput.

Parágrafo único. O conflito de competência não obsta, porém, a que a parte, que o não suscitou, ofereça exceção declinatória do foro.

• *Dispositivo correspondente no CPC de 2015: art. 952, parágrafo único.*

Art. 118. O conflito será suscitado ao presidente do tribunal:

• *Dispositivo correspondente no CPC de 2015: art. 953,* caput.

I — pelo juiz, por ofício;

• *Dispositivo correspondente no CPC de 2015: art. 953, I.*

II — pela parte e pelo Ministério Público, por petição.

• *Dispositivo correspondente no CPC de 2015: art. 953, II.*

Parágrafo único. O ofício e a petição serão instruídos com os documentos necessários à prova do conflito.

• *Dispositivo correspondente no CPC de 2015: art. 953, parágrafo único.*

Art. 119. Após a distribuição, o relator mandará ouvir os juízes em conflito, ou apenas o suscitado, se um deles for suscitante; dentro do prazo assinado pelo relator, caberá ao juiz ou juízes prestar as informações.

• *Dispositivo correspondente no CPC de 2015: art. 954.*

Art. 120. Poderá o relator, de ofício, ou a requerimento de qualquer das partes, determinar, quando o conflito for positivo, seja sobrestado o processo, mas, neste caso, bem como no de conflito negativo, designará um dos juízes para resolver, em caráter provisório, as medidas urgentes.

• *Dispositivo correspondente no CPC de 2015: art. 955,* caput.

Parágrafo único. Havendo jurisprudência dominante do tribunal sobre a questão suscitada, o relator poderá decidir de plano o conflito de competência, cabendo agravo, no prazo de 5 (cinco) dias, contado da intimação da decisão às partes, para o órgão recursal competente.

• *Dispositivo correspondente no CPC de 2015: art. 955, parágrafo único.*

Art. 121. Decorrido o prazo, com informações ou sem elas, será ouvido, em 5 (cinco) dias, o Ministério Público; em seguida o relator apresentará o conflito em sessão de julgamento.

• *Dispositivo correspondente no CPC de 2015: art. 956.*

Art. 122. Ao decidir o conflito, o tribunal declarará qual o juiz competente, pronunciando-se também sobre a validade dos atos do juiz incompetente.

• *Dispositivo correspondente no CPC de 2015: art. 957,* caput.

Parágrafo único. Os autos do processo, em que se manifestou o conflito, serão remetidos ao juiz declarado competente.

• *Dispositivo correspondente no CPC de 2015: art. 957, parágrafo único.*

Art. 123. No conflito entre turmas, seções, câmaras, Conselho Superior da Magistratura, juízes de segundo grau e desembargadores, observar-se-á o que dispuser a respeito o regimento interno do tribunal.

• *Dispositivo correspondente no CPC de 2015: art. 958.*

Art. 124. Os regimentos internos dos tribunais regularão o processo e julgamento do conflito de atribuições entre autoridade judiciária e autoridade administrativa.

• *Dispositivo correspondente no CPC de 2015: art. 959.*

Capítulo IV | DO JUIZ

Seção I | DOS PODERES, DOS DEVERES E DA RESPONSABILIDADE DO JUIZ

Art. 125. O juiz dirigirá o processo conforme as disposições deste Código, competindo-lhe:

• *Dispositivo correspondente no CPC de 2015: art. 139,* caput.

I — assegurar às partes igualdade de tratamento;

• *Dispositivo correspondente no CPC de 2015: art. 139, I.*

II — velar pela rápida solução do litígio;

• *Dispositivo correspondente no CPC de 2015: art. 139, II.*

III — prevenir ou reprimir qualquer ato contrário à dignidade da Justiça;

• *Dispositivo correspondente no CPC de 2015: art. 139, III.*

IV — tentar, a qualquer tempo, conciliar as partes.

• *Dispositivo correspondente no CPC de 2015: art. 139, V.*

Art. 126. O juiz não se exime de sentenciar ou despachar alegando lacuna ou obscuridade da lei. No julgamento da lide caber-lhe-á aplicar as normas legais; não as havendo, recorrerá à analogia, aos costumes e aos princípios gerais de direito.

• *Dispositivo correspondente no CPC de 2015: art. 140,* caput.

Art. 127. O juiz só decidirá por equidade nos casos previstos em lei.

• *Dispositivo correspondente no CPC de 2015: art. 140, parágrafo único.*

Art. 128. O juiz decidirá a lide nos limites em que foi proposta, sendo-lhe defeso conhecer de questões, não suscitadas, a cujo respeito a lei exige a iniciativa da parte.

• *Dispositivo correspondente no CPC de 2015: art. 141.*

Art. 129. Convencendo-se, pelas circunstâncias da causa, de que autor e réu se serviram do processo para praticar ato simulado ou conseguir fim proibido por lei, o juiz proferirá sentença que obste aos objetivos das partes.

• *Dispositivo correspondente no CPC de 2015: art. 142.*

Art. 130. Caberá ao juiz, de ofício ou a requerimento da parte, determinar as provas necessárias à instrução do processo, indeferindo as diligências inúteis ou meramente protelatórias.

• *Dispositivo correspondente no CPC de 2015: art. 370.*

Art. 131. O juiz apreciará livremente a prova, atendendo aos fatos e circunstâncias constantes dos autos, ainda que não alegados pelas partes; mas deverá indicar, na sentença, os motivos que lhe formaram o convencimento.

• *Dispositivo correspondente no CPC de 2015: art. 371.*

Art. 132. O juiz, titular ou substituto, que concluir a audiência julgará a lide, salvo se estiver convocado, licenciado, afastado por qualquer motivo, promovido ou aposentado, casos em que passará os autos ao seu sucessor.

• *Sem dispositivo correspondente no CPC de 2015.*

Parágrafo único. Em qualquer hipótese, o juiz que proferir a sentença, se entender necessário, poderá mandar repetir as provas já produzidas.

• *Sem dispositivo correspondente no CPC de 2015.*

Art. 133. Responderá por perdas e danos o juiz, quando:

• *Dispositivo correspondente no CPC de 2015: art. 143,* caput.

I — no exercício de suas funções, proceder com dolo ou fraude;

• *Dispositivo correspondente no CPC de 2015: art. 143, I.*

II — recusar, omitir ou retardar, sem justo motivo, providência que deva ordenar de ofício, ou a requerimento da parte.

• *Dispositivo correspondente no CPC de 2015: art. 143, II.*

Parágrafo único. Reputar-se-ão verificadas as hipóteses previstas no n. II só depois que a parte, por intermédio do escrivão, requerer ao juiz que determine a providência e este não lhe atender o pedido dentro de 10 (dez) dias.

• *Dispositivo correspondente no CPC de 2015: art. 143, parágrafo único.*

Seção II | DOS IMPEDIMENTOS E DA SUSPEIÇÃO

Art. 134. É defeso ao juiz exercer as suas funções no processo contencioso ou voluntário:

• *Dispositivo correspondente no CPC de 2015: art. 144,* caput.

I — de que for parte;

• *Sem dispositivo correspondente no CPC de 2015.*

II — em que interveio como mandatário da parte, oficiou como perito, funcionou como órgão do Ministério Público, ou prestou depoimento como testemunha;

• *Dispositivo correspondente no CPC de 2015: art. 144, I.*

III — que conheceu em primeiro grau de jurisdição, tendo-lhe proferido sentença ou decisão;

• *Dispositivo correspondente no CPC de 2015: art. 144, II.*

IV — quando nele estiver postulando, como advogado da parte, o seu cônjuge ou qualquer parente seu, consanguíneo ou afim, em linha reta; ou na linha colateral até o segundo grau;

• *Dispositivo correspondente no CPC de 2015: art. 144, III.*

V — quando cônjuge, parente, consanguíneo ou afim, de alguma das partes, em linha reta ou, na colateral, até o terceiro grau;

• *Dispositivo correspondente no CPC de 2015: art. 144, IV.*

VI — quando for órgão de direção ou de administração de pessoa jurídica, parte na causa.

• *Dispositivo correspondente no CPC de 2015: art. 144, V.*

Parágrafo único. No caso do n. IV, o impedimento só se verifica quando o advogado já estava exercendo o patrocínio da causa; é, porém, vedado ao advogado pleitear no processo, a fim de criar o impedimento do juiz.

• *Dispositivo correspondente no CPC de 2015: art. 144, § 1º.*

Art. 135. Reputa-se fundada a suspeição de parcialidade do juiz, quando:

• *Dispositivo correspondente no CPC de 2015: art. 145,* caput.

I — amigo íntimo ou inimigo capital de qualquer das partes;

• *Dispositivo correspondente no CPC de 2015: art. 145, I.*

II — alguma das partes for credora ou devedora do juiz, de seu cônjuge ou de parentes destes, em linha reta ou na colateral até o terceiro grau;

• *Dispositivo correspondente no CPC de 2015: art. 145, III.*

III — herdeiro presuntivo, donatário ou empregador de alguma das partes;

• *Dispositivo correspondente no CPC de 2015: art. 144, VI.*

IV — receber dádivas antes ou depois de iniciado o processo; aconselhar alguma das partes acerca do objeto da causa, ou subministrar meios para atender às despesas do litígio;

• *Dispositivo correspondente no CPC de 2015: art. 145, II.*

V — interessado no julgamento da causa em favor de uma das partes.

• *Dispositivo correspondente no CPC de 2015: art. 145, IV.*

Parágrafo único. Poderá ainda o juiz declarar-se suspeito por motivo íntimo.

• *Dispositivo correspondente no CPC de 2015: art. 145, § 1º.*

Art. 136. Quando dois ou mais juízes forem parentes, consanguíneos ou afins, em linha reta e no segundo grau na linha colateral, o primeiro, que conhecer da causa no tribunal, impede que o outro participe do julgamento; caso em que o segundo se escusará, remetendo o processo ao seu substituto legal.

• *Dispositivo correspondente no CPC de 2015: art. 147.*

Art. 137. Aplicam-se os motivos de impedimento e suspeição aos juízes de todos os tribunais. O juiz que violar o dever de abstenção, ou não se declarar suspeito, poderá ser recusado por qualquer das partes (art. 304).

• *Sem dispositivo correspondente no CPC de 2015.*

Art. 138. Aplicam-se também os motivos de impedimento e de suspeição:

• *Dispositivo correspondente no CPC de 2015: art. 148,* caput.

I — ao órgão do Ministério Público, quando não for parte, e, sendo parte, nos casos previstos nos n. I a IV do art. 135;

• *Dispositivo correspondente no CPC de 2015: art. 148, I.*

II — ao serventuário de justiça;

• *Dispositivo correspondente no CPC de 2015: art. 148, II.*

III — ao perito;

• *Sem dispositivo correspondente no CPC de 2015.*

IV — ao intérprete.

• *Sem dispositivo correspondente no CPC de 2015.*

§ 1º A parte interessada deverá arguir o impedimento ou a suspeição, em petição fundamentada e devidamente instruída, na primeira oportunidade em que lhe couber falar nos autos; o juiz mandará processar o incidente em separado e sem suspensão da causa, ouvindo o arguido no prazo de 5 (cinco) dias, facultando a prova quando necessária e julgando o pedido.

• *Dispositivo correspondente no CPC de 2015: art. 148, §§ 1º e 2º.*

§ 2º Nos tribunais caberá ao relator processar e julgar o incidente.

• *Dispositivo correspondente no CPC de 2015: art. 148, § 3º.*

Capítulo V | DOS AUXILIARES DA JUSTIÇA

Art. 139. São auxiliares do juízo, além de outros, cujas atribuições são determinadas pelas normas de organização judiciária, o escrivão, o oficial de justiça, o perito, o depositário, o administrador e o intérprete.

• *Dispositivo correspondente no CPC de 2015: art. 149.*

Seção I | DO SERVENTUÁRIO E DO OFICIAL DE JUSTIÇA

Art. 140. Em cada juízo haverá um ou mais ofícios de justiça, cujas atribuições são determinadas pelas normas de organização judiciária.

• *Dispositivo correspondente no CPC de 2015: art. 150.*

Art. 141. Incumbe ao escrivão:

• *Dispositivo correspondente no CPC de 2015: art. 152,* caput.

I — redigir, em forma legal, os ofícios, mandados, cartas precatórias e mais atos que pertencem ao seu ofício;

• *Dispositivo correspondente no CPC de 2015: art. 152, I.*

II — executar as ordens judiciais, promovendo citações e intimações, bem como praticando todos os demais atos, que lhe forem atribuídos pelas normas de organização judiciária;

• *Dispositivo correspondente no CPC de 2015: art. 152, II.*

III — comparecer às audiências, ou, não podendo fazê-lo, designar para substituí-lo escrevente juramentado, de preferência datilógrafo ou taquígrafo;

• *Dispositivo correspondente no CPC de 2015: art. 152, III.*

IV — ter, sob sua guarda e responsabilidade, os autos, não permitindo que saiam de cartório, exceto:

• *Dispositivo correspondente no CPC de 2015: art. 152, IV,* caput.

a) quando tenham de subir à conclusão do juiz;

• *Dispositivo correspondente no CPC de 2015: art. 152, IV,* a.

b) com vista aos procuradores, ao Ministério Público ou à Fazenda Pública;

• *Dispositivo correspondente no CPC de 2015: art. 152, IV,* b.

c) quando devam ser remetidos ao contador ou ao partidor;

• *Dispositivo correspondente no CPC de 2015: art. 152, IV,* c.

d) quando, modificando-se a competência, forem transferidos a outro juízo;

• *Dispositivo correspondente no CPC de 2015: art. 152, IV,* d.

V — dar, independentemente de despacho, certidão de qualquer ato ou termo do processo, observado o disposto no art. 155.

• *Dispositivo correspondente no CPC de 2015: art. 152, V.*

Art. 142. No impedimento do escrivão, o juiz convocar-lhe-á o substituto, e, não o havendo, nomeará pessoa idônea para o ato.

• *Dispositivo correspondente no CPC de 2015: art. 152, § 2º.*

Art. 143. Incumbe ao oficial de justiça:

• *Dispositivo correspondente no CPC de 2015: art. 154,* caput.

I — fazer pessoalmente as citações, prisões, penhoras, arrestos e mais diligências próprias do seu ofício, certificando no mandado o ocorrido, com menção de lugar, dia e hora. A diligência, sempre que possível, realizar-se-á na presença de duas testemunhas;

• *Dispositivo correspondente no CPC de 2015: art. 154, I.*

II — executar as ordens do juiz a que estiver subordinado;

• *Dispositivo correspondente no CPC de 2015: art. 154, II.*

III — entregar, em cartório, o mandado, logo depois de cumprido;

• *Dispositivo correspondente no CPC de 2015: art. 154, III.*

IV — estar presente às audiências e coadjuvar o juiz na manutenção da ordem;

• *Dispositivo correspondente no CPC de 2015: art. 154, IV.*

V — efetuar avaliações.

• *Dispositivo correspondente no CPC de 2015: art. 154, V.*

Art. 144. O escrivão e o oficial de justiça são civilmente responsáveis:

• *Dispositivo correspondente no CPC de 2015: art. 155,* caput.

I — quando, sem justo motivo, se recusarem a cumprir, dentro do prazo, os atos que lhes impõe a lei, ou os que o juiz, a que estão subordinados, lhes comete;

• *Dispositivo correspondente no CPC de 2015: art. 155, I.*

II — quando praticarem ato nulo com dolo ou culpa.

• *Dispositivo correspondente no CPC de 2015: art. 155, II.*

Seção II | DO PERITO

Art. 145. Quando a prova do fato depender de conhecimento técnico ou científico, o juiz será assistido por perito, segundo o disposto no art. 421.

• *Dispositivo correspondente no CPC de 2015: art. 156,* caput.

§ 1º Os peritos serão escolhidos entre profissionais de nível universitário, devidamente inscritos no órgão de classe competente, respeitado o disposto no Capítulo VI, Seção VII, deste Código.

• *Dispositivo correspondente no CPC de 2015: art. 156, § 1º.*

§ 2º Os peritos comprovarão sua especialidade na matéria sobre que deverão opinar, mediante certidão do órgão profissional em que estiverem inscritos.

• *Sem dispositivo correspondente no CPC de 2015.*

§ 3º Nas localidades onde não houver profissionais qualificados que preencham os requisitos dos parágrafos anteriores, a indicação dos peritos será de livre escolha do juiz.

• *Dispositivo correspondente no CPC de 2015: art. 156, § 5º.*

Art. 146. O perito tem o dever de cumprir o ofício, no prazo que lhe assina a lei, empregando toda a sua diligência; pode, todavia, escusar-se do encargo alegando motivo legítimo.

• *Dispositivo correspondente no CPC de 2015: art. 157,* caput.

Parágrafo único. A escusa será apresentada dentro de 5 (cinco) dias, contados da intimação ou do impedimento superveniente, sob pena de se reputar renunciado o direito a alegá-la (art. 423).

• *Dispositivo correspondente no CPC de 2015: art. 157, § 1º.*

Art. 147. O perito que, por dolo ou culpa, prestar informações inverídicas, responderá pelos prejuízos que causar à parte, ficará inabilitado, por 2 (dois) anos, a funcionar em outras perícias e incorrerá na sanção que a lei penal estabelecer.

• *Dispositivo correspondente no CPC de 2015: art. 158.*

Seção III | DO DEPOSITÁRIO E DO ADMINISTRADOR

Art. 148. A guarda e conservação de bens penhorados, arrestados, sequestrados ou arrecadados serão confiadas a depositário ou a administrador, não dispondo a lei de outro modo.

• *Dispositivo correspondente no CPC de 2015: art. 159.*

Art. 149. O depositário ou administrador perceberá, por seu trabalho, remuneração que o juiz fixará, atendendo à situação dos bens, ao tempo do serviço e às dificuldades de sua execução.

• *Dispositivo correspondente no CPC de 2015: art. 160,* caput.

Parágrafo único. O juiz poderá nomear, por indicação do depositário ou do administrador, um ou mais prepostos.

• *Dispositivo correspondente no CPC de 2015: art. 160, parágrafo único.*

Art. 150. O depositário ou o administrador responde pelos prejuízos que, por dolo ou culpa, causar à parte, perdendo a remuneração que lhe foi arbitrada; mas tem o direito a haver o que legitimamente despendeu no exercício do encargo.

• *Dispositivo correspondente no CPC de 2015: art. 161,* caput.

Seção IV | DO INTÉRPRETE

Art. 151. O juiz nomeará intérprete toda vez que o repute necessário para:

• *Dispositivo correspondente no CPC de 2015: art. 162,* caput.

I — analisar documento de entendimento duvidoso, redigido em língua estrangeira;

• *Dispositivo correspondente no CPC de 2015: art. 162, I.*

II — verter em português as declarações das partes e das testemunhas que não conhecerem o idioma nacional;

• *Dispositivo correspondente no CPC de 2015: art. 162, II.*

III — traduzir a linguagem mímica dos surdos-mudos, que não puderem transmitir a sua vontade por escrito.

• *Dispositivo correspondente no CPC de 2015: art. 162, III.*

Art. 152. Não pode ser intérprete quem:

• *Dispositivo correspondente no CPC de 2015: art. 163,* caput.

I — não tiver a livre administração dos seus bens;

• *Dispositivo correspondente no CPC de 2015: art. 163, I.*

II — for arrolado como testemunha ou serve como perito no processo;

• *Dispositivo correspondente no CPC de 2015: art. 163, II.*

III — estiver inabilitado ao exercício da profissão por sentença penal condenatória, enquanto durar o seu efeito.

• *Dispositivo correspondente no CPC de 2015: art. 163, III.*

Art. 153. O intérprete, oficial ou não, é obrigado a prestar o seu ofício, aplicando-se-lhe o disposto nos arts. 146 e 147.

• *Dispositivo correspondente no CPC de 2015: art. 164.*

Título V | DOS ATOS PROCESSUAIS

Capítulo I | DA FORMA DOS ATOS PROCESSUAIS

Seção I | DOS ATOS EM GERAL

Art. 154. Os atos e termos processuais não dependem de forma determinada senão quando a lei expressamente a exigir, reputando-se válidos os que, realizados de outro modo, lhe preencham a finalidade essencial.

• *Dispositivo correspondente no CPC de 2015: art. 188.*

Parágrafo único. Os tribunais, no âmbito da respectiva jurisdição, poderão disciplinar a prática e a comunicação oficial dos atos processuais por meios eletrônicos, atendidos os requisitos de autenticidade, integridade, validade jurídica e interoperabilidade da Infraestrutura de Chaves Públicas Brasileira — ICP — Brasil.

• *Sem dispositivo correspondente no CPC de 2015.*

§ 2º Todos os atos e termos do processo podem ser produzidos, transmitidos, armazenados e assinados por meio eletrônico, na forma da lei.

• *Sem dispositivo correspondente no CPC de 2015.*

Art. 155. Os atos processuais são públicos. Correm, todavia, em segredo de justiça os processos:

• *Dispositivos correspondentes no CPC de 2015: arts. 11 e 189,* caput.

I — em que o exigir o interesse público;

• *Dispositivo correspondente no CPC de 2015: art. 189, I.*

II — que dizem respeito a casamento, filiação, separação dos cônjuges, conversão desta em divórcio, alimentos e guarda de menores.

• *Dispositivo correspondente no CPC de 2015: art. 189, II.*

Parágrafo único. O direito de consultar os autos e de pedir certidões de seus atos é restrito às partes e a seus procuradores. O terceiro, que demonstrar interesse jurídico, pode requerer ao juiz certidão do dispositivo da sentença, bem como de inventário e partilha resultante do desquite.

• *Dispositivo correspondente no CPC de 2015: art. 189, §§ 1º e 2º.*

Art. 156. Em todos os atos e termos do processo é obrigatório o uso do vernáculo.

• *Dispositivo correspondente no CPC de 2015: art. 192,* caput.

Art. 157. Só poderá ser junto aos autos documento redigido em língua estrangeira, quando acompanhado de versão em vernáculo, firmada por tradutor juramentado.

• *Dispositivo correspondente no CPC de 2015: art. 192, parágrafo único.*

Seção II | DOS ATOS DA PARTE

Art. 158. Os atos das partes, consistentes em declarações unilaterais ou bilaterais de vontade, produzem imediatamente a constituição, a modificação ou a extinção de direitos processuais.

• *Dispositivo correspondente no CPC de 2015: art. 200,* caput.

Parágrafo único. A desistência da ação só produzirá efeito depois de homologada por sentença.

• *Dispositivo correspondente no CPC de 2015: art. 200, parágrafo único.*

Art. 159. Salvo no Distrito Federal e nas Capitais dos Estados, todas as petições e documentos que instruírem o processo, não constantes de registro público, serão sempre acompanhados de cópia, datada e assinada por quem os oferecer.

• *Sem dispositivo correspondente no CPC de 2015.*

§ 1º Depois de conferir a cópia, o escrivão ou chefe da secretaria irá formando autos suplementares, dos quais constará a reprodução de todos os atos e termos do processo original.

• *Sem dispositivo correspondente no CPC de 2015.*

§ 2º Os autos suplementares só sairão de cartório para conclusão ao juiz, na falta dos autos originais.

• *Sem dispositivo correspondente no CPC de 2015.*

Art. 160. Poderão as partes exigir recibo de petições, arrazoados, papéis e documentos que entregarem em cartório.

• *Dispositivo correspondente no CPC de 2015: art. 201.*

Art. 161. É defeso lançar, nos autos, cotas marginais ou interlineares; o juiz mandará riscá-las, impondo a quem as escrever multa correspondente à metade do salário mínimo vigente na sede do juízo.

• *Dispositivo correspondente no CPC de 2015: art. 202.*

Seção III | DOS ATOS DO JUIZ

Art. 162. Os atos do juiz consistirão em sentenças, decisões interlocutórias e despachos.

• *Dispositivo correspondente no CPC de 2015: art. 203,* caput.

§ 1º Sentença é o ato do juiz que implica alguma das situações previstas nos arts. 267 e 269 desta Lei.

• *Dispositivo correspondente no CPC de 2015: art. 203, § 1º.*

§ 2º Decisão interlocutória é o ato pelo qual o juiz, no curso do processo, resolve questão incidente.

• *Dispositivo correspondente no CPC de 2015: art. 203, § 2º.*

§ 3º São despachos todos os demais atos do juiz praticados no processo, de ofício ou a requerimento da parte, a cujo respeito a lei não estabelece outra forma.

• *Dispositivo correspondente no CPC de 2015: art. 203, § 3º.*

§ 4º Os atos meramente ordinatórios, como a juntada e a vista obrigatória, independem de despacho, devendo ser praticados de ofício pelo servidor e revistos pelo juiz quando necessários.

• *Dispositivo correspondente no CPC de 2015: art. 203, § 4º.*

Art. 163. Recebe a denominação de acórdão o julgamento proferido pelos tribunais.

• *Dispositivo correspondente no CPC de 2015: art. 204.*

Art. 164. Os despachos, decisões, sentenças e acórdãos serão redigidos, datados e assinados pelos juízes. Quando forem proferidos, verbalmente, o taquígrafo ou o datilógrafo os registrará, submetendo-os aos juízes para revisão e assinatura.

• *Dispositivo correspondente no CPC de 2015: art. 205,* caput.

Parágrafo único. A assinatura dos juízes, em todos os graus de jurisdição, pode ser feita eletronicamente, na forma da lei.

• *Dispositivo correspondente no CPC de 2015: art. 205, § 2º.*

Art. 165. As sentenças e acórdãos serão proferidos com observância do disposto no art. 458; as demais decisões serão fundamentadas, ainda que de modo conciso.

• *Sem dispositivo correspondente no CPC de 2015.*

Seção IV | DOS ATOS DO ESCRIVÃO OU DO CHEFE DE SECRETARIA

Art. 166. Ao receber a petição inicial de qualquer processo, o escrivão a autuará, mencionando o juízo, a natureza do feito, o número de seu registro, os nomes das partes e a data do seu início; e procederá do mesmo modo quanto aos volumes que se forem formando.

• *Dispositivo correspondente no CPC de 2015: art. 206.*

Art. 167. O escrivão numerará e rubricará todas as folhas dos autos, procedendo da mesma forma quanto aos suplementares.

• *Dispositivo correspondente no CPC de 2015: art. 207,* caput.

Parágrafo único. Às partes, aos advogados, aos órgãos do Ministério Público, aos peritos e às testemunhas é facultado rubricar as folhas correspondentes aos atos em que intervieram.

• *Dispositivo correspondente no CPC de 2015: art. 207, parágrafo único.*

Art. 168. Os termos de juntada, vista, conclusão e outros semelhantes constarão de notas datadas e rubricadas pelo escrivão.

• *Dispositivo correspondente no CPC de 2015: art. 208.*

Art. 169. Os atos e termos do processo serão datilografados ou escritos com tinta escura e indelével, assinando-os as pessoas que neles intervieram. Quando estas não puderem ou não quiserem firmá-los, o escrivão certificará, nos autos, a ocorrência.

• *Dispositivo correspondente no CPC de 2015: art. 209,* caput.

§ 1º É vedado usar abreviaturas.

• *Sem dispositivo correspondente no CPC de 2015.*

§ 2º Quando se tratar de processo total ou parcialmente eletrônico, os atos processuais praticados na presença do juiz poderão ser produzidos e armazenados de modo integralmente digital em arquivo eletrônico inviolável, na forma da lei, mediante registro em termo que será assinado digitalmente pelo juiz e pelo escrivão ou chefe de secretaria, bem como pelos advogados das partes.

• *Dispositivo correspondente no CPC de 2015: art. 209, § 1º.*

§ 3º No caso do § 2º deste artigo, eventuais contradições na transcrição deverão ser suscitadas oralmente no momento da realização do ato, sob pena de preclusão, devendo o juiz decidir de plano, registrando-se a alegação e a decisão no termo.

• *Dispositivo correspondente no CPC de 2015: art. 209, § 2º.*

Art. 170. É lícito o uso da taquigrafia, da estenotipia, ou de outro método idôneo, em qualquer juízo ou tribunal.

• *Dispositivo correspondente no CPC de 2015: art. 210.*

Art. 171. Não se admitem, nos atos e termos, espaços em branco, bem como entrelinhas, emendas ou rasuras, salvo se aqueles forem inutilizados e estas expressamente ressalvadas.

• *Dispositivo correspondente no CPC de 2015: art. 211.*

Capítulo II | DO TEMPO E DO LUGAR DOS ATOS PROCESSUAIS

Seção I | DO TEMPO

Art. 172. Os atos processuais realizar-se-ão em dias úteis, das 6 (seis) às 20 (vinte) horas.

• *Dispositivo correspondente no CPC de 2015: art. 212,* caput.

§ 1º Serão, todavia, concluídos depois das 20 (vinte) horas os atos iniciados antes, quando o adiamento prejudicar a diligência ou causar grave dano.

• *Dispositivo correspondente no CPC de 2015: art. 212, § 1º.*

§ 2º A citação e a penhora poderão, em casos excepcionais, e mediante autorização expressa do juiz, realizar-se em domingos e feriados, ou nos dias úteis, fora do horário estabelecido neste artigo, observado o disposto no art. 5º, inciso XI, da Constituição Federal.

• *Dispositivo correspondente no CPC de 2015: art. 212, § 2º.*

§ 3º Quando o ato tiver que ser praticado em determinado prazo, por meio de petição, esta deverá ser apresentada no protocolo, dentro do horário de expediente, nos termos da lei de organização judiciária local.

• *Dispositivo correspondente no CPC de 2015: art. 212, § 3º.*

Art. 173. Durante as férias e nos feriados não se praticarão atos processuais. Excetuam-se:

• *Dispositivo correspondente no CPC de 2015: art. 214,* caput.

I — a produção antecipada de provas (art. 846);

• *Sem dispositivo correspondente no CPC de 2015.*

II — a citação, a fim de evitar o perecimento de direito; e bem assim o arresto, o sequestro, a penhora, a arrecadação, a busca e apreensão, o depósito, a prisão, a separação de corpos, a abertura de testamento, os embargos de terceiro, a nunciação de obra nova e outros atos análogos.

• *Dispositivo correspondente no CPC de 2015: art. 214, I.*

Parágrafo único. O prazo para a resposta do réu só começará a correr no primeiro dia útil seguinte ao feriado ou às férias.

• *Sem dispositivo correspondente no CPC de 2015.*

Art. 174. Processam-se durante as férias e não se suspendem pela superveniência delas:

• *Dispositivo correspondente no CPC de 2015: art. 215,* caput.

I — os atos de jurisdição voluntária bem como os necessários à conservação de direitos, quando possam ser prejudicados pelo adiamento;

• *Dispositivo correspondente no CPC de 2015: art. 215, I.*

II — as causas de alimentos provisionais, de dação ou remoção de tutores e curadores, bem como as mencionadas no art. 275;

• *Dispositivo correspondente no CPC de 2015: art. 215, II.*

III — todas as causas que a lei federal determinar.

• *Dispositivo correspondente no CPC de 2015: art. 215, III.*

Art. 175. São feriados, para efeito forense, os domingos e os dias declarados por lei.

• *Dispositivo correspondente no CPC de 2015: art. 216.*

Seção II | DO LUGAR

Art. 176. Os atos processuais realizam-se de ordinário na sede do juízo. Podem, todavia, efetuar-se em outro lugar, em razão de deferência, de interesse da justiça, ou de obstáculo arguido pelo interessado e acolhido pelo juiz.

• *Dispositivo correspondente no CPC de 2015: art. 217.*

Capítulo III | DOS PRAZOS

Seção I | DAS DISPOSIÇÕES GERAIS

Art. 177. Os atos processuais realizar-se-ão nos prazos prescritos em lei. Quando esta for omissa, o juiz determinará os prazos, tendo em conta a complexidade da causa.

• *Dispositivo correspondente no CPC de 2015: art. 218,* caput *e § 1º.*

Art. 178. O prazo, estabelecido pela lei ou pelo juiz, é contínuo, não se interrompendo nos feriados.

• *Sem dispositivo correspondente no CPC de 2015.*

Art. 179. A superveniência de férias suspenderá o curso do prazo; o que lhe sobejar recomeçará a correr do primeiro dia útil seguinte ao termo das férias.

• *Dispositivo correspondente no CPC de 2015: art. 220,* caput.

Art. 180. Suspende-se também o curso do prazo por obstáculo criado pela parte ou ocorrendo qualquer das hipóteses do art. 265, I e III; casos em que o prazo será restituído por tempo igual ao que faltava para a sua complementação.

• *Dispositivo correspondente no CPC de 2015: art. 221,* caput.

Art. 181. Podem as partes, de comum acordo, reduzir ou prorrogar o prazo dilatório; a convenção, porém, só tem eficácia se, requerida antes do vencimento do prazo, se fundar em motivo legítimo.

• *Sem dispositivo correspondente no CPC de 2015.*

§ 1º O juiz fixará o dia do vencimento do prazo da prorrogação.

• *Sem dispositivo correspondente no CPC de 2015.*

§ 2º As custas acrescidas ficarão a cargo da parte em favor de quem foi concedida a prorrogação.

• *Sem dispositivo correspondente no CPC de 2015.*

Art. 182. É defeso às partes, ainda que todas estejam de acordo, reduzir ou prorrogar os prazos peremptórios. O juiz poderá, nas comarcas onde for difícil o transporte, prorrogar quaisquer prazos, mas nunca por mais de 60 (sessenta) dias.

• *Dispositivo correspondente no CPC de 2015: art. 222,* caput.

Parágrafo único. Em caso de calamidade pública, poderá ser excedido o limite previsto neste artigo para a prorrogação de prazos.

• *Dispositivo correspondente no CPC de 2015: art. 222, § 2º.*

Art. 183. Decorrido o prazo, extingue-se, independentemente de declaração judicial, o direito de praticar o ato, ficando salvo, porém, à parte provar que o não realizou por justa causa.

• *Dispositivo correspondente no CPC de 2015: art. 223,* caput.

§ 1º Reputa-se justa causa o evento imprevisto, alheio à vontade da parte, e que a impediu de praticar o ato por si ou por mandatário.

• *Dispositivo correspondente no CPC de 2015: art. 223, § 1º.*

§ 2º Verificada a justa causa o juiz permitirá à parte a prática do ato no prazo que lhe assinar.

• *Dispositivo correspondente no CPC de 2015: art. 223, § 2º.*

Art. 184. Salvo disposição em contrário, computar-se-ão os prazos, excluindo o dia do começo e incluindo o do vencimento.

• *Dispositivos correspondentes no CPC de 2015: arts. 224,* caput, *e 219.*

§ 1º Considera-se prorrogado o prazo até o primeiro dia útil se o vencimento cair em feriado ou em dia em que:

• *Sem dispositivo correspondente no CPC de 2015.*

I — for determinado o fechamento do fórum;

• *Sem dispositivo correspondente no CPC de 2015.*

II — o expediente forense for encerrado antes da hora normal.

• *Dispositivo correspondente no CPC de 2015: art. 224, § 1º.*

§ 2º Os prazos somente começam a correr do primeiro dia útil após a intimação (art. 240 e parágrafo único).

• *Dispositivo correspondente no CPC de 2015: art. 224, § 3º.*

Art. 185. Não havendo preceito legal nem assinação pelo juiz, será de 5 (cinco) dias o prazo para a prática de ato processual a cargo da parte.

• *Dispositivo correspondente no CPC de 2015: art. 218, § 3º.*

Art. 186. A parte poderá renunciar ao prazo estabelecido exclusivamente em seu favor.

• *Dispositivo correspondente no CPC de 2015: art. 225.*

Art. 187. Em qualquer grau de jurisdição, havendo motivo justificado, pode o juiz exceder, por igual tempo, os prazos que este Código lhe assina.

• *Dispositivo correspondente no CPC de 2015: art. 227.*

Art. 188. Computar-se-á em quádruplo o prazo para contestar e em dobro para recorrer quando a parte for a Fazenda Pública ou o Ministério Público.

• *Dispositivo correspondente no CPC de 2015: art. 180.*

Art. 189. O juiz proferirá:

• *Dispositivo correspondente no CPC de 2015: art. 226,* caput.

I — os despachos de expediente, no prazo de 2 (dois) dias;

• *Dispositivo correspondente no CPC de 2015: art. 226, I.*

II — as decisões, no prazo de 10 (dez) dias.

• *Dispositivo correspondente no CPC de 2015: art. 226, II.*

Art. 190. Incumbirá ao serventuário remeter os autos conclusos no prazo de 24 (vinte e quatro) horas e executar os atos processuais no prazo de 48 (quarenta e oito) horas, contados:

• *Dispositivo correspondente no CPC de 2015: art. 228,* caput.

I — da data em que houver concluído o ato processual anterior, se lhe foi imposto pela lei;

• *Dispositivo correspondente no CPC de 2015: art. 228, I.*

II — da data em que tiver ciência da ordem, quando determinada pelo juiz.

• *Dispositivo correspondente no CPC de 2015: art. 228, II.*

Parágrafo único. Ao receber os autos, certificará o serventuário o dia e a hora em que ficou ciente da ordem, referida no n. II.

• *Dispositivo correspondente no CPC de 2015: art. 228, § 1º.*

Art. 191. Quando os litisconsortes tiverem diferentes procuradores, ser-lhes-ão contados em dobro os prazos para contestar, para recorrer e, de modo geral, para falar nos autos.

• *Dispositivo correspondente no CPC de 2015: art. 229.*

Art. 192. Quando a lei não marcar outro prazo, as intimações somente obrigarão a comparecimento depois de decorridas 24 (vinte e quatro) horas.

• *Dispositivo correspondente no CPC de 2015: art. 218, § 2º.*

Seção II | DA VERIFICAÇÃO DOS PRAZOS E DAS PENALIDADES

Art. 193. Compete ao juiz verificar se o serventuário excedeu, sem motivo legítimo, os prazos que este Código estabelece.

• *Dispositivo correspondente no CPC de 2015: art. 233,* caput.

Art. 194. Apurada a falta, o juiz mandará instaurar procedimento administrativo, na forma da Lei de Organização Judiciária.

• *Dispositivo correspondente no CPC de 2015: art. 233, § 1º.*

Art. 195. O advogado deve restituir os autos no prazo legal. Não o fazendo, mandará o juiz, de ofício, riscar o que neles houver escrito e desentranhar as alegações e documentos que apresentar.

• *Dispositivo correspondente no CPC de 2015: art. 234,* caput.

Art. 196. É lícito a qualquer interessado cobrar os autos ao advogado que exceder o prazo legal. Se, intimado, não os devolver dentro em 24 (vinte e quatro) horas, perderá o direito à vista fora de cartório e incorrerá em multa, correspondente à metade do salário mínimo vigente na sede do juízo.

• *Dispositivo correspondente no CPC de 2015: art. 234, § 1º.*

Parágrafo único. Apurada a falta, o juiz comunicará o fato à seção local da Ordem dos Advogados do Brasil, para o procedimento disciplinar e imposição da multa.

• *Dispositivo correspondente no CPC de 2015: art. 234, § 3º.*

Art. 197. Aplicam-se ao órgão do Ministério Público e ao representante da Fazenda Pública as disposições constantes dos arts. 195 e 196.

• *Dispositivo correspondente no CPC de 2015: art. 234, § 4º.*

Art. 198. Qualquer das partes ou o órgão do Ministério Público poderá representar ao presidente do Tribunal de Justiça contra o juiz que excedeu os prazos previstos em lei. Distribuída a representação ao órgão competente, instaurar-se-á procedimento para apuração da responsabilidade. O relator, conforme as circunstâncias, poderá avocar os autos em que ocorreu excesso de prazo, designando outro juiz para decidir a causa.

• *Dispositivo correspondente no CPC de 2015: art. 235.*

Art. 199. A disposição do artigo anterior aplicar-se-á aos tribunais superiores na forma que dispuser o seu regimento interno.

• *Sem dispositivo correspondente no CPC de 2015.*

Capítulo IV | DAS COMUNICAÇÕES DOS ATOS

Seção I | DAS DISPOSIÇÕES GERAIS

Art. 200. Os atos processuais serão cumpridos por ordem judicial ou requisitados por carta, conforme hajam de realizar-se dentro ou fora dos limites territoriais da comarca.

• *Dispositivo correspondente no CPC de 2015: art. 236,* caput.

Art. 201. Expedir-se-á carta de ordem se o juiz for subordinado ao tribunal de que ela emanar; carta rogatória, quando dirigida à autoridade judiciária estrangeira; e carta precatória nos demais casos.

• *Dispositivo correspondente no CPC de 2015: art. 237,* caput *e incisos I, II e III.*

Seção II | DAS CARTAS

Art. 202. São requisitos essenciais da carta de ordem, da carta precatória e da carta rogatória:

• *Dispositivo correspondente no CPC de 2015: art. 260,* caput.

I — a indicação dos juízes de origem e de cumprimento do ato;

• *Dispositivo correspondente no CPC de 2015: art. 260, I.*

II — o inteiro teor da petição, do despacho judicial e do instrumento do mandato conferido ao advogado;

• *Dispositivo correspondente no CPC de 2015: art. 260, II.*

III — a menção do ato processual, que lhe constitui o objeto;

• *Dispositivo correspondente no CPC de 2015: art. 260, III.*

IV — o encerramento com a assinatura do juiz.

• *Dispositivo correspondente no CPC de 2015: art. 260, IV.*

§ 1º O juiz mandará trasladar, na carta, quaisquer outras peças, bem como instruí-la com mapa, desenho ou gráfico, sempre que estes documentos devam ser examinados, na diligência, pelas partes, peritos ou testemunhas.

• *Dispositivo correspondente no CPC de 2015: art. 260, § 1º.*

§ 2º Quando o objeto da carta for exame pericial sobre documento, este será remetido em original, ficando nos autos reprodução fotográfica.

• *Dispositivo correspondente no CPC de 2015: art. 260, § 2º.*

§ 3º A carta de ordem, carta precatória ou carta rogatória pode ser expedida por meio eletrônico, situação em que a assinatura do juiz deverá ser eletrônica, na forma da lei.

• *Dispositivo correspondente no CPC de 2015: art. 263.*

Art. 203. Em todas as cartas declarará o juiz o prazo dentro do qual deverão ser cumpridas, atendendo à facilidade das comunicações e à natureza da diligência.

• *Dispositivo correspondente no CPC de 2015: art. 261.*

Art. 204. A carta tem caráter itinerante; antes ou depois de lhe ser ordenado o cumprimento, poderá ser apresentada a juízo diverso do que dela consta, a fim de se praticar o ato.

• *Dispositivo correspondente no CPC de 2015: art. 262,* caput.

Art. 205. Havendo urgência, transmitir-se-ão a carta de ordem e a carta precatória por telegrama, radiograma ou telefone.

• *Dispositivo correspondente no CPC de 2015: art. 263.*

Art. 206. A carta de ordem e a carta precatória, por telegrama ou radiograma, conterão, em resumo substancial, os requisitos mencionados no art. 202, bem como a declaração, pela agência expedidora, de estar reconhecida a assinatura do juiz.

• *Dispositivo correspondente no CPC de 2015: art. 264.*

Art. 207. O secretário do tribunal ou o escrivão do juízo deprecante transmitirá, por telefone, a carta de ordem, ou a carta precatória ao juízo, em que houver de cumprir-se o ato, por intermédio do escrivão do primeiro ofício da primeira vara, se houver na comarca mais de um ofício ou de uma vara, observando, quanto aos requisitos, o disposto no artigo antecedente.

• *Dispositivo correspondente no CPC de 2015: art. 265,* caput.

§ 1º O escrivão, no mesmo dia ou no dia útil imediato, telefonará ao secretário do tribunal ou ao escrivão do juízo deprecante, lendo-lhe os termos da carta e solicitando-lhe que lha confirme.

• *Dispositivo correspondente no CPC de 2015: art. 265, § 1º.*

§ 2º Sendo confirmada, o escrivão submeterá a carta a despacho.

• *Dispositivo correspondente no CPC de 2015: art. 265, § 2º.*

Art. 208. Executar-se-ão, de ofício, os atos requisitados por telegrama, radiograma ou telefone. A parte depositará, contudo, na secretaria do tribunal ou no cartório do juízo deprecante, a importância correspondente às despesas que serão feitas no juízo em que houver de praticar-se o ato.

• *Dispositivo correspondente no CPC de 2015: art. 266.*

Art. 209. O juiz recusará cumprimento à carta precatória, devolvendo-a com despacho motivado:

• *Dispositivo correspondente no CPC de 2015: art. 267,* caput.

I — quando não estiver revestida dos requisitos legais;

• *Dispositivo correspondente no CPC de 2015: art. 267, I.*

II — quando carecer de competência em razão da matéria ou da hierarquia;

• *Dispositivo correspondente no CPC de 2015: art. 267, II.*

III — quando tiver dúvida acerca de sua autenticidade.

• *Dispositivo correspondente no CPC de 2015: art. 267, III.*

Art. 210. A carta rogatória obedecerá, quanto à sua admissibilidade e modo de seu cumprimento, ao disposto na convenção internacional; à falta desta, será remetida à autoridade judiciária estrangeira, por via diplomática, depois de traduzida para a língua do país em que há de praticar-se o ato.

• *Sem dispositivo correspondente no CPC de 2015.*

Art. 211. A concessão de exequibilidade às cartas rogatórias das justiças estrangeiras obedecerá ao disposto no Regimento Interno do Supremo Tribunal Federal.

• *Sem dispositivo correspondente no CPC de 2015.*

Art. 212. Cumprida a carta, será devolvida ao juízo de origem, no prazo de 10 (dez) dias, independentemente de traslado, pagas as custas pela parte.

• *Dispositivo correspondente no CPC de 2015: art. 268.*

Seção III | DAS CITAÇÕES

Art. 213. Citação é o ato pelo qual se chama a juízo o réu ou o interessado a fim de se defender.

• *Dispositivo correspondente no CPC de 2015: art. 238.*

Art. 214. Para a validade do processo é indispensável a citação inicial do réu.

• *Dispositivo correspondente no CPC de 2015: art. 239,* caput.

§ 1º O comparecimento espontâneo do réu supre, entretanto, a falta de citação.

• *Dispositivo correspondente no CPC de 2015: art. 239, § 1º.*

§ 2º Comparecendo o réu apenas para arguir a nulidade e sendo esta decretada, considerar-se-á feita a citação na data em que ele ou seu advogado for intimado da decisão.

• *Sem dispositivo correspondente no CPC de 2015.*

Art. 215. Far-se-á a citação pessoalmente ao réu, ao seu representante legal ou ao procurador legalmente autorizado.

• *Dispositivo correspondente no CPC de 2015: art. 242,* caput.

§ 1º Estando o réu ausente, a citação far-se-á na pessoa de seu mandatário, administrador, feitor ou gerente, quando a ação se originar de atos por eles praticados.

• *Dispositivo correspondente no CPC de 2015: art. 242, § 1º.*

§ 2º O locador que se ausentar do Brasil sem cientificar o locatário de que deixou na localidade, onde estiver situado o imóvel, procurador com poderes para receber citação, será citado na pessoa do administrador do imóvel encarregado do recebimento dos aluguéis.

• *Dispositivo correspondente no CPC de 2015: art. 242, § 2º.*

Art. 216. A citação efetuar-se-á em qualquer lugar em que se encontre o réu.

• *Dispositivo correspondente no CPC de 2015: art. 243,* caput.

Parágrafo único. O militar, em serviço ativo, será citado na unidade em que estiver servindo se não for conhecida a sua residência ou nela não for encontrado.

• *Dispositivo correspondente no CPC de 2015: art. 243, parágrafo único.*

Art. 217. Não se fará, porém, a citação, salvo para evitar o perecimento do direito:

• *Dispositivo correspondente no CPC de 2015: art. 244,* caput.

I — a quem estiver assistindo a qualquer ato de culto religioso;

• *Dispositivo correspondente no CPC de 2015: art. 244, I.*

II — ao cônjuge ou a qualquer parente do morto, consanguíneo ou afim, em linha reta, ou na linha colateral em segundo grau, no dia do falecimento e nos 7 (sete) dias seguintes;

• *Dispositivo correspondente no CPC de 2015: art. 244, II.*

III — aos noivos, nos 3 (três) primeiros dias de bodas;

• *Dispositivo correspondente no CPC de 2015: art. 244, III.*

IV — aos doentes, enquanto grave o seu estado.

• *Dispositivo correspondente no CPC de 2015: art. 244, IV.*

Art. 218. Também não se fará citação, quando se verificar que o réu é demente ou está impossibilitado de recebê-la.

• *Dispositivo correspondente no CPC de 2015: art. 245,* caput.

§ 1º O oficial de justiça passará certidão, descrevendo minuciosamente a ocorrência. O juiz nomeará um médico, a fim de examinar o citando. O laudo será apresentado em 5 (cinco) dias.

• *Dispositivo correspondente no CPC de 2015: art. 245, § 1º.*

§ 2º Reconhecida a impossibilidade, o juiz dará ao citando um curador, observando, quanto à sua escolha, a preferência estabelecida na lei civil. A nomeação é restrita à causa.

• *Dispositivo correspondente no CPC de 2015: art. 245, § 4º.*

§ 3º A citação será feita na pessoa do curador, a quem incumbirá a defesa do réu.

• *Dispositivo correspondente no CPC de 2015: art. 245, § 5º.*

Art. 219. A citação válida torna prevento o juízo, induz litispendência e faz litigiosa a coisa; e, ainda quando ordenada por juiz incompetente, constitui em mora o devedor e interrompe a prescrição.

• *Dispositivos correspondentes no CPC de 2015: arts. 59 e 240,* caput.

§ 1º A interrupção da prescrição retroagirá à data da propositura da ação.

• *Dispositivo correspondente no CPC de 2015: art. 240, § 1º.*

§ 2º Incumbe à parte promover a citação do réu nos 10 (dez) dias subsequentes ao despacho que a ordenar, não ficando prejudicada pela demora imputável exclusivamente ao serviço judiciário.

• *Dispositivo correspondente no CPC de 2015: art. 240, § 2º.*

§ 3º Não sendo citado o réu, o juiz prorrogará o prazo até o máximo de 90 (noventa) dias.

• *Sem dispositivo correspondente no CPC de 2015.*

§ 4º Não se efetuando a citação nos prazos mencionados nos parágrafos antecedentes, haver-se-á por não interrompida a prescrição.

• *Sem dispositivo correspondente no CPC de 2015.*

§ 5º O juiz pronunciará, de ofício, a prescrição.

• *Sem dispositivo correspondente no CPC de 2015.*

§ 6º Passada em julgado a sentença, a que se refere o parágrafo anterior, o escrivão comunicará ao réu o resultado do julgamento.

• *Sem dispositivo correspondente no CPC de 2015.*

Art. 220. O disposto no artigo anterior aplica-se a todos os prazos extintivos previstos na lei.

• *Dispositivo correspondente no CPC de 2015: art. 240, § 4º.*

Art. 221. A citação far-se-á:

• *Dispositivo correspondente no CPC de 2015: art. 246,* caput.

I — pelo correio;

• *Dispositivo correspondente no CPC de 2015: art. 246, I.*

II — por oficial de justiça;

• *Dispositivo correspondente no CPC de 2015: art. 246, II.*

III — por edital;

• *Dispositivo correspondente no CPC de 2015: art. 246, IV.*

IV — por meio eletrônico, conforme regulado em lei própria.

• *Dispositivo correspondente no CPC de 2015: art. 246, V.*

Art. 222. A citação será feita pelo correio, para qualquer comarca do País, exceto:

• *Dispositivo correspondente no CPC de 2015: art. 247,* caput.

a) nas ações de estado;

• *Dispositivo correspondente no CPC de 2015: art. 247, I.*

b) quando for ré pessoa incapaz;

• *Dispositivo correspondente no CPC de 2015: art. 247, II.*

c) quando for ré pessoa de direito público;

• *Dispositivo correspondente no CPC de 2015: art. 247, III.*

d) nos processos de execução;

• *Sem dispositivo correspondente no CPC de 2015.*

e) quando o réu residir em local não atendido pela entrega domiciliar de correspondência;

• *Dispositivo correspondente no CPC de 2015: art. 247, IV.*

f) quando o autor a requerer de outra forma.

• *Dispositivo correspondente no CPC de 2015: art. 247, V.*

Art. 223. Deferida a citação pelo correio, o escrivão ou chefe da secretaria remeterá ao citando cópias da petição inicial e do despacho do juiz, expressamente consignada em seu inteiro teor a advertência a que se refere o art. 285, segunda parte, comunicando, ainda, o prazo para a resposta e o juízo e cartório, com o respectivo endereço.

• *Dispositivo correspondente no CPC de 2015: art. 248,* caput.

Parágrafo único. A carta será registrada para entrega ao citando, exigindo-lhe o carteiro, ao fazer a entrega, que assine o recibo. Sendo o réu pessoa jurídica, será válida a entrega a pessoa com poderes de gerência geral ou de administração.

• *Dispositivo correspondente no CPC de 2015: art. 248, § 1º.*

Art. 224. Far-se-á a citação por meio de oficial de justiça nos casos ressalvados no art. 222, ou quando frustrada a citação pelo correio.

• *Dispositivo correspondente no CPC de 2015: art. 249.*

Art. 225. O mandado, que o oficial de justiça tiver de cumprir, deverá conter:

• *Dispositivo correspondente no CPC de 2015: art. 250,* caput.

I — os nomes do autor e do réu, bem como os respectivos domicílios ou residências;

• *Dispositivo correspondente no CPC de 2015: art. 250, I.*

II — o fim da citação, com todas as especificações constantes da petição inicial, bem como a advertência a que se refere o art. 285, segunda parte, se o litígio versar sobre direitos disponíveis;

• *Dispositivo correspondente no CPC de 2015: art. 250, II.*

III — a cominação, se houver;

• *Dispositivo correspondente no CPC de 2015: art. 250, III.*

IV — o dia, hora e lugar do comparecimento;

• *Dispositivo correspondente no CPC de 2015: art. 250, IV.*

V — a cópia do despacho;

• *Dispositivo correspondente no CPC de 2015: art. 250, V.*

VI — o prazo para defesa;

• *Sem dispositivo correspondente no CPC de 2015.*

VII — a assinatura do escrivão e a declaração de que o subscreve por ordem do juiz.

• *Dispositivo correspondente no CPC de 2015: art. 250, VI.*

Parágrafo único. O mandado poderá ser em breve relatório, quando o autor entregar em cartório, com a petição inicial, tantas cópias desta quantos forem os réus; caso em que as cópias, depois de conferidas com o original, farão parte integrante do mandado.

• *Sem dispositivo correspondente no CPC de 2015.*

Art. 226. Incumbe ao oficial de justiça procurar o réu e, onde o encontrar, citá-lo:

• *Dispositivo correspondente no CPC de 2015: art. 251,* caput.

I — lendo-lhe o mandado e entregando-lhe a contrafé;

• *Dispositivo correspondente no CPC de 2015: art. 251, I.*

II — portando por fé se recebeu ou recusou a contrafé;

• *Dispositivo correspondente no CPC de 2015: art. 251, II.*

III — obtendo a nota de ciente, ou certificando que o réu não a apôs no mandado.

• *Dispositivo correspondente no CPC de 2015: art. 251, III.*

Art. 227. Quando, por três vezes, o oficial de justiça houver procurado o réu em seu domicílio ou residência, sem o encontrar, deverá, havendo suspeita de ocultação, intimar a qualquer pessoa da família, ou em sua falta a qualquer vizinho, que, no dia imediato, voltará, a fim de efetuar a citação, na hora que designar.

• *Dispositivo correspondente no CPC de 2015: art. 252,* caput.

Art. 228. No dia e hora designados, o oficial de justiça, independentemente de novo despacho, comparecerá ao domicílio ou residência do citando, a fim de realizar a diligência.

• *Dispositivo correspondente no CPC de 2015: art. 253,* caput.

§ 1º Se o citando não estiver presente, o oficial de justiça procurará informar-se das razões da ausência, dando por feita a citação, ainda que o citando se tenha ocultado em outra comarca.

• *Dispositivo correspondente no CPC de 2015: art. 253, § 1º.*

§ 2º Da certidão da ocorrência, o oficial de justiça deixará contrafé com pessoa da família ou com qualquer vizinho, conforme o caso, declarando-lhe o nome.

• *Dispositivo correspondente no CPC de 2015: art. 253, § 3º.*

Art. 229. Feita a citação com hora certa, o escrivão enviará ao réu carta, telegrama ou radiograma, dando-lhe de tudo ciência.

• *Dispositivo correspondente no CPC de 2015: art. 254.*

Art. 230. Nas comarcas contíguas, de fácil comunicação, e nas que se situem na mesma região metropolitana, o oficial de justiça poderá efetuar citações ou intimações em qualquer delas.

• *Dispositivo correspondente no CPC de 2015: art. 255.*

Art. 231. Far-se-á a citação por edital:

• *Dispositivo correspondente no CPC de 2015: art. 256,* caput.

I — quando desconhecido ou incerto o réu;

• *Dispositivo correspondente no CPC de 2015: art. 256, I.*

II — quando ignorado, incerto ou inacessível o lugar em que se encontrar;

• *Dispositivo correspondente no CPC de 2015: art. 256, II.*

III — nos casos expressos em lei.

• *Dispositivo correspondente no CPC de 2015: art. 256, III.*

§ 1º Considera-se inacessível, para efeito de citação por edital, o país que recusar o cumprimento de carta rogatória.

• *Dispositivo correspondente no CPC de 2015: art. 256, § 1º.*

§ 2º No caso de ser inacessível o lugar em que se encontrar o réu, a notícia de sua citação será divulgada também pelo rádio, se na comarca houver emissora de radiodifusão.

• *Dispositivo correspondente no CPC de 2015: art. 256, § 2º.*

Art. 232. São requisitos da citação por edital:

• *Dispositivo correspondente no CPC de 2015: art. 257,* caput.

I — a afirmação do autor, ou a certidão do oficial, quanto às circunstâncias previstas nos ns. I e II do artigo antecedente;

• *Dispositivo correspondente no CPC de 2015: art. 257, I.*

II — a afixação do edital, na sede do juízo, certificada pelo escrivão;

• *Sem dispositivo correspondente no CPC de 2015.*

III — a publicação do edital no prazo máximo de 15 (quinze) dias, uma vez no órgão oficial e pelo menos duas vezes em jornal local, onde houver;

• *Dispositivo correspondente no CPC de 2015: art. 257, II.*

IV — a determinação, pelo juiz, do prazo, que variará entre 20 (vinte) e 60 (sessenta) dias, correndo da data da primeira publicação;

• *Dispositivo correspondente no CPC de 2015: art. 257, III.*

V — a advertência a que se refere o art. 285, segunda parte, se o litígio versar sobre direitos disponíveis.

• *Dispositivo correspondente no CPC de 2015: art. 257, IV.*

§ 1º Juntar-se-á aos autos um exemplar de cada publicação, bem como do anúncio, de que trata o n. II deste artigo.

• *Sem dispositivo correspondente no CPC de 2015.*

§ 2º A publicação do edital será feita apenas no órgão oficial quando a parte for beneficiária da Assistência Judiciária.

• *Sem dispositivo correspondente no CPC de 2015.*

Art. 233. A parte que requerer a citação por edital, alegando dolosamente os requisitos do art. 231, I e II, incorrerá em multa de 5 (cinco) vezes o salário mínimo vigente na sede do juízo.

• *Dispositivo correspondente no CPC de 2015: art. 258,* caput.

Parágrafo único. A multa reverterá em benefício do citando.

• *Dispositivo correspondente no CPC de 2015: art. 258, parágrafo único.*

Seção IV | DAS INTIMAÇÕES

Art. 234. Intimação é o ato pelo qual se dá ciência a alguém dos atos e termos do processo, para que faça ou deixe de fazer alguma coisa.

• *Dispositivo correspondente no CPC de 2015: art. 269,* caput.

Art. 235. As intimações efetuam-se de ofício, em processos pendentes, salvo disposição em contrário.

• *Dispositivo correspondente no CPC de 2015: art. 271.*

Art. 236. No Distrito Federal e nas Capitais dos Estados e dos Territórios, consideram-se feitas as intimações pela só publicação dos atos no órgão oficial.

• *Dispositivo correspondente no CPC de 2015: art. 272,* caput.

§ 1º É indispensável, sob pena de nulidade, que da publicação constem os nomes das partes e de seus advogados, suficientes para sua identificação.

• *Dispositivo correspondente no CPC de 2015: art. 272, § 2º.*

§ 2º A intimação do Ministério Público, em qualquer caso, será feita pessoalmente.

• *Sem dispositivo correspondente no CPC de 2015.*

Art. 237. Nas demais comarcas aplicar-se-á o disposto no artigo antecedente, se houver órgão de publicação dos atos oficiais; não o havendo, competirá ao escrivão intimar, de todos os atos do processo, os advogados das partes:

• *Dispositivo correspondente no CPC de 2015: art. 273,* caput.

I — pessoalmente, tendo domicílio na sede do juízo;

• *Dispositivo correspondente no CPC de 2015: art. 273, I.*

II — por carta registrada, com aviso de recebimento quando domiciliado fora do juízo.

• *Dispositivo correspondente no CPC de 2015: art. 273, II.*

Parágrafo único. As intimações podem ser feitas de forma eletrônica, conforme regulado em lei própria.

• *Dispositivo correspondente no CPC de 2015: art. 270.*

Art. 238. Não dispondo a lei de outro modo, as intimações serão feitas às partes, aos seus representantes legais e aos advogados pelo correio ou, se presentes em cartório, diretamente pelo escrivão ou chefe de secretaria.

• *Dispositivo correspondente no CPC de 2015: art. 274,* caput.

Parágrafo único. Presumem-se válidas as comunicações e intimações dirigidas ao endereço residencial ou profissional declinado na inicial, contestação ou embargos, cumprindo às partes atualizar o respectivo endereço sempre que houver modificação temporária ou definitiva.

• *Dispositivo correspondente no CPC de 2015: art. 274, parágrafo único.*

Art. 239. Far-se-á a intimação por meio de oficial de justiça quando frustrada a realização pelo correio.

• *Dispositivo correspondente no CPC de 2015: art. 275,* caput.

Parágrafo único. A certidão de intimação deve conter:

• *Dispositivo correspondente no CPC de 2015: art. 275, § 1º,* caput.

I — a indicação do lugar e a descrição da pessoa intimada, mencionando, quando possível, o número de sua carteira de identidade e o órgão que a expediu;

• *Dispositivo correspondente no CPC de 2015: art. 275, § 1º, I.*

II — a declaração de entrega da contrafé;

• *Dispositivo correspondente no CPC de 2015: art. 275, § 1º, II.*

III — a nota de ciente ou certidão de que o interessado não a apôs no mandado.

• *Dispositivo correspondente no CPC de 2015: art. 275, § 1º, III.*

Art. 240. Salvo disposição em contrário, os prazos para as partes, para a Fazenda Pública e para o Ministério Público contar-se-ão da intimação.

• *Dispositivo correspondente no CPC de 2015: art. 230.*

Parágrafo único. As intimações consideram-se realizadas no primeiro dia útil seguinte, se tiverem ocorrido em dia em que não tenha havido expediente forense.

• *Sem dispositivo correspondente no CPC de 2015.*

Art. 241. Começa a correr o prazo:

• *Dispositivo correspondente no CPC de 2015: art. 231,* caput.

I — quando a citação ou intimação for pelo correio, da data de juntada aos autos do aviso de recebimento;

• *Dispositivo correspondente no CPC de 2015: art. 231, I.*

II — quando a citação ou intimação for por oficial de justiça, da data de juntada aos autos do mandado cumprido;

• *Dispositivo correspondente no CPC de 2015: art. 231, II.*

III — quando houver vários réus, da data de juntada aos autos do último aviso de recebimento ou mandado citatório cumprido;

• *Dispositivo correspondente no CPC de 2015: art. 231, § 1º.*

IV — quando o ato se realizar em cumprimento de carta de ordem, precatória ou rogatória, da data de sua juntada aos autos devidamente cumprida;

• *Dispositivo correspondente no CPC de 2015: art. 231, VI.*

V — quando a citação for por edital, finda a dilação assinada pelo juiz.

• *Dispositivo correspondente no CPC de 2015: art. 231, IV.*

Art. 242. O prazo para a interposição de recurso conta-se da data, em que os advogados são intimados da decisão, da sentença ou do acórdão.

• *Dispositivo correspondente no CPC de 2015: art. 1.003,* caput.

§ 1º Reputam-se intimados na audiência, quando nesta é publicada a decisão ou a sentença.

• *Dispositivo correspondente no CPC de 2015: art. 1.003, § 1º.*

§ 2º Havendo antecipação da audiência, o juiz, de ofício ou a requerimento da parte, mandará intimar pessoalmente os advogados para ciência da nova designação.

• *Dispositivo correspondente no CPC de 2015: art. 363.*

Capítulo V | DAS NULIDADES

Art. 243. Quando a lei prescrever determinada forma, sob pena de nulidade, a decretação desta não pode ser requerida pela parte que lhe deu causa.

• *Dispositivo correspondente no CPC de 2015: art. 276.*

Art. 244. Quando a lei prescrever determinada forma, sem cominação de nulidade, o juiz considerará válido o ato se, realizado de outro modo, lhe alcançar a finalidade.

• *Dispositivo correspondente no CPC de 2015: art. 277.*

Art. 245. A nulidade dos atos deve ser alegada na primeira oportunidade em que couber à parte falar nos autos, sob pena de preclusão.

• *Dispositivo correspondente no CPC de 2015: art. 278,* caput.

Parágrafo único. Não se aplica esta disposição às nulidades que o juiz deva decretar de ofício, nem prevalece a preclusão, provando a parte legítimo impedimento.

• *Dispositivo correspondente no CPC de 2015: art. 278, parágrafo único.*

Art. 246. É nulo o processo, quando o Ministério Público não for intimado a acompanhar o feito em que deva intervir.

• *Dispositivo correspondente no CPC de 2015: art. 279,* caput.

Parágrafo único. Se o processo tiver corrido, sem conhecimento do Ministério Público, o juiz o anulará a partir do momento em que o órgão devia ter sido intimado.

• *Dispositivo correspondente no CPC de 2015: art. 279, § 1º.*

Art. 247. As citações e as intimações serão nulas, quando feitas sem observância das prescrições legais.

• *Dispositivo correspondente no CPC de 2015: art. 280.*

Art. 248. Anulado o ato, reputam-se de nenhum efeito todos os subsequentes, que dele dependam; todavia, a nulidade de uma parte do ato não prejudicará as outras, que dela sejam independentes.

• *Dispositivo correspondente no CPC de 2015: art. 281.*

Art. 249. O juiz, ao pronunciar a nulidade, declarará que atos são atingidos, ordenando as providências necessárias, a fim de que sejam repetidos, ou retificados.

• *Dispositivo correspondente no CPC de 2015: art. 282,* caput.

§ 1º O ato não se repetirá nem se lhe suprirá a falta quando não prejudicar a parte.

• *Dispositivo correspondente no CPC de 2015: art. 282, § 1º.*

§ 2º Quando puder decidir do mérito a favor da parte a quem aproveite a declaração da nulidade, o juiz não a pronunciará nem mandará repetir o ato, ou suprir-lhe a falta.

• *Dispositivo correspondente no CPC de 2015: art. 282, § 2º.*

Art. 250. O erro de forma do processo acarreta unicamente a anulação dos atos que não possam ser aproveitados, devendo praticar-se os que forem necessários, a fim de se observarem, quanto possível, as prescrições legais.

• *Dispositivo correspondente no CPC de 2015: art. 283,* caput.

Parágrafo único. Dar-se-á o aproveitamento dos atos praticados, desde que não resulte prejuízo à defesa.

• *Dispositivo correspondente no CPC de 2015: art. 283, parágrafo único.*

Capítulo VI | DE OUTROS ATOS PROCESSUAIS

Seção I | DA DISTRIBUIÇÃO E DO REGISTRO

Art. 251. Todos os processos estão sujeitos a registro, devendo ser distribuídos onde houver mais de um juiz ou mais de um escrivão.

• *Dispositivo correspondente no CPC de 2015: art. 284.*

Art. 252. Será alternada a distribuição entre juízes e escrivães, obedecendo a rigorosa igualdade.

• *Dispositivo correspondente no CPC de 2015: art. 285,* caput.

Art. 253. Distribuir-se-ão por dependência as causas de qualquer natureza:

• *Dispositivo correspondente no CPC de 2015: art. 286,* caput.

I — quando se relacionarem, por conexão ou continência, com outra já ajuizada;

• *Dispositivo correspondente no CPC de 2015: art. 286, I.*

II — quando, tendo sido extinto o processo, sem julgamento de mérito, for reiterado o pedido, ainda que em litisconsórcio com outros autores ou que sejam parcialmente alterados os réus da demanda;

• *Dispositivo correspondente no CPC de 2015: art. 286, II.*

III — quando houver ajuizamento de ações idênticas, ao juízo prevento.

• *Dispositivo correspondente no CPC de 2015: art. 286, III.*

Parágrafo único. Havendo reconvenção ou intervenção de terceiro, o juiz, de ofício, mandará proceder à respectiva anotação pelo distribuidor.

• *Dispositivo correspondente no CPC de 2015: art. 286, parágrafo único.*

Art. 254. É defeso distribuir a petição não acompanhada do instrumento do mandato, salvo:

• *Dispositivo correspondente no CPC de 2015: art. 287,* caput.

I — se o requerente postular em causa própria;

• *Sem dispositivo correspondente no CPC de 2015.*

II — se a procuração estiver junta aos autos principais;

• *Sem dispositivo correspondente no CPC de 2015.*

III — no caso previsto no art. 37.

• *Dispositivo correspondente no CPC de 2015: art. 287, parágrafo único, I.*

Art. 255. O juiz, de ofício ou a requerimento do interessado, corrigirá o erro ou a falta de distribuição, compensando-a.

• *Dispositivo correspondente no CPC de 2015: art. 288.*

Art. 256. A distribuição poderá ser fiscalizada pela parte ou por seu procurador.

• *Dispositivo correspondente no CPC de 2015: art. 289.*

Art. 257. Será cancelada a distribuição do feito que, em 30 (trinta) dias, não for preparado no cartório em que deu entrada.

• *Dispositivo correspondente no CPC de 2015: art. 290.*

Seção II | DO VALOR DA CAUSA

Art. 258. A toda causa será atribuído um valor certo, ainda que não tenha conteúdo econômico imediato.

• *Dispositivo correspondente no CPC de 2015: art. 291.*

Art. 259. O valor da causa constará sempre da petição inicial e será:

• *Dispositivo correspondente no CPC de 2015: art. 292,* caput.

I — na ação de cobrança de dívida, a soma do principal, da pena e dos juros vencidos até a propositura da ação;

• *Dispositivo correspondente no CPC de 2015: art. 292, I.*

II — havendo cumulação de pedidos, a quantia correspondente à soma dos valores de todos eles;

• *Dispositivo correspondente no CPC de 2015: art. 292, VI.*

III — sendo alternativos os pedidos, o de maior valor;

• *Dispositivo correspondente no CPC de 2015: art. 292, VII.*

IV — se houver também pedido subsidiário, o valor do pedido principal;

• *Dispositivo correspondente no CPC de 2015: art. 292, VIII.*

V — quando o litígio tiver por objeto a existência, validade, cumprimento, modificação ou rescisão de negócio jurídico, o valor do contrato;

• *Dispositivo correspondente no CPC de 2015: art. 292, II.*

VI — na ação de alimentos, a soma de 12 (doze) prestações mensais, pedidas pelo autor;

• *Dispositivo correspondente no CPC de 2015: art. 292, III.*

VII — na ação de divisão, de demarcação e de reivindicação, a estimativa oficial para lançamento do imposto.

• *Dispositivo correspondente no CPC de 2015: art. 292, IV.*

Art. 260. Quando se pedirem prestações vencidas e vincendas, tomar-se-á em consideração o valor de umas e outras. O valor das prestações vincendas será igual a uma prestação anual, se a obrigação for por tempo indeterminado, ou por tempo superior a 1 (um) ano; se, por tempo inferior, será igual à soma das prestações.

• *Dispositivo correspondente no CPC de 2015: art. 292, § 1º.*

Art. 261. O réu poderá impugnar, no prazo da contestação, o valor atribuído à causa pelo autor. A impugnação será autuada em apenso, ouvindo-se o autor no prazo de 5 (cinco) dias. Em seguida o juiz, sem suspender o processo, servindo-se, quando necessário, do auxílio de perito, determinará, no prazo de 10 (dez) dias, o valor da causa.

• *Sem dispositivo correspondente no CPC de 2015.*

Parágrafo único. Não havendo impugnação, presume-se aceito o valor atribuído à causa na petição inicial.

• *Dispositivo correspondente no CPC de 2015: art. 293.*

Título VI | DA FORMAÇÃO, DA SUSPENSÃO E DA EXTINÇÃO DO PROCESSO

Capítulo I | DA FORMAÇÃO DO PROCESSO

Art. 262. O processo civil começa por iniciativa da parte, mas se desenvolve por impulso oficial.

• *Dispositivo correspondente no CPC de 2015: art. 2º.*

Art. 263. Considera-se proposta a ação, tanto que a petição inicial seja despachada pelo juiz, ou simplesmente distribuída, onde houver mais de uma vara. A propositura da ação, todavia, só produz, quanto ao réu, os efeitos mencionados no art. 219 depois que for validamente citado.

• *Dispositivo correspondente no CPC de 2015: art. 312.*

Art. 264. Feita a citação, é defeso ao autor modificar o pedido ou a causa de pedir, sem o consentimento do réu, mantendo-se as mesmas partes, salvo as substituições permitidas por lei.

• *Sem dispositivo correspondente no CPC de 2015.*

Parágrafo único. A alteração do pedido ou da causa de pedir em nenhuma hipótese será permitida após o saneamento do processo.

• *Sem dispositivo correspondente no CPC de 2015.*

Capítulo II | DA SUSPENSÃO DO PROCESSO

Art. 265. Suspende-se o processo:

• *Dispositivo correspondente no CPC de 2015: art. 313,* caput.

I — pela morte ou perda da capacidade processual de qualquer das partes, de seu representante legal ou de seu procurador;

• *Dispositivo correspondente no CPC de 2015: art. 313, I.*

II — pela convenção das partes;

• *Dispositivo correspondente no CPC de 2015: art. 313, II.*

III — quando for oposta exceção de incompetência do juízo, da câmara ou do tribunal, bem como de suspeição ou impedimento do juiz;

• *Dispositivo correspondente no CPC de 2015: art. 313, III.*

IV — quando a sentença de mérito:

• *Dispositivo correspondente no CPC de 2015: art. 313, V,* caput.

a) depender do julgamento de outra causa, ou da declaração da existência ou inexistência da relação jurídica, que constitua o objeto principal de outro processo pendente;

• *Dispositivo correspondente no CPC de 2015: art. 313, V,* a.

b) não puder ser proferida senão depois de verificado determinado fato, ou de produzida certa prova, requisitada a outro juízo;

• *Dispositivo correspondente no CPC de 2015: art. 313, V,* b.

c) tiver por pressuposto o julgamento de questão de estado, requerido como declaração incidente;

• *Sem dispositivo correspondente no CPC de 2015.*

V — por motivo de força maior;

• *Dispositivo correspondente no CPC de 2015: art. 313, VI.*

VI — nos demais casos, que este Código regula.

• *Dispositivo correspondente no CPC de 2015: art. 313, VIII.*

§ 1º No caso de morte ou perda da capacidade processual de qualquer das partes, ou de seu representante legal, provado o falecimento ou a incapacidade, o juiz suspenderá o processo, salvo se já tiver iniciado a audiência de instrução e julgamento; caso em que:

• *Dispositivo correspondente no CPC de 2015: art. 313, § 1º.*

a) o advogado continuará no processo até o encerramento da audiência;

• *Sem dispositivo correspondente no CPC de 2015.*

b) o processo só se suspenderá a partir da publicação da sentença ou do acórdão.

• *Sem dispositivo correspondente no CPC de 2015.*

§ 2º No caso de morte do procurador de qualquer das partes, ainda que iniciada a audiência de instrução e julgamento, o juiz marcará, a fim de que a parte constitua novo mandatário, o prazo de 20 (vinte) dias, findo o qual extinguirá o processo sem julgamento do mérito, se o autor não nomear novo mandatário, ou mandará prosseguir no processo, à revelia do réu, tendo falecido o advogado deste.

• *Dispositivo correspondente no CPC de 2015: art. 313, § 3º.*

§ 3º A suspensão do processo por convenção das partes, de que trata o n. II, nunca poderá exceder 6 (seis) meses; findo o prazo, o escrivão fará os autos conclusos ao juiz, que ordenará o prosseguimento do processo.

• *Dispositivo correspondente no CPC de 2015: art. 313, §§ 4º e 5º.*

§ 4º No caso do n. III, a exceção, em primeiro grau da jurisdição, será processada na forma do disposto neste Livro, Título VIII, Capítulo II, Seção III; e, no tribunal, consoante lhe estabelecer o regimento interno.

• *Sem dispositivo correspondente no CPC de 2015.*

§ 5º Nos casos enumerados nas letras *a*, *b* e *c* do n. IV, o período de suspensão nunca poderá exceder 1 (um) ano. Findo este prazo, o juiz mandará prosseguir no processo.

• *Dispositivo correspondente no CPC de 2015: art. 313, §§ 4º e 5º.*

Art. 266. Durante a suspensão é defeso praticar qualquer ato processual; poderá o juiz, todavia, determinar a realização de atos urgentes, a fim de evitar dano irreparável.

• *Dispositivo correspondente no CPC de 2015: art. 314.*

Capítulo III | DA EXTINÇÃO DO PROCESSO

Art. 267. Extingue-se o processo, sem resolução de mérito:

• *Dispositivo correspondente no CPC de 2015: art. 485,* caput.

I — quando o juiz indeferir a petição inicial;

• *Dispositivo correspondente no CPC de 2015: art. 485, I.*

II — quando ficar parado durante mais de 1 (um) ano por negligência das partes;

• *Dispositivo correspondente no CPC de 2015: art. 485, II.*

III — quando, por não promover os atos e diligências que lhe competir, o autor abandonar a causa por mais de 30 (trinta) dias;

• *Dispositivo correspondente no CPC de 2015: art. 485, III.*

IV — quando se verificar a ausência de pressupostos de constituição e de desenvolvimento válido e regular do processo;

• *Dispositivo correspondente no CPC de 2015: art. 485, IV.*

V — quando o juiz acolher a alegação de perempção, litispendência ou de coisa julgada;

• *Dispositivo correspondente no CPC de 2015: art. 485, V.*

VI — quando não concorrer qualquer das condições da ação, como a possibilidade jurídica, a legitimidade das partes e o interesse processual;

• *Dispositivo correspondente no CPC de 2015: art. 485, VI.*

VII — pela convenção de arbitragem;

• *Dispositivo correspondente no CPC de 2015: art. 485, VII.*

VIII — quando o autor desistir da ação;

• *Dispositivo correspondente no CPC de 2015: art. 485, VIII.*

IX — quando a ação for considerada intransmissível por disposição legal;

• *Dispositivo correspondente no CPC de 2015: art. 485, IX.*

X — quando ocorrer confusão entre autor e réu;

• *Sem dispositivo correspondente no CPC de 2015.*

XI — nos demais casos prescritos neste Código.

• *Dispositivo correspondente no CPC de 2015: art. 485, X.*

§ 1º O juiz ordenará, nos casos dos ns. II e III, o arquivamento dos autos, declarando a extinção do processo, se a parte, intimada pessoalmente, não suprir a falta em 48 (quarenta e oito) horas.

• *Dispositivo correspondente no CPC de 2015: art. 485, § 1º.*

§ 2º No caso do parágrafo anterior, quanto ao n. II, as partes pagarão proporcionalmente as custas e, quanto ao n. III, o autor será condenado ao pagamento das despesas e honorários de advogado (art. 28).

• *Dispositivo correspondente no CPC de 2015: art. 485, § 2º.*

§ 3º O juiz conhecerá de ofício, em qualquer tempo e grau de jurisdição, enquanto não proferida a sentença de mérito, da matéria constante dos ns. IV, V e VI; todavia, o réu que a não alegar, na primeira oportunidade em que lhe caiba falar nos autos, responderá pelas custas de retardamento.

• *Dispositivo correspondente no CPC de 2015: art. 485, § 3º.*

§ 4º Depois de decorrido o prazo para a resposta, o autor não poderá, sem o consentimento do réu, desistir da ação.

• *Dispositivo correspondente no CPC de 2015: art. 485, § 4º.*

Art. 268. Salvo o disposto no art. 267, V, a extinção do processo não obsta a que o autor intente de novo a ação. A petição inicial, todavia, não será despachada sem a prova do pagamento ou do depósito das custas e dos honorários de advogado.

• *Dispositivo correspondente no CPC de 2015: art. 486,* caput *e § 2º.*

Parágrafo único. Se o autor der causa, por três vezes, à extinção do processo pelo fundamento previsto no n. III do artigo anterior, não poderá intentar nova ação contra o réu com o mesmo objeto, ficando-lhe ressalvada, entretanto, a possibilidade de alegar em defesa o seu direito.

• *Dispositivo correspondente no CPC de 2015: art. 486, § 3º.*

Art. 269. Haverá resolução de mérito:

• *Dispositivo correspondente no CPC de 2015: art. 487,* caput.

I — quando o juiz acolher ou rejeitar o pedido do autor;

• *Dispositivo correspondente no CPC de 2015: art. 487, I.*

II — quando o réu reconhecer a procedência do pedido;

• *Dispositivo correspondente no CPC de 2015: art. 487, III,* a.

III — quando as partes transigirem;

• *Dispositivo correspondente no CPC de 2015: art. 487, III,* b.

IV — quando o juiz pronunciar a decadência ou a prescrição;

• *Dispositivo correspondente no CPC de 2015: art. 487, II.*

V — quando o autor renunciar ao direito sobre que se funda a ação.

• *Dispositivo correspondente no CPC de 2015: art. 487, III,* c.

Título VII | DO PROCESSO E DO PROCEDIMENTO

Capítulo I | DAS DISPOSIÇÕES GERAIS

Art. 270. Este Código regula o processo de conhecimento (Livro I), de execução (Livro II), cautelar (Livro III) e os procedimentos especiais (Livro IV).

• *Sem dispositivo correspondente no CPC de 2015.*

Art. 271. Aplica-se a todas as causas o procedimento comum, salvo disposição em contrário deste Código ou de lei especial.

• *Dispositivo correspondente no CPC de 2015: art. 318,* caput.

Art. 272. O procedimento comum é ordinário ou sumário.

• *Sem dispositivo correspondente no CPC de 2015.*

Parágrafo único. O procedimento especial e o procedimento sumário regem-se pelas disposições que lhes são próprias, aplicando-se-lhes, subsidiariamente, as disposições gerais do procedimento ordinário.

• *Sem dispositivo correspondente no CPC de 2015.*

Art. 273. O juiz poderá, a requerimento da parte, antecipar, total ou parcialmente, os efeitos da tutela pretendida no pedido inicial, desde que, existindo prova inequívoca, se convença da verossimilhança da alegação e:

• *Sem dispositivo correspondente no CPC de 2015.*

I — haja fundado receio de dano irreparável ou de difícil reparação; ou

• *Dispositivos correspondentes no CPC de 2015: arts. 294 e 300,* caput.

II — fique caracterizado o abuso de direito de defesa ou o manifesto propósito protelatório do réu.

• *Dispositivo correspondente no CPC de 2015: art. 311, I.*

§ 1º Na decisão que antecipar a tutela, o juiz indicará, de modo claro e preciso, as razões do seu convencimento.

• *Dispositivo correspondente no CPC de 2015: art. 298.*

§ 2º Não se concederá a antecipação da tutela quando houver perigo de irreversibilidade do provimento antecipado.

• *Dispositivo correspondente no CPC de 2015: art. 300, § 3º.*

§ 3º A efetivação da tutela antecipada observará, no que couber e conforme sua natureza, as normas previstas nos arts. 588, 461, §§ 4º e 5º, e 461-A.

• *Dispositivo correspondente no CPC de 2015: art. 519.*

§ 4º A tutela antecipada poderá ser revogada ou modificada a qualquer tempo, em decisão fundamentada.

• *Dispositivo correspondente no CPC de 2015: art. 296,* caput.

§ 5º Concedida ou não a antecipação da tutela, prosseguirá o processo até final julgamento.

• *Sem dispositivo correspondente no CPC de 2015.*

§ 6º A tutela antecipada também poderá ser concedida quando um ou mais dos pedidos cumulados, ou parcela deles, mostrar-se incontroverso.

• *Sem dispositivo correspondente no CPC de 2015.*

§ 7º Se o autor, a título de antecipação de tutela, requerer providência de natureza cautelar, poderá o juiz, quando presentes os respectivos pressupostos, deferir a medida cautelar em caráter incidental do processo ajuizado.

• *Dispositivo correspondente no CPC de 2015: art. 305, parágrafo único.*

Capítulo II | DO PROCEDIMENTO ORDINÁRIO

Art. 274. O procedimento ordinário reger-se-á segundo as disposições dos Livros I e II deste Código.

• *Sem dispositivo correspondente no CPC de 2015.*

Capítulo III | DO PROCEDIMENTO SUMÁRIO

Art. 275. Observar-se-á o procedimento sumário:

• *Sem dispositivo correspondente no CPC de 2015.*

I — nas causas cujo valor não exceda a 60 (sessenta) vezes o valor do salário mínimo;

• *Sem dispositivo correspondente no CPC de 2015.*

II — nas causas, qualquer que seja o valor:

• *Sem dispositivo correspondente no CPC de 2015.*

a) de arrendamento rural e de parceria agrícola;

• *Sem dispositivo correspondente no CPC de 2015.*

b) de cobrança ao condômino de quaisquer quantias devidas ao condomínio;

• *Sem dispositivo correspondente no CPC de 2015.*

c) de ressarcimento por danos em prédio urbano ou rústico;

• *Sem dispositivo correspondente no CPC de 2015.*

d) de ressarcimento por danos causados em acidente de veículo de via terrestre;

• *Sem dispositivo correspondente no CPC de 2015.*

e) de cobrança de seguro, relativamente aos danos causados em acidente de veículo, ressalvados os casos de processo de execução;

• *Sem dispositivo correspondente no CPC de 2015.*

f) de cobrança de honorários dos profissionais liberais, ressalvado o disposto em legislação especial;

• *Sem dispositivo correspondente no CPC de 2015.*

g) que versem sobre revogação de doação;

• *Sem dispositivo correspondente no CPC de 2015.*

h) nos demais casos previstos em lei.

• *Sem dispositivo correspondente no CPC de 2015.*

Parágrafo único. Este procedimento não será observado nas ações relativas ao estado e à capacidade das pessoas.

• *Sem dispositivo correspondente no CPC de 2015.*

Art. 276. Na petição inicial, o autor apresentará o rol de testemunhas e, se requerer perícia, formulará quesitos, podendo indicar assistente técnico.

• *Sem dispositivo correspondente no CPC de 2015.*

Art. 277. O juiz designará a audiência de conciliação a ser realizada no prazo de 30 (trinta) dias, citando-se o réu com a antecedência mínima de 10 (dez) dias e sob a advertência prevista no § 2º deste artigo, determinando o comparecimento das partes. Sendo ré a Fazenda Pública, os prazos contar-se-ão em dobro.

• *Sem dispositivo correspondente no CPC de 2015.*

§ 1º A conciliação será reduzida a termo e homologada por sentença, podendo o juiz ser auxiliado por conciliador.

• *Sem dispositivo correspondente no CPC de 2015.*

§ 2º Deixando injustificadamente o réu de comparecer à audiência, reputar-se-ão verdadeiros os fatos alegados na petição inicial (art. 319), salvo se o contrário resultar da prova dos autos, proferindo o juiz, desde logo, a sentença.

• *Sem dispositivo correspondente no CPC de 2015.*

§ 3º As partes comparecerão pessoalmente à audiência, podendo fazer-se representar por preposto com poderes para transigir.

• *Sem dispositivo correspondente no CPC de 2015.*

§ 4º O juiz, na audiência, decidirá de plano a impugnação ao valor da causa ou a controvérsia sobre a natureza da demanda, determinando, se for o caso, a conversão do procedimento sumário em ordinário.

• *Sem dispositivo correspondente no CPC de 2015.*

§ 5º A conversão também ocorrerá quando houver necessidade de prova técnica de maior complexidade.

• *Sem dispositivo correspondente no CPC de 2015.*

Art. 278. Não obtida a conciliação, oferecerá o réu, na própria audiência, resposta escrita ou oral, acompanhada de documentos e rol de testemunhas e, se requerer perícia, formulará seus quesitos desde logo, podendo indicar assistente técnico.

• *Sem dispositivo correspondente no CPC de 2015.*

§ 1º É lícito ao réu, na contestação, formular pedido em seu favor, desde que fundado nos mesmos fatos referidos na inicial.

• *Sem dispositivo correspondente no CPC de 2015.*

§ 2º Havendo necessidade de produção de prova oral e não ocorrendo qualquer das hipóteses previstas nos arts. 329 e 330, I e II, será designada audiência de instrução e julgamento para data próxima, não excedente de 30 (trinta) dias, salvo se houver determinação de perícia.

• *Sem dispositivo correspondente no CPC de 2015.*

Art. 279. Os atos probatórios realizados em audiência poderão ser documentados mediante taquigrafia, estenotipia ou outro método hábil de documentação, fazendo-se a respectiva transcrição se a determinar o juiz.

• *Sem dispositivo correspondente no CPC de 2015.*

Parágrafo único. Nas comarcas ou varas em que não for possível a taquigrafia, a estenotipia ou outro método de documentação, os depoimentos serão reduzidos a termo, do qual constará apenas o essencial.

• *Sem dispositivo correspondente no CPC de 2015.*

Art. 280. No procedimento sumário não são admissíveis a ação declaratória incidental e a intervenção de terceiros, salvo a assistência, o recurso de terceiro prejudicado e a intervenção fundada em contrato de seguro.

• *Sem dispositivo correspondente no CPC de 2015.*

Art. 281. Findos a instrução e os debates orais, o juiz proferirá sentença na própria audiência ou no prazo de 10 (dez) dias.

• *Sem dispositivo correspondente no CPC de 2015.*

Título VIII | DO PROCEDIMENTO ORDINÁRIO

Capítulo I | DA PETIÇÃO INICIAL

Seção I | DOS REQUISITOS DA PETIÇÃO INICIAL

Art. 282. A petição inicial indicará:

• *Dispositivo correspondente no CPC de 2015: art. 319,* caput.

I — o juiz ou tribunal, a que é dirigida;

• *Dispositivo correspondente no CPC de 2015: art. 319, I.*

II — os nomes, prenomes, estado civil, profissão, domicílio e residência do autor e do réu;

• *Dispositivo correspondente no CPC de 2015: art. 319, II.*

III — o fato e os fundamentos jurídicos do pedido;

• *Dispositivo correspondente no CPC de 2015: art. 319, III.*

IV — o pedido, com as suas especificações;

• *Dispositivo correspondente no CPC de 2015: art. 319, IV.*

V — o valor da causa;

• *Dispositivo correspondente no CPC de 2015: art. 319, V.*

VI — as provas com que o autor pretende demonstrar a verdade dos fatos alegados;

• *Dispositivo correspondente no CPC de 2015: art. 319, VI.*

VII — o requerimento para a citação do réu.

• *Sem dispositivo correspondente no CPC de 2015.*

Art. 283. A petição inicial será instruída com os documentos indispensáveis à propositura da ação.

• *Dispositivo correspondente no CPC de 2015: art. 320.*

Art. 284. Verificando o juiz que a petição inicial não preenche os requisitos exigidos nos arts. 282 e 283, ou que apresenta defeitos e irregularidades capazes de dificultar o julgamento de mérito, determinará que o autor a emende, ou a complete, no prazo de 10 (dez) dias.

• *Dispositivo correspondente no CPC de 2015: art. 321,* caput.

Parágrafo único. Se o autor não cumprir a diligência, o juiz indeferirá a petição inicial.

• *Dispositivo correspondente no CPC de 2015: art. 321, parágrafo único.*

Art. 285. Estando em termos a petição inicial, o juiz a despachará, ordenando a citação do réu, para responder; do mandado constará que, não sendo contestada a ação, se presumirão aceitos pelo réu, como verdadeiros, os fatos articulados pelo autor.

• *Dispositivo correspondente no CPC de 2015: art. 334,* caput.

Art. 285-A. Quando a matéria controvertida for unicamente de direito e no juízo já houver sido proferida sentença de total improcedência em outros casos idênticos, poderá ser dispensada a citação e proferida sentença, reproduzindo-se o teor da anteriormente prolatada.

• *Dispositivo correspondente no CPC de 2015: art. 332,* caput.

§ 1º Se o autor apelar, é facultado ao juiz decidir, no prazo de 5 (cinco) dias, não manter a sentença e determinar o prosseguimento da ação.

• *Dispositivo correspondente no CPC de 2015: art. 332, § 3º.*

§ 2º Caso seja mantida a sentença, será ordenada a citação do réu para responder ao recurso.

• *Dispositivo correspondente no CPC de 2015: art. 332, § 4º.*

Art. 285-B. Nos litígios que tenham por objeto obrigações decorrentes de empréstimo, financiamento ou arrendamento mercantil, o autor deverá discriminar na petição inicial, dentre as obrigações contratuais, aquelas que pretende controverter, quantificando o valor incontroverso.

• *Sem dispositivo correspondente no CPC de 2015.*

§ 1º O valor incontroverso deverá continuar sendo pago no tempo e modo contratados.

• *Sem dispositivo correspondente no CPC de 2015.*

§ 2º O devedor ou arrendatário não se exime da obrigação de pagamento dos tributos, multas e taxas incidentes sobre os bens vinculados e de outros encargos previstos em contrato, exceto se a obrigação de pagar não for de sua responsabilidade, conforme contrato, ou for objeto de suspensão em medida liminar, em medida cautelar ou antecipação dos efeitos da tutela.

• *Sem dispositivo correspondente no CPC de 2015.*

Seção II | DO PEDIDO

Art. 286. O pedido deve ser certo ou determinado. É lícito, porém, formular pedido genérico:

• *Dispositivo correspondente no CPC de 2015: art. 324,* caput.

I — nas ações universais, se não puder o autor individuar na petição os bens demandados;

• *Dispositivo correspondente no CPC de 2015: art. 324, § 1º, I.*

II — quando não for possível determinar, de modo definitivo, as consequências do ato ou do fato ilícito;

• *Dispositivo correspondente no CPC de 2015: art. 324, § 1º, II.*

III — quando a determinação do valor da condenação depender de ato que deva ser praticado pelo réu.

• *Dispositivo correspondente no CPC de 2015: art. 324, § 1º, III.*

Art. 287. Se o autor pedir que seja imposta ao réu a abstenção da prática de algum ato, tolerar alguma atividade, prestar ato ou entregar coisa, poderá requerer cominação de pena pecuniária para o caso de descumprimento da sentença ou da decisão antecipatória de tutela (arts. 461, § 4º, e 461-A).

• *Sem dispositivo correspondente no CPC de 2015.*

Art. 288. O pedido será alternativo, quando, pela natureza da obrigação, o devedor puder cumprir a prestação de mais de um modo.

• *Dispositivo correspondente no CPC de 2015: art. 325,* caput.

Parágrafo único. Quando, pela lei ou pelo contrato, a escolha couber ao devedor, o juiz lhe assegurará o direito de cumprir a prestação de um ou de outro modo, ainda que o autor não tenha formulado pedido alternativo.

• *Dispositivo correspondente no CPC de 2015: art. 325, parágrafo único.*

Art. 289. É lícito formular mais de um pedido em ordem sucessiva, a fim de que o juiz conheça do posterior, em não podendo acolher o anterior.

• *Dispositivo correspondente no CPC de 2015: art. 326,* caput.

Art. 290. Quando a obrigação consistir em prestações periódicas, considerar-se-ão elas incluídas no pedido, independentemente de declaração expressa do autor; se o devedor, no curso do processo, deixar de pagá-las ou de consigná-las, a sentença as incluirá na condenação, enquanto durar a obrigação.

• *Dispositivo correspondente no CPC de 2015: art. 323.*

Art. 291. Na obrigação indivisível com pluralidade de credores, aquele que não participou do processo receberá a sua parte, deduzidas as despesas na proporção de seu crédito.

• *Dispositivo correspondente no CPC de 2015: art. 328.*

Art. 292. É permitida a cumulação, num único processo, contra o mesmo réu, de vários pedidos, ainda que entre eles não haja conexão.

• *Dispositivo correspondente no CPC de 2015: art. 327,* caput.

§ 1º São requisitos de admissibilidade da cumulação:

• *Dispositivo correspondente no CPC de 2015: art. 327, § 1º,* caput.

I — que os pedidos sejam compatíveis entre si;

• *Dispositivo correspondente no CPC de 2015: art. 327, § 1º, I.*

II — que seja competente para conhecer deles o mesmo juízo;

• *Dispositivo correspondente no CPC de 2015: art. 327, § 1º, II.*

III — que seja adequado para todos os pedidos o tipo de procedimento.

• *Dispositivo correspondente no CPC de 2015: art. 327, § 1º, III.*

§ 2º Quando, para cada pedido, corresponder tipo diverso de procedimento, admitir-se-á a cumulação, se o autor empregar o procedimento ordinário.

• *Dispositivo correspondente no CPC de 2015: art. 327, § 2º.*

Art. 293. Os pedidos são interpretados restritivamente, compreendendo-se, entretanto, no principal os juros legais.

• *Dispositivo correspondente no CPC de 2015: art. 322, § 1º.*

Art. 294. Antes da citação, o autor poderá aditar o pedido, correndo à sua conta as custas acrescidas em razão dessa iniciativa.

• *Dispositivo correspondente no CPC de 2015: art. 329, I.*

Seção III | DO INDEFERIMENTO DA PETIÇÃO INICIAL

Art. 295. A petição inicial será indeferida:

• *Dispositivo correspondente no CPC de 2015: art. 330,* caput.

I — quando for inepta;

• *Dispositivo correspondente no CPC de 2015: art. 330, I.*

II — quando a parte for manifestamente ilegítima;

• *Dispositivo correspondente no CPC de 2015: art. 330, II.*

III — quando o autor carecer de interesse processual;

• *Dispositivo correspondente no CPC de 2015: art. 330, III.*

IV — quando o juiz verificar, desde logo, a decadência ou a prescrição (art. 219, § 5º);

• *Sem dispositivo correspondente no CPC de 2015.*

V — quando o tipo de procedimento, escolhido pelo autor, não corresponder à natureza da causa, ou ao valor da ação; caso em que só não será indeferida, se puder adaptar-se ao tipo de procedimento legal;

• *Sem dispositivo correspondente no CPC de 2015.*

VI — quando não atendidas as prescrições dos arts. 39, parágrafo único, primeira parte, e 284.

• *Dispositivo correspondente no CPC de 2015: art. 330, IV.*

Parágrafo único. Considera-se inepta a petição inicial quando:

• *Dispositivo correspondente no CPC de 2015: art. 330, § 1º,* caput.

I — lhe faltar pedido ou causa de pedir;

• *Dispositivo correspondente no CPC de 2015: art. 330, § 1º, I.*

II — da narração dos fatos não decorrer logicamente a conclusão;

• *Dispositivo correspondente no CPC de 2015: art. 330, § 1º, III.*

III — o pedido for juridicamente impossível;

• *Sem dispositivo correspondente no CPC de 2015.*

IV — contiver pedidos incompatíveis entre si.

• *Dispositivo correspondente no CPC de 2015: art. 330, § 1º, IV.*

Art. 296. Indeferida a petição inicial, o autor poderá apelar, facultado ao juiz, no prazo de 48 (quarenta e oito) horas, reformar sua decisão.

• *Dispositivo correspondente no CPC de 2015: art. 331,* caput.

Parágrafo único. Não sendo reformada a decisão, os autos serão imediatamente encaminhados ao tribunal competente.

• *Dispositivo correspondente no CPC de 2015: art. 331, § 1º.*

Capítulo II | DA RESPOSTA DO RÉU

Seção I | DAS DISPOSIÇÕES GERAIS

Art. 297. O réu poderá oferecer, no prazo de 15 (quinze) dias, em petição escrita, dirigida ao juiz da causa, contestação, exceção e reconvenção.

• *Dispositivo correspondente no CPC de 2015: art. 335,* caput.

Art. 298. Quando forem citados para a ação vários réus, o prazo para responder ser-lhes-á comum, salvo o disposto no art. 191.

• *Dispositivo correspondente no CPC de 2015: art. 335, § 1º.*

Parágrafo único. Se o autor desistir da ação quanto a algum réu ainda não citado, o prazo para a resposta correrá da intimação do despacho que deferir a desistência.

• *Dispositivo correspondente no CPC de 2015: art. 335, § 2º.*

Art. 299. A contestação e a reconvenção serão oferecidas simultaneamente, em peças autônomas; a exceção será processada em apenso aos autos principais.

• *Sem dispositivo correspondente no CPC de 2015.*

Seção II | DA CONTESTAÇÃO

Art. 300. Compete ao réu alegar, na contestação, toda a matéria de defesa, expondo as razões de fato e de direito, com que impugna o pedido do autor e especificando as provas que pretende produzir.

• *Dispositivo correspondente no CPC de 2015: art. 336.*

Art. 301. Compete-lhe, porém, antes de discutir o mérito, alegar:

• *Dispositivo correspondente no CPC de 2015: art. 337,* caput.

I — inexistência ou nulidade da citação;

• *Dispositivo correspondente no CPC de 2015: art. 337, I.*

II — incompetência absoluta;

• *Dispositivo correspondente no CPC de 2015: art. 337, II.*

III — inépcia da petição inicial;

• *Dispositivo correspondente no CPC de 2015: art. 337, IV.*

IV — perempção;

• *Dispositivo correspondente no CPC de 2015: art. 337, V.*

V — litispendência;

• *Dispositivo correspondente no CPC de 2015: art. 337, VI.*

VI — coisa julgada;

• *Dispositivo correspondente no CPC de 2015: art. 337, VII.*

VII — conexão;

• *Dispositivo correspondente no CPC de 2015: art. 337, VIII.*

VIII — incapacidade da parte, defeito de representação ou falta de autorização;

• *Dispositivo correspondente no CPC de 2015: art. 337, IX.*

IX — convenção de arbitragem;

• *Sem dispositivo correspondente no CPC de 2015.*

X — carência de ação;

• *Dispositivo correspondente no CPC de 2015: art. 337, XI.*

XI — falta de caução ou de outra prestação, que a lei exige como preliminar.

• *Dispositivo correspondente no CPC de 2015: art. 337, XII.*

§ 1º Verifica-se a litispendência ou a coisa julgada, quando se reproduz ação anteriormente ajuizada.

• *Dispositivo correspondente no CPC de 2015: art. 337, § 1º.*

§ 2º Uma ação é idêntica à outra quando tem as mesmas partes, a mesma causa de pedir e o mesmo pedido.

• *Dispositivo correspondente no CPC de 2015: art. 337, § 2º.*

§ 3º Há litispendência, quando se repete ação, que está em curso; há coisa julgada, quando se repete ação que já foi decidida por sentença, de que não caiba recurso.

- *Dispositivo correspondente no CPC de 2015: art. 337, § 3º.*

§ 4º Com exceção do compromisso arbitral, o juiz conhecerá de ofício da matéria enumerada neste artigo.

- *Dispositivo correspondente no CPC de 2015: art. 337, § 5º.*

Art. 302. Cabe também ao réu manifestar-se precisamente sobre os fatos narrados na petição inicial. Presumem-se verdadeiros os fatos não impugnados, salvo:

- *Dispositivo correspondente no CPC de 2015: art. 341,* caput.

I — se não for admissível, a seu respeito, a confissão;

- *Dispositivo correspondente no CPC de 2015: art. 341, I.*

II — se a petição inicial não estiver acompanhada do instrumento público que a lei considerar da substância do ato;

- *Dispositivo correspondente no CPC de 2015: art. 341, II.*

III — se estiverem em contradição com a defesa, considerada em seu conjunto.

- *Dispositivo correspondente no CPC de 2015: art. 341, III.*

Parágrafo único. Esta regra, quanto ao ônus da impugnação especificada dos fatos, não se aplica ao advogado dativo, ao curador especial e ao órgão do Ministério Público.

- *Dispositivo correspondente no CPC de 2015: art. 341, parágrafo único.*

Art. 303. Depois da contestação, só é lícito deduzir novas alegações quando:

- *Dispositivo correspondente no CPC de 2015: art. 342,* caput.

I — relativas a direito superveniente;

- *Dispositivo correspondente no CPC de 2015: art. 342, I.*

II — competir ao juiz conhecer delas de ofício;

- *Dispositivo correspondente no CPC de 2015: art. 342, II.*

III — por expressa autorização legal, puderem ser formuladas em qualquer tempo e juízo.

- *Dispositivo correspondente no CPC de 2015: art. 342, III.*

Seção III | DAS EXCEÇÕES

Art. 304. É lícito a qualquer das partes arguir, por meio de exceção, a incompetência (art. 112), o impedimento (art. 134) ou a suspeição (art. 135).

- *Sem dispositivo correspondente no CPC de 2015.*

Art. 305. Este direito pode ser exercido em qualquer tempo, ou grau de jurisdição, cabendo à parte oferecer exceção, no prazo de 15 (quinze) dias, contado do fato que ocasionou a incompetência, o impedimento ou a suspeição.

- *Sem dispositivo correspondente no CPC de 2015.*

Parágrafo único. Na exceção de incompetência (art. 112 desta Lei), a petição pode ser protocolizada no juízo de domicílio do réu, com requerimento de sua imediata remessa ao juízo que determinou a citação.

- *Sem dispositivo correspondente no CPC de 2015.*

Art. 306. Recebida a exceção, o processo ficará suspenso (art. 265, III), até que seja definitivamente julgada.

- *Sem dispositivo correspondente no CPC de 2015.*

Subseção I | DA INCOMPETÊNCIA

Art. 307. O excipiente arguirá a incompetência em petição fundamentada e devidamente instruída, indicando o juízo para o qual declina.

• *Sem dispositivo correspondente no CPC de 2015.*

Art. 308. Conclusos os autos, o juiz mandará processar a exceção, ouvindo o excepto dentro em 10 (dez) dias e decidindo em igual prazo.

• *Sem dispositivo correspondente no CPC de 2015.*

Art. 309. Havendo necessidade de prova testemunhal, o juiz designará audiência de instrução, decidindo dentro de 10 (dez) dias.

• *Sem dispositivo correspondente no CPC de 2015.*

Art. 310. O juiz indeferirá a petição inicial da exceção, quando manifestamente improcedente.

• *Sem dispositivo correspondente no CPC de 2015.*

Art. 311. Julgada procedente a exceção, os autos serão remetidos ao juiz competente.

• *Sem dispositivo correspondente no CPC de 2015.*

Subseção II | DO IMPEDIMENTO E DA SUSPEIÇÃO

Art. 312. A parte oferecerá a exceção de impedimento ou de suspeição, especificando o motivo da recusa (arts. 134 e 135). A petição, dirigida ao juiz da causa, poderá ser instruída com documentos em que o excipiente fundar a alegação e conterá o rol de testemunhas.

• *Dispositivo correspondente no CPC de 2015: art. 146,* caput.

Art. 313. Despachando a petição, o juiz, se reconhecer o impedimento ou a suspeição, ordenará a remessa dos autos ao seu substituto legal; em caso contrário, dentro de 10 (dez) dias, dará as suas razões, acompanhadas de documentos e de rol de testemunhas, se houver, ordenando a remessa dos autos ao tribunal.

• *Dispositivo correspondente no CPC de 2015: art. 146, § 1º.*

Art. 314. Verificando que a exceção não tem fundamento legal, o tribunal determinará o seu arquivamento; no caso contrário condenará o juiz nas custas, mandando remeter os autos ao seu substituto legal.

• *Dispositivo correspondente no CPC de 2015: art. 146, §§ 4º e 5º.*

Seção IV | DA RECONVENÇÃO

Art. 315. O réu pode reconvir ao autor no mesmo processo, toda vez que a reconvenção seja conexa com a ação principal ou com o fundamento da defesa.

• *Dispositivo correspondente no CPC de 2015: art. 343,* caput.

Parágrafo único. Não pode o réu, em seu próprio nome, reconvir ao autor, quando este demandar em nome de outrem.

• *Dispositivo correspondente no CPC de 2015: art. 343, § 5º.*

Art. 316. Oferecida a reconvenção, o autor reconvindo será intimado, na pessoa do seu procurador, para contestá-la no prazo de 15 (quinze) dias.

• *Dispositivo correspondente no CPC de 2015: art. 343, § 1º.*

Art. 317. A desistência da ação, ou a existência de qualquer causa que a extinga, não obsta ao prosseguimento da reconvenção.

• *Dispositivo correspondente no CPC de 2015: art. 343, § 2º.*

Art. 318. Julgar-se-ão na mesma sentença a ação e a reconvenção.

• *Sem dispositivo correspondente no CPC de 2015.*

Capítulo III | DA REVELIA

Art. 319. Se o réu não contestar a ação, reputar-se-ão verdadeiros os fatos afirmados pelo autor.

• *Dispositivo correspondente no CPC de 2015: art. 344.*

Art. 320. A revelia não induz, contudo, o efeito mencionado no artigo antecedente:

• *Dispositivo correspondente no CPC de 2015: art. 345,* caput.

I — se, havendo pluralidade de réus, algum deles contestar a ação;

• *Dispositivo correspondente no CPC de 2015: art. 345, I.*

II — se o litígio versar sobre direitos indisponíveis;

• *Dispositivo correspondente no CPC de 2015: art. 345, II.*

III — se a petição inicial não estiver acompanhada do instrumento público, que a lei considere indispensável à prova do ato.

• *Dispositivo correspondente no CPC de 2015: art. 345, III.*

Art. 321. Ainda que ocorra revelia, o autor não poderá alterar o pedido, ou a causa de pedir, nem demandar declaração incidente, salvo promovendo nova citação do réu, a quem será assegurado o direito de responder no prazo de 15 (quinze) dias.

• *Sem dispositivo correspondente no CPC de 2015.*

Art. 322. Contra o revel que não tenha patrono nos autos, correrão os prazos independentemente de intimação, a partir da publicação de cada ato decisório.

• *Dispositivo correspondente no CPC de 2015: art. 346,* caput.

Parágrafo único. O revel poderá intervir no processo em qualquer fase, recebendo-o no estado em que se encontrar.

• *Dispositivo correspondente no CPC de 2015: art. 346, parágrafo único.*

Capítulo IV | DAS PROVIDÊNCIAS PRELIMINARES

Art. 323. Findo o prazo para a resposta do réu, o escrivão fará a conclusão dos autos. O juiz, no prazo de 10 (dez) dias, determinará, conforme o caso, as providências preliminares, que constam das seções deste Capítulo.

• *Dispositivo correspondente no CPC de 2015: art. 347.*

Seção I | DO EFEITO DA REVELIA

Art. 324. Se o réu não contestar a ação, o juiz, verificando que não ocorreu o efeito da revelia, mandará que o autor especifique as provas que pretenda produzir na audiência.

• *Dispositivo correspondente no CPC de 2015: art. 348.*

Seção II | DA DECLARAÇÃO INCIDENTE

Art. 325. Contestando o réu o direito que constitui fundamento do pedido, o autor poderá requerer, no prazo de 10 (dez) dias, que sobre ele o juiz profira sentença incidente, se da declaração da existência ou da inexistência do direito depender, no todo ou em parte, o julgamento da lide (art. 5º).

• *Sem dispositivo correspondente no CPC de 2015.*

Seção III | DOS FATOS IMPEDITIVOS, MODIFICATIVOS OU EXTINTIVOS DO PEDIDO

Art. 326. Se o réu, reconhecendo o fato em que se fundou a ação, outro lhe opuser impeditivo, modificativo ou extintivo do direito do autor, este será ouvido no prazo de 10 (dez) dias, facultando-lhe o juiz a produção de prova documental.

• *Dispositivo correspondente no CPC de 2015: art. 350.*

Seção IV | DAS ALEGAÇÕES DO RÉU

Art. 327. Se o réu alegar qualquer das matérias enumeradas no art. 301, o juiz mandará ouvir o autor no prazo de 10 (dez) dias, permitindo-lhe a produção de prova documental. Verificando a existência de irregularidades ou de nulidades sanáveis, o juiz mandará supri-las, fixando à parte prazo nunca superior a 30 (trinta) dias.

• *Dispositivos correspondentes no CPC de 2015: arts. 351 e 352.*

Art. 328. Cumpridas as providências preliminares, ou não havendo necessidade delas, o juiz proferirá julgamento conforme o estado do processo, observando o que dispõe o capítulo seguinte.

• *Dispositivo correspondente no CPC de 2015: art. 353.*

Capítulo V | DO JULGAMENTO CONFORME O ESTADO DO PROCESSO

Seção I | DA EXTINÇÃO DO PROCESSO

Art. 329. Ocorrendo qualquer das hipóteses previstas nos arts. 267 e 269, II a V, o juiz declarará extinto o processo.

• *Dispositivo correspondente no CPC de 2015: art. 354,* caput.

Seção II | DO JULGAMENTO ANTECIPADO DA LIDE

Art. 330. O juiz conhecerá diretamente do pedido, proferindo sentença:

• *Dispositivo correspondente no CPC de 2015: art. 355,* caput.

I — quando a questão de mérito for unicamente de direito, ou, sendo de direito e de fato, não houver necessidade de produzir prova em audiência;

• *Dispositivo correspondente no CPC de 2015: art. 355, I.*

II — quando ocorrer a revelia (art. 319).

• *Dispositivo correspondente no CPC de 2015: art. 355, II.*

Seção III | DA AUDIÊNCIA PRELIMINAR

Art. 331. Se não ocorrer qualquer das hipóteses previstas nas seções precedentes, e versar a causa sobre direitos que admitam transação, o juiz designará audiência preliminar, a realizar-se no prazo de 30 (trinta) dias, para a qual serão as partes intimadas a comparecer, podendo fazer-se representar por procurador ou preposto, com poderes para transigir.

• *Dispositivo correspondente no CPC de 2015: art. 357,* caput.

§ 1º Obtida a conciliação, será reduzida a termo e homologada por sentença.

• *Sem dispositivo correspondente no CPC de 2015.*

§ 2º Se, por qualquer motivo, não for obtida a conciliação, o juiz fixará os pontos controvertidos, decidirá as questões processuais pendentes e determinará as provas a serem produzidas, designando audiência de instrução e julgamento, se necessário.

• *Dispositivo correspondente no CPC de 2015: art. 357, I e II.*

§ 3º Se o direito em litígio não admitir transação, ou se as circunstâncias da causa evidenciarem ser improvável sua obtenção, o juiz poderá, desde logo, sanear o processo e ordenar a produção da prova, nos termos do § 2º.

• *Sem dispositivo correspondente no CPC de 2015.*

Capítulo VI | DAS PROVAS

Seção I | DAS DISPOSIÇÕES GERAIS

Art. 332. Todos os meios legais, bem como os moralmente legítimos, ainda que não especificados neste Código, são hábeis para provar a verdade dos fatos, em que se funda a ação ou a defesa.

• *Dispositivo correspondente no CPC de 2015: art. 369.*

Art. 333. O ônus da prova incumbe:

• *Dispositivo correspondente no CPC de 2015: art. 373,* caput.

I — ao autor, quanto ao fato constitutivo do seu direito;

• *Dispositivo correspondente no CPC de 2015: art. 373, I.*

II — ao réu, quanto à existência de fato impeditivo, modificativo ou extintivo do direito do autor.

• *Dispositivo correspondente no CPC de 2015: art. 373, II.*

Parágrafo único. É nula a convenção que distribui de maneira diversa o ônus da prova quando:

• *Dispositivo correspondente no CPC de 2015: art. 373, § 3º,* caput.

I — recair sobre direito indisponível da parte;

• *Dispositivo correspondente no CPC de 2015: art. 373, § 3º, I.*

II — tornar excessivamente difícil a uma parte o exercício do direito.

• *Dispositivo correspondente no CPC de 2015: art. 373, § 3º, II.*

Art. 334. Não dependem de prova os fatos:

• *Dispositivo correspondente no CPC de 2015: art. 374,* caput.

I — notórios;

• *Dispositivo correspondente no CPC de 2015: art. 374, I.*

II — afirmados por uma parte e confessados pela parte contrária;

• *Dispositivo correspondente no CPC de 2015: art. 374, II.*

III — admitidos, no processo, como incontroversos;

• *Dispositivo correspondente no CPC de 2015: art. 374, III.*

IV — em cujo favor milita presunção legal de existência ou de veracidade.

• *Dispositivo correspondente no CPC de 2015: art. 374, IV.*

Art. 335. Em falta de normas jurídicas particulares, o juiz aplicará as regras de experiência comum subministradas pela observação do que ordinariamente acontece e ainda as regras da experiência técnica, ressalvado, quanto a esta, o exame pericial.

• *Dispositivo correspondente no CPC de 2015: art. 375.*

Art. 336. Salvo disposição especial em contrário, as provas devem ser produzidas em audiência.

• *Dispositivo correspondente no CPC de 2015: art. 449,* caput.

Parágrafo único. Quando a parte, ou a testemunha, por enfermidade, ou por outro motivo relevante, estiver impossibilitada de comparecer à audiência, mas não de prestar depoimento, o juiz designará, conforme as circunstâncias, dia, hora e lugar para inquiri-la.

• *Dispositivo correspondente no CPC de 2015: art. 449, parágrafo único.*

Art. 337. A parte, que alegar direito municipal, estadual, estrangeiro ou consuetudinário, provar-lhe-á o teor e a vigência, se assim o determinar o juiz.

• *Dispositivo correspondente no CPC de 2015: art. 376.*

Art. 338. A carta precatória e a carta rogatória suspenderão o processo, no caso previsto na alínea *b* do inciso IV do art. 265 desta Lei, quando, tendo sido requeridas antes da decisão de saneamento, a prova nelas solicitada apresentar-se imprescindível.

• *Dispositivo correspondente no CPC de 2015: art. 377,* caput.

Parágrafo único. A carta precatória e a carta rogatória, não devolvidas dentro do prazo ou concedidas sem efeito suspensivo, poderão ser juntas aos autos até o julgamento final.

• *Dispositivo correspondente no CPC de 2015: art. 377, parágrafo único.*

Art. 339. Ninguém se exime do dever de colaborar com o Poder Judiciário para o descobrimento da verdade.

• *Dispositivo correspondente no CPC de 2015: art. 378.*

Art. 340. Além dos deveres enumerados no art. 14, compete à parte:

• *Dispositivo correspondente no CPC de 2015: art. 379,* caput.

I — comparecer em juízo, respondendo ao que lhe for interrogado;

• *Dispositivo correspondente no CPC de 2015: art. 379, I.*

II — submeter-se à inspeção judicial, que for julgada necessária;

• *Dispositivo correspondente no CPC de 2015: art. 379, II.*

III — praticar o ato que lhe for determinado.

• *Dispositivo correspondente no CPC de 2015: art. 379, III.*

Art. 341. Compete ao terceiro, em relação a qualquer pleito:

• *Sem dispositivo correspondente no CPC de 2015.*

I — informar ao juiz os fatos e as circunstâncias, de que tenha conhecimento;

• *Sem dispositivo correspondente no CPC de 2015.*

II — exibir coisa ou documento, que esteja em seu poder.

• *Dispositivo correspondente no CPC de 2015: art. 380,* caput, *I e II.*

Seção II | DO DEPOIMENTO PESSOAL

Art. 342. O juiz pode, de ofício, em qualquer estado do processo, determinar o comparecimento pessoal das partes, a fim de interrogá-las sobre os fatos da causa.

• *Dispositivo correspondente no CPC de 2015: art. 139-VIII.*

Art. 343. Quando o juiz não o determinar de ofício, compete a cada parte requerer o depoimento pessoal da outra, a fim de interrogá-la na audiência de instrução e julgamento.

• *Dispositivo correspondente no CPC de 2015: art. 385,* caput.

§ 1º A parte será intimada pessoalmente, constando do mandado que se presumirão confessados os fatos contra ela alegados, caso não compareça ou, comparecendo, se recuse a depor.

• *Dispositivo correspondente no CPC de 2015: art. 385, § 1º.*

§ 2º Se a parte intimada não comparecer, ou comparecendo, se recusar a depor, o juiz lhe aplicará a pena de confissão.

• *Dispositivo correspondente no CPC de 2015: art. 385, § 2º.*

Art. 344. A parte será interrogada na forma prescrita para a inquirição de testemunhas.

• *Sem dispositivo correspondente no CPC de 2015.*

Parágrafo único. É defeso, a quem ainda não depôs, assistir ao interrogatório da outra parte.

• *Dispositivo correspondente no CPC de 2015: art. 385, § 2º.*

Art. 345. Quando a parte, sem motivo justificado, deixar de responder ao que lhe for perguntado, ou empregar evasivas, o juiz, apreciando as demais circunstâncias e elementos de prova, declarará, na sentença, se houve recusa de depor.

• *Dispositivo correspondente no CPC de 2015: art. 386.*

Art. 346. A parte responderá pessoalmente sobre os fatos articulados, não podendo servir-se de escritos adrede preparados; o juiz lhe permitirá, todavia, a consulta a notas breves, desde que objetivem completar esclarecimentos.

• *Dispositivo correspondente no CPC de 2015: art. 387.*

Art. 347. A parte não é obrigada a depor de fatos:

• *Dispositivo correspondente no CPC de 2015: art. 388,* caput.

I — criminosos ou torpes, que lhe forem imputados;

• *Dispositivo correspondente no CPC de 2015: art. 388, I.*

II — a cujo respeito, por estado ou profissão, deva guardar sigilo.

• *Dispositivo correspondente no CPC de 2015: art. 388, II.*

Parágrafo único. Esta disposição não se aplica às ações de filiação, de desquite e de anulação de casamento.

• *Dispositivo correspondente no CPC de 2015: art. 388, parágrafo único.*

Seção III | DA CONFISSÃO

Art. 348. Há confissão, quando a parte admite a verdade de um fato, contrário ao seu interesse e favorável ao adversário. A confissão é judicial ou extrajudicial.

• *Dispositivo correspondente no CPC de 2015: art. 389.*

Art. 349. A confissão judicial pode ser espontânea ou provocada. Da confissão espontânea, tanto que requerida pela parte, se lavrará o respectivo termo nos autos; a confissão provocada constará do depoimento pessoal prestado pela parte.

• *Dispositivo correspondente no CPC de 2015: art. 390,* caput.

Parágrafo único. A confissão espontânea pode ser feita pela própria parte, ou por mandatário com poderes especiais.

• *Dispositivo correspondente no CPC de 2015: art. 390, § 1º.*

Art. 350. A confissão judicial faz prova contra o confitente, não prejudicando, todavia, os litisconsortes.

• *Dispositivo correspondente no CPC de 2015: art. 391,* caput.

Parágrafo único. Nas ações que versarem sobre bens imóveis ou direitos sobre imóveis alheios, a confissão de um cônjuge não valerá sem a do outro.

• *Dispositivo correspondente no CPC de 2015: art. 391, parágrafo único.*

Art. 351. Não vale como confissão a admissão, em juízo, de fatos relativos a direitos indisponíveis.

• *Dispositivo correspondente no CPC de 2015: art. 392,* caput.

Art. 352. A confissão, quando emanar de erro, dolo ou coação, pode ser revogada:

• *Sem dispositivo correspondente no CPC de 2015.*

I — por ação anulatória, se pendente o processo em que foi feita;

• *Sem dispositivo correspondente no CPC de 2015.*

II — por ação rescisória, depois de transitada em julgado a sentença, da qual constituir o único fundamento.

• *Dispositivo correspondente no CPC de 2015: art. 393,* caput.

Parágrafo único. Cabe ao confitente o direito de propor a ação, nos casos de que trata este artigo; mas, uma vez iniciada, passa aos seus herdeiros.

• *Dispositivo correspondente no CPC de 2015: art. 393, parágrafo único.*

Art. 353. A confissão extrajudicial, feita por escrito à parte ou a quem a represente, tem a mesma eficácia probatória da judicial; feita a terceiro, ou contida em testamento, será livremente apreciada pelo juiz.

• *Sem dispositivo correspondente no CPC de 2015.*

Parágrafo único. Todavia, quando feita verbalmente, só terá eficácia nos casos em que a lei não exija prova literal.

• *Dispositivo correspondente no CPC de 2015: art. 394.*

Art. 354. A confissão é, de regra, indivisível, não podendo a parte, que a quiser invocar como prova, aceitá-la no tópico que a beneficiar e rejeitá-la no que lhe for desfavorável. Cindir-se-á, todavia, quando o confitente lhe aduzir fatos novos, suscetíveis de constituir fundamento de defesa de direito material ou de reconvenção.

• *Dispositivo correspondente no CPC de 2015: art. 395.*

Seção IV | DA EXIBIÇÃO DE DOCUMENTO OU COISA

Art. 355. O juiz pode ordenar que a parte exiba documento ou coisa, que se ache em seu poder.

• *Dispositivo correspondente no CPC de 2015: art. 396.*

Art. 356. O pedido formulado pela parte conterá:

• *Dispositivo correspondente no CPC de 2015: art. 397,* caput.

I — a individuação, tão completa quanto possível, do documento ou da coisa;

• *Dispositivo correspondente no CPC de 2015: art. 397, I.*

II — a finalidade da prova, indicando os fatos que se relacionam com o documento ou a coisa;

• *Dispositivo correspondente no CPC de 2015: art. 397, II.*

III — as circunstâncias em que se funda o requerente para afirmar que o documento ou a coisa existe e se acha em poder da parte contrária.

• *Dispositivo correspondente no CPC de 2015: art. 397, III.*

Art. 357. O requerido dará a sua resposta nos 5 (cinco) dias subsequentes à sua intimação. Se afirmar que não possui o documento ou a coisa, o juiz permitirá que o requerente prove, por qualquer meio, que a declaração não corresponde à verdade.

• *Dispositivo correspondente no CPC de 2015: art. 398.*

Art. 358. O juiz não admitirá a recusa:

• *Dispositivo correspondente no CPC de 2015: art. 399,* caput.

I — se o requerido tiver obrigação legal de exibir;

• *Dispositivo correspondente no CPC de 2015: art. 399, I.*

II — se o requerido aludiu ao documento ou à coisa, no processo, com o intuito de constituir prova;

• *Dispositivo correspondente no CPC de 2015: art. 399, II.*

III — se o documento, por seu conteúdo, for comum às partes.

• *Dispositivo correspondente no CPC de 2015: art. 399, III.*

Art. 359. Ao decidir o pedido, o juiz admitirá como verdadeiros os fatos que, por meio do documento ou da coisa, a parte pretendia provar:

• *Dispositivo correspondente no CPC de 2015: art. 400,* caput.

I — se o requerido não efetuar a exibição, nem fizer qualquer declaração no prazo do art. 357;

• *Dispositivo correspondente no CPC de 2015: art. 400, I.*

II — se a recusa for havida por ilegítima.

• *Dispositivo correspondente no CPC de 2015: art. 400, II.*

Art. 360. Quando o documento ou a coisa estiver em poder de terceiro, o juiz mandará citá-lo para responder no prazo de 10 (dez) dias.

• *Dispositivo correspondente no CPC de 2015: art. 401.*

Art. 361. Se o terceiro negar a obrigação de exibir, ou a posse do documento ou da coisa, o juiz designará audiência especial, tomando-lhe o depoimento, bem como o das partes e, se necessário, de testemunhas; em seguida proferirá a sentença.

• *Dispositivo correspondente no CPC de 2015: art. 402.*

Art. 362. Se o terceiro, sem justo motivo, se recusar a efetuar a exibição, o juiz lhe ordenará que proceda ao respectivo depósito em cartório ou noutro lugar designado, no prazo de 5 (cinco) dias, impondo ao requerente que o embolse das despesas que tiver; se o terceiro descumprir a ordem, o juiz expedirá mandado de apreensão, requisitando, se necessário, força policial, tudo sem prejuízo da responsabilidade por crime de desobediência.

• *Dispositivo correspondente no CPC de 2015: art. 403.*

Art. 363. A parte e o terceiro se escusam de exibir, em juízo, o documento ou a coisa:

• *Dispositivo correspondente no CPC de 2015: art. 404,* caput.

I — se concernente a negócios da própria vida da família;

• *Dispositivo correspondente no CPC de 2015: art. 404, I.*

II — se a sua apresentação puder violar dever de honra;

• *Dispositivo correspondente no CPC de 2015: art. 404, II.*

III — se a publicidade do documento redundar em desonra à parte ou ao terceiro, bem como a seus parentes consanguíneos ou afins até o terceiro grau; ou lhes representar perigo de ação penal;

• *Dispositivo correspondente no CPC de 2015: art. 404, III.*

IV — se a exibição acarretar a divulgação de fatos, a cujo respeito, por estado ou profissão, devam guardar segredo;

• *Dispositivo correspondente no CPC de 2015: art. 404, IV.*

V — se subsistirem outros motivos graves que, segundo o prudente arbítrio do juiz, justifiquem a recusa da exibição.

• *Dispositivo correspondente no CPC de 2015: art. 404, V.*

Parágrafo único. Se os motivos de que tratam os ns. I a V disserem respeito só a uma parte do conteúdo do documento, da outra se extrairá uma suma para ser apresentada em juízo.

• *Dispositivo correspondente no CPC de 2015: art. 404, parágrafo único.*

Seção V | DA PROVA DOCUMENTAL

Subseção I | DA FORÇA PROBANTE DOS DOCUMENTOS

Art. 364. O documento público faz prova não só da sua formação, mas também dos fatos que o escrivão, o tabelião, ou o funcionário declarar que ocorreram em sua presença.

• *Dispositivo correspondente no CPC de 2015: art. 405.*

Art. 365. Fazem a mesma prova que os originais:

• *Dispositivo correspondente no CPC de 2015: art. 425,* caput.

I — as certidões textuais de qualquer peça dos autos, do protocolo das audiências, ou de outro livro a cargo do escrivão, sendo extraídas por ele ou sob sua vigilância e por ele subscritas;

• *Dispositivo correspondente no CPC de 2015: art. 425, I.*

II — os traslados e as certidões extraídas por oficial público, de instrumentos ou documentos lançados em suas notas;

• *Dispositivo correspondente no CPC de 2015: art. 425, II.*

III — as reproduções dos documentos públicos, desde que autenticadas por oficial público ou conferidas em cartório, com os respectivos originais;

• *Dispositivo correspondente no CPC de 2015: art. 425, III.*

IV — as cópias reprográficas de peças do próprio processo judicial declaradas autênticas pelo próprio advogado sob sua responsabilidade pessoal, se não lhes for impugnada a autenticidade;

• *Dispositivo correspondente no CPC de 2015: art. 425, IV.*

V — os extratos digitais de bancos de dados, públicos e privados, desde que atestado pelo seu emitente, sob as penas da lei, que as informações conferem com o que consta na origem;

• *Dispositivo correspondente no CPC de 2015: art. 425, V.*

VI — as reproduções digitalizadas de qualquer documento, público ou particular, quando juntados aos autos pelos órgãos da Justiça e seus auxiliares, pelo Ministério Público e seus auxiliares, pelas procuradorias, pelas repartições públicas em geral e por advogados públicos ou privados, ressalvada a alegação motivada e fundamentada de adulteração antes ou durante o processo de digitalização.

• *Dispositivo correspondente no CPC de 2015: art. 425, VI.*

§ 1º Os originais dos documentos digitalizados, mencionados no inciso VI do *caput* deste artigo, deverão ser preservados pelo seu detentor até o final do prazo para interposição de ação rescisória.

• *Dispositivo correspondente no CPC de 2015: art. 425, § 1º.*

§ 2º Tratando-se de cópia digital de título executivo extrajudicial ou outro documento relevante à instrução do processo, o juiz poderá determinar o seu depósito em cartório ou secretaria.

• *Dispositivo correspondente no CPC de 2015: art. 425, § 2º.*

Art. 366. Quando a lei exigir, como da substância do ato, o instrumento público, nenhuma outra prova, por mais especial que seja, pode suprir-lhe a falta.

• *Dispositivo correspondente no CPC de 2015: art. 406.*

Art. 367. O documento, feito por oficial público incompetente, ou sem a observância das formalidades legais, sendo subscrito pelas partes, tem a mesma eficácia probatória do documento particular.

• *Dispositivo correspondente no CPC de 2015: art. 407.*

Art. 368. As declarações constantes do documento particular, escrito e assinado, ou somente assinado, presumem-se verdadeiras em relação ao signatário.

• *Dispositivo correspondente no CPC de 2015: art. 408,* caput.

Parágrafo único. Quando, todavia, contiver declaração de ciência, relativa a determinado fato, o documento particular prova a declaração, mas não o fato declarado, competindo ao interessado em sua veracidade o ônus de provar o fato.

• *Dispositivo correspondente no CPC de 2015: art. 408, parágrafo único.*

Art. 369. Reputa-se autêntico o documento, quando o tabelião reconhecer a firma do signatário, declarando que foi aposta em sua presença.

• *Dispositivo correspondente no CPC de 2015: art. 411, I e II.*

Art. 370. A data do documento particular, quando a seu respeito surgir dúvida ou impugnação entre os litigantes, provar-se-á por todos os meios de direito. Mas, em relação a terceiros, considerar-se-á datado o documento particular:

• *Dispositivo correspondente no CPC de 2015: art. 409,* caput *e parágrafo único,* caput.

I — no dia em que foi registrado;

• *Dispositivo correspondente no CPC de 2015: art. 409, parágrafo único, I.*

II — desde a morte de algum dos signatários;

• *Dispositivo correspondente no CPC de 2015: art. 409, parágrafo único, II.*

III — a partir da impossibilidade física, que sobreveio a qualquer dos signatários;

• *Dispositivo correspondente no CPC de 2015: art. 409, parágrafo único, III.*

IV — da sua apresentação em repartição pública ou em juízo;

• *Dispositivo correspondente no CPC de 2015: art. 409, parágrafo único, IV.*

V — do ato ou fato que estabeleça, de modo certo, a anterioridade da formação do documento.

• *Dispositivo correspondente no CPC de 2015: art. 409, parágrafo único, V.*

Art. 371. Reputa-se autor do documento particular:

• *Dispositivo correspondente no CPC de 2015: art. 410,* caput.

I — aquele que o fez e o assinou;

• *Dispositivo correspondente no CPC de 2015: art. 410, I.*

II — aquele, por conta de quem foi feito, estando assinado;

• *Dispositivo correspondente no CPC de 2015: art. 410, II.*

III — aquele que, mandando compô-lo, não o firmou, porque, conforme a experiência comum, não se costuma assinar, como livros comerciais e assentos domésticos.

• *Dispositivo correspondente no CPC de 2015: art. 410, III.*

Art. 372. Compete à parte, contra quem foi produzido documento particular, alegar, no prazo estabelecido no art. 390, se lhe admite ou não a autenticidade da assinatura e a veracidade do contexto; presumindo-se, com o silêncio, que o tem por verdadeiro.

• *Sem dispositivo correspondente no CPC de 2015.*

Parágrafo único. Cessa, todavia, a eficácia da admissão expressa ou tácita, se o documento houver sido obtido por erro, dolo ou coação.

• *Sem dispositivo correspondente no CPC de 2015.*

Art. 373. Ressalvado o disposto no parágrafo único do artigo anterior, o documento particular, de cuja autenticidade se não duvida, prova que o seu autor fez a declaração, que lhe é atribuída.

• *Dispositivo correspondente no CPC de 2015: art. 412,* caput.

Parágrafo único. O documento particular, admitido expressa ou tacitamente, é indivisível, sendo defeso à parte, que pretende utilizar-se dele, aceitar os fatos que lhe são favoráveis e recusar os que são contrários ao seu interesse, salvo se provar que estes se não verificaram.

• *Dispositivo correspondente no CPC de 2015: art. 412, parágrafo único.*

Art. 374. O telegrama, o radiograma ou qualquer outro meio de transmissão tem a mesma força probatória do documento particular, se o original constante da estação expedidora foi assinado pelo remetente.

• *Dispositivo correspondente no CPC de 2015: art. 413,* caput.

Parágrafo único. A firma do remetente poderá ser reconhecida pelo tabelião, declarando-se essa circunstância no original depositado na estação expedidora.

• *Dispositivo correspondente no CPC de 2015: art. 413, parágrafo único.*

Art. 375. O telegrama ou o radiograma presume-se conforme com o original, provando a data de sua expedição e do recebimento pelo destinatário.

• *Dispositivo correspondente no CPC de 2015: art. 414.*

Art. 376. As cartas, bem como os registros domésticos, provam contra quem os escreveu quando:

• *Dispositivo correspondente no CPC de 2015: art. 415,* caput.

I — enunciam o recebimento de um crédito;

• *Dispositivo correspondente no CPC de 2015: art. 415, I.*

II — contêm anotação, que visa a suprir a falta de título em favor de quem é apontado como credor;

• *Dispositivo correspondente no CPC de 2015: art. 415, II.*

III — expressam conhecimento de fatos para os quais não se exija determinada prova.

• *Dispositivo correspondente no CPC de 2015: art. 415, III.*

Art. 377. A nota escrita pelo credor em qualquer parte de documento representativo de obrigação, ainda que não assinada, faz prova em benefício do devedor.

• *Dispositivo correspondente no CPC de 2015: art. 416,* caput.

Parágrafo único. Aplica-se esta regra tanto para o documento, que o credor conservar em seu poder, como para aquele que se achar em poder do devedor.

• *Dispositivo correspondente no CPC de 2015: art. 416, parágrafo único.*

Art. 378. Os livros comerciais provam contra o seu autor. É lícito ao comerciante, todavia, demonstrar, por todos os meios permitidos em direito, que os lançamentos não correspondem à verdade dos fatos.

• *Dispositivo correspondente no CPC de 2015: art. 417.*

Art. 379. Os livros comerciais, que preencham os requisitos exigidos por lei, provam também a favor do seu autor no litígio entre comerciantes.

• *Dispositivo correspondente no CPC de 2015: art. 418.*

Art. 380. A escrituração contábil é indivisível: se dos fatos que resultam dos lançamentos, uns são favoráveis ao interesse de seu autor e outros lhe são contrários, ambos serão considerados em conjunto como unidade.

• *Dispositivo correspondente no CPC de 2015: art. 419.*

Art. 381. O juiz pode ordenar, a requerimento da parte, a exibição integral dos livros comerciais e dos documentos do arquivo:

• *Dispositivo correspondente no CPC de 2015: art. 420,* caput.

I — na liquidação de sociedade;

• *Dispositivo correspondente no CPC de 2015: art. 420, I.*

II — na sucessão por morte de sócio;

• *Dispositivo correspondente no CPC de 2015: art. 420, II.*

III — quando e como determinar a lei.

• *Dispositivo correspondente no CPC de 2015: art. 420, III.*

Art. 382. O juiz pode, de ofício, ordenar à parte a exibição parcial dos livros e documentos, extraindo-se deles a suma que interessar ao litígio, bem como reproduções autenticadas.

• *Dispositivo correspondente no CPC de 2015: art. 421.*

Art. 383. Qualquer reprodução mecânica, como a fotográfica, cinematográfica, fonográfica ou de outra espécie, faz prova dos fatos ou das coisas representadas, se aquele contra quem foi produzida lhe admitir a conformidade.

• *Dispositivo correspondente no CPC de 2015: art. 422,* caput.

Parágrafo único. Impugnada a autenticidade da reprodução mecânica, o juiz ordenará a realização de exame pericial.

• *Sem dispositivo correspondente no CPC de 2015.*

Art. 384. As reproduções fotográficas ou obtidas por outros processos de repetição, dos documentos particulares, valem como certidões, sempre que o escrivão portar por fé a sua conformidade com o original.

• *Dispositivo correspondente no CPC de 2015: art. 423.*

Art. 385. A cópia de documento particular tem o mesmo valor probante que o original, cabendo ao escrivão, intimadas as partes, proceder à conferência e certificar a conformidade entre a cópia e o original.

• *Dispositivo correspondente no CPC de 2015: art. 424.*

§ 1º Quando se tratar de fotografia, esta terá de ser acompanhada do respectivo negativo.

• *Sem dispositivo correspondente no CPC de 2015.*

§ 2º Se a prova for uma fotografia publicada em jornal, exigir-se-ão o original e o negativo.

• *Dispositivo correspondente no CPC de 2015: art. 422, § 2º.*

Art. 386. O juiz apreciará livremente a fé que deva merecer o documento, quando em ponto substancial e sem ressalva contiver entrelinha, emenda, borrão ou cancelamento.

• *Dispositivo correspondente no CPC de 2015: art. 426.*

Art. 387. Cessa a fé do documento, público ou particular, sendo-lhe declarada judicialmente a falsidade.

• *Dispositivo correspondente no CPC de 2015: art. 427,* caput.

Parágrafo único. A falsidade consiste:

• *Dispositivo correspondente no CPC de 2015: art. 427, parágrafo único,* caput.

I — em formar documento não verdadeiro;

• *Dispositivo correspondente no CPC de 2015: art. 427, parágrafo único, I.*

II — em alterar documento verdadeiro.

• *Dispositivo correspondente no CPC de 2015: art. 427, parágrafo único, II.*

Art. 388. Cessa a fé do documento particular quando:

• *Dispositivo correspondente no CPC de 2015: art. 428,* caput.

I — lhe for contestada a assinatura e enquanto não se lhe comprovar a veracidade;

• *Dispositivo correspondente no CPC de 2015: art. 428, I.*

II — assinado em branco, for abusivamente preenchido.

• *Dispositivo correspondente no CPC de 2015: art. 428, II.*

Parágrafo único. Dar-se-á abuso quando aquele, que recebeu documento assinado, com texto não escrito no todo ou em parte, o formar ou o completar, por si ou por meio de outrem, violando o pacto feito com o signatário.

• *Dispositivo correspondente no CPC de 2015: art. 428, parágrafo único.*

Art. 389. Incumbe o ônus da prova quando:

• *Dispositivo correspondente no CPC de 2015: art. 429,* caput.

I — se tratar de falsidade de documento, à parte que a arguir;

• *Dispositivo correspondente no CPC de 2015: art. 429, I.*

II — se tratar de contestação de assinatura, à parte que produziu o documento.

• *Dispositivo correspondente no CPC de 2015: art. 429, II.*

Subseção II | DA ARGUIÇÃO DE FALSIDADE

Art. 390. O incidente de falsidade tem lugar em qualquer tempo e grau de jurisdição, incumbindo à parte, contra quem foi produzido o documento, suscitá-lo na contestação ou no prazo de 10 (dez) dias, contados da intimação da sua juntada aos autos.

• *Dispositivo correspondente no CPC de 2015: art. 430.*

Art. 391. Quando o documento for oferecido antes de encerrada a instrução, a parte o arguirá de falso, em petição dirigida ao juiz da causa, expondo os motivos em que funda a sua pretensão e os meios com que provará o alegado.

• *Dispositivo correspondente no CPC de 2015: art. 431.*

Art. 392. Intimada a parte, que produziu o documento, a responder no prazo de 10 (dez) dias, o juiz ordenará o exame pericial.

• *Dispositivo correspondente no CPC de 2015: art. 432,* caput.

Parágrafo único. Não se procederá ao exame pericial, se a parte, que produziu o documento, concordar em retirá-lo e a parte contrária não se opuser ao desentranhamento.

• *Dispositivo correspondente no CPC de 2015: art. 432, parágrafo único.*

Art. 393. Depois de encerrada a instrução, o incidente de falsidade correrá em apenso aos autos principais; no tribunal processar-se-á perante o relator, observando-se o disposto no artigo antecedente.

• *Sem dispositivo correspondente no CPC de 2015.*

Art. 394. Logo que for suscitado o incidente de falsidade, o juiz suspenderá o processo principal.

• *Sem dispositivo correspondente no CPC de 2015.*

Art. 395. A sentença, que resolver o incidente, declarará a falsidade ou autenticidade do documento.

• *Dispositivo correspondente no CPC de 2015: art. 433.*

Subseção III | DA PRODUÇÃO DA PROVA DOCUMENTAL

Art. 396. Compete à parte instruir a petição inicial (art. 283), ou a resposta (art. 297), com os documentos destinados a provar-lhe as alegações.

• *Dispositivo correspondente no CPC de 2015: art. 434,* caput.

Art. 397. É lícito às partes, em qualquer tempo, juntar aos autos documentos novos, quando destinados a fazer prova de fatos ocorridos depois dos articulados, ou para contrapô-los aos que foram produzidos nos autos.

• *Dispositivo correspondente no CPC de 2015: art. 435,* caput.

Art. 398. Sempre que uma das partes requerer a juntada de documento aos autos, o juiz ouvirá, a seu respeito, a outra, no prazo de 5 (cinco) dias.

• *Dispositivo correspondente no CPC de 2015: art. 437, § 1º.*

Art. 399. O juiz requisitará às repartições públicas em qualquer tempo ou grau de jurisdição:

• *Dispositivo correspondente no CPC de 2015: art. 438,* caput.

I — as certidões necessárias à prova das alegações das partes;

• *Dispositivo correspondente no CPC de 2015: art. 438, I.*

II — os procedimentos administrativos nas causas em que forem interessados a União, o Estado, o Município, ou as respectivas entidades da administração indireta.

• *Dispositivo correspondente no CPC de 2015: art. 438, II.*

§ 1º Recebidos os autos, o juiz mandará extrair, no prazo máximo e improrrogável de 30 (trinta) dias, certidões ou reproduções fotográficas das peças indicadas pelas partes ou de ofício; findo o prazo, devolverá os autos à repartição de origem.

• *Dispositivo correspondente no CPC de 2015: art. 438, § 1º.*

§ 2º As repartições públicas poderão fornecer todos os documentos em meio eletrônico conforme disposto em lei, certificando, pelo mesmo meio, que se trata de extrato fiel do que consta em seu banco de dados ou do documento digitalizado.

• *Dispositivo correspondente no CPC de 2015: art. 438, § 2º.*

Seção VI | DA PROVA TESTEMUNHAL

Subseção I | DA ADMISSIBILIDADE E DO VALOR DA PROVA TESTEMUNHAL

Art. 400. A prova testemunhal é sempre admissível, não dispondo a lei de modo diverso. O juiz indeferirá a inquirição de testemunhas sobre fatos:

• *Dispositivos correspondentes no CPC de 2015: arts. 442 e 443,* caput.

I — já provados por documento ou confissão da parte;

• *Dispositivo correspondente no CPC de 2015: art. 443, I.*

II — que só por documento ou por exame pericial puderem ser provados.

• *Dispositivo correspondente no CPC de 2015: art. 443, II.*

Art. 401. A prova exclusivamente testemunhal só se admite nos contratos cujo valor não exceda o décuplo do maior salário mínimo vigente no país, ao tempo em que foram celebrados.

• *Sem dispositivo correspondente no CPC de 2015.*

Art. 402. Qualquer que seja o valor do contrato, é admissível a prova testemunhal, quando:

• *Sem dispositivo correspondente no CPC de 2015.*

I — houver começo de prova por escrito, reputando-se tal o documento emanado da parte contra quem se pretende utilizar o documento como prova;

• *Dispositivo correspondente no CPC de 2015: art. 444.*

II — o credor não pode ou não podia, moral ou materialmente, obter a prova escrita da obrigação, em casos como o de parentesco, depósito necessário ou hospedagem em hotel.

• *Dispositivo correspondente no CPC de 2015: art. 445.*

Art. 403. As normas estabelecidas nos dois artigos antecedentes aplicam-se ao pagamento e à remissão da dívida.

• *Sem dispositivo correspondente no CPC de 2015.*

Art. 404. É lícito à parte inocente provar com testemunhas:

• *Dispositivo correspondente no CPC de 2015: art. 446,* caput.

I — nos contratos simulados, a divergência entre a vontade real e a vontade declarada;

• *Dispositivo correspondente no CPC de 2015: art. 446, I.*

II — nos contratos em geral, os vícios do consentimento.

• *Dispositivo correspondente no CPC de 2015: art. 446, II.*

Art. 405. Podem depor como testemunhas todas as pessoas, exceto as incapazes, impedidas ou suspeitas.

• *Dispositivo correspondente no CPC de 2015: art. 447,* caput.

§ 1º São incapazes:

• *Dispositivo correspondente no CPC de 2015: art. 447, § 1º,* caput.

I — o interdito por demência;

• *Dispositivo correspondente no CPC de 2015: art. 447, § 1º, I.*

II — o que, acometido por enfermidade, ou debilidade mental, ao tempo em que ocorreram os fatos, não podia discerni-los; ou, ao tempo em que deve depor, não está habilitado a transmitir as percepções;

• *Dispositivo correspondente no CPC de 2015: art. 447, § 1º, II.*

III — o menor de 16 (dezesseis) anos;

• *Dispositivo correspondente no CPC de 2015: art. 447, § 1º, III.*

IV — o cego e o surdo, quando a ciência do fato depender dos sentidos que lhes faltam.

• *Dispositivo correspondente no CPC de 2015: art. 447, § 1º, IV.*

§ 2º São impedidos:

• *Dispositivo correspondente no CPC de 2015: art. 447, § 2º,* caput.

I — o cônjuge, bem como o ascendente e o descendente em qualquer grau, ou colateral, até o terceiro grau, de alguma das partes, por consanguinidade ou afinidade, salvo se o exigir o interesse público, ou, tratando-se de causa relativa ao estado da pessoa, não se puder obter de outro modo a prova, que o juiz repute necessária ao julgamento do mérito;

• *Dispositivo correspondente no CPC de 2015: art. 447, § 2º, I.*

II — o que é parte na causa;

• *Dispositivo correspondente no CPC de 2015: art. 447, § 2º, II.*

III — o que intervém em nome de uma parte, como o tutor na causa do menor, o representante legal da pessoa jurídica, o juiz, o advogado e outros, que assistam ou tenham assistido as partes.

• *Dispositivo correspondente no CPC de 2015: art. 447, § 2º, III.*

§ 3º São suspeitos:

• *Dispositivo correspondente no CPC de 2015: art. 447, § 3º,* caput.

I — o condenado por crime de falso testemunho, havendo transitado em julgado a sentença;

• *Sem dispositivo correspondente no CPC de 2015.*

II — o que, por seus costumes, não for digno de fé;

• *Sem dispositivo correspondente no CPC de 2015.*

III — o inimigo capital da parte, ou o seu amigo íntimo;

• *Dispositivo correspondente no CPC de 2015: art. 447, § 3º, I.*

IV — o que tiver interesse no litígio.

• *Dispositivo correspondente no CPC de 2015: art. 447, § 3º, II.*

§ 4º Sendo estritamente necessário, o juiz ouvirá testemunhas impedidas ou suspeitas; mas os seus depoimentos serão prestados independentemente de compromisso (art. 415) e o juiz lhes atribuirá o valor que possam merecer.

• *Dispositivo correspondente no CPC de 2015: art. 447, §§ 4º e 5º.*

Art. 406. A testemunha não é obrigada a depor de fatos:

• *Dispositivo correspondente no CPC de 2015: art. 448,* caput.

I — que lhe acarretem grave dano, bem como ao seu cônjuge e aos seus parentes consanguíneos ou afins, em linha reta, ou na colateral em segundo grau;

• *Dispositivo correspondente no CPC de 2015: art. 448, I.*

II — a cujo respeito, por estado ou profissão, deva guardar sigilo.

• *Dispositivo correspondente no CPC de 2015: art. 448, II.*

Subseção II | DA PRODUÇÃO DA PROVA TESTEMUNHAL

Art. 407. Incumbe às partes, no prazo que o juiz fixará ao designar a data da audiência, depositar em cartório o rol de testemunhas, precisando-lhes o nome, profissão, residência e o local de trabalho; omitindo-se o juiz, o rol será apresentado até 10 (dez) dias antes da audiência.

• *Dispositivo correspondente no CPC de 2015: art. 450.*

Parágrafo único. É lícito a cada parte oferecer, no máximo, dez testemunhas; quando qualquer das partes oferecer mais de três testemunhas para a prova de cada fato, o juiz poderá dispensar as restantes.

Dispositivo correspondente no CPC de 2015: art. 357 § 6º.

Art. 408. Depois de apresentado o rol, de que trata o artigo antecedente, a parte só pode substituir a testemunha:

• *Dispositivo correspondente no CPC de 2015: art. 451,* caput.

I — que falecer;

• *Dispositivo correspondente no CPC de 2015: art. 451, I.*

II — que, por enfermidade, não estiver em condições de depor;

• *Dispositivo correspondente no CPC de 2015: art. 451, II.*

III — que, tendo mudado de residência, não for encontrada pelo oficial de justiça.

• *Dispositivo correspondente no CPC de 2015: art. 451, III.*

Art. 409. Quando for arrolado como testemunha o juiz da causa, este:

• *Dispositivo correspondente no CPC de 2015: art. 452,* caput.

I — declarar-se-á impedido, se tiver conhecimento de fatos, que possam influir na decisão; caso em que será defeso à parte, que o incluiu no rol, desistir de seu depoimento;

• *Dispositivo correspondente no CPC de 2015: art. 452, I.*

II — se nada souber, mandará excluir o seu nome.

• *Dispositivo correspondente no CPC de 2015: art. 452, II.*

Art. 410. As testemunhas depõem, na audiência de instrução, perante o juiz da causa, exceto:

• *Dispositivo correspondente no CPC de 2015: art. 453,* caput.

I — as que prestam depoimento antecipadamente;

• *Dispositivo correspondente no CPC de 2015: art. 453, I.*

II — as que são inquiridas por carta;

• *Dispositivo correspondente no CPC de 2015: art. 453, II.*

III — as que, por doença, ou outro motivo relevante, estão impossibilitadas de comparecer em juízo (art. 336, parágrafo único);

• *Sem dispositivo correspondente no CPC de 2015.*

IV — as designadas no artigo seguinte.

• *Sem dispositivo correspondente no CPC de 2015.*

Art. 411. São inquiridos em sua residência, ou onde exercem a sua função:

• *Dispositivo correspondente no CPC de 2015: art. 454,* caput.

I — o Presidente e o Vice-Presidente da República;

• *Dispositivo correspondente no CPC de 2015: art. 454, I.*

II — o presidente do Senado e o da Câmara dos Deputados;

• *Sem dispositivo correspondente no CPC de 2015.*

III — os ministros de Estado;

• *Dispositivo correspondente no CPC de 2015: art. 454, II.*

IV — os ministros do Supremo Tribunal Federal, do Superior Tribunal de Justiça, do Superior Tribunal Militar, do Tribunal Superior Eleitoral, do Tribunal Superior do Trabalho e do Tribunal de Contas da União;

• *Dispositivo correspondente no CPC de 2015: art. 454, III.*

V — o procurador-geral da República;

• *Dispositivo correspondente no CPC de 2015: art. 454, IV.*

VI — os senadores e deputados federais;

• *Dispositivo correspondente no CPC de 2015: art. 454, VI.*

VII — os governadores dos Estados, dos Territórios e do Distrito Federal;

• *Dispositivo correspondente no CPC de 2015: art. 454, VII.*

VIII — os deputados estaduais;

• *Dispositivo correspondente no CPC de 2015: art. 454, IX.*

IX — os desembargadores dos Tribunais de Justiça, os juízes dos Tribunais de Alçada, os juízes dos Tribunais Regionais do Trabalho e dos Tribunais Regionais Eleitorais e os conselheiros dos Tribunais de Contas dos Estados e do Distrito Federal;

• *Dispositivo correspondente no CPC de 2015: art. 454, X.*

X — o embaixador de país que, por lei ou tratado, concede idêntica prerrogativa ao agente diplomático do Brasil.

• *Dispositivo correspondente no CPC de 2015: art. 454, XII.*

Parágrafo único. O juiz solicitará à autoridade que designe dia, hora e local a fim de ser inquirida, remetendo-lhe cópia da petição inicial ou da defesa oferecida pela parte, que arrolou como testemunha.

• *Dispositivo correspondente no CPC de 2015: art. 454, § 1º.*

Art. 412. A testemunha é intimada a comparecer à audiência, constando do mandado dia, hora e local, bem como os nomes das partes e a natureza da causa. Se a testemunha deixar de comparecer, sem motivo justificado, será conduzida, respondendo pelas despesas do adiamento.

• *Dispositivo correspondente no CPC de 2015: art. 455, § 5º.*

§ 1º A parte pode comprometer-se a levar à audiência a testemunha, independentemente de intimação; presumindo-se, caso não compareça, que desistiu de ouvi-la.

• *Dispositivo correspondente no CPC de 2015: art. 455, § 2º.*

§ 2º Quando figurar no rol de testemunhas funcionário público ou militar, o juiz o requisitará ao chefe da repartição ou ao comando do corpo em que servir.

• *Dispositivo correspondente no CPC de 2015: art. 455, § 4º, III.*

§ 3º A intimação poderá ser feita pelo correio, sob registro ou com entrega em mão própria, quando a testemunha tiver residência certa.

• *Dispositivo correspondente no CPC de 2015: art. 455, § 1º.*

Art. 413. O juiz inquirirá as testemunhas separada e sucessivamente; primeiro as do autor e depois as do réu, providenciando de modo que uma não ouça o depoimento das outras.

• *Dispositivo correspondente no CPC de 2015: art. 456,* caput.

Art. 414. Antes de depor, a testemunha será qualificada, declarando o nome por inteiro, a profissão, a residência e o estado civil, bem como se tem relações de parentesco com a parte, ou interesse no objeto do processo.

• *Dispositivo correspondente no CPC de 2015: art. 457,* caput.

§ 1º É lícito à parte contraditar a testemunha, arguindo-lhe a incapacidade, o impedimento ou a suspeição. Se a testemunha negar os fatos que lhe são imputados, a parte poderá provar a contradita com documentos ou com testemunhas, até três, apresentadas no ato e inquiridas em separado. Sendo provados ou confessados os fatos, o juiz dispensará a testemunha, ou lhe tomará o depoimento, observando o disposto no art. 405, § 4º.

• *Dispositivo correspondente no CPC de 2015: art. 457, §§ 1º e 2º.*

§ 2º A testemunha pode requerer ao juiz que a escuse de depor, alegando os motivos de que trata o art. 406; ouvidas as partes, o juiz decidirá de plano.

• *Dispositivo correspondente no CPC de 2015: art. 457, § 3º.*

Art. 415. Ao início da inquirição, a testemunha prestará o compromisso de dizer a verdade do que souber e lhe for perguntado.

• *Dispositivo correspondente no CPC de 2015: art. 458,* caput.

Parágrafo único. O juiz advertirá à testemunha que incorre em sanção penal quem faz a afirmação falsa, cala ou oculta a verdade.

• *Dispositivo correspondente no CPC de 2015: art. 458, parágrafo único.*

Art. 416. O juiz interrogará a testemunha sobre os fatos articulados, cabendo, primeiro, à parte, que a arrolou, e depois à parte contrária, formular perguntas tendentes a esclarecer ou completar o depoimento.

• *Dispositivo correspondente no CPC de 2015: art. 459,* caput.

§ 1º As partes devem tratar as testemunhas com urbanidade, não lhes fazendo perguntas ou considerações impertinentes, capciosas ou vexatórias.

• *Dispositivo correspondente no CPC de 2015: art. 459, § 2º.*

§ 2º As perguntas que o juiz indeferir serão obrigatoriamente transcritas no termo, se a parte o requerer.

• *Dispositivo correspondente no CPC de 2015: art. 459, § 3º.*

Art. 417. O depoimento, datilografado ou registrado por taquigrafia, estenotipia ou outro método idôneo de documentação, será assinado pelo juiz, pelo depoente e pelos procuradores, facultando-se às partes a sua gravação.

• *Dispositivo correspondente no CPC de 2015: art. 460,* caput *e § 1º.*

§ 1º O depoimento será passado para a versão datilográfica quando houver recurso da sentença ou noutros casos, quando o juiz o determinar, de ofício ou a requerimento da parte.

• *Dispositivo correspondente no CPC de 2015: art. 460, § 2º.*

§ 2º Tratando-se de processo eletrônico, observar-se-á o disposto nos §§ 2º e 3º do art. 169 desta Lei.

• *Dispositivo correspondente no CPC de 2015: art. 460, § 3º.*

Art. 418. O juiz pode ordenar, de ofício ou a requerimento da parte:

• *Dispositivo correspondente no CPC de 2015: art. 461,* caput.

I — a inquirição de testemunhas referidas nas declarações da parte ou das testemunhas;

• *Dispositivo correspondente no CPC de 2015: art. 461, I.*

II — a acareação de duas ou mais testemunhas ou de alguma delas com a parte, quando, sobre fato determinado, que possa influir na decisão da causa, divergirem as suas declarações.

• *Dispositivo correspondente no CPC de 2015: art. 461, II.*

Art. 419. A testemunha pode requerer ao juiz o pagamento da despesa que efetuou para comparecimento à audiência, devendo a parte pagá-la logo que arbitrada, ou depositá-la em cartório dentro de 3 (três) dias.

• *Dispositivo correspondente no CPC de 2015: art. 462.*

Parágrafo único. O depoimento prestado em juízo é considerado serviço público. A testemunha, quando sujeita ao regime da legislação trabalhista, não sofre, por comparecer à audiência, perda de salário nem desconto no tempo de serviço.

• *Dispositivo correspondente no CPC de 2015: art. 463.*

Seção VII | DA PROVA PERICIAL

Art. 420. A prova pericial consiste em exame, vistoria ou avaliação.

• *Dispositivo correspondente no CPC de 2015: art. 464,* caput.

Parágrafo único. O juiz indeferirá a perícia quando:

• *Dispositivo correspondente no CPC de 2015: art. 464, § 1º,* caput.

I — a prova do fato não depender do conhecimento especial de técnico;

• *Dispositivo correspondente no CPC de 2015: art. 464, § 1º, I.*

II — for desnecessária em vista de outras provas produzidas;

• *Dispositivo correspondente no CPC de 2015: art. 464, § 1º, II.*

III — a verificação for impraticável.

• *Dispositivo correspondente no CPC de 2015: art. 464, § 1º, III.*

Art. 421. O juiz nomeará o perito, fixando de imediato o prazo para a entrega do laudo.

• *Dispositivo correspondente no CPC de 2015: art. 465,* caput.

§ 1º Incumbe às partes, dentro em 5 (cinco) dias, contados da intimação do despacho de nomeação do perito:

• *Dispositivo correspondente no CPC de 2015: art. 465, § 1º,* caput.

I — indicar o assistente técnico;

• *Dispositivo correspondente no CPC de 2015: art. 465, § 1º, II.*

II — apresentar quesitos.

• *Dispositivo correspondente no CPC de 2015: art. 465, § 1º, III.*

§ 2º Quando a natureza do fato o permitir, a perícia poderá consistir apenas na inquirição pelo juiz do perito e dos assistentes, por ocasião da audiência de instrução e julgamento a respeito das coisas que houverem informalmente examinado ou avaliado.

• *Sem dispositivo correspondente no CPC de 2015.*

Art. 422. O perito cumprirá escrupulosamente o encargo que lhe foi cometido, independentemente de termo de compromisso. Os assistentes técnicos são de confiança da parte, não sujeitos a impedimento ou suspeição.

• *Dispositivo correspondente no CPC de 2015: art. 466,* caput *e § 1º.*

Art. 423. O perito pode escusar-se (art. 146), ou ser recusado por impedimento ou suspeição (art. 138, III); ao aceitar a escusa ou julgar procedente a impugnação, o juiz nomeará novo perito.

• *Dispositivo correspondente no CPC de 2015: art. 467.*

Art. 424. O perito pode ser substituído quando:

• *Dispositivo correspondente no CPC de 2015: art. 468,* caput.

I — carecer de conhecimento técnico ou científico;

• *Dispositivo correspondente no CPC de 2015: art. 468, I.*

II — sem motivo legítimo, deixar de cumprir o encargo no prazo que lhe foi assinado.

• *Dispositivo correspondente no CPC de 2015: art. 468, II.*

Parágrafo único. No caso previsto no inciso II, o juiz comunicará a ocorrência à corporação profissional respectiva, podendo, ainda, impor multa ao perito, fixada tendo em vista o valor da causa e o possível prejuízo decorrente do atraso no processo.

• *Dispositivo correspondente no CPC de 2015: art. 468, § 1º.*

Art. 425. Poderão as partes apresentar, durante a diligência, quesitos suplementares. Da juntada dos quesitos aos autos dará o escrivão ciência à parte contrária.

• *Dispositivo correspondente no CPC de 2015: art. 469.*

Art. 426. Compete ao juiz:

• *Dispositivo correspondente no CPC de 2015: art. 470,* caput.

I — indeferir quesitos impertinentes;

• *Dispositivo correspondente no CPC de 2015: art. 470, I.*

II — formular os que entender necessários ao esclarecimento da causa.

• *Dispositivo correspondente no CPC de 2015: art. 470, II.*

Art. 427. O juiz poderá dispensar prova pericial quando as partes, na inicial e na contestação, apresentarem sobre as questões de fato pareceres técnicos ou documentos elucidativos que considerar suficientes.

• *Dispositivo correspondente no CPC de 2015: art. 472.*

Art. 428. Quando a prova tiver de realizar-se por carta, poderá proceder-se à nomeação de perito e indicação de assistentes técnicos no juízo, ao qual se requisitar a perícia.

• *Dispositivo correspondente no CPC de 2015: art. 465, § 6º.*

Art. 429. Para o desempenho de sua função, podem o perito e os assistentes técnicos utilizar-se de todos os meios necessários, ouvindo testemunhas, obtendo informações, solicitando documentos que estejam em poder de parte ou em repartições públicas, bem como instruir o laudo com plantas, desenhos, fotografias e outras quaisquer peças.

• *Dispositivo correspondente no CPC de 2015: art. 473, § 3º.*

Arts. 430 e 431. (*Revogados pela Lei n. 8.455, de 24-8-1992.*)

Art. 431-A. As partes terão ciência da data e local designados pelo juiz ou indicados pelo perito para ter início a produção da prova.

• *Dispositivo correspondente no CPC de 2015: art. 474.*

Art. 431-B. Tratando-se de perícia complexa, que abranja mais de uma área de conhecimento especializado, o juiz poderá nomear mais de um perito e a parte indicar mais de um assistente técnico.

• *Dispositivo correspondente no CPC de 2015: art. 475.*

Art. 432. Se o perito, por motivo justificado, não puder apresentar o laudo dentro do prazo, o juiz conceder-lhe-á, por uma vez, prorrogação, segundo o seu prudente arbítrio.

• *Dispositivo correspondente no CPC de 2015: art. 476.*

Parágrafo único. (*Revogado pela Lei n. 8.455, de 24-8-1992.*)

Art. 433. O perito apresentará o laudo em cartório, no prazo fixado pelo juiz, pelo menos 20 (vinte) dias, antes da audiência de instrução e julgamento.

• *Dispositivo correspondente no CPC de 2015: art. 477,* caput.

Parágrafo único. Os assistentes técnicos oferecerão seus pareceres no prazo comum de 10 (dez) dias, após intimadas as partes da apresentação do laudo.

• *Dispositivo correspondente no CPC de 2015: art. 477, § 1º.*

Art. 434. Quando o exame tiver por objeto a autenticidade ou a falsidade de documento, ou for de natureza médico-legal, o perito será escolhido, de preferência, entre os técnicos dos estabelecimentos oficiais especializados. O juiz autorizará a remessa dos autos, bem como do material sujeito a exame, ao diretor do estabelecimento.

• *Dispositivo correspondente no CPC de 2015: art. 478,* caput.

Parágrafo único. Quando o exame tiver por objeto a autenticidade da letra e firma, o perito poderá requisitar, para efeito de comparação, documentos existentes em repartições públicas; na falta destes, poderá requerer ao juiz que a pessoa, a quem se atribuir a autoria do documento, lance em folha de papel, por cópia, ou sob ditado, dizeres diferentes, para fins de comparação.

• *Dispositivo correspondente no CPC de 2015: art. 478, § 3º.*

Art. 435. A parte, que desejar esclarecimento do perito e do assistente técnico, requererá ao juiz que mande intimá-lo a comparecer à audiência, formulando desde logo as perguntas, sob forma de quesitos.

• *Dispositivo correspondente no CPC de 2015: art. 477, § 3º.*

Parágrafo único. O perito e o assistente técnico só estarão obrigados a prestar os esclarecimentos a que se refere este artigo, quando intimados 5 (cinco) dias antes da audiência.

• *Dispositivo correspondente no CPC de 2015: art. 477, § 4º.*

Art. 436. O juiz não está adstrito ao laudo pericial, podendo formar a sua convicção com outros elementos ou fatos provados nos autos.

• *Dispositivo correspondente no CPC de 2015: art. 479.*

Art. 437. O juiz poderá determinar, de ofício ou a requerimento da parte, a realização de nova perícia, quando a matéria não lhe parecer suficientemente esclarecida.

• *Dispositivo correspondente no CPC de 2015: art. 480,* caput.

Art. 438. A segunda perícia tem por objeto os mesmos fatos sobre que recaiu a primeira e destina-se a corrigir eventual omissão ou inexatidão dos resultados a que esta conduziu.

• *Dispositivo correspondente no CPC de 2015: art. 480, § 1º.*

Art. 439. A segunda perícia rege-se pelas disposições estabelecidas para a primeira.

• *Dispositivo correspondente no CPC de 2015: art. 480, § 2º.*

Parágrafo único. A segunda perícia não substitui a primeira, cabendo ao juiz apreciar livremente o valor de uma e outra.

• *Dispositivo correspondente no CPC de 2015: art. 480, § 3º.*

Seção VIII | DA INSPEÇÃO JUDICIAL

Art. 440. O juiz, de ofício ou a requerimento da parte, pode, em qualquer fase do processo, inspecionar pessoas ou coisas, a fim de se esclarecer sobre fato, que interesse à decisão da causa.

• *Dispositivo correspondente no CPC de 2015: art. 481.*

Art. 441. Ao realizar a inspeção direta, o juiz poderá ser assistido de um ou mais peritos.

• *Dispositivo correspondente no CPC de 2015: art. 482.*

Art. 442. O juiz irá ao local, onde se encontre a pessoa ou coisa, quando:

• *Dispositivo correspondente no CPC de 2015: art. 483,* caput.

I — julgar necessário para a melhor verificação ou interpretação dos fatos que deva observar;

• *Dispositivo correspondente no CPC de 2015: art. 483, I.*

II — a coisa não puder ser apresentada em juízo, sem consideráveis despesas ou graves dificuldades;

• *Dispositivo correspondente no CPC de 2015: art. 483, II.*

III — determinar a reconstituição dos fatos.

• *Dispositivo correspondente no CPC de 2015: art. 483, III.*

Parágrafo único. As partes têm sempre direito a assistir à inspeção, prestando esclarecimentos e fazendo observações que reputem de interesse para a causa.

• *Dispositivo correspondente no CPC de 2015: art. 483, parágrafo único.*

Art. 443. Concluída a diligência, o juiz mandará lavrar auto circunstanciado, mencionando nele tudo quanto for útil ao julgamento da causa.

• *Dispositivo correspondente no CPC de 2015: art. 484,* caput.

Parágrafo único. O auto poderá ser instruído com desenho, gráfico ou fotografia.

• *Dispositivo correspondente no CPC de 2015: art. 484, parágrafo único.*

Capítulo VII | DA AUDIÊNCIA

Seção I | DAS DISPOSIÇÕES GERAIS

Art. 444. A audiência será pública; nos casos de que trata o art. 155, realizar-se-á a portas fechadas.

• *Dispositivo correspondente no CPC de 2015: art. 368.*

Art. 445. O juiz exerce o poder de polícia, competindo-lhe:

• *Dispositivo correspondente no CPC de 2015: art. 360,* caput.

I — manter a ordem e o decoro na audiência;

• *Dispositivo correspondente no CPC de 2015: art. 360, I.*

II — ordenar que se retirem da sala da audiência os que se comportarem inconvenientemente;

• *Dispositivo correspondente no CPC de 2015: art. 360, II.*

III — requisitar, quando necessário, a força policial.

• *Dispositivo correspondente no CPC de 2015: art. 360, III.*

Art. 446. Compete ao juiz em especial:

• *Sem dispositivo correspondente no CPC de 2015.*

I — dirigir os trabalhos da audiência;

• *Sem dispositivo correspondente no CPC de 2015.*

II — proceder direta e pessoalmente à colheita das provas;

• *Sem dispositivo correspondente no CPC de 2015.*

III — exortar os advogados e o órgão do Ministério Público a que discutam a causa com elevação e urbanidade.

• *Sem dispositivo correspondente no CPC de 2015.*

Parágrafo único. Enquanto depuserem as partes, o perito, os assistentes técnicos e as testemunhas, os advogados não podem intervir ou apartear, sem licença do juiz.

• *Sem dispositivo correspondente no CPC de 2015.*

Seção II | DA CONCILIAÇÃO

Art. 447. Quando o litígio versar sobre direitos patrimoniais de caráter privado, o juiz, de ofício, determinará o comparecimento das partes ao início da audiência de instrução e julgamento.

• *Sem dispositivo correspondente no CPC de 2015.*

Parágrafo único. Em causas relativas à família, terá lugar igualmente a conciliação, nos casos e para os fins em que a lei consente a transação.

• *Sem dispositivo correspondente no CPC de 2015.*

Art. 448. Antes de iniciar a instrução, o juiz tentará conciliar as partes. Chegando a acordo, o juiz mandará tomá-lo por termo.

• *Dispositivo correspondente no CPC de 2015: art. 359.*

Art. 449. O termo de conciliação, assinado pelas partes e homologado pelo juiz, terá valor de sentença.

• *Sem dispositivo correspondente no CPC de 2015.*

Seção III | DA INSTRUÇÃO E JULGAMENTO

Art. 450. No dia e hora designados, o juiz declarará aberta a audiência, mandando apregoar as partes e os seus respectivos advogados.

• *Dispositivo correspondente no CPC de 2015: art. 358.*

Art. 451. Ao iniciar a instrução, o juiz, ouvidas as partes, fixará os pontos controvertidos sobre que incidirá a prova.

• *Sem dispositivo correspondente no CPC de 2015.*

Art. 452. As provas serão produzidas na audiência nesta ordem:

• *Dispositivo correspondente no CPC de 2015: art. 361,* caput.

I — o perito e os assistentes técnicos responderão aos quesitos de esclarecimentos, requeridos no prazo e na forma do art. 435;

• *Dispositivo correspondente no CPC de 2015: art. 361, I.*

II — o juiz tomará os depoimentos pessoais, primeiro do autor e depois do réu;

• *Dispositivo correspondente no CPC de 2015: art. 361, II.*

III — finalmente, serão inquiridas as testemunhas arroladas pelo autor e pelo réu.

• *Dispositivo correspondente no CPC de 2015: art. 361, III.*

Art. 453. A audiência poderá ser adiada:

• *Dispositivo correspondente no CPC de 2015: art. 362,* caput.

I — por convenção das partes, caso em que só será admissível uma vez;

• *Dispositivo correspondente no CPC de 2015: art. 362, I.*

II — se não puderem comparecer, por motivo justificado, o perito, as partes, as testemunhas ou os advogados.

• *Dispositivo correspondente no CPC de 2015: art. 362, II.*

§ 1º Incumbe ao advogado provar o impedimento até a abertura da audiência; não o fazendo, o juiz procederá à instrução.

• *Dispositivo correspondente no CPC de 2015: art. 362, § 1º.*

§ 2º Pode ser dispensada pelo juiz a produção das provas requeridas pela parte cujo advogado não compareceu à audiência.

• *Dispositivo correspondente no CPC de 2015: art. 362, § 2º.*

§ 3º Quem der causa ao adiamento responderá pelas despesas acrescidas.

• *Dispositivo correspondente no CPC de 2015: art. 362, § 3º.*

Art. 454. Finda a instrução, o juiz dará a palavra ao advogado do autor e ao do réu, bem como ao órgão do Ministério Público, sucessivamente, pelo prazo de 20 (vinte) minutos para cada um, prorrogável por 10 (dez), a critério do juiz.

• *Dispositivo correspondente no CPC de 2015: art. 364,* caput.

§ 1º Havendo litisconsorte ou terceiro, o prazo, que formará com o da prorrogação um só todo, dividir-se-á entre os do mesmo grupo, se não convencionarem de modo diverso.

• *Dispositivo correspondente no CPC de 2015: art. 364, § 1º.*

§ 2º No caso previsto no art. 56, o opoente sustentará as suas razões em primeiro lugar, seguindo-se-lhe os opostos, cada qual pelo prazo de 20 (vinte) minutos.

• *Sem dispositivo correspondente no CPC de 2015.*

§ 3º Quando a causa apresentar questões complexas de fato ou de direito, o debate oral poderá ser substituído por memoriais, caso em que o juiz designará dia e hora para o seu oferecimento.

• *Dispositivo correspondente no CPC de 2015: art. 364, § 2º.*

Art. 455. A audiência é una e contínua. Não sendo possível concluir, num só dia, a instrução, o debate e o julgamento, o juiz marcará o seu prosseguimento para dia próximo.

• *Dispositivo correspondente no CPC de 2015: art. 365.*

Art. 456. Encerrado o debate ou oferecidos os memoriais, o juiz proferirá a sentença desde logo ou no prazo de 10 (dez) dias.

• *Dispositivo correspondente no CPC de 2015: art. 366.*

Art. 457. O escrivão lavrará, sob ditado do juiz, termo que conterá, em resumo, o ocorrido na audiência, bem como, por extenso, os despachos e a sentença, se esta for proferida no ato.

• *Dispositivo correspondente no CPC de 2015: art. 367,* caput.

§ 1º Quando o termo for datilografado, o juiz lhe rubricará as folhas, ordenando que sejam encadernadas em volume próprio.

• *Dispositivo correspondente no CPC de 2015: art. 367, § 1º.*

§ 2º Subscreverão o termo o juiz, os advogados, o órgão do Ministério Público e o escrivão.

• *Dispositivo correspondente no CPC de 2015: art. 367, § 2º.*

§ 3º O escrivão trasladará para os autos cópia autêntica do termo de audiência.

• *Dispositivo correspondente no CPC de 2015: art. 367, § 3º.*

§ 4º Tratando-se de processo eletrônico, observar-se-á o disposto nos §§ 2º e 3º do art. 169 desta Lei.

• *Dispositivo correspondente no CPC de 2015: art. 367, § 4º.*

Capítulo VIII | DA SENTENÇA E DA COISA JULGADA

Seção I | DOS REQUISITOS E DOS EFEITOS DA SENTENÇA

Art. 458. São requisitos essenciais da sentença:

• *Dispositivo correspondente no CPC de 2015: art. 489,* caput.

I — o relatório, que conterá os nomes das partes, a suma do pedido e da resposta do réu, bem como o registro das principais ocorrências havidas no andamento do processo;

• *Dispositivo correspondente no CPC de 2015: art. 489, I.*

II — os fundamentos, em que o juiz analisará as questões de fato e de direito;

• *Dispositivo correspondente no CPC de 2015: art. 489, II.*

III — o dispositivo, em que o juiz resolverá as questões, que as partes lhe submeterem.

• *Dispositivo correspondente no CPC de 2015: art. 489, III.*

Art. 459. O juiz proferirá a sentença, acolhendo ou rejeitando, no todo ou em parte, o pedido formulado pelo autor. Nos casos de extinção do processo sem julgamento do mérito, o juiz decidirá em forma concisa.

• *Dispositivo correspondente no CPC de 2015: art. 490.*

Parágrafo único. Quando o autor tiver formulado pedido certo, é vedado ao juiz proferir sentença ilíquida.

• *Sem dispositivo correspondente no CPC de 2015.*

Art. 460. É defeso ao juiz proferir sentença, a favor do autor, de natureza diversa da pedida, bem como condenar o réu em quantidade superior ou em objeto diverso do que lhe foi demandado.

• *Dispositivo correspondente no CPC de 2015: art. 492,* caput.

Parágrafo único. A sentença deve ser certa, ainda quando decida relação jurídica condicional.

• *Dispositivo correspondente no CPC de 2015: art. 492, parágrafo único.*

Art. 461. Na ação que tenha por objeto o cumprimento de obrigação de fazer ou não fazer, o juiz concederá a tutela específica da obrigação ou, se procedente o pedido, determinará providências que assegurem o resultado prático equivalente ao do adimplemento.

• *Dispositivos correspondentes no CPC de 2015: arts. 497,* caput, *e 536,* caput.

§ 1º A obrigação somente se converterá em perdas e danos se o autor o requerer ou se impossível a tutela específica ou a obtenção do resultado prático correspondente.

• *Dispositivo correspondente no CPC de 2015: art. 499.*

§ 2º A indenização por perdas e danos dar-se-á sem prejuízo da multa (art. 287).

• *Dispositivo correspondente no CPC de 2015: art. 500.*

§ 3º Sendo relevante o fundamento da demanda e havendo justificado receio de ineficácia do provimento final, é lícito ao juiz conceder a tutela liminarmente ou mediante justificação prévia, citado o réu. A medida liminar poderá ser revogada ou modificada, a qualquer tempo, em decisão fundamentada.

• *Sem dispositivo correspondente no CPC de 2015.*

§ 4º O juiz poderá, na hipótese do parágrafo anterior ou na sentença, impor multa diária ao réu, independentemente de pedido do autor, se for suficiente ou compatível com a obrigação, fixando-lhe prazo razoável para o cumprimento do preceito.

• *Dispositivo correspondente no CPC de 2015: art. 537,* caput.

§ 5º Para a efetivação da tutela específica ou a obtenção do resultado prático equivalente, poderá o juiz, de ofício ou a requerimento, determinar as medidas necessárias, tais como a imposição de multa por tempo de atraso, busca e apreensão, remoção de pessoas e coisas, desfazimento de obras e impedimento de atividade nociva, se necessário com requisição de força policial.

• *Dispositivo correspondente no CPC de 2015: art. 536, § 1º.*

§ 6º O juiz poderá, de ofício, modificar o valor ou a periodicidade da multa, caso verifique que se tornou insuficiente ou excessiva.

• *Dispositivo correspondente no CPC de 2015: art. 537, § 1º,* caput, *e I.*

Art. 461-A. Na ação que tenha por objeto a entrega de coisa, o juiz, ao conceder a tutela específica, fixará o prazo para o cumprimento da obrigação.

• *Dispositivo correspondente no CPC de 2015: art. 498,* caput.

§ 1º Tratando-se de entrega de coisa determinada pelo gênero e quantidade, o credor a individualizará na petição inicial, se lhe couber a escolha; cabendo ao devedor escolher, este a entregará individualizada, no prazo fixado pelo juiz.

• *Dispositivo correspondente no CPC de 2015: art. 498, parágrafo único.*

§ 2º Não cumprida a obrigação no prazo estabelecido, expedir-se-á em favor do credor mandado de busca e apreensão ou de imissão na posse, conforme se tratar de coisa móvel ou imóvel.

• *Dispositivo correspondente no CPC de 2015: art. 538,* caput.

§ 3º Aplica-se à ação prevista neste artigo o disposto nos §§ 1º a 6º do art. 461.

• *Sem dispositivo correspondente no CPC de 2015.*

Art. 462. Se, depois da propositura da ação, algum fato constitutivo, modificativo ou extintivo do direito influir no julgamento da lide, caberá ao juiz tomá-lo em consideração, de ofício ou a requerimento da parte, no momento de proferir a sentença.

• *Dispositivo correspondente no CPC de 2015: art. 493,* caput.

Art. 463. Publicada a sentença, o juiz só poderá alterá-la:

• *Dispositivo correspondente no CPC de 2015: art. 494,* caput.

I — para lhe corrigir, de ofício ou a requerimento da parte, inexatidões materiais, ou lhe retificar erros de cálculo;

• *Dispositivo correspondente no CPC de 2015: art. 494, I.*

II — por meio de embargos de declaração.

• *Dispositivo correspondente no CPC de 2015: art. 494, II.*

Arts. 464 e 465. (*Revogados pela Lei n. 8.950, de 13-12-1994.*)

Art. 466. A sentença que condenar o réu no pagamento de uma prestação, consistente em dinheiro ou em coisa, valerá como título constitutivo de hipoteca judiciária, cuja inscrição será ordenada pelo juiz na forma prescrita na Lei de Registros Públicos.

• *Dispositivo correspondente no CPC de 2015: art. 495,* caput.

Parágrafo único. A sentença condenatória produz a hipoteca judiciária:

• *Dispositivo correspondente no CPC de 2015: art. 495, § 1º,* caput.

I — embora a condenação seja genérica;

• *Dispositivo correspondente no CPC de 2015: art. 495, § 1º, I.*

II — pendente arresto de bens do devedor;

• *Dispositivo correspondente no CPC de 2015: art. 495, § 1º, II.*

III — ainda quando o credor possa promover a execução provisória da sentença.

• *Dispositivo correspondente no CPC de 2015: art. 495, § 1º, II.*

Art. 466-A. Condenado o devedor a emitir declaração de vontade, a sentença, uma vez transitada em julgado, produzirá todos os efeitos da declaração não emitida.

• *Dispositivo correspondente no CPC de 2015: art. 501.*

Art. 466-B. Se aquele que se comprometeu a concluir um contrato não cumprir a obrigação, a outra parte, sendo isso possível e não excluído pelo título, poderá obter uma sentença que produza o mesmo efeito do contrato a ser firmado.

• *Sem dispositivo correspondente no CPC de 2015.*

Art. 466-C. Tratando-se de contrato que tenha por objeto a transferência da propriedade de coisa determinada, ou de outro direito, a ação não será acolhida se a parte que a intentou não cumprir a sua prestação, nem a oferecer, nos casos e formas legais, salvo se ainda não exigível.

• *Sem dispositivo correspondente no CPC de 2015.*

Seção II | DA COISA JULGADA

Art. 467. Denomina-se coisa julgada material a eficácia, que torna imutável e indiscutível a sentença, não mais sujeita a recurso ordinário ou extraordinário.

• *Dispositivo correspondente no CPC de 2015: art. 502.*

Art. 468. A sentença, que julgar total ou parcialmente a lide, tem força de lei nos limites da lide e das questões decididas.

• *Dispositivo correspondente no CPC de 2015: art. 503,* caput.

Art. 469. Não fazem coisa julgada:

• *Dispositivo correspondente no CPC de 2015: art. 504,* caput.

I — os motivos, ainda que importantes para determinar o alcance da parte dispositiva da sentença;

• *Dispositivo correspondente no CPC de 2015: art. 504, I.*

II — a verdade dos fatos, estabelecida como fundamento da sentença;

• *Dispositivo correspondente no CPC de 2015: art. 504, II.*

III — a apreciação da questão prejudicial, decidida incidentemente no processo.

• *Sem dispositivo correspondente no CPC de 2015.*

Art. 470. Faz, todavia, coisa julgada a resolução da questão prejudicial, se a parte o requerer (arts. 5º e 325), o juiz for competente em razão da matéria e constituir pressuposto necessário para o julgamento da lide.

• *Sem dispositivo correspondente no CPC de 2015.*

Art. 471. Nenhum juiz decidirá novamente as questões já decididas, relativas à mesma lide, salvo:

• *Dispositivo correspondente no CPC de 2015: art. 505,* caput.

I — se, tratando-se de relação jurídica continuativa, sobreveio modificação no estado de fato ou de direito; caso em que poderá a parte pedir a revisão do que foi estatuído na sentença;

• *Dispositivo correspondente no CPC de 2015: art. 505, I.*

II — nos demais casos prescritos em lei.

• *Dispositivo correspondente no CPC de 2015: art. 505, II.*

Art. 472. A sentença faz coisa julgada às partes entre as quais é dada, não beneficiando, nem prejudicando terceiros. Nas causas relativas ao estado de pessoa, se houverem sido citados no processo, em litisconsórcio necessário, todos os interessados, a sentença produz coisa julgada em relação a terceiros.

• *Dispositivo correspondente no CPC de 2015: art. 506.*

Art. 473. É defeso à parte discutir, no curso do processo, as questões já decididas, a cujo respeito se operou a preclusão.

• *Dispositivo correspondente no CPC de 2015: art. 507.*

Art. 474. Passada em julgado a sentença de mérito, reputar-se-ão deduzidas e repelidas todas as alegações e defesas, que a parte poderia opor assim ao acolhimento como à rejeição do pedido.

• *Dispositivo correspondente no CPC de 2015: art. 508.*

Art. 475. Está sujeita ao duplo grau de jurisdição, não produzindo efeito senão depois de confirmada pelo tribunal, a sentença:

• *Dispositivo correspondente no CPC de 2015: art. 496,* caput.

I — proferida contra a União, o Estado, o Distrito Federal, o Município, e as respectivas autarquias e fundações de direito público;

• *Dispositivo correspondente no CPC de 2015: art. 496, I.*

II — que julgar procedentes, no todo ou em parte, os embargos à execução de dívida ativa da Fazenda Pública (art. 585, VI).

• *Dispositivo correspondente no CPC de 2015: art. 496, II.*

§ 1º Nos casos previstos neste artigo, o juiz ordenará a remessa dos autos ao tribunal, haja ou não apelação; não o fazendo, deverá o presidente do tribunal avocá-los.

• *Dispositivo correspondente no CPC de 2015: art. 496, § 1º.*

§ 2º Não se aplica o disposto neste artigo sempre que a condenação, ou o direito controvertido, for de valor certo não excedente a 60 (sessenta) salários mínimos, bem como no caso de procedência dos embargos do devedor na execução de dívida ativa do mesmo valor.

• *Dispositivo correspondente no CPC de 2015: art. 496, § 3º.*

§ 3º Também não se aplica o disposto neste artigo quando a sentença estiver fundada em jurisprudência do plenário do Supremo Tribunal Federal ou em súmula deste Tribunal ou do tribunal superior competente.

• *Dispositivo correspondente no CPC de 2015: art. 496, § 4º.*

Capítulo IX | DA LIQUIDAÇÃO DE SENTENÇA

Art. 475-A. Quando a sentença não determinar o valor devido, procede-se à sua liquidação.

• *Dispositivo correspondente no CPC de 2015: art. 509,* caput.

§ 1º Do requerimento de liquidação de sentença será a parte intimada, na pessoa de seu advogado.

• *Sem dispositivo correspondente no CPC de 2015.*

§ 2º A liquidação poderá ser requerida na pendência de recurso, processando-se em autos apartados, no juízo de origem, cumprindo ao liquidante instruir o pedido com cópias das peças processuais pertinentes.

• *Dispositivo correspondente no CPC de 2015: art. 512.*

§ 3º Nos processos sob procedimento comum sumário, referidos no art. 275, inciso II, alíneas *d* e *e* desta Lei, é defesa a sentença ilíquida, cumprindo ao juiz, se for o caso, fixar de plano, a seu prudente critério, o valor devido.

• *Sem dispositivo correspondente no CPC de 2015.*

Art. 475-B. Quando a determinação do valor da condenação depender apenas de cálculo aritmético, o credor requererá o cumprimento da sentença, na forma do art. 475-J desta Lei, instruindo o pedido com a memória discriminada e atualizada do cálculo.

• *Dispositivos correspondentes no CPC de 2015: arts. 509, § 2º, e 524,* caput.

§ 1º Quando a elaboração da memória do cálculo depender de dados existentes em poder do devedor ou de terceiro, o juiz, a requerimento do credor, poderá requisitá-los, fixando prazo de até trinta dias para o cumprimento da diligência.

• *Dispositivo correspondente no CPC de 2015: art. 524, §§ 3º e 4º.*

§ 2º Se os dados não forem, injustificadamente, apresentados pelo devedor, reputar-se-ão corretos os cálculos apresentados pelo credor, e, se não o forem pelo terceiro, configurar-se-á a situação prevista no art. 362.

• *Dispositivo correspondente no CPC de 2015: art. 524, § 5º.*

§ 3º Poderá o juiz valer-se do contador do juízo, quando a memória apresentada pelo credor aparentemente exceder os limites da decisão exequenda e, ainda, nos casos de assistência judiciária.

• *Dispositivo correspondente no CPC de 2015: art. 524, § 1º.*

§ 4º Se o credor não concordar com os cálculos feitos nos termos do § 3º deste artigo, far-se-á a execução pelo valor originariamente pretendido, mas a penhora terá por base o valor encontrado pelo contador.

• *Dispositivo correspondente no CPC de 2015: art. 524, § 1º.*

Art. 475-C. Far-se-á a liquidação por arbitramento quando:

• *Dispositivo correspondente no CPC de 2015: art. 509, I.*

I — determinado pela sentença ou convencionado pelas partes;

• *Dispositivo correspondente no CPC de 2015: art. 509, I.*

II — o exigir a natureza do objeto da liquidação.

• *Dispositivo correspondente no CPC de 2015: art. 509, I.*

Art. 475-D. Requerida a liquidação por arbitramento, o juiz nomeará o perito e fixará o prazo para a entrega do laudo.

• *Dispositivo correspondente no CPC de 2015: art. 510.*

Parágrafo único. Apresentado o laudo, sobre o qual poderão as partes manifestar-se no prazo de dez dias, o juiz proferirá decisão ou designará, se necessário, audiência.

• *Sem dispositivo correspondente no CPC de 2015.*

Art. 475-E. Far-se-á a liquidação por artigos, quando, para determinar o valor da condenação, houver necessidade de alegar e provar fato novo.

• *Dispositivo correspondente no CPC de 2015: art. 509, II.*

Art. 475-F. Na liquidação por artigos, observar-se-á, no que couber, o procedimento comum (art. 272).

• *Sem dispositivo correspondente no CPC de 2015.*

Art. 475-G. É defeso, na liquidação, discutir de novo a lide ou modificar a sentença que a julgou.

• *Dispositivo correspondente no CPC de 2015: art. 509, § 4º.*

Art. 475-H. Da decisão de liquidação caberá agravo de instrumento.

• *Sem dispositivo correspondente no CPC de 2015.*

Capítulo X | DO CUMPRIMENTO DA SENTENÇA

Art. 475-I. O cumprimento da sentença far-se-á conforme os arts. 461 e 461-A desta Lei ou, tratando-se de obrigação por quantia certa, por execução, nos termos dos demais artigos deste Capítulo.

• *Dispositivo correspondente no CPC de 2015: art. 513,* caput.

§ 1º É definitiva a execução da sentença transitada em julgado e provisória quando se tratar de sentença impugnada mediante recurso ao qual não foi atribuído efeito suspensivo.

• *Sem dispositivo correspondente no CPC de 2015.*

§ 2º Quando na sentença houver uma parte líquida e outra ilíquida, ao credor é lícito promover simultaneamente a execução daquela e, em autos apartados, a liquidação desta.

• *Dispositivo correspondente no CPC de 2015: art. 509, § 1º.*

Art. 475-J. Caso o devedor, condenado ao pagamento de quantia certa ou já fixada em liquidação, não o efetue no prazo de quinze dias, o montante da condenação será acrescido de multa no percentual de dez por cento e, a requerimento do credor e observado o disposto no art. 614, inciso II, desta Lei, expedir-se-á mandado de penhora e avaliação.

• *Dispositivo correspondente no CPC de 2015: art. 523, §§ 1º e 3º.*

§ 1º Do auto de penhora e de avaliação será de imediato intimado o executado, na pessoa de seu advogado (arts. 236 e 237), ou, na falta deste, o seu representante legal, ou pessoalmente, por mandado ou pelo correio, podendo oferecer impugnação, querendo, no prazo de quinze dias.

• *Sem dispositivo correspondente no CPC de 2015.*

§ 2º Caso o oficial de justiça não possa proceder à avaliação, por depender de conhecimentos especializados, o juiz, de imediato, nomeará avaliador, assinando-lhe breve prazo para a entrega do laudo.

• *Sem dispositivo correspondente no CPC de 2015.*

§ 3º O exequente poderá, em seu requerimento, indicar desde logo os bens a serem penhorados.

• *Dispositivo correspondente no CPC de 2015: art. 524, VII.*

§ 4º Efetuado o pagamento parcial no prazo previsto no *caput* deste artigo, a multa de dez por cento incidirá sobre o restante.

• *Dispositivo correspondente no CPC de 2015: art. 523, § 2º.*

§ 5º Não sendo requerida a execução no prazo de seis meses, o juiz mandará arquivar os autos, sem prejuízo de seu desarquivamento a pedido da parte.

• *Sem dispositivo correspondente no CPC de 2015.*

Art. 475-L. A impugnação somente poderá versar sobre:

• *Dispositivo correspondente no CPC de 2015: art. 525, § 1º,* caput.

I — falta ou nulidade da citação, se o processo correu à revelia;

• *Dispositivo correspondente no CPC de 2015: art. 525, § 1º, I.*

II — inexigibilidade do título;

• *Dispositivo correspondente no CPC de 2015: art. 525, § 1º, III.*

III — penhora incorreta ou avaliação errônea;

• *Dispositivo correspondente no CPC de 2015: art. 525, § 1º, IV.*

IV — ilegitimidade das partes;

• *Dispositivo correspondente no CPC de 2015: art. 525, § 1º, II.*

V — excesso de execução;

• *Dispositivo correspondente no CPC de 2015: art. 525, § 1º, V.*

VI — qualquer causa impeditiva, modificativa ou extintiva da obrigação, como pagamento, novação, compensação, transação ou prescrição, desde que superveniente à sentença.

• *Dispositivo correspondente no CPC de 2015: art. 525, § 1º, VII.*

§ 1º Para efeito do disposto no inciso II do *caput* deste artigo, considera-se também inexigível o título judicial fundado em lei ou ato normativo declarados inconstitucionais pelo Supremo Tribunal Federal, ou fundado em aplicação ou interpretação da lei ou ato normativo tidas pelo Supremo Tribunal Federal como incompatíveis com a Constituição Federal.

• *Dispositivo correspondente no CPC de 2015: art. 525, § 12.*

§ 2º Quando o executado alegar que o exequente, em excesso de execução, pleiteia quantia superior à resultante da sentença, cumprir-lhe-á declarar de imediato o valor que entende correto, sob pena de rejeição liminar dessa impugnação.

• *Dispositivo correspondente no CPC de 2015: art. 525, §§ 4º e 5º.*

Art. 475-M. A impugnação não terá efeito suspensivo, podendo o juiz atribuir-lhe tal efeito desde que relevantes seus fundamentos e o prosseguimento da execução seja manifestamente suscetível de causar ao executado grave dano de difícil ou incerta reparação.

• *Dispositivo correspondente no CPC de 2015: art. 525, § 6º.*

§ 1º Ainda que atribuído efeito suspensivo à impugnação, é lícito ao exequente requerer o prosseguimento da execução, oferecendo e prestando caução suficiente e idônea, arbitrada pelo juiz e prestada nos próprios autos.

• *Dispositivo correspondente no CPC de 2015: art. 525, § 10.*

§ 2º Deferido efeito suspensivo, a impugnação será instruída e decidida nos próprios autos e, caso contrário, em autos apartados.

• *Sem dispositivo correspondente no CPC de 2015.*

§ 3º A decisão que resolver a impugnação é recorrível mediante agravo de instrumento, salvo quando importar extinção da execução, caso em que caberá apelação.

• *Sem dispositivo correspondente no CPC de 2015.*

Art. 475-N. São títulos executivos judiciais:

• *Dispositivo correspondente no CPC de 2015: art. 515,* caput.

I — a sentença proferida no processo civil que reconheça a existência de obrigação de fazer, não fazer, entregar coisa ou pagar quantia;

• *Dispositivo correspondente no CPC de 2015: art. 515, I.*

II — a sentença penal condenatória transitada em julgado;

• *Dispositivo correspondente no CPC de 2015: art. 515, VI.*

III — a sentença homologatória de conciliação ou de transação, ainda que inclua matéria não posta em juízo;

• *Dispositivo correspondente no CPC de 2015: art. 515, II.*

IV — a sentença arbitral;

• *Dispositivo correspondente no CPC de 2015: art. 515, VII.*

V — o acordo extrajudicial, de qualquer natureza, homologado judicialmente;

• *Dispositivo correspondente no CPC de 2015: art. 515, III.*

VI — a sentença estrangeira, homologada pelo Superior Tribunal de Justiça;

• *Dispositivo correspondente no CPC de 2015: art. 515, VIII.*

VII — o formal e a certidão de partilha, exclusivamente em relação ao inventariante, aos herdeiros e aos sucessores a título singular ou universal.

• *Dispositivo correspondente no CPC de 2015: art. 515, IV.*

Parágrafo único. Nos casos dos incisos II, IV e VI, o mandado inicial (art. 475-J) incluirá a ordem de citação do devedor, no juízo cível, para liquidação ou execução, conforme o caso.

• *Dispositivo correspondente no CPC de 2015: art. 515, § 1º.*

Art. 475-O. A execução provisória da sentença far-se-á, no que couber, do mesmo modo que a definitiva, observadas as seguintes normas:

• *Dispositivo correspondente no CPC de 2015: art. 520,* caput.

I — corre por iniciativa, conta e responsabilidade do exequente, que se obriga, se a sentença for reformada, a reparar os danos que o executado haja sofrido;

• *Dispositivo correspondente no CPC de 2015: art. 520, I.*

II — fica sem efeito, sobrevindo acórdão que modifique ou anule a sentença objeto da execução, restituindo-se as partes ao estado anterior e liquidados eventuais prejuízos nos mesmos autos, por arbitramento;

• *Dispositivo correspondente no CPC de 2015: art. 520, II.*

III — o levantamento de depósito em dinheiro e a prática de atos que importem alienação de propriedade ou dos quais possa resultar grave dano ao executado dependem de caução suficiente e idônea, arbitrada de plano pelo juiz e prestada nos próprios autos.

• *Dispositivo correspondente no CPC de 2015: art. 520, IV.*

§ 1º No caso do inciso II do *caput* deste artigo, se a sentença provisória for modificada ou anulada apenas em parte, somente nesta ficará sem efeito a execução.

• *Dispositivo correspondente no CPC de 2015: art. 520, III.*

§ 2º A caução a que se refere o inciso III do *caput* deste artigo poderá ser dispensada:

• *Dispositivo correspondente no CPC de 2015: art. 521,* caput.

I — quando, nos casos de crédito de natureza alimentar ou decorrente de ato ilícito, até o limite de sessenta vezes o valor do salário mínimo, o exequente demonstrar situação de necessidade;

• *Dispositivo correspondente no CPC de 2015: art. 521, I e II.*

II — nos casos de execução provisória em que penda agravo perante o Supremo Tribunal Federal ou o Superior Tribunal de Justiça (art. 544), salvo quando da dispensa possa manifestamente resultar risco de grave dano, de difícil ou incerta reparação.

• *Dispositivo correspondente no CPC de 2015: art. 521, III.*

§ 3º Ao requerer a execução provisória, o exequente instruirá a petição com cópias autenticadas das seguintes peças do processo, podendo o advogado declarar a autenticidade, sob sua responsabilidade pessoal:

• *Dispositivo correspondente no CPC de 2015: art. 522, parágrafo único,* caput.

I — sentença ou acórdão exequendo;

• *Dispositivo correspondente no CPC de 2015: art. 522, parágrafo único, I.*

II — certidão de interposição do recurso não dotado de efeito suspensivo;

• *Dispositivo correspondente no CPC de 2015: art. 522, parágrafo único, II.*

III — procurações outorgadas pelas partes;

• *Dispositivo correspondente no CPC de 2015: art. 522, parágrafo único, III.*

IV — decisão de habilitação, se for o caso;

• *Dispositivo correspondente no CPC de 2015: art. 522, parágrafo único, IV.*

V — facultativamente, outras peças processuais que o exequente considere necessárias.

• *Dispositivo correspondente no CPC de 2015: art. 522, parágrafo único, V.*

Art. 475-P. O cumprimento da sentença efetuar-se-á perante:

• *Dispositivo correspondente no CPC de 2015: art. 516,* caput.

I — os tribunais, nas causas de sua competência originária;

• *Dispositivo correspondente no CPC de 2015: art. 516, I.*

II — o juízo que processou a causa no primeiro grau de jurisdição;

• *Dispositivo correspondente no CPC de 2015: art. 516, II.*

III — o juízo cível competente, quando se tratar de sentença penal condenatória, de sentença arbitral ou de sentença estrangeira.

• *Dispositivo correspondente no CPC de 2015: art. 516, III.*

Parágrafo único. No caso do inciso II do *caput* deste artigo, o exequente poderá optar pelo juízo do local onde se encontram bens sujeitos à expropriação ou pelo do atual domicílio do executado, casos em que a remessa dos autos do processo será solicitada ao juízo de origem.

• *Dispositivo correspondente no CPC de 2015: art. 516, parágrafo único.*

Art. 475-Q. Quando a indenização por ato ilícito incluir prestação de alimentos, o juiz, quanto a esta parte, poderá ordenar ao devedor constituição de capital, cuja renda assegure o pagamento do valor mensal da pensão.

• *Dispositivo correspondente no CPC de 2015: art. 533,* caput.

§ 1º Este capital, representado por imóveis, títulos da dívida pública ou aplicações financeiras em banco oficial, será inalienável e impenhorável enquanto durar a obrigação do devedor.

• *Dispositivo correspondente no CPC de 2015: art. 533, § 1º.*

§ 2º O juiz poderá substituir a constituição do capital pela inclusão do beneficiário da prestação em folha de pagamento de entidade de direito público ou de empresa de direito privado de notória capacidade econômica, ou, a requerimento do devedor, por fiança bancária ou garantia real, em valor a ser arbitrado de imediato pelo juiz.

• *Dispositivo correspondente no CPC de 2015: art. 533, § 2º.*

§ 3º Se sobrevier modificação nas condições econômicas, poderá a parte requerer, conforme as circunstâncias, redução ou aumento da prestação.

• *Dispositivo correspondente no CPC de 2015: art. 533, § 3º.*

§ 4º Os alimentos podem ser fixados tomando por base o salário mínimo.

• *Dispositivo correspondente no CPC de 2015: art. 533, § 4º.*

§ 5º Cessada a obrigação de prestar alimentos, o juiz mandará liberar o capital, cessar o desconto em folha ou cancelar as garantias prestadas.

• *Dispositivo correspondente no CPC de 2015: art. 533, § 5º.*

Art. 475-R. Aplicam-se subsidiariamente ao cumprimento da sentença, no que couber, as normas que regem o processo de execução de título extrajudicial.

• *Sem dispositivo correspondente no CPC de 2015.*

Título IX | DO PROCESSO NOS TRIBUNAIS

Capítulo I | DA UNIFORMIZAÇÃO DA JURISPRUDÊNCIA

Art. 476. Compete a qualquer juiz, ao dar o voto na turma, câmara, ou grupo de câmaras, solicitar o pronunciamento prévio do tribunal acerca da interpretação do direito quando:

• *Sem dispositivo correspondente no CPC de 2015.*

I — verificar que, a seu respeito, ocorre divergência;

• *Sem dispositivo correspondente no CPC de 2015.*

II — no julgamento recorrido a interpretação for diversa da que lhe haja dado outra turma, câmara, grupo de câmaras ou câmaras cíveis reunidas.

• *Sem dispositivo correspondente no CPC de 2015.*

Parágrafo único. A parte poderá, ao arrazoar o recurso ou em petição avulsa, requerer, fundamentadamente, que o julgamento obedeça ao disposto neste artigo.

• *Sem dispositivo correspondente no CPC de 2015.*

Art. 477. Reconhecida a divergência, será lavrado o acórdão, indo os autos ao presidente do tribunal para designar a sessão de julgamento. A secretaria distribuirá a todos os juízes cópia do acórdão.

• *Sem dispositivo correspondente no CPC de 2015.*

Art. 478. O tribunal, reconhecendo a divergência, dará a interpretação a ser observada, cabendo a cada juiz emitir o seu voto em exposição fundamentada.

• *Sem dispositivo correspondente no CPC de 2015.*

Parágrafo único. Em qualquer caso, será ouvido o chefe do Ministério Público que funciona perante o tribunal.

• *Sem dispositivo correspondente no CPC de 2015.*

Art. 479. O julgamento, tomado pelo voto da maioria absoluta dos membros que integram o tribunal, será objeto de súmula e constituirá precedente na uniformização da jurisprudência.

• *Sem dispositivo correspondente no CPC de 2015.*

Parágrafo único. Os regimentos internos disporão sobre a publicação no órgão oficial das súmulas de jurisprudência predominante.

• *Sem dispositivo correspondente no CPC de 2015.*

Capítulo II | DA DECLARAÇÃO DE INCONSTITUCIONALIDADE

Art. 480. Arguida a inconstitucionalidade de lei ou de ato normativo do poder público, o relator, ouvido o Ministério Público, submeterá a questão à turma ou câmara, a que tocar o conhecimento do processo.

• *Dispositivo correspondente no CPC de 2015: art. 948.*

Art. 481. Se a alegação for rejeitada, prosseguirá o julgamento; se for acolhida, será lavrado o acórdão, a fim de ser submetida a questão ao tribunal pleno.

• *Dispositivo correspondente no CPC de 2015: art. 949,* caput.

Parágrafo único. Os órgãos fracionários dos tribunais não submeterão ao plenário, ou ao órgão especial, a arguição de inconstitucionalidade, quando já houver pronunciamento destes ou do plenário do Supremo Tribunal Federal sobre a questão.

• *Dispositivo correspondente no CPC de 2015: art. 949, parágrafo único.*

Art. 482. Remetida a cópia do acórdão a todos os juízes, o presidente do tribunal designará a sessão de julgamento.

• *Dispositivo correspondente no CPC de 2015: art. 950,* caput.

§ 1º O Ministério Público e as pessoas jurídicas de direito público responsáveis pela edição do ato questionado, se assim o requererem, poderão manifestar-se no incidente de inconstitucionalidade, observados os prazos e condições fixados no Regimento Interno do Tribunal.

• *Dispositivo correspondente no CPC de 2015: art. 950, § 1º.*

§ 2º Os titulares do direito de propositura referidos no art. 103 da Constituição poderão manifestar-se, por escrito, sobre a questão constitucional objeto de apreciação pelo órgão especial ou pelo Pleno do Tribunal, no prazo fixado em Regimento, sendo-lhes assegurado o direito de apresentar memoriais ou de pedir a juntada de documentos.

• *Dispositivo correspondente no CPC de 2015: art. 950, § 2º.*

§ 3º O relator, considerando a relevância da matéria e a representatividade dos postulantes, poderá admitir, por despacho irrecorrível, a manifestação de outros órgãos ou entidades.

• *Dispositivo correspondente no CPC de 2015: art. 950, § 3º.*

Capítulo III | DA HOMOLOGAÇÃO DE SENTENÇA ESTRANGEIRA

Art. 483. A sentença proferida por tribunal estrangeiro não terá eficácia no Brasil senão depois de homologada pelo Supremo Tribunal Federal.

• *Dispositivo correspondente no CPC de 2015: art. 961,* caput.

Parágrafo único. A homologação obedecerá ao que dispuser o Regimento Interno do Supremo Tribunal Federal.

• *Dispositivo correspondente no CPC de 2015: art. 960, § 2º.*

Art. 484. A execução far-se-á por carta de sentença extraída dos autos da homologação e obedecerá às regras estabelecidas para a execução da sentença nacional da mesma natureza.

• *Dispositivo correspondente no CPC de 2015: art. 965,* caput.

Capítulo IV | DA AÇÃO RESCISÓRIA

Art. 485. A sentença de mérito, transitada em julgado, pode ser rescindida quando:

• *Dispositivo correspondente no CPC de 2015: art. 966,* caput.

I — se verificar que foi dada por prevaricação, concussão ou corrupção do juiz;

• *Dispositivo correspondente no CPC de 2015: art. 966, I.*

II — proferida por juiz impedido ou absolutamente incompetente;

• *Dispositivo correspondente no CPC de 2015: art. 966, II.*

III — resultar de dolo da parte vencedora em detrimento da parte vencida, ou de colusão entre as partes, a fim de fraudar a lei;

• *Dispositivo correspondente no CPC de 2015: art. 966, III.*

IV — ofender a coisa julgada;

• *Dispositivo correspondente no CPC de 2015: art. 966, IV.*

V — violar literal disposição de lei;

• *Dispositivo correspondente no CPC de 2015: art. 966, V.*

VI — se fundar em prova, cuja falsidade tenha sido apurada em processo criminal ou seja provada na própria ação rescisória;

• *Dispositivo correspondente no CPC de 2015: art. 966, VI.*

VII — depois da sentença, o autor obtiver documento novo, cuja existência ignorava, ou de que não pôde fazer uso, capaz, por si só, de lhe assegurar pronunciamento favorável;

• *Dispositivo correspondente no CPC de 2015: art. 966, VII.*

VIII — houver fundamento para invalidar confissão, desistência ou transação, em que se baseou a sentença;

• *Sem dispositivo correspondente no CPC de 2015.*

IX — fundada em erro de fato, resultante de atos ou de documentos da causa.

• *Dispositivo correspondente no CPC de 2015: art. 966, VIII.*

§ 1º Há erro, quando a sentença admitir um fato inexistente, ou quando considerar inexistente um fato efetivamente ocorrido.

• *Dispositivo correspondente no CPC de 2015: art. 966, § 1º.*

§ 2º É indispensável, num como noutro caso, que não tenha havido controvérsia, nem pronunciamento judicial sobre o fato.

• *Dispositivo correspondente no CPC de 2015: art. 966, § 1º.*

Art. 486. Os atos judiciais, que não dependem de sentença, ou em que esta for meramente homologatória, podem ser rescindidos, como os atos jurídicos em geral, nos termos da lei civil.

• *Dispositivo correspondente no CPC de 2015: art. 966, § 4º.*

Art. 487. Tem legitimidade para propor a ação:

• *Dispositivo correspondente no CPC de 2015: art. 967,* caput.

I — quem foi parte no processo ou o seu sucessor a título universal ou singular;

• *Dispositivo correspondente no CPC de 2015: art. 967, I.*

II — o terceiro juridicamente interessado;

• *Dispositivo correspondente no CPC de 2015: art. 967, II.*

III — o Ministério Público:

• *Dispositivo correspondente no CPC de 2015: art. 967, III,* caput.

a) se não foi ouvido no processo, em que lhe era obrigatória a intervenção;

• *Dispositivo correspondente no CPC de 2015: art. 967, III,* a.

b) quando a sentença é o efeito de colusão das partes, a fim de fraudar a lei.

• *Dispositivo correspondente no CPC de 2015: art. 967, III,* b.

Art. 488. A petição inicial será elaborada com observância dos requisitos essenciais do art. 282, devendo o autor:

• *Dispositivo correspondente no CPC de 2015: art. 968,* caput.

I — cumular ao pedido de rescisão, se for o caso, o de novo julgamento da causa;

• *Dispositivo correspondente no CPC de 2015: art. 968, I.*

II — depositar a importância de 5% (cinco por cento) sobre o valor da causa, a título de multa, caso a ação seja, por unanimidade de votos, declarada inadmissível, ou improcedente.

• *Dispositivo correspondente no CPC de 2015: art. 968, II.*

Parágrafo único. Não se aplica o disposto no n. II à União, ao Estado, ao Município e ao Ministério Público.

• *Dispositivo correspondente no CPC de 2015: art. 968, § 1º.*

Art. 489. O ajuizamento da ação rescisória não impede o cumprimento da sentença ou acórdão rescindendo, ressalvada a concessão, caso imprescindíveis e sob os pressupostos previstos em lei, de medidas de natureza cautelar ou antecipatória de tutela.

• *Dispositivo correspondente no CPC de 2015: art. 969.*

Art. 490. Será indeferida a petição inicial:

• *Dispositivo correspondente no CPC de 2015: art. 968, § 3º.*

I — nos casos previstos no art. 295;

• *Dispositivo correspondente no CPC de 2015: art. 968, § 3º.*

II — quando não efetuado o depósito, exigido pelo art. 488, II.

• *Dispositivo correspondente no CPC de 2015: art. 968, § 3º.*

Art. 491. O relator mandará citar o réu, assinando-lhe prazo nunca inferior a 15 (quinze) dias nem superior a 30 (trinta) para responder aos termos da ação. Findo o prazo com ou sem resposta, observar-se-á no que couber o disposto no Livro I, Título VIII, Capítulos IV e V.

• *Dispositivo correspondente no CPC de 2015: art. 970.*

Art. 492. Se os fatos alegados pelas partes dependerem de prova, o relator delegará a competência ao juiz de direito da comarca onde deva ser produzida, fixando prazo de 45 (quarenta e cinco) a 90 (noventa) dias para a devolução dos autos.

• *Dispositivo correspondente no CPC de 2015: art. 972.*

Art. 493. Concluída a instrução, será aberta vista, sucessivamente, ao autor e ao réu, pelo prazo de 10 (dez) dias, para razões finais. Em seguida, os autos subirão ao relator, procedendo-se ao julgamento:

• *Dispositivo correspondente no CPC de 2015: art. 973.*

I — no Supremo Tribunal Federal e no Superior Tribunal de Justiça, na forma dos seus regimentos internos;

• *Sem dispositivo correspondente no CPC de 2015.*

II — nos Estados, conforme dispuser a norma de Organização Judiciária.

• *Sem dispositivo correspondente no CPC de 2015.*

Art. 494. Julgando procedente a ação, o tribunal rescindirá a sentença, proferirá, se for o caso, novo julgamento e determinará a restituição do depósito; declarando inadmissível ou improcedente a ação, a importância do depósito reverterá a favor do réu, sem prejuízo do disposto no art. 20.

• *Dispositivo correspondente no CPC de 2015: art. 974.*

Art. 495. O direito de propor ação rescisória se extingue em 2 (dois) anos, contados do trânsito em julgado da decisão.

• *Dispositivo correspondente no CPC de 2015: art. 975,* caput.

Título X | DOS RECURSOS

Capítulo I | DAS DISPOSIÇÕES GERAIS

Art. 496. São cabíveis os seguintes recursos:

• *Dispositivo correspondente no CPC de 2015: art. 994,* caput.

I — apelação;

• *Dispositivo correspondente no CPC de 2015: art. 994, I.*

II — agravo;

• *Dispositivo correspondente no CPC de 2015: art. 994, II e III.*

III — embargos infringentes;

• *Sem dispositivo correspondente no CPC de 2015.*

IV — embargos de declaração;

• *Dispositivo correspondente no CPC de 2015: art. 994, IV.*

V — recurso ordinário;

• *Dispositivo correspondente no CPC de 2015: art. 994, V.*

VI — recurso especial;

• *Dispositivo correspondente no CPC de 2015: art. 994, VI.*

VII — recurso extraordinário;

• *Dispositivo correspondente no CPC de 2015: art. 994, VII.*

VIII — embargos de divergência em recurso especial e em recurso extraordinário.

• *Dispositivo correspondente no CPC de 2015: art. 994, IX.*

Art. 497. O recurso extraordinário e o recurso especial não impedem a execução da sentença; a interposição do agravo de instrumento não obsta o andamento do processo, ressalvado o disposto no art. 558 desta Lei.

• *Dispositivo correspondente no CPC de 2015: art. 995,* caput.

Art. 498. Quando o dispositivo do acórdão contiver julgamento por maioria de votos e julgamento unânime, e forem interpostos embargos infringentes, o prazo para recurso extraordinário ou recurso especial, relativamente ao julgamento unânime, ficará sobrestado até a intimação da decisão nos embargos.

• *Sem dispositivo correspondente no CPC de 2015.*

Parágrafo único. Quando não forem interpostos embargos infringentes, o prazo relativo à parte unânime da decisão terá como dia de início aquele em que transitar em julgado a decisão por maioria de votos.

• *Sem dispositivo correspondente no CPC de 2015.*

Art. 499. O recurso pode ser interposto pela parte vencida, pelo terceiro prejudicado e pelo Ministério Público.

• *Dispositivo correspondente no CPC de 2015: art. 996,* caput.

§ 1º Cumpre ao terceiro demonstrar o nexo de interdependência entre o seu interesse de intervir e a relação jurídica submetida à apreciação judicial.

• *Dispositivo correspondente no CPC de 2015: art. 996, parágrafo único.*

§ 2º O Ministério Público tem legitimidade para recorrer assim no processo em que é parte, como naqueles em que oficiou como fiscal da lei.

• *Sem dispositivo correspondente no CPC de 2015.*

Art. 500. Cada parte interporá o recurso, independentemente, no prazo e observadas as exigências legais. Sendo, porém, vencidos autor e réu, ao recurso interposto por qualquer deles poderá aderir a outra parte. O recurso adesivo fica subordinado ao recurso principal e se rege pelas disposições seguintes:

• *Dispositivo correspondente no CPC de 2015: art. 997,* caput, *e §§ 1º e 2º,* caput.

I — será interposto perante a autoridade competente para admitir o recurso principal, no prazo de que a parte dispõe para responder;

• *Dispositivo correspondente no CPC de 2015: art. 997, § 2º, I.*

II — será admissível na apelação, nos embargos infringentes, no recurso extraordinário e no recurso especial;

• *Dispositivo correspondente no CPC de 2015: art. 997, § 2º, II.*

III — não será conhecido, se houver desistência do recurso principal, ou se for ele declarado inadmissível ou deserto.

• *Dispositivo correspondente no CPC de 2015: art. 997, § 2º, III.*

Parágrafo único. Ao recurso adesivo se aplicam as mesmas regras do recurso independente, quanto às condições de admissibilidade, preparo e julgamento no tribunal superior.

• *Sem dispositivo correspondente no CPC de 2015.*

Art. 501. O recorrente poderá, a qualquer tempo, sem a anuência do recorrido ou dos litisconsortes, desistir do recurso.

• *Dispositivo correspondente no CPC de 2015: art. 998,* caput.

Art. 502. A renúncia ao direito de recorrer independe da aceitação da outra parte.

• *Dispositivo correspondente no CPC de 2015: art. 999.*

Art. 503. A parte, que aceitar expressa ou tacitamente a sentença ou a decisão, não poderá recorrer.

• *Dispositivo correspondente no CPC de 2015: art. 1.000,* caput.

Parágrafo único. Considera-se aceitação tácita a prática, sem reserva alguma, de um ato incompatível com a vontade de recorrer.

• *Dispositivo correspondente no CPC de 2015: art. 1.000, parágrafo único.*

Art. 504. Dos despachos não cabe recurso.

• *Dispositivo correspondente no CPC de 2015: art. 1.001.*

Art. 505. A sentença pode ser impugnada no todo ou em parte.

• *Dispositivo correspondente no CPC de 2015: art. 1.002.*

Art. 506. O prazo para a interposição do recurso, aplicável em todos os casos o disposto no art. 184 e seus parágrafos, contar-se-á da data:

• *Dispositivo correspondente no CPC de 2015: art. 1.003,* caput.

I — da leitura da sentença em audiência;

• *Dispositivo correspondente no CPC de 2015: art. 1.003,* caput.

II — da intimação às partes, quando a sentença não for proferida em audiência;

• *Dispositivo correspondente no CPC de 2015: art. 1.003,* caput.

III — da publicação do dispositivo do acórdão no órgão oficial.

• *Dispositivo correspondente no CPC de 2015: art. 1.003,* caput.

Parágrafo único. No prazo para a interposição do recurso, a petição será protocolada em cartório ou segundo a norma de organização judiciária, ressalvado o disposto no § 2º do art. 525 desta Lei.

• *Dispositivo correspondente no CPC de 2015: art. 1.003, § 3º.*

Art. 507. Se, durante o prazo para a interposição do recurso, sobrevier o falecimento da parte ou de seu advogado, ou ocorrer motivo de força maior, que suspenda o curso do processo, será tal prazo restituído em proveito da parte, do herdeiro ou do sucessor, contra quem começará a correr novamente depois da intimação.

• *Dispositivo correspondente no CPC de 2015: art. 1.004.*

Art. 508. Na apelação, nos embargos infringentes, no recurso ordinário, no recurso especial, no recurso extraordinário e nos embargos de divergência, o prazo para interpor e para responder é de 15 (quinze) dias.

• *Dispositivo correspondente no CPC de 2015: art. 1.003, § 5º.*

Parágrafo único. (*Revogado pela Lei n. 6.314, de 16-12-1975.*)

Art. 509. O recurso interposto por um dos litisconsortes a todos aproveita, salvo se distintos ou opostos os seus interesses.

• *Dispositivo correspondente no CPC de 2015: art. 1.005,* caput.

Parágrafo único. Havendo solidariedade passiva, o recurso interposto por um devedor aproveitará aos outros, quando as defesas opostas ao credor lhes forem comuns.

• *Dispositivo correspondente no CPC de 2015: art. 1.005, parágrafo único.*

Art. 510. Transitado em julgado o acórdão, o escrivão, ou secretário, independentemente de despacho, providenciará a baixa dos autos ao juízo de origem, no prazo de 5 (cinco) dias.

• *Dispositivo correspondente no CPC de 2015: art. 1.006.*

Art. 511. No ato de interposição do recurso, o recorrente comprovará, quando exigido pela legislação pertinente, o respectivo preparo, inclusive porte de remessa e de retorno, sob pena de deserção.

• *Dispositivo correspondente no CPC de 2015: art. 1.007,* caput.

§ 1º São dispensados de preparo os recursos interpostos pelo Ministério Público, pela União, pelos Estados e Municípios e respectivas autarquias, e pelos que gozam de isenção legal.

• *Dispositivo correspondente no CPC de 2015: art. 1.007, § 1º.*

§ 2º A insuficiência no valor do preparo implicará deserção, se o recorrente, intimado, não vier a supri-lo no prazo de 5 (cinco) dias.

• *Dispositivo correspondente no CPC de 2015: art. 1.007, § 2º.*

Art. 512. O julgamento proferido pelo tribunal substituirá a sentença ou a decisão recorrida no que tiver sido objeto de recurso.

• *Dispositivo correspondente no CPC de 2015: art. 1.008.*

Capítulo II | DA APELAÇÃO

Art. 513. Da sentença caberá apelação (arts. 267 e 269).

• *Dispositivo correspondente no CPC de 2015: art. 1.009,* caput.

Art. 514. A apelação, interposta por petição dirigida ao juiz, conterá:

• *Dispositivo correspondente no CPC de 2015: art. 1.010,* caput.

I — os nomes e a qualificação das partes;

• *Dispositivo correspondente no CPC de 2015: art. 1.010, I.*

II — os fundamentos de fato e de direito;

• *Dispositivo correspondente no CPC de 2015: art. 1.010, II.*

III — o pedido de nova decisão.

• *Dispositivo correspondente no CPC de 2015: art. 1.010, IV.*

Parágrafo único. (*Revogado pela Lei n. 8.950, de 13-12-1994.*)

Art. 515. A apelação devolverá ao tribunal o conhecimento da matéria impugnada.

• *Dispositivo correspondente no CPC de 2015: art. 1.013,* caput.

§ 1º Serão, porém, objeto de apreciação e julgamento pelo tribunal todas as questões suscitadas e discutidas no processo, ainda que a sentença não as tenha julgado por inteiro.

• *Dispositivo correspondente no CPC de 2015: art. 1.013, § 1º.*

§ 2º Quando o pedido ou a defesa tiver mais de um fundamento e o juiz acolher apenas um deles, a apelação devolverá ao tribunal o conhecimento dos demais.

• *Dispositivo correspondente no CPC de 2015: art. 1.013, § 2º.*

§ 3º Nos casos de extinção do processo sem julgamento do mérito (art. 267), o tribunal pode julgar desde logo a lide, se a causa versar questão exclusivamente de direito e estiver em condições de imediato julgamento.

• *Dispositivo correspondente no CPC de 2015: art. 1.013, § 3º,* caput *e I.*

§ 4º Constatando a ocorrência de nulidade sanável, o tribunal poderá determinar a realização ou renovação do ato processual, intimadas as partes; cumprida a diligência, sempre que possível prosseguirá o julgamento da apelação.

• *Sem dispositivo correspondente no CPC de 2015.*

Art. 516. Ficam também submetidas ao tribunal as questões anteriores à sentença, ainda não decididas.

• *Sem dispositivo correspondente no CPC de 2015.*

Art. 517. As questões de fato, não propostas no juízo inferior, poderão ser suscitadas na apelação, se a parte provar que deixou de fazê-lo por motivo de força maior.

• *Dispositivo correspondente no CPC de 2015: art. 1.014.*

Art. 518. Interposta a apelação, o juiz, declarando os efeitos em que a recebe, mandará dar vista ao apelado para responder.

• *Dispositivo correspondente no CPC de 2015: art. 1.010, § 1º.*

§ 1º O juiz não receberá o recurso de apelação quando a sentença estiver em conformidade com súmula do Superior Tribunal de Justiça ou do Supremo Tribunal Federal.

• *Sem dispositivo correspondente no CPC de 2015.*

§ 2º Apresentada a resposta, é facultado ao juiz, em cinco dias, o reexame dos pressupostos de admissibilidade do recurso.

• *Dispositivo correspondente no CPC de 2015: art. 1.010, § 3º.*

Art. 519. Provando o apelante justo impedimento, o juiz relevará a pena de deserção, fixando-lhe prazo para efetuar o preparo.

• *Dispositivo correspondente no CPC de 2015: art. 1.010, § 6º.*

Parágrafo único. A decisão referida neste artigo será irrecorrível, cabendo ao tribunal apreciar-lhe a legitimidade.

• *Dispositivo correspondente no CPC de 2015: art. 1.010, § 6º.*

Art. 520. A apelação será recebida em seu efeito devolutivo e suspensivo. Será, no entanto, recebida só no efeito devolutivo, quando interposta de sentença que:

• *Dispositivo correspondente no CPC de 2015: art. 1.012,* caput, *e § 1º,* caput.

I — homologar a divisão ou a demarcação;

• *Dispositivo correspondente no CPC de 2015: art. 1.012, § 1º, I.*

II — condenar à prestação de alimentos;

• *Dispositivo correspondente no CPC de 2015: art. 1.012, § 1º, II.*

III — (*Revogado pela Lei n. 11.232, de 22-12-2005);*

IV — decidir o processo cautelar;

• *Sem dispositivo correspondente no CPC de 2015.*

V — rejeitar liminarmente embargos à execução ou julgá-los improcedentes;

• *Dispositivo correspondente no CPC de 2015: art. 1.012, § 1º, III.*

VI — julgar procedente o pedido de instituição de arbitragem;

• *Dispositivo correspondente no CPC de 2015: art. 1.012, § 1º, IV.*

VII — confirmar a antecipação dos efeitos da tutela.

• *Dispositivo correspondente no CPC de 2015: art. 1.012, § 1º, V.*

Art. 521. Recebida a apelação em ambos os efeitos, o juiz não poderá inovar no processo; recebida só no efeito devolutivo, o apelado poderá promover, desde logo, a execução provisória da sentença, extraindo a respectiva carta.

• *Dispositivo correspondente no CPC de 2015: art. 1.012, § 2º.*

Capítulo III | DO AGRAVO

Art. 522. Das decisões interlocutórias caberá agravo, no prazo de 10 (dez) dias, na forma retida, salvo quando se tratar de decisão suscetível de causar à parte lesão grave e de difícil reparação, bem como nos casos de inadmissão da apelação e nos relativos aos efeitos em que a apelação é recebida, quando será admitida a sua interposição por instrumento.

• *Dispositivo correspondente no CPC de 2015: art. 1.015,* caput *e incisos I ao XIII.*

Parágrafo único. O agravo retido independe de preparo.

• *Sem dispositivo correspondente no CPC de 2015.*

Art. 523. Na modalidade de agravo retido o agravante requererá que o Tribunal dele conheça, preliminarmente, por ocasião do julgamento da apelação.

• *Sem dispositivo correspondente no CPC de 2015.*

§ 1º Não se conhecerá do agravo se a parte não requerer expressamente, nas razões ou na resposta da apelação, sua apreciação pelo Tribunal.

• *Sem dispositivo correspondente no CPC de 2015.*

§ 2º Interposto o agravo, e ouvido o agravado no prazo de 10 (dez) dias, o juiz poderá reformar sua decisão.

• *Sem dispositivo correspondente no CPC de 2015.*

§ 3º Das decisões interlocutórias proferidas na audiência de instrução e julgamento caberá agravo na forma retida, devendo ser interposto oral e imediatamente, bem como constar do respectivo termo (art. 457), nele expostas sucintamente as razões do agravante.

• *Sem dispositivo correspondente no CPC de 2015.*

§ 4º (*Revogado pela Lei n. 11.187, de 19-10-2005.*)

Art. 524. O agravo de instrumento será dirigido diretamente ao tribunal competente, através de petição com os seguintes requisitos:

• *Dispositivo correspondente no CPC de 2015: art. 1.016,* caput.

I — a exposição do fato e do direito;

• *Dispositivo correspondente no CPC de 2015: art. 1.016, II.*

II — as razões do pedido de reforma da decisão;

• *Dispositivo correspondente no CPC de 2015: art. 1.016, III.*

III — o nome e o endereço completo dos advogados, constantes do processo.

• *Dispositivo correspondente no CPC de 2015: art. 1.016, IV.*

Art. 525. A petição de agravo de instrumento será instruída:

• *Dispositivo correspondente no CPC de 2015: art. 1.017,* caput.

I — obrigatoriamente, com cópias da decisão agravada, da certidão da respectiva intimação e das procurações outorgadas aos advogados do agravante e do agravado;

• *Dispositivo correspondente no CPC de 2015: art. 1.017, I.*

II — facultativamente, com outras peças que o agravante entender úteis.

• *Dispositivo correspondente no CPC de 2015: art. 1.017, III.*

§ 1º Acompanhará a petição o comprovante do pagamento das respectivas custas e do porte de retorno, quando devidos, conforme tabela que será publicada pelos tribunais.

• *Dispositivo correspondente no CPC de 2015: art. 1.017, § 1º.*

§ 2º No prazo do recurso, a petição será protocolada no tribunal, ou postada no correio sob registro com aviso de recebimento, ou, ainda, interposta por outra forma prevista na lei local.

• *Sem dispositivo correspondente no CPC de 2015.*

Art. 526. O agravante, no prazo de 3 (três) dias, requererá juntada, aos autos do processo, de cópia da petição do agravo de instrumento e do comprovante de sua interposição, assim como a relação dos documentos que instruíram o recurso.

• *Dispositivo correspondente no CPC de 2015: art. 1.018,* caput.

Parágrafo único. O não cumprimento do disposto neste artigo, desde que arguido e provado pelo agravado, importa inadmissibilidade do agravo.

• *Dispositivo correspondente no CPC de 2015: art. 1.018, § 3º.*

Art. 527. Recebido o agravo de instrumento no tribunal, e distribuído *incontinenti*, o relator:

• *Dispositivo correspondente no CPC de 2015: art. 1.019,* caput.

I — negar-lhe-á seguimento, liminarmente, nos casos do art. 557;

• *Sem dispositivo correspondente no CPC de 2015.*

II — converterá o agravo de instrumento em agravo retido, salvo quando se tratar de decisão suscetível de causar à parte lesão grave e de difícil reparação, bem como nos casos de inadmissão da apelação e nos relativos aos efeitos em que a apelação é recebida, mandando remeter os autos ao juiz da causa;

• *Sem dispositivo correspondente no CPC de 2015.*

III — poderá atribuir efeito suspensivo ao recurso (art. 558), ou deferir, em antecipação de tutela, total ou parcialmente, a pretensão recursal, comunicando ao juiz sua decisão;

• *Dispositivo correspondente no CPC de 2015: art. 1.019, I.*

IV — poderá requisitar informações ao juiz da causa, que as prestará no prazo de 10 (dez) dias;

• *Sem dispositivo correspondente no CPC de 2015.*

V — mandará intimar o agravado, na mesma oportunidade, por ofício dirigido ao seu advogado, sob registro e com aviso de recebimento, para que responda no prazo de 10 (dez) dias (art. 525, § 2º), facultando-lhe juntar a documentação que entender conveniente, sendo que, nas comarcas sede de tribunal e naquelas em que o expediente forense for divulgado no *Diário Oficial*, a intimação far-se-á mediante publicação no órgão oficial;

• *Dispositivo correspondente no CPC de 2015: art. 1.019, II.*

VI — ultimadas as providências referidas nos incisos III a V do *caput* deste artigo, mandará ouvir o Ministério Público, se for o caso, para que se pronuncie no prazo de 10 (dez) dias.

• *Dispositivo correspondente no CPC de 2015: art. 1.019, III.*

Parágrafo único. A decisão liminar, proferida nos casos dos incisos II e III do *caput* deste artigo, somente é passível de reforma no momento do julgamento do agravo, salvo se o próprio relator a reconsiderar.

• *Sem dispositivo correspondente no CPC de 2015.*

Art. 528. Em prazo não superior a 30 (trinta) dias da intimação do agravado, o relator pedirá dia para julgamento.

• *Dispositivo correspondente no CPC de 2015: art. 1.020.*

Art. 529. Se o juiz comunicar que reformou inteiramente a decisão, o relator considerará prejudicado o agravo.

• *Dispositivo correspondente no CPC de 2015: art. 1.018, § 1º.*

Capítulo IV | DOS EMBARGOS INFRINGENTES

Art. 530. Cabem embargos infringentes quando o acórdão não unânime houver reformado, em grau de apelação, a sentença de mérito, ou houver julgado procedente ação rescisória. Se o desacordo for parcial, os embargos serão restritos à matéria objeto da divergência.

• *Sem dispositivo correspondente no CPC de 2015.*

Art. 531. Interpostos os embargos, abrir-se-á vista ao recorrido para contrarrazões; após, o relator do acórdão embargado apreciará a admissibilidade do recurso.

• *Sem dispositivo correspondente no CPC de 2015.*

Parágrafo único. (*Revogado pela Lei n. 8.950, de 13-12-1994.*)

Art. 532. Da decisão que não admitir os embargos caberá agravo, em 5 (cinco) dias, para o órgão competente para o julgamento do recurso.

• *Sem dispositivo correspondente no CPC de 2015.*

Art. 533. Admitidos os embargos, serão processados e julgados conforme dispuser o regimento do tribunal.

• *Sem dispositivo correspondente no CPC de 2015.*

Art. 534. Caso a norma regimental determine a escolha de novo relator, esta recairá, se possível, em juiz que não haja participado do julgamento anterior.

• *Sem dispositivo correspondente no CPC de 2015.*

Capítulo V | DOS EMBARGOS DE DECLARAÇÃO

Art. 535. Cabem embargos de declaração quando:

• *Dispositivo correspondente no CPC de 2015: art. 1.022,* caput.

I — houver, na sentença ou no acórdão, obscuridade ou contradição;

• *Dispositivo correspondente no CPC de 2015: art. 1.022, I.*

II — for omitido ponto sobre o qual devia pronunciar-se o juiz ou tribunal.

• *Dispositivo correspondente no CPC de 2015: art. 1.022, II.*

Art. 536. Os embargos serão opostos, no prazo de 5 (cinco) dias, em petição dirigida ao juiz ou relator, com indicação do ponto obscuro, contraditório ou omisso, não estando sujeitos a preparo.

• *Dispositivo correspondente no CPC de 2015: art. 1.023,* caput.

Art. 537. O juiz julgará os embargos em 5 (cinco) dias; nos tribunais, o relator apresentará os embargos em mesa na sessão subsequente, proferindo voto.

• *Dispositivo correspondente no CPC de 2015: art. 1.024,* caput *e § 1º.*

Art. 538. Os embargos de declaração interrompem o prazo para a interposição de outros recursos, por qualquer das partes.

• *Dispositivo correspondente no CPC de 2015: art. 1.026,* caput.

Parágrafo único. Quando manifestamente protelatórios os embargos, o juiz ou o tribunal, declarando que o são, condenará o embargante a pagar ao embargado multa não excedente de 1% (um por cento) sobre o valor da causa. Na reiteração de embargos protelatórios, a multa é elevada a até 10% (dez por cento), ficando condicionada a interposição de qualquer outro recurso ao depósito do valor respectivo.

• *Dispositivo correspondente no CPC de 2015: art. 1.026, § 2º.*

Capítulo VI | DOS RECURSOS PARA O SUPREMO TRIBUNAL FEDERAL E O SUPERIOR TRIBUNAL DE JUSTIÇA

Seção I | DOS RECURSOS ORDINÁRIOS

Art. 539. Serão julgados em recurso ordinário:

• *Dispositivo correspondente no CPC de 2015: art. 1.027,* caput.

I — pelo Supremo Tribunal Federal, os mandados de segurança, os *habeas data* e os mandados de injunção decididos em única instância pelos Tribunais Superiores, quando denegatória a decisão;

• *Dispositivo correspondente no CPC de 2015: art. 1.027, I.*

II — pelo Superior Tribunal de Justiça:

• *Dispositivo correspondente no CPC de 2015: art. 1.027, II,* caput.

a) os mandados de segurança decididos em única instância pelos Tribunais Regionais Federais ou pelos Tribunais dos Estados e do Distrito Federal e Territórios, quando denegatória a decisão;

• *Dispositivo correspondente no CPC de 2015: art. 1.027, II,* a.

b) as causas em que forem partes, de um lado, Estado estrangeiro ou organismo internacional e, do outro, Município ou pessoa residente ou domiciliada no País.

• *Sem dispositivo correspondente no CPC de 2015.*

Parágrafo único. Nas causas referidas no inciso II, alínea *b*, caberá agravo das decisões interlocutórias.

• *Dispositivo correspondente no CPC de 2015: art. 1.027, § 1º.*

Art. 540. Aos recursos mencionados no artigo anterior aplica-se, quanto aos requisitos de admissibilidade e ao procedimento no juízo de origem, o disposto nos Capítulos II e III deste Título, observando-se, no Supremo Tribunal Federal e no Superior Tribunal de Justiça, o disposto nos seus regimentos internos.

• *Dispositivo correspondente no CPC de 2015: art. 1.028,* caput *e § 1º.*

Seção II — DO RECURSO EXTRAORDINÁRIO E DO RECURSO ESPECIAL

Art. 541. O recurso extraordinário e o recurso especial, nos casos previstos na Constituição Federal, serão interpostos perante o presidente ou o vice-presidente do tribunal recorrido, em petições distintas, que conterão:

- *Dispositivo correspondente no CPC de 2015: art. 1.029,* caput.

I — a exposição do fato e do direito;

- *Dispositivo correspondente no CPC de 2015: art. 1.029, I.*

II — a demonstração do cabimento do recurso interposto;

- *Dispositivo correspondente no CPC de 2015: art. 1.029, II.*

III — as razões do pedido de reforma da decisão recorrida.

- *Dispositivo correspondente no CPC de 2015: art. 1.029, III.*

Parágrafo único. Quando o recurso fundar-se em dissídio jurisprudencial, o recorrente fará a prova da divergência mediante certidão, cópia autenticada ou pela citação do repositório de jurisprudência, oficial ou credenciado, inclusive em mídia eletrônica, em que tiver sido publicada a decisão divergente, ou ainda pela reprodução de julgado disponível na Internet, com indicação da respectiva fonte, mencionando, em qualquer caso, as circunstâncias que identifiquem ou assemelhem os casos confrontados.

- *Dispositivo correspondente no CPC de 2015: art. 1.029,* caput e *§ 1º.*

Art. 542. Recebida a petição pela secretaria do tribunal, será intimado o recorrido, abrindo-se-lhe vista, para apresentar contrarrazões.

- *Dispositivo correspondente no CPC de 2015: art. 1.030,* caput.

§ 1º Findo esse prazo, serão os autos conclusos para admissão ou não do recurso, no prazo de 15 (quinze) dias, em decisão fundamentada.

- *Dispositivo correspondente no CPC de 2015: art. 1.030,* caput.

§ 2º Os recursos extraordinário e especial serão recebidos no efeito devolutivo.

- *Sem dispositivo correspondente no CPC de 2015.*

§ 3º O recurso extraordinário, ou o recurso especial, quando interpostos contra decisão interlocutória em processo de conhecimento, cautelar, ou embargos à execução ficará retido nos autos e somente será processado se o reiterar a parte, no prazo para a interposição do recurso contra a decisão final, ou para as contrarrazões.

- *Sem dispositivo correspondente no CPC de 2015.*

Art. 543. Admitidos ambos os recursos, os autos serão remetidos ao Superior Tribunal de Justiça.

- *Dispositivo correspondente no CPC de 2015: art. 1.031,* caput.

§ 1º Concluído o julgamento do recurso especial, serão os autos remetidos ao Supremo Tribunal Federal, para apreciação do recurso extraordinário, se este não estiver prejudicado.

- *Dispositivo correspondente no CPC de 2015: art. 1.031, § 1º.*

§ 2º Na hipótese de o relator do recurso especial considerar que o recurso extraordinário é prejudicial àquele, em decisão irrecorrível sobrestará o seu julgamento e remeterá os autos ao Supremo Tribunal Federal, para o julgamento do recurso extraordinário.

- *Dispositivo correspondente no CPC de 2015: art. 1.031, § 2º.*

§ 3º No caso do parágrafo anterior, se o relator do recurso extraordinário, em decisão irrecorrível, não o considerar prejudicial, devolverá os autos ao Superior Tribunal de Justiça, para o julgamento do recurso especial.

- *Dispositivo correspondente no CPC de 2015: art. 1.031, § 3º.*

Art. 543-A. O Supremo Tribunal Federal, em decisão irrecorrível, não conhecerá do recurso extraordinário, quando a questão constitucional nele versada não oferecer repercussão geral, nos termos deste artigo.

• *Dispositivo correspondente no CPC de 2015: art. 1.035,* caput.

§ 1º Para efeito da repercussão geral, será considerada a existência, ou não, de questões relevantes do ponto de vista econômico, político, social ou jurídico, que ultrapassem os interesses subjetivos da causa.

• *Dispositivo correspondente no CPC de 2015: art. 1.035, § 1º.*

§ 2º O recorrente deverá demonstrar, em preliminar do recurso, para apreciação exclusiva do Supremo Tribunal Federal, a existência da repercussão geral.

• *Dispositivo correspondente no CPC de 2015: art. 1.035, § 2º.*

§ 3º Haverá repercussão geral sempre que o recurso impugnar decisão contrária a súmula ou jurisprudência dominante do Tribunal.

• *Dispositivo correspondente no CPC de 2015: art. 1.035, § 3º,* caput, *e I.*

§ 4º Se a Turma decidir pela existência da repercussão geral por, no mínimo, 4 (quatro) votos, ficará dispensada a remessa do recurso ao Plenário.

• *Sem dispositivo correspondente no CPC de 2015.*

§ 5º Negada a existência da repercussão geral, a decisão valerá para todos os recursos sobre matéria idêntica, que serão indeferidos liminarmente, salvo revisão da tese, tudo nos termos do Regimento Interno do Supremo Tribunal Federal.

• *Dispositivo correspondente no CPC de 2015: art. 1.035, § 8º.*

§ 6º O Relator poderá admitir, na análise da repercussão geral, a manifestação de terceiros, subscrita por procurador habilitado, nos termos do Regimento Interno do Supremo Tribunal Federal.

• *Dispositivo correspondente no CPC de 2015: art. 1.035, § 4º.*

§ 7º A Súmula da decisão sobre a repercussão geral constará de ata, que será publicada no *Diário Oficial* e valerá como acórdão.

• *Dispositivo correspondente no CPC de 2015: art. 1.035, § 11.*

Art. 543-B. Quando houver multiplicidade de recursos com fundamento em idêntica controvérsia, a análise da repercussão geral será processada nos termos do Regimento Interno do Supremo Tribunal Federal, observado o disposto neste artigo.

• *Dispositivo correspondente no CPC de 2015: art. 1.036,* caput.

§ 1º Caberá ao Tribunal de origem selecionar um ou mais recursos representativos da controvérsia e encaminhá-los ao Supremo Tribunal Federal, sobrestando os demais até o pronunciamento definitivo da Corte.

• *Dispositivo correspondente no CPC de 2015: art. 1.036, § 1º.*

§ 2º Negada a existência de repercussão geral, os recursos sobrestados considerar-se-ão automaticamente não admitidos.

• *Dispositivos correspondentes no CPC de 2015: arts. 1.035, § 8º, e 1.039,* caput.

§ 3º Julgado o mérito do recurso extraordinário, os recursos sobrestados serão apreciados pelos Tribunais, Turmas de Uniformização ou Turmas Recursais, que poderão declará-los prejudicados ou retratar-se.

• *Dispositivo correspondente no CPC de 2015: art. 1.039,* caput.

§ 4º Mantida a decisão e admitido o recurso, poderá o Supremo Tribunal Federal, nos termos do Regimento Interno, cassar ou reformar, liminarmente, o acórdão contrário à orientação firmada.

• *Sem dispositivo correspondente no CPC de 2015.*

§ 5º O Regimento Interno do Supremo Tribunal Federal disporá sobre as atribuições dos Ministros, das Turmas e de outros órgãos, na análise da repercussão geral.

• *Sem dispositivo correspondente no CPC de 2015.*

Art. 543-C. Quando houver multiplicidade de recursos com fundamento em idêntica questão de direito, o recurso especial será processado nos termos deste artigo.

• *Dispositivo correspondente no CPC de 2015: art. 1.036,* caput.

§ 1º Caberá ao presidente do tribunal de origem admitir um ou mais recursos representativos da controvérsia, os quais serão encaminhados ao Superior Tribunal de Justiça, ficando suspensos os demais recursos especiais até o pronunciamento definitivo do Superior Tribunal de Justiça.

• *Dispositivo correspondente no CPC de 2015: art. 1.036, § 1º.*

§ 2º Não adotada a providência descrita no § 1º deste artigo, o relator no Superior Tribunal de Justiça, ao identificar que sobre a controvérsia já existe jurisprudência dominante ou que a matéria já está afeta ao colegiado, poderá determinar a suspensão, nos tribunais de segunda instância, dos recursos nos quais a controvérsia esteja estabelecida.

• *Sem dispositivo correspondente no CPC de 2015.*

§ 3º O relator poderá solicitar informações, a serem prestadas no prazo de quinze dias, aos tribunais federais ou estaduais a respeito da controvérsia.

• *Dispositivo correspondente no CPC de 2015: art. 1.038,* caput *e III.*

§ 4º O relator, conforme dispuser o regimento interno do Superior Tribunal de Justiça e considerando a relevância da matéria, poderá admitir manifestação de pessoas, órgãos ou entidades com interesse na controvérsia.

• *Dispositivo correspondente no CPC de 2015: art. 1.038,* caput *e I.*

§ 5º Recebidas as informações e, se for o caso, após cumprido o disposto no § 4º deste artigo, terá vista o Ministério Público pelo prazo de quinze dias.

• *Dispositivo correspondente no CPC de 2015: art. 1.038,* caput *e III.*

§ 6º Transcorrido o prazo para o Ministério Público e remetida cópia do relatório aos demais Ministros, o processo será incluído em pauta na seção ou na Corte Especial, devendo ser julgado com preferência sobre os demais feitos, ressalvados os que envolvam réu preso e os pedidos de *habeas corpus*.

• *Dispositivo correspondente no CPC de 2015: art. 1.038, § 2º.*

§ 7º Publicado o acórdão do Superior Tribunal de Justiça, os recursos especiais sobrestados na origem:

• *Dispositivo correspondente no CPC de 2015: art. 1.040,* caput.

I — terão seguimento denegado na hipótese de o acórdão recorrido coincidir com a orientação do Superior Tribunal de Justiça; ou

• *Dispositivo correspondente no CPC de 2015: art. 1.040, I.*

II — serão novamente examinados pelo tribunal de origem na hipótese de o acórdão recorrido divergir da orientação do Superior Tribunal de Justiça.

• *Dispositivo correspondente no CPC de 2015: art. 1.040, II.*

§ 8º Na hipótese prevista no inciso II do § 7º deste artigo, mantida a decisão divergente pelo tribunal de origem, far-se-á o exame de admissibilidade do recurso especial.

• *Dispositivo correspondente no CPC de 2015: art. 1.041,* caput.

§ 9º O Superior Tribunal de Justiça e os tribunais de segunda instância regulamentarão, no âmbito de suas competências, os procedimentos relativos ao processamento e julgamento do recurso especial nos casos previstos neste artigo.

• *Sem dispositivo correspondente no CPC de 2015.*

Art. 544. Não admitido o recurso extraordinário ou o recurso especial, caberá agravo nos próprios autos, no prazo de 10 (dez) dias.

• *Dispositivo correspondente no CPC de 2015: art. 1.042,* caput.

§ 1º O agravante deverá interpor um agravo para cada recurso não admitido.

• *Dispositivo correspondente no CPC de 2015: art. 1.042, § 6º.*

§ 2º A petição de agravo será dirigida à presidência do tribunal de origem, não dependendo do pagamento de custas e despesas postais. O agravado será intimado, de imediato, para no prazo de 10 (dez) dias oferecer resposta, podendo instruí-la com cópias das peças que entender conveniente. Em seguida, subirá o agravo ao tribunal superior, onde será processado na forma regimental.

• *Dispositivo correspondente no CPC de 2015: art. 1.042, § 2º.*

§ 3º O agravado será intimado, de imediato, para no prazo de 10 (dez) dias oferecer resposta. Em seguida, os autos serão remetidos à superior instância, observando-se o disposto no art. 543 deste Código e, no que couber, na Lei n. 11.672, de 8 de maio de 2008.

• *Dispositivo correspondente no CPC de 2015: art. 1.042, §§ 3º e 4º.*

§ 4º No Supremo Tribunal Federal e no Superior Tribunal de Justiça, o julgamento do agravo obedecerá ao disposto no respectivo regimento interno, podendo o relator:

• *Sem dispositivo correspondente no CPC de 2015.*

I — não conhecer do agravo manifestamente inadmissível ou que não tenha atacado especificamente os fundamentos da decisão agravada;

• *Sem dispositivo correspondente no CPC de 2015.*

II — conhecer do agravo para:

• *Sem dispositivo correspondente no CPC de 2015.*

a) negar-lhe provimento, se correta a decisão que não admitiu o recurso;

• *Sem dispositivo correspondente no CPC de 2015.*

b) negar seguimento ao recurso manifestamente inadmissível, prejudicado ou em confronto com súmula ou jurisprudência dominante no tribunal;

• *Sem dispositivo correspondente no CPC de 2015.*

c) dar provimento ao recurso, se o acórdão recorrido estiver em confronto com súmula ou jurisprudência dominante no tribunal.

• *Sem dispositivo correspondente no CPC de 2015.*

Art. 545. Da decisão do relator que não conhecer do agravo, negar-lhe provimento ou decidir, desde logo, o recurso não admitido na origem, caberá agravo, no prazo de 5 (cinco) dias, ao órgão competente, observado o disposto nos §§ 1º e 2º do art. 557.

• *Dispositivo correspondente no CPC de 2015: art. 1.021,* caput.

Art. 546. É embargável a decisão da turma que:

• *Dispositivo correspondente no CPC de 2015: art. 1.043,* caput.

I — em recurso especial, divergir do julgamento de outra turma, da seção ou do órgão especial;

• *Dispositivo correspondente no CPC de 2015: art. 1.043, I e III.*

II — em recurso extraordinário, divergir do julgamento da outra turma ou do plenário.

• *Dispositivo correspondente no CPC de 2015: art. 1.043, I e III.*

Parágrafo único. Observar-se-á, no recurso de embargos, o procedimento estabelecido no regimento interno.

• *Dispositivo correspondente no CPC de 2015: art. 1.044,* caput.

Capítulo VII | DA ORDEM DOS PROCESSOS NO TRIBUNAL

Art. 547. Os autos remetidos ao tribunal serão registrados no protocolo no dia de sua entrada, cabendo à secretaria verificar-lhes a numeração das folhas e ordená-los para distribuição.

• *Dispositivo correspondente no CPC de 2015: art. 929,* caput.

Parágrafo único. Os serviços de protocolo poderão, a critério do tribunal, ser descentralizados, mediante delegação a ofícios de justiça de primeiro grau.

• *Dispositivo correspondente no CPC de 2015: art. 929, parágrafo único.*

Art. 548. Far-se-á a distribuição de acordo com o regimento interno do tribunal, observando-se os princípios da publicidade, da alternatividade e do sorteio.

• *Dispositivo correspondente no CPC de 2015: art. 930,* caput.

Art. 549. Distribuídos, os autos subirão, no prazo de 48 (quarenta e oito) horas, à conclusão do relator, que, depois de estudá-los, os restituirá à secretaria com o seu "visto".

• *Dispositivo correspondente no CPC de 2015: art. 931.*

Parágrafo único. O relator fará nos autos uma exposição dos pontos controvertidos sobre que versar o recurso.

• *Sem dispositivo correspondente no CPC de 2015.*

Art. 550. Os recursos interpostos nas causas de procedimento sumário deverão ser julgados no tribunal, dentro de 40 (quarenta) dias.

• *Sem dispositivo correspondente no CPC de 2015.*

Art. 551. Tratando-se de apelação, de embargos infringentes e de ação rescisória, os autos serão conclusos ao revisor.

• *Sem dispositivo correspondente no CPC de 2015.*

§ 1º Será revisor o juiz que se seguir ao relator na ordem descendente de antiguidade.

• *Sem dispositivo correspondente no CPC de 2015.*

§ 2º O revisor aporá nos autos o seu "visto", cabendo-lhe pedir dia para julgamento.

• *Sem dispositivo correspondente no CPC de 2015.*

§ 3º Nos recursos interpostos nas causas de procedimentos sumários, de despejo e nos casos de indeferimento liminar da petição inicial, não haverá revisor.

• *Sem dispositivo correspondente no CPC de 2015.*

Art. 552. Os autos serão, em seguida, apresentados ao presidente, que designará dia para julgamento, mandando publicar a pauta no órgão oficial.

• *Dispositivo correspondente no CPC de 2015: art. 934.*

§ 1º Entre a data da publicação da pauta e a sessão de julgamento mediará, pelo menos, o espaço de 48 (quarenta e oito) horas.

• *Dispositivo correspondente no CPC de 2015: art. 935,* caput.

§ 2º Afixar-se-á a pauta na entrada da sala em que se realizar a sessão de julgamento.

• *Dispositivo correspondente no CPC de 2015: art. 935, 2º.*

§ 3º Salvo caso de força maior, participará do julgamento do recurso o juiz que houver lançado o "visto" nos autos.

• *Sem dispositivo correspondente no CPC de 2015.*

Art. 553. Nos embargos infringentes e na ação rescisória, devolvidos os autos pelo relator, a secretaria do tribunal expedirá cópias autenticadas do relatório e as distribuirá entre os juízes que compuserem o tribunal competente para o julgamento.

• *Dispositivo correspondente no CPC de 2015: art. 971,* caput.

Art. 554. Na sessão de julgamento, depois de feita a exposição da causa pelo relator, o presidente, se o recurso não for de embargos declaratórios ou de agravo de instrumento, dará a palavra, sucessivamente, ao recorrente e ao recorrido, pelo prazo improrrogável de 15 (quinze) minutos para cada um, a fim de sustentarem as razões do recurso.

• *Dispositivo correspondente no CPC de 2015: art. 937, I a IX.*

Art. 555. No julgamento de apelação ou de agravo, a decisão será tomada, na câmara ou turma, pelo voto de 3 (três) juízes.

• *Dispositivo correspondente no CPC de 2015: art. 941, § 2º.*

§ 1º Ocorrendo relevante questão de direito, que faça conveniente prevenir ou compor divergência entre câmaras ou turmas do tribunal, poderá o relator propor seja o recurso julgado pelo órgão colegiado que o regimento indicar; reconhecendo o interesse público na assunção de competência, esse órgão colegiado julgará o recurso.

• *Dispositivo correspondente no CPC de 2015: art. 947, § 1º.*

§ 2º Não se considerando habilitado a proferir imediatamente seu voto, a qualquer juiz é facultado pedir vista do processo, devendo devolvê-lo no prazo de 10 (dez) dias, contados da data em que o recebeu; o julgamento prosseguirá na 1.ª (primeira) sessão ordinária subsequente à devolução, dispensada nova publicação em pauta.

• *Dispositivo correspondente no CPC de 2015: art. 940,* caput.

§ 3º No caso do § 2º deste artigo, não devolvidos os autos no prazo, nem solicitada expressamente sua prorrogação pelo juiz, o presidente do órgão julgador requisitará o processo e reabrirá o julgamento na sessão ordinária subsequente, com publicação em pauta.

• *Dispositivo correspondente no CPC de 2015: art. 940, § 1º.*

Art. 556. Proferidos os votos, o presidente anunciará o resultado do julgamento, designando para redigir o acórdão o relator, ou, se este for vencido, o autor do primeiro voto vencedor.

• *Dispositivo correspondente no CPC de 2015: art. 941,* caput.

Parágrafo único. Os votos, acórdãos e demais atos processuais podem ser registrados em arquivo eletrônico inviolável e assinados eletronicamente, na forma da lei, devendo ser impressos para juntada aos autos do processo quando este não for eletrônico.

• *Dispositivo correspondente no CPC de 2015: art. 943,* caput.

Art. 557. O relator negará seguimento a recurso manifestamente inadmissível, improcedente, prejudicado ou em confronto com súmula ou com jurisprudência dominante do respectivo tribunal, do Supremo Tribunal Federal, ou de Tribunal Superior.

• *Dispositivo correspondente no CPC de 2015: art. 932, III.*

§ 1º-A Se a decisão recorrida estiver em manifesto confronto com súmula ou com jurisprudência dominante do Supremo Tribunal Federal, ou de Tribunal Superior, o relator poderá dar provimento ao recurso.

• *Dispositivo correspondente no CPC de 2015: art. 932, V,* a.

§ 1º Da decisão caberá agravo, no prazo de 5 (cinco) dias, ao órgão competente para o julgamento do recurso, e, se não houver retratação, o relator apresentará o processo em mesa, proferindo voto; provido o agravo, o recurso terá seguimento.

• *Dispositivo correspondente no CPC de 2015: art. 1.021, § 2º.*

§ 2º Quando manifestamente inadmissível ou infundado o agravo, o tribunal condenará o agravante a pagar ao agravado multa entre 1% (um por cento) e 10% (dez por cento) do valor corrigido da causa, ficando a interposição de qualquer outro recurso condicionada ao depósito do respectivo valor.

• *Dispositivo correspondente no CPC de 2015: art. 1.021, § 4º.*

Art. 558. O relator poderá, a requerimento do agravante, nos casos de prisão civil, adjudicação, remição de bens, levantamento de dinheiro sem caução idônea e em outros casos dos quais possa resultar lesão grave e de difícil reparação, sendo relevante a fundamentação, suspender o cumprimento da decisão até o pronunciamento definitivo da turma ou câmara.

• *Dispositivo correspondente no CPC de 2015: art. 1.012, § 4º.*

Parágrafo único. Aplicar-se-á o disposto neste artigo às hipóteses do art. 520.

• *Dispositivo correspondente no CPC de 2015: art. 1.012, § 4º.*

Art. 559. A apelação não será incluída em pauta antes do agravo de instrumento interposto no mesmo processo.

• *Dispositivo correspondente no CPC de 2015: art. 946,* caput.

Parágrafo único. Se ambos os recursos houverem de ser julgados na mesma sessão, terá precedência o agravo.

• *Dispositivo correspondente no CPC de 2015: art. 946, parágrafo único.*

Art. 560. Qualquer questão preliminar suscitada no julgamento será decidida antes do mérito, deste não se conhecendo se incompatível com a decisão daquela.

• *Dispositivo correspondente no CPC de 2015: art. 938,* caput.

Parágrafo único. Versando a preliminar sobre nulidade suprível, o tribunal, havendo necessidade, converterá o julgamento em diligência, ordenando a remessa dos autos ao juiz, a fim de ser sanado o vício.

• *Dispositivo correspondente no CPC de 2015: art. 938, § 1º.*

Art. 561. Rejeitada a preliminar, ou se com ela for compatível a apreciação do mérito, seguir-se-ão a discussão e julgamento da matéria principal, pronunciando-se sobre esta os juízes vencidos na preliminar.

• *Dispositivo correspondente no CPC de 2015: art. 939.*

Art. 562. Preferirá aos demais o recurso cujo julgamento tenha sido iniciado.

• *Dispositivo correspondente no CPC de 2015: art. 936, II.*

Art. 563. Todo acórdão conterá ementa.

• *Dispositivo correspondente no CPC de 2015: art. 943, § 1º.*

Art. 564. Lavrado o acórdão, serão as suas conclusões publicadas no órgão oficial dentro de 10 (dez) dias.

• *Dispositivo correspondente no CPC de 2015: art. 943, § 2º.*

Art. 565. Desejando proferir sustentação oral, poderão os advogados requerer que na sessão imediata seja o feito julgado em primeiro lugar, sem prejuízo das preferências legais.

• *Dispositivo correspondente no CPC de 2015: art. 937, § 2º.*

Parágrafo único. Se tiverem subscrito o requerimento os advogados de todos os interessados, a preferência será concedida para a própria sessão.

• *Sem dispositivo correspondente no CPC de 2015.*

Livro II | DO PROCESSO DE EXECUÇÃO

Título I | DA EXECUÇÃO EM GERAL

Capítulo I | DAS PARTES

Art. 566. Podem promover a execução forçada:

• *Sem dispositivo correspondente no CPC de 2015.*

I — o credor a quem a lei confere título executivo;

• *Dispositivo correspondente no CPC de 2015: art. 778,* caput.

II — o Ministério Público, nos casos prescritos em lei.

• *Dispositivo correspondente no CPC de 2015: art. 778, § 1º, I.*

Art. 567. Podem também promover a execução, ou nela prosseguir:

• *Sem dispositivo correspondente no CPC de 2015.*

I — o espólio, os herdeiros ou os sucessores do credor, sempre que, por morte deste, lhes for transmitido o direito resultante do título executivo;

• *Dispositivo correspondente no CPC de 2015: art. 778, § 1º, II.*

II — o cessionário, quando o direito resultante do título executivo lhe foi transferido por ato entre vivos;

• *Dispositivo correspondente no CPC de 2015: art. 778, § 1º, III.*

III — o sub-rogado, nos casos de sub-rogação legal ou convencional.

• *Dispositivo correspondente no CPC de 2015: art. 778, § 1º, IV.*

Art. 568. São sujeitos passivos na execução:

• *Dispositivo correspondente no CPC de 2015: art. 779,* caput.

I — o devedor, reconhecido como tal no título executivo;

• *Dispositivo correspondente no CPC de 2015: art. 779, I.*

II — o espólio, os herdeiros ou os sucessores do devedor;

• *Dispositivo correspondente no CPC de 2015: art. 779, II.*

III — o novo devedor, que assumiu, com o consentimento do credor, a obrigação resultante do título executivo;

• *Dispositivo correspondente no CPC de 2015: art. 779, III.*

IV — o fiador judicial;

• *Dispositivo correspondente no CPC de 2015: art. 779, IV.*

V — o responsável tributário, assim definido na legislação própria.

• *Dispositivo correspondente no CPC de 2015: art. 779, VI.*

Art. 569. O credor tem a faculdade de desistir de toda a execução ou de apenas algumas medidas executivas.

• *Dispositivo correspondente no CPC de 2015: art. 775,* caput.

Parágrafo único. Na desistência da execução, observar-se-á o seguinte:

• *Dispositivo correspondente no CPC de 2015: art. 775, parágrafo único,* caput.

a) serão extintos os embargos que versarem apenas sobre questões processuais, pagando o credor as custas e os honorários advocatícios;

• *Dispositivo correspondente no CPC de 2015: art. 775, parágrafo único, I.*

b) nos demais casos, a extinção dependerá da concordância do embargante.

• *Dispositivo correspondente no CPC de 2015: art. 775, parágrafo único, II.*

Art. 570. (*Revogado pela Lei n. 11.232, de 22-12-2005.*)

Art. 571. Nas obrigações alternativas, quando a escolha couber ao devedor, este será citado para exercer a opção e realizar a prestação dentro em 10 (dez) dias, se outro prazo não lhe foi determinado em lei, no contrato, ou na sentença.

• *Dispositivo correspondente no CPC de 2015: art. 800,* caput.

§ 1º Devolver-se-á ao credor a opção, se o devedor não a exercitou no prazo marcado.

• *Dispositivo correspondente no CPC de 2015: art. 800, § 1º.*

§ 2º Se a escolha couber ao credor, este a indicará na petição inicial da execução.

• *Dispositivo correspondente no CPC de 2015: art. 800, § 2º.*

Art. 572. Quando o juiz decidir relação jurídica sujeita a condição ou termo, o credor não poderá executar a sentença sem provar que se realizou a condição ou que ocorreu o termo.

• *Dispositivo correspondente no CPC de 2015: art. 514.*

Art. 573. É lícito ao credor, sendo o mesmo o devedor, cumular várias execuções, ainda que fundadas em títulos diferentes, desde que para todas elas seja competente o juiz e idêntica a forma do processo.

• *Dispositivo correspondente no CPC de 2015: art. 780.*

Art. 574. O credor ressarcirá ao devedor os danos que este sofreu, quando a sentença, passada em julgado, declarar inexistente, no todo ou em parte, a obrigação, que deu lugar à execução.

• *Dispositivo correspondente no CPC de 2015: art. 776.*

Capítulo II | DA COMPETÊNCIA

Art. 575. A execução, fundada em título judicial, processar-se-á perante:

• *Sem dispositivo correspondente no CPC de 2015.*

I — os tribunais superiores, nas causas de sua competência originária;

• *Sem dispositivo correspondente no CPC de 2015.*

II — o juízo que decidiu a causa no primeiro grau de jurisdição;

• *Sem dispositivo correspondente no CPC de 2015.*

III — (*Revogado pela Lei n. 10.358, de 27-12-2001*);

IV — o juízo cível competente, quando o título executivo for sentença penal condenatória ou sentença arbitral.

• *Sem dispositivo correspondente no CPC de 2015.*

Art. 576. A execução, fundada em título extrajudicial, será processada perante o juízo competente, na conformidade do disposto no Livro I, Título IV, Capítulos II e III.

• *Dispositivo correspondente no CPC de 2015: art. 781.*

Art. 577. Não dispondo a lei de modo diverso, o juiz determinará os atos executivos e os oficiais de justiça os cumprirão.

• *Dispositivo correspondente no CPC de 2015: art. 782,* caput.

Art. 578. A execução fiscal (art. 585, VI) será proposta no foro do domicílio do réu; se não o tiver, no de sua residência ou no do lugar onde for encontrado.

• *Sem dispositivo correspondente no CPC de 2015.*

Parágrafo único. Na execução fiscal, a Fazenda Pública poderá escolher o foro de qualquer um dos devedores, quando houver mais de um, ou o foro de qualquer dos domicílios do réu; a ação poderá ainda ser proposta no foro do lugar em que se praticou o ato ou ocorreu o fato que deu origem à dívida, embora nele não mais resida o réu, ou, ainda, no foro da situação dos bens, quando a dívida deles se originar.

• *Sem dispositivo correspondente no CPC de 2015.*

Art. 579. Sempre que, para efetivar a execução, for necessário o emprego da força policial, o juiz a requisitará.

• *Dispositivo correspondente no CPC de 2015: art. 782, § 2º.*

Capítulo III | DOS REQUISITOS NECESSÁRIOS PARA REALIZAR QUALQUER EXECUÇÃO

Seção I | DO INADIMPLEMENTO DO DEVEDOR

Art. 580. A execução pode ser instaurada caso o devedor não satisfaça a obrigação certa, líquida e exigível, consubstanciada em título executivo.

• *Dispositivo correspondente no CPC de 2015: art. 786,* caput.

Parágrafo único. (*Revogado pela Lei n. 11.382, de 6-12-2006.*)

Art. 581. O credor não poderá iniciar a execução, ou nela prosseguir, se o devedor cumprir a obrigação; mas poderá recusar o recebimento da prestação, estabelecida no título executivo, se ela não corresponder ao direito ou à obrigação; caso em que requererá ao juiz a execução, ressalvado ao devedor o direito de embargá-la.

• *Dispositivo correspondente no CPC de 2015: art. 788.*

Art. 582. Em todos os casos em que é defeso a um contraente, antes de cumprida a sua obrigação, exigir o implemento da do outro, não se procederá à execução, se o devedor se propõe satisfazer a prestação, com meios considerados idôneos pelo juiz, mediante a execução da contraprestação pelo credor, e este, sem justo motivo, recusar a oferta.

• *Dispositivo correspondente no CPC de 2015: art. 787,* caput.

Parágrafo único. O devedor poderá, entretanto, exonerar-se da obrigação, depositando em juízo a prestação ou a coisa; caso em que o juiz suspenderá a execução, não permitindo que o credor a receba, sem cumprir a contra-prestação, que lhe tocar.

• *Dispositivo correspondente no CPC de 2015: art. 787, parágrafo único.*

Seção II | DO TÍTULO EXECUTIVO

Art. 583. (*Revogado pela Lei n. 11.382, de 6-12-2006.*)

Art. 584. (*Revogado pela Lei n. 11.232, de 22-12-2005.*)

Art. 585. São títulos executivos extrajudiciais:

• *Dispositivo correspondente no CPC de 2015: art. 784,* caput.

I — a letra de câmbio, a nota promissória, a duplicata, a debênture e o cheque;

• *Dispositivo correspondente no CPC de 2015: art. 784, I.*

II — a escritura pública ou outro documento público assinado pelo devedor; o documento particular assinado pelo devedor e por duas testemunhas; o instrumento de transação referendado pelo Ministério Público, pela Defensoria Pública ou pelos advogados dos transatores;

• *Dispositivo correspondente no CPC de 2015: art. 784, II a IV.*

III — os contratos garantidos por hipoteca, penhor, anticrese e caução, bem como os de seguro de vida;

• *Dispositivo correspondente no CPC de 2015: art. 784, V e VI.*

IV — o crédito decorrente de foro e laudêmio;

• *Dispositivo correspondente no CPC de 2015: art. 784, VII.*

V — o crédito, documentalmente comprovado, decorrente de aluguel de imóvel, bem como de encargos acessórios, tais como taxas e despesas de condomínio;

• *Dispositivo correspondente no CPC de 2015: art. 784, VIII.*

VI — o crédito de serventuário de justiça, de perito, de intérprete, ou de tradutor, quando as custas, emolumentos ou honorários forem aprovados por decisão judicial;

• *Sem dispositivo correspondente no CPC de 2015.*

VII — a certidão de dívida ativa da Fazenda Pública da União, dos Estados, do Distrito Federal, dos Territórios e dos Municípios, correspondente aos créditos inscritos na forma da lei;

• *Dispositivo correspondente no CPC de 2015: art. 784, IX.*

VIII — todos os demais títulos a que, por disposição expressa, a lei atribuir força executiva.

• *Dispositivo correspondente no CPC de 2015: art. 784, XII.*

§ 1º A propositura de qualquer ação relativa ao débito constante do título executivo não inibe o credor de promover-lhe a execução.

• *Dispositivo correspondente no CPC de 2015: art. 784, § 1º.*

§ 2º Não dependem de homologação pelo Supremo Tribunal Federal, para serem executados, os títulos executivos extrajudiciais, oriundos de país estrangeiro. O título, para ter eficácia executiva, há de satisfazer aos requisitos de formação exigidos pela lei do lugar de sua celebração e indicar o Brasil como o lugar de cumprimento da obrigação.

• *Dispositivo correspondente no CPC de 2015: art. 784, §§ 2º e 3º.*

Art. 586. A execução para cobrança de crédito fundar-se-á sempre em título de obrigação certa, líquida e exigível.

• *Dispositivo correspondente no CPC de 2015: art. 783.*

§§ 1º e 2º (*Revogados pela Lei n. 11.382, de 6-12-2006.*)

Art. 587. É definitiva a execução fundada em título extrajudicial; é provisória enquanto pendente apelação da sentença de improcedência dos embargos do executado, quando recebidos com efeito suspensivo (art. 739).

• *Sem dispositivo correspondente no CPC de 2015.*

Arts. 588 a 590. (*Revogados pela Lei n. 11.232, de 22-12-2005.*)

Capítulo IV | DA RESPONSABILIDADE PATRIMONIAL

Art. 591. O devedor responde, para o cumprimento de suas obrigações, com todos os seus bens presentes e futuros, salvo as restrições estabelecidas em lei.

• *Dispositivo correspondente no CPC de 2015: art. 789.*

Art. 592. Ficam sujeitos à execução os bens:

• *Dispositivo correspondente no CPC de 2015: art. 790,* caput.

I — do sucessor a título singular, tratando-se de execução fundada em direito real ou obrigação reipersecutória;

• *Dispositivo correspondente no CPC de 2015: art. 790, I.*

II — do sócio, nos termos da lei;

• *Dispositivo correspondente no CPC de 2015: art. 790, II.*

III — do devedor, quando em poder de terceiros;

• *Dispositivo correspondente no CPC de 2015: art. 790, III.*

IV — do cônjuge, nos casos em que os seus bens próprios, reservados ou de sua meação respondem pela dívida;

• *Dispositivo correspondente no CPC de 2015: art. 790, IV.*

V — alienados ou gravados com ônus real em fraude de execução.

• *Dispositivo correspondente no CPC de 2015: art. 790, V.*

Art. 593. Considera-se em fraude de execução a alienação ou oneração de bens:

• *Dispositivo correspondente no CPC de 2015: art. 792,* caput.

I — quando sobre eles pender ação fundada em direito real;

• *Dispositivo correspondente no CPC de 2015: art. 792, I.*

II — quando, ao tempo da alienação ou oneração, corria contra o devedor demanda capaz de reduzi-lo à insolvência;

• *Dispositivo correspondente no CPC de 2015: art. 792, IV.*

III — nos demais casos expressos em lei.

• *Dispositivo correspondente no CPC de 2015: art. 792, V.*

Art. 594. O credor, que estiver, por direito de retenção, na posse de coisa pertencente ao devedor, não poderá promover a execução sobre outros bens senão depois de excutida a coisa que se achar em seu poder.

• *Dispositivo correspondente no CPC de 2015: art. 793.*

Art. 595. O fiador, quando executado, poderá nomear à penhora bens livres e desembargados do devedor. Os bens do fiador ficarão, porém, sujeitos à execução, se os do devedor forem insuficientes à satisfação do direito do credor.

• *Dispositivo correspondente no CPC de 2015: art. 794,* caput *e § 1º.*

Parágrafo único. O fiador, que pagar a dívida, poderá executar o afiançado nos autos do mesmo processo.

• *Dispositivo correspondente no CPC de 2015: art. 794, § 2º.*

Art. 596. Os bens particulares dos sócios não respondem pelas dívidas da sociedade senão nos casos previstos em lei; o sócio, demandado pelo pagamento da dívida, tem direito a exigir que sejam primeiro excutidos os bens da sociedade.

• *Dispositivo correspondente no CPC de 2015: art. 795,* caput *e § 1º.*

§ 1º Cumpre ao sócio, que alegar o benefício deste artigo, nomear bens da sociedade, sitos na mesma comarca, livres e desembargados, quantos bastem para pagar o débito.

• *Dispositivo correspondente no CPC de 2015: art. 795, § 2º.*

§ 2º Aplica-se aos casos deste artigo o disposto no parágrafo único do artigo anterior.

• *Dispositivo correspondente no CPC de 2015: art. 795, § 3º.*

Art. 597. O espólio responde pelas dívidas do falecido; mas, feita a partilha, cada herdeiro responde por elas na proporção da parte que na herança lhe coube.

• *Dispositivo correspondente no CPC de 2015: art. 796.*

Capítulo V | DAS DISPOSIÇÕES GERAIS

Art. 598. Aplicam-se subsidiariamente à execução as disposições que regem o processo de conhecimento.

• *Dispositivo correspondente no CPC de 2015: art. 771, parágrafo único.*

Art. 599. O juiz pode, em qualquer momento do processo:

• *Dispositivo correspondente no CPC de 2015: art. 772,* caput.

I — ordenar o comparecimento das partes;

• *Dispositivo correspondente no CPC de 2015: art. 772, I.*

II — advertir ao devedor que o seu procedimento constitui ato atentatório à dignidade da justiça.

• *Dispositivo correspondente no CPC de 2015: art. 772, II.*

Art. 600. Considera-se atentatório à dignidade da Justiça o ato do executado que:

• *Dispositivo correspondente no CPC de 2015: art. 774,* caput.

I — frauda a execução;

• *Dispositivo correspondente no CPC de 2015: art. 774, I.*

II — se opõe maliciosamente à execução, empregando ardis e meios artificiosos;

• *Dispositivo correspondente no CPC de 2015: art. 774, II.*

III — resiste injustificadamente às ordens judiciais;

• *Dispositivo correspondente no CPC de 2015: art. 774, IV.*

IV — intimado, não indica ao juiz, em cinco dias, quais são e onde se encontram os bens sujeitos à penhora e seus respectivos valores.

• *Dispositivo correspondente no CPC de 2015: art. 774, V.*

Art. 601. Nos casos previstos no artigo anterior, o devedor incidirá em multa fixada pelo juiz, em montante não superior a 20% (vinte por cento) do valor atualizado do débito em execução, sem prejuízo de outras sanções de natureza processual ou material, multa essa que reverterá em proveito do credor, exigível na própria execução.

• *Dispositivo correspondente no CPC de 2015: art. 774, parágrafo único.*

Parágrafo único. O juiz relevará a pena, se o devedor se comprometer a não mais praticar qualquer dos atos definidos no artigo antecedente e der fiador idôneo, que responda ao credor pela dívida principal, juros, despesas e honorários advocatícios.

• *Sem dispositivo correspondente no CPC de 2015.*

Art. 602. (*Revogado pela Lei n. 11.232, de 22-12-2005.*)

Capítulo VI | DA LIQUIDAÇÃO DA SENTENÇA

Arts. 603 a 611. (*Revogados pela Lei n. 11.232, de 22-12-2005.*)

Título II | DAS DIVERSAS ESPÉCIES DE EXECUÇÃO

Capítulo I | DAS DISPOSIÇÕES GERAIS

Art. 612. Ressalvado o caso de insolvência do devedor, em que tem lugar o concurso universal (art. 751, III), realiza-se a execução no interesse do credor, que adquire, pela penhora, o direito de preferência sobre os bens penhorados.

• *Dispositivo correspondente no CPC de 2015: art. 797,* caput.

Art. 613. Recaindo mais de uma penhora sobre os mesmos bens, cada credor conservará o seu título de preferência.

• *Dispositivo correspondente no CPC de 2015: art. 797, parágrafo único.*

Art. 614. Cumpre ao credor, ao requerer a execução, pedir a citação do devedor e instruir a petição inicial:

• *Dispositivo correspondente no CPC de 2015: art. 798,* caput, *e inciso I,* caput.

I — com o título executivo extrajudicial;

• *Dispositivo correspondente no CPC de 2015: art. 798, I,* a.

II — com o demonstrativo do débito atualizado até a data da propositura da ação, quando se tratar de execução por quantia certa;

• *Dispositivo correspondente no CPC de 2015: art. 798, I,* b.

III — com a prova de que se verificou a condição, ou ocorreu o termo (art. 572).

• *Dispositivo correspondente no CPC de 2015: art. 798, I,* c.

Art. 615. Cumpre ainda ao credor:

• *Dispositivo correspondente no CPC de 2015: art. 799,* caput.

I — indicar a espécie de execução que prefere, quando por mais de um modo pode ser efetuada;

• *Dispositivo correspondente no CPC de 2015: art. 798, II,* caput, e a.

II — requerer a intimação do credor pignoratício, hipotecário, ou anticrético, ou usufrutuário, quando a penhora recair sobre bens gravados por penhor, hipoteca, anticrese ou usufruto;

• *Dispositivo correspondente no CPC de 2015: art. 799, I.*

III — pleitear medidas acautelatórias urgentes;

• *Dispositivo correspondente no CPC de 2015: art. 799, VIII.*

IV — provar que adimpliu a contraprestação, que lhe corresponde, ou que lhe assegura o cumprimento, se o executado não for obrigado a satisfazer a sua prestação senão mediante a contraprestação do credor.

• *Dispositivo correspondente no CPC de 2015: art. 798, I,* d.

Art. 615-A. O exequente poderá, no ato da distribuição, obter certidão comprobatória do ajuizamento da execução, com identificação das partes e valor da causa, para fins de averbação no registro de imóveis, registro de veículos ou registro de outros bens sujeitos à penhora ou arresto.

• *Dispositivo correspondente no CPC de 2015: art. 828,* caput.

§ 1º O exequente deverá comunicar ao juízo as averbações efetivadas, no prazo de 10 (dez) dias de sua concretização.

• *Dispositivo correspondente no CPC de 2015: art. 828, § 1º.*

§ 2º Formalizada penhora sobre bens suficientes para cobrir o valor da dívida, será determinado o cancelamento das averbações de que trata este artigo relativas àqueles que não tenham sido penhorados.

• *Dispositivo correspondente no CPC de 2015: art. 828, §§ 2º e 3º.*

§ 3º Presume-se em fraude à execução a alienação ou oneração de bens efetuada após a averbação (art. 593).

• *Dispositivo correspondente no CPC de 2015: art. 828, § 4º.*

§ 4º O exequente que promover averbação manifestamente indevida indenizará a parte contrária, nos termos do § 2º do art. 18 desta Lei, processando-se o incidente em autos apartados.

• *Dispositivo correspondente no CPC de 2015: art. 828, § 5º.*

§ 5º Os tribunais poderão expedir instruções sobre o cumprimento deste artigo.

• *Sem dispositivo correspondente no CPC de 2015.*

Art. 616. Verificando o juiz que a petição inicial está incompleta, ou não se acha acompanhada dos documentos indispensáveis à propositura da execução, determinará que o credor a corrija, no prazo de 10 (dez) dias, sob pena de ser indeferida.

• *Dispositivo correspondente no CPC de 2015: art. 801.*

Art. 617. A propositura da execução, deferida pelo juiz, interrompe a prescrição, mas a citação do devedor deve ser feita com observância do disposto no art. 219.

• *Dispositivo correspondente no CPC de 2015: art. 802,* caput.

Art. 618. É nula a execução:

• *Dispositivo correspondente no CPC de 2015: art. 803,* caput.

I — se o título executivo extrajudicial não corresponder a obrigação certa, líquida e exigível (art. 586);

• *Dispositivo correspondente no CPC de 2015: art. 803, I.*

II — se o devedor não for regularmente citado;

• *Dispositivo correspondente no CPC de 2015: art. 803, II.*

III — se instaurada antes de se verificar a condição ou de ocorrido o termo, nos casos do art. 572.

• *Dispositivo correspondente no CPC de 2015: art. 803, III.*

Art. 619. A alienação de bem aforado ou gravado por penhor, hipoteca, anticrese ou usufruto será ineficaz em relação ao senhorio direto, ou ao credor pignoratício, hipotecário, anticrético, ou usufrutuário, que não houver sido intimado.

• *Dispositivo correspondente no CPC de 2015: art. 804,* caput.

Art. 620. Quando por vários meios o credor puder promover a execução, o juiz mandará que se faça pelo modo menos gravoso para o devedor.

• *Dispositivo correspondente no CPC de 2015: art. 805,* caput.

Capítulo II | DA EXECUÇÃO PARA A ENTREGA DE COISA

Seção I | DA ENTREGA DE COISA CERTA

Art. 621. O devedor de obrigação de entrega de coisa certa, constante de título executivo extrajudicial, será citado para, dentro de 10 (dez) dias, satisfazer a obrigação ou, seguro o juízo (art. 737, II), apresentar embargos.

• *Dispositivo correspondente no CPC de 2015: art. 806,* caput.

Parágrafo único. O juiz, ao despachar a inicial, poderá fixar multa por dia de atraso no cumprimento da obrigação, ficando o respectivo valor sujeito a alteração, caso se revele insuficiente ou excessivo.

• *Dispositivo correspondente no CPC de 2015: art. 806, § 1º.*

Art. 622. O devedor poderá depositar a coisa, em vez de entregá-la, quando quiser opor embargos.

• *Sem dispositivo correspondente no CPC de 2015.*

Art. 623. Depositada a coisa, o exequente não poderá levantá-la antes do julgamento dos embargos.

• *Sem dispositivo correspondente no CPC de 2015.*

Art. 624. Se o executado entregar a coisa, lavrar-se-á o respectivo termo e dar-se-á por finda a execução, salvo se esta tiver de prosseguir para o pagamento de frutos ou ressarcimento de prejuízos.

• *Dispositivo correspondente no CPC de 2015: art. 807.*

Art. 625. Não sendo a coisa entregue ou depositada, nem admitidos embargos suspensivos da execução, expedir-se-á, em favor do credor, mandado de imissão na posse ou de busca e apreensão, conforme se tratar de imóvel ou de móvel.

• *Sem dispositivo correspondente no CPC de 2015.*

Art. 626. Alienada a coisa quando já litigiosa, expedir-se-á mandado contra o terceiro adquirente, que somente será ouvido depois de depositá-la.

• *Dispositivo correspondente no CPC de 2015: art. 808.*

Art. 627. O credor tem direito a receber, além de perdas e danos, o valor da coisa, quando esta não lhe for entregue, se deteriorou, não for encontrada ou não for reclamada do poder de terceiro adquirente.

• *Dispositivo correspondente no CPC de 2015: art. 809,* caput.

§ 1º Não constando do título o valor da coisa, ou sendo impossível a sua avaliação, o exequente far-lhe-á a estimativa, sujeitando-se ao arbitramento judicial.

• *Dispositivo correspondente no CPC de 2015: art. 809, § 1º.*

§ 2º Serão apurados em liquidação o valor da coisa e os prejuízos.

• *Dispositivo correspondente no CPC de 2015: art. 809, § 2º.*

Art. 628. Havendo benfeitorias indenizáveis feitas na coisa pelo devedor ou por terceiros, de cujo poder ela houver sido tirada, a liquidação prévia é obrigatória. Se houver saldo em favor do devedor, o credor o depositará ao requerer a entrega da coisa; se houver saldo em favor do credor, este poderá cobrá-lo nos autos do mesmo processo.

• *Dispositivo correspondente no CPC de 2015: art. 810.*

Seção II | DA ENTREGA DE COISA INCERTA

Art. 629. Quando a execução recair sobre coisas determinadas pelo gênero e quantidade, o devedor será citado para entregá-las individualizadas, se lhe couber a escolha; mas se essa couber ao credor, este a indicará na petição inicial.

• *Dispositivo correspondente no CPC de 2015: art. 811.*

Art. 630. Qualquer das partes poderá, em 48 (quarenta e oito) horas, impugnar a escolha feita pela outra, e o juiz decidirá de plano, ou, se necessário, ouvindo perito de sua nomeação.

• *Dispositivo correspondente no CPC de 2015: art. 812.*

Art. 631. Aplicar-se-á à execução para entrega de coisa incerta o estatuído na seção anterior.

• *Dispositivo correspondente no CPC de 2015: art. 813.*

Capítulo III | DA EXECUÇÃO DAS OBRIGAÇÕES DE FAZER E DE NÃO FAZER

Seção I | DA OBRIGAÇÃO DE FAZER

Art. 632. Quando o objeto da execução for obrigação de fazer, o devedor será citado para satisfazê-la no prazo que o juiz lhe assinar, se outro não estiver determinado no título executivo.

• *Dispositivo correspondente no CPC de 2015: art. 815.*

Art. 633. Se, no prazo fixado, o devedor não satisfizer a obrigação, é lícito ao credor, nos próprios autos do processo, requerer que ela seja executada à custa do devedor, ou haver perdas e danos; caso em que ela se converte em indenização.

• *Dispositivo correspondente no CPC de 2015: art. 816,* caput.

Parágrafo único. O valor das perdas e danos será apurado em liquidação, seguindo-se a execução para cobrança de quantia certa.

• *Dispositivo correspondente no CPC de 2015: art. 816, parágrafo único.*

Art. 634. Se o fato puder ser prestado por terceiro, é lícito ao juiz, a requerimento do exequente, decidir que aquele o realize à custa do executado.

• *Dispositivo correspondente no CPC de 2015: art. 817,* caput.

Parágrafo único. O exequente adiantará as quantias previstas na proposta que, ouvidas as partes, o juiz houver aprovado.

• *Dispositivo correspondente no CPC de 2015: art. 817, parágrafo único.*

Art. 635. Prestado o fato, o juiz ouvirá as partes no prazo de 10 (dez) dias; não havendo impugnação, dará por cumprida a obrigação; em caso contrário, decidirá a impugnação.

• *Dispositivo correspondente no CPC de 2015: art. 818.*

Art. 636. Se o contratante não prestar o fato no prazo, ou se o praticar de modo incompleto ou defeituoso, poderá o credor requerer ao juiz, no prazo de 10 (dez) dias, que o autorize a concluí-lo, ou a repará-lo, por conta do contratante.

• *Dispositivo correspondente no CPC de 2015: art. 819,* caput.

Parágrafo único. Ouvido o contratante no prazo de 5 (cinco) dias, o juiz mandará avaliar o custo das despesas necessárias e condenará o contratante a pagá-lo.

• *Dispositivo correspondente no CPC de 2015: art. 819, parágrafo único.*

Art. 637. Se o credor quiser executar, ou mandar executar, sob sua direção e vigilância, as obras e trabalhos necessários à prestação do fato, terá preferência, em igualdade de condições de oferta, ao terceiro.

• *Dispositivo correspondente no CPC de 2015: art. 820,* caput.

Parágrafo único. O direito de preferência será exercido no prazo de 5 (cinco) dias, contados da apresentação da proposta pelo terceiro (art. 634, parágrafo único).

• *Dispositivo correspondente no CPC de 2015: art. 820, parágrafo único.*

Art. 638. Nas obrigações de fazer, quando for convencionado que o devedor a faça pessoalmente, o credor poderá requerer ao juiz que lhe assine prazo para cumpri-la.

• *Dispositivo correspondente no CPC de 2015: art. 821,* caput.

Parágrafo único. Havendo recusa ou mora do devedor, a obrigação pessoal do devedor converter-se-á em perdas e danos, aplicando-se outrossim o disposto no art. 633.

• *Dispositivo correspondente no CPC de 2015: art. 821, parágrafo único.*

Arts. 639 a 641. (*Revogados pela Lei n. 11.232, de 22-12-2005.*)

Seção II | DA OBRIGAÇÃO DE NÃO FAZER

Art. 642. Se o devedor praticou o ato, a cuja abstenção estava obrigado pela lei ou pelo contrato, o credor requererá ao juiz que lhe assine prazo para desfazê-lo.

• *Dispositivo correspondente no CPC de 2015: art. 822.*

Art. 643. Havendo recusa ou mora do devedor, o credor requererá ao juiz que mande desfazer o ato à sua custa, respondendo o devedor por perdas e danos.

• *Dispositivo correspondente no CPC de 2015: art. 823,* caput.

Parágrafo único. Não sendo possível desfazer-se o ato, a obrigação resolve-se em perdas e danos.

• *Dispositivo correspondente no CPC de 2015: art. 823, parágrafo único.*

Seção III | DAS DISPOSIÇÕES COMUNS ÀS SEÇÕES PRECEDENTES

Art. 644. A sentença relativa a obrigação de fazer ou não fazer cumpre-se de acordo com o art. 461, observando-se, subsidiariamente, o disposto neste Capítulo.

• *Sem dispositivo correspondente no CPC de 2015.*

Art. 645. Na execução de obrigação de fazer ou não fazer, fundada em título extrajudicial, o juiz, ao despachar a inicial, fixará multa por dia de atraso no cumprimento da obrigação e a data a partir da qual será devida.

• *Dispositivo correspondente no CPC de 2015: art. 814,* caput.

Parágrafo único. Se o valor da multa estiver previsto no título, o juiz poderá reduzi-lo se excessivo.

• *Dispositivo correspondente no CPC de 2015: art. 814, parágrafo único.*

Capítulo IV | DA EXECUÇÃO POR QUANTIA CERTA CONTRA DEVEDOR SOLVENTE

Seção I | DA PENHORA, DA AVALIAÇÃO E DA EXPROPRIAÇÃO DE BENS

Subseção I | DAS DISPOSIÇÕES GERAIS

Art. 646. A execução por quantia certa tem por objeto expropriar bens do devedor, a fim de satisfazer o direito do credor (art. 591).

• *Dispositivo correspondente no CPC de 2015: art. 824.*

Art. 647. A expropriação consiste:

• *Dispositivo correspondente no CPC de 2015: art. 825,* caput.

I — na adjudicação em favor do exequente ou das pessoas indicadas no § 2º do art. 685-A desta Lei;

• *Dispositivo correspondente no CPC de 2015: art. 825, I.*

II — na alienação por iniciativa particular;

• *Dispositivos correspondentes no CPC de 2015: arts. 825, II, e 879, I.*

III — na alienação em hasta pública;

• *Dispositivos correspondentes no CPC de 2015: arts. 825, II, e 879, II.*

IV — no usufruto de bem móvel ou imóvel.

• *Dispositivo correspondente no CPC de 2015: art. 825, III.*

Art. 648. Não estão sujeitos à execução os bens que a lei considera impenhoráveis ou inalienáveis.

• *Dispositivo correspondente no CPC de 2015: art. 832.*

Art. 649. São absolutamente impenhoráveis:

• *Dispositivo correspondente no CPC de 2015: art. 833,* caput.

I — os bens inalienáveis e os declarados, por ato voluntário, não sujeitos à execução;

• *Dispositivo correspondente no CPC de 2015: art. 833, I.*

II — os móveis, pertences e utilidades domésticas que guarnecem a residência do executado, salvo os de elevado valor ou que ultrapassem as necessidades comuns correspondentes a um médio padrão de vida;

• *Dispositivo correspondente no CPC de 2015: art. 833, II.*

III — os vestuários, bem como os pertences de uso pessoal do executado, salvo se de elevado valor;

• *Dispositivo correspondente no CPC de 2015: art. 833, III.*

IV — os vencimentos, subsídios, soldos, salários, remunerações, proventos de aposentadoria, pensões, pecúlios e montepios; as quantias recebidas por liberalidade de terceiro e destinadas ao sustento do devedor e sua família, os ganhos de trabalhador autônomo e os honorários de profissional liberal, observado o disposto no § 3º deste artigo;

• *Dispositivo correspondente no CPC de 2015: art. 833, IV.*

V — os livros, as máquinas, as ferramentas, os utensílios, os instrumentos ou outros bens móveis necessários ou úteis ao exercício de qualquer profissão;

• *Dispositivo correspondente no CPC de 2015: art. 833, V.*

VI — o seguro de vida;

• *Dispositivo correspondente no CPC de 2015: art. 833, VI.*

VII — os materiais necessários para obras em andamento, salvo se essas forem penhoradas;

• *Dispositivo correspondente no CPC de 2015: art. 833, VII.*

VIII — a pequena propriedade rural, assim definida em lei, desde que trabalhada pela família;

• *Dispositivo correspondente no CPC de 2015: art. 833, VIII.*

IX — os recursos públicos recebidos por instituições privadas para aplicação compulsória em educação, saúde ou assistência social;

• *Dispositivo correspondente no CPC de 2015: art. 833, IX.*

X — até o limite de 40 (quarenta) salários mínimos, a quantia depositada em caderneta de poupança;

• *Dispositivo correspondente no CPC de 2015: art. 833, X.*

XI — os recursos públicos do fundo partidário recebidos, nos termos da lei, por partido político.

• *Dispositivo correspondente no CPC de 2015: art. 833, XI.*

§ 1º A impenhorabilidade não é oponível à cobrança do crédito concedido para a aquisição do próprio bem.

• *Dispositivo correspondente no CPC de 2015: art. 833, § 1º.*

§ 2º O disposto no inciso IV do *caput* deste artigo não se aplica no caso de penhora para pagamento de prestação alimentícia.

• *Dispositivo correspondente no CPC de 2015: art. 833, § 2º.*

§ 3º (*Vetado.*)

• *Sem dispositivo correspondente no CPC de 2015.*

Art. 650. Podem ser penhorados, à falta de outros bens, os frutos e rendimentos dos bens inalienáveis, salvo se destinados à satisfação de prestação alimentícia.

• *Dispositivo correspondente no CPC de 2015: art. 834.*

Parágrafo único. (*Vetado.*)

• *Sem dispositivo correspondente no CPC de 2015.*

Art. 651. Antes de adjudicados ou alienados os bens, pode o executado, a todo tempo, remir a execução, pagando ou consignando a importância atualizada da dívida, mais juros, custas e honorários advocatícios.

• *Dispositivo correspondente no CPC de 2015: art. 826.*

Subseção II | DA CITAÇÃO DO DEVEDOR E DA INDICAÇÃO DE BENS

Art. 652. O executado será citado para, no prazo de 3 (três) dias, efetuar o pagamento da dívida.

• *Dispositivo correspondente no CPC de 2015: art. 829,* caput.

§ 1º Não efetuado o pagamento, munido da segunda via do mandado, o oficial de justiça procederá de imediato à penhora de bens e a sua avaliação, lavrando-se o respectivo auto e de tais atos intimando, na mesma oportunidade, o executado.

• *Dispositivo correspondente no CPC de 2015: art. 829, § 1º.*

§ 2º O credor poderá, na inicial da execução, indicar bens a serem penhorados (art. 655).

• *Sem dispositivo correspondente no CPC de 2015.*

§ 3º O juiz poderá, de ofício ou a requerimento do exequente, determinar, a qualquer tempo, a intimação do executado para indicar bens passíveis de penhora.

• *Dispositivo correspondente no CPC de 2015: art. 829, § 2º.*

§ 4º A intimação do executado far-se-á na pessoa de seu advogado; não o tendo, será intimado pessoalmente.

• *Dispositivo correspondente no CPC de 2015: art. 841, § 1º.*

§ 5º Se não localizar o executado para intimá-lo da penhora, o oficial certificará detalhadamente as diligências realizadas, caso em que o juiz poderá dispensar a intimação ou determinará novas diligências.

• *Sem dispositivo correspondente no CPC de 2015.*

Art. 652-A. Ao despachar a inicial, o juiz fixará, de plano, os honorários de advogado a serem pagos pelo executado (art. 20, § 4º).

• *Dispositivo correspondente no CPC de 2015: art. 827,* caput.

Parágrafo único. No caso de integral pagamento no prazo de 3 (três) dias, a verba honorária será reduzida pela metade.

• *Dispositivo correspondente no CPC de 2015: art. 827, § 1º.*

Art. 653. O oficial de justiça, não encontrando o devedor, arrestar-lhe-á tantos bens quantos bastem para garantir a execução.

• *Dispositivo correspondente no CPC de 2015: art. 830,* caput.

Parágrafo único. Nos 10 (dez) dias seguintes à efetivação do arresto, o oficial de justiça procurará o devedor três vezes em dias distintos; não o encontrando, certificará o ocorrido.

• *Dispositivo correspondente no CPC de 2015: art. 830, § 1º.*

Art. 654. Compete ao credor, dentro de 10 (dez) dias, contados da data em que foi intimado do arresto a que se refere o parágrafo único do artigo anterior, requerer a citação por edital do devedor. Findo o prazo do edital, terá o devedor o prazo a que se refere o art. 652, convertendo-se o arresto em penhora em caso de não pagamento.

• *Dispositivo correspondente no CPC de 2015: art. 830, §§ 2º e 3º.*

Art. 655. A penhora observará, preferencialmente, a seguinte ordem:

• *Dispositivo correspondente no CPC de 2015: art. 835,* caput.

I — dinheiro, em espécie ou em depósito ou aplicação em instituição financeira;

• *Dispositivo correspondente no CPC de 2015: art. 835, I.*

II — veículos de via terrestre;

• *Dispositivo correspondente no CPC de 2015: art. 835, IV.*

III — bens móveis em geral;

• *Dispositivo correspondente no CPC de 2015: art. 835, VI.*

IV — bens imóveis;

• *Dispositivo correspondente no CPC de 2015: art. 835, V.*

V — navios e aeronaves;

• *Dispositivo correspondente no CPC de 2015: art. 835, VIII.*

VI — ações e quotas de sociedades empresárias;

• *Dispositivo correspondente no CPC de 2015: art. 835, IX.*

VII — percentual do faturamento de empresa devedora;

• *Dispositivo correspondente no CPC de 2015: art. 835, X.*

VIII — pedras e metais preciosos;

• *Dispositivo correspondente no CPC de 2015: art. 835, XI.*

IX — títulos da dívida pública da União, Estados e Distrito Federal, com cotação em mercado;

• *Dispositivo correspondente no CPC de 2015: art. 835, II.*

X — títulos e valores mobiliários com cotação em mercado;

• *Dispositivo correspondente no CPC de 2015: art. 835, III.*

XI — outros direitos.

• *Dispositivo correspondente no CPC de 2015: art. 835, XIII.*

§ 1º Na execução de crédito com garantia hipotecária, pignoratícia ou anticrética, a penhora recairá, preferencialmente, sobre a coisa dada em garantia; se a coisa pertencer a terceiro garantidor, será também esse intimado da penhora.

• *Dispositivo correspondente no CPC de 2015: art. 835, § 3º.*

§ 2º Recaindo a penhora em bens imóveis, será intimado também o cônjuge do executado.

• *Dispositivo correspondente no CPC de 2015: art. 842.*

Art. 655-A. Para possibilitar a penhora de dinheiro em depósito ou aplicação financeira, o juiz, a requerimento do exequente, requisitará à autoridade supervisora do sistema bancário, preferencialmente por meio eletrônico, informações sobre a existência de ativos em nome do executado, podendo no mesmo ato determinar sua indisponibilidade, até o valor indicado na execução.

• *Dispositivo correspondente no CPC de 2015: art. 854,* caput.

§ 1º As informações limitar-se-ão à existência ou não de depósito ou aplicação até o valor indicado na execução.

• *Sem dispositivo correspondente no CPC de 2015.*

§ 2º Compete ao executado comprovar que as quantias depositadas em conta corrente referem-se à hipótese do inciso IV do *caput* do art. 649 desta Lei ou que estão revestidas de outra forma de impenhorabilidade.

• *Dispositivo correspondente no CPC de 2015: art. 854, § 3º,* caput, *e I.*

§ 3º Na penhora de percentual do faturamento da empresa executada, será nomeado depositário, com a atribuição de submeter à aprovação judicial a forma de efetivação da constrição, bem como de prestar contas mensalmente, entregando ao exequente as quantias recebidas, a fim de serem imputadas no pagamento da dívida.

• *Dispositivo correspondente no CPC de 2015: art. 866, § 2º.*

§ 4º Quando se tratar de execução contra partido político, o juiz, a requerimento do exequente, requisitará à autoridade supervisora do sistema bancário, nos termos do que estabelece o *caput* deste artigo, informações sobre a existência de ativos tão somente em nome do órgão partidário que tenha contraído a dívida executada ou que tenha dado causa a violação de direito ou ao dano, ao qual cabe exclusivamente a responsabilidade pelos atos praticados, de acordo com o disposto no art. 15-A da Lei n. 9.096, de 19 de setembro de 1995.

• *Dispositivo correspondente no CPC de 2015: art. 854, § 9º.*

Art. 655-B. Tratando-se de penhora em bem indivisível, a meação do cônjuge alheio à execução recairá sobre o produto da alienação do bem.

• *Dispositivo correspondente no CPC de 2015: art. 843,* caput.

Art. 656. A parte poderá requerer a substituição da penhora:

• *Dispositivo correspondente no CPC de 2015: art. 848,* caput.

I — se não obedecer à ordem legal;

• *Dispositivo correspondente no CPC de 2015: art. 848, I.*

II — se não incidir sobre os bens designados em lei, contrato ou ato judicial para o pagamento;

• *Dispositivo correspondente no CPC de 2015: art. 848, II.*

III — se, havendo bens no foro da execução, outros houverem sido penhorados;

• *Dispositivo correspondente no CPC de 2015: art. 848, III.*

IV — se, havendo bens livres, a penhora houver recaído sobre bens já penhorados ou objeto de gravame;

• *Dispositivo correspondente no CPC de 2015: art. 848, IV.*

V — se incidir sobre bens de baixa liquidez;

• *Dispositivo correspondente no CPC de 2015: art. 848, V.*

VI — se fracassar a tentativa de alienação judicial do bem; ou

• *Dispositivo correspondente no CPC de 2015: art. 848, VI.*

VII — se o devedor não indicar o valor dos bens ou omitir qualquer das indicações a que se referem os incisos I a IV do parágrafo único do art. 668 desta Lei.

• *Dispositivo correspondente no CPC de 2015: art. 848, VII.*

§ 1º É dever do executado (art. 600), no prazo fixado pelo juiz, indicar onde se encontram os bens sujeitos à execução, exibir a prova de sua propriedade e, se for o caso, certidão negativa de ônus, bem como abster-se de qualquer atitude que dificulte ou embarace a realização da penhora (art. 14, parágrafo único).

• *Dispositivo correspondente no CPC de 2015: art. 847, § 2º.*

§ 2º A penhora pode ser substituída por fiança bancária ou seguro garantia judicial, em valor não inferior ao do débito constante da inicial, mais 30% (trinta por cento).

• *Dispositivo correspondente no CPC de 2015: art. 848, parágrafo único.*

§ 3º O executado somente poderá oferecer bem imóvel em substituição caso o requeira com a expressa anuência do cônjuge.

• *Dispositivo correspondente no CPC de 2015: art. 847, § 3º.*

Art. 657. Ouvida em 3 (três) dias a parte contrária, se os bens inicialmente penhorados (art. 652) forem substituídos por outros, lavrar-se-á o respectivo termo.

• *Dispositivo correspondente no CPC de 2015: art. 849.*

Parágrafo único. O juiz decidirá de plano quaisquer questões suscitadas.

• *Sem dispositivo correspondente no CPC de 2015.*

Art. 658. Se o devedor não tiver bens no foro da causa, far-se-á a execução por carta, penhorando-se, avaliando-se e alienando-se os bens no foro da situação (art. 747).

• *Dispositivo correspondente no CPC de 2015: art. 845, § 2º.*

Subseção III | DA PENHORA E DO DEPÓSITO

Art. 659. A penhora deverá incidir em tantos bens quantos bastem para o pagamento do principal atualizado, juros, custas e honorários advocatícios.

• *Dispositivo correspondente no CPC de 2015: art. 831.*

§ 1º Efetuar-se-á a penhora onde quer que se encontrem os bens, ainda que sob a posse, detenção ou guarda de terceiros.

• *Dispositivo correspondente no CPC de 2015: art. 845,* caput.

§ 2º Não se levará a efeito a penhora, quando evidente que o produto da execução dos bens encontrados será totalmente absorvido pelo pagamento das custas da execução.

• *Dispositivo correspondente no CPC de 2015: art. 836,* caput.

§ 3º No caso do parágrafo anterior e bem assim quando não encontrar quaisquer bens penhoráveis, o oficial descreverá na certidão os que guarnecem a residência ou o estabelecimento do devedor.

• *Sem dispositivo correspondente no CPC de 2015.*

§ 4º A penhora de bens imóveis realizar-se-á mediante auto ou termo de penhora, cabendo ao exequente, sem prejuízo da imediata intimação do executado (art. 652, § 4º), providenciar, para presunção absoluta de conhecimento por terceiros, a respectiva averbação no ofício imobiliário, mediante a apresentação de certidão de inteiro teor do ato, independentemente de mandado judicial.

• *Dispositivo correspondente no CPC de 2015: art. 844.*

§ 5º Nos casos do § 4º, quando apresentada certidão da respectiva matrícula, a penhora de imóveis, independentemente de onde se localizem, será realizada por termo nos autos, do qual será intimado o executado, pessoalmente ou na pessoa de seu advogado, e por este ato constituído depositário.

• *Dispositivo correspondente no CPC de 2015: art. 845, § 1º.*

§ 6º Obedecidas as normas de segurança que forem instituídas, sob critérios uniformes, pelos Tribunais, a penhora de numerário e as averbações de penhoras de bens imóveis e móveis podem ser realizadas por meios eletrônicos.

• *Dispositivo correspondente no CPC de 2015: art. 837.*

Art. 660. Se o devedor fechar as portas da casa, a fim de obstar a penhora dos bens, o oficial de justiça comunicará o fato ao juiz, solicitando-lhe ordem de arrombamento.

• *Dispositivo correspondente no CPC de 2015: art. 846,* caput.

Art. 661. Deferido o pedido mencionado no artigo antecedente, dois oficiais de justiça cumprirão o mandado, arrombando portas, móveis e gavetas, onde presumirem que se achem os bens, e lavrando de tudo auto circunstanciado, que será assinado por duas testemunhas, presentes à diligência.

• *Dispositivo correspondente no CPC de 2015: art. 846, § 1º.*

Art. 662. Sempre que necessário, o juiz requisitará força policial, a fim de auxiliar os oficiais de justiça na penhora dos bens e na prisão de quem resistir à ordem.

• *Dispositivo correspondente no CPC de 2015: art. 846, § 2º.*

Art. 663. Os oficiais de justiça lavrarão em duplicata o auto de resistência, entregando uma via ao escrivão do processo para ser junta aos autos e a outra à autoridade policial, a quem entregarão o preso.

• *Dispositivo correspondente no CPC de 2015: art. 846, § 3º.*

Parágrafo único. Do auto de resistência constará o rol de testemunhas, com a sua qualificação.

• *Dispositivo correspondente no CPC de 2015: art. 846, § 4º.*

Art. 664. Considerar-se-á feita a penhora mediante a apreensão e o depósito dos bens, lavrando-se um só auto se as diligências forem concluídas no mesmo dia.

• *Dispositivo correspondente no CPC de 2015: art. 839,* caput.

Parágrafo único. Havendo mais de uma penhora, lavrar-se-á para cada qual um auto.

• *Dispositivo correspondente no CPC de 2015: art. 839, parágrafo único.*

Art. 665. O auto de penhora conterá:

• *Dispositivo correspondente no CPC de 2015: art. 838,* caput.

I — a indicação do dia, mês, ano e lugar em que foi feita;

• *Dispositivo correspondente no CPC de 2015: art. 838, I.*

II — os nomes do credor e do devedor;

• *Dispositivo correspondente no CPC de 2015: art. 838, II.*

III — a descrição dos bens penhorados, com os seus característicos;

• *Dispositivo correspondente no CPC de 2015: art. 838, III.*

IV — a nomeação do depositário dos bens.

• *Dispositivo correspondente no CPC de 2015: art. 838, IV.*

Art. 666. Os bens penhorados serão preferencialmente depositados:

• *Dispositivo correspondente no CPC de 2015: art. 840,* caput.

I — no Banco do Brasil, na Caixa Econômica Federal, ou em um banco, de que o Estado-Membro da União possua mais de metade do capital social integralizado; ou, em falta de tais estabelecimentos de crédito, ou agências suas no lugar, em qualquer estabelecimento de crédito, designado pelo juiz, as quantias em dinheiro, as pedras e os metais preciosos, bem como os papéis de crédito;

• *Dispositivo correspondente no CPC de 2015: art. 840, I.*

II — em poder do depositário judicial, os móveis e os imóveis urbanos;

• *Dispositivo correspondente no CPC de 2015: art. 840, II.*

III — em mãos de depositário particular, os demais bens.

• *Dispositivo correspondente no CPC de 2015: art. 840, II.*

§ 1º Com a expressa anuência do exequente ou nos casos de difícil remoção, os bens poderão ser depositados em poder do executado.

• *Dispositivo correspondente no CPC de 2015: art. 840, § 2º.*

§ 2º As joias, pedras e objetos preciosos deverão ser depositados com registro do valor estimado de resgate.

• *Dispositivo correspondente no CPC de 2015: art. 840, § 3º.*

§ 3º A prisão de depositário judicial infiel será decretada no próprio processo, independentemente de ação de depósito.

• *Sem dispositivo correspondente no CPC de 2015.*

Art. 667. Não se procede à segunda penhora, salvo se:

• *Dispositivo correspondente no CPC de 2015: art. 851,* caput.

I — a primeira for anulada;

• *Dispositivo correspondente no CPC de 2015: art. 851, I.*

II — executados os bens, o produto da alienação não bastar para o pagamento do credor;

• *Dispositivo correspondente no CPC de 2015: art. 851, II.*

III — o credor desistir da primeira penhora, por serem litigiosos os bens, ou por estarem penhorados, arrestados ou onerados.

• *Dispositivo correspondente no CPC de 2015: art. 851, III.*

Art. 668. O executado pode, no prazo de 10 (dez) dias após intimado da penhora, requerer a substituição do bem penhorado, desde que comprove cabalmente que a substituição não trará prejuízo algum ao exequente e será menos onerosa para ele devedor (art. 17, incisos IV e VI, e art. 620).

• *Dispositivo correspondente no CPC de 2015: art. 847,* caput.

Parágrafo único. Na hipótese prevista neste artigo, ao executado incumbe:

• *Dispositivo correspondente no CPC de 2015: art. 847, § 1º,* caput.

I — quanto aos bens imóveis, indicar as respectivas matrículas e registros, situá-los e mencionar as divisas e confrontações;

• *Dispositivo correspondente no CPC de 2015: art. 847, § 1º, I.*

II — quanto aos móveis, particularizar o estado e o lugar em que se encontram;

• *Dispositivo correspondente no CPC de 2015: art. 847, § 1º, II.*

III — quanto aos semoventes, especificá-los, indicando o número de cabeças e o imóvel em que se encontram;

• *Dispositivo correspondente no CPC de 2015: art. 847, § 1º, III.*

IV — quanto aos créditos, identificar o devedor e qualificá-lo, descrevendo a origem da dívida, o título que a representa e a data do vencimento; e

• *Dispositivo correspondente no CPC de 2015: art. 847, § 1º, IV.*

V — atribuir valor aos bens indicados à penhora.

• *Dispositivo correspondente no CPC de 2015: art. 847, § 1º, V.*

Art. 669. (*Revogado pela Lei n. 11.382, de 6-12-2006.*)

Art. 670. O juiz autorizará a alienação antecipada dos bens penhorados quando:

• *Dispositivo correspondente no CPC de 2015: art. 852,* caput.

I — sujeitos a deterioração ou depreciação;

• *Dispositivo correspondente no CPC de 2015: art. 852, I.*

II — houver manifesta vantagem.

• *Dispositivo correspondente no CPC de 2015: art. 852, II.*

Parágrafo único. Quando uma das partes requerer a alienação antecipada dos bens penhorados, o juiz ouvirá sempre a outra antes de decidir.

• *Dispositivo correspondente no CPC de 2015: art. 853,* caput.

Subseção IV — DA PENHORA DE CRÉDITOS E DE OUTROS DIREITOS PATRIMONIAIS

Art. 671. Quando a penhora recair em crédito do devedor, o oficial de justiça o penhorará. Enquanto não ocorrer a hipótese prevista no artigo seguinte, considerar-se-á feita a penhora pela intimação:

• *Dispositivo correspondente no CPC de 2015: art. 855,* caput.

I — ao terceiro devedor para que não pague ao seu credor;

• *Dispositivo correspondente no CPC de 2015: art. 855, I.*

II — ao credor do terceiro para que não pratique ato de disposição do crédito.

• *Dispositivo correspondente no CPC de 2015: art. 855, II.*

Art. 672. A penhora de crédito, representada por letra de câmbio, nota promissória, duplicata, cheque ou outros títulos, far-se-á pela apreensão do documento, esteja ou não em poder do devedor.

• *Dispositivo correspondente no CPC de 2015: art. 856,* caput.

§ 1º Se o título não for apreendido, mas o terceiro confessar a dívida, será havido como depositário da importância.

• *Dispositivo correspondente no CPC de 2015: art. 856, § 1º.*

§ 2º O terceiro só se exonerará da obrigação, depositando em juízo a importância da dívida.

• *Dispositivo correspondente no CPC de 2015: art. 856, § 2º.*

§ 3º Se o terceiro negar o débito em conluio com o devedor, a quitação, que este lhe der, considerar-se-á em fraude de execução.

• *Dispositivo correspondente no CPC de 2015: art. 856, § 3º.*

§ 4º A requerimento do credor, o juiz determinará o comparecimento, em audiência especialmente designada, do devedor e do terceiro, a fim de lhes tomar os depoimentos.

• *Dispositivo correspondente no CPC de 2015: art. 856, § 4º.*

Art. 673. Feita a penhora em direito e ação do devedor, e não tendo este oferecido embargos, ou sendo estes rejeitados, o credor fica sub-rogado nos direitos do devedor até a concorrência do seu crédito.

• *Dispositivo correspondente no CPC de 2015: art. 857,* caput.

§ 1º O credor pode preferir, em vez da sub-rogação, a alienação judicial do direito penhorado, caso em que declarará a sua vontade no prazo de 10 (dez) dias contados da realização da penhora.

• *Dispositivo correspondente no CPC de 2015: art. 857, § 1º.*

§ 2º A sub-rogação não impede ao sub-rogado, se não receber o crédito do devedor, de prosseguir na execução, nos mesmos autos, penhorando outros bens do devedor.

• *Dispositivo correspondente no CPC de 2015: art. 857, § 2º.*

Art. 674. Quando o direito estiver sendo pleiteado em juízo, averbar-se-á no rosto dos autos a penhora, que recair nele e na ação que lhe corresponder, a fim de se efetivar nos bens, que forem adjudicados ou vierem a caber ao devedor.

• *Dispositivo correspondente no CPC de 2015: art. 860.*

Art. 675. Quando a penhora recair sobre dívidas de dinheiro a juros, de direito a rendas, ou de prestações periódicas, o credor poderá levantar os juros, os rendimentos ou as prestações à medida que forem sendo depositadas, abatendo-se do crédito as importâncias recebidas, conforme as regras da imputação em pagamento.

• *Dispositivo correspondente no CPC de 2015: art. 858.*

Art. 676. Recaindo a penhora sobre direito, que tenha por objeto prestação ou restituição de coisa determinada, o devedor será intimado para, no vencimento, depositá-la, correndo sobre ela a execução.

• *Dispositivo correspondente no CPC de 2015: art. 859.*

Subseção V | DA PENHORA, DO DEPÓSITO E DA ADMINISTRAÇÃO DE EMPRESA E DE OUTROS ESTABELECIMENTOS

Art. 677. Quando a penhora recair em estabelecimento comercial, industrial ou agrícola, bem como em semoventes, plantações ou edifício em construção, o juiz nomeará um depositário, determinando-lhe que apresente em 10 (dez) dias a forma de administração.

• *Dispositivo correspondente no CPC de 2015: art. 862,* caput.

§ 1º Ouvidas as partes, o juiz decidirá.

• *Dispositivo correspondente no CPC de 2015: art. 862, § 1º.*

§ 2º É lícito, porém, às partes ajustarem a forma de administração, escolhendo o depositário; caso em que o juiz homologará por despacho a indicação.

• *Dispositivo correspondente no CPC de 2015: art. 862, § 2º.*

Art. 678. A penhora de empresa, que funcione mediante concessão ou autorização, far-se-á, conforme o valor do crédito, sobre a renda, sobre determinados bens, ou sobre todo o patrimônio, nomeando o juiz como depositário, de preferência, um dos seus diretores.

• *Dispositivo correspondente no CPC de 2015: art. 863,* caput.

Parágrafo único. Quando a penhora recair sobre a renda, ou sobre determinados bens, o depositário apresentará a forma de administração e o esquema de pagamento observando-se, quanto ao mais, o disposto nos arts. 716 a 720; recaindo, porém, sobre todo o patrimônio, prosseguirá a execução os seus ulteriores termos, ouvindo-se, antes da arrematação ou da adjudicação, o poder público, que houver outorgado a concessão.

• *Dispositivo correspondente no CPC de 2015: art. 863, §§ 1º e 2º.*

Art. 679. A penhora sobre navio ou aeronave não obsta a que continue navegando ou operando até a alienação; mas o juiz, ao conceder a autorização para navegar ou operar, não permitirá que saia do porto ou aeroporto antes que o devedor faça o seguro usual contra riscos.

• *Dispositivo correspondente no CPC de 2015: art. 864.*

Subseção VI | DA AVALIAÇÃO

Art. 680. A avaliação será feita pelo oficial de justiça (art. 652), ressalvada a aceitação do valor estimado pelo executado (art. 668, parágrafo único, inciso V); caso sejam necessários conhecimentos especializados, o juiz nomeará avaliador, fixando-lhe prazo não superior a 10 (dez) dias para entrega do laudo.

• *Dispositivo correspondente no CPC de 2015: art. 870.*

Art. 681. O laudo da avaliação integrará o auto de penhora ou, em caso de perícia (art. 680), será apresentado no prazo fixado pelo juiz, devendo conter:

• *Dispositivo correspondente no CPC de 2015: art. 872,* caput.

I — a descrição dos bens, com os seus característicos, e a indicação do estado em que se encontram;

• *Dispositivo correspondente no CPC de 2015: art. 872, I.*

II — o valor dos bens.

• *Dispositivo correspondente no CPC de 2015: art. 872, II.*

Parágrafo único. Quando o imóvel for suscetível de cômoda divisão, o avaliador, tendo em conta o crédito reclamado, o avaliará em partes, sugerindo os possíveis desmembramentos.

• *Dispositivo correspondente no CPC de 2015: art. 872, § 1º.*

Art. 682. O valor dos títulos da dívida pública, das ações das sociedades e dos títulos de crédito negociáveis em bolsa será o da cotação oficial do dia, provada por certidão ou publicação no órgão oficial.

• *Dispositivo correspondente no CPC de 2015: art. 871, III.*

Art. 683. É admitida nova avaliação quando:

• *Dispositivo correspondente no CPC de 2015: art. 873,* caput.

I — qualquer das partes arguir, fundamentadamente, a ocorrência de erro na avaliação ou dolo do avaliador;

• *Dispositivo correspondente no CPC de 2015: art. 873, I.*

II — se verificar, posteriormente à avaliação, que houve majoração ou diminuição no valor do bem; ou

• *Dispositivo correspondente no CPC de 2015: art. 873, II.*

III — houver fundada dúvida sobre o valor atribuído ao bem (art. 668, parágrafo único, inciso V).

• *Dispositivo correspondente no CPC de 2015: art. 873, III.*

Art. 684. Não se procederá à avaliação se:

• *Dispositivo correspondente no CPC de 2015: art. 871,* caput.

I — o exequente aceitar a estimativa feita pelo executado (art. 668, parágrafo único, inciso V);

• *Dispositivo correspondente no CPC de 2015: art. 871, I.*

II — se tratar de títulos ou de mercadorias, que tenham cotação em bolsa, comprovada por certidão ou publicação oficial;

• *Dispositivo correspondente no CPC de 2015: art. 871, II.*

III — *(Revogado pela Lei n. 11.382, de 6-12-2006.)*

Art. 685. Após a avaliação, poderá mandar o juiz, a requerimento do interessado e ouvida a parte contrária:

• *Dispositivo correspondente no CPC de 2015: art. 874,* caput.

I — reduzir a penhora aos bens suficientes, ou transferi-la para outros, que bastem à execução, se o valor dos penhorados for consideravelmente superior ao crédito do exequente e acessórios;

• *Dispositivo correspondente no CPC de 2015: art. 874, I.*

II — ampliar a penhora, ou transferi-la para outros bens mais valiosos, se o valor dos penhorados for inferior ao referido crédito.

• *Dispositivo correspondente no CPC de 2015: art. 874, II.*

Parágrafo único. Uma vez cumpridas essas providências, o juiz dará início aos atos de expropriação de bens.

• *Dispositivo correspondente no CPC de 2015: art. 875.*

Subseção VI-A | DA ADJUDICAÇÃO

Art. 685-A. É lícito ao exequente, oferecendo preço não inferior ao da avaliação, requerer lhe sejam adjudicados os bens penhorados.

• *Dispositivo correspondente no CPC de 2015: art. 876,* caput.

§ 1º Se o valor do crédito for inferior ao dos bens, o adjudicante depositará de imediato a diferença, ficando esta à disposição do executado; se superior, a execução prosseguirá pelo saldo remanescente.

• *Dispositivo correspondente no CPC de 2015: art. 876, § 4º.*

§ 2º Idêntico direito pode ser exercido pelo credor com garantia real, pelos credores concorrentes que hajam penhorado o mesmo bem, pelo cônjuge, pelos descendentes ou ascendentes do executado.

• *Dispositivo correspondente no CPC de 2015: art. 876, § 5º.*

§ 3º Havendo mais de um pretendente, proceder-se-á entre eles à licitação; em igualdade de oferta, terá preferência o cônjuge, descendente ou ascendente, nessa ordem.

• *Dispositivo correspondente no CPC de 2015: art. 876, § 6º.*

§ 4º No caso de penhora de quota, procedida por exequente alheio à sociedade, esta será intimada, assegurando preferência aos sócios.

• *Dispositivo correspondente no CPC de 2015: art. 876, § 7º.*

§ 5º Decididas eventuais questões, o juiz mandará lavrar o auto de adjudicação.

• *Dispositivo correspondente no CPC de 2015: art. 877,* caput.

Art. 685-B. A adjudicação considera-se perfeita e acabada com a lavratura e assinatura do auto pelo juiz, pelo adjudicante, pelo escrivão e, se for presente, pelo executado, expedindo-se a respectiva carta, se bem imóvel, ou mandado de entrega ao adjudicante, se bem móvel.

• *Dispositivo correspondente no CPC de 2015: art. 877, § 1º.*

Parágrafo único. A carta de adjudicação conterá a descrição do imóvel, com remissão a sua matrícula e registros, a cópia do auto de adjudicação e a prova de quitação do imposto de transmissão.

• *Dispositivo correspondente no CPC de 2015: art. 877, § 2º.*

Subseção VI-B | DA ALIENAÇÃO POR INICIATIVA PARTICULAR

Art. 685-C. Não realizada a adjudicação dos bens penhorados, o exequente poderá requerer sejam eles alienados por sua própria iniciativa ou por intermédio de corretor credenciado perante a autoridade judiciária.

• *Dispositivo correspondente no CPC de 2015: art. 880,* caput.

§ 1º O juiz fixará o prazo em que a alienação deve ser efetivada, a forma de publicidade, o preço mínimo (art. 680), as condições de pagamento e as garantias, bem como, se for o caso, a comissão de corretagem.

• *Dispositivo correspondente no CPC de 2015: art. 880, § 1º.*

§ 2º A alienação será formalizada por termo nos autos, assinado pelo juiz, pelo exequente, pelo adquirente e, se for presente, pelo executado, expedindo-se carta de alienação do imóvel para o devido registro imobiliário, ou, se bem móvel, mandado de entrega ao adquirente.

• *Dispositivo correspondente no CPC de 2015: art. 880, § 2º.*

§ 3º Os Tribunais poderão expedir provimentos detalhando o procedimento da alienação prevista neste artigo, inclusive com o concurso de meios eletrônicos, e dispondo sobre o credenciamento dos corretores, os quais deverão estar em exercício profissional por não menos de 5 (cinco) anos.

• *Dispositivo correspondente no CPC de 2015: art. 880, § 3º.*

Subseção VII | DA ALIENAÇÃO EM HASTA PÚBLICA

Art. 686. Não requerida a adjudicação e não realizada a alienação particular do bem penhorado, será expedido o edital de hasta pública, que conterá:

• *Dispositivos correspondentes no CPC de 2015: arts. 881,* caput*, e 886,* caput*.*

I — a descrição do bem penhorado, com suas características e, tratando-se de imóvel, a situação e divisas, com remissão à matrícula e aos registros;

• *Dispositivo correspondente no CPC de 2015: art. 886, I.*

II — o valor do bem;

• *Dispositivo correspondente no CPC de 2015: art. 886, II.*

III — o lugar onde estiverem os móveis, veículos e semoventes; e, sendo direito e ação, os autos do processo, em que foram penhorados;

• *Dispositivo correspondente no CPC de 2015: art. 886, III.*

IV — o dia e a hora de realização da praça, se bem imóvel, ou o local, dia e hora de realização do leilão, se bem móvel;

• *Dispositivo correspondente no CPC de 2015: art. 886, IV.*

V — menção da existência de ônus, recurso ou causa pendente sobre os bens a serem arrematados;

• *Dispositivo correspondente no CPC de 2015: art. 886, VI.*

VI — a comunicação de que, se o bem não alcançar lanço superior à importância da avaliação, seguir-se-á, em dia e hora que forem desde logo designados entre os 10 (dez) e os 20 (vinte) dias seguintes, a sua alienação pelo maior lanço (art. 692).

• *Sem dispositivo correspondente no CPC de 2015.*

§ 1º No caso do art. 684, II, constará do edital o valor da última cotação anterior à expedição deste.

• *Dispositivo correspondente no CPC de 2015: art. 886, parágrafo único.*

§ 2º A praça realizar-se-á no átrio do edifício do Fórum; o leilão, onde estiverem os bens, ou no lugar designado pelo juiz.

• *Sem dispositivo correspondente no CPC de 2015.*

§ 3º Quando o valor dos bens penhorados não exceder 60 (sessenta) vezes o valor do salário mínimo vigente na data da avaliação, será dispensada a publicação de editais; nesse caso, o preço da arrematação não será inferior ao da avaliação.

• *Sem dispositivo correspondente no CPC de 2015.*

Art. 687. O edital será afixado no local do costume e publicado, em resumo, com antecedência mínima de 5 (cinco) dias, pelo menos uma vez em jornal de ampla circulação local.

• *Dispositivo correspondente no CPC de 2015: art. 887, §§ 1º e 3º.*

§ 1º A publicação do edital será feita no órgão oficial, quando o credor for beneficiário da justiça gratuita.

• *Sem dispositivo correspondente no CPC de 2015.*

§ 2º Atendendo ao valor dos bens e às condições da comarca, o juiz poderá alterar a forma e a frequência da publicidade na imprensa, mandar divulgar avisos em emissora local e adotar outras providências tendentes a mais ampla publicidade da alienação, inclusive recorrendo a meios eletrônicos de divulgação.

• *Dispositivo correspondente no CPC de 2015: art. 887, § 4º.*

§ 3º Os editais de praça serão divulgados pela imprensa preferencialmente na seção ou local reservado à publicidade de negócios imobiliários.

• *Dispositivo correspondente no CPC de 2015: art. 887, § 5º.*

§ 4º O juiz poderá determinar a reunião de publicações em listas referentes a mais de uma execução.

• *Dispositivo correspondente no CPC de 2015: art. 887, § 6º.*

§ 5º O executado terá ciência do dia, hora e local da alienação judicial por intermédio de seu advogado ou, se não tiver procurador constituído nos autos, por meio de mandado, carta registrada, edital ou outro meio idôneo.

• *Dispositivo correspondente no CPC de 2015: art. 889,* caput *e I.*

Art. 688. Não se realizando, por motivo justo, a praça ou o leilão, o juiz mandará publicar pela imprensa local e no órgão oficial a transferência.

• *Dispositivo correspondente no CPC de 2015: art. 888,* caput.

Parágrafo único. O escrivão, o porteiro ou o leiloeiro, que culposamente der causa à transferência, responde pelas despesas da nova publicação, podendo o juiz aplicar-lhe a pena de suspensão por 5 (cinco) a 30 (trinta) dias.

• *Dispositivo correspondente no CPC de 2015: art. 888, parágrafo único.*

Art. 689. Sobrevindo a noite, prosseguirá a praça ou o leilão no dia útil imediato, à mesma hora em que teve início, independentemente de novo edital.

• *Dispositivo correspondente no CPC de 2015: art. 900.*

Art. 689-A. O procedimento previsto nos arts. 686 a 689 poderá ser substituído, a requerimento do exequente, por alienação realizada por meio da rede mundial de computadores, com uso de páginas virtuais criadas pelos Tribunais ou por entidades públicas ou privadas em convênio com eles firmado.

• *Sem dispositivo correspondente no CPC de 2015.*

Parágrafo único. O Conselho da Justiça Federal e os Tribunais de Justiça, no âmbito das suas respectivas competências, regulamentarão esta modalidade de alienação, atendendo aos requisitos de ampla publicidade, autenticidade e segurança, com observância das regras estabelecidas na legislação sobre certificação digital.

• *Sem dispositivo correspondente no CPC de 2015.*

Art. 690. A arrematação far-se-á mediante o pagamento imediato do preço pelo arrematante, ou no prazo de até 15 (quinze) dias, mediante caução.

• *Sem dispositivo correspondente no CPC de 2015.*

§ 1º Tratando-se de bem imóvel, quem estiver interessado em adquiri-lo em prestações poderá apresentar por escrito sua proposta, nunca inferior à avaliação, com oferta de pelo menos 30% (trinta por cento) à vista, sendo o restante garantido por hipoteca sobre o próprio imóvel.

• *Dispositivo correspondente no CPC de 2015: art. 895,* caput *e incisos I e II.*

§ 2º As propostas para aquisição em prestações, que serão juntadas aos autos, indicarão o prazo, a modalidade e as condições de pagamento do saldo.

• *Dispositivo correspondente no CPC de 2015: art. 895, § 2º.*

§ 3º O juiz decidirá por ocasião da praça, dando o bem por arrematado pelo apresentante do melhor lanço ou proposta mais conveniente.

• *Sem dispositivo correspondente no CPC de 2015.*

§ 4º No caso de arrematação a prazo, os pagamentos feitos pelo arrematante pertencerão ao exequente até o limite de seu crédito, e os subsequentes ao executado.

• *Dispositivo correspondente no CPC de 2015: art. 895, § 9º.*

Art. 690-A. É admitido a lançar todo aquele que estiver na livre administração de seus bens, com exceção:

• *Dispositivo correspondente no CPC de 2015: art. 890,* caput.

I — dos tutores, curadores, testamenteiros, administradores, síndicos ou liquidantes, quanto aos bens confiados a sua guarda e responsabilidade;

• *Dispositivo correspondente no CPC de 2015: art. 890, I.*

II — dos mandatários, quanto aos bens de cuja administração ou alienação estejam encarregados;

• *Dispositivo correspondente no CPC de 2015: art. 890, II.*

III — do juiz, membro do Ministério Público e da Defensoria Pública, escrivão e demais servidores e auxiliares da Justiça.

• *Dispositivo correspondente no CPC de 2015: art. 890, III.*

Parágrafo único. O exequente, se vier a arrematar os bens, não estará obrigado a exibir o preço; mas, se o valor dos bens exceder o seu crédito, depositará, dentro de 3 (três) dias, a diferença, sob pena de ser tornada sem efeito a arrematação e, neste caso, os bens serão levados a nova praça ou leilão à custa do exequente.

• *Dispositivo correspondente no CPC de 2015: art. 890, § 1º.*

Art. 691. Se a praça ou o leilão for de diversos bens e houver mais de um lançador, será preferido aquele que se propuser a arrematá-los englobadamente, oferecendo para os que não tiverem licitante preço igual ao da avaliação e para os demais o de maior lanço.

• *Dispositivo correspondente no CPC de 2015: art. 893.*

Art. 692. Não será aceito lanço que, em segunda praça ou leilão, ofereça preço vil.

• *Dispositivo correspondente no CPC de 2015: art. 891,* caput.

Parágrafo único. Será suspensa a arrematação logo que o produto da alienação dos bens bastar para o pagamento do credor.

• *Dispositivo correspondente no CPC de 2015: art. 899.*

Art. 693. A arrematação constará de auto que será lavrado de imediato, nele mencionadas as condições pelas quais foi alienado o bem.

• *Dispositivo correspondente no CPC de 2015: art. 901,* caput.

Parágrafo único. A ordem de entrega do bem móvel ou a carta de arrematação do bem imóvel será expedida depois de efetuado o depósito ou prestadas as garantias pelo arrematante.

• *Dispositivo correspondente no CPC de 2015: art. 901, § 1º.*

Art. 694. Assinado o auto pelo juiz, pelo arrematante e pelo serventuário da justiça ou leiloeiro, a arrematação considerar-se-á perfeita, acabada e irretratável, ainda que venham a ser julgados procedentes os embargos do executado.

• *Dispositivo correspondente no CPC de 2015: art. 903,* caput.

§ 1º A arrematação poderá, no entanto, ser tornada sem efeito:

• *Dispositivo correspondente no CPC de 2015: art. 903, § 1º,* caput.

I — por vício de nulidade;

• *Dispositivo correspondente no CPC de 2015: art. 903, § 1º, I.*

II — se não for pago o preço ou se não for prestada a caução;

• *Dispositivo correspondente no CPC de 2015: art. 903, § 1º, III.*

III — quando o arrematante provar, nos 5 (cinco) dias seguintes, a existência de ônus real ou de gravame (art. 686, inciso V) não mencionado no edital;

• *Sem dispositivo correspondente no CPC de 2015.*

IV — a requerimento do arrematante, na hipótese de embargos à arrematação (art. 746, §§ 1º e 2º);

• *Sem dispositivo correspondente no CPC de 2015.*

V — quando realizada por preço vil (art. 692);

• *Sem dispositivo correspondente no CPC de 2015.*

VI — nos casos previstos neste Código (art. 698).

• *Sem dispositivo correspondente no CPC de 2015.*

§ 2º No caso de procedência dos embargos, o executado terá direito a haver do exequente o valor por este recebido como produto da arrematação; caso inferior ao valor do bem, haverá do exequente também a diferença.

• *Sem dispositivo correspondente no CPC de 2015.*

Art. 695. Se o arrematante ou seu fiador não pagar o preço no prazo estabelecido, o juiz impor-lhe-á, em favor do exequente, a perda da caução, voltando os bens a nova praça ou leilão, dos quais não serão admitidos a participar o arrematante e o fiador remissos.

• *Dispositivo correspondente no CPC de 2015: art. 897.*

§§ 1º a 3º (*Revogados pela Lei n. 11.382, de 6-12-2006.*)

Art. 696. O fiador do arrematante, que pagar o valor do lanço e a multa, poderá requerer que a arrematação lhe seja transferida.

• *Dispositivo correspondente no CPC de 2015: art. 898.*

Art. 697. (*Revogado pela Lei n. 11.382, de 6-12-2006.*)

Art. 698. Não se efetuará a adjudicação ou alienação de bem do executado sem que da execução seja cientificado, por qualquer modo idôneo e com pelo menos 10 (dez) dias de antecedência, o senhorio direto, o credor com garantia real ou com penhora anteriormente averbada, que não seja de qualquer modo parte na execução.

• *Dispositivo correspondente no CPC de 2015: art. 889,* caput *e V.*

Arts. 699 e 700. (*Revogados pela Lei n. 11.382, de 6-12-2006.*)

Art. 701. Quando o imóvel de incapaz não alcançar em praça pelo menos 80% (oitenta por cento) do valor da avaliação, o juiz o confiará à guarda e administração de depositário idôneo, adiando a alienação por prazo não superior a 1 (um) ano.

• *Dispositivo correspondente no CPC de 2015: art. 896,* caput.

§ 1º Se, durante o adiamento, algum pretendente assegurar, mediante caução idônea, o preço da avaliação, o juiz ordenará a alienação em praça.

• *Dispositivo correspondente no CPC de 2015: art. 896, § 1º.*

§ 2º Se o pretendente à arrematação se arrepender, o juiz lhe imporá a multa de 20% (vinte por cento) sobre o valor da avaliação, em benefício do incapaz, valendo a decisão como título executivo.

• *Dispositivo correspondente no CPC de 2015: art. 896, § 2º.*

§ 3º Sem prejuízo do disposto nos dois parágrafos antecedentes, o juiz poderá autorizar a locação do imóvel no prazo do adiamento.

• *Dispositivo correspondente no CPC de 2015: art. 896, § 3º.*

§ 4º Findo o prazo do adiamento, o imóvel será alienado, na forma prevista no art. 686, VI.

• *Dispositivo correspondente no CPC de 2015: art. 896, § 4º.*

Art. 702. Quando o imóvel admitir cômoda divisão, o juiz, a requerimento do devedor, ordenará a alienação judicial de parte dele, desde que suficiente para pagar o credor.

• *Dispositivo correspondente no CPC de 2015: art. 894,* caput.

Parágrafo único. Não havendo lançador, far-se-á a alienação do imóvel em sua integridade.

• *Dispositivo correspondente no CPC de 2015: art. 894, § 1º.*

Art. 703. A carta de arrematação conterá:

• *Dispositivo correspondente no CPC de 2015: art. 901, § 2º.*

I — a descrição do imóvel, com remissão à sua matrícula e registros;

• *Dispositivo correspondente no CPC de 2015: art. 901, § 2º.*

II — a cópia do auto de arrematação; e

• *Dispositivo correspondente no CPC de 2015: art. 901, § 2º.*

III — a prova de quitação do imposto de transmissão.

• *Dispositivo correspondente no CPC de 2015: art. 901, § 2º.*

IV — (*Revogado pela Lei n. 11.382, de 6-12-2006.*)

Art. 704. Ressalvados os casos de alienação de bens imóveis e aqueles de atribuição de corretores da Bolsa de Valores, todos os demais bens serão alienados em leilão público.

• *Dispositivo correspondente no CPC de 2015: art. 881, § 2º.*

Art. 705. Cumpre ao leiloeiro:

• *Dispositivo correspondente no CPC de 2015: art. 884,* caput.

I — publicar o edital, anunciando a alienação;

• *Dispositivo correspondente no CPC de 2015: art. 884, I.*

II — realizar o leilão onde se encontrem os bens, ou no lugar designado pelo juiz;

• *Dispositivo correspondente no CPC de 2015: art. 884, II.*

III — expor aos pretendentes os bens ou as amostras das mercadorias;

• *Dispositivo correspondente no CPC de 2015: art. 884, III.*

IV — receber do arrematante a comissão estabelecida em lei ou arbitrada pelo juiz;

• *Sem dispositivo correspondente no CPC de 2015.*

V — receber e depositar, dentro em 24 (vinte e quatro) horas, à ordem do juiz, o produto da alienação;

• *Dispositivo correspondente no CPC de 2015: art. 884, IV.*

VI — prestar contas nas 48 (quarenta e oito) horas subsequentes ao depósito.

• *Dispositivo correspondente no CPC de 2015: art. 884, V.*

Art. 706. O leiloeiro público será indicado pelo exequente.

• *Dispositivo correspondente no CPC de 2015: art. 883.*

Art. 707. Efetuado o leilão, lavrar-se-á o auto, que poderá abranger bens penhorados em mais de uma execução, expedindo-se, se necessário, ordem judicial de entrega ao arrematante.

• *Sem dispositivo correspondente no CPC de 2015.*

Seção II | DO PAGAMENTO AO CREDOR

Subseção I | DAS DISPOSIÇÕES GERAIS

Art. 708. O pagamento ao credor far-se-á:

• *Dispositivo correspondente no CPC de 2015: art. 904,* caput.

I — pela entrega do dinheiro;

• *Dispositivo correspondente no CPC de 2015: art. 904, I.*

II — pela adjudicação dos bens penhorados;

• *Dispositivo correspondente no CPC de 2015: art. 904, II.*

III — pelo usufruto de bem imóvel ou de empresa.

• *Sem dispositivo correspondente no CPC de 2015.*

Subseção II | DA ENTREGA DO DINHEIRO

Art. 709. O juiz autorizará que o credor levante, até a satisfação integral de seu crédito, o dinheiro depositado para segurar o juízo ou o produto dos bens alienados quando:

• *Dispositivo correspondente no CPC de 2015: art. 905,* caput.

I — a execução for movida só a benefício do credor singular, a quem, por força da penhora, cabe o direito de preferência sobre os bens penhorados e alienados;

• *Dispositivo correspondente no CPC de 2015: art. 905, I.*

II — não houver sobre os bens alienados qualquer outro privilégio ou preferência, instituído anteriormente à penhora.

• *Dispositivo correspondente no CPC de 2015: art. 905, II.*

Parágrafo único. Ao receber o mandado de levantamento, o credor dará ao devedor, por termo nos autos, quitação da quantia paga.

• *Dispositivo correspondente no CPC de 2015: art. 906,* caput.

Art. 710. Estando o credor pago do principal, juros, custas e honorários, a importância que sobejar será restituída ao devedor.

• *Dispositivo correspondente no CPC de 2015: art. 907.*

Art. 711. Concorrendo vários credores, o dinheiro ser-lhes-á distribuído e entregue consoante a ordem das respectivas prelações; não havendo título legal à preferência, receberá em primeiro lugar o credor que promoveu a execução, cabendo aos demais concorrentes direito sobre a importância restante, observada a anterioridade de cada penhora.

• *Dispositivo correspondente no CPC de 2015: art. 908.*

Art. 712. Os credores formularão as suas pretensões, requerendo as provas que irão produzir em audiência; mas a disputa entre eles versará unicamente sobre o direito de preferência e a anterioridade da penhora.

• *Dispositivo correspondente no CPC de 2015: art. 909.*

Art. 713. Findo o debate, o juiz decidirá.

• *Sem dispositivo correspondente no CPC de 2015.*

Subseção III | DA ADJUDICAÇÃO DE IMÓVEL

Arts. 714 e 715. (*Revogados pela Lei n. 11.382, de 6-12-2006.*)

Subseção IV | DO USUFRUTO DE MÓVEL OU IMÓVEL

Art. 716. O juiz pode conceder ao exequente o usufruto de móvel ou imóvel, quando o reputar menos gravoso ao executado e eficiente para o recebimento do crédito.

• *Dispositivo correspondente no CPC de 2015: art. 867.*

Art. 717. Decretado o usufruto, perde o executado o gozo do móvel ou imóvel, até que o exequente seja pago do principal, juros, custas e honorários advocatícios.

• *Dispositivo correspondente no CPC de 2015: art. 868,* caput.

Art. 718. O usufruto tem eficácia, assim em relação ao executado como a terceiros, a partir da publicação da decisão que o conceda.

• *Dispositivo correspondente no CPC de 2015: art. 868, § 1º.*

Art. 719. Na sentença, o juiz nomeará administrador que será investido de todos os poderes que concernem ao usufrutuário.

• *Dispositivo correspondente no CPC de 2015: art. 869,* caput.

Parágrafo único. Pode ser administrador:

• *Sem dispositivo correspondente no CPC de 2015.*

I — o credor, consentindo o devedor;

• *Sem dispositivo correspondente no CPC de 2015.*

II — o devedor, consentindo o credor.

• *Sem dispositivo correspondente no CPC de 2015.*

Art. 720. Quando o usufruto recair sobre o quinhão do condômino na copropriedade, o administrador exercerá os direitos que cabiam ao executado.

• *Sem dispositivo correspondente no CPC de 2015.*

Art. 721. É lícito ao credor, antes da realização da praça, requerer-lhe seja atribuído, em pagamento do crédito, o usufruto do imóvel penhorado.

• *Sem dispositivo correspondente no CPC de 2015.*

Art. 722. Ouvido o executado, o juiz nomeará perito para avaliar os frutos e rendimentos do bem e calcular o tempo necessário para o pagamento da dívida.

• *Sem dispositivo correspondente no CPC de 2015.*

I e II — (*Revogados pela Lei n. 11.382, de 6-12-2006.*)

§ 1º Após a manifestação das partes sobre o laudo, proferirá o juiz decisão; caso deferido o usufruto de imóvel, ordenará a expedição de carta para averbação no respectivo registro.

• *Sem dispositivo correspondente no CPC de 2015.*

§ 2º Constarão da carta a identificação do imóvel e cópias do laudo e da decisão.

• *Sem dispositivo correspondente no CPC de 2015.*

§ 3º (*Revogado pela Lei n. 11.382, de 6-12-2006.*)

Art. 723. Se o imóvel estiver arrendado, o inquilino pagará o aluguel diretamente ao usufrutuário, salvo se houver administrador.

• *Dispositivo correspondente no CPC de 2015: art. 869, § 3º.*

Art. 724. O exequente usufrutuário poderá celebrar locação do móvel ou imóvel, ouvido o executado.

• *Dispositivo correspondente no CPC de 2015: art. 869, § 4º.*

Parágrafo único. Havendo discordância, o juiz decidirá a melhor forma de exercício do usufruto.

• *Dispositivo correspondente no CPC de 2015: art. 869, § 2º.*

Arts. 725 a 729. (*Revogados pela Lei n. 11.382, de 6-12-2006.*)

Seção III | DA EXECUÇÃO CONTRA A FAZENDA PÚBLICA

Art. 730. Na execução por quantia certa contra a Fazenda Pública, citar-se-á a devedora para opor embargos em 10 (dez) dias; se esta não os opuser, no prazo legal, observar-se-ão as seguintes regras:

• *Dispositivo correspondente no CPC de 2015: art. 910,* caput.

I — o juiz requisitará o pagamento por intermédio do presidente do tribunal competente;

• *Sem dispositivo correspondente no CPC de 2015.*

II — far-se-á o pagamento na ordem de apresentação do precatório e à conta do respectivo crédito.

• *Dispositivo correspondente no CPC de 2015: art. 910, § 1º.*

Art. 731. Se o credor for preterido no seu direito de preferência, o presidente do tribunal, que expediu a ordem, poderá, depois de ouvido o chefe do Ministério Público, ordenar o sequestro da quantia necessária para satisfazer o débito.

• *Sem dispositivo correspondente no CPC de 2015.*

Capítulo V | DA EXECUÇÃO DE PRESTAÇÃO ALIMENTÍCIA

Art. 732. A execução de sentença, que condena ao pagamento de prestação alimentícia, far-se-á conforme o disposto no Capítulo IV deste Título.

• *Sem dispositivo correspondente no CPC de 2015.*

Parágrafo único. Recaindo a penhora em dinheiro, o oferecimento de embargos não obsta a que o exequente levante mensalmente a importância da prestação.

• *Dispositivos correspondentes no CPC de 2015: arts. 528, § 8º, e 913.*

Art. 733. Na execução de sentença ou de decisão, que fixa os alimentos provisionais, o juiz mandará citar o devedor para, em 3 (três) dias, efetuar o pagamento, provar que o fez ou justificar a impossibilidade de efetuá-lo.

• *Dispositivos correspondentes no CPC de 2015: arts. 528,* caput, *e 911,* caput.

§ 1º Se o devedor não pagar, nem se escusar, o juiz decretar-lhe-á a prisão pelo prazo de 1 (um) a 3 (três) meses.

• *Dispositivo correspondente no CPC de 2015: art. 528, § 3º.*

§ 2º O cumprimento da pena não exime o devedor do pagamento das prestações vencidas e vincendas.

• *Dispositivo correspondente no CPC de 2015: art. 528, § 5º.*

§ 3º Paga a prestação alimentícia, o juiz suspenderá o cumprimento da ordem de prisão.

• *Dispositivo correspondente no CPC de 2015: art. 528, § 6º.*

Art. 734. Quando o devedor for funcionário público, militar, diretor ou gerente de empresa, bem como empregado sujeito à legislação do trabalho, o juiz mandará descontar em folha de pagamento a importância da prestação alimentícia.

• *Dispositivos correspondentes no CPC de 2015: arts. 529,* caput, *e 912,* caput.

Parágrafo único. A comunicação será feita à autoridade, à empresa ou ao empregador por ofício, de que constarão os nomes do credor, do devedor, a importância da prestação e o tempo de sua duração.

• *Dispositivos correspondentes no CPC de 2015: arts. 529, §§ 1º e 2º, e 912, § 2º.*

Art. 735. Se o devedor não pagar os alimentos provisionais a que foi condenado, pode o credor promover a execução da sentença, observando-se o procedimento estabelecido no Capítulo IV deste Título.

• *Sem dispositivo correspondente no CPC de 2015.*

Título I | DOS EMBARGOS DO DEVEDOR

Capítulo I | DAS DISPOSIÇÕES GERAIS

Art. 736. O executado, independentemente de penhora, depósito ou caução, poderá opor-se à execução por meio de embargos.

• *Dispositivo correspondente no CPC de 2015: art. 914,* caput.

Parágrafo único. Os embargos à execução serão distribuídos por dependência, autuados em apartado e instruídos com cópias das peças processuais relevantes, que poderão ser declaradas autênticas pelo advogado, sob sua responsabilidade pessoal.

• *Dispositivo correspondente no CPC de 2015: art. 914, § 1º.*

Art. 737. (*Revogado pela Lei n. 11.382, de 6-12-2006.*)

Art. 738. Os embargos serão oferecidos no prazo de 15 (quinze) dias, contados da data da juntada aos autos do mandado de citação.

• *Dispositivo correspondente no CPC de 2015: art. 915,* caput.

I a IV — (*Revogados pela Lei n. 11.382, de 6-12-2006.*)

§ 1º Quando houver mais de um executado, o prazo para cada um deles embargar conta-se a partir da juntada do respectivo mandado citatório, salvo tratando-se de cônjuges.

• *Dispositivo correspondente no CPC de 2015: art. 915, § 1º.*

§ 2º Nas execuções por carta precatória, a citação do executado será imediatamente comunicada pelo juiz deprecado ao juiz deprecante, inclusive por meios eletrônicos, contando-se o prazo para embargos a partir da juntada aos autos de tal comunicação.

• *Dispositivo correspondente no CPC de 2015: art. 915, § 2º.*

§ 3º Aos embargos do executado não se aplica o disposto no art. 191 desta Lei.

• *Sem dispositivo correspondente no CPC de 2015.*

Art. 739. O juiz rejeitará liminarmente os embargos:

• *Dispositivo correspondente no CPC de 2015: art. 918,* caput.

I — quando intempestivos;

• *Dispositivo correspondente no CPC de 2015: art. 918, I.*

II — quando inepta a petição (art. 295); ou

• *Dispositivo correspondente no CPC de 2015: art. 918, II.*

III — quando manifestamente protelatórios.

• *Dispositivo correspondente no CPC de 2015: art. 918, III.*

§§ 1º a 3º (*Revogados pela Lei n. 11.382, de 6-12-2006.*)

Art. 739-A. Os embargos do executado não terão efeito suspensivo.

• *Dispositivo correspondente no CPC de 2015: art. 919,* caput.

§ 1º O juiz poderá, a requerimento do embargante, atribuir efeito suspensivo aos embargos quando, sendo relevantes seus fundamentos, o prosseguimento da execução manifestamente possa causar ao executado grave dano de difícil ou incerta reparação, e desde que a execução já esteja garantida por penhora, depósito ou caução suficientes.

• *Dispositivo correspondente no CPC de 2015: art. 919, § 1º.*

§ 2º A decisão relativa aos efeitos dos embargos poderá, a requerimento da parte, ser modificada ou revogada a qualquer tempo, em decisão fundamentada, cessando as circunstâncias que a motivaram.

• *Dispositivo correspondente no CPC de 2015: art. 919, § 2º.*

§ 3º Quando o efeito suspensivo atribuído aos embargos disser respeito apenas a parte do objeto da execução, essa prosseguirá quanto à parte restante.

• *Dispositivo correspondente no CPC de 2015: art. 919, § 3º.*

§ 4º A concessão de efeito suspensivo aos embargos oferecidos por um dos executados não suspenderá a execução contra os que não embargaram, quando o respectivo fundamento disser respeito exclusivamente ao embargante.

• *Dispositivo correspondente no CPC de 2015: art. 919, § 4º.*

§ 5º Quando o excesso de execução for fundamento dos embargos, o embargante deverá declarar na petição inicial o valor que entende correto, apresentando memória do cálculo, sob pena de rejeição liminar dos embargos ou de não conhecimento desse fundamento.

• *Dispositivo correspondente no CPC de 2015: art. 917, §§ 3º e 4º.*

§ 6º A concessão de efeito suspensivo não impedirá a efetivação dos atos de penhora e de avaliação dos bens.

• *Dispositivo correspondente no CPC de 2015: art. 919, § 5º.*

Art. 739-B. A cobrança de multa ou de indenizações decorrentes de litigância de má-fé (arts. 17 e 18) será promovida no próprio processo de execução, em autos apensos, operando-se por compensação ou por execução.

• *Sem dispositivo correspondente no CPC de 2015.*

Art. 740. Recebidos os embargos, será o exequente ouvido no prazo de 15 (quinze) dias; a seguir, o juiz julgará imediatamente o pedido (art. 330) ou designará audiência de conciliação, instrução e julgamento, proferindo sentença no prazo de 10 (dez) dias.

• *Dispositivo correspondente no CPC de 2015: art. 920.*

Parágrafo único. No caso de embargos manifestamente protelatórios, o juiz imporá, em favor do exequente, multa ao embargante em valor não superior a 20% (vinte por cento) do valor em execução.

• *Sem dispositivo correspondente no CPC de 2015.*

Capítulo II | DOS EMBARGOS À EXECUÇÃO CONTRA A FAZENDA PÚBLICA

Art. 741. Na execução contra a Fazenda Pública, os embargos só poderão versar sobre:

• *Dispositivo correspondente no CPC de 2015: art. 535,* caput.

I — falta ou nulidade da citação, se o processo correu à revelia;

• *Dispositivo correspondente no CPC de 2015: art. 535, I.*

II — inexigibilidade do título;

• *Dispositivo correspondente no CPC de 2015: art. 535, III.*

III — ilegitimidade das partes;

• *Dispositivo correspondente no CPC de 2015: art. 535, II.*

IV — cumulação indevida de execuções;

• *Dispositivo correspondente no CPC de 2015: art. 535, IV.*

V — excesso de execução;

• *Dispositivo correspondente no CPC de 2015: art. 535, IV.*

VI — qualquer causa impeditiva, modificativa ou extintiva da obrigação, como pagamento, novação, compensação, transação ou prescrição, desde que superveniente à sentença;

• *Dispositivo correspondente no CPC de 2015: art. 535, VI.*

VII — incompetência do juízo da execução, bem como suspeição ou impedimento do juiz.

• *Dispositivo correspondente no CPC de 2015: art. 535, V.*

Parágrafo único. Para efeito do disposto no inciso II do *caput* deste artigo, considera-se também inexigível o título judicial fundado em lei ou ato normativo declarados inconstitucionais pelo Supremo Tribunal Federal, ou fundado em aplicação ou interpretação da lei ou ato normativo tidas pelo Supremo Tribunal Federal como incompatíveis com a Constituição Federal.

• *Dispositivo correspondente no CPC de 2015: art. 535, § 5º.*

Art. 742. Será oferecida, juntamente com os embargos, a exceção de incompetência do juízo, bem como a de suspeição ou de impedimento do juiz.

• *Sem dispositivo correspondente no CPC de 2015.*

Art. 743. Há excesso de execução:

• *Dispositivo correspondente no CPC de 2015: art. 917, § 2º,* caput.

I — quando o credor pleiteia quantia superior à do título;

• *Dispositivo correspondente no CPC de 2015: art. 917, § 2º, I.*

II — quando recai sobre coisa diversa daquela declarada no título;

• *Dispositivo correspondente no CPC de 2015: art. 917, § 2º, II.*

III — quando se processa de modo diferente do que foi determinado na sentença;

• *Dispositivo correspondente no CPC de 2015: art. 917, § 2º, III.*

IV — quando o credor, sem cumprir a prestação que lhe corresponde, exige o adimplemento da do devedor (art. 582);

• *Dispositivo correspondente no CPC de 2015: art. 917, § 2º, IV.*

V — se o credor não provar que a condição se realizou.

• *Dispositivo correspondente no CPC de 2015: art. 917, § 2º, V.*

Capítulo III | DOS EMBARGOS À EXECUÇÃO

Art. 744. (*Revogado pela Lei n. 11.382, de 6-12-2006.*)

Art. 745. Nos embargos, poderá o executado alegar:

• *Dispositivo correspondente no CPC de 2015: art. 917,* caput.

I — nulidade da execução, por não ser executivo o título apresentado;

• *Dispositivo correspondente no CPC de 2015: art. 917, I.*

II — penhora incorreta ou avaliação errônea;

• *Dispositivo correspondente no CPC de 2015: art. 917, II.*

III — excesso de execução, ou cumulação indevida de execuções;

• *Dispositivo correspondente no CPC de 2015: art. 917, III.*

IV — retenção por benfeitorias necessárias ou úteis, nos casos de título para entrega de coisa certa (art. 621);

• *Dispositivo correspondente no CPC de 2015: art. 917, IV.*

V — qualquer matéria que lhe seria lícito deduzir como defesa em processo de conhecimento.

• *Dispositivo correspondente no CPC de 2015: art. 917, VI.*

§ 1º Nos embargos de retenção por benfeitorias, poderá o exequente requerer a compensação de seu valor com o dos frutos ou danos considerados devidos pelo executado, cumprindo ao juiz, para a apuração dos respectivos valores, nomear perito, fixando-lhe breve prazo para entrega do laudo.

• *Dispositivo correspondente no CPC de 2015: art. 917, §§ 3º e 4º.*

§ 2º O exequente poderá, a qualquer tempo, ser imitido na posse da coisa, prestando caução ou depositando o valor devido pelas benfeitorias ou resultante da compensação.

• *Dispositivo correspondente no CPC de 2015: art. 917, § 6º.*

Art. 745-A. No prazo para embargos, reconhecendo o crédito do exequente e comprovando o depósito de 30% (trinta por cento) do valor em execução, inclusive custas e honorários de advogado, poderá o executado requerer seja admitido a pagar o restante em até 6 (seis) parcelas mensais, acrescidas de correção monetária e juros de 1% (um por cento) ao mês.

• *Dispositivo correspondente no CPC de 2015: art. 916,* caput.

§ 1º Sendo a proposta deferida pelo juiz, o exequente levantará a quantia depositada e serão suspensos os atos executivos; caso indeferida, seguir-se-ão os atos executivos, mantido o depósito.

• *Dispositivo correspondente no CPC de 2015: art. 916, §§ 3º e 4º.*

§ 2º O não pagamento de qualquer das prestações implicará, de pleno direito, o vencimento das subsequentes e o prosseguimento do processo, com o imediato início dos atos executivos, imposta ao executado multa de 10% (dez por cento) sobre o valor das prestações não pagas e vedada a oposição de embargos.

• *Dispositivo correspondente no CPC de 2015: art. 916, § 5º.*

Art. 746. É lícito ao executado, no prazo de 5 (cinco) dias, contados da adjudicação, alienação ou arrematação, oferecer embargos fundados em nulidade da execução, ou em causa extintiva da obrigação, desde que superveniente à penhora, aplicando-se, no que couber, o disposto neste Capítulo.

• *Sem dispositivo correspondente no CPC de 2015.*

§ 1º Oferecidos embargos, poderá o adquirente desistir da aquisição.

• *Sem dispositivo correspondente no CPC de 2015.*

§ 2º No caso do § 1º deste artigo, o juiz deferirá de plano o requerimento, com a imediata liberação do depósito feito pelo adquirente (art. 694, § 1º, inciso IV).

• *Sem dispositivo correspondente no CPC de 2015.*

§ 3º Caso os embargos sejam declarados manifestamente protelatórios, o juiz imporá multa ao embargante, não superior a 20% (vinte por cento) do valor da execução, em favor de quem desistiu da aquisição.

• *Sem dispositivo correspondente no CPC de 2015.*

Capítulo IV | DOS EMBARGOS NA EXECUÇÃO POR CARTA

Art. 747. Na execução por carta, os embargos serão oferecidos no juízo deprecante ou no juízo deprecado, mas a competência para julgá-los é do juízo deprecante, salvo se versarem unicamente vícios ou defeitos da penhora, avaliação ou alienação dos bens.

• *Dispositivo correspondente no CPC de 2015: art. 914, § 2º.*

Título IV | DA EXECUÇÃO POR QUANTIA CERTA CONTRA DEVEDOR INSOLVENTE

Capítulo I | DA INSOLVÊNCIA

Art. 748. Dá-se a insolvência toda vez que as dívidas excederem à importância dos bens do devedor.

• *Sem dispositivo correspondente no CPC de 2015.*

Art. 749. Se o devedor for casado e o outro cônjuge, assumindo a responsabilidade por dívidas, não possuir bens próprios que bastem ao pagamento de todos os credores, poderá ser declarada, nos autos do mesmo processo, a insolvência de ambos.

• *Sem dispositivo correspondente no CPC de 2015.*

Art. 750. Presume-se a insolvência quando:

• *Sem dispositivo correspondente no CPC de 2015.*

I — o devedor não possuir outros bens livres e desembaraçados para nomear à penhora;

• *Sem dispositivo correspondente no CPC de 2015.*

II — forem arrestados bens do devedor, com fundamento no art. 813, I, II e III.

• *Sem dispositivo correspondente no CPC de 2015.*

Art. 751. A declaração de insolvência do devedor produz:

• *Sem dispositivo correspondente no CPC de 2015.*

I — o vencimento antecipado das suas dívidas;

• *Sem dispositivo correspondente no CPC de 2015.*

II — a arrecadação de todos os seus bens suscetíveis de penhora, quer os atuais, quer os adquiridos no curso do processo;

• *Sem dispositivo correspondente no CPC de 2015.*

III — a execução por concurso universal dos seus credores.

• *Sem dispositivo correspondente no CPC de 2015.*

Art. 752. Declarada a insolvência, o devedor perde o direito de administrar os seus bens e de dispor deles, até a liquidação total da massa.

• *Sem dispositivo correspondente no CPC de 2015.*

Art. 753. A declaração de insolvência pode ser requerida:

• *Sem dispositivo correspondente no CPC de 2015.*

I — por qualquer credor quirografário;

• *Sem dispositivo correspondente no CPC de 2015.*

II — pelo devedor;

• *Sem dispositivo correspondente no CPC de 2015.*

III — pelo inventariante do espólio do devedor.

• *Sem dispositivo correspondente no CPC de 2015.*

Capítulo II | DA INSOLVÊNCIA REQUERIDA PELO CREDOR

Art. 754. O credor requererá a declaração de insolvência do devedor, instruindo o pedido com título executivo judicial ou extrajudicial (art. 586).

• *Sem dispositivo correspondente no CPC de 2015.*

Art. 755. O devedor será citado para, no prazo de 10 (dez) dias, opor embargos; se os não oferecer, o juiz proferirá, em 10 (dez) dias, a sentença.

• *Sem dispositivo correspondente no CPC de 2015.*

Art. 756. Nos embargos pode o devedor alegar:

• *Sem dispositivo correspondente no CPC de 2015.*

I — que não paga por ocorrer alguma das causas enumeradas nos arts. 741, 742 e 745, conforme o pedido de insolvência se funde em título judicial ou extrajudicial;

• *Sem dispositivo correspondente no CPC de 2015.*

II — que o seu ativo é superior ao passivo.

• *Sem dispositivo correspondente no CPC de 2015.*

Art. 757. O devedor ilidirá o pedido de insolvência se, no prazo para opor embargos, depositar a importância do crédito, para lhe discutir a legitimidade ou o valor.

• *Sem dispositivo correspondente no CPC de 2015.*

Art. 758. Não havendo provas a produzir, o juiz dará a sentença em 10 (dez) dias; havendo-as, designará audiência de instrução e julgamento.

• *Sem dispositivo correspondente no CPC de 2015.*

Capítulo III | DA INSOLVÊNCIA REQUERIDA PELO DEVEDOR OU PELO SEU ESPÓLIO

Art. 759. É lícito ao devedor ou ao seu espólio, a todo tempo, requerer a declaração de insolvência.

• *Sem dispositivo correspondente no CPC de 2015.*

Art. 760. A petição, dirigida ao juiz da comarca em que o devedor tem o seu domicílio, conterá:

• *Sem dispositivo correspondente no CPC de 2015.*

I — a relação nominal de todos os credores, com a indicação do domicílio de cada um, bem como da importância e da natureza dos respectivos créditos;

• *Sem dispositivo correspondente no CPC de 2015.*

II — a individuação de todos os bens, com a estimativa do valor de cada um;

• *Sem dispositivo correspondente no CPC de 2015.*

III — o relatório do estado patrimonial, com a exposição das causas que determinaram a insolvência.

• *Sem dispositivo correspondente no CPC de 2015.*

Capítulo IV | DA DECLARAÇÃO JUDICIAL DE INSOLVÊNCIA

Art. 761. Na sentença, que declarar a insolvência, o juiz:

• *Sem dispositivo correspondente no CPC de 2015.*

I — nomeará, dentre os maiores credores, um administrador da massa;

• *Sem dispositivo correspondente no CPC de 2015.*

II — mandará expedir edital, convocando os credores para que apresentem, no prazo de 20 (vinte) dias, a declaração do crédito, acompanhada do respectivo título.

• *Sem dispositivo correspondente no CPC de 2015.*

Art. 762. Ao juízo da insolvência concorrerão todos os credores do devedor comum.

• *Sem dispositivo correspondente no CPC de 2015.*

§ 1º As execuções movidas por credores individuais serão remetidas ao juízo da insolvência.

• *Sem dispositivo correspondente no CPC de 2015.*

§ 2º Havendo, em alguma execução, dia designado para a praça ou o leilão, far-se-á a arrematação, entrando para a massa o produto dos bens.

• *Sem dispositivo correspondente no CPC de 2015.*

Capítulo V | DAS ATRIBUIÇÕES DO ADMINISTRADOR

Art. 763. A massa dos bens do devedor insolvente ficará sob a custódia e responsabilidade de um administrador, que exercerá as suas atribuições, sob a direção e superintendência do juiz.

• *Sem dispositivo correspondente no CPC de 2015.*

Art. 764. Nomeado o administrador, o escrivão o intimará a assinar, dentro de 24 (vinte e quatro) horas, termo de compromisso de desempenhar bem e fielmente o cargo.

• *Sem dispositivo correspondente no CPC de 2015.*

Art. 765. Ao assinar o termo, o administrador entregará a declaração de crédito, acompanhada do título executivo. Não o tendo em seu poder, juntá-lo-á no prazo fixado pelo art. 761, II.

• *Sem dispositivo correspondente no CPC de 2015.*

Art. 766. Cumpre ao administrador:

• *Sem dispositivo correspondente no CPC de 2015.*

I — arrecadar todos os bens do devedor, onde quer que estejam, requerendo para esse fim as medidas judiciais necessárias;

• *Sem dispositivo correspondente no CPC de 2015.*

II — representar a massa, ativa e passivamente, contratando advogado, cujos honorários serão previamente ajustados e submetidos à aprovação judicial;

• *Sem dispositivo correspondente no CPC de 2015.*

III — praticar todos os atos conservatórios de direitos e de ações, bem como promover a cobrança das dívidas ativas;

• *Sem dispositivo correspondente no CPC de 2015.*

IV — alienar em praça ou em leilão, com autorização judicial, os bens da massa.

• *Sem dispositivo correspondente no CPC de 2015.*

Art. 767. O administrador terá direito a uma remuneração, que o juiz arbitrará, atendendo à sua diligência, ao trabalho, à responsabilidade da função e à importância da massa.

• *Sem dispositivo correspondente no CPC de 2015.*

Capítulo VI | DA VERIFICAÇÃO E DA CLASSIFICAÇÃO DOS CRÉDITOS

Art. 768. Findo o prazo, a que se refere o n. II do art. 761, o escrivão, dentro de 5 (cinco) dias, ordenará todas as declarações, autuando cada uma com o seu respectivo título. Em seguida intimará, por edital, todos os credores para, no prazo de 20 (vinte) dias, que lhes é comum, alegarem as suas preferências, bem como a nulidade, simulação, fraude, ou falsidade de dívidas e contratos.

• *Sem dispositivo correspondente no CPC de 2015.*

Parágrafo único. No prazo, a que se refere este artigo, o devedor poderá impugnar quaisquer créditos.

• *Sem dispositivo correspondente no CPC de 2015.*

Art. 769. Não havendo impugnações, o escrivão remeterá os autos ao contador, que organizará o quadro geral dos credores, observando, quanto à classificação dos créditos e dos títulos legais de preferência, o que dispõe a lei civil.

• *Sem dispositivo correspondente no CPC de 2015.*

Parágrafo único. Se concorrerem aos bens apenas credores quirografários, o contador organizará o quadro, relacionando-os em ordem alfabética.

• *Sem dispositivo correspondente no CPC de 2015.*

Art. 770. Se, quando for organizado o quadro geral dos credores, os bens da massa já tiverem sido alienados, o contador indicará a percentagem, que caberá a cada credor no rateio.

• *Sem dispositivo correspondente no CPC de 2015.*

Art. 771. Ouvidos todos os interessados, no prazo de 10 (dez) dias, sobre o quadro geral dos credores, o juiz proferirá sentença.

• *Sem dispositivo correspondente no CPC de 2015.*

Art. 772. Havendo impugnação pelo credor ou pelo devedor, o juiz deferirá, quando necessário, a produção de provas e em seguida proferirá sentença.

• *Sem dispositivo correspondente no CPC de 2015.*

§ 1º Se for necessária prova oral, o juiz designará audiência de instrução e julgamento.

• *Sem dispositivo correspondente no CPC de 2015.*

§ 2º Transitada em julgado a sentença, observar-se-á o que dispõem os três artigos antecedentes.

• *Sem dispositivo correspondente no CPC de 2015.*

Art. 773. Se os bens não foram alienados antes da organização do quadro geral, o juiz determinará a alienação em praça ou em leilão, destinando-se o produto ao pagamento dos credores.

• *Sem dispositivo correspondente no CPC de 2015.*

Capítulo VII | DO SALDO DEVEDOR

Art. 774. Liquidada a massa sem que tenha sido efetuado o pagamento integral a todos os credores, o devedor insolvente continua obrigado pelo saldo.

• *Sem dispositivo correspondente no CPC de 2015.*

Art. 775. Pelo pagamento dos saldos respondem os bens penhoráveis que o devedor adquirir, até que se lhe declare a extinção das obrigações.

• *Sem dispositivo correspondente no CPC de 2015.*

Art. 776. Os bens do devedor poderão ser arrecadados nos autos do mesmo processo, a requerimento de qualquer credor incluído no quadro geral, a que se refere o art. 769, procedendo-se à sua alienação e à distribuição do respectivo produto aos credores, na proporção dos seus saldos.

• *Sem dispositivo correspondente no CPC de 2015.*

Capítulo VIII | DA EXTINÇÃO DAS OBRIGAÇÕES

Art. 777. A prescrição das obrigações, interrompida com a instauração do concurso universal de credores, recomeça a correr no dia em que passar em julgado a sentença que encerrar o processo de insolvência.

• *Sem dispositivo correspondente no CPC de 2015.*

Art. 778. Consideram-se extintas todas as obrigações do devedor, decorrido o prazo de 5 (cinco) anos, contados da data do encerramento do processo de insolvência.

• *Sem dispositivo correspondente no CPC de 2015.*

Art. 779. É lícito ao devedor requerer ao juízo da insolvência a extinção das obrigações; o juiz mandará publicar edital, com o prazo de 30 (trinta) dias, no órgão oficial e em outro jornal de grande circulação.

• *Sem dispositivo correspondente no CPC de 2015.*

Art. 780. No prazo estabelecido no artigo antecedente, qualquer credor poderá opor-se ao pedido, alegando que:

• *Sem dispositivo correspondente no CPC de 2015.*

I — não transcorreram 5 (cinco) anos da data do encerramento da insolvência;

• *Sem dispositivo correspondente no CPC de 2015.*

II — o devedor adquiriu bens, sujeitos à arrecadação (art. 776).

• *Sem dispositivo correspondente no CPC de 2015.*

Art. 781. Ouvido o devedor no prazo de 10 (dez) dias, o juiz proferirá sentença; havendo provas a produzir, o juiz designará audiência de instrução e julgamento.

• *Sem dispositivo correspondente no CPC de 2015.*

Art. 782. A sentença, que declarar extintas as obrigações, será publicada por edital, ficando o devedor habilitado a praticar todos os atos da vida civil.

• *Sem dispositivo correspondente no CPC de 2015.*

Capítulo IX | DAS DISPOSIÇÕES GERAIS

Art. 783. O devedor insolvente poderá, depois da aprovação do quadro a que se refere o art. 769, acordar com os seus credores, propondo-lhes a forma de pagamento. Ouvidos os credores, se não houver oposição, o juiz aprovará a proposta por sentença.

• *Sem dispositivo correspondente no CPC de 2015.*

Art. 784. Ao credor retardatário é assegurado o direito de disputar, por ação direta, antes do rateio final, a prelação ou a cota proporcional ao seu crédito.

• *Sem dispositivo correspondente no CPC de 2015.*

Art. 785. O devedor, que caiu em estado de insolvência sem culpa sua, pode requerer ao juiz, se a massa o comportar, que lhe arbitre uma pensão, até a alienação dos bens. Ouvidos os credores, o juiz decidirá.

• *Sem dispositivo correspondente no CPC de 2015.*

Art. 786. As disposições deste Título aplicam-se às sociedades civis, qualquer que seja a sua forma.

• *Sem dispositivo correspondente no CPC de 2015.*

Art. 786-A. Os editais referidos neste Título também serão publicados, quando for o caso, nos órgãos oficiais dos Estados em que o devedor tenha filiais ou representantes.

• *Sem dispositivo correspondente no CPC de 2015.*

Título V | DA REMIÇÃO

Arts. 787 a 790. (*Revogados pela Lei n. 11.382, de 6-12-2006.*)

Título VI | DA SUSPENSÃO E DA EXTINÇÃO DO PROCESSO DE EXECUÇÃO

Capítulo I | DA SUSPENSÃO

Art. 791. Suspende-se a execução:

• *Dispositivo correspondente no CPC de 2015: art. 921,* caput.

I — no todo ou em parte, quando recebidos com efeito suspensivo os embargos à execução (art. 739-A);

• *Dispositivo correspondente no CPC de 2015: art. 921, I.*

II — nas hipóteses previstas no art. 265, I a III;

• *Dispositivo correspondente no CPC de 2015: art. 921, II.*

III — quando o devedor não possuir bens penhoráveis.

• *Dispositivo correspondente no CPC de 2015: art. 921, III.*

Art. 792. Convindo as partes, o juiz declarará suspensa a execução durante o prazo concedido pelo credor, para que o devedor cumpra voluntariamente a obrigação.

• *Dispositivo correspondente no CPC de 2015: art. 922,* caput.

Parágrafo único. Findo o prazo sem cumprimento da obrigação, o processo retomará o seu curso.

• *Dispositivo correspondente no CPC de 2015: art. 922, parágrafo único.*

Art. 793. Suspensa a execução, é defeso praticar quaisquer atos processuais. O juiz poderá, entretanto, ordenar providências cautelares urgentes.

• *Dispositivo correspondente no CPC de 2015: art. 923.*

Capítulo II | DA EXTINÇÃO

Art. 794. Extingue-se a execução quando:

• *Dispositivo correspondente no CPC de 2015: art. 924,* caput.

I — o devedor satisfaz a obrigação;

• *Dispositivo correspondente no CPC de 2015: art. 924, II.*

II — o devedor obtém, por transação ou por qualquer outro meio, a remissão total da dívida;

• *Dispositivo correspondente no CPC de 2015: art. 924, III.*

III — o credor renunciar ao crédito.

• *Dispositivo correspondente no CPC de 2015: art. 924, IV.*

Art. 795. A extinção só produz efeito quando declarada por sentença.

• *Dispositivo correspondente no CPC de 2015: art. 925.*

Livro III | DO PROCESSO CAUTELAR

Título único | DAS MEDIDAS CAUTELARES

Capítulo I | DAS DISPOSIÇÕES GERAIS

Art. 796. O procedimento cautelar pode ser instaurado antes ou no curso do processo principal e deste é sempre dependente.

• *Dispositivo correspondente no CPC de 2015: art. 294.*

Art. 797. Só em casos excepcionais, expressamente autorizados por lei, determinará o juiz medidas cautelares sem a audiência das partes.

• *Sem dispositivo correspondente no CPC de 2015.*

Art. 798. Além dos procedimentos cautelares específicos, que este Código regula no Capítulo II deste Livro, poderá o juiz determinar as medidas provisórias que julgar adequadas, quando houver fundado receio de que uma parte, antes do julgamento da lide, cause ao direito da outra lesão grave e de difícil reparação.

• *Dispositivo correspondente no CPC de 2015: art. 297,* caput.

Art. 799. No caso do artigo anterior, poderá o juiz, para evitar o dano, autorizar ou vedar a prática de determinados atos, ordenar a guarda judicial de pessoas e depósito de bens e impor a prestação de caução.

• *Sem dispositivo correspondente no CPC de 2015.*

Art. 800. As medidas cautelares serão requeridas ao juiz da causa; e, quando preparatórias, ao juiz competente para conhecer da ação principal.

• *Dispositivo correspondente no CPC de 2015: art. 299,* caput.

Parágrafo único. Interposto o recurso, a medida cautelar será requerida diretamente ao tribunal.

• *Dispositivo correspondente no CPC de 2015: art. 299, parágrafo único.*

Art. 801. O requerente pleiteará a medida cautelar em petição escrita, que indicará:

• *Dispositivo correspondente no CPC de 2015: art. 305,* caput.

I — a autoridade judiciária, a que for dirigida;

• *Sem dispositivo correspondente no CPC de 2015.*

II — o nome, o estado civil, a profissão e a residência do requerente e do requerido;

• *Sem dispositivo correspondente no CPC de 2015.*

III — a lide e seu fundamento;

• *Sem dispositivo correspondente no CPC de 2015.*

IV — a exposição sumária do direito ameaçado e o receio da lesão;

• *Sem dispositivo correspondente no CPC de 2015.*

V — as provas que serão produzidas.

• *Sem dispositivo correspondente no CPC de 2015.*

Parágrafo único. Não se exigirá o requisito do n. III senão quando a medida cautelar for requerida em procedimento preparatório.

• *Sem dispositivo correspondente no CPC de 2015.*

Art. 802. O requerido será citado, qualquer que seja o procedimento cautelar, para, no prazo de 5 (cinco) dias, contestar o pedido, indicando as provas que pretende produzir.

• *Dispositivo correspondente no CPC de 2015: art. 306.*

Parágrafo único. Conta-se o prazo, da juntada aos autos do mandado:

• *Sem dispositivo correspondente no CPC de 2015.*

I — de citação devidamente cumprido;

• *Sem dispositivo correspondente no CPC de 2015.*

II — da execução da medida cautelar, quando concedida liminarmente ou após justificação prévia.

• *Sem dispositivo correspondente no CPC de 2015.*

Art. 803. Não sendo contestado o pedido, presumir-se-ão aceitos pelo requerido, como verdadeiros, os fatos alegados pelo requerente (arts. 285 e 319); caso em que o juiz decidirá dentro em 5 (cinco) dias.

• *Dispositivo correspondente no CPC de 2015: art. 307,* caput.

Parágrafo único. Se o requerido contestar no prazo legal, o juiz designará audiência de instrução e julgamento, havendo prova a ser nela produzida.

• *Dispositivo correspondente no CPC de 2015: art. 307, parágrafo único.*

Art. 804. É lícito ao juiz conceder liminarmente ou após justificação prévia a medida cautelar, sem ouvir o réu, quando verificar que este, sendo citado, poderá torná-la ineficaz; caso em que poderá determinar que o requerente preste caução real ou fidejussória de ressarcir os danos que o requerido possa vir a sofrer.

• *Dispositivo correspondente no CPC de 2015: art. 300, §§ 1º e 2º.*

Art. 805. A medida cautelar poderá ser substituída, de ofício ou a requerimento de qualquer das partes, pela prestação de caução ou outra garantia menos gravosa para o requerido, sempre que adequada e suficiente para evitar a lesão ou repará-la integralmente.

• *Sem dispositivo correspondente no CPC de 2015.*

Art. 806. Cabe à parte propor a ação, no prazo de 30 (trinta) dias, contados da data da efetivação da medida cautelar, quando esta for concedida em procedimento preparatório.

• *Dispositivo correspondente no CPC de 2015: art. 308,* caput.

Art. 807. As medidas cautelares conservam a sua eficácia no prazo do artigo antecedente e na pendência do processo principal; mas podem, a qualquer tempo, ser revogadas ou modificadas.

• *Sem dispositivo correspondente no CPC de 2015.*

Parágrafo único. Salvo decisão judicial em contrário, a medida cautelar conservará a eficácia durante o período de suspensão do processo.

• *Sem dispositivo correspondente no CPC de 2015.*

Art. 808. Cessa a eficácia da medida cautelar:

• *Dispositivo correspondente no CPC de 2015: art. 309,* caput.

I — se a parte não intentar a ação no prazo estabelecido no art. 806;

• *Dispositivo correspondente no CPC de 2015: art. 309, I.*

II — se não for executada dentro de 30 (trinta) dias;

• *Dispositivo correspondente no CPC de 2015: art. 309, II.*

III — se o juiz declarar extinto o processo principal, com ou sem julgamento do mérito.

• *Dispositivo correspondente no CPC de 2015: art. 309, III.*

Parágrafo único. Se por qualquer motivo cessar a medida, é defeso à parte repetir o pedido, salvo por novo fundamento.

• *Dispositivo correspondente no CPC de 2015: art. 309, parágrafo único.*

Art. 809. Os autos do procedimento cautelar serão apensados aos do processo principal.

• *Sem dispositivo correspondente no CPC de 2015.*

Art. 810. O indeferimento da medida não obsta a que a parte intente a ação, nem influi no julgamento desta, salvo se o juiz, no procedimento cautelar, acolher a alegação de decadência ou de prescrição do direito do autor.

• *Dispositivo correspondente no CPC de 2015: art. 310.*

Art. 811. Sem prejuízo do disposto no art. 16, o requerente do procedimento cautelar responde ao requerido pelo prejuízo que lhe causar a execução da medida:

• *Dispositivo correspondente no CPC de 2015: art. 302,* caput.

I — se a sentença no processo principal lhe for desfavorável;

• *Dispositivo correspondente no CPC de 2015: art. 302, I.*

II — se, obtida liminarmente a medida no caso do art. 804 deste Código, não promover a citação do requerido dentro em 5 (cinco) dias;

• *Dispositivo correspondente no CPC de 2015: art. 302, II.*

III — se ocorrer a cessação da eficácia da medida, em qualquer dos casos previstos no art. 808, deste Código;

• *Dispositivo correspondente no CPC de 2015: art. 302, III.*

IV — se o juiz acolher, no procedimento cautelar, a alegação de decadência ou de prescrição do direito do autor (art. 810).

• *Dispositivo correspondente no CPC de 2015: art. 302, IV.*

Parágrafo único. A indenização será liquidada nos autos do procedimento cautelar.

• *Dispositivo correspondente no CPC de 2015: art. 302, parágrafo único.*

Art. 812. Aos procedimentos cautelares específicos, regulados no Capítulo seguinte, aplicam-se as disposições gerais deste Capítulo.

• *Sem dispositivo correspondente no CPC de 2015.*

Capítulo II | DOS PROCEDIMENTOS CAUTELARES ESPECÍFICOS

Seção I | DO ARRESTO

Art. 813. O arresto tem lugar:

• *Sem dispositivo correspondente no CPC de 2015.*

I — quando o devedor sem domicílio certo intenta ausentar-se ou alienar os bens que possui, ou deixa de pagar a obrigação no prazo estipulado;

- *Sem dispositivo correspondente no CPC de 2015.*

II — quando o devedor, que tem domicílio:

- *Sem dispositivo correspondente no CPC de 2015.*

a) se ausenta ou tenta ausentar-se furtivamente;

- *Sem dispositivo correspondente no CPC de 2015.*

b) caindo em insolvência, aliena ou tenta alienar bens que possui; contrai ou tenta contrair dívidas extraordinárias; põe ou tenta pôr os seus bens em nome de terceiros; ou comete outro qualquer artifício fraudulento, a fim de frustrar a execução ou lesar credores;

- *Sem dispositivo correspondente no CPC de 2015.*

III — quando o devedor, que possui bens de raiz, intenta aliená-los, hipotecá-los ou dá-los em anticrese, sem ficar com algum ou alguns, livres e desembargados, equivalentes às dívidas;

- *Sem dispositivo correspondente no CPC de 2015.*

IV — nos demais casos expressos em lei.

- *Sem dispositivo correspondente no CPC de 2015.*

Art. 814. Para a concessão do arresto é essencial:

- *Sem dispositivo correspondente no CPC de 2015.*

I — prova literal da dívida líquida e certa;

- *Sem dispositivo correspondente no CPC de 2015.*

II — prova documental ou justificação de algum dos casos mencionados no artigo antecedente.

- *Sem dispositivo correspondente no CPC de 2015.*

Parágrafo único. Equipara-se à prova literal da dívida líquida e certa, para efeito de concessão de arresto, a sentença, líquida ou ilíquida, pendente de recurso, condenando o devedor ao pagamento de dinheiro ou de prestação que em dinheiro possa converter-se.

- *Sem dispositivo correspondente no CPC de 2015.*

Art. 815. A justificação prévia, quando ao juiz parecer indispensável, far-se-á em segredo e de plano, reduzindo-se a termo o depoimento das testemunhas.

- *Sem dispositivo correspondente no CPC de 2015.*

Art. 816. O juiz concederá o arresto independentemente de justificação prévia:

- *Sem dispositivo correspondente no CPC de 2015.*

I — quando for requerido pela União, Estado ou Município, nos casos previstos em lei;

- *Sem dispositivo correspondente no CPC de 2015.*

II — se o credor prestar caução (art. 804).

- *Sem dispositivo correspondente no CPC de 2015.*

Art. 817. Ressalvado o disposto no art. 810, a sentença proferida no arresto não faz coisa julgada na ação principal.

- *Sem dispositivo correspondente no CPC de 2015.*

Art. 818. Julgada procedente a ação principal, o arresto se resolve em penhora.

- *Sem dispositivo correspondente no CPC de 2015.*

Art. 819. Ficará suspensa a execução do arresto se o devedor:

• *Sem dispositivo correspondente no CPC de 2015.*

I — tanto que intimado, pagar ou depositar em juízo a importância da dívida, mais os honorários de advogado que o juiz arbitrar, e custas;

• *Sem dispositivo correspondente no CPC de 2015.*

II — der fiador idôneo, ou prestar caução para garantir a dívida, honorários do advogado do requerente e custas.

• *Sem dispositivo correspondente no CPC de 2015.*

Art. 820. Cessa o arresto:

• *Sem dispositivo correspondente no CPC de 2015.*

I — pelo pagamento;

• *Sem dispositivo correspondente no CPC de 2015.*

II — pela novação;

• *Sem dispositivo correspondente no CPC de 2015.*

III — pela transação.

• *Sem dispositivo correspondente no CPC de 2015.*

Art. 821. Aplicam-se ao arresto as disposições referentes à penhora, não alteradas na presente Seção.

• *Sem dispositivo correspondente no CPC de 2015.*

Seção II | DO SEQUESTRO

Art. 822. O juiz, a requerimento da parte, pode decretar o sequestro:

• *Sem dispositivo correspondente no CPC de 2015.*

I — de bens móveis, semoventes ou imóveis, quando lhes for disputada a propriedade ou a posse, havendo fundado receio de rixas ou danificações;

• *Sem dispositivo correspondente no CPC de 2015.*

II — dos frutos e rendimentos do imóvel reivindicando, se o réu, depois de condenado por sentença ainda sujeita a recurso, os dissipar;

• *Sem dispositivo correspondente no CPC de 2015.*

III — dos bens do casal, nas ações de desquite e de anulação de casamento, se o cônjuge os estiver dilapidando;

• *Sem dispositivo correspondente no CPC de 2015.*

IV — nos demais casos expressos em lei.

• *Sem dispositivo correspondente no CPC de 2015.*

Art. 823. Aplica-se ao sequestro, no que couber, o que este Código estatui acerca do arresto.

• *Sem dispositivo correspondente no CPC de 2015.*

Art. 824. Incumbe ao juiz nomear o depositário dos bens sequestrados. A escolha poderá, todavia, recair:

• *Sem dispositivo correspondente no CPC de 2015.*

I — em pessoa indicada, de comum acordo, pelas partes;

• *Sem dispositivo correspondente no CPC de 2015.*

II — em uma das partes, desde que ofereça maiores garantias e preste caução idônea.

• *Sem dispositivo correspondente no CPC de 2015.*

Art. 825. A entrega dos bens ao depositário far-se-á logo depois que este assinar o compromisso.

• *Sem dispositivo correspondente no CPC de 2015.*

Parágrafo único. Se houver resistência, o depositário solicitará ao juiz a requisição de força policial.

• *Sem dispositivo correspondente no CPC de 2015.*

Seção III | DA CAUÇÃO

Art. 826. A caução pode ser real ou fidejussória.

• *Sem dispositivo correspondente no CPC de 2015.*

Art. 827. Quando a lei não determinar a espécie de caução, esta poderá ser prestada mediante depósito em dinheiro, papéis de crédito, títulos da União ou dos Estados, pedras e metais preciosos, hipoteca, penhor e fiança.

• *Sem dispositivo correspondente no CPC de 2015.*

Art. 828. A caução pode ser prestada pelo interessado ou por terceiro.

• *Sem dispositivo correspondente no CPC de 2015.*

Art. 829. Aquele que for obrigado a dar caução requererá a citação da pessoa a favor de quem tiver de ser prestada, indicando na petição inicial:

• *Sem dispositivo correspondente no CPC de 2015.*

I — o valor a caucionar;

• *Sem dispositivo correspondente no CPC de 2015.*

II — o modo pelo qual a caução vai ser prestada;

• *Sem dispositivo correspondente no CPC de 2015.*

III — a estimativa dos bens;

• *Sem dispositivo correspondente no CPC de 2015.*

IV — a prova da suficiência da caução ou da idoneidade do fiador.

• *Sem dispositivo correspondente no CPC de 2015.*

Art. 830. Aquele em cujo favor há de ser dada a caução requererá a citação do obrigado para que a preste, sob pena de incorrer na sanção que a lei ou o contrato cominar para a falta.

• *Sem dispositivo correspondente no CPC de 2015.*

Art. 831. O requerido será citado para, no prazo de 5 (cinco) dias, aceitar a caução (art. 829), prestá-la (art. 830), ou contestar o pedido.

• *Sem dispositivo correspondente no CPC de 2015.*

Art. 832. O juiz proferirá imediatamente a sentença:

• *Sem dispositivo correspondente no CPC de 2015.*

I — se o requerido não contestar;

• *Sem dispositivo correspondente no CPC de 2015.*

II — se a caução oferecida ou prestada for aceita;

• *Sem dispositivo correspondente no CPC de 2015.*

III — se a matéria for somente de direito ou, sendo de direito e de fato, já não houver necessidade de outra prova.

• *Sem dispositivo correspondente no CPC de 2015.*

Art. 833. Contestado o pedido, o juiz designará audiência de instrução e julgamento, salvo o disposto no n. III do artigo anterior.

• *Sem dispositivo correspondente no CPC de 2015.*

Art. 834. Julgando procedente o pedido, o juiz determinará a caução e assinará o prazo em que deve ser prestada, cumprindo-se as diligências que forem determinadas.

• *Sem dispositivo correspondente no CPC de 2015.*

Parágrafo único. Se o requerido não cumprir a sentença no prazo estabelecido, o juiz declarará:

• *Sem dispositivo correspondente no CPC de 2015.*

I — no caso do art. 829, não prestada a caução;

• *Sem dispositivo correspondente no CPC de 2015.*

II — no caso do art. 830, efetivada a sanção que cominou.

• *Sem dispositivo correspondente no CPC de 2015.*

Art. 835. O autor, nacional ou estrangeiro, que residir fora do Brasil ou dele se ausentar na pendência da demanda, prestará, nas ações que intentar, caução suficiente às custas e honorários de advogado da parte contrária, se não tiver no Brasil bens imóveis que lhes assegurem o pagamento.

• *Dispositivo correspondente no CPC de 2015: art. 83,* caput.

Art. 836. Não se exigirá, porém, a caução, de que trata o artigo antecedente:

• *Sem dispositivo correspondente no CPC de 2015.*

I — na execução fundada em título extrajudicial;

• *Sem dispositivo correspondente no CPC de 2015.*

II — na reconvenção.

• *Sem dispositivo correspondente no CPC de 2015.*

Art. 837. Verificando-se no curso do processo que se desfalcou a garantia, poderá o interessado exigir reforço da caução. Na petição inicial, o requerente justificará o pedido, indicando a depreciação do bem dado em garantia e a importância do reforço que pretende obter.

• *Sem dispositivo correspondente no CPC de 2015.*

Art. 838. Julgando procedente o pedido, o juiz assinará prazo para que o obrigado reforce a caução. Não sendo cumprida a sentença, cessarão os efeitos da caução prestada, presumindo-se que o autor tenha desistido da ação ou o recorrente desistido do recurso.

• *Sem dispositivo correspondente no CPC de 2015.*

Seção IV | DA BUSCA E APREENSÃO

Art. 839. O juiz pode decretar a busca e apreensão de pessoas ou de coisas.

• *Sem dispositivo correspondente no CPC de 2015.*

Art. 840. Na petição inicial exporá o requerente as razões justificativas da medida e da ciência de estar a pessoa ou a coisa no lugar designado.

• *Sem dispositivo correspondente no CPC de 2015.*

Art. 841. A justificação prévia far-se-á em segredo de justiça, se for indispensável. Provado quanto baste o alegado, expedir-se-á o mandado que conterá:

• *Sem dispositivo correspondente no CPC de 2015.*

I — a indicação da casa ou do lugar em que deve efetuar-se a diligência;

• *Sem dispositivo correspondente no CPC de 2015.*

II — a descrição da pessoa ou da coisa procurada e o destino a lhe dar;

• *Sem dispositivo correspondente no CPC de 2015.*

III — a assinatura do juiz, de quem emanar a ordem.

• *Sem dispositivo correspondente no CPC de 2015.*

Art. 842. O mandado será cumprido por dois oficiais de justiça, um dos quais o lerá ao morador, intimando-o a abrir as portas.

• *Sem dispositivo correspondente no CPC de 2015.*

§ 1º Não atendidos, os oficiais de justiça arrombarão as portas externas, bem como as internas e quaisquer móveis onde presumam que esteja oculta a pessoa ou a coisa procurada.

• *Sem dispositivo correspondente no CPC de 2015.*

§ 2º Os oficiais de justiça far-se-ão acompanhar de duas testemunhas.

• *Sem dispositivo correspondente no CPC de 2015.*

§ 3º Tratando-se de direito autoral ou direito conexo do artista, intérprete ou executante, produtores de fonogramas e organismos de radiodifusão, o juiz designará, para acompanharem os oficiais de justiça, dois peritos aos quais incumbirá confirmar a ocorrência da violação antes de ser efetivada a apreensão.

• *Sem dispositivo correspondente no CPC de 2015.*

Art. 843. Finda a diligência, lavrarão os oficiais de justiça auto circunstanciado, assinando-o com as testemunhas.

• *Sem dispositivo correspondente no CPC de 2015.*

Seção V | DA EXIBIÇÃO

Art. 844. Tem lugar, como procedimento preparatório, a exibição judicial:

• *Sem dispositivo correspondente no CPC de 2015.*

I — de coisa móvel em poder de outrem e que o requerente repute sua ou tenha interesse em conhecer;

• *Sem dispositivo correspondente no CPC de 2015.*

II — de documento próprio ou comum, em poder de cointeressado, sócio, condômino, credor ou devedor; ou em poder de terceiro que o tenha em sua guarda, como inventariante, testamenteiro, depositário ou administrador de bens alheios;

• *Sem dispositivo correspondente no CPC de 2015.*

III — da escrituração comercial por inteiro, balanços e documentos de arquivo, nos casos expressos em lei.

• *Sem dispositivo correspondente no CPC de 2015.*

Art. 845. Observar-se-á, quanto ao procedimento, no que couber, o disposto nos arts. 355 a 363, e 381 e 382.

• *Sem dispositivo correspondente no CPC de 2015.*

Seção VI | DA PRODUÇÃO ANTECIPADA DE PROVAS

Art. 846. A produção antecipada da prova pode consistir em interrogatório da parte, inquirição de testemunhas e exame pericial.

• *Sem dispositivo correspondente no CPC de 2015.*

Art. 847. Far-se-á o interrogatório da parte ou a inquirição das testemunhas antes da propositura da ação, ou na pendência desta, mas antes da audiência de instrução:

• *Sem dispositivo correspondente no CPC de 2015.*

I — se tiver de ausentar-se;

• *Sem dispositivo correspondente no CPC de 2015.*

II — se, por motivo de idade ou de moléstia grave, houver justo receio de que ao tempo da prova já não exista, ou esteja impossibilitada de depor.

• *Sem dispositivo correspondente no CPC de 2015.*

Art. 848. O requerente justificará sumariamente a necessidade da antecipação e mencionará com precisão os fatos sobre que há de recair a prova.

• *Sem dispositivo correspondente no CPC de 2015.*

Parágrafo único. Tratando-se de inquirição de testemunha, serão intimados os interessados a comparecer à audiência em que prestará o depoimento.

• *Sem dispositivo correspondente no CPC de 2015.*

Art. 849. Havendo fundado receio de que venha a tornar-se impossível ou muito difícil a verificação de certos fatos na pendência da ação, é admissível o exame pericial.

• *Sem dispositivo correspondente no CPC de 2015.*

Art. 850. A prova pericial realizar-se-á conforme o disposto nos arts. 420 a 439.

• *Sem dispositivo correspondente no CPC de 2015.*

Art. 851. Tomado o depoimento ou feito exame pericial, os autos permanecerão em cartório, sendo lícito aos interessados solicitar as certidões que quiserem.

• *Dispositivo correspondente no CPC de 2015: art. 383,* caput.

Seção VII | DOS ALIMENTOS PROVISIONAIS

Art. 852. É lícito pedir alimentos provisionais:

• *Sem dispositivo correspondente no CPC de 2015.*

I — nas ações de desquite e de anulação de casamento, desde que estejam separados os cônjuges;

• *Sem dispositivo correspondente no CPC de 2015.*

II — nas ações de alimentos, desde o despacho da petição inicial;

• *Sem dispositivo correspondente no CPC de 2015.*

III — nos demais casos expressos em lei.

• *Sem dispositivo correspondente no CPC de 2015.*

Parágrafo único. No caso previsto no n. I deste artigo, a prestação alimentícia devida ao requerente abrange, além do que necessitar para sustento, habitação e vestuário, as despesas para custear a demanda.

• *Sem dispositivo correspondente no CPC de 2015.*

Art. 853. Ainda que a causa principal penda de julgamento no tribunal, processar-se-á no primeiro grau de jurisdição o pedido de alimentos provisionais.

• *Sem dispositivo correspondente no CPC de 2015.*

Art. 854. Na petição inicial, exporá o requerente as suas necessidades e as possibilidades do alimentante.

• *Sem dispositivo correspondente no CPC de 2015.*

Parágrafo único. O requerente poderá pedir que o juiz, ao despachar a petição inicial e sem audiência do requerido, lhe arbitre desde logo uma mensalidade para mantença.

• *Sem dispositivo correspondente no CPC de 2015.*

Seção VIII | DO ARROLAMENTO DE BENS

Art. 855. Procede-se ao arrolamento sempre que há fundado receio de extravio ou de dissipação de bens.

• *Sem dispositivo correspondente no CPC de 2015.*

Art. 856. Pode requerer o arrolamento todo aquele que tem interesse na conservação dos bens.

• *Sem dispositivo correspondente no CPC de 2015.*

§ 1º O interesse do requerente pode resultar de direito já constituído ou que deva ser declarado em ação própria.

• *Sem dispositivo correspondente no CPC de 2015.*

§ 2º Aos credores só é permitido requerer arrolamento nos casos em que tenha lugar a arrecadação de herança.

• *Sem dispositivo correspondente no CPC de 2015.*

Art. 857. Na petição inicial exporá o requerente:

• *Sem dispositivo correspondente no CPC de 2015.*

I — o seu direito aos bens;

• *Sem dispositivo correspondente no CPC de 2015.*

II — os fatos em que funda o receio de extravio ou de dissipação dos bens.

• *Sem dispositivo correspondente no CPC de 2015.*

Art. 858. Produzidas as provas em justificação prévia, o juiz, convencendo-se de que o interesse do requerente corre sério risco, deferirá a medida, nomeando depositário dos bens.

• *Sem dispositivo correspondente no CPC de 2015.*

Parágrafo único. O possuidor ou detentor dos bens será ouvido se a audiência não comprometer a finalidade da medida.

• *Sem dispositivo correspondente no CPC de 2015.*

Art. 859. O depositário lavrará auto, descrevendo minuciosamente todos os bens e registrando quaisquer ocorrências que tenham interesse para sua conservação.

• *Sem dispositivo correspondente no CPC de 2015.*

Art. 860. Não sendo possível efetuar desde logo o arrolamento ou concluí-lo no dia em que foi iniciado, apor-se-ão selos nas portas da casa ou nos móveis em que estejam os bens, continuando-se a diligência no dia que for designado.

• *Sem dispositivo correspondente no CPC de 2015.*

Seção IX | DA JUSTIFICAÇÃO

Art. 861. Quem pretender justificar a existência de algum fato ou relação jurídica, seja para simples documento e sem caráter contencioso, seja para servir de prova em processo regular, exporá, em petição circunstanciada, a sua intenção.

• *Sem dispositivo correspondente no CPC de 2015.*

Art. 862. Salvo nos casos expressos em lei, é essencial a citação dos interessados.

• *Sem dispositivo correspondente no CPC de 2015.*

Parágrafo único. Se o interessado não puder ser citado pessoalmente, intervirá no processo o Ministério Público.

• *Sem dispositivo correspondente no CPC de 2015.*

Art. 863. A justificação consistirá na inquirição de testemunhas sobre os fatos alegados, sendo facultado ao requerente juntar documentos.

• *Sem dispositivo correspondente no CPC de 2015.*

Art. 864. Ao interessado é lícito contraditar as testemunhas, reinquiri-las e manifestar-se sobre os documentos, dos quais terá vista em cartório por 24 (vinte e quatro) horas.

• *Sem dispositivo correspondente no CPC de 2015.*

Art. 865. No processo de justificação não se admite defesa nem recurso.

• *Sem dispositivo correspondente no CPC de 2015.*

Art. 866. A justificação será afinal julgada por sentença e os autos serão entregues ao requerente independentemente de traslado, decorridas 48 (quarenta e oito) horas da decisão.

• *Sem dispositivo correspondente no CPC de 2015.*

Parágrafo único. O juiz não se pronunciará sobre o mérito da prova, limitando-se a verificar se foram observadas as formalidades legais.

• *Sem dispositivo correspondente no CPC de 2015.*

Seção X | DOS PROTESTOS, NOTIFICAÇÕES E INTERPELAÇÕES

Art. 867. Todo aquele que desejar prevenir responsabilidade, prover a conservação e ressalva de seus direitos ou manifestar qualquer intenção de modo formal, poderá fazer por escrito o seu protesto, em petição dirigida ao juiz, e requerer que do mesmo se intime a quem de direito.

• *Dispositivo correspondente no CPC de 2015: art. 726,* caput.

Art. 868. Na petição o requerente exporá os fatos e os fundamentos do protesto.

• *Sem dispositivo correspondente no CPC de 2015.*

Art. 869. O juiz indeferirá o pedido, quando o requerente não houver demonstrado legítimo interesse e o protesto, dando causa a dúvidas e incertezas, possa impedir a formação de contrato ou a realização de negócio lícito.

• *Sem dispositivo correspondente no CPC de 2015.*

Art. 870. Far-se-á a intimação por editais:

• *Sem dispositivo correspondente no CPC de 2015.*

I — se o protesto for para conhecimento do público em geral, nos casos previstos em lei, ou quando a publicidade seja essencial para que o protesto, notificação ou interpelação atinja seus fins;

• *Sem dispositivo correspondente no CPC de 2015.*

II — se o citando for desconhecido, incerto ou estiver em lugar ignorado ou de difícil acesso;

• *Sem dispositivo correspondente no CPC de 2015.*

III — se a demora da intimação pessoal puder prejudicar os efeitos da interpelação ou do protesto.

• *Sem dispositivo correspondente no CPC de 2015.*

Parágrafo único. Quando se tratar de protesto contra a alienação de bens, pode o juiz ouvir, em 3 (três) dias, aquele contra quem foi dirigido, desde que lhe pareça haver no pedido ato emulativo, tentativa de extorsão, ou qualquer outro fim ilícito, decidindo em seguida sobre o pedido de publicação de editais.

• *Sem dispositivo correspondente no CPC de 2015.*

Art. 871. O protesto ou interpelação não admite defesa nem contraprotesto nos autos; mas o requerido pode contraprotestar em processo distinto.

• *Sem dispositivo correspondente no CPC de 2015.*

Art. 872. Feita a intimação, ordenará o juiz que, pagas as custas, e decorridas 48 (quarenta e oito) horas, sejam os autos entregues à parte independentemente de traslado.

• *Dispositivo correspondente no CPC de 2015: art. 729.*

Art. 873. Nos casos previstos em lei processar-se-á a notificação ou interpelação na conformidade dos artigos antecedentes.

• *Sem dispositivo correspondente no CPC de 2015.*

Seção XI | DA HOMOLOGAÇÃO DO PENHOR LEGAL

Art. 874. Tomado o penhor legal nos casos previstos em lei, requererá o credor, ato contínuo, a homologação. Na petição inicial, instruída com a conta pormenorizada das despesas, a tabela dos preços e a relação dos objetos retidos, pedirá a citação do devedor para, em 24 (vinte e quatro) horas, pagar ou alegar defesa.

• *Dispositivo correspondente no CPC de 2015: art. 703,* caput *e § 1º.*

Parágrafo único. Estando suficientemente provado o pedido nos termos deste artigo, o juiz poderá homologar de plano o penhor legal.

• *Sem dispositivo correspondente no CPC de 2015.*

Art. 875. A defesa só pode consistir em:

• *Dispositivo correspondente no CPC de 2015: art. 704,* caput.

I — nulidade do processo;

• *Dispositivo correspondente no CPC de 2015: art. 704, I.*

II — extinção da obrigação;

• *Dispositivo correspondente no CPC de 2015: art. 704, II.*

III — não estar a dívida compreendida entre as previstas em lei ou não estarem os bens sujeitos a penhor legal.

• *Dispositivo correspondente no CPC de 2015: art. 704, III.*

Art. 876. Em seguida, o juiz decidirá; homologando o penhor, serão os autos entregues ao requerente 48 (quarenta e oito) horas depois, independentemente de traslado, salvo se, dentro desse prazo, a parte houver pedido certidão; não sendo homologado, o objeto será entregue ao réu, ressalvado ao autor o direito de cobrar a conta por ação ordinária.

• *Dispositivo correspondente no CPC de 2015: art. 706,* caput *e § 1º.*

Seção XII | DA POSSE EM NOME DO NASCITURO

Art. 877. A mulher que, para garantia dos direitos do filho nascituro, quiser provar seu estado de gravidez, requererá ao juiz que, ouvido o órgão do Ministério Público, mande examiná-la por um médico de sua nomeação.

• *Sem dispositivo correspondente no CPC de 2015.*

§ 1º O requerimento será instruído com a certidão de óbito da pessoa, de quem o nascituro é sucessor.

• *Sem dispositivo correspondente no CPC de 2015.*

§ 2º Será dispensado o exame se os herdeiros do falecido aceitarem a declaração da requerente.

• *Sem dispositivo correspondente no CPC de 2015.*

§ 3º Em caso algum a falta do exame prejudicará os direitos do nascituro.

• *Sem dispositivo correspondente no CPC de 2015.*

Art. 878. Apresentado o laudo que reconheça a gravidez, o juiz, por sentença, declarará a requerente investida na posse dos direitos que assistam ao nascituro.

• *Sem dispositivo correspondente no CPC de 2015.*

Parágrafo único. Se à requerente não couber o exercício do pátrio poder, o juiz nomeará curador ao nascituro.

• *Sem dispositivo correspondente no CPC de 2015.*

Seção XIII | DO ATENTADO

Art. 879. Comete atentado a parte que no curso do processo:

• *Sem dispositivo correspondente no CPC de 2015.*

I — viola penhora, arresto, sequestro ou imissão na posse;

• *Sem dispositivo correspondente no CPC de 2015.*

II — prossegue em obra embargada;

• *Sem dispositivo correspondente no CPC de 2015.*

III — pratica outra qualquer inovação ilegal no estado de fato.

• *Sem dispositivo correspondente no CPC de 2015.*

Art. 880. A petição inicial será autuada em separado, observando-se, quanto ao procedimento, o disposto nos arts. 802 e 803.

• *Sem dispositivo correspondente no CPC de 2015.*

Parágrafo único. A ação de atentado será processada e julgada pelo juiz que conheceu originariamente da causa principal, ainda que esta se encontre no tribunal.

• *Sem dispositivo correspondente no CPC de 2015.*

Art. 881. A sentença, que julgar procedente a ação, ordenará o restabelecimento do estado anterior, a suspensão da causa principal e a proibição de o réu falar nos autos até a purgação do atentado.

• *Sem dispositivo correspondente no CPC de 2015.*

Parágrafo único. A sentença poderá condenar o réu a ressarcir à parte lesada as perdas e danos que sofreu em consequência do atentado.

• *Sem dispositivo correspondente no CPC de 2015.*

Seção XIV | DO PROTESTO E DA APREENSÃO DE TÍTULOS

Art. 882. O protesto de títulos e contas judicialmente verificadas far-se-á nos casos e com observância da lei especial.

• *Sem dispositivo correspondente no CPC de 2015.*

Art. 883. O oficial intimará do protesto o devedor, por carta registrada ou entregando-lhe em mãos o aviso.

• *Sem dispositivo correspondente no CPC de 2015.*

Parágrafo único. Far-se-á, todavia, por edital, a intimação:

• *Sem dispositivo correspondente no CPC de 2015.*

I — se o devedor não for encontrado na comarca;

- *Sem dispositivo correspondente no CPC de 2015.*

II — quando se tratar de pessoa desconhecida ou incerta.

- *Sem dispositivo correspondente no CPC de 2015.*

Art. 884. Se o oficial opuser dúvidas ou dificuldades à tomada do protesto ou à entrega do respectivo instrumento, poderá a parte reclamar ao juiz. Ouvido o oficial, o juiz proferirá sentença, que será transcrita no instrumento.

- *Sem dispositivo correspondente no CPC de 2015.*

Art. 885. O juiz poderá ordenar a apreensão de título não restituído ou sonegado pelo emitente, sacado ou aceitante; mas só decretará a prisão de quem o recebeu para firmar aceite ou efetuar pagamento, se o portador provar, com justificação ou por documento, a entrega do título e a recusa da devolução.

- *Sem dispositivo correspondente no CPC de 2015.*

Parágrafo único. O juiz mandará processar de plano o pedido, ouvirá depoimentos se for necessário e, estando provada a alegação, ordenará a prisão.

- *Sem dispositivo correspondente no CPC de 2015.*

Art. 886. Cessará a prisão:

- *Sem dispositivo correspondente no CPC de 2015.*

I — se o devedor restituir o título, ou pagar o seu valor e as despesas feitas, ou o exibir para ser levado a depósito;

- *Sem dispositivo correspondente no CPC de 2015.*

II — quando o requerente desistir;

- *Sem dispositivo correspondente no CPC de 2015.*

III — não sendo iniciada a ação penal dentro do prazo da lei;

- *Sem dispositivo correspondente no CPC de 2015.*

IV — não sendo proferido o julgado dentro de 90 (noventa) dias da data da execução do mandado.

- *Sem dispositivo correspondente no CPC de 2015.*

Art. 887. Havendo contestação do crédito, o depósito das importâncias referido no artigo precedente não será levantado antes de passada em julgado a sentença.

- *Sem dispositivo correspondente no CPC de 2015.*

Seção XV | DE OUTRAS MEDIDAS PROVISIONAIS

Art. 888. O juiz poderá ordenar ou autorizar, na pendência da ação principal ou antes de sua propositura:

- *Sem dispositivo correspondente no CPC de 2015.*

I — obras de conservação em coisa litigiosa ou judicialmente apreendida;

- *Sem dispositivo correspondente no CPC de 2015.*

II — a entrega de bens de uso pessoal do cônjuge e dos filhos;

- *Sem dispositivo correspondente no CPC de 2015.*

III — a posse provisória dos filhos, nos casos de separação judicial ou anulação de casamento;

- *Sem dispositivo correspondente no CPC de 2015.*

IV — o afastamento do menor autorizado a contrair casamento contra a vontade dos pais;

• *Sem dispositivo correspondente no CPC de 2015.*

V — o depósito de menores ou incapazes castigados imoderadamente por seus pais, tutores ou curadores, ou por eles induzidos à prática de atos contrários à lei ou à moral;

• *Sem dispositivo correspondente no CPC de 2015.*

VI — o afastamento temporário de um dos cônjuges da morada do casal;

• *Sem dispositivo correspondente no CPC de 2015.*

VII — a guarda e a educação dos filhos, regulado o direito de visita que, no interesse da criança ou do adolescente, pode, a critério do juiz, ser extensivo a cada um dos avós;

• *Sem dispositivo correspondente no CPC de 2015.*

VIII — a interdição ou a demolição de prédio para resguardar a saúde, a segurança ou outro interesse público.

• *Sem dispositivo correspondente no CPC de 2015.*

Art. 889. Na aplicação das medidas enumeradas no artigo antecedente observar-se-á o procedimento estabelecido nos arts. 801 a 803.

• *Sem dispositivo correspondente no CPC de 2015.*

Parágrafo único. Em caso de urgência, o juiz poderá autorizar ou ordenar as medidas, sem audiência do requerido.

• *Sem dispositivo correspondente no CPC de 2015.*

Livro IV | DOS PROCEDIMENTOS ESPECIAIS

Título I | DOS PROCEDIMENTOS ESPECIAIS DE JURISDIÇÃO CONTENCIOSA

Capítulo I | DA AÇÃO DE CONSIGNAÇÃO EM PAGAMENTO

Art. 890. Nos casos previstos em lei, poderá o devedor ou terceiro requerer, com efeito de pagamento, a consignação da quantia ou da coisa devida.

• *Dispositivo correspondente no CPC de 2015: art. 539,* caput.

§ 1º Tratando-se de obrigação em dinheiro, poderá o devedor ou terceiro optar pelo depósito da quantia devida, em estabelecimento bancário oficial, onde houver, situado no lugar do pagamento, em conta com correção monetária, cientificando-se o credor por carta com aviso de recepção, assinado o prazo de 10 (dez) dias para a manifestação de recusa.

• *Dispositivo correspondente no CPC de 2015: art. 539, § 1º.*

§ 2º Decorrido o prazo referido no parágrafo anterior, sem a manifestação de recusa, reputar-se-á o devedor liberado da obrigação, ficando à disposição do credor a quantia depositada.

• *Dispositivo correspondente no CPC de 2015: art. 539, § 2º.*

§ 3º Ocorrendo a recusa, manifestada por escrito ao estabelecimento bancário, o devedor ou terceiro poderá propor, dentro de 30 (trinta) dias, a ação de consignação, instruindo a inicial com a prova do depósito e da recusa.

• *Dispositivo correspondente no CPC de 2015: art. 539, § 3º.*

§ 4º Não proposta a ação no prazo do parágrafo anterior, ficará sem efeito o depósito, podendo levantá-lo o depositante.

• *Dispositivo correspondente no CPC de 2015: art. 539, § 4º.*

Art. 891. Requerer-se-á a consignação no lugar do pagamento, cessando para o devedor, tanto que se efetue o depósito, os juros e os riscos, salvo se for julgada improcedente.

• *Dispositivo correspondente no CPC de 2015: art. 540.*

Parágrafo único. Quando a coisa devida for corpo que deva ser entregue no lugar em que está, poderá o devedor requerer a consignação no foro em que ela se encontra.

• *Sem dispositivo correspondente no CPC de 2015.*

Art. 892. Tratando-se de prestações periódicas, uma vez consignada a primeira, pode o devedor continuar a consignar, no mesmo processo e sem mais formalidades, as que se forem vencendo, desde que os depósitos sejam efetuados até 5 (cinco) dias, contados da data do vencimento.

• *Dispositivo correspondente no CPC de 2015: art. 541.*

Art. 893. O autor, na petição inicial, requererá:

• *Dispositivo correspondente no CPC de 2015: art. 542,* caput.

I — o depósito da quantia ou da coisa devida, a ser efetivado no prazo de 5 (cinco) dias contados do deferimento, ressalvada a hipótese do § 3º do art. 890;

• *Dispositivo correspondente no CPC de 2015: art. 542, I.*

II — a citação do réu para levantar o depósito ou oferecer resposta.

• *Dispositivo correspondente no CPC de 2015: art. 542, II.*

Art. 894. Se o objeto da prestação for coisa indeterminada e a escolha couber ao credor, será este citado para exercer o direito dentro de 5 (cinco) dias, se outro prazo não constar de lei ou do contrato, ou para aceitar que o devedor o faça, devendo o juiz, ao despachar a petição inicial, fixar lugar, dia e hora em que se fará a entrega, sob pena de depósito.

• *Dispositivo correspondente no CPC de 2015: art. 543.*

Art. 895. Se ocorrer dúvida sobre quem deva legitimamente receber o pagamento, o autor requererá o depósito e a citação dos que o disputam para provarem o seu direito.

• *Dispositivo correspondente no CPC de 2015: art. 547.*

Art. 896. Na contestação, o réu poderá alegar que:

• *Dispositivo correspondente no CPC de 2015: art. 544,* caput.

I — não houve recusa ou mora em receber a quantia ou coisa devida;

• *Dispositivo correspondente no CPC de 2015: art. 544, I.*

II — foi justa a recusa;

• *Dispositivo correspondente no CPC de 2015: art. 544, II.*

III — o depósito não se efetuou no prazo ou no lugar do pagamento;

• *Dispositivo correspondente no CPC de 2015: art. 544, III.*

IV — o depósito não é integral.

• *Dispositivo correspondente no CPC de 2015: art. 544, IV.*

Parágrafo único. No caso do inciso IV, a alegação será admissível se o réu indicar o montante que entende devido.

• *Dispositivo correspondente no CPC de 2015: art. 544, parágrafo único.*

Art. 897. Não oferecida a contestação, e ocorrentes os efeitos da revelia, o juiz julgará procedente o pedido, declarará extinta a obrigação e condenará o réu nas custas e honorários advocatícios.

• *Dispositivo correspondente no CPC de 2015: art. 546,* caput.

Parágrafo único. Proceder-se-á do mesmo modo se o credor receber e der quitação.

• *Dispositivo correspondente no CPC de 2015: art. 546, parágrafo único.*

Art. 898. Quando a consignação se fundar em dúvida sobre quem deva legitimamente receber, não comparecendo nenhum pretendente, converter-se-á o depósito em arrecadação de bens de ausentes; comparecendo apenas um, o juiz decidirá de plano; comparecendo mais de um, o juiz declarará efetuado o depósito e extinta a obrigação, continuando o processo a correr unicamente entre os credores; caso em que se observará o procedimento ordinário.

• *Dispositivo correspondente no CPC de 2015: art. 548.*

Art. 899. Quando na contestação o réu alegar que o depósito não é integral, é lícito ao autor completá-lo, dentro em 10 (dez) dias, salvo se corresponder a prestação, cujo inadimplemento acarrete a rescisão do contrato.

• *Dispositivo correspondente no CPC de 2015: art. 545,* caput.

§ 1º Alegada a insuficiência do depósito, poderá o réu levantar, desde logo, a quantia ou a coisa depositada, com a consequente liberação parcial do autor, prosseguindo o processo quanto à parcela controvertida.

• *Dispositivo correspondente no CPC de 2015: art. 545, § 1º.*

§ 2º A sentença que concluir pela insuficiência do depósito determinará, sempre que possível, o montante devido, e, neste caso, valerá como título executivo, facultado ao credor promover-lhe a execução nos mesmos autos.

• *Dispositivo correspondente no CPC de 2015: art. 545, § 2º.*

Art. 900. Aplica-se o procedimento estabelecido neste Capítulo, no que couber, ao resgate do aforamento.

• *Dispositivo correspondente no CPC de 2015: art. 549.*

Capítulo II | DA AÇÃO DE DEPÓSITO

Art. 901. Esta ação tem por fim exigir a restituição da coisa depositada.

• *Sem dispositivo correspondente no CPC de 2015.*

Art. 902. Na petição inicial instruída com a prova literal do depósito e a estimativa do valor da coisa, se não constar do contrato, o autor pedirá a citação do réu para, no prazo de 5 (cinco) dias:

• *Sem dispositivo correspondente no CPC de 2015.*

I — entregar a coisa, depositá-la em juízo ou consignar-lhe o equivalente em dinheiro;

• *Sem dispositivo correspondente no CPC de 2015.*

II — contestar a ação.

• *Sem dispositivo correspondente no CPC de 2015.*

§ 1º No pedido poderá constar, ainda, a cominação da pena de prisão até 1 (um) ano, que o juiz decretará na forma do art. 904, parágrafo único.

• *Sem dispositivo correspondente no CPC de 2015.*

§ 2º O réu poderá alegar, além da nulidade ou falsidade do título e da extinção das obrigações, as defesas previstas na lei civil.

• *Sem dispositivo correspondente no CPC de 2015.*

Art. 903. Se o réu contestar a ação, observar-se-á o procedimento ordinário.

• *Sem dispositivo correspondente no CPC de 2015.*

Art. 904. Julgada procedente a ação, ordenará o juiz a expedição de mandado para a entrega, em 24 (vinte e quatro) horas, da coisa ou do equivalente em dinheiro.

• *Sem dispositivo correspondente no CPC de 2015.*

Parágrafo único. Não sendo cumprido o mandado, o juiz decretará a prisão do depositário infiel.

• *Sem dispositivo correspondente no CPC de 2015.*

Art. 905. Sem prejuízo do depósito ou da prisão do réu, é lícito ao autor promover a busca e apreensão da coisa. Se esta for encontrada ou entregue voluntariamente pelo réu, cessará a prisão e será devolvido o equivalente em dinheiro.

• *Sem dispositivo correspondente no CPC de 2015.*

Art. 906. Quando não receber a coisa ou o equivalente em dinheiro, poderá o autor prosseguir nos próprios autos para haver o que lhe for reconhecido na sentença, observando-se o procedimento da execução por quantia certa.

• *Sem dispositivo correspondente no CPC de 2015.*

Capítulo III | DA AÇÃO DE ANULAÇÃO E SUBSTITUIÇÃO DE TÍTULOS AO PORTADOR

Art. 907. Aquele que tiver perdido título ao portador ou dele houver sido injustamente desapossado poderá:

• *Sem dispositivo correspondente no CPC de 2015.*

I — reivindicá-lo da pessoa que o detiver;

• *Sem dispositivo correspondente no CPC de 2015.*

II — requerer-lhe a anulação e substituição por outro.

• *Sem dispositivo correspondente no CPC de 2015.*

Art. 908. No caso do n. II do artigo antecedente, exporá o autor, na petição inicial, a quantidade, espécie, valor nominal do título e atributos que o individualizem, a época e o lugar em que o adquiriu, as circunstâncias em que o perdeu e quando recebeu os últimos juros e dividendos, requerendo:

• *Sem dispositivo correspondente no CPC de 2015.*

I — a citação do detentor e, por edital, de terceiros interessados para contestarem o pedido;

• *Sem dispositivo correspondente no CPC de 2015.*

II — a intimação do devedor, para que deposite em juízo o capital, bem como juros ou dividendos vencidos ou vincendos;

• *Sem dispositivo correspondente no CPC de 2015.*

III — a intimação da Bolsa de Valores, para conhecimento de seus membros, a fim de que estes não negociem os títulos.

• *Sem dispositivo correspondente no CPC de 2015.*

Art. 909. Justificado quanto baste o alegado, ordenará o juiz a citação do réu e o cumprimento das providências enumeradas nos ns. II e III do artigo anterior.

• *Sem dispositivo correspondente no CPC de 2015.*

Parágrafo único. A citação abrangerá também terceiros interessados, para responderem à ação.

• *Sem dispositivo correspondente no CPC de 2015.*

Art. 910. Só se admitirá a contestação quando acompanhada do título reclamado.

• *Sem dispositivo correspondente no CPC de 2015.*

Parágrafo único. Recebida a contestação do réu, observar-se-á o procedimento ordinário.

• *Sem dispositivo correspondente no CPC de 2015.*

Art. 911. Julgada procedente a ação, o juiz declarará caduco o título reclamado e ordenará ao devedor que lavre outro em substituição, dentro do prazo que a sentença lhe assinar.

• *Sem dispositivo correspondente no CPC de 2015.*

Art. 912. Ocorrendo destruição parcial, o portador, exibindo o que restar do título, pedirá a citação do devedor para em 10 (dez) dias substituí-lo ou contestar a ação.

• *Sem dispositivo correspondente no CPC de 2015.*

Parágrafo único. Não havendo contestação, o juiz proferirá desde logo a sentença; em caso contrário, observar-se-á o procedimento ordinário.

• *Sem dispositivo correspondente no CPC de 2015.*

Art. 913. Comprado o título em bolsa ou leilão público, o dono que pretender a restituição é obrigado a indenizar ao adquirente o preço que este pagou, ressalvado o direito de reavê-lo do vendedor.

• *Sem dispositivo correspondente no CPC de 2015.*

Capítulo IV | DA AÇÃO DE PRESTAÇÃO DE CONTAS

Art. 914. A ação de prestação de contas competirá a quem tiver:

• *Sem dispositivo correspondente no CPC de 2015.*

I — o direito de exigi-las;

• *Sem dispositivo correspondente no CPC de 2015.*

II — a obrigação de prestá-las.

• *Sem dispositivo correspondente no CPC de 2015.*

Art. 915. Aquele que pretender exigir a prestação de contas requererá a citação do réu para, no prazo de 5 (cinco) dias, as apresentar ou contestar a ação.

• *Dispositivo correspondente no CPC de 2015: art. 550,* caput.

§ 1º Prestadas as contas, terá o autor 5 (cinco) dias para dizer sobre elas; havendo necessidade de produzir provas, o juiz designará audiência de instrução e julgamento; em caso contrário, proferirá desde logo a sentença.

• *Dispositivo correspondente no CPC de 2015: art. 550, § 2º.*

§ 2º Se o réu não contestar a ação ou não negar a obrigação de prestar contas, observar-se-á o disposto no art. 330; a sentença, que julgar procedente a ação, condenará o réu a prestar as contas no prazo de 48 (quarenta e oito) horas, sob pena de não lhe ser lícito impugnar as que o autor apresentar.

• *Dispositivo correspondente no CPC de 2015: art. 550, § 5º.*

§ 3º Se o réu apresentar as contas dentro do prazo estabelecido no parágrafo anterior, seguir-se-á o procedimento do § 1º deste artigo; em caso contrário, apresentá-las-á o autor dentro em 10 (dez) dias, sendo as contas julgadas segundo o prudente arbítrio do juiz, que poderá determinar, se necessário, a realização do exame pericial contábil.

• *Dispositivo correspondente no CPC de 2015: art. 550, § 6º.*

Art. 916. Aquele que estiver obrigado a prestar contas requererá a citação do réu para, no prazo de 5 (cinco) dias, aceitá-las ou contestar a ação.

• *Sem dispositivo correspondente no CPC de 2015.*

§ 1º Se o réu não contestar a ação ou se declarar que aceita as contas oferecidas, serão estas julgadas dentro de 10 (dez) dias.

• *Sem dispositivo correspondente no CPC de 2015.*

§ 2º Se o réu contestar a ação ou impugnar as contas e houver necessidade de produzir provas, o juiz designará audiência de instrução e julgamento.

• *Sem dispositivo correspondente no CPC de 2015.*

Art. 917. As contas, assim do autor como do réu, serão apresentadas em forma mercantil, especificando-se as receitas e a aplicação das despesas, bem como o respectivo saldo; e serão instruídas com os documentos justificativos.

• *Dispositivo correspondente no CPC de 2015: art. 551,* caput.

Art. 918. O saldo credor declarado na sentença poderá ser cobrado em execução forçada.

• *Dispositivo correspondente no CPC de 2015: art. 552.*

Art. 919. As contas do inventariante, do tutor, do curador, do depositário e de outro qualquer administrador serão prestadas em apenso aos autos do processo em que tiver sido nomeado. Sendo condenado a pagar o saldo e não o fazendo no prazo legal, o juiz poderá destituí-lo, sequestrar os bens sob sua guarda e glosar o prêmio ou gratificação a que teria direito.

• *Dispositivo correspondente no CPC de 2015: art. 553.*

Capítulo V | DAS AÇÕES POSSESSÓRIAS

Seção I | DAS DISPOSIÇÕES GERAIS

Art. 920. A propositura de uma ação possessória em vez de outra não obstará a que o juiz conheça do pedido e outorgue a proteção legal correspondente àquela, cujos requisitos estejam provados.

• *Dispositivo correspondente no CPC de 2015: art. 554,* caput.

Art. 921. É lícito ao autor cumular ao pedido possessório o de:

• *Dispositivo correspondente no CPC de 2015: art. 555,* caput.

I — condenação em perdas e danos;

• *Dispositivo correspondente no CPC de 2015: art. 555, I.*

II — cominação de pena para caso de nova turbação ou esbulho;

• *Dispositivo correspondente no CPC de 2015: art. 555, parágrafo único,* caput *e I.*

III — desfazimento de construção ou plantação feita em detrimento de sua posse.

• *Sem dispositivo correspondente no CPC de 2015.*

Art. 922. É lícito ao réu, na contestação, alegando que foi o ofendido em sua posse, demandar a proteção possessória e a indenização pelos prejuízos resultantes da turbação ou do esbulho cometido pelo autor.

• *Dispositivo correspondente no CPC de 2015: art. 556.*

Art. 923. Na pendência do processo possessório, é defeso, assim ao autor como ao réu, intentar a ação de reconhecimento do domínio.

• *Dispositivo correspondente no CPC de 2015: art. 557,* caput.

Art. 924. Regem o procedimento de manutenção e de reintegração de posse as normas da seção seguinte, quando intentado dentro de ano e dia da turbação ou do esbulho; passado esse prazo, será ordinário, não perdendo, contudo, o caráter possessório.

• *Dispositivo correspondente no CPC de 2015: art. 558.*

Art. 925. Se o réu provar, em qualquer tempo, que o autor provisoriamente mantido ou reintegrado na posse carece de idoneidade financeira para, no caso de decair da ação, responder por perdas e danos, o juiz assinar-lhe-á o prazo de 5 (cinco) dias para requerer caução sob pena de ser depositada a coisa litigiosa.

• *Dispositivo correspondente no CPC de 2015: art. 559.*

Seção II | DA MANUTENÇÃO E DA REINTEGRAÇÃO DE POSSE

Art. 926. O possuidor tem direito a ser mantido na posse em caso de turbação e reintegrado no de esbulho.

• *Dispositivo correspondente no CPC de 2015: art. 560.*

Art. 927. Incumbe ao autor provar:

• *Dispositivo correspondente no CPC de 2015: art. 561,* caput.

I — a sua posse;

• *Dispositivo correspondente no CPC de 2015: art. 561, I.*

II — a turbação ou o esbulho praticado pelo réu;

• *Dispositivo correspondente no CPC de 2015: art. 561, II.*

III — a data da turbação ou do esbulho;

• *Dispositivo correspondente no CPC de 2015: art. 561, III.*

IV — a continuação da posse, embora turbada, na ação de manutenção; a perda da posse, na ação de reintegração.

• *Dispositivo correspondente no CPC de 2015: art. 561, IV.*

Art. 928. Estando a petição inicial devidamente instruída, o juiz deferirá, sem ouvir o réu, a expedição do mandado liminar de manutenção ou de reintegração; no caso contrário, determinará que o autor justifique previamente o alegado, citando-se o réu para comparecer à audiência que for designada.

• *Dispositivo correspondente no CPC de 2015: art. 562,* caput.

Parágrafo único. Contra as pessoas jurídicas de direito público não será deferida a manutenção ou a reintegração liminar sem prévia audiência dos respectivos representantes judiciais.

• *Dispositivo correspondente no CPC de 2015: art. 562, parágrafo único.*

Art. 929. Julgada procedente a justificação, o juiz fará logo expedir mandado de manutenção ou de reintegração.

• *Dispositivo correspondente no CPC de 2015: art. 563.*

Art. 930. Concedido ou não o mandado liminar de manutenção ou de reintegração, o autor promoverá, nos 5 (cinco) dias subsequentes, a citação do réu para contestar a ação.

• *Dispositivo correspondente no CPC de 2015: art. 564,* caput.

Parágrafo único. Quando for ordenada a justificação prévia (art. 928), o prazo para contestar contar-se-á da intimação do despacho que deferir ou não a medida liminar.

• *Dispositivo correspondente no CPC de 2015: art. 564, parágrafo único.*

Art. 931. Aplica-se, quanto ao mais, o procedimento ordinário.

• *Dispositivo correspondente no CPC de 2015: art. 566.*

Seção III | DO INTERDITO PROIBITÓRIO

Art. 932. O possuidor direto ou indireto, que tenha justo receio de ser molestado na posse, poderá impetrar ao juiz que o segure da turbação ou esbulho iminente, mediante mandado proibitório, em que se comine ao réu determinada pena pecuniária, caso transgrida o preceito.

• *Dispositivo correspondente no CPC de 2015: art. 567.*

Art. 933. Aplica-se ao interdito proibitório o disposto na seção anterior.

• *Dispositivo correspondente no CPC de 2015: art. 568.*

Capítulo VI | DA AÇÃO DE NUNCIAÇÃO DE OBRA NOVA

Art. 934. Compete esta ação:

• *Sem dispositivo correspondente no CPC de 2015.*

I — ao proprietário ou possuidor, a fim de impedir que a edificação de obra nova em imóvel vizinho lhe prejudique o prédio, suas servidões ou fins a que é destinado;

• *Sem dispositivo correspondente no CPC de 2015.*

II — ao condômino, para impedir que o coproprietário execute alguma obra com prejuízo ou alteração da coisa comum;

• *Sem dispositivo correspondente no CPC de 2015.*

III — ao Município, a fim de impedir que o particular construa em contravenção da lei, do regulamento ou de postura.

• *Sem dispositivo correspondente no CPC de 2015.*

Art. 935. Ao prejudicado também é lícito, se o caso for urgente, fazer o embargo extrajudicial, notificando verbalmente, perante duas testemunhas, o proprietário ou, em sua falta, o construtor, para não continuar a obra.

• *Sem dispositivo correspondente no CPC de 2015.*

Parágrafo único. Dentro de 3 (três) dias requererá o nunciante a ratificação em juízo, sob pena de cessar o efeito do embargo.

• *Sem dispositivo correspondente no CPC de 2015.*

Art. 936. Na petição inicial, elaborada com observância dos requisitos do art. 282, requererá o nunciante:

• *Sem dispositivo correspondente no CPC de 2015.*

I — o embargo para que fique suspensa a obra e se mande afinal reconstituir, modificar ou demolir o que estiver feito em seu detrimento;

• *Sem dispositivo correspondente no CPC de 2015.*

II — a cominação de pena para o caso de inobservância do preceito;

• *Sem dispositivo correspondente no CPC de 2015.*

III — a condenação em perdas e danos.

• *Sem dispositivo correspondente no CPC de 2015.*

Parágrafo único. Tratando-se de demolição, colheita, corte de madeiras, extração de minérios e obras semelhantes, pode incluir-se o pedido de apreensão e depósito dos materiais e produtos já retirados.

• *Sem dispositivo correspondente no CPC de 2015.*

Art. 937. É lícito ao juiz conceder o embargo liminarmente ou após justificação prévia.

• *Sem dispositivo correspondente no CPC de 2015.*

Art. 938. Deferido o embargo, o oficial de justiça, encarregado de seu cumprimento, lavrará auto circunstanciado, descrevendo o estado em que se encontra a obra; e, ato contínuo, intimará o construtor e os operários a que não continuem a obra sob pena de desobediência e citará o proprietário a contestar em 5 (cinco) dias a ação.

• *Sem dispositivo correspondente no CPC de 2015.*

Art. 939. Aplica-se a esta ação o disposto no art. 803.

• *Sem dispositivo correspondente no CPC de 2015.*

Art. 940. O nunciado poderá, a qualquer tempo e em qualquer grau de jurisdição, requerer o prosseguimento da obra, desde que preste caução e demonstre prejuízo resultante da suspensão dela.

• *Sem dispositivo correspondente no CPC de 2015.*

§ 1º A caução será prestada no juízo de origem, embora a causa se encontre no tribunal.

• *Sem dispositivo correspondente no CPC de 2015.*

§ 2º Em nenhuma hipótese terá lugar o prosseguimento, tratando-se de obra nova levantada contra determinação de regulamentos administrativos.

• *Sem dispositivo correspondente no CPC de 2015.*

Capítulo VII | DA AÇÃO DE USUCAPIÃO DE TERRAS PARTICULARES

Art. 941. Compete a ação de usucapião ao possuidor para que se lhe declare, nos termos da lei, o domínio do imóvel ou a servidão predial.

• *Sem dispositivo correspondente no CPC de 2015.*

Art. 942. O autor, expondo na petição inicial o fundamento do pedido e juntando planta do imóvel, requererá a citação daquele em cujo nome estiver registrado o imóvel usucapiendo, bem como dos confinantes e, por edital, dos réus em lugar incerto e dos eventuais interessados, observado quanto ao prazo o disposto no inciso IV do art. 232.

• *Sem dispositivo correspondente no CPC de 2015.*

Art. 943. Serão intimados por via postal, para que manifestem interesse na causa, os representantes da Fazenda Pública da União, dos Estados, do Distrito Federal, dos Territórios e dos Municípios.

• *Sem dispositivo correspondente no CPC de 2015.*

Art. 944. Intervirá obrigatoriamente em todos os atos do processo o Ministério Público.

• *Sem dispositivo correspondente no CPC de 2015.*

Art. 945. A sentença, que julgar procedente a ação, será transcrita, mediante mandado, no registro de imóveis, satisfeitas as obrigações fiscais.

• *Sem dispositivo correspondente no CPC de 2015.*

Capítulo VIII | DA AÇÃO DE DIVISÃO E DA DEMARCAÇÃO DE TERRAS PARTICULARES

Seção I | DAS DISPOSIÇÕES GERAIS

Art. 946. Cabe:

• *Dispositivo correspondente no CPC de 2015: art. 569,* caput.

I — a ação de demarcação ao proprietário para obrigar o seu confinante a estremar os respectivos prédios, fixando-se novos limites entre eles ou aviventando-se os já apagados;

• *Dispositivo correspondente no CPC de 2015: art. 569, I.*

II — a ação de divisão, ao condômino para obrigar os demais consortes, a partilhar a coisa comum.

• *Dispositivo correspondente no CPC de 2015: art. 569, II.*

Art. 947. É lícita a cumulação destas ações; caso em que deverá processar-se primeiramente a demarcação total ou parcial da coisa comum, citando-se os confinantes e condôminos.

• *Dispositivo correspondente no CPC de 2015: art. 570.*

Art. 948. Fixados os marcos da linha de demarcação, os confinantes considerar-se-ão terceiros quanto ao processo divisório; fica-lhes, porém, ressalvado o direito de vindicarem os terrenos de que se julguem despojados por invasão das linhas limítrofes constitutivas do perímetro ou a reclamarem uma indenização pecuniária correspondente ao seu valor.

• *Dispositivo correspondente no CPC de 2015: art. 572,* caput.

Art. 949. Serão citados para a ação todos os condôminos, se ainda não transitou em julgado a sentença homologatória da divisão; e todos os quinhoeiros dos terrenos vindicados, se proposta posteriormente.

• *Dispositivo correspondente no CPC de 2015: art. 572, § 1º.*

Parágrafo único. Neste último caso, a sentença que julga procedente a ação, condenando a restituir os terrenos ou a pagar a indenização, valerá como título executivo em favor dos quinhoeiros para haverem dos outros condôminos, que forem parte na divisão, ou de seus sucessores por título universal, na proporção que lhes tocar, a composição pecuniária do desfalque sofrido.

• *Dispositivo correspondente no CPC de 2015: art. 572, § 2º.*

Seção II | DA DEMARCAÇÃO

Art. 950. Na petição inicial, instruída com os títulos da propriedade, designar-se-á o imóvel pela situação e denominação, descrever-se-ão os limites por constituir, aviventar ou renovar e nomear-se-ão todos os confinantes da linha demarcanda.

• *Dispositivo correspondente no CPC de 2015: art. 574.*

Art. 951. O autor pode requerer a demarcação com queixa de esbulho ou turbação, formulando também o pedido de restituição do terreno invadido com os rendimentos que deu, ou a indenização dos danos pela usurpação verificada.

• *Sem dispositivo correspondente no CPC de 2015.*

Art. 952. Qualquer condômino é parte legítima para promover a demarcação do imóvel comum, citando-se os demais como litisconsortes.

• *Dispositivo correspondente no CPC de 2015: art. 575.*

Art. 953. Os réus que residirem na comarca serão citados pessoalmente; os demais, por edital.

• *Dispositivo correspondente no CPC de 2015: art. 576.*

Art. 954. Feitas as citações, terão os réus o prazo comum de 20 (vinte) dias para contestar.

• *Dispositivo correspondente no CPC de 2015: art. 577.*

Art. 955. Havendo contestação, observar-se-á o procedimento ordinário; não havendo, aplica-se o disposto no art. 330, II.

• *Dispositivo correspondente no CPC de 2015: art. 578.*

Art. 956. Em qualquer dos casos do artigo anterior, o juiz, antes de proferir a sentença definitiva, nomeará dois arbitradores e um agrimensor para levantarem o traçado da linha demarcanda.

• *Dispositivo correspondente no CPC de 2015: art. 579.*

Art. 957. Concluídos os estudos, apresentarão os arbitradores minucioso laudo sobre o traçado da linha demarcanda, tendo em conta os títulos, marcos, rumos, a fama da vizinhança, as informações de antigos moradores do lugar e outros elementos que coligirem.

• *Dispositivo correspondente no CPC de 2015: art. 580.*

Parágrafo único. Ao laudo, anexará o agrimensor a planta da região e o memorial das operações de campo, os quais serão juntos aos autos, podendo as partes, no prazo comum de 10 (dez) dias, alegar o que julgarem conveniente.

• *Sem dispositivo correspondente no CPC de 2015.*

Art. 958. A sentença, que julgar procedente a ação, determinará o traçado da linha demarcanda.

• *Dispositivo correspondente no CPC de 2015: art. 581,* caput.

Art. 959. Tanto que passe em julgado a sentença, o agrimensor efetuará a demarcação, colocando os marcos necessários. Todas as operações serão consignadas em planta e memorial descritivo com as referências convenientes para a identificação, em qualquer tempo, dos pontos assinalados.

• *Dispositivo correspondente no CPC de 2015: art. 582.*

Art. 960. Nos trabalhos de campo observar-se-ão as seguintes regras:

• *Sem dispositivo correspondente no CPC de 2015.*

I — a declinação magnética da agulha será determinada na estação inicial;

• *Sem dispositivo correspondente no CPC de 2015.*

II — empregar-se-ão os instrumentos aconselhados pela técnica;

• *Sem dispositivo correspondente no CPC de 2015.*

III — quando se utilizarem fitas metálicas ou correntes, as medidas serão tomadas horizontalmente, em lances determinados pelo declive, de 20 (vinte) metros no máximo;

• *Sem dispositivo correspondente no CPC de 2015.*

IV — as estações serão marcadas por pequenas estacas, fortemente cravadas, colocando-se ao lado estacas maiores, numeradas;

• *Sem dispositivo correspondente no CPC de 2015.*

V — quando as estações não tiverem afastamento superior a 50 (cinquenta) metros, as visadas serão feitas sobre balizas com o diâmetro máximo de 12 (doze) milímetros;

• *Sem dispositivo correspondente no CPC de 2015.*

VI — tomar-se-ão por aneroides ou por cotas obtidas mediante levantamento taqueométrico as altitudes dos pontos mais acidentados.

• *Sem dispositivo correspondente no CPC de 2015.*

Art. 961. A planta será orientada segundo o meridiano do marco primordial, determinada a declinação magnética e conterá:

• *Sem dispositivo correspondente no CPC de 2015.*

I — as altitudes relativas de cada estação do instrumento e a conformação altimétrica ou orográfica aproximativa dos terrenos;

• *Sem dispositivo correspondente no CPC de 2015.*

II — as construções existentes, com indicação dos seus fins, bem como os marcos, valos, cercas, muros divisórios e outros quaisquer vestígios que possam servir ou tenham servido de base à demarcação;

• *Sem dispositivo correspondente no CPC de 2015.*

III — as águas principais, determinando-se, quando possível, os volumes, de modo que se lhes possa calcular o valor mecânico;

• *Sem dispositivo correspondente no CPC de 2015.*

IV — a indicação, por cores convencionais, das culturas existentes, pastos, campos, matas, capoeiras e divisas do imóvel.

• *Sem dispositivo correspondente no CPC de 2015.*

Parágrafo único. As escalas das plantas podem variar entre os limites de 1 (um) para 500 (quinhentos) a 1 (um) para 5.000 (cinco mil) conforme a extensão das propriedades rurais, sendo admissível a de 1 (um), para 10.000 (dez mil) nas propriedades de mais de 5 (cinco) quilômetros quadrados.

• *Sem dispositivo correspondente no CPC de 2015.*

Art. 962. Acompanharão as plantas as cadernetas de operações de campo e o memorial descritivo, que conterá:

• *Dispositivo correspondente no CPC de 2015: art. 583,* caput.

I — o ponto de partida, os rumos seguidos e a aviventação dos antigos com os respectivos cálculos;

• *Dispositivo correspondente no CPC de 2015: art. 583, I.*

II — os acidentes encontrados, as cercas, valos, marcos antigos, córregos, rios, lagoas e outros;

• *Dispositivo correspondente no CPC de 2015: art. 583, II.*

III — a indicação minuciosa dos novos marcos cravados, das culturas existentes e sua produção anual;

• *Dispositivo correspondente no CPC de 2015: art. 583, III.*

IV — a composição geológica dos terrenos, bem como a qualidade e extensão dos campos, matas e capoeiras;

• *Dispositivo correspondente no CPC de 2015: art. 583, IV.*

V — as vias de comunicação;

• *Dispositivo correspondente no CPC de 2015: art. 583, V.*

VI — as distâncias à estação da estrada de ferro, ao porto de embarque e ao mercado mais próximo;

• *Dispositivo correspondente no CPC de 2015: art. 583, VI.*

VII — a indicação de tudo o mais que for útil para o levantamento da linha ou para a identificação da linha já levantada.

• *Dispositivo correspondente no CPC de 2015: art. 583, VII.*

Art. 963. É obrigatória a colocação de marcos assim na estação inicial — marco primordial —, como nos vértices dos ângulos, salvo se algum destes últimos pontos for assinalado por acidentes naturais de difícil remoção ou destruição.

• *Dispositivo correspondente no CPC de 2015: art. 584.*

Art. 964. A linha será percorrida pelos arbitradores, que examinarão os marcos e rumos, consignando em relatório escrito a exatidão do memorial e planta apresentados pelo agrimensor ou as divergências porventura encontradas.

• *Dispositivo correspondente no CPC de 2015: art. 585.*

Art. 965. Junto aos autos o relatório dos arbitradores, determinará o juiz que as partes se manifestem sobre ele no prazo comum de 10 (dez) dias. Em seguida, executadas as correções e retificações que ao juiz pareçam necessárias, lavrar-se-á o auto de demarcação em que os limites demarcandos serão minuciosamente descritos de acordo com o memorial e a planta.

• *Dispositivo correspondente no CPC de 2015: art. 586.*

Art. 966. Assinado o auto pelo juiz, arbitradores e agrimensor, será proferida a sentença homologatória da demarcação.

• *Dispositivo correspondente no CPC de 2015: art. 587.*

Seção III | DA DIVISÃO

Art. 967. A petição inicial, elaborada com observância dos requisitos do art. 282 e instruída com os títulos de domínio do promovente, conterá:

• *Dispositivo correspondente no CPC de 2015: art. 588,* caput.

I — a indicação da origem da comunhão e a denominação, situação, limites e característicos do imóvel;

• *Dispositivo correspondente no CPC de 2015: art. 588, I.*

II — o nome, o estado civil, a profissão e a residência de todos os condôminos, especificando-se os estabelecidos no imóvel com benfeitorias e culturas;

• *Dispositivo correspondente no CPC de 2015: art. 588, II.*

III — as benfeitorias comuns.

• *Dispositivo correspondente no CPC de 2015: art. 588, III.*

Art. 968. Feitas as citações como preceitua o art. 953, prosseguir-se-á na forma dos arts. 954 e 955.

• *Dispositivos correspondentes no CPC de 2015: art. 589.*

Art. 969. Prestado o compromisso pelos arbitradores e agrimensor, terão início, pela medição do imóvel, as operações de divisão.

• *Dispositivo correspondente no CPC de 2015: art. 590,* caput.

Art. 970. Todos os condôminos serão intimados a apresentar, dentro em 10 (dez) dias, os seus títulos, se ainda não o tiverem feito; e a formular os seus pedidos sobre a constituição dos quinhões.

• *Dispositivo correspondente no CPC de 2015: art. 591.*

Art. 971. O juiz ouvirá as partes no prazo comum de 10 (dez) dias.

• *Dispositivo correspondente no CPC de 2015: art. 592,* caput.

Parágrafo único. Não havendo impugnação, o juiz determinará a divisão geodésica do imóvel; se houver, proferirá, no prazo de 10 (dez) dias, decisão sobre os pedidos e os títulos que devam ser atendidos na formação dos quinhões.

• *Dispositivo correspondente no CPC de 2015: art. 592, §§ 1º e 2º.*

Art. 972. A medição será efetuada na forma dos arts. 960 a 963.

• *Sem dispositivo correspondente no CPC de 2015.*

Art. 973. Se qualquer linha do perímetro atingir benfeitorias permanentes dos confinantes, feitas há mais de 1 (um) ano, serão elas respeitadas, bem como os terrenos onde estiverem, os quais não se computarão na área dividenda.

• *Dispositivo correspondente no CPC de 2015: art. 593.*

Parágrafo único. Consideram-se benfeitorias, para os efeitos deste artigo, as edificações, muros, cercas, culturas e pastos fechados, não abandonados há mais de 2 (dois) anos.

• *Sem dispositivo correspondente no CPC de 2015.*

Art. 974. É lícito aos confinantes do imóvel dividendo demandar a restituição dos terrenos que lhes tenham sido usurpados.

• *Dispositivo correspondente no CPC de 2015: art. 594,* caput.

§ 1º Serão citados para a ação todos os condôminos, se ainda não transitou em julgado a sentença homologatória da divisão; e todos os quinhoeiros dos terrenos vindicados, se proposta posteriormente.

• *Dispositivo correspondente no CPC de 2015: art. 594, § 1º.*

§ 2º Neste último caso terão os quinhoeiros o direito, pela mesma sentença que os obrigar à restituição, a haver dos outros condôminos do processo divisório, ou de seus sucessores a título universal, a composição pecuniária proporcional ao desfalque sofrido.

• *Dispositivo correspondente no CPC de 2015: art. 594, § 2º.*

Art. 975. Concluídos os trabalhos de campo, levantará o agrimensor a planta do imóvel e organizará o memorial descritivo das operações, observado o disposto nos arts. 961 a 963.

• *Sem dispositivo correspondente no CPC de 2015.*

§ 1º A planta assinalará também:

• *Sem dispositivo correspondente no CPC de 2015.*

I — as povoações e vias de comunicação existentes no imóvel;

• *Sem dispositivo correspondente no CPC de 2015.*

II — as construções e benfeitorias, com a indicação dos seus fins, proprietários e ocupantes;

• *Sem dispositivo correspondente no CPC de 2015.*

III — as águas principais que banham o imóvel;

• *Sem dispositivo correspondente no CPC de 2015.*

IV — a composição geológica, qualidade e vestimenta dos terrenos, bem como o valor destes e das culturas.

• *Sem dispositivo correspondente no CPC de 2015.*

§ 2º O memorial descritivo indicará mais:

• *Sem dispositivo correspondente no CPC de 2015.*

I — a composição geológica, a qualidade e o valor dos terrenos, bem como a cultura e o destino a que melhor possam adaptar-se;

• *Sem dispositivo correspondente no CPC de 2015.*

II — as águas que banham o imóvel, determinando-lhes, tanto quanto possível, o volume, de modo que se lhes possa calcular o valor mecânico;

• *Sem dispositivo correspondente no CPC de 2015.*

III — a qualidade e a extensão aproximada de campos e matas;

• *Sem dispositivo correspondente no CPC de 2015.*

IV — as indústrias exploradas e as suscetíveis de exploração;

• *Sem dispositivo correspondente no CPC de 2015.*

V — as construções, benfeitorias e culturas existentes, mencionando-se os respectivos proprietários e ocupantes;

• *Sem dispositivo correspondente no CPC de 2015.*

VI — as vias de comunicação estabelecidas e as que devam ser abertas;

• *Sem dispositivo correspondente no CPC de 2015.*

VII — a distância aproximada à estação de transporte de mais fácil acesso;

• *Sem dispositivo correspondente no CPC de 2015.*

VIII — quaisquer outras informações que possam concorrer para facilitar a partilha.

• *Sem dispositivo correspondente no CPC de 2015.*

Art. 976. Durante os trabalhos de campo procederão os arbitradores ao exame, classificação e avaliação das terras, culturas, edifícios e outras benfeitorias, entregando o laudo ao agrimensor.

• *Sem dispositivo correspondente no CPC de 2015.*

Art. 977. O agrimensor avaliará o imóvel no seu todo, se os arbitradores reconhecerem que a homogeneidade das terras não determina variedade de preços; ou o classificará em áreas, se houver diversidade de valores.

• *Sem dispositivo correspondente no CPC de 2015.*

Art. 978. Em seguida os arbitradores e o agrimensor proporão, em laudo fundamentado, a forma da divisão, devendo consultar, quanto possível, a comodidade das partes, respeitar, para adjudicação a cada condômino, a preferência dos terrenos contíguos às suas residências e benfeitorias e evitar o retalhamento dos quinhões em glebas separadas.

• *Dispositivo correspondente no CPC de 2015: art. 595.*

§ 1º O cálculo será precedido do histórico das diversas transmissões efetuadas a partir do ato ou fato gerador da comunhão, atualizando-se os valores primitivos.

• *Sem dispositivo correspondente no CPC de 2015.*

§ 2º Seguir-se-ão, em títulos distintos, as contas de cada condômino, mencionadas todas as aquisições e alterações em ordem cronológica bem como as respectivas datas e as folhas dos autos onde se encontrem os documentos correspondentes.

• *Sem dispositivo correspondente no CPC de 2015.*

§ 3º O plano de divisão será também consignado em um esquema gráfico.

• *Sem dispositivo correspondente no CPC de 2015.*

Art. 979. Ouvidas as partes, no prazo comum de 10 (dez) dias, sobre o cálculo e o plano da divisão, deliberará o juiz a partilha. Em cumprimento desta decisão, procederá o agrimensor, assistido pelos arbitradores, à demarcação dos quinhões, observando, além do disposto nos arts. 963 e 964, as seguintes regras:

• *Dispositivo correspondente no CPC de 2015: art. 596,* caput*, e parágrafo único,* caput.

I — as benfeitorias comuns, que não comportarem divisão cômoda, serão adjudicadas a um dos condôminos mediante compensação;

• *Dispositivo correspondente no CPC de 2015: art. 596, parágrafo único, I.*

II — instituir-se-ão as servidões, que forem indispensáveis, em favor de uns quinhões sobre os outros, incluindo o respectivo valor no orçamento para que, não se tratando de servidões naturais, seja compensado o condômino aquinhoado com o prédio serviente;

• *Dispositivo correspondente no CPC de 2015: art. 596, parágrafo único, II.*

III — as benfeitorias particulares dos condôminos, que excederem a área a que têm direito, serão adjudicadas ao quinhoeiro vizinho mediante reposição;

• *Dispositivo correspondente no CPC de 2015: art. 596, parágrafo único, III.*

IV — se outra coisa não acordarem as partes, as compensações e reposições serão feitas em dinheiro.

• *Dispositivo correspondente no CPC de 2015: art. 596, parágrafo único, IV.*

Art. 980. Terminados os trabalhos e desenhados na planta os quinhões e as servidões aparentes, organizará o agrimensor o memorial descritivo. Em seguida, cumprido o disposto no art. 965, o escrivão lavrará o auto de divisão, seguido de uma folha de pagamento para cada condômino. Assinado o auto pelo juiz, agrimensor e arbitradores, será proferida sentença homologatória da divisão.

• *Dispositivo correspondente no CPC de 2015: art. 597,* caput *e §§ 1º e 2º.*

§ 1º O auto conterá:

• *Dispositivo correspondente no CPC de 2015: art. 597, § 3º,* caput.

I — a confinação e a extensão superficial do imóvel;

• *Dispositivo correspondente no CPC de 2015: art. 597, § 3º, I.*

II — a classificação das terras com o cálculo das áreas de cada consorte e a respectiva avaliação, ou a avaliação do imóvel na sua integridade, quando a homogeneidade das terras não determinar diversidade de valores;

• *Dispositivo correspondente no CPC de 2015: art. 597, § 3º, II.*

III — o valor e a quantidade geométrica que couber a cada condômino, declarando-se as reduções e compensações resultantes da diversidade de valores das glebas componentes de cada quinhão.

• *Dispositivo correspondente no CPC de 2015: art. 597, § 3º, III.*

§ 2º Cada folha de pagamento conterá:

• *Dispositivo correspondente no CPC de 2015: art. 597, § 4º,* caput.

I — a descrição das linhas divisórias do quinhão, mencionadas as confinantes;

• *Dispositivo correspondente no CPC de 2015: art. 597, § 4º, I.*

II — a relação das benfeitorias e culturas do próprio quinhoeiro e das que lhe foram adjudicadas por serem comuns ou mediante compensação;

• *Dispositivo correspondente no CPC de 2015: art. 597, § 4º, II.*

III — a declaração das servidões instituídas, especificados os lugares, a extensão e modo de exercício.

• *Dispositivo correspondente no CPC de 2015: art. 597, § 4º, III.*

Art. 981. Aplica-se às divisões o disposto nos arts. 952 a 955.

• *Dispositivo correspondente no CPC de 2015: art. 598.*

Capítulo IX | DO INVENTÁRIO E DA PARTILHA

Seção I | DAS DISPOSIÇÕES GERAIS

Art. 982. Havendo testamento ou interessado incapaz, proceder-se-á ao inventário judicial; se todos forem capazes e concordes, poderá fazer-se o inventário e a partilha por escritura pública, a qual constituirá título hábil para o registro imobiliário.

• *Dispositivo correspondente no CPC de 2015: art. 610,* caput *e § 1º.*

§ 1º O tabelião somente lavrará a escritura pública se todas as partes interessadas estiverem assistidas por advogado comum ou advogados de cada uma delas ou por defensor público, cuja qualificação e assinatura constarão do ato notarial.

• *Dispositivo correspondente no CPC de 2015: art. 610, § 2º.*

§ 2º A escritura e demais atos notariais serão gratuitos àqueles que se declararem pobres sob as penas da lei.

• *Sem dispositivo correspondente no CPC de 2015.*

Art. 983. O processo de inventário e partilha deve ser aberto dentro de 60 (sessenta) dias a contar da abertura da sucessão, ultimando-se nos 12 (doze) meses subsequentes, podendo o juiz prorrogar tais prazos, de ofício ou a requerimento de parte.

• *Dispositivo correspondente no CPC de 2015: art. 611.*

Parágrafo único. (*Revogado pela Lei n. 11.441, de 4-1-2007.*)

Art. 984. O juiz decidirá todas as questões de direito e também as questões de fato, quando este se achar provado por documento, só remetendo para os meios ordinários as que demandarem alta indagação ou dependerem de outras provas.

• *Dispositivo correspondente no CPC de 2015: art. 612.*

Art. 985. Até que o inventariante preste o compromisso (art. 990, parágrafo único), continuará o espólio na posse do administrador provisório.

• *Dispositivo correspondente no CPC de 2015: art. 613.*

Art. 986. O administrador provisório representa ativa e passivamente o espólio, é obrigado a trazer ao acervo os frutos que desde a abertura da sucessão percebeu, tem direito ao reembolso das despesas necessárias e úteis que fez e responde pelo dano a que, por dolo ou culpa, der causa.

• *Dispositivo correspondente no CPC de 2015: art. 614.*

Seção II | DA LEGITIMIDADE PARA REQUERER O INVENTÁRIO

Art. 987. A quem estiver na posse e administração do espólio incumbe, no prazo estabelecido no art. 983, requerer o inventário e a partilha.

• *Dispositivo correspondente no CPC de 2015: art. 615,* caput.

Parágrafo único. O requerimento será instruído com a certidão de óbito do autor da herança.

• *Dispositivo correspondente no CPC de 2015: art. 615, parágrafo único.*

Art. 988. Tem, contudo, legitimidade concorrente:

• *Dispositivo correspondente no CPC de 2015: art. 616,* caput.

I — o cônjuge supérstite;

• *Dispositivo correspondente no CPC de 2015: art. 616, I.*

II — o herdeiro;

• *Dispositivo correspondente no CPC de 2015: art. 616, II.*

III — o legatário;

• *Dispositivo correspondente no CPC de 2015: art. 616, III.*

IV — o testamenteiro;

• *Dispositivo correspondente no CPC de 2015: art. 616, IV.*

V — o cessionário do herdeiro ou do legatário;

• *Dispositivo correspondente no CPC de 2015: art. 616, V.*

VI — o credor do herdeiro, do legatário ou do autor da herança;

• *Dispositivo correspondente no CPC de 2015: art. 616, VI.*

VII — o síndico da falência do herdeiro, do legatário, do autor da herança ou do cônjuge supérstite;

• *Dispositivo correspondente no CPC de 2015: art. 616, IX.*

VIII — o Ministério Público, havendo herdeiros incapazes;

• *Dispositivo correspondente no CPC de 2015: art. 616, VII.*

IX — a Fazenda Pública, quando tiver interesse.

• *Dispositivo correspondente no CPC de 2015: art. 616, VIII.*

Art. 989. O juiz determinará, de ofício, que se inicie o inventário, se nenhuma das pessoas mencionadas nos artigos antecedentes o requerer no prazo legal.

• *Sem dispositivo correspondente no CPC de 2015.*

Seção III | DO INVENTARIANTE E DAS PRIMEIRAS DECLARAÇÕES

Art. 990. O juiz nomeará inventariante:

• *Dispositivo correspondente no CPC de 2015: art. 617,* caput.

I — o cônjuge ou companheiro sobrevivente, desde que estivesse convivendo com o outro ao tempo da morte deste;

• *Dispositivo correspondente no CPC de 2015: art. 617, I.*

II — o herdeiro que se achar na posse e administração do espólio, se não houver cônjuge ou companheiro sobrevivente ou estes não puderem ser nomeados;

• *Dispositivo correspondente no CPC de 2015: art. 617, II.*

III — qualquer herdeiro, nenhum estando na posse e administração do espólio;

• *Dispositivo correspondente no CPC de 2015: art. 617, III.*

IV — o testamenteiro, se lhe foi confiada a administração do espólio ou toda a herança estiver distribuída em legados;

• *Dispositivo correspondente no CPC de 2015: art. 617, V.*

V — o inventariante judicial, se houver;

• *Dispositivo correspondente no CPC de 2015: art. 617, VII.*

VI — pessoa estranha idônea, onde não houver inventariante judicial.

• *Dispositivo correspondente no CPC de 2015: art. 617, VIII.*

Parágrafo único. O inventariante, intimado da nomeação, prestará, dentro de 5 (cinco) dias, o compromisso de bem e fielmente desempenhar o cargo.

• *Dispositivo correspondente no CPC de 2015: art. 617, parágrafo único.*

Art. 991. Incumbe ao inventariante:

• *Dispositivo correspondente no CPC de 2015: art. 618,* caput.

I — representar o espólio ativa e passivamente, em juízo ou fora dele, observando-se, quanto ao dativo, o disposto no art. 12, § 1º;

• *Dispositivo correspondente no CPC de 2015: art. 618, I.*

II — administrar o espólio, velando-lhe os bens com a mesma diligência como se seus fossem;

• *Dispositivo correspondente no CPC de 2015: art. 618, II.*

III — prestar as primeiras e últimas declarações pessoalmente ou por procurador com poderes especiais;

• *Dispositivo correspondente no CPC de 2015: art. 618, III.*

IV — exibir em cartório, a qualquer tempo, para exame das partes, os documentos relativos ao espólio;

• *Dispositivo correspondente no CPC de 2015: art. 618, IV.*

V — juntar aos autos certidão do testamento, se houver;

• *Dispositivo correspondente no CPC de 2015: art. 618, V.*

VI — trazer à colação os bens recebidos pelo herdeiro ausente, renunciante ou excluído;

• *Dispositivo correspondente no CPC de 2015: art. 618, VI.*

VII — prestar contas de sua gestão ao deixar o cargo ou sempre que o juiz lhe determinar;

• *Dispositivo correspondente no CPC de 2015: art. 618, VII.*

VIII — requerer a declaração de insolvência (art. 748).

• *Dispositivo correspondente no CPC de 2015: art. 618, VIII.*

Art. 992. Incumbe ainda ao inventariante, ouvidos os interessados e com autorização do juiz:

• *Dispositivo correspondente no CPC de 2015: art. 619,* caput.

I — alienar bens de qualquer espécie;

• *Dispositivo correspondente no CPC de 2015: art. 619, I.*

II — transigir em juízo ou fora dele;

• *Dispositivo correspondente no CPC de 2015: art. 619, II.*

III — pagar dívidas do espólio;

• *Dispositivo correspondente no CPC de 2015: art. 619, III.*

IV — fazer as despesas necessárias com a conservação e o melhoramento dos bens do espólio.

• *Dispositivo correspondente no CPC de 2015: art. 619, IV.*

Art. 993. Dentro de 20 (vinte) dias, contados da data em que prestou o compromisso, fará o inventariante as primeiras declarações, das quais se lavrará termo circunstanciado. No termo, assinado pelo juiz, escrivão e inventariante, serão exarados:

• *Dispositivo correspondente no CPC de 2015: art. 620,* caput.

I — o nome, estado, idade e domicílio do autor da herança, dia e lugar em que faleceu e bem ainda se deixou testamento;

• *Dispositivo correspondente no CPC de 2015: art. 620, I.*

II — o nome, estado, idade e residência dos herdeiros e, havendo cônjuge supérstite, o regime de bens do casamento;

• *Dispositivo correspondente no CPC de 2015: art. 620, II.*

III — a qualidade dos herdeiros e o grau de seu parentesco com o inventariado;

• *Dispositivo correspondente no CPC de 2015: art. 620, III.*

IV — a relação completa e individuada de todos os bens do espólio e dos alheios que nele forem encontrados, descrevendo-se:

• *Dispositivo correspondente no CPC de 2015: art. 620, IV,* caput.

a) os imóveis, com as suas especificações, nomeadamente local em que se encontram, extensão da área, limites, confrontações, benfeitorias, origem dos títulos, números das transcrições aquisitivas e ônus que os gravam;

• *Dispositivo correspondente no CPC de 2015: art. 620, IV,* a.

b) os móveis, com os sinais característicos;

• *Dispositivo correspondente no CPC de 2015: art. 620, IV,* b.

c) os semoventes, seu número, espécies, marcas e sinais distintivos;

• *Dispositivo correspondente no CPC de 2015: art. 620, IV,* c.

d) o dinheiro, as joias, os objetos de ouro e prata, e as pedras preciosas, declarando-se-lhes especificadamente a qualidade, o peso e a importância;

• *Dispositivo correspondente no CPC de 2015: art. 620, IV,* d.

e) os títulos da dívida pública, bem como as ações, cotas e títulos de sociedade, mencionando-se-lhes o número, o valor e a data;

• *Dispositivo correspondente no CPC de 2015: art. 620, IV,* e.

f) as dívidas ativas e passivas, indicando-se-lhes as datas, títulos, origem da obrigação, bem como os nomes dos credores e dos devedores;

• *Dispositivo correspondente no CPC de 2015: art. 620, IV,* f.

g) direitos e ações;

• *Dispositivo correspondente no CPC de 2015: art. 620, IV,* g.

h) o valor corrente de cada um dos bens do espólio.

• *Dispositivo correspondente no CPC de 2015: art. 620, IV,* h.

Parágrafo único. O juiz determinará que se proceda:

• *Dispositivo correspondente no CPC de 2015: art. 620, § 1º,* caput.

I — ao balanço do estabelecimento, se o autor da herança era comerciante em nome individual;

• *Dispositivo correspondente no CPC de 2015: art. 620, § 1º, I.*

II — a apuração de haveres, se o autor da herança era sócio de sociedade que não anônima.

• *Dispositivo correspondente no CPC de 2015: art. 620, § 1º, II.*

Art. 994. Só se pode arguir de sonegação ao inventariante depois de encerrada a descrição dos bens, com a declaração, por ele feita, de não existirem outros por inventariar.

• *Dispositivo correspondente no CPC de 2015: art. 621.*

Art. 995. O inventariante será removido:

• *Dispositivo correspondente no CPC de 2015: art. 622,* caput.

I — se não prestar, no prazo legal, as primeiras e as últimas declarações;

• *Dispositivo correspondente no CPC de 2015: art. 622, I.*

II — se não der ao inventário andamento regular, suscitando dúvidas infundadas ou praticando atos meramente protelatórios;

• *Dispositivo correspondente no CPC de 2015: art. 622, II.*

III — se, por culpa sua, se deteriorarem, forem dilapidados ou sofrerem dano bens do espólio;

• *Dispositivo correspondente no CPC de 2015: art. 622, III.*

IV — se não defender o espólio nas ações em que for citado, deixar de cobrar dívidas ativas ou não promover as medidas necessárias para evitar o perecimento de direitos;

• *Dispositivo correspondente no CPC de 2015: art. 622, IV.*

V — se não prestar contas ou as que prestar não forem julgadas boas;

• *Dispositivo correspondente no CPC de 2015: art. 622, V.*

VI — se sonegar, ocultar ou desviar bens do espólio.

• *Dispositivo correspondente no CPC de 2015: art. 622, VI.*

Art. 996. Requerida a remoção com fundamento em qualquer dos números do artigo antecedente, será intimado o inventariante para, no prazo de 5 (cinco) dias, defender-se e produzir provas.

• *Dispositivo correspondente no CPC de 2015: art. 623,* caput.

Parágrafo único. O incidente da remoção correrá em apenso aos autos do inventário.

• *Dispositivo correspondente no CPC de 2015: art. 623, parágrafo único.*

Art. 997. Decorrido o prazo com a defesa do inventariante ou sem ela, o juiz decidirá. Se remover o inventariante, nomeará outro, observada a ordem estabelecida no art. 990.

• *Dispositivo correspondente no CPC de 2015: art. 624.*

Art. 998. O inventariante removido entregará imediatamente ao substituto os bens do espólio; deixando de fazê-lo, será compelido mediante mandado de busca e apreensão, ou de imissão na posse, conforme se tratar de bem móvel ou imóvel.

• *Dispositivo correspondente no CPC de 2015: art. 625.*

Seção IV | DAS CITAÇÕES E DAS IMPUGNAÇÕES

Art. 999. Feitas as primeiras declarações, o juiz mandará citar, para os termos do inventário e partilha, o cônjuge, os herdeiros, os legatários, a Fazenda Pública, o Ministério Público, se houver herdeiro incapaz ou ausente, e o testamenteiro, se o finado deixou testamento.

• *Dispositivo correspondente no CPC de 2015: art. 626,* caput.

§ 1º Citar-se-ão, conforme o disposto nos arts. 224 a 230, somente as pessoas domiciliadas na comarca por onde corre o inventário ou que aí foram encontradas; e por edital, com o prazo de 20 (vinte) a 60 (sessenta) dias, todas as demais, residentes, assim no Brasil como no estrangeiro.

• *Dispositivo correspondente no CPC de 2015: art. 626, § 1º.*

§ 2º Das primeiras declarações extrair-se-ão tantas cópias quantas forem as partes.

• *Dispositivo correspondente no CPC de 2015: art. 626, § 2º.*

§ 3º O oficial de justiça, ao proceder à citação, entregará um exemplar a cada parte.

• *Dispositivo correspondente no CPC de 2015: art. 626, § 3º.*

§ 4º Incumbe ao escrivão remeter cópias à Fazenda Pública, ao Ministério Público, ao testamenteiro se houver, e ao advogado, se a parte já estiver representada nos autos.

• *Dispositivo correspondente no CPC de 2015: art. 626, § 4º.*

Art. 1.000. Concluídas as citações, abrir-se-á vista às partes, em cartório e pelo prazo comum de 10 (dez) dias, para dizerem sobre as primeiras declarações. Cabe à parte:

• *Dispositivo correspondente no CPC de 2015: art. 627,* caput.

I — arguir erros e omissões;

• *Dispositivo correspondente no CPC de 2015: art. 627, I.*

II — reclamar contra a nomeação do inventariante;

• *Dispositivo correspondente no CPC de 2015: art. 627, II.*

III — contestar a qualidade de quem foi incluído no título de herdeiro.

• *Dispositivo correspondente no CPC de 2015: art. 627, III.*

Parágrafo único. Julgando procedente a impugnação referida no n. I, o juiz mandará retificar as primeiras declarações. Se acolher o pedido, de que trata o n. II, nomeará outro inventariante, observada a preferência legal. Verificando que a disputa sobre a qualidade de herdeiro, a que alude o n. III, constitui matéria de alta indagação, remeterá a parte para os meios ordinários e sobrestará, até o julgamento da ação, na entrega do quinhão que na partilha couber ao herdeiro admitido.

• *Dispositivo correspondente no CPC de 2015: art. 627, §§ 1º a 3º.*

Art. 1.001. Aquele que se julgar preterido poderá demandar a sua admissão no inventário, requerendo-o antes da partilha. Ouvidas as partes no prazo de 10 (dez) dias, o juiz decidirá. Se não acolher o pedido, remeterá o requerente para os meios ordinários, mandando reservar, em poder do inventariante, o quinhão do herdeiro excluído até que se decida o litígio.

• *Dispositivo correspondente no CPC de 2015: art. 628.*

Art. 1.002. A Fazenda Pública, no prazo de 20 (vinte) dias, após a vista de que trata o art. 1.000, informará ao juízo, de acordo com os dados que constam de seu cadastro imobiliário, o valor dos bens de raiz descritos nas primeiras declarações.

• *Dispositivo correspondente no CPC de 2015: art. 629.*

Seção V | DA AVALIAÇÃO E DO CÁLCULO DO IMPOSTO

Art. 1.003. Findo o prazo do art. 1.000, sem impugnação ou decidida a que houver sido oposta, o juiz nomeará um perito para avaliar os bens do espólio, se não houver na comarca avaliador judicial.

• *Dispositivo correspondente no CPC de 2015: art. 630,* caput.

Parágrafo único. No caso previsto no art. 993, parágrafo único, o juiz nomeará um contador para levantar o balanço ou apurar os haveres.

• *Dispositivo correspondente no CPC de 2015: art. 630, parágrafo único.*

Art. 1.004. Ao avaliar os bens do espólio, observará o perito, no que for aplicável, o disposto nos arts. 681 a 683.

• *Dispositivo correspondente no CPC de 2015: art. 631.*

Art. 1.005. O herdeiro que requerer, durante a avaliação, a presença do juiz e do escrivão, pagará as despesas da diligência.

• *Sem dispositivo correspondente no CPC de 2015.*

Art. 1.006. Não se expedirá carta precatória para a avaliação de bens situados fora da comarca por onde corre o inventário, se eles forem de pequeno valor ou perfeitamente conhecidos do perito nomeado.

• *Dispositivo correspondente no CPC de 2015: art. 632.*

Art. 1.007. Sendo capazes todas as partes, não se procederá à avaliação, se a Fazenda Pública, intimada na forma do art. 237, I, concordar expressamente com o valor atribuído, nas primeiras declarações, aos bens do espólio.

• *Dispositivo correspondente no CPC de 2015: art. 633.*

Art. 1.008. Se os herdeiros concordarem com o valor dos bens declarados pela Fazenda Pública, a avaliação cingir-se-á aos demais.

• *Dispositivo correspondente no CPC de 2015: art. 634.*

Art. 1.009. Entregue o laudo de avaliação, o juiz mandará que sobre ele se manifestem as partes no prazo de 10 (dez) dias, que correrá em cartório.

• *Dispositivo correspondente no CPC de 2015: art. 635,* caput.

§ 1º Versando a impugnação sobre o valor dado pelo perito, o juiz a decidirá de plano, à vista do que constar dos autos.

• *Dispositivo correspondente no CPC de 2015: art. 635, § 1º.*

§ 2º Julgando procedente a impugnação, determinará o juiz que o perito retifique a avaliação, observando os fundamentos da decisão.

• *Dispositivo correspondente no CPC de 2015: art. 635, § 2º.*

Art. 1.010. O juiz mandará repetir a avaliação:

• *Sem dispositivo correspondente no CPC de 2015.*

I — quando viciada por erro ou dolo do perito;

• *Sem dispositivo correspondente no CPC de 2015.*

II — quando se verificar, posteriormente à avaliação, que os bens apresentam defeito que lhes diminui o valor.

• *Sem dispositivo correspondente no CPC de 2015.*

Art. 1.011. Aceito o laudo ou resolvidas as impugnações suscitadas a seu respeito lavrar-se-á em seguida o termo de últimas declarações, no qual o inventariante poderá emendar, aditar ou completar as primeiras.

• *Dispositivo correspondente no CPC de 2015: art. 636.*

Art. 1.012. Ouvidas as partes sobre as últimas declarações no prazo comum de 10 (dez) dias, proceder-se-á ao cálculo do imposto.

• *Dispositivo correspondente no CPC de 2015: art. 637.*

Art. 1.013. Feito o cálculo, sobre ele serão ouvidas todas as partes no prazo comum de 5 (cinco) dias, que correrá em cartório e, em seguida, a Fazenda Pública.

• *Dispositivo correspondente no CPC de 2015: art. 638,* caput.

§ 1º Se houver impugnação julgada procedente, ordenará o juiz novamente a remessa dos autos ao contador, determinando as alterações que devam ser feitas no cálculo.

• *Dispositivo correspondente no CPC de 2015: art. 638, § 1º.*

§ 2º Cumprido o despacho, o juiz julgará o cálculo do imposto.

• *Dispositivo correspondente no CPC de 2015: art. 638, § 2º.*

Seção VI | DAS COLAÇÕES

Art. 1.014. No prazo estabelecido no art. 1.000, o herdeiro obrigado à colação conferirá por termo nos autos os bens que recebeu ou, se já os não possuir, trar-lhes-á o valor.

• *Dispositivo correspondente no CPC de 2015: art. 639,* caput.

Parágrafo único. Os bens que devem ser conferidos na partilha, assim como as acessões e benfeitorias que o donatário fez, calcular-se-ão pelo valor que tiverem ao tempo da abertura da sucessão.

• *Dispositivo correspondente no CPC de 2015: art. 639, parágrafo único.*

Art. 1.015. O herdeiro que renunciou à herança ou o que dela foi excluído não se exime, pelo fato da renúncia ou da exclusão, de conferir, para o efeito de repor a parte inoficiosa, as liberalidades que houve do doador.

• *Dispositivo correspondente no CPC de 2015: art. 640,* caput.

§ 1º É lícito ao donatário escolher, dos bens doados, tantos quantos bastem para perfazer a legítima e a metade disponível, entrando na partilha o excedente para ser dividido entre os demais herdeiros.

• *Dispositivo correspondente no CPC de 2015: art. 640, § 1º.*

§ 2º Se a parte inoficiosa da doação recair sobre bem imóvel, que não comporte divisão cômoda, o juiz determinará que sobre ela se proceda entre os herdeiros à licitação; o donatário poderá concorrer na licitação e, em igualdade de condições, preferirá aos herdeiros.

• *Dispositivo correspondente no CPC de 2015: art. 640, §§ 2º* e *3º.*

Art. 1.016. Se o herdeiro negar o recebimento dos bens ou a obrigação de os conferir, o juiz, ouvidas as partes no prazo comum de 5 (cinco) dias, decidirá à vista das alegações e provas produzidas.

• *Dispositivo correspondente no CPC de 2015: art. 641,* caput.

§ 1º Declarada improcedente a oposição, se o herdeiro, no prazo improrro gável de 5 (cinco) dias, não proceder à conferência, o juiz mandará sequestrar-lhe, para serem inventariados e partilhados, os bens sujeitos à colação, ou imputar ao seu quinhão hereditário o valor deles, se já os não possuir.

• *Dispositivo correspondente no CPC de 2015: art. 641, § 1º.*

§ 2º Se a matéria for de alta indagação, o juiz remeterá as partes para os meios ordinários, não podendo o herdeiro receber o seu quinhão hereditário, enquanto pender a demanda, sem prestar caução correspondente ao valor dos bens sobre que versar a conferência.

• *Dispositivo correspondente no CPC de 2015: art. 641, § 2º.*

Seção VII | DO PAGAMENTO DAS DÍVIDAS

Art. 1.017. Antes da partilha, poderão os credores do espólio requerer ao juízo do inventário o pagamento das dívidas vencidas e exigíveis.

• *Dispositivo correspondente no CPC de 2015: art. 642,* caput.

§ 1º A petição, acompanhada de prova literal da dívida, será distribuída por dependência e autuada em apenso aos autos do processo de inventário.

• *Dispositivo correspondente no CPC de 2015: art. 642, § 1º.*

§ 2º Concordando as partes com o pedido, o juiz, ao declarar habilitado o credor, mandará que se faça a separação de dinheiro ou, em sua falta, de bens suficientes para o seu pagamento.

• *Dispositivo correspondente no CPC de 2015: art. 642, § 2º.*

§ 3º Separados os bens, tantos quantos forem necessários para o pagamento dos credores habilitados, o juiz mandará aliená-los em praça ou leilão, observadas, no que forem aplicáveis, as regras do Livro II, Título II, Capítulo IV, Seção I, Subseção VII e Seção II, Subseções I e II.

• *Dispositivo correspondente no CPC de 2015: art. 642, § 3º.*

§ 4º Se o credor requerer que, em vez de dinheiro, lhe sejam adjudicados, para o seu pagamento, os bens já reservados, o juiz deferir-lhe-á o pedido, concordando todas as partes.

• *Dispositivo correspondente no CPC de 2015: art. 642, § 4º.*

Art. 1.018. Não havendo concordância de todas as partes sobre o pedido de pagamento feito pelo credor, será ele remetido para os meios ordinários.

• *Dispositivo correspondente no CPC de 2015: art. 643,* caput.

Parágrafo único. O juiz mandará, porém, reservar em poder do inventariante bens suficientes para pagar o credor, quando a dívida constar de documento que comprove suficientemente a obrigação e a impugnação não se fundar em quitação.

• *Dispositivo correspondente no CPC de 2015: art. 643, parágrafo único.*

Art. 1.019. O credor de dívida líquida e certa, ainda não vencida, pode requerer habilitação no inventário. Concordando as partes com o pedido, o juiz, ao julgar habilitado o crédito, mandará que se faça separação de bens para o futuro pagamento.

• *Dispositivo correspondente no CPC de 2015: art. 644.*

Art. 1.020. O legatário é parte legítima para manifestar-se sobre as dívidas do espólio:

• *Dispositivo correspondente no CPC de 2015: art. 645,* caput.

I — quando toda a herança for dividida em legados;

• *Dispositivo correspondente no CPC de 2015: art. 645, I.*

II — quando o reconhecimento das dívidas importar redução dos legados.

• *Dispositivo correspondente no CPC de 2015: art. 645, II.*

Art. 1.021. Sem prejuízo do disposto no art. 674, é lícito aos herdeiros, ao separarem bens para o pagamento de dívidas, autorizar que o inventariante os nomeie à penhora no processo em que o espólio for executado.

• *Dispositivo correspondente no CPC de 2015: art. 646.*

Seção VIII | DA PARTILHA

Art. 1.022. Cumprido o disposto no art. 1.017, § 3º, o juiz facultará às partes que, no prazo comum de 10 (dez) dias, formulem o pedido de quinhão; em seguida proferirá, no prazo de 10 (dez) dias, o despacho de deliberação da partilha, resolvendo os pedidos das partes e designando os bens que devam constituir quinhão de cada herdeiro e legatário.

• *Dispositivo correspondente no CPC de 2015: art. 647,* caput.

Art. 1.023. O partidor organizará o esboço da partilha de acordo com a decisão, observando nos pagamentos a seguinte ordem:

• *Dispositivo correspondente no CPC de 2015: art. 651,* caput.

I — dívidas atendidas;

• *Dispositivo correspondente no CPC de 2015: art. 651, I.*

II — meação do cônjuge;

• *Dispositivo correspondente no CPC de 2015: art. 651, II.*

III — meação disponível;

• *Dispositivo correspondente no CPC de 2015: art. 651, III.*

IV — quinhões hereditários, a começar pelo coerdeiro mais velho.

• *Dispositivo correspondente no CPC de 2015: art. 651, IV.*

Art. 1.024. Feito o esboço, dirão sobre ele as partes no prazo comum de 5 (cinco) dias. Resolvidas as reclamações, será a partilha lançada nos autos.

• *Dispositivo correspondente no CPC de 2015: art. 652.*

Art. 1.025. A partilha constará:

• *Dispositivo correspondente no CPC de 2015: art. 653,* caput.

I — de um auto de orçamento, que mencionará:

• *Dispositivo correspondente no CPC de 2015: art. 653, I,* caput.

a) os nomes do autor da herança, do inventariante, do cônjuge supérstite, dos herdeiros, dos legatários e dos credores admitidos;

• *Dispositivo correspondente no CPC de 2015: art. 653, I,* a.

b) o ativo, o passivo e o líquido partível, com as necessárias especificações;

• *Dispositivo correspondente no CPC de 2015: art. 653, I,* b.

c) o valor de cada quinhão;

• *Dispositivo correspondente no CPC de 2015: art. 653, I,* c.

II — de uma folha de pagamento para cada parte, declarando a quota a pagar-lhe, a razão do pagamento, a relação dos bens que lhe compõem o quinhão, as características que os individualizam e os ônus que os gravam.

• *Dispositivo correspondente no CPC de 2015: art. 653, II.*

Parágrafo único. O auto e cada uma das folhas serão assinados pelo juiz e pelo escrivão.

• *Dispositivo correspondente no CPC de 2015: art. 653, parágrafo único.*

Art. 1.026. Pago o imposto de transmissão a título de morte, e junta aos autos certidão ou informação negativa de dívida para com a Fazenda Pública, o juiz julgará por sentença a partilha.

• *Dispositivo correspondente no CPC de 2015: art. 654,* caput.

Art. 1.027. Passada em julgado a sentença mencionada no artigo antecedente, receberá o herdeiro os bens que lhe tocarem e um formal de partilha, do qual constarão as seguintes peças:

• *Dispositivo correspondente no CPC de 2015: art. 655,* caput.

I — termo de inventariante e título de herdeiros;

• *Dispositivo correspondente no CPC de 2015: art. 655, I.*

II — avaliação dos bens que constituíram o quinhão do herdeiro;

• *Dispositivo correspondente no CPC de 2015: art. 655, II.*

III — pagamento do quinhão hereditário;

• *Dispositivo correspondente no CPC de 2015: art. 655, III.*

IV — quitação dos impostos;

• *Dispositivo correspondente no CPC de 2015: art. 655, IV.*

V — sentença.

• *Dispositivo correspondente no CPC de 2015: art. 655, V.*

Parágrafo único. O formal de partilha poderá ser substituído por certidão do pagamento do quinhão hereditário, quando este não exceder 5 (cinco) vezes o salário mínimo vigente na sede do juízo; caso em que se transcreverá nela a sentença de partilha transitada em julgado.

• *Dispositivo correspondente no CPC de 2015: art. 655, parágrafo único.*

Art. 1.028. A partilha, ainda depois de passar em julgado a sentença (art. 1.026), pode ser emendada nos mesmos autos do inventário, convindo todas as partes, quando tenha havido erro de fato na descrição dos bens; o juiz, de ofício ou a requerimento da parte, poderá, a qualquer tempo, corrigir-lhe as inexatidões materiais.

• *Dispositivo correspondente no CPC de 2015: art. 656.*

Art. 1.029. A partilha amigável, lavrada em instrumento público, reduzida a termo nos autos do inventário ou constante de escrito particular homologado pelo juiz, pode ser anulada, por dolo, coação, erro essencial ou intervenção de incapaz.

• *Dispositivo correspondente no CPC de 2015: art. 657,* caput.

Parágrafo único. O direito de propor ação anulatória de partilha amigável prescreve em 1 (um) ano, contado este prazo:

• *Dispositivo correspondente no CPC de 2015: art. 657, parágrafo único,* caput.

I — no caso de coação, do dia em que ela cessou;

• *Dispositivo correspondente no CPC de 2015: art. 657, parágrafo único, I.*

II — no de erro ou dolo, do dia em que se realizou o ato;

• *Dispositivo correspondente no CPC de 2015: art. 657, parágrafo único, II.*

III — quanto ao incapaz, do dia em que cessar a incapacidade.

• *Dispositivo correspondente no CPC de 2015: art. 657, parágrafo único, III.*

Art. 1.030. É rescindível a partilha julgada por sentença:

• *Dispositivo correspondente no CPC de 2015: art. 658,* caput.

I — nos casos mencionados no artigo antecedente;

• *Dispositivo correspondente no CPC de 2015: art. 658, I.*

II — se feita com preterição de formalidades legais;

• *Dispositivo correspondente no CPC de 2015: art. 658, II.*

III — se preteriu herdeiro ou incluiu quem não o seja.

• *Dispositivo correspondente no CPC de 2015: art. 658, III.*

Seção IX | DO ARROLAMENTO

Art. 1.031. A partilha amigável, celebrada entre partes capazes, nos termos do art. 2.015 da Lei n. 10.406, de 10 de janeiro de 2002 — Código Civil, será homologada de plano pelo juiz, mediante a prova da quitação dos tributos relativos aos bens do espólio e às suas rendas, com observância dos arts. 1.032 a 1.035 desta Lei.

• *Dispositivo correspondente no CPC de 2015: art. 659,* caput.

§ 1º O disposto neste artigo aplica-se, também, ao pedido de adjudicação, quando houver herdeiro único.

• *Dispositivo correspondente no CPC de 2015: art. 659, § 1º.*

§ 2º Transitada em julgado a sentença de homologação de partilha ou adjudicação, o respectivo formal, bem como os alvarás referentes aos bens por ele abrangidos, só serão expedidos e entregues às partes após a comprovação, verificada pela Fazenda Pública, do pagamento de todos os tributos.

• *Dispositivo correspondente no CPC de 2015: art. 659, § 2º.*

Art. 1.032. Na petição de inventário, que se processará na forma de arrolamento sumário, independentemente da lavratura de termos de qualquer espécie, os herdeiros:

• *Dispositivo correspondente no CPC de 2015: art. 660,* caput.

I — requererão ao juiz a nomeação do inventariante que designarem;

• *Dispositivo correspondente no CPC de 2015: art. 660, I.*

II — declararão os títulos dos herdeiros e os bens do espólio, observado o disposto no art. 993 desta Lei;

• *Dispositivo correspondente no CPC de 2015: art. 660, II.*

III — atribuirão o valor dos bens do espólio, para fins de partilha.

• *Dispositivo correspondente no CPC de 2015: art. 660, III.*

Art. 1.033. Ressalvada a hipótese prevista no parágrafo único do art. 1.035 desta Lei, não se procederá a avaliação dos bens do espólio para qualquer finalidade.

• *Dispositivo correspondente no CPC de 2015: art. 661.*

Art. 1.034. No arrolamento, não serão conhecidas ou apreciadas questões relativas ao lançamento, ao pagamento ou à quitação de taxas judiciárias e de tributos incidentes sobre a transmissão da propriedade dos bens do espólio.

• *Dispositivo correspondente no CPC de 2015: art. 662,* caput.

§ 1º A taxa judiciária, se devida, será calculada com base no valor atribuído pelos herdeiros, cabendo ao fisco, se apurar em processo administrativo valor diverso do estimado, exigir a eventual diferença pelos meios adequados ao lançamento de créditos tributários em geral.

• *Dispositivo correspondente no CPC de 2015: art. 662, § 1º.*

§ 2º O imposto de transmissão será objeto de lançamento administrativo, conforme dispuser a legislação tributária, não ficando as autoridades fazendárias adstritas aos valores dos bens do espólio atribuídos pelos herdeiros.

• *Dispositivo correspondente no CPC de 2015: art. 662, § 2º.*

Art. 1.035. A existência de credores do espólio não impedirá a homologação da partilha ou da adjudicação, se forem reservados bens suficientes para o pagamento da dívida.

• *Dispositivo correspondente no CPC de 2015: art. 663,* caput.

Parágrafo único. A reserva de bens será realizada pelo valor estimado pelas partes, salvo se o credor, regularmente notificado, impugnar a estimativa, caso em que se promoverá a avaliação dos bens a serem reservados.

• *Dispositivo correspondente no CPC de 2015: art. 663, parágrafo único.*

Art. 1.036. Quando o valor dos bens do espólio for igual ou inferior a 2.000 (duas mil) Obrigações do Tesouro Nacional — OTN, o inventário processar-se-á na forma de arrolamento, cabendo ao inventariante nomeado, independentemente da assinatura de termo de compromisso, apresentar, com suas declarações, a atribuição do valor dos bens do espólio e o plano da partilha.

• *Dispositivo correspondente no CPC de 2015: art. 664,* caput.

§ 1º Se qualquer das partes ou o Ministério Público impugnar a estimativa, o juiz nomeará um avaliador que oferecerá laudo em 10 (dez) dias.

• *Dispositivo correspondente no CPC de 2015: art. 664, § 1º.*

§ 2º Apresentado o laudo, o juiz, em audiência que designar, deliberará sobre a partilha, decidindo de plano todas as reclamações e mandando pagar as dívidas não impugnadas.

• *Dispositivo correspondente no CPC de 2015: art. 664, § 2º.*

§ 3º Lavrar-se-á de tudo um só termo, assinado pelo juiz e pelas partes presentes.

• *Dispositivo correspondente no CPC de 2015: art. 664, § 3º.*

§ 4º Aplicam-se a esta espécie de arrolamento, no que couberem, as disposições do art. 1.034 e seus parágrafos, relativamente ao lançamento, ao pagamento e à quitação da taxa judiciária e do imposto sobre a transmissão da propriedade dos bens do espólio.

• *Dispositivo correspondente no CPC de 2015: art. 664, § 4º.*

§ 5º Provada a quitação dos tributos relativos aos bens do espólio e às suas rendas, o juiz julgará a partilha.

• *Dispositivo correspondente no CPC de 2015: art. 664, § 5º.*

Art. 1.037. Independerá de inventário ou arrolamento o pagamento dos valores previstos na Lei n. 6.858, de 24 de novembro de 1980.

• *Dispositivo correspondente no CPC de 2015: art. 666.*

Art. 1.038. Aplicam-se subsidiariamente a esta Seção as disposições das seções antecedentes, bem como as da seção subsequente.

• *Dispositivo correspondente no CPC de 2015: art. 667.*

Seção X | DAS DISPOSIÇÕES COMUNS ÀS SEÇÕES PRECEDENTES

Art. 1.039. Cessa a eficácia das medidas cautelares previstas nas várias seções deste Capítulo:

• *Dispositivo correspondente no CPC de 2015: art. 668,* caput.

I — se a ação não for proposta em 30 (trinta) dias, contados da data em que da decisão foi intimado o impugnante (art. 1.000, parágrafo único), o herdeiro excluído (art. 1.001) ou o credor não admitido (art. 1.018);

• *Dispositivo correspondente no CPC de 2015: art. 668, I.*

II — se o juiz declarar extinto o processo de inventário com ou sem julgamento do mérito.

• *Dispositivo correspondente no CPC de 2015: art. 668, II.*

Art. 1.040. Ficam sujeitos à sobrepartilha os bens:

• *Dispositivo correspondente no CPC de 2015: art. 669, caput.*

I — sonegados;

• *Dispositivo correspondente no CPC de 2015: art. 669, I*

II — da herança que se descobrirem depois da partilha;

• *Dispositivo correspondente no CPC de 2015: art. 669, II.*

III — litigiosos, assim como os de liquidação difícil ou morosa;

• *Dispositivo correspondente no CPC de 2015: art. 669, III.*

IV — situados em lugar remoto da sede do juízo onde se processa o inventário.

• *Dispositivo correspondente no CPC de 2015: art. 669, IV.*

Parágrafo único. Os bens mencionados nos n. III e IV deste artigo serão reservados à sobrepartilha sob a guarda e administração do mesmo ou de diverso inventariante, a aprazimento da maioria dos herdeiros.

• *Dispositivo correspondente no CPC de 2015: art. 669, parágrafo único.*

Art. 1.041. Observar-se-á na sobrepartilha dos bens o processo de inventário e partilha.

• *Dispositivo correspondente no CPC de 2015: art. 670, caput.*

Parágrafo único. A sobrepartilha correrá nos autos do inventário do autor da herança.

• *Dispositivo correspondente no CPC de 2015: art. 670, parágrafo único.*

Art. 1.042. O juiz dará curador especial:

• *Dispositivo correspondente no CPC de 2015: art. 671,* caput.

I — ao ausente, se o não tiver;

• *Dispositivo correspondente no CPC de 2015: art. 671, I.*

II — ao incapaz, se concorrer na partilha com o seu representante.

• *Dispositivo correspondente no CPC de 2015: art. 671, II.*

Art. 1.043. Falecendo o cônjuge meeiro supérstite antes da partilha dos bens do pré-morto, as duas heranças serão cumulativamente inventariadas e partilhadas, se os herdeiros de ambos forem os mesmos.

• *Sem dispositivo correspondente no CPC de 2015.*

§ 1º Haverá um só inventariante para os dois inventários.

• *Sem dispositivo correspondente no CPC de 2015.*

§ 2º O segundo inventário será distribuído por dependência, processando-se em apenso ao primeiro.

• *Sem dispositivo correspondente no CPC de 2015.*

Art. 1.044. Ocorrendo a morte de algum herdeiro na pendência do inventário em que foi admitido e não possuindo outros bens além do seu quinhão na herança, poderá este ser partilhado juntamente com os bens do monte.

• *Sem dispositivo correspondente no CPC de 2015.*

Art. 1.045. Nos casos previstos nos dois artigos antecedentes prevalecerão as primeiras declarações, assim como o laudo de avaliação, salvo se se alterou o valor dos bens.

• *Dispositivo correspondente no CPC de 2015: art. 673.*

Parágrafo único. No inventário a que se proceder por morte do cônjuge herdeiro supérstite, é lícito, independentemente de sobrepartilha, descrever e partilhar bens omitidos no inventário do cônjuge premorto.

• *Sem dispositivo correspondente no CPC de 2015.*

Capítulo X | DOS EMBARGOS DE TERCEIRO

Art. 1.046. Quem, não sendo parte no processo, sofrer turbação ou esbulho na posse de seus bens por ato de apreensão judicial, em casos como o de penhora, depósito, arresto, sequestro, alienação judicial, arrecadação, arrolamento, inventário, partilha, poderá requerer lhe sejam manutenidos ou restituídos por meio de embargos.

• *Dispositivo correspondente no CPC de 2015: art. 674,* caput.

§ 1º Os embargos podem ser de terceiro senhor e possuidor, ou apenas possuidor.

• *Dispositivo correspondente no CPC de 2015: art. 674, § 1º.*

§ 2º Equipara-se a terceiro a parte que, posto figure no processo, defende bens que, pelo título de sua aquisição ou pela qualidade em que os possuir, não podem ser atingidos pela apreensão judicial.

• *Sem dispositivo correspondente no CPC de 2015.*

§ 3º Considera-se também terceiro o cônjuge quando defende a posse de bens dotais, próprios, reservados ou de sua meação.

• *Dispositivo correspondente no CPC de 2015: art. 674, § 2º, I.*

Art. 1.047. Admitem-se ainda embargos de terceiro:

• *Sem dispositivo correspondente no CPC de 2015.*

I — para a defesa da posse, quando, nas ações de divisão ou de demarcação, for o imóvel sujeito a atos materiais, preparatórios ou definitivos, da partilha ou da fixação de rumos;

• *Sem dispositivo correspondente no CPC de 2015.*

II — para o credor com garantia real obstar alienação judicial do objeto da hipoteca, penhor ou anticrese.

• *Dispositivo correspondente no CPC de 2015: art. 674, § 2º, IV.*

Art. 1.048. Os embargos podem ser opostos a qualquer tempo no processo de conhecimento enquanto não transitada em julgado a sentença, e, no processo de execução, até 5 (cinco) dias depois da arrematação, adjudicação ou remição, mas sempre antes da assinatura da respectiva carta.

• *Dispositivo correspondente no CPC de 2015: art. 675,* caput.

Art. 1.049. Os embargos serão distribuídos por dependência e correrão em autos distintos perante o mesmo juiz que ordenou a apreensão.

• *Dispositivo correspondente no CPC de 2015: art. 676,* caput.

Art. 1.050. O embargante, em petição elaborada com observância do disposto no art. 282, fará a prova sumária de sua posse e a qualidade de terceiro, oferecendo documentos e rol de testemunhas.

• *Dispositivo correspondente no CPC de 2015: art. 677,* caput.

§ 1º É facultada a prova da posse em audiência preliminar designada pelo juiz.

• *Dispositivo correspondente no CPC de 2015: art. 677, § 1º.*

§ 2º O possuidor direto pode alegar, com a sua posse, domínio alheio.

• *Dispositivo correspondente no CPC de 2015: art. 677, § 2º.*

§ 3º A citação será pessoal, se o embargado não tiver procurador constituído nos autos da ação principal.

• *Dispositivo correspondente no CPC de 2015: art. 677, § 3º.*

Art. 1.051. Julgando suficientemente provada a posse, o juiz deferirá liminarmente os embargos e ordenará a expedição de mandado de manutenção ou de restituição em favor do embargante, que só receberá os bens depois de prestar caução de os devolver com seus rendimentos, caso sejam afinal declarados improcedentes.

• *Dispositivo correspondente no CPC de 2015: art. 678.*

Art. 1.052. Quando os embargos versarem sobre todos os bens, determinará o juiz a suspensão do curso do processo principal; versando sobre alguns deles, prosseguirá o processo principal somente quanto aos bens não embargados.

• *Sem dispositivo correspondente no CPC de 2015.*

Art. 1.053. Os embargos poderão ser contestados no prazo de 10 (dez) dias, findo o qual proceder-se-á de acordo com o disposto no art. 803.

• *Dispositivo correspondente no CPC de 2015: art. 679.*

Art. 1.054. Contra os embargos do credor com garantia real, somente poderá o embargado alegar que:

• *Dispositivo correspondente no CPC de 2015: art. 680,* caput.

I — o devedor comum é insolvente;

• *Dispositivo correspondente no CPC de 2015: art. 680, I.*

II — o título é nulo ou não obriga a terceiro;

• *Dispositivo correspondente no CPC de 2015: art. 680, II.*

III — outra é a coisa dada em garantia.

• *Dispositivo correspondente no CPC de 2015: art. 680, III.*

Capítulo XI | DA HABILITAÇÃO

Art. 1.055. A habilitação tem lugar quando, por falecimento de qualquer das partes, os interessados houverem de suceder-lhe no processo.

• *Dispositivo correspondente no CPC de 2015: art. 687.*

Art. 1.056. A habilitação pode ser requerida:

• *Dispositivo correspondente no CPC de 2015: art. 688,* caput.

I — pela parte, em relação aos sucessores do falecido;

• *Dispositivo correspondente no CPC de 2015: art. 688, I.*

II — pelos sucessores do falecido, em relação à parte.

• *Dispositivo correspondente no CPC de 2015: art. 688, II.*

Art. 1.057. Recebida a petição inicial, ordenará o juiz a citação dos requeridos para contestar a ação no prazo de 5 (cinco) dias.

• *Dispositivo correspondente no CPC de 2015: art. 690,* caput.

Parágrafo único. A citação será pessoal, se a parte não tiver procurador constituído na causa.

• *Dispositivo correspondente no CPC de 2015: art. 690, parágrafo único.*

Art. 1.058. Findo o prazo da contestação, observar-se-á o disposto nos arts. 802 e 803.

• *Sem dispositivo correspondente no CPC de 2015.*

Art. 1.059. Achando-se a causa no tribunal, a habilitação processar-se-á perante o relator e será julgada conforme o disposto no regimento interno.

• *Sem dispositivo correspondente no CPC de 2015.*

Art. 1.060. Proceder-se-á à habilitação nos autos da causa principal e independentemente de sentença quando:

• *Dispositivo correspondente no CPC de 2015: art. 689.*

I — promovida pelo cônjuge e herdeiros necessários, desde que provem por documento o óbito do falecido e a sua qualidade;

• *Sem dispositivo correspondente no CPC de 2015.*

II — em outra causa, sentença passada em julgado houver atribuído ao habilitando a qualidade de herdeiro ou sucessor;

• *Sem dispositivo correspondente no CPC de 2015.*

III — o herdeiro for incluído sem qualquer oposição no inventário;

• *Sem dispositivo correspondente no CPC de 2015.*

IV — estiver declarada a ausência ou determinada a arrecadação da herança jacente;

• *Sem dispositivo correspondente no CPC de 2015.*

V — oferecidos os artigos de habilitação, a parte reconhecer a procedência do pedido e não houver oposição de terceiros.

• *Sem dispositivo correspondente no CPC de 2015.*

Art. 1.061. Falecendo o alienante ou o cedente, poderá o adquirente ou o cessionário prosseguir na causa, juntando aos autos o respectivo título e provando a sua identidade.

• *Sem dispositivo correspondente no CPC de 2015.*

Art. 1.062. Passada em julgado a sentença de habilitação, ou admitida a habilitação nos casos em que independer de sentença, a causa principal retomará o seu curso.

• *Dispositivo correspondente no CPC de 2015: art. 692.*

Capítulo XII | DA RESTAURAÇÃO DE AUTOS

Art. 1.063. Verificado o desaparecimento dos autos, pode qualquer das partes promover-lhes a restauração.

• *Dispositivo correspondente no CPC de 2015: art. 712,* caput.

Parágrafo único. Havendo autos suplementares, nestes prosseguirá o processo.

• *Dispositivo correspondente no CPC de 2015: art. 712, parágrafo único.*

Art. 1.064. Na petição inicial declarará a parte o estado da causa ao tempo do desaparecimento dos autos, oferecendo:

• *Dispositivo correspondente no CPC de 2015: art. 713,* caput.

I — certidões dos atos constantes do protocolo de audiências do cartório por onde haja corrido o processo;

• *Dispositivo correspondente no CPC de 2015: art. 713, I.*

II — cópia dos requerimentos que dirigiu ao juiz;

• *Dispositivo correspondente no CPC de 2015: art. 713, II.*

III — quaisquer outros documentos que facilitem a restauração.

• *Dispositivo correspondente no CPC de 2015: art. 713, III.*

Art. 1.065. A parte contrária será citada para contestar o pedido no prazo de 5 (cinco) dias, cabendo-lhe exibir as cópias, contrafés e mais reproduções dos atos e documentos que estiverem em seu poder.

• *Dispositivo correspondente no CPC de 2015: art. 714,* caput.

§ 1º Se a parte concordar com a restauração, lavrar-se-á o respectivo auto que, assinado pelas partes e homologado pelo juiz, suprirá o processo desaparecido.

• *Dispositivo correspondente no CPC de 2015: art. 714, § 1º.*

§ 2º Se a parte não contestar ou se a concordância for parcial, observar-se-á o disposto no art. 803.

• *Dispositivo correspondente no CPC de 2015: art. 714, § 2º.*

Art. 1.066. Se o desaparecimento dos autos tiver ocorrido depois da produção das provas em audiência, o juiz mandará repeti-las.

• *Dispositivo correspondente no CPC de 2015: art. 715,* caput.

§ 1º Serão reinquiridas as mesmas testemunhas; mas se estas tiverem falecido ou se acharem impossibilitadas de depor e não houver meio de comprovar de outra forma o depoimento, poderão ser substituídas.

• *Dispositivo correspondente no CPC de 2015: art. 715, § 1º.*

§ 2º Não havendo certidão ou cópia do laudo, far-se-á nova perícia, sempre que for possível e de preferência pelo mesmo perito.

• *Dispositivo correspondente no CPC de 2015: art. 715, § 2º.*

§ 3º Não havendo certidão de documentos, estes serão reconstituídos mediante cópias e, na falta, pelos meios ordinários de prova.

• *Dispositivo correspondente no CPC de 2015: art. 715, § 3º.*

§ 4º Os serventuários e auxiliares da justiça não podem eximir-se de depor como testemunhas a respeito de atos que tenham praticado ou assistido.

• *Dispositivo correspondente no CPC de 2015: art. 715, § 4º.*

§ 5º Se o juiz houver proferido sentença da qual possua cópia, esta será junta aos autos e terá a mesma autoridade da original.

• *Dispositivo correspondente no CPC de 2015: art. 715, § 5º.*

Art. 1.067. Julgada a restauração, seguirá o processo os seus termos.

• *Dispositivo correspondente no CPC de 2015: art. 716,* caput.

§ 1º Aparecendo os autos originais, nestes se prosseguirá sendo-lhes apensados os autos da restauração.

• *Dispositivo correspondente no CPC de 2015: art. 716, parágrafo único.*

§ 2º Os autos suplementares serão restituídos ao cartório, deles se extraindo certidões de todos os atos e termos a fim de completar os autos originais.

• *Sem dispositivo correspondente no CPC de 2015.*

Art. 1.068. Se o desaparecimento dos autos tiver ocorrido no tribunal, a ação será distribuída, sempre que possível, ao relator do processo.

• *Dispositivo correspondente no CPC de 2015: art. 717,* caput.

§ 1º A restauração far-se-á no juízo de origem quanto aos atos que neste se tenham realizado.

• *Dispositivo correspondente no CPC de 2015: art. 717, § 1º.*

§ 2º Remetidos os autos ao tribunal, aí se completará a restauração e se procederá ao julgamento.

• *Dispositivo correspondente no CPC de 2015: art. 717, § 2º.*

Art. 1.069. Quem houver dado causa ao desaparecimento dos autos responderá pelas custas da restauração e honorários de advogado, sem prejuízo da responsabilidade civil ou penal em que incorrer.

• *Dispositivo correspondente no CPC de 2015: art. 718.*

Capítulo XIII – DAS VENDAS A CRÉDITO COM RESERVA DE DOMÍNIO

Art. 1.070. Nas vendas a crédito com reserva de domínio, quando as prestações estiverem representadas por título executivo, o credor poderá cobrá-las, observando-se o disposto no Livro II, Título II, Capítulo IV.

• *Sem dispositivo correspondente no CPC de 2015.*

§ 1º Efetuada a penhora da coisa vendida, é lícito a qualquer das partes, no curso do processo, requerer-lhe a alienação judicial em leilão.

• *Sem dispositivo correspondente no CPC de 2015.*

§ 2º O produto do leilão será depositado, sub-rogando-se nele a penhora.

• *Sem dispositivo correspondente no CPC de 2015.*

Art. 1.071. Ocorrendo mora do comprador, provada com o protesto do título, o vendedor poderá requerer, liminarmente e sem audiência do comprador, a apreensão e depósito da coisa vendida.

• *Sem dispositivo correspondente no CPC de 2015.*

§ 1º Ao deferir o pedido, nomeará o juiz perito, que procederá à vistoria da coisa e arbitramento do seu valor, descrevendo-lhe o estado e individuando-a com todos os característicos.

• *Sem dispositivo correspondente no CPC de 2015.*

§ 2º Feito o depósito, será citado o comprador para, dentro em 5 (cinco) dias, contestar a ação. Neste prazo poderá o comprador, que houver pago mais de 40% (quarenta por cento) do preço, requerer ao juiz que lhe conceda 30 (trinta) dias para reaver a coisa, liquidando as prestações vencidas, juros, honorários e custas.

• *Sem dispositivo correspondente no CPC de 2015.*

§ 3º Se o réu não contestar, deixar de pedir a concessão do prazo ou não efetuar o pagamento referido no parágrafo anterior, poderá o autor, mediante a apresentação dos títulos vencidos e vincendos, requerer a reintegração imediata na posse da coisa depositada; caso em que, descontada do valor arbitrado a importância da dívida acrescida das despesas judiciais e extrajudiciais, o autor restituirá ao réu o saldo, depositando-o em pagamento.

• *Sem dispositivo correspondente no CPC de 2015.*

§ 4º Se a ação for contestada, observar-se-á o procedimento ordinário, sem prejuízo da reintegração liminar.

• *Sem dispositivo correspondente no CPC de 2015.*

Capítulo XIV | DO JUÍZO ARBITRAL

Arts. 1.072 a 1.102. (*Revogados pela Lei n. 9.307, de 23-9-1996.*)

Capítulo XV | DA AÇÃO MONITÓRIA

Art. 1.102-A. A ação monitória compete a quem pretender, com base em prova escrita sem eficácia de título executivo, pagamento de soma em dinheiro, entrega de coisa fungível ou de determinado bem móvel.

• *Dispositivo correspondente no CPC de 2015: art. 700,* caput *e incisos I e II.*

Art. 1.102-B. Estando a petição inicial devidamente instruída, o juiz deferirá de plano a expedição do mandado de pagamento ou de entrega da coisa no prazo de 15 (quinze) dias.

• *Dispositivo correspondente no CPC de 2015: art. 701,* caput.

Art. 1.102-C. No prazo previsto no art. 1.102-B, poderá o réu oferecer embargos, que suspenderão a eficácia do mandado inicial. Se os embargos não forem opostos, constituir-se-á, de pleno direito, o título executivo judicial, convertendo-se o mandado inicial em mandado executivo e prosseguindo-se na forma do Livro I, Título VIII, Capítulo X, desta Lei.

• *Sem dispositivo correspondente no CPC de 2015.*

§ 1º Cumprindo o réu o mandado, ficará isento de custas e honorários advocatícios.

• *Dispositivo correspondente no CPC de 2015: art. 701, § 1º.*

§ 2º Os embargos independem de prévia segurança do juízo e serão processados nos próprios autos, pelo procedimento ordinário.

• *Dispositivo correspondente no CPC de 2015: art. 702,* caput.

§ 3º Rejeitados os embargos, constituir-se-á, de pleno direito, o título executivo judicial, intimando-se o devedor e prosseguindo-se na forma prevista no Livro I, Título VIII, Capítulo X, desta Lei.

• *Sem dispositivo correspondente no CPC de 2015.*

Título II | DOS PROCEDIMENTOS ESPECIAIS DE JURISDIÇÃO VOLUNTÁRIA

Capítulo I | DAS DISPOSIÇÕES GERAIS

Art. 1.103. Quando este Código não estabelecer procedimento especial, regem a jurisdição voluntária as disposições constantes deste Capítulo.

• *Dispositivo correspondente no CPC de 2015: art. 719.*

Art. 1.104. O procedimento terá início por provocação do interessado ou do Ministério Público, cabendo-lhes formular o pedido em requerimento dirigido ao juiz, devidamente instruído com os documentos necessários e com a indicação da providência judicial.

• *Dispositivo correspondente no CPC de 2015: art. 720.*

Art. 1.105. Serão citados, sob pena de nulidade, todos os interessados, bem como o Ministério Público.

• *Dispositivo correspondente no CPC de 2015: art. 721.*

Art. 1.106. O prazo para responder é de 10 (dez) dias.

• *Sem dispositivo correspondente no CPC de 2015.*

Art. 1.107. Os interessados podem produzir as provas destinadas a demonstrar as suas alegações; mas ao juiz é lícito investigar livremente os fatos e ordenar de ofício a realização de quaisquer provas.

• *Sem dispositivo correspondente no CPC de 2015.*

Art. 1.108. A Fazenda Pública será sempre ouvida nos casos em que tiver interesse.

• *Dispositivo correspondente no CPC de 2015: art. 722.*

Art. 1.109. O juiz decidirá o pedido no prazo de 10 (dez) dias; não é, porém, obrigado a observar critério de legalidade estrita, podendo adotar em cada caso a solução que reputar mais conveniente ou oportuna.

• *Dispositivo correspondente no CPC de 2015: art. 723.*

Art. 1.110. Da sentença caberá apelação.

• *Dispositivo correspondente no CPC de 2015: art. 724.*

Art. 1.111. A sentença poderá ser modificada, sem prejuízo dos efeitos já produzidos, se ocorrerem circunstâncias supervenientes.

• *Sem dispositivo correspondente no CPC de 2015.*

Art. 1.112. Processar-se-á na forma estabelecida neste Capítulo o pedido de:

• *Dispositivo correspondente no CPC de 2015: art. 725,* caput.

I — emancipação;

• *Dispositivo correspondente no CPC de 2015: art. 725, I.*

II — sub-rogação;

• *Dispositivo correspondente no CPC de 2015: art. 725, II.*

III — alienação, arrendamento ou oneração de bens dotais, de menores, de órfãos e de interditos;

• *Dispositivo correspondente no CPC de 2015: art. 725, III.*

IV — alienação, locação e administração da coisa comum;

• *Dispositivo correspondente no CPC de 2015: art. 725, IV.*

V — alienação de quinhão em coisa comum;

• *Dispositivo correspondente no CPC de 2015: art. 725, V.*

VI — extinção de usufruto e de fideicomisso.

• *Dispositivo correspondente no CPC de 2015: art. 725, VI.*

Capítulo II | DAS ALIENAÇÕES JUDICIAIS

Art. 1.113. Nos casos expressos em lei e sempre que os bens depositados judicialmente forem de fácil deterioração, estiverem avariados ou exigirem grandes despesas para a sua guarda, o juiz, de ofício ou a requerimento do depositário ou de qualquer das partes, mandará aliená-los em leilão.

• *Dispositivo correspondente no CPC de 2015: art. 730.*

§ 1º Poderá o juiz autorizar, da mesma forma, a alienação de semoventes e outros bens de guarda dispendiosa; mas não o fará se alguma das partes se obrigar a satisfazer ou garantir as despesas de conservação.

• *Sem dispositivo correspondente no CPC de 2015.*

§ 2º Quando uma das partes requerer a alienação judicial, o juiz ouvirá sempre a outra antes de decidir.

• *Sem dispositivo correspondente no CPC de 2015.*

§ 3º Far-se-á a alienação independentemente de leilão, se todos os interessados forem capazes e nisso convierem expressamente.

• *Sem dispositivo correspondente no CPC de 2015.*

Art. 1.114. Os bens serão avaliados por um perito nomeado pelo juiz quando:

• *Sem dispositivo correspondente no CPC de 2015.*

I — não o hajam sido anteriormente;

• *Sem dispositivo correspondente no CPC de 2015.*

II — tenham sofrido alteração em seu valor.

• *Sem dispositivo correspondente no CPC de 2015.*

Art. 1.115. A alienação será feita pelo maior lanço oferecido, ainda que seja inferior ao valor da avaliação.

• *Sem dispositivo correspondente no CPC de 2015.*

Art. 1.116. Efetuada a alienação e deduzidas as despesas, depositar-se-á o preço, ficando nele sub-rogados os ônus ou responsabilidades a que estiverem sujeitos os bens.

• *Sem dispositivo correspondente no CPC de 2015.*

Parágrafo único. Não sendo caso de se levantar o depósito antes de 30 (trinta) dias, inclusive na ação ou na execução, o juiz determinará a aplicação do produto da alienação ou do depósito, em obrigações ou títulos da dívida pública da União ou dos Estados.

• *Sem dispositivo correspondente no CPC de 2015.*

Art. 1.117. Também serão alienados em leilão, procedendo-se como nos artigos antecedentes:

• *Sem dispositivo correspondente no CPC de 2015.*

I — o imóvel que, na partilha, não couber no quinhão de um só herdeiro ou não admitir divisão cômoda, salvo se adjudicado a um ou mais herdeiros acordes;

• *Sem dispositivo correspondente no CPC de 2015.*

II — a coisa comum indivisível ou que, pela divisão, se tornar imprópria ao seu destino, verificada previamente a existência de desacordo quanto à adjudicação a um dos condôminos;

• *Sem dispositivo correspondente no CPC de 2015.*

III — os bens móveis e imóveis de órfãos nos casos em que a lei o permite e mediante autorização do juiz.

• *Sem dispositivo correspondente no CPC de 2015.*

Art. 1.118. Na alienação judicial de coisa comum, será preferido:

• *Sem dispositivo correspondente no CPC de 2015.*

I — em condições iguais, o condômino ao estranho;

• *Sem dispositivo correspondente no CPC de 2015.*

II — entre os condôminos, o que tiver benfeitorias de maior valor;

• *Sem dispositivo correspondente no CPC de 2015.*

III — o condômino proprietário de quinhão maior, se não houver benfeitorias.

• *Sem dispositivo correspondente no CPC de 2015.*

Art. 1.119. Verificada a alienação de coisa comum sem observância das preferências legais, o condômino prejudicado poderá requerer, antes da assinatura da carta, o depósito do preço e adjudicação da coisa.

• *Sem dispositivo correspondente no CPC de 2015.*

Parágrafo único. Serão citados o adquirente e os demais condôminos para dizerem de seu direito, observando-se, quanto ao procedimento, o disposto no art. 803.

• *Sem dispositivo correspondente no CPC de 2015.*

Capítulo III | DA SEPARAÇÃO CONSENSUAL

Art. 1.120. A separação consensual será requerida em petição assinada por ambos os cônjuges.

• *Dispositivo correspondente no CPC de 2015: art. 731,* caput.

§ 1º Se os cônjuges não puderem ou não souberem escrever, é lícito que outrem assine a petição a rogo deles.

• *Sem dispositivo correspondente no CPC de 2015.*

§ 2º As assinaturas, quando não lançadas na presença do juiz, serão reconhecidas por tabelião.

• *Sem dispositivo correspondente no CPC de 2015.*

Art. 1.121. A petição, instruída com a certidão de casamento e o contrato antenupcial se houver, conterá:

• *Sem dispositivo correspondente no CPC de 2015.*

I — a descrição dos bens do casal e a respectiva partilha;

• *Dispositivo correspondente no CPC de 2015: art. 731, I.*

II — o acordo relativo à guarda dos filhos menores e ao regime de visitas;

• *Dispositivo correspondente no CPC de 2015: art. 731, III.*

III — o valor da contribuição para criar e educar os filhos;

• *Dispositivo correspondente no CPC de 2015: art. 731, IV.*

IV — a pensão alimentícia do marido à mulher, se esta não possuir bens suficientes para se manter.

• *Dispositivo correspondente no CPC de 2015: art. 731, II.*

§ 1º Se os cônjuges não acordarem sobre a partilha dos bens, far-se-á esta, depois de homologada a separação consensual, na forma estabelecida neste Livro, Título I, Capítulo IX.

• *Dispositivo correspondente no CPC de 2015: art. 731, parágrafo único.*

§ 2º Entende-se por regime de visitas a forma pela qual os cônjuges ajustarão a permanência dos filhos em companhia daquele que não ficar com a sua guarda, compreendendo encontros periódicos regularmente estabelecidos, repartição das férias escolares e dias festivos.

• *Sem dispositivo correspondente no CPC de 2015.*

Art. 1.122. Apresentada a petição ao juiz, este verificará se ela preenche os requisitos exigidos nos dois artigos antecedentes; em seguida, ouvirá os cônjuges sobre os motivos da separação consensual, esclarecendo-lhes as consequências da manifestação de vontade.

• *Sem dispositivo correspondente no CPC de 2015.*

§ 1º Convencendo-se o juiz de que ambos, livremente e sem hesitações, desejam a separação consensual, mandará reduzir a termo as declarações e, depois de ouvir o Ministério Público no prazo de 5 (cinco) dias, a homologará; em caso contrário, marcar-lhes-á dia e hora, com 15 (quinze) a 30 (trinta) dias de intervalo, para que voltem, a fim de ratificar o pedido de separação consensual.

• *Sem dispositivo correspondente no CPC de 2015.*

§ 2º Se qualquer dos cônjuges não comparecer à audiência designada ou não ratificar o pedido, o juiz mandará autuar a petição e documentos e arquivar o processo.

• *Sem dispositivo correspondente no CPC de 2015.*

Art. 1.123. É lícito às partes, a qualquer tempo, no curso da separação judicial, lhe requererem a conversão em separação consensual; caso em que será observado o disposto no art. 1.121 e primeira parte do § 1º do artigo antecedente.

• *Sem dispositivo correspondente no CPC de 2015.*

Art. 1.124. Homologada a separação consensual, averbar-se-á a sentença no registro civil e, havendo bens imóveis, na circunscrição onde se acham registrados.

• *Sem dispositivo correspondente no CPC de 2015.*

Art. 1.124-A. A separação consensual e o divórcio consensual, não havendo filhos menores ou incapazes do casal e observados os requisitos legais quanto aos prazos, poderão ser realizados por escritura pública, da qual constarão as disposições relativas à descrição e à partilha dos bens comuns e à pensão alimentícia e, ainda, ao acordo quanto à retomada pelo cônjuge de seu nome de solteiro ou à manutenção do nome adotado quando se deu o casamento.

• *Dispositivo correspondente no CPC de 2015: art. 733,* caput.

§ 1º A escritura não depende de homologação judicial e constitui título hábil para o registro civil e o registro de imóveis.

• *Dispositivo correspondente no CPC de 2015: art. 733, § 1º.*

§ 2º O tabelião somente lavrará a escritura se os contratantes estiverem assistidos por advogado comum ou advogados de cada um deles ou por defensor público, cuja qualificação e assinatura constarão do ato notarial.

• *Dispositivo correspondente no CPC de 2015: art. 733, § 2º.*

§ 3º A escritura e demais atos notariais serão gratuitos àqueles que se declararem pobres sob as penas da lei.

• *Sem dispositivo correspondente no CPC de 2015.*

Capítulo IV | DOS TESTAMENTOS E CODICILOS

Seção I | DA ABERTURA, DO REGISTRO E DO CUMPRIMENTO

Art. 1.125. Ao receber testamento cerrado, o juiz, após verificar se está intacto, o abrirá e mandará que o escrivão o leia em presença de quem o entregou.

• *Dispositivo correspondente no CPC de 2015: art. 735,* caput.

Parágrafo único. Lavrar-se-á em seguida o ato de abertura que, rubricado pelo juiz e assinado pelo apresentante, mencionará:

• *Dispositivo correspondente no CPC de 2015: art. 735, § 1º.*

I — a data e o lugar em que o testamento foi aberto;

• *Sem dispositivo correspondente no CPC de 2015.*

II — o nome do apresentante e como houve ele o testamento;

• *Sem dispositivo correspondente no CPC de 2015.*

III — a data e o lugar do falecimento do testador;

• *Sem dispositivo correspondente no CPC de 2015.*

IV — qualquer circunstância digna de nota, encontrada no invólucro ou no interior do testamento.

• *Sem dispositivo correspondente no CPC de 2015.*

Art. 1.126. Conclusos os autos, o juiz, ouvido o órgão do Ministério Público, mandará registrar, arquivar e cumprir o testamento, se lhe não achar vício externo, que o torne suspeito de nulidade ou falsidade.

• *Dispositivo correspondente no CPC de 2015: art. 735, § 2º.*

Parágrafo único. O testamento será registrado e arquivado no cartório a que tocar, dele remetendo o escrivão uma cópia, no prazo de 8 (oito) dias, à repartição fiscal.

• *Sem dispositivo correspondente no CPC de 2015.*

Art. 1.127. Feito o registro, o escrivão intimará o testamenteiro nomeado a assinar, no prazo de 5 (cinco) dias, o termo da testamentaria; se não houver testamenteiro nomeado, estiver ele ausente ou não aceitar o encargo, o escrivão certificará a ocorrência e fará os autos conclusos; caso em que o juiz nomeará testamenteiro dativo, observando-se a preferência legal.

• *Dispositivo correspondente no CPC de 2015: art. 735, §§ 3º e 4º.*

Parágrafo único. Assinado o termo de aceitação da testamentaria, o escrivão extrairá cópia autêntica do testamento para ser juntada aos autos de inventário ou de arrecadação da herança.

• *Sem dispositivo correspondente no CPC de 2015.*

Art. 1.128. Quando o testamento for público, qualquer interessado, exibindo-lhe o traslado ou certidão, poderá requerer ao juiz que ordene o seu cumprimento.

• *Dispositivo correspondente no CPC de 2015: art. 736.*

Parágrafo único. O juiz mandará processá-lo conforme o disposto nos arts. 1.125 e 1.126.

• *Sem dispositivo correspondente no CPC de 2015.*

Art. 1.129. O juiz, de ofício ou a requerimento de qualquer interessado, ordenará ao detentor de testamento que o exiba em juízo para os fins legais, se ele, após a morte do testador, não se tiver antecipado em fazê-lo.

• *Sem dispositivo correspondente no CPC de 2015.*

Parágrafo único. Não sendo cumprida a ordem, proceder-se-á à busca e apreensão do testamento, de conformidade com o disposto nos arts. 839 a 843.

• *Sem dispositivo correspondente no CPC de 2015.*

Seção II | DA CONFIRMAÇÃO DO TESTAMENTO PARTICULAR

Art. 1.130. O herdeiro, o legatário ou o testamenteiro poderá requerer, depois da morte do testador, a publicação em juízo do testamento particular, inquirindo-se as testemunhas que lhe ouviram a leitura e, depois disso, o assinaram.

• *Dispositivo correspondente no CPC de 2015: art. 737,* caput.

Parágrafo único. A petição será instruída com a cédula do testamento particular.

• *Sem dispositivo correspondente no CPC de 2015.*

Art. 1.131. Serão intimados para a inquirição:

• *Sem dispositivo correspondente no CPC de 2015.*

I — aqueles a quem caberia a sucessão legítima;

• *Sem dispositivo correspondente no CPC de 2015.*

II — o testamenteiro, os herdeiros e os legatários que não tiverem requerido a publicação;

• *Sem dispositivo correspondente no CPC de 2015.*

III — o Ministério Público.

• *Sem dispositivo correspondente no CPC de 2015.*

Parágrafo único. As pessoas, que não forem encontradas na comarca, serão intimadas por edital.

• *Sem dispositivo correspondente no CPC de 2015.*

Art. 1.132. Inquiridas as testemunhas, poderão os interessados, no prazo comum de 5 (cinco) dias, manifestar-se sobre o testamento.

• *Sem dispositivo correspondente no CPC de 2015.*

Art. 1.133. Se pelo menos três testemunhas contestes reconhecerem que é autêntico o testamento, o juiz, ouvido o órgão do Ministério Público, o confirmará, observando-se quanto ao mais o disposto nos arts. 1.126 e 1.127.

• *Sem dispositivo correspondente no CPC de 2015.*

Seção III | DO TESTAMENTO MILITAR, MARÍTIMO, NUNCUPATIVO E DO CODICILO

Art. 1.134. As disposições da seção precedente aplicam-se:

• *Sem dispositivo correspondente no CPC de 2015.*

I — ao testamento marítimo;

• *Sem dispositivo correspondente no CPC de 2015.*

II — ao testamento militar;

• *Sem dispositivo correspondente no CPC de 2015.*

III — ao testamento nuncupativo;

• *Sem dispositivo correspondente no CPC de 2015.*

IV — ao codicilo.

• *Sem dispositivo correspondente no CPC de 2015.*

Seção IV | DA EXECUÇÃO DOS TESTAMENTOS

Art. 1.135. O testamenteiro deverá cumprir as disposições testamentárias no prazo legal, se outro não tiver sido assinado pelo testador e prestar contas, no juízo do inventário, do que recebeu e despendeu.

• *Sem dispositivo correspondente no CPC de 2015.*

Parágrafo único. Será ineficaz a disposição testamentária que eximir o testamenteiro da obrigação de prestar contas.

• *Sem dispositivo correspondente no CPC de 2015.*

Art. 1.136. Se dentro de 3 (três) meses, contados do registro do testamento, não estiver inscrita a hipoteca legal da mulher casada, do menor e do interdito instituídos herdeiros ou legatários, o testamenteiro requerer-lhe-á a inscrição, sem a qual não se haverão por cumpridas as disposições do testamento.

• *Sem dispositivo correspondente no CPC de 2015.*

Art. 1.137. Incumbe ao testamenteiro:

• *Sem dispositivo correspondente no CPC de 2015.*

I — cumprir as obrigações do testamento;

• *Sem dispositivo correspondente no CPC de 2015.*

II — propugnar a validade do testamento;

• *Sem dispositivo correspondente no CPC de 2015.*

III — defender a posse dos bens da herança;

• *Sem dispositivo correspondente no CPC de 2015.*

IV — requerer ao juiz que lhe conceda os meios necessários para cumprir as disposições testamentárias.

• *Sem dispositivo correspondente no CPC de 2015.*

Art. 1.138. O testamenteiro tem direito a um prêmio que, se o testador não o houver fixado, o juiz arbitrará, levando em conta o valor da herança e o trabalho de execução do testamento.

- *Sem dispositivo correspondente no CPC de 2015.*

§ 1º O prêmio, que não excederá 5% (cinco por cento), será calculado sobre a herança líquida e deduzido somente da metade disponível quando houver herdeiros necessários, e de todo o acervo líquido nos demais casos.

- *Sem dispositivo correspondente no CPC de 2015.*

§ 2º Sendo o testamenteiro casado, sob o regime de comunhão de bens, com herdeiro ou legatário do testador, não terá direito ao prêmio; ser-lhe-á lícito, porém, preferir o prêmio à herança ou legado.

- *Sem dispositivo correspondente no CPC de 2015.*

Art. 1.139. Não se efetuará o pagamento do prêmio mediante adjudicação de bens do espólio, salvo se o testamenteiro for meeiro.

- *Sem dispositivo correspondente no CPC de 2015.*

Art. 1.140. O testamenteiro será removido e perderá o prêmio se:

- *Sem dispositivo correspondente no CPC de 2015.*

I — lhe forem glosadas as despesas por ilegais ou em discordância com o testamento;

- *Sem dispositivo correspondente no CPC de 2015.*

II — não cumprir as disposições testamentárias.

- *Sem dispositivo correspondente no CPC de 2015.*

Art. 1.141. O testamenteiro, que quiser demitir-se do encargo, poderá requerer ao juiz a escusa, alegando causa legítima. Ouvidos os interessados e o órgão do Ministério Público, o juiz decidirá.

- *Sem dispositivo correspondente no CPC de 2015.*

Capítulo V | DA HERANÇA JACENTE

Art. 1.142. Nos casos em que a lei civil considere jacente a herança, o juiz, em cuja comarca tiver domicílio o falecido, procederá sem perda de tempo à arrecadação de todos os seus bens.

- *Dispositivo correspondente no CPC de 2015: art. 738.*

Art. 1.143. A herança jacente ficará sob a guarda, conservação e administração de um curador até a respectiva entrega ao sucessor legalmente habilitado, ou até a declaração de vacância; caso em que será incorporada ao domínio da União, do Estado ou do Distrito Federal.

- *Dispositivo correspondente no CPC de 2015: art. 739,* caput.

Art. 1.144. Incumbe ao curador:

- *Dispositivo correspondente no CPC de 2015: art. 739, § 1º,* caput.

I — representar a herança em juízo ou fora dele, com assistência do órgão do Ministério Público;

- *Dispositivo correspondente no CPC de 2015: art. 739, § 1º, I.*

II — ter em boa guarda e conservação os bens arrecadados e promover a arrecadação de outros porventura existentes;

- *Dispositivo correspondente no CPC de 2015: art. 739, § 1º, II.*

III — executar as medidas conservatórias dos direitos da herança;

- *Dispositivo correspondente no CPC de 2015: art. 739, § 1º, III.*

IV — apresentar mensalmente ao juiz um balancete da receita e da despesa;

- *Dispositivo correspondente no CPC de 2015: art. 739, § 1º, IV.*

V — prestar contas a final de sua gestão.

• *Dispositivo correspondente no CPC de 2015: art. 739, § 1º, V.*

Parágrafo único. Aplica-se ao curador o disposto nos arts. 148 a 150.

• *Dispositivo correspondente no CPC de 2015: art. 739, § 2º.*

Art. 1.145. Comparecendo à residência do morto, acompanhado do escrivão e do curador, o juiz mandará arrolar os bens e descrevê-los em auto circunstanciado.

• *Dispositivo correspondente no CPC de 2015: art. 740,* caput.

§ 1º Não estando ainda nomeado o curador, o juiz designará um depositário e lhe entregará os bens, mediante simples termo nos autos, depois de compromissado.

• *Dispositivo correspondente no CPC de 2015: art. 740, § 2º.*

§ 2º O órgão do Ministério Público e o representante da Fazenda Pública serão intimados a assistir à arrecadação, que se realizará, porém, estejam presentes ou não.

• *Sem dispositivo correspondente no CPC de 2015.*

Art. 1.146. Quando a arrecadação não terminar no mesmo dia, o juiz procederá à aposição de selos, que serão levantados à medida que se efetuar o arrolamento, mencionando-se o estado em que foram encontrados os bens.

• *Sem dispositivo correspondente no CPC de 2015.*

Art. 1.147. O juiz examinará reservadamente os papéis, cartas missivas e os livros domésticos; verificando que não apresentam interesse, mandará empacotá-los e lacrá-los para serem assim entregues aos sucessores do falecido, ou queimados quando os bens forem declarados vacantes.

• *Dispositivo correspondente no CPC de 2015: art. 740, § 4º.*

Art. 1.148. Não podendo comparecer imediatamente por motivo justo ou por estarem os bens em lugar muito distante, o juiz requisitará à autoridade policial que proceda à arrecadação e ao arrolamento dos bens.

• *Sem dispositivo correspondente no CPC de 2015.*

Parágrafo único. Duas testemunhas assistirão às diligências e, havendo necessidade de apor selos, estes só poderão ser abertos pelo juiz.

• *Dispositivo correspondente no CPC de 2015: art. 740, § 1º.*

Art. 1.149. Se constar ao juiz a existência de bens em outra comarca, mandará expedir carta precatória a fim de serem arrecadados.

• *Dispositivo correspondente no CPC de 2015: art. 740, § 5º.*

Art. 1.150. Durante a arrecadação o juiz inquirirá os moradores da casa e da vizinhança sobre a qualificação do falecido, o paradeiro de seus sucessores e a existência de outros bens, lavrando-se de tudo um auto de inquirição e informação.

• *Dispositivo correspondente no CPC de 2015: art. 740, § 3º.*

Art. 1.151. Não se fará a arrecadação ou suspender-se-á esta quando iniciada, se se apresentar para reclamar os bens o cônjuge, herdeiro ou testamenteiro notoriamente reconhecido e não houver oposição motivada do curador, de qualquer interessado, do órgão do Ministério Público ou do representante da Fazenda Pública.

• *Dispositivo correspondente no CPC de 2015: art. 740, § 6º.*

Art. 1.152. Ultimada a arrecadação, o juiz mandará expedir edital, que será estampado três vezes, com intervalo de 30 (trinta) dias para cada um, no órgão oficial e na imprensa da comarca, para que venham a habilitar-se os sucessores do finado no prazo de 6 (seis) meses contados da primeira publicação.

• *Dispositivo correspondente no CPC de 2015: art. 741,* caput.

§ 1º Verificada a existência de sucessor ou testamenteiro em lugar certo, far-se-á a sua citação, sem prejuízo do edital.

• *Dispositivo correspondente no CPC de 2015: art. 741, § 1º.*

§ 2º Quando o finado for estrangeiro, será também comunicado o fato à autoridade consular.

• *Dispositivo correspondente no CPC de 2015: art. 741, § 2º.*

Art. 1.153. Julgada a habilitação do herdeiro, reconhecida a qualidade do testamenteiro ou provada a identidade do cônjuge, a arrecadação converter-se-á em inventário.

• *Dispositivo correspondente no CPC de 2015: art. 741, § 3º.*

Art. 1.154. Os credores da herança poderão habilitar-se como nos inventários ou propor a ação de cobrança.

• *Dispositivo correspondente no CPC de 2015: art. 741, § 4º.*

Art. 1.155. O juiz poderá autorizar a alienação:

• *Dispositivo correspondente no CPC de 2015: art. 742,* caput.

I — de bens móveis, se forem de conservação difícil ou dispendiosa;

• *Dispositivo correspondente no CPC de 2015: art. 742, I.*

II — de semoventes, quando não empregados na exploração de alguma indústria;

• *Dispositivo correspondente no CPC de 2015: art. 742, II.*

III — de títulos e papéis de crédito, havendo fundado receio de depreciação;

• *Dispositivo correspondente no CPC de 2015: art. 742, III.*

IV — de ações de sociedade quando, reclamada a integralização, não dispuser a herança de dinheiro para o pagamento;

• *Dispositivo correspondente no CPC de 2015: art. 742, IV.*

V — de bens imóveis:

• *Dispositivo correspondente no CPC de 2015: art. 742, V,* caput.

a) se ameaçarem ruína, não convindo a reparação;

• *Dispositivo correspondente no CPC de 2015: art. 742, V,* a.

b) se estiverem hipotecados e vencer-se a dívida, não havendo dinheiro para o pagamento.

• *Dispositivo correspondente no CPC de 2015: art. 742, V,* b.

Parágrafo único. Não se procederá, entretanto, à venda se a Fazenda Pública ou o habilitando adiantar a importância para as despesas.

• *Dispositivo correspondente no CPC de 2015: art. 742, § 1º.*

Art. 1.156. Os bens com valor de afeição, como retratos, objetos de uso pessoal, livros e obras de arte, só serão alienados depois de declarada a vacância da herança.

• *Dispositivo correspondente no CPC de 2015: art. 742, § 2º.*

Art. 1.157. Passado 1 (um) ano da primeira publicação do edital (art. 1.152) e não havendo herdeiro habilitado nem habilitação pendente, será a herança declarada vacante.

• *Dispositivo correspondente no CPC de 2015: art. 743,* caput.

Parágrafo único. Pendendo habilitação, a vacância será declarada pela mesma sentença que a julgar improcedente. Sendo diversas as habilitações, aguardar-se-á o julgamento da última.

• *Dispositivo correspondente no CPC de 2015: art. 743, § 1º.*

Art. 1.158. Transitada em julgado a sentença que declarou a vacância, o cônjuge, os herdeiros e os credores só poderão reclamar o seu direito por ação direta.

• *Dispositivo correspondente no CPC de 2015: art. 743, § 2º.*

Capítulo VI | DOS BENS DOS AUSENTES

Art. 1.159. Desaparecendo alguém do seu domicílio sem deixar representante a quem caiba administrar-lhe os bens, ou deixando mandatário que não queira ou não possa continuar a exercer o mandato, declarar-se-á a sua ausência.

- *Dispositivo correspondente no CPC de 2015: art. 744.*

Art. 1.160. O juiz mandará arrecadar os bens do ausente e nomear-lhe-á curador na forma estabelecida no Capítulo antecedente.

- *Dispositivo correspondente no CPC de 2015: art. 744.*

Art. 1.161. Feita a arrecadação, o juiz mandará publicar editais durante 1 (um) ano, reproduzidos de dois em dois meses, anunciando a arrecadação e chamando o ausente a entrar na posse de seus bens.

- *Dispositivo correspondente no CPC de 2015: art. 745,* caput.

Art. 1.162. Cessa a curadoria:

- *Sem dispositivo correspondente no CPC de 2015.*

I — pelo comparecimento do ausente, do seu procurador ou de quem o represente;

- *Sem dispositivo correspondente no CPC de 2015.*

II — pela certeza da morte do ausente;

- *Sem dispositivo correspondente no CPC de 2015.*

III — pela sucessão provisória.

- *Sem dispositivo correspondente no CPC de 2015.*

Art. 1.163. Passado 1 (um) ano da publicação do primeiro edital sem que se saiba do ausente e não tendo comparecido seu procurador ou representante, poderão os interessados requerer que se abra provisoriamente a sucessão.

- *Dispositivo correspondente no CPC de 2015: art. 745, § 1º.*

§ 1º Consideram-se para este efeito interessados:

- *Sem dispositivo correspondente no CPC de 2015.*

I — o cônjuge não separado judicialmente;

- *Sem dispositivo correspondente no CPC de 2015.*

II — os herdeiros presumidos legítimos e os testamentários;

- *Sem dispositivo correspondente no CPC de 2015.*

III — os que tiverem sobre os bens do ausente direito subordinado à condição de morte;

- *Sem dispositivo correspondente no CPC de 2015.*

IV — os credores de obrigações vencidas e não pagas.

- *Sem dispositivo correspondente no CPC de 2015.*

§ 2º Findo o prazo deste artigo e não havendo absolutamente interessados na sucessão provisória, cumpre ao órgão do Ministério Público requerê-la.

- *Sem dispositivo correspondente no CPC de 2015.*

Art. 1.164. O interessado, ao requerer a abertura da sucessão provisória, pedirá a citação pessoal dos herdeiros presentes e do curador e, por editais, a dos ausentes para oferecerem artigos de habilitação.

- *Dispositivo correspondente no CPC de 2015: art. 745, § 2º.*

Parágrafo único. A habilitação dos herdeiros obedecerá ao processo do art. 1.057.

• *Sem dispositivo correspondente no CPC de 2015.*

Art. 1.165. A sentença que determinar a abertura da sucessão provisória só produzirá efeito 6 (seis) meses depois de publicada pela imprensa; mas, logo que passe em julgado, se procederá à abertura do testamento, se houver, e ao inventário e partilha dos bens, como se o ausente fosse falecido.

• *Sem dispositivo correspondente no CPC de 2015.*

Parágrafo único. Se dentro em 30 (trinta) dias não comparecer interessado ou herdeiro, que requeira o inventário, a herança será considerada jacente.

• *Sem dispositivo correspondente no CPC de 2015.*

Art. 1.166. Cumpre aos herdeiros, imitidos na posse dos bens do ausente, prestar caução de os restituir.

• *Sem dispositivo correspondente no CPC de 2015.*

Art. 1.167. A sucessão provisória cessará pelo comparecimento do ausente e converter-se-á em definitiva:

• *Dispositivo correspondente no CPC de 2015: art. 745, § 3º.*

I — quando houver certeza da morte do ausente;

• *Sem dispositivo correspondente no CPC de 2015.*

II — dez anos depois de passada em julgado a sentença de abertura da sucessão provisória;

• *Sem dispositivo correspondente no CPC de 2015.*

III — quando o ausente contar 80 (oitenta) anos de idade e houverem decorrido 5 (cinco) anos das últimas notícias suas.

• *Sem dispositivo correspondente no CPC de 2015.*

Art. 1.168. Regressando o ausente nos 10 (dez) anos seguintes à abertura da sucessão definitiva ou algum dos seus descendentes ou ascendentes, aquele ou estes só poderão requerer ao juiz a entrega dos bens existentes no estado em que se acharem, ou sub-rogados em seu lugar ou o preço que os herdeiros e demais interessados houverem recebido pelos alienados depois daquele tempo.

• *Dispositivo correspondente no CPC de 2015: art. 745, § 4º.*

Art. 1.169. Serão citados para lhe contestarem o pedido os sucessores provisórios ou definitivos, o órgão do Ministério Público e o representante da Fazenda Pública.

• *Sem dispositivo correspondente no CPC de 2015.*

Parágrafo único. Havendo contestação, seguir-se-á o procedimento ordinário.

• *Sem dispositivo correspondente no CPC de 2015.*

Capítulo VII | DAS COISAS VAGAS

Art. 1.170. Aquele que achar coisa alheia perdida, não lhe conhecendo o dono ou legítimo possuidor, a entregará à autoridade judiciária ou policial, que a arrecadará, mandando lavrar o respectivo auto, dele constando a sua descrição e as declarações do inventor.

• *Dispositivo correspondente no CPC de 2015: art. 746,* caput.

Parágrafo único. A coisa, com o auto, será logo remetida ao juiz competente, quando a entrega tiver sido feita à autoridade policial ou a outro juiz.

• *Dispositivo correspondente no CPC de 2015: art. 746, § 1º.*

Art. 1.171. Depositada a coisa, o juiz mandará publicar edital, por duas vezes, no órgão oficial, com intervalo de 10 (dez) dias, para que o dono ou legítimo possuidor a reclame.

• *Dispositivo correspondente no CPC de 2015: art. 746, § 2º.*

§ 1º O edital conterá a descrição da coisa e as circunstâncias em que foi encontrada.

• *Sem dispositivo correspondente no CPC de 2015.*

§ 2º Tratando-se de coisa de pequeno valor, o edital será apenas afixado no átrio do edifício do *forum*.

• *Dispositivo correspondente no CPC de 2015: art. 746, § 2º.*

Art. 1.172. Comparecendo o dono ou o legítimo possuidor dentro do prazo do edital e provando o seu direito, o juiz, ouvido o órgão do Ministério Público e o representante da Fazenda Pública, mandará entregar-lhe a coisa.

• *Sem dispositivo correspondente no CPC de 2015.*

Art. 1.173. Se não for reclamada, será a coisa avaliada e alienada em hasta pública e, deduzidas do preço as despesas e a recompensa do inventor, o saldo pertencerá, na forma da lei, à União, ao Estado ou ao Distrito Federal.

• *Sem dispositivo correspondente no CPC de 2015.*

Art. 1.174. Se o dono preferir abandonar a coisa, poderá o inventor requerer que lhe seja adjudicada.

• *Sem dispositivo correspondente no CPC de 2015.*

Art. 1.175. O procedimento estabelecido neste Capítulo aplica-se aos objetos deixados nos hotéis, oficinas e outros estabelecimentos, não sendo reclamados dentro de 1 (um) mês.

• *Sem dispositivo correspondente no CPC de 2015.*

Art. 1.176. Havendo fundada suspeita de que a coisa foi criminosamente subtraída, a autoridade policial converterá a arrecadação em inquérito; caso em que competirá ao juiz criminal mandar entregar a coisa a quem provar que é o dono ou legítimo possuidor.

• *Sem dispositivo correspondente no CPC de 2015.*

Capítulo VIII | DA CURATELA DOS INTERDITOS

Art. 1.177. A interdição pode ser promovida:

• *Dispositivo correspondente no CPC de 2015: art. 747,* caput.

I — pelo pai, mãe ou tutor;

• *Dispositivo correspondente no CPC de 2015: art. 747, II.*

II — pelo cônjuge ou algum parente próximo;

• *Dispositivo correspondente no CPC de 2015: art. 747, I.*

III — pelo órgão do Ministério Público.

• *Dispositivo correspondente no CPC de 2015: art. 747, IV.*

Art. 1.178. O órgão do Ministério Público só requererá a interdição:

• *Dispositivo correspondente no CPC de 2015: art. 748,* caput.

I — no caso de anomalia psíquica;

• *Sem dispositivo correspondente no CPC de 2015.*

II — se não existir ou não promover a interdição alguma das pessoas designadas no artigo antecedente, ns. I e II;

• *Dispositivo correspondente no CPC de 2015: art. 748, I.*

III — se, existindo, forem menores ou incapazes.

• *Dispositivo correspondente no CPC de 2015: art. 748, II.*

Art. 1.179. Quando a interdição for requerida pelo órgão do Ministério Público, o juiz nomeará ao interditando curador à lide (art. 9º).

• *Sem dispositivo correspondente no CPC de 2015.*

Art. 1.180. Na petição inicial, o interessado provará a sua legitimidade, especificará os fatos que revelam a anomalia psíquica e assinalará a incapacidade do interditando para reger a sua pessoa e administrar os seus bens.

• *Dispositivo correspondente no CPC de 2015: art. 749,* caput.

Art. 1.181. O interditando será citado para, em dia designado, comparecer perante o juiz, que o examinará, interrogando-o minuciosamente acerca de sua vida, negócios, bens e do mais que lhe parecer necessário para ajuizar do seu estado mental, reduzidas a auto as perguntas e respostas.

• *Dispositivo correspondente no CPC de 2015: art. 751,* caput.

Art. 1.182. Dentro do prazo de 5 (cinco) dias contados da audiência de interrogatório, poderá o interditando impugnar o pedido.

• *Dispositivo correspondente no CPC de 2015: art. 752,* caput.

§ 1º Representará o interditando nos autos do procedimento o órgão do Ministério Público ou, quando for este o requerente, o curador à lide.

• *Dispositivo correspondente no CPC de 2015: art. 752, § 1º.*

§ 2º Poderá o interditando constituir advogado para defender-se.

• *Dispositivo correspondente no CPC de 2015: art. 752, § 2º.*

§ 3º Qualquer parente sucessível poderá constituir-lhe advogado com os poderes judiciais que teria se nomeado pelo interditando, respondendo pelos honorários.

• *Dispositivo correspondente no CPC de 2015: art. 752, § 3º.*

Art. 1.183. Decorrido o prazo a que se refere o artigo antecedente, o juiz nomeará perito para proceder ao exame do interditando. Apresentado o laudo, o juiz designará audiência de instrução e julgamento.

• *Dispositivo correspondente no CPC de 2015: art. 753,* caput.

Parágrafo único. Decretando a interdição, o juiz nomeará curador ao interdito.

• *Dispositivo correspondente no CPC de 2015: art. 755,* caput *e I.*

Art. 1.184. A sentença de interdição produz efeito desde logo, embora sujeita a apelação. Será inscrita no Registro de Pessoas Naturais e publicada pela imprensa local e pelo órgão oficial por três vezes, com intervalo de 10 (dez) dias, constando do edital os nomes do interdito e do curador, a causa da interdição e os limites da curatela.

• *Dispositivo correspondente no CPC de 2015: art. 755, § 3º.*

Art. 1.185. Obedecerá às disposições dos artigos antecedentes, no que for aplicável, a interdição do pródigo, a do surdo-mudo sem educação que o habilite a enunciar precisamente a sua vontade e a dos viciados pelo uso de substâncias entorpecentes quando acometidos de perturbações mentais.

• *Sem dispositivo correspondente no CPC de 2015.*

Art. 1.186. Levantar-se-á a interdição, cessando a causa que a determinou.

• *Dispositivo correspondente no CPC de 2015: art. 756,* caput.

§ 1º O pedido de levantamento poderá ser feito pelo interditado e será apensado aos autos da interdição. O juiz nomeará perito para proceder ao exame de sanidade no interditado e após a apresentação do laudo designará audiência de instrução e julgamento.

• *Dispositivo correspondente no CPC de 2015: art. 756, § 1º.*

§ 2º Acolhido o pedido, o juiz decretará o levantamento da interdição e mandará publicar a sentença, após o trânsito em julgado, pela imprensa local e órgão oficial por três vezes, com intervalo de 10 (dez) dias, seguindo-se a averbação no Registro de Pessoas Naturais.

• *Dispositivo correspondente no CPC de 2015: art. 756, § 3º.*

Capítulo IX | DAS DISPOSIÇÕES COMUNS À TUTELA E À CURATELA

Seção I | DA NOMEAÇÃO DO TUTOR OU CURADOR

Art. 1.187. O tutor ou curador será intimado a prestar compromisso no prazo de 5 (cinco) dias contados:

• *Dispositivo correspondente no CPC de 2015: art. 759,* caput.

I — da nomeação feita na conformidade da lei civil;

• *Dispositivo correspondente no CPC de 2015: art. 759, I.*

II — da intimação do despacho que mandar cumprir o testamento ou o instrumento público que o houver instituído.

• *Dispositivo correspondente no CPC de 2015: art. 759, II.*

Art. 1.188. Prestado o compromisso por termo em livro próprio rubricado pelo juiz, o tutor ou curador, antes de entrar em exercício, requererá, dentro em 10 (dez) dias, a especialização em hipoteca legal de imóveis necessários para acautelar os bens que serão confiados à sua administração.

• *Dispositivo correspondente no CPC de 2015: art. 759, §§ 1º e 2º.*

Parágrafo único. Incumbe ao órgão do Ministério Público promover a especialização de hipoteca legal, se o tutor ou curador não a tiver requerido no prazo assinado neste artigo.

• *Sem dispositivo correspondente no CPC de 2015.*

Art. 1.189. Enquanto não for julgada a especialização, incumbirá ao órgão do Ministério Público reger a pessoa do incapaz e administrar-lhe os bens.

• *Sem dispositivo correspondente no CPC de 2015.*

Art. 1.190. Se o tutor ou curador for de reconhecida idoneidade, poderá o juiz admitir que entre em exercício, prestando depois a garantia, ou dispensando-a desde logo.

• *Sem dispositivo correspondente no CPC de 2015.*

Art. 1.191. Ressalvado o disposto no artigo antecedente, a nomeação ficará sem efeito se o tutor ou curador não puder garantir a sua gestão.

• *Sem dispositivo correspondente no CPC de 2015.*

Art. 1.192. O tutor ou curador poderá eximir-se do encargo, apresentando escusa ao juiz no prazo de 5 (cinco) dias. Contar-se-á o prazo:

• *Dispositivo correspondente no CPC de 2015: art. 760,* caput.

I — antes de aceitar o encargo, da intimação para prestar compromisso;

• *Dispositivo correspondente no CPC de 2015: art. 760, I.*

II — depois de entrar em exercício, do dia em que sobrevier o motivo da escusa.

• *Dispositivo correspondente no CPC de 2015: art. 760, II.*

Parágrafo único. Não sendo requerida a escusa no prazo estabelecido neste artigo, reputar-se-á renunciado o direito de alegá-la.

• *Dispositivo correspondente no CPC de 2015: art. 760, § 1º.*

Art. 1.193. O juiz decidirá de plano o pedido de escusa. Se não a admitir, exercerá o nomeado a tutela ou curatela enquanto não for dispensado por sentença transitada em julgado.

• *Dispositivo correspondente no CPC de 2015: art. 760, § 2º.*

Seção II | DA REMOÇÃO E DISPENSA DE TUTOR OU CURADOR

Art. 1.194. Incumbe ao órgão do Ministério Público, ou a quem tenha legítimo interesse, requerer, nos casos previstos na lei civil, a remoção do tutor ou curador.

• *Dispositivo correspondente no CPC de 2015: art. 761,* caput.

Art. 1.195. O tutor ou curador será citado para contestar a arguição no prazo de 5 (cinco) dias.

• *Dispositivo correspondente no CPC de 2015: art. 761, parágrafo único.*

Art. 1.196. Findo o prazo, observar-se-á o disposto no art. 803.

• *Dispositivo correspondente no CPC de 2015: art. 761, parágrafo único.*

Art. 1.197. Em caso de extrema gravidade, poderá o juiz suspender do exercício de suas funções o tutor ou curador, nomeando-lhe interinamente substituto.

• *Dispositivo correspondente no CPC de 2015: art. 762.*

Art. 1.198. Cessando as funções do tutor ou curador pelo decurso do prazo em que era obrigado a servir, ser-lhe-á lícito requerer a exoneração do encargo; não o fazendo dentro dos 10 (dez) dias seguintes à expiração do termo, entender-se-á reconduzido, salvo se o juiz o dispensar.

• *Dispositivo correspondente no CPC de 2015: art. 763,* caput *e § 1º.*

Capítulo X | DA ORGANIZAÇÃO E DA FISCALIZAÇÃO DAS FUNDAÇÕES

Art. 1.199. O instituidor, ao criar a fundação, elaborará o seu estatuto ou designará quem o faça.

• *Sem dispositivo correspondente no CPC de 2015.*

Art. 1.200. O interessado submeterá o estatuto ao órgão do Ministério Público, que verificará se foram observadas as bases da fundação e se os bens são suficientes ao fim a que ela se destina.

• *Sem dispositivo correspondente no CPC de 2015.*

Art. 1.201. Autuado o pedido, o órgão do Ministério Público, no prazo de 15 (quinze) dias, aprovará o estatuto, indicará as modificações que entender necessárias ou lhe denegará a aprovação.

• *Sem dispositivo correspondente no CPC de 2015.*

§ 1º Nos dois últimos casos, pode o interessado, em petição motivada, requerer ao juiz o suprimento da aprovação.

• *Sem dispositivo correspondente no CPC de 2015.*

§ 2º O juiz, antes de suprir a aprovação, poderá mandar fazer no estatuto modificações a fim de adaptá-lo ao objetivo do instituidor.

• *Dispositivo correspondente no CPC de 2015: art. 764, § 2º.*

Art. 1.202. Incumbirá ao órgão do Ministério Público elaborar o estatuto e submetê-lo à aprovação do juiz:

• *Sem dispositivo correspondente no CPC de 2015.*

I — quando o instituidor não o fizer nem nomear quem o faça;

• *Sem dispositivo correspondente no CPC de 2015.*

II — quando a pessoa encarregada não cumprir o encargo no prazo assinado pelo instituidor ou, não havendo prazo, dentro em 6 (seis) meses.

• *Sem dispositivo correspondente no CPC de 2015.*

Art. 1.203. A alteração do estatuto ficará sujeita à aprovação do órgão do Ministério Público. Sendo-lhe denegada, observar-se-á o disposto no art. 1.201, §§ 1º e 2º.

• *Sem dispositivo correspondente no CPC de 2015.*

Parágrafo único. Quando a reforma não houver sido deliberada por votação unânime, os administradores, ao submeterem ao órgão do Ministério Público o estatuto, pedirão que se dê ciência à minoria vencida para impugná-la no prazo de 10 (dez) dias.

• *Sem dispositivo correspondente no CPC de 2015.*

Art. 1.204. Qualquer interessado ou o órgão do Ministério Público promoverá a extinção da fundação quando:

• *Dispositivo correspondente no CPC de 2015: art. 765,* caput.

I — se tornar ilícito o seu objeto;

• *Dispositivo correspondente no CPC de 2015: art. 765, I.*

II — for impossível a sua manutenção;

• *Dispositivo correspondente no CPC de 2015: art. 765, II.*

III — se vencer o prazo de sua existência.

• *Dispositivo correspondente no CPC de 2015: art. 765, III.*

Capítulo XI | DA ESPECIALIZAÇÃO DA HIPOTECA LEGAL

Art. 1.205. O pedido para especialização de hipoteca legal declarará a estimativa da responsabilidade e será instruído com a prova do domínio dos bens, livres de ônus, dados em garantia.

• *Sem dispositivo correspondente no CPC de 2015.*

Art. 1.206. O arbitramento do valor da responsabilidade e a avaliação dos bens far-se-á por perito nomeado pelo juiz.

• *Sem dispositivo correspondente no CPC de 2015.*

§ 1º O valor da responsabilidade será calculado de acordo com a importância dos bens e dos saldos prováveis dos rendimentos que devem ficar em poder dos tutores e curadores durante a administração, não se computando, porém, o preço do imóvel.

• *Sem dispositivo correspondente no CPC de 2015.*

§ 2º Será dispensado o arbitramento do valor da responsabilidade nas hipotecas legais em favor:

• *Sem dispositivo correspondente no CPC de 2015.*

I — da mulher casada, para garantia do dote, caso em que o valor será o da estimação, constante da escritura antenupcial;

• *Sem dispositivo correspondente no CPC de 2015.*

II — da Fazenda Pública, nas cauções prestadas pelos responsáveis, caso em que será o valor caucionado.

• *Sem dispositivo correspondente no CPC de 2015.*

§ 3º Dispensa-se a avaliação, quando estiverem mencionados na escritura os bens do marido, que devam garantir o dote.

• *Sem dispositivo correspondente no CPC de 2015.*

Art. 1.207. Sobre o laudo manifestar-se-ão os interessados no prazo comum de 5 (cinco) dias. Em seguida, o juiz homologará ou corrigirá o arbitramento e a avaliação; e, achando livres e suficientes os bens designados, julgará por sentença a especialização, mandando que se proceda à inscrição da hipoteca.

• *Sem dispositivo correspondente no CPC de 2015.*

Parágrafo único. Da sentença constarão expressamente o valor da hipoteca e os bens do responsável, com a especificação do nome, situação e característicos.

- *Sem dispositivo correspondente no CPC de 2015.*

Art. 1.208. Sendo insuficientes os bens oferecidos para a hipoteca legal em favor do menor, de interdito ou de mulher casada e não havendo reforço mediante caução real ou fidejussória, ordenará o juiz a avaliação de outros bens; tendo-os, proceder-se-á como nos artigos antecedentes; não os tendo, será julgada improcedente a especialização.

- *Sem dispositivo correspondente no CPC de 2015.*

Art. 1.209. Nos demais casos de especialização, prevalece a hipoteca legal dos bens oferecidos, ainda que inferiores ao valor da responsabilidade, ficando salvo aos interessados completar a garantia pelos meios regulares.

- *Sem dispositivo correspondente no CPC de 2015.*

Art. 1.210. Não dependerá de intervenção judicial a especialização de hipoteca legal sempre que o interessado, capaz de contratar, a convencionar, por escritura pública, com o responsável.

- *Sem dispositivo correspondente no CPC de 2015.*

Livro V | DAS DISPOSIÇÕES FINAS E TRANSITÓRIAS

Art. 1.211. Este Código regerá o processo civil em todo o território brasileiro. Ao entrar em vigor, suas disposições aplicar-se-ão desde logo aos processos pendentes.

- *Dispositivos correspondentes no CPC de 2015: arts. 14 e 1.046,* caput.

Art. 1.211-A. Os procedimentos judiciais em que figure como parte ou interessado pessoa com idade igual ou superior a 60 (sessenta) anos, ou portadora de doença grave, terão prioridade de tramitação em todas as instâncias.

- *Dispositivo correspondente no CPC de 2015: art. 1.048,* caput *e I.*

Parágrafo único. (*Vetado.*)

Art. 1.211-B. A pessoa interessada na obtenção do benefício, juntando prova de sua condição, deverá requerê-lo à autoridade judiciária competente para decidir o feito, que determinará ao cartório do juízo as providências a serem cumpridas.

- *Dispositivo correspondente no CPC de 2015: art. 1.048, § 1º.*

§ 1º Deferida a prioridade, os autos receberão identificação própria que evidencie o regime de tramitação prioritária.

- *Dispositivo correspondente no CPC de 2015: art. 1.048, § 2º.*

§ 2º (*Vetado.*)

§ 3º (*Vetado.*)

Art. 1.211-C. Concedida a prioridade, essa não cessará com a morte do beneficiado, estendendo-se em favor do cônjuge supérstite, companheiro ou companheira, em união estável.

- *Dispositivo correspondente no CPC de 2015: art. 1.048, § 3º.*

Art. 1.212. A cobrança da dívida ativa da União incumbe aos seus procuradores e, quando a ação for proposta em foro diferente do Distrito Federal ou das Capitais dos Estados ou Territórios, também aos membros do Ministério Público Estadual e dos Territórios, dentro dos limites territoriais fixados pela organização judiciária local.

- *Sem dispositivo correspondente no CPC de 2015.*

Parágrafo único. As petições, arrazoados ou atos processuais praticados pelos representantes da União perante as justiças dos Estados, do Distrito Federal e dos Territórios, não estão sujeitos a selos, emolumentos, taxas ou contribuições de qualquer natureza.

• *Sem dispositivo correspondente no CPC de 2015.*

Art. 1.213. As cartas precatórias, citatórias, probatórias, executórias e cautelares, expedidas pela Justiça Federal, poderão ser cumpridas nas comarcas do interior pela Justiça Estadual.

• *Sem dispositivo correspondente no CPC de 2015.*

Art. 1.214. Adaptar-se-ão às disposições deste Código as resoluções sobre organização judiciária e os regimentos internos dos tribunais.

• *Sem dispositivo correspondente no CPC de 2015.*

Art. 1.215. Os autos poderão ser eliminados por incineração, destruição mecânica ou por outro meio adequado, findo o prazo de 5 (cinco) anos, contado da data do arquivamento, publicando-se previamente no órgão oficial e em jornal local, onde houver, aviso aos interessados, com o prazo de 30 (trinta) dias.

• *Sem dispositivo correspondente no CPC de 2015.*

§ 1º É lícito, porém, às partes e interessados requerer, às suas expensas, o desentranhamento dos documentos que juntaram aos autos, ou a microfilmagem total ou parcial do feito.

• *Sem dispositivo correspondente no CPC de 2015.*

§ 2º Se, a juízo da autoridade competente, houver, nos autos, documentos de valor histórico, serão eles recolhidos ao Arquivo Público.

• *Sem dispositivo correspondente no CPC de 2015.*

Art. 1.216. O órgão oficial da União e os dos Estados publicarão gratuitamente, no dia seguinte ao da entrega dos originais, os despachos, intimações, atas das sessões dos tribunais e notas de expediente dos cartórios.

• *Sem dispositivo correspondente no CPC de 2015.*

Art. 1.217. Ficam mantidos os recursos dos processos regulados em leis especiais e as disposições que lhes regem o procedimento constantes do Decreto-lei n. 1.608, de 18 de setembro de 1939, até que seja publicada a lei que os adaptará ao sistema deste Código.

• *Sem dispositivo correspondente no CPC de 2015.*

Art. 1.218. Continuam em vigor até serem incorporados nas leis especiais os procedimentos regulados pelo Decreto-lei n. 1.608, de 18 de setembro de 1939, concernentes:

• *Sem dispositivo correspondente no CPC de 2015.*

I — ao loteamento e venda de imóveis a prestações (arts. 345 a 349);

• *Sem dispositivo correspondente no CPC de 2015.*

II — ao despejo (arts. 350 a 353);

• *Sem dispositivo correspondente no CPC de 2015.*

III — à renovação de contrato de locação de imóveis destinados a fins comerciais (arts. 354 a 365);

• *Sem dispositivo correspondente no CPC de 2015.*

IV — ao Registro Torrens (arts. 457 a 464);

• *Sem dispositivo correspondente no CPC de 2015.*

V — às averbações ou retificações do registro civil (arts. 595 a 599);

• *Sem dispositivo correspondente no CPC de 2015.*

VI — ao bem de família (arts. 647 a 651);

• *Sem dispositivo correspondente no CPC de 2015.*

VII — à dissolução e liquidação das sociedades (arts. 655 a 674);

• *Sem dispositivo correspondente no CPC de 2015.*

VIII — aos protestos formados a bordo (arts. 725 a 729);

• *Sem dispositivo correspondente no CPC de 2015.*

IX — à habilitação para casamento (arts. 742 a 745);

• *Sem dispositivo correspondente no CPC de 2015.*

X — ao dinheiro a risco (arts. 754 e 755);

• *Sem dispositivo correspondente no CPC de 2015.*

XI — à vistoria de fazendas avariadas (art. 756);

• *Sem dispositivo correspondente no CPC de 2015.*

XII — à apreensão de embarcações (arts. 757 a 761);

• *Sem dispositivo correspondente no CPC de 2015.*

XIII — à avaria a cargo do segurador (arts. 762 a 764);

• *Sem dispositivo correspondente no CPC de 2015.*

XIV — às avarias (arts. 765 a 768);

• *Sem dispositivo correspondente no CPC de 2015.*

XV — (*Revogado pela Lei n. 7.542, de 26-9-1986*);

XVI — às arribadas forçadas (arts. 772 a 775).

• *Sem dispositivo correspondente no CPC de 2015.*

Art. 1.219. Em todos os casos em que houver recolhimento de importância em dinheiro, esta será depositada em nome da parte ou do interessado, em conta especial movimentada por ordem do juiz.

• *Dispositivo correspondente no CPC de 2015: art. 1.058.*

Art. 1.220. Este Código entrará em vigor no dia 1º de janeiro de 1974, revogadas as disposições em contrário.

• *Dispositivo correspondente no CPC de 2015: art. 1.045.*

Brasília, 11 de janeiro de 1973; 152º da Independência e 85º da República.

Emílio G. Médici
Alfredo Buzaid